ARMIN SCHWERDTFEGER

Kompaktkommentar Gesellschaftsrecht

ARMIN SCHWERDTFEGER

KOMPAKTKOMMENTAR

Gesellschaftsrecht

Herausgegeben von

Dr. Armin Schwerdtfeger
Rechtsanwalt, München

LUCHTERHAND 2007

Bibliografische Information der Deutschen Nationalbibliothek
Die Deutsche Nationalbibliothek verzeichnet diese Publikation in der Deutschen Nationalbibliografie; detaillierte bibliografische Daten sind im Internet über http://dnb.ddb.de abrufbar.

ISBN 978-3-472-06492-3

ZITIERHINWEIS

Rn. 1: Verweis auf eine Randnummer im gleichen Paragraph bzw. Kapitel
§ 1 Rn. 1: Verweis auf eine Randnummer eines anderen Paragraphen in demselben Kapitel
Kap. 1 § 1 Rn. 1: Verweis auf eine Randnummer eines Paragraphen in einem anderen Kapitel
Kap. 1 Rn. 1: Verweis auf eine Randnummer in einem anderen Kapitel

Kompaktkommentar Gesellschaftsrecht – KpK GesR/*Bearbeiter*

www.wolterskluwer.de
www.luchterhand-fachverlag.de

Umschlagkonzeption: Martina Busch, Fürstenfeldbruck
Satz: Satz-Offizin Hümmer GmbH, Waldbüttelbrunn
Druck: Bercker Graphischer Betrieb GmbH, Kevelaer

∞ Gedruckt auf säurefreiem, alterungsbeständigem und chlorfreiem Papier

Die Bearbeiter

Dr. Lukas Alexander
Rechtsanwalt / Justitiar, München

Dipl.-Finanzwirt Hilbert Ballreich
Rechtsanwalt, Fachanwalt für Steuerrecht und vereid. Buchprüfer, Mannheim

Dr. Felix von Bredow
Rechtsanwalt, Frankfurt / Main

Dr. Thomas Buß, LL. M. (Brit. Col.)
Rechtsanwalt, Köln

Dr. Walter Eberl
Rechtsanwalt und Solicitor (England und Irland), München

Dr. Stephanie Eberl, LL. M.
Rechtsanwältin, München

Marc-André Kuhne
Rechtsanwalt, München

Dr. Gunther Lehleiter, LL. M.
Rechtsanwalt, Dortmund

Dipl.-Kfm. Dr. Markus Lubitz, LL. M.
Rechtsanwalt / Justitiar, Penzberg

Christos Mantas
Rechtsanwalt, Köln

Martin Mildner
Rechtsanwalt, Fachanwalt für Steuerrecht und Steuerberater, Hamburg

Dr. Andrea Partikel
Rechtsanwältin / Justitiarin, Hamburg / Berlin

Prof. Dr. iur. Dr. h. c. Marian Paschke
Universität Hamburg

Dr. Ilmo Pathe
Rechtsanwalt, Fachanwalt für Steuerrecht und Steuerberater, Wuppertal

Dr. Katja Plückelmann
Rechtsanwältin und Fachanwältin für Handels- und Gesellschaftsrecht, Düsseldorf

Dr. Ulrich Reber
Rechtsanwalt, München
unter Mitarbeit von **Sabine Kröger**
Rechtsanwältin, München

Dr. Horst Schäfer
Rechtsanwalt und Steuerberater, Köln
unter Mitarbeit von **Christiane Hillesheim, LL. M. eur.**
Rechtsanwältin, Köln

Manuel Schauer
Rechtsanwalt / Justitiar, Dillingen / Saar
Lehrbeauftragter der Universität des Saarlandes

Dr. Friedrich Scheuffele
Rechtsanwalt, München

Dr. Jack Schiffer
Rechtsanwalt und Steuerberater, München
unter Mitarbeit von **Insa Cornelia Müller**
Rechtsanwältin, München

Dr. Christoph Schmelz, LL. M.
Rechtsanwalt, Frankfurt/Main

Prof. Dr. Mathias Schwarz
Rechtsanwalt und Wirtschaftsprüfer, München

Dr. Armin Schwerdtfeger
Rechtsanwalt, München

Igsaan Varachia
Rechtsanwalt und Steuerberater, München

Dr. Konstantin Wegner, LL. M.
Rechtsanwalt, München

Dr. Thomas Wunsch
Justitiar, München

Vorwort

Wer Bücher zum Gesellschaftsrecht sucht, sieht sich mit einer fast unüberschaubaren Vielzahl von Werken konfrontiert. Systematische Abhandlungen, Kommentare zu den einzelnen Gesellschaftsformen, angefangen beim einbändigen Werk bis hin zum stattlichen Großkommentar, sowie Formular- und Handbücher stehen in mannigfacher Auswahl zur Verfügung. Wozu also ein »Kompaktkommentar Gesellschaftsrecht«?

Das vorliegende Werk bietet einen Gesamtüberblick und zeigt z. B. die Grundsätze und Gemeinsamkeiten der Gesellschaftsformen. Durch zahlreiche Verweise zwischen den Abschnitten werden die vielfältigen wechselseitigen Bezüge und Grundstrukturen im Gesellschaftsrecht deutlich.

Der »Kompaktkommentar Gesellschaftsrecht« will jedoch auch dem Praktiker eine Hilfe bei der Lösung konkreter Probleme bieten. Daher werden die wichtigsten Gesellschaftsformen, wie z. B. die GmbH und die Aktiengesellschaft, durch Kommentierung der einschlägigen Vorschriften unter Berücksichtigung der wesentlichen Probleme aus der Rechtspraxis abgehandelt. Systematische Darstellungen, wie z. B. der Abschnitt über das Unternehmen in der Krise (Kapitel 13), ergänzen die kommentierenden Abschnitte.

Um dem Anspruch einer kompakten Darstellung gerecht zu werden, wurden Schwerpunkte sowohl im Rahmen der einzelnen Abschnitte als auch bei der Darstellung der Gesellschaftsformen gesetzt. So wird sicherlich mancher Leser ein eigenes Kapitel zum Verein oder der Genossenschaft vermissen. Diese Gesellschaftsformen werden in der Einleitung unter Hinweis auf weiterführende Literatur kurz skizziert. Das Verfahrensrecht wird entsprechend seiner großen Bedeutung für die Praxis ausführlich behandelt, insbesondere was die Rechtsschutzmöglichkeiten bei der nach wie vor wichtigsten Gesellschaftsform, der GmbH, anbelangt (siehe Kapitel 16). Auf eine eigene Darstellung der Rechtsschutzmöglichkeiten bei der AG wurde im Abschnitt Verfahrensrecht verzichtet. Alle insoweit wichtigen Fragen werden in der Kommentierung zum Aktiengesetz behandelt.

Der »Kompaktkommentar Gesellschaftsrecht« soll aber nicht nur eine Hilfestellung bei der Lösung bekannter gesellschaftsrechtlicher Probleme bieten, sondern zeichnet sich auch durch große Aktualität aus. Besonderer Wert wurde auf die Darstellung laufender Reformvorhaben sowie neu in Kraft getretener Gesetze gelegt. Berücksichtigung fanden z. B. das EHUG und die durch das MoMiG geplante Reform des GmbH-Rechts.

München, im Januar 2007 Armin Schwerdtfeger

Im Einzelnen haben bearbeitet:

Kapitel 1 (Einleitung)	Schwerdtfeger
Kapitel 2 (GbR)	Lubitz
Kapitel 3 (Partnergesellschaft)	Wegner
Kapitel 4 (OHG)	Lehleiter
Kapitel 5 (KG)	Partikel
Kapitel 6 (Stille Gesellschaft)	Wunsch
Kapitel 7 (GmbH)	
§§ 1–4 a, 7–12, 53, 54	Schauer
§§ 5, 55–59	von Bredow
§§ 6, 35–52	Alexander
§§ 13–18	Buß
§§ 19–28	Mantas
§§ 29–32 b	Schäfer
§§ 33, 34	Schäfer unter Mitarbeit von Hillesheim
§§ 60–77	Scheuffele
§§ 78–86	Schwerdtfeger
Kapitel 8 (GmbH & Co. KG)	Partikel
Kapitel 9 (Publikumsgesellschaft)	Varachia
Kapitel 10 (AG)	
Einleitung	Paschke
§§ 1–53	Paschke
§§ 53 a-75	Mildner
§§ 76–149	Paschke
§§ 150–178	Pathe
§§ 179–240	Plückelmann
§§ 241–261 a	Schiffer unter Mitarbeit von Müller
§§ 262–277	Paschke
§§ 394–410	Schwerdtfeger
Kapitel 11 (Stiftung)	Schwarz
Kapitel 12 (Umwandlungsrecht)	Ballreich
Kapitel 13 (Unternehmen in der Krise)	Kuhne

Bearbeiter im Einzelnen

Kapitel 14 (Konzernrecht)	Schmelz
Kapitel 15 (Int. Gesellschaftsrecht)	Reber unter Mitarbeit von Kröger
Kapitel 16 (Verfahrensrecht)	S. Eberl, W. Eberl
Kapitel 17 (Schiedsverfahrensrecht)	S. Eberl, W. Eberl
Kapitel 18 (Streit-/Geschäftswert)	Plückelmann

Inhaltsverzeichnis

Abkürzungsverzeichnis

(einschließlich der abgekürzt zitierten Literatur)

a. A.	anderer Ansicht
AAA	American Arbitration Association
a. a. O.	am angegebenen Ort
ABB-EDV	Allgemeine Bedingungen der Möbelspediteure für Beförderungen von EDV-Anlagen, medizinischen Geräten und ähnlichen transportempfindlichen Gütern
ABBH	Allgemeine Bedingungen der Möbelspediteure für Beförderungen von Handelsmöbeln
ABGB	Allgemeines Bürgerliches Gesetzbuch für Österreich
AB-Kunst	Allgemeine Bedingungen der deutschen Kunstspediteure
Abk.	Abkommen
abl.	ablehnend
ABl.	Amtsblatt
ABl. EG	Amtsblatt der Europäischen Gemeinschaften
Abs.	Absatz
Abschn.	Abschnitt
Abt.	Abteilung
abw.	abweichend
AbzG	Gesetz betreffend die Abzahlungsgeschäfte (Abzahlungsgesetz) vom 16. 5. 1894, aufgehoben durch VerbrKrG zum 1. 1. 1991
abzgl.	abzüglich
AcP	Archiv für die zivilistische Praxis (Band, Jahr, Seite)
ADHGB	Allgemeines Deutsches Handelsgesetzbuch von 1861
ADR	accord européen relatif au transport international des marchandises dangereuses par route – Europ. Übereinkommen vom 30. 9. 1957 über die internationale Beförderung gefährlicher Güter auf der Straße, Gesetz vom 18. 8. 1969 (BGBl. II, 1489)
ADS/*Bearbeiter*	*Adler/Düring/Schmaltz*, Rechnungslegung und Prüfung der Unternehmen, 6. Auflage 1995 ff./*Bearbeiter*
ADSp	Allgemeine Deutsche Spediteurbedingungen
a. E.	am Ende
AEG	Allgemeines Eisenbahngesetz vom 27. 12. 1993 (BGBl. I, 2378/96)
A/E/S/*Bearbeiter*	*Achilles/Ensthaler/Schmidt*, Kommentar zum GmbHG, 2005
a. F.	alte Fassung
AfA	Absetzung für Abnutzungen
AFG	Arbeitsförderungsgesetz vom 25. 6. 1969 (BGBl. I, 582), aufgehoben, jetzt SGB III
AfP	Archiv für Presserecht
AFRG	Arbeitsförderungsreformgesetz
AG	Amtsgericht; Aktiengesellschaft; Die Aktiengesellschaft (Zeitschrift)
AGB	Allgemeine Geschäftsbedingungen
AGB-Banken	Allgemeine Geschäftsbedingungen der (privaten) Banken
AGBG	Gesetz zur Regelung des Rechts der Allgemeinen Geschäftsbedingungen vom 9. 12. 1976 (BGBl. I, 3317), aufgehoben durch SchuldRModG)
AGBGB	Ausführungsgesetz zum BGB
AGB-Spark.	Allgemeine Geschäftsbedingungen der Sparkassen und Girozentralen
AGH	Anwaltsgerichtshof
AgrarR	Agrarrecht (Zeitschrift)

AKB	Allgemeine Bedingungen für die Kraftfahrtversicherung
AktG	Gesetz über die Aktiengesellschaften und Kommanditgesellschaften auf Aktien (Aktiengesetz) vom 6. 9. 1965 (BGBl. I, 1089)
AKV	Deutscher Auslandskassenverein AG
ALB	Allgemeine Leistungsbedingungen der Deutschen Bahn AG, DB Cargo
allg.	allgemein
allg. M.	allgemeine Meinung
Alt.	Alternative
a. M.	anderer Meinung
AMG	Gesetz über den Verkehr mit Arzneimitteln (Arzneimittelgesetz)
ÄndAufhG	Gesetz über die Änderung oder Aufhebung von Gesetzen der DDR
ÄndG	Änderungsgesetz
AnfG	Gesetz betreffend die Anfechtung von Rechtshandlungen eines Schuldners außerhalb des Insolvenzverfahrens (Anfechtungsgesetz) vom 5. 10. 1994 (BGBl. I, 2911)
Anh.	Anhang
Anm.	Anmerkung
AnSVG	Gesetz zur Verbesserung des Anlegerschutzes (Anlegerschutzverbessungsgesetz) vom 28. 10. 2004 (BGBl. I, 2630)
AnwBl	Anwaltsblatt
AnwK-AktR/*Bearbeiter*	*Heidel*, AnwaltKommentar Aktienrecht, 2003/*Bearbeiter*
AnwK-BGB/*Bearbeiter*	*Dauner-Lieb/Heidel/Ring*, AnwaltKommentar BGB, 5 Bände, 2003–2005/*Bearbeiter*
AO	Abgabenordnung i. d. F. vom 1. 10. 2002 (BGBl. I, 3866)
AöR	Archiv für öffentliches Recht (Zeitschrift – Band, Seite)
AP	Nachschlagewerk des Bundesarbeitsgerichts (seit 1954, vorher: Arbeitsrechtliche Praxis)
ApothG	Gesetz über das Apothekenwesen
AR	Aufsichtsrat
ArbeitserlaubnisVO	Arbeitserlaubnisverordnung
ArbG	Arbeitsgericht
ArbGG	Arbeitsgerichtsgesetz i. d. F. vom 2. 7. 1979 (BGBl. I, 853, ber. 1036)
ArbNErfG	Gesetz über Arbeitnehmererfindungen (Arbeitnehmererfindungsgesetz)
ArbPlSchutzG	Gesetz über den Schutz des Arbeitsplatzes bei Einberufung zum Wehrdienst (Arbeitsplatzschutzgesetz) i. d. F. vom 14. 2. 2001 (BGBl. I, 253)
arg.(e.)	argumentum ex
Art.	Artikel
Aufl	Auflage
AÜG	Gesetz zur Regelung der gewerbsmäßigen Arbeitnehmerüber-lassung (Arbeitnehmerüberlassungsgesetz) i. d. F. vom 3. 2. 1995 (BGBl. I, 158)
ausführl.	ausführlich
AuslInvestmG	Gesetz über den Vertrieb ausländischer Investmentanteile und über die Besteuerung der Erträge aus ausländischen Investmentanteilen i. d. F. vom 9. 9. 1998 (BGBl. I, 2820), aufgehoben durch InvG 2003
AusfG	Ausführungsgesetz
ausschl.	ausschließlich
AVB	Allgemeine Versicherungsbedingungen
AVG	Angestelltenversicherungsgesetz i. d. F. vom 28. 5. 1924 (RGBl. I, 563), aufgehoben
AVO	Ausführungsverordnung
AWD	Außenwirtschaftsdienst des Betriebsberaters (Zeitschrift)

AWG	Außenwirtschaftsgesetz vom 28. 4. 1961 (BGBl. I, 481)
Az.	Aktenzeichen
BaBiRiLiG	Gesetz zur Durchführung der Richtlinie des Rates der Europäischen Gemeinschaften über den Jahresabschluss und den konsolidierten Abschluss von Banken und anderen Finanzinstituten (Bankbilanzrichtlinie-Gesetz) vom 30. 11. 1990 (BGBl. I, 2570)
BaFin	Bundesanstalt für Finanzdienstleistungsaufsicht (seit 1. 5. 2002)
BAG	Bundesarbeitsgericht; Bundesamt für Güterverkehr
BAGE	Entscheidungen des Bundesarbeitsgerichts (Band, Seite)
BAKred	Bundesaufsichtsamt für das Kreditwesen, seit 2002 BaFin
BankA	Bankarchiv, Zeitschrift für Bank- und Börsenwesen
Bank-Betrieb	Die Bank, Zeitschrift für Bankpolitik und Bankpraxis (bis 1976: Bank-Betrieb)
BAnz	Bundesanzeiger
BausparKG	Gesetz über Bausparkassen (Bausparkassengesetz) i. d. F. vom 15. 2. 1991 (BGBl. I, 454)
BayObLG	Bayerisches Oberstes Landesgericht
BayOLGZ	Entscheidungen des Bayerischen Obersten Landesgerichts in Zivilsachen
BayStiftG	Bayerisches Stiftungsgesetz
BB	Der Betriebsberater (Zeitschrift)
BBankG	Gesetz über die Deutsche Bundesbank i. d. F. vom 22. 10. 1992 (BGBl. I, 1782)
BBiG	Berufsbildungsgesetz vom 23. 3. 2005 (BGBl. I, 931)
BBl	Betriebswirtschaftliche Blätter (Zeitschrift)
BBRL	Bankbilanzrichtlinie
Bd.	Band
BdF	Bundesminister der Finanzen
BDSG	Gesetz zum Schutz vor Missbrauch personenbezogener Daten bei der Datenverarbeitung (Bundesdatenschutzgesetz) i. d. F. vom 20. 12. 1990 (BGBl. I, 2954)
Bearb.	Bearbeiter
Begr.	Begründung
Beil.	Beilage
Bem.	Bemerkung
ber.	berichtigt
BErzGG	Gesetz über die Gewährung von Erziehungsgeld und Erziehungsurlaub (Bundeserziehungsgeldgesetz)
BeschFG	Beschäftigungsförderungsgesetz vom 26. 4. 1985 (BGBl. I, 710)
bestr.	bestritten
betr.	betreffend
BetrR	Betriebsrat
BetrAVG	Gesetz zur Verbesserung der betrieblichen Altersversorgung (Betriebsrentengesetz) vom 19. 12. 1974 (BGBl. I, 3610)
BetrVG	Betriebsverfassungsgesetz i. d. F. vom 25. 9. 2001 (BGBl. I, 2518)
BeurkG	Beurkundungsgesetz vom 28. 8. 1969 (BGBl. I, 1513)
BewG	Bewertungsgesetz i. d. F. vom 1. 2. 1991 (BGBl. I, 230)
BezG	Bezirksgericht
BFG	Bundesfinanzgericht
BFH	Bundesfinanzhof
BFHE	Sammlung der Entscheidungen und Gutachten des BFH
BFuP	Betriebswirtschaftliche Forschung und Praxis (Zeitschrift)

BGB	Bürgerliches Gesetzbuch vom 18. 8. 1896 (RGBl., 195), i. d. F. vom 2. 1. 2002 (BGBl. I, 42)
BGBl. I, II	Bundesgesetzblatt, Teil I und II (Teil, Seite)
BGH	Bundesgerichtshof
BGH EBE	Eildienst der Entscheidungen des BGH
BGHSt	Entscheidungen des BGH in Strafsachen (Band, Seite)
BGHZ	Entscheidungen des BGH in Zivilsachen (Band, Seite)
BilKomm/*Bearbeiter*	*Ellrott/Förschle/Hoyos/Winkeljohann*, Beck'scher Bilanzkommentar, Handelsbilanz Steuerbilanz, 6. Auflage 2006/*Bearbeiter*
BilReG	Gesetz zur Einführung internationaler Rechnungslegungs-standards und zur Sicherung der Qualität der Abschlussprüfung (Bilanzrechtsreformgesetz) vom 4. 12. 2004 (BGBl. I, 3166)
BiRiLiG	Gesetz zur Durchführung der Vierten, Siebenten und Achten Richtlinie des Rates der Europäischen Gemeinschaften zur Koordinierung des Gesellschaftsrecht (Bilanzrichtlinien-Gesetz) vom 19. 12. 1985 (BGBl. I 1985, 2335)
BKartA	Bundeskartellamt
BKR	Zeitschrift für Bank- und Kapitalmarktrecht
Bl.	Blatt
B/L/A/H/*Bearbeiter*	*Baumbach/Lauterbach/Albers/Hartmann*, Zivilprozessordnung: ZPO, 64. Auflage 2006/*Bearbeiter*
BMF	Bundesministerium der Finanzen
BMJ	Bundesministerium der Justiz
BMW	Bundesministerium für Wirtschaft (und Technologie)
BMinBlF	Bundesministerialblatt für Finanzen
BNotO	Bundesnotarordnung vom 24. 2. 1961 (BGBl. I, 1998)
BO	Börsenordnung
BörsG	Börsengesetz vom 21. 6. 2002 (BGBl. I, 2010)
BörsZulVO	Verordnung über die Zulassung von Wertpapieren zum amtlichen Markt an einer Wertpapierbörse (Börsenzulassungsverordnung) i. d. F. vom 9. 9. 1998 (BGBl. I, 2832)
BPatG	Bundespatentgericht
BR	Bundesrat
BRAGO	Bundesgebührenordnung für Rechtsanwälte (Bundesrechtsanwaltsgebührenordnung) vom 26. 7. 1957 (BGBl. I, 907), aufgehoben zum 1. 7. 2004 durch KostRMoG vom 5. 5. 2005 (BGBl. I, 718), jetzt: RVG
BRAK	Bundesrechtsanwaltskammer
BRAK-Mitt.	BRAK-Mitteilungen (Zeitschrift)
BRAO	Bundesrechtsanwaltsordnung vom 1. 8. 1959 (BGBl. I, 565)
BR-Drs.	Bundesratsdrucksache
BSG	Bundessozialgericht
BSHG	Bundessozialhilfegesetz
BStBl. I, II	Bundessteuerblatt, Teil I und II (Teil, (Jahr) und Seite)
bspw.	beispielsweise
BT	Bundestag; Bulletin des Transports
BT-Drs.	Bundestags-Drucksache
Buchst.	Buchstabe
BuW	Betrieb und Wirtschaft (Zeitschrift)
BVerfG	Bundesverfassungsgericht
BVerfGE	Entscheidungen des Bundesverfassungsgerichts (Band, Seite)
BVerfGG	Gesetz über das Bundesverfassungsgericht
BVerwG	Bundesverwaltungsgericht

BVR	Bankvertragsrecht
BvS	Bundesanstalt für vereinigungsbedingte Sonderaufgaben (Treuhandanstalt)
BZRG	Gesetz über das Zentralregister und das Erziehungsregister (Bundeszentralregistergesetz) i. d. F. der Bekanntmachung vom 21. 9. 1984 (BGBl. I, 1229, ber. 1985 I, 195)
bzw.	beziehungsweise
Cc	Code civil, Codice civile, Código civil
CDH	Centralvereinigung Deutscher Wirtschaftsverbände für Handelsvermittlung und Vertrieb
CESR	Committee of European Securities Regulators
cic	culpa in contrahendo
CR	Computer und Recht (Zeitschrift)
DArbR	Deutsches Arbeitsrecht (Zeitschrift)
DAV	Deutscher Anwaltverein
DB	Der Betrieb (Zeitschrift)
DBA	Doppelbesteuerungsabkommen
DBW	Die Betriebswirtschaft (Zeitschrift); vor 1977: Zeitschrift für Handelswissenschaft und Handelspraxis
DCGK	Deutscher Corporate Governance Kodex i. d. F. vom 2. 6. 2005
D/E/J/W/*Bearbeiter*	*Dötsch/Eversberg/Jost/Witt*, Die Körperschaftsteuer, Loseblatt-Sammlung, Stand Juli 2006/*Bearbeiter*
DepotG	Gesetz über die Verwaltung und Anschaffung von Wertpapieren (Depotgesetz) vom 4. 2. 1937 (RGBl. I, 171) i. d. F. vom 11. 1. 1995 (BGBl. I, 34)
ders.	derselbe
dgl.	dergleichen
DGVZ	Deutsche Gerichtsvollzieherzeitung (Zeitschrift)
d. h.	das heißt
DIS	Deutsche Institution für Schiedsgerichtsbarkeit e. V.
DIS-SchGO	Schiedsgerichtsordnung der Deutschen Institution für Schiedsgerichtsbarkeit e. V.
Diss.	Dissertation
DJ	Deutsche Justiz (Zeitschrift)
DJZ	Deutsche Juristenzeitung (Zeitschrift)
DMBilG	Gesetz über die Eröffnungsbilanz in Deutscher Mark und die Kapitalneufestsetzung (D-Mark-Bilanzgesetz) i. d. F. vom 28. 7. 1994 (BGBl. I, 1842)
DNotZ	Deutsche Notarzeitung (Zeitschrift)
DÖV	Die öffentliche Verwaltung (Zeitschrift)
DR	Deutsches Recht (Zeitschrift)
DrittelbG	Gesetz über die Drittelbeteiligung der Arbeitnehmer im Aufsichtsrat (Drittelbeteiligungsgesetz) vom 18. 5. 2004 (BGBl. I, 974)
DRpfl	Deutsche Rechtspflege (Zeitschrift)
DStR	Deutsches Steuerrecht (Zeitschrift); vor 1962: Deutsche Steuer-Rundschau
DStRE	Deutsches Steuerrecht – Entscheidungsdienst
DStZ	Deutsche Steuerzeitung
DVO	Durchführungsverordnung
DZWir	Deutsche Zeitschrift für Wirtschaftsrecht

e.A.	Einstweilige Anordnung
ebd.	ebenda
EBE/BGH	Eildienst Bundesgerichtliche Entscheidungen
EBITDA	earnings before interest, taxes, depreciation and amortization
E/B/J/*Bearbeiter*	*Ebenroth/Boujong/Joost*, HGB, 2 Bände und Aktualisierungsband, 2001/*Bearbeiter*
EFG	Entscheidungen der Finanzgerichte
eG	eingetragene Genossenschaft
EG	Europäische Gemeinschaft; Einführungsgesetz; Vertrag zur Gründung der europäischen Gemeinschaft (ab 1. 5. 1999; vorher: EGV)
EGAktG	Einführungsgesetz zum Aktiengesetz vom 6. 9. 1965 (BGBl. I, 1185)
EGBGB	Einführungsgesetz zum Bürgerlichen Gesetzbuch vom 18. 8. 1896 (RGBl. 604)
EGGmbHG	Einführungsgesetz zum GmbH-Gesetz
EGHGB	Einführungsgesetz zum Handelsgesetzbuch vom 10. 5. 1897 (RGBl. 437)
EGInsO	Einführungsgesetz zur Insolvenzordnung
EGStGB	Einführungsgesetz zum Strafgesetzbuch
EGV/EG-Vertrag	Vertrag zur Gründung der Europäischen Gemeinschaft (vor 1. 5. 1999; seither: EG)
EHUG	Gesetz über elektronische Handelsregister und Genossenschaftsregister sowie das Unternehmensregister vom 10. 11. 2006 (BGBl. I, 2553)
Einf.	Einführung
EinigV	Einigungsvertrag
Einl.	Einleitung
einschl.	einschließlich
EKAG	Einheitliches Gesetz über den Abschluss von internationalen Kaufverträgen über bewegliche Sachen vom 17. 7. 1973 (BGBl. I, 868), außer Kraft 1.1.91 (BGBl. I, 2895)
EKG	Einheitliches Gesetz über den internationalen Kauf beweglicher Sachen vom 17. 7. 1973 (BGBl. I, 856), außer Kraft 1.1.91 (BGBl. I 2894)
EMRK	Europäische Konvention zum Schutz der Menschenrechte und Grundfreiheiten
entspr.	entsprechend
EnWG	Energiewirtschaftsgesetz
ErbStG	Erbschaftsteuer- und Schenkungsteuergesetz i. d. F. der Bekanntmachung vom 27. 2. 1997 (BGBl. I, 378)
erg.	ergänzend
Erg.Lfg.	Ergänzungslieferung
ERJuKoG	Gesetz über elektronische Register und Justizkosten für Telekommunikation vom 10. 12. 2001 (BGBl. I, 3422)
Erl.	Erlass; Erläuterung(en)
EStDV	Einkommensteuer-Durchführungsverordnung
EStG	Einkommensteuergesetz i. d. F. vom 19. 10. 2002 (BGBl. I, 4210)
EStR	Einkommensteuerrichtlinien
etc.	et cetera
EU	Europäische Union
EuBVO	Verordnung (EG) Nr. Nr. 1206/2000 des Rates über die Zusammenarbeit zwischen den Gerichten der Mitgliedstaaten auf dem Gebiet der Beweisaufnahme
EuGH	Gerichtshof der Europäischen Gemeinschaften
EuGVO	Europäische Verordnung über die gerichtliche Zuständigkeit und die Anerkennung und Vollstreckung von Entscheidungen in Zivil- und Handelssachen vom 22. 12. 2000, ABlEG 2001 Nr. L 12/1, zuvor EuGVÜbk

EuGVÜ	Europäisches Übereinkommen über die gerichtliche Zuständigkeit und die Vollstreckung gerichtlicher Entscheidungen in Zivil- und Handelssachen vom 27. 9. 1968 (BGBl. I, 1972)
EuInsVO	Verordnung (EG) Nr. 1346/2000 des Rates über Insolvenzverfahren (ABl. EG Nr. L 160 S. 1)
EuroEG	Gesetz zur Einführung des Euro vom 9. 6. 1998 (BGBl. I, 1242)
EuZVO	Verordnung (EG) Nr. Nr. 1348/2001 des Rates über die Zustellung gerichtlicher und außergerichtlicher Schriftstücke
EuZW	Europäische Zeitschrift für Wirtschaftsrecht (Zeitschrift)
e. V.	einstweilige Verfügung; eingetragener Verein
EWiR	Entscheidungen zum Wirtschaftsrecht (Zeitschrift)
EWIV	Europäische Wirtschaftliche Interessenvereinigung
EWIVG/EWIV-AG	Gesetz zur Ausführung der EWG-Verordnung über die Europäische wirtschaftliche Interessenvereinigung (EWIV-Ausführungsgesetz) vom 14. 4. 1988 (BGBl. I, 514)
EWIV-VO	Verordnung (EWG) Nr. 2137/85 über die Schaffung einer Europäischen Wirtschaftlichen Interessenvereinigung
EWR	Europäischer Wirtschaftsraum
EzA	Entscheidungen zum Arbeitsrecht
f., ff.	folgende (r)
F&E	Forschung und Entwicklung
Fa.	Firma
FamRZ	Zeitschrift für Familienrecht
FAZ	Frankfurter Allgemeine Zeitung
FB	FinanzBetrieb (Zeitschrift)
FG	Finanzgericht
FG 50 Jahre BGH	*Canaris/Heldrich/Hopt/Schmidt/Roxin/Widmaier*, 50 Jahre Bundesgerichtshof, Festgabe aus der Wissenschaft, 4 Bände, 2000
FGG	Gesetz über die Angelegenheiten der freiwilligen Gerichtsbarkeit vom 17. 5. 1898 (RGBl. 189) i. d. F. vom 20. 5. 1898 (RGBl. 771)
FGO	Finanzgerichtsordnung
FGPrax	Praxis der freiwilligen Gerichtsbarkeit (Zeitschrift)
FinMin	Finanzministerium (eines Bundeslandes)
FK InsO/*Bearbeiter*	*Wimmer*, Frankfurter Kommentar zur Insolvenzordnung, 4. Auflage 2006/*Bearbeiter*
FLF	Finanzierung Leasing Factoring (Zeitschrift)
Fn.	Fußnote
FR	Finanzrundschau Deutsches Steuerblatt (Zeitschrift)
FRA	Forward Rate Agreement
FS	Festschrift (für)
FusionsRL	Fusions-Richtlinie
G	Gesetz
GastG	Gaststättengesetz
GB	Grundbuch
GBA	Grundbuchamt
GBl.	Gesetzblatt
GBl. (DDR) I	Gesetzblatt Deutsche Demokratische Republik Teil I
GBO	Grundbuchordnung i. d. F. vom 26. 5. 1994 (BGBl. I, 1114)
GbR	Gesellschaft bürgerlichen Rechts
GebrMG	Gebrauchsmustergesetz i. d. F. vom 28. 8. 1986 (BGBl. I, 1455)
gem.	gemäß

GemSOGB	Gemeinsamer Senat der obersten Gerichtshöfe des Bundes
GenG	Gesetz betreffend die Erwerbs- und Wirtschaftsgenossenschaften (Genossenschaftsgesetz) vom 1. 5. 1889 (RGBl. 55) i. d. F. vom 19. 8. 1994 (BGBl. I, 220)
GenTG	Gentechnikgesetz
GeschmMG	Gesetz über den rechtlichen Schutz von Mustern und Modellen (Geschmacksmustergesetz) vom 12. 3. 2004 (BGBl. I, 390)
GesO	Gesamtvollstreckungsanordnung
GewArch	Gewerbearchiv (Zeitschrift)
GewO	Gewerbeordnung i. d. F. vom 22. 2. 1999 (BGBl. I, 202)
GewStG	Gewerbesteuergesetz i. d. F. vom 15. 10. 2002 (BGBl. I, 4167)
GG	Grundgesetz für die Bundesrepublik Deutschland vom 23. 5. 1949 (BGBl. I, 1)
ggf.	gegebenenfalls
G/H/E/K/ *Bearbeiter*	*Geßler/Hefermehl/Eckhard/Kropff*, Münchener Kommentar Aktiengesetz, 9 Bände, 1. Auflage/*Bearbeiter* (1. Auflage von MüKo AktG)
GKG	Gerichtskostengesetz i. d. F. vom 15. 12. 1975 (BGBl. I, 3047)
GmbH	Gesellschaft mit beschränkter Haftung
GmbHÄndG	Gesetz zur Änderung des Gesetzes betreffend die Gesellschaften mit beschränkter Haftung und anderer handelsrechtlicher Vorschriften vom 4. 7. 1980 (BGBl. I, 836)
GmbH-Hdb *Bearbeiter*	*GmbH-Handbuch*, Loseblatt, 5 Ordner, Stand Mai 2006
GmbHG	Gesetz betreffend die Gesellschaften mit beschränkter Haftung vom 20. 4. 1892 (RGBl., 477) i. d. F. vom 20. 5. 1898 (RGBl., 846), zuletzt geändert durch EHUG
GmbHR	GmbH-Rundschau (Zeitschrift)
GmbH-Stb	Der GmbH-Steuerberater (Zeitschrift)
GoA	Geschäftsführung ohne Auftrag
GoB	Grundsätze ordnungsgemäßer Buchführung
GoI	Grundsätze ordnungsgemäßer Inventur
grds.	grundsätzlich
GrEStG	Grunderwerbsteuergesetz
GroßkommAktG/ *Bearbeiter*	*Hopt/Wiedemann*, Aktiengesetz Großkommentar, 3. Auflage 1970 ff.; 4. Auflage 1992 ff./*Bearbeiter*
GroßkommHGB *Bearbeiter*	*Staub/Canaris/Schilling/Ulmer*, Handelsgesetzbuch Großkommentar zum HGB und seinen Nebengesetzen, 9 Bände, 1983 ff./*Bearbeiter*
GrS	Großer Senat
GrSZ	Großer Senat in Zivilsachen
GRUR	Gewerblicher Rechtsschutz und Urheberrecht (Zeitschrift)
GS	Gedächtnisschrift; Preußische Gesetzsammlung (Jahr, Seite)
GüKG	Güterkraftverkehrsgesetz i. d. F. vom 22. 6. 1998 (BGBl. I, 1485)
GuV	Gewinn- und Verlust-Rechnung
GVBl.	Gesetz- und Verordnungsblatt (Jahr, Seite)
GV	Gerichtsvollzieher
GVG	Gerichtsverfassungsgesetz
GWB	Gesetz gegen Wettbewerbsbeschränkungen i. d. F. vom 15. 7. 2005 (BGBl. I, 2114)
h. A.	herrschende Auffassung
HaftpflG	Haftpflichtgesetz
HansOLG	Hanseatisches OLG

HausTWG	Gesetz über den Widerruf von Haustürgeschäften und ähnlichen Geschäften vom 16. 1. 1986 (BGBl. I, 122), aufgehoben durch SchuldRModG
Hdb AG/*Bearbeiter*	*Müller/Rödder*, Beck'sches Handbuch der AG, mit KGaA, Gesellschaftsrecht Steuerrecht Börsengang, 2004
Hdb CorpGov/ *Bearbeiter*	*Hommelhoff/Hopt/v. Werder/Kleindieck*, Handbuch Corporate Governance, 2003/*Bearbeiter*
Hdb GmbH/ *Bearbeiter*	*Müller/Hense*, Beck'sches Handbuch der GmbH, Gesellschaftsrecht Steuerrecht, 3. Auflage 2002/*Bearbeiter*
Hdb PersGes/ *Bearbeiter*	*Müller/Hoffmann*, Beck'sches Handbuch der Personengesellschaften, Gesellschaftsrecht Steuerrecht, 2. Auflage 2002/*Bearbeiter*
HessStiftG	Hessisches Stiftungsgesetz
HFA	Hauptfachausschuss des Instituts der Wirtschaftsprüfer
HGB	Handelsgesetzbuch vom 10. 5. 1897 (RGBl., 219)
HGrG	Gesetz über die Grundsätze des Haushaltsrechts (Haushaltsgrundsätzegesetz) vom 19. 8. 1969 (BGBl. I, 1273)
H/H/R/*Bearbeiter*	*Herrmann/Heuer/Raupach*, Einkommensteuer- und Körperschaftsteuergesetz mit Nebengesetzen, Loseblatt-Sammlung, 20 Ordner, Stand Juni 2006/*Bearbeiter*
HinterlO	Hinterlegungsordnung vom 10. 3. 1937 (RGBl. I, 285)
HK GmbHG/ *Bearbeiter*	*Bartl/Fichtelmann/Schlarb*, Heidelberger Kommentar zum GmbH-Recht, 5. Auflage 2002/ *Bearbeiter*
HK InsO/*Bearbeiter*	*Eickmann/Flessner/Irschlinger/Kirchhof/ Kreft/Landfehrmann/ Marotzke/Stephan*, Heidelberger Kommentar zur Insolvenzordnung, 4. Auflage 2006/*Bearbeiter*
h. L.	herrschende Lehre
h. M.	herrschende Meinung
HRefG	Gesetz zur Neuregelung des Kaufmanns- und Firmenrechts und zur Änderung anderer handels- und gesellschaftsrechtlicher Vorschriften (Handelsrechtsreformgesetz – HRefG) vom 22. 6. 1998 (BGBl. I, 1474)
HReg	Handelsregister
HRegGebNeuOG	Gesetz zur Neuordnung der Gebühren in Handels-, Partnerschafts- und Genossenschaftsregistersachen (Handelsregistergebühren-Neuordnungsgesetz) vom 3. 7. 2004 (BGBl. I, 1410)
HRegGebV	Verordnung über Gebühren in Handels-, Partnerschafts- und Genossenschaftsregistersachen (Handelsregistergebührenverordnung) vom 30. 9. 2004 (BGBl. I, 2562)
HRR	Höchstrichterliche Rechtsprechung (Zeitschrift)
HRV	Verordnung über die Einrichtung und Führung des Handelsregisters (Handelsregisterverordnung) vom 12. 8. 1937 (RMBl, 515), zuletzt geändert durch EHUG vom 10. 11. 2006
Hs.	Halbsatz
Hrsg.	Herausgeber
H/T/M-T/*Bearbeiter*	*Hesselmann/Tillmann/Mueller-Thuns*, Handbuch der GmbH & Co. KG, 19. Auflage 2005/*Bearbeiter*
HV	Hauptversammlung
HwO	Handwerksordnung
HypBG	Hypothekenbankgesetz i. d. F. vom 9. 9. 1998 (BGBl. I, 2674), aufgehoben durch PfandBG
i.A(bw).	in Abwicklung
IAS	International Accounting Standard, ab 1. 4. 2001 IFRS

ICC	International Chamber of Commerce
ICC-SchGO	Schiedsgerichtsordnung des International Court of Arbitration of the International Chamber of Commerce
i. d. F.	in der Fassung
i. d.gelt. F.	in der geltenden Fassung
i. d. R.	in der Regel
IdW	Institut der Wirtschaftsprüfer in Deutschland e. V.
i. E.	im Einzelnen
i.Erg.	im Ergebnis
i. e. S.	im engeren Sinne
IFRS	International Financial Reporting Standard (seit 1. 4. 2001, zuvor: IAS)
IHK	Industrie- und Handelskammer
IHR	Richtlinien für Insidergeschäfte mit börsenorientierten oder öffentlich angebotenen Aktien (Insiderhandelsrichtlinien)
i. H. v.	in Höhe von
i.Ins.	in Insolvenz
i.L(iq).	in Liquidation
insbes.	insbesondere
InsO	Insolvenzordnung vom 5. 10. 1994 (BGBl. I, 2866)
InsOHdb/*Bearbeiter*	Gottwald, Insolvenzrechts-Handbuch, 3. Auflage 2006/*Bearbeiter*
InsVV	Insolvenzrechtliche Vergütungsverordnung
InvG	Investmentgesetz vom 15. 12. 2003 (BGBl. I, 2676)
InVo	Insolvenz und Vollstreckung (Zeitschrift)
IPR	Internationales Privatrecht
IPrax	Praxis des Internationalen Privat- und Verfahrensrechts (Zeitschrift)
IPRspr	Die Deutsche Rechtsprechung auf dem Gebiete des IPR (Zeitschrift)
i. S.	im Sinne
i. S. d.	im Sinne des (der)
IStR	Internationales Steuerrecht (Zeitschrift)
i. S. v.	im Sinne von
i. V. m.	in Verbindung mit
IZRspr	Sammlung der deutschen Entscheidungen zum internationalen Privatrecht
i.Zw.	im Zweifel
JA	Juristische Arbeitsblätter (Zeitschrift)
JKomG	Gesetz über die Verwendung elektronischer Kommunikationsformen in der Justiz (Justizkommunikationsgesetz) vom 22. 3. 2005 (BGBl. I, 837)
JR	Juristische Rundschau (Zeitschrift)
JuS	Juristische Schulung (Zeitschrift)
JurBüro	Das Juristische Büro (Zeitschrift)
JW	Juristische Wochenschrift (Zeitschrift)
JZ	Juristenzeitung (Zeitschrift)
KAGG	Gesetz über die Kapitalanlagegesellschaften i. d. F. vom 9. 9. 1998 (BGBl. I, 2726), aufgehoben durch InvG 2003
Kap.	Kapitel
KapAEG	Gesetz zur Verbesserung der Wettbewerbsfähigkeit deutscher Konzerne an Kapitalmärkten und zur Erleichterung der Aufnahme von Gesellschschaftsdarlehen (Kapitalaufnahmeerleichterungsgesetz) vom 20. 4. 1998 (BGBl. I, 707)
KapErhG	Gesetz über die Kapitalerhöhung aus Gesellschaftsmitteln und über die Verschmelzung von Gesellschaften mit beschränkter Haftung vom

	23. 12. 1959 (BGBl. I, 789), außer Kraft mit Wirkung vom 1. 1. 1995 durch Gesetz vom 28. 10. 1994 (BGBl. I, 3210)
KapErhStG	Gesetz über steuerrechtliche Maßnahmen bei Erhöhung des Nennkapitals aus Gesellschaftsmitteln vom 30. 12. 1959 (BGBl. I, 834; BStBl. I 1960, 14)
KapMuG	Gesetz zur Einführung von Kapitalanleger-Musterverfahren (Kapitalanleger-Musterverfahrensgesetz vom 16. 8. 2005 (BGBl. I, 2437, ber. BGBl. I, 3095)
Kfm.	Kaufmann
kfm.	kaufmännisch
KfW	Kreditanstalt für Wiederaufbau
KG	Kommanditgesellschaft; Kammergericht
KGaA	Kommanditgesellschaft auf Aktien
KGJ	Jahrbuch für die Entscheidungen des Kammergerichts (Band, Seite)
KO	Konkursordnung i. d. F. vom 20. 5. 1898 (RGBl. 612)
KölnKomm AktG/ *Bearbeiter*	*Zöllner/Noack*, Kölner Kommentar zum Aktiengesetz, 8 Bände, 3. Auflage 2004/*Bearbeiter*
KölnKomm WpÜG/ *Bearbeiter*	*Hirte/v. Bülow*, Kölner Kommentar zum WpÜG, 2003/*Bearbeiter*
KonTraG	Gesetz über die Kontrolle und Transparenz im Unternehmensbereich vom 27. 4. 1998 (BGBl. I, 786)
KostO	Gesetz über die Kosten in Angelegenheiten der freiwilligen Gerichtsbarkeit (Kostenordnung) i. d. F. vom 26. 7. 1957 (BGBl. I, 960)
K/R/M/*Bearbeiter*	*Koller/Roth/Mork*, HGB, 5. Auflage 2005/*Bearbeiter*
KSchG	Kündigungsschutzgesetz vom 25. 8. 1969 (BGBl. I, 1317)
KStG	Körperschaftsteuergesetz 2002 i. d. F. vom 15. 10. 2002 (BGBl. I, 4144)
KStR	Körperschaftsteuerrichtlinien
KTS	Konkurs, Treuhand- und Schiedsgerichtswesen (Zeitschrift)
KunstUrhG	Gesetz betreffend das Urheberrecht an Werken der bildenden Künste und der Photographie (Kunsturhebergesetz)
KV	Kostenverzeichnis
KVO	Kraftverkehrsordnung für den Güterfernverkehr mit Kraftfahrzeugen i. d. F. vom 23. 12. 1958, aufgehoben
KVStG	Kapitalverkehrssteuergesetz i. d. F. vom 17. 11. 1972 (BGBl. I, 2129), aufgehoben
KWG	Gesetz über das Kreditwesen i. d. F. vom 9. 9. 1998 (BGBl. I, 2776)
LadschlG	Ladenschlussgesetz vom 28. 11. 1956 (BGBl. I, 875)
LAG	Landesarbeitsgericht
LAGE	Entscheidungssammlung Landesarbeitsgerichte
LFzG/LohnFG	Gesetz über die Fortzahlung des Arbeitsentgelts im Krankheitsfalle (Lohnfortzahlungsgesetz) vom 27. 7. 1969 (BGBl. I, 946)
LG	Landgericht
LHO	Landeshaushaltsordnung
lit.	litera, Buchstabe
LM	Lindenmaier-Möhring, Nachschlagewerk des Bundesgerichtshofs
LohnFG	s. LFzG
LPartG	Gesetz über die eingetragene Lebenspartnerschaft (Lebenspartnerschaftsgesetz) vom 16. 2. 2001 (BGBl. I, 66)
LPG	Landwirtschaftliche Produktionsgenossenschaft (DDR)
LS	Leitsatz
LSG	Landessozialgericht
LStDV	Lohnsteuer-Durchführungsverordnung
ltd./Ltd.	(engl.) Limited, private limited company by shares

LuftVG	Luftverkehrsgesetz i. d. F. vom 27. 3. 1999 (BGBl, 550)
LZ	Leipziger Zeitschrift für Deutsches Recht
MaBV	Verordnung über die Pflichten der Makler, Darlehens- und Anlagenvermittler, Bauträger und Baubetreuer (Makler- und Bauträgerverordnung) i. d. F. vom 7. 11. 1990 (BGBl. I, 2479)
MAH AktR/ *Bearbeiter*	*Schüppen/Schaub*, Münchener Anwaltshandbuch zum Aktienrecht, 2005/*Bearbeiter*
MAH GmbH/ *Bearbeiter*	*Römermann*, Münchener Anwaltshandbuch GmbH-Recht, 2002/*Bearbeiter*
MAH PersGes/ *Bearbeiter*	*Gummert*, Münchener Anwaltshandbuch Personengesellschaftsrecht, 2005/*Bearbeiter*
m.Anm.	mit Anmerkung
MarkenG	Gesetz über den Schutz von Marken und sonstigen Kennzeichen (Markengesetz) vom 25. 10. 1994 (BGBl. I, 3082), berichtigt 1995 I 156
MDR	Monatsschrift für Deutsches Recht
MinBl.	Ministerialblatt
MindestKapG	RegE eines Gesetzes zur Neuregelung des Mindestkapitals der GmbH vom 14. 6. 2005 (BT-Drs. 15/5673), nicht beschlossen
MitbestErgG	Gesetz zur Ergänzung des Gesetzes über die Mitbestimmung der Arbeitnehmer in den Aufsichtsräten und Vorständen der Unternehmen des Bergbaus und der Eisen und Stahl erzeugenden Industrie vom 7. 8. 1956 (BGBl. I, 707)
MitbestG	Gesetz über die Mitbestimmung der Arbeitnehmer (Mitbestimmungsgesetz) vom 4. 5. 1976 (BGBl. I, 1153)
MittBl.	Mitteilungsblatt
MittBayNotK	Mitteilungen der Bayerischen Notarkammer
MittRhNotK	Mitteilungen der Rheinischen Notarkammer
MMR	MultiMedia und Recht (Zeitschrift)
m. N.	mit Nachweis(en)
MoMiG	Gesetze zur Modernisierung des GmbH-Rechts und zur Bekämpfung von Missbräuchen – RefE vom 29. 5. 2006
MontanMitbestG	Gesetz über die Mitbestimmung der Arbeitnehmer in den Aufsichtsräten und Vorständen der Unternehmen des Bergbaus und der Eisen und Stahl erzeugenden Industrie (Montan-Mitbestimmungsgesetz) vom 21. 5. 1951 (BGBl. I, 347)
MontanMitbestErgG	Gesetz zur Ergänzung des Gesetzes über die Mitbestimmung der Arbeitnehmer in den Aufsichtsräten und Vorständen der Unternehmen des Bergbaus und der Eisen und Stahl erzeugenden Industrie (Montan-Mitbestimmungsgesetz)
MRK	Menschenrechtskonvention
MüKo BGB/ *Bearbeiter*	*Rebmann/Säcker/Rixecker*, Münchener Kommentar zum Bürgerlichen Gesetzbuch, 12 Bände und Loseblatt-Aktualisierungsband, 4. Auflage 2001–2006/*Bearbeiter*
MüKo AktG/ *Bearbeiter*	*Kropff/Semler*, Münchener Kommentar Aktiengesetz 9 Bände, 2. Auflage 2000–2006/*Bearbeiter*
MüKo HGB/ *Bearbeiter*	*K. Schmidt*, Münchener Kommentar zum Handelsgesetzbuch, 7 Bände und Ergänzungsband, 1997–2004/*Bearbeiter*
MüKo ZPO/ *Bearbeiter*	*Lüke/Wax*, Münchener Kommentar zur Zivilprozessordnung, 3 Bände und Aktualisierungsband, 2. Auflage 2000–2002/*Bearbeiter*

MünchHdb GesR I (II/III/IV/V)/ *Bearbeiter*	Münchener Handbuch des Gesellschaftsrechts Band 1 (2/3/4/5)/*Bearbeiter*
MünchVertrHdb I/ *Bearbeiter*	*Heidenhain/Meister/Waldner,* Münchener Vertragshandbuch Band 1: Gesellschaftsrecht, 6. Auflage 2005/*Bearbeiter*)
MuSchG	Gesetz zum Schutze der erwerbstätigen Mutter (Mutterschutzgesetz) i. d. F. vom 20. 6. 2002 (BGBl. I, 1812)
m. w. N.	mit weiteren Nachweisen
m. w. V.	mit weiteren Verweisen
NachhBG	Gesetz zur zeitlichen Begrenzung der Nachhaftung von Gesellschaftern (Nachhaftungsbegrenzungsgesetz) vom 18. 3. 1994 (BGBl. I, 560)
NaStraG	Gesetz zur Namensaktie und zur Erleichterung der Stimmrechtsausübung (Namensaktiengesetz) vom 18. 1. 2001 (BGBl. I, 123)
n. F.	neue Fassung
NJ	Neue Justiz (Zeitschrift)
NJOZ	Neue Juristische Online-Zeitschrift
NJW	Neue Juristische Wochenschrift (Zeitschrift)
NJW-CoR	NJW-Computerreport (Zeitschrift)
NJW-RR	Neue Juristische Wochenschrift Rechtsprechungsreport (Zeitschrift)
NJWE-VHR	NJW-Entscheidungsdienst Versicherungs- und Haftpflicht (Zeitschrift)
NJWE-WettbR	NJW-Entscheidungsdienst für Wettbewerbsrecht (Zeitschrift)
Nr.	Nummer(n)
NRW	Nordrhein-Westfalen
NStZ	Neue Zeitschrift für Strafrecht
NStZ-RR	Neue Zeitschrift für Strafrecht Rechtsprechungsreport
NVwZ	Neue Zeitschrift für Verwaltungsrecht
NVwZ-RR	Neue Zeitschrift für Verwaltungsrecht Rechtsprechungsreport
NZA	Neue Zeitschrift für Arbeitsrecht
NZA-RR	Neue Zeitschrift für Sozialrecht
NZG	Neue Zeitschrift für Gesellschaftsrecht
o. ä. (Ä.)	oder ähnlich/oder Ähnliches
OECD-MA	OECD-Musterabkommen 2003 zur Vermeidung der Doppelbesteuerung auf dem Gebiet der Steuern vom Einkommen und vom Vermögen
OEEC	Organization for European Economic Cooperation
ÖJZ	Österreichische Juristenzeitung
o. g.	oben genannt(e/er/es)
OGH	Oberster Gerichtshof in Österreich
OGHZ	Amtliche Sammlung der Entscheidungen des OGH in Zivilsachen
OHG, oHG	Offene Handelsgesellschaft
OLG	Oberlandesgericht
OLGE	Sammlung der Rechtsprechung der Oberlandesgerichte (Band, Seite)
OLG-NL	OLG-Rechtsprechung Neue Länder
OLGR	OLG-Report (Zeitschrift)
OLGZ	Entscheidungen der Oberlandesgerichte in Zivilsachen einschließlich der freiwilligen Gerichtsbarkeit
ÖPNV	Öffentlicher Personennahverkehr
ÖV	Die öffentliche Verwaltung (Zeitschrift)
OVG	Oberverwaltungsgericht
OVGE	Entscheidungen der Oberverwaltungsgerichte (Band, Seite)
OWiG	Gesetz über Ordnungswidrigkeiten i. d. F. vom 19. 2. 1987 (BGBl. I, 602)

p.a.	per annum
PachtKG	Pachtkreditgesetz
Palandt/*Bearbeiter*	Palandt, Kurzkommentar zum BGB/*Bearbeiter*
PartGG	Gesetz über Partnergesellschaften Angehöriger Freier Berufe (Partnerschaftsgesellschaftsgesetz) vom 25. 7. 1994 (BGBl. I, 1744)
PatAO	Patentanwaltsordnung
PatG	Patentgesetz i. d. F. vom 16. 12. 1980 (BGBl. 1981 I 1)
PersBfG	Gesetz über die Beförderungen von Personen zu Lande (Personenbeförderungsgesetz) i. d. F. vom 8. 8. 1990 (BGBl. I, 1690)
PfandBG	Pfandbriefgesetz vom 22. 5. 2005 (BGBl. I, 1373)
PGH	Produktionsgenossenschaft des Handwerks (DDR)
PrAngV(O)	Preisangabenverordnung vom 18. 10. 2002 (BGBl. I, 4197)
PaxisHdb GmbH-GF/*Bearbeiter*	*Birle/Jürgen*, Praxishandbuch GmbH-Geschäftsführer, 2006/*Bearbeiter*
ProdHaftG	Gesetz über die Haftung für fehlerhafte Produkte (Produkthaftungsgesetz) vom 15. 12. 1989 (BGBl. I, 2198)
PrüfbV	Prüfungsberichtsverordnung
PRV	Partnerschaftsregisterverordnung
PublG	Gesetz über die Rechnungslegung von bestimmten Unternehmen und Konzernen (Publizitätsgesetz) vom 15. 8. 1969 (BGBl. I 1189), berichtigt 1970 I 1113
Publikumsges.	Publikumsgesellschaft
pVV	positive Vertragsverletzung
PWW/*Bearbeiter*	*Prütting/Wegen/Weinreich*, Kommentar zum BGB, 1. Auflage 2006/*Bearbeiter*
RA	Rechtsanwalt
RAK	Rechtsanwaltskammer
RberG	Rechtsberatungsgesetz vom 13. 12. 1935 (RGBl. I, 1478)
RdA	Recht der Arbeit (Zeitschrift)
Recht	Das Recht (seit 1935 Beilage zu Deutsche Justiz) (Zeitschrift, Jahr und Nr. der Entscheidung bzw. Jahr und Seite)
RefE	Referentenentwurf
RefE MoMiG	Referentenentwurf eines »Gesetzes zur Modernisierung des GmbH-Rechts und zur Bekämpfung von Missbräuchen« vom 29. 5. 2006
RegBegr.	(Gesetzes-)Begründung der Bundesregierung
RegBl.	Regierungsblatt
RegE	Regierungsentwurf
RegE EHUG	Regierungsentwurf eines »Gesetzes über elektronische Handelsregister und Genossenschaftsregister sowie das Unternehmensregister« vom 14. 12. 2005 (BT-Drs. 16/960 vom 15. 3. 2006)
RFH	Reichsfinanzhof
RG	Reichsgericht
RGSt	Amtliche Sammlung der Entscheidungen des Reichsgerichts in Strafsachen (Band, Seite)
RGZ	Reichsgericht, Entscheidungen in Zivilsachen
RGBl.	Reichsgesetzblatt
Richtl.	Richtlinie
RIW/AWD	Recht der internationalen Wirtschaft/Außenwirtschaftsdienst des Betriebs-Beraters (Zeitschrift)
RJM	Reichsministerium der Justiz
RL	Richtlinie

ROHG	Reichsoberhandelsgericht; mit Fundstelle: amtliche Entscheidungssammlung (Band, Seite)
Rn.	Randnummer
Rpfleger	Der Deutsche Rechtspfleger (Zeitschrift)
RR	Rechtsprechungsreport
R/S-L/*Bearbeiter*	*Rowedder/Schmidt-Leithoff*, Gesetz betreffend die Gesellschaften mit beschränkter Haftung (GmbHG), 4. Auflage 2002/*Bearbeiter*
Rspr.	Rechtsprechung
RStBl.	Reichssteuerblatt (Jahr, Seite)
RVG	Gesetz über die Vergütung der Rechtsanwältinnen und Rechtsanwälte (Rechtsanwaltsvergütungsgesetz) vom 5. 5. 2004 (BGBl. I, 718), Ablösung der BRAGO
s.	siehe
S.	Seite; Satz
s. a.	siehe auch
SAE	Sammlung arbeitsrechtlicher Entscheidungen (Jahr, Seite)
S/B/B/*Bearbeiter*	*Sagasser/Bula/Brünger*, Umwandlungen, 3. Auflage 2002/*Bearbeiter*
SCE	Societas Cooperativa Europaea – Europäische Genossenschaft ScheckG Scheckgesetz vom 14. 8. 1933 (RGBl. I, 597)
SchiedsG	Schiedsgericht
SchiedsVZ	Zeitschrift für Schiedsverfahren
SchuldRÄndG	Gesetz zur Änderung schuldrechtlicher Bestimmungen im Beitrittsgebiet (Schuldrechtsänderungsgesetz) vom 21. 9. 1994 (BGBl. I, 2538)
SchuldRAnpG	Gesetz zur Anpassung schuldrechtlicher Nutzungsverhältnisse an Grundstücken im Beitrittsgebiet (Schuldrechtanpassungsgesetz) vom 21. 9. 1994 (BGBl. I, 2538)
SchuldRModG	Gesetz zur Modernisierung des Schuldrechts vom 26. 11. 2001 (BGBl. I, 3138); Inkrafttreten 1. 1. 2002
Sec.	Section
SE	Societas Europaea – Europäische Aktiengesellschaft
SE-AG	Gesetz zur Ausführung der Verordnung (EG9 Nr. 2157/2001 des Rates vom 8. 10. 2001 über das Statut der Europäischen Gesellschaft (SE) (SE-Ausführungsgesetz) vom 22. 12. 2004 (BGBl. I, 3675)
SEEG	Gesetz zur Einführung der Europäischen Gesellschaft vom 22. 12. 2004 (BGBl. I, 3675)
SEGB	Gesetz über die Beteiligung der Abreitnehmer in einer Europäischen Gesellschaft (SE-Beteiligungsgesetz) vom 22. 12. 2004 (BGBl. I, 3675, 3686)
SEStEG	Gesetz über steuerliche Begleitmaßnahmen zur Einführung der Europäischen Aktiengesellschaft (SE) – RegE (BR-Drs. 542/06 vom 11. 8. 2006)
SE-VO	Verordnung (EG) Nr. 2157/2001 des Rates über das Statut der Europäischen Gesellschaft (SE), Abl. EG L 294/1 vom 10. 11. 2001
SG	Sozialgericht
SGB	Sozialgesetzbuch
SGG	Sozialgerichtsgesetz
S/H/S/*Bearbeiter*	*Schmitt/Hörtnagl/Stratz*, Umwandlungsgesetz, Umwandlungssteuergesetz: UmwG/UmwStG, 4. Auflage 2006/*Bearbeiter*
Slg.	Sammlung
s. o.	siehe oben
sog.	so genannte(r/s)
SozPraxis	SozialPraxis (Zeitschrift) (vor 1940!)

SpruchG	Gesetz über das gesellschaftrechtliche Spruchverfahren (Spruchverfahrensgesetz) vom 12. 6. 2003 (BGBl. I, 838)
Sudhoff/*Bearbeiter*	*Sudhoff*, Personengesellschaften, 8. Auflage 2005/*Bearbeiter*
Sudhoff GmbH & Co. KG	*Sudhoff*, GmbH & Co. KG, 6. Auflage 2005/*Bearbeiter*
GmbH-GF/ *Bearbeiter*	
S/S/S/*Bearbeiter*	*Singhof/Seiler/Schlitt*, Mittelbare Gesellschaftsbeteiligungen, Stille Gesellschaft Unterbeteiligungen Treuhand, 2004/*Bearbeiter*
StAnpG	Steueranpassungsgesetz vom 16. 10. 1934 (RGBl. I, 925)
Staudinger GmbH-GF/ *Bearbeiter*	J. von Staudingers Kommentar zum Bürgerlichen Gesetzbuch mit Einführungsgesetz und Nebengesetzen, 1993 ff./*Bearbeiter*
StB	Der Steuerberater (Zeitschrift)
StBerG	Steuerberatungsgesetz i. d. F. vom 4. 11. 1975 (BGBl. I, 2735) Gesetz über die Rechtsverhältnisse der Steuerberater und Steuerbevollmächtigten vom 23. 8. 1961 (BGBl. I, 1301)
Stbg	Die Steuerberatung (Zeitschrift)
StBP	Die steuerliche Betriebsprüfung (Zeitschrift)
StGB	Strafgesetzbuch i. d. F. vom 13. 11. 1998 (BGBl. I, 3322)
StPO	Strafprozessordnung
str.	streitig
st.Rspr.	ständige Rechtsprechung
StSenkG	Steuersenkungsgesetz vom 23. 10. 2000 (BGBl. I, 1433)
StSenkErgG	Steuersenkungs-Ergänzungsgesetz vom 19. 12. 2000 (BGBl. I, 1812)
StuW	Steuer und Wirtschaft (Zeitschrift)
StV	Der Strafverteidiger (Zeitschrift)
s. u.	siehe unten
TDG	Gesetz über die Nutzung von Telediensten (Teledienstegesetz) vom 22. 7. 1997 (BGBl. I, 1870)
TKG	Telekommunikationsgesetz vom 22. 6. 2004 (BGBl. I, 1190)
TransportR	Transportrecht (Zeitschrift)
TransPuG	Gesetz zur weiteren Reform des Aktien- und Bilanzrechts, zu Transparenz und Publizität (Transparenz- und Publizitätsgesetz) vom 19. 7. 2002 (BGBl. I, 2681)
TreuhandG	Gesetz zur Privatisierung und Reorganisation des volkseigenen Vermögens vom 17. 6. 1990 (GBl. I, 300)
TRG	Gesetz zur Neuregelung des Fracht-, Speditions- und Lagerrechts (Transportrechtsreformgesetz) vom 25. 6. 1998 (BGBl. I, 1588)
TVG	Tarifvertragsgesetz i. d. F. vom 25. 8. 1969 (BGBl. I, 1323)
Tz.	Textziffer
u. a.	unter anderem
UBGG	Gesetz über Unternehmensbeteiligungsgesellschaften i. d. F. vom 9. 9. 1998 (BGBl. I, 2765)
UMAG	Gesetz zur Unternehmensintegrität und Modernisierung des Anfechtungsrechts vom 22. 9. 2005 (BGBl. I, 2802)
UmwBerG	Gesetz zur Bereinigung des Umwandlungsrechts vom 28. 10. 1994 (BGBl. I, 3210)
UmwG	Umwandlungsgesetz i. d. F. vom 28. 10. 1994 (BGBl. I, 3210), berichtigt 1995 I 428
UmwStE	Umwandlungssteuererlass vom 25. 3. 1998

UmwStG	Umwandlungssteuergesetz 2002 i. d. F. vom 15. 10. 2002 (BGBl. I, 4133)
UmwVO	Umwandlungsverordnung
unstr.	unstreitig
UNÜ 1958	UN-Übereinkommen über die Anerkennung und Vollstreckung ausländischer Schiedssprüche vom 10. 6. 1958
unumstr.	unumstritten
UrhG	Gesetz über Urheberrecht und verwandte Schutzrechte (Urheberrechtsgesetz) vom 9. 9. 1965 (BGBl. I, 1273)
UrhRWahr-nehmungsG	Urheberrechtswahrnehmungsgesetz
Urt.	Urteil
UStG	Umsatzsteuergesetz 1999 i. d. F. vom 9. 6. 1999 (BGBl. I, 1270)
UStR	Umsatzsteuer Rundschau (Zeitschrift)
u. U.	unter Umständen
UWG	Gesetz gegen den unlauteren Wettbewerb vom 3. 7. 2004 (BGBl. I, 1414)
VAG	Gesetz über die Beaufsichtigung der privaten Versicherungsunternehmen und Bausparkassen (Versicherungsaufsichtsgesetz) i. d. F. vom 17. 12. 1992 (BGBl. I, 1993 I 2)
vEK	verwendbares Eigenkapital
VereinsG	Gesetz zur Regelung des öffentlichen Vereinsrechts (Vereinsgesetz) vom 5. 8. 1964 (BGBl. I, 593)
VerbrKrG	Verbraucherkreditgesetz vom 17. 12. 1990 (BGBl. I, 2840), aufgehoben durch SchuldRModG
VerglO	Vergleichsordnung vom 26. 2. 1935 (RGBl. I, 321)
VerkProspG	Wertpapier-Verkaufsprospektgesetz i. d. F. vom 9. 9. 1998 (BGBl. I, 2701)
VermBG	Vermögensbildungsgesetz
VermVerkProspV	Verordnung über Vermögensanlagen-Verkaufsprospekte vom 16. 12. 2004 (BGBl. I, 3464)
VersR	Versicherungsrecht (Zeitschrift)
VersRiLi	Versicherungsbilanzrichtlinie
VersRiLiG	Gesetz zur Durchführung der Richtlinie des Rates der Europäischen Gemeinschaften über den Jahresabschluss und den konsolidierten Abschluss von Versicherungsunternehmen (Versicherungsbilanzrichtlinie-Gesetz) vom 24. 6. 1994 (BGBl. I, 1377)
vGA	verdeckte Gewinnausschüttung(en)
VG	Verwaltungsgericht
VGH	Verwaltungsgerichtshof
vgl.	vergleiche
VIZ	Zeitschrift für Vermögens- und Investitionsrecht
VO	Verordnung
VOB	Verdingungsordnung für Bauleistungen
VOBl.	Verordnungsblatt
Vorb(em).	Vorbemerkung
VorsRichter	Vorsitzender Richter
VRS	Verkehrsrechts-Sammlung
VStG	Vermögensteuergesetz
v. T. w.	von Todes wegen
VuR	Verbraucher und Recht (Zeitschrift)
VVaG	Versicherungsverein auf Gegenseitigkeit
vVG	verdeckte Vorteilsgewährung
VVG	Gesetz über den Versicherungsvertrag (Versicherungsvertragsgesetz) vom 30. 5. 1908 (RGBl., 263)

VV RVG	Vergütungsverzeichnis zum RVG
VW	Versicherungswirtschaft (Zeitschrift)
VwGO	Verwaltungsgerichtsordnung i. d. F. vom 19. 3. 1991 (BGBl. I, 686)
VwVfG	Verwaltungsverfahrensgesetz
VwVG	Verwaltungs-Vollstreckungsgesetz
VwZG	Verwaltungs-Zustellungsgesetz
WährG	Währungsgesetz
WaffenG	Waffengesetz
WEG	Gesetz über das Wohnungseigentum und das Dauerwohnrecht
WG	Wechselgesetz vom 21. 6. 1933 (RGBl. I, 399)
wistra	Zeitschrift für Wirtschafts- und Steuerstrafrecht
WM	Wertpapiermitteilungen (Zeitschrift)
WPg	Die Wirtschaftsprüfung (Zeitschrift)
WP-Hdb	Wirtschaftsprüfer-Handbuch
WpHG	Gesetz über den Wertpapierhandel (Wertpapierhandelsgesetz) i. d. F. vom 9. 9. 1998 (BGBl. I, 2708)
WPO	Gesetz über eine Berufsordnung der Wirtschaftsprüfer (Wirtschaftsprüferordnung) i. d. F. vom 5. 11. 1975 (BGBl. I, 2803)
WpPG	Gesetz über die Erstellung, Billigung und Veröffentlichung des Prospekts, der beim öffentlichen Angebot von Wertpapieren oder bei der Zulassung von Wertpapieren zum Handel an einem organisierten Markt zu veröffentlichen ist (Wertpapierprospektgesetz) vom 22. 6. 2005 (BGBl. I, 1698)
WpÜG	Wertpapiererwerbs- und Übernahmegesetz vom 20. 12. 2001 (BGBl. I, 3822)
WRP	Wettbewerb in Recht und Praxis (Zeitschrift)
WRV	Weimarer Reichsverfassung
WuB	Entscheidungssammlung zum Wirtschafts- und Bankrecht (Loseblatt-Zeitschrift)
WuW	Wirtschaft und Wettbewerb (Zeitschrift)
WZG	Warenzeichengesetz
ZAP	Zeitschrift für die anwaltliche Praxis
z. B.	zum Beispiel
ZBB	Zeitschrift für Bankrecht und Bankwirtschaft
ZBR	Zurückbehaltungsrecht
ZEV	Zeitschrift für Erbrecht und Vermögensnachfolge
ZfA	Zeitschrift für Arbeitsrecht
ZfB	Zeitschrift für Betriebswirtschaft
Zfbf	Zeitschrift für betriebswirtschaftliche Forschung
ZfRV	Zeitschrift für Rechtsvergleichung
ZfS	Zeitschrift für Schadensrecht (Jahr, Seite)
ZfV	Zeitschrift für Versicherungswesen
ZG	Zollgesetz
ZGR	Zeitschrift für Unternehmens- und Gesellschaftsrecht
ZHR	Zeitschrift für das gesamte Handelsrecht und Wirtschaftsrecht (Band (Jahr), Seite)
ZInsO	Zeitschrift für das gesamte Insolvenzrecht
ZIP	Zeitschrift für Wirtschaftsrecht und Insolvenzpraxis
ZMR	Zeitschrift für Miet- und Raumrecht
ZPO	Zivilprozessordnung i. d. F. vom 12. 9. 1950 (BGBl. I, 533)
ZS	Zivilsenat
ZSteu	Zeitschrift für Steuern und Recht

z. T.	zum Teil
zust.	zustimmend
zutr.	zutreffend
ZVG	Gesetz über die Zwangsversteigerung und Zwangsverwaltung (Zwangsversteigerungsgesetz) vom 24. 3. 1897 (RGBl., 97)
ZVI	Zeitschrift für Verbraucher- und Privat-Insolvenzrecht
zzgl.	zuzüglich
ZZP	Zeitschrift für Zivilprozess
z.Zt.	zur Zeit

Literaturverzeichnis

Achilles/Ensthaler/Schmitt — Kommentar zum GmbHG, 2005 (A / E / S / *Bearbeiter*)

Adler/Düring/Schmaltz — Rechnungslegung und Prüfung der Unternehmen, 6. Auflage 1995 ff. (ADS / *Bearbeiter*)

Adloff — Untersuchungen zum Deutschen Stiftungswesen 2000–2002, 2002

Altmeppen — Die Haftung des Managers im Konzern, 1998

Andrick/Suerbaum — Stiftung und Aufsicht, 2001

AnwaltKommentar Aktienrecht — s. *Heidel* AnwaltKommentar Aktienrecht (AnwK-AktR / *Bearbeiter*)

AnwaltKommentar BGB — s. *Dauner-Lieb/Heidel/Ring* AnwaltKommentar BGB (AnwK-BGB)

Assmann/Schneider — Wertpapierhandelsgesetz, 3. Auflage 2004

Baetge/Lutter — Abschlussprüfung und Corporate Governance, 2003

Bamberger/Roth — Kommentar zum Bürgerlichen Gesetzbuch, 3 Bände, 2002–2003 (Bamberger / Roth / *Bearbeiter*)

Bartl/Fichtelmann/Schlarb — Heidelberger Kommentar zum GmbH-Recht, 5. Auflage 2002 (HK GmbHG / *Bearbeiter*)

Baumbach/Hopt — Kommentar zum Handelsgesetzbuch, 32. Auflage 2006 (Baumbach / Hopt / *Bearbeiter*)

Baumbach/Hueck — GmbH-Gesetz, 18. Auflage 2006 (Baumbach / Hueck / *Bearbeiter*)

Baumbach/Lauterbach/Albers/Hartmann — Zivilprozessordnung: ZPO, 64. Auflage 2006 (B / L / A / H / *Bearbeiter*)

Baums — (Hrsg.), Bericht der Regierungskommission Corporate Governance, 2001

Baums — Eintragung und Löschung von Gesellschafterbeschlüssen, 1981

Baur/Hopt/Mailänder — Festschrift für Ernst Steindorff zum 70. Geburtstag am 13. März 1990, 1990 (FS Steindorff 1990)

Becker — Die atypisch stille Gesellschaft als Outbound-Finanzierungsalternative, 2005

Beck'scher Bilanzkommentar — s. *Ellrott/Förschle/Hoyos/Winkeljohann* Beck'scher Bilanzkommentar, Handelsbilanz Steuerbilanz (BilKomm / *Bearbeiter*)

Beck'sches Handbuch der AG — s. *Müller/Rödder* Beck'sches Handbuch der AG (Hdb AG / *Bearbeiter*)

Beck'sches Handbuch der GmbH — s. *Müller/Hense* Beck'sches Handbuch der GmbH (Hdb GmbH / *Bearbeiter*)

Beck'sches Handbuch der Personengesellschaften — s. *Müller/Hoffmann* Beck'sches Handbuch der Personengesellschaften (Hdb PersGes / *Bearbeiter*)

Beisse/Lutter/Närger — Festschrift für Karl Beusch zum 68. Geburtstag am 31. Oktober 1993, 1993 (FS Beusch 1993)

Berkel/Neuhoff/Schindler — Treuhänderische Stiftungen, 1994

Berndt — Stiftung und Unternehmen, 6. Auflage 1998

Bernhardt/Krasser — Lehrbuch des Patentrechts, 5. Auflage 2004

Beuthien — Genossenschaftsgesetz (GenG), 14. Auflage 2004

Bezzenberger — Das Kapital der AG, 2005

Bezzenberger — Vorzugsaktien ohne Stimmrecht, 1991

Bierich/Hommelhoff/Kropff — Festschrift für Johannes Semler zum 70. Geburtstag am 28. April 1993, 1993 (FS Semler 1993)

Binder	Beteiligungsführung in der Konzernunternehmung, 1994
Binz/Sorg	Die GmbH & Co. KG, 10. Auflage 2005
Birle/Jürgen	Praxishandbuch GmbH-Geschäftsführer, 2006 (Praxis-Hdb GmbH-GF)
Bitter	Konzernrechtliche Durchgriffshaftung bei Personengesellschaften, 2000
Blaurock	Handbuch der Stillen Gesellschaft, 6. Auflage 2003
Blydt-Hansen	Die Rechtsstellung der Destinatäre der rechtsfähigen Stiftung Bürgerlichen Rechts, 1998
Borris	Die internationale Handelsschiedsgerichtsbarkeit in den USA, 1987
Braun/Uhlenbruck	Unternehmensinsolvenz, 1997
Brönner	Die Besteuerung der Gesellschaften, 18. Auflage 2005
Bruchhausen	Festschrift für Rudolf Nirk zum 70. Geburtstag am 11. Oktober 1992, 1992 (FS Nirk 1992)
Bub/Knieper/Metz	Festschrift für Prof. Dr. Peter Derleder: Zivilrecht im Sozialstaat, 2005 (FS Derleder 2005)
Budde/Förschle	Sonderbilanzen, 3. Auflage 2002
Bundschuh/Hadding/Schneider	Recht und Praxis der Genußscheine, 1987
Buth/Hermanns	Restrukturierung, Sanierung, Insolvenz, 2. Auflage 2004
Canaris/Heldrich/Hopt/Schmidt/ Roxin/Widmaier	50 Jahre Bundesgerichtshof, Festgabe aus der Wissenschaft, 4 Bände, 2000 (FG 50 Jahre BGH)
Conrat	Zum römischen Vereinsrecht, 1873
Crezelius/Hirte/Vieweg	Festschrift für Volker Röhricht zum 65. Geburtstag am 11. Mai 2005, 2005 (FS Röricht 2005)
Damm/Heermann/Veil	Festschrift für Thomas Raiser zum 70. Geburtstag am 20. Februar 2005, 2005 (FS Raiser 2005)
Dauner-Lieb/Heidel/Ring	AnwaltKommentar BGB, 5 Bände, 2003–2005 (AnwK-BGB/*Bearbeiter*)
Degenhardt	Die »Limited« in Deutschland, 4. Auflage 2005
Dehmer	Umwandlungsgesetz, Umwandlungssteuergesetz: UmwG/UmwStG, 4. Auflage 2006
Deilmann	Amtsniederlegung durch Gesellschaftsorgane, 2003
Dietz/Nipperdey/Ulmer	Festschrift für Alfred Hueck zum 70. Geburtstag am 7. Juli 1959, 1959 (FS A. Hueck 1959)
Dötsch	Umwandlungssteuerrecht, 5. Auflage 2003
Dötsch/Eversberg/Jost/Witt	Die Körperschaftsteuer, Loseblatt-Sammlung, Stand: Juli 2006 (D/E/J/W/*Bearbeiter*)
Ebenroth/Boujong/Joost	HGB, 2 Bände und Aktualisierungsband, 2001 (E/B/J/*Bearbeiter*)
Ebenroth/Hesselberger/Rinne	Festschrift für Karlheinz Boujong zum 65. Geburtstag: Verantwortung und Gestaltung, 1996 (FS Boujong 1996)
Ehricke	Das abhängige Konzernunternehmen in der Insolvenz, 1998
Eickmann/Flessner/Irschlinger/ Kirchhof/Kreft/Landfehrmann/ Marotzke/Stephan	Heidelberger Kommentar zur Insolvenzordnung, 4. Auflage 2006 (HK InsO/*Bearbeiter*)
Ellrott/Förschle/Hoyos/Winkeljohann	Beck'scher Bilanzkommentar, Handelsbilanz Steuerbilanz, 6. Auflage 2006 (BilKomm/*Bearbeiter*)
Emmerich/Habersack	Konzernrecht, 8. Auflage 2005 (*Emmerich/Habersack* KonzernR)
Emmerich/Habersack	Aktien- und GmbH-Konzernrecht, 4. Auflage 2005 (*Emmerich/Habersack* Aktienkonzernrecht)
Engelmann/Juncker/Natusch	Moderne Unternehmensfinanzierung, 2000

Ensthaler	Gemeinschaftskommentar zum HGB (GK-HGB), 7. Auflage 2007 (GK-HGB/*Bearbeiter*)
Ensthaler/Fahse	OHG KG Stille Gesellschaft, Kompaktkommentar zu den §§ 105–237 HGB, 2002
Erman	Kommentar zum Bürgerlichen Gesetzbuch, 11. Auflage 2004
Eschenbruch	Konzernhaftung, Haftung der Unternehmen und Manager, 1996
Feddersen/Knauth	Eigenkapitalbildung durch Genußscheine, 1988; 2. Auflage 1992
Feddersen/Meyer-Landrut	Partnerschaftsgesellschaftsgesetz, 1995
Festgabe 50 Jahre BGH 2000	s. *Canaris/Heldrich/Hopt/Schmidt/Roxin/Widmaier* 50 Jahre Bundesgerichtshof
Festschrift Beusch	s. *Beisse/Lutter/Närger* Festschrift für Karl Beusch zum 68. Geburtstag
Festschrift Bezzenberger	s. *Westermann, H.-P. u. a.* Festschrift für Gerold Bezzenberger zum 70. Geburtstag
Festschrift Boujong	s. *Ebenroth/Hesselberger/Rinne* Festschrift für Karlheinz Boujong zum 65. Geburtstag
Festschrift Claussen	s. *Martens/Westermann/Zöllner* Festschrift für Carsten Peter Claussen,
Festschrift Derleder	s. *Bub/Knieper/Metz* Festschrift für Prof. Dr. Peter Derleder zum 65. Geburtstag
Festschrift Doralt	s. *Kalass/Nowotny/Schauer* Festschrift für Professor Peter Doralt zum 65. Geburtstag
Festschrift Fischer	s. *Lutter/Stimpel/Winkelmann* Festschrift für Robert Fischer
Festschrift Fleck	s. *Goerdeler/Hommelhoff/Lutter/Wiedemann* Festschrift für Hans-Joachim Fleck zum 70. Geburtstag
Festschrift Goerdeler	s. *Havermann* Festschrift für Reinhard Goerdeler zum 65. Geburtstag
Festschrift Großfeld	s. *Hübner/Ebke* Festschrift für Prof. Dr. Bernhard Großfeld zum 65. Geburtstag
Festschrift Hueck	s. *Dietz/Nipperdey/Ulmer* Festschrift für Alfred Hueck zum 70. Geburtstag
Festschrift Kropff	Festschrift für Bruno Kropff zum 72. Geburtstag, 1997
Festschrift Lorenz	s. *Rauscher/Mansel* Festschrift für Werner Lorenz zum 80. Geburtstag
Festschrift Lutter	s. *Schneider/Hommelhoff/Schmidt* Festschrift für Marcus Lutter zum 70. Geburtstag
Festschrift Müller	1981, Festschrift für Gerhard Müller, 1981
Festschrift Nirk	s. *Bruchhausen* Festschrift für Rudolf Nirk zum 70. Geburtstag am 11. Oktober 1992
Festschrift Oppenhoff	s. *Jagenburg/Maier-Reimer/Verhoeven* Festschrift für Walter Oppenhoff zum 80. Geburtstag
Festschrift Peltzer	s. *Lutter/Scholz/Sigle* Festschrift für Martin Peltzer zum 70. Geburtstag
Festschrift Pleyer	s. *Hofmann/Meyer-Cording/Wiedemann* Festschrift für Klemens Pleyer zum 65. Geburtstag
Festschrift Quack	s. *Westermann/Rosener* Festschrift für Karlheinz Quack zum 65. Geburtstag

Festschrift Raiser	s. *Damm/Heermann/Veil* Festschrift für Thomas Raiser zum 70. Geburtstag
Festschrift Rittner	Festschrift für Fritz Rittner zum 70. Geburtstag, Beiträge zum Handels- und Wirtschaftsrecht
Festschrift Röhricht	s. *Crezelius/Hirte/Vleweg* Festschrift für Volker Röhricht zum 65. Geburtstag
Festschrift Rowedder	s. *Ulmer/Timmann* Festschrift für Heinz Rowedder
Festschrift Schilling	s. *Fischer/Hefermehl* Festschrift für Wolfgang Schilling zum 65. Geburtstag
Festschrift Semler	s. *Bierich/Hommelhoff/Kropff* Festschrift für Johannes Semler zum 70. Geburtstag
Festschrift Steindorff	s. *Baur/Hopt/Mailänder* Festschrift für Ernst Steindorff zum 70. Geburtstag
Festschrift Stiefel	s. *Lutter/Oppenhoff/Sandrock/Winkhaus* Festschrift für Ernst C. Stiefel zum 80. Geburtstag
Festschrift Stimpel	1985, s. *Lutter/Mertens/Ulmer* Festschrift für Walter Stimpel zum 68. Geburtstag
Festschrift Ulmer	s. *Habersack/Hommelhoff/Hüffer/Schmidt* Festschrift für Peter Ulmer zum 70. Geburtstag
Festschrift Harry Westermann	s. *Westermann/Hefermehl/Gmür/Brox* Festschrift für Harry Westermann zum 65. Geburtstag
Festschrift Wiedemann	s. *Wank u. a.* Festschrift für Herbert Wiedemann zum 70. Geburtstag
Fischer/Hefermehl	Festschrift für Wolfgang Schilling zum 65. Geburtstag am 5. Juni 1973, 1973 (FS Schilling 1973)
Flume	Die Personengesellschaft, 1977
Frankfurter Kommentar zur Insolvenzordnung	s. *Wimmer* Frankfurter Kommentar zur Insolvenzordnung (FK InsO / Bearbeiter)
Frantzen	Genußscheine, 1993
Gehrlein	GmbH-Recht in der Praxis, 2005
Geibel/Süßmann	Wertpapiererwerbs- und Übernahmegesetz: WpÜG, 2002
Gerold/Schmidt/v.Eicken/Madert/ Müller-Rabe	Rechtsanwaltsvergütungsgesetz, 17. Auflage 2006
Geßler	Aktiengesetz, Loseblatt-Sammlung, 2 Bände, Stand: November 2006
Geßler/Hefermehl/Eckhardt/Kropff	Münchener Kommentar Aktiengesetz, 9 Bände, 1. Auflage (G / H / E / K / *Bearbeiter*; 1. Auflage von MüKo AktG)
GmbH-Handbuch	Loseblatt-Sammlung, 5 Ordner, Stand: Mai 2006 (GmbH-Hdb / *Bearbeiter*)
Goerdeler/Hommelhoff/Lutter/ Wiedemann	Festschrift für Hans-Joachim Fleck zum 70. Geburtstag am 30. Januar 1988, 1988 (FS Fleck 1988)
Goette	Die GmbH, Darstellung anhand der Rechtsprechung des BGH, 2. Auflage 2002
Gottwald	Insolvenzrechts-Handbuch, 3. Auflage 2006 (InsOHdb / *Bearbeiter*)
Groß	Kapitalmarktrecht, 3. Auflage 2006
Großkommentar zum Aktiengesetz	s. *Hopt/Wiedemann* Aktiengesetz Großkommentar (GroßkommAktG / *Bearbeiter*)
Großkommentar zum HGB	s. *Staub/Canaris/Schilling/Ulmer* Handelsgesetzbuch Großkommentar zum HGB (GroßkommHGB / *Bearbeiter*)

Grunewald	Gesellschaftsrecht, 6. Auflage 2005
Gummert	Münchener Anwaltshandbuch Personengesellschaftsrecht, 2005 (MAH PersGes/*Bearbeiter*)
Gummert/Riegger/Weipert	Münchener Handbuch des Gesellschaftsrechts Band 1: BGB-Gesellschaft, Offene Handelsgesellschaft, Partnerschaftsgesellschaft, Partenreederei, EWIV, 2. Auflage 2004 (MünchHdb GesR I/*Bearbeiter*)
Gustavus	Handelsregister-Anmeldungen, 6. Auflage 2005
Haarmann/Schüppen	Frankfurter Kommentar zum WpÜG, 2. Auflage 2005
Habersack/Hommelhoff/Hüffer/Schmidt	Festschrift für Peter Ulmer zum 70. Geburtstag am 2. Januar 2003, 2003 (FS Ulmer 2003)
Hachenburg/Ulmer	Gesetz betreffend die Gesellschaften mit beschränkter Haftung (GmbHG), Großkommentar, 3 Bände, 8. Auflage, 1989 ff.
Hanau/Ulmer	Mitbestimmungsrecht, 2. Auflage 2006
Happ	Die GmbH im Prozess, 1997 (*Happ* GmbH)
Happ	Aktienrecht Handbuch-Mustertexte-Kommentar, 2. Auflage 2004 (*Happ* AktienR/*Bearbeiter*)
Haritz/Benkert	Umwandlungssteuergesetz: UmwStG, 2. Auflage 2000
Hartmann	Kostengesetze, 34. Auflage 2004
Havermann	Festschrift für Reinhard Goerdeler zum 65. Geburtstag, 1987 (FS Goerdeler 1987)
Heckschen/Heidinger	Die GmbH in der Gestaltungspraxis, 2005
Heidel	AnwaltKommentar Aktienrecht, 2003 (AnwK-AktR/*Bearbeiter*)
Heidelberger Kommentar zum GmbH-Recht	s. *Bartl/Fichtelmann/Schlarb* Heidelberger Kommentar zum GmbH-Recht (HK GmbHG/*Bearbeiter*)
Heidelberger Kommentar zur Insolvenzordnung	s. *Eickmann/Flessner/Irschlinger/Kirchhof/Kreft/Landfehrmann/Marotzke/Stephan* Heidelberger Kommentar zur Insolvenzordnung (HK InsO/*Bearbeiter*)
Heidenhain/Meister/Waldner	Münchener Vertragshandbuch Band 1: Gesellschaftsrecht, 6. Auflage 2005 (MünchVertrHdb I/*Bearbeiter*)
Henn	Handbuch des Aktienrechts, 7. Auflage 2002 (*Henn* HdB des AktienR)
Henze/Hoffmann-Becking	Gesellschaftsrecht 2003, 2004
Herrmann/Heuer/Raupach	Einkommensteuer- und Körperschaftsteuergesetz mit Nebengesetzen, Loseblatt-Sammlung, 20 Ordner, Stand: Juni 2006 (H/H/R/*Bearbeiter*)
Hesselmann/Tillmann/Mueller-Thuns	Handbuch der GmbH & Co. KG, 19. Auflage 2005 (H/T/M-T/*Bearbeiter*)
Heymann	Handelsgesetzbuch (ohne Seerecht), 4 Bände, 2. Auflage 1995 ff.
Hirte	Bezugsrechtsausschluß und Konzernbildung, 1986
Hirte/Bücker	Grenzüberschreitende Gesellschaften, 2. Auflage 2006
Hirte/v. Bülow	Kölner Kommentar zum WpÜG, 2003 (KölnKomm WpÜG/*Bearbeiter*)
Hoffmann-Becking	Münchener Handbuch des Gesellschaftsrechts, Band 4: Aktiengesellschaft, 3. Auflage 2006 (MünchHdb GesR IV/*Bearbeiter*)

Hofmann/Meyer-Cording/Wiedemann — Festschrift für Klemens Pleyer zum 65. Geburtstag, 1986 (FS Pleyer 1986)
Hölters/Deilmann/Buchta — Die »kleine« Aktiengesellschaft, 2. Auflage 2002
Hommelhoff/Hopt/v. Werder/Kleindieck — Handbuch Corporate Governance, 2003 (Hdb CorpGov/*Bearbeiter*)
Hopt/Voigt — Prospekt- und Kapitalmarktinformationshaftung. Recht und Reform in der Europäischen Union, der Schweiz und den USA, 2005
Hopt/Wiedemann — Aktiengesetz Großkommentar, 3. Auflage 1970 ff.; 4. Auflage 1992 ff. (GroßkommAktG/*Bearbeiter*)
Hübner/Ebke — Festschrift für Prof. Dr. Bernhard Großfeld zum 65. Geburtstag, 1999 (FS Großfeld 1999)
Hueck/Windbichler — Gesellschaftsrecht, 20. Auflage 2003
Hüffer — Kommentar zum Aktiengesetz, 6. Auflage 2004
Immenga/Mestmäcker — GWB, 3. Auflage 2001
Institut der Wirtschaftsprüfer — WP-Handbuch 2006, Band I, 13. Auflage 2006
Jacobi — Beiträge zum Wirtschaftsrecht, Band II, 1931
Jacobs — Unternehmensbesteuerung und Rechtsform, 2002
Jagenburg/Maier-Reimer/Verhoeven — Festschrift für Walter Oppenhoff zum 80. Geburtstag, 1985 (FS Oppenhoff 1985)
Janott/Frodermann — Handbuch der Europäischen Aktiengesellschaft, 2005
Jauernig — Bürgerliches Gesetzbuch: BGB, 11. Auflage 2004 (*Jauernig* BGB)
Jauernig — Zivilprozessrecht, 28. Auflage 2003 (*Jauernig* ZPO)
Just — Die englische Limited in der Praxis, 2. Auflage 2006
Kalass/Nowotny/Schauer — Festschrift für Prof. Peter Doralt zum 65. Geburtstag, 2004 (FS Doralt 2004)
Kallmeyer — Umwandlungsgesetz, Verschmelzung, Spaltung und Formwechsel bei Handelsgesellschaften, Kommentar, 3. Auflage 2006
Kallrath — Die Inhaltskontrolle der Wertpapierbedingungen, 1994
Kegel/Schurig — Internationales Privatrecht, 9. Auflage 2004
Keidel/Krafka/Willer — Registerrecht, 6. Auflage 2003
Kilian — Die Stellung des Beirats in der Stiftung, 2002
Kirchof/Lwowski/Stürner — Münchener Kommentar zur Insolvenzordnung, 3 Bände, 2001–2003 (MüKo InsO/*Bearbeiter*)
Kissel/Mayer — Gerichtsverfassungsgesetz: GVG, 4. Auflage 2005
Kleindiek — Strukturvielfalt im Personengesellschafts-Konzern: Rechtsformspezifische und rechtsformübergreifende Aspekte des Konzernrechts, 1991
Klumpe/Nastold — Immobilienfonds, 2. Auflage 1997
Knobbe-Keuk — Bilanz- und Unternehmenssteuerrecht, 9. Auflage 2003
Knobbe-Keuk — Das Steuerrecht – eine unerwünschte Rechtsquelle des Gesellschaftsrechts, 1986
Kölner Kommentar zum Aktiengesetz — s. *Zöllner/Noack* Kölner Kommentar zum Aktiengesetz
Kölner Kommentar zum WpÜG — s. *Hirte/v. Bülow* Kölner Kommentar zum WpÜG
Koller/Roth/Mork — HGB, 5. Auflage 2005 (K/R/M/*Bearbeiter*)
Korintenberg/Lappe/Bengel/Tiedtke — Kostenordnung (KostO), 16. Auflage 2005
Kraemer — Die Rechtsprechung des Bundesgerichtshofs zur Gesellschaft bürgerlichen Rechts – Überblick und Entwicklungstendenzen, RWS-Forum Gesellschaftsrecht Tagungsband, 2003

Kropff Aktiengesetz, Textausgabe des Aktiengesetzes vom 6. 9. 1965 mit Begründung des Regierungsentwurfs und Bericht des Rechtsausschusses des Deutschen Bundestages, 1965 (RegBegr *Kropff*)
Kropff/Semler Münchener Kommentar Aktiengesetz, 9 Bände, 2. Auflage 2000–2006 (MüKo AktG/*Bearbeiter*)
Kümpel Bank- und Kapitalmarktrecht, 3. Auflage 2004
Küting/Weber-Baetge/Fischer/Siefke Handbuch der Rechnungslegung, Kommentar zur Bilanzierung und Prüfung, Loseblatt-Sammlung, Stand: November 2006
Lachmann, Jens-Peter Handbuch für die Schiedsgerichtspraxis, 2. Auflage 2002
Langenfeld GmbH-Vertragspraxis, 5. Auflage 2006
Lüdicke/Arndt/Götz Geschlossene Fonds, 2. Auflage 2002
Lüke/Wax Münchener Kommentar zur Zivilprozessordnung, 3 Bände und Aktualisierungsband, 2. Auflage 2000 ff. (MüKo ZPO/*Bearbeiter*)
Lutter Europäische Auslandsgesellschaften in Deutschland, 2005 (Lutter/*Bearbeiter* Europäische Auslandsgesellschaften in Deutschland)
Lutter Holding-Handbuch, 4. Auflage 2004 (Lutter/*Bearbeiter* Holding-Handbuch)
Lutter Umwandlungsgesetz, 2 Bände, 3. Auflage 2004 (Lutter/*Bearbeiter* UmwG)
Lutter/Hommelhoff Kommentar zum GmbHG, 16. Auflage 2004 (Lutter/Hommelhoff/*Bearbeiter* GmbHG)
Lutter/Hommelhoff Die Europäische Gesellschaft, 2005 (*Lutter/Hommelhoff* Europäische Gesellschaft)
Lutter/Krieger Rechte und Pflichten des Aufsichtsrats, 2002
Lutter/Mertens/Ulmer Festschrift für Walter Stimpel zum 68. Geburtstag am 29. November 1985, 1985 (FS Stimpel 1985)
Lutter/Oppenhoff/Sandrock/Winkhaus Festschrift für Ernst C. Stiefel zum 80. Geburtstag, 1987 (FS Stiefel 1987)
Lutter/Scholz/Sigle Festschrift für Martin Peltzer zum 70. Geburtstag, 2001 (FS Peltzer 2001)
Lutter/Stimpel/Winkelmann Festschrift für Robert Fischer, 1979 (FS Fischer 1979)
Lutz Protokolle der Kommission zur Beratung eines allgemeinen deutschen Handelsgesetzbuches, 1958
Martens Leitfaden für die Leitung der Hauptversammlung einer Aktiengesellschaft, 3. Auflage 2003
Martens/Westermann/Zöllner Festschrift für Carsten Peter Claussen, 1997 (FS Claussen 1997)
Mecke Konzernstruktur und Aktionärsentscheid, 1992
Meilicke/v. Westphalen/Hoffmann/Lenz/Wolff Partnerschaftsgesellschaftsgesetz, 2. Auflage 2006
Melber Die Kaduzierung in der GmbH, 1993
Meyer-Landrut/Miller/Niehus Gesetz betreffend die Gesellschaften mit beschränkter Haftung (GmbH-Gesetz), 1987
Meyn/Richter Die Stiftung, 2004
Michalski Kommentar zum Gesetz betreffend die Gesellschaften mit beschränkter Haftung (GmbH-Gesetz), 2 Bände, 2002
Michalski/Römermann PartGG, 3. Auflage 2005
Mühlbert Aktiengesellschaft, Unternehmensgruppe und Kapitalmarkt, 1996

Müller/Hense — Beck'sches Handbuch der GmbH, Gesellschaftsrecht Steuerrecht, 3. Auflage 2002 (Hdb GmbH/*Bearbeiter*)
Müller/Hoffmann — Beck'sches Handbuch der Personengesellschaften, Gesellschaftsrecht Steuerrecht, 2. Auflage 2002 (Hdb PersGes/*Bearbeiter*)
Müller/Rödder — Beck'sches Handbuch der AG mit KGaA, Gesellschaftsrecht Steuerrecht Börsengang, 2004 (Hdb AG/*Bearbeiter*)
Münchener Anwaltshandbuch — s. *Schüppen/Schaub*
Aktienrecht — Münchener Anwaltshandbuch zum Aktienrecht (MAH AktR/*Bearbeiter*)
Münchener Anwaltshandbuch GmbH — s. *Römermann* Münchener Anwaltshandbuch GmbH-Recht (MAH GmbH/*Bearbeiter*)
Münchener Anwaltshandbuch Personengesellschaftsrecht — s. *Gummert* Münchener Anwaltshandbuch Personengesellschaftsrecht (MAH PersGes/*Bearbeiter*)
Münchener Handbuch des Gesellschaftsrechts, Band 1 (I) — s. *Gummert/Riegger/Weipert* Münchener Handbuch des Gesellschaftsrechts Band 1 (MünchHdb GesR I/*Bearbeiter*)
Münchener Handbuch des Gesellschaftsrechts, Band 2 (II) — s. *Riegger/Weipert* Münchener Handbuch des Gesellschaftsrechts Band 2 (MünchHdb GesR II/*Bearbeiter*)
Münchener Handbuch des Gesellschaftsrechts, Band 3 (III) — s. *Priester/Mayer* Münchener Handbuch des Gesellschaftsrechts Band 3 (MünchHdb GesR III/*Bearbeiter*)
Münchener Handbuch des Gesellschaftsrechts, Band 4 (IV) — s. *Hoffmann-Becking* Münchener Handbuch des Gesellschaftsrechts Band 4 (MünchHdb GesR IV/*Bearbeiter*)
Münchener Kommentar zum Aktiengesetz — s. *Kropff/Semler* Münchener Kommentar zum Aktiengesetz (MüKo AktG/*Bearbeiter*)
Münchener Kommentar zum Bürgerlichen Gesetzbuch — s. *Rebmann/Säcker/Rixecker* Münchener Kommentar zum Bürgerlichen Gesetzbuch (MüKo BGB/*Bearbeiter*)
Münchener Kommentar zum Handelsgesetzbuch — s. *K. Schmidt* Münchener Kommentar zum Handelsgesetzbuch (MüKo HGB/*Bearbeiter*)
Münchener Kommentar zur Insolvenzordnung — s. *Kirchof/Lwowski/Stürner* Münchener Kommentar zur Insolvenzordnung (MüKo InsO/*Bearbeiter*)
Münchener Kommentar zur Zivilprozessordnung — s. *Lüke/Wax* Münchener Kommentar zur Zivilprozessordnung (MüKo ZPO/*Bearbeiter*)
Münchener Vertragshandbuch Band 1 (I) — s. *Heidenhain/Meister/Waldner* Münchener Vertragshandbuch Band 1: Gesellschaftsrecht (MünchVertrHdb I/*Bearbeiter*)
Musielak — Kommentar zur Zivilprozessordnung: ZPO, 4. Auflage 2004
Natterer — Kapitalveränderung der Aktiengesellschaft, Bezugsrechts der Aktionäre und »sachlicher Grund«, 2000
Nerlich/Römermann — Insolvenzordnung: InsO, Loseblatt-Sammlung, 10. Auflage 2006
Neuhoff — Die gemeinwohlkonforme Allzweckstiftung als Gegenstand des Stiftungsrechts des BGB, in: Deutsches Stiftungswesen, 1977–1988, 1989
Oestreich/Winter/Hellstab — Streitwerthandbuch in alphabetischer Zusammenstellung, 2. Auflage 1998
Orth — Die Vermögensausstattung in- und ausländischer Stiftungen aus steuerrechtlicher Sicht, Stiftungen in Deutschland und Europa, 1998
Partikel — Gesellschafter minderen Rechts im Recht der Personenhandelsgesellschaft, Duncker & Humblot Schriften zum Wirtschaftsrecht Band 76, 1993

Paulick Die GmbH ohne Gesellschafter, 1979

Penné-Goebel Steuerlicher Leitfaden für gemeinnützige Unternehmen, 2006

Praxishandbuch GmbH-Geschäftsführer s. *Birle/Jürgen* Praxishandbuch GmbH-Geschäftsführer

Priester/Mayer Münchener Handbuch des Gesellschaftsrechts Band 3: Gesellschaft mit beschränkter Haftung, 2. Auflage 2002 (MünchHdb GesR III/*Bearbeiter*)

Pues/Scheerbarth Gemeinnützige Stiftungen in Zivil- und Steuerrecht, 2001

Raguß Der Vorstand einer Aktiengesellschaft, 2004

Raiser/Veil Recht der Kapitalgesellschaften, 4. Auflage 2006

Rawert Die Genehmigungsfähigkeit der unternehmensverbundenen Stiftung, 1990

Rauscher/Mansel Festschrift für Werner Lorenz zum 80. Geburtstag, 2001 (FS Lorenz 2001)

Rebmann/Säcker/Rixecker Münchener Kommentar zum Bürgerlichen Gesetzbuch, 12 Bände und Loseblatt-Aktualisierungsband, 4. Auflage 2001 ff. (MüKo BGB/*Bearbeiter*)

Reichert/Herbarth Der GmbH-Vertrag, 3. Auflage 2001

Reinisch Der Ausschluß von Aktionären, 1992

Reischauer/Kleinhaus Kreditwesengesetz, Loseblatt-Sammlung, Stand: Juni 2006

Riegger/Weipert Münchener Handbuch des Gesellschaftsrechts Band 2: Kommanditgesellschaft, GmbH & Co. KG, Publikums-KG, Stille Gesellschaft, 2. Auflage 2004 (MünchHdb GesR II/*Bearbeiter*)

Ringleb/Kremer/Lutter/v. Werder Deutscher Corporate Governance Kodex, 2005

Röhricht/v. Westphalen Handelsgesetzbuch, Kommentar zu Handelsstand, Handelsgesellschaften, Handelsgeschäften und besonderen Handelsverträgen, 2. Auflage 2002

Römermann Münchener Anwaltshandbuch GmbH-Recht, 2002 (MAH GmbH/*Bearbeiter*)

Rosenberg/Schwab/Gottwald Zivilprozessrecht, 16. Auflage 2004

Roth Handels- und Gesellschaftsrecht, 5. Auflage 1998

Roth/Altmeppen Gesetz betreffend die Gesellschaften mit beschränkter Haftung (GmbHG), 5. Auflage 2005

Rowedder/Schmidt-Leithoff Gesetz betreffend die Gesellschaften mit beschränkter Haftung (GmbHG), 4. Auflage 2002 (R/S-L/*Bearbeiter*)

Rummel Die Mangelhaftigkeit von Aufsichtsratswahlen, 1969

Runkel Anwaltshandbuch Insolvenzrecht, 2005

Sagasser/Bula/Brünger Umwandlungen, 3. Auflage 2002 (S/B/B/*Bearbeiter*)

Schäfer/Hamann Kapitalmarktgesetze, 2006

Schaumburg/Rödder Umwandlungsgesetz, Umwandlungssteuergesetz: UmwG/UmwStG, 1995

Schlegelberger HGB, Kommentar, Band III (2. Halbband), 5. Auflage 1986

Schmidt, K. Gesellschaftsrecht, 4. Auflage 2002 (*K. Schmidt* GesR)

Schmidt, K. Handelsrecht, 5. Auflage 1999 (*K. Schmidt* HandelsR)

Schmidt, K. Münchener Kommentar zum Handelsgesetzbuch, 7 Bände und Ergänzungsband, 1997 ff. (MüKo HGB/*Bearbeiter*)

Schmidt, K. Verbandszweck und Rechtsfähigkeit im Vereinsrecht, 1984

Schmidt, K./Uhlenbruck Die GmbH in Krise, Sanierung und Insolvenz, 3. Aufl 2003

Schmidt, L. Einkommensteuergesetz: EStG, 25. Auflage 2006 (Schmidt/*Bearbeiter* EStG)

Schmidt/Zagel	Die OHG, KG und PublikumsG, 2004
Schmitt	Schutz der außenstehenden Gesellschafter einer abhängigen Personengesellschaft, 2003
Schmitt/Hörtnagl/Stratz	Umwandlungsgesetz, Umwandlungssteuergesetz: UmwG / UmwStG, 4. Auflage 2006 (S / H / S / *Bearbeiter*)
Schneider/Hommelhoff/Schmidt	Festschrift für Marcus Lutter zum 70. Geburtstag, 2000 (FS Lutter 2000)
Scholz	Kommentar zum GmbH-Gesetz, Großkommentar mit Nebengesetzen und dem Anhang Konzernrecht, 9. Auflage 2000 / 2002
Schröder, J.	Mängel und Heilung der Wählbarkeit, 1979
Schulze zur Wiesche	Die GmbH & Still, 4. Auflage 2003
Schumann	Optionsanleihen, 1990
Schüppen/Schaub	Münchener Anwaltshandbuch zum Aktienrecht, 2005 (MAH AktR / *Bearbeiter*)
Schwab, M.	Die Nachgründung im Aktienrecht, 2003
Schwab, M.	Das Prozessrecht gesellschaftsinterner Streitigkeiten, 2005
Schwab/Walter	Schiedsgerichtsbarkeit, Systematischer Kommentar zu den Vorschriften der Zivilprozessordnung, des Arbeitsgerichtsgesetzes, der Staatsverträge und der Kostengesetze über das privatrechtliche Schiedsverfahren, 7. Auflage 2005
Seibert	Die Partnerschaft, 1994
Seibert/Kiem	Handbuch der kleinen AG (4. Auflage von *Seibert/Kösters/Kiem,* Die kleine AG), 4. Auflage 2000 (Seibert / Kiem / *Bearbeiter*)
Seibert/Kösters/Kiem	Die kleine AG, 3. Auflage 1996 (*Seibert/Köster/Kiem*)
Seifart/v. Campenhausen	Handbuch des Stiftungsrechts, 2. Auflage 1999
Semler/Stengel	Umwandlungsgesetz, Kommentar mit Spruchverfahrensgesetz, 2003
Singhof/Seiler/Schlitt	Mittelbare Gesellschaftsbeteiligungen, Stille Gesellschaft Unterbeteiligungen Treuhand, 2004 (S / S / S / *Bearbeiter*)
Spahlinger/Wegen	Internationales Gesellschaftsrecht in der Praxis, 2005
Staub/Canaris/Schilling/Ulmer	Handelsgesetzbuch Großkommentar zum HGB und seinen Nebengesetzen, 9 Bände, 1983 ff. (GroßkommHGB / *Bearbeiter*)
Staudinger	J. von Staudingers Kommentar zum Bürgerlichen Gesetzbuch mit Einführungsgesetz und Nebengesetzen, 1993 ff. (Staudinger / *Bearbeiter*)
Stein, Friedrich/Jonas, Martin	Kommentar zur Zivilprozessordnung, Band 9, 22. Auflage, 2002
Stöber	Forderungspfändung, 14. Auflage 2005
Strachwitz/Mercker	Stiftungen in Theorie, Recht und Praxis, 2005
Sudhoff	GmbH & Co. KG, 6. Auflage 2005 (Sudhoff GmbH & Co. KG / *Bearbeiter*)
Sudhoff	Personengesellschaften, 8. Auflage 2005 (Sudhoff PersGes / *Bearbeiter*)
Theisen/Wenz	Die Europäische Aktiengesellschaft, 2002
Thomas/Putzo	Zivilprozessordnung: ZPO, 27. Auflage 2005
Ulmer	Gesellschaft bürgerlichen Rechts und Partnerschaftsgesellschaft, Systematischer Kommentar, 3. Auflage, München 1997
Uhlenbruck	Insolvenzordnung: InsO, 12. Auflage 2002

Ulmer/Habersack/Henssler	Mitbestimmungsrecht, 2. Auflage 2006
Ulmer/Habersack/Winter	Gesetz betreffend die Gesellschaften mit beschränkter Haftung: GmbHG, Großkommentar, Band I, 2005
Ulmer/Timmann	Festschrift für Heinz Rowedder, 1994 (FS Rowedder 1994)
Vogel	Doppelbesteuerungsabkommen: DBA, 4. Auflage 2003
von Gerkan/Hommelhoff	Handbuch des Kapitalersatzrechts, 2. Auflage 2002
von Gierke	Deutsches Genossenschaftsrecht I/II, 1968 und 1973
von Godin/Wilhelmi	Aktiengesetz, Kommentar, 4. Auflage 1971
Wank u. a.	Festschrift für Herbert Wiedemann zum 70. Geburtstag, 2002 (FS Wiedemann 2002)
Wegener	Die Nichtigkeit der offenen Handelsgesellschaft, Diss. Rostock, 1928
Weigl	Stille Gesellschaft und Unterbeteiligung, 2. Auflage 2004
Westermann, H.-P.	Handbuch der Personengesellschaften, Loseblatt-Sammlung 2006
Westermann, H.-P. u. a.	Festschrift für Gerold Bezzenberger zum 70. Geburtstag am 13. März 2000: Rechtsanwalt und Notar im Wirtschaftsleben, 2000 (FS Bezzenberger 2000)
Westermann/Hefermehl/Gmür/Brox	Festschrift für Harry Westermann zum 65. Geburtstag, 1982 (FS Harry Westermann 1982)
Westermann/Rosener	Festschrift für Karlheinz Quack zum 65. Geburtstag am 3. Januar 1991, 1991 (FS Quack 1991)
Widmann/Mayer	Umwandlungsrecht, Loseblatt-Sammlung Stand: 2006
Wiedemann	Die Unternehmensgruppe im Privatrecht, 1988
Wieland	Handelsrecht, Band I, 1921
Wilhelm	Kapitalgesellschaftsrecht, 2. Auflage 2005
Wimmer	Frankfurter Kommentar zur Insolvenzordnung, 4. Auflage 2006
Windbichler	Arbeitsrecht im Konzern, 1989
Windscheid/Kipp	Lehrbuch des Pandektenrechts I, 9. Auflage 1906, Nachdruck 1963
WP-Handbuch 2006	s. *Institut der Wirtschaftsprüfer*, WP-Handbuch
Wunsch	Die Verschmelzung und Spaltung von Kapitalgesellschaften, 2003
Zacharias/Hebig/Rinnewitz	Die atypisch stille Gesellschaft, 2. Auflage 2000
Zilles	Schiedsgerichtsbarkeit im Gesellschaftsrecht, 2002
Zöller	Zivilprozessordnung, 25. Auflage 2005
Zöllner	Schranken mitgliedschaftlicher Stimmrechtsmacht, 1963
Zöllner/Noack	Kölner Kommentar zum Aktiengesetz, 8 Bände, 3. Auflage 2004 (KölnKomm AktG/*Bearbeiter*)

Kapitel 1
Einführung und Grundlagen

Übersicht:

A. Definition des Gesellschaftsrechts

I. Prägende Elemente des Gesellschaftsrechts

1 Bislang hat sich keine einheitliche **Definition des Gesellschaftsrechts** durchsetzen können. Während in einem Teil der juristischen Lehrbücher das kooperative Handeln betont und folgerichtig unter Gesellschaftsrecht das zweckgerichtete Zusammenwirken auf Grundlage eines privatrechtlichen Vertrages verstanden wird, stellt ein anderer Teil der Literatur auf die Verfassung der kooperativen Verbände ab und definiert das Gesellschaftsrecht als Recht der privaten Zweckverbände und privaten Organisationen. Eine Synthese versucht beispielsweise *Karsten Schmidt*, der die charakteristischen Merkmale des Gesellschaftsrechts zusammenfasst und zu dem Ergebnis gelangt, dass das Gesellschaftsrecht als Recht der privaten Verbände sowohl Elemente des Personen- und Organisationsrechts als auch des Schuldrechts aufweist, was zu folgender Definition führt: »Gesellschaftsrecht ist das Recht der privatrechtlichen Zweckverbände und der kooperativen Vertragsverhältnisse« (*K. Schmidt* GesR, § 1 I 1 lit. a).

2 Häufig stößt man in der Literatur auch auf den Begriff des **Unternehmensrechts**. Dabei handelt es sich um ein Schlagwort mit keinem einheitlich abgegrenzten juristischen Gehalt. Zum Teil wird das Unternehmensrecht definiert als »Inbegriff der Rechtsnormen, die das Unternehmen als sozialen Verband der in ihm durch Kapitalbeiträge oder personale Leistungen kooperierenden Rechtssubjekte und als Institution der Wirtschaftsverfassung betreffen« (*Ballerstedt* ZHR 135 (1971), 484). Das Unternehmensrecht betrifft einerseits auch Rechtsgebiete wie z. B. das Handels- oder Arbeitsrecht, soweit diese für Unternehmen von Bedeutung sind. Andererseits werden vom Unternehmensrecht keine Gesellschaften erfasst, die nicht als Unternehmensträger fungieren, wie z. B. die BGB-Innengesellschaften (i. E. *K. Schmidt* GesR, § 1 II 4 lit. b lit. aa).

II. Zu den Begriffen Verband, Rechtsträger und Kooperation

3 Wichtig für das Verständnis des Gesellschaftsrechtes ist auch das Verhältnis und Zusammenspiel der Begriffe Verband, Rechtsträger und Kooperation.

4 Die **Gründung einer Handelsgesellschaft** (z. B. einer OHG oder GmbH) führt zum Entstehen eines Verbandes, der zugleich Rechtsträger ist und Schuldverhältnisse für jeden Gesellschafter begründet, also auch kooperative Elemente umfasst.

5 Beteiligen sich dagegen z. B. Anleger in Form einer stillen Gesellschaft an einer GmbH (sog. GmbH & Still), so entsteht zwar ebenfalls ein Verband mit kooperativen Elementen, doch kann die GmbH & Still nicht Trägerin von Rechten und Pflichten sein.

6 Schließlich ist auch denkbar, dass sich eine Gesellschaft lediglich im **Abschluss eines kooperationsrechtlichen Vertrages** erschöpft, was beispielsweise bei einer BGB-Gesellschaft der Fall ist, die von Teilnehmern einer Bergexpedition gegründet wird (zu den verschiedenen Fallvarianten im einzelnen, *K. Schmidt* GesR, § 1 I 3).

III. Zum Gesellschaftsvermögen

7 Das Vorhandensein eines Gesellschaftsvermögens ist für das Gesellschaftsrecht **nicht zwingend**. Dies zeigt insbesondere die Existenz von Außen- und Innengesellschaften. Wird z. B. eine Handelsgesellschaft gegründet, entsteht ausnahmslos auch ein Gesellschaftsvermögen. Dies gilt auch dann, wenn die Gesellschaft überschuldet ist.

8 Dagegen können sich beispielsweise Musiker oder Forscher durch Vertrag zu einer BGB-Gesellschaft zusammenschließen, um gemeinsam ein Projekt durchzuführen, ohne dass ein Gesellschaftsvermögen gebildet werden muss. In diesen Fällen liegt eine sog. Innengesellschaft vor.

IV. Die privatrechtliche Stiftung als Teil des Gesellschaftsrechts

9 Nach der Definition gem. Ziff. I (s. o. Rn. 1 f.) wären die Regelungen über die privatrechtliche Stiftung (§§ 80 ff. BGB) nicht Teil des Gesellschaftsrechts, weil kein privatrechtlicher Verband, son-

dern eine durch Zwecksatzung verselbstständigte privatrechtliche Organisation vorliegt. Auch wenn die Stiftung eine Vermögensträgerin ohne Verbandsgrundlage ist, erscheint es jedoch sinnvoll, die Stiftung im Zusammenhang mit den anderen Rechtsformen des Gesellschaftsrechts abzuhandeln, da ein Stiftungszweck sowohl mittels einer rechtsfähigen Stiftung als auch in der Rechtsform einer Kapitalgesellschaft verfolgt werden kann (z. B. durch Gründung einer Einmann-GmbH).

Die Darstellung der Unterschiede sowie der Vor- und Nachteile einer Stiftung im Vergleich zu den Rechtsformen des Kapitalgesellschaftsrechts ist ein Ziel dieses Werkes. Auch ist es nicht zuletzt wegen der zum Teil großen wirtschaftlichen Bedeutung der privatrechtlichen Stiftungen angebracht, das **Stiftungsrecht als Teil des Gesellschaftsrechtes** zu behandeln. Daher umfasst der Kompaktkommentar Gesellschaftsrecht das Recht der privatrechtlichen Stiftung, obwohl diese keine Mitglieder hat und nicht als kooperatives Vertragsverhältnis qualifiziert werden kann (vgl. dazu i. E. Kap. 11). 10

V. Die Bruchteilsgemeinschaft

Nicht unter das Gesellschaftsrecht fällt die Bruchteilsgemeinschaft, die in den §§ 741 ff. BGB geregelt ist. Die Bruchteilsgemeinschaft, die auch als **»schlichte« Rechtsgemeinschaft** bezeichnet wird, ist nach der Legaldefinition in § 743 BGB dadurch geprägt, dass mehreren Personen ein Recht gemeinschaftlich zusteht. Entscheidend ist das gemeinsame Innehaben eines Gegenstandes, nicht das kollektiv-einheitliche Halten eines Gesellschaftsvermögens (vgl. dazu ausführl. MüKo BGB/*K. Schmidt* § 743 Rn. 1 ff.). 11

Der bekannteste Spezialfall der Bruchteilsgemeinschaft ist das in §§ 1008 ff. BGB geregelte **Miteigentum**. Das Miteigentum ist dadurch gekennzeichnet, dass mehreren Personen das Eigentum an einer Sache nach Bruchteilen zusteht (PWW/*Englert* § 1008 Rn. 1). 12

VI. Eheliche Gütergemeinschaft und Erbengemeinschaft

Bei der in §§ 1415 ff. BGB geregelten **ehelichen Gütergemeinschaft** handelt es sich um eine sog. **Gemeinschaft zur gesamten Hand**. Grundlage ist ein Ehevertrag (§§ 1408 ff. BGB) (PWW/*Weinreich* § 1415 Rn. 1). Allerdings erfolgt die Gründung einer ehelichen Gütergemeinschaft nicht zur Bildung eines Verbandes oder der kooperativen Verfolgung eines gemeinsamen Zweckes. Die fehlende Zwecksetzung unterscheidet die eheliche Gütergemeinschaft von der sog. Ehegatten-Innengesellschaft, die eine Form der BGB-Gesellschaft (§§ 705 ff. BGB) ist. Die eheliche Gütergemeinschaft ordnet allein auf Grundlage der ehelichen Lebensgemeinschaft (§ 1353 BGB) die güterrechtlichen Verhältnisse der Ehegatten in Abweichung vom gesetzlichen Leitbild des Güterstandes der Zugewinngemeinschaft. 13

Die **Erbengemeinschaft** (§§ 2032 ff. BGB) ist ebenfalls eine Gemeinschaft zur gesamten Hand, die durch den Tod des Erblassers unabhängig vom eigenen Willen der Miterben kraft Gesetzes entsteht (PWW/*Tschichoflos* § 2032 Rn. 1). Es fehlt also bereits ein privatrechtlicher Vertrag als Grundlage im Sinne der Definition des Gesellschaftsrechts, so dass selbst die »fortgesetzte Erbengemeinschaft« nicht als BGB-Gesellschaft nach §§ 705 ff. BGB zu qualifizieren ist (Palandt/*Edenhofer* Einf. vor § 2032 Rn. 1). 14

VII. Gemeinschaftliche Verwaltung von Rechten und Wohnungseigentum

Soweit gesetzliche Sonderregelungen die gemeinschaftliche Verwaltung von Rechten betreffen, wie z. B. im Falle der **Miturheberschaft** oder bei **Gemeinschaftspatenten**, reicht dieser auf den konkreten Vermögenswert gerichtete Zweck nicht aus, um die entsprechenden Regelungen als Teil des Gesellschaftsrechts zu qualifizieren (*Bernhardt/Krasser* § 19 III, V). 15

Auch die **Wohnungseigentümergemeinschaft** ist als gesetzlicher Sonderfall zu werten, der nicht zum Gesellschaftsrecht zählt, wenngleich Stimmen in der Literatur das Wohnungseigentum im Sinne von § 1 WEG als dinglichen Gesellschaftsanteil qualifizieren mit dem Argument, die Woh- 16 nungseigentümergemeinschaft sei eine durch Rechtsgeschäft begründete Personenverbindung mit dem dauerhaften Zweck des Haltens und Verwaltens eines gemeinschaftlichen Grundstücks (z. B. *Bärmann* NJW 1989, 1057, 1060 ff.).

B. Entwicklung und Kodifikation des Gesellschaftsrechts

17 Die Entwicklung des Gesellschaftsrechts ist von einer Reihe dogmatischer Streitfragen geprägt, die in der Rechtswissenschaft über Jahrzehnte höchst kontrovers diskutiert wurden. Zum Teil wurden die Streitfragen durch den Gesetzgeber entschieden. In anderen Fällen sorgte die Rechtsprechung für erforderliche Klarstellungen.

I. Geschichte des Gesellschaftsrechts

18 Eine intensive Beschäftigung mit dem Gesellschaftsrecht fand im Wesentlichen erst im 19. Jahrhundert statt, wobei die aus dem römischen Recht überlieferten dogmatischen Strukturen eine bedeutende Rolle spielten (*Max Conrat* Zum römischen Vereinsrecht, 1873). Andere Vertreter der Rechtswissenschaft schöpften aus den Quellen des vormittelalterlichen deutschen Rechts (z. B. *Otto von Gierke* Deutsches Genossenschaftsrecht I/II, 1968 und 1973). Entscheidend für die Entwicklung des Gesellschaftsrechts war die Schaffung eines **allgemeinen deutschen Handelsgesetzbuches im Jahre 1961**. Die dort geregelten Gesellschaftsformen der offenen Handelsgesellschaft, Kommanditgesellschaft und stillen Gesellschaft sind bis heute in ihrer Grundstruktur unverändert geblieben. Andere Gesellschaftsformen wie die Aktiengesellschaft und Genossenschaft wurden dagegen im Laufe der Jahrzehnte immer wieder den geänderten Bedürfnissen des Rechtsverkehrs angepasst. Die Rechtsformen des Vereins und der Gesellschaft bürgerlichen Rechts sind erstmals durch das BGB einheitlich geregelt worden. Mit der Schaffung der GmbH betrat der deutsche Gesetzgeber Neuland und schuf die in der Folgezeit mit Abstand wichtigste Gesellschaftsform für die deutsche Wirtschaft.

19 In heutiger Zeit wird das Gesellschaftsrecht insbesondere von den Bemühungen der EU geprägt, die Rechtsformen in Europa zu vereinheitlichen und **supranationale Gesellschaften** zu ermöglichen.

II. Zum Wesen der Gesamthand

20 Ein wichtiger Theorienstreit betrifft die Gesamthand, insbesondere die Frage, ob die Gesamthand ein Rechtssubjekt ist oder nur als ein gebundenes Sondervermögen der Gesamthändler qualifiziert werden kann (BGH NJW 1988, 556; NJW 1990, 1181). Während lange Zeit die Gesamthand von der h. M. in Literatur und Rechtsprechung als gebundenes Sondervermögen ohne eigene Rechtsträgerschaft angesehen wurde, verschafften sich in den letzten Jahrzehnten zunehmend Stimmen Gehör, die auch die Gesamthand als Rechtssubjekt einordnen und qualifizieren. Nach der sog. **Gruppenlehre** ist die Gesamthand als ein teilrechtsfähiges Rechtssubjekt anzusehen (Palandt/*Heinrichs* Einf. vor § 21 Rn. 2), während beispielsweise *Karsten Schmidt* die Ansicht vertritt, dass die Gesamthand grundsätzlich der Verselbstständigung zum Rechtssubjekt fähig ist, das geltende Recht diese Verselbstständigung aber nicht bei allen Gesamthandgemeinschaften durchgeführt hat (*K. Schmidt* GesR, § 8 III 3).

21 Dieser Streit war insbesondere für die BGB-Gesellschaft von Bedeutung. Während der Gesetzgeber in § 124 Abs. 1 HGB für die OHG und KG klargestellt hat, dass diese Personenhandelsgesellschaften »unter ihrer Firma Rechte erwerben und Verbindlichkeiten eingehen, Eigentum und andere dingliche Rechte an Grundstücken erwerben, vor Gericht klagen und verklagt werden« können, schweigt sich das BGB über die **Rechtsträgerschaft der Gesellschaft bürgerlichen Rechts** aus. Daher war das Urteil BGHZ 146, 341 (BGH NJW 2001, 1056) bahnbrechend, in dem erstmals gegen die bislang h. M. in Lehre und Rechtsprechung die Parteifähigkeit einer BGB-Außengesellschaft bejaht wurde (vgl. dazu ausführl. Kap. 2 Einl. Rn. 6 ff.).

III. Zur Theorie der juristischen Person

Im 19. Jahrhundert stand das **Wesen der juristischen Person** im Mittelpunkt der Rechtslehre. Während *Friedrich Carl von Savigny* unter dem Einfluss des römischen Rechts die **Fiktionstheorie** entwickelte, wonach allein der Mensch die natürliche Rechtsfähigkeit besitzt, während die Rechtsfähigkeit einer juristischen Person nur positivrechtlich festgelegt werden kann und damit gleichsam fingiert wird, stellte *Otto von Gierke* in Anlehnung an deutschrechtliche Traditionen die soziale Realität des Verbandes in den Mittelpunkt seiner Überlegungen und entwickelte die **Theorie der realen Verbandspersönlichkeit** (*Windscheid/Kipp* Lehrbuch des Pandektenrechts I, §§ 57 ff.). 22

Der Streit über das Wesen der juristischen Person ist mittlerweile aufgrund der zwischenzeitlich erfolgten Kodifikationen ohne praktische Bedeutung. Dass beispielsweise die Aktiengesellschaft und die GmbH Träger von Rechten und Pflichten sein können, folgt aus § 1 S. 1 AktG und § 13 GmbHG. Die Insolvenzrechtsfähigkeit der Kapitalgesellschaften ist in § 11 InsO geregelt. Aus § 50 Abs. 1 ZPO ergibt sich, dass Kapitalgesellschaften auch Partei eines Zivilprozesses sein können. 23

IV. Zur Entstehung einer juristischen Person

In der gesellschaftsrechtlichen Lehre werden drei Systeme diskutiert, nach denen juristische Personen gebildet werden können. 24

Das **System der freien Körperschaftsbildung** kennt keine Vorgaben, sondern erlaubt den Beteiligten die Gründung einer juristischen Person nach ihren eigenen beliebigen Vorstellungen. 25

Das **System der Normativbestimmungen** besagt, dass bei der Gründung einer Gesellschaft bestimmte gesetzliche Mindestvoraussetzungen erfüllt sein müssen, die vom Staat in der Regel in einem formalen Registrierungsverfahren überprüft werden. 26

Das **Konzessionssystem** überlässt die Entscheidung über die Entstehung einer juristischen Person den zuständigen staatlichen Stellen, die aufgrund eines Vergabeaktes, der Konzession, dem jeweiligen Verband die Rechtsfähigkeit verleihen. 27

Das deutsche Recht kennt keine freie Körperschaftsbildung. Es gibt vielmehr einen **numerus clausus der Gesellschaftsformen** (*K. Schmidt* GesR, § 5 II 1), d. h. nur im Rahmen der gesetzlich vorgegebenen Rechtsformen kann ein Verband gegründet werden. Maßgeblich ist daher das System der Normativbestimmungen, wobei diese auch in Form von Verwaltungsvorschriften erlassen werden können (vgl. dazu ausführl. *K. Schmidt* Verbandszweck, S. 82 ff.). Verwaltungsvorschriften sind in der Regel von Bedeutung, wenn die Rechtsfähigkeit durch Verwaltungsakt erlangt wird. Dies ist bei einem Verein, dessen Zweck auf einen wirtschaftlichen Geschäftsbetrieb gerichtet ist, der Fall. Dieser erlangt durch staatliche Verleihung Rechtsfähigkeit (§ 22 BGB; vgl. dazu Rn. 71). 28

V. Zur Kodifikation des Gesellschaftsrechts

Bei der Gesellschaftsgründung sind die jeweiligen normativen Vorgaben zu berücksichtigen. Soweit das Gesetz Regelungen zur Disposition der Gesellschafter stellt, können diese nach eigenen Vorstellungen das Gesellschaftsverhältnis ausgestalten. Zu beachten ist jedoch der zwingende gesetzliche Rahmen der jeweiligen Rechtsform. 29

1. Bedeutung von Vertragsgestaltungspraxis und Rechtsprechung

Der Vertragsgestaltungspraxis kommt, trotz dem zum Teil dichten gesetzlichen Regelwerk eine große Bedeutung zu, wie sich auch an der hohen Zahl der Vertrags- und Formularhandbücher zeigt (z. B. Münchner Vertragshandbuch zum Gesellschaftsrecht; Beck'sches Formularbuch; *Hopt*, Vertrags- und Formularbuch zum Handels-, Gesellschafts- und Transportrecht). 30

31 Oft bedarf es eines **individuell gestalteten Gesellschaftsvertrages**, um den konkreten Bedürfnissen und Interessen der Gesellschafter gerecht zu werden. Während beispielsweise das Aktienrecht vom **Prinzip der Satzungsstrenge** geprägt ist und nur in den Fällen der ausdrücklichen gesetzlichen Gestattung Gestaltungsspielraum lässt (§ 23 Abs. 5 S. 1 AktG), bietet das GmbH-Recht den Gesellschaftern eine **weitreichende Gestaltungsfreiheit** bei der Abfassung ihres Gesellschaftsvertrages.

32 Große Bedeutung hat auch die **Rechtsfortbildung** durch die Gerichte. So hat insbesondere der II. Zivilsenat des BGH für wichtige gesellschaftsrechtliche Fragestellungen Rechtsinstitute entwickelt. Als Beispiel sei die Rechtsprechung zu den eigenkapitalersetzenden Darlehen im GmbH-Recht genannt. Eine Rechtsfortbildung durch die Gerichte ist zulässig, sofern die Bindung an Gesetz und Recht (Art. 20 Abs. 3 GG) beachtet wird.

2. Wichtige Gesetze des Gesellschaftsrechts

33 Das Gesellschaftsrecht ist nicht einheitlich und umfassend kodifiziert. Die wichtigsten Gesetze für das Gesellschaftsrecht sind:

34 – Das **Bürgerliche Gesetzbuch (BGB)**, das Regelungen über den Verein, die privatrechtliche Stiftung und die Gesellschaft nach bürgerlichem Recht enthält.

35 – Im **Handelsgesetzbuch (HGB)** befinden sich u. a. die Normen über die stille Gesellschaft, die Offene Handelsgesellschaft und die Kommanditgesellschaft.

36 – Die Regelungen über die Aktiengesellschaft und die GmbH sind jeweils in einem eigenen Gesetz nämlich dem **Aktiengesetz (AktG)** und dem **Gesetz betreffend die Gesellschaften mit beschränkter Haftung (GmbHG)** zusammengefasst. Auch die Genossenschaft und die Partnerschaftsgesellschaft sind in einem separaten Gesetz geregelt (**GenG** und **PartGG**).

37 – Die Gesetze anderer Rechtsgebiete enthalten ebenfalls Bestimmungen, die für Gesellschaften von Bedeutung sind. Aus dem Arbeitsrecht ist das Gesetz über die Mitbestimmung der Arbeitnehmer (**MitbestG**) zu nennen. Wichtig sind ferner das »Gesetz über die Rechnungslegung von bestimmten Unternehmen und Konzernen«, kurz Publizitätsgesetz (**PublG**), die Insolvenzordnung (**InsO**) und das Wertpapierhandelsgesetz (**WpHG**) sowie das Wertpapiererwerbs- und Übernahmegesetz (**WpÜG**).

38 Die Kodifikationen des Gesellschaftsrechts sind keineswegs statisch. Vielmehr versucht der Gesetzgeber aktuellen Entwicklungen durch Novellierung der bestehenden Gesetze Rechnung zu tragen. Als Beispiel sei der Entwurf eines **»Gesetzes zur Modernisierung des GmbH-Rechts und zur Bekämpfung von Missbräuchen (MoMiG)«** (abrufbar unter www.bmj.de) genannt. Dieser Gesetzesentwurf soll die deutsche GmbH insbesondere im Vergleich zur englischen **private limited company by shares** attraktiver gestalten, in dem beispielsweise das Mindeststammkapital von € 25.000,– auf € 10.000,– herabgesetzt wird (vgl. zum MoMiG i. E. die Kommentierungen in Kap. 7 (GmbH) zu den von der Reform nach dem Gesetzentwurf betroffenen Normen).

3. Europarechtliche Vorgaben

39 Eine große Bedeutung für das deutsche Gesellschaftsrecht haben die **Richtlinien der EU** gewonnen, mit denen innerhalb der Europäischen Union eine Angleichung der unterschiedlichen gesellschaftsrechtlichen Systeme erreicht werden soll.

40 Auf Vorschlag der Kommission erlässt nach Artikel 89 EGV der Rat Richtlinien für die Rechtsangleichung, deren Ziele nach Artikel 249 EGV für die Mitgliedstaaten verbindlich sind. Es bleibt den einzelnen Mitgliedstaaten überlassen, wie die Vorgaben der Richtlinie konkret in innerstaatliches Recht umgesetzt werden. Daher führen Richtlinien der EU zu einer Angleichung des einzelstaatlichen Gesellschaftsrechts in einem zweistufigen Verfahren.

41 So führte beispielsweise die Dritte Richtlinie von 1978 (sog. **Verschmelzungs- oder Fusionsrichtlinie**, Abl., L 295 vom 20. 10. 1978, 36) zu einer deutlichen Verbesserung des Minderheitenschutzes bei der Verschmelzung.

Die als **Bilanzrichtlinie** bekannte Vierte Richtlinie (ABl., L 222 vom 14. 8. 1978, 11) führte zu einer Vereinheitlichung des Rechtes der Rechnungslegung, das durch die sog. **Konzernabschlussrichtlinie** (Siebte Richtlinie, ABl., L 193 vom 18. 7. 1983, 1) und die sog. **Abschlussprüferrichtlinie** (Achte Richtlinie, ABl., L 126 vom 12. 5. 1984, 20) ergänzt wurde. Durch Erlass des Bilanzrichtliniengesetzes von 1985 (BiRiLiG) hat der deutsche Gesetzgeber die Vorgaben der Vierten, Siebten und Achten Richtlinie umgesetzt. **42**

Zu den aktuell relevanten Richtlinien gehört beispielsweise die Richtlinie 2004/25/EG vom 21. 4. 2004 zur Regelung von Übernahmeangeboten (sog. **Übernahmerichtlinie**, ABl., L 142 vom 30. 4. 2004, 12). Diese Richtlinie verpflichtet die EU-Mitgliedstaaten, bis 2006 nationale Gesetze zu erlassen, in denen die Abwehrmaßnahmen einer Aktiengesellschaft gegen feindliche Übernahmen sowie die Maßnahmen, die ein Übernehmer während des Übernahmeprozesses ergreifen muss, geregelt werden. **43**

C. Einordnung und Abgrenzung des Gesellschaftsrechts

Das Gesellschaftsrecht ist **Teil des Zivilrechtes**, so dass insbesondere die Körperschaften, Anstalten und Stiftungen des öffentlichen Rechts nicht zum Gesellschaftsrecht gehören. **44**

I. Gesellschaftsrecht und allgemeines Privatrecht

Für Gesellschaften gilt das im BGB kodifizierte allgemeine Zivilrecht. Ob ein **Gesellschaftsvertrag wirksam abgeschlossen** wurde, ist eine Frage der allgemeinen Rechtsgeschäftslehre. Die Zurechnung unerlaubter Handlungen (§ 31 BGB) und rechtsgeschäftlicher Erklärungen (§ 166 BGB) erfolgt ebenfalls nach den allgemeinen zivilrechtlichen Normen. Die Beurteilung der Leistungsbeziehungen zwischen den Gesellschaftern und ihrer Gesellschaft richtet sich nach den Regeln des Schuldrechts. Ob eine Gesellschaft z. B. wirksam das Eigentum an einem Grundstück erworben hat, beurteilt sich nach den Vorschriften des Sachenrechts. **45**

Im **Familienrecht** ist insbesondere die Frage, welche gesellschaftsrechtlichen Sachverhalte einer Genehmigung des Vormundschaftsgerichts nach §§ 1821, 1822, 1643 BGB bedürfen, von großer Bedeutung. In diesem Zusammenhang ist auch das Gesetz zur Beschränkung der Haftung Minderjähriger vom 25. 8. 1998 (BGBl. I, 2487) zu erwähnen, das für die Beteiligung Minderjähriger an Gesellschaften Regelungen zum Schutz vor einer Belastung mit Altschulden trifft (z. B. *Behnke* NJW 1998, 3078). **46**

Von großer praktischer Relevanz ist das Zusammenspiel zwischen **Erbrecht und Gesellschaftsrecht**. Zu diesem Themenkreis gehören die Fragen der Auflösung einer Gesellschaft durch den Tod eines Gesellschafters, der Vererblichkeit von Gesellschaftsanteilen oder die Frage eines automatischen Ausscheidens eines Gesellschafters sowie der Einziehungsmöglichkeit von Gesellschaftsanteilen im Todesfall gegen Gewährung einer angemessenen Abfindung. **47**

II. Verhältnis des Gesellschaftsrechts zum Handelsrecht

Ein enger Zusammenhang besteht zwischen dem Gesellschaftsrecht und dem Handelsrecht, was sich beispielsweise daran zeigt, dass beide Rechtsbereiche vielfach einheitlich abgehandelt werden (z. B. *Roth*, Handels- und Gesellschaftsrecht). Auch die Einführung eines **Fachanwaltes für Handels- und Gesellschaftsrecht** verdeutlicht, dass die Rechtspraxis beide Gebiete vielfach als Einheit wahrnimmt. Die enge Verbindung zwischen dem Handels- und dem Gesellschaftsrecht beruht darauf, dass die Personenhandelsgesellschaften im Handelsgesetzbuch (HGB) geregelt werden. Unter Handelsrecht versteht man das Außenprivatrecht der Unternehmen, so dass eine im Rechtsverkehr auftretende Gesellschaft regelmäßig dem Handelsrecht unterfallen wird. **48**

III. Verhältnis des Gesellschaftsrechts zum Kartellrecht

Das Kartellrecht ist nicht, wie sein Name nahe legen könnte, ein reines Organisationsrecht, sondern dient umfassend dem Schutz der Märkte vor einem Missbrauch wirtschaftlicher Macht und **49** der Manipulation von Marktbedingungen. Die in § 1 GWB a. F. enthaltene Umschreibung des **Kartellvertrages** als Vertrag, den ein Unternehmen oder eine Vereinigung von Unternehmen »zu einem gemeinsamen Zweck« schließen, wurde im Rahmen der Kartellrechtsnovellierung durch das Verbot wettbewerbsbeschränkender Vereinbarungen, Beschlüsse oder aufeinander abgestimmter Verhaltensweisen ersetzt (vgl. dazu ausführl. *Immenga/Mestmäcker* GWB, § 1 Rn. 1 ff.).

50 Damit wird klargestellt, dass das Kartellrecht nicht ein Verbotsgesetz für Gesellschaften ist, die unzulässigerweise den Wettbewerb beschränken, sondern alle das Marktverhalten oder die Marktstruktur beeinflussenden Handlungen Gegenstand einer kartellrechtlichen Prüfung werden können (*Immenga/Mestmäcker* GWB, § 1 Rn. 3).

IV. Verhältnis des Gesellschaftsrechts zum Kapitalmarktrecht

51 Das Kapitalmarktrecht fasst die Vorschriften zusammen, die den Markt regeln, auf dem sowohl mitgliedschaftliche als auch obligatorische Kapitalanlagen gehandelt werden. Zentrale Themen mit Berührungspunkten zum Gesellschaftsrecht sind der **Anleger- und Minderheitenschutz**, die **Finanzierungsmöglichkeiten** von Gesellschaften sowie die **Börsenfähigkeit** von Gesellschaftsanteilen (*Kümpel* Bank- und Kapitalmarktrecht, S. 1237 ff.).

52 Insbesondere das bereits erwähnte **Wertpapierhandelsgesetz** (WpHG) und das **Wertpapiererwerbs- und Übernahmegesetz** (WpÜG) haben große Bedeutung für das Gesellschaftsrecht. Beispielsweise regeln die §§ 12 ff. WpHG ein Verbot des Insiderhandels. Ferner enthält das WpHG Meldepflichten für den Erwerb von Anteilen an börsennotierten Gesellschaften (vgl. Abschnitt 5 des WpHG).

V. Verhältnis des Gesellschaftsrechts zum Steuerrecht

53 Bei der Frage, welche Rechtsform für eine wirtschaftliche Tätigkeit gewählt werden soll, spielt das Steuerrecht eine maßgebliche Rolle, da die steuerliche Belastung je nach gewählter Rechtsform höchst unterschiedlich ausfallen kann.

54 Die Bedeutung des Steuerrechts lässt sich daran ermessen, dass eine Reihe gesellschaftsrechtlicher Konstruktionen ihre Entstehung steuerrechtlichen Motiven verdankt. So gilt beispielsweise die **GmbH & Co. KG** als typisches Produkt steuerrechtlicher Überlegungen (vgl. dazu ausführl. Kap. 8 Rn. 98 ff.). Auch die als Fondskonstruktion sehr beliebte Publikumspersonengesellschaft verdankt ihre Existenz im Wesentlichen steuerrechtlichen Effekten, nämlich der Abschreibungsmöglichkeit im Einkommensteuerrecht (*Knobbe-Keuk*, Das Steuerrecht – eine unerwünschte Rechtsquelle des Gesellschaftsrechts, 1986).

VI. Bedeutung des Prozess- und Insolvenzrechts für das Gesellschaftsrecht

55 Große Bedeutung für gesellschaftsrechtliche Fragestellungen kommt dem Prozessrecht zu, was sich z. B. an den gesellschaftsrechtlichen Gestaltungsklagen und der für das Gesellschaftsrecht entwickelten **actio pro socio** zeigt (vgl. zur actio pro socio bei Personengesellschaften ausführl. Kap. Rn. 86 ff., zur actio pro socio bei der GmbH Kap. 16 Rn. 269 ff.). Da gesellschaftsrechtliche Streitigkeiten vielfach nicht öffentlich ausgetragen werden sollen, sind in Gesellschaftsverträgen zunehmend Schiedsklauseln zu finden, in denen die ordentliche Gerichtsbarkeit abbedungen und die **Durchführung eines Schiedsverfahrens** für gesellschaftsrechtliche Streitigkeiten vorgesehen wird (vgl. dazu ausführl. Kap. 17).

56 Das Gesellschaftsrecht wäre unvollständig ohne die Regelungen des **Insolvenzrechts**. Gesellschaften sind aufgrund ihrer wirtschaftlichen Betätigung vielfach insolvenzgefährdet, vor allem, wenn die Eigenkapitalbasis gering ist. Daher widmet sich ein eigener Abschnitt dieses Werkes dem Unternehmen in der Krise (s. Kap. 13 Unternehmen in der Krise).

D. Systematik der Rechtsformen

I. Personengesellschaften und Körperschaften

Im Gesellschaftsrecht werden **zwei Grundtypen** von Gesellschaften unterschieden, nämlich die **Personengesellschaften** und die **Körperschaften**. Die Personengesellschaft ist geprägt durch den jeweiligen individuellen Gesellschafterkreis. Folgerichtig sieht das Gesetz bei der BGB-Gesellschaft als Normalfall die Auflösung der Gesellschaft beim Tod eines der Gesellschafter vor (§ 727 Abs. 1 BGB). 57

Körperschaften bleiben dagegen im Grundsatz von einer Veränderung der Gesellschafterstruktur unberührt. 58

Die **Grundform der Personengesellschaften** ist die **Gesellschaft bürgerlichen Rechts** (GbR, vgl. §§ 705 ff. BGB sowie ausführl. Kap. 2). Für die Körperschaften dient der im BGB geregelte Verein (§§ 21 ff. BGB) als Modell. 59

Die **wichtigsten Personengesellschaften** sind: 60

- Gesellschaft bürgerlichen Rechts (BGB-Gesellschaft bzw. GbR)
- offene Handelsgesellschaft (OHG)
- Kommanditgesellschaft (KG)
- stille Gesellschaft
- Partnerschaftsgesellschaft (PartG)
- Europäische Wirtschaftliche Interessenvereinigung (EWIV)

Zu den **bedeutenden Körperschaften** zählen: 61

- Verein des bürgerlichen Rechts
- Aktiengesellschaft (AktG)
- Kommanditgesellschaft auf Aktien (KGaA)
- Europäische Aktiengesellschaft (SE)
- Gesellschaft mit beschränkter Haftung (GmbH)
- (eingetragene) Genossenschaft (eG)

II. Weitere Kriterien

Es werden in der Literatur auch noch andere Ordnungskriterien für Gesellschaften vertreten. So erfolgt häufig eine Unterscheidung zwischen **Vereinigungen mit und ohne Rechtsfähigkeit** (*Hueck*, Gesellschaftsrecht, § 2 Rn. 1). Während als rechtsfähige Vereinigungen die juristischen Personen (rechtsfähiger Verein, AktG, KGaA, GmbH, u. a.) angesehen werden, klassifiziert man als Vereinigung ohne Rechtsfähigkeit insbesondere die Personengesellschaften und die nicht rechtsfähigen Vereine. Die Unterscheidung nach der Rechtsfähigkeit entspricht jedoch nicht mehr dem Stand der Rechtsentwicklung, da beispielsweise die BGB-Gesellschaft von der Rechtsprechung mittlerweile als weitgehend rechtsfähig behandelt wird. Ein weiteres Begriffspaar sind **Rechtsträger und Innengesellschaften**. Ferner kann bei Gesellschaften eine Aufteilung zwischen **Verbandsorganisationen** und bloßen **Schuldverhältnissen** vorgenommen werden (*K. Schmidt* GesR, § 3 I 3). 62

E. Gewichtung und Bedeutung der Gesellschaften

Der Verein, die Kommanditgesellschaft auf Aktien, die Genossenschaft, sowie die Europäische Aktiengesellschaft und die Europäische wirtschaftliche Interessenvereinigung werden in diesem Werk nicht in eigenen Abschnitten behandelt, weil diese Gesellschaftsformen keine oder noch keine große Bedeutung im Wirtschaftsleben erlangt haben im Vergleich mit den behandelten Gesellschaftsformen, denen eigene Kapitel gewidmet sind. Dass die Entwicklung der Gesellschaftsformen durchaus dynamisch verläuft, wird z. B. daran deutlich, dass sich die im 19. Jahrhundert zunächst durchaus wichtige Genossenschaft nicht gegenüber der Aktiengesellschaft und insbe- 63 sondere der GmbH behaupten konnte, jedoch mittlerweile auf europäischer Ebene als europäische Genossenschaft (SCE) wieder verstärkt im Gespräch ist. Es bleibt abzuwarten, ob die Genossenschaft künftig wieder an Bedeutung gewinnen wird. Im Folgenden werden die wichtigsten Strukturelemente dieser Gesellschaftsformen kurz zusammengefasst.

I. Der Verein

1. Rechtliche Grundstruktur

64 Unter einem Verein im Sinne des BGB wird ein auf Dauer angelegter Zusammenschluss von Personen zur Verwirklichung eines gemeinsamen Zwecks mit körperschaftlicher Verfassung verstanden, wobei sich die körperschaftliche Organisation in einem Vereinsnamen, in der Vertretung durch einen **Vorstand** und in der **Unabhängigkeit vom Wechsel der Mitglieder** äußert (grundlegend RGZ 143, 213 und RGZ 165, 143).

65 Die **Rechtsfähigkeit** ist für die Qualifizierung einer Körperschaft als Verein nicht entscheidend. So sind beispielsweise die Gewerkschaften traditionell als nicht rechtsfähige Vereine organisiert.

2. Der rechtsfähige Idealverein

66 Die größte Verbreitung hat der sog. Idealverein gefunden, worunter nach § 21 BGB ein Verein verstanden wird, dessen Zweck nicht auf einen wirtschaftlichen Geschäftsbetrieb gerichtet ist. Der Idealverein erlangt Rechtsfähigkeit durch Eintragung in das Vereinsregister des zuständigen Amtsgerichts. Allein in Bayern sind über 70.000 Vereine (Stand Oktober 2005) eingetragen.

67 Für die **Abgrenzung** zwischen eintragungsfähigem Idealverein und wirtschaftlichem Verein hat sich ein typologischer Ansatz durchgesetzt (PWW/*Schöpflin* § 21 Rn. 3 ff.).

68 Als **wirtschaftliche Vereine** wurden unter anderem angesehen: Immobilienbörse (OLG Düsseldorf NJW-RR 1996, 1500), Abrechnungsstelle für Heilberufe (KG OLGZ 79, 279), Taxizentrale (BGHZ 45, 395).

69 **Idealvereine** sind beispielsweise der Haus- und Grundbesitzerverein (RGZ 88, 333), der ADAC (BGH NJW 1983, 569) sowie die Bundesligavereine, sofern sich diese noch der Rechtsform des Vereins bedienen.

70 Die Beispiele des ADAC und der Bundesligavereine zeigen, dass unternehmerische Aktivitäten unschädlich sind, sofern der Hauptzweck nicht wirtschaftlicher Art ist. Es handelt sich um das sog. **Nebenzweckprivileg**, das einem Idealverein in gewissem Umfang auch unternehmerische Aktivitäten erlaubt.

3. Der wirtschaftliche Verein

71 Nach § 22 BGB erlangt ein Verein, dessen Zweck auf einen wirtschaftlichen Geschäftsbetrieb gerichtet ist, seine **Rechtsfähigkeit durch staatliche Verleihung** (Konzession). Der wirtschaftliche Verein ist jedoch ohne Bedeutung geblieben, weil nach dem Grundsatz der Subsidiarität die Verleihung der Rechtsfähigkeit nur zulässig ist, wenn für die geplante Vereinigung eine Gründung als Aktiengesellschaft, GmbH, Genossenschaft oder sonstige Körperschaft unzumutbar ist. Dies wurde bei Verwertungsgesellschaften nach dem Urheberrechtswahrnehmungsgesetz (UrhRWahrnehmungsG) angenommen (*Schultze* NJW 1991, 3264). Möglich ist die Verleihung der Rechtsfähigkeit ferner, wenn die Rechtsform des wirtschaftlichen Vereins durch bundesgesetzliche Sonderregelungen (z. B. § 19 BWaldG) ausdrücklich zugelassen ist (PWW/*Schöpflin* § 22 Rn. 1)

4. Gründung eines Vereins

72 Für die Vereinsgründung ist der **Beschluss einer Satzung** erforderlich (§ 25 BGB). Der Gründungsakt besteht darin, dass sich die Gründer des Vereins auf eine Satzung verständigen und beschließen, dass der Verein entstehen soll. Erforderlich sind mindestens zwei Gründungsmitglie-

der. Falls der Verein **Rechtsfähigkeit** erlangen soll, müssen **mindestens sieben Gründer** mitwirken (§ 56 BGB). Die Satzung muss den Zweck, den Namen und den Sitz des Vereins angeben und soll Bestimmungen enthalten über den Eintritt und Austritt der Mitglieder, die von den Mitgliedern etwa zu zahlenden Beiträge, die Bildung des Vorstandes und die Voraussetzungen, unter denen die Mitgliederversammlung einzuberufen ist, über die Form der Einberufung sowie über die Beurkundung der Beschlüsse der Mitgliederversammlung.

Vor Eintragung eines Vereins besteht ein sog. **Vorverein** als nicht rechtsfähiger Verein (PWW/ 73
Schöpflin § 21 Rn. 14).

5. Verfassung eines Vereins

Maßgeblich für die Verfassung eines Vereins ist die Vereinssatzung (§ 25 BGB). Der Verein muss 74
einen **Vorstand** haben, der aus mehreren Personen bestehen kann und den Verein gerichtlich und außergerichtlich vertritt (§ 26 BGB). Der Vorstand wird durch einen Beschluss der Mitglieder im Rahmen einer Mitgliederversammlung bestellt (§ 27 BGB). Es ist zu unterscheiden zwischen dem Vorstand i. S. d. Gesetzes, dem zwingend die Vertretung des Vereins gegenüber Dritten obliegt und dem Vorstand i. S. d. Satzung, d. h. die Satzung kann Vorstandsmitglieder vorsehen, die Vereinsaufgaben wahrnehmen, aber keine Vertretungsbefugnis haben. Nur der Vorstand im Sinne des Gesetzes wird im Vereinsregister eingetragen.

Die **Mitgliederversammlung** ist das oberste Organ des Vereins und hat durch Beschlussfassung 75
die Angelegenheiten des Vereins zu ordnen, soweit diese nicht von einem anderen Vereinsorgan wahrzunehmen sind (§ 32 BGB). Die Mitgliedschaft in einem Verein ist nicht übertragbar und nicht vererblich (§ 38 BGB).

6. Haftung des Vereins für Organe

Im Vereinsrecht findet sich die **zentrale Zurechnungsnorm** für Körperschaften. Nach **§ 31 BGB** 76
ist der Verein für den Schaden verantwortlich, den der Vorstand, ein Mitglied des Vorstandes oder ein anderer verfassungsmäßig berufener Vertreter durch eine in Ausführung der ihm zustehenden Verrichtungen begangene, zum Schadensersatz verpflichtende Handlung einem Dritten zufügt. So muss sich beispielsweise auch eine Aktiengesellschaft das Handeln ihres Vorstandes nach § 31 BGB zurechnen lassen (PWW/*Schöpflin* § 31 Rn. 2).

7. Auflösung und Beendigung

Ein Verein kann durch **Beschluss der Mitgliederversammlung** aufgelöst werden, wobei für den 77
Auflösungsbeschluss eine Mehrheit von $^3/_4$ der erschienenen Mitglieder erforderlich ist, soweit die Satzung nicht etwas anderes vorsieht (§ 41 BGB). Mit dem Auflösungsbeschluss endet der Verein als sog. werbender Verein und besteht als sog. Liquidationsverein bis zur Beendigung der Liquidation fort (§ 47 BGB). Ohne vorherige Auflösung und Liquidation erlischt ein Verein, wenn **alle Mitglieder wegfallen** oder der **Verein verboten** und sein Vermögen nach §§ 3, 4 und 11 Abs. 2 Vereinsgesetz eingezogen wird. Ein weiterer Auflösungsgrund ist die Eröffnung des **Insolvenzverfahrens** (§ 42 BGB).

II. Die Kommanditgesellschaft auf Aktien (KGaA)

1. Bedeutung im Wirtschaftsleben

Die Kommanditgesellschaft auf Aktien (KGaA) ist neben der Gesellschaft mit beschränkter Haf- 78
tung (GmbH) und der Aktiengesellschaft (AG) eine von drei Kapitalgesellschaften des deutschen Gesellschaftsrechts. Die wirtschaftliche Bedeutung der KGaA liegt jedoch weit hinter dem Stellenwert, den die GmbH und die AG in der deutschen Wirtschaft haben. Dennoch zeichnen sich gewisse Revitalisierungstendenzen ab. Nach Angabe des statistischen Jahrbuchs 1995 kamen noch Ende 1992 auf 3219 AGs (inklusive KGaAs) mit einem Grundkapital von summierten DM 173.814 Mio. lediglich 30 KGaAs mit DM 2.400 Mio. Grundkapital. Gleichzeitig existierten

549.659 GmbHs mit einem summierten Stammkapital von DM 246.114 Mio. Trotz der beschränkten Anzahl von KGaAs zeigen diese Ziffern, dass das Durchschnittsgrundkapital einer KGaA deutlich über dem der AG liegt, ein Umstand, der sich bis heute erhalten hat (*Meyer* GmbHR 2002, 177, 187). Nachdem der BGH mit seinem Beschluss vom 24. 2. 1997 (GmbH als einzige Komplementärin einer KGaA, vgl. BGHZ 134, 392 = NJW 1997, 1923) den langen Streit, ob auch eine Handelsgesellschaft alleinige Komplementärin der KGaA sein kann, dahingehend entschieden hat, dass diese Unternehmensgestaltung zulässig ist, erfährt die KGaA zahlenmäßig einen leichten Auftrieb. Im Frühjahr 1998 waren etwa 50 KGaAs, die Hälfte davon mit Handelsgesellschaften als Komplementärin, und im Jahre 2005 bereits ca. 100 KGaAs zu verzeichnen. Die Aktien einer KGaA sind börsenfähig, was aber nur in seltenen Fällen genutzt wird (*Meyer* GmbHR 2002, 177, 187).

79 Die **Bedeutung der KGaA** lässt sich jedoch nicht anhand der Zahl der existierenden KGaAs aufzeigen, sondern liegt vielmehr in ihrer speziellen rechtlichen Konstruktion. Die KGaA eignet sich aufgrund ihrer **flexiblen Struktur** für eine individuelle betriebliche Ausgestaltung, beispielsweise bei Unternehmen mit starker Führung und hohem Kapitalaufwand. Die Verbindung aus Elementen des Aktienrechts und des Personenhandelsgesellschaftsrechts lässt die KGaA darüber hinaus als geeignete Übergangsform erscheinen, um die Umwandlung von einer Personenhandelsgesellschaft in eine Aktiengesellschaft fließender zu gestalten (zur KGaA als Übergangsform KölnKomm AktG/*Mertens/Cahn* Vorb. § 278 Rn. 9). Des Weiteren lässt sich die Einrichtung von Konzernspitzen als KGaAs ebenso beobachten wie die Ausgliederung von Profiabteilungen der Bundesliga in diese Rechtsform (*Habel/Strieder* NZG 1998, 929), ein Umstand, der sich auch durch die verhältnismäßig hohe Übernahmeresistenz dieser Gesellschaftsform erklären dürfte (KölnKomm AktG/*Mertens/Cahn* Vorb. § 278 Rn. 6 ff.; MüKo AktG/*Semler/Perlitt* Vorb. § 278 Rn. 4 f.).

80 Auch wenn die Zahl der KGaAs nach dem BGH-Urteil von 1997 überschaubar geblieben ist, so hält die KGaA doch für bestimmte Unternehmen eine adäquate Gestaltungsform bereit.

2. Rechtliche Struktur

81 Die rechtliche Ausgestaltung der Kommanditgesellschaft auf Aktien ist zivilrechtlich in den **§§ 278 bis 290 AktG**, in denen sich jedoch weitreichende Verweise auf das HGB so wie das Erste Buch des AktG finden, sowie strafrechtlich in § 408 AktG verankert. Nach § 278 Abs. 1 AktG handelt es sich bei der KGaA um eine juristische Person, bei der mindestens ein Gesellschafter, der Komplementär, den Gesellschaftsgläubigern persönlich unbeschränkt haftet. Die übrigen Gesellschafter, die Kommanditaktionäre, sind an dem in Aktien aufgeteilten Grundkapital beteiligt, ohne persönlich für die Verbindlichkeiten der Gesellschaft einzustehen. Die KGaA ist daher sowohl durch Elemente der Aktiengesellschaft als auch der Kommanditgesellschaft geprägt. Trotz einiger Anleihen bei den Personenhandelsgesellschaften gilt die KGaA als **eigenständige Mischform der Kapitalgesellschaften**. Sie ist **rechtsfähig, parteifähig und insolvenzfähig** sowie nach §§ 278 Abs. 3, 3 AktG, 6 HGB **Vollkaufmann** kraft Rechtsform (MüKo AktG/*Semmler/Perlitt* § 278 Rn. 2). Der Vorstand wird durch den Komplementär ersetzt. Nachdem lange Streit darüber herrschte, ob auch Handelsgesellschaften und juristische Personen als alleinige Komplementäre fungieren dürfen, hat der BGH in seiner Grundsatzentscheidung vom 24. 2. 1997 (BGHZ 134, 392 = NJW 1997, 1923) diese Streitfrage bejaht.

82 Für das **Recht der KGaA** sind sowohl aktienrechtliche Bestimmungen, als auch personenhandelsgesellschaftsrechtliche Regelungen maßgebend. So ordnet § 278 Abs. 2 AktG an, dass für das Verhältnis der Komplementäre untereinander, gegenüber den Kommanditaktionären sowie Dritten die **Vorschriften der §§ 161 bis 177 a HGB** über die Kommanditgesellschaft anzuwenden sind. Dagegen verweist § 278 Abs. 3 AktG für alle weiteren Fragen auf die **Bestimmungen über die Aktiengesellschaft** im Ersten Buch des AktG, sofern sich nicht aus dem Fehlen des Vorstands oder den besonderen Regelungen der §§ 278 bis 290 AktG etwas anderes ergibt. Die unterschiedliche Natur der aktien- und kommanditrechtlichen Vorschriften führt zu rechtlichen Streitfragen.

Während die Normen des Ersten Buches des AktG eine zwingende Organisationsstruktur und Kompetenzverteilung vorgeben, herrscht bei der im HGB geregelten KG weitgehende Gestaltungsfreiheit. Daher ist das **Verhältnis der Verweisungen von § 278 Abs. 2 und 3 AktG** grundsätzlich klärungsbedürftig.

Nach h. M. werden durch die Vorschriften über die KG die **starren Vorgaben des AktG durchbrochen**. Dies ergebe sich schon allein daraus, dass der Gesetzgeber es bei der Neufassung des AktG 1965 unterließ, die Verweisung auf das Recht der KG einzuschränken (KölnKomm AktG/*Mertens/Cahn* Vorb. § 278 Rn. 10). Nicht eine festgefügte Organisationsstruktur, sondern vielmehr die persönliche Haftung der Komplementäre ist entscheidend für die Funktion der KGaA. Folglich weist die KGaA eine **erheblich größere Gestaltungsfreiheit** als die AG auf. Insbesondere können die Kompetenzen der Komplementäre auch gegenüber dem traditionellen Leitbild einer weitgehend unabhängig von den Kommanditaktionären agierenden Führung durch die Satzung bedarfsabhängig ausgestaltet und im Vergleich mit dem Vorstand einer AG sowohl erweitert als auch eingeschränkt werden. So kann den Kommanditaktionären durch Satzungsregelung das Mitbestimmungsrecht hinsichtlich der Zustimmungserfordernisse bei Handlungen, die über den gewöhnlichen Geschäftsbetrieb hinausgehen, entzogen werden, da § 164 HGB abdingbar ist (MüKo AktG/*Semler/Perlitt* Vorb. § 278 Rn. 31). Auch Grundlagengeschäfte unterstehen im Grundsatz der Satzungsautonomie (MüKo AktG/*Semler/Perlitt* Vorb. § 278 Rn. 34). Ihre Grenze findet die Ausschließbarkeit des Mitbestimmungsrechts der Kommanditaktionäre jedoch in nicht dispositiven aktienrechtlichen Vorschriften also insbesondere bei Geschäften, die eines Beschlusses der Hauptversammlung einer AG zwingend bedürften, und bei Grundlagengeschäften, welche die rechtliche Selbstständigkeit oder die unabhängige Beschlussfassung auf rechtliche oder faktische Weise beeinträchtigen (MüKo AktG/*Semler/Perlitt* Vorb. § 278 Rn. 35). Andererseits können auch dem Aufsichtsrat oder einem Beirat umfassende Mitwirkungsrechte bei der Geschäftsführung, ähnlich einem aktienrechtlichen Aufsichtsrat, eingeräumt und die Geschäftsführungsrechte der Komplementäre umfassend beschränkt werden (MüKo AktG/*Semler/Perlitt* Vorb. § 278 Rn. 32). Dies kann insbesondere bei der Vererbung von Gesellschaftsbeteiligungen ein sinnvolles Instrumentarium darstellen, um das Nachrücken eines nicht oder nur bedingt kompetenten Komplementärs gesellschaftsrechtlich aufzufangen. 83

Der umfassenden Gestaltungsfreiheit im Rahmen der KGaA könnte allerdings § 283 AktG einen Riegel vorschieben, der Regelungen des Aktienrechts hinsichtlich der **Pflichten des Vorstands** für den Komplementär sinngemäß für anwendbar erklärt. Gem. § 283 Nr. 3 AktG entspricht grundsätzlich die Verantwortlichkeit des Komplementärs jener eines Vorstands. Nach § 408 AktG finden auch die **strafrechtlichen Sanktionsvorschriften** über den Vorstand Anwendung auf den persönlich haftenden Gesellschafter einer KGaA. Bei einer wörtlichen Anwendung dieser Normen liefe man Gefahr, den Komplementär einer KGaA einer unabdingbaren Verantwortlichkeit zu unterwerfen, die dem Sinn und Zweck der KGaA, eine flexible Ausgestaltung der Unternehmensleitung zu ermöglichen, zuwiderliefe. Daher ist man sich einig, dass die §§ 283, 408 AktG nur im Rahmen der in der Satzung niedergelegten Geschäftsführungsbefugnisse des Komplementärs Anwendung finden (KölnKomm AktG/*Mertens/Cahn* Vorb. § 278 Rn. 11 f.). Es können somit die Befugnisse, wie ausgeführt, eingeschränkt und ausgeschlossen sowie die Mitwirkungsrechte sowie Verantwortlichkeiten der anderen Organe gestärkt werden. 84

Die **Feststellung der Satzung** ist in § 280 AktG auf der modifizierten Grundlage des § 23 AktG geregelt. Erforderlich ist die **notarielle Beurkundung** unter Beteiligung aller persönlich haftenden Gesellschafter und sämtlicher Kommanditaktionäre, die Aktien gegen Einlagen übernehmen. § 23 AktG, insbesondere § 23 Abs. 5 AktG, und § 179 AktG bleiben für die Ausgestaltung der Satzung und ihre Änderungen maßgebend, sofern sich die Satzung nicht innerhalb des Regelungsbereichs von § 278 Abs. 2 AktG mit seinem Verweis auf personenhandelsgesellschaftsrechtliche Vorschriften bewegt. Die Abgrenzung zwischen den beiden Regelungsbereichen ist nicht immer einfach. In Ausnahmefällen kann, falls sich eine Satzungsregelung auf die grundlegende Organisation der Gesellschaft auswirkt, auch für eigentlich dem HGB unterfallende Be- 85 stimmungen die aktienrechtliche Satzungsstrenge gelten (i. E. KölnKomm AktG/*Mertens/Cahn* Vorb. § 278 Rn. 13.). Ist im Regelungsbereich des § 278 Abs. 2 AktG eine Zustimmung aller Kommanditaktionäre erforderlich, kann die Satzungsänderung nur durch Hauptversammlungsbeschluss erfolgen (KölnKomm AktG/*Mertens/Cahn* Vorb. § 278 Rn. 13).

86 Darüber hinaus herrscht im Bereich von § 278 Abs. 2 AktG wiederum ein weiter Gestaltungsspielraum jenseits der aktienrechtlichen Vorschriften. Der BGH hat in seinem Urteil zur Zulässigkeit von Handelsgesellschaften und juristischen Personen als alleinige Komplementäre allerdings angedeutet, dass, um Missbräuchen zu begegnen, eine **Inhaltskontrolle der Satzung** wie bei einer Publikums-KG erfolgen könne. Neben dieser vagen und umstrittenen Möglichkeit der Inhaltskontrolle wird einem Missbrauch bei der Satzungsgestaltung aber vor allem durch die von der Rechtsprechung entwickelten Vorgaben und Regeln für die Gestaltung von Gesellschaftsverträgen bei Personengesellschaften begegnet (KölnKomm AktG/*Mertens/Cahn* Vorb. § 278 Rn. 16). Diese Rechtsprechungsgrundsätze stellen u. a. eine **Gewährleistung des Kernbereichs der Mitgliedschaftsrechte** aller Gesellschafter, die Beachtung der gesellschafterlichen Treuepflichten und die Einhaltung des gesellschaftsrechtlichen Gleichbehandlungsgrundssatzes sicher.

87 Neben der **Neugründung** einer KGaA kommt auch eine Entstehung durch **Umwandlung** gem. den §§ 221, 233 Abs. 3 UmwG in Betracht (*K. Schmidt* GesR, § 32 II 1).

88 Die **Vertretung** der Gesellschaft richtet sich nach § 125 HGB, einschließlich des Abs. 3 über die gemischte Prokura (MüKo/AktG/*Semler/Perlitt* Vorb. § 278 Rn. 40). Die Vertretung der KGaA folgt damit insgesamt den Prinzipien der Personenhandelsgesellschaften.

3. Vorzüge der KGaA

89 Einige Vorzüge der KGaA wurden bereits kurz skizziert. Die Durchbrechung der aktienrechtlichen Formenstrenge durch die Verweisung des § 278 Abs. 2 AktG auf die Personengesellschaften erlaubt es, die Organisations- und Verantwortungsstruktur den spezifischen Bedürfnissen der jeweiligen Gesellschaft anzupassen. So wurden früher KGaAs häufig zur **Umgehung der strengen aktienrechtlichen Vorschriften** ins Leben gerufen. Heute bedienen sich insbesondere Familienunternehmen, die verstärkt Fremdkapital einsetzen wollen, oder Gesellschaften in der Übergangsphase von der Personengesellschaft zur Kapitalgesellschaft der Flexibilität der KGaA (KölnKomm/AktG/*Mertens/Cahn* Vorb. § 278 Rn. 7). Prägendes Merkmal ist die **Verbindung von Eigen- und Fremdkapital** mit einer **individuell gestalteten Unternehmensleitung** bei weitgehendem Ausschluss der Kommanditaktionäre. Eine entsprechende Ausgestaltung der Führungsstruktur kann eine hohe Unabhängigkeit der Geschäftsführung von den Kommanditaktionären und damit auch einen verstärkten Schutz gegen nicht gewollte Übernahmen gewährleisten (KölnKomm AktG/*Mertens/Cahn* Vorb. § 278 Rn. 7). Der Entscheidungsspielraum der Unternehmensleitung einer KGaA kann weit über die Befugnisse des Vorstands einer AG hinausgehen. Darüber hinaus bringt die Vermögenseinlage der Komplementäre erbschafts- und schenkungssteuerliche Vorteile (KölnKomm AktG/*Mertens/Cahn* Vorb. § 278 Rn. 7).

4. Nachteile

90 Die KGaA kann aber auch mit einer Reihe von Nachteilen verbunden sein. Die KGaA setzt begrifflich die **unbeschränkte Haftung eines Komplementärs** voraus. Die Haftung kann zwar durch die Einsetzung einer beschränkt haftenden Kapitalgesellschaft, z. B. einer GmbH, auf das Vermögen der jeweiligen Kapitalgesellschaft beschränkt werden. Doch kann die Einsetzung einer weiteren Gesellschaft zu einem undurchsichtigen gesellschaftlichen Gebilde führen, bei dem aufgrund der Dissonanzen zwischen personenhandelsgesellschaftsrechtlichem und aktienrechtlichem Regelungsbereich eine Reihe ungeklärter oder strittiger Rechtsfragen und Abgrenzungsschwierigkeiten bestehen. Auch hat sich der BGH eine Intervention zugunsten der Anleger bei allzu deutlicher Ausnutzung des personenhandelsgesellschaftsrechtlichen Gestaltungsspielraums durch eine **Inhaltskontrolle der Satzung** vorbehalten. Diese Unwägbarkeiten können beispielsweise dazu führen, dass bei neugegründeten KGaAs, die noch nicht über einen entsprechenden good will verfügen, einer Kreditvergabe, insbesondere auf internationaler Ebene mit größerer Zurückhaltung begegnet wird als bei anderen Gesellschaftsformen (KölnKomm AktG/*Mertens/Cahn* Vorb. § 278 Rn. 8).

Sollte die KGaA in den kommenden Jahren infolge der BGH-Entscheidung von 1997 weiter Aufwind erfahren und an wirtschaftlicher Bedeutung gewinnen, so bleibt abzuwarten, ob der Gesetzgeber der KGaA den weiten Gestaltungsspielraum belässt oder eine dem Aktienrecht vergleichbare Formenstrenge einführt.

5. Organe

Bei der KGaA sind **drei Organe** vorgesehen: Ein persönlich haftender Gesellschafter, ein Aufsichtsrat und eine Hauptversammlung (MüKo / AktG / *Semler/Perlitt* Vorb. § 278 Rn. 44 ff.). Daneben kann fakultativ noch ein organschaftlicher Kommanditaktionärsausschuss treten. Ein etwaiger rechtsgeschäftlich errichteter Beirat hat regelmäßig keine Organ-, sondern lediglich Beratungsfunktion. 91

a) Persönlich haftender Gesellschafter

Die persönlich haftenden Gesellschafter, die Komplementäre, unterliegen bezüglich ihrer Rechte und Pflichten sowohl dem Aktienrecht als auch dem Recht der Personenhandelsgesellschaften. Die Vorschriften des Aktienrechts finden nach Maßgabe des § 283 AktG eine sinngemäße Anwendung, aber, wie erläutert (s. Ziff. 2 Rn. 81 ff.), nur im Rahmen der in der Satzung festgelegten Befugnisse des Komplementärs. Die Regelungen des AktG sollen grundsätzlich einen **Kern an Mindestbefugnissen** des persönlich haftenden Gesellschafters sicherstellen. Dagegen bestimmen sich die Vorschriften über die Geschäftsführung und die Vertretung weitestgehend nach dem Recht der Personenhandelsgesellschaften, wobei jedoch abweichende Regelungen in der Satzung vorgesehen werden können. Geschäftsführung und Vertretung können einem Komplementär gem. § 114 Abs. 2 HGB und § 125 Abs. 1 HGB entzogen werden. 92

Nach dem Beschluss des BGH vom 24. 2. 1997 (BGHZ 134, 392 = NJW 1997, 1923) ist es möglich, dass eine Handelsgesellschaft oder eine juristische Person alleinige Komplementärin einer KGaA wird. Die **Komplementäre** haften für Verbindlichkeiten der Gesellschaft gem. §§ 128 ff. HGB i. V. m. 161 Abs. 2 HGB **unmittelbar, unbeschränkt und persönlich als Gesamtschuldner** (*Hüffer* AktG, § 278 Rn. 10). Allerdings bilden nur die geschäftsführungsbefugten und vertretungsberechtigten Komplementäre in ihrer Gesamtheit das Organ der persönlich haftenden Gesellschafter der KGaA. Nur ihr Handeln und Wissen wird der Gesellschaft zugerechnet (*Flume*, Personengesellschaft, S. 131). Organschaftliches Handeln setzt grundsätzlich ein Vorgehen aller geschäftsführungsbefugten und vertretungsberechtigten Komplementäre voraus, sofern mehrere Komplementäre vorhanden sind und die Satzung keine abweichenden Regelungen trifft. 93

In der **Geschäftsführung** stehen den Komplementären zum Teil weitere Befugnisse zu als dem Vorstand einer AG, zum Teil sind die Kompetenzen der Komplementäre aber auch enger gefasst als bei einem AG-Vorstand. Soweit § 164 HGB nicht abbedungen wurde, muss der geschäftsführende Komplementär die Zustimmung aller Komplementäre und der Kommanditaktionäre in Form eines Hauptversammlungsbeschlusses für Maßnahmen einholen, die nicht zum gewöhnlichen Betrieb der KGaA gehören (*Hüffer* AktG, § 278 Rn. 13). Nach § 285 Abs. 2 AktG bedürfen dagegen strukturverändernde Maßnahmen, welche der Vorstand einer Aktiengesellschaft nach § 83 AktG auch ohne sein eigenes Einverständnis auf Verlangen der Hauptversammlung vorzubereiten und umzusetzen verpflichtet ist, bei einer KGaA der Zustimmung der Komplementäre im Rahmen eines Beschlusses der Hauptversammlung, der gem. § 285 Abs. 3 AktG zum Registergericht einzureichen ist. Hier zeigt sich wieder, dass nach der Konstruktion der KGaA den Komplementären eine sehr starke Position zugedacht ist. 94

95 Die persönlich haftenden Gesellschafter sind somit in der Regel das wichtigste Organ einer KGaA.

b) Aufsichtsrat

96 Die Funktion des Aufsichtsrats einer KGaA ist im Vergleich mit dem Aufsichtsrat einer AG eingeschränkt, allerdings treten auch manche Pflichten hinzu, die ein AG-Aufsichtsrat nicht hat. Grundsätzlich richten sich die Aufgaben und Pflichten des Aufsichtsrats einer KGaA sinngemäß nach den **§§ 95 ff. i. V. m. 278 Abs. 3 AktG** (*Hüffer* AktG, § 278 Rn. 15).

97 Da sich die Vertretungsregeln des persönlich haftenden Gesellschafters nach personenhandelsrechtlichen Grundsätzen bestimmen, hat der Aufsichtsrat nicht wie in der AG die Kompetenz, das geschäftsführende Organ zu berufen und anzustellen (*K. Schmidt* GesR, § 32 III 4).

98 Auch die bei der AG zugunsten des Aufsichtsrats bestehenden **Zustimmungsvorbehalte** fehlen bei der KGaA, können aber durch die Satzung eingeräumt werden. Üblicherweise ist damit bei der KGaA die **Überwachungsfunktion** des Aufsichtsrats auf ein Minimum beschränkt. Zudem besitzt er weder die Personalkompetenz nach § 84 AktG noch die Befugnis zum Erlass einer Geschäftsordnung nach § 77 Abs. 2 AktG (*Hüffer* AktG, § 278 Rn. 15). An der Feststellung des Jahresabschlusses wirkt er ebenfalls nicht mit, wie sich aus § 286 Abs. 1 AktG ergibt.

99 Allerdings obliegt es dem Aufsichtsrat gem. § 287 Abs. 1 AktG, die von den Kommanditaktionären in der Hauptversammlung gefassten **Beschlüsse auszuführen**, sofern nicht die Satzung eine andere Regelung trifft. Die gem. § 164 HGB i. V. m. § 278 Abs. 2 AktG notwendige Zustimmung der Kommanditaktionäre kann durch die Zustimmung des Aufsichtsrats ersetzt werden, falls die Satzung eine entsprechende Regelung enthält.

c) Hauptversammlung

100 Die Hauptversammlung ist eine **Versammlung der Kommanditaktionäre**, die das **alleinige Stimmrecht** haben. Die Komplementäre besitzen nur insoweit ein Stimmrecht, als sie selbst Aktien der Gesellschaft halten, und kein ausdrückliches **Stimmverbot** nach § 285 Abs. 1 S. 2 AktG einschlägig ist. Teilnahmerecht und -pflicht der Komplementäre ergeben sich nach wohl richtiger, aber umstrittener Ansicht aus ihrer vorstandsähnlichen Funktion nach § 118 Abs. 2 i. V. m. § 278 Abs. 3 AktG (*Hüffer* AktG, § 278 Rn. 17).

101 Nach § 285 Abs. 2 AktG bedürfen Beschlüsse der Hauptversammlung der **Zustimmung der Komplementäre**, soweit sie Angelegenheiten betreffen, für die in einer KG das Einverständnis der persönlich haftenden Gesellschafter und der Kommanditisten notwendig ist, also bei Beschlüssen, welche die Grundlagen der Gesellschaft betreffen (*K. Schmidt* GesR, § 32 III 3). Die Kompetenzen der Hauptversammlung leiten sich sinngemäß aus den §§ 119 ff. AktG und anderen zuständigkeitsbegründenden Normen des Aktienrechts ab (*Hüffer* AktG, § 278 Rn. 17).

d) Kommanditaktionärsausschuss

102 Zusätzlich zu den drei Pflichtorganen kann durch die Gesamtheit der Kommanditaktionäre ein Kommanditaktionärsausschuss bestellt werden. Diesem können Aufgaben zugeteilt werden, die nach den gesetzlichen Vorgaben der Gesamtheit der Kommanditaktionäre zustehen oder dem Kommanditaktionären durch die Satzung zugewiesen wurden (MüKo AktG/*Semler/Perlitt* Vorb. § 278 Rn. 44, § 278 Rn. 239).

6. Mitbestimmung

103 Auch die KGaA unterfällt den verschiedenen Formen der Mitbestimmung, allerdings in abgeschwächter Weise.

104 Zunächst findet auf die KGaA das Drittelbeteiligungsgesetz (DrittelbG) Anwendung, soweit nicht mehr als 500 Arbeitnehmer beschäftigt werden (§ 1 Abs. 1 Nr. 3 DrittelbG). Auch für die

KGaA gilt durch die Verweisung in § 1 Abs. 1 Nr. 2 S. 2 DrittelbG auf § 1 Abs. 1 Nr. 1 S. 2 und 3 DrittelbG, dass eine Gesellschaft mit in der Regel weniger als 500 Arbeitnehmer, die vor dem 10. 8. 1994 eingetragen wurde, dennoch der Mitbestimmung unterfällt, soweit es sich nicht um eine Familiengesellschaft handelt.

Bei einer KGaA müssen allerdings, damit das Vorliegen einer Familiengesellschaft anerkannt **105** wird, die Aktionäre nicht nur untereinander, sondern auch mit dem Komplementär oder dessen Gesellschaftern verwandt oder verschwägert sein (MüKo / AktG / *Semler/Perlitt* Vorb. § 278 Rn. 62).

Einer **Erweiterung der Mitbestimmung** über die gesetzlichen Vorgaben hinaus bei Kapitalgesell- **106** schaften & Co. KGaAs hat der BGH in BGHZ 134, 392, 400 trotz entsprechender Vorschläge und Forderungen in der Literatur eine Absage erteilt.

Bei einer **KGaA mit über 2.000 Arbeitnehmern** im Konzern oder dem Unternehmen selbst gilt **107** das Mitbestimmungsgesetz von 1976. Bedingt durch die flexible Struktur der KGaA finden sich aber auch in diesem Bereich einige Modifikationen. Beim Ausscheiden oder der Aufnahme persönlich haftender Gesellschafter kommt es zu keinem Mitwirkungsakt des nach dem Mitbestimmungsgesetz paritätisch besetzten Aufsichtsrats, sofern nicht in der Satzung etwas anders geregelt ist. Ein Arbeitsdirektor ist nicht vorgesehen.

Auch die Überwachungsfunktion des paritätisch besetzten Aufsichtsrats beschränkt sich auf die **108** Rechte und Pflichten, die allgemein für den Aufsichtsrat bei einer KGaA gelten (MüKo AktG/ *Semler/Perlitt* Vorb. § 278 Rn. 61; KölnKomm AktG/ *Mertens/Cahn* Vorb. § 278 Rn. 18).

Von der **Montan-Mitbestimmung** und den Vorschriften des Ergänzungsgesetzes zur Mitbestim- **109** mung ist die KGaA gem. § 1 Abs. 2 MontanMitbestG, § 1 MontanMitbestErgG ausgenommen.

Die **Einwirkungsmöglichkeiten der Arbeitnehmervertreter** sind im Übrigen im Vergleich zu **110** einer AG insoweit eingeschränkt als dem Aufsichtsrat einer KGaA eine geringere Bedeutung zukommt als dem Aufsichtsrat einer AG.

Insbesondere auf die Bestellung und Abberufung der Vertretungsorgane hat die Arbeitnehmer- **111** seite einer KGaA bei einem nach den gesetzlichen Vorgaben gebildeten Aufsichtsrat keinen Einfluss, da die Vertretung von den Komplementären wahrgenommen wird.

III. Die Genossenschaft

1. Idee und wirtschaftliche Bedeutung

Die Idee der eingetragenen Genossenschaft (eG) hat seit ihrer Genese im 19. Jahrhundert eine er- **112** hebliche Umwertung erfahren. Gleiches gilt für die wirtschaftliche Bedeutung der Genossenschaft, die ebenfalls einen Wandel durchlaufen hat. Ursprünglich war die seit dem 1. 5. 1889 im gesamten Kaiserreich eintragbare Genossenschaft als eine Organisation zur Selbsthilfe konzipiert (*K. Schmidt* GesR, § 41 I 1 lit. a). Die Genossenschaft war somit als eine Gesellschaftsform gedacht, die man gleichsam der als anonym empfundenen Dynamik der Industrialisierung entgegensetzen wollte. Folglich lag der Schwerpunkt der Genossenschaft auf der **personalistischen Struktur** und im **Zusammenhalt der Gesellschafter** (*Steding* NZG 1999, 282).

Es verwundert nicht, dass gerade diese Rechtsform in den neuen Bundesländern ihre Blütezeit **113** erlebte. Nach der Wende wandelten sich viele Betriebe der **ehemaligen DDR**, vor allem LPGs und PGHs, in Genossenschaften nach § 1 Abs. 1 GenG um. Heute allerdings ist der sozialpolitische Gehalt der Genossenschaft weitgehend einer marktwirtschaftlich orientierten Gesellschaftsform gewichen, die angesiedelt zwischen den Personenhandelsgesellschaften und den Kapitalgesellschaften (*Steding* NZG 2000, 617) immer mehr Anleihen aus dem Aktienrecht nimmt. Selbst die Produktionsgenossenschaften, einst die Speerspitze einer sozialistisch ideologisierten Unternehmenskultur, haben diese Wende vollzogen.

114 Dies ist als Indiz zu werten, dass die Bedeutung der klassischen Genossenschaft rückläufig ist, wenngleich die Genossenschaft als Rechtsform im Wirtschaftsleben immer noch einen gewissen Stellenwert hat (*K. Schmidt* GesR, § 41 I 1 lit. c). Gerade im Vergleich mit den Handelsgesellschaften, insbesondere der GmbH, befindet sich die Genossenschaft aber sowohl bei relativer als auch absoluter Betrachtung auf dem Rückzug. Die Zahlen für 1998 beispielsweise schwanken mit fallender Tendenz, je nach Berechnung, zwischen knapp über 10.000 (*Steding* NZG 1999, 282), und 6.962 (Statistisches Bundesamt nach der Umsatzsteuerstatistik).

115 § 1 Abs. 1 GenG zählt, nicht abschließend, als Kategorien für Genossenschaften Vorschuss- und Kreditvereine, Absatzgenossenschaften, Produktivgenossenschaften, Konsumvereine, Einkaufs- und Wohnungsbaugenossenschaften auf. Aber auch Banken und Handelsgewerbe fallen darunter. Zu den **bekannten Genossenschaften** zählen etwa Edeka und REWE, die Volks- und Raiffeisenbanken, BayWa und diverse Winzergenossenschaften, aber auch DENIC und die Tageszeitung taz.

116 Ob die Genossenschaft nach der **Reform des Genossenschaftsrechts**, die am **18. 8. 2006 in Kraft getreten** ist und erstmals die Gründung einer **europäischen Genossenschaft** ermöglicht, eine neue Blüte erlebt, bleibt abzuwarten. Jedenfalls scheint sich abzuzeichnen, dass die Rechtsform der Genossenschaft eher kleineren Unternehmen zugute kommt, die Interessen großer Unternehmen dagegen z. B. in der Rechtsform der Aktiengesellschaft besser gewahrt werden können (*Binz/Freudenberg* DB 1991, 2473, 2477).

2. Rechtliche Grundstruktur

117 Die Genossenschaft ist nach dem mit Wirkung zum 18. 8. 2006 novellierten § 1 Abs. 1 GenG eine körperschaftliche »Gesellschaft von nicht geschlossener Mitgliederzahl, deren Zweck darauf gerichtet ist, den Erwerb oder die Wirtschaft ihrer Mitglieder oder deren soziale oder kulturelle Belange durch gemeinschaftlichen Geschäftsbetrieb zu fördern«, und als solche eine **Sonderform des Wirtschaftsvereins** (*K. Schmidt* GesR, § 41 I 2 lit. e). Ihre Rechtsgrundlage findet die Genossenschaft im **Genossenschaftsgesetz** (GenG), das 1889 erlassen wurde und seitdem mehrfach novelliert wurde, zuletzt grundlegend 1973 und aktuell zum 18. 8. 2006. Als Ergänzung sind die **Bestimmungen des BGB** zum Verein analog heranzuziehen, um Regelungslücken zu schließen.

118 Gem. § 17 Abs. 1 GenG ist die Genossenschaft eine **juristische Person** mit eigenständigen Rechten und Pflichten sowie nach § 17 Abs. 2 GenG Formkaufmann. Ihre **Rechtsfähigkeit** erlangt die Genossenschaft gem. §§ 10 ff. GenG erst mit der konstitutiven Eintragung ins Genossenschaftsregister, was sich in dem **Rechtsformzusatz »eG«** niederschlägt, den die eingetragene Genossenschaft nach § 3 GenG tragen muss.

119 Für die Verbindlichkeiten **haftet** dann nach § 2 GenG nur das **Vermögen der Genossenschaft**. Eine Nachschusspflicht der Mitglieder kann in der Satzung ausgeschlossen werden.

120 Charakteristisches Merkmal der Genossenschaft im System der Gesellschaftsformen ist der ihr eigene **Förderzweck zugunsten ihrer Mitglieder**. Dieser aus dem Gedanken der Selbsthilfe erwachsene Verbandszweck der Genossenschaft bedingt, dass nur bestimmte, einem legitimen Verbandszweck verpflichtete Unternehmen als Genossenschaft organisiert werden können. Allerdings besteht insoweit kein Rechtsformzwang, so dass man zwischen Genossenschaften im wirtschaftlich-materiellen und solchen im Rechtssinne unterscheiden muss. Ein Zweckverband kann daher auch die Form eines Wirtschaftsvereins, einer GmbH oder einer AG annehmen, muss sich also nicht dem Genossenschaftsrecht unterwerfen. Eine Genossenschaft im Rechtssinne besteht aber nur, wenn der Zweckverband die Rechtsfähigkeit nach dem Genossenschaftsgesetz erlangt hat (*K. Schmidt* GesR, § 41 I 1 lit. a).

121 Die Verpflichtung auf einen gemeinsamen Förderzweck gibt der Genossenschaft ein **personalistisches Gepräge**, was die Genossenschaft in der Regel vor unterwünschten Übernahmen schützt (*Steding* NZG 1999, 282, 283).

So soll die **Weitergabe von Gewinn** nicht durch Geldzahlungen nach Anteilen, sondern durch Geschäfte zwischen Genossenschaft und Mitgliedern (sog. **Mitgliedergeschäfte**), also in unmittelbarer sachlicher Förderung erfolgen (*Steding* NZG 1999, 282, 284). In jüngerer Zeit ist dieser hehre Förderungsanspruch aber, wie gezeigt, vielfach einer nüchternen marktwirtschaftlichen Betrachtungsweise gewichen, die zum Teil für den Niedergang des Genossenschaftswesens verantwortlich gemacht wird (*Steding* NZG 1999, 282, 283 f.). Die Praxis der eG nähert sich dabei vielfach den Strukturen einer AG an. 122

Die **Errichtung der Genossenschaft** erfolgt nach der Novellierung durch **mindestens drei Mitglieder** (§ 4 GenG), indem eine **Satzung** nach §§ 5, 6 und 7 GenG, nach altem Recht »Statut« genannt, aufgesetzt und beschlossen wird. Diese Satzung bestimmt die Rechtsverhältnisse zwischen den Mitgliedern und der Genossenschaft, darf aber nach § 18 S. 2 GenG von den gesetzlichen Vorgaben nur insoweit abweichen, als dies ausdrücklich gesetzlich gestattet ist. Die Satzung muss nach § 6 GenG die Firma und den Sitz der Genossenschaft, den Gegenstand des Unternehmens, Bestimmungen über die Nachschusspflicht der Mitglieder im Insolvenzfall, über die Generalversammlung und über die genossenschaftlichen Bekanntmachungen enthalten. § 7 GenG ordnet weiter an, dass auch Angaben zur Gestaltung der Einlagen der Mitglieder auf ihre Geschäftsanteile und zur Rücklagenbildung aufzunehmen sind. 123

Nach alter Rechtslage waren darüber hinaus alle Genossenschaften verpflichtet, einem **Prüfungsverband beizutreten**, der grundsätzlich im 2-jährigen Turnus eine Pflichtprüfung absolviert (vgl. i. E. §§ 53 ff. GenG). 124

3. Die Neuregelung des Genossenschaftsrechts und die Organe

Mit der Neuregelung des Genossenschaftsrecht in der zum 18. 8. 2006 in Kraft getretenen Änderung des »Gesetzes betreffend die Erwerbs- und Wirtschaftsgenossenschaften« (BGBl. I 1931 ff.) hat die Bundesregierung **wesentliche Vereinfachungen** herbeigeführt und neue Gestaltungsmöglichkeiten aufgegriffen. Dabei sind drei Stoßrichtungen zu unterscheiden: Zunächst wird der Anwendungsbereich der eG auf den kulturellen und sozialen Sektor ausgedehnt. Zweitens werden Privilegierungen für kleine Genossenschaften geschaffen und schließlich wird der Weg zu einer möglichen Kapitalisierung nach kapitalmarktrechtlichen Grundsätzen eröffnet. 125

a) Gründung

Zunächst wird durch die Novellierung die **Gründung erleichtert**. So ist die Zahl der **Gründungsmitglieder** von bisher sieben durch den neu gefassten § 4 GenG auf drei herabgesetzt worden. Die eingetragene Genossenschaft wird nach der neuen Legaldefinition des § 1 Abs. 1 GenG auch **für kulturelle und soziale Zwecke** geöffnet. 126

b) Organe

Auch die Pflichtorgane und ihre Kompetenzen erfahren eine Neubewertung. Bei der Genossenschaft sind **drei Organe** zu unterscheiden: Der Vorstand, der Aufsichtsrat und die Generalversammlung. 127

Der **Vorstand**, in den § 9 und §§ 24 ff. GenG geregelt, ist das Geschäftsführungs- und Vertretungsorgan und meldet die Genossenschaft beim Gericht zur Eintragung an. Er besteht grundsätzlich gem. § 24 Abs. 2 GenG aus **zwei Mitgliedern**, die in der Generalversammlung der Mitglieder durch Beschluss berufen und abberufen werden. Neu ist aber, dass bei Genossenschaften mit höchstens 20 Mitgliedern nach § 24 Abs. 2 S. 3 GenG die Satzung bestimmen kann, dass nur ein Mitglied den Vorstand bildet. Auf die früher vorgeschriebene Doppelspitze kann also bei kleinen Genossenschaften künftig verzichtet werden. 128

Eine ähnliche Regelung wurde für den **Aufsichtsrat** eingeführt, der in den § 9 und den §§ 36 ff. GenG seine Rechtsgrundlage hat. Er bleibt Kontrollorgan mit **mindestens drei Mitgliedern**, die nicht Mitglied des Vorstands sein dürfen, und vertritt die Genossenschaft dem Vorstand ge- 129 genüber. Bei Genossenschaften mit höchstens 20 Mitgliedern kann aber nun nach § 9 Abs. 1 GenG auf einen Aufsichtsrat durch Satzungsbeschluss vollkommen verzichtet werden. Seine Funktionen werden in diesem Fall von der Generalversammlung oder einem Bevollmächtigten der Generalversammlung (§ 39 Abs. 1 GenG), wahrgenommen. Auch hier ist somit eine strukturelle Erleichterung für kleine Genossenschaften zu beobachten. Bei Genossenschaften mit über 500 bzw. 2.000 Arbeitnehmern sind im Rahmen der betrieblichen Mitbestimmung allerdings die Vorschriften des Drittelbeteiligungsgesetzes (§ 1 Abs. 1 DrittelbG) sowie des Mitbestimmungsgesetzes (§ 1 Abs. 1 MitbestG) zu beachten.

130 Die in den §§ 43 ff. GenG verankerte **Generalversammlung** ist das **Willensbildungsorgan der Mitglieder**, durch das diese ihre Rechte ausüben. In Genossenschaften mit über 1.500 Mitgliedern kann die Generalversammlung per Satzungsbestimmung nach § 43 a GenG durch eine funktionsgleiche Vertreterversammlung ersetzt werden. Gem. § 43 Abs. 3 GenG hat jedes Mitglied in der Generalversammlung eine Stimme. Allerdings können einzelnen Mitgliedern, die den Geschäftsbetrieb besonders fördern, **Mehrstimmrechte** verliehen werden. Hierzu enthält die Neufassung des GenG zusätzliche detaillierte Regelungen bezüglich der Höhe der Mehrstimmrechte (§ 43 Abs. 3 GenG). Grundsätzlich ist ein einfacher Mehrheitsbeschluss vorgesehen, bei Satzungsänderungen ist aber § 16 Abs. 2 GenG zu beachten. Der Vorstand darf nicht ohne die Generalversammlung zu befragen, in die Substanz der Gesellschaft eingreifen, sondern muss entsprechende Themen der Generalversammlung zur Beschlussfassung vorlegen (*K. Schmidt* GesR, § 41 II 2). Dies entspricht der aus dem Aktienrecht bekannten »Holzmüller«-Problematik (vgl. dazu Kap. 10 § 179 Rn. 5, § 179 a Rn. 2).

c) Prüfungspflicht

131 Eine weitere Privilegierung der kleinen Genossenschaften stellt die **Freistellung von der Prüfungspflicht des Jahresabschlusses** seit der Gesetzesnovelle vom 18. 8. 2006 dar. Die Genossenschaft ist gem. §§ 53 ff. GenG verpflichtet, einem Prüfungsverband beizutreten und wenigstens alle zwei Jahre von diesem eine Prüfung der wirtschaftlichen Verhältnisse und der Ordnungsmäßigkeit der Geschäftsführung durchführen zu lassen. Hinzu kam bisher die Prüfung des Jahrsabschlusses unter Einbeziehung der Buchführung und des Lageberichts. Dieser Zusatz gilt künftig gem. § 53 Abs. 2 GenG nur noch für Genossenschaften, deren Bilanzsumme € 1,0 Mio. und deren Umsatzerlöse € 2,0 Mio. übersteigen. Zur genossenschaftlichen Pflichtprüfung wird im Übrigen auf den neu gefassten § 55 Abs. 2 GenG verwiesen.

d) Kapitalisierungsmöglichkeiten

132 Ein zweiter Pfeiler der Gesetzesnovellierung ist die **Schaffung von Kapitalisierungsmöglichkeiten** nach den Grundsätzen, die im Recht der Kapitalgesellschaften vorherrschen. So ist nunmehr bei Genossenschaften auch eine **reine Sachgründung** zulässig. Der neu eingefügte § 8 a GenG bestimmt, dass die Satzung ein Mindestkapital vorsehen kann, welches beim Ausscheiden von Mitgliedern nicht unterschritten werden darf. Schließlich sind nunmehr gem. § 8 Abs. 2 GenG auch rein kapitalmäßig beteiligte Mitglieder bei einer Genossenschaft zugelassen, die sich nicht aktiv in den Geschäftsbetrieb einzubringen brauchen und auch die Förderung nicht nutzen müssen. Der traditionellen genossenschaftlichen Sichtweise, die auf eine Stärkung des ursprünglichen Förderungs- und Solidaritätsgedankens abzielt, wird damit eine Absage erteilt. Stattdessen sind Grundsätze und Möglichkeiten aus dem Recht der Kapitalgesellschaften eingeführt worden.

133 Ob die neuen Kapitalisierungsmöglichkeiten Anreize für kleinere Unternehmen bieten, verstärkt die Rechtsform der eG zu wählen, wird die Zukunft zeigen. Die entsprechende Zielsetzung des novellierten GenG ist jedenfalls klar erkennbar.

4. Mitgliedschaft

Mitglieder einer Genossenschaft können natürliche Personen, Körperschaften, also auch Genossenschaften selbst, sowie Personengesellschaften sein. Die Mitgliedschaft wird anders als bei den Kapitalgesellschaften nicht durch Anteilsübernahme, sondern **durch Beitritt, Zulassung und Eintragung** in die Liste der Genossen erworben (*K. Schmidt* GesR, § 41 III 1; *Steding* NZG 1999, 282, 283). Die Pflicht zur Übernahme eines Geschäftsanteils und Leistung einer Einlage ergibt sich aus der jeweiligen Satzung. Die Mitgliedschaft endet mit dem Tod des Mitglieds oder seinem Ausschluss gem. §§ 65 ff. GenG. Dem Mitglied steht nach § 65 GenG ein ordentliches Kündigungsrecht zum Ende des Geschäftsjahres zu. Daneben besteht ein außerordentliches Kündigungsrecht gem. § 65 Abs. 3 GenG, insbesondere bei einer Änderung des Statuts (§ 67 a GenG). Diese umfassenden Kündigungsrechte der Mitglieder können als Ausdruck der Idee der freien Kooperation und Selbsthilfe im Rahmen der Genossenschaft jenseits von den Zwängen der kapitalisierten Wirtschaftsordnung begriffen werden. Sie stellen aber auch einen Grund für die »Flucht der Gestaltungspraxis aus der Genossenschaftsform dar.« (*K. Schmidt* GesR, § 41 III 1). **134**

Jedes Mitglied kann sich durch Einlagen bis zur Höhe seines Geschäftsanteils an der Genossenschaft beteiligen, § 7 Nr. 1 GenG. Die Summe der Einlagen und der gutgeschriebenen Gewinne eines Mitglieds bildet dann das tatsächliche Geschäftsguthaben. Der Anspruch auf das Geschäftsguthaben, nicht aber die Mitgliedschaft selbst, kann übertragen werden (*K. Schmidt* GesR, § 41 III 2). Das Geschäftsguthaben ist allerdings nach der h. M. in Literatur und Rechtsprechung nicht teilbar (*Beuthien* GenG § 76 Rn. 2 m. w. N.). **135**

Aus der Mitgliedschaft in der Genossenschaft erwächst dem Mitglied ein **satzungsgemäßer Förderungsanspruch**, dem spiegelbildlich in der Regel ein **Abschlusszwang** der Genossenschaft gegenüber dem Mitglied im Hinblick auf die von der Förderungsleistung umfassten Warenleistungen entspricht. Über die jeweilige Förderungsleistung werden einzelne schuldrechtliche Verträge geschlossen (*K. Schmidt* GesR, § 41 III 3). **136**

Die Satzung entscheidet nach § 8 Abs. 1 Nr. 5 GenG über die Ausdehnung des Geschäftsbetriebs auf Nichtmitglieder. **137**

5. Haftung in der Insolvenz und Verlustdeckung

Eine **Außenhaftung** der Mitglieder für Verbindlichkeiten der Genossenschaft existiert weder beschränkt noch unbeschränkt (*K. Schmidt* GesR, § 41 III 4 lit. a). **138**

Allerdings können die Mitglieder gem. §§ 105 ff. GenG zur **Nachschussleistung im Insolvenzfall** an die Genossenschaft verpflichtet sein, sofern und soweit sich die Massegläubiger nicht aus der Insolvenzmasse befriedigen können. Diese Nachschusspflicht kann in der Satzung jedoch gem. § 6 Nr. 3 GenG ausgeschlossen oder begrenzt werden. Die Pflicht, die Einlage auf den übernommenen Geschäftsanteil zu leisten, bleibt davon unberührt. **139**

Die **Insolvenzgründe** gem. §§ 17, 18 InsO, nämlich die Zahlungsunfähigkeit oder die drohende Zahlungsunfähigkeit, gelten auch für die Genossenschaft (vgl. zu den Gründen ausführl. Kap. 13 Rn. 30 ff.). Ausweislich § 98 GenG ist abweichend von § 19 InsO die Überschuldung nur dann ein Grund für die Eröffnung des Insolvenzverfahrens, wenn entweder die Genossen Nachschüsse bis zu einer bestimmten Haftsumme zu leisten haben und die Überschuldung ¼ des Gesamtbetrages der Haftsummen aller Genossen übersteigt oder die Genossen keine Nachschüsse zu leisten haben oder aber die Genossenschaft aufgelöst ist. Die Überschuldung im Insolvenzrecht ist damit bei der Genossenschaft an bestimmte Voraussetzungen geknüpft (vgl. im Übrigen zum Insolvenzgrund der Überschuldung gem. § 19 InsO Kap. 13 Rn. 39 ff.). Dem Vorstand obliegt es nach § 99 GenG, unverzüglich nach Eintritt des Insolvenzgrundes einen Insolvenzantrag zu stellen. Andernfalls macht er sich schadensersatzpflichtig oder gar strafbar nach § 148 Abs. 1 Nr. 2 GenG. **140**

141 Die **Verlustdeckungsumlage** nach § 19 GenG ist zur Sanierung des Betriebs und damit zur Abwendung einer Insolvenz bestimmt. Ein etwaiger Verlust wird anteilsmäßig, ebenso wie ein Gewinn, zulasten oder zugunsten des Geschäftsguthabens gebucht. Erbringt ein Mitglied nach einer Verlustbuchung keine Einlage, um sein Geschäftsguthaben wieder bis zum Nominalbetrag seines Geschäftsanteils aufzufüllen, so ist es bis zur Behebung dieses Zustands von Gewinngutschriften ausgeschlossen, d. h. die anteiligen Gewinne werden zunächst zur Deckung des Verlustes verwendet (*K. Schmidt* GesR, § 41 III 4 lit. c).

6. Nichtrechtsfähige Dauergenossenschaft und Vorgenossenschaft

142 Einen weitgehend eigenen Problemkomplex bilden die nichtrechtsfähige Dauergenossenschaft und die Vorgenossenschaft. Grundlage der Problematik ist die **konstitutive Eintragung der Genossenschaft** ins Genossenschaftsregister, vor der die Genossenschaft nach § 13 GenG nicht die Rechte einer eG besitzt. Die **nichtrechtsfähige Dauergenossenschaft** ist ein ohne Registereintragungsabsicht betriebener Wirtschaftsverein, der keine Genossenschaftssatzung erlassen hat. Bei diesem greifen die Haftungsregeln der Genossenschaft nicht. Vielmehr haften nach h. M. die Mitglieder unbeschränkt für die Verbindlichkeiten der Gesellschaft. Eine Haftung kann sich insbesondere aus § 128 HGB ergeben (vgl. i. E. *K. Schmidt* GesR, § 41 I 2 lit. b).

143 Haben die Mitglieder dagegen gem. § 5 ff. GenG eine Satzung beschlossen, die Gesellschaft aber noch nicht im Register eintragen lassen, so handelt es sich um eine **Vorgenossenschaft**. Die Haftungsfrage der Mitglieder und des Vorstands ist in diesem Fall umstritten. Der Vorstand haftet in der Vorgesellschaft grundsätzlich persönlich. Der BGH hat in BGHZ 149, 273 (= NJW 2002, 824) nunmehr die aus dem GmbH-Recht bekannte **unbeschränkte Innenhaftung** ins Genossenschaftsrecht übernommen. Die Mitglieder haften demnach wie die Gesellschafter einer Vor-GmbH. Die Haftungsbeschränkung der §§ 2, 23 GenG kommt ihnen nicht zugute (i. E. *K. Schmidt* GesR, § 41 I 2 lit. b).

7. Europäische Genossenschaft

144 Gleichzeitig mit der Novellierung des deutschen Genossenschaftsrechts trat am 18. 8. 2006 die Umsetzung der EG-Ratsverordnung (EG) Nr. 1435/2003 vom 22. 7. 2003 über das **Statut der Europäischen Genossenschaft (SCE)** in Kraft (BGBl. I 1911). Damit ist es nunmehr auch in Deutschland möglich, durch Gründung, Umwandlung oder Verschmelzung eine europäische Genossenschaft ins Leben zu rufen. Diese **SCE (Societas Cooperativa Europaea)** abgekürzte Rechtsform tritt damit neben die europäischen Gesellschaftsformen EWIV (Europäische Wirtschaftliche Interessenvereinigung) und die europäische Akteingesellschaft SE (Societas Europaea) und bildet eine Alternative zur deutschen eG nach dem GenG. Die Verordnung stellt einige Regelungsbereiche den Mitgliedstaaten zur Gestaltung frei oder erklärt die nationalen Genossenschaftsregeln insoweit für anwendbar.

145 Einheitlich geregelt sind bei der europäischen Genossenschaft aber eine Reihe von Wesensmerkmalen, die sich auch in der Novellierung des deutschen Genossenschaftsrechts niedergeschlagen haben. Die europäische Genossenschaft ist eine **eigene Rechtspersönlichkeit**, ihr **Grundkapital** ist in Geschäftsanteile zerlegt und die **Mitgliederzahl veränderlich**. Die Haftung der Mitglieder ist, vorbehaltlich einer anderen Regelung in der Satzung, auf den Geschäftsanteil beschränkt. Auch bei der europäischen Genossenschaft steht der Fördergedanke im Zentrum. Die Bedarfsdeckung der Mitglieder aber auch sonstige wirtschaftliche und soziale Tätigkeiten sind legitime Verbandszwecke (*Schulze* NZG 2004, 792, 793). Nur kapitalmäßig beteiligte Mitglieder sind zugelassen. Auf der Generalversammlung verfügt jedes Mitglied grundsätzlich über eine Stimme. Mehrstimmrechte können in gewissem Umfang in der Satzung festgelegt werden. Auf einen Aufsichtsrat kann generell verzichtet werden, ein Vorstand ist zu bestellen. Abweichend von der deutschen Regelung gilt der Grundsatz der Selbstorganschaft nicht. Es können auch Nichtmitglieder den Organen angehören. Im Übrigen verlaufen die Regelungen im Wesentlichen parallel zum deutschen Genossenschaftsrecht (i. E. *Schulze* NZG 2004, 792, 794).

Ob die europäische Genossenschaft Zuspruch findet und sich als Rechtsform durchsetzen kann, bleibt abzuwarten. Jedenfalls hat die Novellierung des Genossenschaftsgesetzes sowie die Einführung der europäischen Genossenschaft wieder ein verstärktes Interesse an dieser Rechtsform geweckt. **146**

IV. Die Europäische Aktiengesellschaft (SE)

1. Wirtschaftliche Bedeutung

Seit ihrer Einführung im Oktober 2004 hat sich der Zuspruch zur Europäischen Aktiengesellschaft (SE, Societas Europaea) in überschaubaren Grenzen gehalten. Zum Jahre 2006 haben sich 30 SEs registrieren lassen, die meisten davon aus Deutschland. Das komplexe Normengeflecht und der **numerus clausus der Gründungstatbestände** lassen auch für die Zukunft eher ein **Nischendasein** für die SE vermuten, auch wenn mit der Allianz AG zum ersten Mal ein Mitglied des EuroStoxx -50 die Umwandlung in eine SE angekündigt hat. Vgl. zur SE auch ausführl. Kap. 12 Rn. 397 ff. **147**

2. Rechtliche Grundstruktur

Grundlage der Europäischen Aktiengesellschaft ist die **Ratsverordnung EWG-VO 2157/2001 (SE-VO)**, welche durch das deutsche »Gesetz zu Einführung der Europäischen Gesellschaft« **(SEEG)** sowie das deutsche **Ausführungsgesetz (SE-AG)** vom 29. 12. 2004 (BGBl. I, Nr. 73, 3675) ergänzt wird. Subsidiär gelten die nationalen Regelwerke zur Aktiengesellschaft, weshalb das konkrete Erscheinungsbild der SE von Mitgliedstaat zu Mitgliedstaat unterschiedlich ausfällt. **148**

Die SE ist eine **eigenständige juristische Person und Handelsgesellschaft**, in der mehrere Gesellschaften aus mindestens zwei Mitgliedstaaten der EG in der Regel grenzüberschreitend verschmolzen sind und deren Kapital in Aktien aufgeteilt ist. Das gesetzliche **Mindestkapital** beträgt € 120.000,–. Für die Verbindlichkeiten der Gesellschaft haftet nur das Gesellschaftsvermögen. Der Aktionär muss lediglich eine Einlage auf die übernommenen Aktien erbringen. **149**

3. Gründung

Eine SE kann nicht ohne weiteres gegründet werden. Vielmehr lässt sich die SE nur unter Beachtung des **numerus clausus der in Art. 2 SE-VO** vorgegebenen Gründungstatbestände ins Leben rufen. **150**

Die Gründung geschieht meist in Form der **grenzübergreifenden Verschmelzung** gem. Art. 2 I SE-VO von zwei oder mehr Aktiengesellschaften, die nach dem jeweiligen Recht der nationalen Mitgliedstaaten gegründet wurden und in mindestens zwei verschiedenen Mitgliedstaaten ihren Sitz haben. Die beiden Aktiengesellschaften können auch in einem Mutter-Tochter-Verhältnis zueinander stehen (vgl. dazu ausführl. *Oechsler* NZG 2005, 697, 700). Es kann eine inländische oder ausländische AG auch allein zum Zweck der Verschmelzung zu einer SE gegründet werden (vgl. auch Kap. 12 Rn. 399 ff.). **151**

Als weitere Gründungsform kommt eine **formwechselnde Umwandlung** gem. Art. 2 IV SE-VO in Betracht. Dafür muss eine Aktiengesellschaft bereits seit zwei Jahren eine ausländische Tochtergesellschaft haben. **152**

Ferner kann auch eine **Holding-SE** gegründet wurden (vgl. Kap. 12 Rn. 405 f.). Hierfür ist erforderlich, dass die Anteilsinhaber zweier Gesellschaften mindestens 50 % der Anteile der für die Gründung vorgesehenen Gesellschaften in die Holding-SE einlegen gegen Gewährung von Aktien der SE. Die Holding entsteht gem. Art. 33 Abs. 2 SE-VO, sobald die Aktionäre der Gründergesellschaften den vorgeschriebenen Mindestprozentsatz von Aktien eingebracht haben. **153**

Schließlich ist auch die **Gründung einer Tochter-SE** durch eine bereits bestehende SE gem. Art. 2 Abs. 3 SE-VO möglich. Das genaue Verfahren der Tochtergründung ist in Art. 36 SE-VO geregelt (vgl. auch Kap. 12 Rn. 407 f.). **154**

155 Mehrere Gründungstatbestände, etwa die Umwandlung und die Verschmelzung, können auch kombiniert werden, sofern die Schranken in Art. 3 Abs. 1 und 37 Abs. 3 SE-VO eingehalten werden (*Oechsler* NZG 2005, 697, 700).

4. Organe, Geschäftsführung und Vertretung

156 Das wichtigste Organ jeder SE ist die **Hauptversammlung** der Aktionäre nach Art. 38 SE-VO. Diese kann Beschlüsse über die Fragen treffen, die einer Hauptversammlung nach nationalem Recht zugewiesen sind und darüber hinaus in Angelegenheiten beschließen, die ihr die Satzung übertragen hat. Organisation, Ablauf und Abstimmungsverfahren sind in Art. 54 bis 60 SE-VO verankert. Zur Ergänzung ist auf nationales Aktienrecht zurückzugreifen.

157 Die Satzung kann darüber hinaus zwischen einem monistischen System mit einem einheitlichen Leitungs- und Überwachungsorgan und einem dualistischen System wählen, bei dem das Leitungsorgan durch ein Aufsichtgremium als zweites Organ kontrolliert wird.

158 Im **monistischen System** bestellt der **Verwaltungsrat** einen oder mehrere Direktoren, denen die Geschäftsführungsbefugnis gem. Art. 43 Abs. 1 SE-VO, § 40 Abs. 2 SE-AG zusteht. Ihnen kommt auch die Vertretungsbefugnis, grundsätzlich in Form der Gesamtvertretung, zu, soweit die Satzung nichts anderes vorsieht (§ 41 SE-AG). Auch eine Vertretung der SE gemeinsam mit einem Prokuristen ist eine mögliche Gestaltungsvariante. Die Direktoren können Mitglieder des Verwaltungsrats, aber auch externe Dritte sein.

159 Im **dualistischen System** ist das Leitungsorgan nach Art. 39 Abs. 1 SE-VO zur Geschäftsführung bestellt und vertretungsberechtigt (§ 78 Abs. 1 AktG).

V. Die Europäische Wirtschaftliche Interessenvereinigung (EWIV)

1. Rechtliche Grundstruktur

160 Die Europäische Wirtschaftliche Interessenvereinigung (EWIV) wurde durch Verordnung des Ministerrats EWG-VO 2137/85 vom 25. 7. 1985 (EWIV-VO) ins Leben gerufen. Für eine in Deutschland gegründete EWIV ist das EWIV-Ausführungsgesetz (EWIV-AG) vom 14. 4. 1988 maßgebend. Die rechtliche Ausgestaltung der EWIV ist durch eine einfache Struktur und eine vielseitige Anwendbarkeit geprägt.

161 Die EWIV ist eine der grenzüberschreitenden Kooperation dienende Rechtsform des europäischen Gesellschaftsrechts, die als **verselbstständigte Gesamthandgesellschaft** der juristischen Peson nur angenähert ist (*Müller-Gugenberger* NJW 1989, 1449, 1453). Soweit nicht rechtliche Vorgaben in der EWIV-VO gemacht werden, gilt für die EWIV das nationale Recht des Mitgliedstaates, in dem sie ihren Sitz hat. In Deutschland beurteilt sich die rechtliche Ausgestaltung teils nach dem **Recht der offenen Handelsgesellschaften**, teils nach **GmbH-Recht**. Die Eintragung ins Handelsregister ist für die Entstehung der EWIV **konstitutiv**. Sie ist eine Handelsgesellschaft im Sinne des HGB und damit Formkaufmann. Allerdings sind nicht notwendig ihre Mitglieder ihrerseits Kaufmänner nach den Vorschriften des HGB, was die Rechtsform auch für die freien Berufe öffnet.

162 Die EWIV muss einen **Sitz in der Europäischen Gemeinschaft** haben und Mitglieder aus mindestens zwei Mitgliedstaaten aufweisen. Wichtiges Merkmal der Rechtsform ist die unbeschränkte, persönliche und gesamtschuldnerische Haftung aller Mitglieder.

2. Gründung

163 Zunächst müssen die potentiellen Mitglieder der Gesellschaft einen Gründungsvertrag abschließen, der Namen und Sitz der Vereinigung, den Unternehmensgegenstand, Angaben über die Mitglieder und die Dauer der Vereinigung zu enthalten hat. Nach Art. 6 EWIV-VO ist weiterhin ein Eintrag in ein Register des Staates, in dem die Vereinigung ihren Sitz hat, erforderlich, in Deutschland in das Handelsregister (§§ 2, 3 EWIV-AG). Die Eintragung ist konstitutiv. Die Mitglieder haften auch während Zeit der Vor-EWIV persönlich unbeschränkt, sofern im Namen der Vor-EWIV bereits Geschäfte getätigt werden.

3. Zweck

Die Zweckbestimmung der EWIV unterliegt **strengen gesetzlichen Vorgaben**, da der europäische Gesetzgeber verhindern wollte, dass durch die supranationale Rechtsform der EWIV nationale Regelungen umgangen werden. Daher legt Art. 3 Abs. 1 EWIV-VO fest, dass die Vereinigung nur die wirtschaftliche Tätigkeit ihrer Mitglieder fördern, nicht aber eigene Gewinnerzielungsabsichten haben darf. Diese Vorschrift steht einer EWIV als Gewerbebetrieb jedoch wohl nicht entgegen (*Müller-Gugenberger* NJW 1989, 1449, 1454). Der Zweck einer EWIV ist vom Merkmal der **Kooperation zwischen den Mitgliedern** geprägt. Die Tätigkeit der EWIV muss daher im Zusammenhang mit der wirtschaftlichen Aktivität ihrer Mitglieder stehen, darf aber nur Hilfstätigkeiten betreffen und das operative Geschäft der Mitglieder nicht ersetzen. Insbesondere darf nach Art. 3 Abs. 2 EWIV-VO die EWIV keine Leitungsmacht ausüben oder eine Holding bilden, nicht mehr als 500 Arbeitnehmer beschäftigen und keine nationalen Vorschriften gegen Vermögensverschiebungen umgehen. **164**

4. Mitglieder und Haftung

Mitglieder der EWIV können sowohl **natürliche Personen** als auch **Gesellschaften** i. S. d. Art. 48 EGV und andere »juristische Einheiten« sein. Die natürlichen Personen müssen jedoch eine wirtschaftliche Tätigkeit ausüben, mithin ein Unternehmen betreiben, Privatleuten ist der Weg in die EWIV versagt (*K. Schmidt* GesR, § 66 II 1 lit. a). Die juristischen Einheiten müssen nach dem Recht eines Mitgliedstaats gegründet sein und ihren Sitz oder ihre Hauptverwaltung in der EG haben. Eine EWIV darf ausweislich Art. 3 Abs. 2 EWIV-VO nicht selbst Mitglied einer EWIV werden. Letztlich können damit alle rechtsfähigen Personenzusammenschlüsse einer EWIV beitreten, sofern sie selbst einen Erwerbszweck verfolgen (*Müller-Gugenberger* NJW 1989, 1449, 1455). **165**

Die EWIV muss **mindestens zwei Mitglieder** haben, wobei wenigstens zwei Mitglieder ihren Sitz oder ihre Hauptverwaltung in verschiedenen Mitgliedstaaten der EU haben müssen. Dieser **grenzüberschreitende Bezug** ist ein **zwingendes Wesensmerkmal** der EWIV. Mitglieder der EWIV können nicht aus Drittstaaten stammen. **166**

Die Mitglieder **haften persönlich unbeschränkt** und gesamtschuldnerisch für die Verbindlichkeiten der Gesellschaft, aber nur **subsidiär** (Art. 24 ff. EWIV-VO). Ein neu eintretendes Mitglied haftet gem. Art. 26 Abs. 1 EWIV-VO, wie bei einer OHG, auch für bereits vor seinem Eintritt eingegangene Verbindlichkeiten. **167**

5. Organe, Geschäftsführung und Vertretung

Die Organisation der EWIV ist von einem hohen Maß an **Gestaltungsfreiheit** geprägt. **168**

Geschäftsführungsorgan ist der **Geschäftsführer**, der allerdings kein Mitglied der Gesellschaft zu sein braucht. Die EWIV folgt insofern nicht dem Prinzip der Selbstorganschaft. Der Geschäftsführer muss grundsätzlich eine natürliche Person sein. Ausnahmen der Mitgliedstaaten von dieser Regelung sind ausdrücklich zugelassen. Deutschland hat von dieser Gestaltungsmöglichkeit aber keinen Gebrauch gemacht. Der Geschäftsführer wird durch den Gründungsvertrag oder einen Beschluss der Mitglieder bestellt. Die Befugnisse ergeben sich aus den Bestimmungen des GmbH-Rechts in Ergänzung der Regelung des Art. 19 EWIV-VO. Auch die Strafvorschriften sind den Regelungen des GmbH-Rechts nachgebildet (§§ 13 ff. EWIV-AG). **169**

Die **gesetzliche Vertretungsmacht** des Geschäftsführers ist vertraglich nicht beschränkbar. Allerdings ist eine Gesamtvertretung zulässig und nach Eintragung und Bekanntmachung wirksam (Art. 20 EWIV-VO). **170**

171 Die **Mitgliederversammlung** ist das übergeordnete Organ, in der die Mitglieder, grundsätzlich mit je einer Stimme, Beschlüsse zur Verwirklichung des Unternehmensgegenstandes treffen (Art. 16 Abs. 2 EWIV-VO). Es wird mit einfacher Mehrheit abgestimmt, sofern nicht z. B. Beschlüsse über Änderungen des Unternehmensgegenstands, des Stimmrechts etc. Einstimmigkeit verlangen.

6. Auflösung und Beendigung

172 Die Auflösung erfolgt durch **einstimmigen Auflösungsbeschluss** oder eine **gerichtliche Auflösungsentscheidung**. Die Liquidation unterliegt dem jeweiligen Recht der Mitgliedstaaten, ebenso wie das Insolvenzverfahren.

VI. Die Europäische Privatgesellschaft

173 Zu der EWIV sind als europäische Gesellschaftsformen die Europäische Aktiengesellschaft (SE; s. o. Rn. 147 ff.) und jüngst die Europäische Genossenschaft (SCE; s. Rn. 144 ff.) hinzugetreten. Es ist aber nicht zu erwarten, dass diese Palette europäischer Rechtsformen in absehbarer Zukunft erweitert wird.

174 Die immer wieder ins Gespräch gebrachte **Europäische Privatgesellschaft** wird es in absehbarer Zeit nicht geben. Zwar gibt es noch keine endgültige Entscheidung der Europäischen Kommission, doch haben die über drei Jahrzehnte geführten Verhandlungen im Vorfeld der Richtlinie zur europäischen Aktiengesellschaft (SE) gezeigt, dass die wünschenswerte Vereinheitlichung des Gesellschaftsrechtes in Europa auf große Vorbehalte bei den Mitgliedstaaten stößt. Daher dürfte die Rechtsform einer Europäischen Privatgesellschaft angesichts der höchst unterschiedlichen Regelungen der Mitgliedstaaten in diesem Bereich auf absehbare Zeit nicht konsensfähig sein.

F. Synoptische Darstellung der Gesellschaftsformen

175

	GbR	Partnerschafts-Gesellschaft	OHG	KG
Gesetzliche Regelung	§§ 705–740 BGB	PartGG vom 25.7.1994, zuletzt geändert durch Gesetz über Elektronische Register- und Justizkosten vom 10.12.2001; ergänzend GbR- und OHG-Recht	§§ 105–160 HBG; ergänzend §§ 705–740 BGB	§§ 161–177 a HGB; ergänzend Bestimmungen über oHG und GbR
Vorzüge und Nachteile		Haftungsbeschränkungen für Zusammenschlüsse von Freiberuflern durch Handelndenhaftung möglich, § 8 Abs. 2 und 3 PartGG		beschränkte Haftung der Kommanditisten
Entstehung	Gesellschaftsvertrag von mindestens 2 Personen, auch konkludent möglich; keine Eintragung erforderlich	schriftlicher Partnerschaftsvertrag durch mindestens 2 Angehörige freier Berufe; Außenwirkung mit konstitutiver Eintragung ins Partnerschaftsregister	Gesellschaftsvertrag durch mindestens 2 Gesellschafter, Außenwirkung ab Geschäftsaufnahme spätestens mit Registereintrag; Eintragung ins Handelsregister notwendig, aber deklaratorisch	Gesellschafts-Vertrag durch mindestens einen Komplementär und mindestens einen Kommanditisten; sonst wie OHG
Rechtsfähigkeit	Teilrechtsfähigkeit nach BGH-Urteil vom 29.1.2001	selbstständiger Rechtsträger § 7 Abs. 2 PartGG i. V. m. § 124 Abs. 1 HGB	selbstständiger Rechtsträger § 124 Abs. 1 HGB	wie OHG
Gesellschafter und Beteiligung am Gesellschaftsvermögen	mind. 2 Gesellschafter, Einzelpersonen oder Gesellschaften; Beteiligung am Gesellschaftsvermögen	mind. 2 Gesellschafter	mind. 2 Gesellschafter, natürliche oder juristische Person; auch KG oder OHG selbst als Gesellschafter möglich, nicht jedoch nach h. M. GbR; Beteiligung am Gesellschaftsvermögen	mind. ein Komplementär und ein Kommanditist, sonst wie OHG

Stille Gesellschaft	GmbH	GmbH & Co. KG	AG	Stiftung
§§ 230–237 HBG; ergänzend §§ 705–740 BGB	GmbHG vom 20. 4. 1892, zuletzt geändert durch JustizkommunikationsG vom 22. 3. 2005	Grundsätzlich wie KG, für den Komplementär gilt Regelung der jeweiligen Rechtsform	AktG vom 6. 9. 1965, zuletzt geändert durch ÜbernahmeRL-UmsetzungsG vom 8. 7. 2006	§§ 80–88 BGB sowie Landesstiftungsgesetze; ergänzend einzelne Vorschriften des Vereinsrechts, § 86 BGB
ermöglicht nach außen nicht erkennbare Unternehmensbeteiligung	grundsätzlich keine Haftung der Gesellschafter	Vermeidung unbeschränkter Haftung einer natürlichen Person	Deckung Kapitalbedarf über Börsengang	individuelle Zwecksetzung und Gestaltung durch den Stifter
Gesellschaftsvertrag, auch konkludent möglich; Innengesellschaft ohne Außenwirkung; keine Eintragung ins Handelsregister; evtl. aber Eintragungspflicht des Geschäftsinhabers	notariell zu beurkundender Gesellschaftsvertrag durch einen oder mehrere Gründer, die Stammeinlagen übernehmen; wahlweise Geld- oder Sacheinlagen; Eintragung wirkt konstitutiv	grds. wie KG, für den Komplementär wie GmbH	Gründung in aktienrechtlicher Formstrenge, §§ 23–53 AktG, durch einen oder mehrere Gründer, welche gegen Einlagen Aktien übernehmen; bei Sondervorteilen oder Sacheinlagen §§ 26, 27 AktG; Satzung mit Mindestinhalt notariell zu beurkunden; konstitutive Eintragung	schriftliches Stiftungsgeschäft und Anerkennung durch die zuständige Landesbehörde, § 80 Abs. 1 BGB
keine Rechtsfähigkeit	rechtsfähige juristische Person	wie KG	rechtsfähige juristische Person	rechtsfähige juristische Person
Stille Gesellschafter und Geschäftsinhaber können natürliche oder juristische Personen, aber auch OHG oder KG sein; getrennte Gesellschaftsverhältnisse bei Beteiligung eines stillen Gesellschafters an mehreren Unternehmen, ebenso nach h. M. bei mehreren stillen Gesellschaftern an einem Unternehmen; kein Gesellschaftsvermögen; Einlage geht in das Vermögen des Geschäftsinhabers über, Gesellschafter steht Forderungsrecht zu	natürliche Person oder Gesellschaften als Gesellschafter, auch Einpersonengesellschaft möglich; keine direkte Vermögensbeteiligung, nur Auskunfts- und Einsichtsrecht der Gesellschafter nach § 51 a GmbHG; nach § 33 GmbHG kann die GmbH eigene Anteile halten	grds. wie KG; eine Person kann zugleich Gesellschafter der Komplementär GmbH und Kommanditist sein, selbst als alleiniger Gesellschafter der GmbH und einziger Kommanditist	Einzelpersonen und Gesellschaften als Aktionäre, Einpersonen AG möglich; Keine direkte Vermögensbeteiligung, ausnahmsweise Erwerb eigener Aktien durch die AG nach § 71 AktG;	keine Gesellschafter

	GbR	Partnerschafts-Gesellschaft	OHG	KG
Gesellschafts-vermögen und Mindestkapital	Gesamthandsvermögen der Gesellschafter; weder Kapital noch Mindesteinzahlungen verlangt; auch Innengesellschaft ohne Vermögen möglich	keine gesetzlichen Vorgaben	Gesamthandsvermögen der Gesellschafter; weder festes Kapital noch Mindesteinzahlungen vorgegeben	Gesamthandsvermögen der Gesellschafter; grds. wie OHG, jedoch in der Höhe beliebig festzulegende Kommanditeinlagen für Kommanditisten
Haftung	grds. wie OHG; Haftung durch Vereinbarung mit Gläubigern, jedoch nicht durch bloße Bezeichnung »GbR mbH« auf Gesellschaftsvermögen beschränkbar;	Partner haften gesamtschuldnerisch neben dem Vermögen der Gesellschaft, beschränkt durch Handelndenhaftung, § 8 Abs. 2, und § 8 Abs. 3 PartGG; §§ 129, 130 HGB gelten	Gesellschafter haften unmittelbar, unbeschränkt und solidarisch, § 128 HGB; eintretende Gesellschafter haften ebenso für vor ihrem Eintritt bestehende Verbindlichkeiten, § 130 HGB; 5 Jahre weitergehende Haftung bei Auflösung der Gesellschaft oder Ausscheiden eines Gesellschafters, § 159 HGB; Haftung gegenüber Dritten nicht abdingbar	ab konstitutiver Eintragung haften Komplementäre unbeschränkt, Kommanditisten nur in Höhe ihrer Einlage, §§ 171 ff. HGB; vor der Eintragung haften alle Gesellschafter unbeschränkt
Organe, Geschäftsführung und Vertretung	Gesellschafter als Organ, weitere Organe möglich; Geschäftsführung aller Gesellschafter gemeinsam, § 709 BGB, Einzelgeschäftsführungsbefugnis jedoch vertraglich vereinbar; Widerspruchsrecht jedes Gesellschafters; Geschäftsführung vertraglich auf einen oder mehrere Gesellschafter beschränkbar, § 710 BGB; Vertretung grundsätzlich durch alle Gesellschafter, einzelne jedoch vertraglich ausschließbar; ebenso Einzelvertretungsbefugnis möglich	Partner als Organ; Geschäftsführung und Vertretung wie OHG	Gesellschafter als Organ, weitere Organe möglich; die Geschäftsführung kann per Gesellschaftsvertrag festgelegt werden; geschieht dies nicht, sind alle zur Geschäftsführung berechtigt und verpflichtet; grds. ist jeder Gesellschafter vertretungsberechtigt, Gesamtvertretung oder Ausschluss aber festlegbar, § 125 HGB; Außenwirkung erst ab Eintragung ins Handelsregister	Organe wie OHG; die Geschäftsführung steht grundsätzlich den Komplementären einzeln zu, kann aber vertraglich beliebig geregelt werden; Kommanditisten von Geschäftsführung grds. ausgeschlossen, § 164 HGB, jedoch Kontrollrecht, § 166 HGB, und Widerspruchsrecht bei außergewöhnlichen Geschäften; vertretungsbefugt grundsätzlich die Komplementäre, wie bei OHG; Kommanditisten nicht vertretungsberechtigt, aber Prokura kann erteilt werden

Stille Gesellschaft	GmbH	GmbH & Co. KG	AG	Stiftung
kein Gesellschaftsvermögen; weder festes Kapital noch Mindesteinzahlungen, jedoch in der Höhe beliebige feste Einlage des stillen Gesellschafters	eigenes Vermögen der juristischen Person; festes Stammkapital von mindestens € 25.000,– Mindesteinzahlung ein Viertel auf jede Stammeinlage, aber wenigstens € 12.500,– als Gesamteinzahlung; Stammeinlage eines Gesellschafters mind. € 100,–; bei Einpersonen GmbH Sicherheit für ausstehende Einlagen erforderlich; auf ausstehende Einlagen darf nicht verzichtet werden	grds. wie KG, Komplementär nicht notwendig am Vermögen beteiligt; für eine Komplementär GmbH gelten die GmbH-Bestimmungen	eigenes Vermögen der juristischen Person; festes Grundkapital von mindestens € 50.000,–; Mindestbetrag einer Aktie € 1,–; Nennbetrag oder Stückaktien möglich; Ausgabe von Aktien unter dem Nennbetrag verboten, auf ausstehende Einlagen kann nicht verzichtet werden	Stiftungsvermögen muss ausreichend sein, um den Stiftungszweck zu erfüllen
Inhaber haftet nach den Bestimmungen der Gesellschaftsform, in der er das Unternehmen betreibt; stiller Gesellschafter haftet Gläubigern gegenüber nicht; ein Verlust wird auf ihn nur bis zur Höhe seiner Einlage umgelegt, § 232 HGB; bleibt nach Verlustabzug ein Einlagenrestbetrag in der Insolvenz, kann er diesen als Forderung geltend machen, § 236 HGB	es haftet das Gesellschaftsvermögen in voller Höhe; ab Eintragung haften die Gesellschafter nur nach Maßgabe einer im Gesellschaftsvertrag festzulegenden unbeschränkten oder beschränkten Nachschusspflicht, §§ 26–-28 GmbHG; bei unbeschränkter Nachschusspflicht jedoch Abandonrecht, § 27 GmbHG;	vor der Eintragung haften die Gesellschafter persönlich unbeschränkt gesamtschuldnerisch, § 11 Abs. 2 GmbHG sonst wie KG	es haftet das Gesellschaftsvermögen in voller Höhe; nach der Eintragung sind die Aktionäre von der Haftung befreit; eine Nachschusspflicht besteht nicht; vor der Eintragung haften die Handelnden persönlich unbeschränkt, § 41 Abs. 1 AktG	zwingende Haftung für Organe über §§ 86, 31 BGB
keine besonderen Organe; Geschäftsführung obliegt dem Inhaber, Gesellschafter nur mit Kontrollrechten ausgestattet, § 233 HGB; Vertretung allein durch den Inhaber, dem Gesellschafter kann jedoch Prokura eingeräumt werden	Geschäftsführer und Gesellschafterversammlung als Pflichtorgane, Aufsichtsrat fakultativ; sofern vertraglich nichts anderes geregelt, Gesamtgeschäftsführungsbefugnis der Geschäftsführer; diese ist im Innenverhältnis weithin beschränkbar; Vertretungsbefugnis der Geschäftsführer, gegenüber Dritten nicht beschränkbar; Gesamtvertretungsmacht sofern nichts Abweichendes im Gesellschaftsvertrag geregelt	Organe grds. wie KG; Geschäftsführung und Vertretung grundsätzlich wie bei KG	Vorstand, § 76 AktG, Aufsichtsrat, §§ 95, 96 AktG, sowie Hauptversammlung als Pflichtorgane; Wahl des Vorstandes durch Aufsichtsrat für höchstens 5 Jahre; Gesamtgeschäftsführungsbefugnis des Vorstandes unter Überwachung des Aufsichtsrates; Einzelgeschäftsführungsbefugnis in der Satzung festlegbar; Gesamtvertretungsbefugnis des Vorstandes vorbehaltlich abweichender Reglung durch die Satzung; Aufsichtsrat vertritt die AG dem Vorstand gegenüber	Vertretung und Geschäftsführung durch den Vorstand, §§ 86, 27 Abs. 3, 26 BGB; weitere Organe, z. B. zur Kontrolle, möglich

	GbR	Partnerschafts-Gesellschaft	OHG	KG
Auflösung und Beendigung	durch Kündigung, § 723–725 BGB, Unmöglichwerden oder Erreichen des Gesellschaftszweckes; ebenso durch Tod eines Gesellschafters, Zeitablauf oder Insolvenzeröffnung über das Vermögen eines Gesellschafters; Zudem durch Anteilsvereinigung in einer Hand; Auflösung führt meist zu einer Abwicklungsgesellschaft	wie in der OHG, modifiziert durch § 9 PartGG	gem. § 131 HGB durch Zeitablauf, Beschluss der Gesellschafter, Insolvenzeröffnung über Vermögen der Gesellschaft, gerichtliche Entscheidung; Übergang in eine Liquidationsgesellschaft	grds. wie OHG; Tod eines Kommanditisten, kein Auflösungsgrund, § 177 HGB

Stille Gesellschaft	GmbH	GmbH & Co. KG	AG	Stiftung
es gelten gem. § 234 HGB bestimmte Normen der OHG und GbR; der Tod des stillen Gesellschafters ist kein Auflösungsgrund; keine besondere Abwicklung, sondern sofortige Beendigung der Gesellschaft nach Auflösung	gem. § 60 GmbHG u. a. durch Gesellschafterbeschluss, Insolvenzeröffnung über Gesellschaftsvermögen, Zeitablauf oder gerichtliches Urteil;	grds. wie KG	gem. § 262 AktG u. a. durch Beschluss der Hauptversammlung, Insolvenzeröffnung über Gesellschaftsvermögen oder Zeitablauf;	Stiftungsbeschluss und Aufhebung durch die zuständige Landesbehörde

Kapitel 2
Die Gesellschaft bürgerlichen Rechts (GbR)

Einleitung

Übersicht:

A. Entstehung der GbR

I. Abschluss eines Gesellschaftsvertrags, § 705 BGB

Die GbR ist die Grundform der Personengesellschaft; sie ist in den §§ 705 bis 740 BGB geregelt. 1
Regelmäßig wird eine GbR durch Abschluss eines Gesellschaftsvertrags i. S. v. § 705 BGB neu gegründet. Ein solcher Gesellschaftsvertrag ist ein Vertrag, durch den sich mindestens zwei Gesellschafter gegenseitig verpflichten, die Erreichung eines **gemeinsamen Zweckes** in der durch den Vertrag bestimmten Weise zu fördern, insbesondere die vereinbarten **Beiträge** zu leisten, § 705 BGB. Die Gesellschafter können den Vertrag – sofern nicht ausnahmsweise besondere Formvorschriften eingreifen – nicht nur ausdrücklich abschließen, sondern auch stillschweigend.

II. Umwandlung

Außer durch Abschluss eines Gesellschaftsvertrags kann eine GbR auch durch Umwandlung 2
einer AG, KGaA oder GmbH entstehen, sofern der Unternehmensgegenstand der umzuwandelnden Kapitalgesellschaft nicht im Betrieb eines Handelsgewerbes besteht. Die Umwandlung richtet sich hier nach den Vorschriften des UmwG. Von dieser im UmwG geregelten Umwandlung einer Kapitalgesellschaft zu unterscheiden ist die auch mögliche **formwechselnde Umwandlung** einer OHG oder KG in eine GbR. Entscheidend ist hierbei, dass sich der Zweck der Gesellschaft nicht mehr auf den Betrieb eines Handelsgewerbes richtet. Ist die Gesellschaft als OHG bzw. KG im Handelsregister eingetragen, bedarf es zu einer Umwandlung noch der Löschung im Handelsregister. Ansonsten ist die Gesellschaft nach § 105 Abs. 2 S. 1 HGB Handelsgesellschaft kraft Eintragung.

B. Wesensmerkmale der GbR

I. Auf Dauer gerichtete vertragliche Beziehung

Erstes Wesensmerkmal der GbR ist die auf Dauer gerichtete vertragliche Beziehung zwischen 3
den Gesellschaftern, die zumindest im Ansatz auch für die Gelegenheitsgesellschaft zutrifft. Die GbR erweist sich damit als ein **Unterfall eines Dauerschuldverhältnisses**. Kennzeichnend für ein Dauerschuldverhältnis ist, dass – anders als z. B. beim Kauf- oder Werkvertrag – die Rechte und Pflichten der Vertragspartner nicht auf die Erbringung einer oder mehrerer bestimmter Leistungen, deren Erfüllung zur Beendigung des Schuldverhältnisses führt, gerichtet sind. Vielmehr schulden sich die Partner während der vertraglich festgelegten oder durch Kündigung

gestaltbaren Vertragszeit eine dauernde Pflichtenanpassung, deren Grundlage unabhängig von der Erfüllung der jeweils fälligen Einzelleistungen während der ganzen Vertragsdauer fortbesteht (MüKo BGB/*Ulmer* Vor § 705 Rn. 5).

II. Gemeinsamer Zweck

4 Das zweite Wesensmerkmal der GbR ist der **gemeinsame Zweck** und die darauf gerichtete **allgemeine Förderpflicht**. Diese unterscheidet die GbR von anderen Rechtsgemeinschaften, wie z. B. der Bruchteilsgemeinschaft und dem partiarischen Rechtsverhältnis (Müko BGB/*Ulmer* Vor § 705 Rn. 6).

III. Treuepflicht

5 Der auf Dauer gerichteten vertraglichen Beziehung und der gemeinsamen Zweckförderungspflicht entspringt das dritte Wesensmerkmal der GbR: die Treuepflicht der Gesellschafter und der persönliche Charakter des Zusammenschlusses, der seinen Niederschlag in dem im Gesetz geregelten **Einstimmigkeitsprinzip** sowie der **Haftungsmilderung** des § 708 BGB gefunden hat.

C. Rechtsfähigkeit der (Außen-)GbR

6 Nachdem der Gesetzgeber der GbR in § 11 Abs. 2 Nr. 1 InsO Insolvenzfähigkeit und der BGH der GbR Wechsel- und Scheckfähigkeit zuerkannt hat (BGH DB 1997, 1813; MAH PersGesR/*von Unger/Friel* § 5 Rn. 28), hat der BGH mit seiner Grundsatzentscheidung vom 29. 1. 2001 die **Rechts- und Parteifähigkeit der (Außen-)GbR** anerkannt (BGH NJW 2001, 1056 = DB 2001, 423; vgl. hierzu *K. Schmidt* NJW 2001, 993; *Westermann* NZG 2001, 289; *Wiedemann* JZ 2001, 513; ebenso dann BGH NJW 2002, 1207). Entscheidendes Kriterium für eine (Außen-)GbR ist, dass diese nach außen durch organschaftliche Vertretung am Rechtsverkehr teilnimmt. Bei der Innengesellschaft entspricht es hingegen dem Willen der Gesellschafter, nach außen gerade nicht als Gesellschaft aufzutreten (vgl. zu weiteren Einzelheiten Rn. 9 ff.).

7 Die (Außen-)GbR kann daher **Inhaberin eigener Rechte und Pflichten** sein, insbesondere Eigentümerin an beweglichen und unbeweglichen Sachen sowie Inhaberin von Forderungen und sonstigen Rechten. Sie ist **aktiv und passiv parteifähig** und kann ihre Ansprüche vor Gericht durchsetzen und in Anspruch genommen werden (BGH NJW 2002, 1207; OLG Zweibrücken DB 2005, 1101, 1102). Die (Außen-)GbR ist daher im Zivilprozess aktivlegitimiert. Sie selbst ist materiell Rechtsinhaberin und damit richtige Partei des Rechtsstreits, nicht aber die Gesellschafter als Streitgenossen (BGH NZG 2006, 16, 17: Möglichkeit der Rubrumsberichtigung falls Gesellschafter geklagt haben). Weiterhin kann die (Außen-)GbR **Bürgin** sein sowie Inhaberin einer Marke (Bamberger / Roth / *Timm/Schöne* § 705 Rn. 142.). Die GbR kann eine **Kommanditistenstellung** in einer KG übernehmen (BGH NJW 2001, 3121) sowie Gesellschafterin einer GmbH oder einer anderen GbR sein (vgl. auch zu weiteren Beispielen Bamberger / Roth / *Timm/Schöne* § 705 Rn. 142 ff.). Die GbR kann Mitglied einer eG sowie einer AG werden und die Komplementärstellung in einer KG übernehmen (LG Berlin NZG 2003, 580, 581; vgl. hierzu *Bergmann* ZIP 2003, 2231). Zu firmieren habe die GbR im letzteren Fall als »GbR & Co. KG« (LG Berlin NZG 2003, 580, 582). Auch kann sich die GbR an einer Kapitalgesellschaft beteiligen (Palandt/*Sprau* § 705 Rn. 24 a), nicht aber Verwalterin einer Wohnungseigentümergemeinschaft werden (BGH NJW 2006, 2189: a. A. OLG Frankfurt, Urt. vom 18. 8. 2005, 20 W 182/05; vgl. auch *Schäfer* NJW 2006, 2160).

8 Anerkannt worden ist auch die **Grundrechtsfähigkeit** der (Außen-)GbR und zwar bezogen auf die Eigentumsgarantie und die Verfahrensgrundrechte der Art. 101 Abs. 1 S. 2, 103 Abs. 1 GG (BVerfG NJW 2002, 3533).

9 **Grundbuchfähigkeit** wird der (Außen-)GbR allerdings von der h. M. nicht zuerkannt (BayObLG ZIP 2003, 2175, 2176; OLG München DB 2005, 1621, 1622; MAH PersGes/*von Unger/Friel* § 5 Rn. 26; *Schöpflin* NZG 2003, 606; a. A. MüKo BGB/*Ulmer* § 705 Rn. 314; *Ulmer/Steffek* NJW 2002, 330). Im Grundbuch sind daher als Eigentümer weiterhin die einzelnen Gesellschafter mit

dem Zusatz »als Gesellschaft des bürgerlichen Rechts« einzutragen. Auch Veränderungen der Anteilshöhe einzelner Gesellschafter sind genauso wie die Höhe des Anteils selbst nicht im Grundbuch einzutragen (OLG München DB 2005, 1621, 1622). Eine Änderung der Gesellschafter ist lediglich im Wege einer Berichtigung in das Grundbuch einzutragen (BGH DB 1998, 716).

D. Innen- und Außengesellschaft

Bei der **Innengesellschaft** entspricht es dem Willen der Gesellschafter, nach außen gerade nicht als Gesellschaft aufzutreten. Vielmehr tritt im Rechtsverkehr nur ein Gesellschafter im eigenen Namen auf; er ist Träger von Rechten und Pflichten (vgl. OLG Bremen NZG 2002, 173). Im Innenverhältnis hingegen haben sich alle Gesellschafter zur Erreichung eines gemeinsamen Zwecks verpflichtet, so dass der handelnde Gesellschafter im Innenverhältnis im Interesse und für Rechnung der Gesellschaft tätig wird. Es können im Innenverhältnis – von den Vertretungs- (§§ 714 f. BGB) und Vermögensvorschriften (§§ 718 ff. BGB) abgesehen – alle gesellschaftsrechtlichen Regeln Anwendung finden, wie z. B. die **Geschäftsführungsregeln, Kontrollrechte, Beitragspflicht, und die Gewinn- und Verlustbeteiligung. Typische** BGB-Innengesellschaften sind Bauherrengemeinschaften, Ehegatteninnengesellschaften und Konsortien. **10**

Entscheidendes Kriterium für eine **Außengesellschaft** ist, dass diese nach außen durch organschaftliche Vertretung am Rechtsverkehr teilnimmt (Bamberger/Roth/*Timm/Schöne* § 705 Rn. 14; MüKo BGB/*Ulmer* § 705 Rn. 305). Nicht ausreichend ist hingegen das bloße Vorhandensein von Gesamthandsvermögen bei einer im Übrigen auf das Innenverhältnis beschränkten GbR (MüKo BGB/*Ulmer* § 705 Rn. 305; vgl. hierzu ausführl. Bamberger/Roth/*Timm/Schöne* § 705 Rn. 135 ff.). Besteht Streit über das Vorliegen einer (rechtsfähigen) Außengesellschaft, trifft denjenigen die **Beweislast**, der das Vorliegen einer solchen Außengesellschaft behauptet (MAH PersGes/*von Unger/Friel* § 5 Rn. 19). **11**

E. Abgrenzung zu anderen Rechtsinstituten

Kernelemente und damit wesentliche Abgrenzungskriterien der GbR zu anderen Rechtsinstituten sind der **gemeinsame Zweck** und die darauf gerichtete allgemeine **Förderpflicht** (s. Rn. 4 f.). **12**

I. Gefälligkeitsverhältnis

Ein Gefälligkeitsverhältnis liegt vor, wenn mehrere Personen mit einem gemeinsamen Interesse zusammenwirken. Hierbei lässt das Verhalten der Beteiligten nicht auf einen **wechselseitigen Verpflichtungswillen** zur Förderung eines gemeinsamen Zweckes schließen, sondern lediglich auf die Begründung von bloßen Neben- bzw. Schutzpflichten (Bamberger/Roth/*Timm/Schöne* § 705 Rn. 27; MüKo BGB/*Ulmer* § 705 Rn. 17). Für das Vorliegen eines solchen wechselseitigen Verpflichtungswillens sind im Rahmen einer Einzelabwägung die Art der relevanten Handlung, ihr Grund und Zweck, ihre wirtschaftliche und rechtliche Bedeutung für den anderen Teil, ferner die Umstände ihrer Erbringung sowie die dabei bestehende Interessenlage der Parteien zu berücksichtigen (BGH DB 1974, 1619, 1620; MüKo BGB/*Ulmer* § 705 Rn. 18; Palandt/*Heinrichs* Einl v. § 241 Rn. 7). Bei Gefälligkeiten des täglichen Lebens und solchen, die im rein gesellschaftlichen Bereich wurzeln, ist regelmäßig anzunehmen, dass hierbei nur bloße Neben- bzw. Schutzpflichten begründet werden und somit keine Gesellschaft (MüKo BGB/*Ulmer* § 705 Rn. 18). Für die Abgrenzung von Gefälligkeitsverhältnis und Gesellschaft sind demnach in erster Linie die Art des gemeinsamen Projekts und die wirtschaftlichen oder sonstigen Gründe, die über den bloßen zwischenmenschlichen Bereich hinausgehen, zu ermitteln. **13**

Angenommen wurde eine GbR und nicht nur ein bloßes Gefälligkeitsverhältnis beispielsweise bei der Bildung eines **Kegelclubs mit gemeinsamer Kasse** für Fernreisen (OLG Saarbrücken NJW 1985, 811), bei einer **Fahrgemeinschaft** (OLG Köln VersR 2004, 189) und bei der Gründung einer **Lottospielgemeinschaft** mit regelmäßigen, von jedem der Beteiligten zugesagten Einsätzen (OLG München NJW-RR 1988, 1268; OLG Karlsruhe NJW 1988, 1266, 1267; offengelassen BGH NJW 1974, 1705). Die Vereinbarung über die wechselseitige **Beaufsichtigung der Kinder** (BGH **14**

NJW 1968, 1874 f.; Erman/*H. P. Westermann* § 705 Rn. 7) oder über einen **gemeinsamen Ausflug** oder Kinobesuch begründet jedoch regelmäßig nur ein Gefälligkeitsverhältnis und keine GbR (Bamberger/Roth/*Timm/Schöne* § 705 Rn. 27).

II. Bruchteilsgemeinschaft

15 Bei der Bruchteilsgemeinschaft (§§ 741 ff. BGB) steht den Beteiligten ein Recht gemeinschaftlich zu, wobei sich das gemeinsame Interesse lediglich auf das **gemeinsame Haben und Halten** des betroffenen Gegenstandes bezieht. Ein weitergehender Zweck, wie der bei der GbR vorhandene, fehlt (Müko BGB/*Ulmer* Vor § 705 Rn. 124). Entstehen kann eine Bruchteilsgemeinschaft z. B. durch gemeinschaftlichen Rechtserwerb, wie Miteigentum, Erwerb einer Teilforderung, oder durch gemeinsame Rechtszuständigkeit aufgrund Verbindung, Verarbeitung oder Vermischung.

III. Erbengemeinschaft

16 Die Erbengemeinschaft ist dadurch gekennzeichnet, dass sie anders als die GbR nicht durch rechtsgeschäftliche Vereinbarung, sondern kraft Gesetzes durch den Tod des Erblassers entsteht. Die Erbengemeinschaft kann daher anders als die GbR nicht vertraglich begründet werden. Sie ist zudem im Gegensatz zur GbR nicht auf Dauer angelegt, sondern auf **Auseinandersetzung**, also Liquidation, gerichtet (BGH NJW 2002, 3389; *Lubitz* S. 7).

IV. Partiarische Rechtsverhältnisse

17 Ein partiarisches Rechtsverhältnis liegt vor, wenn in einem Austauschvertrag für die Leistung des einen Teils als Gegenleistung allein oder zusätzlich zu einer anderen Vergütung eine Beteiligung an dem Gewinn oder Erfolg versprochen wird, den der Empfänger der Leistung erzielt (MüKo BGB/*Ulmer* Vor § 705 Rn. 107; Bamberger/Roth/*Timm/Schöne* § 705 Rn. 33). Im Gegensatz zu einer GbR verfolgen die Beteiligten nicht einen gemeinsamen Zweck, sondern ausschließlich verschiedene eigene Interessen (BGH NJW 1995, 192; Palandt/*Sprau* § 705 Rn. 9; Bamberger/Roth/*Timm/Schöne* § 705 Rn. 27). Entscheidend ist daher das **Fehlen einer gemeinsamen Interessenverfolgung**. **Beispiele** für partiarische Rechtsverhältnisse sind Darlehen oder Dienstvertrag mit Erfolgsbeteiligung, Umsatzbeteiligung bei Miet- (MüKo BGB/*Ulmer* Vor § 705 Rn. 107) oder Pachtverhältnissen (Palandt/*Sprau* § 705 Rn. 9).

V. Personenhandelsgesellschaften

18 Entscheidendes Abgrenzungskriterium ist, dass die Gesellschafter einer Personenhandelsgesellschaft im Gegensatz zu denen einer GbR ihren gemeinsamen Zweck auf den **Betrieb eines Handelgewerbes** ausgerichtet haben. Handelsgewerbe ist gem. § 1 Abs. 2 HGB jeder Gewerbebetrieb, es sei denn, das Unternehmen erfordert nicht nach Art und Umfang einen in kaufmännischer Weise eingerichteten Geschäftsbetrieb. Ist Zweck einer Gesellschaft, die die Voraussetzungen des § 705 BGB erfüllt, der Betrieb eines Handelsgewerbes, liegt zwingend eine Personenhandelsgesellschaft und keine GbR vor. Wenn hingegen eine OHG bzw. KG ihren Gesellschaftszweck ändert und dieser nicht mehr auf den Betrieb eines Gewerbebetriebs gerichtet ist, liegt grundsätzlich eine GbR vor. Ist allerdings die OHG bzw. KG aufgrund eines früheren Eintrages als solche im Handelsregister eingetragen, ist die GbR nach § 105 Abs. 2 S. 1 HGB Handelsgesellschaft kraft Eintragung.

VI. Partnerschaft

19 Eine Partnerschaft als Gesellschaftsform kommt bei **freiberuflichen Tätigkeiten** in Betracht. Entscheidend für die Abgrenzung der Partnerschaft von der GbR ist zunächst, dass der Wille der Gesellschafter auf die Errichtung einer Partnerschaft als Organisationsform gerichtet ist und dass die Partnerschaft im Partnerschaftsregister eingetragen ist. Diese **Eintragung** ist gem. § 7 Abs. 1 PartGG **konstitutiv**. Eine Freiberufler-Gesellschaft ist daher stets GbR, solange sie nicht im Partnerschaftsregister eingetragen ist.

VII. Sternverträge

Sternverträge liegen vor, wenn die Beteiligten inhaltlich übereinstimmende, der Förderung eines ihnen gemeinsamen Zwecks dienende zweiseitige **Verträge mit einer zentralen Stelle** (z. B. Agentur, gemeinsame Vertriebsgesellschaft) schließen (MüKo BGB/*Ulmer* § 705 Rn. 21; Bamberger / Roth / *Timm/Schöne* § 705 Rn. 41). Eine solche Konstruktion ist häufig bei **Franchisesystemen** anzutreffen. 20

Teilweise wird selbst bei gleich lautenden Beitragsvereinbarungen und der Einrichtung gemeinsamer Kontrollorgane das Vorliegen einer GbR abgelehnt und stattdessen nur ein zweiseitiger Geschäftsbesorgungsvertrag angenommen (vgl. Bamberger / Roth / *Timm/Schöne* § 705 Rn. 41). Nach a. A. ist zu differenzieren. Bilden diese Verträge als sog. Sternverträge unselbstständige, aufeinander bezogene Teile eines einheitlichen Vertragssystems, so sind sie als rechtliche Einheit zu behandeln mit der Folge, dass sie eine GbR zwischen den Vertragspartnern der gleichen Marktseite begründen und zu entsprechenden Treuepflichten zwischen ihnen auch ohne förmlichen Gesellschaftsvertrag führen (MüKo BGB/*Ulmer* § 705 Rn. 21; vgl. Bamberger / Roth / *Timm/Schöne* § 705 Rn. 41). Liegen hingegen Initiative und Schwerpunkt der Rechtsbeziehungen nicht aufseiten der Einzelunternehmen, sondern bei der zentralen Stelle (Hersteller / Lieferant, Franchisegeber u. a.), handelt es sich auch nach der differenzierenden Ansicht wegen der dominierenden zweiseitigen Beziehung der jeweiligen Vertragspartner nicht um eine GbR der Einzelunternehmen (MüKo BGB/*Ulmer* § 705 Rn. 21). 21

F. Steuerliche Behandlung

Sofern die GbR selbst gewerblich tätig ist, ohne Personenhandelsgesellschaft zu sein, ist sie ebenso wie Kapitalgesellschaften selbst **Subjekt der Gewerbesteuer**. Steuersubjekt der Einkommensteuer ist hingegen nicht die GbR, sondern der einzelne Gesellschafter, der die Gewinnanteile nach seinem persönlichen Steuersatz zu versteuern hat. Auch Verluste werden unmittelbar bei den Gesellschaftern steuerlich wirksam (vgl. zur Besteuerung ausführl. Sudhoff PersGes/ *Walpert* § 27 ff.; MAH PersGes/*Arnhold/Pathe* § 9 Rn. 166 ff.). 22

Kommentierung der wichtigsten Vorschriften aus dem Bürgerlichen Gesetzbuch (BGB) In der Fassung der Bekanntmachung vom 2. Januar 2002 (BGBl. I, 42, ber. 2909, ber. 2003, 738)

zuletzt geändert durch das »Gesetz zur Änderung des Betriebsrentengesetzes und anderer Gesetze« vom 2. 12. 2006 (BGBl. I, 2742) – Auszug –

Buch 2
Recht der Schuldverhältnisse

Abschnitt 8
Einzelne Schuldverhältnisse

Titel 16
Gesellschaft

§ 705 Inhalt des Gesellschaftsvertrags

Durch den Gesellschaftsvertrag verpflichten sich die Gesellschafter gegenseitig, die Erreichung eines gemeinsamen Zweckes in der durch den Vertrag bestimmten Weise zu fördern, insbesondere die vereinbarten Beiträge zu leisten.

Übersicht:

A. Allgemeines

Voraussetzung für die Entstehung einer GbR ist der **Abschluss eines Gesellschaftsvertrags** i. S. v. § 705 BGB, d. h. die vertragliche Verpflichtung von zwei oder mehr Gesellschaftern, einen gemeinsamen Zweck durch Beitragsleistung oder in sonstiger, vertraglich vereinbarter Weise zu fördern. Nicht zu den Entstehungsvoraussetzungen der GbR gehört die Leistung der versprochenen Beiträge oder die sonstige Bildung von Gesamthandsvermögen (MüKo BGB/*Ulmer* § 705 BGB Rn. 2; Palandt/*Sprau* § 705 Rn. 33). 1

Der von den Gesellschaftern verfolgte Zweck darf allerdings **nicht** in dem **Betrieb eines Handelsgewerbes** i. S. v. § 1 Abs. 1 HGB liegen. Dann wäre die Gesellschaft unabhängig von einer Eintragung im Handelsregister eine Personenhandelsgesellschaft (OHG oder KG), auch, wenn sich die Gesellschafter dieser Folge nicht bewusst waren oder sie irrtümlich eine GbR gründen wollten (Müko BGB/*Ulmer* § 705 Rn. 3). Dies gilt nicht, wenn die Qualifikation der beabsichtigten Tätigkeit als Handelsgewerbe von der Eintragung im Handelsregister abhängt, wie in den Fällen der §§ 2, 3 Abs. 2 und 3 HGB. Entsprechendes gilt für freiberufliche Gesellschaften in Abgrenzung zur Partnerschaft. Solange die Gesellschaft nicht in das Partnerschaftsregister eingetragen ist, besteht sie als GbR und nicht als Partnerschaft, vgl. § 7 Abs. 1 Part GG. 2

B. Gesellschaftsvertrag

I. Abschluss des Gesellschaftsvertrags

1. Anwendung der §§ 145 ff. BGB

Der Abschluss des Gesellschaftsvertrages kann **ausdrücklich oder konkludent** erfolgen und muss inhaltlich auf die Begründung wechselseitiger Leistungspflichten zur Förderung eines gemeinsamen Zweckes gerichtet sein. 3

Grundsätzlich gelten für den Vertragsschluss die **§§ 145 ff. BGB**, allerdings mit einigen Besonderheiten. Kommt der Vertragsschluss bei einer Zwei-Personengesellschaft noch durch Angebot und Annahme zustande, ist ein Gesellschaftsvertrag bei der Beteiligung von **mehr als zwei Gesellschaftern** erst dann geschlossen, wenn sämtliche als Gesellschafter vorgesehene Beteiligte ihre Beitrittserklärungen abgegeben haben und diese Erklärungen gem. § 130 BGB auch allen übrigen Beteiligten zugegangen sind, sofern diese nicht auf den Zugang gem. § 151 S. 1 Alt. 2 BGB verzichtet haben (Bamberger/Roth/*Timm/Schöne* § 705 Rn. 42; MüKo BGB/*Ulmer* § 705 Rn. 20). Die einzelnen Beitrittserklärungen können auch nacheinander abgegeben werden (MüKo BGB/*Ulmer*, § 705, Rn. 20). 4

Eine weitere Besonderheit bei der Anwendung der §§ 145 ff. BGB betrifft § 154 Abs. 1 BGB. Nach der **Auslegungsregel des § 154 Abs. 1 BGB** ist ein Vertrag im Zweifel erst dann geschlossen, wenn die Parteien sich über alle nach dem Willen auch nur einer Partei regelungsbedürftigen Punkte geeinigt haben. Diese Auslegungsregelung findet auf den Abschluss eines Gesellschaftsvertrages einer GbR **keine Anwendung**. Vielmehr ist der Gesellschaftsvertrag bereits dann geschlossen, wenn den Gesellschaftern die fehlende Einigung über bestimmte Punkte bewusst ist, sie sich eine Verständigung über die restlichen Vertragspunkte vorbehalten haben und sich im Übrigen bereits vertraglich gebunden halten wollen (MAH PersGes/*Johansson* § 2 Rn. 43). Dies ist der Fall, sobald die Gesellschaft nach dem Willen der Gesellschafter **in Vollzug** gesetzt ist (BGH NJW 1960, 430; OLG Bremen NZG 2002, 173; Palandt/*Sprau* § 705 Rn. 17; MüKo BGB/*Ulmer* § 705 Rn. 29). 5

2. Unwirksamkeitsgründe

Für den Gesellschaftsvertrag der GbR gelten grundsätzlich die **allgemeinen Unwirksamkeitsgründe** wie §§ 104 ff., 119 ff., 125, 155, 181 sowie §§ 134, 138 BGB (Palandt/*Sprau* § 705 Rn. 17). 6

3. Stellvertretung beim Abschluss

7 Eine **Stellvertretung** beim Abschluss des Gesellschaftsvertrages ist nach den §§ 164 ff. BGB möglich (BGH WM 1982, 40; Bamberger / Roth / *Timm/Schöne* § 705 Rn. 43).

4. Mängel des Abschlusses

8 Bei Mängeln beim Abschluss des Gesellschaftsvertrages gelten die Grundsätze über die **fehlerhafte Gesellschaft** (vgl. Rn. 51 ff.; vgl. zur fehlerhaften Gesellschaft außerdem ausführl. Kap. 4 Rn. 79 ff. – für die OHG).

II. Gesellschafter

1. Mindestanzahl

9 Die Entstehung einer GbR setzt nach h. M. die Beteiligung von **mindestens zwei Gesellschaftern** voraus (Bamberger / Roth / *Timm/Schöne* § 705 Rn. 51; MAH PersGes / *Johansson* § 2 Rn. 17; MüKo BGB / *Ulmer* § 705 Rn. 60 mit Hinweisen auf die Gegenansicht). Der (ersatzlose) **Wegfall des vorletzten Gesellschafters** führt daher im Regelfall zur **Beendigung** der Gesellschaft, auch wenn der Gesellschaftsvertrag eine Fortsetzungsklausel enthält.

10 Vom Erfordernis der Mindestanzahl von zwei Gesellschaftern sind allerdings dann Ausnahmen anzuerkennen, wenn die Gesellschaftsanteile trotz ihres Zusammentreffens bei nur einem Gesellschafter einer unterschiedlichen Zuordnung unterliegen. Das ist z. B. der Fall beim Zusammentreffen eines unbelasteten und eines mit Rechten Dritter belasteten Anteils. Weiterhin ist dies der Fall, wenn der einzige Gesellschafter gleichzeitig einen Anteil für sich hält und treuhänderisch für einen Dritten (MüKo BGB / *Ulmer* § 705 Rn. 63). In diesen Fällen liegt trotz Reduktion der Gesellschafterzahl auf nominell ein Mitglied solange eine GbR vor, solange die unterschiedliche Zuordnung anhält.

2. Arten von Gesellschaftern

11 Gesellschafter an einer GbR können sowohl **natürliche** als auch **juristische Personen** sowie bestimmte andere Rechtsgemeinschaften sein.

a) Natürliche Personen

12 **aa) Geschäftsunfähige, beschränkt Geschäftsfähige** Da der Abschluss eines Gesellschaftsvertrags auf Seiten der Gesellschafter nur **Rechtsfähigkeit** voraussetzt, können auch geschäftsunfähige (§ 104 BGB) und beschränkt geschäftsfähige Personen (§§ 106, 114 BGB) Gesellschafter einer GbR werden. Allerdings erfordert eine solche Beteiligung grundsätzlich die **Mitwirkung des gesetzlichen Vertreters**. Das sind gem. §§ 1626 Abs. 1 S. 1, 1629 Abs. 1 BGB entweder die Eltern oder nach § 1773 BGB der Vormund. Ist der gesetzliche Vertreter oder sein Ehegatte selbst Gesellschafter, kann der Minderjährige von seinem gesetzlichen Vertreter nicht wirksam vertreten werden (§§ 181, 1629 Abs. 2 S. 1, 1795 Abs. 1 Nr. 1 BGB). In diesem Fall ist gem. § 1909 BGB ein Ergänzungspfleger zu bestellen (vgl. hierzu *Rust* DStR 2005, 1942, 1943).

13 Sofern eine Mitwirkung des gesetzlichen Vertreters erforderlich ist, ist der Beitritt bis zur Genehmigung **schwebend unwirksam**. Den anderen Gesellschaftern steht bis zur Genehmigung das in § 109 Abs. 1 BGB geregelte Widerrufsrecht zu, sofern dieses nicht nach § 109 Abs. 2 BGB ausgeschlossen ist.

14 Ist der Zweck der Gesellschaft auf den Betrieb eines Erwerbsgeschäfts gerichtet, bedarf es neben der Mitwirkung des gesetzlichen Vertreters oder Pflegers bei Beteiligung eines nicht voll Geschäftsfähigen an der Gründung einer GbR oder dessen späterer Beitritt hierzu zusätzlich der **Genehmigung des Familien- bzw. Vormundschaftsgerichts**, § 1643 BGB bzw. §§ 1915 i. V. m. 1822 Nr. 3 BGB. Bei Vertretung durch die Eltern ist das Familiengericht zuständig und bei Vertretung durch den Ergänzungspfleger das Vormundschaftsgericht. Der Betrieb eines Erwerbsgeschäfts setzt eine regelmäßig ausgeübte, auf selbstständigen Erwerb und Gewinnerzielung gerichtete Tä-

tigkeit voraus (BayObLG FamRZ 1996, 119, 121; Palandt/*Diederichsen* § 1822 Rn. 5; *Rust* DStR 2005, 1942, 1943). Regelmäßig wird daher der Abschluss eines Gesellschaftsvertrages unter Beteiligung eines Minderjährigen die Genehmigung des Familien- bzw. Vormundschaftsgerichts erforderlich machen. Ob ein solches Genehmigungserfordernis auch bei Abschluss eines Gesellschaftsvertrages für eine rein vermögensverwaltende GbR besteht, ist umstritten (vgl. OLG Zweibrücken NJW-RR 1999, 1174; LG Münster FamRZ 1997, 842; *Wertenbruch* FamRZ 2003, 1714, 1715; *Rust* DStR 2005, 1942, 1943). Im Zweifel sollte vorsorglich eine Genehmigung eingeholt werden.

bb) Ehegatten Bei Ehegatten, die im gesetzlichen Güterstand der **Zugewinngemeinschaft** leben, ist § 1365 BGB zu beachten. Danach kann sich ein Ehegatte nur mit Einwilligung des anderen Ehegatten verpflichten, über sein Vermögen im Ganzen zu verfügen. Nach heute h. M. greift § 1365 BGB nicht nur ein, wenn sich die Verpflichtung auf das Vermögen im Ganzen bezieht. Es genügt vielmehr, dass der vertraglich übernommene Gegenstand der Einlageleistung das wesentliche Vermögen des Ehegatten ausmacht, soweit nur dem anderen Teil (hier also den Mitgesellschaftern) die Vermögensverhältnisse des sich verpflichtenden Ehegatten bekannt sind (MüKo BGB/*Ulmer* § 705 Rn. 73). Bei einem kleinen Vermögen soll Wesentlichkeit bereits dann vorliegen, wenn dem Ehegatten daneben wertmäßig nur noch ca. 15 % seines Vermögens verbleiben (BGH NJW 1991, 1739, 1740; MAH PersGes/*Johansson* § 2 Rn. 21). Im Zweifel sollte vorsorglich die Zustimmung des Ehegatten eingeholt werden. 15

Für den Fall der **Gütertrennung** (§ 1414 BGB) bestehen keine eherechtlichen Beschränkungen für die Beteiligung an einer GbR, wohl aber für den Fall der **Gütergemeinschaft** (§ 1415 BGB) (MüKo BGB/*Ulmer* § 705 Rn. 74). Bei letzterem sind die ehevertraglichen Vereinbarungen über die Verwaltung des Gesamtguts zu beachten, wenn die Beteiligung mit Mitteln des Gesamtguts und nicht mit Mitteln des Vorbehaltsguts erworben werden soll. Sofern keine abweichenden Vereinbarungen getroffen sind, sieht § 1421 BGB gemeinschaftliche Verwaltung vor. 16

b) Juristische Personen und andere Rechtsgemeinschaften

Sowohl juristische Personen des **Privatrechts** als auch solche des **öffentlichen Rechts** können sich an einer GbR beteiligen. So können z. B. die Europäische Aktiengesellschaft, die AG, die GmbH, die Personenhandelsgesellschaften und die (Außen-)GbR Gesellschafter einer GbR sein, ebenso die Partnerschaft und die EWIV. Auch **Vorgesellschaften** wie z. B. die Vor-GmbH können sich an einer GbR beteiligen (Müko BGB/*Ulmer* § 705 Rn. 77; MAH PersGes/*Johansson* § 2 Rn. 24). 17

Eine **Erbengemeinschaft** kann hingegen nicht Gesellschafterin einer GbR sein. Vielmehr geht die Beteiligung mit dem Tod des Gesellschafters unmittelbar auf die Erben als Einzelnachfolger über (BGH NJW 1999, 571, 572). Gesellschafter wird jeder Miterbe entsprechend seiner Miterbenquote (MAH PersGes/*Johansson* § 2 Rn. 33). Auch die **Bruchteilsgemeinschaft** kann nicht Gesellschafterin einer GbR sein. Sie ist kein Rechtssubjekt, sondern nur schlichte Rechtsgemeinschaft (MAH PersGes/*Johansson* § 2 Rn. 34). Bei einem treuhänderischen Erwerb eines Gesellschafteranteils ist der **Treuhänder** Gesellschafter, nicht der Treugeber (BGH NJW-RR 2003, 1342, 1343; Palandt/*Sprau* § 705 Rn. 10). 18

III. Form

Der Gesellschaftsvertrag kann **grundsätzlich formfrei** abgeschlossen werden. Ausnahmen können sich jedoch aus dem Gesellschaftszweck oder den von den Gesellschaftern übernommenen Verpflichtungen ergeben, insbesondere aus § 311 b BGB und § 518 BGB. 19

1. Erwerb bzw. Veräußerung eines Grundstücks, § 311 b Abs. 1 BGB

Die Form des § 311 b Abs. 1 BGB ist zu beachten, wenn sich ein Gesellschafter **zum Erwerb oder Verkauf eines Grundstücks verpflichtet** (BGH NJW 1998, 376; Bamberger/Roth/*Timm/Schöne* § 705 Rn. 46) oder sogar, wenn nur ein mittelbarer Zwang zur Veräußerung oder zum Erwerb eines Grundstücks besteht (BGH NJW 1992, 3237, 3238). Weiterhin ist die Form des § 311 b Abs. 1 20

BGB zu beachten, wenn sich ein Gesellschafter zur **Einbringung eines Grundstücks** in die Gesellschaft verpflichtet, nicht aber bei der Pflicht der Gesellschaft zur Verschaffung fremden Grundeigentums oder wenn der Zweck einer Grundstücksgesellschaft allein auf »Verwaltung und Verwertung« ohne bindende Erwerbspflicht gerichtet ist (BGH NJW 1998, 376; OLG Köln NZG 2000, 930; vgl. hierzu ausführlich MüKo BGB/*Ulmer* § 705 Rn. 37 ff.). Es genügt auch nicht, wenn der Zeck der Gesellschaft auf den Erwerb von Grundstücken gerichtet ist. Erforderlich ist eine **Erwerbspflicht** (OLG Köln NZG 2000, 930).

21 Nicht der Form des § 311 b Abs. 1 BGB bedarf die **formwechselnde Umwandlung** einer GbR in eine Personenhandelsgesellschaft (OHG oder KG) oder umgekehrt. Denn hierdurch ändert sich nichts an der dinglichen Zuordnung der zum Gesellschaftsvermögen gehörenden Grundstücke. Anders ist es hingegen, wenn Grundstücke von einer GbR auf eine aus den gleichen Gesellschaftern bestehende andere Gesellschaft übertragen wird (MüKo BGB/*Ulmer* § 705 Rn. 36). Hier ändert sich die Identität des Rechtsträgers, so dass eine Beurkundung gem. § 311 b Abs. 1 BGB erforderlich ist.

2. Einbringung des Vermögens, § 311 b Abs. 3 BGB

22 Nach § 311 b Abs. 3 BGB bedarf der Gesellschaftsvertrag der notariellen Form, wenn sich ein Gesellschafter darin verpflichtet, sein **ganzes Vermögen** oder einen Bruchteil desselben einzubringen oder in sonstiger Weise darüber zu Gunsten der Gesellschaft zu verfügen. Die Verpflichtung muss sich auf das **Vermögen als solches** beziehen. Die bloße Einbringung eines Gegenstands, der tatsächlich das einzige Vermögen des Gesellschafters darstellt, macht den Gesellschaftsvertrag nicht nach § 311 b Abs. 3 BGB formbedürftig (Müko BGB/*Ulmer* § 705 Rn. 33).

3. Schenkungsversprechen, § 518 BGB

23 Das im Gesellschaftsvertrag vereinbarte Schenkungsversprechen auf unentgeltliche Beteiligung eines Gesellschafters macht den Gesellschaftsvertrag nach § 518 BGB beurkundungsbedürftig. (Sudhoff PersGes/*Gerber* § 22 Rn. 2; MAH PersGes/*Johansson* § 2 Rn. 56; differenzierend MüKo BGB/*Ulmer* § 705 Rn. 43).

4. Gewillkürte Schriftform, § 127 S. 1 BGB

24 Ein Formerfordernis kann sich auch aus gewillkürter Schriftform gem. § 127 Abs. 1 BGB ergeben. Die Bestimmung ist vor allem für Vertragsänderungen bedeutsam. Allerdings haben Schriftformklauseln, die für die Änderung oder Ergänzung des Vertrags schriftliche Form vorschreiben, regelmäßig nur **Klarstellungsfunktion** und sind regelmäßig nicht Wirksamkeitsvoraussetzung (BAG NJW 2003, 3725, 3727; BGH NJW 1968, 1378; Palandt/*Heinrichs* § 125 Rn. 12; vgl. hierzu Bamberger/Roth/*Timm/Schöne* § 705 Rn. 50; a. A. MüKo BGB/*Ulmer* § 705 Rn. 50).

25 Bei einer **qualifizierten Schriftformklausel**, bei der auch für die Aufhebung der Formabrede ausdrücklich Schriftform vorgesehen ist, ist hingegen eine nur mündlich geschlossene Vereinbarung unwirksam (BAG NJW 2003, 3725, 3727; BGH NJW 1976, 1395; Palandt/*Heinrichs* § 125 Rn. 14; Sudhoff PersGes/*Gerber* § 22 Rn. 6). Eine qualifizierte Schriftformklausel könnte wie folgt lauten:

»Änderungen und Ergänzungen des Gesellschaftsvertrages bedürfen der Schriftform. Dies gilt auch für den Verzicht auf dieses Formerfordernis.«

5. Verpflichtung zum Abschluss eines Ehevertrags, § 1410 BGB

26 Sofern der Gesellschaftsvertrag für einen Gesellschafter die Verpflichtung zum Abschluss eines Ehevertrags enthält, stellt sich die Frage, ob der Gesellschaftsvertrag der Form des § 1410 BGB bedarf (siehe hierzu *D. Mayer* MittBayNotK 1992, 1, 2).

6. Rechtsfolgen der Formbedürftigkeit

a) Umfang des Formerfordernisses

Ist der Gesellschaftsvertrag nach den obigen Ausführungen formbedürftig, erstreckt sich der Umfang des Formerfordernisses grundsätzlich auf den **gesamten Vertrag**, also auf alle Vereinbarungen, aus denen sich nach dem Willen der Vertragspartner das Rechtsgeschäft zusammensetzt. Dies schließt etwaige unmittelbar mit der formbedürftigen Verpflichtung zusammenhängenden **Nebenabreden** mit ein. Werden neben dem Gesellschaftsvertrag weitere Verträge abgeschlossen, so sind sämtliche Verträge dann formbedürftig, wenn sie ein **einheitliches Rechtsgeschäft** darstellen, d. h. rechtlich so voneinander abhängen, dass sie nach dem Willen der Parteien miteinander »stehen und fallen« sollen. Ausreichend hierfür ist ein entsprechender Wille einer Partei und die Kenntnis sowie das Hinnehmen der anderen Partei (MAH PersGes/*Johansson* § 2 Rn. 58). 27

b) Heilung des Formverstoßes

Der Verstoß kann aber durch Bewirkung bzw. Vollzug der versprochenen formunwirksamen Verpflichtung geheilt werden, §§ 311 b Abs. 1 S. 2, 518 Abs. 2 BGB. Tritt eine solche Bewirkung bzw. ein Vollzug nicht ein und kann die formnichtige Verpflichtung auch nicht in eine formwirksame Verpflichtung nach § 140 BGB umgedeutet werden, besteht im Gegensatz zur Auslegungsregelung des § 139 BGB regelmäßig nur **Teilnichtigkeit** des Vertrages und keine Gesamtnichtigkeit (BGH NJW 1981, 222; Bamberger/Roth/*Timm/Schöne* § 705 Rn. 48; a. A. MüKo BGB/*Ulmer* § 705 Rn. 35). 28

Allerdings wird man regelmäßig ein formnichtiges Versprechen zur **Einbringung eines Grundstückes** als formgültige Einbringung zum Gebrauch oder dem Werte nach ansehen können, wenn einerseits die Erreichung des gemeinsamen Zwecks nicht speziell die Eigentumsverschaffung am Grundstück voraussetzt, andererseits diese Art der Einbringung zum Gebrauch oder dem Werte nach, gegebenenfalls auch unter Zuzahlung eines Geldbetrags durch den »Verpflichteten«, für alle Parteien zumutbar erscheint (MüKo BGB/*Ulmer* § 705 Rn. 40). 29

c) Gesamtnichtigkeit des Vertrags

Ist der Gesellschaftsvertrag aufgrund eines Verstoßes gegen eine solche Formvorschrift gem. § 125 S. 1 BGB gesamtnichtig und nicht nur teilnichtig, gelten bei Vollzug der Gesellschaft die **Grundsätze der fehlerhaften Gesellschaft** (s. Rn. 51 ff.; vgl. dazu außerdem ausführl. Kap. 4 Rn. 79 ff. für die OHG). 30

IV. Auslegung

1. Grundsatz

Im Gegensatz zu Satzungen von Kapitalgesellschaften, bei denen auf den objektiven Erklärungswert abzustellen ist, erfolgt die Auslegung von Personengesellschaftsverträgen grundsätzlich anhand der **§§ 133, 157 BGB** (vgl. BGH NZG 2005, 593, 594). Ausgehend vom Vertragswortlaut sind daneben Entstehungsgeschichte und Systematik, Sinn und Zweck des Vertrags sowie die Art seiner Durchführung zu berücksichtigen, um den wirklichen Willen der Parteien zu erforschen (BGH NJW 1987, 890, 891; MüKo BGB/*Ulmer* § 705 Rn. 171). 31

Daher findet ein etwa ermittelter **Parteiwille** auch dann Berücksichtigung, wenn er im Vertragstext keinen Niederschlag gefunden hat. Auch kann der Grundtendenz des Vertrages bei der Auslegung eine Bedeutung zukommen (BGH NJW 1987, 890, 891; MAH PersGes/*Johansson* § 2 Rn. 138; *Grunewald* ZGR 1995, 68 f.). Die Grundtendenz sind die gemeinsamen grundsätzlichen Vorstellungen der Gesellschafter zu ihrer Zusammenarbeit, wie z. B. die paritätische Verteilung von Rechten und Pflichten zwischen verschiedenen Gesellschafterstämmen oder der Ausschluss von Familienfremden (MAH PersGes/*Johansson* § 2 Rn. 138). Naturgemäß unterliegen eine etwaig vorhandene Grundtendenz sowie die gemeinsamen Vorstellungen der Gesellschafter im Laufe der Zeit Änderungen, die im Rahmen der Auslegung zu berücksichtigen sind. 32

33 Regelmäßig ist bei der Auslegung eines Gesellschaftsvertrages davon auszugehen, dass die Vertragsparteien jeder Bestimmung einen bestimmten rechtserheblichen Inhalt beimessen (BGH NZG 2005, 593, 594). Kommt daher eine mögliche Auslegung zu dem Ergebnis, dass bei zwei sich widersprechenden Klauseln eine von beiden Klauseln unwirksam ist, und kommt die andere Auslegung hingegen zu einem Ergebnis, das einen Widerspruch der beiden Klauseln vermeidet, so dass beide Klauseln wirksam nebeneinander bestehen können, ist daher dieser letztgenannten sinnerhaltenden Auslegung der Vorzug zu geben, sofern sich aus dem Parteiwillen nichts Gegenteiliges ergibt (BGH NZG 2005, 593, 594).

2. Publikums-Personengesellschaften

34 Zum Schutz später Beitretender sind Gesellschaftsverträge von Publikums-Personengesellschaften nicht nach diesen Auslegungsgrundsätzen zu behandeln. Hier richtet sich die Auslegung grundsätzlich nach **objektiven**, an Wortlaut, Systematik und (auch steuerrechtlicher) Zielsetzung orientierten Kriterien (BGH ZIP 2003, 843, 844 f.; NZG 2001, 269, 270; OLG Hamburg NJW-RR 1996, 1436; Palandt/*Sprau* § 705 Rn. 14). Davon abweichende subjektive Vorstellungen der Initiatoren oder Gründer sind nur ausnahmsweise und zwar dann zu berücksichtigen, wenn sie sich zu Gunsten der Anleger auswirken und insbesondere ihnen gegenüber bei der Werbung zum Beitritt hervorgehoben wurden. (MüKo BGB/*Ulmer* § 705 Rn. 175; vgl. zur Auslegung bei der Publikums(personen)gesellschaft außerdem ausführl. Kap. 9 Rn. 21).

V. Vertragsänderungen

1. Allgemeines

35 Die Änderung des Gesellschaftsvertrages folgt grundsätzlich denselben Regeln wie der Abschluss des Gesellschaftsvertrages (s. o. Rn. 3 ff.). Vorbehaltlich einer anderen Regelung im Gesellschaftsvertrag können Änderungen des Gesellschaftsvertrages – wie auch sein Abschluss – **ausdrücklich oder konkludent** erfolgen. An eine konkludente Änderung des Gesellschaftsvertrages sind allerdings hohe Anforderungen zu stellen. Eine einmalige oder nur vorübergehende Abweichung genügt regelmäßig nicht, wenn sich der übereinstimmende Änderungswille der Beteiligten nicht aus zusätzlichen Umständen ableiten lässt. Hingegen begründet eine langjährige, vom Vertrag abweichende Praxis die tatsächliche Vermutung für eine entsprechende Änderung (BGH NJW 1996, 1678, 1680; MüKo BGB/*Ulmer* § 709 Rn. 56), sofern diese Praxis von den Gesellschaftern vorbehalt- und widerspruchslos hingenommen worden ist (OLG Köln NZG 1998, 767, 769). Bei **Publikumsgesellschaften** lässt sich hingegen in der Regel aus mehrjährigen tatsächlichen Abweichungen der Gesellschaftspraxis vom Vertragswortlaut kein konkludenter Wille auch der Anleger auf Vertragsänderung schließen (MüKo BGB/*Ulmer* § 705 Rn. 175).

2. Grundsatz der Einstimmigkeit

36 Änderungen des Gesellschaftsvertrages setzen ohne jegliche vertragliche Regelung aufgrund des bei der GbR geltenden Einstimmigkeitsprinzips grundsätzlich die **Zustimmung sämtlicher Gesellschafter** voraus (Palandt/*Sprau* § 705 Rn. 15; Müko BGB/*Ulmer* § 705 Rn. 55).

37 Eine **Zustimmungspflicht** der Gesellschafter zu einer Änderung des Gesellschaftsvertrages besteht grundsätzlich nicht. Allerdings kann sich aus der **Treuepflicht** des Gesellschafters ausnahmsweise eine Zustimmungspflicht ergeben. Voraussetzung für eine solche Zustimmungspflicht ist, dass die Änderung mit Rücksicht auf das bestehende Gesellschaftsverhältnis oder im Hinblick auf die Rechtsbeziehungen der Gesellschafter zueinander, etwa zum Zwecke der Erhaltung wesentlicher Werte, die die Gesellschafter in gemeinsamer Arbeit geschaffen haben, oder zur Vermeidung erheblicher Verluste, die die Gesellschaft oder einer der Gesellschafter erleiden könnten, erforderlich ist (BGH NJW-RR 2005, 263, 264; NJW 1987, 952, 953; Palandt/*Sprau* § 705 Rn. 15). Eine solche Zustimmungspflicht kann sich auch dann ergeben, wenn dies zur Sicherung der Fortführung eines Gesellschaftsunternehmens erforderlich ist (BGH NJW-RR 2005, 263, 264).

Kommt ein Gesellschafter einer Verpflichtung zur Zustimmung nicht nach, wird seine Zustimmung nicht fingiert. Vielmehr ist der die Zustimmung verweigernde Gesellschafter **auf Zustimmung zu verklagen** (dies ist Leistungsklage und kann im Wege der Klageverbindung mit anderen handelsrechtlichen Gestaltungsklagen verbunden werden, vgl. hinsichtlich der Zustimmung zur Erhebung der Ausschließungsklage gem. § 140 HGB Kap. 16 Rn. 209 f.). Der die Zustimmung verweigernde Gesellschafter kann sich allerdings **schadensersatzpflichtig** machen und bei besonderen Umständen wegen der Zustimmungsverweigerung auch selbst aus wichtigem Grund aus der Gesellschaft ausgeschlossen werden (Sudhoff PersGes/*Masuch* § 17 Rn. 19; vgl. zur Klage auf Ausschließung eines Gesellschafters Kap. 4 § 140 sowie Kap. 16 Rn. 190 ff.). 38

3. Mehrheitsklauseln

Der Gesellschaftsvertrag kann durch sog. Mehrheitsklauseln vom Grundsatz der Einstimmigkeit **abweichen**. Je nach Art des Beschlussgegenstandes werden an die Vereinbarung derartiger Regelungen unterschiedlich hohe Anforderungen gestellt. 39

a) Abgrenzung zu Geschäftsführungsbeschlüssen und Beschlüssen über laufende Angelegenheiten

Zunächst ist zwischen Geschäftsführungsbeschlüssen und Beschlüssen über laufende Angelegenheiten auf der einen Seite und **Vertragsänderungen** auf der anderen Seite zu unterscheiden. Nach dem BGH sind gesellschaftsvertragliche Klauseln, die allgemein festlegen, dass für Gesellschafterbeschlüsse einfache Mehrheiten genügen, nur auf Geschäftsführungsbeschlüsse und auf Beschlüsse über laufende Angelegenheiten zu beziehen (BGH NJW 1985, 2830, 2831; Palandt/*Sprau* § 705 Rn. 16). Vertragsänderungen sind hiervon in der Regel nicht erfasst. Bei Geschäftsführungsbeschlüssen und Beschlüssen über laufende Angelegenheiten ist die Vereinbarung einer Entscheidung durch die Mehrheit der Gesellschafter zulässig (MüKo BGB/*Ulmer* § 709 Rn. 83; Bamberger/Roth/*Timm/Schöne* § 709 Rn. 37). 40

b) Vertragsänderungen

Kann die Klausel, die allgemein festlegt, dass für Gesellschafterbeschlüsse eine einfache Mehrheit genügt, ausnahmsweise dahin ausgelegt werden, dass auch über Änderungen des Gesellschaftsvertrages durch Mehrheitsbeschluss entschieden werden soll, so ist eine solche Klausel nur dann ausreichend, sofern es um **übliche oder gewöhnliche Vertragsänderungen** geht (BGH NJW 1985, 2830, 2831; E/B/J/*Goette* § 119 Rn. 49; Bamberger/Roth/*Timm/Schöne* § 709 Rn. 37). 41

Eine solche generelle Ermächtigung zur Entscheidung durch Mehrheitsbeschluss bezieht sich daher grundsätzlich nicht auf Vertragsänderungen, deren Vornahme durch Mehrheitsbeschluss ungewöhnlich ist. Das ist insbesondere dann anzunehmen, wenn die Rechte und Pflichten der Gesellschafter wesentlich betroffen werden. **Ungewöhnlich** in diesem Sinne sind z. B. die Erhöhung der Beitragpflicht, die Auflösung der Gesellschaft (OLG Celle NZG 2000, 586, 587), die Veränderung der Mehrheitsverhältnisse selbst (BGH NJW 1988, 411, 412; Palandt/*Sprau* § 705 Rn. 16), Änderungen im Gesellschaftszweck, in der Geschäftsführung oder Vertretung, die Auseinandersetzung sowie die Feststellung des Jahresabschlusses. Dem liegt der auch aus allgemeinen Auslegungsgrundsätzen folgende Gedanke zugrunde, dass nicht angenommen werden kann, der einzelne Gesellschafter wolle sich mit der Zustimmung zu einer Klausel, die generell Mehrheitsbeschlüsse zulässt, uneingeschränkt dem Willen der Mehrheit unterwerfen. Soll in solchen Angelegenheiten das Mehrheitsprinzip gelten, so muss ein entsprechender Wille der Gesellschafter eindeutig feststellbar sein. (BGH NJW 1985, 2830, 2831; OLG Celle NZG 2000, 586, 587; E/B/J/*Goette* § 119 Rn. 49). 42

aa) Bestimmheitsgrundsatz Soll die Mehrheitsklausel auch Vertragsänderungen erfassen, deren Vornahme durch Mehrheitsbeschluss **ungewöhnlich** ist, muss die Mehrheitsklausel nach im- 43 mer noch h. M. grundsätzlich dem sog. **Bestimmtheitsgrundsatz** genügen (BGH NJW 1996, 1678, 1679; NJW 1995, 194; OLG Celle NZG 2000, 586, 587; Bamberger / Roth / *Timm/Schöne* § 709 Rn. 37; a. A. MüKo BGB / *Ulmer* § 709 Rn. 84). Trotz Kritik von Seiten der Literatur hält der BGH weiterhin am Bestimmtheitsgrundsatz fest. Es muss sich danach aus dem Gesellschaftsvertrag ergeben, dass gerade für diese Maßnahme die Einstimmigkeit nicht gelten soll (OLG Celle NZG 2000, 586, 587). Die gesellschaftsvertragliche Mehrheitsklausel muss daher Ausmaß und Umfang des zulässigen Eingriffs erkennen lassen (BGH NJW 1996, 1678, 1679; vgl. zum Bestimmtheitsgrundsatz auch (für die OHG) Kap. 4 § 109 Rn. 24).

44 Eingeschränkt wurde der Bestimmtheitsgrundsatz von der Rechtsprechung bei **Publikumsgesellschaften** und anderen großen Personengesellschaften (BGH NJW 1983, 1056; NJW 1978, 1382; NJW 1977, 2160, 2161; NJW 1976, 958; MüKo BGB / *Ulmer* § 709 Rn. 94). Hier akzeptiert die Rechtsprechung grundsätzlich Mehrheitsbeschlüsse (vgl. für die Publikumsgesellschaft Kap. 9 Rn. 38).

45 **bb) Eingriffe in den Kernbereich** Eingriffe in den Kernbereich der Gesellschafterrechte durch Mehrheitsbeschlüsse sind jedoch auch bei Wahrung des Bestimmtheitsgrundsatzes grundsätzlich unzulässig (OLG Köln NZG 1998, 767, 768; OLG Celle NZG 2000, 586, 587) und bedürfen einer **besonderen Legitimation**. (BGH NJW 1995, 194, 195). Zum Kernbereich gehören z. B. das Stimm-, Gewinn- und Informationsrecht sowie das Recht auf Beteiligung am Liquidationserlös (BGH NJW 1995, 194, 195; Palandt / *Sprau* § 705 Rn. 16 a). Auch Zweckänderungen, einschließlich Auflösung der Gesellschaft (OLG Celle NZG 2000, 586, 587), sowie Änderungen des Gewinnverteilungsschlüssels sind dem Kernbereich zuzuordnen (MüKo BGB / *Ulmer* § 709 Rn. 93; vgl. zum Kernbereich der Gesellschafterrechte auch (für die OHG) Kap. 4 § 109 Rn. 23).

46 Ausnahmsweise können auch Eingriffe in den Kernbereich zulässig sein, wenn hierfür eine besondere Legitimation besteht (BGH NJW 1995, 194, 195; OLG Stuttgart NZG 2000, 835, 836). Dies z. B. ist der Fall, wenn die gesellschaftsvertragliche Mehrheitsklausel als **antizipiertes Einverständnis** angesehen werden kann (BGH NJW 1995, 194, 195; Palandt / *Sprau* § 705 Rn. 16 a; MüKo BGB / *Ulmer* § 709 Rn. 92) oder aber der Gesellschafter aufgrund seiner Treuepflicht verpflichtet ist, die Maßnahme im Interesse der Gesellschaft hinzunehmen (BGH NJW 1995, 194, 195; Palandt / *Sprau* § 705 Rn. 16 a).

47 Damit eine Mehrheitsklausel ausnahmsweise als antizipiertes Einverständnis gewertet werden kann, muss die Mehrheitsklausel zunächst Art und Ausmaß des Eingriffs eindeutig erkennen lassen. Darüber hinaus sind regelmäßig noch weitere Schutzmechanismen erforderlich, die das Risiko der betroffenen Minderheit begrenzen und vorhersehbar machen. So wird bei Beitragerhöhungen für die Wirksamkeit einer solchen Mehrheitsklausel die Angabe einer Obergrenze gefordert (OLG Stuttgart NZG 2000, 835, 836; MüKo BGB / *Ulmer* § 709 Rn. 92; E / B / J / *Goette* § 119 Rn. 61). Im Ergebnis erfolgt hier eine den Schutz der Minderheit gewährleistende Inhaltskontrolle.

4. Form der Vertragsänderung

48 Wie der Abschluss des Gesellschaftsvertrages unterliegt auch seine Änderung **grundsätzlich keinen besonderen Formvorschriften**. Soll hingegen durch eine Vertragsänderung ein Gesellschafter zur Einbringung, zum Erwerb oder zur Veräußerung eines Grundstücks verpflichtet werden, greift die Pflicht zur notariellen Beurkundung nach § 311 b Abs. 1 BGB (s. o. Rn. 20). Wirkt bei der Änderung des Gesellschaftsvertrages der Grund, der für die Formbedürftigkeit des Abschlusses des Gesellschaftsvertrages ursächlich war, fort und wird dieser Grund durch die Änderung berührt, so unterliegt die Änderung derselben Formbedürftigkeit wie der Abschluss des Gesellschaftsvertrages (MAH PersGes / *Johansson* § 2 Rn. 151; s. o. Rn. 19 ff.).

C. Gemeinsamer Zweck

49 Jeder erlaubte, dauernde oder vorübergehende, auch ideelle Zweck kann Gegenstand einer GbR sein. Nicht nur wirtschaftliche Zwecke, sondern auch z. B. kulturelle, politische oder religiöse

Zwecke können Inhalt einer Vereinbarung sein. Es kann um die Herstellung einer bestimmten Sache gehen, die Herbeiführung eines bestimmten Erfolges oder eine gemeinsame Tätigkeit (MAH PersGes/*Johansson* § 2 Rn. 75).

Der Zweck der GbR darf aber nicht in dem **Betrieb eines Handelsgewerbes** liegen; dann liegt zwingend eine Personenhandelsgesellschaft vor. Auch muss die Rechtsform der GbR eine für diesen Zweck der Gesellschaft **zulässige Rechtsform** sein. Das ist z. B. nicht der Fall bei Lebens-, Unfall-, Haftpflicht-, Feuer- und Hagelversicherern sowie bei Kreditinstituten (vgl. hierzu MAH PersGes/*Johansson* § 2 Rn. 78). Der Zweck muss aber irgendwie auf die Förderung durch vermögenswerte Leistungen gerichtet sein (Palandt/*Sprau* § 705 Rn. 20). Gemeinsam muss der Zweck derart sein, dass jeder Gesellschafter dessen Förderung von dem anderen fordern kann (Palandt/*Sprau* § 705 Rn. 21). 50

D. Fehlerhafte Gesellschaft

I. Allgemeines

Für den Gesellschaftsvertrag gelten grundsätzlich die allgemeinen Unwirksamkeitsgründe, wie z. B. §§ 104 ff., 119 ff., 125, 155 und 181 BGB (s. o. Rn. 6). Besondere Vorschriften für Nichtigkeits- oder Anfechtungsfolgen enthalten die gesetzlichen Regelungen zur GbR nicht. Stellt sich zu einem späteren Zeitpunkt nach Invollzugsetzung der Gesellschaft die Nichtigkeit des Gesellschaftsvertrages heraus, würde nach den gesetzlichen Regelungen grundsätzlich eine **Rückabwicklung nach Bereicherungsrecht** in Betracht kommen. 51

Sofern jedoch die Gesellschaft bereits Geschäfte getätigt und Vermögen gebildet hat, würde eine solche Rückabwicklung zu erheblichen Schwierigkeiten führen. Deshalb hat die Rechtsprechung im Wege der richterlichen Rechtsfortbildung die **Lehre von der fehlerhaften Gesellschaft** entwickelt, die die Geltendmachung der Unwirksamkeit des Gesellschaftsvertrages **nach Invollzugsetzung** der Gesellschaft regelmäßig nur mit Wirkung für die Zukunft möglich macht. Bis dahin ist die Gesellschaft als wirksam zu behandeln (BGH NJW 2000, 3558, 3559; vgl. hierzu *Goette* DStR 1996, 266; *Kollhosser* NJW 1997, 3265). Durch diese Lehre von der fehlerhaften Gesellschaft hat die Rechtsprechung berücksichtigt, dass bei einer nichtigen Gesellschaft grundsätzlich sowohl die Gläubiger der Gesellschaft schutzwürdig sind als auch die Gesellschafter selbst eines gewissen Schutzes bedürfen, insbesondere im Hinblick auf die Haftungsfolgen. 52

Die Lehre von der fehlerhaften Gesellschaft ist nach der Rechtsprechung nicht nur auf **Außengesellschaften** anwendbar, sondern grundsätzlich auch auf **Innengesellschaften**, insbesondere auch auf **stille Gesellschaften** (BGH DStR 1992, 1370, 1371; OLG Hamm NZG 2003, 228, 229; MAH PersGes/*Johansson* § 2 Rn. 162; vgl. zur Anwendung der Grundsätze der fehlerhaften Gesellschaft auf die stille Gesellschaft auch Kap. 6 Rn. 58 ff.). Verfügt die Innengesellschaft aber nicht über eigenes Gesellschaftsvermögen, greift die Lehre über die fehlerhafte Gesellschaft ausnahmsweise nicht (MAH PersGes/*Johansson*, § 2, Rn. 162). Auch bei **Publikumgesellschaften** findet die Lehre von der fehlerhaften Gesellschaft Anwendung (BGH NJW 2001, 2718, 2720; OLG Hamm NZG 2003, 228, 229; vgl. auch Kap. 9 Rn. 16). 53

Die **Voraussetzungen** für das Eingreifen dieser Lehre sind der Abschluss eines Gesellschaftsvertrages, dessen Behaftetsein mit einem nach allgemeinen Regeln zur anfänglichen Unwirksamkeit führenden Mangels sowie die Invollzugsetzung der Gesellschaft. Weiterhin dürfen keine höherrangigen Interessen der Allgemeinheit oder Einzelner der Anerkennung der Wirksamkeit der Gesellschaft entgegenstehen (Palandt/*Sprau* § 705 Rn. 18; Sudhoff PersGes/*Masuch* § 18 Rn. 26; MAH PersGes/*Johansson* § 2 Rn. 160 ff.; außerdem Kap. 4 § 105 Rn. 79 ff. für die OHG). 54

II. Abschluss eines Gesellschaftsvertrages

Grundlegende Voraussetzungen für die Annahme einer fehlerhaften Gesellschaft ist mithin das Vorliegen von – wenn auch fehlerhaften – auf den Abschluss eines Gesellschaftsvertrages gerichteten Willenserklärungen zwischen den Beteiligten (BGH NJW 1992, 1501, 1502). Die Beteiligten 55 müssen daher tatsächliche auf den Abschluss eines Gesellschaftsvertrages gerichtete **Willenserklärungen** abgegeben haben (*Goette* DStR 1996, 266, 268). Fehlt es an einem (wenn auch nichtigen oder vernichtbaren) Vertragsabschluss, einem rechtsgeschäftlichen Handeln der Gesellschafter, greift die Lehre nicht. Vielmehr besteht nur eine tatsächliche Gemeinschaft zwischen den Beteiligten, die nach Gemeinschaftsrecht zu behandeln ist (BGHZ 11, 190; Palandt/*Sprau* § 705 Rn. 18). Die Lehre von der fehlerhaften Gesellschaft ist daher auf **Scheingesellschaften** nicht anwendbar (vgl. zu Scheingesellschaften Kap. 4 § 105 Rn. 105 ff.).

III. Mangel des Gesellschaftsvertrages

56 Der Gesellschaftsvertrag muss insgesamt, nicht nur ein Teil, **mangelbehaftet** sein und der Mangel darf nicht entfallen sein, wie z. B. durch Vollzug oder Genehmigung (Palandt/*Sprau* § 705 Rn. 18). Der Mangel muss dazu führen, dass der Gesellschaftsvertrag nach allgemeinen Regeln von Anfang an unwirksam wäre. In Betracht kommen z. B. eine Anfechtung wegen arglistiger Täuschung oder widerrechtlicher Drohung sowie wegen Irrtums, ein Formmangel oder ein Verstoß gegen ein gesetzliches Verbot oder die guten Sitten. Weiterhin sind mögliche Mängel das Fehlen der erforderlichen Zustimmung eines Ehegatten nach § 1365 BGB (s. o. Rn. 15 f.) oder die Mitwirkung geschäftsunfähiger oder beschränkt geschäftsfähiger Personen (s. o. Rn. 12 ff.).

IV. Invollzugsetzung der Gesellschaft

57 Die Gesellschaft muss in Vollzug gesetzt sein. Dies kann zunächst durch **jegliche Tätigkeit nach außen** erfolgen, wie z. B. der Abschluss von Verträgen mit Dritten. Ausreichend ist es jedenfalls, wenn die Gesellschafter den Geschäftsführer monatelang unwidersprochen für die Gesellschaft haben handeln lassen (BGH NJW 1992, 1501, 1502 f.; Palandt/*Sprau* § 705 Rn. 18). Weiterhin liegt eine Invollzugsetzung vor, wenn die Gesellschafter im Innenverhältnis ihre **Beiträge geleistet** oder gesellschaftsvertragliche Rechte ausgeübt haben (BGH NJW 1992, 1501, 1502; Palandt/*Sprau* § 705 Rn. 18; MAH PersGes/*Johansson* § 2 Rn. 164).

V. Überwiegende Interessen der Allgemeinheit oder Einzelner

58 Die Lehre von der fehlerhaften Gesellschaft findet jedoch dann keine Anwendung, soweit der rechtlichen Anerkennung der Gesellschaft überwiegende Interessen der Allgemeinheit oder bestimmter schutzwürdiger Personen entgegenstehen (BGH NJW 2003, 1252). Dies wäre anderenfalls nicht mit dem Schutzzweck der Anfechtungs- und Nichtigkeitsgründe vereinbar (Sudhoff PersGes/*Masuch* § 18 Rn. 27).

59 Dies ist der Fall bei Verstoß des Gesellschaftszwecks – nicht nur einzelner Regelungen des Gesellschaftsvertrages – gegen die **§§ 134 BGB, 138 BGB**. Im Falle **arglistiger Täuschung** oder **widerrechtlicher Drohung** findet nach zutreffender Auffassung die Lehre von der fehlerhaften Gesellschaft keine Anwendung (OLG Stuttgart ZIP 2001, 692, 697; Sudhoff PersGes/*Masuch* § 18 Rn. 27; MAH PersGes/*Johansson* § 2 Rn. 164). Hier überwiegt das Interesse des Getäuschten bzw. Bedrohten. Bei **Beteiligung geschäftsunfähiger oder beschränkt geschäftsfähiger Personen** findet die Lehre von der fehlerhaften Gesellschaft nur eingeschränkt Anwendung (Sudhoff PersGes/*Masuch* § 18 Rn. 27). Der Geschäftsunfähige bzw. der beschränkt Geschäftsfähige werden nicht Gesellschafter. Sie haften daher nicht. Durch Genehmigung kann der beschränkt Geschäftsfähige aber rückwirkend Gesellschafter werden (Bamberger/Roth/*Timm/Schöne* § 705 Rn. 88). Hingegen ist die Gesellschaft zwischen den übrigen Gesellschaftern regelmäßig als wirksam zu betrachten (Palandt/*Sprau* § 705 Rn. 18; Bamberger/Roth/*Timm/Schöne* § 705 Rn. 89).

VI. Rechtsfolgen

60 Liegen die Voraussetzungen für die Anwendung der Lehre von der fehlerhaften Gesellschaft vor, ist das Gesellschaftsverhältnis im Innen- und Außenverhältnis **voll wirksam**, bis der betroffene Gesellschafter die Gesellschaft fristlos kündigt. Eine solche Kündigung hat keine Rückwirkung,

sondern beseitigt die Gesellschaft **nur für die Zukunft** (BGH NJW 2000, 3558, 3559; DStR 1992, 1370, 1371; OLG Hamm NZG 2003, 228, 229).

Es gelten die Vereinbarungen über Geschäftsführung und Vertretung. Die **Rechte und Pflichten** der Gesellschafter richten sich nach dem Gesellschaftsvertrag (MüKo BGB/*Ulmer* § 705 Rn. 261). Die Gesellschafter haften nach außen für die Gesellschaftsschulden (BGH NJW 1992, 1501, 1502). An die Stelle der allgemeinen Vorschriften tritt grundsätzlich die gesellschaftsrechtliche **Auseinandersetzung** (Palandt/*Sprau* § 705 Rn. 18; Sudhoff PersGes/*Masuch* § 18 Rn. 27; MAH PersGes/*Johansson* § 2 Rn. 167). Der Anspruch auf Auszahlung des Auseinandersetzungsguthabens ist hierbei grundsätzlich erst nach Vorliegen einer Auseinandersetzungsrechnung fällig (BGH DStR 1992, 1370, 1371; DStR 1992, 762). Dieser Grundsatz gilt jedoch dann nicht, wenn schon vor Beendigung der Auseinandersetzung feststeht, dass der eine Teil einen bestimmten Betrag mit Sicherheit fordern kann. Bei der stillen Gesellschaft ist diese Voraussetzung insbesondere dann erfüllt, wenn der stille Gesellschafter, anders als dies dem gesetzlichen Leitbild entspricht, von der Beteiligung am Verlust befreit ist. Dann steht ihm die Einlage ungeschmälert zu (BGH DStR 1992, 1370, 1371). Sein Auseinandersetzungsguthaben erhält der betroffene Gesellschafter Zug um Zug gegen Übertragung seiner Beteiligung ausgezahlt (BGH NJW 2001, 2718, 2720; OLG Hamm NZG 2003, 228, 229). 61

Die Grundsätze über die fehlerhafte Gesellschaft hindern einen Mitgesellschafter bis zu einer auf sofortige Abwicklung gerichteten außerordentlichen Kündigung an der Durchsetzung eines auf Rückgewähr der Einlage gerichteten Schadensersatzanspruchs aus vorvertraglichem Verschulden (BGH NJW 2000, 3558, 3559). 62

§§ 706, 707 BGB

§ 706 Beiträge der Gesellschafter

(1) Die Gesellschafter haben in Ermangelung einer anderen Vereinbarung gleiche Beiträge zu leisten.

(2) [1]Sind vertretbare oder verbrauchbare Sachen beizutragen, so ist im Zweifel anzunehmen, dass sie gemeinschaftliches Eigentum der Gesellschafter werden sollen. [2]Das Gleiche gilt von nicht vertretbaren und nicht verbrauchbaren Sachen, wenn sie nach einer Schätzung beizutragen sind, die nicht bloß für die Gewinnverteilung bestimmt ist.

(3) Der Beitrag eines Gesellschafters kann auch in der Leistung von Diensten bestehen.

§ 707 Erhöhung des vereinbarten Beitrags

Zur Erhöhung des vereinbarten Beitrags oder zur Ergänzung der durch Verlust verminderten Einlage ist ein Gesellschafter nicht verpflichtet.

Übersicht:

A. Allgemeines

1 Der allgemeinen Zweckförderungspflicht des § 705 BGB entspricht es, dass die Gesellschafter **Beiträge zu leisten** haben. Solche Beiträge müssen die Gesellschafter allerdings vereinbaren. § 706 BGB selbst begründet keine Beitragpflicht, sondern setzt sie voraus. Verpflichteter der Beitragspflicht ist der einzelne Gesellschafter. Anspruchsberechtigte ist die Gesellschaft. Die Geltendmachung der zu leistenden Beiträge ist Aufgabe der geschäftsführenden Gesellschafter, so genannte Sozialansprüche. Daneben kann jeder einzelne Gesellschafter den Anspruch im Wege der **actio pro socio** zu Gunsten der Gesellschaft geltend machen (Sudhoff PersGes/*van Randenborgh* § 5 Rn. 12; vgl. zur actio pro socio ausführl. Kap. 16 Rn. 86 ff.). Bereits mit Vereinbarung des zu leistenden Beitrags ist dieser durch Gläubiger der Gesellschaft pfändbar.

B. Beiträge i. S. d. § 706 BGB

2 »Beiträge« ist der Oberbegriff für die nach dem Gesellschaftsvertrag zur Förderung des Gesellschaftszwecks zu bewirkenden **Leistungen der Gesellschafter**. Beiträge können Einlagen oder andere Beiträge sein. Der Begriff der Beiträge umfasst den Begriff der Einlagen. Zu den Beiträgen zählen **alle Förderleistungen** – auch ein Unterlassen – zur Erreichung des Gesellschaftszwecks. Hingegen sind Einlagen nur solche Beiträge, denen ein Finanzierungsbeitrag zukommt, also Beitragsleistungen in das Gesellschaftsvermögen (*K. Schmidt* NJW 2005, 2801, 2802). Einlagefähig sind daher nur solche Leistungen an die Gesellschaft, die dort zu einer aktivierungsfähigen **Vermögensmehrung** führen und dadurch die Haftungsmasse mehren (*K. Schmidt* GesR, § 20 II 1; Sudhoff PersGes/*van Randenborgh* § 5 Rn. 5). Die **Art und Höhe** der Beiträge bestimmen die Gesellschafter im Gesellschaftsvertrag. Haben die Gesellschafter hinsichtlich der Höhe der Beiträge keine Vereinbarung getroffen, schulden sie gem. § 706 Abs. 1 BGB im Zweifel gleiche Beiträge.

I. Art der Beiträge

3 Beitrag kann **jede Art von Leistung** sein, die ein Gesellschafter zur Förderung des gemeinsamen Zwecks im Gesellschaftsvertrag verspricht. In Betracht kommen z. B. (auch wiederholte) Geld-, Werkleistungen (Palandt/*Sprau* § 706 Rn. 3).

4 Es können auch **Dienstleistungen** eingebracht werden, wie dies ausdrücklich in § 706 Abs. 3 BGB klargestellt ist. Bei der Einbringung von Dienstleistungen ist die Abgrenzung zum Arbeitnehmer nach den Grundsätzen zur Scheinselbstständigkeit vorzunehmen (OLG Köln NZG 2001, 165, 166; Palandt/*Sprau* § 706 Rn. 4).

5 Auch kann die Leistung in der **Einbringung von Sachwerten** bestehen. Eine solche Einbringung kann durch Übertragung zu vollem Eigentum geschehen, durch Übertragung dem Werte nach oder durch bloße Gebrauchsüberlassung (Sudhoff PersGes/*van Randenborgh* § 5 Rn. 10). Hinsichtlich der Einbringung von Sachwerten enthält § 706 Abs. 2 BGB zwei Auslegungsregeln. Nach § 706 Abs. 2 S. 1 BGB ist im Zweifel anzunehmen, dass einzubringende vertretbare oder verbrauchbare Sachen gemeinschaftliches Eigentum der Gesellschafter werden sollen. Entsprechendes gilt für nicht vertretbare oder verbrauchbare Sachen, wenn diese nach einer Schätzung einzubringen sind, die nicht nur für die Gewinnbeteiligung bestimmt sind.

II. Höhe der Beiträge

6 Im Gesellschaftsvertrag können die Gesellschafter unterschiedliche Beiträge vorsehen, ohne dass ein Verstoß gegen den Gleichbehandlungsgrundsatz vorliegt. Sofern die Gesellschafter nichts anderes vereinbart haben, haben sie **gleiche Beiträge** zu leisten.

7 Da die Gesellschafter – ohne vereinbarte Haftungsbeschränkung – nach außen persönlich und unbeschränkt haften, kommt der Bewertung der Höhe des Beitrages regelmäßig nur **Bedeutung für das Innenverhältnis** der Gesellschafter zu, insbesondere für die Gewinnbeteiligung und den

Anteil am Liquidationserlös. Daher unterliegt die Bewertung des Beitrages bis zur Grenze der Sittenwidrigkeit der freien Vereinbarung der Gesellschafter (Palandt/*Sprau* § 706 Rn. 3).

Eine entsprechende **Klausel** könnte wie folgt lauten: 8

»Gesellschafter XY bringt den ihm gehörenden Pkw Z in die Gesellschaft zu Gesamthandseigentum ein. Der Wert des Pkw wird von den Gesellschaftern auf € 10.000,– festgelegt.«

C. Erhöhung der Beiträge, § 707 BGB

I. Grundsatz

Nach § 707 BGB sind die Gesellschafter zur Erhöhung des vereinbarten Beitrages oder zur Ergän- 9
zung der durch Verlust verminderten Einlage nicht verpflichtet. Hierdurch sollen die Gesellschafter vor unübersehbaren Risiken geschützt werden. Diese Regelung findet jedoch nur dann Anwendung, wenn die Gesellschafter im Gesellschaftsvertrag **Beiträge in bestimmter Höhe vereinbart** haben.

II. Nachschusspflicht

Hingegen besteht eine Nachschusspflicht, soweit die Gesellschafter die Höhe der zu erbringen- 10
den Beiträge **nicht festgelegt** haben und sie sich ausdrücklich oder stillschweigend verpflichtet haben, entsprechend ihrer Beteiligung an der Gesellschaft das zur Erreichung des Gesellschaftszwecks Erforderliche beizutragen (BGH NZG 2005, 753; NJW 1980, 339, 340; Palandt/*Sprau* § 707 Rn. 1). In einem solchen Fall bedarf die Festlegung der Höhe und die Einforderung der Beiträge im Zweifel keines Gesellschafterbeschlusses, sondern ist Sache der Geschäftsführer (BGH NZG 2005, 753).

III. Reichweite des § 707 BGB

Das Verbot der Beitragserhöhung gilt nur für das **Innenverhältnis** der Gesellschafter. Im Außen- 11
verhältnis, also gegenüber Gläubigern der Gesellschaft, sind die Gesellschafter auch über ihren Beitrag hinaus zur persönlichen Haftung verpflichtet.

Zeitlich gilt das Verbot des § 707 BGB nur während der **Dauer der Gesellschaft**. Nicht berührt 12
wird die Pflicht zur Verlustdeckung in der Auseinandersetzung oder beim Ausscheiden nach § 735 BGB bzw. § 739 BGB (MüKo BGB/*Ulmer* § 707 Rn. 4). Danach haben die Gesellschafter bei der Auseinandersetzung bzw. beim Ausscheiden für den Fehlbetrag nach dem Verhältnis ihrer Verlusttragungspflicht aufzukommen, wenn das Gesellschaftsvermögen nicht zur Berichtigung der Gesellschaftsschulden und zur Rückerstattung der Einlagen ausreicht (Bamberger/Roth/*Timm/Schöne* § 707 Rn. 3).

IV. Ansprüche gegen die Gesellschaft – mittelbare Beitragserhöhung

Grundsätzlich ist während der Dauer der Gesellschaft die Durchsetzung von gegen die Gesell- 13
schaft gerichteten und auf dem Gesellschaftsvertrag beruhenden Ansprüchen eines Gesellschafters gegenüber seinen Mitgesellschaftern (z. B. Ansprüche aus Geschäftsführung gem. §§ 713, 670 BGB) durch § 707 BGB ausgeschlossen (BGH ZIP 1989, 852 f.; NJW 1980, 339, 340; MüKo BGB/*Ulmer* § 707 Rn. 4). Denn darin würde eine **mittelbare Beitragserhöhung** liegen, selbst wenn das Gesellschaftsvermögen zur Abdeckung der Ansprüche nicht ausreicht. (Bamberger/Roth/*Timm/Schöne* § 707 Rn. 6; MüKo BGB/*Ulmer* § 707 Rn. 4). Ausnahmsweise kann jedoch ein Gesellschafter dann während der Dauer der Gesellschaft Ansprüche gegen seine Mitgesellschafter geltend machen, wenn er von einem Gesellschaftsgläubiger auf Zahlung einer Gesellschaftsschuld in Anspruch genommen worden ist und bei der Gesellschaft keinen Ersatz erlangen kann (Bamberger/Roth/*Timm/Schöne* § 707 Rn. 7). Ausreichend ist, dass der Gesellschaft keine frei verfügbaren Mittel zustehen (BGH NJW 1988, 1375, 1376; NJW 1981, 1095, 1096; NJW 1980, 339, 340). In diesen Fällen liegt keine Beitragserhöhung vor, sondern eine **Realisierung der persönlichen Haftung**, die jeder Mitgesellschafter mit Abschluss des Gesellschaftsvertrages über-

nommen hat. Die Mitgesellschafter haften ihm dabei allerdings jeweils nur anteilig in Höhe ihrer Verlustbeteiligung und nicht etwa als Gesamtschuldner (BGH NJW 1981, 1095, 1096; NJW 1988, 1375, 1376; MüKo BGB/*Ulmer* § 707 Rn. 4; Erman/*H. P. Westermann* § 707 Rn. 3) Weiterhin verbietet § 707 BGB nicht die Geltendmachung von Drittgläubigerforderungen eines Gesellschafters gegen seine Mitgesellschafter (Bamberger / Roth/*Timm/Schöne* § 707 Rn. 7).

D. Regelungen im Gesellschaftsvertrag

14 § 707 BGB ist **dispositiv** (BGH NZG 2005, 753). Es können zum einen Art und Höhe der Beiträge im Gesellschaftsvertrag festgelegt werden. Zum anderen kann auch eine Beitragserhöhungs- oder Nachschusspflicht im Gesellschaftsvertrag vereinbart werden.

15 Grundsätzlich ist für eine solche Beitragserhöhung bzw. für einen Nachschuss die **Zustimmung aller Gesellschafter** erforderlich (*Wertenbruch* NZG 2006, 408, 410). Ausnahmsweise kann hierfür auch ein Mehrheitsbeschluss als ausreichend erachtet werden. Der Bestimmtheitsgrundsatz bzw. die Kernbereichslehre erfordern es jedoch, dass zunächst die Beitragserhöhungs- bzw. Nachschusspflicht aus dem Gesellschaftsvertrag in verständlicher und nicht versteckter Weise hervorgeht (BGH NZG 2005, 753, 754; NJW 1983, 164; Palandt/*Sprau* § 707 Rn. 2). Die Gesellschafter können hierbei die Beitragshöhe beispielsweise an objektivierbaren Daten des Geschäftsverlaufs oder entsprechenden Veränderungen des Gesellschaftszwecks ausrichten (BGH NZG 2005, 753; MüKo BGB/*Ulmer* § 707 Rn. 2; Bamberger / Roth/*Timm/Schöne* § 707 Rn. 4). Weiterhin ist eine Eingrenzung des Erhöhungsrisikos erforderlich, insbesondere durch **Festlegung einer Höchstgrenze**, um die mit der Erhöhung für die Gesellschafter verbundenen Risiken deutlich zu machen und zu begrenzen (BGH NZG 2005, 753, 754; NJW 1976, 958; OLG Stuttgart NZG 2000, 835, 836; Sudhoff PersGes/*van Randenborgh* § 5 Rn. 14). Dies gilt auch bei Publikumsgesellschaften (BGH NZG 2005, 753, 754).

16 Eine **Klausel** zu einer Nachschusspflicht könnte wie folgt lauten:

»Die Gesellschafter sind zu einem einmaligen Nachschuss in Höhe von jeweils € 30.000,– verpflichtet, sofern das Jahresergebnis vor Steuern (ggf. begriffliche Anpassung) einen Verlust von € 300.000,– oder mehr aufweist.«

17 Unzulässig ist es, unbestimmte Beitragsfestsetzungen oder -erhöhungen der willkürlichen Bestimmung des Geschäftsführers oder eines Dritten zu überlassen (Bamberger / Roth/*Timm/Schöne* § 707 Rn. 4).

E. Leistungsstörungen

I. Einrede des nicht erfüllten Vertrages

18 Nach der wohl h. M. ist der Gesellschaftsvertrag **kein gegenseitiger Vertrag** i. S. d. §§ 320 ff. BGB (MüKo BGB/*Ulmer* § 705 Rn. 163 ff.; Bamberger / Roth / *Timm/Schöne* § 705 Rn. 67; Sudhoff PersGes/*van Randenborgh* § 5 Rn. 18; MAH PersGes/*Gummert* § 3 Rn. 67). Er begründet keine im Gegenseitigkeitsverhältnis stehenden Pflichten der Gesellschafter, die auf den Austausch von Leistungen gerichtet sind, sondern ist auf die Erreichung eines gemeinsamen Zwecks gerichtet.

19 Daher kann der von der Gesellschaft auf Leistung des von ihm versprochenen Beitrages in Anspruch genommene Gesellschafter nicht ein **Zurückbehaltungsrecht** an seiner Leistung geltend machen mit der Begründung, dass die Mitgesellschafter ihre Leistungen ebenfalls noch nicht erbracht haben. Sofern der in Anspruch genommene Gesellschafter nicht vorleistungspflichtig ist, kann er jedoch aufgrund des Gleichbehandlungsgrundsatzes verlangen, dass auch von den anderen Gesellschaftern die Leistungen angefordert werden. Solange andere Gesellschafter ihre Leistungen nicht erbracht haben und die Gesellschaft diese Leistungen nicht angefordert hat, ist der betroffene Gesellschafter entsprechend § 273 BGB zur Verweigerung seiner Leistung berechtigt (MüKo BGB/*Ulmer* § 705 Rn. 168; Bamberger / Roth / *Timm/Schöne* § 705 Rn. 67; MAH PersGes/*Gummert* § 3 Rn. 68).

Nach h. M. soll es jedoch in einer **Zwei-Personen-Gesellschaft** ausnahmsweise möglich sein, die eigene Leistung dann zu verweigern, wenn der andere Gesellschafter seine Leistung noch nicht erbracht hat (MüKo BGB/*Ulmer* § 705 Rn. 169; Palandt/*Sprau* § 705 Rn. 13; Bamberger/Roth/*Timm/Schöne* § 705 Rn. 67; MAH PersGes/*Gummert* § 3 Rn. 69; Sudhoff PersGes/*van Randenborgh* § 5 Rn. 18). 20

II. Verzug

Ist ein Gesellschafter mit der Erbringung seiner Leistung in Verzug gelten die **§§ 286 ff. BGB** (Bamberger/Roth/*Timm/Schöne* § 705 Rn. 69). Führt dieser Verzug für die Mitgesellschafter zur Unzumutbarkeit der Fortsetzung des Gesellschaftsverhältnisses, kommt ein Kündigungsrecht der Mitgesellschafter nach §§ 737, 723 BGB in Betracht (MAH PersGes/*Gummert* § 3 Rn. 72). 21

III. Schlechterfüllung

Umstritten ist, ob bei **Sach- und Rechtsmängeln** einer von einem Gesellschafter zu erbringenden Leistung die kauf-, miet- oder dienstvertraglichen Vorschriften Anwendung finden. Grundsätzlich spricht hiergegen, dass es sich bei dem Gesellschaftsvertrag nach h. M. gerade nicht um einen gegenseitigen Vertrag handelt, wie dies beim Kauf-, Miet- und Dienstvertrag der Fall ist. Gleichwohl werden die **besonderen Mängelvorschriften** für anwendbar gehalten, sofern dies mit dem Wesen des zu leistenden Beitrages vereinbar ist (vgl. hierzu ausführl. MAH PersGes/*Gummert* § 3 Rn. 74; Bamberger/Roth/*Timm/Schöne* § 706 Rn. 17). Dabei beschränkt sich die Anwendung dieser Vorschriften auf die Erbringung der einzelnen Leistungspflicht, während das Gesellschaftsverhältnis unberührt bleiben soll (Bamberger/Roth/*Timm/Schöne* § 706 Rn. 17). Für Schadensersatzansprüche macht dies jedoch wegen der Vereinheitlichung der entsprechenden Bestimmungen im Allgemeinen Teil des Schuldrechts (§§ 280 ff. BGB) in der Regel keinen Unterschied. 22

§ 708 Haftung der Gesellschafter

Ein Gesellschafter hat bei der Erfüllung der ihm obliegenden Verpflichtungen nur für diejenige Sorgfalt einzustehen, welche er in eigenen Angelegenheiten anzuwenden pflegt.

A. Allgemeines

§ 708 schränkt die Haftung der Gesellschafter im Verhältnis zur Gesellschaft und den Mitgesellschaftern auf eigenübliche Sorgfalt ein. § 708 BGB greift daher nur, wenn ein Gesellschafter in seiner **Funktion als Gesellschafter** eine Pflichtverletzung begeht (»bei der Erfüllung der ihm obliegenden Verpflichtungen«) und von der Gesellschaft oder einem Mitgesellschafter in Anspruch genommen wird. 1

Das schließt die Anwendung auf **Beziehungen zu Gesellschaftsgläubigern** sowie auf sog. **Drittbeziehungen** zwischen Gesellschafter und Gesellschaft, also solche, die nicht im Gesellschaftsverhältnis wurzeln, aus (Bamberger/Roth/*Timm/Schöne* § 708 Rn. 8). Der Grund für die Haftungsmilderung liegt allein in der engen persönlichen Beziehung der Beteiligten. Sie gilt auch für konkurrierende deliktische Ansprüche (BGH NJW 1998, 2282, 2283). Den Hauptanwendungsbereich hat die Haftungsprivilegierung bei Pflichtverletzungen der Gesellschafter im Rahmen der Geschäftsführung. Hier ist Rechtsgrundlage eines Schadensersatzanspruchs § 280 BGB (Sudhoff PersGes/*Buß* § 9 Rn. 62; MAH PersGes/*Gummert/Karrer* § 7 Rn. 142). 2

B. Erfüllung von Gesellschafterpflichten

Anwendbar ist die Haftungsmilderung des § 708 BGB nur auf Gesellschafterpflichten. Hierzu gehört auch die befugte Geschäftsführung sowie die Pflicht des Gesellschafters, die Grenzen seiner Geschäftsführungsbefugnis einzuhalten (BGH NJW 1997, 314; OLG Köln NJW-RR 1995, 547, 548; Palandt/*Sprau* § 708 Rn. 2; MAH PersGes/*Gummert/Karrer* § 7 Rn. 144), wobei es auf das Verschulden bei Übernahme ankommt, nicht bei Durchführung des Geschäfts (BGH NJW 1997, 3

314; Palandt/*Sprau* § 708, Rn. 2; Sudhoff PersGes/*Buß* § 9 Rn. 62; MAH PersGes/*Gummert/Karrer* § 7 Rn. 144).

4 § 708 BGB findet **keine Anwendung**, wenn der Gesellschafter der Gesellschaft **als Dritter** gegenübertritt oder einem anderen Gesellschafter im Vorfeld von dessen Beitritt zur Gesellschaft falsche Informationen gibt (KG NZG 1999, 199; Palandt/*Sprau* § 708 Rn. 2). Weiterhin findet die Haftungsmilderung ferner keine Anwendung auf Gesellschaften, die nicht auf besonderem persönlichem Vertrauen beruhen, so regelmäßig nicht bei **Publikumsgesellschaften** (BGH NJW 1977, 2311; NJW 1980, 589; KG NZG 1999, 199; Palandt/*Sprau* § 708 Rn. 2; MAH PersGes/*Gummert/Karrer* § 7 Rn. 147). Auch im Straßenverkehr, also insbesondere bei Gelegenheitsgesellschaften zur gemeinsamen Benutzung eines PKWs, findet die Haftungsprivilegierung des § 708 BGB grundsätzlich keine Anwendung (BGH NJW 1970, 1271; Palandt/*Sprau* § 708 Rn. 3; MAH PersGes/*Gummert/Karrer* § 7 Rn. 145).

C. Eigenübliche Sorgfalt

5 Aufgrund des grundsätzlich vorhandenen persönlichen Vertrauensverhältnisses der Gesellschafter ist ihre Haftung im Verhältnis zueinander gem. § 708 BGB auf eigenübliche Sorgfalt beschränkt, d. h. auf die konkrete Fahrlässigkeit.

6 Abweichend von § 276 BGB gilt bei dieser Art der Haftung **kein objektiver Maßstab**, sondern ein subjektiver, auf die Veranlagung und das gewohnheitsmäßige Verhalten des Handelnden abgestellter Maßstab. Verfährt der Gesellschafter in eigenen Angelegenheiten allerdings sorgfältiger als es § 276 BGB verlangt, so ist seine Haftung gegenüber § 276 BGB dennoch nicht verschärft, da § 708 BGB zu einer Haftungsmilderung und nicht einer Haftungsverschärfung führen soll. Vielmehr haftet der besonders sorgfältige Gesellschafter dann nur nach dem Standard des § 276 BGB (vgl. Palandt/*Heinrichs* § 277 Rn. 3). Derjenige, der in eigenen Angelegenheiten besonders nachlässig handelt, muss jedoch gem. § 277 BGB zumindest für grobe Fahrlässigkeit haften, wobei sich das Vorliegen einer etwaigen groben Fahrlässigkeit nach objektiven Kriterien richtet. Grobe Fahrlässigkeit liegt aber erst vor, wenn die verkehrserforderliche Sorgfalt in besonders schwerem Maße verletzt wird, schon einfachste, ganz nahe liegende Überlegungen nicht angestellt werden und das nicht beachtet wird, was im gegebenen Fall jedem einleuchten musste (BGH NJW-RR 2002, 1108, 1109; Palandt/*Heinrichs* § 277 Rn. 5).

D. Billigung und Entlastung

7 Auch bei Vorliegen eines Verstoßes gegen die eigenübliche Sorgfalt entfällt ein Schadensersatzanspruch, wenn die Gesellschafter mit der für die Änderung des Gesellschaftsvertrages erforderlichen Mehrheit das fragliche Verhalten des handelnden Gesellschafters in Kenntnis der Zusammenhänge **gebilligt** oder dem geschäftsführenden Gesellschafter nachträglich **Entlastung** erteilt haben. Eine solche Rechtfertigung lässt regelmäßig bereits die Pflichtwidrigkeit des Verhaltens entfallen (MAH PersGes/*Gummert/Karrer* § 7 Rn. 149).

8 Für die Entlastung kann zumindest dann auf die von der Rechtsprechung zum GmbH-Recht im Rahmen des § 46 Nr. 5 GmbHG entwickelten Grundsätze zurückgegriffen werden, wenn der Gesellschaftsvertrag eine Entlastung vorsieht, ohne ihre Wirkung näher zu bestimmen (BGH NJW-RR 1987, 869, 870; MAH PersGes/*Gummert/Karrer* § 7 Rn. 150). Nach dieser Rechtsprechung wird der Geschäftsführer bei Entlastung von allen verzichtbaren Ersatzansprüchen aus pflichtwidriger Geschäftsführung frei, die der Gesellschafterversammlung bei Beschlussfassung **bekannt** oder bei sorgfältiger Prüfung aller Vorlagen und der ihr erstatteten Berichte **erkennbar waren** oder von denen alle Gesellschafter privat Kenntnis hatten (BGH NJW 1995, 1353, 1356; A/E/S/*Schmidt* § 46 GmbHG Rn. 22; MAH PersGes/*Gummert/Karrer* § 7 Rn. 150).

E. Regelungen im Gesellschaftsvertrag

Hinsichtlich des Haftungsmaßstabes können im Gesellschaftsvertrag **abweichende Regelungen** 9
vereinbart werden, insbesondere die Geltung des »normalen« Haftungsmaßstabes des § 276 BGB oder eine noch weitergehende Verschärfung der Haftung. Zulässig sind auch weitergehende Haftungsmilderungen, z. B. der Verzicht auf die Haftung wegen grober Fahrlässigkeit. Auf eine Haftung für **vorsätzliches Verhalten** kann nicht verzichtet werden.

Eine **Klausel** zur Haftungsverschärfung könnte wie folgt lauten: 10

»Abweichend von § 709 BGB haften die Gesellschafter für Vorsatz und jegliche Form der Fahrlässigkeit.«

§§ 709–713 BGB

§ 709 Gemeinschaftliche Geschäftsführung

(1) Die Führung der Geschäfte der Gesellschaft steht den Gesellschaftern gemeinschaftlich zu; für jedes Geschäft ist die Zustimmung aller Gesellschafter erforderlich.

(2) Hat nach dem Gesellschaftsvertrag die Mehrheit der Stimmen zu entscheiden, so ist die Mehrheit im Zweifel nach der Zahl der Gesellschafter zu berechnen.

§ 710 Übertragung der Geschäftsführung

[1]Ist in dem Gesellschaftsvertrag die Führung der Geschäfte einem Gesellschafter oder mehreren Gesellschaftern übertragen, so sind die übrigen Gesellschafter von der Geschäftsführung ausgeschlossen. [2]Ist die Geschäftsführung mehreren Gesellschaftern übertragen, so findet die Vorschrift des § 709 entsprechende Anwendung.

§ 711 Widerspruchsrecht

[1]Steht nach dem Gesellschaftsvertrag die Führung der Geschäfte allen oder mehreren Gesellschaftern in der Art zu, dass jeder allein zu handeln berechtigt ist, so kann jeder der Vornahme eines Geschäfts durch den anderen widersprechen. [2]Im Falle des Widerspruchs muss das Geschäft unterbleiben.

§ 712 Entziehung und Kündigung der Geschäftsführung

(1) Die einem Gesellschafter durch den Gesellschaftsvertrag übertragene Befugnis zur Geschäftsführung kann ihm durch einstimmigen Beschluss oder, falls nach dem Gesellschaftsvertrag die Mehrheit der Stimmen entscheidet, durch Mehrheitsbeschluss der übrigen Gesellschafter entzogen werden, wenn ein wichtiger Grund vorliegt; ein solcher Grund ist insbesondere grobe Pflichtverletzung oder Unfähigkeit zur ordnungsmäßigen Geschäftsführung.

(2) Der Gesellschafter kann auch seinerseits die Geschäftsführung kündigen, wenn ein wichtiger Grund vorliegt; die für den Auftrag geltende Vorschrift des § 671 Abs. 2, 3 BGB findet entsprechende Anwendung.

§ 713 Rechte und Pflichten der geschäftsführenden Gesellschafter

Die Rechte und Verpflichtungen der geschäftsführenden Gesellschafter bestimmen sich nach den für den Auftrag geltenden Vorschriften der §§ 664 bis 670, soweit sich nicht aus dem Gesellschaftsverhältnis ein anderes ergibt.

Übersicht:

A. Allgemeines

I. Definition der Geschäftsführung

1 Unter Geschäftsführung fällt jede rechtliche oder tatsächliche auf die Verwirklichung des Gesellschaftszwecks gerichtete Maßnahme. Ihr Inhalt und Umfang wird durch den Gesellschaftszweck begrenzt (Palandt/*Sprau* Vorb. § 709 Rn. 1; Sudhoff PersGes/*Buß* § 9 Rn. 2).

II. Geschäftsführungsbefugnis und Vertretungsmacht

2 Obwohl Geschäftsführungsmaßnahmen häufig nicht nur Innen- sondern auch Außenwirkung besitzen und damit einen Doppelcharakter aufweisen, ist die Unterscheidung zwischen Innen- und Außenverhältnis, also zwischen Geschäftsführung und Vertretung, wichtig. Eine ordnungs-

gemäße und pflichtgemäße Geschäftsführung bei Abschluss von Verträgen mit Dritten erfordert, dass der Handelnde sowohl im Innenverhältnis als auch im Außenverhältnis zu der konkreten Handlung berechtigt war. Er muss daher nicht nur die erforderliche Geschäftsführungsbefugnis, sondern auch die notwendige Vertretungsmacht besitzen.

Die Geschäftsführungsbefugnis ist in den §§ 709 bis 713 BGB geregelt; die Vertretungsmacht in den §§ 714, 715 BGB. Die **Geschäftsführungsbefugnis** bezieht sich darauf, welche Befugnisse der geschäftsführende Gesellschafter im **Innenverhältnis** hat und ist von der **Vertretungsmacht** zu unterscheiden. Letztere bezieht sich darauf, welche Befugnisse der für die Gesellschaft Handelnde im **Außenverhältnis** hat. Die Geschäftsführungsbefugnis betrifft daher das »rechtliche Dürfen« und die Vertretungsmacht das »rechtliche Können«. 3

Überschreitet der geschäftsführende Gesellschafter seine Geschäftsführungsbefugnis hat dies in erster Linie gesellschafts- bzw. dienstvertragliche Folgen. Bei Überschreitung der Vertretungsmacht geht es darüber hinaus auch darum, ob die Gesellschaft wirksam gegenüber dem Dritten vertreten und damit z. B. der Vertrag wirksam abgeschlossen wurde. 4

B. Arten der Geschäftsführung

I. Grundsatz, § 709 Abs. 1 BGB

§ 709 Abs. 1 BGB sieht zunächst als Grundsatz vor, dass alle Geschäftsführungsmaßnahmen **gemeinschaftlich** durchzuführen sind und der **Zustimmung aller Gesellschafter** bedürfen unabhängig davon, ob sie gewöhnlich oder ungewöhnlich sind. 5

II. Anderweitige Regelungen

Die Gesellschafter können im Gesellschaftsvertrag anderweitige Regelungen treffen. Das Gesetz erwähnt – nicht abschließend – drei unterschiedliche Möglichkeiten der Regelung der Geschäftsführung. 6

1. Stimmenmehrheit, § 709 Abs. 2 BGB

Zunächst setzt § 709 Abs. 2 BGB als gegeben voraus, dass der Gesellschaftsvertrag auch eine Entscheidung über eine Geschäftsführungsmaßnahme durch Stimmenmehrheit vorsehen kann und enthält die Vermutung, dass die Mehrheit im Zweifel nach der Zahl der Gesellschafter zu berechnen ist. 7

2. Gemeinschaftliche Geschäftsführung, § 710 BGB

Als weitere Möglichkeit einer vertraglichen Regelung der Geschäftsführung erwähnt § 710 BGB die Übertragung der Geschäftsführung auf einen oder mehrere Gesellschafter. In einem solchen Fall sind die übrigen Gesellschafter gem. § 710 S. 1 BGB von der Geschäftsführung **ausgeschlossen**. Sofern die Geschäftsführung hierbei mehreren Gesellschaftern übertragen ist, sieht § 710 S. 2 BGB mangels abweichender Vereinbarung vor, dass diese Gesellschafter **nur gemeinschaftlich** handeln dürfen. 8

3. Alleinige Geschäftsführungsbefugnis, § 711 BGB

Schließlich erwähnt § 711 BGB die Übertragung der Geschäftsführung auf alle oder mehrere Gesellschafter in der Art, dass die Gesellschafter **jeweils allein geschäftsführungsbefugt** sind. In einem solchen Fall kann nach § 711 BGB jeder zur Geschäftsführung befugte Gesellschafter der Vornahme eines Geschäfts durch einen anderen zur Geschäftsführung befugten Gesellschafter widersprechen. Das Geschäft hat in einem solchen Fall zu unterbleiben, § 711 S. 2 BGB. 9

4. Grundsatz der Selbstorganschaft

Grundsätzlich **nicht zulässig** ist es aber, alle Gesellschafter von der Geschäftsführung auszuschließen. Entsprechendes gilt auch für die Vertretung. Diese gesellschaftlichen Rechte sind Aus- 10 fluss der Mitgliedschaft. Wie für die anderen Personengesellschaften (vgl. für die OHG Kap. 4 § 109 Rn. 16 und § 125 Rn. 2 f.; für die KG Kap. 5 § 161 Rn. 7) gilt auch für die GbR der **Grundsatz der Selbstorganschaft**, nach dem nur Gesellschafter organschaftliche Geschäftsführer sein und nur sie die Gesellschaft gesetzlich vertreten können (BGH NJW-RR 1994, 98; Palandt/*Sprau* Vorb. § 709 Rn. 3; MAH PersGes/*Gummert/Karrer* § 7 Rn. 7).

11 Der Grundsatz der Selbstorganschaft steht dann nicht der Möglichkeit entgegen, einen **Dritten** im Rahmen eines Dienstverhältnisses mit der Geschäftsführung zu beauftragen und ihn mit den dafür notwendigen Vollmachten auszustatten, wenn zumindest ein Gesellschafter die organschaftliche Geschäftsführungs- und Vertretungsbefugnis behält (BGH NJW-RR 1994, 98; OLG Köln NJW-RR 2002, 519, 521; Palandt/*Sprau* Vorb. § 709 Rn. 3; Sudhoff PersGes/*Buß* § 9 Rn. 4; MAH PersGes/*Gummert/Karrer* § 7 Rn. 11). Soll bei der Einräumung von Geschäftsführungs- und Vertretungsbefugnis an einen **Nicht-Gesellschafter** daneben kein Gesellschafter die Geschäfte führen, ist entscheidendes Zulässigkeitskriterium hierfür, wem die letzte Entscheidungsbefugnis zusteht. Eine solche Einräumung von Geschäftsführungs- und Vertretungsbefugnis an einen Nicht-Gesellschafter ist dann zulässig, wenn zumindest einem Gesellschafter ein **Mindestmaß an Kontroll- und Mitwirkungsrechten** bleibt, das auch darin bestehen kann, dass dem Dritten die Geschäftsführungsbefugnis jederzeit entzogen werden kann (BGH NJW-RR 1994, 98; OLG Köln NJW-RR 2002, 519, 521) oder – sehr weitgehend – das mit ihm bestehende Anstellungsverhältnis zumindest aus wichtigem Grund gekündigt werden kann (BGH NJW 1982, 2495; Sudhoff PersGes/*Buß* § 9 Rn. 5).

12 Ausnahmen vom Grundsatz der Selbstorganschaft sind im Falle der Auflösung der Gesellschaft anerkannt (Sudhoff PersGes/*Buß* § 9 Rn. 5; MAH PersGes/*Gummert/Karrer* § 7 Rn. 8).

C. Umfang der Geschäftsführungsbefugnis

I. Ausgangspunkt Gesellschaftszweck

13 Sofern im Gesellschaftsvertrag keine anderweitigen Regelungen getroffen sind, richtet sich der Umfang der Geschäftsführungsbefugnis nach dem Gesellschaftszweck. Umfasst sind auch Handlungen ungewöhnlicher Art, sofern sie nicht zweck- und damit gesellschaftsfremd sind (Palandt/*Sprau* Vorb. § 709 Rn. 1).

II. Grundlagengeschäfte

14 Zu den Geschäftsführungsmaßnahmen zählen jedoch nicht die sog. Grundlagengeschäfte. Das sind solche Geschäfte, die eine **Änderung des Gesellschaftsverhältnisses** zum Gegenstand haben und insbesondere den Zweck der Gesellschaft, ihre Organisation oder Zusammensetzung betreffen (Sudhoff PersGes/*Buß* § 9 Rn. 3; MAH PersGes/*Gummert/Karrer* § 7 Rn. 3). Grundlagengeschäfte greifen in den Kernbereich der mitgliedschaftlichen Rechte der Gesellschafter ein und bedürfen daher grundsätzlich der Zustimmung aller, auch der nicht zur Geschäftsführung befugten Gesellschafter (s. zum Kernbereich § 705 Rn. 45 f.). **Grundlagengeschäfte** sind z. B. die Aufnahme neuer Gesellschafter (BGH NJW 1980, 1463), die Auflösung der Gesellschaft sowie die Erhöhung der Beiträge (MAH PersGes/*Gummert/Karrer* § 7 Rn. 4 m. w. N. und Beispielen).

III. Stimmrechtsausschluss bei Interessenkollision

15 Auch, wenn entsprechend der gesetzlichen Regelung gemeinschaftliche Geschäftsführung vorgesehen ist, sind die Gesellschafter nicht in allen Fragen der Geschäftsführung stimmberechtigt. So ist ein Gesellschafter **nicht stimmberechtigt**, soweit eine Geschäftsführungsmaßnahme in seiner Person zu einer Interessenkollision führt. Eine gleichwohl abgegebene Stimme ist nicht zu berücksichtigen (Palandt/*Sprau* Vorb. § 709 Rn. 15).

1. Interessenkollision

Eine Interessenkollision ist gegeben, wenn ein Stimmrechtsausschluss erforderlich ist, um den Einfluss gesellschaftsfremder Sonderinteressen eines Gesellschafters auf die Handlungen der Gesellschaft zu verhindern (Palandt/*Sprau* Vorb. § 709 Rn. 15). Dies kann z. B. der Fall sein bei einer Beschlussfassung über die Entlastung eines Gesellschafters, dessen Befreiung von einer Verbindlichkeit sowie die Geltendmachung eines Anspruchs gegen ihn (OLG Hamm NZG 2003, 627; Palandt/*Sprau* Vorb. § 709 Rn. 15; Sudhoff PersGes/*Buß* § 9 Rn. 12). **Gesetzlich geregelte Fälle** einer Interessenkollision sind das Stimm- und Erklärungsrecht nur der »übrigen« Gesellschafter bei Entziehung der Geschäftsführungsbefugnis oder der Vertretungsmacht im Rahmen von §§ 712, 715 BGB sowie bei der Ausschließung eines Gesellschafters nach § 737 S. 2 BGB. 16

2. Gesellschaftsvertragliche Regelungen

Den Gesellschaftern bleibt es unbenommen, im Gesellschaftsvertrag Regelungen zur Geschäftsführungsbefugnis zu treffen (vgl. zu Formulierungsvorschlägen für den Gesellschaftsvertrag Sudhoff PersGes/*Buß* § 9 Rn. 7 ff.). 17

a) Gesamtgeschäftsführungsbefugnis

Eine Regelung zur Gesamtgeschäftsführungsbefugnis könnte wie folgt lauten: 18

»Die Gesellschafter sind zur Geschäftsführung nur gemeinschaftlich berechtigt und verpflichtet.«

b) Alleingeschäftsführungsbefugnis

Eine Regelung zur Alleingeschäftsführungsbefugnis könnte wie folgt lauten: 19

»Die Gesellschafter sind zur Geschäftsführung jeweils einzeln berechtigt und verpflichtet.«

c) Bestimmte Gesellschafter mit Geschäftsführungsbefugnis

Sollen nur bestimmte Gesellschafter zur Geschäftsführung befugt sein, könnte eine Klausel wie folgt lauten: 20

»Die Gesellschafter X und Y sind zur Geschäftsführung jeweils einzeln berechtigt und verpflichtet. Die übrigen Gesellschafter sind von der Geschäftsführung ausgeschlossen.«

D. Notgeschäftsführung und actio pro socio

In Ausnahmefällen kann ein Gesellschafter auch Geschäftsführungsmaßnahmen treffen, obwohl er hierzu nach der zwischen den Gesellschaftern getroffenen Vereinbarung nicht befugt ist. Dies ist der Fall bei der Notgeschäftsführung und bei der actio pro socio. 21

I. Notgeschäftsführung

In entsprechender Anwendung von § 744 Abs. 2 BGB steht allen Gesellschaftern, auch solchen die von der Geschäftsführung ausgeschlossen sind, unter bestimmten Umständen das Recht zur Notgeschäftsführung zu. Kraft eines Rechts zur Notgeschäftsführung kann ein Gesellschafter **notwendige Maßnahmen** ohne Zustimmung und selbst gegen den Widerspruch der übrigen Gesellschafter vornehmen. 22

Voraussetzung hierfür ist, dass die entsprechende Maßnahme zur Erhaltung eines Gegenstandes des Gesellschaftsvermögens sowie zur Erhaltung der Gesellschaft selbst notwendig ist (Sudhoff PersGes/*Buß* § 9 Rn. 33; MAH PersGes/*Gummert/Karrer* § 7 Rn. 34). Ein Recht zur Notgeschäftsführung kommt allerdings nur in **Ausnahmefällen** in Betracht. Es setzt weiterhin voraus, dass die handlungsbefugten Organe nicht handeln (BGH MDR 2003, 1172). 23

Das Notgeschäftsführungsrecht bezieht sich nur auf das **Innenverhältnis**, so dass der handelnde Gesellschafter mangels organschaftlicher oder rechtsgeschäftlicher Vertretungsmacht nicht be- 24 fugt ist, die Gesellschaft nach außen zu vertreten (Palandt/*Sprau* Vorb. § 709 Rn. 6; MAH PersGes/*Gummert/Karrer* § 7 Rn. 35). Der Notgeschäftsführer ist daher gehalten, nach außen im eigenen Namen tätig zu werden (BGH NJW 1955, 1027; BayObLG ZIP 1980, 904, 905; MAH PersGes/*Gummert/Karrer* § 7 Rn. 35). Er kann lediglich im Innenverhältnis verlangen, dass die Gesellschaft die Maßnahme gegen sich gelten lässt (MAH PersGes/*Gummert/Karrer* § 7 Rn. 35).

II. Actio pro socio

25 Grundsätzlich ist die Geltendmachung von Ansprüchen der Gesellschaft gegenüber Dritten bzw. Mitgesellschaftern ein Akt der Geschäftsführung und damit alleinige Aufgabe der geschäftsführenden Gesellschafter. Etwas anderes gilt aber bei Ansprüchen der Gesellschaft gegen einen ihrer Gesellschafter, wenn diese Ansprüche im Gesellschaftsverhältnis begründet sind und nicht in einer sonstigen schuldrechtlichen Vereinbarung. Hierbei hat jeder Gesellschafter das Recht, von seinen Mitgesellschaftern die Erfüllung ihrer Verpflichtung gegenüber der Gesellschaft zu verlangen und **im eigenen Namen** auf **Leistung an die Gesellschaft** zu klagen, sog. actio pro socio (vgl. zur actio pro socio ausführl. Kap. 16 Rn. 86 ff.; Palandt/*Sprau* § 714 Rn. 9; Sudhoff PersGes/*Buß* § 9 Rn. 28; MAH PersGes/*Gummert/Karrer* § 7 Rn. 36 ff.).

26 **Gegenstand** einer solchen actio pro socio können z. B. die folgenden Verpflichtungen sein: Beitragspflicht, Pflicht zur Geschäftsführung, Treuepflicht sowie die Schadensersatzpflicht bei Verletzungen des Gesellschaftsvertrages (Sudhoff PersGes/*Buß* § 9 Rn. 28; MAH PersGes/*Gummert/Karrer* § 7 Rn. 37). Bei diesen Ansprüchen handelt es sich um sog. **Sozialansprüche der Gesellschaft**.

27 Neben der Möglichkeit der Geltendmachung dieser Sozialansprüche hat jeder Gesellschafter die Möglichkeit, Ansprüche der Gesellschaft auch **gegen Nicht-Gesellschafter** geltend zu machen, wenn seine Mitgesellschafter die Einziehung der Forderung gesellschaftswidrig verweigern und der Nicht-Gesellschafter an diesem gesellschaftswidrigen Verhalten beteiligt ist (Sudhoff PersGes/*Buß* § 9 Rn. 28).

E. Widerspruchsrecht bei Einzelgeschäftsführung, § 711 BGB

28 Im Falle der Einzelgeschäftsführung ist den übrigen geschäftsführenden Gesellschaftern nach § 711 BGB grundsätzlich die Möglichkeit eingeräumt worden, der von dem anderen geschäftsführenden Gesellschafter beabsichtigten Geschäftsführungsmaßnahme zu widersprechen. Den nicht zur Geschäftsführung berechtigten Gesellschaftern steht ein solches Widerspruchsrecht nicht zu.

I. Ausübung des Widerspruchsrechts

1. Pflichtgemäßes Ermessen

29 Die Ausübung des Widerspruchsrechts steht im pflichtgemäßen Ermessen des berechtigten Gesellschafters. Der Ermessensspielraum des widersprechenden Gesellschafters ist gerichtlich nur beschränkt überprüfbar (BGH NJW-RR 1988, 995, 996). Es kann lediglich vor Vornahme der beabsichtigten Maßnahme ausgeübt werden (Palandt/*Sprau* § 711 Rn. 1; MAH PersGes/*Gummert/Karrer* § 7 Rn. 114).

2. Unterrichtungspflicht des handelnden Gesellschafters

30 Um den zum Widerspruch berechtigten Gesellschaftern die Möglichkeit zu geben, von ihrem Widerspruchsrecht Gebrauch zu machen, trifft den handelnden Gesellschafter zumindest dann eine Unterrichtungspflicht, wenn wegen der grundsätzlichen Bedeutung oder außergewöhnlichen Natur des betreffenden Geschäftes oder wegen des dem Handelnden bekannten Vorhandenseins unterschiedlicher Auffassungen in der Geschäftsführung über die Zweckmäßigkeit der Maßnahme mit einem Widerspruch durch Mitgeschäftsführer zu rechnen ist (BGH WM 1971, 819;

MüKo BGB/*Ulmer* § 711 Rn. 3; MAH PersGes/*Gummert/Karrer* § 7 Rn. 114). Ob den Handelnden eine solche Unterrichtungspflicht trifft, ist nach objektiven Maßstäben zu prüfen.

3. Form des Widerspruchs

Die Ausübung des Widerspruchsrechts ist an keine besondere Form gebunden. Der widersprechende Gesellschafter darf aber nicht pauschal die gesamte Geschäftsführungstätigkeit eines Gesellschafters blockieren, sondern muss sich gegen **konkrete Geschäftsführungsmaßnahmen** richten (MüKo BGB/*Ulmer* § 711 Rn. 9; MAH PersGes/*Gummert/Karrer* § 7 Rn. 117). Hierbei kann sich der Widerspruch auch gegen bestimmte Arten sich wiederholender Maßnahmen richten (MüKo BGB/*Ulmer* § 711 Rn. 9). 31

II. Rechtsfolge des Widerspruchs, § 711 S. 2 BGB

1. Anspruch auf Unterlassung

Übt ein Gesellschafter sein ihm zustehendes Widerspruchsrecht aus, hat die geplante Maßnahme gem. § 711 S. 2 BGB zu unterbleiben. Dem widersprechenden Gesellschafter steht insoweit gegen den Mitgeschäftsführer ein einklagbarer **Anspruch auf Unterlassung** der beabsichtigten Maßnahme zu. Dieser Anspruch kann auch durch einstweilige Verfügung durchgesetzt werden (MAH PersGes *Gummert/Karrer* § 7 Rn. 120). 32

2. Innenwirkung

Dem Widerspruch kommt allerdings nur **Innenwirkung** zu. Er hat keine Außenwirkung, also keine Auswirkung auf die Vertretungsmacht des Handelnden. Die Gesellschaft wird daher trotz Widerspruchs gegenüber einem Dritten wirksam verpflichtet, sofern nicht ausnahmsweise die Grundsätze über den Missbrauch der Vertretungsmacht eingreifen (BGHZ 16, 394, 398; Palandt/*Sprau* § 711 Rn. 1). Hierzu genügt es, wenn der Dritte Kenntnis davon hat, dass ein anderer zur Geschäftsführung berechtigter Gesellschafter der Maßnahme des Handelnden widersprochen hat. 33

3. Kein Widerspruch gegen Widerspruch

Gegenüber dem Widerspruch eines Gesellschafters kann der Handelnde nicht wiederum mit einem Widerspruch reagieren (Müko BGB/*Ulmer* § 711 Rn. 9). Ansonsten wäre das gesetzlich eingeräumte Widerspruchsrecht wirkungslos. Sofern der widersprechende Gesellschafter sein Widerspruchsrecht jedoch **missbräuchlich** ausübt, kann der Handelnde die geplante Maßnahme dennoch vornehmen. Eine solche Missbräuchlichkeit wird allerdings nur ausnahmsweise gegeben sein. Dies kann z. B. dann der Fall sein, wenn die beabsichtigte Maßnahme gesetzlich gebotene Handlungen oder unerlässliche Maßnahmen zur Erhaltung der Gesellschaft und ihres Vermögens betrifft. 34

III. Abweichende gesellschaftsvertragliche Regelungen

Die Regelungen zum Widerspruchsrecht sind **dispositiv** (Palandt/*Sprau* § 711 Rn. 1). Die Gesellschafter können daher z. B. das Widerspruchsrecht auch auf nicht zur Geschäftsführung berechtigte Gesellschafter ausweiten oder die Möglichkeit des Widerspruchs ausschließen oder an bestimmte Voraussetzungen, auch Formvorschriften, knüpfen. Möglich ist es auch vorzusehen, dass ein etwaiger Widerspruch durch Mehrheitsbeschluss der übrigen Gesellschafter für unbeachtlich erklärt werden kann (BGH NJW-RR 1988, 995; MüKo BGB/*Ulmer* § 711 Rn. 4; MAH PersGes/*Gummert/Karrer* § 7 Rn. 126). 35

Eine entsprechende **Klausel** könnte wie folgt lauten: 36

»Widerspricht ein Gesellschafter einer Geschäftsführungsmaßnahme eines anderen Gesellschafters gem. § 711 BGB, kann dieser Widerspruch durch Mehrheitsbeschluss der Gesellschafter innerhalb von 2 Wochen für unbeachtlich erklärt werden. Der widersprechende Gesellschafter ist hierbei nicht stimmberechtigt.«

37 Möglich ist es auch, einem **Nicht-Gesellschafter** ein Widerspruchsrecht einzuräumen (vgl. BGH NJW 1960, 963; MAH PersGes/*Gummert/Karrer* § 7 Rn. 130; a. A. MüKo BGB/*Ulmer* § 711 Rn. 5), sofern zumindest die Grundsätze der Selbstorganschaft gewahrt sind. Den Gesellschaftern muss daher ein Mindestmaß an Kontroll- und Mitwirkungsrechten verbleiben (s. Rn. 10 ff.)

F. Rechte und Pflichten der geschäftsführenden Gesellschafter

I. Allgemeines

38 Das **Recht auf Geschäftsführung** folgt bereits grundsätzlich aus der Gesellschafterstellung (MüKo BGB/*Ulmer* § 709 Rn. 28; MAH PersGes/*Gummert/Karrer* § 7 Rn. 133). Es bedarf daher keiner besonderen Bestellung der Gesellschafter als Geschäftsführer. Hierzu korrespondiert aber auch die grundsätzliche **Pflicht zur Geschäftsführung**. Ein Gesellschafter muss daher für die Gesellschaft tätig werden, sofern nicht im Gesellschaftsvertrag anderweitige Vereinbarungen getroffen sind (MüKo BGB/*Ulmer* § 709 Rn. 29; MAH PersGes/*Gummert/Karrer* § 7 Rn. 133). Grenzen ergeben sich für den Fall, dass ein Gesellschafter durch unverschuldete Umstände an der Geschäftsführung verhindert ist, wie z. B. bei Krankheit (BGH NJW 1965, 1958, 1959).

39 Inhaltlich sind die geschäftsführenden Gesellschafter zu einer **ordnungsgemäßen und sorgfältigen Geschäftsführung** im ausschließlichen Interesse der Gesellschaft verpflichtet. Ob Maßnahmen im Einzelfall im Interesse der Gesellschaft liegen, entscheiden die geschäftsführenden Gesellschafter grundsätzlich im eigenen Ermessen (Sudhoff PersGes/*Buß* § 9 Rn. 50).

II. Wettbewerbsverbot

1. Wettbewerbsverbot aus allgemeiner Treuepflicht

40 Obwohl das Gesetz ausdrücklich kein Wettbewerbsverbot für die Gesellschafter vorsieht, ergibt sich aus der **allgemeinen Treuepflicht**, dass zumindest die geschäftsführenden Gesellschafter einem Wettbewerbsverbot unterliegen, wenn die Gesellschaft Erwerbszwecke verfolgt (MüKo BGB/*Ulmer* § 705 Rn. 235; Sudhoff PersGes/*Buß* § 9 Rn. 51; MAH PersGes/*Gummert/Karrer* § 7 Rn. 186).

a) Geschäftsführender Gesellschafter

41 Geschäftsführende Gesellschafter dürfen daher ohne Zustimmung ihrer Mitgesellschafter weder Geschäfte machen, mit denen sie zur Gesellschaft wirtschaftlich in Konkurrenz treten, noch sich an einer gleichartigen Gesellschaft als persönlich haftende Gesellschafter beteiligen (MAH PersGes/*Gummert/Karrer* § 7 Rn. 186).

b) Nicht geschäftsführender Gesellschafter

42 Nicht geschäftsführende Gesellschafter unterliegen hingegen nach h. M. grundsätzlich keinem solchen Wettbewerbsverbot (MüKo BGB/*Ulmer* § 705 Rn. 236; MAH PersGes/*Plückelmann* § 4 Rn. 214; vgl. die Zusammenstellung der Meinungen *Armbrüster* ZIP 1997, 261, 272). Allerdings muss auch der nicht geschäftsführende Gesellschafter aufgrund seiner Treuepflicht alles unterlassen, was den Gesellschaftszweck beeinträchtigen könnte (BGH NJW 1960, 718; Sudhoff PersGes/*Schulte* § 11 Rn. 10). Daher ist es ihm untersagt, Kenntnisse, die er aufgrund seiner Stellung als Gesellschafter, insbesondere durch Ausübung seines Informations- und Kontrollrechts, erlangt hat, zum Nachteil der Gesellschaft zu verwerten (MüKo BGB/*Ulmer* § 705 Rn. 236; MAH PersGes/*Plückelmann* § 4 Rn. 214).

2. Nachvertragliches Wettbewerbsverbot

a) Bestehen eines nachvertraglichen Wettbewerbsverbots

43 **aa) Aufgrund Treuepflicht** Ein nachvertragliches Wettbewerbsverbot lässt sich auf die generelle Treuepflicht schon deshalb nicht stützen, weil diese sich grundsätzlich – vorbehaltlich einer nachvertraglichen Treuepflicht (vgl. hierzu BGH NJW 1960, 718) – auf die Dauer der Zugehörig-

keit zur Gesellschaft beschränkt und **mit dem Ausscheiden erlischt** (MüKo BGB/*Ulmer* § 705 Rn. 237).

bb) Aufgrund Vereinbarung Zulässig ist allerdings die Vereinbarung eines solchen Wettbewerbsverbots. Es muss aber auf das örtlich, zeitlich und gegenständlich **notwendige Maß beschränkt** bleiben, da es ansonsten gem. § 138 BGB sittenwidrig ist (BGH NZG 2005, 843, 844; NJW 1991, 699, 700; MüKo BGB/*Ulmer* § 705 Rn. 237). Es darf nur zum Ziel haben, den einen Teil davor zu schützen, dass der andere Teil die Erfolge seiner Arbeit illoyal verwertet oder sich in sonstiger Weise zu seinen Lasten die Freiheit der Berufsausübung missbräuchlich zunutze macht (BGH NJW 1991, 699, 700). Ein nachvertragliches Wettbewerbsverbot darf insbesondere nicht dazu eingesetzt werden, den früheren Mitgesellschafter als Wettbewerber auszuschalten. 44

Überschreitet eine Wettbewerbsklausel ausschließlich die **zeitlichen Grenzen**, ist sie aber im Übrigen unbedenklich, kommt nach der Rechtsprechung des BGH eine **geltungserhaltende Reduktion** in Betracht (BGH NZG 2005, 843, 844; NJW 2000, 2584, 2585; E/B/J/*Goette* § 112 Rn. 22; *K. Schmidt* NJW 2005, 2801, 2804). Die Missachtung der **gegenständlichen und räumlichen Grenzen** hat hingegen die **Nichtigkeit** des Verbots zur Folge; eine geltungserhaltende Reduktion ist insoweit nicht möglich (BGH NZG 2005, 843, 844; BGH NJW 2000, 2584; *Wertenbruch* NZG 2006, 408, 411). 45

Eine Überschreitung der räumlichen, gegenständlichen und zeitlichen Grenzen eines nachvertraglichen Wettbewerbsverbots kann nicht mit dem Wunsch gerechtfertigt werden, den ausgeschlossenen Gesellschafter einer besonderen Sanktion zu unterwerfen (BGH NZG 2005, 843, 844). Als äußerste zeitliche Grenze gilt dabei ein Zeitraum von zwei Jahren (BGH NZG 2005, 843, 844; E/B/J/*Goette* § 112 Rn. 22), während die räumlichen und gegenständlichen Grenzen fallbezogen davon abhängen, welcher Gesellschaftszweck verfolgt wird und wie weit die entsprechende geschäftliche Tätigkeit räumlich ausgedehnt ist (E/B/J/*Goette* § 112 Rn. 22). 46

cc) Aufgrund Abfindungsvereinbarung oder § 249 Abs. 1 BGB Ein nachvertragliches Wettbewerbsverbot kann sich auch in dem sachlich notwendigen Ausmaß je nach Lage des Falles konkludent aus einer **Abfindungsvereinbarung** ergeben (MüKo BGB/*Ulmer* § 705 Rn. 237). Schließlich wird teilweise auch ein nachvertragliches Wettbewerbsverbot auf Grund von **§ 249 Abs. 1 BGB** angenommen, wenn der Ausgeschiedene sein Ausscheiden schuldhaft, insbesondere durch treuwidrigen Wettbewerb, herbeigeführt hat und zur Schadensbeseitigung auch der Verzicht auf die Fortsetzung dieses Wettbewerbs für eine Übergangszeit gehört (MüKo BGB/*Ulmer* § 705 Rn. 237; *Paefgen* ZIP 1990, 839; a. A. OLG Düsseldorf ZIP 1990, 861 f.). 47

b) Grenzen des § 1 GWB

Darüber hinaus ist das nachvertragliche Wettbewerbsverbot an § 1 GWB zu messen. Soweit jedoch die Voraussetzungen des § 1 GWB im Einzelfall zu bejahen sind, tritt die Vorschrift nach den in der Rechtsprechung entwickelten Grundsätzen immer dann hinter ein aus dem Gesellschaftsvertrag folgendes oder ausdrücklich darin verankertes Wettbewerbsverbot zurück, wenn das Verbot sich in denjenigen Grenzen hält, deren Beachtung allein schon durch die Treuepflicht geboten und damit gesellschaftsimmanent ist (BGH NJW 1988, 2737, 2738; MüKo BGB/*Ulmer* § 705 Rn. 238; E/B/J/*Goette* § 112 Rn. 37; *K. Schmidt* NJW 2005, 2801, 2803). So verstößt ein nachvertragliches Wettbewerbsverbot dann nicht gegen § 1 GWG, wenn es notwendig ist, um das im Übrigen kartellrechtsneutrale Gesellschaftsunternehmen in seinem Bestande und seiner Funktionsfähigkeit zu erhalten. Hierbei geht es nicht darum, das Unternehmen vor dem freien Wettbewerb zu schützen, dem es sich wie jedes andere stellen muss. Das Wettbewerbsverbot soll vielmehr verhindern, dass ein Gesellschafter das Unternehmen von innen her aushöhlt oder gar zerstört und damit einen leistungsfähigen Wettbewerber zugunsten seiner eigenen Konkurrenztätigkeit ausschaltet (BGH NJW 1988, 2737, 2738). 48

49 Von der Vereinbarung eines Wettbewerbsverbots im Rahmen einer ansonsten kartellrechtsneutralen Gesellschaft, ist die Beurteilung eines aus Wettbewerbsgründen abgeschlossenen Gesellschaftsvertrags unter kartellrechtlichen Aspekten zu unterscheiden. Dient der Vertrag der kartellrechtswidrigen Kooperation zwischen selbstständig bleibenden Unternehmen, so bietet auch die Rechtsform der GbR keinen Grund, ihn dem Geltungsbereich des GWB zu entziehen (MüKo BGB/*Ulmer* § 705 Rn. 238).

c) Karenzentschädigung

50 Eine Karenzentschädigung i. S. d. §§ 74 Abs. 2, 90 a Abs. 1 S. 3 HGB ist für die Wirksamkeit des nachvertraglichen Wettbewerbsverbots nicht erforderlich. Sofern der ausscheidende Gesellschafter jedoch von seinen Mitgesellschaftern schuldhaft zum Ausscheiden veranlasst wurde, kann er sich von dem nachvertraglichen Wettbewerbsverbot lossagen (MAH PersGes/*Plückelmann* § 4 Rn. 244).

III. Vergütung

1. Grundsatz: Kein Anspruch auf Vergütung

51 Grundsätzlich haben die geschäftsführenden Gesellschafter **keinen Vergütungsanspruch** (BGH NJW 1955, 1227; OLG Koblenz NJW-RR 1987, 24; Palandt/*Sprau* § 713 Rn. 1). Vielmehr ist die Geschäftsführung von jedem Gesellschafter unter dem Gesichtspunkt der Förderung des gemeinsamen Zweckes geschuldet. Die Geschäftsführung wird daher durch die Gewinnbeteiligung bzw. die Chance auf Gewinnbeteiligung kompensiert.

2. Vereinbarung einer Vergütung

52 Die Gesellschafter können aber ausdrücklich oder konkludent für die Geschäftsführung die Zahlung einer Vergütung vereinbaren. Wann eine Vergütung stillschweigend vereinbart ist, richtet sich nach dem Einzelfall. Hierbei sind insbesondere der Gesellschaftszweck, Art und Umfang der Geschäftsführungstätigkeit sowie die für die Geschäftsführung erforderlichen Qualifikationen entscheidend (Sudhoff PersGes/*Buß* § 9 Rn. 52). Eine stillschweigende Vergütungsvereinbarung wird bereits dann angenommen, wenn einzelne Gesellschafter eine außergewöhnliche Leistung erbringen, die besondere Fähigkeiten erfordert (BGH NJW 1955, 1227). Nicht ausreichen soll allerdings, dass nur einzelne Gesellschafter Geschäftsführer sind (OLG Koblenz NJW-RR 1987, 24; Sudhoff PersGes/*Buß* § 9 Rn. 52; MAH PersGes/*Gummert/Karrer* § 7 Rn. 163). Im Einzelfall kann der Abschluss einer stillschweigenden Vergütungsvereinbarung nur aus dem besonderen Verhalten und den besonderen Vorstellungen der Beteiligten entnommen werden, ohne dass die Verkehrsüblichkeit den Abschluss einer solchen Vereinbarung oder Bestimmung ersetzen kann (OLG Koblenz NJW-RR 1987, 24).

3. Ersatz von Aufwendungen, § 713 BGB

53 Unabhängig vom Bestehen eines Vergütungsanspruch steht den Gesellschaftern zumindest ein Anspruch auf Ersatz ihrer Aufwendungen gem. §§ 713, 670 BGB zu. Für zu erwartende Aufwendungen kann der Gesellschafter einen Vorschuss verlangen, §§ 713, 669 BGB.

54 Voraussetzung für den Aufwendungsersatzanspruch ist, dass ein Gesellschafter in Angelegenheiten und im Interesse der Gesellschaft **freiwillig vermögenswerte Opfer** erbracht hat, die er den Umständen nach für erforderlich halten durfte. Eine Aufwendung darf **für erforderlich** gehalten werden, wenn ein sorgfältig prüfender Gesellschafter der Überzeugung sein durfte, die Aufwendung sei erforderlich (Sudhoff PersGes/*Buß* § 9 Rn. 52; MAH PersGes/*Gummert/Karrer* § 7 Rn. 178).

55 Darüber hinaus ist allgemein anerkannt, dass auch für **unfreiwillige Vermögensopfer** Aufwendungsersatz verlangt werden kann, wenn der Gesellschafter sie durch seine Geschäftsführung oder aus den mit ihr untrennbar verbundenen Gefahren als tätigkeitsspezifisches Risiko erlitten

hat. Voraussetzung ist, dass die Gefahr erkennbar und mit einer gewissen Wahrscheinlichkeit mit der Art oder den Umständen der konkreten Geschäftsführung im konkreten Fall verbunden ist (MüKo BGB/*Ulmer* § 713 Rn. 16; MAH PersGes/*Gummert/Karrer* § 7 Rn. 179). Nicht hierunter fallen Vermögensopfer, in denen sich ein allgemeines Lebensrisiko verwirklicht hat (MAH PersGes/*Gummert/Karrer* § 7 Rn. 179), wie bei einem Verkehrsunfall auf einer Geschäftsreise (Sudhoff PersGes/*Buß* § 9 Rn. 55).

G. Weisungsrechte nach §§ 713, 665 BGB

Die geschäftsführenden Gesellschafter sind hinsichtlich der Geschäftsführung nicht an Weisungen der übrigen Mitgesellschafter gebunden, da sie eine eigenverantwortliche und auf der Mitgliedschaft beruhende Stellung einnehmen (MüKo BGB/*Ulmer* § 713 Rn. 7; MAH PersGes/*Gummert/Karrer* § 7 Rn. 138). Weisungen können jedoch im Gesellschaftsvertrag enthalten sein, aus Anlass der Übertragung der Geschäftsführung oder aufgrund wirksamen Gesellschafterbeschlusses gegeben werden (Palandt/*Sprau* § 713 Rn. 3). 56

H. Informationspflichten nach §§ 713, 666 BGB

Nach §§ 713, 666 BGB ist der geschäftsführende Gesellschafter verpflichtet, der Gesellschaft die erforderlichen Nachrichten zu geben, auf Verlangen über den Stand des Geschäfts Auskunft zu erteilen und Rechenschaft abzulegen. 57

I. Benachrichtigungspflicht

Die **»erforderlichen Nachrichten«** i. S. d. §§ 713, 666 BGB sind demnach selbst ohne Verlangen der Gesellschaft jederzeit von dem geschäftsführenden Gesellschafter zu geben. Was zu den »erforderlichen Nachrichten« gehört, ist eine Frage des Einzelfalls. Bei Gesamtgeschäftsführung zählen hierzu sämtliche für die Förderung und Erreichung des Gesellschaftszwecks erkennbar bedeutsamen Informationen. Sind hingegen Gesellschafter von der Geschäftsführung ausgeschlossen, wird man zu den erforderlichen Nachrichten nur solche zählen, deren Kenntnis erforderlich ist, um die Gesellschafter in der Lage zu versetzen, eine Entscheidung über das »Ob« und »Wie« eines Grundlagengeschäfts zu treffen (Sudhoff PersGes/*Buß* § 9 Rn. 57). 58

II. Auskunftspflicht

Unabhängig von dieser Benachrichtigungspflicht ohne ausdrückliches Verlangen der Gesellschaft hat jeder geschäftsführende Gesellschafter auf Verlangen der Gesellschaft Auskunft über den Stand des Geschäfts zu geben. »Stand des Geschäfts« i. S. d. §§ 713, 666 BGB sind sämtliche Angelegenheiten der Gesellschaft. Die Reichweite dieser Auskunftspflicht entspricht damit dem Informations- und Kontrollrecht nach § 716 BGB (Sudhoff PersGes/*Buß* § 9 Rn. 58). 59

III. Rechenschaftspflicht

Die Rechenschaftspflicht des geschäftsführenden Gesellschafters besteht gem. §§ 713, 666 BGB erst nach »Durchführung des Auftrags«, d. h. erst dann, wenn die Geschäftsführungstätigkeit des betreffenden Gesellschafters endet oder die Gesellschaft aufgelöst wird (MüKo BGB/*Ulmer* § 713 Rn. 10; Sudhoff PersGes/*Buß* § 9 Rn. 58; MAH PersGes/*Gummert/Karrer* § 7 Rn. 185). Da sich die Pflicht zur Rechnungslegung im letztgenannten Fall schon aus §§ 721 Abs. 1, 730 BGB ergibt, haben die §§ 713, 666 BGB insoweit vor allem für das vorzeitige Ausscheiden von Gesellschaftern aus der Geschäftsführung Bedeutung. Inhaltlich bestimmt sich die Rechenschaftspflicht grundsätzlich nach § 259 BGB (MüKo BGB/*Ulmer* § 713 Rn. 11). 60

J. Herausgabe- und Verzinsungspflicht gem. §§ 713, 667, 668 BGB

Nach den §§ 713, 667 BGB ist der geschäftsführende Gesellschafter verpflichtet, alles was er im Rahmen der Geschäftsführung erhält, an die Gesellschaft herauszugeben. Sofern er Geld, das 61 er an die Gesellschaft herauszugeben oder für sie zu verwenden hat, für sich verwendet, muss er das Geld von dem Zeitpunkt der Verwendung an verzinsen.

K. Haftung der geschäftsführenden Gesellschafter

62 Verletzt der geschäftsführende Gesellschafter schuldhaft seine Pflichten, haftet er der Gesellschaft auf Schadensersatz. **Rechtsgrundlage ist § 280 BGB** (Sudhoff PersGes/*Buß* § 9 Rn. 62; MAH PersGes/*Gummert/Karrer* § 7 Rn. 142). Ein Schadensersatzanspruch kommt z. B. in Betracht bei Verstoß gegen das Gebot uneigennütziger Geschäftsführung, mangelnde Überwachung der Mitarbeiter der Gesellschaft sowie Verweigerung der Mitwirkung (Palandt/*Sprau* § 713 Rn. 11; MAH PersGes/*Gummert/Karrer* § 7 Rn. 142). Der Verschuldensmaßstab richtet sich nach § 708 BGB, sofern im Gesellschaftsvertrag nicht hiervon abweichende Regelungen zwischen den Gesellschaftern getroffen wurden. Der geschäftsführende Gesellschafter haftet daher nur für eigenübliche Sorgfalt.

63 Auch bei Vorliegen eines Verstoßes gegen die eigenübliche Sorgfalt (s. § 708 BGB Rn. 5 f.) entfällt ein Schadensersatzanspruch, wenn die Gesellschafter mit der für die Änderung des Gesellschaftsvertrages erforderlichen Mehrheit das fragliche Verhalten des handelnden Gesellschafters in Kenntnis der Zusammenhänge gebilligt oder dem geschäftsführenden Gesellschafter nachträglich Entlastung erteilt haben. Eine solche Rechtfertigung lässt regelmäßig bereits die Pflichtwidrigkeit des Verhaltens entfallen (s. § 708 Rn. 7).

L. Entziehung und Kündigung der Geschäftsführung, § 712 BGB

I. Entziehung der Geschäftsführung, § 712 Abs. 1 BGB

1. Anwendungsbereich des § 712 Abs. 1 BGB

64 Die Entziehung der Geschäftsführungsbefugnis ist in § 712 Abs. 1 BGB geregelt. Strittig ist, ob diese Vorschrift lediglich für die nach §§ 710, 711 BGB **übertragene Geschäftsführungsbefugnis** gilt (so Palandt/*Sprau* § 712 Rn. 1) oder aber generell auf jegliche Geschäftsführungsbefugnis, also auch auf die **gesetzliche**, anzuwenden ist (so MüKo BGB/*Ulmer* § 712 Rn. 5 f.; Sudhoff PersGes/*Buß* § 9 Rn. 34; MAH PersGes/*Gummert/Karrer* § 7 Rn. 203). Für die erste Ansicht spricht der Wortlaut von § 712 BGB. Für die andere Ansicht spricht, dass ansonsten die gesetzliche Geschäftsführungsbefugnis nicht entzogen werden könnte und stattdessen nur die Kündigung der Gesellschaft oder die Ausschließung des Gesellschafters aus wichtigem Grund bliebe. Dies würde zu einer ungerechtfertigten Differenzierung zwischen übertragener und gesetzlicher Geschäftsführungsbefugnis führen und dem grundsätzlichen Interesse der Gesellschafter an dem Fortbestand der Gesellschaft widersprechen (MüKo BGB/*Ulmer* § 712 Rn. 5 f.; MAH PersGes/*Gummert/Karrer* § 7 Rn. 204).

65 Unanwendbar ist § 712 Abs. 1 BGB jedenfalls in denjenigen Fällen, in denen die Geschäftsführung einem Nichtgesellschafter »übertragen«, d. h. zur Ausübung überlassen ist. (BGH NJW 1962, 738 zu § 117 HGB; MüKo BGB/*Ulmer*, § 712, Rn. 3)

2. Wichtiger Grund

66 Die Entziehung der Geschäftsführungsbefugnis setzt einen wichtigen Grund voraus. Als wichtige Gründe sieht § 712 Abs. 1 BGB exemplarisch die **grobe Pflichtverletzung** oder die **Unfähigkeit zur ordnungsgemäßen Geschäftsführung** vor.

67 Ob ein wichtiger Grund vorliegt, richtet sich nach den Umständen des Einzelfalls. Wesentliche Bedeutung bei der Bewertung der Umstände kommt hierbei insbesondere den folgenden Aspekten zu: z. B. Art und Inhalt der zu entziehenden Geschäftsführungsbefugnis, die Schwere des Verstoßes und seine wirtschaftlichen Folgen, die Auswirkungen auf das Erreichen des Gesellschaftszwecks und das Vorliegen sowie der Grad des Verschuldens (Sudhoff PersGes/*Buß* § 9 Rn. 36).

Auch ein etwaiges eigenes Fehlverhalten der übrigen Gesellschafter ist bei der Abwägung von Bedeutung (BGH NJW 1998, 146, 147).

Wichtige Gründe können z. B. bei anhaltender Störung und Blockierung der Unternehmensleitung der Mitgesellschafter (BGH NJW 1972, 862, 864), hartnäckiger Nichtbeachtung der Mitwirkungsrechte anderer Gesellschafter (BGH NJW 1984, 173; MüKo BGB/*Ulmer* § 712 Rn. 10), Verstoß gegen ein Wettbewerbsverbot, dauernder Krankheit (BGH JZ 1952, 276), Veruntreuungen, ständigen Eigenmächtigkeiten in der Geschäftsführung, beharrlicher Verweigerung der Mitarbeit in der Gesellschaft sowie bei völliger Zerrüttung der Vermögensverhältnisse anzunehmen sein (MAH PersGes/*Gummert/Karrer* § 7 Rn. 195).

3. Grundsatz der Verhältnismäßigkeit

Schließlich ist die Entziehung der Geschäftsführungsbefugnis aus wichtigem Grund am Grundsatz der Verhältnismäßigkeit zu messen. Eine Entziehung darf nur erfolgen, wenn **keine weniger einschneidende Maßnahme** ausreicht (BGH NJW 1998, 146, 147; NJW 1984, 173, 174), wie etwa die Umwandlung von Einzel- in Gesamtgeschäftsführung (OLG München NZG 2000, 1173, 1175; MAH PersGes/*Gummert/Karrer* § 7 Rn. 201). Im Ergebnis muss die Belassung der Geschäftsführungsbefugnis und das damit verbundene Mitspracherecht des von der Entziehung betroffenen Gesellschafters für die Mitgesellschafter **unzumutbar** sein (Sudhoff PersGes/*Buß* § 9 Rn. 36). 68

4. Einstimmiger Beschluss der Gesellschafter

Die Entziehung erfolgt nach § 712 Abs. 1 BGB grundsätzlich durch einstimmigen Beschluss der übrigen Gesellschafter. Hierzu zählen auch die nicht zur Geschäftsführung befugten Gesellschafter, weil die Entziehung der Geschäftsführungsbefugnis keine Geschäftsführungsmaßnahme, sondern **Grundlagengeschäft** ist (Sudhoff PersGes/*Buß* § 9 Rn. 35; vgl. zum Grundlagengeschäft Rn. 14). Der betroffene Gesellschafter selbst ist nicht stimmberechtigt. Der **Stimmrechtsausschluss** kann aber nicht auf Gesellschafter ausgeweitet werden, die in enger Beziehung zu dem betroffenen Gesellschafter stehen (MAH PersGes/*Gummert/Karrer* § 7 Rn. 205). Mit Bekanntgabe des Beschlusses über die Entziehung der Geschäftsführungsbefugnis an den betroffenen Gesellschafter wird die Entziehung wirksam (BGH NJW 1960, 625; MüKo BGB/*Ulmer* § 712 Rn. 14). 69

5. Gesellschaftsvertragliche Regelungen

Der Gesellschaftsvertrag kann das Verfahren oder die Voraussetzungen der Entziehung der Geschäftsführungsbefugnis erleichtern, erschweren oder konkretisieren. Es können bestimmte **Fristen** oder **bestimmte Gründe** als wichtige Gründe festgelegt werden. Es kann auch vorgesehen werden, dass die Entziehung der Geschäftsführungsbefugnis nicht einstimmig erfolgen muss, sondern dass eine einfache oder qualifizierte Mehrheit ausreicht. Zulässig ist es auch, die Möglichkeit die Entziehung **gänzlich auszuschließen** (Sudhoff PersGes/*Buß* § 9 Rn. 38; MAH PersGes/*Gummert/Karrer* § 7 Rn. 223). Die Mitgesellschafter sind hier aufgrund ihrer Möglichkeit zu einer außerordentlichen Kündigung des Gesellschaftsverhältnisses gem. § 723 BGB nicht schutzlos gestellt. 70

II. Kündigung der Geschäftsführung, § 712 Abs. 2 BGB

1. Anwendungsbereich des § 712 Abs. 2 BGB

Als Pendant der Entziehung der Geschäftsführung aus wichtigem Grund gewährt § 712 Abs. 2 BGB seinerseits dem geschäftsführenden Gesellschafter das Recht, seine Geschäftsführung aus wichtigem Grund zu kündigen. Auch hier ist wie bei der Entziehung nach § 712 Abs. 1 BGB strittig, ob diese Vorschrift lediglich für die **übertragene Geschäftsführungsbefugnis** oder auch für die **gesetzliche** gilt (s. o. Rn. 64). Auch hier sprechen die besseren Gründe für einen weiten Anwendungsbereich des § 712 Abs. 2 BGB, also für eine Geltung auch bei gesetzlicher Geschäftsführungsbefugnis. 71

2. Wichtiger Grund

72 Ein wichtiger Grund für eine Kündigung der Geschäftsführung ist anzunehmen, wenn dem Kündigenden nach den Umständen des Einzelfalls – insbesondere bei nachhaltiger Zerstörung des Vertrauensverhältnisses zu den Mitgesellschaftern – **nicht zumutbar** ist, weiterhin geschäftsführend tätig zu sein (MAH PersGes/*Gummert/Karrer* § 7 Rn. 230; MüKo BGB/*Ulmer* § 712 Rn. 25). Wichtige Gründe für eine Kündigung können aber auch persönliche Gründe sein, die den betroffenen Gesellschafter daran hindern, seiner Funktion als Geschäftsführer nachzukommen. Es kommt hier insbesondere eine dauernde Krankheit in Betracht.

3. Wirksamkeit der Kündigung

73 Die Kündigung wird als empfangsbedürftige Willenserklärung erst mit **Zugang** bei allen Mitgesellschaftern wirksam (OLG Celle NZG 2000, 586; MüKo BGB/*Ulmer* § 712 Rn. 28). Allerdings muss der kündigende Gesellschafter gem. §§ 712 Abs. 2, 671 Abs. 2 BGB den Mitgesellschaftern die Gelegenheit geben, sich rechtzeitig auf die veränderten Umstände einzustellen und entsprechend für Ersatz zu sorgen.

74 Eine **Kündigung zur Unzeit** ist wirksam (MüKo BGB/*Ulmer* § 712 Rn. 28). Der kündigende Gesellschafter muss aber der Gesellschaft den hieraus entstehenden Schaden ersetzen, sofern dieses Vorgehen zur Unzeit nicht durch einen wichtigen Grund gedeckt ist.

4. Gesellschaftsvertragliche Regelungen

75 Das Recht zur Kündigung kann durch den Gesellschaftsvertrag beliebig erweitert oder konkretisiert werden, vor dem Hintergrund der §§ 712 Abs. 2, 671 Abs. 3 BGB nicht aber erschwert werden (MAH PersGes/*Gummert/Karrer* § 7 Rn. 233).

§§ 714, 715 BGB

§ 714 Vertretungsmacht

Soweit einem Gesellschafter nach dem Gesellschaftsvertrag die Befugnis zur Geschäftsführung zusteht, ist er im Zweifel auch ermächtigt, die anderen Gesellschafter Dritten gegenüber zu vertreten.

§ 715 Entziehung der Vertretungsmacht

Ist im Gesellschaftsvertrag ein Gesellschafter ermächtigt, die anderen Gesellschafter Dritten gegenüber zu vertreten, so kann die Vertretungsmacht nur nach Maßgabe des § 712 Abs. 1 und, wenn sie in Verbindung mit der Befugnis zur Geschäftsführung erteilt worden ist, nur mit dieser entzogen werden.

Übersicht:

A. Allgemeines

Die Vertretungsmacht betrifft die Frage, inwieweit der handelnde Gesellschafter die Gesellschaft gegenüber Dritten vertreten kann. Die **Vertretungsmacht** betrifft daher im Gegensatz zur Geschäftsführungsbefugnis nicht das rechtliche »Dürfen«, sondern das **rechtliche »Können«**, also die Frage, ob die Gesellschaft im Außenverhältnis wirksam verpflichtet werden kann. Ein etwaiger Widerspruch eines anderen Gesellschafters nach § 711 BGB lässt die Vertretungsmacht des Handelnden nach § 714 BGB unberührt. Sofern nicht die Grundsätze des **Missbrauchs der Vertretungsmacht** eingreifen, ist es für die Verpflichtung gegenüber Dritten unerheblich, ob der handelnde Gesellschafter im Innenverhältnis geschäftsführungsbefugt war oder ein anderer Gesellschafter von seinem Widerspruchsrecht nach § 711 BGB Gebrauch gemacht hat. 1

Überschreitet der handelnde Gesellschafter hingegen seine Vertretungsmacht, handelt er als **Vertreter ohne Vertretungsmacht**. Das Geschäft ist schwebend unwirksam und kann von der Gesellschaft genehmigt werden. Wird die Genehmigung verweigert, macht sich der handelnde Gesellschafter ggf. gem. § 179 BGB gegenüber dem Dritten schadensersatzpflichtig. 2

B. Umfang der Vertretungsbefugnis, § 714 BGB

Der Umfang der Vertretungsmacht richtet sich gem. § 714 BGB nach der Reichweite der Geschäftsführungsbefugnis, sofern der Gesellschaftsvertrag keine besondere Regelung enthält. Danach sieht das Gesetz als Regelfall die **Gesamtvertretungsbefugnis aller Gesellschafter** vor. Diese Regelung ist **dispositiv**. Die Gesellschafter können andere Regelungen zur Vertretung der Gesellschaft vorsehen. Geschäftsführungsbefugnis und Vertretungsmacht können hierbei – mit Ausnahme des § 715 BGB – auseinander fallen. Regelmäßig werden jedoch Geschäftsführungsbefugnis und Vertretungsmacht parallel geregelt. 3

Die Gesellschafter können daher einen der Gesellschafter ausdrücklich oder stillschweigend mit der **alleinigen Vertretung** der Gesellschaft betrauen. Eine stillschweigende Bevollmächtigung liegt vor, wenn die anderen Gesellschafter ihm gestatten, nahezu sämtliche Verträge (in der Entscheidung des BGH: 95 %) allein namens der Gesellschaft abzuschließen (BGH DB 2005, 822; vgl. hierzu *Wertenbruch* NZG 2005, 462). 4

Teilweise wird versucht, die Vertretungsbefugnis und damit die Haftung der Gesellschafter auf das Gesamthandsvermögen zu beschränken. Dies ist grundsätzlich möglich (BGH ZIP 1990, 612; NJW 1992, 3037, 3039; Bamberger / Roth / *Timm/Schöne* § 714 Rn. 36). Allerdings muss diese Haftungsbeschränkung mit dem Vertragspartner vereinbart werden. Ein bloßer Hinweis hierauf genügt nicht (BGH NJW 1999, 3483, 3484). Erforderlich ist daher eine **individualvertragliche Vereinbarung** mit dem Geschäftspartner. 5

C. Entziehung der Vertretungsbefugnis, § 715 BGB

Die Entziehung der Vertretungsbefugnis eines Gesellschafters folgt gem. § 715 BGB den Regeln über die Entziehung der Geschäftsführungsbefugnis gem. § 712 Abs. 1 BGB. Die Vertretungsbefugnis kann einem Gesellschafter daher ebenso wie die Geschäftsführungsbefugnis grundsätzlich nicht ohne seine Zustimmung entzogen werden. 6

Liegt allerdings in der Person des vertretungsbefugten Gesellschafters ein **wichtiger Grund** vor, der eine solche Entziehung rechtfertigt, ist eine Entziehung der Vertretungsbefugnis durch die übrigen Gesellschafter möglich. Für die Anwendung der Vorschriften über die Entziehung der Vertretungsbefugnis über die »übertragene« hinaus auch auf die gesetzliche Vertretungsbefugnis gelten die Ausführungen im Hinblick auf die Entziehung der Geschäftsführungsbefugnis entsprechend, wie auch für die Voraussetzungen der Entziehung der Vertretungsbefugnis und das Verfahren (s. §§ 709–713 Rn. 64 ff.). Wurde die Vertretungsbefugnis mit der Geschäftsführungsbefugnis erteilt, ist gem. § 715 BGB nur eine Entziehung beider Befugnisse möglich. Auch im Übrigen ist davon auszugehen, dass ein Entziehungsbeschluss sowohl die Geschäftsführungs- als auch die Vertretungsbefugnis erfasst (MAH PersGes / *Gummert/Karrer* § 7 Rn. 316). 7

D. Haftung

I. Persönliche und unbeschränkte Haftung

8 Die Gesellschafter einer GbR haften für ihm Namen der Gesellschaft begründete Verbindlichkeiten **persönlich und unbeschränkt**. Dies gilt unabhängig davon, ob es sich um rechtsgeschäftlich begründete oder um gesetzlich begründete Verbindlichkeiten handelt (BGH NJW 2003, 1445, 1446 f.; vgl. hierzu *Flume* DB 2003, 1775). Diese Haftung kann nicht durch einen Namenszusatz oder sonstigen Hinweis auf eine beschränkte Haftung eingeschränkt werden. Erforderlich ist vielmehr eine **individuelle Vereinbarung** mit dem Vertragspartner. Hierfür muss die Haftungsbeschränkung durch individuelle Absprache der Parteien in den jeweils einschlägigen Vertrag einbezogen werden (BGH NZG 2005, 209, 210; NJW 1999, 3483, 3485).

II. Haftung des eintretenden Gesellschafters, § 130 HGB analog

9 Weiterhin haften in eine GbR eintretende Gesellschafter gem. § 130 HGB analog persönlich und gesamtschuldnerisch auch für vor ihrem Eintritt begründete **Altverbindlichkeiten** (BGH NJW 2003, 1803; *K. Schmidt* NJW 2005, 2801, 2806; vgl. *Wertenbruch* NZG 2006, 408, 416). Eine abweichende Abrede im Rahmen der Beitrittsvereinbarung hat gem. § 130 Abs. 2 HGB keine Außenwirkung (*K. Schmidt* NJW 2005, 2801, 2806; zur Haftung nach § 130 HGB vgl. ausführl. Kap. 4 § 130).

III. Anwendung des § 28 HGB analog auf die GbR

10 Ob § 28 HGB auf die GbR analog angewandt werden kann, ist umstritten. Nach dieser Vorschrift haftet eine Gesellschaft, die durch den Beitritt eines persönlichen haftenden Gesellschafters oder Kommanditisten in das Geschäft eines Einzelkaufmanns entstanden ist, für die Verbindlichkeiten des früheren Geschäftsinhabers (bejahend: *K. Schmidt* NJW 2005, 2801, 2807; *Arnold/Dötsch* DStR 2003, 1398, 1403; *Ulmer* ZIP 2003, 1113, 1116; verneinend: *Römermann* BB 2003, 1084, 1086; offengelassen: BGH NJW 2004, 836, 837). Verneint hat dies der BGH zumindest bei einer Anwalts-GbR (BGH NJW 2004, 836, 837; krit. *K. Schmidt* NJW 2005, 2801, 2807).

IV. Zurechnung nach § 31 BGB

11 Eine GbR muss sich ein zu Schadensersatz verpflichtendes Handeln ihrer (geschäftsführenden) Gesellschafter gem. **§ 31 BGB** zurechnen lassen (BGH NJW 2003, 1445).

E. Regelungen im Gesellschaftsvertrag

12 Die §§ 714, 715 BGB sind **dispositiv**. Ebenso wie bei der Geschäftsführungsbefugnis bleibt es den Gesellschaftern unbenommen, Regelungen zum Umfang der Vertretungsmacht in den Gesellschaftsvertrag aufzunehmen (vgl. zu Formulierungsvorschlägen Sudhoff PersGes/*Buß* § 9 Rn. 65 ff.).

I. Gesamtvertretungsbefugnis

13 Eine Regelung zur Gesamtvertretungsbefugnis könnte wie folgt lauten:

»Die Gesellschafter sind zur Vertretung nur gemeinschaftlich berechtigt und verpflichtet.«

II. Alleinvertretungsbefugnis

14 Eine Regelung zur Alleinvertretungsbefugnis könnte wie folgt lauten:

»Die Gesellschafter sind zur Vertretung jeweils einzeln berechtigt und verpflichtet.«

III. Vertretungsbefugnis für bestimmte Gesellschafter

15 Sollen nur bestimmte Gesellschafter zur Vertretung befugt sein, könnte eine Klausel wie folgt lauten:

»Die Gesellschafter X und Y sind zur Vertretung jeweils einzeln berechtigt und verpflichtet. Die übrigen Gesellschafter sind von der Vertretung ausgeschlossen.«

IV. Entziehung der Vertretungsbefugnis

Es bleibt den Gesellschaftern weiterhin unbenommen, Regelungen zur Entziehung der Vertretungsbefugnis oder dem Verfahren ihrer Entziehung zu treffen. Eine Klausel zur Entziehung könnte wie folgt lauten: 16

»Die Vertretungsbefugnis eines Geschäftsführers kann bei Vorliegen eines wichtigen Grundes durch Beschluss der Gesellschafter entzogen werden. Ein wichtiger Grund liegt insbesondere bei einem Verstoß gegen das in § X geregelte Wettbewerbsverbot, bei ...... und bei ...... vor. Ein solcher Beschluss bedarf der einfachen Mehrheit der Gesellschafter. Der betroffene Gesellschafter ist hierbei nicht stimmberechtigt. Der betroffene Gesellschafter ist vor einem solchen Beschluss anzuhören.«

§ 716 Kontrollrecht der Gesellschafter

(1) Ein Gesellschafter kann, auch wenn er von der Geschäftsführung ausgeschlossen ist, sich von den Angelegenheiten der Gesellschaft persönlich unterrichten, die Geschäftsbücher und die Papiere der Gesellschaft einsehen und sich aus ihnen eine Übersicht über den Stand des Gesellschaftsvermögens anfertigen.

(2) Eine dieses Recht ausschließende oder beschränkende Vereinbarung steht der Geltendmachung des Rechts nicht entgegen, wenn Grund zu der Annahme unredlicher Geschäftsführung besteht.

Übersicht:

A. Allgemeines

Informations- und Kontrollrechte sind insbesondere für die Gesellschafter wichtig, die nicht geschäftsführungsbefugt sind. Sie sind darüber hinaus insbesondere auch in solchen Fällen sinnvoll, in denen die Gesellschafter keinen gleichen Zugang zu den Informationen besitzen. Daher sieht § 716 BGB Informations- und Kontrollrechte für alle Gesellschafter vor. Diese zählen zu dem **Kernbereich** ihrer mitgliedschaftlichen Rechte und können daher auch nicht durch Vereinbarung der Gesellschafter beliebig eingeschränkt werden (vgl. zum Kernbereich der Mitgliedschaftsrechte eines Gesellschafters auch § 705 BGB Rn. 45 ff.). Nach § 716 Abs. 1 BGB steht einem Gesellschafter, auch wenn er von der Geschäftsführung ausgeschlossen ist, das Recht zu, sich über die Angelegenheiten der Gesellschaft persönlich zu unterrichten, die Geschäftsbücher und die Papiere der Gesellschaft einzusehen und sich aus ihnen eine Übersicht über den Stand des Gesellschaftsvermögens anzufertigen. 1

B. Angelegenheiten der Gesellschaft

Der Begriff »Angelegenheiten der Gesellschaft« i. S. d. § 716 Abs. 1 BGB ist **weit auszulegen** (OLG Hamm NJW 1986, 1693, 1694) und schließt im Ergebnis lediglich persönliche Angelegenheiten der Mitgesellschafter und Geschäftsführer aus. Zu den Angelegenheiten der Gesellschaft gehört alles, was die Lage der Gesellschaft betrifft, wie z. B. bilanzierungspflichtige Tatbestände, 2

Geschäftsverbindungen und -pläne, Informationen über Verbindlichkeiten, die steuerlichen Verhältnisse der Gesellschaft, die gegenwärtige Gewinnsituation, die künftige Gewinnerwartung, die öffentlich-rechtlichen Verpflichtungen der Gesellschaft und Informationen über die Anlage des Gesellschaftsvermögens und über die Beziehungen zu verbundenen Unternehmen (vgl. OLG Hamm NJW 1986, 1693, 1694; Sudhoff PersGes/*Buß* § 10 Rn. 2; MAH PersGes/*Plückelmann* § 4 Rn. 121).

C. Befugnisse des Gesellschafters

I. Einsichtnahme in Geschäftsbücher und Papiere

3 Das dem Gesellschafter nach § 716 BGB einräumte Recht geht grundsätzlich nur auf Einsichtnahme, also auf eigenständige Informationsbeschaffung aus den Geschäftsbüchern und Papieren der Gesellschaft. Zu den **Geschäftsbüchern und Papieren der Gesellschaft** gehören alle Bücher und Papiere, die über Geschäftsvorgänge der Gesellschaft Auskunft geben, auch Verträge, Korrespondenz und Aktenvermerke (BGHZ 10, 115, 120; Sudhoff PersGes/*Buß* § 10 Rn. 3). Hierzu gehören auch in elektronischer Form gespeicherte Geschäftsunterlagen (OLG Saarbrücken NZG 2002, 669 »überhaupt alle Unterlagen«; MüKo BGB/*Ulmer* § 716 Rn. 8).

II. Auskunftsrecht

4 Ein darüber hinausgehendes Auskunftsrecht hat der Gesellschafter nur dann, wenn die erforderlichen Angaben aus den Unterlagen nicht ersichtlich sind, er sich also ohne Auskunftserteilung keine Klarheit über die Angelegenheiten der Gesellschaft verschaffen kann (BGH WM 1983, 910, 911; Palandt/*Sprau* § 716 Rn. 1; Sudhoff PersGes/*Buß* § 10 Rn. 2; MAH PersGes/*Plückelmann* § 4 Rn. 120). Der Einsicht nehmende Gesellschafter hat grundsätzlich auch kein Recht auf **Aushändigung der Unterlagen**. Er darf lediglich **Abschriften und Kopien** fertigen, sofern nicht ein berechtigtes Interesse der Gesellschaft entgegensteht (OLG Köln ZIP 1985, 800, 801 zu § 51 a GmbHG; Sudhoff PersGes/*Buß* § 10 Rn. 4). Ausnahmsweise kann aber dann ein Aushändigungsrecht bestehen, wenn es kein Geschäftslokal gibt, die Unterlagen in der Privatwohnung des anderen Gesellschafters gelagert werden und die Einsichtnahme dort unzumutbar ist, so z. B. aufgrund Zerrüttung der Verhältnisse zwischen den Gesellschaftern (OLG Zweibrücken NZG 2005, 508).

III. Ausübung des Informationsrechts

5 Das Informationsrecht ist regelmäßig im **Geschäftslokal** der Gesellschaft während der **Geschäftszeiten** auszuüben. Es ist so durchzuführen, dass der Geschäftsbetrieb nicht übermäßig gestört wird. Das Informations- und Kontrollrecht besteht unabhängig davon, ob der geschäftsführende Gesellschafter bereits Rechnung gelegt hat oder zwischen den Gesellschaftern bereits die Auseinandersetzung stattfindet (Palandt/*Sprau* § 716 Rn. 1).

6 **Adressat** für den sein Informations- und Kontrollrecht ausübenden Gesellschafter ist in erster Linie die Gesellschaft. Die übrigen Gesellschafter können Adressaten sein, soweit sie die Unterrichtung tatsächlich verhindern oder ermöglichen können. Anerkannt ist auch ein unmittelbarer Anspruch gegen die geschäftsführenden Gesellschafter, da diese regelmäßig den gegen die Gesellschaft gerichteten Anspruch erfüllen müssen (BGH WM 1962, 882; WM 1983, 910, 911; Sudhoff PersGes/*Buß* § 10 Rn. 1; MAH PersGes/*Plückelmann* § 4 Rn. 138).

IV. Erlöschen des Rechts mit Ausscheiden

7 Das Informations- und Kontrollrecht nach § 716 BGB erlischt nach h. M. mit dem Ausscheiden und zwar auch hinsichtlich von Sachverhalten, die sich vor dem Ausscheiden zugetragen haben (BGHZ 50, 316, 324; Sudhoff PersGes/*Buß* § 10 Rn. 21). Um seinen Abfindungsanspruch zu kontrollieren, muss der ausgeschiedene Gesellschafter daher **Bucheinsicht gem. § 810 f. BGB** verlangen. Ausnahmsweise kann sich im Einzelfall ein allgemeines Einsichts- und Auskunftsrecht des ausgeschiedenen Gesellschafters **aus § 242 BGB** ergeben. Dies ist der Fall, wenn der ausgeschie-

dene Gesellschafter entschuldbar über das Bestehen und den Umfang seines Rechtes oder Anspruches im Unklaren und deshalb auf Auskunft der Gesellschaft angewiesen ist und die Gesellschaft hierdurch nicht unzumutbar belastet wird (Sudhoff PersGes/*Buß* § 10 Rn. 22).

D. Hinzuziehung von Dritten

I. Sachverständiger, Berater

Dem Gesellschafter ist es grundsätzlich erlaubt, bei seiner Einsichtnahme einen **Sachverständigen** oder einen **Berater** hinzuzuziehen (BGH BB 1962, 899, 900; MüKo BGB/Ulmer § 716 Rn. 16; Palandt/*Sprau* § 716 Rn. 1; MAH PersGes/*Plückelmann* § 4 Rn. 153; *Saenger* NJW 1992, 348). Ein besonderes berechtigtes Interesse an einer solchen Hinzuziehung braucht der Gesellschafter nicht darzulegen. Unter Umständen kann dem Gesellschafter aber die Hinzuziehung nach § 242 BGB untersagt sein, wobei die übrigen Gesellschafter diesen Ausnahmetatbestand zu beweisen haben (BGH BB 1962, 899, 900). 8

II. Vertretung

Rechtsgeschäftlich vertreten lassen darf sich der Gesellschafter allerdings nur in Ausnahmefällen, wie z. B. bei langer Krankheit oder Abwesenheit (MüKo BGB/Ulmer § 716 Rn. 15; MAH PersGes/*Plückelmann* § 4 Rn. 152; *Saenger* NJW 1992, 348, 349). Zulässig ist aber die Wahrnehmung durch den gesetzlichen Vertreter, wie z. B. beim Minderjährigen oder bei Betreuung (§§ 1896, 1902 BGB). Eine Übertragung des Kontrollrechts ist gem. § 717 BGB nicht möglich. 9

E. Verweigerung der Einsichtnahme

Sofern die Einsichtnahme rechtsmissbräuchlich ist, kann sie trotz fehlender gesetzlicher Regelung verweigert werden. **Rechtsmissbrauch** liegt vor, wenn entweder das Informationsbegehren die durch seine Funktion gesetzten Grenzen nicht beachtet oder wenn die Befriedigung des Informationsbegehrens eine vorhersehbare Schädigung der Gesellschaft zur Folge hat (Sudhoff PersGes/*Buß* § 10 Rn. 11; MAH PersGes/*Plückelmann* § 4 Rn. 157 ff.). 10

F. Regelungen im Gesellschaftsvertrag

Das Kontrollrecht des Gesellschafters kann in der Satzung **beschränkt oder ausgeschlossen** werden. Besteht jedoch Grund zur Annahme unredlicher Geschäftsführung, kann das Kontrollrecht unabhängig von einer solchen Beschränkung oder einem solchen Ausschluss ausgeübt werden (Sudhoff PersGes/*Buß* § 10 Rn. 14). 11

Ein vollständiger Ausschluss des Informations- und Kontrollrechts ist zwar nach h. M. möglich. Jedoch unterliegt ein solcher Ausschluss der **Inhaltskontrolle**, bei der der Minderheitenschutz gegen die Interessen der Gesellschaft abgewogen wird (vgl. hierzu ausführl. Sudhoff PersGes/*Buß* § 10 Rn. 14; MAH PersGes/*Plückelmann* § 4 Rn. 145). Entscheidender Bedeutung sollte hierbei der Tatsache zukommen, ob der Ausschluss des Informations- und Kontrollrechts durch einen **sachlichen Grund** gerechtfertigt ist. 12

Üblicherweise enthält der Gesellschaftsvertrag Regelungen zur Hinzuziehung von Dritten oder zur Bevollmächtigung von Dritten bei Ausübung des Kontrollrechts und zum Ort der Einsichtnahme. Möglich sind auch Regelungen zur Art und Weise der Geltendmachung des Rechts auf Einsichtnahme sowie Regelungen zur Kostentragung. 13

Eine Klausel zur Hinzuziehung eines Dritten bei der Einsichtnahme könnte wie folgt lauten: 14

»Der einsichtnehmende Gesellschafter ist berechtigt, einen sachverständigen Dritten bei der Einsichtnahme hinzuzuziehen. Sie darf von der Gesellschaft nur aus wichtigem Grund versagt werden. Der hinzugezogene Dritte muss von Berufs wegen zur Verschwiegenheit verpflichtet sein. Die Hinzuziehung des Dritten ist der Gesellschaft rechtzeitig vorher anzuzeigen. Die Kosten der Hinzuziehung des Dritten übernimmt der Gesellschafter, der den Dritten hinzuzieht.«

§ 717 Nichtübertragbarkeit der Gesellschafterrechte

[1]Die Ansprüche, die den Gesellschaftern aus dem Gesellschaftsverhältnis gegeneinander zustehen, sind nicht übertragbar. [2]Ausgenommen sind die einem Gesellschafter aus seiner Geschäftsführung zustehenden Ansprüche, soweit deren Befriedigung vor der Auseinandersetzung verlangt werden kann, sowie die Ansprüche auf einen Gewinnanteil oder auf dasjenige, was dem Gesellschafter bei der Auseinandersetzung zukommt.

A. Allgemeines

1 Aufgrund des besonderen Vertrauensverhältnisses hat der Gesetzgeber in § 717 BGB niedergelegt, dass die Ansprüche, die den Gesellschaftern aus dem Gesellschaftsverhältnis zustehen, nicht übertragbar sind und damit auch nicht pfändbar oder verpfändbar. Es sind lediglich Ausnahmen vorgesehen für Ansprüche, die dem Gesellschafter aus seiner Geschäftsführung zustehen, soweit ein Befriedigungsanspruch bereits vor Auseinandersetzung besteht, für Ansprüche auf Gewinnanteil bzw. bei Auseinandersetzung.

B. Grundsatz der Nichtübertragbarkeit der Gesellschafterrechte

2 Von dem Grundsatz der Nichtübertragbarkeit sind zum Beispiel die **folgenden Ansprüche** erfasst: Anspruch auf Rechnungslegung, Rechnungsabschluss, Auseinandersetzung, Stimmrecht, Mitwirkung an Geschäftsführung und Vertretung sowie der Anspruch auf Information und Kontrolle nach § 716 BGB (Palandt/*Sprau* § 717 Rn. 4; Sudhoff PersGes/*Masuch* § 18 Rn. 37; MAH PersGes/*Johansson* § 2 Rn. 126).

3 Es bleibt dem Gesellschafter allerdings unbenommen diese Rechte mit Zustimmung aller Gesellschafter **Dritten** zur Ausübung zu überlassen, insbesondere an seinen gesetzlichen Vertreter oder seinen Betreuer (Palandt/*Sprau* § 717 Rn. 4; *Ensthaler/Fahse* § 118 Rn. 9).

C. Ausnahmen

I. Ansprüche aus Geschäftsführung

4 Übertragbar sind hingegen Ansprüche aus Geschäftsführung, wie z. B. Aufwendungsersatz sowie Ansprüche auf Gewinnanteil und Ansprüche bei Auseinandersetzung, wie z. B. Zahlung des Auseinandersetzungsguthabens, soweit ein Befriedigungsanspruch bereits vor Auseinandersetzung besteht. Es handelt sich hierbei um rein finanzielle Ansprüche, die nicht das Bestehen eines besonderen Vertrauensverhältnisses erfordern. Der Zessionar erwirbt nur die Forderung sowie einen Anspruch gegen die Gesellschaft auf Auskunft über ihre Höhe (BGH NJW 1976, 189).

II. Zukünftige Ansprüche

5 Sind die übertragenen Ansprüche noch nicht entstanden, wie z. B. Ansprüche auf zukünftigen Gewinnanteil oder eines zukünftigen Auseinandersetzungsguthabens, erwirbt der Zessionar diesen Anspruch dem Grunde nach erst mit Eintritt der Entstehungsvoraussetzung in der Person des Gesellschafters und der Höhe nach unter Umständen noch abhängig von einer entsprechenden Feststellung. Soweit Ansprüche übertragbar sind, sind sie auch pfändbar (§§ 829, 835 ZPO) und verpfändbar (§§ 1274 Abs. 2, 1280 BGB).

D. Gesellschaftsvertragliche Regelungen

6 Die in § 717 BGB angeordnete grundsätzliche Unübertragbarkeit der Mitgliedschaftsrechte ist, soweit es die Verwaltungsrechte, wie insbesondere das Stimmrecht, angeht, **zwingender Natur**; sie führt zur Nichtigkeit dagegen verstoßender Vereinbarungen (Palandt/*Sprau* § 717 Rn. 4; MüKo BGB/*Ulmer* § 717 Rn. 7).

Dispositiv ist die in S. 2 zugelassene Ausnahme vom Abspaltungsverbot für bestimmte Vermögensrechte. Daher ist es den Gesellschaftern unbenommen, nach § 399 BGB deren Unübertragbarkeit im Gesellschaftsvertrag festzulegen (MüKo BGB/*Ulmer* § 717 Rn. 7). 7

§ 718 Gesellschaftsvermögen

(1) Die Beiträge der Gesellschafter und die durch die Geschäftsführung für die Gesellschaft erworbenen Gegenstände werden gemeinschaftliches Vermögen der Gesellschafter (Gesellschaftsvermögen).

(2) Zu dem Gesellschaftsvermögen gehört auch, was auf Grund eines zu dem Gesellschaftsvermögen gehörenden Rechts oder als Ersatz für die Zerstörung, Beschädigung oder Entziehung eines zu dem Gesellschaftsvermögen gehörenden Gegenstands erworben wird.

Übersicht:

A. Allgemeines

§ 718 BGB regelt und bestimmt das Gesellschaftsvermögen. Nach § 718 BGB besteht das Gesellschaftsvermögen aus den Beiträgen der Gesellschafter und den durch die Geschäftsführung für die Gesellschaft erworbenen Gegenständen nebst etwaigen Surrogaten hierfür. Das dem Gesellschaftszweck gewidmete Vermögen der Gesellschaft stellt ein **dinglich gebundenes Sondervermögen** dar. Diese **Zweckwidmung** unterscheidet das Gesellschaftsvermögen vom sonstigen Vermögen der Gesellschafter und ist hiervon streng zu trennen (BGH NJW 1999, 1407; Palandt/*Sprau* § 718 Rn. 1). Träger des Gesellschaftsvermögens ist die rechtsfähige GbR (Bamberger/Roth/*Timm/Schöne* § 718 Rn. 2). 1

B. Gesellschaftsvermögen, § 718 BGB

I. Beiträge der Gesellschafter

Nach § 718 Abs. 1 BGB gehören zunächst die Beiträge der Gesellschafter zum Gesellschaftsvermögen. Zum Gesellschaftsvermögen gehören hierbei nicht erst die erbrachten Beiträge. Vielmehr gehört zum Gesellschaftsvermögen bereits der Anspruch auf Erbringung der Beiträge mit Abschluss des Gesellschaftsvertrages (Palandt/*Sprau* § 718 Rn. 2; Bamberger/Roth/*Timm/Schöne* § 718 Rn. 4). 2

II. Durch Geschäftsführung erworbene Gegenstände

Weiterhin gehören nach § 718 Abs. 1 BGB die durch die Geschäftsführung für die Gesellschaft erworbenen Gegenstände zum Gesellschaftsvermögen. Erfasst hiervon sind sowohl der **originäre** (§§ 946 ff. BGB) als auch der **rechtsgeschäftliche Erwerb** von Gegenständen (Palandt/*Sprau* § 718 Rn. 3; Bamberger/Roth/*Timm/Schöne* § 718 Rn. 5). Handelt ein vertretungsberechtigter Gesellschafter im Außenverhältnis im eigenen Namen und im Innenverhältnis für Rechnung der Gesellschaft, bedarf es zum Vermögenserwerb durch die Gesellschaft noch eines weiteren Übertragungsaktes auf die GbR. Der Anspruch der Gesellschaft auf eine solche Übertragung gehört bereits zum Gesellschaftsvermögen. 3

III. Surrogationserwerb, § 718 Abs. 2 BGB

4 Nach § 718 Abs. 2 BGB gehören zum Gesellschaftsvermögen auch, was auf Grund eines zu dem Gesellschaftsvermögen gehörenden Rechts oder als Ersatz für die Zerstörung, Beschädigung oder Entziehung eines zum Gesellschaftsvermögen gehörenden Gegenstandes erworben wird. Unter den Erwerb auf Grund eines zu dem Gesellschaftsvermögen gehörenden Rechts fallen alle **Sach- und Rechtsfrüchte** gem. § 99 BGB. Unter **Ersatz** für die Zerstörung, Beschädigung oder Entziehung eines zum Gesellschaftsvermögen gehörenden Gegenstandes gehören die Ansprüche auf Schadensersatz, Entschädigung und Bereicherung (Palandt/*Sprau* § 718 Rn. 4; Bamberger/Roth/*Timm/Schöne* § 718 Rn. 6).

IV. Weitere Bestandteile des Gesellschaftsvermögens

5 § 718 BGB ist **nicht abschließend**. Zum Gesellschaftsvermögen gehören weiterhin der Geschäftswert (good will) der Gesellschaft sowie der Vermögenserwerb infolge eines Vermächtnisses (§ 1939 BGB).

C. Vollstreckung in das Gesellschaftsvermögen

I. Titel gegen Gesellschaft oder Gesellschafter

6 Die Vollstreckung in das Gesellschaftsvermögen erfordert nach § 736 ZPO einen **Titel gegen alle Gesellschafter** in ihrer gesamthänderischen Verbundenheit. Nach neuerer Rechtsprechung ist § 736 ZPO vor dem Hintergrund der Anerkennung der Parteifähigkeit der GbR dahingehend auszulegen, dass ein Titel entweder gegen alle Gesellschafter oder gegen die GbR als Gesamtheit der Gesellschafter erforderlich ist (BGH ZIP 2004, 1775; NJW 2001, 1056, 1060; Zöller/*Stöber* § 736 Rn. 3; Palandt/*Sprau* § 718 Rn. 7; Bamberger/Roth/*Timm/Schöne* § 718 Rn. 20). Ein Urteil gegen die GbR ist auch ein Urteil gegen die gesamthänderisch verbundenen Gesellschafter (BGH NJW 2001, 1056, 1059; Bamberger/Roth/*Timm/Schöne* § 718 Rn. 20; *Habersack* BB 2001, 477, 480).

7 Besitzt der Drittgläubiger bzw. der Gesellschafter nicht einen Titel gegen alle Gesellschafter bzw. alle übrigen Gesellschafter, kann nur eine Vollstreckung in das **Privatvermögen** des jeweiligen Gesellschafters erfolgen (BGH NJW 2001, 1056, 1060; Zöller/*Stöber* § 736 Rn. 1, 6).

II. Gesellschaftsverbindlichkeit

8 Voraussetzung ist aber, dass es sich tatsächlich um eine Gesellschaftsverbindlichkeit handelt. Eine Vollstreckung in das Gesellschaftsvermögen auch auf Grund eines gegen sämtliche Gesellschafter ergangenen Titels, der eine reine Privatverbindlichkeit der Gesellschafter betrifft, ist aufgrund der strikten Trennung zwischen Gesellschaftsvermögen und Privatvermögen unzulässig (Bamberger/Roth/*Timm/Schöne* § 718 Rn. 20; *K. Schmidt* NJW 2001, 993, 1000; a. A. Zöller/*Stöber* § 736 Rn. 3). Die GbR kann sich gegen einen solchen formell zulässigen Eingriff in das Gesellschaftsvermögen mit einer **Drittwiderspruchsklage** gem. § 771 ZPO schützen.

III. Vollstreckung durch Gesellschafter

9 Vollstreckt ein Gesellschafter, so genügt ein **Titel gegen die übrigen** Gesellschafter (Palandt/*Sprau* § 718 Rn. 7; Zöller/*Stöber* § 736 Rn. 6; a. A. Bamberger/Roth/*Timm/Schöne* § 718 Rn. 20: aufgrund der Anerkennung der Rechtsfähigkeit der (Außen-)GbR nunmehr Titel gegen die Gesellschaft).

§ 719 Gesamthänderische Bindung

(1) Ein Gesellschafter kann nicht über seinen Anteil an dem Gesellschaftsvermögen und an den einzelnen dazu gehörenden Gegenständen verfügen; er ist nicht berechtigt, Teilung zu verlangen.

(2) Gegen eine Forderung, die zum Gesellschaftsvermögen gehört, kann der Schuldner nicht eine ihm gegen einen einzelnen Gesellschafter zustehende Forderung aufrechnen.

A. Allgemeines

§ 719 BGB bestimmt die wichtigsten Auswirkungen des **Gesamthandprinzips**. Zunächst betont das in § 719 Abs. 1 BGB statuierte Verfügungsverbot den unauflöslichen Zusammenhang zwischen Gesellschafterstellung und Gesamthandberechtigung. Nach § 719 Abs. 1 BGB ist den Gesellschaftern ein Zugriff auf das Gesellschaftsvermögen ebenso verwehrt, wie nach § 719 Abs. 2 BGB dem Privatschuldner eines Gesellschafters die Aufrechnung gegen eine Gesellschaftsforderung. 1

B. Verfügung über den Anteil am Gesellschaftsvermögen

§ 719 Abs. 1 Alt. 1 BGB untersagt dem Gesellschafter die Verfügung über seinen Anteil am Gesellschaftsvermögen. Der Anteil am Gesellschaftsvermögen betrifft die vermögensrechtliche Seite der hiervon zu unterscheidenden umfassenderen Mitgliedschaft (Palandt/*Sprau* § 719 Rn. 2). Eine Übertragung dieser umfassenderen Mitgliedschaft ist von dem Verfügungsverbot nicht umfasst. 2

Verfügungen über den Anteil am Gesellschaftsvermögen sind **unwirksam** (Palandt/*Sprau* § 719 Rn. 2; Bamberger/Roth/*Timm/Schöne* § 719 Rn. 3). Eine unwirksame Verfügung kann ggf. als Übertragung der gem. § 717 S. 2 BGB abtretbaren Einzelansprüche auszulegen sein. 3

C. Verfügung über den Anteil am Einzelgegenstand

§ 719 Abs. 1 Alt. 2 BGB untersagt dem Gesellschafter die Verfügung über den Anteil an einzelnen Gegenständen. Dem Verfügungsverbot kommt nur eine **klarstellende Bedeutung** zu, da Anteile an den einzelnen Gegenständen nicht bestehen. Eine Verfügung über den Anteil an einem zum Gesellschaftsvermögen gehörenden Gegenstand ist **nichtig**. Es sind daher weder Übertragung noch Pfändung noch Verpfändung möglich. Dies ist Ausfluss der gesamthänderischen Bindung. Allerdings kann ein Gesellschafter ermächtigt werden, über einen einzelnen Gegenstand im Ganzen im Namen der Gesellschaft zu verfügen (Bamberger/Roth/*Timm/Schöne* § 719 Rn. 4). 4

D. Kein Anspruch auf Teilung

§ 719 Abs. 1 Alt. 3 BGB untersagt dem Gesellschafter die Teilung seines Anteils am Gesellschaftsvermögen. Der Ausschluss eines Teilungsanspruchs des Gesellschafters dient dem Schutz des Gesellschaftsvermögens während des Bestehens der Gesellschaft und damit der Zweckverfolgung. Abweichende Vereinbarungen sind unwirksam (Bamberger/Roth/*Timm/Schöne* § 719 Rn. 4). 5

E. Ausschluss der Aufrechnung, § 719 Abs. 2 BGB

§ 719 Abs. 2 BGB untersagt dem Privatgläubiger eines Gesellschafters die Aufrechnung gegen eine ihm gegenüber bestehende Forderung der Gesellschaft. Die Vorschrift hat nur **klarstellende Funktion**, da es mit der Anerkennung einer eigenen Rechtssubjektivität der GbR wie auch infolge der Trennung von Gesamthands- und Privatvermögen der Gesellschafter an der Gegenseitigkeit i. S. v. § 387 BGB fehlt (Palandt/*Sprau* § 719 Rn. 5; Bamberger/Roth/*Timm/Schöne* § 719 Rn. 7). 6

Eine im Prozess dennoch vom Privatgläubiger erklärte Aufrechnung führt aber zur **Hemmung der Verjährung** der zur Aufrechnung gestellten Forderung gegen den Gesellschafter gem. § 204 Abs. 1 Nr. 5 BGB (BGHZ 80, 222 zum früheren Recht, d. h. Unterbrechung der Verjährung nach § 209 Abs. 2 Nr. 3 BGB a. F.; Palandt/*Sprau* § 719 Rn. 5; Bamberger/Roth/*Timm/Schöne* § 719 Rn. 7). Umgekehrt kann die Gesellschaft als Schuldner nicht mit dem Anspruch eines Gesellschafters gegen den Privatgläubiger aufrechnen (OLG Celle NZG 2002, 479, 481; Palandt/ 7

Sprau § 719 Rn. 5). Entsprechend ausgeschlossen ist auch die Aufrechnung eines Gesellschafters mit einer Gesellschaftsforderung gegen eine Privatforderung. Vielmehr ist eine Abtretung der Forderung durch die übrigen Gesellschafter an den aufrechnenden Gesellschafter erforderlich.

F. Verfügungen über den Gesellschaftsanteil

8 Zulässig ist hingegen die Verfügung des einzelnen Gesellschafters über seinen Gesellschaftsanteil.

I. Zustimmung der Mitgesellschafter zur Übertragung nach §§ 453, 398 BGB

9 Die unmittelbare Übertragung der Mitgliedschaft erfolgt nach §§ 453, 398 BGB und bedarf zu ihrer Wirksamkeit grundsätzlich der **Zustimmung der übrigen Mitgesellschafter** (Palandt/*Sprau* § 719 Rn. 6; Bamberger/Roth/*Timm/Schöne* § 719 Rn. 8). Denn kein Gesellschafter braucht sich gegen seinen Willen gefallen zu lassen, dass er durch die Übertragung der Mitgliedschaft auf einen Dritten einen anderen Mitgesellschafter als den ursprünglichen Vertragspartner erhält.

10 Den Gesellschaftern bleibt es aber unbenommen, im Gesellschaftsvertrag eine Übertragung durch **Mehrheitsbeschluss** vorzusehen (MAH PersGes/*Mutter* § 6 Rn. 295). Dies muss sich aber im Gesellschaftsvertrag aufgrund des Bestimmtheitsgrundsatzes zweifelsfrei ergeben (Palandt/*Sprau* § 719 Rn. 6; Bamberger/Roth/*Timm/Schöne* § 719 Rn. 8). Die Übertragung kann im Gesellschaftsvertrag auch von Bedingungen abhängig gemacht werden. Es kann auch lediglich eine Übertragung auf einen bestimmten Personenkreis zugelassen werden (vgl. ausführlich zu Gestaltungsmöglichkeiten MAH PersGes/*Mutter* § 6 Rn. 295 ff.).

II. Gesamtrechtsnachfolge

11 Mit der Übertragung geht die Mitgliedschaft insgesamt im Wege der Gesamtrechtsnachfolge auf den oder die Erwerber über; Erwerb bzw. Verlust der gesamthänderischen Berechtigung sind gesetzliche Folge des Erwerbs bzw. Verlusts der Mitgliedschaft.

12 Zulässig ist insoweit auch die gleichzeitige Übertragung aller Mitgliedschaften auf mehrere Erwerber unter Fortbestand der Gesellschaft. Bei der gleichzeitigen Übertragung aller Mitgliedschaften auf einen Erwerber erlischt die Gesellschaft ohne Liquidation (Bamberger/Roth/*Timm/Schöne*, § 719, Rn. 8).

G. Regelungen im Gesellschaftsvertrag

13 Die Regelungen des § 719 BGB sind **zwingend** (Palandt/*Sprau* § 719 Rn. 2 ff.; Bamberger/Roth/*Timm/Schöne* § 719 Rn. 1).

§ 720 Schutz des gutgläubigen Schuldners

Die Zugehörigkeit einer nach § 718 Abs. 1 erworbenen Forderung zum Gesellschaftsvermögen hat der Schuldner erst dann gegen sich gelten zu lassen, wenn er von der Zugehörigkeit Kenntnis erlangt; die Vorschriften der §§ 406 bis 408 finden entsprechende Anwendung.

A. Allgemeines

1 § 720 BGB ist eine **Schutzvorschrift** zugunsten des gutgläubigen Schuldners. Dieser hat erst dann eine nach § 718 Abs. 1 BGB in das Gesellschaftsvermögen fallende Forderung als solche gegen sich gelten zu lassen, wenn er von der Zugehörigkeit Kenntnis erlangt. Diese Vorschrift findet auch auf den Surrogationserwerb nach § 718 Abs. 2 BGB Anwendung, nicht aber auf Forderungen aus unerlaubter Handlung; hier ist der Schuldner über § 851 BGB geschützt.

B. Rechtsfolge für den Schuldner

Solange er keine Kenntnis von der Zugehörigkeit der Forderung zum Gesellschaftsvermögen hat, kann der Schuldner **mit befreiender Wirkung** an den bisherigen Privatgläubiger leisten. Die Gesellschafter sind daher gehalten, die Zugehörigkeit der Forderung zum Gesellschaftsvermögen unverzüglich dem Schuldner anzuzeigen. Geschieht dies nicht und leistet der Schuldner an den bisherigen Privatgläubiger, hat die Gesellschaft gegen diesen einen Anspruch auf Weiterleitung. 2

C. Regelungen im Gesellschaftsvertrag

§ 720 BGB kann als Schuldnerschutzvorschrift **nicht** durch Vereinbarung der Gesellschafter **abbedungen** werden. 3

§§ 721, 722 BGB

§ 721 Gewinn- und Verlustverteilung

(1) Ein Gesellschafter kann den Rechnungsabschluss und die Verteilung des Gewinns und Verlusts erst nach der Auflösung der Gesellschaft verlangen.

(2) Ist die Gesellschaft von längerer Dauer, so hat der Rechnungsabschluss und die Gewinnverteilung im Zweifel am Schluss jedes Geschäftsjahres zu erfolgen.

§ 722 Anteile am Gewinn und Verlust

(1) Sind die Anteile der Gesellschafter am Gewinn und Verlust nicht bestimmt, so hat jeder Gesellschafter ohne Rücksicht auf die Art und die Größe seines Beitrags einen gleichen Anteil am Gewinn und Verlust.

(2) Ist nur der Anteil am Gewinn oder am Verlust bestimmt, so gilt die Bestimmung im Zweifel für Gewinn und Verlust.

A. Allgemeines

Sofern der Gesellschaftsvertrag keine Regelungen zur **Gewinn- und Verlustverteilung** enthält, gibt das Gesetz die Modalitäten vor, wobei es zwischen Gelegenheitsgesellschaften und auf längere Dauer abgeschlossene Gesellschaften unterscheidet. Mangels Regelung im Gesellschaftsvertrag wird nach **Kopfteilen** verteilt. 1

B. Rechnungsabschluss sowie Gewinn- und Verlustverteilung, § 721 BGB

I. Abgrenzung

Bei **Gelegenheitsgesellschaften** sieht § 721 Abs. 1 BGB als gesetzlichen Regelfall einen Anspruch des Gesellschafters auf Rechnungslegung und Verteilung von Gewinn und Verlust erst nach Auflösung der Gesellschaft vor. 2

Bei **Gesellschaften von »längerer Dauer«** bestimmt § 712 Abs. 2 BGB, dass Rechnungslegung und Gewinnverteilung im Zweifel am Schluss eines jeden Geschäftsjahres zu erfolgen haben. Eine Verteilung des Verlusts ist bei Gesellschaften von »längerer Dauer« nicht gesetzlich vorgesehen. Dies hat seinen Grund in § 707 BGB, wonach die Gesellschafter nicht verpflichtet sind, während der Dauer der Gesellschaft Beitragserhöhungen oder Einlageergänzungen zu leisten. Erst am Ende der Gesellschaft im Rahmen der Auseinandersetzung trifft die Gesellschafter eine Pflicht zu Nachschussleistungen unter den in § 735 BGB näher bezeichneten Voraussetzungen. 3

4 Wann im Einzelfall eine Gelegenheitsgesellschaft oder eine Gesellschaft von längerer Dauer vorliegt, bestimmt sich in erster Linie nach dem Gesellschaftszweck (MüKo BGB/*Ulmer* § 721 Rn. 2). Gelegenheitsgesellschaften liegen regelmäßig vor, wenn der Zweck der Gesellschaft auf die Realisierung eines bestimmten Projektes oder einer begrenzten Anzahl von Einzelgeschäften gerichtet ist. Neben den Spiel- und Fahrgemeinschaften und ähnlichen Verbindungen mit zeitlich begrenztem Zweck zählen hierzu z. B. Arbeitsgemeinschaften sowie Emissions- oder Kreditkonsortien.

II. Anspruch auf Auszahlung

5 Der Anspruch auf Auszahlung des dem Gesellschafter nach § 721 Abs. 2 BGB zustehenden Anteils am Gewinn entsteht mit **Feststellung des Rechnungsabschlusses** bzw. mit Feststellung der Bilanz (MAH PersGes/*Froning* § 8 Rn. 54). Der Anspruch richtet sich gegen die Gesellschaft (MüKo BGB/*Ulmer* § 721 Rn. 11; MAH PersGes/*Froning* § 8 Rn. 54).

C. Anteile am Gewinn und Verlust, § 722 BGB

6 Sofern die Gesellschafter im Gesellschaftsvertrag keine andere Regelung getroffen haben, hat gem. § 722 Abs. 2 BGB jeder Gesellschafter ohne Rücksicht auf die Art und die Größe seines Beitrags einen **gleichen Anteil** am Gewinn und Verlust. Es erfolgt daher eine Verteilung nach Köpfen. Ist nur der Anteil am Gewinn oder am Verlust bestimmt, so gilt gem. § 722 Abs. 2 BGB die Bestimmung im Zweifel für Gewinn und Verlust.

D. Regelungen im Gesellschaftsvertrag

7 §§ 721 und 722 BGB sind **dispositiv** (Sudhoff PersGes/*Schulte* § 14 Rn. 6, 8; MAH PersGes/*Froning* § 8 Rn. 62). Der Gesellschaftsvertrag kann daher z. B. einen anderen Zeitpunkt der Gewinnauszahlung oder die Zahlung von monatlichen Vorschüssen vorsehen. Er kann die Gewinnauszahlung an bestimmte Voraussetzungen knüpfen oder vorsehen, dass ein Mindestbetrag in der Gesellschaft verbleiben muss. Die Gestaltungsmöglichkeiten sind vielfältig.

8 Den Gesellschaftern bleibt es auch unbenommen, einen anderen als den in § 712 BGB vorgesehenen **Verteilungsschlüssel** vorzusehen. Häufig wird bei Gesellschaften mit hohem Kapitaleinsatz der Verteilungsschlüssel nach dem eingebrachten Kapital gebildet. Bei Gesellschaften mit wenig Kapitalausstattung, bei denen der Arbeitseinsatz im Vordergrund steht, wird regelmäßig eine Verteilung unter Berücksichtigung des Wertes und der Wichtigkeit der Arbeitsleistung erfolgen. Auch ist eine Kombination von beiden oder auch noch anderen Faktoren möglich.

9 **Änderungen der Gewinn- und Verlustverteilung** bedürfen mangels abweichender Regelung im Gesellschaftsvertrag eines einstimmigen Gesellschafterbeschlusses. Allerdings kann der Gesellschaftsvertrag vorsehen, dass dies auch durch Mehrheitsbeschluss erfolgen kann (zu den Schranken von Mehrheitsklauseln über Änderungen der Gewinn- und Verlustverteilung s. § 705 BGB Rn. 39 ff.).

§§ 723, 724 BGB

§ 723 Kündigung durch Gesellschafter

(1) [1]Ist die Gesellschaft nicht für eine bestimmte Zeit eingegangen, so kann jeder Gesellschafter sie jederzeit kündigen. [2]Ist eine Zeitdauer bestimmt, so ist die Kündigung vor dem Ablauf der Zeit zulässig, wenn ein wichtiger Grund vorliegt. [3]Ein wichtiger Grund liegt insbesondere vor,

1. wenn ein anderer Gesellschafter eine ihm nach dem Gesellschaftsvertrag obliegende wesentliche Verpflichtung vorsätzlich oder aus grober Fahrlässigkeit verletzt hat oder wenn die Erfüllung einer solchen Verpflichtung unmöglich wird,

2. wenn der Gesellschafter das 18. Lebensjahr vollendet hat.

[4]Der volljährig Gewordene kann die Kündigung nach Nummer 2 nur binnen drei Monaten von dem Zeitpunkt an erklären, in welchem er von seiner Gesellschafterstellung Kenntnis hatte oder haben musste. [5]Das Kündigungsrecht besteht nicht, wenn der Gesellschafter bezüglich des Gegenstands der Gesellschaft zum selbständigen Betrieb eines Erwerbsgeschäfts gemäß § 112 ermächtigt war oder der Zweck der Gesellschaft allein der Befriedigung seiner persönlichen Bedürfnisse diente. [6]Unter den gleichen Voraussetzungen ist, wenn eine Kündigungsfrist bestimmt ist, die Kündigung ohne Einhaltung der Frist zulässig.

(2) [1]Die Kündigung darf nicht zur Unzeit geschehen, es sei denn, dass ein wichtiger Grund für die unzeitige Kündigung vorliegt. [2]Kündigt ein Gesellschafter ohne solchen Grund zur Unzeit, so hat er den übrigen Gesellschaftern den daraus entstehenden Schaden zu ersetzen.

(3) Eine Vereinbarung, durch welche das Kündigungsrecht ausgeschlossen oder diesen Vorschriften zuwider beschränkt wird, ist nichtig.

§ 724 Kündigung bei Gesellschaft auf Lebenszeit oder fortgesetzter Gesellschaft

[1]Ist eine Gesellschaft für die Lebenszeit eines Gesellschafters eingegangen, so kann sie in gleicher Weise gekündigt werden wie eine für unbestimmte Zeit eingegangene Gesellschaft. [2]Dasselbe gilt, wenn eine Gesellschaft nach dem Ablauf der bestimmten Zeit stillschweigend fortgesetzt wird.

Übersicht:

A. Allgemeines

I. Auflösung, Liquidation, Beendigung

1 Die Auflösung einer Gesellschaft bedeutet regelmäßig noch nicht Untergang der Gesellschaft als Rechtsträger, sondern vielmehr nur die Änderung des Gesellschaftszweckes von der werbenden Tätigkeit zur Abwicklung und Liquidation der Gesellschaft. Die Auflösung ist daher von der Liquidation als Abwicklungsverfahren und von der Beendigung der Gesellschaft als Abschluss der Liquidation zu unterscheiden (BayObLG NJW-RR 2002, 246; Sudhoff PersGes/*Masuch* § 19 Rn. 1). Durch die **Auflösung** der Gesellschaft wird deren Bestand und Rechtsidentität nicht be-

rührt. Sie wird jedoch zur **Abwicklungsgesellschaft** mit der Folge der Auseinandersetzung in Form einer Liquidation des Gesellschaftsvermögens.

II. Kündigung nach §§ 723, 724 BGB als Auflösungsgrund

2 In den §§ 723 ff. BGB hat der Gesetzgeber einige Auflösungsgründe vorgesehen. Die §§ 723, 724 BGB sehen Kündigungsrechte der Gesellschafter vor, die zur Auflösung der Gesellschaft führen. Bei der Kündigungsmöglichkeit von Gesellschaftern unterscheidet das Gesetz zunächst zwischen einer **ordentlichen Kündigung** und einer **Kündigung aus wichtigem Grund**.

3 Gleichzeitig differenziert das Gesetz zwischen Gesellschaften, die auf bestimmte, unbestimmte oder auf Lebenszeit eingegangen worden sind, sowie solchen, die nach Ablauf der ursprünglich vorgesehenen Zeit fortgesetzt werden. Eine auf bestimmte Zeit eingegangene Gesellschaft kann grundsätzlich nicht vor Ablauf dieser Zeit gekündigt werden. Eine Ausnahme liegt dann vor, wenn ein wichtiger Grund gem. § 723 Abs. 1 S. 2 BGB gegeben ist, wobei § 723 Abs. 1 S. 3 BGB Beispiele eines wichtigen Grundes enthält. Eine auf unbestimmte Zeit eingegangene Gesellschaft kann hingegen jederzeit gekündigt werden. Entsprechendes gilt für die auf Lebenszeit eingegangene Gesellschaft sowie solchen, die nach Ablauf der ursprünglich vorgesehenen Zeit fortgesetzt werden.

4 **Rechtsfolge** der Kündigung ist die Auflösung der Gesellschaft gem. § 730 BGB. Unzulässig ist allerdings nach § 723 Abs. 3 BGB eine Vereinbarung, durch die das Kündigungsrecht ausgeschlossen oder diesen Vorschriften zuwider beschränkt wird.

B. Ordentliche Kündigung, § 723 Abs. 1 S. 1 BGB

5 Ist eine **Gesellschaft für unbestimmte Zeit** eingegangen worden, kann die GbR grundsätzlich jederzeit gem. § 723 Abs. 1 S. 1 BGB durch jeden Gesellschafter ordentlich gekündigt werden. Allerdings kann unter bestimmten Umständen bei einer zeitlich nicht befristet eingegangenen Gesellschaft das ordentliche Kündigungsrecht unter Berücksichtigung des Vertragszwecks ausgeschlossen sein (BGH NJW 1953, 1217, 1218; OLG Hamm NJW-RR 1993, 1383, 1384).

I. Unbestimmte Dauer

6 Eine Gesellschaft ist auf unbestimmte Dauer eingegangen, wenn ihre Dauer weder nach dem Kalender bestimmt, noch sonst eine feste Dauer vorgesehen ist (BGHZ 50, 316, 321 f.; Sudhoff PersGes/*Masuch* § 15 Rn. 22). Eine Befristung einer Gesellschaft kann ausdrücklich geregelt werden oder sich aus den Umständen ergeben (OLG Hamm NJW-RR 1993, 1383, 1384). Dies ist z. B. der Fall, wenn sich die Gesellschafter zur Durchführung eines bestimmten Projektes zusammengeschlossen haben. Entsprechendes gilt bei Gelegenheitsgesellschaften, bei denen sich regelmäßig ableiten lässt, dass die Gesellschafter bis zur Zweckerreichung bzw. des Unmöglichwerdens der Zweckerreichung zusammen bleiben möchten.

II. Bestimmte Dauer

7 Eine auf bestimmte Zeit eingegangene Gesellschaft kann auch dann anzunehmen sein, wenn ein Gesellschafter die Geschäftsidee und die Kundenkontakte in die Gesellschaft eingebracht und damit den anderen Gesellschaftern offenbart hat (OLG Hamm NJW-RR 1993, 1383, 1384). Dann kann es den anderen Gesellschaftern verwehrt sein, die Gesellschaft alsbald zu kündigen, um die zum Gesellschaftszweck gehörenden Geschäfte auf eigene Rechnung und ohne Beteiligung des einbringenden Gesellschafters durchzuführen. Die Gesellschaft kann deshalb frühestens dann gekündigt werden, wenn der einbringende Gesellschafter aus den Gewinnen der Gesellschaft eine angemessene Entschädigung für die von ihm eingebrachte Geschäftsidee und die Kundenbeziehungen erhalten hat (OLG Hamm NJW-RR 1993, 1383, 1384).

III. Höchstdauer, auflösende Bedingung

Ist eine Gesellschaft für eine **Höchstdauer** abgeschlossen worden, gilt sie bis zum Ablauf der Zeit als auf unbestimmte Zeit eingegangen. Sie kann daher vor Zeitablauf ordentlich gekündigt werden (Bamberger / Roth / *Timm/Schöne* § 723 Rn. 9). Als eine auf unbestimmte Zeit abgeschlossene Gesellschaft gilt auch eine **auflösend bedingt** vereinbarte Gesellschaft, sofern der Zeitpunkt des Eintritts des Ereignisses ungewiss ist. Die Beweislast dafür, dass die Gesellschaft auf bestimmte Zeit eingegangen ist, trifft denjenigen, der sich hierauf beruft (Bamberger / Roth / *Timm/Schöne* § 723 Rn. 11). 8

C. Kündigung aus wichtigem Grund, § 723 Abs. 1 S. 2 BGB

Bei einer auf **bestimmte Zeit eingegangenen Gesellschaft** ist das ordentliche Kündigungsrecht ausgeschlossen. Eine solche Gesellschaft kann gem. § 723 Abs. 1 S. 2 BGB vor Ablauf der Zeit nur aus wichtigem Grund gekündigt werden. Eine solche Kündigung ist auch bei auf unbestimmte Zeit eingegangenen Gesellschaften möglich. Das ist dann relevant, wenn die Gesellschafter im Gesellschaftsvertrag (insbesondere längere) Kündigungsfristen vorgesehen haben. 9

I. Gesetzlich geregelte Fälle des wichtigen Grundes

Nach § 723 Abs. 1 S. 3 Nr. 1 BGB ist eine Kündigung aus wichtigem Grund möglich, wenn ein anderer Gesellschafter eine ihm nach dem Gesellschaftsvertrag obliegende **wesentliche Verpflichtung** vorsätzlich oder aus grober Fahrlässigkeit verletzt hat oder wenn die Erfüllung einer solchen Verpflichtung unmöglich wird. 10

Weiterhin nennt § 723 Abs. 1 S. 3 Nr. 2 BGB als Beispiel für einen wichtigen Grund eines Gesellschafters die **Vollendung seines 18. Lebensjahres**. Der volljährig gewordene Gesellschafter kann allerdings eine solche Kündigung nur innerhalb von drei Monaten von dem Zeitpunkt an erklären, in dem er von seiner Gesellschafterstellung Kenntnis hatte oder haben musste. Darüber hinaus besteht dieses Kündigungsrecht nicht, wenn der Gesellschafter bezüglich des Gegenstands der Gesellschaft zum selbstständigen Betrieb eines Erwerbsgeschäfts gem. § 112 BGB ermächtigt war oder der Zweck der Gesellschaft allein der Befriedigung seiner persönlichen Bedürfnisse diente. Unter den gleichen Voraussetzungen ist, wenn eine Kündigungsfrist bestimmt ist, die Kündigung ohne Einhaltung der Frist zulässig. 11

II. Unzumutbarkeit der Fortsetzung

1. Abwägung

Unabhängig von diesen Beispielsfällen liegt dann ein wichtiger Grund zur Kündigung vor, wenn das Interesse des Kündigenden an der sofortigen Beendigung der Gesellschaft das Interesse seiner Mitgesellschafter an der Fortführung des Gesellschaftsverhältnisses überwiegt (BGH NJW 1982, 2821; Bamberger / Roth / *Timm/Schöne* § 723 Rn. 13; MAH PersGes / *Mutter* § 6 Rn. 33). Dies ist der Fall, wenn unter Abwägung aller in Betracht kommenden Tatsachen die **Fortsetzung des Gesellschaftsverhältnisses** bis zur nächsten ordentlichen Beendigungsmöglichkeit für den Kündigenden **unzumutbar** ist (BGH NJW 1960, 625; Bamberger / Roth / *Timm/Schöne* § 723 Rn. 13; Sudhoff PersGes / *Masuch* § 19 Rn. 14; MAH PersGes / *Mutter* § 6 Rn. 33). Bei der Abwägung sind unter anderem der Gesellschaftszweck, die bisherige Dauer der Gesellschaft, ihre Restdauer, die Gesellschaftsstruktur sowie die Intensität der persönlichen Zusammenarbeit der Gesellschafter zu berücksichtigen (BGH DStR 1996, 1256; Bamberger / Roth / *Timm/Schöne* § 723 Rn. 13; MAH PersGes / *Mutter* § 6 Rn. 33). 12

2. Beispiele

Als **wichtige Gründe** kommen z. B. in Betracht: tiefgehende Zerrüttung des Vertrauensverhältnisses (BGH DB 1977, 87, 88; LG München NJW-RR 1993, 334; Bamberger / Roth / *Timm/Schöne* § 723 Rn. 13; Sudhoff PersGes / *Masuch* § 19 Rn. 14), Beschimpfungen oder Verleumdungen von 13

Mitgesellschaftern (BGH NJW 1967, 1081), Überschreitungen der Geschäftsführungsbefugnisse durch einen Mitgesellschafter oder sonstiges unredliches Verhalten in der Geschäftsführung durch einen Mitgesellschafter (BGH WM 1985, 997), Verstöße gegen ein Wettbewerbsverbot durch einen Mitgesellschafter (MüKo BGB/*Ulmer* § 723 Rn. 32; MAH PersGes/*Mutter* § 6 Rn. 36).

14 Grund für eine fristlose Kündigung können auch Umstände sein, die so schwerwiegende Bedenken gegenüber dem Erfolg der weiteren Zusammenarbeit oder dem Erreichen des Gesellschaftszwecks begründen, dass sie das Festhalten an der Gesellschaft für den Kündigenden unzumutbar machen. So liegt es beim Eintritt nachhaltiger, auf der allgemeinen Geschäftslage oder der mangelnden Konkurrenzfähigkeit des Unternehmens beruhender Verluste, wenn eine Wende zum Besseren zwar möglich, aber nicht konkret absehbar ist. Entsprechendes gilt, wenn die Kapitalbasis der Gesellschaft zwar im Wesentlichen noch vorhanden, aber durch die Fortsetzung der Gesellschaft ernsthaft und in einem über das allgemeine oder das bei der Gesellschaftsgründung konkret in Kauf genommene Risiko deutlich hinausgehende Maß gefährdet ist (MüKo BGB/*Ulmer* § 723 Rn. 35; vgl. hierzu auch Bamberger/Roth/*Timm/Schöne* § 723 Rn. 9). Auch der Wegfall der Gewinnerwartung lässt in aller Regel die Geschäftsgrundlage der Gesellschaft entfallen. Unter den genannten Voraussetzungen kann ein Festhalten am Vertrag mit weiterem Einsatz von Kapital und Arbeit nach ständiger Rechtsprechung keinem Gesellschafter zugemutet werden (MüKo BGB/*Ulmer* § 723 Rn. 35 m. w. N.).

3. Milderes Mittel

15 Bei Gründen in der Person eines Gesellschafters ist jeweils auch zu prüfen, ob nicht bereits der Entzug der Geschäftsführungs- und Vertretungsbefugnis als das **mildere Mittel** ausreicht, um die gemeinsame Fortführung der Gesellschaft zumutbar erscheinen zu lassen (MüKo BGB/*Ulmer* § 723 Rn. 29).

4. Fehlerhafte Gesellschaft

16 Eine Kündigung aus wichtigem Grund kommt darüber hinaus in Betracht, wenn die Grundsätze über die **fehlerhafte Gesellschaft** Anwendung finden (vgl. hierzu § 705 Rn. 51 ff.). Dann kann jeder Gesellschafter die Gesellschaft aus wichtigem Grund kündigen (MüKo BGB/*Ulmer* § 723 Rn. 46; Bamberger/Roth/*Timm/Schöne* § 723 Rn. 14).

D. Kündigungserklärung

I. Zugang bei allen Gesellschaftern

17 Die Kündigung muss als **einseitige empfangsbedürftige Willenserklärung** allen Gesellschaftern gegenüber abgegeben werden und wird erst mit Zugang beim letzten von diesen wirksam (MüKo BGB/*Ulmer* § 723 Rn. 11; Bamberger/Roth/*Timm/Schöne* § 723 Rn. 6; Sudhoff PersGes/*Masuch* § 19 Rn. 16). Ist die Kündigung an die Gesellschaft abgesandt, wird sie nur wirksam, wenn alle Gesellschafter innerhalb der Kündigungsfrist **Kenntnis** erhalten (BGH NJW 1993, 1002; Sudhoff PersGes/*Masuch* § 19 Rn. 15). Bis zum Zugang beim letzten Gesellschafter kann die Kündigung einseitig **zurückgenommen** werden, danach nur noch mit Zustimmung aller Mitgesellschafter; dies gilt auch, wenn eine einzuhaltende Kündigungsfrist noch nicht abgelaufen ist (Bamberger/Roth/*Timm/Schöne* § 723 Rn. 6).

II. Angabe des Kündigungsgrunds

18 Der Kündigungsgrund muss nach h. M. bei einer Kündigung aus wichtigem Grund angegeben werden, sofern der Grund den übrigen Gesellschaftern nicht bekannt ist (MüKo BGB/*Ulmer* § 723 Rn. 27; Sudhoff PersGes/*Masuch* § 19 Rn. 15; MAH PersGes/*Mutter* § 6 Rn. 42). Erfolgt eine solche Mitteilung nicht oder unvollständig, führt dies aber nicht zur Unwirksamkeit der Kündigung, sondern lediglich zu einem Schadensersatzanspruch, sofern und soweit der Gesellschaft hieraus ein Schaden entstanden ist (offen gelassen BGH NJW 1958, 1136, 1138).

III. Erklärung in angemessener Frist

19 Bei einer Kündigung aus wichtigem Grund ist es ferner erforderlich, dass diese innerhalb einer angemessenen Frist erklärt wird, d. h. nach einer **angemessenen Bedenkzeit** für den zur Kündigung berechtigten Gesellschafter **ab Kenntnis** des zur Kündigung berechtigenden Grundes (OLG Hamm NJW-RR 1993, 1383, 1384). Kündigt ein Gesellschafter über eine längere Zeit hinweg trotz Kenntnis des zur Kündigung berechtigenden Grundes nicht und durften die Mitgesellschafter deswegen darauf vertrauen, dass er nicht kündigt, ist das Kündigungsrecht verwirkt (MüKo BGB/*Ulmer* § 723 Rn. 46; Sudhoff PersGes/*Masuch* § 19 Rn. 20; MAH PersGes/*Mutter* § 6 Rn. 42).

1. Angemessene Bedenkzeit

20 Die Kündigung muss nicht unverzüglich nach Kenntnis der zur Kündigung berechtigenden Umstände erfolgen (BGH NJW 1966, 2160, 2161). So kann die Abwicklung bedeutender Geschäfte oder andere Gesellschaftsinteressen die Fortsetzung des Gesellschaftsverhältnisses für geraume Zeit als sachgerecht erscheinen lassen. Der Kündigungsberechtigte kann ein eigenes anerkennenswertes Interesse daran haben, die unter Umständen auch für ihn bedeutsamen Folgen der Kündigung nicht sofort eintreten zu lassen. Aber auch ohne besondere Gesichtspunkte muss dem Kündigungsberechtigten Zeit bleiben, sich zu überlegen, ob er von dem Recht, die Gesellschaft aufzulösen, überhaupt Gebrauch machen möchte (BGH NJW 1966, 2160, 2161).

2. Verwirkung

21 Eine angemessene Bedenkzeit ist aber im Regelfall nach Ablauf einiger Monate überschritten (BGH NJW 1966, 2160, 2161; MüKo BGB/*Ulmer* § 723 Rn. 48). Zu lang ist jedenfalls ein Zuwarten von 15 Monaten nach Kenntnis des Kündigungsgrundes (BGH NJW 1966, 2160, 2161). Ein zu langes Warten kann auch dazu führen, dass die tatsächliche Vermutung für die Unzumutbarkeit des Zuwartens bis zum Zeitpunkt des Termins einer ordentlichen Kündigung verloren geht (BGH NJW 1999, 2820, 2821; OLG Hamm NJW-RR 1993, 1383, 1384; MAH PersGes/*Mutter* § 6 Rn. 42).

22 Kommt es aber nach Ablauf der angemessenen Bedenkzeit zu **erneuten Vertragsstörungen**, so hindert der zwischenzeitliche Zeitablauf allerdings nicht den Rückgriff auf einen früheren wichtigen Grund im Rahmen der gebotenen Gesamtbetrachtung (OLG Köln WM 1993, 325, 328; MüKo BGB/*Ulmer* § 723 Rn. 48).

E. Kündigung zur Unzeit

23 Allerdings darf die Kündigung gem. § 723 Abs. 2 BGB nicht zur Unzeit erfolgen, es sei denn, dass ein wichtiger Grund hierfür vorliegt. **Unzeitig** ist eine Kündigung, wenn ihr Zeitpunkt die gemeinschaftlichen Interessen der Gesellschafter verletzt (Bamberger/Roth/*Timm/Schöne* § 723 Rn. 24). Entscheidend ist, dass der kündigende Gesellschafter schuldhaft unter mehreren bestehenden Kündigungszeitpunkten einen ausgewählt hat, durch den die Interessen der anderen Gesellschafter verletzt werden (BGH GRUR 1959, 384, 388). Nicht ausreichend ist, dass der Kündigende ohne zusätzlichen Nachteil auf seiner Seite einen späteren Kündigungszeitpunkt hätte wählen können (Bamberger/Roth/*Timm/Schöne* § 723 Rn. 24).

24 Erfolgt die Kündigung zur Unzeit ist sie dennoch **wirksam**. Kündigt ein Gesellschafter allerdings ohne wichtigen Grund zur Unzeit, hat er den übrigen Gesellschaftern den daraus entstehenden Schaden zu ersetzen (Bamberger/Roth/*Timm/Schöne* § 723 Rn. 24). Zu ersetzen ist der Schaden, der den anderen Gesellschaftern durch die zu früh erfolgte Kündigung entstanden ist.

F. Gesellschaftsvertragliche Regelungen, § 723 Abs. 3 BGB

I. Erweiterung des Kündigungsrechts

25 Nach § 723 Abs. 3 BGB ist eine Vereinbarung, durch welche das Kündigungsrecht ausgeschlossen oder diesen Vorschriften zuwider beschränkt wird, nichtig. **Zulässig** ist demnach zunächst

eine Vereinbarung zwischen den Gesellschaftern, die die Kündigungsrechte der Gesellschafter **erweitert**, also z. B. auch bei einer auf bestimmte Dauer eingegangenen Gesellschaft ein Kündigungsrecht vorsieht.

26 Eine solche **Klausel** könnte wie folgt lauten:

»Die Gesellschaft läuft bis zum … Während dieser Laufzeit kann die Gesellschaft von jedem Gesellschafter mit einer Frist von 6 Monaten zum Ende eines Kalenderjahres gekündigt werden.«

II. Weitere Regelungen

27 Die Gesellschafter können weiterhin bestimmte Vorkommnisse als Grund für eine wichtige Kündigung vorsehen. Auch können die Modalitäten der Abgabe der Kündigungserklärung geregelt werden. Es kann z. B. festgelegt werden, dass die Kündigung nicht gegenüber allen Gesellschaftern ausgesprochen werden muss, sondern eine Kündigung gegenüber einem der geschäftsführenden Gesellschafter ausreichend ist (vgl. OLG Celle NZG 2000, 586). Auch können für die Kündigung bestimmte Formvorschriften vorgesehen werden.

28 Eine **Klausel** könnte wie folgt lauten:

»Die Kündigungserklärung ist gegenüber einem der geschäftsführungsbefugten Gesellschafter zu erklären. Sie bedarf der Schriftform.«

III. Unzulässigkeit von Ausschluss und Beschränkung

29 Unzulässig sind nach § 723 Abs. 3 BGB Regelungen, durch die das Kündigungsrecht ausgeschlossen oder den Kündigungsvorschriften zuwider beschränkt wird. Entsprechende Vereinbarungen sind **nichtig**.

30 Eine Erstreckung der Nichtigkeit auf den Gesellschaftsvertrag im Ganzen scheidet abweichend von § 139 BGB regelmäßig aus (MüKo BGB/*Ulmer* § 723 Rn. 63). An die Stelle der nichtigen Vereinbarungen tritt dispositives Recht, soweit nicht der Gesellschaftszweck oder die sonstigen zwischen den Beteiligten getroffenen Vereinbarungen erkennen lassen, dass sie übereinstimmend eine zeitlich unbegrenzte oder lang anhaltende Bindung gewollt und mit der Nichtigkeit aus § 723 Abs. 3 BGB bzw. der Behandlung der Gesellschaft als unbefristete nach Maßgabe von § 724 BGB nicht gerechnet haben. In derartigen Fällen sind die Gerichte befugt, dem Parteiwillen durch ergänzende Vertragsauslegung, d. h. Festsetzung einer den Vorstellungen der Beteiligten möglichst nahe kommenden, noch zulässigen Befristung Rechnung zu tragen (MüKo BGB/*Ulmer* § 723 Rn. 63).

IV. Vereinbarung von Kündigungsfristen

31 Zu den unzulässigen Kündigungsbeschränkungen zählt nicht die Vereinbarung von Kündigungsfristen für die ordentliche Kündigung, sofern diese nicht zu einer unverhältnismäßig langen Bindung an die Gesellschaft führen (BGH NZG 2006, 425; MüKo BGB/*Ulmer* § 723 Rn. 71; Bamberger/Roth/*Timm/Schöne* § 723 Rn. 29; MAH PersGes/*Mutter* § 6 Rn. 84). Eine **unverhältnismäßig lange Bindung** kommt in den folgenden Fällen in Betracht: Ausschluss der ordentlichen Kündigung für die gesamte Dauer der Gesellschaft (BGH NJW 1968, 2003); Befristungen, die deutlich über die Lebenserwartung der beteiligten Gesellschafter hinausreichen (Bamberger/Roth/*Timm/Schöne* § 723 Rn. 29); eine Bindungsfrist von 30 Jahren und mehr (BGH WM 1967, 315, 316). Übermäßig lange Bindungen können auf eine noch zulässige Bindung reduziert werden (Bamberger/Roth/*Timm/Schöne* § 723 Rn. 29).

V. Unzulässige Vereinbarungen

32 Eine unzulässige Kündigungsbeschränkung kann auch in einer gesellschaftsvertraglichen Klausel zu sehen sein, die vorsieht, dass dem Kündigenden im Falle einer Kündigung **wirtschaftliche Einbußen** drohen, z. B. durch Austrittsgeld oder Vertragsstrafen (Bamberger/Roth/*Timm/Schöne* § 723 Rn. 29) oder durch unzumutbare Einschränkung des Abfindungsanspruchs (BGH

NZG 2006, 425). Unzulässige Kündigungsbeschränkungen können auch Vereinbarungen über **verfahrensmäßige Beschränkungen** des Kündigungsrechts sein, so etwa das Erfordernis, dass nur mehrere Gesellschafter auf einmal kündigen können oder eine Kündigung nur durch Mehrheitsbeschluss zulässig sein soll (MüKo BGB/Ulmer § 723 Rn. 50; Bamberger/Roth/*Timm/Schöne* § 723 Rn. 31). Unzulässig sind auch Vereinbarungen, die vorsehen, dass bestimmte Gründe keinen Grund zu einer Kündigung aus wichtigem Grund sind, sie aber tatsächlich einen wichtigen Grund darstellen. Umgekehrt stellt die Vereinbarung bestimmter wichtiger Gründe ein sehr starkes Indiz dafür dar, dass bei ihrem Vorliegen auch tatsächlich ein wichtiger Grund gegeben ist. Denn regelmäßig legen die Gesellschafter solche Gründe als wichtige Gründe fest, die sie als wichtig ansehen und bei deren Vorliegen eine Berechtigung zur Kündigung aus wichtigem Grund gegeben sein soll. Die Vereinbarung wichtiger Kündigungsgründe ist aber an § 138 BGB zu messen.

VI. Fortsetzung der Gesellschaft

An die Stelle der Auflösung der Gesellschaft infolge einer Kündigung gem. §§ 723, 730 BGB kön- **33**
nen die Gesellschafter auch die Fortsetzung der Gesellschaft vereinbaren, also dass nur der Kündigende aus der Gesellschaft ausscheidet und die Gesellschaft unter den übrigen Gesellschaftern fortgesetzt wird.

Eine **Klausel** könnte wie folgt lauten: **34**

»Scheidet ein Gesellschafter aus der Gesellschaft aus, wird die Gesellschaft unter den übrigen Gesellschaftern fortgesetzt.«

G. Laufzeit der Gesellschaft auf Lebenszeit, § 724 S. 1 BGB

Eine auf die Lebenszeit eines Gesellschafters eingegangene Gesellschaft wird wie eine auf unbe- **35**
stimmte Zeit abgeschlossene Gesellschaft behandelt. Sie kann daher jederzeit gekündigt werden.

H. Fortsetzung einer auf bestimmte Zeit eingegangenen Gesellschaft, § 724 S. 2 BGB

Auch eine auf bestimmte Zeit eingegangene Gesellschaft, die nach Ablauf der Zeit stillschwei- **36**
gend fortgesetzt wird, wird wie eine auf unbestimmte Zeit eingegangene Gesellschaft behandelt. Eine solche Gesellschaft kann daher jederzeit gekündigt werden.

§ 725 Kündigung durch Pfändungspfandgläubiger

(1) Hat ein Gläubiger eines Gesellschafters die Pfändung des Anteils des Gesellschafters an dem Gesellschaftsvermögen erwirkt, so kann er die Gesellschaft ohne Einhaltung einer Kündigungsfrist kündigen, sofern der Schuldtitel nicht bloß vorläufig vollstreckbar ist.

(2) Solange die Gesellschaft besteht, kann der Gläubiger die sich aus dem Gesellschaftsverhältnis ergebenden Rechte des Gesellschafters, mit Ausnahme des Anspruchs auf einen Gewinnanteil, nicht geltend machen.

Übersicht:

A. Allgemeines

1 § 725 BGB erlaubt einem Privatgläubiger eines Gesellschafters, die Gesellschaft ohne Einhaltung der Kündigungsfrist zu kündigen, sofern er die Pfändung des Anteils des Gesellschafters an dem Gesellschaftsvermögen aufgrund eines nicht nur vorläufig vollstreckbaren Titels erwirkt hat.

B. Gläubiger eines Gesellschafters

2 Die Pfändung des Gesellschaftsanteils und damit die Kündigung der Gesellschaft kann nur durch einen Privatgläubiger des betroffenen Gesellschafters erfolgen, nicht durch einen Gesellschaftsgläubiger (Palandt/*Sprau* § 725 Rn. 1).

C. Pfändung des Gesellschaftsanteils

3 Die Pfändung darf nur aufgrund eines nicht nur **vorläufig vollstreckbaren Titels** erwirkt worden sein. Der Titel muss daher rechtskräftig sein. Ferner muss der Gläubiger die Pfändung der Ansprüche des Gesellschafters gegen die Gesellschaft erwirkt haben (Sudhoff PersGes/*Masuch* § 15 Rn. 34; MAH PersGes/*Gehde* § 11 Rn. 101; Palandt/*Sprau* § 725 Rn. 3). Die Pfändung erfolgt nach den §§ 857, 859 ZPO. **Drittschuldner** ist die GbR (Sudhoff PersGes/*Masuch* § 15 Rn. 35; MAH PersGes/*Gehde* § 11 Rn. 101). Nicht erforderlich ist eine Zustellung an sämtliche Gesellschafter (BGH WM 1986, 719). Ausreichend ist vielmehr die Zustellung an einen der geschäftsführenden Gesellschafter (Sudhoff PersGes/*Masuch* § 15 Rn. 35). § 725 BGB setzt allerdings neben der Pfändung als Kündigungsvoraussetzung keine Überweisung der Mitgliedschaft voraus. Eine Kündigung kann deshalb bereits vor der Überweisung der Mitgliedschaft erfolgen. Die Verwertung des Pfandrechts durch Einziehung des Abfindungsguthabens setzt dann allerdings eine Überweisung des Anteils voraus (Palandt/*Sprau* § 725 Rn. 2 f.).

D. Wirkungen der Pfändung

I. Geltendmachung des Gewinnanteils und Kündigung

4 Die Pfändung des Anteils erlaubt dem Gläubiger gem. § 725 Abs. 2 BGB die Geltendmachung des Gewinnanteils, solange die Gesellschaft besteht, sowie die Kündigung der Gesellschaft nach § 725 Abs. 1 BGB.

Das Recht zur Geltendmachung des Gewinnanteils betrifft nur die vermögensrechtliche Beteiligung des Gesellschafters am Gesellschaftsvermögen. Nicht betroffen sind die aus der Mitgliedschaft des Gesellschafters entspringenden Rechte, wie insbesondere die Verwaltungs- und Informationsrechte. Auch steht dem Gläubiger kein dingliches Recht an den Gegenständen des Gesellschaftsvermögens zu, so dass die Gesellschafter in ihrer Verfügung hierüber frei sind (Palandt/*Sprau* § 725 Rn. 2).

II. Kündigungserklärung

5 Die Ausübung des Rechts auf sofortige Kündigung der Gesellschaft erfolgt durch Kündigungserklärung gegenüber allen Gesellschaftern einschließlich des betroffenen Gesellschafters (Sudhoff PersGes/*Masuch* § 15 Rn. 37). Erst mit Zustellung der Kündigung an den letzten Gesellschafter ist die Gesellschaft aufgelöst (MAH PersGes/*Gehde*, § 11, Rn. 105).

III. Recht auf Befriedigung des Gesellschafterschuldners

6 Die Mitgesellschafter haben das Recht den Gläubiger des Gesellschafterschuldners zu befriedigen. Dann geht dessen Anspruch samt Pfandrecht auf sie über.

E. Gesellschaftsvertragliche Regelungen

I. Unzulässigkeit von Ausschluss und Beschränkung

7 Unzulässig ist es zunächst, das Kündigungsrecht des Privatgläubigers im Gesellschaftsvertrag abzubedingen oder zu erschweren (Sudhoff PersGes/*Masuch* § 15 Rn. 39).

II. Erleichterungen

8 Erleichterungen des Kündigungsrechts des Gläubigers sind zulässig. Zulässig ist es weiterhin, dem betroffenen Gesellschafter die Möglichkeit einzuräumen, innerhalb einer bestimmten angemessenen Frist die Pfändung aufzuheben, um damit in der Gesellschaft zu verbleiben. Aufgrund der weit reichenden Folgen einer solchen Kündigung durch den Privatgläubiger eines Gesellschafters empfiehlt es sich, dass die Gesellschafter im Gesellschaftsvertrag regeln, dass im Falle einer Pfändung und Kündigung durch einen Privatgläubiger eines Gesellschafters lediglich der betroffene Gesellschafter aus der Gesellschaft ausscheidet und die Gesellschaft zwischen den übrigen Gesellschaftern fortgesetzt wird. In einem solchen Fall bezieht sich das Pfändungspfandrecht des Gläubigers nur auf das Auseinandersetzungsguthaben.

9 Eine **Klausel** für den Fall einer Kündigung eines Privatgläubiger könnte wie folgt lauten:

»Im Falle der Kündigung durch einen Privatgläubiger eines Gesellschafters nach § 725 Abs. 1 BGB scheidet der betroffenen Gesellschafter aus der Gesellschaft aus. Die Gesellschaft wird unter den übrigen Gesellschaftern fortgesetzt.«

§§ 726–728 BGB

§ 726 Auflösung wegen Erreichens oder Unmöglichwerdens des Zweckes

Die Gesellschaft endigt, wenn der vereinbarte Zweck erreicht oder dessen Erreichung unmöglich geworden ist.

§ 727 Auflösung durch Tod eines Gesellschafters

(1) Die Gesellschaft wird durch den Tod eines der Gesellschafter aufgelöst, sofern nicht aus dem Gesellschaftsvertrag sich ein anderes ergibt.

(2) [1]Im Falle der Auflösung hat der Erbe des verstorbenen Gesellschafters den übrigen Gesellschaftern den Tod unverzüglich anzuzeigen und, wenn mit dem Aufschub Gefahr verbunden ist, die seinem Erblasser durch den Gesellschaftsvertrag übertragenen Geschäfte fortzuführen, bis die übrigen Gesellschafter in Gemeinschaft mit ihm anderweit Fürsorge treffen können. [2]Die übrigen Gesellschafter sind in gleicher Weise zur einstweiligen Fortführung der ihnen übertragenen Geschäfte verpflichtet. [3]Die Gesellschaft gilt insoweit als fortbestehend.

§ 728 Auflösung durch Insolvenz der Gesellschaft oder eines Gesellschafters

(1) [1]Die Gesellschaft wird durch die Eröffnung des Insolvenzverfahrens über das Vermögen der Gesellschaft aufgelöst. [2]Wird das Verfahren auf Antrag des Schuldners eingestellt oder nach der Bestätigung eines Insolvenzplans, der den Fortbestand der Gesellschaft vorsieht, aufgehoben, so können die Gesellschafter die Fortsetzung der Gesellschaft beschließen.

(2) [1]Die Gesellschaft wird durch die Eröffnung des Insolvenzverfahrens über das Vermögen eines Gesellschafters aufgelöst. [2]Die Vorschrift des § 727 Abs. 2 Satz 2, 3 findet Anwendung.

Übersicht:

A. Allgemeines

1 Neben den Kündigungsmöglichkeiten der §§ 723 bis 725 BGB, die zur Auflösung der Gesellschaft führen, sehen die §§ 726 bis 728 weitere Auflösungsgründe vor.

B. Auflösung wegen Erreichens oder Unmöglichwerdens des Zweckes, § 726 BGB

2 Nach § 726 BGB wird die Gesellschaft durch Erreichen des vereinbarten Zwecks sowie bei Unmöglichwerden des vereinbarten Zwecks aufgelöst. **Zweckerreichung** liegt erst dann vor, wenn der vereinbarte Gesellschaftszweck vollständig erreicht ist. An das Vorliegen der **Unmöglichkeit der Zweckerreichung** werden hohe Anforderungen gestellt. Bloß vorübergehende oder durch organisatorische Änderungen einschließlich Zuführung neuen Kapitals behebbare Hindernisse reichen nicht aus (MüKo BGB/*Ulmer* § 726 Rn. 4 ff.; Sudhoff PersGes/*Masuch* § 19 Rn. 30). Die Unmöglichkeit muss vielmehr dauerhaft und offenkundig sein. Haben die Gesellschafter die zur Fortführung der Gesellschaft notwendige Mittelzuführung definitiv abgelehnt, liegt Unmöglichkeit vor (MüKo BGB/*Ulmer* § 726 Rn. 5; Sudhoff PersGes/*Masuch* § 19 Rn. 30).

C. Auflösung durch Tod eines Gesellschafters, § 727 BGB

3 § 727 BGB sieht vor, dass die Gesellschaft durch den Tod eines Gesellschafters aufgelöst wird. Der **Erbe** tritt anstelle des verstorbenen Gesellschafters in die Liquidationsgesellschaft ein, bei mehreren Erben die Erbengemeinschaft. Bei natürlichen Personen als Gesellschafter ist auf den Hirntod abzustellen. Dem Tod eines Gesellschafters stehen die Todeserklärung sowie die Feststellung des Todes und des Todeszeitpunktes durch gerichtliche Entscheidung gleich. Nicht mit dem Tod gleichzustellen ist die bloße Verschollenheit eines Gesellschafters. Sind die Gesellschafter keine natürlichen Personen ist nach h. M. auf den Zeitpunkt der Vollbeendigung und nicht auf den Zeitpunkt der Auflösung abzustellen (BGH NJW 1982, 2821; OLG Hamburg NJW 1987, 1896; Palandt/*Sprau* § 727 Rn. 1; MüKo BGB/*Ulmer* § 727 Rn. 8).

D. Auflösung durch Insolvenz, § 728 BGB

4 § 728 BGB sieht als weitere Auflösungsgründe die Insolvenz der Gesellschaft oder die eines Gesellschafters vor. Dieser Grund tritt mit dem Wirksamwerden des Insolvenzeröffnungsbeschlusses ein (vgl. zum Wirksamwerden des Insolvenzeröffnungsbeschlusses unter § 736 Rn. 2). Eine Ablehnung der Insolvenzeröffnung mangels Masse genügt nicht (BGH NJW 1980, 233 für den Fall der Ablehnung der Konkurseröffnung; Sudhoff PersGes/*Masuch* § 19 Rn. 33).

E. Vertragliche Gestaltungsmöglichkeiten

I. Auflösung wegen Erreichens oder Unmöglichwerdens des Zweckes, § 726 BGB

5 Die Regelung des § 726 BGB ist **zwingend** (BGH WM 1963, 730; Palandt/*Sprau* § 726 Rn. 1; MAH PersGes/*Gehde* § 11 Rn. 115). Allerdings kann auch eine wegen Unmöglichkeit der Zweckerrei-

chung aufgelöste GbR **fortgesetzt** werden, wenn die Gesellschafter deren Zweck ändern. Es bedarf dafür nicht der Gründung einer neuen Gesellschaft (BGH NZG 2004, 227). Dies dürfte auch für den Fall der Auflösung wegen Zweckerreichung gelten.

II. Auflösung durch Tod eines Gesellschafters, § 727 BGB

§ 727 BGB ist **dispositiv**. Die Gesellschafter haben die Möglichkeit für den Fall des Todes eines Gesellschafters abweichende Vereinbarungen zu treffen. Hier gibt es drei grundsätzlich unterschiedliche Gestaltungsmöglichkeiten: die Fortsetzungsklausel, die Nachfolgeklausel und die Eintrittsklausel. Innerhalb dessen gibt es vielfältige Gestaltungsmöglichkeiten. 6

1. Fortsetzungsklausel

Mit Vereinbarung einer sog. Fortsetzungsklausel wird die Gesellschaft lediglich unter den verbliebenen Gesellschaftern fortgesetzt. Mit dem Tode scheidet der Gesellschafter aus (§ 736 BGB). Seine Erben können nicht mehr in die Gesellschafterstellung des Verstorbenen einrücken. Ihnen steht aber ein **Abfindungsanspruch** zu. 7

Eine **Fortsetzungsklausel** könnte wie folgt lauten: 8

»Beim Tode eines Gesellschafters wird die Gesellschaft unter Ausschluss der Erben des verstorbenen Gesellschafters zwischen den übrigen Gesellschaftern fortgesetzt.«

2. Nachfolgeklausel

Durch die sog. Nachfolgeklausel tritt ein **Dritter** automatisch in die Gesellschafterstellung des Verstorbenen ein. Diese Nachfolge kann auf einen bestimmten Erben oder Dritten bezogen werden (sog. qualifizierte rechtsgeschäftliche/erbrechtliche Nachfolgeklausel) oder auf alle Erben (sog. einfache erbrechtliche Nachfolgeklausel). Da der Anteil unmittelbar auf den oder die nachrückenden Erben bzw. den Dritten übergeht, entsteht kein gesellschaftsvertraglicher Abfindungsanspruch. 9

a) einfache erbrechtliche Nachfolgeklausel

Eine einfache erbrechtliche Nachfolgeklausel könnte wie folgt lauten: 10

»Beim Tode eines Gesellschafters wird die Gesellschaft mit seinen Erben fortgesetzt.«

b) qualifizierte erbrechtliche Nachfolgeklausel

Eine qualifizierte erbrechtliche Nachfolgeklausel könnte wie folgt lauten: 11

»Beim Tode des Gesellschafters X wird die Gesellschaft mit dem Erben Y fortgesetzt.«

Um Widersprüche zwischen Erbrecht und Gesellschaftsrecht sowie etwaige spätere Änderungen des Gesellschaftsvertrages zu vermeiden, kann es sich empfehlen, im Gesellschaftsvertrag den **Nachfolger nicht ausdrücklich** zu nennen, sondern vielmehr einer Erklärung des betroffenen Gesellschafters zu überlassen. Nachteil ist, dass die Gesellschafter dann auf die Bestimmung des Nachfolgers keinen Einfluss haben, sofern im Gesellschaftsvertrag der Auswahl des betroffenen Gesellschafters keine Schranken gesetzt sind. 12

Eine qualifizierte Nachfolgeklausel könnte dann wie folgt lauten: 13

»Verstirbt einer der Gesellschafter, wird die Gesellschaft mit einem vom versterbenden Gesellschafter bestimmten Erben fortgesetzt. Die Bestimmung erfolgt entweder durch vorherige schriftliche Erklärung des betroffenen Gesellschafters gegenüber der Gesellschaft oder durch Verfügung von Todes wegen.«

3. Eintrittsklausel

Mit der sog. Eintrittsklausel tritt nicht automatisch ein Dritter in die Gesellschaft ein. Vielmehr erhält ein Dritter das **Recht zum Abschluss** einer Aufnahmevereinbarung mit den verbliebenen Gesellschaftern. Erst dann übernimmt der Dritte die Gesellschafterstellung des Verstorbenen. 14

Eine **Eintrittsklausel** könnte wie folgt lauten:

»Beim Tode des Gesellschafters X erhält Y das Recht, in die Gesellschafterstellung des Gesellschafters X einzutreten.«

15 Bei Eintrittsklauseln empfiehlt es sich, für den zum Eintritt Berechtigten **Fristen** vorzusehen, um den verbleibenden Gesellschaftern innerhalb eines bestimmten Zeitraums Klarheit zu verschaffen, ob der Dritte eintritt oder nicht.

16 Eine entsprechende Klausel kann wie folgt lauten:

»Die Eintrittserklärung ist allen Gesellschaftern gegenüber durch eingeschriebenen Brief innerhalb von 3 Monaten seit dem Todesfall abzugeben.«

III. Auflösung durch Insolvenz

1. Insolvenz der Gesellschaft

17 Die Insolvenz der Gesellschaft stellt einen **zwingenden gesetzlichen Auflösungsgrund** dar. Anderweitige vertragliche Gestaltungsmöglichkeiten sind nicht gegeben.

2. Insolvenz eines Gesellschafters

18 Die Regelung zur Auflösung der Gesellschaft bei Insolvenz eines Gesellschafters ist hingegen **abdingbar**. Regelmäßig wird hier vorgesehen, dass die Gesellschaft bei Insolvenz eines Gesellschafters zwischen den übrigen Gesellschaftern fortbesteht und der insolvente Gesellschafter aus der Gesellschaft ausscheidet.

§ 729 Fortdauer der Geschäftsführungsbefugnis

[1]Wird die Gesellschaft aufgelöst, so gilt die Befugnis eines Gesellschafters zur Geschäftsführung zu seinen Gunsten gleichwohl als fortbestehend, bis er von der Auflösung Kenntnis erlangt oder die Auflösung kennen muss. [2]Das Gleiche gilt bei Fortbestand der Gesellschaft für die Befugnis zur Geschäftsführung eines aus der Gesellschaft ausscheidenden Gesellschafters oder für ihren Verlust in sonstiger Weise.

A. Allgemeines

1 Ab Auflösung der Gesellschaft gilt nicht mehr die im Gesellschaftsvertrag vorgesehene Verteilung der Geschäftsführungsbefugnis, sondern wieder die Grundregel des § 709 BGB, d. h. **Gesamtgeschäftsführungsbefugnis**. § 729 S. 1 BGB sieht allerdings vor, dass die Geschäftsführungsbefugnis zugunsten eines geschäftsführenden Gesellschafters solange als fortbestehend gilt, bis er von der Auflösung **Kenntnis** erlangt oder hiervon Kenntnis erlangt haben müsste. Eine entsprechende Regelung sieht § 729 S. 2 BGB für alle Fälle vor, in denen ein Gesellschafter die Geschäftsführungsbefugnis verliert, z. B. bei Ausscheiden oder Entziehung. Dies bezieht sich zunächst nur auf das Innenverhältnis, mittelbar über § 714 BGB aber auch auf das Außenverhältnis. Der geschäftsführende Gesellschafter kann daher auch noch im **Außenverhältnis** für die Gesellschaft wirksam auftreten, sofern nicht der Dritte bösgläubig ist. Bösgläubig ist nach § 169 BGB, wer das Erlöschen (d. h. die Auflösung bzw. den Wegfall der Geschäftsführungsbefugnis) kennt bzw. kennen muss, also fahrlässig nicht kannte.

B. Regelungen im Gesellschaftsvertrag

2 § 729 BGB ist **dispositiv**. Insbesondere kann im Gesellschaftsvertrag vorgesehen werden, dass es auch für den Fall der Auflösung bei den zum Zeitpunkt der Auflösung geltenden Geschäftsführungsbefugnissen bleibt.

Eine entsprechende **Regelung** könnte wie folgt lauten: 3

»Im Falle der Auflösung der Gesellschaft gelten diejenigen Regelungen zur Geschäftsführungsbefugnis, die im Zeitpunkt der Auflösung der Gesellschaft in Kraft waren, weiter.«

§§ 730–735 BGB

§ 730 Auseinandersetzung; Geschäftsführung

(1) Nach der Auflösung der Gesellschaft findet in Ansehung des Gesellschaftsvermögens die Auseinandersetzung unter den Gesellschaftern statt, sofern nicht über das Vermögen der Gesellschaft das Insolvenzverfahren eröffnet ist.

(2) [1]Für die Beendigung der schwebenden Geschäfte, für die dazu erforderliche Eingehung neuer Geschäfte sowie für die Erhaltung und Verwaltung des Gesellschaftsvermögens gilt die Gesellschaft als fortbestehend, soweit der Zweck der Auseinandersetzung es erfordert. [2]Die einem Gesellschafter nach dem Gesellschaftsvertrag zustehende Befugnis zur Geschäftsführung erlischt jedoch, wenn nicht aus dem Vertrag sich ein anderes ergibt, mit der Auflösung der Gesellschaft; die Geschäftsführung steht von der Auflösung an allen Gesellschaftern gemeinschaftlich zu.

§ 731 Verfahren bei Auseinandersetzung

[1]Die Auseinandersetzung erfolgt in Ermangelung einer anderen Vereinbarung in Gemäßheit der §§ 732 bis 735. [2]Im Übrigen gelten für die Teilung die Vorschriften über die Gemeinschaft.

§ 732 Rückgabe von Gegenständen

[1]Gegenstände, die ein Gesellschafter der Gesellschaft zur Benutzung überlassen hat, sind ihm zurückzugeben. [2]Für einen durch Zufall in Abgang gekommenen oder verschlechterten Gegenstand kann er nicht Ersatz verlangen.

§ 733 Berichtigung der Gesellschaftsschulden; Erstattung der Einlagen

(1) [1]Aus dem Gesellschaftsvermögen sind zunächst die gemeinschaftlichen Schulden mit Einschluss derjenigen zu berichtigen, welche den Gläubigern gegenüber unter den Gesellschaftern geteilt sind oder für welche einem Gesellschafter die übrigen Gesellschafter als Schuldner haften. [2]Ist eine Schuld noch nicht fällig oder ist sie streitig, so ist das zur Berichtigung Erforderliche zurückzubehalten.

(2) [1]Aus dem nach der Berichtigung der Schulden übrig bleibenden Gesellschaftsvermögen sind die Einlagen zurückzuerstatten. [2]Für Einlagen, die nicht in Geld bestanden haben, ist der Wert zu ersetzen, den sie zur Zeit der Einbringung gehabt haben. [3]Für Einlagen, die in der Leistung von Diensten oder in der Überlassung der Benutzung eines Gegenstands bestanden haben, kann nicht Ersatz verlangt werden.

(3) Zur Berichtigung der Schulden und zur Rückerstattung der Einlagen ist das Gesellschaftsvermögen, soweit erforderlich, in Geld umzusetzen.

§ 734 Verteilung des Überschusses

Verbleibt nach der Berichtigung der gemeinschaftlichen Schulden und der Rückerstattung der Einlagen ein Überschuss, so gebührt er den Gesellschaftern nach dem Verhältnis ihrer Anteile am Gewinn.

§ 735 Nachschusspflicht bei Verlust

[1]Reicht das Gesellschaftsvermögen zur Berichtigung der gemeinschaftlichen Schulden und zur Rückerstattung der Einlagen nicht aus, so haben die Gesellschafter für den Fehlbetrag nach dem Verhältnis aufzukommen, nach welchem sie den Verlust zu tragen haben. [2]Kann von einem Gesellschafter der auf ihn entfallende Beitrag nicht erlangt werden, so haben die übrigen Gesellschafter den Ausfall nach dem gleichen Verhältnis zu tragen.

Übersicht:

A. Allgemeines

1 Aufgabe und Inhalt der **Auseinandersetzung** ist es, das vorhandene Gesellschaftsvermögen entsprechend den Anteilen der Gesellschafter auf diese zu verteilen. Treffen die Gesellschafter keine anderweitige Vereinbarung, ggf. auch erst nach Auflösung, bestimmt sich die Auseinandersetzung in erster Linie nach den §§ 732 bis 735 BGB. **Subsidiär** gelten für die Teilung die Vorschriften über die Gemeinschaft, d. h. §§ 752 bis 754 BGB und §§ 756 bis 758 BGB. Diese Vorschriften betreffen nur das **Innenverhältnis** der Gesellschafter.

2 Bei Auflösung der Gesellschaft durch Eröffnung des **Insolvenzverfahrens** über das Vermögen der Gesellschaft tritt dieses an die Stelle der Auseinandersetzung, vgl. § 730 Abs. 1 Hs. 2 BGB. Keine Auseinandersetzung findet dann statt, wenn bei einer Innengesellschaft kein Gesellschaftsvermögen vorhanden ist oder der Gesellschaftsvertrag tatsächlich nicht vollzogen worden ist. Dann tritt mit der Auflösung **Vollbeendigung** ein (Palandt/*Sprau* Vorb. § 723 Rn. 2).

B. Geschäftsführung während der Auseinandersetzung

3 Ab Auflösung der Gesellschaft gilt nicht mehr die im Gesellschaftsvertrag vorgesehene Verteilung der Geschäftsführungsbefugnis, sondern wieder die Grundregel des § 709 BGB, d. h. **Gesamtgeschäftsführungsbefugnis**, vgl. § 730 Abs. 2 S. 2 Hs. 2 BGB. Den Gesellschaftern bleibt es aber unbenommen, die bisherige Regelung auch nach Auflösung bis zur Beendigung beizubehalten (vgl. hierzu § 729 Rn. 1 ff.).

C. Verfahren bei Auseinandersetzung, §§ 732 bis 735 BGB

4 Nach § 731 BGB bestimmt sich die Auseinandersetzung in erster Linie nach den §§ 732 bis 735 BGB. **Subsidiär** gelten für die Teilung gem. § 731 S. 2 BGB die Vorschriften über die Gemeinschaft, d. h. §§ 752 bis 754 BGB und §§ 756 bis 758 BGB.

I. Rückgabe von Gegenständen, § 732 BGB

5 Im Rahmen der Auseinandersetzung sind den Gesellschaftern gem. § 732 S. 1 BGB zunächst die Gegenstände, die sie der Gesellschaft zur Nutzung – nicht zu Eigentum – überlassen haben, zurückzugeben. Diese Rückgabe kann grundsätzlich sofort nach Auflösung verlangt werden, es sei denn, der Gegenstand ist für die Gesellschaft noch nicht entbehrlich, z. B. bei Überlassung eines Raumes (Palandt/*Sprau* § 732 Rn. 1).

Allerdings steht der Gesellschaft an dem zurückzugebenden Gegenstand ein **Zurückbehaltungsrecht** zu, wenn mit hoher Wahrscheinlichkeit damit zu rechnen, dass ein Ausgleichsanspruch gegen den Gesellschafter besteht, zu dessen Berechnung noch die Abschichtungsbilanz nötig ist (Müko BGB/*Ulmer* § 732 Rn. 4). Für eine etwaige **Verschlechterung** oder einen etwaigen Verlust des überlassenen Gegenstandes hat die Gesellschaft nur dann eine Entschädigung zu leisten, wenn sie dies zu vertreten hat. Entschädigung aufgrund von zufälligen Ereignissen oder bestimmungsgemäßen Gebrauch hat die Gesellschaft gem. § 732 S. 2 BGB nicht zu leisten. 6

II. Berichtigung der Gesellschaftsschulden, § 733 Abs. 1 BGB

Nach der Rückgabe der Gegenstände nach § 732 BGB ist der nächste Schritt der Auseinandersetzung die Berichtigung der **gemeinschaftlichen Schulden** gem. § 733 Abs. 1 BGB. Hierunter fallen alle Gesellschaftsschulden, aber auch andere Schulden, die ihren Grund in der Betätigung der Gesellschaft haben und nach dem Willen der Gesellschafter von der Gesamthand getragen werden sollen. Dies sind z. B. Verbindlichkeiten, die ein Gesellschafter für Rechnung der Gesamthand aber im eigenen Namen begründet hat. Sofern eine Schuld noch nicht fällig oder streitig ist, ist der zu ihrer Begleichung erforderliche Geldbetrag zurückzuhalten, mangels abweichender Vereinbarung durch Hinterlegung nach § 372 BGB (Palandt/*Sprau* § 733 Rn. 5). 7

III. Erstattung der Einlagen, § 733 Abs. 2 BGB

Nach Berichtigung der Verbindlichkeiten aus dem Gesellschaftsvermögen sind gem. § 733 Abs. 2 S. 1 BGB aus dem Gesellschaftsvermögen die Einlagen zurückzuerstatten. 8

1. Geldeinlagen

Geldeinlagen sind in Geld zurückzuerstatten. Sofern keine flüssigen Mittel im Gesellschaftsvermögen vorhanden sind, ist das Gesellschaftsvermögen vorher in Geld umzusetzen (Palandt/*Sprau* § 733 Rn. 8). 9

2. Sacheinlagen, § 733 Abs. 2 S. 2 BGB

Für Einlagen, die nicht in Geld bestanden haben, ist gem. § 733 Abs. 2 S. 2 BGB **Wertersatz** zu leisten. Bei der Berechnung des Wertes ist grds. auf den Zeitpunkt der Einbringung abzustellen (Müko BGB/*Ulmer* § 733 Rn. 14). 10

3. Dienstleistungen, Nutzungsüberlassung, § 733 Abs. 2 S. 3 BGB

Bestand die Einlage in der Leistung von Diensten oder in der Überlassung der Benutzung eines Gegenstandes, kann hingegen **kein Ersatz** verlangt werden, § 733 Abs. 2 S. 3 BGB. 11

IV. Verteilung des Überschusses, § 734 BGB

Sofern nach Berichtigung der gemeinschaftlichen Schulden und Zurückerstattung der Einlagen noch ein Überschuss verbleibt, ist dieser gem. § 734 BGB unter den Gesellschaftern zu verteilen. Mangels anderweitiger Regelung erfolgt die Verteilung gem. § 734 BGB nach dem zwischen den Gesellschaftern geltenden Gewinnverteilungsschlüssel. 12

V. Nachschusspflicht bei Verlust, § 735 BGB

Reicht hingegen das Gesellschaftsvermögen nicht zur Berichtigung der gemeinschaftlichen Schulden und zur Zurückerstattung der Einlagen aus, so haben die Gesellschafter nach § 735 S. 1 BGB für den **Fehlbetrag** nach dem zwischen ihnen geltenden Verlustschlüssel aufzukommen. Sofern jedoch von einem Gesellschafter der auf ihn entfallende Beitrag nicht erlangt werden kann, haben die übrigen Gesellschafter gem. § 735 S. 2 BGB den Ausfall nach dem gleichen Verhältnis zu tragen. Bedeutung hat § 735 BGB nur für das Innenverhältnis. Im **Außenverhältnis** haften die jeweiligen Gesellschafter unbeschränkt. Sie können daher von jedem Gläubiger hin- 13 sichtlich der vollen Verbindlichkeit in Anspruch genommen werden und lediglich im Innenverhältnis Regress verlangen (Müko BGB/*Ulmer* § 735 Rn. 2; MAH PersGes/*Gummert* § 3 Rn. 19).

D. Regelungen im Gesellschaftsvertrag

14 Die Vorschriften über die Auseinandersetzung sind **dispositv**. Durch Vereinbarung der Gesellschafter kann z. B. von einer Auseinandersetzung gänzlich abgesehen werden oder es können von der gesetzlichen Regelung abweichende Arten vorgesehen werden. In Betracht kommt z. B. die Übernahme des Gesellschaftsvermögens durch einen Gesellschafter gegen Abfindung der übrigen (BGH WM 1974, 1162), die Einbringung des Gesellschaftsvermögens in eine Kapitalgesellschaft oder die Veräußerung des Gesellschaftsvermögens an einen Dritten mit nachfolgender Aufteilung des Erlöses zwischen den Gesellschaftern.

§ 736 Ausscheiden eines Gesellschafters, Nachhaftung

(1) Ist im Gesellschaftsvertrag bestimmt, dass, wenn ein Gesellschafter kündigt oder stirbt oder wenn das Insolvenzverfahren über sein Vermögen eröffnet wird, die Gesellschaft unter den übrigen Gesellschaftern fortbestehen soll, so scheidet bei dem Eintritt eines solchen Ereignisses der Gesellschafter, in dessen Person es eintritt, aus der Gesellschaft aus.

(2) Die für Personenhandelsgesellschaften geltenden Regelungen über die Begrenzung der Nachhaftung gelten sinngemäß.

Übersicht:

A. Allgemeines

1 Im Gegensatz zu den Personenhandelsgesellschaften sind für die GbR **keine gesetzlichen Ausscheidensgründe** vorgesehen (vgl. zu den Ausscheidensgründen bei der OHG und KG § 131 Abs. 3 HGB, der über § 161 Abs. 2 HGB auch für die KG gilt; hierzu die ausführl. Kommentierung in Kap. 4 § 131 Rn. 32 ff.; für die KG vgl. außerdem Kap. 5 § 161 Rn. 40). Vielmehr wird in § 736 BGB vorausgesetzt, dass die Gesellschafter für den Fall der Kündigung oder des Todes eines Gesellschafters oder der Eröffnung des Insolvenzverfahrens über das Vermögen eines Gesellschafters ein Ausscheiden des betroffenen Gesellschafters sowie die Fortsetzung der Gesellschaft unter den verbleibenden Gesellschaftern vereinbaren können (sog. **Fortsetzungsklausel)**. Ohne eine solche gesellschaftsvertragliche Regelung würde die Gesellschaft – ohne einen Fortsetzungsbeschluss der Gesellschafter – bei Vorliegen dieser Gründe aufgelöst, vgl. §§ 728 Abs. 2 S. 1, 727 Abs. 1 oder § 723 Abs. 1 S. 1 BGB.

B. Gründe für das Ausscheiden eines Gesellschafters

I. Insolvenz des Gesellschafters

2 Enthält der Gesellschaftsvertrag eine Fortsetzungsklausel, scheidet ein Gesellschafter, über dessen Vermögen das Insolvenzverfahren eröffnet wurde, aus der Gesellschaft aus. Voraussetzung ist die Eröffnung des Insolvenzverfahrens über das Eigenvermögen des Gesellschafters. Mit rich-

terlicher Unterzeichnung des Eröffnungsbeschlusses sowie dessen Herausgabe durch die Geschäftsstelle zum Zwecke der Bekanntgabe ist der betroffene Gesellschafter aus der Gesellschaft ausgeschieden. Zugang des Beschlusses an den betroffenen Gesellschafter bzw. seine Mitgesellschafter ist nicht erforderlich (MAH PersGes/*Mutter* § 6 Rn. 232; Sudhoff PersGes/*Masuch* § 15 Rn. 16). **Kein Ausscheidensgrund** ist die Ablehnung der Eröffnung des Insolvenzverfahrens mangels Masse gem. § 26 InsO (Sudhoff PersGes/*Masuch* § 15 Rn. 17).

II. Tod des Gesellschafters

Auch im Falle des Todes eines Gesellschafters kann durch eine Fortsetzungsklausel im Gesell- 3
schaftsvertrag die Gesellschaft mit den verbleibenden Gesellschaftern fortgesetzt werden.

III. Kündigung

Entsprechendes sieht § 736 BGB für den Fall der Kündigung vor. Im Zweifel ist davon auszuge- 4
hen, dass eine Fortsetzungsklausel nicht nur die **ordentliche** Kündigung, sondern auch die **außerordentliche** Kündigung erfassen soll. Einer Fortsetzung der Gesellschaft kann jedoch bei einer außerordentlichen Kündigung der wichtige Grund entgegenstehen. Schließen sich der Kündigung eines Gesellschafters weitere Gesellschafter an, kommt es trotz vereinbarter Fortsetzungsklausel zur Auflösung der Gesellschaft (BGH DStR 1999, 171). Die Kündigung ist eine einseitige empfangsbedürftige Willenserklärung, die gegenüber sämtlichen Mitgesellschaftern abzugeben ist.

C. Rechtsfolge des Ausscheidens, § 736 Abs. 1 BGB

I. Verlust der Gesellschafterstellung

Mit dem Ausscheiden des Gesellschafters verliert dieser seine Gesellschafterstellung. Sein Kapi- 5
talanteil wächst den anderen Gesellschaftern nach § 738 Abs. 1 S. 1 BGB zu. An seine Stelle tritt der schuldrechtliche Anspruch auf Auszahlung des Auseinandersetzungsguthabens. Es findet eine Auseinandersetzung mit dem ausscheidenden Gesellschafter nach Maßgabe der §§ 738 ff. BGB statt.

II. Fortbestehen der Gesellschaft

Neben dem Verlust der Gesellschafterstellung des ausscheidenden Gesellschafters hat das Aus- 6
scheiden des Gesellschafters im Falle einer **Fortsetzungsklausel** die Fortsetzung der Gesellschaft unter den übrigen Gesellschaftern zur Folge.

D. Nachhaftung, § 736 Abs. 2 BGB

I. Allgemeines

Bei der (Außen-)GbR haften die Gesellschafter im **Außenverhältnis** für alle während der Zeit ih- 7
rer Beteiligung begründeten Verbindlichkeiten der Gesellschaft gem. § 736 Abs. 2 BGB in entsprechender Anwendung der §§ 128 ff. HGB. Im **Innenverhältnis** hat der ausscheidende Gesellschafter jedoch gem. § 738 Abs. 1 S. 2 BGB einen Anspruch gegen die Gesellschaft auf Befreiung von solchen Verbindlichkeiten.

II. Begrenzung der Nachhaftung, § 160 HGB

Eingeschränkt wird die Außenhaftung des ausscheidenden Gesellschafters gem. § 736 Abs. 2 8
BGB i. V. m. § 160 HGB. Dieser sieht eine Begrenzung der Nachhaftung des ausscheidenden Gesellschafters vor. Vgl. zu § 160 HGB auch die ausführl. Kommentierung in Kap. 4 § 160.

1. Zweck des § 160 HGB

Zweck dieser Regelung ist es, in erster Linie zu vermeiden, dass ein ausgeschiedener Gesellschaf- 9
ter zu lange Zeit mit einer Haftung für Verbindlichkeiten belastet wird, obwohl er wegen seines

Ausscheidens weder weiteren Einfluss auf die Gesellschaft nehmen noch von den Gegenleistungen und sonstigen Erträgen profitieren kann. Sinn des § 160 HGB ist es zugleich, einen Ausgleich zwischen diesem Anliegen und den Interessen der Gesellschaftsgläubiger zu schaffen.

2. Zeitliche Begrenzung der Nachhaftung

10 Nach § 160 HGB haftet ein ausgeschiedener Gesellschafter nur für solche Verbindlichkeiten, deren Rechtsgrund während seiner Mitgliedschaft in der Gesellschaft geschaffen worden ist, die innerhalb von **fünf Jahren** nach seinem Ausscheiden fällig werden und in einer in § 197 Abs. 1 Nr. 3 bis 5 BGB bezeichneten Art festgestellt sind oder Gegenstand einer gerichtlichen oder behördlichen Vollstreckungshandlung werden. Für die Schaffung eines Rechtsgrundes genügt bei Dauerschuldverhältnissen, z. B. Mietverträgen, der Abschluss des Vertrages (BGH NJW 2002, 2170, 2171; Palandt/*Sprau* § 736 Rn. 10). Die Fünfjahresfrist beginnt mit **Kenntnisnahme** des Gesellschaftsgläubigers vom Ausscheiden des Gesellschafters (OLG Dresden NJW-RR 1997, 163; Sudhoff PersGes/*Masuch* § 15 Rn. 61). Die in den §§ 204, 206, 219, 211, 212 Abs. 2 und 3 BGB enthaltenen Regelungen über die Hemmung und den Neubeginn der Verjährung finden auf die Fünfjahresfrist entsprechende Anwendung (Sudhoff PersGes/*Masuch* § 15 Rn. 61).

E. Gesellschaftsvertragliche Regelungen

I. Sachliche Rechtfertigung

11 Die in § 736 BGB geregelten Ausscheidensgründe sind **nicht abschließend**. Die Gesellschafter können innerhalb der allgemeinen Grenzen des § 138 BGB weitere Gründe vereinbaren, die zum Ausscheiden eines Gesellschafters führen sollen. Bei Vereinbarung der Ausscheidensgründe ist auf eine gewisse **sachliche Rechtfertigung** zu achten, damit der einzelne Gesellschafter nicht der Willkür der anderen Gesellschafter ausgesetzt ist (vgl. BGH NJW 1977, 1292; Sudhoff PersGes/*Masuch* § 15 Rn. 48). Bei der Bewertung der Zulässigkeit der Ausscheidensgründe ist auch die Höhe der Abfindung zu berücksichtigen, die der ausscheidende Gesellschafter bei Eintritt des jeweiligen Grundes beanspruchen kann (BGH NJW 1981, 2565; Sudhoff PersGes/*Masuch* § 15 Rn. 48).

12 Als **Ausscheidensgründe** kommen zum Beispiel in Betracht: Kündigung des Privatgläubigers eines Gesellschafters (§ 725 BGB), Erreichung einer bestimmten Altersgrenze, Ablauf einer vereinbarten Frist (Palandt/*Sprau* § 736 Rn. 1), Pfändung des Gesellschafteranteils (OLG Frankfurt NZG 1999, 990; Palandt/*Sprau* § 736 Rn. 1), dauerhafte Erkrankung eines Gesellschafters, Verlust bestimmter beruflicher Qualifikationen, Scheidung oder Wiederheirat eines Gesellschafters (vgl. hierzu MAH PersGes/*Mutter* § 6 Rn. 237; Sudhoff PersGes/*Masuch* § 15 Rn. 43 ff.; Bamberger/Roth/*Timm/Schöne* § 736 Rn. 6), Ablehnung der Eröffnung eines Insolvenzverfahrens mangels Masse (§ 26 InsO), nicht aber die bloße Stellung des Insolvenzantrages.

II. Bestimmtheitsgrundsatz

13 Die Ausscheidenstatbestände müssen im Gesellschaftsvertrag **hinreichend konkret** beschrieben werden, so dass sowohl die Gesellschafter als auch das Gericht in die Lage versetzt werden, die Verwirklichung des Tatbestandes unzweifelhaft festzustellen (MAH PersGes/*Mutter* § 6 Rn. 237; MüKo BGB/*Ulmer* § 736 Rn. 15).

14 Eine **Klausel** könnte wie folgt lauten:

»Tritt ein Ausscheidungsgrund in der Person eines Gesellschafters ein, scheidet dieser automatisch aus der Gesellschaft aus. Die Gesellschaft wird mit den übrigen Gesellschaftern fortgesetzt. Ein solcher Ausscheidungsgrund liegt insbesondere vor, wenn der Gesellschafter sein 65. Lebensjahr vollendet hat, er seine Berufszulassung als … verliert oder der Gesellschafter erneut heiratet.«

III. Nachvertragliches Wettbewerbsverbot

Auch kann für den Fall des Ausscheidens eines Gesellschafters ein nachvertragliches Wettbewerbsverbot vorgesehen werden (vgl. hierzu §§ 709–713 BGB Rn. 43 ff.). 15

Eine **Klausel** zu einem nachvertraglichen Wettbewerbsverbot könnte wie folgt lauten: 16

»Scheidet ein geschäftsführender Gesellschafter aus der Gesellschaft aus, ist es ihm für einen Zeitraum von 2 Jahren nach seinem Ausscheiden untersagt, in ... ein Konkurrenzunternehmen zu errichten oder sich direkt oder indirekt daran zu beteiligen oder für ein solches direkt oder indirekt tätig zu werden.«

§ 737 Ausschluss eines Gesellschafters

[1]Ist im Gesellschaftsvertrag bestimmt, dass, wenn ein Gesellschafter kündigt, die Gesellschaft unter den übrigen Gesellschaftern fortbestehen soll, so kann ein Gesellschafter, in dessen Person ein die übrigen Gesellschafter nach § 723 Abs. 1 Satz 2 zur Kündigung berechtigender Umstand eintritt, aus der Gesellschaft ausgeschlossen werden. [2]Das Ausschließungsrecht steht den übrigen Gesellschaftern gemeinschaftlich zu. [3]Die Ausschließung erfolgt durch Erklärung gegenüber dem auszuschließenden Gesellschafter.

Übersicht:

A. Allgemeines

Unter den Voraussetzungen des § 737 BGB ist es den Gesellschaftern erlaubt, einen (Mit-) Gesellschafter aus der Gesellschaft auszuschließen. **Ausschließung** eines Gesellschafters ist das zwangsweise Ausscheiden eines Gesellschafters aus der Gesellschaft auf Betreiben der anderen Gesellschafter (Sudhoff PersGes/*Masuch* § 17 Rn. 1; *K. Schmidt* GesR, § 50 III, S. 1461). 1

Voraussetzung für ein Ausschlussrecht nach § 737 BGB ist zunächst, dass der Gesellschaftsvertrag eine Fortsetzungsklausel enthält oder die Gesellschafter einen Fortsetzungsbeschluss fassen und in der Person des Auszuschließenden ein wichtiger Grund vorliegt, der die übrigen Gesellschafter zu einer (Austritts-)Kündigung berechtigen würde. Die Ausschließung erfolgt durch Erklärung gegenüber dem betroffenen Gesellschafter, wobei hieran gem. § 737 S. 2 BGB sämtliche übrigen Gesellschafter mitwirken müssen. Der Ausschluss wird mit Zugang der Kündigungserklärung wirksam. 2

B. Fortsetzungsklausel und -beschluss

I. Klausel im Gesellschaftsvertrag

Voraussetzung eines Ausschlussrechts ist zunächst, dass der Gesellschaftsvertrag eine Fortsetzung der Gesellschaft zumindest im Falle der Kündigung eines Gesellschafters vorsieht. Selbstverständlich auch möglich ist es, ein Ausschlussrecht ausdrücklich zu regeln. Nicht ausreichend ist eine Regelung, die nur eine Fortsetzung der Gesellschaft im Falle des Todes eines Gesellschafters vorsieht (MAH PersGes/*Mutter* § 6 Rn. 188). 3

II. Fortsetzungsbeschluss

4 Ist eine solche Fortsetzung der Gesellschaft im Gesellschaftsvertrag nicht vorgesehen, können die Gesellschafter jederzeit – auch nach Auflösung der Gesellschaft – einen Fortsetzungsbeschluss fassen (Palandt/*Sprau* § 736 Rn. 2; MAH PersGes/*Mutter* § 6 Rn. 194). Ein solcher Beschluss muss grundsätzlich **einstimmig** – einschließlich des Ausscheidenden – getroffen werden, da der Gesellschafterbestand Gesellschaftsgrundlage ist. Da keine Übertragungsakte erforderlich sind, kann ein solcher Beschluss **formlos**, also insbesondere auch ohne eine etwaige Beachtung der Form des § 311 b Abs. 1 BGB erfolgen.

C. Ausschlussgrund

I. Wichtiger Grund

5 Die Ausschließung eines Gesellschafters setzt einen in der Person des auszuschließenden Gesellschafters eingetretenen **wichtigen Grund** voraus. Ein wichtiger Grund für die Ausschließung liegt vor, wenn der Gesellschafter durch seine Person oder sein Verhalten die Erreichung des Gesellschaftszweckes unmöglich macht oder erheblich gefährdet oder wenn sonst die Person des Gesellschafters oder sein Verhalten sein Verbleiben in der Gesellschaft untragbar erscheinen lässt (BGH DStR 2003, 1215, 1217; A/E/S/*Ensthaler* § 34 Rn. 23; *Gehrlein* NJW 2005, 1969, 1970). Dabei kommt es auf eine **Gesamtabwägung** an, wobei auch das Verhalten der Mitgesellschafter zu berücksichtigen ist. So darf der Ausschließungsgrund nicht wesentlich auch durch die anderen Gesellschafter mitverursacht worden sein (BGH NZG 2003, 625, 626; Palandt/*Sprau* § 737 Rn. 2; Sudhoff PersGes/*Masuch* § 17 Rn. 7). Eine Ausschließung kommt auch dann nicht in Betracht, wenn bei mehreren Gesellschaftern der Ausschlussgrund vorliegt, aber nur ein Gesellschafter ausgeschlossen werden soll (BGHZ 16, 317, 322; A/E/S/*Ensthaler* § 34 Rn. 24).

II. Ausschluss als ultima ratio

6 An das Vorliegen eines Ausschließungsgrundes sind hohe Anforderungen zu stellen. Der Ausschluss ist **ultima ratio** (BGHZ 16, 317, 322; BGH NZG 2003, 625, 626; A/E/S/*Ensthaler* § 34 Rn. 27; Palandt/*Sprau* § 737 Rn. 2). Er ist daher nur möglich, wenn keine andere mildere Möglichkeit in Betracht kommt, wie z. B. Entziehung von Geschäftsführungsbefugnis und Vertretungsmacht nach §§ 712, 715 BGB (BGH NZG 2003, 625, 626; *K. Schmidt* GesR, § 50 III 1 b, S. 1462; Sudhoff PersGes/*Masuch* § 17 Rn. 11 f.).

7 Als **wichtige Gründe** für eine Ausschließung kommen z. B. in Betracht: Denunziation eines Mitgesellschafters; ehrenrührige Vorwürfe gegen Mitgesellschafter oder ihnen nahe stehende Personen (OLG Hamm GmbHR 1993, 743); geschäftsschädigendes Auftreten in der Öffentlichkeit (A/E/S/*Ensthaler* § 34 Rn. 24); Unredlichkeit in der Geschäftsführung (BGH WM 1985, 997); wiederholte Verletzung eines Wettbewerbsverbots; Übervorteilung der Gesellschaft zum eigenen Nutzen; Veruntreuung oder Unterschlagung von Gesellschaftsvermögen (BGH NJW 1999, 2820, 2822; Sudhoff PersGes/*Masuch* § 17 Rn. 7). Hingegen wurden **nicht anerkannt**: Erstattung einer Strafanzeige gegen einen Mitgesellschafter nach gewissenhafter Prüfung und vergeblichem Versuch die Probleme innergesellschaftlich zu klären, sofern der Anzeige erstattende Gesellschafter weder leichtfertig noch wider besseren Wissens gehandelt hat (BGH NZG 2003, 530; Sudhoff PersGes/*Masuch* § 17 Rn. 7); persönliche Spannungen und gesellschaftsbezogene Meinungsverschiedenheiten, sofern dies nicht nachhaltige Auswirkungen auf das Gesellschaftsverhältnis hat (BGH NJW 1995, 597; Sudhoff PersGes/*Masuch* § 17 Rn. 7).

D. Gemeinschaftliche Ausübung des Ausschließungsrechts

I. Beschlussfassung, Stimmrecht des Auszuschließenden

8 Das Auschließungsrecht ist gegenüber dem Auszuschließenden von den übrigen Gesellschaftern gemeinschaftlich auszuüben. Dem auszuschließenden Gesellschafter steht bei der Beschlussfassung zu seiner Ausschließung **kein Stimmrecht** zu. Er ist auch nicht vor der Entscheidung der

übrigen Gesellschafter zu hören (Sudhoff PersGes/*Masuch* § 17 Rn. 18; MAH PersGes/*Mutter* § 6 Rn. 204; a. A. A/E/S/*Ensthaler* § 34 Rn. 30; Palandt/*Sprau* § 737 Rn. 3). Sind nicht alle übrigen Gesellschafter an der Beschlussfassung beteiligt, ist der Beschluss unwirksam (*Mayer* BB 1992, 1497, 1498). Eine Ausnahme besteht dann, wenn die nicht beteiligten Gesellschafter die Beschlussfassung dennoch als für sich verbindlich erklärt haben (Palandt/*Sprau* § 737 Rn. 3).

II. Zustimmungspflicht

Eine Zustimmungspflicht eines Gesellschafters zum Ausschluss eines anderen besteht grundsätzlich nicht. Allerdings kann ein Gesellschafter ausnahmsweise aus seiner gesellschaftlichen **Treuepflicht** zur Zustimmung verpflichtet sein (BGH NZG 2005, 129; NJW 1977, 1013; Palandt/*Sprau* § 737 Rn. 3; Sudhoff PersGes/*Masuch* § 17 Rn. 19; vgl. hierzu ausführl. *Mayer* BB 1992, 1497). 9

Voraussetzung für eine solche Zustimmungspflicht ist, dass die Änderung mit Rücksicht auf das bestehende Gesellschaftsverhältnis oder im Hinblick auf die Rechtsbeziehungen der Gesellschafter zueinander, etwa zum Zwecke der Erhaltung wesentlicher Werte, die die Gesellschafter in gemeinsamer Arbeit geschaffen haben, oder zur Vermeidung erheblicher Verluste, die die Gesellschaft oder einer der Gesellschafter erleiden könnte, erforderlich ist (BGH NJW-RR 2005, 263, 264; NJW 1987, 952, 953; Palandt/*Sprau* § 705 Rn. 15). Eine solche Zustimmungspflicht kann sich auch dann ergeben, wenn dies zur Sicherung der Fortführung eines Gesellschaftsunternehmens erforderlich ist (BGH NJW-RR 2005, 263, 264). 10

Auch hinsichtlich eines **Wechsels im Gesellschafterbestand** kann eine Zustimmungspflicht bestehen, wenn die Änderung mit Rücksicht auf das bestehende Gesellschaftsverhältnis oder im Hinblick auf die Rechtsbeziehungen der Gesellschafter zueinander, etwa zum Zwecke der Erhaltung der von den Gesellschaftern in gemeinsamer Arbeit geschaffenen Werte oder auch zur Sicherung der Fortführung eines Gesellschaftsunternehmens, erforderlich ist (BGH NZG 2005, 129). Es gelten daher hinsichtlich der Zustimmungspflicht zum Gesellschafterwechsel die entsprechenden Voraussetzungen wie bei der Zustimmungspflicht zum Ausschluss eines Gesellschafters. 11

Kommt ein Gesellschafter einer Verpflichtung zur Zustimmung nicht nach, wird seine Zustimmung nicht fingiert. Vielmehr ist der die Zustimmung verweigernde Gesellschafter **auf Zustimmung zu verklagen**. Der die Zustimmung verweigernde Gesellschafter kann sich allerdings schadensersatzpflichtig machen. Bei besonderen Umständen wegen der Zustimmungsverweigerung kann der die Zustimmung verweigernde Gesellschafter auch selbst aus wichtigem Grund aus der Gesellschaft ausgeschlossen werden (Sudhoff PersGes/*Masuch* § 17 Rn. 19). 12

E. Erklärung des Ausschlusses und Wirkung

I. Erklärung

Die Ausschließung erfolgt durch Erklärung gegenüber dem betroffenen Gesellschafter. Mit Zugang der Ausschließungserklärung an den Auszuschließenden wird der Ausschluss wirksam (BGHZ 31, 295; Sudhoff PersGes/*Masuch* § 17 Rn. 21; Palandt/*Sprau* § 737 Rn. 3). 13

II. Ausscheiden und Auseinandersetzung

Die Ausschließung eines Gesellschafters führt zu dessen Ausscheiden aus der Gesellschaft und zur Auseinandersetzung mit dem ausgeschiedenen Gesellschafter. Besteht Streit über die Wirksamkeit der Ausschlusses kann der Ausgeschlossene auch **vorläufigen Rechtsschutz** in Anspruch nehmen. Sieht der Gesellschaftsvertrag für den Fall des Ausschlusses eine **unzulässig niedrige Abfindung** vor, hat dies nicht die Unwirksamkeit des Ausschlusses zur Folge. Vielmehr steht dem ausgeschlossenen Gesellschafter ein Anspruch auf angemessene Abfindung zu (BGH NJW 1983, 2880, 2881; A/E/S/*Ensthaler* § 34 Rn. 38; Sudhoff PersGes/*Masuch* § 17 Rn. 31). 14

15 Wird ein unwirksamer Ausschluss vollzogen, gelten die Grundsätze der **fehlerhaften Gesellschaft** (vgl. hierzu § 705 Rn. 51 ff.). Der Ausgeschiedene ist dann aus der Gesellschaft ausgeschieden, hat aber einen Anspruch auf Wiederaufnahme (MüKo BGB/*Ulmer* § 737 Rn. 14; MAH PersGes/*Mutter* § 6 Rn. 205).

F. Gesellschaftsvertragliche Regelungen

I. Sachliche Rechtfertigung

16 Wie eine Kündigung aus wichtigem Grund ist auch ein Ausschluss aus wichtigem Grund mit erheblichen Unwägbarkeiten verbunden. Es empfiehlt sich daher, bereits im Gesellschaftsvertrag bestimmte Ereignisse oder Vorkommnisse als wichtige Gründe, die zu einem Ausschluss berechtigen, festzulegen. Neben einer **Konkretisierung von Ausschlussgründen**, können die Gesellschafter auch die Anforderungen an einen Ausschlussgrund verschärfen oder erleichtern. Wie bei der Vereinbarung von Ausscheidensgründen sind die Gesellschafter grundsätzlich auch bei der Vereinbarung von Ausschlussgründen im Rahmen der Schranken des § 138 BGB frei. Auch hier müssen jedoch die Ausschließungsgründe grundsätzlich eine gewisse **sachliche Rechtfertigung** besitzen (BGH NJW 1990, 2622; BGH BB 2004, 1017). Als Ausschlussgründe in Satzungen für zulässig erachtet worden, sind z. B. der Verlust bestimmter berufsrechtlicher Qualifikationen, das Erreichen einer bestimmten Altergrenze, der Eintritt von Vermögensverfall oder das Abreißen verwandtschaftlicher Beziehungen zu der Gesellschafterfamilie (BGH NJW 1969, 793; *Gehrlein*, NJW 2005, 1969, 1970).

II. Freies Hinauskündigungsrecht

17 Grundsätzlich **unwirksam** und als Verstoß gegen die guten Sitten nach § 138 BGB anzusehen ist allerdings die Verankerung eines freien Hinauskündigungsrechts (BGHZ 81, 263, 266 ff; BGH NJW 2005, 3641, 3642; vgl. hierzu ausführl. *Gehrlein* NJW 2005, 1969; Sudhoff PersGes/*Masuch* § 17 Rn. 17; *Hohaus/Weber* NZG 2005, 961). Ansonsten würde willkürlichem Verhalten Tür und Tor geöffnet. Denn die Möglichkeit, andere Gesellschafter auszuschließen, setzt diese einem die Entscheidungsfreiheit beeinträchtigenden Druck aus mit der Folge, dass sie von den ihnen nach dem Gesellschaftsvertrag oder dem Gesetz zustehenden Rechten keinen Gebrauch machen und ihren Gesellschafterpflichten nicht nachkommen, sich vielmehr den Wünschen des oder der zur Kündigung berechtigten Gesellschafter beugen (BGH NJW 2005, 3641, 3642).

18 **Ausnahmsweise** ist aber ein freies Ausschließungsrecht zulässig, wenn es durch besondere Umstände **sachlich gerechtfertigt** ist (BGH NJW 2005, 3641, 3642; *Hohaus/Weber* NZG 2005, 961). Dies ist z. B. der Fall, wenn das freie Ausschließungsrecht den Altgesellschaftern die Möglichkeit einräumen soll, binnen angemessener Frist zu entscheiden, ob zu dem neuen Gesellschafter das notwendige Vertrauen hergestellt werden kann und ob die Gesellschafter in der für die gemeinsame Berufsausübung erforderlichen Weise harmonieren können (BGH NJW 2004, 2013 = NZG 2004, 569; vgl. hierzu *K. Schmidt* NJW 2005, 2801, 2803). Ein **Prüfungsrecht** von zehn Jahren und damit ein Recht zur freien Ausschließung für einen Zeitraum von zehn Jahren, ist aber nicht sachlich gerechtfertigt (BGH NJW 2004, 2013). Ein freies Hinauskündigungsrecht hat der BGH auch als sachlich gerechtfertigt angesehen, wenn die Gesellschaftsbeteiligung nur als **Annex zu einem Kooperationsvertrag** der Gesellschafter anzusehen ist und sichergestellt werden soll, dass der Gesellschaft nur die Partner des Kooperationsvertrages angehören (BGH NZG 2005, 479). Keine Bedenken hatte der BGH auch gegen eine Satzungsklausel nach der in einer GmbH, in der alle Gesellschafter persönlich mitarbeiten, ein Gesellschaftsanteil eingezogen werden kann, wenn der betreffende Gesellschafter nicht mehr in dem Gesellschaftsunternehmen tätig ist (BGH NJW 1983, 2880; vgl. auch BGH DStR 1997, 336). Der BGH hat ein freies Ausschließungsrecht auch als wirksam angesehen, wenn der ausschließungsberechtigte Gesellschafter mit Rücksicht auf die **enge persönliche Beziehung** zu seiner Mitgesellschafterin die volle Finanzierung der Gesellschaft übernimmt und der Partnerin die Mehrheitsbeteiligung und die Geschäftsführung einräumt (BGH NJW 1990, 2622).

Zulässig ist eine freie Hinauskündigung auch, wenn einem Geschäftsführer im Hinblick auf seine Geschäftsführerstellung eine Minderheitsbeteiligung eingeräumt wird, für die er nur ein Entgelt in Höhe des Nennwertes zu zahlen hat und die er bei Beendigung seines Geschäftsführeramtes gegen eine der Höhe nach begrenzte Abfindung zurückübertragen muss, sog. **Managermodell** (BGH NJW 2005, 3641, 3642 f.; *Hohaus/Weber* NZG 2005, 961 m. w. N.). Denn bei diesem Managermodell stellt die von vornherein auf Zeit eingeräumte Beteiligung nur einen Annex zur Geschäftsführerstellung dar (BGH NJW 2005, 3641, 3643; so auch *Habersack* ZGR 2005, 451,461 ff; *Bütter/Tonner* BB 2005, 283, 285 ff). Entsprechendes gilt für das sog. **Mitarbeitermodell**, bei dem einem verdienten Mitarbeiter des Unternehmens – unentgeltlich oder gegen Zahlung eines Betrages nur in Höhe des Nennwerts – eine Minderheitsbeteiligung eingeräumt wird, die er bei seinem Ausscheiden aus dem Unternehmen zurückzuübertragen hat. 19

§§ 738–740 BGB

§ 738 Auseinandersetzung beim Ausscheiden

(1) [1]Scheidet ein Gesellschafter aus der Gesellschaft aus, so wächst sein Anteil am Gesellschaftsvermögen den übrigen Gesellschaftern zu. [2]Diese sind verpflichtet, dem Ausscheidenden die Gegenstände, die er der Gesellschaft zur Benutzung überlassen hat, nach Maßgabe des § 732 zurückzugeben, ihn von den gemeinschaftlichen Schulden zu befreien und ihm dasjenige zu zahlen, was er bei der Auseinandersetzung erhalten würde, wenn die Gesellschaft zur Zeit seines Ausscheidens aufgelöst worden wäre. [3]Sind gemeinschaftliche Schulden noch nicht fällig, so können die übrigen Gesellschafter dem Ausscheidenden, statt ihn zu befreien, Sicherheit leisten.

(2) Der Wert des Gesellschaftsvermögens ist, soweit erforderlich, im Wege der Schätzung zu ermitteln.

§ 739 Haftung für Fehlbetrag

Reicht der Wert des Gesellschaftsvermögens zur Deckung der gemeinschaftlichen Schulden und der Einlagen nicht aus, so hat der Ausscheidende den übrigen Gesellschaftern für den Fehlbetrag nach dem Verhältnis seines Anteils am Verlust aufzukommen.

§ 740 Beteiligung am Ergebnis schwebender Geschäfte

(1) [1]Der Ausgeschiedene nimmt an dem Gewinn und dem Verlust teil, welcher sich aus den zur Zeit seines Ausscheidens schwebenden Geschäften ergibt. [2]Die übrigen Gesellschafter sind berechtigt, diese Geschäfte so zu beendigen, wie es ihnen am vorteilhaftesten erscheint.

(2) Der Ausgeschiedene kann am Schluss jedes Geschäftsjahrs Rechenschaft über die inzwischen beendigten Geschäfte, Auszahlung des ihm gebührenden Betrags und Auskunft über den Stand der noch schwebenden Geschäfte verlangen.

Übersicht:

A. Allgemeines

1 Bei Ausscheiden eines Gesellschafters aus der Gesellschaft findet grundsätzlich eine **Auseinandersetzung** mit dem ausscheidenden Gesellschafter nach Maßgabe der §§ 738 ff. BGB statt.

B. Folgen des Ausscheidens

I. Anwachsung, § 738 Abs. 1 S. 1 BGB

2 Zunächst wächst der Anteil des ausscheidenden Gesellschafters den verbleibenden Gesellschaftern zu. Dadurch fällt die gesamthänderische Mitberechtigung des Ausscheidenden am Gesellschaftsvermögen den übrigen Gesellschaftern zu. Damit kommen grundsätzlich auch die Gesellschafterrechte und -pflichten des ausscheidenden Gesellschafters in Wegfall, soweit sie nicht bereits zu selbstständigen, vom Anteil gelösten vermögensrechtlichen Ansprüchen und Verbindlichkeiten geworden sind. Die Mitsprache- und Geschäftsführungsrechte erlöschen mit dem Tag des Ausscheidens. An die Stelle der Kontrollrechte tritt der Auskunftsanspruch nach § 810 BGB (Müko BGB/*Ulmer* § 716 Rn. 13).

II. Rückgabe von Gegenständen, § 738 Abs. 1 S. 2 BGB

3 Im Rahmen der Auseinandersetzung hat die Gesellschaft nach § 738 Abs. 1 S. 2 BGB zunächst dem ausscheidenden Gesellschafter diejenigen Gegenstände nach Maßgabe des § 732 BGB zurückzugeben, die der betroffene Gesellschafter der Gesellschaft zur Benutzung – nicht zu Eigentum – überlassen hat. Für eine etwaige Verschlechterung oder einen etwaigen Verlust der überlassenen Gegenstände hat die Gesellschaft den ausscheidenden Gesellschafter nur dann zu entschädigen, wenn sie dies zu vertreten hat. Entschädigung aufgrund von zufälligen Ereignissen oder bestimmungsgemäßen Gebrauch hat die Gesellschaft gem. § 732 S. 2 BGB nicht zu leisten (vgl. hierzu auch §§ 732–735 BGB Rn. 5 f.).

III. Befreiung von den gemeinschaftlichen Schulden, § 738 Abs. 1 S. 2 BGB

4 Weiterhin hat die Gesellschaft den ausscheidenden Gesellschafter nach § 738 Abs. 1 S. 2 BGB von seiner Haftung für fällige **Verbindlichkeiten** der Gesellschaft, die während seiner Gesellschaftszugehörigkeit begründet worden sind, zu befreien. Dies kann durch Erfüllung solcher Verbindlichkeiten gegenüber dem Gesellschaftsgläubiger erfolgen oder aber durch Beibringung einer Haftungsentlassungserklärung des Gläubigers (Sudhoff PersGes/*Masuch* § 15 Rn. 74). Bei noch nicht fälligen Verbindlichkeiten der Gesellschaft kann die Gesellschaft gem. § 738 Abs. 1 S. 3 BGB statt Haftungsbefreiung auch Sicherheit leisten.

IV. Abfindung

Weiterhin steht dem ausscheidenden Gesellschafter ein Anspruch auf Zahlung einer Abfindung für seine Kapitalbeteiligung zu, soweit das Gesellschaftsvermögen nicht durch Verluste aufgebraucht ist. 5

1. Höhe der Abfindung

Die Höhe der Abfindung richtet sich nach dem Wert des **Anteils des Ausgeschiedenen**, der durch Erstellung einer Auseinandersetzungsbilanz zu ermitteln ist. Hierfür ist der Gesamtwert des Gesellschaftsvermögens zu ermitteln, der dann nach dem Gewinnverteilungsschlüssel auf die Gesellschafter zu verteilen ist. Dies erfolgt nach h. M. nicht im Wege der Bewertung der einzelnen Vermögenswerte und ihrer Addition. Vielmehr erfolgt eine **Gesamtbewertung der Gesellschaft**. Maßgeblich sind die wirklichen Werte einer lebenden Gesellschaft einschließlich stiller Reserven und eines etwaigen Firmenwertes, d. h. good will (BGH ZIP 2002, 1148; NJW 1992, 892; Palandt/*Sprau* § 738 Rn. 5; Sudhoff PersGes/*Masuch* § 20 Rn. 4). Der Umfang des Auseinandersetzungsanspruchs entspricht daher dem Anteil des ausscheidenden Gesellschafters am Wert des gesamten Unternehmens, so wie er sich ergeben würde, wenn das Unternehmen per Stichtag der Auseinandersetzung unter Fortführungsgesichtspunkten insgesamt verkauft werden würde (BGHZ 17, 130, 136; BGH WM 1971, 1450; Palandt/*Sprau* § 738 Rn. 5). 6

Die Gesamtbewertung des Gesellschaftsvermögens erfolgt nach heute h. M. grundsätzlich nach der **Ertragswertmethode** (BGH NJW 1993, 2101; Palandt/*Sprau* § 738 Rn. 5; Sudhoff PersGes/*Masuch* § 20 Rn. 5; MAH PersGes/*Mutter* § 6 Rn. 122). Der Substanzwert hat nur korrektive Bedeutung als Liquidationswert. Die Einzelheiten einer solchen Berechnung nach der Ertragswertmethode sind hingegen vielfältig und im Einzelnen umstritten. Die Wertermittlung erfolgt daher in der Regel durch Sachverständigengutachten. **Stichtag** für die Bewertung der Gesellschaft ist grundsätzlich der Zeitpunkt des Ausscheidens des Gesellschafters. 7

2. Entstehen und Fälligkeit der Abfindung

Der Anspruch auf Zahlung der Abfindung entsteht mit Ausscheiden aus der Gesellschaft. **Fällig** wird er auch mit diesem Zeitpunkt (so auch Palandt/*Sprau* § 738 Rn. 6) und nicht erst mit Feststellung der Auseinandersetzungsbilanz. Nach a. A. ist auf den Zeitpunkt der Berechenbarkeit des Abfindungsanspruchs abzustellen (Sudhoff PersGes/*Masuch* § 20 Rn. 12). 8

3. Anspruchsgegner

Der Anspruch des ausgeschiedenen Gesellschafters richtet sich grundsätzlich **gegen die Gesellschaft**. Die übrigen Gesellschafter haften hierfür allerdings gem. §§ 128 HGB analog. 9

V. Haftung für Fehlbetrag, § 739 BGB

Übersteigen die Gesellschaftsschulden das Gesellschaftsvermögen, erhält der Gesellschafter keine Abfindung. Vielmehr haftet er gem. § 739 BGB für den auf seinen Anteil entfallenden **Fehlbetrag.** 10

VI. Beteilung am Ergebnis schwebender Geschäfte, § 740 BGB

Nach § 740 BGB wird der ausscheidende Gesellschafter sowohl am Verlust als auch am Gewinn der zur Zeit seines Ausscheidens noch schwebenden Geschäfte beteiligt. Sinn und Zweck des § 740 BGB ist es, die Auseinandersetzung mit dem ausgeschiedenen Gesellschafter und die Erstellung der Abfindungsbilanz davon zu entlasten, die bei dem Ausscheiden schwebenden Geschäfte im Wege der Schätzung (§ 738 Abs. 2 BGB) berücksichtigen zu müssen (BGH NJW 1993, 1194). 11

1. Schwebende Geschäfte

12 Schwebende Geschäfte i. S. d. § 740 BGB sind solche Geschäfte, an die die Gesellschaft im Zeitpunkt des Ausscheidens des Gesellschafters schon gebunden war, die aber beide Vertragsteile bis dahin noch nicht voll erfüllt haben (BGH NJW 1993, 1194; Palandt/*Sprau* § 740 Rn. 1). **Nicht** zu den schwebenden Geschäften gehören Dauerschuldverhältnisse. Diese sind aber ggf. bei der Höhe der Abfindung zu berücksichtigen (BGH NJW-RR 1986, 454, 455; Palandt/*Sprau* § 740 Rn. 1). Würden solche Dauerschuldverhältnisse zu den schwebenden Geschäften gerechnet, hätte das zur Folge, dass der Ausgeschiedene am Erfolg oder Misserfolg der Gesellschaft über Jahre weiterhin so beteiligt wäre, als gehöre er der Gesellschaft nach wie vor an. Auf diese Weise würde die Bindung an die Gesellschaft, die durch das Ausscheiden ihr Ende finden sollte, in einer Weise aufrechterhalten, die mit der Beteiligung am Ergebnis schwebender Geschäfte nicht bezweckt ist (BGH NJW-RR 1986, 454, 455).

2. Beendigung schwebender Geschäfte

13 Die Gesellschaft kann die schwebenden Geschäfte nach eigenem Ermessen beenden. Der ausgeschiedene Gesellschafter hat kein Recht auf Mitwirkung. Er kann aber am Schluss eines jeden Geschäftsjahres von der Gesellschaft Rechenschaft über die beendeten Geschäfte, Auszahlung einer etwaigen Differenz zu seinen Gunsten sowie Auskunft über den Stand der noch schwebenden Geschäfte verlangen (Sudhoff PersGes/*Masuch* § 15 Rn. 78).

3. Bedeutung des § 740 BGB

14 Da die Höhe der dem ausscheidenden Gesellschafter zustehenden Abfindung regelmäßig nach der Ertragswertmethode und nicht mehr nach der Sustanzwertmethode berechnet wird (s. o. Rn. 7), kommt der Bedeutung des § 740 BGB aufgrund teleologischer Reduktion eine deutlich geringere Bedeutung zu. Denn bei der Ertragswertmethode sind die Ergebnisse zukünftig zu beendender Geschäfte bereits bei der Feststellung des Unternehmenswertes berücksichtigt und haben sich dementsprechend in der Höhe der dem ausscheidenden Gesellschafter gezahlten Abfindung niedergeschlagen (Sudhoff PersGes/*Masuch* § 15 Rn. 79; MüKo BGB/*Ulmer* § 740 Rn. 3.

C. Anwendung der Grundsätze der fehlerhaften Gesellschaft

15 Die Grundsätze der fehlerhaften Gesellschaft (vgl. dazu ausführl. § 705 BGB Rn. 51 ff.) finden nicht nur auf die fehlerhafte Gesellschaftsgründung und auf den fehlerhaften Beitritt zu einer Gesellschaft Anwendung, sondern auch auf das **fehlerhafte Ausscheiden aus der Gesellschaft** (BGH NJW-RR 2003, 533; BGH NJW 1992, 1503, 1504).

16 Das auf einem fehlerhaften rechtsgeschäftlichen Handeln beruhende Ausscheiden eines Gesellschafters ist nach diesen Grundsätzen wirksam, wenn es **in Vollzug gesetzt** worden ist und seiner Anerkennung gewichtige Interessen der Allgemeinheit oder einzelner schutzwürdiger Personen nicht entgegenstehen (BGH NJW-RR 2003, 533; Sudhoff PersGes/*Masuch* § 15 Rn. 85). Ein fehlerhaft vollzogenes Ausscheiden setzt grundsätzlich ein – wenn auch fehlerhaftes – **rechtsgeschäftliches Handeln** aller Gesellschafter voraus. Daran fehlt es grundsätzlich, wenn der Mangel gerade darauf beruht, dass ein Teil der Gesellschafter an der Vereinbarung nicht mitgewirkt oder ein Mitgesellschafter die von ihnen erteilte Vollmacht zum Abschluss der Vereinbarung überschritten hat. Etwas anderes gilt jedoch, wenn der betroffene Gesellschafter und die für sein Ausscheiden stimmenden Gesellschafter das Ausscheiden für wirksam gehalten haben (BGH NJW-RR 2003, 533; NJW 1988, 1321). Dann finden dennoch die Grundsätze der fehlerhaften Gesellschaft Anwendung.

17 **Rechtsfolge** der Anwendung dieser Grundsätze ist, dass der Ausgeschiedene zunächst aus der Gesellschaft ausgeschieden ist (BGH NJW 1969, 1483; Sudhoff PersGes/*Masuch* § 15 Rn. 86). Dem ausgeschiedenen Gesellschafter steht aber grundsätzlich ein **schuldrechtlicher Anspruch auf (künftige) Wiederaufnahme** in die Gesellschaft zu. Dies gilt jedoch nicht, wenn der Ausgeschie-

dene durch eine arglistige Täuschung den Unwirksamkeitsgrund selbst herbeigeführt hat (BGH NJW 1969, 1483; Sudhoff PersGes/*Masuch* § 15 Rn. 86).

D. Gesellschaftsvertragliche Regelungen

I. Allgemeines

Die §§ 738 bis 740 BGB sind grundsätzlich **dispositiv**. Es kann daher z. B. der ausscheidende Gesellschafter vom Ergebnis schwebender Geschäfte ausgeschlossen werden 18

II. Abfindungsklauseln

1. Grundsätzliche Zulässigkeit

Entscheidende Bedeutung kommt der Vereinbarung von Abfindungsklauseln zu. Sie bezwecken 19 in der Regel die Vereinfachung der Berechnung der Abfindung und/oder den Schutz der Gesellschaft vor zu hohem Kapitalabfluss. Abfindungsklauseln beziehen sich daher regelmäßig auf die Berechnung der Abfindung sowie auf Zahlungsmodalitäten. Grundsätzlich ist die gesellschaftsvertragliche Modifikation von Abfindungsklauseln **zulässig** (vgl. zu Gestaltungsmöglichkeiten Sudhoff PersGes/*Masuch* § 20 Rn. 13 ff.). Nicht die Zulässigkeit, sondern die Unzulässigkeit bedarf daher besonderer Begründung (vgl. BGH NJW 1992, 892; 894; NJW 1993, 2101; OLG Naumburg NZG 2001, 658). Ob eine Begrenzung des Abfindungsanspruchs im Einzelfall hinzunehmen ist, hängt maßgeblich von der Diskrepanz zwischen dem gesellschaftsvertraglich geschuldeten Abfindungsbetrag einerseits und dem tatsächlichen Anteilswert andererseits ab.

2. Grenzen der Zulässigkeit von Abfindungsklauseln

Es gibt im Wesentlichen **drei Grenzen**. Abfindungsklauseln sind unzulässig, wenn die mit der 20 Abfindungsbeschränkung verbundenen wirtschaftlichen Nachteile den ausscheidenden Gesellschafter bzw. den Gläubiger des Gesellschafters **sittenwidrig** benachteiligen (§ 138 BGB) oder die in **§ 723 Abs. 3 BGB** verbriefte Freiheit des Gesellschafters, seine Gesellschaftsbeteiligung zu kündigen, unangemessen einschränken. Weiterhin sind abfindungsbeschränkende Klauseln unter Berücksichtigung der Grundsätze von **Treu und Glauben** (§ 242 BGB) insbesondere dann zu korrigieren, wenn der Wert der vertraglichen Abfindung zwar im Zeitpunkt der Vereinbarung nicht zu ungunsten des ausscheidenden Gesellschafters vom tatsächlichen Wert der Abfindung abgewichen ist, sich eine solche Diskrepanz aber später aufgrund einer Veränderung, insbesondere der wirtschaftlichen, Verhältnisse ergibt.

a) Sittenwidrigkeit gem. § 138 BGB

Die Wirksamkeit von gesellschaftsvertraglichen Abfindungsklauseln ist zunächst an § 138 BGB 21 zu messen, wobei auf den Zeitpunkt der Vereinbarung der Klausel abzustellen ist. Abfindungsbeschränkungen, die dazu dienen, die Gesellschaftsbeteiligung für die Gläubiger eines Gesellschafters zu entwerten, sind sittenwidrig und daher **nichtig** (BGH NZG 2000, 1027, 1028).

Deshalb sind z. B. Abfindungsklauseln, die Abfindungsbeschränkungen nur für den Fall der In- 22 solvenz eines Gesellschafters oder der Kündigung durch einen Privatgläubiger eines Gesellschafters vorsehen, wegen **unzulässiger Gläubigerbenachteiligung** unwirksam (MüKo BGB/*Ulmer* § 738 Rn. 47; Sudhoff PersGes/*Masuch* § 20 Rn. 15; MAH PersGes/*Mutter* § 6 Rn. 128). Auch der **vollständige Ausschluss** oder die Beschränkung der Abfindung unter den Buchwert der Beteiligung ist regelmäßig sittenwidrig (BGH NJW 1989, 2685). Zugelassen wird ein Ausschluss der Abfindung jedoch für das Ausscheiden eines Gesellschafters durch Tod (BGH WM 1971, 1338; Palandt/*Sprau* § 738 Rn. 7; MüKo BGB/*Ulmer* § 738 Rn. 61; Sudhoff PersGes/*Masuch* § 20 Rn. 25) sowie bei Verwendung eines solchen Ausschlusses als Vertragsstrafe für besonders schwere Pflichtverletzungen eines Gesellschafters (MüKo BGB/*Ulmer* § 738 Rn. 61; *Kort* DStR 1995, 1961, 1962). Eine Beschränkung der **Abfindungshöhe auf den Buchwert** ist zwar grundsätzlich zulässig (BGH NJW 1989, 2635; OLG Naumburg NZG 2001, 658). Unwirksam ist eine solche Beschränkung allerdings für den von den übrigen Gesellschaftern mit Mehrheitsbeschluss ohne wichtigen Grund ausgeschlossenen Gesellschafter (BGH WM 1979, 1064; Palandt/*Sprau* § 738 Rn. 7; Sudhoff PersGes/*Masuch* § 20 Rn. 29; *Hülsmann* NJW 2002, 1673, 1674). Denn der Buchwert berücksichtigt weder die stillen Reserven noch den möglichen Firmenwert (good will).

23 Ist die Abfindungsklausel unwirksam, führt dies abweichend von § 139 BGB regelmäßig auch ohne sog. salvatorische Klausel **nicht zur Unwirksamkeit des gesamten Gesellschaftsvertrages** (Sudhoff PersGes/*Masuch* § 20 Rn. 16). Die Lücke ist durch dispositives Gesetzesrecht zu schließen (Palandt/*Sprau* § 738 Rn. 7). Die grundsätzlich vorrangige ergänzende Vertragsauslegung scheidet bei sittenwidrigen Klauseln aus, um dem sittenwidrig Handelnden nicht einen Teilerfolg zu belassen (BGH NJW 1977, 1233; MüKo BGB/*Ulmer* § 738 Rn. 75; Sudhoff PersGes/*Masuch* § 20 Rn. 16).

b) Unzulässige Kündigungsbeschränkungen gem. § 723 Abs. 3 BGB

24 Abfindungsbeschränkungen können auch als unzulässige Kündigungsbeschränkungen i. S. v. § 723 Abs. 3 BGB angesehen werden (vgl. §§ 723, 724 BGB Rn. 32). Dies ist dann der Fall, wenn dem Gesellschafter zwar weiterhin ein Kündigungsrecht verbleibt, dessen Ausübung aber derart nachteilige Auswirkungen auf die Abfindung hat, dass sie geeignet erscheinen, einen Gesellschafter von der Ausübung des Kündigungsrechts abzuhalten (BGH NZG 2006, 425). Die Abfindungsklausel ist eine unzulässige Kündigungsbeschränkung, wenn sie zu einem **erheblichen Missverhältnis** zwischen dem Klauselwert des Gesellschaftsanteils und seinem wirklichen Wert führt (BGH NJW 1992, 892, 895). Ob ein solches erhebliches Missverhältnis vorliegt ist, ist im Wege einer **Gesamtbetrachtung** zu ermitteln. Hierbei sind auch die anderen vertraglichen Regelungen zu betrachten und zu bewerten (Sudhoff PersGes/*Masuch* § 20 Rn. 17).

25 Wann im Einzelnen ein solches zur Unzulässigkeit führendes Missverhältnis vorliegt, ist noch nicht abschließend geklärt. In einer früheren Entscheidung hat der BGH eine Klausel als unzulässig bewertet, die nur 20 % der gesetzlichen Abfindung ausmachte (BGH NJW 1973, 651, 652; vgl. auch BGH NJW 1989, 2685, 2686: Sittenwidrigkeit der Abfindung zum halben Buchwert; OLG Hamm DStR 2003, 1178 f.: sittenwidrige Beschränkung auf ein Drittel des Zeitwertes; vgl. zu einer Rechtsprechungsübersicht *Hülsmann* NJW 2002, 1673, 1674 f. m. w. N.). Der BGH hat sich aber nicht auf eine feste **prozentuale Grenze** festgelegt (vgl. BGH NJW 1993, 2101). Nach der Literatur ist regelmäßig ab einer Beschränkung der Höhe der Abfindung auf **1/2 bis 2/3 des Verkehrswertes** die Schwelle zur Sittenwidrigkeit überschritten (MüKo BGB/*Ulmer* § 738 Rn. 52; vgl. zu einer Übersicht über den Meinungsstand in der Literatur *Hülsmann* NJW 2002, 1673, 1676 m. w. N.), sofern hierfür keine sachliche Rechtfertigung besteht.

26 Bei der Bewertung einer Abfindungsklausel als unzulässige Kündigungsbeschränkung ist wie auch im Rahmen einer Bewertung nach § 138 BGB auf den **Zeitpunkt der Vereinbarung** der Abfindungsklausel abzustellen (BGH NJW 1993, 3193; NJW 1992, 892, 895). Stellt die Abfindungsbeschränkung eine unzulässige Kündigungsbeschränkung dar, ist die Klausel **unwirksam**. Die Vertragslücke ist vorrangig – sofern nicht sogar Sittenwidrigkeit vorliegt – durch **ergänzende Vertragsauslegung** zu schließen. Grundsätzlich erfolgt hierbei eine Rückführung der Abfindungsbeschränkung auf ein mit § 723 Abs. 3 BGB zu vereinbarendes Maß (BGH NJW 1993, 3193, 3194 f.; MüKo BGB/*Ulmer* § 738 Rn. 74; Sudhoff PersGes/*Masuch* § 20 Rn. 18). An die Stelle der dadurch unwirksam gewordenen gesellschaftsvertraglichen Abfindungsklausel tritt daher ein Anspruch auf Gewährung einer angemessenen Abfindung (BGH NJW 1992, 892, 896).

c) Grundsatz von Treu und Glauben, § 242 BGB

27 Zunehmend an Gewicht gewonnen hat in der Rechtsprechung die Ergebniskontrolle von Abfindungsbeschränkungen über den Grundsatz von Treu und Glauben, § 242 BGB (BGH NJW 1993, 3193; NJW 1993, 2101). Damit soll dem Umstand Rechnung getragen werden, dass die Mehrzahl der üblichen Abfindungsbeschränkungen nicht von vornherein unzulässig sind. Vielmehr tritt ein zur Unwirksamkeit der Klausel führendes Missverhältnis zwischen der vertraglichen und der gesetzlichen Abfindungshöhe häufig, z. B. bei Buchwertklauseln, erst später aufgrund **Veränderung der wirtschaftlichen Verhältnisse** ein. Eine solche Veränderung kann dann im Wege der ergänzenden Vertragsauslegung zu berücksichtigen sein oder eine Anpassung im Einzelfall gem. § 313 BGB bzw. § 242 BGB erfordern (BGH NJW 1993, 3193; Sudhoff PersGes/*Masuch* § 20 Rn. 19; MAH PersGes/*Mutter* § 6 Rn. 129).

Im Rahmen dessen erfolgt eine **umfassende Interessenabwägung**. Es sind die tatsächlichen Ge- **28**
gebenheiten, wie die Dauer der Mitgliedschaft, der Anlass des Ausscheidens sowie der Beitrag des Ausscheidenden am Erfolg der Gesellschaft zu berücksichtigen (BGH NJW 1993, 3193, 3194; NJW 1993, 2101, 2102; Sudhoff PersGes/*Masuch* § 20 Rn. 19; MAH PersGes/*Mutter* § 6 Rn. 129). Hierbei kommt dem Willen der Vertragsparteien entscheidende Bedeutung zu (BGH NJW 1993, 3193). Es kommt darauf an, ob die Gesellschafter es bei Voraussicht der Entwicklung gleichwohl bei der vereinbarten Abfindung belassen hätten oder ob sie bei angemessener Abwägung aller Interessen als redliche Vertragspartner der Entwicklung durch eine anderweitige vertragliche Regelung Rechnung getragen hätten.

d) Auszahlungsvereinbarungen

Üblicherweise regelt der Gesellschaftsvertrag auch die **Fälligkeit der Abfindung**, seine etwaige **29**
Auszahlung in Raten und die etwaige **Verzinsung** noch nicht ausgezahlter Abfindungsteile. Solche Vereinbarungen können im Interesse der Liquiditätssicherung der Gesellschaft grundsätzlich wirksam vereinbart werden. In Betracht kommen insoweit beispielsweise langjährige Ratenzahlungs- und Stundungsvereinbarungen.

Allerdings unterliegen auch solche Klauseln der **Wirksamkeitskontrolle**, da auch sie zu spürba- **30**
ren Einschränkungen des ausscheidenden Gesellschafters führen können. Nach der Gesetzeslage steht dem ausscheidenden Gesellschafter die Abfindung nämlich gem. § 271 Abs. 1 BGB unverzüglich mit seinem Austritt in einem Betrag zu. Da sich Ratenzahlungs- und Stundungsvereinbarungen für den ausscheidenden Gesellschafter jedoch ähnlich auswirken können wie eine Beschränkung der Abfindungshöhe, darf das Interesse der Gesellschaft an der Kapitalerhaltung insbesondere dann nicht einseitig über das Abfindungsinteresse gestellt werden, wenn die Abfindung für den ausscheidenden Gesellschafter einen Versorgungscharakter hat (*Hülsmann* NJW 2002, 1673, 1677).

Unbedenklich ist eine Auszahlungsfrist von fünf Jahren (OLG Dresden NZG 2000, 1042), zumal **31**
wenn gestundete Beträge angemessen zu verzinsen sind. Das BayObLG hat sogar eine Regelung für zulässig erachtet, die die Fälligkeit eines Abfindungsguthabens nach dem vollen Verkehrswert auf längstens sechs Jahre ohne Zinszahlung hinausschiebt (BayObLG DB 1983, 99; *Hülsmann* NJW 2002, 1673, 1678). **Sittenwidrig** ist hingegen eine Abfindungsklausel, nach der der ausscheidende GmbH-Gesellschafter sein Abfindungsguthaben in drei Raten erhalten soll, die erst nach fünf, acht und zehn Jahren nach der Kündigungserklärung fällig sind (OLG Dresden NZG 2000, 1042; näher zur Entscheidung des OLG Dresden: *Lange* NZG 2001, 635; *Heß* NZG 2001, 648; vgl. zum Meinungsstand in Rechtsprechung und Literatur: *Hülsmann* NJW 2002, 1673, 1678). Kritisch wird es ab eines Stundungszeitraums von 10 Jahren. Jedenfalls **unwirksam** ist eine Streckung der Auszahlung der Abfindung über einen Zeitraum von 15 Jahren (BGH NJW 1989, 2685, 2686). Erforderlich ist eine Gesamtwertung der Beschränkung des Abfindungsanspruchs der Höhe nach im Zusammenwirken mit den Auszahlungsklauseln, innerhalb dieser wiederum nach Auszahlungszeitraum, Staffelung und Verzinsung (vgl. auch OLG Dresden NZG 2000, 1042).

Kapitel 3
Die Partnerschaftsgesellschaft

Übersicht:

A. Einführung

1 Über Bedarf und Inhalt eines »**Gesetzes über die Partnerschaftsgesellschaften Angehöriger Freier Berufe« (PartGG)** wurde bereits lange vor seinem Inkrafttreten am 1. 7. 1995 diskutiert (s. etwa *Henssler* JZ 1992, 687). Erste Initiativen für ein solches Gesetz gab es bereits Anfang der 70 er Jahre des letzten Jahrhunderts. Diese scheiterten aber entweder an überambitionierten Ansprüchen des Gesetzgebers oder an Widerständen der Interessenverbände. Da aber die vorhandenen Gesellschaftsformen den Bedürfnissen der Angehörigen freier Berufe letztlich nicht gerecht werden konnten, blieb der Bedarf für eine neu geschaffene Gesellschaftsform für Angehörige freier Berufe unverändert groß. Nach verschiedenen Anläufen hat sich Gesetzgeber schließlich auf eine Gesetzeslösung festgelegt, deren Regelungstechnik so einfach wie überzeugend ist (auch wenn es berechtigte Kritikpunkte gibt, s. *K. Schmidt* ZIP 1993, 633): Das PartGG bestimmt in nur elf Paragrafen als **lex speciales** die Besonderheiten für Zusammenschlüsse von Freiberuflern im Wege der sog. »Partnerschaftsgesellschaft« oder kurz »Partnerschaft«. Alle anderen Regelungen ergeben sich aus Verweisen, überwiegend auf das im Handelsgesetzbuch geregelte OHG-Recht sowie ergänzend auch auf das Recht der BGB-Gesellschaften.

B. Grundzüge und Voraussetzungen der Partnerschaft

I. Die Partnerschaft

2 Die Partnerschaft ist eine Gesellschaftsform nur für Angehörige der freien Berufe. Es handelt sich um eine gesetzlich neu geschaffene **rechtsfähige Personengesellschaft für Freiberufler** (E/B/J § 1 PartGG Rn. 1), die auch als »Schwesterfigur« der OHG (*K. Schmidt* ZIP 1993, 633, 635) oder Sonderform der GbR (MüKo BGB/*Ulmer*, § 1 PartGG Rn. 1) bezeichnet wird.

1. Begriff der freiberuflichen Tätigkeit

3 Das Gesetz beschreibt die freiberufliche Tätigkeit als die »im Allgemeinen auf der Grundlage besonderer beruflicher Qualifikation oder schöpferischer Begabung persönliche, eigenverantwortliche und fachlich unabhängige Erbringung von Dienstleistungen höherer Art im Interesse der Auftraggeber und der Allgemeinheit«, vgl. § 1 Abs. 2 S. 1 PartGG.

4 § 1 Abs. 2 S. 2 PartGG definiert sodann im Wege eines eng an § 18 Abs. 1 Nr. 1 EStG angelehnten Kataloges, wer dazu zu zählen ist, etwa Ärzte, Rechtsanwälte, Steuerberater, Wirtschaftsprüfer, Architekten, aber auch z. B. Hebammen, Handelschemiker und Lotsen sowie zahlreiche weitere Berufsgruppen. Durch die Abschlussformulierung »und ähnlicher Berufe« ist eine Auffangregelung für vergleichbare, nicht explizit aufgezählte Berufgruppen sichergestellt (zu den einzelnen Berufgruppen und die berufsspezifischen Besonderheiten siehe E/B/J § 1 PartGG Rn. 13 ff.).

2. Zweck der Partnerschaft

5 Der Zweck der Partnerschaft ist die **Ausübung des jeweiligen freien Berufes** (§ 1 Abs. 1 PartGG). Aus diesem – in seiner juristischen Aussage unklaren (s. *Meilicke/v. Westphalen/Hoffmann/Lenz/Wolff* PartGG, § 1 Rn. 89 ff., die für eine sehr weite Auslegung des Begriffes plädieren und schon minimale berufsspezifische Beiträge des Partners für eine »Ausübung« ausreichen lassen wollen.) – gesetzesprogrammatischen Satz wird teilweise abgeleitet, dass **nur berufsaktive Freiberufler** Partner i. S. d. PartGG sein können (der inaktive »Namenspartner« soll danach nicht Partner i. S. d. PartGG sein können; E/B/J § 1 PartGG Rn. 5; a. A. *Feddersen/Meyer-Landrut* PartGG, § 1 Rn. 4; s. zum Umfang der erforderlichen Berufsausübung *Meilicke/v. Westphalen/Hoffmann/Lenz/Wolff* PartGG, § 1 Rn. 89 ff.).

3. Berücksichtigung des Berufsrechts

5 Nach § 1 Abs. 3 PartGG ist das **jeweilige Berufsrecht** im Rahmen der Partnerschaft zu berücksichtigen und kann deren Rahmenbedingungen modifizieren (s. etwa E/B/J § 1 PartGG Rn. 38). So sind etwa **Apotheker** und (Nur-)**Notare** zwar Freiberufler, aber berufsrechtlich (für den Apo-

theker ergibt sich dies aus § 8 ApothG; der Anwaltsnotar soll in seiner Eigenschaft als Rechtsanwalt Partner werden können, E/B/J § 1 PartGG Rn. 13 ff.) von der Partnerschaft i. S. d. PartGG ausgeschlossen (zur Diskussion in Bezug auf Steuerberater und Wirtschaftsprüfer s. MüKo BGB/*Ulmer* § 1 PartGG Rn. 81). Relevant ist in diesem Zusammenhang die **interprofessionelle Zusammenarbeit**. Während das PartGG auch Lösungen für interprofessionelle Zusammenschlüsse bietet, lassen zahlreiche berufsspezifische Regelungen den »gemischten« Zusammenschluss verschiedener Berufsgruppen nicht zu (für **Rechtsanwälte** sieht § 59 a BRAO vor, dass »Sozietäten« auf eine Zusammenarbeit mit Patentanwälten, Steuerberatern, Steuerbevollmächtigten, vereidigten Buchprüfern und Wirtschaftsprüfern beschränkt sind; ähnliche Regelungen enthalten § 56 StBerG und § 44 b WPO). Da das Registergericht im Rahmen des Eintragungsverfahrens grundsätzlich keine Überprüfung der berufsrechtlichen Zulässigkeit vornimmt (s. §§ 3, 4 Partnerschaftsregisterverordnung, wonach das Registergericht von den Angaben des Anmelders zur berufsrechtlichen Zulässigkeit ausgeht, es sei denn, ihm ist Gegenteiliges bekannt), ist es Aufgabe der Berufskammern bzw. der entsprechenden Organe, die berufsrechtliche Zulässigkeit der Partnerschaft zu überprüfen und sicherzustellen.

4. Partnerschaft als Steuer- und Rechtssubjekt

Die Partnerschaft übt nach § 1 Abs. 1 S. 2 PartGG – anders als etwa die GmbH und die AG – **kein Handelsgewerbe** aus und ist daher nicht kraft Rechtsform Kaufmann mit den entsprechenden steuerlichen Folgen, wobei die Partnerschaft dennoch bei entsprechender Tätigkeit gewerbesteuerpflichtig sein kann. Nach § 1 Abs. 1 S. 3 PartGG können nur **natürliche Personen** Partner i. S. d. PartGG sein. Umgekehrt kann die Partnerschaft ihrerseits Beteiligungen an Gesellschaften halten. 6

II. Anwendbares Recht

Der Rechtsrahmen der Partnerschaft bestimmt sich zunächst nach dem **PartGG als lex speciales**. 7
Aufgrund Verweisungen aus dem PartGG finden das **HGB** und hieraus insbesondere die Vorschriften zur OHG Anwendung während das **BGB** subsidiär heranzuziehen ist (§ 1 Abs. 4 PartGG). Mangels ausdrücklicher Verweisung nicht anwendbar sind etwa Vorschriften des HGB zur handelsrechtlichen Gewinnermittlung und Rechnungslegung (E/B/J § 1 PartGG Rn. 46).

C. Name der Partnerschaft

I. Namensrecht

§ 2 PartGG spricht ausdrücklich von dem »Namen« der Partnerschaft, nicht etwa der Firma. Aufgrund Verweisung auf §§ 18 Abs. 2, 21, 22 Abs. 1, 23, 24, 30, 31 Abs. 2 und 37 HGB findet aber auch für den Namen der Partnerschaft weitgehend Firmenrecht Anwendung. 8

1. Gebot der Namensklarheit

Der Name der Partnerschaft hat bestimmte Voraussetzungen zu erfüllen: Es muss **mindestens der Name eines** – gegenwärtigen oder ehemaligen – **Partners** im Namen enthalten sein, während Nicht-Partner gar nicht Namensgeber sein können (§ 2 Abs. 1 S. 1 i. V. m. S. 3 PartGG). Außerdem muss der Name der Partnerschaft den **Zusatz »und Partner«** (ebenfalls zulässig, obwohl im Gesetzestext nicht ausdrücklich erwähnt »& Partner« oder »+ Partner«, vgl. E/B/J § 2 PartGG Rn. 3) oder »**Partnerschaft**« sowie die **Berufsbezeichnung** aller in der Partnerschaft vertretenen Berufe enthalten. Das Gebot der Namensklarheit macht es erforderlich, auf den Zusatz »und Partner« zu verzichten, wenn nur ein Partner vorhanden ist oder alle Partner im Namen aufgeführt sind; in diesen Fällen bleibt nur der (zwingende) Zusatz »Partnerschaft«. Weitere Zusätze, z. B. Phantasiebegriffe, sollen – sofern nicht irreführend – zulässig sein (OLG Karlsruhe NJW 2001, 1584). 9

2. Gebot der Namenswahrheit, Grundsätze der Namensbeständigkeit

10 Die Funktion der Verweisung auf das Firmenrecht beschreibt *Ulmer* damit, dass »ein weitgehender Gleichklang des Namensrechts der Partnerschaft mit dem HGB-Firmenrecht« (MüKo BGB/*Ulmer* § 2 PartGG Rn. 16) erreicht werde solle. Dies hat vor allem zur Folge, dass der Name der Partnerschaft dem **Gebot der Namenswahrheit** (insbesondere Verbot der Irreführung, § 18 Abs. 2 HGB) und den **Grundsätzen der Namensbeständigkeit** unterliegt. Das Verbot der Irreführung hat maßgeblich Bedeutung, wenn durch den Namen der Partnerschaft der Eindruck besonderer Spezialisierung bzw. Fachkompetenz oder Internationalität vermittelt wird (BGH NJW 1970, 704; NJW 1996, 237). Der Grundsatz der Namensbeständigkeit wirkt sich vor allem bei Veränderungen der Partnerschaft bzw. der Partner aus. Ändert sich der Name eines Namen gebenden Partners, kann der Name der Partnerschaft unverändert bleiben (§ 21 HGB). Dies gilt auch bei Erwerb einer Partnerschaft durch neue Gesellschafter, wenn die (Namen gebenden) Veräußerer zustimmen (§ 22 HGB); das **Verbot der Irreführung** überwiegt gegenüber dem Grundsatz der Namensbeständigkeit aber dann, wenn der Erwerber Qualifikationen im Namen (z. B. Doktortitel) nicht selber aufweisen kann (vgl. BGH NJW-RR 1992, 367; NJW 1998, 1150). In diesem Fall bedarf es eines **klarstellenden Zusatzes (z. B. Nachfolgezusatz)**. Ebenfalls gilt per Verweisung das **Verbot der Leerübertragung** aus § 23 HGB (s. i. E. MüKo BGB/*Ulmer* § 2 PartGG Rn. 18). Durch den Verweis auf § 37 HGB gilt auch die Überwachungsfunktion des Registergerichts, das über die Einhaltung der firmen- bzw. namensrechtlichen Vorschriften wacht.

II. Umwandlung

11 Aus § 2 Abs. 2 Hs. 2 PartGG ergibt sich, dass der Name des ausscheidenden BGB-Gesellschafters im Namen der Partnerschaft fortgeführt werden kann (**Firmenkontinuität**), vorausgesetzt die entsprechende Zustimmung des ausscheidenden Gesellschafters liegt vor (LG München WiB 1997, 1090). Dem ist zu entnehmen, dass die (identitätswahrende) Umwandlung von der BGB-Gesellschaft in eine PartGG ebenso (nach allgemeinen Regeln) möglich sein soll wie von der BGB-Gesellschaft in die OHG, wobei sich die Umwandlung mit Eintragung in das Register vollzieht (vgl. *K. Schmidt* NJW 1995, 1 Fn. 16.).

12 Das UmwG berücksichtigt mittlerweile (seit Änderung des UmwG durch Änderungsgesetz v. 22. 7. 1998) auch die Partnerschaft. Der Partnerschaft stehen **dieselben Umwandlungsmöglichkeiten** offen wie anderen Personengesellschaften, wobei die Besonderheiten der Partnerschaft zu berücksichtigen sind. Dies gilt maßgeblich für den Umstand, dass **nur natürliche Personen** Partner dieser Gesellschaft sein können. Geregelt ist im UmwG insbesondere die Möglichkeit, das Vermögen der Partnerschaft im Wege der **Verschmelzung** auf andere Partnerschaften, Personenhandelsgesellschaften und Kapitalgesellschaften zu übertragen. Entsprechendes gilt für die Spaltung. Bzgl. der Einzelheiten zur Verschmelzung bzw. Spaltung wird auf die Kommentierung zum Umwandlungsrecht in Kap. 12 Rn. 12 ff. (Verschmelzung) bzw. Rn. 190 ff. (Spaltung) verwiesen (s. zur Verschmelzung einer Partnerschaft im Übrigen auch *Neye* DB 1998, 1649 m. w. N.).

D. Der Partnerschaftsvertrag

I. Formerfordernis

13 § 3 PartGG bestimmt in wenigen Worten, welche Voraussetzungen der Partnerschaftsvertrag zu erfüllen hat. Zunächst legt § 3 Abs. 1 PartGG in formaler Hinsicht das **Schriftformerfordernis** (i. S. d. §§ 125, 126 BGB) fest und zwar nicht nur für die Mindestbestandteile gem. § 3 Abs. 2 PartGG, sondern für den **gesamten Vertrag einschließlich Nebenabreden** (E/B/J § 3 PartGG Rn. 1 f.). Nichtbeachtung hat **Nichtigkeit** des Vertrages zur Folge. Die Eintragung vermag hieran nichts zu ändern, es gelten bei Fortsetzung der Partnerschaft die Grundsätze der fehlerhaften Gesellschaft (s. dazu ausführl. Kap. 2 § 705 Rn. 51 ff. – für die GbR sowie Kap. 4 § 105 Rn. 79 ff.).

II. Mindestregelungen

§ 3 Abs. 2 PartGG bestimmt, welche **Mindestregelungen** der Partnerschaftsvertrag enthalten muss, nämlich Name und Sitz der Partnerschaft (Abs. 2 Nr. 1), den Namen, Vornamen, den Wohnort und ausgeübten Beruf jedes Partners (Abs. 2 Nr. 2) sowie den Gegenstand der Partnerschaft (Abs. 2 Nr. 3). 14

Name der Partnerschaft ist der gewählte Name i. S. d. § 2 PartGG (s. o. Rn. 8 ff.). **Sitz** der Partnerschaft ist der Ort der Tätigkeit; bei überörtlichen Partnerschaften muss – schon zur eindeutigen Zuständigkeitsbestimmung des Registers – ein Sitz festgelegt werden, die sonstigen Niederlassungen sind gem. §§ 5, 13 HGB (Verweis über § 5 Abs. 2 PartGG) dem jeweiligen Registergericht als Zweigniederlassungen anzuzeigen (MüKo BGB/*Ulmer* § 3 PartGG Rn. 18). Die Pflicht zur **Berufsangabe** gilt nur für die partnerschaftsbezogene Tätigkeit. Nebenberufe oder nicht partnerschaftsfähige Berufe sind nicht zu nennen; Anwaltsnotare geben als Beruf nur »Rechtsanwalt« an (E/B/J § 3 PartGG Rn. 3). 15

Gegenstand der Partnerschaft ist die freiberufliche Tätigkeit, die im Rahmen der Partnerschaft ausgeübt wird; bei interdisziplinären Partnerschaften sind **alle partnerschaftlich ausgeübten Berufe** anzugeben (MüKo BGB/*Ulmer* § 3 PartGG Rn. 20 ff.). Durch den Generalverweis auf die Bestimmungen des BGB zur BGB-Gesellschaft (§ 1 Abs. 4 PartGG) ist der Partnerschaftsvertrag aber auch an der Vorschrift des § 705 BGB zu messen, so dass über den Wortlaut des § 3 Abs. 2 PartGG hinaus Mindestbestandteil der Partnerschaftsverträge der – über den Gegenstand der Partnerschaft hinausgehende – **Zweck der Gesellschaft** (vgl. dazu ausführl. auch Kap. 2 § 705 Rn. 49 ff.) sowie die – über die Ausübung des freien Berufs hinausgehenden – **Beiträge der Partner** zu regeln sind (MüKo BGB/*Ulmer* § 3 PartGG Rn. 1; zu der Regelung der Beiträge der Gesellschafter im Gesellschaftsvertrag vgl. ausführl. Kap. 2 § 705 Rn. 14 ff.). Regelungen zu weiteren Tatbeständen sind üblich und selbstverständlich im Rahmen der gesetzlichen Bestimmungen zulässig. 16

E. Anmeldung der Partnerschaft

I. Das Partnerschaftsregister

Da die Partnerschaft kein Handelsgewerbe betreibt, ist statt des Handelsregisters ein **eigenes Register** für die Partnerschaft vorgesehen, das Partnerschaftsregister. In der Partnerschaftsregisterverordnung (PRV) finden sich die verfahrensrechtlichen Regelungen. Die **Anmeldevoraussetzungen** der Partnerschaft sind in §§ 4, 5 PartGG niedergelegt, die wiederum auf **Vorschriften des HGB**, insbesondere die entsprechenden Bestimmungen für die OHG, verweisen. Es wird daher an dieser Stelle auch auf die Kommentierung der entsprechenden Vorschriften in Kap. 4 verwiesen. 17

II. Pflichtangaben

Mitzuteilen im Rahmen der Anmeldung sind die Angaben aus § 3 Abs. 2 PartGG (Name und Sitz der Partnerschaft, Name, Vorname, Wohnort, ausgeübter Beruf jedes Partners, Gegenstand der Partnerschaft) sowie Geburtsdaten und Vertretungsmacht der Partner. Spätere Änderungen in Bezug auf diese Angaben sind ebenfalls mitzuteilen (§ 4 Abs. 1 S. 3 PartGG). 18

III. Anmeldung und Form

1. Anmeldepflichtige

Durch den Verweis in § 4 Abs. 1 S. 1 PartGG auf § 108 HGB müssen zunächst **alle Partner** die Anmeldung bewirken (§ 108 Abs. 1 HGB), wobei sie sich vertreten lassen können. Weiter haben die vertretungsbefugten Gesellschafter im Zuge der Anmeldung den Namen der Partnerschaft mit ihrer Namensunterschrift zur Aufbewahrung beim Registergericht zu zeichnen. Entsprechend ist bei späteren Änderungen der Vertretungsbefugnis zu verfahren (§ 108 Abs. 2 HGB). 19

2. Form der Anmeldung

20 Die Form der Anmeldung richtet sich nach §§ 5, 12 HGB. Die Angaben sind somit in **öffentlich beglaubigter Form** (§ 129 Abs. 1 BGB) einzureichen. Dies gilt auch für die Vollmacht, mit der sich Partner bei der Anmeldung vertreten lassen (MüKo BGB/*Ulmer* §§ 4, 5 PartGG Rn. 8).

3. Prüfung durch das Registergericht

21 **Zuständig** für die Prüfung der Anmeldung und Registerführung ist gem. § 4 Abs. 1 PartGG i. V. m. § 106 Abs. 1 HGB das Registergericht (Amtsgericht, § 160 b FGG), in dem die **Partnerschaft ihren Sitz** hat. Während die formellen Anmeldevoraussetzung der vollen Überprüfung durch das Registergericht unterliegen, hat es gem. § 4 Abs. 2 S. 2 PartGG im Hinblick auf die Anmeldeangaben der Partner nur ein **eingeschränktes Prüfungsrecht** (»Das Registergericht legt die Angaben der Partner zugrunde, es sei denn, ihm ist deren Unrichtigkeit bekannt.«). Mit dieser **Richtigkeitsvermutung** (*Meilicke/v. Westphalen/Hoffmann/Lenz/Wolff* PartGG, § 4 Rn. 47) soll nicht nur eine Entlastung der Registergerichte erreicht werden, sondern auch den Anmeldern der Nachweis der sonstigen Zugangsvoraussetzungen (Freiberuflichkeit etc.) erleichtert werden (MüKo BGB/*Ulmer* §§ 4, 5 PartGG Rn. 11 ff.; E/B/J § 4 PartGG Rn. 4).

22 Die **Reichweite dieser Prüfungseinschränkung** ist im Hinblick auf den Grundsatz der Amtsermittlung (§ 12 FGG) umstritten (*Michalski/Römermann* PartGG, § 4 Rn. 4; *Feddersen/Meyer-Landrut* PartGG, § 4 Rn. 16.). Richtig dürfte die Auffassung sein, wonach sich die Einschränkung auf die Angaben der Partner zur Freiberuflichkeit beschränken und die Registergerichte jedenfalls in Bezug auf die sonstigen Angaben (Name, Sitz, Personalien, Vertretungsmacht etc.) nicht gehindert sind, ermittelnd tätig zu werden (MüKo BGB/*Ulmer* §§ 4, 5 PartGG Rn. 13 f.; *Meilicke/v. Westphalen/Hoffmann/Lenz/Wolff* PartGG, § 4 Rn. 48 ff.).

4. Konstitutive Eintragung

23 Die erstmalige Eintragung der Partnerschaft ist gem. § 7 Abs. 1 PartGG **konstitutiver Natur** und bringt die Partnerschaft **im Außenverhältnis zur Entstehung**. In diesem Punkt besteht also eine Abweichung zum OHG-Recht (siehe Kap. 4 § 123 Rn. 8 ff.). Für die in Gründung befindliche Partnerschaft gelten die Regeln über die BGB-Gesellschaft (*Feddersen/Meyer-Landrut* PartGG, § 4 Rn. 7; E/B/J § 4 PartGG Rn. 4). Ansonsten sind die Eintragungen in das Partnerschaftsregister **deklaratorisch** (Rechtslage entsprechend derjenigen beim Handelsregister, vgl. MüKo BGB/*Ulmer* §§ 4, 5 PartGG Rn. 18).

5. Rechtsbehelf gegen Entscheidung des Registergerichts

24 Gegen die Entscheidungen des Registergerichts sind Rechtsbehelfe möglich, die sich nach den Regelungen der **freiwilligen Gerichtsbarkeit** richten, meist als »einfache Beschwerde« nach § 19 FGG (s. i. E. *Meilicke/v. Westphalen/Hoffmann/Lenz/Wolff* PartGG, § 4 Rn. 12 f.).

6. Kostenpflicht der Anmeldung

25 Die Anmeldung der Partnerschaft ist nach § 79 KostO kostenpflichtig. Die Höhe richtet sich nach festen, zwischenzeitlich nicht mehr geschäftswertabhängigen Sätzen, die sich aus §§ 79, 79 a, 80 KostO in Verbindung mit der HandelsregistergebührenVO ergibt (z. B. Partnerschaft mit 3 Partnern: € 70,–).

7. Entsprechende Anwendung des Handelsregisterrechts

26 Da im Übrigen für die Führung des Partnerschaftsregisters weitgehend auf die Vorschriften für das Handelsregister verwiesen wird (§ 5 PartGG), gelten die entsprechenden Regelungen, insbesondere § 9 HGB (Registereinsicht), § 10 HGB (Bekanntmachung der Eintragung), §§ 12, 108 HGB (Form der Anmeldung bzw. Zeichnung von Unterschriften) sowie der §§ 13, 13 d, 13 h HGB (Zweigniederlassungen). Diesbezüglich wird auf die einschlägigen Kommentierungen (etwa E/B/J § 9 Rn. 1 ff.; MüKo, HGB, § 9 Rn. 1 ff.) verwiesen.

F. Die Partnerschaft im Innenverhältnis

Das **»Grundprinzip der Partnerschaft«** (*Meilicke/v. Westphalen/Hoffmann/Lenz/Wolff* PartGG, § 6 Rn. 2) ist in § 6 Abs. 3 S. 1 PartGG niedergelegt: Das Rechtsverhältnis der Partner untereinander richtet sich nach dem Partnerschaftsvertrag. Soweit der Vertrag keine Regelungen enthält, sind gem. § 6 Abs. 3 S. 2 PartGG die **§§ 110 bis 116 Abs. 2 sowie §§ 117 bis 119 HGB** entsprechend anzuwenden. § 6 Abs. 1 PartGG hält – eigentlich eine Selbstverständlichkeit – nochmals fest, dass die Partner ihre beruflichen Leistungen unter Beachtung des für sie geltenden Berufsrechts erbringen (und daher an systematisch unrichtiger Stelle eine Regelung auch zum Außenverhältnis, vgl. MüKo BGB/*Ulmer* § 6 PartGG Rn. 1); eine partnerschaftsvertragliche Regelung, die einen Verstoß gegen das Berufsrecht vorsieht (etwa Verstöße gegen die Schweigepflicht bei interdisziplinären Partnerschaften), ist folglich unzulässig (*Meilicke/v. Westphalen/Hoffmann/Lenz/Wolff* PartGG, § 6 Rn. 3). 27

I. Wettbewerbsverbot, § 112 HGB

Für die Partnerschaft von Bedeutung sind zunächst die §§ 112, 113 HGB. Es gilt für die Gesellschafter ein **gesetzliches Wettbewerbsverbot**. Danach sind insbesondere die Vornahme eigener Geschäfte der Partner im Bereich der freiberuflichen Tätigkeit der Partnerschaft als auch **Beteiligungen an konkurrierenden Gesellschaften** (mit Ausnahme reiner Kapitalbeteiligungen) an diesem Wettbewerbsverbot zu messen und in der Regel unzulässig (MüKo BGB/*Ulmer* § 6 PartGG Rn. 28 ff.). Aufgrund des Wettbewerbsverbotes darf der Partner auch ihm in seiner Eigenschaft als Gesellschafter der Partnerschaft zugute kommende Informationen nicht zur **Wahrnehmung persönlicher Geschäftschancen** außerhalb der Partnerschaft nutzen. Da § 112 HGB **dispositiv** ist (vgl. Kap. 4 § 112 Rn. 11 f.), können abweichende Regelungen zwischen den Partnern getroffen werden. In der Regel wird das Wettbewerbsverbot dahingehend vertraglich verschärft, dass es auch nach Vertragsende bzw. Ausscheiden eines Partners weiter gelten soll. Für solche **nachvertraglichen Wettbewerbsverbote** sind indes von der Rechtsprechung strenge Regeln aufgestellt worden. So ist es grundsätzlich unzulässig, Wettbewerbsverbote ohne zeitliche (ggf. auch örtliche und inhaltliche) Beschränkung zu vereinbaren (BGH NJW 1991, 699; vgl. auch Kap. 4 § 112 Rn. 12). Ein übermäßiges Wettbewerbsverbot führt nach der Rechtsprechung zur Unwirksamkeit, ohne dass eine geltungserhaltende Reduktion möglich wäre (s. hierzu BGH NJW 1979, 1606; krit. gegenüber der restriktiven Haltung der Rechtsprechung insbesondere *Meilicke/v. Westphalen/Hoffmann/Lenz/Wolff* PartGG, § 6 Rn. 62). Siehe zu den Einzelheiten des Wettbewerbsverbotes ausführl. Kap. 4 § 112. 28

II. Informationsrecht, § 118 HGB

§ 118 HGB (ebenfalls per Verweis über § 6 Abs. 3 S. 2 PartGG) gestattet es dem einzelnen Partner, sich über die Verhältnisse der Partnerschaft zu unterrichten (s. zu § 118 HGB i. E. Kap. 4). Ergänzend gelten über § 1 Abs. 4 PartGG die §§ 713 i. V. m. 666 BGB sowie § 810 BGB (s. hierzu die einschlägigen Kommentierungen, etwa MüKo BGB/*Ulmer* § 713 Rn. 1 ff.; § 810 Rn. 1 ff.; vgl. außerdem Kap. 2 §§ 709–713 Rn. 57 ff.). 29

III. Beschlüsse, § 119 HGB

Gem. dem ebenfalls per Verweis anwendbaren § 119 HGB gilt grundsätzlich bei (allen) Partnerbeschlüssen das **Einstimmigkeitsprinzip** (vgl. Kap. 4 § 119 Rn. 12 ff.). In der Praxis sehen Partnerschaftsverträge regelmäßig **abweichende Vereinbarungen** vor, wonach z. B. für das operative Geschäft betreffende Beschlüsse das Mehrheitsprinzip und nur bei unternehmenswesentlichen Entscheidungen der Einstimmigkeitsgrundsatz gilt (für den Kernbereich der Mitgliedschaft gilt stets das Einstimmigkeitsprinzip, sodass abweichende Regelungen unzulässig sein dürften; s. MüKo BGB/*Ulmer* § 6 PartGG Rn. 37 f.; vgl. dazu auch Kap. 4 § 119 Rn. 18 f.). Es ist hierbei § 3 Abs. 1 PartGG zu beachten. Danach bedarf der Partnerschaftsvertrag der **Schriftform** (s. o. Rn. 13); gleiches gilt für Änderungen des Vertrages. Haben Beschlüsse demnach vertragsändernde Auswirkungen (z. B. Aufnahme neuer Partner), bedürfen sie der Schriftform. Mehrheits- 30 beschlüsse sind im Übrigen in allen Angelegenheiten zulässig (*Meilicke/v. Westphalen/Hoffmann/Lenz/Wolff* PartGG, § 6 Rn. 86). Einen gesetzlichen Einstimmigkeitskatalog gibt es nicht, wobei die Rechtsprechung strenge Anforderungen an den **Bestimmtheitsgrundsatz** stellt und Klauseln über Mehrheitsbeschlüsse als Abweichung vom gesetzlichen Leitbild in § 119 HGB eng auslegt (vgl. z. B. BGHZ 85, 356; s. im Übrigen zu diesen Aspekten ausführl. Kap. 4 § 119 Rn. 14 ff.). Zu Stimmverboten bzw. -geboten wegen Interessenkonflikts vgl. Kap. 4 § 119 Rn. 23 ff.

IV. Beiträge zur Partnerschaft und Gewinne

1. Beiträge der Partner – Anwendung der §§ 706, 707 BGB

31 Ergänzend gelten gem. § 1 Abs. 4 PartGG auch die §§ 706, 707 BGB. Danach haben die Partner Beiträge zu leisten (s. hierzu näher die Ausführungen zu §§ 706, 707 BGB in Kap. 2; vgl. auch MüKo BGB/*Ulmer* § 706 Rn. 2 ff.). Abgesehen vom Startkapital erfolgt typischerweise der Beitrag im Rahmen einer Partnerschaft durch **Erbringung freiberuflicher Dienste**, da die Ausübung der freiberuflichen Tätigkeit zwingend Gesellschaftszweck der Partnerschaft ist.

32 Nach § 706 Abs. 1 BGB sind zwar im Zweifel gleiche Beiträge zu leisten, doch wird zu recht darauf hingewiesen, dass diese Bestimmung bei Dienstleistungen, noch dazu in einem häufig vertrauensbasierten und persönlichkeitsbestimmten Berufsumfeld, versagen muss (*Meilicke/v. Westphalen/Hoffmann/Lenz/Wolff* PartGG, § 6 Rn. 12). Die einzelnen Partner erbringen ihre Leistungen in unterschiedlicher Qualität, Quantität und inhaltlicher Ausrichtung. Entscheidend für den Erfolg der Partnerschaft dürfte insoweit einerseits die partnerschaftsvertragliche Regelung, andererseits aber auch das gemeinsame Grundverständnis der Partner untereinander sein.

2. Gewinnverteilung

33 Dies ändert jedoch nichts daran, dass die Regelung der Beiträge und – als »Gegenleistung« (zum Streitstand ob ein Gesellschaftsvertrag ein gegenseitiger Vertrag ist, s. Kap. 2 §§ 706, 707 Rn. 18 m. w. N.) hiermit zumindest faktisch verknüpft – der Gewinnverteilung in der Praxis ein zentrales Kriterium für das Funktionieren der Partnerschaft ist. Als sinnvoll haben sich dabei in der Regel **Beitrags- und Gewinnverteilungssysteme** erwiesen, die den einzelnen Partner sowohl am eigenen unternehmerischen Erfolg, als auch am Erfolg des Gesamtunternehmens partizipieren lassen (*Meilicke/v. Westphalen/Hoffmann/Lenz/Wolff* PartGG, § 6 Rn. 12); die Auffangregelung des § 721 BGB (s. hierzu ausführl. Kap. 2 § 721) dürfte nur in seltenen Fällen Anwendung finden.

3. Gewinnermittlung und -feststellung

34 Die Gewinnermittlung richtet sich nach **§ 721 BGB.** §§ 120 bis 122 HGB (Gewinn und Verlust, Gewinnverteilung und Entnahmen bei der OHG; s. hierzu auch MüKo BGB/*Ulmer* § 6 PartGG Rn. 44 f.) sowie **§§ 238 ff. HGB** (Buchführung) sind nicht anwendbar (*Meilicke/v. Westphalen/Hoffmann/Lenz/Wolff* PartGG, § 6 Rn. 17). Die Gewinnfeststellung richtet sich ohne anderslautende vertragliche Regelung nach § 721 BGB. Ohne Regelung im Partnerschaftsvertrag ist es den Partnern nicht gestattet, vor Ablauf eines Geschäftsjahres (§ 721 Abs. 2 BGB; s. Kap. 2 §§ 721, 722 Rn. 3) Vorabentnahmen auf den Gewinn zu tätigen. Der Entnahmeanspruch wird nach der gesetzlichen Regelung erst nach Feststellung des Gewinns fällig (s. Kap. 2 §§ 721, 722 Rn. 5). In der Praxis sehen die meisten Partnerschaftsverträge abweichend **monatliche Vorschüsse** für die Partner auf den Gewinn vor. Die Verteilung erfolgt nach dem Gesetz gem. § 722 BGB **nach Köpfen**; hier werden jedoch die Partnerschaftsverträge in aller Regel abweichende Verteilungsschlüssel vorsehen (s. zu abweichenden Regelungen im Gesellschaftsvertrag Kap. 2 §§ 721, 722 Rn. 7 ff.).

V. Geschäftsführung, §§ 114 bis 117 HGB

35 Hinsichtlich der Geschäftsführung verweist § 6 Abs. 3 S. 2 PartGG weitgehend auf die Vorschriften des HGB zum Geschäftsführungsrecht der OHG, insbesondere auf die **§§ 114 bis 117 HGB**; insoweit wird zunächst verwisen auf die ausführliche Kommentierung dieser Vorschriften in

Kap. 4. Eine **Besonderheit der Partnerschaft** regelt insoweit § 6 Abs. 2 PartGG. Hiernach können Partner durch den Partnerschaftsvertrag nur von der Führung der »**sonstigen Geschäfte**« ausgeschlossen werden. Gemeint sind damit alle Geschäfte, die nicht »berufliche Leistungen« i. S. d. § 6 Abs. 1 PartGG sind (MüKo BGB/*Ulmer* § 6 PartGG Rn. 9 ff.; *Meilicke/v. Westphalen/Hoffmann/Lenz/Wolff* PartGG, § 6 Rn. 43). Die Grenze zwischen beruflichen Leistungen – zu denen Geschäftsanbahnung, Abschluss und Durchführung eines Vertragsverhältnisses im Rahmen der Berufsausübung des Partners gehören – und »sonstigen Geschäften« ist nicht leicht zu ziehen. Denn im Sinne einer funktionierenden Partnerschaft müssen Eingriffe durch die Geschäftsführung in die Art und Weise der Berufsausübung gegenüber dem einzelnen Partner möglich sein. Die Grenze dieser Eingriffsbefugnis dürfte jedenfalls dort erreicht sein, wo dem einzelnen Partner die freiberufliche Tätigkeit bzw. die Erhebung von Einwänden gegen Geschäftsführungsmaßnahmen weitgehend unmöglich gemacht wird (MüKo BGB/*Ulmer* § 6 PartGG Rn. 9 ff.; *Meilicke/v. Westphalen/Hoffmann/Lenz/Wolff* PartGG, § 6 Rn. 46).

G. Die Partnerschaft im Außenverhältnis

I. Selbstständigkeit der Gesellschaft, Vertretungsbefugnis, Postulationsfähigkeit

1. Außenverhältnis – Anwendung der §§ 124 bis 127 HGB

Im Außenverhältnis gelten gem. § 7 Abs. 2 und Abs. 3 PartGG die Regelungen zur OHG aus §§ 124 (rechtliche Selbstständigkeit), 125 Abs. 1 und 2, 126, 127 HGB (Vertretung der OHG) entsprechend. Danach kann die Partnerschaft unter ihrem Namen Rechte erwerben und Verbindlichkeiten eingehen, Eigentum und andere dingliche Rechte an Grundstücken erwerben sowie vor Gericht klagen und verklagt werden (§ 124 HGB). Im Gegensatz zur Geschäftsführungsbefugnis, die für das Verhältnis der Partner im Innenverhältnis gilt, ist die Vertretungsmacht die Rechtsmacht zur rechtsgeschäftlichen Bindung der Partnerschaft im Außenverhältnis gegenüber Dritten. Es wird insoweit zusätzlich auch auf die Kommentierung der genannten Vorschriften des HGB in Kap. 4 verwiesen. 36

2. Vertretung der Partnerschaft nach außen, §§ 125, 126 HGB

§ 125 Abs. 1 HGB bestimmt, dass zur Vertretung der Gesellschaft **jeder Gesellschafter** ermächtigt ist, sofern er nicht durch den Gesellschaftervertrag (hier: Partnerschaftsvertrag) von der Vertretung ausgeschlossen ist. Damit steht fest, dass auch in der Partnerschaft – da § 6 Abs. 2 PartGG (s. o. Rn. 35) für die Vertretungsbefugnis keine Anwendung findet – der Ausschluss bzw. die Beschränkung einzelner Partner von der Vertretungsbefugnis grundsätzlich möglich sein soll. Wo die Grenzen der vertraglichen Dispositionsfreiheit liegen – insbesondere ob einzelne Partner vollständig von der Vertretung ausgeschlossen werden dürfen – ist strittig (MüKo BGB/*Ulmer* § 7 PartGG Rn. 18; *Michalski/Römermann* PartGG, § 7 Rn. 17; vgl. dazu auch – für die OHG – Kap. 4 § 125 Rn. 10 ff.). Die Grenze dürfte dort erreicht sein, wo die Einschränkung der Vertretungsbefugnis die Ausübung der individuellen freiberuflichen Tätigkeit unmöglich macht (*Michalski/Römermann* PartGG, § 7 Rn. 17; a. A. MüKo BGB/*Ulmer* § 7 PartGG Rn. 18). § 125 Abs. 2 HGB gibt der Partnerschaft weitgehende Freiheit zur Regelung von Gesamt- oder Einzelvertretungsbefugnissen (vgl. dazu ausführl. Kap. 4 § 125 Rn. 16 ff.). 37

Gem. § 126 Abs. 2 HGB ist eine **Beschränkung der Vertretungsmacht** im Außenverhältnis unwirksam. Allerdings können für bestimmte Geschäfte Einzelermächtigungen von den Vertretungsberechtigten erteilt werden. Gem. § 5 Abs. 1 PartGG ist die Eintragung (des Umfangs) der Vertretungsbefugnis aller Partner im Partnerschaftsregister erforderlich. Gem. § 127 HGB kann die Vertretungsbefugnis durch gerichtliches Urteil entzogen werden, wobei der Partnerschaftsvertrag erleichterte Regeln vorsehen kann (vgl. zur Entziehung der Vertretungsmacht nach § 127 HGB ausführl. Kap. 4 § 127 sowie – zu den verfahrensrechtlichen Besonderheiten – Kap. 16 Rn. 138 ff.) 38

3. Wirksamkeit der Vor-Partnerschaft nach außen

39 Vor Eintragung der Partnerschaft in das Partnerschaftsregister ist die Partnerschaft gegenüber Dritten nicht »wirksam« (s. o. Rn. 23); bei Eintritt neuer Partner in eine bestehende (eingetragene) Partnerschaft können diese im Außenverhältnis erst mit ihrer Eintragung verpflichtet werden (§ 7 Abs. 1 PartGG).

40 Dies bedeutet jedoch nicht etwa, dass die Partnerschaft vor Eintragung in das Partnerschaftsregister nicht existent wäre; vielmehr unterliegt sie als Vor-Partnerschaft den **Regeln der BGB-Gesellschaft** (MüKo BGB/*Ulmer* § 7 PartGG Rn. 4). Insofern kann die Vor-Partnerschaft Rechte und damit **Gesellschaftsvermögen** erwerben (§ 718 BGB; s. dazu die Kommentierung in Kap. 2 § 718). Das Gesellschaftsvermögen der Vor-Partnerschaft steht den Gesellschaftern zur gesamten Hand zu (§ 719 BGB; vgl. Kap. 2 § 719 Rn. 1 ff.). Genauso ist es möglich, dass die Vor-Partnerschaft in ihrer Eigenschaft als BGB-Gesellschaft **Verbindlichkeiten** eingeht. Im Hinblick auf die Vertretungsbefugnis gelten die von der Rechtsprechung entwickelten Grundsätze. Danach finden insbesondere bei freiberuflich tätigen BGB-Gesellschaften **Rechtsscheingrundsätze** Anwendung: Der kontrahierende Dritte darf in der Regel davon ausgehen, dass die ohne Einschränkung auf dem Briefkopf genannte Person auch die anderen Gesellschafter der BGB-Gesellschaft vertritt; der Dritte ist nicht verpflichtet, sich eine Vollmacht vorlegen zu lassen oder zu überprüfen, dass die Person tatsächlich (Mit-)Gesellschafter ist, sondern darf sich auf den Rechtsschein verlassen (BGH NJW 1980, 748 ff.; vgl. auch MüKo BGB/*Ulmer* § 714 BGB Rn. 26 ff. sowie § 8 PartGG Rn. 11). Die Vor-Partnerschaft kann als BGB-Gesellschaft vor Gericht klagen oder verklagt werden (BGHZ 146, 341).

4. Postulationsfähigkeit der Partnerschaft, § 7 Abs. 4 PartGG

41 § 7 Abs. 4 PartGG hält ausdrücklich fest, dass die Partnerschaft und nicht nur der einzelne Partner **postulationsfähig** ist und als Prozess- und Verfahrensbevollmächtigte beauftragt werden kann. Diese Klarstellung war nach einer höchstrichterlichen Entscheidung notwendig geworden (s. i. E. *Meilicke/v. Westphalen/Hoffmann/Lenz/Wolff* PartGG, § 7 Rn. 39).

5. Angaben auf Geschäftsbriefen, § 125 a HGB

42 Gem. § 7 Abs. 5 PartGG sind für die Angaben auf Geschäftsbriefen §§ 125 a Abs. 1 S. 1 und Abs. 2 HGB entsprechend anwendbar. Demnach ist auf Briefpapier für externen Schriftverkehr Rechtsform und Sitz der Gesellschaft, das Registergericht und die Handelsregisternummer anzugeben (§ 125 a Abs. 1 S. 1); die Ausnahmen hiervon sind in §§ 125 Abs. 2 i. V. m. 37 a HGB geregelt (insbesondere für Mitteilungen im Rahmen laufender Geschäftsbeziehungen). Vgl. zu § 125 a HGB die ausführl. Kommentierung in Kap. 4.

6. Verweis auf Kommentierung in Kap. 2 und Kap. 4

43 Im Übrigen wird auf die Kommentierungen der einschlägigen Vorschriften zur OHG in Kap. 4 sowie zur GbR in Kap. 2 verwiesen.

II. Haftung der Partnerschaft und der Partner

1. Gesamtschuldnerische Haftung, § 8 Abs. 1 PartGG

44 § 8 PartGG enthält aus gesetzgeberischer Sicht den **Kernanreiz zur Begründung einer Partnerschaft** (BT-Drs. 13/9820, 17 ff.). Neben einer grundsätzlichen Regelung in Abs. 1, enthält Abs. 2 die maßgebliche Regelung, nämlich die **Konzentration der Haftung**, die durch berufliche Fehler verursacht wird.

45 Nach § 8 Abs. 1 PartGG haften für die Verbindlichkeiten der Partnerschaft neben der Partnerschaft auch die **einzelnen Partner als Gesamtschuldner**. In Abs. 1 S. 2 ist normiert, dass **§§ 129, 130 HGB** entsprechend anwendbar sind; insoweit wird zusätzlich auch auf die Kommentierung dieser Vorschriften in Kap. 4 verwiesen. **»Verbindlichkeiten der Partnerschaft«** i. S. dieser Vor-

schrift können gleichermaßen vertraglich wie gesetzlich begründet werden; der Rechtsgrund ist insoweit ohne Belang (s. MüKo BGB/*Ulmer* § 8 PartGG Rn. 6; *Meilicke/v. Westphalen/Hoffmann/Lenz/Wolff* PartGG, § 8 Rn. 7). Die gesamtschuldnerische Haftung des Partners kann nach § 8 Abs. 1 S. 1 PartGG nur gegeben sein, wenn es sich um eine **Schuld der Gesellschaft** handelt – sei diese auch dadurch begründet, dass ihr das Verhalten eines Partners – etwa aufgrund gesetzlicher Regelungen (z. B. § 31 oder § 278 BGB) – zugerechnet wird. Im Grundsatz gilt damit, dass den Gläubigern das Vermögen aller einzelnen Partner neben dem Vermögen der Partnerschaft als Haftungsmasse dient.

a) Akzessorische Haftung, §§ 129, 130 HGB

46 Über den Verweis auf § 129 HGB wird die Verbindlichkeit der Partner mit derjenigen der Partnerschaft **akzessorisch**. Ein Partner kann Einwendungen, die in seiner Peron begründet sind, nur dann gegenüber dem Gläubiger geltend machen, wenn diese Einwendungen auch der Partnerschaft zustehen (§ 129 S. 1 HGB; s. dazu ausführl. Kap. 4 § 129 Rn. 7 ff.). Er kann andererseits entsprechend § 129 Abs. 2 HGB die Erfüllung der Verbindlichkeit verweigern, solange die Partnerschaft berechtigt ist, das zugrunde liegende Rechtsgeschäft anzufechten. Gleiches gilt, solange sich der Gläubiger durch **Aufrechnung** gegenüber der Partnerschaft befriedigen kann, § 129 Abs. 3 HGB entsprechend (vgl. Kap. 4 § 129 Rn. 20 ff.). Aus einem **Titel gegen die Partnerschaft** kann entsprechend § 129 Abs. 4 HGB nicht gegen den einzelnen Partner vollstreckt werden, es bedarf stets eines eigenen Vollstreckungstitels gegen den einzelnen Partner; eine Umschreibung des Titels gegen die Partnerschaft ist nicht möglich (s. dazu Kap. 4 § 129 Rn. 25 f.).

b) Haftung des eintretenden und des ausscheidenden Partners, §§ 130, 160 HGB

47 Für den **ausscheidenden Partner** bedeutet dies, dass er für alle **bis zu seinem Ausscheiden begründeten** Verbindlichkeiten auch nach seinem Ausscheiden haftet. Die Nachhaftung richtet sich nach § 160 HGB (so wohl auch *Meilicke/v. Westphalen/Hoffmann/Lenz/Wolff* PartGG, § 8 Rn. 7; MüKo BGB/*Ulmer* § 8 PartGG Rn. 31; s. auch Kap. 4 § 160). Für den **eintretenden Partner** gilt der Verweis auf § 130 HGB. Danach haftet der neu eintretende (für die verschiedenen Möglichkeiten des »Eintritts« und die Grenzfälle s. *Meilicke/v. Westphalen/Hoffmann/Lenz/Wolff* PartGG, § 8 Rn. 23 f.) Partner für die bestehenden **Altverbindlichkeiten** nach Maßgabe der §§ 128, 129 HGB; eine Änderung des Namens der Partnerschaft ist ohne Bedeutung (§ 130 Abs. 1 a. E. HGB). Nach § 128 HGB gilt die gesamtschuldnerische Haftung ähnlich wie sie in § 8 Abs. 1 PartGG festgehalten ist, wobei § 128 S. 2 HGB ausdrücklich bestimmt, dass eine entgegenstehende Vereinbarung im Außenverhältnis unwirksam ist (s. dazu Kap. 4 § 128 Rn. 32 ff.). Ob der eintretende Partner die Altverbindlichkeit kannte oder nicht, ist unerheblich für seine Haftung im Außenverhältnis.

c) Regelung im Innenverhältnis

48 Im Innenverhältnis gelten zunächst die Regelungen über die **Gesamtschuld**, insbesondere § 426 BGB. Danach ist im Innenverhältnis zunächst die getroffene Vereinbarung maßgeblich (§ 426 Abs. 1 BGB). Deshalb empfehlen sich Regelungen im Innenverhältnis und sind in der Praxis auch vielfach üblich. Im Verhältnis der Partner zueinander können also für die Ausgleichsverteilung Reglungen getroffen werden, die eine **Quotenregelung** der Partner zueinander bis hin zur vollkommenen **Freistellung** einzelner Partner vorsehen; auch für ausscheidende und neu eintretende Partner können derartige Regelung getroffen werden. Ein Teil des Regelungsbedarfs im Innenverhältnis dürfte durch die Haftungskonzentration gem. § 8 Abs. 2 PartGG jedoch entfallen (siehe dazu gleich Rn. 50 f.). Darüber hinaus ist im Interesse des neu eintretenden Partners eine vertragliche Regelung denkbar, wonach die übrigen Partner ihn für die Haftung aus Altverbindlichkeiten **freistellen** (s. auch Kap. 4 § 128 Rn. 32 f.). Für den ausscheidenden Partner kann – je nach Ausscheidungsgrund – eine Begrenzung im Innenverhältnis vorgesehen werden.

2. Haftungskonzentration, § 8 Abs. 2 PartGG

a) Gesetzliche Haftungsbegrenzung für berufliche Fehler, § 8 Abs. 2 PartGG

49 Für »berufliche Fehler« sieht § 8 Abs. 2 PartGG eine **Sonderregelung** vor, die die gesamtschuldnerische Haftung **im Außenverhältnis per Gesetz begrenzt**. Damit ist eine wesentliche Quelle haftungsrechtlicher Risiken spezialgesetzlich geregelt und bietet Anreiz, die freiberufliche Tätigkeit mehrerer Beteiligter statt in einer BGB-Gesellschaft in einer Partnerschaft zusammenzufassen (vgl. auch *Seibert*, Partnerschaft, S. 56; s. außerdem BT-Drs. 12/6152, 17). Nach § 8 Abs. 2 PartGG haften **für berufliche Fehler** die einzelnen mit der Bearbeitung des Auftrags befassten Partner. Nicht haftungsbegründend sind Beiträge von untergeordneter Bedeutung, etwa, wenn ein Partner im Rahmen einer Urlaubsvertretung in der Sache oder nur in Randfragen beratend tätig wird (s. Rn. 55 sowie i. E. *Meilicke/v. Westphalen/Hoffmann/Lenz/Wolff* PartGG, § 8 Rn. 68 f.). Alle mit der Bearbeitung nicht oder nur mit Arbeiten untergeordneter Bedeutung befassten Partner, sind von der Haftung im Außenverhältnis ausgenommen.

b) Verbindlichkeit der Partnerschaft, Zurechnung

50 Ansprüche wegen eines Bearbeitungsfehlers können vertragliche oder deliktische (auch bei Anspruchskonkurrenz) Grundlagen haben, ohne dass dies für die Haftungskonzentration Auswirkungen hätte. Voraussetzung ist allerdings stets, dass es sich um eine **Verbindlichkeit der Partnerschaft** i. S. d. § 8 Abs. 1 PartGG handelt. Es muss also eine **Zurechnung** der (individuellen) Pflichtverletzung an die Partnerschaft möglich sein. Dies ist bei »beruflichen« Fehlern in der Regel der Fall, nur ausnahmsweise kann die Anwendbarkeit der Zurechnungsnormen ausgeschlossen sein – etwa, wenn es sich um einen beruflichen Fehler handelt, der nicht im Rahmen der Partnerschaft bzw. in Ausführung einer dem Partner zustehenden Verrichtung i. S. d. § 31 BGB geschehen ist (s. hierzu BGH NJW 2003, 1444).

c) Verschulden

51 Grundsätzlich gilt bei Gesamtschuldnern, dass das **Verschulden** gem. § 425 Abs. 2 BGB nur gegenüber demjenigen Gesamtschuldner Wirkung entfaltet, der die Rechtsverletzung zu vertreten hat, den also das Verschulden trifft (s. MüKo BGB/*Bydlinski* § 425 Rn. 17 f.). Diese Regelung ist jedoch durch § 8 Abs. 1 PartGG spezialgesetzlich zwingend dahingehend abgeändert, dass eine gesamtschuldnerische Haftung der Partnerschaft und der einzelnen Partner besteht. Erst durch § 8 Abs. 2 PartGG wird diese gesamtschuldnerische Haftung – neben der Partnerschaft – auf den bzw. die bearbeitenden Partner wieder beschränkt.

d) Auftrag i. S. d. § 8 Abs. 2 PartGG

52 Der bearbeitete »Auftrag« i. S. d. § 8 Abs. 2 PartGG ist weit zu verstehen und umfasst alle für freiberufliche Beauftragungen der Partnerschaft **typischen Verträge**, insbesondere Dienst- und Werkverträge einschließlich Behandlungsverträge (*Meilicke/v. Westphalen/Hoffmann/Lenz/Wolff* PartGG, § 8 Rn. 51). Wurde ein **Rahmenvertrag** geschlossen, dann gilt der im Rahmen dieses Vertrages erteilte Einzelauftrag als »Auftrag« i. S. d. § 8 Abs. 2 PartGG (MüKo BGB/*Ulmer* § 8 PartGG Rn. 18). Ob der einzelne Partner mit einem Auftrag i. S. d. § 8 Abs. 2 PartGG **»befasst«** war, ist eine tatsächliche Frage. Zum »Befasstsein« in diesem Sinne zählen neben der eigenen Bearbeitung, Behandlung etc. auch die Leitung oder Überwachung der Bearbeitung auch ohne operative Bearbeitung des Auftrags (davon geht auch die Gesetzesbegründung aus, vgl. BT-Drs. 13/9820, 21). Eine Leitung oder Überwachung kann niemals »untergeordnet« i. S. d. § 8 Abs. 2 PartGG sein. Es kommt im Übrigen alleine auf die tatsächlichen Umstände an. Ob ein Partner gegen interne (Zuständigkeits-)Regeln verstößt, kann für die Haftungskonzentration im Außenverhältnis keine Rolle spielen (*Meilicke/v. Westphalen/Hoffmann/Lenz/Wolff* PartGG, § 8 Rn. 51; a. A. *Michalski/Römermann* PartGG, § 8 Rn. 29 f.).

e) Scheinpartner

Das Haftungsprivileg kommt auch Scheinpartnern zugute, da diese nach Rechtsscheingrundsätzen in aller Regel für die Verbindlichkeiten der Partnerschaft haften (*Meilicke/v. Westphalen/Hoffmann/Lenz/Wolff* PartGG, § 8 Rn. 51; a. A. *Michalski/Römermann* PartGG, § 8 Rn. 29 f.) und deshalb kein Grund besteht, diese von der Haftungskonzentration des Abs. 2 auszunehmen. Sofern sich der Partner und über ihn die Partnerschaft auch haftungsbegründendes Verhalten Dritter, etwa von Erfüllungsgehilfen, etwa Mitarbeitern (§ 278 BGB), und Verrichtungsgehilfen zurechnen lassen muss, gilt die Haftungskonzentration auch für diese Haftungstatbestände. 53

f) Überörtliche und interdisziplinäre Partnerschaften

Für überörtliche oder interdisziplinäre Partnerschaften ergeben sich insoweit keine Besonderheiten. Es kommt auf den bzw. die Partner an, die den Auftrag tatsächlich bearbeitet haben, sei es überörtlich oder interdisziplinär und zwar aufgrund des eindeutigen Wortlauts auch dann, wenn Partner ohne berufliche Qualifikation im Rahmen des Auftrags tätig geworden sind und dadurch der Fehler zustande kommt (*Meilicke/v. Westphalen/Hoffmann/Lenz/Wolff* PartGG, § 8 Rn. 67; mit beachtlichen Gründen a. A. MüKo BGB/*Ulmer* § 8 PartGG Rn. 23). 54

g) Beitrag untergeordneter Bedeutung

Wann ein Beitrag eines Partners im Rahmen der Auftragsbearbeitung von untergeordneter Bedeutung ist, lässt sich nicht generell beantworten (s. hierzu MüKo BGB/*Ulmer* § 8 PartGG Rn. 27 f.). Vielmehr bedarf es einer **Wertung im Einzelfall**. Die Beispiele in der Gesetzesbegründung für untergeordnete Beiträge (Urlaubsvertretung; konsularische Beiziehung zu Nebenthemen) geben zwar Anhaltspunkte, sind aber nicht geeignet, diesem Begriff klare Konturen zu verleihen. Einzelheiten sind zudem strittig (vgl. *Michalski/Römermann* PartGG, § 8 Rn. 31; *Meilicke/v. Westphalen/Hoffmann/Lenz/Wolff* PartGG, § 8 Rn. 69 f.). Die h. M. tendiert dahin, dass ein Beitrag von untergeordneter Bedeutung nie vorliegen kann, wenn durch ihn die Schadensursache gesetzt wurde. Dort, wo der berufliche Fehler (evtl. auch durch das Zusammenwirken mehrerer Partner) entstanden ist, liegt keine untergeordnete Tätigkeit vor (MüKo BGB/*Ulmer* § 8 PartGG Rn. 28; *Michalski/Römermann* PartGG, § 8 Rn. 31; *Meilicke/v. Westphalen/Hoffmann/Lenz/Wolff* PartGG, § 8 Rn. 70 f.). 55

3. Haftungsbeschränkung, § 8 Abs. 3 PartGG

§ 8 Abs. 3 PartGG enthält in diesem Zusammenhang eine weitere spezialgesetzliche Regelung für die Partnerschaft: Durch Gesetz kann für einzelne Berufe eine Haftungsbeschränkung für Schäden wegen fehlerhafter Berufsausübung **auf bestimmte Höchstbeträge** zugelassen werden, wenn dieses Gesetz gleichzeitig die Pflicht zum Abschluss einer Haftpflichtversicherung der einzelnen Partner oder der Partnerschaft vorsieht. In zahlreichen berufsrechtlichen Vorschriften existieren solche Regelungen: So ist nach § 51 BRAO bei **Rechtsanwälten** für fahrlässig verursachte Schäden durch schriftliche Vereinbarung eine Haftungsbegrenzung möglich; als Mindestversicherungssumme sind € 250.000,– vorgesehen. Ähnliches gilt für **Steuerberater** (§ 67 a StBerG), **Patentanwälte** (§ 45 PAO) und **Wirtschaftsprüfer** (§ 54 a Abs. 1 WPO), allerdings für letztere mit einer Mindestversicherungssumme von € 1 Mio. Darüber hinaus gibt es zahlreiche Berufsgruppen, für die eine solche gesetzliche Regelung nicht erfolgt ist. Alleine die berufsrechtliche Regelung, dass eine Haftpflichtversicherung erforderlich ist, genügt nicht. Die Haftungsgrenze muss gesetzlich normiert sein, nur dann ist es nach § 8 Abs. 3 PartGG möglich, die Haftungssumme auf die Mindestversicherung zu begrenzen. 56

Aber auch in allen anderen Fällen kann eine Haftungsbegrenzung mit dem Vertragspartner **vertraglich vereinbart** werden (MüKo BGB/*Ulmer* § 8 PartGG Rn. 39). Dies kann durch Individualvereinbarung oder im Rahmen von Allgemeinen Geschäftsbedingungen erfolgen. Im Rahmen der Individualvereinbarung kann die Haftung in den Grenzen des § 276 BGB beschränkt werden, also auch für Fälle der groben Fahrlässigkeit, nicht aber für Vorsatz. Im Rahmen des AGB-Rechts 57 kommen die in diesem Rechtsbereich einschlägigen Grundsätze zur Anwendung, auf die an dieser Stelle verwiesen wird (s. etwa Palandt/*Heinrichs* § 307 Rn. 1 ff.).

H. Ausscheiden eines Partners, Beendigung der Partnerschaft, §§ 9, 10 PartGG

I. Systematik

58 § 9 PartGG regelt neben der Auflösung den Fall des Ausscheidens aus der Partnerschaft. Der Gesetzgeber hat sich im Rahmen dieser Bestimmung – entsprechend der Grundkonzeption des PartGG – einer **dreistufigen Regelungstechnik** bedient. § 9 PartGG enthält spezielle Regelungen, die nur für die Partnerschaft gelten. Im Übrigen wird auf §§ 131 bis 144 HGB und damit das entsprechende OHG-Recht verwiesen (s. Kap. 4). Soweit diese Normen keine Regelung bereithalten (z. B. für die Auseinandersetzung bei Ausscheiden), kommen über § 1 Abs. 4 PartGG die Bestimmungen über die BGB-Gesellschaft zur Anwendung.

59 Insofern wird nachfolgend auf die besonderen Regelungen für die Partnerschaft eingegangen und im Übrigen auf die Kommentierung der einschlägigen Paragraphen im Kapitel zu OHG (Kap. 4) verwiesen.

II. Ausscheiden eines Partners

1. Verlust der berufsrechtlichen Zulassung, § 9 Abs. 3 PartGG

60 Ein spezieller Ausscheidensgrund für die Partnerschaft ist in § 9 Abs. 3 PartGG geregelt. Verliert ein Partner die für die Ausübung seines Berufes erforderliche Zulassung, scheidet er gem. § 9 Abs. 3 PartGG mit Zulassungsverlust aus der Partnerschaft aus. Diese automatische Rechtsfolge ist angesichts des Umstandes, dass die Partnerschaft der Ausübung eines freien Berufes dient (§ 1 Abs. 1 PartGG) und daher eine spezielle persönliche Partnerqualifikation erfordert, nur konsequent, auch wenn Angehörige freier Berufe mit zwangsweiser Kammermitgliedschaft (dazu zählen insbesondere Architekten, Ärzte, Buchprüfer, Patentanwälte, Rechtsanwälte, Steuerberater und Wirtschaftsprüfer) durch die Regelung benachteiligt werden. Der Freiberufler einer zulassungsfreien Berufssparte scheidet nicht automatisch aus der Partnerschaft aus, wenn er seine Tätigkeit z. B. durch Verlust der erforderlichen Qualifikation verliert (*Meilicke/v. Westphalen/Hoffmann/Lenz/Wolff* PartGG, § 9 Rn. 22). Diese Benachteiligung der Kammerberufe ist jedoch berufsinhärent und hinzunehmen.

2. Andere Gründe für das Ausscheiden

61 Für das Ausscheiden eines Gesellschafters gibt es weitere Gründe. Gesetzlich geregelt sind im Rahmen der §§ 131 bis 144 HGB für die OHG insbesondere die **Kündigung** durch einen Gesellschafter (§ 132 HGB), die **Ausschließung** eines Gesellschafters (§§ 140, 133 HGB), der **Tod** des Gesellschafters (§§ 131 Abs. 3 S. 1 Nr. 1 i. V. m. 139 HGB) und die **Eröffnung des Insolvenzverfahrens** über das Vermögen eines Gesellschafters (§§ 131 Abs. 3 S. 1 Nr. 2 HGB).

a) Kündigung durch einen Gesellschafter

62 Für die Kündigung gelten die Regelungen für die OHG ohne Besonderheiten entsprechend. Die ordentliche Kündigung ist auch bei der Partnerschaft nur möglich, wenn die Partnerschaft auf unbestimmte Zeit eingegangen ist. Die Kündigungsfrist beträgt gem. § 9 Abs. 1 PartGG i. V. m. §§ 132, 105 HGB sechs Monate zum Kalenderjahresende, wobei eine abweichende vertragliche Regelung möglich ist. Partnerschaften auf bestimmte Zeit, z. B. bei Vereinbarung einer Mindestdauer oder Ausschluss des ordentlichen Kündigungsrechts für einen gewissen Zeitraum, sind zulässig – in diesem Fall kommt nur die außerordentliche Kündigung nach den allgemeinen für Dauerschuldverhältnisse geltenden Grundsätzen (Palandt/*Heinrichs* § 314 Rn. 1 ff.) in Betracht. Im Übrigen wird auf die Kommentierung des § 132 HGB in Kap. 4 verwiesen.

b) Ausschließung eines Partners, §§ 140, 133 HGB

Die Ausschließung eines Partners richtet sich nach § 9 Abs. 1 PartGG i. V. m. §§ 140, 133 HGB. Wie bei der OHG kann damit ein Partner – zumindest nach den gesetzlichen Regelungen – nicht hinausgekündigt werden. Vielmehr bleibt ohne vertragliche Regelung nur die **Ausschließungsklage**. Zu den Voraussetzungen s. die ausführliche Kommentierung beider Normen in Kap. 4 sowie – insbesondere zum Verfahren – Kap. 16 Rn. 158 ff. für die Auflösungsklage nach § 133 HGB und Rn. 190 ff. für die Ausschließungsklage nach § 140 HGB. Da die Ausschließungsklage ein wenig praktikables Instrument ist, sehen viele Partnerschaftsverträge **entsprechende Reglungen** vor, die den Ausschluss eines Partners ermöglichen sollen. Dabei ist die Möglichkeit zur Hinauskündigung einzelner Partner durch andere Partner rechtlich fragwürdig (*Meilicke/v. Westphalen/Hoffmann/Lenz/Wolff* PartGG, § 9 Rn. 34). Jedenfalls möglich soll es aber sein, statt der Ausschließungsklage, d. h. bei Vorliegen eines Ausschließungsgrundes, einen Gesellschafterbeschluss zum Ausschluss eines Partners genügen zu lassen (BGH NJW 1977, 1292) und zudem den gesetzlichen Katalog der Ausschließungsgründe vertraglich zu erweitern (*Meilicke/v. Westphalen/Hoffmann/Lenz/Wolff* PartGG, § 9 Rn. 35; vgl. dazu auch ausführl. Kap. 4 § 140 Rn. 24 ff.). 63

c) Tod eines Partners, § 9 Abs. 4 PartGG

Beim Tod eines Partners gelten die § 9 Abs. 1 PartGG i. V. m. §§ 131 Abs. 3 S. 1 Nr. 1, 139 HGB. Ohne vertragliche Regelung bedeutet der Tod eines Partners sein Ausscheiden aus der Partnerschaft (s. dazu die Kommentierung der genannten Vorschriften in Kap. 4). Der Geschäftsanteil des verstorbenen Partners wächst den übrigen Partnern gem. § 738 Abs. 1 BGB ohne zusätzlichen Übertragungsakt an (vgl. Kap. 4 § 139 Rn. 2). Hinsichtlich **partnerschaftsvertraglicher Nachfolgeregelungen** enthält § 9 Abs. 4 PartGG eine **Sonderregelung**. Die Beteiligung an der Partnerschaft ist danach zwar grundsätzlich nicht vererblich. Es kann jedoch vertraglich vorgesehen werden, dass die Beteiligung an solche Dritte vererblich ist, die Partner i. S. d. § 1 Abs. 1 und Abs. 2 PartGG sein können. § 139 HGB findet nur insoweit Anwendung, als der Erbe der Beteiligung befugt ist, seinen Austritt aus der Partnerschaft zu erklären. Dies bedeutet, dass § 139 Abs. 1 HGB nicht anwendbar ist, da die Einräumung einer Kommanditistenstellung für Partner bzw. den Erben nicht in Betracht kommt. Die Regelung in § 9 Abs. 4 PartGG bedarf jedoch der (teleologischen) Reduktion: Nach dem Gesetzeswortlaut könnte nämlich beispielsweise ein Arzt einen Anteil an einer Rechtsanwaltspartnerschaft erben. Nach der teleologischen Reduktion kann Rechtsnachfolger somit nur der sein, der auch **sozietätsfähig** ist (*Michalski/Römermann* PartGG, § 9 Rn. 25 a ff.). Doch wird dies in der Praxis selten problematisch werden, da die meisten Partnerschaften vertraglich entsprechende Vorsorge betreiben dürften. 64

d) Eröffnung des Insolvenzverfahrens

Auch die Eröffnung des Insolvenzverfahrens über das Vermögen eines Partners führt zu seinem Ausscheiden (§ 9 Abs. 1 PartGG i. V. m. § 131 Abs. 3 Nr. 2 HGB). Vertraglich kann vereinbart werden, dass auch die Ablehnung der Eröffnung des Insolvenzverfahrens mangels Masse Ausscheidensgrund ist (s. im Übrigen Kap. 4 § 131 Rn. 20 f. und 23 f.). 65

3. Rechtsfolgen des Ausscheidens

Bei Ausscheiden eines Partners besteht die Partnerschaft in der Regel fort; es bedarf aber der **Auseinandersetzung** mit den übrigen Partnern. Fehlt eine vertragliche Regelung, richtet sich diese mangels spezialgesetzlicher Regelung nach § 1 Abs. 4 PartGG i. V.m. **§§ 738 bis 740 BGB** (vgl. die ausführl. Kommentierung der §§ 738 -740 in Kap. 2). Die Beteiligung des ausscheidenden Partners wächst danach den übrigen Partnern im Verhältnis ihrer Anteile an (§ 738 Abs. 1 BGB; vgl. Kap. 2 §§ 738–740 Rn. 2). Hinsichtlich seiner Nachhaftung gegenüber Dritten (§ 159 Abs. 1 HGB) kann der ausscheidende Partner **Freistellung** von den übrigen Partnern verlangen (§ 738 Abs. 1 Alt. 2 BGB). Ihm steht außerdem u. U. ein **Abfindungsanspruch** zu (§ 738 Abs. 1 Alt. 3 BGB; vgl. Kap. 2 §§ 738–740 Rn. 5 ff.). An Gewinnen und Verlusten aus schwebenden Geschäften ist der ausscheidende Partner beteiligt (§ 740 BGB). Da alle vorstehenden Regelungen **dispo-** 66

sitiv sind, können vertraglich abweichende Regelungen vereinbart werden, wovon in der Regel auch Gebrauch gemacht wird (vgl. Kap. 2 §§ 738–740 Rn. 18 ff.).

III. Auflösung der Partnerschaft

1. Anwendung des § 131 HGB

67 Gründe für die Auflösung der Partnerschaft ergeben sich aus § 9 Abs. 1 PartGG i. V. m. § 131 Abs. 1 HGB. Eine **Abbedingung** dieser Auflösungsgründe ist nicht möglich (s. Kap. 4 § 131 Rn. 12). Zu den Auflösungsgründen zählen Zeitablauf (§ 131 Abs. 1 Nr. 1 HGB), ein entsprechender Gesellschafterbeschluss (§ 131 Abs. 1 Nr. 2 HGB), die Eröffnung des Insolvenzverfahrens über das Vermögen der Gesellschaft (§ 131 Abs. 1 Nr. 3 HGB) und eine entsprechende gerichtliche Entscheidung (§ 131 Abs. 1 Nr. 3 HGB). Zu den Einzelheiten hierzu wird auf Kap. 4 § 131 Rn. 12 ff. verwiesen.

2. Anmeldung zum Partnerschaftsregister

68 Die Auflösung der Partnerschaft ist von sämtlichen Partnern zur Eintragung in das Partnerschaftsregister anzumelden (§ 9 Abs. 1 HGB i. V. m. § 143 HGB), außer in Fällen der Eröffnung oder Ablehnung des Insolvenzverfahrens (§ 143 Abs. 1 S. 2 HGB); hier erfolgt die Eintragung durch das Gericht von Amts wegen. Im Übrigen wird auf Kap. 4 § 143 Rn. 2 ff. verwiesen.

IV. Liquidation der Partnerschaft, § 10 PartGG

1. Entsprechende Anwendung der Regelungen für die OHG

69 Die Liquidation der Partnerschaft ist in § 10 PartGG geregelt. Nach § 10 Abs. 1 PartGG sind die Vorschriften über die Liquidation der OHG entsprechend anwendbar. Heranzuziehen sind demnach insbesondere die Vorschriften der **§§ 145 bis 158 HGB**. Demnach schließt sich das Liquidationsverfahren der Auflösung der Partnerschaft zum Zweck der Auseinandersetzung an, sofern nicht die Partner eine andere Auseinandersetzung vereinbart haben oder über das Vermögen der Partnerschaft das Insolvenzverfahren eröffnet wurde (vgl. § 145 Abs. 1 HGB). Gem. § 158 HGB können die Partner statt der Liquidation eine **andere Form der Auseinandersetzung vereinbaren** und werden dies in der Regel auch im Rahmen des Partnerschaftsvertrages (oder zum gegebenen Zeitpunkt) tun. Auch insoweit wird zunächst auf die ausführl. Kommentierung der genannten Vorschriften in Kap. 4 verwiesen.

70 Eine Liquidation aufgrund Auflösung der Partnerschaft nach Kündigung eines Gläubigers der Partnerschaft oder durch die Eröffnung des Insolvenzverfahrens kann nur mit **Zustimmung des Gläubigers** oder Insolvenzverwalters bzw. – bei Eigenverwaltung – des Schuldners unterbleiben (§ 145 Abs. 2 HGB). Die Liquidation wegen Löschung durch Vermögenslosigkeit findet nur statt, wenn sich nach der Löschung herausstellt, dass der Verteilung unterliegendes Vermögen vorhanden ist (§ 145 Abs. 3 HGB). Bezüglich dieser Regelungen gelten keine Besonderheiten für die Partnerschaft, so dass insoweit auf die Ausführungen in Kap. 4 § 145 verwiesen wird.

2. Fortbestand der Partnerschaft in Liquidation, § 156 HGB

71 Die Partnerschaft besteht auch während der Liquidation fort. Insofern bestimmen § 10 Abs. 1 PartGG i. V. m. § 156 HGB, dass die Verhältnisse der Partner zueinander während der Liquidation unverändert bleiben, es sei denn, der Liquidationszweck steht dem entgegen. Es kann insoweit auf die Ausführungen zu § 156 HGB in Kap. 4 verwiesen werden.

3. Liquidatoren, §§ 146 bis 153 HGB

72 Die ebenfalls entsprechend anwendbaren §§ 146 bis 148 HGB regeln das Verfahren zur **Bestellung, Abberufung und Anmeldung** der Liquidatoren während die **Rechte und Pflichten der Liquidatoren** in §§ 149 bis 153 HGB festgehalten sind. Da das Verfahren und die Aufgaben der Li-

quidatoren für die Partnerschaft dem der OHG ohne Besonderheiten entsprechen, wird insoweit auf die Kommentierung der entsprechenden Vorschriften in Kap. 4 verwiesen.

4. Verteilung des Vermögens, §§ 156, 157 HGB

Nach Begleichung der Schulden noch vorhandenes Vermögen wird unter den Partnern im **Verhältnis ihrer Kapitalanteile** verteilt. Die Einzelheiten richten sich nach §§ 156, 157 HGB (s. die ausführl. Kommentierung in Kap. 4). Sollte das Vermögen nicht zur Begleichung der Schulden ausreichen, besteht für die Partner nach § 1 Abs. 4 PartGG i. V. m. § 735 BGB eine **Nachschusspflicht** (s. dazu Kap. 2 §§ 730–735 Rn. 13). **73**

5. Nachhaftung, §§ 159, 160 HGB

Die Nachhaftung eines Partners nach Auflösung der Partnerschaft bzw. Ausscheiden eines Partners richtet sich nach § 10 Abs. 1 PartGG i. V. m. §§ 159, 160 HGB und ist damit **zeitlich begrenzt**. Bei Auflösung der Partnerschaft bestimmt § 10 Abs. 1 PartGG i. V. m. § 159 HGB, dass die Ansprüche gegen einen Partner aus Verbindlichkeiten der Partnerschaft binnen **fünf Jahren** nach Auflösung der Gesellschaft verjähren. Für das Ausscheiden eines Partners bestimmt § 10 Abs. 1 PartGG i. V. m. § 160 HGB, dass die Haftung des ausgeschiedenen Partners zeitlich begrenzt ist. Danach haftet er nur für bis zu seinem Ausscheiden begründete Verbindlichkeiten der Partnerschaft, wenn diese binnen fünf Jahren ab Eintragung seines Ausscheidens fällig geworden sind und der Anspruch durch Klageerhebung oder ein gleichstehendes Verfahren geltend gemacht wurde. Im Gegensatz zu § 159 HGB handelt es sich insoweit um eine Ausschluss-, nicht um eine Verjährungsfrist (*Meilicke/v. Westphalen/Hoffmann/Lenz/Wolff* PartGG, § 10 Rn. 46 f.). Zu den Einzelheiten s. die Kommentierung der §§ 159, 160 in Kap. 4. **74**

J. Übergangsvorschrift, § 11 PartGG

§ 11 PartGG enthält Übergangsvorschriften. § 11 Abs. 1 PartGG betrifft **namensrechtliche Konstellationen**. So durften Gesellschaften, die vor Inkrafttreten des PartGG den Zusatz »und Partner« oder »Partnerschaft« in ihrem Namen führten, den Namen noch zwei Jahre unverändert, anschließend mit einem erklärenden Hinweis fortführen. § 11 Abs. 2 PartGG trägt der Änderung der Gesetzeslage durch das ERJuKoG im Hinblick auf die Anmelde- und Eintragungspflichten der Vertretungsmacht der Partner Rechnung (s. i. E. MüKo BGB/*Ulmer* § 11 PartGG Rn. 14 ff.). **75** quidatoren für die Partnerschaft der OHG ohne Besonderheiten entsprechen, wird insoweit auf die Kommentierung der entsprechenden Vorschriften in Kap. 4 verwiesen.

4. Verteilung des Vermögens, §§ 155, 157 HGB

73 Nach Begleichung der Schulden noch vorhandenes Vermögen wird unter den Partnern im Verhältnis ihrer Kapitalanteile verteilt. Die Einzelheiten richten sich nach §§ 155, 157 HGB (s. die ausführliche Kommentierung in Kap. 4). Sollte das Vermögen nicht zur Begleichung der Schulden ausreichen, besteht für die Partner nach § 1 Abs. 4 PartGG i.V.m. § 735 BGB eine Nachschusspflicht (s. dazu Kap. 2 §§ 730–735 Rn. 12).

5. Nachhaftung, §§ 159, 160 HGB

74 Die Nachhaftung eines Partners nach Auflösung der Partnerschaft bzw. Ausscheiden eines Partners richtet sich nach § 10 Abs. 2 PartGG i.V.m. §§ 159, 160 HGB und ist damit zeitlich begrenzt. Bei Auflösung der Partnerschaft bestimmt § 10 Abs. 2 PartGG i.V.m. § 159 HGB, dass die Ansprüche gegen einen Partner aus Verbindlichkeiten der Partnerschaft binnen fünf Jahren nach Auflösung der Gesellschaft verjähren. Für das Ausscheiden eines Partners bestimmt § 10 Abs. 2 PartGG i.V.m. § 160 HGB, dass die Haftung des ausgeschiedenen Partners zeitlich begrenzt ist. Danach haftet er nur für bis zu seinem Ausscheiden begründete Verbindlichkeiten der Partnerschaft, wenn diese binnen fünf Jahren nach Eintragung seines Ausscheidens fällig geworden sind und der Anspruch durch Klageerhebung oder ein gleichstehendes Verfahren geltend gemacht wurde. Im Gegensatz zu § 159 HGB handelt es sich insoweit um eine Ausschluss-, nicht um eine Verjährungsfrist (*Meilicke*, in: *Meilicke/v. Westphalen/Hoffmann/Lenz/Wolff*, PartGG, § 10 Rn. 46). Zu den Einzelheiten s. die Kommentierung der §§ 159, 160 in Kap. 4.

F. Übergangsvorschrift, § 11 PartGG

75 § 11 PartGG enthält Übergangsvorschriften. § 11 Abs. 1 PartGG betrifft namensrechtliche Konstellationen. So durften Gesellschaften, die vor Inkrafttreten des PartGG den Zusatz „und Partner" oder „Partnerschaft" in ihrem Namen führten, den Namen noch zwei Jahre unverändert, anschließend mit einem erklärenden Hinweis fortführen. § 11 Abs. 2 PartGG trägt der Änderung der Gesetzeslage durch das EHUG mit Hinblick auf die Anmelde- und Eintragungspflichten der Mitteilungen nach der Partner Rechnung (s. z. B. MüKo BGB/*Ulmer*, § 11 PartGG Rn. 1 ff.).

Kapitel 4
Die offene Handelsgesellschaft (OHG)

Kommentierung der wichtigsten Vorschriften des Handelsgesetzbuchs (HGB) Vom 10. Mai 1897 (RGBl., 219)

zuletzt geändert durch das »Gesetz zur Umsetzung der neu gefassten Bankenrichtlinie und der neu gefassten Kapitaladäquanzrichtlinie« vom 17. 11. 2006 (BGBl. I, 2606)

Zweites Buch Handelsgesellschaften und stille Gesellschaft

Erster Abschnitt Offene Handelsgesellschaft

Erster Titel Errichtung der Gesellschaft

§ 105 [Begriff der OHG]

(1) Eine Gesellschaft, deren Zweck auf den Betrieb eines Handelsgewerbes unter gemeinschaftlicher Firma gerichtet ist, ist eine offene Handelsgesellschaft, wenn bei keinem der Gesellschafter die Haftung gegenüber den Gesellschaftsgläubigern beschränkt ist.

(2) [1]Eine Gesellschaft, deren Gewerbebetrieb nicht schon nach § 1 Abs. 2 Handelsgewerbe ist oder die nur eigenes Vermögen verwaltet, ist offene Handelsgesellschaft, wenn die Firma des Unternehmens in das Handelsregister eingetragen ist. [2]§ 2 Satz 2 und 3 gilt entsprechend.

(3) Auf die offene Handelsgesellschaft finden, soweit nicht in diesem Abschnitt ein anderes vorgeschrieben ist, die Vorschriften des Bürgerlichen Gesetzbuchs über die Gesellschaft Anwendung.

Übersicht:

A. Einleitung

1 Im zweiten Buch des HGB sind die Personengesellschaften des Handelsrechts und die stille Gesellschaft geregelt. Die Vorschrift des § 105 HGB behandelt die offene Handelsgesellschaft als die **typische Rechtsform** für den gemeinschaftlichen Betrieb eines Handelsgewerbes durch zwei oder mehrere Personen (GroßkommHGB/*Ulmer* § 105 Rn. 1).

2 Handelsgesellschaften sind die OHG, KG, GmbH, AktG, KGaA und EWIV.

3 Die **Gesellschaft bürgerlichen Rechts (GbR)** ist die Grundform der Personengesellschaften (E/B/J/*Boujong* § 105 Rn. 7), die **OHG** die Grundform der Personenhandelsgesellschaften (MünchHdb GesR I/*Happ* § 46 Rn. 9). Liegen die Voraussetzungen der Legaldefinition des § 105 Abs. 1 HGB vor, so liegt selbst bei entgegenstehendem Willen der Gesellschafter eine OHG vor, so genannter **Rechtsformzwang** (BGH NJW 1979, 1705, 1706). Das für die GbR geltende Recht ist subsidiär anwendbar auf OHG (§ 105 Abs. 3 HGB), KG und stille Gesellschaft (Baumbach/Hopt/*Hopt* § 105 Rn. 14). Das Recht der OHG ist zudem subsidiär anwendbar auf die KG, § 161 Abs. 2 HGB. Die stille Gesellschaft ist keine Handelsgesellschaft, sie ist vielmehr ein Sonderfall einer Innengesellschaft bürgerlichen Rechts (GroßkommHGB/*Ulmer* § 105 Rn. 3). Die Regelung im HGB hat ihren Grund in der Art des gemeinsamen Zwecks ([Innen-]Beteiligung des stillen Gesellschafters am Handelsgewerbe des Geschäftsinhabers). Die OHG ist keine juristische Person, sondern Gesamthandsgemeinschaft (BGH NJW 2001, 1056, 1058).

4 Die Vorschrift ist durch das HRefG vom 22. 6. 1998 geändert und um einen Abs. 2 erweitert worden. Der alte Abs. 2 ist nun Abs. 3.

B. Begriffsmerkmale der OHG

Nach dem Wortlaut des § 105 Abs. 1 HGB ist die OHG eine Gesellschaft, deren Zweck auf den Betrieb eines Handelsgewerbes unter gemeinschaftlicher Firma gerichtet ist, wenn bei keinem der Gesellschafter die Haftung gegenüber den Gesellschaftsgläubigern beschränkt ist. 5

I. Mehrere Gesellschafter

Der Tatbestand der OHG setzt das Vorhandensein mehrerer, mindestens zweier Gesellschafter voraus (vgl. BGH ZIP 1990, 505). 6

II. Gesellschaftsvertrag

Es bedarf bei der OHG als Spezialfall der GbR eines auf einen gemeinsamen Zweck gerichteten, nicht notwendig schriftlichen Gesellschaftsvertrags (vgl. E/B/J/*Boujong* § 105 Rn. 9). 7

III. Beitragspflicht

Die Gesellschafter sind verpflichtet, den gemeinsamen Zweck durch die Leistung von Beiträgen zu fördern (GroßkommHGB/*Ulmer* § 105 Rn. 17). 8

IV. Handelsgewerbe

Ein Handelsgewerbe ist gem. § 1 Abs. 2 HGB **jeder Gewerbebetrieb**, es sei denn, dass das Unternehmen nach Art und Umfang einen in kaufmännischer Weise eingerichteten Geschäftsbetrieb nicht erfordert. Eine gesetzliche Definition des Gewerbebegriffs im HGB existiert nicht, auch nach dem HRefG wird auf die von der Rechtsprechung entwickelten Kriterien zurückgegriffen (vgl. Begr. RegE, BT-Drs. 13/8444, 24). Danach ist **Gewerbe** die in Gewinnerzielungsabsicht vorgenommene erlaubte Tätigkeit, die selbstständig, auf Dauer angelegt und planmäßig betrieben wird, am Markt nach außen erkennbar in Erscheinung tritt und wirtschaftlicher, aber nicht freiberuflicher, wissenschaftlicher oder künstlerischer Art ist (vgl. dazu BGH NJW 2003, 2742, 2743 m. w. N., insbes. zur Frage der Gewinnerzielungsabsicht). 9

IV. Gemeinschaftliche Firma

Nach heute h. L. ist die gemeinschaftliche Firma trotz des Wortlauts des Abs. 1 **kein konstituierendes Merkmal** der OHG mehr, sondern notwendige Folge des gemeinschaftlichen Betriebs eines Handelsgewerbes (MüKo HGB/*K. Schmidt* § 105 Rn. 43). 10

V. Unbeschränkte Haftung

Auch die unbeschränkte Haftung ist trotz des Wortlauts des Abs. 1 **nicht Tatbestandsmerkmal**, sondern zwingende Rechtsfolge des Bestehens einer OHG. Hintergrund sind der Rechtsformzwang und die Regelung in § 128 HGB (E/B/J/*Boujong* § 105 Rn. 30). 11

VI. OHG kraft Rechtsscheins

Selbst, wenn die Tatbestandsmerkmale einer OHG nicht erfüllt sind, müssen sich im Rechtsverkehr als solche Auftretende aufgrund veranlassten oder geduldeten Rechtsscheins wie eine OHG bzw. OHG-Gesellschafter behandeln lassen, etwa aufgrund § 15 Abs. 1 und Abs. 3 HGB (MüKo HGB/*K. Schmidt* § 105 Rn. 49). 12

C. Nichtgewerbliche Gesellschaft

I. Allgemeines

Mit dem HRefG hat sich das Recht der OHG für Kleinunternehmen geöffnet. So können jetzt auch Kleingewerbetreibende oder eigenes Vermögen verwaltende Gesellschaften OHG sein. Abs. 2 räumt eine Wahlmöglichkeit ein, keine Verpflichtung. Im Fall des Abs. 2 ist die Eintragung **konstitutiv**. 13

II. Kleingewerbe

14 Die Regelung zu Kleingewerbetreibenden ergänzt die in § 2 HGB eingeräumte Möglichkeit für einzelkaufmännische (Klein-)Unternehmer. Unter die Regelung des Abs. 2 können auch land- und forstwirtschaftliche Betriebe fallen.

III. Vermögensverwaltende Gesellschaft

15 Nach der von der Rechtsprechung verwendeten Definition eines Gewerbes (s. o. Rn. 9) gehören rein Vermögen verwaltende Gesellschaften nicht hierzu. Der Begriff der **Verwaltung eigenen Vermögens** meint »nicht völlig unbedeutende und wirtschaftlich nicht über den alltäglichen privaten Bereich herausreichende Betätigungen« (Begr. RegE, BT-Drs. 13/8444, 41). Erfasst werden sollten Immobilienverwaltungs-, Objekt- und Besitzgesellschaften nach erfolgter Betriebsaufspaltung sowie Holdingsgesellschaften (Begr. RegE, BT-Drs. 13/8444, 40), nicht aber etwa Einzelpersonen (*Schön* DB 1998, 1169) oder Ehegatten, die ein Grundstück in der Form einer Grundstücksgesellschaft halten (E/B/J/*Boujong* § 105 Rn. 22).

16 Nach überwiegender Auffassung ist das Merkmal »nur eigenes Vermögen verwaltet« **eng** zu verstehen, lässt also insbesondere Gesellschaften, die »auch« eigenes Vermögen verwalten nicht hierunter fallen (E/B/J/*Boujong*, § 105 Rn. 23; a. A. etwa MüKo HGB/*K. Schmidt* § 105 Rn. 55 ff.: jede zu einem gesetzlich zulässigen Zweck gebildete rechtsfähige Personengesellschaft).

D. Gesellschafter

I. Mehrere Gesellschafter

17 Wie schon ausgeführt (s. o. Rn. 6), erfordert eine OHG mindestens zwei Gesellschafter (BGH ZIP 1990, 505). Eine **Höchstzahl** ist nicht vorgeschrieben.

II. Einheitlichkeit des Gesellschaftsanteils

18 Eng mit der Frage nach der Mindestzahl der Gesellschafter verbunden ist die Frage der Einheitlichkeit des Anteils. Im Grundsatz ist der Anteil an einer OHG und KG **keiner Aufspaltung** zugänglich (BGH NJW-RR 1989, 1259, 1260). Dies bedeutet, dass weder eine einzige Mitgliedschaft auf mehrere Gesellschafter aufgespaltet werden kann, noch, dass ein einzelner Gesellschafter mehrere separat zu beurteilende Anteile halten könnte (MüKo HGB/*K. Schmidt* § 105 Rn. 75). Im Falle des **Hinzuerwerbs** entsteht ein einheitlicher (größerer) Anteil (BGH WM 1963, 989), im Falle des Hinzuerwerbs eines Kommanditanteils durch einen Komplementär geht der Kommanditanteil in dem bestehenden Komplementäranteil auf (BGH NJW 1987, 3184, 3186). Ein Treuhänder hat im Verhältnis zur Gesellschaft nur einen Gesellschaftsanteil, auch wenn er diesen für eine Vielzahl von Treugebern hält (MüKo HGB/*K. Schmidt* § 105 Rn. 76).

19 Anzuerkennen sind jedoch verschiedene **Ausnahmen**. So der Fall des **Vorerben** (E/B/J/*Boujong* § 105 Rn. 33), so dass für die Zeit der Vorerbschaft keine Auflösung der Gesellschaft bei Einsetzung des letzten Gesellschafters als Vorerben des Erblasser-Gesellschafters eintritt (vgl. MüKo HGB/*K. Schmidt* § 105 Rn. 78). Vielmehr fallen die Anteile ohne Neugründung der Gesellschaft beim Eintritt des Nacherbfalls auseinander. Gleiches gilt für den Fall der **Testamentsvollstreckung** (BGH NJW 1996, 1284, 1286–jedenfalls in Bezug auf Vermögensrechte kann der Gedanke der Einheitlichkeit durchbrochen werden; vgl. auch OLG Hamm ZEV 1999, 234) und die Fälle des **Nachlassinsolvenzverfahrens**, der **Nachlassverwaltung**, des **Treuhandverhältnisses**, des **Nießbrauchs** (vgl. OLG Schleswig ZIP 2006, 615, 617) und des **Pfandrechts** (E/B/J/*Boujong* § 105 Rn. 34, str.). Weitergehende Ausnahmen (so *Priester* DB 1998, 55, 60) sind nicht anzuerkennen.

III. Gesellschafterfähigkeit

20 Gesellschafter einer OHG können im Grundsatz **alle natürlichen und juristischen Personen** sowie Personenvereinigungen sein, wenn diese nach außen hin als geschlossene Einheit auftreten

können und die gesellschaftsrechtliche Haftung sichergestellt ist (MünchHdb GesR I/*Happ* § 47 Rn. 28).

1. Natürliche Personen

Jede natürliche Person, also auch ein Ausländer, kann Gesellschafter einer OHG sein. Vorausgesetzt ist **Rechtsfähigkeit**, so dass auch beschränkt Geschäftsfähige oder Geschäftsunfähige Gesellschafter sein können. 21

2. Juristische Personen

Jede juristische Person kann Gesellschafter einer OHG sein, so auch eine juristische Person öffentlichen Rechts (MünchHdb GesR I/*Happ* § 47 Rn. 25), eine Vorgesellschaft wie auch eine werdende (hierzu BGHZ 117, 323, 326; BGH BB 2003, 2477) juristische Person (BGHZ 80, 129, 141 ff.; BGH NJW 1985, 736, 737) oder eine in Liquidation befindliche Gesellschaft (BGH NJW 1980, 233). Bei einer ausländischen juristischen Person muss diese nach deutschem internationalem Gesellschaftsrecht anerkannt und nach ihrem ausländischen Personalstatut fähig sein, sich an einer OHG zu beteiligen (E/B/J/*Boujong* § 105 Rn. 98; OLG Saarbrücken NJW 1990, 647). 22

3. Sonderfall der rechtsfähigen Personengesellschaften

OHG und KG können nach ganz h. M. **Gesellschafter einer OHG** (KG) sein (GroßkommHGB/*Ulmer* § 105 Rn. 94 m. w. N.). Ausgeschlossen ist demgegenüber der Erwerb eigener Anteile durch OHG und KG (BGH NJW 1993, 1265, 1267). Auch Partenreederei, EWiV und Partnerschaftsgesellschaft können Gesellschafter einer OHG sein (MüKo HGB/*K. Schmidt* § 105 Rn. 92). Seit der Grundsatzentscheidung des BGH zugunsten der Rechtsfähigkeit der (Außen-)GbR (BGH NJW 2001, 1056) ist deren Beteiligungsfähigkeit geklärt (explizit BGH NJW 2001, 3121, 3123 für GbR als Kommanditistin, dazu auch LG Berlin DB 2003, 1380; BGH NJW 1998, 376 für Beteiligung einer (Außen-)GbR an einer GbR). 23

Nicht beteiligungsfähig, weil nicht rechtsfähig, sind die **Erbengemeinschaft** (BGH NJW 2002, 3389, 3390; BGH NJW-RR 2004, 1006), die **eheliche Gütergemeinschaft** (BayObLG ZIP 2003, 480), der nichtrechtsfähige Verein (Baumbach/Hopt/*Hopt* § 105 Rn. 29), die **Bruchteilsgemeinschaft** und die **stille Gesellschaft** (MünchHdb GesR I/*Happ* § 47 Rn. 39 f.). 24

E. Entstehung der Gesellschaft

Die OHG entsteht durch Gründung, dies entweder in der Form des Abschlusses eines **Gesellschaftsvertrags** oder durch **Umwandlung**. 25

I. Gründungsgeschäft

Der Abschluss des Gesellschaftsvertrags ist für die Entstehung einer OHG essentiell (vgl. GroßkommHGB/*Ulmer* § 105 Rn. 48). Durch den Abschluss des Gesellschaftsvertrags werden nicht nur schuldrechtliche Beziehungen begründet, sondern, darüber hinausgehend, ein Gemeinschaftsverhältnis (BGHZ 112, 40, 45, 48). Dazu im Einzelnen sogleich unter Rn. 30 ff. 26

II. Umwandlung

Die Entstehung einer OHG im Wege der Umwandlung kann durch Veränderung der Rechtsform einer bereits existierenden Gesellschaft oder aus einem einzelkaufmännischen Unternehmen entstehen (MünchHdb GesR I/*Happ* § 48 Rn. 1). 27

1. Umwandlung außerhalb des UmwG

Außerhalb der Vorschriften des UmwG kann eine OHG im Wege der Umwandlung dadurch entstehen, dass im Fall der **GbR** die Voraussetzungen des § 123 HGB erfüllt werden (Rechtsformzwang), im Fall der **KG** das Geschäft ohne Kommanditisten weiterbetrieben wird, im Fall der 28

Partnerschaftsgesellschaft, wenn sie gewerblich tätig und im Partnerschaftsregister gelöscht wird, und im Fall der **Vor-GmbH**, wenn sie von Anfang an ohne Absicht der Eintragung ins Handelsregister (BGH NJW 1981, 1373, 1376) oder unter Aufgabe dieser Absicht (BGH NJW 1998, 1079) ein vollkaufmännisches Gewerbe betreibt. Keine Entstehung durch Formwechsel liegt in dem Fall vor, in dem eine Erbengemeinschaft einen Einzelkaufmann beerbt und dessen Geschäfte weiterführt. Diese sind zur Gründung einer OHG vielmehr verpflichtet, diese neu zu gründen, etwa durch Gesellschaftsvertragsschluss und Einbringung des Einzelunternehmens, die bloße Umwandlung reicht nicht aus (MüKo HGB/*K. Schmidt* § 105 Rn. 109).

2. Umwandlung nach dem UmwG

29 Nach § 1 Abs. 1 UmwG kommen die Umwandlung durch Verschmelzung, Spaltung und Formwechsel in Betracht. Der Rechtsträger erhält hierbei eine andere Rechtsform, § 190 Abs. 1 UmwG (vgl. hierzu ausführl. Kap. 12 sowie MünchHdb GesR I/*Happ* § 48 Rn. 5 ff.).

F. Gesellschaftsvertrag

I. Rechtsnatur

30 Der Gesellschaftsvertrag begründet nicht nur schuldrechtliche Beziehungen, sondern darüber hinaus ein Gemeinschaftsverhältnis, dem die Vermögenswerte der Gesellschaft zugeordnet sind (BGHZ 112, 40, 45, 48). Er ist ein **privatrechtlicher Vertrag**, für den daher im Grundsatz die Regeln des allgemeinen Teils des BGB, wenn auch mit noch darzustellenden Modifikationen, gelten. Als konstituierender Akt ist er **Schuldvertrag** und **Organisationsvertrag** (GroßkommHGB/*Ulmer* § 105 Rn. 139 ff.). Die Anwendung der §§ 320 ff. BGB ist überwiegend nicht sachgerecht (str.; vgl. BGH NJW 1983, 1188, 1189; Baumbach/Hopt/*Hopt* § 105 Rn. 48).

II. Inhalt des Gesellschaftsvertrags

31 Der **Mindestinhalt** des Gesellschaftsvertrags ergibt sich aus den eine OHG konstituierenden Merkmalen, also Einigung über einen gemeinsamen Zweck, der in dem Betrieb eines Handelsgewerbes besteht, die Leistung von Beiträgen und das gemeinschaftliche Auftreten nach außen (E/B/J/*Boujong* § 105 Rn. 41). Darüber hinaus gibt es einen **rechtsgeschäftlichen Mindestinhalt**, so die essentialia negotii (MüKo HGB/*K. Schmidt* § 105 Rn. 119) und typischerweise die zweckmäßigen Regelungen zu Unternehmensgegenstand, Firmensitz, Firma, Geschäftsführung, Vertretung, Gewinn- und Verlustbeteiligung, Entnahmerecht, Ausscheiden von Gesellschaftern, Auflösung der Gesellschaft, Kündigungsrecht (E/B/J/*Boujong* § 105 Rn. 41).

III. Form

32 Der Gesellschaftsvertrag kann im Grundsatz **formfrei** abgeschlossen werden, so auch **konkludent** (BGHZ 22, 240, 244 f. zur geplanten GmbH ohne Eintragungsabsicht; BGH NJW 1982, 2816, 2817 zur GbR und § 154 BGB; BGH WM 1985, 1229 zur Anmeldung einer OHG zum Handelsregister). Ein Formerfordernis kann sich aber aus der Formbedürftigkeit bestimmter Beitragspflichten ergeben (GroßkommHGB/*Ulmer* § 105 Rn. 170). Im Folgenden werden hierzu einige Beispiele genannt.

1. Einbringung eines Grundstücks, § 311 b Abs. 1 BGB

33 Verpflichtet sich ein Gesellschafter nach dem Gesellschaftsvertrag, ein Grundstück einzubringen oder ein solches zu erwerben, so ist Formbedürftigkeit gegeben, ebenso wie bei ideellen Grundstücksteilen (§§ 747, 1008 BGB), Erbbaurechten (Art. 11 Abs. 2 ErbbauVO) und Wohnungseigentum (§ 4 Abs. 3 WEG). Die Formbedürftigkeit betrifft dann den gesamten Gesellschaftsvertrag (BGHZ 22, 312, 317; BGH NJW 1978, 2505, 2506; GroßkommHGB/*Ulmer* § 105 Rn. 171).

34 **Nicht beurkundungsbedürftig** sind demgegenüber Abreden zur Einbringung eines Grundstücks oder eines Rechts im vorstehend (Rn. 33) benannten Sinne lediglich zur Nutzung oder dem Werte nach, wenn es dem Gesellschafter beim Ausscheiden oder in der Liquidation verbleibt (OLG Hamburg NJW-RR 1996, 803, 804; anders aber bei Erwerbspflicht bei Ausscheiden oder in der Liquidation, vgl. BGH NJW 1978, 2505, 2506; anders auch bei mittelbarem Zwang für Gesellschafter, vgl. BGH NJW 1980, 829). Gleiches gilt, wenn ein Gesellschaftsvertrag zwar als Zweck die Verwaltung und Verwertung von Grundstücken angibt, aber den Verkauf von Grundstücken nicht bindend festlegt (BGH NJW 1996, 1279, 1280). Keine Beurkundungspflicht besteht auch bei der formwechselnden Umwandlung einer GbR in eine OHG oder umgekehrt (E/B/J/*Boujong* § 105 Rn. 46) und beim Erwerb durch einen Treuhänder, also im eigenen Namen, aber auf Rechnung der Gesellschaft (BGH BB 2004, 2707, 2710 bzgl. der auf § 667 beruhenden Herausgabepflicht).

Mit Auflassung und Eintragung ins Grundbuch wird die sich aus dem Verstoß gegen § 311 b Abs. 1 BGB resultierende **Formnichtigkeit geheilt**, nicht jedoch weitere Mängel des Gesellschaftsvertrages (MüKo HGB/*K. Schmidt* § 105 Rn. 138). Rechtsfolge ist, falls auch eine Umdeutung nach § 140 BGB (vgl. Baumbach/Hopt/*Hopt* § 105 Rn. 57) nicht möglich ist, die Nichtigkeit der Verpflichtung zum Erwerb bzw. zur Übertragung. Die Nichtigkeit des Gesellschaftsvertrags im Übrigen richtet sich nach § 139 BGB (BGH NJW 1978, 2505, 2506), wobei nach Vollzug der Gesellschaft die Regeln zur fehlerhaften Gesellschaft zur Anwendung kommen (BGH NJW 1988, 1321, 1322). 35

2. Schenkungsversprechen

Ein beurkundungsbedürftiges Schenkungsversprechen liegt auch in der **unentgeltlichen Zuwendung eines OHG-Anteils** (BGH NJW 1990, 2616 – typischerweise keine Schenkung, wenn persönliche Haftung übernommen und Tätigkeiten geschuldet sind, anders beim KG-Anteil). **Heilung** erfolgt bereits durch Abschluss des gemeinsames Vermögen begründenden Gesellschaftsvertrags im Falle des zuvor begründeten Schenkungsversprechens (BGH NJW 1990, 2616, 2618). 36

3. Verpflichtung zur Abtretung von GmbH-Anteilen, § 15 Abs. 4 GmbH

Enthält der Gesellschaftsvertrag die Verpflichtung zur Abtretung (Einbringung) von GmbH-Anteilen, so bedarf er der notariellen Beurkundung, § 15 Abs. 4 GmbHG. Bei Verpflichtung nur zur Einbringung dem Werte nach (quoad sortem) gilt dies nicht, wohl aber für die Verpflichtung zur Abtretung eines Anspruchs auf Übertragung eines Geschäftsanteils (BGH NJW 1980, 1100). **Heilung** tritt mit Einbringung des GmbH-Anteils ein, § 15 Abs. 4 S. 2 GmbHG. 37

4. Schiedsvereinbarungen

Der Gesellschaftsvertrag kann eine Schiedsvereinbarung enthalten. Die Form richtet sich nach § 1031 ZPO, bedarf also u. U. der Form für Verbraucher, § 1031 Abs. 5 ZPO, wenn nicht der Abschluss zusammen mit dem Gesellschaftsvertrag oder später einer gewerblichen oder selbstständigen beruflichen Tätigkeit der Gesellschafter zugerechnet werden kann (vgl. Baumbach/Hopt/*Hopt* Vor § 1 Rn. 90). § 1066 ZPO gilt nicht für OHG und KG (str.; vgl. BGH NJW 1980, 1049; E/B/J/*Boujong* § 105 Rn. 56; a. A. MüKo HGB/*K. Schmidt* § 105 Rn. 121; s. auch die ausführl. Darstellung dazu in Kap. 17 Rn. 28 ff.). Bei Übertragung eines Kommanditanteils gehen die Rechte und Pflichten auf den Erwerber über, ohne dass es eines gesonderten Beitritts in der Form der §§ 1029 Abs. 2, 1031 ZPO bedürfte (BGH NJW-RR 2002, 1462). 38

5. Sonstige formbedürftige Rechtsgeschäfte

Verpflichtungen zur Einhaltung einer besonderen Form können sich zudem aus § 311 b Abs. 3 BGB (Verpflichtung zur Vermögensübertragung, auch wenn als Gegenleistung der Erhalt von Gesellschaftsanteilen gewährt wird, vgl. MüKo HGB/*K. Schmidt* § 105 Rn. 143), § 1410 BGB (Gütergemeinschaft, vgl. BGH NJW 1975, 1774) und aus gewillkürtem Formzwang (Relevanz vor allem bei Vertragsänderungen) ergeben. 39

IV. Besondere Genehmigungserfordernisse

40 Besondere Genehmigungserfordernisse können aus der **Beteiligung Minderjähriger** oder aus bestimmten **ehelichen Konstellationen** folgen.

41 Sollen Geschäftsunfähige oder beschränkt Geschäftsfähige Gesellschafter werden, werden sie durch den jeweiligen gesetzlichen Vertreter vertreten und es ist zudem die **Genehmigung durch das Vormundschaftsgericht** einzuholen, §§ 1643 Abs. 1, 1822 Nr. 3 BGB. Dies gilt auch im Fall des Erwerbs einer Kommanditbeteiligung (BGH NJW 1955, 1067), losgelöst davon, ob eine Einlage geschuldet ist oder nicht (MüKo HGB/*K. Schmidt* § 105 Rn. 145). Ohne eine erforderliche Genehmigung ist der Vertrag nichtig. Die Genehmigungserfordernisse gelten gleichermaßen für den Eintritt in und das Ausscheiden aus einer bereits bestehenden Gesellschaft (MünchHdb GesR I/*Happ* § 47 Rn. 78). Die Regeln der fehlerhaften Gesellschaft gelten nicht zu Lasten des Minderjährigen (BGH NJW 1955, 1067). Ein Genehmigungserfordernis kann sich auch aus § 1365 Abs. 1 BGB ergeben, wobei der Wert der erhaltenen Beteiligung unerheblich ist (vgl. Baumbach/Hopt/*Hopt* § 105 Rn. 24).

V. Vertragsänderungen

42 Im Grundsatz richten sich Vertragsänderungen nach denselben Regeln wie der Vertragsschluss selbst, sollte nicht der Gesellschaftsvertrag etwas anderes vorsehen (GroßkommHGB/*Ulmer* § 105 Rn. 189). Ist im Gesellschaftsvertrag nichts geregelt, gilt das **Einstimmigkeitsprinzip** (E/B/J/*Boujong* § 105 Rn. 65). Im Falle der gesetzlichen Vertretung nach §§ 1643 Abs. 1, 1822 Nr. 3 BGB ist, jedenfalls wenn nicht die Haftung ausgeweitet wird (§ 1822 Nr. 10 BGB), eine Genehmigung des Vormundschaftsgerichts nicht erforderlich (BGH NJW 1992, 300, 301).

43 Der **Bestimmtheitsgrundsatz** (vgl. § 109 HGB Rn. 24) ist, insbesondere in den Fällen der Zulassung von Mehrheitsentscheidungen, einzuhalten (BGH DStR 2006, 624, 625 für Nachschussverpflichtung in GbR).

44 Hinsichtlich der **Form** gilt dasselbe wie beim Abschluss des Gesellschaftsvertrags (vgl. oben Rn. 32 ff.). Moderater geht die Rechtsprechung beim gewillkürten Formzwang vor, wenn sie in dem ohne die vereinbarte Form gefassten Beschluss eine konkludente Aufhebung (dazu BGH NZG 2005, 625) des Formzwangs sieht (BGH NJW 1966, 826, 827; WM 1996, 772). Grundsätzlich sind **konkludente Vertragsänderungen** möglich (vgl. aber BGH NJW 1996, 1678, 1680: keine Anwendung auf Publikumsgesellschaften; hierzu auch OLG Hamburg NJW-RR 1996, 1436, 1437).

G. Mitgliedschaft

I. Grundlagen

45 Die Mitgliedschaft ist der Inbegriff der aus der Beteiligung an einer OHG (KG) entspringenden und auf sie bezogenen **Rechte und Pflichten des Gesellschafters** (MüKo HGB/*K. Schmidt* § 105 Rn. 169). Die Mitgliedschaft ist nicht besonders gesetzlich geregelt (GroßkommHGB/*Ulmer* § 105 Rn. 209). Sie ist als **sonstiges Recht i. S. d. § 823 Abs. 1 BGB** geschützt (BGH NJW 1990, 2877, 2878). Sie hat auch Bedeutung für die Parteirollen in Streitigkeiten betreffend das Gesellschaftsverhältnis unter den Gesellschaftern (Gesellschafter als richtige Parteien, vgl. zur Abweichungsmöglichkeit im Gesellschaftsvertrag BGH NJW 1999, 3113, 3115). Bei Gestaltungsklagen sind die Gesellschafter notwendige Streitgenossen, im Übrigen aber nicht (BGH NJW 1959, 1683, 1684).

II. Beitragspflicht

46 Eine gesetzliche Definition der Begriffe Einlage und Beitrag existiert nicht (MünchHdb GesR I/*v. Falkenhausen/H. C. Schneider* § 60 Rn. 1). Die Begriffe sind streng voneinander zu trennen. **Beitrag** ist jedes den Gesellschaftszweck fördernde Tun oder Unterlassen (vgl. ausführl. Rn. 47 ff.). **Einlage** sind nur solche Beiträge, die in das Gesellschaftsvermögen übergehen und die Haftungsmasse vergrößern (E/B/J/*Boujong* § 105 Rn. 139). Daher sind Übertragungen zur

Nutzung (quoad usum) oder dem Werte nach (quoad sortem) keine Einlage (vgl. hierzu BGH WM 1965, 746; WM 1972, 213, 214).

Beitrag ist jedes erlaubte, den Gesellschaftszweck fördernde Tun oder Unterlassen. Gegenstand können etwa Leistungen in Geld eine Gebrauchsüberlassung, die persönliche Haftung oder etwa Dienstleistungen der Gesellschafter sein. Als Arten sind überwiegend die Einbringung von Geld, Gewährung von Darlehen, Sacheinlagen, Sachgesamtheiten, immaterielle Wirtschaftsgüter, Dienstleistungen oder sonstige Beiträge zu nennen (MünchHdb GesR I/*v.Falkenhausen/H. C. Schneider* § 60 Rn. 10 ff.). Die Einlageverpflichtung verjährt in der Regelverjährung des § 195 BGB nach drei Jahren (MüKo HGB/*K. Schmidt* § 105 Rn. 182; anders bei den Kapitalgesellschaften, bei denen die Regelverjährung durchweg zehn Jahre beträgt, vgl. § 54 Abs. 4 AktG sowie § 19 Abs. 6 GmbHG, dazu OLG Düsseldorf BB 2006, 741, 742). **47**

Der **Umfang der Beitragspflicht** ist im Gesellschaftsvertrag geregelt, im Zweifel gilt § 706 BGB. Eine nachträgliche Erhöhung der Beiträge ist im Regelfall ausgeschlossen, § 707 BGB. Die Vorschrift ist allerdings abdingbar (zur Nachschussverpflichtung bei einer GbR vgl. BGH DStR 2006, 624; ZIP 2005, 1455). **48**

Die **Aufrechnung** gegen die Einlageverpflichtung ist zulässig (vgl. zu Einschränkungen BGHZ 95, 195, 196). **49**

III. actio pro socio

Ansprüche der Gesellschaft **gegen Dritte** sind von den geschäftsführenden Gesellschaftern im Namen der Gesellschaft geltend zu machen, eine Durchsetzung durch nicht geschäftsführungsbefugte Gesellschafter kommt nicht in Betracht (MünchHdb GesR I/*v. Ditfurth* § 53 Rn. 66). § 432 BGB ist bei Personenhandelsgesellschaften nicht anwendbar (BGH DB 1973, 2236). **50**

Demgegenüber geht es bei der **actio pro socio** darum, die Erfüllung der Sozialansprüche des Verbands im eigenen Namen, aber auf Leistung an die Gesellschaft geltend zu machen (BGHZ 25, 47, 49 f.; BGH NJW 1985, 2830, 2831). Zur Geltendmachung der Ansprüche ist jeder Gesellschafter berechtigt. Beispiele sind der Anspruch auf Beitragsleistung (E/B/J/*Boujong* § 105 Rn. 151), Schadensersatzforderungen wegen Nichterfüllung der Beitragspflicht (Baumbach/Hopt/*Hopt* § 109 Rn. 34) sowie Ansprüche auf Erfüllung mitgliedschaftlicher Auskunftsansprüche (BGH WM 1970, 249). Vgl. zum Begriff, Anwendungsbereich und Verfahren der actio pro socio bei der Personen(handels)gesellschaft ausführl. Kap. 16 Rn. 86 ff. **51**

Materiell berechtigt, über den geltend gemachten Sozialanspruch zu verfügen, bleibt allein die OHG (BGH NJW 1985, 2830, 2831; MünchHdb GesR I/*v. Ditfurth* § 53 Rn. 68). Eine Schranke für die Klagebefugnis sieht die Rechtsprechung nur in der **Treuepflicht** (BGH NJW 1985, 2830, 2831), wohingegen die überwiegende Literatur lediglich eine Hilfszuständigkeit für den Fall der Untätigkeit der geschäftsführenden Gesellschafter annimmt (MüKo HGB/*K. Schmidt* § 105 Rn. 201 m. w. N.). Die Rechtsprechung geht davon aus, dass die actio pro socio dem Gesellschafter einen materiell-rechtlichen Anspruch gibt, nicht lediglich eine Prozessstandschaft (BGH NJW 1973, 2198, 2199; offen BGH NJW 1992, 1890, wo davon ausgegangen wird, dass die actio pro socio jedenfalls immer Ausfluss eines Mitgliedschaftsrechts ist). Nach vordringender Auffassung in der Literatur handelt es sich um einen gesetzlichen Fall der Prozessstandschaft (MünchHdb GesR I/*v. Ditfurth* § 53 Rn. 70). Im Ergebnis herrscht Einigkeit, dass die von der Gesellschaft erhobene Klage die Klage des Gesellschafters unzulässig macht, dieser also zur Vermeidung einer Klageabweisung die Erledigung der Hauptsache erklären muss (Heymann/*Emmerich* § 109 Rn. 25 a; str.). Vgl. zur Frage der Rechtsnatur der actio pro socio ausführl. Kap. 16 Rn. 89 f. **52**

H. Änderungen im Gesellschafterbestand und Verfügung über den Anteil

I. Eintritt eines Gesellschafters

53 Der Eintritt eines Gesellschafters erfolgt **durch Vertrag** mit sämtlichen Gesellschaftern, also nicht durch Vertrag mit der Gesellschaft (BGH WM 1976, 15). Der Gesellschaftsvertrag kann hiervon abweichende Anforderungen aufstellen (BayObLG NZG 2005, 173). Der Eintritt kann unter einer Bedingung oder Befristung erklärt werden, rückwirkend jedoch nur schuldrechtlich (MüKo HGB/*K. Schmidt* § 105 Rn. 206). Der Beitritt unterliegt den **Formvorschriften** des Gesellschaftsvertrages (vgl. hierzu Rn. 32 ff.).

54 **Rechtsfolge** des Eintritts ist der Erwerb der Mitgliedschaft durch den neuen Gesellschafter. Ihm wächst sein Anteil am Gesellschaftsvermögen zu (vgl. OLG Düsseldorf DNotZ 1994, 100, 101) und in dieser Höhe den übrigen Gesellschaftern ab. Die Identität der Gesellschaft bleibt hiervon unberührt (vgl. BGH DNotZ 1998, 744, 745; OLG München DNotZ 2005, 923).

II. Ausscheiden eines Gesellschafters

55 Für das Ausscheiden des Gesellschafters gelten dieselben Grundsätze wie für den Eintritt (E/B/J/*Boujong* § 105 Rn. 159). Als **Ausscheidensgründe** kommen Zeitablauf, die gesetzlichen Ausscheidensgründe des § 131 Abs. 3 Nr. 1 bis 6 HGB, im Gesellschaftsvertrag festgelegte Gründe sowie eine wirksame Ausschließung in Betracht (MüKo HGB/*K. Schmidt* § 105 Rn. 207).

56 **Rechtsfolge** ist die Anwachsung des Vermögensanteils des ausscheidenden Gesellschafters bei den verbleibenden Gesellschaftern, §§ 738 Abs. 1 BGB, 105 Abs. 3 HGB. Auch hier bleibt die Identität der Gesellschaft gewahrt. Beim Austritt aus einer zweigliedrigen Gesellschaft erlischt diese, das Gesellschaftsvermögen geht im Weg der Gesamtrechtsnachfolge auf den verbliebenen Gesellschafter über, welcher abzufinden hat (vgl. OLG Hamm NJW-RR 2000, 482; OLG Schleswig ZIP 2006, 615, 617).

III. Gesellschafterauswechselung

57 Eine **Verbindung von Eintritt und Austritt** ist zulässig. Auch hier bleibt es bei der Identität der Gesellschaft und bei dem Anwachsen des Vermögensanteils bei Ausscheiden des einen Gesellschafters vor dem mit dem Eintritt des neuen Gesellschafters verbundenen Abwachsen (BGH NJW 1966, 499, 500; NJW 1975, 166, 167: zwischen dem bisherigen und dem neuen Gesellschafter bestehen keinerlei Rechtsbeziehungen innergesellschaftsrechtlichen Inhalts).

IV. Übertragung von Gesellschaftsanteilen

1. Grundsätzliches

58 Die Übertragung der Mitgliedschaft ist im Gesetz nicht unmittelbar geregelt, auch nicht in der Form eines Verbots, wie es früher § 719 Abs. 1 BGB entnommen wurde (vgl. noch RGZ 83, 312). Es geht hierbei um den **unmittelbaren Rechtsübergang** von Veräußerer zu Erwerber, ohne dass es zu An- oder Abwachsungsvorgängen bei den übrigen Gesellschaftern kommen würde (GroßkommHGB/*Ulmer* § 105 Rn. 302). Es ist heute unstreitig, dass eine unmittelbare Übertragung möglich ist, immer vorausgesetzt, dass alle anderen Gesellschafter zustimmen oder die Übertragung im Gesellschaftsvertrag vorgesehen ist (MünchHdb GesR I/*Piehler/Schulte* § 73 Rn. 1).

2. Verfügungsgeschäft

59 Die Übertragung erfolgt **nach §§ 398, 413 BGB** und ist Verfügungsgeschäft (MüKo HGB/*K. Schmidt* § 105 Rn. 214) und als solches von dem zugrunde liegenden Verpflichtungsgeschäft zu trennen.

3. Zustimmung der Mitgesellschafter

Auf die (ggf. erforderliche) Zustimmung der Mitgesellschafter finden die §§ 182 ff. BGB Anwendung (E/B/J/*Boujong* § 105 Rn. 165), die ohne Zustimmung vorgenommene Übertragung ist **schwebend unwirksam** (BGH NJW 1954, 1155, 1156). Die Zustimmung ist bis zur Vornahme des Rechtsgeschäfts im Regelfall frei **widerruflich** (vgl. hierzu und zu einem Sonderfall der Unwiderruflichkeit BGHZ 77, 392, 396). Liegt in der Person des potentiellen Erwerbers ein wichtiger Grund zum Ausschluss vor, so kann sogar die im Gesellschaftsvertrag enthaltene (allgemeine) und damit an sich unwiderrufliche Zustimmung widerrufen werden (BGH ZIP 1982, 309, 310 betr. den Fall, dass die Treuepflicht des Übertragenden es gebietet, sich nicht auf die eingeräumte freie Übertragbarkeit zu berufen). Die gesellschaftliche Treuepflicht kann es in Ausnahmefällen gebieten, die Zustimmung zu einer Übertragung zu erteilen (BGH BB 2005, 67, 68). 60

4. Form

Sieht nicht der Gesellschaftsvertrag eine besondere Form vor, ist die Übertragung formlos möglich (s. dazu Rn. 32 ff.). 61

5. Teilübertragung

Nach Maßgabe der vorstehenden Erläuterungen (s. Rn. 58 ff.) ist auch eine Übertragung eines Teils der Beteiligung möglich. Vorausgesetzt wird insbesondere die Zustimmung aller Gesellschafter oder eine im Gesellschaftsvertrag vorgesehene Regelung, wobei die Zustimmung zur (Voll-)Übertragung nicht automatisch die Zustimmung zu einer (Teil-)Übertragung bedeutet (MünchHdb GesR I/*Piehler/Schulte* § 73 Rn. 3, 6). 62

6. Rechtsfolge

Rechtsfolge für den Gesellschafter ist der **Übergang der Mitgliedschaft als solcher** (BGHZ 81, 89: Übergang ohne weiteres). Auf dem Gesellschaftsvertrag beruhende Forderungsrechte gegen die Gesellschaft, die im Zeitpunkt des Vertragsschlusses über die Übertragung des Gesellschaftsanteils im Rechenwerk der Gesellschaft ihren Niederschlag gefunden haben, gehen im Zweifel auf den neuen Gesellschafter über (BGH WM 1988, 265). Dies gilt nicht für Drittgläubigerrechte des Veräußerers (vgl. BGH BB 1978, 630) und wohl auch nicht im Fall der Teilübertragung, da der Veräußerer in der Gesellschaft verbleibt (MünchHdb GesR I/*Piehler/Schulte* § 73 Rn. 43). **Höchstpersönliche Rechte** gehen nicht über (Baumbach/Hopt/*Hopt* § 105 Rn. 72), wohl aber die **Mitverwaltungsrechte** (E/B/J/*Boujong* § 105 Rn. 168). Auch können umgekehrt bestimmte Restriktionen betreffend den Veräußerer, wenn sie in der Person des Erwerbers nicht gegeben sind, wegfallen, also etwa einen Anspruch auf die Einräumung der Befugnis zur Geschäftsführung und Vertretung begründen (GroßkommHGB/*Ulmer* § 105 Rn. 317). 63

Die Gesellschaft bleibt wie bei Ein- und Austritt (Ausnahme: Verbleib nur noch eines Gesellschafters) unberührt, insbesondere bedarf es keiner Übertragung von Gesellschaftsvermögen. 64

Der Gesellschafterwechsel ist **eintragungspflichtig** gem. §§ 107, 143 HGB. 65

V. Verfügungen über Gegenstände des Gesellschaftsvermögens

Verfügungen über das Gesellschaftsvermögen können nur von den Vertretungsberechtigten vorgenommen werden (GroßkommHGB/*Ulmer* § 105 Rn. 293; E/B/J/*Boujong* § 105 Rn. 171). 66

VI. Sonstige Verfügungen über Anteile

1. Nießbrauch am Anteil

Die Bestellung eines Nießbrauchs an einem Gesellschaftsanteil ist im Grundsatz zulässig (vgl. BGH NJW 1999, 571, 572). Das Abspaltungsverbot (vgl. § 109 HGB Rn. 10) nicht entgegen, da bei der Bestellung eines Nießbrauchs die Mitgliedschaftsrechte – jedenfalls grundsätzlich – ins- 67 gesamt von einem Dritten ausgeübt werden (BGH NJW 1989, 3152, 3155: ebenso bei Testamentsvollstreckung und Einsetzung eines Treuhänders).

68 Die Bestellung des Nießbrauchs erfolgt **formlos**, § 1069 Abs. 1 BGB. Ebenso wie bei der Anteilsübertragung (s. o. Rn. 60) ist die Zustimmung aller Gesellschafter oder eine Einräumung im Gesellschaftsvertrag erforderlich. In diesem kann auch eine einfache Mehrheitsklausel vorgesehen sein.

69 Dem Nießbraucher steht der **entnahmefähige Gewinnanteil** zu (BGH NJW 1981, 1560 mit Hinweis auf BGH NJW 1972, 1755). Ein Auseinandersetzungsguthaben steht dem Besteller zu, allerdings setzt sich das Nießbrauchsrecht an dem Auseinandersetzungsguthaben als Surrogat fort (MünchHdb GesR I/*Hohaus* § 66 Rn. 23) und ist verzinslich anzulegen, § 1079 BGB. Das Entnahmerecht des Bestellers nach § 122 HGB bleibt unberührt (Baumbach/Hopt/*Hopt* § 105 Rn. 45; str.). Verluste werden nach überwiegender Ansicht vom Besteller getragen, umstritten ist, ob der Nießbraucher im Außenverhältnis haftet (vgl. GroßkommHGB/*Ulmer* § 105 Rn. 128; MünchHdBGesR I/*Hohaus* § 66 Rn. 24).

70 Die **Verwaltungsrechte** stehen bei Grundlagengeschäften dem Besteller zu (BGH NJW 1999, 571, 572). Bei laufenden Geschäften ist dies umstritten. Nach der früheren h. M. (vgl. z. B. OLG Koblenz NJW 1992, 2163, 2164) war das Stimmrecht untrennbar mit dem Anteil verbunden. Nach heute wohl überwiegender Auffassung in der Literatur liegt das Stimmrecht in diesen Fällen (zur Abgrenzung zu Recht krit. MünchHdb GesR I/*Hohaus* § 66 Rn. 28) beim Nießbraucher (Baumbach/Hopt/*Hopt* § 105 Rn. 46).

71 Der **Nießbrauch endet** entweder mit Zeitablauf, mit Tod des Berechtigten (Erlöschen der berechtigten juristischen Person), im Bedingungsfall mit Eintritt der Bedingung oder mit der Vereinigung aller Anteile an der Gesellschaft in einer Hand (OLG Düsseldorf NJW-RR 1999, 619; vgl. auch OLG Schleswig ZIP 2006, 615, 617).

2. Verpfändung

72 Die Verpfändung des Gesellschaftsanteils ist zulässig, wenn sie im Gesellschaftsvertrag vorgesehen ist oder sämtliche Mitgesellschafter zustimmen, §§ 1273, 1274 BGB. Die im Gesellschaftsvertrag zugelassene Übertragbarkeit deckt nicht ohne weiteres auch die Verpfändung (str.; vgl. Baumbach/Hopt/*Hopt* § 120 Rn. 20).

73 **Ohne Zustimmung** möglich ist die Verpfändung der einzeln nach § 717 S. 2 BGB übertragbaren Rechte, soweit der Gesellschaftsvertrag dies nicht ausschließt (vgl. E/B/J/*Boujong* § 105 Rn. 176). Allerdings wird die entsprechende Verpfändung erst mit Entstehung der Ansprüche wirksam, verschafft dem Pfandgläubiger also keine vergleichbar gesicherte Stellung wie im Fall der Verpfändung des Anteils (GroßkommHGB/*Ulmer* § 105 Rn. 135).

74 Die Verpfändung des Anteils verschafft nicht die **Verwaltungsrechte**, insbesondere das Stimmrecht, sondern lediglich den Zugriff auf die mit dem Anteil verbundenen Vermögensrechte (vgl. hierzu BGH NJW 1992, 3035, 3036). Zur Durchsetzung dieser sind dem Pfansgläubiger die hierzu erforderlichen Informations- und Kontrollrechte zuzugestehen (str.; Baumbach/Hopt/*Hopt* § 135 Rn. 16). Die Verwertung erfolgt im Wege der Zwangsvollstreckung mit anschließender Kündigung nach § 135 HGB.

3. Treuhand

75 Treuhandverhältnisse an einem Gesellschaftsanteil sind in verschiedenen Ausprägungen denkbar. Unterschieden wird herkömmlich nach **Verwaltungstreuhand** (fremdnützige Treuhand) und **Sicherungstreuhand** (eigennützige Treuhand) sowie nach **offener und verdeckter Treuhand** (vgl. GroßkommHGB/*Ulmer* § 105 Rn. 101 ff.).

76 Der Treuhandvertrag ist **Geschäftsbesorgungsvertrag** mit Dienstvertragscharakter oder **Auftrag** (vgl. BGH WM 1994, 14, 16). Er ist nicht formbedürftig. Soweit die Zustimmung der Mitge-

sellschafter betroffen ist, wird man eine solche im Fall eines formellen Gesellschafterwechsels (jetziger Gesellschafter wird Treugeber und überträgt auf Treuhänder) als erforderlich ansehen müssen. Der Gesellschaftsvertrag kann hiervon dispensieren. Ist ein formeller Gesellschafterwechsel nicht notwendig (jetziger Gesellschafter wird Treuhänder für den Treugeber), ist dies umstritten. Überzeugender scheint, eine Zustimmungspflicht (wenn nicht der Gesellschaftsvertrag eine Übertragung ohnehin zulässt) abzulehnen, da ein lediglich schuldrechtliches, die Mitgesellschafter nicht unmittelbar berührendes Geschäft vorliegt (vgl. auch OLG Hamm GmbHR 1993, 656 zur GmbH; MüKo BGB/Ulmer § 705 Rn. 88; a. A. RGZ 159, 272, 280 f.; MüKo HGB/*K. Schmidt* § Vor § 230 Rn. 54). Zu trennen ist davon die Frage, ob der Abschluss des Treuhandvertrages eine **Treuepflichtverletzung** darstellen kann.

Die **Mitgliedschaftsrechte und -pflichten** treffen im Grundsatz den Treuhänder als den formalen Inhaber des Geschäftsanteils (vgl. BGH NJW 1980, 2708). Dies gilt insbesondere auch für die Haftung im Außenverhältnis. Der Treuhänder hat im Zweifel im Innenverhältnis zum Treugeber einen Aufwendungsersatzanspruch (BGH NJW 1980, 1163). Aber auch das Stimmrecht und die mitgliedschaftlichen Informationsrechte stehen alleine dem Treuhänder zu (E/B/J/*Boujong* § 105 Rn. 108). Verfügungen des Treuhänders über den Anteil sind in den Grenzen der §§ 138, 823 Abs. 2, 826 BGB auch gegen den Willen des Treugebers wirksam (BGH WM 1977, 525). Nach überwiegender Ansicht sind die Regeln über den Missbrauch der Vertretungsmacht nicht anwendbar (BGH WM 1977, 525; offen gelassen in BGH NJW-RR 1990, 737). Dem Treugeber können aber Rechte im Rahmen des Gesellschaftsvertrags eingeräumt werden (BGH NJW-RR 2003, 1392, 1393), was jedoch nicht zur Haftung im Außenverhältnis führt (Baumbach/Hopt/*Hopt* § 105 Rn. 34). 77

Das **Treuhandverhältnis endet** mit Zeitablauf, mit Bedingungseintritt bei Vereinbarung einer solchen oder aufgrund Vertragsaufhebung. In der Zustimmung der Mitgesellschafter zur Übertragung des Gesellschaftsanteils auf einen Treuhänder liegt zugleich die unwiderrufliche Einwilligung zur Rückübertragung auf den Treugeber (BGH WM 1985, 1143, 1144). 78

J. Fehlerhafte Gesellschaft

I. Grundlagen

Es ist ganz überwiegend anerkannt (vgl. z. B. BGH NJW 1971, 375, 377: »gesicherter Bestandteil des Gesellschaftsrechts«), dass eine in Vollzug gesetzte Personengesellschaft, deren Gesellschaftsvertrag unwirksam ist, nicht als nullum behandelt werden kann. Die Gesellschaft ist vielmehr – im Interesse des Verkehrsschutzes und ihres Bestandsschutzes sowie zur Vermeidung einer ansonsten notwendigen, aber kaum handhabbaren schuldrechtlichen Rückabwicklung – **wirksam**, solange der Mangel nicht durch Auflösungs- oder Ausschließungsklage geltend gemacht wird. Selbst die Geltendmachung des Mangels lässt den Bestand der Gesellschaft für die Vergangenheit unberührt, wirkt also nur **ex nunc**. 79

II. Tatbestandsvoraussetzungen

1. Vorliegen eines Gesellschaftsvertrages

Eine Gesellschaft auf fehlerhafter Vertragsgrundlage setzt begriffsnotwendig voraus, dass ein **Gesellschaftsvertrag** – also übereinstimmende Willenserklärungen der Gesellschafter dahingehend, dass für ihre Rechtsbeziehungen untereinander und gegenüber Dritten gesellschaftsrechtliche Bestimmungen maßgeblich sein sollen (vgl. BGH NJW 1992, 1501, 1502) – vorhanden ist. Liegt ein solcher Grundkonsens vor, ist es nicht notwendig, dass die Gesellschafter auch für jede einzelne Bestimmung, die sie in den Gesellschaftsvertrag aufnehmen wollten, tatsächlich eine Willensübereinstimmung herbeigeführt haben (vgl. E/B/J/*Boujong* § 105 Rn. 179). 80

Ist die Vertragsgrundlage nicht nur fehlerhaft, sondern fehlt es an einem Vertragsschluss, liegt allenfalls eine **Scheingesellschaft** vor (vgl. dazu Rn. 105 f.). 81

82 Einen Sonderfall stellt die **fehlerhafte Änderung des Gesellschaftsvertrages** dar. Auf diese sind die Grundsätze der fehlerhaften Gesellschaft sinngemäß anzuwenden (vgl. dazu i. E. unter Rn. 100 ff.).

2. Unwirksamkeitsgründe

83 Als Unwirksamkeitsgründe kommen grundsätzlich sämtliche Mängel in Betracht, die nach allgemeinen Vorschriften zur **Unwirksamkeit des Gesellschaftsvertrages im Ganzen** führen. Betrifft ein Mangel dagegen nur eine einzelne gesellschaftsvertragliche Bestimmung, bedarf es grundsätzlich keines Rückgriffs auf die Grundsätze der fehlerhaften Gesellschaft. Im Fall einer salvatorischen Klausel wird die Wirksamkeit des Restvertrages ohnehin nicht berührt. Die Lücke ist im Wege der ergänzenden Vertragsauslegung bzw. durch die entsprechenden gesetzlichen Bestimmungen zu schließen Auch ohne eine solche Klausel wird regelmäßig anzunehmen sein, dass die Gesellschafter den Gesellschaftsvertrag auch ohne die betroffene Klausel abgeschlossen hätten. Nur in Ausnahmefällen wird man daher über § 139 BGB zur Nichtigkeit des Gesellschaftsvertrages im Ganzen gelangen. In diesem Fall gelten allerdings die Grundsätze der fehlerhaften Gesellschaft.

3. Invollzugsetzung

84 Die Grundsätze der fehlerhaften Gesellschaft gelten erst ab dem Zeitpunkt, in dem die Gesellschafter die Gesellschaft zurechenbar in Vollzug gesetzt haben. Dies kann durch Handlungen sowohl **im Außenverhältnis** (etwa Abschluss von Verträgen mit Dritten, vgl. BGH NJW 1952, 97; Vornahme von Vorbereitungsgeschäften vgl. BGH NJW 1954, 1562; Werbemaßnahmen) als auch **im Innenverhältnis** (wie beispielsweise Bildung eines Gesamthandsvermögens aufgrund von Einlageleistungen der Gesellschafter, Fassung von Gesellschafterbeschlüssen; vgl. E/B/J/*Boujong* § 105 Rn. 183) geschehen.

4. Überwiegen entgegenstehender Schutzinteressen

a) Grundsätzliches

85 Nach (noch) überwiegender Auffassung (vgl. BGH NJW 1952, 1252, 1254; E/B/J/*Boujong* § 105 Rn. 185 m. w. N.) gelten die Grundsätze der fehlerhaften Gesellschaft nicht unbegrenzt. Die Gesellschaft soll **von Anfang an nichtig** sein, wenn vorrangige Interessen der Allgemeinheit oder einzelner schutzwürdiger Personen einer Anerkennung der Gesellschaft als – bis auf weiteres – wirksam entgegenstehen. Dies hängt vor allem von dem konkreten Unwirksamkeitsgrund (dazu i. E. Rn. 87 ff.) ab.

86 Dieser Sichtweise werden – in erster Linie für unternehmenstragende Gesellschaften, aber auch generell für alle rechtsfähigen Personengesellschaften – erhebliche Einwände entgegengesetzt (vgl. z. B. MüKo HGB/*K. Schmidt* § 105 Rn. 237 ff.). Das Bedürfnis, eine Gesellschaft, deren Gesellschaftsvertrag an einem Mangel leidet, gleichwohl als existent zu behandeln, besteht unabhängig von der Art dieses Mangels. Auch mit einem verbots- oder sittenwidrigen Gesellschaftsvertrag kann die Gesellschaft über Jahre hinweg am Rechtsverkehr teilnehmen, Verträge mit Dritten schließen und ein von den Vermögensmassen der Gesellschafter abgegrenztes Vermögen bilden. Hierdurch entstehen schutzwürdige Interessen sowohl des einzelnen Vertragspartners als auch der Allgemeinheit an einer Anerkennung der Gesellschaft. Dass es auch gegenläufige Interessen – beispielsweise des Minderjährigen, des durch den Gesellschaftsvertrag sittenwidrig Übervorteilten oder der Rechtsordnung an ihrer Einhaltung – gibt, lässt sich nicht bestreiten. Zweifelhaft ist allerdings, ob die Abwägung dieser wechselseitigen Interessen in der Form vorzunehmen ist, dass die Gesellschaft bei Vorrang des einen Interesses existiert und bei Vorrang des anderen Interesses ausgeblendet wird. Vorzugswürdig scheint es zu sein, die wechselseitigen Interessen dadurch zum Ausgleich zu bringen, dass die Gesellschaft unabhängig von der Art des konkreten Mangels als wirksam behandelt wird, während die gegenläufigen Interessen durch

mildere Eingriffe wie beispielsweise Ausschluss der persönlichen Haftung betroffener Gesellschafter, Gewährung von Freistellungs- oder Schadensersatzansprüchen, berücksichtigt werden.

b) Einzelne Vertragsmängel

aa) Minderjährigenschutz Die h. M. nimmt einen Vorrang entgegenstehender Interessen an, wenn am Abschluss des Gesellschaftsvertrages ein **Geschäftsunfähiger** oder ein **beschränkt Geschäftsfähiger** ohne ordnungsgemäße Vertretung und / oder vormundschaftsgerichtliche Genehmigung beteiligt war (vgl. BGH NJW 1983, 748; NJW 1992, 1503, 1504). Welche Rechtsfolgen hierdurch ausgelöst werden, ist allerdings umstritten. Nur vereinzelt wurde das Entstehen einer Gesellschaft insgesamt negiert (vgl. *Wegener* S. 16). Überwiegend wird angenommen, dass – soweit noch zumindest zwei geschäftsfähige Gesellschafter verbleiben – die Gesellschaft ohne den nicht voll Geschäftsfähigen entsteht (vgl. E / B / J / *Boujong* § 105 Rn. 189 m. w. N.). 87

Aufgrund der Erwägungen in Rn. 86 spricht jedoch viel dafür, dass eine fehlerhafte Gesellschaft unter Beteiligung auch des nicht voll Geschäftsfähigen entsteht (vgl. MüKo HGB / *K. Schmidt* § 105 Rn. 239). Erfüllungs- und Haftungsansprüche können gegenüber dem betroffenen Gesellschafter allerdings weder im Innen- noch im Außenverhältnis geltend gemacht werden. Mit Wirkung ex tunc kann er eine rechnerische Abwicklung seiner Beteiligung im Innenverhältnis verlangen. 88

bb) Gesetzes- oder Sittenverstoß Nach überwiegender Auffassung kann die Gesellschaft insbesondere dann nicht als fehlerhafte Gesellschaft aufrecht erhalten werden, wenn der Gesellschaftsvertrag als solcher, vor allem der Gesellschaftszweck oder der Unternehmensgegenstand, gegen das Gesetz oder gegen die guten Sitten verstößt (vgl. BGH NJW 1971, 375, 376 f.; NJW 1980, 638, 639; E / B / J / *Boujong* § 105 Rn. 186). Das soll beispielsweise dann der Fall sein, wenn der Gesellschaftszweck auf **Steuerhinterziehung** gerichtet ist (vgl. GroßkommHGB / *Ulmer* § 105 Rn. 355), wenn die Gesellschaft mit dem **Kartellverbot** unvereinbar ist (vgl. BGH NJW-RR 1991, 1002) oder wenn sie einen **berufsrechtlich verbotenen Zusammenschluss** darstellt (vgl. BGH NJW 1980, 638, 639). 89

Die Gegenansicht lässt auch im Fall von Gesetzes- oder Sittenverstößen die Grundsätze der fehlerhaften Gesellschaft gelten (vgl. MüKo HGB / *K. Schmidt* § 105 Rn. 243). Die Sanktion des Verstoßes besteht danach nicht in der Negierung der Gesellschaft, sondern erfolgt anhand des entsprechenden staatlichen Eingriffsinstrumentariums. Zu denken ist etwa an Bußgeldverfahren, an den Entzug behördlicher Genehmigungen oder an die Schließung des Geschäfts. 90

cc) Arglistige Täuschung und Drohung Im Fall einer arglistigen Täuschung, einer Drohung oder einer sittenwidrigen Übervorteilung eines Gesellschafters werden die Grundsätze der fehlerhaften Gesellschaft gleichwohl angewendet (vgl. BGH NJW 1966, 107, 108; NJW 1975, 1022, 1024; NJW 1982, 877, 879; NJW 2001, 2718, 2720). Die Interessen des getäuschten, bedrohten oder übervorteilten Gesellschafters werden dadurch gewahrt, dass er im Innenverhältnis Ansprüche auf Vertragsanpassung oder Schadensersatz oder ein Austrittsrecht geltend machen kann. Außerdem kann er im Wege der Ausschließungsklage gegenüber dem verantwortlichen Gesellschafter vorgehen (vgl. E / B / J / *Boujong* § 105 Rn. 190). 91

dd) Verbraucherschutz Erfolgt der Beitritt zu einer Personengesellschaft in einer **Haustürsituation**, und widerruft der Gesellschafter seine Beitrittserklärung, sind die Grundsätze der fehlerhaften Gesellschaft anzuwenden (vgl. BGH ZIP 2005, 254). Für die Vergangenheit bleibt der Betroffene Gesellschafter. Gleiches gilt, wenn der Gesellschafter beim Beitritt durch eine Person vertreten wurde, deren Vollmacht aufgrund eines Verstoßes gegen das Rechtsberatungsgesetz nichtig ist (vgl. BGH NJW 2003, 1252, 1254). 92

III. Rechtsfolgen

93 Solange die Gesellschaft noch nicht in Vollzug gesetzt worden ist, können Einwendungen gegen die Wirksamkeit des Gesellschaftsvertrages nach den allgemeinen Vorschriften – insbesondere also mit Wirkung auch für die Vergangenheit – geltend gemacht werden. Diese Möglichkeit endet mit der Invollzugsetzung. Ab diesem Zeitpunkt bis zu seiner ordnungsgemäßen Geltendmachung (vgl. nachfolgend Rn. 94 ff.) wird der Vertragsmangel in dem Sinne ausgeblendet, dass der Gesellschaftsvertrag als vollwirksam behandelt wird und damit sowohl für das Innen- als auch für das Außenverhältnis maßgeblich ist. Die Fehlerhaftigkeit des Vertrages kann nur noch für die Zukunft geltend gemacht werden und führt zur Auflösung und Abwicklung der Gesellschaft bzw. zum Ausschluss einzelner Gesellschafter.

1. Geltendmachung der Fehlerhaftigkeit

a) Klageerhebung

94 Die Fehlerhaftigkeit des Gesellschaftsvertrages muss grundsätzlich **im Wege der Klage** geltend gemacht werden. Der Mangel stellt – soweit sich nicht ausnahmsweise etwas anderes aus der gesellschaftlichen Treuepflicht ergibt – einen **wichtigen Grund i. S. d. § 133 HGB** dar, kann also im Wege der dort geregelten **Auflösungsklage** verfolgt werden (zur Auflösungsklage nach § 133 HGB vgl. ausführl. Kap. 16 Rn. 158 ff.).

95 In einer zweigliedrigen Gesellschaft und allgemein in Fällen, in denen der Mangel entweder nur die Beteiligung eines einzelnen Gesellschafter betrifft oder ausschließlich von einem Gesellschafter – wie im Fall der arglistigen Täuschung – zu verantworten ist, kommt auch eine **Ausschließungsklage nach § 140 HGB** in Betracht (vgl. E/B/J/*Boujong*, § 105 Rn. 196 m. w. N.; zur Ausschließungsklage nach § 140 HGB vgl. Kommentierung des § 140 HGB in diesem Kapitel sowie außerdem ausführl. Kap. 16 Rn. 190 ff.).

96 Die Klagen nach §§ 133, 140 HGB sind grundsätzlich **nicht fristgebunden**. Etwas anderes gilt dann, wenn die Rechtsnormen, aus denen sich die Unwirksamkeit ergibt, ausnahmsweise eine Ausschlussfrist vorsehen. So kann der Gesellschafter, dessen Willenserklärung auf Irrtum, Täuschung oder Drohung beruht, eine Auflösungs- oder Ausschließungsklage nur innerhalb der Fristen der §§ 121, 124 BGB erheben (vgl. E/B/J/*Boujong* § 105 Rn. 197).

97 Weitere Einschränkungen der Klagemöglichkeit lassen sich unter dem Gesichtspunkt der **Treuepflichtverletzung** oder der **Verwirkung** erwägen, wenn der Gesellschafter die Gesellschaft nach Offenlegung des Vertragsmangels über einen längeren Zeitraum so fortsetzt, als sei der Vertrag fehlerfrei (vgl. zur Verwirkung der Klagemöglichkeit Kap. 16 Rn. 184, 214).

b) Kündigung

98 Durch eine bloße Willenserklärung (Kündigungs-, Auflösungs- oder Austrittserklärung) kann die Fehlerhaftigkeit des Vertrages nur dann geltend gemacht werden, wenn dies **im Gesellschaftsvertrag vorgesehen** ist oder ihm zumindest im Wege der ergänzenden Vertragsauslegung entnommen werden kann (vgl. BGH NJW 1967, 1961, 1963). Letzteres wird im Zweifel anzunehmen sein, wenn dem Gesellschafter der Weg über eine Auflösungs- oder Ausschließungsklage nicht zugemutet werden kann, weil er bei Abschluss des Gesellschafts- oder des Beitrittsvertrages getäuscht oder bedroht worden ist (vgl. E/B/J/*Boujong* § 105 Rn. 197). Auch im Fall dieser vereinfachten Form der Geltendmachung sind allerdings die Fristen der §§ 121, 124 BGB zu beachten.

2. Auseinandersetzung

99 Wird die Gesellschaft aufgrund des Vertragsmangels aufgelöst, bleibt auch für die Auseinandersetzung grundsätzlich der Gesellschaftvertrag maßgeblich. Dies gilt nicht, wenn die Mangelhaftigkeit des Vertrages gerade bzw. auch dessen Bestimmungen zur Auseinandersetzung betrifft, beispielsweise deswegen, weil sich der die Auflösung betreibende Gesellschafter infolge Dro-

hung oder Täuschung auf eine unterdurchschnittliche Liquidationsbeteiligung eingelassen hat (vgl. BGH NJW 1975, 1774, 1776). Die Auseinandersetzung erfolgt in einem solchen Fall nach den gesetzlichen Bestimmungen der §§ 145 ff. HGB.

IV. Fehlerhafte Vertragsänderungen

1. Statusändernde Vertragsänderungen

Die Grundsätze der fehlerhaften Gesellschaft gelten nach der Rechtsprechung des BGH auch bei statusändernden Vertragsänderungen (vgl. BGH NJW 1974, 498; weitergehend beispielsweise MüKo HGB/*K. Schmidt* § 105 Rn. 252: bei Vertragsänderungen, die den materiellen Inhalt des Gesellschaftsvertrages (etwa: Einlagen, Haftsummen, Stimmrechte, Geschäftsführungsbefugnis) betreffen). 100

2. Fehlerhafter Beitritt, fehlerhaftes Ausscheiden eines Gesellschafters

Gleiches gilt beim fehlerhaften Beitritt eines weiteren Gesellschafters (vgl. BGH NJW 1975, 1022, 1024; NJW 1992, 1501, 1502), beim fehlerhaften Ausscheiden eines Gesellschafters (vgl. BGH NJW 1992, 1503, 1504) sowie bei einer fehlerhaften Verbindung von Austritt des einen und Eintritt eines anderen Gesellschafters (vgl. MüKo HGB/*K. Schmidt* § 105 Rn. 250). 101

Von einem **Vollzug des Beitritts** ist auszugehen, wenn der Gesellschafter seine Beiträge geleistet oder von gesellschaftsvertraglichen Rechten Gebrauch gemacht hat (vgl. BGH NJW 1992, 1501, 1502). 102

Der **Austritt** ist **vollzogen**, sobald nach den abgegebenen Erklärungen die Anwachsungsfolgen eintreten sollen (vgl. MüKo HGB/*K. Schmidt* § 105 Rn. 249). Dabei ist allerdings eine Mitwirkungshandlung des Ausscheidenden erforderlich. Ein einseitiges (fehlerhaftes) Hinauskündigen genügt nicht. Mit dem Vollzug des Austritts ist die Mitgliedschaft des Ausscheidenden beendet, und es entsteht ein Abfindungsanspruch (vgl. BGH NJW 1969, 1483). Zudem erwirbt der ausgeschiedene Gesellschafter für den Fall, dass er den Fehler nicht zu vertreten hat, einen Anspruch auf Wiederaufnahme in die Gesellschaft (vgl. BGH NJW 1969, 1483). 103

3. Fehlerhafte Anteilsübertragung

Auf fehlerhafte Anteilsübertragungen sind die Grundsätze der fehlerhaften Gesellschaft nicht anzuwenden (vgl. BGH NJW 1990, 1915 zu § 15 GmbHG; MüKo HGB/*K. Schmidt* § 105 Rn. 256; a. A. E/B/J/*Boujong* § 105 Rn. 207). 104

V. Scheingesellschaft

Die Gesellschaft auf fehlerhafter Vertragsgrundlage ist von der Scheingesellschaft zu unterscheiden, bei der ein **Gesellschaftsvertrag** überhaupt **nicht oder nur zum Schein** abgeschlossen worden ist. Die Grundsätze der fehlerhaften Gesellschaft sind auf eine solche Scheingesellschaft nicht anwendbar (vgl. BGH NJW 1953, 1220; NJW 1954, 231). 105

Das **Innenverhältnis** zwischen den Scheingesellschaftern richtet sich nicht nach gesellschaftsrechtlichen Grundsätzen, sondern nach allgemeinem Schuld- und Sachenrecht, insbesondere nach Bereicherungsrecht (vgl. E/B/J/*Boujong* § 105 Rn. 212). 106

Im **Außenverhältnis** unterliegen die Scheingesellschafter einer **Rechtsscheinhaftung**. Diese richtet sich in erster Linie nach § 15 Abs. 1 und Abs. 3 HGB. Außerhalb dieser Bestimmungen kommt eine Rechtsscheinhaftung nur ausnahmsweise in Betracht, wenn sich der Scheingesellschafter als Gesellschafter bezeichnet oder einer solchen Bezeichnung vorwerfbar nicht entgegentritt (vgl. MüKo HGB/*K. Schmidt* § 105 Rn. 260). 107

K. Verweisung auf das Recht der GbR

108 Abs. 3 bestimmt, dass im Falle einer fehlenden anderen Bestimmung in den §§ 105 bis 160 HGB das Recht der Gesellschaft des BGB Anwendung findet.

I. Anwendbare Vorschriften

109 Anwendbar sind: §§ 705 Abs. 1, 706, 707, 708, 712 Abs. 2, 717, 718 bis 720, 722 Abs. 2, 725 Abs. 2, 729, 732, 735, 738 bis 740 BGB (vgl. Baumbach/Hopt/*Hopt* § 105 Rn. 15; E/B/J/*Boujong* § 105 Rn. 122; MüKo HGB/*K. Schmidt* § 105 Rn. 269).

II. Nicht anwendbare Vorschriften

110 Unanwendbar sind aufgrund Sonderregelungen im HGB: §§ 709 bis 711, 712 Abs. 2, 714, 715, 716, 722 Abs. 1, 723 Abs. 1 S. 3 Nr. 2, 724, 725 Abs. 1, 726, 727, 728, 730, 731, 733, 734, 736 und 737 BGB (vgl. Baumbach/Hopt/*Hopt* § 105 Rn. 16; E/B/J/*Boujong* § 105 Rn. 123; MüKo HGB/*K. Schmidt* § 105 Rn. 270).

III. Sonderfall: § 713 BGB

111 § 713 BGB bestimmt, dass sich Rechte und Verpflichtungen der geschäftsführenden Gesellschafter nach Auftragsrecht bestimmen. Allerdings ist anerkannt, dass die im Auftragsrecht geltende Weisungsbindung (MüKo BGB/*Ulmer* § 713 Rn. 7) im Falle des Geschäftsführers unanwendbar ist (vgl. E/B/J/*Boujong* § 105 Rn. 123; MüKo HGB/*K. Schmidt* § 105 Rn. 271 zweifelnd für den nicht am Gesellschaftsvermögen beteiligten, ablehnend für den bloß angestellten Komplementär). An die Stelle des § 670 BGB tritt § 110 HGB (vgl. hierzu auch BGH NJW-RR 2002, 455; ZIP 2005, 1552).

§ 106 [Anmeldung zum Handelsregister]

(1) Die Gesellschaft ist bei dem Gericht, in dessen Bezirke sie ihren Sitz hat, zur Eintragung in das Handelsregister anzumelden.

(2) Die Anmeldung hat zu enthalten:

1. den Namen, Vornamen, Geburtsdatum und Wohnort jedes Gesellschafters;
2. die Firma der Gesellschaft und den Ort, wo sie ihren Sitz hat;
3. *(aufgehoben)*
4. die Vertretungsmacht der Gesellschafter.

Übersicht:

A. Normzweck

1 Die Regelung des § 106 HGB dient dem **Schutz des Rechtsverkehrs** und ist **zwingender Natur**. Es handelt sich insoweit um eine öffentlich-rechtliche Pflicht, die gem. § 14 HGB durch eine Festsetzung von Zwangsgeld gegenüber jedem Gesellschafter erzwungen werden kann.

B. Anmeldepflicht

Die in § 106 HGB vorgeschriebene Anmeldung der OHG ist bei Betrieb eines Handelsgewerbes (§ 1 Abs. 2 HGB) **unverzüglich** nach Aufnahme der Geschäfte zu bewirken (GroßkommHGB/*Ulmer* § 106 Rn. 7). Bei einer Gesellschaft i. S. d. § 2 HGB entsteht die Anmeldepflicht hingegen erst dann, wenn die Geschäftstätigkeit einen § 1 Abs. 2 HGB entsprechenden Umfang erreicht (Schlegelberger/*Martens* § 106 Rn. 4). Die Gesellschafter sind aber bereits mit Abschluss des Gesellschaftsvertrages, auch vor Aufnahme der Geschäftstätigkeit der Gesellschaft, zur freiwilligen Anmeldung und Eintragung ins Handelsregister berechtigt. 2

Für die Anmeldung ist das Registergericht zuständig, in dessen Bezirk die Gesellschaft ihren **Sitz** hat. Sitz der Gesellschaft ist der Ort, an dem die Verwaltung geführt wird (BGH WM 1957, 999). Sollte die Gesellschaft von mehreren Orten aus geführt werden, ist der Ort der Hauptverwaltung maßgeblich. 3

Die **Prüfung des Inhalts** der Anmeldung durch das zuständige Registergericht erstreckt sich in der Regel nur auf die Plausibilität, Schlüssigkeit und Glaubwürdigkeit. Eine weitergehende Prüfung – insbesondere ob eine wirksame Gründung der OHG vorliegt und die Gesellschafter sich wirksam an ihr beteiligt haben (GroßkommHGB/*Ulmer* § 106 Rn. 29) – erfolgt nur beim Vorliegen begründeter Bedenken. 4

C. Inhalt der Anmeldung

I. Bezeichnung der Gesellschafter

1. Natürliche Personen

Bei natürlichen Personen sind der Nachname und als Vorname der Rufname, der Geburtstag und der Wohnort (nicht aber die Adresse) anzugeben. 5

2. Juristische Personen, Personenhandelsgesellschaften

Für juristische Personen ist die **Firmenbezeichnung** maßgebend. Die gesetzlichen Vertreter werden aber nicht angegeben (BayObLG ZIP 1986, 840, 844). Gleiches gilt für die Vor-GmbH sowie für beteiligte Personenhandelsgesellschaften, und zwar jeweils auch ohne Aufführung der Gesellschafter (GroßkommHGB/*Ulmer* § 106 Rn. 16). 6

II. Firma und Sitz

Ferner sind die **Firma** und der Sitz der Gesellschaft anzumelden. Der **Sitz** der Gesellschaft ist der Ort, von dem aus tatsächlich die Geschäfte geleitet werden und an dem sich der Schwerpunkt der unternehmerischen Betätigung befindet. Im Zweifel wird dies der Ort der Hauptverwaltung sein (BGH WM 1969, 293, 294). 7

III. Zeitpunkt des Gesellschaftsbeginns

Der Zeitpunkt des Gesellschaftsbeginns ist derjenige, mit welchem die Gesellschaft nach außen gem. § 123 HGB wirksam geworden ist, also entweder der des **Gesellschaftsbeginns** (§ 123 Abs. 2 HGB) bei einem in kaufmännischer Weise eingerichteten Geschäftsbetrieb (deklaratorische Eintragung), oder der der **Eintragung in das Handelsregister** (§ 123 Abs. 1 HGB). Bei vermögensverwaltenden, Kleingewerbe betreibenden sowie Land- und Forstwirtschaft betreibenden Personengesellschaftern kann es mithin nicht vor der Eintragung ins Handelsregister zum Beginn der Gesellschaft kommen (konstitutive Eintragung). 8

D. Eintragung sonstiger Tatsachen

I. Eintragungsfähige Tatsachen

Soweit für den Rechtsverkehr ein Bedürfnis besteht, über **wesentliche Tatsachen** mit Außenwirkung verlässlich informiert zu werden, können auch solche Tatsachen über den Katalog der ein- 9 tragungsfähigen Tatsachen hinaus in das Handelsregister eingetragen werden (BGH NJW 1989, 295, 299; OLG Hamburg ZIP 1986, 1186, 1187). Hiernach sind z. B. eintragungsfähig die Befreiung vom Verbot des Selbstkontrahierens (BayObLG ZIP 2000, 701), Fortsetzungsbeschlüsse nach Auflösung der Gesellschaft (Schlegelberger/*K. Schmidt* § 177 Rn. 34; *Ulmer* NJW 1990, 73, 82) sowie eine Testamentsvollstreckungsanordnung für Kommanditbeteiligungen (Schlegelberger/*K. Schmidt* § 177 Rn. 34; *Ulmer* NJW 1990, 73, 82; abl. aber KG WM 1995, 1891).

II. Nicht eintragungsfähige Tatsachen

10 Nicht eintragungsfähig sind Tatsachen, die lediglich die **Innenbeziehungen der Gesellschafter** oder Umstände in ihrer Person betreffen, aber nicht das Außenverhältnis berühren, so z. B. Angaben über Eigenleistungen (BGHZ 81, 82, 87), güterrechtliche Verfügungsbeschränkungen, die Beteiligungsverhältnisse, den Gegenstand des Geschäftsbetriebs, die Gewinnverteilung usw. (vgl. hierzu Röhricht/v. Westphalen/*v. Gerkan* § 106 Rn. 19).

§ 107 [Anmeldung von Änderungen]

Wird die Firma einer Gesellschaft geändert oder der Sitz der Gesellschaft an einen anderen Ort verlegt, tritt ein neuer Gesellschafter in die Gesellschaft ein oder ändert sich die Vertretungsmacht eines Gesellschafters, so ist dies ebenfalls zur Eintragung in das Handelsregister anzumelden.

A. Normzweck

1 Die Vorschrift des § 107 HGB sichert zum Schutz des Rechtsverkehrs die **Aktualität des Handelsregisters**. § 106 HGB stellt insoweit eine Ergänzung zu § 105 HGB dar und bestimmt, welche späteren Veränderungen der Gesellschaft bis zu ihrer Vollbeendigung zur Eintragung in das Handelsregister anzumelden sind.

B. Anmeldepflichtige Änderungen

I. Allgemeines

2 Da § 107 HGB das Anmeldungserfordernis bei Änderung der bereits angemeldeten Tatsachen regelt, muss die Änderung entweder **bereits eingetreten** sein (BayObLG NJW 1970, 940, 941) oder an ihre Eintragung **gebunden** sein (so z. B. einem aufschiebend bedingten Eintritt eines Gesellschafters, vgl. BGHZ 82, 209, 212).

3 Soweit eine Tatsache, auf die sich die Änderung bezieht, im Handelsregister nicht eingetragen ist, so sind die ursprüngliche Tatsache als auch die Änderung zur Eintragung in das Handelsregister anzumelden (OLG Oldenburg DB 1987, 1527).

4 Ferner findet § 107 HGB auch im **Auflösungsstadium** bis zur vollständigen Beendigung der Gesellschaft Anwendung, da auch diese Änderungen noch für den Rechtsverkehr bedeutsam sein können.

II. Firmenänderung/Sitzverlegung

5 Jede **Änderung der Firma** ist anmeldepflichtig. Dabei ist es gleichgültig, ob die ganze Firma, der Firmenkern oder irgendein Bestandteil, wie die Beifügung oder der Fortfall eines Zusatzes, geändert wird. Die Zulässigkeit der Firmenänderung beurteilt sich nach allgemeinem Firmenrecht. Das Registergericht hat die Zulässigkeit der Firmenänderung vor Eintragung zu überprüfen.

6 Weiterhin ist jede **Sitzverlegung** der Gesellschaft anmeldepflichtig. Maßgebend ist der Schwerpunkt der unternehmerischen Betätigung. Tatsächliche Änderungen führen unabhängig vom Willen der Gesellschafter zu einer Sitzverlegung.

III. Eintritt neuer Gesellschafter

Auch jeder Eintritt neuer Gesellschafter unterliegt der Anmeldepflicht. Dies gilt unabhängig davon, ob der Eintritt im Wege der **Anteilsübertragung** (ein solcher Eintritt wird im Register durch einen Rechtsnachfolgevermerk gekennzeichnet, vgl. RG DNotZ 1944, 195, 198 ff.), im Wege der **Erbfolge** (BGHZ 108, 187, 189 f.) oder in sonstigen Fällen der **Gesamtrechtsnachfolge** erfolgt. Der Austritt eines Gesellschafters ist nach § 143 Abs. 2 HGB anmeldepflichtig. 7

C. Nicht anmeldepflichtige Änderungen

Der **Erwerb einer zusätzlichen Beteiligung** durch einen Gesellschafter bedarf keiner Anmeldung, da es in seiner Person bei einer einheitlichen Beteiligung bleibt. 8

Keiner Anmeldepflicht unterliegen Änderungen der nach § 106 Abs. 2 Nr. 1 HGB aufgeführten Personalien **eines Gesellschafters** (Name, Vorname, Wohnort). Diese Änderungen können aber freiwillig angemeldet werden. Für die Praxis empfiehlt sich die Anmeldung insbesondere von Namensänderungen zur Klarstellung des Registers und der Identität vertretungsberechtigter Personen. 9

§ 108 [Anmeldung] [i. d. F. ab 1. 1. 2007 durch EHUG]

Die Anmeldungen sind von sämtlichen Gesellschaftern zu bewirken.

§ 108 [Anmeldung] [i. d. F. bis 31. 12. 2006]

(1) Die Anmeldungen sind von sämtlichen Gesellschaftern zu bewirken.

(2) Die Gesellschafter, welche die Gesellschaft vertreten sollen, haben ihre Namensunterschrift unter Angabe der Firma zur Aufbewahrung bei dem Gericht zu zeichnen.

A. Pflicht zur Anmeldung

I. Rechtsnatur und Reichweite der Pflicht

1. Rechtsnatur

Die Anmeldepflicht stellt aufgrund des öffentlichen Interesses eine **öffentlich-rechtliche Pflicht** dar, deren Erfüllung nach § 14 HGB erzwungen werden kann. Die Zwangsmaßnahmen richten sich jedoch gegen die Gesellschafter und nicht gegen die OHG. Soweit es sich bei dem Gesellschafter um eine juristische Person oder eine Personenhandelsgesellschaft handelt, richten sich die Zwangsmaßnahmen gegen die gesetzlichen Vertreter (BayObLG DB 1977, 1085). 1

2. Reichweite

Zudem besteht eine gesellschaftsvertragliche Verpflichtung der Gesellschafter untereinander, bei der Anmeldung zum Handelsregister mitzuwirken (BGH WM 1983, 785, 786). Diesen Anspruch kann jedoch nicht die Gesellschaft also solche durchsetzen, sondern der Anspruch muss vielmehr von den einzelnen Gesellschaftern im Wege der Gesellschafterklage (actio pro socio) rechtshängig gemacht werden (BGH NJW 1974, 498, 499; vgl. zur actio pro socio ausführl. Kap. 16 Rn. 86 ff.). Ein obsiegendes Urteil ersetzt die Mitwirkung des sich widersetzenden Gesellschafters (vgl. Kap. 16 Rn. 100 f.). Die Verpflichtung zur Mitwirkung entfällt jedoch, wenn der Gesellschafter einen Anspruch auf Auflösung der Gesellschaft gem. §§ 133, 140 HGB hat (RGZ 112, 280). Ferner gilt die Mitwirkung bei einer Anmeldung im Innenverhältnis als Billigung des in der Anmeldung erklärten (BGH WM 1984, 1605). 2

II. Anmeldepflichtige Personen

1. Grundsatz: Anmeldung durch Gesellschafter

3 § 108 HGB bezieht sich zunächst nur auf die §§ 106, 107 HGB. Anmeldepflichtig sind **sämtliche Gesellschafter**, auch die nicht geschäftsführungs- oder vertretungsberechtigten Gesellschafter der OHG (BayObLG WM 1988, 710). In der KG müssen auch die Kommanditisten mitwirken (§ 161 Abs. 2 HGB, vgl. Kap. 5 § 162 Rn. 3). Juristische Personen oder Personenhandelsgesellschaften, die an der OHG beteiligt sind, handeln durch ihre gesetzlichen oder organschaftlichen Vertreter in vertretungsberechtigter Zahl. Es ist nicht erforderlich, dass alle vorhandenen gesetzlichen Vertreter mitwirken (OLG Hamm OLGZ 1983, 257, 261). Bei geschäftsunfähigen oder beschränkt geschäftsfähigen Gesellschaftern handeln die gesetzlichen Vertreter.

2. Vertretung

4 Die Anmeldung muss jedoch nicht höchstpersönlich erfolgen. Die anmeldepflichtigen Personen können sich gem. §§ 12 Abs. 1 S. 2 HGB n. F. (§ 12 HGB geändert durch EHUG zum 1. 1. 2007, vgl. dazu die ausführl. Darstellung in Kap. 7 § 7 Rn. 8 ff.), 13 S. 2 FGG aufgrund einer **öffentlich beglaubigten Vollmacht** vertreten lassen. Ein Vertreter, der selbst Gesellschafter ist, kann im eigenen Namen und zugleich als Bevollmächtigter die Anmeldung vornehmen, da § 181 BGB insoweit nicht zur Anwendung gelangt (BayObLG WM 1978, 70).

B. Zeichnungspflicht, Abs. 2 a. F.

5 Gem. § 108 Abs. 2 HGB a. F. hatten die vertretungsberechtigten Gesellschafter (vgl. § 125 HGB) ihre Namensunterschrift unter Angabe der Firma zur Aufbewahrung bei dem Gericht zu zeichnen. Abs. 2 wurde durch Art. 1 Nr. 15 b) EHUG zum 1. 1. 2007 aufgehoben. Dies ist die Folge des Wegfalls des Erfordernisses, die Unterschriftsprobe zu hinterlegen (vgl. dazu Begr. RegE zu Nr. 8 (§ 14 HGB), BT-Drs. 16/960, 47).

Zweiter Titel
Rechtsverhältnis der Gesellschafter untereinander

§ 109 [Innengesellschaften]

Das Rechtsverhältnis der Gesellschafter untereinander richtet sich zunächst nach dem Gesellschaftsvertrage; die Vorschriften der §§ 110 bis 122 finden nur insoweit Anwendung, als nicht durch den Gesellschaftsvertrag ein anderes bestimmt ist.

Übersicht:

A. Normzweck und Anwendungsbereich

Die Regelung in § 109 HGB betont den **Vorrang einer privatautonomen Gestaltung** der Rechtsverhältnisse der Gesellschafter untereinander gegenüber den gesetzlichen Regelungen (vgl. GroßkommHGB/*Ulmer* § 109 Rn. 1; MüKo HGB/*Enzinger* § 109 Rn. 1; E/B/J/*Mayen* § 109 Rn. 1). Dieser Vorrang beinhaltet nicht nur die Rechtsbeziehungen zwischen den Gesellschaftern, sondern auch die Rechtsbeziehungen zwischen Gesellschafter und Gesellschaft (vgl. Baumbach/Hopt/*Hopt* § 109 Rn. 1; GroßkommHGB/*Ulmer* § 109 Rn. 1). Die herausragende Bedeutung dieses Vorrangs manifestiert sich darin, dass die Gesellschafter der meisten Personenhandelsgesellschaften von ihrem grundsätzlichen Recht zur freien Gestaltung des Gesellschaftsvertrages umfassend Gebrauch machen. 1

§ 109 HGB findet auf die **OHG** und i. V. m. § 161 Abs. 2 HGB auf die **KG** sowie i. V. m. § 1 EWIVG auf die **EWIV** Anwendung. Auch bei einer **fehlerhaften Gesellschaft** (vgl. hierzu § 105 HGB Rn. 79 ff.) beruhen die Rechtsbeziehungen der Gesellschafter auf den im Gesellschaftsvertrag festgelegten Bestimmungen (vgl. MüKo HGB/*Enzinger* § 109 Rn. 2). 2

B. Grenzen der Privatautonomie

I. Allgemeines

1. Vorrang schutzwürdiger Interessen des Rechtsverkehrs

Die den Gesellschaftern eingeräumte Freiheit, ihre Rechtsbeziehungen untereinander selbst zu regeln, findet indes insbesondere dort eine Grenze, wo schutzwürdige Interessen des Rechtsverkehrs der Vorzug gegenüber den Interessen der Gesellschafter zu einer privatautonomen Gestaltung ihres Gesellschaftsvertrages verdienen. Dies hat der Gesetzgeber zumindest teilweise erkannt, indem er den Vorrang der privatautonomen Gestaltung der Rechtsverhältnisse der Gesellschafter untereinander in erster Linie auf die §§ 110 bis 122 HGB bezog. Gleichwohl bedeutet dies nicht, dass andere gesetzliche Regelungen einer privatautonomen Gestaltung entzogen sind. Insbesondere sind die Regelungen zur Auflösung der Gesellschaft und dem Ausscheiden eines Gesellschafters nach den **§§ 131 bis 144 HGB** ebenso wie die Regelungen nach §§ 110 bis 122 HGB weitgehend dispositiv. Hingegen sind insbesondere die das Außenverhältnis der Gesellschaft regelnden Vorschriften der **§§ 123 bis 130 b HGB** weitgehend der Disposition der Gesellschafter aus Gründen des Verkehrsschutzes entzogen (vgl. GroßkommHGB/*Ulmer* § 109 Rn. 1; MüKo HGB/*Enzinger* § 109 Rn. 1). 3

2. Minderheitenschutz

Einschränkungen der Privatautonomie ergeben sich nicht nur aus Gründen des Verkehrsschutzes. Im Zusammenhang mit der Gewährleistung eines effektiven Minderheitenschutzes unterliegt die privatautonome Gestaltung der gesellschaftsrechtlichen Verhältnisse weiteren, teilweise bezogen auf den jeweiligen Einzelfall beweglichen Beschränkungen, die unter anderem in der sog. **Kernbereichslehre** (vgl. Rn. 23) sowie dem **Gleichbehandlungsgrundsatz** (vgl. Rn. 17) ihren Ausdruck finden (vgl. GroßkommHGB/*Ulmer* § 109 Rn. 2). Darüber hinaus können sich im Einzelfall aus der **Treuepflicht** (vgl. Rn. 18 ff.) eines Gesellschafters Einschränkungen der Dispositionsfreiheit ergeben, die nicht nur dem Minderheitenschutz, sondern auch dem Schutz der Gesellschaft und der jeweiligen Mehrheitsverhältnisse dienen. Grenzen der Vertragsfreiheit ergeben sich auch aus dem **Grundsatz der Selbstorganschaft** (vgl. Rn. 16; § 125 Rn. 2 f.), dem **Abspal-** 4

tungsverbot (vgl. Rn. 10), dem **Kontrollrecht** gem. § 118 HGB (vgl. Rn. 9), der Vorschrift zum gesetzlichen Verbot nach **§ 134 BGB** sowie insbesondere im Zusammenhang mit § 131 HGB und der Gestaltung von Abfindungsklauseln eines ausscheidenden Gesellschafters aus den in **§§ 138, 242 BGB** geregelten Bestimmungen zur Sittenwidrigkeit und unzulässigen Rechtsausübung (vgl. Rn. 5 ff.). Im Übrigen kommt einer **ergänzenden Vertragsauslegung** besondere Bedeutung zu.

II. Allgemein privatrechtliche Schranken, §§ 134, 138 BGB

5 Die in §§ 134, 138 BGB festgelegten Beschränkungen der Privatautonomie gelten auch für Gesellschaftsverträge der Personenhandelsgesellschaften (vgl. GroßkommHGB/*Ulmer* § 109 Rn. 20; MüKo HGB/*Enzinger* § 109 Rn. 8).

6 Die Vorschrift des **§ 134 BGB** zum Verbotsgesetz greift in erster Linie bei der Verfolgung eines **verbotswidrigen Gesellschaftszweckes** ein (vgl. BGHZ 75, 214, 217). Im Falle, dass der Gesellschaftszweck mit dem im Grundgesetz verankerten Wertesystem unvereinbar sein sollte, oder wenn der Gesellschaftsvertrag im Ganzen gegen die in der Rechtsordnung immanenten rechtsethischen Werte und Prinzipien verstößt, liegt grundsätzlich ein Verstoß gegen die guten Sitten vor (vgl. GroßkommHGB/*Ulmer* § 109 Rn. 20; MüKo HGB/*Enzinger* § 109 Rn. 8). Zu den Rechtsfolgen bei einem solchen Verstoß vgl. die Kommentierung zu § 105 zur fehlerhaften Gesellschaft.

7 Der Sittenwidrigkeitsvorwurf führt in der Regel zur **Nichtigkeit** der betroffenen Regelung (vgl. BGHZ 81, 263, 266; 17, 130, 134; BGH NJW 1992, 892, 894; GroßkommHGB/*Ulmer* § 109 Rn. 21).

III. Gesellschaftsrechtliche Schranken

8 Größere Bedeutung kommt den – zumeist rechtsformunabhängigen – gesellschaftsrechtsspezifischen Schranken zu. Wertungsgesichtspunkte ergeben sich regelmäßig aus einer **Abwägung** der Individualinteressen des einzelnen Gesellschafters gegenüber den Gesamtinteressen der Gesellschaft (vgl. MüKo HGB/*Enzinger* § 109 Rn. 10).

1. Kontrollrecht

9 Nach der zwingenden Vorschrift des § 118 HGB kann selbst ein von der Geschäftsführung ausgeschlossener Gesellschafter sich von Angelegenheiten der Gesellschaft unterrichten sowie die Handelsbücher und Papiere der Gesellschaft einsehen.

2. Abspaltungsverbot

10 Eine hervorgehobene Bedeutung hat das Abspaltungsverbot gem. § 717 S. 1 BGB i. V. m. § 105 Abs. 3 HGB. Danach sind Ansprüche, die den Gesellschaftern aus dem Gesellschaftsverhältnis gegeneinander zustehen, nicht übertragbar. Es bezieht sich auf die mitgliedschaftlichen Verwaltungsrechte (z. B. das Stimmrecht), nicht indes auf Vermögensrechte (z. B. die Ansprüche auf Gewinn, Aufwendungsersatz und auf das Auseinandersetzungsguthaben), die nach § 717 S. 2 BGB grundsätzlich übertragbar sind (vgl. GroßkommHGB/*Ulmer* § 109 Rn. 26; E/B/J/*Mayen* § 109 Rn. 8; MüKo HGB/*Enzinger* § 109 Rn. 12). Mit dem Abspaltungsverbot vereinbar ist im Einzelfall allerdings die schuldrechtliche Einräumung von Mitspracherechten, insbesondere von Stimmrechten (vgl. BGH NJW 1960, 963). Ferner kann in dem Gesellschaftsvertrag wirksam die Übertragung eines Gesellschaftsanteils im Ganzen geregelt werden (vgl. Baumbach/Hopt/*Hopt* § 109 Rn. 18).

11 Das auf die mitgliedschaftlichen Verwaltungsrechte bezogene Abspaltungsverbot dient in erster Linie dem **Schutz der Einheit des mitgliedschaftlichen Rechtsverhältnisses** und bezweckt ferner den Schutz vor einer Einflussnahme Dritter (vgl. GroßkommHGB/*Ulmer* § 109 Rn. 26; MüKo HGB/*Enzinger* § 109 Rn. 12, wonach Schutz vor Einflussnahme Dritter bloß Nebenwirkung zukomme; str.).

Soweit eine gesellschaftsvertragliche Bestimmung gegen das Abspaltungsverbot verstößt, kann die betroffene Satzungsklausel im Einzelfall in eine wirksame Regelung nach § 140 BGB **umgedeutet** werden (vgl. BGHZ 20, 363, 366). 12

3. Vertragsbeendigungsfreiheit

Gem. §§ 723 Abs. 3 BGB i. V. m. 105 Abs. 3 HGB und § 133 Abs. 3 HGB sind Satzungsregeln nichtig, wenn sie die Freiheit eines Gesellschafters, sich zu einer Kündigung zu entschließen, unvertretbar einengen (vgl. BGH NJW 1985, 192, 193; NJW 1993, 2101, 2102). Der Vertragsbeendungsfreiheit kommt bei einer Prüfung der Wirksamkeit von Abfindungsklauseln besondere Bedeutung zu (vgl. hierzu auch § 131 Rn. 63 ff., 72 in diesem Kapitel). 13

4. Verbandsverfassung

Die Disposition über die Verbandsverfassung steht **ausschließlich den Gesellschaftern** zu. Danach sind allein die Gesellschafter für die Errichtung und Änderungen des Gesellschaftsvertrages zuständig (vgl. BGH NJW 1960, 1997, 1998; GroßkommHGB/*Ulmer* § 109 Rn. 32). Diese Beschränkung der Privatautonomie soll einer Selbstentmündigung der Gesellschafter vorbeugen. Sie dient der Absicherung der Autonomie der Gesellschafter, die in der OHG wegen der unbeschränkten persönlichen Haftung grundsätzlich keiner Fremdbestimmung zugänglich ist (vgl. MüKo HGB/*Enzinger* § 109 Rn. 15). Daher kann z. B. ein Beirat, der nicht ausschließlich aus Gesellschaftern besteht, keine Änderungen des Gesellschaftsvertrages wirksam beschließen (vgl. MüKo HGB/*Enzinger* § 109 Rn. 16). 14

Angesichts des Grundsatzes der Verbandsverfassung kann sogar die Wirksamkeit einer zwischen einem Gesellschafter und einem außen stehenden Dritten geschlossenen Vereinbarung im Hinblick auf eine dort enthaltene Verpflichtung des Gesellschafters, für eine Änderung des Gesellschaftsvertrages nach seinen Möglichkeiten Sorge zu tragen, zweifelhaft sein. Zwar entfalten solche Beziehungen vordergründig nur Rechtswirkungen zwischen den Vertragspartnern. Im Falle einer Zwangsvollstreckung nach § 894 ZPO können solche Vereinbarungen allerdings zumindest mittelbar erheblich auf die Gestaltung des Gesellschaftsvertrages Einfluss nehmen. Vor diesem Hintergrund ist eine derartige Vereinbarung nur dann als wirksam zu beurteilen, wenn schuldrechtliche Mitwirkungsrechte Dritter sich nur auf einzelne Gegenstände des Gesellschaftsvertrages beziehen und diese Rechte durch einen sachlichen, auch im Gesellschafterinteresse stehenden Grund, z. B. anlässlich einer Unternehmenssanierung, legitimiert sind (vgl. MüKo HGB/*Enzinger* § 109 Rn. 17; Schlegelberger/*Martens* § 109 Rn. 9 f.). 15

5. Grundsatz der Selbstorganschaft

Die organschaftliche Geschäftsführungs- und Vertretungsbefugnis ist bei der werbenden OHG ihren Gesellschaftern vorbehalten, vgl. § 125 HGB (s. § 125 HGB Rn. 2 f.). Hiermit wird ein **zweifacher Schutzzweck** verfolgt (vgl. GroßkommHGB/*Ulmer* § 109 Rn. 34; MüKo HGB/*Enzinger* § 109 Rn. 19): Zum einen und in erster Linie sollen die unbeschränkt persönlich haftenden Gesellschafter vor fremdbestimmten Risiken geschützt werden. Zum anderen dient der Grundsatz der Selbstorganschaft reflexartig auch der Sicherheit des Rechtsverkehrs. Diesem soll durch die Selbstorganschaft die Aussicht auf eine wegen der Vermeidung eines persönlichen Haftungsrisikos aus eigenem Interesse handelnde, keine unvertretbaren Risiken eingehende Unternehmensleitung verschafft werden (vgl. auch § 125 HGB Rn. 2 f. m. w. N.). 16

6. Gleichbehandlungsgrundsatz

Der Gleichbehandlungsgrundsatz gilt auch im Recht der Personengesellschaften und kommt insbesondere in den Vorschriften der §§ 114 Abs. 1, 119 Abs. 1, 121 Abs. 3, 122, 125 Abs. 1 HGB zum Ausdruck. Der Grundsatz verbietet eine willkürliche, sachlich nicht gerechtfertigte unterschiedliche Behandlung der Gesellschafter (BGHZ 116, 359, 373). Daher ist die Gewährung unterschied- 17 licher Rechte im Gesellschaftsvertrag zulässig, solange sie nur sachlich berechtigt ist und nicht den Charakter der Willkür trägt.

7. Treuepflicht

18 Die Treuepflicht ist als **allgemeines Prinzip** des Gesellschaftsrechts anerkannt (vgl. BGH NJW 1995, 1739; NJW 1988, 1579, 1581).

a) Allgemeines

19 Die gesellschaftsrechtliche Treuepflicht umfasst nicht nur die rechtlichen Beziehungen zwischen den Gesellschaftern und der Gesellschaft, sondern auch die der Gesellschafter untereinander (vgl. BGH NJW 1988, 1579, 1581). Der Gesellschafter hat sowohl eine **Förderpflicht gegenüber der Gesellschaft** als auch eine **Rücksichtnahmepflicht gegenüber den Mitgesellschaftern** (vgl. E/B/J/*Mayen* § 109 Rn. 20). Der Kern des Treupflichtgedankens besteht darin, dass dem Maß des Einflusses des Gesellschafters das Maß seiner Verantwortung mit der sich daraus ergebenden Pflicht zur Rücksichtnahme auf die Interessen der Gesellschaft und die gesellschaftsbezogenen Belange der Mitgesellschafter entspricht oder, wie es in der Rechtsprechung heißt, dass die Möglichkeit, durch Einflussnahme die gesellschaftsbezogenen Interessen der Mitgesellschafter zu beeinträchtigen, als Gegengewicht die gesellschaftsrechtliche Pflicht verlangt, auf diese Interessen Rücksicht zu nehmen (vgl. BGH NJW 1995, 1739, 1741).

20 Die Treuepflicht beinhaltet zum einen **Handlungs- und Unterlassungspflichten**. Zum anderen können aus der Treuepflicht auch **Schranken** bezüglich der privatautonomen Gestaltung der Rechtsverhältnisse der Gesellschafter untereinander abgeleitet werden.

b) Beispiele

21 Bedeutend ist die Treuepflicht bei der **Ausübung von Pflichtrechten**, z. B. der Wahrnehmung von Geschäftsführung- und Vertretungsaufgaben sowie der Zustimmung zu außergewöhnlichen Geschäften (vgl. Baumbach/Hopt/*Hopt* § 109 Rn. 25). Ferner beinhaltet die Treuepflicht im Einzelfall die **Zustimmung zu im Unternehmensinteresse stehenden Vorhaben** (vgl. BGH NJW 1995, 1739 zur Sanierung; BGH NJW 1987, 952 zur Aufnahme eines Gesellschafters) oder zu gebotenen Änderungen des Gesellschaftsvertrages (vgl. BGH NJW 1975, 1410 zur Ausschließung eines Gesellschafter; BGH NJW 1985, 1974 zur Aufhebung der Verzinsung von Kapitaleinlagen; BGH NJW 1965, 1960 zur Erhöhung einer im Gesellschaftsvertrag zugesagten Geschäftsführervergütung). Aus der Treupflicht ergibt sich im Übrigen das **Wettbewerbsverbot** nach §§ 112, 113 HGB.

c) Rechtsfolgen

22 Rechtsfolge einer begangenen Treupflichtverletzung kann je nach Einzelfall zunächst die **Unwirksamkeit** einer treuwidrig veranlassten Maßnahme oder das **Entstehen klagbarer Ansprüche** auf ein bestimmtes Verhalten sein (vgl. E/B/J/*Mayen* § 109 Rn. 24). **Treuwidrig abgegebene Stimmen** sind bei einer Beschlussfeststellung im Rahmen einer Gesellschafterversammlung nicht mitzuzählen (vgl. BGH NJW 1991, 846, 847). Im Einzelfall kann ausnahmsweise eine nicht oder pflichtwidrig abgegebene Stimme in einer Gesellschafterversammlung so zu behandeln sein, als ob sie entsprechend der bestehenden Treuepflicht abgegeben worden wäre (vgl. BGH NJW 1985, 974). Im Übrigen können zumindest vorsätzliche Treuepflichtverletzungen **Schadensersatzansprüche** begründen (vgl. BGH NJW 1995, 1739, 1740). Im Falle schwerer Treuepflichtverletzung kommt die **Entziehung der Geschäftsführungs- und Vertretungsbefugnis** in Betracht sowie in Fällen besonders schwerer Treuepflichtverletzungen der Ausschluss des treuwidrigen Gesellschafters bzw. ein **Austrittsrecht** der übrigen Gesellschafter oder sogar die **Auflösung** der Gesellschaft (vgl. Röhricht/v. Westphalen/*v. Gerkan* § 109 Rn. 16).

8. Schutz des mitgliedschaftlichen Kernbereichs

Eine weitere Beschränkung der Gestaltungsfreiheit im Recht der Personenhandelsgesellschaften beinhaltet die Lehre vom unverzichtbaren Kernbereich von Mitgliedschaftsrechten. Die **Lehre vom Kernbereich** von Mitgliedschaftsrechten sichert einen Mindeststandard von Gesellschafterrechten und dient überwiegend dem Minderheitenschutz. In diesen Kernbereich der Mitgliedschaftsrechte können die Gesellschafter weder bei der Errichtung des Gesellschaftsvertrages noch bei etwaigen Änderungen dieses Vertrages und auch nicht durch andere Maßnahmen unmittelbar eingreifen (vgl. BGH NJW 1995, 194, 195; 1981, 2565; E/B/J/*Mayen* § 109 Rn. 17). Zum Kern der unentziehbaren Mitgliedschaftsrechte gehören unter anderem das Stimmrecht, das Gewinnrecht sowie das Recht auf die Liquidationsquote (vgl. BGH NJW 1956, 1198, 1200; GroßkommHGB/*Ulmer* § 109 Rn. 37; vgl. auch § 119 Rn. 18 f.). 23

9. Bestimmtheitsgrundsatz

Nach der Rechtsprechung und Teilen der Literatur (vgl. RGZ 91, 166, 168; BGH NJW 1983, 1056, 1057; NJW 1953, 102 f.; E/B/J/*Mayen* § 109 Rn. 18; Röhricht/v. Westphalen/*v. Gerkan* § 109 Rn. 9) ist selbst dann, wenn der Gesellschaftsvertrag Vertragsänderungen durch Mehrheitsbeschluss zulässt, zumindest die Wirksamkeit eines Beschlusses ungewöhnlichen Inhalts davon abhängig, dass sich der **Beschlussgegenstand unzweideutig** – sei es auch nur durch Auslegung – aus dem Gesellschaftsvertrag ergibt. Dieser sog. Bestimmtheitsgrundsatz (vgl. hierzu auch ausführl. § 119 Rn. 15 ff.) schützt innerhalb der Personengesellschaft die Minderheit, der nicht unterstellt werden kann, sie unterwerfe sich der Mehrheit blindlings unter Inkaufnahme möglicherweise weittragender Folgen einer gar nicht bedachten Änderung (BGH NJW 1983, 1056, 1057). Nur wenn der mit Mehrheit beschlossene Eingriff in die Stellung des Gesellschafters im Vertrage konkret geregelt ist, ist die Feststellung erlaubt, der Gesellschafter habe das Für und Wider gerade dieser Äußerung abgewogen und ihr im Vertrage vorweg seine Zustimmung erteilt (BGH NJW 1983, 1056, 1057 f.). Ohne diese Zustimmung können die Gesellschafter später die Vertragsänderung von vornherein nicht mit Mehrheit, sondern nur einverständlich regeln (BGH NJW 1983, 1056, 1058). 24

10. actio pro socio

Bei der sog. actio pro socio handelt es sich um einen der Gesellschaft zustehenden Sozialanspruch, der von jedem einzelnen Gesellschafter im eigenen Namen zugunsten der Gesellschaft geltend gemacht werden kann (vgl. BGH NJW 1985, 2830, 2831). Vgl. zu den Voraussetzungen sowie zur Geltendmachung der actio pro socio ausführl. Kap. 16 Rn. 86 ff. 25

Die Klagebefugnis der Gesellschafter zur Verfolgung von Sozialansprüchen gegen Mitgesellschafter dient notwendig zur **Sicherung von Mitgliedschaftsrechten** (vgl. BGH NJW 1985, 2830, 2831; MüKo HGB/*Enzinger* § 109 Rn. 25). Daher können die Gesellschafter auch nicht mit der für (ungewöhnliche) Geschäftsführungsmaßnahmen ausreichenden Mehrheit auf einen mit der actio pro socio verfolgbaren Anspruch verzichten (vgl. BGH NJW 1985, 2830, 2831). 26

C. Das Rechtsverhältnis der Gesellschafter untereinander

Die Rechtsbeziehungen der Gesellschafter untereinander und zur Gesellschaft gründen sich auf den **Gesellschaftsvertrag** und auf **gesetzliche Regelungen**. Im Innenverhältnis haben die Regelungen des Gesellschaftsvertrages Vorrang vor gesetzlichen Regeln, soweit nicht zwingendes Recht entgegensteht. Den Regelungen im Gesellschaftsvertrag stehen grundsätzlich die ihn ergänzenden oder ändernden Gesellschafterbeschlüsse gleich (vgl. Baumbach/Hopt/*Hopt* § 109 Rn. 2). Die Mitgliedschaft ist eine sozietäre Sonderrechtsbeziehung und zugleich ein subjektives Recht (vgl. MüKo HGB/*Enzinger* § 109 Rn. 27; Baumbach/Hopt/*Hopt* § 109 Rn. 1). 27

I. Auslegung, §§ 133, 157 BGB

28 Die Regelungen des Gesellschaftsvertrages sind grundsätzlich nach den allgemeinen Vorschriften der §§ 133, 157 BGB auszulegen. Zwar ist grundsätzlich vom Wortlaut einer Regelung des Gesellschaftsvertrages auszugehen, indes tritt der Wortlaut hinter dem übereinstimmenden Willen der Gesellschafter zurück, soweit ein solcher vorhanden ist. Insbesondere im Falle späterer, durch ausreichend lang andauernde Übung zum Ausdruck kommender konkludenter Vertragsänderungen, kann dies praktische Bedeutung erlangen (vgl. GroßkommHGB/*Ulmer* § 109 Rn. 7).

II. Rechte und Pflichten der Gesellschafter

1. Pflichten

29 Zu den allgemeinen Pflichten eines Gesellschafters gehört die **Treuepflicht** sowie die **Beitragspflicht** nach § 706 BGB i. V. m. § 105 Abs. 3 HGB. Zu den besonderen Gesellschafterpflichten zählen die Verpflichtung zur **Geschäftsführung** gem. § 114 HGB sowie zur Einhaltung des **Wettbewerbsverbots** nach § 122 HGB.

2. Rechte

30 Rechte des Gesellschafters unterteilen sich in Mitverwaltungsrechte und Vermögensrechte. Diese Unterteilung ist wegen des nur für Mitverwaltungsrechte geltenden Abspaltungsverbots nach §§ 717 S. 1 BGB i. V. m. 105 Abs. 3 bedeutend.

31 **Mitverwaltungsrechte** sind die Geschäftsführungsbefugnis nach den §§ 114 ff. HGB, das Stimmrecht gem. § 119 HGB sowie das Kontrollrecht nach § 118 HGB. Zu den **Vermögensrechten** gehören der Gewinnanspruch aus § 121 HGB, das Entnahmerecht gem. § 122 HGB, der Anspruch auf Zahlung des Auseinandersetzungsguthabens nach §§ 738 ff. BGB, § 155 HGB und der Aufwendungsersatzanspruch gem. § 110 HGB.

III. Schutz der Mitgliedschaft

32 Unterlassungs-, Beseitigungs- und Schadensersatzansprüche dienen dem Schutz des Gesellschafters vor rechtswidrigen Angriffen auf seine Mitgliedschaft. Ferner genießt der Gesellschafter Schutz gegen Eingriffe von außen stehenden Dritten nach § 823 Abs. 1 BGB (vgl. *Lutter* AcP 180, 84, 130).

IV. Prozesse

33 Während Streitigkeiten über das Rechtsverhältnis der Gesellschafter untereinander grundsätzlich nur unter den Gesellschaftern auszutragen sind (vgl. hierzu insbes. Kap. 16 Rn. 73 ff.), sind Klagen zur Geltendmachung zur Durchsetzung von Mitverwaltungsrechten und vermögensrechtlicher Ansprüche grundsätzlich gegen die Gesellschaft zu richten (vgl. MüKo HGB/*Enzinger* § 109 Rn. 31).

§ 110 [Aufwendungen und Verluste]

(1) Macht der Gesellschafter in den Gesellschaftsangelegenheiten Aufwendungen, die er den Umständen nach für erforderlich halten darf, oder erleidet er unmittelbar durch seine Geschäftsführung oder aus Gefahren, die mit ihr untrennbar verbunden sind, Verluste, so ist ihm die Gesellschaft zum Ersatze verpflichtet.

(2) Aufgewendetes Geld hat die Gesellschaft von der Zeit der Aufwendung an zu verzinsen.

Übersicht:

A. Normzweck

§ 110 HGB ist **lex specialis** gegenüber der Regelung des Aufwendungsersatzes nach allgemeinem Auftragsrecht (§§ 670, 683 BGB). Sie erklärt sich daraus, dass der historische Gesetzgeber noch die ganz überwiegende Auffassung vorfand, ein Ersatzanspruch dessen, der in fremden Interessen tätig wird, käme nur bei **freiwillig eingegangenen Vermögensopfern** in Betracht. Eine solche Beschränkung wurde für die enge Arbeits- und Haftungsgemeinschaft einer Personenhandelsgesellschaft als nicht angemessen angesehen (vgl. E/B/J/*Goette* § 110 Rn. 1 m. w. N.). § 110 HGB sieht daher eine Ausgleichsregelung sowohl für freiwillige als auch für unfreiwillige Vermögensopfer vor. Nachdem heute allgemein anerkannt ist, dass Aufwendungsersatzansprüche nicht notwendig von der Freiwilligkeit des Vermögensopfers abhängen, ist der Anlass für diese Sonderregelung weitgehend entfallen. 1

§ 110 HGB ist **dispositiv**. Der Gesellschaftsvertrag, aber u. U. auch eine langjährige abweichende Übung (vgl. MüKo/*Langhein* § 110 Rn. 28), können zu Einschränkungen oder Erweiterungen des Ersatzanspruchs führen. 2

B. Tatbestand

§ 110 HGB unterscheidet zwei Fallgestaltungen, in denen der Gesellschafter gegenüber der Gesellschaft einen Ersatzanspruch erwirbt, und zwar zum einen bei im Interesse der Gesellschaft gemachten Aufwendungen, d. h. **freiwillig** übernommenen Vermögensminderungen, und bei **unfreiwillig** übernommenen, im engen Zusammenhang mit der Geschäftsführung stehenden Vermögensnachteilen. 3

I. Gesellschafter

Der Anspruch auf Aufwendungsersatz steht allen (auch den nicht geschäftsführenden) Gesellschaftern (einschließlich der Kommanditisten) für die in der Zeit ihrer Zugehörigkeit zur Gesellschaft getätigten Aufwendungen zu (BGHZ 39, 319, 324 f.; BGH WM 1978, 114, 115). 4

Etwas anderes gilt dann, wenn der Gesellschafter **wie ein Dritter** mit der Gesellschaft in einer Geschäftsbeziehung steht und in diesem Rahmen Aufwendungen macht oder Verluste erleidet (vgl. E/B/J/*Goette* § 110 Rn. 8). Ob diese ersatzfähig sind, richtet sich nicht nach § 110 HGB, sondern nach dem Inhalt der für die Geschäftsbeziehung maßgeblichen Vereinbarungen bzw. nach allgemeinem Zivilrecht. 5

Wird ein Gesellschafter erst **nach seinem Ausscheiden** aus der Gesellschaft für Verbindlichkeiten in Anspruch genommen (§§ 159, 128 HGB), so folgt sein Ersatzanspruch aus § 670 BGB bzw. §§ 683, 670 BGB, nicht aber aus § 110 HGB (vgl. E/B/J/*Goette* § 110 Rn. 8; MüKo HGB/*Langhein* § 110 Rn. 7). 6

Nach ganz h. M. sind neben allen Gesellschaftern hinsichtlich des Anspruchs auf Ersatz von Verlusten ausnahmsweise auch die durch §§ 844, 845 BGB begünstigten Personen originär anspruchsberechtigt (BGH NJW 1955, 785; GroßkommHGB/*Ulmer* § 110 Rn. 11). 7

II. Aufwendungen im Gesellschaftsinteresse, Abs. 1 Alt. 1

1. Aufwendungen

8 Unter Aufwendungen versteht man **freiwillige Vermögensopfer**, die im Interesse der Gesellschaft erbracht werden (vgl. BGH NJW 1960, 1569). Ob ein freiwilliges Handeln im vorgenannten Sinne vorliegt, bestimmt sich allein nach dem Verhältnis des Gesellschafters zur Gesellschaft, d. h. ob er aufgrund einer gesellschaftsvertraglichen oder sonstigen Vereinbarung mit der Gesellschaft zu dieser Leistung verpflichtet war (vgl. E/B/J/*Goette* § 110 Rn. 10). War dies der Fall, scheidet ein Ersatz seiner Ausgaben nach § 110 Abs. 1 Alt. 1 HGB aus, und es kommt allenfalls eine Verlustausgleichungspflicht der Gesellschaft nach § 110 Abs. 1 Alt. 2 HGB in Betracht.

9 Der Annahme einer Aufwendung steht jedoch nicht entgegen, dass der Gesellschafter im Außenverhältnis zu Dritten zur Vornahme der Leistung verpflichtet war. Eine Aufwendung stellt mithin in der Regel auch die **Erfüllung von Gesellschaftsverbindlichkeiten** – und zwar auch bei einer Inanspruchnahme nach § 128 HGB – dar, weil der Gesellschafter im Innenverhältnis zur Begleichung der Gesellschaftsschuld grundsätzlich nicht verpflichtet ist (GroßkommHGB/*Ulmer* § 110 Rn. 10). Ferner ist es für die Annahme einer Aufwendung auch unschädlich, wenn der Gesellschafter mit seiner Leistung zugleich auch eigene Interessen verfolgt, solange die Eigeninteressen die Gesellschaftsinteressen nicht überwiegen (Schlegelberger/*Martens* § 110 Rn. 11). Schließlich können auch erbrachte Dienstleistungen ersatzfähige Aufwendungen darstellen, wenn diese über den nach dem Gesellschaftsvertrag geschuldeten Rahmen hinausgehen und üblicherweise nur gegen Entgelt erbracht werden (näher hierzu *Köhler* JZ 1985, 359).

2. Gesellschaftsangelegenheiten

10 Der Gesellschafter muss sowohl **objektiv** im Interessenkreis der Gesellschaft als auch **subjektiv** mit entsprechender Willensrichtung gehandelt haben. Der Begriff der Gesellschaftsangelegenheit ist dabei weit zu fassen. Umfasst sind nicht nur Maßnahmen der Geschäftsführung, sondern alle Aktivitäten, die in weitestem Sinne der Erreichung des Gesellschaftszwecks oder auch der Abwendung von Schaden oder Gefahren von der Gesellschaft dienen (vgl. MüKo HGB/*Langhein* § 110 Rn. 13).

11 Streitig ist, ob der Gesellschafter zur Vornahme seiner Handlung **befugt** gewesen sein muss. Eine solche Eingrenzung ist abzulehnen. Zum einen beinhaltet der Wortlaut der Norm eine derartige Einschränkung nicht. Zum anderen erscheint sie auch nicht interessengerecht (vgl. hierzu E/B/J/*Goette* § 110 Rn. 7 m. w. N.). Denn die Norm will verhindern, dass dem im Interesse einer Gesellschaft Handelnden ein Sonderopfer für fremde Interessen abverlangt wird. Die Abgrenzung nun aber danach vorzunehmen, ob dieses im Interesse der Gesellschaft liegende Tätigwerden befugt oder unbefugt erfolgte, erscheint nicht sachgerecht. Im Übrigen erfolgt die gebotene Beschränkung des Aufwendungsersatzes durch das Merkmal der Erforderlichkeit (s. u. Rn. 12).

3. Erforderlichkeit

12 Weiterhin muss der Gesellschafter die Aufwendungen zu dem Zeitpunkt, zu dem er sie erbringt, nach den Umständen **subjektiv für erforderlich halten**. Abzustellen ist dabei auf den objektiven Verständnishorizont eines sorgfältig handelnden Gesellschafters. Als Sorgfaltsmaßstab dient die Vorschrift des § 708 BGB (BGH NJW 1980, 339). In Zweifelsfällen – etwa bei der Begleichung von Gesellschaftsschulden – kann eine Erkundigungspflicht des Gesellschafters bestehen (vgl. Schlegelberger/*Martens* § 110 Rn. 19). Der Gesellschafter hat sich dann beim geschäftsführenden Gesellschafter die notwendigen Informationen zu beschaffen.

III. Verluste durch Geschäftsführung, Abs. 1 Alt. 2

1. Verlust

Im Gegensatz zu den – nur bei freiwilliger Erbringung ersatzfähigen – Aufwendungen versteht man unter Verlusten **unfreiwillige Vermögensnachteile**, die der Gesellschafter unmittelbar oder mittelbar erleidet (BGHZ 33, 251, 257). 13

Ersatzfähig ist somit z. B. ein Verdienstausfall, Erstattung von Heilungskosten, Entschädigung für Erwerbsminderung. Nach dieser Vorschrift **nicht erstattungsfähig** sind hingegen insbesondere immaterielle Nachteile, wie z. B. Schmerzensgeld (Schlegelberger/*Martens* § 110 Rn. 20). 14

Ferner ist der Ersatz von Vermögensnachteilen, die ein Gesellschafter aufgrund einer **strafrechtlichen Sanktion** (z. B. Geldstrafen; Bußgelder) erleidet, nicht erstattungsfähig. Soweit die Gesellschaft eine vorherige Erstattung zugesagt hat, dürfte eine solche Zusage gegen §§ 134, 138 BGB verstoßen (str.; vgl. Röhricht/v. Westphalen/*v. Gerkan* § 110 Rn. 14). Nach Ansicht des BGH (BGHSt 37, 226, 229) soll jedoch eine nachträgliche Erstattung bzw. Erstattungszusage nicht gegen § 258 Abs. 2 StGB verstoßen. 15

2. Durch die Geschäftsführung

Weiterhin muss der erlittene Vermögensnachteil **unmittelbar** durch die Geschäftsführung oder aufgrund einer mit ihr untrennbar verbundenen gesellschaftsspezifischen Gefahr entstanden sein (GroßkommHGB/*Ulmer* § 110 Rn. 22). Dieses Tatbestandsmerkmal dient zur Eindämmung des Haftungsrisikos der Gesellschaft. Denn die Gesellschaft soll nicht mit dem Ersatz solcher Schäden belastet werden, die lediglich aus der Realisierung des allgemeinen Lebensrisikos herrühren. Somit sind insbesondere Unfallschäden im Straßenverkehr nicht per se erstattungsfähig, können es aber unter besonderen Umständen sein (vgl. E/B/J/*Goette* § 110 Rn. 23). Allerdings ist der Begriff der Geschäftsführung nicht nur im Sinne eines organschaftlichen Tätigwerdens, sondern allgemeiner **als Geschäftsbesorgung** zu verstehen (vgl. Schlegelberger/*Martens* § 110 Rn. 4). 16

3. Ausschluss durch eigenes Verschulden

Soweit dem Gesellschafter am erlittenen Verlust selbst ein Verschulden trifft, kann sich die Ersatzpflicht der Gesellschaft der Höhe nach – bei Fällen groben Verschuldens bis auf Null (BGHZ 89, 153, 160 zum Vereinsrecht) – reduzieren. Von einem etwaigen Verschulden der Gesellschaft ist die Verlustausgleichspflicht jedoch nicht abhängig. 17

C. Rechtsfolge

I. Gesellschaft als Anspruchsverpflichteter

In beiden Fallgestaltungen des § 110 HGB entsteht ein **Ersatzanspruch gegen die Gesellschaft**. Beim Ersatzanspruch handelt es sich um einen Sozialanspruch (BGH NJW 1962, 1863), der grundsätzlich jederzeit – die Treuepflicht kann die Geltendmachung im Einzelfall einschränken – geltend gemacht werden kann und in voller Höhe, d. h. insbesondere ohne Anrechnung des eigenen Verlustanteils des ersatzberechtigten Gesellschafters, aus dem Gesellschaftsvermögen zu befriedigen ist. Eine Grenze bildet der Eintritt der Liquidation. Ab diesem Zeitpunkt ist eine selbstständige Geltendmachung des Ersatzanspruchs grundsätzlich nicht mehr möglich, der Anspruch wird zu einem unselbstständigen Rechnungsposten (vgl. MüKo HGB/*Langhein* § 110 Rn. 9). 18

II. Mitgesellschafter als Anspruchsverpflichtete

Demgegenüber haften die Mitgesellschafter während des Bestehens der Gesellschaft **nicht persönlich**, da ansonsten ein Verstoß gegen § 707 BGB wegen unerlaubter Erhöhung der vereinbarten Einlage vorliegen würde (BGHZ 37, 299. 301 f.). Soweit jedoch ein Gesellschafter von einem Gesellschaftsgläubiger in Anspruch genommen wird, so kann der betroffene Gesellschafter sei- 19 nerseits mit den bei § 128 HGB Rn. 7 ff. beschriebenen Einschränkungen Rückgriff bei seinen Mitgesellschaftern nehmen.

III. Verzinsung, Abs. 2

20 Gem. Abs. 2 ist der Aufwendungsersatzanspruch des Gesellschafters zu verzinsen. Entgegen des zu engen Wortlautes gilt die Zinszahlungspflicht auch für Ansprüche des Gesellschafters die aufgrund erlittener Verluste entstanden sind (vgl. E/B/J/*Goette* § 110 Rn. 36). Der Zinssatz beträgt fünf Prozent (vgl. § 352 Abs. 2 HGB). Die Forderung ist ab dem Zeitpunkt der Aufwendung bzw. des Eintritts des Verlustes zu verzinsen.

§ 111 [Verzinsung von Einlagen]

(1) Ein Gesellschafter, der seine Geldeinlage nicht zur rechten Zeit einzahlt oder eingenommenes Gesellschaftsgeld nicht zur rechten Zeit an die Gesellschaftskasse abliefert oder unbefugt Geld aus der Gesellschaftskasse für sich entnimmt, hat Zinsen von dem Tage an zu entrichten, an welchem die Zahlung oder die Ablieferung hätte geschehen sollen oder die Herausnahme des Geldes erfolgt ist.

(2) Die Geltendmachung eines weiteren Schadens ist nicht ausgeschlossen.

A. Verzinsungspflicht

1 Bei Abs. 1 handelt es sich um ein Gegenstück zu § 110 HGB Abs. 2 HGB (s. o. § 110 HGB Rn. 20). Auch der Gesellschafter hat verspätet geleistete Geldzahlungen zu verzinsen (Zinssatz 5 %; vgl. § 352 Abs. 2 HGB). Die Verspätung ergibt sich aus den Regelungen des Gesellschaftsvertrages. Enthält dieser nichts Abweichendes, ist gem. § 271 BGB sofort zu leisten.

2 Um eine **unbefugte Entnahme** handelt es sich, wenn sie weder durch den Gesellschaftsvertrag oder einen Gesellschafterbeschluss noch von der Zustimmung der geschäftsführenden Gesellschafter gedeckt ist (Schlegelberger/*Martens* § 111 Rn. 14). Das unbefugt entnommene Geld ist ab dem Zeitpunkt der Entnahme zu verzinsen.

B. Weitergehende Schadensersatzansprüche

3 Abs. 2 schließt eine über Abs. 1 hinausgehende Inanspruchnahme der Gesellschafter, etwa aus Verzug, Leistungsstörungsrecht oder Delikt, nicht aus.

§ 112 [Wettbewerbsverbot]

(1) Ein Gesellschafter darf ohne Einwilligung der anderen Gesellschafter weder in dem Handelszweige der Gesellschaft Geschäfte machen noch an einer anderen gleichartigen Handelsgesellschaft als persönlich haftender Gesellschafter teilnehmen.

(2) Die Einwilligung zur Teilnahme an einer anderen Gesellschaft gilt als erteilt, wenn den übrigen Gesellschaftern bei Eingehung der Gesellschaft bekannt ist, daß der Gesellschafter an einer anderen Gesellschaft als persönlich haftender Gesellschafter teilnimmt, und gleichwohl die Aufgabe dieser Beteiligung nicht ausdrücklich bedungen wird.

Übersicht:

A. Normzweck

Das Wettbewerbsverbot ist eine (selbstständige) **Ausprägung der Treuepflicht** der Gesellschafter (BGHZ 89, 162, 165). Die Gesellschafter sollen den Gesellschaftszweck fördern und nicht durch gesellschaftsinterne Informationen der eigenen Gesellschaft Wettbewerb bereiten und so die Geschäftschancen der Gesellschaft beeinträchtigen. 1

B. Anwendungsbereich

I. Persönlicher Anwendungsbereich

Dem Wettbewerbsverbot unterliegen **alle Gesellschafter** der OHG unabhängig von ihrer Geschäftsführungsbefugnis und Vertretungsmacht (BGH NJW 1984, 3151). Auch die nicht geschäfts- und vertretungsberechtigten Gesellschafter dem Wettbewerbsverbot zu unterwerfen rechtfertigt sich aus der Tatsache, dass auch diesen Gesellschaftern umfassende Informations- und Kontrollrechte (vgl. § 118 HGB) zustehen, und sie so tiefe Einblicke in die Gesellschaftsinterna erlangen, die sie zum Nachteil der Gesellschaft nutzen könnten. Auch für andere Beteiligte, die materiell die Gesellschafterstellung wahrnehmen, wie z. B. ein **Treugeber**, gilt das Wettbewerbsverbot (Schlegelberger/*Martens* § 112 Rn. 6). Nach der Rechtsprechung des BGH (vgl. z. B. BGHZ 89, 166) erstreckt sich das Wettbewerbsverbot **in mehrstufigen Konzernen** auch auf die Obergesellschaft. In der KG gilt das Wettbewerbsverbot nur für den persönlich haftenden Gesellschafter (§ 165 HGB), nicht für den **Kommanditisten**, es sei denn, er verfügt über gesetzesuntypische Informations-, Kontroll- oder Beteiligungsrechte (vgl. MüKo/*Langhein* § 112 Rn. 4; vgl. außerdem Kap. 5 § 165 Rn. 6 ff.). Auch der typische **stille Gesellschafter** unterliegt nicht dem Verbot des § 112 HGB (vgl. hierzu E/B/J/*Goette* § 112 Rn. 5). 2

Tritt für den Gesellschafter ein **Vertreter** auf, unterliegt dieser selbst nicht dem Wettbewerbsverbot (GroßkommHGB/*Ulmer* § 112 Rn. 10). Der Vertreter kann sich jedoch seinerseits wegen der pflichtwidrigen Ausnutzung der in seiner Vertretereigenschaft erlangten Kenntnis schadensersatzpflichtig machen (Schlegelberger/*Martens* § 112 Rn. 3). 3

II. Zeitlicher Anwendungsbereich

Die Gesellschafter unterliegen dem Wettbewerbsverbot grundsätzlich für den Zeitraum ihrer **Zugehörigkeit zur Gesellschaft** (BGH WM 1990, 2121, 2122), da mit dem Ausscheiden aus der Gesellschaft die Förderpflicht der Gesellschafter endet. Die individuelle Vereinbarung eines nachvertraglichen Wettbewerbsverbotes ist unter Einhaltung bestimmter Voraussetzungen jedoch grundsätzlich möglich. Das Wettbewerbsverbot gilt zudem auch regelmäßig noch in der **Liquidation** der Gesellschaft, soweit und solange das Unternehmen ganz oder teilweise weitergeführt wird (BGH WM 1961, 631). 4

Der Gesellschafter darf Maßnahmen zur Vorbereitung einer künftigen Konkurrenztätigkeit nach Beendigung der Gesellschaft treffen (Baumbach/Hopt/*Hopt* § 112 Rn. 3). 5

C. Inhalt des Wettbewerbsverbots

I. Geschäftemachen in demselben Handelszweig, Abs. 1 Alt. 1

6 § 112 Abs. 1 HGB untersagt zu Erwerbszwecken getätigte Geschäfte im gleichen Handelszweig unabhängig davon, ob der Gesellschafter für **eigene oder fremde Rechnung** tätig wird. Mithin sind auch Tätigkeiten als Makler, Kommissionär oder Handelsvertreter, aber auch die Beteiligung an der Geschäftsführung eines anderen Unternehmens (BGH WM 1972, 1229) vom Wettbewerbsverbot mit umfasst. Nach OLG Nürnberg (BB 1981, 452) soll auch die Tätigkeit als Geschäftsführer einer GmbH mit 50 %igen Beteiligung an einem Konkurrenzunternehmen aufgrund des »tatsächlich erheblichen Einflusses« wettbewerbswidrig sein. Dagegen ist eine bloße Kapitalbeteiligung oder eine Tätigkeit im Aufsichtsrat aufgrund der mangelnden Einflussmöglichkeit nicht wettbewerbswidrig (BGHZ 38, 306).

7 Der Begriff des **Handelszweiges** ist an den vertraglich vereinbarten Geschäftszwecken zu messen und dabei weit zu fassen (BGHZ 89, 170). Der Schutzzweck des § 112 HGB wird nicht tangiert, wenn Gesellschaft und Gesellschafter auf räumlich voneinander getrennten Märkten tätig sind.

II. Teilnahme als persönlich haftender Gesellschafter an gleichartigen Handelsgesellschaften, Abs. 1 Alt. 2

8 Ferner ist die Teilnahme als persönlich haftender Gesellschafter an einer gleichartigen Handelsgesellschaft untersagt. Die Frage, ob eine gleichartige Handelsgesellschaft vorliegt, ist nach den oben unter Rn. 6 f. aufgestellten Grundsätzen zu beantworten. Die Eigenschaft als persönlich haftender Gesellschafter ist auch in dieser Konstellation nicht im formalen Sinne zu verstehen. So kann auch die formale Beteiligung als Kommanditist an einer konkurrierenden Gesellschaft gegen Abs. 2 verstoßen, wenn dem Gesellschafter intern die Stellung eines persönlich haftenden Gesellschafters mit weitreichenden Einflussmöglichkeiten eingeräumt wird (Schlegelberger/*Martens* § 112 Rn. 11).

D. Einwilligung

9 Die Einwilligung aller übrigen persönlich haftenden (auch der nicht geschäftsführungsbefugten) Gesellschafter beseitigt das Wettbewerbsverbot. Bei der Einwilligung handelt es sich um eine einseitige empfangsbedürftige Willenserklärung (Baumbach/Hopt/*Hopt* § 112 Rn. 9). Die Einwilligung unterliegt keiner Form und kann insbesondere auch konkludent erteilt werden. Es kann aber nicht in jeder widerspruchslosen Hinnahme einer Konkurrenztätigkeit ein konkludentes Einverständnis erblickt werden. Es muss vielmehr hinzukommen, dass die Konkurrenztätigkeit über einen gewissen Zeitraum geschieht und der konkurrierende Gesellschafter hieraus den berechtigten Eindruck gewinnen kann, die Mitgesellschafter würden sein Verhalten billigen (E/B/J/*Goette* § 112 Rn. 28).

10 Für den in Abs. 2 genannten Fall wird die Erteilung der Einwilligung **fingiert** (unwiderlegliche Vermutung). Abs. 2 gilt jedoch nur für Abs. 1 Alt. 2. Eine analoge Anwendung auf andere Wettbewerbstatbestände ist unzulässig (Schlegelberger/*Martens* § 112 Rn. 23). In diesen Fällen kann eine stillschweigende Einwilligung in Betracht kommen, für deren Bestand der Gesellschafter jedoch beweispflichtig ist.

E. Abweichende Vereinbarungen

11 § 112 HGB stellt keine zwingende Regelung dar, mit der Folge, dass das Wettbewerbsverbot durch den Gesellschaftsvertrag für einzelne oder alle Gesellschafter **erweitert oder eingeschränkt** werden kann. Die Beschränkungen dürfen im Hinblick auf § 138 BGB jedoch nicht so weitgehend sein, dass sie zu einer wirtschaftlichen Knebelung eines Gesellschafters führen (BGHZ 37, 384).

12 Insbesondere kann das Wettbewerbsverbot auch über das Ausscheiden eines Gesellschafters oder die Beendigung der Gesellschaft hinaus ausgedehnt werden. Ein **nachvertragliches Wettbe-**

werbsverbot kommt jedoch nur dann in Betracht, wenn ein schützenswertes Interesse der Gesellschaft vor Konkurrenz besteht (BGH WM 1990, 2121, 2122). Auch bedarf es einer räumlichen, zeitlichen und gegenständlichen Begrenzung des Wettbewerbsverbotes. Als äußerste **zeitliche Grenze** wird überwiegend eine Frist von zwei Jahren angenommen, während für die räumlichen und gegenständlichen Begrenzungen keine starren Regelungen existieren und immer eine fallbezogene Betrachtung vorzunehmen ist (E/B/J/*Goette*,§ 112 Rn. 22).

F. Verhältnis zu § 1 GWB

Im Grundsatz dürfte es einhellige Meinung sein, dass die Regelung des § 112 HGB mit der Vorschrift des § 1 GWB kollidieren kann. § 1 GWB lässt das in § 112 HGB vorgesehene Wettbewerbsverbot sowie auch gesellschaftsvertragliche Wettbewerbsverbote jedoch insoweit unberührt, als die Wettbewerbsverbote lediglich dazu dienen, das Unternehmen in seinem Bestand und seiner Funktionstüchtigkeit zu erhalten (BGHZ 70, 331, 336; 89, 162, 169; 104, 246, 251 f.). Denn insoweit sichert das Wettbewerbsverbot nur die gesellschaftstreue Mitarbeit des Gesellschafters und kann nicht gegen § 1 GWB verstoßen. Dies gilt auch für den nicht geschäftsführungsberechtigten Gesellschafter. Soweit jedoch die Rechtsform der OHG oder KG für kartellrechtswidrige Ziele missbraucht werden soll, liegt ein Verstoß gegen § 1 GWB vor (BGH NJW 1982, 939). 13

§ 113 [Verletzung des Wettbewerbsverbots]

(1) Verletzt ein Gesellschafter die ihm nach § 112 obliegende Verpflichtung, so kann die Gesellschaft Schadensersatz fordern; sie kann statt dessen von dem Gesellschafter verlangen, daß er die für eigene Rechnung gemachten Geschäfte als für Rechnung der Gesellschaft eingegangen gelten lasse und die aus Geschäften für fremde Rechnung bezogene Vergütung herausgebe oder seinen Anspruch auf die Vergütung abtrete.

(2) Über die Geltendmachung dieser Ansprüche beschließen die übrigen Gesellschafter.

(3) Die Ansprüche verjähren in drei Monaten von dem Zeitpunkt an, in welchem die übrigen Gesellschafter von dem Abschluss des Geschäfts oder von der Teilnahme des Gesellschafters an der anderen Gesellschaft Kenntnis erlangen oder ohne grobe Fahrlässigkeit erlangen müssten; sie verjähren ohne Rücksicht auf diese Kenntnis oder grob fahrlässige Unkenntnis in fünf Jahren von ihrer Entstehung an.

(4) Das Recht der Gesellschafter, die Auflösung der Gesellschaft zu verlangen, wird durch diese Vorschriften nicht berührt.

Übersicht:

A. Allgemeines

Die Vorschrift des § 113 HGB regelt die Rechtsfolgen von Verstößen gegen § 112 HGB. Die Regelung ist ebenso wie § 112 HGB **dispositiv**, die Verjährungsregelung in Abs. 3 jedoch nur in den Grenzen des § 202 BGB. In der Praxis beinhaltet der Gesellschaftsvertrag häufig Vertragstrafen (§§ 340, 341 BGB). Für nachvertragliche Wettbewerbsverbote gilt § 113 HGB nur, soweit die entsprechende Vereinbarung zumindest konkludent auf diese Vorschrift Bezug nimmt (vgl. MüKo HGB/*Langhein* § 113 Rn. 3). 1

B. Ansprüche bei Verletzung des Wettbewerbsverbot

I. Schadensersatz

2 Soweit der Gesellschafter schuldhaft gegen das in § 112 HGB niedergelegte Wettbewerbsverbot verstoßen hat, steht der Gesellschaft nach Maßgabe der § 249 ff. BGB ein Schadensersatzanspruch zu. Das **Verschulden** beurteilt sich nach dem Maßstab des § 708 BGB (Schlegelberger/*Martens* § 113 Rn. 8). In der Praxis werden die Darlegung und der Beweis des Schadens häufig Schwierigkeiten bereiten. Im Ergebnis wird der Schadensersatzanspruch in aller Regel auf die Herausgabe des erzielten Gewinns hinauslaufen (vgl. E/B/J/*Goette* § 113 Rn. 8).

II. Eintrittsrecht

3 Da der Schaden für die Gesellschaft oftmals nur schwer nachzuweisen ist, gewährt das Gesetz der Gesellschaft ein Eintrittsrecht. D. h. die Gesellschaft kann verlangen, dass der Gesellschafter die aus den für eigene Rechnung getätigten Geschäften erzielten Gewinne und Vergütungen an die Gesellschaft herausgibt bzw. einen Vergütungsanspruch abtritt. Die Gesellschaft tritt aber nicht an die Stelle des Gesellschafters. Das Eintrittsrecht entfaltet **keine Außenwirkung**, sondern regelt lediglich den Ausgleich im Innenverhältnis (Röhricht/v. Westphalen /*v. Gerkan* § 113 Rn. 4; MüKo HGB/*Langhein* § 113 Rn. 2).

4 Das Eintrittsrecht erfasst auch die Fälle einer **verbotswidrigen Beteiligung** an einer anderen Gesellschaft (BGHZ 38, 306). Auch dies führt nicht dazu, dass die Gesellschaft den Gesellschafter aus seiner Beteiligung drängt und an seiner Stelle Mitglied in der konkurrierenden Gesellschaft wird. Auch kommt es nach richtiger Ansicht nicht zu einer völligen Abschöpfung aller aus der Beteiligung führenden Vorteile (Schlegelberger/*Martens* § 113 Rn. 9; a. A. Baumbach/Hopt/*Hopt* § 113 Rn. 3). Abgeschöpft werden nur die Gewinne, die aus Konkurrenzgeschäften, die in demselben Markt getätigt wurden, herrühren. Dies führt in der Praxis zwar zu erheblichen Abgrenzungsproblemen. Eine umfassende Abschöpfung ließe sich mit dem Normzweck der §§ 112, 113 HGB jedoch nicht vereinbaren (vgl. MüKo HGB/*Langhein* § 113 Rn. 8).

III. Konkurrenzverhältnis

5 Die Ansprüche auf Schadensersatz und Abschöpfung stehen in **selektiver Konkurrenz**. Die Gesellschaft bzw. die Mitgesellschafter haben die Wahl, ob sie die eine oder die andere Rechtsfolge geltend machen. Sobald sie sich für eine Sanktion entschieden haben, sind sie hieran gebunden.

IV. Unterlassung

6 Auch wenn dies in § 113 HGB nicht ausdrücklich geregelt ist, entspricht es ganz h. M. (BGHZ 70, 336; 89, 170), dass die Gesellschaft und jeder einzelne Gesellschafter (actio pro socio; vgl. hierzu insbes. Kap. 16 Rn. 86 ff.) die Unterlassung jedes dem § 112 HGB widersprechenden Konkurrenzverhaltens verlangen kann (vgl. MüKo HGB/*Langhein* § 113 Rn. 1). Auch für den Unterlassungsanspruch gilt jedoch die Regelung des Abs. 3 (Baumbach/Hopt/*Hopt* § 113 Rn. 4).

V. Weitere Ansprüche

7 Da § 113 HGB **nicht abschließend** ist, kommen daneben **Ansprüche aus angemaßter Geschäftsführung** (§§ 687 Abs. 2, 681, 677 BGB) in Betracht, welche nicht den Einschränkungen des § 113 Abs. 2 HGB unterliegen (BGH WM 1989, 1335, 1338).

8 Zudem stellt Abs. 4 klar, dass das Recht auf Auflösung der Gesellschaft (vgl. § 133 HGB; zur Auflösungsklage vgl. ausführl. Kap. 16 Rn. 158 ff.) unberührt bleibt. Die Aufzählung ist jedoch nur beispielhaft. Unberührt bleiben auch die sonstigen Ansprüche und Rechte gegen den betroffenen Gesellschafter.

C. Beschlussfassung

Zur Geltendmachung der in Abs. 1 aufgeführten Ansprüche ist nach Abs. 2 ein **einstimmiger Beschluss** der übrigen Gesellschafter (ohne Stimmrecht des betroffenen Gesellschafters) notwendig. Die Mitgesellschafter sind grundsätzlich nicht zur Zustimmung verpflichtet. Es kann sich jedoch aus der gesellschaftlichen Treuepflicht eine Zustimmungspflicht ergeben. Mit dem Gesellschafterbeschluss wird das Wahlrecht nach Abs. 1 ausgeübt. Wenn der Beschluss vorliegt, erfolgt die Geltendmachung durch die Gesellschaft oder durch den einzelnen Mitgesellschafter im Wege der actio pro socio (vgl. hierzu ausführl. Kap. 16 Rn. 86 ff.). 9

D. Verjährung

§ 113 Abs. 3 beinhaltet eine zweifache Verjährungsfrist, eine **kenntnisabhängige** und eine **Maximalverjährungsfrist**. Die Verjährungsfrist beträgt drei Monate ab Kenntnis aller übrigen Gesellschafter von dem Wettbewerbsverstoß. Unabhängig von der Kenntnis der Gesellschafter verjähren die Ansprüche spätestens in fünf Jahren nach Entstehung des Anspruchs. Für sonstige Ansprüche (Anspruch auf Vertragsstrafe; Anspruch wegen gleichzeitiger Verletzung der Geschäftsführungspflicht) gilt diese Verjährungsfrist nicht (BGH WM 1971, 413; WM 1972, 1230). 10

§ 114 [Geschäftsführung]

(1) Zur Führung der Geschäfte der Gesellschaft sind alle Gesellschafter berechtigt und verpflichtet.

(2) Ist im Gesellschaftsvertrage die Geschäftsführung einem Gesellschafter oder mehreren Gesellschaftern übertragen, so sind die übrigen Gesellschafter von der Geschäftsführung ausgeschlossen.

Übersicht:

A. Allgemeines

Bei § 114 HGB handelt es sich um die Grundnorm der in §§ 114 bis 117 HGB geregelten Geschäftsführungsbefugnis des Gesellschafter einer OHG (GroßkommHGB/*Ulmer* § 114 Rn. 1; MüKo HGB/*Rawert* § 114 Rn. 1). Danach ist der gesetzliche Regelfall der dispositiven Norm die **Einzelgeschäftsführungsbefugnis aller Gesellschafter** (E/B/J/*Mayen* § 114 Rn. 1 f.). 1

B. Begriff der Geschäftsführung

Der Begriff der Geschäftsführung ist von demjenigen des **Grundlagengeschäfts** und auch der **Vertretung** abzugrenzen. 2

3 Unter einer **Maßnahme der Geschäftsführung** versteht man jede rechtsgeschäftliche und tatsächliche, gewöhnliche und außergewöhnliche Handlung der Gesellschafter, die auf die Verwirklichung des Geschäftszwecks gerichtet ist und nicht die Grundlagen der Gesellschaft berührt (Schlegelberger/*Martens* § 114 Rn. 4).

4 Grundlagengeschäfte betreffen das Gesellschaftsverhältnis und seine Gestaltung (BGHZ 76, 164). Solche Geschäfte bedürfen grundsätzlich der **Zustimmung aller Gesellschafter**, sofern im Gesetz (z. B. §§ 117, 127 HGB) oder im Gesellschaftsvertrag nicht etwas anderes bestimmt ist (E/B/J/*Mayen* § 114 Rn. 6).

5 Schließlich ist im Unterschied zum Recht der Kapitalgesellschaften die Geschäftsführung von der Vertretungsbefugnis abzugrenzen (GroßkommHGB/*Ulmer* § 114 Rn. 13). Dabei ist die Geschäftsführungsbefugnis von der Vertretungsbefugnis nach richtiger Ansicht nicht im Sinne einer Gegenüberstellung von Innen- und Außenverhältnis zu unterscheiden (so etwa Baumbach/Hopt/*Hopt* § 114 Rn. 1; MünchHdb GesR I/*v. Dithfurth* § 53 Rn. 2), da auch die Vertretung einen Teilbereich der Geschäftsführung darstellt, sondern nach den Kompetenzen des **rechtlichen »Dürfens« (Geschäftsführung)** und des **rechtlichen »Könnens« (Vertretung)** zu bestimmen (GroßkommHGB/*Ulmer* § 114 Rn. 13; Schlegelberger/*Martens* § 114 Rn. 4; E/B/J/*Mayen*, § 114 Rn. 5). Geschäftsführungsbefugnis und Vertretungsmacht sind nicht deckungsgleich. Dies kann dazu führen, dass der Gesellschafter zwar seine Geschäftsführungsbefugnis (das rechtliche »Dürfen«) überschritten hat, aber gleichwohl die Gesellschaft im Außenverhältnis wirksam (das rechtliche »Können«) vertreten hat (vgl. § 126 Abs. 2 HGB).

C. Verteilung der Geschäftsführungsbefugnis

I. Gesetzliche Regelung des Abs. 1

6 Nach dem gesetzlichen Leitbild des § 114 Abs. 1 HGB sind grundsätzlich **alle Gesellschafter** zur Geschäftsführung befugt und verpflichtet, wobei jeder Gesellschafter **allein handlungsberechtigt** ist (§ 115 Abs. 1 HGB), soweit es sich um gewöhnliche Geschäfte i. S. d. § 116 Abs. 1 HGB handelt. Für einen minderjährigen Gesellschafter handeln, soweit nicht ein Ausnahmefall nach § 112 HGB vorliegt, die gesetzlichen Vertreter (Baumbach/Hopt/*Hopt* § 114 Rn. 4). Soweit juristische Personen Gesellschafter der OHG sind, werden auch diese durch ihre gesetzlichen Vertreter vertreten.

II. Ausschluss von der Geschäftsführung, Abs. 2

7 Nach der Auslegungsregel des § 114 Abs. 2 HGB bedeutet die **Übertragung der Geschäftsführungsbefugnis** auf einen oder mehrere Gesellschafter, dass die übrigen Gesellschafter von der Geschäftsführung ausgeschlossen sind. Der Gesellschaftsvertrag kann anderes vorsehen. Hier gibt es allerdings Grenzen.

1. Übertragung der Geschäftsführung auf Dritte

8 Nach dem bei OHG und GbR geltenden **Prinzip der Selbstorganschaft** (vgl. § 109 HGB Rn. 16; § 125 HGB Rn. 2 f.) ist die Geschäftsführung zwingend den Gesellschaftern vorbehalten. Eine **vollständige Übertragung** der Geschäftsführung auf Dritte scheidet mithin aus (BGHZ 36, 292, 293). Es ist jedoch möglich, Dritte aufgrund gesellschaftsvertraglicher Regelungen mit der Wahrnehmung von Geschäftsführungsaufgaben zu betrauen, soweit nicht das Abspaltungsgebot entgegensteht (Schlegelberger/*Martens* § 114 Rn. 51 ff.; vgl. weitergehend auch für die GbR *Lehleiter/Hoppe* WM 2005, 2213). In der **Übertragung von Aufgaben der Geschäftsführung** liegt nicht die Verschaffung organschaftlicher Befugnisse, sondern wird – lediglich – ein abgeleitetes rechtsgeschäftliches Recht verschafft (vgl. BGH ZIP 2005, 524; ZVI 2004, 514 für die GbR). Ein Dritter kann also durchaus umfassend mit Aufgaben der Geschäftsführung betraut werden, wenn und soweit die Gesellschafter dadurch nicht unwiderruflich und auf Dauer von der Geschäftsführung ausgeschlossen sind (BGH WM 1994, 237). Beispiel in der Rechtsprechung war

etwa der Abschluss eines Management- oder Betriebsführungsvertrags (BGH NJW 1982, 1817). Daneben steht zudem die – denselben Grenzen unterliegende – Übertragung von Aufgaben zur Ausübung (vgl. MüKo HGB/*Rawert* § 114 Rn. 26; E/B/J/*Mayen* § 114 Rn. 17; MünchHdb GesR I/*v. Dithfurth* § 53 Rn. 25).

2. Bildung von Beiräten

Die Bildung von Beiräten ist zulässig und – vor allem bei KG (vgl. hierzu ausführl. Kap. 5 § 163 Rn. 9) und Publikumsgesellschaften – üblich. Besteht der Beitrat nur **aus Gesellschaftern**, gelten keine Besonderheiten; alle Aufgaben, die nicht zwingend der Gesellschafterversammlung vorbehalten sind, können dem Beirat übertragen werden (E/B/J/*Mayen* § 114 Rn. 22). Sind **gesellschaftsfremde Dritte** beteiligt, sind die Grenzen, wie unter Rn. 8 dargestellt, zu beachten. Überschreitet der Beirat die eingeräumten Kompetenzen, so ist der Beschluss unwirksam (BGH BB 1961, 304), fehlerhafte Beiratsbeschlüsse sind nichtig (OLG Karlsruhe GmbHR 1998, 645). 9

3. Vertreterklausel

Die im Gesellschaftsvertrag vorgesehene Vertretung bestimmter Gesellschafter oder Gesellschaftergruppen von einem **gemeinsamen Vertreter** (sog. Vertreterklausel) dürfte unwirksam sein. Zwar ist sie für die KG anerkannt (BGHZ 46, 291; vgl. hierzu auch Kap. 5 § 161 Rn. 24, § 163 Rn. 7), doch gebieten die Unterschiede der KG zur OHG eine andere Beurteilung (vgl. MüKo HGB/*Rawert*, § 114 Rn. 31; Heymann/*Emmerich*, § 114 Rn. 42), jedenfalls betreffend grundlegende Beschlüsse und das Recht der Abberufung des gemeinsamen Vertreters aus wichtigem Grund. Die Grenzen, wie unter Rn. 8 dargestellt, sind zu beachten. 10

4. Notgeschäftsführung

Ist die Geschäftsführung gem. § 114 Abs. 2 HGB durch Gesellschaftsvertrag einem oder mehreren Gesellschaftern übertragen worden, sind die übrigen Gesellschafter von der Geschäftsführung ausgeschlossen. Jedoch haben auch die von der Geschäftsführung ausgeschlossenen Gesellschafter das Recht, im Innenverhältnis im Rahmen der **Notgeschäftsführung** ohne Zustimmung der anderen notwendige Maßnahmen zur Erhaltung von Gegenständen des Gesellschaftsvermögens oder der Gesellschaft selbst durchzuführen (BGHZ 17, 181, 184 f.). Andernfalls muss er auf eigenen Risiko im eigenen Namen handeln (BayObLG ZIP 1980, 904), mit der Aussicht allerdings des Ersatzes erforderlicher Aufwendungen, § 110 (MünchHdB GesR I/*v. Dithfurth*, § 53 Rn. 65) 11

D. Rechte und Pflichten der geschäftsführenden Gesellschafter

I. Rechtsgrundlage, Ausübung der Geschäftsführung

Die geschäftsführenden Gesellschafter sind gem. § 114 Abs. 1 HGB unmittelbar aufgrund des Gesellschaftsvertrages zur Geschäftsführung berechtigt und verpflichtet. Da ihre Rechte mithin unmittelbar aus dem Gesellschaftsvertrag resultieren, ist der Abschluss eines Dienstvertrages nicht notwendig (Baumbach/Hopt/*Hopt* § 114 Rn. 9). Im Falle des Abschlusses eines solchen richten sich Rechte und Pflichten nach §§ 611 ff. BGB, andernfalls nach Gesellschaftsrecht (E/B/J/*Mayen* § 114 Rn. 28). 12

Die (organschaftliche) Geschäftsführungsbefugnis ist **höchstpersönlich** und **nicht übertragbar** (BGHZ 36, 292, 293). Ob der **Erbe** als Nachfolger auch automatisch Geschäftsführungsbefugnisse erlangt, hängt von der Ausgestaltung des Gesellschaftsvertrages ab, ob nämlich die Geschäftsführungsbefugnis mit Rücksicht auf bestimmte – dann zu prüfende – Qualifikationen dem Erblasser erteilt worden war oder lediglich mit Rücksicht auf die Gesellschafterstellung als solcher (vgl. BGH NJW 1959, 192). Der Geschäftsführer muss daher die mit der Geschäftsführung verbundenen Aufgaben grundsätzlich persönlich wahrnehmen. Er kann sich nicht durch einen anderen – auch nicht durch einen Mitgesellschafter – vertreten lassen (RGZ 123, 289, 299). Möglich ist allerdings die Delegation von Aufgaben an einen Mitarbeiter, der dann als rechtsgeschäftlicher Vertreter der Gesellschaft (nicht des Geschäftsführers) tätig wird (s. dazu oben Rn. 8). 13

II. Haftung und Entlastung

1. Schadensersatzanspruch der Gesellschaft

14 Verletzen die Gesellschafter ihre Geschäftsführungspflichten schuldhaft, haften sie der Gesellschaft (ggf. als Gesamtschuldner, MüKo BGB/*Ulmer* § 708 Rn. 50) gem. § 280 BGB auf **Schadensersatz**.

2. Verschuldensmaßstab

15 Als Verschuldensmaßstab findet – außer bei Publikumsgesellschaften, für die uneingeschränkt der Sorgfaltsmaßstab des § 276 BGB gilt (BGH NJW 1977, 2311; NJW 1980, 589; vgl. auch Kap. 9 Rn. 32) – **§ 708 BGB** Anwendung, wenn nicht im Gesellschaftsvertrag eine weitergehende Haftung statuiert ist (BGH BB 1988, 1205). Eine weitergehende Erleichterung nach arbeitsrechtlichen Haftungsgrundsätzen findet nach h. M. nicht statt (E/B/J/*Mayen* § 114 Rn. 28; MüKo HGB/*Rawert* § 114 Rn. 60). Auch bei der gemeinsamen Teilnahme mehrerer Gesellschafter am Straßenverkehr lehnt der BGH die Heranziehung des Haftungsmaßstabes des § 708 BGB ab (BGHZ 46, 317; a. A. MüKo BGB/*Ulmer* § 708 Rn. 12). Allerdings lässt die **Zustimmung der Gesellschafter** (in erforderlicher Mehrheit) die Pflichtwidrigkeit des Verhaltens des Geschäftsführers entfallen (vgl. aber auch in der Begründung E/B/J/*Mayen* § 114 Rn. 38: nachträgliche Billigung führt zu Verzicht auf etwaige Schadensersatzansprüche).

3. Kompetenzwidriges Verhalten

16 Bei der Überschreitung der Geschäftsführung (kompetenzwidriges Verhalten, MüKo HGB/*Rawert* § 114 Rn. 61) haftet der Gesellschafter nach der Rechtsprechung nur **aus Vertrag** (BGH BB 1988, 1205), während er nach a. A. (so noch RGZ 158, 302, 313) **aus Geschäftsführung ohne Auftrag** (§§ 677, 678 BGB) haftet, soweit er die Überschreitung erkennt oder nach § 708 BGB erkennen musste. Bei unberechtigter Geschäftsführung richtet sich die Haftung nach den § 677 ff. BGB, der Haftungsmaßstab des § 708 BGB findet insoweit keine Anwendung.

4. Umfang des Ersatzanspruchs

17 Der Ersatzanspruch umfasst den gesamten, ursächlich durch die Pflichtverletzung entstandenen Schaden, der der Gesellschaft entstanden ist. Der Schadensumfang beurteilt sich nach den Vorschriften der §§ 249 ff. BGB. Die Gesellschaft trägt nur die Darlegungs- und Beweislast für die Ursächlichkeit des Pflichtenverstoßes sowie für den ihr entstandenen Schaden (MünchHdb GesR I/*v. Dithfurth* § 53 Rn. 32). Demgegenüber obliegt es dem geschäftsführenden Gesellschafter, darzulegen und zu beweisen, dass sein Verhalten nicht pflichtwidrig und nicht von ihm zu vertreten ist (vgl. BGH BB 1988, 1205) und dass der Gesellschaft ein niedrigerer als der behauptete Schaden entstanden oder ein Vermögensvorteil, der den Schaden mindert oder ausschließt zugekommen ist.

5. Geltendmachung des Anspruchs

18 Geltend zu machen ist der Schaden entweder von der Geschäftsführung nach entsprechendem Beschluss (§ 116 Abs. 2 HGB) der Gesellschafter, wobei der betroffene Gesellschafter von der Beschlussfassung ausgeschlossen ist oder – bis Disposition der Gesellschaft über den Anspruch ohne die vorgenannten Restriktionen (E/B/J/*Mayen* § 114 Rn. 43) – im Wege der actio pro socio (BGH NJW 1985, 2830) durch einen einzelnen Gesellschafter (zur actio pro socio vgl. ausführl. Kap. 16 Rn. 86 ff.).

6. Entlastung des Geschäftsführers

19 In der Entlastung des Geschäftsführers liegt, soweit die die Entlastung betreffenden Sachverhalte mindestens erkennbar waren oder allen Gesellschaftern privat bekannt, auch der **Verzicht auf Ersatz- und Kündigungsansprüche** (str.; MünchHdb GesR I/*v. Dithfurth*, § 53 Rn. 33; nach a. A. Präklusion von Ersatz- und Kündigungsansprüchen, vgl. MüKo HGB/*Rawert* § 114 Rn. 71).

Ein Anspruch auf Entlastung besteht nach heute überwiegender Meinung nicht (so auch für die GmbH BGH NJW 1986, 129), kann aber im Gesellschaftsvertrag angelegt sein (Baumbach/Hopt/*Hopt* § 114 Rn. 16).

III. Vergütung für Geschäftsführung

Ist eine Vergütung nicht vereinbart, ist sie lediglich dann geschuldet, wenn die geleisteten Dienste über das Maß des Üblichen hinausgehen (OLG Koblenz NJW-RR 1987, 24). Der Anspruch auf Erstattung von Aufwendungen ergibt sich aus § 110 HGB, bei Vorschüssen aus § 669 BGB. 20

§ 115 [Mehrere Geschäftsführer]

(1) Steht die Geschäftsführung allen oder mehreren Gesellschaftern zu, so ist jeder von ihnen allein zu handeln berechtigt; widerspricht jedoch ein anderer geschäftsführender Gesellschafter der Vornahme einer Handlung, so muß diese unterbleiben.

(2) Ist im Gesellschaftsvertrage bestimmt, daß die Gesellschafter, denen die Geschäftsführung zusteht, nur zusammen handeln können, so bedarf es für jedes Geschäft der Zustimmung aller geschäftsführenden Gesellschafter, es sei denn, daß Gefahr im Verzuge ist.

Übersicht:

A. Grundsatz der Einzelgeschäftsführung

Nach § 115 Abs. 1 Hs. 1 HGB ist bei mehreren vorhandenen geschäftsführenden Gesellschaftern jeder Gesellschafter grundsätzlich zur Einzelgeschäftsführung befugt. Demnach ist jeder geschäftsführende Gesellschafter für den gesamten Geschäftsbereich der Gesellschaft zuständig und entscheidungsbefugt. Eine Einschränkung erfährt die Entscheidungsmacht des Gesellschafters jedoch im Falle eines Widerspruchs von anderen Gesellschaften (Abs. 1 Hs. 2) sowie bei außergewöhnlichen Geschäften i. S. d. § 116 Abs. 2 HGB. Ansonsten unterliegt der geschäftsführende Gesellschafter nach dem gesetzlichen Leitbild keinem Weisungsrecht und keinem Zustimmungsvorbehalt der Mitgesellschafter (vgl. BGH NJW 1980, 1463, 1464). 1

B. Widerspruchsrecht

I. Allgemeines

Abs. 1 Hs. 2 gewährt den übrigen geschäftsführenden Gesellschaftern im Falle einer Einzelgeschäftsführung ein Widerspruchsrecht. Sofern es das Interesse der Gesellschaft erfordert, besteht sogar eine **Pflicht** der übrigen geschäftsführenden Gesellschafter zum Widerspruch (vgl. Baumbach/Hopt/*Hopt* § 115 Rn. 2). Der Widerspruch wird nicht durch die Zustimmung der übrigen Gesellschafter ausgeschlossen (vgl. Baumbach/Hopt/*Hopt* § 115 Rn. 2). Soweit divergierende Meinungen über die Durchführung einer Maßnahme bestehen und es zu keiner Einigung kommt, hat die Maßnahme bei Vorliegen eines Widerspruchs zu unterbleiben (vgl. BGH NJW 1986, 844). 2

II. Voraussetzung und Ausübung des Widerspruchs

1. Kenntnis der Gesellschafter von der Maßnahme

3 Voraussetzung für die Ausübung des Widerspruchs ist die **vorherige Kenntnis** der übrigen Gesellschafter von der beabsichtigten Maßnahme. Der geschäftsführende Gesellschafter hat die übrigen Mitgesellschafter folglich rechtzeitig vor Durchführung der Maßnahme umfassend zu informieren, soweit nicht Gefahr im Verzuge ist oder ein Interesse an der vorherigen Information aufgrund der geringen Bedeutung der Maßnahme nicht anzunehmen ist (vgl. BGH WM 1971, 819, 820).

2. Erklärung, Form, Frist

4 Ausgeübt wird das Widerspruchsrecht durch **empfangsbedürftige Willenserklärung** gegenüber dem Geschäftsführer, gegen dessen beabsichtigte Geschäftsführungsmaßnahme sich der Widerspruch richtet. Eine bestimmte Form für die Ausübung des Widerspruchs besteht nicht. Der Widerspruch kann folglich **formfrei** und auch **konkludent** erklärt werden (vgl. RGZ 109, 58).

5 Nach zutreffender h. M. (vgl. BGH NJW-RR 1988, 995, 996) muss der Widerspruch **vor Durchführung** der beabsichtigten Maßnahme erklärt werden. Maßgeblich ist, ob die Maßnahme noch ohne Schaden für die Gesellschaft rückgängig gemacht werden kann (vgl. Schlegelberger/*Martens* § 115 Rn. 8). Ein später erklärter Widerspruch ist unbeachtlich.

3. Gegenstand des Widerspruchs

6 Der Widerspruch beschränkt sich grundsätzlich auf einzelne Maßnahmen der Geschäftsführung. Der Widerspruch kann jedoch auch **mehrere Geschäfte** oder **alle Geschäfte einer bestimmten Art** umfassen (vgl. Baumbach/Hopt/*Hopt* § 115 Rn. 2). Der pauschale Widerspruch gegen die gesamte Geschäftsführung eines Mitgesellschafters oder der Widerspruch gegen jede Maßnahme eines Geschäftsführers ist unzulässig (vgl. RGZ 84, 139), da dies faktisch auf eine Entziehung der Geschäftsführungsbefugnis hinauslaufen würde und somit eine Umgehung des § 117 HGB darstellen würde (vgl. Baumbach/Hopt/*Hopt* § 115 Rn. 2).

III. Grenzen des Widerspruchsrechts

7 Das Widerspruchsrecht besteht in den Grenzen des **pflichtgemäßen Ermessens** der Gesellschafter (vgl. BGH NJW 1986, 844) und ist im Interesse der Gesellschaft und nicht willkürlich oder zu eigenen Zwecken auszuüben. Der Ermessensgebrauch ist nur eingeschränkt gerichtlich überprüfbar, wie z. B. Fälle der Ermessensüberschreitungen. Den Gesellschaftern steht bei der Beurteilung des Ermessens, insbesondere bei Personalentscheidungen, ein **weiter Ermessensspielraum** zu (vgl. BGH WM 1988, 968, 970).

8 Soweit der Widerspruch eine **pflichtwidrige Verletzung des Gesellschaftsinteresses** darstellt, ist er unbeachtlich (vgl. BGH NJW 1986, 844). Pflichtwidrig ist z. B. ein Widerspruch gegen gesetzlich gebotene Handlungen. Unbeachtlich ist auch ein Widerspruch der geschäftsführenden Gesellschafters gegen eine Klage der Gesellschaft gegen ihn selbst auf Durchsetzung eines Anspruchs (vgl. BGH BB 1974, 996). Pflichtwidrig ist auch ein Widerspruch des Gesellschafters, gegenüber dem von der Gesellschaft ein Rechtsgeschäft (z. B. Vertragskündigung) vorgenommen werden soll (vgl. RGZ 81, 94). Zur Begründung einer Pflichtwidrigkeit genügt es jedoch nicht, wenn neben dem Gesellschaftsinteresse auch persönliche Interessen des widersprechenden Gesellschafters eine Rolle gespielt haben (vgl. BGH NJW 1986, 844).

9 Gegen die Ausübung sonstiger Gesellschaftsrechte – z. B. das Stimmrecht, das Einsichtsrecht oder die actio pro socio – ist ein Widerspruch nicht möglich (vgl. Baumbach/Hopt/*Hopt* § 115 Rn. 3). Wer die Unwirksamkeit des Widerspruchs behauptet, trägt hierfür auch die **Beweislast**. Eine bloß interne Geschäftsaufteilung beschränkt das Widerspruchsrecht nicht (vgl. E/B/J/*Mayen* § 115 Rn. 4).

IV. Rechtsfolgen

Bei berechtigtem Widerspruch muss die **Maßnahme unterbleiben** (§ 115 Abs. 1 Hs. 2 HGB). Wird sie dennoch ausgeführt, macht sich der geschäftsführende Gesellschafter schadensersatzpflichtig und muss, sofern dies möglich ist und im Interesse der Gesellschaft liegt (vgl. BGH LM Nr. 2 zu § 115), die Folgen seines Handelns rückgängig machen oder anderweitig Schadensersatz wegen Kompetenzverstoß leisten (vgl. Röhricht/v. Westphalen/*v. Gerkan* § 115 Rn. 6). Der unberechtigte Widerspruch kann zur Haftung nach § 280 BGB wegen schuldhafter Treuepflichtverletzung des Widersprechenden führen (vgl. Baumbach/Hopt/*Hopt* § 115 Rn. 4). 10

Der Widerspruch hat als Maßnahme der Geschäftsführung nur eine **interne Wirkung** (vgl. BGHZ 16, 394, 398). Die Vertretungsmacht berührt der Widerspruch dagegen regelmäßig nicht, da die Vertretungsmacht Dritten gegenüber nach § 126 Abs. 2 HGB unbeschränkbar ist. In Ausnahmefällen können dem Dritten gegenüber aber die Vorschriften über den Missbrauch der Vertretungsmacht mit der Folge zur Anwendung gelangen (vgl. BGH NJW 1974, 1555), dass der Widerspruch dann auch im Außenverhältnis Wirkung entfaltet. 11

Zudem kommt den Widerspruch **Außenwirkung** zu, wenn die beabsichtigte Maßnahme gegenüber einem Gesellschafter vorgenommen werden sollte. Der Gesellschafter unterliegt innergesellschaftlichen Bindungen und kann sich daher nicht auf eine bestehende Vertretungsbefugnis nach § 126 HGB berufen (vgl. BGH WM 1973, 637, 638). 12

C. Gesamtgeschäftsführung, Abs. 2

Gem. Abs. 2 kann der Gesellschaftsvertrag abweichend von der gesetzlich geregelten Einzelgeschäftsführung eine Gesamtgeschäftsführung aller oder einiger Gesellschafter vorsehen. Dabei können auch die Möglichkeiten der Einzel- und der Gesamtgeschäftsführung in beliebiger Weise personen- oder bereichsbezogen miteinander kombiniert werden (vgl. Röhricht/v. Westphalen/*v. Gerkan* § 115 Rn. 8). Soweit Gesamtgeschäftsführung angeordnet worden ist, bedarf es – außer bei Gefahr im Verzug – zur Vornahme der jeweiligen Maßnahme der Zustimmung aller Geschäftsführer. Ohne Vorliegen der erforderlichen Zustimmung hat die Maßnahme zu unterbleiben. 13

Die nach Abs. 2 erforderliche Zustimmung kann nicht nur für konkrete Einzelmaßnahmen, sondern auch für Maßnahmen bestimmter Art erteilt werden (vgl. GroßkommHGB/*Ulmer* § 115 Rn. 34). Eine Zustimmung zu allen zukünftigen Geschäftsführungsmaßnehmen ist demgegenüber nicht möglich, da ansonsten die Gesamtgeschäftsführung ausgehöhlt werden würde (vgl. BGHZ 34, 27, 30 für das Recht der GmbH). 14

Die Zustimmung ist wie das Widerspruchsrecht als Teil der Geschäftsführungsbefugnis **ausschließlich im Interesse der Gesellschaft** auszuüben. Die Versagung der Zustimmung ist bei Verletzung des Gesellschaftsinteresses pflichtwidrig. Während der pflichtwidrige Widerspruch aber unbeachtlich ist, ist hier grundsätzlich Klage auf Zustimmung notwendig (vgl. Baumbach/Hopt/*Hopt* § 115 Rn. 6). Durch systematische Weigerung, an der Geschäftsführung der Gesellschaft mitzuwirken, kann das Zustimmungsrecht verwirkt werden (vgl. BGH LM Nr. 7 zu § 709). 15

D. Abweichende Regelung

Da § 115 HGB **dispositives Recht** enthält, kann die Geschäftsführung durch Gesellschaftsvertrag abweichend geregelt werden. Der Ausgestaltung der Geschäftsführung sind in der Praxis kaum Grenzen gesetzt. So kann etwa die Gesamtgeschäftsführungsbefugnis einiger und die Einzelgeschäftsführungsbefugnis anderer vorgesehen werden. Auch ist es möglich, einen Mehrheitsentscheid der Geschäftsführer vorzusehen. Denkbar ist ferner auch die Aufteilung nach Arten von Geschäften oder Ressorts unter Ausschluss der jeweils anderen geschäftsführenden Gesellschafter. Schließlich ist auch die Bindung einzelner Gesellschafter an die Mitwirkung von Mitgeschäftsführern oder Prokuristen möglich (vgl. zum Ganzen Baumbach/Hopt/*Hopt* § 115 Rn. 7). Sofern Dritte in den Bereich der Geschäftsführung einbezogen werden, sind allerdings stets die 16

Grundsätze der **Selbstorganschaft** (vgl. § 109 Rn. 16; § 125 Rn. 2 f.) und des **Abspaltungsverbots** (vgl. § 109 HGB Rn. 10) zu beachten (vgl. E/B/J/*Mayen* § 115 Rn. 35).

§ 116 [Umfang der Geschäftsführungsbefugnis]

(1) Die Befugnis zur Geschäftsführung erstreckt sich auf alle Handlungen, die der gewöhnliche Betrieb des Handelsgewerbes der Gesellschaft mit sich bringt.

(2) Zur Vornahme von Handlungen, die darüber hinausgehen, ist ein Beschluß sämtlicher Gesellschafter erforderlich.

(3) Zur Bestellung eines Prokuristen bedarf es der Zustimmung aller geschäftsführenden Gesellschafter, es sei denn, daß Gefahr im Verzug ist. Der Widerruf der Prokura kann von jedem der zur Erteilung oder zur Mitwirkung bei der Erteilung befugten Gesellschafter erfolgen.

A. Gewöhnliche Geschäfte

1 § 116 Abs. 1 HGB beschränkt die Geschäftsführungsbefugnis grundsätzlich auf die Handlungen, die der gewöhnliche Geschäftsbetrieb mit sich bringt. Diese Einschränkung greift sowohl bei der Einzel- als auch bei der Gesamtgeschäftsführung ein.

2 Ein **gewöhnliches Geschäft** ist, was in einem Handelsgewerbe, wie es die konkrete OHG betreibt, normalerweise vorkommen kann. Es ist dementsprechend nicht allein maßgebend, ob die Maßnahme dem gewöhnlichen Betrieb eines derartigen Handelsgewerbes generell entspricht. Entscheidend ist vielmehr, dass die Maßnahme auch gerade nach Art und Größe des konkreten Unternehmens typisch oder üblich ist (vgl. BGH BB 1954, 143).

3 **Beispiele** für gewöhnliche Geschäfte sind Anschaffungs- und Veräußerungsgeschäfte von nicht überragender Tragweite, eine übliche Kreditgewährung sowie die Bestellung eines Handlungsbevollmächtigten (vgl. Baumbach/Hopt/*Hopt* § 115 Rn. 1).

4 Sollte eine konkrete Betrachtung ausnahmsweise keine eindeutige Zuordnung ermöglichen, ist maßgeblich, ob das Geschäft in dem Handelszweig, das den Gegenstand des Unternehmens bildet, üblicherweise vorkommt (vgl. BGH BB 1954, 143).

B. Außergewöhnliche Geschäfte

5 Unter außergewöhnlichen Geschäften versteht man solche Geschäfte, die nach Inhalt, Zweck und Umfang oder nach ihrer Bedeutung und den mit ihr verbundenen Gefahren über den gewöhnlichen Rahmen des Geschäftsbetriebs hinausgehen und damit **Ausnahmecharakter** besitzen (vgl. BGH BB 1954, 143).

6 Als außergewöhnlichen Geschäfte werden beispielsweise angesehen die langfristige Bindung von Betriebsmitteln und Kreditgeschäfte von besonderer Tragweite (vgl. BGH BB 1954, 153 f.); ungewöhnlich umfangreiche Investitionen wie etwa umfangreiche Baumaßnahmen (vgl. Heymann/*Emmerich* § 116 Rn. 5); die Ausgliederung einer Tochtergesellschaft (vgl. BGHZ 83, 122, 130); die Einrichtung von Zweigniederlassungen (vgl. Baumbach/Hopt/*Hopt* § 116 Rn. 2). Ferner wurden Geschäfte als ungewöhnlich eingestuft, die die Gefahr einer erheblichen Interessenkollision zwischen dem handelnden Geschäftsführer und der Gesellschaft mit sich bringen (vgl. BGH NJW 1973, 465).

7 Von den außergewöhnlichen Geschäften zu unterscheiden sind die sog. **Grundlagengeschäfte**. Dies sind solche Geschäfte, die die inneren Rechtsverhältnisse der Gesellschafter zueinander sowie ihre Gestaltung betreffen (vgl. BGH GmbHR 1979, 245; Baumbach/Hopt/*Hopt* § 116 Rn. 3). Diese gehören von vornherein nicht zu den dem Geschäftsführer obliegenden Geschäftsführungsmaßnahmen, sind also weder gewöhnliche noch außergewöhnliche Geschäfte i. S. v.

§ 116 HGB und setzen daher grundsätzlich die Mitwirkung aller Gesellschafter voraus (vgl. BGHZ 76, 160, 164).

C. Zustimmungserfordernis, Abs. 2

Außergewöhnliche Geschäfte setzen einen **Beschluss sämtlicher Gesellschafter**, auch der nicht geschäftsführungsbefugten und in der KG der Kommanditisten voraus. Der Beschluss ist auch bei Gefahr im Verzug notwendig, da eine Ausnahmevorschrift wie in § 115 Abs. 2 HGB fehlt. 8

Alle Gesellschafter sind zur Mitwirkung an der Beschlussfassung nach Abs. 2 **berechtigt und verpflichtet**. Die Gesellschafter dürfen sich nicht grundlos der Stimme enthalten oder der Gesellschafterversammlung ohne wichtigen Grund fernbleiben, da ansonsten der gem. § 116 Abs. 2 HGB notwendige einstimmige Beschluss verhindert werden würde (vgl. Schlegelberger/*Martens* § 116 Rn. 13). Ein wiederholtes Verhalten dieser Art kann zur Verwirkung des Stimmrechts des Gesellschafters führen (vgl. BGH NJW 1972, 862, 864). In Ausnahmefällen kann eine **Pflicht zur Zustimmung** bestehen, wenn diese im Interesse der Gesellschaft unerlässlich ist (vgl. BGH WM 1973, 1294). 9

Liegt ein Zustimmungsbeschluss vor, ist er für die geschäftsführenden Gesellschafter **bindend**, und sie müssen ihn ausführen. Kommt es zu keinem zustimmenden Beschluss, darf die vorgesehene Geschäftsführungsmaßnahme nicht durchgeführt werden. Besteht dagegen eine Pflicht zur Zustimmung, kann der geschäftsführende Gesellschafter auch ohne Vorliegen eines Beschlusses, allerdings auf eigenes Risiko, handeln, weil die Berufung auf das Fehlen des Beschlusses als treuwidrig anzusehen wäre (vgl. Baumbach/Hopt/*Hopt* § 116 Rn. 5). Sicherer, aber auch umständlicher und langwieriger ist ein anderer Weg: Die Gesellschaft, vertreten durch den geschäftsführenden Geschäftsführer, oder die Gesellschafter können im Wege der actio pro socio von dem pflichtwidrig handelnden Mitgesellschafter die benötigte Zustimmung verlangen (vgl. Schlegelberger/*Martens* § 116 Rn. 16; zur actio pro socio vgl. ausführl. Kap. 16 Rn. 86 ff.). 10

Ferner kommt ein **Handeln ohne Beschluss** bei Durchführung unerlässlicher ungewöhnlicher Erhaltungsmaßnahmen in Betracht, sofern eine vorherige Beschlussfassung nicht rechtzeitig möglich ist (vgl. MüKo HGB/*Jickeli* § 116 Rn. 45). Zudem besteht ein **Notgeschäftsführungsrecht** entsprechend § 744 BGB. 11

D. Erteilung und Widerruf von Prokura, Abs. 3

Die Erteilung der Prokura ist zwar in der Regel ein gewöhnliches Geschäft (vgl. Baumbach/Hopt/*Hopt* § 116 Rn. 8), zu ihrer Erteilung bedarf es aber gem. Abs. 3 S. 1 dennoch der Zustimmung aller geschäftsführenden Gesellschafter, es sei denn es ist Gefahr im Verzug. Bei Gefahr in Verzug kann jeder geschäftsführungsberechtigte Gesellschafter in zulässiger und wirksamer Weise Prokura erteilen, muss die Zustimmung der geschäftsführenden Mitgesellschafter aber unverzüglich einholen. Wird diese verweigert, ist die Prokura zu widerrufen. 12

§ 116 HGB hat Bedeutung ausschließlich für das **Innenverhältnis der Gesellschafter**. Für das Außenverhältnis der Bestellung gegenüber dem Prokuristen beurteilt sich die Wirksamkeit hingegen nach § 126 HGB (vgl. BGHZ 62, 166, 169). Das Registergericht darf deshalb die Anmeldung der erteilten Prokura grundsätzlich nicht wegen der fehlenden Zustimmung der anderen Geschäftsführer verweigern (vgl. BGH NJW 1974, 1194). Ist jedoch offensichtlich, dass bei der Bestellung kompetenzwidrig gehandelt worden und daher mit einem alsbaldigen Widerruf zu rechnen ist, kann das Registergericht die Eintragung der Prokura ablehnen (vgl. BGH NJW 1974, 1194). 13

Widerrufen darf die Prokura nach § 116 Abs. 3 HGB jeder geschäftsführende Gesellschafter allein, auch wenn Gesamtgeschäftsführungsbefugnis besteht. Der Widerspruch eines anderen Gesellschafters ist unerheblich. Die Regelung berührt jedoch wiederum nur das Innenverhältnis der Gesellschafter, so dass der Widerruf eines nicht ausreichend vertretungsberechtigten Gesellschafters gegenüber dem Prokuristen unwirksam ist (vgl. E/B/J/*Mayen* § 116 Rn. 25). 14

E. Abweichende Vereinbarungen

15 Die Regelung der Geschäftsführung ist **dispositiv**. Durch Gesellschaftsvertrag kann der Umfang der Geschäftsführungsbefugnis abweichend von § 116 Abs. 1 HGB geregelt werden. Es ist möglich das Erfordernis des Gesellschafterbeschlusses zu erweitern, z. B. auf nicht außergewöhnliche Geschäfte bestimmter Art, oder zu beschränken, auf außergewöhnliche Geschäfte bestimmter Art. Eine von § 116 HGB abweichende Regelung kann auch hinsichtlich Erteilung und Widerruf der Prokura getroffen werden. So kann z. B. der Widerruf ebenso von der Zustimmung der Mitgeschäftsführer abhängig gemacht werden wie die Erteilung (ohne Wirkung im Außenverhältnis; vgl. BGH WM 1973, 1293).

§ 117 [Entziehung der Geschäftsführungsbefugnis]

Die Befugnis zur Geschäftsführung kann einem Gesellschafter auf Antrag der übrigen Gesellschafter durch gerichtliche Entscheidung entzogen werden, wenn ein wichtiger Grund vorliegt; ein solcher Grund ist insbesondere grobe Pflichtverletzung oder Unfähigkeit zur ordnungsmäßigen Geschäftsführung.

A. Entziehung der Geschäftsführungsbefugnis

1 Dem geschäftsführenden Gesellschafter der OHG kann die Geschäftsführungsbefugnis durch **Gestaltungsurteil** des angerufenen Gerichts entzogen werden. Die Vorschrift gilt für jede organschaftliche Geschäftsführung unabhängig davon, ob sie auf Gesetz oder Gesellschaftsvertrag beruht. Dies gilt auch, wenn sie durch den Gesellschaftsvertrag abweichend von der gesetzlichen Regelung ausgestaltet worden ist (vgl. OLG Köln BB 1977, 464, 465). Die Geschäftsführungsbefugnis kann auch dem einzigen vorhandenen Geschäftsführer entzogen werden, dies gilt auch für eine Komplementär-GmbH in der GmbH & Co. KG (vgl. BGHZ 33, 105, 107). In diesem Fall fällt die Geschäftsführungsbefugnis auf die Gesamtheit aller Gesellschafter zurück (vgl. Baumbach/Hopt/*Hopt* § 117 Rn. 1). Es handelt sich jedoch nicht um eine Gesamtgeschäftsführung des § 115 Abs. 2 HGB. Den Gesellschaftern soll lediglich die Möglichkeit eingeräumt werden, notwendige Entscheidungen zu treffen, bis die Geschäftsführung neu geregelt ist (vgl. BGHZ 51, 198, 202).

2 **Keine Anwendung** findet § 117 HGB auf geschäftsführende **Dritte**, denen die Befugnis nicht durch Gesellschaftsvertrag sondern aufgrund Dienstvertragsrechts eingeräumt worden ist. Ihnen kann die Geschäftsführungsbefugnis durch Abberufungsbeschluss der Gesellschafter oder durch Kündigung des Anstellungsvertrages entzogen werden (BGHZ 36, 292, 294).

3 Nach zutreffender Ansicht (Schlegelberger/*Martens* § 117 Rn. 6; *Peters* NJW 1965, 1214; differenzierend Baumbach/Hopt/*Hopt* § 117 Rn. 3) scheidet eine **entsprechende Anwendung des § 117 HGB** auf andere Mitwirkungsrechte (z. B. Informations- und Kontrollrechte) aus. Diese Rechte können den Gesellschaftern – wenn überhaupt – nur durch eine Änderung des Gesellschaftsvertrages entzogen werden. Für das Informationsrecht des § 118 HGB ergibt sich dies bereits unmittelbar aus § 118 Abs. 2 HGB. Aber auch für die weiteren Mitwirkungsrechte kann nichts anderes gelten. Denn diese Rechte entsprechen nicht der organschaftlichen Geschäftsführung, da diese überwiegend im Interesse des einzelnen Gesellschafters bestehen (Schlegelberger/*Martens* § 117 Rn. 6).

4 Statt einer vollständigen Entziehung der Geschäftsführung kann auch eine **Beschränkung der Geschäftsführungsbefugnis** in Betracht kommen. Dies kann sich insbesondere aus der Anwendung des Verhältnismäßigkeitprinzips ergeben. Danach ist das weniger einschneidende Mittel zu wählen, wenn es denselben Zweck gleichermaßen erreicht (vgl. BGH NJW 1984, 173, 174; Röhricht/v. Westphalen/*v. Gerkan* § 117 Rn. 8).

Schließlich ist die Entziehung der Geschäftsführungsbefugnis von **der Entziehung der Vertretungsmacht** nach § 127 HGB abzugrenzen. Regelmäßig ist ein auf Entziehung der Geschäftsführung lautender Klageantrag jedoch dahingehend auszulegen, dass er sinngemäß auch den Antrag auf Entziehung der Vertretungsmacht einschließt (BGHZ 51, 198, 199). 5

B. Entziehungsgründe

I. Vorliegen eines wichtigen Grundes

Die Entziehung der Geschäftsführung setzt das Vorliegen eines **wichtigen Grundes** voraus. Ein wichtiger Grund ist anzunehmen, wenn die Geschäftsführung das Vertrauensverhältnis zwischen den Gesellschaftern nachhaltig zerstört hat und den übrigen Gesellschaftern die unveränderte Belassung der Geschäftsführung nicht mehr zumutbar ist (BGH NJW 1984, 173, 174). Dies erfordert eine **umfassende Abwägung** aller beteiligten Belange im Wege einer Gesamtbetrachtung. Zu berücksichtigen sind unter anderem die wirtschaftlichen Interessen der Gesellschaft, die Dauer der Zusammenarbeit und die persönliche Situation des betroffenen Gesellschafters (BGH NJW 1984, 173, 174). 6

Im Übrigen bestimmen sich die Voraussetzungen für das Vorliegen eines wichtigen Grundes im Rahmen des § 117 HGB im Wesentlichen nach denselben Maßstäben, die für die Entziehung der Vertretungsmacht (§ 127 HGB; vgl. dazu auch ausführl. Kap. 16 Rn. 138 ff.), die Ausschließung von Gesellschaftern (§ 140 HGB; vgl. dazu auch ausführl. Kap. 16 Rn. 190 ff.) und die Auflösung der Gesellschaft (§ 133 HGB; vgl. dazu auch ausführl. Kap. 16 Rn. 158 ff.) gelten. 7

Die Vorschrift benennt in Hs. 2 als wichtigen Grund beispielhaft die grobe Pflichtverletzung sowie die Unfähigkeit zu einer ordnungsgemäßen Geschäftsführung. 8

II. Grobe Pflichtverletzung

Die grobe Pflichtverletzung setzt ein **schuldhaftes Verhalten** des Geschäftsführers von einigem Gewicht voraus (BGH NJW 1984, 173). Je verwerflicher das Verhalten, desto eher wird das Vorliegen eines wichtigen Grundes anzunehmen sein. Als grobe Pflichtverletzungen wurden von der Rechtsprechung u. a. eingestuft: die hartnäckige Nichtbeachtung der Mitwirkungsrecht der anderen Mitgesellschafter (BGH NJW 1984, 173, 174); die anhaltende Störung und Blockierung der Geschäftsführung der Gesellschaft (BGH LM Nr. 7 zu § 709 BGB); strafbare Handlungen zu Lasten der Gesellschaft (BGH NJW 1999, 2820, 2821); dauernde Verstöße gegen das Wettbewerbsverbot (BGH NJW-RR 1997, 925 f.). 9

III. Unfähigkeit

Der Entziehungsgrund der Unfähigkeit setzt kein schuldhaftes Verhalten des Geschäftsführers voraus. Maßgeblich ist ausschließlich die **objektiv fehlende Eignung zur Geschäftsführung** (BGH JZ 1952, 276). Als Gründe der Unfähigkeit kommen z. B. in Betracht, lange schwere Krankheit (BGH JZ 1952, 276); dauerhafte Verhinderung (BGH NJW 1985, 2635); hohes Alter und damit einhergehend Abbau der Leistungsfähigkeit (BGH JZ 1952, 276); mangelnde fachliche Kompetenz z. B. durch Weigerung der Teilnahme an Fortbildungsmaßnahmen (Schlegelberger/*Martens* § 117 Rn. 19). 10

C. Das Entziehungsverfahren

I. Prozessuales

Die Entziehung der Geschäftsführung erfolgt nach § 117 HGB durch **Gestaltungsurteil** auf **Antrag der übrigen Gesellschafter**. Zur Erhebung der Klage ist, da es sich nicht um eine Maßnahme der Geschäftsführung sondern um ein Grundlagengeschäft handelt, die Mitwirkung aller übrigen Gesellschafter – auch die von der Geschäftsführung und Vertretung ausgeschlossenen – erforderlich (BGH NJW 1975, 1410). Ausnahmsweise reicht bei einer Publikumsgesellschaft zum Schutz der Anleger zur Erhebung der Klage auch ein einfacher Mehrheitsbeschluss, selbst 11 wenn im Gesellschaftsvertrag eine qualifizierte Mehrheit oder Einstimmigkeit vorausgesetzt wird (BGH NJW 1988, 969). Vgl. zur Klage auf Entziehung der Geschäftsführungsbefugnis gem. § 117 HGB außerdem ausführl. Kap. 16 Rn. 104 ff.

12 Umstritten ist, ob eine **Mitwirkungspflicht der Gesellschafter** besteht. Nach richtiger Ansicht (vgl. BGH NJW 1984, 173) wird eine Mitwirkungspflicht der Gesellschafter aufgrund der gesellschafterlichen Treuepflicht bejaht, wenn die Klage im Interesse der Gesellschaft geboten ist. Der sich weigernde Gesellschafter kann in diesem Fall auf Zustimmung verklagt werden, wobei das Zustimmungsurteil nach § 894 ZPO die Mitwirkung an der Entziehungsklage ersetzt (vgl. BGH NJW 1984, 173). Aus Gründen der Prozessökonomie ist es zulässig, die **Zustimmungs- mit der Entziehungsklage zu verbinden** (vgl. BGH NJW 1984, 173).

13 Mehrere Kläger sind **notwendige Streitgenossen** nach § 62 ZPO (vgl. BGHZ 30, 195, 197; Baumbach/Hopt/*Hopt* § 117 Rn. 7). Dies hat zur Folge, dass die Klage bei fehlender Beteiligung eines Gesellschafters aufgrund fehlender Aktivlegitimation der übrigen Gesellschafter abgewiesen wird (vgl. BGHZ 30, 195, 197). Aus Gründen der Prozessökonomie besteht eine Ausnahme, wenn die übrigen Gesellschafter den Nachweis erbringen, dass der nicht mitwirkende Gesellschafter außerprozessual sein Einverständnis bindend erklärt hat (vgl. BGH NJW 1998, 146).

14 Soweit **mehreren Geschäftsführern** die Geschäftsführungsbefugnis entzogen werden soll, kann dies in einem Klageverfahren geschehen. Insoweit ist jedoch zu beachten, dass eine solche Klage bereits dann gegen sämtliche Geschäftsführer abzuweisen ist, wenn nur bei einem einzigen ein Entziehungsgrund fehlt, da in diesem Fall auf der Klägerseite nicht »alle übrigen« Gesellschafter beteiligt sind (vgl. BGHZ 64, 253, 255).

15 Besteht ein wichtiger Grund, muss das Gericht die Geschäftsführungsbefugnis entziehen (vgl. RGZ 146, 146, 179). Soweit es an der Verhältnismäßigkeit fehlt, kann das Gericht mangels Klageantrag (§ 308 ZPO, aber Hinweispflicht nach § 139 ZPO) nicht von sich aus die weniger einschneidende Maßnahme wählen (vgl. BGHZ 35, 272, 284).

16 Bis zur rechtskräftigen Beendigung des Hauptsacheverfahrens kann die Beantragung des Erlasses einer **einstweiligen Verfügung** nach § 940 ZPO sinnvoll sein, um drohende wesentliche Nachteile abwenden zu können. Der Antrag auf Entziehung der Vertretungsmacht kann im einstweiligen Verfügungsverfahren mit dem Antrag verbunden werden, dass die Geschäftsführungsbefugnis einem Dritten übertragen werden soll (vgl. BGHZ 33, 105, 108 ff.).

II. Rechtswirkungen

17 Das Geschäftsführungsrecht des beklagten Geschäftsführers **erlischt mit der Rechtskraft** des entziehenden Gestaltungsurteils. Ab Rechtskraft des Urteils hat der beklagte Gesellschafter lediglich die Rechtsstellung eines von der Geschäftsführung ausgeschlossenen Gesellschafters. Mit Rechtskraft erlischt auch der Anspruch auf die zugesagte Vergütung. Soweit mit dem Geschäftsführer noch ein zusätzlicher Dienstvertrag geschlossen worden sein sollte, rechtfertigt der wichtige Grund i. S. d. § 117 HGB regelmäßig auch eine fristlose Kündigung gem. § 626 BGB (E/B/J/*Mayen* § 117 Rn. 29).

18 Durch die Entziehung der Geschäftsführungsbefugnis kann eine **Neuordnung der Geschäftsführung** notwendig werden, z. B. wenn kein Geschäftsführer verbleibt oder von zwei Geschäftsführern mit Gesamtgeschäftsführungsbefugnis nur einer verbleibt. In diesem Fall kann jeder Gesellschafter aufgrund der gesellschafterlichen Treuepflicht verpflichtet sein, zur Erhaltung der Gesellschaft einen zumutbaren Neuordnungsvorschlag zuzustimmen (BGHZ 51, 198, 202). Sind sich alle übrigen Gesellschafter – mit Ausnahme des beklagten Geschäftsführers – über die Neuordnung einig, dann kann die die gegen den Geschäftsführer gerichtete Entziehungsklage mit der Klage auf Zustimmung zur Neuordnung verbunden werden (BGHZ 51, 198, 202 f.).

D. Abweichende Regelungen

Die Regelung des § 117 HGB ist **dispositiv**. Durch Gesellschaftsvertrag kann die Entziehung der Geschäftsführungsbefugnis sowohl in sachlicher als auch in verfahrensrechtlicher Hinsicht erleichtert oder erschwert werden. Im Gesellschaftsvertrag kann insbesondere bestimmt werden, welche Tatbestände zu den wichtigen Gründen zählen. Ferner kann für den Fall der Entziehung der Geschäftsführungsbefugnis eine Nachfolgeregelung getroffen werden. 19

Es ist sogar möglich, das gesetzlich vorgesehene Entziehungsverfahren durch Gesellschaftsvertrag dahingehend abzuändern, dass die **Entziehung** der Geschäftsführungsbefugnis – wie nach § 712 BGB – **durch Gesellschafterbeschluss** mit qualifizierter oder einfacher Mehrheit erfolgt (BGHZ 107, 351, 356). Dem betroffenen Gesellschafter steht kein Stimmrecht zu (BGHZ 102, 172, 176). 20

§ 118 [Kontrollrecht]

(1) Ein Gesellschafter kann, auch wenn er von der Geschäftsführung ausgeschlossen ist, sich von den Angelegenheiten der Gesellschaft persönlich unterrichten, die Handelsbücher und die Papiere der Gesellschaft einsehen und sich aus ihnen eine Bilanz und einen Jahresabschluß anfertigen.

(2) Eine dieses Recht ausschließende oder beschränkende Vereinbarung steht der Geltendmachung des Rechtes nicht entgegen, wenn Grund zu der Annahme unredlicher Geschäftsführung besteht.

A. Begriff des Kontrollrechts

Gem § 118 Abs. 1 HGB hat jeder Gesellschafter, ob mit oder ohne Geschäftsführungsbefugnis, ein **höchstpersönliches allgemeines Informationsrecht** über die Angelegenheiten der Gesellschaft. Dieses Recht richtet sich gegen die Gesellschaft (vgl. BGH WM 1962, 883). Von Bedeutung ist das Kontrollrecht insbesondere für die nicht geschäftsführungsberechtigten Gesellschafter, da es ihnen ein über §§ 666, 713 BGB hinausgehendes Informationsrecht gibt. Bei dem Kontrollrecht handelt es sich um ein gem. § 717 BGB nicht gesondert übertragbares **Verwaltungsrecht**. Eine Entziehung des Kontrollrechts nach § 117 HGB ist nicht möglich (vgl. *Peters* NJW 1965, 1212; Baumbach/Hopt/*Hopt* § 118 Rn. 1). 1

B. Inhalt und Umfang des Kontrollrechts

§ 118 HGB gewährt den Gesellschaftern auch angesichts der persönlichen Haftung ein **umfassendes Recht**, sich zu unterrichten. Das Kontrollrecht erstreckt sich auf alle gewöhnlichen und außergewöhnlichen Angelegenheiten der Gesellschaft (vgl. *Wiedemann* WM 1992 Beilage Nr. 7, 42). Auch die Beziehungen zu verbundenen Unternehmen (nicht aber deren eigene Angelegenheiten) gehören dazu (vgl. BGH WM 1984, 807, 808). 2

Zur Wahrnehmung seines Kontrollrechts ist es dem Gesellschafter gestattet, die Geschäftsräume zu betreten. Ferner hat der Gesellschafter das Recht, sich über Geschäftsverbindungen, Geschäftspläne, Verbindlichkeiten, steuerliche Verhältnisse, die gegenwärtige und zukünftige Gewinnerwartung (vgl. *OLG Hamm* NJW 1986, 1693, 1694) in jeder Phase der Gesellschaft, auch in der Liquidation (vgl. BayObLG BB 1987, 2184), zu informieren. 3

Gegenstand des **Einsichtsrechts** sind grundsätzlich alle Unterlagen der Gesellschaft im weitesten Sinne (vgl. Schlegelberger/*Martens* § 118 Rn. 9 ff.). Dem Gesellschafter ist es insbesondere erlaubt, in alle Handelsbücher und Geschäftsunterlagen (Verträge, Korrespondenz, Aktenvermerke) Einblick zu nehmen (vgl. BGH NJW 1997, 1985, 1986). Dies gilt auch für die elektronisch gespeicherten Daten, die dem Gesellschafter auf dem Bildschirm oder mittels Ausdruck zur 4

Verfügung zu stellen sind (vgl. Schlegelberger/*Martens* § 118 Rn. 10). Dem Gesellschafter ist es auch grundsätzlich gestattet, Abschriften und Fotokopien auf eigene Kosten anzufertigen, sofern dem keine berechtigten Interessen der Gesellschaft entgegenstehen (vgl. OLG Köln ZIP 1985, 800; Baumbach/Hopt/*Hopt* § 118 Rn. 6). Befinden sich die Bücher in Gewahrsam eines geschäftsführenden Gesellschafters, so richtet sich der Anspruch gegen diesen (vgl. BGH BB 1970, 187).

5 Das Informationsrecht kann ausnahmsweise zu einem **Auskunftsrecht** erstarken, wenn sich die benötigten Informationen z. B. aufgrund Lückenhaftigkeit oder Widersprüchlichkeit nicht den Büchern und Papieren der Gesellschaft entnehmen lassen und sich der Gesellschafter ohne die Auskunft keine Klarheit verschaffen kann (vgl. BGH BB 1984, 1272).

C. Ausübung des Kontrollrechts

6 Das Kontrollrecht ist als Verwaltungsrecht von der Mitgliedschaft nicht abtrennbar. Es muss daher von dem Gesellschafter grundsätzlich **persönlich** ausgeübt werden und ist nicht selbstständig auf Dritte übertragbar (vgl. BGH BB 1962, 899). Die Bevollmächtigung eines Dritten ist – ausgenommen bei Einvernehmen aller Gesellschafter – mithin nicht möglich. Die Rechtsausübung durch einen gesetzlichen Vertreter ist jedoch zulässig (vgl. BGHZ 44, 98, 103).

7 Dem Gesellschafter ist es aber zwecks sachgerechter Wahrnehmung erlaubt, einen **geeigneten Sachverständigen** hinzuzuziehen, auch ohne selbst mangelnde Sachkunde oder sonstige Gründe nachweisen zu müssen (vgl. BGH BB 1984, 1274). Der Gesellschafter darf dem Sachverständigen jedoch nicht die selbstständige Wahrnehmung der Rechte übertragen, sondern er muss selbst für die Ausübung der Informationsrechte verantwortlich bleiben (vgl. BGHZ 25, 115, 123). Als Sachverständige kommen regelmäßig nur Personen in Betracht, die berufsrechtlich zur Geheimhaltung und Verschwiegenheit verpflichtet sind, wie z. B. Rechtsanwälte, Wirtschaftsprüfer, Steuerberater, Notare (vgl. BGH BB 1962, 899). Die Gesellschaft kann bei Vorliegen eines berechtigten Grundes einen Sachverständigen ablehnen, aber nicht allein aus der Befürchtung einer besonders kritischen Ausübung (vgl. OLG Hamm BB 1970, 104) oder wegen einer ständigen engen Verbindung mit dem einsichtsberechtigten Gesellschafter (vgl. BayObLG BB 1991, 1589).

8 Die Einsichtnahme findet grundsätzlich **in den Geschäftsräumen** der Gesellschaft statt. Ein Anspruch auf Aushändigung der Unterlagen besteht – abgesehen von extremen Ausnahmefällen, in denen die Einsichtnahme in den Geschäftsräumen unzumutbar ist – nicht (vgl. BGH NJW 1984, 2470). Ferner hat die Einsichtnahme grundsätzlich während der üblichen Geschäftszeiten zu erfolgen.

9 Das Kontrollrecht nach § 118 HGB **erlischt** mit dem Ausscheiden des Gesellschafters aus der Gesellschaft (vgl. BGH NJW 1989, 3272, 3273). Dies gilt auch für Angelegenheiten aus der Zeit der Mitgliedschaft. Dem ehemaligen Gesellschafter stehen jedoch die Einsichts- und Auskunftsansprüche auf Grundlage der §§ 810, 242 BGB zu, soweit dies zur Klärung von Ansprüchen aus dem Gesellschaftsverhältnis geboten ist (vgl. BGH WM 1988, 1447, 1448).

10 Die **Kosten**, die mit der Rechtsausübung verbunden sind, hat grundsätzlich der Gesellschafter zu tragen, da er eigene Interessen wahrnimmt (vgl. BGH BB 1970, 187).

D. Prozessuales

11 Bei einer Informationsverweigerung kann der Gesellschafter zur Durchsetzung seines Informationsanspruchs eine **Leistungsklage** vor dem zuständigen Prozessgericht erheben (vgl. Schlegelberger/*Martens* § 118 Rn. 40). Der Klageantrag und der Urteilstenor lauten auf Verurteilung der Gesellschaft zur Einsichtsgewährung. Die vorzulegenden Unterlagen müssen nicht im Einzelnen bezeichnet sein (vgl. BGH WM 1979, 1061).

12 Ferner kann der Gesellschafter zur Sicherstellung von Büchern und Papieren vorläufigen Rechtsschutz durch **einstweilige Verfügung** (§§ 935 ff. ZPO) beantragen (vgl. Baumbach/Hopt/*Hopt* § 118 Rn. 15). Schließlich kann das Recht auf Einsichtnahme im Wege der Zwangsvollstreckung

(§ 883 ZPO) durch Wegnahme der Unterlagen und Übergabe an den Berechtigten durchgesetzt werden (vgl. OLG Frankfurt WM 1991, 1555).

E. Abweichende Regelung, Abs. 2

Nach der gesetzlichen Regelung (§§ 109, 118 Abs. 2 HGB) kann das Kontrollrecht beliebig eingeschränkt, ausgeschlossen oder erweitert werden (allg. Meinung; vgl. Baumbach/Hopt/*Hopt* § 118, Rn. 17; krit. aber E/B/J/*Mayen* § 118 Rn. 33). Eine **abweichende Regelung** bedarf aber stets einer ausdrücklichen Abrede im Gesellschaftsvertrag oder muss sich zumindest schlüssig aus dessen Gesamtzusammenhang ergeben; ein Mehrheitsbeschluss genügt nicht (Schlegelberger/*Martens* § 118 Rn. 31). 13

Gem. Abs. 2 stehen ausschließende oder beschränkende Vereinbarungen der Geltendmachung des Informationsanspruchs jedoch nicht entgegen, wenn Grund zur Annahme einer **unredlichen Geschäftsführung** besteht. Insoweit ist es ausreichend, wenn sachliche Anhaltspunkte für die Unredlichkeit vorliegen. Im Klagefall muss der Gesellschafter Verdachtsmomente für eine pflichtwidrige Geschäftsführung substantiiert darlegen, ohne sie jedoch darüber hinaus glaubhaft machen zu müssen (BGH WM 1984, 808). 14

§ 119 [Beschlussfassung]

(1) Für die von den Gesellschaftern zu fassenden Beschlüsse bedarf es der Zustimmung aller zur Mitwirkung bei der Beschlußfassung berufenen Gesellschafter.

(2) Hat nach dem Gesellschaftsvertrage die Mehrheit der Stimmen zu entscheiden, so ist die Mehrheit im Zweifel nach der Zahl der Gesellschafter zu berechnen.

Übersicht:

A. Gesellschafterbeschluss

I. Rechtsnatur

Die Einordnung des Gesellschafterbeschlusses als Rechtsgeschäft oder Gesamtakt bzw. Sozialakt war früher umstritten (vgl. die Nachweise bei Schlegelberger/*Martens* § 119 Rn. 4). Heute ist es jedoch vorherrschende Auffassung, dass eine begriffliche Zuordnung der Lösung von Einzelfragen nicht dient (vgl. MüKo BGB/*Ulmer* § 709 Rn. 47). Der Gesellschafterbeschluss ist ein **mehrseitiger Akt**, der sich aus den verschiedenen Stimmen zusammensetzt, die ihrerseits Willenserklärungen sind und den allgemeinen Regeln über Rechtsgeschäfte unterstehen (vgl. BGH NJW 1976, 49; MüKo BGB/*Ulmer* § 709 Rn. 47). Gesellschafterbeschlüsse, die vom Gesellschaftsvertrag nicht nur für den Einzelfall abweichen, sondern eine darin enthaltene Regelung dauerhaft 1 ändern, haben die gleiche Rechtsnatur wie der Gesellschaftsvertrag selbst (vgl. Baumbach/Hopt/*Hopt* § 119 Rn. 25).

II. Zustandekommen der Gesellschafterbeschlüsse

2 Die Gesellschafterbeschlüsse kommen durch die **Stimmabgaben der Gesellschafter** zustande. Die Stimmabgabe des Gesellschafters stellt eine Willenserklärung dar und unterliegt als solche den allgemeinen Regeln über Rechtsgeschäfte (vgl. BGH NJW 1976, 49). Das Gesetz verlangt für das Zustandekommen eines Beschlusses nicht die Einhaltung bestimmter Förmlichkeiten. Der Beschluss kann mithin in der Gesellschafterversammlung (**mündliche Erklärung**), im **Umlaufverfahren** (hierzu näher E/B/J/*Goette* § 119 Rn. 39 f.) oder durch **schriftliche Erklärung** (z. B. Briefwechsel) erklärt werden. Die gleichzeitige Anwesenheit und Stimmabgabe aller Gesellschafter bei der Beschlussfassung ist folglich nicht notwendig (vgl. BGH ZIP 1990, 505, 507).

3 Bei gesonderter Stimmabgabe außerhalb der Gesellschafterversammlung wird der Beschluss regelmäßig erst mit **Zugang der letzten Stimmerklärung** an den letztempfangenden Gesellschafter oder den Leiter wirksam (vgl. schon RGZ 128, 177). Bei Stimmabgaben außerhalb einer förmlichen Stimmabgabe kann sich insbesondere die Frage der Bindung des Gesellschafters an seine Willenserklärung stellen. Nach zutreffender Ansicht (vgl. GroßkommHGB/*Ulmer* § 119 Rn. 3) wird eine Bindung entsprechend den Bestimmungen der §§ 145 ff. BGB befürwortet. Unter sehr engen Voraussetzungen, z. B. bei Vertragsveränderungen oder Grundlagenfragen, wird jedoch ein **Widerrufsrecht** des Gesellschafters anzunehmen sein (vgl. Schlegelberger/*Martens* § 119 Rn. 5).

III. Schriftformvereinbarung

4 Wird im Gesellschaftsvertrag für Beschlüsse die Schriftform vorausgesetzt, so soll dieser Bestimmung lediglich eine **deklaratorische Bedeutung** zukommen, ohne dass der bloß mündlich gefasste Beschluss gem. § 125 S. 2 BGB unwirksam wäre (vgl. BGHZ 49, 364, 365; differenzierend Baumbach/Hopt/*Hopt* § 119 Rn. 28). Jedenfalls wir durch eine Protokollierung des Beschlusses der Schriftform regelmäßig genügt (vgl. BGHZ 66, 82, 86). Im Übrigen ist es den Gesellschaftern – soweit der Gesellschaftsvertrag dies nicht ausdrücklich ausschließt (vgl. BGH NJW 1972, 623) – ohnehin möglich, sich über die Formvorschrift im Einzelfall hinwegzusetzen und diese damit – jedenfalls konkludent – aufzuheben (st.Rspr., vgl. etwa BGHZ 58, 115, 118), soweit den Gesellschaftern bewusst ist und es ihrem Willen entspricht, dass das Beschlossene ungeachtet der Verfehlung der Form gelten soll.

IV. Einberufung der Gesellschafterversammlung

5 Fehlt im Gesellschaftsvertrag eine Regelung, so kann im Grundsatz jeder Gesellschafter eine Gesellschafterversammlung einberufen (vgl. OLG Köln ZIP 1987, 1120, 1122). Wegen der sonstigen Einberufungserfordernisse und der Formalien der Versammlung ist subsidiär auf die Vorschriften des Aktien- und des GmbH-Rechts zurückzugreifen, insbesondere auf §§ 48 ff. GmbHG, §§ 121 ff. AktG (vgl. Schlegelberger/*Martens* § 119 Rn. 6).

V. Beschlussmängel

6 Die Rechtsfolge von Beschlussmängeln ist im Recht der Personhandelsgesellschaften – anders als im Recht der Aktiengesellschaft – nicht geregelt. Mithin ist nach h. M. die **Rechtsfolge** fehlerhafter Beschlüsse den allgemeinen Vorschriften des BGB (§§ 134, 138 BGB) über Rechtsgeschäfte zu entnehmen (vgl. BGHZ 81, 264).

1. Materielle Beschlussmängel

7 Sofern der Beschluss materiell mangelhaft ist, weil er gegen das Gesetz oder im Gesellschaftsvertrag festgelegte Regelungen verstößt, führt dies grundsätzlich zur **Nichtigkeit** – nicht wie im Aktierecht zur bloßen Anfechtbarkeit – des Beschlusses (vgl. BGHZ 85, 353). Etwas anderes gilt nur

dann, wenn die Vorschriften über die fehlerhafte Gesellschaft eingreifen (vgl. hierzu ausführl. oben § 105 HGB Rn. 79 ff.). Es kommen insoweit insbesondere Verstöße gegen die Treuepflicht, das Gleichbehandlungsgebot oder unzulässige Eingriffe in den mitgliedschaftlichen Kernbereich in Betracht. Eine nachträgliche Zustimmung der benachteiligten Gesellschafter kann den Beschlussmangel jedoch **heilen** (E/B/J/*Goette* § 119 Rn. 74).

2. Formelle Beschlussmängel

Demgegenüber führen Verstöße gegen **bloße Ordnungsvorschriften**, die keine Gesellschafterbelange zum Gegenstand haben, grundsätzlich nicht zur Nichtigkeit des Beschlusses. Bei sonstigen Verfahrensverstößen ist maßgeblich, ob sich der Verstoß ursächlich auf das Abstimmungsergebnis ausgewirkt hat (vgl. BGH ZIP 1987, 444, 445), etwa bei der Nichtladung eines Gesellschafters zu einer Versammlung. 8

3. Geltendmachung von Beschlussmängeln

Die Geltendmachung der Nichtigkeit erfolgt durch die Erhebung einer **Feststellungsklage gem. § 256 Abs. 1 ZPO** gegen diejenigen Gesellschafter, die hinsichtlich der Wirksamkeit des Beschlusses den im Verhältnis zum Kläger gegenteiligen Standpunkt vertreten (vgl. BGH NJW 1999, 3113; vgl. zu Beschlussmängelstreitigkeiten auch ausführl. Kap. 16 Rn. 73 ff.). Eine notwendige Streitgenossenschaft zwischen den Beklagten besteht jedoch nicht (vgl. BGHZ 30, 195, 197). Etwas anderes gilt jedoch dann, wenn im Gesellschaftsvertrag zulässigerweise festgelegt ist, dass die Klage gegen die Gesellschaft zu richten ist (vgl. OLG Frankfurt NJW-RR 1994, 727). 9

Die Klage ist **nicht fristgebunden**, da eine gesetzliche oder am Leitbild des § 246 Abs. 1 AktG orientierte Klagefrist nicht existiert (vgl. BGH NJW 1999, 3113). Der Gesellschaftsvertrag kann jedoch eine Klagefrist bestimmen, deren Einhaltung dann eine von Amts wegen zu beachtende materielle Klagevoraussetzung darstellt (vgl. BGH NZG 1998, 679 zur GmbH). Die Frist muss jedoch angemessen sein und der Leitbildfunktion des § 246 Abs. 1 AktG entsprechend mindestens einen Monat betragen (vgl. BGH ZIP 1995, 460, 461). Aber auch ohne Bestimmung einer Klagefrist ist der Mangel aufgrund der bestehenden Treuepflicht in angemessener Zeit geltend zu machen, da ansonsten **Verwirkung** droht (vgl. BGH NJW 1999, 3113; vgl. außerdem Kap. 16 Rn. 81 f.). 10

Einstweilige Verfügungen gegen geplante Gesellschafterbeschlüsse sind nur in sehr begrenzten Ausnahmefällen, d. h. bei eindeutiger Rechtslage oder bei besonderem Schutzbedürfnis, statthaft (vgl. OLG Frankfurt BB 1982, 274). 11

B. Mehrheitsbeschlüsse

I. Grundsatz der Einstimmigkeit

Nach dem gesetzlichen Leitbild sind sämtliche Beschlüsse von allen Gesellschaftern einstimmig zu fassen. Dieses **Einstimmigkeitsprinzip** wahrt zwar einerseits das Recht eines jeden Gesellschafters auf Selbstbestimmung (vgl. E/B/J/*Goette* § 119 Rn. 44), aber gleichzeitig erschwert es die Willensbildung innerhalb der Gesellschaft und kann letztlich zur vollständigen Blockade führen. Da auch der Gesetzgeber erkannt hat, dass die strikte Anwendung des Einstimmigkeitserfordernisses zur Handlungsunfähigkeit der Gesellschaft führen kann (vgl. *Lutz* Protokolle, S. 198 ff.), hat er in § 119 Abs. 2 HGB das **Mehrheitsprinzip** als selbstverständlich anerkannt. Für die Publikumsgesellschaften ergibt sich dies unabhängig hiervon aus einem für sie von der Rechtsprechung entwickelten Sonderrecht (vgl. dazu Kap. 9 Rn. 38 f.). 12

II. Zulassung von Mehrheitsbeschlüssen

Soweit der Gesellschaftsvertrag eine Mehrheitsentscheidung vorsieht, so ist nach § 119 Abs. 2 HGB im Zweifel die Mehrheit nach der Anzahl der Gesellschafter, also **nach Köpfen**, zu berechnen. Im Zweifelsfalle ist hierzu die Mehrheit aller an der Gesellschaft beteiligten, also nicht nur die Mehrheit der bei der Beschlussfassung anwesenden Gesellschafter erforderlich (vgl. Schlegel- 13 berger/*Martens* § 119 Rn. 16). In der Praxis wird von dieser Regelung jedoch häufig abgewichen, insbesondere ist oftmals eine Stimmenberechnung nach der **Höhe der Kapitalanteile** vorgesehen.

III. Grenzen des Mehrheitsprinzips

14 Gesellschaftsvertragsklauseln über die Zulassung von Mehrheitsbeschlüssen bergen für die (Minderheits-)Gesellschafter zahlreiche Gefahren. Zum Schutz der Minderheit kann das Mehrheitsprinzip mithin nicht schrankenlos bestehen. Allgemeine Grenzen setzen die Bestimmungen der §§ 134, 138 BGB. Dem Schutz der Minderheit dienen aber insbesondere der von der Rechtsprechung entwickelte **Bestimmtheitsgrundsatz** sowie die **Lehre vom Schutz des Kernbereichs** der mitgliedschaftlichen Rechtsstellung.

1. Bestimmtheitsgrundsatz

15 Der bereits vom Reichsgericht (vgl. RGZ 91, 166; 163, 385) entwickelte Bestimmtheitsgrundsatz (vgl. auch § 109 HGB Rn. 24) begrenzt die Reichweite gesellschaftsvertraglicher Mehrheitsklauseln. Eine pauschale, nicht näher spezifizierte Mehrheitsklausel legitimiert nur Beschlüsse über laufende Gesellschaftsgeschäfte (vgl. BGHZ 85, 351). Soweit sich die Mehrheitskompetenz inhaltlich auch auf Vertragsveränderungen bezieht, fallen nur gewöhnliche Änderungen des Gesellschaftsvertrages darunter. Bei ungewöhnlichen, grundlegenden Vertragsänderungen muss sich aus der Mehrheitsklausel eindeutig ergeben – und sei es im Wege der Auslegung – dass der Mehrheitsbeschluss auch für diese konkrete Änderung gelten soll (vgl. BGH ZIP 1985, 1137, 1138). Im Zweifel ist dies nicht der Fall. Für den Bereich der **Publikumsgesellschaften** hat der BGH (BGHZ 85, 350, 356 ff.) den Bestimmtheitsgrundsatz mittlerweile aufgegeben. Hier gelangen zum Schutz der Minderheit Sonderregelungen zum Einsatz (vgl. dazu Baumbach/Hopt/*Hopt* Anh. § 177 a Rn. 69; vgl. außerdem Kap. 9 Rn. 40 ff.), da die Publikumsgesellschaft sonst in Krisen blockiert wäre.

16 Als **Vertragsveränderungen ungewöhnlicher Art** sind eingestuft worden: Erweiterung von Einlage- und Beitragspflichten (BGHZ 8, 35, 41); Änderungen in der Gewinnverteilung (BGH WM 1986, 1556); Eingriffe in die Gleichbehandlung (BGHZ 8, 35, 41); Eingriffe in das Recht der actio pro socio (BGH ZIP 1985, 1137, 1138); Eingriffe in Sonderrechte (vgl. *A. Hueck* Recht der OHG, S. 179); Gestattungen besonderer Entnahmen (BGH WM 1986, 1109 f.); Maßnahmen der Rücklagenbildung (BGH WM 1976, 661, 662); Änderungen der Mehrheitserfordernisse (i. S. einer Herabsetzung; BGH ZIP 1987, 1178 f.); der Vertragsdauer (BGH WM 1973, 990, 991); des Gesellschaftszwecks (Heymann/*Emmerich* § 119 Rn. 33); der Kündigungsfolgen (BGHZ 48, 251, 254) sowie der Auseinandersetzungsregelungen (BGH WM 1966, 707 f.); Beschlüsse über eine Auflösung oder Fortsetzung der Gesellschaft (BGHZ 8, 35, 42), über die Aufnahme und das Ausscheiden von Gesellschaftern (BGHZ 8, 35, 42) und Umwandlungsbeschlüsse (BGHZ 85, 350).

17 Der Bestimmtheitsgrundsatz ist mit Hinweis auf seine formale Natur und der Möglichkeit, ihn durch eine kautelarjuristische Regelung des Gesellschaftsvertrages auszuhebeln, in Frage gestellt worden (vgl. MüKo BGB/*Ulmer* § 709 Rn. 87). Dies gibt jedoch keine Veranlassung, den Bestimmtheitsgrundsatz vollständig aufzugeben. Denn nach zutreffender Ansicht (vgl. *K. Schmidt* ZHR 158 (1994), 205, 214 ff.) liegt die Funktion des Bestimmtheitsgrundsatzes nicht in einer inhaltlichen (materiellen) Begrenzung der Mehrheitsherrschaft, dies obliegt vielmehr der Kernbereichslehre bzw. der Treuepflicht, sondern in der gebotenen Eindeutigkeit gesellschaftsvertraglicher Ermächtigungen für Mehrheitsentscheidungen. Damit behält der Bestimmtheitsgrundsatz auch neben der Kernbereichslehre und Treuepflicht seine eigenständige Funktion (vgl. E/B/J/*Goette* § 119 Rn. 57).

2. Schutz des mitgliedschaftlichen Kernbereichs

18 Eine weitere wesentliche Schranke für den Minderheitenschutz in der Gesellschaft ergibt sich aus den Grundsätzen über den Schutz des Kernbereichs der mitgliedschaftlichen Rechtsstellung. Der

Kernbereich steht zum Teil gar nicht, zum Teil nur mit Zustimmung des betroffenen Gesellschafters zur Disposition der übrigen Gesellschafter (vgl. BGH NJW 1985, 972, 974). Der **Umfang des Kernbereichs** der mitgliedschaftlichen Rechte ist streitig noch nicht abschließend geklärt (vgl. MüKo BGB/*Ulmer* § 709 Rn. 78).

Zum Kernbereich zu zählen ist das Recht auf Wahrnehmung aller Befugnisse, die der Erhaltung der Rechtsstellung des Gesellschafters und der Abwehr von Eingriffen in diese dienen (vgl. BGHZ 20, 363, 367 f.). Insbesondere kann der Gesellschafter nicht ohne wichtigen Grund (vgl. BGHZ 68, 212, 215) oder nach freiem Ermessen (vgl. BGH WM 1985, 772, 773) aus der Gesellschaft ausgeschlossen werden. Ferner darf dem Gesellschafter sein Recht auf Beendigung der Gesellschaft (vgl. § 723 BGB) nicht durch unangemessene Kündigungsfristen oder Abfindungsregelungen unzumutbar erschwert werden. Außerdem kann das Recht des Gesellschafters auf Teilnahme nicht generell abbedungen werden. Zumindest für Beschlussgegenstände, die Teil des Kernbereichs sind, besteht ein Teilnahmerecht des Gesellschafters (vgl. Röhricht/v. Westphalen/*v. Gerkan* § 119 Rn. 23). Auch ein völliger Entzug des Informationsrechts ist nicht zulässig (vgl. BGH NJW 1995, 194). Schließlich ist auch eine gänzliche Entziehung des Stimmrechts unzulässig (vgl. MüKo HGB/*Enzinger* § 119 Rn. 68). 19

C. Stimmrecht des Gesellschafters

I. Stimmrecht

Das Stimmrecht zählt zu den wichtigsten Rechten des Gesellschafters, da er durch die Ausübung des Stimmrechts an der Willensbildung der Gesellschaft teilnimmt. Es ist ein **höchstpersönliches und unübertragbares Gesellschafterrecht**. Die Stimmabgabe ist im Gegensatz zum Gesellschafterbeschluss eine Willenserklärung, für die die allgemeinen Vorschriften des BGB (§§ 104 ff. BGB) gelten (vgl. BGHZ 65, 97). Ist die Stimmabgabe nichtig, ist sie wie eine Stimmenthaltung zu behandeln und kann dadurch das Abstimmungsergebnis beeinflussen (vgl. BGHZ 88, 320, 329 f. zur GmbH). 20

II. Stimmpflicht

Der Gesellschafter ist jedoch nicht nur berechtigt, an der Willensbildung der Gesellschaft mitzuwirken, sondern grundsätzlich hierzu verpflichtet. Diese Stimmpflicht der Gesellschafter folgt aus **Förderpflicht** sowie aus der **Treuepflicht** (vgl. Baumbach/Hopt/*Hopt* § 119 Rn. 6). Die Gesellschafter sind mithin, soweit sie an Beschlüssen mitwirken können, zur Mitwirkung (Information, Erörterung) und Stimmabgabe (Zustimmung, Ablehnung, Enthaltung) verpflichtet. 21

Der Gesellschafter ist auch bei seiner Stimmabgabe **nicht völlig frei**. Die Förderpflicht ebenso wie die gesellschafterliche Treuepflicht begrenzen die Freiheit des einzelnen Gesellschafters im Interesse der Gesellschaft. Dies kann im Einzelfall soweit führen, dass eine Pflicht zur Ausübung des Stimmrechts in einem bestimmten Sinne – sei es die Zustimmung oder die Ablehnung – besteht (vgl. Baumbach/Hopt/*Hopt* § 119 Rn. 7; zahlreiche Beispiele bei E/B/J/*Goette* § 119 Rn. 27). Bei pflichtwidriger Ablehnung der Stimmabgabe ist grundsätzlich die Erhebung der Leistungsklage der übrigen Gesellschafter gem. § 894 ZPO gerichtet auf Zustimmung des ablehnenden Gesellschafters notwendig (bei Publikumsgesellschaften wird auf das Erfordernis der Leistungsklage verzichtet, vgl. BGH NJW 1987, 1262). Die geschuldete Zustimmung wird dann durch das Urteil ersetzt (BGHZ 64, 259). Sofern ein Gesellschafter seine Stimmpflicht schuldhaft verletzt, kann er sich schadensersatzpflichtig machen. 22

III. Stimmrechtsausschluss

Das grundsätzliche Recht des Gesellschafters auf Ausübung des Stimmrechts besteht schon nach dem Gesetz nicht schrankenlos. Stimmrechtsausschlüsse einzelner Gesellschafter sieht das Gesetz in den §§ 113 Abs. 2, 117 Abs. 1, 127, 140, 141 HGB vor. Sämtlichen gesetzlich geregelten Fallgestaltungen ist gemein, dass bei der Beschlussfassung auftretende **Interessenkollisionen** zwi- 23 schen den persönlichen Interessen einzelner Gesellschafter und der Gesellschaft vermieden werden sollen. Die genannten Einzelregelungen sind mithin Ausdruck eines allgemeinen, z. B. auch in § 47 Abs. 4 GmbHG, § 136 Abs. 1 AktG niedergelegten rechtsformübergreifenden und nicht nur im Zivilrecht anzutreffenden Prinzips, Entscheidungen auf der Verbandsebene nicht durch die Wahrnehmung von Sonderinteressen beeinflussen zu lassen (vgl. E/B/J/*Goette* § 119 Rn. 11). Hieraus lässt sich der allgemeine Grundsatz entnehmen, dass niemand in eigener Sache richten soll (vgl. BGH BB 1989, 1496). Dies rechtfertigt es, auch in gesetzlich nicht geregelten Fällen ein **Stimmverbot** anzunehmen, soweit die begründete Gefahr besteht, dass der Gesellschafter bei der Abstimmung im persönlichen – nicht aber im Verbandsinteresse – Interesse handeln werde (vgl. Schlegelberger/*Martens* § 119 Rn. 39). So ist der Gesellschafter beispielsweise von der Stimmabgabe ausgeschlossen, wenn er von einer der Gesellschaft gegenüber bestehenden Verbindlichkeit befreit oder wenn ihm Entlastung erteilt werden soll (vgl. BGH NJW 1986, 2250) oder wenn über die Geltendmachung eines Anspruchs (vgl. BGH BB 1974, 966) bzw. über die Einleitung eines Rechtsstreits (vgl. BGH WM 1983, 60) gegen den Gesellschafter entschieden werden soll.

24 Die gesetzlichen Regelungen über den Stimmrechtsausschluss sind **dispositiv**, so dass vertragliche Einschränkungen des Stimmverbotes grundsätzlich zulässig sind (zu Einschränkungen vgl. E/B/J/*Goette* § 119 Rn. 14). Dasselbe gilt für eine Ausdehnung von Stimmrechtsverboten. Ein **vertraglicher Stimmrechtsausschluss** einzelner Gesellschafter ist – außer für Beschlüsse, die in die Rechtsstellung des Gesellschafters eingreifen (Kernbereichslehre) – mithin grundsätzlich möglich (vgl. BGH WM 1985, 256 f.).

25 Ferner kann durch den Gesellschaftsvertrag die **Stimmkraft der Beteiligung** unterschiedlich geregelt werden, soweit das ungleiche Stimmrecht nicht zu einer sittenwidrigen Abhängigkeit eines Gesellschafters führt (vgl. BGHZ 20, 370).

IV. Stimmrechtsübertragung und -vertretung

26 Das Stimmrecht des Gesellschafters kann auch mit Zustimmung der übrigen Mitgesellschafter isoliert von der Mitgliedschaft weder einem Dritten noch einem Mitgesellschafter übertragen werden (sog. **Abspaltungsverbot**, vgl. BGHZ 20, 364). Zur Vermeidung von Umgehungen sind auch anderen Gestaltungen, aufgrund derer der andere das Stimmrecht wie ein eigenes Recht ausüben kann, **unzulässig** (vgl. BGH NJW 1987, 780). So ist z. B. die Erteilung einer unwiderruflichen Stimmrechtsvollmacht unter gleichzeitigem Stimmrechtsverzicht des Vollmachtgebers (Gesellschafters) nicht möglich (vgl. BGHZ 3, 356).

27 Zulässig ist jedoch die **treuhänderische Übertragung** des Mitgliedschaftsrechts, wodurch der Treuhänder auch das Stimmrecht erlangt. Der Treuhänder ist dem Treugeber dann jedoch nicht gesellschaftsrechtlich, sondern lediglich schuldrechtlich verpflichtet (vgl. MünchHdb GesR I/*Weipert* § 57 Rn. 76 f.).

28 Da das Stimmrecht höchstpersönlich ist, können Stimmabgaben grundsätzlich nicht durch Vertreter (außer gesetzlichen Vertretern) erklärt werden. Der Gesellschaftsvertrag kann aber generell die Erteilung einer Stimmvollmacht zulassen. Auch können die Mitgesellschafter eine Vertretung bei der Stimmabgabe zulassen (vgl. BGH DB 1970, 437).

V. Stimmrechtsbindung

29 Vereinbarungen, durch die ein Gesellschafter sich zu einem bestimmten Stimmgebrauch gegenüber Mitgesellschaftern oder Dritten verpflichtet, sind innerhalb der Grenzen des § 138 BGB und der gesellschafterlichen Treuepflicht grundsätzlich zulässig (vgl. BGHZ 48, 163, 167 f.). Ein solcher Vertrag entfaltet allerdings **nur schuldrechtliche Wirkung** und betrifft die Wirksamkeit der Stimmabgabe auch bei abweichender Abstimmung nicht. Der den Stimmbindungsvertrag verletzende Gesellschafter macht sich unter Umständen jedoch schadensersatzpflichtig.

§ 120 [Gewinn und Verlust]

(1) Am Schlusse jedes Geschäftsjahrs wird auf Grund der Bilanz der Gewinn oder der Verlust des Jahres ermittelt und für jeden Gesellschafter sein Anteil daran berechnet.

(2) Der einem Gesellschafter zukommende Gewinn wird dem Kapitalanteile des Gesellschafters zugeschrieben; der auf einen Gesellschafter entfallende Verlust sowie das während des Geschäftsjahrs auf den Kapitalanteil entnommene Geld wird davon abgeschrieben.

Übersicht:

A. Grundsätzliches

Wie jeder Kaufmann hat die OHG bei Beginn ihres Handlungsgewerbes eine **Eröffnungsbilanz** und dann für den Schluss jedes Geschäftsjahres einen **Jahresabschluss** anzufertigen (§§ 242 ff. HGB). Dieser besteht aus der Bilanz und einer gesonderten Gewinn- und Verlustrechung (§ 242 Abs. 3 HGB). Die Vorschrift des § 120 HGB regelt die Ermittlung des im Jahresabschluss ausgewiesenen Gewinns oder Verlustes einerseits und die Berechnung des Anteils der Gesellschafter am Ergebnis andererseits. Die Vorschrift wird ergänzt durch die Regelung in § 121 HGB zur Gewinn- und Verlustverteilung und diejenige des § 122 HGB zum Entnahmerecht. In der Praxis wird von den Vorschriften weitgehend abgewichen (Schlegelberger/*Martens* § 120 Rn. 1). 1

B. Jahresabschluss

I. Aufstellung des Jahresabschlusses

Die Aufstellung des Jahresabschlusses erfolgt durch eine **gegliederte Zusammenfassung** der Zahlen der Buchführung und des Inventars (§§ 238, 240 HGB), sowie den ergänzenden Abschlussbuchungen (MünchHdb GesR I/*Bezzenberger* § 62 Rn. 17), wobei gem. § 247 HGB mindestens das Anlage- und Umlaufvermögen, das Eigenkapital, die Schulden und die Rechnungsabgrenzungsposten getrennt aufzuweisen und hinreichend aufzugliedern sind (E/B/J/*Ehricke* § 120 Rn. 8). Der Jahresabschluss ist nach den Grundsätzen ordnungsgemäßer Buchführung (§ 243 Abs. 1 HGB) in Euro aufzustellen. Die Aufstellung richtet sich nach den allgemeinen Vorschriften der §§ 238 ff. HGB. 2

Mit dem Jahresabschluss wird die **Vermögens- und Ertragslage** der Gesellschaft dargestellt, die sich aus der Gegenüberstellung der Aufwendungen und Erträge innerhalb eines Geschäftsjahres ergibt (E/B/J/*Ehricke* § 120 Rn. 3). 3

Zur Aufstellung des Jahresabschlusses (als Vorbereitung zur Feststellung) sind gesellschaftsintern nur die **geschäftsführenden Gesellschafter** berechtigt und verpflichtet (BGHZ 76, 338, 342; 132, 263, 266). Sämtliche Bilanzierungsentscheidungen, die die Darstellung der Vermögens-, Finanz- und Ertragslage der Gesellschaft betreffen, sind folglich von den geschäftsführenden Gesellschaftern zu treffen (MünchHdb GesR I/*Bezzenberger* § 62 Rn. 18). Es handelt sich nicht um eine **höchstpersönliche Pflicht** (MüKo HGB/*Priester* § 120 Rn. 49). Ist der verpflichtete Geschäftsführer nicht hinreichend sachkundig, hat er geeignete Mitarbeiter hinzuzuziehen (BGH WM 1961, 886, 887), wobei die Ausfüllung des bilanziellen Beurteilungsrahmens letztlich durch die Geschäftsführer selbst zu erfolgen hat. 4

5 Bei Streitigkeiten über die Aufstellung des Jahresabschlusses hat jeder geschäftsführende Gesellschafter ein **Widerspruchsrecht** nach § 115 HGB. Widersprüche müssen aber sowohl hinreichend konkret vorgetragen werden als auch im Interesse der Gesellschaft erfolgen, wobei Beanstandungen in Hinsicht auf die Ausübung von Wahlrechten oder Ermessensentscheidungen stets als beachtlich gelten (BGH WM 1988, 968, 870). Kommt keine Einigung unter den geschäftsführenden Gesellschaftern zustande, haben diese untereinander im Wege der Feststellungsklage auf Feststellung der zutreffenden Ansätze vorzugehen, ohne dass die Gesellschaft hieran beteiligt wäre (BGH NJW 1999, 571, 572; MüKo HGB/*Priester* § 120 Rn. 52). Für den Fall, dass vor Entscheidung hierüber der Jahresabschluss festgestellt wird, ist im Fall eines Einstimmigkeitserfordernisses davon auszugehen, dass die Feststellung nicht wirksam sein dürfte, eben weil die Klage anhängig ist, es sei denn, der Kläger hätte bei der Feststellung mitgewirkt, dann u. U. Fall der Erledigung (vgl. E/B/J/*Ehricke* § 120 Rn. 17). Konnte der Jahresabschluss wirksam mit Mehrheit festgestellt werden, dürfte ab diesem Zeitpunkt der Klage des Gesellschafters das Rechtschutzbedürfnis fehlen (vgl. dazu Schlegelberger/*Martens* § 120 Rn. 2). Die nicht zur Geschäftsführung befugten Gesellschafter können ihre Einwände erst bei Feststellung des Jahresabschlusses geltend machen (vgl. E/B/J/*Ehricke* § 120 Rn. 18).

II. Feststellung des Jahresabschlusses

6 Die Feststellung des Jahresabschlusses, also alle Bilanzierungsmaßnahmen denen die Bedeutung einer Ergebnisverwendung zukommt, fällt als **Grundlagengeschäft** in die Kompetenz sämtlicher Gesellschafter (BGHZ 132, 263, 266 f.). Erst mit dieser Feststellung wird der Jahresabschluss gesellschaftsintern verbindlich. Die Frage der **Rechtsnatur der Feststellung** ist, ohne dass dies größere praktische Auswirkungen hätte, umstritten, teils wird von einem abstraktem Schuldanerkenntnis ausgegangen (Röhricht/Graf v. Westphalen/*v. Gerkan* § 120 Rn. 5); wohl überwiegend wird von einem kausalen Anerkenntnis ausgegangen (Schlegelberger/*Martens* § 120 Rn. 5). Die Rechtsprechung hat bislang sowohl von einem abstrakten Schuldanerkenntnis (BGH WM 1960, 187, 188) als auch von einem Feststellungsvertrag (vgl. BGH WM 1975, 1261; BGHZ 132, 263, 267) gesprochen. Das Anerkenntnis kann gegebenenfalls nach den §§ 119, 123 BGB angefochten (BGH WM 1960, 187, 188) oder aber nach § 812 Abs. 2 BGB kondiziert werden (BGH WM 1966, 448, 449).

7 Umfasst sind von der Feststellung neben der Bilanz auch die **Gewinn- und Verlustrechnung** (MüKo HGB/*Priester* § 120 Rn. 59). Betreffend das Verhältnis der Gesellschafter untereinander wird der Bestand der Rechte zwischen ihnen verbindlich festgestellt (MünchHdb GesR I/*Bezzenberger* § 62 Rn. 67), im Verhältnis zwischen Gesellschaft und Gesellschafter ist die Reichweite nicht ganz unstreitig (BGH WM 1960, 187, 188: was auf dem freien Verfügungskonto Niederschlag gefunden hat; Schlegelberger/*Martens* § 120 Rn. 4: Billigung aller Ansprüche zwischen Gesellschafter und Gesellschaft; E/B/J/*Ehricke* § 120 Rn. 33: nur solche Ansprüche zwischen Gesellschafter und Gesellschaft, die in der Bilanz aufgestellt worden sind; MüKo HGB/*Priester* § 120 Rn. 61: keine Bindungswirkung; vgl. auch OLG Köln ZIP 2000, 1726, 1728 für sonstige, nicht den Kapitalanteil betreffende Ansprüche).

III. Streitigkeiten über die Bilanzfeststellung

8 Streitigkeiten über die **Mitwirkung** bei der Bilanzfeststellung und über die **Richtigkeit** der Bilanzansätze sind unter den Gesellschaftern auszutragen (vgl. BGH WM 1979, 1330, 1331; WM 1986, 1556; NJW 1999, 571, 572). Die nicht geschäftsführenden Gesellschafter können gegen die untätigen geschäftsführenden Gesellschafter nach Ablauf der Aufstellungsfrist im Wege der **actio pro socio** (GroßkommHGB/*Ulmer* § 120 Rn. 21 f.: Klage gegen den weigernden Gesellschafter auf Zustimmung, § 894 ZPO, wogegen der einzelne Gesellschafter auf Feststellung der Unrichtigkeit einzelner Bilanzansätze erheben kann) vorgehen (MüKo HGB/*Priester* § 120 Rn. 64; vgl. zur actio pro socio ausführl. Kap. 16 Rn. 86 ff.). Dabei besteht (wohl) keine notwendige Streitgenossenschaft der Gesellschafter (vgl. hierzu BGH WM 1983, 1279, 1280; NJW 1999, 571, 572:

offen lassend). Dabei haben die nicht geschäftsführenden Gesellschafter ein Informationsrecht (vgl. BGH NJW 1992, 1890, 1891).

C. Kapitalanteil

Der Begriff des Kapitalanteils wird in den §§ 120, 121, 122, 155 HGB ohne exakte gesetzliche Definition verwendet (MünchHdb GesR I/*v. Falkenhausen/H. C. Schneider* § 61 Rn. 23). Bei dem Kapitalanteil handelt es sich lediglich um eine **Rechnungsziffer** (Bilanzziffer), die die Beteiligung des Gesellschafters am Bilanzvermögen der Gesellschaft zum Ausdruck bringt, und den Maßstab bildet, wenn der Wert der Beteiligung für die Verteilung bestimmter Rechte und Pflichten von Bedeutung wird (BGH NJW 1999, 2438). Die Qualifikation des Kapitalanteils als Rechnungsziffer macht deutlich, dass es sich nicht um ein selbstständiges Recht handelt, über das eigenständig verfügt werden kann (Baumbach/Hopt/*Hopt* § 120 Rn. 13). Der Kapitalanteil kann daher auch nicht abgetreten, belastet oder verpfändet werden (MüKo HGB/*Priester* § 120 Rn. 87). Der Kapitalanteil ist nicht gleichbedeutend mit dem »**Anteil am Gesellschaftsvermögen**« (§ 719 BGB), der die Beteiligung am gesamthänderischen Gesellschaftsvermögen und die einzelnen Vermögensrechte des Gesellschafters ausdrückt (E/B/J/*Ehricke* § 120, Rn. 60). 7

Nach der Rechtsprechung kann jeder Gesellschafter nur eine **einheitliche Gesellschaftsbeteiligung**, nicht aber mehrere selbstständige Anteile halten (BGH DB 1989, 1718). Dies ergibt sich zwingend aus dem Begriff der Mitgliedschaft, die der Inbegriff aller dem Gesellschafter zustehenden Rechte und Pflichten ist und daher nur eine einheitliche sein kann (*Ulmer* NJW 1990, 73, 76 f.). Dementsprechend verfügt der Gesellschafter auch nur über einen einheitlichen Kapitalanteil. 8

Der Kapitalanteil ist nach § 120 Abs. 2 HGB eine **variable Größe**, die sich aus den am Jahresende zu erfolgenden Gewinnzuschreibungen und Verlustabschreibungen ergibt und hat zunächst nur die Funktion, die Fortschreibung der Einlage in der Bilanz widerzuspiegeln (MünchHdb GesR I/*v. Falkenhausen/H. C. Schneider* § 61 Rn. 31, 36). 9

D. Bewertung der Einlage

I. Innenverhältnis

In der **Bewertung der Einlage** zum Zwecke der Bestimmung der Kapitalanteile sind die Gesellschafter im Innenverhältnis grundsätzlich frei (E/B/J/*Ehricke* § 120 Rn. 25). Sie können daher die Einlage über- oder unterbewerten, mit der Folge, dass dann insoweit der Kapitalanteil nicht den tatsächlichen Wert der Einlage im Verhältnis zum Kapital der Gesellschaft wiedergibt. **Bareinlagen** können somit dem Kapitalanteil mit einem höheren oder niedrigeren Wert als ihrem Nennwert zugeschrieben werden; Auch bei **Sacheinlagen** kann der Wert höher oder niedriger als der Verkehrswert angesetzt werden (BGH WM 1975, 327). Die Bewertung der Einlage muss jedoch innerhalb der Grenze der §§ 138, 826 BGB erfolgen. Ferner können auch **Dienstleistungen** als Einlage bewertet werden, und zwar mit einem Erinnerungswert oder als laufende Einlage oder kapitalisiert als Summe des Werts künftiger Dienste (*Sudhoff* NJW 1964, 1249). Schließlich können auch andere Werte, wie Kenntnisse und Erfahrungen (z. B. Know-how), eine Einlage darstellen (Baumbach/Hopt/*Hopt* § 120 Rn. 17). 10

II. Außenverhältnis

Dagegen darf die im Innenverhältnis als Rechnungsgröße überhöht bewertete Einlage im Außenverhältnis, den Wertansätzen in der Bilanz, nicht mit diesem Rechnungswert angegeben werden, sondern sie muss mit dem Wert angesetzt werden, der dem Gegenstand zum Zeitpunkt der Einlage tatsächlich zukommt (E/B/J/*Ehricke* § 120 Rn. 26). Die **Unzulässigkeit des erhöhten Ansatzes** ergibt sich einerseits bereits aus den Wertungen der §§ 252 ff. HGB, insbesondere der §§ 253, 255 HGB. Zum anderen rechtfertigen aber auch Erwägungen des Gläubigerschutzes ein Verbot der Überbewertungen in den Bilanzen von Personengesellschaften. 11

12 Bei der bilanziellen Unterbewertung von Einlagen ist der Rechtsverkehr dagegen weniger schutzwürdig, da in diesem Fall tatsächlich sogar mehr Haftungsmasse zur Verfügung steht, als in der Bilanz ausgewiesen wird. Demnach liegt es grundsätzlich (Ausnahme z. B. sittenwidrige Unterbewertung) im bilanzpolitischen Ermessen der geschäftsführenden Gesellschafter, ob stille Reserven durch die Unterbewertung von Einlagen gebildet werden.

E. Kapitalkonten

13 Das Kapitalkonto eines Gesellschafters weist dessen Kapitalanteil buchmäßig aus. Diesem Konto werden nach der gesetzlichen Regelung des § 120 Abs. 2 HGB die Gewinn- und Verlustanteile zu- bzw. abgeschrieben. Aufgrund der variablen Bestimmung der jeweiligen Kapitalanteile kann es dazu kommen, dass das Kapitalkonto ins Minus gelangt und der Kapitalanteil negativ wird. Aber auch in diesem Fall bleibt der Kapitalanteil eine reine Rechnungsziffer. Insbesondere weist ein negativer Kapitalanteil keine Forderung gegen den Gesellschafter aus (BGH NJW 1999, 2438). Es besteht auch keine Nachschusspflicht (§ 707 BGB; BGH WM 1982, 1311). Bei einem negativen Kapitalanteil entfällt jedoch das Entnahmerecht des Gesellschafters (Baumbach/Hopt/*Hopt* § 120 Rn. 22). Für den Fall der Liquidation der Gesellschaft ist jeder Gesellschafter zum Ausgleich verpflichtet (vgl. in dem Zusammenhang auch BGHZ 26, 126, 128), allerdings nur im Verhältnis zu den anderen Gesellschaftern, wegen § 707 BGB jedoch nicht der Gesellschaft gegenüber.

14 In der Praxis hat sich die gesetzliche Regelung der variablen Kapitalanteile insbesondere aufgrund der sich ständig ändernden Beteiligungsverhältnisse als nicht zweckmäßig erwiesen. Dementsprechend wird das gesetzliche System der variablen Kapitalanteile in den Gesellschaftsverträgen oftmals durch ein **System fester Kapitalanteile** ersetzt (GroßkommHGB/*Ulmer* § 120 Rn. 66 ff.). Hiernach wird der Kapitalanteil durch Festsetzung eines Betrages festgelegt, der meist dem Betrag der Einlage entspricht und auf das sog. **Kapitalkonto I** gebucht wird. Dadurch werden die von der Höhe des Kapitalanteils abhängigen Beziehungen eindeutig festgelegt und es entstehen eindeutige Verteilungs- und Abstimmungsverhältnisse. Neben dem Konto für den festen Kapitalanteil (Kapitalkonto I) bedarf es aber noch eines weiteren variablen Kontos, auf dem die Vermögensvorgänge, wie z. B. Gewinn- und Verlustzuschreibungen, erfasst werden, die den festen Kapitalanteil nicht verändern. In der Praxis wird dieses Konto üblicherweise als **Kapitalkonto II** bezeichnet. Aus einem negativen Kapitalkonto II ergibt sich vor der Auseinandersetzung der Gesellschaft bzw. dem Ausscheiden des Gesellschafters noch keine Ausgleichspflicht (BGH WM 1982, 1311, 1312). In der Liquidation sind die Salden beider Konten zwecks Ermittlung der Liquidationsanteile der Gesellschafter zu summieren (*Huber* ZGR 1988, 1, 62).

15 Zudem wird neben den Kapitalkonten ein weiteres Konto für jeden Gesellschafter geführt. Auf diesem Konto bucht man die grundsätzlich jederzeit fälligen Ansprüche und Verbindlichkeiten zwischen Gesellschaft und Gesellschafter. Hierbei handelt es sich z. B. um Ansprüche des Gesellschafters auf Gehalt, auf Aufwendungsersatz oder der Gesellschaft gewährten Darlehen; Ansprüche der Gesellschaft auf Rückzahlung unzulässiger Entnahmen oder aus Geschäften mit dem Gesellschafter. Es handelt sich um ein reines **Forderungskonto**, spiegelt keine Beteiligungsrechte wieder und ist beim Ausscheiden eines Gesellschafters gesondert auszuzahlen (vgl. OLG Köln NZG 2000, 979, 980). Die darin ausgewiesenen Forderungen können grundsätzlich frei an Dritte übertragen werden (*Schlegelberger/Martens* § 120 Rn. 38).

§ 121 [Gewinn- und Verlustverteilung]

(1) [1]Von dem Jahresgewinne gebührt jedem Gesellschafter zunächst ein Anteil in Höhe von vier vom Hundert seines Kapitalanteils. [2]Reicht der Jahresgewinn hierzu nicht aus, so bestimmen sich die Anteile nach einem entsprechend niedrigeren Satze.

(2) [1]Bei der Berechnung des nach Absatz 1 einem Gesellschafter zukommenden Gewinnanteils werden Leistungen, die der Gesellschafter im Laufe des Geschäftsjahrs als Einlage ge-

macht hat, nach dem Verhältnisse der seit der Leistung abgelaufenen Zeit berücksichtigt. [2]Hat der Gesellschafter im Laufe des Geschäftsjahrs Geld auf seinen Kapitalanteil entnommen, so werden die entnommenen Beträge nach dem Verhältnis der bis zur Entnahme abgelaufenen Zeit berücksichtigt.

(3) Derjenige Teil des Jahresgewinns, welcher die nach den Absätzen 1 und 2 zu berechnenden Gewinnanteile übersteigt, sowie der Verlust eines Geschäftsjahrs wird unter die Gesellschafter nach Köpfen verteilt.

A. Grundsätzliches

Die Bestimmung ergänzt die Vorschrift des § 120 HGB, indem sie regelt, wie ein im Jahresabschluss festgestellter Gewinn oder Verlust auf die Gesellschafter verteilt wird. Sie geht dabei grundsätzlich von einer **gleichmäßigen Verteilung** der Gewinne und Verluste nach Köpfen aus (Abs. 3) und orientiert nur die Vordividende an der Höhe der Kapitalanteile der Gesellschafter (Abs. 1). Die Vorschrift ist jedoch dispositiv. 1

Über die Höhe und die Entstehung des Gewinnanspruchs enthält § 121 HGB keine Aussage. Ferner regelt § 121 HGB auch nicht, ob und in welchem Umfang die Gesellschafter über den ihnen jeweils zugeteilten Gewinn frei verfügen können (Gewinnausschüttung). Dies wird in § 122 HGB geregelt. 2

B. Gewinnanspruch des Gesellschafters

Der Gewinnanspruch des Gesellschafters entsteht mit der Feststellung des Jahresabschlusses und des darin ausgewiesenen Gewinns (BGHZ 80, 357, 358). Eines gesonderten Beschlusses der Gesellschafter bedarf es hierzu nicht (vgl. Schlegelberger/*Martens* § 121 Rn. 6). Der Gewinnanspruch kann während des Bestehens der Gesellschaft nur gegen diese geltend gemacht werden (Sozialverbindlichkeit; BGH NJW 1996, 1678 f.). Eine Verfügung über den Gewinnanspruch – im Gegensatz zum Kapitalanteil – ist gem. § 717 S. 2 BGB möglich. Der Gewinnanspruch ist damit **abtretbar**, **verpfändbar** und pfändbar. 3

Nicht übertragbar ist jedoch das mit der Mitgliedschaft verbundene **Gewinnstammrecht**, da dies ein Verstoß gegen das Abspaltungsverbot darstellen würde (vgl. Schlegelberger/*Martens* § 121 Rn. 7). 4

Möglich ist auch eine Übertragung **zukünftiger Gewinnansprüche**. Dieser Gewinnanspruch macht den Zessionar jedoch nicht zum Gesellschafter. Die Kompetenz zur Feststellung und Verwendung des Jahresabschlusses verbleibt bei den Gesellschaftern. Zudem geht die antizipierte Abtretung ins Leere, soweit der Gesellschafter vor Anspruchsentstehung seine Mitgliedschaft verliert oder überträgt (vgl. Schlegelberger/*Martens* § 121 Rn. 7). 5

C. Vorzugsgewinnanteil

§ 121 Abs. 1 S. 1 HGB bestimmt, dass jedem Gesellschafter von dem bilanziell festgestellten Gewinn vorab ein Anteil in Höhe von 4 % seines Kapitalanteils zusteht. Diese Vordividende ist ein Gewinnanteil und kein Zins (vgl. RGZ 67, 13, 16). Soweit der Gewinn der Gesellschaft eine Vordividende von 4 % nicht decken kann, erhalten die Gesellschafter einen entsprechend niedrigeren Satz. Bei Gesellschaftern ohne oder mit einem negativen Kapitalanteil entfällt ein Vorzugsgewinn. 6

Verändert sich die Höhe des Kapitalanteils z. B. durch Einlagen oder Entnahmen im Laufe des Geschäftsjahres, hat dies gem. Abs. 2 Auswirkungen auf die Berechnung der Vordividende, und zwar schlagen sich die Änderungen proportional auf den Zeitraum des veränderten Kapitalanteils nieder (vgl. E/B/J/*Ehricke* § 121 Rn. 10). Zu berücksichtigen sind allerdings nur solche Einlagen und Entnahmen, die gesellschaftsvertraglich zugelassen sind. Ansonsten könnte der Gesellschafter seinen Kapitalanteil und damit die Berechnungsgrundlage für die Vordividende 7 durch nicht vorgesehene Einlagen oder Entnahmen beeinflussen (vgl. E/B/J/*Ehricke* § 121 Rn. 10).

D. Verteilung des Mehrgewinns und des Verlustes

I. Verteilung des Mehrgewinns

8 Ein nach der Verteilung des Vorzugsgewinns noch verbleibender Mehrgewinn ist gem. § 121 Abs. 3 HGB **nach Köpfen** zu verteilen, d. h. gleichmäßig auf alle Gesellschafter unabhängig vom jeweiligen Kapitalanteil.

9 Sieht der Gesellschaftsvertrag feste Kapitalanteile vor, ergibt sich auch der Maßstab für die Gewinnverteilung grundsätzlich aus der gesellschaftsvertraglichen Regelung. Ist eine solche nicht vorhanden und auch nicht im Wege der (ergänzenden) Vertragsauslegung zu ermitteln, ist von einem festen Maßstab auszugehen (vgl. GroßkommHGB/*Ulmer* § 121 Rn. 12; E/B/J/*Ehricke* § 121 Rn. 12).

II. Verlustverteilung

10 Gem. § 121 Abs. 3 HGB ist der gem. § 120 HGB ermittelte Jahresverlust ohne Rücksicht auf die Kapitalanteile nach Köpfen zu verteilen. Der Verlust ist gem. § 120 Abs. 2 HGB von den Kapitalanteilen abzuziehen oder neben festen Kapitalanteilen gesondert zu buchen. Dies kann zu negativen Kapitalanteilen führen. Der Verlustanteil begründet jedoch keine Nachschusspflicht (§ 707 BGB) der Gesellschafter.

E. Abweichende Vereinbarungen

11 Die Regelung des § 121 HGB ist **dispositiv**. Durch Gesellschaftsvertrag kann in der Gewinnverteilung in den Grenzen der §§ 134, 138 BGB von der gesetzlichen Ausgestaltung beliebig abgewichen werden. In der Praxis wird diese Möglichkeit häufig genutzt, da die gesetzliche Regelung oftmals als nicht interessengerecht angesehen wird (GroßkommHGB/*Ulmer* § 121 Rn. 19 f.). Um den maßgeblichen wirtschaftlichen Umständen gerecht zu werden, wird stattdessen regelmäßig ein ausdifferenziertes, auf die jeweiligen Bedürfnisse und Fähigkeiten des Gesellschafters abgestimmtes Verteilungssystem vereinbart.

12 So kann im Gesellschaftsvertrag etwa die gewinnunabhängige Verzinsung der Kapitalanteile vereinbart werden. Der Anspruch auf gewinnunabhängige Leistungen endet jedoch im Zweifel, wenn der Kapitalanteil aufgezehrt ist. Auch ist es möglich, die Beteiligung eines Gesellschafters am Gewinn oder Verlust vollständig auszuschließen (BGH WM 1987, 689). Statt einer Verteilung des Mehrgewinns nach Köpfen kann auch eine Gewinnverteilung nach Kapitalanteilen vereinbart werden (vgl. Röhricht/v. Westphalen/*v. Gerkan* § 121 Rn. 5). Ebenso kann im Gesellschaftsvertrag von der Verlustverteilung abgewichen werden. Auch hier ist es z. B. möglich, den Verlust anstatt nach Köpfen nach Kapitalanteilen zu verteilen.

13 Änderungen der Gewinn- bzw. Verlustbeteiligung müssen die Gesellschafter **einstimmig beschließen**. Sofern eine Abweichung vom gesetzlichen Verteilungsschlüssel allerdings einverständlich und lang andauernd ausgeübt worden ist, kann dies – allerdings nur in Ausnahmefällen und auch nur dann, wenn der auf eine Änderung gerichtete Wille der Gesellschafter nachgewiesen werden kann (vgl. E/B/J/*Ehricke* § 121 Rn. 16) – einen Gesellschafterbeschluss ersetzen (BGH BB 1967, 1307).

§ 122 [Entnahmen]

(1) Jeder Gesellschafter ist berechtigt, aus der Gesellschaftskasse Geld bis zum Betrage von vier vom Hundert seines für das letzte Geschäftsjahr festgestellten Kapitalanteils zu seinen Lasten zu erheben und, soweit es nicht zum offenbaren Schaden der Gesellschaft gereicht,

auch die Auszahlung seines den bezeichneten Betrag übersteigenden Anteils am Gewinne des letzten Jahres zu verlangen.

(2) Im übrigen ist ein Gesellschafter nicht befugt, ohne Einwilligung der anderen Gesellschafter seinen Kapitalanteil zu vermindern.

Übersicht:

A. Normzweck

Die Bestimmung regelt den Umfang, in welchem die Gesellschafter berechtigt sind, Beträge aus dem Gesellschaftsvermögen zu entnehmen. Leitgedanke des § 122 HGB ist, dass die Gesellschafter ihre berufliche Tätigkeit tatsächlich in der OHG ausüben und daher finanziell versorgt werden müssen. Zur Sicherung ihres Unterhalts soll ihnen daher ein Entnahmerecht aus dem Gesellschaftsvermögen und/oder dem Gewinn zustehen. Dies soll es ermöglichen, dass die Gesellschafter unabhängig von der jeweiligen Wirtschaftssituation der Gesellschaft über ausreichend Einkünfte verfügen, um ihre berufliche Tätigkeit ausschließlich der Gesellschaft widmen zu können (vgl. Schlegelberger/*Martens* § 122 Rn. 1). 1

B. Grundsätzliches

I. Entnahme

Die gesetzliche Entnahmeregelung differenziert zwischen gewinnunabhängigen Entnahmen nach Maßgabe des Kapitalanteils (Kapitalentnahmerecht: Abs. 1 Hs. 1) und gewinnabhängigen Entnahmen (Gewinnentnahmerecht: Abs. 1 Hs. 2). 2

Beide Alternativen setzen dabei dasselbe Verständnis der Entnahme voraus (vgl. MüKo HGB/*Priester* § 122 Rn. 5). Unter einer Entnahme ist jede unmittelbare oder mittelbare **vermögenswerte Leistung** aus dem Vermögen der Gesellschaft an den Gesellschafter in dieser Eigenschaft zu verstehen (BGH NJW 1995, 1089 f.). Die Leistung muss nicht in Geld bestehen, vielmehr werden sämtliche Arten von Vermögenszuwendungen erfasst (vgl. die Beispiele bei MüKo HGB/*Priester* § 122 Rn. 5). Nicht zu den Entnahmen gehören dagegen insbesondere Leistungen der Gesellschaft aufgrund eines mit dem Gesellschafter abgeschlossenen und dem Drittvergleich genügenden Vertrages, wie beispielsweise die Rückzahlung von zu marktüblichen Konditionen gewährten Gesellschafterdarlehen (vgl. E/B/J/*Ehricke* § 122 Rn. 4). 3

II. Entstehung des Anspruchs

Sowohl bei dem Kapitalentnahmerecht als auch beim Gewinnentnahmerecht handelt es sich um **Zahlungsansprüche der Gesellschafter**. Das Entnahmerecht entsteht frühestens mit der Feststellung des Jahresabschlusses für das vorangegangene Geschäftsjahr. Bei einer entsprechenden gesellschaftsvertraglichen Bestimmung ist zusätzlich eine Gewinnverwendungsentscheidung der Gesellschafter erforderlich (vgl. MüKo HGB/*Priester* § 122 Rn. 7). Gibt es kein vorangegangenes 4

Geschäftsjahr, für das ein Abschluss festgestellt worden ist, entsteht auch kein Entnahmerecht (vgl. E/B/J/*Ehricke* § 122 Rn. 6).

5 Eine **Entnahmepflicht** der Gesellschafter besteht – vorbehaltlich einer anderweitigen Regelung im Gesellschaftsvertrag – nicht. Das Entnahmerecht erlischt, wenn es bis zum Zeitpunkt der nachfolgenden Bilanzfeststellung nicht geltend gemacht worden ist (BGH MDR 1976, 123). In diesem Fall erhöht der nicht entnommene Betrag im System der variablen Kapitalanteile den Kapitalanteil des betroffenen Gesellschafters. Bei gesellschaftsvertraglich vereinbarten festen Kapitalanteilen erfolgt grundsätzlich keine Zuschreibung zu den Kapitalkonten der Gesellschafter, der nicht entnommene Betrag ist vielmehr dem Privatkonto bzw. – bei entsprechender gesellschaftsvertraglicher Regelung – dem Kapitalkonto II gutzuschreiben (vgl. MüKo HGB/*Priester* § 122 Rn. 32). Inwieweit der Gesellschafter Entnahmen von diesen Konten vornehmen kann, richtet sich nach dem Gesellschaftsvertrag.

III. Geltendmachung des Anspruchs

6 **Anspruchsinhaber** des Entnahmerechts ist der Gesellschafter. Das Entnahmerecht erlaubt jedoch keine eigenmächtige Entnahme des Betrages. Vielmehr muss der einzelnen Gesellschafter, sofern die Gesellschaft ihrer Zahlungspflicht nicht nachkommt, diese auf Zahlung verklagen (Schlegelberger/*Martens* § 122 Rn. 8). Die Rechtsprechung lässt ferner die Klage eines Gesellschafters gegen diejenigen geschäftsführenden Gesellschafter zu, welche dem Zahlungsbegehren widersprochen haben. Auch diese Klage ist auf Zahlung aus dem Gesellschaftsvermögen gerichtet (vgl. BGH WM 1970, 1223, 1224 f.). Möglich ist auch eine Feststellungsklage dahingehend, dass eine Entnahme zulässig ist (vgl. OLG Koblenz BB 1980, 855). Die Entscheidung des Gerichts, welche die Entnahme für zulässig erklärt, führt dann zur Verpflichtung des verklagten Geschäftsführers, für die Gesellschaft aus dem Gesellschaftsvermögen die begehrte Zahlung zu leisten.

7 Allerdings können die geschäftsführenden Gesellschafter im Rahmen ihrer Vertretungsbefugnis die ihnen zustehenden Beträge eigenhändig aus der Gesellschaftskasse entnehmen, ohne dass dieser Vorgehensweise § 181 BGB entgegensteht (vgl. Baumbach/Hopt/*Hopt* § 122 Rn. 4).

IV. Vorschüsse

8 Vorschüsse können bereits vor Feststellung des Jahresabschlusses – jedenfalls bei entsprechender vertraglicher Vereinbarung – gewährt werden, soweit das voraussichtliche Jahresergebnis dies erlaubt. Sofern sich nachträglich ergibt, dass der Vorschuss zu Unrecht geleistet wurde, ist der Gesellschafter zu Rückzahlung verpflichtet (BGHZ 48, 70, 75).

V. Unzulässige Entnahmen

9 Unzulässige Entnahmen eines Gesellschafters sind zurückzuzahlen und gem. § 111 Abs. 2 HGB bis zur Rückzahlung zu verzinsen (vgl. Baumbach/Hopt/*Hopt* § 122 Rn. 6). Auf die Gut- oder Bösgläubigkeit des Gesellschafters kommt es nicht an (vgl. E/B/J/*Ehricke* § 122 Rn. 19).

10 Da es sich um eine echte Forderung der Gesellschaft gegen einen Gesellschafter handelt, kann die Rückzahlung an die Gesellschaft von jedem Gesellschafter im Wege der actio pro socio geltend gemacht werden (Baumbach/Hopt/*Hopt*, § 122 Rn. 6; vgl. zur actio pro socio ausführl. Kap. 16 Rn. 86 ff.). Unzulässige Entnahmen sind nicht auf dem Kapitalkonto zu verbuchen. Sie mindern somit nicht den Kapitalanteil und damit den Gewinnanteil des Gesellschafters. Sie sind dem Privatkonto des Gesellschafters zu belasten.

VI. Liquidation

11 Gem. § 155 Abs. 2 S. 3 HGB findet § 122 Abs. 1 HGB in der Liquidation der Gesellschaft keine Anwendung.

C. Kapitalentnahmerecht, Abs. 1 Hs. 1

I. Berechnungsgrundlage

Nach der gesetzlichen Regelung ist der Gesellschafter berechtigt, 4 % des Betrages seines positiven Kapitalanteils am letzten Geschäftsjahresende zu entnehmen. Dieses Kapitalentnahmerecht ist nicht mit dem **Vorzugsgewinn** nach § 121 Abs. 1 HGB zu verwechseln. Denn der Vorzugsgewinn nach Maßgabe des § 121 HGB setzt stets einen Gewinn voraus, während das Entnahmerecht unabhängig davon besteht, ob das letzte Geschäftsjahr einen Gewinn oder Verlust gebracht hat. Das Kapitalentnahmerecht ist **gewinnunabhängig** (BGH MDR 1976, 123), da es dem Gesellschafter die Bestreitung seines Lebensunterhaltes ermöglichen soll. Der Kapitalanteil des Gesellschafters wird in Höhe der Entnahme gemindert. (Schon rechnerische) Voraussetzung für das Entnahmerecht ist jedoch, dass für den betreffenden Gesellschafter im Jahresabschluss für das letzte Geschäftsjahr ein positiver Kapitalanteil besteht (GroßkommHGB/*Ulmer* § 122 Rn. 4, 13). 12

Berechnungsgrundlage für das Kapitalentnahmerecht ist der variable Kapitalanteil des Gesellschafters i. S. v. § 120 Abs. 2 HGB im letzten Jahresabschluss. Sind gesellschaftsvertraglich feste Kapitalkonten vereinbart, ist im Zweifel lediglich auf diese und nicht auch auf weitere Eigenkapitalkonten, wie etwa das Kapitalkonto II, abzustellen. 13

II. Abtretung, Pfändbarkeit und Aufrechnung

Ganz überwiegend wird die **Abtretbarkeit und Pfändbarkeit** des Kapitalentnahmeanspruchs aufgrund seiner Zweckbestimmung verneint (vgl. RGZ 67, 17; differenzierend MüKo HGB/*Priester* § 122 Rn. 23). 14

Umstritten ist, ob die Gesellschaft oder Dritte gegen den Entnahmeanspruch **aufrechnen** können. Dies ist grundsätzlich zu bejahen (vgl. MüKo HGB/*Priester* § 122 Rn. 25; E/B/J/*Ehricke* § 122 Rn. 33; a. A. Schlegelberger/*Martens* § 122 Rn. 7). Zwar ließe sich zur Begründung der gegenteiligen Auffassung wiederum auf den Normzweck, die Alimentation des Gesellschafters sicherzustellen, hinweisen. Allerdings würden mit einem Aufrechnungsverbot die übrigen Gesellschafter benachteiligt, da die Gesellschaftsforderung, die zur Aufrechnung gestellt werden soll, unbeglichen bliebe (E/B/J/*Ehricke* § 122 Rn. 33). Bei der Abwägung dieser wechselseitigen Interessen überwiegt das des einzelnen Gesellschafters nicht in einem Maße, dass ein Abtretungsverbot gerechtfertigt erscheint. 15

III. Einschränkungen

Zwar sieht das Gesetz selbst eine Einschränkung des Kapitalentnahmerechts nicht vor, da der in § 122 Abs. 1 HGB erfasste Ausnahmetatbestand sich nur auf den Gewinnauszahlungsanspruch bezieht. Die Gesellschaft ist daher grundsätzlich auch dann zur Auszahlung verpflichtet, wenn sie nicht über die erforderlichen Mittel verfügt. Nötigenfalls muss sich die Gesellschaft diese Mittel durch Kreditaufnahme beschaffen (vgl. MüKo HGB/*Priester* § 122 Rn. 17; Schlegelberger/*Martens* § 122 Rn. 10). 16

Nur in Ausnahmefällen kann das Kapitalentnahmerecht durch die gesellschafterliche **Treuepflicht** beschränkt sein (vgl. BGHZ 132, 276). Der Gesellschafter darf sein Entnahmerecht ausnahmsweise dann nicht oder nur teilweise ausüben, wenn – und solange – der Gesellschaft ein schwerer und nicht wieder gut zu machender Schaden droht (vgl. Baumbach/Hopt/*Hopt* § 122 Rn. 9). Allerdings ist zusätzlich danach zu fragen, ob die Leistungsverweigerung dem Gesellschafter in Anbetracht seiner eigenen wirtschaftlichen Situation zugemutet werden kann (vgl. GroßkommHGB/*Ulmer* § 122 Rn. 12). 17

D. Entnahme des weiteren Gewinns, Abs. 1 Hs. 2

Da Abs. 1 Hs. 2 vom **Prinzip der Vollausschüttung** ausgeht, kann jeder Gesellschafter ferner die Auszahlung eines über den Betrag der zugelassene Kapitalentnahme hinausgehenden Gewinnanteils verlangen (Baumbach/Hopt/*Hopt* § 122 Rn. 12). Dieser Anspruch knüpft im Gegensatz 18 zum Entnahmeanspruch nicht an den Kapitalanteil des Gesellschafters an und entsteht daher nur, wenn der Jahresabschluss einen Jahresüberschuss aufweist. Dieser Anspruch steht dem Gesellschafter bei entsprechendem Jahresgewinn der Gesellschaft auch zu, wenn sein Kapitalanteil negativ ist (vgl. Schlegelberger/*Martens* § 122 Rn. 14).

19 Der Gewinnauszahlungsanspruch ist gem. § 717 S. 2 BGB **übertragbar**. Er kann daher verpfändet, gepfändet und abgetreten werden. Die Abtretung des Gewinnauszahlungsanspruchs zieht den Kapitalentnahmeanspruch mit sich (vgl. Baumbach/Hopt/*Hopt* § 122 Rn. 12). Der Zessionar ist dann berechtigt, diesen Anspruch geltend zu machen und durchzusetzen. Auch eine Aufrechnung mit dem Gewinnauszahlungsanspruch ist möglich.

20 Im Gegensatz zum Kapitalentnahmerecht ist die Entnahme des Mehrgewinns gem. Abs. 1 Hs. 2 nur zulässig, soweit es nicht zum offenbaren Schaden der Gesellschaft gereicht. Damit ist der Verlust an liquiden Mitteln, die zur Fortführung des Unternehmens benötigt werden, gemeint, wobei der Schaden für einen sachkundigen Dritten ohne weiteres erkennbar sein muss (vgl. Schlegelberger/*Martens* § 122 Rn. 16). Maßgeblich ist der Zeitpunkt des Auszahlungsverlangens. Es genügt nicht, dass durch die Auszahlung lediglich Geschäftschancen nicht wahrgenommen werden können (vgl. MüKo HGB/*Priester* § 122 Rn. 37).

21 Dogmatisch handelt es sich hierbei um ein **Leistungsverweigerungsrecht der Gesellschaft** (vgl. E/B/J/*Ehricke* § 122 Rn. 39). Dieses Leistungsverweigerungsrecht der Gesellschaft besteht jedoch nur solange, wie ihre Schwierigkeiten anhalten. Sobald das Leistungshindernis wegfällt, ist die Gesellschaft zur Leistung – auch nach Ablauf des Geschäftsjahres – verpflichtet (GroßkommHGB/*Ulmer* § 122 Rn. 18). Sind Zahlungen auf das Gewinnentnahmerecht geleistet worden, obwohl der Gesellschaft ein Leistungsverweigerungsrecht zustand, können die Zahlungen grundsätzlich nicht mit dieser Begründung zurückverlangt werden. Nur im Ausnahmefall wird man aus der gesellschafterlichen Treuepflicht eine Rückzahlungsverpflichtung ableiten können (vgl. MüKo HGB/*Priester* § 122 Rn. 36; a. A. E/B/J/*Ehricke* § 122 Rn. 40).

E. Verbot der Verminderung des Kapitalanteils, Abs. 2

22 Dem Gesellschafter ist es abgesehen von den zulässigen Entnahmen gem. Abs. 1 verwehrt, eigenmächtig weitere Beträge zu entnehmen und dadurch seinen Kapitalanteil zu mindern. Unzulässige Entnahmen hat der Gesellschafter zu erstatten(vgl. E/B/J/*Ehricke* § 122 Rn. 48).

23 Ohne Zustimmung durch die übrigen Mitgesellschafter ist auch eine Erhöhung des Kapitalanteils (z. B. durch eine freiwillige Einlage) nicht gestattet, da sich ansonsten die nach der Höhe des Kapitalanteils bestimmenden Rechte und Pflichten im Verhältnis zu den übrigen Gesellschaftern verändern würden (Schlegelberger/*Martens* § 122 Rn. 19).

F. Abweichende Vereinbarungen

24 Der Gesellschaftsvertrag kann das Entnahmerecht abweichend von § 122 HGB regeln, wovon in der Praxis auch häufig Gebrauch gemacht wird. Üblich sind **nachfolgende Klauseln**:

I. Erweiterung des Entnahmerechts und des Mehrgewinns

25 Im Hinblick auf die Gesellschafterinteressen kann der Gesellschaftsvertrag das Entnahmerecht und den Anspruch auf den Mehrgewinn erweitern. In der Praxis sind solche Erweiterungen vor allem bezüglich des Mehrgewinns und in Fällen anzutreffen, in denen die Gesellschafter ihren vollen Lebensunterhalt aus der Beteiligung bestreiten müssen.

II. Beschränkung des Entnahmerechts

26 Das Entnahmerecht kann aber auch im Thesaurierungsinteresse der Gesellschaft beschränkt werden. Nicht entnommene Beträge sind dann den Gesellschafterkonten zuzuschreiben. Solche Beschränkungen sind in der Praxis üblich, da durch sie die Kapitalerhaltung der Gesellschaft gestärkt wird. Möglich sind auch flexible Regelungen, bei denen sich die Entnahmen an den Bedürfnissen der Gesellschaft orientieren. Dabei ist es zulässig, die Ausfüllung dieses Begriffs einem Gesellschafter oder einem Dritten (z. B. Wirtschaftsprüfer) zu überlassen.

G. Steuerentnahmerecht

Bei einer Personenhandelsgesellschaft werden die Gewinne auf Gesellschafterebene als Einkünfte aus Gewerbebetrieb versteuert, und zwar unabhängig davon, ob sie an die Gesellschafter ausgeschüttet werden. Es ist umstritten, ob dem Gesellschafter ein Steuerentnahmerecht zusteht, damit er nicht gezwungen ist, für die Begleichung der Steuerschuld auf sonstige persönliche Mittel zuzugreifen. Der BGH (BGHZ 132, 263) bejaht ein Steuerentnahmerecht nur dann, wenn es gesellschaftsvertraglich vereinbart worden ist. Die hiergegen vorgebrachten Einwände sind beträchtlich. Das Steuerentnahmerecht lässt sich sowohl mit einer an der Treupflicht orientierten Auslegung des Gesellschaftsvertrages (vgl. GroßkommHGB/*Ulmer* § 122 Rn. 30) als auch mit einem Aufwendungsersatzanspruch nach § 110 HGB (vgl. MüKo HGB/*Priester* § 122 Rn. 61) begründen. Angesichts der höchstrichterlichen Rechtsprechung sollte der Gesellschaftsvertrag gleichwohl eine ausdrückliche Klarstellung enthalten. 27

Inhaltlich kann das Entnahmerecht entweder individuell an die einkommensteuerliche Belastung des jeweiligen Gesellschafters anknüpfen, was jedoch eine entsprechende Offenlegung erforderlich macht, oder pauschal den Spitzensteuersatz zugrunde legen. 28

Dritter Titel
Rechtsverhältnis der Gesellschafter zu Dritten

§ 123 [Wirksamkeit nach außen]

(1) Die Wirksamkeit der offenen Handelsgesellschaft tritt im Verhältnis zu Dritten mit dem Zeitpunkt ein, in welchem die Gesellschaft in das Handelsregister eingetragen wird.

(2) Beginnt die Gesellschaft ihre Geschäfte schon vor der Eintragung, so tritt die Wirksamkeit mit dem Zeitpunkte des Geschäftsbeginns ein, soweit nicht aus § 2 oder § 105 Abs. 2 sich ein anderes ergibt.

(3) Eine Vereinbarung, daß die Gesellschaft erst mit einem späteren Zeitpunkt ihren Anfang nehmen soll, ist Dritten gegenüber unwirksam.

A. Entstehung der Gesellschaft im Innenverhältnis

Die Bestimmung des § 123 HGB ist für das Innenverhältnis bedeutungslos. Der Gesellschaftsvertrag zur Errichtung der OHG ist unter den Gesellschaftern ohne weiteres wirksam. Die Gesellschaft entsteht als Rechtsträger daher bereits mit der Begründung der Gesamthand durch die Gesellschafter. Aufgrund der rechtlichen Folgen für Dritte als auch für die Gesellschafter (vor allem die unbeschränkte persönliche Haftung gem. § 128 HGB) verlangt § 123 HGB für die Entstehung der OHG im Außenverhältnis jedoch zusätzlich entweder die **Eintragung** der Gesellschaft in das Handelsregister oder den **Geschäftsbeginn**. 1

Bis zum Zeitpunkt des Wirksamwerdens als Personenhandelsgesellschaft besteht eine **Gesellschaft bürgerlichen Rechts**, die Innen- oder Außengesellschaft sein kann (vgl. BGHZ 63, 45, 47; 69, 95, 97). Etwa kann es vorkommen, dass eine Gesellschaft, die kein Handelsgewerbe i. S. d. § 1 HGB betreiben will und zur Handelsgesellschaft erst mit der Eintragung wird (§§ 2, 3 HGB), schon vorher Rechtsgeschäfte mit Dritten tätigt. Erlangt die Gesellschaft den Status einer Handelsgesellschaft, bleibt dadurch ihre Identität als Rechtsträgerin gewahrt. Es handelt sich lediglich um einen kraft Gesetzes eintretenden Formwechsel (vgl. BGH WM 1972, 21, 22). 2

Fraglich ist jedoch, ob bereits in diesem Stadium das **OHG-Recht anwendbar** ist. Hier muss zwischen Innen- und Außenverhältnis differenziert werden. Soweit die Gesellschafter den Betrieb 3 eines in kaufmännischer Weise eingerichteten Geschäftsbetriebs beabsichtigen, ist es gerechtfertigt, auf das Verhältnis der Gesellschafter untereinander bereits die handelsrechtlichen Regelungen anzuwenden (vgl. BGH BB 1971, 973 f.). Denn die Anwendung dieser Regelungen dürfte im Zweifel auch dem Parteiwillen entsprechen. Die Rechtsprechung wendet die handelsrechtlichen Regelungen auch auf die Vertretungsverhältnisse an (vgl. BGH BB 1979, 286 f.; WM 1972, 61).

4 Jedoch können, bevor die Voraussetzungen des § 123 HGB vorliegen, nicht solche Regelungen des Außenverhältnisses angewandt werden, die das Bestehen einer Handelsgesellschaft zwingend erfordern, wie z. B. § 124 HGB.

5 Die OHG wird wieder zur GbR, wenn sie ihre Kaufmannseigenschaft (Ausnahme: § 5 HGB) verliert (vgl. BGH WM 1976, 1053, 1054). Dies ist in der Liquidation der Gesellschaft jedoch anders zu beurteilen. Bei einer völligen Aufgabe der gewerblichen Tätigkeit besteht auch über § 5 HGB keine Kaufmannseigenschaft (vgl. Röhricht/v. Westphalen/*v. Gerkan* § 123 Rn. 6).

B. Wirksamwerden der Außengesellschaft

I. Eintragung ins Handelsregister

6 Spätestens mit der **Eintragung** (nicht der Anmeldung oder Bekanntmachung) wird die Gesellschaft, die zuvor in der Regel bereits als GbR bestand (vgl. Rn. 2), im Außenverhältnis wirksam. Mit der Entstehung der Außenwirkung wird die Gesellschaft aus Rechtsgeschäften mit Dritten berechtigt und verpflichtet und die Gesellschafter haften für Gesellschaftsschulden nach § 128 HGB (BGHZ 59, 179).

7 Die gleiche Wirkung wie die Eintragung der Gesellschaft selbst hat die **Übernahme eines eingetragenen Unternehmens** (Einzelkaufmann oder Gesellschaft) durch die Gesellschaft (vgl. BGHZ 59, 179).

II. Geschäftsbeginn

1. Betrieb eines Handelsgewerbes

8 Eine Gesellschaft, die ein Handelsgewerbe i. S. d. § 1 HGB betreibt, wird bereits vor ihrer Eintragung zur Handelsgesellschaft, wenn sie vor Eintragung tatsächlich mit der Ausübung ihrer Geschäfte begonnen hat. Nicht maßgeblich ist hingegen der vereinbarte oder der eingetragene Geschäftsbeginn. Betreibt die Gesellschaft ein Gewerbe nach § 2 oder § 105 Abs. 2 HGB, ist der Zeitpunkt des Geschäftsbeginns stets für ihr Entstehen unbeachtlich, da erst durch die Eintragung ins Handelsregister ein Handelsgewerbe vorliegt, die Gesellschaft also erst zu diesem Zeitpunkt zur Handelsgesellschaft werden kann.

9 Es ist nicht erforderlich, dass das aufgenommene Handelsgewerbe sogleich einen in kaufmännischer Weise eingerichteten Geschäftsbetrieb aufweist. Es ist ausreichend, dass es hierauf angelegt ist (vgl. BGHZ 10, 91, 96).

2. Geschäftsbeginn

10 Ein Beginn der Geschäfte der Gesellschaft liegt vor, wenn eine dem **Gesellschaftszweck dienende Handlung** gegenüber Dritten im Namen der Gesellschaft vorgenommen wird. Nicht ausreichend ist das Handeln eines Gesellschafters im eigenen Namen, sei es auch für Rechnung der Gesellschaft (vgl. schon RGZ 119, 66). Für die Aufnahme der Geschäftstätigkeit reichen **vorbereitende Geschäfte** aus (vgl. BGH WM 1990, 586), so z. B. die Anmietung von Räumen (vgl. RG DR 1941, 1944), Werbung, Versendung von Rundschreiben an die Öffentlichkeit, Einstellen von Personal. Bei Übernahme eines bereits bestehenden Handelsgeschäftes führt das erste Folgegeschäft zu einem Geschäftsbeginn (vgl. BGHZ 59, 183 f.).

11 Nach zutreffender h. M. müssen zudem alle Gesellschafter dem Beginn der Geschäfte **zugestimmt** haben (vgl. ROHG 12, 409; GroßkommHGB/*Habersack* § 123 Rn. 20; Baumbach/Hopt/

Hopt § 123 Rn. 12; a. A. Schlegelberger/*K. Schmidt* § 123 Rn. 10 unter Hinweis auf die Vertretungsmöglichkeit). Insoweit ist jedoch zu bedenken, dass die Einzelvertretungsberechtigung (§ 125 HGB) in diesem Stadium noch nicht greift, sondern erst, nachdem mit Zustimmung aller Gesellschafter die Geschäfte begonnen worden sind (Baumbach/Hopt/*Hopt* § 123 Rn. 12). Die Beweislast für die einvernehmliche Aufnahme der Geschäfte liegt bei demjenigen, der sich hierauf beruft.

C. Unwirksamkeit abweichender Vereinbarungen, Abs. 3

Die Wirksamkeit der Gesellschaft tritt im Außenverhältnis zwingend mit der Eintragung bzw. 12
mit der Aufnahme der Geschäfte ein. Hiervon abweichende Vereinbarungen sind nach Abs. 3 Dritten gegenüber unbeachtlich, jedoch im Innenverhältnis der Gesellschaft von Bedeutung.

D. Analoge Anwendung

Die Regelung des § 123 HGB ist analog bei einem Eintritt eines neuen Gesellschafters in eine be- 13
stehende Gesellschaft anwendbar (vgl. Baumbach/Hopt/*Hopt* § 123 Rn. 4). Der Eintritt in die Gesellschaft ist im Außenverhältnis erst mit Eintragung seines Eintritts ins Handelsregister, oder mit Zustimmung zur Vornahme von Geschäften, wirksam. Mit der Entstehung der Außenwirkung haftet der Gesellschafter für Gesellschaftsverbindlichkeiten gem. § 128 ff. HGB.

§ 124 [Rechtsstellung der OHG]

(1) Die offene Handelsgesellschaft kann unter ihrer Firma Rechte erwerben und Verbindlichkeiten eingehen, Eigentum und andere dingliche Rechte an Grundstücken erwerben, vor Gericht klagen und verklagt werden.

(2) Zur Zwangsvollstreckung in das Gesellschaftsvermögen ist ein gegen die Gesellschaft gerichteter vollstreckbarer Schuldtitel erforderlich.

Übersicht:

A. Normzweck

Die dogmatisch umstrittene Frage, ob die OHG als juristische Person anzusehen (vgl. *Kämmerer* 1
NJW 1966, 801; *Raiser* AcP 195 (1994), 495) oder als Gesamthandsgesellschaft einzuordnen ist (h. M.; vgl. statt vieler E/B/J/*Hillmann* § 124 Rn. 1), ist für den Regelungsbereich des § 124 HGB bedeutungslos. Denn über die aus dieser Bestimmung herzuleitenden Folgerungen besteht weitgehend Einigkeit, und die Meinungsunterschiede betreffen lediglich die Binnenstruktur der Gesellschaft (vgl. MüKo HGB/*K. Schmidt* § 124 Rn. 1).

Die Bestimmung legt in Abs. 1 fest, dass die OHG – und nicht die Gesellschafter in ihrer gesamt- 2
händerischen Verbundenheit – selbstständige Trägerin von Rechten und Pflichten sein kann (vgl. MüKo HGB/*K. Schmidt* § 124 Rn. 2). Sie ist insbesondere Trägerin des Gesellschaftsvermögens. Sie kann eigene Verbindlichkeiten begründen, und zwar unabhängig vom Rechtsgrund, also da-

von, ob diese aus Rechtsgeschäft, Delikt oder Gesetz herrühren. Die OHG ist folglich wie ein Rechtssubjekt zu behandeln, soweit sich nicht aus ihrem Wesen etwas anderes ergibt.

B. Die OHG als selbstständiger Träger von Rechten und Pflichten

I. Trägerin des Gesellschaftsvermögens

3 Die Gesellschaft selbst, nicht etwa die Gesellschafter in ihrer gesamthänderischen Verbundenheit, ist Trägerin des Gesellschaftsvermögens. Die Vorschriften der §§ 718 bis 720 BGB finden entsprechende Anwendung (vgl. § 105 HGB Rn. 109). Das Gesellschaftsvermögen ist danach vom Einzelvermögen der Gesellschafter strikt zu trennen. Den Gesellschaftern steht kein Anteil oder Bruchteil an den Gegenständen des Gesellschaftsvermögens zu. Zur Verfügung über die Gegenstände des Gesellschaftsvermögens ist somit auch nur die Gesellschaft befähigt. Die Gesellschafter verfügen lediglich über einen Anteil am Gesellschaftsvermögen im Ganzen. Verfügungen der Gesellschafter sind daher nur über ihren Gesellschaftsanteil möglich. Dies setzt jedoch die Zustimmung aller weiteren Mitgesellschafter oder die Zulassung solcher Verfügungen im Gesellschaftsvertrag voraus (vgl. BGHZ 13, 186).

II. Rechte und Pflichten der Gesellschaft

1. Einzelne Rechte der Gesellschaft

4 Abs. 1 erwähnt den Erwerb von Rechten einschließlich des Grundstückerwerbs durch die Gesellschaft unter ihrer Firma. Die OHG ist dabei jedoch nicht nur Trägerin von rechtsgeschäftlich begründeten oder übertragenen schuldrechtlichen und sachenrechtlichen Rechten, sondern kann grundsätzlich **Rechte jeder Art** durch Rechtsgeschäft oder Gesetz erwerben, die mit ihrem Wesen zu vereinbaren sind.

5 Hierzu gehören z. B. **Rechte aus Forderungen** unter Einschluss von Rechten aus Wechsel und Scheck, Eigentum, Grundpfandrechte und andere dingliche Rechte an Grundstücken, Pfandrechte, Anwartschaftsrechte, gewerbliche Schutzrechte (Patente, Gebrauchsmuster, Geschmacksmuster, Warenzeichen), Urheberrechte.

6 Ferner genießt die OHG **Firmen-, Namens- und auch Ehrenschutz**, soweit ihr sozialer Geltungsbereich als Arbeitgeber oder Wirtschaftsunternehmen betroffen ist (vgl. E/B/J/*Hillmann* § 124 Rn. 6).

7 Die Gesellschaft kann mittelbare und unmittelbare (vgl. BGH WM 1967, 938) **Besitzerin** sein. Sie übt ihren Besitz durch ihre geschäftsführungs- und vertretungsberechtigten Gesellschafter aus.

8 Die Gesellschaft kann ferner als **Erbin oder Vermächtnisnehmerin** eingesetzt werden (vgl. BGH NJW 1989, 2495). Mit dem Tod des Erblassers geht dann der Nachlass nicht auf die Gesellschafter, sondern auf die Gesellschaft über.

9 Die OHG kann **Mitlied eines privatrechtlichen Verbundes** sein, also z. B. Vereinsmitglied, Aktionär oder GmbH-Gesellschafter. Die OHG kann auch Gesellschafterin einer anderen Personen(handels)gesellschaft sein (vgl. BGHZ 80, 132). Die Gesellschafterrechte aus solchen Beteiligungen werden ungeteilt von der Gesellschaft, vertreten durch ihre vertretungsberechtigten Gesellschafter, ausgeübt.

10 Die OHG kann **Ämter** verschiedenster Art wahrnehmen, so das eines organschaftlichen Vertreters in einer Personengesellschaft, eines Testamentvollstreckers, eines Verwalters einer Wohnungseigentümergemeinschaft (vgl. OLG Hamburg OLGZ 1988, 302) sowie eines Liquidators in einer Personenhandelsgesellschaft oder Körperschaft. Die Gesellschaft kann dagegen nicht sein: Insolvenzverwalter (§ 56 Abs. 1 InsO), Vormund, Betreuer oder Pfleger, Vorstand eines Vereins, einer AG (§ 76 Abs. 3 AktG) oder einer eG, Geschäftsführer einer GmbH (§ 6 Abs. 2 S. 1 GmbHG), Prokurist (vgl. MüKo HGB/*K. Schmidt* § 124 Rn. 20).

Die OHG ist nach Maßgabe des Art. 19 Abs. 3 GG **grundrechtsfähig** und kann auch im Übrigen Inhaberin subjektiver öffentlicher Rechte sein, soweit nicht die Natur des betreffenden Rechts dem entgegensteht (vgl. BVerfG NJW 1959, 1675). 11

2. Registerfähigkeit

Die OHG ist registerfähig und kann im Grundbuch, im Musterregister, in der Patentrolle, im Markenregister und im Handelsregister als Rechtsinhaberin eingetragen werden. 12

3. Pflichten

Die Bestimmung spricht in Abs. 1 nur von Verbindlichkeiten der Gesellschaft (also von Forderungen gegen die Gesellschaft). Diese können durch Rechtsgeschäft oder kraft Gesetzes entstehen, wobei die Gesellschaft rechtsgeschäftlich durch ihre vertretungsberechtigten Geschäftsführer verpflichtet wird. Die Gesellschaft als solche ist jedoch auch anderen Ansprüchen ausgesetzt. Die Gesellschaft kann als solche z. B. zur Beseitigung von Störungen verpflichtet sein (§ 1004 BGB). 13

III. Haftung der OHG

Verletzt die OHG ihre Pflichten aus rechtsgeschäftlichen oder rechtsgeschäftsähnlichen Schuldverhältnissen (§ 311 BGB), so macht sie sich **schadensersatzpflichtig**. Schuldhaftes Verhalten ihrer Organe (§ 31 BGB) oder ihrer Erfüllungsgehilfen (§ 278 BGB) wird ihr zugerechnet (vgl. E/B/J/*Hillmann* § 124 Rn. 4). 14

Ferner ist die OHG auch **deliktsfähig**. Für unerlaubte Handlungen ihrer geschäftsführenden und vertretungsberechtigten Gesellschafter haftet sie analog § 31 BGB (vgl. BGH WM 1974, 153). Für unerlaubte Handlungen ihrer Verrichtungsgehilfen haftet sie nur bei eigenem Verschulden gem. § 831 BGB (vgl. E/B/J/*Hillmann* § 124 Rn. 5). 15

Bei der Geltendmachung eines Schadensersatzanspruches muss sich die OHG ein Mitverschulden ihrer verfassungsgemäß berufenen Vertreter oder Erfüllungsgehilfen nach § 254 BGB zurechnen lassen (vgl. BGH NJW 1952, 539). 16

IV. Strafrecht

Die OHG genießt Strafrechtsschutz, z. B. nach §§ 186, 187 StGB. Sie kann bei Verletzung ihrer Rechte (z. B. gewerblicher Schutzrechte) Strafanträge stellen. Bestraft werden kann die OHG nach dem StGB grundsätzlich nicht, jedoch ihre Organe (vgl. § 14 StGB). Dagegen ist die Anordnung des Verfalls (§ 73 Abs. 3 StGB) oder der Einziehung (§ 75 Nr. 3 StGB) gegenüber der Gesellschaft möglich. 17

Die Verhängung einer Geldbuße nach § 30 OWiG sowie aufgrund von Steuerordnungswidrigkeiten ist zulässig. 18

C. OHG und Verfahrensrecht

I. Erkenntnisverfahren

Die OHG ist im Zivilprozess gem. § 124 HGB **aktiv und passiv parteifähig** (BGHZ 62, 132 ff.). Sie kann also vor Gericht klagen und verklagt werden. Sie wird im Prozess mit dem Namen ihrer Firma bezeichnet, der Angabe der Namen der einzelnen Gesellschafter bedarf es nicht. Eine falsche Bezeichnung bei Klage einer OHG oder gegen eine OHG schadet nicht, sofern die Identität der Partei feststeht (vgl. schon RGZ 157, 373). Vgl. zur Parteifähigkeit der OHG und KG außerdem ausführl. Kap. 16 Rn. 39 ff. 19

Die OHG ist jedoch (wie alle Verbände) **prozessunfähig** (vgl. § 51 ZPO) und muss daher durch ihre vertretungsberechtigten Gesellschafter (§§ 125 ff. HGB) als gesetzliche Vertreter vertreten werden (vgl. hierzu ausführl. Kap. 16 Rn. 47 ff.). Zustellungen erfolgen gem. § 170 ZPO an die ge- 20 setzlichen Vertreter. Dabei genügt die Zustellung an einen gesetzlichen Vertreter (§§ 170 Abs. 3 ZPO, 125 Abs. 2 S. 3, Abs. 3 S. 2 HGB). Ihren **allgemeinen Gerichtsstand** hat die OHG nach § 17 ZPO an ihrem Sitz, ohne Rücksicht auf die Wohnsitze ihrer Gesellschafter (vgl. Kap. 16 Rn. 66 ff.).

21 Da die Gesellschaft als solche Partei ist, hat der **Eintritt oder der Austritt** von Gesellschaftern keine Auswirkungen auf das anhängige Klageverfahren. Gesellschafter und Gesellschaft sind verschiedene Prozessparteien, so dass der Übergang vom Gesellschafts- zum Gesellschafterprozess einen gewillkürten Parteiwechsel darstellt (vgl. BGH WM 1982, 1170; vgl. auch Kap. 16 Rn. 46). Werden Gesellschaft und Gesellschafter gemeinsam verklagt, so sind sie **einfache Streitgenossen** (vgl. BGH NJW 1970, 1740).

22 Die **Auflösung der Gesellschaft** aus einem der in § 131 Abs. 1 HGB genannten Gründe hat auf die Parteifähigkeit der Gesellschaft grundsätzlich keinen Einfluss und hindert den Fortgang des Prozesses nicht (vgl. BGH WM 1982, 1170; vgl. auch Kap. 16 Rn. 41). Soweit es allerdings während des Prozesses zur Vollbeendigung der Gesellschaft kommt, wird dieser wegen Wegfall der Parteifähigkeit unzulässig (vgl. BGH NJW 1996, 2035). Im Fall der Auflösung der OHG durch die Eröffnung des **Insolvenzverfahrens** (§ 131 Abs. 1 Nr. 3 HGB) wird der Rechtsstreit gem. § 240 ZPO unterbrochen, bis er vom Insolvenzverwalter (§ 85 Abs. 2 InsO) aufgenommen wird.

23 Die vertretungsberechtigten Gesellschafter sind im Prozess **als Partei** (§§ 445 ff. ZPO), die übrigen Gesellschafter **als Zeugen** zu vernehmen (vgl. BGH NJW 1965, 106; vgl. auch Kap. 16 Rn. 65).

24 Der OHG als parteifähiger Vereinigung i. S. d. § 116 S. 1 Nr. 2 ZPO kann **Prozesskostenhilfe** gewährt werden, wenn neben der gem. § 114 ZPO erforderlichen Erfolgsaussicht der Rechtsverfolgung weder die Gesellschaft noch die Gesellschafter (einschließlich der stillen Gesellschafter) die Kosten des Rechtsstreits aufbringen können, und die Unterlassung der Rechtsverfolgung oder Rechtsverteidigung allgemeinen Interessen zuwiderlaufen würde. Das ist beispielsweise dann der Fall, wenn ansonsten zahlreiche Entlassungen zu befürchten wären (vgl. BFH Rpfleger 1993, 290) oder zahlreiche am Prozess nur mittelbar beteiligte Personen in Mitleidenschaft gezogen würden (vgl. BGH NJW 1991, 703; vgl. hierzu auch ausführl. Kap. 16 Rn. 72).

II. Zwangsvollstreckung

25 Die Zwangsvollstreckung in das Gesellschaftsvermögen setzt gem. § 124 Abs. 2 HGB einen **gegen die Gesellschaft gerichteten Titel** voraus. Ein Titel gegen einen oder alle Gesellschafter reicht nicht aus, sondern ermöglicht nur die Vollstreckung in deren Vermögen, da er lediglich einen »Gesamtschuldtitel« (§ 128 HGB), jedoch nicht einen zur Vollstreckung in das Gesellschaftsvermögen berechtigenden sog. »Gesamthandsschuldtitel« (§ 124 HGB) darstellt (vgl. MüKo HGB/*K. Schmidt* § 124 Rn. 30).

26 Nach herkömmlicher Ansicht sollte jedoch ein **Titel gegen sämtliche Gesellschafter** zur Vollstreckung ins Gesellschaftsvermögen ausreichen, wenn eine GbR ohne Kenntnis des Gläubigers zur OHG erstarkte (vgl. BGH BB 1967, 143; so noch Schlegelberger/*K. Schmidt* § 124 Rn. 34). Dies ist seit dem Urteil des BGH aus dem Jahre 2001 (vgl. BGH NJW 2001, 1056) jedoch ungewiss, weil nunmehr auch im Fall einer GbR ein gegen die Gesellschaft gerichteter Vollstreckungstitel ausreicht. Die weitere Anerkennung eines nach § 736 ZPO gegen die Gesellschafter vor der Erstarkung zur OHG erwirkten »Gesamthandsschuldtitels« ist damit zweifelhaft geworden (vgl. MüKo HGB/*K. Schmidt* § 124 Rn. 30). Konsequent erscheint es, zumindest eine Umschreibung des Titels analog § 727 ZPO zu verlangen (vgl. *Hadding* ZGR 2001, 734). Vgl. hierzu auch Kap. 16 Rn. 61 ff.

27 Ferner ist auch eine **Umschreibung** (§§ 727 ff. ZPO) eines gegen die Gesellschaft erwirkten Titels auf die Gesellschafter nicht möglich, da ihnen auf diesem Weg die persönlichen Einwendungen gem. § 129 HGB abgeschnitten würden (vgl. BGHZ 62, 133).

III. Insolvenz

28 Die OHG ist **insolvenzrechtsfähig.** Nach § 11 Abs. Nr. 1 InsO kann über das Gesellschaftsvermögen ein Insolvenzverfahren stattfinden, wobei die Gesellschaft selbst, nicht die Gemeinschaft der Gesellschafter, als Schuldnerin anzusehen ist (vgl. MüKo HGB/*K. Schmidt* Anh. § 158 Rn. 4). Wie bei Prozess und Vollstreckung ist auch hinsichtlich des Insolvenzverfahrens streng zwischen dem Insolvenzverfahren über das Vermögen der Gesellschaft (§ 131 Abs. 1 Nr. 3 HGB) und einem Insolvenzverfahren über das Vermögen eines Gesellschafters (§ 131 Abs. 1 Nr. 2 HGB) zu unterscheiden.

D. Steuerrecht

29 Die OHG ist als solche weder einkommensteuerpflichtig noch körperschaftsteuerpflichtig, da sie weder natürliche Person (§ 1 EStG) noch juristische Person (§ 1 KStG) ist (*L. Schmidt* EStG § 1 Rn. 13). Das erwirtschaftete Einkommen wird in der Höhe der Gewinnbeteiligung unmittelbar bei den nach § 15 Abs. 1 Nr. 2 EStG als Mitunternehmern behandelten Gesellschaftern versteuert. Die Gesellschaft ist lediglich Gewinnermittlungssubjekt (vgl. BFHE 144, 432).

30 Dagegen schuldet die OHG selbst **Umsatzsteuer** (§ 1 Abs. 1 Nr. 3 UStG) und **Gewerbesteuer** (§ 5 Abs. 1 S. 3 GewStG). Für Steuerschulden der OHG haften die Gesellschafter nach § 128 HGB.

§ 125 [Vertretung]

(1) Zur Vertretung der Gesellschaft ist jeder Gesellschafter ermächtigt, wenn er nicht durch den Gesellschaftsvertrag von der Vertretung ausgeschlossen ist.

(2) [1]Im Gesellschaftsvertrage kann bestimmt werden, dass alle oder mehrere Gesellschafter nur in Gemeinschaft zur Vertretung der Gesellschaft ermächtigt sein sollen (Gesamtvertretung). [2]Die zur Gesamtvertretung berechtigten Gesellschafter können einzelne von ihnen zur Vornahme bestimmter Geschäfte oder bestimmter Arten von Geschäften ermächtigen. [3]Ist der Gesellschaft gegenüber eine Willenserklärung abzugeben, so genügt die Abgabe gegenüber einem der zur Mitwirkung bei der Vertretung befugten Gesellschafter.

(3) [1]Im Gesellschaftsvertrage kann bestimmt werden, daß die Gesellschafter, wenn nicht mehrere zusammen handeln, nur in Gemeinschaft mit einem Prokuristen zur Vertretung der Gesellschaft ermächtigt sein sollen. [2]Die Vorschriften des Absatzes 2 Satz 2 und 3 finden in diesem Falle entsprechende Anwendung.

Übersicht:

A. Vertretung der OHG

I. Vertretungsmacht und Geschäftsführung

1 Im Unterschied zur Geschäftsführung i. S. d. §§ 114 ff. HGB betrifft die Vertretung die Teilnahme der Gesellschaft am Rechtsverkehr und damit das **Außenverhältnis der Gesellschaft** zu anderen Rechtssubjekten (vgl. GroßkommHGB/*Habersack* § 125 Rn. 3; Baumbach/Hopt/*Hopt* § 125 Rn. 1). Die Ausübung der organschaftlichen Vertretungsmacht ist zugleich eine Maßnahme der Geschäftsführung. In ihrer rechtlichen Beurteilung unterliegen Geschäftführung und Vertretung gleichwohl unterschiedlichen Maßstäben. So lassen im Innenverhältnis als pflichtwidrig zu beurteilende Vertretungsmaßnahmen (»Überschreiten des rechtlichen Dürfens«) gleichwohl die Wirksamkeit eines namens der Gesellschaft abgeschlossenen Rechtsgeschäfts unberührt, wenn der Vertreter innerhalb seiner Vertretungsmacht (»im Rahmen des rechtlichen Könnens«) gehandelt hat (vgl. E/B/J/*Hillmann* § 125 Rn. 1; GroßkommHGB/*Habersack* § 125 Rn. 3, § 126 Rn. 3, 20), es sei denn, es liegt ein Fall des Missbrauchs der Vertretungsmacht, also Evidenz oder Kollusion, vor (vgl. BGH NJW 1989, 26, 27; NJW 1988, 2241, 2243; NJW 1984, 1461, 1462; OLG Düsseldorf NJW-RR 1997, 737, 738; Palandt/*Heinrichs* § 164 Rn. 13 ff.; *K. Schmidt* HandelsR, § 16 III 4 b).

II. Organschaftliche Vertretung

1. Grundsatz der Selbstorganschaft

2 Die Regelung des § 125 Abs. 1 HGB ist Ausdruck des Grundsatzes der Selbstorganschaft. Das Recht zur Vertretung der Gesellschaft ist als Ausfluss des Abspaltungsverbots mit der Stellung als Gesellschafter verbunden (vgl. E/B/J/*Hillmann* § 125 Rn. 3). Dieses Prinzip hat seinen Grund nicht zuletzt wegen der persönlichen Haftung der Gesellschafter gem. § 128 S. 1 HGB für rechtsgeschäftlich begründete Verbindlichkeiten (vgl. GroßkommHGB/*Habersack* § 125 Rn. 5). Einem Dritten kann in der OHG somit grundsätzlich keine organschaftliche Vertretungsbefugnis zustehen bzw. übertragen werden (vgl. BGH NJW 1960, 1997, 1998; NJW 1969, 507, 508). Der Grundsatz der Selbstorganschaft verbietet es, sämtliche Gesellschafter von der Geschäftsführung und Vertretung auszuschließen und diese Befugnisse auf Dritte zu übertragen (vgl. BGH NJW 1960, 1997; E/B/J/*Hillmann* § 125 Rn. 3). Es muss stets eine Vertretung der Gesellschaft allein durch einen oder mehrere Gesellschafter gewährleistet sein (vgl. BGHZ 26, 330, 332). Die Bestimmungen zur Selbstorganschaft beinhalten mithin einen wesentlichen Unterschied zum Recht der Kapitalgesellschaften, bei denen die Drittorganschaft, also die Zulassung der organschaftlichen Vertretung der Gesellschaft durch einen Nichtgesellschafter, gilt.

3 Durchbrochen wird der Grundsatz der Selbstorganschaft in der **Liquidation** (vgl. § 146 Abs. 1 S. 1 HGB). Im Abwicklungsstadium können auch Nichtgesellschafter zu Liquidatoren bestellt werden, weil in diesem Stadium die Interessen der Gesellschafter nicht mehr gleichgerichtet und durch den Zweck der werbenden Gesellschaft miteinander verbunden sind (vgl. BGH NJW 1960, 1997, 1998).

2. Keine Notvertretungsbefugnis

4 Die gerichtliche Einsetzung eines Notvertreters für die Gesellschaft analog den für Vereine und Kapitalgesellschaften geltenden § 29 BGB ist nicht zulässig (vgl. BGH NJW 1969, 507, 508; MüKo HGB/*K. Schmidt* § 125 Rn. 7; GroßkommHGB/*Habersack* § 125 Rn. 12). Ist allerdings die Gesellschaft in einem Rechtsstreit ohne Vertreter, z. B. in einem Prozess gegen den einzigen vertretungsberechtigten Gesellschafter, kann wirksam ein Vertreter gem. § 57 ZPO bestellt werden (vgl. RGZ 116, 116, 118; E/B/J/*Hillmann* § 125 Rn. 3; MüKo HGB/*K. Schmidt* § 125 Rn. 7; GroßkommHGB/*Habersack* § 125 Rn. 5).

3. Zurechnung des Vertreterhandelns

5 Die zur Vertretung der Gesellschaft berufenen Gesellschafter sind deren **gesetzliche Vertreter i. S. v. § 51 ZPO**. Bei der Vertretung finden die §§ 164 ff. BGB und die Grundsätze der Rechts-

scheinvollmacht Anwendung (vgl. Röhricht/v. Westphalen/*v. Gerkan* § 125 Rn. 3). Der Gesellschafter muss demnach erkennbar im Namen der Gesellschaft handeln und vertretungsbefugt sein. Handelt ein nicht vertretungsbefugter Gesellschafter namens der Gesellschaft, so gelten die §§ 177 ff. BGB.

Auch, wenn ein Gesellschafter nicht ausdrücklich namens der Gesellschaft auftritt, reicht es aus, wenn aus den Umständen ersichtlich ist, dass die Willenserklärung im Namen der Gesellschaft abgegeben wird (§ 164 Abs. 2 BGB). Dies ist insbesondere bei den sog. **unternehmensbezogenen Geschäften** zu bejahen (vgl. BGH NJW 1990, 2678, 2679). Nach der vom BGH in st.Rspr. angewandten Auslegungsregel (vgl. BGH NJW 1975, 1166; NJW 1984, 1347, 1348; NJW 1985, 136, 138) geht bei unternehmensbezogenen Geschäften der Wille der Beteiligten im Zweifel dahin, dass Vertragspartner der Inhaber des Unternehmens und nicht der für das Unternehmen Handelnde werden soll. Dies gilt selbst dann, wenn der Inhaber falsch bezeichnet wird oder über ihn sonst Fehlvorstellungen bestehen. **6**

Für die **Wissenszurechnung** (Kenntnis oder Kennenmüssen, z. B. bei Irrtumsanfechtung oder Gutgläubigkeit) ist nicht auf die vertretene Gesellschaft, sondern auf die Person ihres Vertreters abzustellen. Nach (noch) überwiegender Ansicht in Rechtsprechung und Literatur (vgl. BGH NJW 1984, 1953, 1954; Baumbach/Hopt/*Hopt* § 125 Rn. 4; offen gelassen nunmehr: BGH NJW 1995, 2160; NJW 1999, 286) richtet sich die Zurechnung des Handelns organschaftlicher Vertreter nach der analogen Anwendung der § 166 Abs. 1 BGB, § 125 Abs. 2 S. 3 HGB. Demnach ist grundsätzlich die Kenntnis desjenigen vertretungsberechtigten Gesellschafters maßgebend, der am konkreten Geschäft mitgewirkt hat. Nach a. A. richtet sich die Zurechnung grundsätzlich entsprechend § 31 BGB (vgl. MüKo HGB/*K. Schmidt* § 125 Rn. 13; GroßkommHGB/*Habersack* § 125 Rn. 20 ff.). Dies hat zur Konsequenz, dass sich die OHG das Wissen aller vertretungsberechtigten Gesellschafter zurechnen lassen muss, auch wenn der Gesellschafter, der über das entsprechende Wissen verfügt, an dem maßgeblichen Rechtsgeschäft gar nicht mitgewirkt hat. Da dies sehr weit reichende Folgen für die Gesellschaft hätte, bejaht der BGH eine Zurechnung einer solchen Kenntnis zur Gesellschaft jedoch nur dann, wenn derjenige Gesellschafter, der über das Wissen verfügt, im Wege einer arbeitsteilig arbeitenden Organisation verpflichtet gewesen wäre, sein Wissen an die Gesellschaft weiterzugeben (vgl. BGH NJW 1992, 1099 f.; ZIP 1996, 550 f.). Bei Gesamtvertretung ist insoweit bereits die Kenntnis oder das Kennenmüssen eines der zur Mitwirkung berufenen Gesellschafter relevant (vgl. BGHZ 62, 166, 173). **7**

Ein Verschulden der vertretungsberechtigten Gesellschafter wird der Gesellschaft sowohl im rechtsgeschäftlichen als auch im deliktischen Bereich entsprechend § 31 BGB zugerechnet (vgl. BGH WM 1974, 154). Für das Verschulden ihrer sonstigen Vertreter hat sie im Rahmen bestehender Schuldverhältnisse gem. § 278 BGB und im Falle fehlerhafter Auswahl bzw. Überwachung ihrer Verrichtungsgehilfen gem. § 831 BGB einzustehen (vgl. GroßkommHGB/*Habersack* § 125 Rn. 19). **8**

III. Rechtsgeschäftliche Vertretung

Die Möglichkeit, dass sich die Gesellschaft durch Prokuristen, Handlungsbevollmächtigte oder andere rechtsgeschäftlich bestellte Vertreter vertreten lässt, bleibt im Übrigen unberührt. Insoweit gelten die allgemeinen Regeln der §§ 164 ff. BGB; die §§ 125, 126 HGB finden indes auf rechtsgeschäftlich bestellte Vertreter keine Anwendung (vgl. MüKo HGB/*K. Schmidt* § 125 Rn. 9). Wie jedem Dritten kann auch einem nicht vertretungsberechtigten Gesellschafter **Prokura oder Vollmacht** erteilt werden. **9**

B. Die Vertretungsmacht und ihr Ausschluss

Gem. § 125 Abs. 1 HGB ist grundsätzlich jeder Gesellschafter einer OHG und i. V. m. §§ 161 Abs. 2, 170 HGB jeder Komplementär zur Vertretung der Gesellschaft befugt. **10**

11 Durch entsprechende Regelungen im Gesellschaftsvertrag können gem. § 125 Abs. 1 Hs. 2 HGB einzelne, wegen des Grundsatzes der Selbstorganschaft (Rn. 2 f.) jedoch nicht alle Gesellschafter von der Vertretungsmacht **ausgeschlossen** werden (vgl. BGH NJW 1964, 1624). In Zweifelsfällen bedürfen die im Gesellschaftsvertrag enthaltenen Bestimmungen der Auslegung. Dabei ist grundsätzlich eine Regelung, wonach bestimmten Gesellschaftern Vertretungsbefugnis zustehen soll, als Ausschluss der übrigen Gesellschafter von der Vertretungsmacht auszulegen (vgl. MüKo HGB/*K. Schmidt* § 125 Rn. 15; Baumbach/Hopt/*Hopt* § 125 Rn. 12; str.). Darüber hinaus ist ein von der Geschäftsführung ausgeschlossener Gesellschafter im Zweifel nicht befugt, die Gesellschaft zu vertreten (vgl. MüKo HGB/*K. Schmidt* § 125 Rn. 15).

12 Der Ausschluss der Vertretungsmacht kann jedoch nur vollständig, nicht aber bloß teilweise, befristet oder bedingt erklärt werden (vgl. Baumbach/Hopt/*Hopt* § 125 Rn. 12). Dem von der Vertretung ausgeschlossenen Gesellschafter kann aber rechtsgeschäftliche Vollmacht, insbesondere Prokura, Handlungsvollmacht oder Generalvollmacht, erteilt werden (vgl. E/B/J/*Hillmann* § 125 Rn. 7; Baumbach/Hopt/*Hopt* § 125 Rn. 12; str.).

13 Sofern Gesellschafter über das Bestehen der Vertretungsmacht eines Gesellschafters streiten, ist die Erhebung einer **Feststellungsklage** gem. § 256 ZPO zur Behebung der Unsicherheit zulässig (vgl. BGH NJW 1979, 871, 872; Baumbach/Hopt/*Hopt* § 125 Rn. 12).

C. Allein- und Gesamtvertretung

I. Alleinvertretung als Regel

14 Gem. § 125 Abs. 1 HGB ist grundsätzlich jeder Gesellschafter alleine zur Vertretung der Gesellschaft befugt. Soweit mehrere Gesellschafter einander widersprechende Erklärungen abgeben, gilt, wenn die Erklärung unwiderruflich ist, die erste, andernfalls die letzte; bei Gleichzeitigkeit gilt keine von beiden Erklärungen (vgl. RGZ 81, 92, 95).

15 Die Alleinvertretungsbefugnis bleibt im Zweifel ungeachtet der §§ 714, 709 BGB auch dann weiter bestehen, wenn eine OHG aufgrund Rückganges ihres Geschäftsbetriebes zur GbR wird (vgl. BGH NJW 1971, 1698).

II. Gesamtvertretung, Abs. 2

1. Gesellschaftsvertragliche Regelung

16 Durch den Gesellschaftsvertrag kann vom Grundsatz der Alleinvertretung abgewichen werden und angeordnet werden, dass die Gesellschafter die Gesellschaft nur gemeinsam oder in der nach dem Statut erforderlichen Zahl vertreten können. Sofern eine vertragliche Regelung über eine bestimmte Form der Gesamtvertretung unwirksam ist, so gilt im Zweifel eine Gesamtvertretung durch alle Gesellschafter (vgl. BGHZ 33, 105, 108).

2. Gestaltungsmöglichkeiten

17 Gesamtvertretung und Alleinvertretung können miteinander kombiniert werden, so dass ein Gesellschafter alleine zur Vertretung befugt sein kann, während ein anderer Gesellschafter nur gemeinsam mit ihm oder einem dritten Gesellschafter Vertretungsmacht inne hat (vgl. RGZ 90, 21, 22 f.). Es ist jedoch angesichts von § 126 Abs. 2 HGB unzulässig, die Gesamtvertretung nur für bestimmte Arten von Geschäften anzuordnen, während es für die anderen Geschäfte bei der Alleinvertretung verbleiben soll (vgl. GroßkommHGB/*Habersack* § 125 Rn. 22).

3. Ausübung der Gesamtvertretungsmacht

18 Gesamtvertretungsbefugte Gesellschafter müssen, um die Wirksamkeit des beabsichtigten Rechtsgeschäfts bewirken zu können, bei der Abgabe ihrer Willenserklärungen in der nach dem Gesellschaftsvertrag erforderlichen Anzahl zusammenwirken. Sofern ein zur Gesamtvertretung berufener Gesellschafter ohne die notwendige Mitwirkung der anderen Gesamtvertreter gehandelt hat, ist

das abgeschlossen Rechtsgeschäft gem. §§ 177 ff. BGB schwebend unwirksam. Es wird wirksam, sobald der oder die übergangenen Gesamtvertreter es genehmigen. Die Genehmigung bedarf gem. § 182 BGB nicht der für das Rechtsgeschäft vorgeschriebenen Form (vgl. RGZ 118, 168, 170 f.).

4. Einzelermächtigung von Gesamtvertretern

§ 125 Abs. S. 2 HGB ermöglicht es, dass einzelne Gesamtvertreter zur Vornahme bestimmter Geschäfte oder bestimmter Arten von Geschäften ermächtigt werden. Ein einzeln ermächtigter Gesamtvertreter kann dann alleine im Umfang der Ermächtigung die Gesellschaft wirksam vertreten. 19

Einer von zwei gesamtvertretungsberechtigten Geschäftsführern, der mit der Gesellschaft einen Vertrag abschließen will, kann nach Auffassung des BGH (vgl. NJW 1975, 1117) sogar ohne Verstoß gegen § 181 BGB den anderen Geschäftsführer wirksam zur Alleinvertretung der Gesellschaft bezüglich des beabsichtigten Geschäfts ermächtigen. Diese Auffassung wird allerdings von Teilen der Fachliteratur (vgl. *Reinicke* NJW 1975, 1185, 1190; MüKo HGB /*K. Schmidt* § 125 Rn. 45; GroßkommHGB/*Habersack* § 125 Rn. 51) insbesondere auch unter Hinweis auf den Schutzzweck des § 181 BGB bestritten. Die entgegengesetzte Auffassung des BGH und seine Begründung hierzu sind gleichwohl zutreffend. Der ermächtigte Gesellschafter allein entscheidet nämlich ohne jede Bindung an die Wünsche und Interessen des Ermächtigenden in ausschließlich eigener Verantwortung über den Geschäftsabschluss. Ein Interessenkonflikt und eine dadurch begründete Gefahr der Benachteiligung der Gesellschaft sind daher auch nicht mittelbar in seiner Person gegeben, wenn ihm der andere Gesamtvertreter als Geschäftspartner der Gesellschaft gegenübertritt (vgl. BGH NJW 1975, 1117, 1119). Geben indes zwei Gesamtvertreter gemeinsam eine Vertragserklärung ab und verstößt dabei die Mitwirkung des einen gegen § 181 BGB, so kann seine Erklärung jedoch nicht in eine zulässige Ermächtigung des anderen zur Alleinvertretung umgedeutet werden (vgl. BGH, NJW 1992, 618). 20

Die Erteilung der Ermächtigung erfolgt durch formlose Erklärung an den zu Ermächtigenden (vgl. Baumbach/Hopt/*Hopt* § 125 Rn. 17). Die Ermächtigung bedarf keiner Annahme und kann nicht abgelehnt werden. Ob eine Ermächtigung zugleich eine bindende Weisung der Gesellschafter gegenüber dem Ermächtigten zur Ausübung beinhaltet, ist indes eine Frage des Einzelfalls (vgl. MüKo HGB /*K. Schmidt* § 125 Rn. 43). 21

Die Ermächtigung kann jederzeit ohne Nennung von Gründen und nicht notwendig nur durch die Gesamtvertreter, welche die Ermächtigung erteilt haben, widerrufen werden (vgl. Baumbach/Hopt/*Hopt* § 125 Rn. 17). 22

5. Passivvertretung

Ist der Gesellschaft gegenüber eine Willenserklärung abzugeben, genügt nach der – wegen des Verkehrschutzes zwingenden – Vorschrift des § 125 Abs. 2 S. 2 HGB die Abgabe gegenüber einem zur Gesamtvertretung befugten Gesellschafter. 23

III. Wegfall und Verhinderung von Gesamtvertretern

Welche Folgen der Wegfall, das Ausscheiden oder das sonstige Erlöschen der Vertretungsmacht eines gesamtvertretungsbefugten Gesellschafters hat, bestimmt sich zunächst nach den Regelungen des Gesellschaftsvertrages. Sieht aber der Gesellschaftsvertrag eine besondere Regelung für den Fall, dass ein vertretungsberechtigter Gesellschafter ausscheidet oder seine Vertretungsmacht aus einem sonstigen Grunde erlischt, nicht vor, so ändert der Eintritt eines solchen Tatbestandes grundsätzlich nichts an der Vertretungsmacht der anderen Gesellschafter (vgl. BGH NJW 1964, 1624). Fällt also ein Gesamtvertreter fort, so erhält nicht etwa der andere Gesellschafter, der mit ihm zusammen vertretungsberechtigt war, Alleinvertretungsmacht; denn ein solcher Zuwachs an Vertretungsmacht läge im Zweifel nicht im Sinne des Gesellschaftsvertrages, der die Einzelvertretung gerade ausgeschlossen hat (vgl. BGH NJW 1964, 1624). Eine im Gesellschaftsvertrag enthaltene Gesamtvertretungsregelung wird gleichwohl unwirksam, solange die Gesell- 24 schaft durch diese Regelung handlungsunfähig würde (vgl. MüKo HGB/*K. Schmidt* § 125 Rn. 30). Deshalb gilt: Wenn in einer Personenhandelsgesellschaft nach dem Ausscheiden des einen von zwei gesamtvertretungsberechtigten Gesellschaftern nur noch ein vertretungsberechtigter Gesellschafter vorhanden ist, darf der nunmehr einzige vertretungsberechtigte Gesellschafter die Gesellschaft allein vertreten (vgl. BGH NJW 1964, 1624.).

IV. Gemischte Gesamtvertretung, Abs. 3

25 Nach Abs. 3 ist die Anordnung einer Gesamtvertretung von Gesellschaftern zusammen mit einem Prokuristen möglich (sog gemischte oder unechte Gesamtvertretung). Hierbei sind verschiedene Gestaltungsmöglichkeiten denkbar. Bei jeder Ausgestaltung der Vertretungsregelung ist allerdings der Grundsatz der Selbstorganschaft (Rn. 2 f.) zu wahren. Es muss also stets die Möglichkeit der Vertretung der Gesellschaft durch einen Gesellschafter allein, oder im Zusammenwirken mit anderen Gesellschaftern gewährleistet bleiben (vgl. BGHZ 26, 330, 333). Es ist somit nicht zulässig, dass der einzige vertretungsberechtigte Gesellschafter oder die Gesamtheit der Gesellschafter an die Mitwirkung eines Prokuristen gebunden wird.

26 Dagegen ist eine **gemischte Gesamtvertretung** mit Bindung des Gesellschafters an die Mitwirkung eines Handlungsbevollmächtigten oder eines sonstigen rechtsgeschäftlichen Vertreters nicht möglich, weil hierdurch die Vertretungsmacht des Gesellschafters weiter als nach § 125 Abs. 3 zugelassen beschränkt wird (vgl. MüKo HGB/*K. Schmidt* § 125 Rn. 41). Umgekehrt kann allerdings der Handlungsbevollmächtigte an die Mitwirkung eines Gesellschafters gebunden werden, ohne dass sich dies jedoch auf die organschaftliche Vertretungsmacht des Gesellschafters auswirkt.

27 Der Umfang der gemischten Gesamtvertretungsbefugnis richtet sich nicht nach der Vertretungsmacht des Prokuristen gem. § 49 HGB, sondern nach der des Gesellschafters gem. § 126 HGB (vgl. BGH NJW 1974, 1194; NJW 1954, 1158).

28 Bei der Ausübung der Passivvertretung für die Gesellschaft ist der Prokurist gem. § 125 Abs. 3 S. 2 i. V. m. Abs. 2 S. 3 HGB allein vertretungsbefugt.

D. Geschäftsunfähige und beschränkt geschäftsfähige Gesellschafter

29 Auch Geschäftsunfähige (vgl. § 104 BGB) oder beschränkt geschäftsfähige Gesellschafter, z. B. Minderjährige (vgl. § 106 BGB), können vertretungsbefugt sein (vgl. Röhricht/v. Westphalen/*v. Gerkan* § 125 Rn. 18; GroßkommHGB/*Habersack* § 125 Rn. 29; MüKo HGB /*K. Schmidt* § 125 Rn. 18). Die Vorschrift des § 165 BGB, wonach die Wirksamkeit einer von oder gegenüber einem Vertreter abgegebenen Willenserklärung davon nicht beeinträchtigt wird, dass der Vertreter in seiner Geschäftsfähigkeit beschränkt ist, findet jedoch für die organschaftliche Vertretungsmacht einer Personhandelsgesellschaft keine Anwendung (vgl. MüKo HGB /*K. Schmidt* § 125 Rn. 18; GroßkommHGB/*Habersack* § 125 Rn. 29). Vielmehr handelt für den Gesellschafter sein **gesetzlicher Vertreter** (vgl. MüKo HGB /*K. Schmidt* § 125 Rn. 18; Röhricht/v. Westphalen/*v. Gerkan* § 125 Rn. 18). Der gesetzliche Vertreter benötigt für namens der Personenhandelsgesellschaft getätigte Geschäfte keine familien- oder vormundschaftliche Genehmigung (vgl. BGHZ 38, 26, 29 f.; E/B/J/*Hillmann* § 125 Rn. 48; Röhricht/v. Westphalen/*v. Gerkan* § 125 Rn. 18). Allerdings darf ein minderjähriger Gesellschafter im Falle einer Ermächtigung seines gesetzlichen Vertreters nach § 112 BGB mit Zustimmung des Vormundschaftsgerichts selbst tätig sein (vgl. E/B/J/*Hillmann* § 125 Rn. 49; MüKo HGB /*K. Schmidt* § 125 Rn. 18; GroßkommHGB/*Habersack* § 125 Rn. 29; str.).

E. Eintragung in das Handelsregister

30 Die Eintragung der Vertretungsmacht und ihrer Änderungen regelt § 106 Abs. 2 Nr. 4 HGB. **Eintragungspflichtig** sind seit der Neuregelung dieser Vorschrift nicht mehr nur Abweichungen von dem Grundsatz nach § 125 Abs. 1 HGB.

In der Praxis wird zudem die Befreiung vom Verbot des Selbstkontrahierens und der Doppelvertretung gem. § 181 BGB als eintragungsfähige Tatsache erachtet (vgl. OLG Hamm BB 1983, 858, 859; BayObLG ZIP 2000, 701 f.). 31

Die **Anmeldepflicht** trifft sämtliche Gesellschafter, auch die von der Vertretung ausgeschlossenen. Die Gesellschafter sind untereinander zur Mitwirkung bei der Anmeldung verpflichtet (vgl. E/B/J/*Hillmann* § 125 Rn. 54). 32

§ 125 a [Gesellschaften mit juristischen Personen als Gesellschafter] [i. d. F. ab 1. 1. 2007 durch EHUG]

(1) [1]Auf allen Geschäftsbriefen der Gesellschaft gleichviel welcher Form, die an einen bestimmten Empfänger gerichtet werden, müssen die Rechtsform und der Sitz der Gesellschaft, das Registergericht und die Nummer, unter der die Gesellschaft in das Handelsregister eingetragen ist, angegeben werden. [2]Bei einer Gesellschaft, bei der kein Gesellschafter eine natürliche Person ist, sind auf den Geschäftsbriefen der Gesellschaft ferner die Firmen der Gesellschafter anzugeben sowie für die Gesellschafter die nach § 35 a des Gesetzes betreffend die Gesellschaften mit beschränkter Haftung oder § 80 des Aktiengesetzes für Geschäftsbriefe vorgeschriebenen Angaben zu machen. [3]Die Angaben nach Satz 2 sind nicht erforderlich, wenn zu den Gesellschaftern der Gesellschaft eine offene Handelsgesellschaft oder Kommanditgesellschaft gehört, bei der ein persönlich haftender Gesellschafter eine natürliche Person ist.

(2) Für Vordrucke und Bestellscheine ist § 37 a Abs. 2 und 3, für Zwangsgelder gegen die zur Vertretung der Gesellschaft ermächtigten Gesellschafter oder deren organschaftliche Vertreter und die Liquidatoren ist § 37 a Abs. 4 entsprechend anzuwenden.

§ 125 a [Gesellschaften mit juristischen Personen als Gesellschafter] [i. d. F. bis 31. 12. 2006]

(1) [1]Auf allen Geschäftsbriefen der Gesellschaft, die an einen bestimmten Empfänger gerichtet werden, müssen die Rechtsform und der Sitz der Gesellschaft, das Registergericht und die Nummer, unter der die Gesellschaft in das Handelsregister eingetragen ist, angegeben werden.

(2) – (3) [identisch]

A. Normzweck

Die Norm bezweckt, dass jede Gesellschaft dem Geschäftsverkehr allgemeine Grundinformationen zur Verfügung stellt, um Grundlagen der Gesellschaftsverhältnisse transparent zu machen. Gesellschaften, bei denen kein Gesellschafter eine natürliche Person ist, sind gem. Abs. 1 S. 2 zu zusätzlichen Angaben neben den Grundinformationen verpflichtet. Hierdurch soll der Rechtsverkehr auf die beschränkte Haftungsmasse aufmerksam gemacht werden (vgl. Baumbach/Hopt/*Hopt* § 125 a Rn. 1; Röhricht/v. Westphalen/*v. Gerkan* § 125 a Rn. 1). 1

B. Anwendungsbereich

Die Verpflichtung zur Angabe der Rechtsform, des Sitzes der Gesellschaft, des Registergerichts und der Handelsregisternummer auf den Geschäftsbriefen erstreckt sich auf alle Handelsgesellschaften. Die für die GmbH (§ 35 a GmbHG) und die AG (§ 80 AktG) geltenden Bestimmungen über die Angaben auf Geschäftsbriefen und die Nennung der Firmen der Gesellschafter sind darüber hinaus von der OHG einzuhalten, wenn bei ihr keine natürliche Person unbegrenzt mit ihrem Privatvermögen haftet. 2

C. Geschäftsbriefe

3 Der Begriff des Geschäftsbriefs erfasst alle individuell adressierten schriftlichen Mitteilungen der Gesellschaft im geschäftlichen Bereich (vgl. MüKo HGB/*K. Schmidt* § 125 a Rn. 5). Die äußere Form des Geschäftsbriefs ist unerheblich. Neben Briefen kommen unter anderem auch **Postkarten, Telefaxe** oder auch **E-Mails** in Betracht (vgl. MüKo HGB/*K. Schmidt* § 125 a Rn. 5). Dies wurde durch die Einfügung der Worte »gleichviel welcher Form« in Abs. 1 S. 1 durch das EHUG zum 1. 1. 2007 nunmehr klar gestellt (vgl. Begr. EHUG BT-Drs. 16/960, 47 f. zu Nr. 13 bzw. Nr. 16). Die Mitteilung muss jedoch einen geschäftsbezogenen Inhalt besitzen. Richtet sich die Mitteilung wie häufig bei Werbeschriften oder Internetseiten an einen **unbestimmten Empfängerkreis**, so entfällt die Angabepflicht. Dies gilt allerdings nicht für solche Internetseiten, die zur Entgegennahme von Bestellungen dienen. Im Übrigen gelten für Internetseiten besondere Mitteilungspflichten, so insbesondere nach § 6 TDG.

4 Geschäftsbriefe sind insbesondere Angebots- und Annahmeschreiben, Auftragsbestätigungen, Rechnungen, Quittungen, Rücktritts- und Anfechtungserklärungen, Mängelrügen sowie Kündigungserklärungen (vgl. GroßkommHGB/*Habersack* § 125 a Rn. 7 ff.; *Schaffland* BB 1980, 1501 f.).

D. Vordrucke, Bestellscheine

5 Eine teilweise Befreiung von der Angabepflicht enthält Abs. 2 für Mitteilungen und Berichte, die im Rahmen einer bestehenden Geschäftsverbindung übermittelt werden und auf einem Vordruck erfolgen, dessen Verwendung üblich ist und in dem nur die im Einzelfall notwendigen besonderen Angaben eingefügt zu werden brauchen. Davon betroffen können insbesondere Auftragsbestätigungen, Lieferscheine, Rechnungen und Kontoauszüge sein. Allerdings setzt die Befreiung voraus, dass dem Empfänger des Vordrucks die nach Abs. 1 erforderlichen Angaben schon einmal im Rahmen der Geschäftsbeziehung mitgeteilt worden sind (vgl. MüKo HGB/*K. Schmidt* § 125 a Rn. 13; GroßkommHGB/*Habersack* § 125 a Rn. 14).

6 **Bestellscheine** genießen, obgleich sie häufig als Vordruck verwendet werden, nicht das Befreiungsprivileg von Abs. 2 (vgl. Baumbach/Hopt/*Hopt* § 125 a Rn. 9).

E. Rechtsfolgen

I. Zwangsgeld

7 Enthalten die Geschäftsbriefe nicht die notwendigen Angaben, kann das Registergericht nach Abs. 2 i. V. m. § 37 a Abs. 4 HGB ein Zwangsgeld gegen die zur Vertretung der Gesellschaft ermächtigten Gesellschafter bzw. ihre Geschäftsführer festsetzen.

II. Zivilrechtliche Rechtsfolgen

8 Fehlende Angaben können auch zivilrechtliche Folgen haben. So kann das Fehlen von erforderlichen Angaben dem Geschäftspartner unter den engen Voraussetzungen des § 119 Abs. 2 BGB im Einzelfall zur **Anfechtung seiner Willenserklärung** wegen eines Irrtums über verkehrswesentliche Eigenschaften der Gesellschaft berechtigen (vgl. E/B/J/*Hillmann* § 125 a Rn. 11; MüKo HGB/*K. Schmidt* § 125 a Rn. 16; Röhricht/v. Westphalen/*v. Gerkan*, § 125 a Rn. 7). Im Falle eines beim Geschäftspartner aufgrund einer schuldhaften Verletzung von Abs. 1 eingetretenen Schadens, kann dieser einen **Schadensersatzanspruch** wegen Verschuldens bei Vertragsschluss gem. §§ 280, 311 Abs. 2 BGB (vgl. MüKo HGB/*K. Schmidt* § 125 a Rn. 16; Röhricht/v. Westphalen/*v. Gerkan* § 125 a Rn. 7) bzw. wegen Schutzgesetzverletzung gem. § 823 Abs. 2 BGB (vgl. LG Detmold GmbHR 1991, 23 zur GmbH; MüKo HGB/*K. Schmidt* § 125 a Rn. 16; E/B/J/*Hillmann* § 125 a Rn. 11; a. A. mangels angeblichen Schutzgesetzcharakters von § 125 a Abs. 1: Baumbach/Hopt/*Hopt* § 125 a Rn. 11) geltend machen. Ferner wird von Teilen der Fachliteratur eine auf veranlasstem Rechtsschein beruhende **Vertrauenshaftung** vertreten (vgl. Röhricht/v. Westphalen/*v. Gerkan* § 125 a Rn. 7; Baumbach/Hopt/*Hopt* § 125 a Rn. 11; a. A. E/B/J/*Hillmann* § 125 a Rn. 12; MüKo HGB/*K. Schmidt* § 125 a Rn. 18).

§ 126 [Umfang der Vertretungsmacht]

(1) Die Vertretungsmacht der Gesellschafter erstreckt sich auf alle gerichtlichen und außergerichtlichen Geschäfte und Rechtshandlungen einschließlich der Veräußerung und Belastung von Grundstücken sowie der Erteilung und des Widerrufs einer Prokura.

(2) Eine Beschränkung des Umfanges der Vertretungsmacht ist Dritten gegenüber unwirksam; dies gilt insbesondere von der Beschränkung, daß sich die Vertretung nur auf gewisse Geschäfte oder Arten von Geschäften erstrecken oder daß sie nur unter gewissen Umständen oder für eine gewisse Zeit oder an einzelnen Orten stattfinden soll.

(3) In betreff der Beschränkung auf den Betrieb einer von mehreren Niederlassungen der Gesellschaft finden die Vorschriften des § 50 Abs. 3 entsprechende Anwendung.

Übersicht:

A. Normzweck

Die Vorschrift des § 126 HGB bestimmt den **Umfang der organschaftlichen Vertretungsmacht** 1 der zur Vertretung der Gesellschaft berechtigten Gesellschafter. Die Regelung soll gewährleisten, dass der Rechtsverkehr im Interesse einer zügigen Geschäftsabwicklung und zum Schutz derjenigen, die mit der OHG in Rechtsbeziehungen treten, nicht mit Ungewissheiten über etwaige Beschränkungen der Handlungsmacht der geschäftsführenden Gesellschafter belastet werden (vgl. BGH NJW 1974, 1555).

B. Anwendungsbereich

I. Gesellschaftsformen

Die in § 126 HGB normierten Bestimmungen gelten unmittelbar für die **OHG** und i. V. m. § 161 2 Abs. 2 HGB auch für die **KG** und deren Komplementäre. Entsprechende Anwendung finden diese Regelungen bei der **Partnerschaftsgesellschaft** gem. § 7 Abs. 2 PartGG. Eine analoge Anwendung der Vorschrift des § 126 HGB auf die unternehmenstragende **GbR** lehnt die h. M. (vgl. BGH NJW 1962, 2344, 2347; GroßkommHGB/*Habersack* § 126 Rn. 2; MüKo BGB/*Ulmer* § 714 Rn. 24; a. A. MüKo HGB/*K. Schmidt* § 126 Rn. 2) indes zu Recht unter Hinweis auf § 714 BGB ab, da sich nach dem Wortlaut dieser Norm der Umfang der Vertretungsmacht im Zweifel nach dem Umfang der Befugnis zur Geschäftsführung richtet. Dieser Umfang unterliegt der Disposition der Gesellschafter und kann z. B. im Gesellschaftsvertrag der GbR bestimmt werden (vgl. MüKo BGB/*Ulmer* § 709 Rn. 23).

II. Zurechnung

§ 126 HGB gilt für jede Zurechnung von namens der Gesellschaft im Rahmen eines Rechtsge- 3 schäftes oder einer Verfahrenshandlung abgegebenen Erklärungen der vertretungsberechtigten Gesellschafter (vgl. MüKo HGB/*K. Schmidt* § 126 Rn. 3). Hingegen findet § 126 HGB weder bei der Verschuldenszurechnung – hierfür gilt § 31 BGB analog – noch bei der Wissenszurechnung Anwendung.

C. Reichweite der Vertretungsmacht, Abs. 1

4 Nach dem in Abs. 1 normierten Grundsatz umfasst die Vertretungsmacht der Gesellschafter alle gerichtlichen und außergerichtlichen Geschäfte und Rechtshandlungen einschließlich der Veräußerung und Belastung von Grundstücken sowie die Erteilung und den Widerruf einer Prokura.

I. Allgemeines

5 Diese Vertretungsmacht ist im Gegensatz zu der Vertretungsmacht eines Prokuristen gem. § 49 HGB oder eines Handlungsbevollmächtigten gem. § 54 HGB nicht bloß auf Geschäfte und Rechtshandlungen, die der Betrieb eines Handelsgewerbes mit sich bringt bzw. gewöhnlich mit sich bringt, beschränkt (vgl. Baumbach/Hopt/*Hopt* § 126 Rn. 1). Vielmehr wird die Vertretungsmacht noch nicht einmal durch den Gesellschaftszweck begrenzt und umfasst **auch ungewöhnliche Geschäfte** (vgl. GroßkommHGB/*Habersack* § 126 Rn. 5; MüKo HGB/*K. Schmidt* § 126 Rn. 6). Der organschaftliche Vertreter kann mithin insbesondere auch im Namen der OHG fremde Verbindlichkeiten übernehmen, Schenkungen vornehmen, oder sonstige nachteilige Geschäfte durchführen (vgl. MüKo HGB/*K. Schmidt* § 126 Rn. 6), soweit nicht im Einzelfall die Voraussetzungen des Missbrauchs der Vertretungsmacht – hierzu nachfolgend unter Rn. 20 ff. – vorliegen. Dem Bereich der Vertretung wird auch die Rechtsmacht, Angestellten verbindliche Weisungen zu erteilen, zugerechnet (vgl. GroßkommHGB/*Habersack* § 126 Rn. 6; Baumbach/Hopt/*Hopt* § 126 Rn. 1), wenngleich die interne Befugnis zur Erteilung von Weisungen eine Frage der allgemeinen Geschäftsführungsbefugnis darstellt (vgl. MüKo HGB/*K. Schmidt* § 126 Rn. 4; Baumbach/Hopt/*Hopt* § 126 Rn. 1).

II. Grundstücke und Prokura

6 Dass sich die Vertretungsmacht der Gesellschafter auch auf die Belastung und Veräußerung von Grundstücken erstreckt, ist, um den Gegensatz zu der insoweit unzureichenden Vertretungsmacht des Prokuristen herauszustellen, ausdrücklich im Gesetz betont.

7 Klarstellend ist in § 126 Abs. 1 HGB erwähnt, dass sich die Vertretungsmacht der Gesellschafter auch auf die Erteilung und den Widerruf einer Prokura erstreckt. Mithin ist jeder vertretungsberechtigte Gesellschafter berechtigt, eine nach außen wirksame Prokura zu erteilen, gleichgültig, ob er hierfür im Innenverhältnis gem. § 116 Abs. 3 HGB eine Zustimmung aller Gesellschafter benötigte (vgl. RGZ 134, 303, 305; MüKo HGB/*K. Schmidt* § 126 Rn. 8).

III. Verbot des Selbstkontrahierens

8 Eine Grenze findet die Vertretungsbefugnis im Verbot des Selbstkontrahierens und der Doppelvertretung (vgl. § 181 BGB). Eine Befreiung von diesen Verboten bedarf einer Gestattung im Gesellschaftsvertrag oder per Gesellschafterbeschluss, der mit gesellschaftsvertragsändernder Mehrheit zustande gekommen ist (vgl. BGHZ 58, 115, 118 f.).

9 Zudem können die übrigen Gesellschafter ein gem. § 177 BGB schwebend unwirksam Geschäft nachträglich **genehmigen**. Wird eine Genehmigung verweigert, ist das Geschäft unwirksam und nach den Vorschriften der § 812 ff. BGB rückabzuwickeln.

IV. Grundlagengeschäfte

10 Die Vertretungsmacht eines vertretungsbefugten Gesellschafters erstreckt sich nicht auf die Ausführung von sog. Grundlagengeschäften (vgl. BGH NJW 1952, 537, 538). Dies sind solche Geschäfte, die die inneren Rechtsverhältnisse der Gesellschafter zueinander betreffen (vgl. BGH GmbHR 1979, 245; Baumbach/Hopt/*Hopt* § 126 Rn. 3). Allerdings kann die Vertretungsmacht

eines vertretungsbefugten Gesellschafters durch den Gesellschaftsvertrag auf Grundlagengeschäfte erweitert werden (vgl. Baumbach/Hopt/*Hopt* § 126 Rn. 4).

1. Änderungen des Gesellschaftsvertrages

Von der Vertretungsmacht eines vertretungsbefugten Gesellschafters sind **nicht umfasst**: Änderungen des Gesellschaftsvertrages (vgl. BGH NJW 1952, 537, 538), also insbesondere die Änderung des Gesellschaftszwecks (vgl. E/B/J/*Hillmann* § 126 Rn. 9) sowie die Änderung der Firma (vgl. BGH NJW 1952, 537, 538), der Abschluss eines Unternehmensvertrages entsprechend den §§ 291 ff. AktG (vgl. GroßkommHGB/*Habersack* § 126 Rn. 18; MüKo HGB/*K. Schmidt* § 126 Rn. 12), Veränderungen im Gesellschafterbestand (vgl. BGH WM 1962, 1353, 1354), also sowohl die Ausschließung eines Gesellschafters (vgl. Baumbach/Hopt/*Hopt* § 126 Rn. 3) als auch die Aufnahme eines neuen Gesellschafters (vgl. RGZ 52, 161, 162; BGHZ 26, 330, 333). Zwar können sämtliche Gesellschafter der Personenhandelsgesellschaft einen bestimmten Gesellschafter zur Aufnahme weiterer Gesellschafter bevollmächtigen, dies hat indes nichts mit dem Regelungsgehalt von § 126 HGB zu tun (vgl. MüKo HGB/*K. Schmidt* § 126 Rn. 10). Die Aufnahme eines neuen Gesellschafters findet im Übrigen grundsätzlich durch Vertrag zwischen dem aufzunehmenden Neugesellschafter und allen vorhandenen Gesellschaftern statt (vgl. BGHZ 26, 330, 333; MüKo HGB/*K. Schmidt* § 126 Rn. 10). 11

2. Stille Gesellschaft

Hingegen ist die allein durch einen vertretungsberechtigten Gesellschafter der OHG vereinbarte Aufnahme eines stillen Gesellschafters wirksam, da sie ähnlich wie der Abschluss eines langfristigen Dienstvertrages mit Gewinnberechtigung oder eines Darlehensgeschäftes lediglich schuldrechtliche Beziehungen begründet (vgl. RGZ 153, 371, 373; BGH NJW 1971, 375, 376; GroßkommHGB/*Habersack* § 126 Rn. 15). Auch die Beendigung des Rechtsverhältnisses mit diesem ist von der Vertretungsbefugnis umfasst (vgl. MüKo HGB/*K. Schmidt* § 126 Rn. 11). Dies gilt indes nicht für die Aufnahme eines **atypisch stillen Gesellschafters**, da dessen Stellung, insbesondere in vermögens- und organistionsrechtlicher Hinsicht, der eines Kommanditisten angenähert ist (vgl. E/B/J/*Hillmann* § 126 Rn. 11; MüKo HGB/*K. Schmidt* § 126 Rn. 11). Mithin ist die Aufnahme eines atypischen stillen Gesellschafters nur mit der erforderlichen Mitwirkung der Handelsgesellschafter wirksam möglich. 12

3. Unternehmenskauf

Der Abschluss eines schuldrechtlichen Vertrags, in dem sich die Handelsgesellschaft verpflichtet, ihr Unternehmens als Ganzes zu veräußern oder zu verpachten, ist nach nunmehr h.M: (vgl. BGH NJW 1995, 596; MüKo HGB/*K. Schmidt* § 126 Rn. 13) in Anknüpfung an § 361 Abs. 1 AktG a. F., § 179 a AktG und die sog. »Holzmüller-Entscheidung« (vgl. BGHZ 83, 122; vgl. zur »Holzmüller-Entscheidung« ausführl. Kap. 10 § 119 Rn. 9 ff.) nicht von der Vertretungsbefugnis eines vertretungsberechtigten Gesellschafters umfasst, sondern bedarf der **Zustimmung der Handelsgesellschafter**. Allerdings bleibt die Wirksamkeit einzelner vollzogener dinglicher Übertragungsgeschäfte hiervon unberührt (vgl. BGH NJW 1991, 2564, 2565), es sei denn, diese stellen ihrerseits ein Grundlagengeschäft dar oder die die Grundsätze des Missbrauchs der Vertretungsmacht greifen ein. 13

D. Beschränkungen der Vertretungsmacht, Abs. 2

Nach dem Wortlaut des Abs. 2 ist eine Beschränkung des Umfanges der Vertretungsmacht Dritten gegenüber unwirksam. Dies gilt insbesondere für Beschränkungen dergestalt, dass sich die Vertretung nur auf gewisse Geschäfte oder Arten von Geschäften erstrecken oder dass sie nur unter gewissen Umständen oder für eine gewisse Zeit oder an einzelnen Orten stattfinden soll. 14

15 Auch diese Regelung dient dem Schutz des Rechtsverkehrs (vgl. MüKo HGB/*K. Schmidt* § 126 Rn. 16). Ein potentieller Vertragspartner der Gesellschaft soll sich darauf verlassen können, dass die Organträger die von ihnen vertretene Gesellschaft wirksam verpflichten können.

I. Einzelne Niederlassungen, Abs. 3

16 Eine Ausnahme vom Grundsatz der Unbeschränkbarkeit der organschaftlichen Vertretungsmacht ist in Abs. 3 geregelt. Danach kann die Vertretungsmacht eines Gesellschafters auf den Betrieb einer oder mehrerer Niederlassungen beschränkt werden. Voraussetzung für die Wirksamkeit einer solchen Beschränkung gegenüber Dritten ist in Anknüpfung an § 50 Abs. 3 S. 1 HGB, dass Niederlassungen unter verschiedenen Firmen betrieben werden (vgl. E/B/J/*Hillmann* § 126 Rn. 13; MüKo HGB/*K. Schmidt* § 126 Rn. 18); diesbezüglich ist bereits ein Filialzusatz ausreichend (vgl. E/B/J/*Hillmann* § 126 Rn. 13). Die Vertretungsmacht der Gesellschafter ist dann mit Wirkung gegen Dritte auf Handlungen im Betrieb der ausgewählten Zweigniederlassungen beschränkt.

II. Rechtsgeschäfte mit Gesellschaftern

17 Entsprechend dem Wortlaut, wonach Beschränkungen des Umfangs der Vertretungsmacht nur »Dritten gegenüber« unwirksam sind, können solche Beschränkungen im Innenverhältnis, also für den Rechtsverkehr zwischen Gesellschaft und Gesellschafter, wirksam **durch Gesellschaftsvertrag** oder per Gesellschafterbeschluss bestimmt werden (vgl. BGH NJW 1974, 1555; NJW 1962, 2344, 2347). Schutzwürdige Interessen Dritter werden durch diese Ausnahme nicht berührt. Den Gesellschaftern kann es im Rahmen der Privatautonomie nicht verwehrt werden, die Vertretungsverhältnisse betreffend den Geschäftsbeziehungen zwischen der Gesellschaft und ihren Mitgliedern in der von ihnen für richtig erachteten Weise festzulegen (vgl. BGH NJW 1962, 2344, 2347). Im Übrigen gelten die Grundsätze des Missbrauchs der Vertretungsmacht (vgl. gleich Rn. 20 ff.).

18 Bei der Begründung vertraglicher Beziehungen zwischen Gesellschafter und Gesellschaft müssen die vertretungsberechtigten Gesellschafter die im Innenverhältnis bestehenden Beschränkungen und Bindungen einhalten. Beschränkungen können sich ergeben aus dem Gesellschaftsvertrag oder einem Gesellschafterbeschluss (vgl. BGH NJW 1962, 2347; Röhricht/v. Westphalen/*v. Gerkan* § 126 Rn. 7).

19 Sofern der vertretungsberechtigte Gesellschafter die im Innenverhältnis bestehenden Bindungen überschreitet, handelt er ohne Vertretungsmacht und kann die Gesellschaft nicht wirksam verpflichten. Ob der Gesellschafter die Beschränkung der Vertretungsmacht kennt oder hätte kennen müssen, ist unerheblich (vgl. Baumbach/Hopt/*Hopt* § 126 Rn. 6; E/B/J/*Hillmann* § 126 Rn. 17).

E. Missbrauch der Vertretungsmacht

I. Voraussetzungen

20 Sofern der Gesellschafter seine Vertretungsmacht im Rahmen eines bestimmten Rechtsgeschäftes ausübt, obwohl er aufgrund einer internen Beschränkung hiervon keinen Gebrauch hätte machen dürfen, bleibt das Handeln Dritten gegenüber aufgrund des Grundsatzes der unbeschränkten und unbeschränkbaren Vertretungsmacht grundsätzlich gleichwohl wirksam. Eingeschränkt wird dieser Grundsatz jedoch von der Lehre über den Missbrauch der Vertretungsmacht.

1. Kollusion

21 Dies gilt zunächst uneingeschränkt bei vorsätzlichem Zusammenwirken (Kollusion) des vertretenden Gesellschafters mit dem Dritten zum Nachteil der Gesellschaft (vgl. BAG ZIP 1997, 603, 606; RGZ 58, 356; Baumbach/Hopt/*Hopt* § 127 Rn. 11).

2. Evidenz

Nach der Rechtsprechung entfällt die Vertretungsmacht aber auch dann, wenn es sich dem Vertragspartner geradezu aufdrängen muss, dass der geschäftsführende Gesellschafter die Grenzen überschreitet, die seiner Vertretungsbefugnis im Innenverhältnis gesetzt sind (vgl. BGHZ 94, 132, 138; BGH NJW 1996, 589, 590), oder in anderen Worten ausgedrückt, wenn beim Vertragspartner begründete Zweifel aufkommen müssen, ob nicht ein Treueverstoß des Vertreters gegenüber der vertretenen Gesellschaft vorliegt (vgl. BGH NJW 1995, 250, 251; ZIP 1999, 1303, 1304). Auf Seiten des Vertreters ist es nicht erforderlich, dass er bewusst zum Nachteil der Gesellschaft handelt (vgl. BGH NJW 1984, 1461, 1462; NJW 1988, 3012, 3013; anders noch die alte Rspr.: vgl. BGHZ 50, 112, 114; BAG NJW 1978, 2215). Ausreichend ist vielmehr bereits die objektive Überschreitung der internen Bindungen. Auf Seiten des Dritten ist zwar seine positive Kenntnis von der Pflichtwidrigkeit des Vertreters nicht Voraussetzung für die Bejahung des Tatbestands des Missbrauchs der Vertretungsmacht. Allerdings reicht bloße Fahrlässigkeit alleine nicht aus (vgl. BGH NJW 1984, 1461, 1462; BB 1976, 852; MüKo HGB/*K. Schmidt* § 126 Rn. 21; anders noch die alte Rspr.: BGHZ 50, 112, 114), zumal ansonsten der der mit § 126 Abs. 2 HGB bezweckte Verkehrsschutz ausgehöhlt werden würde. Maßgeblich ist vielmehr, dass die Verdachtsmomente für einen Missbrauch objektiv evident sind (vgl. BGH NJW 1995, 250, 251; ZIP 1999, 1303, 1304). 22

II. Rechtsfolgen

Nach der Rspr. (vgl. BGH WM 1980, 953, 954) und einem Teil der Literatur (vgl. E/B/J/*Hillmann* § 126 Rn. 23) ergeben sich die Folgen eines Missbrauchs der Vertretungsmacht aus § 242 BGB. Der Vertragspartner kann sich auf die Wirksamkeit des abgeschlossenen Rechtsgeschäfts nicht berufen. Ein anderer Teil der Literatur (vgl. MüKo HGB/*K. Schmidt* § 126 Rn. 21; GroßkommHGB/*Habersack* § 126 Rn. 27) leitet die Rechtsfolgen hingegen aus einer analogen Anwendung der §§ 177 bis 179 BGB ab. Der vertretenen Gesellschaft soll es danach unbenommen bleiben, das schwebend unwirksame Rechtsgeschäft durch Genehmigung zur Wirksamkeit zu verhelfen. Bei einem kollusiven Zusammenwirken mit dem Vertreter sind darüber hinaus die §§ 138, 826 BGB anwendbar (vgl. E/B/J/*Hillmann* § 126 Rn. 23). 23

§ 127 [Entziehung der Vertretungsmacht]

Die Vertretungsmacht kann einem Gesellschafter auf Antrag der übrigen Gesellschafter durch gerichtliche Entscheidung entzogen werden, wenn ein wichtiger Grund vorliegt; ein solcher Grund ist insbesondere grobe Pflichtverletzung oder Unfähigkeit zur ordnungsgemäßen Vertretung der Gesellschaft.

Übersicht:

A. Allgemeines

Ebenso wie die Entziehung der Geschäftsführungsbefugnis nach § 117 HGB ist auch der Entzug der Vertretungsmacht eines Gesellschafters möglich. Häufig dürften beide Entziehungen miteinander verbunden werden. 1

I. Allgemeiner Anwendungsbereich

2 Die Vorschrift gilt sowohl für die OHG als auch i. V. m. § 161 Abs. 2 HGB für die KG sowie i. V. m. § 7 Abs. 3 PartGG für die Partnerschaftsgesellschaft. Auf die GbR findet die Vorschrift keine Anwendung. Für diese Gesellschaftsform gilt vielmehr § 712 Abs. 1 BGB.

3 Die Bestimmung des § 127 HGB regelt die Entziehung der organschaftlichen Vertretungsmacht. Sie findet keine Anwendung auf die einem von der organschaftlichen Vertretung ausgeschlossenen Gesellschafter erteilte Vollmacht (vgl. GroßkommHGB/*Habersack* § 127 Rn. 6; MüKo HGB/*K. Schmidt* § 127 Rn. 3, 5).

II. Anwendung bei nur einem einzelvertretungsbefugten Gesellschafter

4 Auch die Entziehung der Vertretungsmacht des einzigen einzelvertretungsbefugten Gesellschafters ist zulässig; sie bewirkt automatisch eine Gesamtvertretungsbefugnis aller Gesellschafter (vgl. BGHZ 33 105, 107 f.). Die Entziehung der Vertretungsbefugnis des einzigen Komplementärs einer KG ist indes nicht möglich (vgl. BGH NJW 1998, 1225, 1226).

B. Das materielle Recht der Entziehung

I. Teilentziehung

5 Entgegen dem sich aus dem Wortlaut der Norm ergebenden Anschein ist nach h. M. (vgl. BGH NJW-RR 2002, 540; MüKo HGB/*K. Schmidt* § 127 Rn. 12; GroßkommHGB/*Habersack* § 127 Rn. 11) nicht nur die vollständige Entziehung der Vertretungsmacht, sondern auch eine Teilentziehung der Vertretungsbefugnis zulässig. Aus dem Grundsatz der Verhältnismäßigkeit ergibt sich sogar, dass eine vollständige Entziehung der Vertretungsbefugnis nur in Betracht kommt, wenn mildere Mittel nicht ausreichen, um den für die Mitglieder unzumutbaren Zustand zu beseitigen (BGH NJW-RR 2002, 540).

II. Wichtiger Grund

6 Das Gesetz nennt in Hs. 2 als Beispielsfälle eines wichtigen Grundes die **grobe Pflichtverletzung** sowie die **Unfähigkeit zur ordnungsgemäßen Vertretung** der Gesellschaft.

7 Ein wichtiger Grund liegt überdies vor, wenn die den Entzug der Vertretungsmacht zugrunde liegenden Umstände den Fortbestand der Vertretungsmacht für die Gesellschaft und die Mitgesellschafter unzumutbar machen (vgl. MüKo HGB/*K. Schmidt* § 127 Rn. 15). Wegen dem zu berücksichtigenden Grundsatz der Verhältnismäßigkeit sind die den Entzug der Vertretungsmacht zugrunde liegenden Umstände stets mit dem in Frage stehenden Eingriff, also die vollständige Entziehung oder die teilweise Entziehung, abzuwägen. Im Rahmen dieser Abwägung ist auch das Verhalten der übrigen Mitgesellschafter angemessen zu berücksichtigen (vgl. MüKo HGB/*K. Schmidt* § 127 Rn. 16). Vgl. hierzu außerdem Kap. 16 Rn. 149.

C. Verfahren

8 Die zur Entziehung der Vertretungsmacht notwendige Klage ist eine **Gestaltungsklage**. Kläger sind – in notwendiger Streitgenossenschaft – sämtliche Mitgesellschafter des von der drohenden Entziehung betroffenen Gesellschafters (vgl. BGHZ 30, 195, 197). Letzterer ist Beklagter. Zuständig ist das Gericht am Sitz der Gesellschaft (§ 22 ZPO) oder am allgemeinen Gerichtsstand des Beklagten. Vgl. zur Klage gem. § 127 HGB ausführl. Kap. 16 Rn. 138 ff.

9 Die mit der Klage angegriffene Vertretungsmacht entfällt im Falle des Erfolgs mit der Rechtskraft des Gestaltungsurteils (vgl. hierzu auch Kap. 16 Rn. 155 f.).

10 Bis zur rechtskräftigen Beendigung des Hauptsacheverfahrens kann die Beantragung des Erlasses einer **einstweiligen Verfügung** nach § 940 ZPO sinnvoll sein, um drohende wesentliche Nachteile abwenden zu können (vgl. Kap. 16 Rn. 157). Der Antrag auf Entziehung der Vertretungsmacht kann im einstweiligen Verfügungsverfahren mit dem Antrag verbunden werden,

dass die Geschäftsführungsbefugnis einem Dritten übertragen werden soll (vgl. BGHZ 33, 105, 108 ff.).

Die Entziehung der Vertretungsmacht ist gem. § 106 Abs. 2 Nr. 4 HGB beim **Handelsregister** an- 11
zumelden. Anmeldepflichtig sind alle übrigen Gesellschafter.

D. Abweichende Vereinbarungen

§ 127 HGB ist zwingend allein in dem Sinn, dass die Entziehung der Vertretungsmacht aus wich- 12
tigem Grund nicht ausgeschlossen werden kann; Erleichterungen in verfahrens- und materiellrechtlicher Sicht – bis hin zum Verzicht auf den wichtigen Grund selbst – sind jedoch zulässig (vgl. BGH NJW 1998, 1225, 1226). So ist im Falle einer entsprechenden Regelung im Gesellschaftsvertrag auch die Entziehung der Vertretungsmacht durch einen mit der Mehrheit der abstimmungsberechtigten Gesellschafter – die von der drohenden Entziehung betroffenen Gesellschafter haben kein Stimmrecht (vgl. insoweit: BGHZ 102, 172, 176) – zustande gekommenen Beschluss möglich (vgl. Baumbach/Hopt/*Hopt* § 127 Rn. 12; MüKo HGB/*K. Schmidt* § 127 Rn. 10; GroßkommHGB/*Habersack* § 127 Rn. 21). Die Wirksamkeit des Beschlusses kann mit der Feststellungsklage gem. § 256 ZPO angegriffen werden.

§ 128 [Persönliche Haftung der Gesellschafter]

[1]Die Gesellschafter haften für die Verbindlichkeiten der Gesellschaften den Gläubigern als Gesamtschuldner persönlich. [2]Eine entgegenstehende Vereinbarung ist Dritten gegenüber unwirksam.

Übersicht:

A. Normzweck

1 Die persönliche Haftung der Gesellschafter für Verbindlichkeiten der Gesellschaft ist ein **Wesensmerkmal der OHG**. Während die Gläubiger einer Kapitalgesellschaft durch die Vorschriften über Kapitalaufbringung und Kapitalerhaltung geschützt werden, verfügt die OHG – mit Ausnahme der Vorschriften der §§ 129 a, 130 a HGB für die OHG, bei der kein Gesellschafter eine natürliche Person ist – über keine Regeln zur Erhaltung eines Mindestvermögens. Stattdessen erhält der Gläubiger durch § 128 HGB eine zusätzliche, von der Gesellschaftsschuld verschiedene Verbindlichkeit gegenüber einem zusätzlichen, von der Gesellschaft verschiedenen Schuldner.

2 Die persönliche Gesellschafterhaftung erfüllt dabei eine Doppelfunktion. Sie schützt die Interessen der Gesellschaftsgläubiger und erhöht im Reflex die Kreditfähigkeit der Gesellschaft (vgl. BGH NJW 1957, 871, 872).

B. Voraussetzungen der Haftung

I. Bestehende Gesellschaft

3 Die akzessorische Gesellschafterhaftung setzt voraus, dass zu dem Zeitpunkt, der für die Haftungsbegründung maßgeblich ist (vgl. dazu Rn. 54 ff.), eine OHG oder eine KG vorhanden war. Aus § 156 HGB folgt, dass die Auflösung der Gesellschaft der Anwendung des § 128 HGB nicht entgegensteht. Der Gesellschafter haftet bis zur Beendigung der Liquidation sowohl für die vor Auflösung als auch für die danach begründeten Verbindlichkeiten. Etwas anderes gilt im Insolvenzverfahren (str., vgl. Rn. 84 ff.) und bei einem Formwechsel. § 128 HGB findet in diesen Fällen auf Verbindlichkeiten, die nach Eröffnung des Insolvenzverfahrens bzw. nach dem Formwechsel begründet worden sind, keine Anwendung.

4 Leidet der Gesellschaftsvertrag oder der Beitritt des Gesellschafters an einem Mangel, steht dies der Anwendung des § 128 HGB nicht entgegen, soweit wenigstens der Tatbestand der fehlerhaften Gesellschaft erfüllt ist (zur fehlerhaften Gesellschaft vgl. ausführl. § 105 HGB Rn. 79 ff.). Ist

auch dies nicht der Fall, lässt sich die Haftung des Gesellschafters nicht mit § 128 HGB begründen. Unberührt bleiben davon andere Haftungsgrundlagen, wie z. B. eine Handelndenhaftung nach § 179 BGB oder eine Haftung als Scheingesellschafter einer Scheingesellschaft (vgl. BGH NJW 1955, 985; zur Scheingesellschaft vgl. § 105 HGB Rn. 105 ff.).

II. Gesellschaftsverbindlichkeit

Von der Haftung werden grundsätzlich alle Verbindlichkeiten der Gesellschaft erfasst, also Geldschulden und Nichtgeldschulden, rechtsgeschäftliche und gesetzliche Verbindlichkeiten sowie privatrechtliche und öffentlichrechtliche Verbindlichkeiten. Soweit die Gesellschaft für unerlaubte Handlungen ihrer Geschäftsführung haftet, knüpft § 128 HGB auch hieran an. **5**

1. Vertrauen des Gläubigers auf Haftung der Gesellschaft

§ 128 HGB differenziert nicht nach der Person des Gläubigers. Es kommt auch nicht darauf an, dass der Gläubiger bei Begründung der Verbindlichkeit auf die Haftung der Gesellschafter vertraut. Selbst wenn er einen mangelnden Haftungswillen der Gesellschafter oder eine zwischen den Gesellschaftern getroffene Abrede, nicht oder nur beschränkt haften zu wollen, positiv kennt, ändert dies nichts an der Anwendung des § 128 HGB, solange nicht mit dem Gläubiger, wenigstens konkludent, eine Haftungsbeschränkung vereinbart worden ist (vgl. dazu Rn. 32 ff.). **6**

2. Drittanspruch und Sozialansprüche von Gesellschaftern

Bei Verbindlichkeiten der Gesellschaft gegenüber einem Gesellschafter ist zu differenzieren: **7**

a) Drittanspruch

Soweit es sich um einen Drittanspruch handelt, der seinen Grund gerade nicht im Gesellschaftsverhältnis hat, steht dem Gesellschafter grundsätzlich **wie einem Drittgläubiger** ein Anspruch gegenüber seinen Mitgesellschaftern aus § 128 HGB zu. Zu diesen Drittansprüchen zählen in erster Linie Ansprüche aus mit der Gesellschaft geschlossenen Liefer-, Darlehens-, Dienst-, Miet- und Pachtverträgen (vgl. BGH BB 1961, 6). Das gilt auch dann, wenn der Gesellschafter im Rahmen seiner Beitragspflicht zum Abschluss dieser Verträge verpflichtet ist, da sich der Rechtsgrund seines Anspruchs dadurch nicht ändert. Wird die Vergütung allerdings beispielsweise in Form eines Vorweggewinns gewährt, ist das Vertragsverhältnis so weit durch das Gesellschaftsverhältnis überlagert, dass nicht von einem Drittanspruch auszugehen ist (vgl. BGH NJW-RR 1989, 866). **8**

Im Hinblick auf **Höhe und Durchsetzung** seines Anspruchs muss der Gesellschafter allerdings Einschränkungen hinnehmen. Überwiegend wird angenommen, dass er sich lediglich seinen eigenen Haftungsanteil anrechnen lassen muss. Zur Vermeidung eines Hin- und Herzahlens dürfte die Treuepflicht darüber hinaus gebieten, dass die Mitgesellschafter grundsätzlich nur als Teilschuldner in Anspruch genommen werden können (wie hier MüKo HGB/*K. Schmidt* § 128 Rn. 18). Fällt dabei ein Mitgesellschafter aus, wird dessen Haftungsanteil pro rata auf die übrigen Gesellschafter verteilt. Zudem bedingt die Treuepflicht, dass die Mitgesellschafter nicht primär haften, sondern erst dann in Anspruch genommen werden können, wenn eine Befriedigung aus dem Gesellschaftsvermögen nicht zu erwarten ist. Hierzu bedarf es allerdings weder einer gerichtlichen Inanspruchnahme der Gesellschaft noch eines erfolglosen Vollstreckungsversuchs in das Gesellschaftsvermögen. Es genügt, wenn der in Anspruch genommene Gesellschafter zur Begründung seines Treuepflichteinwandes nicht nachweisen kann, dass der Gesellschaft ausreichende Mittel zur Befriedigung der Gesellschafterforderung zur Verfügung stehen. Eine Erfüllungsverweigerung der Gesellschaft schließt einen Treuepflichteinwand grundsätzlich aus (BGH ZIP 2002, 394, 396). Gleiches gilt, wenn die Forderung an einen Nichtgesellschafter abgetreten wird. **9**

b) Sozialansprüche

10 Von diesen Drittansprüchen sind Sozialansprüche von Gesellschaftern abzugrenzen. Solche auf dem Gesellschaftsverhältnis beruhenden Ansprüche können bei bestehender Gesellschaft nur dieser gegenüber geltend gemacht werden, und zwar unabhängig davon, ob eine Befriedigung aus dem Gesellschaftsvermögen möglich ist oder nicht (vgl. BGH WM 1989, 1021, 1022). Anderenfalls würden die Gesellschafter entgegen § 707 BGB mittelbar verpflichtet, über ihre Einlage hinausgehende Beiträge zu leisten.

11 Sozialansprüche sind beispielsweise ein gesellschaftvertraglich vereinbarter Vorweggewinn, nicht aber der Abfindungsanspruch ausgeschiedener Gesellschafter oder Ansprüche des stillen Gesellschafters.

12 Wird ein Gesellschafter von einem Gesellschaftsgläubiger gem. § 128 HGB in Anspruch genommen, stellt der mit Zahlung erworbene **Aufwendungsersatzanspruch** seiner Natur nach ebenfalls einen Sozialanspruch des Gesellschafters dar. Da Anlass eine Verbindlichkeit gegenüber einem Nichtgesellschafter war, der die Gesellschafter ohne Rücksicht auf deren interne Haftungsverteilung in Anspruch nehmen kann, ist die Anwendung des § 128 HGB gleichwohl gerechtfertigt. Es sind allerdings die auch sonst bei Drittansprüchen von Gesellschaftern geltenden Einschränkungen zu beachten (dazu Rn. 9).

III. Gesellschafterstellung

13 § 128 HGB gilt unmittelbar für denjenigen, der im Zeitpunkt der Haftungsbegründung Gesellschafter einer OHG oder Komplementär einer KG war. An der Haftung des Gesellschafters ändert sich nicht dadurch etwas, dass er nach der Haftungsbegründung ausscheidet (vgl. § 160 HGB Rn. 1 ff.) oder in eine Kommanditistenstellung zurücktritt.

14 Ein **Nichtgesellschafter** kann der akzessorischen Haftung ausnahmsweise unterliegen, wenn er sich aufgrund einer Rechtsscheinshaftung wie ein persönlich haftender Gesellschafter behandeln lassen muss. Abgesehen von den Fällen des § 15 HGB ist dies insbesondere anzunehmen, wenn der Scheingesellschafter den Rechtsschein einer unbeschränkten Haftung zurechenbar geschaffen oder es unter Verletzung von Aufklärungspflichten unterlassen hat, diesen Rechtsschein zu beseitigen (vgl. BGH NJW 1955, 985). Einer solchen Haftung setzt sich trotz entsprechender Eintragung und Bekanntmachung auch der in eine Kommanditistenstellung zurückgetretene Gesellschafter aus, wenn er zurechenbar den Rechtsschein setzt oder duldet, er hafte weiterhin unbeschränkt.

IV. Entsprechende Anwendung des § 128 HGB

15 § 128 HGB gilt entsprechend bei den folgenden Rechtsformen:

1. KGaA

16 Für den persönlich haftenden Gesellschafter der KGaA bestimmt § 278 Abs. 3 AktG die sinngemäße Anwendung des § 128 HGB.

2. Partnerschaftsgesellschaft

17 Bei der Partnerschaftsgesellschaft wiederholt § 8 Abs. 1 S. 1 PartGG den Wortlaut von § 128 S. 1 HGB, was die sinngemäße Anwendung auch des S. 2 jedoch nicht ausschließt. Die Partner haben die Möglichkeit, ihre persönliche Haftung aus einer fehlerhaften Berufsausübung durch eine Vereinbarung mit dem Gläubiger, auch in Form von Allgemeinen Geschäftsbedingungen, auf denjenigen Partner zu beschränken, der die berufliche Leistung zu erbringen, verantwortlich zu leiten oder zu überwachen hat (§ 8 Abs. 2 PartGG). Vgl. hierzu auch ausführl. Kap. 3 Rn. 44 ff.

3. GbR

Mittlerweile ist anerkannt, dass § 128 HGB analog auf die Gesellschafter einer GbR anzuwenden ist (vgl. BGH NJW 1999, 3483; NJW 2001, 1056; NJW 2003, 1445; NJW 2003, 1803). Dies gilt auch bei Publikumsgesellschaften wie etwa geschlossenen Immobilienfonds (vgl. BGH WM 2004, 372). Vgl. auch Kap. 2 §§ 714, 715 Rn. 8. 18

4. Europäische Wirtschaftliche Interessenvereinigung (EWIV)

Die Mitglieder einer Europäischen Wirtschaftlichen Interessenvereinigung (EWIV) haften nach Art. 24 Abs. 1 der Verordnung (EWG) Nr. 2137/85 des Rates der Europäischen Gemeinschaften vom 25. 7. 1985 (EWIVVO) unbeschränkt und gesamtschuldnerisch für die Verbindlichkeiten der Vereinigung. Abweichend von § 128 HGB handelt es sich um eine eingeschränkt-subsidiäre Haftung, da der Gläubiger zunächst die Vereinigung zur Zahlung auffordern und eine gewisse Zeit abwarten muss. Im Übrigen gilt wegen der Verweisung in Art. 24 Abs. 1 S. 2 EWIVVO einzelstaatliches Recht, also die §§ 128 bis 130 HGB. 19

C. Rechtsfolgen

I. Haftungscharakter

Die Gesellschafterhaftung nach § 128 HGB ist eine gesetzliche, akzessorische, unbeschränkte, primäre und im Verhältnis der Gesellschafter untereinander gesamtschuldnerische Haftung. 20

1. Gesetzliche Haftung

Die Gesellschafter haften kraft gesetzlicher Anordnung. Die Haftung knüpft zwar an die durch Vertrag begründete Gesellschafterstellung an, es handelt sich dabei jedoch nur um ein Merkmal des gesetzlichen Haftungstatbestandes. Auch die Gesellschaftsverbindlichkeit stellt lediglich ein Tatbestandsmerkmal dar und muss zudem nicht notwendigerweise vertraglicher Natur sein. Ebenso wenig bedarf es eines rechtsgeschäftlichen Handelns im Namen der Gesellschafter, eines Mitverpflichtungsbewusstseins der für die Gesellschaft handelnden Personen oder eines Haftungsinteresses des Gläubigers. 21

2. Akzessorische Haftung

Der Akzessorietätsgrundsatz bedeutet, dass die Haftung der Gesellschafter auf Dauer das Schicksal der Gesellschaftsschuld teilt, also von deren Bestand und Umfang abhängt. 22

Es ist daher ausgeschlossen, die Forderung gegenüber der Gesellschaft unter dem Vorbehalt zu erlassen oder zu stunden, dass Erlass oder Stundung gegenüber den Gesellschaftern nicht gelten sollen. Eine solche Erklärung ist entweder unwirksam oder kann allenfalls als Absichtserklärung des Gläubigers gedeutet werden, er werde die Gesellschaft trotz fortbestehender Haftung nicht in Anspruch nehmen. Da er grundsätzlich nach Belieben die Gesellschaft und/oder die Gesellschafter in Anspruch nehmen kann, ist eine solche Erklärung möglich. Hierauf kann sich die Gesellschaft allerdings nicht – etwa im Sinne eines pactum de non petendo – berufen, da ansonsten der durch die Einwendungsidentität gewährleistete Schutz der Gesellschafter unterlaufen würde. Etwas anderes gilt nur dann, wenn die Gesellschafter auf diesen Schutz verzichten, indem sie dem Vorbehalt zustimmen (so i.Erg. BGH WM 1975, 974, der in diesem Fall jedoch nicht nur ein pactum de non petendo, sondern einen wirksamen, auf die Gesellschaft beschränkten Erlass annimmt; zustimmend E/B/J/*Hillmann* § 128 Rn. 19; wie hier MüKo HGB/*K. Schmidt* § 128 Rn. 17). 23

3. Unbeschränkte Haftung

Die Haftung ist **gegenständlich und summenmäßig unbeschränkt**. Der Gesellschafter haftet mit seinem gesamten Vermögen und auf die gesamte Gesellschaftsverbindlichkeit, also nicht ledig- 24 lich auf eine seinem Gesellschaftsanteil entsprechende Quote. Beschränkungen sind nur durch eine Vereinbarungen mit dem Gläubiger möglich (vgl. Rn. 32 ff.).

4. Primäre Haftung

25 Die Gesellschafter haften primär und nicht nur subsidiär. Sie können den Gläubiger daher nicht darauf verweisen, zunächst Befriedigung durch Inanspruchnahme der Gesellschaft und des Gesellschaftsvermögens zu suchen. Etwas anderes gilt nur, wenn der Gläubiger selbst Gesellschafter ist (dazu Rn. 7 ff.).

5. Gesamtschuldnerische Haftung

26 Zwischen den Gesellschaftern besteht ein Gesamtschuldverhältnis i. S. d. §§ 421 ff. BGB. Der Gläubiger kann jeden Gesellschafter ganz oder teilweise und ohne Rücksicht auf die im Innenverhältnis geltende Haftungsverteilung in Anspruch nehmen. Ist der Gläubiger zugleich Gesellschafter, gelten die in Rn. 9 ff. dargestellten Einschränkungen. Die Gesellschaft auf der einen und die Gesellschafter auf der anderen Seite haften hingegen nicht als Gesamtschuldner (vgl. BGH NJW 1963, 1873, 1874 f.; NJW 1966, 499, 500).

II. Haftungsinhalt

1. Grundsatz

27 Das Akzessorietätsprinzip bedingt, dass die Verbindlichkeit der Gesellschaft und die des Gesellschafters nicht nur vom Umfang her, sondern grundsätzlich auch inhaltlich übereinstimmen (vgl. BGH NJW 1987, 2367; MüKo HGB/*K. Schmidt* § 128 Rn. 24; E/B/J/*Hillmann* § 128 HGB Rn. 22). Diese sog. **Erfüllungstheorie** hat sich gegenüber der sog. **Haftungstheorie** (vertreten etwa von *Wieland* Handelsrecht I, § 53 d I. 3.; GroßkommHGB/*Fischer* § 128 Rn. 9 ff.) durchgesetzt, wonach der Gesellschafter stets nur auf Geld haften und damit bei Nicht-Geldschulden einem von der Gesellschaftsschuld abweichenden Haftungsinhalt unterliegen sollte. Der Gesellschafter kann also grundsätzlich zu derselben Leistung verurteilt werden wie die Gesellschaft. Dies ist der Fall bei Zahlungsverbindlichkeiten und bei Verpflichtungen zur Herausgabe oder zur Lieferung von Sachen sowie zur Vornahme vertretbarer Handlungen.

28 Ob der Gesellschafter zur Erbringung dieser Leistung imstande ist, und ob aus einem solchen Urteil daher erfolgreich vollstreckt werden kann, sind vom Haftungsinhalt zu trennende Fragen. Besteht die Leistung in der Vornahme einer Handlung, ist bei der Antragstellung die Vorschrift des § 510 b ZPO zu beachten. Danach kann der Gesellschafter auf entsprechenden Antrag hin für den Fall, dass die Handlung nicht binnen einer zu bestimmenden Frist vorgenommen ist, zugleich zur Zahlung einer Entschädigung verurteilt werden.

2. Ausnahmen

29 Die Erfüllungstheorie unterliegt allerdings Grenzen. Diese folgen unmittelbar aus dem **Prinzip der Inhaltsgleichheit von Gesellschafts- und Gesellschafterschuld**. Dieses Prinzip wäre missverstanden, würde man aus ihm ohne Rücksicht auf den konkreten Inhalt der Gesellschaftsschuld die Notwendigkeit einer stets gleichen Verurteilung von Gesellschaft und Gesellschafter ableiten. Maßgeblich ist vielmehr, ob die Leistungserbringung durch den Gesellschafter auch sachlich das Gleiche bewirkt wie die Leistungserbringung durch die Gesellschaft. Ist dies nicht der Fall, ist eine Verurteilung des Gesellschafters zu dieser Leistung nicht möglich. Der Gesellschafter haftet dann auf Schadensersatz.

30 Dies gilt erstens bei **unvertretbaren Handlungen** und zweitens bei der **Abgabe von Willenserklärungen**, und zwar unabhängig davon, ob der Gesellschafter auch Geschäftsführer ist. Es ist zwischen der Organstellung und der Gesellschafterstellung zu unterscheiden. Zwar könnte der Gesellschafter als Geschäftsführer die Handlung für die Gesellschaft vornehmen oder die Willenserklärung für die Gesellschaft abgeben. Es würde sich dann aber um eine Leistungserbrin-

gung durch die Gesellschaft selbst und gerade nicht um die Durchsetzung der persönlichen Gesellschafterhaftung nach § 128 HGB handeln.

31 Drittens lässt sich über § 128 HGB auch bei **Unterlassungs- und Duldungspflichten** keine inhaltsgleiche Haftung des Gesellschafters begründen. Allerdings ist im Fall vertraglich begründeter Unterlassungs- und Duldungspflichten durch Auslegung zu ermitteln, ob der Geschäftsführer neben der Gesellschaft auch die Gesellschafter persönlich dem Verbot oder der Duldungspflicht unterworfen hat. Dies wird regelmäßig anzunehmen sein, wenn ansonsten der Schutz des Gläubigers leer laufen würde. Es handelt sich dann aber um eine originäre und keine akzessorische Verpflichtung des Gesellschafters. Auch für den Sonderfall eines vertraglichen **Wettbewerbsverbotes** bedarf es keines Rückgriffs auf die Vorschrift des § 128 HGB (so aber BGH NJW 1972, 1421; zustimmend E/B/J/*Hillmann* § 128 Rn. 29; dagegen MüKo HGB/*K. Schmidt* § 128 Rn. 29, der ebenfalls die Begründung einer Primärverpflichtung des Gesellschafters verlangt).

III. Haftungsbeschränkungen

1. Vereinbarung im Innenverhältnis

32 Im Außenverhältnis lässt sich die akzessorische Haftung durch Vereinbarungen der Gesellschafter untereinander, beispielsweise im Gesellschaftsvertrag, weder beschränken noch ausschließen. Dritten gegenüber ist eine solche Vereinbarung nach § 128 S 2 HGB unwirksam. Lediglich für die GbR hat der BGH (NJW 2002, 1642 f.) aus Gründen des Vertrauensschutzes eine Ausnahme zugelassen: Wurde zu einem Zeitpunkt, als noch die Doppelverpflichtungstheorie als maßgeblich angesehen wurde, eine Gesellschaftsverbindlichkeit begründet, und wusste der Vertragspartner zu diesem Zeitpunkt, dass der Gesellschaftsvertrag eine Haftungsbeschränkung zugunsten der Gesellschafter vorsieht, können die Gesellschafter diese Haftungsbeschränkung auch ihrer Haftung analog § 128 HGB entgegenhalten.

33 Trotz der relativen Unwirksamkeit im Außenverhältnis entfaltet eine interne haftungsbeschränkende Vereinbarung Rechtswirkungen im Innenverhältnis, indem Freistellungs- und Regressansprüche des begünstigten Gesellschafters gegenüber der Gesellschaft und den Mitgesellschaftern begründet werden (vgl. Baumbach/Hopt/*Hopt* § 128 Rn. 37).

2. Vereinbarung im Außenverhältnis

34 Soll die Haftung im Außenverhältnis beschränkt, ausgeschlossen oder ansonsten abweichend von § 128 S. 1 HGB gestaltet werden, bedarf es einer **Vereinbarung mit dem Gläubiger**. Diese muss nicht ausdrücklich getroffen werden. Möglich ist auch eine konkludente Abrede, solange der Wille des Gläubigers, auf die Gesellschafterhaftung ganz oder teilweise zu verzichten, erkennbar verbindlich erklärt worden ist (vgl. E/B/J/*Hillmann* § 128 Rn. 14). Eine entsprechende Klausel in den Allgemeinen Geschäftsbedingungen der Gesellschaft genügt aufgrund ihrer überraschenden Wirkung (§ 305 c BGB) hingegen nicht (vgl. MüKo HGB/*K. Schmidt* § 128 Rn. 14).

35 Die im Außenverhältnis getroffene Haftungsvereinbarung begründet als solche keine Freistellungs- und Regressansprüche der Gesellschafter untereinander oder gegenüber der Gesellschaft. Maßgeblich bleibt, was hierzu im Innenverhältnis vereinbart worden ist.

3. Minderjährigenschutz

36 Die akzessorische Haftung minderjähriger Gesellschafter wird durch die allgemeinen Minderjährigenschutzvorschriften der §§ 104 ff., 1643 und 1821 f. BGB grundsätzlich nicht berührt, da die Haftung nicht an eine Vertretung des Gesellschafters, sondern der Gesellschaft anknüpft. Etwas anderes gilt nur für den Fall, dass die Beteiligung des Minderjährigen an der Gesellschaft aufgrund dieser Vorschriften an sich fehlerhaft ist.

37 Im Rahmen des Minderjährigenschutzgesetzes vom 25. 8. 1998 (BGBl. I, 2887) hat der Gesetzgeber mit § 1629 a BGB eine Sonderregelung getroffen

a) Haftung des minderjährigen Gesellschafters

38 Danach stellt sich die Haftung minderjähriger Gesellschafter wie folgt dar:

39 Vor Erlangung der Volljährigkeit haftet der minderjährige Gesellschafter wie jeder andere Gesellschafter unbeschränkt mit seinem gesamten Vermögen.

40 Scheidet der Gesellschafter binnen drei Monaten ab Erreichen der Volljährigkeit aus der Gesellschaft aus, beschränkt sich seine Haftung gegenständlich auf das im Zeitpunkt der Volljährigkeit vorhandene Vermögen. Der Rechtsgrund des Ausscheidens spielt dabei keine Rolle. Dies dürfte jedenfalls entsprechend auch für den Fall gelten, dass der Gesellschafter vor Ablauf dieser Frist in eine Kommanditistenstellung zurücktritt (vgl. MüKo HGB/*K. Schmidt* § 128 Rn. 72).

41 Scheidet der Gesellschafter bereits vor Erlangung der Volljährigkeit aus der Gesellschaft aus, bleibt seine Nachhaftung bis zur Volljährigkeit unbeschränkt und beschränkt sich nach deren Erreichen ebenfalls auf das zu diesem Zeitpunkt vorhandene Vermögen.

42 Bleibt der Minderjährige auch nach Erlangung der Volljährigkeit in der Gesellschaft, kann er seine Haftung nur für solche Vermögensgegenstände ausschließen, die er unstreitig oder erwiesenermaßen nach Eintritt der Volljährigkeit erworben hat, wenn zusätzlich unstreitig ist oder nachgewiesen werden kann, dass die Gesellschaftsverbindlichkeit vor Eintritt der Volljährigkeit begründet worden ist.

b) Geltendmachung der Haftungsbeschränkung

43 Der Gesellschafter kann die Haftungsbeschränkung einer Vollstreckung in sein Vermögen gem. §§ 780 Abs. 1, 781, 785 f. ZPO nur entgegenhalten, wenn sie ihm im Urteil vorbehalten ist. Liegen die Voraussetzungen des § 1629 a BGB im der Vollstreckung vorangegangenen Erkenntnisverfahren bereits vor, muss die Einwendung zu diesem Zeitpunkt geltend gemacht werden. Wurde der Titel bereits vor Erlangung der Volljährigkeit erwirkt, so dass die Voraussetzungen des § 1629 a BGB erst nachträglich eingetreten sind, dürfte die Einwendung im Rahmen der Vollstreckungsabwehrklage auch ohne Vorbehalt im Urteil geltend zu machen sein (vgl. MüKo HGB/*K. Schmidt* § 128 Rn. 75).

D. Prozessuales

I. Gesellschafts- und Gesellschafterprozess

44 Gesellschafts- und Gesellschafterprozess sind streng voneinander zu unterscheiden. So begründet ein bereits anhängiger Gesellschaftsprozess nicht den **Einwand anderweitiger Rechtshängigkeit** gegenüber einem später anhängig gemachten Gesellschafterprozess und umgekehrt. Auch in der Zwangsvollstreckung ermöglicht das in einem Gesellschaftsprozess erstrittene Urteil nur den Zugriff auf das Gesellschaftsvermögen, das im Gesellschafterprozess ergangene Urteil nur den Zugriff auf das Vermögen dieses Gesellschafters. Ein gegen die Gesellschaft ergangenes Urteil führt mit Rechtskraft allerdings dazu, dass auch den Gesellschaftern diejenigen Einwendungen genommen werden, die der Gesellschaft durch das Urteil abgesprochen worden sind (vgl. BGH WM 1976, 1085, 1086; dazu i. E. § 129 HGB Rn. 15). Umgekehrt kann sich der Gesellschafter auf der Gesellschaft rechtskräftig zuerkannte Einwendungen ohne weiteres berufen (vgl. E/B/J/*Hillmann* § 128 Rn. 62).

45 Die Klagen gegen die Gesellschaft und gegen einen oder mehrere Gesellschafter können miteinander verbunden werden, wobei die Zulässigkeitsvoraussetzungen, insbesondere der Gerichtsstand (dazu unter Rn. 47), jeweils einzeln geprüft werden müssen. Zwischen den Gesellschaftern untereinander (vgl. MüKo HGB/*K. Schmidt* § 128 Rn. 21) sowie zwischen den Gesellschaftern und der Gesellschaft (vgl. BGH NJW 1988, 2113) besteht eine **einfache Streitgenossenschaft** nach § 59 ZPO. Wird nur die Gesellschaft in Anspruch genommen, können die Gesellschafter diesem Rechtsstreit im Wege der einfachen **Nebenintervention** nach §§ 66 ff. ZPO beitreten.

Werden mehrere Gesellschafter gemeinsam verurteilt, so erfolgt die Verurteilung »als Gesamtschuldner«. Dies wird überwiegend auch angenommen, wenn die Gesellschaft zusammen mit Gesellschaftern verurteilt wird (vgl. E/B/J/*Hillmann* § 128 Rn. 23). Da materiellrechtlich keine Gesamtschuld vorliegt, sind Formulierungen wie »als wären sie Gesamtschuldner« oder »wie Gesamtschuldner« allerdings vorzugswürdig. Die **Kostenfolge** ergibt sich unabhängig davon jeweils aus § 100 Abs. 4 ZPO. 46

II. Zuständigkeit

Die Zulässigkeit einer Klage ist für die Gesellschaft und die Gesellschafter selbstständig zu prüfen. Überwiegend wird angenommen, dass eine mit der Gesellschaft getroffene **Gerichtsstands- oder Schiedsvereinbarung** über § 128 HGB auch zu Lasten der Gesellschafter zu beachten ist (vgl. BGH NJW 1981, 2644, 2646). Es ist aber zumindest zweifelhaft, ob es sich bei den Rechtsfolgen aus einer solchen Vereinbarung überhaupt um eine Verbindlichkeit i. S. d. § 128 S. 1 HGB oder um die Modalität einer solchen handelt, und ob diese inhaltsgleich auf einen Gesellschafter übertragen werden kann. Nach *K. Schmidt* (MüKo HGB § 128 Rn. 22) lässt sich die die Einheitszuständigkeit des für die Gesellschaft zuständigen Gerichts nur durch eine Auslegung der Gerichtsstandsvereinbarung dahingehend erreichen, dass sie im Zweifel auch für und gegen den Gesellschafter wirkt, soweit sie zumindest mit stillschweigend erteilter Vollmacht oder Billigung des Gesellschafters getroffen worden ist. Aus Sicht des Gläubigers bietet es sich an, dies in der Vereinbarung ausdrücklich klarzustellen. 47

E. Haftung des ausgeschiedenen Gesellschafters

I. Änderung des Haftungsstatuts

Die Folgen, die das Ausscheiden eines Gesellschafters für dessen persönliche Haftung hat, lassen sich der Vorschrift des § 160 HGB entnehmen. Danach haftet der ausgeschiedene Gesellschafter nur noch für »die bis dahin begründeten Verbindlichkeiten«. Das Ausscheiden führt also zu einer unterschiedlichen Behandlung der bis zum Ausscheiden begründeten Verbindlichkeiten, den sog. **Altverbindlichkeiten**, und der mit dem Ausscheiden oder danach begründeten Verbindlichkeiten, den sog. **Neuverbindlichkeiten**. Für Neuverbindlichkeiten haftet der Gesellschafter – abgesehen von Fällen der Rechtsscheinhaftung – nicht mehr. Für Altverbindlichkeiten bleibt es bei der bereits eingetretenen Haftung, solange dem Gesellschafter nicht die in § 160 HGB geregelte Enthaftung zu Gute kommt. 48

II. Tatbestand des Ausscheidens

1. Grundfall

Erfasst ist zunächst das Ausscheiden im rechtstechnischen Sinn. Danach ist der Gesellschafter ausgeschieden, wenn seine **Mitgliedschaft erloschen** ist. Hierzu zählen die in § 131 Abs. 3 Nr. 1 bis 6 HGB geregelten Fälle, der Ausschluss nach § 140 HGB sowie der vertraglich vereinbarte Austritt aus der Gesellschaft. 49

2. Gleichgestellte Fälle

a) Anteilsveräußerung unter Lebenden

Gleichgestellt ist die Anteilsveräußerung unter Lebenden. Der Veräußerer wird haftungsrechtlich wie ein ausgeschiedener Gesellschafter, der Anteilserwerber wird haftungsrechtlich als eintretender Gesellschafter behandelt. Für Altverbindlichkeiten stehen dem Gesellschaftsgläubiger – während des Nachhaftungszeitraums des § 160 HGB – also zwei mit ihrem persönlichen Vermögen haftende Personen gegenüber. 50

b) Umwandlung in Kommanditistenbeteiligung

51 § 160 Abs. 3 HGB stellt klar, dass auch die Umwandlung der Stellung eines persönlich haftenden Gesellschafters in eine Kommanditistenbeteiligung als Ausscheiden zu behandeln ist. Dies gilt auch dann, wenn der Gesellschafter trotz seiner nunmehrigen Kommanditistenstellung geschäftsleitend tätig bleibt.

c) Formwechselnde Umwandlung

52 § 224 UmwG stellt auch die formwechselnde Umwandlung der Gesellschaft in eine Rechtsform ohne unbeschränkte Gesellschafterhaftung haftungsrechtlich dem Ausscheiden eines Gesellschafters gleich und regelt die Nachhaftung der Gesellschafter spezialgesetzlich, allerdings inhaltsgleich mit § 160 HGB.

d) Eröffnung des Insolvenzverfahrens

53 Gleichzustellen ist schließlich die Eröffnung des Insolvenzverfahrens über die Gesellschaft, sofern ein Insolvenzverwalter eingesetzt wird. Die Auflösung der Gesellschaft genügt hingegen nicht, da auch nach diesem Zeitpunkt regelmäßig noch (Neu-)Verbindlichkeiten begründet werden, für die den Gläubigern ansonsten nur das Gesellschaftsvermögen haften würde. Den Gesellschaftern kommt während der Auflösungsphase lediglich die Sonderverjährung des § 159 Abs. 1 HGB zu Gute. Erst mit der Vollbeendigung sind die persönlich haftenden Gesellschafter wie ausgeschiedene Gesellschafter zu behandeln.

III. Entscheidende Zeitpunkte für die Haftung

54 Für die Beurteilung, ob der ausgeschiedene Gesellschafter für eine Gesellschaftsverbindlichkeit haftet oder nicht, sind zwei Zeitpunkte abzugleichen: der Zeitpunkt, zu dem das Ausscheiden oder der gleichgestellte Rechtsakt wirksam geworden ist, und der Zeitpunkt, zu dem die Gesellschaftsverbindlichkeit begründet wurde.

1. Zeitpunkt des Ausscheidens

55 Bei einem einvernehmlichen Ausscheiden oder der zustimmungsbedürftigen Übertragung eines Gesellschaftsanteils ist der Zeitpunkt maßgeblich, zu dem der letzte Gesellschafter dem Ausscheiden oder der Übertragung zugestimmt hat. Bei nicht zustimmungsbedürftigen Übertragungen kommt es auf den Abtretungszeitpunkt oder – sofern die Abtretung aufschiebend bedingt oder befristet erfolgte – auf den Eintritt der Bedingung oder des Zeitpunktes an. Rückbezogene Gestaltungen sind im Außenverhältnis hingegen haftungsrechtlich unbeachtlich.

56 Bei einer Ausschließung nach § 140 HGB ist Eintritt der Rechtskraft des Ausschließungsurteils maßgeblich. Bei einem Ausschließungsbeschluss, bei einer Ausschließungserklärung oder einer Austrittskündigung kommt es auf den Zeitpunkt an, zu dem der Beschluss oder die Willenserklärung wirksam wird.

57 Soweit eine Handelsregistereintragung – wie etwa beim Formwechsel in eine Kapitalgesellschaft – konstitutive Wirkung für den Ausscheidenstatbestand hat, kommt es auf deren Zeitpunkt an (vgl. E/B/J/*Hillmann* § 128 Rn. 45).

2. Zeitpunkt der Begründung der Gesellschaftsverbindlichkeit

58 Für die Begründung der Gesellschaftsverbindlichkeit kommt es auf den Zeitpunkt an, zu dem deren Rechtsgrundlage gelegt worden ist, auch wenn einzelne Verpflichtungen erst später entstehen oder fällig werden.

a) Rechtsgeschäftliche Verbindlichkeit

59 Rechtsgeschäftliche Verbindlichkeiten sind vor dem Ausscheiden des Gesellschafters begründet, wenn der Vertrag vor dem Ausscheiden **abgeschlossen** wurde und sich daraus ohne Hinzutreten

weiterer Abreden zwischen Gläubiger und Gesellschaft die Gesellschaftsverbindlichkeit ergeben hat (vgl. BGH NJW 1978, 636; NJW 1983, 2256, 2258). Der Zeitpunkt der Begründung der Verbindlichkeit wird durch eine aufschiebende Bedingung oder Befristung nicht hinausgeschoben. Ebenso wenig kommt es darauf an, wann die vertraglich vereinbarten Leistungen erbracht werden.

Ein einseitig bindendes, wenn auch langfristiges Vertragsangebot der Gesellschaft genügt hingegen nicht, wenn es erst nach Ausscheiden des Gesellschafters angenommen wird. Gleiches gilt für eine Option, mit der die Gesellschaft einem Gläubiger einen Anspruch auf Abschluss des Vertrages einräumt. Der Gläubiger muss die Option vor dem Ausscheiden des Gesellschafters ausüben, wenn er auch diesen persönlich in Anspruch nehmen will. **60**

b) Dauerschuldverhältnisse

Auch bei Dauerschuldverhältnissen wie etwa Miet-, Leasing, Arbeits- und Versorgungsverträgen kommt es auf den Zeitpunkt des **Vertragsschlusses** an. Dies gilt auch dann, wenn sich die Laufzeit des Vertrages nach dem Ausscheiden des Gesellschafters aufgrund einer vor dem Ausscheiden getroffenen vertraglichen Vereinbarung automatisch verlängert (BGH NJW 2002, 2170). **61**

Eine **laufende Geschäftsverbindung** genügt demgegenüber nicht, um sämtliche sich daraus ergebenden Verbindlichkeiten als Altverbindlichkeiten anzusehen. Ist bereits ein Vor- oder Rahmenvertrag abgeschlossen worden, kommt es darauf an, ob der Vertragspartner im Zeitpunkt des Ausscheidens bereits gebunden war. Ist dies der Fall, stellen die aus dem Vor- oder Rahmenvertrag resultierenden Schulden Altverbindlichkeiten dar (vgl. MüKo HGB/*K. Schmidt* § 128 Rn. 45). Dies ist deswegen interessengerecht, weil der Vertragspartner sich im Zeitpunkt seiner einseitigen Bindung auf einen bestimmten Gesellschafterbestand eingelassen hat. Die einseitige Bindung der Gesellschaft zur Annahme eines oder weiterer Vertragsangebote des Vertragspartners genügt hingegen nicht. Denn der Vertragspartner kann nicht darauf vertrauen, dass ihm ein bestimmter Bestand an Gesellschaftern unveränderlich als Haftungsschuldner zur Verfügung stellt, solange er seine Vertragserklärung nicht abgegeben hat. **62**

c) Folgeansprüche

Neben der Primärschuld stellen auch Folgeansprüche Altverbindlichkeiten dar, wenn der Vertrag vor dem Ausscheiden abgeschlossen worden ist (vgl. BGH NJW 1967, 2203). Dies gilt unabhängig davon, ob die Tatbestandsvoraussetzungen des jeweiligen Folgeanspruchs vor oder nach dem Ausscheiden eingetreten sind. Erfasst werden insbesondere Ansprüche auf Ersatz des **Nicht- oder des Schlechterfüllungsschadens**. Dasselbe gilt für Vertragsstrafen, auch wenn diese erst nach dem Ausscheiden verwirkt worden sind, für Rückgewährschuldverhältnisse und für Aufwendungsersatzansprüche (vgl. BGH NJW 1996, 2866). **63**

d) Vertragsänderungen

Nach dem Ausscheiden vereinbarte Vertragsänderungen und Vergleichsschlüsse wirken zu Gunsten des ausgeschiedenen Gesellschafters, nicht aber zu seinen Lasten. Sie führen in dem Maße zu Neuverbindlichkeiten, in dem die Altverbindlichkeit nach Inhalt oder Umfang erweitert wird (vgl. MüKo HGB/*K. Schmidt* § 128 Rn. 52). **64**

Die bloße **Stundung** einer Altverbindlichkeit macht aus ihr keine Neuverbindlichkeit. Wird ein Wechsel nach dem Ausscheiden des Gesellschafters prolongiert, begründet dies eine Neuverbindlichkeit (vgl. RGZ 125, 417, 418; 140, 10, 13; krit. MüKo HGB/*K. Schmidt* § 128 Rn. 52). Der ausgeschiedene Gesellschafter kann aus dieser nicht, sondern allenfalls noch aus dem Grundverhältnis in Anspruch genommen werden. **65**

e) Kontokorrent

Für Forderungen aus laufender Rechnung (Kontokorrent) nimmt die h. M. (vgl. BGH NJW 1958, 217, 218 f.; NJW 1974, 100; WM 1986, 447, 448; krit. MüKo HGB/*K. Schmidt* § 128 Rn. 55 f) eine **66**

doppelte Begrenzung der Haftung des ausgeschiedenen Gesellschafters an. Der Gesellschafter haftet erstens nur in Höhe des am Tage seines Ausscheidens bestehenden Saldos, und zweitens verringern spätere niedrigere Schlusssalden jeweils seine Haftung auf den Betrag des niedrigeren Schlusssaldos. Dies führt zu einem Erlöschen der Haftung, sobald sich erstmals ein Guthaben zugunsten der Gesellschaft ergibt (vgl. E/B/J/*Hillmann* § 128 Rn. 50).

f) Bürgschaft

67 Hat die Gesellschaft vor dem Ausscheiden des Gesellschafters eine Bürgschaft übernommen, haftet der Gesellschafter auch dann, wenn die vereinbarungsgemäß gesicherte Forderung erst nach seinem Ausscheiden begründet oder erhöht worden ist (vgl. MüKo HGB/*K. Schmidt* § 128 Rn. 50).

g) Gesetzliche Schuldverhältnisse

68 Bei gesetzlichen Schuldverhältnissen kommt es für die Abgrenzung zwischen Alt- und Neuverbindlichkeiten darauf an, wann das maßgebende Tatbestandsmerkmal erfüllt worden ist. Ob zu diesem Zeitpunkt bereits sämtliche übrigen Tatbestandsmerkmale der jeweiligen Anspruchsgrundlage eingetreten waren, ist unerheblich.

69 Bei der **Geschäftsführung ohne Auftrag** ist die Übernahme der Geschäftsführung maßgeblich, bei Ansprüchen aus **Delikt** die Verletzungshandlung und nicht zusätzlich der Eintritt von Rechtsgutverletzung und Schaden. Letzterem entsprechend kommt es bei Ansprüchen aus **Nicht-Leistungskondiktion** auf die Eingriffshandlung oder – im Fall der Verwendungskondiktion – auf die Verwendungshandlung an. Bei der **Leistungskondiktion** erscheint es interessengerecht, auf den Zeitpunkt abzustellen, zu dem der vermeintliche Rechtsgrund gelegt worden ist (vgl. MüKo HGB/*K. Schmidt* § 128 Rn. 57). War dies bereits vor dem Ausscheiden der Fall, liegt auch dann eine Altverbindlichkeit vor, wenn die Gesellschaft den Kondiktionsgegenstand erst nachher erlangt hat.

IV. Rechtsscheinhaftung für Neuverbindlichkeiten

70 Grundsätzlich haftet der ausgeschiedene Gesellschafter nicht für Neuverbindlichkeiten. Den Gesellschafter kann nach § 15 Abs. 1 HGB jedoch eine Rechtsscheinhaftung treffen, solange sein Ausscheiden als persönlich haftender Gesellschafter nicht im Handelsregister eingetragen ist. Nach Eintragung (und Ablauf der Schonfrist des § 15 Abs. 2 S. 2 HGB) müssen Gesellschaftsgläubiger das Ausscheiden regelmäßig gegen sich gelten lassen. Geriert sich der ausgeschiedene Gesellschafter allerdings weiterhin wie ein persönlich haftender Gesellschafter, ist durch Abwägung der Gesamtumstände zu ermitteln, ob der gesetzte Rechtsschein die Wirkung des § 15 Abs. 2 HGB aufhebt und ausnahmsweise eine Haftung für Neuverbindlichkeiten zu begründen vermag.

F. Regress- und Freistellungsansprüche des Gesellschafters

I. Ansprüche gegen die Gesellschaft

1. Anspruchsgrundlage

71 Der auf eine Gesellschaftsverbindlichkeit leistende Gesellschafter kann nach § 110 HGB Ersatz seiner Aufwendungen von der Gesellschaft verlangen. Nach der Rechtsprechung (vgl. BGH NJW-RR 2002, 455) gilt dies unabhängig davon, ob eine persönliche Haftung des Gesellschafters für diese Gesellschaftsschuld bestand. Maßgeblich sei allein das zugunsten der Gesellschaft erbrachte Sonderopfer. Ersatzberechtigt sind danach beispielsweise auch Kommanditisten und stille Gesellschafter, die ohne Verpflichtung im Außenverhältnis auf die Gesellschaftsschuld zahlen. Es dürfte allerdings näher liegen, deren Ersatzanspruch auf § 670 BGB zu stützen (vgl. MüKo HGB/*K. Schmidt* § 128 Rn. 31 f., 34).

Der Regress regelt sich auch dann nach § 110 HGB, wenn sich die Stellung eines persönlich haftenden Gesellschafters in eine Kommanditistenstellung umwandelt. Für den Fall des Ausscheidens vgl. Rn. 80 f. 72

2. Übergang der Verbindlichkeit auf den leistenden Gesellschafter

Ob zudem die befriedigte Gesellschaftsverbindlichkeit auf den leistenden Gesellschafter übergeht und damit eine **weitere Anspruchsgrundlage**, ist umstritten (dagegen BGH NJW 1963, 1873, 1874; dafür MüKo HGB/*K. Schmidt* § 128 Rn. 31). Für eine unmittelbare Anwendung des § 426 Abs. 2 BGB ist kein Raum, da zwischen dem Gesellschafter und der Gesellschaft kein Gesamtschuldverhältnis besteht. Für eine analoge Anwendung dieser Vorschrift oder der des § 774 Abs. 1 BGB bedürfte es einer planwidrigen Regelungslücke. Da § 110 HGB als spezielle gesellschaftsrechtliche Regelung des Regresses einen schlichten Erstattungsanspruch anordnet, spricht viel dafür, dass sich eine solche Lücke nicht feststellen lässt. Das hat zur Folge, dass die für die Gesellschaftsverbindlichkeit bestellten Sicherheiten nicht auf den leistenden Gesellschafter übergehen, und auch eine Titelumschreibung nach § 727 ZPO auf den Gesellschafter nicht möglich ist. Dies erscheint auch interessengerecht, da es ansonsten zu einer Bevorzugung des Gesellschafters kommt, der auf eine gesicherte Forderung leistet, und zu einer Benachteiligung desjenigen, der wegen einer ungesicherten Forderung in Anspruch genommen wird. 73

3. Bestehen der Verbindlichkeit

Der Regressanspruch setzt grundsätzlich voraus, dass die befriedigte Gesellschaftsverbindlichkeit tatsächlich bestand. Denn ansonsten durfte der Gesellschafter seine Leistung nicht **als erforderlich** ansehen. Auf das Nichtbestehen kann sich die Gesellschaft nicht berufen, wenn sie auf die Klage ihres Gläubigers hin rechtskräftig verurteilt worden ist. Ansonsten kann sich die Gesellschaft gegen den Regressanspruch mit sämtlichen Einwendungen und Einreden verteidigen, die sie auch der Gesellschaftsverbindlichkeit entgegen halten konnte. Das Risiko, dass er auf eine valide Forderung leistet, liegt damit beim Gesellschafter. Absichern kann er sich dadurch, dass er sich vor einer Zahlung bei der Gesellschaft erkundigt. Bestreitet diese die Gesellschaftsverbindlichkeit nicht, ist sie aufgrund der Treuepflicht auch im Regress hieran gebunden (vgl. hierzu MüKo HGB/*K. Schmidt* § 128 Rn. 32). Im Fall des Bestreitens – ob aus überzeugenden Gründen oder nicht – muss der Gesellschafter hingegen damit rechnen, dass diese Gründe auch seinem Regressanspruch entgegen gesetzt werden. Es kann sich dann anbieten, dass der Gesellschafter sich vom Gesellschaftsgläubiger verklagen lässt und der Gesellschaft in diesem Rechtsstreit den Streit verkündet. 74

4. Drohende Inanspruchnahme

Der Gesellschafter ist nicht darauf angewiesen, im Fall einer Inanspruchnahme zunächst an den Gesellschaftsgläubiger zu leisten und anschließend bei der Gesellschaft Regress zu nehmen. Er kann von der Gesellschaft verlangen, von seiner Haftung freigestellt zu werden. Nicht dem Grunde nach, wohl aber in seiner Durchsetzbarkeit hängt dieser Anspruch davon ab, dass eine persönliche Inanspruchnahme durch den Gesellschaftsgläubiger ernsthaft droht (vgl. E/B/J/*Hillmann* § 128 Rn. 36). 75

II. Ansprüche gegen Mitgesellschafter

1. Anspruchsgrundlage

Der Gesellschafter kann seinen gegenüber der Gesellschaft bestehenden Regressanspruch auch gegenüber den Mitgesellschaftern geltend machen. Dies stellt keine an § 707 BGB zu messende, verdeckte Nachschusspflicht dar, sondern ergibt sich unmittelbar aus § 426 BGB und aus §§ 110, 128, 130 HGB. Der Regressanspruch gegenüber den Mitgesellschaftern unterliegt allerdings den unter Rn. 9 dargestellten Einschränkungen. Zum einen haften die Gesellschafter also untereinander nur als Teilschuldner, wobei sich die Haftungsanteile im Zweifel nicht nach Köpfen, sondern 76 nach den Verlustanteilen berechnen. Zum anderen ist der Regress **subsidiär**. Der leistende Gesellschafter muss zwar keinen erfolglosen Vollstreckungsversuch gegenüber der Gesellschaft unternehmen. Ihm obliegt jedoch der Nachweis, dass der Gesellschaft keine für den Regress hinreichenden Mittel zur Verfügung stehen (vgl. BGH NJW 1980, 339, 340).

2. Ersatzberechtigte

77 Nach Ansicht des BGH (NJW-RR 2002, 455) soll auch der Regress gegenüber den Mitgesellschaftern nicht davon abhängen, dass zwischen den Gesellschaftern ein Gesamtschuldverhältnis gem. § 128 HGB besteht. Ersatzberechtigt sind danach auch nicht persönlich haftende Gesellschafter. Wie unter Rn. 71 dargestellt, liegt es allerdings näher, den Regressanspruch beispielsweise von Kommanditisten und stillen Gesellschaftern gegenüber der Gesellschaft mit § 670 BGB und den Regressanspruch gegenüber ihren Mitgesellschaftern mit der hieran anknüpfenden akzessorischen Haftung zu begründen (so auch MüKo HGB/*K. Schmidt*, § 128 Rn. 34).

3. Ausschluss des Anspruchs bei Abfindung des ausgeschiedenen Gesellschafters

78 Der ausgeschiedene und noch für Altverbindlichkeiten haftende Gesellschafter kann von seinen Mitgesellschaftern regelmäßig nicht in Regress genommen werden, sofern die betroffene Gesellschaftsverbindlichkeit bereits in die Berechnung seines Abfindungsanspruchs eingeflossen ist. Ein Regress bleibt also insbesondere möglich, wenn ein Gesellschafter infolge Abtretung seines Anteils aus der Gesellschaft ausgeschieden ist, da in diesem Fall kein Abfindungsanspruch entsteht, in dessen Berechnung die Gesellschaftsverbindlichkeit eingestellt werden könnte. Soweit der Übertragungsvertrag keine ausdrückliche Regelung enthält, ist durch Auslegung zu ermitteln, ob und in welchem Umfang der Veräußerer wegen seiner Inanspruchnahme beim Anteilserwerber Regress nehmen kann.

4. Drohende Inanspruchnahme

79 Der Gesellschafter kann von seinen Mitgesellschaftern – auf deren jeweiligen Haftungsbetrag beschränkte – Freistellung verlangen, wenn seine persönliche Inanspruchnahme ernsthaft droht, und er nachweist, dass eine Erholung bei der Gesellschaft keinen Erfolg haben wird.

III. Regress des ausgeschiedenen Gesellschafters

1. Befreiungs- und Regressanspruch gegen die Gesellschaft

80 Der ausgeschiedene Gesellschafter hat gem. § 105 Abs. 2 HGB, § 738 Abs. 1 S. 2 BGB gegenüber der Gesellschaft einen Anspruch auf **Befreiung von den Altverbindlichkeiten**. Befriedigt er die Forderung des Gesellschaftsgläubiger, setzt sich dieser Anspruch als Regressanspruch gegenüber der Gesellschaft fort. Ein Rückgriff auf die Vorschriften der §§ 426, 670 BGB ist nicht erforderlich (so auch MüKo HGB/*K. Schmidt* § 128 Rn. 61; anders BGH NJW 1963, 1873; E/B/J/*Hillmann* § 128 Rn. 31).

2. Anspruch gegen Mitgesellschafter

81 Dem ausgeschiedenen Gesellschafter haften daneben auch die verbliebenen persönlich haftenden Gesellschafter als Gesamtschuldner. Dieser Regressanspruch wird wohl überwiegend auf § 426 BGB gestützt (vgl. E/B/J/*Hillmann* § 128 Rn. 34). Vorzugswürdig erscheint aber eine Lösung über § 128 HGB (so auch MüKo HGB/*K. Schmidt* § 128 Rn. 62), wonach die verbliebenen Gesellschafter für den auf § 738 Abs. 1 S. 2 BGB beruhenden Regressanspruch gegenüber der Gesellschaft akzessorisch haften. Der ausgeschiedene Gesellschafter kann die verbliebenen Gesellschafter allerdings nur subsidiär in Anspruch nehmen, muss also nachweisen, dass eine Inanspruchnahme der Gesellschaft keine Erfolgsaussichten bietet.

IV. Abweichende Vereinbarungen

Abweichende Vereinbarungen zum Innenregress – beispielsweise in Form von Befreiungszusagen und Verlustausgleichspflichten – sind grundsätzlich unbeschränkt möglich, und zwar nicht nur zu Lasten persönlich haftender Gesellschafter, sondern auch gegenüber Kommanditisten (vgl. MüKo HGB/*K. Schmidt* § 128 Rn. 37, 64). **82**

V. Auflösung der Gesellschaft

Nach der Auflösung der Gesellschafter können die Regressansprüche gegenüber der Gesellschaft und den Mitgesellschaftern als auf dem Gesellschaftsverhältnis beruhende Ansprüche nicht mehr selbstständig geltend gemacht werden. Sie werden zu unselbstständigen Rechnungsposten in der Auseinandersetzungsrechnung (vgl. BGH NJW 1962, 1863; NJW 1984, 1455; NJW 1985, 1898). **83**

G. Persönliche Haftung in der Insolvenz

I. Haftung für Alt- und Neuverbindlichkeiten

Die Eröffnung des Insolvenzverfahrens über das Vermögen der Gesellschaft lässt die akzessorische Gesellschafterhaftung nicht entfallen. Allerdings ist zwischen Alt- und Neuverbindlichkeiten zu unterscheiden: **84**

1. Altverbindlichkeiten

Für Altverbindlichkeiten haften die persönlich haftenden Gesellschafter unverändert weiter. Altverbindlichkeiten sind solche, deren Rechtsgrund im Zeitpunkt der Verfahrenseröffnung bereits gelegt war (vgl. hierzu i. E. Rn. 58 ff.). Zu den Altverbindlichkeiten zählen nicht nur die Insolvenzforderungen, sondern auch Masseverbindlichkeiten aus der Erfüllung gegenseitiger Verträge nach § 55 Abs. 1 Nr. 2 InsO sowie Ansprüche aus der Nichterfüllung von Altverbindlichkeiten, und zwar unabhängig davon, ob die Nichterfüllung auf eine Entscheidung des Insolvenzverwalters zurückgeht. **85**

2. Neuverbindlichkeiten

Für Neuverbindlichkeiten haften die Gesellschafter hingegen nicht, wenn ein Insolvenzverwalter bestellt worden ist, also keine Eigenverwaltung erfolgt. Denn in diesem Fall sind die Gesellschafter so zu behandeln, als seien sie aus der Gesellschaft ausgeschieden (vgl. dazu Rn. 49 ff.). Neuverbindlichkeiten in diesem Sinne sind insbesondere Verbindlichkeiten aus Geschäften und Handlungen des Insolvenzverwalters (§ 55 Abs. 1 Nr. 1 InsO), Ansprüche aus einer ungerechtfertigten Bereicherung der Masse (§ 55 Abs. 1 Nr. 3 InsO) und Massekosten (§ 54 InsO). **86**

Die persönliche Haftung für solche Neuverbindlichkeiten lebt allerdings analog § 130 HGB auf, wenn das Insolvenzverfahren anders als durch Vermögensverteilung, durch Insolvenzplan oder durch Einstellung mangels Masse beendet wird (vgl. MüKo HGB/*K. Schmidt* § 128 Rn. 81). In einem solchen Fall entfällt der Anlass für eine Haftungsprivilegierung der persönlich haftenden Gesellschafter. **87**

II. Geltendmachung der persönlichen Haftung

1. Einziehungs- und Verfügungsbefugnis

Außerhalb eines Insolvenzverfahrens stehen sowohl die Haftungsforderung aus § 128 HGB als auch die Befugnis, diese gegenüber dem persönlich haftenden Gesellschafter geltend zu machen, dem **Gesellschaftsgläubiger** zu. In der Insolvenz der Gesellschaft kommt es gem. § 93 InsO zu einer Aufspaltung dieser beiden Positionen. Die Haftungsforderung ist auch weiterhin eine solche des Gesellschafters, wird also nicht Bestandteil der Insolvenzmasse. Die Einziehungs- und Verfügungsbefugnis wird dem Gesellschaftsgläubiger hingegen entzogen und auf den **Insolvenzverwalter** übertragen. Der Gesellschaftsgläubiger kann also nicht mehr selbst auf den Ge- **88** sellschafter zugreifen. Leistet der Gesellschafter an den Gesellschaftsgläubiger, befreit ihn dies – von der Ausnahme des § 82 InsO analog abgesehen – nicht. Der Insolvenzverwalter kann in einem solchen Fall entweder den Gesellschafter nochmals gem. § 128 HGB in Anspruch nehmen oder die Leistung des Gesellschafters mit dem Ziel genehmigen, nach § 816 Abs. 2 BGB vorzugehen und die Leistung vom Gesellschaftsgläubiger zurück zu verlangen.

89 Die vom Insolvenzverwalter eingezogenen Beträge bilden ein **Treuhandvermögen** zugunsten der Gesellschaftsgläubiger, denen Haftungsansprüche nach § 128 HGB zustehen. Dieses Vermögen muss der Insolvenzverwalter zwar nicht dinglich, aber rechnerisch als Sondermasse behandeln, da ansonsten sämtliche Gesellschaftsgläubiger an diesem Vermögen unabhängig davon partizipieren würden, ob sie selbst auf die persönlich haftenden Gesellschafter hätten zugreifen können.

90 § 93 InsO gilt nur für die akzessorische Gesellschafterhaftung, also nicht für Ansprüche gegenüber den Gesellschaftern aus sonstigen Rechtsgründen, wie insbesondere aus Bürgschaften, Schuldmitübernahmen oder einem eigenen deliktischen Verhalten des Gesellschafters. Solche Ansprüche kann der Gesellschaftsgläubiger auch nach Insolvenzeröffnung gegenüber dem gesondert verpflichteten Gesellschafter geltend machen.

2. Haftungsumfang

91 In welchem Umfang der Insolvenzverwalter gem. § 93 InsO auf die persönlich haftenden Gesellschafter zugreifen kann, ist umstritten. Es werden im Wesentlichen **zwei Modelle** vertreten. Nach wohl überwiegend vertretener Auffassung (vgl. InsOHdb/*Haas*, § 93 Rn. 25 ff; *Theißen* ZIP 1998, 1628) können die persönlich haftenden Gesellschafter als Gesamtschuldner in Höhe aller noch nicht beglichenen Gesellschaftsverbindlichkeiten in Anspruch genommen werden, für die sie nach §§ 128, 130 HGB haften. Grenzen werden aus § 242 BGB abgeleitet. Der Gesellschafter kann danach Zahlungen verweigern, wenn sie nicht mehr für die Schuldendeckung notwendig sind und daher zu einer Überdeckung der Masse führen würden. Der diesbezügliche Nachweis dürfte dem Gesellschafter obliegen. Im Fall einer Doppelinsolvenz von Gesellschaft und Gesellschafter meldet der Gesellschafts-Insolvenzverwalter nach diesem Modell die Haftungsansprüche der Gesellschaftsgläubiger in voller Höhe im Insolvenzverfahren des Gesellschafters an.

92 Nach dem **Ausfallhaftungsmodell** von *K. Schmidt* (vgl. MüKo HGB § 128 Rn. 86) ist die nach § 93 InsO geltend gemachte Haftung auf die Unterdeckung der Masse beschränkt. Für diese Unterdeckung haften die Gesellschafter als Gesamtschuldner. Die Darlegungslast für die Unterdeckung soll beim Insolvenzverwalter liegen. Im Fall der Doppelinsolvenz wird folglich auch nur die Unterdeckung der Gesellschafts-Insolvenzmasse im Gesellschafter-Insolvenzverfahren angemeldet (MüKo HGB/*K. Schmidt* § 128 Rn. 87).

93 Die Vorschrift des § 93 InsO gibt weder das eine noch das andere Modell zwingend vor. Das Ausfallhaftungsmodell hat den Vorteil größerer Praktikabilität. Außerdem erscheint es interessengerecht, die Darlegungs- und Beweislast dem Insolvenzverwalter aufzuerlegen. Er kann regelmäßig am ehesten beurteilen, welche Zahlungen seitens der Gesellschafter bis zur Deckung der Masse notwendig sind.

III. Haftungsbegrenzung durch Insolvenzplan

94 Ein im Insolvenzverfahren der Gesellschaft beschlossener und bestätigter Insolvenzplan begrenzt gem. § 227 Abs. 2 InsO in dem Umfang, in dem die Gesellschaft von Verbindlichkeiten befreit wird, auch die Haftung der persönlich haftenden Gesellschafter. Diese Haftungsbegrenzung betrifft ausschließlich die **akzessorische Gesellschafterhaftung,** kommt also dem Gesellschafter insoweit nicht zugute, als er dem Gesellschaftsgläubiger aus einem anderen Rechtsgrund, etwa einer Bürgschaft oder einer sonstigen Sicherheit, haftet. Ob der Gesellschafter, der aus diesem gesonderten Rechtsgrund über das im Insolvenzplan vorgesehene Maß hinaus in Anspruch genommen wird, bei seinen Mitgesellschaftern Regress nehmen kann, ist durch Auslegung der das Innenverhältnis betreffenden (gesellschaftsvertraglichen) Vereinbarungen zu ermitteln. Wurde die

Sicherheit ohne Einverständnis der Mitgesellschafter gewährt, scheidet ein Regress ihnen gegenüber regelmäßig aus. Beruht die Sicherheitenbestellung hingegen auf einem Gesellschafterbeschluss, wird man diesem im Zweifel auch einen Regressanspruch des Sicherungsgebers zu entnehmen haben.

Ob die Haftungsbegrenzung eines Insolvenzplans auch dem **ausgeschiedenen Gesellschafter** zugute kommt, ist umstritten. Überwiegend wird dies noch verneint (vgl. BGH NJW 1970, 1921). Dem liegt die Vorstellung zugrunde, dass nur die Gesellschafter privilegiert werden sollen, die noch am Schicksal des Unternehmens teilhaben. Es trifft allerdings kaum auf jeden verbliebenen Gesellschafter zu, dass er die Fortführung des Unternehmens über seine Gesellschafterhaftung hinaus fördert. So kann es dazu kommen, dass der ausgeschiedene, aber weiterhin voll haftende Gesellschafter im Ergebnis stärker am Schicksal des Unternehmens teilnimmt als ein verbliebener Gesellschafter, der durch den Insolvenzplan begrenzt haftet und ansonsten nichts unternimmt, um die Fortführung des Unternehmens zu ermöglichen. Der von der h. M. der Differenzierung zugrunde gelegte Gerechtigkeitsgedanke dürfte sich damit erheblich relativieren (krit. auch MüKo HGB/*K. Schmidt* § 128 Rn. 90). 95

IV. Regressansprüche der Gesellschafter

Leistet ein persönlich haftender Gesellschafter vor Eröffnung des Insolvenzverfahrens über das Vermögen der Gesellschafter an einen Gesellschaftsgläubiger, kann er seinen Anspruch aus § 110 HGB (vgl. dazu Rn. 71) als Insolvenzforderung geltend machen. Die Insolvenzgläubiger werden durch diesen Passivtausch nicht benachteiligt. 96

Leistungen des Gesellschafters an einen Gesellschaftsgläubiger nach Insolvenzeröffnung begründen hingegen keinen Regressanspruch gegen die Insolvenzmasse, da sie wegen § 93 InsO grundsätzlich keine befreiende Wirkung haben (vgl. Rn. 88 ff.). Der Gesellschafter kann seine Leistung nach § 812 BGB vom Empfänger zurück verlangen. 97

H. Die Gesellschafterbürgschaft

I. Funktion

Die Übernahme einer Bürgschaft durch einen Gesellschafter hat für den Gesellschaftsgläubiger mehrere Vorteile gegenüber der bloßen Haftung nach § 128 HGB. Der Gläubiger unterliegt nicht den insolvenzrechtlichen Einschränkungen des § 93 InsO (dazu Rn. 88 ff.) und des Insolvenzplans (dazu Rn. 94 f.). Außerdem gelten die Verjährung nach § 159 und die Nachhaftungsbegrenzung nach § 160 HGB nicht für die Gesellschafterbürgschaft. Schließlich kann die Haftung des Gesellschafters auch dadurch verschärft werden, dass eine Pflicht zur Leistung auf erstes Anfordern vereinbart wird. 98

II. Einwendungen und Einreden

1. Form

Die Bürgschaft eines persönlich haftenden Gesellschafters (OHG-Gesellschafter oder Komplementär) ist aufgrund § 350 HGB formfrei (vgl. BGH NJW 1982, 569, 570). Hingegen kann sich jedenfalls der Kommanditist, der nicht geschäftsführungs- und vertretungsberechtigt ist, nicht formfrei verbürgen. Nach h. M. gilt dies auch für den geschäftsführungs- und vertretungsberechtigten Kommanditisten (vgl. BGH WM 1957, 883, 884; WM 1980, 1085; NJW 1982, 569, 570; a. A. MüKo HGB/*K. Schmidt* § 128 Rn. 97). Vorsorglich sollte in diesem Fall die Schriftform beachtet werden. 99

2. Überforderung des Bürgen

Auf den Schutz vor überfordernden Bürgschaften kann sich der Gesellschafter, der sich für eine Gesellschaftsschuld trotz mangelnder Leistungsfähigkeit verbürgt, nicht berufen (vgl. BGH NJW 1998, 894; NJW 2002, 956; NJW 2002, 1337). Dies gilt grundsätzlich unabhängig von der Höhe der Beteiligung und davon, ob der Gesellschafter geschäftsführungsbefugt ist. Allenfalls bei unbe- 100 deutenden Bagatellbeteiligungen (vgl. BGH NJW 2003, 967) oder einer bloß treuhänderischen Beteiligung (vgl. BGH NJW 2002, 2634) kann der Gesellschafter wie ein privater Dritter zu schützen sein. Vor Überrumpelung ist der Gesellschafter hingegen stets geschützt (vgl. BGH NJW 1997, 1980; NJW 1997, 2578).

3. Verjährung

101 Ist die verbürgte Hauptforderung gegenüber der Gesellschaft verjährt, kann sich auch der Gesellschafter-Bürge hierauf berufen. Diese Einrede tritt neben die dem Gesellschafter originär zustehende Einrede, die Bürgschaftsforderung als solche sei verjährt. Um diese Einreden abzuwehren, muss der Gesellschaftsgläubiger rechtzeitig Maßnahmen gegenüber der Gesellschaft und dem Gesellschafter-Bürgen treffen, um die Verjährung sowohl der Bürgschaftsforderung als auch der Hauptforderung zu hemmen. Hierin unterscheidet sich die Bürgenhaftung von der akzessorischen Haftung nach § 128 HGB, bei der schon verjährungshemmende Maßnahmen gegenüber dem Gesellschafter dazu führen, dass er sich auch auf eine Verjährung der Gesellschaftsschuld nicht berufen kann.

4. Ausscheiden des Gesellschafters

102 Scheidet der Gesellschafter-Bürge aus der Gesellschaft aus, lässt dies die Bürgenhaftung unberührt (vgl. BGH NJW 1986, 2308, 2309; NJW 1995, 2553 f.), soweit sich nicht durch Auslegung des Bürgschaftsvertrages Gegenteiliges ergibt. Bei einer Kontokorrentbürgschaft und bei einer Bürgschaft auf unbestimmte Zeit kann das Ausscheiden allerdings einen **wichtigen Grund zur Kündigung** darstellen, wenn die Gesellschafterstellung Anlass für die Übernahme der Bürgschaft war (vgl. BGH ZIP 1985, 1192, 1194). Die Kündigung wirkt nur für die Zukunft, für Altverbindlichkeiten (zur Abgrenzung von Neuverbindlichkeit vgl. sinngemäß Rn. 58 ff.) bleibt die Haftung des Bürgen bestehen.

III. Regressansprüche

103 Der Gesellschafter-Bürge erwirbt gem. § 774 BGB mit der Befriedigung der Hauptforderung einen Regressanspruch gegenüber der Gesellschaft, soweit im Innenverhältnis nicht etwas anderes vereinbart ist oder die Bürgschaft eigenkapitalersetzenden Charakter (§§ 129 a, 172 a HGB) hat. Die Regressansprüche gegenüber den Mitgesellschaftern entsprechen denen bei einer Inanspruchnahme aufgrund der akzessorischen Haftung nach §§ 128, 130 HGB (vgl. dazu unter Rn. 71 ff.).

§ 129 [Einwendungen des Gesellschafters]

(1) Wird ein Gesellschafter wegen einer Verbindlichkeit der Gesellschaft in Anspruch genommen, so kann er Einwendungen, die nicht in seiner Person begründet sind, nur insoweit geltend machen, als sie von der Gesellschaft erhoben werden können.

(2) Der Gesellschafter kann die Befriedigung des Gläubigers verweigern, solange der Gesellschaft das Recht zusteht, das ihrer Verbindlichkeit zugrunde liegende Rechtsgeschäft anzufechten.

(3) Die gleiche Befugnis hat der Gesellschafter, solange sich der Gläubiger durch Aufrechnung gegen eine fällige Forderung der Gesellschaft befriedigen kann.

(4) Aus einem gegen die Gesellschaft gerichteten vollstreckbaren Schuldtitel findet die Zwangsvollstreckung gegen die Gesellschafter nicht statt.

Übersicht:

A. Normzweck

Die Haftung nach §§ 128, 130 HGB ist akzessorisch, setzt also das Bestehen einer Gesellschaftsverbindlichkeit voraus. Stehen dieser Verbindlichkeit rechtshemmende, rechthindernde oder rechtsvernichtende Einwendungen entgegen, scheidet eine akzessorische Gesellschafterhaftung schon tatbestandlich aus. Insofern bringt § 129 Abs. 1 HGB das zum Ausdruck, was aufgrund der Akzessorietät ohnehin gilt. Die eigentliche Bedeutung der Vorschrift liegt demgegenüber in zwei Gesichtspunkten: Zum einen erfasst § 129 Abs. 1 HGB auch **Einreden der Gesellschaft**. Diese kann der Gesellschafter dem Gesellschaftsgläubiger auch dann entgegensetzen, wenn sie im Namen der Gesellschaft nicht erhoben worden sind, obwohl dies ohne die Regelung in § 129 Abs. 1 HGB Voraussetzung für die Berücksichtigung solcher Einreden wäre. Zum anderen normiert § 129 Abs. 1 HGB eine **Präklusion** dahingehend, dass der Gesellschafter Einwendungen und Einreden der Gesellschaft nicht geltend machen kann, soweit diese auch von der Gesellschaft nicht (mehr) erhoben werden können. 1

Abs. 2 und 3 enthalten eine **Erweiterung der Verteidigungsmöglichkeiten** des Gesellschafters gegenüber seiner persönlichen Inanspruchnahme. Ein Gestaltungsrecht der Gesellschaft wäre nach Maßgabe des Abs. 1 erst dann zugunsten des Gesellschafters zu berücksichtigen, wenn die Gestaltungsfolge durch Ausübung des Gestaltungsrechts herbeigeführt wird. Über die Ausübung entscheidet nicht der einzelne Gesellschafter, sondern die Gesellschaft. Solange die Gesellschaft das Gestaltungsrecht nicht ausübt, aber noch ausüben könnte, wird der Gesellschafter dadurch geschützt, dass er dem Gesellschaftsgläubiger ein (vorübergehendes) Leistungsverweigerungsrecht entgegenhalten kann. Macht die Gesellschaft von dem Gestaltungsrecht noch Gebrauch, kommt es zur Anwendung des Abs. 1. Verliert die Gesellschaft das Gestaltungsrecht, erlischt auch das Leistungsverweigerungsrecht des Gesellschafters. 2

Abs. 4 normiert die **vollstreckungsrechtliche Folge** aus der Verselbstständigung von Gesellschaftsverbindlichkeit und Gesellschafterverbindlichkeit. 3

B. Verteidigungsmöglichkeiten des Gesellschafters

I. Persönliche Einwendungen und Einreden des Gesellschafters

Der persönlich haftende Gesellschafter kann seiner Inanspruchnahme durch den Gesellschaftsgläubiger sämtliche in seiner Person begründeten Einwendungen und Einreden entgegen halten. Dies ist eine Selbstverständlichkeit und daher nicht gesondert in § 129 HGB geregelt. Die Gesellschaft und die Mitgesellschafter können sich auf solche Einwendungen hingegen nicht berufen. Sie stehen ausschließlich dem Gesellschafter zu, in dessen Person sie begründet sind. Durch ein 4 nur gegen die Gesellschaft oder einen Mitgesellschafter ergangenes Urteil werden diese persönlichen Einwendungen ebenfalls nicht berührt.

5 Erfasst sind insbesondere Einwendungen aufgrund von **Vereinbarungen** zwischen dem einzelnen Gesellschafter und dem Gesellschaftsgläubiger über die Art und Weise seiner Inanspruchnahme, wie beispielsweise ein Erlass oder eine Stundung der Forderung aus § 128 HGB oder auch ein pactum de non petendo. Des Weiteren kann der Gesellschafter die Aufrechnung erklären, wenn ihm eine persönliche Forderung gegenüber dem Gesellschaftsgläubiger zusteht. Umgekehrt kann in einem solchen Fall auch der Gesellschaftsgläubiger die Aufrechnung gegenüber dem Gesellschafter erklären. Getilgt wird in diesen Fällen unmittelbar nur die Gesellschafterschuld.

6 Die Gesellschafterhaftung nach §§ 128, 130 HGB unterliegt grundsätzlich **keiner Verjährung** (so auch MüKo HGB/*K. Schmidt* § 129 Rn. 7; a. A. GroßkommHGB/*Habersack* § 129 Rn. 6). Hierfür spricht zunächst die Vorschrift des § 159 HGB, die erst mit der Auflösung der Gesellschaft eine Haftungsverjährung beginnen lässt. Wollte man annehmen, die Gesellschafterhaftung würde generell einer Verjährung unterliegen, käme nur der Rückgriff auf die Regelverjährung (§ 195 BGB) in Betracht. Die Gesellschafterschuld würde innerhalb von drei Jahren ab dem Ende des Jahres verjähren, in dem die Gesellschaftsschuld fällig geworden ist. Die Regelung in § 159 HGB würde damit weitgehend leer laufen. Der Annahme einer gesonderten Haftungsverjährung dürfte auch der Normzweck der §§ 128, 130 HGB entgegenstehen. Soweit nicht anderweitig Sicherheiten bestellt worden sind, wird die Gesellschaftsschuld nicht durch die Gewährleistung eines Mindestvermögens, sondern durch die Gesellschafterhaftung gesichert. Der Gläubigerschutz wäre daher deutlich beeinträchtigt, würde die Gesellschafterschuld vor der Gesellschaftsschuld verjähren können. Die Gesellschaftsschuld wäre ab diesem Zeitpunkt ungesichert.

II. Einwendungen und Einreden der Gesellschaft, Abs. 1

7 Daneben kann der Gesellschafter gem. Abs. 1 auch die in der Person der Gesellschaft begründeten Einwendungen und Einreden geltend machen, allerdings nur insoweit, als sie von der Gesellschaft (noch) erhoben werden können. Zu prüfen ist also das **objektive Bestehen der Einwendung**. Ob die Gesellschaft die Einwendung auch tatsächlich erhebt, ist demgegenüber unbeachtlich, soweit die Gesellschaft auf sie nicht verzichtet und damit auch objektiv beseitigt.

1. Anwendungsbereich

8 Die Vorschrift gilt für die **persönlich haftenden Gesellschafter** der OHG, der KG (§ 161 Abs. 2 HGB), der GbR (geklärt seit BGH NJW 2001, 1056; vgl. auch MüKo HGB/*K. Schmidt* § 129 Rn. 3), der Partnerschaftsgesellschaft (§ 8 Abs. 1 S. 2 PartGG) und der EWIV (§ 1 EWIV-AusführungsG). § 129 HGB gilt außerdem sinngemäß für den Fall, dass den Gesellschafter einer GmbH eine Durchgriffshaftung im Außenverhältnis entsprechend der persönlichen Haftung eines OHG-Gesellschafters trifft (vgl. BGH NJW 1986, 188).

2. Beispiele

9 § 129 Abs. 1 HGB erfasst sämtliche Einwendungen tatsächlicher und rechtlicher Art, also alle rechtshindernden, rechtshemmenden und rechtsvernichtenden Einwendungen sowie alle Einreden. Zu nennen sind beispielsweise die Nichtigkeit des Vertrages, die Leistungsfreiheit aufgrund der Unmöglichkeit der Leistung, Erfüllung, Erlass, Vergleich, Verwirkung oder ein pactum de non petendo, der Eintritt der Verjährung (dazu i. E. bei Rn. 10 f.) und Zurückbehaltungsrechte. Ist im Rahmen eines gegen die Gesellschaft geführten Rechtsstreits entschieden worden, dass die Gesellschaftsschuld nicht besteht, können sich die persönlich haftenden Gesellschafter auch auf das rechtskräftig festgestellte Nichtbestehen der Forderung berufen.

3. Insbesondere: Verjährung

a) Verjährungshemmende Maßnahme gegenüber der Gesellschaft

Die Gesellschaftsschuld verjährt nach den allgemeinen Regeln. Hemmung oder Neubeginn der Verjährung durch Maßnahmen gegenüber der Gesellschaft wirken auch gegenüber dem persönlich haftenden Gesellschafter. Eine gesonderte verjährungshemmende Handlung ist ihm gegenüber daher grundsätzlich nicht erforderlich. Etwas anderes gilt wegen der dann beginnenden Sonderverjährung im Fall der Auflösung der Gesellschaft (§ 159 HGB) und des Ausscheidens eines Gesellschafters (§ 160 HGB). **10**

b) Verjährungshemmende Maßnahme gegenüber dem Gesellschafter

Verjährungshemmende Maßnahmen gegenüber dem einzelnen Gesellschafter wirken weder zu Lasten der Gesellschaft noch der Mitgesellschafter (vgl. MüKo HGB/*K. Schmidt* § 129 Rn. 9; E/B/J/*Hillmann* § 129 Rn. 4). Der Lauf der Verjährungsfrist für die Gesellschaftschuld wird durch eine solche Maßnahme nicht beeinflusst. Tritt Verjährung ein, können sich gem. § 129 Abs. 1 HGB auch die Mitgesellschafter hierauf berufen. Dies gilt im Wege der teleologischen Reduktion der Vorschrift jedoch nicht für den von der verjährungshemmenden Maßnahme selbst betroffenen Gesellschafter (vgl. BGH NJW 1981, 2579; NJW 1988, 1976, 1977; NJW 1998, 2972, 2974). Denn ansonsten wäre der Gesellschaftsgläubiger gehalten, unabhängig von den Erfolgsaussichten einer späteren Vollstreckung in das Gesellschaftsvermögen stets auch die Gesellschaft zu verklagen. Für eine solche Verdoppelung der Rechtsstreite besteht kein Anlass. Aus demselben Grund kann der Gesellschafter sich auch dann nicht auf eine Verjährung der Gesellschaftsschuld – etwa im Rahmen einer Vollstreckungsgegenklage – berufen, wenn diese nach seiner rechtskräftigen Verurteilung eintritt, wenngleich die hemmende Wirkung der Klageerhebung ihm gegenüber damit beendet wird (vgl. MüKo HGB/*K. Schmidt* § 129 Rn. 11). **11**

4. Abgrenzungen

Die Vorschrift des § 129 Abs. 1 HGB gilt nicht für **rein prozessuale Einreden** der Gesellschaft, die keine materiellrechtlichen Auswirkungen haben, wie beispielsweise der Einwand der anderweitigen Rechtshängigkeit oder die Folgen eines rügelosen Einlassens nach § 39 S. 1 ZPO. **12**

Die Vorschrift gilt auch nicht für **Gestaltungsrechte** der Gesellschaft. Auf deren Gestaltungsfolgen kann sich der Gesellschafter im Rahmen des § 129 Abs. 1 HGB erst berufen, wenn sie von der Gesellschaft ausgeübt worden sind. Noch nicht ausgeübte, aber noch bestehende Gestaltungsrechte gewähren dem Gesellschafter nach Maßgabe der Abs. 2 und 3 allerdings ein (vorübergehendes) Leistungsverweigerungsrecht (dazu unter Rn. 20 ff.). **13**

5. Materielle Rechtskraft

a) Verurteilung des Gesellschafters

Wird der Gesellschafter aufgrund seiner akzessorischen Haftung rechtskräftig verurteilt, kann er sowohl Einwendungen der Gesellschaft – mit Ausnahme der Verjährungseinrede, auf die er sich endgültig nicht mehr berufen kann (vgl. dazu unter Rn. 11) – als auch persönliche Einwendungen nur noch nach Maßgabe des § 767 Abs. 2 ZPO geltend machen. **14**

b) Verurteilung des Gesellschaft

Wird die Gesellschaft rechtskräftig verurteilt, kann der Gesellschafter seine persönlichen Einwendungen weiterhin unbeschränkt geltend machen. Auf Einwendungen in der Person der Gesellschaft kann er sich hingegen nur noch nach Maßgabe des § 767 Abs. 2 ZPO berufen (vgl. BGH WM 1976, 1085, 1086). Diese Präklusion greift nicht ein, wenn die Gesellschaft mit einer auf § 826 BGB gestützten Klage gegen ihre Verurteilung vorgehen kann (vgl. MüKo HGB/*K. Schmidt* § 129 Rn. 13), oder wenn der Gesellschafter nachweisen kann, dass die Verurteilung in kollusi- **15** vem Zusammenwirken der Gesellschaft mit dem Gesellschaftsgläubiger zustande gekommen ist (vgl. BGH NJW 1996, 658).

c) Unterschiede beim ausgeschiedenen Gesellschafter

16 Grundsätzlich ist § 129 Abs. 1 HGB in gleicher Weise auch auf den ausgeschiedenen Gesellschafter anzuwenden. Er kann also sämtliche Einwendungen und Einreden der Gesellschaft geltend machen, soweit diese der Gesellschaft (noch) zustehen.

17 Da der Gesellschafter, der bei Erhebung einer gegen die Gesellschaft gerichteten Klage bereits ausgeschieden ist, die Prozessführung nicht mehr beeinflussen kann, muss er eine rechtskräftige Verurteilung der Gesellschaft nicht gegen sich gelten lassen. Gleiches gilt, wenn die Gesellschaft nach dem Ausscheiden des Gesellschafters haftungsbestärkende Erklärungen wie etwa ein Schuldanerkenntnis abgibt. Auch solche Maßnahmen kann der ausgeschiedene Gesellschafter nicht beeinflussen. Voraussetzungen für die teleologische Erweiterung des § 129 Abs. 1 HGB ist in diesen Fällen allerdings, dass der Gesellschafter wirklich ausgeschieden ist und nicht nur – wie beispielsweise der in die Kommanditistenstellung zurückgetretene Komplementär – einem ausgeschiedenen Gesellschafter gleichgestellt wird (vgl. BGH NJW 1981, 175, 176).

18 Auf ein klageabweisendes Urteil kann sich hingegen auch der ausgeschiedene Gesellschafter berufen. Dies folgt unmittelbar aus § 128 HGB.

d) Abgabenbescheid

19 Die Bestandskraft eines Abgabenbescheides, mit dem eine öffentlich-rechtliche Forderung gegenüber der Gesellschaft festgesetzt worden ist, entfaltet gegenüber den nicht alleinvertretungsberechtigten Gesellschaftern **keine Präklusionswirkung** (vgl. MüKo HGB/*K. Schmidt* § 129 Rn. 14 m. w. N.). Sie können weiterhin Einwendungen gegen die Rechtsmäßigkeit des Bescheides geltend machen. Dies gebietet die Rechtsschutzgarantie des Art. 19 Abs. 4 GG. Denn anders als ein alleinvertretungsberechtigter Gesellschafter, der Einwendungen gegen die Rechtmäßigkeit des Bescheides im Rahmen eines für die Gesellschaft geführten Rechtsbehelfsverfahren erheben kann, können die nicht alleinvertretungsberechtigten Gesellschafter solche Einwendungen erst bei ihrer persönlichen Inanspruchnahme gerichtlich überprüfen lassen.

III. Nicht ausgeübte Gestaltungsrechte der Gesellschaft, Abs. 2 und 3

1. Allgemeines

20 Hat die Gesellschaft ein Gestaltungsrecht bereits ausgeübt, und ist dieses Gestaltungsrecht auf die Vernichtung der Gesellschaftschuld – wie etwa im Fall der Anfechtung, der Aufrechnung, der Kündigung oder des Rücktritts – gerichtet, kann sich der Gesellschafter schon nach Abs. 1 auf das Nichtbestehen der Gesellschaftsschuld berufen. Steht demgegenüber fest, dass die Gesellschaft das Gestaltungsrecht – beispielsweise durch Ablauf einer Frist, durch Verzicht oder durch Verwirkung – endgültig verloren hat, kann auch der Gesellschafter seine Verteidigung hierauf nicht mehr stützen. Abs. 2 und 3 regeln die Zwischenphase, solange der Gesellschaft noch ein Gestaltungsrecht zusteht, sie dieses aber noch nicht ausgeübt hat. Da die Ausübung der der Gesellschaft zustehenden Gestaltungsrechte nicht dem Gesellschafter – jedenfalls nicht in dieser Rolle, sondern nur in der Rolle als organschaftlicher oder rechtsgeschäftlicher Vertreter der Gesellschaft – zukommt, gewähren Abs. 2 und 3 ihm während dieser Zwischenphase ein **Leistungsverweigerungsrecht**. Verteidigt sich der Gesellschafter gegen seine klageweise Inanspruchnahme mit dieser Einrede, wird die Klage als derzeit unbegründet abgewiesen (BGH NJW 1963, 244, 246). Verliert die Gesellschaft anschließend ihr Gestaltungsrecht, entfällt auch das Leistungsverweigerungsrecht des Gesellschafters, und er kann erneut klageweise in Anspruch genommen werden.

21 Maßgeblich ist, ob das Gestaltungsrecht der Gesellschaft zusteht. Dass der Gläubiger anfechten oder aufrechnen kann, führt nicht zu einem Leistungsverweigerungsrecht des Gesellschafters.

2. Anwendungsbereich

Dem Wortlaut nach gelten die Abs. 2 und 3 für die Anfechtungsbefugnis und die Aufrechnungsmöglichkeit der Gesellschaft. Die h. M. (vgl. E/B/J/*Hillmann* § 129 Rn. 10; abl. MüKo HGB/*K. Schmidt* § 129 Rn. 18) wendet sie entsprechend auf andere Gestaltungsrechte an, die in der Gestaltungsfolge auf das Erlöschen der Gesellschaftsschuld gerichtet sind. 22

3. Anfechtung

Der Gesellschafter kann eine Leistung auf seine Haftungsschuld nach Abs. 2 verweigern, wenn und solange die Gesellschaft ihre die Gesellschaftsverbindlichkeit begründende Willenserklärung gem. §§ 119 f., 123 BGB anfechten kann. Dieses Leistungsverweigerungsrecht entfällt insbesondere mit Ablauf der Anfechtungsfristen oder mit einer Bestätigung des anfechtbaren Rechtsgeschäfts (§ 144 BGB). Erklärt die Gesellschaft rechtzeitig die Anfechtung, erlöschen die Gesellschaftsschuld und zugleich die Gesellschafterhaftung. Soweit die Anfechtung einen Schadensersatzanspruch gegenüber der Gesellschaft auslöst, haften die Gesellschafter hierfür nach allgemeinen Grundsätzen. 23

4. Aufrechnung

Nach Abs. 3 steht dem Gesellschafter ein Leistungsverweigerungsrecht zu, wenn und solange die Gesellschaft mit einer Forderung gegen den Gesellschaftsgläubiger aufrechnen kann. Die Aufrechnungsmöglichkeit des Gesellschaftsgläubigers ist demgegenüber weder hinreichend noch notwendig, um das Leistungsverweigerungsrecht des Gesellschafters zu begründen. Der Wortlaut stellt zwar darauf ab, dass sich der Gesellschaftsgläubiger durch Aufrechnung gegen eine fällige Forderung der Gesellschaft befriedigen kann. Hierbei handelt es sich jedoch um ein Redaktionsversehen (vgl. MüKo HGB/*K. Schmidt* § 129 Rn. 24 m. w. N.). Kann nur der Gläubiger, nicht aber die Gesellschaft aufrechnen, steht dem Gesellschafter kein Leistungsverweigerungsrecht zu. Das Leistungsverweigerungsrecht hängt umgekehrt aber auch nicht davon ab, dass neben der Gesellschaft auch der Gesellschaftsgläubiger aufrechnen kann (vgl. MüKo HGB/*K. Schmidt* § 129 Rn. 25; E/B/J/*Hillmann* § 129 Rn. 13). Der Gesellschaftsgläubiger ist hinreichend dadurch geschützt, dass er die Gesellschaft verklagen und zu einer Erklärung über die Aufrechnung zwingen kann. 24

C. Zwangsvollstreckung gegen die Gesellschafter, Abs. 4

Aufgrund der Verselbständigung der Gesellschaft ist für die Zwangsvollstreckung in das Gesellschaftsvermögen ein gegen die Gesellschaft gerichteter Titel und für die Zwangsvollstreckung in das persönliche Vermögen eines Gesellschafters ein gegen ihn gerichteter Titel erforderlich. Ein Titel gegen die Gesellschaft kann grundsätzlich – selbst nach Vollabwicklung der Gesellschaft – nicht gem. § 727 ZPO auf den/die Gesellschafter umgeschrieben werden. Eine **Titelumschreibung** ist nur in dem Fall möglich, dass bis auf einen Gesellschafter alle Gesellschafter ausscheiden und damit das Gesellschaftsvermögen durch Gesamtrechtsnachfolge auf den Gesellschafter übergeht. Dann geht es allerdings auch nicht mehr um die Gesellschafterhaftung für eine Gesellschaftsverbindlichkeit, sondern um die auf den verbliebenen Gesellschafter übergegangene Gesellschaftsverbindlichkeit als solche. 25

Wird im Rahmen der Zwangsvollstreckung in das Gesellschaftsvermögen auf einen Gegenstand zugegriffen, der nicht der Gesellschaft, sondern einem Gesellschafter gehört, ist zwar die Erhebung einer **Drittwiderspruchsklage** gem. § 771 ZPO statthafte Rechtsschutzform. Die Klage wird nach h. M. (vgl. BGH LM ZPO § 771 Nr. 2) mit Blick auf § 242 BGB allerdings als unbegründet angesehen, wenn der Gesellschafter für die Forderung, die mit der Zwangsvollstreckung realisiert werden soll, persönlich haftet. 26

§ 129 a [Entsprechende Geltung der §§ 32 a und 32 b GmbHG]

[1]Bei einer offenen Handelsgesellschaft, bei der kein Gesellschafter eine natürliche Person ist, gelten die §§ 32 a und 32 b des Gesetzes betreffend die Gesellschaften mit beschränkter Haftung sinngemäß mit der Maßgabe, daß an die Stelle der Gesellschafter der Gesellschaft mit beschränkter Haftung die Gesellschafter oder Mitglieder der Gesellschafter der offenen Handelsgesellschaft treten. [2]Dies gilt nicht, wenn zu den Gesellschaftern der offenen Handelsgesellschaft eine andere offene Handelsgesellschaft oder Kommanditgesellschaft gehört, bei der ein persönlich haftender Gesellschafter eine natürliche Person ist.

A. Normzweck

1 Die Vorschrift ist durch die GmbH-Novelle vom 4. 7. 1980 (BGBl. I, 836) in das HGB eingefügt worden. Sie erstreckt das Eigenkapitalersatzrecht auf die (atypische) OHG, bei der kein Gesellschafter eine natürliche Person ist und an deren Gesellschaftern keine natürliche Person als persönlich haftender Gesellschafter beteiligt ist, und vermeidet so dessen Umgehung durch Bildung einer OHG mit entsprechendem Gesellschafterkreis.

B. Anwendungsbereich

I. Atypische OHG

2 Die Vorschrift gilt unmittelbar für die OHG, bei der kein Gesellschafter eine natürliche Person ist. Betroffen von § 129 a HGB somit eine OHG, deren Gesellschafterkreis sich ausschließlich aus Kapitalgesellschaften, sonstigen Körperschaften, Vereinen, Stiftungen, Personenhandelsgesellschaften oder (Außen-)GbRs zusammensetzt.

3 Nach der Ausnahmeregelung in S. 2 gilt die Verweisungsnorm nicht bei einer OHG, an der eine Personenhandelsgesellschaft beteiligt ist, für deren Verbindlichkeiten eine natürliche Person als Gesellschafter unbeschränkt haftet. Denn in diesem Fall steht dem Gesellschaftsgläubiger – wenn auch erst auf der zweiten Beteiligungsebene – eine natürliche Person als persönlich Haftender zur Verfügung.

4 Der Wortlaut dieser Ausnahme ist zu eng formuliert. Nach dem Normzweck von § 129 a HGB greift die Verweisung auf das Eigenkapitalersatzrecht auch dann nicht ein, wenn erst auf einer dritten oder weiteren Beteiligungsstufe eine unbeschränkt haftende natürliche Person vorhanden ist, oder wenn die unmittelbar an der OHG beteiligte Gesellschaft eine KGaA, EWIV, Partnerschaftsgesellschaft oder (Außen-)GbR mit einer natürlichen Person als unbeschränkt haftendem Gesellschafter ist (vgl. MüKo HGB/*Schmidt* § 129 a Rn. 7).

II. Typische OHG

5 Bei der typischen OHG, an der zumindest eine natürliche Person als persönlich haftender Gesellschafter beteiligt ist, gibt es keine eigenkapitalersetzenden Gesellschafterdarlehen (vgl. BGH NJW 1990, 3145, 3147; Baumbach/Hopt/*Hopt* § 129 a Rn. 2; E/B/J/*Hillmann* § 129 a Rn. 4; a. A. MüKo HGB/*Schmidt* § 129 a Rn. 15). In der Gesellschaftsinsolvenz ist der Gesellschafter daher betreffend ein der Gesellschaft gewährtes Darlehens Insolvenzgläubiger.

III. Andere Rechtformen

6 Spätestens seitdem ihre Insolvenzfähigkeit durch § 11 Abs. 2 Nr. 1 InsO und ihre Teilrechtsfähigkeit durch das Urteil des BGH vom 29. 1. 2001 (NJW 2001, 1056) anerkannt sind, dürfte die Verweisung des § 129 a HGB auf die (Außen-)GbR entsprechend anwendbar sein (vgl. MüKo HGB/*Schmidt* § 129 a Rn. 5; a. A. Baumbach/Hopt/*Hopt* § 129 a Rn. 1). Gleiches gilt für die EWIV. Für die KG gilt § 172 a HGB.

C. Verweisung

Die Bestimmung verweist ausdrücklich auf die Vorschriften der §§ 32 a und 32 b GmbHG. Von der Verweisung erfasst sind jedoch auch § 135 InsO und § 6 AnfG (vgl. MüKo HGB/*Schmidt* § 129 a Rn. 5) sowie §§ 30, 31 GmbH analog. Vgl. die ausführl. Kommentierung der §§ 32 a, 32 b sowie §§ 30, 31 GmbHG in Kap. 7. 7

§ 130 [Haftung des eintretenden Gesellschafters]

(1) Wer in eine bestehende Gesellschaft eintritt, haftet gleich den anderen Gesellschaftern nach Maßgabe der §§ 128 und 129 für die vor seinem Eintritte begründeten Verbindlichkeiten der Gesellschaft, ohne Unterschied, ob die Firma eine Änderung erleidet oder nicht.

(2) Eine entgegenstehende Vereinbarung ist Dritten gegenüber unwirksam.

Übersicht:

A. Normzweck

Die Vorschrift regelt die haftungsrechtlichen Folgen des **Eintritts von Neugesellschaftern** in eine bestehende Gesellschaft. Sie gewährleistet, dass alle Gesellschafter unabhängig von ihrem Beitrittszeitpunkt in gleicher Weise für alle Gesellschaftsverbindlichkeiten haften. In der Folge führt dies zu einer Begünstigung der Gesellschaftsgläubiger, die auf sämtliche Gesellschafter zugreifen können, ohne zunächst – was häufig auch schwierig wäre – aufklären zu müssen, wann welcher Gesellschafter der Gesellschaft beigetreten ist. 1

B. Tatbestand

I. Gesellschaft i. S. d. Abs. 1

1. OHG

Die Vorschrift des § 130 HGB findet unmittelbare Anwendung auf den Beitritt zu einer bereits vorhandenen – als OHG eingetragenen und/oder unter §§ 1, 105 Abs. 1 HGB fallenden – Gesellschaft. Dabei ist unerheblich, ob es sich um eine Gesellschaft auf fehlerhafter Grundlage handelt, soweit diese in Vollzug gesetzt worden ist, oder ob sich die Gesellschaft in Liquidation befindet, solange sie nicht vollbeendet ist. Entsteht die Gesellschaft erst durch den Beitritt des Gesellschafters, liegt kein Fall des § 130 HGB, sondern des § 128 HGB vor. 2

2. Entsprechende Anwendung

a) KG und KGaA

§ 130 HGB gilt über § 161 Abs. 2 HGB entsprechend für den Beitritt eines Komplementärs zu einer KG und für die Umwandlung einer Kommanditistenstellung in die eines Komplementärs sowie durch die Verweisung in § 278 Abs. 2 HGB für den Beitritt eines persönlich haftenden Gesellschafters in eine KGaA. 3

b) GbR

4 Die Vorschrift ist analog auch auf den Beitritt eines Gesellschafters zu einer bereits vorhandenen GbR anzuwenden (vgl. BGH NJW 2003, 1803). Dies gilt grundsätzlich auch für den Fall, dass der Gesellschafter vor 2001, also vor Änderung der Rechtsprechung des BGH zur Haftungsverfassung der GbR, beigetreten ist (vgl. BGH NJW 2006, 765). Eine Rückwirkungssperre unter Vertrauensschutzgesichtspunkten kommt nur ausnahmsweise in Betracht. Vertrauensschutz ist jedenfalls dann ausgeschlossen, wenn der Gesellschafter die Verbindlichkeit der GbR entweder kannte oder hätte erkennen können (vgl. BGH NJW 2006, 765, 766). In diesen Fällen ist die Vorschrift des § 130 HGB auch auf Altsachverhalte einschränkungslos anzuwenden.

c) Partnerschaftsgesellschaft, EWIV

5 § 130 HGB gilt über § 8 Abs. 1 S. 2 PartGG für die Partnerschaftsgesellschaft (vgl. insoweit auch Kap. 3 Rn. 45) und über § 1 EWIV-AusführungsG i. V. m. Art. 24 Abs. 1 S. 2 EWIVVO für die EWIV.

II. Eintritt eines Gesellschafters

1. Eintritt

6 Das Merkmal des Gesellschaftereintritts ist **weit auszulegen** und erfasst nicht nur den Eintritt im technischen Sinne durch Abschluss eines Aufnahmevertrages, sondern jeden Vorgang, infolge dessen ein neuer unbeschränkt haftender Gesellschafter vorhanden ist. § 130 HGB gilt daher auch für den Anteilserwerb durch Einzel- oder Gesamtrechtsnachfolge und für den Fall, dass die Gesellschafter einer auf eine OHG verschmolzenen Gesellschaft neue Gesellschafter der OHG werden. Auf die Eintragung des Gesellschafters im Handelsregister kommt es nicht an, soweit nicht der Eintritt bedingt auf den Zeitpunkt der Eintragung vereinbart worden ist.

2. Fehlerhafter Eintritt

7 Der fehlerhafte Eintritt im technischen Sinne begründet ebenfalls die Haftung nach § 130 HGB (vgl. BGH NJW 1966, 107), nicht hingegen ein fehlerhafter Anteilserwerb durch Einzelrechtsnachfolge (vgl. MüKo HGB/*K. Schmidt* § 130 Rn. 15; anders noch BGH NJW 1988, 1324), da die Gesellschafterstellung beim (vermeintlichen) Anteilsveräußerer bleibt. Geriert sich der Anteilserwerber trotz des unwirksamen Erwerbsvorgangs als persönlich haftender Gesellschafter, kommt eine Rechtsscheinhaftung in Betracht.

C. Rechtsfolgen

I. Verweisung auf §§ 128, 129 HGB

8 Durch die Verweisung auf §§ 128, 129 HGB wird der neu eingetretene Gesellschafter haftungsrechtlich so behandelt, als sei er bei Begründung der Gesellschaftsverbindlichkeit bereits Gesellschafter gewesen. Er haftet also gleichermaßen für **Altverbindlichkeiten** (§§ 128, 130 HGB) und für **Neuverbindlichkeiten** (§ 128 HGB).

II. Haftungsbeschränkungen

1. Vereinbarung mit Gläubiger

9 Abs. 2 wiederholt die Regelung in § 128 S. 2 HGB. Für die Beschränkung der Gesellschafterhaftung gilt daher das zu § 128 HGB Rn. 32 ff. Gesagte entsprechend. Durch Vereinbarungen im Innenverhältnis lässt sich die Haftung im Außenverhältnis **nicht einschränken** oder ausschließen. § 130 Abs. 1 HGB legt fest, dass sich die Haftung des eintretenden Gesellschafters insbesondere auch nicht durch eine Firmenänderung vermeiden lässt. Erforderlich ist vielmehr eine (ausdrückliche oder konkludente) Vereinbarung mit dem Gesellschaftsgläubiger.

2. Eintritt als Erbe

Ist der Neugesellschafter als Erbe eingetreten, kann er seine persönliche Haftung unter den Voraussetzungen des § 139 HGB auf den Nachlass beschränken (vgl. dazu die Erläuterungen zu § 139 HGB). 10

§ 130 a [Zahlungsunfähigkeit einer Gesellschaft]

(1) [1]Wird eine Gesellschaft, bei der kein Gesellschafter eine natürliche Person ist, zahlungsunfähig oder ergibt sich die Überschuldung der Gesellschaft, so ist die Eröffnung des Insolvenzerfahrens zu beantragen; dies gilt nicht, wenn zu den Gesellschaftern der offenen Handelsgesellschaft eine andere offene Handelsgesellschaft oder Kommanditgesellschaft gehört, bei der ein persönlich haftender Gesellschafter eine natürliche Person ist. [2]Antragspflichtig sind die organschaftlichen Vertreter der zur Vertretung der Gesellschaft ermächtigten Gesellschafter und die Liquidatoren. [3]Der Antrag ist ohne schuldhaftes Zögern, spätestens aber drei Wochen nach Eintritt der Zahlungsunfähigkeit oder der Überschuldung der Gesellschaft zu stellen.

(2) [1]Nachdem die Zahlungsunfähigkeit der Gesellschaft eingetreten ist oder sich ihre Überschuldung ergeben hat, dürfen die organschaftlichen Vertreter der zur Vertretung der Gesellschaft ermächtigten Gesellschafter und die Liquidatoren für die Gesellschaft keine Zahlungen leisten. [2]Dies gilt nicht von Zahlungen, die auch nach diesem Zeitpunkt mit der Sorgfalt eines ordentlichen und gewissenhaften Geschäftsleiters vereinbar sind.

(3) [1]Wird entgegen Absatz 1 die Eröffnung des Insolvenzverfahrens nicht oder nicht rechtzeitig beantragt oder werden entgegen Absatz 2 Zahlungen geleistet, nachdem die Zahlungsunfähigkeit der Gesellschaft eingetreten ist oder sich ihre Überschuldung ergeben hat, so sind die organschaftlichen Vertreter der zur Vertretung der Gesellschaft ermächtigten Gesellschafter und die Liquidatoren der Gesellschaft gegenüber zum Ersatz des daraus entstehenden Schadens als Gesamtschuldner verpflichtet. [2]Ist dabei streitig, ob sie die Sorgfalt eines ordentlichen und gewissenhaften Geschäftsleiters angewandt haben, so trifft sie die Beweislast. [3]Die Ersatzpflicht kann durch Vereinbarung mit den Gesellschaftern weder eingeschränkt noch ausgeschlossen werden. [4]Soweit der Ersatz zur Befriedigung der Gläubiger der Gesellschaft erforderlich ist, wird die Ersatzpflicht weder durch einen Verzicht oder Vergleich der Gesellschaft noch dadurch aufgehoben, daß die Handlung auf einem Beschluß der Gesellschafter beruht. [5]Satz 4 gilt nicht, wenn der Ersatzpflichtige zahlungsunfähig ist und sich zur Abwendung des Insolvenzverfahrens mit seinen Gläubigern vergleicht oder wenn die Ersatzpflicht in einem Insolvenzplan geregelt wird. [6]Die Ansprüche aus diesen Vorschriften verjähren in fünf Jahren.

(4) Diese Vorschriften gelten sinngemäß, wenn die in den Absätzen 1 bis 3 genannten organschaftlichen Vertreter ihrerseits Gesellschaften sind, bei denen kein Gesellschafter eine natürliche Person ist, oder sich die Verbindung von Gesellschaften in dieser Art fortsetzt.

Übersicht:

A. Normzweck

1 Die Vorschrift berücksichtigt den Umstand, dass eine OHG ohne eine natürliche Person als Gesellschafter in haftungsrechtlicher Sicht einer Kapitalgesellschaft nahe kommt. Daher erstreckt die Regelung Gläubigerschutzvorschriften aus dem Recht der Kapitalgesellschaften bei Zahlungsunfähigkeit und Überschuldung auf die atypische OHG.

2 Der Normzweck dieser Gläubigerschutzvorschrift beinhaltet, insolvenzreife Gesellschaften mit beschränktem Haftungsfonds vom Geschäftsverkehr fernzuhalten, um die Schädigung und Gefährdung von Gesellschaftsgläubigern zu vermeiden (vgl. BGH NJW 1994, 2220, 2223). Zum einen sollen die bereits vorhandenen Gesellschaftsgläubiger vor einer weiteren Verschlechterung ihrer Vermögenslage bewahrt werden. Zum anderen soll eine insolvente atypische OHG vom Geschäftsverkehr ausgeschlossen werden, um die Vermögensinteressen potentieller Vertragspartner zu schützen.

B. Anwendungsbereich

3 Die in § 130 a HGB normierten Verhaltenspflichten setzen eine OHG voraus, bei der kein Gesellschafter eine natürliche Person ist. Betroffen von § 130 a HGB ist somit eine OHG, deren Gesellschafterkreis sich ausschließlich aus Kapitalgesellschaften, sonstigen Körperschaften, Stiftungen oder Personenhandelsgesellschaften zusammensetzt.

4 Nach der Ausnahmeregelung des § 130 a Abs. 1 S. 1 Hs. 2 HGB gelten die Verhaltenspflichten allerdings nicht bei einer OHG, an der eine Personenhandelsgesellschaft beteiligt ist, für deren Verbindlichkeiten eine natürliche Person als Gesellschafter unbeschränkt haftet. Diese Ausnahme ist jedoch zu eng formuliert. Nach dem Normzweck von § 130 a HGB greifen die dort geregelten Verhaltenspflichten auch dann nicht ein, wenn erst auf einer weiteren Beteiligungsstufe eine unbeschränkt haftende natürliche Person vorhanden ist oder wenn die unmittelbar an der OHG beteiligte Gesellschaft eine KGaA mit einer natürlichen Person als unbeschränkt haftendem Gesellschafter ist (vgl. MüKo HGB/*K. Schmidt* § 130 a Rn. 10; GroßkommHGB/*Habersack* § 130 a Rn. 8; E/B/J/*Hillmann* § 130 a Rn. 4; a. A. Röhricht/v. Westphalen/*v. Gerkan* § 130 a Rn. 2).

5 Abs. 4 stellt schließlich klar, dass ein mehrstufiges Beteiligungsverhältnis dann nicht entlastend ist, wenn letztlich keine natürliche Person für die Gesellschaftsschulden unbeschränkt haftet.

6 Spätestens seitdem ihre Insolvenzfähigkeit durch § 11 Abs. 2 Nr. 1 InsO und ihre Teilrechtsfähigkeit durch das Urteil des BGH vom 29. 1. 2001 (NJW 2001, 1056) anerkannt sind, dürften die Regelungen des § 130 a HGB auf die (Außen-)GbR entsprechend anwendbar sein.

C. Normadressaten

I. Organschaftliche Vertreter

Abs. 1 und 2 benennen jeweils als Normadressaten zunächst die organschaftlichen Vertreter der zur Vertretung der OHG ermächtigten Gesellschafter-Gesellschaft(en). 7

Die in § 130 a HGB normierten Verhaltenspflichten betreffen in einem mehrköpfigen Leitungsorgan jedes einzelne **Mitglied der Geschäftsleitung** (vgl. MüKo HGB/*K. Schmidt* § 130 a Rn. 13; Baumbach/Hopt/*Hopt* § 130 a Rn. 7; GroßkommHGB/*Habersack* § 130 a Rn. 11). Auf die Ausgestaltung der Geschäftsführungs- und Vertretungsbefugnis (Einzel- oder Gesamtvertretung) innerhalb der an der OHG beteiligten Gesellschaften kommt es dabei auch im Hinblick auf die Berechtigung eines jeden organschaftlichen Vertreters nach § 15 Abs. 1 und 3 InsO, einen Antrag auf Eröffnung des Insolvenzverfahrens zu stellen, ebenso wenig an wie auf die interne Geschäftsverteilung zwischen den Organwaltern (vgl. BGH NJW 1994, 2149, 2150). 8

Auch ein fehlerhaft bestellter Organwalter ist nach h. M. von den Verhaltenspflichten des § 130 a HGB betroffen (vgl. Baumbach/Hopt//*Hopt* § 130 a Rn. 6; Röhricht/v. Westphalen/*v. Gerkan* § 130 a Rn. 3; GroßkommHGB/*Habersack* § 130 a Rn. 12). 9

Legt ein organschaftlicher Vertreter sein Amt nach Eintritt der Insolvenzreife nieder, genügt er allenfalls dann seiner Insolvenzantragspflicht, wenn er entweder den Antrag auf Durchführung des Insolvenzverfahrens noch vor seinem Ausscheiden stellt oder ausreichend darauf hinwirkt, dass ein neuer bzw. ein verbleibender organschaftlicher Vertreter den Insolvenzantrag rechtzeitig stellt (BGH NJW 1952, 554). 10

II. Faktische Organwalter

Die Verhaltenspflichten in § 130 a HGB betreffen nach herrschender und im Hinblick auf den Normzweck auch richtiger Auffassung nicht nur den – ggf. fehlerhaft – bestellten organschaftlichen Vertreter, sondern auch denjenigen, der, ohne eine solche Organstellung zu bekleiden, tatsächlich wie ein geschäftsführendes Organ tätig wird (vgl. BGH NJW 1979, 1823, 1826; NJW 1988, 1789; Baumbach/Hopt/*Hopt* § 130 a Rn. 6; wohl a. A. GroßkommHGB/*Habersack* § 130 a Rn. 12). 11

Als auch den Pflichten des § 130 a HGB unterworfener **faktischer Geschäftsleiter** wird derjenige behandelt, der in maßgeblichem Umfang typische Geschäftsführungsaufgaben wahrnimmt und die Geschicke der Gesellschaft durch nach außen hervortretende Handlungen bestimmt (vgl. BGH NJW 1988, 1789, 1790). Diese Voraussetzungen liegen u. a. dann vor, wenn der organschaftlich bestellte Geschäftsführer lediglich **Strohmann** ist (vgl. MüKo HGB/*K. Schmidt* § 130 a Rn. 17; E/B/J/*Hillmann* § 130 a Rn. 11) oder wenn der die faktische Geschäftsführung Ausübende eine überragende Stellung in der Geschäftsführung einnimmt (vgl. BGH NJW 1983, 240, 241). Es wurde mitunter bereits als ausreichend erachtet, wenn er zumindest ein Übergewicht gegenüber den bestellten Organen innehat (vgl. BGH StV 1984, 461; BayObLG NJW 1997, 1936; krit. hierzu *Dierlamm* NStZ 1998, 568, 570). Nach strenger Auffassung soll die Stellung des faktischen Geschäftsführers dann überragend sein, wenn er von den **acht klassischen Merkmalen im Kernbereich der Geschäftsführung** (Bestimmung der Unternehmenspolitik, Unternehmensorganisation, Einstellung von Mitarbeitern, Gestaltung der Geschäftsbeziehungen zu Vertragspartnern, Verhandlung mit Kreditgebern, Gehaltshöhe, Entscheidung der Steuerangelegenheiten, Steuerung der Buchhaltung) mindestens sechs erfüllt (vgl. BayObLG NJW 1997, 1936). Nicht erforderlich ist es jedenfalls, dass die bestellten Geschäftsführer aus ihrer Amtstätigkeit völlig verdrängt werden (vgl. BGH NJW 1988, 1789, 1790; a. A. wohl noch: BGH NJW 1979, 1823, 1826). 12

III. Liquidatoren

Abs. 1 und 2 benennen als Normadressaten zudem die Liquidatoren der Personengesellschaft. 13
Bedeutung hat dies nur für den Fall, dass nicht die organschaftlichen Vertreter der zur Vertretung

der OHG ermächtigten Gesellschafter-Gesellschaft, sondern Dritte zu Liquidatoren bestellt werden (vgl. E/B/J/*Hillmann* § 130 a Rn. 8).

D. Antragspflicht

14 Im Falle der Zahlungsunfähigkeit oder der Überschuldung sind die organschaftlichen oder faktischen Vertreter bzw. die Liquidatoren der OHG gem. § 130 a Abs. 1 S. 1 Hs. 1 HGB verpflichtet, **unverzüglich**, spätestens aber drei Wochen nach Eintritt von einem der beiden vorgenannten Insolvenzgründe, einen Antrag auf Eröffnung des Insolvenzverfahrens zu stellen.

15 Der neu in das Gesetz aufgenommene Insolvenzgrund der drohenden Zahlungsunfähigkeit (§ 18 InsO) begründet hingegen keine Pflicht, sondern lediglich ein Recht der Geschäftsleitung, Antrag auf Durchführung des Insolvenzverfahrens zu stellen (vgl. GroßkommHGB/*Habersack* § 130 a Rn. 15; MüKo HGB/*K. Schmidt* § 130 a Rn. 19).

I. Zahlungsunfähigkeit

16 Nach § 17 Abs. 2 S. 1 InsO ist eine OHG zahlungsunfähig, wenn sie nicht in der Lage ist, ihre fälligen Zahlungsverpflichtungen zu erfüllen (vgl. hierzu auch Kap. 13 Rn. 31 ff.).

1. Fällige Zahlungsverbindlichkeiten

17 § 130 a HGB erfasst sämtliche fälligen Zahlungsverbindlichkeiten der OHG. Hierzu gehören auch Zahlungsverpflichtungen wegen eigenkapitalersetzenden Leistungen ihrer Gesellschafter gem. § 39 Abs. 1 Nr. 5 InsO (vgl. MüKo HGB/*K. Schmidt* Anh. § 158 Rn. 8; str.) oder wegen deren Regressansprüchen aus § 110 HGB (vgl. BGH NJW 1981, 2251, 2252), es sei denn, der Gesellschafter hat mit der Gesellschaft einen Erlass oder zumindest ein pactum de non petendo – eine bloße Stundung reicht indes nicht aus – vereinbart (vgl. MüKo HGB/*K. Schmidt* Anh. § 158 Rn. 8).

18 Anders als noch unter Geltung der alten Konkursordnung ist es für die Berücksichtigung einer fälligen Zahlungsverbindlichkeit bei der Ermittlung der Zahlungsunfähigkeit nicht mehr erforderlich, dass der Gesellschaftsgläubiger seine Forderung ernsthaft einfordert (vgl. MüKo HGB/*K. Schmidt* Anh. § 158 Rn. 7; a. A. HK InsO/*Kirchhof* § 17 Rn. 10)

2. Zahlungseinstellung

19 Nach § 17 Abs. 2 S. 2 InsO wird das Vorliegen der Zahlungsunfähigkeit widerlegbar vermutet, wenn die Schuldnerin ihre Zahlungen eingestellt hat.

20 Eine Zahlungseinstellung liegt vor, wenn die Schuldnerin nicht in der Lage ist, einen wesentlichen Teil ihrer fälligen Zahlungsverpflichtungen zu erfüllen und wenn dieser Zustand nach außen so in Erscheinung tritt, dass er für die beteiligten Verkehrskreise erkennbar wird (BGH NJW 1984, 1953).

3. Zahlungsstockung und Liquiditätsengpass

21 Nach der Konkursordnung (KO) setzte Zahlungsunfähigkeit voraus, dass der Schuldner dauernd unvermögend war, seine Zahlungsverpflichtungen im Wesentlichen zu erfüllen (BGHZ 118, 171, 174). Bei einem Vergleich dieser alten Begriffsbildung mit der neuen Legaldefinition in § 17 Abs. 2 S. 1 InsO zur

Zahlungsunfähigkeit fällt auf, dass der Gesetzgeber der Insolvenzordnung auf die Merkmale der »Dauer« und der »Wesentlichkeit« verzichtet hat.

22 Gleichwohl rechtfertigt diese Änderung der Begriffsbildung nicht ein Verständnis dahingehend, jede kurze Zahlungsstockung oder jeder geringfügige Liquiditätsengpass erfülle den Tatbestand der Zahlungsunfähigkeit. Dies hat der BGH in seinem grundlegendem Urteil vom 24. 5. 2005 (BGH NJW 2005, 3062) unter Hinweis auf die Gesetzesbegründung zur InsO bestätigt. Daneben hat der BGH in den Leitsätzen seiner Entscheidung konkrete, handhabbare Kriterien zur Abgren-

zung zwischen Zahlungsunfähigkeit und Zahlungsstockung sowie zwischen Zahlungsunfähigkeit und Liquiditätsengpass formuliert.

a) Zahlungsstockung

Nach der Gesetzesbegründung zur Insolvenzordnung (Begr. zu § 20 und § 21 RegE, BT-Drs. 12/2443, 114) soll eine bloß vorübergehende Zahlungsstockung **keine Zahlungsunfähigkeit** begründen. Der Gesetzgeber wollte allerdings das Erfordernis der Dauer, zur Erfüllung der fälligen Zahlungsverbindlichkeiten außer Stande zu sein, nicht betonen, um der verbreiteten Neigung vorzubeugen, eine etwa auch über Wochen oder sogar Monate fortbestehende Illiquidität zur rechtlich unerheblichen Zahlungsstockung erklären zu können (vgl. BGH NJW 2005, 3062, 3063). 23

Auch nach Auffassung des BGH ist daran festzuhalten, dass eine Zahlungsunfähigkeit, die sich voraussichtlich innerhalb kurzer Zeit beheben lässt, lediglich als Zahlungsstockung gilt und keinen Insolvenzeröffnungsgrund darstellt (vgl. BGH NJW 2005, 3062, 3064; a. A. MüKo InsO/*Eilenberger* § 17 Rn. 22). 24

Der Gesetzgeber wollte allerdings den Zeitraum von **etwa einem Monat** verkürzen, in dem unter Geltung der Konkursordnung eine Zahlungsstockung zu beseitigen war (vgl. BGHZ 149, 100, 108; 149, 178, 187). Als bloße Zahlungsstockung ist daher nur noch eine Illiquidität zu beurteilen, die einen Zeitraum von zwei bis drei Wochen nicht überschreitet, da diese Zeitspanne für eine kreditwürdige Person ausreichend ist, sich die notwendigen Mittel zu beschaffen (vgl. BGH NJW 2005, 3062, 3064). 25

Ob noch eine vorübergehende Zahlungsstockung oder bereits eine endgültige Zahlungsunfähigkeit vorliegt, ist allein anhand **objektiver Umstände** zu beurteilen (vgl. BGH NJW 2005, 3062, 3064.) Lediglich soweit die Haftung des Geschäftsführers für von ihm nach Eintritt der Zahlungsunfähigkeit vorgenommene Zahlungen zu beurteilen ist, muss auf der subjektiven Seite das Verschulden hinzukommen (vgl. BGH NJW 2005, 3062, 3064). 26

b) Liquiditätsengpass

Ungeachtet der neuen Begriffsbildung in § 17 Abs. 2 S. 1 InsO wollte auch der Gesetzgeber (Begr. zu § 20 und § 21 RegE, BT-Drs. 12/2443, 114), dass bei der Beurteilung des Vorliegens der Zahlungsunfähigkeit »ganz geringfügige Liquiditätslücken außer Betracht bleiben müssen«. Diesem Verständnis ist auch der BGH in seinem Urteil vom 24. 5. 2005 (vgl. BGH NJW 2005, 3062) gefolgt. 27

Um die Praxis in die Lage zu versetzen, den Begriff der **»geringfügigen Liquiditätslücke«** zu handhaben, hat der BGH eine zahlenmäßige Vorgabe entwickelt, dabei aber gleichzeitig bestimmte Einschränkungen vorgenommen, um auch im Hinblick auf wirtschaftlich komplexe Sachverhalte eine gewisse Flexibilität zu ermöglichen. 28

Als Ausgangspunkt für die Beurteilung der Geringfügigkeit einer Liquiditätslücke hat BGH einen **Schwellenwert von 10 %** angesetzt (BGH NJW 2005, 3062, 3065). Dieser Schwellenwert ist erreicht bzw. überschritten, wenn der Schuldner zumindest 10 % seiner fälligen Gesamtverbindlichkeiten nicht innerhalb von höchstens drei Wochen bedienen kann. An dem Unterschreiten bzw. Erreichen dieses Schwellenwertes knüpfen sich widerlegbare Vermutungen. Das Erreichen des Schwellenwertes begründet eine Vermutung für die Zahlungsunfähigkeit, ein Unterschreiten hingegen rechtfertigt die Vermutung einer Zahlungsfähigkeit (BGH NJW 2005, 3062, 3065). »Je näher die konkret festgestellte Unterdeckung dem Schwellenwert kommt, desto geringere Anforderungen sind an das Gewicht der besonderen Umstände zu richten, mit denen die Vermutung entkräftet werden kann. Umgekehrt müssen umso schwerer wiegende Umstände vorliegen, je größer der Abstand der tatsächlichen Unterdeckung von dem Schwellenwert ist« (BGH NJW 2005, 3062, 3066). 29

aa) Vermutung bei Unterschreiten des Schwellenwertes Bei Unterschreiten des Schwellenwertes müssen **besondere Umstände** – z. B. die begründete Erwartung, der Niedergang der 30

Schuldnerin setze sich fort – gegeben sein, die die Annahme einer Zahlungsunfähigkeit rechtfertigen (vgl. BGH NJW 2005, 3062, 3066). In einem Insolvenzeröffnungsverfahren hat das Insolvenzgericht im Rahmen seiner Amtsermittlungspflicht das Vorliegen solcher besonderen Umstände zu untersuchen. Im Falle einer Geschäftsführerhaftung obliegt es dem Anspruchsteller, diese Umstände darzulegen und notfalls zu beweisen, um die Berechtigung seines Anspruches belegen zu können (vgl. BGH NJW 2005, 3062, 3066).

31 **bb) Vermutung bei Erreichen des Schwellenwertes** Erreicht die Unterdeckung den Schwellenwert von 10 %, hat hingegen der in Anspruch genommene Geschäftsführer hinreichende Indizien für die Annahme einer Zahlungsfähigkeit darzulegen und erforderlichenfalls zu beweisen. An die Widerlegung dieser **Vermutungswirkung** stellt der BGH hohe Anforderungen. Den Gläubigern muss ein Zuwarten im Einzelfall zuzumuten sein und es sind grundsätzlich konkrete Umstände vorzutragen, die »mit an Sicherheit grenzender Wahrscheinlichkeit« darauf hindeuten, dass die Liquiditätslücke, wenn auch nicht innerhalb des Zeitraums einer Zahlungsstockung von zwei bis drei Wochen, aber immerhin demnächst, »in überschaubarer Zeit« beseitigt wird (vgl. BGH NJW 2005, 3062, 3066).

II. Überschuldung

1. Überschuldungsbegriff und Fortführungsprognose

32 Nach § 19 Abs. 1 S. 1 InsO liegt eine Überschuldung vor, wenn das Vermögen der Schuldnerin ihre bestehenden Verbindlichkeiten nicht mehr deckt. Bei der erforderlich werdenden Bewertung des Vermögens der Schuldnerin ist gem. § 19 Abs. 1 S. 2 InsO die Fortführung des Unternehmens zugrunde zu legen, wenn diese nach den Umständen überwiegend wahrscheinlich ist (vgl. hierzu auch die Ausführungen in Kap. 13 Rn. 39 ff.).

33 Unter Geltung der Konkursordnung galt der sog. »zweistufige Überschuldungsbegriff« (vgl. BGH NJW 1992, 2891, 2894). Danach lag eine Überschuldung vor, wenn das Vermögen der Gesellschaft bei Ansatz von Liquidationswerten unter Einbeziehung der stillen Reserven die bestehenden Verbindlichkeiten nicht deckt (rechnerische Überschuldung) und die Finanzkraft der Gesellschaft nach überwiegender Wahrscheinlichkeit mittelfristig nicht zur Fortführung des Unternehmens ausreicht (Überlebens- oder Fortbestehensprognose).

34 An diesem **Überschuldungsbegriff** hat der Gesetzgeber der InsO zumindest angeknüpft. Eine positive Überlebensprognose reicht allein allerdings zur Verneinung der Überschuldung nicht aus (vgl. Uhlenbruck/*Uhlenbruck* § 19 Rn. 19; E/B/J/*Hillmann* § 130 a Rn. 15; *Lutter* ZIP 1999, 641, 643 mit dem Hinweis, das dies auch nach dem alten zweistufigen Überschuldungsbegriff nicht ausreichte). Ungeachtet von Fortbestand oder Ablösung der zweistufigen Methode steht die **Fortführungsprognose** weiterhin im Mittelpunkt der Überschuldungsfeststellung (so auch MüKo HGB/*K. Schmidt* Anh. § 158 Rn. 23). Von einer positiven Fortführungsprognose ist in Anknüpfung an die Rechtsprechung unter Geltung der alten Konkursordnung auszugehen, wenn die Finanzkraft der Gesellschaft nach überwiegender Wahrscheinlichkeit mittelfristig zur Fortführung des Unternehmens ausreicht (BGH NJW 1992, 2891, 2894). Das Ergebnis der Fortführungsprognose legt sodann fest, ob der Überschuldungsstatus auch nach Fortführungswerten (»going-concern«) oder nur nach Liquidations-Teilwerten (Zerschlagungswerten) zu erstellen ist (vgl. *Lutter* ZIP 1999, 641, 643; Uhlenbruck/*Uhlenbruck* § 19 Rn. 19). Mithin kann ein Unternehmen trotz positiver Fortführungsprognose überschuldet sein.

2. Gang der Überschuldungsprüfung

35 Zunächst ist anhand eines Überschuldungsstatus bei Ansatz von Liquidationswerten zu untersuchen, ob eine **rechnerische Überschuldung** des Unternehmens vorliegt. Falls keine Überschuldung festgestellt wird, ist damit die Überschuldungsprüfung beendet. Das Unternehmen ist nicht überschuldet. Sollte sich jedoch eine rechnerische Überschuldung unter Zugrundelegung von Liquidationswerten ergeben, ist weiter zu prüfen und eine **Fortführungsprognose** anzustel-

len. Fällt diese negativ aus, ist das Unternehmen überschuldet. Andernfalls ist der auf Grundlage von Liquidationswerten erstellte **Überschuldungsstatus** zu berichtigen. Die Aktiva des Unternehmens sind nunmehr anstelle von Liquidationswerten mit Fortführungswerten zu bewerten. Nur dann, wenn noch eine Überschuldung verbleibt, ist Insolvenzantrag geboten (vgl. zum Gang der Überschuldungsprüfung auch: E/B/J/*Hillmann* § 130 a Rn. 15; Uhlenbruck/*Uhlenbruck* § 19 Rn. 33 f.).

3. Überschuldungsstatus

Die **Handelsbilanz** eines Unternehmens ist zur Überschuldungsmessung ungeeignet (vgl. BGH NJW 1994, 1477, 1479); ihr kann aber im Einzelfall indizielle Bedeutung zukommen (BGH NJW 2001, 1136). 36

Auf der **Aktivseite** des Überschuldungsstatus sind alle im Falle alsbaldiger Insolvenzeröffnung als Massebestandteile verwertbaren Vermögenswerte einzusetzen (vgl. BGH NJW 1983, 676, 677). Stille Reserven sind aufzulösen und auch handelsrechtlich nicht bilanzierungsfähige bzw. sogar einem Bilanzierungsverbot unterliegende verwertbare Vermögensgegenstände, insbesondere auch immaterielle Gegenstände, wie z. B. Patente, Marken und Lizenzen, sind mit ihrem Liquidations- bzw. Fortführungswert in den Überschuldungsstatus aufzunehmen (vgl. Uhlenbruck/*Uhlenbruck* § 19 Rn. 35 f., 39). Der Firmenwert darf allerdings nur dann in dem Überschuldungsstatus aktiviert werden, wenn entweder eine Verwertung der Firma oder eine Veräußerung des Unternehmens im Ganzen bzw. eine Teilbetriebsveräußerung mit einem Zusatzertrag in Höhe des Firmenwerts als sicher angenommen werden kann (vgl. Uhlenbruck/*Uhlenbruck* § 19 Rn. 40; str.). Im Falle eines positiven Ergebnisses einer Fortführungsprognose sind die Aktiva mit Fortführungswerten anzusetzen. Nicht aktivierbar sind Haftungsverbindlichkeiten der Gesellschafter der OHG aus § 128, weil sie gem. § 93 InsO nicht der Masse zugute kommen (vgl. MüKo HGB/*K. Schmidt* Anh. § 158 Rn. 27). 37

Auf der **Passivseite** des Überschuldungsstatus sind sämtliche Verbindlichkeiten mit ihrem Nennwert einzustellen, die eine Insolvenzforderung begründen können (vgl. BGH NJW 1983, 676, 677). Hierzu gehören auch nachrangige Insolvenzverbindlichkeiten, es sei denn, sie unterliegen einer Rangrücktrittsvereinbarung (vgl. BGH NJW 2001, 1280, 1281). Auch Verbindlichkeiten aus schwebenden Geschäften sowie betagte oder bedingte Verbindlichkeiten sind zu passivieren. Eventualverbindlichkeiten sind nur insoweit zu passivieren, als mit einer Inanspruchnahme gerechnet werden muss (vgl. Uhlenbruck/*Uhlenbruck* § 19 Rn. 53 f.). Sofern eine bestrittene Verbindlichkeit noch einer Klärung in einem gerichtlichen Rechtsstreit oder einem Schiedsgerichtsverfahren bedarf, ist eine den Prozessaussichten entsprechende Rückstellung zu passivieren(vgl. Uhlenbruck/*Uhlenbruck* § 19 InsO Rn. 53). 38

III. Dauer und Inhalt der Antragspflicht

1. Beginn der Antragspflicht

Im Falle der Zahlungsunfähigkeit entsteht die Insolvenzantragspflicht der Geschäftsleiter mit dem Eintritt der objektiven Tatbestandsvoraussetzungen (vgl. BGH NJW 2005, 3062, 3064). VGl. zum Antrag auf Eröffnung des Insolvenzverfahrens auch ausführl. Kap. 13 Rn. 18 ff. 39

Im Falle der Überschuldung soll nach der zum Aktienrecht ergangenen »Herstatt-Entscheidung« des BGH (NJW 1979,1823) die Insolvenzantragspflicht erst ab **positiver Kenntnis** des geschäftsführenden Organs beginnen, um etwaige Sanierungsversuche auch im Interesse der Allgemeinheit und der Gläubiger sowie zur Entlastung der Geschäftsführung nicht zu gefährden. In einer Entscheidung zum Zahlungsverbot gem. § 64 Abs. 2 S. 1 GmbHG hat der BGH sodann nicht mehr auf die positive Kenntnis der Überschuldung, sondern auf ihre Erkennbarkeit seitens der Geschäftsleitung abgestellt (vgl. BGH NJW 2000, 668). Ob der BGH hieran, nicht zuletzt im Lichte seiner Entscheidung zur Zahlungsunfähigkeit (vgl. BGH NJW 2005, 3062), festhält, erscheint ungewiss, zumal gewichtige Stimmen in der Literatur subjektive Elemente bei der Fest- 40 stellung von Zahlungsunfähigkeit und Überschuldung nicht berücksichtigen (vgl. MüKo HGB/*K. Schmidt* § 130 a Rn. 20; GroßkommHGB/*Habersack* § 130 a Rn. 19). Allerdings soll nach dieser Auffassung in der Literatur die 3-Wochen-Frist des § 130 a Abs. 3 HGB erst dann zu laufen beginnen, sobald die eine Überschuldung begründenden Tatumstände für die Geschäftsleitung erkennbar sind (vgl. MüKo HGB/*K. Schmidt* § 130 a Rn. 26; GroßkommHGB/*Habersack* § 130 a Rn. 19). Ferner sollen nach dieser Ansicht subjektive Elemente bei der Prüfung des Verschuldens des jeweiligen Geschäftsleiters im Rahmen der Sanktionsnormen Bedeutung erlangen (vgl. MüKo HGB/*K. Schmidt* § 130 a Rn. 20, 37, 42; GroßkommHGB/*Habersack* § 130 a Rn. 19).

2. Ende der Antragspflicht

41 Die Antragspflicht ist beendet, sobald die **Insolvenzreife beseitigt** und somit die OHG weder überschuldet noch zahlungsunfähig ist (vgl. BGH NJW 1961, 740, 742) oder Insolvenzantrag gestellt wird. Mit der Abgabe eines Insolvenzantrages durch einen Geschäftsführer erledigt sich die Antragspflicht der übrigen Organwalter (vgl. E/B/J/*Hillmann* § 130 a Rn. 18; MüKo HGB/*K. Schmidt* § 130 a Rn. 22).

3. Inhalt der Antragspflicht

42 Die Organwalter der OHG sind bei Eintritt von Zahlungsunfähigkeit oder Überschuldung verpflichtet, unverzüglich, spätestens aber drei Wochen nach Eintritt der Insolvenzreife, Antrag auf Durchführung des Insolvenzverfahrens zu stellen. Die **Dreiwochenfrist** des § 130 a Abs. 1 S. 3 HGB ist eine Höchstfrist. Bestehen keine Erfolgsaussichten mehr, den einschlägigen Insolvenzgrund, insbesondere durch eine Sanierung des Unternehmens, rechtzeitig innerhalb der Dreiwochenfrist zu beseitigen, ist unverzüglich, also **ohne schuldhaftes Zögern**, Insolvenz anzumelden, selbst wenn die Dreiwochenfrist noch nicht voll ausgeschöpft worden ist (vgl. BGH NJW 1979, 1823, 1827).

E. Masseerhaltungspflicht

I. Grundsatz

43 § 130 a Abs. 2 S. 1 HGB verbietet den Organwaltern, nach Eintritt der Insolvenzreife Zahlungen für die Gesellschaft auszuführen. Sinn und Zweck des Zahlungsverbots ist es, die verteilungsfähige Vermögensmasse einer insolvenzreifen Gesellschaft im Interesse der Gesamtheit der Gläubiger zu erhalten und eine zu ihrem Nachteil gehende, bevorzugte Befriedigung einzelner Gläubiger zu vermeiden (vgl. BGH NJW 2000, 668; teilweise krit. MüKo HGB/*K. Schmidt* § 130 a Rn. 29).

44 Der Begriff der »Zahlungen« erfasst nicht nur Geldzahlungen, sondern sämtliche masseschmälernden Leistungen, z. B. die Einreichung von Kundenschecks auf ein debitorisches Bankkonto (vgl. BGH NJW 2000, 668).

45 Das Zahlungsverbot gilt bereits während der Dauer der Dreiwochenfrist (vgl. GroßkommHGB/*Habersack* § 130 a Rn. 25; E/B/J/*Hillmann* § 130 a Rn. 20).

46 Zu Beginn und Ende des Zahlungsverbots gilt das bereits zur Antragspflicht Gesagte – vgl. Rn. 39 ff. – entsprechend.

II. Ausnahmen

47 Nach Eintritt der Insolvenzreife sind den Organwaltern der Gesellschaft allerdings gem. § 130 a Abs. 2 S. 2 HGB noch Zahlungen erlaubt, die mit der Sorgfalt eines ordentlichen und gewissenhaften Geschäftleiters vereinbar sind. Damit sind Leistungen gemeint, die **im Interesse der Gläubigergesamtheit** liegen, weil sie das Gesellschaftsvermögen erhalten und der Abwendung von Schäden dienen (vgl. BGH NJW 1974, 1088, 1089). Das sind z. B. die Erfüllung eines vorteilhaften zweiseitigen Vertrages sowie Aufwendungen zum Zweck einer Sanierung des Unternehmens oder zur Vermeidung einer unwirtschaftlichen sofortigen Betriebseinstellung (vgl. OLG Köln

ZIP 1995, 1418, 1419; E/B/J/*Hillmann* § 130 a Rn. 20). Rückständige Steuern sind nach dieser Ausnahmeregelung nicht von vornherein privilegiert (vgl. OLG Köln ZIP 1995, 1418, 1419 f.); allerdings kann die Sorgfalt eines gewissenhaften Kaufmanns ihre Erfüllung zulassen oder gar gebieten (vgl. MüKo HGB/*K. Schmidt* § 130 a Rn. 32).

F. Rechtsfolgen von Pflichtverletzungen

I. Haftung gegenüber der Gesellschaft

1. Gesamtgläubigerschaden

Im Fall einer Verletzung ihrer Pflichten aus Abs. 1 oder 2 sind die organschaftlichen bzw. faktischen Vertreter sowie die Liquidatoren gem. § 130 a Abs. 3 HGB der Gesellschaft gegenüber verpflichtet, den aus dem begangenen Pflichtenverstoß entstandenen Schaden zu ersetzen. Obgleich die Gesellschaft entsprechend dem Wortlaut der Norm Gläubigerin des Schadensersatzanspruches ist, handelt es sich wegen dem Schutzzweck der Norm, insolvenzreife Gesellschaften mit beschränktem Haftungsfonds vom Geschäftsverkehr zum Schutze der Interessen von Gesellschaftsgläubigern fernzuhalten, der Sache nach um eine **Schadensersatzhaftung gegenüber der Gläubigergesamtheit** (vgl. BGH NJW 1974, 1088, 1089; E/B/J/*Hillmann* § 130 a Rn. 24). Es liegt ein besonders gearteter Fall der Drittschadensliquidation vor: **Anspruchsberechtigte** ist die OHG. Ersetzt wird der an ihrem Vermögen durch masseschmälernde Zahlungen oder aufgrund der Belastung mit Neuverbindlichkeiten, die in dem Zeitraum zwischen Insolvenzreife und Insolvenzantrag fallen, entstandene Schaden, dies aber mit dem Ziel, einen hieraus entstandenen Gesamtschaden der Gläubiger zu ersetzen (vgl. MüKo HGB/*K. Schmidt* § 130 a Rn. 36; E/B/J/*Hillmann* § 130 a Rn. 24). 48

Der Schadensersatzanspruch aus § 130 a HGB kann mithin nur von der Gesellschaft oder während der Dauer eines etwaigen Insolvenzverfahrens von dem Insolvenzverwalter gem. § 92 S. 1 InsO geltend gemacht werden. Der Ersatz ist in das Gesellschaftsvermögen bzw. Insolvenzmasse zur Auffüllung der Haftungsmasse zu leisten, um eine gleichmäßige Befriedigung der Gesellschaftsgläubiger zu erreichen (vgl. E/B/J/*Hillmann* § 130 a Rn. 24). Die direkte Geltendmachung von Individualansprüchen seitens der Gesellschaftsgläubiger regelt § 130 a HGB nicht (vgl. MüKo GB/*K. Schmidt* § 130 a Rn. 5, 34). 49

Ein auf der Beeinträchtigung des Gesellschaftsinteresses beruhender Anspruch der OHG – so etwa, wenn die OHG erst durch die Insolvenzverschleppung sanierungsunfähig wurde – wird ebenfalls nicht durch § 130 a Abs. 3 HGB sanktioniert, sondern unter anderem durch die Haftungstatbestände der §§ 43 Abs. 2 GmbHG, 93 Abs. 2 AktG, die drittschützende Wirkung auch für die OHG entfalten können (vgl. MüKo HGB/*K. Schmidt* § 130 a Rn. 5, 34). 50

2. Verschulden

Der Schadensersatzanspruch setzt Verschulden voraus, wobei einfache Fahrlässigkeit genügt (vgl. BGH NJW 2005, 3062, 3064; NJW 1994, 2220, 2224). 51

Der Organwalter hat seine Entscheidung darüber, ob er die Insolvenzeröffnung beantragen muss, mit der **Sorgfalt eines ordentlichen Geschäftsleiters** zu treffen. Als solcher ist er verpflichtet, die wirtschaftliche Lage des Unternehmens laufend zu beobachten (vgl. BGH NJW 1994, 2220, 2224). Bei Anzeichen einer Krise wird er sich durch Aufstellung eines Vermögensstatus bzw. einer Liquiditätsbilanz einen Überblick über den Vermögensstand bzw. der Liquiditätslage verschaffen müssen (vgl. BGH NJW 1994, 2220, 2224; Hachenburg/*Ulmer* § 64 GmbHG Rn. 52). Notfalls muss sich der Geschäftsführer bei seinen Prüfungen und Prognosen fachkundig beraten lassen (vgl. BGH NJW 1994, 2220, 2224). 52

Stellt sich dabei z. B. eine rechnerische Überschuldung heraus, dann muss er prüfen, ob sich für das Unternehmen eine positive Fortbestehensprognose ergibt (vgl. BGH NJW 1994, 2220, 2224). Gibt es begründete Anhaltspunkte, die eine solche Prognose rechtfertigen, so kann das Unterneh- 53 men weiterbetrieben werden. Hierbei ist dem Geschäftsführer ein gewisser Beurteilungsspielraum zuzubilligen (vgl. BGH NJW 1994, 2220, 2224).

54 Für die Prognose, die der Geschäftsführer anstellen muss, sobald bei einer Liquiditätsbilanz eine Unterdeckung festzustellen ist, sind die konkreten Gegebenheiten in Bezug auf den Schuldner – insbesondere dessen Außenstände, die Bonität der Drittschuldner und die Kreditwürdigkeit des Schuldners –, sowie auf die Branche und auf die Art der fälligen Schulden zu berücksichtigen (vgl. BGH NJW 2005, 3062, 3064).

3. Beweislast

55 Die Darlegungs- und Beweislast für das Vorliegen der objektiven Voraussetzungen der Insolvenzantragspflicht trifft den Ersatzberechtigten (vgl. BGH NJW 1994, 2220, 2224).

56 Steht fest, dass die Gesellschaft rechnerisch überschuldet war, so ist es allerdings Sache des Organwalters, die Umstände darzulegen, die es aus damaliger Sicht rechtfertigten, das Unternehmen trotzdem fortzuführen (vgl. BGH NJW 1994, 2220, 2224).

57 Bei der Beurteilung einer Haftung des Geschäftsführers für von ihm nach Eintritt der Zahlungsunfähigkeit vorgenommene Zahlungen ist entscheidend, ob im Zeitpunkt der Zahlung bei Anwendung der Sorgfalt eines ordentlichen Geschäftsmanns die Insolvenzreife der Gesellschaft für den Geschäftsführer nicht erkennbar ist, wobei diesen die volle Darlegungs- und Beweislast trifft (BGH NJW 2005, 3062, 3064; 2000, 668).

58 Nach § 130 a Abs. 3 S. 2 HGB wird das Verschulden des Organwalters vermutet, dieser hat sich zu entlasten (vgl. BGH NJW 2005, 3062, 3064; NJW 1994, 2220, 2224).

4. Verzicht und Vergleich

59 Da weder die Gesellschaft noch ihre Gesellschafter, sondern vielmehr die Gesellschaftsgläubiger durch die in § 130 a HGB enthaltenen Regelungen geschützt werden, stellt die gesamte Vorschrift grundsätzlich zwingendes Recht dar (vgl. GroßkommHGB/*Habersack* § 130 a Rn. 7; E/B/J/*Hillmann* § 130 a Rn. 28).

60 § 130 a Abs. 3 S. 3 HGB stellt daher klar, dass die Schadensersatzpflicht durch Vereinbarung mit den Gesellschaftern weder eingeschränkt noch ausgeschlossen werden kann. Ferner bestimmt § 130 a Abs. 3 S. 4 HGB, dass die Ersatzpflicht weder durch Beschlüsse der Gesellschafter noch durch einen Verzicht oder Vergleich der Gesellschaft aufgehoben werden kann, soweit der Ersatz zur Befriedigung der Gesellschaftsgläubiger erforderlich ist.

5. Verjährung

61 Die Ansprüche verjähren gem. § 130 a Abs. 3 S. 6 HGB in fünf Jahren.

II. Haftung gegenüber Gesellschaftsgläubigern

62 § 130 a Abs. 3 HGB regelt nicht die Haftung der Organwalter einer OHG gegenüber den Gesellschaftsgläubigern. Allerdings stellen die in § 130 a HGB normierten Insolvenztatbestände Schutzgesetze i. S. v. § 823 Abs. 2 BGB zugunsten der Gesellschaftsgläubiger dar, gleichgültig ob sie ihren Anspruch vor oder erst nach Eintritt der Insolvenzreife erworben haben (vgl. BGH NJW 1959, 623, 624; NJW 1990, 1725, 1730, dort ausdrücklich auch für § 130 a). Nicht geschützt sind allerdings Personen, die erst nach Eröffnung des Insolvenzverfahrens Gläubiger der Gesellschaft geworden sind (vgl. BGH NJW 1990, 1725, 1730). Hierzu gehört regelmäßig die Bundesagentur für Arbeit als Leistungsträger der Verpflichtung zur Zahlung von Insolvenzgeld (vgl. BGH NJW 1989, 3277).

1. Altgläubiger

Ein Altgläubiger, das ist ein Gesellschaftsgläubiger, dessen Forderung bereits vor Eintritt der Insolvenzreife entstanden ist, hat nur Anspruch auf Ersatz für die Verminderung seiner Quote an der Insolvenzmasse infolge der schuldhaft verspäteten Insolvenzantragstellung (sog. »Quotenschaden«, vgl. BGH NJW 1994, 2200, 2222). 63

Dieser Anspruch ist **subsidiär** gegenüber dem Anspruch der Gesellschaft auf Ersatz des Gesamtgläubigerschadens. Das bedeutet: Ausschließlich der Insolvenzverwalter macht während der Dauer eines Insolverfahrens gem. § 92 S. 1 InsO den Quotenschaden der Altgläubiger als Bestandteil des Gesamtgläubigerschadens geltend (vgl. BGH NJW 1998, 2667, 2668; NJW 1994, 2220, 2222). 64

Im Fall der **masselosen Insolvenz** sind die Altgläubiger berechtigt, ihren Quotenschaden nach § 823 Abs. 2 BGB, § 130 a HGB selbst gegenüber den verantwortlichen Geschäftsführern geltend zu machen (vgl. MüKo HGB/*K. Schmidt* § 130 a Rn. 45). Zumeist scheuen sich allerdings die Gläubiger angesichts der Prozessrisiken, insbesondere im Hinblick auf die schwierige Darlegungs- und Beweislage zum individuell entstandenen Quotenschaden, sowie wegen der häufig undurchsichtigen Solvenz der verantwortlichen Geschäftsführer, ihre Ersatzansprüche geltend zu machen. 65

Unter Umständen bietet sich folgende Gläubigerstrategie an (vgl. hierzu auch *K. Schmidt* GmbHR 2000, 1225, 1228 f.): In Anlehnung an ein zu § 64 Abs. 2 GmbHG ergangenes Urteil des BGH (vgl. ZIP 2000, 1896, 1897 f.) ist ein Altgläubiger aufgrund eines gegen die Gesellschaft erworbenen Titels berechtigt, den Schadensersatzanspruch der Gesellschaft gem. § 130 a HGB gegen den verantwortlichen Geschäftsführer auf Auffüllung der Haftungsmasse zu pfänden und an sich überweisen zu lassen. 66

2. Neugläubiger

Neugläubiger, also Gesellschaftsgläubiger, deren Forderungen im Zeitraum der Insolvenzverschleppung entstanden sind, haben gegen den insoweit schuldhaft pflichtwidrig handelnden Geschäftsführer einen Anspruch auf Ausgleich des vollen – nicht durch den »Quotenschaden« begrenzten – Schadens, der ihnen dadurch entsteht, dass sie in Rechtsbeziehungen zu einer überschuldeten oder zahlungsunfähigen Gesellschaft getreten sind. Der Anspruch des Neugläubigers entspricht der Höhe nach seinem **Vertrauensschaden** (vgl. BGH NJW 1994, 2220, 2224). 67

Der Ersatzanspruch kann gem. § 254 BGB durch ein »**Mitverschulden**« des Neugläubigers gemindert sein. Eine Mitverantwortung soll nach Auffassung des BGH (NJW 1994, 2220, 2224) anzunehmen sein, wenn für den Neugläubiger »bei Abschluss des Vertrages erkennbare Umstände vorlagen, die die hierdurch begründete Forderung gegen die Gesellschaft als gefährdet erscheinen lassen mussten«. Bei der Zuweisung einer Mitverantwortung des Neugläubigers sollte gleichwohl Zurückhaltung geboten sein, weil regelmäßig der verantwortliche Geschäftsführer über ein besseres, überlegenes Wissen verfügen dürfte und somit nicht schutzbedürftig erscheint. 68

Anspruchs- und klageberechtigt sind die Neugläubiger selbst (vgl. BGH NJW 1994, 2220, 2224). Hingegen ist der Verwalter im Rahmen eines Insolvenzverfahrens über das Vermögen der OHG nicht berechtigt, »einen Quoten- oder sonstigen Schaden der Neugläubiger wegen schuldhaft verspäteter Stellung des [Insolvenz]Antrags gegen den Geschäftsführer der [Gesellschaft] geltend zu machen« (vgl. BGH NJW 1998, 2667; a. A. im Hinblick auf die Geltendmachung des Quotenschadens durch den Insolvenzverwalter: MüKo HGB/*K. Schmidt* § 130 a Rn. 44). 69

3. Haftung aus Verschulden bei Vertragsverhandlungen

Ein Organwalter der OHG kann daneben einer Eigenhaftung aus §§ 311 Abs. 2, 280 Abs. 1 BGB wegen Verschuldens bei Vertragsverhandlungen unterliegen, »wenn er persönlich in besonde- 70 rem Maße das Vertrauen des Verhandlungspartners in Anspruch genommen hat. Darüber hinaus kann nach der Rechtsprechung des BGH ein Vertreter auch dann für ein Verschulden bei den Vertragsverhandlungen haften, wenn er dem Verhandlungsgegenstand besonders nahe steht, weil er wirtschaftlich selbst stark an dem Vertragsschluss interessiert ist und aus dem Geschäft eigenen Nutzen erstrebt« (vgl. BGH NJW 1994, 2220).

4. Deliktische Haftung

71 Eine Haftung aus § 823 Abs. 2 BGB i. V. m. Vermögensstraftaten (z. B. Betrug) sowie aus § 826 BGB bleibt unberührt (vgl. BGH NJW 1995, 398, 399).

III. Gesamtschuldnerische Haftung

72 Sämtliche Organwalter, die gegen die Insolvenzantragspflicht bzw. die Masseerhaltungspflicht verstoßen haben, haften gem. § 130 a Abs. 3 S. 1 HGB gesamtschuldnerisch. Wegen der deliktischen Haftung folgt dies auch aus der allgemeinen Norm des § 830 Abs. 1 S. 1 BGB. Derjenige, der nicht – auch nicht faktisch – geschäftsleitend tätig ist, gleichwohl nicht unbedeutenden Einfluss auf die Geschäftsführung ausübt, kann als Beteiligter gem. § 830 Abs. 2 BGB haftbar sein (vgl. MüKo HGB/*K. Schmidt* § 130 a Rn. 38).

§ 130 b [Strafvorschrift]

(1) Mit Freiheitsstrafe bis zu drei Jahren oder mit Geldstrafe wird bestraft, wer es entgegen § 130 a Abs. 1 oder 4 unterläßt, als organschaftlicher Vertreter oder Liquidator bei Zahlungsunfähigkeit oder Überschuldung der Gesellschaft die Eröffnung des Insolvenzverfahrens zu beantragen.

(2) Handelt der Täter fahrlässig, so ist die Strafe Freiheitsstrafe bis zu einem Jahr oder Geldstrafe.

A. Anwendungsbereich

1 Die Strafnorm gilt für die atypische OHG (und i. V. m. § 177 a S. 1 HGB auch für die atypische KG) i. S. d. § 130 a HGB (s. § 130 a HGB Rn. 3 ff.). Einer entsprechenden Anwendung des § 130 b HGB auf die (Außen-)GbR steht das verfassungsrechtliche in Art. 103 Abs. 2 GG verankerte Analogieverbot entgegen (vgl. GroßkommHGB/*Habersack* § 130 b Rn. 2).

B. Rechtsnatur

2 § 130 b HGB ist ein **abstraktes Gefährdungsdelikt** (vgl. GroßkommHGB/*Habersack* § 130 b Rn. 3; Hachenberg/*Kohlmann* § 84 Rn. 6) und berücksichtigt somit den Umstand, dass eine Insolvenzverschleppung regelmäßig zu einer Gefährdung der Gläubigerinteressen führt. Demnach ist es weder notwendig, dass das Verhalten des Täters zu einer Verletzung der Vermögensinteressen der Gläubiger geführt hat, noch ist es erforderlich, dass diese Interessen überhaupt durch das Täterverhalten konkret gefährdet worden sind.

3 Ferner stellt § 130 b HGB ein **echtes Unterlassungsdelikt** dar (vgl. BGH NJW 1960, 1677; 1980, 406, 408; a. A.: MüKo HGB/*K.Schmidt* § 130 b Rn. 3). Das strafbare Verhalten erschöpft sich im Verstoß gegen eine Gebotsnorm, hier die rechtzeitige Beantragung der Eröffnung eines Insolvenzverfahrens. Es kommt nicht auf das Verhindern eines »Erfolges«, sondern allein auf das Unterlassen des geforderten Handelns – Abgabe eines Insolvenzantrages – an.

C. Täter und Beteiligte

§ 130 b HGB stellt im Übrigen ein echtes Sonderdelikt dar, weil Täter des Straftatbestandes nur derjenige sein kann, der dem zum Handeln verpflichteten besonderen Personenkreis angehört (vgl. BGH NJW 1960, 1677, 1678). 4

Zu diesem Personenkreis zählen ausschließlich die in der Kommentierung zu § 130 a HGB unter Rn. 7 bis 13 genannten Normadressaten. Insbesondere sind auch die faktischen Organwalter (s. § 130 a HGB Rn. 12) taugliche Täter i. S. v. § 130 b HGB (vgl. BGH NJW 1984, 2958; a. A. unter Berufung auf das Analogieverbot des Art. 103 Abs. 2 GG Hachenburg/*Kohlmann* § 84 Rn. 15 f.). 5

Andere Personen können gleichwohl Beteiligte einer Straftat nach § 130 b HGB und somit wegen Anstiftung oder Beihilfe schuldig sein (vgl. BGH NJW 1966, 2225). 6

D. Vorsätzliche und fahrlässige Begehung

§ 130 b HGB stellt die Versäumung eines wegen Zahlungsunfähigkeit oder Überschuldung gem. § 130 a Abs. 1 oder 4 HGB gebotenen Antrages auf Eröffnung des Insolvenzverfahrens unter Strafe. Ein Verstoß gegen die in § 130 a Abs. 2 S. 1 HGB geregelte Masseerhaltungspflicht ist hingegen nicht unter Strafe gestellt. 7

Die vorsätzliche Begehung der Straftat wird in § 130 b Abs. 1 HGB sanktioniert. Bedingter Vorsatz genügt. § 130 b Abs. 2 HGB sanktioniert die fahrlässige Begehung. 8

Vierter Titel
Auflösung der Gesellschaft und Ausscheiden von Gesellschaftern

§ 131 [Auflösungsgründe]

(1) Die offene Handelsgesellschaft wird aufgelöst:

1. durch den Ablauf der Zeit, für welche sie eingegangen ist;
2. durch Beschluß der Gesellschafter;
3. durch die Eröffnung des Insolvenzverfahrens über das Vermögen der Gesellschaft;
4. durch gerichtliche Entscheidung.

(2) [1]Eine offene Handelsgesellschaft, bei der kein persönlich haftender Gesellschafter eine natürliche Person ist, wird ferner aufgelöst:

1. mit der Rechtskraft des Beschlusses, durch den die Eröffnung des Insolvenzverfahrens mangels Masse abgelehnt worden ist;
2. durch die Löschung wegen Vermögenslosigkeit nach § 141 a des Gesetzes über die Angelegenheiten der freiwilligen Gerichtsbarkeit.

[2]Dies gilt nicht, wenn zu den persönlich haftenden Gesellschaftern eine andere offene Handelsgesellschaft oder Kommanditgesellschaft gehört, bei der ein persönlich haftender Gesellschafter eine natürliche Person ist.

(3) [1]Folgende Gründe führen mangels abweichender vertraglicher Bestimmung zum Ausscheiden eines Gesellschafters:

1. Tod des Gesellschafters,
2. Eröffnung des Insolvenzverfahrens über das Vermögen des Gesellschafters,
3. Kündigung des Gesellschafters,
4. Kündigung durch den Privatgläubiger des Gesellschafters,
5. Eintritt von weiteren im Gesellschaftsvertrag vorgesehenen Fällen,
6. Beschluß der Gesellschafter

[2]Der Gesellschafter scheidet mit dem Eintritt des ihn betreffenden Ereignisses aus, im Falle der Kündigung aber nicht vor Ablauf der Kündigungsfrist.

Übersicht:

A. Einführung

I. Handelsrechtsreform und Überblick

1 Die Vorschrift des § 131 HGB hat durch das HRefG vom 22. 6. 1998 eine grundlegende Änderung erfahren. Während bis zur Umsetzung des HRefG der Eintritt bestimmter gesellschafterbezogener Gründe, nämlich sein Tod, die Eröffnung des Insolvenzverfahrens über sein Vermögen und die von ihm oder seinem Privatgläubiger erklärte Kündigung, zu einer Auflösung der Gesellschaft führten, lassen diese Umstände nunmehr gem. § 131 Abs. 3 HGB den Fortbestand der Gesellschaft unberührt und bewirken ein Ausscheiden des betroffenen Gesellschafters.

2 Da die frühere Regelung wegen der mit einer Auflösung verbundenen Zerschlagung von Vermögenswerten nicht den wirtschaftlichen Interessen von Gesellschaftern sowie Gläubigern entsprach, hatten die Gesellschafter einer OHG regelmäßig in ihrem Gesellschaftsvertrag den Inhalt des alten § 131 HGB durch eine sog. **Fortsetzungsklausel** abgeändert. Die Fortsetzungsklausel, die eigentlich die Bezeichnung als »Ausscheidensklausel« oder »Ausschließungsklausel« verdiente, bewirkte regelmäßig zumindest annähernd die Rechtslage, die nunmehr gesetzlich normiert ist.

3 Anschaulich formuliert hat eine Ablösung der Regel »Auflösung der Gesellschaft bei Ausscheidens eines ihrer Gesellschafters« durch den Grundsatz »Fortführung der Gesellschaft unter Ausscheiden eines Gesellschafters« stattgefunden. Der Gesetzgeber hatte erkannt, dass nach heutigem Verständnis die Personenkontinuität klar hinter die Unternehmenskontinuität zurücktritt, und die wirtschaftlichen Interessen von Gesellschaftern und Gesellschaftsgläubigern ebenso wie die Interessen der Arbeitnehmer an dem Erhalt ihres Tätigkeitsbereichs besonderen Schutz verdienen.

4 In dem nunmehr geltenden § 131 Abs. 3 HGB sind neben den vorgenannten Gründen weitere Gründe für das Ausscheiden eines Gesellschafters genannt. Die in Abs. 3 enthaltenen Gründe sind nicht abschließend (vgl. BT-Drs. 13/8444, 66; GroßkommHGB/*Schäfer* § 131 Rn. 1; MüKo HGB/*K. Schmidt* § 131 Rn. 56).

5 § 131 wird durch die §§ 132 bis 144 HGB ergänzt.

II. Übergangsregelung

Gem. Art. 41 S. 1 EGHGB ist das alte, bis zum 30. 6. 1998 geltende und seinerzeit in §§ 131 bis 142 und 177 HGB normierte Recht mangels anderweitiger vertraglicher Bestimmung weiter anzuwenden, sofern ein Gesellschafter bis zum 31. 12. 2001 die Anwendung der alten Vorschrift gegenüber der Gesellschaft schriftlich verlangt hat, bevor ein Auflösungs- oder Ausscheidensgrund eingetreten ist. Allerdings kann bzw. konnte sein Verlangen gem. Art. 41 S. 2 EGHGB durch einen Gesellschafterbeschluss zurückgewiesen werden. 6

B. Die Auflösung der Gesellschaft, Abs. 1 und 2

Die Auflösung einer Personenhandelsgesellschaft ist in den Abs. 1 und 2 geregelt. 7

I. Grundbegriffe

Begrifflich sind die **Auflösung** der Gesellschaft, ihre **Abwicklung (Liquidation)** sowie ihre **Vollbeendigung** zu unterscheiden. 8

1. Auflösung

Die Auflösung einer Gesellschaft wegen eines gesetzlich oder gesellschaftsvertraglich vorgesehenen Auflösungsgrundes bewirkt eine Änderung des bisher auf eine werbende Tätigkeit gerichteten Gesellschaftszwecks in einen **Abwicklungszweck** (vgl. Baumbach/Hopt/*Hopt* § 131 Rn. 2; E/B/J/*Lorz* § 131 Rn. 10). Die ehemals werbend tätige Gesellschaft wird in ein Liquidationsstadium überführt. 9

2. Liquidation

Die Liquidation ist die **Auseinandersetzung unter den Gesellschaftern**, die sich als gesetzliche Regelfolge gem. §§ 145 ff. HGB, §§ 730 ff. BGB an die Auflösung anschließt, falls nicht eine andere Art der Auseinandersetzung von den Gesellschaftern vereinbart oder über das Vermögen der Gesellschaft das Insolvenzverfahren eröffnet worden ist (vgl. Baumbach/Hopt/*Hopt* § 131 Rn. 2; E/B/J/*Lorz* § 131 Rn. 10). 10

3. Vollbeendigung

Das Ende der Abwicklung bewirkt die Vollbeendigung und somit das Ende der Gesellschaft. Nach der Vollbeendigung ist keine Fortsetzung der Gesellschaft mehr möglich (vgl. Baumbach/Hopt/*Hopt* § 131 Rn. 2). 11

II. Auflösungsgründe

In Abs. 1 sind die für sämtliche Typen einer und in Abs. 2 die für eine Personenhandelsgesellschaft, in der keine natürliche Person unbeschränkt haftet, geltenden – **nicht abdingbaren** – Auflösungsgründe genannt. Die Sonderbestimmungen in Abs. 2 dienen dem Schutz der Gläubiger vor masselosen Gesellschaften (vgl. MüKo HGB/*K. Schmidt* § 131 Rn. 30). Die in Abs. 2 geregelten Sonderbestimmungen gelten indes nicht in der mehrstöckigen Gesellschaft, in der letztlich doch eine natürliche Person persönlich und unbeschränkt haftet (vgl. Baumbach/Hopt/*Hopt* § 131 Rn. 3). 12

Nach h. M. (vgl. BGHZ 75, 178, 179; Baumbach/Hopt/*Hopt* § 131 Rn. 6; differenzierend: MüKo HGB/*K. Schmidt* § 131 Rn. 9) sind die in § 131 HGB sowie die in spezialgesetzlichen Regelungen, z. B. § 38 Abs. 1 KWG, genannten Auflösungsgründe **abschließend**. 13

1. Zeitablauf, Abs. 1 Nr. 1

Ist eine Gesellschaft nur für eine bestimmte Zeit eingegangen, so ist mit deren Ablauf die Gesellschaft automatisch aufgelöst. Die Zeitbestimmung kann an einen kalendermäßig zu bestimmenden Termin oder an ein bestimmtes Ereignis (z. B. Erschöpfung einer Ölquelle, Verkauf einer be- 14 stimmten Sache) anknüpfen, dessen Eintritt zwar gewiss ist, aber zeitlich noch nicht feststeht (vgl. RGZ 95, 147, 149; E/B/J/*Lorz* § 131 Rn. 14; MüKo HGB/*K. Schmidt* § 131 Rn. 12).

2. Auflösungsbeschluss, Abs. 1 Nr. 2

15 Abs. 1 Nr. 2 besagt Selbstverständliches. Da die Gesellschafter nach ihrem freien Willen eine Gesellschaft errichten können, muss es ihnen unbenommen bleiben, diese wieder auflösen zu können.

16 Soweit nicht abweichend im Gesellschaftsvertrag geregelt, bedarf der Auflösungsbeschluss einer **einstimmigen Entscheidung** der Gesellschafter (vgl. OLG Hamm DB 1989, 815; E/B/J/*Lorz* § 131 Rn. 15; Baumbach/Hopt/*Hopt* § 131 Rn. 12). Da die Auflösung der Gesellschaft in den Kernbereich der Mitgliedschaft eingreift, ist eine mit geringerer Mehrheit beschlossene Auflösung nur dann wirksam, wenn die Zulässigkeit des geringeren Mehrheitserfordernisses auch hinreichend konkret bezogen auf die Auflösung im Gesellschaftsvertrag geregelt worden ist (vgl. OLG Hamm DB 1989, 815). Ferner kann die im Wege der Beschlussfassung eintretende Auflösung der Gesellschaft nicht von der Zustimmung eines Dritten abhängig gemacht werden (vgl. MüKo HGB/*K. Schmidt* § 131 Rn. 15).

17 Der Auflösungsbeschluss bedarf grundsätzlich **keiner Form** und kann auch stillschweigend erfolgen (vgl. Baumbach/Hopt/*Hopt* § 131 Rn. 12; MüKo HGB/*K. Schmidt* § 131 Rn. 18 f.). Formerfordernisse sind indes dann zu beachten, wenn im Rahmen des Auflösungsbeschlusses von Gesetz und Gesellschaftsvertrag abweichende Verpflichtungen im Hinblick auf gesellschaftseigene Grundstücke oder GmbH-Anteile wirksam begründet werden sollen (vgl. MüKo HGB/*K. Schmidt* § 131 Rn. 18).

18 Die **Zustimmung des Ehepartners** eines Gesellschafters ist erforderlich, wenn die Eheleute im gesetzlichen Güterstand der Zugewinngemeinschaft leben und der Gesellschaftsanteil das gesamte Vermögen i. S. v. § 1365 Abs. 1 BGB des Gesellschafters darstellt (vgl. MüKo HGB/*K. Schmidt* § 131 Rn. 18; E/B/J/*Lorz* § 131 Rn. 17).

19 Aus der Treuepflicht des Gesellschafters kann im Einzelfall die **Verpflichtung** abgeleitet werden, dass der Gesellschafter einer Auflösung der Gesellschaft zuzustimmen hat (vgl. BGH NJW 1960, 434; MüKo HGB/*K. Schmidt* § 131 Rn. 20; Baumbach/Hopt/*Hopt* § 131 Rn. 12), z. B., wenn die wirtschaftliche Lage der Gesellschaft unhaltbar und daher die Aufgabe des Geschäftsbetriebes notwendig geworden ist (vgl. BGH NJW 1960, 434; E/B/J/*Lorz* § 131 Rn. 16). Gleichwohl bedeutet dies nicht, dass in einem solchen Falle die Zustimmung eines Gesellschafters zur Auflösung fingiert werden kann (vgl. MüKo HGB/*K. Schmidt* § 131 Rn. 20; E/B/J/*Lorz* § 131 Rn. 16), zumal das Gesetz in § 133 HGB den übrigen Gesellschaftern das Mittel der Auflösungsklage zur Verfügung stellt.

3. Eröffnung des Insolvenzverfahrens über das Vermögen der Gesellschaft, Abs. 1 Nr. 3

20 Mit dem Erlass des Eröffnungsbeschlusses gem. § 27 InsO ist die Gesellschaft aufgelöst (vgl. MüKo HGB/*K. Schmidt* § 131 Rn. 23). Anstelle der Durchführung einer Liquidation nach den §§ 145 ff. HGB tritt dann das Insolvenzverfahren. **Auflösende Bedingung** einer Auflösung nach Abs. 1 Nr. 3 ist die aufgrund einer Beschwerde erfolgte Aufhebung des Eröffnungsbeschlusses (vgl. Baumbach/Hopt/*Hopt* § 131 Rn. 13). Nicht aufgelöst wird die Gesellschaft durch die Beantragung der Eröffnung eines Insolvenzverfahrens, der Anordnung von Sicherheitsmaßnahmen sowie der Bestellung eines vorläufigen Insolvenzverwalters (vgl. Baumbach/Hopt/*Hopt* § 131 Rn. 13).

21 Die Regelung in Abs. 1 Nr. 3 ist **zwingend** und kann durch den Gesellschaftsvertrag nicht abbedungen werden (vgl. MüKo HGB/*K. Schmidt* § 131 Rn. 25).

4. Gerichtliche Entscheidung, Abs. 1 Nr. 4

Durch entsprechende, rechtskräftige gerichtliche Entscheidung wird die Gesellschaft aufgelöst. Die Regelung in Abs. 1 Nr. 4 ist **zwingendes Recht**. 22

5. Ablehnung der Eröffnung eines Insolvenzverfahrens mangels Masse, Abs. 2 Nr. 1

Mit Rechtskraft eines nach § 26 InsO erlassenen Beschlusses betreffend die Ablehnung der Eröffnung eines Insolvenzverfahrens über das Vermögen der Gesellschaft mangels Masse ist die masselose Gesellschaft aufgelöst (vgl. Baumbach/Hopt/*Hopt* § 131 Rn. 15). 23

Eine analoge Anwendung der Vorschrift von Abs. 2 Nr. 1 auf die unternehmenstragende GbR, deren Mitglieder keine natürliche Personen sind, dürfte spätestens mit der Anerkennung der Insolvenzrechtsfähigkeit der GbR nach § 11 Abs. 2 Nr. 1 InsO sachgerecht sein (befürwortend: MüKo HGB/*K. Schmidt* § 131 Rn. 31). 24

6. Löschung wegen Vermögenslosigkeit, Abs. 2 Nr. 2

Eine Handelsgesellschaft ohne natürliche Person als Gesellschafter wird zum Schutze des Rechtsverkehrs aufgelöst durch Löschung wegen Vermögenslosigkeit nach § 141 FGG. 25

Vermögenslosigkeit liegt vor, wenn keine Aktiva mehr vorhanden sind, die ein ordentlicher Kaufmann in seine Bilanz einsetzen kann; die Gesellschaft ist vermögenslos, wenn sie nicht mehr über Vermögenswerte verfügt, die für eine Gläubigerbefriedigung oder eine Verteilung unter die Gesellschafter in Betracht kommen (vgl. BayObLG GmbHR 1995, 530, 531). 26

7. Ausscheiden des letzten Komplementärs einer KG

Das Ausscheiden des letzten Komplementärs aus einer KG hat ihre Auflösung zur Folge (vgl. BGHZ 8, 35, 37 f.; BGH NJW 1952, 875). 27

III. Rechtsfolgen einer Auflösung der Gesellschaft

Durch die Auflösung wird die einst werbend tätige Gesellschaft in eine **Liquidationsgesellschaft** umgewandelt, deren Zweck die Auseinandersetzung unter den Gesellschaftern bis zur Herbeiführung der Vollbeendigung ist. 28

Grundsätzlich kann die in Liquidation befindliche Gesellschaft durch ausdrücklichen oder konkludenten Beschluss ihrer Gesellschafter (**Fortsetzungsbeschluss**) wieder zurück in eine werbende Gesellschaft umgewandelt werden (vgl. BGH NJW 1995, 196; NJW 1953, 102). Allerdings setzt die Fortsetzung der Gesellschaft voraus, dass der materielle Auflösungstatbestand beseitigt wird; dies ist bei dem Auflösungsgrund der Eröffnung eines Insolvenzeröffnungsverfahrens über das Vermögen der Gesellschaft gem. Abs. 1 Nr. 3 von praktischer Relevanz (vgl. BGH NJW 1995, 196; E/B/J/*Lorz* § 131 Rn. 33). 29

Der Fortsetzungsbeschluss ist grundsätzlich **einstimmig** zu fassen. Der Gesellschaftsvertrag kann zwar eine Mehrheitsentscheidung bezüglich der Fortsetzung zulassen, wegen des mit der Fortsetzung einhergehenden Eingriffs in den Kernbereich der Mitgliedschaft der Gesellschafter ist allerdings eine hinreichend konkrete Satzungsregelung unter Bezugnahme auf eine Fortsetzungsentscheidung erforderlich (vgl. BGH NJW 1953, 102, 103). Ein Mehrheitsbeschluss zur Fortsetzung kann indes nicht das unentziehbare Auflösungsrecht gem. § 133 HGB obsolet machen (vgl. E/B/J/*Lorz* § 131 Rn. 36). 30

Nach ihrer Vollbeendigung kann die Gesellschaft **nicht wiederhergestellt** werden (vgl. Baumbach/Hopt/*Hopt* § 131 Rn. 33). Den ehemaligen Gesellschafter bleibt es jedoch unbenommen, eine neue Gesellschaft zu gründen. 31

C. Das Ausscheiden eines Gesellschafters, Abs. 3

32 Die in Abs. 3 normierten Regelungen gelten für die OHG und i. V. m. § 161 Abs. 2 HGB auch für die KG. Für den Tod eines Kommanditisten gilt jedoch die Sonderregelung in § 177 HGB. Eine analoge Anwendung auf die GbR scheidet wegen der Spezialregelungen der §§ 727, 728 Abs. 2 BGB aus.

I. Ausscheidensgründe

1. Tod eines Gesellschafters

33 Mit seinem Tode scheidet der Gesellschafter aus der Gesellschaft aus, wenn der Gesellschaftsvertrag keine Nachfolgeklausel dergestalt enthält, dass die Erben – nicht die Erbengemeinschaft (vgl. BGH NJW 1984, 2104, 2105) – des Gesellschafters unmittelbar in seine Gesellschafterstellung einrücken. Fehlt eine solche **Nachfolgeklausel** wächst der Anteil des verstorbenen Gesellschafters den übrigen Gesellschaftern zu. Die Erben bzw. die Erbengemeinschaft erhalten sodann den Anspruch auf das Abfindungsguthaben des verstorbenen Gesellschafters (vgl. E/B/J/*Lorz* § 131 Rn. 42). Die Bedienung des Abfindungsguthabens kann für die Gesellschaft wirtschaftlich einschneidende Folgen haben, falls der Gesellschaftsvertrag keine Abhilfe schaffenden Sonderregelungen zur Auszahlung der Abfindung enthält.

34 Der Tod des vorletzten Gesellschafters bewirkt das liquidationslose Erlöschen der Gesellschaft verbunden mit dem Übergang sämtlicher Aktiva und Passiva im Wege der Gesamtrechtsnachfolge auf den allein verbleibenden Gesellschafter (vgl. BT-Drs. 13/8444, 66; BGHZ 65, 79, 82 f.; 113, 132, 133). Sofern die Gesellschafter diese Rechtsfolge vermeiden wollen, sind sie gehalten, durch entsprechende Gestaltung im Gesellschaftsvertrag Vorbeuge zu treffen.

35 Im Falle der **Vollbeendigung** einer Gesellschafter-Gesellschaft ist Abs. 3 Nr. 1 analog anwendbar (vgl. BT-Drs. 13/8444, 66; BGH NJW 1980, 233, 234; OLG Hamburg NJW 1987, 1896, 1897; Baumbach/Hopt/*Hopt* § 131 Rn. 20; a. A. MüKo HGB/*K. Schmidt* § 131 Rn. 68, danach soll die Analogie nicht erst bei der Vollbeendigung, sondern in der Regel schon ab dem Zeitpunkt gelten, an dem die Auflösung der Gesellschafter-Gesellschaft unumkehrbar geworden ist).

2. Eröffnung des Insolvenzverfahrens über das Vermögen eines Gesellschafters

36 Die Eröffnung des Insolvenzverfahrens über das Vermögen eines Gesellschafters bewirkt mangels abweichender Bestimmungen im Gesellschaftsvertrag mit Rechtskraft des Eröffnungsbeschlusses nach § 27 InsO das Ausscheiden des von der Insolvenz betroffenen Gesellschafters.

37 Eine analoge Anwendung dieser Vorschrift auf die Eröffnung eines **Nachlassinsolvenzverfahrens** lehnt die h. M. (vgl. BGHZ 91, 132, 138 zu § 131 HGB a. F.; E/B/J/*Lorz* § 131 Rn. 47; a. A.: MüKo HGB/*K. Schmidt* § 131 Rn. 73; Baumbach/Hopt/*Hopt* § 131 Rn. 22, der allerdings im Einzelfall letztlich zu gleichen Folgen gelangt) zu Recht ab, um dem Gesellschafter-Erben die Möglichkeit zu belassen, durch Zahlung aus seinem Privatvermögen den Auseinandersetzungsanspruch aus der Nachlassinsolvenzmasse auszulösen (vgl. BGHZ 91, 132, 138 zu § 131 HGB a. F.).

38 Eine analoge Anwendung des Abs. 3 Nr. 2 scheidet ferner nach h. M. (vgl. BGHZ 75, 178, 181; 96, 151, 154; Baumbach/Hopt/*Hopt* § 131 Rn. 22; E/B/J/*Lorz* § 131 Rn. 48, a. A. MüKo HGB/*K. Schmidt* § 131 Rn. 74) aus, wenn die Eröffnung über das Vermögen eines Gesellschafters mangels Masse abgewiesen wird. Die h. M. ist in Anbetracht des Normzwecks von Abs. 3 Nr. 2 zutreffend. Den übrigen Gesellschaftern soll nämlich nicht zugemutet werden, mit einem Insolvenzverwalter das Gesellschaftsverhältnis fortzusetzen (vgl. BGHZ 75, 178, 181). Im Falle der Abweisung eines Insolvenzantrages mangels Masse besteht diese Befürchtung indes nicht.

3. Kündigung eines Gesellschafters

Sofern im Gesellschaftsvertrag nichts anderes bestimmt ist, scheidet der Gesellschafter im Falle der ordentlichen Kündigung mit dem Ablauf der Kündigungsfrist und im Falle der außerordentlichen Kündigung mit dem Zugang der Kündigungserklärung aus der Gesellschaft aus. 39

4. Kündigung durch den Privatgläubiger des Gesellschafters, § 135 HGB

Die zwingende Vorschrift des § 135 HGB verhilft dem Privatgläubiger eines Gesellschafters, 40 durch Kündigung auf den Kapitalwert des Anteils des betroffenen Gesellschafters zugreifen zu können. Die Kündigung hat das Ausscheiden des betroffenen Gesellschafters zum in § 135 HGB bestimmten Zeitpunkt zur Folge. Sollte in einer Zweipersonengesellschaft der andere Gesellschafter den Übergang des Gesellschaftsvermögens auf ihn vermeiden wollen, sollte er aufschiebend bedingt auf den Zeitpunkt des Ausscheidens des von der Kündigung betroffenen Gesellschafters einen neuen Gesellschafter, z. B. eine GmbH ohne Kapitalanteil, in die Gesellschaft aufnehmen (vgl. MüKo HGB/*K. Schmidt* § 131 Rn. 84).

5. Im Gesellschaftsvertrag geregelte Ausscheidensgründe

Den Gesellschaftern bleibt es unbenommen, im Gesellschaftsvertrag weitere Ausscheidens- 41 gründe zu festzulegen. Solche Regelungen sind wirksam, wenn sie hinreichend bestimmt sind und nicht gegen § 134 BGB (Verbotsgesetz), § 138 BGB (Sittenwidrigkeit) bzw. verfassungsrechtlich gebotene Grenzen verstoßen (vgl. MüKo HGB/*K. Schmidt* § 131 Rn. 86). Als weitere Ausscheidensgründe kommen in Betracht z. B. Arbeitsunfähigkeit, Entzug der Berufszulassung, Heirat ohne Vereinbarung einer Gütertrennung, Scheidung eines eingeheirateten Familiengesellschafters (vgl. Baumbach/Hopt/*Hopt* § 131 Rn. 25; MüKo HGB/*K. Schmidt* § 131 Rn. 86).

6. Beschluss der Gesellschafter

Mangels abweichender Bestimmungen im Gesellschaftsvertrag bedarf es eines **einstimmigen** 42 **Beschlusses**, so dass eine Ausschließung eines Gesellschafters gegen seinen Willen, so wie in § 140 HGB mit der Ausschlussklage vorgesehen, nicht möglich ist (vgl. BT-Drs. 13/8444, 65; E/B/J/*Lorz* § 131 Rn. 54).

Eine im Gesellschaftsvertrag festgelegte Ermächtigung zur Ausschließung eines Gesellschafters 43 hat den Anforderungen des Bestimmtheitsgrundsatzes, insbesondere im Hinblick auf die eine Ausschließung rechtfertigenden wichtigen Gründe, zu genügen, da der Ausschluss in den Kernbereich der Mitgliedschaft eingreift (vgl. BGH NJW 1952, 102, 103 und OLG Hamm DB 1989, 815 zur Auflösung der Gesellschaft; MüKo HGB/*K. Schmidt* § 131 Rn. 89).

II. Die Rechtsfolgen des Ausscheidens

Die Rechtsfolgen des Ausscheidens eines Gesellschafters aus der weiter fortbestehenden Perso- 44 nenhandelsgesellschaft richten sich über die Verweisungsnorm § 105 Abs. 3 HGB nach den **§§ 738 bis 740 BGB**. Bei diesen handelt es sich mit Ausnahme des Anwachsungsprinzips um **dispositives Recht** (vgl. Baumbach/Hopt/*Hopt* § 131 Rn. 38; E/B/J/*Lorz* § 131 Rn. 55).

1. Anwachsung

Scheidet ein Gesellschafter aus der Gesellschaft aus, so wächst sein Anteil am Gesellschaftsver- 45 mögen – automatisch mit seinem Ausscheiden und nicht erst mit dem Erhalt seiner Abfindung (vgl. E/B/J/*Lorz* § 131 Rn. 56) – **den übrigen Gesellschaftern** gem. § 738 Abs. 1 BGB zu. Da das Gesellschaftsvermögen nicht den Gesellschaftern, sondern der Gesellschaft gem. § 124 HGB gehört (str.; vgl. MüKo HGB/*K. Schmidt* § 131 Rn. 103), ändert sich am Bestand des Gesellschaftsvermögens nichts. Vielmehr ändern sich nur die Beteiligungsquoten der verbleibenden Gesellschafter entsprechend dem Verhältnis ihrer festen Kapitalanteile (vgl. MüKo HGB/*K. Schmidt* § 131 Rn. 103).

2. Rückgabe von Gegenständen

46 Die Gesellschaft ist nach §§ 738 Abs. 1 S. 2, 732 BGB verpflichtet, die vom ausgeschiedenen Gesellschafter der Gesellschaft zur Nutzung überlassenen Gegenstände zurückzugeben. Für einen durch Zufall untergegangenen oder verschlechterten Gegenstand kann der ausgeschiedene Gesellschafter gem. § 738 S. 2 BGB keinen Ersatz verlangen. Eine Verschlechterung des Gegenstandes aufgrund bestimmungsgemäßen Gebrauchs gilt als zufällige Verschlechterung i. S. v. § 732 S. 2 BGB (vgl. MüKo BGB/*Ulmer* § 732 Rn. 5). Die Gesellschaft hat jedoch schon dann ein – vorübergehendes – **Zurückbehaltungsrecht**, wenn nur eine hohe Wahrscheinlichkeit für einen von ihr behaupteten Ausgleichsanspruch gegen den Ausgeschiedenen nach § 739 BGB spricht und sie lediglich noch Zeit zu dessen genauer Feststellung durch die Abschichtungsbilanz benötigt (vgl. BGH NJW 1981, 2802). Soweit die Gesellschaft, nicht indes der Gesellschafter, den zur Nutzung überlassenen Gegenstand weiter benötigt, kann der Gesellschafter aufgrund seiner Treuepflicht verpflichtet sein, der Gesellschaft den Gegenstand entgeltlich weiter zur Verfügung zu stellen oder zu übertragen (vgl. MüKo HGB/*K. Schmidt* § 131 Rn. 107). Bei zu Eigentum eingebrachten Sachen ist deren Wert in Geld gem. § 733 Abs. 2 S. 2 BGB zu ersetzen, den diese zur Zeit der Einbringung gehabt haben.

3. Schuldbefreiung

47 Die Haftung des Gesellschafters einer OHG gem. § 128 S. 1 HGB wirkt auch nach seinem Ausscheiden für Altverbindlichkeiten fort (vgl. BGH NJW 1987, 2367, 2369; NJW 1986, 1690), solange ihm keine Enthaftung gem. § 160 Abs. 1 zugute kommt. Altverbindlichkeiten sind grundsätzlich solche Schulden der OHG, deren Rechtsgrund vor dem Ausscheiden des Gesellschafters begründet worden sind (vgl. BGH NJW 1986, 1690).

48 Daher hat der Ausgeschiedene analog § 732 Abs. 1 S. 2 BGB einen Anspruch gegen die Gesellschaft und wegen § 128 S. 1 HGB gegen die verbliebenen Gesellschafter (vgl. zum Schuldner des Befreiungsanspruchs MüKo HGB/*K. Schmidt* § 131 Rn. 109), ihn von den gemeinsamen Altschulden zu befreien, zumal das Abfindungsguthaben des Ausgeschiedenen aufgrund der Altverbindlichkeiten geschmälert ist (vgl. BGHZ 23, 17, 28).

49 Soweit der Ausgeschiedene aus seinem Privatvermögen einem Gläubiger Sicherheiten für Gesellschaftsschulden gestellt hat, hat er in entsprechender Anwendung von § 732 Abs. 1 S. 2 BGB gegen die Gesellschaft einen Anspruch auf Ablösung der Sicherheiten (vgl. BGH NJW 1974, 899). Der Gesellschaft steht allerdings ein Zurückbehaltungsrecht gem. § 273 BGB zu, wenn der Gesellschafter infolge seines Ausscheidens Verlustausgleich schuldet (vgl. BGH NJW 1974, 899, 900).

4. Beteiligung an schwebenden Geschäften

50 Gem. § 740 Abs. 1 BGB nimmt der ausgeschiedene Gesellschafter an dem **Gewinn und Verlust** teil, welcher sich aus den zur Zeit seines Ausscheidens schwebenden Geschäften ergibt.

a) Allgemeines

51 Die veraltete Bestimmung des § 740 Abs. 1 BGB erklärt sich daraus, dass der Gesetzgeber des BGB noch nicht von einer Abfindung nach dem Ertragswert des Unternehmens entsprechend der Beteiligungsquote des ausgeschiedenen Gesellschafters ausging, sondern sicherstellen wollte, dass die Geschäfte, die den ausgeschiedenen Gesellschafter noch betreffen, neben dem bloßen Substanzwert des Unternehmens mit abgegolten werden (vgl. MüKo HGB/*K. Schmidt* § 131 Rn. 115). Vorrang gegenüber § 740 Abs. 1 BGB hat indes eine im Gesellschaftsvertrag geregelte Abfindungsklausel oder eine den Ertragswert berücksichtigende Abfindung (vgl. MüKo HGB/*K. Schmidt* § 131 Rn. 115). Vgl. zu § 740 BGB auch Kap. 2 §§ 738-740 Rn. 11 ff.

b) Begriff des schwebenden Geschäfts

Schwebende Geschäfte i. S. d. § 740 BGB sind **unternehmensbezogene Rechtsgeschäfte**, an die im Zeitpunkt des Ausscheidens des Gesellschafters die Gesellschaft schon gebunden war, die aber beide Vertragspartner bis dahin noch nicht voll erfüllt hatten (vgl. BGH NJW 1993, 1194; WM 1986, 709, 710; NJW-RR 1986, 1160). Hierzu gehören insbesondere die vor dem Ausscheiden des Gesellschafters abgeschlossenen, aber noch nicht vollständig ausgeführten Leistungsverträge (vgl. BGH NJW 1993, 1194; Baumbach/Hopt/*Hopt* § 131 Rn. 46). 52

Allerdings sind Geschäfte nur dann als **schwebend** anzusehen, die ihrer Art nach bereits am Abfindungstage Zug um Zug hätten abgewickelt sein können und nur nach konkreter Lage der Dinge noch nicht abgewickelt waren; Dauerschuldverhältnisse, die ihrer Art nach schweben, rechnen regelmäßig nicht dazu (vgl. BGH NJW-RR 1986, 1160, 1160 f.; NJW-RR 1986, 454, 455; Röhricht/v. Westphalen/*v. Gerkan* § 131 Rn. 45). So sind z. B. Kiesausbeutungsverträge mit jahrelanger Laufzeit keine schwebenden Geschäfte (vgl. BGH NJW-RR 1986, 454, 455). 53

c) Rechenschaft, Auskunft und Auszahlung

Nach § 740 Abs. 2 BGB kann der Ausgeschiedene am Schluss eines jeden Geschäftsjahres Rechenschaft über die inzwischen beendigten Geschäfte, Auszahlung des ihm gebührenden Betrags und Auskunft über den Stand der noch schwebenden Geschäfte verlangen. 54

5. Abfindung

Gem. § 738 Abs. 1 S. 2 BGB ist die Gesellschaft verpflichtet, dem Ausscheidenden dasjenige zu zahlen, was er bei einer Auseinandersetzung erhalten würde, wenn die Gesellschaft zum Zeitpunkt des Ausscheidens aufgelöst worden wäre. Zur Abfindung, insbesondere zu ihrer Berechnung, s. i. E. Rn. 57 ff. 55

6. Nachschusspflicht

Reicht der Wert des Gesellschaftsvermögens zur Deckung der gemeinschaftlichen Schulden und der Einlagen nicht aus, so hat der Ausgeschiedene gem. § 739 BGB der Gesellschaft für den Fehlbetrag nach dem Verhältnis seines Anteils am Verlust aufzukommen. 56

III. Die Abfindung des ausscheidenden Gesellschafters

Der Ausscheidende soll nach § 738 Abs. 1 S. 2 BGB dasjenige in Geld erhalten, was er bei einer Auseinandersetzung im Falle einer Auflösung zum Zeitpunkt seines Ausscheidens erhalten hätte. Vgl. hierzu auch Kap. 2 §§ 738-740 Rn. 5 ff. 57

1. Grundlagen

Einem **Gesellschafter ohne Kapitalbeteiligung** steht jedoch kein Abfindungsanspruch zu (vgl. MüKo HGB/*K. Schmidt* § 131 Rn. 127). Ungeachtet des missverständlichen, auf dem veralteten Gesamthandsmodell formulierten Wortlauts des § 738 Abs. 1 S. 2 BGB ist Anspruchsgegner die Gesellschaft (vgl. BGH WM 1972, 1399, 1400). Die Gesellschafter haften für die Gesellschaftsschuld gleichwohl nach § 128 S. 1 HGB (vgl. BGH WM 1971, 1451, 1452). 58

Der Abfindungsanspruch des Gesellschafters entsteht mit dem **Zeitpunkt seines Ausscheidens** (vgl. BGHZ 88, 205, 207). Nach früher h. M. (vgl. RGZ 118, 295, 299; BGH WM 1980, 212, 213; OLG Köln NJW-RR 1997, 160, 161) wird der Abfindungsanspruch erst mit der Fertigstellung einer Abschichtungsbilanz fällig. Eine a. A. (vgl. E/B/J/*Lorz* § 131 Rn. 66) stellt auf den Zeitpunkt des Ausscheidens ab, um dem Ausgeschiedenen die Möglichkeit zu geben, die Gesellschaft in Verzug zu setzen und baldmöglichst Zinsen verlangen zu können. Sachgerecht dürfte indes eine vermittelnde Ansicht (vgl. Röhricht/v. Westphalen/*v. Gerkan* § 131 Rn. 33; MüKo HGB/*K. Schmidt* § 131 Rn. 129; Baumbach/Hopt/*Hopt* § 131 Rn. 54) sein, die für den Zeitpunkt der Fälligkeit auf die Möglichkeit der Berechenbarkeit abstellt. So hat auch der BGH mittlerweile in Auflösungsfällen 59 entschieden (vgl. BGH NJW 1992, 2757, 2758; NJW-RR 1988,1379), dass von dem Grundsatz, Ansprüche könnten nur noch im Rahmen einer abschließenden Auseinandersetzungsrechnung berücksichtigt werden; eine Ausnahme gilt, wenn schon vor der Beendigung der Auseinandersetzung mit Sicherheit feststeht, dass ein Gesellschafter jedenfalls einen bestimmten Betrag verlangen kann. Diese Ausnahme gilt auch im Falle des einseitigen Ausscheidens eines Gesellschafters (vgl. BGH NJW 1999, 3557 für eine GbR).

2. Gesamtabrechnung

60 Da der Abfindungsanspruch des Ausgeschiedenen das Ergebnis einer zwischen ihm und der Gesellschaft stattfindenden Gesamtabrechnung ist, können die der Abfindung zugrunde liegenden Einzelansprüche **nicht selbstständig** geltend gemacht werden (vgl. BGH NJW 1999, 3557; NJW-RR 1992, 543, 544). Einzelne Posten können allerdings Gegenstand einer Feststellungsklage sein (vgl. BGHZ 26, 25, 30).

3. Die Auseinandersetzungsrechnung

61 Die Berechnung des Abfindungsanspruchs erfolgt nach herkömmlicher Auffassung (vgl. BGHZ 17, 130, 136; Röhricht/v. Westphalen/*v. Gerkan* § 131 Rn. 47) in einer **Abschichtungsbilanz**. Diese ist ihrer Natur nach eine Vermögensbilanz der Gesellschaft und soll die wahre Vermögenslage der lebenden Gesellschaft, mithin unter Fortführungsgesichtspunkten, einschließlich aller offenen und stillen Reserven sowie des Goodwills des Unternehmens am Stichtag des Ausscheidens abbilden (vgl. BGHZ 17, 130, 136; 116, 359, 370; E/B/J/*Lorz* § 131 Rn. 98). Auch Verbindlichkeiten sind mit ihrem wahren Wert anzusetzen (vgl. E/B/J/*Lorz* § 131 Rn. 98). Der Anteilswert soll im Allgemeinen aus dem Preis, der bei einer Veräußerung des Unternehmens als Einheit erzielt werden würde, hergeleitet werden (vgl. BGHZ 116, 359, 370; BGH NJW 1985, 192, 193; OLG Naumburg NZG, 2001, 658; MüKo HGB/*K. Schmidt* § 131 Rn. 141). Der ermittelte Gesamtwert des Gesellschaftsvermögens soll rechnerisch nach dem Gewinn- und Verlustverteilungsschlüssel auf die Kapitalbeteiligung des ausgeschiedenen Gesellschafters umgelegt werden (vgl. BGHZ 17, 130, 133). Der ausgeschiedene Gesellschafter hat grundsätzlich einen klagbaren Anspruch auf Aufstellung der Abschichtungsbilanz (vgl. BGH NJW 1959, 1491).

4. Unternehmensbewertung

62 Das betriebswirtschaftliche Problem der Unternehmensbewertung war beim Erlass des BGB noch nicht hinreichend bekannt. Der Gesetzgeber war bei der Konzeption von § 738 Abs. 1 S. 2 BGB noch von einer Substanzwertberechnung ausgegangen. Die heute ganz h. M. sieht dagegen den **Ertragswert des Unternehmens** bei seiner Fortführung als den maßgeblichen Ausgangspunkt – auch im Zusammenhang mit der Feststellung einer Abfindungsvergütung – an (vgl. BGH NJW 1992, 892, 895; ZIP 1993, 1160, 1162; MüKo BGB/*Ulmer* § 738 Rn. 32; Röhricht/v. Westphalen/*v. Gerkan* § 131 Rn. 38). Zwar erkennt der BGH an, dass die Ermittlung des Unternehmenswerts in vielen, wenn nicht den meisten Fällen auf eine Ertragswertberechnung hinauslaufen wird. Gleichwohl betont er, dass es nicht in jedem Einzelfall eine rechtliche Bindung an eine bestimmte Bewertungsmethode gibt (vgl. BGH NJW 1993, 2101, 2103). Insbesondere kann bei überdurchschnittlich hohem Anteil des nicht betriebsnotwendigen Vermögens dem Substanzwert eine erhöhte Bedeutung zukommen (vgl. BGH NJW 1993, 2101, 2103), wenngleich eine reine Substanzwertberechnung wohl grundsätzlich nicht mehr als Grundlage einer Unternehmensbewertung anerkannt wird (vgl. BGH NZG 1998, 644, 646).

5. Abfindungsklauseln

63 Gesellschaftsverträge enthalten zumeist Vereinbarungen zu den Modalitäten und dem Umfang der Abfindung eines ausscheidenden Gesellschafters. Solche Klauseln, die regelmäßig eine Beschränkung des Abfindungsanspruchs beinhalten, sind grundsätzlich zulässig (vgl. BGH NJW 1993, 2101, 2102; NJW 1992, 892, 894; NJW 1979, 104; Röhricht/v. Westphalen/*v. Gerkan* § 131 Rn. 51). Trotz dieser grundsätzlichen Zulässigkeit bereitet die Aufnahme von Abfindungsklau-

seln im Gesellschaftsvertrag Probleme, weil der Gestaltung der Gesellschafter durch zwingende gesetzliche Vorschriften, insbesondere § 138 BGB (Sittenwidrigkeit), oder die aufgrund dieser Vorschriften von der Rspr entwickelten Regeln, Grenzen gesetzt sind. Im Falle von Änderungen des Gesellschaftsvertrages ist zu berücksichtigen, dass Abfindungsregelungen dem Kernbereichsschutz unterliegen (vgl. MüKo HGB/*K. Schmidt* § 131 Rn. 152). Vgl. zu Abfindungsklauseln auch Kap. 2 §§ 738-740 Rn. 18 ff.

a) Zweck von Abfindungsklauseln

64 Die Aufnahme von Abfindungsregelungen kann der Verfolgung mehrerer Zwecke dienen. Im Vordergrund stehen **folgende Zwecke**: Zunächst dient eine satzungsmäßige Abfindungsklausel regelmäßig der Erleichterung der Ermittlung des Abfindungsbetrages und soll das Risiko einer streitigen Auseinandersetzung verringern (vgl. BGH NJW 1992, 892, 894; NJW 1993, 2101, 2102; Baumbach/Hopt/*Hopt* § 131 Rn. 58). Abfindungsklauseln enthalten häufig Regelungen, die den Abfindungsbetrag dem Umfange nach beschränken und die Auszahlung in mehreren – z. B. halbjährlichen – Raten vorsehen. Hierdurch soll eine Gefährdung der Liquiditätslage des Unternehmens verringert und der Bestand des Unternehmens gesichert werden (vgl. BGH NJW 1992, 892, 894; NJW 1993, 2101, 2102; E/B/J/*Lorz* § 131 Rn. 112; MüKo HGB/*K. Schmidt* § 131 Rn. 150). Ferner soll eine Abfindungsbeschränkung der Disziplinierung der Gesellschafter dienen und sie dazu anreizen, in der Gesellschaft nicht zuletzt durch pflichtgemäßes Verhalten zu verbleiben (vgl. E/B/J/*Lorz* § 131 Rn. 112; MüKo HGB/*K. Schmidt* § 131 Rn. 150; Baumbach/Hopt/*Hopt* § 131 Rn. 58). Ferner kann durch Anbietungsklauseln dafür gesorgt werden, dass insbesondere Familiengesellschaften vor Überfremdung geschützt werden, indem ausscheidende Gesellschafter verpflichtet sind, ihren Anteil zu bestimmten Konditionen nur Familienmitgliedern anzudienen (vgl. MüKo HGB/*K. Schmidt* § 131 Rn. 150).

b) Regelungsgegenstand

65 Angesichts der vielfältigen Zwecke kommen eine Vielzahl von unterschiedlichen Klauseln – natürlich auch in Kombination – in Betracht. Vor allem finden sich Klauseln zur Berechnung der Abfindung und der Beschränkung ihres Umfangs sowie zur Fälligkeit der Abfindung.

66 **aa) Berechnung und Beschränkung der Abfindung** Regelmäßig enthalten Gesellschaftsverträge Klauseln zur Berechnung und Beschränkung der Abfindung dergestalt, dass eine bestimmte **Art der Unternehmensbewertung** festgelegt wird. Insbesondere enthalten Gesellschaftsverträge Einheitswertklauseln, Buchwertklauseln, Substanzwertklauseln sowie Regelungen zur Behandlung von schwebenden Geschäften (vgl. MüKo HGB/*K. Schmidt* § 131 Rn. 151). Manche Gesellschaftsverträge enthalten auch, zumindest bezüglich der Bewertung von Betriebsteilen des Unternehmens oder hinsichtlich bestimmter Gegenstände, Ertragswertklauseln. Diese führen allerdings, da sie den wahren Verkehrswert des bewerteten Unternehmens(teils) bestimmen, zu keiner Beschränkung der Abfindungshöhe.

67 Häufig enthalten Gesellschaftsverträge sog. **Buchwertklauseln**, die die Höhe der Abfindung nach dem Buchwert bestimmen. Hierdurch wird eine oft schwierige und erhebliche Kosten verursachende Unternehmensbewertung vermieden, da insbesondere stille Reserven keine Berücksichtigung finden. Allerdings bereiten Buchwertklauseln im Einzelfall Wirksamkeitsprobleme. Um das Risiko ihrer Unwirksamkeit zu vermindern, werden sie häufig durch ergänzende Bewertungsverfahren, z. B. bezüglich bestimmter Unternehmensgegenstände, ergänzt (vgl. MüKo HGB/*K. Schmidt* § 131 Rn. 151).

68 Das sog. **Stuttgarter Verfahren** basiert auf der Addition von Substanzwerten zu zwei Dritteln und Ertragswerten zu einem Drittel. Die Bewertung ist wenig aufwendig und kann weitgehend, mit Ausnahme der Vermögensgüter Grundbesitz und Beteiligungen an Kapitalgesellschaften, der Steuerbilanz entnommen werden. Ein Geschäfts- und Firmenwert wird grundsätzlich nicht berücksichtigt. Daher kann es im Einzelfall ebenfalls zu Wirksamkeitsproblemen kommen.

69 **bb) Fälligkeit der Abfindung und Ratenzahlung** Um eine Gefährdung der Liquiditätslage des Unternehmens zu verringern, enthalten Gesellschaftsverträge häufig Bestimmungen, die eine Auszahlung der Abfindung in **halbjährlichen oder jährlichen Raten** ab einem bestimmten Zeitpunkt vorsehen. Die Dauer der Ratenzahlungen sollte allerdings im Hinblick auf Wirksamkeitsprobleme nicht unbillig lang sein (vgl. MüKo HGB/*K. Schmidt* § 131 Rn. 171). Eine gesellschaftsvertragliche Regelung, die eine Auszahlung des Abfindungsguthabens in 15 gleichen Jahresraten vorsieht, ist unwirksam (vgl. BGH NJW 1989, 2685).

c) Ergänzende Vertragsauslegung

70 Insbesondere wenn im Laufe eines Gesellschaftsverhältnisses aufgrund veränderter Umstände eine ehemals in der Satzung geregelte Abfindungsklausel andere als die beabsichtigten Rechtsfolgen erlangt, hat die ergänzende Vertragsauslegung große Bedeutung.

71 Eine ursprünglich wirksame, zunächst weder nach § 138 BGB zu beanstandende noch das Kündigungsrecht der Gesellschafter faktisch beeinträchtigende Abfindungsklausel, wird nicht dadurch nichtig, dass sich – insbesondere bei wirtschaftlich erfolgreichen Unternehmen – Abfindungsanspruch und tatsächlicher Anteilswert im Laufe der Jahre immer weiter voneinander entfernen (vgl. BGHZ 123, 281, 284). Vielmehr ist der Inhalt der vertraglichen Abfindungsregelung auch in einem solchen Fall durch ergänzende Vertragsauslegung nach den Grundsätzen von Treu und Glauben unter angemessener Abwägung der Interessen der Gesellschaft und des ausscheidenden Gesellschafters und unter Berücksichtigung aller Umstände des konkreten Falles entsprechend den veränderten Verhältnissen neu zu ermitteln (vgl. BGHZ 123, 281). Demnach hat die ergänzende Vertragsauslegung Vorrang vor einer Inhaltskontrolle (vgl. MüKo HGB/*K. Schmidt* § 131 Rn. 156 f.).

d) Inhaltskontrolle von Abfindungsklauseln

72 Ungeachtet ihrer generellen Zulässigkeit können Abfindungsklauseln im Einzelfall ausnahmsweise **unwirksam** sein (vgl. BGH NJW 1992, 892, 894). Abfindungsklauseln unterliegen zum einen der Grenze der Sittenwidrigkeit gem. § 138 BGB (vgl. BGH NJW 1992, 892, 894; NJW 1993, 2101, 2102). Diese greift jedoch nur in dem Falle ein, dass die getroffene Regelung bereits bei ihrer Entstehung grob unbillig ist (vgl. BGH NJW 1992, 892, 894). Zum anderen ist eine Abfindungsklausel, insbesondere eine Buchwertklausel, dann gem. § 723 Abs. 3 BGB i. V. m. § 105 Abs. 3 HGB als unzulässig zu erachten ist, wenn sie aufgrund wirtschaftlich nachteiliger Folgen, insbesondere wegen eines erheblichen Missverhältnisses zwischen dem nach der Abfindungsklausel erzielbaren Wert und dem wirklichem Wert, die Freiheit des Gesellschafters, sich zu einer Kündigung zu entschließen, unvertretbar einengt. (vgl. BGH NJW 1985, 192, 193; NJW 1993, 2101, 2102). Eine vertraglich vereinbarte Kürzung des Abfindungsanspruchs auf die Hälfte des buchmäßigen Kapitalanteils stellt grundsätzlich eine sittenwidrige Benachteiligung des ausscheidenden Gesellschafters dar (vgl. BGH NJW 1989, 2685). Ansonsten vertritt der BGH die Auffassung (vgl. BGH NJW 1993, 2101, 2102), dass sich die Festlegung quotenmäßiger Grenzen verbietet.

e) Treu und Glauben, § 242 BGB

73 Ein im Laufe der Zeit eingetretenes, außergewöhnlich weitgehendes Auseinanderfallen von vereinbartem Abfindungs- und tatsächlichem Anteilswert kann aber ganz allgemein nach den Grundsätzen von Treu und Glauben, die im Gesellschaftsrecht durch die besondere Treuepflicht des Gesellschafters verstärkt sind, dazu führen, dass dem von dieser tatsächlichen Entwicklung betroffenen Gesellschafter das Festhalten an der vertraglichen Regelung auch unter Berücksichtigung des berechtigten Interesses der Mitgesellschafter nicht mehr ohne weiteres zugemutet werden kann (vgl. BGH NJW 1993, 2101, 2102; vgl. auch MüKo HGB/*K. Schmidt* § 131 Rn. 176). Ob die Voraussetzungen dafür gegeben sind, hängt freilich nicht allein vom Ausmaß des zwischen jenen Werten entstandenen Missverhältnisses ab, sondern es müssen vielmehr die gesamten Umstände des konkreten Falles in die Betrachtung einbezogen werden. Zu ihnen kann außer dem Verhältnis zwischen den genannten Werten die Dauer der Mitgliedschaft des Ausgeschiede-

nen in der Gesellschaft, sein Anteil am Aufbau und am Erfolg des Unternehmens sowie der Anlass seines Ausscheidens gehören (vgl. BGH NJW 1993, 2101, 2102).

f) Gläubigerschutz

Eine Regelung im Gesellschaftsvertrag ist wegen **Gläubigerdiskriminierung** gem. § 138 BGB **nichtig**, wenn sie wegen einer vom Privatgläubiger des betroffenen Gesellschafters im Wege von Zwangsvollstreckungsmaßnahmen veranlassten Kündigung und dem hierdurch bewirkten Ausscheiden des Gesellschafters gem. § 131 Abs. 3 Nr. 4 HGB eine unter dem Verkehrswert liegende Abfindung zulässt und dieselbe Abfindungsregelung nicht auch für den vergleichbaren Fall der Ausschließung eines Gesellschafters aus wichtigen Grund getroffen wird (vgl. BGH NJW 2000, 2819, 2820; Baumbach / Hopt / *Hopt* § 131 Rn. 60). Hieraus kann eine allgemeine Regel dergestalt abgeleitet werden, dass eine Abfindungsklausel wegen Sittenwidrigkeit nichtig ist, wenn sie gläubigerbenachteiligende Wirkung hat und nicht gleichermaßen den Gesellschafter trifft (vgl. MüKo HGB / *K. Schmidt* § 131 Rn. 160). Dieser Grundsatz hat somit auch im Falle einer Gesellschafterinsolvenz Bedeutung. 74

g) Abfindungsausschluss im Falle des Todes eines Gesellschafters

Die Abfindung für Erben eines Gesellschafters im Falle seines Ausscheidens aufgrund Todes (vgl. § 131 Abs. 3 Nr. 1 HGB) kann nach h. M. (vgl. BGH NJW 1957, 180; Röhricht / v. Westphalen / *v. Gerkan* § 131 Rn. 57; Baumbach / Hopt / *Hopt* § 131 Rn. 62; zumindest zweifelnd: *Engel* NJW 1986, 345, 347 f.) grundsätzlich vollständig ausgeschlossen werden. Ob diese Rechtsprechung auch in Zukunft Bestand hat, erscheint nicht zuletzt im Hinblick auf die vorgebrachten Einwände (vgl. *Engel* NJW 1986, 345, 347 f.) nicht sicher gewährleistet. 75

h) Geltungserhaltende Reduktion bei anfänglich sittenwidrigen Abfindungsklauseln

Da die Grundsätze der ergänzenden Vertragsauslegung grundsätzlich Anwendung finden, wenn eine Abfindungsregelung bei Abschluss des Gesellschaftsvertrages noch wirksam war und diese vielmehr erst nachträglich Grund zur Beanstandung gab (vgl. BGHZ 123, 281, 284), hat die Frage der Zulässigkeit einer geltungserhaltenden Reduktion insbesondere bei **anfänglich sittenwidrigen Abfindungsklauseln** Bedeutung. Während eine Auffassung (vgl. MüKo HGB / *K. Schmidt* § 131 Rn. 173) von der Anwendbarkeit einer geltungserhaltenden Reduktion ausgeht, lehnt die wohl h. M. (vgl. BGH NJW 1979, 104; Baumbach / Hopt / *Hopt* § 131 Rn. 73; MüKo BGB / *Ulmer* § 732 Rn. 74) ihre Zulässigkeit ab. Nach der zutreffenden h. M. scheidet eine geltungserhaltende Reduktion aus, weil ansonsten die sittenwidrig Handlenden noch belohnt werden würden (vgl. Baumbach / Hopt / *Hopt* § 131 Rn. 73; MüKo BGB / *Ulmer* § 732 Rn. 74). In der Regel dürfte eine anfängliche Nichtigkeit der gesellschaftsvertraglichen Abfindungsklausel zu einer entsprechend § 738 Abs. 1 S. 2 BGB festzulegenden Abfindung nach dem Verkehrswert führen (vgl. BGH NJW 1979, 104). 76

§ 132 [Kündigungsfrist]

Die Kündigung eines Gesellschafters kann, wenn die Gesellschaft für unbestimmte Zeit eingegangen ist, nur für den Schluß eines Geschäftsjahrs erfolgen; sie muß mindestens sechs Monate vor diesem Zeitpunkte stattfinden.

Übersicht:

A. Normzweck

1 Die Vorschrift ist im Wortlaut durch das HRefG unberührt geblieben. Sie regelt den Fall der ordentlichen Kündigung (GroßkommHGB/*Schäfer* § 132 Rn. 1) der auf unbestimmte Zeit eingegangenen OHG und KG. Termin und Frist sollen einerseits eine jederzeitige Kündigung, andererseits eine überlange Bindung verhindern. Die Vorschrift modifiziert § 723 Abs. 1 BGB, der eine jederzeitige Kündigung vorsieht (MüKo HGB/*K. Schmidt* § 132 Rn. 2).

B. Tatbestand

I. Für unbestimmte Zeit eingegangene Gesellschaft

2 Eine Gesellschaft ist auf unbestimmte Zeit eingegangen, wenn sie weder einen festen Endtermin hat noch eine Mindestdauer, die etwa kalendermäßig bestimmt sein könnte oder durch den Gesellschaftszweck bedingt (BGHZ 50, 316, 321 f.; BGH NJW 1953, 1217; WM 1967, 315, 316; NJW 1985, 1693; OLG Karlsruhe NZG 2000, 304). Letzteres ist etwa nicht der Fall, wenn die Dauer (allein) von den Entschließungen der Gesellschafter abhängig ist (BGH NJW 1992, 2696). Wie § 134 HGB entnommen werden kann, stehen die für die Lebenszeit eingegangene Gesellschaft und die nach dem Ablauf der für ihre Dauer stillschweigend fortgesetzten Gesellschaft der auf unbestimmte Zeit eingegangen Gesellschaft gleich.

II. Kündigungserklärung

3 Die Kündigungserklärung ist **einseitige empfangsbedürftige Willenserklärung**. Sie steht jedem Gesellschafter zu, der nicht wirksam für eine Mindestdauer gebunden ist (MüKo HGB/*K. Schmidt* § 132 Rn. 13). Sie kann auch durch einen Vertreter ausgesprochen werden (RG JW 1929, 368, 369). § 174 BGB gilt, die Zurückweisung nur eines Empfängers ist ausreichend GroßkommHGB/*Schäfer*, § 132 Rn. 14). **Adressat** sind die sämtlichen weiteren Gesellschafter, nicht also die Gesellschaft selbst. Entsprechend wird eine dieser gegenüber abgegebene Erklärung erst mit Kenntnis (auch) der übrigen Gesellschafter wirksam (BGH NJW 1993, 1002) Bis zum Zugang beim letzten Gesellschafter kann daher die Kündigung nach § 130 BGB widerrufen werden (vgl. *OLG Zweibrücken* NZG 1998, 939). Der kündigende Gesellschafter ist an die Kündigung gebunden. Die Wirkungen einer wirksamen Kündigung können von den übrigen Gesellschaftern nicht durch Mehrheitsbeschluss abgeändert oder beseitigt werden (BGHZ 48, 251, 253).

4 Sie ist, höhere Anforderungen können im Gesellschaftsvertrag vereinbart werden (vgl. *LG Cottbus*, NZG 2002, 375), **formfrei** möglich. Wird die Form nicht gewahrt, ist im Zweifel Unwirksamkeit anzunehmen, § 125 S. 2 BGB.

5 Die Kündigungserklärung als Gestaltungsgeschäft muss bestimmt und eindeutig sein, d. h. der eindeutige Wille, sich zu lösen, muss erkennbar sein (BGH NJW 1993, 1002; RGZ 89, 398, 399 f.).

6 Eine **bedingte Kündigung** ist dann zulässig, wenn hierdurch für die übrigen Gesellschafter keine unzumutbare Ungewissheit entsteht (vgl. BGH NJW 1986, 2245), etwa wenn eine Potestativbedingung vorliegt (E/B/J/*Lorz* § 132 Rn. 7) oder die Kündigung erst ab einem den Mitgesellschaftern bekannten Bedingungseintritt gelten soll (OGH NJW 1950, 503, 504). Typischerweise ist eine Kündigung in der Auflösungsklage gem. § 133 HGB (MüKo HGB/*K. Schmidt* § 132 Rn. 18), nicht aber in der Übernahmeklage gem. § 140 Abs. 1 S. 2 HGB enthalten (BGH BB 1953, 336).

7 Zu Fragen des **Schutzes Minderjähriger** (E/B/J/*Lorz* § 132 Rn. 10 f.) .

III. Kündigungsfrist

8 Die Kündigungsfrist bei der auf unbestimmte Zeit eingegangenen Gesellschaft beträgt sechs Monate zum Ende des Geschäftsjahres. Sie ist auch ohne Vollzug ab Abschluss des Gesellschaftsvertrages an möglich (BGH WM 1995, 1277). Eine verspätet zugegangene Erklärung wirkt in der Regel auf den nächstmöglichen Zeitpunkt (E/B/J/*Lorz*, § 132 Rn. 14). Sie kann aber natürlich auch als wirksame Kündigung betrachtet werden, wobei bloßes Schweigen nicht ausreichend sein

dürfte (Baumbach/Hopt/*Hopt* § 132 Rn. 4). Allerdings kann sich aus der gesellschaftsrechtlichen Treuepflicht ergeben, den (verspätet) Kündigenden hierauf zur Vermeidung von Schäden hinzuweisen (E/B/J/*Lorz* § 132 Rn. 14; Schlegelberger/*K. Schmidt* § 132 Rn. 12).

Eine zur Unzeit erklärte Kündigung ist wirksam, kann unter Umständen jedoch zum **Schadensersatz** verpflichten (vgl. BGH NJW 1954, 106). 9

C. Rechtsfolgen

Die Kündigung führt nach § 131 Abs. 3 Nr. 3 zum **Ausscheiden des kündigenden Gesellschafters** mit Ablauf der Kündigungsfrist. Die Gesellschaft wird von den verbleibenden Gesellschaftern fortgesetzt. Der ausscheidende Gesellschafter ist abzufinden. 10

Ist eine ausgesprochene Kündigung **rechtsmissbräuchlich** (dazu BGH vom 14. 11. 1953–II ZR 232/52, LM HGB § 132 Nr. 2; BGH vom 20. 12. 1956 – II ZR 166/55, BGHZ 23, 10, 16; DB 1977, 1403, 1404), so ist sie unwirksam (OGH NJW 1950, 503). Dabei ist die Frage der Rechtsmissbräuchlichkeit im Hinblick auf die Regelung in § 723 Abs. 3 BGB mit Zurückhaltung zu prüfen (MüKo BGB/*Ulmer* § 723 Rn. 60). Nicht ausreichend für die Annahme von Rechtsmissbräuchlichkeit sind das Fehlen eines Kündigungsgrundes oder das Ansinnen, die Fortsetzung der Gesellschaft zu geänderten Bedingungen zu erreichen (BGH DB 1977, 1403, 1404). 11

In dem Fall der missbräuchlichen Ausübung des Kündigungsrechts kann sich aus § 723 Abs. 2 S. 2 BGB eine Verpflichtung zum Schadensersatz ergeben (Schlegelberger/*K. Schmidt* § 132 Rn. 20; E/B/J/*Lorz* § 132 Rn. 20). 12

D. Abweichende Vereinbarungen

Das Kündigungsrecht als solches kann nicht ausgeschlossen, wohl aber – in Grenzen – erleichtert oder erschwert werden. 13

Erleichterungen sind sowohl betreffend Termin und Frist möglich. Zu beachten ist lediglich die Regelung in § 723 Abs. 2 BGB. 14

Erschwerungen sind nur in engeren Grenzen möglich. Unzulässig sind Vereinbarungen, die auf einen Ausschluss des Kündigungsrechts entgegen § 723 Abs. 3 BGB hinauslaufen (BGHZ 23, 10, 16). Als unbedenklich dürften Regelungen gelten, wonach die Kündigungsfrist angemessen verlängert oder für eine (beschränkte) Anfangszeit (etwa zwei Jahre) ausgeschlossen wird (Baumbach/Hopt/*Hopt* § 131 Rn. 9). Die Rechtsprechung war früher generös (BGH WM 1967, 315, 316: 30 Jahre). Richtigerweise ist die Grenze nicht allein in zeitlicher Hinsicht, sondern unter Berücksichtigung auch der sonstigen Regelungen, etwa weiterer einschränkender Umstände oder aber auch alternativer Möglichkeiten wie der Auflösungsklage oder des Austrittsrechts aus wichtigem Grund, zu bewerten (RGZ 156, 129, 135; E/B/J/*Lorz* § 132 Rn. 25). Das Gebot des Ausschlusses unbotmäßiger Kündigungserschwerungen gilt auch bei ansonsten frei eingeräumtem Kündigungsrecht (BGH NJW 1994, 2536; s aber auch OLG München NZG 2001, 662 f.). Kritisch in dieser Hinsicht sind insbesondere Abfindung-, Abtretungs- und Umwandlungsklauseln (Baumbach/Hopt/*Hopt* § 132 Rn. 12; MüKo BGB/*Ulmer* § 723 Rn. 71 ff.). Unzulässig sind auch solche Kündigungsbeschränkungen, die die Gesellschafter ungleich behandeln (MüKo HGB/*K. Schmidt* § 132 Rn. 28). 15

Rechtsfolge unzulässiger Kündigungserschwerungen ist typischerweise nicht die Unwirksamkeit des gesamten Gesellschaftsvertrages, sondern bloß der einzelnen erschwerenden Regelung. Es ist dann – im Wege ergänzender Vertragsauslegung – und auf die Umstände des Einzelfalls abstellend weiter zu prüfen, ob nicht eine (noch) zulässige Erschwerung gelten soll (vgl. BGHZ 49, 364; BGH NJW 1994, 2886, 2888). Ansonsten tritt an die Stelle der unwirksamen Bestimmung die Regelung des § 132 HGB. 16

§ 133 [Auflösungsklage]

(1) Auf Antrag eines Gesellschafters kann die Auflösung der Gesellschaft vor dem Ablaufe der für ihre Dauer bestimmten Zeit oder bei einer für unbestimmte Zeit eingegangenen Gesellschaft ohne Kündigung durch gerichtliche Entscheidung ausgesprochen werden, wenn ein wichtiger Grund vorliegt.

(2) Ein solcher Grund ist insbesondere vorhanden, wenn ein anderer Gesellschafter eine ihm nach dem Gesellschaftsvertrag obliegende wesentliche Verpflichtung vorsätzlich oder aus grober Fahrlässigkeit verletzt oder wenn die Erfüllung einer solchen Verpflichtung unmöglich wird.

(3) Eine Vereinbarung, durch welche das Recht des Gesellschafters, die Auflösung der Gesellschaft zu verlangen, ausgeschlossen oder diesen Vorschriften zuwider beschränkt wird, ist nichtig.

Übersicht:

A. Normzweck

1 Die Vorschrift regelt die (fristlose) Auflösung der Gesellschaft aus wichtigem Grund. Sie ist durch das HRefG vom 22. 6. 1998 unberührt geblieben. Neben der **Auflösungskündigung**, die durch Klage eines jeden Gesellschafters geltend gemacht werden kann, gibt es die sog. **Austrittskündigung**. Letzteres Institut ist für die Publikumsgesellschaft von der Rechtsprechung (BGHZ 85, 350, 361) und der Literatur (vgl. GroßkommHGB/*Schäfer* § 133 Rn. 3) anerkannt (vgl. dazu auch Kap. 9 Rn. 121 ff.). Eine generelle Ausweitung auf ein allgemeines Austrittsrecht hat sich bislang nicht durchsetzen können (zu der Frage, wie dieses durchzusetzen wäre, vgl. auch Baumbach/Hopt/*Hopt* § 133 Rn. 1 m. w. N.).

B. Anwendungsbereich

2 § 133 HGB gilt für die **OHG** und die **KG** (§ 161 Abs. 2 HGB). Anwendbar ist die Vorschrift auch auf die **fehlerhafte Gesellschaft** (E/B/J/*Lorz* § 133 Rn. 3). Die Fehlerhaftigkeit ist dabei wichtiger Grund für die Auflösungsklage (BGH NJW 1960, 625; WM 1957, 1406). In zeitlicher Hinsicht ist die Vorschrift wohl ab Geschäftsbeginn (GroßkommHGB/*Schäfer* § 133 Rn. 8) anwendbar (vgl. die missverständliche Formulierung in BGH WM 1957, 1406, 1407: ab Vertragsschluss). Nicht mehr möglich (nach a. A. fehlt nur das Rechtschutzbedürfnis, vgl. GroßkommHGB/*Schäfer* § 133 Rn. 9) ist die Auflösungsklage, wenn die Gesellschaft aus anderen Gründen aufgelöst (E/B/J/*Lorz* § 133 Rn. 3) oder gar vollbeendet (BGH NJW 1979, 765) ist.

C. Tatbestand

I. Wichtiger Grund für die Auflösung

3 Ein wichtiger Grund liegt vor, vgl. die Legaldefinition in § 314 Abs. 1 S. 2 BGB, wenn zumindest einem Teil der Gesellschafter die Fortsetzung der Gesellschaft **unzumutbar** ist, weil das Vertrauensverhältnis zwischen den Gesellschaftern nachhaltig zerstört oder ein sinnvolles oder gedeihliches Zusammenarbeiten in der Gesellschaft aus sonstigen, insbesondere auch wirtschaftlichen

Gründen, nicht mehr möglich ist (BGH NJW 1952, 461; NJW 1996, 2573). Erforderlich ist in jedem Fall eine **umfassende Interessenabwägung** (BGHZ 84, 382). Als einzustellende Gesichtspunkte in der Rechtsprechung anerkannt sind die bisherige Dauer (BGH DB 1977, 87, 88), die Zeit bis zur nächstmöglichen ordentlichen Kündigungsmöglichkeit (BGH WM 1976, 1030, 1032), die Stellung des Kündigenden in und zur Gesellschaft (BGHZ 84, 379, 382; NJW 1996, 2573).

Zu wahren ist in jedem Fall der **Grundsatz der Verhältnismäßigkeit**, so dass ein wichtiger Grund 4 nicht angenommen werden kann, wenn die Auflösung durch weniger einschneidende Mittel vermieden werden kann (BGHZ 69, 160, 169; 80, 346, 348 f.). Anerkannt ist in diesem Zusammenhang etwa die Entziehung der Geschäftsführungs- und Vertretungsbefugnis (BGHZ 4, 108, 111 ff.). Allerdings braucht sich der Kündigungswillige nicht auf einen Austritt aus wichtigem Grund verweisen zu lassen, falls ein solcher gerechtfertigt wäre, wenn dieser für ihn mit nicht unerheblichen Einbußen verbunden wäre (Baumbach/Hopt/*Hopt* § 133 Rn. 6). Maßgeblich ist der Zeitpunkt der letzten mündlichen Tatsachenverhandlung (BGH NJW 1998, 146).

II. Beispielsfälle des Abs. 2

Typische Beispielsfälle für eine Verletzung von nach dem Gesellschaftsvertrag wesentlichen Ver- 5 pflichtungen sind **schwere Krankheiten**, wegen derer den Verpflichtungen nach dem Gesellschaftsvertrag nicht mehr nachgekommen werden kann (RGZ 105, 376, 377; BGH BB 1952, 649), der **finanzielle Zusammenbruch** (RG LZ 1914, 1936) oder **Strafhaft** (OGH NJW 1950, 184). Ein Verschulden ist nicht erforderlich (E/B/J/*Lorz* § 133 Rn. 10), es wiegt jedoch schwerer, macht die Pflichtverletzung vorwerfbarer (BGH WM 1977, 500, 502). Unter Umständen kann auch schon der (allerdings schwerwiegende) Verdacht eines Verstoßes gegen wesentliche Pflichten einen wichtigen Grund begründen (BGHZ 31, 295, 304).

Auch nicht gesellschafterbezogene Gründe können die Auflösung der Gesellschaft rechtfertigen, 6 so etwa die **Fehlerhaftigkeit des Gesellschaftsvertrages** (BGHZ 3, 285; 47, 293, 300, str., vgl. MüKo HGB/*K. Schmidt* § 133 Rn. 15), die **Unerreichbarkeit des Gesellschaftszwecks** (BGHZ 69, 160, 162). Ein Anwendungsfall der Unerreichbarkeit des Gesellschaftszweckes ist die dauernde Unrentabilität (BGH NJW 1960, 434).

III. Verzicht, Verwirkung und Billigung

Auf die Ausübung des (entstandenen) Auflösungsrechts kann verzichtet werden (RGZ 89, 91). 7 Das lange Zuwarten mit der Auflösungsklage kann unter Umständen einen Verzicht bedeuten (RG JW 38, 2213; RGZ 153, 274, 280; BGH WM 1959, 134). Verwirkung wird ebenfalls für möglich gehalten (RG JW 1935, 2490, 2491; BGH NJW 1966, 2160), wenn ein Vertrauen darauf begründet werden konnte, dass das Kündigungsrecht nicht mehr ausgeübt werden würde. Liegt weitergehend sogar eine Billigung oder Verzeihung vor, so ist davon auszugehen, dass der wichtige Grund entkräftet wird.

D. Die Auflösungsklage

I. Zuständigkeit

Das Auflösungsrecht ist durch Klage (oder im Wege der Widerklage, etwa durch einen Gesell- 8 schafter, der ausgeschlossen werden soll) geltend zu machen. Die **sachliche Zuständigkeit** richtet sich nach § 71 GVG, die **örtliche Zuständigkeit** nach allgemeinen Regeln (etwa §§ 22, 17 und 29 ZPO und den allgemeinen Gerichtständen der beklagten Gesellschafter), die funktionale Zuständigkeit nach § 95 Abs. 1 Nr. 4 a GVG, Kammer für Handelssachen.

II. Antrag

Der Klageantrag ist auf den Ausspruch der **Auflösung der Gesellschaft** zu richten (Groß- 9 kommHGB/*Schäfer* § 133 Rn. 54). Eine Verbindung von Haupt- und Hilfsanträgen ist denkbar (MüKo HGB/*K. Schmidt* § 133 Rn. 52). Ein auf Auflösung gerichtetes Vorgehen mittels einer

einstweiligen Verfügung ist wegen des Verbots der Vorwegnahme der Hauptsache nicht möglich, eine angestrebte Sicherung muss anderweit, etwa durch einstweilige Übertragung der Geschäftsführung und Vertretung (sogar auf einen gesellschaftsfremden Dritten) vorgenommen werden (BGHZ 33, 105, 110).

III. Parteien

10 **Klagebefugt** ist jeder Gesellschafter. Dritte sind nicht klagebefugt (BGHZ 2, 253, 254), also weder der Treugeber noch der Nießbraucher oder ein Unterbeteiligter (MüKo HGB/*K. Schmidt* § 133 Rn. 45). Nicht klagebefugt ist auch der ausgeschiedene Gesellschafter (RG JW 1917, 360 f.). Das Ausscheiden eines Gesellschafters während des Prozesses macht die Klage unbegründet (RGZ 89, 333, 336). Vorzugehen ist dann nicht nach § 265 ZPO, sondern nach den Regeln über den Parteiwechsel (vgl. E/B/J/*Lorz* § 133 Rn. 30). Der Nachlassverwalter nimmt nur Vermögensrechte wahr, kann also nicht klagen (BGHZ 47, 293, 295 ff.; NJW 1984, 2104; vgl. BayObLG NJW-RR 1991, 361, 362). Die Kläger sind **notwendige Streitgenossen** (BGHZ 30, 195, 197).

11 **Richtige Beklagte** sind im Grundsatz sämtliche Mitgesellschafter (BGH ZIP 1997, 1919). Sie sind ebenfalls **notwendige Streitgenossen** (BGH ZIP 2002, 710, 711). Ausgenommen sind nach h. M. diejenigen Mitgesellschafter, die sich verbindlich mit der Auflösung einverstanden erklärt haben (BGHZ 68, 81, 82; BGH ZIP 1997, 1919; zur a. A. MüKo HGB/*K. Schmidt* § 133 Rn. 48). Scheidet ein beklagter Gesellschafter aus der Gesellschaft aus, wird die Klage gegen ihn unzulässig, sie ist klägerseits gem. § 91 a ZPO für erledigt zu erklären.

IV. Urteil

12 Wird die Klage nicht abgewiesen lautet das Urteil auf Auflösung der Gesellschaft. Mit Rechtskraft des Urteils tritt die Auflösung der Gesellschaft ein (RGZ 123, 153). Ein Ermessen steht dem Gericht trotz des missverständlichen Wortlauts »kann« nicht zu (RGZ 122, 312, 314).

E. Abweichende Vereinbarungen

13 Gem. Abs. 3 sind ausschließende oder beschränkende Abreden betreffend das Auflösungsrecht **nichtig**.

14 Nicht ausgeschlossen sind damit Abreden zur **Erleichterung** und Erweiterung des Auflösungsrechts. So sind Abreden über das Vorliegen eines wichtigen Grundes, etwa die Statuierung von Krankheit oder Abwesenheit über längeren Zeitraum als wichtiger Grund, möglich (RG JW 1938, 2752, 2753). Abreden betreffend die Erleichterung des Verfahrens sind ebenfalls möglich, so die Regelung einer auf die Auflösung gerichteten Kündigung statt einer Klage (BGHZ 31, 295, 300) oder die Vereinbarung einer Schiedsklausel (BayObLG WM 1984, 809 f.).

15 Soweit **Erschwerungen** oder Beschränkungen betroffen sind, muss differenziert werden. Abreden über die Annahme eines wichtigen Grundes sind (erst) dann nichtig, wenn das Auflösungsrecht unzumutbar eingeschränkt oder gar ausgeschlossen wird (vgl. RG Recht 1924, Nr. 661; RG JW 1938, 521, 522 f.). In verfahrenstechnischer Hinsicht ist dies nur in Abhängigkeit vom Einzelfall zu beurteilen. Als (noch) zulässig erachtet wird etwa die Regelung, wonach ein die Auflösungsklage erhebender Gesellschafter automatisch aus der Gesellschaft ausscheidet, wenn er im Gegenzug angemessen abgefunden wird (vgl. MüKo HGB/*K. Schmidt* § 133 Rn. 71 m. w. N.).

16 **Unzulässig** sind der Ausschluss des Auflösungsrechts auf bestimmte Zeit, die Abhängigkeit von sonstigen Ereignissen wie etwa der Zustimmung eines Mitgesellschafters oder eines Dritten (RG JR 1926 Nr. 1266) und (erst recht) die kompensationslose Streichung des Auflösungsrechts.

§ 134 [Gesellschaft für unbestimmte Zeit]

Eine Gesellschaft, die für die Lebenszeit eines Gesellschafters eingegangen ist oder nach dem Ablaufe der für ihre Dauer bestimmten Zeit stillschweigend fortgesetzt wird, steht im Sinne der Vorschriften der §§ 132 und 133 einer für unbestimmte Zeit eingegangenen Gesellschaft gleich.

A. Normzweck

1 Die Vorschrift entspricht derjenigen des § 724 BGB für die OHG und KG. Die Gesellschafter werden vor unüberschaubaren Bindungen geschützt (BGH WM 1967, 315). In der ersten Alternative ist die Regelung zwingend, in der zweiten Alternative eine bloße Auslegungsregel (GroßkommHGB/*Schäfer* § 134 Rn. 2).

B. Tatbestand

I. Gesellschaft auf Lebenszeit

1. Voraussetzungen

2 Die Gesellschaft muss **ausdrücklich** auf die Lebenszeit (mindestens) eines Gesellschafters eingegangen sein (RGZ 156, 129, 136). Nach h. M. ist es nicht ausreichend, wenn die Gesellschaft auf eine feste Dauer abgeschlossen worden ist, die voraussichtlich die Lebensdauer (mindestens) eines Gesellschafters übersteigt (E/B/J/*Lorz* § 134 Rn. 4). Ist das Kündigungsrecht nur eines Gesellschafters ausgeschlossen, soll dies nach h. M. ausreichend sein (RGZ 156, 129, 136), ohne dass dies praktische Auswirkungen hätte (GroßkommHGB/*Schäfer* § 134 Rn. 5). Ist die Gesellschaft nicht auf die Lebenszeit einer natürlichen sondern einer juristischen Person abgeschlossen, so liegt ein Fall des § 131 Abs. 1 Nr. 1 HGB oder des § 132 HGB vor, je nachdem, ob betreffend die Gesellschafter-Gesellschaft von einem Eingang auf bestimmte Zeit ausgegangen werden kann oder nicht (BGHZ 50, 316, 321 ff.).

2. Rechtsfolge

3 Die in § 134 HGB angeordnete Gleichstellung der auf Lebenszeit abgeschlossenen Gesellschaft mit der auf unbestimmte Zeit eingegangenen Gesellschaft stellt diese sowohl in Hinsicht auf § 132 HGB als auch in Hinsicht auf § 133 HGB gleich, eröffnet also Kündigungsmöglichkeit und Auflösungsrecht. Das ordentliche Kündigungsrecht steht jedem unzulässig gebundenen Gesellschafter zu, nicht nur demjenigen, auf dessen Lebenszeit die Gesellschaft eingegangen wurde (MüKo HGB/*K. Schmidt* § 133 Rn. 15). Als Alternative soll bei erkennbarem Parteiwillen auch die Umdeutung oder Auslegung in eine Gesellschaft von (noch) zulässiger Dauer möglich sein (BGH NJW 1994, 2886, 2888).

II. Stillschweigend fortgesetzte Gesellschaft

4 Erforderlich ist eine stillschweigende Fortsetzung auf unbestimmte Zeit. Verständigen sich die Gesellschafter hierauf ausdrücklich, so dürfte § 134 HGB entsprechend gelten (GroßkommHGB/Schäfer § 134 Rn. 10; a. A. E/B/J/*Lorz* § 134 Rn. 8: direkte Anwendung der §§ 132, 133 HGB). Bei Fortsetzung auf bestimmte Zeit (egal ob stillschweigend oder ausdrücklich) ist § 134 HGB nicht anwendbar (Baumbach/Hopt/*Hopt* § 134 Rn. 5).

§ 135 [Kündigung durch Gesellschafter, Gläubiger]

Hat ein Privatgläubiger eines Gesellschafters, nachdem innerhalb der letzten sechs Monate eine Zwangsvollstreckung in das bewegliche Vermögen des Gesellschafters ohne Erfolg versucht ist, auf Grund eines nicht bloß vorläufig vollstreckbaren Schuldtitels die Pfändung und

Überweisung des Anspruchs auf dasjenige erwirkt, was dem Gesellschafter bei der Auseinandersetzung zukommt, so kann er die Gesellschaft ohne Rücksicht darauf, ob sie für bestimmte oder unbestimmte Zeit eingegangen ist, sechs Monate vor dem Ende des Geschäftsjahrs für diesen Zeitpunkt kündigen.

Übersicht:

A. Normzweck

1 Die Vorschrift räumt dem Privatgläubiger eines Gesellschafters die Möglichkeit ein, auf den Gesellschaftsanteil als solchen zuzugreifen. Der **Zugriff auf das Gesellschaftsvermögen** als solches ist ihm während des Bestehens der Gesellschaft versagt. Der Gläubiger kann zum einen die selbstständig abtretbaren Ansprüche, so die Gewinnansprüche (§ 717 Abs. 2 BGB), Ansprüche aus § 110 HGB und auch diejenigen Ansprüche auf das Auseinandersetzungsguthaben pfänden, §§ 828 ff. ZPO. Er kann aber auch den Gesellschaftsanteil an solchen pfänden, § 859 ZPO, die vorerwähnten Ansprüche (im Gegensatz zu Verwaltungs- und Auskunftsrechten) werden dann mit umfasst (BGH NJW 1986, 1991; NJW 1992, 830). Allerdings wird der Gläubiger durch die Pfändung des Gesellschaftsanteils nicht Inhaber der Verwaltungsrechte des Gesellschafters, er benötigt daher für den zeitnahen Zugriff auf den Anteilswert das Kündigungsrecht des § 135 HGB.

2 Die Gläubigerkündigung führt seit dem HRefG vom 22. 6. 1998 dazu, dass der Schuldner-Gesellschafter ausscheidet (§ 131 Abs. 3 Nr. 4 HGB), die Gesellschaft wird nicht mehr aufgelöst. Die Vorschrift ist anwendbar auf OHG und KG.

B. Tatbestand

I. Kündigungsvoraussetzungen

1. Gläubiger

3 Die Vorschrift gilt nur für **Einzelgläubiger** eines Gesellschafters, nicht für Gesellschaftsgläubiger (GroßkommHGB/*Schäfer* § 135 Rn. 3), auch nicht auf dem Umweg über § 128 HGB (E/B/J/*Lorz* § 135 Rn. 4). Mitgesellschafter sind dann Privatgläubiger, wenn der Anspruch nicht auf dem Gesellschaftsverhältnis, sondern auf einem echten Drittgeschäft beruht. Die Vorschrift ist nicht anwendbar auf den Insolvenzverwalter (dieser braucht wegen § 131 Abs. 3 Nr. 2 HGB kein Kündigungsrecht), wohl aber nach h. M. auf den Nachlassverwalter (BayObLG NJW-RR 1991, 361, 362; a. A. MüKo HGB/*K. Schmidt* § 135 Rn. 5) und den Nachlassinsolvenzverwalter (BGHZ 91, 1323, 135 f.).

2. Titel

4 Dem Wortlaut folgend ist für die Kündigung (anders für die Pfändung, vgl. *Stöber* Forderungspfändung, Rn. 1582) ein nur vorläufig vollstreckbarer Titel nicht ausreichend. Erforderlich ist ein **rechtskräftiger Titel**, nicht ausreichend sind also auch ein noch angreifbarer Vollstreckungsbescheid (§ 699 ff. ZPO), ein Arrest (§ 922 ZPO) und ein (bloßes) Vorbehaltsurteil (LG Lübeck NJW-RR 1986, 836, 837). Dabei ist es nicht erforderlich, dass der Titel bei Vollstreckung rechtskräftig ist; es kommt nur darauf an, dass der Gläubiger die Gesellschaft kündigen kann, wenn der Pfändungs- und Überweisungsbeschluss im Kündigungszeitpunkt auf einem rechtskräftigen Schuldtitel beruht und nicht früher als sechs Monate, bevor das der Fall ist, erfolglos die Zwangs-

vollstreckung ins bewegliche Vermögen des Gesellschafters versucht worden ist (BGH NJW 1982, 2773; vgl. auch OLG Düsseldorf ZIP 1981, 1210, 1212).

3. Erfolgslose Zwangsvollstreckung

5 Es muss der Nachweis einer **innerhalb der letzten sechs Monate** erfolglos (nicht komplett erfolgreich) durchgeführten Zwangsvollstreckung wegen einer Geldforderung in das bewegliche Vermögen geführt werden. Er ist durch das Pfändungsprotokoll des Gerichtsvollziehers zu erbringen. Unerheblich ist, ob der kündigende Gläubiger oder ein anderer Gläubiger den Versuch unternommen hat (MüKo HGB/*K. Schmidt* § 135 Rn. 19), ebenso wie, ob sämtliche Vollstreckungsmöglichkeiten ausgeschöpft wurden (GroßkommHGB/*Schäfer* § 135 Rn. 10). Nicht komplett erfolgreich ist ein Versuch schon, wenn der gepfändete Gegenstand herausgegeben werden musste oder unpfändbar war.

4. Pfändung

6 Als verschiedene Zugriffsgegenstände der Pfändung kommen (s. o. Rn. 1) die Gewinnanteile des Gesellschafters, der Auseinandersetzungsanspruch und der Gesellschaftsanteil selbst in Betracht. Das Kündigungsrecht begründet nach umstrittener Auffassung (vgl. MüKo HGB/*K. Schmidt* § 135 Rn. 9 ff. einerseits und E/B/J/*Lorz* § 135 Rn. 11 f. andererseits) jedoch lediglich die Pfändung des Auseinandersetzungsguthabens und des Gesellschaftsanteils als solchem, nicht aber die Pfändung und Überweisung der Gewinnansprüche.

7 Die Überweisung des Gesellschaftsanteils ist zwar zulässig, begründet aber keine Verwaltungs- und Auskunftsrechte (vgl. BGHZ 116, 222). Die Verwertung erfolgt in der Form der **Kündigung** und des **Einzugs** der von der Pfändung umfassten Forderungen.

8 Soweit die Pfändung des Gesellschaftsanteils betroffen ist, geht diese ins Leere, soweit vorher eine Abtretung desselben vorgenommen worden ist. Umgekehrt ändert eine nach Pfändung vorgenommene Abtretung des Anteils nichts daran, dass dieser mit dem **Pfändungspfandrecht** belastet ist. Dies gilt auch für die Pfändung der einzeln abtretbaren Ansprüche. Es gilt also das **Prioritätsprinzip**. Anderes gilt jedoch bei der Beurteilung der Abtretung der einzeln abtretbaren Rechte vor Pfändung des Gesellschaftsanteils. Der Rechtsprechung des BGH zu Abfindungs- und Auseinandersetzungsansprüchen folgend handelt es sich um künftige Ansprüche, die erst mit Ausscheiden entstehen, so dass die (unmittelbar wirkende) zwischenzeitliche Pfändung des Anteils vorgeht, der Abtretungsempfänger also die (Einzel-)Ansprüche mit dem (späteren) Pfändungspfandrecht belastet erwirbt (BGHZ 104, 351; WM 1988, 1800). Eine vorgehende Pfändung hindert eine weitere (nachrangige) Pfändung nicht; auch der nachrangige Pfändungsgläubiger hat ein Kündigungsrecht nach § 135 (E/B/J/*Lorz* § 135 Rn. 14).

II. Kündigung

9 Die Kündigung ist gegenüber allen weiteren Gesellschaftern unter Einschluss des Schuldners auszusprechen (BGHZ 97, 392, 395). Sie ist eine **einseitige empfangsbedürftige Willenserklärung**, wobei betreffend den Zugang bei den Gesellschaftern gewisse Erleichterungen gelten (BGH NJW 1993, 1002). Auch der Gesellschaftsvertrag kann hier Erleichterungen vorsehen, etwa den Zugang bei der Gesellschaft; bei Publikumsgesellschaften dürfte hiervon ausgegangen werden dürfen (h. L., vgl. GroßkommHGB/*Schäfer* § 135 Rn. 20). § 174 BGB ist analog anwendbar (MüKo HGB/*K. Schmidt* § 135 Rn. 23). Als Gestaltungserklärung bleibt die Kündigung auch nach Befriedigung des kündigenden Gläubigers durch den Schuldner wirksam (BGHZ 30, 195, 201 f.). Die Mitgesellschafter können unter dem Gesichtspunkt der gesellschaftsrechtlichen Treuepflicht jedoch zur Wiederaufnahme des Gesellschafter-Schuldners verpflichtet sein (RGZ 169, 153, 155).

C. Rechtsfolgen

10 Der Gesellschafter **scheidet mit Ablauf des Geschäftsjahres**, für das sie (rechtzeitig) ausgesprochen wurde, aus der Gesellschaft aus; der Anteil wächst den weiteren Gesellschaftern an. Im Falle

einer Zweipersonengesellschaft wird mit Übergang der Aktiva und Passiva auf den verbleibenden Gesellschafter die Gesellschaft **vollbeendigt**. Das durch die Pfändung und Überweisung begründete Pfändungspfandrecht setzt sich an den Vermögenspositionen wie etwa dem Abfindungsanspruch fort. Die zur Durchsetzung erforderlichen Informationsrechte stehen dem Gläubiger gegen den Gesellschafter-Schuldner nach § 836 Abs. 3 ZPO zu, gegen die Gesellschaft jedoch wohl nur nach §§ 810, 242 BGB (vgl. E/B/J/*Lorz* § 135 Rn. 22), da der Gläubiger nach h. M. nicht in die Stellung des Gesellschafter-Schuldners betreffend die Verwaltungs- und Auskunftsrechte eintritt (BGHZ 116, 222, 229 ff.).

11 Abweichend davon können auch **Erleichterungen** im Gesellschaftsvertrag vorgesehen werden, so etwa kürzere Kündigungsfristen oder die Auflösung der Gesellschaft statt des Ausscheidens des Gesellschafters. **Erschwerungen** zu Lasten des Gläubigers sind betreffend das Kündigungsrecht nicht möglich, insoweit ist § 135 HGB zwingend, allenfalls betreffend die Rechtsfolgen der Kündigung. Losgelöst davon steht wohl den weiteren Gesellschaftern als auch der Gesellschaft ein Ablösungsrecht analog § 268 BGB zu (MüKo HGB/*K. Schmidt* § 135 Rn. 31, offen gelassen in BGH NJW 1986, 1991), unter ganz besonderen Umständen sogar eine **Befriedigungsverpflichtung** des Gläubigers (vgl. RGZ 169, 153, 157).

12 Soweit die Pfändung des Anspruchs auf das Auseinandersetzungsguthaben betroffen ist, geht diese ins Leere, sofern der Anspruch zuvor abgetreten worden ist. Umgekehrt berührt eine nachfolgende Abtretung die Belastung mit dem Pfändungspfandrecht nicht. Gleiches gilt für das Verhältnis von Pfändung und Abtretung des Gesellschaftsanteils. Zum Verhältnis von Pfändung des Gesellschaftsanteils und Abtretung der (Einzel-)Ansprüche s. o. Rn. 8.

13 Der Gesellschafter-Schuldner behält während des Abwicklungsverfahrens seine Stellung als Gesellschafter, so dass ihm insbesondere die Auskunfts- und Verwaltungsrechte nach wie vor zustehen, soweit diese nicht die dem Gläubiger für die Rechtsverfolgung zustehenden Rechte konterkarieren. Im Anschluss an die Abwicklung kann der Gläubiger Zahlung des Abfindungsguthabens an sich verlangen.

D. Verpfändung des Anteils

I. Verpfändbarkeit

14 Der Gesellschafsanteil ist, soweit übertragbar, auch verpfändbar (§ 1274 Abs. 2 BGB). Es entspricht einhelliger Auffassung, dass trotz der Kette § 105 Abs. 3 HGB, §§ 717, 719 BGB Gesellschaftsanteile an Personengesellschaften übertragbar sind (BGH NJW 1981, 2747). Erforderlich ist wegen des höchstpersönlichen Charakters der Mitgliedschaft für die Übertragung als das dingliche Rechtsgeschäft (anders für das Verpflichtungsgeschäft BGH BB 1958, 57) jedoch die **Zulassung im Gesellschaftsvertrag** oder die **Zustimmung** aller Gesellschafter (BGH NJW 1986, 2431, 2432). Die Übertragung, die Vornahme des Verpflichtungsgeschäfts und die Verpfändung sind **formlos** möglich (auch bei Vorliegen von Grundstücken, BGH NJW 1983, 1110, und GmbH-Anteilen, vgl. E/B/J/*Boujong* § 105 Rn. 166).

15 Die Verpfändung der einzelnen Ansprüche, so des Gewinn-, des Abfindungs- und letztlich des Auseinandersetzungsanspruchs, ist durch Vereinbarung zwischen Gesellschafter und Pfandgläubiger möglich, allerdings **anzeigepflichtig**, § 1280 BGB. Einer Zustimmung bedarf die Verpfändung anders als beim Gesellschaftsanteil nicht; sie kann jedoch im Gesellschaftsvertrag wirksam ausgeschlossen werden.

II. Rechtsstellung des Pfandgläubigers

16 Der Pfandgläubiger wird nicht Gesellschafter und erlangt auch keine Herrschafts- und Verwaltungsbefugnisse (Baumbach/Hopt/*Hopt* § 135 Rn. 16). Nachträgliche Verfügungen über den Gesellschaftsanteil werden durch die Verpfändung zwar nicht gehindert, § 1276 BGB ist nicht anwendbar (RGZ 139, 224, 229 f. für die GmbH), sie ändern aber nichts an der Belastung des Anteils mit dem Pfandrecht.

§ 136–§ 138 [aufgehoben]

§ 139 [Fortsetzung mit Erben]

(1) Ist im Gesellschaftsvertrage bestimmt, daß im Falle des Todes eines Gesellschafters die Gesellschaft mit dessen Erben fortgesetzt werden soll, so kann jeder Erbe sein Verbleiben in der Gesellschaft davon abhängig machen, daß ihm unter Belassung des bisherigen Gewinnanteils die Stellung eines Kommanditisten eingeräumt und der auf ihn fallende Teil der Einlage des Erblassers als seine Kommanditeinlage anerkannt wird.

(2) Nehmen die übrigen Gesellschafter einen dahingehenden Antrag des Erben nicht an, so ist dieser befugt, ohne Einhaltung einer Kündigungsfrist sein Ausscheiden aus der Gesellschaft zu erklären.

(3) [1]Die bezeichneten Rechte können von dem Erben nur innerhalb einer Frist von drei Monaten nach dem Zeitpunkt, in welchem er von dem Anfalle der Erbschaft Kenntnis erlangt hat, geltend gemacht werden. [2]Auf den Lauf der Frist finden die für die Verjährung geltenden Vorschriften des § 210 des Bürgerlichen Gesetzbuchs entsprechende Anwendung. [3]Ist bei dem Ablaufe der drei Monate das Recht zur Ausschlagung der Erbschaft noch nicht verloren, so endigt die Frist nicht vor dem Ablaufe der Ausschlagungsfrist.

(4) Scheidet innerhalb der Frist des Absatzes 3 der Erbe aus der Gesellschaft aus oder wird innerhalb der Frist die Gesellschaft aufgelöst oder dem Erben die Stellung eines Kommanditisten eingeräumt, so haftet er für die bis dahin entstandenen Gesellschaftsschulden nur nach Maßgabe der die Haftung des Erben für die Nachlaßverbindlichkeiten betreffenden Vorschriften des bürgerlichen Rechtes.

(5) Der Gesellschaftsvertrag kann die Anwendung der Vorschriften der Absätze 1 bis 4 nicht ausschließen; es kann jedoch für den Fall, dass der Erbe sein Verbleiben in der Gesellschaft von der Einräumung der Stellung eines Kommanditisten abhängig macht, sein Gewinnanteil anders als der des Erblassers bestimmt werden.

Übersicht:

A. Normzweck

§ 139 HGB ist **Schutzvorschrift** zugunsten des Gesellschafter-Erben. Sie betrifft den Fall, dass der 1
Gesellschaftsvertrag in Abweichung von § 131 Abs. 3 Nr. 1 (Ausscheiden) die Fortsetzung der

Gesellschaft mit dem Erben vorsieht. Gäbe es die Regelung nicht, könnte der Erbe zur Vermeidung der unbeschränkbaren Haftung nach §§ 128, 130 HGB (vgl. dazu § 128 HGB Rn. 32 ff.) nur die Erbschaft ausschlagen. Der Vorteil der zivilrechtlichen beschränkten Erbenhaftung (§§ 1975 ff. BGB) wäre genommen (MüKo HGB/*K. Schmidt* § 139 Rn. 5). Der Schutz innerhalb der Entscheidungsfrist des Abs. 3 wird durch das Haftungsprivileg des Abs. 4 (Beschränkungsmöglichkeiten der §§ 1967 ff. BGB) gewährleistet (E/B/J/*Lorz* § 139 Rn. 4). § 139 HGB gilt für die OHG und die KG, für letztere allerdings nur betreffend die Erben des persönlich haftenden Gesellschafters, vgl. § 177 HGB (weitergehend MüKo HGB/*K.Schmidt* § 139 Rn. 60: auch für unternehmenstragende GbR; zu § 177 HGB vgl. Kap. 5).

B. Schicksal des Anteils bei Tod des Gesellschafters

2 Fehlt jegliche weitere Regelung, scheidet gem. § 131 HGB Abs. 3 Nr. 1 HGB (s. § 131 HGB Rn. 33 ff.) der Erbe aus der Gesellschaft aus. In den Nachlass des Erben (bei mehreren Erben: in den der Erbengemeinschaft) fällt dann der Abfindungsanspruch als Surrogat des Anteils (MüKo HGB/*K.Schmidt* § 139 Rn. 7).

C. Erbrechtliche Nachfolgeklauseln

I. Allgemeines

3 Der BGH vertritt bei Vorliegen einer Nachfolgeregelung das **Prinzip der Einzelrechtsnachfolge**; der Anteil als der Inbegriff der Rechtsbeziehungen aus dem Gesellschaftsverhältnis zu der Gesellschaft, zu deren Vermögen und zu den übrigen Gesellschaftern fällt dann kraft Erbrechts in den Nachlass (BGH NJW 1986, 2431).

4 Zwar kann eine Erbengemeinschaft nicht Inhaberin eines Anteils an einer nicht aufgelösten Personengesellschaft sein, dies bedeutet jedoch nicht, dass der Anteil nicht Nachlassbestandteil sein kann. Es handelt sich um zu trennende Gesichtspunkte (MüKo HGB/*K.Schmidt* § 139 Rn. 13). Im Fall mehrerer Erben ist die Beteiligung nach heute praktisch geklärter einhelliger Auffassung **Teil des Nachlasses** (seit BGHZ 108, 187), wenn auch in der Form, dass jedes Mitglied der Erbengemeinschaft seiner Quote am Nachlass entsprechend Anteilsinhaber wird. Noch nicht abschließend geklärt ist allerdings die Frage, ob die aus der Beteiligung abzuleitenden und selbstständig übertragbaren Vermögensrechte, insbesondere des Anspruchs auf das künftige Auseinandersetzungsguthaben, der gesamthänderischen Bindung einer Miterbengemeinschaft unterliegen (vgl. zur Entwicklung BGH NJW 1989, 3152; vgl. außderm die Rspr. des Gesellschaftsrechtssentats des BGH, BGHZ 91, 132, 136 f. und die des Erbrechtssenats, BGHZ 98, 48; BGH NJW 1996, 1284; E/B/J/*Lorz* § 139 Rn. 12 f.). Auch im Fall einer Regelung, nach der nicht alle Miterben Gesellschafter werden sollen, ist der Übergang auf die bestimmten Gesellschafter unter Ausschluss der übrigen Erben mittlerweile anerkannt (BGHZ 68, 225). Wie die Beispiele zeigen, sind also die unterschiedlichen Regelungskreise des Erbrechts und des Gesellschaftsrechts aufeinander abzustimmen (E/B/J/*Lorz* § 139 Rn. 6).

II. Einfache Nachfolgeklausel

5 Die einfache Nachfolgeklausel führt dazu, dass der Erbe kraft **Universalsukzession** (§ 1922 BGB) in die Stellung des verstorbenen Gesellschafter-Erblassers einrückt, einer besonderen Aufnahme durch die weiteren Gesellschafter bedarf es nicht (BGHZ 55, 267). Die Klausel vermittelt keinen Anspruch auf Eintritt, so dass auch im Fall einer Benennung einer bestimmten Person diese, falls sie nicht Erbe wird, nicht aufgrund der Nachfolgeklausel Gesellschafter werden kann (BGHZ 68, 225). In einem solchen Fall kann aber eine ergänzende Vertragsauslegung der Nachfolgeklausel als **Eintrittsklausel** (dazu unten Rn. 12 ff.) in Betracht kommen (BGH NJW 1978, 264). Bei Auslegungsschwierigkeiten ist im Zweifel von einer Nachfolgeklausel auszugehen, da diese einen automatischen Beitritt des Nachfolgers herbeiführt (BayObLG DB 1980, 2028). Ausgenommen vom Umfang der Rechtsstellung sind allerdings höchstpersönliche Rechte (zu deren im Wege der Auslegung zu ermittelnden Vorliegen vgl. z. B. BGHZ 41, 367).

Da der/die Erbe(n) sämtlich bedacht werden, können Ansprüche gegen die Gesellschaft nicht entstehen, allenfalls Ansprüche von Nichterben gegen die (in die Gesellschaft nachfolgenden) Erben selbst (E/B/J/*Lorz* § 139 Rn. 9). Die etwa von Nichterben geltend gemachten Pflichtteilsansprüche bestimmen sich ungeachtet gesellschaftsvertraglicher Abfindungsregelungen nach dem wahren Wert des Anteils (Baumbach/Hopt/*Hopt* § 139 Rn. 13 m. w. N.). 6

Ein **Minderjähriger** wird automatisch aufgrund des Erbrechts ohne vormundschaftsgerichtliche Zustimmung Gesellschafter (BGH BB 1972, 1474). Für den notwendigen Schutz Minderjähriger (vgl. dazu BVerfG NJW 1986, 1859) sorgt nunmehr die Regelung in § 1629 a BGB, vgl. dazu § 128 HGB Rn. 36 ff. 7

III. Qualifizierte Nachfolgeklausel

Die sog. qualifizierte Nachfolgeklausel soll dafür Sorge tragen, dass nicht alle Erben, sondern ein einziger (oder einzelne) Erbe(n) Gesellschafter nach dem Tod des Erblasser-Gesellschafters wird bzw. werden. Hintergrund ist typischerweise eine bestimmte Befähigung, ein bestimmtes Alter oder Ähnliches. 8

Auch in diesem Fall erfolgt die **Beteiligung kraft Erbrechts** im Wege der Sonderrechtsnachfolge, nicht im Wege gesellschaftsrechtlichen Erwerbs (MüKo HGB/*K. Schmidt* § 139 Rn. 17). Es ist also unerheblich, ob der Nachfolger nur Erbe zu einem Bruchteil geworden ist (BGHZ 68, 225). In einem solchen Fall würde Nachfolger – ungeachtet der hiermit verbunden grundsätzlichen Schwierigkeiten – nicht die erbrechtlich bestimmte Erbengemeinschaft, sondern der gesellschaftsvertraglich aus den Erben allein zugelassene (Mit-)Erbe. Bei Zulassung mehrerer (Mit-)Erben aus einer Erbengemeinschaft fällt jedem der Anteil entsprechend den gesellschaftsrechtlichen Bestimmungen geteilt zu (BGH NJW 1996, 1284, 1285). 9

Das bezogen auf die erbrechtlichen Regelungen erforderliche Korrektiv in vermögensrechtlicher Hinsicht wird dadurch hergestellt, dass den (gesellschaftsvertraglich) nicht zugelassenen Erben ein **Ausgleichsanspruch** gegen die Nachfolger, nicht aber gegen die Gesellschaft (da die Mitgliedschaft ja ungeschmälert vererbt wird, BGHZ 50, 316, 318) zusteht. Weitere Voraussetzung für das Entstehen eines Anspruchs ist, dass die weichenden Erben weniger und der jeweilige Nachfolger mehr erhalten, als ihnen aufgrund ihrer Erbquote zustehen würde. Der Höhe nach hat sich der Ausgleichsanspruch richtigerweise an den erbrechtlichen Auseinandersetzungsregeln zu bemessen (E/B/J/*Lorz* § 139 Rn. 24, vgl. auch BGHZ 22, 186 zu § 242 BGB). 10

Soll der Nachfolger-Erbe nicht mit den Ausgleichsforderungen der nicht zugelassenen Erben belastet werden, ist eine testamentarische (nicht ausreichend: gesellschaftsvertragliche) Regelung sinnvoll, beispielsweise im Wege eines nicht-anrechnungspflichtigen **Vorausvermächtnisses**, § 2150 BGB oder der **Anordnung einer Unterbeteiligung** am Gesellschaftsanteil (statt Ausgleichszahlung). Ist dergleichen nicht geregelt und besteht eine vom Nachfolger-Erben nicht leistbare Ausgleichsverpflichtung, kann die Kündigung der Gesellschaft zur Verwertung des Anteils erforderlich werden. 11

D. Eintrittsklauseln und rechtsgeschäftliche Nachfolgeklauseln

I. Eintrittsklausel

Eintrittsklauseln sind gesellschaftsrechtliche Nachfolgeklauseln, die dem Nachfolger einen **Anspruch auf Eintritt** in die Gesellschaft nach den Regeln eines echten Vertrags zugunsten Dritter (§ 328 Abs. 1 BGB) verschaffen. Ein Verstoß gegen § 2301 BGB liegt hierin nicht. Das Recht auf Eintritt entsteht (im Zweifel) erst mit dem Tod des Versprechenden. In diesem Zeitpunkt treten ohne Klausel die Wirkungen der § 131 Abs. 3 Nr. 1 HGB, § 738 BGB ein, Anwachsung und Abfindungsrecht der Erben. Die Existenz der Eintrittsklausel führt allerdings keinen Schwebezustand herbei (in diesem Sinne in einem Sonderfall RGZ 170, 99, 108, dagegen aber BGH NJW 1978, 266: Umgestaltung der Rechtslage durch Aufnahme des Eintretenden). 12

13 Da der Eintritt unter Lebenden vollzogen wird, der Abfindungsanspruch jedoch – grundsätzlich – von den Erben erworben wird, § 738 Abs. 1 S. 2 BGB, empfiehlt es sich, auch den Abfindungsanspruch dem Begünstigten zukommen zu lassen, entweder im Wege erbrechtlicher (Vorausvermächtnis, Teilungsanordnung und »Einbringung« des Abfindungsanspruchs) oder gesellschaftsrechtlicher Regelungen (Ausschluss, soweit möglich, des Abfindungsanspruchs und Erlass der Einlageleistung), vgl. hierzu insgesamt: GroßkommHGB/*Schäfer* § 139 Rn. 149 f.

14 Der Eintritt wird – je nach Auslegung der Eintrittsklausel – durch **einseitige Erklärung des Eintretenden** oder durch **Eintrittsvertrag** vollzogen. Minderjährige bedürfen dabei der Genehmigung des Vormundschaftsgerichts gem. § 1822 Nr. 3 BGB (E/B/J/*Lorz*, § 139 Rn. 39). Durch die Eintrittsklausel kann eine **Pflicht zum Eintritt** nicht begründet werden, es würde sich um einen unzulässige Vertrag zu Lasten Dritter handeln (BGHZ 68, 225, 231). Wie unter Rn. 5 bereits ausgeführt, ist im Zweifel von erbrechtlicher Nachfolgeklausel statt von rechtsgeschäftlicher Eintrittsklausel auszugehen (BGHZ 68, 225, 231 ff.; BGH NJW 1978, 264, 265).

II. Rechtsgeschäftliche Nachfolgeklausel

15 In dem Fall einer solchen Klausel soll die Mitgliedschaft durch **vorweggenommenes Verfügungsgeschäft unter Lebenden** auf den Nachfolger übertragen werden. Der Anteil (anders als der Abfindungsanspruch, falls nicht anders geregelt) fällt in einem solchen Fall nicht in den Nachlass (MüKo HGB/*K. Schmidt* § 139 Rn. 23).

16 Eine solche Klausel ist nur unter Lebenden und mit **Zustimmung sämtlicher Beteiligter**, also auch des Nachfolgers, zulässigerweise vereinbar, andernfalls ein unzulässiger Vertrag zu Lasten Dritter vorläge (BGHZ 68, 225, 231 ff.). Die Auffassung, dass es sich bei der Übertragung der Mitgliedschaft um eine per Saldo günstige Rechtsposition handele, hat sich der BGH mit der Begründung abgelehnt, dass es keine Typizität, was das Verhältnis von Vorteilen und Nachteilen anbelangt.

17 Auch hier gilt, dass Ansprüche der nicht in die Gesellschaft nachrückenden Pflichtteilsberechtigten gegen den Erben und nachrangig (§ 2329 BGB) gegen den Nachfolger (Beschenkten) zu richten sind.

E. Sonderfälle

I. Vor- und Nacherbfolge

18 § 139 HGB gilt auch bei Vor- und Nacherbfolge (Baumbach/Hopt/*Hopt* § 139 Rn. 19). Diese ist grundsätzlich bei Personengesellschaften zulässig (BGH NJW 1977, 1540) und dient typischerweise dem Ziel, eine Übergangszeit zu überbrücken (E/B/J/*Lorz* § 139 Rn. 56).

19 Im Falle der qualifizierten Nachfolgeklausel müssen Vor- und Nacherbe die erforderlichen Voraussetzungen erfüllen (Baumbach/Hopt/*Hopt* § 139 Rn. 19). Erfüllt der Vorerbe die Voraussetzungen für eine Gesellschafternachfolge nicht, so versagt die Nachfolgeklausel mit der Folge, dass die Mitgliedschaft erlischt und allenfalls ein Abfindungsanspruch vorhanden ist, den die Nacherben erben könnten (BGH NJW-RR 1987, 989, 990). Eine im Wege der Vorerbschaft erworbene Mitgliedschaft bleibt trotz des personengesellschaftsrechtlichen Grundsatzes einer einheitlichen Beteiligung (BGHZ 58, 316, 318 m. w. N.) neben einer vorher bereits vorhandenen Beteiligung bestehen (BGH NJW 1984, 362, 363: der Gesellschafter kann schuldrechtlich oder kraft Gesetzes gehindert sein, über Teile seines Anteils frei zu verfügen).

20 Der **Vorerbe** ist wie der Vollerbe während der Dauer der Vorerbschaft **uneingeschränkter Rechteinhaber** (GroßkommHGB/*Schäfer* § 139 Rn. 79). Übt er das Wahlrecht des § 139 HGB zum Kommanditisten aus, so kann der Nacherbe nicht mehr verlangen, persönlich haftender Gesellschafter zu werden, falls er das Wahlrecht nicht ausübt, steht es dem Nacherben (erneut) zu (BGHZ 69, 47, 52). Der **Nacherbe** wird mit Eintritt des Nacherbfalls als Rechtsnachfolger des Erblassers (nicht des Vorerben) Gesellschafter, wenn auch in dem Umfang, in dem sich der Anteil aufgrund der Verwaltung durch den Vorerben befindet (GroßkommHGB/*Schäfer* § 139 Rn. 83). Die dem Vorerben als Nutzung i. S. d. § 2111 Abs. 1 BGB zustehenden Gewinne für die Zeit der Vorerbschaft bleiben diesem, so wie er sie hätte entnehmen können (BGH NJW 1990, 514, 515).

Die Beschränkungen der §§ 2113 ff. BGB treffen den Vorerben, nicht aber die Gesellschaft (BGHZ 69, 47, 50). Soweit der Vorerbe betroffen ist, unterliegt er dem Verbot unentgeltlicher Verfügungen (§ 2113 Abs. 2 BGB); erfasst sind im Grundsatz nicht nur Anteilsschenkungen, sondern auch Verfügungen, die den Anteilswert schmälern, ohne dass ihnen eine vollwertige Gegenleistung gegenüber steht (BGH NJW 1984, 366), oder die Zustimmung zu einer Gesellschaftsvertragsänderung, wenn sie lediglich den Nacherben belastend trifft (E/B/J/*Lorz* § 139 Rn. 61). 21

II. Testamentsvollstreckung

Unproblematisch ist seit der Entscheidung BGHZ 108, 187 (in der die Frage der Nachlasszugehörigkeit des Anteils geklärt wurde) die sog. **Abwicklungsvollstreckung** (GroßkommHGB/*Schäfer* § 139 Rn. 55). 22

Wird (was selten der Fall sein wird) die Gesellschaft mit dem Tod des Gesellschafters **aufgelöst**, so unterliegen Beteiligung und Abfindungsanspruch der Testamentsvollstreckung (E/B/J/*Lorz* § 139 Rn. 63). 23

Im Falle der Fortsetzung unter Ausschluss der Erben (oder falls von einem nach dem Gesellschaftsvertrag zulässigen Eintrittsrecht kein Gebrauch gemacht wird) fällt der – dann nur noch bestehende – Abfindungsanspruch ungeteilt in den Nachlass und wird von der Testamentsvollstreckung erfasst (BGH NJW 1985, 1953, 1954). 24

Im Falle einer Nachfolgeklausel ist zu unterscheiden: Nach h. M. ist die (umfassende) Testamentsvollstreckung an einem OHG- bzw. einem Komplementäranteil nicht möglich (hierzu präziser BGH NJW 1998, 1313, 1314: zulässig, aber beschränkt auf die mit der Gesellschaftsbeteiligung verbundenen Vermögensrechte). Die Verwaltungsvollstreckung setzt zwingend die **Zustimmung der Mitgesellschafter** voraus (BGHZ 108, 187, 191), nur insoweit nicht, als lediglich die »Außenseite« der Beteiligung, die vermögensrechtlichen Ansprüche betroffen sind (E/B/J/*Lorz* § 139 Rn. 73). 25

Die Testamentsvollstreckung an einem **Kommanditanteil** ist zulässig (vgl. nur GroßkommHGB/*Schäfer* § 139 Rn. 58 m. w. N.; MüKo HGB/*K. Schmidt* § 139 Rn. 47 ff.). Die Gründe liegen nach mittlerweile h. M. jedenfalls noch in den unterschiedlichen Haftungssystemen, so der Möglichkeit des Erben, die aus den Handlungen des Testamentsvollstreckers resultierenden Verbindlichkeiten per Beantragung der Nachlassinsolvenz auf den Nachlass zu beschränken (E/B/J/*Lorz* § 139 Rn. 67). Da der vorgenannte Grund einer Versagung der Testamentsvollstreckung auf den Anteil als solchen bei einem Kommanditanteil nicht eingreift, sprechen hier keine Gründe gegen eine wirksame (umfassende) Anordnung (BGHZ 108, 187), sie ist also wirksam. Erforderlich ist jedoch auch in diesem Fall die **Zustimmung aller Gesellschafter** (BGH NJW 1985, 1953, 1954), die etwa bei einer Publikums-KG in der freien Verfügbarkeit der Anteile liegen kann (E/B/J/*Lorz* § 139 Rn. 83). Die Zuständigkeit des Testamentsvollstreckers kann so weit reichen, dass sogar ein Eingriff in den Kernbereich möglich ist (für die Zulässigkeit der Zustimmung zur Umwandlung der KG in eine Aktiengesellschaft: LG Mannheim NZG 1999, 824). Verbindlichkeiten kann der Testamentsvollstrecker nur für den Nachlass begründen, § 2206 BGB (also nach überwiegender Ansicht auch nicht ohne Zustimmung des Erben die Einlage erhöhen, BGHZ 108, 187, 198). 26

Sollen die bei einem persönlich haftender Gesellschafter bestehenden Probleme der Testamentsvollstreckung umgangen werden, kann es sich anbieten, dass für die Zeit der Testamentsvollstreckung gesellschaftsrechtlich die Umwandlung des Anteils in einen Kommanditanteil vorgesehen wird (E/B/J/*Lorz* § 139 Rn. 87). 27

28 Trotz fehlender höchstrichterlicher Klärung (offen gelassen BGHZ 108, 187, 190; verneinend etwa KG WM 1995, 1890) der Frage, ob ein **Testamentsvollstreckervermerk** im Handelsregister eintragungsfähig ist, sollte der diesbezüglichen Praxis folgend hierfür Sorge getragen werden, um die wünschenswerte Transparenz zu schaffen (E/B/J/*Lorz* § 139 Rn. 88).

III. Nachlassverwaltung

29 Die Frage der Zulässigkeit und Reichweite einer Nachlassverwaltung ist ähnlich wie bei der Testamentsvollstreckung umstritten. Richtigerweise ist wie folgt zu differenzieren.

30 Die Nachlassverwaltung an einem **Kommanditanteil** ist unproblematisch möglich (Baumbach/Hopt/*Hopt* § 139 Rn. 32).

31 Die Nachlassverwaltung an einem **OHG-Anteil** erfasst nicht den Anteil als solchen, sondern lediglich die damit verbundenen Vermögensrechte (BGH NJW 1967, 1961, 1962; OLG Hamm OLGZ 1993, 147, 148). Insoweit ist auch die Zustimmung der Mitgesellschafter nicht erforderlich (BGHZ 91, 132, 136 für den Nachlasskonkurs; a. A. noch BayObLG DB 1991, 33 für die Nachlassverwaltung). Der Nachlassverwalter kann also nicht das Wahlrecht nach § 139 HGB ausüben (MüKo HGB/*K. Schmidt* § 139 Rn. 55), nicht die Auflösung der Gesellschaft aus wichtigem Grund nach § 133 HGB oder die Ausschließung anderer Gesellschafter nach § 140 HGB betreiben (BGHZ 47, 293, 297), nach h. M. aber wohl das Gesellschaftsverhältnis analog § 135 HGB kündigen, um den Abfindungsanspruch des Erben zugunsten der Nachlassgläubiger zu realisieren (BayObLG NJW-RR 1991, 361, 362).

32 In der **Liquidationsgesellschaft** kann der Nachlassverwalter die Rechte des Erben uneingeschränkt ausüben (str.; wie hier E/B/J/*Lorz* § 139 Rn. 91; GroßkommHGB/*Schäfer* § 139 Rn. 35; a. A. BayObLG NJW-RR 1991, 361, 362).

IV. Nachlassinsolvenz

33 Die Eröffnung eines Nachlassinsolvenzverfahrens führt nach nicht zur Auflösung der Gesellschaft und nach überwiegender Ansicht auch nicht zum Ausscheiden des betroffenen Gesellschafters (BGH BGHZ 91, 132, 137). Es gelten im Übrigen die Ausführungen zur Nachlassverwaltung (s. Rn. 29 ff.).

F. Wahlrecht des Erben

I. Übersicht

34 Die Bestimmung sieht für den durch Nachfolge von Todes wegen eingerückten Erben ein **gestuftes Wahlrecht** vor: Er kann zunächst wählen, ob er mit voller Haftung in der Gesellschaft verbleibt oder ob er seinen Verbleib in der Gesellschaft von der Einräumung eines Kommanditistenstatus unter Belassung des bisherigen Gewinnanteils abhängig macht (Abs. 1). Lehnen die Mitgesellschafter den Wechsel ab, kann der Erbe es nunmehr doch bei der ursprünglichen Stellung belassen oder ohne Einhaltung einer Kündigungsfrist aus der Gesellschaft ausscheiden (Abs. 2). Für die Geltendmachung ist eine dreimonatige Frist vorgesehen (Abs. 3). Durch rechtzeitige Umwandlung bzw. rechtzeitigen Austritt kann der Erbe seine Haftung beschränken (Abs. 4). Die Vorschriften sind zwingend (Abs. 5).

35 Das Wahlrecht steht auch demjenigen Erben zu, der bereits neben dem Erblasser Kommanditist in der Gesellschaft war und nun aufgrund erbrechtlicher Nachfolge die Stellung eines persönlich haftenden Gesellschafters erlangt, wenn auch nur als einheitliches Wahlrecht; nicht aber dem Erben, der bereits persönlich haftender Gesellschafter war, da insoweit kein erhöhtes Haftungsisiko besteht, und dem Erben, dessen Beteiligung sich nach dem Gesellschaftsvertrag automatisch in einen Kommanditistenanteil verwandelt (GroßkommHGB/*Schäfer* § 139 Rn. 68, 75; E/B/J/*Lorz* § 139 Rn. 97; vgl. auch BGH NJW 1987, 3184, 3186; WM 1963, 989, 990; BayObLG ZIP 2003, 1443, 1444).

Bei einer **aufgelösten Gesellschaft** soll das Wahlrecht nach h. M. nicht bestehen (BGH NJW 1982, 45). Auf den Erben eines Gesellschafters ohne Kapitalanteil ist § 139 HGB nicht unmittelbar anwendbar (OLG Hamm DB 1999, 272, 273), wohl aber werden nach h. M. die Abs. 2 bis 4 mit der Folge der Haftungsbeschränkung durch fristgerechten Austritt angewandt (MüKo HGB/*K. K.Schmidt* § 139 Rn. 63). Im Fall der Beerbung des einzigen Komplementärs durch den Kommanditisten einer Zwei-Mann-KG wird die Gesellschaft vollbeendigt, § 139 HGB ist in diesem Fall nicht anwendbar, sondern § 27 HGB (BGH BB 1991, 230, 231). **36**

Das Wahlrecht kann **von jedem Erben einzeln und gesondert** ausgeübt (BGH BGHZ 55, 267, 270) und von den Mitgesellschaftern auch unterschiedlich beantwortet werden (Baumbach/Hopt/*Hopt* § 139 Rn. 39). Gleiches gilt für Vor- und Nacherben, allerdings mit der Maßgabe, dass mit Ausübung des Wahlrechts des Vorerben (Austritt, Umwandlung in Kommanditanteil) das Wahlrecht erledigt ist (MüKo HGB/*K. Schmidt* § 139 Rn. 68). **37**

II. Ausübung des Wahlrechts

Der Erbe hat einen **formlosen Antrag** an die Mitgesellschafter zu richten, ihm unter Belassung seines Gewinnanteils die Stellung eines Kommanditisten einzuräumen. Dieser ist im Grundsatz durch einstimmigen Beschluss anzunehmen, wenn nicht der Gesellschaftsvertrag andere Mehrheiten vorsieht. Nur wenn der Antrag mit der erforderlichen Mehrheit angenommen wird, wird der Erbe durch Vertrag mit den Mitgesellschaftern Kommanditist. Wird die Umwandlung von weiteren als in § 139 HGB vorgesehenen Bedingungen abhängig gemacht, wird kein Austrittsrecht begründet. **38**

III. Einlage

Verständigen sich Erbe und Mitgesellschafter im Rahmen der Umwandlung auf eine anerkannte Einlage, entsteht kein Problem. Im Übrigen, also bei fehlender Einigung, besteht ein Meinungsstreit über den Begriff der Einlage. Nach wohl überwiegender Ansicht (vgl. die Ausführungen in GroßkommHGB/*Schäfer* § 139 Rn. 100 ff. m. w. N.) ist von dem **Kapitalanteil** des verstorbenen Gesellschafters im Zeitpunkt des Erbfalls, vermehrt um ausstehende Einlagen bzw. unrechtmäßige Entnahmen. Nach der insbesondere von *K. Schmidt* (MüKo HGB § 139 Rn. 72 ff., 75) vertretenen Gegenauffassung ist die sog. **bedungene Einlage**, §§ 167 Abs. 2, 169 Abs. 1 HGB maßgeblich. Der für die Praxis maßgebliche Unterschied liegt darin, dass im Falle der Anerkennung letzterer Auffassung der Erbe-Kommanditist im Falle von Verlusten, die zu einem Unterschreiten der bedungenen Einlage geführt haben, zukünftige Gewinne so lange stehen lassen muss, bis die ursprüngliche Einlage wieder aufgefüllt ist (vgl. auch das Teilaspekte hiervon behandelnde Urteil des BGH in NJW 1987, 3184). **39**

IV. Haftsumme

Die Haftsumme entspricht in der Regel der Einlage. Sie ist der in das Handelsregister einzutragende Betrag, § 171 Abs. 1 HGB. Nach überwiegender Ansicht wird der Aktivsaldo des Kapitalkontos als Haftsumme festgelegt (E/B/J/*Lorz* § 139 Rn. 106), auch hier sind wieder unzulässige Entnahmen und ausstehende Einlagen hinzuzurechnen (GroßkommHGB/*Schäfer* § 139 Rn. 106). Ein negativer Kapitalanteil hindert die Ausübung des Wahlrechts nicht (vgl. BGH NJW 1987, 3184), die Einlage wird nach h. M. in diesem Fall mit € 1,– angesetzt (Baumbach/Hopt/*Hopt* § 139 Rn. 42). **40**

V. Ausscheiden des Erben

Kommt ein Vertrag mit den Mitgesellschaftern nicht zustande, kann der Erbe als persönlich haftender Gesellschafter in der Gesellschaft verbleiben oder sein Ausscheiden erklären. Ist im Gesellschaftsvertrag eine Abfindungsbeschränkung für den Fall der Kündigung vorgesehen, so gilt diese im Zweifel nicht für den Erben, der nach Ablehnung seines Umwandlungsgesuchs ausscheidet (Baumbach/Hopt/*Hopt* § 139 Rn. 43). **41**

VI. Frist zur Ausübung des Wahlrechts, Abs. 3

42 Die Antragsfrist beträgt gem. Abs. 3 **drei Monate**. Sie beginnt mit der Kenntnis vom Anfall der Erbschaft. Im Grundsatz ist auch unerheblich, ob der Erbe Kenntnis vom Berufungsgrund, der Nachfolgeklausel oder dem Gesellschaftsverhältnis hat. Härten in diesem Bereich werden dadurch abgefangen, dass die Bedenkfrist noch läuft, so lange die Erbschaft noch ausgeschlagen werden kann, was Kenntnis vom Anfall und dem Grund der Berufung voraussetzt, § 139 Abs. 3 S. 3 HGB. Unerheblich ist die Eintragung im Handelsregister, eine verspätete Eintragung kann aber Haftungsfolgen auslösen.

VII. Haftung des Erben

1. Grundsätzliches

43 Explizit angesprochen ist die Haftungsbeschränkungsmöglichkeit in den Fällen des Ausscheidens des Erben innerhalb der Frist des Abs. 3, der Auflösung der Gesellschaft in dieser Frist oder der Einräumung der Kommanditistenstellung in der Frist. Zu unterscheiden sind **vier Fallgestaltungen**: in zeitlicher Hinsicht (während der Schwebezeit des Abs. 3 und später), nach Art der Verbindlichkeit (Altschulden, Zwischenneuschulden und Neuschulden), nach Rechtsgrund der Haftung (als Erbe oder als Gesellschafter) und letztlich unter Berücksichtigung der Wahlmöglichkeiten (Verbleib als persönlich haftender Gesellschafter, Umwandlung in Kommanditistenstellung, Ausscheiden aus der Gesellschaft und Auflösung der Gesellschaft).

2. Haftung während der Schwebezeit

44 Der Erbe ist während der Schwebezeit grundsätzlich persönlich haftender Gesellschafter (offen BGHZ 55, 267, 270).

45 Er haftet erbrechtlich nach § 128 HGB, §§ 1967 ff. BGB, also unbeschränkt, aber mit der Möglichkeit der Beschränkung nach §§ 1975 ff. BGB. Dies gilt für Altverbindlichkeiten wie für Zwischenneuschulden, also Schulden, die während der Schwebezeit begründet wurden (MüKo HGB/*K. Schmidt* § 139 Rn. 103).

46 Gesellschaftsrechtlich haftet er für Altverbindlichkeiten nach § 130 HGB, für Zwischenneuschulden nach § 128 HGB. Da die Haftung (wenn auch nur vorläufig) unbeschränkt ist, kann der Erbe für die Schwebezeit einen Zugriff auf sein Privatvermögen (außerhalb des Nachlasses) – ebenfalls vorläufig – verweigern. Bei der Leistung auf eine Gesellschaftsverbindlichkeit liegt konsequent auch keine Leistung auf eine Nichtschuld vor, der Gesellschafter kann vielmehr nach § 110 HGB, ebenso wie nach §§ 1978 Abs. 3, 1979 BGB Rückgriff nehmen (GroßkommHGB/*Schäfer* § 139 Rn. 120).

3. Haftung des Erben als persönlich haftender Gesellschafter

47 War der Erbe schon vorher persönlich haftender Gesellschafter oder macht er von seinem Wahlrecht keinen Gebrauch, so haftet er unbeschränkt für die Gesellschaftsverbindlichkeiten, §§ 128 bis 130 HGB. Daran ändert sich auch nichts dadurch, dass die erbrechtliche Haftung nach Verlust des Wahlrechts durch Zeitablauf nach den dortigen Vorschriften beschränkbar ist, so auch die Einrede des § 2059 Abs. 1 S. 1 BGB (MüKo HGB/*K. Schmidt* § 139 Rn. 106 ff.).

4. Haftung des Erben als Kommanditist

48 Bei wirksamer Umwandlung in eine Kommanditbeteiligung besteht die Haftung dem Wortlaut nach nur nach Maßgabe der **erbrechtlichen Haftungsbestimmungen**, also mit den dort statuierten Beschränkungsmöglichkeiten der §§ 1975 ff. BGB. Gemeint ist die Haftung für Altverbindlichkeiten und solche in der Schwebezeit bis zur Umwandlung (BGHZ 55, 267, 273 f.)

49 Darüber hinaus nimmt die h. M. jedoch an, dass die Umwandlung einem Eintritt nach § 173 HGB gleichkommt, so dass neben die Erbenhaftung die Kommanditistenhaftung tritt (E/B/J/*Lorz*

§ 139 Rn. 121). Dies bedeutet, dass für Altverbindlichkeiten und Zwischenneuschulden eine Haftung nach §§ 171, 172, 173 HGB besteht, also mit dem Risiko, dass der Erblasser die Einlage nicht erbracht oder wieder entnommen hat (missverständlich GroßkommHGB/*Schäfer* § 139 Rn. 123: Inanspruchnahme droht dem Erben nur, als er sich die Einlage zurückzahlen lässt oder entnimmt). Für Neuverbindlichkeiten ergibt sich dies unmittelbar aus §§ 171, 172 HGB.

Im Fall der qualifizierten Nachfolgeklausel betrifft die Kommanditistenhaftung nur den von der Nachfolgeklausel berufenen Erben, die Erbenhaftung hingegen alle Miterben. 50

Es besteht überwiegend Einigkeit, dass die Regelung des § 176 Abs. 2 HGB (Haftung des eintretenden Kommanditisten für die bis zur Eintragung begründeten Verbindlichkeiten) nicht gilt (so wohl BGHZ 108, 187, 197). In diesen Fällen kann aber eine Haftung nach § 15 Abs. 1 HGB (a. A. GroßkommHGB/*Schäfer* § 139 Rn. 130: Eingreifen allgemeiner Rechtscheinsgrundsätze) in Betracht kommen, wenn auch erst nach Ablauf einer Schonfrist, innerhalb die Eintragung bewirkt werden kann (E/B/J/*Lorz* § 139 Rn. 124). 51

5. Haftung bei Ausscheiden des Erben

In diesem Fall haftet der Erbe nur mit den erbrechtlichen Haftungsbeschränkungsmöglichkeiten. Für nach seinem Ausscheiden begründete Verbindlichkeiten haftet er überhaupt nicht. Wird für die Eintragung des Ausscheidens nicht unverzüglich Sorge getragen, besteht das Haftungsrisiko nach § 15 Abs. 1 HGB (BGHZ 66, 98, 102). 52

6. Haftung bei Auflösung der Gesellschaft

Wird die Gesellschaft zwar nach dem Erbfall, aber noch innerhalb der Schwebefrist aufgelöst, wird das Wahlrecht des Erben gegenstandslos (E/B/J/*Lorz* § 139 Rn. 128). Der Erbe haftet in diesem Fall nur mit den erbrechtlichen Beschränkungsmöglichkeiten. Dies gilt auch für die dann in der Liquidation entstehenden Verbindlichkeiten (BGH NJW 1982, 45, 46). Im Falle nicht unverzüglicher Eintragung der Auflösung gilt es, betreffend die nach Auflösung entstehenden Verbindlichkeiten wiederum § 15 Abs. 1 HGB zu beachten. 53

Abs. 4 soll ebenfalls zur Anwendug kommen, wenn die Gesellschaft schon mit dem Tod des Gesellschafters oder vor dem Erbfall aufgelöst wurde (GroßkommHGB/*Schäfer* § 139 Rn. 126; vgl. auch RGZ 72, 119, 120). 54

VIII. Abweichende Vereinbarungen

Das Wahlrecht des Erben ist **nicht dispositiv**. Es darf weder entzogen noch eingeschränkt werden. Nach Abs. 5 Hs. 2 kann jedoch eine andere Bestimmung des Gewinnanteils im Gesellschaftsvertrag vorgesehen werden. 55

Abs. 5 beschränkt nicht die Testierfreiheit. Die Zulässigkeit entsprechender Beschränkungen richtet sich alleine nach erbrechtlichen Grundsätzen (MüKo HGB/*K. Schmidt* § 139 Rn. 95). 56

Regelungen, die die Haftungsbeschränkung des Erben erleichtern, sind in Grenzen zulässig. Im Interesse der Gesellschaftsgläubiger kann etwa eine Verlängerung der Schwebezeit nicht zu Lasten Dritter vereinbart werden (GroßkommHGB/*Schäfer* § 139 Rn. 134). 57

Ohne weiteres zulässig sind auch **Nachfolge- und Umwandlungsklauseln**, also Klauseln, die ein Recht zum Eintritt oder ein automatisches Eintreten vorsehen (BGHZ 101, 123, 125), vorausgesetzt, es verbleibt noch ein Komplementär in der Gesellschaft. Es gilt dann auch das Haftungsprivileg des Abs. 4 (MüKo HGB/*K. Schmidt* § 139 Rn. 94). 58

§ 140 [Ausschließungsklage]

(1) [1]Tritt in der Person eines Gesellschafters ein Umstand ein, der nach § 133 für die übrigen Gesellschafter das Recht begründet, die Auflösung der Gesellschaft zu verlangen, so kann vom Gericht anstatt der Auflösung die Ausschließung dieses Gesellschafters aus der Gesellschaft ausgesprochen werden, sofern die übrigen Gesellschafter dies beantragen. [2]Der Ausschließungsklage steht nicht entgegen, dass nach der Ausschließung nur ein Gesellschafter verbleibt.

(2) Für die Auseinandersetzung zwischen der Gesellschaft und dem ausgeschlossenen Gesellschafter ist die Vermögenslage der Gesellschaft in dem Zeitpunkte maßgebend, in welchem die Klage auf Ausschließung erhoben ist.

Übersicht:

A. Normzweck

1 Auf Antrag der übrigen Gesellschafter kann das Gericht die Ausschließung eines Gesellschafters aussprechen, wenn in seiner Person ein wichtiger Grund vorliegt, aufgrund dessen die Gesellschaft nach § 133 HGB aufgelöst werden könnte. Die Ausschließung ist, soweit nicht anders lautende gesellschaftsvertragliche Regelungen existieren (vgl. Rn. 24 ff.), nur im Wege der (Gestaltungs-)Klage zulässig. Durch das Ausschließungsrecht sollen die Mitgesellschafter vor einer Auflösung und Abwicklung der Gesellschaft unter Mitwirkung des Störers bewahrt werden (vgl. BGH NJW 1952, 875). § 140 HGB dient somit dem Zweck, den übrigen Gesellschaftern die im Unternehmen steckenden Werte zu erhalten (vgl. BGH NJW 1968, 1964, 1965); wobei das Erfordernis einer gerichtlichen Entscheidung der Rechtssicherheit dient (vgl. BGH NJW 1960, 625, 626). Zur Ausschließungsklage nach § 140 HGB vgl. außerdem ausführl. auch Kap. 16 Rn. 190 ff.

B. Anwendungsbereich

I. Gesellschaftsformen

2 § 140 HGB gilt für die OHG und die KG (i. V. m. § 161 Abs. 2 HGB), auch im Fall einer fehlerhaften Gesellschaft (zur fehlerhaften Gesellschaft vgl. § 105 HGB Rn. 79 ff.). In der KG, auch in der GmbH & Co. KG, ist die Ausschließung des einzigen Komplementärs möglich (vgl. BGH NJW 1952, 875; NJW-RR 1993, 1123, 1125). Soweit in diesem Fall nicht ein neuer Komplementär eintritt oder einer der Kommanditisten dessen Stellung übernimmt, wird die KG mit Rechtskraft des Urteils aufgelöst (vgl. BGH NJW 1952, 875, 876). Nach § 9 Abs. 1 PartGG ist § 140 HGB auch auf die

Partnerschaftsgesellschaft anwendbar. Die Vorschrift findet keine Anwendung auf die GbR und die stille Gesellschaft, für diese existieren eigene Vorschriften in § 737 BGB und § 234 HGB.

II. Wirksamkeit der Gesellschaft

Die Gesellschaft muss entstanden und darf nicht vollbeendigt sein, eine fehlerhafte Beteiligung 3 genügt. Grundsätzlich reicht für die Entstehung der Abschluss des Gesellschaftsvertrages aus (vgl. MüKo HGB/*K. Schmidt* Rn. 8). § 140 HGB gilt auch für die bereits aufgelöste Gesellschaft. In dieser ist eine Ausschließung jedoch nur dann möglich, soweit sie für die Abwicklung oder Fortsetzung der Gesellschaft notwendig ist, denn ansonsten ist die Entziehung der aktiven Abwicklungsbefugnis des betroffenen Gesellschafters als milderes Mittel vorrangig (vgl. BGH NJW 1951, 650).

III. Bedeutung des Abs. 1 S. 2

§ 140 Abs. 1 S. 2 HGB stellt – entgegen dem zu engen Wortlaut des § 142 HGB a. F. – klar, dass 4 nicht nur in der Zweipersonengesellschaft, sondern auch in der Mehrpersonengesellschaft die Ausschließungsklage eines Gesellschafters gegen alle Mitgesellschafter möglich ist. Damit ist der Ausschließungsgrund i. S. v. Abs. 1 S. 2 identisch mit dem in Abs. 1 S. 1 (vgl. MüKo HGB/*K.Schmidt* § 140 Rn. 11; a. A. Baumbach/Hopt/*Hopt* § 140 Rn. 3). In der Zweipersonengesellschaft ist Rechtsfolge einer Ausschließung das Erlöschen der Gesellschaft und die Übernahme des Handelsgeschäfts durch den die Ausschließung betreibenden Mitgesellschafter.

C. Der Ausschließungsgrund

I. Grundsatz

Nach dem Gesetzeswortlaut setzt die Ausschließung eines Gesellschafters voraus, dass in seiner 5 Person ein Umstand eintritt, der nach § 133 HGB für die übrigen Gesellschafter das Recht begründet, die Auflösung der Gesellschaft zu verlangen. Dieser Wortlaut ist insoweit missverständlich, als sich der wichtige Grund im Rahmen des § 140 HGB stets auf eine konkrete Rechtsfolge beziehen muss – namentlich der Ausschließung des Störers und gerade nicht der Auflösung der Gesellschaft (MüKo HGB/*K. Schmidt* § 140 Rn. 16). Voraussetzung für die Ausschließung ist damit ein Sachverhalt, welcher den Mitgesellschaftern die Fortsetzung der Gesellschaft mit dem Störer **unzumutbar** erscheinen lässt (vgl. BGH NJW 1960, 625, 627). Diese Unzumutbarkeit muss sich konkret auf die Fortsetzung des Gesellschaftsverhältnisses beziehen, was im Wege einer Prognose zu entscheiden ist (vgl. MüKo HGB/*K. Schmidt* § 140 Rn. 17 f.). Typischerweise handelt es sich bei dem »wichtigen Grund«i. S. d. Vorschrift um eine vorsätzliche oder grob fahrlässige **Verletzung wesentlicher gesellschaftsvertraglicher Pflichten** durch den Auszuschließenden (vgl. § 133 Abs. 2 HGB). Erforderlich ist stets eine umfassende Würdigung der Umstände des Einzelfalls.

II. Verhältnis zur Auflösung § 133 HGB

Der Unterschied zwischen § 133 HGB (vgl. zur Klage auf Auflösung gem. § 133 HGB die Kom- 6 mentierung zu § 133 HGB sowie außerdem ausführl. Kap. 16 Rn. 158 ff.) und § 140 HGB besteht in der Stoßrichtung der Vorschriften. Während § 133 HGB die allseitige Unzumutbarkeit der Fortsetzung der Gesellschaft voraussetzt, ist bei § 140 HGB allein die Sichtweise der vertragstreuen Mitgesellschafter im Hinblick auf den oder die Störer entscheidend (durch MüKo HGB/*K. Schmidt* § 140 Rn. 19 auf den Punkt gebracht als die Sicht der »weißen Schafe« auf die »schwarzen Schafe«). Entgegen der zu § 142 HGB a. F. überwiegend vertretenen Auffassung setzt § 140 HGB jedoch kein »Mehr« gegenüber § 133 HGB voraus (vgl. MüKo HGB/*K. Schmidt* § 140 Rn. 19; E/B/J/*Lorz* § 140 HGB Rn. 5).

III. Zurechnung

7 Der wichtige Grund muss dem Auszuschließenden zurechenbar sein. Ein **Verschulden** ist nicht erforderlich, es kann jedoch im Einzelfall in die Abwägung mit einfließen; insbesondere kann ein fehlendes oder geringes Verschulden zu Gunsten des Auszuschließenden gewertet werden (vgl. MüKo HGB/*K. Schmidt* § 140 Rn. 23). Das Verhalten eines Rechtsvorgängers ist dem Auszuschließenden nicht ohne weiteres zuzurechnen (st.Rspr., vgl. schon BGHZ 1, 324, 330), es sei denn, dass der Auszuschließende an den Verfehlungen seines Rechtsvorgängers beteiligt war (vgl. BGH WM 1965, 359). Im Einzelfall kann die Fortsetzung der Gesellschaft mit dem Rechtsnachfolger des Störers unzumutbar sein – insbesondere dann, wenn aus dem Verhalten des Vorgängers ein nicht hinzunehmender Dauerzustand resultiert, der sich in dem Rechtsnachfolger fortsetzt (vgl. MüKo HGB/*K. Schmidt* § 140 Rn. 24).

8 Das Verhalten seines **gesetzlichen Vertreters** ist dem Auszuschließenden grundsätzlich wie eigenes zuzurechnen (vgl. BGH NJW 1977, 1013, 1014). Dies gilt nach dem Gedanken des § 31 BGB auch für juristische Personen und rechtsfähige Personengesellschaften (vgl. MüKo HGB/*K. Schmidt* § 140 Rn. 25). Das Verhalten von Erfüllungsgehilfen kann dem Auszuschließenden im Sinne eines prognostischen Unzumutbarkeitstatbestandes – nicht über § 278 BGB – zurechenbar sein (vgl. MüKo HGB/*K. Schmidt* § 140 Rn. 25 m. w. N.). Nicht ohne weiteres zurechenbar ist das Verhalten von Angehörigen (vgl. BGH WM 1958, 49, 50). Zur Zurechnung des Verhaltens eines herrschenden Unternehmens vgl. MüKo HGB/*K. Schmidt* § 140 Rn. 26; Baumbach/Hopt/*Hopt* § 140 Rn. 12).

IV. Verhältnismäßigkeit

1. Ausschließung als ultima ratio

9 Die Ausschließung eines Gesellschafters ist als ultima ratio stets am Verhältnismäßigkeitsgrundsatz zu messen (vgl. hierzu auch Kap. 16 Rn. 199). Dies ist Ausfluss des gesellschafterlichen Treueverhältnisses. Die Ausschließung kommt nur dann in Betracht, wenn **kein milderes Mittel** zur Verfügung steht, mit dem die aus der Person des Auszuschließenden resultierende Unzumutbarkeit ebenfalls abgewendet werden könnte (vgl. BGH BB 2003, 1198). **Beispiele** für mildere Mittel sind: Entziehung oder Beschränkung der Vertretungsmacht oder Geschäftsführung nach §§ 117, 127 HGB (st.Rspr., vgl. schon BGHZ 4, 108, 112; MüKo HGB/*K. Schmidt* § 140 Rn. 28 m. w. N.); zumutbare Änderung des Gesellschaftsvertrages, soweit der Auszuschließende dazu bereit ist (vgl. BGHZ 4, 108, 112); Umwandlung der Mitgliedschaft in Kommanditistenstellung oder stille Beteiligung (vgl. BGH NJW 61, 1767, 1768); Verzicht auf Geschäftsführungs- und Vertretungsbefugnisse (vgl. MüKo HGB/*K. Schmidt* § 140 Rn. 28); Anteilsübertragung auf einen Treuhänder (vgl. BGH NJW 1955, 1919, 1920). Wenn dem Auszuschließenden ein milderes Mittel verbindlich angeboten wird und er diese endgültig abgelehnt hat, kann er sich auf die Vorrangigkeit eines milderen Mittels nicht berufen (vgl. Baumbach/Hopt/*Hopt* § 140 Rn. 6).

2. Mitverschulden der übrigen Gesellschafter

10 Bei einer **wechselseitigen Mitverantwortung** für die Störung – wenn also die Zerrüttung des Vertrauensverhältnisses zwischen den Gesellschaftern nicht allein durch den Auszuschließenden verantwortet wurde – muss dies in die Bewertung der Störung mit einfließen. Eine Ausschließung kommt nur bei überwiegender Verursachung des Zerwürfnisses durch den Auszuschließenden in Betracht (vgl. BGH BB 2003, 1198). Eine schematische Betrachtung nach dem Grundsatz: »Wer am gröbsten stört, wird ausgeschlossen« ist jedoch nicht sachgerecht (vgl. MüKo HGB/*K. Schmidt* § 140 Rn. 30 m. w. N.).

3. Folgenabwägung und Vorgeschichte

11 In die Abwägung fließen die persönlichen und wirtschaftlichen Folgen der Ausschließung für den Betroffenen ein (vgl. BGH ZIP 2003, 1037, 1039; vgl. MüKo HGB/*K. Schmidt* § 140 Rn. 31 m. w. N.). Ebenso berücksichtigt werden die bisher erbrachten Leistungen und Verdienste des

Auszuschließenden für die Gesellschaft, dies auch in Gegenüberstellung zu den bisherigen Verdiensten der Mitgesellschafter (vgl. BGH NJW 1977, 1013, 1014). Dabei kann es von Bedeutung sein, dass der Auszuschließende an der Errichtung der Gesellschafter als Gründer mitgewirkt hat (vgl. BGH BB 1952, 649), dass der Aufbau des Unternehmens sein Lebenswerk ist, oder in welchem Umfang er in der Vergangenheit materielle Werte in die Gesellschaft eingebracht hat (vgl. BGHZ 4, 108, 111).

V. Berücksichtigung der Gesellschaftsstruktur

Die Zumutbarkeit einer Ausschließung wird auch durch die Organisationsstruktur der Gesell- 12
schaft (**personalistisch oder kapitalistisch**) bestimmt (vgl. BGH NJW 1955, 1919, 1920). Die Rechtsfolgen sind, insbesondere bei Gesellschaften im familiären Verbund, ambivalent: So kann die Ausschließung wegen der engen persönlichen Verbundenheit zwischen den Gesellschaftern unter besonders engen Voraussetzungen möglich sein, andererseits aber ein persönliches Fehlverhalten für die Mitgesellschafter – anders als in einer kapitalistischen Struktur – besonders belastend sein. Diese »Kehrseiten« sind im Einzelfall eingehend zu prüfen. Das Ausschließungsrecht gilt in der KG auch gegen einen Kommanditisten, kann aber aufgrund des loseren Verbundes unter besonderen Anforderungen stehen. Bei der Ausschließung des einzigen Komplementärs ist die Unzumutbarkeit der Fortführung der Gesellschaft für die Mitgesellschafter aufgrund der einschneidenden Wirkungen eines solchen Eingriffs nur unter engen Voraussetzungen zu bejahen (vgl. MüKo HGB/*K. Schmidt* § 140 Rn. 33). Die Größe des Gesellschaftsanteils des Auszuschließenden ist i. d. R. unerheblich (vgl. BGHZ 51, 204, 207; str., vgl. Baumbach/Hopt/*Hopt* § 140 Rn. 9 m. w. N.).

VI. Einwilligung, Verzicht, Verwirkung, Verzeihung

Ein ansonsten als Ausschließungsgrund zu betrachtendes Verhalten kann durch Einwilligung ge- 13
rechtfertigt sein. Ebenso können die Mitgesellschafter auf die Erhebung der Ausschließungsklage verzichten oder ihr Ausschließungsrecht **verwirken**. Zwar ist die Ausschließungsklage nicht an eine Frist gebunden (vgl. ausführl. Kap. 16 Rn. 214), es kann jedoch eine tatsächliche Vermutung für den Fortfall des wichtigen Grundes sprechen, wenn die Mitgesellschafter in Kenntnis aller Fakten über Monate keinen Gebrauch von ihrem Ausschließungsrecht machen (vgl. BGH NJW 1999, 2820, 2821).

VII. Fallbeispiele

Zur Kasuistik vgl. die umfassende Darstellung bei MüKo HGB/*K. Schmidt* § 140 Rn. 39 ff., wel- 14
cher die Ausschlussgründe sachgerecht gliedert als Verletzung von Leistungspflichten, Verletzung von organisatorischen Pflichten, Verletzung von Treuepflichten, Unredlichkeit, Eigenmächtigkeit, ungebührliches Verhalten, sowie Zerwürfnisse und Spannungen. **Ausreichend sind** z. B.: Veruntreuungen und Unterschlagungen (vgl. BGH ZIP 1999, 1355, 1356); hartnäckige Weigerung, in einer auf Zusammenarbeit angelegten Gesellschaft die vereinbarte Tätigkeit aufzunehmen, wobei es auf die Gründe ankommt (vgl. MüKo HGB/*K.Schmidt* § 140 Rn. 40). Verstöße gegen Konkurrenzverbote (vgl. BGH NJW-RR 1997, 925; E/B/J/*Lorz* § 140 Rn. 20 m. w. N.); missbräuchliche Insolvenzanträge gegen die Gesellschaft (vgl. BGH WM 1964, 1188, 1190); mutwillig oder aus Schikane geführte Prozesse gegen Mitgesellschafter (vgl. OLG Frankfurt GmbHR 1993, 659, 660); Übervorteilung bei gemeinsamer Steuerhinterziehung (vgl. BGH NJW 1960, 625, 628); schädigende Äußerungen gegenüber der finanzierenden Hausbank (vgl. OLG München DStR 2001, 495); wiederholte Eigenmächtigkeiten in der Geschäftsführung, insbesondere vertragswidrige Nichteinholung erforderlicher Zustimmungen (vgl. BGH NJW-RR 1993, 1123, 1124).

Reine Privatangelegenheiten des Gesellschafters, wie z. B. Eheverfehlungen gegen die Tochter 15
oder Schwester eines Mitgesellschafters, begründen eine Ausschließung grundsätzlich nicht. Anders wird dies bei einer unmittelbar persönlichen Verletzung von Mitgesellschaftern (z. B. Bruch

der Ehe des Mitgesellschafters) gesehen, oder wenn die private Verfehlung aus besonderen Gründen das Unternehmen schädigt (vgl. BGHZ 4, 108, 113).

16 Ausreichend kann ein durch objektive Umstände erhärteter **Verdacht** sein, wenn er sich auf schwerwiegendes Fehlverhalten bezieht, z. B. die wiederholte Unterschlagung von Gesellschaftsvermögen unter Ausnutzung einer Bankvollmacht (vgl. OLG Frankfurt DStR 1993, 732, 733). Der Verdacht kann jedoch eine Ausschließung nicht mehr rechtfertigen, wenn er sich nachträglich als unbegründet erweist (vgl. BGH NJW 1960, 625, 628).

D. Verfahren

I. Grundsätzliches

17 Notwendig für die Ausschließung ist grundsätzlich eine **gemeinsame Klage aller Mitgesellschafter**. Soweit ein Mitgesellschafter dem Klageziel verbindlich zugestimmt hat, ist seine Mitwirkung jedoch nicht notwendig (vgl. BGH NJW 1998, 146; str. vgl. Baumbach/Hopt/*Hopt* § 140 Rn. 17 m. w. N.). Die klagenden Mitgesellschafter sind **notwendige Streitgenossen** i. S. d. § 62 ZPO (vgl. BGH NJW 1959, 1683). Die Ausschließungsklage ist gegen mehrere Gesellschafter möglich, auch aus verschiedenen wichtigen Gründen (vgl. Baumbach/Hopt/*Hopt* § 140 Rn. 19). Sie ist aber, wenn sie gegen einen von mehreren Beklagten unbegründet ist, im Ganzen abzuweisen, weil es in diesem Fall an einem Antrag aller Mitgesellschafter fehlt (vgl. BGHZ 64, 253, 255). Mehrere Beklagte sind ebenfalls notwendige Streitgenossen i. S. d. § 62 ZPO (vgl. Baumbach/Hopt/*Hopt* § 140 Rn. 19). Vgl. zum Verfahren des § 140 HGB auch ausführl. Kap. 16 Rn. 204 ff.

II. Zustimmungsklage

18 Die **Treuepflicht** der Gesellschafter kann ihre Verpflichtung zur Zustimmung zur Mitwirkung an der Ausschließungsklage begründen. Gegen Mitgesellschafter, die eine solche Mitwirkung verweigern, ist eine Klage auf Zustimmung zu der Ausschließungsklage zu erheben (vgl. BGHZ 64, 253, 257; a. A. mit beachtlichen Argumenten MüKo HGB/*K. Schmidt* § 140 Rn. 61 ff.) Eine **Mitwirkungspflicht** besteht nicht, wenn die Mitwirkung nicht zumutbar ist, dies kann z. B. im Fall einer nahen Verwandtschaft mit dem Auszuschließenden zu bejahen sein (vgl. Baumbach/Hopt/*Hopt* § 140 Rn. 20). Das Zustimmungsurteil ersetzt nach § 894 ZPO die Teilnahme an der Ausschließungsklage. Für den Fortgang des Ausschließungsprozesses braucht die Rechtskraft des Zustimmungsurteils nicht abgewartet zu werden, denn es können beide Klagen gem. § 260 ZPO verbunden werden. Wird in diesem Fall die Mitwirkungspflicht eines Mitgesellschafters verneint, führt dies allerdings zur Abweisung beider Klagen (vgl. BGH NJW 1977, 1013, 1014; E/B/J/*Lorz* § 140 HGB Rn. 31).

III. Verfahrensart und Zuständigkeiten

19 Die Ausschließungsklage ist eine **Gestaltungsklage**. **Gerichtsstand** ist nach § 13 ZPO am Wohnsitz des Auszuschließenden oder nach § 22 ZPO am Sitz der Gesellschaft, auch für Zustimmungsklagen gegen Mitgesellschafter (vgl. Baumbach/Hopt/*Hopt* § 140 Rn. 21). Eine Schiedsgerichtsvereinbarung ist möglich (vgl. MüKo HGB/*K. Schmidt* § 140 Rn. 64). Der **Streitwert** ist nach § 3 ZPO zu schätzen (vgl. BGH NJW 1956, 182, 183). **Parteien** sind nach dem Gesetzeswortlaut die Gesellschafter, die Klage ist also nicht von »der Gesellschaft« zu erheben, es sei denn, dass der Gesellschaftsvertrag dies anders bestimmt (vgl. Rn. 24 ff.). Der Ausschließungsantrag kann als Haupt- oder Hilfsantrag gestellt werden. Möglich ist ein Eventualverhältnis zwischen der Auflösungs- und der Ausschließungsklage (vgl. MüKo HGB/*K. Schmidt* § 140 Rn. 76). Die Ausschließung kann nicht im Wege der einstweiligen Verfügung beantragt werden. Als Widerklage – z. B. gegen eine Auflösungsklage – kann die Ausschließungsklage erhoben werden. Vgl. zum Verfahren ausführl. auch Kap. 16 Rn. 204 ff.

IV. Klageziel, Rechtswirkungen

Ziel der Ausschließungsklage ist entweder nach Abs. 1 S. 1 die Ausschließung des Gesellschafters oder nach Abs. 1 S. 2 die Übernahme, es handelt sich um eine Rechtsgestaltung. Die **Gestaltungswirkung** eines stattgebenden Urteils tritt mit der materiellen Rechtskraft ein (vgl. Baumbach/Hopt/*Hopt* § 140 Rn. 22; weitere Nachweise Kap. 16 Rn. 217). Sie hat keine Rückwirkung (vgl. MüKo/*K. Schmidt* § 140 Rn. 83). Wenn ein Ausschließungsurteil im Wiederaufnahmeverfahren aufgehoben wurde, kann sich eine neue Ausschließungsklage auf das zwischenzeitliche Verhalten des Beklagten stützen. Dabei ist zu berücksichtigen, dass er sich in dieser Zeit als Nichtgesellschafter fühlen durfte (vgl. BGH NJW 1955, 1919, 1920). 20

Mit Rechtskraft des stattgebenden Urteils scheidet der ausgeschlossene Gesellschafter aus der Gesellschaft aus, kraft Verweisung des § 105 Abs. 3 HGB auf § 738 Abs. 1 BGB erfolgt eine **Anwachsung seines Gesellschaftsanteils** bei den übrigen Gesellschaftern. Gem. § 738 Abs. 1 S. 2 und 3 BGB sind ihm die von ihm der Gesellschaft zur Benutzung überlassenen Gegenstände zurückzugewähren und das Auseinandersetzungsguthaben auszuzahlen. Der Ausgeschiedene ist von gemeinschaftlichen Schulden zu befreien. Soweit diese noch nicht fällig sind, können die verbliebenen Gesellschafter stattdessen Sicherheit leisten. 21

Bei der Ausschließung eines Gesellschafters aus der **Zweipersonengesellschaft** (Abs. 1 S. 2) erlischt die Gesellschaft. Das Gesellschaftsvermögen wird Alleinvermögen des Übernehmers im Wege der Gesamtrechtsnachfolge; es erfolgt keine Anwachsung nach § 738 Abs. 1 S. 1 BGB (vgl. Baumbach/Hopt/*Hopt* § 140 Rn. 25). Dies hat Konsequenzen für die Haftung. Der verbleibende Kommanditist haftet als Gesamtrechtsnachfolger unbeschränkt für sämtliche Altschulden der Gesellschaft (vgl. BGH NJW 1991, 844, 846). An der Haftung eines Gesellschafters, der schon vor der Übernahme ausschied, ändert sich jedoch nichts (vgl. BGHZ 50, 232, 237). 22

Abfindungsstichtag ist gem. § 140 Abs. 2 HGB der Tag der Klageerhebung – jedoch nicht bevor alle Mitgesellschafter an dem Prozess beteiligt waren (vgl. MüKo HGB/*K. Schmidt* § 140 Rn. 87). Ist die Klage aufgrund von Ausschließungsgründen, die erst nach Klageerhebung vorlagen oder die erst später in den Prozess eingebracht wurden erfolgreich, entscheidet erst der Zeitpunkt der Geltendmachung dieser Gründe (vgl. MüKo HGB/*K. Schmidt* § 140 Rn. 87 m. w. N.) 23

E. Abweichende Vereinbarungen

I. Grundsätzliches

§ 140 HGB ist **nicht zwingend** (anders das Recht auf Auflösung, § 133 Abs. 3 HGB). Der Gesellschaftsvertrag kann das Ausschließungs- bzw. Übernahmerecht erschweren oder beseitigen (vgl. BGHZ 51, 204), so dass nur die Auflösung oder der eigene Austritt aus wichtigem Grund verbleibt (vgl. Baumbach/Hopt/*Hopt* § 140 Rn. 28, str.). Er kann darüber hinaus Vereinbarungen über das Ausschlussverfahren, über die Ausschließungsgründe sowie über die Ausschließungsfolgen beinhalten. 24

II. Vereinbarungen über das Ausschließungsverfahren

Die Ausschließungsklage kann auf ein **Schiedsgericht** übertragen werden (vgl. MüKo HGB/*K. Schmidt* § 140 Rn. 90). Zulässig sind Gerichtsstandsvereinbarungen (§ 38 ZPO) sowie eine Regelung, nach der auch die Gesellschaft (nicht nur die übrigen Gesellschafter) die Ausschließungsklage erheben kann (vgl. MüKo HGB/*K. Schmidt* § 140 Rn. 90). An die Stelle der Ausschließungsklage kann nach dem Gesellschaftsvertrag ein **Ausschließungsbeschluss** oder eine Ausschließungserklärung durch ein Organ der Gesellschaft treten (vgl. BGH NJW 1969, 625). An einem solchen Ausschließungsbeschluss müssen – außer in der Publikumsgesellschaft – grundsätzlich alle übrigen Gesellschafter mitwirken, im Gesellschaftsvertrag können jedoch Mehrheitsregelungen getroffen werden (vgl. MüKo HGB/*K. Schmidt* § 140 Rn. 91). 25

III. Vereinbarungen über die Ausschließungsgründe

26 Der Gesellschaftsvertrag kann bestimmte Verhaltensweisen oder Ereignisse als wichtigen Grund benennen oder ausschließen (vgl. BGHZ 51, 204, 205). Nicht zulässig sind jedoch gem. § 138 BGB gesellschaftsvertragliche Regelungen, die es ermöglichen, einen Gesellschafter ohne wichtigen Grund aus der Gesellschaft auszuschließen – sog. **Hinauskündigung** (vgl. BGH NJW 1977, 1292; st.Rspr., zuletzt zur GmbH, aber auf § 140 HGB übertragbar BGH NJW 2005, 3646 – »Mitarbeitermodell«; BGH NJW 2005, 3641 – »Managermodell«). Mit diesem Verbot soll gewährleistet werden, dass jeder Gesellschafter seine mitgliedschaftlichen Rechte und Pflichten wahrnehmen kann, ohne dass er sich – unter dem »Damoklesschwert« der Ausschließung – einem etwaigen Diktat der Mehrheit beugen muss.

27 Von dem Verbot der Hinauskündigung erkennt die Rechtsprechung in bestimmten Fallgruppen **Ausnahmen** an, wenn die Hinauskündigungsklausel wegen besonderer Umstände sachlich gerechtfertigt ist. So hat der BGH **freie Ausschließungsrechte** als wirksam angesehen, wenn der ausschließungsberechtigte Gesellschafter mit Rücksicht auf die enge persönliche Beziehung zu seiner Mitgesellschafterin die volle Finanzierung der Gesellschaft übernimmt und der Partnerin eine Mehrheitsbeteiligung und die Geschäftsführung einräumt (vgl. BGHZ 112, 103); wenn eine Praxisgemeinschaft von Ärzten einen neuen Gesellschafter aufnimmt und sich dabei eine zeitlich begrenzte Prüfungsmöglichkeit vorbehalten will (vgl. BGH ZIP 2004, 903); oder wenn die Gesellschaftsbeteiligung nur als Annex zu einem Kooperationsvertrag der Gesellschaft anzusehen ist und sichergestellt werden soll, dass der Gesellschaft nur die Partner des Kooperationsvertrages angehören (vgl. BGH ZIP 2005, 706). Keine Bedenken hatte der BGH auch gegen eine Satzungsklausel, nach der in einer GmbH, in der alle Gesellschafter persönlich mitarbeiten, ein Geschäftsanteil eingezogen werden kann, wenn der betreffende Gesellschafter nicht mehr in dem Unternehmen tätig ist (vgl. BGH WM 1983, 956). Wenn eine leitende Mitarbeiterin Gesellschaftsanteile übertragen bekommt, die bei ihrem Ausscheiden aus dem Dienst der Gesellschaft zu dem damals entrichteten Entgelt zurück zu übertragen sind, ist dies sachlich gerechtfertigt, weil der Zweck der gesellschafterlichen Beteiligung (Motivationssteigerung und Belohnung) mit dem Ende der aktiven Tätigkeit entfällt. Zudem eröffnet nur die Rückübertragung der Anteile dem Mehrheitsgesellschafter die Möglichkeit, andere Mitarbeiter zu beteiligen und das in der Satzung niedergelegte Mitarbeitermodell auch in Zukunft fortzuführen (vgl. BGH NJW 2005, 3646). Wenn dem Geschäftsführer mit einer Gesellschaftsbeteiligung eine von seinem Geschick bei der Unternehmensführung (mit)abhängige Einnahmequelle neben dem Gehalt eingeräumt wird, verliert diese Beteiligung als ein Annex zu der Geschäftsführertätigkeit mit der Beendigung der Geschäftsführertätigkeit ihren Sinn. Eine Hinauskündigung ist daher zulässig (vgl. BGH NJW 2005, 3641).

IV. Vereinbarungen über die Ausschließungsfolgen

28 In dem Gesellschaftsvertrag kann bestimmt werden, dass die Anwachsung (vgl. Rn. 20) nicht quotal, sondern zu Gunsten bestimmter abfindungspflichtiger Mitgesellschafter erfolgt. Ebenso, dass der ausscheidende Gesellschafter seine Beteiligung an bestimmte Erwerber zu bestimmten Konditionen verkaufen muss (vgl. MüKo HGB/*K. Schmidt* § 140 Rn. 96).

§§ 141, 142 [aufgehoben]

§ 143 [Eintragung der Auflösung und des Ausscheidens]

(1) [1]Die Auflösung der Gesellschaft ist von sämtlichen Gesellschaftern zur Eintragung in das Handelsregister anzumelden. [2]Dies gilt nicht in den Fällen der Eröffnung oder der Ablehnung der Eröffnung des Insolvenzverfahrens über das Vermögen der Gesellschaft (§ 131 Abs. 1 Nr. 3

und Abs. 2 Nr. 1). [3]In diesen Fällen hat das Gericht die Auflösung und ihren Grund von Amts wegen einzutragen. [4]Im Falle der Löschung der Gesellschaft (§ 131 Abs. 2 Nr. 2) entfällt die Eintragung der Auflösung.

(2) Absatz 1 Satz 1 gilt entsprechend für das Ausscheiden eines Gesellschafters aus der Gesellschaft.

(3) Ist anzunehmen, daß der Tod eines Gesellschafters die Auflösung oder das Ausscheiden zur Folge gehabt hat, so kann, auch ohne daß die Erben bei der Anmeldung mitwirken, die Eintragung erfolgen, soweit einer solchen Mitwirkung besondere Hindernisse entgegenstehen.

A. Normzweck

§ 143 HGB ist durch das Einführungsgesetz zur InsO neu gefasst worden. Die Vorschrift ergänzt die §§ 106, 107 HGB, in denen die Anmeldung der neu errichteten Gesellschaft und der Eintritt neuer Gesellschafter geregelt sind. Die Vorschrift hat insbesondere Bedeutung für den Vertrauensschutz nach § 15 HGB. Ebenfalls geregelt ist die Frage, wer die Anmeldung vorzunehmen hat, nicht aber Form und Verfahren der Anmeldung. Die Vorschrift gilt für OHG und KG (§ 161 Abs. 2 HGB), nicht aber für die GbR (GroßkommHGB/*Schäfer* § 143 Rn. 8). 1

B. Anmeldung von Auflösung und Ausscheiden

I. Auflösung der Gesellschaft

Eintragungspflichtig ist die Auflösung. Zum Begriff und den einzelnen Tatbeständen vgl. § 131 HGB Rn. 7 ff. § 143 HGB gilt für alle Fälle der Auflösung, gleich aus welchem Grund, ausnehmlich der in Abs. 1 S. 2 geregelten Insolvenzfälle und des Falls der Vermögenslosigkeit nach § 131 Abs. 2 Nr. 2 HGB (vgl. MüKo HGB/*K. Schmidt* § 143 Rn. 3, dann erübrigt sich die Eintragung der Auflösung), Abs. 1 S. 4. 2

Im Fall des **Erlöschens** gilt nicht § 143 HGB, sondern § 157 HGB (Anmeldung erst nach Vollbeendigung der Gesellschaft, GroßkommHGB/*Schäfer* § 143 Rn. 4). Fallen Auflösung und Vollbeendigung ausnahmsweise zusammen, so beispielsweise wenn alle Beteiligungen in einer Hand zusammenfallen (der letzte Mitgesellschafter scheidet aus, wird ausgeschlossen oder ein Gesellschafter erwirbt alle Anteile), so liegt ein anmeldepflichtiger Vorgang vor. Streitig sind die Einzelheiten. In der Praxis wird überwiegend davon ausgegangen, dass die Auflösung der Gesellschaft anzumelden und einzutragen ist, verbunden mit der Eintragung des Ausscheidens des vorletzten Gesellschafters und – meist – des Erlöschens (BayObLG NZG 2001, 889, 890; OLG Düsseldorf NJW-RR 1998, 245, 246; a. A. MüKo HGB/*K. Schmidt* § 143 Rn. 4: Eintragung des Erlöschens der Firma; ROHGE 21, 192, 193: Anmeldung nur des Ausscheidens des vorletzten Gesellschafters). Richtigerweise gehört noch die Eintragung des Inhaberwechsels nach § 31 Abs. 1 HGB (und ggf. eine etwaige Änderung der Firma) dazu (E/B/J/*Lorz* § 143 Rn. 4 m. w. N.). Empfohlen wird die zusätzliche Eintragung, dass eine Liquidation nicht stattfindet (OLG Frankfurt NZG 2004, 808, 809 m. w. N.) 3

§ 143 HGB findet auch Anwendung, wenn die Firma zuvor zu Unrecht nicht eingetragen war (OLG Brandenburg, NZG 2002, 909, 910), die Gesellschaft ist dann mit der Auflösung einzutragen (Baumbach/Hopt/*Hopt* § 143 Rn. 1), und im Fall der fehlerhaften Gesellschaft (zur fehlerhaften Gesellschaft vgl. ausführl. § 105 HGB Rn. 79 ff.). Im Fall der Umwandlung ergibt sich die Anmeldepflicht aus anderen Vorschriften (GbR: §§ 31, 6 HGB; KG: § 161 HGB; Kapitalgesellschaft: §§ 198 Abs. 1, 199 UmwG; GroßkommHGB/*Schäfer* § 143 Rn. 7) 4

II. Ausscheiden eines Gesellschafters

Anmeldepflichtig ist auch das Ausscheiden eines Gesellschafters, wenn die Gesellschaft fortbesteht. Der Grund des Ausscheidens ist unerheblich, sämtliche Gründe des § 131 Abs. 3 HGB kom- 5 men in Betracht. Im Falle des durch Gesellschafterbeschluss zulässigen Ausschlusses ist das Ausscheiden bei wirksam gefasstem Beschluss auch bei anhängigem Rechtstreit einzutragen (OLG Karlsruhe NJW-RR 1997, 169)

6 Wird ein Anteil in Form der **Rechtsnachfolge unter Lebenden** übertragen, liegt zwar kein Ausscheiden im technischen Sinne vor (MüKo HGB/*Schmidt* § 143 Rn. 7). Fingiert werden vielmehr das Ausscheiden des übertragenden und der Eintritt des erwerbenden Gesellschafters, kenntlich zu machen durch den sog. »Nachfolgevermerk« (BGH NJW 1981, 2747). Wird ein Anteil in Form der **Rechtsnachfolge von Todes wegen** übertragen gilt Gleiches (KG NGZ 2003, 122), ebenso wie für die **Umwandlung der Mitgliedschaft**, etwa von OHG-Beteiligung oder KG-Beteiligung (GroßkommHGB/*Schäfer* § 143 Rn. 13).

III. Anmeldepflicht

7 Die Anmeldepflicht ist eine öffentlich-rechtliche Pflicht. Sie kann nach § 14 HGB erzwungen werden (E/B/J/*Lorz* § 143 Rn. 8) und gibt den Gesellschaftern untereinander einen auf dem Gesellschaftsvertrag beruhenden zivilrechtlichen Anspruch (MünchHdb GesR I/*Klein* § 78 Rn. 41), wobei die Gesellschafter im Fall der Klage auf Feststellung der Mitwirkungspflicht (GroßkommHGB/*Schäfer* § 143 Rn. 24) weder auf Aktiv- noch auf Passivseite notwendige Streitgenossen sind (BGH NJW 1959, 1683, 1684) und Einwendungen aus dem Gesellschaftsverhältnis nur begrenzt geltend gemacht werden können (etwa keine Mitwirkungspflicht, wenn der betroffene Gesellschafter einen Anspruch auf Auflösung der Gesellschaft hat, Baumbach/Hopt/*Hopt* § 108 Rn. 6 m. w. N.). Die Anmeldepflicht trifft alle Gesellschafter, einschließlich des Ausgeschiedenen (BayObLG DB 1978, 1832), ebenso Scheingesellschafter (BGH WM 1966, 736).

8 Weiterhin **verpflichtet sind** die sämtlichen Erben (im Falle des Todes des Vorerben also auch der Nacherbe und die Erben des Vorerben, KG NJW-RR 1991, 835) des verstorbenen Gesellschafters, auch, soweit sie nicht nachfolge- oder eintrittsberechtigt sind (BayObLG BB 1993, 385). Eine gleichzeitige Anmeldung ist nicht erforderlich (MünchHdb GesR I/*Klein* § 78 Rn. 44), bei Unerreichbarkeit oder ungeklärter Erbfolge ist die Mitwirkung nach § 143 Abs. 3 entbehrlich (MünchHdb GesR I/*Klein* § 78 Rn. 41). Im Fall der Testamentsvollstreckung ist zu unterscheiden, bei angeordneter Dauer- oder Verwaltungsvollstreckung hat der Testamentsvollstrecker Anmeldeverpflichtung (BGH NJW 1989, 3152, 3153) und bei bloßer Abwicklungsvollstreckung nicht (KG NJW-RR 1991, 835, ausführl. dazu *Klein* DStR 1992, 326 f.; *Mayer* ZIP 1990, 976, 978).

9 **Bevollmächtigungen Einzelner**, etwa des Komplementärs oder geschäftsführenden Gesellschafters, sind zulässig und im Falle von Publikumsgesellschaften regelmäßig auch ohne explizite Regelung anzunehmen (MüKo HGB/*K. Schmidt* § 143 Rn. 10).

10 Für die **Form der Anmeldung** gelten die allgemeinen Vorschriften, § 12 HGB. Zuständig ist das Amtsgericht am Sitz der Gesellschaft. Die Nichteinhaltung der geforderten Form hindert die Wirksamkeit der dennoch erfolgten Eintragung nicht (OLG Köln DNotZ 1979, 54)

11 Die Anmeldung muss die für die Eintragung erforderlichen Angaben enthalten, insbesondere also hinreichende Angaben zum Auflösungs- oder Ausscheidensgrund, so dass der Registerrichter seiner Prüfungsfunktion nachkommen kann (E/B/J/*Lorz* § 143 Rn. 14). Soweit die Rechtsnachfolge in Kommanditanteile betroffen ist, ist die Eintragung von der Abgabe der »Abfindungsversicherung« abhängig zu machen, dass nämlich dem ausscheidenden Kommanditisten keine Abfindung aus dem Gesellschaftsvermögen versprochen oder gewährt worden ist (BGH NJW-RR 2006, 107).

IV. Rechtsfolgen der (fehlenden) Eintragung

12 Die Eintragung ist (bloß) **deklaratorisch** (Baumbach/Hopt/*Hopt* § 143 Rn. 5). Allerdings knüpfen die Vorschriften der §§ 159, 160 HGB zur Sonderverjährung und Enthaftung an die Eintragung von Auflösung und Ausscheiden an (E/B/J/*Lorz* § 143 Rn. 16). Zu berücksichtigen ist zudem § 15 HGB. Die Gesellschafter können etwa eine nicht eingetragene Auflösung Dritten gegenüber nicht geltend machen, ebenso wenig wie ein nicht eingetragenes Ausscheiden, soweit der Dritte nicht positive Kenntnis hiervon hat. Positive Kenntnis liegt dabei nicht schon mit Kenntnis vom Ausscheidens- oder Auflösungsgrund vor (BGH NJW 1976, 848, 849).

Ein besonders gravierender Fall ist derjenige der Forthaftung für Verbindlichkeiten der Gesell- 13
schaft nach § 128 HGB, die nach Ausscheiden, aber vor dessen Eintragung eingegangen wurden (vgl. § 128 HGB Rn. 55 ff.).

§ 144 [Fortsetzung der Gesellschaft nach Insolvenzverfahren]

(1) Ist die Gesellschaft durch die Eröffnung des Insolvenzverfahrens über ihr Vermögen aufgelöst, das Verfahren aber auf Antrag des Schuldners eingestellt oder nach der Bestätigung eines Insolvenzplans, der den Fortbestand der Gesellschaft vorsieht, aufgehoben, so können die Gesellschafter die Fortsetzung der Gesellschaft beschließen.

(2) Die Fortsetzung ist von sämtlichen Gesellschaftern zur Eintragung in das Handelsregister anzumelden.

A. Normzweck

§ 144 HGB ist eine bereits im HGB von 1897 enthaltene und im Rahmen der Einführung der InsO 1
neu gefasste Vorschrift. Sie regelt die Fortsetzung der durch die Eröffnung des Insolvenzverfahrens aufgelösten Gesellschaft für zwei explizit genannte Fälle.

B. Fortsetzung der Gesellschaft

Voraussetzung für die Fortsetzung ist nach dem Wortlaut die **Auflösung der Gesellschaft** nach 2
§ 131 Abs. 1 Nr. 3 HGB. Für den Fall der Einstellung des Konkursverfahrens mangels Masse hat der BGH (NJW 1995, 196) eine entsprechende Anwendung des § 144 KO a. F. angenommen. Es wird überwiegend davon ausgegangen, dass dies auch heute noch im Fall der Einstellung mangels Masse, § 207 InsO (Baumbach/Hopt/*Hopt* § 144 Rn. 1, a. A. MüKo HGB/*K. Schmidt* § 144 Rn. 3: Fortsetzung nach allgemeinen Grundsätzen), ebenso wie für die Fälle der Aufhebung des Insolvenzverfahrens nach Abhaltung des Schlusstermins, § 200 InsO (E/B/J/*Lorz* § 144 Rn. 5 und genauso, trotz anderer Grundargumentation MüKo HGB/*K. Schmidt* § 144 Rn. 3), der Feststellung der Masseunzulänglichkeit, § 211 InsO (E/B/J/*Lorz* § 144 Rn. 5, allerdings mit dem zutreffenden Hinweis darauf, dass der die Frage positiv regelnde § 323 Abs. 2 RegE nicht ins Gesetz übernommen wurde) und den Fall der Einstellung des Verfahrens wegen Wegfalls des Eröffnungsgrundes (GroßkommHGB/*Schäfer* § 144 Rn. 3) gilt. Nach Vollbeendigung scheidet eine Fortsetzung aus (BGH NJW 1995, 196).

Das Verfahren kann auf **Antrag des Schuldners** eingestellt werden, wenn die Voraussetzungen 3
des § 213 Abs. 1 S. 1 InsO gegeben sind. In der Alternative des bestätigten Insolvenzplans muss dieser die Fortsetzung der Gesellschaft vorsehen und das Gericht diesen nach § 248 InsO bestätigt haben (GroßkommHGB/*Schäfer* § 144 Rn. 8).

Der Fortsetzungsbeschluss ist grundsätzlich **einstimmig** zu fassen, § 119 HGB. Gesellschafts- 4
rechtliche Mehrheitsklauseln sind zulässig, eine allgemeine Mehrheitsklausel dürfte jedoch dem Bestimmtheitsgrundsatz nicht genügen (MüKo HGB/*K. Schmidt* § 144 Rn. 8). Selbst ein stillschweigender Beschluss ist zulässig (E/B/J/*Lorz* § 144 Rn. 6), er kann etwa in der Zustimmung zum Insolvenzplan nach § 230 InsO liegen (GroßkommHGB/*Schäfer* § 144 Rn. 9).

Die Übernahme durch einen Gesellschafter ist eine Abwicklungsmaßnahme, kein Forsetzungs- 5
beschluss (MüKo HGB/*K. Schmidt* § 144 Rn. 9). Wird ein Fortsetzungsbeschluss nicht gefasst, bleibt die Gesellschaft aufgelöst, ein Liquidationsverfahren schließt sich an (MünchHdb GesR I/

Butzer/Knof § 85 Rn. 50). Zum Verhältnis zwischen Insolvenzverfahren und gesellschaftsrechtlicher Liquidation siehe MüKo HGB/*K. Schmidt* Anh. § 158 Rn. 41.

C. Rechtsfolge

6 Die fortgesetzte Gesellschaft ist **identisch** mit der aufgelösten Gesellschaft, sie wird **ex nunc** und identitätswahrend in eine werbende Gesellschaft zurückverwandelt (E/B/J/*Lorz* § 144 Rn. 7). Sie haftet für deren Verbindlichkeiten ebenso wie solche aus dem Insolvenzplan (RGZ 28, 130, 133 zum Zwangsvergleich). In der Zwischenzeit begründete Rechte Dritter werden nicht beeinträchtigt (Baumbach/Hopt/*Hopt* § 144 Rn. 3). Die Vertretungsbefugnisse der Liquidatoren enden, mangels anderer Abweichung gilt die Regelung des Gesellschaftsvertrages. Rechtsstreitigkeiten, die durch Verfahrenseröffnung unterbrochen waren, gehen weiter; für die Fälle der Aufnahme oder des Führens von Prozessen durch den Insolvenzverwalter vgl. BGH NJW 1982, 1765, 1766; OLG Köln ZIP 1987, 1004; E/B/J/*Lorz* § 144 Rn. 8.

D. Handelsregisteranmeldung

7 Die Anmeldung der Fortsetzung hat durch **sämtliche Gesellschafter** zu erfolgen, § 144 Abs. 2 HGB. Sie kann durch Zwangsgeld erzwungen werden, § 14 HGB. Daneben wird die (ebenfalls deklaratorische) Eintragung der Beendigung des Insolvenzverfahrens von Amts wegen vorgenommen, §§ 6, 32 HGB. Die Folgen der Eintragung/Nichteintragung werden nach § 15 HGB bestimmt. So kann sich die Gesellschaft bei Nichteintragung nicht auf das Erlöschen der Vertretungsmacht der Liquidatoren berufen, es sei der Dritte kannte das Erlöschen positiv (E/B/J/*Lorz* § 144 Rn. 9).

Fünfter Titel
Liquidation der Gesellschaft

§ 145 [Begriff der Liquidation]

(1) Nach der Auflösung der Gesellschaft findet die Liquidation statt, sofern nicht eine andere Art der Auseinandersetzung von den Gesellschaftern vereinbart oder über das Vermögen der Gesellschaft das Insolvenzverfahren eröffnet ist.

(2) Ist die Gesellschaft durch Kündigung des Gläubigers eines Gesellschafters oder durch die Eröffnung des Insolvenzverfahrens über das Vermögen eines Gesellschafters aufgelöst, so kann die Liquidation nur mit Zustimmung des Gläubigers oder des Insolvenzverwalters unterbleiben; ist im Insolvenzverfahren Eigenverwaltung angeordnet, so tritt an die Stelle der Zustimmung des Insolvenzverwalters die Zustimmung des Schuldners.

(3) Ist die Gesellschaft durch Löschung wegen Vermögenslosigkeit aufgelöst, so findet eine Liquidation nur statt, wenn sich nach der Löschung herausstellt, dass Vermögen vorhanden ist, das der Verteilung unterliegt.

Übersicht:

A. Überblick und Normzweck

Die Auflösung der OHG gem. § 131 HGB hat zunächst keine Auswirkungen auf deren Eigenschaft als Rechtsträger und damit auf ihren Gesellschafterbestand und das Gesellschaftsvermögen (RGZ 155, 75, 85; E/B/J/*Hillmann* § 145 Rn. 1). Daher ist eine zusätzlich Auseinandersetzung der aufgelösten OHG erforderlich. Diese erfolgt gem. § 145 Abs. 1 HGB regelmäßig durch Liquidation, wenn nicht bereits ein Insolvenzverfahren über das Gesellschaftsvermögen eröffnet wurde und die Gesellschafter keine andere Art der Auseinandersetzung vereinbart haben. Die §§ 145 ff. HGB enthalten **überwiegend dispositive** Regelungen über die Art und Weise der **Liquidation als gesetzliches Abwicklungsverfahren**. Sie gelten auch für die KG (vgl. § 161 Abs. 2 HGB), die Partnerschaftsgesellschaft (vgl. § 10 Abs. 1 PartGG) und die EWIV (vgl. Art. 35 EWIV-VO, § 1 EWIV-AusfG), nicht jedoch für die GbR (vgl. §§ 730 ff. BGB). 1

B. Insolvenz der OHG

Kein Raum für eine Liquidation bleibt, wenn bereits ein Insolvenzverfahren über das Vermögen der OHG eröffnet wurde. Die Verwertung des Gesellschaftsvermögens erfolgt in diesem Fall nach den Vorschriften der InsO und obliegt dem Insolvenzverwalter. Anders als nach dem Recht der KO übernimmt der Insolvenzverwalter seit Inkrafttreten der InsO am 1. 1. 1999 auch Liquidatorenaufgaben. Auch nach Abschluss des Insolvenzverfahrens kommt es nicht mehr zu einer Liquidation der Gesellschaft. Denn gem. § 199 S. 2 InsO hat der Insolvenzverwalter einen nach Befriedigung der Gläubiger verbleibenden Überschuss an die Gesellschafter herauszugeben. 2

C. Liquidation

I. Voraussetzungen der Liquidation

1. Auflösung der Gesellschaft

Voraussetzung der Liquidation nach §§ 145 ff. HGB ist die Auflösung der Gesellschaft nach §§ 131 ff. HGB aus den in der Satzung festgelegten bzw. in § 131 Abs. 3 HGB geregelten Gründen. Eine Ausnahme bildet die Auflösung durch Eröffnung eines Insolvenzverfahrens über das Gesellschaftsvermögen gem. § 131 Abs. 1 Nr. 3 HGB, bei welcher keine Liquidation stattfindet. Bei Auflösung der OHG durch **Löschung wegen Vermögenslosigkeit** gem. §§ 131 Abs. 2 S. 1 Nr. 2 HGB, 141 FGG geschieht ebenfalls regelmäßig keine Liquidation. Etwas anderes gilt gem. Abs. 3 nur dann, wenn sich nach der Löschung herausstellt, dass verteilungsfähiges Vermögen vorliegt. Ebenfalls keine Liquidation erfolgt bei Kündigung einer zweigliedrigen OHG durch einen Mitgesellschafter und Übernahme durch den anderen Gesellschafter (BGH WM 1973, 781). 3

Eine Liquidation erfolgt ferner nicht, wenn die OHG als Rechtsträger bereits **erloschen** ist (E/B/J/*Hillmann* § 145 Rn. 7; Schlegelberger/*K. Schmidt* § 145 Rn. 3, 16), etwa bei Gesamtrechtsnachfolge durch Übertragung des Gesellschaftsvermögens (BGHZ 1, 324, 327) auf einen Dritten oder bei Übernahme durch einen Gesellschafter. 4

2. Aktivvermögen

Eine Liquidation der OHG erfolgt nur, wenn noch **Aktivvermögen vorhanden** ist (RGZ 40, 29, 31; BGHZ 24, 91, 93 f.; 26, 126, 130 f.; Baumbach/Hopt/*Hopt* § 145 Rn. 2; E/B/J/*Hillmann* § 145 Rn. 8; K/R/M/*Koller* § 145 Rn. 2; a. A. Schlegelberger/*K. Schmidt* § 145 Rn. 17, § 155 Rn. 2; MüKo HGB/*K. Schmidt* § 145 Rn. 17). Denn Ziel der Liquidation ist einzig die Verteilung vorhandenen Reinvermögens. Etwaig vorhandene Gesellschaftsverbindlichkeiten oder Sozialansprüche der ansonsten vermögenslosen Gesellschaft erfordern keine Liquidation, weil die Gesellschafter den Gläubigern persönlich für die Schulden haften. Ein interner Ausgleich unter den Gesellschaftern findet nach den Regeln der §§ 421 ff. BGB und damit außerhalb der Liquidation statt. Für eine Liquidation bleibt daher kein Raum (BGH WM 1983, 1381 (zur KG); a. A. GroßkommHGB/*Habersack* § 145 Rn. 9). 5

II. Rechtsfolgen

6 Liegt ein Auflösungsgrund vor, tritt die OHG – ohne dass ein besonderer Rechtsakt erforderlich wäre – in das Liquidationsstadium ein, sie wird zur **Liquidationsgesellschaft** (RGZ 155, 75, 84). Das Liquidationsstadium endet erst, wenn das gesamte Gesellschaftsvermögen verteilt ist. Die Liquidationsgesellschaft ist rechtlich identisch mit der werbenden Gesellschaft. Lediglich der Gesellschaftszweck ändert sich. Er beschränkt sich auf die **Abwicklung und Aufteilung des Gesellschaftsvermögens**. Die Gesellschaft darf aber noch (in beschränktem Maße) werbende Geschäfte tätigen (BGHZ 1, 324, 329; BGH WM 1964, 152). Die gesellschaftliche Treuepflicht bleibt bestehen (zur GbR: BGH ZIP 2003, 74), verringert sich aber nach Maßgabe des geänderten Gesellschaftszwecks (BGH NJW 1971, 802; vgl. im Übrigen zur Rechtsposition der Gesellschafter in der Liquidation die Anm. zu § 156 HGB). Die Liquidationsgesellschaft bleibt dennoch Handelsgesellschaft (LG Kaiserslautern RPfleger 1985, 121; Baumbach/Hopt/*Hopt* § 145 Rn. 2; E/B/J/*Hillmann* § 145 Rn. 11), die Gesellschafter bleiben Kaufleute (RG JW 1930, 2744). Sie bleibt rechts- und parteifähig, eine gegen sie gerichtete Zwangsvollstreckung ist ohne Titelumschreibung möglich.

7 Bestehende Rechtsverhältnisse mit Dritten werden nicht berührt. Allerdings kann infolge der Zweckänderung die Geschäftsgrundlage für bestehende Verträge entfallen bzw. ein **außerordentliches Kündigungsrecht** entstehen. Die Geschäftsführungs- und Vertretungsbefugnisse gehen auf die Liquidatoren (§§ 146 ff. HGB) über. Erteilte Prokuren erlöschen mit der Auflösung (RGZ 72, 119, 123), können jedoch als auf die Liquidationsgeschäfte beschränkte Handlungsvollmachten ausgelegt werden (Baumbach/Hopt/*Hopt* § 145 Rn. 4).

8 Die Gesellschafter sind nach der Auflösung einander – nicht aber Dritten gegenüber – dazu verpflichtet, die Liquidation der OHG voranzutreiben, etwas anderes kann sich u. U. aus der gesellschaftlichen Treuepflicht ergeben (BGH WM 1986, 68, 69 f.). Sie können jedoch auch (mangels anderweitiger Vertragsbestimmung: einstimmig) beschließen, die Gesellschaft fortzusetzen. Die OHG wird damit von der Liquidationsgesellschaft wieder zur werbenden Gesellschaft (BGHZ 1, 324; zur GbR: BGH NJW 1995, 2843, 2844). Die Aufschiebung der Liquidation ist hingegen nur bei Vorliegen beachtlicher Gründe zulässig und kann auch dann nur für einen bestimmten Zeitraum erfolgen (BGHZ 1, 324; zur GbR: BGH NJW 1995, 2843, 2844). Ein beachtlicher Grund kann etwa angenommen werden, wenn eine Zerschlagung des Gesellschaftsvermögens zu einem späteren Zeitpunkt wirtschaftlich betrachtet sinnvoller wäre. Eine Vereinbarung der Gesellschafter, dass nach der Auflösung weder eine Liquidation noch eine andere Art der Auseinandersetzung stattfinden soll, wäre hingegen unwirksam (BGHZ 1, 324). Diese würde die erforderliche Verteilung des gesamthänderisch gebundenen Vermögens verhindern.

9 Forderungen der Gesellschafter gegen die OHG sowie der Gesellschafter untereinander können in der Liquidation nicht mehr selbstständig geltend gemacht werden, sie werden bloße Rechnungsposten in der Auseinandersetzung (BGHZ 37, 299, 304 (zur KG); BGH NJW 1968, 2005). Ausnahmsweise ist eine gerichtliche Durchsetzung möglich, wenn schon vor der Liquidation feststeht, dass der Gesellschafter jedenfalls einen bestimmten Betrag verlangen kann (zur GbR: BGH NJW 1995, 188; OLG Hamm NZG 2004, 765), oder wenn ein Schadensersatzanspruch gegen einen Gesellschafter geltend gemacht wird, der die Liquidation absichtlich verzögert (BGH NJW 1968, 2005). Eine Feststellungsklage bleibt in jedem Fall möglich (BGH NJW 1985, 1898), auch kann eine bis zur Auseinandersetzungsabrechnung unbegründete Leistungsklage in eine Feststellungsklage umgedeutet werden (zur GbR: BGH NJW 1995, 188; NZG 2003, 215 f.).

D. Andere Art der Auseinandersetzung

I. Vereinbarung der Gesellschafter

10 Wie sich aus Abs. 1 ergibt, können die Gesellschafter eine andere Art der Abwicklung der OHG vereinbaren. Üblicherweise ist eine solche Vereinbarung bereits bei Gründung der OHG **im Gesellschaftsvertrag** enthalten, sie kann jedoch auch noch **nach Auflösung der Gesellschaft** gesondert getroffen werden (OLG Hamm ZIP 1984, 180, 181). Eine bereits begonnene Liquidation nach

§§ 145 ff. HGB wird dann beendet. Eine entsprechende Beschlussfassung hat **grundsätzlich einstimmig** zu erfolgen. Mehrheitsbeschlüsse sind möglich, soweit dies nach der Satzung zulässig ist. Die Kernbereichslehre ist hierbei zu beachten (BGH NJW 1995, 194 f. (zur KG); E/B/J/*Hillmann* § 145 Rn. 16; zur Kernbereichslehre vgl. ausführl. § 109 HGB Rn. 23). Liquidationsvereinbarungen, die in den **Kernbereich der Mitgliedschaft** eingreifen, bedürfen daher in jedem Fall der Zustimmung des betreffenden Gesellschafters (BGH WM 1966, 876; E/B/J/*Hillmann* § 145 Rn. 16; GroßkommHGB/*Habersack* § 145 Rn. 24). Dementsprechend wäre ein Mehrheitsbeschluss unwirksam, der eine ungewöhnliche Art der Liquidation vorsieht, wie etwa den rückwirkenden Übergang des gesamten Gesellschaftsvermögens auf einen Gesellschafter (BGH WM 1966, 876) oder den Ausschluss eines Gesellschafters von der Beteiligung am Liquidationerlös (zur KG: BGH NJW 1995, 194 f.).

Es sind verschiedene Arten der Auseinandersetzung denkbar. So kann das Vermögen der OHG insgesamt auf einen Gesellschafter übertragen werden, etwa indem die übrigen Gesellschafter austreten oder ihre Gesellschaftsanteile an den verbleibenden Gesellschafter abtreten. Die ausscheidenden Gesellschafter könnten durch eine Abfindung entschädigt werden. Auch kann die Gesellschaft unter Erhaltung des Werts des von ihr betriebenen Unternehmens liquidiert werden, z. B. durch Veräußerung des Unternehmens aus der Liquidationsmasse an einen Gesellschafter (OLG Oldenburg WM 1955, 383 f.) oder einen Dritten. 11

Möglich ist auch eine **Umwandlung der OHG** durch Verschmelzung (§ 2 UmwG), Spaltung (§§ 123 ff. UmwG), Vermögensübertragung (§§ 174 ff. UmwG) oder durch Formwechsel in eine andere Rechtsform (§ 191 Abs. 3 UmwG), wobei in letzterem Fall ein Beschluss der Gesellschafter über die Fortsetzung der Gesellschaft erforderlich ist (E/B/J/*Hillmann* § 145 Rn. 23). Vgl. zu den Möglichkeiten der Umwandlung ausführl. Kap. 13. 12

II. Zustimmungserfordernisse

Gem. Abs. 2 kann die Liquidation bei Auflösung durch Kündigung des Gläubigers eines Gesellschafters und bei Auflösung durch die Eröffnung des Insolvenzverfahrens über das Vermögen eines Gesellschafters (vgl. § 131 Abs. 3 S. 1 Nr. 3 und 4 HGB) nur mit Zustimmung des Gläubigers bzw. des Insolvenzverwalters unterbleiben. In diesen Fällen ist auch eine anderweitige Vereinbarung über die Auseinandersetzung zustimmungsbedürftig. Unterbleibt die Zustimmung, hat eine Abwicklung nach den gesetzlichen Vorschriften zu erfolgen. Eine Zustimmungspflicht – etwa als Ausprägung der gesellschaftlichen Treuepflicht – besteht nicht (E/B/J/*Hillmann* § 145 Rn. 21; Schlegelberger/*K. Schmidt* § 145 Rn. 57; GroßkommHGB/*Habersack* § 145 Rn. 32). 13

Erfasst sind auch die Fälle, in denen ein Gesellschafter nach der Auflösung in Insolvenz gerät oder wenn ein Gläubiger den Auseinandersetzungsanspruch pfändet (E/B/J/*Hillmann* § 145 Rn. 19; Schlegelberger/*K. Schmidt* § 145 Rn. 54; GroßkommHGB/*Habersack* § 145 Rn. 28). Dies gilt jedoch nur hinsichtlich solcher Auseinandersetzungsvereinbarungen, die nach der Eröffnung des Insolvenzverfahrens bzw. nach erfolgter Pfändung getroffen werden (E/B/J/*Hillmann* § 145 Rn. 20). 14

§ 146 [Liquidation]

(1) [1]Die Liquidation erfolgt, sofern sie nicht durch Beschluß der Gesellschafter oder durch den Gesellschaftsvertrag einzelnen Gesellschaftern oder anderen Personen übertragen ist, durch sämtliche Gesellschafter als Liquidatoren. [2]Mehrere Erben eines Gesellschafters haben einen gemeinsamen Vertreter zu bestellen.

(2) [1]Auf Antrag eines Beteiligten kann aus wichtigen Gründen die Ernennung von Liquidatoren durch das Gericht erfolgen, in dessen Bezirke die Gesellschaft ihren Sitz hat; das Gericht kann in einem solchen Falle Personen zu Liquidatoren ernennen, die nicht zu den Gesell-

schaftern gehören. [2]Als Beteiligter gilt außer den Gesellschaftern im Falle des § 135 auch der Gläubiger, durch den die Kündigung erfolgt ist. [3]Im Falle des § 145 Abs. 3 sind die Liquidatoren auf Antrag eines Beteiligten durch das Gericht zu ernennen.

(3) Ist über das Vermögen eines Gesellschafters das Insolvenzverfahren eröffnet und ist ein Insolvenzverwalter bestellt, so tritt dieser an die Stelle des Gesellschafters.

A. Übersicht und Normzweck

1 Die Vorschrift enthebt die Liquidation den Händen der Gesellschafter und stellt damit eine **Einschränkung des Grundsatzes der Selbstorganschaft** dar (MüKo HGB/*K. Schmidt* § 146 Rn. 2; GroßkommHGB/*Habersack* § 146 Rn. 6; zum Grundsatz der Selbstorganschaft vgl. ausführl. § 109 HGB Rn. 16; § 125 HGB Rn. 2 f.). Diese verlieren ihre Geschäftsführungs- und Vertretungsbefugnisse grundsätzlich an die Liquidatoren (OLG Köln BB 1959, 463). Erfolgt die Auseinandersetzung aufgrund einer abweichenden Vereinbarung der Gesellschafter nicht durch Liquidation, werden vorbehaltlich § 158 keine Liquidatoren bestellt. Geschäftsführungs- und Vertretungsbefugnisse verbleiben dann bei den Gesellschaftern (vgl. Baumbach/Hopt/*Hopt* § 146 Rn. 1).

B. Gesellschafter als geborene Liquidatoren

2 Soweit der Gesellschaftsvertrag nichts anderes bestimmt bzw. die Gesellschafter nichts anderes beschließen, erfolgt die Liquidation durch **sämtliche Gesellschafter** als Liquidatoren. Einbezogen sind auch die Gesellschafter, die zuvor keine Geschäftsführungs- oder Vertretungsbefugnisse hatten. Im Falle des Todes eines Gesellschafters haben sich dessen Erben auf einen **gemeinsamen Vertreter** zu einigen (Abs. 1 S. 2), der die Liquidationsaufgaben übernimmt. Im Falle der Insolvenz eines Gesellschafters tritt gem. Abs. 3 der Insolvenzverwalter an die Stelle des Gesellschafters, er wird Liquidator, soweit der Gesellschafter Liquidator würde (vgl. BGH ZIP 1981, 181; Röhricht/v. Westphalen/*v. Gerkan* § 146 Rn. 11).

3 Die Liquidatoren erlangen ihre Stellung **kraft Gesetzes**, eine Annahme ist nur für den Erbenvertreter erforderlich (*Ensthaler/Fahse* § 146 Rn. 2). Das Liquidatorenamt beginnt mit der Auflösung der OHG und endet vorbehaltlich § 147 mit deren Vollbeendigung. Während Gesellschafter-Liquidatoren aufgrund ihrer gesellschaftlichen Pflichten tätig werden, trifft dies für Dritt-Liquidatoren nicht zu. Diese sind auch im Falle der gerichtlichen Bestellung nicht verpflichtet, das Amt anzunehmen (Schlegelberger/*K. Schmidt* § 146 Rn. 10). Regelmäßig wird ein Dritt-Liquidator auf der Grundlage eines Dienstvertrags mit der Gesellschaft (§ 612 BGB) tätig und ist daher zu vergüten. Wird der Dritt-Liquidator gerichtlich bestellt, muss das Gericht auch dessen Vergütung festsetzen, deren Höhe sich an der Vergütung des Insolvenzverwalters orientieren soll (OLG Hamburg MDR 1973, 54). Gesellschafter-Liquidatoren können eine Vergütung hingegen nur beanspruchen, wenn dies ausdrücklich vereinbart wurde oder wenn die erforderlichen Tätigkeiten über das Übliche hinausgehen (BGHZ 17, 299, 301; E/B/J/*Hillmann* § 146 Rn. 4). Durch Beschluss kann die Vergütung eines Gesellschafter-Liquidators wieder entzogen werden (vgl. OLG Hamm BB 1960, 1355 (zur KG); Baumbach/Hopt/*Hopt* § 146 Rn. 4)

C. Gekorene Liquidatoren durch Gesellschaftsvertrag oder Gesellschafterbeschluss

4 Im Gesellschaftsvertrag oder durch besonderen (mangels anderweitiger Bestimmung: einstimmigen) Gesellschafterbeschluss können auch andere Personen als die Gesellschafter zu gekorenen Liquidatoren bestimmt werden. Denkbar ist insbesondere die Bestellung einzelner Gesellschafter zu Liquidatoren. Auch **Dritte**, wie etwa Gläubiger der OHG können bestellt werden. **Juristische Personen** oder **Personenhandelsgesellschaften** (KG JW 1930, 1410 f.) kommen ebenfalls als Liquidatoren in Betracht. Ein gekorener Liquidator erlangt seine Amtsstellung nicht kraft Gesetzes, sondern erst mit der (grundsätzlich freiwilligen, vgl. zur KG: BayObLG DB 1981, 518) Annahme des Amtes. Fällt ein gekorener Liquidator weg, treten bis zur Bestellung eines neuen die Gesellschafter in ihrer Gesamtheit an dessen Stelle (zur KG: OLG Hamm DB 1982, 274).

Sieht die Satzung hingegen die Bestellung eines Liquidators durch Gesellschafterbeschluss nach der Auflösung vor, soll dies nach herrschender Ansicht bedeuten, dass die Gesellschaft in der Zwischenzeit gar keinen gesetzlichen Vertreter hat (OLG Bremen BB 1978, 275 (zur KG); Baumbach/Hopt/*Hopt* § 146 Rn. 4; differenzierend: Schlegelberger/*K. Schmidt* § 146 Rn. 11).

D. Ernennung durch das Gericht

Ist eine ordnungsgemäße Liquidation nicht zu erwarten, kann auf **Antrag** eines Beteiligten die Benennung der Liquidatoren durch das Gericht erfolgen. Bereits vor Auflösung ist eine vorsorgliche Bestellung des Liquidators möglich (KG HRR 39, 95). Über den Antrag entscheidet durch Beschluss nach pflichtgemäßem Ermessen das Amtsgericht als **Gericht der freiwilligen Gerichtsbarkeit** (§ 145 Abs. 1 FGG), in dessen Bezirk die Gesellschaft ihren Sitz hat, nicht jedoch das Prozessgericht im Wege des einstweiligen Rechtsschutzes (OLG Frankfurt NJW-RR 1989, 99). Das Gericht ist nicht an den Antrag gebunden (RG Recht 1914 Nr. 1148), darf aber über einen bestimmt gefassten Antrag nicht herausgehen. 5

Beteiligte und damit antragsberechtigt sind die Gesellschafter und deren Erben, Gläubiger im Falle des § 135, der Insolvenzverwalter und der Testamentsvollstrecker, nicht jedoch der Nachlassverwalter (BayObLG BB 1988, 791; a. A. Baumbach/Hopt/*Hopt* § 146 Rn. 5). Im Falle des § 135 HGB tritt der Gläubiger neben den betroffenen Gesellschafter in den Kreis der Antragsberechtigten. 6

Voraussetzung ist, dass ein **wichtiger Grund** vorliegt. Ein solcher ist anzunehmen, wenn ohne Eingreifen des Gerichts die Interessen der aufgelösten Gesellschaft oder eines Beteiligten erheblich beeinträchtigt werden könnten (OLG Hamm BB 1958, 497). Als wichtiger Grund wurden in der Rechtsprechung bisher angesehen: ein feindseliges Verhältnis zwischen mehreren Liquidatoren (KG NJW-RR 1999, 831; BayObLGZ 26, 18), zumindest dann, wenn eine gemeinschaftliche Tätigkeit der Liquidatoren erforderlich ist (RG JW 1897, 290); Pflichtverstöße der Liquidatoren (OLG Hamm BB 1958, 497); Zweifel an der Kompetenz der Liquidatoren (RG JW 1897, 290; BayObLGZ 23, 193; BayObLG WM 1978, 1164; zur KG: OLG Hamm BB 1960, 918); die Gefahr eines Interessenkonflikts eines Liquidators (RGZ 162, 370, 377; OLG Hamm BB 1958, 497); die Verschleppung der Liquidation durch die Liquidatoren (OLG Braunschweig OLGE 24, 136, 137) und die Nichtbestellung eines gemeinsamen Vertreters durch die Erben gem. Abs. 1 S. 2 (Baumbach/Hopt/*Hopt* § 146 Rn. 6). 7

§ 147 [Abberufung der Liquidatoren]

Die Abberufung von Liquidatoren geschieht durch einstimmigen Beschluß der nach § 146 Abs. 2 und 3 Beteiligten; sie kann auf Antrag eines Beteiligten aus wichtigen Gründen auch durch das Gericht erfolgen.

A. Beendigung der Liquidatorenstellung

Das Liquidatorenamt endet außer mit Vollbeendigung der OHG durch Abberufung, Amtsniederlegung oder Tod des Liquidators oder durch Übergang zu einer anderen Art der Auseinandersetzung (BayObLG DB 1981, 518 zur KG). Die Abberufung geschieht vorrangig durch Beschluss der Beteiligten, nur bei Vorliegen eines wichtigen Grundes durch das Gericht auf Antrag eines Beteiligten. 1

B. Abberufung durch Beschluss

Eine Abberufung ist möglich durch Beschluss der Beteiligten (vgl. § 146 HGB Rn. 6). Diese Möglichkeit besteht für sämtliche Liquidatoren, sowohl für die vom Gericht nach § 146 Abs. 2 HGB bestellten als auch für einen Insolvenzverwalter, der als Liquidator tätig ist. 2

3 Der Abberufungsbeschluss muss grundsätzlich **einstimmig** erfolgen, der Gesellschaftsvertrag kann aber auch eine **Mehrheitsentscheidung** vorsehen (Baumbach/Hopt/*Hopt* § 147 Rn. 1). Die Abberufung der vom Gericht bestellten Liquidatoren bedarf allerdings immer der Zustimmung des Beteiligten, der die Bestellung beantragt hatte. Sollen durch Gesellschaftsvertrag gekorene Liquidatoren abberufen werden, muss immer ein wichtiger Grund hierfür vorliegen (OLG Düsseldorf DB 2002, 39 zur GmbH; K/R/M/*Koller* § 147 Rn. 2; dazu sogleich Rn. 5).

4 Wirksam wird die Abberufung mit ihrer Erklärung gegenüber dem Liquidator (E/B/J/*Hillmann* § 147 Rn. 5). Sie entfaltet keine Rückwirkung (OLG Frankfurt BB 1981, 1801). Die Erklärung kann als Kündigung eines daneben bestehenden Dienst- bzw. Geschäftsbesorgungsvertrages zu verstehen sein (vgl. BayObLG DB 1981, 518 (zur KG); Röhricht/v. Westphalen/*v. Gerkan* § 147 Rn. 3; a. A. Baumbach/Hopt/*Hopt* § 147 Rn. 1; *Ensthaler/Fahse* § 147 Rn. 4: Fortfall des Liquidatorenamts als wichtiger Kündigungsgrund).

C. Abberufung durch das Gericht

5 Auf **Antrag** eines Beteiligten (vgl. § 146 HGB Rn. 6) kann die Abberufung durch das Gericht (vgl. § 146 HGB Rn. 5) erfolgen, wenn ein wichtiger Grund vorliegt. Einen **wichtigen Grund** bilden Umstände, die die weitere Amtsstellung des Liquidators für den Antragsteller unzumutbar machen (BayObLG DB 1998, 255; OLG Düsseldorf NJW-RR 1999, 37 f.; Röhricht/v. Westphalen/*v. Gerkan* § 147 Rn. 8); entscheidend ist die Gefährdung des Abwicklungszwecks (OLG Hamm BB 1954, 913; BayObLG BB 1996, 234 f. zur GmbH). Die Voraussetzungen hierfür sind enger als für die Abberufung des Geschäftsführers gem. § 117 HGB (OLG Hamm, BB 1960, 918 zur KG; vgl. auch zur GmbH: BayObLG DB 1987, 1882, 1883). Im Einzelfall dürften die Kriterien ähnlich denen sein, die auch die Ernennung von Liquidatoren rechtfertigen (§ 146 HGB Rn. 7). Bejaht hat die Rechtsprechung das **Vorliegen eines wichtigen Grundes** in folgenden Fällen: Der Gesellschafter-Liquidator zahlt sich ein Gehalt aus, das die Gesellschafter zwar zunächst bewilligt, später aber widerrufen haben (zur KG: OLG Hamm BB 1960, 1355); der Liquidator will das Unternehmen veräußern, ohne die nach dem Markt gebotene Preisbildung zu beachten (OLG Hamm BB 1954, 913); Zweifel an der Unparteilichkeit des Liquidators (BayObLG DB 1998, 255) oder Feindseligkeiten zwischen zwei Liquidatoren (KG NZG 1999, 437).

6 Das Abberufungsverfahren kann analog § 148 ZPO ausgesetzt werden, etwa bei Anhängigkeit eines Rechtsstreits über die erfolgte Auflösung der OHG oder über die Fortführung des Unternehmens durch einen Gesellschafter (BayObLG NJW 1964, 2353). Gegen die Abberufung besteht ein selbstständiges Beschwerderecht des einzelnen Mitgesellschafters nach § 20 Abs. 1 FGG (BayObLG BB 1988, 791; *Ensthaler/Fahse* § 147 Rn. 3; a. A. OLG Hamm DB 1977, 2089; Baumbach/Hopt/*Hopt* § 147 Rn. 4). Eine Abberufung im Wege des einstweiligen Rechtsschutzes durch das Prozessgericht ist nicht möglich (OLG Frankfurt ZIP 1989, 39 f.)

D. Weitere Beendigungsgründe

7 Die Liquidatorenstellung endet auch mit **Amtsniederlegung** und mit dem **Tod des Liquidators**. An die Stelle des geborenen Liquidators tritt sein Erbe, mehrere müssen gem. § 146 Abs. 1 S. 2 HGB einen gemeinsamen Vertreter bestellen. An die Stelle des gekorenen Vertreters treten die Gesellschafter in ihrer Gesamtheit (§ 146 Abs. 1 HGB), wenn diese oder das Gericht keinen anderen bestellt haben (zur KG: OLG Hamm BB 1982, 399).

8 Während es einem Dritt-Liquidator freisteht, sein Amt niederzulegen (zur KG: BayObLG ZIP 1981, 188, 190), kann ein Gesellschafter-Liquidator dies nur bei Vorliegen eines wichtigen Grundes. Der Dritt-Liquidator kann sich bei Niederlegung zur Unzeit allerdings schadenersatzpflichtig machen.

§ 148 [Anmeldung der Liquidatoren] [i. d. F. ab 1. 1. 2007 durch EHUG]

(1) [1]Die Liquidatoren und ihre Vertretungsmacht sind von sämtlichen Gesellschaftern zur Eintragung in das Handelsregister anzumelden. [2]Das gleiche gilt von jeder Änderung in den Personen der Liquidatoren oder in ihrer Vertretungsmacht. [3]Im Falle des Todes eines Gesellschafters kann, wenn anzunehmen ist, daß die Anmeldung den Tatsachen entspricht, die Eintragung erfolgen, auch ohne daß die Erben bei der Anmeldung mitwirken, soweit einer solchen Mitwirkung besondere Hindernisse entgegenstehen.

(2) Die Eintragung gerichtlich bestellter Liquidatoren sowie die Eintragung der gerichtlichen Abberufung von Liquidatoren geschieht von Amts wegen.

§ 148 [Anmeldung der Liquidatoren] [i. d. F. bis 31. 12 2006]

(1) – (2) [identisch]

(3) Die Liquidatoren haben ihre Namensunterschriften unter Angabe der Firma zur Aufbewahrung bei dem Gericht zu zeichnen.

A. Allgemeines

Die Anmeldung der Liquidatoren und ihrer Vertretungsmacht zu Eintragung in das Handelsregister hat nur **deklaratorische Bedeutung** (OLG Köln BB 1959, 463; BayObLG ZIP 1994, 1767, 1770). Zweck der Vorschrift ist die Publizität der Vertretungsverhältnisse bei der Liquidationsgesellschaft. Unterbleibt die Anmeldung der Eintragung der Liquidatoren, muss diese bei der Anmeldung der Eintragung der Löschung der OHG (§ 157 HGB) nachgeholt werden (BayObLG WM 1982, 1288, 1290 zur GmbH; MüKo HGB/*K. Schmidt* § 148 Rn. 4), die Eintragung der Löschung darf davon aber nicht abhängig gemacht werden (BayObLG NZG 2001, 792). Treten in der Liquidationsphase eintragungspflichtige Umstände ein, sind sie von den Liquidatoren anzumelden (Heymann/*Sonnenschein* § 148 Rn. 1). 1

B. Anmeldepflichtige Tatsachen, Anmeldung

Anzumelden sind die Liquidatoren und ihre Vertretungsmacht sowie jede Änderung diesbezüglich. Im Fall der gerichtlichen Liquidatorenbestellung (§ 146 Abs. 2 HGB) erfolgt die Eintragung nach Abs. 2 von Amts wegen. Erforderliche Daten sind Name, Vorname, Geburtsdatum und Wohnort der Liquidatoren, bei juristischen Personen / Personenhandelsgesellschaften die Firma und der Gesellschaftssitz. 2

Die Anmeldung hat grundsätzlich durch alle Gesellschafter zu erfolgen, und zwar unverzüglich nach der erfolgten Bestellung. Nach Abs. 1 S. 2 kann im Falle des Todes eines Gesellschafters auf die Mitwirkung der Erben verzichtet werden, wenn dem besondere Hindernisse entgegenstehen. Bei Insolvenz eines Gesellschafters trifft die Anmeldepflicht gem. § 146 Abs. 3 HGB analog den Insolvenzverwalter (Baumbach / Hopt/*Hopt* § 148 Rn. 2), bei Auflösung durch Kündigung eines Gesellschafter-Gläubigers (§ 135 HGB) den betreffenden Gesellschafter. 3

C. Zeichnung der Namensunterschrift, Abs. 3 a. F.

Entsprechend der Parallelvorschrift des § 108 Abs. 2 HGB wurde auch § 148 Abs. 3 HGB mit Wirkung zum 1. 1. 2007 durch EHUG aufgehoben (vgl. dazu § 108 HGB Rn. 5). 4

§ 149 [Geschäftsführung und Vertretung]

[1]Die Liquidatoren haben die laufenden Geschäfte zu beendigen, die Forderungen einzuziehen, das übrige Vermögen in Geld umzusetzen und die Gläubiger zu befriedigen; zur Beendigung schwebender Geschäfte können sie auch neue Geschäfte eingehen. [2]Die Liquidatoren vertreten innerhalb ihres Geschäftskreises die Gesellschaft gerichtlich und außergerichtlich.

A. Allgemeines

1 Die Vorschrift überträgt die Geschäftsführung und Vertretung den Liquidatoren. Sie wird insofern ergänzt durch §§ 150, 151. Der Aufgabenkreis der Liquidatoren wird dabei beispielhaft – keineswegs jedoch abschließend – umschrieben. Weitere Aufgaben der Liquidatoren finden sich in §§ 155 und 157 HGB. Hinzu kommt die Erfüllung der steuerlichen Pflichten der Gesellschaft (BFH BStBl. III 1961, 349). Mit Ausnahme der Unternehmensveräußerung (MüKo HGB/*K. Schmidt* § 149 Rn. 5) bleiben Grundlagengeschäfte den Gesellschaftern vorbehalten (BGH WM 1959, 323; Schlegelberger/*K. Schmidt* § 149 Rn. 61; GroßkommHGB/*Habersack* § 149 Rn. 4). Die Liquidatoren sollen jedoch berechtigt sein, den Gesellschaftssitz zu verlegen, wenn der Liquidationszweck dies erfordert (BGH WM 1969, 293, 294).

B. Stellung der Liquidatoren

2 Während die Gesellschafter-Liquidatoren aufgrund des Gesellschaftsverhältnisses tätig werden, ist Grundlage der Tätigkeit von Dritt-Liquidatoren ein **Dienstvertrag mit Geschäftsbesorgungscharakter** (RG LZ 13, 212). Dementsprechend ergeben sich die Sorgfaltspflichten der Gesellschafter-Liquidatoren aus § 708 BGB, die der Drittliquidatoren aus § 276 BGB. Die Liquidatoren sind den (übrigen) Gesellschaftern auskunfts- und rechenschaftspflichtig nach § 713 bzw. §§ 666, 675 BGB. Bei umfangreichen Liquidationen können die Liquidatoren dazu verpflichtet sein, den Gesellschaftern durch jährlich aufzustellende Übersichten einen Überblick über die Abwicklungsgeschäfte und den Stand der Abwicklung zu geben (BGH WM 1980, 332). Weisungsrechte der (übrigen) Gesellschafter folgen aus § 152 HGB sowie aus § 713 bzw. §§ 665, 675 BGB und können im Wege der actio pro socio (vgl. hierzu ausführl. Kap. 16 Rn. 86 ff.) durchgesetzt werden.

C. Aufgaben

I. Beendigung laufender Geschäfte

3 Die Liquidatoren haben die laufenden Geschäfte zu beendigen. Sie haben etwa auf die Beendigung von Dauerschuldverhältnissen durch Kündigung hinzuwirken und müssen andere Verträge möglichst rasch abwickeln. Laufende Rechtsstreitigkeiten sind ebenfalls möglichst rasch zu erledigen, etwa durch Vergleich oder Erledigung.

4 **Neue Geschäfte** dürfen zur Beendigung schwebender Geschäfte eingegangen werden. Der Begriff des schwebenden Geschäfts ist hierbei weit auszulegen (BGH WM 1959, 323, 324). Er kann es gebieten, den Geschäftsbetrieb insgesamt einstweilen aufrechtzuerhalten, solange dies nicht auf eine Fortführung der Gesellschaft hinausläuft (RGZ 72, 236, 239 f.). Zulässig sind neue Geschäfte jedenfalls dann, wenn sie zur Erhaltung des Gesellschaftsvermögens erforderlich oder wirtschaftlich sinnvoll sind und einer Minderung des Unternehmenswerts entgegenwirken (BGH WM 1959, 323, 324). Anerkannt hat die Rechtsprechung bislang den Erwerb von Wertpapieren (BGH WM 1959, 323, 324) und die Besicherung von Gesellschaftsverbindlichkeiten durch die Belastung gesellschaftseigener Grundstücke (OLG Frankfurt OLGZ 1980, 95, 99).

II. Einziehung von Forderungen

5 Die Liquidatoren haben offen stehende Forderungen einzuziehen und gegebenenfalls auch gerichtlich durchzusetzen. Erfasst sind sowohl die Forderungen der zu liquidierenden OHG **gegen**

Dritte als auch Forderungen **gegen Gesellschafter**. Hinsichtlich letzterer ist jedoch zu differenzieren.

Nur bei ausdrücklicher Ermächtigung der Liquidatoren im Gesellschaftsvertrag oder durch Gesellschafterbeschluss einziehbar sind Forderungen gegen die Gesellschafter, wie etwa Einlageforderungen (BGH WM 1977, 617, 618; WM 1978, 898), aber auch Schadensersatzansprüche (BGH WM 1960, 47, 48) oder Ansprüche auf Erstattung unberechtigter Entnahmen oder Gewinnauszahlungen (BGH WM 1977, 617, 618). Solche Forderungen sind von den Liquidatoren nur insoweit einzuziehen, als die Beträge benötigt werden, um die Verbindlichkeiten der OHG zu tilgen (BGH NJW 1984, 435; NJW 1980, 1522; a. A. MüKo HGB/*K. Schmidt* § 149 Rn. 21 f.). Eine weitere Einziehung ist nicht zulässig, da die Liquidatoren nicht ohne besondere Beauftragung (BGH NJW 1978, 424) für den Ausgleich der Gesellschafter untereinander zuständig sind (BGH NJW 1984, 435; zum dahinter stehenden Ziel der Liquidation s. § 145 HGB Rn. 5). Ansonsten verbleibt die Zuständigkeit für den Ausgleich der Kapitalkonten bei den Gesellschaftern (vgl. BGH WM 1966, 844 zur KG). Die Beweislast dafür, dass ein eingeforderter Nachschuss nicht zur Befriedigung der Gläubiger erforderlich ist, trägt der Gesellschafter. Die Liquidatoren müssen aber die hierfür bedeutsamen Vorgänge der Gesellschaft darlegen (BGH WM 1978, 898). 6

Bei der Einziehung der Forderungen gegen die Gesellschafter steht den Liquidatoren ein Ermessensspielraum zu. Insbesondere sind sie nicht verpflichtet, den zur Begleichung der Gesellschaftsverbindlichkeiten erforderlichen Betrag anteilig von den Gesellschaftern einzuziehen, sie können auch einzelne Gesellschafter hinsichtlich der ganzen Summe in Anspruch nehmen (BGH NJW 1984, 435). Entscheidend ist, dass die Gläubiger möglichst schnell befriedigt werden und weitere Ansprüche, wie z. B. Zinsansprüche abgewendet werden können (BGH WM 1980, 332, 333). Allerdings dürfen die Liquidatoren auch nicht völlig außer Acht lassen, inwieweit sich Nachforderungen gegen einzelne Gesellschafter auf die Ausgleichspflichten im Gesellschafterkreis auswirken (vgl. *Ensthaler/Fahse* § 149 Rn. 7). 7

Im Übrigen können Sozialansprüche auch noch von den Gesellschaftern im Wege der **actio pro socio** eingezogen werden (OLG Köln NZG 2000, 1173; offen gelassen bei BGHZ 155, 125), jedenfalls, soweit die Einlagen für die Liquidation benötigt werden (Baumbach/Hopt/*Hopt* § 149 Rn. 3; MüKo HGB/*K. Schmidt* § 149 Rn. 55; vgl. auch BGH WM 1960, 47). Ausnahmsweise kann ein einzelner Mitgesellschafter einen Sozialanspruch auch im eigenen Namen geltend machen und Zahlung an sich verlangen, wenn dies der einzige Vermögenswert der Gesellschaft ist, keine weiteren Verbindlichkeiten der Gesellschaft bestehen und wenn ihm allein der Anspruch wertmäßig nach der Auseinandersetzung zusteht (BGHZ 10, 91). Zur actio pro socio vgl. ausführl. Kap. 16 Rn. 86 ff. 8

III. Umsetzung des übrigen Vermögens in Geld

Die Liquidatoren haben vorhandenes Vermögen zu »versilbern«. Sie haben hierzu die wirtschaftlich sinnvollste Art und nicht unbedingt die schnellste Art (K/R/M/*Koller* § 149 Rn. 2) zu wählen. Sie dürfen insbesondere das Unternehmen an einen Gesellschafter oder an eine Gesellschaftergruppe veräußern, auch gegen den Widerspruch eines anderen Gesellschafters (OLG Hamm BB 1954, 913). 9

IV. Befriedigung der Gläubiger

Vorhandene Gläubiger sind von den Liquidatoren zu befriedigen. Diese Pflicht besteht allerdings nur im Innenverhältnis zu der OHG bzw. zu den Gesellschaftern und nicht gegenüber den Gläubigern. § 149 HGB ist daher kein Schutzgesetz i. S. v. § 823 Abs. 2 BGB (Schlegelberger/*K. Schmidt* § 149 Rn. 61). Reichen die vorhandenen Vermögenswerte nicht zur Befriedigung der Gläubiger, müssen die Liquidatoren Insolvenz anmelden (Baumbach/Hopt/*Hopt* § 149 Rn. 5). Ansprüche der Gesellschafter gegen die OHG, etwa aus § 110 HGB, sind nicht separat zu befriedigen. Diese verlieren in der Liquidationsphase ihre Selbstständigkeit und werden zu bloßen Rechnungsposten (vgl. hierzu § 145 HGB Rn. 9) 10

D. Die Vertretung der Gesellschaft

11 Zur Ausführung ihrer Aufgaben überträgt S. 2 den Liquidatoren die Befugnis zur Vertretung der Gesellschaft. Die Stellvertretung bleibt dabei beschränkt auf den Geschäftskreis der Liquidatoren. Vertretungsmacht besteht daher nur hinsichtlich Geschäften mit objektivem Liquidationszweck (BGH NJW 1984, 982), der allerdings vermutet wird (RGZ 146, 378). Wusste der Geschäftsgegner bei Vertragsschluss nicht und hätte er auch nicht wissen müssen, dass es sich um ein liquidationsfremdes Geschäft handelt, muss die OHG uU auch dieses Geschäft gegen sich gelten lassen (BGH WM 1959, 323, 324; NJW 1984, 982). § 181 BGB kann durch Gesellschaftsvertrag (OLG Zweibrücken NJW-RR 1999, 38) oder Beschluss der Gesellschafter abbedungen werden. Weitere Regelungen zur Vertretung der Liquidationsgesellschaft finden sich in §§ 150, 151 HGB.

§ 150 [Mehrere Liquidatoren]

(1) Sind mehrere Liquidatoren vorhanden, so können sie die zur Liquidation gehörenden Handlungen nur in Gemeinschaft vornehmen, sofern nicht bestimmt ist, daß sie einzeln handeln können.

(2) [1]Durch die Vorschrift des Absatzes 1 wird nicht ausgeschlossen, dass die Liquidatoren einzelne von ihnen zur Vornahme bestimmter Geschäfte oder bestimmter Arten von Geschäften ermächtigen. [2]Ist der Gesellschaft gegenüber eine Willenserklärung abzugeben, so findet die Vorschrift des § 125 Abs. 2 Satz 3 entsprechende Anwendung.

A. Überblick und Normzweck

1 Abweichend vom Grundsatz der Einzelgeschäftsführung und -vertretung, der gem. §§ 115, 125 HGB in der werbenden OHG gilt, ordnet die Vorschrift – vorbehaltlich einer anderweitigen Regelung – für die Liquidationsgesellschaft die **Gesamtgeschäftsführung und -vertretung** an. Grund ist die regelmäßige Lockerung der persönlichen Bindungen der Gesellschafter im Liquidationsstadium. Entsprechend § 125 Abs. 2 S. 2 HGB erlaubt Abs. 2 S. 1 aber die Ermächtigung eines Liquidators; auch die Passivvertretung ist in Abs. 2 S. 2 entsprechend § 125 Abs. 2 S. 3 HGB geregelt. Für den Zugang von Willenserklärungen an die Gesellschaft ist daher der Zugang bei einem einzelnen Liquidator ausreichend.

B. Gemeinschaftliche Geschäftsführung

2 Grundsätzlich dürfen die Liquidatoren nur gemeinschaftlich Geschäftsführungsmaßnahmen vornehmen. Ausreichend ist dabei das Handeln eines Liquidators, sofern die Übrigen zumindest konkludent ihre Zustimmung zum Ausdruck gebracht haben, sei es durch vorherige Einwilligung oder nachträgliche Genehmigung. Verweigert ein Liquidator pflichtwidrig seine Mitwirkung, kann diese von der Gesamtheit der Gesellschafter oder von den übrigen Liquidatoren eingeklagt werden, bei einem Gesellschafter-Liquidator im Wege der actio pro socio auch durch einen einzelnen Mitgesellschafter. Allerdings steht den Liquidatoren ein gerichtlich nicht überprüfbarer Beurteilungsspielraum zu (vgl. BGH NJW 1986, 844 zur KG).

3 Bei Verhinderung oder Wegfall eines von mehreren Liquidatoren entsteht nicht etwa alleinige Geschäftsführungsbefugnis der verbleibenden Liquidatoren. Vielmehr ist – gegebenenfalls durch das Gericht – ein **Ersatzliquidator** zu bestellen. Analog § 115 Abs. 2 letzter Hs. HGB besteht lediglich bei Gefahr im Verzug ein **Notgeschäftsführungsrecht** der verbleibenden Liquidatoren (vgl. Röhricht/v. Westphalen/*v. Gerkan* § 150 Rn. 4; Schlegelberger/*K. Schmidt* § 150 Rn. 4).

C. Vertretung

4 Auch die Stellvertretung erfolgt im Grundsatz durch gemeinschaftliche Erklärung aller Liquidatoren. Zur Ausübung der Gesamtvertretung siehe bereits § 125 Rn. 16 ff. Ist ein Liquidator verhin-

dert oder endet seine Amtsstellung, geht die Vertretungsmacht nicht einfach auf die verbleibenden Liquidatoren über (vgl. RGZ 116, 116, 117 f.; Baumbach/Hopt/*Hopt* § 150 Rn. 1; a. A. Schlegelberger/*K.Schmidt* § 150 Rn. 10). In einem solchen Fall ist vielmehr – auch bei Gefahr im Verzug (vgl. Baumbach/Hopt/*Hopt* § 150 Rn. 2) – die Neubestellung eines Liquidators erforderlich, gegebenenfalls durch gerichtliche Entscheidung gem. § 146 Abs. 2 HGB.

D. Abweichende Bestimmungen

Nach Abs. 1 Hs. 2 sind abweichende Regelungen der Geschäftsführung und Vertretung gestattet, 5
im Falle des § 146 Abs. 2 HGB können sie auch vom Gericht angeordnet werden (vgl. Baumbach/Hopt/*Hopt* § 150 Rn. 4). So kann etwa eine Einzelvertretungsbefugnis bestimmt werden, auch Kombinationen aus Einzel- und Gesamtvertretungsbefugnis sind zulässig. Die Vertretungsmacht der einzelnen Liquidatoren kann auch unterschiedlich ausgestaltet sein.

Die Geltendmachung von Ansprüchen der Gesellschaft gegen einen Gesellschafterliquidator bedarf einer besonderen Regelung der diesbezüglichen Vertretung durch einstimmigen Beschluss (vgl. zur KG: OLG Hamm NZG 2003, 627), wenn nicht eine gerichtliche Entscheidung nach § 146 Abs. 2 HGB vorliegt (vgl. RGZ 162, 376), oder der am Prozess als Partei beteiligte Liquidator den oder die anderen Liquidator(en) gem. Abs. 2 S. 1 zur Vertretung ermächtigt hat (vgl. BGH WM 1964, 740, 741; RGZ 116, 116, 117; Schlegelberger/*K.Schmidt* § 150 Rn. 16; a. A. GroßkommHGB/*Habersack* § 150 Rn. 15). 6

Da innerhalb der für die werbende OHG geltenden Grenzen auch eine (auf den Liquidationszweck gerichtete) Prokura erteilt werden kann (vgl. Schlegelberger/*K.Schmidt* § 146 Rn. 53 f., § 150 Rn. 13; GroßkommHGB/*Habersack* § 150 Rn. 13), ist auch eine unechte Zusammenvertretung möglich (vgl. GK HGB/*Ensthaler* § 150 Rn. 2; differenzierend: Schlegelberger/*K.Schmidt* § 150 Rn. 13; a. A. Baumbach/Hopt/*Hopt* § 150 Rn. 4; Röhricht/v. Westphalen/*v. Gerkan* § 150 Rn. 8). Abweichende Regelungen der Stellvertretung sind in das Handelsregister einzutragen, die Eintragung hat lediglich deklaratorische Wirkung. 7

§ 151 [Unbeschränkbarkeit]

Eine Beschränkung des Umfanges der Befugnisse der Liquidatoren ist Dritten gegenüber unwirksam.

A. Überblick und Normzweck

Die **nicht abdingbare** Vorschrift dient wie die Parallelvorschrift für die werbende Gesellschaft (vgl. § 126 Abs. 2 HGB) dem Schutz des Geschäftsverkehrs. Dritte, die in Rechtsbeziehungen mit der OHG treten, sollen auf die Vertretungsmacht der Liquidatoren vertrauen dürfen. Die Vorschrift findet auch dann Anwendung, wenn eine andere Art der Auseinandersetzung (vgl. § 145 HGB Rn. 10 ff.) vereinbart ist (vgl. GroßkommHGB/*Habersack* § 149 Rn. 3). Eine Entsprechung zu § 126 Abs. 3 HGB ist nicht vorgesehen, auch eine analoge Anwendung scheidet aus (vgl. Baumbach/Hopt/*Hopt* § 151 Rn. 1). 1

B. Umfang der Vertretungsmacht

Die Vertretungsmacht der Liquidatoren besteht nur hinsichtlich solcher Geschäfte, die dem **Liquidationszweck** dienen (vgl. § 149 HGB Rn. 11). Die Vorschrift bestimmt, dass die Vertretungsmacht darüber hinaus Dritten gegenüber nicht wirksam beschränkt werden kann. Dies gilt unabhängig davon, ob der Dritte Kenntnis von der Beschränkung hat, oder nicht. Beschränkungen der Geschäftsführungsbefugnis sind jedoch zulässig. Die Grundsätze über den Missbrauch der Vertretungsmacht gelangen zur Anwendung (vgl. BGH NJW 1984, 982; WM 1959, 323, 324; Schlegelberger/*K. Schmidt* § 151 Rn. 5; Röhricht/v. Westphalen/*von Gerkan* § 151 Rn. 6). 2

3 Die Erweiterung der Vertretungsmacht der Liquidatoren ist hingegen möglich (vgl. BGH NJW 1984, 982), insbesondere auch deren Erstreckung auf liquidationsfremde Geschäfte. Dies kann auch durch nachträgliche Genehmigung erfolgen (vgl. RGZ 106, 68, 72 f.; BGH NJW 1984, 982).

§ 152 [Anordnungen der Beteiligten]

Gegenüber den nach § 146 Abs. 2 und 3 Beteiligten haben die Liquidatoren, auch wenn sie vom Gerichte bestellt sind, den Anordnungen Folge zu leisten, welche die Beteiligten in betreff der Geschäftsführung einstimmig beschließen.

A. Überblick und Normzweck

1 Die Vorschrift dient dem **Schutz der Beteiligten** i. S. v. § 146 Abs. 2, Abs. 3 HGB (zum Begriff des Beteiligten s. § 146 HGB Rn. 6), insbesondere der Gesellschafter, indem sie die ohnehin schon bestehende Weisungsgebundenheit der Liquidatoren gem. §§ 713 bzw. 675 Abs. 1 BGB (vgl. § 149 HGB Rn. 2) präzisiert. Die Vorschrift kann im Gesellschaftsvertrag oder durch Beschluss der Gesellschafter abbedungen werden, allerdings nur bis zur Auflösung der OHG (vgl. BGHZ 48, 251, 255). Sie findet auch bei der Vereinbarung einer anderen Art der Auseinandersetzung Anwendung (vgl. GroßkommHGB/*Habersack* § 152 Rn. 2).

B. Beschluss der Beteiligten

2 Die Liquidatoren sind an **einstimmige Beschlüsse** der Beteiligten gebunden, soweit diese die Geschäftsführung betreffen und nicht gegen gesetzliche Bestimmungen oder gegen die guten Sitten verstoßen. Der Beschluss kann bei entsprechender Satzungsbestimmung (soweit diese vor der Auflösung getroffen wurde, BGHZ 48, 251, 255) auch mehrheitlich erfolgen. Ein einzelner Gesellschafter kann hingegen keine Weisungen erteilen (vgl. BGH WM 1959, 323, 324). Die gesellschaftliche **Treuepflicht** kann es den Beteiligten gebieten, an einem Weisungsbeschluss mitzuwirken (vgl. Schlegelberger/*K. Schmidt* § 152 Rn. 7; GroßkommHGB/*Habersack* § 152 Rn. 6, 11). Das Weisungsrecht beschränkt sich nicht auf Liquidationsgeschäfte (vgl. K/R/M/*Koller* § 152 Rn. 2), die Beteiligten können Gesellschafter-Liquidatoren, nicht aber Dritt-Liquidatoren (vgl. Baumbach/Hopt/*Hopt* § 152 Rn. 1; Schlegelberger/*K. Schmidt* § 152 Rn. 9; a. A. GroßkommHGB/*Habersack* § 152 Rn. 7) auch zur Vornahme liquidationsfremder Geschäfte anweisen (vgl. E/B/J/*Hillmann* § 152 Rn. 4).

3 Die Liquidatoren haben verbindliche Weisungen zu befolgen, andernfalls können sie sich schadensersatzpflichtig machen. Die Beteiligten, aber auch die Gesellschaft selbst, können die Befolgung der Weisungen auf dem Klageweg erzwingen.

4 Im Rahmen von § 665 BGB sind die Liquidatoren berechtigt, von erteilten Weisungen abzuweichen (vgl. K/R/M/*Koller* § 152 Rn. 2). Unverbindliche Weisungen oder Empfehlungen können die Liquidatoren zu erhöhter Sorgfalt verpflichten, auch wenn sie nur durch einen Beteiligten erfolgen (vgl. BGH WM 1959, 323, 324; GK HGB/*Ensthaler* § 152 Rn. 3).

§ 153 [Zeichnung der Liquidatoren]

Die Liquidatoren haben ihre Unterschrift in der Weise abzugeben, daß sie der bisherigen, als Liquidationsfirma zu bezeichnenden Firma ihren Namen beifügen.

A. Zeichnung für die Liquidationsgesellschaft

1 Die – **nicht abdingbare** – Vorschrift behandelt die Zeichnung durch die Liquidatoren im Schriftverkehr und dient dem Schutz des Geschäftsverkehrs (vgl. OLG Frankfurt NJW 1991, 3286, 3287).

Der Wechsel in eine Liquidationsgesellschaft muss durch die Verwendung eines **entsprechenden Zusatzes zur Firma** deutlich gemacht werden. Es handelt sich bei dem Zusatz jedoch nicht um einen Firmenbestandteil (vgl. RGZ 29, 66, 68). Er muss daher auch nichts ins Handelsregister eingetragen werden. Üblich und zulässig sind Zusätze wie »in Liquidation« oder »in Abwicklung«, die auch mit »i. L.«, »in Liq.« oder »i. A.« abgekürzt werden können. Neben der Liquidationsfirma müssen die Liquidatoren mit ihrem Namen unterzeichnen.

B. Rechtsfolgen eines Verstoßes

Ein Verstoß gegen die Vorschrift kann schwerwiegende Folgen haben. Zwar wird die Wirksamkeit der Geschäfte nicht unmittelbar beeinträchtigt. Der Geschäftsgegner kann aber zur **Anfechtung** nach § 119 Abs. 2 BGB berechtigt sein. Daneben können ihm **Schadensersatzansprüche** nicht nur gegen die Gesellschaft, sondern auch gegen die Liquidatoren zustehen. Die Vorschrift ist auch Schutzgesetz i. S. v. § 823 Abs. 2 BGB (vgl. OLG Frankfurt NJW 1991, 3286; E/B/J/*Boujong* § 153 Rn. 3; K/R/M/*Koller* § 153 Rn. 1; a. A. Baumbach/Hopt/*Hopt* § 153 Rn. 1). Im Innenverhältnis werden regelmäßig die Liquidatoren für entstehenden Schaden einstehen müssen. 2

§ 154 [Bilanz]

Die Liquidatoren haben bei dem Beginne sowie bei der Beendigung der Liquidation eine Bilanz aufzustellen.

A. Überblick und Normzweck

Die Vorschrift erweitert den Pflichtenkreis der Liquidatoren um die Aufstellung von Liquidationsbilanzen. Nach einer Ansicht in der Fachliteratur (vgl. grundlegend: Schlegelberger/*K. Schmidt* § 154 Rn. 4 ff.; ferner E/B/J/*Boujong* § 154 Rn. 1 ff.; K/R/M/*Koller* § 154 Rn. 3; Röhricht/v. Westphalen/*v. Gerkan* § 154 Rn. 1 ff., 9; GroßkommHGB/*Habersack* § 154 Rn. 7 ff.) regelt die Vorschrift lediglich das Innenverhältnis der Liquidatoren zu den an der Liquidation Beteiligten und erlegt den Liquidatoren damit eine »interne Rechnungslegungspflicht« auf, die neben die fortgeltende »externe Rechnungslegungspflicht« nach §§ 238 ff., 242 ff. HGB tritt. Nach der Rechtsprechung und einer anderen Literaturansicht soll hingegen jedenfalls die Bilanzierungspflicht nach §§ 242 ff. HGB in der Liquidation entfallen, es sei denn, die Abwicklung ist unfangreich oder es ergeben sich im Laufe der Liquidation große Veränderungen der Aktiven und Passiven (vgl. BGH NJW 1980, 1522, 1523; *A. Hueck* Recht der OHG, S. 510; wohl auch: Baumbach/Hopt/*Hopt* § 154 Rn. 4). 1

Im Innenverhältnis haben die Liquidatoren im Wesentlichen zwei Bilanzen zu erstellen, die **Liquidationseröffnungsbilanz** und die **Liquidationsschlussbilanz**. Lediglich bei einer besonders umfangreichen Liquidation haben die Liquidatoren zusätzlich in regelmäßigen Abständen einen Überblick über den Stand der Liquidation zu geben (vgl. BGH NJW 1980, 1522, 1523), etwa in dem sie Zwischenbilanzen erstellen (vgl. OLG Celle BB 1983, 1450 f.). 2

Die Liquidationseröffnungsbilanz dient der Ermittlung des zu verteilenden Vermögens, um so eine ordentliche Liquidation sicherzustellen, für die Feststellung des Ergebnisses der Liquidation ist sie ohne Bedeutung. Die Liquidationsschlussbilanz ist Maßstab für die Berechnung des Liquidationsgewinns und -verlustes. Die Erstellung der Liquidationsbilanzen kann mit der Leistungsklage durchgesetzt werden (vgl. OLG Koblenz DB 2002, 1494 zur GbR). 3

B. Liquidationseröffnungsbilanz

Die Liquidationseröffnungsbilanz ist **unverzüglich** nach der Auflösung der Gesellschaft und auf den Auflösungstag bezogen aufzustellen, wenn nicht die Gesellschafter die Liquidation zunächst aufschieben (vgl. BGHZ 1, 324). Fällt die Auflösung auf das Ende eines Geschäftsjahres ist sie ne- 4 ben dem Jahresabschluss gesondert aufzustellen. Sie dient nur dazu, den Liquidatoren eine Übersicht über vorhandene Aktiva und Passiva zu verschaffen. Kapitalanteile der Gesellschafter sind aus dem letzten Jahresabschluss zu übernehmen, Veränderungen an Eigenkapital sind ungeteilt gesondert auszuweisen (vgl. RGZ 98, 360; KG OLGE 21, 378). Sämtliche Gegenstände des Gesellschaftsvermögens sind mit ihrem vorsichtig geschätzten Realisierungswert anzusetzen (vgl. RGZ 80, 104, 107; K/R/M/*Koller* § 154 Rn. 2), Verbindlichkeiten sind zu passivieren, wobei auch die mit der Liquidation und der Geschäftseinstellung verbundenen Verbindlichkeiten zu berücksichtigen sind.

C. Liquidationsschlussbilanz

5 Die Liquidationsschlussbilanz muss entgegen dem Wortlaut der Vorschrift bereits dann aufgestellt werden, wenn das Vermögen vollständig verteilbar ist (vgl. Baumbach/Hopt/*Hopt* § 154 Rn. 3). Sie ist Rechnungsabschluss i. S. v. § 259 BGB (vgl. Schlegelberger/*K. Schmidt* § 154 Rn. 29). Nicht erforderlich ist die Aufstellung einer Liquidationsschlussbilanz, wenn die Liquidation unmittelbar in das Insolvenzverfahren übergeht.

6 Das nach § 155 HGB zu verteilende Vermögen wird nach heute vorherrschender Ansicht (vgl. GK HGB/*Ensthaler* § 154 Rn. 4 f.; E/B/J/*Boujong* § 155 Rn. 19) durch einen **Vergleich** der Liquidationsschlussbilanz mit dem letzten Jahres- bzw. Rumpfjahresabschluss festgestellt.

D. Feststellung der Bilanz

7 Die Feststellung der Bilanz ist **rechtsgeschäftlicher Natur**, sie legt die Bilanzansätze für die Gesellschafter untereinander und auch Dritten gegenüber verbindlich fest. Da es sich bei der Bilanzfeststellung um ein Grundlagengeschäft handelt, müssen alle Gesellschafter der Bilanz zustimmen (vgl. BGHZ 132, 263, 266; OLG München NZG 2001, 959, 960). Klagen mehrere Mitgesellschafter auf Zustimmung zur Liquidationsbilanz handelt es sich nicht um eine notwendige Streitgenossenschaft i. S. v. § 62 ZPO (vgl. BGH WM 1983, 1279; OLG München NZG 2001, 959 f.).

§ 155 [Verteilung des Vermögens]

(1) Das nach Berichtigung der Schulden verbleibende Vermögen der Gesellschaft ist von den Liquidatoren nach dem Verhältnisse der Kapitalanteile, wie sie sich auf Grund der Schlußbilanz ergeben, unter die Gesellschafter zu verteilen.

(2) [1]Das während der Liquidation entbehrliche Geld wird vorläufig verteilt. [2]Zur Deckung noch nicht fälliger oder streitiger Verbindlichkeiten sowie zur Sicherung der den Gesellschaftern bei der Schlussverteilung zukommenden Beträge ist das Erforderliche zurückzubehalten. [3]Die Vorschriften des § 122 Abs. 1 finden während der Liquidation keine Anwendung.

(3) Entsteht über die Verteilung des Gesellschaftsvermögens Streit unter den Gesellschaftern, so haben die Liquidatoren die Verteilung bis zur Entscheidung des Streites auszusetzen.

A. Überblick und Normzweck

1 Die Vorschrift regelt die Verteilung des verbleibenden Gesellschaftsvermögens als – von der Anmeldung nach § 157 HGB abgesehen – vorläufigen **Schlussakt der Liquidation.** Sie überträgt diese Aufgabe den Liquidatoren und ergänzt insofern die Aufgabenzuweisungsnorm des § 149 HGB.

2 Die Vorschrift ist **dispositiv** (vgl. E/B/J/*Boujong* § 155 Rn. 3; K/R/M/*Koller* § 155 Rn. 1; GroßkommHGB/*Habersack* § 155 Rn. 4; a. A. Schlegelberger/*K. Schmidt* § 155 Rn. 42), im Gesellschaftsvertrag oder durch Gesellschafterbeschluss kann eine abweichende Regelung über die Verteilung des Gesellschaftsvermögens vorgesehen werden. Da die Beteiligung am Liquidations-

erlös in den Kernbereich der Mitgliedschaft fällt (vgl. BGH NJW 1995, 194, 195), bedürfen Abweichungen grundsätzlich der Zustimmung aller Gesellschafter. Den Gesellschaftern können dann auch anstelle des grundsätzlich auf Geld gerichteten Zahlungsanspruchs einzelne Vermögensgegenstände zugesprochen werden (vgl. BayObLG BB 1983, 82).

B. Zwischenverteilung

Bereits während der Liquidation kann nach Abs. 2 eine vorläufige Verteilung oder Zwischenverteilung stattfinden. Verteilt werden muss Geld, das von den Liquidatoren – nach pflichtgemäßem Ermessen (vgl. GK HGB/*Ensthaler* § 155 Rn. 3) – für entbehrlich gehalten wird. Die Gesellschafter haben insofern einen einklagbaren Anspruch gegen die Gesellschaft, der von den Liquidatoren erfüllt werden muss (vgl. RGZ 47, 16, 19; GroßkommHGB/*Habersack* § 155 Rn. 25; Schlegelberger/*K. Schmidt* § 155 Rn. 9). 3

Nicht entbehrlich sind gem. Abs. 2 S. 2 Beträge zur Deckung noch nicht fälliger oder streitiger Verbindlichkeiten sowie zur Sicherung der den Gesellschaftern bei der Schlussverteilung zukommenden Beträge. Damit soll späteren Rückzahlungspflichten der Empfänger vorgebeugt werden. Ausreichend ist auch die Einbehaltung von Vermögensgegenständen, deren spätere Veräußerung voraussichtlich einen Erlös erbringen wird, mit dem Gläubiger und Gesellschafter befriedigt werden können (vgl. GroßkommHGB/*Habersack* § 155 Rn. 20; Schlegelberger/*K. Schmidt* § 155 Rn. 6). 4

Evtl. zuviel gezahlte Beträge sind vom Empfänger zu erstatten (vgl. RG LZ 1931, 1261) und angemessen zu verzinsen (vgl. RGZ 151, 125). Dieser Rückzahlungsanspruch wird teilweise als Fall der Leistungskondiktion angesehen (vgl. GroßkommHGB/*Habersack* § 155 Rn. 27; Schlegelberger/*K. Schmidt* § 155 Rn. 13), teilweise auch unmittelbar aus dem Vorbehalt der Vorläufigkeit der Zwischenverteilung abgeleitet (vgl. Baumbach/Hopt/*Hopt* § 155 Rn. 1; GK HGB/*Ensthaler* § 155 Rn. 2; K/R/M/*Koller* § 155 Rn. 3). Jedenfalls ist dem Empfänger in (analoger) Anwendung von § 820 BGB die Berufung auf §§ 814, 818 Abs. 3 BGB versagt (vgl. BGH WM 1988, 1494, 1496; E/B/J/*Boujong* § 155 Rn. 11). 5

Das in der werbenden Gesellschaft bestehende **Entnahmerecht** der Gesellschafter gem. § 122 Abs. 1 HGB ist nach § 155 Abs. 2 S. 3 HGB in der Liquidation ausgeschlossen. Das Entnahmeverbot erstreckt sich auch auf Gewinne aus dem letzten Rumpfgeschäftsjahr vor der Auflösung (vgl. Röhricht/v. Westphalen/*v. Gerkan* § 155 Rn. 5; GroßkommHGB/*Habersack* § 155 Rn. 24; Schlegelberger/*K. Schmidt* § 155 Rn. 11). 6

C. Schlussverteilung

I. Auszahlungsanspruch

Die Schlussverteilung erfolgt gem. Abs. 1 erst nach Berichtigung sämtlicher Gesellschaftsschulden und nach Erledigung der übrigen Aufgaben der Gesellschafter auf der Grundlage der Schlussbilanz nach § 154 HGB. Die Aufstellung der Schlussbilanz ist jedoch keine materielle Anspruchsvoraussetzung des Auszahlungsanspruchs der Gesellschafter hinsichtlich ihres Auseinandersetzungsguthabens. In Ausnahmefällen – etwa wenn mangels vorhandenen Gesellschaftsvermögens keine Auseinandersetzung mehr erfolgen muss (vgl. BGH DB 1993, 1965; WM 1970, 280, 281) – kann der Gesellschafter den Anspruch selbst berechnen. Der Anspruch auf das Auseinandersetzungsguthaben entsteht mit der Auflösung der Gesellschaft (vgl. BGH ZIP 1988, 1545, 1546; ZIP 1997, 1589, 1590 f.) und kann von den Gesellschaftern im Wege der Zahlungsklage (auch gegen die Liquidatoren) geltend gemacht werden. Der Gesellschafter ist dann darlegungs- und beweispflichtig hinsichtlich der anspruchsbegründenden Umstände (vgl. OLG Nürnberg BB 1969, 1104), die Liquidatoren trifft gegebenenfalls eine Substantiierungspflicht (vgl. zur GbR: BGH NJW 1999, 3486). 7

II. Maßstab der Verteilung

8 Wie bereits die Zwischenverteilung richtet sich die Schlussverteilung »nach dem Verhältnisse der Kapitalanteile, wie sie sich auf Grund der Schlußbilanz ergeben«, vgl. Abs. 1. Die Auseinandersetzungsansprüche selbst sind als unselbstständige Rechnungsposten in die Schlussbilanz einzustellen (st.Rspr.; vgl. BGH WM 1969, 591, 592; NJW 1995, 188, 189; zuletzt: BGH NZG 2004, 326). Ein Liquidationsgewinn wird bei der Ermittlung des Kapitalanteils berücksichtigt (vgl. BGHZ 19, 42, 47 f.).

III. Auszahlung bzw. Ausgleich zwischen den Gesellschaftern

9 Sofern die Kapitalkonten aller Gesellschafter aktiv sind, deckt sich die Summe der Gesellschaftsanteile mit dem Gesellschaftsvermögen. In diesem Fall ist jedem Gesellschafter der entsprechende Anteil auszuzahlen, für einen Ausgleich unter den Gesellschaftern bleibt kein Raum.

10 Verfügen einige Gesellschafter über ein aktives, andere über ein passives Kapitalkonto, sind nach zutreffender herrschender Ansicht (vgl. Baumbach/Hopt/*Hopt* § 155 Rn. 2; Röhricht/v. Westphalen/*v. Gerkan* § 155 Rn. 8; a. A. GK HGB/*Ensthaler* § 155 HGB Rn. 9) vorhandene restliche Vermögenswerte nur unter den Inhabern der aktiven Kapitalkonten zu verteilen. Der erforderliche **Saldenausgleich zwischen den Gesellschaftern** ist mangels ausdrücklicher Zuweisung nicht Aufgabe der Liquidatoren, sondern erfolgt außerhalb der Liquidation (vgl. BGH WM 1983, 1381 zur KG; a. A. GroßkommHGB/*Habersack* § 155 Rn. 9; vgl. bereits § 145 HGB Rn. 5). Sind alle Kapitalanteile negativ, verfügt die OHG über kein Vermögen mehr. In diesem Fall kann jeder Gesellschafter von den Mitgesellschaftern Ausgleich der von ihm an die Gläubiger geleisteten Zahlungen entsprechend der jeweiligen Beteiligung verlangen.

11 Ein Gesellschafter, der nach Abwicklung des Gesellschaftsunternehmens dessen Hauptaktivum aufgrund der (faktischen) Verhinderung der Mitgesellschafter allein nutzen kann und nutzt, kann den Mitgesellschaftern nach Treu und Glauben (§ 242 BGB) zur Zahlung eines angemessenen Ausgleichs verpflichtet sein (vgl. BGH MDR 1958, 584).

12 Gegenstände der Gesellschafter, die der OHG zur Nutzung überlassen wurden, sind den Gesellschaftern sobald der Liquidationszweck es erlaubt, spätestens jedoch bei Beendigung der Liquidation, zurückzugeben (vgl. § 732 BGB). Für geleistete Dienste wird eine Vergütung nicht gewährt, sofern nicht etwas anderes vereinbart wurde.

D. Aussetzung der Verteilung

13 Besteht zwischen den Gesellschaftern **Uneinigkeit** über die Verteilung des Gesellschaftsvermögens, betrifft dies die Liquidatoren grundsätzlich nicht. Die Gesellschafter tragen den Streit untereinander aus, wenn sie den Liquidatoren die Schlichtung nicht ausdrücklich übertragen haben. Die Liquidatoren müssen jedoch gem. Abs. 3 die Verteilung bis zu einer Entscheidung des Streits aussetzen. Durch eine Einigung der Gesellschafter werden die Liquidatoren gebunden.

14 Vor Erledigung des Streits kann die Liquidation nicht beendet sein (vgl. BayObLG BB 1983, 82). Die Liquidatoren können sie aber durch Hinterlegung des streitigen Betrages beenden (vgl. BayObLG WM 1979, 655).

E. Nachtragsliquidation

15 Mit Abschluss der Verteilung wird die OHG **vollbeendigt**. Stellt sich nachträglich das Vorhandensein von Gesellschaftsvermögen heraus, hat die Gesellschaft nur scheinbar aufgehört zu existieren. Es erfolgt eine Nachtragsliquidation, und zwar grundsätzlich durch die bisherigen Liquidatoren (vgl. BGH NJW 1979, 1987), die ohne besondere gerichtliche Bestellung und ohne Rücksicht auf eine bereits erfolgte Löschung der Firma tätig werden. Eine bereits erfolgte Löschung ist zu berichtigen (vgl. BayObLG BB 2000, 1055).

§ 156 [Rechtsverhältnisse]

Bis zur Beendigung der Liquidation kommen in bezug auf das Rechtsverhältnis der bisherigen Gesellschafter untereinander sowie der Gesellschaft zu Dritten die Vorschriften des zweiten und dritten Titels zur Anwendung, soweit sich nicht aus dem gegenwärtigen Titel oder aus dem Zwecke der Liquidation ein anderes ergibt.

A. Überblick und Normzweck

Nach neuem Verständnis (vgl. GroßkommHGB/*Habersack* § 156 Rn. 1) setzt die Vorschrift voraus, dass die durch die Auflösung entstehende Liquidationsgesellschaft im Vergleich zur werbenden Gesellschaft nur ihren Zweck ändert und ansonsten als Handelsgesellschaft fortbesteht. Sie bestimmt daher, dass die für die werbende Gesellschaft geltenden Vorschriften über das Rechtsverhältnis der Gesellschafter untereinander (vgl. §§ 109 bis 122 HGB) und das Rechtsverhältnis der Gesellschafter zu Dritten (vgl. §§ 123 bis 130 b HGB) grundsätzlich auch in der Liquidation anzuwenden sind. 1

B. Anwendbare Vorschriften im Einzelnen

Aufgrund des Fortbestehens der werbenden Gesellschaft als Rechtsträger (mit geändertem Gesellschaftszweck, vgl. § 145 HGB Rn. 6) sind nach heutigem Verständnis nicht nur die Vorschriften des 2. und 3. Titels, sondern sämtliche, für die werbende Gesellschaft geltenden Vorschriften auf die Liquidationsgesellschaft anzuwenden (vgl. Schlegelberger/*K. Schmidt* § 156 Rn. 2; GroßkommHGB/*Habersack* § 156 Rn. 1). Dies gilt jedoch nur, soweit sich aus §§ 145 bis 158 HGB oder aus dem Zweck der Liquidation nichts Abweichendes ergibt. 2

Daher sind auch **§§ 105 ff. HGB** grundsätzlich in der Liquidation anwendbar, nach § 105 Abs. 3 HGB subsidiär **auch §§ 705 ff. BGB** (vgl. Baumbach/Hopt/*Hopt* § 156 Rn. 2; GroßkommHGB/*Habersack* § 156 Rn. 5). Der Sitz der Gesellschaft bleibt erhalten, zur Firma s. § 153 HGB. Die Anmeldepflicht nach § 108 Abs. 1 HGB geht auf die Liquidatoren über, soweit deren Aufgaben betroffen sind. 3

Die Bestimmungen über das gesetzliche **Wettbewerbsverbot** (vgl. §§ 112, 113 HGB) bleiben anwendbar, allerdings nur, soweit die Liquidationsgesellschaft den Geschäftsbetrieb fortführt (vgl. BGH WM 1961, 629, 631). Weitergehende Betätigungsschranken können sich aus der in der Liquidation fortgeltenden (vgl. § 145 HGB Rn. 6) gesellschaftlichen **Treuepflicht** ergeben (vgl. BGH NJW 1971, 802; GroßkommHGB/*Habersack* § 156 Rn. 8). 4

Die Liquidationsgesellschaft bleibt **als Rechtsträger** bestehen, § 124 HGB bleibt uneingeschränkt anwendbar. Auch der Gerichtsstand nach § 17 ZPO bleibt erhalten. Die Vorschriften über die Geschäftsführung und die Vertretung der Gesellschaft (vgl. §§ 114 bis 117, §§ 125 bis 127 HGB) werden ersetzt durch §§ 146, 147 und 149 HGB. Das Kontrollrecht der Gesellschafter nach § 118 HGB (vgl. § 109 HGB Rn. 9) besteht fort (vgl. KG Recht 32, 337; OLG Celle ZIP 1983, 943). Die persönliche Haftung der Gesellschafter (vgl. §§ 128 bis 130 HGB) besteht ebenfalls fort, sie erstreckt sich auf die durch die Liquidatoren begründeten Verbindlichkeiten (vgl. RGZ 106, 63 zur KG; Baumbach/Hopt/*Hopt* § 156 Rn. 4). Auch §§ 159, 160 HGB bleiben anwendbar. Die Grundsätze der actio pro socio finden weiterhin Anwendung (vgl. BGH WM 1960, 47), wobei ausnahmsweise Leistung an den klagenden Gesellschafter statt an die Gesellschaft gefordert werden kann, wenn sich dies mit dem zu erwartenden Ergebnis der Auseinandersetzung deckt (vgl. BGHZ 10, 91, 102; vgl. zur actio pro socio ausführl. Kap. 16 Rn. 86 ff.). 5

Die Vorschriften über die **Auflösung der Gesellschaft** (vgl. §§ 131 ff. HGB) finden in der Liquidationsgesellschaft naturgemäß keine Anwendung mehr. Denkbar bleibt jedoch die Ausschließung eines Gesellschafters, wenn etwa die Übrigen die Fortsetzung der Gesellschaft beschließen wollen (vgl. E/B/J/*Boujong* § 156 Rn. 12; GroßkommHGB/*Habersack* § 156 Rn. 14), § 140 HGB gilt daher fort. 6

§ 157 [Löschung der Firma]

(1) Nach der Beendigung der Liquidation ist das Erlöschen der Firma von den Liquidatoren zur Eintragung in das Handelsregister anzumelden.

(2) [1]Die Bücher und Papiere der aufgelösten Gesellschaft werden einem der Gesellschafter oder einem Dritten in Verwahrung gegeben. [2]Der Gesellschafter oder der Dritte wird in Ermangelung einer Verständigung durch das Gericht bestimmt, in dessen Bezirke die Gesellschaft ihren Sitz hat.

(3) Die Gesellschafter und deren Erben behalten das Recht auf Einsicht und Benutzung der Bücher und Papiere.

A. Überblick und Normzweck

1 Abs. 1 bestimmt als letzte Aufgabe der Liquidatoren nach der Verteilung des Vermögens die Pflicht zur Anmeldung des Erlöschens der Firma zur Eintragung in das Handelsregister. Findet nach Auflösung keine Liquidation statt, kommt die Vorschrift nicht zur Anwendung (vgl. KGJ 39 A 112), ein Erlöschen der Firma ist nach § 31 Abs. 2 HGB anzumelden (vgl. E/B/J/*Boujong* § 157 Rn. 2). Vereinigen sich alle Gesellschaftsanteile in einer Hand, richtet sich die Anmeldepflicht nach § 31 Abs. 1 HGB (vgl. BayObLG ZIP 1981, 188, 191; BayObLG BB 2000, 1212). Abs. 2 und 3 enthalten Regelungen zur Aufbewahrung der Geschäftsunterlagen der Gesellschaft und kommen grundsätzlich auch bei einer anderen Art der Auseinandersetzung (vgl. § 145 HGB Rn. 10 ff.) zur Anwendung, auch bei Vollbeendigung im Zusammenhang mit einem Insolvenzverfahren über das Gesellschaftsvermögen (vgl. OLG Stuttgart ZIP 1984, 1385).

B. Anmeldung und Eintragung des Erlöschens der Firma, Abs. 1

2 Die Pflicht zur Anmeldung trifft sämtliche Liquidatoren, die alle **gemeinsam handeln** müssen. Die Anmeldung kann auch von den Gesellschaftern – als Herren der Liquidation – gemeinsam vorgenommen werden. Ausnahmsweise kann die Eintragung der Löschung auch von Amts wegen erfolgen (vgl. OLG Düsseldorf NJW-RR 1995, 611).

3 Die Eintragung des Erlöschens der Firma hat nur deklaratorische Wirkung (vgl. BGH NJW 1979, 1987; BayObLG WM 1983, 353). Ist daher trotz erfolgter Löschung noch Vermögen vorhanden, ist die Liquidation noch nicht beendet, Gesellschaft und Firma bestehen fort (vgl. BayObLG NZG 2000, 833). Bei einer unrichtigen Löschung kann die OHG unter ihrer bisherigen Firma verklagt werden, selbst wenn die fehlerhafte Löschung im Handelsregister noch nicht korrigiert wurde (vgl. BGH NJW 1979, 1987; LG Hamburg NJW-RR 1986, 914). Zur Nachtragsliquidation s. bereits § 155 HGB Rn. 15.

C. Aufbewahrung der Bücher und Papiere, Abs. 2

4 Abs. 2 knüpft an § 257 HGB an und bestimmt, dass die Bücher und Papiere der Gesellschaft nach Liquidation einem von den Gesellschaftern oder dessen Erben bestimmten Gesellschafter oder Drittem zur Verwahrung anzuvertrauen sind. Können sich die Gesellschafter nicht einigen, wird der Verwahrer durch das Gericht am Sitz der Gesellschaft bestimmt (vgl. §§ 145, 146 FGG). Die Übernahme der Aufgabe ist für den Verwahrer aber immer freiwillig (vgl. OLG Stuttgart ZIP 1984, 1385), gleich ob er Gesellschafter oder Dritter ist und ob er durch die Gesellschafter oder das Gericht bestimmt ist. Die Kosten der Verwahrung tragen die Gesellschafter gemeinsam, die Liquidatoren haben die Kosten bei der Verteilung des Gesellschaftsvermögens einzubehalten.

5 Abs. 2 findet analoge Anwendung, wenn die Gesellschaft ohne Liquidation beendet wird, etwa im Falle der Insolvenz. Keine Anwendung findet Abs. 2, wenn die Bücher zusammen mit den übrigen Aktiva auf einen Erwerber übergehen.

D. Einsichtsrecht der Gesellschafter, Abs. 3

Abs. 3 gewährt den Gesellschaftern und deren Erben ein Recht zur Einsicht in die Bücher und Papiere der Gesellschaft, sofern diese im Zeitpunkt der Beendigung Gesellschafter waren. Zur Geltendmachung braucht der Berechtigte kein rechtliches Interesse darzulegen (vgl. E/B/J/*Boujong* § 157 Rn. 18; Röhricht/von Westphalen/*v. Gerkan* § 157 Rn. 11; GroßkommHGB/*Habersack* § 157 Rn. 21), der Verwahrer kann aber gegebenenfalls das Fehlen eines Informationsinteresses einwenden (vgl. Schlegelberger/*K. Schmidt* § 157 Rn. 25). §§ 810, 811 BGB finden ergänzend Anwendung, auch bei Veräußerung der Bücher mit dem Unternehmen (vgl. K/R/M/*Koller* § 157 Rn. 3). 6

§ 158 [Andere Auseinandersetzungsart]

Vereinbaren die Gesellschafter statt der Liquidation eine andere Art der Auseinandersetzung, so finden, solange noch ungeteiltes Gesellschaftsvermögen vorhanden ist, im Verhältnis zu Dritten die für die Liquidation geltenden Vorschriften entsprechende Anwendung.

A. Überblick und Normzweck

§ 158 HGB soll Dritten gegenüber klarstellen, dass die Vorschriften über die Liquidation auch dann Anwendung finden, wenn die Gesellschafter eine andere Art der Auseinandersetzung vereinbart haben. Nach zutreffendem neuerem Verständnis der Liquidationsgesellschaft handelt es sich insofern um eine Spezialregelung zu § 156 HGB (vgl. Schlegelberger/*K. Schmidt* § 158 Rn. 5), der aber kein wesentlicher eigenständiger Regelungsgehalt zukommt (vgl. GroßkommHGB/*Habersack* § 158 Rn. 2). 1

B. Voraussetzungen und Rechtsfolgen

Die Vorschrift setzt voraus, dass die Gesellschafter der OHG eine andere Art der Abwicklung vereinbart haben (vgl. § 145 HGB Rn. 10 ff.) und dass die Gesellschaft noch über ungeteiltes Aktivvermögen verfügt (vgl. § 145 HGB Rn. 6). Sie ist nicht anwendbar, wenn die Gesellschaft ohne Liquidation vollbeendigt wird oder wenn ein Gesellschafter das gesamte Gesellschaftsvermögen übernimmt. Keine Anwendung findet § 158 HGB ferner, wenn die OHG im Rahmen der Abwicklung zur GbR wird, etwa wenn die Gesellschafter zur Verwaltung des ehemals der OHG gehörigen Grundbesitzes verbunden bleiben. Die Rechtsverhältnisse zu Dritten bestimmen sich dann nach §§ 714 ff., 719 ff. BGB. 2

Das Außenverhältnis der Gesellschaft zu Dritten bestimmt sich gem. § 158 HGB nach den Vorschriften über die Liquidation. Die Gesellschaft kann weiterhin klagen und verklagt werden, es kann weiterhin in das ungeteilte Gesellschaftsvermögen vollstreckt werden. Die Vertretung der Gesellschaft richtet sich nach §§ 146, 150, 151 HGB. Auf das Innenverhältnis nimmt § 158 HGB keinen Einfluss. Dieses bestimmt sich nach den Vereinbarungen der Gesellschafter. 3

Sechster Titel
Verjährung. Zeitliche Begrenzung der Haftung.

§ 159 [Verjährungsfrist]

(1) Die Ansprüche gegen einen Gesellschafter aus Verbindlichkeiten der Gesellschaft verjähren in fünf Jahren nach der Auflösung der Gesellschaft, sofern nicht der Anspruch gegen die Gesellschaft einer kürzeren Verjährung unterliegt.

(2) Die Verjährung beginnt mit dem Ende des Tages, an welchem die Auflösung der Gesellschaft in das Handelsregister des für den Sitz der Gesellschaft zuständigen Gerichts eingetragen wird.

(3) Wird der Anspruch des Gläubigers gegen die Gesellschaft erst nach der Eintragung fällig, so beginnt die Verjährung mit dem Zeitpunkt der Fälligkeit.

(4) Der Neubeginn der Verjährung und ihre Hemmung nach § 204 des Bürgerlichen Gesetzbuchs gegenüber der aufgelösten Gesellschaft wirken auch gegenüber den Gesellschaftern, die der Gesellschaft zur Zeit der Auflösung angehört haben.

Übersicht:

A. Normzweck und Entstehungsgeschichte

1 Die Vorschrift des § 159 HGB begrenzt das Haftungsrisiko des Gesellschafters, indem seine Nachhaftung im Fall der Auflösung der Gesellschaft einer gesonderten Verjährungsfrist von fünf Jahren unterstellt wird. Bis dahin unterliegt die Gesellschafterhaftung nach §§ 128, 130 HGB keiner Verjährung (vgl. § 129 HGB Rn. 6).

2 Bis 1994 war die Begrenzung der Gesellschafternachhaftung einheitlich für den Fall der Auflösung der Gesellschaft wie für den des Ausscheidens eines einzelnen Gesellschafters geregelt. Die §§ 159, 160 HGB a. F. ordneten für beide Fälle eine fünfjährige Sonderverjährung an. Mit dem »Gesetz zur zeitlichen Begrenzung der Nachhaftung von Gesellschaftern« vom 18. 3. 1994 (NachhBG, BGBl. I, 560) wurde eine Differenzierung vorgenommen. Während es für den Auflösungsfall bei der bloßen Sonderverjährung bleibt, sieht § 160 HGB für den Ausscheidensfall eine echte Enthaftung vor.

3 Durch das Schuldrechtsmodernisierungsgesetz (BGBl. I 2001, 3138, 3187) wurde Abs. 4 redaktionell an die Neuregelung des Verjährungsrechts angepasst.

B. Anwendungsbereich

4 § 159 HGB gilt unmittelbar für die Gesellschafter einer OHG und über § 161 Abs. 2 HGB für die Gesellschafter einer KG, und zwar sowohl für die Komplementäre als auch für die Kommanditisten. Auf die KGaA ist die Bestimmung sinngemäß anzuwenden. Für die Partnerschaftsgesellschaft verweist § 10 Abs. 2 PartGG auf § 159 HGB.

5 Die Bestimmung gilt ebenfalls für die Auflösung einer **GbR**. Zwar verweist die Vorschrift des § 736 BGB lediglich auf § 160 HGB, während es an einer entsprechenden Verweisungsnorm auf § 159 HGB fehlt. Diese Lücke ist jedoch durch eine analoge Anwendung des § 159 HGB zu schließen (vgl. BFH NZG 1998, 238, 239). In Anlehnung an die Regelung in § 160 HGB tritt an die Stelle der Registereintragung der Zeitpunkt, zu dem der Gesellschaftsgläubiger Kenntnis von der Auflösung erlangt hat (vgl. MüKo HGB/*K. Schmidt* § 159 Rn. 15).

Für die EWIV bestimmt Art. 37 Abs. 2 EWIVVO, dass jede einzelstaatliche längere Verjährungsfrist für die Haftung der Gesellschafter nach Auflösung durch eine Verjährungsfrist von fünf Jahren ersetzt wird. Dabei wird nicht auf die Auflösung der Interessenvereinigung, sondern auf die Bekanntgabe ihrer Vollabwicklung abgestellt. 6

C. Verjährungstatbestand

I. Akzessorische Gesellschafterhaftung

§ 159 HGB gilt nur für die persönliche Gesellschafterhaftung gem. §§ 128, 130, 171 f., 173, 176 HGB. Beruht die Inanspruchnahme des Gesellschafters auf einem sonstigen Haftungstatbestand wie z. B. einer Gesellschafterbürgschaft oder einer Schuldmitübernahme, kann er sich nicht auf die Sonderverjährung berufen. Es gelten die allgemeinen Verjährungsregeln des BGB. Die Bestimmung des § 159 HGB findet auch keine Anwendung auf Sozialverbindlichkeiten des Gesellschafters im Innenverhältnis. Eine Ausnahme wird für die Fehlbetragshaftung nach §§ 735, 736 BGB angenommen (vgl. MüKo HGB/*K. Schmidt* § 159 Rn. 22). 7

II. Gesellschaftsverbindlichkeit

Erfasst sind in erster Linie alle Forderungen von Dritten gegenüber der Gesellschaft, und zwar auch dann, wenn sie nach Auflösung der Gesellschaft begründet worden sind. 8

Bei Verbindlichkeiten der Gesellschaft gegenüber einem Gesellschafter ist zu differenzieren: Soweit es sich um einen Anspruch handelt, der seinen Grund nicht im Gesellschaftsverhältnis hat, steht der anspruchsberechtigte Gesellschafter der Gesellschaft wie ein Dritter gegenüber. Gemeint sind beispielsweise Ansprüche des Gesellschafters aus mit der Gesellschaft geschlossenen Liefer-, Darlehens-, Dienst-, Miet- und Pachtverträgen. § 159 HGB ist in diesen Fällen anwendbar. Für Sozialansprüche, also solche Ansprüche des Gesellschafters, die auf dem Gesellschaftsverhältnis beruhen, gilt die Bestimmung hingegen nicht. 9

Ist die Gesellschaftsverbindlichkeit als solche verjährt, kommt es auf § 159 HGB nicht an. Auf diese Verjährung kann sich der Gesellschafter ohnehin gem. § 129 HGB berufen. Dies wird – wenn auch in der Formulierung ungenau – durch die Regelung in § 159 Abs. 1 HGB klargestellt, wonach die Sonderverjährung nicht gilt, sofern der Anspruch der Gesellschaft einer kürzeren Verjährungsfrist unterliegt. 10

III. Auflösung der Gesellschaft und gleichzustellende Fälle

Von der Bestimmung werden die Auflösungstatbestände des § 131 Abs. 1 und Abs. 2 Nr. 1 HGB erfasst. § 159 HGB ist daher auch anwendbar, wenn das Insolvenzverfahren über das Vermögen der Gesellschaft eröffnet wird. Wird die Gesellschaft nach Aufhebung des Insolvenzverfahrens **fortgesetzt**, fällt die Wirkung des § 159 HGB weg und lebt die akzessorische Gesellschafterhaftung analog § 130 HGB wieder auf, sollte zwischenzeitlich über § 159 HGB Verjährung eingetreten sein. 11

Wird die Gesellschaft gem. § 141 a FGG i. V. m. § 131 Abs. 2 Nr. 2 HGB **wegen Vermögenslosigkeit** ohne Liquidation gelöscht, können sich die Gesellschafter auf die Sonderverjährung des § 159 HGB berufen. Erlischt die Gesellschaft dadurch, dass alle Gesellschaftsanteile in der Hand eines Gesellschafters zusammenfallen, greift für die ausgeschiedenen Gesellschafter nicht die Bestimmung des § 159 HGB, sondern die des § 160 HGB ein (vgl. MüKo HGB/*K. Schmidt* § 159 Rn. 19). 12

Im Fall des Erlöschens einer Gesellschaft durch **Verschmelzung** gilt die Sonderregelung des § 45 UmwG. 13

IV. Frist und Fristbeginn

1. Grundsatz

14 Die Sonderverjährungsfrist beläuft sich auf **fünf Jahre** und beginnt nach Abs. 2 grundsätzlich mit dem Ende des Tages, an dem die Auflösung – bzw. der Insolvenzvermerk – im Handelsregister eingetragen worden ist. Dies gilt unabhängig von einer Voreintragung der Gesellschaft, von der Bekanntmachung der Eintragung sowie davon, ob und wann der Gesellschaftsgläubiger Kenntnis von der Auflösung der Gesellschaft erlangt.

15 Wird der Anspruch erst nach der Eintragung fällig, bestimmt Abs. 3, dass die Verjährung erst mit dem Eintritt der Fälligkeit beginnt. Das gilt auch dann, wenn der Anspruch erst nach der Eintragung der Auflösung begründet worden ist.

2. Besonderheiten bei Dauerschuldverhältnissen

16 Bei Dauerschuldverhältnissen führt die Sonderverjährung des § 159 HGB nicht zu einer umfassenden Enthaftung, da nicht der Gesamtanspruch verjährt, sondern während der Laufzeit des Dauerschuldverhältnisses ständig neue Verbindlichkeiten fällig werden, die jeweils erst nach Ablauf von fünf Jahren verjähren.

17 Die Gefahr dieser Endloshaftung wird teilweise als unbillig empfunden. Den Gesellschaftern soll entweder dadurch geholfen werden, dass abweichend vom Wortlaut des § 159 HGB eine vollständige Enthaftung aus den Verbindlichkeiten aus einem Dauerschuldverhältnis nach Ablauf von fünf Jahren eintreten soll, oder dadurch, dass die Haftung aus dem Dauerschuldverhältnis auf die Ansprüche begrenzt wird, die bis zum ersten möglichen Kündigungstermin nach Auflösung fällig geworden sind (vgl. E/B/J/*Seibert* § 159 Rn. 3, 6).

18 Eine solche Sonderbehandlung von Dauerschuldverhältnissen erscheint jedoch nicht geboten (vgl. Baumbach/Hopt/*Hopt* § 159 Rn. 7). Die Annahme einer umfassenden fünfjährigen Enthaftungsfrist führt zu einer erheblichen Beeinträchtigung der Gläubigerinteressen. Wegen Verbindlichkeiten, die erst nach mehr als fünf Jahren nach Vollbeendigung fällig werden, könnte der Gesellschaftsgläubiger weder die Gesellschaft noch die Gesellschafter in Anspruch nehmen (vgl. MüKo HGB/*K. Schmidt* § 159 Rn. 47). Kann die Gesellschaft das Dauerschuldverhältnis kündigen, ist es zudem ihre Entscheidung, ob sie hiervon Gebrauch macht und dadurch das Entstehen weiterer Neuverbindlichkeiten vermeidet.

V. Neubeginn und Hemmung der Sonderverjährung

1. Grundsatz

19 Hemmung und Neubeginn der Sonderverjährung richten sich grundsätzlich nach den **allgemeinen Verjährungsvorschriften des BGB**. Für die Hemmung gelten die §§ 203 ff. BGB. Sie bedeutet, dass der Zeitraum, während dessen die Verjährung gehemmt ist, nicht in die Berechnung der Verjährungsfrist einbezogen wird (§ 209 BGB). Neubeginn bedeutet hingegen, dass die fünfjährige Sonderverjährungsfrist erneut in Gang gesetzt wird. Dies ist der Fall, wenn der Gesellschafter den Anspruch des Gesellschaftsgläubigers anerkennt, oder wenn ihm gegenüber eine gerichtliche oder behördliche Vollstreckungshandlung vorgenommen oder beantragt wird (§ 212 BGB).

2. Sonderregelung des Abs. 4

a) Wirkung auchgegenüber den Gesellschaftern

20 Abs. 4 enthält eine Sonderregelung zugunsten des Gesellschaftsgläubigers. Handlungen, mit denen er eine Hemmung der Verjährung der Gesellschaftsschuld nach § 204 BGB oder deren Neubeginn herbeiführt, wirken auch gegenüber den Gesellschaftern. Damit ist zum einen klargestellt, dass sich die Gesellschafter auch bei aufgelöster Gesellschaft nicht auf die Verjährung der Gesellschaftsschuld berufen können, wenn der Gesellschaftsgläubiger gegenüber der Gesellschaft

rechtzeitig verjährungshindernde Maßnahmen ergriffen hat. Zum anderen besagt Abs. 4, dass die Hemmung nach § 204 BGB und der Neubeginn in diesem Fall auch die Sonderverjährung nach Abs. 1 betrifft. Der Gesellschaftsgläubiger muss daher gegenüber den Gesellschaftern keine zusätzlichen Handlungen nach §§ 204, 212 BGB vornehmen.

b) Maßnahme gegenüber der Gesellschaft

Die Vorschrift erfasst lediglich die in §§ 204, 212 BGB geregelten verjährungshindernden Maßnahmen gegenüber der Gesellschaft. Betroffen sind alle Gesellschafter, die der Gesellschaft im Liquidationsstadium angehören, also auch diejenigen, die der Gesellschaft erst in diesem Stadium beigetreten sind. Handlungen gegenüber einem Gesellschafter lösen gegenüber den Mitgesellschaftern die Wirkung des Abs. 4 nicht aus. 21

c) Auflösung aber nicht Vollbeendigung der Gesellschaft

Die Bestimmung setzt voraus, dass Hemmung oder Neubeginn zu einem Zeitpunkt herbeigeführt werden, zu dem die Gesellschaft bereits aufgelöst, jedoch noch nicht vollbeendet ist. 23

Erfolgte der Neubeginn oder die Hemmung bereits vor der Auflösung der Gesellschaft, ergibt sich unmittelbar aus § 129 HGB, dass sich die Gesellschafter auf die Verjährung der Gesellschaftsschuld nicht berufen können. Fraglich ist, ob dies zugleich die mit der Auflösung überhaupt erst beginnende Sonderverjährung nach Abs. 1 hindert. Jedenfalls für Maßnahmen nach §§ 204, 212 BGB wird dies anzunehmen sein (vgl. MüKo HGB/*K. Schmidt* § 159 Rn. 33), da kein Grund vorliegt, den Gesellschaftsgläubiger, der die Gesellschaft kurz vor der Auflösung verklagt, gegenüber dem erst nach Auflösung klagenden Gläubiger zu benachteiligen. 24

§ 160 [Zeitlich begrenzte Haftung eines ausscheidenden Gesellschafters]

(1) [1]Scheidet ein Gesellschafter aus der Gesellschaft aus, so haftet er für ihre bis dahin begründeten Verbindlichkeiten, wenn sie vor Ablauf von fünf Jahren nach dem Ausscheiden fällig und daraus Ansprüche gegen ihn in einer in § 197 Abs. 1 Nr. 3 bis 5 des Bürgerlichen Gesetzbuchs bezeichneten Art festgestellt sind oder eine gerichtliche oder behördliche Vollstreckungshandlung vorgenommen oder beantragt wird; bei öffentlich-rechtlichen Verbindlichkeiten genügt der Erlass eines Verwaltungsakts. [2]Die Frist beginnt mit dem Ende des Tages, an dem das Ausscheiden in das Handelsregister des für den Sitz der Gesellschaft zuständigen Gerichts eingetragen wird. [3]Die für die Verjährung geltenden §§ 204, 206, 210, 211 und 212 Abs. 2 und 3 des Bürgerlichen Gesetzbuches sind entsprechend anzuwenden.

(2) Einer Feststellung in einer in § 197 Abs. 1 Nr. 3 bis 5 des Bürgerlichen Gesetzbuchs bezeichneten Art bedarf es nicht, soweit der Gesellschafter den Anspruch schriftlich anerkannt hat.

(3) [1]Wird ein Gesellschafter Kommanditist, so sind für die Begrenzung seiner Haftung für die im Zeitpunkt der Eintragung der Änderung in das Handelsregister begründeten Verbindlichkeiten die Absätze 1 und 2 entsprechend anzuwenden. [2]Dies gilt auch, wenn er in der Gesellschaft oder einem ihr als Gesellschafter angehörenden Unternehmen geschäftsführend tätig wird. [3]Seine Haftung als Kommanditist bleibt unberührt.

Übersicht:

A. Normzweck und Entstehungsgeschichte

I. Zeitliche Beschränkung der Gesellschafternachhaftung

1 Der ausgeschiedene Gesellschafter haftet gem. §§ 128, 130 HGB weiterhin für die vor seinem Ausscheiden begründeten Gesellschaftsverbindlichkeiten. Die Bestimmung des § 160 HGB dient der zeitlichen Beschränkung dieser Gesellschafternachhaftung. Die Nachhaftung wird dazu zum einen auf solche bis zum Ausscheiden begründete Verbindlichkeiten begrenzt, die vor Ablauf von fünf Jahren nach dem Ausscheiden fällig werden. Zum anderen wird der Gesellschafter auch bezüglich dieser Verbindlichkeiten enthaftet, wenn der Gläubiger diese Enthaftung nicht innerhalb des fünfjährigen Zeitraums durch eine nach § 160 HGB geeignete Maßnahme abwehrt.

II. Entstehungsgeschichte

2 Die Regelung geht auf das Gesetz zur zeitlichen Begrenzung der Nachhaftung von Gesellschaftern vom 18. 3. 1994 (NachhBG, BGBl. I, 560) zurück.

3 Bis dahin war die Begrenzung der Gesellschafternachhaftung einheitlich für den Fall der Auflösung der Gesellschaft wie für den des Ausscheidens eines einzelnen Gesellschafters geregelt. Die §§ 159, 160 HGB a. F. ordneten für beide Fälle eine fünfjährige Sonderverjährung an. Da diese Form der Haftungsbegrenzung im Fall von Dauerschuldverhältnissen als unzureichend angesehen wurde, entwickelte die Rechtsprechung Erweiterungen zugunsten des Gesellschafters. Zunächst nahm der BGH (NJW 1978, 636) an, dass der Gesellschafter für solche auf dem Dauerschuldverhältnis beruhenden Teilleistungen nicht mehr hafte, die nach dem Zeitpunkt an die Gesellschaft erbracht worden seien, zu dem der Gesellschaftsgläubiger das Dauerschuldverhältnis erstmals nach Ausscheiden des Gesellschafters fristgemäß hätte kündigen können. Später (vgl. BGH NJW 1983, 2254; NJW 1983, 2940) wurde weitergehend formuliert, dass die Haftung für Verbindlichkeiten aus einem Dauerschuldverhältnis grundsätzlich mit Ablauf von fünf Jahren nach Eintragung des Ausscheidens im Handelsregister beendet ist.

4 Durch §§ 159, 160 HGB n. F. wurde eine Differenzierung vorgenommen. Während es für den Auflösungsfall bei der bloßen Sonderverjährung bleibt, sieht § 160 HGB für den Ausscheidensfall nunmehr eine echte Enthaftung im Sinne einer rechtsvernichtenden Einwendung vor (vgl. GroßkommHGB/*Habersack* § 160 Rn. 1). § 160 HGB ist abschließend (vgl. BGH NJW 2002, 2170; Baumbach/Hopt/*Hopt* § 160 Rn. 1), so dass auf die zuvor von der Rechtsprechung entwickelten Grundsätze nicht zusätzlich zurückgegriffen werden kann.

B. Enthaftung ausgeschiedener Gesellschafter, Abs. 1 und 2

I. Anwendungsbereich

5 Die Bestimmungen der Abs. 1 und 2 gelten unmittelbar für den aus einer OHG ausgeschiedenen Gesellschafter sowie über § 161 Abs. 2 HGB für den aus einer KG ausscheidenden Komplementär

und ist zudem auf die beschränkte Kommanditistenhaftung anwendbar (vgl. MüKo HGB/*K. Schmidt* § 160 Rn. 21). Auf den Grund des Ausscheidens kommt es ebenso wenig an wie darauf, ob die Gesellschaft nach dem Ausscheiden weiter besteht oder dadurch erlischt, dass alle Gesellschaftsanteile in der Hand eines Gesellschafters zusammenfallen. Denn auch in diesem Fall bleibt dem Gesellschaftsgläubiger ein Schuldner erhalten. Für den Anteilsveräußerer gilt § 160 Abs. 1 und 2 HGB sinngemäß (vgl. MüKo HGB/*K. Schmidt* § 160 Rn. 24).

Die Vorschrift gilt auch für die KGaA und durch die Verweisung in § 10 Abs. 2 PartGG für die aus einer Partnerschaftsgesellschaft ausscheidenden Gesellschafter. Für die EWIV enthält Art. 37 Abs. 1 EWIVVO eine Sonderregelung. **6**

Für die GbR verweist § 736 BGB auf § 160 HGB. An die Stelle der Eintragung des Ausscheidens im Handelsregister tritt der Zeitpunkt, zu dem der Gesellschaftsgläubiger Kenntnis vom Ausscheiden des Gesellschafters erlangt. Die diesbezügliche Beweislast trifft den Gesellschafter. Eine fahrlässige Unkenntnis des Gesellschaftsgläubigers genügt nicht, um die Nachhaftungsfrist in Gang zu setzen. **7**

II. Akzessorische Gesellschafterhaftung

§ 160 HGB gilt nur für die persönliche Gesellschafterhaftung gem. §§ 128, 130, 171 f., 173, 176 HGB. Beruht die Inanspruchnahme des Gesellschafters auf einem sonstigen Haftungstatbestand (wie etwa einer Gesellschafterbürgschaft oder einer persönlichen deliktsrechtlichen Verantwortlichkeit), kann er sich nicht auf die Enthaftung berufen (vgl. MüKo HGB/*K. Schmidt* § 160 Rn. 25). Es gelten die allgemeinen Verjährungsregeln des BGB. Die Bestimmung erfasst auch die Gesellschafterhaftung für auf Delikt beruhende Gesellschaftsverbindlichkeiten. **8**

III. Berechnung der Nachhaftungsfrist, Abs. 1

1. Grundsatz

Die Nachhaftungsfrist läuft grundsätzlich nach fünf Jahren ab. Sie beginnt mit dem Tag, der auf die Eintragung des Ausscheidens im Handelsregister folgt (Abs. 1 S. 2). Dies gilt auch dann, wenn der Gesellschafter nicht im Handelsregister eingetragen war. **9**

Es ist umstritten, ob die Frist gegenüber dem einzelnen Gesellschaftsgläubiger unabhängig von einer Eintragung des Ausscheidens auch dann bzw. schon in Gang gesetzt wird, sobald er Kenntnis von dem Ausscheiden erlangt hat. Die h. M. lehnt dies ab (vgl. Baumbach/Hopt/*Hopt* § 160 Rn. 5). Für die GbR ist hingegen – wenn auch deswegen, weil eine Anknüpfung an eine Registereintragung nicht möglich ist – anerkannt, dass die Frist mit der Kenntnis des Gläubigers beginnt. Ein Grund für eine Schlechterstellung des OHG-Gesellschafters gegenüber einem GbR-Gesellschafter ist nicht so recht ersichtlich. Dies spricht dafür, auch im Rahmen des § 160 HGB die Frist schon mit der Kenntnis des Gläubigers beginnen zu lassen. Abs. 1 S. 2 wird dadurch auch nicht funktionslos, sondern normiert einen spätesten Fristbeginn, der kenntnisunabhängig für sämtliche Gesellschaftsgläubiger gilt. **10**

2. Abweichende Vereinbarung

Die Bestimmung ist **dispositiv**. Durch Vereinbarung zwischen dem Gläubiger und dem Gesellschafter kann die Enthaftung erleichtert, aber auch – bis hin zum Ausschluss des § 160 HGB – verschärft werden. Im zweiten Fall ist allerdings eine ausdrückliche und mit Blick auf § 160 Abs. 2 HGB **schriftliche** Vereinbarung notwendig. Im Einzelfall kann die Vereinbarung nach § 138 BGB oder wegen eines Verstoßes gegen AGB-rechtliche Vorgaben unwirksam sein. **11**

Durch eine Vereinbarung zwischen der Gesellschaft und dem Gesellschafter oder durch den Gesellschaftsvertrag lässt sich die Enthaftung nicht zu Lasten des Gesellschaftsgläubigers erleichtern. Dies gilt nach § 128 S. 2 HGB generell für Beschränkungen der akzessorischen Gesellschafterhaftung und kann für die Nachhaftung nicht anders sein. **12**

3. Hemmung und Neubeginn

13 Die Verjährungsvorschriften der §§ 204, 206, 210, 211 und 212 Abs. 2 und 3 BGB sind auf die fünfjährige Frist des § 160 Abs. 1 HGB entsprechend anwendbar (Abs. 1 S. 3). Diese Regelung ist ungenau. Denn die Enthaftung besteht aus zwei Teilaspekten. Zum einen wird der Gesellschafter von solchen Verbindlichkeiten enthaftet, die nach Ablauf von fünf Jahren seit der Eintragung seines Ausscheidens fällig werden. Diese Frist ist absolut und insbesondere nicht durch verjährungshindernde Maßnahmen zu verlängern.

14 Zum anderen wird der Gesellschafter auch bezüglich solcher Verbindlichkeiten enthaftet, die innerhalb dieses fünfjährigen Zeitraums fällig geworden sind, wenn der Gläubiger diese Enthaftung nicht innerhalb dieses Zeitraums abwehrt. Lediglich insofern kann der Gesellschaftsgläubiger die Enthaftungsfrist durch die Vornahme der in Bezug genommenen verjährungshindernden Handlungen verlängern.

15 Eine verjährungshemmende Maßnahme führt dabei dazu, dass der Zeitraum, während dessen die Hemmung andauert, nicht in die Berechnung der Enthaftungsfrist einbezogen wird (§ 209 BGB). Neubeginn bedeutet hingegen, dass die fünfjährige Enthaftungsfrist erneut in Gang gesetzt wird.

IV. Abwehr der Enthaftung

16 Der Gesellschaftsgläubiger kann die Enthaftung des Gesellschafters im Hinblick auf Verbindlichkeiten, die innerhalb des fünfjährigen Zeitraums seit Eintragung dessen Ausscheidens fällig geworden sind, abwehren. Dazu ist erforderlich, dass er den Anspruch innerhalb der – gegebenenfalls durch verjährungshindernde Handlungen verlängerten – Enthaftungsfrist geltend macht, oder der Gesellschafter den Anspruch innerhalb der – gegebenenfalls verlängerten – Enthaftungsfrist anerkennt.

1. Anspruchserhaltende Maßnahmen des Gläubigers

17 Als anspruchserhaltende Maßnahme des Gläubigers sieht Abs. 1 zunächst die Feststellung des Anspruchs i. S. v. § 197 Abs. 1 Nr. 3 (rechtskräftige Feststellung), Nr. 4 (Feststellung durch vollstreckbaren Vergleich oder vollstreckbare Urkunde) und Nr. 5 (vollstreckbare Feststellung des Anspruchs im Rahmen eines Insolvenzverfahrens) BGB vor. Es reicht aus, wenn der Gesellschaftsgläubiger den Titel bereits vor dem Ausscheiden des Gesellschafters erwirkt hat (vgl. MüKo HGB/*K. Schmidt* § 160 Rn. 34). Die Feststellung des Anspruchs dem Grunde nach hindert die Enthaftung hingegen nicht.

18 Soweit die Bestimmung auch die Vornahme oder Beantragung einer Vollstreckungshandlung genügen lässt, hat dies neben der Feststellung des Anspruchs keine besondere Bedeutung, da es ohnehin eines Titels bedarf, um eine Vollstreckungshandlung zu beantragen oder vorzunehmen.

19 Öffentlich-rechtliche Verbindlichkeiten können durch Erlass eines Verwaltungsakts von der Enthaftungswirkung ausgenommen werden.

2. Schriftliches Anerkenntnis des Gesellschafters, Abs. 2

20 **Anspruchserhaltend** wirkt auch ein in der Form des § 126 BGB abgegebenes Anerkenntnis des Gesellschafters. Ein formloses Anerkenntnis entfaltet hingegen keine Wirkung. Zwar löst ein – auch formloses – Anerkenntnis nach § 212 Abs. 1 Nr. 1 BGB einen Verjährungsneubeginn aus. Jedoch verweist Abs. 2 lediglich auf § 212 Abs. 2 und 3 BGB.

21 Abs. 2 betrifft unmittelbar den Fall, dass das Anerkenntnis zwischen dem Ausscheiden und dem Ablauf der Enthaftungsfrist abgegeben wird. Es genügt, wenn der Gesellschafter den Anspruch vor seinem Ausscheiden anerkannt hat. Wird das Anerkenntnis nach Ablauf der Enthaftungsfrist erklärt, wirkt es nicht über § 160 Abs. 1 und 2 HGB. Durch Auslegung ist zu ermitteln, ob das verspätete Anerkenntnis als deklaratorisches Schuldverhältnis angesehen werden kann und als sol-

ches der rechtsvernichtenden Einwendung des § 160 Abs. 1 HGB entgegensteht (vgl. MüKo HGB/*K. Schmidt* § 160 Rn. 39).

C. Wechsel in die Kommanditistenstellung, Abs. 3

I. Entsprechende Anwendung der Abs. 1 und 2

Die Bestimmung des Abs. 3 sieht eine entsprechende Anwendung der Abs. 1 und 2 vor und gilt 22
unmittelbar für den Fall, dass ein persönlich haftender Gesellschafter einer OHG oder KG in die Stellung eines Kommanditisten zurücktritt. Dieser Gesellschafter kann sich auf die Enthaftung nach Abs. 1 berufen.

Über § 736 Abs. 2 BGB ist Abs. 3 auch dann anzuwenden, wenn eine GbR im Handelsregister als 23
Kommanditgesellschaft eingetragen wird.

Abs. 3 ist analog anwendbar, wenn die zunächst unbeschränkte Kommanditistenhaftung durch 24
Eintragung im Handelsregister nach § 176 HGB beendet wird. Die Enthaftung betrifft allerdings nur die unbeschränkte Haftung und nicht – wie Abs. 3 S. 3 klarstellt – die Kommanditistenhaftung als solche (vgl. MüKo HGB/*K. Schmidt* § 160 Rn. 49).

II. Enthaftungswirkung auch bei nicht geschäftsleitender Funktion

Abs. 3 S. 2 billigt dem in die Kommanditistenstellung zurückgetretenen Gesellschafter die Ent- 25
haftungswirkung unabhängig davon zu, ob er in der Gesellschaft oder in einem dieser als Gesellschafter angehörenden Unternehmen geschäftsleitend tätig wird.

Kapitel 5
Die Kommanditgesellschaft (KG)

Einleitung

Die **wirtschaftliche Bedeutung** der Kommanditgesellschaft ist erheblich. Nach einer Statistik des Deutschen Industrie- und Handelskammertags (vgl. MünchHdb GesR II/*Gummert* § 1 Rn. 15 ff.) ist die Anzahl der Kommanditgesellschaften, die bei den Industrie- und Handelskammern angemeldet wurden, im 10-Jahres-Zeitraum zwischen 1990 und 2000 von 106.560 auf 133.972 gestiegen, während im selben Zeitraum die Anzahl der offenen Handelsgesellschaften rückläufig war von 24.959 auf 23.904. Der überwiegende Anteil an den Gesellschaften in der Rechtsform der Kommanditgesellschaft entfiel allerdings auf die GmbH & Co. KG, deren Anzahl von 1990 mit 62.909 auf 101.518 in 2000 stieg. Im Vergleichszeitraum betrug die Anzahl der GmbHs 389.592 (1990) mit Anstieg auf 711.834 (2000). Die steuerbaren Umsätze bestätigen die vorstehende Bedeutung der Rechtsformen (MünchHdb GesR II/*Gummert* § 1 Rn. 17 mit Quellenangabe Statistisches Jahrbuch für die Bundesrepublik Deutschland). Die Anzahl der gesetzestypischen Kommanditgesellschaften, in denen der Komplementär als natürliche Person persönlich haftet, ist ebenso wie die Anzahl der offenen Handelsgesellschaften stagnierend. 1

A. Überblick über Vor- und Nachteile der Kommanditgesellschaft

Die Wahl der Rechtsform ist auf die Vorteile einer Kommanditgesellschaft zurückzuführen, wie insbesondere die **Beschränkung der persönlichen Haftung** der Kommanditisten. Bei einer GmbH & Co. KG in der typischen Ausformung haftet zudem auch die unbeschränkt haftende Komplementärin als GmbH allein mit ihrem Stammkapital. Neben dem Vorteil der Haftungsbeschränkung der Kommanditisten und der **Möglichkeit der Typenmischung**, die bei der GmbH & Co. KG auch hinsichtlich des Komplementärs zu einer Haftungsbeschränkung führt, ist die **weitgehende Gestaltungsfreiheit** auf Grund des dispositiven Rechts der Kommanditgesellschaften ebenfalls ein Vorteil dieser Rechtsform. 2

Als **wesentliche Nachteile** sind dagegen in der gesetzestypischen Kommanditgesellschaft neben der persönlichen Haftung des Komplementärs (vgl. § 161 HGB Rn. 11) das zwingende Prinzip der Selbstorganschaft (vgl. § 161 HGB Rn. 7) anzusehen sowie das Einstimmigkeitsprinzip bei Beschlussfassungen, wenn gesellschaftsvertraglich vom dispositiven Recht nicht abgewichen wird (vgl. § 161 HGB Rn. 22), das Abspaltungsverbot (vgl. § 161 HGB Rn. 37), das Gebot der Einhaltung des Bestimmtheitsgrundsatzes (vgl. § 161 HGB Rn. 21) und des Gleichbehandlungsgrundsatzes (vgl. § 161 HGB Rn. 32), der Minderheitenschutz, insbesondere das Verbot des Eingriffs in den Kernbereich der Mitgliedschaftsrechte der Gesellschafter (vgl. § 161 HGB Rn. 22). 3

B. Überblick über die Besteuerung der Kommanditgesellschaft

Schließlich hat die Wahl der Rechtsform der Kommanditgesellschaft nicht zuletzt **steuerliche Gründe**: Die Kommanditgesellschaft stellt als Personengesellschaft kein eigenes Steuersubjekt dar und ist nach dem sog. Transparenzprinzip nicht Schuldnerin der Einkommensteuer. Vielmehr sind dies die hinter ihr stehenden Gesellschafter als Mitunternehmer (§ 1 Abs. 1 EStG). Die Einkünfte werden auf der Ebene der Kommanditgesellschaft nach Art und Höhe ermittelt und auf die einzelnen Gesellschafter entsprechend der Höhe ihrer Beteiligung verteilt. Dies erfolgt in der gesonderten und einheitlichen Feststellung der Einkünfte nach §§ 179 ff., 180 Abs. 1 Nr. 2 a AO. Die Kommanditgesellschaft ist **weder körperschaftsteuer- noch einkommensteuerpflichtig**, die gewerblichen Einkünfte der Kommanditgesellschaft werden ihren Gesellschaftern als Mitunternehmern anteilig zugerechnet und von diesen selbst versteuert. Die Finanzverwaltung stellt zur Abgrenzung der einkommensteuerrechtlich relevanten Tatbestände von der steuerlich nicht relevanten Liebhaberei auf die Einkünfteerzielungsabsicht ab, für deren Vorliegen 4 der Steuerpflichtige die Beweislast trägt. Bei steuerlich unbeachtlicher Liebhaberei ist eine Verrechnung der Verluste mit den Gewinnen steuerlich nicht möglich.

5 **Mitunternehmer im steuerrechtlichen Sinne** des § 15 Abs. 1 Nr. 2 EStG ist ein Gesellschafter, wenn er eine Mitunternehmensinitiative entfalten kann und ein Mitunternehmerrisiko trägt. Dies ist bei einem Kommanditisten anzunehmen, wenn er eine gesetzestypische Position einnimmt, nicht dagegen, wenn seine mitgliedschaftliche Rechtstellung eingeschränkt ist (etwa durch Ausschluss des Widerspruchsrechts gem. § 164 HGB, durch fehlendes Vetorecht bei Grundlagengeschäften, gesellschaftsvertragliche Vereinbarung eines Mehrheitsprinzips bei der Abstimmung in Gesellschafterversammlungen, Gleichstellung im Innenverhältnis mit einem typisch stillen Gesellschafter). Als Mitunternehmer erzielen die Gesellschafter Einkünfte i. S. d. § 15 EStG, da die gewerblich tätige Kommanditgesellschaft regelmäßig Einkünfte aus dem Gewerbebetrieb i. S. d. § 15 Abs. 2 EStG generiert.

C. Gewinnermittlung bei der Kommanditgesellschaft und ihren Gesellschaftern

6 Für die Kommanditgesellschaft gelten die allgemeinen Grundsätze der **zweistufigen Gewinnermittlung**, d. h. der Gewinn des Mitunternehmers einer Kommanditgesellschaft setzt sich zum einen aus dem Gewinnanteil an der Kommanditgesellschaft und zum anderen aus den erhaltenen Sondervergütungen zusammen (§ 15 Abs. 1 S. 1 Nr. 2 EStG). In einem ersten Schritt wird die **Handelsbilanz der Personengesellschaft** aufgestellt, sodann erfolgt die Aufstellung und Einbeziehung etwaiger Ergänzungsbilanzen der Gesellschafter sowie die Aufstellung der Steuerbilanz der Gesellschaft nach Maßgabe der §§ 4 bis 7 EStG. Auf dieser Basis wird in einem zweiten Schritt für die Gesellschafter die jeweilige **Sonderbilanz** erstellt. In der Steuerbilanz der Gesellschaft auf der ersten Stufe werden die handelsbilanziellen Bilanzansätze übernommen, soweit sich nicht steuerrechtlich eine abweichende Bewertung ergibt. Sodann wird der steuerliche Gewinnanteil dem jeweiligen Gesellschafter nach dem gesellschaftsvertraglich vereinbarten Gewinnverteilungsschlüssel zugewiesen (§ 15 Abs. 1 S. 1 Nr. 1 Hs. 1 EStG). Bei der Erstellung der Steuerbilanz auf zweiter Stufe wird das Sonderbetriebsvermögen der Gesellschafter aktiviert bzw. passiviert, insbesondere Vergütungen, die der jeweilige Gesellschafter durch eine schuldrechtliche Vereinbarung mit der Gesellschaft von dieser erhalten hat und die bei der Gesellschaft als Betriebsausgaben berücksichtigt wurden, ebenso Erträge und Aufwendungen der Wirtschaftsgüter, die Sonderbetriebsvermögen darstellen und schließlich Sonderbetriebseinnahmen und -ausgaben, die ein Gesellschafter als Mitunternehmer erzielt (Gewinnanteile nach § 15 Abs. 1 S. 1 Nr. 2 Hs. 2 EStG).

7 **Verluste** sind gem. § 15 a EStG nutzbar. Die Verluste der Kommanditgesellschaft sind den einzelnen Mitunternehmern zuzurechnen, die so ihre anteiligen Verluste aus dem Gewerbebetrieb mit positiven Einkünften aus anderen Einkunftsarten verrechnen können. Ein derartiger Verlustausgleich, der in Ermangelung anderer Einkünfte im entsprechenden Jahr nicht erfolgen kann, ist mit Einkünften des unmittelbar vorangegangenen Kalenderjahres möglich, jedoch nur bis zu einem Gesamtbetrag von € 511.500,–. Gem. § 10 d EStG kann ein dann etwa noch verbleibender Verlust vorgetragen und in künftigen Jahren genutzt werden, und zwar bis zu einem Betrag von € 1,0 Mio. Verbleibende positive Einkünfte können bis zu 60 % um vorgetragene Verluste gemindert werden.

8 Nach § 15 a Abs. 1 EStG dürfen die einem beschränkt haftenden Kommanditisten zuzurechnenden anteiligen Verluste mit anderen Einkünften aus Gewerbebetrieb oder mit anderen Einkunftsarten jedoch nur insoweit ausgeglichen werden, als die Haftsumme des Kommanditisten nicht betragsmäßig überschritten wird. Insoweit können auch Verluste nicht in vorangegangene Jahre zurückgetragen werden (§§ 15 a Abs. 1 S. 1 Hs. 2, 10 d EStG). Die nicht berücksichtigten Verluste mindern die Gewinne, die der Kommanditist in den Folgejahren aus seiner Beteiligung erzielt, wie aus § 15 a Abs. 2 EStG folgt.

Die **Veräußerung des gesamten Unternehmeranteils** eines Gesellschafters stellt eine Einkunft aus Gewerbebetrieb i. S. v. § 16 Abs. 1 Nr. 2 EStG dar. Nach Abs. 2 dieser Vorschrift ist Veräußerungsgewinn dabei der Betrag, um den der Veräußerungspreis nach Abzug der Veräußerungskosten den Wert des Anteils am Betriebsvermögen übersteigt. Dieser Wert ist für den Zeitpunkt der Veräußerung zu ermitteln. Als Veräußerung gilt auch die Veräußerung des gesamten Gewerbebetriebes oder eines Teilbetriebes (§ 16 Abs. 1 Nr. 1 EStG). Ebenso gilt die Aufgabe des Gewerbebetriebes sowie eines Mitunternehmeranteils als Veräußerung (§ 16 Abs. 3 EStG). Wird der Betrieb der Kommanditgesellschaft veräußert oder aufgegeben, so entfällt ein gegebenenfalls durch einkommensteuerrechtliche Verluste entstandenes negatives Kapitalkonto eines Kommanditisten, so dass in diesem Zeitpunkt ein steuerpflichtiger Gewinn in Höhe des entsprechenden Betrages für den Kommanditisten entsteht. Steht schon vorher fest, dass das negative Kapitalkonto eines Kommanditisten nicht mehr mit künftigen Gewinnanteilen ausgeglichen werden kann, ist der frühere Zeitpunkt maßgebend. Ein Verlust entsteht auch dann nicht, wenn nach dem Gesellschafterwechsel ein steuerfreier Sanierungsgewinn erzielt wird oder wenn die neu eintretenden Gesellschafter eine Einlage leisten. Wird ein negatives Kapitalkonto vom ausscheidenden auf einen neu eintretenden Kommanditisten übertragen, entsteht selbst dann kein Erwerbsverlust, wenn das negative Kapitalkonto nicht durch stille Reserven einschließlich eines Goodwills abgedeckt ist (BFH NJW 1999, 2064). 9

Die Kommanditgesellschaft ist **umsatzsteuerpflichtig** i. S. v. § 2 UStG. Dies gilt ebenfalls für ihre Gesellschafter, einschließlich der Kommanditisten. Damit ist auch ein Leistungsaustausch zwischen den Unternehmern grundsätzlich umsatzsteuerpflichtig, etwa bei einer Vermietung eines Wirtschaftsgutes an die Kommanditgesellschaft durch einen Gesellschafter. Dieser hat die Umsatzsteuer an das Finanzamt abzuführen, während die Kommanditgesellschaft die in Rechnung gestellten Umsatzsteuerbeträge als Vorsteuer abziehen kann. Die Vermietung eines Grundstückes oder von Räumen ist nach § 4 Nr. 12 a UStG grundsätzlich umsatzsteuerfrei, soweit der vermietende Gesellschafter nicht auf die Befreiung verzichtet. Umsatzsteuerbar ist ebenfalls die Gewährung eines verzinslichen Gesellschafterdarlehens, welches nach § 4 Nr. 8 a UStG umsatzsteuerfrei ist, jedoch wiederum für den Darlehensgeber die Option zum Verzicht auf die Befreiung vorsieht. 10

Kommentierung der wichtigsten Vorschriften des Handelsgesetzbuchs (HGB)
Vom 10. Mai 1897 (RGBl., 219)

zuletzt geändert durch das »Gesetz zur Umsetzung der neu gefassten Bankenrichtlinie und der neu gefassten Kapitaladäquanzrichtlinie«
vom 17. 11. 2006 (BGBl. I, 2606)

Zweites Buch
Handelsgesellschaften und stille Gesellschaft

Zweiter Abschnitt
Kommanditgesellschaft

§ 161 [Begriff der Kommanditgesellschaft]

(1) Eine Gesellschaft, deren Zweck auf den Betrieb eines Handelsgewerbes unter gemeinschaftlicher Firma gerichtet ist, ist eine Kommanditgesellschaft, wenn bei einem oder bei einigen von den Gesellschaftern die Haftung gegenüber den Gesellschaftsgläubigern auf den Betrag einer bestimmten Vermögenseinlage beschränkt ist (Kommanditisten), während bei dem anderen Teile der Gesellschafter eine Beschränkung der Haftung nicht stattfindet (persönlich haftende Gesellschafter).

(2) Soweit nicht in diesem Abschnitt ein anderes vorgeschrieben ist, finden auf die Kommanditgesellschaft die für die offene Handelsgesellschaft geltenden Vorschriften Anwendung.

Übersicht:

A. Begriff der Kommanditgesellschaft, anwendbares Recht

I. Begriff und Rechtsnatur der Kommanditgesellschaft

1 Die Kommanditgesellschaft ist eine **Personenhandelsgesellschaft,** die durch die handelsrechtlichen Bestimmungen der §§ 161 ff. HGB eine Abwandlung der offenen Handelsgesellschaft (§§ 105 ff. HGB) darstellt. Die Kommanditgesellschaft ist eine im Rechtsverkehr auftretende Gesellschaft, die **Kaufmannseigenschaft** gem. § 6 Abs. 1 HGB besitzt. Mit ihr ist der **Betrieb eines Handelsgewerbes** i. S. v. § 1 Abs. 2 HGB unter gemeinschaftlicher Firma (§ 19 HGB) bezweckt. Die Kommanditgesellschaft wird als solche erst ab der Eintragung im elektronischen Handelsregister (vgl. §§ 8 Abs. 1, 8 a Abs. 1 HGB) wirksam, wenn sie ein Gewerbe betreibt, das erst mit konstitutiver Eintragung nach den §§ 2, 3 HGB ein kaufmännisches Gewerbe darstellt. Entsprechendes gilt für eine Kommanditgesellschaft, deren Unternehmensgegenstand im Halten und Verwalten des eigenen Vermögens i. S. v. § 105 Abs. 2 HGB besteht. Vor der Eintragung handelt es sich bei der Gesellschaft um eine BGB-Gesellschaft i. S. d. §§ 705 bis 740 BGB, wobei in § 731 S. 2 BGB ergänzend auf das Recht der Gemeinschaft nach §§ 741 bis 758 BGB verwiesen wird. Die Kommanditgesellschaft tritt unter ihrer Firma im Rechtsverkehr als selbstständiger Rechtsträger auf und ist Träger des Gesellschaftsvermögens als **Gesamthandsgemeinschaft** (s. u. Rn. 7).

2 Eine Kommanditgesellschaft kann neben der Gründung auch **durch Umgestaltung** aus einer offenen Handelsgesellschaft hervorgehen, wenn in diese etwa ein Gesellschafter als Kommanditist zusätzlich aufgenommen oder wenn die Beteiligung eines Komplementärs in die eines Kommanditisten gewandelt wird. Betreibt eine BGB-Gesellschaft ein Handelsgewerbe i. S. v. § 1 Abs. 2

HGB und wird gesellschaftsvertraglich eine Beschränkung der Haftung für einen Teil der Gesellschafter vorgesehen, entsteht ebenfalls eine Kommanditgesellschaft (vgl. Röhricht/v. Westphalen/*v. Gerkan* § 161 Rn. 12). Eine Kommanditgesellschaft kann ferner **durch Umwandlung** nach dem Umwandlungsgesetz (Verschmelzung gem. § 2 UmwG, Spaltung gem. § 123 UmwG, Formwechsel gem. § 190 UmwG) entstehen (vgl. zu den Umwandlungsarten ausführl. Kap. 12).

II. Anwendbares Recht

1. Vorschriften des HGB

Für die Kommanditgesellschaft gelten nach § 161 Abs. 2 HGB die **für die OHG geltenden Bestimmungen**, soweit nicht in den §§ 161 ff. HGB Sonderregelungen normiert sind. Daher wird zunächst auf die Kommentierungen zu den §§ 105 ff. HGB verwiesen. Aus Gründen der Übersichtlichkeit seien hier nur überblicksartig die einzelnen Bereiche genannt: 3

- Die **Errichtung der Gesellschaft** ist in den §§ 105 bis 108 HGB geregelt, wobei sich § 105 HGB mit dem Begriff der OHG befasst, während die §§ 106 bis 108 die Anmeldung zum Handelsregister regeln (vgl. diesbezüglich für die Kommanditgesellschaft § 162 HGB).
- Regelungen über die **Rechtsverhältnisse der Gesellschafter** untereinander finden sich in den §§ 109 bis 122 HGB: § 109 HGB befasst sich mit dem Gesellschaftsvertrag, § 110 HGB regelt Aufwendungen und Verluste, die ein Gesellschafter in Gesellschaftsangelegenheiten macht, und § 111 HGB befasst sich mit der Zinspflicht eines Gesellschafters, der seine Geldeinlage nicht zur rechten Zeit einzahlt u. a.
- Das **gesetzliche Wettbewerbsverbot** der Gesellschafter einer offenen Handelsgesellschaft und die Rechtsfolgen seiner Verletzung sind in den §§ 112 f. HGB geregelt, hinsichtlich der Kommanditisten ist § 165 HGB einschlägig.
- Die §§ 114 bis 118 HGB befassen sich mit der **Geschäftsführung**, wobei § 118 HGB Kontrollrechte der persönlich haftenden Gesellschafter regelt, die von der Geschäftsführung ausgeschlossen sind. Für den Kommanditisten ist hier § 166 HGB einschlägig.
- Die **Beschlussfassung der Gesellschafter** ist in § 119 HGB normiert.
- Die §§ 120 bis 122 HGB befassen sich mit dem **Gewinn und Verlust** der Gesellschaft und den Entnahmen durch die Gesellschafter. Für die Kommanditgesellschaft sind hier §§ 167 bis 169 HGB für die Kommanditisten heranzuziehen.
- **Rechtsverhältnisse der Gesellschafter zu Dritten** sind in den §§ 123 bis 130 b HGB normiert. Mit der Wirksamkeit der offenen Handelsgesellschaft im Außenverhältnis und ihrer rechtlichen Selbstständigkeit befassen sich die §§ 123 f. HGB. Die Vertretung der Gesellschaft ist in den §§ 125 bis 130 b HGB geregelt. Bei der Kommanditgesellschaft ist insoweit der Ausschluss der Kommanditisten von der Geschäftsführung gem. § 170 HGB zu beachten.
- Die §§ 131 bis 144 HGB befassen sich mit der **Auflösung der Gesellschaft** und dem Ausscheiden von Gesellschaftern.
- Die **Liquidation der Gesellschaft** ist in den §§ 145 bis 158 HGB geregelt.
- Vorschriften über die **Verjährung** und die Begrenzung der Haftung finden sich in §§ 159, 160 HGB.

2. Vorschriften des BGB

Über §§ 161 Abs. 2, 105 Abs. 3 HGB finden auf die Kommanditgesellschaft weiter auch einige **Vorschriften des BGB** Anwendung. Insoweit wird auf die Kommentierung zur Gesellschaft bürgerlichen Rechts in Kap. 2 verwiesen. Die §§ 305 ff. BGB sind gem. § 310 Abs. 4 S. 1 BGB nicht auf Verträge des Gesellschaftsrechts anwendbar; diese Regelungen gelten regelmäßig nur für vorformulierte Verträge, nicht jedoch bei den individuell ausgehandelten Gesellschaftsverträgen von Kommanditgesellschaften. Etwas Anderes kann nur für Publikumsgesellschaft gelten (s. hierzu Kap. 9). Die folgenden Bestimmungen des BGB sind für die Kommanditgesellschaft von besonderer Bedeutung: 4

- §§ 706 f. BGB über die **Beiträge der Gesellschafter.**
- § 708 BGB über die **Haftung der Gesellschafter**, die bei der Erfüllung der ihnen obliegenden Verpflichtungen nur für diejenige Sorgfalt einzustehen haben, welche sie in eigenen Angelegenheiten anzuwenden pflegen.
- § 712 Abs. 2 BGB sieht das Recht eines Gesellschafters zur **Kündigung der Geschäftsführung** bei Vorliegen eines wichtigen Grundes vor und verweist auf die für den Auftrag geltende Vorschrift des § 671 Abs. 2, Abs. 3 BGB, der entsprechende Anwendung findet.
- § 717 BGB regelt die **Nichtübertragbarkeit der Gesellschafterrechte**.
- Die §§ 718 bis 720 BGB befassen sich mit dem **Gesellschaftsvermögen**, der gesamthänderischen Bindung und dem Schutz des gutgläubigen Schuldners.
- § 722 Abs. 2 BGB stellt klar, dass die Bestimmung des Anteils der Gesellschafter am Gewinn oder am Verlust im Zweifel für **Gewinn und Verlust** gilt.
- Nach § 725 Abs. 2 BGB kann der Gläubiger die sich aus dem Gesellschaftsverhältnis ergebenden Rechte eines Gesellschafters mit Ausnahme des Anspruchs auf einen Gewinnanteil nicht geltend machen, solange die Gesellschaft besteht.
- § 729 BGB regelt die **Fortdauer der Geschäftsführungsbefugnis** im Falle der Auflösung der Gesellschaft.
- Die **Auseinandersetzung nach Auflösung** der Gesellschaft und die Geschäftsführung, die von der Auflösung an allen Gesellschaftern gemeinschaftlich zusteht, sind in § 730 BGB geregelt.
- § 735 BGB regelt die **Nachschusspflicht der Gesellschafter** bei Verlust.
- Die §§ 738 bis 740 BGB schließlich befassen sich mit der **Auseinandersetzung beim Ausscheiden eines Gesellschafters** aus der Gesellschaft, seiner Haftung für Fehlbeträge und seiner Beteiligung am Ergebnis schwebender Geschäfte.

III. Abgrenzung zur OHG – beschränkte Kommanditistenhaftung

5 Die Kommanditgesellschaft unterscheidet sich von der offenen Handelsgesellschaft dadurch, dass bei einem oder bei einigen von den Gesellschaftern, dem bzw. den **Kommanditisten**, die Haftung gegenüber den Gesellschaftsgläubigern auf den Betrag einer bestimmten Vermögenseinlage beschränkt ist (beschränkte Kommanditistenhaftung gem. §. 171 ff. HGB). Mindestens ein Gesellschafter der Kommanditgesellschaft muss persönlich haftender Gesellschafter sein und haftet als **Komplementär** der Gesellschaft **ohne Beschränkung der Haftung** gem. §§ 161 Abs. 2, 128 ff. HGB. Mit der beschränkten Haftung der Kommanditisten einhergehend sind Herrschaftsbefugnisse und Mitverantwortung eingeschränkt, insbesondere durch den Ausschluss von der Geschäftsführung der Kommanditgesellschaft nach § 164 HGB und von ihrer Vertretung gem. § 170 HGB.

IV. Betrieb eines Handelsgewerbes

6 Der **Zweck der Kommanditgesellschaft** muss auf den Betrieb eines Handelsgewerbes gerichtet sein (§ 1 Abs. 2 HGB). Darunter ist prinzipiell **jeder Gewerbebetrieb** zu verstehen, nicht jedoch die Tätigkeit der sog. freien Berufe (Rechtsanwälte, Ärzte, Architekten u. a.), weshalb Freiberufler nicht Kaufmann i. S. v. § 1 Abs. 1 HGB sind. Freiberufler können sich daher nicht in der Rechtsform einer Kommanditgesellschaft zusammenschließen, sondern in der Partnerschaft (vgl. hierzu Kap. 3), die gem. § 1 Abs. 1 S. 1, S. 2 PartGG kein Gewerbe ausübt. **Kleingewerbetreibenden** eröffnet sich dagegen nach § 105 Abs. 2 HGB die Möglichkeit der Gründung einer Kommanditgesellschaft, die allerdings erst nach Eintragung im Handelsregister entsteht. Beginnt eine derartige Kommanditgesellschaft ihre Tätigkeit vor Eintragung im Handelsregister, haften ihre Gesellschafter, sofern sie der Aufnahme der Geschäftstätigkeit zugestimmt haben, gem. § 176 Abs. 1 S. 1 HGB für die bis zur Eintragung begründeten Verbindlichkeiten im Grundsatz persönlich (Einzelheiten s. Kommentierung zu § 176 HGB). Darüber hinaus können Vermögensverwaltungsgesellschaften nach § 105 Abs. 2 HGB die Rechtsform der Kommanditgesellschaft wählen, obwohl bei ihnen die Gewerbeeigenschaft jedenfalls zweifelhaft ist (vgl. hierzu *K. Schmidt* NJW 1998, 2161, 2164).

V. Gesamthandsgemeinschaft, Selbstorganschaft

7 Sämtliche Gesellschafter der Kommanditgesellschaft sind in ihrem Zusammenschluss als solche Träger des Gesellschaftsvermögens, d. h. die Kommanditgesellschaft ist **Gesamthandsgemeinschaft**. Die Kommanditgesellschaft kann unter ihrer Firma Rechte erwerben und Verbindlichkeiten eingehen. Der Vermögensanteil des einzelnen Gesellschafters stellt lediglich die wertmäßige Beteiligung am Gesamthandsvermögen dar, welches ein **Sondervermögen** ist, das den Gesellschaftern in ihrer gesamthänderischen Verbundenheit zusteht (§ 719 Abs. 1 BGB; vgl. statt vieler: MünchHdb GesR II/*Happ* § 2 Rn. 24; MünchHdb GesR II/*v. Falkenhausen/H. C. Schneider* § 20 Rn. 2 m. w. N.). Der einzelne Gesellschafter ist mithin nicht nur anteilig, sondern voll am Gesamthandsvermögen berechtigt, wird jedoch durch die entsprechenden Berechtigungen seiner Mitgesellschafter beschränkt. Über das Gesamthandsvermögen kann nur von allen Gesamthändern gemeinsam oder von der Kommanditgesellschaft, vertreten durch ihre Organe, verfügt werden. Neben dieser vermögensrechtlichen Seite ist die personenrechtliche Komponente der Gesamthandsgemeinschaft zu erwähnen. So ist der Gesellschaftsvertrag, der den Zusammenschluss der Gesellschafter organisiert und in dem sich die Gesellschafter gegenseitig verpflichten, den Gesellschaftszweck zu fördern (§ 705 BGB), ein Organisationsvertrag und kein gegenseitiger Vertrag i. S. v. §§ 320 ff. BGB. Ausdruck der Gesamthand ist ebenfalls der **Grundsatz der Selbstorganschaft**, der es verbietet, dass gesellschaftsvertraglich sämtliche Gesellschafter von der Geschäftsführung oder Vertretung ausgeschlossen und einem Nichtgesellschafter diese Mitgliedschaftsrechte übertragen werden (BGHZ 33, 10; 36, 292; BGH WM 1994, 237 f; MünchHdb GesR II/*Wirth* § 7 Rn. 15 und § 9 Rn. 13; vgl. zum Grundsatz der Selbstorganschaft außerdem für die GbR Kap. 2 §§ 709 bis 713 Rn. 10 sowie für die OHG Kap. 4 § 109 Rn. 16 und § 125 Rn. 2 f.).

VI. Parteifähigkeit, Prozessfähigkeit

8 Die Kommanditgesellschaft ist **parteifähig** (§§ 161 Abs. 2, 124 Abs. 1 HGB), wobei zwischen der Gesellschaft als Gesamthand und den einzelnen Gesellschaftern zu unterscheiden ist. Dies bedeutet, dass ein Gläubiger mit einem Titel, der sich gegen die Kommanditgesellschaft richtet, nur in das Gesellschaftsvermögen vollstrecken kann. Umgekehrt kann ein gegen einen einzelnen Gesellschafter gerichteter Titel nicht zur Vollstreckung in das Gesellschaftsvermögen dienen (statt vieler: MünchHdb GesR II/*Neubauer* § 32 Rn. 1). Die Kommanditgesellschaft und ihre Gesellschafter können gemeinsam verklagt werden mit der Folge, dass sie **einfache Streitgenossen** i. S. v. § 62 ZPO sind. Die Vertretung der Kommanditgesellschaft im Prozess erfolgt durch ihre organschaftlichen Vertreter (§§ 161 Abs. 2, 125 ff. HGB), d. h. die Gesellschaft selbst ist als solche **nicht prozessfähig** gem. § 52 ZPO (Baumbach/Hopt/*Hopt* § 124 Rn. 42; MünchHdb GesR II/*Neubauer* § 32 Rn. 4 m. w. N.).

VII. Gemeinschaftliche Firma

9 Der in § 161 Abs. 1 HGB geregelte Begriff der Kommanditgesellschaft setzt voraus, dass das Handelsgewerbe der Kommanditgesellschaft unter gemeinschaftlicher Firma betrieben wird. Die Legaldefinition des Begriffes der Firma findet sich in § 17 Abs. 1 HGB, wonach die **Firma eines Kaufmanns** der Name ist, unter dem er seine Geschäfte betreibt und die Unterschrift abgibt (zur Kaufmannseigenschaft vgl. Rn. 1). Die Firma der Kommanditgesellschaft muss den Anforderungen des § 19 Abs. 1 Nr. 3 HGB genügen, mithin die Bezeichnung »Kommanditgesellschaft« oder eine allgemein verständliche Abkürzung dieser Bezeichnung (etwa »KG«) enthalten. Gem. § 18 HGB muss die Firma zur Kennzeichnung des Kaufmanns geeignet sein und Unterscheidungskraft besitzen (Abs. 1) und darf keine Angaben enthalten, die geeignet sind, über geschäftliche Verhältnisse, die für die angesprochenen Verkehrskreise wesentlich sind, irrezuführen (Verbot der Irreführung gem. Abs. 2). Erlaubt sind Namens-, Sach- oder Fantasiebezeichnungen und entsprechende Verbindungen. Eine Gesellschaft, die ohne gemeinschaftliche Firma auftritt, ist eine Gesellschaft bürgerlichen Rechts. Bei Fortführung einer bisherigen Firma ist gem. §§ 21 ff. HGB zu beachten, dass der Rechtsverkehr nicht über Art, Umfang und Rechtsverhältnisse des Unternehmens in die Irre geführt werden darf (vgl. insbes. BGHZ 62, 216, 226 ff.; 68, 12, 15).

VIII. Sitz der Gesellschaft

10 Der Sitz der Kommanditgesellschaft befindet sich am **Ort ihrer Verwaltung**. Maßgeblich ist der tatsächliche Verwaltungssitz, an dem die Organe handeln, mithin der Tätigkeitsort der Geschäftsführung und der Vertretungsorgane, und zwar unabhängig davon, ob dieser Ort im Gesellschaftsvertrag als Sitz bestimmt ist oder nicht (BVerfGE 21, 207, 209; BGH NJW 1967, 36). Die Kommanditgesellschaft kann ihren Geschäftsbetrieb an verschiedenen Orten tatsächlich ausüben, jedoch kann es keinen Doppelsitz geben. Möglich ist die Errichtung von Zweigniederlassungen (vgl. §§ 13 ff. HGB). Die Verlegung des Sitzes der Kommanditgesellschaft an einen anderen Ort ist zur Eintragung in das Handelsregister gem. §§ 161 Abs. 2, 107 HGB anzumelden.

B. Gesellschafter

I. Komplementäre und Kommanditisten – Grundsätze

1. Persönlich haftender Komplementär

11 Die Kommanditgesellschaft muss gem. § 161 Abs. 1 HGB **mindestens einen** persönlich haftenden Komplementär haben. Insoweit gilt das Recht der offenen Handelsgesellschaft, auf welches an dieser Stelle verwiesen wird (vgl. Kap. 4 § 128). Die persönliche und unbeschränkte Haftung muss nicht zwingend eine natürliche Person betreffen, es kann sich auch um eine offene Handelsgesellschaft oder eine andere Kommanditgesellschaft oder eine juristische Person, etwa eine GmbH oder eine AG, handeln. In der Praxis ist etwa die GmbH & Co. KG verbreitet, die rechtlich zwar eine Kommanditgesellschaft ist, auf Grund der auf das Stammkapital beschränkten Haftung der Komplementär-GmbH sachlich dagegen einen Mischtyp zwischen einer Personen- und einer Kapitalgesellschaft darstellt, weshalb für sie besondere Regeln gelten (zur GmbH & Co. KG vgl. ausführl. Kap. 8). Offen ist, ob eine Außen-BGB-Gesellschaft, welche nach höchstrichterlicher Rechtsprechung Kommanditistin sein kann (BGH BB 2001, 1966), die Rolle der Komplementärin einnehmen kann (vgl. dazu *Ulmer* ZIP 2001, 1713, 1715; *Elsing* BB 2001, 2338).

2. Beschränkt haftender Kommanditist

12 Gem. § 161 Abs. 1 HGB muss die Kommanditgesellschaft **mindestens einen** Kommanditisten haben, der ebenfalls für die Verbindlichkeiten der Kommanditgesellschaft persönlich und unter Umständen auch mit seinem gesamten Vermögen haftet, jedoch **der Höhe nach beschränkt** auf die im Gesellschaftsvertrag vereinbarte und im Handelsregister eingetragene Haftungssumme. Leistet der Kommanditist die Haftsumme, entfällt seine Haftung im Außenverhältnis. Hinsichtlich der Anforderungen, die an die Eigenschaft eines Gesellschafters als Kommanditist gestellt werden, gelten im Übrigen die gleichen Voraussetzungen wie für die Stellung als Komplementär (vgl. Rn. 11). Möglich ist auch das Auftreten als Treuhänder-Kommanditist für eine Vielzahl von Treugebern. Jedoch kann eine Innen-BGB-Gesellschaft, eine eheliche Gütergemeinschaft oder eine Erbengemeinschaft als solche nicht Kommanditist sein (vgl. Baumbach / Hopt/*Hopt* § 161 Rn. 4). Dagegen wurde die früher h. M. in Rechtsprechung und Literatur (BGHZ 46, 291, 296; BGH NJW-RR 1990, 798) aufgegeben, wonach eine Außen-BGB-Gesellschaft keine Kommanditisten-Beteiligung übernehmen konnte. Dies ist nunmehr möglich (BGH NJW 2001, 3121; BayObLG NJW-RR 2002, 36).

3. Stellung als Komplementär oder als Kommanditist

13 Ein Gesellschafter kann wegen der Einheit seines Anteils (vgl. § 124 HGB) **nicht gleichzeitig** Komplementär und Kommanditist sein (Baumbach / Hopt/*Hopt* § 161 Rn. 4 und § 124 Rn. 16). So entsteht bei Vereinigung mehrerer Kommanditbeteiligungen in der Hand eines Gesellschafters ein einheitlicher Anteil als Kommanditist (BGHZ 101, 123, 129). Ebenso führt die Vereinigung zweier Mitgliedschaften in der Hand eines Komplementärs dazu, dass die gesamte Beteiligung von der Position als Komplementär bestimmt wird (BGH WM 1963, 989). Jedoch kann durch eine Änderung des Gesellschaftsvertrages die Stellung eines Komplementärs zu der eines Kommanditisten und umgekehrt die eines Kommanditisten zu der eines Komplementärs werden (vgl.

statt vieler Baumbach/Hopt/*Hopt* § 161 Rn. 6 m. w. N.). Im Übrigen gelten für den Gesellschafterwechsel dieselben Grundsätze wie für die offene Handelsgesellschaft, wobei im Falle des Todes eines Kommanditisten § 177 HGB Besonderheiten enthält, wonach die Gesellschaft mit den Erben des ausgeschiedenen Kommanditisten fortgesetzt wird. Mit Zustimmung aller Gesellschafter ist die Kommanditbeteiligung übertragbar.

II. Ein-Mann-Personengesellschaft, Insichgesellschaft

Der Begriff der Kommanditgesellschaft geht in § 161 Abs. 1 HGB vom Vorhandensein **mindestens zweier Gesellschafter** aus, einem persönlich haftenden Komplementär und einem beschränkt haftenden Kommanditisten. Insoweit wird diskutiert, ob es eine **Ein-Mann-Personengesellschaft** begrifflich geben kann. Gem. § 1 GmbHG ist es möglich, dass eine GmbH durch eine Person errichtet wird, wobei eine solche GmbH die Rolle der Komplementärin in der Kommanditgesellschaft übernehmen kann. Eine Ein-Personen-Gesellschaft liegt auch vor, wenn eine Kommanditgesellschaft sämtliche Geschäftsanteile an ihrer Komplementär-GmbH hält (**Insichgesellschaft;** MünchHdb GesR II/*Gummert* § 51 Rn. 1 ff. m. w. N.). Nach heute h. M. ist eine derartige Mehrfachbeteiligung an einer Personengesellschaft zulässig. Dann ist ebenso anzuerkennen, dass bei Vereinigung aller Anteile an einer Gesellschaft in einer Hand eine zulässige Ein-Personen-Gesellschaft vorliegt (zur Einheitlichkeit des Personengesellschaftsanteils vgl. statt vieler *Priester* DB 1998, 55 mit Darstellung des Meinungsstandes). 14

III. Minderjähriger als Gesellschafter

Ein Minderjähriger kann mit **Genehmigung des Familiengerichts** Gesellschafter einer Kommanditgesellschaft werden (§§ 1643 Abs. 1, 1822 Nr. 3 BGB). Sowohl der Abschluss eines Gesellschaftsvertrages zur Errichtung einer Kommanditgesellschaft als auch der Eintritt in eine bestehende Kommanditgesellschaft bedürfen der familiengerichtlichen Genehmigung (BGHZ 17, 160, 165). Genehmigungspflichtig ist darüber hinaus der Austritt aus einer Kommanditgesellschaft, nicht dagegen jede Änderung des Gesellschaftsvertrages (BGHZ 38, 26, 32; ebenso Schlegelberger/*Martens* § 161 Rn. 52 m. w. N.). Etwas Anderes gilt nur für solche Vertragsänderungen, die nach Art und Umfang von grundsätzlicher Bedeutung sind. Die Beteiligung eines Minderjährigen an einer Kommanditgesellschaft **kraft Schenkung oder Erbschaft** ist ebenfalls nicht genehmigungspflichtig. Das Verbot des Selbstkontrahierens des § 181 BGB hindert gesetzliche Vertreter, die selbst am Abschluss des Gesellschaftsvertrages beteiligt sind, zugleich im Namen ihrer minderjährigen Kinder zu handeln (Schlegelberger/*Martens* § 161 Rn. 53 m. w. N.). Nach § 723 Abs. 1 S. 3 Nr. 2 BGB liegt bei einem als minderjährig eingetretenen Gesellschafter ein wichtiger Grund zur Kündigung der Gesellschaft vor, wenn er das 18. Lebensjahr vollendet hat, wobei der volljährig Gewordene nach S. 4 die Kündigung nur binnen drei Monaten von dem Zeitpunkt an erklären kann, in welchem er von seiner Gesellschafterstellung Kenntnis hatte oder haben musste. Dieses Kündigungsrecht ist jedoch nach § 723 Abs. 1 S. 5 BGB dann ausgeschlossen, wenn der Minderjährige die Gesellschaft bisher mit gerichtlicher Genehmigung betrieben hat oder der Zweck der Gesellschaft allein der Befriedigung seiner persönlichen Bedürfnisse diente, d. h. wenn die Voraussetzungen des § 1629 a Abs. 2 BGB vorliegen. Der volljährig gewordene Gesellschafter kann gem. § 1629 a BGB seine Haftung für Gesellschaftsschulden auf das bei Eintritt der Volljährigkeit vorhandene Vermögen beschränken. 15

IV. Treuhänder als Gesellschafter

Gesellschaftsanteile an einer Kommanditgesellschaft können **treuhänderisch** gehalten werden (BGHZ 10, 44, 47; 76, 127, 129). Im Verhältnis zur Kommanditgesellschaft ist der Treuhänder, der im eigenen Namen aber für fremde Rechnung des Treugebers handelt, als Gesellschafter zu betrachten (BGHZ 73, 294, 296). Die Gesellschafterstellung des Treuhänders wird durch die Beendigung des Treuhandverhältnisses nicht berührt. Der Treuhänder haftet wie ein echter Gesellschafter (zur Treuhandgesellschaft vgl. statt vieler MünchHdb GesR II/*Weipert* § 12 Rn. 42 ff. m. w. N.). 16

V. Unterbeteiligung

17 Die **Unterbeteiligung eines Dritten** an der Beteiligung eines Gesellschafters an einer Kommanditgesellschaft ist möglich. Der Unterbeteiligte selbst ist nicht Gesellschafter der Kommanditgesellschaft, so dass ihn auch nicht die Rechte und Pflichten des Hauptbeteiligten aus dem Kommanditgesellschaftsvertrag treffen. Vielmehr stellt die Unterbeteiligung eine reine Innengesellschaft dar, die ohne Kenntnis und Zustimmung der Mitgesellschafter zulässig eingeräumt werden kann (BGHZ 50, 316, 325). Die Rechte und Pflichten des Hauptbeteiligten und des Unterbeteiligten bestimmen sich nach dem Unterbeteiligungsvertrag und – soweit der Vermögensgegenstand der Unterbeteiligung selbst betroffen ist – nach den gesetzlichen Regelungen über die Stille Gesellschaft gem. §§ 230 ff. HGB (zur Unterbeteiligung vgl. statt vieler: MünchHdb GesR II/*Weipert* § 12 Rn. 62 ff. m. w. N.).

VI. Kaufmannseigenschaft der Gesellschafter

18 Eine Kommanditgesellschaft ist als Handelsgesellschaft **Kaufmann** (§ 6 Abs. 1 HGB). Streitig ist, ob der Komplementär als solcher Kaufmann ist (wohl h. M.; bejahend: BGHZ 34, 293, 296 f.; Röhricht / v. Westphalen / *v. Gerkan* § 161 Rn. 19 m. w. N. in Fn. 10; a. A. Baumbach / Hopt / *Hopt* § 161 Rn. 5). Streitig ist ebenfalls, ob der Kommanditist als Kaufmann anzusehen ist (ablehnend wohl h. M.: BGHZ 45, 282, 285; Röhricht / v. Westphalen / *v. Gerkan*, § 161 Rn. 19 m. w. N. der st.Rspr. in Fn. 11; Baumbach / Hopt / *Hopt* § 161 Rn. 5; vgl. zum Streitstand Schlegelberger / *Martens* § 161 Rn. 46 f.).

C. Gesellschaftsvertrag

I. Allgemeines

19 Der Abschluss des Gesellschaftsvertrages lässt die Kommanditgesellschaft ebenso wie die offene Handelsgesellschaft entstehen, wobei die Vereinbarung auch stillschweigend geschlossen werden kann. Die Einigung muss dann allerdings auch die beschränkte Haftung und die Höhe der Haftsumme der beteiligten Kommanditisten umfassen (Baumbach / Hopt / *Hopt* § 161 Rn. 7; MünchHdb GesR II / *Happ* § 2 Rn. 90; MünchHdb GesR II / *Neubauer* § 30 Rn. 7). Ein Formzwang des Kommanditgesellschaftsvertrages besteht nur in Ausnahmefällen, wenn etwa ein Grundstück eingebracht werden soll, wonach eine Beurkundung nach § 313 BGB erforderlich wird.

20 Der Gesellschaftsvertrag bildet die **Grundlage des Rechtsverhältnisses der Gesellschafter** untereinander und regelt das Innenrecht auch schon vor Aufnahme des Geschäftsbetriebes und vor Handelsregistereintragung. Die Grenzen findet die gesellschaftsvertragliche Gestaltung, die dem Grundsatz der Vertragsfreiheit unterliegt, im allgemeinen Recht (etwa bei Verstoß gegen ein gesetzliches Gebot i. S. v. § 134 BGB oder bei Verstoß gegen die guten Sitten gem. § 138 BGB). Ein bereits vollzogener Kommanditgesellschaftsvertrag wird nur für die Zukunft und nicht für die Vergangenheit unwirksam (BGHZ 26, 330, 335; 44, 235, 236; 55, 5, 8 f. bestreffend stille Gesellschaft; BGHZ 63, 338, 344). Anwendbar sind in solchen Fällen die **Grundsätze über die fehlerhafte Gesellschaft** (vgl. hierzu ausführl. Kap. 4 § 105 Rn. 79 ff.). Von der fehlerhaften Gesellschaft ist die **Scheingesellschaft** zu unterscheiden, die dann vorliegt, wenn kein Gesellschaftsvertrag abgeschlossen wurde, oder dieser nur zum Schein besteht (vgl. Kap. 4 § 105 Rn. 105 ff.). Die Gesellschafter einer Scheingesellschaft müssen sich im Rechtsverkehr nach den Regelungen der Rechtsscheinhaftung messen lassen.

II. Änderungen des Gesellschaftsvertrags, Einstimmigkeitsprinzip

21 Änderungen des Kommanditgesellschaftsvertrages bedürfen der **Zustimmung sämtlicher Gesellschafter**, also auch der Kommanditisten (BGHZ 76, 160, 164). Der Kommanditgesellschaftsvertrag kann Vertragsänderungen durch Mehrheitsbeschlüsse der Gesellschafter vorsehen, soweit der sog. **Bestimmtheitsgrundsatz** beachtet wird. Dieser von der Rechtsprechung entwickelte gesellschaftsrechtliche Grundsatz stellt eine Schutzbestimmung zugunsten der Minderheit dar (vgl. BGHZ 8, 35, 38; 48, 251, 254; 85, 350, 354). Besonderheiten gelten bei der Pu-

blikums-KG (s. hierzu Kap. 9 Rn. 40 ff.). Im Übrigen wird zum Bestimmtheitsgrundsatz auf Kap. 4 § 109 Rn. 24, § 119 Rn. 15 ff., zur Mehrheitsbeschlussfassung auf Kap. 4 § 119 Rn. 12 ff. verwiesen.

Aus §§ 161 Abs. 2, 119 Abs. 1 HGB i. V. m. § 709 Abs. 1 BGB folgt das **Einstimmigkeitsprinizp** für Gesellschafter von Kommanditgesellschaften. Der Gesellschaftsvertrag kann unter Beachtung des Bestimmtheitsgrundsatzes **Mehrheitsbeschlüsse** zulassen (vgl. oben Rn. 21). Neben dem Bestimmtheitsgrundsatz besteht für die überstimmte Minderheit die Möglichkeit, Mehrheitsbeschlüsse auf ihre Vereinbarkeit mit dem Gesellschaftsvertrag und dem geltenden Recht gerichtlich überprüfen zu lassen. Geschützt ist jeder Gesellschafter im **Kernbereich** seiner Gesellschafterstellung (BGHZ 20, 363, 369; 71, 53, 60 f. betreffend die Publikums-KG). Zum Kernbereich gehört ein unverzichtbares Mindestmaß an Selbstbestimmung der Gesellschafter (vgl. hierzu statt vieler: *K. Schmidt* GesR, § 16 III. 3.; zum Kernbereich der Mitgliedschaftsrechte vgl. Kap. 4 § 109 Rn. 23, § 119 Rn. 18 f.; zu einzelnen Rechten s. auch nachfolgend Rn. 29 ff.). 22

Die Festlegung einer einheitlichen Stimmrechtsausübung durch entsprechende **Stimmbindungsvereinbarung** zwischen den Gesellschaftern ist zulässig. Grenzen bildet das allgemeine Recht, insbesondere die zwingenden Minderheitenrechte (MünchHdb GesR II/*Weipert* § 12 Rn. 65). Eine Zwangs-Stimmbindung liegt bei Vereinbarung der sog. **Vertreterklausel** vor (vgl. Rn. 24), wonach insbesondere die Erben des verstorbenen Gesellschafters zur einheitlichen Stimmrechtsausübung verpflichtet werden. Zulässig ist ebenfalls eine Stimmbindungsvereinbarung zwischen dem Gesellschafter der Kommanditgesellschaft und einem Dritten, etwa einem Pfandgläubiger oder Unterbeteiligten, wobei diesem Fremdeinfluss dieselben Grenzen gesetzt sind, die der Gesellschafter selbst zu beachten hat. Hierzu zählt insbesondere die gesellschaftsrechtliche Treue- und Zwecksförderungspflicht, die der Rechtsausübung des Gesellschafters Schranken setzen kann (MünchHdb GesR II/*Weipert* § 12 Rn. 85 ff. m. w. N.). 23

III. Wahrnehmung der Rechte durch gemeinsamen Vertreter

Kommanditgesellschaftsverträge beinhalten unter Umständen eine sog. **Vertreterklausel**, wonach die Wahrnehmung der Rechte mehrerer Kommanditisten durch einen gemeinsamen Vertreter zu erfolgen hat, um eine Anteilszersplitterung, insbesondere bei Erbnachfolge, zu vermeiden. Die Bündelung der Rechtsausübung durch den Vertreter lässt die Rechtsstellung der einzelnen Kommanditisten als Gesellschafter unberührt, allerdings können diese ihre Gesellschafterrechte nicht ausüben, wenn ein gemeinsamer Vertreter nicht bestellt wird (BGHZ 46, 291, 297; weitere Einzelheiten zur Bestellung und Abberufung, den Befugnissen des gemeinsamen Vertreters und den Rechtsbeziehungen unter den vertretenen Gesellschafter vgl. Röhricht/v. Westphalen/*v. Gerkan* § 161 Rn. 22 ff.; MünchHdb GesR II/*Weipert* § 12 Rn. 18 ff. m. w. N.). 24

IV. Kommanditgesellschaft als Konzerngesellschaft

Eine Kommanditgesellschaft kann **Mitglied eines Konzerns** sein, und zwar sowohl als herrschende Konzerngesellschaft als auch als beherrschtes Unternehmen. Während bei der GmbH & Co. KG und der Publikums-KG die Zulässigkeit eines Beherrschungsvertrages im Konzern wohl anerkannt ist (vgl. *K. Schmidt* GesR, § 17 IV. 3. m. w. N.), ist die Zulässigkeit eines konzernrechtlichen Beherrschungsvertrages jedenfalls bei einer gesetzestypischen Kommanditgesellschaft nicht unstreitig (Nachweise siehe bei *K. Schmidt* GesR, § 17 IV. 3. in Fn. 93 ff.). Grund hierfür sind die Schranken, die das Prinzip der Selbstorganschaft (vgl. dazu Rn. 7) und das Abspaltungsverbot (vgl. dazu Rn. 37) setzen, wonach bei der Kommanditgesellschaft als Personengesellschaft ein unbeschränkt haftender Gesellschafter das Leitungsorgan darstellt. Jedenfalls kann mit einem Verbot eines Beherrschungsvertrages im Personengesellschaftsrecht eine Abhängigkeit im Ergebnis nicht verhindert werden (*K. Schmidt* GesR, § 17 IV. 3.). Der BGH hat in der sogenannten »Gervais«-Entscheidung (BGH NJW 1980, 231, 232) im Falle einer eingegliederten Kommanditgesellschaft ausgeurteilt, dass sich die Haftung für sorgfaltswidrige Geschäftsführung durch das herrschenden Unternehmen nicht nach § 708 BGB, sondern nach § 276 BGB bestimmt, also 25 die im Verkehr erforderliche Sorgfalt maßgeblich ist (vgl. hierzu statt vieler: MünchHdb GesR II/*Wirth* § 7 Rn. 26).

D. Rechte und Pflichten aus der Mitgliedschaft

I. Förderung des gemeinsamen Zwecks

26 Die Kommanditisten sind ebenso wie Komplementäre verpflichtet, Beiträge zur **Förderung des gemeinsamen Zwecks** zu erbringen (§ 705 BGB). Zur Leistung bestimmter Einlagen ist der Gesellschafter gesetzlich nicht verpflichtet, d. h. Pflichteinlagen sind im Gesellschaftsvertrag gesondert zu vereinbaren. Sie können als Geld und / oder Sacheinlagen, durch Einbringung eines Handelsgeschäfts, als Verpflichtung zur Gewährung eines Darlehens an die Kommanditgesellschaft etc. erbracht werden. Mithin sind die Gesellschafter in der Festlegung von Art und Umfang der **Pflichteinlagen** frei. Dies gilt auch hinsichtlich der Bewertung der Einlagen im Verhältnis der Gesellschafter untereinander, aber nicht im Verhältnis zu den Gesellschaftsgläubigern (vgl. BGHZ 95, 188, 197). Die Pflichteinlagen sind von den Haftsummen der Kommanditisten zu unterscheiden.

II. Haftung der Gesellschafter

27 Die Haftung des **Komplementärs** ist gem. §§ 161 Abs. 2, 128 HGB **unbeschränkt**. Mehrere Komplementäre haften für die Verbindlichkeiten der Gesellschaft den Gläubigern als Gesamtschuldner persönlich. Eine entgegenstehende Vereinbarung zwischen den Gesellschaftern ist Dritten gegenüber unwirksam (MünchHdb GesR II/*Neubauer* § 29 Rn. 1). Die Haftung des **Kommanditisten** ist dagegen nach § 171 HGB **beschränkt**, d. h. er haftet den Gläubigern der Kommanditgesellschaft bis zur Höhe seiner Einlage unmittelbar; hat er die Einlage geleistet, ist seine Haftung ausgeschlossen. Die Haftsumme stellt den im Handelsregister einzutragenden Geldbetrag dar, auf dessen Höhe die persönliche Haftung des Kommanditisten begrenzt ist. Die Vereinbarung einer Haftsumme für jeden Kommanditisten ist – im Gegensatz zur Vereinbarung einer Pflichteinlage – zwingend (MünchHdb GesR II/*Neubauer* § 30 Rn. 3, 5 m. w. N.). Die Höhe der Haftsumme wird frei bestimmt. Sie kann niedriger oder höher als die Pflichteinlage sein. Fehlt eine ausdrückliche Vereinbarung im Gesellschaftsvertrag, entspricht die Haftsumme der Pflichteinlage. Während die Hafteinlage das Außenverhältnis betrifft, bezieht sich die Pflichteinlage auf das Innenverhältnis zwischen den Gesellschaftern. Die Hafteinlage kann in bar oder auch als Sacheinlage oder durch Rechte (BGHZ 29, 300, 304) erbracht werden, wobei es sich um objektiv werthaltige Einlageleistung handeln muss, wenn sie als haftungsbefreiende Einlageleistung des Kommanditisten wirken soll. Hinsichtlich der Pflichteinlage kommt es dagegen nicht auf den objektiven Wert an (MünchHdb GesR II/*v. Falkenhausen/H. C. Schneider* § 18 Rn. 2 ff. m. w. N.).

28 Gem. § 1365 Abs. 1 S. 1 BGB kann sich ein **Ehegatte**, der im gesetzlichen Güterstand der Zugewinngemeinschaft (§ 1363 BGB) lebt, nur mit Einwilligung des anderen Ehegatten verpflichten, über sein Vermögen im Ganzen zu verfügen (vgl. ausführlich Schlegelberger/*Martens* § 161 Rn. 46 f. m. w. N.). Dies gilt nicht bei Vereinbarung von Gütertrennung, die daher gesellschaftsrechtlich betrachtet größere Flexibilität bietet.

III. Rechte in Bezug auf Gesellschafterversammlungen

29 Das Gesetz legt keine Form des Beschlussverfahrens fest, so dass sowohl schriftliche Umlaufbeschlüsse als auch Gesellschafterversammlungen, Telefonkonferenzen etc. zur Beschlussfassung stattfinden können. Gesellschaftsverträge beinhalten aus Beweisgründen regelmäßig Bestimmungen über die Beschlussfassung (MünchHdb GesR II/*Weipert* § 14 Rn. 116). Sieht der Kommanditgesellschaftsvertrag die Abhaltung einer Gesellschafterversammlung vor, so ist zur entsprechenden Einladung grundsätzlich jeder Gesellschafter berechtigt. Auch bei abweichenden gesellschaftsvertraglichen Regelungen steht den Kommanditisten ein unverzichtbares Recht zur Einberufung der Gesellschafterversammlung bei Vorliegen eines wichtigen Grundes zu. Ein **Selbsteinberufungsrecht** hat der Kommanditist allerdings nur, wenn dies gesellschaftsver-

traglich so vereinbart ist oder wenn sein entsprechendes Verlangen auf Einberufung der Gesellschafterversammlung vom Komplementär abgelehnt worden ist (so Röhricht/v. Westphalen/*v. Gerkan* § 163 Rn. 5 in entsprechender Anwendung des Rechtsgedankens von § 50 Abs. 3 GmbHG; BGHZ 102, 172, 173). Neben dem unverzichtbaren **Recht auf Teilnahme an der Gesellschafterversammlung**, zu dem auch das Rederecht und auch das Recht gehört, Anträge zu stellen, steht dem Kommanditisten wie einem Komplementär das **Stimmrecht** zu, mithin die Beteiligung an der Beschlussfassung (MünchHdb GesR II/*Weipert* § 14 Rn. 37 m. w. N.). Sieht der Kommanditgesellschaftsvertrag die Möglichkeit vor, dass Beschlüsse nicht einstimmig, sondern mit Mehrheit gefasst werden können, so ist in der Kommanditgesellschaft regelmäßig entgegen § 119 Abs. 2 HGB nicht nach Köpfen, sondern nach Kapitalanteilen abzustimmen (statt vieler MüKo HGB/*Grunewald* § 161 Rn. 32 m. w. N. in Fn. 63; MünchHdb GesR II/*Weipert* § 14 Rn. 39 m. w. N.; Röhricht/v. Westphalen/*v. Gerkan* § 163 Rn. 6). Die Höhe der erforderlichen Beschlussmehrheiten kann gesellschaftsvertraglich festgelegt werden, und zwar auch für Änderungen des Kommanditgesellschaftsvertrags und für Grundlagenbeschlüsse, wobei allerdings dem Bestimmtheitsgrundsatz im Gesellschaftsvertrag Rechnung zu tragen ist. Eine Abspaltung des Stimmrechts eines Gesellschafters von seiner Gesellschafterstellung ist nicht zulässig (BGHZ 44, 158, 160). Zulässig ist allerdings die Übertragung der Ausübung von Gesellschafterrechten an Dritte, die auch Nichtgesellschafter sein können, durch Vollmachtserteilung (BGHZ 36, 292, 295; zur Vertreterklausel vgl. auch Rn. 23 f.). Unverzichtbar ist weiter das Recht des Kommanditisten zur **Geltendmachung von Beschlussmängeln** (MünchHdb GesR II/*Weipert* § 14 Rn. 127 ff, 130 m. w. N.; zur Geltendmachung von Beschlussmängeln vgl. ausführl. Kap. 16 Rn. 74 ff.). Dabei kann der Gesellschaftsvertrag Regelungen, insbesondere Fristen für das Verfahren zur Regelung des Streits über die Wirksamkeit von Gesellschafterbeschlüssen festlegen. Nach höchstrichterlicher Rechtsprechung ist eine zweiwöchige Ausschlussfrist zur Geltendmachung von Beschlussmängeln ein unzulässiger Eingriff in das unverzichtbare Recht des Gesellschafters und wird durch eine angemessene Frist ersetzt, die jedenfalls die als Leitbild heranzuziehende Monatsfrist des § 246 AktG nicht unterschreiten darf (BGH NJW 1995, 1218, 1219).

Dem Kommanditisten steht ebenso wie einem Komplementär das Recht zur **actio pro socio** zu 30
(vgl. hierzu insbes. Kap. 16 Rn. 86 ff.). Diese dem Minderheitenschutz dienende Gesellschafterklage ermöglicht es jedem Gesellschafter, Ansprüche der Kommanditgesellschaft gegen einen Mitgesellschafter (z. B. geschuldete, aber nicht erbrachte Beitragspflicht) geltend zu machen und auf Leistung an die Kommanditgesellschaft zu klagen (BGHZ 10, 91, 100 f.; 25, 47, 49 ff.). Die actio pro socio ist ein zwingendes, unverzichtbares Recht der Gesellschafter (BGH NJW 1985, 2830, 2831).

IV. Recht auf Kündigung

Das Recht des Kommanditisten, durch **Kündigung** aus der Kommanditgesellschaft auszuschei- 31
den (§§ 161 Abs. 2, 132, 131 Abs. 3 Nr. 3 HGB), kann gesellschaftsvertraglich beschränkt werden, wenn der Kommanditgesellschaftsvertrag auf unbestimmte Zeit läuft. Ist die Gesellschaft nicht auf unbestimmte Zeit eingegangen, so steht dem Kommanditisten in Ermangelung einer abweichenden gesellschaftsvertraglichen Regelung ein Austrittsrecht nur bei Vorliegen eines wichtigen Grundes zu (statt vieler MüKo HGB/*Grunewald* § 161 Rn. 37 m. w. N.; vgl. hierzu auch MünchHdb GesR II/*Piehler/Schulte* § 36 Rn. 11 ff.).

V. Treuepflicht und Gleichbehandlungsgrundsatz

Grundlage eines Gesellschaftsverhältnisses ist wie in jedem Rechtsverhältnis eine **allgemeine** 32
Loyalitätspflicht, die auch im Grundsatz von Treu und Glauben von § 242 BGB zum Ausdruck kommt. Die allgemeine Loyalitätspflicht kann sich zu konkreten Förderungs- und Interessenwahrungspflichten verdichten, d. h. zu sog. **Treuepflichten** (MünchHdb GesR II/*Weipert* § 12 Rn. 7 und § 13 Rn. 5 ff., 18 ff. m. w. N.; a. A. *K. Schmidt* GesR, § 20 IV.). Diesen Treuepflichten unterliegt jeder Gesellschafter einer Kommanditgesellschaft. Aus der allgemeinen Treuepflicht folgt auch die Pflicht zur vertrauensvollen und persönlichen Zusammenarbeit der Gesellschafter

und zur Wahrung der Interessen der Kommanditgesellschaft (vgl. BGHZ 64, 253, 257 betreffend Zustimmungspflicht zur Ausschlussklage; s. auch BGHZ 68, 81, 82). Der im Personenhandelsgesellschaftsrecht geltende **Gleichbehandlungsgrundsatz** gebietet, dass die Gesellschafter im Verhältnis zur Gesellschaft nicht willkürlich ungleich behandelt werden dürfen (vgl. *K. Schmidt* GesR, § 16 II. 4.; Kap. 4 § 109 Rn. 17). Auch dieses Prinzip ist aus § 242 BGB abgeleitet und abdingbar.

VI. Wettbewerbsverbot

33 Während die Komplementäre gem. §§ 112 f HGB einem **Wettbewerbsverbot** unterliegen, ist dies bei den Kommanditisten nach § 165 HGB nicht der Fall (s. die ausführl. Kommentierung dort). Gleichwohl kann sich ein Konkurrenzverbot im Ausnahmefall auch für einen Kommanditisten aus der gesellschaftlichen Treuepflicht ergeben (vgl. § 165 HGB Rn. 41 ff.).

VII. Geschäftsführung und Vertretung

34 Die Geschäftsführung der Kommanditgesellschaft obliegt gem. §§ 161 Abs. 2, 114 Abs. 1 HGB den **Komplementären**, die nach §§ 161 Abs. 2, 125 Abs. 1 HGB auch zur **organschaftlichen Vertretung** der Kommanditgesellschaft berechtigt und verpflichtet sind.

35 Die **Kommanditisten** sind gem. § 170 HGB zur Vertretung der Gesellschaft nicht ermächtigt. Sie sind ebenfalls von der Führung der Geschäfte der Kommanditgesellschaft ausgeschlossen – ihnen kann jedoch auch im Außenverhältnis rechtsgeschäftliche Vollmacht oder Prokura erteilt werden (vgl. Kommentierung zu § 170 HGB), wobei ihnen nach § 164 HGB ein Widerspruchsrecht zusteht, wenn es sich um außergewöhnliche Geschäfte handelt, die über den gewöhnlichen Betrieb des Handelsgewerbes der Kommanditgesellschaft hinausgehen (vgl. § 164 HGB Rn. 24). Zum Notgeschäftsführungsrecht der Kommanditisten wird auf die Kommentierung zu § 164 HGB Rn. 22 verwiesen. Zum Grundsatz der Selbstorganschaft vgl. oben Rn. 7. Allerdings kann die Ausführung der Geschäftsführung auf Dritte übertragen werden, etwa durch einen Betriebsführungsvertrag (BGHZ 36, 292, 293 ff.; BGH ZIP 1982, 578, 581). Weitere Rechte des Kommanditisten sind das in § 166 HGB geregelte **Kontrollrecht**, das im Verhältnis zum Kontrollrecht des persönlich haftenden Gesellschafters gem. § 118 HGB, auch wenn dieser von der Geschäftsführung ausgeschlossen ist, nur eingeschränkt besteht. Darüber hinaus steht jedem Gesellschafter ein **allgemeiner Auskunftsanspruch** gegen die Kommanditgesellschaft zu, damit ihm die Ausübung seiner sonstigen Gesellschafterrechte ermöglicht wird.

VIII. Sorgfaltsmaßstab

36 Nach §§ 161 Abs. 2, 105 Abs. 3 HGB i. V. m. § 708 BGB hat jeder Gesellschafter bei der Erfüllung seiner Pflichten grundsätzlich nur die **Sorgfalt** anzuwenden, die er in eigenen Angelegenheiten ausübt. Es kann jedoch vertraglich ein abweichender Haftungsmaßstab vereinbart werden kann, der auch ein Einstehen für jede Fahrlässigkeit vorsieht (MünchHdb GesR II/*Wirth* § 7 Rn. 19).

IX. Verbot der Aufspaltung der Mitgliedschaft

37 Nach der zwingenden Vorschrift des § 717 S. 1 BGB, der das **Verbot der Aufspaltung der einheitlichen Mitgliedschaft** regelt (vgl. auch BGHZ 3, 354, 357; 20, 363, 364; 36, 292, 293; 43, 261, 267), sind Ansprüche, die den Gesellschaftern aus dem Gesellschaftsverhältnis gegeneinander zustehen, **nicht übertragbar**, d. h. die Mitgliedschaftsrechte eines Gesellschafters können nicht von der Gesellschafterstellung als solche getrennt werden (vgl. hierzu MünchHdb GesR II/*Weipert* § 12 Rn. 10 ff. m. w. N.). Etwas Anderes gilt nach § 707 S. 2 BGB für einzelne Ansprüche, die aus der Geschäftsführung resultieren, soweit deren Befriedigung vor der Auseinandersetzung verlangt werden kann, sowie für Ansprüche auf einen Gewinnanteil oder auf dasjenige, was dem Gesellschafter bei der Auseinandersetzung zukommt. So ist etwa die Abtretung von Gewinn- oder Abfindungsansprüchen zulässig (i. V. m. § 398 BGB). Soweit Ansprüche abtretbar sind, sind sie auch verpfändbar (§§ 1247 Abs. 2, 1280 BGB; vgl. statt vieler MünchHdb GesR II/*Weipert* § 12 Rn. 60 f.

m. w. N.). Ebenso ist in diesem Fall die Einräumung von Nießbrauchsrechten zulässig (§§ 1068 ff. BGB; vgl. MünchHdb GesR II/*Weipert* § 12 Rn. 57 ff. m. w. N.).

X. Aufstellung der Bilanzen

38 Pflicht der Komplementäre ist die Aufstellung der **Eröffnungsbilanz** sowie der **jährlichen Bilanz** der Kommanditgesellschaft (§ 244 Abs. 1 S. 1 HGB). Die Feststellung der Jahresbilanz bedarf als Grundlagengeschäft der Zustimmung aller Gesellschafter, soweit gesellschaftsvertraglich nichts Abweichendes vereinbart ist. Auf Basis der Bilanz erfolgt die Gewinn- und Verlustermittlung der Kommanditgesellschaft sowie die Berechnung des Anteils jeden Gesellschafters an den Gewinnen oder Verlusten (§§ 120, 167 HGB; vgl. hierzu MünchHdb GesR II/*Bezzenberger* § 21). Die Gewinn- und Verlustverteilung sowie die gesetzliche Regelung über die Entnahmen finden sich für die Komplementäre in §§ 121 f. HGB und für die Kommanditisten in §§ 168 f. HGB (MünchHdb GesR II/*v. Falkenhausen/H. C. Schneider* § 23). Wegen der Einzelheiten wird auf die Kommentierung zu diesen Vorschriften verwiesen.

XI. Gewinn und Entnahme

39 Wesentliches Vermögensrecht der Gesellschafter ist das **Recht auf Gewinn der Kommanditgesellschaft** und auf seine Entnahme. Dies wird in den §§ 120 bis 122 HGB für den Komplementär und i. V. m. §§ 167 bis 169 HGB für den Kommanditisten geregelt. Auf die diesbezügliche Kommentierung wird verwiesen.

XII. Ausscheiden eines Gesellschafters und Auflösung der Gesellschaft

40 Mangels abweichender gesellschaftsvertraglicher Vereinbarungen führen der Tod des Gesellschafters, die Eröffnung des Insolvenzverfahrens über sein Vermögen, die Kündigung des Gesellschafters sowie die Kündigung durch den Privatgläubiger des Gesellschafters, der Eintritt von weiteren im Gesellschaftsvertrag vorgesehenen Fällen oder der Beschluss der Gesellschafter nach §§ 161 Abs. 2, 131 Abs. 3 HGB zum **Ausscheiden eines Gesellschafters** mit dem Eintritt des jeweiligen Ereignisses, im Falle der Kündigung aber nicht vor Ablauf der Kündigungsfrist. Hierzu wird auf die Kommentierung des § 131 HGB in Kap. 4 verwiesen. Zu einer Auflösung der Kommanditgesellschaft kommt es in diesen Fällen des Ausscheidens eines Gesellschafters nicht, vielmehr wird die Gesellschaft von den übrigen fortgesetzt, soweit gesellschaftsvertraglich nichts Abweichendes vereinbart ist. Die **Auflösungsgründe der Gesellschaft** in §§ 161 Abs. 2, 131 Abs. 1 HGB lauten wie folgt: **Ablauf der Zeit**, für welche die Kommanditgesellschaft eingegangen ist; **Gesellschafterbeschluss** zur Auflösung der Kommanditgesellschaft; **Eröffnung des Insolvenzverfahrens** über das Vermögen der Kommanditgesellschaft oder Vorliegen einer entsprechenden gerichtlichen Entscheidung. Ferner wird eine Kommanditgesellschaft, bei der kein persönlich haftender Gesellschafter eine natürliche Person ist, nach §§ 161 Abs. 2, 131 Abs. 2 HGB aufgelöst mit der Rechtskraft des Beschlusses, durch den die Eröffnung des Insolvenzverfahrens mangels Masse abgelehnt worden ist oder durch Löschung wegen Vermögenslosigkeit nach § 141 a FGG. Es wird insoweit auf die Kommentierung der Auflösungsgründe in § 131 HGB (Kap. 4) verwiesen.

XIII. Anspruch auf Abfindung und Auseinandersetzung

41 Als weiteres Vermögensrecht neben dem Gewinnanspruch und dem Entnahmerecht (vgl. Rn. 39), steht jedem Gesellschafter ein **Anspruch auf Abfindung und Auseinandersetzung** nach §§ 161 Abs. 2, 105 Abs. 3 HGB i. V. m. §§ 734, 738 BGB zu, der aufgrund der Dispositivität der Gesetzesvorschriften im Gesellschaftsvertrag abweichend geregelt werden kann. Das Abfindungsguthaben ist durch eine Auseinandersetzungsbilanz bezogen auf den Stichtag des Ausscheidens des Gesellschafters zu ermitteln. Dem ausscheidenden Gesellschafter steht eine Abfindung in Höhe des wahren Wertes seiner Beteiligung an der Kommanditgesellschaft zu. Die gesellschaftsvertragliche Vereinbarung von Abfindungsklauseln ist zulässig (BGH NJW 1985, 192, 193). Dies gilt auch für eine Buchwertklausel, wobei die Ausübung der Rechte aus einer solchen Klausel sit-

tenwidrig und damit unzulässig ist, wenn zwischen dem Buchwert und dem wahren Wert der Beteiligung eine erhebliche Diskrepanz besteht mit der Folge, dass der betroffene Gesellschafter in seiner Entschließungsfreiheit zu einer Kündigung der Gesellschaft unvertretbar eingeengt wird (BGH NJW 1985, 192, 193). Bei Vorliegen eines groben Missverhältnisses ist die Vertragsklausel nach § 242 BGB anzupassen (BGHZ 123, 281, 289; 126, 226, 229). Darüber hinaus nimmt der ausscheidende Gesellschafter gem. § 740 BGB noch an schwebenden Geschäften teil, sofern dies gesellschaftsvertraglich – wie üblich – nicht ausgeschlossen ist.

XIV. Ausschluss eines Gesellschafters

42 Liegt ein wichtiger Grund in der Person eines Gesellschafters i. S. v. § 140 HGB vor, kann er aus der Kommanditgesellschaft ausgeschlossen werden (BGHZ 18, 350, 353 ff.; zur Ausschließungsklage vgl. ausführl. Kap. 16 Rn. 190 ff.). Voraussetzung für die Ausschließung eines Gesellschafters ist unter Berücksichtigung des Verhältnismäßigkeitsgrundsatzes, dass keine milderen Mittel zur Verfügung stehen, die für die Zukunft ein sinnvolles Zusammenwirken der Gesellschafter ermöglichen. Danach liegt ein wichtiger Grund i. S. v. §§ 161 Abs. 2, 133, 140 HGB nur vor, wenn die Fortsetzung der Kommanditgesellschaft mit dem Betroffenen unzumutbar ist. Bei Ausschluss des einzigen Komplementärs einer Kommanditgesellschaft besteht zwischen den verbleibenden Gesellschaftern eine Liquidationsgesellschaft, die zu einer werbenden Gesellschaft umgewandelt werden kann, indem mindestens einer der Kommanditisten die Rolle des Komplementärs übernimmt oder indem ein neuer Komplementär aufgenommen wird (BGHZ 6, 113, 114 ff.). **Gesellschaftsvertragliche Ausschließungsklauseln**, die die freie Ausschließung eines Gesellschafters vorsehen, sind nach höchstrichterlicher Rechtsprechung nur dann zulässig, wenn für sie wegen außergewöhnlicher Umstände sachlich gerechtfertigte Gründe bestehen (st.Rspr. seit BGHZ 68, 212, 215). Die freie Ausschließbarkeit eines Gesellschafters, in Verbindung mit einer Abfindungsklausel, die dem Ausscheidenden nur eine erheblich unter dem wahren Wert der Beteiligung liegende Abfindung gewährt, also die Vereinbarung einer Gesellschafterstellung minderen Rechts, ist nach h. M. in Rechtsprechung und Lehre nicht zulässig (MünchHdb GesR II/*Piehler*/*Schulte* § 36 Rn. 59 ff.; vgl. *Partikel* S. 116 ff.).

43 Zur Zulässigkeit der Grenzen der Testamentsvollstreckung und der Nachlassverwaltung in die Beteiligung eines verstorbenen Gesellschafters einer Kommanditgesellschaft vgl. § 177 HGB Rn. 7 ff.

E. Erscheinungsformen der Kommanditgesellschaft

44 Die gesetzestypische Kommanditgesellschaft besteht aus mindestens einem voll haftenden und geschäftsführenden Komplementär und mindestens einem Kommanditisten, der nicht zur Geschäftsführung befugt ist, das Haftungsprivileg genießt und regelmäßig als Kapitalgeber fungiert.

45 Durch den Gestaltungsspielraum, den das weitgehend dispositive Recht der Kommanditgesellschaft bei der Vertragsgestaltung zulässt, werden in der Praxis regelmäßig die Vorteile der Personenhandelsgesellschaft mit den Vorteilen der Kapitalgesellschaft kombiniert. Typisch ist daher die Bildung einer **GmbH & Co. KG**, bei der die einzige persönlich haftende Gesellschafterin eine GmbH ist. Entgegen dem gesetzlichen Leitbild haftet die Komplementärin zwar unbeschränkt mit ihrem Vermögen, dieses ist jedoch rechtsformspezifisch beschränkt auf ihr Stammkapital. Neben den maßgeblichen Vorschriften für die Kommanditgesellschaft gibt es für die GmbH & Co. KG daher Sonderregelungen zu beachten, die insbesondere auf richterlicher Rechtsfortbildung beruhen. Zur GmbH & Co. KG vgl. ausführl. Kap. 8.

46 Möglich sind auch kapitalistisch ausgeprägte Kommanditgesellschaften, bei denen die Kommanditisten das wesentliche Kapital halten und die Gesellschafterversammlung beherrschen, während die Komplementäre allein zur Geschäftsführung befugt sind, die Ausgestaltung somit der einer Aktiengesellschaft ähnelt. Zulässig ist auch die Gestaltung einer Kommanditgesellschaft in Anlehnung an die KGaA bis hin zum Vorliegen einer **Publikumsgesellschaft**. Auch für diese Gesellschaftsformen gelten Besonderheiten (vgl. zur Publikumsgesellschaft ausführl. Kap. 9).

§ 162 [Anmeldung zum Handelsregister]

(1) [1]Die Anmeldung der Gesellschaft hat außer den in § 106 Abs. 2 vorgesehenen Angaben die Bezeichnung der Kommanditisten und den Betrag der Einlage eines jeden von ihnen zu enthalten. [2]Ist eine Gesellschaft bürgerlichen Rechts Kommanditist, so sind auch deren Gesellschafter entsprechend § 106 Abs. 2 und spätere Änderungen in der Zusammensetzung der Gesellschafter zur Eintragung anzumelden.

(2) Bei der Bekanntmachung der Eintragung der Gesellschaft sind keine Angaben zu den Kommanditisten zu machen; die Vorschriften des § 15 sind insoweit nicht anzuwenden.

(3) Diese Vorschriften finden im Falle des Eintritts eines Kommanditisten in eine bestehende Handelsgesellschaft und im Falle des Ausscheidens eines Kommanditisten aus einer Kommanditgesellschaft entsprechende Anwendung.

Übersicht:

A. Anmeldung, Abs. 1

I. Anmeldung am Sitz der Gesellschaft

Gem. §§ 161 Abs. 2 i. V. m. 106 Abs. 1 HGB ist die Kommanditgesellschaft bei dem Gericht, in dessen Bezirk sie ihren Sitz hat, zur Eintragung in das elektronische Handelsregister (vgl. §§ 8 Abs. 1 HGB) anzumelden. Anmeldungen zur Eintragung sind nach § 12 Abs. 1 HGB elektronisch in öffentlich beglaubigter Form (§ 129 HGB) einzureichen (zur elektronischen Beglaubigung s. § 39 a BeurkG). 1

II. Inhalt der Anmeldung

1. Natürliche Personen

§ 106 Abs. 2 Nr. 1 HGB bestimmt, dass in der Anmeldung die Namen, Vornamen, Geburtsdatum und Wohnort (nicht jedoch die volle Adresse) jedes Gesellschafters, der eine natürliche Person ist, anzugeben sind. 2

2. Juristische Personen

Bei juristischen Personen ist die **konkrete Firmierung** maßgebend, ohne Angabe der gesetzlichen Vertreter, aber unter Bezeichnung des Sitzes des Unternehmens. Nach § 106 Abs. 2 Nr. 2 HGB hat die Anmeldung die Firma der Kommanditgesellschaft und den Ort, wo sie ihren Sitz hat, zu enthalten und nach Nr. 3 ist der Zeitpunkt anzugeben, zu dem die Gesellschaft begonnen hat (vgl. auch Kap. 4 § 106 Rn. 5 ff.). Gleichwohl kann die Anmeldung der Kommanditgesellschaft schon vor Geschäftsbeginn erfolgen. Hierdurch lässt sich eine unbeschränkte Kommanditistenhaftung nach § 176 HGB (vgl. dort) für die Tätigkeiten der Kommanditgesellschaft zwischen Anmeldung und Eintragung vermeiden. Auch eine Kommanditgesellschaft, die in **Liquidation** gegangen ist, bedarf der Anmeldung zum Handelsregister. Eine solche ist auch dann erforderlich, wenn in eine offene Handelsgesellschaft ein neuer Gesellschafter als Kommanditist eintritt. 3

3. Bezeichnung der Kommanditisten

4 § 162 Abs. 1 HGB bestimmt, dass die Anmeldung der Kommanditgesellschaft außer den in § 106 Abs. 2 HGB vorgesehenen Angaben auch die Bezeichnung der Kommanditisten und den **Betrag der Einlage** eines jeden zu enthalten hat. Eingetragen wird die im Rechtsverkehr maßgebliche jeweilige Haftsumme der Kommanditisten i. S. d. §§ 171, 172 HGB, die von der im Innenverhältnis zwischen den Gesellschaftern vereinbarten Pflichteinlage abweichen kann. Erhöhungen oder Herabsetzungen dieser Haftsumme sind nach § 175 HGB zur Eintragung anzumelden (vgl. § 175 HGB Rn. 1 f.).

III. Anmeldepflicht

5 Anmeldepflichtig sind nach §§ 161 Abs. 2 i. V. m. 108 HGB n. F. **alle Gesellschafter**, also auch die Kommanditisten. Die bis zum Inkrafttreten der HGB-Novellierung durch das EHUG (BGBl. I 2006, 2556) nach § 108 Abs. 2 HGB a. F. geltende Zeichnung der Namensunterschrift unter Angabe der Firma zur Aufbewahrung beim Handelsregistergericht ist mit Einführung des elektronischen Handelsregisters mit Wirkung zum 1. 1. 2007 entfallen. Gem. §§ 161 Abs. 2 i. V. m. 108 Abs. 2 HGB a. F. hatten die Komplementäre ihre Unterschrift unter Angabe der Firma der Kommanditgesellschaft zu zeichnen. Es handelt sich dabei um eine Folgeänderung zur Aufhebung des Erfordernisses, eine Unterschriftsprobe zu hinterlegen (vgl. Änderung des § 14 HGB durch Art. 1 Nr. 8 EHUG sowie die Begründung der Bundesregierung zum Gesetzesentwurf BT-Drs. 16/960, 47).

6 Eine **Vertretung der Gesellschafter** bei der Anmeldung ist gem. § 12 Abs. 1 S. 2 HGB n. F. nur elektronisch auf Grund öffentlich beglaubigter Vollmacht zulässig. Zum 1. 1. 2007 wurde § 12 HGB durch das »Gesetz über elektronische Handelsregister und Genossenschaftsregister sowie das Unternehmensregister« (EHUG) neu gefasst (vgl. BR.-Drs. 693/06, 4). Vgl. zu den Änderungen des § 12 HGB die Erläuterungen bei Kap. § 7 GmbHG Rn. 8 ff. Auch die Anmeldung zur Eintragung in das Handelsregister selbst ist gem. §§ 161 Abs. 2 i. V. m. 12 Abs. 1 S. 1 HGB elektronisch in öffentlich-beglaubigter Form einzureichen. § 12 Abs. 1 S. 3 HGB bestimmt darüberhinaus, dass Rechtsnachfolger eines Beteiligten die Rechtsnachfolge soweit tunlich durch öffentliche Urkunden nachzuweisen haben.

7 Anmeldungen, die sich nur auf Veränderungen bei einer Zweigniederlassung der Kommanditgesellschaft beziehen, sind nicht von sämtlichen Gesellschaftern vorzunehmen. Vielmehr ist eine Mitwirkung der vertretungsberechtigten Gesellschafter ausreichend (Röhricht/v. Westphalen/*v. Gerkan* § 162 Rn. 7 m. w. N.). Zu Einzelheiten wird außerdem auf die Kommentierungen der §§ 106 ff. HGB in Kap. 4 verwiesen.

B. Eintragung und Bekanntmachung, Abs. 2

8 Eine Eintragung in das Handelsregister wird nach § 8 a HGB wirksam, sobald sie in den für die Handelsregistereintragung bestimmten Datenspeicher aufgenommen ist und auf Dauer inhaltlich unverändert in lesbarer Form wiedergegeben werden kann. Der **Inhalt der Eintragung** in das Handelsregister erstreckt sich gem. Abs. 2 auf die Angaben, die in der Anmeldung aufzunehmen sind. Weitere Angaben werden nicht eingetragen (so z. B. BGHZ 81, 82, 87 bzgl. Angaben über die Leistung der Kommanditeinlage; OLG Hamm MDR 1952, 549 bzgl. eines Vermerks über eine Gruppenvertretung für die Kommanditisten).

9 Bei der **Bekanntmachung** der Eintragung (vgl. § 10 HGB n. F.) der Kommanditgesellschaft werden über die Kommanditisten keine Angaben gemacht (§ 162 Abs. 2 HGB). Klarstellend ist in § 162 Abs. 2 Hs. 2 HGB aufgenommen, dass die Bestimmungen des § 15 HGB über die Publizität des Handelsregisters insoweit nicht anzuwenden sind.

10 Eintragung und Bekanntmachung der Kommanditgesellschaft haben grundsätzlich **nur deklaratorische Bedeutung**. Konstitutiv wirkt die Eintragung dagegen, wenn eine Kommanditgesellschaft als Kann-Kaufmann gem. § 2 HGB (Kleingewerbe), als Kann-Kaufmann i. S. v. § 3 HGB

(land- und forstwirtschaftlicher Betrieb) oder ohne den Betrieb eines Handelsgewerbes nach § 105 Abs. 2 HGB bzw. bei Verwaltung nur eigenen Vermögens eingetragen wird.

Von Bedeutung ist die **Eintragung der Haftsumme** im Handelsregister, da diese die Beschränkung der Außenhaftung des Kommanditisten nach § 172 Abs. 1 HGB bewirkt. Maßgeblich ist die Eintragung, nicht jedoch die Bekanntmachung oder das Kennen-Müssen eines Gläubigers. Relevant ist im Außenverhältnis allein der eingetragene Betrag, selbst wenn die Eintragung von der Anmeldung abweicht (Röhricht/v. Westphalen/*v. Gerkan* § 162 Rn. 22). Wusste der Gläubiger allerdings von der in der Anmeldung enthaltenen niedrigeren Haftsumme, so kann er sich nicht auf die höhere eingetragene Haftsumme berufen (Röhricht/v. Westphalen/*v. Gerkan* § 162 Rn. 22 m. w. N. in Fn. 21). 11

C. Eintritt und Ausscheiden eines Kommanditisten, Abs. 3

I. Anmeldung des Eintritts und Austritts eines Kommanditisten

Gem. Abs. 3 finden die Vorschriften über die **Anmeldung** zum Handelsregister im Falle des Eintritts eines Kommanditisten in eine bestehende Handelsgesellschaft und im Falle des Ausscheidens eines Kommanditisten aus einer Handelsgesellschaft entsprechende Anwendung. Daraus folgt, dass die **Bekanntmachung** des Eintritts eines Kommanditisten entfällt (Röhricht/v. Westphalen/*v. Gerkan* § 162 Rn. 12). 12

Wird eine Beteiligung als Komplementär einer Kommanditgesellschaft in die eines Kommanditisten **umgewandelt**, bedarf es ebenfalls keiner Bekanntmachung der Kommanditisten-Stellung, jedoch ist der Wegfall des persönlich haftenden Gesellschafters unter namentlicher Bezeichnung anzumelden (Röhricht/v. Westphalen/*v. Gerkan* § 162 Rn. 12). 13

Entsprechendes gilt für das **Ausscheiden eines Kommanditisten**, und zwar einschließlich des Falles seines Ausscheidens auf Grund einer Rechtsnachfolge (Anteilsübertragung, Erbschaft, Gesamtrechtsnachfolge durch Umwandlungstatbestand). Überträgt ein ausscheidender Kommanditist seinen Anteil an einen anderen Kommanditisten, so ist neben seinem Ausscheiden auch die Haftsumme des erwerbenden Kommanditisten in das Handelsregister einzutragen (Röhricht/v. Westphalen/*v. Gerkan* § 162 Rn. 19). 14

II. Übertragung der Kommanditistenbeteiligung durch Rechtsgeschäft

Wegen der Abtretbarkeit der Mitgliedschaft eines Kommanditisten aufgrund gesellschaftsvertraglicher Regelung oder mit Zustimmung sämtlicher Gesellschafter der Kommanditgesellschaft ist auch bei einer Übertragung der Kommanditbeteiligung durch Rechtsgeschäft kraft Rechtsnachfolge eine **Handelsregisteranmeldung** vorzunehmen, um eine vorteilhaftere Haftungslage zu erreichen. Die Rechtsnachfolge bewirkt das Eintreten des erwerbenden Kommanditisten in die Rechte und Pflichten des Ausscheidenden, so dass der Eintretende nur dann haftet, wenn sein Rechtsvorgänger auf Grund einer ausstehenden Einlage selbst noch haftete (Röhricht/v. Westphalen/*v. Gerkan* § 162 Rn. 14). Deshalb muss im Handelsregister ein entsprechender **Vermerk über die Rechtsnachfolge** eingetragen werden. Ohne einen solchen Vermerk würde im Außenverhältnis der Rechtsschein erzeugt, dass für den neu eintretenden Kommanditisten ein neuer Kommanditanteil mit einer zusätzlichen Haftsumme geschaffen wird und diese Haftung neben die fortbestehende Außenhaftung des ausscheidenden Kommanditisten gegenüber den Altgläubigern bei noch ausstehender Einlage gem. §§ 171, 172, 160 HGB tritt. Ohne die entsprechenden Eintragungen würde sich bei mehrfacher Rechtsnachfolge das Haftungsrisiko entsprechend erhöhen, weshalb alle Vorgänge im Handelsregister einzutragen sind. 15

Bei der **Anmeldung des Nachfolgevermerks** in das Handelsregister ist zusätzlich eine Erklärung erforderlich, dass der ausscheidende Kommanditist keine Abfindung aus dem Gesellschaftsvermögen, die seine Haftung nach § 172 Abs. 4 S. 1 HGB wieder aufleben lassen würde, erhalten hat. Diese Erklärung wird nicht eingetragen und muss nur von den vertretungsberechtigten Gesellschaftern und dem ausgeschiedenen Kommanditisten abgegeben werden (Röhricht/v. Westpha- 16 len/*v. Gerkan* § 162 Rn. 15). Eine **Bekanntmachung** des Gesellschafterwechsels in einen Kommanditanteil kraft Rechtsnachfolge erfolgt nicht (Röhricht/v. Westphalen/*v. Gerkan* § 162 Rn. 16).

III. Sonstige Rechtsnachfolge in Kommanditanteil

17 Ein **Rechtsnachfolgevermerk** ist auch in sämtlichen übrigen Fällen einer Rechtsnachfolge in den bestehenden Kommanditanteil durch einen neuen Kommanditisten erforderlich, um die aufgezeigte nachteilige Haftung (vgl. Rn. 15) zu vermeiden. Dies betrifft insbesondere die Fälle der **Erbschaft** oder die **Umwandlungstatbestände**. Bei mehreren Erben ist anzumelden und einzutragen, wie sich der Kommanditanteil des Verstorbenen auf die einzelnen Erben verteilt. Bei der Anmeldung haben sämtliche Erben mitzuwirken, und zwar auch dann, wenn aus einer Erbenmehrheit nur einer in die Kommanditgesellschaft einrückt (zu Nachfolge- und Eintrittsrechten vgl. § 177 HGB und die dortigen Ausführungen).

18 Im Übrigen wird hinsichtlich sonstiger Änderungen in den Verhältnissen der Kommanditgesellschaft auf die entsprechend geltenden Anmeldepflichten bei der offenen Handelsgesellschaft verwiesen (vgl. Kap. 4 § 106 HGB). Zu nennen sind an dieser Stelle nur die Fälle des Wegfalls des letzten Kommanditisten, der die Kommanditgesellschaft zur offenen Handelsgesellschaft macht bzw., wenn nur ein Gesellschafter übrig bleibt, zum einzelkaufmännischen Unternehmen und des Wegfalls aller persönlich haftenden Gesellschafter, der zur Auflösung der Kommanditgesellschaft führt. Beide Fälle sind zum Handelsregister anzumelden, der erstgenannte gem. §§ 162 Abs. 2 i. V. m. 106 HGB mit der geänderten Rechtsform, beim letztgenannten Fall regelmäßig mit der Folge der Anwachsung des gesamten Vermögens bei den verbleibenden Kommanditisten gem. § 738 BGB.

§ 163 [Verhältnis der Gesellschafter untereinander]

Für das Verhältnis der Gesellschafter untereinander gelten in Ermangelung abweichender Bestimmungen des Gesellschaftsvertrags die besonderen Vorschriften der §§ 164 bis 169.

Übersicht:

A. Anwendbares Recht, gesellschaftsvertragliche Regelungen

I. Grundsatz der Vertragsfreiheit

1 Während das Außenverhältnis der Kommanditgesellschaft im Rechtsverkehr durch die zwingenden Regelungen der §§ 170 ff. HGB festgelegt ist, bestimmt sich das Innenverhältnis der Gesellschafter untereinander gemäß dem Grundsatz der Vertragsfreiheit nach den Bestimmungen des Gesellschaftsvertrages. Trifft der Gesellschaftsvertrag insoweit keine Regelungen, gelten die weitgehend dispositiven Vorschriften der §§ 164 bis 169 HGB bzw. gem. §§ 109 bis 122 i. V. m. 161 Abs. 2 HGB das für die OHG geltende Recht sowie subsidiär die §§ 705 ff. BGB (i. V. m. § 105 Abs. 3 HGB). Wegen der Einzelheiten wird auf die Kommentierungen zu den vorgenannten Vorschriften in Kap. 2 (zur GbR) bzw. Kap. 4 (OHG) verwiesen. Im Grundsatz hat eine richterliche

Vertragsergänzung (vgl. § 157 BGB) Vorrang vor dem dispositiven Gesetzesrecht (BGH NJW 1979, 1705, 1706).

II. Grenzen der Vertragsfreiheit

Der Vertragsfreiheit sind Grenzen durch die gesetzlichen Bestimmungen der **§§ 134, 138 BGB**, das Prinzip der **Selbstorganschaft** (vgl. § 161 Rn. 7), das **Abspaltungsverbot** (vgl. § 161 Rn. 37) und den **Minderheitenschutz**, insbesondere das **Verbot des Eingriffs in den Kernbereich** der Rechte eines Gesellschafters (vgl. § 161 Rn. 22), das Gebot der Einhaltung des **Bestimmtheitsgrundsatzes** (vgl. § 161 Rn. 21) und des **Gleichbehandlungsgrundsatzes** (vgl. § 161 Rn. 32) sowie die Beachtung der **Treuepflicht** der Gesellschafter (vgl. § 161 Rn. 32) gesetzt. Vgl. zu den Grenzen der Privatautonomie auch ausführl. Kap. 4 § 109 Rn. 2 ff. 2

Zu den im Kern unentziehbaren Rechten eines Kommanditisten, der von der Geschäftsführung und zwingend von der Vertretung ausgeschlossen ist, gehören **Kontroll- und Informationsrechte** (vgl. hierzu die Kommentierung zu § 166 HGB). **Ausschließungsklauseln**, die das Recht zur freien Ausschließung eines Kommanditisten begründen, sind nach der höchstrichterlichen Rechtsprechung nur bei sachlicher Rechtfertigung durch außergewöhnliche Umstände zulässig (BGHZ 81, 263, 269 f.; MünchHdb GesR II/*Piehler/Schulte* § 36 Rn. 53 ff., 60 ff.; Übersicht vgl. *Partikel* S. 49 ff.). Auch **Abfindungsklauseln** unterliegen einer strengen Kontrolle durch die Rechtsprechung, wenn sie dem Gesellschafter eine Abfindung nur in einer weit unter dem wirklichen Wert seiner Beteiligung liegenden Höhe gewähren und insbesondere, wenn sie gemeinsam mit einer Ausschlussklausel vereinbart wurden (vgl. *Partikel* S. 85 ff.; zum Gesellschafter minderen Rechts vgl. MünchHdb GesR II/*Piehler/Schulte* § 38 Rn. 37 ff.; MünchHdb GesR II/*Piehler/Schulte* § 38 Rn. 23 ff.; Baumbach/Hopt/*Hopt* § 163 Rn. 2). Kommanditgesellschaften mit einer Vielzahl von Anleger-Kommanditisten, die üblicherweise kapitalgesellschaftsrechtliche Strukturen einer **Publikumsgesellschaft** aufweisen, werden von der Rechtsprechung mit Blick auf die Anlegerschutzbedürftigkeit der Kommanditisten gesondert beurteilt (vgl. hierzu Kap. 9). 3

Änderungen des Gesellschaftsvertrags erfordern grundsätzlich eine Zustimmung sämtlicher Gesellschafter. Soll in Abweichung hiervon ein Mehrheitsbeschluss zulässig sein, so gebietet der im Personenhandelsgesellschaftsrecht geltende **Bestimmtheitsgrundsatz** (vgl. hierzu z. B. BGHZ 8, 35, 41; 71, 53, 57; § 161 Rn. 22 sowie außerdem Kap. 4 § 109 Rn. 24, § 119 Rn. 15 ff.), dass sich die Möglichkeit der Gesellschaftsvertragsänderung jedenfalls im Hinblick auf den mitgliedschaftlichen Kernbereich der Gesellschafterrechte (vgl. hierzu auch Kap. 4 § 109 Rn. 23, § 119 Rn. 18 f.) eindeutig aus dem Gesellschaftsvertrag ergibt. Dies gilt nicht für Publikumsgesellschaften bzw. atypisch kapitalistisch gestaltete Kommanditgesellschaften. 4

B. Beschlussfassung, Stimmrechte

I. Beschlussfassung – Mehrheitsprinzip

Für die Beschlussfassungen in der Kommanditgesellschaft gelten die OHG-rechtlichen Bestimmungen gem. §§ 161 Abs. 2 i. V. m. 119 HGB; auf die dortige Kommentierung in Kap. 4 § 119 wird daher zunächst verwiesen. 5

Regelmäßig wird im Kommanditgesellschaftsvertrag das Einstimmigkeitsprinzip abbedungen; in der Publikums-Kommanditgesellschaft gilt ohnehin das Mehrheitsprinzip. Auch die Formalien der Beschlussfassung, insbesondere die Regelungen über die Einberufung von Gesellschafterversammlungen, werden regelmäßig gesellschaftsvertraglich vereinbart. Entgegen der gesetzlichen Regelung in §§ 161 Abs. 2 i. V. m. 119 Abs. 2 HGB wird in den Kommanditgesellschaftsverträgen regelmäßig nicht auf eine Abstimmung nach Köpfen, sondern nach dem **Verhältnis der Kapitalbeteiligungen** an der Kommanditgesellschaft abgestellt (statt vieler MüKo HGB/*Grunewald* § 161 Rn. 32 m. w. N. in Fn. 63; MünchHdb GesR II/*Weipert* § 14 Rn. 39 m. w. N.; Röhricht/v. Westphalen/*v. Gerkan* § 163 Rn. 6). 6

II. Ausübung des Stimmrechts

7 Für die Ausübung des Stimmrechts gelten ebenfalls die OHG-Regelungen, insbesondere § 119 HGB, so dass auf die dortige Kommentierung in Kap. 4 verwiesen wird.

1. Abspaltungsverbot, Stimmrechtsbeschränkung und -ausschluss

8 Das **Verbot der Abspaltung** von Mitgliedschaftsrechten gem. § 717 S. 1 BGB (vgl. hierzu auch Kap. 4 § 109 Rn. 10) ist zwingend zu beachten.

9 Eine **Stimmrechtsbeschränkung** kann auch bei einem Interessenkonflikt vorliegen (Verbot des Richters in eigener Sache) (MünchHdb GesR II/*Weipert* § 14 Rn. 10 ff.) oder sich aus der Treuepflicht der Gesellschafter ergeben (MünchHdb GesR II/*Weipert* § 13 Rn. 20 ff.). Der Kommanditgesellschaftsvertrag kann das Stimmrecht von Kommanditisten grundsätzlich wirksam ausschließen, etwa für außergewöhnliche Handlungen (BGHZ 20, 363). Jedoch darf der Kernbereich der Mitgliedschaft nicht berührt werden (Röhricht/v. Westphalen/*v. Gerkan* § 164 Rn. 17). Ein allgemeiner **Stimmrechtsausschluss** für sämtliche Gesellschaftsvertragsänderungen ist unwirksam, so vor allem für Beschlüsse, die in die Stellung des Kommanditisten als Gesellschafter eingreifen wie z. B. Änderung seiner Haftsumme, seiner Gewinnbeteiligung, seines Auseinandersetzungsguthabens etc. (MünchHdb GesR II/*Weipert* § 14 Rn. 5, 21 ff. m. w. N.). Gleichwohl kann auch bei unwirksamem Stimmrechtsausschluss die Treuepflicht des Gesellschafters seine Zustimmung gebieten (vgl. z. B. BGH NJW 1985, 974: Zustimmungspflicht angenommen für Verzicht auf vertraglich vorgesehene Verzinsung von Kapitaleinlagen in Notlage der Gesellschaft).

2. Stimmbindungsvereinbarung

10 Stimmbindungsvereinbarungen sind auch für Kommanditisten innerhalb der üblichen Grenzen (§ 138 BGB, Schutz des Kernbereichs, Treuepflicht der Gesellschafter, Stimmverbote und Stimmpflichten gegenüber Mitgesellschaftern) zulässig (Baumbach/Hopt/*Hopt* § 163 Rn. 9; MünchHdb GesR II/*Weipert* § 12 Rn. 65 ff.). Von praktischer Bedeutung sind insbesondere Stimmbindungsverträge in Publikums-Kommanditgesellschaften, bei denen ein Treuhand-Kommanditist für eine Vielzahl von treugebenden Anlegern vorgesehen ist (Baumbach/Hopt/*Hopt* § 163 Rn. 9).

3. Stimmrechtsausübung durch Vertreter

11 Für die Wahrnehmung der Stimmrechtsausübung durch Vertreter gilt das allgemeine Recht, d. h. insbesondere §§ 164 ff. BGB. Der Kommanditgesellschaftsvertrag kann auf Basis einer sog. **Vertreterklausel** vorsehen, dass mehrere Kommanditisten, insbesondere Erben eines Gesellschafters, ihre Rechte gemeinsam durch einen Vertreter ausüben müssen (vgl. § 161 HGB Rn. 24). Hiermit wird eine Zersplitterung der vererbten Kommanditbeteiligung vermieden, ohne die Anteile des einzelnen Erben dadurch zu einem einzigen Anteil zu vereinigen. Der gemeinsame Vertreter kann auch ein Dritter sein, sofern dies gesellschaftsvertraglich zugelassen ist (BGHZ 46, 291, 295). Der Vertreter ist **weisungsgebunden** und abruf- bzw. auswechselbar und unterliegt auch als Nichtgesellschafter auf Grund der Ausübung von Gesellschafterrechten der gesellschafterlichen Treuepflicht. Zur Vertreterklausel und ihren Grenzen wird außerdem auf die Ausführungen bei Baumbach/Hopt/*Hopt* § 163 Rn. 11 m. w. N. verwiesen. Die Ausübung der Gesellschafterrechte im Kernbereich bleibt hiervon stets unberührt (zur Mitwirkung Dritter vgl. Baumbach/Hopt/*Hopt* § 163 Rn. 16).

4. Mitverwaltungsrechte des Erben

12 Mitverwaltungsrechte des Erben werden insgesamt durch den **Testamentsvollstrecker** ausgeübt, wobei eine Stimmrechtsabspaltung nicht stattfindet (BGHZ 108, 187, 199). Die Mitgesellschafter müssen daher die Mitwirkung des Testamentsvollstreckers statt des Erben ebenso wie bei einer Vertreterklausel dulden.

C. Beirat als Gesellschaftsorgan

Der Kommanditgesellschaftsvertrag kann einen Beirat als Gesellschaftsorgan vorsehen (vgl. BGHZ 69, 207, 220). Die Kompetenz des Beirats kann sich sowohl auf **rein beratende Funktion** erstrecken, aber auch **Kontrollrechte** (wie etwa die Überwachung der Geschäftsführung) oder **Zustimmungsrechte** anstelle der Gesellschafter umfassen (Baumbach/Hopt/*Hopt* § 163 Rn. 14 m. w. N.; MünchHdb GesR II/*Riegger* § 8 Rn. 11 ff. m. w. N.). 13

I. Bestellung und innere Ordnung des Beirats

In der Regel werden im Kommanditgesellschaftsvertrag Bestimmungen über die **Bestellung**, die **Amtszeit**, die **Aufgaben und Befugnisse** sowie die **Vergütung** des Beirats geregelt. Mitglieder des Beirats können sowohl Gesellschafter als auch Dritte sein. Zwischen den Mitgliedern des Beirats und der Kommanditgesellschaft besteht ein Dienstverhältnis i. S. v. § 675 Abs. 1 BGB. Möglich ist auch das Recht einzelner Gesellschafter auf die Entsendung von Beiratsmitgliedern (Sonderrecht, § 35 BGB). Wollen sich die Gesellschafter über die Kommanditvertragsregelungen hinwegsetzen, so liegt eine Änderung des Gesellschaftsvertrages vor, die nur mit der vertraglich vereinbarten vertragsändernden Beschlussmehrheit oder einstimmig möglich ist (vgl. MünchHdb GesR II/*Riegger* § 8 Rn. 42). 14

Die **innere Ordnung** des Beirats wird regelmäßig durch gesellschaftsvertragliche Bestimmungen und durch eine vom Beirat selbst erlassene Geschäftsordnung bestimmt (u. a. Beschlussmehrheiten, Form und Fristen der Einberufung von Beiratssitzungen etc). 15

Die Mitglieder des Beirats sind zur **pflichtgemäßen Erfüllung** ihrer Aufgaben verpflichtet und zwar ausschließlich zum Wohle der Kommanditgesellschaft. Dies gilt auch dann, wenn sie von einem oder mehreren Gesellschaftern entsandt wurden und deren Interessen im Konflikt zu den Gesellschaftsinteressen stehen (MünchHdb GesR II/*Riegger* § 8 Rn. 70 m. w. N.; Baumbach/Hopt/*Hopt* § 163 Rn. 15). 16

II. Entscheidungsbefugnis des Beirats

Die Entscheidungen des Beirats, auf den Kompetenzen der Gesellschafter verlagert werden, binden die Gesellschafter, die sich allerdings durch Gesellschafterbeschluss über die Entscheidung des Beirats hinwegsetzen können. Die Befugnisse des Beirats werden **begrenzt** durch die unentziehbaren Kernrechte (vgl. hierzu Kap. 4 § 109 Rn. 23) der Gesellschafter und das zwingende Zuständigkeitsrecht, das den Gesellschaftern ermöglicht, die auf den Beirat verlagerten Kompetenzen mit satzungsändernder Mehrheit wieder an sich zu ziehen. 17

Der Beirat übt von den Gesellschaftern abgeleitete Rechte aus, so dass er der **gesellschafterlichen Treuepflicht** unterliegt, auch wenn er durch Nicht-Gesellschafter besetzt ist (MünchHdb GesR II/*Riegger* § 8 Rn. 73 m. w. N.; Baumbach/Hopt/*Hopt* § 163 Rn. 14). 18

III. Haftung der Beiratsmitglieder

Die Haftung der Beiratsmitglieder bestimmt sich im Zweifel nach § 708 BGB, so dass auf die Sorgfalt in eigenen Angelegenheiten abzustellen ist (MünchHdb GesR II/*Riegger* § 8 Rn. 84 m. w. N.). Diese bestimmt sich bei Publikums-Kommanditgesellschaften analog §§ 116, 93 AktG (vgl. BGH NJW 1975, 1318; BGH WM 1983, 555, 556). Die Gesellschafter können im Wege der actio pro socio Schadensersatzansprüche nur durch Zahlung an die Kommanditgesellschaft verlangen (BGH NJW 1985, 1900; zur actio pro socio vgl. ausführl. Kap. 16 Rn. 86 ff.). 19

§ 164 [Geschäftsführung]

[1]Die Kommanditisten sind von der Führung der Geschäfte der Gesellschaft ausgeschlossen; sie können einer Handlung der persönlich haftenden Gesellschafter nicht widersprechen,

es sei denn, daß die Handlung über den gewöhnlichen Betrieb des Handelsgewerbes der Gesellschaft hinausgeht. [2]Die Vorschriften des § 116 Abs. 3 bleiben unberührt.

Übersicht:

A. Geschäftsführung durch Komplementäre

I. Grundsatz

1 Nach der dispositiven Gesetzesvorschrift steht die Befugnis zur Geschäftsführung im Rahmen des gewöhnlichen Geschäftsbetriebes **ausschließlich den Komplementären** zu. Zum Umfang der Geschäftsführungsbefugnis wird auf die Kommentierung der §§ 114 bis 116 HGB verwiesen, die gem. § 161 Abs. 2 HGB auch für die Kommanditgesellschaft gelten (vgl. Kap. 4 §§ 114 bis 116 HGB). Die **Kommanditisten** sind gesetzestypisch von der Geschäftsführung ausgeschlossen, es sei denn, dass die Geschäftsführungshandlung über den gewöhnlichen Betrieb des Handelsgewerbes der Kommanditgesellschaft hinausgeht. In diesem Falle steht den Kommanditisten ein Widerspruchsrecht nach § 164 HGB zu, soweit dieses nicht gesellschaftsvertraglich ausgeschlossen ist (Baumbach/Hopt/*Hopt* § 164 Rn. 6).

II. Grundlagengeschäfte

2 Grundlagengeschäfte, die die Beziehungen der Gesellschafter untereinander betreffen, unterfallen nicht der Geschäftsführungskompetenz der Komplementäre, sondern bedürfen im Grundsatz der **Zustimmung sämtlicher Gesellschafter** der Kommanditgesellschaft, also auch der Kommanditisten, sofern der Gesellschaftsvertrag nichts Abweichendes vorsieht (BGHZ 76, 160, 164; BGH WM 1986, 1109; Baumbach/Hopt/*Hopt* § 164 Rn. 6; Röhricht/v. Westphalen/*v. Gerkan* § 164 Rn. 6 m. w. N.). Die gesellschaftsvertraglichen Regelungen, die eine Mehrheitsentscheidung zulassen, müssen den Bestimmtheitsgrundsatz wahren, da sonst das Einstimmigkeitsprinzip gilt (Röhricht/v. Westphalen/*v. Gerkan* § 164 Rn. 6; vgl. Nachweise in § 161 HGB Rn. 21 f.).

III. Bestellung eines Prokuristen

3 Nach S. 2 bleibt die Vorschrift des § 116 Abs. 3 HGB unberührt, d. h. zur Bestellung eines Prokuristen bedarf es der Zustimmung aller geschäftsführenden Gesellschafter, es sei denn, dass Gefahr im Verzug ist. Der Widerruf der Prokura kann von jedem der zur Erteilung oder zur Mitwirkung bei der Erteilung befugten Gesellschafter erfolgen. Wegen der Einzelheiten wird auch insoweit auf die Kommentierung des § 116 Abs. 3 HGB verwiesen (vgl. Kap. 4). Ein Kommanditist hat nicht über die Erteilung oder den Widerruf einer Prokura zu entscheiden. Allerdings ist er zur Mitwirkung verpflichtet, wenn einem Komplementär die diesem gesetzestypisch zustehende Geschäftsführungsbefugnis entzogen werden soll, wie aus §§ 161 Abs. 2 i. V. m. 117 HGB folgt. Ist nur ein Komplementär vorhanden und entfällt dessen Geschäftsführungsbefugnis, so ist im Zweifel anzunehmen, dass die Geschäftsführung sämtlichen Gesellschaftern insgesamt zusteht (BGHZ 51, 198, 201).

IV. Ausnahmsweise Geschäftsführung durch Kommanditisten

Da die Kommanditisten kein Recht zur Geschäftsführung haben, besteht für sie auch **keine Pflicht zur Geschäftsführung**. Etwas anderes kann nur unter Treuepflichtsgedanken gelten, die dem Kommanditisten etwa gebieten, auf erkennbare Gefahren hinzuweisen (Röhricht/v. Westphalen/*v. Gerkan* § 164 Rn. 1; Schlegelberger/*Martens* § 164 Rn. 15). 4

Ein **Notgeschäftsführungsrecht** kann auch für die Kommanditisten bestehen, sofern für die Erhaltung der Kommanditgesellschaft oder eines Vermögensgegenstandes Gefahr in Verzug ist. Ein derartiges Notgeschäftsführungsrecht führt jedoch wegen der Regelung in § 170 HGB nicht zu einer Vertretungsbefugnis des Kommanditisten im Außenverhältnis (BGHZ 17, 181, 184 f.; weitere Nachweise bei Röhricht/v. Westphalen/*v. Gerkan* § 164 Rn. 5 in Fn. 7; MünchHdb GesR II/*Wirth* § 7 Rn. 89 m. w. N.). 5

V. Geschäftsführung durch Dritte

Dritten können Geschäftsführungsbefugnisse ebenso wie bei einer offenen Handelsgesellschaft eingeräumt werden, ohne dass jedoch die organschaftliche Geschäftsführungsbefugnis der Gesellschafter entfallen darf, d. h. mindestens ein Gesellschafter muss Geschäftsführungsbefugnis haben (BGH DB 1968, 797). Vgl. hierzu Kap. 4 § 114 Rn. 8; § 114 HGB gilt gem. § 161 Abs. 2 HGB für die Kommanditgesellschaft entsprechend. 6

B. Widerspruchsrecht der Kommanditisten

Handlungen, die über den gewöhnlichen Betrieb des Handelsgewerbes der Kommanditgesellschaft hinausgehen, können die Kommanditisten widersprechen, d. h. derartige Maßnahmen bedürfen grundsätzlich deren Zustimmung (Röhricht/v. Westphalen/*v. Gerkan* § 164 Rn. 4; MünchHdb GesR II/*Wirth* § 7 Rn. 55). **Außergewöhnlich** sind Geschäfte, die nach ihrem Inhalt und Zweck über den üblichen Geschäftsbetrieb hinausgehen oder aufgrund ihrer Bedeutung für die Gesellschaft Ausnahme-Geschäfte darstellen (MünchHdb GesR II/*Wirth* § 7 Rn. 51 m. w. N.; Schlegelberger/*Martens*, § 164 Rn. 17 m. w. N.). Zur Feststellung, ob es sich um eine außergewöhnliche Geschäftsführungsmaßnahme handelt, bedarf es der Beurteilung des konkreten Einzelfalls. Zur Abgrenzung zwischen außergewöhnlichen Geschäften und gewöhnlichen Geschäftsführungshandlungen wird auf Kap. 4 § 116 Rn. 1 ff., 5 ff. verwiesen. Das Widerspruchsrecht bedeutet letztlich, dass in außergewöhnlichen Geschäftsführungsangelegenheiten eine Zustimmung aller Gesellschafter, mithin auch der Kommanditisten, vorliegen muss (RGZ 158, 302, 306 f.). Dabei kann die gesellschafterliche Treuepflicht eine Verpflichtung zur Zustimmung begründen (Röhricht/v. Westphalen/*v. Gerkan* § 164 Rn. 4; MünchHdb GesR II/*Wirth* § 7 Rn. 59 m. w. N.). 7

Das Widerspruchsrecht der Kommanditisten ist **dispositiv**, kann also durch gesellschaftsvertragliche Regelung abbedungen werden (Baumbach/Hopt/*Hopt* § 164 Rn. 6; vgl. außerdem unten Rn. 14). 8

C. Abweichende Vereinbarungen

Der **Gesellschaftsvertrag** kann sowohl Abweichungen von der gesetzlichen Bestimmung zur Erweiterung der Kommanditistenrechte als auch zu deren Einschränkung vorsehen (Baumbach/Hopt/*Hopt* § 164 Rn. 6 f m. w. N.; MünchHdb GesR II/*Wirth* § 7 Rn. 61). 9

I. Geschäftsführungsbefugnis für Kommanditisten

Den Kommanditisten kann Geschäftsführungsbefugnis auch für den **gewöhnlichen Geschäftsbetrieb** eingeräumt werden, wodurch sie zur Ausübung ihrer Befugnisse verpflichtet werden (BGHZ 17, 392, 394; Röhricht/v. Westphalen/*v. Gerkan* § 164 Rn. 10; MünchHdb GesR II/*Wirth* § 7 Rn. 74 ff m. w. N.; Baumbach/Hopt/*Hopt* § 164 Rn. 8 m. w. N.). Die Kommanditisten haben dann entsprechende Kompetenzen wie die Komplementäre. Möglich ist sogar eine **Alleinzu-** 10

ständigkeit der Kommanditisten, mithin das Ausscheiden der Komplementäre aus der Geschäftsführung (BGHZ 8, 35, 46; 51, 198, 201; Röhricht/v. Westphalen/*v. Gerkan* § 164 Rn. 10). Bei nicht personenidentischer GmbH & Co. KG würde dies allerdings zu dem Problem führen, dass die persönlich haftenden Gesellschafter, die im Außenrecht zwingend zur Vertretung der Kommanditgesellschaft befugt und verpflichtet sind, bei Ausschluss von der Geschäftsführung in ihren Haftungsinteressen berührt werden (Röhricht/v. Westphalen/*v. Gerkan* § 164 Rn. 10; krit. Schlegelberger/*Martens* § 164 Rn. 27 m. w. N.).

11 Nach der Rechtsprechung sollen für Kommanditisten, denen die Geschäftsführungsbefugnis obliegt, im Außenverhältnis gleichwohl **keine anderen Haftungsfolgen** gelten, als das Gesetz typischerweise für die Kommanditisten vorsieht (BGHZ 45, 204, 207 f.; str.: vgl. Röhricht/v. Westphalen/*v. Gerkan* § 164 Rn. 14; Schlegelberger/*Martens* § 164 Rn. 44 m. w. N.; MünchHdb GesR II/*Wirth* § 7 Rn. 80). Etwas Anderes kann nur unter Rechtsscheinsgesichtspunkten gelten, wenn ein Kommanditist im Außenverhältnis wie ein Komplementär auftritt. Im Innenverhältnis haftet ein geschäftsführend tätiger Kommanditist für schuldhaftes Handeln, wobei er nach § 708 BGB i. V. m. §§ 161 Abs. 2, 105 Abs. 3 HGB als Gesellschafter bei der Erfüllung der ihm obliegenden Verpflichtungen nur für diejenige Sorgfalt einzustehen hat, welche er in eigenen Angelegenheiten anzuwenden pflegt (Röhricht/v. Westphalen/*v. Gerkan* § 164 Rn. 3; MünchHdb GesR II/*Wirth* § 7 Rn. 19).

12 Gesellschaftsvertraglich kann einem Kommanditisten ein **Weisungsrecht** gegenüber einem Komplementär zustehen (Röhricht/v. Westphalen/*v. Gerkan* § 164 Rn. 12; MünchHdb GesR II/*Wirth* § 7 Rn. 78).

13 Auch wenn ein Kommanditist Geschäftsführungsbefugnis hat, ist ihm gem. § 170 HGB die **organschaftliche Vertretung** im Außenverhältnis untersagt (Röhricht/v. Westphalen/*v. Gerkan* § 164 Rn. 13). Die Erteilung von Prokura oder Handlungsvollmacht ist dagegen möglich, vgl. hierzu ausführl. § 170 HGB Rn. 6 ff.

II. Ausschluss des Widerspruchsrechts des Kommanditisten

14 Das Widerspruchsrecht des Kommanditisten kann **weitestgehend ausgeschlossen** werden. Für den Kernbereich des Mitgliedschaftsrechts, also bei Rechten, die nicht zur Disposition des betroffenen Gesellschafters stehen und damit unverzichtbar sind (Erhaltung der Rechtsstellung des Gesellschafters als solche, Recht zum Ausscheiden aus der Gesellschaft, Recht zur Teilnahme an Gesellschafterversammlungen, Klagerecht gegen Gesellschafterbeschlüsse, keine Beseitigung von Stimmrechten, Unentziehbarkeit von Informationsrechten, kein Entzug, sondern nur Einschränkung des Klagerechts auf Grundlage der actio pro socio; vgl. zum Kernbereich der Mitgliedschaftsrechte Kap. 4 § 109 Rn. 23, § 119 Rn. 18 f.), und Rechten, die nur mit Zustimmung des betroffenen Gesellschafters verzichtbar sind (Gewinnbezugsrechte, Recht auf Beteiligung am Liquidationserlös, Nachschusspflichten), ist dies aus dem Gedanken des **Minderheitenschutzes** heraus nicht möglich (vgl. zum Minderheitenschutz ausführl. Kap. 4 § 119 Rn. 4 verwiesen). So ist auch für Kommanditisten ein Stimmrechtsausschluss dann unzulässig, wenn der mitgliedschaftsrechtliche Kernbereich betroffen ist (BGHZ 20, 363, 368). Mitwirkungs- und Kontrollrechte des Kommanditisten können auf ein besonderes Organ der Kommanditgesellschaft, etwa einen Beirat oder Aufsichtsrat, übertragen werden, was insbesondere bei Publikumsgesellschaften auf Grund der Vielzahl von Gesellschaftern oft organisatorisch unvermeidlich ist (vgl. hierzu Kap. 9 Rn. 51 ff.; Röhricht/v. Westphalen/*v. Gerkan* § 164 Rn. 16).

III. Sonstiges Tätigwerden des Kommanditisten für die Gesellschaft

15 Unabhängig von den organschaftlichen Geschäftsführungskompetenzen, die einem Kommanditisten durch den Gesellschaftsvertrag eingeräumt werden können (vgl. hierzu Rn. 10), kann ein Kommanditist auch außerhalb der Geschäftsführungsebene für die Kommanditgesellschaft tätig sein. Dies kann ebenfalls **gesellschaftsvertraglich** verankert werden, ist aber auch auf Grund eines eigenständigen **Dienst- oder Arbeitsverhältnisses** möglich. Ein gesellschaftsrechtliches

Beschäftigungsverhältnis liegt im Zweifel dann vor, wenn das Entgelt des Kommanditisten durch eine Beteiligung am Jahresgewinn geleistet wird (Röhricht/v. Westphalen/*v. Gerkan* § 164 Rn. 25).

Erfolgt die Mitarbeit auf Basis einer gesellschaftsvertraglichen Regelung, so ist für die Beendi- 16
gung der Tätigkeit des Kommanditisten nicht nur sein Dienst- oder Anstellungsvertrag mit der Kommanditgesellschaft zu beachten, sondern ggf. sind auch gesellschaftsvertragliche Vorgaben bei einer Kündigung zu berücksichtigen (BAG NJW 1979, 999, 1000; weitere Nachweise s. Röhricht/v. Westphalen/*v. Gerkan* § 164 Rn. 25 f.).

Bei einer Geschäftsführung mit organschaftlicher Kompetenz beruht die Mitarbeit des Komman- 17
ditisten dagegen stets auf gesellschaftsvertraglicher Grundlage, so dass ein geschäftsführender Kommanditist auch kein Arbeitnehmer der Kommanditgesellschaft ist (Röhricht/v. Westphalen/*v. Gerkan* § 164 Rn. 22). Ein Kommanditist, der bei einer GmbH & Co. KG Geschäftsführer der Komplementärin ist, kann dagegen auf Grund eines Anstellungsvertrages mit der Kommanditgesellschaft eine Arbeitnehmerstellung innehaben (Nachweise s. Röhricht/v. Westphalen/*v. Gerkan* § 164 Rn. 22).

§ 165 [Wettbewerbsfreiheit]

Die §§ 112 und 113 finden auf die Kommanditisten keine Anwendung.

Übersicht:

A. Wettbewerbsverbot für Komplementäre

Die Komplementäre unterliegen dem **Wettbewerbsverbot der §§ 112, 113 HGB**, d. h. ein persön- 1
lich haftender Gesellschafter darf ohne Einwilligung der anderen Gesellschafter weder in dem Handelszweig der Gesellschaft Geschäfte tätigen, noch sich an einer gleichartigen Handelsgesellschaft als Komplementär beteiligen (§ 112 Abs. 1 HGB; vgl. ausführl. Kap. 4 § 112). Allerdings gilt die Einwilligung zur Beteiligung an einer anderen Gesellschaft dann als erteilt, wenn den übrigen Gesellschaftern bei Gründung der Gesellschaft bekannt ist, dass der persönlich haftende Gesellschafter an einer anderen Gesellschaft ebenfalls als persönlich haftender Gesellschafter beteiligt ist und gleichwohl die Aufgabe dieser Beteiligung nicht ausdrücklich vereinbart wird, vgl. § 112 Abs. 2 HGB.

Bei einem **Verstoß gegen das Wettbewerbsverbot** kann die Gesellschaft gem. § 113 Abs. 1 HGB 2
Schadensersatz fordern. Stattdessen kann sie von dem Gesellschafter, der gegen das Wettbewerbsverbot verstoßen hat, auch verlangen, dass er die für eigene Rechnung gemachten Geschäfte als für Rechnung der Gesellschaft eingegangen gelten lässt und die aus Geschäften für fremde Rechnung bezogene Vergütung herausgibt oder seinen Anspruch auf die Vergütung abtritt, vgl. § 113 Abs. 1 HGB. Über die Geltendmachung der vorgenannten Ansprüche beschließen gem. § 113 Abs. 2 HGB die übrigen Gesellschafter. Die **Verjährungsfrist** für derartige Ansprüche beträgt drei Monate von dem Zeitpunkt an, in dem die übrigen Gesellschafter von dem Ge-

schäftsabschluss oder von der Beteiligung des Gesellschafters an der anderen Gesellschaft Kenntnis erlangen. Ohne Rücksicht hierauf verjähren sie in fünf Jahren von ihrer Entstehung an, § 113 Abs. 3 HGB (vgl. hierzu MünchHdb GesR II/*Doehner/Hoffmann* § 16 Rn. 27 ff. m. w. N.).

3 § 113 HGB normiert schließlich, dass das Recht der Gesellschafter, die **Auflösung der Gesellschaft** zu verlangen, durch die Vorschriften über das Wettbewerbsverbot unberührt bleibt (§ 113 Abs. 4 HGB). Zu den sonstigen Folgen zählen darüber hinaus die Ausschließung des Gesellschafters oder die Entziehung seiner Geschäftsführungs- und Vertretungsbefugnis etc.

4 Schließlich besteht ein **Anspruch der Gesellschaft auf Unterlassung** der Konkurrenztätigkeit (MünchHdb GesR II/*Doehner/Hoffmann* § 16 Rn. 33 m. w. N.; Röhricht/v. Westphalen/*v. Gerkan* § 166 Rn. 22).

5 Bei der Kommanditgesellschaft bleibt es für den persönlich haftenden Gesellschafter bei dem Wettbewerbsverbot der §§ 112, 113 HGB. Soweit in diesen Vorschriften auf die anderen oder übrigen Gesellschafter abgestellt wird, sind damit in einer Kommanditgesellschaft auch die Kommanditisten miterfasst. Zu den weiteren Einzelheiten wird auf die Kommentierungen der §§ 112,113 HGB in Kap. 4 verwiesen.

B. Wettbewerbsverbot für Kommanditisten aus Treuepflicht

I. Allgemeines

6 Die Kommanditisten sind nach dem Wortlaut des § 165 HGB vom Wettbewerbsverbot der §§ 112, 113 HGB ausgenommen. Dies bedeutet jedoch nicht im Umkehrschluss, dass ein Kommanditist beliebig in Konkurrenz zur Kommanditgesellschaft treten kann.

7 Insbesondere aus der **gesellschafterlichen Treuepflicht** können sich Grenzen der Freistellung der Kommanditisten von dem für die Komplementäre geltenden Wettbewerbsverbot ergeben. Regelmäßig wird nur ein Kommanditist, der eine gesetzestypische Stellung innehat, vom Wettbewerbsverbot ausgenommen sein, insbesondere also bei rein kapitalmäßiger Beteiligung (MünchHdb GesR II/*Doehner/Hoffmann* § 16 Rn. 44). Weicht die Struktur der Kommanditgesellschaft auf Grund des Gesellschaftsvertrages dagegen von der gesetzestypischen Kommanditgesellschaft ab, was in der Praxis regelmäßig der Fall sein dürfte, so ist im konkreten Einzelfall genau zu prüfen, ob der Kommanditist Wettbewerbsbeschränkungen unterliegt.

II. Geschäftsführung durch Kommanditisten

8 Aus der Treuepflicht folgt für den Kommanditisten nach h. M. jedenfalls dann ein Wettbewerbsverbot gemäß der Wertung der §§ 112, 113 HGB, wenn er wie ein persönlich haftender Gesellschafter mit Geschäftsführungsaufgaben betraut ist (MünchHdb GesR II/*Doehner/Hoffmann* § 16 Rn. 47; Röhricht/v. Westphalen/*v. Gerkan* § 165 Rn. 7; vgl. zur Übernahme von Geschäftsführungsaufgaben durch den Kommanditisten § 164 HGB Rn. 10 ff.). Dies dürfte auch dann gelten, wenn dem Kommanditisten zwar keine eigene Geschäftsführungsbefugnis zukommt, er jedoch gegenüber den geschäftsführenden Gesellschaftern Weisungsrechte besitzt (Röhricht/v. Westphalen/*v. Gerkan* § 165 Rn. 7; Schlegelberger/*Martens* § 165 Rn. 9).

III. Beherrschender Einfluss, Mehrheitsbeteiligung des Kommanditisten

9 Übt ein Kommanditist einen **beherrschenden Einfluss** auf die Unternehmensleitung der Kommanditgesellschaft aus, z. B. durch den Besitz der Kapitalmehrheit, gebietet die Treuepflicht ebenfalls eine entsprechende Anwendung des Wettbewerbsverbotes für den Kommanditisten (BGH NJW 1980, 231; Röhricht/v. Westphalen/*v. Gerkan* § 165 Rn. 8 m. w. N.). Dabei kommt es nicht auf die tatsächliche Einflussnahme an, sondern allein darauf, dass die Möglichkeit zu einer solchen besteht (Röhricht/v. Westphalen/*v. Gerkan* § 165 Rn. 8; MünchHdb GesR II/*Doehner/Hoffmann* § 16 Rn. 50, jeweils m. w. N.).

Für ein Wettbewerbsverbot eines Kommanditisten reicht u. U. auch eine **Mehrheitsbeteiligung** bei der Komplementärin der Kommanditgesellschaft aus (BGHZ 89, 162, 166 f.). 10

IV. Kontroll- und Informationsrechte des Kommanditisten

Stehen einem Kommanditisten Kontrollrechte nur im gesetzlichen Umfang gem. § 166 HGB zu, besteht kein Wettbewerbsverbot. Ein solches kann jedoch dann bestehen, wenn dem Kommanditisten darüber hinausgehende Kontroll- und Informationsrechte zustehen, etwa gem. §§ 161 Abs. 2 i. V. m. 118 HGB. Nach wohl h. M. ist in einem solchen Fall davon auszugehen, dass der Kommanditist seine **besonderen Unternehmenskenntnisse** zum Nachteil der Kommanditgesellschaft ausnutzen könnte, wenn er keinem Wettbewerbsverbot unterliegen würde, so dass ein solches aus der gesellschafterlichen Treuepflicht abgeleitet wird (Röhricht/v. Westphalen/*v. Gerkan* § 165 Rn. 10 m. w. N.; Schlegelberger/*Martens* § 165 Rn. 12 ff; MünchHdb GesR II/*Doehner/Hoffmann* § 16 Rn. 48 m. w. N.). Nach a. A. (vgl. Nachweise bei Röhricht/v. Westphalen/*v. Gerkan* § 165 Rn. 10 in Fn. 9; MünchHdb GesR II/*Doehner/Hoffmann* § 16 Rn. 48 in Fn. 129 und 130) ist den wettbewerblichen Gefahren in anderer Weise entgegenzuwirken und wird ein Wettbewerbsverbot daher mit Blick auf § 1 GWB verneint (hierzu s. auch MünchHdb GesR II/*Doehner/Hoffmann* § 16 Rn. 64 ff. m. w. N.). 11

Im Einzelfall wäre jedenfalls selbst bei einer angenommenen oder tatsächlich getroffenen Freistellung vom Wettbewerbsverbot dann aus der gesellschafterlichen Treuepflicht ein Wettbewerbsverbot zu folgern, wenn der Kommanditist auf Grund seiner Gesellschafterstellung Kenntnisse erlangt und diese zu Wettbewerbszwecken ausnutzt, etwa Erwerbschancen der Kommanditgesellschaft (BGH ZIP 1989, 986, 987 f.; Röhricht/v. Westphalen/*v. Gerkan* § 165 Rn. 12 m. w. N. in Fn. 12 f.). Besteht ein derartiger Zusammenhang bei einem konkreten Geschäft nicht, so kann der Kommanditist dieses selbst oder durch eine ihm gehörende Gesellschaft in Konkurrenz zur Kommanditgesellschaft vornehmen, es sei denn, das Geschäft ist für den Bestand des Unternehmens von besonderer Bedeutung und für den Kommanditisten unter Berücksichtigung der konkreten Umstände eine Zurückstellung seiner Interessen zumutbar, wobei auch die Gesellschafterstruktur und die Art der Beteiligung zu berücksichtigen sind (Röhricht/v. Westphalen/*v. Gerkan* § 165 Rn. 13; Schlegelberger/*Martens* § 165 Rn. 18 ff. m. w. N.). 12

V. Dienst- oder Arbeitsverhältnis

Ein Wettbewerbsverbot kann schließlich auch dann vorliegen, wenn zwischen dem Kommanditisten und der Kommanditgesellschaft ein Dienst- oder Arbeitsverhältnis besteht, welches nach dem für dieses Vertragsverhältnis maßgeblichen Regelungen eine wettbewerbliche Betätigung verbietet. 13

VI. Umfang des Wettbewerbsverbots des Kommanditisten

Sachlich erstreckt sich ein Wettbewerbsverbot grundsätzlich auf den Markt, auf dem die Kommanditgesellschaft nach ihrem Unternehmensgegenstand tätig ist oder tätig zu werden beabsichtigt (Röhricht/v. Westphalen/*v. Gerkan* § 165 Rn. 19; MünchHdb GesR II/*Doehner/Hoffmann* § 16 Rn. 52). 14

Persönlich bezieht sich das Wettbewerbsverbot auf den Kommanditisten als solchen, kann ihn aber auch dann treffen, wenn er maßgeblich beteiligter Gesellschafter eines Unternehmens anderer Art ist, welches in Konkurrenz zur Kommanditgesellschaft steht, oder wenn er als dessen Organ handelt (Röhricht/v. Westphalen/*v. Gerkan* § 165 Rn. 20, § 112 Rn. 6 f. m. w. N.; zur Dauer wird verwiesen auf MünchHdb GesR II/*Doehner/Hoffmann* § 16 Rn. 52). 15

C. Wettbewerbsverbot für beherrschendes Unternehmen

Ebenso kann ein mit der Kommanditgesellschaft im Konzern verbundenes beherrschendes Unternehmen einem Wettbewerbsverbot unterliegen (BGHZ 89, 162, 165). 16

D. Abweichende Vereinbarungen

17 Aus § 163 HGB folgt die **Dispositivität** von § 165 HGB. Durch gesellschaftsvertragliche Regelungen kann daher für die Gesellschafter einer Kommanditgesellschaft eine Befreiung von den in Betracht kommenden Wettbewerbsverboten vereinbart werden. Ebenso können Wettbewerbsverbote Eingang in den Gesellschaftsvertrag finden, der insbesondere den Umfang der Wettbewerbsverbote festlegen kann (vgl. hierzu auch MünchHdb GesR II/*Doehner/Hoffmann* § 16 Rn. 59; Röhricht/v. Westphalen/*v. Gerkan* § 165 Rn. 3).

18 Möglich sind auch **konkludente Vereinbarungen**, etwa wenn den Gesellschaftern die Tätigkeit eines Kommanditisten für ein Konkurrenzunternehmen bei seiner Aufnahme in die Kommanditgesellschaft bekannt war und sie hiergegen keine Einwendungen erhoben haben (Röhricht/v. Westphalen/*v. Gerkan* § 165 Rn. 4). Bei Wettbewerbsverboten zu Lasten von Kommanditisten ist vorrangig zu prüfen, ob sich diese aus der Treuepflicht herleiten lassen oder durch Auslegung des Gesellschaftsvertrags ergeben (vgl. hierzu Röhricht/v. Westphalen/*v. Gerkan* § 165 Rn. 5; Schlegelberger/*Martens* § 165 Rn. 5 jeweils m. w. N.).

19 Bei der Vereinbarung von Wettbewerbsverboten insbesondere bei **nachvertraglichen Abreden** ist die Bestimmung des § 1 GWB zu beachten, die generell Wettbewerbsbeschränkungen verbietet. Eine § 1 GWB entgegenstehende Regelung ist unwirksam. § 1 GWB stellt allerdings auf Abreden ab, die den Markt spürbar beeinflussen. Sind im Interesse der Kommanditgesellschaft wettbewerbliche Abreden nach Ausscheiden eines Gesellschafters geboten, so sind diese sachlich und räumlich auf den Tätigkeitsbereich der Kommanditgesellschaft und zeitlich angemessen (maximal wohl zwei Jahre) zu beschränken (zu § 1 GWB vgl. Röhricht/v. Westphalen/*v. Gerkan* § 165 Rn. 24 und § 112 Rn. 15 ff.; MünchHdb GesR II/*Doehner/Hoffmann* § 16 Rn. 4 und Rn. 62 m. w. N.).

§ 166 [Kontrollrechte]

(1) Der Kommanditist ist berechtigt, die abschriftliche Mitteilung des Jahresabschlusses zu verlangen und dessen Richtigkeit unter Einsicht der Bücher und Papiere zu prüfen.

(2) Die in § 118 dem von der Geschäftsführung ausgeschlossenen Gesellschafter eingeräumten weiteren Rechte stehen dem Kommanditisten nicht zu.

(3) Auf Antrag eines Kommanditisten kann das Gericht, wenn wichtige Gründe vorliegen, die Mitteilung einer Bilanz und eines Jahresabschlusses oder sonstiger Aufklärungen sowie die Vorlegung der Bücher und Papiere jederzeit anordnen.

Übersicht:

A. Ordentliches Informationsrecht des Kommanditisten, Abs. 1

I. Allgemeines

Den Kommanditisten steht nach Abs. 1 das Recht auf **Mitteilung und Nachprüfung des Jahresabschlusses** der Kommanditgesellschaft zu. Jeder Kommanditist kann eine Abschrift des Jahresabschlusses (Bilanz nebst Gewinn- und Verlustrechnung, § 242 HGB) verlangen, wobei sich dieses Recht nach h. M. auch auf die Steuerbilanz erstreckt (OLG Stuttgart OLGZ 1970, 262, 264 f.; Röhricht/v. Westphalen/*v. Gerkan* § 166 Rn. 2; Schlegelberger/*Martens* § 166 Rn. 6). Von diesem Recht auf Aushändigung sind Zwischenabschlüsse und sonstige Prüfungsberichte etwa des Finanzamtes wohl nicht erfasst, vielmehr besteht insoweit lediglich ein Einsichtsrecht (str.; vgl. z. B. Baumbach/Hopt/*Hopt*, § 166 Rn. 3; Röhricht/v. Westphalen/*v. Gerkan* § 166 Rn. 4). 1

II. Zweck und Umfang des Einsichtsrechts

Um die Richtigkeit des Jahresabschlusses zu überprüfen, hat der Kommanditist ein Recht zur Einsicht in die Bücher und Papiere der Kommanditgesellschaft. Hierzu gehören alle Unterlagen, einschließlich Prüfungsberichte (BGH WM 1989, 878). Der Zweck des Einsichtsrechts ist allerdings auf die **Kontrolle des Rechnungsabschlusses** beschränkt und erstreckt sich damit nicht auf Unterlagen, die zur Überprüfung der Richtigkeit des Jahresabschlusses keine Relevanz besitzen (BGHZ 25, 115, 120 f.). Die Kommanditgesellschaft als die zur Einsichtsgewährung Verpflichtete trägt im Streitfall die Beweislast dafür, dass eine Einsicht des Kommanditisten in von ihm erwünschte Unterlagen nicht zur Überprüfung des Jahresabschlusses erforderlich oder rechtsmissbräuchlich ist (BGHZ 25, 115, 120 f.). 2

Das Recht des Kommanditisten auf Einsicht in die Unterlagen erstreckt sich lediglich auf die Kommanditgesellschaft selbst, grundsätzlich jedoch nicht auf die mit dieser **verbundenen Unternehmen** (vgl. BGH WM 1983, 910, 911; WM 1984, 807 f. betreffend stille Gesellschafter). Etwas Anderes kann im Ausnahmefall dann gelten, wenn die Kommanditgesellschaft z. B. eine Abteilung ihres Unternehmens auf eine 100 %-ige Tochter-GmbH ausgegliedert hat und über diese das Geschäft weiter betreibt (BGHZ 25, 115, 118). 3

III. Ausübung des Einsichtsrechts

1. Anspruchsgegner

Anspruchsgegner des Kommanditisten ist stets die **Kommanditgesellschaft**. Für die Erfüllung des Anspruches tragen allerdings die Komplementäre Sorge, so dass der Kommanditist auf Grund der gesellschaftsvertraglichen Beziehung auch gegen diese seinen Anspruch richten kann (BGH WM 1983, 910 f.; a. A. BayObLG NJW-RR 1991, 1444; vgl. hierzu MünchHdb GesR II/*Weipert* § 15 Rn. 39 m. w. N.). 4

2. Ausübung durch Kommanditist

Die Ausübung des Einsichtsrechts hat im Grundsatz durch den **Kommanditisten persönlich** zu erfolgen, d. h. die Übertragung dieses Einsichtsrechts auf **Bevollmächtigte** ist nur mit Zustimmung der übrigen Gesellschafter zulässig. Ohne deren Zustimmung kommt eine Ausübung durch einen Bevollmächtigten nur bei Vorliegen eines wichtigen Grundes in Betracht (etwa bei Verhinderung der persönlichen Einsichtnahme auf Grund Krankheit, vgl. BGHZ 25, 115, 123). Der Kommanditist ist allerdings befugt, einen geeigneten **Sachverständigen** hinzuzuziehen, wenn er mangels eigener Sachkunde oder aus sonstigen Gründen, die er nachzuweisen hat, nicht in der Lage ist, das Einsichtsrecht effektiv selbst wahrzunehmen (BGHZ 25, 115, 123; BGH BB 1984, 1273, 1274). 5

Im Ausnahmefall kann die Einsichtnahme des Kommanditisten **nur durch einen Dritten** ausgeübt werden, etwa wenn der Kommanditist auf Grund einer Wettbewerbsstellung zur Kommanditgesellschaft ihm nicht zustehende Informationen im überwiegenden Interesse der Komman- 6 ditgesellschaft und unter Berücksichtigung der Treuepflicht des Kommanditisten nicht einsehen soll (BGH BB 1979, 1315, 1316; WM 1982, 1403).

3. Modalitäten der Einsichtnahme

7 Die Modalitäten der Einsichtnahme haben der Treuepflicht zu entsprechen. Dies bedeutet, dass die Einsicht in der Regel in den **Geschäftsräumen** der Kommanditgesellschaft und während der **üblichen Geschäftszeiten** zu erfolgen hat (vgl. statt vieler Röhricht/v. Westphalen/*v. Gerkan* § 166 Rn. 11, § 118 Rn. 11 f.). Da das Einsichtsrecht der Überprüfung des Jahresabschlusses dient, wird der Kommanditist es nur in **angemessener zeitlicher Frist** nach Mitteilung des Abschlusses ausüben können, denn eine fortlaufende und wiederholte Einsicht ist unter Berücksichtigung des § 166 Abs. 2 HGB nicht möglich. Solange berechtigte Interessen der Kommanditgesellschaft nicht berührt werden, kann der Kommanditist regelmäßig **Aufzeichnungen und Abschriften** anfertigen. Allerdings besteht kein Anspruch des Kommanditisten, von der Kommanditgesellschaft Abschriften oder Kopien von Unterlagen zu erhalten. Die **Kosten der Einsichtnahme** muss der Kommanditist selbst tragen (BGH BB 1970, 187). Etwas anderes kann nur dann gelten, wenn die Hinzuziehung eines Sachverständigen durch den Kommanditisten auf Grund schlechter Buchführung, Fehlerhaftigkeit von Unterlagen und sonstiger in der Sphäre der Kommanditgesellschaft liegender Unklarheiten erforderlich ist (str.; vgl. Baumbach/Hopt/*Hopt* § 118 Rn. 5; Röhricht/v. Westphalen/*v. Gerkan* § 166 Rn. 12; a. A. BGH BB 1970, 187 bzgl. GbR). Unter Umständen kann sich auch ein Schadensersatzanspruch des Gesellschafters auf Kostenerstattung ergeben, wenn die Prüfung einen Verstoß seitens der Kommanditgesellschaft ergibt (Baumbach/Hopt/*Hopt* § 118 Rn. 5).

IV. Unrichtigkeiten des Jahresabschlusses

8 Hat ein Kommanditist den Jahresabschluss nicht als für sich verbindlich anerkannt und ergibt seine Kontrolle Unrichtigkeiten im Abschluss, so braucht er ihn nicht gegen sich gelten zu lassen. Vielmehr kann der Kommanditist von den für die Aufstellung des Jahresabschlusses verantwortlichen Gesellschaftern, also nicht von der Kommanditgesellschaft selbst, die **Änderung des Jahresabschlusses** fordern (BGH WM 1979, 1330; Röhricht/v. Westphalen/*v. Gerkan* § 166 Rn. 15). Streitig ist, ob eine Anerkennung der Richtigkeit des Jahresabschlusses das Kontrollrecht des Kommanditisten entfallen lässt, also etwa bei Mitunterzeichnung der Bilanz, vgl. § 164 HGB (zum Meinungsstand vgl. Baumbach/Hopt/*Hopt* § 166 Rn. 4; Röhricht/v. Westphalen/*v. Gerkan* § 166 Rn. 13 m. w. N. der Rspr. in Fn. 11 ff.).

V. Einsichtsrecht bei Auflösung und Liquidation

9 Im Auflösungsstadium der Kommanditgesellschaft wird der Kommanditist regelmäßig nach §§ 161 Abs. 2, 146 HGB die Stellung eines Liquidators erhalten, so dass er die **Einsichtsrechte eines Komplementärs** hat (Röhricht/v. Westphalen/*v. Gerkan* § 166 Rn. 14). Ist der Kommanditist kein Liquidator, so besteht das Einsichtsrecht auch im Stadium der Liquidation der Kommanditgesellschaft fort (OLG Celle BB 1983, 1450; Röhricht/v. Westphalen/*v. Gerkan* § 166 Rn. 14).

VI. Einsichtsrecht des ausgeschiedenen Kommanditisten und des Erben

10 Einem **ausgeschiedenen Kommanditisten** steht kein gesellschaftsrechtliches Informationsrecht mehr zu. Er kann ein solches daher auch nicht mehr für Vorgänge aus der Zeit seiner Stellung als Gesellschafter der Kommanditgesellschaft verlangen (Röhricht/v. Westphalen/*v. Gerkan* § 166 Rn. 58). Er hat jedoch u. U. Ansprüche aus den §§ 810, 242 BGB, soweit solche Einsichts- und Auskunftsansprüche zur Klärung von Ansprüchen des Ausgeschiedenen aus dem Gesellschaftsverhältnis geboten sind, insbesondere zur Ermittlung seines Abfindungsguthabens (Röhricht/v. Westphalen/*v. Gerkan* § 166 Rn. 59).

Ebenso wenig bestehen Informationsrechte der **Erben** des Kommanditisten, soweit sie nicht in seine Gesellschafterstellung einrücken (Röhricht/v. Westphalen/*v. Gerkan* § 166 Rn. 62; Schlegelberger/*Martens* § 166 Rn. 15). 11

VII. Durchsetzung des Informationsrechts

Das ordentliche Informationsrecht des Kommanditisten ist durch **Klage auf Leistung bzw. Schadensersatz** vor dem Prozessgericht geltend zu machen (Baumbach/Hopt/*Hopt* § 166 Rn. 14 m. w. N.). Vorläufiger Rechtsschutz ist nach den Bestimmungen der §§ 935 ff. ZPO auf Sicherstellung von Büchern und Papieren zulässig (Baumbach/Hopt/*Hopt* § 166 Rn. 14 m. w. N.). Die Vollstreckung des Einsichtsrechts in Urkunden erfolgt nach § 883 ZPO, während die Auskunftserteilung als unvertretbare Handlung nach § 888 ZPO vollstreckt wird (vgl. Baumbach/Hopt/*Hopt* § 118 Rn. 15). 12

B. Außerordentliches Informationsrecht des Kommanditisten, Abs. 3

Nach Abs. 3 besteht bei Vorliegen eines **wichtigen Grundes** ein außerordentliches Informationsrecht des Kommanditisten, welches nicht auf die Kontrolle des Rechnungsabschlusses beschränkt ist. 13

I. Wichtiger Grund

Ein wichtiger Grund, der ein außerordentliches Informationsrecht des Kommanditisten rechtfertigt, liegt vor, wenn über das in Abs. 1 geregelte Informationsrecht hinaus eine sofortige Überwachung im Interesse des Kommanditisten geboten erscheint (BGH WM 1984, 807 f. betr. den stillen Gesellschafter). In der Rechtsprechung wurde ein wichtiger Grund beispielsweise in folgenden Fällen angenommen: Drohende Schädigung der Kommanditgesellschaft oder des Kommanditisten (BGH BB 1984, 1273, 1274 betreffend Stille Gesellschaft; BGH WM 1983, 910 f.); begründeter Verdacht nicht ordnungsgemäßer Geschäfts- oder Buchführung (OLG Hamburg MDR 1965, 666); Verweigerung oder längere Verzögerung der Kontrolle durch den Kommanditisten nach § 166 Abs. 1 HGB (OLG Hamm BB 1970, 509; MDR 1971, 1014). Ein wichtiger Grund für ein außerordentliches Informationsrecht ist allein auf Grund des Bestehens eines Konzernverhältnisses nicht auch für verbundene Unternehmen der Kommanditgesellschaft gegeben; vielmehr müssen zusätzliche Gesichtspunkte vorliegen, die ein außerordentliches Informationsrecht rechtfertigen (vgl. hierzu vorstehende Beispiele sowie Röhricht/v. Westphalen/*v. Gerkan* § 166 Rn. 22; Schlegelberger/*Martens* § 166 Rn. 48 f m. w. N.). 14

II. Umfang und Ausübung des außerordentlichen Informationsrechts

Das außerordentliche Informationsrecht umfasst auch die sich aus Abs. 1 ergebenden Ansprüche eines Kommanditisten, also die Mitteilung von Jahresabschluss sowie Einsichtnahme in Bücher und Papiere, und zwar auch von Zwischenabschlüssen (Baumbach/Hopt/*Hopt* § 166 Rn. 10). Hinsichtlich der Art und Weise der Ausübung des Rechtes wird auf die Ausführungen in Rn. 7 verwiesen. Auch hinsichtlich des Anspruchsgegners ergeben sich keine Besonderheiten (vgl. hierzu Rn. 4). 15

III. Antrag des Kommanditisten

Das außerordentliche Kontrollrecht des Kommanditisten bedarf nach Abs. 3 eines Antrages an das für die Führung des Handelsregisters der Kommanditgesellschaft zuständige Amtsgericht (§ 145 FGG) mit entsprechender Anwendung der ZPO (BayObLG DB 1978, 2405). Das Gericht entscheidet auf Antrag nach den Bestimmungen des FGG. Materiell entsteht eine Verpflichtung der Geschäftsführung zur Vorlage der begehrten Unterlagen, allerdings nicht erst im Zeitpunkt der gerichtlichen Anordnung, sondern bereits davor, so dass eine verzögerte Erfüllung des Informationsanspruches einen Schadensersatzanspruch des Kommanditisten begründen kann (vgl. hierzu Röhricht/v. Westphalen/*v. Gerkan* § 166 Rn. 17; Schlegelberger/*Martens* § 166 Rn. 23). 16

C. Sonstige Informationsrechte, Abs. 2

17 Abs. 2 bestimmt, dass der Kommanditist die einem Komplementär zustehenden Informationsrechte nach § 118 HGB nicht hat. Dennoch können sich **weitere Informationsrechte** des Kommanditisten, die nicht von § 166 HGB erfasst sind, aus seiner Gesellschafterstellung ergeben (BGH WM 1983, 910, 911). So kann zwischen dem individuellen Informationsrecht des Kommanditisten sowie dem kollektiven Informationsrecht aller Gesellschafter unterschieden werden (Röhricht/v. Westphalen/*v. Gerkan* § 166 Rn. 15 m. w. N.).

I. Individuelles Informationsrecht

18 Das individuelle Informationsrecht bezieht sich auf die Erteilung von Auskünften, die der Kommanditist zur sachgerechten Wahrnehmung seiner Mitgliedschaftsstellung benötigt (Röhricht/v. Westphalen/*v. Gerkan* § 166 Rn. 26; MünchHdb GesR II/*Weipert* § 15 Rn. 9 m. w. N.), etwa zur Erfüllung seiner Steuerpflichten als Mitunternehmer, bei Abstimmung über außergewöhnliche Geschäfte i. S. v. § 164 HGB, zur Ausübung seines Stimmrechts bei Änderungen des Gesellschaftsvertrages oder bei anderen Grundlagengeschäften. Schranken dieses Auskunftsrechts ergeben sich aus der gesellschafterlichen Treuepflicht des Kommanditisten, der die erwünschten Informationen daher nicht zu gesellschaftsfremden, insbesondere zu Wettbewerbszwecken nutzen darf (Röhricht/v. Westphalen/*v. Gerkan* § 166 Rn. 27). Das allgemeine Informationsrecht darf auch nicht der Einwirkung auf die Geschäftsführung dienen, da ein Kommanditist nach § 164 HGB in Angelegenheiten des gewöhnlichen Geschäftsablaufs grundsätzlich kein Mitentscheidungsrecht hat.

II. Kollektives Informationsrecht

19 Das kollektive Informationsrecht aller Gesellschafter folgt aus §§ 161 Abs. 2, 105 Abs. 3 HGB i. V. m. §§ 713, 666 BGB. Es kann von jedem einzelnen Gesellschafter zugunsten der Kommanditgesellschaft im Wege der actio pro socio geltend gemacht werden (zur actio pro socio vgl. ausführl. Kap. 16 Rn. 86 ff.). Dieses kollektive Informationsrecht aller Gesellschafter richtet sich gegen die geschäftsführenden Gesellschafter. Hinsichtlich der weiteren Einzelheiten wird auf die Kommentierung zu § 118 HGB in Kap. 4 verwiesen (vgl. Röhricht/v. Westphalen/*v. Gerkan* § 166 Rn. 33 ff.; MünchHdb GesR II/*Weipert* § 15 Rn. 7 m. w. N.).

D. Abweichende Vereinbarungen

21 § 166 HGB ist bis auf die Verfahrensregelung in Abs. 3 **dispositiv**. Während Erweiterungen der Kontrollrechte nach § 166 Abs. 1 und 2 HGB unproblematisch zulässig sind, dürfen Einschränkungen jedenfalls nicht den **Kernbereich der Mitgliedschaftsrechte** eines Kommanditisten beschneiden (Unzulässigkeit des völligen Entzuges der Informationsrechte wegen erlaubter Konkurrenztätigkeit: BGH NJW 1995, 184; zum Kernbereich der Mitgliedschaftsrechte vgl. Kap. 4 § 109 Rn. 23, § 119 Rn. 18 f.). Unverzichtbar ist ebenfalls das aus § 166 Abs. 1 HGB folgende Recht auf Mitteilung des festgestellten Jahresabschlusses (Baumbach/Hopt/*Hopt* § 166 Rn. 18; Röhricht/v. Westphalen/*v. Gerkan* § 166 Rn. 38 m. w. N. in Fn. 50; für die Abdingbarkeit Schlegelberger/*Martens* § 166 Rn. 40). Unbeschränkbar ist auch das außerordentliche Informationsrecht bei Vorliegen eines wichtigen Grundes nach § 166 Abs. 3 HGB (Baumbach/Hopt/*Hopt* § 166 Rn. 19 m. w. N.). Zwingend ist schließlich das Auskunftsrecht nach §§ 161 Abs. 2, 105 Abs. 3 HGB i. V. m. §§ 713, 666 BGB (Baumbach/Hopt/*Hopt* § 166 Rn. 20).

§ 167 [Gewinn und Verlust]

(1) Die Vorschriften des § 120 über die Berechnung des Gewinns oder Verlustes gelten auch für den Kommanditisten.

(2) Jedoch wird der einem Kommanditisten zukommende Gewinn seinem Kapitalanteil nur so lange zugeschrieben, als dieser den Betrag der bedungenen Einlage nicht erreicht.

(3) An dem Verluste nimmt der Kommanditist nur bis zum Betrage seines Kapitalanteils und seiner noch rückständigen Einlage teil.

A. Ermittlung von Gewinn und Verlust, Abs. 1

Nach Abs. 1 kommen die für die offene Handelsgesellschaft geltenden Regelungen des § 120 HGB über die Berechnung des Gewinns oder Verlustes grundsätzlich auch für die Kommanditisten zur Anwendung. Daher wird zunächst auf die Kommentierung des § 120 HGB in Kap. 4 verwiesen. 1

Auch bei der Kommanditgesellschaft wird das Jahresergebnis durch den **Jahresabschluss** ausgewiesen, dessen Aufstellung grundsätzlich die Pflicht der geschäftsführenden Komplementäre ist (BGHZ 132, 263, 271; BGH WM 1979, 1330; MünchHdb GesR II/*Bezzenberger* § 21 Rn. 16, 20 m. w. N.). Der Jahresabschluss bedarf nach h. M. der **Feststellung durch alle Gesellschafter**, um für diese verbindlich zu werden (Grundlagengeschäft), mithin auch der Mitwirkung der Kommanditisten (BGHZ 76, 338, 342 f.; 132, 263, 266 f.; weitere Nachweise s. Röhricht/v. Westphalen/*v. Gerkan* § 167 in Fn. 3; MünchHdb GesR II/*Bezzenberger* § 21 Rn. 16, 58 ff. m. w. N.). 2

Die Kommanditisten haben die **Zustimmung** zum Jahresabschluss zu erteilen, wenn dieser dem Gesetz, dem Gesellschaftsvertrag und Buchführungsgrundsätzen entspricht (vgl. BGHZ 132, 263, 276 f.). Die Zustimmung kann auch konkludent erfolgen, indem gegen den übersandten Jahresabschluss keine Einwände erhoben werden (vgl. BGH BB 1975, 1605). 3

B. Beschränkungen der Gewinngutschrift, Abs. 2

Gem. Abs. 2 wird der einem Kommanditisten zustehende Gewinn seinem Kapitalanteil nur so lange zugeschrieben, bis dieser den Betrag der bedungenen Pflichteinlage (nicht Hafteinlage) erreicht. Damit wird den Kommanditisten abweichend vom Recht der OHG gem. § 120 Abs. 2 HGB der Gewinn nur begrenzt zugeschrieben. Ziel der Vorschrift ist, dass der Kapitalanteil eines Kommanditisten nicht über eine bestimmte Grenze, nämlich die vertraglich vereinbarte Pflichteinlage hinaus, anwachsen kann. 4

Gleichwohl bedeutet die Begrenzung der Gewinngutschrift für den Kommanditisten keine Einschränkung seiner Gewinnrechte, denn der nicht mehr dem Kapitalkonto gutzuschreibende Gewinn wird zu Gunsten des Kommanditisten auf einem anderen Konto verbucht (als Privatkonto, Verrechnungskonto, Darlehenskonto oder Sonderkonto bezeichnet; Baumbach/Hopt/*Hopt* § 167 Rn. 3; Röhricht/v. Westphalen/*v. Gerkan* § 167 Rn. 10 f). Für diese Privatkonten sehen die Kommanditgesellschaftsverträge regelmäßig vor, wie die dort verbuchten Beträge zu behandeln sind und welche Ansprüche der betreffende Kommanditist aus diesen Konten hat (vgl. Rn. 10). 5

Im Grundsatz gilt, dass ein Kommanditist jederzeit fristlos über die nicht dem Kapitalanteil zugeschriebenen Gewinne verfügen kann, d. h. diese sind abrufbar, können verpfändet und abgetreten werden und sind für Gläubiger pfändbar. Eine Verzinsung bedarf einer gesonderten Vereinbarung (Baumbach/Hopt/*Hopt* § 167 Rn. 3). 6

C. Beschränkung der Verlustbeteiligung, Abs. 3

Am Verlust nimmt der Kommanditist gem. Abs. 3 nur bis zu dem Betrag seines Kapitalanteils oder seiner noch rückständigen Einlage teil. Dies bedeutet, dass die auf einen Kommanditisten entfallenden Verluste wie bei einem Komplementär nach den §§ 161 Abs. 2, 120 Abs. 2 HGB von seinem Kapitalanteil abgeschrieben werden und nach der Aufzehrung seines Kapitalanteils das Kapitalkonto weiterhin belasten, so dass dieses negativ werden kann. Spätere Gewinnanteile des Kommanditisten werden zunächst zur Wiederauffüllung des Kapitalanteils seinem Kapitalkonto gutgeschrieben (§ 169 Abs. 1 S. 2 Hs. 2 HGB). Erst wenn dieses wieder ausgeglichen ist, 7 kann er über weitere künftige Gewinne verfügen (Baumbach/Hopt/*Hopt* § 167 Rn. 5; Röhricht/v. Westphalen/*v. Gerkan* § 167 Rn. 12 m. w. N.).

8 Aus § 167 Abs. 3 HGB folgt somit lediglich, dass der Kommanditist über die Leistung der Pflichteinlage hinaus **nicht mit Nachschüssen** belastet werden kann. Dies gilt nicht nur während der Dauer des Bestehens der Kommanditgesellschaft, sondern auch in ihrer Liquidation oder beim Ausscheiden des Kommanditisten, der in diesen Fällen einen negativen Kapitalanteil nicht aufzufüllen hat. Für etwaige Verluste haftet allein der persönlich haftende Gesellschafter (BGHZ 86, 122, 126; BGH WM 1986, 235).

D. Abweichende Vereinbarungen

9 Die **dispositive** Bestimmung des § 167 HGB wird in den Kommanditgesellschaftsverträgen oft durch abweichende Vereinbarungen ersetzt. So kann etwa die Aufstellung und Feststellung des Jahresabschlusses abweichend vereinbart, insbesondere die Feststellung auf einen Beirat verlagert werden (Röhricht/v. Westphalen/*v. Gerkan* § 167 Rn. 14; MünchHdb GesR II/*v. Falkenhausen/Henning C. Schneider* § 24 Rn. 46 f m. w. N.).

10 Mit Blick auf die Behandlung des auf einen Gesellschafter entfallenden Gewinnanteils können Kommanditisten und Komplementäre gleichgestellt werden, d. h. im Kommanditgesellschaftsvertrag kann dem Kommanditisten ein **Aufstockungsrecht** seiner Einlage durch Stehenlassen von Gewinnen gewährt werden. Für einen Komplementär kann eine **Obergrenze** festgesetzt werden. Für sämtliche Gesellschafter kann der Gesellschaftsvertrag **feste Kapitalanteile** festlegen, so dass regelmäßig Sonderkonten (insbes. sog. Kapitalkonto II) für die Verbuchung von Gewinn- und Verlustanteilen, Entnahmen etc. gesellschaftsvertraglich vorgesehen werden.

11 Das **Stehenlassen eines Guthabens** des Kommanditisten stellt nicht als solches eine Darlehensvereinbarung dar, sondern hierfür bedarf es zumindest eines stillschweigenden Vertrages zur Behandlung des Guthabens als Darlehen. Gleiches gilt hinsichtlich seiner Umwandlung in eine zusätzliche Einlage (Baumbach/Hopt/*Hopt* § 167 Rn. 7 m. w. N.).

12 Eine Beschränkung des Gewinnentnahmerechts lässt im Zweifel das Recht des Kommanditisten, den Betrag zu entnehmen, der zur Zahlung der auf den Gewinn anfallenden Steuern erforderlich ist, unberührt (str.; Nachweise s. Baumbach/Hopt/*Hopt* § 169 Rn. 7).

13 Die **Vereinbarung einer Verzinsung** stehen gelassener Guthaben kann als zur Haftung führende Entnahme nach § 172 Abs. 4 HGB gewertet werden (BGHZ 39, 319, 332; MünchHdb GesR II/*v. Falkenhausen/H. C. Schneider* § 23 Rn. 24 m. w. N.).

14 Unter Beachtung des Bestimmtheitsgrundsatzes und dem Erfordernis der Festlegung von Obergrenzen kann auch zu Lasten von Kommanditisten eine **Nachschusspflicht** vereinbart werden, so dass diese hinsichtlich der Behandlung von Verlustbeteiligungen einem Komplementär gleichgestellt sein können (Baumbach/Hopt/*Hopt* § 167 Rn. 8).

§ 168 [Gewinn- und Verlustverteilung]

(1) Die Anteile der Gesellschafter am Gewinne bestimmen sich, soweit der Gewinn den Betrag von vier vom Hundert der Kapitalanteile nicht übersteigt, nach den Vorschriften des § 121 Abs. 1 und 2.

(2) In Ansehung des Gewinns, welcher diesen Betrag übersteigt, sowie in Ansehung des Verlustes gilt, soweit nicht ein anderes vereinbart ist, ein den Umständen nach angemessenes Verhältnis der Anteile als bedungen.

A. Gewinnverteilung

Die Gewinnverteilung der Gesellschafter einer Kommanditgesellschaft bestimmt sich nach den Vorschriften des § 121 Abs. 1 und 2 HGB, soweit der Gewinn den Betrag von 4 % der Kapitalanteile nicht übersteigt. D. h., aus dem Gewinn werden zunächst bis zu 4 % auf die Kapitalanteile verteilt, unter Berücksichtigung von Einlagen und Entnahmen während des Geschäftsjahres gem. § 121 Abs. 2 HGB. Nach. § 121 Abs. 1 S. 2 HGB sind die 4 % gegebenenfalls anteilig zu kürzen, ein negativer Kapitalanteil wird nach § 167 HGB nicht bedient. Wegen der Einzelheiten wird auf die Kommentierung der OHG-rechtlichen Bestimmungen in Kap. 4 verwiesen, insbes. auf § 121 HGB (MünchHdb GesR II/*v. Falkenhausen/H. C. Schneider* § 24 Rn. 5 f. m. w. N.). 1

Der über diesen Vorzugsgewinnanteil hinausgehende **Mehrgewinn** wird gem. § 168 Abs. 2 HGB in angemessenem Verhältnis der Anteile verteilt, also entgegen § 121 Abs. 3 HGB nicht nach Köpfen. Wegen der Übernahme der persönlichen Haftung gem. § 128 HGB steht dem Komplementär regelmäßig ein **Gewinnvoraus** zu. Dies gilt ebenso für die vergütungslos tätigen geschäftsführenden Gesellschafter, auch wenn dies Kommanditisten sein sollten. Der restliche Betrag wird regelmäßig im Verhältnis der Kapitalanteile der übrigen Gesellschafter untereinander verteilt (MünchHdb GesR II/*v. Falkenhausen/H. C. Schneider* § 24 Rn. 9 ff. m. w. N.; Baumbach/Hopt/*Hopt* § 168 Rn. 2 m. w. N.; vgl. Röhricht/v. Westphalen/*v. Gerkan* § 168 Rn. 6 ff., 12). 2

B. Verlustverteilung

Gem. § 168 Abs. 2 HGB wird ein Verlust ebenfalls in Abweichung von § 121 Abs. 3 HGB in **angemessenem Verhältnis** umgelegt. Dies ist grundsätzlich eine Verteilung nach Kapitalanteilen (vgl. zur Nichtbegründbarkeit einer spiegelbildlichen Lösung wie bei der Gewinnverteilung Röhricht/v. Westphalen/*v. Gerkan* § 168 Rn. 13; Schlegelberger/*Martens*, § 168 Rn. 10 f.; MünchHdb GesR II/*v. Falkenhausen/H. C. Schneider* § 24 Rn. 17 m. w. N.). 3

C. Abweichende Vereinbarung

§ 168 HGB ist **dispositiv**, so dass sich in den Kommanditgesellschaftsverträgen regelmäßig von den Gesetzesbestimmungen abweichende Vereinbarungen finden. 4

Üblich ist eine Gewinn- und Verlustverteilung nach dem **Verhältnis der Kapitalanteile** der Gesellschafter zueinander (MünchHdb GesR II/*v. Falkenhausen/H. C. Schneider* § 24 Rn. 26 m. w. N.; Röhricht/v. Westphalen/*v. Gerkan* § 168 Rn. 20). Die **Ausschüttung ergebnisunabhängiger** vertraglich vereinbarter Beträge, etwa eine Verzinsung der Kapitalanteile, kann vorgesehen werden (Röhricht/v. Westphalen/*v. Gerkan* § 168 Rn. 21; MünchHdb GesR II/*v. Falkenhausen/H. C. Schneider* § 24 Rn. 24 m. w. N.). Die Vereinbarung einer **Tätigkeitsvergütung**, die gewinnunabhängig ist, etwa für die geschäftsführenden Gesellschafter, wird ebenfalls häufig vereinbart (Röhricht/v. Westphalen/*v. Gerkan* § 168 Rn. 18 f; MünchHdb GesR II/*v. Falkenhausen/H. C. Schneider* § 24 Rn. 33). Ferner sind Vereinbarungen zur Verwendung des zur Verteilung anstehenden Gewinns durch teilweise **Einstellung in die Rücklagen** zulässig (Röhricht/v. Westphalen/*v. Gerkan* § 168 Rn. 23; MünchHdb GesR II/*v. Falkenhausen/H. C. Schneider* § 24 Rn. 38). 5

Möglich ist auch ein **Ausschluss eines Gesellschafters** von Gewinn und Verlust. So ist regelmäßig die Komplementär-GmbH bei der GmbH & Co. KG in der Funktion der geschäftsführenden Gesellschafterin ohne Kapitalbeteiligung vom Jahresergebnis ausgeschlossen. Anfallende Verluste werden daher nur unter den Kommanditisten verteilt (Röhricht/v. Westphalen/*v. Gerkan* § 168 Rn. 24). 6

Jede Änderung der Gewinn- und Verlustverteilung ist eine **Änderung des Kommanditgesellschaftsvertrages**, die einstimmig beschlossen werden muss, falls nicht unter Berücksichtigung des Bestimmtheitsgrundsatzes im Gesellschaftsvertrag eine Mehrheitsentscheidung vorgesehen ist (Röhricht/v. Westphalen/*v. Gerkan* § 168 Rn. 24; MünchHdb GesR II/*v. Falkenhausen/H. C. Schneider* § 24 Rn. 19 m. w. N.). 7

§ 169 [Entnahmen]

(1) § 122 findet auf den Kommanditisten keine Anwendung. Dieser hat nur Anspruch auf Auszahlung des ihm zukommenden Gewinns; er kann auch die Auszahlung des Gewinns nicht fordern, solange sein Kapitalanteil durch Verlust unter den auf die bedungene Einlage geleisteten Betrag herabgemindert ist oder durch die Auszahlung unter diesen Betrag herabgemindert werden würde.

(2) Der Kommanditist ist nicht verpflichtet, den bezogenen Gewinn wegen späterer Verluste zurückzuzahlen.

A. Gewinnentnahme der Kommanditisten, Abs. 1

1 Nach Abs. 1 S. 1 steht den Kommanditisten nicht das für die Komplementäre der Kommanditgesellschaft geltende gewinnunabhängige Entnahmerecht des § 122 HGB zu. Der Kommanditist hat gem. Abs. 1 S. 2 Anspruch auf **Auszahlung seines Gewinnanteils**. Dieser ist durch die Regelung in Abs. 1 S. 2 Hs. 2 begrenzt, d. h. der Kommanditist darf diesen Gewinnanteil nicht entnehmen, solange sein Kapitalanteil durch Verlust unter den Betrag der zugesagten Pflichteinlage herabgemindert ist oder durch die Auszahlung herabgemindert werden würde.

2 Die in § 122 Abs. 1 HGB geregelte **Jahresfrist** ist für den Kommanditisten grundsätzlich nicht einschlägig, wie aus Abs. 1 S. 1 folgt, denn bei erbrachter Pflichteinlage wird der Gewinn nicht dem Kapitalanteil zugeschrieben und ist jederzeit abrufbar. Die Einjahresgrenze gilt jedoch entsprechend, wenn die Pflichteinlage nicht voll erbracht ist oder der Kommanditist ein Aufstockungsrecht hat (vgl. Baumbach/Hopt/*Hopt* § 169 Rn. 5 m. w. N.).

3 Die **gesellschafterliche Treuepflicht** kann einem Gewinnauszahlungsverlangen eines Kommanditisten dann entgegenstehen, wenn die sofortige Auszahlung erheblicher Gewinnanteile, die er unter Überschreitung der Einjahresgrenze stehen gelassen hat, die Gesellschaft in wirtschaftliche Schwierigkeiten bringen würde (zum Meinungsstand vgl. Röhricht/v. Westphalen/*v. Gerkan* § 169 Rn. 10 f; Schlegelberger/*Martens* § 169 Rn. 11 jeweils m. w. N.; MünchHdb GesR II/*v. Falkenhausen/H. C. Schneider* § 24 Rn. 4 ff. m. w. N.). Die Treuepflicht des Kommanditisten beschränkt sein Entnahmerecht jedoch nur zeitlich vorübergehend, soweit der Kommanditgesellschaft ein offenbarer, schwerer und nicht wiedergutzumachender Schaden droht (vgl. Baumbach/Hopt/*Hopt* § 169 Rn. 3 m. w. N.).

B. Keine Pflicht zur Gewinnrückzahlung, Abs. 2

4 Nach Abs. 2 ist der Kommanditist nicht verpflichtet, ausgezahlte oder zur freien Verfügung auf seinem Privatkonto gutgeschriebene Gewinne wegen späterer Verluste wieder an die Gesellschaft zurückzuzahlen.

5 Hatte der Kommanditist dagegen im maßgeblichen Zeitpunkt der Auszahlung oder der Gutschrift der Gewinnanteile **keinen Anspruch**, so ist er verpflichtet, das Erhaltene zurückzugewähren. Der Kommanditgesellschaft steht ein **Bereicherungsanspruch** gegen den Kommanditisten zu, wenn der Gewinn unter Verstoß gegen § 169 Abs. 1 HGB bzw. die gesellschaftsvertragliche Regelung ausgezahlt wurde oder wenn der Jahresabschluss unrichtig ist oder nachträglich geändert wurde (Röhricht/v. Westphalen/*v. Gerkan* § 169 Rn. 16 und 21). Nach überwiegender Meinung (so Baumbach/Hopt/*Hopt* § 169 Rn. 6; Röhricht/v. Westphalen/*v. Gerkan* § 169 Rn. 17; Schlegelberger/*Martens* § 169 Rn. 16; MünchHdb GesR II/*v. Falkenhausen/Henning C. Schneider* § 24 Rn. 46 jeweils m. w. N. auch der a. A.) ist die Rückzahlungspflicht auch gegeben, wenn der Kommanditist auf die Richtigkeit des Jahresabschlusses vertraute. Ein Gläubiger kann auf den internen Rückzahlungsanspruch der Kommanditgesellschaft gegen den Kommanditisten nicht zurückgreifen (str.; vgl. § 172 Abs. 5 HGB; Baumbach/Hopt/*Hopt* § 169 Rn. 6; Röhricht/v. Westphalen/*v. Gerkan* § 169 Rn. 17; jeweils m. w. N. auch der a. A.).

C. Abweichende Vereinbarungen

§ 169 HGB ist **dispositiv**, so dass abweichende gesellschaftsvertragliche Regelungen zulässig sind (MünchHdb GesR II/*v. Falkenhausen/H. C. Schneider* § 24 Rn. 51; Baumbach/Hopt/*Hopt* § 169 Rn. 7). 6

Erweiterungen, wonach den Kommanditisten in Gleichstellung mit den Komplementären ein gewinnunabhängiges Entnahmerecht eingeräumt wird, eine Tätigkeitsvergütung vereinbart wird, ein Steuerentnahmerecht zusteht etc., sind möglich (vgl. § 168 Rn. 4 ff.). Ebenso können **Beschränkungen** des Gewinnauszahlungsanspruches gesellschaftsvertraglich vereinbart werden, etwa in Form von Rücklagenbildungen oder Darlehensvereinbarungen (MünchHdb GesR II/*v. Falkenhausen/H. C. Schneider* § 24 Rn. 58 m. w. N.; Röhricht/v. Westphalen/*v. Gerkan* § 169 Rn. 19). 7

§ 170 [Vertretung]

Der Kommanditist ist zur Vertretung der Gesellschaft nicht ermächtigt.

A. Gesetzliche Regelung

I. Zwingende Vertretung durch Komplementäre

§ 170 HGB ist eine **zwingende Vorschrift**, d. h. Kommanditisten sind nicht zur Vertretung der Gesellschaft im Außenverhältnis berechtigt. Die **Vertretungsbefugnis** ist gesetzlich den **Komplementären** zugeordnet, wie aus §§ 161 Abs. 2 i. V. m. 125 ff. HGB folgt. Auf die Kommentierung der §§ 125 ff. HGB in Kap. 4 wird verwiesen. 1

Auf Grund des zwingenden Charakters bei der Vertretungsregelung kann im Gesellschaftsvertrag keine abweichende Regelung vereinbart werden. Damit wird der **Grundsatz der Selbstorganschaft** zum Ausdruck gebracht (vgl. § 161 HGB Rn. 7; für die GbR Kap. 2 §§ 709 bis 713 Rn. 10 ff., sowie für die OHG ausführl. Kap. 4 § 125 Rn. 2 f.). Eine **Gesamtvertretung** von mehreren Komplementären ist zulässig. Auch eine gemischte Gesamtvertretung kann vereinbart werden, nach der ein einzelner persönlich haftender Gesellschafter an die Mitwirkung eines Prokuristen gebunden ist (§ 125 Abs. 3 HGB). Der Prokurist kann zugleich Kommanditist sein (BGHZ 26, 330, 332 f.). Allerdings ist eine derartige Regelung unzulässig, wenn nur ein einziger Komplementär vertretungsbefugt oder wenn bei mehreren Komplementären Einzelvertretungsmacht gegeben ist (BGHZ 26, 330, 332 f.; MünchHdb GesR II/*Wirth* § 9 Rn. 26). 2

Ist nur ein Komplementär vorhanden, so ist die **Entziehung der Vertretungsmacht** gem. § 127 HGB grundsätzlich nicht möglich (MünchHdb GesR II/*Wirth* § 9 Rn. 22). Allerdings wird auch ein Kommanditist als »übriger Gesellschafter« i. S. d. § 127 HGB angesehen, der einen Antrag auf Entzug der Vertretungsmacht durch gerichtliche Entscheidung bei Vorliegen eines wichtigen Grundes in der Person des Komplementärs stellen kann (Baumbach/Hopt/*Hopt* § 170 Rn. 1). Anstelle der in § 127 HGB vorgesehenen Gestaltungsklage kann der Gesellschaftsvertrag einen Mehrheitsbeschluss der Gesellschafter für die Entziehung der Vertretungsbefugnis vorsehen (BGH NJW 1998, 1225). 3

Bei der **Handelsregisteranmeldung** von Vertretungsregelungen sind auch die Kommanditisten mitwirkungsverpflichtet (§§ 108 i. V. m. 106 Abs. 4 bzw. 107 HGB; vgl. Kommentierung in Kap. 4). 4

II. Bestellung eines Kommanditisten zum Vertreter

Ein Kommanditist kann **durch gerichtliche Entscheidung** zum Vertreter der Kommanditgesellschaft bestellt werden, wenn gegen den einzigen Komplementär ein Ausschließungsprozess läuft (BGHZ 33, 105, 108 f.). Darüber hinaus kann ein Kommanditist die Stellung eines gesetz- 5 lichen Vertreters im Falle der Auflösung der Gesellschaft erlangen (§§ 161 Abs. 2, 146 Abs. 1 HGB).

B. Bevollmächtigter Kommanditist

6 Ein Kommanditist kann **durch gerichtliche Entscheidung** zum Vertreter der Kommanditgesellschaft bestellt werden, wenn gegen den einzigen Komplementär ein Ausschließungsprozess läuft (BGHZ 33, 105, 108 f.). Darüber hinaus kann ein Kommanditist die Stellung eines gesetzlichen Vertreters im Falle der Auflösung der Gesellschaft erlangen (§§ 161 Abs. 2, 146 Abs. 1 HGB; vgl. hierzu auch MünchHdb GesR II/*Wirth* § 9 Rn. 29).

I. Erteilung und Entzug von Prokura und Handlungsvollmacht

7 Wird eine **Prokura** auf **gesellschaftsvertraglicher Basis** erteilt, so kann sie dem Kommanditisten nur mit seiner Zustimmung oder aus wichtigem Grunde entzogen werden. Davon unabhängig wirkt ein Widerruf der erteilten Prokura im Außenverhältnis sofort (MünchHdb GesR II/*Wirth* § 9 Rn. 31; Baumbach/Hopt/*Hopt* § 170 Rn. 4 m. w. N.; BGHZ 17,392, 394). Im Gegensatz dazu wird ein Widerruf einer auf gesellschaftsvertraglicher Basis gewährten Handlungsvollmacht auch im Außenverhältnis erst dann wirksam, wenn ein wichtiger Grund besteht (vgl. § 168 S. 2 BGB). Sind die Vertretungsbefugnisse eines Kommanditisten in Form einer Prokura oder Handlungsvollmacht nicht auf gesellschaftsvertraglicher Grundlage erteilt worden, bestehen für den Kommanditisten keine Sonderrechte, so dass sich der Widerruf der Vertretungsbefugnis nach den allgemeinen Vorschriften des zugrunde liegenden Rechtsverhältnisses richtet (MünchHdb GesR II/*Wirth* § 9 Rn. 30, 32 m. w. N.; Baumbach/Hopt/*Hopt* § 170 Rn. 4). Bei Prokura etwa ist der jederzeitige Widerruf nach § 52 HGB möglich.

II. Umfang der Vertretungsmacht

8 Auch für den Umfang der Vertretungsmacht eines Kommanditisten als Prokurist oder Handlungsbevollmächtigter gelten die **allgemeinen Regelungen** (MünchHdb GesR II/*Wirth* § 9 Rn. 34 m. w. N.). Ein minderjähriger Kommanditist, der bei seinem Handeln als Vertreter nicht nur die Kommanditgesellschaft als solche, sondern auch sich selbst als Gesamtschuldner bindet, kann nach wohl h. M. nur dann als Vertreter auftreten, wenn sein gesetzlicher Vertreter zugestimmt hat (vgl. § 165 BGB; Röhricht/v. Westphalen/*v. Gerkan* § 170 Rn. 12; Schlegelberger/*Martens* § 170 Rn. 18 m. w. N.).

9 Wird einem Kommanditisten auf gesellschaftsvertraglicher Grundlage gewillkürte Vertretungsmacht für die Kommanditgesellschaft erteilt, so ist er **verfassungsmäßig berufener Vertreter** der Gesellschaft i. S. v. § 31 BGB. Diese Stellung hat er, wenn ihm auf andere Weise bedeutsame Gesellschafterfunktionen zur eigenverantwortlichen Erledigung übertragen werden und er insoweit die Kommanditgesellschaft repräsentiert, wie dies etwa bei erteilter Generalvollmacht stets gegeben sein dürfte (Röhricht/v. Westphalen/*v. Gerkan* § 170 Rn. 13 m. w. N.).

III. Haftung des Kommanditisten als Vertreter

10 Die Haftung eines Kommanditisten entspricht selbst bei seinem Auftritt als Vertreter der Kommanditgesellschaft nicht der eines persönlich haftenden Komplementärs. Etwas anderes kann nur gelten, wenn der Kommanditist unter Berücksichtigung weiterer Umstände im Außenverhältnis den Eindruck erweckt, er sei ein persönlich haftender Gesellschafter (Röhricht/v. Westphalen/*v. Gerkan* § 170 Rn. 14; Schlegelberger/*Martens* § 170 Rn. 21 m. w. N.).

§ 171 [Haftung der Kommanditisten]

(1) Der Kommanditist haftet den Gläubigern der Gesellschaft bis zur Höhe seiner Einlage unmittelbar; die Haftung ist ausgeschlossen, soweit die Einlage geleistet ist.

(2) Ist über das Vermögen der Gesellschaft das Insolvenzverfahren eröffnet, so wird während der Dauer des Verfahrens das den Gesellschaftsgläubigern nach Absatz 1 zustehende Recht durch den Insolvenzverwalter oder den Sachwalter ausgeübt.

Übersicht:

A. Haftung des Kommanditisten und Haftungsbeschränkung

I. Persönliche, beschränkte, gesamtschuldnerische Haftung

Nach der **zwingenden** Vorschrift des § 171 Abs. 1 HGB haftet der Kommanditist den Gläubigern der Kommanditgesellschaft beschränkt auf die gesellschaftsvertraglich vereinbarte Einlage, also die im Handelsregister einzutragende Haftsumme, nicht die im Innenverhältnis zwischen den Gesellschaftern etwa vereinbarte darüber hinausgehende Pflichteinlage. Der Kommanditist haftet den Gläubigern der Kommanditgesellschaft gegenüber **persönlich mit seinem gesamten Vermögen**, betragsmäßig aber **beschränkt auf die Haftsumme**. Er kann Gläubiger bei seiner Inanspruchnahme daher nicht an die Kommanditgesellschaft verweisen (keine subsidiäre Haftung – vgl. BGHZ 39, 319, 322; Baumbach/Hopt/*Hopt* § 171 Rn. 2; Röhricht/v. Westphalen/*v. Gerkan* § 171 Rn. 2 f; MünchHdb GesR II/*Neubauer* § 30 Rn. 12 m. w. N.). Gem. §§ 161 Abs. 2 i. V. m. 128 HGB haftet der Kommanditist **gesamtschuldnerisch** neben den übrigen Gesellschaftern. 1

II. Einwendungen des Kommanditisten

Gem. §§ 161 Abs. 2 i. V. m. 129 Abs. 1 HGB kann der Kommanditist den Gläubigern sämtliche **Einwendungen** entgegenhalten, die der Kommanditgesellschaft zustehen sowie solche, die er persönlich hat. Wegen der Einzelheiten der Leistungsverweigerungsrechte eines Kommanditisten nach § 129 Abs. 2 HGB wird auf Kap. 4 § 129 Rn. 20 ff. verwiesen. Die Haftung des Kommanditisten besteht gegenüber sämtlichen Gesellschaftsgläubigern, auch wenn es sich um öffentlich-rechtliche Verbindlichkeiten der Kommanditgesellschaft oder Steuerschulden handelt (BGH BB 1965, 303 f.; BFH ZIP 1984, 1245; weitere Nachweise s. Baumbach/Hopt/*Hopt* § 171 Rn. 3). 2

III. Haftung des Strohmann-Kommanditisten und des Treuhänders

Strohmann-Kommanditisten und Kommanditisten, die auf Grund einer offengelegten Treuhandschaft Gesellschafter der Kommanditgesellschaft sind, haften wie jeder Kommanditist (Baumbach/Hopt/*Hopt* § 171 Rn. 1 m. w. N.). Daneben kann jedoch unter Umständen auch eine Haftung des Treugebers in Betracht kommen (vgl. OLG Celle ZIP 1985, 100). 3

IV. Inhalt der Haftung

4 Ob den Kommanditisten lediglich eine Haftung in Höhe eines **Geldbetrages** trifft (so Röhricht/v. Westphalen/*v. Gerkan* § 171 Rn. 4 m. w. N. in Fn. 4; vgl. MünchHdb GesR II/*Neubauer* § 30 Rn. 11 m. w. N.) oder ob sich die Haftung inhaltlich wie bei einem persönlich haftenden OHG-Gesellschafter auf die **Erfüllung der Gesellschaftsschuld** bezieht (so Baumbach/Hopt/*Hopt* § 171 Rn. 2), ist umstritten. Komplementär-ähnlich ist jedenfalls die Haftung des Kommanditisten vor seiner Eintragung gem. § 176 HGB (BGHZ 73, 217, 219 f; Röhricht/v. Westphalen/*v. Gerkan* § 171 Rn. 4 m. w. N.).

V. Haftung nach Auflösung oder Ausscheiden

5 Die Haftung des Kommanditisten ist auch **nach Auflösung** der Kommanditgesellschaft gegeben, ebenso bei seinem **Ausscheiden** aus der Gesellschaft, dann aber beschränkt auf die vor dem Ausscheiden begründeten Verbindlichkeiten der Kommanditgesellschaft. Somit besteht eine Nachhaftung nur gegenüber Altgläubigern (BGHZ 27, 51, 55 f.; Röhricht/v. Westphalen/*v. Gerkan* § 171 Rn. 22 m. w. N.).

VI. Haftung aus anderen Rechtsgründen

6 **Unberührt** bleibt die Haftung eines Kommanditisten aus anderen Rechtsgründen als der Außenhaftung nach § 171 Abs. 1 HGB. In Betracht kommt ein direktes Rechtsgeschäft mit den Gläubigern der Kommanditgesellschaft in Form eines **Schuldbeitritts** oder einer Garantie (BGHZ 45, 204, 210). Eine Haftung kann sich aus **Rechtsscheinsgründen** ergeben, unter Berücksichtigung der Handelsregisterpublizität nach § 15 Abs. 1 HGB oder aus § 176 HGB vor der Eintragung des Kommanditisten im Handelsregister (BGHZ 73, 217, 219 f). Unberührt bleibt auch eine **Durchgriffshaftung** oder eine **deliktische Haftung** nach § 826 BGB, etwa wenn das Gesellschafts- und das Privatvermögen des Kommanditisten vermischt werden (vgl. dazu BGH NJW 1979, 2104; WM 1980, 102 f.; NJW 1985, 740). In Betracht kommt schließlich eine Eigenhaftung des Kommanditisten wegen **Verschuldens bei Vertragsschluss** für den Fall des Auftretens des Kommanditisten als Vertreter der Kommanditgesellschaft und Beeinflussung der Verhandlungen durch Inanspruchnahme besonderen persönlichen Vertrauens oder Wahrnehmung seiner eigenen Interessen, die nicht nur in einer maßgeblichen Beteiligung des Kommanditisten an der Gesellschaft liegen (Röhricht/v. Westphalen/*v. Gerkan* § 171 Rn. 26 m. w. N.).

7 Die Berufung des Kommanditisten auf seine Haftungsbeschränkung kann auch **rechtsmissbräuchlich** sein mit der Folge seiner unbeschränkten Haftung. Dies wird streitig diskutiert für den Fall, dass der Kommanditist alleiniger Kapitalgeber ist und die Kommanditgesellschaft maßgeblich beeinflusst sowie die persönlich haftende Gesellschafterin kein Vermögen hat (BGHZ 45, 204, 208: kein Rechtsmissbrauch; stets Rechtsmissbrauch: Schlegelberger/*Martens* § 164 Rn. 44; relativierend: Baumbach/Hopt/*Hopt* § 171 Rn. 4, m. w. N. zum Meinungsstand).

B. Ausschluss bzw. Wegfall der Haftung

I. Leistung der Einlage – Allgemeines

8 Abs. 1 Hs. 2 bestimmt den Ausschluss der Haftung, soweit der Kommanditist seine **Einlage geleistet** hat. Damit entfällt seine Haftung in Höhe des Wertes des von ihm auf die Einlage Geleisteten, wobei die Erbringung dem Gesellschaftsvertrag entsprechen muss (BGH WM 1985, 1224 f.). Abzustellen ist nach dem Kapitalaufbringungsprinzip auf die tatsächliche Wertzuführung (BGHZ 1995, 188, 197; 109, 334, 337). Durch die Einlage muss das haftende Kapital der Kommanditgesellschaft vermehrt werden, weshalb etwa die Gewährung eines Darlehens nicht genügt (OLG Hamburg ZIP 1984, 1090, 1092).

9 Die Einlage kann in **bar oder als Sachleistung** erbracht werden (vgl. hierzu MünchHdb GesR II/*Neubauer* § 30 Rn. 24 ff. betr. Bareinlage und Rn. 31 ff. betr. Sacheinlage, jeweils m. w. N.), wobei letztere mit dem objektiven Zeitwert anzusetzen ist (BGHZ 1995, 188, 195), jedoch direkt vor

der Insolvenz der Kommanditgesellschaft nur mit dem Wert ihres Verwertungserlöses (BGHZ 39, 319, 329). Der Wegfall der Haftung ist somit durch die im Innenverhältnis zwischen den Gesellschaftern einer Kommanditgesellschaft mögliche freie Bewertung von Sacheinlagen nicht erreichbar (Baumbach/Hopt/*Hopt* § 171 Rn. 6; Röhricht/v. Westphalen/*v. Gerkan* § 171 Rn. 44 ff. m. w. N.).

Die **Werthaltigkeit** der Leistung einer Sacheinlage wird durch den im Leistungszeitpunkt wahren wirtschaftlichen Wert bestimmt (MünchHdb GesR II/*Neubauer* § 30 Rn. 32 m. w. N.). Im Falle der Unterbewertung einer Sacheinlage ist streitig, ob der höhere Wertanteil bei der Haftungsbefreiung zu berücksichtigen ist (bejahend: Baumbach/Hopt/*Hopt* § 171 Rn. 6; Röhricht/v. Westphalen/*v. Gerkan* § 171 Rn. 46; a. A. Schlegelberger/*K. Schmidt* § 171 Rn. 48 m. w. N.). Im Zweifel legt der tatsächliche Wert der vereinbarten Sacheinlage die Höhe der Haftsumme im Außenverhältnis fest (BGHZ 101, 123, 127; BGH WM 1977, 783 f.). 10

II. Schenkweise Aufnahme, Umbuchung

Die Einbuchung bei **schenkweiser Aufnahme** eines Kommanditisten oder bei Umwandlung 11 einer Gesellschafterstellung mit unbeschränkter Haftung in eine Kommanditbeteiligung führt zum Wegfall der Haftung, wenn eine wertmäßige Deckung vorhanden ist (BGHZ 101, 123, 126). Möglich ist auch, die Einlage aus dem Vermögen eines Komplementärs durch Umbuchung zugunsten des Kommanditisten zu erbringen (BGHZ 93, 246, 250 f.). Erforderlich ist jedenfalls die Zuführung eines entsprechenden Wertes, damit die Haftungsbefreiung des Kommanditisten erreicht wird (BGH WM 1973, 778, 779 ff.). Bei einer **Umbuchung einer Komplementär-Beteiligung** (vgl. hierzu MünchHdb GesR II/*Neubauer* § 30 Rn. 40 f. m. w. N.) in eine Kommanditeinlage ist der wahre wirtschaftliche Beteiligungswert unter Mitberücksichtigung etwa vorhandener stiller Reserven für die Haftungsbefreiung maßgeblich, nicht dagegen der Buchwert des Kapitalkontos (BGHZ 101, 123, 127). Die Einlage eines bereits überschuldeten Handelsgeschäfts zu einem festgelegten Wert wirkt nicht schuldbefreiend, führt aber nicht zu einer Haftung über die Einlage (Haftsumme) hinaus (BGHZ 60, 324, 327 f.). Bei Einbringung einer Forderung gegen die Kommanditgesellschaft hängt die Werthaltigkeit von der wirtschaftlichen Lage der Kommanditgesellschaft ab (BGHZ 60, 324, 327 f).

III. Gewinnanteile, Dienste, künftige Forderungen

Als Einlageleistungen sind auch **stehen gelassene Gewinnanteile** eines Kommanditisten zu be- 12 trachten, sofern der Gewinn nach § 167 Abs. 2 HGB zur Erhöhung der Einlage auf dem Kapitalkonto verbucht wird, d. h. bei einer Gewinnverwendung zur Wiederauffüllung eines Fehlbetrages gem. § 169 Abs. 1 HGB ist keine Einlageleistung gegeben (Röhricht/v. Westphalen/*v. Gerkan* § 171 Rn. 36; Schlegelberger/*K. Schmidt* § 171 Rn. 56 m. w. N.).

Erbringt ein Kommanditist **Dienste als Einlage**, so handelt es sich ebenfalls um Pflichteinlagen, 13 wenn sie im Interesse der Erreichung des Gesellschaftszweckes der Kommanditgesellschaft liegen. In Höhe ihres objektiven Wertes stellen sie nach Erbringung eine Leistung auf die Einlage dar und wirken insoweit haftungsbefreiend (Röhricht/v. Westphalen/*v. Gerkan* § 171 Rn. 11 m. w. N.).

Künftig entstehende Forderungen kommen jedoch als Einlageleistung nicht in Betracht und ha- 14 ben damit keine enthaftende Wirkung (Röhricht/v. Westphalen/*v. Gerkan* § 171 Rn. 10; Schlegelberger/*Martens* § 161 Rn. 30).

IV. Aufrechnung, Befriedigung von Forderungen

Ein Kommanditist kann eine enthaftende Einlageleistung auch **durch Aufrechnung** (vgl. hierzu 15 statt vieler: MünchHdb GesR II/*Neubauer* § 30 Rn. 35 ff. m. w. N.) mit einer werthaltigen Gegenforderung gegen die Kommanditgesellschaft erreichen (BGHZ 51, 391, 393; 95, 183, 190). Abzustellen ist auf die Werthaltigkeit im Aufrechnungszeitpunkt (Röhricht/v. Westphalen/*v. Gerkan*

§ 171 Rn. 49). Ein Kommanditist, der die Kommanditgesellschaft von der Forderung eines Gläubigers im Wege der Aufrechnung befreit (Befriedigung des Drittgläubigers und Aufrechnung mit dem dadurch erworbenen Ersatzanspruch gegenüber der Kommanditgesellschaft, vgl. §§ 161 Abs. 2 i. V. m. 110 HGB), enthaftet sich in Höhe des Nennwertes der Drittforderung, ohne dass es auf die Werthaltigkeit dieser mit Blick auf die Vermögenslage der Kommanditgesellschaft ankommt (BGHZ 95, 188, 195, 197). Damit steht ein Kommanditist in Aufrechnungslagen gegenüber der Kommanditgesellschaft als Gesellschaftsgläubiger schlechter da als der außenstehende Gläubiger. Da eine Gutschrift des Abfindungsbetrages eines ausscheidenden Kommanditisten nach h. M. eine Rückzahlung gem. § 172 Abs. 4 HGB darstellt, führt eine Aufrechnung des Ausgeschiedenen mit der Forderung auf sein Abfindungsguthaben nicht zu einer Enthaftung (Röhricht/v. Westphalen/*v. Gerkan* § 171 Rn. 51; a. A. Schlegelberger/*K. Schmidt* § 171 Rn. 60).

16 Die **Befriedigung eines Gläubigers** der Kommanditgesellschaft stellt keine Einlageleistung des Kommanditisten dar, und zwar auch dann nicht, wenn er durch den Gesellschaftsgläubiger direkt in Anspruch genommen wurde (Baumbach/Hopt/*Hopt* § 171 Rn. 8 m. w. N.; Röhricht/v. Westphalen/*v. Gerkan* § 171 Rn. 21, 23 und 50). Sie ermöglicht dem Kommanditisten jedoch, mit seinem durch die Inanspruchnahme entstehenden Erstattungsanspruch gegen die Kommanditgesellschaft (§§ 171 Abs. 2 i. V. m. 110 HGB) die Aufrechnung gegen seine Pflichteinlageschuld zu erklären (BGH WM 1984, 893, 895). Die Aufrechnung ist bei einer Sacheinlageverpflichtung des Kommanditisten nicht möglich und führt stattdessen zu einem Leistungsverweigerungsrecht (Röhricht/v. Westphalen/*v. Gerkan* § 171 Rn. 21). Mit der Aufrechnung befreit sich der Kommanditist gegenüber sämtlichen Gläubigern der Kommanditgesellschaft von der Haftung (BGHZ 42, 192, 193 f.; 51, 391, 393; vgl. hierzu statt vieler: MünchHdb GesR II/*Neubauer* § 30 Rn. 42 ff m. w. N.). Bis zur rechtskräftigen Verurteilung hat der Kommanditist die Wahl, ob er an die Kommanditgesellschaft seine Einlage leistet oder einen Gesellschaftsgläubiger befriedigt, danach verliert er das Wahlrecht (str.; Nachweise s. Baumbach/Hopt/*Hopt* § 171 Rn. 8; MünchHdb GesR II/*Neubauer* § 30 Rn. 43). Dies gilt auch für die Nachhaftung eines ausgeschiedenen Kommanditisten bei Befriedigung von Altgläubigern (BGHZ 42, 193). Das Wahlrecht gilt bis zur Eröffnung des Insolvenzverfahrens (BGHZ 58, 72, 74; MünchHdb GesR II/*Neubauer* § 30 Rn. 43 m. w. N.).

V. Abtretbarkeit und Pfändbarkeit der Einlageforderung

17 Die Einlageforderung der Kommanditgesellschaft kann **abgetreten** werden (BGHZ 63, 338, 341; BGH WM 1984, 50) und ist **pfändbar**. Wird die Einlageforderung an einen Gläubiger der Kommanditgesellschaft abgetreten oder hat dieser sie gepfändet und an sich überweisen lassen, bewirkt die Leistung des Kommanditisten die Erfüllung seiner Einlageschuld (BGHZ 63, 338, 341; BGH WM 1984, 50 f.).

18 Erfolgt die **Abtretung an Erfüllungs Statt**, so geht die Forderung des Gläubigers gegen die Kommanditgesellschaft unter. Der Kommanditgesellschaft fließt in entsprechender Höhe durch die Schuldbefreiung ein Vermögenswert zu, weshalb die Außenhaftung des Kommanditisten erlischt (BGHZ 63, 338, 341). Dem Gläubiger gegenüber haftet dadurch der Kommanditist direkt auf die Pflichteinlage (Röhricht/v. Westphalen/*v. Gerkan* § 171 Rn. 18 m. w. N. in Fn. 28). Bei **erfüllungshalber Abtretung** oder Anspruchspfändung durch den Gläubiger bleibt die Forderung des Gläubigers gegenüber der Kommanditgesellschaft ebenso wie die Außenhaftung des Kommanditisten bestehen. Dieser wird erst durch die Gläubigerbefriedigung enthaftet (BGHZ 63, 338, 341). Erlässt der Gläubiger dem Kommanditisten die abgetretene Einlagenforderung oder tritt er sie an den Kommanditisten ab, so führt dies ebenfalls zur Haftungsbefreiung des Kommanditisten (BGH WM 1984, 50 f.).

19 Eine Abtretung der Einlageforderung an einen Dritten, der nicht Gesellschaftsgläubiger ist, ist nur dann wirksam, wenn die Kommanditgesellschaft dafür einen entsprechenden Gegenwert in ihr Vermögen erlangt (BGH WM 1981, 1203). Ist die Abtretung unwirksam, besteht die Haftung

des Kommanditisten im Außenverhältnis weiterhin (Röhricht/v. Westphalen/*v. Gerkan* § 171 Rn. 14).

VI. Befriedigung an Sicherungsgegenstand

Befriedigt sich ein Gläubiger an einem Sicherungsgegenstand, den der Kommanditist als Gesellschaftersicherheit zugunsten der Kommanditgesellschaft gestellt hat, so ist auch dies als Leistung des Kommanditisten mit der Folge der Enthaftung des Kommanditisten anzusehen (BGHZ 58, 72, 74). 20

VII. Beweislast

Der Kommanditist trägt die **Beweislast** für den Wegfall seiner Haftung gem. § 171 Abs. 1 Hs. 2 HGB (BGH WM 1984, 893, 895). Demgemäß ist er auch beweispflichtig für die Werthaltigkeit einer geleisteten Sacheinlage, einer zur Aufrechnung gestellten Gegenforderung oder eines umgebuchten Komplementär-Anteils (BGHZ 101, 123, 127; BGH WM 1977, 167 f.). Durch die Einlageleistung eines beklagten Kommanditisten während des gegen ihn gerichteten Haftungsprozesses eines Gläubigers erledigt sich der Gläubigeranspruch (vgl. Rn. 15; Baumbach/Hopt/*Hopt* § 171 Rn. 10). Gibt der Kommanditist dem Gläubiger über die Leistung der Einlage keine Auskunft, schuldet er dem Gläubiger Kostenersatz (§ 180 BGB). 21

C. Haftung in der Insolvenz der Kommanditgesellschaft

I. Zuständigkeit des Insolvenzverwalters bzw. Sachwalters

Im Falle der Eröffnung eines Insolvenzverfahrens über das Vermögen der Kommanditgesellschaft kann nach § 171 Abs. 2 HGB allein der **Insolvenzverwalter oder Sachwalter** während der Dauer des Verfahrens die den Gläubigern zustehenden Haftungsansprüche gegen die Kommanditisten geltend machen. Für die Insolvenz der Kommanditgesellschaft gilt im Übrigen grundsätzlich das Recht der OHG, weshalb auf die Kommentierungen zu den §§ 124 und 128 HGB in Kap. 4 sowie auf Kap. 13 verwiesen wird. 22

Regelmäßig sind beim Insolvenzverfahren über das Vermögen einer OHG auch ihre persönlich haftenden Gesellschafter insolvent. Bei einer Kommanditgesellschaft ist dagegen nicht zwingend auch der nur beschränkt haftende Kommanditist durch die Insolvenz der Gesellschaft selbst betroffen. Die Verwertung seiner Haftung zur gleichmäßigen Berücksichtigung der Gläubiger der Kommanditgesellschaft im Insolvenzverfahren soll durch die **ausschließliche Zuständigkeit** des Insolvenzverwalters bzw. Sachwalters im Falle der Eigenverwaltung nach § 270 Abs. 3 InsO sichergestellt werden. § 171 Abs. 2 HGB gilt nicht gegenüber den persönlich haftenden Komplementären (BGHZ 121, 179, 190). Für diese und für die gem. § 176 HGB unbeschränkt haftenden Kommanditisten gilt § 93 InsO entsprechend (BGH NJW 2002, 2718). 23

II. Anwendbarkeit des § 171 Abs. 2 HGB auf Nicht-KGs

Der Schutzzweck des § 171 Abs. 2 HGB gilt auch in der Insolvenz einer Nicht-KG, etwa in Form einer **umgewandelten Gesellschaft** oder **Rechtsnachfolgerin** der Kommanditgesellschaft, für deren Schulden eine summenmäßige Haftungsbeschränkung der Kommanditisten besteht (BGHZ 112, 31, 35; a. A. BGH BB 1976, 383). Für eine zu Unrecht im Handelsregister als Kommanditgesellschaft eingetragene BGB-Gesellschaft gilt diese Bestimmung in der Insolvenz ebenfalls (BGHZ 113, 216, 220 f.; krit. Röhricht/v. Westphalen/*v. Gerkan* § 171 Rn. 62). Zweifelhaft ist, ob das Insolvenzverfahren einer Gesellschaft, die durch einen **Formwechsel** aus einer Kommanditgesellschaft entstanden ist (§ 190 UmwG), die Kompetenz des Insolvenzverwalters zur Geltendmachung von Haftungsansprüchen aus der nach § 224 UmwG fortgeltenden Kommanditistenhaftung begründet (abl. Röhricht/v. Westphalen/*v. Gerkan* § 171 Rn. 61). 24

III. Kompetenz des Insolvenzverwalters

1. Geltendmachung aller im Innenverhältnis offenen Ansprüche

25 Der Insolvenzverwalter ist gem. § 80 Abs. 1 InsO nicht nur befugt, Haftungsansprüche gegen die Kommanditisten geltend zu machen, sondern sämtliche im Innenverhältnis der Gesellschafter vereinbarten offenen Ansprüche (BGH WM 1977, 1377, 1379). Von den Kommanditisten (noch) **nicht erbrachte Einlagen** sind der Aktivmasse, die der Insolvenzverwalter verwaltet und verwertet, zuzuschlagen. Der Insolvenzverwalter ist ebenfalls zur **Einforderung von Darlehen und stillen Einlagen**, die für die Kapitalausstattung der Kommanditgesellschaft vom Kommanditisten geschuldet werden, befugt (BGHZ 93, 159, 161). Bei einer Sacheinlageschuld steht dem Insolvenzverwalter nach h. M. ein Wahlrecht zu, wonach er bei höherer Haftsumme entweder diese oder die Sacheinlage und den ihren Wert übersteigenden Teil der Haftsumme einfordern kann (vgl. krit. Röhricht/v. Westphalen/*v. Gerkan* § 171 Rn. 73 m. w. N.). Der Kommanditist kann sich nicht mehr durch Befriedigung eines Gesellschaftsgläubigers anstelle der Einlagenerbringung in die Kommanditgesellschaft enthaften (BGHZ 58, 72, 75). Der Insolvenzverwalter kann nach § 129 ff. InsO unter u. U. eine vor der Insolvenzverfahrenseröffnung an einen Gläubiger geleistete Zahlung anfechten. Auf Grund der Rechtszuständigkeit des Insolvenzverwalters besteht auch keine Möglichkeit des Kommanditisten, im Verhältnis zu einem Gesellschaftsgläubiger aufzurechnen (BGHZ 42, 192, 193 f.; BFH ZIP 1984, 1245). Die Abtretung der Einlageforderung an einen Gläubiger der Kommanditgesellschaft vor Insolvenzverfahrenseröffnung ist dagegen wirksam und kann vom Insolvenzverwalter nicht angefochten werden, auch wenn die Zahlung des Kommanditisten an den Gläubiger erst nach Verfahrenseröffnung erfolgt (BGH WM 1984, 50 f.).

2. Aufrechnung durch den Kommanditisten

26 Gem. § 95 Abs. 1 S. 3 InsO ist eine Aufrechnung des Kommanditisten mit einem Erstattungsanspruch wegen der Inanspruchnahme als Mitschuldner oder Bürge durch einen Gläubiger der Kommanditgesellschaft im Insolvenzverfahren nicht mehr möglich und wirkt daher nicht haftungsbefreiend (Röhricht/v. Westphalen/*v. Gerkan* § 171 Rn. 70; unter der Geltung der KO noch anders: BGHZ 58, 72, 78; BGH WM 1974, 1004 f.).

27 Entsprechend § 387 BGB, §§ 94 ff. InsO kann ein Kommanditist mit einer vor der Eröffnung des Insolvenzverfahrens über das Vermögen der Kommanditgesellschaft begründeten Gläubigerforderung an die Gesellschaft gegen den Anspruch des Insolvenzverwalters aufrechnen (Baumbach/Hopt/*Hopt* § 171 Rn. 13).

3. Abtretung des Haftungsanspruchs

28 Der Insolvenzverwalter ist **nicht zur Abtretung** des Haftungsanspruches **berechtigt** und kann nach der höchstrichterlichen Rechtsprechung nur eine treuhänderische Abtretung an einen Insolvenzgläubiger zum Zwecke der Einziehung zugunsten der Masse vornehmen (BGH BB 1974, 1360 f.; Baumbach/Hopt/*Hopt* § 171 Rn. 12; Röhricht/v. Westphalen/*v. Gerkan* § 171 Rn. 68).

4. Einwendungen des Kommanditisten

29 Einwendungen gegen den Haftungsanspruch des Insolvenzverwalters können dem Kommanditisten nur insoweit zustehen, als er sie selbst gegenüber allen Gläubigern geltend machen könnte oder als sie der Kommanditgesellschaft selbst zustehen, während Einwendungen gegenüber nur einzelnen Gläubigern nicht gegenüber dem Insolvenzverwalter geltend gemacht werden können (BGHZ 113, 216, 221). Möglich ist der Einwand eines Kommanditisten, dass seine Inanspruchnahme auf Einzahlung der Haftsumme nicht oder jedenfalls nicht in vollem Umfang zur Befriedigung der Gläubiger der Kommanditgesellschaft erforderlich ist, wofür er allerdings die Beweislast trägt (BGHZ 39, 319, 326). Der Insolvenzverwalter ist nicht zu einer gleichmäßigen Inanspruchnahme mehrerer haftender Kommanditisten verpflichtet, sondern kann nach eigenem pflichtgemäßen Ermessen vorgehen (BGHZ 109, 334, 344).

Der Kommanditist schuldet **Zahlung zur Masse** (MünchHdb GesR II/*Neubauer* § 30 Rn. 74 ff m. w. N.) in Höhe des Betrages, mit dem er haftet, und der zur Befriedigung der Gläubiger erforderlich ist (RGZ 51, 33, 40; BGHZ 42, 192, 194; Baumbach/Hopt/*Hopt* § 171 Rn. 12; Röhricht/v. Westphalen/*v. Gerkan* § 171 Rn. 58). Er kann somit nicht mehr mit Wirkung gegenüber dem Insolvenzverwalter einen Gläubiger befriedigen (RGZ 37, 82, 86; BGHZ 58, 72; Baumbach/Hopt/*Hopt* § 171 Rn. 12; Röhricht/v. Westphalen/*v. Gerkan* § 171 Rn. 64). Ist ein Rechtsstreit zwischen einem Kommanditisten und einem Gläubiger der Kommanditgesellschaft anhängig, so wird dieser durch die Eröffnung des Insolvenzverfahrens über das Vermögen der Kommanditgesellschaft unterbrochen (BGHZ 82, 209, 218), wobei der Insolvenzverwalter in den Rechtsstreit eintreten kann. Erlässt der Insolvenzverwalter einem Kommanditisten eine Forderung oder wird zwischen den beiden ein Vergleich geschlossen, so wirkt dieser gegenüber den Gesellschaftsgläubigern (RGZ 39, 62, 64 betreffend die AG/KGaA). 30

5. Ausscheiden des Kommanditisten vor Eröffnung des Insolvenzverfahrens

Scheidet ein Kommanditist vor Eröffnung des Insolvenzverfahrens über das Vermögen der Kommanditgesellschaft aus, so haftet er nur noch für die **vor seinem Ausscheiden begründeten** Verbindlichkeiten der Gesellschaft. Nur der Insolvenzverwalter ist berechtigt, die Ansprüche der Altgläubiger gem. § 172 Abs. 2 HGB im eigenen Namen und für Rechnung der Altgläubiger gegen den ausgeschiedenen Kommanditisten geltend zu machen, d. h. diese Ansprüche werden nicht Teil der Insolvenzmasse, sondern bilden eine **Sondermasse** (BGHZ 27, 51, 56; 39, 319, 330; 71, 296, 305). Beteiligt sich ein Gläubiger nicht am Insolvenzverfahren, so kann der Insolvenzverwalter seinen Anspruch nicht gem. § 171 Abs. 2 HGB geltend machen (BGH NJW 1958, 1139). Eine unmittelbare Befriedigung eines einzelnen Gesellschaftsgläubigers enthaftet den ausgeschiedenen Kommanditisten nicht, und zwar auch nicht durch Aufrechnung mit einer eigenen Forderung gegen den Gesellschaftsgläubiger (BGHZ 42, 192, 194). Zahlungen, die ein ausgeschiedener Kommanditist nach Eröffnung des Insolvenzverfahrens an Altgläubiger leistet, führen zu einem Erstattungsanspruch des Kommanditisten gegenüber der Kommanditgesellschaft (Baumbach/Hopt/*Hopt* § 171 Rn. 14; Röhricht/v. Westphalen/*v. Gerkan* § 171 Rn. 77). Diesen Anspruch kann er gem. § 43 InsO nach Vollbefriedigung der Altgläubiger in gleichem Rang mit Neugläubigern im Insolvenzverfahren geltend machen (BGHZ 27, 51, 56 f; str.). 31

6. Gerichtliche Geltendmachung

Gem. § 22 ZPO ist der **Sitz der Kommanditgesellschaft** maßgeblich für den Gerichtsstand der vom Insolvenzverwalter eingeforderten Pflichteinlage und des Haftungsanspruches. Die Pflichteinlage kann nach § 29 ZPO auch am Erfüllungsort geltend gemacht werden (Röhricht/v. Westphalen/*v. Gerkan* § 171 Rn. 81). 32

Der Insolvenzverwalter hat Ansprüche auf Haftung und Pflichteinlage gegen einen Kommanditisten, über dessen Vermögen ebenfalls das Insolvenzverfahren eröffnet wurde, gem. § 93 InsO in diesem Verfahren geltend zu machen. 33

7. Berücksichtigung von Schuldenreduzierungen

Nach früherer h. M. zu §§ 211 Abs. 2 KO, 109 Nr. 3 VerglO wurden Schuldenreduzierungen für die Kommanditgesellschaft nur zugunsten der persönlich haftenden Gesellschafter berücksichtigt, ließen aber die Außenhaftung der Kommanditisten unberührt (RGZ 150, 163, 173; BGH WM 1970, 967, 968). Ob Schuldenreduzierungen im Rahmen eines Insolvenzplans gem. §§ 217 ff. InsO ebenfalls nur zugunsten der Komplementäre (§ 227 Abs. 2 InsO) oder auch für die Kommanditisten Auswirkungen haben soll, ist offen (dafür: Röhricht/v. Westphalen/*v. Gerkan* § 171 Rn. 87 m. w. N. in Fn. 114). 34

§ 172 [Haftungsumfang]

(1) Im Verhältnis zu den Gläubigern der Gesellschaft wird nach der Eintragung in das Handelsregister die Einlage eines Kommanditisten durch den in der Eintragung angegebenen Betrag bestimmt.

(2) Auf eine nicht eingetragene Erhöhung der aus dem Handelsregister ersichtlichen Einlage können sich die Gläubiger nur berufen, wenn die Erhöhung in handelsüblicher Weise kundgemacht oder ihnen in anderer Weise von der Gesellschaft mitgeteilt worden ist.

(3) Eine Vereinbarung der Gesellschafter, durch die einem Kommanditisten die Einlage erlassen oder gestundet wird, ist den Gläubigern gegenüber unwirksam.

(4) [1]Soweit die Einlage eines Kommanditisten zurückbezahlt wird, gilt sie den Gläubigern gegenüber als nicht geleistet. [2]Das gleiche gilt, soweit ein Kommanditist Gewinnanteile entnimmt, während sein Kapitalanteil durch Verlust unter den Betrag der geleisteten Einlage herabgemindert ist, oder soweit durch die Entnahme der Kapitalanteil unter den bezeichneten Betrag herabgemindert wird.

(5) Was ein Kommanditist auf Grund einer in gutem Glauben errichteten Bilanz in gutem Glauben als Gewinn bezieht, ist er in keinem Falle zurückzuzahlen verpflichtet.

(6) [1]Gegenüber den Gläubigern einer Gesellschaft, bei der kein persönlich haftender Gesellschafter eine natürliche Person ist, gilt die Einlage eines Kommanditisten als nicht geleistet, soweit sie in Anteilen an den persönlich haftenden Gesellschaftern bewirkt ist. [2]Dies gilt nicht, wenn zu den persönlich haftenden Gesellschaftern eine offene Handelsgesellschaft oder Kommanditgesellschaft gehört, bei der ein persönlich haftender Gesellschafter eine natürliche Person ist.

Übersicht:

A. Haftungshöhe

I. Maßgeblichkeit der Eintragung ins Handelsregister, Abs. 1

1 Gem. § 172 Abs. 1 HGB bestimmt sich die Haftungshöhe des Kommanditisten gegenüber den Gläubigern der Gesellschaft nach der Eintragung in das Handelsregister. **Vor der Eintragung** gilt auch für den Kommanditisten grundsätzlich die **unbeschränkte Haftung** gem. § 176 HGB. Auf die Bekanntmachung der Haftungssumme kommt es dagegen nicht an. Selbst wenn diese von der Eintragung abweicht, richtet sich die Haftung nach dem im Handelsregister eingetragenen Betrag (MünchHdb GesR II/*Neubauer* § 30 Rn. 9). Die Publizitätswirkung des § 15 Abs. 3 HGB wirkt nicht zugunsten eines Dritten, da das Gesetz nur auf bekannt zu machende Tatsachen abstellt (str.; zum Meinungsstand vgl. Röhricht/v. Westphalen/*v. Gerkan* § 172 Rn. 4 m. w. N.; MünchHdb GesR II/*Neubauer* § 30 Rn. 9; a. A. Schlegelberger/*K. Schmidt* § 172 Rn. 26).

2 Von der Eintragung im Handelsregister **abweichende Vereinbarungen im Innenverhältnis** zwischen den Gesellschaftern sind für die Außenhaftung des Kommanditisten nicht maßgeblich (vgl. OLG Celle ZIP 1985, 100). Ist die Haftsumme in Abweichung von der Handelsregisteranmel-

dung oder von der gesellschaftsvertraglichen Vereinbarung zu niedrig im Handelsregister eingetragen, so kann sich der Kommanditist hierauf grundsätzlich gegenüber den Gläubigern berufen (Baumbach/Hopt/*Hopt* § 172 Rn. 1; Röhricht/v. Westphalen/*v. Gerkan* § 172 Rn. 5). Umgekehrt können sich diese dem Kommanditisten gegenüber auf einen höheren Betrag berufen, wenn unrichtig eine höhere Haftsumme des Kommanditisten im Handelsregister eingetragen ist. Hat der Gläubiger zur Zeit des Entstehens seines Anspruches jedoch Kenntnis davon, dass ein höherer als der angemeldete Betrag im Handelsregister eingetragen wurde, kann ihm der Kommanditist dies nach h. M. entgegenhalten (statt vieler: Baumbach/Hopt/*Hopt* § 172 Rn. 1; Röhricht/v. Westphalen/*v. Gerkan* § 172 Rn. 6). Streitig ist, ob der Kommanditist sich auch auf eine gesellschaftsvertraglich niedriger vereinbarte Haftsumme bei Kenntnis des Gläubigers hiervon berufen kann (so Schlegelberger/*K. Schmidt* § 172 Rn. 31; a. A. Baumbach/Hopt/*Hopt* § 172 Rn. 1; vermittelnd: Röhricht/v. Westphalen/*v. Gerkan* § 172 Rn. 6, der jedenfalls verlangt, dass die unrichtige Eintragung weder zurechenbar durch den Kommanditisten veranlasst noch von ihm geduldet wurde). Ist eine höher vereinbarte Haftsumme im Handelsregister zu niedrig eingetragen, so kann sich ein Gläubiger dennoch auf den höheren Betrag berufen, wenn dieser in handelsüblicher Weise oder in sonstiger Form von der Kommanditgesellschaft mitgeteilt worden ist, § 172 Abs. 2 HGB.

II. Berichtigung der unrichtigen Eintragung

Ein Kommanditist kann eine **Berichtigung der unrichtigen Eintragung**, die von der Handelsregisteranmeldung abweicht, selbst bewirken. Dagegen bedarf es bei einer Abweichung nur vom Kommanditgesellschaftsvertrag entsprechend § 175 HGB eines Antrages sämtlicher Gesellschafter (Röhricht/v. Westphalen/*v. Gerkan* § 172 Rn. 9). Eine Amtslöschung nach § 142 FGG der unrichtigen Eintragung einer Haftsumme muss gleichzeitig mit Eintragung des richtigen Betrages erfolgen (KG JW 1934, 2699, 2700). Die Berichtigung einer unrichtigen Eintragung auf eine niedrigere Haftsumme wirkt nur für die Zukunft, während die Berichtigung auf einen höheren Betrag vom ursprünglichen Eintragungszeitpunkt an gilt (Röhricht/v. Westphalen/*v. Gerkan* § 172 Rn. 8). 3

III. Eintragung von Haftungsausschluss und Einlageerhöhung

Durch die Eintragung der Haftsumme im Handelsregister steht nicht fest, ob es im Außenverhältnis eine Haftung des Kommanditisten gibt bzw. ob ein **Haftungsausschluss** auf Grund einer Einlageleistung oder wegen Gläubigerbefriedigung gegeben ist (BGHZ 81, 82, 87). Die Einlageleistung als solche wird nicht in das Handelsregister eingetragen (BGHZ 101, 123, 127 f). Streitig ist, ob ein Gesellschaftsgläubiger einen Auskunftsanspruch gegen einen Kommanditisten wegen einer etwa noch bestehenden Haftung hat (zum Meinungsstreit vgl. Röhricht/v. Westphalen/*v. Gerkan* (abl.) § 172 Rn. 10 m. w. N.). 4

Die **Erhöhung einer Einlage**, die gem. § 175 HGB zum Handelsregister anzumelden ist, wird stets mit ihrer Eintragung im Handelsregister wirksam und gilt dann auch für die bereits vorher entstandenen Schulden der Kommanditgesellschaft (Röhricht/v. Westphalen/*v. Gerkan* § 172 Rn. 12). Die Erhöhung der Haftsumme kann jedoch gem. § 172 Abs. 2 HGB auch schon vor ihrer Eintragung durch Kundmachung wirksam sein. Dies geschieht entweder durch handelsübliche Bekanntmachung, etwa in einer Tageszeitung, durch Rundschreiben, oder durch Mitteilung in sonstiger Weise an den Gläubiger, der sich auf die Haftungserhöhung beruft. Allerdings bedarf die Kundmachung durch die Kommanditgesellschaft der Zustimmung des Kommanditisten, die auch konkludent vorliegen kann (BGHZ 108, 187, 198). Dabei reicht die Bekanntmachung der Erhöhung durch den Kommanditisten selbst aus (Röhricht/v. Westphalen/*v. Gerkan* § 172 Rn. 12; Schlegelberger/*K. Schmidt* § 172 Rn. 36). Ein Gläubiger, der nicht durch eine an ihn gerichtete Mitteilung von der Haftungserhöhung Kenntnis erlangt, kann sich nicht auf sie berufen, auch wenn er von der Erhöhung auf anderem Wege erfährt (Röhricht/v. Westphalen/*v. Gerkan* § 172 Rn. 14; Schlegelberger/*K. Schmidt* § 172 Rn. 37). Hiervon unberührt bleibt eine **Rechtsscheinhaftung** des Kommanditisten (Röhricht/v. Westphalen/*v. Gerkan* § 172 Rn. 15). 5

IV. Erlass und Stundung der Einlage, Abs. 3

6 Nach Abs. 3 ist den Gläubigern gegenüber eine **Vereinbarung der Gesellschafter** unwirksam, durch welche einem Kommanditisten die **Einlage erlassen** oder **gestundet** wird (vgl. hierzu Baumbach/Hopt/*Hopt* § 172 Rn. 3; Röhricht/v. Westphalen/*v. Gerkan* § 172 Rn. 16; MünchHdb GesR II/*Neubauer* § 30 Rn. 9). Die Außenhaftung des Kommanditisten in Höhe der eingetragenen Haftsumme bleibt mithin unberührt. Eine Herabsetzung der Haftsumme erfolgt über die §§ 174 f. HGB (s. dort).

7 Der Erlass oder die Stundung einer Pflichteinlage – nicht Haftsumme – durch Vereinbarung zwischen den Gesellschaftern ist dagegen auch Gläubigern gegenüber grundsätzlich wirksam. Im Einzelfall kann sich eine andere Beurteilung bei Vorliegen von Sittenwidrigkeit nach § 138 BGB oder aus den §§ 129 ff. InsO bzw. den Regelungen des Anfechtungsgesetzes ergeben (Röhricht/v. Westphalen/*v. Gerkan* § 172 Rn. 17).

B. Einlagenrückgewähr, Abs. 4

I. Wiederaufleben der Außenhaftung

8 Abs. 4 normiert ein **Wiederaufleben der Außenhaftung** des Kommanditisten bei einer Rückgewähr von Einlageleistungen. Nach §§ 174 f. HGB kann die Einlage für die Zukunft herabgesetzt werden. Eine Außenhaftung besteht nach Abs. 4 S. 2 auch bei Gewinnentnahmen trotz einer Minderung der Einlage durch Verluste oder wenn durch die Gewinnentnahme der Kapitalanteil des Kommanditisten gemindert wird. Eine Zahlung der Kommanditgesellschaft an den Kommanditisten, die über die von ihm geleistete Einlage (Haftsumme) hinausgeht, führt zwar zum Wiederaufleben der Haftung im Außenverhältnis, lässt ihn aber nicht über die eingetragene Haftsumme hinaus haften (BGHZ 60, 324 327; 84, 383, 387; MünchHdb GesR II/*Neubauer* § 30 Rn. 47 ff. m. w. N.).

II. Rückzahlung i. S. v. Abs. 4 S. 1

9 Eine Rückzahlung i. S. v. Abs. 4 S. 1 liegt nicht nur in der Rückzahlung der Einlage als solcher, sondern auch bei anderen Zahlungsvorgängen und Zuwendungen jeder Art an den Kommanditisten vor, sofern der Kommanditgesellschaft dadurch ohne angemessenen Gegenwert **Vermögenswerte entzogen** werden (BGHZ 39, 319, 331).

10 **Beispiele**: Die Rückgewähr muss nicht in einer Geldleistung bestehen, sondern kann z. B. im **Erhalt einer Beteiligung** an einem durch Aufspaltung oder Abspaltung eines Unternehmensteils der Kommanditgesellschaft entstehenden Nachfolgeunternehmen gegeben sein (Röhricht/v. Westphalen/*v. Gerkan* § 172 Rn. 19; Baumbach/Hopt/*Hopt* § 173 Rn. 11 ff.). Die **Auszahlung des Auseinandersetzungsguthabens** eines ausgeschiedenen Kommanditisten ist ebenfalls als Rückzahlung zu werten, sofern die Abfindung in Folge von Verlusten der Kommanditgesellschaft unter der vom Kommanditisten erbrachten Einlage liegt (Baumbach/Hopt/*Hopt* § 172Rn. 6). Ebenso sind **Überentnahmen** und der **Ausgleich persönlicher Verbindlichkeiten** des Kommanditisten durch die Kommanditgesellschaft zu werten (Baumbach/Hopt/*Hopt* § 172 Rn. 6; Röhricht/v. Westphalen/*v. Gerkan* § 172 Rn. 24; MünchHdb GesR II/*Neubauer* § 30 Rn. 59). Gleiches gilt für **Leistungen an einen Dritten**, wenn dieser entsprechend an den Kommanditisten leistet (BGHZ 47, 149, 156). Eine **Eigentümergrundschuldabtretung** durch die Kommanditgesellschaft an Kreditgeber des Kommanditisten ist ebenso zu werten (BGH BB 1976, 383). Genauso die Zahlung aus dem Privatvermögen eines Mitgesellschafters an einen Kommanditisten mit der Folge, dass der Mitgesellschafter einen Erstattungsanspruch an die Kommanditgesellschaft hat, mithin bei **Zahlung auf eine Schuld der Gesellschaft** (BGHZ 76, 127, 130; 93, 246, 249). Auch die **Anteilsübertragung** eines Kommanditisten an den Komplementär gegen einen Kaufpreis kann eine Rückzahlung i. S. d. § 172 Abs. 4 S. 1 HGB darstellen (OLG Frankfurt NJW 1963, 545). Die Zahlung einer angemessenen **Tätigkeitsvergütung** für einen Kommanditisten, der die Geschäftsführung der Kommanditgesellschaft übernommen hat, stellt keine Rück-

zahlung dar (MünchHdb GesR II/*Neubauer* § 30 Rn. 54 m. w. N.). Bei gewinnunabhängiger Tätigkeitsvergütung eines Kommanditisten erhält die Kommanditgesellschaft bei angemessener Vergütungshöhe einen entsprechenden Gegenwert in Form der geleisteten Dienste, so dass eine Rückgewähr nur bei einer überhöhten Vergütung zu sehen ist (BAG WM 1983, 514 f.; a. A. noch OLG Celle OLGZ 1973, 343, 344 f.; ebenso OLG Hamm DB 1977, 717 f.; Röhricht/v. Westphalen/*v. Gerkan* § 172 Rn. 21). Bei gewinnabhängiger Vergütung gelten gem. § 172 Abs. 4 S. 2 HGB die Regelungen für eine Gewinnentnahme entsprechend (Röhricht/v. Westphalen/*v. Gerkan*, § 172 Rn. 22 m. w. N.). Geht die Kommanditgesellschaft **zugunsten des Kommanditisten eine Verbindlichkeit** ein und erfüllt sie diese Schuld oder gewährt eine Sicherheit für eine derartige Schuld, so liegt ebenfalls ein Rückzahlungstatbestand vor (BGH WM 1976, 130, 131 f.). Ebenso liegt der Fall, wenn der Kommanditist, der einen Gläubiger der Kommanditgesellschaft befriedigt hat, diesen Betrag von der Gesellschaft erstattet erhält (Röhricht/v. Westphalen/*v. Gerkan* § 172 Rn. 24; MünchHdb GesR II/*Neubauer* § 30 Rn. 58). Während die Umwandlung eines Auseinandersetzungsguthabens in eine Darlehensforderung keine Rückzahlung darstellt (MünchHdb GesR II/*Neubauer* § 30 Rn. 56 m. w. N.), liegt diese bei der **Begleichung der Darlehensschuld** vor, und zwar auch schon bei Zinszahlung auf das Darlehen (BGHZ 39, 319, 332). Eine Rückgewähr liegt vor im Falle eines **Geschäftes des Kommanditisten mit der Kommanditgesellschaft**, wenn dieser keine angemessene und vollwertige Gegenleistung erbringt (MünchHdb GesR II/*Neubauer* § 30 Rn. 53 m. w. N.; Röhricht/v. Westphalen/*v. Gerkan* § 172 Rn. 20). Die **Stundung** einer Gegenleistung oder die Hingabe eines Darlehens an einen Kommanditisten ist dann als Rückgewähr zu werten, wenn der Kommanditist zahlungsunfähig wird (Röhricht/v. Westphalen/*v. Gerkan* § 172 Rn. 20; MünchHdb GesR II/*Neubauer* § 30 Rn. 53 m. w. N.). Eine Rückgewähr liegt dagegen nicht vor, wenn der **persönlich haftende Gesellschafter** dem Kommanditisten aus seinem Vermögen Werte überlässt, da das Komplementär-Vermögen und das Kommanditgesellschaftsvermögen keine zusammengehörige Haftungsmasse bilden (BGHZ 93, 246, 250; MünchHdb GesR II/*Neubauer* § 30 Rn. 60 m. w. N.). Dies gilt auch dann, wenn die Leistung des Komplementärs durch Umbuchung von dessen Kapitalkonto erbracht wird (BGH WM 1984, 893, 895) oder, wenn für Rechnung des Komplementärs die **Abfindung eines ausscheidenden Kommanditisten** aus dem Vermögen der Kommanditgesellschaft bezahlt wird (BGHZ 112, 31, 36 f.), nicht jedoch, wenn der Komplementär für Rechnung der Gesellschaft handelt und einen Aufwendungsersatzanspruch gegen diese erlangt (BGHZ 76, 127, 130; 93, 246, 249; MünchHdb GesR II/*Neubauer* § 30 Rn. 60 m. w. N.). Auch wenn der Komplementär nach Ausscheiden aller Kommanditisten das Unternehmen der Kommanditgesellschaft als Einzelkaufmann fortführt, sind die Abfindungen, die er an die ausgeschiedenen Kommanditisten leistet, als Rückzahlungen zu betrachten (BGHZ 61, 149, 151). Wird eine **Einlage** so **umgebucht**, dass sie dem Kommanditisten auf einem Privatkonto als Forderung gutgeschrieben wird, ist nach der h. M. eine Rückzahlung zu verneinen, solange die Mittel in der Kommanditgesellschaft verbleiben, also weiterhin dem Zugriff der Gläubiger unterliegen (BGHZ 39, 319, 331; BGH WM 1976, 130, 131 f.). Nach a. A. ist hierin eine Einlagenrückgewähr zu sehen, da die Mittel Fremdkapital darstellen, wobei der Kommanditist durch Aufrechnung mit seinem Abfindungsanspruch ein Entfallen der wiederaufgelebten Haftung erreichen könne (Schlegelberger/*K. Schmidt* § 172 Rn. 63, 72 f. m. w. N.; Röhricht/v. Westphalen/*v. Gerkan* § 172 Rn. 29).

Wird trotz Rückzahlung an den Kommanditisten die **Haftsumme abgedeckt**, verneint die h. M. ein Wiederaufleben der Außenhaftung (statt vieler: BGHZ 60, 324, 327 f; MünchHdb GesR II/ 11
Neubauer § 30 Rn. 51 m. w. N.; Röhricht/v. Westphalen/*v. Gerkan* § 172 Rn. 32 m. w. N.; Baumbach/Hopt/*Hopt* § 172 Rn. 5). Abzustellen ist dabei auf den Buchwert des Kapitalanteils und nicht auf den wahren Wert (BGHZ 109, 334, 339 f.). Ebenso ist die Rückzahlung eines Aufgeldes, welches der Kommanditist für die Aufnahme in die Kommanditgesellschaft an die Mitgesellschafter gezahlt hat, zu beurteilen (BGHZ 84, 383, 387; Röhricht/v. Westphalen/*v. Gerkan* § 172 Rn. 32; MünchHdb GesR II/*Neubauer* § 30 Rn. 55 m. w. N.; a. A. Schlegelberger/*K. Schmidt* § 172 Rn. 64).

12 Die **Zahlung einer Abfindung** an den ausscheidenden Kommanditisten stellt eine Einlagenrückgewähr dar und begründet die persönliche Haftung des Ausscheidenden für die bis zur Eintragung seines Ausscheidens im Handelsregister entstandenen Gesellschaftsverbindlichkeiten (Röhricht/v. Westphalen/*v. Gerkan* § 172 Rn. 33). Eine Berufung auf den im Innenverhältnis geltenden Freistellungsanspruch des Kommanditisten ist gegenüber Gläubigern nicht möglich (BGH WM 1976, 809).

III. Gewinnentnahme, Abs. 4 S. 2

13 Die Haftung des Kommanditisten lebt nach § 172 Abs. 4 Satz 2 HGB wieder auf, wenn er Gewinnanteile entnimmt, während sein Kapitalanteil durch Verlust unter den Betrag der geleisteten Einlage herabgemindert ist oder soweit dies durch die Entnahme erfolgt (vgl. hierzu MünchHdb GesR II/*Neubauer* § 30 Rn. 62 m. w. N.). Das Wiederaufleben der Außenhaftung bei Gewinnentnahme i. S. v. Abs. 4 S. 2 ist auf Grund einer **Erfolgsbilanz** zu fortgeführten Buchwerten zu beurteilen (Baumbach/Hopt/*Hopt* § 172 Rn. 8; MünchHdb GesR II/*Neubauer* § 30 Rn. 65 m. w. N.). Dies gilt auch bei Bildung stiller Reserven aus Sonderabschreibungen (BGHZ 109, 334, str.; zum Meinungsstand vgl. Baumbach/Hopt/*Hopt* § 172 Rn. 8). Die Zahlung einer Geschäftsführervergütung an einen Kommanditisten, der in keinem Arbeitsverhältnis zur Kommanditgesellschaft steht, kann sich als **Gewinnvoraus** darstellen und zu einer Haftung nach § 172 Abs. 2 S. 2 HGB führen (OLG Celle OLGZ 73, 343; OLG Hamm DB 1977, 717). Zinsen auf den Kapitalanteil sind wie Gewinn zu beurteilen (Röhricht/v. Westphalen/*v. Gerkan* § 172 Rn. 37).

14 Während Abs. 4 S. 2 auf die **Haftsumme** abstellt, ist bei § 169 Abs. 1 S. 2 Hs. 2 HGB die **Pflichteinlage** maßgeblich. Da Pflichteinlage und Haftsumme auseinanderfallen können, ist die Frage, ob eine Gewinnauszahlung nach Abs. 4 S. 2 zu einer Haftung des Kommanditisten führt und ob sie nach § 169 Abs. 1 S. 2 Hs. 2 HGB unzulässig ist, u. U. unterschiedlich zu beantworten. Eine unzulässige Gewinnauszahlung nach § 169 HGB begründet nach h. M. keine Außenhaftung des Kommanditisten, wenn die geleistete Einlage die Haftsumme noch summenmäßig abdeckt, wobei auf den verbleibenden Buchwert des Kapitalanteils abzustellen ist (BGHZ 109, 334, 339 f.; Baumbach/Hopt/*Hopt* § 172 Rn. 8; Röhricht/v. Westphalen/*v. Gerkan* § 172 Rn. 38 m. w. N.).

IV. Gutgläubiger Gewinnbezug, Abs. 5

15 Abs. 5 ermöglicht einen gutgläubigen Gewinnbezug des Kommanditisten, der im Vertrauen auf die Bilanz einen Gewinn bezieht und deshalb nicht zur Rückzahlung von Gewinnen verpflichtet ist (vgl. hierzu MünchHdb GesR II/*Neubauer* § 30 Rn. 66 m. w. N.). Aus dem Zusammenhang mit den vorstehenden Regelungen des Abs. 1 bis 4 folgt jedoch, dass auch Abs. 5 auf die **Außenhaftung des Kommanditisten** im Verhältnis zu den Gläubigern der Kommanditgesellschaft abstellt (MünchHdb GesR II/*Neubauer* § 30 Rn. 67 m. w. N.). Der Kommanditist kann nach h. M. zur Rückzahlung an die Gesellschaft verpflichtet sein, ohne dass der Gewinnbezug seine Außenhaftung erhöht und umgekehrt (Baumbach/Hopt/*Hopt* § 172 Rn. 9 m. w. N.). Die Vorschrift gilt beim Bezug von **Scheingewinnen**. Fehlt der gute Glaube, so ist dieser Bezug von Scheingewinnen grundsätzlich mit einem Wiederaufleben der Haftung des Kommanditisten verbunden (Röhricht/v. Westphalen/*v. Gerkan* § 172 Rn. 40; MünchHdb GesR II/*Neubauer* § 30 Rn. 68 m. w. N.). Durch Abs. 5 wird mithin vermieden, dass ein gutgläubiger Kommanditist die Gewinnausschüttung stets auf ihre Berechtigung hin überprüfen muss.

16 Durch Abs. 5 ist **nur der Bezug von Gewinn** geschützt, nicht jedoch die Gutschrift auf das Einlagenkonto des Kommanditisten, anders jedoch bei einer Gutschrift auf einem Privatkonto (MünchHdb GesR II/*Neubauer* § 30 Rn. 69 m. w. N.; Baumbach/Hopt/*Hopt* § 172 Rn. 11; Röhricht/v. Westphalen/*v. Gerkan* § 172 Rn. 44 m. w. N.). Nicht erfasst sind ebenfalls Vorauszahlungen auf den Gewinn (RGZ 37, 82 ff.; MünchHdb GesR II/*Neubauer* § 30 Rn. 69; Röhricht/v. Westphalen/*v. Gerkan* § 172 Rn. 42 m. w. N.). Abs. 5 gilt für ausgezahlte Scheingewinne, für ausgezahlte Anteile am tatsächlichen Gewinn, der einem Kommanditisten jedoch nicht zusteht, sowie bei Auszahlung von dem Kommanditisten zustehenden Gewinnanteilen, wenn die Aus-

zahlung nach Abs. 4 S. 2 nur mit der Folge der Haftungswiederauflebung möglich war (Baumbach/Hopt/*Hopt* § 172 Rn. 9).

Gutgläubig ist der Bezug, wenn die Bilanz richtig war oder ohne Vorsatz (BGHZ 84, 385) und ohne grobe Fahrlässigkeit für richtig gehalten wurde. Zudem muss der Kommanditist ohne grobe Fahrlässigkeit den Bezug des Gewinnes für ordnungsgemäß erachtet haben (MünchHdb GesR II/*Neubauer* § 30 Rn. 70 m. w. N.; Baumbach/Hopt/*Hopt* § 172 Rn. 10). Eine vorsätzliche Verletzung anerkannter Bilanzierungsgrundsätze schließt den guten Glauben der Gesellschafter, die die Bilanz aufgestellt haben, aus (BGHZ 84, 383, 385 f.). Dies ist ebenso der Fall, wenn Bilanzposten gutgläubig fehlbewertet werden (vgl. Darstellung der Auffassungen bei Röhricht/v. Westphalen/*v. Gerkan* § 172 Rn. 50 f. m. w. N.). 17

Die **Beweislast** für das Vorliegen der Voraussetzungen des Wiederauflebens der Haftung nach Abs. 5 S. 2 trägt der Gläubiger, der insbesondere die Unrichtigkeit der Bilanz beweisen muss, während der Kommanditist beweispflichtig für seinen guten Glauben ist (Baumbach/Hopt/*Hopt* § 172 Rn. 12; Röhricht/v. Westphalen/*v. Gerkan* § 172 Rn. 55 f. m. w. N.). 18

C. Sonderfall: Keine natürliche Person als persönlich haftender Gesellschafter, Abs. 6

Bei einer Kommanditgesellschaft, bei der kein persönlich haftender Gesellschafter eine natürliche Person ist, gilt die Einlage eines Kommanditisten gegenüber den Gesellschaftsgläubigern als nicht geleistet, soweit sie in Anteilen an den persönlich haftenden Gesellschaftern bewirkt ist. In der Praxis werden zumeist **Geschäftsanteile an der Komplementär-GmbH** in die Kommanditgesellschaft eingelegt. Erfolgt dies als Kommanditeinlage, so haften die Kommanditisten den Gläubigern der Kommanditgesellschaft persönlich bis zur Höhe ihrer jeweiligen Einlage gem. § 171 Abs. 1 HGB. Mit dieser Regelung wird ein **Schutz der Gläubiger** der Kommanditgesellschaft bezweckt: Wäre es möglich, die Geschäftsanteile an der Komplementärin mit befreiender Wirkung als Kommanditeinlage zu leisten, so würde das Vermögen der Komplementärin zugleich die Haftungsmasse der Komplementär-GmbH und der Kommanditisten darstellen, so dass den Gläubigern tatsächlich nur eine Haftungsmasse zur Verfügung stehen würde (Röhricht/v. Westphalen/*v. Gerkan* § 172 Rn. 58; Baumbach/Hopt/*Hopt* § 172 Rn. 13). 19

Der Gläubigerschutz ist nicht erforderlich, wenn zu den persönlich haftenden Gesellschaftern der Kommanditgesellschaft wiederum eine **offene Handelsgesellschaft** oder eine **Kommanditgesellschaft** gehört, bei denen ein persönlich haftender Gesellschafter eine natürliche Person ist. In diesem Fall bestehen jedenfalls zwei Haftungsmassen, so dass § 172 Abs. 6 S. 2 HGB ein Wiederaufleben der Haftung des Kommanditisten verneint. Damit wird sowohl dem Kapitalaufbringungsgrundsatz der typischen Kommanditgesellschaft als auch den Kapitalerhaltungsregelungen der §§ 30 f. GmbHG Rechnung getragen. 20

Auszahlungen aus dem Kommanditgesellschaftsvermögen dürfen nicht zu einer **Beeinträchtigung der Deckung des Stammkapitals** der Komplementär-GmbH führen. Erwirbt etwa eine Kommanditgesellschaft die Anteile an der Komplementär-GmbH von den Gesellschaftern mit Mitteln, die durch den Abfluss bei der Kommanditgesellschaft zu deren Entwertung führen, so kann bei der GmbH durch die entwertete Beteiligung an der Kommanditgesellschaft eine Unterbilanz oder eine Überschuldung entstehen. Gleiches gilt, wenn Auszahlungen der Kommanditgesellschaft zu ihrer Überschuldung führen und diese auf Grund der persönlichen Haftung auf die Komplementär-GmbH durchschlägt. 21

Die Stammkapitalbeeinträchtigung der Komplementär-GmbH führt zu einer **Erstattungspflicht der Kommanditisten**, die zugleich Gesellschafter der Komplementärin sind. Sie haben die aus dem Kommanditgesellschaftsvermögen erhaltenen Leistungen nach § 31 GmbHG zu erstatten, und zwar bis zu der Höhe, die zur Wiederherstellung des Stammkapitals erforderlich ist (Röhricht/v. Westphalen/*v. Gerkan* § 172 Rn. 67 m. w. N.). Ebenso trifft eine Haftung auch die Kommanditisten, die nicht zugleich der Komplementärin angehören, da ihnen eine Finanzierungsverantwortung für die Komplementärin zukommt (BGHZ 110, 342, 355 f.; MünchHdb GesR II/*Gum-* 22 *mert* § 54 Rn. 13 m. w.N). Jedoch wird für eine Ausfallhaftung nach § 31 Abs. 3 GmbHG eine förmliche Mitgliedschaft in der GmbH verlangt (vgl. zum Meinungsstand Röhricht/v. Westphalen/*v. Gerkan* § 172 Rn. 68 m. w. N. in Fn. 77; MünchHdb GesR II/*Gummert* § 54 Rn. 15 m. w.N).

23 **Subsidiär haften** die übrigen Gesellschafter der Komplementärin nach § 31 Abs. 3 GmbHG, allerdings beschränkt auf den Betrag des Stammkapitals (h. M. in der Literatur, vgl. zum Meinungsstand auch Röhricht/v. Westphalen/*v. Gerkan* § 172 Rn. 70 m. w. N. in Fn. 80).

24 Ein Erstattungsanspruch nach § 31 GmbHG entfällt nach höchstrichterlicher Rechtsprechung nicht, wenn das Stammkapital der Komplementär-GmbH anderweitig nachhaltig wiederhergestellt wird (BGHZ 144, 336, 341 f.). Gegen einen Erstattungsanspruch kann auch nicht aufgerechnet werden (entspr. § 19 Abs. 2 S. 2 GmbHG; BGH ZIP 2001, 157, 158).

§ 172 a [Entsprechende Geltung der §§ 32 a und 32 b des GmbHG]

[1]Bei einer Kommanditgesellschaft, bei der kein persönlich haftender Gesellschafter eine natürliche Person ist, gelten die §§ 32 a, 32 b des Gesetzes betreffend die Gesellschaften mit beschränkter Haftung sinngemäß mit der Maßgabe, daß an die Stelle der Gesellschafter der Gesellschaft mit beschränkter Haftung die Gesellschafter oder Mitglieder der persönlich haftenden Gesellschafter der Kommanditgesellschaft sowie die Kommanditisten treten. [2]Dies gilt nicht, wenn zu den persönlich haftenden Gesellschaftern eine offene Handelsgesellschaft oder Kommanditgesellschaft gehört, bei der ein persönlich haftender Gesellschafter eine natürliche Person ist.

Übersicht:

A. Allgemeines

1 Für eine Kommanditgesellschaft ohne eine natürliche Person als persönlich haftenden Gesellschafter, bei der den Gläubigern mithin nur eine beschränkte Haftungsmasse wie bei einer Kapitalgesellschaft zur Verfügung steht, gelten die §§ 32 a und 32 b GmbHG nach § 172 a S. 1 HGB entsprechend, wobei an die Stelle der Gesellschafter der GmbH die Anteilsinhaber der Komplementärin sowie die Kommanditisten treten. Gehört zu den Komplementären eine OHG oder eine KG, bei der ein persönlich haftender Gesellschafter eine natürliche Person ist, gilt nach § 172 a S. 2 HGB die Regelung des S. 1 der Vorschrift nicht. Der im OHG-Recht geltende wortlautgleiche § 129 a HGB soll im Wesentlichen die **Umgehung der Vorschriften** über die eigenkapitalersetzenden Gesellschafterdarlehen durch Rechtsgestaltungen **verhindern**, z. B. eine aus zwei GmbHs bestehende OHG ohne voll haftende natürliche Personen. Praktische Bedeutung entfaltet § 172 a HGB insbesondere für die GmbH & Co. KG. Bezüglich des Wortlauts sowie der Kommentierung der §§ 32 a, 32 b GmbHG, auf die § 172 a HGB verweist, s. Kap. 7.

Eigenkapitalersetzende Gesellschafterdarlehen sind umfassend in § 172 a HGB i. V. m. §§ 32 a, 32 b GmbH geregelt (Normkonkurrenz). Da sie jedoch auf das Insolvenzverfahren über das Vermögen der Kommanditgesellschaft abstellen, werden Gesellschafterdarlehen nach der Rechtsprechung auch weiterhin nach §§ 30, 31 GmbHG behandelt (BGHZ 90, 370, 372 ff.; Röhricht/ v. Westphalen/*v. Gerkan* § 172 a Rn. 10 m. w. N.; MünchHdb GesR II/*Gummert* § 54 Rn. 24 m. w. N.; Baumbach/Hopt/*Hopt* § 172 a Rn. 5 ff.). Die Rechtsprechung zu diesen beiden Normen kann daher auch zur Auslegung des § 172 a HGB i. V. m. §§ 32 a, 32 b GmbHG herangezogen werden. 2

Ergänzend zu § 172 a HGB i. V. m. §§ 32 a und 32 b GmbHG gelten 135 InsO sowie § 6 AnfG. Danach sind Rechtshandlungen, die zu einer Besicherung einer Forderung eines Gesellschafters auf Rückgewähr eines kapitalersetzenden Darlehens oder einer gleichgestellten Forderung dienen, **anfechtbar**, wenn sie in den letzten zehn Jahren vor dem Insolvenzantrag oder nach diesem Antrag vorgenommen worden sind (§ 135 Nr. 1 InsO) oder dem Gesellschafter im letzten Jahr vor dem Insolvenzantrag oder nach diesem Antrag Befriedigung gewähren (§ 135 Nr. 2 InsO; zum Anfechtungsrecht des Insolvenzverwalters nach § 135 InsO vgl. Röhricht/v. Westphalen/*v. Gerkan* § 127 a Rn. 87 ff. m. w. N. der Rspr.). Die zusätzliche vertragliche Vereinbarung der Nachrangigkeit einer Forderung im Insolvenzverfahren (§ 39 Abs. 2 InsO) lässt die Anfechtbarkeit nach § 135 InsO nicht entfallen (Baumbach/Hopt/*Hopt* § 172 a Rn. 16). Das nach § 135 InsO bestehende Anfechtungsrecht sowie der Erstattungsanspruch gem. § 32 b GmbHG verjähren nach zwei Jahren seit Verfahrenseröffnung (§ 146 Abs. 1 InsO). Erfasst werden nur Rückzahlungen, die nicht länger als ein Jahr vor dem Insolvenzantrag liegen. Nicht akzessorische Sicherheiten können verwertet werden, solange der Insolvenzverwalter ihre Bestellung nicht nach § 135 InsO anficht (Röhricht/v. Westphalen/*v. Gerkan* § 172 a Rn. 96, 122). 3

Die **Beweislast** für das Vorliegen eines eigenkapitalersetzenden Darlehens trägt derjenige, der sich darauf beruft (vgl. hierzu Röhricht/v. Westphalen/*v. Gerkan,* § 172 a Rn. 29 m. w. N. der Rspr. in Fn. 53 bis 59). 4

B. Eigenkapitalersetzende Gesellschafterdarlehen

I. Grundsatz

Nach dem **Grundsatz des § 32 a Abs. 1 S. 1 GmbHG** wird ein Darlehen, das ein Gesellschafter der Kommanditgesellschaft im Zeitpunkt der Krise gewährt hat, wie Eigenkapital behandelt, d. h. der Gesellschafter kann seinen Darlehensrückgewähranspruch nur dann befriedigen, wenn nach Abschluss des Insolvenzverfahrens noch Gesellschaftsvermögen vorhanden ist. Das Darlehen wird im Gegensatz zu anderen Gesellschaften bei der Kommanditgesellschaft nicht als Einlage behandelt (§ 39 Abs. 1 Nr. 5 InsO). Nach dem Wortlaut des § 172 a HGB sind nur die unmittelbar an der persönlich haftenden Gesellschafterin beteiligten Gesellschafter und die Kommanditisten erfasst, nicht jedoch die Komplementärin selbst. Diese haftet ohnehin aus § 128 HGB (Baumbach/Hopt/*Hopt* § 172 a Rn. 5 m. w. N., nach a. A. jedoch auch nach den Eigenkapitalersatzregeln (Röhricht/v. Westphalen/*v. Gerkan,* § 172 a Rn. 15 m. w. N. in Fn. 15 für analoge Heranziehung des § 172 a HGB auf die Komplementärin, die nach der Rechtsprechung zu §§ 30 f. GmbHG ohnehin Finanzierungsfolgenverantwortung trägt). 5

II. Eigenkapitalersatz

Ein **eigenkapitalersetzendes Darlehen** liegt nach h. M. in Rechtsprechung und Literatur dann vor, wenn das Darlehen die Insolvenz der Kommanditgesellschaft abwenden oder hinausschieben soll, und zwar auch dann, wenn noch keine Insolvenzreife vorliegt, jedoch ein Dritter der Kommanditgesellschaft einen Kredit zu marktüblichen Bedingungen nicht gewähren würde, so dass die Darlehensgewährung zur Abwendung der Liquidation dient (BGHZ 76, 326, 329 ff.; Baumbach/Hopt/*Hopt* § 172 a Rn. 6; MünchHdb GesR II/*Gummert* § 54 Rn. 21 m. w. N.). Das heißt also, wenn ordentliche wirtschaftlich vernünftig denkende Kaufleute der Kommanditgesellschaft kein Kapital zuführen würden, weil die Kommanditgesellschaft nach marktüblichen 6

Kriterien nicht mehr kreditwürdig ist und ohne die Finanzierung liquidiert werden müsste (BGHZ 76, 326, 329 ff.; BGH ZIP 1992, 177, 178). Das Stehenlassen bereits valutierter Darlehen kann der Darlehensgewährung entsprechen (BGH NJW 1985, 2719). Vgl. zum Vorliegen eines Eigenkapital ersetzenden Darlehens ausführl. Kap. 7 §§ 32 a, 32 b Rn. 16 ff.

7 Ein Verstoß gegen § 172 a HGB i. V. m. § 30 a Abs. 1 GmbH führt nur in der Insolvenz der Kommanditgesellschaft zur **Rechtsfolge der nachrangigen Befriedigung** des Gesellschafters auf Darlehensrückgewähr.

8 Auch bei **Umgehungstatbeständen** greifen die **Eigenkapitalersatzregeln,** d. h. die § 172 a HGB, §§ 32 a, 32 b GmbHG, ein, wobei das Zurverfügungstellen von Finanzierungsmitteln für die Kommanditgesellschaft wirtschaftlich aus dem Vermögen eines Gesellschafters, der damit das eigentliche Kreditrisiko trägt, erfolgen muss (BGHZ 123, 289, 295). Gewährt ein Dritter das Darlehen für Rechnung eines Gesellschafters und kann von diesem Ausgleich verlangen, so greifen die Eigenkapitalersatzregeln ebenfalls (BGH ZIP 1994, 1934, 1939). Auch die Beschaffung der von der Kommanditgesellschaft in der Krise benötigten Mittel durch eine gemeinschaftliche Kreditaufnahme eines Gesellschafters zusammen mit einem Dritten, welcher gegenüber der Kommanditgesellschaft als Darlehensgeber auftritt, unterfällt dem Tatbestand des eigenkapitalersetzenden Gesellschafterdarlehens (BGH ZIP 2000, 1489, 1490).

9 Nicht als eigenkapitalersetzende Gesellschafterdarlehen anzusehen sind Kredite von Gesellschaftern, die mit einem **Rangrücktritt** versehen sind, da sie wie Haftkapital zu betrachten sind; durch die Rangrücktrittsvereinbarung wird der Kredit gewährende Gesellschafter regelmäßig erst nach Befriedigung aller Gläubiger der Kommanditgesellschaft oder aus künftigen Gewinnen mit seinem Rückzahlungsanspruch bedient. Ein solcher Kredit kann durch das Gewähren oder Stehenlassen in der Krise der Kommanditgesellschaft zusätzlich als Eigenkapitalersatz anzusehen sein (Röhricht/v. Westphalen/*v. Gerkan* § 172 a Rn. 19 a m. w. N. in Fn. 21 f.).

10 Von Krediten, die der Kommanditgesellschaft in der Krise anstelle benötigten Eigenkapitals zur Verfügung gestellt werden, und Krediten, die von vornherein zur Krisenfinanzierung gewährt werden, sind sog. **Finanzplankredite** zu unterscheiden (vgl. hierzu BGHZ 81, 252, 256; 104, 33, 38; BGH ZIP 1987, 169, 171; ZIP 1992, 616, 617). Diese haben einlagenähnlichen Charakter und können Teil einer Pflichteinlage darstellen, so dass sie den Regeln über das Haftkapital und der Leistungsverpflichtung auf Grund vertraglicher Vereinbarung unterliegen (BGHZ 104, 33, 37; BGH ZIP 1999, 1263, 1264).

11 Die Kreditunwürdigkeit liegt regelmäßig nicht vor, solange die Kommanditgesellschaft noch einen Kredit in vollem Umfang **mit eigenen Vermögenswerten absichern** kann (BGH ZIP 1987, 1541, 1542). Maßgeblich ist die Einschätzung des Kreditgebers über die voraussichtliche Rückzahlungsmöglichkeit der Kommanditgesellschaft (BGHZ 105, 168, 171). Abzustellen ist grundsätzlich auf den **Zeitpunkt der Kreditzusage** (BGH ZIP 1996, 1829, 1830). Bei mehreren Darlehen ist jedes auf sein kapitalersetzenden Charakter zu überprüfen (BGHZ 119, 201, 212). **Kredite**, die einer Kommanditgesellschaft in der Finanzierungskrise gewährt werden, stellen regelmäßig eigenkapitalersetzende Darlehen dar (MünchHdb GesR II/*Gummert* § 54 Rn. 23 m. w. N.), insbesondere also bei Überschuldung der Kommanditgesellschaft, wobei die bilanzielle Überschuldung nur ein Indiz für die Insolvenz darstellt (vgl. § 19 Abs. 2 InsO), und bei Zahlungsunfähigkeit i. S. v. § 17 InsO (vgl. hierzu BGHZ 31, 258, 272; 75, 334, 337 f.; BGH ZIP 2001, 242, 243; ZIP 2001, 839). Wäre die Kommanditgesellschaft ohne die Mittelzuführung in die Insolvenz gegangen, so liegt ein eigenkapitalersetzendes Darlehen vor, auch wenn durch die Mittelzuführung die Zahlungsunfähigkeit (zunächst) vermieden oder beseitigt wurde (BGHZ 67, 171, 175 f.; BGH BB 1972, 111, 112). Keinen Eigenkapitalersatz stellt ein **kurzfristiges Überbrückungsdarlehen** dar, durch welches Liquiditätsschwierigkeiten der Kommanditgesellschaft auf Grund eines vorübergehenden Finanzbedarfes beseitigt werden (BGHZ 67, 171, 177 f.; 75, 334, 337; 90, 381, 394; MünchHdb GesR II/*Gummert* § 54 Rn. 23 m. w. N.; vgl. zum Überbrückungsdarlehen auch ausführl. Kap. 7 §§ 32 a, 32 b Rn. 92 f.).

Ein **Gesellschafterdarlehen**, welches der Kommanditgesellschaft in kreditwürdigem Zustand gewährt wurde und ihr nach Eintritt der Krise belassen wird, kann nachträglich zu einem eigenkapitalersetzenden Darlehen werden. Dies kann zum einen durch ausdrückliche oder stillschweigende Absprache erfolgen, etwa in Form einer **Kreditverlängerung oder Stundung** des Rückzahlungsanspruches (BGHZ 76, 326, 329; 81, 252, 263), oder durch **Stehenlassen eines fälligen Darlehens** (MünchHdb GesR II/*Gummert* § 54 Rn. 26 m. w. N.; s. auch Kap. 7 §§ 32 a, 32 b Rn. 94 ff.). Während in der Literatur streitig ist, ob ein Stehenlassen eine Finanzierungsabrede voraussetzt oder nicht oder ob die Kenntnis des Gesellschafters von der Krise der Kommanditgesellschaft entscheidend ist (zum Meinungsstand vgl. Röhricht/v. Westphalen/*v. Gerkan* § 172 a Rn. 44 m. w. N. in Fn. 84 ff.; MünchHdb GesR II/*Gummert* § 54 Rn. 26 m. w. N.), stellt die höchstrichterliche Rechtsprechung auf die Möglichkeit des Gesellschafters ab, die Krise zu erkennen (BGHZ 121, 31; 127, 336, 345 f.; BGH ZIP 1990, 1467, 1468; ZIP 1998, 1552). Eine **Umqualifizierung** in ein eigenkapitalersetzendes Darlehen ist nach der Rechtsprechung möglich, wenn der Gesellschafter sein Darlehen bei Eintritt der Krise über das Vermögen der Gesellschaft unter Beachtung einer angemessenen Überlegungsfrist noch hätte beenden können, u. U. auch durch Liquidation der Gesellschaft (BGHZ 127, 336, 341; BGH ZIP 1990, 1467, 1468; ZIP 1998, 1552). Dies gilt ebenso bei Darlehen, deren Rückzahlung mangels Kündigung noch nicht fällig ist (vgl. Rspr.nachweise bei Röhricht/v. Westphalen/*v. Gerkan* § 172 a Rn. 46 in Fn. 95 ff.). 12

Die Rechtsprechung hat **in folgenden Fällen** Darlehen mit Eigenkapitalersatz-Charakter angenommen: bei Ausscheiden des Gesellschafters (BGHZ 110, 342, 353; 127, 1, 6 f.; s. auch Kap. 7 §§ 32 a, 32 b Rn. 114 ff.), Abtretung des Rückzahlungsanspruchs (BGHZ 104, 33, 43), Darlehensgewährung durch ehemaligen Gesellschafter auf Rechtsgrundlage während des Bestehens seiner Gesellschafterstellung (BGHZ 81, 252, 258 f.; BGH ZIP 1985, 1075, 1077), Kreditierung des Abfindungsguthabens eines ausgeschiedenen Gesellschafters (Röhricht/v. Westphalen/*v. Gerkan* § 172 a Rn. 52 m. w. N. in Fn. 106), Darlehensgewährungen mit Blick auf den vorgesehenen Beitritt als Gesellschafter oder Stehenlassen eines Darlehens nach Beitritt (BGHZ 81, 311, 317 f.; s. dazu auch Kap. 7 §§ 32 a, 32 b Rn. 117 f.). 13

Zum maßgeblichen Kreis der Personen, die Gesellschafterdarlehen nach § 32 a GmbHG gewähren können, werden auch **Treugeber** als mittelbare Anteilsinhaber (BGHZ 31, 258, 266; 75, 334, 335 f.; 95, 188, 193; 107, 7, 11 f.) und **Treuhändergesellschafter** (BGHZ 105, 168, 174 f.) gezählt. Ebenso werden **atypisch stille Gesellschafter** oder Unterbeteiligte, die wie direkt Beteiligte unternehmerischen Einfluss nehmen können, behandelt (BGHZ 106, 7, 9 ff.; BGH ZIP 1985, 347). Dementsprechend können auch **Pfandgläubiger** oder **Nießbraucher** als Beteiligte wie Gesellschafter mit gleicher Stellung von § 32 a Abs. 3 S. 1 GmbHG erfasst werden (BGHZ 119, 191, 195 f.). **Verbundene Unternehmen** i. S. d. §§ 15 ff. AktG und maßgeblich beteiligte Gesellschafter von Unternehmen, die ihrerseits an der Kommanditgesellschaft eine Beteiligung halten, werden ebenfalls in den maßgeblichen Personenkreis einbezogen (vgl. Nachweise bei Röhricht/v. Westphalen/*v. Gerkan* § 172 a Rn. 58 in Fn. 113 ff.). **Nahe Angehörige** eines Gesellschafters können dann in den Personenkreis einbezogen werden, wenn sie das gewährte Darlehen selbst aus Mitteln des Gesellschafters erhalten haben oder Treugeber des Treuhand-Gesellschafters sind (vgl. hierzu Röhricht/v. Westphalen/*v. Gerkan* § 172 a Rn. 60 m. w. N. der Rspr. in Fn. 120; vgl. insbes. BGH ZIP 1991, 366 f.). Einzubeziehen sind Dritte, die für Rechnung eines Gesellschafters handeln oder die **kollusiv** zu Lasten der Kommanditgesellschaft mit einem Gesellschafter zusammenwirken (BGHZ 81, 365, 368). 14

Forderungsstundung (BGHZ 81, 252, 262 f.) sowie der Erwerb einer gestundeten Forderung eines Dritten, Pensionsgeschäft, unechtes Factoring und Wechseldiskontierung, Emissionsgeschäft, Nutzungsüberlassung von Vermögenswerten (Miet- und Pachtverhältnisse, konzerninterne Betriebsüberlassungen, Betriebsaufspaltung – BGHZ 109, 55, 58; 121, 31, 34 ff.), Finanzierungsleasing, Sale-and-Lease-Back-Geschäfte sowie die Überlassung von Sicherungsgegenständen können kapitalersetzende Mittelzuführungen darstellen, die einer Darlehensgewährung gleich stehen (Röhricht/v. Westphalen/*v. Gerkan* § 172 a Rn. 62 ff., Einzelheiten s. dort; zu ver- 15 gleichbaren Rechtshandlungen siehe MünchHdb GesR II/*Gummert* § 54 Rn. 28 ff. m. w. N.; dazu sogleich unter Rn. 18 ff.)

C. Darlehensgewährung durch Dritte

16 Erfolgt nach § 172 a HGB i. V. m. § 32 a Abs. 2 GmbHG die Gewährung eines eigenkapitalersetzenden Darlehens durch einen Dritten, dem der Gesellschafter der Kommanditgesellschaft eine Sicherheit z. B. in Form einer Bürgschaft bestellt, so hat der Dritte im Falle des Insolvenzverfahrens über das Vermögen der Kommanditgesellschaft nur eine **nachrangige Forderung** in Höhe des Betrages, mit welchem er bei Inanspruchnahme der ihm vom Gesellschafter bestellten Sicherheit oder Bürgschaft ausgefallen ist. Zu den Sicherheiten gehören auch Patronatserklärungen, die im Zweifel als Bürgschaften i. S. v. § 349 HGB auszulegen sind, und Sicherheiten für kreditgewährende Banken.

17 Bei gesellschafterbesicherten Darlehen Dritter trägt der Gesellschafter das Kreditrisiko, welches in der Krise der Kommanditgesellschaft oder bei Stehenlassen in der Krise als eigenkapitalersetzende Kreditbesicherung gewertet wird (MünchHdb GesR II/*Gummert* § 54 Rn. 27). Neben der in § 32 a Abs. 2 GmbHG ausdrücklich genannten Bürgschaft kommen folgende Fälle der **Absicherung durch einen Gesellschafter** in Betracht: Schuldbeitritt, Übernahme wechselrechtlicher Verbindlichkeiten, Grundpfandrechte (OLG Hamburg ZIP 1984, 584, 585), Sicherungsübertragungen oder Verpfändungen von Sachen oder Rechten, Hinterlegung von Werten (BGH WM 1989, 253, 255), Garantiezusagen, selbstständige Schuldversprechen (BGH ZIP 1992, 616), harte Patronatserklärungen u. a. (zur vorstehenden Fallauflistung: vgl. Röhricht/v. Westphalen/*v. Gerkan* § 172 a Rn. 77 f.). Auch Ausfallsicherheiten kommt eigenkapitalersetzender Charakter zu (BGH ZIP 1987, 1541, 1542 f.). Vgl. hierzu auch ausführl. Kap. 7 §§ 32 a, 32 b Rn. 168 ff.

D. Darlehensähnliche Geschäfte

I. Wirtschaftlich gleichgestellte Rechtshandlungen des Gesellschafters

18 Gem. § 172 a HGB i. V. m. § 32 a Abs. 3 GmbH lösen auch **andere Rechtshandlungen** eines Gesellschafters oder eines Dritten, die der Darlehensgewährung nach den Bestimmungen der Abs. 1 und 2 des § 32 a GmbHG **wirtschaftlich entsprechen**, dieselben Rechtsfolgen, also Qualifizierung des Anspruchs als nachrangige Insolvenzforderung im Insolvenzverfahren über das Vermögen der Kommanditgesellschaft, aus. Unter die **Generalklausel** fallen mithin Sachverhalte wie die Stundung einer Forderung eines Gesellschafters gegen die Kommanditgesellschaft (Röhricht/v. Westphalen/*v. Gerkan* § 172 a Rn. 64 m. w. N.), der Erwerb einer gestundeten Forderung eines Dritten durch einen Gesellschafter (Röhricht/v. Westphalen/*v. Gerkan* § 172 a Rn. 65 m. w. N.), die Beteiligung als stiller Gesellschafter (Röhricht/v. Westphalen/*v. Gerkan* § 172 a Rn. 56, 63 m. w. N.), Finanzierungsleasing (Röhricht/v. Westphalen/*v. Gerkan* § 172 a Rn. 71 m. w. N.), Gebrauchsüberlassung im Rahmen eines Miet- oder Pachtvertrages (BGHZ 109, 55, 56 ff.; 121, 31, 33 ff.; 127, 1, 4 ff.; 1, 17, 21 ff.; 140, 147, 150; BGH NJW 1997, 3026), unechtes Factoring (Röhricht/v. Westphalen/*v. Gerkan* § 172 a Rn. 67 m. w. N.), Verkauf von Anlagevermögen der Kommanditgesellschaft an einen Gesellschafter unter Eigentumsvorbehalt und Kaufpreisstundung (OLG Karlsruhe WM 1989, 497), Pfändung eines GmbH-Anteils nur bei Einräumung von Befugnissen entsprechend den Gesellschafterrechten (BGHZ 119, 191, 194 ff.), Betriebsaufspaltung (str.; BGHZ 121, 31, 33 ff.; zum Meinungsstreit vgl. Nachweise bei Baumbach/Hopt/*Hopt* § 172 a Rn. 13), entsprechende Sachverhalte bei Geschäften mit verbundenen Unternehmen der Kommanditgesellschaft selbst oder eines Gesellschafters oder dessen nahen Verwandten (BGHZ 81, 315; 105, 168, 174 ff.). Vgl. auch Kap. 7 Kap. 7 §§ 32 a, 32 b Rn. 181 ff.

II. Kleinbeteiligung, § 32 a Abs. 3 S. 2 GmbHG

19 Von den Rechtsfolgen des § 172 a HGB i. V. m. § 32 a GmbHG sind gem. § 32 a Abs. 3 S. 2 GmbHG **nicht-geschäftsführende Gesellschafter** der Kommanditgesellschaft, die eine **Kleinbeteiligung von 10 %** oder weniger halten, befreit (vgl. Röhricht/v. Westphalen/*v. Gerkan* § 172 a Rn. 82 c,

82 d m. w. N.; MünchHdb GesR II/*Gummert* § 54 Rn. 31 m. w.N). Streitig ist, ob trotz einer Kleinbeteiligung bei gesellschaftsvertraglich vom Regeltyp abweichenden Gestaltungen die Freistellung von den Regeln des Eigenkapitalersatzes gilt, etwa bei Positionen, die einem Gesellschafter stärkeren oder geringeren Einfluss als dem einer typischen Kleinbeteiligung gewähren, bei Sperrminoritäten, bei Stimmbindungsvereinbarung etc. (Baumbach/*Hopt*, § 172 a Rn. 14). Die Regeln über den Eigenkapitalersatz bleiben jedoch anwendbar auf geschäftsführende Gesellschafter. Diesen stehen Gesellschafter der Kommanditgesellschaft gleich, die als juristische Person einen organschaftlichen Vertreter haben, der zugleich Geschäftsführer in dem Beteiligungsunternehmen ist (Baumbach/Hopt/*Hopt* § 172 a Rn. 14). Mit den Regeln über den Eigenkapitalersatz sind nicht lediglich die §§ 32 a, 32 b GmbHG erfasst, sondern auch die §§ 31, 32 GmbHG analog (Baumbach/Hopt/*Hopt* § 172 a Rn. 14). Zum Kleinbeteiligungsprivileg vgl. ausführl. Kap. 7 §§ 32 a, 32 b Rn. 133 ff.

III. Anteilserwerb zum Zweck der Sanierung, § 32 a Abs. 3 S. 3 GmbHG

Von den Regeln über den Eigenkapitalersatz **freigestellt** sind gem. § 172 a HGB i. V. m. § 32 a Abs. 3 S. 3 GmbHG auch Darlehensgeber, die in der Krise der Kommanditgesellschaft Anteile zum Zweck der Sanierung erwerben, wobei sich dieses Sanierungsprivileg nicht nur auf bestehende, sondern auch auf neugewährte Kredite bezieht (zum Meinungsstand vgl. Röhricht/v. Westphalen/*v. Gerkan* § 172 a Rn. 82 f. m. w. N.; MünchHdb GesR II/*Gummert* § 54 Rn. 32 m. w.N). Regelmäßig werden die Sanierungsfähigkeit der Kommanditgesellschaft und die Sanierungsgeeignetheit der Maßnahme des Darlehensnehmers vorliegen müssen (str.; vgl. Baumbach/Hopt/*Hopt* § 172 a Rn. 12). Die Freistellung greift unabhängig von der Beteiligungshöhe und der zeitlichen Dauer und der Art des Erwerbs der Gesellschafterstellung (Übernahme bestehender Anteile von bisherigen Gesellschaftern und Erwerb der Gesellschafterstellung durch Kapitalerhöhung) durch den Darlehensgeber (krit. Auseinandersetzung mit dem Sanierungsprivileg des § 32 a Abs. 3 S. 3 GmbH bei Röhricht/v. Westphalen/*v. Gerkan* § 172 a HGB Rn. 82 e ff. m. w. N.). **20**

IV. Sanierungskredite

Sanierungskredite stellen grundsätzlich eigenkapitalersetzendes Darlehen dar, sofern sie der Kommanditgesellschaft nicht auch von Dritten zu marktüblichen Bedingungen gewährt werden würden (BGHZ 81, 311, 314 f.; vgl. hierzu Röhricht/v. Westphalen/*v. Gerkan* § 172 a Rn. 23). **21**

E. Zurückgewährte Darlehen

Gem. § 172 a HGB i. V. m. § 32 b GmbHG besteht eine **Erstattungspflicht** für bereits zurückgewährte Darlehen, wenn die Rückzahlung an den Gesellschafter im letzten Jahr vor dem Antrag der Eröffnung des Insolvenzverfahrens über das Vermögen der Kommanditgesellschaft oder nach diesem Antrag erfolgte. Die Höhe der Erstattung richtet sich nach dem Wert der bestellten Sicherheit im Zeitpunkt der Darlehensrückzahlung oder der Haftungshöhe aus der Bürgschaft (BGH NJW 1990, 2260). Nach § 32 b S. 3 GmbH wird der Gesellschafter von der Erstattungspflicht frei, wenn er der Kommanditgesellschaft die zur Sicherung dienenden Gegenstände zur Gläubigerbefriedigung zur Verfügung stellt. Nach § 32 b S. 4 GmbHG gilt dies auch für der Darlehensgewährung wirtschaftlich entsprechende Rechtshandlungen (vgl. hierzu ausführl. in Kap. 7 §§ 32 a, 32 b Rn. 287 ff.). **22**

F. Darlehen an eine GmbH & Co. KG

I. Grundsätze der §§ 30, 31 GmbHG

Wird durch das Auskehren von Kapitalmitteln der Kommanditgesellschaft an ihre Gesellschafter das **Stammkapital der Komplementär-GmbH** angegriffen, so gelten die **§§ 30, 31 GmbHG** und die hieraus entwickelten Grundsätze der Rechtsprechung zum Eigenkapitalersatz (BGHZ 76, 326, 329; vgl. hierzu zunächst die ausführl. Kommentierung der §§ 30, 31 GmbHG in Kap. 7). **23**

Liegt bei der Komplementär-GmbH eine Unterbilanz oder eine darüber hinausgehende Überschuldung vor, so ist ein Gesellschafterdarlehen im entsprechenden Umfang als Eigenkapitalersatz anzusehen (BGHZ 90, 370, 378). Die Haftung des Gesellschafters gem. § 31 GmbHG beschränkt sich dabei auf den zur Wiederauffüllung des Stammkapitals der GmbH benötigten Betrag des ihm zurückgezahlten eigenkapitalersetzenden Darlehens. Wird durch die Rückzahlung nicht nur der Verlust des Stammkapitals, sondern eine darüber hinausgehende Überschuldung bedingt oder verstärkt, so haftet er auf den gesamten entstandenen Fehlbetrag (BGHZ 95, 188, 193). Zur Kapitalaufbringung und -erhaltung bei der GmbH & Co. KG vgl. auch die ausführl. Darstellung in Kap. 8 Rn. 70 ff., 76 ff.; zum Eigenkapitalersatz bei der GmbH & Co. KG vgl. Kap. 8 Rn. 83 ff.

24 Nach den Grundsätzen der §§ 30, 31 GmbHG kommt einem Darlehen kein eigenkapitalersetzender Charakter mehr zu, wenn die **Wiederherstellung des Stammkapitals** nachhaltig erfolgt ist (BGHZ 81, 365, 367). Der Wegfall der eigenkapitalersetzenden Funktion fordert das Vorhandensein reinen Vermögens für die Kredittilgung ohne Angriff des Stammkapitals (BGH ZIP 89, 93, 95). Der eigenkapitalersetzende Charakter entfällt nach diesen Regelungen auch dann, wenn die Gesellschaft ohne Wiederauffüllung des Stammkapitals erneut kreditwürdig geworden ist (Röhricht/v. Westphalen/*v. Gerkan* § 172 a Rn. 114 m. w. N. in Fn. 222).

25 Das Auszahlungsverbot des § 30 GmbHG greift auch bei **Erfüllungssurrogaten**, etwa bei Aufrechnung des Gesellschafters gegen eine Gesellschaftsforderung mit einem Anspruch aus einem eigenkapitalersetzenden Darlehen (BGHZ 90, 370, 376; 95, 188, 191). § 30 GmbHG erfasst ebenfalls die **Umwandlung des Abfindungsanspruches** eines Kommanditisten in ein Darlehen, soweit diesem eigenkapitalersetzende Bedeutung zukommt (BGHZ 69, 272, 278 f.).

26 Die Grundsätze der §§ 30, 31 GmbHG gelten auch **außerhalb eines Insolvenzverfahrens** über das Vermögen der GmbH & Co. KG (BGHZ 76, 326, 329; Baumbach/Hopt/*Hopt* § 172 a Rn. 20 m. w. N. d. Rspr.; Röhricht/v. Westphalen/*v. Gerkan* § 172 a Rn. 120).

27 Leistet die Gesellschaft dem darlehensgebenden Gesellschafter eine **Sicherheit** aus ihrem Vermögen, so kann diese bei Vorliegen der Voraussetzungen der §§ 30, 31 GmbHG von ihm nicht in Anspruch genommen werden. Ein Absonderungsrecht wird im Insolvenzverfahren nicht begründet (BGHZ 75, 334, 339; 81, 252, 262 f.; 81, 311, 318; zur Frage der Beeinträchtigung des Stammkapitals durch Sicherheitsbestellung vgl. Röhricht/v. Westphalen/*v. Gerkan* § 172 a Rn. 123 m. w. N. in Fn. 231 ff.).

II. Anwendbarkeit der §§ 30, 31 GmbHG auf Kommanditisten

28 Ein **Kommanditist**, der nicht zugleich auch Gesellschafter der Komplementär-GmbH ist, wird als Person mit gesellschaftergleicher Stellung ebenfalls den Grundsätzen der §§ 30, 31 GmbHG unterworfen (vgl. BGHZ 110, 342, 352, 355 f.; BGH ZIP 1990 1593, 1595). Dies gilt ebenso, wenn die Rückgewähr an einen Dritten erfolgt, der in einem **qualifizierten Näheverhältnis** zum Gesellschafter steht (etwa Strohmannverhältnisse, Treuhandverhältnisse, nahe Angehörige). Gesellschafter und Dritter haften in diesem Fall als Gesamtschuldner (Röhricht/v. Westphalen/*v. Gerkan* § 172 a Rn. 117 m. w. N. in Fn. 226 f.).

III. Haftung des Geschäftsführers der Komplementär-GmbH

29 Ein Geschäftsführer der Komplementär-GmbH haftet **nach § 43 GmbHG**, wenn er eine gegen § 30 GmbHG verstoßende Auszahlung zu vertreten hat oder wenn er es unterlässt, einen Gesellschafter, der ein eigenkapitalersetzendes Darlehen eines Dritten besichert hat, auf die Freistellung der Gesellschaft vom Darlehen zu beanspruchen (BGH ZIP 1992, 108, 109; Baumbach/Hopt/*Hopt* § 172 a Rn. 31; Röhricht/v. Westphalen/*v. Gerkan* § 172 a Rn. 118 m. w. N.; vgl. auch Kap. 7 § 43).

IV. Verjährung der Ersatzansprüche

Gem. § 31 Abs. 5 GmbHG **verjähren** die Erstattungsansprüche der Gesellschaft grundsätzlich in fünf Jahren seit der Auszahlung an den Gesellschafter. 30

§ 173 [Haftung des eintretenden Kommanditisten]

(1) Wer in eine bestehende Handelsgesellschaft als Kommanditist eintritt, haftet nach Maßgabe der §§ 171 und 172 für die vor seinem Eintritte begründeten Verbindlichkeiten der Gesellschaft, ohne Unterschied, ob die Firma eine Änderung erleidet oder nicht.

(2) Eine entgegenstehende Vereinbarung ist Dritten gegenüber unwirksam.

Übersicht:

A. Eintritt in eine Personenhandelsgesellschaft

1 Der Eintritt als Kommanditist in eine Personenhandelsgesellschaft erfolgt durch **Aufnahmevertrag** mit den vorhandenen Gesellschaftern (§ 105 HGB), durch **Erbgang** (§ 139 HGB) oder durch **Anteilsübertragung** (vgl. hierzu Rn. 14 ff.).

2 Erfolgt der Eintritt in eine **fehlerhafte Gesellschaft** oder ist der Eintritt selbst fehlerhaft, ist § 173 Abs. 1 HGB ebenfalls anwendbar (Baumbach/Hopt/*Hopt* § 173 Rn. 4).

3 Bei Eintritt in eine BGB-Gesellschaft gilt § 173 HGB nach bisher h. M. nicht. Hier wird **§ 173 HGB analog** angewendet, wenn die BGB-Gesellschaft durch den Beitritt eines nur beschränkt haftenden Gesellschafters zur Kommanditgesellschaft wird (vgl. BGHZ 142, 315, 317 ff.; Röhricht/v. Westphalen/*v. Gerkan* § 173 Rn. 47; Nachweise zum streitigen Meinungsstand siehe bei Baumbach/Hopt/*Hopt* § 173 Rn. 3). Ebenso findet § 173 Abs. 1 HGB keine Anwendung, wenn im Zusammenhang mit dem Eintritt eines Kommanditisten ein anderer ausscheidet, soweit es sich um zwei rechtlich selbstständige Vorgänge handelt, insbesondere keine Anteilsübertragung stattfindet (Baumbach/Hopt/*Hopt* § 173 Rn. 11 ff.; Röhricht/v. Westphalen/*v. Gerkan* § 173 Rn. 4).

4 Erwirbt ein persönlich haftender Gesellschafter zusätzlich einen Kommanditanteil, führt dies zu einer **einheitlichen Beteiligung als Komplementär**, so dass § 173 Abs. 1 HGB nicht anwendbar ist (Baumbach/Hopt/*Hopt* § 173 Rn. 5; Röhricht/v. Westphalen/*v. Gerkan* § 173 Rn. 34). Der Erwerb eines weiteren Kommanditanteils durch einen Kommanditisten führt zu einer einheitlichen anteilig entsprechend **erhöhten Haftsumme** (BGHZ 101, 123, 129).

5 Vereinigen sich **sämtliche Anteile** in der Hand eines Gesellschafters, so wird die Kommanditgesellschaft beendet und der Übernehmer ist **Alleininhaber des Handelsgeschäftes** (Röhricht/v. Westphalen/*v. Gerkan* § 173 Rn. 38). Seine Haftung ist damit grundsätzlich unbeschränkt. Eine Trennung von Gesellschafts- und Privatvermögen des übernehmenden Gesellschafters wird nicht mehr anerkannt (BGHZ 61, 149, 151; 93, 246, 251). Ein Wiederaufleben der Außenhaftung des in dieser Fallgestaltung ausscheidenden Kommanditisten ist nach § 172 Abs. 4 HGB gegeben, wenn er eine Abfindung erhält.

6 Tritt ein Gesellschafter als Kommanditist in ein **einzelkaufmännisches Unternehmen** ein, so richtet sich die Haftung nach § 28 HGB. Wird die Haftung nach § 28 Abs. 2 HGB ausgeschlossen, haftet der Kommanditist nach den Grundsätzen der §§ 171, 172 HGB (Röhricht/v. Westphalen/*v. Gerkan* § 173 Rn. 45 m. w. N.).

7 Bei einer **Erhöhung des Kommanditkapitals** durch Rücklagenauflösung und Umbuchung als zusätzliche Einlage haften die Kommanditisten mit der erhöhten Haftsumme nach § 172 Abs. 2 HGB auch für die Altschulden gem. § 173 HGB. Die Haftungsbefreiung gilt nur, wenn es durch die in der Umbuchung zu sehende Sacheinlage zu einer wertmäßigen Abdeckung im Kommanditgesellschaftsvermögen kommt (Röhricht/v. Westphalen/*v. Gerkan* § 173 Rn. 48).

8 Der Eintritt eines neuen Kommanditisten ist zum **Handelsregister** anzumelden (§ 162 Abs. 3 HGB) und die Eintragung im Handelsregister ist für die Beendigung der unbeschränkten Haftung nach § 176 Abs. 2 HGB maßgeblich.

9 Nach § 173 Abs. 1 HGB haftet ein in eine bestehende OHG oder Kommanditgesellschaft **eintretender Kommanditist** nach den Bestimmungen der §§ 171, 172 HGB für die vor seinem Eintritt begründeten Verbindlichkeiten der Gesellschaft. Dies gilt unabhängig davon, ob die Firmierung der Gesellschaft geändert wird oder nicht. Tritt ein Kommanditist in eine bestehende OHG ein, wird diese zur Kommanditgesellschaft, tritt bei der Kommanditgesellschaft ein Gesellschafter als persönlich haftender Gesellschafter ein oder rückt ein Kommanditist im Wege der Umwandlung seiner Beteiligung in die Stellung eines persönlich haftenden Gesellschafters, findet § 130 HGB Anwendung. Auf die Kommentierung des § 130 HGB in Kap. 4 wird an dieser Stelle verwiesen.

10 Der eintretende Kommanditist **haftet im Außenverhältnis** mit Wirksamkeit des Beitritts nach §§ 171, 172 HGB bis zur Höhe seiner Haftsumme, und zwar nicht nur für neu begründete Verbindlichkeiten, sondern auch für Altschulden der Kommanditgesellschaft, die vor seinem Eintritt begründet wurden (Röhricht/v. Westphalen/*v. Gerkan* § 173 Rn. 6; Baumbach/Hopt/*Hopt* § 173 Rn. 7; MünchHdb GesR II/*Piehler/Schulte* § 34 Rn. 35 m. w. N.). Für **Neuverbindlichkeiten** kommt eine unbeschränkte Haftung nach § 176 Abs. 2 HGB in Betracht, wenn in der Zeit zwischen dem Wirksamwerden seines Eintritts in die Kommanditgesellschaft und der Eintragung in das Handelsregister Verbindlichkeiten von der Kommanditgesellschaft eingegangen worden sind. Daher ist es in der Praxis üblich, den Eintritt im Aufnahmevertrag unter die aufschiebende Bedingung der Eintragung des neu eingetretenen Kommanditisten im Handelsregister zu stellen. Auf die Kenntnis oder das Kennen-Müssen des Eintretenden von der Haftung für Altschulden oder seinen guten Glauben kommt es nicht an, d. h. der eintretende Kommanditist kann gegebenenfalls Ausgleichs- oder Schadensersatzansprüche gegen seine Mitgesellschafter geltend machen (Baumbach/Hopt/*Hopt* § 173 Rn. 7).

11 Bei einer **Beteiligungsumwandlung** einer persönlich haftenden Gesellschafterstellung in eine beschränkt haftende Kommanditistenstellung haftet der Gesellschafter für die Altschulden unbeschränkt nach §§ 128 ff. HGB, allerdings ist hier die fünfjährige Ausschlussfrist zu beachten (§ 160 Abs. 3 HGB), und beschränkt für die Neuschulden der Kommanditgesellschaft. Entfällt die unbeschränkte Haftung etwa nach § 160 Abs. 3 HGB, bleibt die beschränkte Haftung nach § 173 HGB für Altschulden bestehen (vgl. MünchHdb GesR II/*Piehler/Schulte* § 35 Rn. 60 ff., 69 m. w. N.).

12 Bei einem Eintritt eines Kommanditisten im Zusammenhang mit dem **Ausscheiden eines anderen** ohne Rechtsnachfolge, haftet der eintretende Kommanditist nach § 173 Abs. 1 HGB und der Ausscheidende für die Altverbindlichkeiten. Für die Gläubiger kann ein derartiger Gesellschafterwechsel eine Haftungsverdoppelung bewirken (BGHZ 81, 82, 86 f.). Wird zugunsten des eintretenden Kommanditisten die vom ausscheidenden Kommanditisten geleistete Einlage eingebucht, so ist der eintretende Kommanditist nach § 171 Abs. 1 Hs. 2 HGB von der Haftung befreit, sofern eine Enthaftung des Altkommanditisten durch vollständige Leistung seiner Einlage erfolgt war. Diese Umbuchung wirkt sich jedoch zu Lasten des ausscheidenden Kommanditisten als Einlagenrückgewähr i. S. v. § 172 Abs. 4 S. 1 HGB aus (BGHZ 81, 88 f.).

§ 173 Abs. 2 HGB bestimmt, dass **entgegenstehende Vereinbarungen** Dritten gegenüber unwirksam sind. Im Innenverhältnis können allerdings Ausgleichspflichten wirksam vereinbart werden. Diese lassen die Außenhaftung gegenüber Gläubigern der Gesellschaft jedoch unberührt. Allerdings ist es möglich, auch mit einem Gläubiger eine Haftungsvereinbarung zu schließen (Baumbach/Hopt/*Hopt* § 173 Rn. 9). 13

B. Anteilsübertragung

Die Kommanditanteilsübertragung **durch Rechtsgeschäft** ist nach h. M. zulässig (BGHZ 44, 229, 331; 81, 82, 84; MünchHdb GesR II/*Piehler/Schulte* § 35 Rn. 1 m. w. N.; Röhricht/v. Westphalen/*v. Gerkan* § 173 Rn. 9). Hierzu bedarf es entweder einer gesellschaftsvertraglichen Vereinbarung, die die Anteilsübertragung ermöglicht, oder der Zustimmung sämtlicher Gesellschafter. Soweit nichts Abweichendes vereinbart ist, führt die Übertragung der Kommanditbeteiligung auch zur Übertragung sämtlicher aus dem Gesellschaftsverhältnis resultierender **Rechte und Pflichten** vom bisherigen Kommanditisten auf den Eintretenden (Röhricht/v. Westphalen/*v. Gerkan* § 173 Rn. 9 m. w. N. d. Rspr.). 14

Die Anteilsübertragung ist durch einen entsprechenden **Rechtsnachfolgevermerk im Handelsregister** einzutragen (§ 162 Abs. 3 HGB), da sonst im Rechtsverkehr der Anschein eines kombinierten Ausscheidens und Eintretens erweckt wird und sich die Haftungssituation damit anders darstellt (zu Haftungsverdopplung und Nachfolgevermerk vgl. MünchHdb GesR II/*Piehler/Schulte* § 35 Rn. 37 ff. m. w. N.). Der Rechtsnachfolgevermerk wird im Handelsregister nur eingetragen, wenn bei der Anmeldung versichert wird, dass der ausgeschiedene Kommanditist aus dem Kommanditgesellschaftsvermögen keine Abfindung erhalten hat (vgl. § 162 HGB Rn. 14 ff.). Die Eintragung des Rechtsnachfolgevermerks und die Bekanntmachung führen zu einer auf die Haftsumme **beschränkten Haftung** des eintretenden Kommanditisten (BGHZ 81, 82, 85 ff.). Bei vollständiger Erbringung der Einlage und keiner Einlagenrückgewähr entfällt also eine Außenhaftung des ausgeschiedenen und des eintretenden Kommanditisten. Bei nicht oder nicht vollständiger Einlagenerbringung oder Einlagenrückgewähr mit der Folge eines Wiederauflebens der Haftung gem. § 172 Abs. 4 HGB haftet sowohl der eintretende Kommanditist als auch der ausgeschiedene Kommanditist bezogen auf die Altschulden als Gesamtschuldner (BGHZ 81, 82, 85 ff.). Leistet der eintretende Kommanditist die ausstehende Einlage, so wirkt die dadurch erreichte Enthaftung für ihn und für den ausgeschiedenen Kommanditisten (Röhricht/v. Westphalen/*v. Gerkan* § 173 Rn. 14). 15

Das **Fehlen des Rechtsnachfolgevermerkes** lässt zwar das Innenverhältnis unberührt, führt jedoch im Außenverhältnis zu einer **Verdoppelung der Haftungssumme**, sofern noch keine Einlage geleistet war, und zwar kraft Rechtsscheins der Handelsregistereinträge (Röhricht/v. Westphalen/*v. Gerkan* § 173 Rn. 17). Bei Einlagenleistung wirkt dies zugunsten des neu eingetretenen Kommanditisten, denn die Umbuchung der Einlage wirkt sich für diesen nach § 171 Abs. 1 Hs. 2 HGB aus. Hingegen haftet der ausgeschiedene Kommanditist den Altgläubigern auf Grund der Registerpublizitätswirkung gem. § 15 Abs. 1 HGB (Röhricht/v. Westphalen/*v. Gerkan* § 173 Rn. 18 m. w. N. in Fn. 17 ff.). 16

Wird das Ausscheiden eines Kommanditisten **nicht im Handelsregister** eingetragen, so ist mit Blick auf die Handelsregisterpublizität des § 15 Abs. 1 HGB für den Rechtsverkehr nicht erkennbar, dass seine Mitgliedschaft beendet ist. Hierauf kann er sich mithin nicht berufen. Durch die Umbuchung der von ihm erbrachten Einlage zugunsten des eingetretenen Kommanditisten kommt es zu einem **Wiederaufleben seiner Haftung**, die im Rahmen des § 15 Abs. 1 HGB auch zugunsten der Neugläubiger gilt (BGHZ 81, 82, 87; Röhricht/v. Westphalen/*v. Gerkan* § 173 Rn. 19; Baumbach/Hopt/*Hopt* § 173 Rn. 13). Streitig ist, ob bei fehlender Eintragung des Beitritts eines Kommanditisten eine Haftung nach § 176 Abs. 2 HGB oder allein nach § 173 17

HGB gegeben ist; jedenfalls entfällt seine Haftung, wenn die Einlage zu seinen Gunsten erbracht war (Röhricht/v. Westphalen/*v. Gerkan* § 173 Rn. 20).

18 Bei einem **Kommanditistenwechsel durch Übertragung** der Kommanditbeteiligung des ausscheidenden Gesellschafters auf den neu eintretenden Kommanditisten wirken die Leistungen des Ausscheidenden für den Eintretenden, die Leistungen des Eintretenden wirken für den Ausscheidenden. Es findet also keine Verdoppelung der Haftsumme statt (Baumbach/Hopt/*Hopt* § 173 Rn. 11 m. w. N.). Würde die Einlage nicht oder nicht vollständig geleistet, haften beide Gesellschafter gesamtschuldnerisch (RG WM 1964, 1130, 1131; Bay. OLG BB 1983, 334; Baumbach/Hopt/*Hopt* § 173 Rn. 11 m. w. N.). Bis zum Wirksamwerden der Anteilsübertragung wirkt eine Rückzahlung der Einlage an den ausscheidenden Gesellschafter auch zu Lasten des Eintretenden (Röhricht/v. Westphalen/*v. Gerkan* § 173 Rn. 16).

19 Streitig ist, ob nach der Anteilsübertragung, durch welche der ausscheidende Gesellschafter endgültig ausgeschieden ist, erfolgende Auszahlungen haftungswiederauflebend wirken (Baumbach/Hopt/*Hopt*, § 173 Rn. 12 m. w. N.; vgl. hierzu auch Röhricht/v. Westphalen/*v. Gerkan* § 173 Rn. 11 ff.).

20 Erfolgt die Übertragung des Anteils **ohne Rechtsnachfolgevermerk**, ist eine Haftung des eintretenden Kommanditisten dann nicht gegeben, wenn der Ausscheidende die Haftsumme eingezahlt hatte (Baumbach/Hopt/*Hopt* § 173 Rn. 13). Die Einlageleistung des Ausgeschiedenen wirkt für den Eingetretenen, so dass der ausgeschiedene Gesellschafter entsprechend § 172 Abs. 4 HGB haftet (BGHZ 81, 82, 84 ff.). Bei Teilübertragungen eines Kommanditanteils gilt Vorstehendes entsprechend (Baumbach/Hopt/*Hopt* § 173 Rn. 13).

C. Gesamtrechtsnachfolge

I. Umwandlung von Beteiligungen

21 Der Eintritt in eine Personenhandelsgesellschaft kann im Wege der Gesamtrechtsnachfolge, z. B. bei Umwandlungen nach dem Umwandlungsgesetz erfolgen. Zu den **Umwandlungen von Beteiligungen**, insbesondere einer Komplementär-Beteiligung in die eines Kommanditisten, vgl. Rn. 11.

II. Erbnachfolge in den Kommanditanteil

1. Normalfall und qualifizierte Nachfolgeklausel

22 Im Normalfall des § 177 HGB ist bei Erbnachfolge in den Kommanditanteil § 173 HGB anwendbar. Bei mehreren Erben in den Kommanditanteil wird dieser im Wege der Sonderrechtsnachfolge entsprechend den Erbquoten aufgeteilt mit der Folge der **entsprechenden Aufteilung der Haftsumme** (vgl. hierzu die Kommentierung zu § 139 HGB in Kap. 4). Wird der Kommanditanteil nicht von sämtlichen Erben des verstorbenen Kommanditisten, sondern nur von einem einzigen oder einigen durch eine sog. **qualifizierte Nachfolgeklausel** erworben, so geht der Kommanditanteil kraft Sonderrechtsnachfolge auf die so berufenen Erben des Nachlasses über (BGHZ 68, 225, 237).

2. Eintrittsrecht des Erben

23 Ein **zweistufiger Rechtsübergang** ist bei einem bloßen Eintrittsrecht des nachfolgenden Kommanditisten vorhanden: Durch den Tod des Kommanditisten wächst sein Kommanditanteil zunächst den übrigen Gesellschaftern nach § 738 Abs. 1 S. 1 HGB zu und der Eintrittsberechtigte erwirbt nur einen **schuldrechtlichen Anspruch** auf die Aufnahme in die Kommanditgesellschaft. Erst durch Rechtsgeschäft zwischen den verbleibenden Gesellschaftern und dem Eintretenden wird er zum Nachfolger in den Kommanditanteil (MünchHdb GesR II/*Klein* § 40 Rn. 73 ff. m. w. N.; Baumbach/Hopt/*Hopt* § 139 Rn. 3, 50 ff. m. w. N.; Röhricht/v. Westphalen/*v. Gerkan* § 173 Rn. 25).

3. Vermächtnis

Als rechtsgeschäftliche Übertragung stellt sich ebenfalls der Fall dar, dass ein oder mehrere Erben aufgrund eines Vermächtnisses des verstorbenen Kommanditisten den Kommanditanteil an einen Vermächtnisnehmer übertragen (MünchHdb GesR II/*Klein* § 40 Rn. 47 m. w. N.; Röhricht/v. Westphalen/*v. Gerkan* § 173 Rn. 26). 24

4. Haftung des Erben

Die Haftung der durch Erbgang eintretenden Kommanditisten ist gesellschaftsrechtlich wie bei einer rechtsgeschäftlichen Anteilsübertragung zu beurteilen. Es bedarf eines **Rechtsnachfolgevermerkes** ins Handelsregister, um Haftsummenverdoppelungen zu vermeiden. Die Haftung nach § 173 HGB lässt sich nicht durch erbrechtliche Regelungen beschränken (Röhricht/v. Westphalen/*v. Gerkan* § 173 Rn. 27 m. w. N. in Fn. 22; MünchHdb GesR II/*Klein* § 40 Rn. 60 m. w. N.). 25

Neben die gesellschaftsrechtliche Haftung tritt die Haftung des Erben nach Erbrecht, insbesondere die **Haftung für Nachlassverbindlichkeiten** nach § 1967 BGB (vgl. hierzu MünchHdb GesR II/*Klein* § 40 Rn. 60 m. w. N.) Dies bedeutet, dass der Erbe für die Altverbindlichkeiten in dem Umfang haftet, in welchem der Erblasser für diese nach den §§ 171, 172 HGB haftete. Ob diesbezüglich eine erbrechtliche Haftungsbeschränkung möglich ist, ist streitig (gegen Haftungsbegrenzung: Baumbach/Hopt/*Hopt*, § 173 Rn. 15; dafür: Röhricht/v. Westphalen/*v. Gerkan* § 173 Rn. 29; jeweils m. w. N.). Bei mehreren in den Anteil des Verstorbenen nachrückenden Erben haftet jeder zwar gesellschaftsrechtlich nur anteilig (s. Rn. 22), erbrechtlich jedoch als **Gesamtschuldner nach § 2058 BGB** (Baumbach/Hopt/*Hopt* § 139 Rn. 46 m. w. N.; Röhricht/v. Westphalen/*v. Gerkan* § 173 Rn. 30). 26

5. Erbnachfolge in Komplementär-Beteiligung

Wird die Beteiligung eines persönlich haftenden Gesellschafters durch Erbnachfolge erlangt, so kann der Nachfolger gem. § 139 Abs. 1 HGB die Einräumung der Stellung eines Kommanditisten verlangen (vgl. Kommentierung des § 139 HGB in Kap. 4). Gleiches gilt bei einer gesellschaftsvertraglichen Umwandlungsklausel (Baumbach/Hopt/*Hopt* § 139 Rn. 37 ff. m. w. N.). In diesen Fällen haftet der Nachfolger in die Beteiligung für die Altverbindlichkeiten ebenfalls nach § 173 HGB (Baumbach/Hopt/*Hopt* § 173 Rn. 47 m. w. N.; Röhricht/v. Westphalen/*v. Gerkan* § 173 Rn. 28 m. w. N.). 27

§ 174 [Herabsetzung der Einlage]

Eine Herabsetzung der Einlage eines Kommanditisten ist, solange sie nicht in das Handelsregister des Gerichts, in dessen Bezirke die Gesellschaft ihren Sitz hat, eingetragen ist, den Gläubigern gegenüber unwirksam; Gläubiger, deren Forderungen zur Zeit der Eintragung begründet waren, brauchen die Herabsetzung nicht gegen sich gelten zu lassen.

A. Herabsetzung der Einlage

I. Regelungsgegenstand

§ 174 HGB regelt die Herabsetzung der Haftsumme und ihr Wirksamwerden gegenüber den Gläubigern der Kommanditgesellschaft, nicht jedoch die – in jedem Fall davon zu unterscheidende – Herabsetzung der Pflichteinlage und ebenso wenig Veränderungen der Haftungssummen bei der Teilveräußerung eines Kommanditanteils mit der sich daraus ergebenden Aufteilung der Haftsumme (vgl. dazu § 173 HGB). 1

II. Eintragung der Herabsetzung im Handelsregister

2 Die Eintragung der Haftsummenherabsetzung im Handelsregister hat **konstitutive Bedeutung**. Die eingetragene Höhe gilt gegenüber den Gläubigern der Kommanditgesellschaft als Haftungsbegrenzung. Eine beschlossene Herabsetzung der Haftsumme, die noch nicht im Handelsregister eingetragen ist, kann einem Gläubiger gem. § 174 Hs. 1 HGB daher nicht entgegengehalten werden. Etwas anderes kann nur gelten, wenn der Gläubiger Kenntnis über den Herabsetzungsbeschluss hat (Röhricht/v. Westphalen/*v. Gerkan* § 174 Rn. 3; Schlegelberger/*K. Schmidt* § 174 Rn. 17; MünchHdb GesR II/*Neubauer* § 30 Rn. 10 m. w. N.).

3 Die Herabsetzung der Haftsumme wird gem. §§ 175 S. 2, 162 Abs. 2 HGB nicht **bekannt gemacht**.

4 Maßgeblich ist allein die Eintragung im Handelsregister des Sitzes der Kommanditgesellschaft, mithin der Hauptniederlassung. § 13 c Abs. 2 HGB a. F., der auch eine Eintragung bei dem Handelsregister der Zweigniederlassung vorsah, wurde durch das EHUG mit Wirkung zum 1. 1. 2007 aufgehoben, da das Recht der Zweigniederlassung durch die Novellierung des HGB und damit die Einführung vernetzter elektronischer Handelsregister erheblich vereinfacht wurde. Die Gläubiger konnten sich ohnehin auch nach alter Rechtslage nicht auf § 15 Abs. 1, Abs. 4 HGB a. F. berufen, da eine Bekanntmachung der Haftsummenveränderung nicht erfolgt.

B. Altforderungen

5 Während für Neugläubiger der Kommanditgesellschaft allein die herabgesetzte Haftungssumme maßgeblich ist, haftet der Kommanditist gegenüber Altgläubigern, deren Ansprüche vor Eintragung der Kapitalherabsetzung begründet waren, weiterhin mit der **alten Haftsumme**, sofern die Altgläubiger nicht positive Kenntnis von der Haftsummenherabsetzung hatten (vgl. Rn. 2). Die Möglichkeit einer Nachhaftungsbegrenzung gem. §§ 161 Abs. 2 i. V. m. 160 HGB in Höhe der Differenz zwischen der neuen, herabgesetzten Haftsumme und der bisherigen Haftsumme ist streitig (vgl. Röhricht/v. Westphalen/*v. Gerkan* § 174 Rn. 6; Schlegelberger/*K.Schmidt* § 174 Rn. 19 m. w. N.; MünchHdb GesR II/*Neubauer* § 30 Rn. 10 m. w.N).

6 Die vorbeschriebenen Haftungsunterschiede zwischen Altverbindlichkeiten und Neuverbindlichkeiten führen im **Insolvenzfall** der Kommanditgesellschaft zu einer unterschiedliche Behandlung der Gläubiger: Aus dem eingezogenen Differenzbetrag der Haftsummen bildet der Insolvenzverwalter eine rechnerische Sondermasse, die nur der Befriedigung der Altgläubiger dient (Röhricht/v. Westphalen/*v. Gerkan* § 174 Rn. 8).

7 Eine Haftung des Kommanditisten aus **Rechtsscheinsgesichtspunkten** bleibt unberührt (Baumbach/Hopt/*Hopt* § 174 Rn. 1).

§ 175 [Anmeldung der Einlagenänderung]

[1]Die Erhöhung sowie die Herabsetzung einer Einlage ist durch die sämtlichen Gesellschafter zur Eintragung in das Handelsregister anzumelden. [2]§ 162 Abs. 2 gilt entsprechend. [3]Auf die Eintragung in das Handelsregister des Sitzes der Gesellschaft finden die Vorschriften des § 14 keine Anwendung.

A. Anmeldung durch sämtliche Gesellschafter

1 § 175 S. 1 HGB bestimmt, dass die Anmeldung von sämtlichen Gesellschaftern, d. h. einschließlich aller Kommanditisten, bewirkt werden muss. Insoweit und zur Bevollmächtigung eines Mitgesellschafters wird auf die Ausführungen zu § 162 HGB verwiesen (vgl. hierzu insbes. § 162 HGB Rn. 3 f.). § 162 Abs. 2 HGB gilt entsprechend, d. h. die Bekanntmachungen erstrecken sich nicht auf die Angaben zu den Kommanditisten (§ 175 S. 2 HGB). Gem. § 175 S. 3 HGB finden die Vorschriften des § 14 HGB auf die Eintragung in das Handelsregister des Sitzes der Gesell-

schaft keine Anwendung, d. h. die Gesellschafter trifft **keine registerrechtliche Pflicht** zur Anmeldung, sondern nur die gesellschaftsrechtliche Verpflichtung untereinander, an der Anmeldung mitzuwirken, was notfalls eingeklagt werden kann (Röhricht/v. Westphalen/*v. Gerkan* § 175 Rn. 2 f.).

Sowohl die Erhöhung der Haftsumme i. S. v. § 172 Abs. 2 HGB als auch die Herabsetzung der Haftsumme nach § 174 HGB sind **anmeldepflichtige Tatsachen** i. S. v. § 15 Abs. 1 HGB. 2

B. Inhalt der Eintragung

Die Eintragung bezeichnet den Kommanditisten, dessen Haftsumme sich verändert hat, sowie die Veränderung selbst. Der Tag der Eintragung ist im Handelsregister anzugeben, weil er im Außenverhältnis für das Wirksamwerden der Haftsummenänderung bestimmend ist (vgl. §§ 172 Abs. 2, 174 HGB). 3

Die Eintragung ist **konstitutiv**. Gleichwohl kann eine Erhöhung der Haftsumme nach § 172 Abs. 2 HGB schon vor der Eintragung in das Handelsregister eintreten (vgl. dazu § 172 HGB Rn. 1). Ebenso kann die Kenntnis eines Gläubigers von einer Herabsetzung der Haftsumme vor ihrer Eintragung bedeutend sein (dazu § 174 Rn. 2; MünchHdb GesR II/*Neubauer* § 30 Rn. 10 m. w.N). 4

C. Keine Bekanntmachung

Nach § 175 S. 2 HGB gilt § 162 Abs. 2 HGB entsprechend, d. h. eine Bekanntmachung der Änderung der Haftsumme findet nicht statt. Demgemäß ist auch § 15 HGB (Publizität des Handelsregisters) nicht anwendbar, was in § 162 Abs. 2 Hs. 2 HGB klargestellt wird. 5

§ 176 [Haftung vor Eintragung]

(1) [1]Hat die Gesellschaft ihre Geschäfte begonnen, bevor sie in das Handelsregister des Gerichts, in dessen Bezirke sie ihren Sitz hat, eingetragen ist, so haftet jeder Kommanditist, der dem Geschäftsbeginne zugestimmt hat, für die bis zur Eintragung begründeten Verbindlichkeiten der Gesellschaft gleich einem persönlich haftenden Gesellschafter, es sei denn, daß seine Beteiligung als Kommanditist dem Gläubiger bekannt war. [2]Diese Vorschrift kommt nicht zur Anwendung, soweit sich aus § 2 oder § 105 Abs. 2 ein anderes ergibt.

(2) Tritt ein Kommanditist in eine bestehende Handelsgesellschaft ein, so findet die Vorschrift des Absatzes 1 Satz 1 für die in der Zeit zwischen seinem Eintritt und dessen Eintragung in das Handelsregister begründeten Verbindlichkeiten der Gesellschaft entsprechende Anwendung.

Übersicht:

A. Haftung der Gesellschafter vor Eintragung der Kommanditgesellschaft, Abs. 1

I. Zweck der Vorschrift

1 § 176 HGB schützt das **Vertrauen des Rechtsverkehrs** in die persönliche und unbeschränkte Haftung der Gesellschafter einer tätigen Handelsgesellschaft, die für die Schulden der Gesellschaft vollumfänglich einzustehen haben, wenn sich nicht aus dem Handelsregister eine Haftungsbeschränkung als Kommanditist ergibt. Die unbeschränkte Haftung bezieht sich auf Gesellschaftsverbindlichkeiten, nicht jedoch auf unerlaubte Handlungen von Gesellschaftsorganen bzw. anderen Gesellschaftern. Für Schadensersatzansprüche aus unerlaubter Handlung haftet der Kommanditist stets nur beschränkt (BGHZ 82, 209, 215 mit Anm. *K. Schmidt* NJW 1982, 886; vgl. *Altmeppen* NJW 1996, 1017, 1022 m. w. N.; MünchHdb GesR II/*Neubauer* § 30 Rn. 86, 103, jeweils m. w. N.).

II. Voraussetzungen der Haftung

2 Voraussetzung für eine Haftung jedes Kommanditisten gleich einem persönlich haftenden Gesellschafter ist nach Abs. 1 S. 1, dass die Kommanditgesellschaft ihre Geschäfte vor ihrer Eintragung in das Handelsregister begonnen und der Kommanditist dem Geschäftsbeginn zugestimmt hat.

1. Betreiben eines Handelsgewerbes

3 Betreibt die Kommanditgesellschaft **kein Handelsgewerbe** i. S. v. § 1 Abs. 2 HGB, wirkt die Eintragung der Kommanditgesellschaft in das Handelsregister konstitutiv, so dass § 176 Abs. 1 HGB nicht anwendbar ist. Dies stellt § 176 Abs. 1 S. 2 HGB klar. Die nicht eingetragene Gesellschaft stellt vielmehr eine BGB-Gesellschaft dar, so dass sich die Haftung der Gesellschafter nach dem BGB bestimmt (BGHZ 69, 95, 97; Baumbach/Hopt/*Hopt* § 176 Rn. 6 m. w. N.; MünchHdb GesR II/*Neubauer* § 30 Rn. 88 m. w. N.).

4 Während für **Kleingewerbetreibende** und **Vermögensverwaltungsgesellschaften** i. S. d. §§ 2, 3 Abs. 2 und 3 HGB sowie § 105 Abs. 2 HGB die Haftungsregelung des § 176 Abs. 1 HGB nicht gilt, ist diese Bestimmung einschlägig, wenn die noch nicht eingetragene Kommanditgesellschaft ein **einzelkaufmännisches Geschäft** übernimmt, welches nach § 2 HGB eingetragen ist, und dieses unter alter Firma **fortführt** (§ 28 HGB; MünchHdb GesR II/*Neubauer* § 30 Rn. 91). Betreibt ein Einzelkaufmann ein nicht unter § 1 Abs. 2 HGB fallendes Handelsgewerbe, welches jedoch im Handelsregister eingetragen ist (§§ 2 oder 3 HGB), und nimmt er ohne Änderung der Firma Gesellschafter als Kommanditisten auf, so dass eine Kommanditgesellschaft entsteht, findet § 176 Abs. 1 S. 1 HGB Anwendung (BGHZ 59, 179, 183; 73, 217, 220). Dies gilt jedoch nicht bei der Übernahme des nicht unter § 1 HGB fallenden Geschäftes, welches in der Rechtsform einer GmbH betrieben wird (BGHZ 59, 179, 183). Ändert eine im Handelsregister eingetragene Kommanditgesellschaft ihre Firma und nimmt am Rechtsverkehr unter dem neuen, noch nicht eingetragenen Namen teil, so ist nach der Rechtsprechung des BAG § 176 Abs. 1 HGB analog anwendbar (BAG NJW 1980, 1071). Diese Entscheidung ist in der Literatur auf Kritik gestoßen, da eine Haftung nach § 176 Abs. 1 HGB nur dann in Betracht komme, wenn durch die neue Firmierung der Rechtsschein begründet werde, es handele sich um eine weitere Kommanditgesellschaft, die nicht mit der eingetragenen Gesellschaft identisch sei (Röhricht/v. Westphalen/*v. Gerkan* § 176 Rn. 10; Schlegelberger/*K. Schmidt*, § 176 Rn. 6, 47; vgl. MünchHdb GesR II/*Neubauer* § 30 Rn. 94).

2. Zustimmung der Kommanditisten zum Geschäftsbeginn

5 Die unbeschränkte Haftung der Kommanditisten setzt voraus, dass sie dem Geschäftsbeginn der Kommanditgesellschaft vor Eintragung zugestimmt haben. Dies kann auch in schlüssiger Weise erfolgen (RGZ 128, 172, 180; BGHZ 73, 217, 219 f). Erteilt ein Kommanditist seine Zustimmung zur Aufnahme des Geschäftsbetriebes erst nach Geschäftsbeginn, aber vor Handelsregistereintragung, so erstreckt sich die unbeschränkte Haftung nicht auf Verbindlichkeiten vor Erteilung

seiner Zustimmung (BGHZ 73, 217, 220; 82, 209, 215; Röhricht/v. Westphalen/*v. Gerkan* § 176 Rn. 16 m. w. N.; MünchHdb GesR II/*Neubauer* § 30 Rn. 92 m. w. N.).

6 Die Haftung des Kommanditisten nach §§ 171 ff. HGB für **Altverbindlichkeiten** bleibt unberührt (MünchHdb GesR II/*Neubauer* § 30 Rn. 95).

7 Um eine unbeschränkte Haftung zu vermeiden, sollte der Kommanditist seinen **Beitritt** zur Kommanditgesellschaft unter der **aufschiebenden Bedingung** (§ 158 Abs. 1 BGB) der Handelsregistereintragung der Kommanditgesellschaft erklären bzw. verlangen, dass die Geschäfte erst nach Eintragung der Kommanditgesellschaft aufgenommen werden (BGHZ 82, 209, 212; BGH NJW 1983, 2258, 2259; MünchHdb GesR II/*Neubauer* § 30 Rn. 105 f. m. w. N.).

8 Die Haftung des Kommanditisten nach § 176 HGB entfällt nicht durch die Eintragung der Kommanditgesellschaft im Handelsregister. Vielmehr haftet der Kommanditist unbeschränkt nach § 128 HGB wie ein persönlich haftender Gesellschafter ab dem Zeitpunkt der Erteilung seiner Zustimmung zum Geschäftsbeginn der noch nicht eingetragenen Kommanditgesellschaft (Baumbach/Hopt/*Hopt* § 176 Rn. 1). Ab dem Zeitpunkt der Eintragung beginnen die Verjährungsfrist und die Ausschlussfrist gem. §§ 159, 160 HGB zu laufen.

9 Bei **Ausscheiden** eines Kommanditisten noch **vor Eintragung** der Kommanditgesellschaft im Handelsregister beginnt seine Enthaftung nach § 160 HGB erst, wenn die erforderliche Handelsregistereintragung der Kommanditgesellschaft und die seines Ausscheidens nachgeholt wurden (BGH WM 1983, 651 f.).

3. Kenntnis des Gläubigers

10 Nach § 176 Abs. 1 S. 1 Hs. 2 HGB ist die unbeschränkte Haftung des Kommanditisten nicht gegeben, wenn der Gläubiger die Beteiligung des Gesellschafters als Kommanditist kannte. Dabei genügt nicht die Kenntnis des Vorhandenseins einer Kommanditgesellschaft, wohl aber die Kenntnis aller Komplementäre, woraus sich der Schluss ergibt, dass die übrigen Gesellschafter Kommanditisten sind (BGH WM 1986, 1280). Es ist unerheblich, ob der Gläubiger neben der Kenntnis der Stellung eines Gesellschafters als Kommanditisten auch die Höhe seiner Haftsumme kennt, auf deren Höhe der Kommanditist in diesem Falle nur beschränkt haftet (BGH NJW 1977, 1820 f.; NJW 1980, 54 f.). Maßgeblicher Zeitpunkt für die Kenntnis des Gläubigers ist die Begründung der Gesellschaftsschuld. Den Kommanditisten trifft dabei die Beweislast für die Kenntnis des Gläubigers von seiner Kommanditistenstellung (BGHZ 82, 209, 212 f.; zum Vorstehenden siehe auch MünchHdb GesR II/*Neubauer* § 30 Rn. 93 m. w.N).

B. Haftung des eintretenden Kommanditisten, Abs. 2

11 Gem. Abs. 2 gilt die Haftung des in eine bestehende Handelsgesellschaft eintretenden Kommanditisten entsprechend Abs. 1 S. 1 für die Verbindlichkeiten der Kommanditgesellschaft, die in der Zeit zwischen seinem Eintritt und dessen Eintragung in das Handelsregister begründet wurden.

1. Eintritt

12 Die Qualifikation des Eintritts i. S. v. Abs. 2 ist in Rechtsprechung und Literatur umstritten:

13 Nach einhelliger Meinung verwirklicht die **Aufnahme des Kommanditisten**, die eine zusätzliche Beteiligung entstehen lässt, jedenfalls den Tatbestand des § 176 Abs. 2 HGB, wobei im Zweifel der Abschluss des Aufnahmevertrages maßgeblich ist (BGHZ 66, 98, 100; MünchHdb GesR II/*Neubauer* § 30 Rn. 97 m. w. N.).

14 Erfolgt der Eintritt durch **rechtsgeschäftliche Übertragung** einer bestehenden Kommanditbeteiligung, so geht die Rechtsprechung von der Anwendbarkeit des Abs. 2 aus, selbst wenn der übertragende Gesellschafter bereits als Kommanditist im Handelsregister eingetragen war (BGH WM 1983, 651 f.; a. A. Röhricht/v. Westphalen/*v. Gerkan* § 176 Rn. 37; Schlegelberger/*K. Schmidt* § 176 Rn. 25 jeweils m. w. N.). Selbst wenn man in diesem Fall von der Unanwendbarkeit des Abs. 2

ausginge, kann es bei fehlender Eintragung eines Rechtsnachfolgevermerkes gem. § 15 Abs. 1 HGB zu einer entsprechenden Haftung des eintretenden Kommanditisten kommen (Röhricht/v. Westphalen/*v. Gerkan* § 176 Rn. 38 m. w. N.). In einem solchen Fall haftet der erwerbende Kommanditist neben dem veräußernden Kommanditisten.

15 Nach früher h. M. wurde die **Nachfolge von Todes wegen** in einen Kommanditanteil ebenso wie die Nachfolge in den Anteil eines persönlich haftenden Gesellschafters mit der Möglichkeit der unverzüglichen Herbeiführung der Eintragung als Kommanditist (Schwebefrist gem. § 139 Abs. 4 HGB) als Eintritt i. S. v. § 176 Abs. 2 HGB eingestuft (BGHZ 55, 267, 272 f.; Röhricht/v. Westphalen/*v. Gerkan* § 176 Rn. 39 m. w. N.). Nach jüngerer Ansicht des BGH ist eine Haftung des kraft Nachfolge von Todes wegen in einen Kommanditanteil eintretenden Gesellschafters einer Kommanditgesellschaft nach § 176 Abs. 2 HGB nur dann gegeben, wenn der Erblasser nicht eingetragen war und deshalb persönlich haftete (BGHZ 108, 187, 197). Dies gilt nach höchstrichterlicher Rechtsprechung allerdings dann nicht, wenn der Erbe bereits vor dem Erbfall als Kommanditist der Gesellschaft im Handelsregister eingetragen war (BGHZ 66, 98, 101; vgl. MünchHdb GesR II/*Neubauer* § 30 Rn. 98 m. w. N.).

16 Nach h. M. ist die **Umwandlung** einer Stellung als persönlich haftender Gesellschaft in die eines Kommanditisten nicht als Fall des § 176 Abs. 2 HGB anzusehen (BGHZ 66, 98, 101; MünchHdb GesR II/*Neubauer* § 30 Rn. 99 m. w. N.; Baumbach/Hopt/*Hopt* § 176 Rn. 10). Allerdings kommt eine unbeschränkte Haftung des Erben bis zur Eintragung der Veränderung im Handelsregister für die zwischenzeitlich begründeten Schulden nach § 15 Abs. 1 HGB in Betracht (Röhricht/v. Westphalen/*v. Gerkan* § 176 Rn. 48).

2. Keine Zustimmung zur Fortführung der Geschäfte

17 Abweichend vom Erfordernis einer Zustimmung des Eintretenden zur Aufnahme der Geschäftstätigkeit der Kommanditgesellschaft nach Abs. 1 S. 1 ist bei § 176 Abs. 2 HGB eine Zustimmung zur Fortführung der Geschäfte durch den Eintretenden nicht erforderlich (BGHZ 82, 209, 211). Die unbeschränkte Haftung des nicht eingetragenen Kommanditisten ist allein auf Grund seines Beitritts gegeben (Baumbach/Hopt/*Hopt* § 176 Rn. 9).

18 Schutz vor der unbeschränkten Haftung bietet allein die Erklärung des Eintritts unter der **aufschiebenden Bedingung** (§ 158 Abs. 1 BGB) der Eintragung als Kommanditist im Handelsregister (BGHZ 82, 209, 212; MünchHdb GesR II/*Neubauer* § 30 Rn. 106).

3. Kenntnis des Gläubigers

19 Ebenso wie bei § 176 Abs. 1 HGB ist die unbeschränkte Haftung des Kommanditisten nur gegeben, wenn der Gläubiger die Beteiligung des Gesellschafters als Kommanditist nicht kannte (BGHZ 82, 209, 212 f.; vgl. hierzu auch Rn. 10; MünchHdb GesR II/*Neubauer* § 30 Rn. 100 m. w. N.).

4. Umfang der Haftung

20 Mit dem Wirksamwerden des Eintritts als Kommanditist beginnt die unbeschränkte Haftung bis zur Eintragung des Eintritts als Kommanditist im Handelsregister der Kommanditgesellschaft für alle zwischen diesen beiden Zeitpunkten begründeten Verbindlichkeiten. Die Haftung ist entsprechend § 160 HGB auf fünf Jahre begrenzt.

Für **Altschulden** haftet der eintretende Kommanditist nach § 173 HGB gem. §§ 171, 172 HGB.

C. Haftung kraft Rechtsschein

21 Tritt eine Gesellschaft als Kommanditgesellschaft im Rechtsverkehr auf, obwohl eine solche – etwa mangels entsprechenden Gesellschaftsvertrages – nicht besteht, handelt es sich also um eine Schein-KG, ist streitig, ob die Vorschrift des § 176 HGB Anwendung findet oder ob eine Haftung nach den allgemeinen Rechtsscheinsgrundsätzen in Betracht kommt (für Rechtsscheinhaftung: Baumbach/Hopt/*Hopt* § 176 Rn. 3, 7; Röhricht/v. Westphalen/*v. Gerkan* § 176 Rn. 7 f.; MünchHdb GesR II/*Neubauer* § 30 Rn. 115 ff., jeweils m. w. N. auch der a. A.; gegen Anwendbarkeit des § 176 HGB: BGHZ 61, 59, 65; 69, 95, 98 f.).

§ 177 [Fortführung der Gesellschaft durch Erben bei Kommanditistentod]

Beim Tod eines Kommanditisten wird die Gesellschaft mangels abweichender vertraglicher Bestimmung mit den Erben fortgesetzt.

Übersicht:

A. Tod eines Kommanditisten

I. Allgemeines, Zweck der Vorschrift

1 Während für die Kommanditgesellschaft aufgrund des Verweises in § 161 Abs. 2 HGB die Regeln für die offene Handelsgesellschaft grundsätzlich entsprechend gelten (Auflösungsgründe gem. § 131 Abs. 1, 2 HGB; Ausscheiden eines Gesellschafters gem. §§ 131 Abs. 3, 132, 135, 139 f. HGB; Fortsetzung der Gesellschaft nach Auflösung gem. § 144 HGB; Abwicklung der aufgelösten Gesellschaft gem. §§ 145 ff. HGB), sieht § 177 HGB in Abweichung von § 131 Abs. 3 S. 1 Nr. 1 HGB vor, dass im Falle des **Todes eines Kommanditisten** die Gesellschaft regelmäßig **mit seinen Erben fortgesetzt** wird. Der **Tod eines Komplementärs** führt nach h. M. dagegen zu seinem Ausscheiden, der Tod des einzigen Komplementärs führt zur Auflösung der Kommanditgesellschaft (Baumbach/Hopt/*Hopt* § 177 Rn. 1).

2 Die **dispositive** Regelung des § 177 HGB soll dem grundsätzlichen Willen der Gesellschafter Rechnung tragen, im Falle des Todes eines Kommanditisten die Gesellschaft nicht aufzulösen, sondern unter den Verbliebenen und den Erben des Verstorbenen fortzusetzen (Röhricht/v. Westphalen/*v. Gerkan* § 177 Rn. 4; MünchHdb GesR II/*Klein* § 41 Rn. 117).

3 Aus § 177 HGB ergibt sich die **Vererblichkeit des Kommanditanteils**. Eine gesellschaftsvertragliche Fortsetzungs- oder Nachfolgeklausel ist mithin nicht erforderlich (Röhricht/v. Westphalen/*v. Gerkan* § 177 Rn. 2; MünchHdb GesR II/*Klein* § 41 Rn. 116).

II. Erbrechtliche Sondernachfolge

1. Aufteilung des Kommanditanteils nach Erbquote

4 Nach st.Rspr. (BGHZ 68, 225, 229 f.; 98, 48, 51; 101, 123, 125; 108, 187, 192; zur Sondererbfolge BGHZ 22, 186, 192 f.) greift eine erbrechtliche Sondernachfolge in die vererbte Mitgliedschaft ein, nach der bei einer Mehrheit von Erben diese den Kommanditanteil nicht gemeinschaftlich zur gesamten Hand erben, sondern vielmehr jeder Erbe entsprechend seiner Erbquote **anteilsmäßig Gesellschafter** der Kommanditgesellschaft wird (Röhricht/v. Westphalen/*v. Gerkan* § 177 Rn. 6). Gesellschaftsvertraglich kann eine gemeinschaftliche Rechtsausübung der Erben vorgese-

hen werden, so dass für diese im Zweifel das Gemeinschaftsrecht (§ 745 BGB) gilt. Zur **Vertreterklausel** wird auf die Kommentierung von § 161 HGB Rn. 24 verwiesen (vgl. auch MünchHdb GesR II/*Klein* § 41 Rn. 118 m. w. N.).

2. Tod eines Komplementärs

5 Der Tod eines Komplementärs führt gem. §§ 162 Abs. 2, 131 Abs. 3 Nr. 1 HGB zu seinem **Ausscheiden** und zur **Abfindung der Erben** nach den gesellschaftsvertraglichen Regelungen, sofern diese nicht eine sog. Nachfolgeklausel enthalten. Hinsichtlich der Einzelheiten wird auf die Kommentierung zu § 131 HGB in Kap. 4 verwiesen, zum Recht der Erben, die Wandlung des ererbten Anteils in eine Kommanditbeteiligung zu fordern, auf die Kommentierung des § 139 HGB in Kap. 4.

3. Vermächtnisnehmer, Eintrittsrecht

6 Im Gegensatz zu den Erben wird der **Vermächtnisnehmer** eines verstorbenen Gesellschafters nur nach Durchsetzung seines schuldrechtlichen Anspruchs aus dem Vermächtnis gegen die Erben zum Gesellschafter einer Kommanditgesellschaft (Röhricht/v. Westphalen/*v. Gerkan* § 177 Rn. 8). Ebenso wird ein nicht durch Erbrecht berufener Nachfolger nur zum Gesellschafter des Verstorbenen, wenn im Gesellschaftsvertrag ein **Eintrittsrecht** zu seinen Gunsten vorgesehen ist und er dieses Recht ausübt (Röhricht/v. Westphalen/*v. Gerkan* § 177 Rn. 8).

4. Testamentsvollstreckung

7 Von der Zulässigkeit der **Testamentsvollstreckung** am Anteil eines Komplementärs ist entgegen der früheren Rechtsprechung ebenso auszugehen wie von der Möglichkeit einer Testamentsvollstreckung am Kommanditanteil (BGHZ 98, 48, 57; Röhricht/v. Westphalen/*v. Gerkan* § 177 Rn. 11 ff.). Dabei ist der Testamentsvollstrecker auf die vermögensrechtlichen Ansprüche beschränkt, die sich aus dem Anteil ergeben, der seiner Verwaltung unterliegt (vgl. statt vieler MünchHdb GesR II/*Weipert* § 12 II. Rn. 70 ff. m. w. N.). Von den Verwalterbefugnissen nicht umfasst sind die sonstigen Gesellschafterrechte, d. h. dem Testamentsvollstrecker steht nicht das Recht zu, an inneren Angelegenheiten der Gesellschaft mitzuwirken (BGH ZIP 1998, 383 f).

8 Die Testamentsvollstreckung an einem Kommanditanteil ist eine in das **Handelsregister einzutragende Tatsache** (str.; zum Meinungsstand vgl. Röhricht/v. Westphalen/*v. Gerkan* § 177 Rn. 18 in Fn. 12 m. w. N.). Verantwortlich für Anmeldungen zum Handelsregister über einen Gesellschafterwechsel durch Erbgang ist der Testamentsvollstrecker, der auch im Rahmen seiner übrigen Kompetenzen grundsätzlich anstelle des Kommanditisten bei der Anmeldung mitzuwirken hat (vgl. Röhricht/v. Westphalen/*v. Gerkan* § 177 Rn. 18).

5. Nachlassinsolvenzverfahren

9 Der **Nachlassverwaltung** und dem **Nachlassinsolvenzverfahren** gem. §§ 315 ff. InsO unterliegt nicht der Kommanditanteil als solcher, sondern nur die aus ihm resultierenden Vermögensrechte (etwa Gewinnanspruch, Abfindungsguthaben etc). Nach umstrittener Ansicht des BGH (BGHZ 91, 132, 135) hat ein Nachlassinsolvenzverfahren nicht die gleichen Rechtsfolgen wie ein allgemeines Insolvenzverfahren über das Vermögen eines Gesellschafters (zum Meinungsstand vgl. Röhricht/v. Westphalen/*v. Gerkan,* § 177 Rn. 21 sowie § 131 Rn. 22; allgemein zur Nachlassverwaltung und Nachlassinsolvenz vgl. statt vieler: MünchHdbGesR/*Weipert,* § 12 Rn. 70 ff. m. w. N.).

6. Umfang der Haftung des Erben

10 Die Haftung des Erben entspricht der des Erblassers (vgl. die Kommentierungen zu §§ 171 Abs. 1, 172 Abs. 4 sowie zu § 173 HGB Rn. 25 ff.). Der Umfang der Haftung des Erblassers trifft den Erben für die vor und nach dem Erbfall begründeten Verbindlichkeiten der Kommanditgesellschaft. Dabei haftet der Erbe, der die Erbschaft angetreten hat, mit seinem gesamten Vermögen. Die Mög-

lichkeit einer **erbrechtlichen Haftungsbeschränkung** der Haftung nach § 173 HGB auf den Nachlass ist streitig (ablehnend Baumbach/Hopt/*Hopt* § 173 Rn. 15; bejahend Röhricht/v. Westphalen/*v. Gerkan* § 173 Rn. 29 jeweils m. w. N.).

B. Abweichende Vereinbarungen

I. Allgemeines

§ 177 HGB ist **dispositiv**, so dass der Gesellschaftsvertrag in Abweichung von der gesetzlichen Regelung im Falle des Todes eines Kommanditisten eine Auflösung der Gesellschaft oder ein Ausscheiden des Verstorbenen vorsehen kann (Röhricht/v. Westphalen/*v. Gerkan* § 177 Rn. 4). 11

II. Gestaltungsfälle

1. (Qualifizierte) Nachfolgeklausel

Eine sog. **Nachfolgeklausel**, also die Regelung der Fortsetzung der Gesellschaft im Falle des Todes eines Kommanditisten mit seinen Erben ist auf Grund des dispositiven Rechts nicht erforderlich. Sollen hingegen nicht sämtliche Miterben anstelle des Verstorbenen in den Kommanditanteil einrücken, sondern nur einzelne von ihnen, ist also eine **qualifizierte Nachfolge** gewünscht, bedarf es einer entsprechenden gesellschaftsvertraglichen Regelung. Durch eine derartige Nachfolgeklausel tritt nur der qualifizierte Erbe in den Nachlass ein, so dass der Kommanditanteil als solcher nicht einer bestehenden Erbengemeinschaft zufällt (Röhricht/v. Westphalen/*v. Gerkan* § 177 Rn. 5 und § 139 Rn. 10; MünchHdb GesR II/*Klein* § 41 Rn. 14 m. w. N.). 12

2. Eintrittsklausel

Ein ähnliches Ergebnis lässt sich mit einer sog. **Eintrittsklausel** regeln, die im Falle des Todes eines Gesellschafters einem Erben oder einem Dritten das Recht gibt, in die Gesellschaft aufgenommen zu werden (Eintrittsrecht durch schuldrechtlichen Anspruch; vgl. hierzu auch Haftung des eintretenden Kommanditisten gem. § 173 HGB, dort Rn. 25 ff.; MünchHdb GesR II/*Klein* § 41 Rn. 73 ff. m. w. N.). 13

3. Ausschließungsklausel

Soll die Gesellschaft nach dem Tod eines Kommanditisten ebenso wie beim Tod eines Komplementärs nur unter den verbleibenden Gesellschaftern fortgesetzt werden, so bedarf es einer **gesellschaftsvertraglichen Ausschließungsklausel**. Dem steht die höchstrichterliche Rechtsprechung zur Unzulässigkeit der Ausschließung eines Personenhandelsgesellschafters ohne sachlichen Grund nicht entgegen, da das HGB für den Fall des Todes eines Gesellschafters eine Ausschließung als zulässig erachtet (BGHZ 105, 213; Röhricht/v. Westphalen/*v. Gerkan* § 177 Rn. 3; MünchHdb GesR II/*Piehler/Schulte* § 36 Rn. 60 m. w. N. d.Rspr.). Gleichwohl besteht die Möglichkeit einer **Inhaltskontrolle** einer derartigen Ausschließungsklausel, insbesondere bei Publikums-Personengesellschaften, bei denen für eine Fortsetzung ohne die Erben des Verstorbenen kaum ein sachlicher Grund ersichtlich ist. Darüber hinaus kann in gewissen Fällen eine Berufung auf die an sich zulässige Ausschließungsklausel rechtsmissbräuchlich sein (MüKo HGB/*K. Schmidt* § 177 Rn. 6 m. w. N.). 14

4. Kündigungsrecht

Der Gesellschaftsvertrag kann für den Fall des Todes eines Kommanditisten die **Möglichkeit einer Kündigung** für die verbleibenden Gesellschafter oder die Erben vorsehen. Auch eine derartige Kündigungsklausel unterliegt einer Missbrauchskontrolle (MüKo HGB/*K. Schmidt* § 177 Rn. 6). 15

5. Auflösungsklausel

16 Schließlich ist es zulässig, im Gesellschaftsvertrag eine sog. **Auflösungsklausel** aufzunehmen, durch die die Kommanditgesellschaft im Falle des Todes eine Kommanditisten aufgelöst wird, auch wenn dies nur ausnahmsweise in Betracht kommen dürfte (MünchHdb GesR II/*Klein* § 41 Rn. 99 ff. m. w. N.). Die **Fortsetzung der aufgelösten Gesellschaft** ist nach den allgemeinen Regeln zulässig, insoweit wird auf die Kommentierungen zu den §§ 131, 156 HGB in Kap. 4 verwiesen. Sind die Erben eines verstorbenen Kommanditisten trotz Vorliegens sachlicher Gründe für eine Fortsetzung der aufgelösten Gesellschaft unter Berufung auf eine gesellschaftsvertragliche Auflösungsklausel nicht zur Fortsetzung der Kommanditgesellschaft bereit, so besteht für die verbleibenden Mitgesellschafter die Möglichkeit, den Erben ein **Abfindungsangebot** zu machen, zu dessen Annahme diese verpflichtet sein können. Eine derartige Pflicht kann insbesondere dann anzunehmen sein, wenn das Ausscheiden der Erben weder ihre noch die Interessen der übrigen Gesellschafter berührt, insbesondere die Erben eine Haftungsfreistellung für Gesellschaftsverbindlichkeiten erhalten und die Abfindung nicht unter dem im Liquidationsfall den Erben zustehenden Erlös liegt (MüKo HGB/*K. Schmidt* § 177 Rn. 8; Anm. zu BGH NJW-RR 1986, 256).

§ 177 a [Entsprechende Anwendung]

[1]Die §§ 125 a, 130 a und 130 b gelten auch für die Gesellschaft, bei der ein Kommanditist eine natürliche Person ist, § 130 a jedoch mit der Maßgabe, daß anstelle des Absatzes 1 Satz 1 zweiter Halbsatz der § 172 Abs. 6 Satz 2 anzuwenden ist. [2]Der in § 125 a Abs. 1 Satz 2 für die Gesellschafter vorgeschriebenen Angaben bedarf es nur für die persönlich haftenden Gesellschafter der Gesellschaft.

A. Angaben auf Geschäftsbriefen

I. Zweck der Vorschrift

1 Die Verweisung der Norm auf § 125 a HGB, also die Regelungen über Geschäftsbriefe, bezweckt die **Publizität der Kommanditgesellschaft**. Diese Bestimmung gilt bereits i. V. m. § 161 Abs. 2 HGB für jede Kommanditgesellschaft, so dass durch § 177 a HGB lediglich klargestellt wird, dass auch das Vorhandensein natürlicher Personen als Kommanditisten an der Anwendbarkeit der Bestimmung des § 125 a HGB nichts ändert. Wegen der Einzelheiten wird auf die Kommentierung des § 125 a HGB in Kap. 4 verwiesen.

II. Erforderliche Angaben

2 Inhaltlich sind nach § 125 a HGB die **Rechtsform** und der **Sitz** der Kommanditgesellschaft, das **Registergericht** und die **Nummer**, unter der die Kommanditgesellschaft in das Handelsregister eingetragen ist, anzugeben. Ferner sind bei einer Kommanditgesellschaft, bei der kein Gesellschafter eine natürliche Person ist, die **Firmen** der Gesellschafter anzugeben, sowie bei Kapitalgesellschaften als Gesellschaftern der Kommanditgesellschaft die nach den §§ 25 a GmbHG, 80 AktG vorgeschriebenen Angaben (Rechtsform, Sitz, Registergericht und -nummer, Geschäftsführer bzw. Vorstandsmitglieder sowie der Vorsitzende des Aufsichtsrats bzw. eines Beirats). Während § 125 Abs. 1 S. 3 HGB bestimmt, dass die vorgenannten Angaben nicht erforderlich sind, wenn zu den Gesellschaftern der Gesellschaft eine offene Handelsgesellschaft oder eine Kommanditgesellschaft gehört, bei der ein persönlich haftender Gesellschafter eine natürliche Person ist, bestimmt § 177 a S. 2 HGB, dass die für die Gesellschafter gem. § 125 a Abs. 1 S. 2 HGB vorgeschriebenen Angaben nur für die persönlich haftenden Gesellschafter der Kommanditgesellschaft mitzuteilen sind. Ist an der Komplementärin zwar nicht direkt eine natürliche Person als unbeschränkt haftender Gesellschafter beteiligt, haftet aber eine natürliche Person über eine weitere zwischengeschaltete Gesellschaft persönlich (**mehrstöckige Personengesellschaft**),

so gilt die Ausnahme des § 125 Abs. 1 S. 3 HGB ebenso. Diese gilt auch dann, wenn kein Gesellschafter eine natürliche Person ist (MüKo HGB/*K. Schmidt* § 177 a Rn. 6).

III. Vordrucke

Nach § 125 a Abs. 2 HGB i. V. m. der darin genannten Norm des § 37 a Abs. 2 HGB sind **Vordrucke** (etwa Lieferscheine), die in einer ständigen Geschäftsbeziehung Verwendung finden, von den Anforderungen des § 37 a Abs. 1 HGB befreit. 3

IV. Zwangsgeld bei Nichtbefolgung

Die Nichtbefolgung der in Rede stehenden Vorschriften kann nach §§ 125 a Abs. 2, 37 a Abs. 4 HGB durch **Zwangsgeld** geahndet werden. 4

B. Antragspflicht bei Zahlungsunfähigkeit oder Überschuldung

§ 177 a HGB verweist ferner auf die Bestimmungen der §§ 130 a und 130 b HGB, die ebenfalls ohne weiteres i. V. m. § 161 Abs. 2 HGB für jede Kommanditgesellschaft gelten. Die Verweisung in § 177 a HGB zielt daher insbesondere auf die **GmbH & Co. KG**, d. h. auf die Gestaltung einer Kommanditgesellschaft ohne natürliche Personen als Komplementäre ab. 5

Antragspflichtig sind die gesetzlichen Vertreter der Komplementäre, bei einer Komplementär-GmbH mithin ihre **Geschäftsführer**. Nach § 15 Abs. 2 InsO ist jeder von mehreren Geschäftsführern berechtigt und verpflichtet, einen Insolvenzantrag zu stellen. Zu den Fällen der Insolvenz einer GmbH & Co. KG wird auf Kap. 8 Rn. 87 bis 97 verwiesen, im Übrigen auch auf die Kommentierung der §§ 130 a, 130 b HGB in Kap. 4. 6

Nach der Haftungsbestimmung des § 130 a Abs. 3 HGB, die für die Verschleppung des Insolvenzverfahrens (§ 130 a Abs. 1 HGB), für verbotene Auszahlung (§ 130 a Abs. 2 HGB), aber auch für verbotene Belastungen der Masse mit Neuverbindlichkeiten (vgl. BGHZ 143, 184, 186 f.) gilt, stehen die **organschaftlichen Vertreter** der Gesellschaft gegenüber zum Ersatz des durch ihr Fehlverfahren entstandenen Schadens ein. Ihr Verhalten ist darüber hinaus gem. § 130 b HGB **strafbar**. 7

Kapitel 6
Die stille Gesellschaft

Übersicht:

A. Grundlagen

1 Die **gesetzlichen Vorgaben** für die stille Gesellschaft finden sich in den **§§ 230 ff. HGB**. Ergänzend gelten die §§ 705 ff. BGB. Der stille Gesellschafter beteiligt sich an dem Handelsgeschäft, das ein Anderer betreibt, gegen Anteil am Gewinn und regelmäßig auch am Verlust. Die stille Gesellschaft ist eine reine **Innengesellschaft**: Die Einlage geht in das Vermögen des Inhabers des Handelsgeschäfts über. Dieser betreibt die Geschäfte nur unter seiner eigenen, nicht unter einer Gesellschaftsfirma (§ 18 Abs. 1 HGB) und wird aus diesen Geschäften allein berechtigt und verpflichtet.

I. Einsatzmöglichkeiten der stillen Gesellschaft

2 Die stille Gesellschaft kommt für eine Vielzahl unterschiedlicher Zwecke in Betracht. Dies lässt sich vor allem damit erklären, dass die gesetzlichen Vorgaben weitestgehend disponibel sind. Je nach Ausgestaltung kann die stille Beteiligung dabei sowohl Alternative zum Darlehen als auch zu einer Beteiligung als Außengesellschafter sein. Diese Flexibilität wird des Öfteren auch unter dem Begriff der **Mezzanine-Finanzierung** erörtert. Unter Mezzanine-Kapital versteht man eine Vielzahl von Finanzierungsinstrumenten, die sowohl Fremd- als auch Eigenkapitalmerkmale aufweisen. Die stille Beteiligung ist praktisch die klassischste mezzanine Finanzierungsform. Die Vorteile der stillen Gesellschaft gegenüber einer Außengesellschaft liegen dabei zum einen in der Gestaltungsfreiheit, die sowohl eine Annäherung an ein Darlehen als auch weitgehende Mitwirkungsrechte zulässt, und zum anderen in der **Anonymität und der einfacheren Begründung**. Die stille Gesellschaft erfordert keine Handelsregistereintragung (Ausnahme: stille Beteiligung an einer Aktiengesellschaft, s. Rn. 36) und wird daher u. a. dann gewählt, wenn die Beteiligung nach außen möglichst wenig in Erscheinung treten soll.

1. Verbesserung der Kapitalausstattung

3 Durch eine stille Beteiligung kann die Kapitalausstattung von Unternehmen verbessert werden. In der Handelsbilanz wird die stille Beteiligung zwar in der Regel als Fremdkapital ausgewiesen. Jedoch kann aufgrund der bestehenden Ausgestaltungsfreiheit annähernd jede Verfestigung der Kapitalisierung erreicht werden. Eine stille Beteiligung kann dabei auch so ausgestaltet werden, dass sie handelsbilanziell als Eigenkapital auszuweisen ist (zu den Voraussetzungen BilKomm/*Hoyos/M. Ring* § 247 Rn. 233). Unabhängig von der bilanziellen Behandlung werden stille Beteiligungen auch im Rahmen spezialgesetzlicher Vorschriften unter bestimmten Voraussetzungen wie Eigenkapital behandelt (vgl. § 10 Abs. 4 KWG, § 1 a Abs. 2 UBGG).

2. Zurverfügungstellung von Risikokapital

4 Die Wahl der Rechtsform der stillen Gesellschaft als Beteiligungsinstrument wird auch dazu genutzt, für einen beschränkten Zeitraum Beteiligungs-/ Risikokapital zur Verfügung zu stellen (*Pfeifer* BB 1999, 1665, 1668). Insoweit können sich Vorteile u. a. hinsichtlich der Gestaltungsmöglichkeiten bezüglich der Gewinnbeteiligung und der Abfindung beim Ausscheiden des Stillen ergeben.

3. Sanierungsfinanzierung

5 Eine besondere Funktion fällt der stillen Gesellschaft bei Sanierungsfällen zu. Da eine solche Gesellschaft zügig und i. d. R. formfrei gegründet und entsprechend schnell auch wieder beendet werden kann, besteht eine gute Reaktionsmöglichkeit bei **auftretenden Finanzierungsproblemen**. Von Vorteil ist dabei zudem, dass eine Sanierungsfinanzierung auf diese Art und Weise verdeckt geschehen kann, so dass Verunsicherungen bei den Geschäftspartnern vermieden werden. Dient die stille Beteiligung der Abwendung der Überschuldung, muss dabei allerdings sichergestellt werden, dass sie im Überschuldungsstatus nicht als Verbindlichkeit passiviert werden muss. Erforderlich hierzu ist eine **Sanierungsabrede**, aufgrund derer die Einlage als »materiel-

les« Eigenkapital qualifiziert werden kann (s. Rn. 202, dazu *Vollmer/Maurer* DB 1994, 1173 ff.) oder die Vereinbarung eines sog. qualifizierten Rangrücktritts (s. Rn. 215).

4. Steueroptimierung

Zudem wird die stille Gesellschaft – sowohl in der Ausgestaltung als steuerlich typische als auch als steuerliche atypische stille Gesellschaft – oftmals bei Steueroptimierungsmaßnahmen eingesetzt. Dies betrifft zum einen die Vermögens- und Einkommensverlagerung innerhalb der (Unternehmer-)Familie. Durch die schenkweise Einräumung einer stillen Beteiligung insbesondere an Kinder ohne eigenes Einkommen können zunächst **schenkungsteuerliche Freibeträge** genutzt werden. Durch die laufend zuzurechnenden Gewinne können sodann einkommensteuerliche Freibeträge des Kindes ausgenutzt werden. Zum anderen werden stille Gesellschaften auch zum Zweck der **Verlustzuweisung** errichtet. Steuerliche Vorteile können sich insoweit z. B. durch eine **GmbH & Still** erreichen lassen. Da die GmbH steuerlich nicht transparent ist und damit Verluste nur als Verlustvorträge auf Gesellschaftsebene relevant werden, ergibt sich für den Gesellschafter trotz Verlusten insbesondere in der Gründungsphase kein steuerlicher Vorteil. Beteiligt sich ein Gesellschafter dagegen zusätzlich als Stiller, können ihm Anlaufverluste unmittelbar zugeordnet werden (MünchHdb GesR II/*Bezzenberger/Keul* § 72 Rn. 29). Mangels »modellhafter Gestaltung« i. S. d. § 15 b Abs. 2 S. 1 EStG ist dies in aller Regel auch nach Einführung der neuen Verlustabzugsbeschränkungen für sog. Steuerstundungsmodelle noch möglich. Steuerliche Vorteile können sich schließlich auch bei der Verwendung stiller Gesellschaften als Instrument zur Finanzierung ausländischer Gesellschaften ergeben (*Becker* S. 183 ff.), wenngleich eine Verlustverrechnung hier i. d. R. an § 2 a Abs. 1 Nr. 5 EStG scheitert. 6

5. Mitarbeiterbeteiligung

Stille Gesellschaften finden sich ferner als Instrument zur Mitarbeiterbeteiligung. So erkennt beispielsweise das Vermögensbildungsgesetz (§§ 2 Abs. 1 Nr. 1 i, 13 Abs. 2 S. 1 VermBG) die stille Beteiligung als vermögenswirksame Leistung an. 7

6. Publikumsfonds

Des Weiteren finden sich stille Beteiligungen auch bei Publikumsfonds. Dies beruht vor allem auf der Ausgestaltungsfreiheit, der geringen Regulierungsdichte sowie der wegen der eher geringen Mitwirkungsrechte einfacheren Handhabung. Insoweit vereinigt die stille Gesellschaft insbesondere aus Sicht des Emittenten die Vorteile einer Publikums-GbR (Gestaltungsfreiheit, keine Formerfordernisse) mit denjenigen einer Publikums-KG (limitierter Einfluss der Investoren auf die Geschäftsführung). Die gleichzeitige Möglichkeit der steuerlichen Verlustzuweisung spielte früher ebenfalls eine bedeutende Rolle. Sie hat aber ihre Bedeutung verloren, nachdem die Verrechenbarkeit der durch sog. Steuerstundungsmodelle generierten Verluste durch die auf Medienfonds und ähnliche Gestaltungen abzielende Neuregelung in § 15 b EStG (die über § 20 Abs. 1 Nr. 4 S. 2 EStG auch für die typisch stille Gesellschaft gilt) ausgeschlossen wurde. 8

7. Spartenbezogene Beteiligung

Es ist weiterhin anerkannt, dass auch die Beteiligung an einer Geschäftssparte oder einer einzelnen Betriebsstätte in Form der stillen Beteiligung möglich ist (BFH BStBl. II 1998, 685, *Ensthaler/Fahse* § 230 Rn. 19). Durch eine spartenbezogene Beteiligung wird gerade bei vielschichtig agierenden Unternehmen eine zielgerichtetere Investition ermöglicht (vgl. zu den Zweckrichtungen *Wunsch* S. 12; *Schulze zur Wiesche* Rn. 235 a). Zudem ergeben sich erweiterte steuerliche Möglichkeiten (vgl. *Lieber/Stifter* FR 2003, 831; *Pyszka* DStR 2003, 857) Insbesondere bei Aktiengesellschaften können durch die Ausgestaltung einer spartenbezogenen Beteiligung als stille Gesellschaft die im Aktienrecht begründeten Unsicherheiten (u. a. Ausschüttungsverbote, Stimmrechte), die sich bei Spartenaktien (sog. tracking stocks) ergeben, zumindest überwiegend vermieden werden. 9

8. Ungewollte stille Beteiligung

10 Ein in seiner Praxisrelevanz nicht zu unterschätzender Anwendungsbereich ist schließlich die ungewollte stille Gesellschaft. Aufgrund der Schwierigkeiten bei der Abgrenzung zu anderen Beteiligungs- bzw. Finanzierungsformen (s. Rn. 17 ff.) kommt es sowohl bei individuellen Abreden als auch bei Publikums-Investments immer wieder dazu, dass eine Gestaltung von der Rechtsprechung nachträglich als stille Gesellschaft eingestuft wird, obwohl die Beteiligten keine solche begründen bzw. dies sogar gerade vermeiden wollten. Die Umqualifizierung in eine stille Beteiligung kann insbesondere für die Besteuerung des Investors nachteilig sein, da sowohl bei der typischen als auch bei der atypischen stillen Gesellschaft alle Erträge bzw. Gewinne auch außerhalb der Frist für private Veräußerungsgeschäfte steuerbare Einkünfte darstellen. Dies ist der häufigste Aspekt, anlässlich dessen in der Praxis die **Umqualifizierung durch die Finanzgerichte** erfolgt (vgl. BFH BStBl. II 1997, 761; FG Baden-Württemberg, Urt. vom 3. 12. 2004, 10 K 225/01). Jedoch kann die ungewollte Begründung einer stillen Gesellschaft auch zivilrechtliche Folgen haben.

II. Rechtliche Einordnung

11 Rechtssystematisch handelt es sich um eine **Personengesellschaft in Form einer GbR** nach § 705 BGB. Der gemeinsame Zweck bei stillen Gesellschaften besteht darin, auf das Innenverhältnis beschränkt den Abschluss von Handelsgeschäften auf gemeinsame Rechnung zu tätigen; also letztlich einen Gewinn aus dem Betrieb des Handelsgewerbes des Geschäftsinhabers zu erzielen (*Blaurock* Rn. 4.7; MünchHdb GesR II/*Bezzenberger/Keul* § 72 Rn. 20).

12 Besonderheit der stillen Gesellschaft ist dabei, dass es sich um eine **Innengesellschaft ohne Gesamthandsvermögen** handelt (vgl. GmbH-Hdb/*Kallmeyer* Rn. I 441; *Blaurock* Rn. 4.8 ff.). Soweit ein solches entstehen soll, ist gerade nicht vom Vorliegen einer stillen Gesellschaft, sondern einer OHG, KG oder (Außen-)GbR auszugehen. Bei der stillen Gesellschaft ist demgegenüber allein der Inhaber des Handelsgeschäfts Träger des Vermögens. Daraus ergibt sich, dass im Rechtsverkehr allein das Handelsgeschäft Verpflichtungssubjekt ist. Die Firma des Handelsgeschäfts enthält keinen Verweis auf den Stillen. Die Gesellschaft nimmt nicht am Rechtsverkehr teil und wird nicht ins Handelsregister eingetragen. Sie ist z. B. im Zivilprozess nicht parteifähig, nicht umwandlungsfähig und nicht insolvenzfähig. Streitigkeiten aus dem Gesellschaftsvertrag sind gem. § 95 Abs. 1 Nr. 4 a GVG vor der Kammer für Handelssachen auszutragen.

13 Rein wirtschaftlich betrachtet ähnelt die stille Gesellschaft durchaus der Kommanditgesellschaft. Denn auch insoweit besteht für bestimmte Gesellschafter die Beteiligung am Geschäftsergebnis eines Handelsgeschäfts bei (i. d. R.) gleichzeitiger Beschränkung des Risikos.

III. Gestaltungsspielraum

14 Das Recht der stillen Gesellschaft nach den §§ 230 ff. HGB ist fast durchweg **dispositiv** (*Schulze zur Wiesche* Rn. 32; *Blaurock* Rn. 1.27). Da es sich um eine reine Innengesellschaft handelt, bestehen nur bedingt zu berücksichtigende Aspekte des Gläubigerschutzes. Nachdem stille Gesellschaften aufgrund ihrer Grundkonzeption nicht am Kapitalmarkt gehandelt werden sollten, entfallen auch insoweit durch Vereinheitlichung zu begründende Schutzaspekte.

15 Diese weitgehende vertragliche Gestaltungsfreiheit wird nur durch folgende **zwingende Vorschriften** beschränkt: Gewinnbeteiligung nach § 231 Abs. 2 Hs. 2 HGB, Auskunftsrecht nach § 233 Abs. 3 HGB und zumindest teilweise das Kündigungsrecht nach § 234 HGB.

IV. Typische und atypische stille Gesellschaft

16 In der Praxis finden sich dementsprechend zahlreiche unterschiedliche Ausgestaltungen der stillen Beteiligung. Bei der begrifflichen Unterscheidung zwischen typischen und atypischen stillen Gesellschaften ist diesbezüglich Vorsicht geboten, da die Begriffe im Handels- und Gesellschaftsrecht oftmals mit einer anderen Bedeutung verwendet werden als im Steuerrecht. Im allgemei-

nen Sprachgebrauch ist zumeist die steuerliche Qualifikation gemeint. **Gesellschaftsrechtlich** könnte man von einer atypisch stillen Beteiligung im weitesten Sinne bereits dann sprechen, wenn der Gesellschaftsvertrag irgendeine Abweichung vom dispositiven Recht und damit von der gesetzestypischen stillen Gesellschaft beinhaltet. Üblich ist die Bezeichnung jedoch nur für bestimmte Fallgruppen abweichender Regelungen (s. Rn. 102 ff.). **Steuerrechtlich** spricht man dagegen ausschließlich dann von einer atypisch stillen Beteiligung, wenn der Stille nach steuerlichen Kriterien Mitunternehmer ist. Die steuerliche Relevanz dieser Abgrenzung liegt darin, dass der typisch Stille Einkünfte aus Kapitalvermögen nach § 20 Abs. 1 Nr. 4 EStG erzielt, der atypisch Stille dagegen Einkünfte aus Gewerbebetrieb nach § 15 Abs. 1 Nr. 2 EStG (s. Rn. 234 ff.).

V. Abgrenzung zu verwandten Rechtsinstituten

1. Unterbeteiligung und Nießbrauch

17 Von einer **Unterbeteiligung** spricht man, wenn Beteiligungsobjekt der Geschäftsanteil eines Anderen ist. Dies kann beispielsweise Sinn machen, wenn weitere Personen beteiligt werden, die Gesellschafterrechte (sowie ggf. die Haftung) dabei aber ausschließlich beim Hauptbeteiligten verbleiben sollen (vgl. BGHZ 50, 316, 317), oder wenn die Beteiligung weiterer Personen auch innerhalb des Gesellschafterkreises nicht offen gelegt werden soll. Vergleichbar verhält es sich mit dem **Nießbrauch** an einem Gesellschaftsanteil (§§ 1068, 1030 BGB). Die Abgrenzung zur stillen Gesellschaft bereitet i. d. R. keine Probleme, da bei Unterbeteiligung und Nießbrauch jeweils ein einzelner Geschäftsanteil als Objekt zu erkennen sein muss.

2. Partiarische Rechtsverhältnisse

18 Problematisch gestaltet sich vor allem die Abgrenzung zu partiarischen Rechtsverhältnissen. Dabei handelt es sich um **schuldrechtliche Austauschverträge**, bei denen als Gegenleistung für eine Dienstleistung, Gebrauchsüberlassung oder Darlehensgewährung eine Gewinnbeteiligung erfolgt (*Blaurock* Rn. 8.16). Hauptanwendungsfall ist das partiarische Darlehen.

a) Gemeinsamer Zweck als Abgrenzungskriterium

19 Bei solchen Rechtsverhältnissen fehlt der jeder Gesellschaft immanente gemeinsame Zweck. Zwar soll auch insoweit wirtschaftlich ein Erfolg erzielt werden. Dieser folgt aber nicht aus einer gesellschaftsrechtlichen Bindung, sondern durch Verwirklichung von Leistung und Gegenleistung (vgl. BGHZ 127, 176, 177 f.; BFH BStBl. II 1992, 889, 890). So klar diese dogmatische Unterscheidung aufstellbar ist, so schwierig gestaltet sich in der Praxis die Einordnung. Diese hat durch eine Gesamtschau aller Umstände zu geschehen. Zu fragen ist danach, ob die Parteien sich zur Erreichung eines gemeinsamen Zwecks verbunden haben und damit ihre schuldrechtlichen Beziehungen ein gesellschaftsrechtliches Element in sich tragen, oder ob primär separierte Zwecke verfolgt werden und die schuldrechtliche Beziehung durch diese Verschiedenheit bestimmt wird (vgl. BGH NJW 1990, 573, 574; NJW 1992, 2696, 2697; ZIP 1994, 1847, 1848).

b) Indizien für Vorliegen eines partiarischen Verhältnisses

20 Für das Vorliegen eines partiarischen Verhältnisses und damit gegen eine stille Gesellschaft sprechen folgende Indizien: Berechtigung des Geschäftsinhaber zur Änderungen des Unternehmensgegenstands ohne Zustimmung des »Investors« (OLG Schleswig NZG 2000, 1176, 1177), Gewährung von Sicherheiten (MüKo HGB/*K. Schmidt* § 230 Rn. 68), kurzfristige Kündbarkeit (BGHZ 127, 176, 178; Baumbach/Hopt/*Hopt* § 230 HGB Rn. 4), planmäßige Tilgung sowie Anlehnung der variablen Verzinsung an Marktzinsen. Das Fehlen von vereinbarten Informationsrechten ist für die Annahme einer stillen Gesellschaft hingegen unschädlich, da diese Rechte zwingend aus § 233 HGB folgen und damit nicht vereinbart werden müssen (vgl. BFH BStBl. II 1997, 761).

c) Indizien für Vorliegen einer stillen Gesellschaft

21 Nach h. M. zwingend zur stillen Gesellschaft führt eine **Verlustbeteiligung** (vgl. BFH BStBl. II 1997, 761, wo eine hohe Erfolgsbeteiligung als weiteres Indiz angesehen wurde; OLG Hamm ZIP 1999, 1530, 1532). Indizien für eine stille Gesellschaft sind zudem Abtretungsverbote (*Blaurock* Rn. 8.33), (weitergehende) Überwachungs- und Kontrollrechte bzw. sogar Mitwirkungspflichten (BFH BB 2006, 253, 255), Beteiligung an stillen Reserven (MüKo HGB/*K. Schmidt* § 230 Rn. 60), weitgehende Einflussmöglichkeiten auf die Geschäftsführung (Röhricht/v. Westphalen/*v. Gerkan* § 230 Rn. 61), Dauerhaftigkeit der Bindung, Fehlen von Kreditsicherheiten (vgl. BGHZ 127, 176, 178 ff.) sowie Regelungen z. B. für den Fall einer Umwandlung (Röhricht/v. Westphalen/*v. Gerkan* § 230 Rn. 62). Darüber hinaus ist zu berücksichtigen, dass zwischen den Beteiligten einer stillen Gesellschaft aufgrund der Verfolgung des gemeinsamen Zwecks eine engere Bindung besteht, die sich u. a. in erhöhten Treue- und Rücksichtnahmepflichten verkörpert. Soweit solche Pflichten für den Vollzug der zu beurteilenden Vereinbarung relevant sind, spricht auch dies für das Vorliegen einer stillen Gesellschaft (vgl. *Weigl* S. 7).

d) Bezeichnung des Rechtsverhältnisses als Indiz

22 Jedenfalls bei rechtskundigen bzw. rechtlich beratenen Parteien kann in Grenzfällen auch die Bezeichnung des Rechtsverhältnisses als Indiz berücksichtigt werden (vgl. BFH BStBl II 1978, 256 f.).

3. Genussrechte

23 Auch die Abgrenzung zu Genussrechten ist mitunter nicht ohne weiteres möglich. Eine gesetzliche Definition eines Genussrechts existiert nicht. Ein Genussrecht ist ein **rein schuldrechtliches Kapitalüberlassungsverhältnis**. Mit Abschluss des Genussrechtsvertrages verpflichtet sich der Genussrechtsinhaber dem Genussrechtsemittenten das Genussrechtskapital zur Verfügung zu stellen. Im Gegenzug werden dem Genussrechtsinhaber Vermögensrechte gewährt, die in der Regel auch Gesellschaftern des Emittenten zustehen, wie z. B. gewinnabhängige Vergütung, Beteiligung am Liquidationserlös oder Optionsrechte (*Blaurock* Rn. 8.36). Damit sind Genussrechte ähnlich flexibel gestaltbar wie stille Beteiligungen. Auch Genussrechte können unter bestimmten Voraussetzungen zur Eigenkapitalstärkung verwendet werden (vgl. § 10 Abs. 5 KWG; § 53 c Abs. 3 a VAG). Ein Genussrecht kann so ausgestaltet werden, dass sich die Gegenleistung am Umsatz oder Jahresüberschuss orientiert. Darüber hinaus ist eine Teilhabe am Liquidationserlös möglich. Gleiches gilt für die Vereinbarung bezüglich der Teilhabe am Verlust sowie für die Einräumung von Kontrollrechten (*Thielemann* S. 13 f., 179).

24 Rein rechtsdogmatisch stellt auch das Genussrecht einen schuldrechtlichen Austauschvertrag dar, so dass erneut das **Fehlen eines gemeinsamen Zweckes** eine Unterscheidung zur stillen Gesellschaft begründet (BGHZ 119, 305). Die Abgrenzung erfolgt anhand des Willens der Vertragsschließenden, der wirtschaftlichen Ziele und dem Gesamtbild aller Umstände im Einzelfall (vgl. BGH ZIP 1994, 1847). Als einen maßgeblichen Unterschied kann man auch ansehen, dass die Ausgestaltung von Genussrechten noch flexibler möglich ist als die einer stillen Beteiligung, da insoweit nicht einmal die oben unter Rn. 15 genannten zwingenden Aspekte zu beachten sind. Die Rechtsprechung tendiert daher dazu, von einem Genussrecht jedenfalls dann nicht auszugehen, wenn zugleich diese (Mindest-)Voraussetzungen einer stillen Gesellschaft gewahrt sind (vgl. FG Baden-Württemberg, Urt. vom 3. 12. 2004, 10 K 225/01).

4. Treuhandverhältnisse

25 Von Treuhandverhältnissen ist dann auszugehen, wenn der Treunehmer ein **Treugut** unter strengen inhaltlichen Vorgaben **zur Verwaltung** erhält (S/S/S/*Singhof* Rn. 23). Im Gegensatz dazu wird die Einlage des stillen Gesellschafters grundsätzlich zur freien Bestimmung des Inhabers des Handelsgeschäftes übereignet. Jedoch schließt auch das Bestehen von Verwendungsvorgaben für die Einlage eine stille Gesellschaft nicht aus. Im Rahmen der weitgehenden Gestaltungsfreiheit kann eine entsprechende Abrede ohne weiteres getroffen werden, zumal eine gesetzliche

Treuepflicht zwischen den Beteiligten ohnehin besteht. Diese kann durch Vereinbarung näher bestimmt werden. Entscheidendes Abgrenzungsmerkmal ist letztlich auch bei der Treuhand das Fehlen eines gemeinsamen Zwecks. Der Treuhänder verwaltet vielmehr fremdnützig das Treugut (S/S/S/*Singhof* Rn. 23).

B. Gründung der stillen Gesellschaft

I. Formfragen

1. Grundsatz Formfreiheit

Die Gründung einer stillen Gesellschaft ist verhältnismäßig unproblematisch möglich. Der Gesellschaftsvertrag ist **grundsätzlich formfrei** abschließbar (vgl. GmbH-Hdb/*Kallmeyer* Rn. I 449). 26

Etwas anderes gilt nach allgemeinen Grundsätzen beispielsweise dann, wenn die Einlage des Stillen in der Abtretung eines GmbH-Gesellschaftsanteils oder der Übertragung eines Grundstücks besteht (*Blaurock* Rn. 9.23 f.). 27

2. Schenkung, § 518 BGB

Bei den zuvor erwähnten Fällen der Beteiligung von Familienmitgliedern ist in der Regel das **Formerfordernis für Schenkungen** gem. § 518 Abs. 1 S. 1 BGB zu beachten. Ist eine notarielle Beurkundung nicht erfolgt, sind bezüglich der Frage der **Heilung durch Vollzug** nach § 518 Abs. 2 BGB zwei Konstellationen zu unterscheiden: 28

a) Bestehende stille Beteiligung

Wird eine bereits bestehende stille Beteiligung verschenkt, liegt der Vollzug dieser Schenkung in der – i. d. R. formlos möglichen – Abtretung der Beteiligung (vgl. MüKo HGB/*K. Schmidt* § 230 Rn. 101). Durch sie wird der Formmangel des Schenkungsversprechens geheilt (E/B/J/*Gehrlein* § 230 Rn. 23). 29

b) Begründung der stillen Beteiligung durch Schenkung

Oftmals wird die stille Beteiligung jedoch erst im Zuge der Schenkung begründet, z. B. indem ein Teil des Geschäftskontos schenkweise als stille Einlage auf ein Familienmitglied übertragen wird. In diesen Fällen fehlt es nach der bisherigen Rechtsprechung des BGH in der Regel an einem Vollzug der Schenkung (vgl. BGHZ 7, 174, 179; offen gelassen in BGH NJW 1990, 2616, 2618). Dies gilt auch dann, wenn es später zur Auszahlung von Gewinnanteilen an den stillen Gesellschafter kommt, denn insoweit liegt nur ein Vollzug des Auszahlungsanspruches, nicht aber der Schenkung der Einlage vor (vgl. MüKo BGB/*Ulmer* § 705 Rn. 46). Ein Vollzug kann zwar z. B. dann ausnahmsweise bejaht werden, wenn die Einlageverpflichtung aus dem Gesellschafterverrechnungskonto des Schenkers umgebucht wird (OLG Düsseldorf NZG 1999, 652, 653). In der Praxis sollte jedoch bei dieser Form der Gründung stiller Gesellschaften im Hinblick auf die hier zitierte Rechtsprechung vorsorglich stets die **notarielle Form eingehalten** werden. Soweit das nicht geschehen ist, bleibt nur die Möglichkeit, abweichend von dieser Rechtsprechung den Vollzug der Schenkung im Einzelfall nachzuweisen (vgl. zusammenfassend *K. Schmidt* DB 2002, 829). 30

3. Beteiligung eines Minderjährigen

Im Falle der Beteiligung eines Minderjährigen als stiller Gesellschafter gilt folgendes: 31

a) Vormundschaftsgerichtliche Genehmigung

Umstritten ist, ob bzw. in welchen Konstellationen eine vormundschaftsgerichtliche Genehmigung nach §§ 1643, 1822 Nr. 3 BGB erforderlich ist (vgl. E/B/J/*Gehrlein* § 230 Rn. 27). In der Praxis sollte diese vorsorglich stets eingeholt werden. Etwas anderes gilt lediglich dann, wenn es sich um die Schenkung einer stillen Beteiligung ohne Teilhabe am Verlust handelt, die der Minderjäh- 32 rige als rechtlich ausschließlich vorteilhaftes Geschäft nach § 107 BGB selbst annehmen kann (vgl. BGHZ 59, 236, 240; MüKo HGB/*K. Schmidt* § 230 Rn. 105).

b) Bestellung eines Ergänzungspflegers

33 Ein Ergänzungspfleger ist zu bestellen, wenn der gesetzliche Vertreter des Minderjährigen als weiterer Stiller an der (mehrgliedrigen) stillen Gesellschaft, als vertretungsberechtigter Gesellschafter des Geschäftsinhabers oder als unmittelbarer Geschäftsinhaber beteiligt ist, §§ 1909, §§ 1795 Abs. 2, 181 BGB (BFH NJW 1988, 1343). Dies betrifft insbesondere die Fälle der Einräumung stiller Beteiligungen innerhalb der Familie.

c) Minderjähriger als Geschäftsinhaber

34 Soweit ein Minderjähriger auf der Seite des Geschäftsinhabers auftritt, folgt seine Geschäftsfähigkeit grundsätzlich aus § 112 Abs. 1 S. 1 BGB. Bei Personenhandelsgesellschaften, an denen auch Minderjährige beteiligt sind, ist jedenfalls für die Aufnahme typisch stiller Beteiligter keine vormundschaftsgerichtliche Genehmigung notwendig, weil Verpflichtete hier die (teil-)rechtsfähige Gesellschaft ist (BGHZ 38, 26, 30).

35 Zur Vertretung und Organkompetenz auf Seiten des Geschäftsinhabers bzw. der Inhabergesellschaft s. Rn. 44 ff.

4. Stille Beteiligung an einer AG

36 Die stille Beteiligung an einer Aktiengesellschaft bedarf wegen der Qualifikation als **Gewinnabführungsvertrag** (s. Rn. 49) nach § 294 Abs. 2 AktG zu ihrer Wirksamkeit u. a. der Eintragung ins Handelsregister.

II. Möglicher Geschäftsinhaber/Inhabergesellschaften

37 Entsprechend der gesetzlichen Konzeption wird vorausgesetzt, dass sich die Beteiligung auf ein **Handelsgeschäft eines Anderen** bezieht, vgl. § 230 Abs. 1 HGB.

1. Personenverschiedenheit

38 Nötig ist somit zum einen eine **Personenverschiedenheit** zwischen dem Inhaber des Handelsgeschäfts und dem sich daran als stiller Gesellschafter Beteiligenden. Unerheblich ist dabei im Falle der Beteiligung juristischer Personen bzw. rechtsfähiger Personenvereinigungen, ob hinter diesen letztendlich dieselbe natürliche Person steht (BFH BStBl. II 1983, 563, 565, 1743; MüKo HGB/*K. Schmidt* § 230 Rn. 35). Daher ist zwar eine stille Beteiligung eines Einzelkaufmanns an seinem Handelsgeschäft nicht möglich, wohl aber eine stille Beteiligung des Alleingesellschafters einer GmbH an letzterer.

2. Handelsgeschäft

a) Kaufmannseigenschaft des Beteiligungsobjekts

39 Zum anderen ist als Beteiligungsobjekt ein Handelsgeschäft zu wählen. Vorausgesetzt wird die **Kaufmannseigenschaft** i. S. d. §§ 1 bis 6 HGB (MünchHdb GesR II/*Bezzenberger/Keul* § 72 Rn. 10). Damit ist die stille Beteiligung an einem Einzelkaufmann, einer OHG oder Kommanditgesellschaft sowie an einer Kapitalgesellschaft (GmbH, AG, KGaA und Genossenschaft) möglich. Auch bereits im Stadium der Vor-GmbH bzw. Vor-AG ist eine stille Beteiligung möglich (E/B/J/*Gehrlein* § 230 Rn. 8).

b) Beteiligung an nicht kaufmännischen Unternehmen

40 Soweit eine Beteiligung an nicht kaufmännischen bzw. freiberuflichen Unternehmen – z. B. in der Rechtsform der GbR oder Partnerschaftsgesellschaft – erfolgt, liegt gesellschaftsrechtlich nur eine **BGB-Innengesellschaft** vor (MüKo HGB/*K. Schmidt* § 230 Rn. 24). Inzwischen wendet die

Rechtsprechung die Vorschriften zur stillen Gesellschaft in solchen Konstellationen aber teilweise analog an (BFH DB 2001, 2072; a. A. OLG Köln NJW-RR 1996, 27 f.). Jedenfalls lässt sich durch entsprechende vertragliche Vereinbarungen eine weitestgehende Gleichstellung herbeiführen.

c) Beteiligung an einer »Limited«

Nicht vollständig geklärt ist die Frage, ob nach den Regeln des HGB eine stille Beteiligung an einer englischen »private limited company by shares« (kurz: »Limited« bzw. »Ltd.«) oder ähnlichen Gesellschaften ausländischer Rechtsordnungen möglich ist, d. h. ob es analog zur GmbH & Still eine »**Limited & Still**« gibt. Dies ist deshalb zweifelhaft, weil die Limited als ausländische Rechtsform an sich **kein Handelsgeschäft i. S. d. HGB** darstellt (vgl. *Just* Rn. 39 ff.; Heckschen / Köklü / Maul / *Heckschen* Rn. 125). Soweit man jedoch der Auffassung folgt, nach der die Limited mit tatsächlichem Sitz in Deutschland jedenfalls nach § 6 HGB als Handelsgesellschaft – d. h. nicht nur als Zweigniederlassung einer ausländischen Gesellschaft – ins Handelsregister einzutragen ist (*Degenhardt* S. 40), wäre es konsequent, solche Limiteds auch als zulässiges Beteiligungsobjekt i. S. d. § 230 HGB anzusehen. Unabhängig davon dürfte es auch hier jedenfalls möglich sein, durch vertragliche Vereinbarung eine Innengesellschaft entsprechend den Grundsätzen der stillen Gesellschaft auszugestalten. Hiervon zu trennen ist die Frage, ob das ausländische Recht, soweit die ausländische Gesellschaft ihm unterliegt, die Begründung einer stillen Gesellschaft zulässt oder modifiziert. 41

d) Standesrechtliche Verbote stiller Beteiligungen

Unabhängig von der Rechtsform der Zielbeteiligung gilt es standesrechtliche Restriktionen zu beachten. So sind nach § 8 ApothG und § 59 e Abs. 4 BRAO stille Beteiligungen verboten. Bei Steuerberatungs- und Wirtschaftsprüfungsgesellschaften ist eine reine Kapitalbeteiligung dagegen zulässig, soweit daraus kein Einfluss auf die Ausübung der freiberuflichen Tätigkeit resultiert (*Blaurock* Rn. 9.78; MüKo HGB / *K. Schmidt* § 230 Rn. 121). 42

e) Steuerrechtliche Beurteilung unabhängig von §§ 230 ff. HGB

Im Steuerrecht gilt die Beschränkung auf Beteiligungen an einem »Handelsgeschäft« nicht. Für steuerliche Zwecke werden unabhängig von der Anwendbarkeit der §§ 230 ff. HGB Beteiligungen an jeglichen, auch ausländischen Unternehmen als (typische oder atypische) stille Gesellschaft behandelt, wenn ihre Ausgestaltung inhaltlich einer solchen entspricht. 43

III. Abschlusskompetenz auf Seiten des Geschäftsinhabers

Die Kompetenz zum Abschluss eines Vertrags zur Begründung einer stillen Gesellschaft steht auf Seiten des Geschäftsinhabers grundsätzlich diesem selbst zu. Bezüglich der **Organkompetenz** und der Möglichkeit der **Vertretung** ist zu unterscheiden: 44

1. Geschäftsführer

Für die bei Personen- und Kapitalgesellschaften zur Geschäftsführung befugten Personen besteht eine Abschlusskompetenz in der Regel ohne weiteres für die gesetzestypische stille Gesellschaft. Bei Abweichungen vom gesetzlichen Leitbild ist dagegen jeweils zu prüfen, ob nicht wegen grundlegender Bedeutung – je nach Rechtsform – eine **Zustimmung aller Gesellschafter** oder einer **bestimmten Mehrheit** der Gesellschafter erforderlich ist. 45

a) Personengesellschaften

Bei Personengesellschaften reicht die Geschäftsführungsbefugnis und Vertretungsmacht des oder der geschäftsführenden Gesellschafter zum Abschluss einer gesetzestypischen stillen Gesellschaft aus. Allerdings wird im Innenverhältnis regelmäßig gem. §§ 116 Abs. 2, 164 HGB wegen des Vorliegens eines **außergewöhnlichen Rechtsgeschäfts** ein Gesellschafterbeschluss nötig 46 sein (vgl. Kap. 4 § 116 Rn. 5 ff.). Bei der Eingehung einer atypisch stillen Beteiligung mit erhöhten Rechten des Stillen fehlt es dagegen in der Regel an der Abschlusskompetenz der geschäftsführenden Gesellschafter, da ein sog. **Grundlagengeschäft** vorliegt (vgl. Kap. 4 § 126 Rn. 12). Sie bedarf daher der Mitwirkung aller Gesellschafter (E/B/J/*Gehrlein* § 230 Rn. 28).

b) GmbH

47 Für Geschäftsführer einer GmbH gelten im Wesentlichen dieselben Grundsätze: Da die Begründung einer typisch stillen Gesellschaft keinen Organisationsvertrag, sondern eine Art Austauschvertrag darstellt, bedarf es zu dessen Wirksamkeit im Außenverhältnis keines Gesellschafterbeschlusses. Im Innenverhältnis wird allerdings – in Abhängigkeit der Bedeutung der Beteiligung des Stillen – in aller Regel ein **Gesellschafterbeschluss** erforderlich sein. Bei atypisch stillen Beteiligungen gelten dagegen die von der Rechtsprechung aufgestellten strengeren Anforderungen für Organisationsverträge (*Schneider/Reusch* DB 1988, 713, 715). Für die Wirksamkeit der Eingehung einer atypisch stillen Beteiligung wird deshalb i. d. R. ein **einstimmiger Gesellschafterbeschluss** gefordert (vgl. *Blaurock* Rn. 4.7), da damit eine maßgebliche Beeinträchtigung der Rechte aller Gesellschafter verbunden sein kann.

48 Ist der stille Gesellschafter zugleich alleiniger Geschäftsführer der GmbH, so ist der Vertrag zivilrechtlich nur wirksam, wenn der Geschäftsführer nach § 181 BGB vom Verbot des Insichgeschäfts befreit ist.

c) Aktiengesellschaft und KGaA

49 Noch strenger sind die Anforderungen bei der Aktiengesellschaft bzw. der KGaA. Dies beruht darauf, dass die stille Gesellschaft jedenfalls einem **Teilgewinnabführungsvertrag** nach § 292 Abs. 1 Nr. 2 AktG gleichzustellen ist (vgl. OLG Celle AG 1996, 370; OLG Düsseldorf AG 1996, 473 f.; OLG Hamm AG 2003, 520, 521; *Schlitt/Beck* NZG 2001, 688, 689; vgl. auch Kap. 13 Rn. 29). Daher ist zur wirksamen Begründung einer stillen Gesellschaft nach § 293 Abs. 1 AktG stets – d. h. auch bei der gesetzestypischen stillen Gesellschaft – die **Zustimmung der Hauptversammlung** mit einer Mehrheit von mindestens $^{3}/_{4}$ der Stimmen des vertretenen Grundkapitals erforderlich. Etwas anderes gilt nur für stille Beteiligungen von Vorstands- oder Aufsichtsratsmitgliedern sowie von einzelnen Arbeitnehmern, § 292 Abs. 2 AktG (vgl. S/S/S/*Singhof* Rn. 153). Zur Anwendbarkeit von § 301 AktG vgl. *Rust* AG 2006, 563.

2. Prokuristen

50 Für Prokuristen gelten die obigen Ausführungen überwiegend entsprechend. Die Abschlusskompetenz bzw. jedenfalls die Vertretungsbefugnis im Außenverhältnis ist grundsätzlich von der Prokura umfasst, soweit nicht die Grundlagen des kaufmännischen Geschäfts betroffen sind. Das letztgenannte Erfordernis kann jedenfalls für die Begründung einer typisch stillen Beteiligung i. d. R. als gewahrt angesehen werden (MüKo HGB/*K. Schmidt* § 230 Rn. 118). Etwas anderes gilt lediglich bei der Aktiengesellschaft, bei der auch die Aufnahme eines typisch Stillen wegen § 292 Abs. 1 Nr. 2 AktG stets eines Beschlusses der Hauptversammlung bedarf (vgl. Rn. 49).

3. Handlungsbevollmächtigte

51 Demgegenüber dürfte ein bloßer Handlungsbevollmächtigter nach § 54 HGB nie zur Begründung einer stillen Gesellschaft befugt sein, da diese nicht zu den Geschäften gehört, die der Betrieb eines Handelsgewerbes gewöhnlich mit sich bringt (*Blaurock* Rn. 9.15).

IV. Mögliche stille Gesellschafter

52 Eine stille Beteiligung kann durch **alle rechtsfähigen Personen** bzw. Personengemeinschaften erfolgen (Heymann/*Horn* § 230 Rn. 7). Mangels Rechtsfähigkeit ausgeschlossen wäre z. B. eine »zweistöckige« stille Beteiligung durch eine andere stille Gesellschaft (wobei eine faktisch zweistöckige Struktur selbstverständlich erreicht werden kann, indem der Inhaber des Handelsge-

schäfts, an dem eine stille Beteiligung besteht, seinerseits eine stille Beteiligung an einem weiteren Handelsgeschäft eingeht).

Ausgeschlossen ist weiterhin bei Einzelkaufleuten eine stille Beteiligung durch den Inhaber des Handelsgeschäfts selbst, da die stille Gesellschaft Personenverschiedenheit voraussetzt (s. o. Rn. 38). Demgegenüber können sich Gesellschafter aller rechtsfähigen Gesellschaften zusätzlich auch als Stille an »ihrer« Gesellschaft beteiligen, da insoweit Personenverschiedenheit vorliegt (vgl. BFH BStBl. II 1983, 563, 565). 53

V. Abschlusskompetenz auf Seiten des stillen Gesellschafters

Auf Seiten des stillen Gesellschafters folgen Organzuständigkeit und Vertretungsbefugnis den **allgemeinen Regeln**. Auch bei der Aktiengesellschaft gelten insoweit keine Besonderheiten; eine Vertretung durch den Vorstand ist zulässig (E/B/J/*Gehrlein* § 230 Rn. 29). Im Innenverhältnis kann allerdings nach allgemeinen Regeln ein Gesellschafterbeschluss, u. U. auch mit qualifizierter Mehrheit, erforderlich sein. 54

VI. Beteiligung durch mehrere Personen, Publikumsgesellschaften

Dem Leitbild der stillen Gesellschaft entspricht die **Zweigliedrigkeit**. Dies schließt allerdings nicht aus, eine Mehrzahl von gleichartigen Beteiligungsverhältnissen zu begründen und dabei den Gesellschafterkreis völlig offen zu wählen (Publikumsgesellschaft). Jedenfalls soweit eine Koordination dieser Beteiligungsverhältnisse vorgesehen ist, spricht man bereits aufgrund dieses Merkmals von einer atypisch stillen Gesellschaft im handelsrechtlichen Sinne (s. Rn. 112 ff.). 55

VII. Einlage des stillen Gesellschafters

§ 230 HGB macht **keine Vorgaben** bezüglich der Art der Einlage. Normiert wurde nur, dass eine geleistete Einlage in das Vermögen des Geschäftsinhabers übergeht. Einlage kann danach jede vermögenswerte Leistung sein. Dies umfasst unproblematisch Geld, Forderungen sowie Gegenstände (Sachen und sonstige Rechte). Zudem kommt sowohl eine Nutzungsüberlassung als auch die Leistung von Diensten in Betracht (Baumbach/Hopt/*Hopt* § 230 Rn. 20). 56

Der Einlage kommt im Außenverhältnis **keine Kapitalfunktion** zu, d. h. auch bei Nichterbringung der vereinbarten Einlage entsteht keine unmittelbare Außenhaftung für den stillen Gesellschafter (Baumbach/Hopt/*Hopt* § 230 Rn. 27; zu den Folgen bei Nichterbringung der Einlage s. auch Rn. 89, 162). Deshalb kommt es auch nicht darauf an, ob die Einlage zutreffend bewertet wird. Die Beteiligten sind insoweit frei. Eine Überbewertung kann allenfalls steuerlich als Schenkung relevant sein bzw. bei überhöhten Gewinnanteilen zu einer verdeckten Gewinnausschüttung führen (s. Rn. 241). 57

VIII. Grundsätze der fehlerhaft wirksamen Gesellschaft

1. Anwendbarkeit der Grundsätze der fehlerhaft wirksamen Gesellschaft

Trotz nicht unerheblicher Gegenstimmen in der Literatur hat die Rechtsprechung inzwischen durchweg die Anwendbarkeit der Grundsätze zur fehlerhaft wirksamen Gesellschaft (zur fehlerhaft wirksamen Gesellschaft vgl. ausführl. Kap. 4 § 105 Rn. 79 ff.) auch auf die stille Gesellschaft anerkannt (vgl. u. a. BGHZ 8, 157, 167 f.; OLG Hamm ZIP 1999, 1530, 1532). Voraussetzung ist, dass die stille Gesellschaft **in Vollzug** gesetzt wurde. Hierfür muss entweder die Einlage geleistet worden sein oder eine Ausübung gesellschaftlicher Rechte stattgefunden haben (BGH NJW 1993, 2107; OLG Hamburg NZG 2000, 536, 538; vgl. auch Kap. 4 § 105 Rn. 84). Dann kann die Gesellschaft nur noch für die Zukunft gekündigt werden, soweit im Zeitpunkt der Kündigung der Mangel noch besteht. Andernfalls hat der Kündigende kein schutzwürdiges Interesse mehr an der Beendigung der stillen Gesellschaft (vgl. *Blaurock* 11.28 ff.). 58

2. Anwendungsfälle bei der stillen Gesellschaft

59 Von Bedeutung sind diese Grundsätze beispielsweise dann, wenn die Voraussetzungen für die Begründung eines wirksamen Teilgewinnabführungsvertrages nach § 292 AktG nicht vorliegen. Die Vorschriften des AktG werden dabei nicht als vorrangige Schutzbestimmungen angesehen (BGH NJW-RR 2005, 627, 628). Weiterhin gelten die Grundsätze der fehlerhaft wirksamen Gesellschaft bei Auflösung aufgrund eines gesetzlichen Anfechtungs- oder Widerrufsgrundes. Dies gilt z. B. bei Gesellschaftern, die durch arglistige Täuschung zum Vertragsschluss bestimmt oder sittenwidrig übervorteilt wurden, sowie beim Widerruf eines sog. Haustürgeschäfts nach §§ 355, 312 BGB (OLG Stuttgart DB 2003, 764, 765; OLG Hamburg NZG 2003, 436, 437).

3. Kollision mit Rückabwicklung

60 Eine Kollision der Grundsätze der fehlerhaft wirksamen Gesellschaft kann sich mit Ansprüchen des Stillen auf Rückabwicklung des Beteiligungsverhältnisses wegen Verletzung vorvertraglicher Aufklärungspflichten (cic, Prospekthaftung) ergeben. Nach den Grundsätzen der fehlerhaft wirksamen Gesellschaft bestünde auch in diesen Fällen nur ein **Kündigungsrecht** mit anschließender **Abfindung** in Höhe des zu diesem Zeitpunkt bestehenden Auseinandersetzungsguthabens (vgl. Kap. 4 § 105 Rn. 98 f.). Letzteres kann bei zwischenzeitlichen Verlusten und vereinbarter Verlustteilhabe des Stillen entsprechend geringer ausfallen oder im Extremfall Null betragen. Der BGH hat jedoch entschieden, dass diese Grundsätze einem Anspruch auf volle Rückgewähr der Einlage nicht entgegenstehen, wenn der Vertragspartner des stillen Gesellschafters verpflichtet ist, diesen im Wege des Schadensersatzes so zu stellen, als hätte er den Gesellschaftsvertrag nicht geschlossen und seine Einlage nicht geleistet (BGH BB 2005, 1023, 1025). Demjenigen, der sich aufgrund eines Prospektmangels, einer Verletzung der Aufklärungspflicht oder aus sonstigen Gründen schadensersatzpflichtig gemacht habe, dürfe es nicht zugute kommen, dass er gleichzeitig auch an dem mit dem geschädigten Anleger geschlossenen Gesellschaftsvertrag beteiligt sei (BGH NJW-RR 2006, 178, 180). Diese Grundsätze dürften nicht nur für Prospekthaftungsfälle gelten. Auch in dem vorstehend genannten Fall der arglistigen Täuschung wird zu prüfen sein, ob neben der Anfechtungsmöglichkeit nach § 123 BGB auch ein auf Rückabwicklung gerichteter Schadenersatzanspruch gegen den Inhaber des Handelsgeschäfts besteht. Ist dies der Fall, sind die Grundsätze der fehlerhaft wirksamen Gesellschaft nicht geeignet, diesen Schadenersatzanspruch zu begrenzen.

61 Rein klarstellend sei insoweit darauf hingewiesen, dass dem stillen Gesellschafter im Ergebnis jedoch stets nur ein Anspruch in Höhe der Einlage – ggf. zuzüglich weiterer Schadenspositionen – zusteht. Auch soweit der Geschäftsinhaber und der auf Schadenersatzpflichtige nicht personenidentisch sind bzw. es mehrere Schadenersatzpflichtige gibt, können der gesellschaftsrechtliche Abfindungsanspruch und der Schadensersatz nicht dergestalt nebeneinander geltend gemacht werden, dass sich insgesamt eine den höheren dieser beiden Ansprüche (i. d. R. den Schadenersatzanspruch) übersteigende Gesamthöhe ergibt. Auf das Verhältnis der Anspruchsverpflichteten ist § 426 BGB anwendbar (BGH DB 2006, 779, 780).

C. Rechte und Pflichten des stillen Gesellschafters bei der typisch stillen Beteiligung

62 Von einer typisch stillen Beteiligung im gesellschaftsrechtlichen Sinne (zum Unterschied zum steuerlichen Begriff, s. hierzu Rn. 234 ff.) spricht man, wenn der stille Gesellschafter weder am Vermögen noch an der Unternehmensführung beteiligt ist und die Gesellschaft rein zweigliedrig ausgestaltet ist (*Blaurock* Rn. 4.25). Dementsprechend zeichnen sich atypische Gestaltungsformen dadurch aus, dass eine Vermögensbeteiligung erfolgt, Geschäftsführungsbefugnisse eingeräumt werden und/oder bei mehreren Stillen ein Verbandscharakter geschaffen wird. Eine weitere atypische Ausgestaltung liegt darin, dass die Beteiligung des stillen auf einen Teil des Handelsgeschäfts beschränkt wird (*Blaurock* Rn. 7.2; MüKo HGB/*K. Schmidt* § 230 Rn. 39).

63 Im Folgenden wird die typisch stille Beteiligung als Grundform nach dem **gesetzlichen Leitbild** dargestellt. In der Praxis findet diese gesellschaftsrechtliche Grundform nur äußerst selten Verwendung. Die folgende Darstellung dient daher vor allem als Ansatz dafür, wo in der Vertragspraxis gestaltende Anpassungen ansetzen können bzw. zur Erreichung bestimmter Ergebnisse notwendig sind.

I. Vermögensrechte, Gewinn- und Verlustbeteiligung, §§ 230, 231 HGB

Da die stille Gesellschaft **kein Gesamthandsvermögen** bildet, beschränken sich die Vermögensrechte in Bezug auf die Beteiligung letztlich auf eine Art »qualifiziertes Kreditverhältnis« (so *K. Schmidt* ZHR 140 (1976) 475, 479), ergänzt um einen gemeinsamen Zweck. Eine dingliche Beteiligung des Stillen am Gesellschaftsvermögen des Handelsgeschäfts besteht in keinem Fall (vgl. S/S/S/*Singhof* Rn. 96). Bei der typisch stillen Gesellschaft besteht auch schuldrechtlich nur die **Beteiligung an Gewinn und Verlust**, jedoch keine Beteiligung am Gesellschaftsvermögen. 64

1. Gewinnbeteiligung

Das Bestehen einer Gewinnbeteiligung ist ein **unabdingbares Element** der stillen Gesellschaft (Baumbach/Hopt/*Hopt* § 231 Rn. 2). Somit liegt insbesondere bei der Vereinbarung von bloßen Umsatzbeteiligungen gerade keine stille Gesellschaft vor. 65

a) Angemessene Gewinnbeteiligung i. S. d. § 231 Abs. 1 HGB

Der gesetzlich vorgesehene Fall der »angemessenen« Gewinnbeteiligung taucht in der Praxis sehr selten auf, da es im Interesse aller Beteiligten liegt, klare vertragliche Regelungen zu treffen. Sollte im Einzelfall doch einmal die Angemessenheit der Gewinnbeteiligung zu ermitteln sein, sind insbesondere folgende Faktoren relevant: Art und Umfang der Einlage, Verhältnis der Einlage zum Gesellschaftsvermögen, Bestehen oder Abbedingung der Verlustbeteiligung (vgl. MünchHdb GesR II/*Bezzenberger*/*Keul* § 86 Rn. 37). Soweit nur eine Vereinbarung der Verlustquote vorliegt, kann diese im Zweifel nach dem Rechtsgedanken des § 722 Abs. 2 BGB auch für die Gewinnbeteiligung herangezogen werden. 66

b) Vereinbarte Gewinnverteilung – Gewinnverteilungsschlüssel

Bei der Bestimmung des **Gewinnverteilungsschlüssels** sind die Parteien verhältnismäßig frei:

aa) Nach Verhältnis der Vermögenseinlage zum Eigenkapital Als Verteilungsschlüssel wird oftmals das Verhältnis der Vermögenseinlage des stillen Gesellschafters zum sonstigen Eigenkapital bestimmt. Dabei ist zu beachten, dass dieses Verhältnis veränderlich ist und durch den Geschäftsinhaber ggf. zu Lasten des Stillen manipuliert werden kann (vgl. zur Veränderlichkeit der Gewinnbeteiligung BGHZ 7, 174). Regelungsbedarf aus Sicht des stillen Gesellschafters besteht somit immer dann, wenn der Inhabergesellschaft fortlaufend Eigenkapital zugeführt werden kann, da dies zur Verwässerung der Rechte des Stillen führt (GmbH-Hdb/*Kallmeyer* Rn. I 455). Im Gesellschaftsvertrag sollten sich somit Regelungen über die grundsätzliche Zulässigkeit der Zuführung weiteren Eigenkapitals oder jedenfalls bezüglich des zulässigen Umfangs finden. Zudem sollten Mechanismen für die Anpassung der Rechte der Beteiligten zueinander gefunden werden. 67

bb) Fester Prozentsatz Es kann aber ebenso ein fester Prozentsatz am maßgeblichen Gesamtgewinn vereinbart werden (vgl. *Blaurock* Rn. 7.9). Eine solche Regelung hat für den Geschäftsinhaber bzw. die Gesellschafter des Unternehmens bei unerwartet auftretendem, zusätzlichem Kapitalbedarf den Nachteil, dass ausschließlich der nach Abzug der Beteiligung des Stillen verbleibende Anteil verwässert wird. 68

cc) Höchst-/Mindestbetrag Grundsätzlich möglich ist es ferner, die Bestimmung eines Höchst- oder Mindestbetrags für die Gewinnbeteiligung des Stillen (bspw. Gewinnteilhabe jährlich in Höhe von max. 30 % der Einlage bzw. mindestens 5 % der Einlage, soweit überhaupt ein Gewinn 69 erzielt wurde). Notwendig ist allerdings, dass dieser auch bei einem Mindestgewinn, der sog. **Garantiedividende**, die unternehmerische Gefahr weiter mit trägt (RGZ 122, 387, 390; BGH NJW 1951, 237, 238; *Blaurock* Rn. 7.6). Anderenfalls kann ein **partiarisches Darlehen** anzunehmen sein. Dies gilt vor allem auch dann, wenn eine Garantiedividende selbst in Verlustjahren zu zahlen ist. Diese Garantiedividende ist bei der stillen Gesellschaft als Gewinnvoraus zu qualifizieren. Jedenfalls wenn in Perioden mit erwirtschaftetem Gewinn keine Anrechnung auf diesen »Voraus« erfolgt, liegt keine stille Gesellschaft mehr vor (vgl. MüKo HGB/*K. Schmidt* § 230 Rn. 38).

70 Der stille Gesellschafter kann somit derart privilegiert werden, dass ihm aus dem erwirtschafteten Gewinn vorweg ein bestimmter Festbetrag zu leisten ist und damit eine Verteilung nur bezogen auf den Rest erfolgt (vgl. *Blaurock* Rn. 7.10). Dabei ist aber zumindest außerhalb des Kapitalgesellschaftsrechts darauf zu achten, dass zunächst auch der Geschäftsinhaber für sein Tätigkeit ein branchenübliches »Gehalt« und für die übernommene Haftung beispielsweise eine bankübliche Avalprovision erhalten sollte (*Ensthaler/Fahse* § 231 Rn. 2).

71 **dd) Gesamter Gewinn** Dem stillen Gesellschafter kann sogar der gesamte Gewinn des Handelsgeschäfts zugewiesen werden. In diesem Fall verbleibt für den Geschäftsinhaber i. d. R. ein festes Gehalt. Zugleich wird er im Innenverhältnis von jeder Verlustteilhabe freigestellt. In solchen Konstellationen verwirklicht die stille Gesellschaft praktisch ein **Treuhandverhältnis** (vgl. MüKo HGB/*K. Schmidt* § 230 Rn. 40).

2. Verlustbeteiligung

72 Der stille Gesellschafter ist nach der gesetzlichen Konzeption auch am Verlust beteiligt, soweit die Verlustbeteiligung nicht ausgeschlossen wird, § 231 Abs. 2 HGB. Wird in einem Gesellschaftsvertrag nur die Gewinnbeteiligung erwähnt, die Verlustbeteiligung aber nicht ausdrücklich ausgeschlossen, so liegt darin i. d. R. kein konkludenter Ausschluss der Verlustbeteiligung. Lediglich bei Einräumung eines garantierten Mindestgewinnanspruchs kann auf den konkludenten Ausschluss der Verlustbeteiligung geschlossen werden (E/B/J/*Gehrlein* § 231 Rn. 5).

a) Begrenzung durch vereinbarte Einlage

73 Die Verlustbeteiligung des Stillen ist nach § 232 Abs. 2 S. 1 HGB durch den Betrag der vereinbarten Einlage begrenzt. Ausbezahlte oder stehengelassene Gewinne aus vorangegangenen Perioden erhöhen die Einlage nicht (§ 232 Abs. 3 HGB) und erweitern damit auch nicht die gesetzliche Verlustteilhabe (E/B/J/*Gehrlein* § 231 Rn. 26).

b) Erweiterung und Beschränkung der Verlustbeteiligung

74 Diese gesetzliche Verlustteilhabe kann – soweit sie nicht gänzlich ausgeschlossen wird – inhaltlich sowohl erweitert als auch beschränkt werden (GmbH-Hdb/*Kallmeyer* Rn. I 458). So finden sich bei stillen Beteiligungen an GmbHs nicht selten Gestaltungsformen, nach denen der stille Gesellschafter nur insoweit an den aufgelaufenen Verlusten beteiligt wird, als diese andernfalls zur Lasten des Stammkapitals gehen würden.

c) Quote der Verlustbeteiligung

75 Auch die Quote der Verlustbeteiligung kann und sollte geregelt werden (bspw. im Verhältnis der Nennbeträge aller zum Bilanzstichtag bestehenden stillen Beteiligungen zu dem in der Bilanz ausgewiesenen Eigenkapital einschließlich stiller Beteiligungen). Soweit keine Regelung der Verlustbeteiligung erfolgt ist, entspricht diese der bezüglich des Gewinns getroffenen Abrede (BFH BStBl. II 2002, 858, 860).

d) Feststellung des Verlustes und Verrechnung

76 Der dem Stillen zuzurechnende Verlust wird festgestellt. Ein später anfallender Gewinn ist zunächst mit den festgestellten Verlusten zu verrechnen (§ 232 Abs. 2 S. 2 Hs. 2 HGB). Die Verlustbeteiligung kann auf diesen Effekt der Verminderung zukünftiger Gewinne beschränkt werden, wohingegen im Zeitpunkt der Auflösung die volle Einlage zurückgezahlt wird (*Blaurock* Rn. 7.36). Umgekehrt ist auch eine Regelung dahingehend denkbar, dass der Verlust künftige Gewinnanteile nicht mindert, sondern nur mit dem Rückzahlungsanspruch bei Beendigung der Gesellschaft zu saldieren ist (*Blaurock* Rn. 7.37).

3. Bezugsgröße für Gewinn- und Verlustbeteiligung

Nicht gesetzlich geregelt ist die Frage, welche Gewinne bzw. Verluste zur Betriebstätigkeit des Geschäftsinhabers zu rechnen sind und damit als Bezugsgröße für die Gewinn- und ggf. Verlustbeteiligung des Stillen dienen. **77**

a) Grundsatz

Die Beteiligung am Handelsgeschäft eines Anderen bezieht sich nach ganz h. M. nicht auf alle denkbaren Gewinn des Geschäftsinhabers. Vermögensveränderungen, die ihre Ursache nicht im **»Betrieb des Handelsgewerbes«** haben, sind von der Beteiligung ausgeschlossen. Dies kann z. B. für Wertveränderungen im Anlagevermögen gelten (vgl. i. E. E/B/J/*Gehrlein* § 232 Rn. 13). Planmäßige und außerplanmäßige Abschreibungen nach § 253 Abs. 2 und Abs. 3 HGB sowie kaufmännisch gebotene Rückstellungen finden nach h. M. dagegen bei der Ermittlung des maßgeblichen Gewinnes Berücksichtigung (E/B/J/*Gehrlein* § 232 Rn. 13 f.; S/S/S/*Singhof* Rn. 107). **78**

Von Bedeutung ist ferner, dass die Gewinnerzielung aus der (Teil-)Veräußerung des Handelsgeschäfts dem Stillen nicht zugute kommt. Dieser profitiert ebenso nicht am Geschäftswert und den rechtlich zulässig gebildeten **stillen Reserven** (vgl. BGHZ 127, 176, 181, OLG Frankfurt NZG 2001, 696; *Weigl* S. 55). Allerdings soll er an der Auflösung stiller Reserven insoweit teilhaben, als diese während des Bestehens der stillen Beteiligung zu Lasten seines Gewinnanspruchs gebildet wurden (E/B/J/*Gehrlein* § 232 Rn. 13). **79**

b) Bereits laufende Geschäfte

Bei der Begründung einer stillen Gesellschaft an einem bereits laufenden Handelsgeschäft ist im Zweifel eine Beteiligung auch an bereits laufenden Geschäften anzunehmen, soweit der Gewinn oder Verlust sich nach Begründung des Gesellschaftsverhältnisses realisiert (*Blaurock* Rn. 7.14; vgl. auch *Loritz* DStR 1994, 87). **80**

c) Nachträgliche Berichtigung des Gewinns/Verlusts

In der Praxis unterschiedlich gehandhabt wird auch die Frage, ob der Gewinn bzw. Verlust jährlich jeweils endgültig festgelegt wird, oder ob nach Auflösung der stillen Gesellschaft eine nachträgliche Berichtigung verlangt werden kann (OLG Bremen NZG 2000, 949, 950: Ansparabschreibungen sind für die Berechnung des Auseinandersetzungsguthabens aufzulösen; OLG Frankfurt NZG 2001, 696, 697). **81**

d) Regelungen im Gesellschaftsvertrag

Für die Gestaltungspraxis ist dringend zu empfehlen, zur Vermeidung von Rechtsunsicherheiten detaillierte Regelungen zur Bemessungsgrundlage der Gewinn- und Verlustbeteiligung zu treffen. Im Folgenden sollen die wichtigsten regelungsbedürftigen Aspekte aufgezeigt werden. **82**

aa) Berechnungsgrundlage Handels- oder Steuerbilanz Dieser Regelungsbedarf umfasst zunächst als Ausgangspunkt die Frage, aufgrund welcher Berechnungsgrundlage die Gewinnfeststellung erfolgen soll. Auszugehen ist vom **Jahresabschluss**. Aus diesem können sowohl nur die Wertansätze als auch das gesamte Jahresergebnis entnommen werden (OLG Frankfurt NZG 2001, 696). Anknüpfungspunkt kann sowohl die Handels- als auch die Steuerbilanz sein (zur Zulässigkeit der Steuerbilanz als Anknüpfungspunkt vgl. BFH BStBl. II 1969, 690, 692). Für die Zugrun- **83**

delegung der Steuerbilanz spricht u. a., dass nach dem handelsbilanziellen Vorsichtigkeitsprinzip nicht unerhebliche Verzerrungen im periodengerechten Ausweis des tatsächlichen Erfolges bewirkt werden können (*Zacharias/Hebig/Rinnewitz* S. 28 f.). Andererseits sind auch die Abzugsbeschränkungen des Steuerrechts (§§ 4 Abs. 5 bis 7, 10 KStG, § 160 AO) zu bedenken. Dies gilt umso mehr seit der durch das Steuerentlastungsgesetzes 1999/2000/2002 bewirkten Rechtslage (vgl. u. a. §§ 4 Abs. 4 a, 6 Abs. 1 Nr. 2 und 3 EStG). Deshalb sollte nach aktueller Rechtslage eine Anknüpfung an die **Handelsbilanz** gewählt werden.

84 **bb) Modifikationen** Auf Grundlage der Entscheidung für Handels- oder Steuerbilanz sollten dann die für Zwecke der Ermittlung des Gewinnanteils des Stillen ggf. erwünschten Modifikationen enumerativ geregelt werden, um Streitigkeiten zu vermeiden. In diesem Zusammenhang ist auf die Problematik hinzuweisen, dass i. d. R. der Geschäftsinhaber allein für die Bilanzerstellung zuständig ist. Bei der typisch stillen Beteiligung kann durch Ausübung entsprechender Wahlrechte der Aufbau stiller Reserven bewirkt werden. Dadurch können dem stillen Gesellschafter aus dem laufenden Betriebsergebnis zustehende Gewinnanteile (zumindest vorübergehend) entzogen werden (*Weigl* S. 55). Unabhängig von der Anknüpfung an die Handels- oder an die Steuerbilanz ist somit in Erwägung zu ziehen, **Bilanzierungswahlrechte** im Verhältnis zum stillen Gesellschafter durch gesellschaftsvertragliche Regelungen **zu beschränken**.

85 **cc) Verbindlichkeit der Feststellung** Schließlich sollte festgelegt werden, ob die jährliche Gewinnfeststellung endgültig binden soll oder ob nach Auflösung der stillen Gesellschaft eine nachträgliche Berichtigung verlangt werden kann.

4. Entstehung und Fälligkeit des Gewinnanspruchs

86 Für die Entstehung und Fälligkeit des Gewinnanspruchs gilt folgendes:

a) Fristvorgaben

87 Da der stille Gesellschafter an der Führung der Handelsbücher und der Gewinnermittlung nicht beteiligt ist, hat der Geschäftsinhaber analog der **Fristvorgabe in § 243 Abs. 3 HGB** eine Berechnung vorzulegen. Auch ohne ausdrückliche Vereinbarung ist anzunehmen, dass der stille Gesellschafter die vorgelegten Berechnungen innerhalb **angemessener Frist** beanstanden muss (**Beanstandungsobliegenheit**). Andernfalls ist von einer Anerkennung mit der Wirkung eines Schuldanerkenntnisses auszugehen (vgl. OLG Düsseldorf NJW-RR 1994, 1455, 1458 mit Darstellung des Meinungsstandes zur Frage, ob ein abstraktes oder deklaratorisches Anerkenntnis vorliegt).

b) Fälligkeit

88 Die Fälligkeit des Gewinnauszahlungsanspruchs tritt **mit Abschluss der Berechnung** ein. Sie kann aber bereits zu dem Zeitpunkt unterstellt werden, in dem die Berechnung hätte erfolgen müssen (vgl. *Blaurock* Rn. 14.54).

c) Aufrechnung gegen ausstehende Einlage, Zurückbehaltungsrecht

89 Eine ausstehende Einlage steht dem Anspruch auf Auszahlung des Gewinnanteils nicht entgegen, jedoch kann der Geschäftsinhaber die Aufrechnung erklären bzw. sich im Fall einer ausstehenden Sacheinlage auf ein Zurückbehaltungsrecht berufen (E/B/J/*Gehrlein* § 232 Rn. 19).

d) Stehenlassen des Gewinnanspruchs

90 Wird der Gewinnanspruch stehengelassen, so erhöht dies gem. § 232 Abs. 3 HGB nicht die Einlage. Er ist vielmehr auf einem separaten Konto als Darlehensforderung zu verbuchen. Diese ist ohne besondere Vereinbarung nicht zu verzinsen. Durch Gesellschaftsvertrag kann abweichend von dieser gesetzlichen Konzeption sowohl eine **Erhöhung der Einlage** (*Blaurock* Rn. 7.12; Baumbach/Hopt/*Hopt* § 232 HGB Rn. 8) als auch eine **Verzinsung des Darlehenskontos** vorge-

sehen werden. Zudem finden sich zur Stärkung der Kapitalbasis gelegentlich Regelungen, dass laufend anfallende Gewinnansprüche des Stillen erst bei Beendigung der Finanzierung fällig werden. Der Gesellschaftsvertrag kann also auch entsprechende Stundungsvereinbarungen vorsehen (MüKo HGB/*K. Schmidt* § 232 Rn. 29).

Bei stehengelassenen Gewinnen ist zum einen die Möglichkeit der Qualifikation als **eigenkapitalersetzendes Darlehen** (s. hierzu Rn. 208 ff.) zu beachten. Zum anderen kann ein stehengelassener Anspruch in steuerlicher Hinsicht insbesondere dann problematisch sein, wenn es später nicht zur Auszahlung kommt. Bereits die Möglichkeit der Auszahlung wird steuerlich als Zufluss qualifiziert. Dies hat z. B. in den zahlreichen Fällen von Kapitalanlagen, die sich im Nachhinein als betrügerische Schneeballsysteme erwiesen haben und von der Rechtsprechung in stille Beteiligungen umqualifiziert wurden, dazu geführt, dass die Anleger ihnen gutgeschriebene Scheingewinne versteuern mussten, auch wenn sie diese tatsächlich nie ausbezahlt bekamen (»Ambros S. A.«-Rechtsprechung, BFH BStBl. II 2001, 646). **91**

II. Geschäftsführung, Informations- und Kontrollrechte

1. Geschäftsführung durch Geschäftsinhaber

Die Geschäftsführung obliegt nach § 230 Abs. 2 HGB **ausschließlich dem Geschäftsinhaber,** wobei hierfür i. d. R. kein Tätigkeitsentgelt aus dem stillen Beteiligungsverhältnis folgt (*Ensthaler/Fahse* § 230 Rn. 32). Bei der Geschäftsführung steht dem Geschäftsinhaber ein weiter unternehmerischer Spielraum zu. Dieser wird allerdings beschränkt durch die gegenseitige **Treuebindung**. Der Geschäftsinhaber ist damit verpflichtet, auf die Interessen des Stillen Rücksicht zu nehmen und nicht zum Nachteil der Gesellschaft zu handeln. **92**

a) Grundlagenänderung

Dabei darf der unternehmerische Gestaltungsspielraum nicht so weit ausgenutzt werden, dass die Grundlagen der bestehenden Gesellschaft verändert werden. Wann eine solche Grundlagenänderung vorliegt, lässt sich praktisch allerdings nur schwer bestimmen. Zudem darf u. a. die Einlage des stillen Gesellschafters nicht zweckwidrig verwendet werden (vertiefend MünchHdb GesR II/*Kühn* § 80 Rn. 8 f.). **93**

b) Förderpflicht

Für den Geschäftsinhaber ergibt sich zugleich die Förderpflicht, alles zu unterlassen, was den lohnenden Betrieb des Handelsgeschäfts beeinträchtigen könnte. Er darf beispielsweise keine Geschäfte auf separate Rechnung vornehmen, die in einer Konkurrenzsituation zum eigenen Handelsgewerbe stünden (MünchHdb GesR II/*Doehner/Hoffmann* § 82 Rn. 1). **94**

c) Wettbewerbsverbot

Es ist anerkannt, dass sich diese Förderpflicht unter bestimmten Voraussetzungen zu einem echten Wettbewerbsverbot des Geschäftsinhabers verfestigen kann. Dogmatisch vollzieht sich dies durch eine Analogie zu § 112 HGB. Von einem solchen Wettbewerbsverbot kann u. a. dann ausgegangen werden, wenn die stille Gesellschaft im Innenverhältnis wie eine Kommanditgesellschaft ausgestaltet ist oder der Geschäftsinhaber das Unternehmen nur treuhänderisch für den stillen Gesellschafter führt (MüKo HGB/*K. Schmidt* § 230 Rn. 141; vgl. auch die Kommentierung in Kap. 4 § 112). Bei Verletzung dieses Wettbewerbsverbots steht dem stillen Gesellschafter das Recht zu, sich auf das Eintrittsrecht analog § 113 HGB (vgl. Kap. 4 § 113 Rn. 3 f.) zu berufen (E/B/J/*Gehrlein* § 230 Rn. 38). **95**

2. Informations- und Kontrollrechte des stillen Gesellschafters, § 233 HGB

Mitgliedschaftsrechte stehen dem stillen Gesellschafter vor allem in Form von **Informations – und Kontrollrechten** zu, § 233 HGB. Die gesetzliche Regelung des § 233 HGB verschafft dem stil- **96** len Gesellschafter hinsichtlich der Informations- und Kontrollrechte im Wesentlichen die Stellung eines Kommanditisten nach § 166 HGB (vgl. daher außerdem die ausführl. Kommentierung in Kap. 5 § 166). Diese Rechte beziehen sich zunächst auf die **Buchhaltung** und den **Jahresabschluss**. Dabei hat der stille Gesellschafter Anspruch auf Vorlage der Unterlagen, die zur Ermittlung seiner Gewinn- und Verlustbeteiligung notwendig sind.

a) Einsichtsrecht, § 233 Abs. 1 HGB

97 Das gesetzlich normierte Einsichtsrecht umfasst nur die **Geschäftsbücher** des Geschäftsinhabers bzw. der Inhabergesellschaft. Streitigkeiten ergeben sich u. a. dann, wenn zur Ausübung des Kontrollrechts auf weitere Informationsquellen zurückgegriffen werden soll. Insbesondere bei komplexeren Strukturen des Beteiligungsobjektes kann es z. B. erforderlich werden, auch die Beziehungen des Geschäftsinhabers zu verbundenen Unternehmen zu betrachten. In der Rechtsprechung ist anerkannt, dass – soweit erforderlich – auch die Unterlagen des Geschäftsinhabers über Geschäftsvorfälle mit **verbunden Unternehmen** bzw. **Tochtergesellschaften** eingesehen werden können (vgl. BGHZ 25, 115, 118 zur KG; BGH NJW 1984, 2470 f.).

b) Einsichtsberechtigter

98 Das Einsichtsrecht in die Handelsbücher besteht nach der ausdrücklichen Regelung des § 233 Abs. 1 HGB nur für den **stillen Gesellschafter selbst**. Dabei kann jedoch für den Fall, dass der stille Gesellschafter mangels Sachkunde nicht in der Lage ist, sein Einsichtsrecht sinnvoll auszuüben, ein **Sachverständiger** hinzugezogen werden (vgl. dazu auch Kap. 4 § 118 Rn. 6 f.; Kap. 5 § 166 Rn. 5). Im Übrigen steht dem stillen Gesellschafter nur sehr beschränkt das Recht zu, die Ausübung seiner Rechte einseitig auf einen **Dritten** zu übertragen. Unstreitig ist eine solche Rechtsausübung durch gesetzliche Vertreter oder Pfleger (bspw. Testamentsvollstrecker) des Gesellschafters zulässig (vgl. BGHZ 44, 98, 100 f. zur OHG). Ein **Bevollmächtigter** soll aber lediglich mit Zustimmung der übrigen Gesellschafter tätig werden dürfen (vgl. BGHZ 25, 115, 123 zur KG; vgl. Kap. 5 § 166 Rn. 6).

c) Kein Recht auf laufende Information

99 Aufgrund des § 233 Abs. 2 HGB besteht kein Recht auf laufende Information. Es lässt sich somit erkennen, dass die Mitgliedschaftsrechte keine Einflussmöglichkeit begründen sollen, sondern ausschließlich der Durchsetzung der Vermögensrechte dienen (E/B/J/*Gehrlein* § 233 Rn. 13; a. A. Heymann/*Horn* § 233 Rn. 11).

d) Geltendmachung der Kontrollrechte

100 Prozessual sind die Kontrollrechte im Wege der **Leistungsklage** geltend zu machen. Soweit es um die Geltendmachung im Wege des **einstweiligen Rechtsschutzes** geht, besteht Streit, ob §§ 935 ff. ZPO oder § 233 Abs. 3 HGB i. V. m. § 145 FGG einschlägig sind (MüKo HGB/*K. Schmidt* § 233 Rn. 29; vgl. auch Kap. 4 § 118 Rn. 11 f.; Kap. 5 § 166 Rn. 12).

e) Vertraulichkeit

101 Im Übrigen ist zu beachten, dass der stille Gesellschafter verpflichtet ist, im Rahmen seiner Kontrollrechte erlangte Geschäftsgeheimnisse vertraulich zu behandeln und erlangte Informationen nicht zum eigenen Vorteil auszunutzen (*Blaurock* Rn. 12.60). In der Beratungspraxis sollte hierzu eine klare Regelung in den Gesellschaftsvertrag aufgenommen werden.

D. Abweichende Gestaltungsmöglichkeiten bei atypisch stillen Gesellschaften

102 Aufgrund der weitreichenden Gestaltungsfreiheit im Recht der stillen Gesellschaft ist es in der Praxis möglich, sehr stark variierende Ausgestaltungen zu bilden. Nicht überwunden werden kann jedoch die Eigenschaft der stillen Gesellschaft als **bloße Innengesellschaft** (vgl. BGH WM 1966, 29, 30). Folge bzw. Zielrichtung atypischer Gestaltungen kann u. a. eine »Umqualifizie-

rung« der stillen Einlage in bilanzielles Eigenkapital (s. Rn. 202 ff.) oder die steuerliche Behandlung als Mitunternehmerschaft (steuerlich atypisch stille Gesellschaft, s. Rn. 242 ff.) sein.

Nicht alle abweichenden Regelungen vom gesetzlichen Leitbild führen begrifflich zu einer atypisch stillen Gesellschaft im handelsrechtlichen Sinne. Es haben sich vielmehr bestimmte Gestaltungsgruppen gebildet, für die diese Bezeichnung Verwendung findet. Diese werden im Folgenden dargestellt. **103**

I. Stille Gesellschaft mit Vermögensbeteiligung

1. Beteiligung am Gesellschaftsvermögen

Aufgrund des zwingenden Fehlens eines Gesamthandsvermögens besteht grundsätzlich keine Beteiligung am Gesellschaftsvermögen. Den Parteien steht es aber offen, auf **schuldrechtlicher Grundlage** etwas anderes zu vereinbaren (so bereits RGZ 126, 386, 390). Die Rechte des Stillen können sowohl bezüglich seines Gewinnanteils als auch bezüglich seines Auseinandersetzungsguthabens auf sämtliche Vermögensgegenstände der Inhabergesellschaft erweitert werden (bspw. uneingeschränkte Beteiligung am Anlagevermögen, Beteiligung an den stillen Reserven und am Firmenwert). Wirtschaftlich kann damit eine Gleichgestellung mit der Vermögensbeteiligung eines Kommanditisten erreicht werden. **104**

2. Auswirkungen auf Treuepflichten

Aus dieser Erweiterung der Vermögensbeteiligung resultiert eine Anpassung der Treuepflichten. Diese können sich im Einzelfall derart steigern, dass zum Teil vom Bestehen eines Treuhandverhältnisses gesprochen wird (MüKo HGB/*K. Schmidt* § 230 Rn. 82). **105**

3. Besondere Kapitalbindungsvorschriften

Aufgrund der Erweiterung der Rechte des Stillen im Zuge der Vermögensbeteiligung finden zugleich bestimmte rechtsbeschränkende Vorschriften Anwendung. So ist anerkannt, dass ein an einer GmbH beteiligter stiller Gesellschafter im Hinblick auf die Kapitalerhaltungsregeln **wie ein GmbH-Gesellschafter** zu behandeln ist, wenn er aufgrund der vertraglichen Ausgestaltung des stillen Gesellschaftsverhältnisses hinsichtlich seiner vermögensmäßigen Beteiligung und seines Einflusses auf die Geschicke der GmbH weitgehend einem GmbH-Gesellschafter gleichsteht (BGHZ 106, 7, 9 ff.). Demnach steht bspw. § 30 GmbHG einem Gewinnauszahlungsanspruch entgegen, solange eine Unterbilanz besteht. Der Geschäftsinhaber kann allerdings aufgrund einer nachwirkenden gesellschafterlichen Treuepflicht dazu verpflichtet sein, zeitnah stille Reserven zu realisieren. Diese Pflicht kann auch die Verpflichtung einer Teilliquidation des Geschäftsbetriebs zur Folge haben (BGH BB 2006, 792, 795). **106**

II. Weitergehende Mitgliedschaftsrechte des stillen Gesellschafters

1. Vereinbarung weiterer Mitgliedschaftsrechte

Insbesondere mit dem Ziel der Erreichung einer steuerlichen Mitunternehmerinitiative werden zum Teil weitergehende **Geschäftsführungs- und sonstige Mitwirkungsbefugnisse** eingeräumt. So kommen Widerspruchs- oder Zustimmungsrechte (für einzelne, bestimmte oder alle Geschäfte) genauso in Betracht wie die Erteilung einer Geschäftsführungsbefugnis (*Schulze zur Wiesche* Rn. 42; *Blaurock* Rn. 12.88; Röhricht/v. Westphalen/*v. Gerkan* § 230 Rn. 78). Schuldrechtlich vereinbart werden kann sogar, dass der stille Gesellschafter die Geschäftsführung alleine übernehmen soll (BFH BStBl. II 1982, 389). **107**

2. Einräumung von Vertretungsmacht

Die gesellschaftsvertragliche Einräumung weitergehender Mitwirkungsrechte betrifft unmittelbar nur das Innenverhältnis des stillen Gesellschafters zum Geschäftsinhaber. Denkbar ist zudem die Einräumung einer **Vertretungsmacht** bezüglich des Geschäftsinhabers/Inhabergesellschaft. **108**

In Betracht kommt die Einräumung von **Prokura** (§ 48 HGB) oder **Handlungsvollmacht** (§ 54 HGB). Es kann allerdings auch ein Organschaftsverhältnis mit Vertretungsbefugnissen begründet werden (MüKo HGB/*K. Schmidt* § 230 Rn. 78). Aus Sicht des Geschäftsinhabers ist von Bedeutung, die Vertretungsmacht bei Bedarf widerrufen zu können. Eine solche Berechtigung besteht jedenfalls bei Vorliegen eines wichtigen Grundes (*Blaurock* Rn. 12.91; E/B/J/*Gehrlein* § 230 Rn. 60).

3. Keine persönliche Haftung

109 Trotz der Einräumung von Vertretungsbefugnissen besteht keine persönliche Haftung des stillen Gesellschafters gegenüber Gläubigern des Geschäftsinhabers (Baumbach/Hopt/*Hopt* § 230 Rn. 26). Etwas anderes kann nur dann angenommen werden, wenn der Stille den Anschein erweckt, persönlich haftender Gesellschafter zu sein. Dann kommt eine Haftung nach **Rechtsschein- oder Vertrauensschutzgesichtspunkten** in Betracht (BGH WM 1964, 296, 297).

4. Gestaltungsfreiheit im Aktienrecht

110 Einschränkung erfährt die grundsätzliche Gestaltungsfreiheit in Bezug auf die Mitwirkungsrechte des stillen Gesellschafters durch zwingende Regelungen im Aktienrecht. In Bezug auf die Einräumung von Geschäftsführungsbefugnissen darf die nach dem Aktienrecht zwingende **eigenverantwortliche Unternehmensleitung** des Vorstandes nicht beeinträchtigt werden (S/S/S/*Singhof* Rn. 159 ff.).

5. Wettbewerbsverbot des stillen Gesellschafters

111 Wenngleich für den stillen Gesellschafter aus vergleichbaren Gründen wie für den Kommanditisten (vgl. zum Wettbewerbsverbot des Kommanditisten Kap. 5 § 165 Rn. 6 ff.) **kein Wettbewerbsverbot** gilt, hat beim atypisch stillen Gesellschafter mit erweiterten Mitgliedschaftsrechten etwas anderes zu gelten. Grund für das grundsätzliche Nichtbestehen eines Wettbewerbsverbotes ist der Umstand, dass sich die typisch stille Beteiligung in der Regel durch eine nicht zwingend unternehmerische Vermögenseinlage erschöpft. Soweit aber nicht nur unmaßgebliche Einflussmöglichkeiten auf das Beteiligungsunternehmen gegeben sind, folgt bereits aus der **Treuepflicht** ein Wettbewerbsverbot (vgl. MünchHdb GesR II/*Doehner/Hoffmann* § 82 Rn. 2). Hinsichtlich der Ausgestaltung dieses Wettbewerbsverbots kommt eine **Analogie zu §§ 112, 113 HGB** in Betracht (E/B/J/*Gehrlein* § 230 Rn. 37; zu §§ 112, 113 HGB vgl. die ausführl. Kommentierung in Kap. 4).

III. Mehrgliedrige stille Gesellschaft, Publikumsgesellschaft

112 Von einer atypischen Gestaltungsform wird im Gesellschaftsrecht zudem dann gesprochen, wenn mehrere stille Beteiligungsverhältnisse vertraglich koordiniert nebeneinander bestehen. Steuerlich spielt die Mehrgliedrigkeit für die Frage der Abgrenzung zwischen typisch und atypisch stiller Beteiligung dagegen keine Rolle (MüKo HGB/*K. Schmidt* § 230 Rn. 74).

1. Allgemeines – Gestaltungsalternativen

113 Ist eine Beteiligung durch mehrere stille Gesellschafter gewünscht, ergeben sich verschiedene Gestaltungsalternativen. Entsprechend dem gesetzlichen Leitbild können im Wege der **zweigliedrigen stillen Gesellschaft** mehrere Beteiligungsverhältnisse (unabhängig) nebeneinander gebildet werden (BGH DB 2004, 1988). Stiller Gesellschafter kann allerdings auch eine GbR sein. Diese ist sodann Träger der Beteiligung (**mehrgliedrige stille Gesellschaft**; vgl. BGHZ 125, 74, 76 f.).

2. Ausübung der Mitgliedschaftsrechte

114 In jedem Fall der Beteiligung durch eine Vielzahl von stillen Gesellschaftern besteht für den Geschäftsinhaber ein erhebliches praktisches Bedürfnis, dass diese Gesellschafter ihre Mitgliedschaftsrechte nur **gebündelt und koordiniert** ausüben.

a) Vertrag zwischen den stillen Gesellschaftern

Die Koordination im Falle von mehreren zweigliedrigen stillen Gesellschaften kann so organisiert sein, dass sie mit oder ohne Mitwirkung des Geschäftsinhabers vorgenommen wird. Nicht selten findet sich die Gestaltung, dass zwar eine zweigliedrige stille Gesellschaft vorliegt, die einzelnen stillen Gesellschafter jedoch untereinander verbunden sind (**Poolvertrag, Konsortium**), z. B. in Form einer GbR oder eines eingetragenen Vereins (BGH DB 1998, 1127; OLG Düsseldorf DB 1994, 2489). Dabei wird i. d. R. die Ausübung bestimmter Rechte der einzelnen stillen Gesellschafter an das Vorliegen eines **Mehrheitsbeschlusses** geknüpft. Soweit dessen Umsetzung prozessuale Schritte erfordert, sind die entsprechenden Rechte der gepoolt still Beteiligten im Wege der gewillkürten Prozessstandschaft geltend zu machen (BGH NJW 1995, 1353, 1355). **115**

b) Schaffung interner Beiräte

Im Übrigen kommt die Schaffung interner Beiräte oder Gremien in Betracht, denen die Ausübung bestimmter Rechte übertragen wird. Grenze der Vertragsgestaltungsfreiheit sind die einem stillen Gesellschafter gesetzlich zustehenden **Mindestrechte**. Zu beachten ist hier vor allem das Kündigungsrecht, dass nicht an die Zustimmung anderer gebunden werden kann (BGH WM 1980, 868; *Blaurock* Rn. 5.48). Eine solche Kündigung bewirkt allerdings nicht die Auflösung aller gleichgerichteter stiller Beteiligungsverhältnisse, sondern nur, dass der kündigende stille Gesellschafter ausscheidet (BGH BB 1980, 958, 959). **116**

c) Einschaltung eines Treuhänders

Es finden sich zudem Erscheinungsformen unter Einschaltung eines Treuhänders. Dessen Tätigkeit kann sowohl darauf beschränkt sein, die Gesellschafterrechte der stillen Gesellschafter auszuüben. Der Treuhänder kann aber auch einziger stiller Gesellschafter sein (sog. **kupierte stille Publikumsgesellschaft**). Gerade bei Publikumsgesellschaften ähnelt die Ausgestaltung der internen Meinungsbildung oft der Struktur wie sie bei Kapitalgesellschaften gesetzlich vorgegeben ist. Die Rechtsprechung hat deshalb in Einzelfällen sogar die analoge Anwendbarkeit entsprechender Formvorschriften der Kapitalgesellschaften bejaht (BGH NJW 1998, 1946 ff.). **117**

3. Inhaltskontrolle bei Publikumsgesellschaften

Bei der Ausgestaltung von Gesellschaftsverträgen von Publikumsgesellschaften unter Verwendung einer stillen Beteiligungsform ist darauf zu achten, dass eine streng **objektive Auslegung** zur Anwendung kommt und nach § 242 BGB eine ähnliche **Inhaltskontrolle** wie bei Allgemeinen Geschäftsbedingungen vorzunehmen ist (vgl. BGHZ 64, 238 zu einer Verjährungsabrede; BGHZ 104, 50, 53 zu einem einseitigen Ankaufsrecht; OLG Hamburg WM 1994, 499, 501; s. außerdem Kap. 9 Rn. 21 ff. zur Auslegung und Rn. 24 ff. zur Inhaltskontrolle). Das AGB-Recht ist aufgrund der Bereichsausnahme des § 310 Abs. 4 BGB aber nicht unmittelbar anwendbar (BGHZ 127, 176, 182 ff.; s. auch Kap. 9 Rn. 24). **118**

4. Grundsätze der Prospekthaftung

Da die stille Gesellschaft als Instrument der Beteiligung einer Vielzahl von Personen einen gewissen Missbrauch erfahren hat, wurden von der Rechtsprechung die Grundsätze der Prospekthaftung (vgl. hierzu ausführl. Kap. 9 Rn. 81 ff.) auch auf stille (Publikums-)Gesellschaften für anwendbar erklärt (OLG Hamburg AG 2001, 141, 142). Verantwortlich sind die Herausgeber des Prospekts (vgl. BGH NJW 1995, 1025). Das sind u. a. Initiatoren sowie die hinter der Gesellschaft stehenden Personen, die neben der Geschäftsleitung besonderen Einfluss in der Gesellschaft ausüben und damit Mitverantwortung tragen (vgl. BGHZ 115, 213, 218; BayObLG ZIP 2002, 2214, 2215). In Einzelfällen wurde ein Anspruch auch gegen beratende Rechtsanwälte, Wirtschaftsprüfer und Banken bejaht, soweit ein besonderer Vertrauenstatbestand geschaffen wurde (vgl. BGHZ 77, 172, 177; 111, 314, 320). **119**

IV. Spartenbezogene stille Gesellschaft

1. Beteiligung an Teil eines Handelsgewerbes

120 Die Beschränkung des Beteiligungsverhältnisses auf einen **abgrenzbaren Teil eines Handelsgewerbes** (Niederlassung, Betriebsstätte, Geschäftszweig, Unternehmenssparte) ist in der Rechtsprechung und der Literatur anerkannt (vgl. BFH BStBl. II 1975, 324; BStBl. II 1998, 685; Heymann/*Horn* § 230 Rn. 6; MüKo HGB/*K. Schmidt* § 230 Rn. 39). Voraussetzung ist nur, dass der Beteiligungsgegenstand ausreichend **klar abgegrenzt** werden kann.

a) Beteiligung an Unternehmensprojekt

121 Zu denken ist dabei neben der Beteiligung an einer dauerhaft existierenden **Unternehmenssparte** auch an die Beteiligung an einem konkreten **Unternehmensprojekt.**

122 **aa) Teilhabe am Beratungserfolg** So kann einem Berater neben der festen Vergütung beispielsweise während der Projektphase und einer festgelegten nachfolgenden Zeit zur Schaffung besonderer Anreize eine Teilhabe am Beratungserfolg eingeräumt werden. Dies kann insbesondere für solche Unternehmen interessant sein, die andernfalls die vollständigen Kosten eines Projektes nur bedingt tragen können. Auf diese Art und Weise kann letztlich auch ein Teil des Risikos auf weitere Beteiligte verlagert werden.

123 **bb) Beteiligung an Filmprojekt** Speziell im Medienbereich kann mit einer stillen Gesellschaft die Beteiligung eines Einzelnen oder einer Gruppe von Investoren an einem Filmprojekt dargestellt werden (BFH BStBl. II 1998, 685). Gerade auch bei steuerorientierten »private placements« – die durch § 15 b EStG nicht zwingend betroffen sind – kann die projektbezogene Beteiligung am Filmproduktionsunternehmen als stiller Gesellschafter dabei eine einfachere und kostengünstigere Alternative zur Gründung einer Kommanditgesellschaft für das Filmprojekt sein.

b) Beteiligung an einzelnen Geschäftsvorfällen

124 Nicht als stille Gesellschaft, sondern nur als **Innengesellschaft in Form der GbR** wird dagegen die Beteiligung an einzelnen Geschäftsvorfällen qualifiziert. Insoweit handelt es sich um eine Gelegenheitsgesellschaft (sog. **Metageschäft**). Das gemeinsam dauerhafte Gewinnstreben durch Betreiben eines Handelsgeschäfts fehlt. Für solche Geschäfte gilt zwar nicht das Recht der stillen Gesellschaft. Es kann aber zumindest die persönliche Haftung gegenüber den Mitgesellschaftern ausgeschlossen werden (BGH DB 1964, 67). Zudem ist das Bestehen eines eingeschränkten Informationsrechts anerkannt (BGH WM 1982, 1403).

2. Anforderungen für die Vertragsgestaltung in der Praxis

125 Eine solche partielle Beteiligung stellt in der Praxis besondere Anforderungen an die Vertragsgestaltung. Sowohl die Mitgliedschafts- als auch die Vermögensrechte sind den besonderen Beteiligungsverhältnissen anzupassen.

a) Vermögensrechte

126 Im Hinblick auf die Vermögensrechte bedeutet dies, dass eine **sparten- bzw. projektbezogene Gewinnermittlung** zu erfolgen hat.

127 **aa) Grundsätze der Segmentberichterstattung** Hierzu könnte zunächst auf die bestehenden nationalen Grundsätze der Segmentberichterstattung (§§ 285 Nr. 4, 314 Abs. 1 Nr. 3 HGB, §§ 5 Abs. 2, 13 Abs. 2 PublG) zurückgegriffen werden. Danach sind Umsatzerlöse im (Konzern-) Anhang nach Tätigkeitsbereichen und nach geographisch bestimmten Märkten aufzugliedern. Letztlich genügt dies der Gewinnverteilung i. R. einer stillen Beteiligung jedoch nicht, da diese zwingend erfolgs- und nicht umsatzbezogen ist (s. Rn. 65).

bb) Segementierung Zurück zu greifen ist somit auf die bestehenden Methoden der Segmentierung. Diese beruhen auf einer Umkehrung der zur Erstellung des Konzernabschlusses entwickelten **Konsolidierungstheorie**. Ein bestehender Gesamtabschluss ist dementsprechend in **Teilabschlüsse** zu zerlegen (vgl. *Alvarez* DB 2002, 2057, 2060). Dabei ist wie folgt vorzugehen: 128

(1) Grundsätze der Aufteilung Alle Posten des Jahresabschlusses sind möglichst **vollständig** einer Sparte zuzuweisen. Soweit dies nicht möglich ist, hat eine Aufteilung zu erfolgen. Dabei lassen sich keine allgemeinverbindlichen Vorgaben finden. Es ist jeweils im Einzelfall diejenige Methode zu wählen, die den tatsächlichen Gegebenheiten am nächsten kommt. Zwar könnte man durch interne Aufzeichnungsmethoden eine Aufteilung relativ zuverlässig ermitteln. Der damit verbundene Aufwand steht aber zumeist in keinem angemessenen Nutzenverhältnis. Deshalb bietet es sich an, in Anlehnung an einen oder mehrere feststehende Faktoren die Aufteilung der Gemeinkosten pauschal vorzunehmen. Als solche Faktoren kommen u. a. die Nettoumsätze, die Summe der Aktiva bzw. Passiva, die in einem primären Zusammenhang zur betrieblichen Betätigung stehen, die Anzahl der unmittelbar zuordenbaren Arbeitnehmer oder das vor der Aufteilung vorläufig ermittelte Betriebsergebnis in Betracht (vgl. *Natusch* S. 133 ff., *Scheffler* Zfbf 1991, 471, 485 ff.). 129

(2) Fiktive Unabhängigkeit der Sparten Darüber hinaus funktioniert eine faire Segmentierung nur dann, wenn bei der Erfolgsermittlung gedanklich von der Unabhängigkeit der Sparten ausgegangen wird (vgl. *Zacharias/Hebig/Rinnewitz* S. 139). Andernfalls würden zwischen den Sparten getätigte Geschäfte nicht ausreichend Berücksichtigung finden und dadurch das Ergebnis verzerrt. Dabei gilt es, Streit über die Verrechnungspreise durch möglichst genaue gesellschaftsvertragliche Regelungen zu vermeiden. Die Verrechnungsmethode kann auf Grundlage geschätzter oder tatsächlicher Marktpreise gebildet werden. Soweit eine Marktpreismethode gewählt wird, ist allerdings ein Abschlag geboten, da sich Unternehmenssparten nie wie unabhängige Dritte gegenüberstehen. Da die gegenseitige Leistungsabnahme bereits aufgrund der organisatorischen Verbundenheit erfolgt, fallen Verkaufsunkosten (bspw. Marketingaufwendungen) nicht an. Statt des Rückgriffs auf Marktpreise besteht auch die Möglichkeit, die Verrechnungspreise anhand der anfallenden Kosten (ggf. mit pauschalem Zuschlag) anzusetzen (*Wunsch* S. 129 f.). Hierbei kann gedanklich davon ausgegangen werden, dass eine dominierende Sparte als Betriebsführer für die entsprechende Teilsparte / Projekt agiert. Insoweit sollte auf für Betriebsführungsverhältnisse übliche Vereinbarungen zurückgegriffen werden. 130

(3) Besondere Regelungsnotwendigkeiten Letztlich wird es kaum gelingen, alle Leistungsbeziehungen zu berücksichtigen. Insbesondere im Finanzbereich ergeben sich viele Leistungsströme, die den Beteiligten z. T. nur bedingt bewusst sind. So kommt es praktisch durchweg zur Finanzierung einer Sparte durch eine Andere. Zudem ist die steuerliche Einheit des Unternehmens zu beachten. Dies kann im Falle eines negativen Jahresergebnisses einer Sparte zur Steuerstundung für andere Sparten führen (vgl. *Wunsch* S. 180 f.). Hier sind im Einzelfall einvernehmlich geeignete Verrechnungsprinzipien festzulegen. 131

b) Mitgliedschaftsrechte

Die Mitgliedschaftsrechte des stillen Gesellschafters (Kontroll- und Informationsrechte) sind an die Besonderheiten der Spartenbeteiligung anzupassen (MüKo HGB/*K. Schmidt* § 230 Rn. 39). Im Hinblick auf die Buchhaltungsunterlagen beziehen sich die Einsichtsrechte zunächst zwar nur auf die **Spartenbilanz**. Weitergehende Kontrollrechte folgen aber jedenfalls daraus, dass die zutreffende Aufteilung der Gemeinkosten und der internen Leistungsverrechnung nachvollzogen werden können muss. Soweit Geschäftsführungsbefugnisse gewährt werden, sollten sich diese auf das konkrete Beteiligungsobjekt beziehen. Hier besteht in der Praxis aber ein nicht unerhebliches Risiko für den Geschäftsinhaber, da eine entsprechend beschränkte Vollmacht leicht überschritten werden kann. Besonderes Augenmerk sollte darauf gerichtet werden, dass es im 132

Falle einer separaten Spartenbeteiligung vermehrt zu Zielkonflikten bei der Verteilung beschränkter Faktoren kommen kann. Um eine einseitige Benachteiligung zu vermeiden, kann sich die Etablierung eines abgestuften Entscheidungssystems (ggf. durch Zustimmungsrechte des Stillen) anbieten (*Wunsch* FB 2004, 76, 78 ff.).

E. Wechsel im Personenbestand der stillen Gesellschaft

I. Wechsel des Geschäftsinhabers

1. Nach Umwandlungsrecht

133 Der Geschäftsinhaber kann durch **Umwandlung** nach den Regeln des Umwandlungsgesetzes (UmwG) eine Veränderung widerfahren. In Betracht kommen Verschmelzung, Spaltung oder Formwechsel. Vgl. zu den Grundlagen sowie den Arten der Umwandlung ausführl. Kap. 12.

a) Universalsukzession

134 Da jeweils eine **Universalsukzession** stattfindet bzw. der umwandelnde Rechtsträger beim Formwechsel seine Identität wahrt, setzt sich die stille Beteiligung nach der Umwandlung grundsätzlich ohne weiteres am umgewandelten Unternehmen fort (Röhricht/v. Westphalen/*v. Gerkan* § 234 Rn. 32 f.; *Blaurock* Rn. 18.12).

135 Soweit Zielrechtsform allerdings eine **Aktiengesellschaft** ist, sind die gesteigerten Wirksamkeitserfordernisse für einen Teilgewinnabführungsvertrag zu beachten (s. Rn. 49). Werden diese Voraussetzungen nicht eingehalten, dürften nach der Umwandlung die Grundsätze der fehlerhaft wirksamen Gesellschaft gelten (S/S/S/*Singhof* Rn. 183; vgl. hierzu Rn. 58 sowie zur fehlerhaften Gesellschaft ausführl. Kap. 4 § 105 Rn. 79 ff.). Möglich ist auch, die stille Beteiligung nach der Umwandlung in Aktien umzuwandeln. Dabei ist § 206 AktG zu beachten (*Hüffer* AktG, § 206 Rn. 1).

b) Beteiligung des stillen Gesellschafters am Umwandlungsakt

136 Unabhängig von den Rechtsfolgen stellt sich die Frage, inwieweit der stille Gesellschafter an dem Organisationsakt der Umwandlung zu beteiligen ist.

137 **aa) Rechte des stillen Gesellschafters nach UmwG** Umwandlungsrechtlich wird der stille Gesellschafter durch die Gläubigerschutzbestimmungen des UmwG geschützt. Die stille Beteiligung ist z. B. nach § 5 Abs. 1 Nr. 7 UmwG im Verschmelzungsvertrag aufzuführen. Dem stillen Gesellschafter sind nach § 23 UmwG gleichwertige Rechte am übernehmenden Rechtsträger zu gewähren (vgl. Lutter/*Grunewald* UmwG, § 23 Rn. 20; LG Bonn DB 2001, 1406, 1407). Dagegen sieht das Umwandlungsrecht **keine Mitwirkungsrechte** stiller Gesellschafter vor. Die Beschlussfassung obliegt allein dem Geschäftsinhaber bzw. den Gesellschaftern der Inhabergesellschaft. Dies gilt nach h. M. auch dann, wenn aufgrund einer atypischen Ausgestaltung im Übrigen weitgehende Mitwirkungsrechte des stillen Gesellschafters bestehen. Ein umwandlungsrechtliches Zustimmungserfordernis wäre in diesen Fällen nur durch eine Analogie zu § 13 UmwG möglich. Diese Regelung ist vom Gesetzgeber jedoch als abschließend gewollt, so dass keine Regelungslücke vorliegt. Andernfalls wäre die notwendige Klarheit und Rechtssicherheit im Rahmen des Umwandlungsvorganges gefährdet (vgl. *Blaurock* Rn. 18.18 ff.). Die gilt trotz der Formulierung des § 132 S. 1 UmwG auch für die Spaltung (Kallmeyer/*Kallmeyer* § 132 Rn. 8).

138 **bb) Erfordernis der Zustimmung durch stillen Gesellschafter** Umstritten ist, ob aus der Treuepflicht des Geschäftsinhabers zum stillen Gesellschafter **im Innenverhältnis** ein Zustimmungserfordernis des stillen Gesellschafters zur Umwandlung folgt. Teilweise wird dies mit der Begründung abgelehnt, dass der Stille durch die aus der Treuepflicht folgende Pflicht zur Rücksichtnahme auf seine Belange ausreichend geschützt sei. Im Falle eines Verstoßes hiergegen wird man dem stillen Gesellschafter ein Recht auf Kündigung aus wichtigem Grund nach

§ 723 Abs. 1 S. 2 Hs. 2 BGB (MünchHdb GesR II/*Bezzenberger/Keul* § 87 Rn. 19) und ggf. Schadensersatz zugestehen müssen (S/S/S/*Singhof* Rn. 181). Nach a. A. besteht ein generelles Zustimmungserfordernis und damit korrespondieren ein Informationsrecht für den stillen Gesellschafter (*Blaurock* Rn. 18.22; differenzierend MüKo HGB/*K. Schmidt* § 234 Rn. 33). Dies wird u. a. damit begründet, dass ein außergewöhnliches Geschäft vorliegt, das die rechtliche Organisation der Inhabergesellschaft verändert und damit unmittelbar das stille Gesellschaftsverhältnis betrifft (vgl. BGH BB 1980, 958, 959). Auch wenn man dieser Auffassung folgt, hat ein Verstoß gegen das Zustimmungserfordernis jedoch nur Auswirkungen im Innenverhältnis und berührt nicht die Wirksamkeit der Umwandlung. Gleiches gilt für den Verstoß gegen einen gesellschaftsvertraglich normierten Zustimmungsvorbehalt.

c) Auswirkungen auf die Praxis

Weitgehende Rechtssicherheit kann somit durch eine **Zustimmung des Stillen** zum Umwandlungsakt erreicht werden, da dann weder ein Recht auf Kündigung noch auf Schadensersatz geltend gemacht werden kann. Andernfalls ist im Einzelfall zu prüfen, ob Rechte des stillen Gesellschafters maßgeblich verletzt wurden, denn auch bei Annahme eine Zustimmungsrechts können die Ansprüche auf Kündigung und Schadensersatz nur eintreten, wenn die Zustimmung berechtigt verweigert wurde. Andernfalls verhält sich der stille Gesellschafter selbst treuwidrig (*Blaurock* Rn. 18.23). **139**

d) Pflicht zur Anpassung des Gesellschaftsvertrags

Durch einen Umwandlungsvorgang kann sich der Geschäftsumfang des Geschäftsinhabers zum Teil erheblich ändern. Dies beeinflusst den gemeinsamen **Zweck der stillen Gesellschaft**, der auf die Gewinnerzielung durch den Betrieb eines bestimmten Handelsgeschäfts begrenzt wird. Dementsprechend besteht i. d. R. eine Pflicht zur Anpassung des Gesellschaftsvertrages (MünchHdb GesR II/*Bezzenberger/Keul* § 87 Rn. 17). **140**

2. Veräußerung des Handelsgeschäfts

Weiterhin kann eine Veräußerung des Handelsgeschäfts stattfinden. Auch insoweit ist **keine Zustimmung** des stillen Gesellschafters erforderlich. Dies kann – und wird in der Regel – im Gesellschaftsvertrag abweichend geregelt werden, jedoch entfaltet auch ein gesellschaftsvertragliches Zustimmungserfordernis Wirkung nur im Innenverhältnis. **141**

Die Übertragung des Handelsgeschäfts führt jedoch mangels Universalsukzession nicht automatisch zu einem Übergang auch der stillen Beteiligung auf eine solche am Erwerber. Dieser kann vielmehr nach allgemeinen Grundsätzen nur mit Zustimmung des stillen Gesellschafters **als Abtretung** bzw. im Wege einer **Vertragsübernahme** erfolgen (*Blaurock* Rn. 18.7; MüKo HGB/*K. Schmidt* § 234 Rn. 39). Letztere ist schwebend unwirksam, solange der stille Gesellschafter nicht zugestimmt hat, und wird bei Verweigerung der Zustimmung endgültig unwirksam (vgl. BGHZ 13, 179, 186). Wegen der personenrechtlichen Verbundenheit der Gesellschafter und des für den Bestand jeder Personengesellschaft notwendigen Vertrauensverhältnis scheidet eine einseitige Veränderung der Gesellschafter aus (BGHZ 13, 179, 183 f.). Die notwendige Zustimmung kann bereits vorab im Gesellschaftsvertrag erteilt werden. Dann ist sie aber nach den allgemeinen Grundsätzen bis zur Ausführung einer Übertragung widerrufbar (vgl. BGHZ 77, 392, 396). **142**

Kommt es nicht zu einem Übergang auf den Erwerber, bleibt die stille Beteiligung am vormaligen Geschäftsinhaber grundsätzlich bestehen. Verliert dieser die Kaufmannseigenschaft, wandelt sich die stille Gesellschaft in eine **Innen-GbR** (E/B/J/*Gehrlein* § 234 Rn. 9). Denkbar ist auch die **Auflösung wegen Zweckvereitelung** (s. Rn. 166 sowie E/B/J/*Gehrlein* § 234 Rn. 32). **143**

3. Gesellschafterwechsel

Eine Veränderung im Gesellschafterbestand einer Inhabergesellschaft hat auf die stille Beteiligung keine Auswirkungen (*Blaurock* Rn. 12.21). **144**

II. Wechsel des stillen Gesellschafters

1. Abtretung der stillen Beteiligung

145 Wie jedes andere Recht ist auch die stille Beteiligung grundsätzlich im Wege der Abtretung übertragbar (vgl. MüKo HGB/*K. Schmidt* § 230 Rn. 175, der eine Vertragsübernahme mit den gleichen Anforderungen annimmt). Vgl. zur Übertragung von Gesellschaftsanteilen an einer OHG Kap. 4 § 105 Rn. 58 ff., von Anteilen an einer KG Kap. 5 § 173 Rn. 14 ff.

a) Abtretbarkeit und Zustimmungserfordernis

146 Voraussetzung einer wirksamen Abtretung ist allerdings die Abtretbarkeit. Aufgrund der generell zu unterstellenden persönlichen Verbundenheit der Gesellschafter und dem damit einhergehenden Vertrauensverhältnis ist ein Gesellschafterwechsel nur mit Zustimmung der übrigen Gesellschafter möglich (vgl. BGHZ 13, 179, 183 f. – so auch der Rechtsgedanke in § 399 Alt. 1 BGB bzw. § 717 BGB), im Falle der stillen Gesellschaft also **mit Zustimmung des Geschäftsinhabers**. Diese Zustimmung kann allerdings bereits vorab **im Gesellschaftsvertrag** erteilt werden (MüKo BGB/*Ulmer* § 719 Rn. 27), was in der Praxis insbesondere bei Publikums-Investments zur Herstellung der Verkehrsfähigkeit in Betracht kommt. Zudem kann der Geschäftsinhaber bei typisch stillen Beteiligungen, die sich als reine Vermögensanlagen darstellen, u. U. nach Treu und Glauben zur Zustimmung verpflichtet sein (vgl. *Zacharias/Hebig/Rinnewitz* S. 69). Für die Formwirksamkeit der Zustimmung und für die Organkompetenz und Vertretung bei Personen- und Kapitalgesellschaft gelten dieselben Vorgaben wir für die erstmalige Begründung einer stillen Gesellschaft (s. o. Rn. 26 ff., 44 ff.).

b) Umfang der Übertragung

147 Der Rechtsübergang durch Abtretung umfasst i. d. R. nicht nur das Beteiligungsverhältnis, sondern alle auch nur mittelbar aus dem Gesellschaftsvertrag resultierenden Ansprüche (*Blaurock* Rn. 10.35). Wurde beispielsweise ein Gewinnanspruch nicht ausgezahlt und in ein Darlehen umgewandelt (s. Rn. 90), so ist im Zweifel dieser Anspruch mit abgetreten, soweit er aus den vorliegenden Rechenwerken ersichtlich ist (vgl. BGHZ 45, 221, 223). Für die Beratungspraxis gilt es daher, vorab genau den Bestand an Rechten des stillen Gesellschafters zu ermitteln und zu bewerten. Soweit Abweichungen im Umfang der Abtretung gewollt sind, können entsprechende Vereinbarungen getroffen werden.

2. Verpfändung

148 Folge der Übertragbarkeit ist grundsätzlich auch die Möglichkeit der Verpfändung, vgl. § 1274 Abs. 2 BGB (s. auch Kap. 4 § 105 Rn. 72 ff. für die OHG). Sieht bereits der Gesellschaftsvertrag die Abtretbarkeit der stillen Beteiligung vor, kann diese nach § 851 Abs. 1 ZPO gepfändet werden (MüKo BGB/*Ulmer* § 719 Rn. 59). Nicht übertragbare stille Beteiligungen unterliegen der Anteilspfändung nach § 859 Abs. 1 ZPO (MünchHdb GesR II/*Bezzenberger/Keul* § 88 Rn. 25 ff.).

3. Nießbrauch

149 Auch die Bestellung eines Nießbrauchs am Gesellschaftsanteil ist vergleichbar der Rechtslage bei den übrigen Personengesellschaften (vgl. für die OHG Kap. 4 § 105 Rn. 67 ff.) grundsätzlich zulässig. Dem Inhaber des Nießbrauchs stehen dann allerdings **bestimmte Verwaltungsrechte** neben dem stillen Gesellschafter zu. Wegen der damit verbundenen Belastung des Geschäftsinhabers ist die Nießbrauchbestellung nur mit dessen Zustimmung möglich (MüKo HGB/*K. Schmidt* Vor § 230 Rn. 21, 27).

4. Verschmelzung, Spaltung

150 Im Falle der Verschmelzung oder Spaltung des Inhabers des stillen Beteiligungsverhältnisses geht die Beteiligung ohne weiteres auf den neuen Rechtsträger über. Es bestehen **keine Zustimmungsrechte** des Geschäftsinhabers (*Blaurock* Rn. 18.59). Dies gilt auch dann, wenn aufgrund be-

stimmter atypischer Gestaltungen dem stillen Gesellschafter weit reichende Einflussmöglichkeiten eingeräumt wurden. In diesen Fällen wird man allerdings vom Vorliegen eines außerordentlichen Kündigungsrechts des Geschäftsinhabers ausgehen können (S/S/S/*Singhof* Rn. 206). Ein solches besteht zudem immer dann, wenn das Gesellschaftsverhältnis auf einem besonderen Vertrauensverhältnis beruhte oder für die Abwicklung auf Seiten des stillen Gesellschafters besondere Fähigkeiten erforderlich waren (MünchHdb GesR II/*Bezzenberger/Keul* § 88 Rn. 15). Es bietet sich an, bei entsprechend ausgestalteten Gesellschaftsverhältnissen von vornherein vertragliche Vereinbarungen zu treffen, nach denen beispielsweise eine bestimmte Person in die Gesellschafterstellung nachfolgen soll oder ein Kündigungsrecht ausdrücklich normiert wird (S/S/S/*Singhof* Rn. 280).

F. Beendigung der stillen Gesellschaft, §§ 234, 235 HGB

Die Beendigung einer stillen Gesellschaft vollzieht sich durch **Lösung der schuldrechtlichen Beziehungen** der Beteiligten. Da kein Gesamthandsvermögen gebildet wurde, entfällt die sonst übliche Auseinandersetzung des Gesellschaftsvermögens (vgl. BGH NJW 1982, 99, 100; NJW 1990, 573, 574). Abgewickelt werden lediglich die schuldrechtlichen Beziehungen, wobei begrifflich auch insoweit von einer Auseinandersetzung gesprochen wird (vgl. § 235 HGB). **151**

I. Ordentliche Kündigung

1. Kündigungsfrist

Aufgrund des Verweises des § 234 Abs. 1 S. 1 HGB auf §§ 132 ff. HGB gilt eine Kündigungsfrist von sechs Monaten, soweit die Gesellschaft auf unbestimmte Zeit oder auf Lebenszeit geschlossen wurde. **152**

2. Kündigungsrecht

Das ordentliche Kündigungsrecht kann vertraglich modifiziert, **nicht** aber völlig **ausgeschlossen** werden (§ 723 Abs. 3 BGB; BGHZ 23, 10, 14 f.). Unzulässig sind auch Regelungen, die derart erhebliche wirtschaftliche Nachteile nach sich ziehen, dass die Ausübung der Kündigung faktisch keinen Sinn mehr macht, bspw. bei stark verringerten Abfindungswerten, Vertragsstrafen, Wettbewerbsverboten etc. (vgl. *Blaurock* Rn. 15.23 f.). **153**

Kein ordentliches Kündigungsrecht besteht, wenn eine Gesellschaft **auf bestimmte Zeit** vereinbart wurde. Dieser Zeitraum kann beliebig lang gewählt und auch von zeitlich ungewissen Ereignissen abhängig gemacht werden (z. B. bei der projektbezogenen stillen Gesellschaft das Auslaufen des Projekts). Im Hinblick auf § 134 HGB ergeben sich nur dann Einschränkungen, wenn der Zeitraum erkennbar länger als die typische Lebenserwartung des Stillen ist (MüKo HGB/*K. Schmidt* § 234 Rn. 47) bzw. einen derart unübersehbaren, bzw. einseitig nicht beherrschbaren Zeitraum umfasst, dass im Ergebnis von einer fehlenden Befristung auszugehen ist (BGH NJW 1992, 2696, 2698). In diesem Fall kann die ordentliche Kündigung nicht wirksam ausgeschlossen werden. **154**

Auch wenn die Gesellschaft **noch nicht in Vollzug** gesetzt wurde, kann bereits ein Kündigungsrecht bestehen, da ein solches nur das Bestehen eines wirksamen Vertragsverhältnisses voraussetzt (BGH WM 1995, 1277). **155**

3. Unzulässige Rechtsausübung

Eine Kündigung darf grundsätzlich nicht als unzulässige Rechtsausübung zu qualifizieren sein. Bezogen auf eine ordentliche Kündigung dürfte eine solche Annahme allerdings i. d. R. ausscheiden. Etwas anderes ist aber im Recht der Publikumsgesellschaften anerkannt. Dort darf der Geschäftsinhaber nur bei **Vorliegen eines sachlichen Grundes** kündigen (gleiche gerichtlich Kontrolle wie bei Kündigung eines Komplementärs einer Publikums-KG, vgl. BGHZ 104, 50, 57; BGH NJW 1994, 1156 f.). Andernfalls bestünde die Gefahr, dass der Geschäftsinhaber sein Kündi- **156** gungsrecht so ausübt, dass ihm und nicht den Anlegern die Vorteile einer erfolgreichen Investition zufließen.

II. Außerordentliche Kündigung

157 Die Zulässigkeit der außerordentlichen Kündigung aus wichtigem Grund folgt aus § 234 Abs. 1 S. 2 HGB i. V. m. § 723 BGB.

1. Vorliegen eines wichtigen Grundes

158 Das Vorliegen eines wichtigen Grundes ist anzunehmen, wenn die Fortsetzung der stillen Gesellschaft für den Kündigenden **unzumutbar** geworden ist. Das ist beispielsweise der Fall, wenn das erforderliche **Vertrauensverhältnis nachhaltig gestört** ist (Röhricht/v. Westphalen/*v. Gerkan* § 234 Rn. 7). Als Besonderheit bei der typisch stillen Gesellschaft gilt es folgendes zu beachten: Im Gegensatz zu Personenhandelsgesellschaften ist aufgrund der Struktur der stillen Gesellschaft das Vertrauensverhältnis weniger bedeutsam. Somit ist abweichend von der sonst bei § 133 HGB geltenden Kasuistik (vgl. Kap. 4 § 133 sowie Kap. 16 Rn. 158 ff.) ein außerordentliches Kündigungsrecht nur zurückhaltender anzunehmen (MüKo HGB/*K. Schmidt* § 234 Rn. 49).

2. Beispiele für Vorliegen eines wichtigen Grundes

159 Ein wichtiger Grund liegt jedenfalls dann vor, wenn **wesentliche gesellschaftsvertragliche Pflichten** verletzt sind. Als Fallgruppen sind insoweit u. a. anerkannt:

- Behinderung der **Mitwirkungsrechte** des (atypisch) stillen Gesellschafters (MüKo HGB/*K. Schmidt* § 234 Rn. 49);
- Verletzung von **Vertraulichkeitsverpflichtungen** durch den (atypisch) stillen Gesellschafter (Heymann/*Horn* § 234 Rn. 11);
- Zweifel an der Rechtschaffenheit bzw. **Eignung des Geschäftsinhabers** (E/B/J/*Gehrlein* § 234 Rn. 29);
- **Gefährdung der Vermögensinteressen** des stillen Gesellschafters, bspw. durch Zwangsvollstreckungsmaßnahmen in das Vermögen des Unternehmensträgers (*K. Schmidt* KTS 1977, 1, 4 f.);
- **zweckwidrige Verwendung** der Einlage (E/B/J/*Gehrlein* § 234 Rn. 29);
- **drohende Umqualifizierung** der Einlage in Eigenkapitalersatz (E/B/J/*Gehrlein* § 234 Rn. 29; vgl. dazu Rn. 208 ff.);
- **wesentliche Änderungen** der Grundlagen, der Rechtsform oder des Gesellschafterbestands des Unternehmensträgers (E/B/J/*Gehrlein* § 234 Rn. 29; zur Umwandlung s. Rn. 138);
- **bedeutende Leistungsstörungen**, wie u. a. die Nichtzahlung des Gewinnanteils (MüKo HGB/*K. Schmidt* § 234 Rn. 49).

3. Kündigung als ultima ratio, Regelungsmöglichkeiten

160 In jedem Fall ist die Verhältnismäßigkeit zu beachten, d. h. zur außerordentlichen Kündigung darf nur als ultima ratio gegriffen werden, wenn eine Beseitigung des wichtigen Grundes nicht möglich ist oder entsprechende Versuche (z. B. Ablösung eines ungeeigneten Geschäftsführers) gescheitert sind. Es bietet sich an, im **Gesellschaftsvertrag** wichtige Gründe beispielhaft festzulegen. Es können aber auch Gründe bestimmt werden, die keinen wichtigen Grund darstellen sollen (*Blaurock* Rn. 15.33).

III. Kündigung durch Privatgläubiger

161 Um zu verhindern, dass ein Schuldner durch Beteiligung als stiller Gesellschafter mit langfristiger Bindung seinen Gläubigern Haftungsmasse vorenthält, sieht §§ 234 Abs. 1 i. V. m. 135 HGB ein Kündigungsrecht der Gläubiger des stillen Gesellschafters vor. Dabei ist eine 6-monatige Kündigungsfrist zu beachten. Zu den übrigen Voraussetzungen vgl. für die OHG Kap. 4 § 131 Rn. 40).

Soweit Gläubiger des Geschäftsinhabers auf das Gesellschaftsvermögen zugreifen wollen, bedarf es keines Rückgriffs auf § 135 HGB. Da die Einlage des Stillen unmittelbar in das Vermögen des Geschäftsinhabers fließt, ist diese von Pfändungsmaßnahmen umfasst. Pfändbar ist auch der noch nicht vollständig erfüllte Einlagenanspruch des Geschäftsinhabers (*Geck* DStR 1994, 657, 659). **162**

IV. Sonstige Auflösungsgründe

1. Tod des stillen Gesellschafters

Der Tod des stillen Gesellschafters führt nach § 234 Abs. 2 HGB nicht zur Auflösung der Gesellschaft. **163**

2. Tod des Einzelunternehmers

Anders verhält es sich in der Regel mit dem Tod eines Einzelunternehmers als Geschäftsinhaber (§ 727 Abs. 1 BGB). Dies gilt aber nur dann, wenn im Gesellschaftsvertrag **keine Fortführungsklausel** vereinbart wurde (*Blaurock* Rn. 15.43; vgl. zu erbrechtlichen Nachfolgeklauseln bei der OHG ausführl. Kap. 4 § 139 Rn. 3 ff.). Im Hinblick auf die bei der Auseinandersetzung einer Erbengemeinschaft ggf. entstehenden Zustimmungsrechte des stillen Gesellschafters, sollte auch die Befugnis der Erben geregelt werden, das Unternehmen unter Fortsetzung des stillen Gesellschaftsverhältnisses auf eine bestimmte Person zu übertragen (S/S/S/*Singhof* Rn. 113). Denkbar ist auch die Regelung, dass das Handelsgeschäft auf den stillen Gesellschafter übergehen soll. Dann erhalten die Erben ein aus der Bilanz zu errechnendes Auseinandersetzungsguthaben. Die stille Gesellschaft erlischt durch Konfusion (*Blaurock* Rn. 15.48). **164**

3. Liquidationsphase bei Handelsgesellschaften

Dem Tod eines Einzelunternehmers ist die Auflösung von Handelsgesellschaften nicht gleichzustellen. Die mit der Auflösung verbundene Liquidationsphase schließt das Bestehen einer stillen Beteiligung gerade nicht aus, denn die Förderung des Handelsgewerbes als Zweck der stillen Gesellschaft kann weiter erfolgen (vgl. BGHZ 84, 379, 380 f.). In solchen Fällen kann dem stillen Gesellschafter aber ein **Recht zur außerordentlichen Kündigung** oder ein **Schadensersatzanspruch** zustehen (*Blaurock* Rn. 15.61). **165**

4. Zweckerreichung, Zweckvereitelung, § 726 BGB

Grundsätzlich findet auch bei der stillen Gesellschaft § 726 BGB Anwendung. Denkbar sind also auch die Zweckerreichung und die Zweckvereitelung als Auflösungsgründe. Eine **Zweckvereitelung** liegt vor allem dann vor, wenn dem Geschäftsinhaber notwendige öffentlich-rechtliche Genehmigungen entzogen werden. Dies gilt ebenso für alle anderen Fälle der endgültigen Unmöglichkeit der Fortführung der Geschäfte (vgl. BGHZ 84, 379, 381). Die unumkehrbare Veräußerung des Geschäftsbetriebs kann ebenfalls zur Auflösung führen (E/B/J/*Gehrlein* § 234 Rn. 9), wenn die stille Beteiligung nicht rechtsgeschäftlich auf den Erwerber übertragen wird (s. Rn. 142 f.) und der vormalige Inhaber kein Handelsgeschäft mehr betreibt und auch kein neues Geschäft aufbaut. **166**

5. Beendigung durch Zeitablauf, auflösende Bedingung

Gesellschaftsvertraglich vorgesehen werden kann auch eine automatische Beendigung durch Zeitablauf oder durch Eintritt einer auflösenden Bedingung. Dies wird insbesondere bei projektbezogenen stillen Beteiligungen (vgl. hierzu Rn. 121 ff.) und beim Einsatz der stillen Beteiligung als vorübergehendes Finanzierungsinstrument praktiziert. **167**

6. Insolvenz eines Gesellschafters

Nach § 728 BGB stellt die Insolvenz eines Gesellschafters einen weiteren Auflösungsgrund dar. Dies gilt nach h. M. auch für den Fall der Nachlassinsolvenz (MüKo HGB/*K. Schmidt* § 234 **168**

Rn. 11). Für den Fall der Insolvenz des Geschäftsinhabers folgt dies aus § 236 HGB. Gem. § 736 BGB kann für mehrgliedrige stille Gesellschaften vorgesehen werden, dass die Insolvenz eines Gesellschafters nur zu dessen Ausscheiden aus der Gesellschaft führt.

7. Aufhebungsvertrag

169 Schließlich ist eine Auflösung durch Aufhebungsvertrag jederzeit möglich. Dieser ist grundsätzlich formfrei möglich und kann auch konkludent geschlossen werden (BGH BB 2001, 222; *Ensthaler/Fahse* § 234 Rn. 3). In der Rückgewähr der stillen Einlage als solcher liegt i. d. R. noch keine konkludente Auflösung (vgl. § 136 InsO zur Anfechtung, der die Fortdauer der stillen Gesellschaft trotz Einlagenrückgewähr voraussetzt). Soweit die Einlage allerdings endgültig zurück gewährt wurde, kann eine konkludente Auflösung des Gesellschaftsverhältnisses im Einzelfall vorliegen (MünchHdb GesR II/*Polzer* § 91 Rn. 41).

V. Beendigung der stillen Gesellschaft durch »Umwandlung« in Darlehen oder andere Beteiligungsform

170 Es kann Gründe insbesondere im Interesse des Geschäftsinhabers geben, das stille Beteiligungsverhältnis zu beenden. Dies ist z. B. dann der Fall, wenn es sich bei dem Geschäftsinhaber um eine Aktiengesellschaft handelt, die eine Börsennotierung anstrebt. Gerade im Bereich der Wagniskapitalbeteiligung ist eine stille Beteiligung oft nur als vorübergehende Finanzierung gewollt. Solche stillen Beteiligungen sind i. d. R. derart atypisch ausgestaltet, dass der Beteiligungsgesellschaft weitgehende Einflussmöglichkeiten eingeräumt werden. Diese würden aber aus Sicht des Kapitalmarktes negativ bewertet und sollen daher vor dem geplanten Börsengang wieder beseitigt werden.

171 Die stille Beteiligung kann in diesen Fällen durch **anfängliche Befristung** bzw. **vertragliche Aufhebung** ersatzlos beendet werden. Soweit eine Fortsetzung des Geschäftsverhältnisses gewünscht ist, besteht die Möglichkeit der Überführung bzw. »Umwandlung« in ein Kreditverhältnis oder eine unmittelbare Gesellschafterstellung.

1. Vertragliche Grundlage der »Umwandlung«

172 Die spätere »Umwandlung« der stillen Beteiligung wird in der Regel bereits anfänglich vertraglich vorgesehen. Soweit dies im Einzelfall nicht geschehen ist, kann eine **Mitwirkungspflicht des Stillen** zur Anpassung ggf. aus seiner Treuepflicht oder aus den Grundsätzen des § 311 BGB folgen (S/S/S/*Singhof* Rn. 275).

2. Ablauf der »Umwandlung«

173 Technisch vollzieht sich die »Umwandlung« durch **Beendigung der stillen Gesellschaft** (entweder durch Zeitablauf bzw. Eintritt einer auflösenden Bedingung oder durch Aufhebungsvertrag, s. o. Rn. 167, 169) einerseits und **Abschluss eines Darlehensvertrags** bzw. Begründung einer neuen Beteiligung andererseits (vgl. GmbH-Hdb/*Kallmeyer* Rn. I 469). Daher sind im Zweifel die allgemeinen Vorschriften sowohl für die Aufhebung einer stillen Gesellschaft als auch für die Eingehung des an ihre Stelle tretenden Verhältnisses zu beachten.

a) »Umwandlung« in ein Kreditverhältnis

174 Bei Umwandlung in ein Kreditverhältnis gilt es zu beachten, dass auch partiarische Darlehen bei Aktiengesellschaften z. T. als Teilgewinnabführungsverträge qualifiziert werden (MüKo AktG/*Altmeppen* § 292 Rn. 68 f.), so dass auch ggf. Angaben im Börsenzulassungs- und Verkaufsprospekt zu machen sind.

b) »Umwandlung« in Aktien

175 Die Umwandlung in Aktien kann dergestalt vollzogen werden, dass die stille Beteiligung beendet und der **Auseinandersetzungsanspruch gegen Anteilsgewährung eingebracht** wird. Dabei sind die zwingenden Bestimmungen zur Kapitalerhöhung (§§ 182 ff. AktG) zu beachten. Formal kann die Schaffung genehmigten Kapitals (§§ 202 ff. AktG) oder eine bedingte Kapitalerhöhung (§§ 192 ff. AktG) bei Einbringung der stillen Beteiligung als Sacheinlage zur Anwendung kommen (*Schlitt/Beck* NZG 2001, 688, 693 f.). Zur Sicherstellung der erforderlichen Mehrheiten sollte eine schuldrechtliche Stimmbindungsvereinbarung mit den maßgeblichen Aktionären geschlossen werden.

G. Durchführung der Abwicklung

I. Ermittlung des Auseinandersetzungsanspruchs

In Folge der Beendigung der stillen Gesellschaft gilt es zu berechnen, welche Ausgleichsansprüche bestehen. Hierzu ist eine **Gesamtabrechnung** aller gegenseitigen Ansprüche aus dem stillen Gesellschafterverhältnis zu erstellen. Dabei liegt keine Liquidation i. S. d. § 730 BGB vor, da eine solche das Bestehen eines Gesellschaftsvermögens voraussetzt. Vielmehr geht es um die Abwicklung der bestehenden schuldrechtlichen Beziehungen zwischen den Gesellschaftern (*Ensthaler/Fahse* § 235 Rn. 1 f.). 176

1. Erstellung einer Auseinandersetzungsbilanz

Zur Berechnung des Auseinandersetzungsanspruches ist i. d. R. eine **Auseinandersetzungsbilanz** zu erstellen (ggf. entbehrlich, vgl. BGH DB 1977, 2040). Insoweit sind in Ermangelung einer anders lautenden vertraglichen Regelung dieselben Grundsätze wie bei der Ermittlung des laufenden Gewinns anzuwenden. Reine Wertveränderungen im Anlagevermögen sowie immaterielle Wirtschaftsgüter einschließlich des Firmenwerts sind i. d. R. also nicht zu berücksichtigen (s. Rn. 78 f.; RGZ 120, 410, 411). Soweit eine Teilhabe an den Veränderungen im Gesellschaftsvermögen nicht vereinbart wurde, ist keine Vermögens-, sondern eine **Ertragsbilanz** aufzustellen (MüKo HGB/*K. Schmidt* § 235 Rn. 16). Diese setzt sich zusammen aus dem Buchwert der Einlage zum letzten ermittelten Stichtag, die um die seither aufgelaufenen Gewinne oder Verluste ergänzt wird (vgl. *Blaurock* Rn. 16.12). 177

2. Korrekturen

Im Rahmen dieser Abrechnung wird es nicht selten notwendig, Korrekturen im Hinblick auf die in den Vorjahren verwendeten Ansätze vorzunehmen. Zu beachten sind u. a. bestimmte **offene und stille Rücklagen**, die zu einer vorherigen Gewinnminderung zu lasten des stillen Gesellschafters geführt haben (MüKo HGB/*K. Schmidt* § 235 Rn. 24). Mindernd kann sich ferner eine nach den Grundsätzen ordnungsgemäßer Buchführung notwendige **Nachholung von Abschreibungen** auswirken (RGZ 94, 106, 108; BGH BB 1960, 14, 15). 178

3. Schwebende Geschäfte

In § 235 Abs. 2 HGB ist zudem vorgesehen, dass bei der Berechnung des Auseinandersetzungsanspruchs der Erfolg aus noch schwebenden Geschäften zu berücksichtigen ist. Diese sind zu diesem Zweck abzuwickeln, was einen nicht unerheblichen Zeitraum in Anspruch nehmen kann. 179

a) Begriff des »schwebenden Geschäfts«

Zu klären gilt es im Einzelfall, welche Geschäfte unter den Begriff des »schwebenden Geschäfts« fallen. Einvernehmen besteht darüber, dass nicht alle laufenden Vorgänge gemeint sind. **Nicht umfasst** sind u. a. Dauerschuldverhältnisse, Sukzessivlieferungen sowie mitgliedschaftliche Rechtsverhältnisse (*K. Schmidt* DB 1983, 2401, 2404 ff.). Nicht in jedem Fall wird sich allerdings ohne weiteres klar abgrenzen lassen, ob dem stillen Gesellschafter aus einem noch laufenden Verhältnis ein Gewinn- oder Verlustanteil zuzurechnen ist. Deshalb finden sich mitunter im Gesellschaftsvertrag Regelungen, wonach keine Zurechnung mehr nach einem Stichtag erfolgt und im Gegenzug eine bestimmte pauschale Abgeltung gewährt wird (Baumbach/Hopt/*Hopt* § 235 Rn. 4). 180

b) Abwicklungsbefugnis

181 Abwicklungsbefugt ist allein der **Geschäftsinhaber**. Das gilt selbst dann, wenn bei der laufenden (atypisch) stillen Gesellschaft dem stillen Gesellschafter Geschäftsführungsbefugnisse eingeräumt worden waren (MünchHdb GesR II/*Bezzenberger/Keul* § 92 Rn. 52). Dem stillen Gesellschafter stehen somit nur die allgemeinen Informationsrechte zur Verfügung (vgl. dazu Rn. 95 ff.). Nur in Ausnahmefällen ist es möglich, im Wege der **einstweiligen Verfügung** Maßnahmen des Geschäftsinhabers zu verhindern (GroßkommHGB/*Zutt* § 235 Rn. 30; MüKo HGB/*K. Schmidt* § 235 Rn. 42). Zumeist wird der Streit über die Rechtmäßigkeit von Abwicklungsmaßnahmen im Rahmen eines Schadensersatzprozesses ausgetragen.

4. Auseinanderstezungsguthaben und Ausgleichsansprüche

182 Bei einem **positiven Saldo** besteht ein Auseinandersetzungsguthaben des Stillen. Soweit sich im Rahmen der Auseinandersetzungsbilanz ein **negativer Saldo** ergibt, kommen umgekehrt Ausgleichsansprüche gegen den stillen Gesellschafter in Betracht. Dabei gilt es aber zu beachten, dass dieser i. d. R. nur in Höhe seiner Einlage haftet. Eine Zahlungspflicht besteht somit – soweit nichts Abweichendes vereinbart wurde – nur dann, wenn die Einlage nicht bereits vollständig erbracht wurde (oder wenn es zur Einlagenrückgewähr gekommen ist), und nur bis zur Höhe der rückständigen Einlage. Ist der Passivsaldo geringer als die rückständige Einlage, muss nur der negative Saldo ausgeglichen werden (E/B/J/*Gehrlein* § 235 Rn. 5). Gänzlich ausscheiden muss eine Ausgleichspflicht – auch bei rückständiger Einlage – dann, wenn die Verlustbeteiligung abbedungen wurde (Ausnahme: Eigenkapitalcharakter einer rückständigen Einlage, s. Rn. 202 ff.) oder wenn im Rahmen der Liquidation des Geschäftsinhabers die Einlage zum Ausgleich von Verbindlichkeiten nicht benötigt wird (BGH NJW 1980, 1522, 1523).

5. Regelungen im Gesellschaftsvertrag

183 Es besteht Einigkeit, dass im Bereich des Auseinandersetzungsanspruchs weitgehende gesellschaftsvertragliche **Gestaltungsfreiheit** besteht (vgl. BGH DB 2001, 1826, 1827; Röhricht/v. Westphalen/*v. Gerkan* § 235 Rn. 3; *Ensthaler/Fahse* § 235 Rn. 3). Es bietet sich an, Regelungen zur Berechnung des Auseinandersetzungsguthabens zu treffen. In Abhängigkeit vom Beteiligungsobjekt können so sachgerechte Vorgaben gefunden werden, um spätere Rechtsstreitigkeiten zu vermeiden. In Betracht kommt beispielsweise eine Regelung, nach der die Berechnung nur zu Buchwerten erfolgt und im Gegenzug ein pauschaler Zuschlag gewährt wird (vgl. *Blaurock* Rn. 16.18).

6. Sonderfall atypisch stille Beteiligung mit Vermögensbeteiligung

184 Bei atypisch stillen Beteiligungen mit Vermögensbeteiligung durch den Stillen (s. Rn. 104 ff.) gelten abweichende Grundsätze. Entsprechend der Beteiligung ist hier eine **Vermögensbilanz** unter Ansatz von **Fortführungswerten** aufzustellen (MüKo HGB/*K. Schmidt* § 235 Rn. 58). Vergleichbar der Auseinandersetzung einer Gesamthandsgesellschaft ist die Abfindung des stillen Gesellschafters zu ermitteln (BGH NJW-RR 1994, 1185; WM 1995, 1277).

7. Sonderfall Dienstleistungs- und Sacheinlage

185 Soweit die Einlage des Stillen nicht (nur) in Geld erfolgt ist, stellt sich die Frage der Ersatzfähigkeit dieser Einlage. Nach § 733 Abs. 2 S. 3 BGB gilt bei Einlagen in Form von **Dienstleistungen**, dass kein Ersatz verlangt werden kann. Etwas anderes gilt dann, wenn davon auszugehen ist, dass im Auseinandersetzungszeitpunkt noch keine vollständige Abgeltung der Dienste erfolgt ist und wenn der Erfolg der Dienste noch als messbarer Vermögenswert vorhanden ist (BGH NJW 1966, 501 f.).

186 Nach § 732 BGB sind **überlassene Gegenstände** an den stillen Gesellschafter zurück zu gewähren, wobei nur bei vertragswidriger oder unsachgemäßer Verwendung ein Ersatz von Wertminderungen zu erfolgen hat (vgl. § 708 BGB).

II. Entstehung und Fälligkeit des Abwicklungsanspruches

Der Abwicklungsanspruch **entsteht** mit Auflösung der Gesellschaft (E/B/J/*Gehrlein* § 235 Rn. 19) und ist in dem Zeitpunkt **fällig**, in dem der Saldo zumutbar errechnet sein kann (*Ensthaler/Fahse* § 235 Rn. 6). Wenngleich sich ein solcher Zeitpunkt nie exakt nachweisen lassen wird, erhält der stille Gesellschafter zumindest eine bedingte Handhabe. Von Bedeutung ist insoweit, dass nach h. M. ein Zahlungsanspruch allein auf eine Berechnung ohne Berücksichtigung der Abwicklung schwebender Geschäfte gestützt werden kann (MüKo HGB/*K. Schmidt* § 235 Rn. 29). **187**

Im Hinblick auf die **Abrechnung schwebender Geschäfte** ist eine Sonderabrechnung aufzustellen, es sei denn, eine Einbeziehung ist ohne zeitliche Verzögerung möglich (vgl. MüKo HGB/*K. Schmidt* § 235 Rn. 37, 47). **188**

Bei der Abfassung von Gesellschaftsverträgen ist in Betracht zu ziehen, zur Sicherung der Liquidität des Geschäftsinhabers eine **Stundungsabrede** aufzunehmen, wonach der Abfindungsanspruch erst nach bestimmter Zeit und/oder in bestimmten Raten fällig wird. Im Gegenzug kann vorgesehen werden, dass dem stillen Gesellschafter dann eine Sicherheit zu gewähren ist (*Weigl* S. 87). **189**

Hat die stille Einlage Eigenkapital- oder Eigenkapitalersatzcharakter (s. Rn. 202 ff., 208 ff.) ist ggf. auch außerhalb der Insolvenz ein **Rückzahlungsverbot** zu beachten, z. B. gem. bzw. analog § 31 GmbHG. **190**

H. Besonderheiten der Abwicklung in der Insolvenz des Geschäftsinhabers, § 236 HGB

I. Abwicklung der stillen Gesellschaft im Regelfall

Für den Fall der Insolvenz des Geschäftsinhabers bestehen in § 236 HGB und § 136 InsO besondere gesetzliche Regelungen. Danach verbleibt es zunächst bei § 728 Abs. 2 S. 1 BGB als Grundlage für die Beendigung des Gesellschaftsverhältnisses. Nach § 236 HGB findet eine Auseinandersetzung gem. § 235 HGB statt. **191**

1. Auseinandersetzungsbilanz

Maßgeblicher Stichtag für die Auseinandersetzungsbilanz gem. § 235 HGB (s. Rn. 177) ist die Eröffnung des Insolvenzverfahrens (zur Berücksichtigung von Wertveränderungen durch die Verfahrenseröffnung vgl. E/B/J/*Gehrlein* § 236 Rn. 5). **Schwebende Geschäfte** sind vom Insolvenzverwalter abzuwickeln, wobei die Folgen einer Erfüllungsablehnung nach § 103 Abs. 2 InsO in der Auseinandersetzungsbilanz außer Betracht bleiben sollen (E/B/J/*Gehrlein* § 236 Rn. 6). **192**

2. Auszahlungsanspruch des stillen Gesellschafters

Ergibt sich danach ein **positives Einlagenkonto**, ist der in Geld lautende Auszahlungsanspruch nach § 236 Abs. 1 HGB **als Insolvenzforderung** anzumelden. Der stille Gesellschafter wird insolvenzrechtlich wie ein ungesicherter Fremdkapitalgeber behandelt (BGH NJW 1983, 1855, 1856). **193**

Eine Besserstellung kann sich ergeben, wenn eine Sicherheit für den Einlagenrückübertragungsanspruch bestellt wurde; dann besteht ggf. ein **Recht auf abgesonderte Befriedigung** gem. §§ 49, 50, 165 ff. InsO (*Blaurock* Rn. 17.62). Allerdings ist darauf zu achten, dass eine Sicherheitenbestellung ein Indiz für ein partiarisches Darlehen darstellt (s. Rn. 19 ff.), so dass in solchen Fälle u. U. gar keine stille Gesellschaft vorliegt. **194**

Wie zuvor bereits festgestellt (s. Rn. 90), erhöht ein stehengelassener **Anspruch auf Gewinnbeteiligung** die Einlage nicht. Solche Ansprüche sind als stehengelassenes Fremdkapital ebenfalls als Insolvenzforderung anmeldbar (S/S/S/*Singhof* Rn. 298). **195**

3. Ausgleichsanspruch der Gesellschaft

196 Besteht ein »**negatives Einlagenkonto**«, so ist der stille Gesellschafter – ebenso wie bei der Abwicklung außerhalb der Insolvenz (s. Rn. 182) – in der Regel nur dann und nur insoweit ausgleichspflichtig, als er seine Einlage nicht erbracht hat und am Verlust beteiligt ist. Eine uneingeschränkte Pflicht zur Erbringung einer rückständigen Einlage besteht nur, wenn die Einlage in materielles Eigenkapital umqualifiziert wird (s. Rn. 202).

197 Im Übrigen muss auch eine rückständige Einlage nicht zur Masse erbracht werden. Der Stille kann aber zur Zahlung von **Schadenersatz** verpflichtet sein, wenn er mit der Leistung der Einlage im Verzug war und ein Verzugsschaden entstanden ist (MüKo HGB/*K. Schmidt* § 236 Rn. 22).

198 Besteht nach diesen Grundsätzen eine Verpflichtung zur Erbringung der ausstehenden Einlage, so ist diese in der gesellschaftsvertraglich **vorgesehenen Weise** zu erbringen, wie sie auch ohne die Insolvenz zu erbringen gewesen wäre (Röhricht/v. Westphalen/*v. Gerkan* § 236 Rn. 10). Daraus folgt, dass beispielsweise die **Fälligkeit** einer noch zu erbringenden Einlageschuld nicht zwingend unverzüglich eintritt. Vielmehr gelten die gesellschaftsvertraglichen Vereinbarungen (*Blaurock* Rn. 17.65). Gegenüber der fälligen Verpflichtung zur Erbringung einer Einlage kann der Stille kein Zurückbehaltungsrecht im Hinblick einen sich ggf. aus der Abwicklung schwebender Geschäfte ergebenden späteren Anspruch auf Gewinnbeteiligung geltend machen (S/S/S/*Singhof* Rn. 301). Er kann jedoch Sicherheitsleistung verlangen (§ 95 InsO).

4. Befugnis zur Erstellung der Auseinandersetzungsbilanz

199 Zuständig für die Aufstellung der Auseinandersetzungsbilanz ist der **Insolvenzverwalter**. Nimmt dieser keine ordnungsgemäße Errechnung des Auseinandersetzungsanspruchs vor, kann der stille Gesellschafter grundsätzlich sein Guthaben selbst errechnen und zur Tabelle anmelden (Röhricht/v. Westphalen/*v. Gerkan* § 236 Rn. 6). Soweit der Insolvenzverwalter diese Forderung aber bestreitet, müsste der Stille die Rechtmäßigkeit der angemeldeten Forderung gerichtlich klären lassen (§§ 179 ff. InsO). Dies wird insbesondere dann Probleme bereiten, wenn ihm die Berechnungsgrundlagen nicht zuverlässig vorlagen. Dem stillen Gesellschafter kann deshalb nur geraten werden, den Insolvenzverwalter auf Vornahme der Auseinandersetzung zu verklagen (*Heymann*/Horn § 236 Rn. 7). Die dabei i. d. R. eintretende Versäumung der Frist für die Forderungsanmeldung im Insolvenzverfahren ist unschädlich, da es sich insoweit nicht um eine Ausschlussfrist handelt (vgl. Runkel/*Runkel* § 5 Rn. 296 f.).

5. Fortführung der stillen Gesellschaft

200 Abweichend von der grundsätzlichen Beendigung kann die stille Gesellschaft in der Insolvenz des Geschäftsinhabers fortgeführt werden, wenn aufgrund eines **Insolvenzplanes** eine Fortsetzung der Geschäftstätigkeit des Geschäftsinhabers erfolgt. In diesem Fall kann bei Verzicht des stillen Gesellschafters auf die Rückzahlung der Einlage mit dessen Zustimmung auch das stille Beteiligungsverhältnis fortgesetzt werden (Uhlenbruck/*Hirte* § 11 Rn. 392).

II. Besonderheiten bei materiellem Eigenkapital, Eigenkapitalersatz und Rangrücktritt

201 Die vorstehend erläuterten Grundsätze für die Abwicklung der stillen Gesellschaft in der Insolvenz geltend nur, wenn die stille Beteiligung nicht als materielles Eigenkapital oder zumindest als eigenkapitalersetzend zu qualifizieren ist. Ist dies der Fall, kann ein Anspruch auf Auszahlung des Auseinandersetzungsguthabens nur **nachrangig** bzw. **gar nicht** als Insolvenzforderung geltend gemacht werden, und eine ausstehende Einlage ist unabhängig von den allgemeinen Voraussetzungen (s. Rn. 182) zu erbringen. Im Einzelnen sind folgende Fälle zu unterscheiden:

1. Qualifikation der Einlage als materielles Eigenkapital

Soweit eine Verbindung der stillen Einlage mit einer unmittelbaren Gesellschaftsbeteiligung vorliegt, kann u. U. eine **Umqualifikation in »materielles« Eigenkapital** geboten sein. **202**

a) »Gesplittete Einlage«

Die Rechtsprechung hat dies zunächst bei der sog. »gesplitteten Einlage« angenommen (vgl. BGH NJW 1980, 1522, 1523, NJW 1981, 2251, 2252). Diese Gestaltung, bei der die Beteiligung als Kommanditist mit einer zusätzlichen stillen Beteiligung verbunden wird, ist insbesondere bei Publikums-Kommanditgesellschaften verbreitet. Voraussetzung für die Umqualifizierung auch der stillen Einlage in Eigenkapital ist, dass diese Einlage für die Erreichbarkeit des Gesellschaftszweckes unabdingbar ist. Als Indiz hierfür wird ihr Ausweis im Prospekt der Publikums-KG als Eigenkapital angesehen (BGH ZIP 1985, 347, 348). Ein entsprechendes Indiz ist auch ein sehr hohes Gesamtvolumen der stillen Beteiligung(en) am Gesamtkapital der Gesellschaft (vgl. *Schmid/Hamann* DStR 1992, 950). **203**

b) Gesellschaftsvertragliche Vereinbarungen

Darüber hinaus kann eine Umqualifikation der stillen Einlage in materielles Eigenkapital aber auch ohne eine daneben bestehende direkte Gesellschaftsbeteiligung angenommen werden, wenn dies den gesellschaftsvertraglichen Vereinbarungen entspricht (BGH NJW 1985, 1079, 1080). Dies ist jedenfalls dann anzunehmen, wenn verabredet wurde, der stille Gesellschafter solle dasselbe Verlust- und Insolvenzrisiko tragen wie ein Gesellschafter der Inhabergesellschaft. Eine Teilhabe an den stillen Reserven ist nicht zwingend erforderlich (GmbH-Hdb/*Kallmeyer* Rn. I 455 ff.). Im Einzelnen ist bei der notwendigen Auslegung der gesellschaftsvertraglichen Vereinbarungen aber noch vieles strittig. Im Hinblick auf die vom Gesetzgeber in § 236 HGB getroffene Wertung sollte eine Umqualifizierung nur zurückhaltend erfolgen. Neben der Vereinbarung der Verlusttragung ist auch die Einräumung dauerhafter unternehmerischer Gestaltungsbefugnisse zu fordern (BGHZ 106, 7, 10, OLG Hamm NZG 2001, 125). Da gesellschaftsrechtliches Eigenkapital in der Regel dauerhaft zur Verfügung gestellt wird, können zeitliche Befristungen und einseitige Kündigungsmöglichkeiten für die Annahme von Eigenkapital schädlich sein (OLG Saarbrücken ZIP 1999, 2150, 2151; vgl. aber auch Baumbach/Hueck/*Schulze-Osterloh* § 43 Rn. 284 f.: keine absolute Unkündbarkeit nötig). **204**

c) Gleichlauf mit handelsbilanziellem Ausweis?

Ein Gleichlauf mit dem handelsbilanziellen Ausweis **als Eigen- oder Fremdkapital** (dazu s. Rn. 3) ist nicht zwingend, wobei die Einzelheiten der handelsbilanziellen Behandlung streitig sind. Es sind Fälle denkbar, in denen eine stille Beteiligung handelsbilanzielles Fremdkapital, jedoch materielles Eigenkapital darstellen kann. Der umgekehrte Fall erscheint dagegen nicht möglich, zumal der bilanzielle Ausweis als Eigenkapital bereits aus Vetrauensschutzgründen ein starkes Indiz für das Vorliegen (auch) materiellen Eigenkapitals darstellen dürfte. Zu trennen von der Frage bilanziellen bzw. materiellen Eigenkapitals ist schließlich die Frage der Passivierung im Überschuldungsstatus, die auch bei bestehendem Fremdkapitalcharakter durch einen sog. qualifizierten Rangrücktritt entfallen kann (s. Rn. 215 ff.). **205**

d) Rechtsfolge der Umqualifizierung

Rechtsfolge der Umqualifizierung in materielles Eigenkapital ist zum einen, dass ein Anspruch auf Auszahlung des Auseinandersetzungsguthabens **nicht als Insolvenzforderung** geltend gemacht werden kann. Dieser fällt vielmehr in die Rangklasse des Eigenkapitals (§ 199 InsO) und kann deshalb nicht zur Tabelle angemeldet werden. Zum anderen besteht eine **Verpflichtung zur Erbringung einer rückständigen Einlage** auch dann, wenn die Beteiligung am Verlust ausgeschlossen wurde (E/B/J/*Gehrlein* § 236 Rn. 6). Allerdings ist die Nachzahlungspflicht auch bei **206** materieller Eigenkapitalfunktion auf den Fall der rückständigen Einlage beschränkt. Ist die Einlage vollständig erbracht, so folgt selbst beim Anfall laufender Verluste keine Nachschusspflicht.

207 Ist eine als materielles Eigenkapital zu qualifizierende **stille Einlage zurückgewährt** worden, richten sich die Rechtsfolgen nach den jeweiligen rechtsformspezifischen Vorschriften für die Einlagenrückgewähr (z. B. § 31 GmbHG, § 57 AktG, § 172 Abs. 4 HGB). Daneben besteht ggf. die allgemeine **Anfechtungsmöglichkeit** nach § 136 InsO (s. Rn. 221 ff.).

2. Qualifikation der Einlage als Eigenkapitalersatz

208 Liegt kein materielles Eigenkapital vor, so kann die stille Einlage doch eigenkapitalersetzenden Charakter haben.

a) Grundsatz

209 Es ist anerkannt, dass eine stille Einlage eigenkapitalersetzend sein kann (vgl. zu § 32 a Abs. 3 S. 1 GmbHG Baumbach / Hueck / *Hueck/Fastrich* § 32 a Rn. 30). Sie kann – sofern Eigenkapitalersatzrecht aufgrund der Rechtsform der Inhabergesellschaft einschlägig ist, also grundsätzlich bei GmbH, AG, GmbH (bzw. AG) & Co. KG und »atypischer« OHG – sowohl nach den sog. **Novellenregeln** (§§ 32 a, b GmbHG, §§ 129 a, 172 a HGB) als auch nach den in Analogie zu §§ 30, 31 GmbHG entwickelten sog. **Rechtsprechungsregeln** (vgl. Kap. 7 §§ 32 a, 32 b Rn. 32 f.) als Eigenkapitalersatz gelten.

b) Stiller Gesellschafter als Gesellschafter i. S. d. Eigenkapitalersatzrechts

210 Voraussetzung ist jedoch zunächst, dass der Stille als Gesellschafter zu behandeln ist. Das ist grundsätzlich dann der Fall, wenn er entweder **zugleich unmittelbarer Gesellschafter** ist, oder wenn seine stille Einlage als **materielles Eigenkapital** zu qualifizieren ist (vgl. BGH NJW 1989, 982 f.). Zu beachten sind ggf. Anforderungen an die Beteiligungshöhe, wie die Privilegierung des Kleingesellschafters nach § 32 a Abs. 3 S. 2 GmbHG sowie die bei der AG geltende Einschränkung der Rechtsprechungsregeln auf wesentlich beteiligte Aktionäre (vgl. dazu Kap. 7 §§ 32 a, 32 b Rn. 133 ff. sowie Kap. 10 § 57 Rn. 19 ff.). Wird der Stille dabei allein aufgrund des Eigenkapitalcharakters der stillen Beteiligung einem Gesellschafter gleichgestellt, gestaltet sich die Bestimmung seiner Beteiligungshöhe u. U. als schwierig. Maßgeblich sein soll das »Einflusspotential« des Stillen (*Lutter/Hommelhoff* § 32 a / b Rn. 71).

c) Krise der Gesellschaft

211 Weiterhin ist nach allgemeinen Grundsätzen Voraussetzung, dass sich die Gesellschaft entweder im Zeitpunkt der Begründung der stillen Gesellschaft **in der Krise** befand oder die **Einlage in der Krise stehengelassen** wurde. Für die Anwendung der Rechtsprechungsregeln muss zusätzlich im maßgeblichen Zeitpunkt eine **Unterbilanz** bestanden haben (näheres zum den allgemeinen Voraussetzungen des Eigenkapitalersatzes siehe Kap. 7 §§ 32 a, 32 b Rn. 16 ff.).

d) Rechtsfolge

212 Rechtsfolge ist die **Anfechtbarkeit** einer erfolgten Einlagenrückgewähr unter den Voraussetzungen des § 135 InsO sowie daneben ggf. ein **Rückgewähranspruch** des Insolvenzverwalters analog § 31 GmbH (vgl. BGHZ 90, 370, 376 f.; OLG Hamm NZG 2001, 125, 126). Dagegen führt der eigenkapitalersetzende Charakter nicht zu einer Ausweitung der Pflicht zur Erbringung einer rückständigen Einlage über die Grenze des § 236 Abs. 2 HGB hinaus (BGHZ 133, 298, 303; E / B / J / *Gehrlein* § 236 Rn. 18; a. A. OLG Frankfurt GmbHR 1997, 892).

213 Im Übrigen kann eine eigenkapitalersetzende Einlage im Insolvenzverfahren nur als **nachrangige Insolvenzforderung** geltend gemacht werden, § 39 Abs. 1 Nr. 5 InsO. In der Regel erübrigt sich eine Anmeldung zur Tabelle mangels Befriedigungsaussicht (174 Abs. 3 InsO).

Zu beachten gilt es allerdings, dass die stille Einlage trotz eigenkapitalersetzenden Charakters in der Bilanz und im Überschuldungsstatus der Inhabergesellschaft grundsätzlich zu **passivieren** ist. Etwas anderes gilt nur dann, wenn ihr materieller Eigenkapitalcharakter zukommt (vgl. MüKo HGB/*K. Schmidt* § 236 Rn. 8, dazu s. Rn. 202 ff.). Ist dies zumindest zweifelhaft, und soll die Überschuldung zuverlässig abgewendet werden, empfiehlt sich die Vereinbarung eines qualifizierten Rangrücktritts (s. Rn. 220). **214**

3. Rangrücktritt

Im Hinblick auf die Zwecksetzung einer stillen Beteiligung z. B. als Sanierungsinstrument kann es auch durchaus gewünscht sein, eine eigenkapitalähnliche Ausgestaltung zu vereinbaren. Für einen Rangrücktritt ist dabei eine klare, **eindeutige vertragliche Vereinbarung** notwendig. Eine entsprechend klare Vereinbarung liegt jedenfalls noch nicht vor, wenn reine Ausschüttungsbeschränkungen vorgesehen sind (OLG Hamm WM 1997, 2323, 2324 f.). **215**

a) Umqualifizierung in materielles Eigenkapital

Liegt ein Rangrücktritt vor, stellt sich in der Regel vorrangig die Frage der Umqualifizierung in materielles Eigenkapital (s. Rn. 202 ff.), für die der Rangrücktritt ein weiteres Indiz darstellen kann. **216**

b) Einzahlung rückständiger Einlagen

Ist kein materielles Eigenkapital gegeben, so bewirkt allein die Tatsache des Rangrücktritts keine Verpflichtung zur Einzahlung rückständiger Einlagen über die allgemeinen Grundsätze (s. Rn. 182) hinaus (OLG Hamm ZIP 1993, 1321 f., a. A. wohl E/B/J/*Gehrlein* § 236 Rn. 13, der allerdings hierzu Fälle zitiert, in denen es zur Umqualifizierung gekommen war). Im Übrigen ist hinsichtlich der **Rechtsfolgen** des Rangrücktritts zu unterscheiden: **217**

aa) einfacher Rangrücktritt Ein sog. einfacher Rangrücktritt bewirkt die **Nachrangigkeit** gegenüber sonstigen Insolvenzforderungen, § 39 Abs. 2 InsO (selbst gegenüber eigenkapitalersetzenden Leistungen, die in die Rangklasse des § 39 Abs. 1 Nr. 5 InsO fallen). Auch hier erübrigt sich also i. d. R. die Anmeldung zur Insolvenztabelle. **218**

bb) qualifizierter Rangrücktritt Durch einen sog. qualifizierten Rangrücktritt wird die Einlage insolvenzrechtlich **dem Eigenkapital gleichgestellt**, das nach § 199 InsO nur im theoretischen Fall der Befriedigung sämtlicher – auch nachrangiger – Insolvenzgläubiger zurückgewährt werden darf. Der qualifizierte Rangrücktritt verschiebt die Einlage gewissermaßen noch um eine weitere Rangklasse nach hinten. Eine Anmeldung zur Insolvenztabelle ist in diesem Fall nicht zulässig. **219**

Ein solcher qualifizierter Rangrücktritt wird in der Praxis insbesondere dann vereinbart, wenn zur Vermeidung einer Überschuldung sichergestellt werden soll, dass die Einlage des Stillen bei der Erstellung eines Überschuldungsstatus nicht zu berücksichtigen ist. Insoweit ist umstritten, ob auch ein einfacher Rangrücktritt bereits ausreicht, um die Passivierungspflicht entfallen zu lassen (vgl. MüKo InsO/*Drukarczyk/Schüler* § 19 Rn. 106). Im Hinblick auf die hierdurch verursachten Unsicherheiten sowie auf die Rechtsprechung des BGH (vgl. BGH ZIP 2001, 235, 237) ist deshalb – soweit gewünscht – nur ein qualifizierter Rangrücktritt zu empfehlen. **220**

III. Insolvenzanfechtung

1. Anwendbarkeit der Insolvenzanfechtungstatbestände

Bezogen auf die stille Gesellschaft sind grundsätzlich alle Insolvenzanfechtungstatbestände der **§§ 129 ff. InsO anwendbar**. Ist eine stille Beteiligung als eigenkapitalersetzend zu qualifizieren (s. Rn. 210 ff.), gilt für eine etwaige Einlagenrückgewähr auch § 135 InsO. Daneben existiert **221** mit **§ 136 InsO** ein **spezieller Anfechtungstatbestand** für die Rückgewähr jeder stillen Einlage, unabhängig von deren Eigenkapitalersatzcharakter.

2. Voraussetzungen der Anfechtung nach § 136 InsO

222 Voraussetzung der Anfechtung nach § 136 InsO ist nur, dass im Zeitraum eines Jahres vor der Stellung des Insolvenzantrages aufgrund einer besonderen Vereinbarung eine Einlagenrückgewähr oder der Erlass eines Verlustanteils erfolgt ist. Zusätzlich ist eine objektive Gläubigerbenachteiligung erforderlich (kein Empfang einer gleichwertigen Gegenleistung), nicht aber eine subjektive Benachteiligungsabsicht (MüKo InsO/*Stodolkowitz* § 136 Rn. 22).

a) Bestehen einer Gesellschaft

223 Es kommt nicht darauf an, ob die stille Gesellschaft fehlerfrei zustande gekommen ist. Ausreichend ist, dass nach den Grundsätzen der fehlerhaft wirksamen Gesellschaft (s. Rn. 58 ff.) das Vertragsverhältnis als wirksam behandelt wird (BGHZ 55, 5, 8; *Blaurock* Rn. 17.84; S/S/S/*Singhof* Rn. 325).

b) Einlagenrückgewähr aufgrund besonderer Vereinbarung

224 Weitere Voraussetzung der Insolvenzanfechtung ist gem. § 136 Abs. 1 S. 1 InsO, dass die Einlagenrückgewähr oder der Verlusterlass auf einer besonderen Vereinbarung zwischen Geschäftsinhaber und stillem Gesellschafter beruht.

225 Durch dieses Merkmal soll die Anwendbarkeit für solche Vorgänge ausgeschlossen werden, die auf bestehenden gesetzlichen oder vertraglichen Ansprüchen des stillen Gesellschafters beruhen. War die stille Gesellschaft von Anfang an befristet, so begründet deren reguläre Beendigung innerhalb der Anfechtungsfrist kein Anfechtungsrecht. Vergleichbar verhält es sich mit der Kündigung aufgrund eines im Voraus bzw. außerhalb der Jahresfrist vereinbarten Kündigungsrechts. Die Erfüllung so begründeter Auseinandersetzungsansprüche ist nicht nach § 136 InsO anfechtbar (BGH NZG 2001, 269, 270).

226 Dagegen stellt § 136 Abs. 1 S. 2 InsO klar, dass die Auflösung der stillen Gesellschaft durch **Aufhebungsvertrag** als besondere Vereinbarung im Sinne der Vorschrift angesehen wird. Der dann eigentlich kraft Gesetzes bestehende Auseinandersetzungsanspruch des stillen Gesellschafters wird so in den Anfechtungstatbestand miteinbezogen (Runkel/*Graf/I. Wunsch* § 9 Rn. 266).

227 Bei der fehlerhaft wirksamen Gesellschaft (vgl. Rn. 58 ff. sowie Kap. 4 § 109 Rn. 79 ff.) ist zu beachten, dass diese **jederzeit kündbar** ist. Die Einlagenrückgewähr beruht dann nicht auf einer besonderen Vereinbarung (BGHZ 55, 5, 10; S/S/S/*Singhof* Rn. 326).

c) Einlagenrückgewähr

228 Eine Einlagenrückgewähr liegt vor, wenn die Einlage aus dem Vermögen des Geschäftsinhabers an den stillen Gesellschafter zurück übertragen wird. Dies kann bei jeder Übertragung von Vermögenswerten angenommen werden, die der Rückführung der Einlagenvaluta dient. Ein entsprechender Vermögensfluss kann auch in der Bestellung einer Sicherheit liegen. Dies wird damit begründet, dass insoweit eine Minderung des Haftungskapitals des Geschäftsinhabers vorliegt (vgl. BGH NJW 1971, 375, 377 f.; Runkel/*Graf/I. Wunsch* § 9 Rn. 266). Die bloße Umwandlung der stillen Beteiligung in ein Darlehen stellt erst bei vorzeitiger Fälligstellung mit Rückzahlung eine anfechtbare Handlung dar (vgl. MüKo HGB/*K. Schmidt* Anh. § 236 Rn. 12).

229 Der Rückgewähr wird der **Erlass eines entstandenen Verlustanteils** gleichgestellt. Der anfechtbare Akt liegt hier im Verzicht auf den entstandenen Verlustdeckungsanspruch. Dabei kommt es nicht darauf an, dass ein entsprechender Verlust bilanziell schon festgestellt wurde. Dies ist ggf. durch eine Zwischenbilanz zu ermitteln (MüKo HGB/*K. Schmidt* Anh. § 236 Rn. 15; Uhlenbruck/*Hirte* § 136 Rn. 7).

d) Frist

Der **Jahreszeitraum** bezieht sich auf die Zeit zwischen der betreffenden Vereinbarung und der Insolvenzantragstellung; auf den Vollzug der Einlagenrückgewähr kommt es nicht an. Die Berechnung der Frist richtet sich nach § 139 InsO (zu Einzelheiten vgl. Runkel/*Graf/I.Wunsch* § 9 Rn. 84 f.). Nach h. M. trägt dabei der Stille – was insbesondere bei mündlichen Vereinbarungen häufig entscheidend ist – die Beweislast dafür, dass die Vereinbarung außerhalb der Jahresfrist getroffen wurde (Nerlich/Römermann/*Nerlich* § 136 Rn. 15; a. A. MüKo/*Stodolkowitz* § 136 InsO Rn. 23: nur erweiterte Darlegungslast). **230**

e) Ausschluss des Anfechtungsrechts

Das Anfechtungsrecht ist nach § 136 Abs. 2 InsO ausgeschlossen, wenn der Insolvenzeröffnungsgrund erst nach dem Abschluss der besonderen Vereinbarung eingetreten ist. Dadurch wird der Tatbestand erheblich eingeschränkt. Die Beweislast liegt hier allerdings unstreitig beim stillen Gesellschafter (Nerlich/Römermann/*Nerlich* § 36 Rn. 16; MüKo HGB/*K. Schmidt* Anh. § 236 Rn. 25). **231**

f) Sonderfall drohende Zahlungsunfähigkeit

Ein **Risiko für die Beratungspraxis** liegt darin, dass noch nicht vollständig geklärt ist, ob auch eine nur drohende Zahlungsunfähigkeit nach § 18 InsO für die Anfechtbarkeit ausreicht. Da diese einen nur für den Schuldner geltenden »freiwilligen« Insolvenzgrund darstellt, sollte sie für Zwecke des § 136 Abs. 2 InsO allenfalls dann als maßgeblich angesehen werden, wenn später tatsächlich vom Schuldner Insolvenzantrag aufgrund drohender Zahlungsunfähigkeit gestellt wurde (Runkel/*Graf/I. Wunsch* § 9 Rn. 274). **232**

3. Rechtsfolge der Anfechtung

Rechtsfolge einer wirksamen Anfechtung ist ein Anspruch auf Rückgewähr zur Masse, § 143 InsO. Wenn im Zusammenhang der anfechtbaren Handlung eine Gegenleistung des stillen Gesellschafters geleistet wurde, gilt § 144 InsO. Soweit es sich dabei um Geld handelt, ist eine Aufrechung beziehungsweise eine Saldierung möglich (vgl. Uhlenbruck/*Hirte* § 144 Rn. 13; Nerlich/Römermann/*Nerlich* § 144 Rn. 11). Bei der Anfechtung des Erlasses von Verlustanteilen ist zu beachten, dass dies nur dann zu einer Zahlungspflicht des Stillen führen kann, wenn eine solche Zahlungspflicht ohne den Erlass bestanden hätte. Dies ist in der Regel nur bei einer rückständigen Einlage der Fall (s. Rn. 182). **233**

J. Grundzüge der Besteuerung der stillen Gesellschaft

I. Steuerlich typisch stille Gesellschaft

Steuersubjekt bei der typisch stillen Gesellschaft sind ausschließlich der Geschäftsinhaber und der stille Gesellschafter. Die Gesellschaft als nichtrechtsfähige Innengesellschaft ist auch für die steuerliche Betrachtung kein unmittelbares Anknüpfungssubjekt (vgl. GmbH-Hdb/*Neu* III Rn. 3457 ff.). **234**

1. Geschäftsinhaber

Für den Geschäftsinhaber stellen die Gewinnanteile des stillen Gesellschafters **Betriebsausgaben** dar. Ansatzzeitpunkt ist das Wirtschaftsjahr der Gewinnentstehung. Die Verlusttragung des stillen Gesellschafters ist für den Geschäftsinhaber grundsätzlich steuerneutral. Soweit in einer Folgeperiode ein Gewinnanteil des stillen Gesellschafters resultiert, wird dieser zunächst mit dem aufgelaufenen Verlustanteil verrechnet. Insoweit liegen keine Betriebsausgaben vor (MünchHdb GesR II/*Schnittker* § 90 Rn. 5). **235**

2. Stiller Gesellschafter

236 Die Einnahmen aus der Beteiligung des stillen Gesellschafters stellen bei einer im Privatvermögen gehaltenen Beteiligung **Einkünfte aus Kapitalvermögen** dar (§ 20 Abs. 1 Nr. 4 EStG). Ansatzzeitpunkt ist nach § 11 EStG grundsätzlich der Zufluss, der allerdings i. d. R. bereits bei Gutschrift auf dem Darlehenskonto anzunehmen ist (vgl. BFH BStBl. 2002 II, 138 auch zu den Ausnahmen von dieser Regel). Diese Einnahmen unterliegen nach §§ 43 Abs. 1 S. 1 Nr. 3 i. V. m. 43 Abs. 4 EStG der Kapitalertragsteuer.

3. Verlustbeteiligung des stillen Gesellschafters

237 Im Falle der Verlustbeteiligung kann auch der typisch stille Gesellschafter bis zur Höhe seiner Einlage eine **Verrechnung mit anderen Einkünften** vornehmen. Die Verlustanteile sind insoweit als Werbungskosten zu qualifizieren (vgl. BFH BStBl. II 1988, 186, 188; BStBl. II 2002, 858, 860). Dies gilt wegen des Verweises in § 20 Abs. 1 Nr. 4 S. 2 EStG allerdings nur dann uneingeschränkt, wenn eine Verlustbeteiligung ausschließlich bis zur Höhe der Einlage besteht. Soweit trotz Bestehens einer typisch stillen Gesellschaft über § 232 Abs. 2 S. 1 HGB hinaus eine höhere Verlustbeteiligung vereinbart wurde (negatives Einlagenkonto), ist § 15 a EStG zu beachten (BFH GmbHR 2002, 1150, 1151; MünchHdb GesR II/*Schnittker* § 90 Rn. 27).

a) Geltendmachung der Verlustbeteiligung

238 Die Verluste können geltend gemacht werden, sobald eine Feststellung des Verlustes in der Bilanz des Geschäftsinhabers erfolgt ist und damit eine Minderung der Einlage des Stillen bewirkt wurde (L. Schmidt/*Weber-Grellet* EStG, § 20 Rn. 143). In zeitlicher Hinsicht kommt es deshalb – anders als bei der atypisch stillen Beteiligung – in der Regel zu einer Phasenverschiebung, d. h. der Stille kann den Verlust aus dem Jahr 01 erst im Jahr 02 geltend machen. Bei steuerorientierten Gestaltungen wird deshalb oftmals ein abweichendes Wirtschaftsjahr der Gesellschaft gewählt, um z. B. bei einem zum 31.11. endenden Wirtschaftsjahr die Bilanz noch vor dem Ende des Kalenderjahrs aufstellen zu können, so dass der Stille die Verluste noch in diesem Kalenderjahr geltend machen kann.

b) Möglichkeit der Verlustverrechnung

239 Verlustverrechnungsmöglichkeiten durch stille Beteiligungen wurden in der Vergangenheit nicht nur durch natürliche Personen, sondern auch durch Kapitalgesellschaften genutzt. Nunmehr ist allerdings zu beachten, dass aufgrund des **Steuervergünstigungsabbaugesetzes** (BGBl. I 2003, 660) eine erhebliche Einschränkung der Verlustverrechnungsmöglichkeiten auch bei der stillen Gesellschaft bewirkt wurde (§ 15 Abs. 4 S. 6 ff. EStG). Dies gilt wegen § 20 Abs. 1 Nr. 4 S. 2 EStG nunmehr sowohl für typisch als auch für atypisch stille Gesellschaften. Bezweckt wurde mit dieser Regelung die Absicherung der Abschaffung der Mehrmütterorganschaft. Sie bewirkt, dass nur noch ein einkunftsquellenbezogenes Recht zum Verlustrück- bzw. -vortrag besteht. Entsprechend der gesetzlichen Zweckrichtung gilt diese Beschränkung allerdings nur dann, wenn sowohl Geschäftsinhaber als auch Stiller jeweils Kapitalgesellschaften sind (oder wenn eine Kapitalgesellschaft über eine Personengesellschaft mittelbar an einer anderen Kapitalgesellschaft still beteiligt ist).

4. Anerkennung bei Kapitalgesellschaften

240 Die Rechtsprechung betont die Anerkennung der zivilrechtlichen Eigenständigkeit der Kapitalgesellschaft (*Schulze zur Wiesche* Rn. 118). Auch dem beherrschenden Gesellschafter einer solchen muss es daher möglich sein, typisch stille Beteiligungen zu begründen (BFH BStBl. II 1983, 563, 565), mit der Folge, dass die Gewinnanteile als **Betriebsausgaben** abzugsfähig sind.

241 Insoweit gelten zunächst die **allgemeinen Grundsätze** (BFH BStBl. II 1980, 477, 479; KStR H 36 (5)): Voraussetzung ist eine zivilrechtlich wirksame, klare und im Voraus abgeschlossene **Vereinbarung**. Diese muss entsprechend der Vereinbarung tatsächlich durchgeführt werden. Der Ver-

trag darf dabei keine Bedingungen enthalten, zu denen fremde Dritte kein Kapital gewähren würden. Vor allem der Modus zur Berechnung des Gewinnanteils des Stillen ist eindeutig festzulegen. Dabei ist bei der Bemessung der Höhe der Gewinnbeteiligung erneut die Angemessenheit zu beachten. Als Obergrenze ist ein Betrag anzunehmen, der einem fremden Dritten durch einen ordentlichen, gewissenhaften Geschäftsführer eingeräumt würde (vgl. EStR H 15.9 (4)). Kriterien hierfür können sein: Kapitaleinsatz, übernommenes Risiko, Arbeitsleistung des Stillen sowie Ertragskraft der Inhabergesellschaft. Allerdings können bei Unangemessenheit der Vereinbarungen verdeckte Gewinnausschüttungen resultieren (BFH BStBl. II 1969, 690, 692 f.).

II. Steuerlich atypisch stille Gesellschaft

1. Vorliegen einer steuerlich atypisch stillen Gesellschaft

Die Frage, ob eine atypisch stille Gesellschaft im steuerrechtlichen Sinne vorliegt, ist anhand einer **Gesamtbetrachtung** aller maßgeblichen Umstände vorzunehmen. Maßgeblich sind dabei nicht nur die unmittelbaren gesellschaftsvertraglichen Vereinbarungen, sondern auch die weiteren wirtschaftlichen und rechtlichen Beziehungen der Beteiligten wie z. B. Geschäftsführungsverträge, Bestehen einer direkten Beteiligung an der Inhabergesellschaft (vgl. H/H/R/*Harenberg* § 20 Rn. 603). **242**

2. Atypisch stiller Gesellschafter als Mitunternehmer

Der atypisch stille Gesellschafter erzielt **Einkünfte aus Gewerbebetrieb** nach § 15 EStG (OFD Frankfurt DStR 2001, 1159). Voraussetzung ist hierfür, dass der Gesellschafter als **Mitunternehmer** anzusehen ist. Hierfür sind zunächst die allgemeinen steuerlichen Grundsätze maßgeblich, d. h. grundsätzlich ist das Bestehen von Mitunternehmerinitiative und Mitunternehmerrisiko zu fordern, wobei das eine oder das andere Merkmal mehr oder weniger stark ausgeprägt sein kann (BFH DStR 1991, 457, 458). Die stärkere Ausprägung eines Merkmals kann dabei die weniger starke Ausprägung des anderen kompensieren. **243**

Im Regelfall wird die Behandlung als steuerlich atypische Gesellschaft dadurch sichergestellt, dass der Stille am Verlust und den stillen Reserven einschließlich des Geschäftswerts beteiligt und ihm durch ausdrückliche Verweisung im Gesellschaftsvertrag die Rechte eines Kommanditisten eingeräumt werden. Darüber hinaus wird ein Katalog von Geschäften festgelegt, die der Zustimmung des stillen Gesellschafters bedürfen. Diese Gestaltung kann man als die **»typische« steuerlich atypische stille Gesellschaft** bezeichnen. Andere Modelle, bei denen ein Weniger an Mitunternehmerrisiko durch ein Mehr an Mitunternehmerinitiative ausgeglichen werden soll oder umgekehrt, sind ebenso möglich, erfordern jedoch bei der Gestaltung weitaus größere Sorgfalt. **244**

a) Mitunternehmerrisiko

Mitunternehmerrisiko ist bei der stillen Gesellschaft i. d. R. dann ohne weiteres anzunehmen, wenn eine **Verlustbeteiligung** sowie eine **Teilhabe an den stillen Reserven** bestehen. Darüber hinaus stellt eine Beteiligung am Geschäftswert ein entsprechendes Indiz dar. Soweit diese Merkmale uneingeschränkt vorliegen, reicht für die gebotene Mitunternehmerinitiative sogar eine typische Ausgestaltung (BFH DStR 1991, 457, 458). Weiterhin kann bereits ein hoher Kapitaleinsatz mit entsprechend hoher Gewinnbeteiligung für eine Mitunternehmerstellung sprechen (OFD Frankfurt DStR 2001, 1159, 1160). **245**

b) Mitunternehmerinitiative

Ist der Stille am Verlust und an den stillen Reserven beteiligt, genügen für die Mitunternehmerinitiative bereits die **gesetzlichen Kontrollrechte** nach § 233 HGB, die denen des Kommanditisten nach § 166 HGB entsprechen (BFH BStBl. II 1994, 635). Eine stärker ausgeprägte Mitunternehmerinitiative besteht bspw. bei weitgehenden bis alleinigen **Geschäftsführungsbefugnissen** des stillen Gesellschafters (BFH BStBl. II 1999, 286; BStBl. II 1994, 702, 704). Bei ausreichend weitge- **246** henden Einflussmöglichkeiten – d. h. bei stark ausgeprägter Mitunternehmerinitiative – sinken die Anforderungen an das Mitunternehmerrisiko, d. h. es muss nicht zwingend eine Beteiligung am Verlust, den stillen Reserven und dem Geschäftswert vorliegen (BFH BStBl. II 1981, 424, 426). Selbst wenn die Geschäftsführungsbefugnisse nur gemeinschaftlich mit einem anderen Geschäftsführer ausgeübt werden können, kann eine Mitunternehmerschaft trotz fehlender Beteiligung am Geschäftswert angenommen werden. Erforderlich ist allerdings, dass der Gesellschafter wie ein Unternehmer das Schicksal des Unternehmens beeinflussen kann (BFH DStRE 2004, 933, 936).

3. Ertragsteuerliche Behandlung der stillen Gesellschaft

247 Die ertragsteuerliche Behandlung entspricht bei der atypisch stillen Beteiligung im Wesentlichen der Rechtslage bei der **Kommanditgesellschaft** (vgl. Kap. 5 Einl. Rn. 4; *Schulze zur Wiesche* DStZ 1998, 285). Eine Abweichung zur typisch stillen Beteiligung besteht vor allem bezüglich der Einkünfteart, der zeitlichen Zuordnung des Unternehmenserfolges sowie der Anknüpfung als Subjekt der steuerlichen Gewinnerzielung.

a) Einkunftsart

248 Die Einordnung der Einkünfte als **gewerbliche Einkünfte gem. § 15 EStG** infiziert alle im Zusammenhang mit der Gesellschaftsverbindung erfolgten Leistungen (bspw. Geschäftsführergehälter, Darlehenszinsen). Zudem gelten die allgemeinen Grundsätze zur Einbeziehung von **Sonderbetriebsvermögen** (vgl. *Wehrheim* DStR 1998, 1533; L. Schmidt/*Wacker* EStG, § 15 Rn. 358).

b) Zeitliche Zurechnung

249 Abweichend von der Lage bei der typisch stillen Gesellschaft erfolgt die zeitliche Zurechnung der Gewinn- und Verlustanteile in dem Kalenderjahr, in dem das Wirtschaftsjahr der Inhabergesellschaft endet (vgl. GmbH-Hdb/*Neu* III Rn. 3478). Bei einem dem Kalenderjahr entsprechenden Wirtschaftsjahr kommt es somit zu einer **phasengleichen** Zurechnung zum Stillen.

c) Atypisch stille Gesellschaft als Subjekt der steuerlichen Gewinnerzielung

250 Ein maßgeblicher Unterschied zur typisch stillen Gesellschaft besteht auch darin, dass die atypisch stille Gesellschaft im Bereich der Ertragsteuern selbst als Subjekt der Gewinnerzielung, Gewinnermittlung und Einkünftequalifikation angesehen wird (vgl. BFH NJW 1997, 2003, 2004). Dabei ist aber die Besonderheit zu beachten, dass die stille Gesellschaft **kein Gesellschaftsvermögen** hat. Die Gewinnermittlung erfolgt auf Grundlage des Jahresabschlusses der Inhabergesellschaft, da die stille Gesellschaft als Innengesellschaft nicht buchführungspflichtig ist (vgl. GmbH-Hdb/*Neu* III Rn. 3476). **Steuersubjekte** sind für Zwecke der Einkommens- bzw. Körperschaftsteuer auch bei der atypisch stillen Gesellschaft der Geschäftsinhaber und der Stille. Verfahrensrechtlich erfolgt die Zuordnung der Einkünfte dabei durch eine **einheitliche und gesonderte Gewinnfeststellung** nach § 179 AO (BFH BStBl. II 1981, 424; *Ros* DStR 2001, 1592, 1593). Im Bereich der Gewerbesteuer besteht die Besonderheit, dass »sachliche« und »persönliche« Steuerpflicht auseinander fallen: Sachlich steuerpflichtig sind auch hier die Mitunternehmer, persönlich steuerpflichtig ist jedoch nur der Geschäftsinhaber (vgl. OFD Erfurt FR 2003, 1299 Tz. 4 m. w. N.). Er ist auch alleiniger Schuldner der Gewerbesteuer, d. h. Gewerbesteuerbescheide ergehen an ihn.

4. Umsatzsteuerliche Behandlung der stillen Gesellschaft

251 Demgegenüber spielt die atypisch stille Gesellschaft umsatzsteuerlich ebenso wenig eine Rolle wie die typische. Als **reine Innengesellschaft** kann auch sie nicht Unternehmer im umsatzsteuerlichen Sinn sein (OFD Erfurt FR 2003, 1299 Tz. 5). Hier liegt einer der maßgeblichen Unterschiede zur steuerlichen Behandlung der Kommanditgesellschaft.

K. Hinweis auf Vertragsmuster

Ein Vertragsmuster einer **typisch stillen Gesellschaft** findet sich u. a. bei *Weigl* S. 23 ff. Bei der **252**
Vertragsgestaltung sollten zunächst die **gesetzlichen Mindestvoraussetzungen** der stillen Gesellschaft aufgenommen werden. Weitere gesetzliche Regelungen sollten nur genannt werden, soweit dies zur Klarstellung erforderlich oder zweckdienlich ist. Schwerpunktmäßig gilt es, die gewünschten Abänderungen von den gesetzlichen Vorgaben festzulegen bzw. gesetzlich nicht geregelte Bereiche auszufüllen.

Kapitel 7
Die Gesellschaft mit beschränkter Haftung (GmbH)

**Kommentierung des Gesetzes betreffend die Gesellschaften mit beschränkter Haftung (GmbHG)
In der Fassung der Bekanntmachung vom 20. Mai 1898 (RGBl. S. 369, 846)**

**zuletzt geändert durch das
»Gesetz über elektronische Handelsregister und Genossenschaftsregister sowie das Unternehmensregister«
(EHUG) vom 10. 11. 2006 (BGBl. I, 2553)**

Erster Abschnitt
Errichtung der Gesellschaft

§ 1 [Zweck, Gründerzahl]

Gesellschaften mit beschränkter Haftung können nach Maßgabe der Bestimmungen dieses Gesetzes zu jedem gesetzlich zulässigen Zweck durch eine oder mehrere Personen errichtet werden.

Übersicht:

A. Allgemeines

Die durch Art. 1 Nr. 1 des GmbHÄndG vom 4. 7. 1980 (BGBl. I, 836) geänderte Vorschrift regelt den Zweck einer Gesellschaft mit beschränkter Haftung (GmbH) und die Zahl ihrer Gründungsgesellschafter (Gründer): Eine GmbH kann – anders als viele andere Gesellschaftsformen – **zu jedem gesetzlich zulässigen Zweck** errichtet werden; an ihrer Errichtung müssen – anders als bei vielen anderen Gesellschaftsformen – nicht (mehr) zwingend mehrere Personen beteiligt sein. Im Referentenentwurf eines »Gesetzes zur Modernisierung des GmbH-Rechts und zur Bekämpfung von Missbräuchen« (**MoMiG**), Stand: 29. 5. 2006, ist die Überschrift »Zweck; Gründerzahl« vorgesehen. 1

Der in § 1 GmbHG verwendete Begriff **»Errichtung«** übernimmt den in der Überschrift des Ersten Abschnitts des GmbHG verwendeten Begriff, ohne ihn zu erläutern. Im AktG wird der Begriff »Errichtung« in einem anderen Sinn verwendet (vgl. § 29 AktG). 2

Eine GmbH kann nicht nur im Wege der Errichtung – Abschluss eines Gesellschaftsvertrags (§ 2 GmbHG), Bestellung der Geschäftsführer (§ 6 GmbHG), Leistung auf die Stammeinlagen, Anmeldung zur Eintragung in das Handelsregister (§ 7 Abs. 1 GmbHG), Prüfung durch das (Regis- 3 ter-)Gericht (§ 9 c GmbHG) sowie Eintragung in das Handelsregister und Bekanntmachung (§ 10 GmbHG) –, sondern auch im **Wege der Umwandlung** entstehen.

B. Zweck der Gesellschaft

I. Zweck der Gesellschaft und Gegenstand des Unternehmens

4 Während das GmbHG den Begriff »Gegenstand des Unternehmens« in den §§ 3 Abs. 1 Nr. 2, 8 Abs. 1 Nr. 6, 10 Abs. 1 S. 1, 75 und 76 GmbHG verwendet, taucht der Begriff »Zweck« bzw. »Gesellschaftszweck« lediglich in den §§ 1 und 61 Abs. 1 GmbHG auf: Beim **Unternehmensgegenstand** handelt es sich um einen notwendigen Bestandteil des Gesellschaftsvertrags (§ 3 Abs. 1 Nr. 2 GmbHG), der in das Handelsregister einzutragen ist (§ 10 Abs. 1 S. 1 GmbHG). Enthält der Gesellschaftsvertrag keine Bestimmungen über den Unternehmensgegenstand oder sind diese nichtig, kann **Nichtigkeitsklage** erhoben werden (§ 75 GmbHG; vgl. zur Nichtigkeitsklage auch ausführl. Kap. 16 Rn. 465 ff.); ein diese Bestimmungen betreffender Mangel kann durch einstimmigen Gesellschafterbeschluss geheilt werden (§ 76 GmbHG). Sofern der Unternehmensgegenstand der staatlichen Genehmigung bedarf, ist deren Nachweis der Anmeldung der Gesellschaft zur Eintragung in das Handelsregister beizufügen (§ 8 Abs. 1 Nr. 6 GmbHG). Demgegenüber kann bei Unmöglichwerden des Gesellschaftszwecks – und aus anderen wichtigen Gründen – **Auflösungsklage** erhoben werden (§ 61 GmbHG; vgl. zur Auflösungsklage auch ausführl. Kap. 16 Rn. 447 ff.). Angesichts der unterschiedlichen Bedeutung von Gesellschaftszweck und Unternehmensgegenstand ist eine Abgrenzung erforderlich, zumal auch für die Änderung des Gesellschaftszwecks im Wege der Änderung des Gesellschaftsvertrags gem. §§ 53 f. GmbHG andere Voraussetzungen als für die Änderung des Unternehmensgegenstands gelten (vgl. BGHZ 96, 245, 251 f. zum Verein; s. auch § 53 GmbHG Rn. 33).

5 Zum **Zweck eines Vereins** hat der BGH Folgendes ausgeführt: »Als Vereinszweck« kann »in der Regel nur die große Linie angesehen werden (...), um deretwillen sich die Mitglieder zugesammengeschlossen haben«; die Bestimmung des Zwecks ist von der »näheren Darstellung von Aufgaben und einzuschlagenden Wegen« zu unterscheiden (BGHZ 96, 245, 251 f.; vgl. auch BayObLG NJW-RR 2001, 1260). Für die GmbH ist im Schrifttum prägnant formuliert worden (Lutter / Hommelhoff / *Lutter/Bayer* GmbHG § 1 Rn. 3; vgl. auch A / E / S / *Achilles* § 1 Rn. 4; Michalski / *Michalski* § 1 Rn. 5; Scholz / *Emmerich* GmbHG, § 1 Rn. 2):

»Der Zweck beantwortet stets die Frage nach dem Wozu der GmbH: Soll Gewinn erzielt werden oder ein gesellschaftliches, karitatives oder anderes ideelles Ziel erreicht werden? Dagegen ist der Unternehmensgegenstand zunächst nur das Mittel, mit dem das Ziel (der Zweck) erreicht werden soll, dh die konkrete Art der Tätigkeit: Was soll getan werden, und wie soll es getan werden?«

6 In der Praxis lässt sich die Unterscheidung zwischen Gesellschaftszweck und Unternehmensgegenstand nicht trennscharf durchführen, zumal der Unternehmensgegenstand für die Ermittlung des Gesellschaftszwecks die wichtigste Erkenntnisquelle ist. Das Verhältnis von Gesellschaftszweck und Unternehmensgegenstand wird häufig als **teilidentisch** bezeichnet (vgl. Baumbach / Hueck / *Hueck/Fastrich* § 1 Rn. 5; MünchHdb GesR III / *Heinrich* § 4 Rn. 1; Scholz / *Emmerich* GmbHG, § 1 Rn. 3; *Roth* / Altmeppen § 1 Rn. 4; *Ulmer* § 1 Rn. 9).

Während der Unternehmensgegenstand für das Verhältnis der Gesellschaft zu Dritten von Bedeutung ist, ist der Gesellschaftszweck vor allem für das Verhältnis der Gesellschafter untereinander maßgebend (vgl. Baumbach / Hueck / *Hueck/Fastrich* § 1 Rn. 5; MünchHdb GesR III / *Heinrich* § 4 Rn. 1). Der Gesellschaftszweck hat insbesondere Bedeutung für die Bestimmung der gesellschaftsrechtlichen Treuepflicht (BGHZ 65, 15, 18 f.; s. zur Treuepflicht ausführl. § 14 GmbHG Rn. 11 ff.), für die Überprüfung von Gesellschafterbeschlüssen (s. zur Nichtigkeit und Anfechtbarkeit von Gesellschafterbeschlüssen ausführl. § 47 GmbHG Rn. 38 ff.) und für die Erhebung einer Auflösungsklage gem. § 61 GmbHG (vgl. R / S-L / *Schmidt-Leithoff* § 1 Rn. 5; A / E / S / *Achilles* § 1 Rn. 6; zur Auflösungsklage s. auch Kap. 16 Rn. 447 ff.).

II. Gesetzlich zulässige Zwecke

Ein gemeinsamer Zweck ist Kennzeichen jeder Gesellschaft in den unterschiedlichen Rechtsformen (vgl. § 705 BGB für die GbR, s. dazu Kap. 2 § 705 Rn. 49 ff.; §§ 21 f., 33 Abs. 1 BGB für den Verein). Während der Zweck einer OHG oder einer KG im Wesentlichen, aber nicht ausschließlich auf den Betrieb eines Handelsgewerbes gerichtet ist (vgl. § 105 Abs. 1 und 2 HGB bzw. § 161 Abs. 1 HGB; s. dazu Kap. 4 § 105 Rn. 9 für die OHG sowie Kap. 5 § 161 Rn. 6 für die KG) und eine Genossenschaft die Förderung des Erwerbs oder der Wirtschaft ihrer Mitglieder bezweckt (§ 1 GenG), darf der Zweck eines Vereins auf einen wirtschaftlichen oder nichtwirtschaftlichen Geschäftsbetrieb (§§ 21 f. BGB) gerichtet sein; dementsprechend werden auch für die GmbH **wirtschaftliche und nichtwirtschaftliche Zwecke** unterschieden, ohne dass diese Unterscheidung rechtliche Bedeutung hat. 7

1. Wirtschaftliche und nichtwirtschaftliche Zwecke

Wirtschaftliche Zwecke können erwerbswirtschaftlicher Art oder sonstiger wirtschaftlicher Art sein. **Erwerbswirtschaftliche Zwecke** können in der Erzielung von Einkünften aus Land- und Forstwirtschaft, aus Gewerbebetrieb, aus freiberuflicher Tätigkeit, aus Kapitalvermögen oder aus Vermietung und Verpachtung (vgl. § 2 Abs. 1 EStG) liegen. Der Zweck kann auch in der Beteiligung einer GmbH an einer KG oder einer KGaA als persönlich haftende Gesellschafterin liegen (vgl. BGHZ 137, 392, 392 ff. zur GmbH & Co. KGaA). Ferner kann der Zweck im Halten von Beteiligungen (»Holding-Gesellschaft«) liegen. 8

Nichtwirtschaftliche (»ideelle«) Zwecke können insbesondere auf sozialem, politischem, religiösem, karitativem, künstlerischem, wissenschaftlichem oder sportlerischem Gebiet liegen. 9

Das **Verbot**, einen bestimmten Zweck in der Rechtsform der GmbH zu verfolgen, kann sich aus allgemeinen (z. B. §§ 134, 138 Abs. 1 BGB) oder besonderen gesetzlichen Vorschriften ergeben (vgl. BayObLG DB 1972, 1015 zur Herstellung von Zündwaren, die wegen des früher geltenden Zündwarenmonopols verbotenen war). Z. B. dürfen **Bauparkassen** oder **Versicherungsunternehmen** in der Rechtsform der AG, nicht aber in der Rechtsform der GmbH betrieben werden (§ 2 Abs. 1 BausparKG bzw. § 7 Abs. 1 VAG); juristische Person dürfen nicht zu Versteigerern bestellt werden (§ 34 b Abs. 5 S. 1 GewO); nur eine natürliche Person darf zum **Insolvenzverwalter** bestellt werden (§ 56 Abs. 1 InsO). Das aus § 8 S. 1 ApothG folgende Verbot, eine **Apotheke** in der Rechtsform der GmbH zu betreiben, verstößt gegen höherrangiges (Verfassungs-)Recht, ggf. auch gegen das Recht der Europäischen Gemeinschaft; den Interessen, denen das Verbot dienen soll, kann durch entsprechende Anforderungen an eine »Apothekengesellschaft« – ähnlich den an eine **Rechtsanwaltsgesellschaft** zu stellenden Anforderungen (vgl. §§ 59 c ff. BRAO; s. Rn. 12) – Rechnung getragen werden (vgl. auch Lutter / Hommelhoff / *Lutter/Bayer* GmbHG, § 1 Rn. 13). 10

2. Freiberufliche Tätigkeit

Das GmbH-Recht steht der Verfolgung freiberuflicher Zwecke in der Rechtsform der GmbH nicht entgegen; es ist vielmehr eine Frage des jeweiligen Berufsrechts, ob den Besonderheiten freiberuflicher Berufstätigkeit in dieser Rechtsform Rechnung getragen werden kann (vgl. *Ulmer* § 1 Rn. 23 ff.; vgl. auch *Kremer* GmbHR 1983, 259). Gegenüber einer Tätigkeit von **Architekten und Ingenieuren** sowie hauptberuflichen **Sachverständigen** in der Rechtsform der GmbH werden aus berufsrechtlicher Sicht – von Ausnahmen abgesehen – schon seit längerem keine Bedenken erhoben (vgl. OLG Düsseldorf GRUR 1996, 370 zur Werbung für von einer GmbH erbrachte Architektenleistungen). Die (berufsrechtliche) Zulassung von **Steuerberatungs- und Wirtschaftsprüfungsgesellschaften** in der Rechtsform der GmbH ist seit Inkrafttreten des § 16 des »Gesetzes über die Rechtsverhältnisse der Steuerberater und Steuerbevollmächtigten« (Steuerberatungsgesetz, StBerG) vom 23. 8. 1961 (BGBl. I, 1301; jetzt: § 49 Abs. 1 StBerG) bzw. des § 27 Abs. 1 des »Gesetzes über eine Berufsordnung der Wirtschaftsprüfer« (Wirtschaftsprüferordnung, WPO) vom 24. 7. 1961 (BGBl. I, 1049) ausdrücklich gesetzlich geregelt. Auch für die von **Ärzten, Zahnärzten und Tierärzten sowie Heilpraktikern** ausgeübte Tätigkeit ist von der grundsätzlichen Zulässig- 11 keit einer derartigen Tätigkeit in der Rechtsform der GmbH auszugehen; entgegenstehendes (Bundes- oder Landes-)Recht verstößt gegen höherrangiges (Verfassungs-)Recht, ggf. auch gegen das Recht der Europäischen Gemeinschaft (vgl. Scholz / *Emmerich* GmbHG, § 1 Rn. 13 f.; Lutter / Hommelhoff / *Lutter/Bayer* GmbHG, § 1 Rn. 13; MünchHdb GesR III / *Heinrich* § 4 Rn. 6; *Taupitz* NJW 1996, 3033; vgl. außerdem BGH GRUR 1992, 175 zur Ausübung einer Tätigkeit als Heilpraktiker; BGHZ 124, 224, 225 ff. zur Ausübung ambulanter zahnärztlicher Tätigkeit; AG Saarbrücken GmbHR 1989, 297 zur Ausübung ärztlicher Tätigkeit).

12 Die **Ausübung rechtsanwaltlicher Tätigkeit** in der Rechtsform der GmbH ist seit Einfügung der §§ 59 c ff. BRAO durch Art. 1 Nr. 2 des »Gesetzes zur Änderung der Bundesrechtsanwaltsordnung, der Patentanwaltsordnung und anderer Gesetze« vom 31. 8. 1998 (BGBl. I, 2600) ausdrücklich gesetzlich zugelassen, nachdem diese zuvor schon in der Rechtsprechung als zulässig angesehen worden war (BayObLG NJW 1995, 199, nachfolgend BayObLG NJW 1996, 3217; vgl. aber OLG Köln NZG 1998, 230): Gesellschafter einer Rechtsanwaltsgesellschaft können nur Rechtsanwälte und Angehörige »sozietätsfähiger« Berufe sein, die in der Gesellschaft beruflich tätig sind; die Mehrheit der Geschäftsanteile und Stimmrechte muss Rechtsanwälten zustehen (§ 59 e Abs. 1 S. 1 und 2, Abs. 3 S. 1 BRAO). Die Geschäftsführer müssen mehrheitlich Rechtsanwälte sein; die Unabhängigkeit der als Geschäftsführer tätigen Rechtsanwälte bei der Ausübung des Rechtsanwaltsberufs ist zu gewährleisten (§ 59 f Abs. 1 S. 2, Abs. 4 S. 1 BRAO). Wenn der einzige Gesellschafter und Geschäftsführer einer Rechtsanwaltsgesellschaft nicht mehr der Rechtsanwaltschaft angehört, ist der Gesellschaft die (berufsrechtliche) Zulassung gem. §§ 59 h Abs. 3 i. V. m. 59 e Abs. 1 S. 1, 59 f Abs. 1 BRAO zwingend zu widerrufen (AGH Berlin BRAK-Mitt. 2006, 84). Wird die Rechtsanwalts-Gesellschaft durch Formwechsel (§§ 190 ff. UmwG) in eine AG umgewandelt, ist die Zulassung gem. §§ 59 h Abs. 3 i. V. m. 59 c Abs. 1 BRAO zu widerrufen; allerdings hat eine AG aufgrund höherrangigen (Verfassungs-)Rechts einen Anspruch auf (berufsrechtliche) Zulassung, sofern sie die Voraussetzungen für die Zulassung einer Kapitalgesellschaft als Rechtsanwaltsgesellschaft in Anlehnung an die §§ 59 c ff. BRAO erfüllt (BGHZ 161, 376, 381 ff.; BayObLG NJW 2000, 1647).

13 Auch die **Ausübung patentanwaltlicher Tätigkeit** in der Rechtsform der GmbH ist seit Einfügung der §§ 52 c ff. PatAO durch Art. 2 Nr. 2 des »Gesetzes zur Änderung der Bundesrechtsanwaltsordnung, der Patentanwaltsordnung und anderer Gesetze« vom 31. 8. 1998 (BGBl. I, 2600) ausdrücklich gesetzlich zugelassen: Gesellschafter einer Patentanwaltsgesellschaft können im Wesentlichen nur Mitglieder der Patentanwaltskammer und Rechtsanwälte sein, die in der Gesellschaft beruflich tätig sind; die Mehrheit der Geschäftsanteile und Stimmrechte muss Patentanwälten zustehen (§ 52 e Abs. 1 S. 1 und 2, Abs. 3 S. 1 PatAO). Durch diese Vorschrift soll erreicht werden, dass die Rechtsform der Patentanwaltsgesellschaft nur zur gemeinsamen Berufsausübung von Patentanwälten und Rechtsanwälten genutzt wird, nicht hingegen zwecks reiner Kapitalbeteiligung; das entscheidende Gewicht bei der Willensbildung der GmbH soll stets den Patentanwälten selbst zukommen, deren Anteils- und Stimmenmehrheit daher gesichert sein muss, um berufsfremde Einflüsse Dritter auf diese Weise zu verhindern (BGHZ 148, 270, 279).

3. Rechtsfolgen eines unzulässigen Gesellschaftszwecks

14 Ein unzulässiger Gesellschaftszweck führt zur **Nichtigkeit des Gesellschaftsvertrags**, so dass das (Register-)Gericht, bei dem die Gesellschaft zur Eintragung in das Handelsregister angemeldet wird, die Eintragung gem. § 9 c Abs. 1 S. 1, Abs. 2 Nr. 3 GmbHG abzulehnen hat (vgl. KG NJW-RR 1997, 794; OLG Stuttgart BB 1984, 690; vgl. auch A / E / S / *Achilles* § 1 Rn. 12; Lutter / Hommelhoff / *Lutter/Bayer* GmbHG, § 1 Rn. 17; Michalski / *Michalski* § 1 Rn. 32 ff.; *Roth* / Altmeppen § 1 Rn. 15; Scholz / *Emmerich* GmbHG, § 1 Rn. 20 f.; vgl. auch R / S-L / *Schmidt-Leithoff* § 1 Rn. 51 f.; *Ulmer* § 1 Rn. 44). Die Nichtigkeit des Gesellschaftsvertrags wird durch eine – dennoch erfolgte – Eintragung in das Handelsregister **nicht geheilt**: Da die Unzulässigkeit des Gesellschaftszwecks regelmäßig mit der Unzulässigkeit des Unternehmensgegenstands einhergeht, kommen, sofern diese nicht im Wege der Änderung des Gesellschaftsvertrags geändert werden

(s. Rn. 4 sowie § 53 GmbHG Rn. 33), die Erhebung einer **Nichtigkeitsklage** gem. § 75 GmbHG (vgl. dazu auch ausführl. Kap. 16 Rn. 464 ff.) oder eine Löschung gem. § 144 FGG in Betracht; ausnahmsweise – bei bloßer Unzulässigkeit des Gesellschaftszwecks – kommt die Erhebung einer **Auflösungsklage** gem. § 61 GmbHG (vgl. dazu ausführl. Kap. 16 Rn. 447 ff.), ggf. auch eine Auflösung gem. § 62 GmbHG in Betracht (vgl. Baumbach / Hueck / *Hueck/Fastrich* § 1 Rn. 17; Lutter / Hommelhoff / *Lutter/Bayer* GmbHG, § 1 Rn. 19; Scholz / *Emmerich* GmbHG, § 1 Rn. 22).

C. (Gründungs-)Gesellschafter

Eine GmbH kann durch eine oder mehrere Personen errichtet werden; diejenigen Personen, die den – notariell zu beurkundenden – Gesellschaftsvertrag unterzeichnen (§ 2 Abs. 1 GmbHG) werden als »Gründungsgesellschafter« oder »Gründer« bezeichnet. Die Gesellschafterstellung kann nach Abschluss des Gesellschaftsvertrags insbesondere durch Abtretung eines Geschäftsanteils gem. § 15 GmbHG erlangt werden (zum Wechsel eines Gesellschafters vor Eintragung der Gesellschaft in das Handelsregister s. § 2 GmbHG Rn. 44 f.). 15

I. Natürliche Person

Eine natürliche Person, deren Rechtsfähigkeit mit der Vollendung der Geburt beginnt (§ 1 BGB), kann (Gründungs-)Gesellschafter in einer GmbH sein. Auch ein **ausländischer Staatsbürger** kann (Gründungs-)Gesellschafter einer GmbH sein, wobei aus außenwirtschafts- und devisenrechtlichen sowie ausländerrechtlichen Bestimmungen besondere Anforderungen oder Beschränkungen für die Geschäftstätigkeit der Gesellschaft resultieren können (vgl. Baumbach / Hueck / *Hueck/Fastrich* § 1 Rn. 29; Lutter / Hommelhoff / *Lutter/Bayer* GmbHG, § 2 Rn. 4; MünchHdb GesR III / *Heinrich* § 5 Rn. 28; Scholz / *Emmerich* GmbHG, § 2 Rn. 40 f.; *Waldner* RPfleger 1997, 389; vgl. auch OLG Stuttgart BB 1984, 690; KG NJW-RR 1997, 794). Wenn der Zweck der Gesellschaft auf die Ausübung einer bestimmten **freiberuflichen Tätigkeit** gerichtet ist, müssen die Gesellschafter bestimmte Anforderungen erfüllen (vgl. A / E / S / *Achilles* § 1 Rn. 20; s. Rn. 11 ff.). Bei einem im gesetzlichen Güterstand der Zugewinngemeinschaft (§§ 1363 ff. BGB) lebenden Ehegatten ist die **Zustimmung des anderen Ehegatten** erforderlich, wenn die mit der Übernahme des GmbH-Geschäftsanteils einhergehenden Verpflichtungen sich als Verfügung über das Vermögen im ganzen erweisen (§ 1365 Abs. 1 S. 1 BGB; vgl. Baumbach / Hueck / *Hueck/Fastrich* § 1 Rn. 27; MünchHdb GesR III / *Heinrich* § 5 Rn. 27; *Roth* / Altmeppen § 1 Rn. 24; Scholz / *Emmerich* GmbHG, § 2 Rn. 45). 16

Ein **Minderjähriger** bedarf zur Übernahme eines GmbH-Geschäftsanteils im Rahmen der Gründung einer GmbH der Mitwirkung seines gesetzlichen Vertreters (§§ 1626 Abs. 1, 1629 Abs. 1 S. 1 BGB). Ggf. muss zur Vermeidung des Selbstkontrahierens (§ 181 BGB) ein (Ergänzungs-)Pfleger bestellt werden (§ 1909 BGB i. V. m. §§ 1629 Abs. 2 S. 1, 1795 Abs. 2 BGB). Außerdem ist, wenn die Gesellschaft ein Erwerbsgeschäft betreibt, die Genehmigung durch das Familiengericht gem. §§ 1822 Nr. 3 i. V. m. 1643 Abs. 1 BGB erforderlich, weil die Gründung einer GmbH mit erheblichen Risiken verbunden ist, die größer sind als der Erwerb eines Anteils an einer bereits bestehenden GmbH (BGHZ 107, 23, 26 ff.; offen gelassen von BGH BB 1980, 857; vgl. außerdem KG NJW 1976, 1946 zur Abtretung eines GmbH-Geschäftsanteils an einen Minderjährigen; OLG Hamm GmbHR 1985, 121 zur Veräußerung eines von einem Minderjährigen gehaltenen GmbH-Geschäftsanteils; zur Übernahme eines Geschäftsanteils im Wege der Abtretung s. auch § 15 GmbHG Rn. 3 ff.). Betreibt die Gesellschaft kein Erwerbsgeschäft, ist – nach zutreffender, allerdings bestrittener Auffassung – bei Gründung der Gesellschaft durch mehrere Personen im Hinblick auf die (Ausfall-)Haftung gem. § 24 GmbHG eine (familien-)gerichtliche Genehmigung gem. §§ 1822 Nr. 10 i. V. m. 1643 Abs. 1 BGB erforderlich (OLG Stuttgart GmbHR 1980, 102; vgl. auch BGHZ 41, 71, 72 ff. = NJW 1964, 766 zur Beteiligung eines Minderjährigen an einer Genossenschaft; vgl. auch Baumbach / Hueck / *Hueck/Fastrich* § 2 Rn. 22 ff.; MünchHdb GesR III / *Heinrich* § 5 Rn. 26; Lutter / Hommelhoff / *Lutter / Bayer* GmbHG, § 2 Rn. 5; Scholz / *Emmerich* GmbHG, § 2 Rn. 43; *Kurz* NJW 1992, 1798, 1800 ff.). 17

18 Gehört ein GmbH-Geschäftsanteil zu einem **Nachlass** und ist ein Testamentsvollstrecker ernannt (§§ 2197 ff. BGB), erfolgt die Verwaltung dieses Geschäftsanteils durch den **Testamentsvollstrecker** in der Weise, dass er vollständig an die Stelle des Erben tritt; die Verwaltung umfasst alle Rechtshandlungen, welche die Gesellschaftereigenschaft des Erben mit sich bringt (BayObLG NJW 1976, 1692; NJW-RR 1991, 1252; vgl. auch BGH NJW 1969, 1820; zur Erbengemeinschaft s. Rn. 24). Nach zutreffender, allerdings bestrittener Auffassung kann der Testamentsvollstrecker bei der **Gründung einer GmbH** nur dann mitwirken, wenn die Haftung für die auf den Geschäftsanteil zu bewirkenden Leistungen, namentlich die Einlageschuld, nicht auf den Nachlass beschränkt ist, sondern der Erbe aufgrund besonderer Ermächtigung auch die persönliche Haftung übernimmt (vgl. Baumbach / Hueck / *Hueck/Fastrich* § 1 Rn. 46 f.; Michalski / *Michalski* § 2 Rn. 89; Scholz / *Emmerich* GmbHG, § 2 Rn. 47 f.; a. A. BayObLG NJW 1976, 1692; NJW-RR 1991, 1252; vgl. auch Lutter / Hommelhoff / *Lutter/Bayer* GmbHG, § 2 Rn. 10; MünchHdb GesR III / *Heinrich* § 5 Rn. 29.)

II. Juristische Person

19 Eine – durch das Bestehen der Rechtsfähigkeit charakterisierte – juristische Person kann grundsätzlich (Gründungs-)Gesellschafterin einer GmbH sein; vor allem bei juristischen Personen des öffentlichen Rechts, aber auch bei Vereinen und privatrechtlichen Stiftungen sind Beschränkungen zu beachten, die sich aus Gesetz oder Satzung (§ 26 Abs. 2 S. 2 BGB, ggf. i. V. m. § 86 S. 1 BGB) ergeben können (vgl. BGHZ 85, 84, 87 ff. zur Gründung einer AG durch einen »Verein«; vgl. auch A / E / S / *Achilles* § 1 Rn. 21; R / S-L / *Schmidt-Leithoff* § 2 Rn. 19 ff.).

20 Angesichts der Rechtsnatur einer – durch Abschluss des Gesellschaftsvertrags entstandenen – **Vor-Gesellschaft** als »notwendiger Vorstufe zur juristischen Person« und insbesondere ihrer Fähigkeit, selbst Träger von Rechten und Pflichten zu sein, kann eine Vor-GmbH oder Vor-AG (Gründungs-)Gesellschafterin einer GmbH sein (vgl. A / E / S / *Achilles* § 1 Rn. 22; Baumbach / Hueck / *Hueck/Fastrich* § 1 Rn. 31; MünchHdb GesR III / *Heinrich* § 5 Rn. 30; Scholz / *Emmerich* GmbHG, § 2 Rn. 53; zur Rechtsnatur und Verfassung der Vor-GmbH s. § 11 GmbHG Rn. 8 ff.).

21 Auch eine **ausländische juristische Person** kann (Gründungs-)Gesellschafterin sein; das (Register-)Gericht hat die – anhand ihres Heimatstatuts zu beurteilende – Beteiligungsfähigkeit zu überprüfen (LG Saarbrücken GmbHR 1991, 581 zur Übernahme eines GmbH-Geschäftsanteils im Rahmen einer Kapitalerhöhung durch eine Gesellschaft nach dem Recht des Staates Michigan; vgl. auch *Kau/Wiehe* RIW 1991, 32; vgl. außerdem OLG Frankfurt NZG 2002, 294 zur Löschung einer GmbH, deren Alleingesellschafterin eine Gesellschaft nach portugiesischem Recht ist; ferner BayObLG NJW 1986, 3028 zur Beteiligung einer Gesellschaft britischen Rechts an einer KG; OLG Saarbrücken NJW 1990, 647 zur Beteiligung einer AG schweizerischen Rechts an einer KG).

III. Gesamthandsgemeinschaft

22 Eine OHG (§§ 105 ff. HGB), eine KG (§§ 161 ff. HGB) oder eine Partnerschaftsgesellschaft (§§ 1 ff. PartGG), die gegenüber ihren Gesellschaftern bzw. Partnern jeweils eine weitgehende Verselbstständigung erfahren hat (§ 124 HGB bzw. §§ 161 Abs. 2 i. V. m. 124 HGB bzw. § 7 PartGG), kann (Gründungs-)Gesellschafterin einer GmbH sein (vgl. A / E / S / *Achilles* § 1 Rn. 22; Baumbach / Hueck / *Hueck/Fastrich* § 1 Rn. 32; MünchHdb GesR III / *Heinrich* § 5 Rn. 30; Lutter / Hommelhoff / *Lutter/Bayer* GmbHG, § 2 Rn. 7; Scholz / *Emmerich* GmbHG, § 2 Rn. 50). Der GmbH-Geschäftsanteil steht nicht mehreren Mitberechtigten gemeinschaftlich zu (§ 18 GmbH); es liegt vielmehr eine **Alleinberechtigung der Gesamthand** am Geschäftsanteil der GmbH vor (vgl. *Ulmer* § 2 Rn. 79; Scholz / *Emmerich* GmbHG, § 2 Rn. 50; s. auch § 18 GmbHG Rn. 5 ff.). Eine persönliche Haftung der Gesellschafter der OHG bzw. der persönlich haftenden Gesellschafter der KG für die Verbindlichkeiten der OHG bzw. KG, insbesondere die Einlageschuld, kommt gem. §§ 128 f. HGB bzw. §§ 161 Abs. 2 i. V. m. 128 f. HGB in Betracht, eine (beschränkte) persönliche Haftung der

Kommanditisten der KG gem. §§ 171 f. HGB; eine persönliche Haftung der Partner der Partnerschaftsgesellschaft für deren Verbindlichkeiten kommt gem. § 8 PartGG in Betracht.

Eine (Außen-)**Gesellschaft bürgerlichen Rechts** (§§ 705 ff. BGB) kann (Gründungs-)Gesellschafterin einer GmbH sein (BGHZ 78, 311, 312 ff.; 148, 270, 276 f.; OLG Hamm NJW-RR 1996, 483; vgl. auch BGHZ 116, 86, 87 ff. zur Fähigkeit einer GbR, Mitglied einer eingetragenen Genossenschaft zu sein; BGHZ 118, 83, 99 f. zur Fähigkeit einer GbR, Gesellschafterin einer AG [Aktionärin] zu sein; BGH NJW 1998, 376 zur Fähigkeit einer GbR, Gesellschafter einer anderen GbR zu sein). In der zum Handelsregister einzureichenden Gesellschafterliste sind nicht nur die GbR, sondern auch ihre jeweiligen Gesellschafter aufzuführen; bei einer Veränderung im Gesellschafterbestand der GbR ist eine neue Liste einzureichen (§ 8 Abs. 1 Nr. 3 bzw. § 40 Abs. 1 S. 1 GmbHG; BGHZ 148, 270, 276 ff.). Da die GbR, ohne juristische Person zu sein, (beschränkt) rechtsfähig ist (vgl. BGHZ 146, 341, 343 ff., nachfolgend BGH NJW 2002, 1207; vgl. auch BGHZ 136, 254, 256 ff.; 149, 80, 83), steht der GmbH-Geschäftsanteil nicht mehreren Mitberechtigten gemeinschaftlich zu (§ 18 GmbH); vielmehr besteht eine **Alleinberechtigung der GbR** am Geschäftsanteil der GmbH (*Ulmer* § 2 Rn. 80 f.; vgl. aber auch BGHZ 78, 311, 314 ff.; OLG Hamm NJW-RR 1996, 483; vgl. außerdem Michalski / *Michalski* § 2 Rn. 98; Scholz / *Emmerich* GmbHG, § 2 Rn. 52; s. auch § 18 GmbHG Rn. 2). Eine persönliche Haftung der Gesellschafter der GbR für deren Verbindlichkeiten, insbesondere die Einlageschuld, kommt gem. §§ 128 f. HGB analog (BGHZ 146, 341, 358, nachfolgend BGH NJW 2002, 1207; vgl. auch BGHZ 142, 315, 318; 154, 370, 372) in Betracht. 23

Eine **Erbengemeinschaft** (§§ 2032 ff. BGB) kann nicht nur im Wege des Erbgangs Gesellschafterin einer GmbH werden, sondern auch im Wege der Abtretung eines GmbH-Geschäftsanteils gem. § 15 GmbHG (KG NJW 1962, 54). Ferner kann sie Gründungsgesellschafterin einer GmbH sein (vgl. A / E / S / *Achilles* § 1 Rn. 22; Baumbach / Hueck / *Hueck/Fastrich* § 1 Rn. 36; Lutter / Hommelhoff / *Lutter* / *Bayer* GmbHG, § 2 Rn. 8; Scholz / *Emmerich* GmbHG, § 2 Rn. 53; *Ulmer* § 2 Rn. 81; vgl. auch OLG Hamm BB 1975, 292 zur Übernahme einer Stammeinlage durch eine Erbengemeinschaft im Rahmen einer Kapitalerhöhung). Da sie – anders als OHG, KG und Partnerschaftsgesellschaft sowie GbR – **nicht rechtsfähig** ist (vgl. nur BGH NJW 2002, 3389) und insbesondere gegenüber ihren Miterben keine weitreichende Verselbstständigung aufweist, steht der GmbH-Geschäftsanteil den Miterben **gemeinschaftlich** zu (vgl. Michalski / *Michalski* § 2 Rn. 98 f; *Ulmer* § 2 Rn. 81; s. auch § 18 GmbHG Rn. 4). Im Hinblick auf die gem. § 18 Abs. 1 GmbHG verlangte gemeinschaftliche Ausübung der Rechte aus dem Geschäftsanteil ist die aus §§ 2038 Abs. 2 i. V. m. 745 BGB resultierende Wertung zu berücksichtigen, wonach das Prinzip des gesamthänderischen Selbsthandelns bei Geschäften der laufenden Verwaltung durchbrochen und eine Mehrheitsentscheidung möglich ist (vgl. BGHZ 49, 183, 191 ff.; BGH WM 1969, 590; BayObLG AG 1968, 330 zur AG; OLG Karlsruhe NJW-RR 1995, 1189). Hinsichtlich der gesamtschuldnerischen Haftung der Miterben neben der Erbengemeinschaft für die auf den Geschäftsanteil zu bewirkenden Leistungen, insbesondere die Einlageschuld, gem. § 18 Abs. 2 GmbHG ist die in § 2059 BGB geregelte Beschränkung der Haftung zu berücksichtigen; diese Haftungsbeschränkung gilt bei einer GmbH-Gründung durch eine Erbengemeinschaft jedoch nicht (vgl. Baumbach / Hueck / *Hueck/Fastrich* § 1 Rn. 36; Lutter / Hommelhoff / *Lutter* / *Bayer* GmbHG, § 2 Rn. 8; MünchHdb GesR III / *Heinrich* § 5 Rn. 32). 24

Eine – aus Ehegatten bestehende, durch Abschluss eines Ehevertrags entstandene – Gütergemeinschaft (§§ 1415 ff. BGB) kann Gesellschafterin einer GmbH sein, weil ein GmbH-Geschäftsanteil aufgrund seiner Übertragbarkeit nicht zum Sondergut, sondern zum **gemeinschaftlichen Vermögen beider Ehegatten** (Gesamtgut i. S. d. §§ 1416, 1417 Abs. 2 BGB) gehört (BFH NJW-RR 1994, 542; vgl. auch *Ulmer* § 2 Rn. 82). Sie kann insbesondere Gründungsgesellschafterin einer GmbH sein (vgl. Scholz / *Emmerich* GmbHG, § 2 Rn. 53; *Ulmer* § 2 Rn. 82; A / E / S / *Achilles* § 1 Rn. 22; Baumbach / Hueck / *Hueck/Fastrich* § 1 Rn. 32). Da die Gütergemeinschaft gegenüber den Ehegatten keine weitreichende Verselbstständigung aufweist, steht der GmbH-Geschäftsanteil den Ehegatten **gemeinschaftlich** zu (vgl. *Ulmer* § 2 Rn. 82). Auch derjenige Ehegatte, der das 25

Gesamtgut nicht verwaltet (§§ 1422 ff. BGB), haftet neben der Gütergemeinschaft als Gesamtschuldner für die auf den Geschäftsanteil zu bewirkenden Leistungen, namentlich für die Einlageschuld, gem. § 18 Abs. 2 GmbHG (a. A. *Ulmer* § 2 Rn. 82).

IV. Treuhand-Gesellschafter (Treuhänder)

26 Hinsichtlich des Geschäftsanteils einer GmbH kann ein Treuhandverhältnis begründet werden (BGHZ 141, 207, 211): Der Treuhänder hält auf Rechnung des Treugebers einen GmbH-Geschäftsanteil; der Treuhänder wird bei strenger (Weisungs-)Abhängigkeit vom Treugeber auch als »**Strohmann**« bezeichnet, der Treugeber als »Hintermann«. Der Treuhänder nimmt die volle Gesellschafterstellung ein; er verliert diese erst mit der Übertragung des Geschäftsanteils an den Treugeber (BGHZ 31, 258, 263 f.; 32, 17, 29 ff.; BGH WM 1971, 306; BayObLG NJW-RR 1991, 1252). Aus diesem Grund erscheint es sachgerecht, ihn als Treuhänder-Gesellschafter zu bezeichnen.

27 Die Gründung einer Gesellschaft unter Beteiligung eines Treuhand-Gesellschafters ist – vorbehaltlich anderweitiger gesetzlicher Regelung (z. B. § 59 e Abs. 4 BRAO; § 52 e Abs. 4 PatAO; § 50 a Abs. 1 Nr. 2 StBerG; § 28 Abs. 4 Nr. 2 WPO) – zulässig (BGHZ 21, 378, 381 ff.; 31, 258, 263 f.). Wegen der durch Art. 1 Nr. 1 GmbHÄndG vom 4. 7. 1980 (BGBl. I, 836) bewirkten Änderung des § 1 GmbHG, seit deren Inkrafttreten die Gründung einer GmbH durch einen Gesellschafter ausdrücklich gesetzlich anerkannt ist, hat die praktische Bedeutung einer »Strohmann«-Gründung abgenommen.

28 Auf das Treuhandverhältnis wird – vorbehaltlich anderweitiger vertraglicher Vereinbarung – **Auftragsrecht** (§§ 662 ff BGB) angewendet: Schon mit der Begründung des Treuhandverhältnisses, aufgrund dessen der Treuhänder für den Treugeber einen GmbH-Geschäftsanteil erwirbt, wird – aufschiebend bedingt – die Verpflichtung zur Anteilsübertragung begründet, weil der Treuhänder diese Beteiligung aus dem Treuhandverhältnis erlangt und er bei dessen Beendigung gem. § 667 BGB zur Herausgabe verpflichtet ist (BGHZ 141, 207, 211). Wegen des in § 15 Abs. 4 S. 1 GmbHG geregelten **Formerfordernisses notarieller Beurkundung** für eine Vereinbarung, mit der eine Verpflichtung zur Übertragung eines Geschäftsanteils begründet wird, ist folgende Unterscheidung vorzunehmen: Ein Treuhandvertrag, der vor Abschluss des – notariell zu beurkundenden – Gesellschaftsvertrags geschlossen wird, bedarf nicht der notariellen Beurkundung, weil weder ein Geschäftsanteil vorhanden noch dessen Entstehen in die Wege geleitet ist und nur noch von der Eintragung der Gesellschaft in das Handelsregister abhängt; demgegenüber bedarf ein Treuhandvertrag, den der Treuhänder nach der Gründung, aber vor Eintragung der Gesellschaft hinsichtlich des künftig entstehenden Geschäftsanteils schließt, der notariellen Beurkundung (BGHZ 141, 207, 212 f.; BGH NZG 2005, 41; NZG 2006, 590; WM 1971, 306; vgl. auch *Wagner* NZG 1999, 657). Unter bestimmten Voraussetzungen kann die Berufung auf die Formnichtigkeit eines Treuhandvertrags gegen Treu und Glauben (§ 242 BGB) verstoßen (BGHZ 35, 272, 276 ff.; BGH NZG 2005, 590). Außerdem kann sich ein Herausgabeanspruch des Treugebers aus dem Recht der Geschäftsführung ohne Auftrag (§§ 677 ff. BGB) ergeben (BGH NZG 2005, 41). Im Fall der »Entmündigung« des Treuhand-Gesellschafters erweist sich der Treuhandvertrag wegen Verstoßes gegen die guten Sitten (§ 138 Abs. 1 BGB) als nichtig (OLG Brandenburg GmbHR 1997, 168).

29 Einem Gesellschafter steht gegenüber einem Mitgesellschafter, der einen GmbH-Geschäftsanteil in verdeckter Treuhandschaft hält, unter bestimmten Voraussetzungen, insbesondere wenn der Geschäftsanteil nicht frei übertragbar ist (§ 15 Abs. 5 GmbHG), ein **Anspruch auf Benennung des Treugebers** zu; im Hinblick darauf, dass ein Ausschluss des Stimmrechts gem. § 47 Abs. 4 GmbHG für einen treuhändersch gehaltenen Geschäftsanteil auch bei Umständen eingreift, die allein in der Person des Treugebers liegen, ist ein **Informations- und Kontrollinteresse** der Gesellschafter hinsichtlich der »faktischen« Gesellschafterstellung anzuerkennen (OLG Hamburg NJW-RR 1993, 868; vgl. auch BGH NZG 2006, 627 zur Zustimmung der Gesellschafterversammlung zu einem Treuhandvertrag). Das Verhalten des Treugebers kann bei der Ausschließung des Treuhand-Gesellschafters zu berücksichtigen sein (BGHZ 32, 17, 31 f.; vgl. auch OLG München BB 1997, 568).

Nach der – im Schrifttum vielfach kritisierten – Rechtsprechung des BGH hat derjenige, der als Treugeber mittelbar eine Beteiligung an einer Gesellschaft über einen Treuhand-Gesellschafter hält, sowohl für die Aufbringung des Stammkapitals gem. den §§ 19, 24 GmbHG als auch für dessen Erhaltung im Rahmen der §§ 30 f. GmbHG und der §§ 32 a f. GmbHG wie der Treuhand-Gesellschafter einzustehen: Die Wahrung des im Gläubigerschutz liegenden Interesses, für eine wirksame und praktikable Aufbringung und Erhaltung des Haftungsfonds der Gesellschaft zu sorgen, wäre nicht in gleicher Weise gewährleistet, wenn der Insolvenzverwalter der Gesellschaft darauf verwiesen wäre, mögliche Freistellungs- oder Ersatzansprüche des Treuhand-Gesellschafters gegen den Treugeber gem. §§ 669 f. BGB oder vertraglicher (Treuhand-)Vereinbarung geltend zu machen; denn dann könnten vom Treugeber ggf. schuldrechtliche Einwendungen erhoben werden (BGHZ 118, 107, 110; 31, 258, 263 ff.; vgl. auch Lutter / Hommelhoff / *Lutter / Bayer* GmbHG, § 2 Rn. 11; MünchHdb GesR III / *Heinrich* § 5 Rn. 35; MünchHdb GesR III / *Sommer* § 26 Rn. 24; a. A. Baumbach / Hueck / *Hueck/Fastrich* § 1 Rn. 44; Scholz / *Emmerich* GmbHG, § 2 Rn. 59 a; Michalski / *Michalski* § 2 Rn. 94; vgl. ferner *Armbrüster* GmbHR 2001, 1021, 1026 ff). Werden zum Zweck der Errichtung der Gesellschaft **falsche Angaben** gemacht, hat ein »Hintermann« – in gleicher Weise wie die Gesellschafter oder Geschäftsführer – der Gesellschaft fehlende Einzahlungen zu leisten, eine Vergütung, die nicht unter den Gründungsaufwand aufgenommen ist, zu ersetzen oder für den sonst entstehenden Schaden Ersatz zu leisten (§ 9 a Abs. 1 und 4 GmbHG; s. § 9 a GmbHG Rn. 12). Wird die Gesellschaft durch Einlagen oder Gründungsaufwand vorsätzlich oder aus grober Fahrlässigkeit geschädigt, ist ein »Hintermann« – in gleicher Weise wie Gesellschafter – der Gesellschaft zum Ersatz verpflichtet (§ 9 a Abs. 2 und 4 GmbHG; s. § 9 a GmbHG Rn. 21). 30

Wenn der Treuhand-Gesellschafter einer – durch Abschluss des Gesellschaftsvertrags entstandenen – Vor-GmbH, deren Gründung scheitert, aufgrund der Verlustdeckungshaftung von einem Gläubiger der Vorgesellschaft in Anspruch genommen wird (zur Vorgesellschaft s. § 11 GmbHG Rn. 8 ff.; zur Verlustdeckungshaftung s. § 11 GmbHG Rn. 19 ff.), hat der Treuhand-Gesellschafter gegen den Treugeber einen **Anspruch auf Freistellung** von dieser Haftung; der Freistellungsanspruch wandelt sich, wenn er vom Treuhand-Gesellschafter an den Gläubiger abgetreten oder von diesem im Wege der Zwangsvollstreckung geltend gemacht wird, in einen Zahlungsanspruch gegen den Treugeber um (BGH NJW 2001, 2092; vgl. auch *Armbrüster* EWiR 2001, 583; *Armbrüster* GmbHR 2001, 1021, 1028; *Goette* DStR 2001, 859). 31

V. Besondere Anforderungen aufgrund gesellschaftsvertraglicher Regelung

Im Gesellschaftsvertrag können zusätzlich besondere Anforderungen an die (persönlichen) Eigenschaften eines Gesellschafters – z. B. Beruf – geregelt sein, deren Nichteinhaltung oder Wegfall die Ausschließung des betroffenen Gesellschafters (s. § 34 GmbHG Rn. 75 ff.) oder die Auflösung der Gesellschaft (§ 61 GmbHG; vgl. zur Auflösungsklage ausführl. Kap. 16 Rn. 47 ff.) rechtfertigen kann (vgl. A / E / S / *Achilles* § 1 Rn. 24; Baumbach / Hueck / *Hueck/Fastrich* § 1 Rn. 38; Scholz / *Priester* GmbHG, § 2 Rn. 60 f.; *Ulmer* § 2 Rn. 85; vgl. auch MünchHdb GesR III / *Heinrich* § 5 Rn. 36). 32

§ 2 [Form des Gesellschaftsvertrags]

(1) [1]Der Gesellschaftsvertrag bedarf notarieller Form. [2]Er ist von sämtlichen Gesellschaftern zu unterzeichnen.

(2) Die Unterzeichnung durch Bevollmächtigte ist nur auf Grund einer notariell errichteten oder beglaubigten Vollmacht zulässig.

Übersicht:

A. Einführung

1 Die durch Art. 1 Nr. 2 des GmbHÄndG vom 4. 7. 1980 (BGBl. I, 836) zuletzt geänderte Vorschrift regelt den Abschluss des Gesellschaftsvertrags, indem bestimmte Anforderungen an die einzuhaltende Form und die Mitwirkung der Gesellschafter aufgestellt werden. Die Errichtung einer Gesellschaft setzt den **Abschluss eines notariell zu beurkundenden Gesellschaftsvertrags** voraus (Abs. 1 S. 1); dieser ist von sämtlichen Gesellschaftern zu unterzeichnen (Abs. 1 S. 2). Die Gesellschafter können sich beim Abschluss des Gesellschaftsvertrags durch **Bevollmächtigte** vertreten lassen; die Erteilung der Vertretungsmacht bedarf einer notariell beurkundeten oder beglaubigten Vollmachtsurkunde (Abs. 2). Im RefE eines »Gesetzes zur Modernisierung des GmbH-Rechts und zur Bekämpfung von Missbräuchen« (MoMiG) vom 29. 5. 2006 ist die Überschrift »Form des Gesellschaftsvertrags« vorgesehen.

2 Da bei der Errichtung einer Einpersonen-Gesellschaft kein Vertrag im rechtsgeschäftlichen Sinn (§§ 145 ff. BGB) abgeschlossen wird, erweist sich der Begriff »Gesellschaftsvertrag« in Bezug auf eine Einpersonen-Gesellschaft als unpassend, so dass in Rechtsprechung und Literatur – in Anlehnung an den im AktG verwendeten Sprachgebrauch (vgl. § 23 AktG) – häufig von der »**Satzung**« der Gesellschaft gesprochen wird.

3 Zum Verständnis des § 2 GmbHG ist vor allem der Zusammenhang mit folgenden Regelungen zu beachten: Nach Leistung der Bar- oder Sacheinlagen (§§ 7 Abs. 2 und 3, 8 Abs. 3 GmbHG) ist die Gesellschaft von ihren Geschäftsführern unter Beifügung insbesondere des Gesellschaftsvertrags zur Eintragung in das Handelsregister anzumelden (§§ 7 Abs. 1, 8 Abs. 1 Nr. 1, 78 GmbHG). Vorbehaltlich des entsprechenden Ergebnisses einer Prüfung durch das (Register-)Gericht (§ 9 c GmbHG) wird die ordnungsgemäß errichtete und angemeldete Gesellschaft in das Handelsregister eingetragen (§ 10 Abs. 1 und 2 GmbHG); vor ihrer Eintragung in das Handelsregister besteht die Gesellschaft »als solche« nicht (§ 11 Abs. 1 GmbHG).

4 Mehrere Personen können sich durch Abschluss eines (Vor-)Vertrages zur Gründung einer GmbH verpflichten. Durch Abschluss eines solchen (Gründungsvor-)Vertrages entsteht eine **»Vorgründungsgesellschaft«**, die von der – durch Abschluss des GmbH-Gesellschaftsvertrags entstandenen – **»Vorgesellschaft«**, die häufig auch als »Vor-GmbH« bezeichnet wird (s. Rn. 42 ff. sowie § 11 GmbHG Rn. 8 ff.), zu unterscheiden ist (s. Rn. 53 ff.).

5 Die beim Abschluss des Gesellschaftsvertrags zu beachtenden Anforderungen an die **Mitwirkung der Gesellschafter** sowie an die Erteilung der Vertretungsmacht unterscheiden sich von den Anforderungen, die bei der Änderung des Gesellschaftsvertrags nach Eintragung der Gesellschaft in das Handelsregister zu beachten sind: Nach Eintragung der Gesellschaft in das Handelsregister kann der Gesellschaftsvertrag – vorbehaltlich anderweitiger gesetzlicher oder gesellschaftsvertraglicher Regelung – durch (notariell zu beurkundenden) Beschluss, der einer $^{3}/_{4}$-Mehrheit der abgegebenen Stimmen bedarf, geändert werden; die Erteilung der Vertretungsmacht zur Fassung eines solchen Beschlusses bedarf – vorbehaltlich anderweitiger Bestimmung des Gesellschaftsvertrags – lediglich der Textform (§§ 53, 47 Abs. 3 GmbHG i. V. m. § 126 b BGB; s. § 53 GmbHG Rn. 40). Die Änderung des Gesellschaftsvertrags einer (noch) nicht in das Handelsregister eingetragenen (Vor-)Gesellschaft bedarf – wie der erstmalige Abschluss des Gesellschaftsvertrags – der vertraglichen Vereinbarung aller Gesellschafter, weil § 53 GmbHG auf eine Vorgesellschaft nicht anwendbar ist (s. Rn. 44).

6 Die **Abtretung eines GmbH-Geschäftsanteils** und die (schuldrechtliche) Vereinbarung, einen GmbH-Geschäftsanteil abzutreten, bedürfen – ebenso wie der Abschluss eines Gesellschaftsvertrags – der notariellen Beurkundung (§ 15 Abs. 3 und 4 GmbHG). Indes muss die Vertretungsmacht zur Abtretung eines GmbH-Geschäftsanteils bzw. zum Eingehen einer entsprechenden Verpflichtung nicht durch eine notariell beurkundete oder beglaubigte Vollmachtsurkunde erteilt werden (s. § 15 GmbHG Rn. 18). Der Wechsel eines Gesellschafters einer (noch) nicht in das Handelsregister eingetragenen (Vor-)Gesellschaft bedarf – wie der erstmalige Abschluss des Gesellschaftsvertrags – der vertraglichen Vereinbarung aller Gesellschafter, weil § 15 GmbHG auf eine Vorgesellschaft nicht anwendbar ist (s. Rn. 45).

B. Abschluss des Gesellschaftsvertrags

I. Rechtsnatur, Bestandteile und Auslegung des Gesellschaftsvertrags

1. Rechtsnatur

7 Der Gesellschaftsvertrag ist kein rein schuldrechtlicher Vertrag, sondern ein **Vertrag besonderer Art**, der sowohl subjektive Rechte und Pflichten der Beteiligten regelt als auch objektive, die Gesellschaftsverfassung gestaltende Bestimmungen enthält: Zur Bindung eines künftigen Gesellschafters an den Gesellschaftsvertrag bedarf es nicht des Vertragsschlusses mit sämtlichen Gesellschaftern oder der Gesellschaft; die Bindung eines künftigen Gesellschafters ergibt sich aus seiner Stellung als Mitglied einer juristischen Person (vgl. *Ulmer* § 2 Rn. 5; vgl. auch Baumbach/Hueck/*Hueck/Fastrich* § 2 Rn. 3 ff.; Lutter/Hommelhoff/*Lutter/Bayer* GmbHG, § 2 Rn. 12; *Michalski* § 2 Rn. 4 ff.; MünchHdb GesR III/*Heinrich* § 5 Rn. 4; *Roth*/Altmeppen § 2 Rn. 9; R/S-L/*Schmidt-Leithoff* Rn. 2; Scholz/*Emmerich* GmbHG, § 2 Rn. 3 ff.).

8 Während beim Abschluss des Gesellschaftsvertrags einer Mehrpersonen-Gesellschaft von mehreren Personen Willenserklärungen abgeben werden, wird beim Abschluss des Gesellschaftsvertrags einer **Einpersonen-Gesellschaft** – trotz der Bezeichnung als »Gesellschaftsvertrag« (s. Rn. 2) – von einer Person eine einseitige nicht empfangsbedürftige Willenserklärung abgegeben (vgl. A / E / S / *Achilles* Rn. 14; Baumbach / Hueck / *Hueck/Fastrich* § 2 Rn. 7; *Michalski* § 2 Rn. 8; MünchHdb GesR III / *Heinrich* § 10 Rn. 4; *Roth* / Altmeppen § 2 Rn. 10; R / S-L / *Schmidt-Leithoff* § 2 Rn. 4; *Ulmer* § 2 Rn. 6 f.).

2. Bestandteile

9 Der Gesellschaftsvertrag enthält neben »echten« (»materiellen«, »mitgliedschaftsrechtlichen«, »körperschaftsrechtlichen«, »körperschaftlichen« oder »korporativen«) Satzungsbestandteilen vielfach auch »unechte« (»formelle«, »individualrechtliche« oder »nichtkorporative«) Satzungsbestandteile. **»Echte« Satzungsbestandteile** sind die für die Verfassung der Gesellschaft notwendigen oder sie zumindest prägenden Regelungen, die die gegenwärtigen und die künftigen Gesellschafter unmittelbar binden; zu ihrer Wirksamkeit ist die Aufnahme in den Gesellschaftsvertrag konstitutiv. **»Unechte« Satzungsbestandteile** sind Regelungen, die für die Verfassung der Gesellschaft nicht notwendig oder prägend sind; da solche Regelungen auch außerhalb des Gesellschaftsvertrags vereinbart werden können, hat ihre Aufnahme in den Gesellschaftsvertrag lediglich deklaratorische Wirkung (vgl. A / E / S / *Achilles* Rn. 3 f.; Lutter / Hommelhoff / *Lutter/ Bayer* GmbHG, § 2 Rn. 12; MünchHdb GesR III / *Heinrich* § 5 Rn. 3; MünchHdb GesR III / *Marquardt* § 20 Rn. 9 ff.; *Roth* / Altmeppen § 2 Rn. 4 ff. sowie § 53 Rn. 2 ff.; R / S-L / *Schmidt-Leithoff* § 2 Rn. 78 ff.; R / S-L / *Zimmermann* § 53 Rn. 5 ff.; Scholz / *Emmerich* GmbHG, § 2 Rn. 11, 13 a; *Ulmer* § 2 Rn. 8 ff.; s. auch § 3 GmbHG Rn. 20). Prägnant ist formuliert worden: »Satzung muss immer auch Satzungstext sein, Satzungstext nicht immer Satzung« (Baumbach / Hueck / *Zöllner* § 53 Rn. 4 f.). Die Unterscheidung zwischen »echten« und »unechten« Satzungsbestandteilen erlangt Bedeutung bei ihrer Auslegung (s. Rn. 12 ff.); außerdem bestehen unterschiedliche Anforderungen an die bei ihrem Abschluss oder ihrer Änderung zu beachtenden Form und an die Mitwirkung der Gesellschafter (s. Rn. 17 sowie § 53 GmbHG Rn. 5 f.).

10 Der **BGH** hat insbesondere folgende Bestimmungen als **»echte« Satzungsbestandteile** qualifiziert: die Festlegung des Stimmverhältnisses für eine Satzungsänderung (BGHZ 14, 25, 36 f.), die Bestimmung des Unternehmensgegenstands (BGH WM 1966, 446), die Abrede über die Einbringung einer Sacheinlage auf das erhöhte Stammkapital (BGH BB 1966, 1410), die Vinkulierung von Geschäftsanteilen (BGHZ 48, 141, 144), der Anspruch auf die Geschäftsführerbestellung (BGH NJW 1969, 131; vgl. auch BGH BB 1981, 926), die generelle Beschränkung der Geschäftsführungs- und Vertretungsbefugnis der Geschäftsführer für eine bestimmte Art von Geschäften (BGH NJW 1973, 1039), die das mitgliedschaftliche Stimmrecht betreffende Regelung (BGH GmbHR 1974, 107), die Regelung des Gesellschaftszwecks (BGH NJW 1983, 1910), die Regelung über die Beschlussfassung bei der Abberufung eines Geschäftsführers auf Vorschlag eines Gesellschafterstamms (BGH NJW-RR 1990, 99), der Abfindungsanspruch eines Gesellschafters im Fall der Zwangseinziehung (BGHZ 116, 359, 364) und die auch für künftige Gesellschafter geltende Gerichtsstandsbestimmung (BGHZ 123, 347, 350 zur AG). Als **»unechte« Satzungsbestandteile** hat der BGH folgende Bestimmungen qualifiziert: die in den Gesellschaftsvertrag aufgenommene Verpflichtung, den Witwen der Geschäftsführer monatliche Zahlungen zu leisten (BGH MDR 1954, 734), sowie die Bestellung und Gehaltsbestimmung eines Geschäftsführers (BGHZ 18, 205, 207 f.; vgl. auch BGH NJW 1961, 505).

11 Bestimmte Regelungen, namentlich eine **Schiedsabrede** (BGHZ 38, 155, 161) oder die Bestimmung von Nebenpflichten der Gesellschafter (BGH NJW-RR 1993, 607), insbesondere die Verpflichtung, eine Gesellschaft beteiligungsproportional mit Darlehensmitteln auszustatten (BGHZ 142, 116, 123 f.), können als »echte« oder als »unechte« Satzungsbestandteile begründet werden; die Entscheidung ist davon abhängig, ob die Bestimmung nur für die gegenwärtigen oder auch für die künftigen Gesellschafter gelten soll.

3. Auslegung

Der BGH wendet zur **Auslegung »echter« Satzungsbestandteile** folgende Grundsätze an: Da »echte« Satzungsbestandteile diejenigen Bestimmungen des Gesellschaftsvertrags sind, die auch die künftigen Gesellschafter unmittelbar binden, besteht die Notwendigkeit, diese nach objektiven, für die Allgemeinheit voll übersehbaren Gesichtspunkten auszulegen (BGH MDR 1954, 734). Außer Betracht bleiben bei der Auslegung diejenigen Umstände, die – wie Entstehungsgeschichte der Satzung, Vorentwürfe und Vorstellungen oder Äußerungen von Personen, die an der Abfassung des Gesellschaftsvertrags mitgewirkt haben, – außerhalb der Vertragsurkunde liegen und nicht allgemein erkennbar sind (BGH NJW 1983, 1910; vgl. auch BGH NJW-RR 1990, 99). Wortlaut, Sinn und Zweck der Regelung kommt dabei ebenso maßgebende Bedeutung zu wie dem systematischen Bezug der Klausel zu anderen Satzungsvorschriften; Umstände, für die sich keine ausreichenden Anhaltspunkte in der Satzung finden, können zur Auslegung grundsätzlich nicht herangezogen werden (BGHZ 123, 347, 350). Frühere gesellschaftsvertragliche Regelungen können zur Auslegung herangezogen werden, weil diese zum Handelsregister eingereicht worden sind und ihr Inhalt damit der Allgemeinheit zugänglich gemacht worden ist (BGHZ 116, 359, 366). 12

Demgegenüber erfährt die **Auslegung »unechter« Satzungsbestandteile** keine andere Behandlung als sonstige Individualverträge, die die Gesellschaft mit einzelnen Gesellschaftern oder mit Dritten geschlossen hat: Bei der Auslegung derartiger Bestimmungen des Gesellschaftsvertrags sind die subjektiven Vorstellungen der Beteiligten und auch solche besonderen Umstände, die keinen Niederschlag im Gesellschaftsvertrag gefunden haben, von Bedeutung (BGH MDR 1954, 734). Der BGH hat im Urteil vom 28. 6. 1999 (BGHZ 142, 116, 124 f.) Folgendes ausgeführt: Für die Auslegung einer in den Gesellschaftsvertrag aufgenommenen Verpflichtung sei entscheidend, ob es sich »hierbei um eine mitgliedschaftsrechtliche oder um eine nur schuldrechtlich begründetete Verpflichtung gehandelt hat. Im letztgenannten Fall käme es allein auf die individuelle Sicht der beteiligten Gründungsgesellschafter an [. . .]. War dagegen die in [. . .] der Satzung niedergelegte Verpflichtung [. . .] mitgliedschaftsrechtlicher Natur, kommt es nach den vom *Senat* in ständiger Rechtsprechung vertretenen Grundsätzen über die Auslegung der Satzung nach objektiven Gesichtspunkten auf das individuelle Verständnis der Gesellschafter nicht an«. 13

Im Schrifttum stoßen die von der Rechtsprechung angewendeten Grundsätze zur Auslegung »echter« Satzungsbestandteile teilweise auf Kritik: Solange sich der Gesellschafterkreis auf die Gründer beschränke, sei eine Abweichung von den für Willenserklärungen und Verträge allgemein geltenden Auslegungsgrundsätzen (§§ 133, 157 BGB) nicht gerechtfertigt, zumal bei einer einheitlichen Auslegung sowohl »echter« als auch »unechter« Satzungsbestandteile die gelegentlich schwierige Abgrenzung vermieden werde; sofern tatsächlich Interessen künftiger Gesellschafter berührt seien, könne der Gesellschaftsvertrag im Einzelfall nach den Umständen, die künftigen Gesellschaftern bei ihrem Beitritt erkennbar gewesen seien, ausgelegt werden (vgl. *Grunewald* ZGR 1995, 68; Scholz / *Emmerich* GmbHG, § 2 Rn. 38 f.). Überwiegend wird jedoch die Anwendung der von der Rechtsprechung praktizierten Grundsätze zur Auslegung »echter« Satzungsbestandteile befürwortet, wenngleich in Ausnahmefällen, namentlich beim Streit unter den Gründern der Gesellschaft, Besonderheiten gelten sollen (vgl. Lutter / Hommelhoff / *Lutter/ Bayer* GmbHG, § 2 Rn. 13, *Roth* / Altmeppen § 2 Rn. 15 f.; vgl. auch A / E / S / *Achilles* § 2 Rn. 12 f.; Baumbach / Hueck / *Hueck/Fastrich* § 2 Rn. 25 ff.; *Michalski* § 2 Rn. 48 f.; MünchHdb GesR III / *Heinrich* § 5 Rn. 5; R / S-L / *Schmidt-Leithoff* § 2 Rn. 78 ff.; *Ulmer* § 2 Rn. 141 ff.). 14

II. Anforderungen an Form und Mitwirkung der Gesellschafter beim Abschluss

1. Form: notarielle Beurkundung, Abs. 1 S. 1

Der Gesellschaftsvertrag bedarf »notarieller Form« (Abs. 1 S. 1). Die Formulierung »notarielle Form« ist nicht präzise, weil die Rechtsordnung zwar die »notarielle Beurkundung« (§ 128 BGB) bzw. die »Beurkundung von Willenserklärungen« durch einen Notar (§§ 6 ff. BeurkG; vgl. auch § 20 Abs. 1 S. 1 BNotO) sowie die »öffentliche Beglaubigung« mittels Beglaubigung 15 der Unterschrift des Erklärenden von einem Notar (§ 129 Abs. 1 S. 1 BGB; vgl. auch § 40 BeurkG, § 20 Abs. 1 S. 1 BNotO) regelt, jedoch nicht die »notarielle Form«. Abs. 1 S. 1 ist wie folgt zu verstehen: Ebenso wie der Beschluss über die Änderung des Gesellschaftsvertrags (§ 53 Abs. 2 S. 1 Hs. 1 GmbHG) und die Feststellung der Satzung einer AG (§ 23 Abs. 1 S. 1 AktG) bedarf der Abschluss des Gesellschaftsvertrags einer GmbH notarieller Beurkundung (vgl. Baumbach / Hueck / *Hueck/Fastrich* § 2 Rn. 8; Scholz / *Emmerich* GmbHG, § 2 Rn. 14; *Ulmer* § 2 Rn. 12).

a) Zweck der notariellen Beurkundung

16 Das Erfordernis notarieller Beurkundung der Abschlusses des Gesellschaftsvertrags besteht sowohl aus Gründen der Beweissicherung und damit der **Rechtssicherheit** als auch zum Zweck der **materiellen Richtigkeitsgewähr** sowie zur Gewährleistung der notariellen Prüfungs- und Belehrungsfunktion (vgl. MünchHdb GesR III / *Heinrich* § 5 Rn. 37; Scholz / *Emmerich* GmbHG, § 2 Rn. 13; vgl. außerdem BGH NJW-RR 1988, 288 im Hinblick auf den Abschluss eines Vorvertrages über die Gründung einer Gesellschaft; BGHZ 105, 324, 338 im Hinblick auf die Beurkundung eines Beschlusses über die Änderung des Gesellschaftsvertrags bzw. über den Abschluss eines Beherrschungs- und Gewinnabführungsvertrages).

b) Gegenstand der notariellen Beurkundung

17 Da »echte« Satzungsbestandteile – im Gegensatz zu schuldrechtlichen Vereinbarungen der Gesellschafter oder zur Bestellung des ersten Geschäftsführers – der Aufnahme in den Gesellschaftsvertrag bedürfen, um wirksam zu sein (s. Rn. 9), erstreckt sich das Erfordernis notarieller Beurkundung des Gesellschaftsvertrags nur auf **»echte« Satzungsbestandteile** (vgl. Baumbach / Hueck / *Hueck/Fastrich* § 2 Rn. 12; Lutter / Hommelhoff / *Lutter/Bayer* GmbHG, § 2 Rn. 15; MünchHdb GesR III / *Heinrich* § 5 Rn. 39; Scholz / *Emmerich* GmbHG, § 2 Rn. 13 a.).

c) Durchführung der notariellen Beurkundung

18 Zum Abschluss eines Gesellschaftsvertrags einer Mehrpersonen-Gesellschaft werden von mehreren Personen Willenserklärungen abgeben; zum Abschluss des Gesellschaftsvertrags einer Einpersonen-Gesellschaft wird von einer Person eine Willenserklärung abgegeben (s. Rn. 8). Die Beurkundung von Willenserklärungen richtet sich – anders als die Beurkundung eines Beschlusses der Gesellschafter über eine Änderung des Gesellschaftsvertrags gem. § 53 Abs. 2 S. 1 Hs. 1 GmbHG – nach dem Zweiten Abschnitt des BeurkG (§§ 6 ff. BeurkG): Vom Notar wird eine Niederschrift aufgenommen, die die Bezeichnung des Notars und der Beteiligten sowie die Erklärungen der Beteiligten enthält; die Niederschrift muss in Gegenwart des Notars den Beteiligten vorgelesen, von ihnen genehmigt und eigenhändig unterschrieben werden (§§ 8, 9 Abs. 1 S. 1, 13 Abs. 1 S. 1 Hs. 1 BeurkG). Der Notar soll den Willen der Beteiligten erforschen, den Sachverhalt klären, die Beteiligten über die rechtliche Tragweite des Geschäfts belehren und ihre Erklärungen klar und unzweideutig in der Niederschrift wiedergeben; bestehen Zweifel, ob das Geschäft dem Gesetz oder dem wahren Willen der Beteiligten entspricht, so sollen die Bedenken mit den Beteiligten erörtert werden (§ 17 Abs. 1 S. 1, Abs. 2 S. 1 BeurkG).

19 Der **Gesellschaftsvertrag** ist der Anmeldung der Gesellschaft zur Eintragung in das Handelsregister **beizufügen** (§ 8 Abs. 1 Nr. 1 GmbHG). Im Hinblick auf spätere Änderungen des Gesellschaftsvertrags (vgl. § 54 Abs. 1 S. 2 GmbHG; s. § 8 GmbHG Rn. 10 f. sowie § 54 GmbHG Rn. 17) empfiehlt es sich, den Wortlaut des Gesellschaftsvertrags schon bei seinem Abschluss in einem Schriftstück vollständig und zusammenhängend wiederzugeben; das den Wortlaut des Gesellschaftsvertrags enthaltende Schriftstück sollte der Niederschrift als Anlage gem. § 9 Abs. 1 S. 2 BeurkG beigefügt werden, damit der Wortlaut des Gesellschaftsvertrags schon äußerlich von den »Gründungsbestimmungen«, die ihn wie einen »Mantel« umgeben, unterschieden werden kann (vgl. A / E / S / *Achilles* § 2 Rn. 21; MünchHdb GesR III / *Heinrich* § 5 Rn. 40).

20 Die gleichzeitige **Anwesenheit sämtlicher Gesellschafter** ist beim Abschluss des Gesellschaftsvertrags nicht erforderlich; die auf den Abschluss des Gesellschaftsvertrags gerichteten Willens-

erklärungen können außerdem vor verschiedenen Notaren abgegeben werden. Bei einer solchen »**Stufenbeurkundung**« kommt der Gesellschaftsvertrag gem. §§ 128, 152 S. 1 BGB mit der Beurkundung der letzten Willenserklärung zustande (vgl. Baumbach / Hueck / *Hueck/Fastrich* § 2 Rn. 10; Lutter / Hommelhoff / *Bayer* GmbHG, § 2 Rn. 15; MünchHdb GesR III / *Heinrich* § 5 Rn. 40; Scholz / *Emmerich* GmbHG, § 2 Rn. 15; zur – unzulässigen – »Stufengründung« s. Rn. 31).

d) Besonderheit: Abschluss des Gesellschaftsvertrags im Ausland

Beim Abschluss des Gesellschaftsvertrags im Ausland stellt sich die Frage, ob – entsprechend dem in Art. 11 Abs. 1 Alt. 2 EGBGB für Rechtsgeschäfte geregelten Ortsstatut – die Einhaltung der dort für einen solchen Akt vorgeschrieben Form ausreicht oder ob – entsprechend dem Wirkungsstatut (Geschäftsstatut), das für Rechtsgeschäfte in Art. 11 Abs. 1 Alt. 1 EGBGB geregelt ist und sich im Übrigen aus allgemeinen Regeln ergibt, – die vom deutschen Recht vorgeschriebene Form notarieller Beurkundung (§ 2 Abs. 1 S. 1 GmbHG) einzuhalten ist (**Problem der Anknüpfung**). Wenn – unter Ablehung des Ortsstatuts – das Wirkungsstatut als maßgeblich angesehen wird, stellt sich anschließend die Frage, ob durch eine Beurkundung im Ausland das vom deutschen Recht aufgestellte Formerfordernis notarieller Beurkundung auch im Ausland erfüllt wird (**Problem der Substitution**). 21

Diese Fragen stellen sich nicht nur hinsichtlich der Beurkundung des Abschlusses, sondern auch hinsichtlich der Änderung des Gesellschaftsvertrags (§ 53 Abs. 2 S. 1 Hs. 1 GmbHG; s. § 53 GmbHG Rn. 19) sowie hinsichtlich sonstiger die Verfassung der Gesellschaft betreffender und folglich in das Handelsregister einzutragender Akte (z. B. Abschluss eines Beherrschungs- und Gewinnabführungsvertrages, Verschmelzung). Sie werden auch hinsichtlich der – nicht die Verfassung einer Gesellschaft betreffenden – Abtretung von Geschäftsanteilen und der diese begründenden Verpflichtung erörtert (§ 15 Abs. 3 und 4 GmbHG; s. § 15 GmbHG Rn. 25 f.). 22

aa) Rechtsprechung Der **BGH** hat im Beschluss vom 16. 2. 1981 ausgeführt, dass die Beurkundung eines Beschlusses zur Änderung des Gesellschaftsvertrags durch einen Notar in Zürich – im Einklang mit dem **Wirkungsstatut** (Art. 11 Abs. 1 S. 1 EGBGB i. d. F. vor Inkrafttreten des Gesetzes zur Neuregelung des Internationalen Privatrechts vom 25. 7. 1986 [BGBl. 1986 I, 1142]) – das Beurkundungserfordernis des § 53 Abs. 2 S. 1 Hs. 1 GmbHG erfüllt, weil die ausländische Beurkundung der deutschen gleichwertig sei. **Gleichwertigkeit** sei »gegeben, wenn die ausländische Urkundsperson nach Vorbildung und Stellung im Rechtsleben eine der Tätigkeit des deutschen Notars entsprechende Funktion ausübt und für die Errichtung der Urkunde ein Verfahrensrecht zu beachten hat, das den tragenden Grundsätzen des deutschen Beurkundungsrechts entspricht«. Wenn »die Beteiligten einen ausländischen Notar aufsuchen, von dem sie regelmäßig eine genaue Kenntnis des deutschen Gesellschaftsrechts und deshalb eine umfassende Belehrung von vornherein gar nicht erwarten können«, komme dies einem (zulässigen) Verzicht auf die Prüfungs- und Belehrungsfunktion notarieller Beurkundung (§ 17 Abs. 1 und 2 BeurkG) gleich. In einem obiter dictum hat das Gericht ausgeführt, dass »viel für die Richtigkeit der Ansicht« spricht, das **Ortsstatut** (Art. 11 Abs. 1 S. 2 EGBGB a. F.) »gelte generell, also auch für gesellschaftsrechtliche Vorgänge« (BGHZ 80, 76, 78 ff.). Hinsichtlich der Abtretung von Geschäftsanteilen hat der BGH im Urteil vom 22. 5. 1989 ausgeführt, dass »unabhängig davon, ob zur Wahrung der Form des § 15 Abs. 3 GmbHG gem. Art. 11 Abs. 1 EGBGB die Ortsform genügt, (...) jedenfalls bei der Beurkundung durch einen Schweizer Notar auch das in deutschen Gesetzesvorschriften aufgestellte Formerfordernis der notariellen Beurkundung erfüllt« wird (BGH NJW-RR 1989, 1259). 23

Register- und Beschwerdegerichte haben die Fragen, ob für die Vornahme eines die Verfassung der Gesellschaft betreffenden Aktes im Ausland entsprechend dem Ortsstatut die Einhaltung der dort vorgeschriebenen Form ausreicht und ob verneinendenfalls – bei Maßgeblichkeit des Wirkungsstatuts – durch eine Beurkundung im Ausland das vom deutschen Recht verlangte Formerfordernis notarieller Beurkundung erfüllt wird, unterschiedlich beantwortet; zum Abschluss des 24

Gesellschaftsvertrags einer GmbH im Ausland ist – soweit ersichtlich – keine Entscheidung veröffentlicht:

OLG Düsseldorf (NJW 1989, 2200): Hinsichtlich der Form des Beschlusses über eine Änderung des Gesellschaftsvertrags sei das Ortsstatut maßgebend; da die Beurkundung des in einer Gesellschafterversammlung gefassten Beschlusses durch einen niederländischen Notar den Anforderungen des niederländischen Rechts genüge, sei die Änderung des Gesellschaftsvertrags wirksam; **AG Köln** (GmbHR 1990, 172): Die Beurkundung eines Zustimmungsbeschlusses der Gesellschafterversammlung der beherrschten GmbH zum Abschluss eines Gewinnabführungsvertrages durch einen Notar in Zürich sei mit der Beurkundung durch einen deutschen Notar nicht gleichwertig, so dass das Formerfordernis des § 53 Abs. 2 S. 1 Hs. 1 GmbHG analog nicht erfüllt sei. **LG Köln** (DB 1989, 2214, vorangehend AG Köln DB 1989, 2014): Die Beurkundung eines Verschmelzungsvertrages zwischen mehreren GmbHs durch einen Notar in Zürich sei mit der Beurkundung durch einen deutschen Notar gleichwertig, so dass das vom deutschen Recht aufgestellte Formerfordernis erfüllt sei. **LG Nürnberg-Fürth** (NJW 1992, 633, vorangehend AG Fürth GmbHR 1991, 24): Die Beurkundung eines Verschmelzungsvertrages zwischen einer GmbH und einer AG durch einen Notar in Basel sei mit der Beurkundung durch einen deutschen Notar gleichwertig, so dass das vom deutschen Recht aufgestellte Formerfordernis erfüllt sei. **LG Augsburg** (NJW-RR 1997, 420): Hinsichtlich der Form des Abschlusses eines Verschmelzungsvertrages zwischen zwei GmbHs und der jeweiligen Zustimmungsbeschlüsse der Gesellschafterversammlungen sei das Wirkungsstatut maßgebend; da die Beurkundung durch einen Notar in Zürich mit der Beurkundung durch einen deutschen Notar nicht gleichwertig sei, seien die Formerfordernisse der §§ 6, 13 Abs. 3 UmwG nicht erfüllt. **LG Kiel** (DB 1997, 1223): Hinsichtlich der Form des Abschlusses eines Verschmelzungsvertrages zwischen zwei eingetragenen Genossenschaften sei das Wirkungsstatut maßgebend; da die Beurkundung durch einen Notar in Österreich mit der Beurkundung durch einen deutschen Notar gleichwertig sei, sei das Formerfordernis des § 6 UmwG erfüllt.

25 **bb) Schrifttum** In der Literatur sind die Ausführungen des BGH im Beschluss vom 11. 6. 1981 und im Urteil vom 22. 5. 1989 kritisiert worden. Kritik wurde nicht nur von deutschen Notaren, denen ein Bemühen um die Sicherung ihres Gebührenaufkommens durch **Verhinderung eines »Beurkundungstourismus«** in das Ausland unterstellt wurde, sondern auch von Richtern des – für die Entscheidung gesellschaftsrechtlicher Streitfälle zuständigen – II. ZS des BGH geäußert: ***Röhricht***, ehemals VorsRichter des II. ZS, hält den Beschluss vom 11. 6. 1981 für »unrichtig«; das Urteil vom 22. 5. 1989 könne »schwerlich als das letzte Wort des BGH gelten« (GroßkommAktG/*Röhricht* § 23 Rn. 51 Fn. 61). Beachtung hat namentlich die Kritik von ***Goette***, heute VorsRichter des II. ZS, gefunden: Die Änderung des Art. 11 EGBGB durch Art. 1 des Gesetzes zur Neuregelung des Internationalen Privatrechts vom 25. 7. 1986 (BGBl. 1986 I, 1142) mit Wirkung zum 1. 9. 1986 habe Auswirkungen hinsichtlich seiner Anwendbarkeit auf gesellschaftsrechtliche Vorgänge; wegen der systematischen Stellung des Art. 11 EGBGB im Abschnitt »Recht der natürlichen Personen und Rechtsgeschäfte« und ausweislich der Begründung des Gesetzesentwurfs regele Art. 11 EGBGB »nicht die Form von Vorgängen, die sich auf die Verfassung von Gesellschaften und juristischen Personen beziehen« (BT-Drucksache 10/504, 49). Aus allgemeinen Regeln folge, dass das Ortsstatut aus Gründen der Rechtssicherheit und des Verkehrsschutzes eingeschränkt werde, »wenn es um Vorgänge geht, die sich nicht auf die unmittelbar an dem formgebundenen Akt Beteiligten beschränken, sondern Auswirkungen nicht nur auf die gegenwärtigen, sondern auch auf künftige Mitglieder der Gesellschaft haben«. Mangels Maßgeblichkeit des Ortsstatuts sei zu prüfen, ob die »Inlandsform«, nämlich notarielle Beurkundung, durch einen ausländischen Notar eingehalten werde. Dies setze voraus, dass der Zweck der Formvorschrift auch im Ausland mit gleicher Gewissheit erfüllt werde. In der vom deutschen Gesetzgeber angeordneten notariellen Beurkundung manifestiere sich der Wille, »nicht nur sicherzustellen, dass die Identität der Erklärenden und ihre Autorenschaft zweifelsfrei festgelegt werden, sondern dass die Urkundsperson auch zu dem Inhalt der [...] Erklärungen aus ihrer Sicht als nicht

einmal mittelbar Betroffener auch sachlich Stellung nimmt«. Soweit es nur um die Wahrung der Interessen der unmittelbar an dem Geschäft beteiligten Personen gehe, sei ein Verzicht auf die Belehrung und auf die Inanspruchnahme des Notars wegen etwaiger Fehler zulässig; dies gelte jedoch nicht, soweit der zu beurkundende Akt – wie bei Angelegenheiten, die die Verfassung der Gesellschaft betreffen, – Auswirkungen nicht nur auf die an der Beurkundung unmittelbar beteiligten Personen, sondern auch auf andere Personen, insbesondere Beitretende, habe oder haben könne. Die »Vergleichbarkeit der ausländischen Beurkundung scheitert deswegen in diesen Fällen daran, dass der ausländische Notar die mit der Anordnung der notariellen Beurkundung bezweckte materielle Richtigkeitsgewähr nicht zu leisten vermag und – wie gerade die in der Schweiz verbreiteten Haftungsfreizeichnungen zeigen – auch nicht leisten will«. Die vom Registergericht vor der Eintragung durchzuführende Prüfung des Gesellschaftsvertrags führe nicht zur Entbehrlichkeit der vom Notar bei der Beurkundung durchzuführenden, die »materielle Richtigkeitsgewähr« bezweckenden Belehrung; die »registerrechtliche und die ihr vorangehende Prüfung der einzutragenden Erklärungen durch den Notar als Rechtspflegeorgan stehen vielmehr unabhängig nebeneinander« (*Goette* FS Boujong 1996, 131, 132 ff. = DStR 1996, 709; vgl. auch *Goette* MittRhNotK 1997, 1).

Von wenigen Stimmen in der Literatur wird – entsprechend dem Ortsstatut – die Einhaltung der Form, die im Ausland für einen die Verfassung der Gesellschaft betreffenden Akt vorgeschrieben ist, als ausreichend erachtet, weil der »zusammenwachsenden europäischen Rechtsgemeinschaft« Rechnung getragen werden müsse (vgl. Palandt/*Heldrich* Art. 11 EGBGB Rn. 13; vgl. auch Michalski/*Hoffmann* § 53 Rn. 81 ff.; Michalski/*Michalski* § 2 Rn. 23 f.; MüKo BGB/*Spellenberg* Art. 11 EGBGB Rn. 132 f.). Indes wird **überwiegend die Auffassung** vertreten, dass bei der Vornahme eines solchen Aktes – entsprechend dem Wirkungsstatut – die **vom deutschen Recht vorgeschriebene Form** notarieller Beurkundung einzuhalten sei (vgl. A/E/S/*Achilles* § 2 Rn. 25; Baumbach/Hueck/*Hueck/Fastrich* § 2 Rn. 9; Baumbach/Hueck/*Zöllner* § 53 Rn. 80; Lutter/Hommelhoff/*Bayer* GmbHG, § 2 Rn. 16 sowie § 53 Rn. 16; MünchHdb GesR III/*Marquardt* § 22 Rn. 27; MüKo BGB/*Kindler* IntGesR Rn. 532 ff.; *Roth*/Altmeppen § 2 Rn. 22; R/S-L/*Schmidt-Leithoff* § 2 Rn. 40 ff.; Scholz/*Emmerich* GmbHG, § 2 Rn. 18; Scholz/*Westermann* GmbHG, Einl. Rn. 93; Scholz/*Priester* GmbHG, § 53 Rn. 72; Staudinger/*Großfeld* IntGesR Rn. 453 ff.; Staudinger/*Winkler von Mohrenfels* Art. 11 EGBGB Rn. 280 ff.; *Ulmer* § 2 Rn. 17; *Goette* FS Boujong 1996, 131; *Gehrlein* GmbH-Recht, S. 49; *Bredthauer* BB 1986, 1864; *Brück* DB 2004, 2409; *Dignas* GmbHR 2005, 139; MittRhNotK 1997, 1; *Haerendel* DStR 2001, 1802; *Kröll* ZGR 2000, 111; *Schervier* NJW 1992, 593; *Wilken* EWiR 1996, 937; *Reithmann* NJW 2003, 385; *Sick/Schwarz* NZG 1998, 540; *Spahlinger/Wegen* C Rn. 664 f.). 26

Bei **Maßgeblichkeit des Wirkungsstatuts** wird das vom deutschen Recht aufgestellte Formerfordernis durch eine Beurkundung im Ausland erfüllt, wenn die Beurkundung im Ausland mit der Beurkundung durch einen deutschen Notar gleichwertig ist. In der Literatur werden zur Gleichwertigkeit einer Beurkundung im Ausland mit der durch einen deutschen Notar unterschiedliche Auffassungen vertreten: Während die Beurkundung durch einen Notar in **Österreich** und der **Schweiz** sowie in den Ländern des **»lateinischen Notariats«** (Belgien, Frankreich, Italien, Niederlande, Spanien) nach Auffassung vieler Autoren mit der Beurkundung durch einen deutschen Notar gleichwertig ist (vgl. A/E/S/*Achilles* § 2 Rn. 25; *Gehrlein* GmbH-Recht, S. 49; Lutter/Hommelhoff/*Lutter/Bayer* GmbHG, § 2 Rn. 16 sowie § 53 Rn. 16; Michalski/*Hoffmann* § 53 Rn. 76 ff.; MünchHdb GesR III/*Marquardt* § 22 Rn. 27; *Roth*/Altmeppen § 2 Rn. 22; R/S-L/*Schmidt-Leithoff* § 2 Rn. 42; Scholz/*Emmerich* GmbHG, § 2 Rn. 18; vgl. auch Baumbach/Hueck/*Zöllner* § 53 Rn. 80; MüKo BGB/*Spellenberg* Art. 11 EGBGB Rn. 77; Palandt/*Heldrich* Art. 11 EGBGB Rn. 8; Staudinger/*Winkler von Mohrenfels* Art. 11 EGBGB Rn. 304 ff., 316 ff.; *Benecke* RIW 2002, 280; *Horn/Kröll* EWiR 1998, 215 hinsichtl. der Beurkundung in Österreich; *Kröll* ZGR 2000, 111; *Löber* RIW 1989, 94 hinsichtl. der Beurkundung in Spanien; *Reuter* BB 1998, 116; *Sick/Schwarz* NZG 1998, 540; *Stange* DB 1997, 1224), wird von anderen Autoren die Gleichwertigkeit einer Beurkundung im Ausland – auch in der Schweiz – mit einer Beurkundung durch einen deutschen Notar in Abrede gestellt, wenn der im Ausland beurkundende Notar keine **Kennt-** 27

nisse deutschen (Gesellschafts-)Rechts hat und dementsprechend seine eigene Haftung für Fehler durch eine »Freizeichnungserklärung« ausschließt sowie keine Niederschrift vorliest (vgl. MünchHdb GesR III/*Heinrich* § 5 Rn. 38; Scholz/*Priester* GmbHG, § 53 Rn. 73 ff.; Staudinger/*Großfeld* IntGesR Rn. 471 ff.; *Ulmer* § 2 Rn. 17 a; *Goette* FS Boujong 1996, 131; MittRhNotK 1997, 1; *Bredthauer* BB 1986, 1864 hinsichtl. der Beurkundung im Kanton Zürich; *Brück* DB 2004, 2409; *Heckschen* RPfleger 1990, 122; DB 1990, 161; GmbHR 1991, 25; *Lerch* DB 1992, 670; *Reithmann* NJW 2003, 385; *Wilken* EWiR 1996, 937; vgl. auch *Dignas* GmbHR 2005, 139; *Haerendel* DStR 2001, 1802; *Jakobs* MittRhNotK 1985, 57 hinsichtl. der Beurkundung in der Schweiz; *van Randenborgh/Kallmeyer* GmbHR 1996, 908; *Schervier* NJW 1992, 593; *Zimmer* WiB 1996, 1168; *Spahlinger/Wegen* C Rn. 670).

28 Bevor nicht der deutsche Gesetzgeber – möglicherweise zur Umsetzung europarechtlicher Vorgaben – eine ausdrückliche Regelung über die beim Abschluss eines Gesellschaftsvertrags im Ausland einzuhaltende Form geschaffen hat, ist auf Grund allgemeiner Regeln des Internationalen Privatrechts davon auszugehen, dass nicht das Ortsstatut, sondern das **Wirkungsstatut maßgeblich** ist: Demnach ist die vom deutschen Recht vorgeschriebene Form notarieller Beurkundung beim Abschluss des Gesellschaftsvertrags (§ 2 Abs. 1 S. 1 GmbHG) einzuhalten. Dieses Formerfordernis wird durch eine Beurkundung im Ausland erfüllt, wenn die Beurkundung im Ausland mit der Beurkundung durch einen deutschen Notar gleichwertig ist. Die **Gleichwertigkeit einer Beurkundung im Ausland** mit der Beurkundung durch einen deutschen Notar ist sowohl im Hinblick auf die Ausbildung und Stellung des Notars als auch im Hinblick auf das Beurkundungsverfahren anhand der Umstände des Einzelfalls zu ermitteln; hierbei ist zu prüfen, ob durch die Beurkundung im Ausland die mit dem (Form-)Erfordernis notarieller Beurkundung bezweckten Funktionen (s. Rn. 16) erfüllt werden: Während durch eine Beurkundung im Ausland der Beweisfunktion Genüge getan werden kann, indem eine Niederschrift aufgenommen wird, ist die Gewährung der materiellen Richtigkeit häufig problematisch, weil ein Notar im Ausland auf Grund seiner Ausbildung und Stellung nicht zwingend über die Kenntnis deutschen (Gesellschafts-)Rechts verfügt; da dieser Zweck notarieller Beurkundung nicht nur im Interesse der Beteiligten, sondern im allgemeinen Interesse besteht, können die Beteiligten hierauf nicht verzichten. Sofern indes ein ausländischer Notar im Einzelfall nachweisbar über die Kenntnis deutschen (Gesellschafts-)Rechts verfügt und seine Haftung für Fehler nicht durch eine »Freizeichnungserklärung« ausschließt, kann mittels einer Beurkundung im Ausland die materielle Richtigkeit in demselben Maße gewährt werden wie mittels einer Beurkundung durch einen deutschen Notar; hierbei ist zu beachten, dass ein deutscher Notar die Beurkundung nur unter bestimmten (engen) Voraussetzungen verweigern kann, nämlich wenn die Beteiligten entsprechenden Hinweisen zur Gewährung materieller Richtigkeit nicht folgen wollen (vgl. § 4 BeurkG). Die Prüfungs- und Belehrungsfunktion, die vor allem der Aufklärung (Warnung) der Beteiligten über die rechtliche Tragweite ihrer Willenserklärungen dient, kann durch eine Beurkundung im Ausland erfüllt werden, wenn eine »Verhandlung« durch Vorlesen der Niederschrift stattfindet; im Übrigen hängen Existenz und Umfang der Belehrungspflicht von der konkreten Belehrungsbedürftgkeit der Beteiligten ab, so dass bei anwaltlich beratenen Beteiligten geringere Anforderungen an die Belehrungspflicht zu stellen sind.

e) Folgen der Nichteinhaltung der Form

29 Wenn beim Abschluss des Gesellschaftsvertrags die Form notarieller Beurkundung nicht beachtet wird, ist der Gesellschaftsvertrag gem. § 125 S. 1 BGB **nichtig** (vgl. Baumbach/Hueck/*Hueck/Fastrich* Rn. 14; Lutter/Hommelhoff/*Lutter/Bayer* GmbHG, § 2 Rn. 19; *Michalski* § 2 Rn. 25; MünchHdb GesR III/*Heinrich* § 12 Rn. 6; Scholz/*Emmerich* GmbHG, § 2 Rn. 19). Da in einem solchen Fall die Gesellschaft nicht ordnungsgemäß errichtet ist, hat das (Register-)Gericht die Eintragung der Gesellschaft in das Handelsregister abzulehnen (§ 9 c Abs. 1 S. 1, Abs. 2 Nr. 3 GmbHG; s. § 9 c GmbHG Rn. 11).

Kommt es zur Eintragung der Gesellschaft in das Handelsregister, obwohl die Gesellschaft wegen Nichteinhaltung der Anforderungen an die Form notarieller Beurkundung nicht ordnungsgemäß errichtet ist, hindert dies die Entstehung der Gesellschaft nicht; der Mangel wird durch die Eintragung »**geheilt**«. Weder die Erhebung einer Nichtigkeitsklage durch einen Gesellschafter, Geschäftsführer oder ein Mitglied des Aufsichtsrats gem. § 75 GmbHG noch die Löschung durch das Registergericht gem. § 144 Abs. 1 S. 2 FGG noch die Auflösung gem. § 144 a Abs. 4 FGG kommen in Betracht (vgl. Baumbach/*Hueck/Fastrich* § 2 Rn. 15, 36; Lutter/Hommelhoff/*Lutter/Bayer* GmbHG, § 2 Rn. 20; MünchHdb GesR III/*Heinrich* § 12 Rn. 9; Scholz/*Emmerich* GmbHG, § 2 Rn. 20; *Ulmer* Rn. 26 und 91; s. auch Rn. 41, 46 ff., § 10 GmbHG Rn. 3, § 75 GmbHG Rn. 6). 30

2. Mitwirkung der Gesellschafter: Unterzeichnung, Abs. 1 S. 2

Der Gesellschaftsvertrag ist von **sämtlichen Gesellschaftern zu unterzeichnen** (Abs. 1 S. 2). Durch diese Vorschrift wird eine »Stufengründung« ausgeschlossen: Sämtliche Gesellschafter müssen sich durch Unterzeichnung des Gesellschaftsvertrags zur Leistung einer – im Gesellschaftsvertrag zu bestimmenden (§ 3 Abs. 1 Nr. 4 GmbHG) – Stammeinlage verpflichten; aus diesem Grund müssen im Zeitpunkt des Abschlusses des Gesellschaftsvertrags sämtliche Gesellschafter feststehen. Vor Eintragung der Gesellschaft im Handelsregister ist der Beitritt eines Gesellschafters – ebenso wie der Wechsel eines Gesellschafters – nur durch Änderung des Gesellschaftsvertrags möglich; niemand kann, ohne selbst den Gesellschaftsvertrag zu unterzeichnen, durch schlichte Übernahme einer Stammeinlage Gesellschafter werden (vgl. Scholz/*Emmerich* GmbHG, § 2 Rn. 16; Baumbach/Hueck/*Hueck/Fastrich* § 2 Rn. 10 f.; Lutter/Hommelhoff/*Lutter/Bayer* GmbHG, § 2 Rn. 15; s. auch Rn. 44 ff.). 31

Abs. 1 S. 2 verlangt indes nicht die **gleichzeitige Anwesenheit** sämtlicher Gesellschafter beim Abschluss des Gesellschaftsvertrags; die auf den Abschluss des Gesellschaftsvertrags gerichteten Willenserklärungen können außerdem vor verschiedenen Notaren abgegeben werden (zur – zulässigen – »Stufenbeurkundung« s. Rn. 20). 32

3. Vertretung

a) Zulässigkeit rechtsgeschäftlicher Vertretung

Abs. 2 bringt, ohne dies ausdrücklich zu regeln, zum Ausdruck, dass sich die Gesellschafter beim Abschluss des Gesellschaftsvertrags durch Bevollmächtigte vertreten lassen können. Diese Vorschrift bezieht sich nur auf die **rechtsgeschäftliche Vertretung**, nicht auf die gesetzliche oder organschaftliche Vertretung. Auf die rechtsgeschäftliche Vertretung beim Abschluss des Gesellschaftsvertrags finden – vorbehaltlich anderweitiger spezieller Regelung – die §§ 164 ff. BGB Anwendung; insbesondere § 181 BGB ist zu beachten (vgl. A/E/S/*Achilles* § 2 Rn. 28; Baumbach/Hueck/*Hueck/Fastrich* § 2 Rn. 20; *Michalski* § 2 Rn. 30 ff.; *Roth*/Altmeppen § 2 Rn. 27 ff.; Scholz/*Emmerich* GmbHG, § 2 Rn. 29). 33

b) Erteilung der Vertretungsmacht, Abs. 2

Die Unterzeichnung des Gesellschaftsvertrags durch Bevollmächtigte ist nur auf Grund einer »notariell errichteten oder beglaubigten Vollmacht« zulässig (Abs. 2). Diese Formulierung ist nicht präzise, weil die Rechtsordnung zwar die »notarielle Beurkundung« (§ 128 BGB) bzw. die »Beurkundung« von Willenserklärungen durch einen Notar (§§ 6 ff. BeurkG; vgl. auch § 20 Abs. 1 S. 1 BNotO) sowie die »öffentliche Beglaubigung« mittels Beglaubigung der Unterschrift des Erklärenden von einem Notar (§ 129 Abs. 1 S. 1 BGB; vgl. auch § 40 BeurkG, § 20 Abs. 1 S. 1 BNotO) regelt, jedoch nicht die »notariell errichtete Vollmacht« oder die »notariell beglaubigte Vollmacht«. Abs. 2 ist wie folgt zu verstehen: Die Vertretungsmacht zum Abschluss eines Gesellschaftsvertrags kann nur durch notarielle Beurkundung der Vollmachtsurkunde oder durch schriftliche Vollmachtsurkunde mit Beglaubigung der Unterschrift des Erklärenden von einem Notar (hier verkürzend als »notarielle Beglaubigung« bezeichnet) erteilt werden. 34

35 **aa) Zweck der notariellen Beurkundung/Beglaubigung der Vollmachtsurkunde** Das Erfordernis, die Vertretungsmacht zum Abschluss eines Gesellschaftsvertrags durch notariell beurkundete oder beglaubigte Vollmachtsurkunde zu erteilen, besteht aus Gründen der Rechtssicherheit: Zweifel und Streitigkeiten über die Legitimation der Vertreter sollen ausgeschlossen werden (BGH NJW 1969, 1856; BB 1980, 857; vgl. auch *Michalski* § 2 Rn. 28; Scholz / *Emmerich* GmbHG, § 2 Rn. 24).

36 **bb) Durchführung der notariellen Beurkundung/Beglaubigung der Vollmachtsurkunde** Die Erteilung der Vertretungsmacht zum Abschluss des Gesellschaftsvertrags bedarf – abweichend von § 167 Abs. 2 BGB – der notariellen Beurkundung oder Beglaubigung der Vollmachtsurkunde. Die notarielle Beurkundung der Vollmachtsurkunde richtet sich, da es sich bei der Erteilung der Vertretungsmacht um eine einseitige (empfangsbedürftige) Willenserklärung handelt, nach den §§ 6 ff. BeurkG, die notarielle Beglaubigung nach den §§ 39 ff. BeurkG. Es ist unerheblich, ob die Vertretungsmacht nur zum Abschluss eines bestimmten Gesellschaftsvertrags (»Spezialvollmacht«), zum Abschluss von Gesellschaftsverträgen im allgemeinen (»Gattungsvollmacht«) oder auch zur Vornahme anderer Rechtsgeschäfte einschließlich des Abschlusses von Gesellschaftsverträgen (»Generalvollmacht«) berechtigt; eine Handlungsvollmacht i. S. d. § 54 HGB berechtigt indes nicht zum Abschluss eines Gesellschaftsvertrags (vgl. A / E / S / *Achilles* § 2 Rn. 27; Baumbach / Hueck / *Hueck/Fastrich* § 2 Rn. 17; *Michalski* § 2 Rn. 33; MünchHdb GesR III / *Heinrich* § 5 Rn. 45; R / S-L / *Schmidt-Leithoff* § 2 Rn. 51; Scholz / *Emmerich* GmbHG, § 2 Rn. 26 f.; *Ulmer* § 2 Rn. 29 f.).

37 **cc) Besonderheit: Erteilung der Vertretungsmacht im Ausland** Bei Erteilung der Vertretungsmacht im Ausland stellt sich – ebenso wie beim Abschluss des Gesellschaftsvertrags im Ausland (s. Rn. 21 ff.) – die Frage, ob durch eine notarielle Beurkundung oder Beglaubigung der Vollmachtsurkunde im Ausland das vom deutschen Recht aufgestellte Erfordernis notarieller Beurkundung oder Beglaubigung erfüllt wird (Problem der Substitution). Da der Zweck dieser Vorschrift, Zweifel und Streitigkeiten über die Legitimation der Vertreter auszuschließen (s. Rn. 35), auch durch notarielle Beurkundung oder Beglaubigung der Vollmachtsurkunde im Ausland erreicht wird, kann die Vertretungsmacht auch im Ausland erteilt werden (vgl. Baumbach / Hueck / *Hueck/Fastrich* § 2 Rn. 16; *Michalski* § 2 Rn. 29; MünchHdb GesR III / *Heinrich* § 5 Rn. 43; Scholz / *Emmerich* GmbHG, § 2 Rn. 25).

38 **dd) Folgen der Nichteinhaltung der Anforderungen** Wird die Vertretungsmacht nicht durch notariell beurkundete oder beglaubigte Vollmachtsurkunde erteilt, ist sie **nichtig** (§ 125 S. 1 BGB); der einen Gesellschaftsvertrag unterzeichnende Vertreter handelt ohne Vertretungsmacht (vgl. MünchHdb GesR III / *Heinrich* § 5 Rn. 42; R / S-L / *Schmidt-Leithoff* § 2 Rn. 56; *Ulmer* § 2 Rn. 27 a; vgl. auch *Reinicke* NJW 1969, 1830). Wenn der Gesellschaftsvertrag einer Mehrpersonen-Gesellschaft durch einen Vertreter ohne Vertetungsmacht unterzeichnet wird, ist der Gesellschaftsvertrag **»schwebend unwirksam«**; in einem solchen Fall kommt die Genehmigung des Vertrages durch den Vertretenen in Betracht (§ 177 Abs. 1 BGB). Wenn demgegenüber der Gesellschaftsvertrag einer **Einpersonen-Gesellschaft** durch einen Vertreter ohne Vertetungsmacht unterzeichnet wird, ist dessen auf den Abschluss des Gesellschaftsvertrags gerichtete Willenserklärung nichtig, weil es sich bei der Abgabe einer auf die Errichtung einer Einpersonen-Gesellschaft gerichteten Willenserklärung um eine (»streng«) einseitige nicht empfangsbedürftige Willenserklärung handelt, bei der Vertretung ohne Vertretungsmacht unzulässig ist (§ 180 S. 1 BGB); die Möglichkeit der Genehmigung durch den Vertretenen besteht – anders als bei der Errichtung einer Mehrpersonen-Gesellschaft – nicht (LG Berlin GmbHR 1996, 123; vgl. auch A / E / S / *Achilles* § 2 Rn. 29; Baumbach / Hueck / *Hueck/Fastrich* § 2 Rn. 18; Lutter / Hommelhoff / *Lutter/Bayer* GmbHG, § 2 Rn. 17; MünchHdb GesR III / *Heinrich* § 12 Rn. 7).

39 Bei der Errichtung einer **Mehrpersonen-Gesellschaft** erfolgt die Genehmigung des »schwebend unwirksamen« Gesellschaftsvertrags durch eine einseitige empfangsbedürftige Willenserklä-

rung des Vertretenen, auf die – vorbehaltlich anderweitiger Regelung – die §§ 182 ff. BGB anzuwenden sind. Sie bedarf – in analoger Anwendung des § 2 Abs. 2 GmbHG und abweichend von § 182 Abs. 2 BGB – der notariellen Beurkundung oder Beglaubigung, weil der Zweck des in § 2 Abs. 2 GmbHG geregelten Formerfordernisses, Zweifel und Streitigkeiten über die Legitimation der Vertreter auszuschließen (s. Rn. 35), nur erreicht wird, wenn diese Form auch bei der Genehmigungserklärung des durch einen Vertreter ohne Vertretungsmacht abgeschlossenen Gesellschaftsvertrags eingehalten wird (OLG Köln NJW-RR 1996, 550 [dort fälschlicherweise als OLG Düsseldorf bezeichnet]; vgl. aber auch BGH BB 1980, 857 im Hinblick auf die Genehmigungserklärung eines zunächst minderjährigen Gesellschafters nach Eintritt seiner Volljährigkeit). Die notarielle Beurkundung der Genehmigungserklärung richtet sich nach den §§ 6 ff. BeurkG, die notarielle Beglaubigung nach den §§ 39 ff. BeurkG.

Die Gesellschaft ist nicht ordnungsgemäß errichtet, wenn die Vertretungsmacht nicht durch notariell beurkundete oder beglaubigte Vollmachtsurkunde erteilt worden ist und die Genehmigung des durch einen Vertreter ohne Vertretungsmacht abgeschlossenen Gesellschaftsvertrags einer Mehrpersonen-Gesellschaft nicht durch notariell beurkundete oder beglaubigte Genehmigungserklärung des Vertretenen (§ 2 Abs. 2 GmbHG analog) erfolgt ist. In einem solchen Fall hat das (Register-)Gericht die Eintragung der Gesellschaft in das Handelsregister abzulehnen (§ 9 c Abs. 1 S. 1, Abs. 2 Nr. 3 GmbHG; s. § 9 c GmbHG Rn. 11). 40

Kommt es zur Eintragung der Gesellschaft in das Handelsregister, obwohl die Gesellschaft wegen einer fehlenden oder fehlerhaften Vollmachtsurkunde oder Genehmigungserklärung nicht ordnungsgemäß errichtet worden ist, hindert dies die Entstehung der Gesellschaft nicht; der Mangel wird durch die Eintragung »**geheilt**«. Weder die Erhebung einer Nichtigkeitsklage durch einen Gesellschafter, Geschäftsführer oder ein Mitglied des Aufsichtsrats gem. § 75 GmbHG noch die Löschung durch das Registergericht gem. § 144 Abs. 1 S. 2 FGG noch die Auflösung gem. § 144 a Abs. 4 FGG kommen in Betracht. Die Eintragung in das Handelsregister bewirkt indes nicht, dass derjenige Gesellschafter wird, der insbesondere wegen fehlender oder beschränkter Geschäftsfähigkeit (§§ 104 ff. BGB) keine Vertretungsmacht erteilt hat (vgl. Baumbach/Hueck/*Hueck/Fastrich* § 2 Rn. 19, 36; Lutter/Hommelhoff/*Lutter/Bayer* GmbHG, § 2 Rn. 20; *Michalski* § 2 Rn. 38; MünchHdb GesR III/*Heinrich* § 12 Rn. 9; Scholz/*Emmerich* GmbHG, § 2 Rn. 32; s. Rn. 30 und 46 ff., § 10 GmbHG Rn. 3). 41

III. Vorgesellschaft, insbesondere Änderung des Gesellschaftsvertrags

Mit Abschluss des – notariell zu beurkundenden und von sämtlichen Gesellschaftern zu unterzeichnenden – Gesellschaftsvertrags entsteht eine »**Vorgesellschaft**«, die häufig auch als »**Vor-GmbH**« bezeichnet wird. Vor der Eintragung in das Handelsregister besteht eine GmbH »als solche« nicht (§ 11 Abs. 1 GmbHG); erst die durch die Eintragung entstandene GmbH »hat selbständig ihre Rechte und Pflichten« und ist juristische Person (§ 13 Abs. 1 Hs. 1 GmbHG; s. § 13 GmbHG Rn. 2 ff.). 42

1. Rechtsnatur der Vorgesellschaft und anzuwendendes Recht

Auf die Vorgesellschaft als »notwendiger Vorstufe zur juristischen Person« werden die Vorschriften des GmbH-Rechts angewendet, soweit diese nicht die Rechtsfähigkeit voraussetzen oder auf die besonderen Umstände bzw. Verhältnisse im Gründungsstadium nicht hinreichend Rücksicht nehmen (s. § 11 GmbHG Rn. 8 ff.). 43

2. Änderung des Gesellschaftsvertrags einschließl. Wechsel eines Gesellschafters vor Eintragung

Vor Eintragung der Gesellschaft in das Handelsregister bedarf eine **Änderung einschließlich einer Ergänzung des Gesellschaftsvertrags** – vorbehaltlich anderweitiger Regelung – der vertraglichen Vereinbarung aller Gesellschafter gem. § 2 GmbHG, weil § 53 GmbHG auf eine Vorgesellschaft nicht anwendbar ist: Die – notariell zu beurkundende – Vereinbarung ist von sämt- 44 lichen Gesellschaftern zu unterzeichnen; Vollmachtsurkunde oder Genehmigungserklärung bedürfen notarieller Beurkundung oder Beglaubigung (OLG Köln NJW-RR 1996, 550 [dort fälschlicherweise als OLG Düsseldorf bezeichnet]; vgl. auch Baumbach / Hueck / *Hueck/Fastrich* § 2 Rn. 13; Lutter / Hommelhoff / *Lutter/Bayer* GmbHG, § 2 Rn. 26; Scholz / *Emmerich* GmbHG, § 2 Rn. 21; a. A.: MünchHdb GesR III / *Heinrich* § 5 Rn. 50 f.; *Priester* ZIP 1987, 280; Scholz / *K. Schmidt* GmbHG, § 11 Rn. 47).

45 Der **Wechsel eines Gesellschafters** der Vorgesellschaft erfolgt nicht durch Übertragung eines Geschäftsanteils gem. § 15 GmbHG, sondern bedarf – ebenso wie der Beitritt oder das Ausscheiden eines Gesellschafters – einer Änderung des Gesellschaftsvertrags, da die von jedem Gesellschafter zu leistende Stammeinlage im Gesellschaftsvertrag zu bestimmen ist (§ 3 Abs. 1 Nr. 4 GmbHG); vor Eintragung der Gesellschaft in das Handelsregister bestehen noch keine Geschäftsanteile (BGHZ 15, 204, 206; 21, 242, 245; 29, 300, 303; BGH WM 1971, 306; WM 1983, 230; NJW 1997, 1507 [insoweit in BGHZ 134, 333 nicht abgedruckt]; NZG 2005, 263; OLG Frankfurt NJW-RR 1997, 1062; vgl. auch Baumbach / Hueck / *Hueck/Fastrich* § 2 Rn. 13; Lutter / Hommelhoff / *Lutter/Bayer* GmbHG, § 2 Rn. 26; MünchHdb GesR III / *Heinrich* § 5 Rn. 53; Scholz / *Emmerich* GmbHG, § 2 Rn. 22; a. A.: Scholz / *K. Schmidt* GmbHG, § 11 Rn. 41; *K. Schmidt* ZIP 1997, 671; GmbHR 1997, 869; s. auch Rn. 31 und 52).

IV. Fehlerhafter Gesellschaftsvertrag, fehlerhafter Gesellschafterbeitritt/ – wechsel

1. Behandlung eines fehlerhaften Gesellschaftsvertrags

46 Nach Eintragung einer Gesellschaft in das Handelsregister berechtigen nur wenige Fehler des Gesellschaftsvertrags – nämlich das Fehlen gesellschaftsvertraglicher Bestimmungen über die Höhe des Stammkapitals oder über den Gegenstand des Unternehmens sowie die Nichtigkeit gesellschaftsvertraglicher Bestimmungen über den Unternehmensgegenstand – einen Gesellschafter, einen Geschäftsführer oder ein Mitglied des Aufsichtsrats zur **Erhebung einer Nichtigkeitsklage** gem. § 75 GmbHG (vgl. dazu ausführl. Kap. 16 Rn. 464 ff.) oder zur Löschung durch das Registergericht gem. § 144 Abs. 1 S. 2 FGG (vgl. dazu Kap. 16 Rn. 481 ff.) bzw. zur Auflösung gem. § 144 a Abs. 4 FGG. Da diese Regelungen den Bestand einer eingetragenen Gesellschaft sichern, ist der Anwendungsbereich der – im Recht der Personengesellschaften entwickelten – Grundsätze über die Behandlung fehlerhafter Gesellschaftsverträge nach Invollzugsetzung der Gesellschaft wegen der durch die Eintragung herbeigeführten (»Heilungs«-)Wirkung begrenzt (vgl. BGH NJW 1996, 659; Baumbach / Hueck / *Hueck/Fastrich* § 2 Rn. 36 f.; Lutter / Hommelhoff / *Lutter/Bayer* GmbHG, § 2 Rn. 20; MünchHdb GesR III / *Heinrich* § 12 Rn. 4; Scholz / *Emmerich* GmbHG, § 2 Rn. 65; *Ulmer* § 2 Rn. 86 ff.; s. Rn. 30 und 41, § 10 GmbHG Rn. 3).

47 Da die Regelungen über die Nichtigkeitsklage gem. § 75 GmbHG oder zur Löschung gem. § 144 Abs. 1 S. 2 FGG bzw. zur Auflösung gem. § 144 a Abs. 4 FGG mangels Eintragung bei einer Vorgesellschaft nicht anwendbar sind, finden die **Grundsätze über die Behandlung fehlerhafter Gesellschaftsverträge** nach Invollzugsetzung der Gesellschaft auf die Vorgesellschaft Anwendung: Die – zunächst als bestehend zu behandelnde – Vorgesellschaft kann nur mit Wirkung ex nunc aufgelöst und liquidiert werden; von den Gesellschaftern erbrachte Leistungen werden nicht nach bereicherungsrechtlichen Grundsätzen rückabgewickelt (BGHZ 13, 320, 322 ff.; OLG Dresden NZG 1998, 311; vgl. auch Baumbach / Hueck / *Hueck/Fastrich* § 2 Rn. 35; Lutter / Hommelhoff / *Lutter/Bayer* GmbHG, § 2 Rn. 19; *Michalski* § 2 Rn. 56; MünchHdb GesR III / *Gummert* § 16 Rn. 18; MünchHdb GesR III / *Heinrich* § 12 Rn. 3; *Roth* / Altmeppen § 2 Rn. 44; R / S-L / *Schmidt-Leithoff* § 2 Rn. 65 ff.; Scholz / *Emmerich* GmbHG, § 2 Rn. 64; a. A.: OLG Dresden GmbHR 1997, 746).

2. Fehlerhafter Gesellschafterbeitritt/ -wechsel

a) Fehlerhafter Beitritt

48 Vor Eintragung einer Gesellschaft in das Handelsregister erfolgt der Beitritt zu einer Gesellschaft durch Abgabe einer auf den Abschluss des Gesellschaftsvertrags gerichteten Willenserklärung. Ein **Mangel der Willenserklärung**, namentlich die Anfechtbarkeit der Erklärung wegen Irrtums (§ 119 BGB) oder wegen arglistiger Täuschung (§ 123 Abs. 1 Alt. 1 BGB), kann bis zur Invollzugsetzung der Vorgesellschaft ohne Einschränkung geltend gemacht werden. Nach Invollzugsetzung der Vorgesellschaft finden die Grundsätze über die Behandlung fehlerhafter Gesellschaftsverträge Anwendung: Die Geltendmachung des Mangels mit Wirkung ex tunc scheidet aus; der Betroffene kann die Auflösung der Vorgesellschaft verlangen oder gegenüber den übrigen Gesellschaftern seinen Austritt aus der Gesellschaft erklären sowie die Eintragung der Gesellschaft in das Handelsregister verhindern. Mit dem – durch Eintragung der Gesellschaft in das Handelsregister bewirkten – Entstehen der Gesellschaft »als solcher« wird ein etwaiger Mangel »geheilt«: Der Schutz des namentlich durch Irrtum oder Drohung zur Abgabe der Beitrittserklärung veranlassten Gesellschafters tritt hinter dem Schutz des Rechtsverkehrs und der übrigen Gesellschafter am Bestand der Gesellschaft zurück; der Betroffene kann lediglich – vorbehaltlich des Vorliegens weiterer Voraussetzungen – die Auflösung der Gesellschaft gem. § 61 GmbHG verlangen oder aus der Gesellschaft austreten (vgl. Lutter / Hommelhoff / *Lutter/Bayer* GmbHG, § 2 Rn. 21 f.; MünchHdb GesR III / *Heinrich* § 12 Rn. 30; *Roth* / Altmeppen § 2 Rn. 37; R / S-L / *Schmidt-Leithoff* § 2 Rn. 72 ff.; Scholz / *Emmerich* GmbHG, § 2 Rn. 72 f.; *Ulmer* Rn. 121 f.; s. auch Rn. 30 und 41, § 9 c GmbHG Rn. 11, § 10 GmbHG Rn. 3).

49 Trotz Eintragung der Gesellschaft in das Handelsregister sind **folgende Beitrittserklärungen unwirksam**, ohne dass durch die Eintragung eine »Heilung« bewirkt wird (vgl. auch Baumbach / Hueck / *Hueck/Fastrich* § 2 Rn. 38; Lutter / Hommelhoff / *Lutter/Bayer* GmbHG, § 2 Rn. 24; MünchHdb GesR III / *Heinrich* § 12 Rn. 31; Scholz / *Emmerich* GmbHG, § 2 Rn. 66):

- eine von einem **Geschäftsunfähigen** oder **beschränkt Geschäftsfähigen**, insbesondere einem Minderjährigen (§§ 104 ff. BGB), abgegebene Erklärung zum Abschluss des Gesellschaftsvertrags (BGH BB 1980, 857);
- eine durch **Drohung** (§ 123 Abs. 1 Alt. 2 BGB) erzwungene Erklärung zum Abschluss des Gesellschaftsvertrags;
- eine von einem **Vertreter ohne Vertretungsmacht** abgegebene Erklärung zum Abschluss des Gesellschaftsvertrags, wenn das Fehlen der Vertretungsmacht auf dem gänzlichen Fehlen einer Vollmacht oder auf einer durch einen Geschäftsunfähigen oder beschränkter Geschäftsfähigen (unwirksam) erteilten Vollmacht beruht (s. auch Rn. 41).

50 Da der Betroffene infolge der Unwirksamkeit seiner Beitrittserklärung nicht Gesellschafter wird und sein Geschäftsanteil nicht entsteht, trifft ihn **keine Verpflichtung zur Leistung der Stammeinlage**. Die Unwirksamkeit einer Beitrittserklärung hat indes nicht zur Folge, dass der ganze Gesellschaftsvertrag nichtig wird: Sofern mindestens eine Beitrittserklärung wirksam ist, bilden die übrigen Gesellschafter die Gesellschaft, die mit der Eintragung in das Handelsregister »als solche« entsteht, ohne dass die Erhebung einer Nichtigkeitsklage in Betracht kommt; die übrigen Gesellschafter haben das im Gesellschaftsvertrag verlautbarte Stammkapital aufzubringen. Auch im Fall der Unwirksamkeit sämtlicher Beitrittserklärungen entsteht – nach allerdings bestrittener Auffassung – mit der Eintragung in das Handelsregister die Gesellschaft »als solche«; in einem solchen Fall wird die Erhebung einer Nichtigkeitsklage oder die Löschung durch das Registergericht in Erwägung gezogen (vgl. Baumbach / Hueck / *Hueck/Fastrich* § 2 Rn. 39 f.; MünchHdb GesR III / *Heinrich* § 12 Rn. 33 f.; R / S-L / *Schmidt-Leithoff* § 2 Rn. 71 ff.; Scholz / *Emmerich* GmbHG, § 2 Rn. 68 ff.; *Ulmer* Rn. 95 ff., 100 ff.; vgl. aber auch KG NZG 2001, 225; *Roth* / Altmeppen § 2 Rn. 39 ff.).

b) Fehlerhafter Wechsel

51 Der Wechsel eines Gesellschafters einer **eingetragenen GmbH** erfolgt durch Abtretung des Geschäftsanteils in notarieller Form (§ 15 Abs. 3 GmbHG). Deren Fehlerhaftigkeit (z. B. im Fall der Anfechtung wegen arglistiger Täuschung) ist wegen § 16 Abs. 1 GmbHG auf die Rechtsbeziehungen zwischen der Gesellschaft und dem (bei ihr angemeldeten) Gesellschafter ohne Einfluss; da dem Schutzbedürfnis der Gesellschaft durch diese Regelung ausreichend Rechnung getragen wird, bedarf es der Anwendung der Grundsätze über die fehlerhafte Gesellschaft auf einen fehlerhaften Gesellschafterwechsel nicht (BGH NJW 1990, 1915; NJW-RR 1995, 1182; NZG 2005, 263; s. § 16 GmbHG Rn. 15 ff.).

52 Der Wechsel eines Gesellschafters einer **(noch) nicht in das Handelsregister eingetragenen (Vor-)Gesellschaft** erfolgt nicht durch Abtretung eines Geschäftsanteils gem. § 15 GmbHG, sondern bedarf einer Änderung des Gesellschaftsvertrags, da die von jedem Gesellschafter zu leistende Stammeinlage im Gesellschaftsvertrag zu bestimmen ist (§ 3 Abs. 1 Nr. 4 GmbHG); vor Eintragung der Gesellschaft in das Handelsregister bestehen noch keine Geschäftsanteile (s. Rn. 45). Nach Auffassung des BGH ist ein Gesellschafterwechsel in der Vorgesellschaft ebenso wie ein fehlerhafter Gesellschafterwechsel nach Eintragung der Gesellschaft zu behandeln, weil der Gesellschafterwechsel von der Eintragung der Gesellschaft im Handelsregister unabhängig sei; die Grundsätze der fehlerhaften Gesellschaft sind nach dieser Auffassung (auch) auf einen fehlerhaften Gesellschafterwechsel in der Vorgesellschaft nicht anwendbar (BGH NZG 2005, 263). Da indes §§ 15, 16 Abs. 1 GmbHG auf den Wechsel eines Gesellschafters einer Vorgesellschaft (noch) nicht anwendbar sind, sondern dieser durch Änderung des Gesellschaftsvertrags erfolgt, ist es naheliegend, die auf einen fehlerhaften Gesellschafterbeitritt anwendbaren Regeln einschließlich der Grundsätze über die Behandlung fehlerhafter Gesellschaftsverträge nach Invollzugsetzung der Gesellschaft (s. Rn. 46 ff.) auch auf den fehlerhaften Gesellschafterwechsel anzuwenden (vgl. OLG Dresden NZG 1998, 311; vgl. auch *Ulmer* § 2 Rn. 92).

C. Gründungsvorvertrag und Vorgründungsgesellschaft

53 Mehrere Personen können sich durch Abschluss eines (Vor-)Vertrages zur Gründung einer GmbH verpflichten. Durch Abschluss eines solchen (Gründungsvor-)Vertrages entsteht eine Vorgründungsgesellschaft, die auch als »Vorgründungs-GmbH« oder als »GmbH-Vorgründergesellschaft« bezeichnet wird. Vielfach wird zwischen einer – durch Abschluss eines notariell beurkundeten (§ 2 Abs. 1 S. 1 GmbHG analog) Gründungsvorvertrages entstandenen – Vorgründungsgesellschaft im engeren Sinn und einer Vorgründungsgesellschaft im weiteren Sinn unterschieden (BGH NJW 1992, 362; vgl. auch Baumbach / Hueck / *Hueck/Fastrich* § 2 Rn. 29, 32).

I. Gründungsvorvertrag

54 Ein (Gründungsvor-)Vertrag, durch den sich mehrere Personen zur Gründung einer GmbH verpflichten, bedarf der **notariellen Beurkundung** (§ 2 Abs. 1 S. 1 GmbHG analog), weil andernfalls der (Schutz-)Zweck des § 2 Abs. 1 S. 1GmbHG, die Beteiligten zu warnen und vor Übereilung zu schützen (s. Rn. 16), vereitelt würde; mangels Einhaltung dieser Anforderung erweist sich der Gründungsvorvertrag als **nichtig** (BGH NJW-RR 1988, 288; NJW 1992, 362; vgl. auch Baumbach / Hueck / *Hueck/Fastrich* § 2 Rn. 29, 31; Scholz / *Emmerich* GmbHG, § 2 Rn. 79; *Roth* EWiR 1988, 163).

55 Die **Erteilung der Vertretungsmacht** zum Abschluss eines Gründungsvorvertrages bedarf – entgegen der h. M. im Schrifttum (vgl. z. B. A / E / S / *Achilles* § 2 Rn. 18; Lutter / Hommelhoff / *Lutter/Bayer* GmbHG, § 2 Rn. 25; MünchHdb GesR III / *Priester* § 15 Rn. 12; Scholz / *Emmerich* GmbHG, § 2 Rn. 79; *Ulmer* Rn. 44 ff.; *Reinicke* NJW 1969, 1830) – keiner notariell beurkundeten oder beglaubigten Vollmachtsurkunde, weil der mit § 2 Abs. 2 GmbHG verfolgte Zweck, Zweifel und Streitigkeiten über die Legitimation der Vertreter beim Abschluss des Gesellschaftsvertrags auszuschließen (s. Rn. 35), beim Abschluss des Gründungsvorvertrages insbesondere wegen der fehlenden Prüfung dieses Vertrages durch das (Register-)Gericht nicht besteht (vgl. *Michalski* § 2 Rn. 76 in Widerspruch zu § 11 Rn. 7; vgl. auch BGH NJW 1969, 1856).

II. Vorgründungsgesellschaft

1. Rechtsnatur der Vorgründungsgesellschaft und anzuwendendes Recht

Der BGH hat die Vorgründungsgesellschaft als »schon bestehende, die spätere GmbH-Tätigkeit vorbereitende Personenvereinigung« charakterisiert, die »mit der in Aussicht genommenen GmbH im Rechtssinne noch nichts zu tun« habe. Es handele sich um eine »**eigenständige Gesellschaft bürgerlichen Rechts** oder, wenn bereits ein Handelsgeschäft betrieben wird, um eine **OHG**, für deren Schulden alle Beteiligten unbeschränkt persönlich haften; Rechte und Verbindlichkeiten gehen, da GmbH-Recht noch nicht gilt, mit der GmbH-Gründung nicht automatisch auf die Vorgesellschaft oder später die GmbH über, sondern müssen, wenn sie in die GmbH eingebracht werden sollen, durch besonderes Rechtsgeschäft« übertragen werden (BGHZ 91, 148, 151; vgl. auch BGH NJW 1992, 2698; NZG 2004, 663). Die Vorgründungsgesellschaft ist »mit der nach notarieller Beurkundung entstehenden Vorgesellschaft und deswegen auch mit der aus dieser automatisch hervorgehenden GmbH nicht identisch« (BGH NJW 1992, 362; NJW-RR 2001, 1042). 56

Während im Schrifttum – in Anlehung an die Diskussion zur Rechtsnatur der Vorgesellschaft (s. § 11 GmbHG Rn. 16) – zwar pointiert vom »Rätsel Vorgründungsgesellschaft« (*K. Schmidt* GmbHR 1998, 613) gesprochen worden ist, besteht heute überwiegend Einigkeit über das Wesen der Vorgründungsgesellschaft: Im Gegensatz zur Vorgesellschaft handelt es sich bei der Vorgründungsgesellschaft nicht um eine »notwendige Vorstufe zur juristischen Person«, sondern um eine selbstständige Gesellschaft, die regelmäßig durch Erreichung ihres Zwecks, nämlich Abschluss des GmbH-Gesellschaftsvertrags, endet; auf die Vorgründungsgesellschaft ist das **Recht der GbR oder der OHG**, nicht das GmbH-Recht anwendbar (vgl. Baumbach / Hueck / *Hueck/Fastrich* § 11 Rn. 36; Lutter / Hommelhoff / *Lutter/Bayer* GmbHG, § 11 Rn. 2; MünchHdb GesR III / *Priester* § 15 Rn. 28 ff.; Scholz / *Emmerich* GmbHG, § 2 Rn. 85 f.; Scholz / *K. Schmidt* GmbHG, § 11 Rn. 9 ff.; vgl. aber auch *Roth* / Altmeppen § 2 Rn. 53 sowie § 11 Rn. 73 f.). 57

2. Haftung der Gesellschafter für von der Vorgründungsgesellschaft begründete Verbindlichkeiten

Die Haftung der Gesellschafter für die von der Vorgründungsgesellschaft begründeten Verbindlichkeiten richtet sich nach dem **Recht der GbR bzw. der OHG** (§§ 128 ff. HGB, ggf. in analoger Anwendung): Die Gesellschafter haften, sofern der Handelnde beim Abschluss des Vertrages mit Vertretungsmacht gehandelt hat, für die Verbindlichkeiten der Vorgründungsgesellschaft **unbeschränkt und persönlich**, ohne dass die Handelndenhaftung gem. § 11 Abs. 2 GmbHG in Betracht kommt; sofern der Handelnde ohne Vertretungsmacht gehandelt hat, haftet er gem. § 179 BGB (BGHZ 91, 148, 151 ff.; BGH GmbHR 1985, 214; OLG Koblenz NZG 2002, 32; OLG Stuttgart NZG 2002, 910; vgl. auch A / E / S / *Ensthaler* § 11 Rn. 37; Baumbach / Hueck / *Hueck/Fastrich* § 11 Rn. 37 f.; Lutter / Hommelhoff / *Lutter/Bayer* GmbHG, § 11 Rn. 2; *Michalski* § 2 Rn. 80 sowie § 11 Rn. 26 ff.; Scholz / *Emmerich* GmbHG, § 2 Rn. 86; Scholz / *K. Schmidt* GmbHG, § 11 Rn. 16 ff.; *Goette* DStR 1996, 1015; s. auch § 11 GmbHG Rn. 59). Die **Verbindlichkeiten der Vorgründungsgesellschaft** gehen nicht automatisch auf die – durch den Abschluss eines notariell zu beurkundenden und von sämtlichen Gesellschaftern zu unterzeichnenden Gesellschaftsvertrags entstandene – Vorgesellschaft und mit der Eintragung in das Handelsregister auf die GmbH über; um die Gesellschafter der Vorgründungsgesellschaft von ihrer Haftung für die Verbindlichkeiten der Vorgründungsgesellschaft zu befreien, bedarf es vielmehr einer rechtsgeschäftlichen Schuldübernahme gem. §§ 414, 415 BGB durch die Vorgesellschaft (BGH NJW 1998, 1645; vgl. auch BGH NJW 1982, 932; NJW 1983, 2822; GmbHR 1985, 214; GmbHR 1992, 164; NJW-RR 2001, 1042; OLG Hamm GmbHR 1993, 105; OLG Stuttgart OLGR 2001, 46; vgl. auch *Michalski* § 2 Rn. 80, § 11 Rn. 27 ff.; MünchHdb GesR III / *Priester* § 15 Rn. 38, 42; *von Reinersdorff* NZG 1998, 383; *K. Schmidt* GmbHR 1998, 613; *Dreher* EWiR 1998, 417; *Gehrlein* NJW 1998, 2651). 58

D. Kosten

I. Notarielle Beurkundung eines Gesellschaftsvertrags

59 Schließen mehrere Personen einen Gesellschaftsvertrag ab (Mehrpersonen-Gründung), werden für dessen notarielle Beurkundung zwei Gebühren erhoben (§§ 36 Abs. 2, 141 KostO). Wird die Gesellschaft nur durch eine Person gegründet (Einpersonen-Gründung), wird nur eine Gebühr erhoben, weil es sich hierbei – trotz der Bezeichnung »Gesellschaftsvertrag« – um die Beurkundung einer einseitigen Willenserklärung handelt (s. Rn. 8; §§ 36 Abs. 1, 141 KostO; vgl. Korintenberg / Lappe / *Bengel/Tiedtke*, KostO, § 36 Rn. 6, *Hartmann*, Kostengesetze, § 36 KostO Rn. 6). Der der Gebührenberechnung zu Grunde zu legende Geschäftswert bestimmt sich nach dem Wert des Rechtsverhältnisses, auf das sich die beurkundete Erklärung bezieht; bei der Beurkundung von Gesellschaftsverträgen beträgt der Wert höchstens € 5.000.000,– (§§ 39 Abs. 1 S. 1, Abs. 4 Hs. 1, 141 KostO). Als Wert des Rechtsverhältnisses ist vom **Betrag des Stammkapitals** auszugehen (vgl. *Hartmann* KostG, § 39 KostO Rn. 29; Korintenberg / Lappe / *Bengel/Tiedtke* KostO, § 39 Rn. 56).

60 Im Hinblick auf die Erhebung einer Gebühr für die Beurkundung eines Gesellschaftsvertrags durch einen Notar im Landesdienst (**»Amtsnotar«**) in **Baden** hat der EuGH im Beschluss vom 21. 3. 2002 zur Auslegung der Richtlinie 69 / 335 / EWG des Rates vom 17. 7. 1969 betreffend die indirekten Steuern auf die Ansammlung von Kapital (ABl. L 249, 25) in der durch die Richtlinie 85 / 303 / EWG des Rates vom 10. 6. 1985 (ABl. L 156, 23) geänderten Fassung entschieden, dass die Erhebung einer auf den Gegenstandswert bezogenen Gebühr für die Beurkundung eines Gesellschaftsvertrags durch einen beamteten Notar als indirekte Steuer gegen Gemeinschaftsrecht verstößt (EuGH DB 2002, 834 »Gründerzentrum-Betriebs-GmbH«). Bis zu einer gesetzlichen Neuregelung des Kostenrechts werden die Gebühren für Vorgänge, die vom Anwendungsbereich der Richtlinie 69 / 335 / EWG erfasst sind, nur vorläufig oder auf der Grundlage einer Schätzung des berücksichtigungsfähigen Aufwandes erhoben (OLG Karlsruhe GmbHR 2002, 1248; NZG 2003, 487; JurBüro 2003, 597; RPfleger 2004, 440; GmbHR 2004, 1026 [LS]; GmbHR 2005, 771 [LS]).

II. Notarielle Beurkundung/Beglaubigung einer Vollmachtsurkunde

61 Für die notarielle Beurkundung einer Vollmachtsurkunde zum Abschluss eines Gesellschaftsvertrags wird eine halbe Gebühr erhoben (§§ 38 Abs. 2 Nr. 4, 141 KostO). Der zu Grunde zu legende Geschäftswert entspricht dem Geschäftswert des Rechtsgeschäfts, auf das sich die Vollmachtsurkunde bezieht, beträgt jedoch höchstens € 500.000,– (§§ 41 Abs. 1 und 4, 141 KostO).

62 Für die notarielle Beglaubigung einer Vollmachtsurkunde wird ¼ der vollen Gebühr, höchstens jedoch € 130,– erhoben (§§ 45 Abs. 1 S. 1, 141 KostO). Der Geschäftswert für eine Beglaubigung ist ebenso wie im Fall notarieller Beurkundung der Erklärung zu bestimmen (§§ 45 Abs. 1 S. 2, 141 KostO).

III. Notarielle Beurkundung/Beglaubigung einer Genehmigungserklärung

63 Für die notariell beurkundete Genehmigungserklärung einer Willenserklärung zum Abschluss eines Gesellschaftsvertrags, die von einem Vertreter ohne Vertretungsmacht abgegeben worden ist, wird eine halbe Gebühr erhoben (§§ 38 Abs. 2 Nr. 1, 141 KostO). Der zu Grunde zu legende Geschäftswert entspricht dem Geschäftswert des Rechtsgeschäfts, auf das sich die Zustimmungserklärung bezieht (§§ 40 Abs. 1, 141 KostO).

64 Für die notarielle Beglaubigung einer Genehmigungserklärung wird ¼ der vollen Gebühr, höchstens jedoch € 130,– erhoben (§§ 45 Abs. 1 S. 1, 141 KostO). Der Geschäftswert für eine Beglaubigung ist ebenso wie im Fall notarieller Beurkundung der Erklärung zu bestimmen (§§ 45 Abs. 1 S. 2, 141 KostO).

§ 3 [Inhalt des Gesellschaftsvertrags]

(1) Der Gesellschaftsvertrag muß enthalten:

1. die Firma und den Sitz der Gesellschaft,
2. den Gegenstand des Unternehmens,
3. den Betrag des Stammkapitals,
4. den Betrag der von jedem Gesellschafter auf das Stammkapital zu leistenden Einlage (Stammeinlage).

(2) Soll das Unternehmen auf eine gewisse Zeit beschränkt sein oder sollen den Gesellschaftern außer der Leistung von Kapitaleinlagen noch andere Verpflichtungen gegenüber der Gesellschaft auferlegt werden, so bedürfen auch diese Bestimmungen der Aufnahme in den Gesellschaftsvertrag.

Übersicht:

A. Allgemeines

1 Die seit Inkrafttreten des GmbHG-Gesetzes unveränderte Vorschrift regelt den notwendigen Inhalt eines Gesellschaftsvertrags. Im Referentenentwurf eines »Gesetzes zur Modernisierung des GmbH-Rechts und zur Bekämpfung von Missbräuchen« (MoMiG, Stand: 29. 5. 2006) ist die Überschrift »Inhalt des Gesellschaftsvertrags« vorgesehen.

B. Notwendige Bestandteile des Gesellschaftsvertrags, Abs. 1

2 Der Gesellschaftsvertrag jeder Gesellschaft muss die **Firma** und den **Sitz** der Gesellschaft (Abs. 1 Nr. 1), den **Gegenstand** des Unternehmens (Abs. 1 Nr. 2), den **Betrag des Stammkapitals** (Abs. 1 Nr. 3) und den Betrag der von jedem Gesellschafter auf das Stammkapital **zu leistenden (Stamm-)Einlage** (Abs. 1 Nr. 4) enthalten. Der Gesellschaftsvertrag einer GmbH kann sich auf diese Bestimmungen beschränken und folglich knapp gehalten sein (vgl. *Ulmer* § 3 Rn. 5). So könnte z. B. formuliert werden:

»MP und MS gründen eine Gesellschaft mit der Firma ›MPS Dokumentenmanagement- und Dienstleistungsgesellschaft mbH‹ mit dem Sitz in Saarbrücken. Gegenstand des Unternehmens ist die Entwicklung und der Vertrieb von Dokumentenmanagementsystemen sowie die Erbringung von damit im Zusammenhang stehenden Dienstleistungen. Das Stammkapital beträgt € 25.000,–. MP und MS übernehmen jeweils eine Stammeinlage von € 12.500,–«.

3 Im Gegensatz zu einer AG ist eine Bestimmung über die Zahl der Mitglieder des Geschäftsführungsorgans oder der Regeln, nach denen diese Zahl festgelegt wird (§ 23 Abs. 3 Nr. 6 GmbHG), im Gesellschaftsvertrag einer GmbH nicht erforderlich (vgl. auch *Ulmer* § 3 Rn. 32). Außerdem bedarf es – anders als bei einer AG (§ 23 Abs. 4 AktG) – keiner gesellschaftsvertraglichen Bestimmung über die Form der Bekanntmachung der Gesellschaft, wenngleich eine solche Bestimmung – insbesondere vor Inkrafttreten des § 12 GmbHG – üblich gewesen ist (vgl. *Ulmer* § 3 Rn. 33; s. auch § 12 GmbHG Rn. 15). Obwohl der Gesellschaftsvertrag eine Bestimmung über das Geschäftsjahr nicht enthalten muss, ist sie im Gesellschaftsvertrag üblich (vgl. A/E/S/*Achilles* § 53 Rn. 10; Baumbach/Hueck/*Schulze-Osterloh* § 41 Rn. 55; MünchHdb GesR III/*Mayer* § 20 Rn. 9; R/S-L/*Zimmermann* § 53 Rn. 23; Scholz/*Priester* GmbHG, § 53 Rn. 139; *Kleinert/von Xylander* GmbHR 2003, 506; vgl. aber auch R/S-L/*Pentz* § 29 Rn. 38).

4 Wenn eine der in Abs. 1 genannten Bestimmungen im Gesellschaftsvertrag **fehlt** oder wegen Nicht-Beachtung der an sie zu stellenden Anforderungen **nichtig** ist, hat das (Register-)Gericht die Eintragung der Gesellschaft in das Handelsregister gem. § 9 c Abs. 1 S. 1 und Abs. 2 Nr. 1 GmbHG abzulehnen (s. § 9 c GmbHG Rn. 14; s. auch § 4 GmbHG Rn. 26 sowie § 4 a GmbHG Rn. 12). Wird die Gesellschaft in das Handelsregister eingetragen, obwohl der Gesellschaftsvertrag keine Bestimmungen über die Firma, den Sitz der Gesellschaft oder die von jedem Gesellschafter zu leistenden (Stamm-)Einlage enthält, oder eine der Bestimmungen über Firma, Sitz der Gesellschaft, Stammkapital oder Stammeinlage nichtig ist, ist das (Register-)Gericht zur Durchführung eines **Amtsauflösungsverfahrens** gem. § 144 a Abs. 4 i. V. m. Abs. 1 und 2 FGG, § 60 Abs. 1 Nr. 6 GmbHG berechtigt (s. auch § 4 GmbHG Rn. 27 sowie § 4 a GmbHG Rn. 12). Enthält der Gesellschaftsvertrag keine Bestimmungen über die Höhe des Stammkapitals oder den Unternehmensgegenstand oder ist die Bestimmung über den Unternehmensgegenstand nichtig, kann jeder Gesellschafter, jeder Geschäftsführer oder jedes Aufsichtsratsmitglied Nichtigkeitsklage erheben (§ 75 GmbHG); in diesen Fällen ist das (Register-)Gericht außerdem zur Durchführung eines Amtslöschungsverfahrens berechtigt (§ 144 Abs. 1 S. 2 FGG i. V. m. §§ 75, 76 GmbHG; vgl. zur Nichtigkeitsklage die Kommentierung zu § 75 GmbHG sowie – zu den verfahrensrechtlichen Aspekten – ausführl. auch Kap. 16 Rn. 464 ff.).

I. Firma und Sitz der Gesellschaft, Nr. 1

5 Der Gesellschaftsvertrag muss die Firma und den Sitz der Gesellschaft enthalten, Abs. 1 Nr. 1. Firma (§ 4 GmbHG) und Sitz (§ 4 a GmbHG) bestimmen die **»Identitätsausstattung«** der Gesellschaft und bilden für diese eine »Art Visitenkarte« (*Ulmer* FS Raiser 2005, 438, 442).

II. Gegenstand des Unternehmens, Nr. 2

6 Der Gesellschaftsvertrag muss den Gegenstand des Unternehmens enthalten, Abs. 1 Nr. 2. Der **Unternehmensgegenstand** ist von dem – nicht notwendigerweise im Gesellschaftsvertrag anzugebenden – **Zweck der Gesellschaft** (§ 1 GmbHG) abzugrenzen, obwohl sich in der Praxis eine Unterscheidung nicht trennscharf durchführen lässt, zumal der Unternehmensgegenstand für die Ermittlung des Gesellschaftszwecks die wichtigste Erkenntnisquelle ist und das Verhältnis von Gesellschaftszweck und Unternehmensgegenstand häufig als teilidentisch bezeichnet wird (s. § 1 GmbHG Rn. 4 ff.). Während der Gesellschaftszweck vor allem für das Verhältnis der Gesellschafter untereinander maßgebend und insbesondere Bedeutung für die Bestimmung der gesellschaftsrechtlichen Treuepflicht, für die Überprüfung von Gesellschafterbeschlüssen und für die Erhebung einer Auflösungsklage gem. § 61 GmbHG hat (s. § 1 GmbHG Rn. 6), ist der Unternehmensgegenstand vor allem im öffentlichem Interesse anzugeben: Er bezeichnet den Bereich und die Art der von der Gesellschaft beabsichtigten Betätigung, wobei aus der Verpflichtung zur Eintragung in das Handelsregister (§ 10 Abs. 1 S. 1 GmbHG) ersichtlich wird, dass der Gesetzgeber ein **Informationsinteresse der Öffentlichkeit** für gegeben erachtet: Mit dieser Vorschrift wird der Hauptzweck verfolgt, die interessierte Öffentlichkeit in groben Zügen über den Tätigkeitsbereich des neuen Unternehmens zu unterrichten (BGH ZIP 1981, 183, insoweit in BGHZ 78, 311 nicht abgedruckt). Außerdem wird durch die Bindung der Geschäftsführer

an den Gesellschaftsvertrag – ohne Wirkung gegenüber Dritten – eine Beschränkung der Vertretungsbefugnis der Geschäftsführer herbeigeführt (§ 37 GmbHG), die insbesondere dem Schutz von Minderheitsgesellschaftern dient; schließlich kann die Angabe des Unternehmensgegenstands dem (Register-)Gericht einen Anhaltspunkt dafür geben, ob eine erlaubnisbedürftige Tätigkeit i. S. d. § 8 Abs. 1 Nr. 6 GmbHG ausgeübt werden soll (BayObLG NJW-RR 1994, 227; NJW-RR 1995, 31; NJW-RR 1996, 413).

Damit die Angabe des Unternehmensgegenstands diese Zwecke erfüllen kann, darf sie **nicht fiktiv** sein. Ist der im Gesellschaftsvertrag angegebene Unternehmensgegenstand fiktiv, weil es an der ernsthaften Absicht fehlt, ihn tatsächlich zu verwirklichen, ist dieser Teil des Gesellschaftsvertrags nichtig; die Bezeichnung des wirklich und ernsthaft gewollten Unternehmensgegenstands ist unabdingbare Voraussetzung für die wirksame Errichtung der Gesellschaft (BGHZ 117, 323, 333 f. zur AG; vgl. BGHZ 102, 209, 213; BayObLG NZG 2000, 987; OLG Karlsruhe OLGR 2002, 234 zur AG). Die Angabe des Unternehmensgegenstands muss außerdem hinreichend konkret sein: Eine abschließende, ins einzelne gehende Umschreibung der Geschäftstätigkeit ist zwar weder aus Gründen des Verkehrsschutzes noch zur innergesellschaftlichen Begrenzung des Tätigkeitsfeldes für die Geschäftsführer erforderlich; dennoch müssen die Angaben zum Unternehmensgegenstand so konkret sein, dass die interessierten Verkehrskreise der Satzung entnehmen können, in welchem Geschäftszweig und in welcher Weise sich die Gesellschaft betätigen will (BayObLG NJW-RR 1994, 227; NJW-RR 1995, 31; NJW-RR 1996, 413; NZG 2003, 482; NJW 1976, 1694; GmbHR 1996, 360; OLG Frankfurt DB 1980, 75; GmbHR 1987, 231; OLG Köln ZIP 1981, 736; vgl. auch *Streuer* GmbHR 2002, 407; *Wessel* EWiR 1987, 51; *Sina* GmbHR 2001, 661). Eine nicht **hinreichend konkrete** Angabe des Unternehmensgegenstands führt zwar nicht zur Nichtigkeit der Bestimmung des Unternehmensgegenstands, berechtigt das (Register-)Gericht jedoch zur **Ablehnung der Eintragung** der Gesellschaft in das Handelsregister (vgl. A / E / S / *Achilles* § 3 Rn. 6; *Michalski* § 3 Rn. 14; Baumbach / Hueck / *Hueck/Fastrich* § 3 Rn. 10; Lutter / Hommelhoff / *Lutter/Bayer* GmbHG, § 3 Rn. 6). 7

Der Unternehmensgegenstand kann im Wege der **Änderung des Gesellschaftsvertrags** – durch notariell zu beurkundenden Beschluss der Gesellschafter und Eintragung in das Handelsregister (§§ 53 f. GmbHG) – geändert werden (vgl. *Michalski* § 3 Rn. 12; Scholz / *Emmerich* GmbHG, § 3 Rn. 17). Nach zutreffender, allerdings bestrittener Ansicht führt die tatsächliche Änderung des Unternehmensgegenstands (ohne Änderung des Gesellschaftsvertrags) nicht zur Nichtigkeit der Bestimmung; da diese trotz veränderter Umstände wirksam bleibt, liegen die Voraussetzungen für die Erhebung einer Nichtigkeitsklage (§§ 75, 76 GmbHG) und die Durchführung eines Amtslöschungsverfahrens (§ 144 Abs. 1 S. 2 FGG i. V. m. §§ 75, 76 GmbHG) bzw. für die Durchführung eines Amtsauflösungsverfahrens gem. § 144 a Abs. 4 i. V. m. 1 und 2 FGG, § 60 Abs. 1 Nr. 6 GmbHG – auch in analoger Anwendung – nicht vor (vgl. A / E / S / *Achilles* § 3 Rn. 7; vgl. auch Scholz / *Emmerich* GmbHG, § 3 Rn. 17; a. A.: Baumbach / Hueck / *Hueck/Fastrich* § 3 Rn. 10; *Michalski* § 3 Rn. 15 f.; *Ulmer* § 3 Rn. 20 f.; zur Verlegung des tatsächlichen Sitzes s. § 4 a GmbHG Rn. 20). 8

III. Betrag des Stammkapitals, Nr. 3

Der Gesellschaftsvertrag muss den Betrag des Stammkapitals enthalten (Abs. 1 Nr. 3). Das Stammkapital, das mit dem Gesamtbetrag der Stammeinlagen übereinstimmen und deshalb durch fünfzig teilbar sein muss (§ 5 Abs. 3 S. 2 und 3 GmbHG), muss (derzeit) mindestens € 25.000,– betragen (§ 5 Abs. 1 Hs. 1 GmbHG; vgl. zu den beabsichtigten Änderungen durch das »Gesetz zur Modernisierung des GmbH-Rechts und zur Bekämpfung von Missbräuchen« (RefE vom 29. 5. 2006) ausführl. § 5 GmbHG Rn. 2, 6). Das GmbH-Recht kennt – anders als das Aktienrecht (§§ 202 ff. AktG) – keine Ermächtigung, nach Eintragung der Gesellschaft in das Handelsregister das Stammkapital bis zu einem bestimmten Nennbetrag (genehmigtes Kapital) gegen Leistung von Stammeinlagen zu erhöhen (vgl. *Michalski* § 3 Rn. 26 f.; *Roth* / Altmeppen § 3 Rn. 16). Das Stammkapital muss im Gesellschaftsvertrag ausdrücklich angegeben werden; es 9 ist nicht ausreichend, dass es sich erst aus einer Addition der Stammeinlagen ergibt (vgl. A/E/S/*Achilles* § 3 Rn. 10; Lutter/Hommelhoff/*Lutter/Bayer* GmbHG, § 3 Rn. 20; MünchHdb GesR III/*Heinrich* § 19 Rn. 48; Scholz/*Emmerich* GmbHG, § 3 Rn. 24 f.; vgl. auch Baumbach/Hueck/*Hueck/Fastrich* § 3 Rn. 15; a. A. *Ulmer* § 3 Rn. 24).

IV. Betrag der von jedem Gesellschafter zu leistenden (Stamm-)Einlage, Nr. 4

10 Der Gesellschaftsvertrag muss den Betrag der von jedem Gesellschafter auf das Stammkapital zu leistenden (Stamm-)Einlage enthalten (Abs. 1 Nr. 4). Der Gesamtbetrag der Stammeinlagen muss mit dem Stammkapital übereinstimmen (§ 5 Abs. 3 S. 3 GmbHG). Der – in Euro anzugebende – Betrag der Stammeinlage kann für die einzelnen Gesellschafter verschieden bestimmt werden, muss jedoch durch 50 teilbar sein und mindestens 100,– € betragen (§ 5 Abs. 1 Hs. 2, Abs. 3 S. 1 und 2 GmbHG; vgl. zu den beabsichtigten Änderungen durch das »Gesetz zur Modernisierung des GmbH-Rechts und zur Bekämpfung von Missbräuchen« (RefE vom 29. 5. 2006) ausführl. § 5 GmbHG Rn. 7 ff.). Der Geschäftsanteil jedes Gesellschafters bestimmt sich nach dem Betrag der Stammeinlage (§ 14 GmbHG). Ein Gesellschafter, der bei Errichtung der Gesellschaft nur eine Stammeinlage übernehmen kann (§ 5 Abs. 2 GmbHG), kann – nach Entstehung der Gesellschaft durch Eintragung in das Handelsregister – einen weiteren Geschäftsanteil erwerben; der ursprüngliche und der erworbene Geschäftsanteil behalten ihre Selbstständigkeit (§ 15 Abs. 2 GmbHG; s. auch § 2 GmbHG Rn. 44 f.). Ein weiterer Geschäftsanteil kann auch im Rahmen einer Kapitalerhöhung erworben werden (§ 55 Abs. 3 und 4 GmbHG).

11 Die **Angaben zu den Gesellschaftern**, welche die Stammeinlagen übernehmen, müssen im Gesellschaftsvertrag selbst enthalten sein; es genügt nicht, wenn diese Angaben in der Gründungsniederschrift (Mantel) enthalten sind (vgl. OLG Hamm NJW 1987, 263; vgl. auch Lutter/Hommelhoff/*Lutter/Bayer* GmbHG, § 3 Rn. 23 f.; MünchHdb GesR III/*Heinrich* § 19 Rn. 52; *Roth*/Altmeppen § 3 Rn. 17).

12 Im Wege der Änderung des Gesellschaftsvertrags dürfen die Angaben der **ursprünglichen (Gründungs-)Gesellschafter** und der von ihnen auf das Stammkapital zu leistenden (Stamm-)Einlagen beseitigt werden, ohne dass es darauf ankommt, ob die Leistungen auf die Stammeinlagen vollständig erbracht sind: Bei den im ursprünglichen Gesellschaftsvertrag enthaltenden Angaben handelt es sich um **Übernahmeerklärungen**, die als »unechte« Bestandteile des Gesellschaftsvertrags zu qualifizieren sind; angesichts der jedem möglichen Einsichtnahme in den – beim Handelsregister aufbewahrten – ursprünglichen Gesellschaftsvertrag (§ 9 HGB) stehen Aspekte des Gläubigerschutzes einer (späteren) Beseitigung dieser Angaben nicht entgegen (BayObLG NJW-RR 1997, 485; vgl. auch BGH NJW 1989, 168; vgl. außerdem Lutter/Hommelhoff/*Lutter/Bayer* GmbHG, § 3 Rn. 23 f.; *Michalski* § 3 Rn. 32 f.; *Roth*/Altmeppen § 3 Rn. 18; Scholz/*Emmerich* GmbHG, § 3 Rn. 31, 33; *Ulmer* § 3 Rn. 29; a. A.: OLG Hamm RPfleger 1984, 274; s. auch § 53 GmbHG Rn. 9). Im Gesellschaftsvertrag dürfen die **gegenwärtigen Gesellschafter** – deklaratorisch – angegeben werden (OLG Frankfurt GmbHR 1973, 172; vgl. auch BayObLG NJW-RR 1992, 736; OLG Hamm NJW-RR 1996, 483; vgl. außerdem A/E/S/*Achilles* § 3 Rn. 14; Baumbach/Hueck/*Hueck/Fastrich* § 3 Rn. 18; R/S-L/*Schmidt-Leithoff* § 3 Rn. 19, 21).

C. Zusätzliche (notwendige) Bestandteile des Gesellschaftsvertrags

13 Neben den in § 3 Abs. 1 GmbHG genannten Bestandteilen des Gesellschaftsvertrags enthalten die Gesellschaftsverträge einzelner Gesellschaften weitere Bestimmungen, die **notwendig im Gesellschaftsvertrag** enthalten sein müssen, um »korporative« Wirkung nicht nur für gegenwärtige, sondern auch für künftige Gesellschafter zu entfalten. Der vielfach gelesene Begriff **»fakultative Bestandteile«** ist missverständlich und wird deshalb hier nicht verwendet.

14 Neben den in § 3 Abs. 2 GmbHG genannten Bestimmungen zur zeitlichen Beschränkung (Befristung) eines Unternehmens und zur Auferlegung von Nebenleistungspflichten ist vor allem auf die **Bestimmung zur Übernahme des Gründungsaufwands (§ 26 Abs. 2 AktG analog)** sowie auf weitere, im GmbHG aufgeführte Bestimmungen hinzuweisen, welche die Aufnahme in den Gesellschaftsvertrag verlangen, damit die Regelung »korporative« Wirksamkeit entfaltet: bei der Leistung von Sacheinlagen die Festsetzung des **Gegenstands der Sacheinlage** und des Betrags der sich hierauf beziehenden Stammeinlage (§ 5 Abs. 4 S. 1 GmbHG); zusätzliche Voraussetzungen für die **Abtretung von Geschäftsanteilen**, insbesondere die Abhängigkeit von der Genehmigung der Gesellschaft (§ 15 Abs. 5 GmbHG); **zusätzliche Gesellschaftsblätter** für Bekanntmachungen der Gesellschaft (§ 12 S. 2 GmbHG); **Verzicht auf die Genehmigung** bei der Teilung von Geschäftsanteilen (§ 17 Abs. 3 GmbHG); Einzahlung von **Nachschüssen** (§ 26 Abs. 1 GmbHG), ggf. beschränkt auf einen bestimmten Betrag (§§ 26 Abs. 3 i. V. m. 28 GmbHG); **Gewinnverwendung** (§ 29 Abs. 1, 2 und 3 S. 2 GmbHG); **Einziehung** (Amortisation) von Geschäftsanteilen (§ 34 GmbHG); Beschränkung der **Zulässigkeit des Widerrufs der Bestellung** der Geschäftsführer auf das Vorliegen wichtiger Gründe (§ 38 Abs. 2 GmbHG); **Rechte der Gesellschafter** insbesondere in Bezug auf die Geschäftsführung (§ 45 GmbHG); Bestellung eines **Aufsichtsrats** (§ 52 Abs. 1 GmbHG); zusätzliche Erfordernisse an die **Beschlussfassung** über die Änderung des Gesellschaftsvertrags (§ 53 Abs. 2 S. 2 GmbHG); zusätzliche Erfordernisse an die Beschlussfassung über die **Auflösung** der Gesellschaft (§ 60 Abs. 1 Nr. 2 GmbHG); Festsetzung weiterer **Auflösungsgründe** (§ 60 Abs. 2 GmbHG); **Aufteilung des Vermögens** nach Auflösung der Gesellschaft (§ 72 GmbHG).

Da das aktienrechtliche »Prinzip der Satzungsstrenge« (§ 23 Abs. 5 AktG, vgl. dazu Kap. 10 § 23 Rn. 25 ff.) im GmbH-Recht nicht gilt, kann der Gesellschaftsvertrag weitere Regelungen enthalten, die notwendig im Gesellschaftsvertrag enthalten sein müssen, um »korporative« Wirkung (für gegenwärtige und künftige Gesellschafter) zu entfalten. Als Beispiele sind insbesondere Bestimmungen über die Besetzung der Gesellschaftsorgane, insbesondere die Begründung von Benennungs- oder Entsenderechten, über den Ausschluss des Rechtswegs zu den ordentlichen Gerichten zugunsten eines Schiedsgerichts oder über den Gerichtsstand bei Streitigkeiten zwischen Gesellschaft und Gesellschaftern oder Gesellschaftern untereinander zu nennen (vgl. Baumbach / Hueck / *Hueck/Fastrich* § 3 Rn. 25; Lutter / Hommelhoff / *Lutter/Bayer* GmbHG, § 3 Rn. 26, 40 ff.; *Michalski* § 3 Rn. 68 f.; *Roth* / Altmeppen § 3 Rn. 40 ff.; *Ulmer* § 3 Rn. 109). 15

I. Zeitliche Beschränkung des Unternehmens, Abs. 2 Alt. 1

Wenn das Unternehmen auf eine gewisse Zeit beschränkt sein soll, mit deren Ablauf die Gesellschaft aufgelöst wird (§ 60 Abs. 1 Nr. 1 GmbHG), bedarf dies der Bestimmung im Gesellschaftsvertrag (Abs. 2 Alt. 1); eine solche Bestimmung wird in das Handelsregister eingetragen (§ 10 Abs. 2 GmbHG). Ohne Aufnahme in den Gesellschaftsvertrag ist eine solche Regelung unwirksam; demgegenüber ist die Eintragung in das Handelsregister für die Wirksamkeit der Regelung ohne Bedeutung (s. auch § 10 GmbHG Rn. 11). Eine zeitliche Beschränkung **(Befristung)** liegt nicht nur bei Festlegung eines datumsmäßig bestimmten Zeitpunkts vor, sondern auch bei Abstellen auf ein Ereignis, dessen Eintritt gewiss ist, selbst wenn der Zeitpunkt des Eintritts ungewiss ist (z. B. Tod eines Gesellschafters, Dauer eines Schutzrechts); demgegenüber liegt bei einer **(auflösenden) Bedingung** (z. B. Kündigung) keine zeitliche Beschränkung vor, weil deren Eintritt ungewiss ist (BayObLG BB 1975, 249; vgl. auch Baumbach / Hueck / *Hueck/Fastrich* § 3 Rn. 27; Lutter / Hommelhoff / *Lutter/Bayer* GmbHG, § 3 Rn. 27; *Michalski* § 3 Rn. 37 f.; R/S-L / *Schmidt-Leithoff* § 3 Rn. 23; Scholz / *Emmerich* GmbHG, § 3 Rn. 37; *Ulmer* § 3 Rn. 48 ff.; MünchHdb GesR III / *Heinrich* § 5 Rn. 7). 16

Eine **Änderung** der in den Gesellschaftsvertrag aufgenommenen zeitlichen Beschränkung, insbesondere dessen Aufhebung, kann im Wege der Änderung des Gesellschaftsvertrags – durch notariell zu beurkundenden Beschluss der Gesellschafter und Eintragung in das Handelsregister (§§ 53 f. GmbHG) – erfolgen; wenn keine Nebenleistungspflichten (Abs. 2 Alt. 2) vereinbart sind, ist die Zustimmung sämtlicher Gesellschafter zumindest dann nicht erforderlich, wenn ein Austrittsrecht gewährt wird (vgl. auch A / E / S / *Achilles* § 3 Rn. 18; Baumbach / Hueck / *Hueck/Fastrich* § 3 Rn. 29 f.; *Roth* / Altmeppen § 3 Rn. 24 f.; Scholz / *Emmerich* GmbHG, § 3 Rn. 39 f.). 17

II. Nebenleistungspflichten der Gesellschafter, Abs. 2 Alt. 2

18 Den Gesellschaftern stehen aufgrund ihrer Gesellschafterstellung **Mitgliedsrechte** zu, wobei in sachlicher Hinsicht zwischen Vermögensrechten – z. B. Recht auf einen Anteil am Gewinn (§ 29 GmbHG), Recht auf einen Anteil am Liquidationserlös (§ 72 GmbHG) – und Verwaltungs- oder Teilhaberechten – z. B. Recht auf Teilnahme an Gesellschafterversammlungen (§§ 45 ff. GmbHG), Stimmrecht (§ 47 Abs. 2 GmbHG), Auskunfts- und Einsichtsrecht (§§ 51 a, b GmbHG) – unterschieden wird; in persönlicher Hinsicht wird zwischen allgemeinen Rechten, die allen Gesellschafter zustehen, und Sonderrechten, die nur einem einzelnen Gesellschafter oder einer Gruppe von Gesellschaftern zustehen, unterschieden. Aufgrund ihrer Gesellschafterstellung obliegen den Gesellschaftern **Mitgliedspflichten**, wobei in sachlicher Hinsicht zwischen Vermögenspflichten – z. B. Pflicht zur Leistung der Einlage (§§ 3 Abs. 1 Nr. 4, 19 GmbHG), Nachschusspflicht (§ 26 GmbHG) – und Verhaltenspflichten – z. B. Treuepflicht – unterschieden wird; in persönlicher Hinsicht wird zwischen allgemeinen Pflichten, die alle Gesellschafter treffen, und Sonderpflichten, die nur einen einzelnen oder eine Gruppe von Gesellschaftern treffen, unterschieden. Mitgliedsrechte und -pflichten beruhen auf gesetzlicher Regelung, ggf auch in der Ausgestaltung oder Ergänzung durch die Rechtsprechung, und auf gesellschaftsvertraglicher Regelung; durch Gesellschaftsvertrag können – vorbehaltlich entgegenstehenden zwingenden Gesetzesrechts – Rechte und Pflichten begründet oder erweitert, eingeschränkt oder ausgeschlossen werden (s. § 14 GmbHG Rn. 25 ff.). Von den in der Mitgliedschaft verankerten Rechten und Pflichten, welche die Gesellschafter aufgrund ihrer Gesellschafterstellung berechtigen oder verpflichten, sind diejenigen Rechte und Pflichten zu unterscheiden, welche die Gesellschafter aufgrund **schuldvertraglicher Vereinbarung (»Nebenabrede«)** berechtigen oder verpflichten: Derartige Rechte und Pflichten gelten (nur) für die Gesellschafter, welche die schuldrechtliche Vereinbarung abgeschlossen haben, so dass diese – wegen der fehlenden Verankerung in der Mitgliedschaft – bei der Übertragung eines Geschäftsanteils nicht auf den neuen Gesellschafter übergehen; nicht nur zu ihrer Begründung, sondern auch zu ihrer Erweiterung, Einschränkung oder Aufhebung bedarf es der Zustimmung aller an der Vereinbarung beteiligten Gesellschafter (vgl. A / E / S / *Achilles* § 3 Rn. 21; Baumbach / Hueck / *Hueck/Fastrich* § 3 Rn. 56 f.; Lutter / Hommelhoff / *Lutter/Bayer* GmbHG, § 3 Rn. 59; MünchHdb GesR III / *Priester* § 21 Rn. 1 f., 15 ff.; *Roth* / Altmeppen § 3 Rn. 49 ff.; Scholz / *Emmerich* GmbHG, § 3 Rn. 71 ff.).

19 Wenn den Gesellschaftern außer der Leistung von Kapitaleinlagen noch **andere Verpflichtungen** gegenüber der Gesellschaft auferlegt werden, bedarf dies der **Bestimmung im Gesellschaftsvertrag** (Abs. 2 Alt. 2). Diese »missverständliche, jedenfalls (...) häufig missverstandene« Regelung (*K. Schmidt* FS Immenga 2004, 705, 716) betrifft nur die Begründung der in der Mitgliedschaft verankerten und deshalb die (gegenwärtigen und künftigen) Gesellschafter aufgrund ihrer Gesellschafterstellung treffenden Pflichten; sie schließt die Begründung von Pflichten durch schuldrechtliche Vereinbarung aller oder einzelner (gegenwärtiger) Gesellschafter nicht aus (vgl. Baumbach / Hueck / *Hueck/Fastrich* § 3 Rn. 57; MünchHdb GesR III / *Priester* § 21 Rn. 14; *Ulmer* § 3 Rn. 35 f., 118). Das **Prinzip der Vertragsfreiheit** überlässt es den Beteiligten, ob sie Nebenleistungspflichten »korporativ« ausgestalten wollen, was zur Folge hat, dass diese die jeweiligen und nicht nur die gegenwärtigen Gesellschafter treffen, oder ob lediglich die gegenwärtigen Gesellschafter gegenüber der Gesellschaft (§ 328 BGB) oder ihren Mitgesellschaftern gebunden sein sollen; eine Regelung im Gesellschaftsvertrag ist nur dann erforderlich, wenn die Nebenpflicht an den Geschäftsanteil gebunden ist, so dass sie im Fall seiner Übertragung ohne weiteres auf den neuen Gesellschafter übergeht (BGHZ 142, 116, 123 f.; BGH NJW-RR 1993, 607; vgl. auch *Goette* DStR 1993, 613; *Reimann* EWiR 1993, 455). Prägnant ist von *K. Schmidt* formuliert worden (FS Immenga 2004, 705, 717):

»Es gibt kein Satzungsmonopol für die Regelung von Gesellschafterpflichten bei der GmbH (...). § 3 Abs. 2 GmbHG macht Nebenpflichten von Gesellschaftern nicht satzungspflichtig, enthält vielmehr im Grund nur eine Selbstverständlichkeit: Wer eine Vereinbarung über Gesellschafterpflichten mit Satzungsqualität ausstatten will, muss die Satzungsform wählen. Die Aufnahme in die Satzung ist durchaus folgenreich. Nur wenn sie in der Satzung verankert sind, können die Nebenleistungspflichten mitgliedschaftlich verstetigt und gegenüber jedem künftigen Anteilsinhaber ohne weiteres durchgesetzt werden.«

Da die Begründung von Nebenleistungspflichten mit »korporativer« Wirkung (für gegenwärtige und künftige Gesellschafter) der Aufnahme in den Gesellschaftsvertrag bedarf (§ 3 Abs. 2 Alt. 2 GmbHG), handelt es sich um **»echte« Satzungsbestandteile**; als **»unechte« Satzungsbestandteile** können schuldrechtliche Vereinbarungen in den Text der Satzungsurkunde aufgenommen werden, obwohl es zur Begründung von Nebenleistungspflichten mit schuldrechtlicher Wirkung nicht der Aufnahme in den Gesellschaftsvertrag bedarf. Durch **Auslegung** unter Berücksichtigung der Umstände – z. B. der Aufnahme der Regelung in den Gesellschaftsvertrag als eigener Paragraph – ist zu ermitteln, ob die Nebenleistungspflicht »korporative« Wirkung (für die gegenwärtigen und künftigen Gesellschafter) oder (nur) schuldrechtliche Wirkung (für die gegenwärtigen Gesellschafter) Geltung beansprucht (vgl. BGH NJW-RR 1993, 607; BGHZ 142, 116, 123 f.; vgl. auch A / E / S / *Achilles* § 3 Rn. 21; Baumbach / Hueck / *Hueck/Fastrich* § 3 Rn. 53 ff.; Lutter / Hommelhoff / *Lutter/Bayer* GmbHG, § 3 Rn. 59; *Michalski* § 3 Rn. 75 ff.; Scholz / *Emmerich* GmbHG, § 3 Rn. 67 ff.; s. auch § 2 GmbHG Rn. 9 ff.). 20

Insbesondere folgende Pflichten können als **Nebenleistungspflichten mit »korporativer« Wirkung** (für die gegenwärtigen und küntigen Gesellschafter) ausgestaltet sein (vgl. die Überblicke bei Baumbach / Hueck / *Hueck/Fastrich* § 3 Rn. 39 ff.; Lutter / Hommelhoff / *Lutter/Bayer* GmbHG, § 3 Rn. 29 ff.; *Michalski* § 3 Rn. 56 ff.; R / S-L / *Schmidt-Leithoff* § 3 Rn. 32 ff.; Scholz / *Emmerich* GmbHG, § 3 Rn. 47 ff.; *Ulmer* § 3 Rn. 65 ff.): Pflicht zur **Darlehensgewährung** (vgl. BGH NJW-RR 1989, 228; BGHZ 142, 116, 123 f.; LG Berlin GmbHR 2000, 234; vgl. auch *Peetz* GmbHR 2000, 236; *Stein* ZGR 1999, 357; *Weipert* EWiR 1989, 365); Pflicht, zu den Kosten der Gesellschaft **Deckungsbeiträge** zu **erbringen** (vgl. BGH NJW-RR 1993, 607); Pflicht zum **Verlustausgleich** (vgl. OLG Brandenburg ZIP 2006, 1675); Pflicht zur **Einbringung von Nutzungsrechten** (vgl. OLG Dresden GmbHR 1997, 746); Pflicht zur **Geschäftsführung** (vgl. OLG Hamm NZG 2002, 421; vgl. auch *Servatius* NZG 2002, 708); Pflicht zur **Mitarbeit** (vgl. BAG ZIP 1991, 817); Pflicht zur **Unterlassung von Wettbewerb** (vgl. BGH WM 1986, 1282; BGHZ 104, 246, 249 ff.; OLG Düsseldorf GmbHR 1998, 180, nachfolgend BGH DStR 1997, 2038; vgl. auch OLG Karlsruhe GmbHR 1999, 539). Je nach Ausgestaltung des Gesellschaftsvertrags können Nebenleistungspflichten die Pflicht der Gesellschafter zur **Leistung von Kapitaleinlagen** (§§ 3 Abs. 1 Nr. 4, 19 GmbHG) »in den Schatten stellen« und den Charakter der »Nebenleistungs-GmbH« als »personalistischer Kapitalgesellschaft« prägen (*K. Schmidt* FS Immenga 2004, 705 f.; vgl. auch Baumbach / Hueck / *Hueck/Fastrich* § 3 Rn. 32 f.; Scholz / *Emmerich* GmbHG, § 3 Rn. 42 f.). 21

Nebenleistungspflichten mit »korporativer« Wirkung können im Wege der **Änderung des Gesellschaftsvertrags** – durch notariell zu beurkundenden Beschluss der Gesellschafter und Eintragung in das Handelsregister (§§ 53 f. GmbHG) – geändert und insbesondere aufgehoben werden (vgl. BGHZ 142, 116, 123; vgl. auch Lutter / Hommelhoff / *Lutter/Bayer* GmbHG, § 3 Rn. 28; *Michalski* § 3 Rn. 52; MünchHdb GesR III / *Heinrich* § 5 Rn. 19; Scholz / *Emmerich* GmbHG, Rn. 59; s. auch § 53 GmbHG Rn. 6). Eine Vermehrung der den Gesellschaftern aufgrund Gesellschaftsvertrags obliegenden Pflichten kann nur mit Zustimmung der betroffenen Gesellschafter beschlossen werden (§ 53 Abs. 3 GmbHG). Demgegenüber können schuldrechtlich vereinbarte Nebenleistungspflichten durch formlose Vereinbarung aller Beteiligten geändert und aufgehoben werden (vgl. Lutter / Hommelhoff / *Lutter/Bayer* GmbHG, § 3 Rn. 59; MünchHdb GesR III / *Priester* § 21 Rn. 19; s. § 53 Rn. 6). Selbst eine schuldrechtliche Vereinbarung, mit der sich Gesellschafter einer GmbH zu einer Änderung des Gesellschaftsvertrags verpflichten (**Stimmbindungsvertrag**), kann »formfrei« abgeschlossen werden (OLG Köln GmbHR 2003, 416 [LS]; vgl. auch *Frey* EWiR 2003, 121; vgl. zu Stimmbindungsvereinbarungen außerdem § 47 GmbHG Rn. 14). 22

III. Übernahme des Gründungsaufwands, § 26 Abs. 2 Alt. 1 AktG analog

23 Der Gesamtaufwand, der zu Lasten der Gesellschaft an Gesellschafter oder an andere Personen als Entschädigung für die Gründung oder ihre Vorbereitung gewährt wird, ist im Gesellschaftsvertrag festzusetzen (§ 26 Abs. 2 Alt. 1 AktG analog). Wenn das Stammkapital durch die Übernahme des Gründungsaufwands vorbelastet wird, muss dies aus Gründen des Gläubigerschutzes im Gesellschaftsvertrag **offengelegt** werden, wobei über die namentliche Nennung der einzelnen Kosten, aus denen sich der Gründungsaufwand zusammensetzt, hinausgehend der Ausweis eines – ggf. geschätzten – **Gesamtbetrages** erforderlich ist (BGHZ 107, 1, 5 f.; BGH NJW 1998, 233; s. auch § 5 GmbHG Rn. 45, § 7 GmbHG Rn. 17, § 8 GmbHG Rn. 31, § 9 a GmbHG Rn. 18, 20 sowie § 9 c GmbHG Rn. 14). Eine – zulässige – Schätzung des Gründungsaufwands liegt nicht vor, wenn sich die Gründer darauf beschränken, einen fiktiven Oberwert möglicher Kosten festzulegen, ohne die Kosten unter Heranziehung gebührenrechtlicher Regelungen annähernd zu ermitteln (LG Essen GmbHR 2003, 471; vgl. aber auch LG Gießen GmbHR 1995, 453). Die Vergütung eines im Gründungsstadium bestellten und tätig gewordenen Geschäftsführers gehört nicht zum Gründungsaufwand, weil diesem Aufwand kein im Gesellschaftsvermögen verbliebener Gegenwert gegenübersteht (BGH NJW 2004, 2519 zur AG).

24 Enthält der Gesellschaftsvertrag keine Regelung zur Übernahme des Gründungsaufwands durch die Gesellschaft, ist dieser von den Gründern zu tragen (BGHZ 107, 1, 5 f.; BGH NJW 1998, 233; vgl. auch *Ulmer* § 3 Rn. 111). In einem solchen Fall darf in der – auf den Zeitpunkt der Eintragung der Gesellschaft in das Handelsregister zu erstellenden – Vorbelastungsbilanz der Gründungsaufwand nicht aktiviert werden, weil das gesamte Stammkapital – ohne Abzug des Gründungsaufwands – zu diesem Zeitpunkt vorhanden sein muss; hierdurch wird gewährleistet, dass die Gesellschaft bei der Eintragung in das Handelsregister tatsächlich über den öffentlich verlautbarten Haftungsfonds verfügt (BGH NJW 1998, 233; s. auch § 11 GmbHG Rn. 26).

D. Exkurs: Wirtschaftliche Neugründung durch »Aktivierung« einer Vorratsgesellschaft oder »Wiederbelebung« eines leeren (GmbH-)Mantels

I. Erscheinungsformen der wirtschaftlichen Neugründung einer Gesellschaft

1. »Aktivierung« einer Vorratsgesellschaft

25 Die Verwendung des Mantels einer zunächst »auf Vorrat« gegründeten Gesellschaft durch Ausstattung der Gesellschaft mit einem Unternehmen und erstmalige Aufnahme ihres Geschäftsbetriebs – auch als »Aktivierung« einer Vorratsgesellschaft bezeichnet – stellt wirtschaftlich eine **Neugründung einer Gesellschaft** dar (BGHZ 153, 158, 160; 155, 318, 321; vgl. auch BGHZ 117, 323, 331 zur AG; BGHZ 165, 352 = NJW 2006, 906). Da erst durch die Ausstattung der Vorratsgesellschaft mit einem Unternehmen und die erstmalige Aufnahme des Geschäftsbetriebs – ungeachtet der Eintragung der Vorratsgesellschaft in das Handelsregister – eine gesetzestypische Gesellschaft geschaffen wird, handelt es sich hierbei um die »Vollendung des mit der Errichtung einer GmbH ›auf Vorrat‹ begonnenen Gründungsaktes« (*Goette* DStR 2003, 300); die »schlummernde« Vorratsgesellschaft wird im Zeitpunkt ihrer »Aktivierung« zu einer am Wirtschaftsleben teilnehmenden Gesellschaft (*Goette* DStR 2003, 887, 890; DStR 2004, 461, 462 f.).

26 Zu den bei der Gründung einer Kapitalgesellschaft »auf Vorrat« zu beachtenden Anforderungen gehört die **Angabe des zutreffenden Unternehmensgegenstands** im Gesellschaftsvertrag (§ 3 Abs. 1 Nr. 2 GmbHG) – z. B. »Verwaltung des eigenen Vermögens« –, weil bei Angabe eines fiktiven Unternehmensgegenstands dieser Teil des Gesellschaftsvertrages und infolgedessen der gesamte Gesellschaftsvertrag nichtig sind, was wiederum zur Auflösungsklage (§ 75 GmbHG) bzw. zur Amtslöschung (§ 144 Abs. 1 FGG) berechtigt; bei Angabe eines fiktiven Unternehmensgegenstandes darf die Gesellschaft nicht in das Handelsregister eingetragen werden (s. Rn. 7 f.; BGHZ 117, 323, 333 ff. zur AG; Baumbach/Hueck/*Hueck/Fastrich* § 3 Rn. 11; Lutter/Hommelhoff/*Lutter/Bayer* GmbHG, § 3 Rn. 7; Scholz/*Emmerich* GmbHG, § 3 Rn. 20).

2. »Wiederbelebung« eines leeren (GmbH-) Mantels

Die Verwendung des »alten« Mantels einer existenten, im Rahmen ihres früheren Unternehmensgegenstands tätig gewesenen, jetzt aber unternehmenslosen Gesellschaft – auch als »Wiederbelebung« eines leeren (GmbH-)Mantels durch Ausstattung mit einem (neuen) Unternehmen bezeichnet – stellt wirtschaftlich eine **Neugründung einer Gesellschaft** dar; bei wertender Betrachtung macht es keinen Unterschied, ob die Unternehmenslosigkeit im Sinne des Fehlens eines Geschäftsbetriebs – wie bei der **»offenen Vorratsgründung«** – von Anfang an vorgesehen ist und sodann die Gesellschaft erstmals den Betrieb eines Unternehmens aufnimmt, oder ob sie – wie bei den **»alten« Mänteln** – darauf beruht, dass der Betrieb eines (ursprünglich) vorhandenen Unternehmens mittlerweile eingestellt bzw. endgültig aufgegeben worden ist und anschließend der als »inhaltsloser Hülle« fortbestehenden juristischen Person ein neues Unternehmen »implantiert« wird (BGHZ 155, 318, 322; vgl. auch Baumbach / Hueck / *Hueck/Fastrich* § 3 Rn. 13; Lutter / Hommelhoff / *Lutter/Bayer* GmbHG, § 3 Rn. 14; *Ulmer* § 3 Rn. 152 ff. [zwischen »vermögenslosen Alt-Mänteln« und »sonstigen inaktiven Alt-Mänteln« differenzierend]). 27

Für die **Abgrenzung** der »Wiederbelebung« eines leeren (GmbH-)Mantels von der Umorganisation oder Sanierung einer (noch) aktiven Gesellschaft ist entscheidend, ob die Gesellschaft noch ein **aktives Unternehmen** betreibt, an das die Fortführung des Geschäftsbetriebs – sei es auch unter wesentlicher Umgestaltung, Einschränkung oder Erweiterung des Tätigkeitsgebiets – in irgendeiner wirtschaftlich noch gewichtbaren Weise anknüpft, oder ob es sich tatsächlich um einen leer gewordenen Mantel ohne Geschäftsbetrieb handelt, der seinen – neuen oder alten – Gesellschaftern nur dazu dient, unter Vermeidung der rechtlichen Neugründung einer Gesellschaft eine gänzlich neue Geschäftstätigkeit aufzunehmen (BGHZ 155, 318, 324; vgl. auch OLG Düsseldorf NZG 2004, 380; OLG Jena NZG 2004, 1114; vgl. aber auch die von *Altmeppen* NZG 2003, 145, 148, *Bärwaldt/Balda* GmbHR 2004, 350, 351, und *Kesseler* ZIP 2003, 1790, 1792, aufgeführten Beispiele, die Abgrenzungsschwierigkeiten illustrieren; vgl. außerdem *Goette* DStR 2004, 461, 465 zu der in Aussicht gestellten Fallgruppenbildung durch den BGH). 28

II. Analoge Anwendung der Gründungsvorschriften

Sowohl bei der »Aktivierung« einer Vorratsgesellschaft als auch bei der »Wiederbelebung« eines leeren Mantels durch Ausstattung mit einem (neuen) Unternehmen besteht die Gefahr, dass die gesetzliche und die im Gesellschaftsvertrag bestimmte Kapitalausstattung bei Aufnahme der wirtschaftlichen Tätigkeit nicht gewährleistet ist (BGHZ 155, 318, 322): Bei einer »offenen Vorratsgründung«, bei der sich die Gesellschaft – entsprechend ihrem Unternehmensgegenstand – auf die Verwaltung des eigenen Vermögens beschränkt, kann nicht ausgeschlossen werden, dass das ursprünglich voll eingezahlte Kapital bei »Aktivierung« der Gesellschaft angegriffen oder verbraucht ist, weil z. B. das Kapital darlehensweise ihren Gründern zur Verfügung gestellt worden ist, um eine oder – »staffelweise« – mehrere weitere Vorratsgesellschaften zu gründen (*Goette* DStR 2003, 300, 301; DStR 2003, 887, 890; DStR 2004, 461, 463 f.; DStR 2006, 383, 384; *Ettinger/Reiff* GmbHR 2005, 324; vgl. auch die den Entscheidungen BGHZ 165, 352 und OLG Schleswig NZG 2004, 969, zugrunde liegenden Sachverhalte). Indes sind die Gläubiger bei der »Wiederbelebung« eines leeren (GmbH-)Mantels durch Ausstattung mit einem (neuen) Unternehmen stärker gefährdet, weil in diesem Zeitpunkt das früher aufgebrachte Stammkapital des inaktiv gewordenen Unternehmens typischerweise nicht mehr unversehrt, sondern zumeist sogar verbraucht ist (BGHZ 155, 318, 322 f.; vgl. auch den der Entscheidung OLG Frankfurt NZG 1999, 450, zugrunde liegenden Sachverhalt: Erwerb sämtlicher Geschäftsanteile einer GmbH für DM 3.000,–). Im Schrifttum ist prägnant formuliert worden: »Mit bösen Überraschungen muss man bei Second-Hand-Wear (...) eher rechnen als bei sauberer Konfektionsware« (*K. Schmidt* NJW 2004, 1345, 1346). 29

Der bei der »Aktivierung« einer Vorratsgesellschaft bestehenden **Gefahr unzureichender Kapitalausstattung** im Zeitpunkt der Aufnahme ihres Geschäftsbetriebs ist nicht durch ein generelles, präventiv wirkendes Verbot ihrer Gründung, sondern durch analoge Anwendung der Grün- 30 dungsvorschriften bei ihrer späteren wirtschaftlichen Neugründung Rechnung zu tragen; die generelle Unzulässigkeit von Vorratsgründungen unter dem Gesichtspunkt einer missbräuchlichen Umgehung der Gründungs-, insbesondere der Kapitalaufbringungsvorschriften ist angesichts des berechtigten wirtschaftlichen Bedürfnisses, über eine Kapitalgesellschaft zu verfügen, die ihren Geschäftsbetrieb umgehend aufnehmen kann, nicht zu rechtfertigen (BGHZ 117, 323, 331 ff.; BGHZ 153, 158, 160 ff.; vgl. auch OLG Hamburg NZG 2005, 483; vgl. außerdem *Altmeppen* NZG 2003, 145, 146; a. A.: *Kallmeyer* GmbHR 2003, 322; *K. Schmidt* NJW 2004, 1351). Der Grund für eine analoge Anwendung der Gründungsvorschriften ist wie folgt beschrieben worden: »Die Aufnahme einer Unternehmenstätigkeit in haftungsbeschränkter Form gebietet – als Äquivalent für die fehlende persönliche Haftung – die Schaffung eines Haftungsfonds und somit die Notwendigkeit einer finanziellen Mindestausstattung der Gesellschaft« (*Keil* EWiR 2003, 327, 328).

31 Die Gründungsvorschriften sind auch bei der »Wiederbelebung« eines leeren (GmbH-)Mantels durch Ausstattung mit einem (neuen) Unternehmen analog anzuwenden, um der – typischerweise – bestehenden Gefahr nicht (mehr) vorhandener oder unzureichender Kapitalausstattung zu begegnen (BGHZ 155, 318, 323 ff.; vgl. OLG Düsseldorf NZG 2004, 380; OLG Jena NZG 2004, 1114; a. A.: *Altmeppen* NZG 2003, 145, 146 ff.; DB 2003, 2050; *Kallmeyer* GmbHR 2003, 322; DB 2003, 2583; *K. Schmidt* NJW 2004, 1351; vgl. auch *Heidenhain* NZG 2003, 1051; *Heidinger/Meyding* NZG 2003, 1129).

1. Registerrechtliche Präventivkontrolle

32 Da die »Aktivierung« einer Vorratsgesellschaft als wirtschaftliche Neugründung anzusehen ist, ist sie in die mit den Gründungsvorschriften verfolgte Regelungsabsicht des Gesetzgebers einzubeziehen, die Ausstattung mit dem gesetzlich vorgeschriebenen Haftungsfonds sicherzustellen: Das Registergericht hat in eine **Gründungsprüfung** einzutreten, die sich zumindest auf die **Erbringung der Mindeststammeinlagen** und im Fall von Sacheinlagen auf deren **Werthaltigkeit**, beim Bestehen entsprechender Anhaltpunkte auch auf das Bestehen einer Unterbilanz im Zeitpunkt der Anmeldung erstreckt (§ 9 c GmbHG analog); Anknüpfungspunkt ist die von den Geschäftsführern – in der Anmeldung der mit der wirtschaftlichen Neugründung verbundenen Änderungen des Gesellschaftsvertrags, insbesondere des Unternehmensgegenstands (vgl. § 54 GmbHG) – abzugebende Versicherung, dass die in § 7 Abs. 2 und 3 GmbHG bezeichneten Leistungen auf die Stammeinlagen bewirkt sind und dass der Gegenstand der Leistungen sich weiterhin in ihrer freien Verfügung befindet (§ 8 Abs. 2 GmbHG analog; BGHZ 153, 158, 162; vgl. auch Baumbach/Hueck/*Hueck/Fastrich* § 3 Rn. 11; Lutter/Hommelhoff/*Lutter/Bayer* GmbHG, § 3 Rn. 9 ff.; *Ulmer* § 3 Rn. 148 f.; s. auch § 7 GmbHG Rn. 4, § 8 GmbHG Rn. 27, 35 sowie § 9 c GmbHG Rn. 25, 38).

33 Die »Wiederbelebung« eines leeren (GmbH-)Mantels ist derselben **registerrechtlichen Kontrolle** zu unterwerfen wie die »Aktivierung« einer Vorratsgesellschaft (§ 9 c GmbHG analog): Die Tatsache der »Wiederbelebung« eines leer gewordenen (GmbH-)Mantels bedarf im Zeitpunkt ihrer Ausstattung mit einem (neuen) Unternehmen der Offenlegung gegenüber dem Registergericht; diese ist mit der Versicherung zu verbinden, dass die in § 7 Abs. 2 und 3 GmbHG bezeichneten Leistungen auf die Stammeinlagen bewirkt sind und dass der Gegenstand der Leistungen sich weiterhin in der freien Verfügung der Geschäftsführer befindet (§ 8 Abs. 2 GmbHG analog); da die »Wiederbelebung« eines leeren (GmbH-)Mantels durch Ausstattung mit einem (neuen) Unternehmen – anders als die »Aktivierung« einer Vorratsgesellschaft – nicht zwingend mit Änderungen des Gesellschaftsvertrags einhergeht, wird der begrenzten Erkennbarkeit einer Mantelverwendung für das Registergericht durch die Offenlegung Rechnung getragen (BGHZ 155, 318, 323 ff.; vgl. auch Baumbach/Hueck/*Hueck/Fastrich* § 3 Rn. 13; Lutter/Hommelhoff/*Lutter/Bayer* GmbHG, § 3 Rn. 16; *Ulmer* § 3 Rn. 160 ff. [zwischen »vermögenslosen Alt-Mänteln« und »sonstigen inaktiven Alt-Mänteln« differenzierend]; s. auch § 7 GmbHG Rn. 4, § 8 GmbHG Rn. 27, 35 sowie § 9 c GmbHG Rn. 25, 38).

Die von den Geschäftsführern abzugebende **Versicherung** hat sich nicht nur am gesetzlichen Mindeststammkapital, sondern an dem im Gesellschaftsvertrag festgelegten Stammkapital auszurichten, weil die Kapitalaufbringung bei einer wirtschaftlichen Neugründung im Umfang der im Gesellschaftsvertrag festgelegten Kapitalziffer sichergestellt werden soll; an der im Gesellschaftsvertrag festgelegten, im Handelsregister verlautbarten Kapitalziffer orientiert sich das zu schützende Vertrauen des Rechtsverkehrs (BGHZ 155, 318, 325 f.; vgl. auch Lutter / Hommelhoff/*Lutter/Bayer* GmbHG, § 3 Rn. 11 zur »Aktivierung« einer Vorratsgesellschaft). 34

2. (Unterbilanz-)Haftung der Gesellschafter und Handelndenhaftung

Sowohl bei der »Aktivierung« einer Vorratsgesellschaft als auch bei der »Wiederbelebung« eines leeren (GmbH-)Mantels durch Ausstattung mit einem (neuen) Unternehmen ist die Kapitalaufbringung als zentrales, die Haftungsbegrenzung auf das Gesellschaftsvermögen rechtfertigendes Element nicht nur durch die registergerichtliche Präventivkontrolle, sondern auf der materiell-rechtlichen Haftungsebene durch **analoge Anwendung des Haftungsmodells der Unterbilanzhaftung (Vorbelastungshaftung)** der Gesellschafter (s. § 11 GmbHG Rn. 23 ff.) sicherzustellen: Maßgeblicher Stichtag für das Bestehen und die Höhe einer Unterbilanzhaftung ist die – mit der Versicherung (§ 8 Abs. 2 GmbHG analog) zu verbindende – Anmeldung der mit der wirtschaftlichen Neugründung einhergehenden Änderungen des Gesellschaftsvertrags, insbesondere des Unternehmensgegenstands (vgl. § 54 GmbHG), bzw. deren Offenlegung gegenüber dem Registergericht; einer Gewährleistung der Unversehrtheit des im Gesellschaftsvertrag festgelegten Stammkapitals über diesen Zeitpunkt hinaus ist – anders als bei einer »regulären« (oder »echten«) rechtlichen Neugründung einer Gesellschaft – nicht veranlasst, weil der bereits als Gesellschaft wirksam entstandene Rechtsträger zu seiner weiteren rechtlichen Existenz keiner zusätzlichen (konstitutiven) Eintragung mehr bedarf (BGHZ 155, 318, 326 f.; vgl. auch Baumbach / Hueck / *Hueck/Fastrich* § 3 Rn. 13; Lutter / Hommelhoff / *Lutter/Bayer* GmbHG, § 3 Rn. 13, 17; *Ulmer* § 3 Rn. 150, 168 f. [zwischen »vermögenslosen Alt-Mänteln« und »sonstigen inaktiven Alt-Mänteln« differenzierend]; vgl. außerdem *v. Bredow/Schumacher* DStR 2003, 1032, 1034 ff.). Die Höhe der Unterbilanzhaftung richtet sich nach der Vorbelastung des Stammkapitals, die aufgrund von Verlusten der neuen Geschäftstätigkeit bis zum Zeitpunkt der Anmeldung bzw. Offenlegung der wirtschaftlichen Neugründung eingetreten ist (vgl. *Ulmer* § 3 Rn. 168). Im Fall der Aufgabe der neuen Geschäftstätigkeit vor Anmeldung bzw. Offenlegung der wirtschaftlichen Neugründung kommt – was in der höchstrichterlichen Rechtsprechung noch nicht entschieden worden ist (vgl. *Goette* DStR 2004, 461, 464) – die **analoge Anwendung des Haftungsmodells der Verlustdeckungshaftung** (s. § 11 GmbHG Rn. 36) in Betracht (*Ulmer* Rn. 168; a. A. *Schütz* NZG 2004, 746, 749 f.; *Wicke* NZG 409, 414); außerdem ist die **analoge Anwendung der Haftung nach personengesellschaftrechtlichen Grundsätzen** (s. § 11 GmbHG Rn. 46) in Betracht zu ziehen, wenn die Geschäftstätigkeit nicht sofort nach Aufgabe der Anmelde- bzw. Offenlegungsabsicht beendet wird (*Ulrich* WM 2004, 915, 918; vgl. auch *v. Bredow/Schumacher* DStR 2003, 1032, 1034 ff.). 35

Neben der Unterbilanzhaftung der Gesellschafter ist auch die **Handelndenhaftung** (§ 11 Abs. 2 GmbHG analog) in Betracht zu ziehen, wenn vor Anmeldung bzw. Offenlegung der wirtschaftlichen Neugründung der Geschäftsbetrieb der Gesellschaft aufgenommen wird, ohne dass alle Gesellschafter dem zugestimmt haben (BGHZ 155, 318, 327; vgl. auch Baumbach / Hueck / *Hueck/Fastrich* § 3 Rn. 13; Lutter / Hommelhoff / *Lutter/Bayer* GmbHG, § 3 Rn. 13, 17; *Ulmer* § 3 Rn. 150, 170). 36

Die bei einer wirtschaftlichen Neugründung zu beachtenden **Vorgaben zur Sicherung der Kapitalausstattung** beziehen sich nicht auf die Gründer, sondern auf die neuen Gesellschafter und Geschäftsführer der Gesellschaft; die Gründer haften insbesondere nicht für die Entnahme des von ihnen ordnungsgemäß eingezahlten Stammkapitals durch die Erwerber der Geschäftsanteile nach Anmeldung des Erwerbs bei der Gesellschaft (vgl. § 16 Abs. 3 GmbHG; BGHZ 165, 352). Bei der »offenen Vorratsgründung« können die Gründer den von ihnen eingezahlten Betrag 37 von der Gesellschaft als Darlehen erhalten, um insbesondere weitere Vorratsgesellschaften zu gründen; wenn im Zusammenhang mit der Veräußerung der Geschäftsanteile an einen Erwerber – regelmäßig aus dem von diesem gezahlten Kaufpreis – durch Rückzahlung des Darlehns die offene Einlageschuld getilgt wird, ist der Vorgang der Kapitalaufbringung ordnungsgemäß abgeschlossen (*Goette* DStR 2006, 383, 384).

3. Analoge Anwendung der Gründungsvorschriften auf Altfälle

38 Im Hinblick auf die »Aktivierung« einer Vorratsgesellschaft, die vor den Beschlüssen des BGH vom 9. 12. 2002 (BGHZ 153, 158) und vom 7. 7. 2003 (BGHZ 155, 318) erfolgt ist – häufig als »Altfall« bezeichnet –, stellt sich die Frage nach den **Rechtsfolgen der unterbliebenen registerrechtlichen Präventivkontrolle**, insbesondere nach der (Unterbilanz-)Haftung der Gesellschafter; die gleiche Frage stellt sich im Hinblick auf die »Wiederbelebung« eines leeren (GmbH-)Mantels durch Ausstattung mit einem (neuen) Unternehmen, die vor dem Beschluss des BGH vom 7. 7. 2003 (BGHZ 155, 318) erfolgt ist. In Anlehnung an den Vertrauensschutz, der einem Neugesellschafter einer Gesellschaft bürgerlichen Rechts im Hinblick auf die vor seinem Beitritt begründeten (Alt-)Verbindlichkeiten der Gesellschaft gewährt wird, indem der »Junior-Partner« (*K. Schmidt* NJW 2003, 1897, 1902) für ihm unbekannte und nicht erkennbare Verbindlichkeiten nicht persönlich haftet (BGHZ 154, 370, 377 f.; BGH NJW 2006, 765; vgl. auch *Gutmann* NZG 2005, 544), ist zu erwägen, von der analogen Anwendung der Gründungsvorschriften auf solche (Alt-)Fälle »aktivierter« Vorratsgesellschaften oder »wiederbelebter« leerer (GmbH-)Mäntel abzusehen.

39 Während nach einer Auffassung – angesichts der bereits im Beschluss des BGH vom 16. 3. 1992 (BGHZ 117, 323, 331 ff. zur AG) beschriebenen analogen Anwendung der Gründungsvorschriften bei einer wirtschaftlichen Neugründung – die analoge Anwendung der Gründungsvorschriften auch auf »Altfälle« befürwortet wird (Lutter / Hommelhoff/*Lutter/Bayer* GmbHG, § 3 Rn. 13), wird deren analoge Anwendung nach anderer Auffassung aus Gründen des Vertrauensschutzes gänzlich abgelehnt (LG München II NZG 2006, 318 zumindest für Bayern; vgl. auch *Bärwaldt/ Balda* GmbHR 2004, 50, 52 f. sowie 350, 354; Baumbach / Hueck / *Hueck/ Fastrich* § 3 Rn. 13; *Schumacher* DStR 2003, 1884, 1886; *Wälzholz* NZG 2005, 203; *Werner* EWiR 2005, 179; *Wicke* NZG 2005, 409, 414; vgl. auch *Heidenhain* NZG 2003, 1051, 1053 f.; *Schütz* NZG 2004, 746, 750; *Ulrich* WM 2004, 915, 920; *Weitnauer* NZG 2006, 298, 299). Nach einer dritten Auffassung werden die Gründungsvorschriften einschränkend angewendet, indem hinsichtlich der (Unterbilanz-)Haftung der Gesellschafter auf den Zeitpunkt der »Aktivierung« bzw. »Wiederbelebung«, nicht auf den der Anmeldung bzw. Offenlegung der wirtschaftlichen Neugründung abgestellt wird (OLG Jena NZG 2004, 1114; vgl. auch *Meilicke* BB 2003, 857, 859 zur »Aktivierung« einer Vorratsgesellschaft; *Ulrich* GmbHR 2005, 900). Da die analoge Anwendung der Gründungsvorschriften bei einer wirtschaftlichen Neugründung – trotz des Beschlusses des BGH vom 16. 3. 1992 (BGHZ 117, 323, 331 ff.) – von der Rechtsprechung teilweise abgelehnt, teilweise befürwortet worden ist (vgl. BayObLG NZG 1999, 666 unter Bezugnahme auf OLG Frankfurt GmbHR 1992, 456; KG NZG 1998, 731; OLG Brandenburg NZG 1999, 166; OLG Celle GmbHR 2002, 1066 [LS]; OLG Frankfurt NZG 1999, 450; OLG Schleswig NZG 2003, 35; OLG Stuttgart GmbHR 1999, 610; LG Berlin NZG 2002, 786; BB 2003, 1404; LG Dresden GmbHR 2000, 731 [LS]; NJW-RR 2001, 823; GmbHR 2000, 1151; LG Hamburg NJW-RR 1997, 671; LG Kleve NZG 2002, 587; AG Duisburg NJW-RR 1987, 1189; NZG 1998, 194; AG Erfurt GmbHR 1997, 74), sollte von der analogen Anwendung der Gründungsvorschriften, insbesondere der Unterbilanzhaftung der Gesellschafter und der Handelndenhaftung, auf »Altfälle« abgesehen werden; erst mit der »rechtsschöpferischen« (*Goette* DStR 2004, 461, 463) und für die Praxis der Registergerichte maßgeblichen Anordnung der analogen Anwendung der Gründungsvorschriften durch die Beschlüsse des BGH vom 9. 12. 2002 (BGHZ 153, 158) und vom 7. 7. 2003 (BGHZ 155, 318) ist die zuvor bestehende Unsicherheit beseitigt worden, die Geschäftsführer »aktivierter« Vorratsgesellschaften oder »wiederbelebter« leerer (GmbH-)Mäntel oder deren (notarielle) Berater sowie Registergerichte von der Beachtung der Gründungsvorschriften bei der wirtschaftlichen Neugründung einer Gesellschaft häufig abge-

halten hat (vgl. *Goette* DStR 2004, 461, 465, zu der in Aussicht gestellten »Nachsteuerung« durch den BGH).

§ 4 [Firma]

Die Firma der Gesellschaft muß, auch wenn sie nach § 22 des Handelsgesetzbuches oder nach anderen gesetzlichen Vorschriften fortgeführt wird, die Bezeichnung »Gesellschaft mit beschränkter Haftung« oder eine allgemein verständliche Abkürzung dieser Bezeichnung enthalten.

Übersicht:

A. Allgemeines

1 Die durch Art. 9 Nr. 1 des »Gesetzes zur Neuregelung des Kaufmanns- und Firmenrechts und zur Änderung anderer handels- und gesellschaftsrechtlicher Vorschriften« (Handelsrechtsreformgesetz – HRefG) vom 22. 6. 1998 (BGBl. I, 1474) neu gefasste Vorschrift regelt Anforderungen an die Firma einer GmbH, indem sie die Verwendung eines bestimmten **Rechtsformzusatzes** vorschreibt. Die Bedeutung einer Firma und die allgemeinen Anforderungen an deren Bildung sind in den §§ 17 ff. HGB geregelt, die auf die Firma einer GmbH anwendbar sind (§ 13 Abs. 3 GmbHG i. V. m. § 6 Abs. 1 HGB). Im RefE eines »Gesetzes zur Modernisierung des GmbH-Rechts und zur Bekämpfung von Missbräuchen« (MoMiG, Stand: 29. 5. 2006) ist für § 4 GmbHG die Überschrift »Firma« vorgesehen.

2 Die in § 4 GmbHG geregelten Anforderungen an die Firma einer GmbH entsprechen den Anforderungen an die Firma von Einzelkaufleuten, einer OHG und einer KG sowie bei einer AG: Bei Einzelkaufleuten muss die Firma die Bezeichnung »eingetragener Kaufmann«, »eingetragene Kauffrau« oder eine allgemein verständliche Abkürzung dieser Bezeichnung (§ 19 Abs. 1 Nr. 1 HGB in der durch Art. 3 Nr. 12 HRefG geänderten Fassung), bei einer OHG die Bezeichnung »offene Handelsgesellschaft« oder eine allgemein verständliche Abkürzung (§ 19 Abs. 1 Nr. 2 HGB in der durch Art. 3 Nr. 12 HRefG geänderten Fassung), bei einer KG die Bezeichnung »Kommanditgesellschaft« oder eine allgemein verständliche Abkürzung enthalten (§ 19 Abs. 1 Nr. 3 HGB in der durch Art. 3 Nr. 12 HRefG geänderten Fassung). Bei einer AG muss die Firma die Bezeichnung »Aktiengesellschaft« oder eine allgemein verständliche Abkürzung dieser Bezeichnung enthalten (§ 4 AktG in der durch Art. 8 Nr. 1 HRefG geänderten Fassung). Bei einer eingetragenen Genossenschaft muss die Firma die Bezeichnung »eingetragene Genossenschaft« oder die Ab-

kürzung »eG« enthalten (§ 3 Abs. 1 S. 1 GenG in der durch Art. 10 Nr. 1 HRefG geänderten Fassung; jetzt § 3 S. 1 GenG i. d. F. vom 16. 10. 2006 [BGBl. I, 2230]).

B. Bestimmung der Firma

I. Bestimmung der Firma im Gesellschaftsvertrag

3 Die Firma ist der **Name einer Gesellschaft**, unter dem sie am Rechtsverkehr teilnimmt (vgl. § 17 Abs. 1 HGB); sie dient – zusammen mit der Bestimmung des Sitzes der Gesellschaft (§ 4 a GmbHG) – der **individuellen Kennzeichnung** der Gesellschaft, um sie von anderen Rechtssubjekten zu unterscheiden (vgl. KG NJW-RR 2001, 173). Eine GmbH kann nur eine Firma haben, selbst wenn sie – z. B. nach Erwerb oder Übernahme eines Handelsgeschäfts gem. § 22 HGB – mehrere (getrennte) Handelsgeschäfte, ggf. eines als Zweigniederlassung, betreibt; im Rechtsverkehr ist eindeutiges Auftreten, nämlich unter einer (einheitlichen) Firma, erforderlich (vgl. BGHZ 67, 166, 167 ff. zur KG; vgl. auch A/E/S/*Achilles* § 4 Rn. 3; *Michalski* § 4 Rn. 2; Baumbach/Hueck/*Hueck/Fastrich* § 4 Rn. 2; Lutter/Hommelhoff/*Lutter/Bayer* GmbHG, § 4 Rn. 3; MünchHdb GesR III/*H. Heinrich* § 19 Rn. 2 ff.; *Roth*/Altmeppen § 4 Rn. 2; R/S-L/*Schmidt-Leithoff* § 4 Rn. 6, 10; Scholz/*Emmerich* GmbHG, § 4 Rn. 4 ff.; Ulmer/*I. Heinrich* § 4 Rn. 1, 8; s. auch Rn. 18 und 24).

4 Von der – auch als »Handelsname« bezeichneten – Firma sind andere Unternehmensbezeichnungen (z. B. ein Logo) zu unterscheiden, die sich neben der Firma als Geschäftsname unternehmensidentifizierend herausgebildet haben können und die innerhalb der beteiligten Verkehrskreise als Kennzeichen des Unternehmens gelten; die Firma, die durch aussprechbare Bezeichnungen gebildet wird (s. Rn. 8 f.), dient nicht als Oberbegriff für das Auftreten eines Unternehmens nach innen und außen schlechthin (OLG Stuttgart NZG 1999, 601, nachfolgend BGH NZG 1999, 999).

5 Die Firma ist **im Gesellschaftsvertrag** zu bestimmen (§ 3 Abs. 1 Nr. 1 GmbHG) und vom (Register-)Gericht in das Handelsregister einzutragen (§ 10 Abs. 1 S. 1 GmbHG). Nach Eintragung der Gesellschaft in das Handelsregister kann die Firma im Wege der Änderung des Gesellschaftsvertrags durch Beschluss der Gesellschafterversammlung und Eintragung in das Handelsregister (§§ 53 f. GmbHG) geändert werden (vgl. Baumbach/Hueck/*Hueck/Fastrich* § 4 Rn. 25; Scholz/*Emmerich* GmbHG, § 4 Rn. 26, 41; Ulmer/Irmgard *Heinrich* § 4 Rn. 74; zur Prüfung der Anforderungen durch das Gericht s. Rn. 26).

II. Anforderungen an die Bestimmung der Firma

6 Das Handelsrechtsreformgesetz (HRefG) vom 22. 6. 1998 (BGBl. I, 1474) hat nicht nur eine Vereinheitlichung des »Firmenbildungsrechts« für die unterschiedlichen Gesellschaftsformen, sondern auch dessen »Entschärfung« bewirkt, wodurch »ganze Bibliotheken zur Sach- und Personenfirma zur Makulatur« geworden sind (Lutter/Hommelhoff/*Lutter/Bayer* GmbHG, § 4 Rn. 2): Einzelkaufleute, Personenhandelsgesellschaften und Kapitalgesellschaften können **Personen-, Sach- und Phantasienamen** als Firmen wählen, wobei dem Informationsinteresse des Rechtsverkehrs und dem Transparenzgebot durch einen obligatorischen Hinweis in der Firma auf die Rechtsform Rechnung getragen wird; wegen Täuschungsgefahr ist eine Firma nur dann von der Eintragung in das Handelsregister ausgeschlossen, wenn sie Angaben enthält, die ersichtlich geeignet sind, über wesentliche geschäftliche Verhältnisse irrezuführen (vgl. Gesetzesentwurf der Bundesregierung, BT-Drs. 13/8444, 2, 74 f.).

7 Bei der Bildung einer Firma sind die – seit Inkrafttreten dieser Neuregelung im Handelsgesetzbuch geregelten – allgemeinen Anforderungen, nämlich **Kennzeichnungseignung** und **Unterscheidungskraft** (§ 18 Abs. 1 HGB), **Unterscheidbarkeit** (§ 30 Abs. 1 HGB) sowie das **Irreführungsverbot** (§ 18 Abs. 2 S. 1 HGB), zu beachten, welche die Freiheit der Firmenbildung einschränken; weitere allgemeine und besondere, insbesondere rechtsformspezifische Anforderungen ergeben sich aus anderen gesetzlichen Regelungen. Ein Berechtigter kann bei Verletzung eines Namensrechts Unterlassung (§ 12 BGB), bei Verletzung eines Markenrechts Unterlassung

oder Schadensersatz (§§ 14 f. MarkenG) sowie bei unlauterem Wettbewerb vor allem Unterlassung oder Schadensersatz verlangen (§§ 8 f. UWG; zur [Nicht]-Berücksichtigung einer Verletzung dieser Rechte durch das [Register-]Gericht s. Rn. 26).

1. Allgemeine Anforderungen

a) Kennzeichnungseignung und Unterscheidungskraft, § 18 Abs. 1 HGB

Die Firma muss zur Kennzeichnung geeignet sein und Unterscheidungskraft besitzen (§ 18 8
Abs. 1 HGB). Kennzeichnungseignung und Unterscheidungskraft sind nicht synonym zu verstehen, sondern haben eine eigenständige, sich gegenseitig ergänzende Bedeutung: Während **Kennzeichnungseignung** die »Namenstauglichkeit schlechthin« bedeutet, bedeutet **Unterscheidungskraft** die »hinreichende namensmäßige Abgrenzung von anderen Unternehmensträgern« (R/S-L/*Schmidt-Leithoff* § 4 Rn. 10; vgl. auch Scholz/*Emmerich* GmbHG, § 4 Rn. 10; Ulmer/*I. Heinrich* § 4 Rn. 11 ff.). Das Erfordernis der Kennzeichnungseignung als der »abstrakten Namensfähigkeit« setzt voraus, dass die Firma aus einer **aussprechbaren Bezeichnung** gebildet wird; insbesondere Namen erfüllen diese Anforderung (vgl. Baumbach/Hueck/*Hueck/Fastrich* § 4 Rn. 6; Lutter/Hommelhoff/*Lutter/Bayer* GmbHG, § 4 Rn. 8 ff.; *Lutter/Welp* ZIP 1999, 1073, 1077 ff.; *Michalski* § 4 Rn. 9 ff.; MünchHdb GesR III/*H. Heinrich* § 19 Rn. 8 ff.). Die Unterscheidungskraft ist zweifelhaft bei der Verwendung eines »Allerweltsnamens« oder einer Branchen- oder Gattungsbezeichnung, zumal der Rechtsformzusatz als Unterscheidungskriterium ungeeignet ist (vgl. R/S-L/*Schmidt-Leithoff* § 4 Rn. 21 ff.; vgl. auch A/E/S/*Achilles* § 4 Rn. 6; *Michalski* § 4 Rn. 15 ff.; MünchHdb GesR III/*H. Heinrich* § 19 Rn. 13).

Da die Firma der alleinige Name einer GmbH ist, der sie als Rechtssubjekt von anderen Rechts- 9
subjekten unterscheiden soll, müssen Firmenkern und Firmenzusätze wörtliche und aussprechbare Bezeichnungen darstellen; aus diesem Grund scheidet die **Verwendung von Bildzeichen** regelmäßig aus (vgl. KG NJW-RR 2001, 173). Dies gilt insbesondere für das **Zeichen @** (BayObLG NJW 2001, 2337; vgl. *Schulte/Warnke* GmbHR 2002, 626, 630; a. A. LG Berlin NZG 2004, 532; vgl. ferner *Wagner* NZG 2001, 802). Der für eine GmbHG beabsichtigten Bezeichnung, die aus der sechsmaligen Aneinanderreihung des Großbuchstabens A – jeweils getrennt durch einen Punkt – besteht, fehlt die Kennzeichnungseignung, weil die »sinnlose Aneinanderreihung gleichförmiger Buchstaben« weder einprägsam noch vernünftig aussprechbar ist (OLG Frankfurt NJW 2002, 2400; vgl. OLG Celle NJW-RR 1999, 543; DB 2006, 1950; vgl. auch *Schulenburg* NZG 2000, 1156; vgl. aber auch *Lamsa* EWiR 2006, 657).

Die Unterscheidungskraft ist **abstrakt** zu beurteilen: Da die Firma die Fähigkeit haben muss, 10
ihren Inhaber von anderen Personen (Unternehmensträgern) zu unterscheiden, indem eine Assoziation mit einem bestimmten Unternehmen unter vielen anderen geweckt wird, ist die Verwendung **bloßer Branchen- oder Gattungsbezeichnungen** unzulässig; im Übrigen steht einer solchen Firmenbildung das Freihaltebedürfnis entgegen, da die Verwendung von Allgemeinbegriffen ähnliche Firmenbildungen für Unternehmen des gleichen Geschäftszweigs häufig sperren würde (BayObLG NZG 2003, 1029 zur Firma »Profi-Handwerker-GmbH«).

b) Unterscheidbarkeit, § 30 Abs. 1 HGB

Jede neue Firma muss sich von allen an demselben Ort oder in derselben Gemeinde bereits beste- 11
henden und in das Handels- oder Genossenschaftsregister eingetragenen Firmen deutlich unterscheiden (§ 30 Abs. 1 HGB). Diese Anforderung an die Firmenbildung besteht im öffentlichen Interesse, um den Rechtsverkehr vor verwechslungsfähigen Firmen an einem Ort zu schützen (vgl. Ulmer/*I. Heinrich* § 4 Rn. 79; vgl. auch *Michalski* § 4 Rn. 30 f.). Für die Beurteilung der Unterscheidbarkeit ist auf den Gesamteindruck von Wortbild und Wortklang – »wie es sich in Auge und Ohr einprägt« – abzustellen; allein der Rechtsformzusatz macht eine ansonsten gleiche Firma nicht unterscheidbar (vgl. Baumbach/Hueck/*Hueck/Fastrich* § 4 Rn. 7; Lutter/Hommelhoff/*Lutter/Bayer* GmbHG, § 4 Rn. 21; Scholz/*Emmerich* GmbHG, § 4 Rn. 12; Ulmer/*I. Heinrich* Rn. 81, 83).

c) Irreführungsverbot, § 18 Abs. 2 HGB

12 Die Firma darf keine Angaben enthalten, die geeignet sind, über geschäftliche Verhältnisse, die für die angesprochenen Verkehrskreise wesentlich sind, irrezuführen (§ 18 Abs. 2 S. 1 HGB). Wesentlich bezüglich der geschäftlichen Verhältnisse sind Angaben über Art und Größe, Branchenbezug und Struktur des Betriebs; es genügt nicht, wenn nur Einzelne irregeführt werden könnten, vielmehr ist die Möglichkeit der Täuschung der angesprochenen Verkehrskreise, also einer Gruppe von Adressaten, erforderlich (BayObLG NZG 1999, 761 zur Firma eines eingetragenen Kaufmanns; zur eingeschränkten Überprüfung des Irreführungsverbots durch das [Register-]Gericht s. Rn. 26). Die Verwendung einer Personenfirma ohne Bezug zum Gesellschafterkreis ist nicht zur Irreführung geeignet, sofern nicht der Name einer Person verwendet wird, die überregional bekannt ist, um hierdurch einen Wettbewerbsvorteil zu schaffen (LG Wiesbaden NZG 2004, 829 zur Firma »Prinz Verwertungsgesellschaft für Insolvenzwaren mbH«; vgl. auch Lutter / Hommelhoff / *LutterBayer* GmbHG, § 4 Rn. 35 zu der – bei fehlendem Gesellschafterbezug unzulässigen – »Claudia Schiffer Kosmetik GmbH« und »Beckenbauer Fußballartikel GmbH«; *Lutter/Welp* ZIP 1999, 1073, 1081 zur »Karsten Schmidt GmbH« für einen Getränkehandel im Gegensatz zu einer Fachbuchhandlung für rechtswissenschaftliche Literatur; *Michalski* § 4 Rn. 64 zur »Boris Becker GmbH«).

13 Hinsichtlich der Ausübung bestimmter beruflicher Tätigkeiten bestehen **spezialgesetzlich geregelte Einschränkungen** der Freiheit der Firmenbildung: Andere als zugelassene Rechtsanwaltsgesellschaften dürfen die Bezeichnung »Rechtsanwaltsgesellschaft« (§ 59 k Abs. 2 BRAO), andere als zugelassene Patentanwaltsgesellschaften die Bezeichnung »Patentanwaltsgesellschaft« nicht führen (§ 52 k Abs. 2 PatAO). Die Bezeichnung »Steuerberatungsgesellschaft« darf nur führen, wer nach dem StBerG dazu berechtigt ist (§ 43 Abs. 4 S. 1 StBerG). Ordnungswidrig handelt, wer die Bezeichnung »Wirtschaftsprüfungsgesellschaft« oder eine zum Verwechseln ähnliche Bezeichnung für eine Gesellschaft gebraucht, obwohl diese nicht als Wirtschaftsprüfungsgesellschaft anerkannt ist (§ 133 Abs. 1 WPO). Ferner bestehen besondere Regelungen hinsichtlich der Erbringung von Finanzdienstleistungen (vgl. den Überblick bei Baumbach / Hueck / *Hueck/Fastrich* § 4 Rn. 11, MünchHdb GesR III / *H. Heinrich* § 19 Rn. 16 a; R- / S-L / *Schmidt-Leithoff* § 4 Rn. 53; vgl. auch BayObLG NZG 1999, 398 zur Firma »X-Investment Consult GmbH«).

14 Bestimmte Bezeichnungen, die auf eine Rechtsform hinweisen, dürfen auf Grund spezialgesetzlicher Regelungen nicht verwendet werden, um eine Irreführung zu verhindern: Eine GmbH darf – ebenso wie andere Gesellschaften außer der Partnerschaftsgesellschaft – **den Zusatz »Partnerschaft«** oder »und Partner« nicht in ihrer Firma führen (§ 11 Abs. 1 S. 1 PartGG); dies gilt auch für die Zusätze »+ Partner« oder »& Partner« oder die Verwendung der englischen Pluralform »Partners« (BGHZ 135, 257, 259 f.; KG NZG 2004, 614; OLG Frankfurt GmbHR 2005, 96). Der Zusatz »Partnerschaft« oder »und Partner« darf fortgeführt werden, wenn eine Gesellschaft diesen Zusatz vor Inkrafttreten des PartGG geführt hat und einen Hinweis auf die andere Rechtsform hinzufügt (§ 11 Abs. 1 S. 2 und 3 PartGG). Eine Fortführung liegt auch bei der formwechselnden Umwandlung einer offenen Handelsgesellschaft (OHG) in eine GmbH vor (OLG Frankfurt NZG 1999, 351); sie liegt nicht vor, wenn die Firma geringfügig, insbesondere zur Anpassung an einen geänderten Gesellschafterkreis, geändert wird (OLG Stuttgart NJW-RR 2000, 1128; vgl. aber auch BayObLG NZG 2003, 477).

d) Verstoß gegen die »guten Sitten«

15 Die Firma darf nicht gegen die »guten Sitten« verstoßen. Bei diesem Verbot handelt es sich um ein Grundprinzip der Rechtsordnung (vgl. §§ 138 Abs. 1, 826 BGB), welches die Freiheit der Firmenbildung einschränkt; einer ausdrücklichen gesetzlichen Regelung dieses Verbots bedarf es nicht (vgl. Ulmer / *I. Heinrich* § 4 Rn. 33; vgl. auch A / E / S / *Achilles* § 4 Rn. 14; Lutter / Hommelhoff / *Lutter/Bayer* GmbHG, § 4 Rn. 40; *Lutter/Welp* ZIP 1999, 1073, 1082; *Michalski* § 4 Rn. 69; MünchHdb GesR III / *H. Heinrich* § 19 Rn. 14). Als sittenwidrig werden insbesondere solche Be-

zeichnungen angesehen, die eine **diskriminierende** oder **gewaltverherrlichende** Aussage erkennen lassen (vgl. Ulmer/*I. Heinrich* § 4 Rn. 33).

2. Rechtsformzusatz, § 4 GmbHG

a) Regelfall

Die Firma der Gesellschaft muss die Bezeichnung »Gesellschaft mit beschränkter Haftung« oder eine **allgemein verständliche Abkürzung** dieser Bezeichnung enthalten (§ 4 GmbHG). Die durch Art. 9 Nr. 1 des Handelsrechtsreformgesetz vom 22. 6. 1998 (BGBl. I, 1474) neu gefasste Vorschrift bestimmt – im Unterschied zu § 4 Abs. 2 GmbHG a. F. – ausdrücklich, dass die Bezeichnung »Gesellschaft« in der Firma enthalten sein muss und dass die Verwendung einer Abkürzung zulässig ist; die Verwendung einer Abkürzung war indes schon vor Inkrafttreten der Neufassung als zulässig angesehen worden (BGHZ 62, 230, 232 f.). Wegen des Maßstabs der Allgemeinverständlichkeit und des Irreführungsverbots (§ 18 Abs. 2 HGB) wurde auf eine abschließende Aufzählung der zulässigen Abkürzungen im Gesetz verzichtet (Gesetzesentwurf der Bundesregierung, BT-Drs. 13/8444, 74 f.). 16

Als zulässig werden insbesondere die Abkürzungen **GmbH, G. m. b. H. und Ges. mbH** angesehen (vgl. R/S-L/*Schmidt-Leithoff* § 4 Rn. 55; vgl. auch Scholz/*Emmerich* GmbHG, § 4 Rn. 51 f.; vgl. aber auch Lutter/Hommelhoff/*Lutter/Bayer* GmbHG, § 4 Rn. 24). Der Rechtsformzusatz muss nicht notwendig den Abschluss der Firma bilden und kann außerdem unter Trennung der Bestandteile »Gesellschaft« einerseits und »mit beschränkter Haftung« andererseits auseinander gezogen sein; auch die Verwendung einer **Mischform** – der Bestandteil »Gesellschaft« ist ausgeschrieben, der Bestandteil »mit beschränkter Haftung« ist »mbH« abgekürzt (z. B.: »Einkaufsgesellschaft der Unternehmen P und S mbH«) – ist zulässig (vgl. A/E/S/*Achilles* § 4 Rn. 15; Baumbach/Hueck*Hueck/Fastrich* § 4 Rn. 14; *Michalski* § 4 Rn. 37 f.; MünchHdb GesR III/*H. Heinrich* § 19 Rn. 34; a. A. *Roth*/Altmeppen § 4 Rn. 47; Ulmer/*I. Heinrich* § 4 Rn. 36). 17

b) Sonderfälle

aa) Fortführung nach Erwerb oder Übernahme eines Handelgeschäfts gem. § 22 HGB Vorbehaltlich der Zustimmung des bisherigen Geschäftsinhabers oder seiner Erben darf der Erwerber eines Handelsgeschäfts für das Geschäft die bisherige Firma – mit oder ohne Beifügung eines das Nachfolgeverhältnis andeutenden Zusatzes – fortführen; dies gilt auch bei der Übernahme eines Handelsgeschäfts auf Grund eines Nießbrauchs, Pachtvertrags oder eines ähnlichen Verhältnisses (§ 22 HGB). Wird die Firma bei Erwerb oder Übernahme des Handelsgeschäfts fortgeführt, muss jedoch der eine GmbH kennzeichnende Rechtsformzusatz hinzugefügt werden (§ 4 GmbHG). Die (bisherige) Firma des Erwerbers muss bei Fortführung der Firma des erworbenen oder übernommenen Rechtsgeschäfts aus Gründen der Einheitlichkeit der Firma geändert werden (vgl. BGHZ 67, 166, 167 ff. zu einer KG; s. auch Rn. 3). Hierzu ist eine Änderung des Gesellschaftsvertrags erforderlich (vgl. A/E/S/*Achilles* § 4 Rn. 18; *Michalski* Rn. 75; R/S-L/*Schmidt-Leithoff* § 4 Rn. 58; Scholz/*Emmerich* GmbHG, § 4 Rn. 50). Die durch § 22 HGB eingeräumte Möglichkeit der Firmenfortführung hat nach der »Entschärfung des Firmenbildungsrechts« durch die Einführung der Möglichkeit freier Firmenbildung (s. Rn. 6 f.) an Bedeutung verloren (vgl. Baumbach/Hueck/*Hueck/Fastrich* § 4 Rn. 20; MünchHdb GesR III/*H. Heinrich* § 19 Rn. 30). 18

bb) Fortführung nach formwechselnder Umwandlung, Verschmelzung oder Aufspaltung Bei einer formwechselnden Umwandlung (§§ 190 ff. UmwG) darf der Rechtsträger neuer Rechtsform seine bisher geführte Firma beibehalten, der jedoch ein auf die neue Rechtsform hinweisender Rechtsformzusatz hinzuzufügen ist (§ 200 Abs. 1 S. 1, Abs. 2 UmwG; vgl. OLG Frankfurt NZG 1999, 351 zur Firmenfortführung nach Umwandlung einer OHG in eine GmbH). Bei einer Verschmelzung durch Aufnahme (§§ 4 ff. UmwG) darf der übernehmende Rechtsträger die Firma eines der übertragenden Rechtsträger, dessen Handelsgeschäft er erwirbt, mit oder ohne Beifügung eines das Nachfolgeverhältnis andeutenden Zusatzes fortführen (§ 18 Abs. 1 UmwG); 19

dies gilt auch bei einer Verschmelzung durch Neugründung (§§ 36 Abs. 1 i. V. m. 18 Abs. 1 UmwG) sowie bei einer Aufspaltung (§§ 123 Abs. 1, 125 S. 1 i. V. m. 18 Abs. 1 UmwG), jedoch nicht bei einer Abspaltung (§§ 123 Abs. 2, 125 S. 1 UmwG) und bei einer Ausgliederung (§§ 123 Abs. 3, 125 S. 1 UmwG).

20 **cc) Firma einer Vorgesellschaft (»GmbH in Gründung«)** Die durch den Abschluss des Gesellschaftsvertrags entstandene Vorgesellschaft (Vor-GmbH) untersteht als »notwendige Vorstufe zur juristischen Person« dem Recht der eingetragenen GmbH schon insoweit, als es mit ihrem besonderen Zweck vereinbar ist und nicht die Rechtsfähigkeit voraussetzt (BGHZ 80, 212, 214; 120, 103, 105; s. auch § 11 GmbHG Rn. 8). Die zum Auftreten und Handeln im Rechts- und Geschäftsverkehr in weitem Umfang berechtigte Vorgesellschaft ist namens- und kennzeichenrechtsfähig (BGHZ 120, 103, 106; s. auch § 11 GmbHG Rn. 14). Sofern der Geschäftsbetrieb eines Handelsgewerbes i. S. d. § 1 HGB schon vor Eintragung der Gesellschaft in das Handelsregister aufgenommen wird, ist sie außerdem firmenrechtsfähig (vgl. Lutter / Hommelhoff / *Lutter/Bayer* GmbHG, § 4 Rn. 42; Scholz / *Emmerich* GmbHG, § 4 Rn. 62; vgl. auch BGHZ 120, 103, 106; 117, 323, 326 zur Vor-AG; a. A. *Michalski* § 4 Rn. 89; vgl. ferner Baumbach / Hueck / *Hueck/Fastrich* § 4 Rn. 18; R / S-L / *Schmidt-Leithoff* § 4 Rn. 70).

21 Um den Rechtsverkehr nicht zu täuschen (§ 18 Abs. 2 HGB), darf die Vorgesellschaft die – im Gesellschaftsvertrag bestimmte – Firma der GmbH im Rechtsverkehr **nicht verwenden**. Zur Vermeidung der Haftung des Handelnden aufgrund eines von ihm gesetzten Rechtsscheins, mindestens eine natürliche Person hafte für die Verbindlichkeiten (s. Rn. 28 ff.), hat der Handelnde deutlich zu machen, dass er für ein Unternehmen handelt, dessen Haftungsfonds künftig beschränkt sein wird (BGH NJW 1996, 2645). Dieses Gebot wird beachtet, wenn der Firma der **Zusatz »in Gründung«** oder die Abkürzung »i. G.« hinzugefügt wird (vgl. BGHZ 91, 148, 152; vgl. A / E / S / *Achilles* § 4 Rn. 20; Baumbach / Hueck / *Hueck/Fastrich* § 4 Rn. 18; MünchHdb GesR III / *H. Heinrich* § 19 Rn. 38; Lutter / Hommelhoff / *Lutter/Bayer* GmbHG, § 4 Rn. 42; *Michalski* § 4 Rn. 90; R / S-L / *Schmidt-Leithoff* § 4 Rn. 70; Scholz / *Emmerich* GmbHG, § 4 Rn. 62). Insbesondere kann eine Vorgesellschaft unter der Firma der GmbH mit dem Zusatz »in Gründung« oder der Abkürzung »i. G.« als persönlich haftende Gesellschafterin einer KG in das Handelsregister eingetragen werden; ohne entsprechenden Zusatz ist die Eintragung der GmbH nicht zulässig (BGH NJW 1985, 736; zur Komplementärfähigkeit einer Vorgesellschaft s. § 11 GmbHG Rn. 14).

22 **dd) Firma einer Gesellschaft im Stadium der Liquidation (»GmbH in Liquidation«)** Eine Gesellschaft im Stadium der Liquidation wird durch die Liquidatoren vertreten, die bei Abgabe einer (schriftlichen) Willenserklärung der bisherigen, nunmehr **als Liquidationsfirma zu bezeichnenden Firma** ihre Namensunterschrift beifügen (§ 68 Abs. 2 GmbHG); auf allen Geschäftsbriefen muss insbesondere die Tatsache, dass sich die Gesellschaft in Liquidation befindet, angegeben werden (§ 71 Abs. 5 S. 1 GmbHG). Die Bezeichnung der Firma als »Liquidationsfirma« verlangt nicht die Änderung der Firma im Wege einer Änderung des Gesellschaftsvertrags. Der Firma ist lediglich ein Zusatz hinzuzufügen, der auf die Liquidation hinweist, wobei die Verwendung des **Zusatzes »in Liquidation«** oder der Abkürzung »i. L.« üblich ist (vgl. Baumbach / Hueck / *Hueck/Fastrich* § 4 Rn. 19; Ulmer / *I. Heinrich* § 4 Rn. 93; MünchHdb GesR III / *H. Heinrich* § 19 Rn. 40). Der Zusatz »in Abwicklung« oder die Abkürzung »i. A.«, greift den in §§ 264 ff. AktG verwendeten Begriff Abwicklung auf und sollte bei einer GmbH nicht verwendet werden (vgl. auch A / E / S / *Achilles* § 4 Rn. 21; *Michalski* § 4 Rn. 91; R / S-L / *Schmidt-Leithoff* § 4 Rn. 71).

23 Bei einer **GmbH in der Insolvenz** bedarf es keines Zusatzes, der auf das Insolvenzverfahren hinweist (BGH NJW-RR 1989, 1263; vgl. MünchHdb GesR III / *H. Heinrich* § 19 Rn. 39; *Roth* / Altmeppen § 4 Rn. 54; Ulmer / *I. Heinrich* § 4 Rn. 96; zur Änderung des Gesellschaftsvertrags in der Insolvenz s. § 53 GmbHG Rn. 13).

ee) Firma einer Zweigniederlassung Bei einer Zweigniederlassung handelt es sich um einen dauerhaft räumlich und organisatorisch verselbstständigten Teil der Gesellschaft; mangels eigener Rechtsfähigkeit sind die dem Betrieb der Zweigniederlassung dienenden Vermögenswerte Teil des Gesellschaftsvermögens (vgl. Baumbach/Hueck/*Hueck/Fastrich* § 4 a Rn. 15; vgl. auch MünchHdb GesR III/*H. Heinrich* § 11 Rn. 1 f.; *Roth*/Altmeppen § 4 a Rn. 33). Die Firma der Zweigniederlassung kann vollständig mit der Firma der Hauptniederlassung übereinstimmen. Ihr kann aber auch – was in §§ 13 Abs. 1 S. 1, 30 Abs. 3, 50 Abs. 3 S. 2 HGB vorausgesetzt wird – ein auf das Vorliegen einer Zweigniederlassung an einem bestimmten Ort hinweisender **Zusatz** – z. B.: »P-GmbH Zweigniederlassung S« – beigefügt werden; sofern an dem Ort, an dem die Zweigniederlassung errichtet wird, bereits ein Unternehmen mit dieser Firma besteht, muss aus Gründen der Unterscheidbarkeit ein entsprechender Zusatz beigefügt werden (§ 30 Abs. 3 i. V. m. Abs. 2 HGB). Außerdem kann sich die Firma der Zweigniederlassung von der Firma der Hauptniederlassung und der Firma anderer Zweigniederlassungen – was in § 50 Abs. 3 S. 1 HGB vorausgesetzt wird – unterscheiden; wird eine solche (»selbstständige«) Firma verwendet, was vor allem beim Erwerb oder der Übernahme eines Handelsgeschäfts gem. § 22 HGB (s. Rn. 18) in Betracht kommt, muss aus Gründen der Einheitlichkeit der Firma (s. Rn. 3) der Zusammenhang mit der Hauptniederlassung eindeutig erkennbar sein (z. B. »M, Zweigniederlassung der P-GmbH«; vgl. BayObLG NJW-RR 1992, 1062 zur KGaA; vgl. auch Scholz/*Emmerich* GmbHG, § 4 Rn. 59 f.; Ulmer/*I. Heinrich* § 4 Rn. 90 f.). Sofern die Firma der Zweigniederlassung nicht nur aus der Firma der Hauptniederlassung mit einem – auf das Vorliegen der Zweigniederlassung an einem bestimmten Ort hinweisenden – Zusatz besteht, bedarf seine solche (»selbstständige«) Firma der Zweigniederlassung der Bestimmung im Gesellschaftsvertrag; ihre Änderung kann nur im Wege der Änderung des Gesellschaftsvertrags erfolgen (vgl. BayObLG NJW-RR 1992, 1062 zur KGaA; vgl. auch BayObLG NJW-RR 1990, 1510; vgl. außerdem A/E/S/*Achilles* § 4 Rn. 22 f.; Baumbach/Hueck/*Hueck/Fastrich* § 4 Rn. 17; *Michalski* § 4 Rn. 85 f.). 24

3. Firma einer Rechtsanwalts-, Patentanwalts-, Steuerberatungs- oder Wirtschaftsprüfungsgesellschaft

Die Freiheit der Firmenbildung wird bei einer Rechtsanwaltsanwalts-, Patentsanwalts-, Steuerberatungs- sowie Wirtschaftsprüfungsgesellschaft aufgrund **spezialgesetzlicher Regelungen** eingeschränkt: Die Firma einer **Rechtsanwaltsgesellschaft** (s. § 1 GmbHG Rn. 12) muss den Namen wenigstens eines Gesellschafters, der Rechtsanwalt ist, und die Bezeichnung »Rechtsanwaltsgesellschaft« enthalten; sonstige Firmenbestandteile sind – vorbehaltlich der Fortführung einer Sozietät – nur zulässig, soweit sie gesetzlich vorgeschrieben sind (§ 59 k Abs. 1 BRAO). Gegen diese Regelung bestehen verfassungsrechtliche Bedenken (vgl. Ulmer/*I. Heinrich* § 4 Rn. 42 ff.; vgl. auch BGH NJW 2004, 1099 zur Kurzbezeichnung »KPMG« für eine Rechtsanwaltsgesellschaft). Die Firma einer **Patentanwaltsgesellschaft** (s. § 1 GmbHG Rn. 13) muss den Namen wenigstens eines Gesellschafters, der Patentanwalt ist, und die Bezeichnung »Patentanwaltsgesellschaft« enthalten (§ 52 k Abs. 1 S. 1 PatAO). Eine **Steuerberatungsgesellschaft** (s. § 1 GmbHG Rn. 11) ist verpflichtet, die Bezeichnung »Steuerberatungsgesellschaft« in die Firma aufzunehmen (§ 53 S. 1 StBerG). Eine **Wirtschaftsprüfungsgesellschaft** (s. § 1 GmbHG Rn. 11) ist verpflichtet, die Bezeichnung »Wirtschaftsprüfungsgesellschaft« in die Firma aufzunehmen (§ 31 S. 1 WPO). Die Architektengesetze einzelner Länder enthalten – verfassungsrechtlich bedenkliche – Regelungen zur Firma einer **Architekten-GmbH** (vgl. Ulmer/*Heinrich* § 4 Rn. 54 f.; vgl. aber auch OLG Frankfurt NJW-RR 2001, 172). 25

III. Rechtsfolge eines Verstoßes

Da die Firma im Gesellschaftsvertrag zu bestimmen ist (§ 3 Abs. 1 Nr. 1 GmbHG), überprüft das (Register-)Gericht bei der Anmeldung der Gesellschaft zur Eintragung in das Handelsregister die Einhaltung der Anforderungen und lehnt die Eintragung bei Nichteinhaltung gem. § 9 c Abs. 1 S. 1, Abs. 2 Nr. 1 GmbHG ab (vgl. Baumbach/Hueck/*Hueck/Fastrich* § 4 Rn. 29; Lutter/Hommel- 26 hoff / *Lutter/Bayer* § 4 Rn. 47; Scholz / *Emmerich* GmbHG, § 4 Rn. 63; Ulmer / *I. Heinrich* § 4 Rn. 102; *Schulte/Warnke* GmbHR 2002, 626, 630 f.; s. auch § 9 c GmbHG Rn. 14). Nach Eintragung der Gesellschaft in das Handelsregister kann die Firma im Wege der Änderung des Gesellschaftsvertrags durch Beschluss der Gesellschafterversammlung und Eintragung in das Handelsregister (§§ 53 f. GmbHG) geändert werden; das Gericht überprüft die Beachtung der an die Bestimmung der Firma zu stellenden Anforderungen und lehnt die Eintragung bei Nichteinhaltung ab (vgl. Baumbach / Hueck / *Hueck/Fastrich* § 4 Rn. 25, 34; Lutter / Hommelhoff / *Lutter/Bayer* GmbHG, § 4 Rn. 49; s. auch § 54 GmbHG Rn. 22 f.). Nur eingeschränkt wird die Beachtung des Irreführungsverbots (§ 18 Abs. 2 S. 1 HGB) vom Gericht überprüft: Die Eignung zur Irreführung wird nur berücksichtigt, wenn sie ersichtlich ist (§ 18 Abs. 2 S. 2 HGB); zur Vermeidung umfangreicher Nachforschungen darf sich das Gericht auf seine eigene Sachkenntnis und verfügbare Informationsquellen verlassen (vgl. A / E / S / *Achilles* § 4 Rn. 12; Baumbach / Hueck / *Hueck/Fastrich* § 4 Rn. 29; Lutter / Hommelhoff / *Lutter/Bayer* GmbHG, § 4 Rn. 30; *Lutter/Welp* ZIP 1999, 1073, 1080 f.; vgl. auch BayObLG NZG 1999, 761 zur Firma eines eingetragenen Kaufmanns; a. A. MünchHdb GesR III / *H. Heinrich* § 19 Rn. 36). Die Verletzung eines Namensrechts oder Markenrechts sowie der Verstoß gegen den lauteren Wettbewerb wird vom Gericht nicht überprüft; es ist dem Berechtigten vorbehalten, entsprechende Ansprüche geltend zu machen (vgl. Lutter / Hommelhoff / *Lutter/Bayer* GmbHG, § 4 Rn. 39, 50 f.; *Lutter/Welp* ZIP 1999, 1073, 1082; vgl. auch OLG Stuttgart NJW 2006, 2273 zur Bezeichnung »Bodenseekanzlei« für eine Rechtsanwaltskanzlei in der Rechtsform der Gesellschaft bürgerlichen Rechts; s. auch Rn. 7).

27 Wird die Gesellschaft in das Handelsregister eingetragen, obwohl die Anforderungen an die Bestimmung der Firma nicht beachtet sind, ist das (Register-)Gericht zur Durchführung eines **Amtsauflösungsverfahrens** gem. § 144 a Abs. 4 i. V. m. Abs. 1 und 2 FGG, § 60 Abs. 1 Nr. 6 GmbHG berechtigt (vgl. OLG Frankfurt NJW-RR 2001, 172). Dies gilt auch hinsichtlich der Eintragung einer im Wege der Änderung des Gesellschaftsvertrags geänderten Firma. Das Gericht kann außerdem ein Ordnungsgeldverfahren wegen Gebrauchs einer unzulässigen Firma gem. § 37 Abs. 1 HGB i. V. m. § 140 FGG durchführen (vgl. vgl. auch A / E / S / *Achilles* § 4 Rn. 26 f.; Baumbach / Hueck / *Hueck/Fastrich* § 4 Rn. 31; Lutter / Hommelhoff / *Lutter/Bayer* GmbHG, § 4 Rn. 47; *Michalski* § 4 Rn. 100 f.; *Roth* / Altmeppen § 4 Rn. 58 f.; Scholz / *Emmerich* GmbHG, § 4 Rn. 65 f.; Ulmer / *I. Heinrich* § 4 Rn. 108).

C. Exkurs: Auftreten im Geschäftsverkehr unter Fortlassung des Rechtsformzusatzes

28 Eine Gesellschaft wird durch die Geschäftsführer vertreten, die bei Abgabe einer (schriftlichen) Willenserklärung der Firma ihre Namensunterschrift beifügen (§ 35 Abs. 3 GmbHG); auf allen Geschäftsbriefen muss insbesondere die Rechtsform angegeben werden (§ 35 a Abs. 1 S. 1 GmbHG). Beim Auftreten im Geschäftsverkehr unter Fortlassung des Rechtsformzusatzes kommt eine **Haftung des Handelnden** aufgrund des von ihm **gesetzten Rechtsscheins**, mindestens eine natürliche Person hafte für die Verbindlichkeit, in Betracht: Tritt der Vertreter des Unternehmensträgers gegenüber seinem Geschäftspartner oder allgemein im Geschäftsverkehr in der Weise auf, dass er den Eindruck erweckt, er sei selber oder zusammen mit anderen der Träger des Unternehmens, der dieses in unbeschränkter Haftung betreibt, muss er sich gegenüber dem auf den damit zurechenbar gesetzten Schein gutgläubig Vertrauenden so behandeln lassen, als entspräche der Schein der Wirklichkeit (BGH NJW 1990, 2678). Sinn des Gebots zur Führung des Rechtsformzusatzes ist es, im Geschäftsverkehr offen zu legen, dass der Geschäftspartner es mit einer juristischen Person mit beschränkter Haftungsmasse zu tun hat, bei der ihm keine natürlichen Personen mit ihrem Privatvermögen haftet; wird die Firma des Unternehmens unter Verstoß gegen § 4 GmbHG ohne den Rechtsformzusatz verwendet, so kann unter Umständen dadurch das berechtigte Vertrauen hervorgerufen werden, der Firmeninhaber und Unternehmensträger sei keine Kapitalgesellschaft oder sonstige, nur mit einer beschränkten Vermögensmasse haftende juristische Person, sondern ein Einzelunternehmer oder eine Personengesellschaft ohne Haftungsbeschränkung (BGH NJW 1991, 2627 unter Bezugnahme auf § 4 Abs. 2 GmbHG a. F.; vgl. auch BGHZ 64, 11, 17 f.; BGH NJW 1981, 2569; NJW 1990, 2678; NJW 1996, 2645; NJW

1998, 2897; OLG Hamm NJW-RR 1998, 1253; OLG Naumburg NJW-RR 1997, 1324; LG Hanau NJW-RR 2000, 1420; LG Heidelberg NJW-RR 1997, 355; vgl. außerdem BGHZ 62, 216, 222 f.; 71, 354, 355 f. jeweils zur GmbH & Co KG; vgl. ferner A/E/S/*Achilles* § 4 Rn. 16; Baumbach/Hueck/*Hueck/Fastrich* § 4 Rn. 15; *Michalski* § 4 Rn. 108 ff.; MünchHdb/*H. Heinrich* § 19 Rn. 35; *Roth*/Altmeppen § 4 Rn. 49; R/S-L/*Schmidt-Leithoff* § 4 Rn. 56; Scholz/*Emmerich* GmbHG, § 4 Rn. 53 ff.; Ulmer/*I. Heinrich* § 4 Rn. 37 f.; vgl. auch *Haas* NJW 1997, 2854). Das durch einen Verstoß gegen § 4 GmbHG verursachte **Vertrauen in die unbeschränkte Haftung des Handelnden** wird auch nicht dadurch zerstört, dass sich die wirklichen Verhältnisse aus dem Handelsregister ergeben; der Zweck des § 4 GmbHG, die beschränkte Haftung des Unternehmensträgers im Interesse der Sicherheit und Leichtigkeit des Verkehrs auch ohne vorherige Einsicht in das Handelsregister schon im laufenden Kontakt aus der Firma erkennen zu lassen, würde vereitelt, hätte nicht § 4 GmbHG Vorrang vor § 15 Abs. 2 GmbHG (BGH NJW 1990, 2678; vgl. auch BGHZ 62, 216, 223; 71, 354, 357; NJW 1981, 2569).

Nicht nur der **Geschäftsführer**, sondern auch ein **anderer Vertreter**, der für das Unternehmen gehandelt hat, kann aufgrund des von ihm gesetzten Rechtsscheins haften (BGH NJW 1996, 2645). Da das Vertrauen unabhängig davon entsteht, wer im Einzelfall als Vertreter des Unternehmens auftritt, führt dies – ähnlich dem in § 179 BGB zum Ausdruck gebrachten Rechtsgedanken – zur eigenen Rechtsscheinhaftung desjenigen, der durch sein (Vertreter-)Handeln zurechenbar das berechtigte Vertrauen des Geschäftspartners auf die Haftung mindestens einer natürlichen Person hervorgerufen hat (BGH NJW 1981, 2569; NJW 1991, 2627). Die Rechtsscheinhaftung trifft nur den für das Unternehmen Handelnden selbst (BGH NJW 1996, 2645). Wenn nur ein Geschäftsführer mit seinem Namen unter Verwendung eines Stempelabdrucks ohne Rechtsformzusatz zeichnet, kommt eine Haftung des anderen Geschäftsführers aus Gründen des Rechtsscheins nicht schon deswegen in Betracht, weil dieser den Stempel hat herstellen lassen (OLG Oldenburg GmbHR 2000, 822 [LS]). 29

Mündliche Erklärungen sind nicht geeignet, das zur Rechtsscheinhaftung führende Vertrauen des Geschäftspartners zu begründen (BGH NJW 1981, 2569; NJW 1996, 2645; OLG Hamm NJW-RR 1988, 1309). Indes kann bei mündlichen Vertragsverhandlungen durch die **Überreichung einer Visitenkarte**, auf der die Firma unter Fortlassung des Rechtsformzusatzes angegeben ist, das Vertrauen in die persönliche Haftung mindestens einer natürlichen Person begründet werden (OLG Naumburg NJW-RR 1997, 1324; LG Aachen NJW-RR 1988, 1174; LG Wuppertal NZG 2002, 297). Wird nach mündlich geführten Vertragsverhandlungen eine Auftragsbestätigung mit dem Stempel einer Unternehmensgruppe (»Firmengruppe«) versehen, löst dies kein berechtigtes Vertrauen des Geschäftspartners auf die Haftung mindestens einer natürlichen Person aus (OLG Hamm NJW-RR 1998, 1253). 30

Die Rechtsscheinhaftung setzt voraus, dass der Vertragspartner die wahren Verhältnisse **weder gekannt** hat **noch hätte kennen müssen** und im Vertrauen auf die Haftung mindestens einer natürlichen Person sich auf das Rechtsgeschäft eingelassen hat; dies darzulegen und zu beweisen ist Sache desjenigen, der unter Verstoß gegen § 4 GmbHG den Rechtsschein erzeugt und dessen Rechtsfolgen nicht gegen sich gelten lassen will (BGHZ 64, 11, 18 f.; BGH NJW 1981, 2569; NJW 1990, 2679). 31

Die Haftung des Handelnden aufgrund des von ihm gesetzten Rechtsscheins ist keine subsidiäre Ausfallhaftung für den wahren Unternehmensträger; beide haften dem auf den Rechtsschein gutgläubig Vertrauenden vielmehr **als Gesamtschuldner** mit der Folge, dass dieser nach seiner Wahl die Leistung von dem einen oder dem anderen fordern kann, ohne die Gefahr einzugehen, mit den Prozesskosten belastet zu werden, wenn er zunächst den »Falschen« gerichtlich in Anspruch nimmt (BGH NJW 1991, 2627; vgl. auch BGH NJW 1990, 2678). Die **Haftung des wahren Unternehmensträgers** ergibt sich unter Berücksichtigung des Auslegungsgrundsatzes des unternehmensbezogenen (betriebsbezogen) Geschäfts: Bei einem unternehmensbezogenen Geschäft geht der Wille der Beteiligten im Zweifel dahin, dass der Inhaber des Unternehmens Vertragspartner wird, selbst wenn der Inhaber des Unternehmens falsch bezeichnet wird oder sonst Fehl- 32 vorstellungen über ihn bestehen; der Handelnde haftet – abgesehen von einer etwaigen Haftung wegen des von ihm gesetzten Rechtsscheins, mindestens eine natürliche Person hafte für die Verbindlichkeit – nur dann nach § 179 BGB, wenn ein Unternehmensträger gar nicht existiert oder wenn er keine Vollmacht hatte, für den Unternehmensträger zu handeln (BGHZ 91, 148, 151 f.; BGH NJW 1998, 2897; NJW 1990, 2678; NJW 1991, 2627; NJW 1998, 1645; OLG Hamm NJW-RR 1998, 1253; OLG Naumburg NJW-RR 1997, 1324; LG Hanau NJW-RR 2000, 1420; vgl. außerdem BGHZ 62, 216, 220 f.; 92, 259, 268; BGH NJW 1996, 1053; OLG Zweibrücken NZG 1998, 939; vgl. ferner *Michalski* § 4 Rn. 3, 108; Scholz / *Emmerich* GmbHG, § 4 Rn. 5). Der Inhalt des Rechtsgeschäfts muss aber – ggf. in Verbindung mit dessen Umständen – die eindeutige Auslegung zulassen, dass ein bestimmtes Unternehmen berechtigt oder verpflichtet sein soll; bleiben dagegen ernsthafte, nicht auszuräumende Zweifel an der Unternehmensbezogenheit des Geschäfts, greift der gesetzliche Auslegungsgrundsatz des **Handelns im eigenen Namen** ein, weil es dann nicht um die Frage geht, wer Inhaber des übereinstimmend gewollten Vertragspartners ist, sondern um die vorangehende Frage, wer überhaupt Vertragspartner sein soll (BGH NJW 1995, 43; NJW-RR 1995, 991; vgl. auch BGHZ 64, 11, 15; BGH NJW 1986, 1675; NJW 1983, 1844; NJW 1984, 1347; OLG Hamm NJW-RR 1988, 1308).

§ 4 a [Sitz der Gesellschaft]

(1) Sitz der Gesellschaft ist der Ort, den der Gesellschaftsvertrag bestimmt.

(2) Als Sitz der Gesellschaft hat der Gesellschaftsvertrag in der Regel den Ort, an dem die Gesellschaft einen Betrieb hat, oder den Ort zu bestimmen, an dem sich die Geschäftsleitung befindet oder die Verwaltung geführt wird.

Übersicht:

A. Allgemeines

1 Die durch Art. 9 Nr. 2 des Handelsrechtsreformgesetzes (HRefG) vom 22. 6. 1998 (BGBl. I, 1474) in das GmbH-Gesetz eingefügte, nahezu wörtlich mit dem – seit langem bestehenden – § 5 AktG übereinstimmende Vorschrift betrifft den Sitz einer Gesellschaft: Abs. 1 enthält eine **(Legal-)Definition des Sitzes** der Gesellschaft; Abs. 2 regelt Anforderungen an die Bestimmung des Sitzes, wonach der im Gesellschaftsvertrag bestimmte (Satzungs-)Sitz und der tatsächliche Sitz grundsätzlich übereinstimmen müssen. Der **RefE des MoMiG** (Stand: 29. 5. 2006) sieht die Änderung des Abs. 1 (und des § 5 Abs. 1 AktG) sowie die Aufhebung des Abs. 2 (und des § 5 Abs. 2 AktG) vor; außerdem ist »Sitz der Gesellschaft« als Überschrift des § 4 a GmbHG vorgesehen.

2 Der (Satzungs-)Sitz, der insbesondere auf den Geschäftsbriefen der Gesellschaft anzugeben ist (§ 35 a GmbHG), bestimmt zusammen mit der Firma (§ 4 GmbHG) die »Identitätsausstattung

der Gesellschaft und bildet damit für diese eine Art Visitenkarte« (*Ulmer* FSRaiser 2005, 438, 442). Der Sitz einer Gesellschaft »entspricht dem Wohnsitz einer natürlichen Person« (*Kögel* GmbHR 1998, 1108; vgl. auch *Wessel* BB 1984, 1057, 1058).

B. Bestimmung des Sitzes der Gesellschaft im Gesellschaftsvertrag

I. Bestimmung des Sitzes im Gesellschaftsvertrag, Abs. 1

Sitz der Gesellschaft ist der Ort, den der Gesellschaftsvertrag bestimmt (Abs. 1). Diese (Legal-)Definition nimmt Bezug auf die Regelung der notwendigen Bestandteile des Gesellschaftsvertrags in § 3 Abs. 1 GmbHG, deren Rechtmäßigkeit bei Anmeldung der Gesellschaft zur Eintragung in das Handelsregister vom (Register-)Gericht zu überprüfen ist (vgl. § 9 c Abs. 1, Abs. 2 Nr. 1 GmbHG). 3

Als Sitz ist eine politische Gemeinde zu bestimmen; die Bestimmung muss so konkret sein, dass aus ihr unzweifelhaft die **Zuständigkeit eines (Register-)Gerichts** hervorgeht, bei dem die Gesellschaft zur Eintragung in das Handelsregister anzumelden ist (§ 7 Abs. 1 GmbHG). 4

Der Gesellschaftsvertrag muss einen **Ort im Inland** (Bundesrepublik Deutschland) als (Satzungs-)Sitz bestimmen (BGHZ 19, 102, 105 f.; 29, 320, 328 jeweils zur AG; BayObLG NJW-RR 2004, 836; OLG Brandenburg BB 2005, 849; vgl. auch Baumbach / Hueck / *Hueck/Fastrich* § 4 a Rn. 3; Lutter / Hommelhoff / *Lutter/Bayer* GmbHG, § 4 a Rn. 4; Scholz / *Emmerich* GmbHG, § 4 a Rn. 6; zur Verlegung des [Satzungs-]Sitzes in das Ausland s. Rn. 17 ff.). 5

Der (Satzungs-)Sitz begründet die örtliche Zuständigkeit des (Register-)Gerichts für die Eintragung der Gesellschaft in das Handelsregister (§ 7 Abs. 1 GmbHG) und für sonstige Angelegenheiten sowie den **allgemeinen Gerichtsstand** (§ 17 Abs. 1 S. 1 ZPO). Der allgemeine Gerichtsstand ist für die örtliche **Zuständigkeit des Insolvenzgerichts** maßgebend, sofern nicht der Mittelpunkt einer selbstständigen wirtschaftlichen Tätigkeit an einem anderen Ort liegt (§ 3 Abs. 1 InsO; vgl. BayObLG NZI 2001, 372; NJW-RR 2003, 333; BB 2003, 2370; NZG 2004, 529; NZG 2004, 874; NZG 2004, 1011; OLG Brandenburg ZIP 2003, 965; OLG Celle ZIP 2006, 2098; OLG Schleswig DB 2004, 753; vgl. auch *Frind* EWiR 2004, 663; *Runkel* EWiR 2004, 859; zur missbräuchlichen Zuständigkeitsbegründung durch Verlegung des Sitzes s. Rn. 14). Der (Satzungs-)Sitz ist für die örtliche Zuständigkeit des Landgerichts bei einer gerichtlichen Entscheidung über das Auskunfts- und Einsichtsrecht (§ 51 b S. 1 GmbHG i. V. m. § 132 Abs. 1 AktG) und bei einer gegen die Gesellschaft gerichteten (Beschluss-)Anfechtungsklage maßgebend (§ 246 Abs. 3 S. 1 AktG analog). **Gesellschafterversammlungen** sollen – vorbehaltlich anderweitiger Bestimmung des Gesellschaftsvertrags – am Ort des (Satzungs-)Sitzes stattfinden (§ 121 Abs. 5 S. 1 AktG analog); bei einer GmbH mit einem überschaubaren Teilnehmerkreis darf jedoch auch ein (anderer) Ort gewählt werden, wenn von vornherein feststeht, dass die Wahl dieses Orts die Teilnahme nicht erschwert, weil ihn die Gesellschafter leichter als den (Satzungs-)Sitz erreichen können (BGH GmbHR 1985, 256). Der (Satzungs-)Sitz der Gesellschaft ist außerdem **Erfüllungsort** für Vergütungen und Rückzahlungen aus **Arbeits- oder Anstellungsverträgen** (BGH NJW 1985, 1286). Aufgrund der »Maßgeblichkeit« des im Gesellschaftsvertrag bestimmten (Satzungs-)Sitzes hat ein hiervon abweichender tatsächlicher Sitz keine Bedeutung für die örtliche Zuständigkeit der genannten Gerichte, für den Ort der Gesellschafterversammlung und für den Erfüllungsort (vgl. auch Baumbach / Hueck / *Hueck/Fastrich* § 4 a Rn. 2; R / S-L / *Schmidt-Leithoff* § 4 a Rn. 3; Scholz / *Emmerich* GmbHG, § 4 a Rn. 8; zu den Rechtsfolgen eines Verstoßes gegen Abs. 2, insbesondere zur Verlegung des tatsächlichen Sitzes bei Beibehaltung des Satzungssitzes s. Rn. 12 und 20). 6

II. Anforderungen an die Bestimmung des (Satzungs-)Sitzes, Abs. 2

1. Rechtslage vor Inkrafttreten des § 4 a Abs. 2 GmbHG

Nach der vor Inkrafttreten des § 4 a GmbHG bestehenden Rechtslage konnte eine Gesellschaft ihren Satzungssitz bis zur Grenze des Rechtsmissbrauchs **frei wählen**, da der Gesetzgeber bewusst 7 davon abgesehen hat, eine dem § 5 AktG entsprechende Regelung in das GmbHG aufzunehmen; nicht einmal die postalische Erreichbarkeit der Gesellschaft am Ort des Satzungssitzes war erforderlich (BayObLG NJW-RR 1988, 96; vgl. auch OLG Köln NJW-RR 1987, 1059; OLG Schleswig NJW-RR 1994, 610; OLG Stuttgart NJW-RR 1991, 1510; OLG Zweibrücken NJW-RR 1991, 1509; vgl. außerdem *Jasper* WiB 1994, 478; *Roth* EWiR 1987, 1095).

2. Rechtslage nach Inkrafttreten des § 4 a Abs. 2 GmbHG

8 Die Einfügung des § 4 a Abs. 2 GmbHG durch Art. 9 Nr. 2 Handelsrechtsreformgesetzes (HRefG) vom 22. 6. 1998 (BGBl. I, 1474) dient dem Gläubigerschutz und dem Interesse an einer effektiven Registerführung. In der Begründung des Gesetzesentwurfs durch die Bundesregierung, in der ausdrücklich auf die »einschränkende Interpretation des Missbrauchsverbots durch die jüngere Rechtsprechung der Obergerichte« verwiesen wird, wird Folgendes ausgeführt (BT-Drs. 13/8444, 75): Die »gegenüber der Regelung im Aktienrecht großzügigere gesetzliche Vorgabe für die Sitzbestimmung bei der GmbH hat sich praktisch nicht bewährt«; da sich »einerseits unseriöse Gesellschaften zunehmend durch Sitzverlegungen dem Zugriff ihrer Gläubiger zu entziehen trachten und andererseits auch von Seiten der Registergerichte Zustellungen an solche Gesellschaften nur nach aufwändigen Recherchen oder gar nicht möglich sind, erfordert der Gläubigerschutz, aber auch das Interesse an einer effektiven Registerführung, eine gesetzliche Klarstellung wie im Aktienrecht.«

a) Anforderungen des Abs. 2

9 Abs. 2 zieht der freien Sitzwahl hinsichtlich des Satzungssitzes **enge Grenzen**, indem sich die Bestimmung des Satzungssitzes **am tatsächlichen Sitz** auszurichten hat; Satzungssitz und tatsächlicher Sitz müssen grundsätzlich übereinstimmen (BayObLG NZG 2004, 1011). Bei Vorliegen eines sachlichen Grundes kann die Bestimmung des Satzungssitzes – als Ausnahme von der »Regel« – vom tatsächlichen Sitz abweichen (vgl. Baumbach / Hueck / *Hueck/Fastrich* § 4 a Rn. 6; Lutter / Hommelhoff / *Lutter/Bayer* GmbHG, § 4 a Rn. 9; Scholz / *Emmerich* GmbHG, § 4 a Rn. 14 f.; *Ulmer* § 4 a Rn. 21 f.). Ein sachlicher Grund liegt namentlich dann vor, wenn die Verlegung des tatsächlichen Sitzes konkret absehbar ist (KG AG 1996, 421 zur AG; vgl. auch *Dreher* EWiR 1996, 721).

10 Als Satzungssitz ist in der Regel entweder der Ort eines Betriebs, der Ort der Geschäftsleitung oder der Ort der Verwaltung zu bestimmen. Diese »**Anknüpfungsorte**« stehen gleichrangig nebeneinander; sofern mehrere »Anknüpfungsorte« vorhanden sind, steht die (Auswahl-)Entscheidung hinsichtlich der Bestimmung des Satzungssitzes im Belieben der Gesellschaft (vgl. Scholz / *Emmerich* GmbHG, § 4 a Rn. 10 ff.).

11 Als **Ort eines Betriebs** i. S. d. Abs. 2 ist ein Ort zu verstehen, an dem ein Beitrag von einiger Bedeutung zur Verwirklichung des Unternehmensgegenstandes erfolgt; ein völlig untergeordneter Unternehmensteil erfüllt diese Voraussetzung nicht (OLG Jena DB 2006, 150; vgl. auch Baumbach / *Hueck/Fastrich* § 4 a Rn. 4; *Michalski* § 4 a Rn. 7 ff.; R / S-L / *Schmidt-Leithoff* § 4 a Rn. 8 ff.; vgl. aber auch *Kögel* GmbHR 1998, 1108, 1109 f.). Als **Ort der Geschäftsleitung** ist der Ort zu verstehen, »von dem aus der Geschäftsführer die Geschicke der Gesellschaft leitet« (BayObLG NZG 2002, 829). Als **Ort der Verwaltung** ist der Ort zu verstehen, an dem die laufende, Geschäftsführungsmaßnahmen umsetzende Verwaltungstätigkeit erledigt wird; bei einer GmbH fallen Ort der Geschäftsleitung und Ort der Verwaltung – anders als bei einer AG – typischerweise zusammen (vgl. Lutter / Hommelhoff / *Lutter/Bayer* GmbHG, § 4 a Rn. 6 f.; *Roth* / Altmeppen § 4 a Rn. 6; *Ulmer* § 4 a Rn. 19; vgl. auch *Kögel* GmbHR 1998, 1108, 1110 f.). Der (reine) Wohnsitz eines Geschäftsführers oder eines Angestellten der GmbH sowie das Geschäftslokal eines Beraters oder eines Bürodienstleistungsunternehmens erfüllen diese Voraussetzungen nicht (vgl. *Ulmer* § 4 a Rn. 20).

b) Rechtsfolge eines Verstoßes gegen Abs. 2

Verstößt die im Gesellschaftsvertrag getroffene Bestimmung des (Satzungs-)Sitzes gegen die in Abs. 2 bestimmten Anforderungen, ist sie rechtswidrig, so dass das (Register-)Gericht die Eintragung der Gesellschaft in das Handelsregister gem. § 9 c Abs. 1 S. 1, Abs. 2 Nr. 1 oder Nr. 2 GmbHG abzulehnen hat. Wird die Gesellschaft dennoch in das Handelsregister eingetragen, ist das Gericht zur Durchführung eines Amtsauflösungsverfahrens gem. § 144 a Abs. 4 Alt. 2 i. V. m. Abs. 1 und 2 FGG, § 60 Abs. 1 Nr. 6 GmbHG berechtigt (vgl. A / E / S / *Achilles* § 4 a Rn. 8; Baumbach / Hueck / *Hueck/Fastrich* § 4 a Rn. 8; Lutter / Hommelhoff / *Lutter/Bayer* GmbHG, § 4 a Rn. 24; Scholz / *Emmerich* GmbHG, § 4 a Rn. 18; *Bandehzadeh/Thoß* NZG 2002, 803, 805). 12

III. Verlegung des Sitzes

1. Verlegung des Satzungssitzes

a) Verlegung im Inland

Die Verlegung des Satzungssitzes einer GmbH an einen anderen Ort im Inland bedingt eine **Änderung des Gesellschaftsvertrags** durch Beschluss der Gesellschafter (§ 53 GmbHG), die zur Eintragung in das Handelsregister anzumelden ist (§ 54 Abs. 1 GmbHG); vor ihrer Eintragung hat die Änderung keine rechtliche Wirkung (§ 54 Abs. 3 GmbHG; BayObLG NZG 2004, 529; OLG Brandenburg ZIP 2003, 965; vgl. auch *Runkel* EWiR 2004, 859). Bei der Verlegung des Satzungssitzes müssen die in Abs. 2 genannten Anforderungen beachtet werden, weil verhindert werden soll, dass »unseriöse Gesellschaften« durch eine Verlegung des Satzungssitzes ihren Gläubigern den Zugriff auf das Gesellschaftsvermögen unmöglich machen oder zumindest erschweren; § 4 a Abs. 2 GmbHG gewinnt seine eigentliche Bedeutung bei der Verlegung des Satzungssitzes (BayObLG NZG 2004, 1011). 13

Eine Sitzverlegung kommt auch **im Verfahren der Liquidation** in Betracht (s. § 69 GmbHG Rn. 12); bei einer Sitzverlegung ist es erforderlich, dass die zur Abwicklung erforderlichen Rechtsgeschäfte tatsächlich vom neuen Sitz aus geführt werden (OLG Jena DB 2006, 150; vgl. auch LG Berlin ZIP 1999, 1050; vgl. außerdem *Breitling/von Gleichenstein* EWiR 2006, 341). Nach völliger Einstellung der Geschäftstätigkeit kann der Satzungssitz einer Gesellschaft nicht mehr verlegt werden; Abs. 2 verhindert eine – im Rahmen einer »Firmenbestattung« erfolgende – missbräuchliche Zuständigkeitsbegründung eines Insolvenzgerichts fernab vom bisherigen Sitz der Gesellschaft (BayObLG BB 2003, 2370; NZG 2004, 1011; vgl. auch *Frind* EWiR 2004, 663). 14

Eine gegen Abs. 2 verstoßende Verlegung des Satzungssitzes ist **nichtig** (§ 241 Nr. 3 AktG analog) und darf vom (Register-)Gericht, das die Änderung des Gesellschaftsvertrags überprüft (s. § 9 c GmbHG Rn. 14 sowie § 54 GmbHG Rn. 22), nicht in das Handelsregister eingetragen werden; vielmehr bleibt der **bisherige Satzungssitz** weiterhin gültig und maßgebend (BayObLG NZG 2004, 1011; OLG Jena DB 2006, 150; AG München ZIP 2005, 1052; vgl. auch KG AG 1996, 420 zur AG; vgl. außerdem Baumbach / Hueck / *Hueck/Fastrich* § 4 a Rn. 8; *Michalski* § 4 a Rn. 13; Scholz / *Emmerich* § 4 a Rn. 19). 15

Die Verlegung des (Satzungs-)Sitzes ist beim (Register-)Gericht des bisherigen Sitzes **anzumelden** (§ 13 h Abs. 1 HGB). Das Gericht des bisherigen Sitzes **überprüft die förmliche Richtigkeit** der Anmeldung; es hat insbesondere zu prüfen, ob die Anmeldung in der erforderlichen Form und durch die hierzu berufenen Personen erfolgt ist sowie ob der Anmeldung der vollständige Wortlaut des geänderten Gesellschaftsvertrags nebst Notarbescheinigung beigefügt ist (§ 54 Abs. 1 GmbHG; OLG Frankfurt NZG 2002, 1119; OLG Köln NZG 2005, 87). Wird der (Satzungs-)Sitz aus dem Bezirk des Gerichts des bisherigen Sitzes in den Bezirk eines anderen Gerichts verlegt, so hat das Gericht von Amts wegen die Verlegung dem Gericht des neuen Sitzes mitzuteilen (§ 13 h Abs. 2 S. 1 HGB). Das Gericht des neuen Sitzes hat zu prüfen, ob der Sitz ordnungsgemäß verlegt und die Unterscheidbarkeit der Firma (§ 30 Abs. 1 HGB) gewährleistet ist; ist dies der Fall, hat das Gericht die Verlegung einzutragen und dabei die ihm mitgeteilten Eintragungen ohne weitere Nachprüfung zu übernehmen (§ 13 h Abs. 2 S. 3 und 4 HGB). Dieser Re- 16 gelung legt die gesetzgeberische Vorstellung zugrunde, dass die Eintragung einer Sitzverlegung nicht wie die Neueintragung einer Gesellschaft zu behandeln ist; aus diesem Grund ist dem Gericht des neuen Sitzes die Beanstandung der ihm mitgeteilten Eintragungen im Rahmen seiner Prüfung, die anlässlich der Sitzverlegung stattfindet, versagt (BayObLG DB 1978, 838 zu § 13 c HGB a. F.; OLG Hamm NJW-RR 1997, 167; OLG Oldenburg BB 1977, 12 zu § 13 c HGB a. F.; vgl. auch *Holzer* WiB 1997, 193; R / S-L / *Schmidt-Leithoff* § 4 a Rn. 22 f.). Sofern der Gesellschaftsvertrag nicht nur hinsichtlich des Sitzes, sondern auch hinsichtlich anderer Bestimmungen geändert worden ist, ist das Gericht des neuen Sitzes für die Prüfung der gesamten Änderung zuständig (OLG Frankfurt RPfleger 1991, 508 zu § 13 c HGB a. F.; OLG Hamm NJW-RR 1991, 1001 zu § 13 c HGB a. F.; OLG Zweibrücken GmbHR 1992, 678 zu § 13 c HGB a. F.; vgl. auch OLG Celle GmbHR 1995, 303 [LS]; OLG Hamm NJW-RR 1995, 356; vgl. außerdem *Buchberger* RPfleger 1990, 513; *Meyding* EWiR 1994, 1209; *Waldner* WiB 1995, 88). Die Eintragung ist dem Gericht des bisherigen Sitzes mitzuteilen, das die erforderlichen Eintragungen von Amts wegen vornimmt (§ 13 h Abs. 2 S. 5 und 6 HGB). Für die Wirksamkeit der Sitzverlegung ist die Eintragung in das Handelsregister des neuen Sitzes, nicht die (deklaratorische) Eintragung in das Handelsregister des bisherigen Sitzes entscheidend (OLG Hamm DB 2004, 972).

b) Verlegung in das Ausland

17 Die Verlegung des Satzungssitzes einer in Deutschland gegründeten GmbH in das Ausland kann nicht in das Handelsregister eingetragen werden, weil das geltende deutsche (Gesellschafts-)Recht eine identitätswahrende Sitzverlegung in das Ausland nicht zulässt; ein ausländischer Satzungssitz würde die Durchsetzung deutschen (Gesellschafts-)Rechts verhindern oder zumindest erschweren (BayObLG NJW-RR 1993, 43; NJW-RR 2004, 836; OLG Brandenburg BB 2005, 849; OLG Düsseldorf NJW 2001, 2184; OLG Hamm NJW 2001, 2183; NJW-RR 1998, 615; vgl. außerdem Baumbach / Hueck / *Hueck/Fastrich* § 4 a Rn. 10; MüKo BGB / *Kindler* IntGesR Rn. 509 f.; Staudinger / *Großfeld* IntGesR, Rn. 650 ff.; Ulmer / *Behrens* Einl. B Rn. 114 ff.; *Spahlinger/Wegen* C Rn. 453 ff.). Pointiert ist formuliert worden: »Verlegt eine Gesellschaft ihren Satzungssitz ins Ausland, verliert sie ihre Existenzgrundlage, denn sie löst sich aus der Rechtsordnung, die sie normativ hervorgebracht hat« (*Weller* DStR 2004, 1218, 1219; vgl. auch *Knobbe-Keuk* ZHR 154 [1990], 325, 352; vgl. außerdem *Eidenmüller/Rehm* ZGR 2004, 159, 176, die von einer »metaphysischen ›Geschöpftheorie‹ [Gesellschaften sind lediglich die Kreation eines Staates, er kann darum über ihren Bestand in weiterem Umfang verfügen]« sprechen).

18 Das geltende deutsche (Gesellschafts-)Recht, das einer identitätswahrenden Sitzverlegung in das EU-Ausland entgegensteht, verstößt nicht gegen die in Art. 43 und 48 EGV geregelte Niederlassungsfreiheit, weil diese nach der Rechtsprechung des EuGH (NJW 1989, 2186 – »Daily-Mail« Rz 19: »Im Gegensatz zu natürlichen Personen werden Gesellschaften aufgrund einer Rechtsordnung, beim gegenwärtigen Stand des Gemeinschaftsrechts aufgrund einer nationalen Rechtsordnung, gegründet. Jenseits der jeweiligen nationalen Rechtsordnung, die ihre Gründung und Existenz regelt, haben sie keine Realität«; vgl. auch EuGH NJW 2002, 3614 – »Überseering« Rz 61 ff.; NJW 2003, 3331 – »Inspire Art« Rz 102 f.) einer Gesellschaft nicht das Recht gewährt, unter Wahrung ihrer Identität den Sitz in einen anderen Mitgliedstaat zu verlegen; die Wegzugssituation ist von der Zuzugssituation zu unterscheiden (BayObLG NJW-RR 1993, 43; NJW-RR 2004, 836; OLG Brandenburg BB 2005, 849; OLG Düsseldorf NJW 2001, 2184; OLG Hamm NJW 2001, 2183; NJW-RR 1998, 615; vgl. außerdem Baumbach / Hueck / *Hueck/Fastrich* § 4 a Rn. 10; Lutter / Hommelhoff / *Lutter/Bayer* GmbHG, § 4 a Rn. 4 und 22; MüKo BGB / *Kindler* IntGesR, Rn. 509 f.; Staudinger / *Großfeld* IntGesR, Rn. 679 f.; *Bayer* BB 2003, 2357, 2359; *Behrens* EuZW 1992, 550; *Eidenmüller/Rehm* ZGR 2004, 159, 175 ff.; *Emde* BB 2001, 902; *Großfeld* EWiR 1997, 1031; *Kieninger* NZG 2001, 610; *Leible* ZGR 2004, 531, 535; *Lutter* BB 2003, 7, 10; *Neye* ZIP 1997, 1697; *Niesert* EWiR 2001, 581; *Ringe* GmbHR 2005, 487; *Schwarz* NZG 2001, 613; *Stieb* GmbHR 2004, 492; *Thönnes* DB 1993, 1021; *Triebel/von Haase* BB 2003, 2409, 2413 f.; *Thode* EWiR 1992, 785; *Ziemons* ZIP 2003, 1913, 1918 f.; *Wachter* EWiR 2004, 375). Die Niederlassungsfreiheit (Art. 43 und 48 EGV) gewährt einer Gesellschaft nicht das Recht auf einen Wechsel der »Staatsangehörigkeit«.

Das AG Heidelberg, bei dem die Verlegung des Satzungssitzes einer GmbH in einen anderen EU-Mitgliedstaat angemeldet worden ist, hat dem EuGH die Frage zur Vorabentscheidung vorgelegt, ob das deutsche (Gesellschafts-)Recht, das einer identitätswahrenden Sitzverlegung in einen anderen EU-Mitgliedsstaat entgegensteht, der Niederlassungsfreiheit (Art. 43 und 48 EGV) widerspricht (AG Heidelberg NZG 2000, 927; vgl. auch *Jaeger* NZG 2000, 918). Der EuGH hat eine Beantwortung dieser Frage mangels Zuständigkeit abgelehnt: Da das (Register-)Gericht in seiner Eigenschaft als registerführende Behörde und im Rahmen eines Verfahrens, das eine Eintragung in das Handelsregister betrifft, den Gerichtshof angerufen hat, handelt es sich nicht um eine Tätigkeit mit Rechtsprechungscharakter; Gerichte können den EuGH nur anrufen, wenn bei ihnen ein Rechtsstreit anhängig ist und sie im Rahmen eines Verfahrens zu entscheiden haben, das auf eine Entscheidung mit Rechtsprechungscharakter abzielt (EuGH NZG 2001, 1027; vgl. auch *Haack* MDR 2001, 1363). Nachdem der EuGH in einem späteren Verfahren, in dem von einem deutschen (Register-)Gericht die Eintragung einer grenzüberschreitenden Verschmelzung in das Handelsregister abgelehnt worden ist, von seiner Zuständigkeit zur Beantwortung der ihm vorgelegten Frage, ob das deutsche (Gesellschaftsrecht-)Recht, das einer grenzüberschreitenden Verschmelzung entgegensteht, der Niederlassungsfreiheit (Art. 43 und 48 EGV) widerspricht, ausgegangen ist (EuGH NJW 2006, 425 »Sevic«; vgl. auch EuGH NJW 2006, 3195 – »innoventif limited«), dürfte eine erneute Vorlage nicht an der fehlenden Zuständigkeit des EuGH scheitern. Ein ungarisches (Register-)Gericht hat dem EuGH jüngst die Frage zur Vorabentscheidung vorgelegt, ob das ungarische (Gesellschafts-)Recht, das eine Verlegung des Sitzes einer Personenhandelsgesellschaft von Ungarn in das Ausland nicht erlaubt, der Niederlassungsfreiheit (Art. 43 und 48 EGV) widerspricht (Regionalgericht Szeged ZIP 2006, 1536; vgl. auch *Neye* EWiR 2006, 459). 19

2. Verlegung des tatsächlichen Sitzes

Die nachträgliche Verlegung des tatsächlichen Sitzes bei Beibehaltung des Satzungssitzes führt – nach zutreffender, allerdings bestrittener Auffassung – nicht zur Nichtigkeit der Bestimmung des Satzungssitzes; da die Bestimmung des Satzungssitzes trotz veränderter Umstände wirksam bleibt, liegen die Voraussetzungen für die Durchführung eines Amtsauflösungsverfahrens gem. § 144 a Abs. 4 Alt. 2 i. V. m. Abs. 1 und 2 FGG, § 60 Abs. 1 Nr. 6 GmbHG – auch in analoger Anwendung – nicht vor (BayObLG NZG 2002, 828 [vorangehend LG Memmingen NZG 2002, 95]; LG Mannheim GmbHR 2000, 874; vgl. auch BayObLG NJW-RR 2001, 1047; vgl. außerdem A/E/S/*Achilles* § 4 a Rn. 8; R/S-L/*Schmidt-Leithoff* § 4 a Rn. 21; *Borges* EWiR 2003, 927, *Ebert* NZG 2002, 937, 939 f.; a. A. [Nichtigkeit]: Baumbach/Hueck/*Hueck/Fastrich* § 4 a Rn. 9; Baumbach/Hueck/*Schulze-Osterloh/Zöllner* Anh. § 77 Rn. 34; Lutter/Hommelhoff/*Lutter/Bayer* GmbHG, § 4 a Rn. 25; *Bandehzadeh/Thoß* NZG 2002, 803; a. A. [analoge Anwendung der Vorschriften über Amtsauflösungsverfahren]: *Ulmer* § 4 a Rn. 30 f.; *Ulmer* FS Raiser 2005, S. 439 ff.). 20

IV. Doppelsitz

Insbesondere um divergierende Eintragungen in verschiedenen Handelsregistern zu vermeiden, hat eine GmbH – ebenso wie eine AG – nach dem gesetzlichen Leitbild nur einen Sitz. Jedoch wird von der Rechtsprechung bei einer AG – anknüpfend an die »Kriegsfolgenrechtsprechung« (*König* AG 2000, 18) und angesichts der Novellierung des § 5 AktG durch das AktG vom 6. 9. 1965 (BGBl. I, 1089), die in Kenntnis dieser Rechtsprechung erfolgt ist, – ein Doppelsitz im Inland in besonders gelagerten Ausnahmefällen zugelassen (BayObLG NJW-RR 1986, 31; KG NJW 1973, 1201; NJW-RR 1991, 1507; OLG Düsseldorf NJW-RR 1988, 354; vgl. außerdem *König* EWiR 2001, 1077; *Priester* EWiR 1985, 335; *Starke* VersR 1986, 878). 21

Bei einer GmbH ist die Zulässigkeit eines Doppelsitzes im Inland **ausnahmsweise** zu bejahen, wenn ein berechtigtes Interesse des Unternehmens besteht; insbesondere in Fällen der **Verschmelzung** zweier Gesellschaften kann sich dieses Interesse aus betriebswirtschaftlichen oder (unternehmens-)kulturellen Gründe ergeben (vgl. Lutter/Hommelhoff/*Lutter/Bayer* GmbHG, § 4 a Rn. 10; *König* AG 2000, 18; *Notthoff* WiB 1996, 773; *Ulmer* Rn. 33; a. A. [grds. zulässig]: *Borsch* 22

GmbHR 2003, 258; a. A. [ausnahmslos unzulässig]: Baumbach / Hueck / *Hueck/Fastrich* § 4 a Rn. 7; *Kögel* GmbHR 1998, 1108, 1111 f.; vgl. auch A / E / S / *Achilles* § 4 a Rn. 7; *Michalski* § 4 a Rn. 16; *Roth* / Altmeppen § 4 a Rn. 9; R / S-L / *Schmidt-Leithoff* § 4 a Rn. 15; Scholz / *Emmerich* GmbHG, § 4 a Rn. 16).

23 Sofern ein Doppelsitz ausnahmsweise zulässig ist, ist die Gesellschaft in das jeweilige Handelsregister beider Sitze einzutragen; auch spätere Eintragungen haben im Handelsregister beider Sitze zu erfolgen, wobei die (Register-)Gerichte in ihrer Prüfung und Entscheidung vom jeweils anderen Gericht unabhängig sind (OLG Düsseldorf NJW-RR 1988, 354 zur AG; vgl. auch *Ulmer* § 4 a Rn. 34; a. A. *Priester* EWiR 1985, 335; vgl. außerdem *Balser* DB 1972, 2049). Hieraus resultierende Nachteile gehen zu Lasten der Gesellschaft (»Schlechterstellungsprinzip«; LG Essen ZIP 2001, 1632 zur AG; a. A. *Kögel* GmbHR 1998, 1108, 1112); insbesondere die konstitutive Wirkung einer Eintragung tritt erst dann, wenn sie in beiden Handelsregistern erfolgt und ggf. bekanntgemacht ist (vgl. *Katschinski* ZIP 1997, 620, 623; *Pluskat* WM 2001, 601, 605).

C. Bestimmung des Sitzes im Gesellschaftsvertrag, § 4 a GmbHG i. d. F. der beabsichtigten Änderung

I. Beabsichtigte Änderung des Abs. 1

24 Der **RefE des MoMiG** (Stand: 29. 5. 2006) sieht die Änderung des Abs. 1 vor, indem nach dem Wort »Ort« die Worte »im Inland« eingefügt werden (Art. 1 Nr. 2 a) bb) MoMiG-RefE). In der Begründung des Art. 1 Nr. 2 MoMiG-RefE wird, ohne dies ausdrücklich zu erwähnen, davon ausgegangen, dass eine Gesellschaft im Gesellschaftsvertrag einen (Satzungs-)Sitz im Inland bestimmen muss (vgl. *Breitenstein/Meyding* BB 2006, 1457, 1459; *Flesner* NZG 2006, 641). Es ist zu beachten, dass in der Anmeldung der Gesellschaft zur Eintragung in das Handelsregister eine »inländische Geschäftsanschrift« anzugeben ist (§ 8 Abs. 4 GmbHG i. d. F. der beabsichtigten Änderung durch Art. 1 Nr. 6 d) MoMiG-RefE; s. § 8 GmbHG Rn. 51 f.). Diese Geschäftsanschrift ist – neben dem im Gesellschaftsvertrag bestimmten Sitz – bei der Eintragung in das Handelsregister anzugeben (§ 10 Abs. 1 S. 1 GmbHG i. d. F. der beabsichtigen Änderung durch Art. 1 Nr. 7 a) MoMiG-RefE; s. § 10 GmbHG Rn. 9).

II. Beabsichtigte Aufhebung des Abs. 2

25 Der RefE des MoMiG sieht die Aufhebung des Abs. 2 vor (Art. 1 Nr. 2 b) MoMiG-RefE). Zur Begründung des Art. 1 Nr. 2 MoMiG-RefE wird u. a. Folgendes ausgeführt (vgl. auch *Breitenstein/Meyding* BB 2006, 1457, 1459; *Flesner* NZG 2006, 641, 641 f.; *Triebel/Otte* ZIP 2006, 1321, 1326):

»Durch die Streichung des § 4 a Abs. 2 und der älteren Parallelnorm des § 5 Abs. 2 AktG (s. Art. 5 Nr. 1) soll es deutschen Gesellschaften ermöglicht werden, einen Verwaltungssitz zu wählen, der nicht notwendig mit dem Satzungssitz übereinstimmt. Damit soll der Spielraum deutscher Gesellschaften erhöht werden, ihre Geschäftstätigkeiten auch ausschließlich im Rahmen einer (Zweig-)Niederlassung, die alle Geschäftsaktivitäten erfasst, außerhalb des deutschen Hoheitsgebiets zu entfalten.

EU-Auslandsgesellschaften, deren Gründungsstatut eine derartige Verlagerung des Verwaltungssitzes erlaubt, ist es auf Grund der EuGH-Rechtsprechung nach den Urteilen *Überseering* vom 5. November 2002 (Rs. C-208/00) und *Inspire Art* vom 30. September 2003 (Rs. C-167/01) bereits heute rechtlich gestattet, ihren effektiven Verwaltungssitz in einem anderen Staat – also auch in Deutschland – zu wählen. Diese Auslandsgesellschaften sind in Deutschland als solche anzuerkennen. Umgekehrt steht diese Möglichkeit deutschen Gesellschaften schon aufgrund der Regelung in § 4 a Abs. 2 und § 5 Abs. 2 AktG nicht zur Verfügung. [...]

In Zukunft soll für die deutsche Rechtsform der Aktiengesellschaft und der GmbH durch die Möglichkeit, sich mit der Hauptverwaltung an einem Ort unabhängig von dem in der Satzung oder im Gesellschaftsvertrag gewählten Sitz niederzulassen, ein *level playing field*, also gleiche Ausgangsbedingungen gegenüber vergleichbaren Auslandsgesellschaften geschaffen werden.

Freilich bleibt es nach dem Entwurf dabei, dass die Gesellschaften eine Geschäftsanschrift im Inland im Register eintragen und aufrechterhalten müssen. Die Neuregelungen zur Zustellung erhalten durch die Mobilitätserleichterungen zusätzliches Gewicht.«

§ 5 [Stammkapital, Stammeinlage]

(1) Das Stammkapital der Gesellschaft muß mindestens fünfundzwanzigtausend Euro, die Stammeinlage jedes Gesellschafters muß mindestens hundert Euro betragen.

(2) Kein Gesellschafter kann bei Errichtung der Gesellschaft mehrere Stammeinlagen übernehmen.

(3) [1]Der Betrag der Stammeinlage kann für die einzelnen Gesellschafter verschieden bestimmt werden. [2]Er muß in Euro durch fünfzig teilbar sein. [3]Der Gesamtbetrag der Stammeinlagen muß mit dem Stammkapital übereinstimmen.

(4) [1]Sollen Sacheinlagen geleistet werden, so müssen der Gegenstand der Sacheinlage und der Betrag der Stammeinlage, auf die sich die Sacheinlage bezieht, im Gesellschaftsvertrag festgesetzt werden. [2]Die Gesellschafter haben in einem Sachgründungsbericht die für die Angemessenheit der Leistungen für Sacheinlagen wesentlichen Umstände darzulegen und beim Übergang eines Unternehmens auf die Gesellschaft die Jahresergebnisse der beiden letzten Geschäftsjahre anzugeben.

Übersicht:

A. Normzweck und Refombestrebungen (RefE MoMiG)

I. Funktion des Mindeststammkapitals, Abs. 1

Abs. 1 bestimmt einen Mindestbetrag für das Stammkapital und die Stammeinlagen. Dies wird für die Stammeinlagen durch Abs. 3 S. 1 ergänzt, wonach der Betrag der Stammeinlage für die einzelnen Gesellschafter verschieden bestimmt werden kann. Das **Mindeststammkapital dient als ein Haftungsfonds** und wird in besonderer Weise durch Kapitalaufbringungs- und -erhal- 1 tungsvorschriften geschützt (zur Funktion des Mindestkapitals weiterführend *Eidenmüller/Engert* GmbHR 2005, 433; *Grunewald/Noack* GmbHR 2005, 189). § 5 Abs. 1 des RegE MindestKapG sah die Absenkung des Mindestkapitals von € 25.000,– auf € 10.000,– vor (vgl. dazu *Kleindieck* DStR 2005, 1366).

2 Nach dem **RegE MindestKapG** kommt dem Mindeststammkapital die Funktion einer Seriositätsschwelle zu; daher sollte eine nennenswerte Stammkapitalziffer beibehalten werden. Andererseits sollte die Absenkung Kleinunternehmern und Existenzgründern durch den verringerten Kapitalbedarf die Gründung einer GmbH erleichtern und die Wettbewerbsfähigkeit der Rechtsform GmbH im europäischen Vergleich erhöhen. Der RegE MindestKapG ist zwar vorerst gescheitert, die Reformdiskussion ist jedoch weiter im Gange (*Triebel/Otte* ZIP 2006, 311). Nach dem **RefE MoMiG** (Referentenentwurf eines »Gesetzes zur Modernisierung des GmbH-Rechts und zur Bekämpfung von Missbräuchen« vom 29. 5. 2006, abrufbar unter www.bmf.bund.de) wird die Höhe des Mindestkapitals in § 5 Abs. 1 GmbHG von bislang € 25.000,– auf € 10.000,– abgesenkt (vgl. RefE MoMiG Art. 1 Nr. 3 a). Ferner wird der Mindestbetrag der zu übernehmenden Stammeinlage von bislang € 100,– auf € 1,– (vgl. RefE MoMiG Begr. zu Art. 1 zu Nr. 3, S. 38) gesenkt. Jede Stammeinlage muss nach dem durch den RefE MoMiG vorgesehenen § 5 Abs. 2 GmbHG auf einen Betrag in volle Euro lauten (vgl. hierzu *Breitenstein/Meyding* BB 2006, 1457; *Triebel/Otte* ZIP 2006, 1321).

II. Fungibilität der Gesellschaftsanteile, personalistischer Charakter, Abs. 2

3 Nach Abs. 2 darf jeder Gründer nur eine Stammeinlage übernehmen. Damit bezweckt der Gesetzgeber, die Fungibilität der Geschäftsanteile so gering wie möglich zu halten und den personalistischen Charakter der GmbH zu wahren (vgl. RefE MoMiG Begr. zu Art. 1 zu Nr. 3, S. 37, 39; *Roth/Altmeppen* § 5 Rn. 23). Das Verbot des Abs. 2 zur Übernahme mehrerer Stammeinlagen bei der Gründung ist unpraktikabel und wird auch vom Gesetz nicht konsequent durchgehalten (*Happ* ZHR 169 (2005), 6, 10); der **RefE MoMiG** sieht seine **Aufhebung** vor (vgl. RefE MoMiG Art. 1 Nr. 3 b) sowie Begr. zu Art. 1 zu Nr. 3, S. 37, 39).

III. Teilbarkeitsregel, Abs. 3 S. 2

4 Auch die Teilbarkeitsregel des Abs. 3 S. 2 (vgl. Rn. 9) wird als »lästig und praxisfeindlich« kritisiert (*Happ* ZHR 169 (2005) 6, 18). Sie wird im Rahmen der Kapitalerhöhung aus Gesellschaftsmitteln (§§ 57 h Abs. 1 S. 2 und 57 l Abs. 2 S. 3 GmbHG), bei der Euro-Umstellung (§ 86 Abs. 1 S. 4 GmbHG), bei der vereinfachten Kapitalherabsetzung (§ 58 a Abs. 3 S. 2 GmbHG) und im Umwandlungsrecht durchbrochen. Entsprechend sieht der **RefE MoMiG** eine Liberalisierung der bisherigen Teilbarkeitsregeln vor. Nach dem gem. RefE MoMiG neu zu fassenden § 5 Abs. 2 GmbHG braucht der Betrag der Stammeinlage nur auf volle Euro zu lauten (vgl. RefE MoMiG Art. 1 Nr. 3 b). Durch die Teilung können also nach dem RefE MoMiG keine Beträge mit unübersichtlichen Nachkommastellen und den dadurch bedingten Rundungsproblemen entstehen (RefE MoMiG Begr. zu Art. 1 zu Nr. 3, S. 39).

IV. Sacheinlagen, Abs. 4

5 Bei Sacheinlagen besteht die **Gefahr der Überbewertung**. Das Gesetz sieht daher für die Sachgründung eine Überprüfung der Werthaltigkeit der Sacheinlagen durch das Registergericht vor. Eine solche registergerichtliche **Werthaltigkeitskontrolle** (§ 9 c) erfordert aber insbesondere, dass der Gegenstand der Sacheinlagen in nachvollziehbarer Weise dokumentiert wird (vgl. § 9 c GmbHG Rn. 31 ff.; § 56 GmbHG Rn. 1 ff.). Dem dienen die in Abs. 4 S. 1 geforderten Festsetzungen und der nach Abs. 4 S. 2 erforderliche Sachgründungsbericht.

B. Mindeststammkapital, Abs. 1

6 Das Stammkapital der Gesellschaft muss nach Abs. 1 mindestens € **25.000,–** betragen. Nach dem **RefE MoMiG** soll das Mindeststammkapital dagegen von bislang € 25.000,– auf € 10.000,– abge-

senkt werden (vgl. RefE MoMiG Art. 1 Nr. 3 a). Nach geltendem GmbH-Recht ist lediglich ein bestimmtes Mindeststammkapital vorgeschrieben. Es enthält keine Vorschriften, dass die Gesellschaft mit einem ihrem Geschäftszweig und Geschäftsumfang angemessenen Eigenkapital ausgestattet werden muss (BGH NJW 1977, 1449, 1450; a. A. BSG NJW 1984, 2117; bestätigt ZIP 1996, 1134.) In krassen Ausnahmefällen einer völlig unangemessenen **Unterkapitalisierung** kommt aber eine Haftung der Gesellschafter wegen sittenwidriger Schädigung nach § 826 BGB in Betracht (BGH NJW 1979, 2104). Das gilt z. B., wenn der Alleingesellschafter einer GmbH die von ihm abhängige und im Hinblick auf Art und Umfang der Geschäftstätigkeit erheblich unterkapitalisierte GmbH nur zu dem Zweck benutzt, vertragliche Beziehungen zwischen ihm und einem Vertragspartner nicht entstehen zu lassen und zu verhindern, dass der Vertragspartner auf das Vermögen des Alleingesellschafters zugreifen kann (OLG Oldenburg NZG 2000, 555).

C. Mindeststammeinlage, Nennwertbeträge, Teilbarkeit

I. Mindeststammeinlage

Eine Stammeinlage muss **mindestens einen Nennwert von € 100,–** haben (Abs. 1). Nach § 3 Abs. 1 Nr. 4 GmbHG muss die Gründungssatzung auch den Betrag der Stammeinlage festsetzen. Nach dem **RefE MoMiG** (s. o. Rn. 2) soll der Mindestbetrag der zu übernehmenden Stammeinlage von bislang € 100,– auf € 1,– gesenkt werden. Dies ergibt sich aus der beabsichtigten (ersatzlosen) Streichung der Worte »die Stammeinlage jedes Gesellschafters muss mindestens hundert Euro« in Abs. 1 (vgl. RefE MoMiG Art. 1 Nr. 3 a) sowie der Neufassung des Abs. 2, nach der der Betrag der Stammeinlage jedes Gesellschafters auf volle Euro lauten muss (vgl. RefE MoMiG Art. 1 Nr. 3 b; vgl. auch RefE MoMiG Begr. zu Art. 1 zu Nr. 3, S. 38) 7

II. Nennwertbeträge

Anders als bei der Aktiengesellschaft können die einzelnen Stammeinlagen auf **unterschiedliche Nennwertbeträge** lauten, Abs. 3 S. 1. 8

III. Teilbarkeit

Wird ein höherer Nennwert der Stammeinlage als € 100,– festgesetzt, muss der Nennwert **durch 50 teilbar** sein, Abs. 3 S. 2. Nach dem gem. **RefE MoMiG** neu zu fassenden § 5 Abs. 2 GmbHG braucht der Betrag der Stammeinlage dagegen nur auf volle Euro zu lauten (vgl. RefE MoMiG Art. 1 Nr. 3 b). 9

D. Verstoß gegen Abs. 1 bis 3

Bei **Verstoß** gegen die zwingenden Bestimmungen in Abs. 1 bis 3 ist die die Festsetzung des Stammkapitals bzw. der Stammeinlagen **gem. § 134 BGB nichtig**. Dies macht ebenso wie ein völliges Fehlen der Regelung den Gesellschaftsvertrag insgesamt nichtig, vgl. § 3 Abs. 1 Nr. 3 und 4 GmbHG (Baumbach / Hueck / *Hueck/Fastrich* § 5 Rn. 12). Der Mangel stellt ein **Eintragungshindernis** dar. Wird die GmbH trotz des Mangels eingetragen, besteht die Möglichkeit der Nichtigkeitsklage nach § 75 Abs. 1 GmbHG nur, falls eine Bestimmung über die Höhe des Stammkapitals ganz fehlt (vgl. § 75 Rn. 5). Die Gesellschaft kann durch Nichtigkeitsklage nach § 75 GmbHG aufgelöst oder nach § 144 Abs. 1 und 3 FGG gelöscht werden (vgl. dazu § 75 Rn. 5, 7 ff. sowie zur Nichtigkeitsklage Kap. 16 Rn. 465 ff., zum Amtslöschungsverfahren nach § 144 FGG Kap. 16 Rn. 481 ff.). Im Übrigen, insbesondere wenn eine Bestimmung über die Höhe der Stammeinlage zwar besteht, aber nichtig ist (etwa aufgrund eines Verstoßes gegen § 5 Abs. 1 GmbHG) kommt eine Nichtigkeitsklage nicht in Betracht; vielmehr hat das Registergericht den Mangel nach § 144 a Abs. 4 FGG festzustellen. Mit Rechtskraft der Feststellung ist die Gesellschaft aufgelöst. 10

Ist die Übertragung eines GmbH-Geschäftsanteils wegen Verstoßes gegen die Teilungsbestimmung des §§ 17 Abs. 4 i. V. m. 5 Abs. 3 S. 2 GmbHG gem. § 134 BGB nichtig, so ist das zu Grunde liegende **Verpflichtungsgeschäft** ebenfalls nichtig (BGH NZG 2005, 927 mit Anm. betreffend die Rechtslage nach der Schuldrechtsreform in NJW-Spezial 2005, 508). Mit dem **RefE MoMiG** wird 11 die Teilung und Übertragung von Geschäftsanteilen erleichtert. Einerseits wird die Übertragung mehrer Geschäftsanteile an einen Erwerber zugelassen. Zum anderen ist es ausreichend, wenn die durch die Teilung entstehenden Geschäftsanteile auf einen vollen Euro-Betrag lauten (§ 17 Abs. 4 i. d. F. des RefE MoMiG, vgl. RefE MoMiG Art. 1 Nr. 9 a sowie § 17 Rn. 19).

E. Übernahme mehrerer Stammeinlagen, Abs. 2

I. Grundsatz der Einheitlichkeit des Geschäftsanteils

12 Jeder Gründer darf nur eine Stammeinlage übernehmen (Abs. 2). Dieser **Grundsatz der Einheitlichkeit des Geschäftsanteils** wird aber durch spätere gesellschaftsrechtliche Maßnahmen **durchbrochen**. Im Fall der Übertragung eines Geschäftsanteils wie auch im Fall der Kapitalerhöhung behalten der ursprüngliche und der hinzu erworbene Geschäftsanteil ihre Selbstständigkeit (§§ 15 Abs. 2, 55 Abs. 3 GmbHG; vgl. § 15 Rn. 11 ff.). Auch die Teilung ist im Fall der Veräußerung und im Erbfall zulässig (§ 17 GmbHG), allerdings ist eine gleichzeitige Übertragung mehrerer Teile von Geschäftsanteilen eines Gesellschafters an denselben Erwerber (noch) unzulässig (§ 17 Abs. 5 GmbHG).

13 In der Praxis gehen juristische Laien häufig von einer einheitlichen Beteiligung in Höhe des Gesamtnennbetrages sämtlicher Geschäftsanteile eines Gesellschafters aus (*Happ* ZHR 169 (2005), 6, 12). Andererseits haben insbesondere Laien aus dem anglo-amerikanischen Rechtsraum oft unzutreffende Vorstellungen über die Beteiligungsverhältnisse, die etwa der Rechtslage im Aktienrecht gem. § 8 AktG ähneln, wonach Aktien im Nennbetrag von mindestens einem Euro möglich sind und alle Aktien denselben Nennbetrag haben. Daher ist etwa im Rahmen der Due Diligence oder bei der Vorbereitung von Gesellschafterbeschlüssen und notariellen Übertragungsurkunden genau zu untersuchen, ob die Angaben der Gesellschafter zur Höhe ihrer Geschäftsanteile zutreffend sind.

II. Reformbestrebungen

14 Der Grundsatz der Einheitlichkeit des Geschäftsanteils wird durch den **RefE MoMiG** aufgegeben. Der RefE MoMiG sieht die Aufhebung von § 17 Abs. 5 GmbHG vor (vgl. RefE MoMiG Art. 1 Nr. 9 b; sowie außerdem § 17 Rn. 23). Die Übersichtlichkeit der Beteiligungsverhältnisse wird durch die Aufwertung der Gesellschafterliste durch den RefE MoMiG gewährleistet (vgl. zur Änderung des § 40 GmbHG durch den RefE MoMiG dort Art. 1 Nr. 17), da die Gesellschafterliste nunmehr einen Tatbestand für den redlichen Erwerb begründet und zudem der Neugesellschafter seine Gesellschafterrechte nur wahrnehmen kann, wenn er in die Gesellschafterliste eingetragen ist (vgl. auch § 40 GmbHG Rn. 9 ff.).

F. Sacheinlagen, Abs. 4

I. Begriff, Regelungszusammenhang

1. Sacheinlage

15 Unter **Sacheinlage** i. S. d. Abs. 4 ist jede Einlage auf das Stammkapital zu verstehen, die bestimmungsgemäß nicht in Geld zu erbringen ist (*Gehrlein* S. 315).

16 Das GmbH-Recht bezweckt der nahe liegenden **Gefahr einer Überbewertung** von Sacheinlagen durch verschiedene Sicherungsregelungen vorzubeugen: Die Vereinbarung einer Sacheinlage ist offen zu legen (§ 5 Abs. 4, § 8 Abs. 1 Nr. 4 und Nr. 5, § 10 Abs. 3 GmbHG); die Gesellschafter haben einen Sachgründungsbericht zu erstellen (§ 5 Abs. 4 S. 2 GmbHG); die Sacheinlage ist schon vor Anmeldung der GmbH zu leisten (§ 7 Abs. 3 GmbHG); das Registergericht hat mangels einer Gründungsprüfung die Werthaltigkeit der Sacheinlagen zu prüfen (§ 9 c Abs. 1 S. 2 GmbHG); die Gesellschafter unterliegen einer Differenzhaftung im Fall der Überwertung der Sacheinlagen (§ 9 GmbHG; vgl. ausführl. § 9 GmbHG Rn. 6 ff.; vgl. zu allem außerdem *Gehrlein* S. 315 f.).

2. Gemischte Sacheinlage

Eine gemischte Sacheinlage liegt vor, wenn die Gegenleistung des Gesellschafters für die von der GmbH zu erwerbenden Vermögensgegenstände teilweise durch Gewährung von Geschäftsanteilen auf die Einlage angerechnet, teilweise bar bezahlt oder in sonstiger Weise gutgeschrieben wird (RGZ 159, 326; OLG Stuttgart GmbHR 1982, 109; OLG Zweibrücken GmbHR 1981, 214; BayObLG DB 1979, 1075; LG München GmbHR 2004, 1223; Baumbach / Hueck / *Hueck/Fastrich* § 5 Rn. 20). 17

Gemischte Sacheinlagen unterliegen jedenfalls dann vollumfänglich den für Sacheinlagen geltenden Regeln, wenn die Sachleistung **unteilbar** ist, § 139 BGB also keine Anwendung findet (BGH NJW 1998, 1951). Dasselbe gilt nach h. M. aber auch bei teilbarer Leistung. Vielmehr liegt ein **einheitliches Rechtsgeschäft** in Gestalt einer gemischten Sacheinlage vor, das seinerseits Bestandteil des Gesellschaftsvertrags ist (RGZ 159, 321, 326; Hachenburg / *Ulmer* § 5 Rn. 107). Erfolgt die Gründung im Wege der gemischten Sacheinlage, so kann das Registergericht die Eintragung nicht mit der Begründung verweigern, der Betrag, um den der Wert der Sacheinlage den Nominalbetrag des Stammkapitals überschreitet und der dem Gründungsgesellschafter z. B. als Darlehen gutzuschreiben ist, müsse bereits in der Satzung **ziffernmäßig festgelegt** werden. Möglich und ausreichend ist eine Satzungsbestimmung, wonach die Höhe der Darlehensgutschrift später **objektiv feststellbar** ist (LG München GmbHR 2004, 1223; h. M., vgl. Heckschen / Heidinger / *Heidinger* E Rn. 36; Baumbach / Hueck / *Hueck/Fastrich* § 5 Rn. 20 m. w. N.; a. A. *Günther* NJW 1975, 256, wonach stets die Angabe eines festen Betrags erforderlich ist; OLG Stuttgart GmbHR 1982, 109 verlangt einen Schätzwert). 18

Ausreichend ist somit z. B. **folgende Satzungsregelung** (in Anlehnung an LG München GmbHR 2004, 1223): 19

»Das Stammkapital der Gesellschaft beträgt Euro 25.000. Herr X leistet seine Einlage durch Einbringung des von ihm betriebenen Einzelunternehmens. [...] Die Einbringung erfolgt mit allen aktiven und passiven Vermögensgegenständen des Unternehmens gemäß dem tatsächlichen Stand des heutigen Tages, jedoch mit folgender Ausnahme: Nicht eingebracht und nicht von der Gesellschaft übernommen werden folgende Betriebsverbindlichkeiten: [...] Als Anhaltspunkt über die einzubringenden Aktiva und Passiva wird auf die dieser Urkunde beigefügte Eröffnungsbilanz zum [Datum] des Einzelunternehmens verwiesen. [...] Übersteigt der Bilanzwert des eingebrachten Unternehmens den Nominalwert der Stammeinlage, ist der übersteigende Betrag als Gesellschafterdarlehen gutzuschreiben. Die Einzelheiten dieses Darlehens werden in einem gesonderten Vertrag geregelt. Erreicht der Bilanzwert den Nominalwert der Stammeinlage nicht, ist der Differenzbetrag unverzüglich in bar bei der Gesellschaft einzubezahlen.«

3. Gemischte Einlage/Mischeinlage

Davon zu unterscheiden ist die sog. **gemischte Einlage** oder **Mischeinlage**, bei der die Einlage aus einer Kombination von Geld- und Sachleistung besteht. Hier sind auch auf die Geldeinlagekomponente die Sacheinlagevorschriften anzuwenden (zur Zulässigkeit einer gemischten Einlage im Fall der Kapitalerhöhung bei der Umwandlung eines Einzelunternehmens OLG Oldenburg NJW 1994, 426). Wird eine geschuldete Bareinlage durch eine Mischeinlage erbracht, kann sich die Heilung nur auf die Sacheinlage erstrecken, die als Teil der Einlageverpflichtung geleistet wurde, sofern die im Übrigen erbrachte Bareinlage wirksam ist (OLG Koblenz NZG 2002, 977). 20

II. Sacheinlagegegenstand

1. Grundsatz

Sacheinlagen können im GmbH-Recht – nicht anders als im Aktienrecht (vgl. § 27 Abs. 2 AktG) – nur Vermögensgegenstände sein, deren **wirtschaftlicher Wert feststellbar** ist (BGH NZG 2004, 910; NJW 2000, 2356, jeweils zur Einbringung von Nutzungsrechten). Sacheinlagen müssen so auf die Gesellschaft **übertragbar** sein, dass der Gegenstand der Gesellschaft zur freien Verfügung 21 steht. Nach heute h. M. ist die Bilanzfähigkeit nicht maßgebendes Kriterium, sondern Folge des für die Einbringung erforderlichen Vermögenswerts (Baumbach/Hueck/*Hueck/Fastrich* § 5 Rn. 23).

2. Beispiele zulässiger Einlagegegenstände

a) Sachen

22 Eigentum an Sachen (§ 90 BGB) kann eingebracht werden, das ist der typische Fall der Sacheinlage (*Roth/Altmeppen* § 5 Rn. 39). In Betracht kommen also bewegliche Sachen wie etwa Werkzeug und Material (BGH NJW 1979, 216) und Grundstücke. Ebenso können sonstige dingliche Rechte (z. B. Nutzungsrechte wie Erbbaurechte, Dienstbarkeiten und Dauerwohnrechte, Verwertungsrechte wie Reallasten, Grundpfandrechte und Pfandrechte oder Erwerbsrechte wie dingliche Vorkaufsrechte, Anwartschaftsrechte oder Nießbrauch) als Sacheinlage eingebracht werden.

b) Rechte

23 Rechte (z. B. Immaterialgüterrechte, Mitgliedschaftsrechte) können Sacheinlagen sein, wenn sie einen feststellbaren wirtschaftlichen Wert haben und auf die Gesellschaft übertragen werden können (§ 399 BGB). In Betracht kommen etwa Urheberrechte (BGH NJW 1959, 934) oder Patentlizenzen (BGH NJW 1959, 383). Weitere Fallbeispiele bei: Baumbach / Hueck / *Hueck/Fastrich* § 5 Rn. 26; Scholz / *Winter* GmbHG, § 5 Rn. 50.

c) Sach- und Rechtsgesamtheiten

24 Sofern die Übertragung dem sachenrechtlichen Bestimmtheitsgrundsatz genügt, können auch Sach- und Rechtsgesamtheiten eingebracht werden, wie z. B. ein Handelsgeschäft (BGH NJW 1966, 1311) oder der selbstständige Betriebsteil eines Unternehmens (BGH NJW 2001, 67). Die Zulässigkeit der Einbringung von Unternehmen ergibt sich schon aus § 5 Abs. 4 S. 2 GmbHG. Bei Sachgesamtheiten genügt eine verkehrsübliche Bezeichnung, wenn diese in einer Anlage aufgelistet sind (OLG Köln NZG 2002, 679, 681). Bei der Einbringung eines Unternehmens ist die Sonderregelung des § 5 Abs. 4 S. 2 GmbHG zu beachten, d. h. im Sachgründungsbericht sind die Jahresergebnisse der letzten beiden Geschäftsjahre anzugeben. Die Einreichung vollständiger Jahresabschlüsse ist nicht erforderlich; besteht das Unternehmen erst seit einem kürzeren Zeitraum, ist entsprechend über diesen Zeitraum zu berichten.

d) Forderungen

25 Forderungen gegen Dritte können grundsätzlich Einlagegegenstand sein (BGH NJW 2001, 67; NJW 1991, 1754; NJW 1995, 460); sie müssen aber zum Einbringungszeitpunkt **entstanden** sein. Bedingte Forderungen sind ungeeignet (offen gelassen in BGH NJW 1979, 216; h. L., vgl. *Lutter/Hommelhoff* GmbHG, § 5 Rn. 17; Baumbach / Hueck / *Hueck/Fastrich* § 5 Rn. 27). Auch Forderungen gegen die GmbH selbst können eingebracht werden (BGH NJW 1996, 1473; *Lutter/Hommelhoff* GmbHG, § 5 Rn. 16).

e) Forderungen gegen Gesellschafter

26 Eine gegen einen Gesellschafter gerichtete Forderung kann von diesem nicht im Wege der Sacheinlage in die Gesellschaft eingebracht werden. Die Unzulässigkeit der Einbringung einer Forderung gegen einen Gesellschafter folgt allgemein daraus, dass der einzulegende Vermögenswert in der Hand des Gesellschafters verbleibt und damit nicht der GmbH zur Verfügung gestellt wird. Aus diesem Grund fehlt es auch an einem entsprechenden Zufluss **zur freien Verfügung** bei der GmbH, § 7Abs. 3 GmbHG. Der einlegende Gesellschafter stellt sich insoweit durch die allein schuldrechtliche Verpflichtung zur Geldleistung auch wesentlich besser als bei der Übernahme einer Bareinlageverpflichtung, die eine gesellschaftsrechtliche und damit entsprechend abgesicherte (§ 24 GmbHG) Zahlungspflicht begründet und auf die er bereits einen Teil der Einlage zu erbringen hätte, § 7 Abs. 2 S. 1 GmbHG. Eine derartige Umgehung der Einlagenvorschrif-

ten ist wegen des sich aus den Regelungen ergebenden Ziels der realen Kapitalaufbringung unzulässig (KG NZG 2005, 718).

f) Obligatorische Nutzungsrechte

27 Obwohl es sich um einen schuldrechtlichen Anspruch gegen den einlegenden Gesellschafter handelt, kann nach h. M. auch ein nur schuldrechtliches Nutzungsrecht (z. B. aufgrund eines Mietvertrages) Gegenstand einer Sacheinlage sein. Obligatorische Nutzungsrechte haben jedenfalls dann einen im Sinne der Sacheinlagefähigkeit feststellbaren wirtschaftlichen Wert, wenn ihre Nutzungsdauer in Form einer festen Laufzeit oder als konkret bestimmte Mindestdauer feststeht (BGH NJW 2004, 1341; NJW 2000, 2356 für das Aktienrecht). Der Zeitwert eines solchen Nutzungsrechts errechnet sich aus dem für die Dauer des Rechts kapitalisierten Nutzungswert (BGH NJW 2004, 1341).

g) Verpflichtungen zu Dienstleistungen

28 Eine Verpflichtung zur eigenen Dienstleistung ist nicht einlagefähig (vgl. auch § 27 Abs. 2 AktG) (Baumbach / Hueck / *Hueck* § 5 Rn. 24). Das soll generell für schuldrechtliche Ansprüche gegen den Einleger selbst gelten (Baumbach / Hueck / *Hueck* § 5 Rn. 24).

III. Festsetzungen im Gesellschaftsvertrag, Abs. 4 S. 1

29 Sollen Sacheinlagen geleistet werden, so müssen ihr **Gegenstand** und der **Betrag der Stammeinlage**, auf die sich die Sacheinlage bezieht, im Gesellschaftsvertrag festgesetzt werden, Abs. 4 S. 1.

30 Bei der Sacheinlagefestsetzung muss der Gegenstand der einzubringenden Sacheinlage so genau **bestimmt** sein, dass über seine Identität kein Zweifel besteht (BGH NZG 2000, 1226; KG NZG 1999, 1235). Entgegen dem Wortlaut von Abs. 4 S. 1 müssen nach der Rechtsprechung des OLG Dresden bei einer Sachgründung die eingebrachten Sachen nicht **im Gesellschaftsvertrag** identifizierbar beschrieben sein. Es reiche aus, wenn der Registerrichter aus dem Zusammenspiel von Gesellschaftsvertrag, Sachgründungsbericht, Rechnungen und Wertgutachten die eingebrachten Sachen genau identifizieren kann (OLG Dresden NotBZ 2004, 37). Nach anderer und wohl zutreffender Auffassung können die Festsetzungen der Sacheinlage zwar in einer **Anlage** zum Gesellschaftsvertrag enthalten sein, diese Anlage muss jedoch nach § 9 Abs. 1 S. 2 BeurkG dem notariellen Errichtungsprotokoll beigefügt werden (Baumbach / Hueck / *Hueck/Fastrich* § 5 Rn. 43) oder es muss in sonstiger Weise eine wirksame Bezugnahme (etwa auf eine Bezugsurkunde) erfolgen. Für Sachgesamtheiten genügt die verkehrsübliche Bezeichnung, also bei Handelsgeschäften die Firma und die Handelsregisternummer (Baumbach / Hueck / *Hueck/Fastrich* § 5 Rn. 45; a. A. Lutter / Hommelhoff / *Lutter/Bayer* GmbHG, § 5 Rn. 30: zusätzlich erforderlich sei eine Formulierung wie etwa »alle Aktiva und Passiva« und die Beifügung der letzten Bilanz).

31 Darüber hinaus muss nach h. M. die **Person der Übernehmers** im Gesellschaftsvertrag festgesetzt werden (Baumbach / Hueck / *Hueck/Fastrich* § 5 Rn. 44).

32 Enthält der Gesellschaftsvertrag die nach Abs. 4 S. 1 erforderlichen Festsetzungen nicht oder nur unvollständig bzw. unbestimmt, so ist die Sacheinlagevereinbarung aufgrund dieses **Formmangels** nach § 125 S. 1 BGB unwirksam und der Gesellschafter ist zur Geldleistung in Höhe der übernommenen Stammeinlage verpflichtet (BGH NJW 1993, 1139; KG NZG 1999, 1235).

33 Zur **Heilung verdeckter Sacheinlagen** bei der GmbH vgl. § 19 GmbHG Rn. 80 ff. (s. auch *Becker* RNotZ 2005, 569 mit praxistauglichen Musterformulierungen)

IV. Sachgründungsbericht, Abs. 4 S. 2

34 Nach Abs. 4 S. 2 müssen die Gesellschafter bei der Sachgründung einen Sachgründungsbericht erstellen (Muster eines Sachgründungsberichts finden sich etwa in MünchVertrHdb I / *Heidenhain* Rn. IV. 8; GmbH-Hdb / *Fuhrmann* Rn. M 40). Für den Bericht gilt **Schriftform**, da er nach § 8 Abs. 1 Nr. 4 GmbHG der Handelsregisteranmeldung über die Gründung beizufügen ist. Auf-

grund der Strafbewehrung nach § 82 Abs. 1 Nr. 2 GmbHG ist der Sachgründungsbericht von den **Gründungsgesellschaftern höchstpersönlich** zu unterschreiben; Stellvertretung ist unzulässig. Der Bericht muss alle für die Angemessenheit der Einlageleistungen wesentlichen Umstände darlegen. Dabei handelt es sich z. B. um marktübliche Anschaffungs- oder sonstige Vergleichspreise, Herstellungskosten bzw. eine Darstellung des Inventars oder Lagerbestands (A / E / S / *Achilles* § 5 Rn. 19; zur Bewertung von Sacheinlagen *Festl-Wietek* BB 1993, 2410). Wird ein Unternehmen in die Gesellschaft eingebracht, sind die Jahresergebnisse der letzten beiden Geschäftsjahre anzugeben. Die Einreichung der Jahresabschlüsse für den relevanten Zeitraum ist nicht erforderlich, wird aber als zweckmäßig angesehen (Baumbach / Hueck / *Hueck/Fastrich* § 5 Rn. 55).

35 **Mängel** eines Sachgründungsberichts hindern die Eintragung der Gründung im Handelsregister (Baumbach / Hueck / *Hueck/Fastrich* § 5 Rn. 56). Sie berühren aber nach erfolgter Eintragung der Gesellschaft die Wirksamkeit der Sachgründung nicht (BGH NZG 2004, 910, 911; KG NZG 1999, 1235).

V. Verdeckte Sacheinlagen

36 Als verdeckte Sacheinlage wird es angesehen, wenn die gesetzlichen Regeln über Sacheinlagen dadurch unterlaufen werden, dass zwar eine Geldeinlage vereinbart wird, die Gesellschaft aber bei wirtschaftlicher Betrachtung von dem Einleger aufgrund einer im Zusammenhang mit der Übernahme der Einlage getroffenen Absprache einen Sachwert erhalten soll (*Gehrlein* S. 318). Die häufigsten Fälle sind die Verrechnung der Einlageforderungen der Gesellschaft mit einem Darlehensrückzahlungsanspruch des Gesellschafters oder das »Hin- und Herzahlen« von Geld zur Vermeidung einer nach § 19 Abs. 5 GmbHG unzulässigen Aufrechnung (Heckschen / Heidinger / *Heidinger* E Rn. 35).

1. Hin- und Herzahlen

37 Für die Fallgruppe des Hin- und Herzahlens ist von einer verdeckten Sacheinlage auszugehen, wenn die folgenden **drei Voraussetzungen** erfüllt sind (Heckschen / Heidinger / *Heidinger* E Rn. 48): (1) Begründung einer Bareinlageverpflichtung durch Bargründung oder Barkapitalerhöhung; (2) Verkehrsgeschäft zwischen der Gesellschaft und dem Einlageschuldner oder einem Dritten; (3) Umgehungsabrede zwischen dem Einlageschuldner und der Gesellschaft oder den übrigen Gesellschaftern.

38 Allerdings wird die **Umgehungsabrede** zwischen dem Einlageschuldner und der Gesellschaft oder den übrigen Gesellschaftern bei einem zeitlichen und sachlichen Zusammenhang zwischen der Gründung (bzw. Kapitalerhöhung) und dem entsprechenden Verkehrsgeschäft **widerlegbar vermutet** (BGH NJW 2006, 509; NJW 2001, 3781; NJW 1996, 1286; OLG Düsseldorf DB 1996, 1816). Als relevanter Zeitraum wird in der Literatur zumeist sechs Monate genannt (Lutter / Hommelhoff / *Lutter/Bayer* GmbHG, § 5 Rn. 43; *Gehrlein* S. 319). Bei einem Zeitabstand von 8 Monaten hält der Bundesgerichtshof die Zusammenhangsvermutung grundsätzlich für nicht angebracht (BGH NJW 2002, 3774, 3777). Allerdings hat es der BGH bislang vermieden, eine genaue zeitliche Obergrenze festzulegen; insbesondere wird darauf hingewiesen, dass auch bei einem längeren Zeitablauf als sechs Monaten die Gleichförmigkeit mit früherem, auf eine verdeckte Sacheinlage gerichtetem Vorgehen die Vermutung für eine Vorabsprache nahe legen könne (*Gehrlein* S. 319).

2. Verrechnung

39 Leistet der Gesellschafter statt Geld seine Einlageleistung dadurch, dass er die Geldeinlageverpflichtung mit einer Forderung des Gesellschafters gegen die GmbH **verrechnet,** ist zwischen sog. Altforderungen und sog. Neuforderungen zu unterscheiden (Heckschen / Heidinger / *Heidinger* E Rn. 64 ff.; *Gehrlein* S. 319 ff.).

Eine einseitige **Aufrechnung** des Gesellschafters ist nach § 19 Abs. 2 S. 2 GmbHG ausgeschlossen. Dagegen ist eine einseitige Aufrechnung seitens der GmbH oder im Einvernehmen mit dem Gesellschafter nicht generell ausgeschlossen, doch muss die Forderung liquide, fällig und vollwertig sein. War die Gegenforderung des Gesellschafters allerdings zur Zeit der Begründung der Einlageverpflichtung bereits entstanden (sog. **Altforderung**), hätte sie als Sacheinlage eingebracht werden können. Eine Aufrechnung mit der Altforderung stellt daher eine verdeckte Sacheinlage dar (BGH NJW 2002, 3774, 3776; Baumbach / Hueck / *Hueck/Fastrich* § 19 Rn. 32). 40

Bei **Neuforderungen** ist hingegen zu differenzieren. Ist die Gegenforderung des Gesellschafters vollwertig, fällig und liquide, ist eine Verrechnung durch die Gesellschaft oder eine einvernehmliche Verrechnung nach § 19 Abs. 2 S. 2 GmbHG grundsätzlich möglich (BGH NJW 1996, 1286). Die Verrechnung wird jedoch als verdeckte Sacheinlage behandelt, wenn sie aufgrund einer tatsächlichen oder vermuteten Umgehungsabrede beruht (BGH NJW 1996, 1286). Auch hier wird eine Umgehungsabsprache vermutet, wenn die Verrechnung im engen sachlichen und zeitlichen Zusammenhang mit der Gründung (bzw. der Kapitalerhöhung) erfolgt (BGH NJW 1996, 1296). 41

3. Rechtsfolgen

Liegt eine verdeckte Sacheinlage vor, muss das Registergericht nach § 9 c S. 1 GmbHG die **Eintragung ablehnen**. Kommt es doch zu Eintragung, wurde die Geldeinlagepflicht nicht schuldtilgend erbracht. 42

Beim **Hin- und Herzahlen eines Bareinlagebetrags mit »Darlehensabrede«** ist umstritten, ob die Einlageforderung getilgt wird: Zahlt ein Gesellschafter im Rahmen einer Bareinlage zunächst den von ihm geschuldeten Barbetrag auf ein Konto der Gesellschaft ein und reicht die Gesellschaft diesen Betrag unmittelbar danach als »Darlehen« an den Einlageschuldner zurück, dann ist die entsprechende Darlehensabrede analog § 27 Abs. 3 S. 2 AktG unwirksam (BGHZ 45, 338, 343; offen gelassen in BGH DNotZ 1999, 227, 229. Teilweise wird die im Ergebnis unstreitige Rechtsfolge allerdings auf § 134 BGB gestützt). Mit der Zahlung auf die vermeintliche »Darlehensschuld« erfüllt der Einlageschuldner die offene Einlageschuld (BGH NJW 2006, 509). Im Ergebnis werden der Gesellschaft die von ihr als Einlage zu beanspruchenden Barmittel endgültig zugeführt und der Zweck der Kapitalaufbringungsregeln erreicht. Es gilt hier nichts anderes als für einen Gesellschafter, der die von ihm eingezahlte Einlage ohne vereinbarten Rechtsgrund vorübergehend zurückerhält und sie hernach ohne besondere Tilgungsbestimmung wieder einzahlt. Auch er erfüllt damit seine (bis dahin fortbestehende) Einlagepflicht und schuldet danach nicht nochmalige Zahlung (BGH ZIP 2001, 1997). Er kann bei unwirksamer Vereinbarung eines Darlehens nicht schlechter stehen (BGH NJW 2006, 509; OLG Hamburg DStR 2005, 801 gegen OLG Schleswig NJW-RR 2001, 175; NZG 2004, 969; NZG 2005, 853). Da aber der Darlehensvertrag in dieser Fallkonstellation unwirksam ist, besteht kein Anspruch der GmbH auf »Darlehensrückzahlung«. Die Tilgungsbestimmung des Gesellschafters ist damit gegenstandslos und ist dahin auszulegen, dass anstelle der vermeintlichen Darlehensschuld die Einlageschuld erfüllt werden sollte (BGH NJW 2006, 509). 43

Näher zu den Rechtsfolgen, insbesondere zur Heilung, vgl. § 19 GmbHG Rn. 84 ff.

VI. Sondervorteile, Gründungsaufwand

Obwohl eine § 26 AktG entsprechende Vorschrift im GmbH-Recht fehlt, ist unstreitig, dass Ansprüche der Gesellschafter auf Ersatz von Kosten im Zusammenhang mit der Gründung (sog. **Gründungsaufwand**) oder **Sondervorteile** nur durch Festsetzung in der Satzung begründet werden können (BGH NJW 1998, 233; NJW 1989, 1610; vgl. auch § 3 GmbHG Rn. 23 f.). 45

§ 6 [Geschäftsführer]

(1) Die Gesellschaft muß einen oder mehrere Geschäftsführer haben.

(2) [1]Geschäftsführer kann nur eine natürliche, unbeschränkt geschäftsfähige Person sein. Ein Betreuter, der bei der Besorgung seiner Vermögensangelegenheiten ganz oder teilweise einem Einwilligungsvorbehalt (§ 1903 des Bürgerlichen Gesetzbuchs) unterliegt, kann nicht Geschäftsführer sein. [2]Wer wegen einer Straftat nach den §§ 283 bis 283 d des Strafgesetzbuchs verurteilt worden ist, kann auf die Dauer von fünf Jahren seit der Rechtskraft des Urteils nicht Geschäftsführer sein; in die Frist wird die Zeit nicht eingerechnet, in welcher der Täter auf behördliche Anordnung in einer Anstalt verwahrt worden ist. [3]Wem durch gerichtliches Urteil oder durch vollziehbare Entscheidung einer Verwaltungsbehörde die Ausübung eines Berufs, Berufszweiges, Gewerbes oder Gewerbezweiges untersagt worden ist, kann für die Zeit, für welche das Verbot wirksam ist, bei einer Gesellschaft, deren Unternehmensgegenstand ganz oder teilweise mit dem Gegenstand des Verbots übereinstimmt, nicht Geschäftsführer sein.

(3) [1]Zu Geschäftsführern können Gesellschafter oder andere Personen bestellt werden. [2]Die Bestellung erfolgt entweder im Gesellschaftsvertrag oder nach Maßgabe der Bestimmungen des Dritten Abschnitts.

(4) Ist im Gesellschaftsvertrag bestimmt, daß sämtliche Gesellschafter zur Geschäftsführung berechtigt sein sollen, so gelten nur die der Gesellschaft bei Festsetzung dieser Bestimmung angehörenden Personen als die bestellten Geschäftsführer.

Übersicht:

A. Allgemeines

1 Bereits der 1. Abschnitt des GmbHG über die Errichtung der Gesellschaft trifft Aussagen zum Geschäftsführer; ausführlich beschäftigt sich der 3. Abschnitt des GmbHG (§§ 35 ff. GmbHG) mit Geschäftsführung und Vertretung. Verschiedene Vorgänge im Rahmen der Gründung der Gesellschaft (Anmeldung zum Handelsregister, Überwachung der Einzahlung der Stammeinlagen, Führung von Geschäften der Vorgesellschaft etc.) setzen aber den Geschäftsführer voraus. Er wird daher bereits im ersten Abschnitt eingeführt.

B. Notwendigkeit mindestens eines Geschäftsführers

2 Das Vorhandensein eines Geschäftsführers ist zwingende Voraussetzung für die Herstellung der Handlungsfähigkeit der GmbH. Sowohl Vertretungsmacht als auch Geschäftsführungsbefugnis (vgl. dazu i. E. die §§ 35 ff. GmbHG) sind durch den Gesetzgeber unabdingbar bei dem Geschäftsführer oder mehreren Geschäftsführern angesiedelt worden. Die Gesellschafter sind untereinander, nicht aber gegenüber Dritten (auch nicht gegenüber Gesellschaftsgläubigern oder dem Re-

gistergericht), dazu verpflichtet, mindestens einen Geschäftsführer zu bestellen (**Bestellungspflicht**).

Das Gesetz setzt mindestens einen Geschäftsführer voraus, die Anzahl ist gesetzlich nach oben nicht begrenzt. Spezialgesetze verlangen gelegentlich mehr als nur einen Geschäftsführer als Minimum (vgl. etwa für die Kreditwirtschaft § 33 Abs. 1 Nr. 5 KWG, § 2 KAAG oder für mitbestimmte Unternehmen § 33 MitbestG, § 13 MontanMitbestG, § 13 MitbestErgG infolge der Notwendigkeit der Bestellung eines Arbeitsdirektors). Die Satzung kann eine **Höchstzahl von Geschäftsführern** festlegen, muss dies aber nicht. Im Falle der Bestellung von weniger Geschäftsführern, als durch die Satzung vorgesehen, kann **Klage auf Bestellung** weiterer Geschäftsführer erhoben werden. Aktivlegitimiert sind nur die Gesellschafter. 3

C. Notgeschäftsführer

Im Falle des Nicht-Vorhandenseins eines Geschäftsführers kommt die Bestellung eines Notgeschäftsführers durch das Amtsgericht in **entsprechender Anwendung des § 29 BGB** in Betracht, insbesondere wenn die Gesellschafterversammlung nicht innerhalb einer angemessenen Frist einen Geschäftsführer bestellt. Krankheit des Geschäftsführers allein ist kein Grund für die Bestellung eines Notgeschäftsführers, solange die Gesellschafter in der Lage sind, rechtzeitig einen neuen oder weiteren Geschäftsführer zu bestellen und eine Gefährdungslage für die Gesellschaft nicht gegeben ist. Eine Gefährdungslage für die Gesellschaft hingegen führt ebenso wie eine Gefährdungslage für einen mit der Gesellschaft in Rechtsbeziehung stehenden Dritten zu dem eine Notgeschäftsführerbestellung voraussetzenden Merkmal der Dringlichkeit. 4

Die Bestellung des Notgeschäftsführers erfolgt im **FGG-Verfahren** durch das Registergericht am Sitz der Gesellschaft. Funktionell zuständig ist der Rechtspfleger (§§ 3 Nr. 2 lit. d, 17 RPflG). **Antragsberechtigt** sind in erster Linie die Gesellschafter, Mitgeschäftsführer, Mitglieder anderer Gesellschaftsorgane sowie Dritte, die mit der Gesellschaft in einem Schuldverhältnis welcher Art auch immer stehen. Gegen die Entscheidung des Registergerichts über die Bestellung oder die Abberufung eines Notgeschäftsführers ist die **einfache Beschwerde** nach § 19 FGG zulässig (BayObLG NJW-RR 2000, 254, 255). 5

Bei der Bestellung des Notgeschäftsführers ist das Registergericht im Rahmen pflichtgemäßen Ermessens frei, hat aber alle gesetzlichen und auch satzungsmäßigen Bestellungsvoraussetzungen zu beachten (BayObLG NJW-RR 1999, 1259, 1260). Das Registergericht kann niemanden gegen seinen Willen bestellen, nach richtiger Ansicht auch nicht einen Gesellschafter (zu letzterem KG BB 2000, 998, 999, aber str.). Der Notgeschäftsführer hat die **Stellung eines ordentlichen Geschäftsführers** und ist in das Handelsregister einzutragen. Insbesondere ist also eine Beschränkung seiner Vertretungsmacht nicht zulässig, anderes gilt aber für seine Geschäftsführungsbefugnis. Die Bestellung endet mit Behebung des Mangels im Organbestand und daraufhin erfolgendem Widerruf durch das Registergericht oder durch Niederlegung des Amtes durch den Notgeschäftsführer selbst. Eine **Abberufung** des durch das Registergericht eingesetzten Notgeschäftsführers durch die Gesellschafterversammlung kommt nicht in Betracht. Bei der mitbestimmten GmbH ist die zeitliche Beschränkung der Bestellung eines Geschäftsführers auf fünf Jahre (vgl. § 31 Abs. 1 MitBestG, § 12, 13 MontanMitBestErgG, jeweils i. V. m. § 84 Abs. 1 AktG) auch für den Notgeschäftsführer zu beachten. 6

Der Notgeschäftsführer hat Anspruch gegenüber der Gesellschaft auf **Ersatz seiner Aufwendungen** und eine i. S. d. § 612 BGB **angemessene Vergütung** (BGH WM 1985, 52, 53). 7

D. »Faktischer« Geschäftsführer

Beim sog. **faktischen Geschäftsführer** handelt es sich um eine Person, die tatsächlich die Aufgabe eines Geschäftsführers für die Gesellschaft wahrnimmt, ohne in der im Gesetz vorgesehenen Weise ordnungsgemäß zum Geschäftsführer bestellt worden zu sein. Die Figur des faktischen Geschäftsführers spielt insbesondere im Zusammenhang mit Haftungsfragen eine wich- 8 tige Rolle. Dazu hat die höchstrichterliche Rechtsprechung festgestellt, dass von einem »faktischen Geschäftsführer« und damit von den Rechtsfolgen, die an eine entsprechende Organstellung anknüpfen, nur dann ausgegangen werden kann, wenn der Betreffende nach dem Gesamterscheinungsbild seines Auftretens die Geschicke der Gesellschaft über die interne Einwirkung auf die satzungsmäßige Geschäftsführung hinaus durch eigenes Handeln im Außenverhältnis, das die Tätigkeit des rechtlichen Geschäftsführungsorgans nachhaltig prägt, maßgeblich in die Hand genommen hat (BGH ZIP 2005, 1550). Entscheidend ist also das Tätigwerden nach außen wie ein organschaftlicher Vertreter der Gesellschafter (vgl. BGH DStR 2005, 1455).

E. Persönliche Voraussetzungen, Abs. 2

I. Gesetzliche Bestellungsvoraussetzungen

9 Nach Abs. 2 S. 1 kann nur eine **natürliche, unbeschränkt geschäftsfähige Person** Geschäftsführer sein. Damit kommen insbesondere juristische Personen als Geschäftsführer einer GmbH nicht in Betracht, ebenso wenig nur beschränkt geschäftsfähige Personen oder Betreute, die bei der Besorgung ihrer Vermögensangelegenheiten ganz oder teilweise einem Einwilligungsvorbehalt i. S. d. § 1903 BGB unterliegen (vgl. S. 2). Schließlich sind nach S. 3 solche Personen, die wegen einer Straftat nach den §§ 283 bis 283 d StGB (also u. a. wegen der Straftatbestände des Bankrotts, Verletzung der Buchführungspflicht, Gläubiger- oder Schuldnerbegünstigung) verurteilt worden sind, für eine Zeitdauer von fünf Jahren ab Rechtskraft des strafgerichtlichen Urteils amtsunfähig. Das gilt auch für faktische Geschäftsführer (BGHZ 150, 61, 68). Die Eintragung von solchen Geschäftsführern ist im Handelsregister von Amts wegen gem. § 142 FGG zu löschen. Gem. S. 4 kann weiterhin derjenige, dem durch gerichtliches Urteil oder durch vollziehbare Entscheidung einer Verwaltungsbehörde die Ausübung eines Berufs, Berufszweiges, Gewerbes oder Gewerbezweiges untersagt worden ist, für die Zeit, für die das Verbot wirksam ist, bei solchen Gesellschaften nicht Geschäftsführer sein, deren Unternehmensgegenstand ganz oder teilweise mit dem Gegenstand des Verbots übereinstimmt. **Berufsverbote** können sich insbesondere aus § 35 GewO, aber auch aus anderen gewerberechtlichen Vorschriften (z. B. § 4 ApothG, §§ 15, 16 GastG, § 78 GüKG, § 25 PersBefG, § 47 WaffenG u. a.) ergeben. Ein Verbot nach § 16 Abs. 3 HandwerksO reicht aber nicht hin. Für ein gerichtliches Verbot kommt insbesondere § 70 StGB in Betracht, nicht dagegen ein vorläufiges Berufsverbot nach § 132 a StPO.

10 **Ausländer** können ebenfalls zu Geschäftsführern bestellt werden; § 9 Nr. 1 der ArbeitserlaubnisVO regelt, dass dabei ausländische Geschäftsführer keine Arbeitserlaubnis benötigen. Ein Geschäftsführer kann im Zeitalter moderner Kommunikationsmittel auch seinen **Wohnsitz im Ausland** haben (LG Hildesheim GmbHR 1995, 655, 656). Allerdings ist die Rechtsprechung noch uneinheitlich zu der Frage, ob seine jederzeitige Einreisemöglichkeit für die Bestellung eines Geschäftsführers Voraussetzung ist; relevant ist diese Frage bei der Bestellung von Geschäftsführern aus Nicht-EU-Staaten, die bei bestehender Visumspflicht und einer restriktiven Erteilungspraxis nicht die Möglichkeit haben, jederzeit ins Inland einzureisen. Die wohl noch h. M. nimmt in einem solchen Falle ein **Bestellungshindernis** an (u. a. OLG Hamm NJW-RR 2000, 37). Hingegen wird auch vertreten, dass in keinem Falle der Bestellung eines Geschäftsführers über § 6 Abs. 2 GmbHG hinausgehende persönliche Anforderungen zu stellen sind (OLG Dresden NZG 2003, 628).

11 Für **Beamte** gilt das dienstrechtliche Erfordernis der Genehmigung ihrer obersten Dienstbehörde, die jedoch keine Wirksamkeitsvoraussetzung für die Bestellung ist und vom Registergericht auch nicht geprüft wird.

12 Während ein Geschäftsführer gleichzeitig auch Gesellschafter sein kann, ist es ihm nicht möglich, gleichzeitig auch Mitglied eines Aufsichtsrats zu sein (Inkompatibilität). Diese Inkompatibilität kann durch die Satzung nicht abbedungen werden. Nach richtiger Auffassung gilt der **Grundsatz der Inkompatiblilität** sowohl für den obligatorischen als auch für den fakultativen Aufsichtsrat (OLG Frankfurt DB 1987, 85). Bei gleichzeitiger Bestellung für beide Ämter geht im Zweifel die Bestellung zum Geschäftsführer als die Wichtigere vor.

II. Gesellschaftsvertragliche Bestellungsvoraussetzungen

Auch der Gesellschaftsvertrag kann weitreichende Bestellungsvoraussetzungen normieren, die insbesondere im Hinblick auf im konkreten Fall bestehende Bedürfnisse der Gesellschaft sinnvoll sein können. Als Beispiele seien die Zugehörigkeit zu einer Familie oder einem anders definierten Personenkreis, Lebensalter, berufliche Qualifikationen, kaufmännische Erfahrung und das Geschlecht genannt. Bei der nicht mitbestimmten GmbH findet die Freiheit der Satzung in der Normierung von Bestellungsvoraussetzungen erst in § 138 BGB seine Grenze. Hingegen ist die Freiheit der Satzung bei der Normierung von Bestellungsvoraussetzungen bei der mitbestimmten GmbH auf sog. »sachbezogene Voraussetzungen« (z. B. Lebensalter, berufliche Qualifikation) beschränkt, um den für die Bestellung zuständigen Aufsichtsrat nicht allzu sehr in seinem Auswahlermessen einzuschränken. 13

F. Bestellung des Geschäftsführers, Abs. 3

I. Allgemeines

Abs. 3 S. 1 drückt den Gedanken der **Dritt- oder Fremdorganschaft** aus, indem er zulässt, dass Nichtgesellschafter Geschäftsführer sein können, ohne dies aber vorzuschreiben; vielmehr können auch Gesellschafter Geschäftsführer der GmbH sein, sog. **Selbstorganschaft**. Die Bestellung erfolgt befristet oder unbefristet; lediglich bei der mitbestimmten GmbH ist eine zeitliche Begrenzung der Bestellung auf fünf Jahre zu beachten (§ 31 MitbestG, § 12 MontanMitbestG, § 13 MontanMitbestErgG jeweils i. V. m. § 84 Abs. 1 AktG). 14

Die Bestellung des Geschäftsführers erfolgt als ein **bedingungsfeindlicher, körperschaftlicher Organisationsakt** gem. Abs. 3 S. 2 durch die Satzung oder durch einen Gesellschafterbeschluss nach den Vorschriften des dritten Abschnittes des GmbHG. Die Bestellung fällt also grundsätzlich in die Zuständigkeit der Gesamtheit der Gesellschafter (vgl. auch § 46 Nr. 5 GmbHG). Für die Beschlussfassung gilt das **Mehrheitsprinzip**. Die Bestellung bedarf der Annahme durch den Geschäftsführer, um wirksam werden zu können. 15

II. Bestellung durch Satzungsregelung

Ist die Bestellung des oder der Geschäftsführer bereits in die Satzung aufgenommen worden, stellt sich die Frage, ob insoweit eine **echte körperschaftsrechtliche Regelung** vorliegt oder ob es sich nur um eine sog. **unechte Satzungsbestimmung** handelt, die lediglich bei Gelegenheit der Aufstellung der Satzung in diese aufgenommen wurde und daher nicht dem Schutz der materiellen Satzungsregeln unterliegt. Bei Vorliegen einer echten körperschaftsrechtlichen Regelung hingegen käme eine Abberufung nur im Wege der Satzungsänderung in Betracht und zwar unter Beachtung der entsprechende Formvorschriften und vor allem der notwendigen Mehrheiten. Letzteres ist nach höchstrichterliche Rechtsprechung der Fall (BGHZ 18, 205, 207 f.). 16

III. Bestellungskompetenz

1. Übertragung durch Satzungsbestimmung

a) Recht zur Bestellung

Die Satzung kann auch einem anderen Organ (etwa einem Beirat, einem Aufsichtsrat, einem Gesellschafterausschuss) oder einem oder mehreren Gesellschaftern das originäre **Recht zur Bestellung** des oder der Geschäftsführer übertragen. Auch auf einen außenstehenden Dritten kann das Recht zur Bestellung übertragen werden, wobei aber die Gesamtheit der Gesellschafter in der Lage bleiben muss, die Übertragung dieser Kompetenz wieder rückgängig zu machen, z. B. durch Satzungsänderung. Hingegen kann die Bestellungskompetenz nicht auf den oder die Geschäftsführer übertragen werden. Andernfalls würde sich – zumal in einer zweigliedrigen Organisationsstruktur – die Gesellschafterversammlung, die die zentrale Funktion bei der Willensbildung der Gesellschaft innehat, selbst entmachten (vgl. auch BGH NJW 1991, 1680). Unverzicht- 17 bar für die Gesamtheit der Gesellschafter ist dabei aber ohnehin das Recht, die Abberufung eines Geschäftsführers aus wichtigem Grund zu beschließen.

18 Für den Fall, dass das nach der Satzung für die Bestellung des Geschäftsführers zuständige Organ **funktionsunfähig** ist, lebt die generelle Zuständigkeit der Gesellschafterversammlung wieder auf (BGHZ 12, 337).

b) Unentziehbares Sonderrecht i. S. d. § 35 BGB

19 In Betracht kommt daneben für einen, mehrere oder alle Gesellschafter auch ein satzungsmäßiges unentziehbares Sonderrecht i. S. d. § 35 BGB auf Teilhabe an der Geschäftsführung, also auf Bestellung zum Geschäftsführer der Gesellschaft (BGH WM 1973, 1295, 1296). Dieses Recht hat iZw höchstpersönlichen Charakter und bringt entsprechende mitgliedschaftliche Nebenpflichten i. S. d. § 3 Abs. 2 GmbHG mit sich. Die Änderung einer solchen satzungsmäßigen Bestimmung bedarf in jedem Falle der Zustimmung desjenigen Gesellschafters, in dessen Sonderrecht durch die Satzungsänderung eingegriffen wird.

20 Ist ein Gesellschafter bereits durch die Satzung bei deren Aufstellung zum Geschäftsführer bestellt worden, stellt sich die Frage, ob ihm damit zugleich ein gegen seinen Willen unentziehbares oder nur bei Vorliegen eines wichtigen Grundes entziehbares Sonderrecht auf dieses Amt eingeräumt worden ist. Diese Frage ist durch Auslegung des Gesellschaftsvertrages und seiner einzelnen Regelungen zu beantworten. Im Zweifel handelt es sich aber nicht um ein Sonderrecht; jedenfalls reichen weder die Berufung in das Geschäftsführeramt in der Satzung allein noch eine Bestimmung, dass der in der Satzung bestellte Geschäftsführer nur aus wichtigem Grund abberufen werden darf, für eine solche Annahme aus (BGH NJW 1969, 131; vgl. zu dieser Frage auch BGH DStR 2004, 873). Für diese Lösung spricht auch die Auslegungsregel des § 6 Abs. 4 GmbHG.

c) Vorschlagsrecht

21 Von dem Recht zur Bestellung, sei es durch die Gesamtheit der Gesellschafter, sei es durch einzelne Gesellschafter oder ein anderes Gesellschaftsorgan aufgrund Übertragungsregelung in der Satzung, ist ein bloßes Vorschlagsrecht zu unterscheiden, das die Satzung einzelnen Gesellschaftern oder einem Gesellschaftsorgan einräumen kann. Vorschlagsrechte treten als **verbindliche** Vorschlagsrechte, die grundsätzlich keine Abweichung oder doch nur im Falle des Vorliegens eines wichtigen Grundes gestatten, oder als **unverbindliche** Vorschlagsrechte auf, von denen aus sachlichen, nachvollziehbaren, im Gesellschafterinteresse liegenden vernünftigen Gründen (OLG Hamm ZIP 1986, 1188, 1194) abgewichen werden kann. Gemeinsam ist den Vorschlagsrechten aber, dass sie von dem Berechtigten ggf. im Klagewege durchgesetzt werden müssen (OLG Düsseldorf NJW 1990, 1122) und damit also keinen originären Charakter haben.

2. Übertragung durch gesetzliche Bestimmungen

22 Eine Übertragung der Bestellungskompetenz geschieht von Gesetzes wegen nach § 31 MitbestG, § 12 MontanMitbestG und § 13 MontanMitbestErgG bei der mitbestimmten GmbH, bei der die Geschäftsführer ausschließlich durch den Aufsichtsrat bestellt werden. Bei einer GmbH, die lediglich dem BetrVG untersteht, tritt hingegen eine solche Verlagerung der Bestellungskompetenz auf den Aufsichtsrat nicht kraft Gesetzes ein. Entsprechendes gilt, wenn in der Gesellschaft ein fakultativer Aufsichtsrat gebildet worden ist und die Satzung keine ausdrückliche Regelung enthält, dass nicht der Aufsichtsrat, sondern die Gesellschafterversammlung die GmbH gegenüber den Geschäftsführern zu vertreten habe (BGH DStR 2004, 565). Weiterhin muss in der mitbestimmten GmbH ein Arbeitsdirektor als einer der Geschäftsführer bestellt werden (§ 33 MitbestG, § 12 MontanMitbestG, § 13 MontanMitbestErgG).

G. Beendigung des Organverhältnisses

Die Bestellung eines Geschäftsführers kann jederzeit mit ex-nunc-Wirkung widerrufen werden (**Abberufung**), wobei dieses Widerrufsrecht durch die Satzung auf den Fall des Vorliegens eines wichtigen Grundes beschränkt aber nicht vollständig ausgeschlossen werden kann. Hingegen gelten für den Widerruf der Bestellung eines Geschäftsführers in der mitbestimmten GmbH wie für die Bestellung selbst ebenfalls die Regeln des Aktienrechts (§ 31 Abs. 1 MitbestG, § 13 MontanMitbestG, § 13 MontanMitbestErgG jeweils i. V. m. § 84 Abs. 3 S. 1 AktG). 23

Daneben kommt eine **automatische Beendigung** des Organverhältnisses auch durch **Zeitablauf** bei einer zeitlich befristeten Bestellung oder durch den Eintritt einer bei Bestellung festgelegten **auflösenden Bedingung** in Betracht. Die Bestellung unter Bestimmung einer auflösenden Bedingung ist möglich (BGH DStR 2005, 2195), nicht aber die aufschiebend bedingte Bestellung. In der mitbestimmten GmbH ergibt sich die Notwendigkeit einer Befristung schon aus § 84 Abs. 1 AktG, der eine 5-jährige Höchstdauer vorsieht. 24

Auch im Falle einer **Verschmelzung im Wege der Aufnahme** endet die Organstellung des Geschäftsführers des übertragenden Rechtsträgers automatisch. Auch der **Tod des Geschäftsführers** führt zur sofortigen automatischen Beendigung des Organverhältnisses. Eine erbrechtliche Nachfolge ist auch bei einem mit dem Sonderrecht auf Teilhabe an der Geschäftsführung ausgestatteten Geschäftsanteil ausgeschlossen. 25

H. Unwirksamkeit und Anfechtbarkeit des Bestellungsbeschlusses

Die **gesetzlichen Ausschlussgründe** gem. Abs. 2 führen im Falle einer unter Verstoß gegen diese erfolgenden Bestellung zur Unwirksamkeit der Bestellung. Um die Einhaltung dieser Verbote zu sichern, sind die bestellten Geschäftsführer zur Auskunft über das Vorliegen eines Bestellungshindernisses i. S. d. Abs. 2 verpflichtet (§ 53 Abs. 2 BZRG) und werden durch Notar oder Gericht entsprechend belehrt. Bei falschen Angaben besteht Schadensersatzpflicht des Geschäftsführers nach § 9 a GmbHG. Außerdem macht er sich gem. § 82 Abs. 1 Nr. 4 GmbHG strafbar. 26

Unwirksam ist der Bestellungsbeschluss auch dann, wenn er von einem **unzuständigen Organ** gefasst wird, z. B. weil die Satzung vorsieht, dass ein anderes Organ die Bestellungskompetenz innehat. Zur Unwirksamkeit führt auch die Verknüpfung der Bestellung mit dem Eintritt einer Bedingung (Bedingungsfeindlichkeit der Bestellung), soweit es sich nicht um eine ohne weiteres feststellbare satzungsmäßige Bestellungsvoraussetzung (z. B. Zustimmung eines weiteren Gesellschaftsorgans oder Erwerb einer Gesellschafterstellung durch den zu bestellenden Geschäftsführer) handelt (vgl. A/E/S/*Achilles* § 6 Rn. 16 a. E.). 27

Hingegen führt ein Verstoß gegen andere satzungsmäßige Bestellungsvoraussetzungen nur zur **Anfechtbarkeit** des entsprechenden Beschlusses. Ein solcher Fall liegt z. B. bei der Bestellung eines dritten Geschäftsführers vor, obwohl die Satzung lediglich zwei Geschäftsführer vorsieht. 28

J. Auslegungsregel des Abs. 4

Abs. 4 normiert, dass in dem Falle, in welchem durch den Gesellschaftsvertrag bestimmt ist, dass sämtliche Gesellschafter zur Geschäftsführung berechtigt sein sollen, nur diejenigen Gesellschafter als Geschäftsführer gelten, die bei Festsetzung der entsprechenden Bestimmung der Gesellschaft bereits angehörten. Verhindert wird also im Zweifel eine quasi »automatische« Bestellung zum Geschäftsführer bei Erwerb der Gesellschafterstellung, um einer satzungsmäßigen Verfestigung der Geschäftsführerbestellung entgegenzuwirken. 29

K. Vorgesehene Änderungen durch das MoMiG

Der RefE (Stand: 29. 5. 2006) eines »Gesetzes zur Modernisierung des GmbH-Rechts und zur Bekämpfung von Missbräuchen« (MoMiG) sieht neben einer Vielzahl von weiteren Änderungen des GmbHG auch die **teilweise Neufassung** des § 6 Abs. 2 GmbHG vor. Inhaltlich wird es dabei zu einer Ausweitung der Ausschlussgründe auf die aktienrechtlichen Straftatbestände der fal- 30 schen Angaben (§ 399 AktG), der unrichtigen Darstellung gem. § 400 AktG und der vorsätzlichen Pflichtverletzung bei Verlust, Überschuldung oder Zahlungsunfähigkeit gem. § 401 Abs. 1 AktG kommen. Außerdem sollen in die Ausschlussgründe auch Verurteilungen nach den Paralleltatbeständen des GmbH-Rechts (§§ 82 und 84 Abs. 1 GmbHG) aufgenommen werden. Demnach ist jemand, der als Gesellschafter oder Geschäftsführer im Zusammenhang mit der Gründung einer Gesellschaft, der Erhöhung oder Herabsetzung des Stammkapitals oder in öffentlichen Mitteilungen vorsätzlich falsche Angaben macht (§ 82 GmbHG) oder vorsätzlich seine Pflichten bei Verlust, Zahlungsunfähigkeit oder Überschuldung verletzt (§ 84 Abs. 1 GmbHG), strafbar. Nach der vorgesehenen Änderung werden mit Rücksicht auf Zweifel an der Verhältnismäßigkeit der bisherigen Vorschrift nur noch vorsätzlich begangene Straftaten zur Amtsunfähigkeit führen, so dass bisher erfasste fahrlässige Insolvenzstraftaten (§ 283 Abs. 4 und 5 StGB und § 283 b Abs. 1 StGB) aus dem Katalog der Amtsunfähigkeitsgründe herausfallen.

§ 7 [Anmeldung der Gesellschaft]

(1) Die Gesellschaft ist bei dem Gericht, in dessen Bezirk sie ihren Sitz hat, zur Eintragung in das Handelsregister anzumelden.

(2) [1]Die Anmeldung darf erst erfolgen, wenn auf jede Stammeinlage, soweit nicht Sacheinlagen vereinbart sind, ein Viertel eingezahlt ist. [2]Insgesamt muß auf das Stammkapital mindestens soviel eingezahlt sein, daß der Gesamtbetrag der eingezahlten Stammeinlagen zuzüglich des Gesamtbetrags der Stammeinlagen, für die Sacheinlagen zu leisten sind, die Hälfte des Mindeststammkapitals gemäß § 5 Abs. 1 erreicht. [3]Wird die Gesellschaft nur durch eine Person errichtet, so darf die Anmeldung erst erfolgen, wenn mindestens die nach den Sätzen 1 und 2 vorgeschriebenen Einzahlungen geleistet sind und der Gesellschafter für den übrigen Teil der Geldeinlage eine Sicherung bestellt hat.

(3) Die Sacheinlagen sind vor der Anmeldung der Gesellschaft zur Eintragung in das Handelsregister so an die Gesellschaft zu bewirken, daß sie endgültig zur freien Verfügung der Geschäftsführer stehen.

Übersicht:

A. Allgemeines

Die durch Art. 3 § 3 Nr. 2 des »Gesetzes zur Einführung des Euro« (EuroEG) vom 9. 6. 1998 (BGBl. I, 1242) zuletzt geänderte Vorschrift regelt die Obliegenheit, eine Gesellschaft zur Eintragung in das Handelsregister anzumelden (Abs. 1), sowie bestimmte, vor der Anmeldung von jedem Gesellschafter zu erfüllende Verpflichtungen hinsichtlich der Leistung der Stammeinlagen oder der Bestellung einer Sicherung (Abs. 2 und 3). Durch die Richtlinie 2003/58/EG des Europäischen Parlaments und des Rates zur Änderung der Richtlinie 68/151/EWG in Bezug auf die Offenlegungspflichten von Gesellschaften bestimmter Rechtsformen vom 15. 7. 2003 (ABl. EU Nr. L 221, 13) war eine Novellierung der §§ 10 ff. HGB erforderlich geworden; diese ist durch das »**Gesetz über elektronische Handelsregister und Genossenschaftsregister sowie das Unternehmensregister**« (**EHUG**) erfolgt, durch das § 12 HGB geändert wurde, der die Form, in der Anmeldung zum Handelsregister vorzunehmen sind, regelt. Der **RefE des MoMiG** (Stand: 29. 5. 2006) sieht die Aufhebung des Abs. 2 S. 3 vor; außerdem ist »Anmeldung der Gesellschaft« als Überschrift des § 7 GmbHG vorgesehen. 1

Zur Eintragung in das Handelsregister ist die Gesellschaft bei dem (Register-)Gericht anzumelden, in dessen Bezirk sie ihren Sitz hat (Abs. 1). Sämtliche Geschäftsführer haben die Anmeldung zu bewirken (§ 78 GmbHG). Der Anmeldung sind bestimmte Unterlagen, insbesondere der – notariell zu beurkundende und von sämtlichen Gesellschaftern zu unterzeichnende (§ 2 Abs. 1 GmbHG) – Gesellschaftsvertrag beizufügen (§ 8 Abs. 1 Nr. 1 GmbHG). In der Anmeldung haben die Geschäftsführer zu versichern, dass ihrer Bestellung keine Hindernisse entgegenstehen; ferner ist anzugeben, welche Vertretungsbefugnis die Geschäftsführer haben (§ 8 Abs. 3 und 4 GmbHG). Vorbehaltlich des entsprechenden Ergebnisses einer Prüfung durch das Gericht (§ 9 c GmbHG) wird die ordnungsgemäß errichtete und angemeldete Gesellschaft in das Handelsregister eingetragen (§ 10 Abs. 1 und 2 GmbHG); vor ihrer Eintragung in das Handelsregister besteht die Gesellschaft »als solche« nicht (§ 11 Abs. 1 GmbHG). 2

Die Anmeldung darf erst erfolgen, wenn bestimmte **(Mindest-)Leistungen auf die Stammeinlagen** erbracht sind: Auf jede **Geldeinlage** ist ¼ einzuzahlen, wobei der Mindestbetrag sämtlicher (Geld- und Sach-)Einlagen € 12.500,– erreichen muss (Abs. 2 S. 1 und 2); bei Gründung der Gesellschaft durch eine Person ist für den übrigen Teil der Geldeinlage eine Sicherung zu bestellen (Abs. 2 S. 3). **Sacheinlagen** sind so zu bewirken, dass sie vor der Anmeldung endgültig zur freien Verfügung der Geschäftsführer stehen (Abs. 3). »In der Anmeldung« ist die Versicherung abzugeben, dass diese (Mindest-)Leistungen bewirkt sind und dass der Gegenstand der Leistungen sich endgültig in der freien Verfügung der Geschäftsführer befindet sowie ggf. eine Sicherung bestellt ist (§ 8 Abs. 2 GmbHG). Erreicht der Wert einer Sacheinlage im Zeitpunkt der Anmeldung nicht den Betrag der dafür übernommenen Stammeinlage, hat der Gesellschafter in Höhe des Fehlbetrags eine Einlage in Geld zu leisten (§ 9 Abs. 1 GmbHG). Wer als Gesellschafter oder als Geschäftsführer zum Zweck der Eintragung falsche Angaben insbesondere über die Leistung der Einlagen, Sacheinlagen oder Sicherungen für nicht voll eingezahlte Geldeinlagen macht, wird bestraft (§ 82 Abs. 1 Nr. 1 GmbHG). Gesellschafter oder Geschäftsführer haben den Schaden zu ersetzen, der der Gesellschaft entsteht, wenn falsche Angaben gemacht werden (§ 9 a Abs. 1 GmbHG). 3

Die Gründungsvorschriften insbesondere zur registerrechtlichen Präventivkontrolle sind auf die wirtschaftliche Neugründung einer Gesellschaft mittels »Aktivierung« einer Vorratsgesellschaft oder »Wiederbelebung« eines leeren (GmbH-)Mantels durch Ausstattung mit einem neuen Unternehmen analog anzuwenden: Bei **Aktivierung einer Vorratsgesellschaft** ist von den Geschäftsführern in der Anmeldung der – mit der wirtschaftlichen Neugründung verbundenen – Änderungen des Gesellschaftsvertrags, insbesondere des Unternehmensgegenstands, die Versicherung abzugeben, dass die in Abs. 2 und 3 bezeichneten Leistungen auf die Stammeinlagen bewirkt sind und dass der Gegenstand der Leistungen sich weiterhin in ihrer freien Verfügung befindet (BGHZ 153, 158, 162; s. auch § 3 GmbHG Rn. 29 ff., § 8 GmbHG Rn. 27, 35 sowie § 9 c GmbHG Rn. 25, 38); die Tatsache der **»Wiederbelebung« eines leer gewordenen (GmbH-)Man-** 4

tels bedarf der Offenlegung gegenüber dem Registergericht, die mit einer entsprechenden Versicherung zu verbinden ist (BGHZ 155, 318, 323 ff.; s. auch § 3 GmbHG Rn. 31 ff.). Außerdem sind eine Änderung in den Personen der Geschäftsführer sowie eine Beendigung der Vertretungsbefugnis eines Geschäftsführers (§ 39 Abs. 1 GmbHG), eine – nach Eintragung der Gesellschaft in das Handelsregister erfolgende – Änderung des Gesellschaftsvertrags (§ 54 Abs. 1 S. 1 GmbHG) und eine Erhöhung des Stammkapitals (§ 57 Abs. 1 GmbHG) sowie dessen Herabsetzung (§ 58 Abs. 1 Nr. 3 GmbHG) zur Eintragung in das Handelsregister anzumelden. Bei der Erhöhung des Stammkapitals ist hinsichtlich der Leistung der Einlagen auf das neue Stammkapital § 7 Abs. 2 S. 1 und 3, Abs. 3 GmbHG entsprechend anzuwenden (§ 56 a GmbHG).

B. Anmeldung zur Eintragung in das Handelsregister

5 Die Anmeldung einer Gesellschaft kann vom (Register-)Gericht nicht durch die Festsetzung von Zwangsgeld erzwungen werden (§ 79 Abs. 2 GmbHG), weil keine öffentlich-rechtliche Verpflichtung besteht, die Eintragung der Gesellschaft zu betreiben (BayObLG DB 1978, 880; vgl. auch A/E/S/*Achilles* § 7 Rn. 2; Scholz/*Winter* § 7 Rn. 5).

I. Anmeldung durch sämtliche Geschäftsführer

6 Die Anmeldung der Gesellschaft zur Eintragung in das Handelsregister ist **durch sämtliche Geschäftsführer** zu bewirken (s. § 78 GmbHG Rn. 5). Hierzu zählen auch die stellvertretenden Geschäftsführer (vgl. Baumbach/Hueck/*Hueck/Fastrich* § 7 Rn. 3; Lutter/Hommelhoff/*Bayer* GmbHG, § 7 Rn. 1; MünchHdb GesR III/*Heinrich* § 8 Rn. 4; Scholz/*Winter* GmbHG, § 7 Rn. 10; s. auch § 44 GmbHG Rn. 7). Die Geschäftsführer handeln bei der Anmeldung nicht im eigenen Namen, sondern **im Namen der Gesellschaft**, weil die – durch den Abschluss des Gesellschaftsvertrags entstandene – Vorgesellschaft im Registerverfahren beteiligtenfähig, insbesondere auch beschwerdeberechtigt ist: Allein die Gesellschaft ist durch eine die Eintragung ablehnende Verfügung des (Register-)Gerichts betroffen, weil sie die Rechtsfähigkeit dann nicht erlangt (BGHZ 117, 323, 327 ff. zur Vor-AG; vgl. auch BGHZ 105, 324, 327 f.; 107, 1, 2; s. auch § 9 c GmbHG Rn. 42 sowie § 11 GmbHG Rn. 14).

7 Da die Anmeldung angesichts der – »in der Anmeldung« abzugebenden – Versicherungen i. S. d. § 8 Abs. 2 und 3 GmbHG, deren Unrichtigkeit zivil- und strafrechtliche Verantwortlichkeiten nach sich zieht (§§ 9 a Abs. 1, 82 Abs. 1 Nr. 1 und 5 GmbHG), **höchstpersönlicher Natur** ist, ist eine rechtsgeschäftliche Vertretung der Geschäftsführer ausgeschlossen; § 78 GmbHG ist gegenüber § 12 Abs. 1 S. 2 HGB die speziellere Regelung (BayObLG NJW 1987, 136 zur Kapitalerhöhung; vgl. auch Michalski/*Heyder* § 7 Rn. 8; R/S-L/*Schmidt-Leithoff* § 7 Rn. 8; Scholz/*Winter* GmbHG, § 7 Rn. 10; A/E/S/*Achilles* Rn. 3; *Gustavus* EWiR 1986, 805; *Wolff* ZIP 1995, 1489, 1493; a. A. OLG Köln NJW 1987, 135 zur Kapitalerhöhung; *Roth*/Altmeppen § 7 Rn. 5 ff.; *Schneider* EWiR 1986, 1111; *Wiesner* EWiR 1992, 373; vgl. auch BGHZ 116, 190, 199 f.). Von der – durch sämtliche Geschäftsführer höchstpersönlich zu bewirkenden – Anmeldung der Gesellschaft ist das Einreichen oder Nachreichen der notariell beglaubigten (Anmelde-)Erklärung sowie der beizufügenden Unterlagen beim (Register-)Gericht zu unterscheiden, die auch aufgrund rechtsgeschäftlicher Bevollmächtigung von einem Dritten (z.B. Notar oder Rechtsanwalt) vorgenommen werden können.

II. Form der Anmeldung, § 12 HGB

8 Das **»Gesetz über elektronische Handelsregister und Genossenschaftsregister sowie das Unternehmensregister« (EHUG)** hat zu einer Änderung des § 12 HGB (Art. 1 Nr. 2 EHUG) geführt. § 12 Abs. 1 HGB hat **folgende Fassung** erhalten (vgl. zur Neufassung des § 12 Abs. 2 HGB § 8 GmbHG Rn. 55 ff.):

9 *(1) [1]Anmeldungen zur Eintragung in das Handelsregister sind elektronisch in öffentlich beglaubigter Form einzureichen. [2]Die gleiche Form ist für eine Vollmacht zur Anmeldung erforderlich. Rechtsnachfolger eines Beteiligten haben die Rechtsnachfolge soweit tunlich durch öffentliche Urkunden nachzuweisen.*

In ihrer Begründung des Gesetzesentwurfs hat die Bundesregierung hierzu Folgendes ausgeführt (BR-Drs. 942/05, 111 = BT-Drs. 16/960, 45): »Die Vorschrift bewirkt den Übergang auf einen vollelektronischen Rechtsverkehr mit dem Registergericht (...). Anmeldungen zur Eintragung in das Handelsregister sind dabei künftig zwingend elektronisch einzureichen; die Beglaubigung kann als einfaches elektronisches Zeugnis erfolgen (§ 39 a des Beurkundungsgesetzes).« 10

C. (Mindest-)Leistungen auf die Stammeinlagen vor Anmeldung der Gesellschaft, Abs. 2 und 3

Im Gesellschaftsvertrag wird nicht nur der Betrag der – von jedem Gesellschafter auf das Stammkapital zu leistenden – Stammeinlage festgesetzt, sondern auch vereinbart, ob auf eine Stammeinlage eine Einzahlung (Geldeinlage) oder eine Sacheinlage zu leisten ist (§§ 3 Abs. 1 Nr. 4, 5 Abs. 4 S. 1, 19 GmbHG). Es kann auch vereinbart werden, dass auf eine Stammeinlage teils eine Geldeinlage, teils eine Sacheinlage zu leisten ist (»Mischeinlage«, »gemischte Einlage«; s. § 5 GmbHG Rn. 20). 11

I. Leistung von Geldeinlagen, Abs. 2

Ist im Gesellschaftsvertrag die Leistung von Geldeinlagen vereinbart, darf die Anmeldung der Gesellschaft zur Eintragung in das Handelsregister erst dann erfolgen, wenn **auf jede Geldeinlage ¼ eingezahlt** ist; insgesamt muss auf das Stammkapital mindestens soviel eingezahlt sein, dass der Gesamtbetrag der einzahlten Geldeinlagen zuzüglich des Gesamtbetrags der Sacheinlagen **€ 12.500,–** erreicht (Abs. 2 S. 1 und 2). Wird die Gesellschaft nur durch eine Person gegründet, darf die Anmeldung erst erfolgen, wenn der Gesellschafter zusätzlich zu diesen Voraussetzungen für den übrigen Teil der Geldeinlage eine Sicherung bestellt hat (Abs. 2 S. 3). Sollte die im **RefE MoMiG** (Stand: 29. 5. 2006) beabsichtigte Aufhebung des Abs. 2 S. 3 (Art. 1 Nr. 5 MoMiG-RefE) Gesetz werden, ist die Unterscheidung zwischen der Gründung der Gesellschaft durch mehrere Personen und der Gründung durch eine Person gegenstandslos. 12

1. Leistung von Geldeinlagen bei Gründung durch mehrere Personen, S. 1 und 2

a) Mindestleistung als Voraussetzung der Anmeldung

Die Anmeldung der Gesellschaft zur Eintragung in das Handelsregister darf erst erfolgen, wenn eine Mindestleistung auf die Geldeinlagen erbracht ist. Durch diese Voraussetzung, deren Vorliegen »in der Anmeldung« zu versichern ist (§ 8 Abs. 2 GmbHG; s. § 8 GmbHG Rn. 25 ff.) und die vom Gericht überprüft wird (§ 9 c Abs. 1 S. 1 GmbHG; s. § 9 c GmbHG Rn. 26 ff.), soll sichergestellt werden, dass nur solche Gesellschaften entstehen, die »effektiv« über eigenes Vermögen verfügen; ferner soll die Ernstlichkeit der Beteiligung jedes Gesellschafters sichergestellt werden (vgl. Scholz/*Winter* GmbHG, § 7 Rn. 2). 13

aa) Mindestbetrag jeder Geldeinlage, S. 1 Auf jede Geldeinlage ist **¼ einzuzahlen** (Abs. 2 S. 1). Jedem Gesellschafter ist es unbenommen, auf die von ihm übernommene Geldeinlage eine Einzahlung zu leisten, die über ¼ hinausgeht, zumal dies ggf. zur Erreichung des Mindestbetrags sämtlicher (Geld- und Sach-)Einlagen von € 12.500,– erforderlich ist (s. Rn. 16); von der Verpflichtung zur vollständigen Leistung der Geldeinlagen hat der Gesetzgeber nur deswegen abgesehen, um die – unwirtschaftliche – Anlage (noch) nicht benötigten Kapitals nicht vorzuschreiben und um keinen Anreiz zur Festsetzung des Mindeststammkapitals (§ 5 Abs. 1 GmbHG: € 25.000,–) zu geben (vgl. Scholz/*Winter* GmbHG, § 7 Rn. 43; zur Tilgungswirkung einer Mehrleistung s. Rn. 33). Angesichts des eindeutigen Wortlauts des Abs. 2 S. 1 (»auf jede Stammeinlage«) wird eine geringere Einzahlung als ¼ nicht durch eine Mehrleistung, die ein anderer Gesellschafter auf die von ihm übernommene Geldeinlage erbringt, ausgeglichen (vgl. Michalski/*Heyder* § 7 Rn. 19 f.; *Roth*/Altmeppen § 7 Rn. 20; R/S-L/*Schmidt-Leithoff* § 7 Rn. 18 f.; Scholz/*Winter* GmbHG, § 7 Rn. 19). Ist im Gesellschaftsvertrag für die Leistung auf eine Stammeinlage teils eine Geldeinlage, teils eine Sacheinlage vereinbart (»Mischeinlage«, »gemischte Einlage«; vgl. § 5 GmbHG Rn. 20), ist auf den die Geldeinlage betreffenden Teil der Stammeinlage ¼ zu leisten 14 (vgl. Baumbach/*Hueck/Fastrich* Rn. 5; Lutter/Hommelhoff/*Lutter/Bayer* GmbHG, § 7 Rn. 3; Scholz/*Winter* GmbHG, § 7 Rn. 21).

15 **bb) Mindestbetrag sämtlicher (Geld- und Sach-)Einlagen, S. 2** Auf das Stammkapital muss mindestens so viel eingezahlt sein, dass der Gesamtbetrag der eingezahlten Geldeinlagen zuzüglich des Gesamtbetrags der Sacheinlagen die **Hälfte des Mindeststammkapitals** (§ 5 Abs. 1 GmbHG: € 25.000,–; vgl. zu der beabsichtigten Änderung durch das MoMiG § 5 GmbHG Rn. 2, 6), nämlich € 12.500,–, erreicht (Abs. 2 S. 2). Ausweislich der verwendeten Formulierung »mindestens« ist das Erreichen eines darüber hinaus gehenden Betrags, insbesondere das der Stammkapitalziffer unschädlich. Der Mindestbetrag von € 12.500,– ist auch dann maßgebend, wenn das – im Gesellschaftsvertrag festgesetzte (§ 3 Abs. 1 Nr. 3 GmbHG) – Stammkapital (deutlich) mehr als das Mindeststammkapital beträgt.

16 Bei Gründung einer Gesellschaft, deren Stammkapital den Betrag von € 25.000,– nicht übersteigt und bei der die Leistung von Sacheinlagen nicht vereinbart ist, wird der Mindestbetrag von € 12.500,– durch die Zahlung von ¼ als Mindestbetrag jeder Geldeinlage (Abs. 2 S. 1) nicht erreicht. Da der Mindestbetrag von € 12.500,– nicht zwingend durch »proportionale« Leistung der Geldeinlagen zu erreichen ist, bleibt es in einem solchen Fall einer Vereinbarung der Gesellschafter überlassen, wie der fehlende Mindestbetrag erreicht wird; im Zweifel sind die Einzahlungen »proportional« – im Verhältnis der übernommenen Verpflichtung zur Leistung von Geldeinlagen (§ 19 Abs. 1 GmbHG) – zu erbringen (vgl. Baumbach/Hueck/*Hueck/Fastrich* § 7 Rn. 9; Scholz/*Winter* GmbHG § 7 Rn. 23; Lutter/Hommelhoff/*Lutter/Bayer* GmbHG, § 7 Rn. 5; Michalski/*Heyder* § 7 Rn. 21).

17 Sofern die Übernahme des Gründungsaufwands durch die Gesellschaft im Gesellschaftsvertrag ordnungsgemäß festgesetzt ist (§ 26 Abs. 2 AktG analog; BGHZ 107, 1, 5 f.; BGH NJW 1998, 233; s. auch § 3 GmbHG Rn. 23 f.), ist die hierdurch bewirkte Schmälerung des Mindestbetrags von € 12.500,– unschädlich; sofern die Übernahme des Gründungsaufwands nicht ordnungsgemäß festgesetzt ist, muss der Mindestbetrag erreicht werden (§ 36 Abs. 2 S. 1 AktG analog; vgl. Scholz/*Winter* GmbHG § 7 Rn. 38; *Ulmer* § 7 Rn. 64; R/S-L/*Schmidt-Leithoff* § 7 Rn. 25; s. auch § 8 GmbHG Rn. 31, § 9 a GmbHG Rn. 18, 20 sowie § 9 c GmbHG Rn. 14).

b) Leistung (»Einzahlung«)

18 **aa) Modalität der Leistung sowie Person des Leistenden und des Leistungsempfängers** Die Einzahlung kann durch **Barzahlung** oder durch **Gutschrift auf einem Konto** (Überweisung) erfolgen (vgl. nur BGHZ 45, 338, 347). Sie muss nicht notwendigerweise vom Gesellschafter aus eigenen Mitteln, sondern kann von einem Dritten (§ 267 BGB) oder durch den Gesellschafter mit Hilfe von Mitteln eines Dritten erbracht werden (BGH NZG 2004, 618; vgl. auch BGH NJW 1995, 128 zur Kapitalerhöhung; vgl. außerdem Baumbach/Hueck/*Hueck/Fastrich* § 7 Rn. 6 f.; Lutter/Hommelhoff/*Lutter/Bayer* GmbHG, § 7 Rn. 9 f.; MünchHdb GesR III/*Heinrich* § 7 Rn. 5 ff.; R/S-L/*Schmidt-Leithoff* Rn. 23 f.; Scholz/*Winter* GmbHG, § 7 Rn. 28 ff.; *von Gerkan* EWiR 1994, 1165).

19 **Empfänger der Leistung** ist die – durch den Abschluss des notariell zu beurkundenden Gesellschaftsvertrages entstandene – **Vorgesellschaft** (zur Vorgesellschaft, insbesondere zu ihrer Kontofähigkeit s. § 11 GmbHG Rn. 14). Vor Abschluss des Gesellschaftsvertrags hat eine (Vor-)Einzahlung hinsichtlich der Geldeinlageschuld nur dann Tilgungswirkung, wenn der Betrag als Einlage geleistet wurde und er unversehrt auf die Vorgesellschaft übergeht; wenn allerdings unter Verwendung dieses Geldbetrags bereits ein Geschäftsbetrieb eröffnet und mit seinen Aktiva und Passiva auf die Vorgesellschaft übertragen wurde, scheidet eine Tilgung der Geldeinlageschuld aus (BGH NZG 2004, 618; NJW-RR 1996, 1249; BGHZ 158, 283, 284 f.; BGH ZIP 2006, 2214, alle zur (Vor-)Einzahlung auf eine künftige Kapitalerhöhung; vgl. außerdem Scholz/*Winter* GmbHG, § 7 Rn. 27). Hat die Vorgesellschaft im Rahmen der Übertragung nicht einzelne Vermögensgegenstände und unter ihnen einen der Stammeinlage entsprechenden Geldbetrag, sondern

das Unternehmen als Sachgesamtheit in seinem damaligen Bestand erhalten, handelt es sich um eine Sacheinlage, durch deren Leistung die Geldeinlageverpflichtung nicht erfüllt wird; Leistungen an Erfüllungs Statt bewirken keine Tilgung der Geldeinlageschuld (BGH NJW 1992, 2698; NJW 2001, 1647). Durch die Einzahlung auf eine Geldeinlage vor Abschluss des Gesellschaftsvertrags wird die Geldeinlageverpflichtung dann erfüllt, wenn die (Vor-)Einzahlung mit einer eindeutigen Zweckbestimmung getroffen wurde und der Betrag im Zeitpunkt der Übernahme durch die Vorgesellschaft noch als ausscheidbarer Vermögensgegenstand vorhanden ist und sich als solcher von dem übrigen Vermögen isolieren lässt (OLG Frankfurt NZG 2005, 557). Dies gilt auch dann, wenn vor Abschluss des Gesellschaftsvertrags eine Vorgründungsgesellschaft (s. § 2 GmbHG Rn. 56) bestanden hat (vgl. OLG Düsseldorf GmbHR 1994, 398; vgl. auch Baumbach / Hueck / *Hueck/Fastrich* § 7 Rn. 6; Scholz / *Winter* GmbHG, § 7 Rn. 27).

bb) Leistung zur endgültig freien Verfügung der Geschäftsführer Aus dem (Regelungs-)Zusammenhang mit § 8 Abs. 2 GmbHG ergibt sich, dass der auf jede Geldeinlage zu leistende Mindestbetrag so eingezahlt werden muss, dass er sich vor Anmeldung der Gesellschaft zum Handelsregister endgültig in der freien Verfügung der Geschäftsführer befindet (vgl. BGHZ 113, 335, 347 ff.; 125, 141, 150 f.; 153, 107, 109; 166, 8 jeweils zur Kapitalerhöhung; BGH NJW 2001, 1647; NJW 2001, 3781; vgl. auch A / E / S / *Achilles* § 7 Rn. 11; Baumbach / Hueck / *Hueck/Fastrich* § 7 Rn. 8; Scholz / *Winter* GmbHG, § 7 Rn. 33). Damit eine endgültig freie Verfügung der Geschäftsführer der (Vor-)Gesellschaft vorliegt, muss der Inferent (Einleger) seine Verfügungsmacht über die von ihm zu leistenden Barmittel endgültig und ohne Vorbehalt zugunsten der (Vor-)Gesellschaft aufgeben (BGHZ 113, 335, 348 f. zur Kapitalerhöhung). Daran fehlt es, wenn die eingezahlten Mittel der (Vor-)Gesellschaft nur vorübergehend verbleiben und alsbald wieder an den Inferenten zurückfließen, so dass der Vorgang der Mittelaufbringung nicht als abgeschlossen angesehen werden kann (BGHZ 125, 141, 151). Bei Leistung durch Gutschrift auf einem Konto liegt namentlich dann keine endgültig freie Verfügung der Geschäftsführer vor, wenn der Inferent Verfügungsbefugnis über das Konto hat (BGH NJW 2001, 1647). 20

Sowohl für die vor der Anmeldung mindestens zu leistenden Einzahlungen (Mindesteinlagen) als auch für die restlichen Einzahlungen (Resteinlagen) gelten die Anforderungen an die ordnungsgemäße **Kapitalaufbringung**, die in § 19 GmbHG nicht umfassend geregelt sind und deswegen durch von der Rechtsprechung aufgestellte Regeln ergänzt werden. In der Praxis werfen insbesondere **folgende Fallkonstellationen** Probleme auf, deren Beurteilung durch die höchstrichterliche Rechtsprechung hier im Wege eines Überblicks dargestellt wird (zur Kapitalaufbringung im Rahmen der Gründung s. i. E. die Kommentierung zu § 19 GmbHG sowie – insbesondere hinsichtlich der verdeckten Sacheinlage – auch zu § 5 Abs. 4 GmbHG; zur Kapitalaufbringung im Rahmen der Kapitalerhöhung s. i. E. die Kommentierung zu §§ 55 ff. GmbHG; s. auch den Überblick über die verschiedenen Fallgruppen unwirksamer Erfüllungshandlungen bei *Bayer* GmbHR 2004, 445). 21

(1) Zahlung auf debitorisches Bankkonto Eine vom Inferenten (Einleger) unmittelbar auf ein debitorisches Bankkonto der (Vor-)Gesellschaft geleistete Einzahlung verstößt im allgemeinen nur dann gegen das Gebot, die Einlagemittel zur endgültig freien Verfügung der Geschäftsführer zu leisten, wenn diese wegen gleichzeitiger Kündigung oder Rückführung des bisher eingeräumten Kreditrahmens auf den neuen Saldo keine Möglichkeit erhalten, über Mittel in entsprechender Weise zu verfügen (BGH NJW 1991, 226; NJW 1991, 1294; NJW 2002, 1716 [insoweit in BGHZ 150, 197 nicht abgedruckt]; NZG 2002, 524; NZG 2002, 636; NZG 2005, 180; OLG Stuttgart GmbHR 1995, 666 [nachfolgend BGH NJW 1997, 945] – alle zur Kapitalerhöhung; vgl. aber auch BGH NJW-RR 1996, 1249; BGHZ 158, 283, 285; BGH ZIP 2006, 2214, alle zur (Vor-)Einzahlung auf eine künftige Kapitalerhöhung). 22

(2) Zahlung an einen Gläubiger der (Vor-)Gesellschaft Die Vorschrift des § 362 Abs. 2 BGB, wonach die Leistung an einen Dritten unter bestimmten Voraussetzungen Erfüllungswirkung 23 hat, wird für die vor der Anmeldung mindestens zu leistende Einzahlung (Mindesteinlage) durch die insoweit speziellere Vorschrift des § 7 Abs. 2 GmbHG verdrängt (BGH NJW 1986, 989). Dem liegt die Erwägung zu Grunde, dass es dem (Register-)Gericht ermöglicht werden soll, auf einfache Weise zu überprüfen, ob der Betrag vom Inferenten (Einleger) in einer Weise geleistet worden ist, welche die Geschäftsführer in die Lage versetzt, darüber endgültig und frei zu verfügen; würde eine unmittelbare Zahlung des Inferenten an einen Gesellschaftsgläubiger zugelassen, würde diese Überprüfung erschwert, weil Liquidität, Fälligkeit und Vollwertigkeit der gegen die (Vor-)Gesellschaft gerichteten Gläubigerforderung vom Gericht in die Überprüfung einbezogen werden müssten (BGHZ 119, 177, 189 zur Kapitalerhöhung bei einer AG). Im Gegensatz zum Inferenten sind die Geschäftsführer berechtigt, den auf eine Geldeinlage eingezahlten Betrag an einen Gesellschaftsgläubiger zur Tilgung einer Verbindlichkeit zu verwenden (vgl. nur BGH NJW 2001, 1647).

24 Hinsichtlich der – nicht notwendig vor der Anmeldung zu leistenden – restlichen Einzahlung (Resteinlage) kommt § 362 Abs. 2 BGB zur Anwendung, soweit der Schutz der übrigen Gesellschaftsgläubiger durch die unmittelbare Zahlung an einen Gesellschaftsgläubiger nicht beeinträchtigt wird; durch eine solche Zahlung wird die Einlageschuld getilgt, wenn der Inferent (Einleger) auf Veranlassung der Geschäftsführer einen Gesellschaftsgläubiger befriedigt, dessen Forderung vollwertig, fällig und liquide ist (BGH NJW 1986, 989; vgl. auch *Goette* DStR 1997, 1257 zu BGH 7. 7. 1997 AZ. II ZR 221/96 [vorangehend OLG Dresden GmbHR 1997, 946]). Die unmittelbare Leistung des Inferenten an einen Gesellschaftsgläubiger, bei welcher der Geschäftsführer keine Einwirkungsmöglichkeit hat, führt nicht zur Erfüllung der Einlageverpflichtung (BGHZ 150, 197, 200; BGH NZG 2002, 524; NZG 2002, 636; NZG 2002, 639 – alle zur Kapitalerhöhung).

25 **(3) Verwendungsabsprache (»Hin- und Herzahlen«; »Her- und Hinzahlen«) Schuldrechtliche Verwendungsabsprachen**, durch welche die Geschäftsführer verpflichtet werden, mit den einzuzahlenden Einlagemitteln in bestimmter Weise zu verfahren, sind aus Sicht der Kapitalaufbringung unschädlich, wenn sie allein der Umsetzung von Investitionsentscheidungen der Gesellschafter oder sonstiger ihrer Weisung unterliegender geschäftspolitischer Zwecke dienen; anders ist es aber, wenn die Abrede (auch) dahin geht, die Einlagemittel unter Umgehung der Kapitalaufbringungsregeln mittelbar oder gar unmittelbar wieder an den Inferenten (Einleger) zurückfließen zu lassen, so dass – wirtschaftlich gesehen – ein »Hin- und Herzahlen« stattfindet (BGH NJW 1991, 226 zur Kapitalerhöhung; NJW 1992, 2698). Ein sachlicher und zeitlicher Zusammenhang zwischen Einzahlung und Rückzahlung begründet die Vermutung einer entsprechenden Absprache (BGHZ 153, 107, 109; 125, 141, 143 f.; 132, 133, 138 f; 132, 141, 146; 152, 37, 44 f.; 166, 8 – alle zur Kapitalerhöhung).

26 An einer Leistung zur endgültig freien Verfügung der Geschäftsführer fehlt es bei einer **reinen Scheinzahlung**, bei der die – im Voraus abgesprochene – Rückzahlung des eingezahlten Betrags durch die (Vor-)Gesellschaft an den Inferenten (Einleger) keinen außerhalb dieser Abrede liegenden Rechtsgrund hat; beim »Hin- und Herzahlen« des Einlagebetrags innerhalb weniger Tage fehlt es an der effektiven Zufuhr des Stammkapitals, wenn der Inferent seine Verfügungsmacht über die Geldmittel nicht endgültig und vorbehaltlos zu Gunsten der Gesellschaft aufgibt (BGHZ 113, 335, 347; BGH NZG 2004, 618; NJW 2001, 3781).

27 Wenn die in geringem zeitlichem Abstand zur Einzahlung erfolgende Rückzahlung des Betrags durch die Gesellschaft an den Inferenten (Einleger) **als »Darlehensgewährung« deklariert** wird, wird die Einlageschuld nicht wirksam getilgt, weil andernfalls die – grundsätzlich unverzichtbare – Einlageforderung durch eine schwächere Darlehensforderung ersetzt wird; im wirtschaftlichen Ergebnis wird die Einlage nicht vom Inferenten geleistet, sondern von der (Vor-)Gesellschaft finanziert (BGHZ 153, 107, 109 f.). In einem solchen Fall des »Hin- und Herzahlens« erweist sich die »Darlehensabrede« wegen Verstoßes gegen die Kapitalaufbringungsregeln als **unwirksam** (BGHZ 165, 113 = NJW 2006, 509 zur Kapitalerhöhung bei einer AG). Die Einlageverpflichtung wird auch dann nicht erfüllt, wenn aufgrund einer »Treuhandabrede« der vom Inferenten

(Einleger) eingezahlte Betrag am folgenden Tag an diesen zurückgezahlt, von ihm auf einem Anderkonto angelegt und den Geschäftsführern jederzeitige Verfügungsmöglichkeit zugesagt wird; da der Einlagebetrag in einem solchen Fall dem Zugriff des Inferenten ausgesetzt bliebt, liegt keine Leistung zur endgültig freien Verfügung vor (BGHZ 165, 352 = NJW 2006, 906). Wenn eine Konzernobergesellschaft ihre Pflicht zur Einzahlung auf die bei einer Tochtergesellschaft übernommene Geldeinlage in der Weise erbringt, dass der Einlagebetrag auf ein Konto der Tochtergesellschaft überwiesen wird, welches in ein von der Konzernobergesellschaft geführtes Cash-Pool-System einbezogen ist, liegt ein bloßes »Hin- und Herzahlen« und folglich keine ordnungsgemäße Kapitalaufbringung vor (vgl. *Goette* DStR 1999, 1451; *Hasselbach* EWiR 1999, 1123, jeweils zu BGH 12. 7. 1999, AZ II ZR 111/98; vgl. auch den Hinweis von *Goette* DStR 2005, 206 und ZIP 2005, 1481, 1483 f. auf das nicht abgeschlossene Revisionsverfahren AZ II ZR 207/02; zur verdeckten Sacheinlage im Rahmen eines Cash-Pool-Systems s. Rn. 31).

Auch im spiegelbildlichen Fall, in dem der Inferent (Einleger) den später eingezahlten Betrag zuvor von der (Vor-)Gesellschaft »darlehensweise« erhalten hat, ist die Einlage im wirtschaftlichen Ergebnis nicht vom Inferenten, sondern von der Gesellschaft finanziert worden, so dass keine Tilgung der Einlageschuld eintritt; in einem solchen Fall des »Her- und Hinzahlens« ist die »Darlehensabrede« wegen Umgehung der Kapitalaufbringungsregeln unwirksam (BGH NZG 2006, 716 zur Kapitalerhöhung). Durch die Einzahlung des zuvor von der Gesellschaft zur Verfügung gestellten Betrags wird die Einlage aus Mitteln der GmbH erbracht; eine solche Transaktion steht einem (verbotenen) Erlass der Einlageschuld gleich, weil der Gesellschafter von seiner Schuld befreit wird, ohne selbst etwas aufgewendet zu haben (BGH NZG 2004, 618). **28**

Die Umgehung der Kapitalaufbringungsregeln setzt nicht die Identität von Inferent und Empfänger des »Darlehens« voraus; sie liegt bereits dann vor, wenn der Inferent durch die Leistung an einen Dritten mittelbar in gleicher Weise begünstigt wird wie durch eine unmittelbare Leistung an sich selbst, was bei der Auszahlung an ein von ihm beherrschtes Unternehmen in Betracht kommt (BGHZ 153, 107, 110; 166, 8; 125, 141, 144; 132, 133, 136 – alle zur Kapitalerhöhung). **29**

Da das im Rahmen der Kapitalaufbringung stattfindende »Hin- und Herzahlen« bzw. »Her- und Hinzahlens« des Einlagebetrags – aufgrund der Unwirksamkeit der »Darlehens-« bzw. der »Treuhandabrede« – wirtschaftlich als ein einheitlicher, sich selbst neutralisierender Vorgang anzusehen ist, sind weder der Inferent (Einleger) noch die Gesellschaft ungerechtfertigt bereichert. Sofern der Inferent den Einlagebetrag zu einem späteren Zeitpunkt an die (Vor-)Gesellschaft zahlt, wird hierdurch die Einlageschuld getilgt, selbst wenn die Zahlung mit einer Tilgungsbestimmung verbunden ist, die nicht auf »Einzahlung auf die Stammeinlage«, sondern auf »Darlehensrückzahlung« o. ä. lautet; angesichts der Unwirksamkeit einer solchen »Darlehensabrede« ist eine auf »Darlehensrückzahlung« lautende Tilgungsbestimmung gegenstandslos und so auszulegen, dass an Stelle der vermeintlichen Darlehensschuld die Einlageschuld getilgt werden soll (BGHZ 165, 113 = NJW 2006, 509 zur Kapitalerhöhung bei einer AG; vgl. auch BGH NJW 1991, 1294; NJW 2001, 3781; BGHZ 166, 8 = NJW 2006, 1736 zur Kapitalerhöhung). Unter Präventionsgesichtspunkten ist es nicht geboten, einer »Darlehensrückzahlung« des Inferenten keine Erfüllungswirkung hinsichtlich der Einlageverbindlichkeit beizumessen, andernfalls der Inferent – zur Vermeidung einer Doppelzahlung – mit der Rückzahlung des vermeintlichen »Darlehens« solange zuwarten würde, bis er von der Gesellschaft oder ihrem Insolvenzverwalter zwangsweise in Anspruch genommen wird; dies würde zu einer nicht gerechtfertigten Privilegierung eines säumigen Gesellschafters führen (BGHZ 165, 352 = NJW 2006, 906). Auch im Fall des »Her- und Hinzahlens« wird durch die »Rückzahlung des Darlehens« die offen gebliebene Einlageschuld getilgt, weil die falsche Deklarierung der Zahlung unschädlich ist; der Inferent schuldet nicht die nochmalige (»doppelte«) Zahlung des Einlagebetrags (BGH NZG 2006, 716 zur Kapitalerhöhung). **30**

(4) Verdeckte Sacheinlage Eine Leistung, die nicht in Geld besteht oder die durch Aufrechnung mit einer Vergütung bewirkt wird, welche für die Überlassung von Vermögensgegenständen ge- **31**

währt wird, befreit den Inferenten (Einleger) von seiner Einlageverpflichtung (nur) dann, wenn sie in Ausführung einer im Gesellschaftsvertrag getroffenen Bestimmung zur Leistung einer Sacheinlage erfolgt (§ 19 Abs. 5 i. V. m. § 5 Abs. 4 S. 1 GmbHG). Eine – diesen Voraussetzungen nicht genügende – verdeckte Sacheinlage liegt vor, wenn die gesetzlichen Regeln für Sacheinlagen dadurch unterlaufen werden, dass die Gesellschaft bei wirtschaftlicher Betrachtung vom Inferenten auf Grund einer im Zusammenhang mit der Übernahme der Einlage getroffenen Absprache einen **Sachwert erhält**, obwohl im Gesellschaftsvertrag eine Geldeinlage vereinbart worden ist (vgl. nur BGHZ 155, 329, 334; 166, 8 = NJW 2006, 1736 zur Kapitalerhöhung). Als verdeckte Sacheinlage wird insbesondere die (anteilige) Befreiung von einer seit längerem bestehenden Darlehensverbindlichkeit bei einer Kapitalerhöhung angesehen (BGHZ 110, 47, 60 zur Kapitalerhöhung bei einer AG; BGHZ 113, 335, 341 f.; 125, 141, 149 f.; 132, 141, 144 – alle zur Kapitalerhöhung). Wird bei einer Kapitalerhöhung der Einlagebetrag zunächst auf ein Sonderkonto der Gesellschaft eingezahlt und dann – wie von vornherein beabsichtigt – nach einer »Karenzfrist« unter Auflösung des Sonderkontos auf das einzige Geschäftskonto weitergeleitet, um anschließend kraft einer **Cash-Pool-Vereinbarung** dem »Zentralkonto« einer vom Inferenten beherrschten Konzernobergesellschaft gutgeschrieben zu werden und eine seit längerem bestehende Darlehensverbindlichkeit (anteilig) zu tilgen, liegt eine verdeckte Sacheinlage vor; eine in ein Cash-Pool-System einbezogene Gesellschaft unterliegt sowohl bei der Gründung als auch bei Kapitalerhöhung den Kapitalaufbringungsregeln, ohne dass für diese Art der Finanzierung ein »Sonderrecht« anerkannt werden könnte (BGHZ 166, 8 = NJW 2006, 1736 zur Kapitalerhöhung; zum »Hin- und Herzahlen« im Rahmen eines Cash-Pool-Systems s. Rn. 27).

32 Die **Rechtsfolge** einer verdeckten Sacheinlage besteht in der **Nichtigkeit** sowohl des schuldrechtlichen Verpflichtungsgeschäfts als auch des dinglichen Erfüllungsgeschäfts (§ 27 Abs. 3 S. 1 AktG analog). Anstelle einer Rückabwicklung der gescheiterten Leistung im Wege des Bereicherungsausgleichs kommt eine Heilung in Betracht, wozu es erforderlich ist, die im Gesellschaftsvertrag festgesetzte Geldeinlage in eine Sacheinlage umzuwandeln: Die mit der verdeckten Sacheinlage verbundene Gesetzesumgehung resultiert aus dem Verkehrsgeschäft, welches dazu führt, dass die Gesellschaft letztlich einen Sachwert erhält, der jedoch nicht als Einlage offengelegt und nicht auf seine Vollwertigkeit geprüft worden ist; bei diesem Verkehrsgeschäft muss dementsprechend auch die Heilung ansetzen, indem nunmehr – durch satzungsändernden Gesellschafterbeschluss – offen gelegt wird, dass Gegenstand der Einlageverpflichtung nicht die bisher verlautbarte Geldeinlage, sondern eine Sacheinlage sein soll, um dessen Prüfung auf Werthaltigkeit nachholen zu können (BGHZ 155, 329, 337 ff.; vgl. auch BGHZ 132, 141, 148 zur Kapitalerhöhung).

c) Besonderheit: Mehrleistung

33 Bei Einzahlung eines über den in Abs. 2 S. 1 geregelten Mindestbetrag (¼) hinausgehenden (Mehr-)Betrags stellt sich die Frage, ob eine solche (Mehr-)Leistung zur (entsprechenden) **Tilgung der Einlageschuld** führt; diese Frage wird vor allem dann relevant, wenn im Zeitpunkt der Entstehung der Gesellschaft infolge ihrer Eintragung in das Handelsregister dieser (Mehr-)Betrag aufgrund vorzeitiger Aufnahme des Geschäftsbetriebs nicht mehr unverbraucht zur Verfügung steht. Sofern die Gesellschafter der vorzeitigen Aufnahme des Geschäftsbetriebs zugestimmt haben, haften sie anteilig in Höhe der Differenz zwischen dem Stammkapital (ggf. abzüglich des Gründungsaufwands; s. Rn. 17) und dem Wert des Gesellschaftsvermögens im Zeitpunkt der Eintragung; da die Höhe dieser (Unterbilanz- oder Vorbelastungs-)Haftung eines Gesellschafters nicht auf die Höhe des Stammkapitals beschränkt ist, sondern auch jede darüber hinaus gehende Vermögensminderung ausgleicht, kommt es nicht darauf an, worauf die Minderung zurückzuführen ist, ob das Stammkapital durch Verbindlichkeiten der Vorgesellschaft wertmäßig geschmälert oder ob es, weil von den Gesellschaftern schon vor Eintragung freiwillig geleistet, bis dahin verbraucht ist (BGHZ 105, 300, 302 ff.; s. auch § 11 GmbHG Rn. 27). Sofern die Unterbilanzhaftung eingreift, spricht der Gläubigerschutz daher nicht dagegen, die Tilgungswirkung einer über den – gesetzlich geregelten – Mindestbetrag hinausgehenden Mehrleistung anzuerkennen. Mit Rücksicht auf die Interessen der anderen Gesellschafter tritt die Tilgungswir-

kung indes nur dann ein, wenn die Mehrleistung **im Einverständnis aller Gesellschafter** erfolgt: Das Einverständnis liegt insbesondere bei einer entsprechenden Regelung im Gesellschaftsvertrag vor; im Zweifel liegt auch in der Zustimmung, den Geschäftsbetrieb schon vor Eintragung der Gesellschaft in das Handelsregister aufzunehmen, die Zustimmung zur Entgegennahme der Mehrleistung (vgl. *Ulmer* § 7 Rn. 46 f.; R/S-L/*Schmidt-Leithoff* § 7 Rn. 26; Baumbach/Hueck/*Hueck/Fastrich* § 7 Rn. 5; Lutter/Hommelhoff/*Lutter/Bayer* GmbHG, § 7 Rn. 7; a. A. A/E/S/*Achilles* § 7 Rn. 6; Michalski/*Heyder* § 7 Rn. 52; MünchHdb GesR III/*Gummert* § 50 Rn. 10; MünchHdb GesR III/*Heinrich* § 10 Rn. 17; Scholz/*Winter* GmbHG, § 7 Rn. 43 f.).

2. Leistung von Geldeinlagen bei Gründung durch eine Person, S. 3

a) Geltende Fassung des S. 3

Wird die Gesellschaft nur durch eine Person gegründet, darf die Anmeldung zur Eintragung in das Handelsregister erst dann erfolgen, wenn **mindestens ¼ auf** die Geldeinlage eingezahlt und **€ 12.500,– als Mindestbetrag** sämtlicher (Geld- und Sach-)Einlagen erreicht ist sowie für den übrigen Teil der Geldeinlage eine Sicherung bestellt ist (Abs. 2 S. 3). Durch diese Voraussetzungen, deren Vorliegen »in der Anmeldung« zu versichern ist (§ 8 Abs. 2 GmbHG; s. § 8 GmbHG Rn. 37 ff.) und vom Gericht überprüft wird (§ 9 c Abs. 1 S. 1 GmbHG; s. § 9 c GmbHG Rn. 26 ff.), soll die fehlende (Ausfall-)Haftung eines weiteren Gesellschafters gem. § 24 GmbHG kompensiert werden (vgl. *Roth*/Altmeppen § 7 Rn. 36; Scholz/*Winter* GmbHG, § 7 Rn. 4; vgl. aber auch Lutter/Hommelhoff/*Lutter/Bayer* GmbHG, § 7 Rn. 6). Diese Regelung steht im Zusammenhang mit der – die Vereinigung von Geschäftsanteilen in der Hand eines Gesellschafters regelnden – Vorschrift des § 19 Abs. 4 GmbHG, wodurch eine Umgehung verhindert wird (vgl. Baumbach/Hueck/*Hueck/Fastrich* § 7 Rn. 10; Michalski/*Heyder*§ 7 Rn. 33). 34

Für die Anwendung des Abs. 2 S. 3 ist es unerheblich, ob die Gründung der Gesellschaft durch eine natürliche oder eine juristische Person erfolgt. Die Sicherung ist für den »übrigen Teil der Geldeinlage«, der nach Abzug des eingezahlten Mindestbetrags und einer ggf. erbrachten Mehrleistung verbleibt, zu bestellen (vgl. R/S-L/*Schmidt-Leithoff* § 7 Rn. 31; Scholz/*Winter* GmbHG, § 7 Rn. 47 f.). 35

Als Sicherung kommen die in § 232 Abs. 1 BGB genannten Sicherheiten, insbesondere Hinterlegung von Geld oder Wertpapieren, Verpfändung einer beweglichen Sache und Bestellung einer Hypothek an einem inländischen Grundstück in Betracht; ferner kommen Bürgschaft eines Kreditinstituts oder eines solventen Dritten, Bestellung einer Grundschuld sowie Sicherungsübereignung und -abtretung in Betracht, wenn diese geeignet sind, die fehlende (Ausfall-)Haftung eines weiteren Gesellschafters gem. § 24 GmbHG zu kompensieren (vgl. Baumbach/Hueck/*Hueck/Fastrich* § 7 Rn. 11; MünchHdb GesR III/*Heinrich* § 10 Rn. 15; *Ulmer* Rn. 76 ff.; Scholz/*Winter* GmbHG, § 7 Rn. 49; vgl. auch Lutter/Hommelhoff/*Lutter/Bayer* GmbHG, § 7 Rn. 6; Michalski/*Heyder* § 7 Rn. 35 ff.). 36

Nicht nur bei Erfüllung der Einlageverpflichtung durch (Rest-)Einzahlung auf den »übrigen Teil der Geldeinlage«, sondern auch nach Beitritt eines weiteren Gesellschafters kann der Gesellschafter, der die Sicherung zugunsten der Gesellschaft bestellt hat, diese zurückfordern; wegen der (Ausfall-)Haftung des beigetretenen Gesellschafters gem. § 24 GmbHG fällt das erhöhte Sicherungsbedürfnis weg (vgl. R/S-L/*Schmidt-Leithoff* Rn. 33 f.; Scholz/*Winter* GmbHG, § 7 Rn. 52; Michalski/*Heyder* Rn. 39; MünchHdb GesR III/*Heinrich* § 10 Rn. 17). 37

b) Beabsichtigte Aufhebung des S. 3

Der **RefE des MoMiG** (Stand: 29. 5. 2006) sieht die Aufhebung des Abs. 2 S. 3 vor (Art. 1 Nr. 5 MoMiG-RefE). Zur Begründung des Art. 1 Nr. 5 MoMiG-RefE wird Folgendes aufgeführt (vgl. auch *Seibert* ZIP 2006, 1157, 1164): 38

»Die besonderen Sicherungen bei Gründung einer Einpersonengesellschaft sind nach Auskunft der Praxis verzichtbar und bedeuten lediglich eine unnötige Komplizierung der GmbH-Gründung. Diese Regelungen gehen über das von der Einpersonen-GmbH-Richtlinie (89/667/EWG) vom 21.12.1989 Geforderte hinaus und sollen gestrichen werden.«

39 Die beabsichtigte Aufhebung des Abs. 2 S. 3 führt folgerichtig zur Aufhebung des § 8 Abs. 2 S. 2 GmbHG (s. § 8 GmbHG Rn. 38) und des § 19 Abs. 4 GmbHG.

II. Leistung von Sacheinlagen, Abs. 3

40 Ist im Gesellschaftsvertrag die Leistung von Sacheinlagen vereinbart (§ 5 Abs. 4 S. 1 GmbHG), sind diese vor Anmeldung der Gesellschaft zur Eintragung in das Handelsregister so zu bewirken, dass sie endgültig zur freien Verfügung der Geschäftsführer stehen (Abs. 3). Wenn für die Leistung auf eine Stammeinlage teils eine Geldeinlage, teils eine Sacheinlage vereinbart ist (»Mischeinlage«, gemischte Einlage«), ist der Teil der Einlage vollständig zu leisten, der die Sacheinlage betrifft (s. auch Rn. 11).

1. Vollständige Leistung als Voraussetzung der Anmeldung

41 Die Anmeldung der Gesellschaft zur Eintragung in das Handelsregister darf erst erfolgen, wenn die Leistung der Sacheinlagen vollständig erbracht ist. Durch diese Voraussetzung soll sichergestellt werden, dass nur solche Gesellschaften entstehen, die »effektiv« über eigenes Vermögen verfügen, und deren Gesellschafter die Beteiligung ernstlich wollen; ferner soll diese Voraussetzung einen Ausgleich für die – anders als für AGs (§§ 33 ff. AktG) – nicht vorgeschriebene Gründungsprüfung bilden (BGHZ 45, 338, 347; vgl. auch Scholz/*Winter* GmbHG, § 7 Rn. 2; vgl. außerdem *Ulmer* § 7 Rn. 2). Die – im Vergleich zu Geldeinlagen strengere – Anforderung vollständiger Leistung der Sacheinlagen ist Ausdruck des Misstrauens gegenüber der Kapitalaufbringung durch Sacheinlagen, das sich auch in der Anordnung von Publizität (§ 5 Abs. 4 S. 1 GmbHG), Werthaltigkeitskontrolle durch Gesellschafter (§ 5 Abs. 4 S. 2 GmbHG) und (Register-)Gericht (§ 9c Abs. 1 S. 2 GmbHG) sowie der Haftung wegen Überbewertung einer Sacheinlage (§ 9 GmbHG) äußert (vgl. *Goette* ZIP 2005, 1481, 1482).

2. Leistung (»Bewirkung«)

42 »Bewirkung« bedeutet die **Vornahme** des je nach Art des (Einlage-)Gegenstandes **erforderlichen (dinglichen) Erfüllungsgeschäfts**: Das Eigentum an beweglichen Sachen ist gem. §§ 929 ff. BGB auf die (Vor-)Gesellschaft zu übertragen; Forderungen und sonstige Rechte sind – vorbehaltlich der Beachtung weiterer Vorschriften – gem. §§ 398, 413 BGB an die (Vor-)Gesellschaft abzutreten (vgl. Lutter/Hommelhoff/*Lutter/Bayer* GmbHG, § 7 Rn. 13; MünchHdb GesR III/*Heinrich* § 9 Rn. 34; R/S-L/*Schmidt-Leithoff* § 7 Rn. 36; *Roth*/Altmeppen § 7 Rn. 39; Scholz/*Winter* GmbHG, § 7 Rn. 39). Das Eigentum an einem Grundstück ist gem. §§ 873, 925 BGB auf die (Vor-)Gesellschaft zu übertragen (BGHZ 45, 338, 347 ff.); die Leistung ist erst dann bewirkt, wenn die Eintragung im Grundbuch erfolgt ist (vgl. Michalski/*Heyder* § 7 Rn. 42; Scholz/*Winter* GmbHG, § 7 Rn. 40; a. A. Baumbach/Hueck/*Hueck/Fastrich* § 7 Rn. 14; MünchHdb GesR III/*Heinrich* § 9 Rn. 37; *Ulmer* Rn. 51).

43 Zur endgültig freien Verfügung der Geschäftsführer der (Vor-)Gesellschaft ist die Leistung bewirkt, wenn alle zur Erfüllung nötigen Rechtsgeschäfte, Zustimmungen Dritter, erforderliche Eintragungen und sonstigen Rechtshandlungen – z. B. die Übergabe einer beweglichen Sache – bedingungslos vorgenommen worden sind (vgl. MünchHdb GesR III/*Heinrich* § 9 Rn. 36; vgl. auch R/S-L/*Schmidt-Leithoff* § 7 Rn. 36). Die Geschäftsführer müssen über die Sache verfügen können, ohne dass es der Mitwirkung des Inferenten (Einlegers) bedarf (vgl. *Ulmer* § 7 Rn. 61).

D. Kosten

44 Für die notarielle Beurkundung einer Anmeldung zur Eintragung einer Gesellschaft in das Handelsregister wird eine halbe Gebühr erhoben (§§ 38 Abs. 2 Nr. 7, 141 KostO). Der der Gebührenberechnung zu Grunde zu legende Geschäftswert bestimmt sich bei der ersten Anmeldung einer Gesellschaft nach dem in das Handelsregister einzutragenden Geldbetrag, bei einer GmbH nach dem Stammkapital (§§ 41 a Abs. 1 Nr. 1 Hs. 1, 141 KostO); er beträgt jedoch höchstens € 500.000,– (§§ 39 Abs. 4 Hs. 2, 141 KostO; vgl. Gesetzesentwurf der Bundesregierung zum Handelsregistergebühren-Neuordnungsgesetz, BT-Drs. 15/2251, 10; vgl. auch Korintenberg/Lappe/*Bengel/Tiedtke* KostO, § 41 a Rn. 16).

Für die notarielle Beglaubigung der Anmeldung wird ¼ der vollen Gebühr, höchstens jedoch € 130,– erhoben (§§ 45 Abs. 1 S. 1, 141 KostO). Der Geschäftswert für eine Beglaubigung ist ebenso wie im Fall notarieller Beurkundung der Erklärung zu bestimmen (§§ 45 Abs. 1 S. 2, 141 KostO). 45

§ 8 [Inhalt der Anmeldung] [i. d. F. ab 1. 1. 2007 durch EHUG]

(1) Der Anmeldung müssen beigefügt sein:

1. **der Gesellschaftsvertrag und im Fall des § 2 Abs. 2 die Vollmachten der Vertreter, welche den Gesellschaftsvertrag unterzeichnet haben, oder eine beglaubigte Abschrift dieser Urkunden,**
2. **die Legitimation der Geschäftsführer, sofern dieselben nicht im Gesellschaftsvertrag bestellt sind,**
3. **eine von den Anmeldenden unterschriebene Liste der Gesellschafter, aus welcher Name, Vorname, Geburtsdatum und Wohnort der letzteren sowie der Betrag der von einem jeden derselben übernommenen Stammeinlage ersichtlich ist,**
4. **im Fall des § 5 Abs. 4 die Verträge, die den Festsetzungen zugrunde liegen oder zu ihrer Ausführung geschlossen worden sind, und der Sachgründungsbericht,**
5. **wenn Sacheinlagen vereinbart sind, Unterlagen darüber, daß der Wert der Sacheinlagen den Betrag der dafür übernommenen Stammeinlagen erreicht,**
6. **in dem Fall, daß der Gegenstand des Unternehmens der staatlichen Genehmigung bedarf, die Genehmigungsurkunde.**

(2) [1]In der Anmeldung ist die Versicherung abzugeben, daß die in § 7 Abs. 2 und 3 bezeichneten Leistungen auf die Stammeinlagen bewirkt sind und daß der Gegenstand der Leistungen sich endgültig in der freien Verfügung der Geschäftsführer befindet. [2]Wird eine Gesellschaft nur durch eine Person errichtet und die Geldeinlage nicht voll einbezahlt, so ist auch zu versichern, daß die nach § 7 Abs. 2 Satz 3 erforderliche Sicherung bestellt ist.

(3) [1]In der Anmeldung haben die Geschäftsführer zu versichern, daß keine Umstände vorliegen, die ihrer Bestellung nach § 6 Abs. 2 Satz 3 und 4 entgegenstehen, und daß sie über ihre unbeschränkte Auskunftspflicht gegenüber dem Gericht belehrt worden sind. [2]Die Belehrung nach § 51 Abs. 2 des Gesetzes über das Zentralregister und das Erziehungsregister in der Fassung der Bekanntmachung vom 22. Juli 1976 (BGBl. I S. 2005) kann auch durch einen Notar vorgenommen werden.

(4) In der Anmeldung ist ferner anzugeben, welche Vertretungsbefugnis die Geschäftsführer haben.

(5) Für die Einreichung von Unterlagen nach diesem Gesetz gilt § 12 Abs. 2 des Handelsgesetzbuchs entsprechen.

§ 8 [Inhalt der Anmeldung] [i. d. F. bis 31. 12. 2006]

***(1) bis (4)* [identisch]**

(5) Die Geschäftsführer haben ihre Unterschrift zur Aufbewahrung bei dem Gericht zu zeichnen.

Übersicht:

A. Allgemeines

1 Die zuletzt durch Art. 10 Nr. 1 des EHUG vom 10. 11. 2006 (BGBl. I, 2553) geänderte Vorschrift regelt den Inhalt der Anmeldung einer Gesellschaft zur Eintragung in das Handelsregister. Durch die Richtlinie 2003/58/EG des Europäischen Parlaments und des Rates zur Änderung der Richtlinie 68/151/EWG in Bezug auf die Offenlegungspflichten von Gesellschaften bestimmter Rechtsformen vom 15. 7. 2003 (ABl. EU Nr. L 221, 13) ist eine Novellierung der §§ 10 ff. HGB erforderlich geworden; diese ist durch das »**Gesetz über elektronische Handelsregister und Genossenschaftsregister sowie das Unternehmensregister**« **(EHUG)** erfolgt, das zu einer Änderung des § 12 HGB, des § 8 Abs. 5 GmbHG sowie des § 52 Abs. 2 GmbHG, und zu einer Aufhebung des § 39 Abs. 4 GmbHG geführt hat. Der **RefE des MoMiG** (Stand: 29. 5. 2006) sieht die Änderung des Abs. 1 Nr. 6, des Abs. 3 und des Abs. 4 sowie die Aufhebung des Abs. 2 S. 2 vor; außerdem ist »Inhalt der Anmeldung« als Überschrift vorgesehen.

2 Nach der (Mindest-)Leistung auf die Stammeinlagen (§ 7 Abs. 2 und 3 GmbHG) ist die Gesellschaft von sämtlichen Geschäftsführern zur Eintragung in das Handelsregister anzumelden (§§ 7 Abs. 1, 78 GmbHG); die Anmeldung kann vom (Register-)Gericht indes nicht durch die Festsetzung von Zwangsgeld erzwungen werden (§ 79 Abs. 2 GmbHG). Der Anmeldung sind der – notariell zu beurkundende und von sämtlichen Gesellschaftern zu unterzeichnende (§ 2 Abs. 1 GmbHG) – Gesellschaftsvertrag und, sofern die Geschäftsführer nicht im Gesellschaftsvertrag bestellt sind, deren Legitimation beizufügen (Abs. 1 Nr. 1 und 2). Außerdem ist eine **Liste der Gesellschafter**, aus der insbesondere der Betrag der von jedem Gesellschafter übernommenen Stammeinlage ersichtlich ist, beizufügen (Abs. 1 Nr. 3). Bei der Leistung von Sacheinlagen sind die den Festsetzungen zu Grunde liegenden oder zu ihrer Ausführung geschlossenen **Verträge** und der **Sachgründungsbericht** sowie Unterlagen darüber, dass der Wert der Sacheinlagen den Betrag der dafür übernommenen Stammeinlagen erreicht, beizufügen (Abs. 1 Nr. 4 und 5). Sofern der Gegenstand des Unternehmens der staatlichen Genehmigung bedarf, ist die **Genehmigungsurkunde** beizufügen (Abs. 1 Nr. 6). Der Anmeldung sind außerdem Urkunden über die Bestellung der Mitglieder des Aufsichtsrats, der auf Grund Gesellschaftsvertrags zu bestellen ist,

sowie eine Liste der Mitglieder des Aufsichtsrats beizufügen, wenn die Mitglieder vor Eintragung der Gesellschaft bestellt wurden (§ 52 Abs. 2 S. 1 GmbHG i. V. m. § 37 Abs. 4 Nr. 3 und Nr. 3 a AktG).

Die Anmeldung darf erst erfolgen, wenn eine bestimmte **Mindestleistungen auf die Stammeinlagen** erfolgt ist: Auf jede Geldeinlage ist ¼ einzuzahlen, wobei der Mindestbetrag sämtlicher (Geld- und Sach-)Einlagen mindestens € 12.500,– erreichen muss (§ 7 Abs. 2 S. 1 und 2 GmbHG); bei Gründung der Gesellschaft durch eine Person ist für den übrigen Teil der Geldeinlage eine Sicherung zu bestellen (§ 7 Abs. 2 S. 3 GmbHG). Sacheinlagen sind so zu bewirken, dass sie vor der Anmeldung endgültig zur freien Verfügung der Geschäftsführer stehen (§ 7 Abs. 3 GmbHG). In der Anmeldung ist die **Versicherung** abzugeben, dass diese (Mindest-)Leistungen bewirkt sind und dass der Gegenstand der Leistungen sich endgültig in der freien Verfügung der Geschäftsführer befindet sowie ggf. eine Sicherung bestellt ist (§ 8 Abs. 2 GmbHG). Erreicht der Wert einer Sacheinlage im Zeitpunkt der Anmeldung nicht den Betrag der dafür übernommenen Stammeinlage, hat der Gesellschafter in Höhe des Fehlbetrags eine Einlage in Geld zu leisten (§ 9 Abs. 1 GmbHG). Wer als Gesellschafter oder als Geschäftsführer zum Zweck der Eintragung falsche Angaben insbesondere über die Leistung der Einlagen, Sacheinlagen oder Sicherungen für nicht voll eingezahlte Geldeinlagen macht, wird bestraft (§ 82 Abs. 1 Nr. 1 GmbHG). Gesellschafter oder Geschäftsführer haben den Schaden zu ersetzen, welcher der Gesellschaft entsteht, wenn bei ihrer Errichtung falsche Angaben gemacht werden (§ 9 a Abs. 1 GmbHG). 3

In der Anmeldung haben die Geschäftsführer – ebenso wie bei der Bestellung neuer Geschäftsführer nach Eintragung der Gesellschaft in das Handelsregister (§ 39 Abs. 3 GmbHG) – zu versichern, dass ihrer Bestellung keine Hindernisse entgegenstehen und sie über ihre Auskunftspflicht belehrt worden sind (Abs. 3); wer als Geschäftsführer in der Versicherung falsche Angaben macht, wird bestraft (§ 82 Abs. 1 Nr. 5 GmbHG). Ferner ist in der Anmeldung die Vertretungsbefugnis der Geschäftsführer anzugeben (Abs. 4). Die Zeichnung der Unterschrift zur Aufbewahrung beim (Register-)Gericht (Abs. 5 a. F. bis 31. 12. 2006) ist durch das **»Gesetz über elektronische Handelsregister und Genossenschaftsregister sowie das Unternehmensregister« (EHUG)** beseitigt worden. 4

Der Anmeldung einer – nach Eintragung der Gesellschaft in das Handelsregister erfolgenden – **Änderung des Gesellschaftsvertrags** ist der (mit einer Bescheinigung eines Notars versehene) vollständige Wortlaut des Gesellschaftsvertrags beizufügen (§ 54 Abs. 1 S. 2 GmbHG). Der Anmeldung einer **Erhöhung des Stammkapitals** sind die Erklärungen der Übernehmer, eine Liste der Übernehmer sowie bei einer Kapitalerhöhung mit Sacheinlagen die den Festsetzungen zu Grunde liegenden oder zu ihrer Ausführung geschlossenen Verträge beizufügen (§ 57 Abs. 3 GmbHG); in der Anmeldung ist die Versicherung abzugeben, dass die Einlagen auf das neue Stammkapital bewirkt sind und dass der Gegenstand der Leistungen sich endgültig in der freien Verfügung der Geschäftsführer befindet sowie eine bei der Einpersonen-Gesellschaft ggf. erforderliche Sicherung bestellt ist (§ 57 Abs. 2 GmbHG i. V. m. § 8 Abs. 2 GmbHG). Bei einer Kapitalerhöhung aus Gesellschaftsmitteln ist der Anmeldung außerdem die hierbei zu Grunde gelegte Bilanz beizufügen; die Anmeldenden haben zu versichern, dass seit dem Stichtag der zu Grunde gelegten Bilanz bis zum Tag der Anmeldung keine Vermögensminderung eingetreten ist, die der Kapitalerhöhung entgegenstünde, wenn sie am Tag der Anmeldung beschlossen worden wäre (§ 57 i Abs. 1 GmbHG). Mit der Anmeldung einer **Herabsetzung des Stammkapitals** sind die Bekanntmachungen des Beschlusses einzureichen; zugleich haben die Geschäftsführer die Versicherung abzugeben, dass Gläubiger, die sich gemeldet und der Herabsetzung nicht zugestimmt haben, befriedigt oder sichergestellt sind (§ 58 Abs. 1 Nr. 4 GmbHG). 5

B. Inhalt der Anmeldung einer Gesellschaft

I. Beizufügende Unterlagen, Abs. 1

1. Gesellschaftsvertrag und Vollmachtsurkunden, Nr. 1

6 Der Anmeldung muss der Gesellschaftsvertrag oder eine beglaubigte Abschrift dieser Urkunde beigefügt sein (Abs. 1 Nr. 1 Alt. 1). Der vollständige Wortlaut des Gesellschaftsvertrags muss in einem einheitlichen Schriftstück enthalten sein; dies dient insbesondere dazu, eine spätere Änderung des Gesellschaftsvertrags zu ermöglichen, bei welcher der vollständige Wortlaut des geänderten Gesellschaftsvertrags beim (Register-)Gericht einzureichen ist (§ 54 Abs. 1 S. 2 Hs. 1 GmbHG; OLG Stuttgart RPfleger 1979, 63; BayObLG DB 1978, 880; OLG Frankfurt BB 1981, 694; OLG Hamm NJW 1987, 263; OLG Köln GmbHR 1973, 11). Der Gesellschaftsvertrag ist in Ausfertigung (§ 47 ff. BeurkG) oder in beglaubigter Abschrift (§ 42 BeurkG) beim Gericht einzureichen.

7 Erfolgt eine **Änderung des Gesellschaftsvertrags** vor Eintragung der Gesellschaft in das Handelsregister (s. § 2 Rn. 44), ist der vollständige Wortlaut des geänderten Gesellschaftsvertrags mit einer Bescheinigung des Notars betreffend die Übereinstimmung beim (Register-)Gericht einzureichen (§ 54 Abs. 1 S. 2 GmbHG analog); Entstehungsgeschichte und Zweck des § 54 Abs. 1 S. 2 GmbHG, nämlich sicherzustellen, dass jeder interessierte Dritte sich verlässlich und ohne Schwierigkeiten über den genauen Wortlaut des geltenden Gesellschaftsvertrags informieren kann, gebieten dessen analoge Anwendung bei einer Änderung des Gesellschaftsvertrags vor Eintragung (BayObLG BB 1988, 2198; KG NJW-RR 1997, 794; OLG Schleswig GmbHR 1975, 183; OLG Zweibrücken NJW-RR 2001, 31; vgl. auch A/E/S/*Achilles* § 8 Rn. 2; Baumbach/Hueck/*Hueck/Fastrich* § 8 Rn. 3; Michalski/*Heyder* § 54 Rn. 4; MünchHdb GesR III/*Heinrich* § 8 Rn. 18; Scholz/*Winter*, § 8 GmbHGRn. 4; *Ulmer* § 8 Rn. 3; *Wessel* EWiR 1989, 173; s. auch § 54 Rn. 17). Der geänderte Gesellschaftsvertrag ist in Ausfertigung oder in beglaubigter Abschrift beim Gericht einzureichen.

8 Im Fall rechtsgeschäftlicher Vertretung müssen die **Vollmachten der Vertreter**, die den Gesellschaftsvertrag unterzeichnet haben, oder eine beglaubigte Abschrift dieser Urkunden beigefügt sein (Abs. 1 Nr. 1 Alt. 2). Die rechtsgeschäftliche Vertretung bei Abschluss des Gesellschaftsvertrags ist »nur auf Grund einer notariell errichteten oder beglaubigten Vollmacht zulässig« (§ 2 Abs. 2 GmbHG); die Vertretungsmacht kann nur durch notarielle Beurkundung der Vollmachtsurkunde oder durch schriftliche Vollmachtsurkunde mit Beglaubigung der Unterschrift des Erklärenden von einem Notar erteilt werden (s. § 2 GmbHG Rn. 34 ff.). Wird der Gesellschaftsvertrag einer Mehrpersonen-Gesellschaft durch einen Vertreter ohne Vertretungsmacht unterzeichnet, ist der Gesellschaftsvertrag »schwebend unwirksam«; die Genehmigungserklärung durch den Vertretenen bedarf der notariellen Beurkundung oder Beglaubigung (§ 2 Abs. 2 GmbHG analog; s. § 2 GmbHG Rn. 38 f.). Vollmachten und Genehmigungserklärungen sind in Urschrift oder in beglaubigter Abschrift beim (Register-)Gericht einzureichen.

2. Legitimation der Geschäftsführer, Nr. 2

9 Der Anmeldung muss die Legitimation der Geschäftsführer, sofern dieselben nicht im Gesellschaftsvertrag bestimmt sind, beigefügt sein (Abs. 1 Nr. 2). Werden Geschäftsführer **im Gesellschaftsvertrag bestellt** (s. § 6 GmbHG Rn. 16), wird ihre Legitimation durch Beifügung des Gesellschaftsvertrags nachgewiesen (Abs. 1 Nr. 1). Werden Geschäftsführer **durch Beschluss der Gesellschafter** oder ein anderes durch Gesetz oder Gesellschaftsvertrag hierzu berufenes Organ bestellt (§ 6 Abs. 3 S. 2 Alt. 2 GmbHG i. V. m. § 46 Nr. 5 GmbHG; s. § 6 GmbHG Rn. 17 ff.), wird ihre Legitimation durch Vorlage eines schriftlich gefassten Beschlusses oder, sofern der Beschluss mündlich gefasst wurde, durch dessen schriftliche Bestätigung nachgewiesen; der Beschluss oder dessen Bestätigung ist im Original oder in beglaubigter Abschrift beizufügen (vgl. A/E/S/*Achilles* § 8 Rn. 3; Baumbach/Hueck/*Hueck/Fastrich* § 8 Rn. 2; MünchHdb GesR III/*Heinrich* § 8 Rn. 20; Scholz/*Winter* GmbHG, § 8 Rn. 6).

Sofern nach Anmeldung der Gesellschaft ein anderer oder weiterer Geschäftsführer bestellt wird, ist dies – wie jede Änderung in den Personen der Geschäftsführer – zur Eintragung in das Handelsregister anzumelden; der Anmeldung sind Urkunden über die Bestellung beizufügen (§ 39 Abs. 1 und 2 GmbHG; vgl. auch *Roth* / Altmeppen § 8 Rn. 3; s. auch § 39 GmbHG Rn. 7). 10

3. Liste der Gesellschafter, Nr. 3

Der Anmeldung muss eine von den Anmeldenden unterschriebene Liste der Gesellschafter, aus welcher Name, Vorname, Geburtsdatum und Wohnort der letzteren sowie der Betrag der von einem jeden derselben übernommenen Stammeinlage ersichtlich ist, beigefügt sein (Abs. 1 Nr. 3). Da die Anmeldung von sämtlichen Geschäftsführern zu bewirken ist (§ 78 GmbHG; s. § 7 GmbHG Rn. 6 f.), haben die Geschäftsführer die Liste zu **unterschreiben**; eine öffentliche Beglaubigung ihrer Unterschriften ist nicht erforderlich (vgl. Michalski / *Heyder* § 8 Rn. 11; MünchHdb GesR III / *Heinrich* § 8 Rn. 21; Scholz / *Winter* GmbHG, § 8 Rn. 7). 11

Die Liste ist – unter Berücksichtigung der seit Abschluss des Gesellschaftsvertrags eingetretenen Änderungen – auf den Zeitpunkt der Anmeldung zu erstellen (vgl. A / E / S / *Achilles* § 8 Rn. 4; Lutter / Hommelhoff / *Lutter/Bayer* GmbHG, § 8 Rn. 4; *Roth* / Altmeppen § 8 Rn. 4). Nach jeder späteren Änderung der Personen der Gesellschafter oder des Umfangs ihrer Beteiligung ist eine neue Liste einzureichen (§ 40 Abs. 1 S. 1 GmbHG; s. § 40 GmbHG Rn. 1); auch bei der Anmeldung einer Erhöhung des Stammkapitals ist eine neue Liste beizufügen (§ 57 Abs. 3 Nr. 2 GmbHG; s. § 57 GmbHG Rn. 8). 12

4. Verträge im Zusammenhang mit Sacheinlagen und Sachgründungsbericht, Nr. 4

Der Anmeldung müssen, sofern die Leistung von Sacheinlagen im Gesellschaftsvertrag vereinbart ist (§ 5 Abs. 4 S. 1 GmbHG), die **Verträge**, die den Festsetzungen der Sacheinlagen zugrunde liegen oder zu ihrer Ausführung geschlossen worden sind, beigefügt sein (Abs. 1 Nr. 4 Alt. 1). Die Vorlage solcher Verträge setzt voraus, dass sie schriftlich geschlossen worden sind; da jedoch – vorbehaltlich des Bestehens eines Schriftformerfordernisses aufgrund allgemeiner Vorschriften – derartige Verträge nicht schriftlich geschlossen werden müssen, ist beim Fehlen schriftlich geschlossener Verträge dies dem (Register-)Gericht mitzuteilen (vgl. Baumbach / Hueck / *Hueck/Fastrich* § 8 Rn. 7; Michalski / *Heyder* § 8 Rn. 12; Scholz / *Winter* GmbHG, § 8 Rn. 10; A / E / S / *Achilles* § 8 Rn. 5; vgl. aber auch MünchHdb GesR III / *Heinrich* § 9 Rn. 42). 13

Bei der Leistung von Sacheinlagen ist außerdem ein **Sachgründungsbericht** beizufügen (Abs. 1 Nr. 4 Alt. 2). Im Sachgründungsbericht haben die Gesellschafter die für die Angemessenheit der Leistungen für Sacheinlagen wesentlichen Umstände darzulegen und beim Übergang eines Unternehmens auf die Gesellschaft die Jahresergebnisse der beiden letzten Geschäftsjahre anzugeben (§ 5 Abs. 4 S. 2 GmbHG). 14

5. Unterlagen zum Wert der Sacheinlagen, Nr. 5

Der Anmeldung müssen, wenn Sacheinlagen vereinbart sind, Unterlagen darüber, dass der Wert der Sacheinlagen den Betrag der dafür übernommenen Stammeinlagen erreicht, beigefügt sein (Abs. 1 Nr. 5). Diese Unterlagen sollen dem (Register-)Gericht die Prüfung der Bewertung der Sacheinlagen gem. § 9 c Abs. 1 S. 2 GmbHG ermöglichen, zumal eine förmliche Gründungsprüfung – anders als bei der Gründung einer AG (§§ 33 ff. AktG) – nicht vorgeschrieben ist (vgl. Baumbach / Hueck / *Hueck/Fastrich* § 8 Rn. 8; Michalski / *Heyder* § 8 Rn. 14; s. auch § 9 c GmbHG Rn. 32 ff.). Welche Unterlagen und Belege für den Wertnachweis vorzulegen sind, bemisst sich regelmäßig nach der Art des einzubringenden Gegenstandes, wobei vielfach **Unterlagen über Anschaffungs- und Herstellungskosten** ausreichen können; sofern Grundstücke eingebracht werden sollen, wird in der Regel die Vorlage eines **Sachverständigengutachtens** erforderlich sein, um dem Gericht eine tragfähige Grundlage für die Prüfung des Wertes der Sacheinlage zu geben (BayObLG NJW 1995, 1971 zur Kapitalerhöhung; a. A. *Werner* WiB 1995, 307; vgl. auch *Meyding* EWiR 1995, 481). 15

6. Nachweis der Genehmigung, Nr. 6

a) Geltende Fassung der Nr. 6

16 Bedarf der Gegenstand des Unternehmens der staatlichen Genehmigung, muss der Anmeldung die **Genehmigungsurkunde** beigefügt sein (Abs. 1 Nr. 6). Hierdurch soll – abweichend von dem in § 7 HGB niedergelegten Grundsatz – verhindert werden, dass eine Gesellschaft durch Eintragung zur Entstehung gelangt, die einer Tätigkeit nachgehen will, welche nur mit besonderer staatlicher Genehmigung ausgeübt werden darf. Der Begriff der staatlichen Genehmigung i. S. d. Abs. 1 Nr. 6 bezeichnet einen begünstigenden Verwaltungsakt, durch den dem Betroffenen die formelle Erlaubnis zu einer bestimmten Tätigkeit erteilt wird, über die der Staat durch ein grundsätzliches Verbot mit Erlaubnisvorbehalt eine präventive Kontrolle für geboten hält; es »wäre unbefriedigend, wenn diejenigen, die mangels der erforderlichen Befähigung von bestimmten Berufsfeldern ferngehalten werden sollen, für die schädlichen Folgen ihrer unerlaubten Tätigkeit zivilrechtlich nicht einmal mit ihrem gesamten Vermögen einzustehen hätten, sondern dafür das mit der Eintragung der GmbH verbundene Privileg der beschränkten Haftung in Anspruch nehmen könnten« (BGHZ 102, 209, 214 ff.). Im »Kampf gegen unseriöse GmbH-Gründungen« wird auf die »Kontrollfunktion der Registergerichte« gesetzt (*Gustavus* EWiR 1988, 371, 372).

17 Dem (Register-)Gericht ist entweder die der Vorgesellschaft erteilte staatliche Genehmigung oder die Bescheinigung der Genehmigungsbehörde, dass die Genehmigung nach Eintragung der Gesellschaft in das Handelsregister erteilt werden wird, beizufügen (vgl. BGHZ 102, 209, 212; LG Kleve GmbHR 1997, 1066 [LS]). Die Genehmigung muss **der Gesellschaft selbst** erteilt worden sein; eine ihre Geschäftsführer berechtigende Genehmigung reicht nicht aus (BGH NJW 2005, 1488; OLG Hamm NJW-RR 1997, 1258). Bei einer lediglich anzeigepflichtigen Tätigkeit bedarf es nicht der Beifügung der Anzeige (LG Kiel GmbHR 1989, 341; vgl. auch MünchHdb GesR III/*Heinrich* § 8 Rn. 25 f.; *Ulmer* § 8 Rn. 20). Bestehen Zweifel an der Genehmigungsfreiheit, kann das Gericht die Vorlage eines Negativattests verlangen (BayObLG BB 1976, 437; BB 1979, 1467; RPfleger 1978, 448; vgl. auch A/E/S/*Achilles* § 8 Rn. 7; Baumbach/Hueck/*Hueck/Fastrich* § 8 Rn. 9; Michalski/*Heyder* § 8 Rn. 16 ff.).

18 Der Zweck des Abs. 1 Nr. 6 gebietet es, die Eintragung ganz zu unterlassen, wenn nur ein Teil der geplanten Geschäftstätigkeit der staatlichen Genehmigung bedarf und die Genehmigungsurkunde nicht beigefügt ist; eine **Teileintragung** des genehmigungsfreien Unternehmensgegenstandes ist **unzulässig** (BGHZ 102, 209, 217 f.; vgl. auch BayObLG DB 1979, 2028; a. A. *Hirte* EWiR 1987, 1209). Hiervon ist die Konstellation zu unterscheiden, dass eine staatliche Genehmigung sich nicht abstrakt auf eine bestimmte Tätigkeit, sondern auf eine bestimmte Anlage als »dinglich-räumliches Substrat« der Gesellschaftstätigkeit bezieht: In einem solchen Fall bedarf es der Beifügung einer Genehmigungsurkunde nicht, wenn der Gesellschaftsvertrag nur »allgemein-programmatisch« den Betrieb genehmigungspflichtiger Betriebsstätten vorsieht; wenn indes eine konkrete Betriebsstätte im Gesellschaftsvertrag festgesetzt wird, ist die Genehmigungsurkunde beizufügen (BayObLG NZG 2000, 987; NJW-RR 1990, 869; OLG Frankfurt DB 1980, 75).

19 **Beispiele** für das Erfordernis einer staatlichen Genehmigung i. S. d. Abs. 1 Nr. 6: Eine Gesellschaft, deren Unternehmensgegenstand die **Beratung und Vertretung in Rechtsangelegenheiten** ist, bedarf der Zulassung (§§ 59 c ff. BRAO); eine rechtsberatend tätige Gesellschaft bedarf der Erlaubnis (Art. 1 § 1 RBerG); Unternehmer von **Privatkranken- und Privatentbindungsanstalten** sowie von Privatnervenkliniken bedürfen der Konzession (§ 30 GewO); der gewerbsmäßige **Betrieb von Spielgeräten** mit Gewinnmöglichkeit (§ 33 c GewO) oder einer **Spielhalle** (§ 33 i GewO), der Betrieb des Geschäfts eines **Pfandleihers oder Pfandvermittlers** (§ 34 GewO), die gewerbsmäßige Bewachung von Leben oder Eigentum fremder Personen (§ 34 a GewO), die gewerbsmäßige **Versteigerung** fremder Sachen oder Rechte (§ 34 b GewO), die gewerbsmäßige **Vermittlung des Abschlusses von Verträgen** über Grundstücke, Wohnräume oder Darlehen und über den Erwerb von Anteilsscheinen einer Kapitalanlagegesellschaft oder von öffentlich angebotenen Anteilen an einer Kapital- oder Kommanditgesellschaft (§ 34 c Abs. 1 S. 1 Nr. 1 GewO) sowie die gewerbsmäßige Vorbereitung oder Durchführung von Bauvorhaben als **Bauträger**

oder **Baubetreuer** (§ 34 c Abs. 1 S. 1 Nr. 2 GewO) bedürfen der Erlaubnis; der Betrieb eines **Gaststättengewerbes** bedarf der Erlaubnis (§ 2 Abs. 1 GaststättenG; vgl. auch § 4 Abs. 2 GaststättenG); die Erbringung von **Eisenbahnverkehrsdienstleistungen** (§ 6 Abs. 1 S. 1 Nr. 1 AEG), die **Beförderung von Personen** mit Straßenbahnen oder Kraftfahrzeugen (§ 2 PBefG) sowie der gewerbliche **Güterkraftverkehr** (§ 3 GüKG) bedürfen der Erlaubnis; der gewerbsmäßige Betrieb von **Bankgeschäften** oder die Erbringung von **Finanzdienstleistungen** bedürfen der Erlaubnis (§ 32 KWG); das gewerbsmäßige **Züchten oder Halten von Wirbeltieren** sowie das Handeln mit Wirbeltieren bedürfen der Erlaubnis (§ 11 Abs. 1 Nr. 3 TierSchG); der selbstständige Betrieb eines zulassungspflichtigen **Handwerks** als stehendes Gewerbe ist nur den in die Handwerksrolle eingetragenen natürlichen und juristischen Personen und Personengesellschaften gestattet (§§ 1, 7 HandwO), wobei die Eintragung in die Handwerksrolle einer Genehmigung i. S. d. Abs. 1 Nr. 6 gleichsteht (BGHZ 102, 209, 211 ff.; OLG Frankfurt DB 2005, 2569; OLG Zweibrücken GmbHR 1995, 723; OLG Celle GmbHR 2003, 532 zur Zweigniederlassung einer ausländischen Gesellschaft; a. A. *Hirte* EWiR 1987, 1209; vgl. außerdem *Mankowski* EWiR 2003, 703).

b) Beabsichtigte Änderung der Nr. 6

Der **RefE des MoMiG** (Stand: 29. 5. 2006) sieht folgende **Neufassung des Abs. 1 Nr. 6** vor (Art. 1 Nr. 6 a) aa) MoMiG-RefE): **20**

»in dem Fall, dass der Gegenstand des Unternehmens der staatlichen Genehmigung bedarf, der Nachweis der Genehmigung«.

Außerdem sollen folgende Sätze angefügt werden (Art. 1 Nr. 6 a) bb) MoMiG-RefE):

»Der Nachweis nach Nummer 6 kann durch die Versicherung ersetzt werden, dass die Genehmigung bei der zuständigen Stelle beantragt worden ist. Wird die Erteilung der Genehmigung nicht innerhalb von drei Monaten oder einer vom Gericht gesetzten anderen Frist nach der Eintragung der Gesellschaft in das Handelsregister nachgewiesen, so wird die Gesellschaft von Amts wegen gelöscht; § 141 a Abs. 2 des Gesetzes über die Angelegenheiten der Freiwilligen Gerichtsbarkeit gilt entsprechend. Rechtsmittel können nur darauf gestützt werden, dass die Genehmigung bei Ablauf der in S. 3 genannten Frist bereits bestandskräftig erteilt war.«

Zur Begründung des Art. 1 Nr. 6 a) MoMiG-RefE ist Folgendes ausgeführt (vgl. auch *Breitenstein/Meyding* BB 2006, 1457, 1458; *Seibert* ZIP 2006, 1157, 1164; *Triebel/Otte* ZIP 2006, 1321, 1322): **21**

»Mit der Änderung soll die Handelsregistereintragung von Gesellschaften erleichtert werden, deren Unternehmensgegenstand genehmigungspflichtig ist. Bislang kann die Gesellschaft nur dann eingetragen werden, wenn bereits bei der Anmeldung zur Eintragung die staatliche Genehmigungsurkunde vorliegt. Zukünftig soll anstelle der Genehmigung die Versicherung genügen, dass die Genehmigung bei der zukünftigen Stelle beantragt worden ist. Um zu verhindern, dass dauerhaft Gesellschaften ohne Betriebsgenehmigung im Handelsregister verzeichnet sind, muss die Erteilung der Genehmigung innerhalb von drei Monaten bzw. einer vom Registergericht gesetzten anderweitigen Frist nach Eintragung beim Registergericht nachgewiesen werden [. . .]. Die bisherige Rechtslage erschwert die Unternehmensgründung erheblich. [. . .]. Die angestrebte Erleichterung von Unternehmensgründungen darf allerdings nicht dazu ermutigen, ein Unternehmen ohne die erforderliche Genehmigung zu betreiben. Dementsprechend streng ist die Sanktion für den Fall auszugestalten, dass die Genehmigung nicht nachgereicht wird. Die drohende Amtslöschung mit der Folge der zwangsweisen Auflösung wird die Geschäftsführer dazu anhalten, die Erteilung der Genehmigung zu betreiben und beim Register nachzuweisen. Daneben droht die Haftung für falsche gründungsbezogene Angaben (§ 9 a Abs. 1). [. . .]. Auch der neugefasste § 8 Abs. 1 gewährleistet demgemäß, dass falsche Angaben bei der Gründung gesellschafts- und strafrechtliche Folgen nach sich ziehen können. Anders als die bisherige Fassung spricht der Entwurf nicht mehr von einer Genehmigungs*urkunde*. Mit Blick auf die bevorstehende Schaffung eines elektronischen Handelsregisters soll neutral nur der Nachweis der Genehmigung gefordert werden. In welcher Form der Nachweis zu erbringen ist, richtet sich nach den handelsregisterrechtlichen Vorschriften des § 12 HGB in der jeweiligen Fassung.«

7. Sonstige Unterlagen

a) Legitimation der Mitglieder des Aufsichtsrats

22 Der Anmeldung sind Urkunden über die Bestellung der Mitglieder eines – nach dem Gesellschaftsvertrag zu bestellenden – Aufsichtsrats sowie eine Liste der Mitglieder des Aufsichtsrats beizufügen (§ 52 Abs. 2 S. 1 GmbHG i. V.m. § 37 Abs. 4 Nr. 3 und Nr. 3 a AktG). Die Geschäftsführer haben bei jeder Änderung in den Personen der Mitglieder des Aufsichtsrats unverzüglich eine neue Liste zum Handelsregister einzureichen (§ 52 Abs. 2 S. 2 Hs. 1 GmbHG).

b) Gutachten der IHK sowie weiterer Kammern

23 Zur Vermeidung unzulässiger Eintragungen hat das (Register-)Gericht in zweifelhaften Fällen ein Gutachten der Industrie- und Handelskammer, ggf. auch der Handwerkskammer oder der Landwirtschaftskammer einzuholen (§ 23 HRV). Aus Beschleunigungsgründen kann es sinnvoll sein, den in § 8 Abs. 1 GmbHG genannten Unterlagen eine Stellungnahme der betroffenen Kammern beizufügen; eine solche Verpflichtung besteht nicht (vgl. Baumbach/Hueck/*Hueck/Fastrich* § 8 Rn. 10; Michalski/*Heyder* § 8 Rn. 22; MünchHdb GesR III/*Heinrich* § 8 Rn. 30).

c) Bankbestätigung über die Gutschrift des eingezahlten Betrags

24 Bei der Errichtung einer GmbH besteht – anders als bei der Errichtung einer AG (vgl. § 37 Abs. 1 S. 3 AktG) – keine Verpflichtung, die Leistung auf die Geldeinlagen (Einzahlung) bei Anmeldung der Gesellschaft zur Eintragung in das Handelsregister durch Vorlage einer Bankbestätigung nachzuweisen; allerdings kann das (Register-)Gericht im Rahmen seiner Prüfung der ordnungsgemäßen Errichtung und Anmeldung einer Gesellschaft unter bestimmten Voraussetzungen die Vorlage einer Bankbestätigung über die Gutschrift des eingezahlten Betrags verlangen (s. Rn. 29, § 9 a GmbHG Rn. 29 sowie § 9 c GmbHG Rn. 29). Aus Beschleunigungsgründen kann es daher sinnvoll sein, den Unterlagen eine solche Bestätigung vorsorglich beizufügen (vgl. Michalski/*Heyder* Rn. 22, 32; vgl. auch *Spiegelberger/Walz* GmbHR 1998, 761, 762).

II. Versicherung hinsichtlich der (Mindest-)Leistungen auf die Stammeinlagen, Abs. 2

25 In der Anmeldung ist die Versicherung abzugeben, dass die (Mindest-)Leistungen gem. § 7 Abs. 2 und 3 GmbHG bewirkt sind und dass der Gegenstand der Leistungen sich endgültig in der freien Verfügung der Geschäftsführer befindet sowie ggf. eine Sicherung bestellt ist (§ 8 Abs. 2 GmbHG). Erreicht der Wert einer Sacheinlage im Zeitpunkt der Anmeldung nicht den Betrag der dafür übernommenen Stammeinlage, hat der Gesellschafter in Höhe des Fehlbetrags eine Einlage in Geld zu leisten (§ 9 Abs. 1 GmbHG). Wer als Gesellschafter oder als Geschäftsführer zum Zweck der Eintragung falsche Angaben insbesondere über die Leistung der Einlagen, Sacheinlagen oder Sicherungen für nicht voll eingezahlte Geldeinlagen macht, wird bestraft (§ 82 Abs. 1 Nr. 1 GmbHG). Gesellschafter oder Geschäftsführer haben den Schaden zu ersetzen, welcher der Gesellschaft entsteht, wenn falsche Angaben gemacht werden (§ 9 a Abs. 1 GmbHG).

26 Der **RefE des MoMiG** (Stand: 29. 5. 2006) sieht die Aufhebung des § 7 Abs. 2 S. 3 GmbHG vor (s. § 7 GmbHG Rn. 38 f.), die folgerichtig auch zur **Aufhebung des § 8 Abs. 2 S. 2 GmbHG** führt; sollte der Entwurf Gesetz werden, ist die Unterscheidung zwischen der Gründung der Gesellschaft durch mehrere Personen und der Gründung durch eine Person gegenstandslos. Von einer Änderung des § 8 Abs. 2 S. 1 GmbHG hat der RefE mit folgender Begründung Abstand genommen: »Grundsätzlich reicht die Versicherung nach Satz 1 aus und kann im Rahmen der Anmeldung der GmbH leicht den künftig elektronisch einzureichenden übrigen Anmeldedokumenten in elektronischer Form beigefügt werden. Weitere Nachweise (Einzahlungsbelege etc.) sind grundsätzlich nicht erforderlich.«

27 Die Gründungsvorschriften insbesondere zur registerrechtlichen Präventivkontrolle sind auf die wirtschaftliche Neugründung einer Gesellschaft mittels »Aktivierung« einer Vorratsgesellschaft oder »Wiederbelebung« eines leeren (GmbH-)Mantels durch Ausstattung mit einem neuen Un-

ternehmen analog anzuwenden: Bei »Aktivierung einer Vorratsgesellschaft ist von den Geschäftsführern in der Anmeldung der – mit der wirtschaftlichen Neugründung verbundenen – Änderungen des Gesellschaftsvertrags, insbesondere des Unternehmensgegenstands, die Versicherung abzugeben, dass die in § 7 Abs. 2 und 3 GmbHG bezeichneten Leistungen auf die Stammeinlagen bewirkt sind und dass der Gegenstand der Leistungen sich weiterhin in ihrer freien Verfügung befindet (BGHZ 153, 158, 162; s. auch § 3 GmbHG Rn. 29 ff., § 7 GmbHG Rn. 4 sowie § 9 c GmbHG Rn. 25, 38). Die Tatsache der **»Wiederbelebung« eines leer gewordenen (GmbH-)Mantels** bedarf der Offenlegung gegenüber dem Registergericht, die mit einer entsprechenden Versicherung zu verbinden ist (BGHZ 155, 318, 323 ff.; OLG Jena NZG 2004, 1114; s. auch § 3 GmbHG Rn. 31 ff.).

Da die Anmeldung durch sämtliche Geschäftsführer zu bewirken ist (§ 78 GmbHG), ist die Ver- 28
sicherung, ohne dass dies – anders als hinsichtlich des Nichtvorliegens von Bestellungshindernissen (Abs. 3; s. Rn. 40 ff.) – ausdrücklich geregelt ist, von sämtlichen Geschäftsführern – einschließlich stellvertretenden Geschäftsführern (§ 44 GmbHG) – abzugeben (vgl. Baumbach / Hueck / *Hueck/Fastrich* § 8 Rn. 11; Scholz / *Winter* GmbHG, § 8 Rn. 22).

1. Versicherung hinsichtlich der Leistung von Geldeinlagen

a) Versicherung bei Gründung durch mehrere Personen

In der Anmeldung ist gem. Abs. 2 S. 1 die Versicherung abzugeben, dass die Mindestleistungen 29
gem. § 7 Abs. 2 S. 1 und 2 GmbHG (s. § 7 GmbHG Rn. 13 ff.) bewirkt sind und dass der Gegenstand der Leistungen sich endgültig in der freien Verfügung der Geschäftsführer befindet (s. § 7 GmbHG Rn. 20 ff.). Angesichts der mit der Abgabe einer falschen Versicherung verbundenen straf und haftungsrechtlichen Folgen für die Geschäftsführer (vgl. §§ 9 a Abs. 1, 82 Abs. 1 Nr. 1 GmbHG) enthält das GmbHG – anders als § 37 Abs. 1 S. 3 AktG für AGs – keine ausdrückliche Verpflichtung, die Einzahlung eines Geldbetrags durch Vorlage einer Bankbestätigung nachzuweisen (BGHZ 113, 335, 352 f. zur Kapitalerhöhung; BGH NJW 1997, 945; OLG Düsseldorf NJW-RR 1998, 898; OLG Frankfurt NJW-RR 1992, 1253; vgl. auch Lutter / Hommelhoff / *Lutter/ Bayer* GmbHG, § 8 Rn. 9; s. auch Rn. 24, § 9 a GmbHG Rn. 29 sowie § 9 c GmbHG Rn. 29). Da die Versicherung die Funktion hat, durch eine abschließende Erklärung nach außen zu dokumentieren, dass das Stammkapital in der gesetzlich vorgeschriebenen Mindesthöhe zur freien Verfügung steht, werden auch Umstände abgedeckt, die sich negativ auf den Vermögensbestand der Gesellschaft auswirken, indes aus einem Kontoauszug nicht ersichtlich sind (BGHZ 153, 158, 164).

Die Versicherung muss Angaben über den von jedem Inferenten (Einleger) **eingezahlten Betrag** 30
enthalten, sofern nicht die Geldeinlage vollständig geleistet ist; eine pauschale Versicherung über die ordnungsgemäße Bewirkung der Leistungen und die endgültig freie Verfügbarkeit ihrer Gegenstände genügt nicht, da diese Prüfung dem (Register-)Gericht gem. § 9 c Abs. 1 S. 1 GmbHG obliegt (BayObLG DB 1980, 438; OLG Celle NJW-RR 1986, 1482 zur Kapitalerhöhung; s. auch § 9 c GmbHG Rn. 26 ff.). Angaben über die **Art und Weise der Einzahlung** sind grundsätzlich nicht erforderlich (OLG Frankfurt NJW-RR 1992, 1253; Scholz / *Winter* GmbHG, § 8 Rn. 23; vgl. auch *Winkler* EWiR 1992, 679).

Sofern die Übernahme des Gründungsaufwands durch die Gesellschaft im Gesellschaftsvertrag 31
ordnungsgemäß festgesetzt ist (§ 26 Abs. 2 AktG analog; BGHZ 107, 1, 5 f.; BGH NJW 1998, 233), ist die hierdurch bewirkte Schmälerung der vor der Anmeldung zu bewirkenden (Mindest-)Leistungen auf die Stammeinlagen unschädlich (§ 36 Abs. 2 S. 1 AktG analog; s. auch § 7 GmbHG Rn. 17); die Versicherung ist insofern einschränkend in dem Sinn zu verstehen, dass die durch die Übernahme des Gründungsaufwands bewirkte Schmälerung die Versicherung nicht unrichtig macht (vgl. Baumbach / Hueck / *Hueck/Fastrich* § 8 Rn. 14; Scholz / *Winter* GmbHG, § 7 Rn. 38 sowie § 8 Rn. 24; s. auch § 9 a GmbHG Rn. 18, 20 sowie § 9 c GmbHG Rn. 36).

32 Sofern die Gesellschafter der **Aufnahme des Geschäftsbetriebs vor Eintragung** der Gesellschaft in das Handelsregister zugestimmt haben, haften sie anteilig in Höhe der Differenz zwischen dem im Gesellschaftsvertrag festgesetzten Stammkapital (ggf. abzüglich des Gründungsaufwands; s. Rn. 31) und dem Wert des Gesellschaftsvermögens im Zeitpunkt der Eintragung (Unterbilanz- oder Vorbelastungshaftung, s. § 11 GmbHG Rn. 23 ff.). Da es nicht Sinn dieser Haftung ist, die Eintragung einer Gesellschaft trotz unzureichender Kapitalausstattung zu ermöglichen, hat sich die Versicherung darauf zu erstrecken, inwieweit das aus Geldeinlagen oder Geldeinlageforderungen gebildete Startkapital bereits durch Verbindlichkeiten vorbelastet ist (BGHZ 80, 129, 143; 80, 182, 184 f.; BayObLG BB 1991, 2391; NZG 1999, 27; OLG Düsseldorf ZIP 1996, 1705; OLG Frankfurt NJW-RR 1992, 1254; OLG Hamm BB 1993, 21; OLG Köln NJW-RR 1988, 875; vgl. auch Michalski/*Heyder* § 8 Rn. 30; MünchHdb GesR III/*Heinrich* § 8 Rn. 15; Scholz/*Winter* GmbHG, § 8 Rn. 24; *Bokelmann* EWiR 1992, 57; *Gummert* WiB 1997, 29; *Weipert* EWiR 1997, 35; *Wessel* EWiR 1988, 595; *Winkler* EWiR 1992, 679; s. auch § 9 c GmbHG Rn. 36 f.). Wenn aus der Versicherung nicht hervorgeht, ob und bejahendenfalls welche Verbindlichkeiten die (Vor-)Gesellschaft bereits eingegangen ist, genügt die Versicherung nicht den an sie zu stellenden Anforderungen (KG NJW-RR 1997, 794).

33 Die Versicherung beinhaltet »von Gesetzes wegen« die Aussage, dass die vor der Anmeldung zu erbringenden Mindestleistungen gem. § 7 Abs. 2 S. 1 und 2 GmbHG (Mindestbetrag jeder Geldeinlage sowie Mindestbetrag sämtlicher [Geld- und Sach-]Einlagen) im Zeitpunkt der Anmeldung nicht durch schon entstandene Verluste ganz oder teilweise aufgezehrt sind; einer ausdrücklichen Versicherung hierüber bedarf es nicht (BGHZ 153, 158, 162 ff.; 155, 318, 326; vgl. auch Michalski/*Heyder* § 8 Rn. 30; MünchHdb GesR III/*Heinrich* § 8 Rn. 15; Scholz/*Winter* GmbHG, § 8 Rn. 24; *Ulmer* § 8 Rn. 31; a. A. Lutter/Hommelhoff/*Lutter/Bayer* GmbHG, § 8 Rn. 12).

34 Verbindlichkeiten, die nach Anmeldung der Gesellschaft zur Eintragung in das Handelsregister begründet werden, machen die Versicherung nicht unrichtig und begründen insbesondere keine Pflicht, die in der Versicherung enthaltenen Angaben zu korrigieren (vgl. Baumbach/Hueck/*Hueck/Fastrich* § 8 Rn. 14; MünchHdb GesR III/*Heinrich* § 8 Rn. 11; vgl. auch A/E/S/*Achilles* § 8 Rn. 12; a. A. *Roth*/Altmeppen § 8 Rn. 20 f.; s. auch § 9 a GmbHG Rn. 7 sowie § 9 c GmbHG Rn. 9; zur Prüfung des [Register-]Gerichts hinsichtlich der nach Anmeldung begründeten Verbindlickeiten s. § 9 c GmbHG Rn. 37).

35 Bei der wirtschaftlichen Neugründung einer Gesellschaft mittels **»Aktivierung« einer Vorratsgesellschaft** oder **»Wiederbelebung« eines leeren (GmbH-)Mantels** durch Ausstattung mit einem neuen Unternehmen hat sich die Versicherung, da die Kapitalaufbringung – ebenso wie bei jeder »regulären« (»echten«) rechtlichen Neugründung einer Gesellschaft – im Umfang der im Gesellschaftsvertrag festgelegten Stammkapitalziffer sichergestellt werden soll, nicht nur am gesetzlich geregelten Mindeststammkapital (§ 5 Abs. 1 S. 1 GmbHG: € 25.000,–), sondern an dem im Gesellschaftsvertrag festgesetzten Stammkapital auszurichten (BGHZ 155, 318, 325 f.; 153, 158, 162 ff.; s. auch Rn. 27).

b) Versicherung bei Gründung durch eine Person, S. 2

36 **aa) Geltende Fassung des S. 2** Wird die Gesellschaft nur durch eine Person gegründet, darf die Anmeldung zur Eintragung in das Handelsregister erst erfolgen, wenn mindestens ¼ auf die Geldeinlage eingezahlt und der Mindestbetrag sämtlicher (Geld- und Sach-)Einlagen € 12.500 erreicht sowie für den übrigen Teil der Geldeinlage eine Sicherung bestellt ist (s. § 7 GmbHG Rn. 34 ff.). Zusätzlich zu der Versicherung hinsichtlich der Mindestleistung gem. Abs. 2 S. 1 (s. Rn. 29 ff.) ist in der Anmeldung die Versicherung abzugeben, dass die erforderliche Sicherung bestellt ist, wenn die Geldeinlage nicht voll eingezahlt ist (Abs. 2 S. 2).

37 Um dem (Register-)Gericht die Überprüfung zu ermöglichen, ob der mit der Bestellung der Sicherung verfolgte Zweck erreicht wird (s. § 7 GmbHG Rn. 34), sind in die Versicherung **Ausfüh-**

rungen zum Sicherungsmittel sowie zu **Art und Weise seiner Bestellung** aufzunehmen, die eine Beurteilung des Wertes der Sicherung erlauben; eine Versicherung, die den bloßen Hinweis auf die Bestellung einer Sicherung enthält, reicht nicht aus, zumal die Beifügung entsprechender Unterlagen – anders als bei der Leistung von Sacheinlagen (vgl. Abs. 1 Nr. 4 und 5) – nicht vorgeschrieben ist (vgl. A/E/S/*Achilles* § 8 Rn. 14; Baumbach/Hueck/*Hueck/Fastrich* § 8 Rn. 12; vgl. aber auch MünchHdb GesR III/*Heinrich* § 10 Rn. 18; s. auch § 9 c GmbHG Rn. 28 ff.). Bei der Einzahlung eines – über den in § 7 Abs. 2 S. 1 GmbHG geregelten Mindestbetrag der Geldeinlage hinausgehenden – (Mehr-)Betrags (s. § 7 GmbHG Rn. 33) ist zu versichern, dass diese Mehrleistung bewirkt ist und zur endgültig freien Verfügung der Geschäftsführer steht (vgl. *Ulmer* § 8 Rn. 34; Scholz/*Winter* GmbHG, § 8 Rn. 25; vgl. außerdem LG Bonn GmbHR 1993, 99).

bb) Beabsichtigte Aufhebung des S. 2 Der **RefE des MoMiG** (Stand: 29. 5. 2006) sieht die Aufhebung des § 7 Abs. 2 S. 3 GmbHG (Art. 1 Nr. 5 MoMiG-RefE) und »als Folgeänderung« die Aufhebung des § 8 Abs. 2 S. 2 GmbHG vor (Art. 1 Nr. 6 b MoMiG-RefE). Zur Begründung des Art. 1 Nr. 5 MoMiG-RefE wird ausgeführt, dass die Aufhebung des § 7 Abs. 2 S. 3 »zu weiteren Deregulierungen durch Streichung von § 8 Abs. 2 S. 2 und § 19 Abs. 4« führt (vgl. auch *Seibert* ZIP 2006, 1157, 1164; s. auch § 7 GmbHG Rn. 38 f.). 38

2. Versicherung hinsichtlich der Leistung von Sacheinlagen

Ist im Gesellschaftsvertrag die Leistung von Sacheinlagen vereinbart (§ 5 Abs. 4 S. 1 GmbHG), 39 sind diese vor Anmeldung der Gesellschaft zur Eintragung in das Handelsregister so zu bewirken, dass sie endgültig zur freien Verfügung der Geschäftsführer stehen (s. § 7 GmbHG Rn. 40 ff.). In der Anmeldung ist die Versicherung abzugeben, dass diese Leistungen bewirkt sind und dass der Gegenstand der Leistungen sich endgültig in der freien Verfügung der Geschäftsführer befindet (Abs. 2 S. 1). Angesichts der Unterlagen, die bei der Leistung von Sacheinlagen der Anmeldung beizufügen sind (Abs. 1 Nr. 4, s. Rn. 13 f., sowie Abs. 1 Nr. 5, s. Rn. 15) sind detaillierte Ausführungen zur (vollständigen) Bewirkung der Sachleistungen und zur endgültig freien Verfügbarkeit über ihren Gegenstand entbehrlich, weil auf die Festsetzung des Gegenstandes der Sacheinlage im Gesellschaftsvertrag (§ 5 Abs. 4 S. 1 GmbHG) und auf die beigefügten Unterlagen Bezug genommen werden kann (vgl. Baumbach/Hueck/*Hueck/Fastrich* § 8 Rn. 12; Scholz/*Winter* GmbHG, § 8 Rn. 23; *Ulmer* § 8 Rn. 30).

III. Versicherung hinsichtlich des Nichtvorliegens von Bestellungshindernissen, Abs. 3

1. Geltende Fassung des Abs. 3

»In der Anmeldung« haben die Geschäftsführer zu versichern, dass keine Umstände vorliegen, 40 die ihrer Bestellung auf Grund der **Verurteilung wegen einer Straftat** nach den §§ 283 bis 283 d StGB (Insolvenzstraftaten: Bankrott, Verletzung der Buchführungspflicht, Gläubigerbegünstigung, Schuldnerbegünstigung) oder auf Grund gerichtlicher oder behördlicher **Untersagung der Ausübung eines Berufs**, Berufszweigs, Gewerbes oder Gewerbezweigs entgegenstehen (Abs. 3 S. 1 Hs. 1 i. V. m. § 6 Abs. 2 S. 3 und 4 GmbHG; s. auch § 6 GmbHG Rn. 9).

Durch die Versicherung soll vermieden werden, dass das (Register-)Gericht bei Anmeldung einer 41 Gesellschaft eine Auskunft beim Bundeszentralregister einholt; die Versicherung ist mit einer Selbstauskunft vergleichbar, die abgegeben wird, um das Nichtvorliegen gesetzlicher Bestellungshindernisse zu belegen (BayObLG BB 1982, 200; BB 1984, 238; DB 1982, 2126; LG Bremen GmbHR 1999, 865). Es wird nicht verlangt, dass in der Versicherung die Überschriften der einzelnen, in §§ 283 bis 283 d StGB genannten Straftatbestände aufgeführt sind (OLG Jena GmbHR 1995, 453). Besteht ein Berufs- oder Gewerbeverbot, muss sich die Versicherung konkret auf den Unternehmensgegenstand beziehen, um dem Gericht eine Prüfung, ob der Unternehmensgegenstand von dem Verbot erfasst wird, zu ermöglichen; eine pauschale Angabe, wonach für eine »Tätigkeit auf dem Gebiet der Gesellschaft« keine Ausschlussgründe bestehen, genügt nicht

(OLG Düsseldorf NJW-RR 1997, 414). Die Versicherung ist von jedem Geschäftsführer nur für seine Person abzugeben, weil die Kenntnis über derartige Bestellungshindernisse in der Person eines Mitgeschäftsführers nicht verlangt werden kann (vgl. Scholz / *Winter* GmbHG, § 8 Rn. 26).

42 Außerdem haben die Geschäftsführer zu versichern, dass sie über ihre unbeschränkte Auskunftspflicht hinsichtlich einer Verurteilung **belehrt** wurden; die Belehrung kann auch durch einen **Notar** vorgenommen werden (Abs. 3 S. 1 Hs. 2, S. 2). Der Verweis auf § 51 Abs. 2 BZRG i. d. F. der Bekanntmachung vom 22. 7. 1976 (BGBl. I, 2005) ist – nach der Neufassung dieses Gesetzes, die nach der Einfügung des (seitdem unverändert gebliebenen) § 8 Abs. 3 GmbHG durch Art. 1 Nr. 8 c) des GmbHÄndG vom 4. 7. 1980 (BGBl. I, 836) erfolgt ist – als Verweis auf den (inhaltsgleichen) § 53 Abs. 2 des BZRG i. d. F. der Bekanntmachung vom 21. 9. 1984 (BGBl. I, 1229, ber. 1985 I, 195) zu verstehen.

43 Überwiegend wird – neben der Belehrung durch das (Register-)Gericht oder einen deutschen Notar – auch die **Belehrung durch einen ausländischen Notar** oder einen **deutschen Konsularbeamten** im Ausland als ausreichend angesehen (LG Nürnberg RPfleger 1994, 360; vgl. *Ulmer* § 8 Rn. 36; *Bartovics* GmbHR 1998, 778; a. A. LG Ulm RPfleger 1988, 108; vgl. auch *Wolff* ZIP 1985, 1489, 1492 f.; vgl. außerdem Michalski / *Heyder* § 8 Rn. 37; MünchHdb GesR III / *Heinrich* § 8 Rn. 13). Die Belehrung kann auch schriftlich erfolgen (LG Bremen GmbHR 1999, 865; vgl. auch *Simon* ZIP 1995, 1724; a. A. *Wolff* GmbHR 1998, 35).

44 Die **Unrichtigkeit der Versicherung** ist eine Straftat (§ 82 Abs. 1 Nr. 5 GmbHG). Sie kann zu Schadensersatzansprüchen führen (§ 9 a Abs. 1 GmbHG, § 823 Abs. 2 BGB i. V. m. § 82 Abs. 1 Nr. 5 GmbHG; s. auch § 9 a GmbHG Rn. 5 ff., 28).

2. Beabsichtigte Änderung des Abs. 3

45 Der **RefE des MoMiG** (Stand: 29. 5. 2006) sieht die **Änderung des Abs. 3 S. 1** vor, indem die Worte »§ 6 Abs. 2 S. 3 und 4« durch die Worte »§ 6 Abs. 2 Nr. 2 und 3« ersetzt werden (Art. 1 Nr. 6 c) aa) MoMiG-RefE). Es handelt sich hierbei um eine Folgeänderung zur Änderung des § 6 Abs. 2 GmbHG durch Art. 1 Nr. 4 a) MoMiG-RefE (s. § 6 GmbHG Rn. 30).

46 Ferner ist folgende **Neufassung des Abs. 3 S. 2** vorgesehen (Art. 1 Nr. 6 c) bb) MoMiG-RefE): »Die Belehrung nach § 53 Abs. 2 des Bundeszentralregistergesetzes kann auch durch einen Notar vorgenommen werden.« In der Begründung zu Art. 1 Nr. 6 c) bb) MoMiG-RefE wird diese Änderung als Anpassung an das BZRG bezeichnet.

IV. Angabe der Vertretungsbefugnis der Geschäftsführer, Abs. 4

1. Geltende Fassung des Abs. 4

47 In der Anmeldung ist die Vertretungsbefugnis der Geschäftsführer (§ 35 Abs. 2 GmbHG) anzugeben (Abs. 4). Die Vertretungsbefugnis wird vom (Register-)Gericht in das Handelsregister eingetragen (§ 10 Abs. 1 S. 2 GmbHG). Da die Anmeldung die Eintragung in das Handelsregister vorbereitet, hat sie sich an der Eintragungsnotwendigkeit und -fähigkeit zu orientieren (vgl. Baumbach / Hueck / *Hueck/Fastrich* § 8 Rn. 17; s. auch § 10 GmbHG Rn. 2).

48 Die Anmeldung muss die Vertretungsbefugnis der Geschäftsführer **ausdrücklich** angeben; es genügt nicht, dass sie aus den dem (Register-)Gericht eingereichten Unterlagen, insbesondere dem Gesellschaftsvertrag oder der Liste der Gesellschafter, erschlossen werden kann (BayObLG NZG 2000, 138; NZG 2000, 684; vgl. auch Lutter / Hommelhoff / *Lutter/Bayer* GmbHG, § 8 Rn. 15; Scholz / *Winter* GmbHG, § 8 Rn. 27; *Ulmer* § 8 Rn. 38).

49 Da Abs. 4 – ebenso wie § 10 Abs. 1 S. 2 GmbHG – durch Art. 3 Nr. 1 des »Gesetzes zur Durchführung der Ersten Richtlinie des Rates der Europäischen Gemeinschaften zur Koordinierung des Gesellschaftsrechts« vom 15. 8. 1969 (BGBl. I, 1146) in das GmbHG eingefügt worden ist, ist die Zielsetzung dieser Richtlinie bei seiner Auslegung zu berücksichtigen: Jeder, der den Wunsch hat, Geschäftsverbindungen mit Gesellschaften in einem anderen Mitgliedstaat aufzunehmen oder fortzusetzen, muss sich unschwer Kenntnis von den Befugnissen der mit ihrer Vertretung betrauten Personen verschaffen können; im Interesse des grenzüberschreitenden Rechtsverkehrs müssen alle einschlägigen Angaben in Registern oder amtlichen Unterlagen aufgeführt werden, selbst wenn sich diese Angaben aus nationalen Rechtsvorschriften ergeben, weil von Außenstehenden deren Kenntnis nicht verlangt werden kann. Aus diesem Grund ist bei der Bestellung eines einzigen Geschäftsführers anzugeben, dass dieser die Gesellschaft alleine vertritt, selbst wenn sich diese Vertretungsbefugnis ohne weiteres aus dem Gesetz ergibt; bei der Bestellung mehrerer Geschäftsführer ist die Vertretungsbefugnis auch dann anzugeben, wenn diese – mangels abweichender Regelung des Gesellschaftsvertrags – der gesetzlichen Regelung des § 35 Abs. 2 S. 2 GmbHG entspricht (EuGH BB 1974, 1500, vorangehend BGH BB 1974, 808, nachfolgend BGHZ 63, 261, 263 ff.; BayObLG NZG 1998, 72; OLG Zweibrücken NJW-RR 1993, 933).

Da die Befreiung vom Verbot des Selbstkontrahierens (§ 181 BGB) als Vertretungsregelung behandelt wird (s. § 35 GmbHG Rn. 15 ff.), ist diese anzumelden und in das Handelsregister einzutragen (vgl. BGHZ 87, 59, 60 ff.; 114, 167, 170; BGH NJW 2000, 664; OLG Köln NJW-RR 1996, 1382; OLG Frankfurt GmbHR 1997, 349; s. auch § 10 GmbHG Rn. 10 sowie § 39 GmbHG Rn. 2 f.). Nicht nur eine uneingeschränkte Befreiung, sondern auch eine solche, die nur bestimmte Arten von Geschäften oder nur Geschäfte mit bestimmten Personen umfasst, ist anzumelden und einzutragen (vgl. OLG Düsseldorf NJW-RR 1995, 488; vgl. auch *Bokelmann* EWiR 1994, 1063; *Kurz* WiB 1995, 24). Die Befreiung des Geschäftsführers einer (Komplementär-)GmbH einer GmbH & Co. KG vom Verbot des Selbstkontrahierens kann in das Handelsregister der Kommanditgesellschaft eingetragen werden (vgl. BayObLG NZG 2000, 138; NZG 2000, 684). Eine im Gesellschaftsvertrag enthaltene Ermächtigung der Gesellschafterversammlung, durch Beschluss eine vom Gesellschaftsvertrag abweichende Vertretungsregelung zu treffen oder vom Verbot des Selbstkontrahierens zu befreien, kann indes nicht in das Handelsregister eingetragen werden (vgl. OLG Frankfurt GmbHR 1994, 118; OLG Hamm NJW-RR 1997, 415; vgl. auch *Holzer* WiB 1997, 530). 50

2. Beabsichtigte Änderung des Abs. 4

Der **RefE des MoMiG** (Stand: 29. 5. 2006) sieht folgende Neufassung des Abs. 4 vor (Art. 1 Nr. 6 d) MoMiG-RefE): 51

In der Anmeldung sind ferner anzugeben

1. eine inländische Geschäftsanschrift,
2. Art und Umfang der Vertretungsbefugnis der Geschäftsführer.

Zur **Begründung** des Art. 1 Nr. 6 d) MoMiG-RefE wird Folgendes ausgeführt (vgl. auch *Seibert* ZIP 2006, 1157, 1164 f.): 52

»Der bisherige Rechtszustand war unbefriedigend und hat zu Zustellungsproblemen zu Lasten der Gläubiger der GmbH geführt [...]. Der Gesellschaft ist freigestellt, den Ort der inländischen Anschrift zu wählen, sie hat aber die gesetzliche Pflicht, eine solche Anschrift zur Eintragung anzumelden. Unter dieser Anschrift, die für Dritte im Handelsregister jederzeit – und künftig auch online – einsehbar ist, kann an den oder die Vertreter der Gesellschaft wirksam zugestellt werden [...]. Die eingetragene Anschrift kann im Register auch nicht ohne Eintragung einer neuen Zustellungsanschrift gelöscht werden. [...]. Der Hintergrund ist auch hier, dass es der Gesellschaft nicht ermöglicht werden darf, beispielsweise durch Unterlassen von Änderungsmitteilungen bei Verlegung der Geschäftsräume, durch Schließung des Geschäftslokals, durch Umzug des Geschäftsführers ins Ausland, durch Zulassen der Führungslosigkeit oder ähnlichem sich den Gläubigern zu entziehen.«

V. Elektronische Einreichung von Dokumenten, Abs. 5

Das vom Bundesrat am 13. 10. 2006 beschlossene **»Gesetz über elektronische Handelsregister und Genossenschaftsregister sowie das Unternehmensregister« (EHUG)** hat zu einer Änderung des Abs. 5 geführt: Das bislang bestehende Erfordernis, wonach die Geschäftsführer ihre Unterschriften zur Aufbewahrung beim (Register-) Gericht zu zeichnen haben, besteht nicht 53 mehr (Art. 10 Nr. 1 EHUG). In der **Begründung** des Gesetzesentwurfs wird dazu Folgendes ausgeführt (BR-Drs. 942/05, 167 = BT-Drs. 16/960, 66):

»Bei der Neufassung des Absatzes 5 handelt es sich um eine Folgeänderung der Aufgabe des Erfordernisses einer Unterschriftsprobe (vgl. die Begründung zu § 14 HGB in der Fassung des Entwurfs, oben Artikel 1 Nr. 8). Des Weiteren wird zum Zwecke der Klarstellung die elektronische Einreichung von Dokumenten durch Verweis auf die entsprechende Regelung des HGB vorgesehen.«

54 Zur Neufassung des § 14 HGB (Artikel 1 Nr. 8 EHUG) ist in der Begründung des Gesetzesentwurfs Folgendes ausgeführt (BR-Drs. 942/05, 116 = BT-Drs. 16/960, 47):

»Das Erfordernis, eine Unterschriftsprobe zu hinterlegen, wird künftig aufgegeben. Die elektronische Führung des Handelsregisters könnte zwar auch eingescannte Unterschriften digital aufnehmen, doch würde in diesem Fall eine Echtheitsprüfung nicht mehr mit hinreichender Sicherheit stattfinden können, da es dafür nicht nur auf den zweidimensionalen Schriftzug, sondern wesentlich auch auf den Druckpunkt ankommt. Die Online-Präsentation eingescannter Unterschriften würde auf der anderen Seite zu einem Missbrauchsrisiko führen, da diese digitale Grafik für jedermann verfügbar wäre. Vor die Alternative gestellt, nur wegen der Unterschrift ein zweites Handelsregister in herkömmlicher Papieraktenform zu führen oder das Erfordernis einer Unterschriftszeichnung aufzugeben, entscheidet sich der Entwurf für letzteres. Zusätzlich steht zu erwarten, dass die elektronische Signatur die eigenhändige Namensunterschrift im Geschäftsverkehr ablösen wird.«

55 Die Neufassung des Abs. 5 durch das EHUG sieht die **elektronische Einreichung von Dokumenten** vor, indem auf § 12 Abs. 2 HGB in der durch Art. 1 Nr. 2 EHUG geänderten Fassung verwiesen wird. **§ 12 Abs. 2 HGB** lautet wie folgt (vgl. Art. 1 Nr. 2 EHUG; zur Neufassung des § 12 Abs. 1 HGB s. § 7 GmbHG Rn. 8 ff.):

56 *Dokumente sind elektronisch einzureichen. Ist eine Urschrift oder eine einfache Abschrift einzureichen oder ist für ein Dokument die Schriftform bestimmt, genügt die Übermittlung einer elektronischen Aufzeichnung; ist ein notariell beurkundetes Dokument oder eine öffentlich beglaubigte Abschrift einzureichen, so ist ein mit einem einfachen elektronischen Zeugnis (§ 39 a des Beurkundungsgesetzes) versehenes Dokument zu übermitteln.*

57 In ihrer Begründung zur Neufassung des Abs. 5 hat die Bundesregierung ausgeführt, dass »die elektronische Einreichung von Dokumenten durch Verweis auf die entsprechende Regelung des HGB vorgesehen« ist (BR-Drs. 942/05, 167 = BT-Drs. 16/960, 66). Zur Neufassung des § 12 Abs. 2 HGB ist in der Begründung des Gesetzesentwurfs durch die Bundesregierung Folgendes ausgeführt (BR-Drs. 942/05, 111 f. = BT-Drs. 16/960, 45 f.):

»Die Vorschrift bewirkt den Übergang auf einen vollelektronischen Rechtsverkehr mit dem Registergericht [...]. Da die Register elektronisch geführt werden, ist auch die Zulieferung der Dokumente auf diesem Wege zu bewerkstelligen. Andernfalls müssten die papierschriftlichen Unterlagen von den Registergerichten digitalisiert werden, was nicht nur kostenaufwändig wäre, sondern auch eine mehrfache Transformation bedeuten würde, da die Dokumente bei den Unternehmen ganz überwiegend bereits elektronisch vorliegen.«

§ 9 [Überbewertung der Sacheinlagen]

(1) Erreicht der Wert einer Sacheinlage im Zeitpunkt der Anmeldung der Gesellschaft zur Eintragung in das Handelsregister nicht den Betrag der dafür übernommenen Stammeinlage, hat der Gesellschafter in Höhe des Fehlbetrags eine Einlage in Geld zu leisten.

(2) Der Anspruch der Gesellschaft verjährt in zehn Jahren seit der Eintragung der Gesellschaft in das Handelsregister.

A. Allgemeines

Die durch Art. 13 Nr. 1 des »Gesetzes zur Anpassung der Verjährungsvorschriften an das Gesetz zur Modernisierung des Schuldrechts« vom 9. 12. 2004 (BGBl. I, 3214) zuletzt geänderte Vorschrift regelt die **Haftung eines Gesellschafters** wegen der Überbewertung einer von ihm geleisteten Sacheinlage. Diese Regelung ist durch Art. 1 Nr. 7 des GmbHÄndG vom 4. 7. 1980 (BGBl. I, 836) in das GmbHG eingefügt worden; sie beruht auf Regeln, die in Rechtswissenschaft und Rechtsprechung (vgl. BGHZ 68, 191, 195 f.; 29, 300, 304 ff.; BGH WM 1985, 1066) entwickelt wurden (vgl. z. B. Baumbach / Hueck / *Hueck/Fastrich* § 9 Rn. 1; Michalski / *Heyder* § 9 Rn. 1; *Lutter* DB 1980, 1317, 1319; *K. Schmidt* GmbHR 1978, 5; NJW 1980, 1769, 1771). Im **RefE des MoMiG** (Stand: 29. 5. 2006) ist die Überschrift »Überbewertung der Sacheinlagen« vorgesehen. 1

Die Gesellschaft ist unter Beifügung des – notariell zu beurkundenden und von sämtlichen Gesellschaftern zu unterzeichnenden (§ 2 Abs. 1 GmbHG) – Gesellschaftsvertrags zur Eintragung in das Handelsregister anzumelden (§§ 7 Abs. 1, 8 Abs. 1 Nr. 1 GmbHG); sofern Sacheinlagen geleistet werden sollen, müssen der Gegenstand der Sacheinlage und der Betrag der Stammeinlage, auf die sich die Sacheinlage bezieht, im Gesellschaftsvertrag festgesetzt werden (§ 5 Abs. 4 S. 1 GmbHG). Vor der Anmeldung sind Sacheinlagen so an die Gesellschaft zu bewirken, dass sie endgültig zur freien Verfügung der Geschäftsführer stehen (§ 7 Abs. 3 GmbHG). Der Anmeldung sind die den Festsetzungen zu Grunde liegenden oder zu ihrer Ausführung geschlossenen Verträge und der Sachgründungsbericht sowie Unterlagen darüber, dass der Wert der Sacheinlagen den Betrag der dafür übernommenen Stammeinlagen erreicht, beizufügen (§ 8 Abs. 1 Nr. 4 und 5 GmbHG). In der Anmeldung ist die Versicherung abzugeben, dass die Sacheinlagen bewirkt sind und dass der Gegenstand der Leistungen sich endgültig in der freien Verfügung der Geschäftsführer befindet (§ 8 Abs. 2 S. 1 GmbHG). Das (Register-)Gericht überprüft die ordnungsgemäße Errichtung und Anmeldung der Gesellschaft zur Eintragung in das Handelsregister; sofern die Prüfung zum Ergebnis nicht ordnungsgemäßer Errichtung oder Anmeldung führt, hat das (Register-)Gericht die Eintragung der Gesellschaft in das Handelsregister abzulehnen (§ 9 c Abs. 1 S. 1 GmbHG). Die Eintragung wird ferner abgelehnt, wenn Sacheinlagen überbewertet worden sind (§ 9 c Abs. 1 S. 2 GmbHG). 2

Nach der Konzeption des Gesetzgebers ist die Leistung einer Geldeinlage zur Erfüllung der Einlageverpflichtung die Regel; unter bestimmten Voraussetzungen kann die Einlageverpflichtung durch die Leistung einer Sacheinlage anstelle einer Geldeinlage erfüllt werden: Der **Gefahr nicht ordnungsgemäßer Aufbringung des Stammkapitals** bei der Leistung von Sacheinlagen wird insbesondere durch die Verpflichtungen begegnet, eine Sacheinlage offen zu legen (§§ 5 Abs. 4 S. 1 GmbHG), einen Sachgründungsbericht zu erstellen (§ 5 Abs. 4 S. 2 GmbHG) und die Sacheinlage vor Anmeldung der Gesellschaft zur Eintragung in das Handelsregister vollständig zu bewirken (§ 7 Abs. 3 GmbHG), sowie durch die (register-)gerichtliche Prüfung und Ablehnung der Eintragung in das Handelsregister, wenn Sacheinlagen überbewertet worden sind (§ 9 c Abs. 1 S. 2 GmbHG). Durch § 9 GmbHG werden diese Vorschriften, die der ordnungsgemäßen Aufbringung des Stammkapitals bei der Leistung von Sacheinlagen dienen, um eine den Gesellschafter treffende Haftung wegen der Überbewertung der von ihm geleisteten Sacheinlage ergänzt. 3

§ 9 GmbHG findet entsprechende Anwendung bei einer **Kapitalerhöhung**, bei der Sacheinlagen geleistet werden (§ 56 Abs. 2 GmbHG). 4

Im Anwendungsbereich des **D-Mark-Bilanzgesetzes** (DMBilG) i. d. F. der Bekanntmachung vom 28. 7. 1994 (BGBl. I, 1842), zuletzt geändert durch Art. 8 Abs. 19 des Bilanzrechtsreformgesetzes (BilReG) vom 4. 12. 2004 (BGBl. I, 3166), wird ein Anspruch auf Grund der (Differenz-)Haftung gem. § 9 GmbHG durch die spezielleren Regelungen der §§ 24, 26 DMBilG verdrängt (BGH NZG 1998, 150; NJW 1999, 1481; NZG 2000, 1226; KG NZG 1999, 1235). 5

B. Haftung wegen Überbewertung einer Sacheinlage

I. Voraussetzungen: Überbewertung einer Sacheinlage

6 Unter Sacheinlage i. S. d. § 9 GmbHG wird eine Leistung auf die Stammeinlage, die nicht in Geld besteht (Sacheinlage i. e. S.) oder die durch Aufrechnung einer für die Überlassung von Vermögensgegenständen zu gewährenden Vergütung bewirkt wird (»Sachübernahme«; s. § 19 GmbHG Rn. 43), verstanden. Bei einer »Mischeinlage« (»gemischte Einlage«; s. § 5 GmbHG Rn. 20) wird § 9 GmbHG auf den Teil, der auf die Sacheinlage entfällt, angewendet. Da eine »verdeckte Sacheinlage« mangels gesellschaftsvertraglicher Regelung keine Sacheinlage i. S. d. § 5 Abs. 4 GmbHG ist (s. § 5 GmbHG Rn. 36 ff. sowie § 19 GmbHG Rn. 80 ff.), wird hierdurch die Haftung gem. § 9 GmbHG nicht begründet; der Gesellschafter wird von der Verpflichtung zur Leistung einer Geldeinlage jedoch nicht befreit (§§ 19 Abs. 5 i. V. m. 5 Abs. 4 S. 1 GmbHG; vgl. A/E/S/*Achilles* § 9 Rn. 2; Baumbach/Hueck/*Hueck/Fastrich* § 9 Rn. 2; Lutter/Hommelhoff/*Lutter/Bayer* GmbHG, § 9 Rn. 3; Michalski/*Heyder* § 9 Rn. 2; MünchHdb GesR III/*Gummert* § 50 Rn. 165; s. auch § 5 GmbHG Rn. 42 f. sowie § 19 GmbHG Rn. 84 ff.).

7 Ein – vom Gesellschafter durch Geldeinlage auszugleichender – **Fehlbetrag (Differenz)** liegt vor, wenn der Wert der Sacheinlage nicht den Betrag der dafür übernommenen, im Gesellschaftsvertrag festgesetzten Stammeinlage erreicht. Der Wert der Sacheinlage ist nach dem Zeitwert zu bestimmen; als Zeitwert ist bei Gegenständen des Umlaufvermögens regelmäßig der **Verkehrswert**, bei Gegenständen des Anlagevermögens regelmäßig der **Wiederbeschaffungswert** anzusetzen (OLG Düsseldorf NJW-RR 1992, 426; OLG München GmbHR 1994, 712 [LS]; vgl. Michalski/*Heyder* § 9 Rn. 5; *Ulmer* § 9 Rn. 13; vgl. außerdem *Schulze-Osterloh* EWiR 1994, 465).

8 Ausweislich des eindeutigen Gesetzeswortlauts ist für die Ermittlung des Werts einer Sacheinlage – anders als bei der Prüfung des Werts einer Sacheinlage durch das (Register-)Gericht gem. § 9 c Abs. 1 S. 2 GmbHG (s. Rn. 17 sowie § 9 c GmbHG Rn. 9, 33) und bei der Prüfung, ob infolge Aufnahme der Geschäftstätigkeit vor Eintragung der Gesellschaft in das Handelsregister eine Unterbilanz vorliegt (s. Rn. 19 sowie § 11 GmbHG Rn. 23 ff.), – der **Tag der Anmeldung**, nicht der Tag der Eintragung maßgebend. Die Maßgeblichkeit des Zeitpunktes der Anmeldung wird damit begründet, dass die Anmeldung im Gegensatz zur Eintragung im »Herrschaftsbereich« des Gesellschafters liegt und dieser folglich ihren Zeitpunkt beeinflussen kann. Eine nach der Anmeldung eintretende Wertminderung oder Wertsteigerung ist bei der – für die (Differenz-)Haftung des Gesellschafters maßgeblichen – Ermittlung des Wertes der Sacheinlage ohne Bedeutung (vgl. A/E/S/*Achilles* § 9 Rn. 5; Lutter/Hommelhoff/*Lutter/Bayer* GmbHG, § 9 Rn. 5; Michalski/*Heyder* § 9 Rn. 7 f.; *Roth*/Altmeppen § 9 Rn. 4; Scholz/*Winter* GmbHG, § 9 Rn. 11, 18; *Ulmer* § 9 Rn. 7, 15 f.).

II. Rechtsfolge: Geldeinlage in Höhe des Fehlbetrags

9 Ein Gesellschafter hat, wenn der Wert der von ihm geleisteten Sacheinlage nicht den Betrag der dafür übernommenen, im Gesellschaftsvertrag festgesetzten Stammeinlage erreicht, in Höhe des Fehlbetrags (Differenz) eine Geldeinlage zu leisten. Die Verpflichtung zur Leistung einer die Sacheinlage ergänzenden Geldeinlage unterliegt grundsätzlich den für Geldeinlagen geltenden **Regeln der Kapitalaufbringung**, insbesondere § 19 GmbHG; bei diesem – wieder aufgelebten – Anspruch der Gesellschaft auf Leistung einer Geldeinlage gegenüber ihrem Gesellschafter handelt es sich nicht um einen Schadensersatzanspruch (vgl. Baumbach/Hueck/*Hueck/Fastrich* § 9 Rn. 5 ff.; MünchHdb GesR III/*Gummert* § 50 Rn. 164; *Roth*/Altmeppen § 9 Rn. 6 f.; R/S-L/*Schmitt-Leithoff* § 9 Rn. 7 f.; Scholz/*Winter* GmbHG, § 9 Rn. 3; *Ulmer* § 9 Rn. 4).

10 Der Anspruch auf Leistung einer die Sacheinlage ergänzenden Geldeinlage ist bereits im Zeitpunkt der Anmeldung der Gesellschaft zur Eintragung in das Handelsregister fällig, ohne dass es eines Beschlusses der Gesellschafterversammlung gem. § 46 Nr. 2 GmbHG bedarf: Zu diesem Zeitpunkt, in dem die Höhe des Anspruchs bestimmt bzw. bestimmbar ist, liegen sämtliche Voraussetzungen des Anspruchs vor, weil nicht nur die Sacheinlage, sondern auch die diese

ergänzende Geldeinlage vor der Anmeldung vollständig zu bewirken ist (vgl. Baumbach / Hueck / *Hueck/Fastrich* § 9 Rn. 8; Michalski / *Heyder* § 9 Rn. 12 ff.; Scholz / *Winter* GmbHG, § 9 Rn. 19).

Der Anspruch auf Leistung einer die Sacheinlage ergänzenden Geldeinlage besteht nur im (Innen-)Verhältnis zur Gesellschaft; er wird, sofern keine Insolvenz besteht, von ihren Geschäftsführern geltend gemacht (vgl. MünchHdb GesR III / *Gummert* § 50 Rn. 168; R / S-L / *Schmitt-Leithoff* § 9 Rn. 9). 11

III. Verjährung, Abs. 2

Der Anspruch auf Leistung einer die Sacheinlage ergänzenden Geldeinlage verjährt in **zehn Jahren seit Eintragung** der Gesellschaft in das Handelsregister (Abs. 2). Durch Art. 13 Nr. 1 des »Gesetzes zur Anpassung der Verjährungsvorschriften an das Gesetz zur Modernisierung des Schuldrechts« vom 9. 12. 2004 (BGBl. I, 3214) ist die – bis zur Gesetzesänderung fünf Jahre betragende – Verjährungsfrist auf zehn Jahre verlängert worden. Ausweislich der Begründung des Gesetzesentwurfs zur Änderung des Abs. 2 durch die Bundesregierung soll die Neuregelung dazu dienen, dass – »entsprechend dem Ziel, eine einheitliche Verjährungsfrist für Kapitalaufbringung und Kapitalerhaltung im Aktien- wie im GmbH-Recht festzulegen« – »Geld- und Sacheinlagen demnach grundsätzlich auch derselben Verjährungsfrist unterliegen, wenn es sich um überbewertete Sacheinlagen handelt«; auf diese Weise werden »zugleich die gravierenden Unterschiede zwischen überbewerteter und verdeckter Sacheinlage abgemildert« (BT-Drs. 15/3653, 11). 12

Die für eine 5-jährige Verjährungsfrist sprechenden Erwägungen, mit zunehmender Dauer werde die Bewertung einer Sacheinlage immer schwieriger und nach fünf Jahren habe sich regelmäßig gezeigt, ob sich die Überbewertung zum Nachteil der Gläubiger ausgewirkt hat (BGHZ 105, 300, 304 ff.; 118, 83, 101 f. zur AG; BGH NZG 2000, 1226; WM 1985, 1066), sind durch die Neuregelung aufgegeben worden (vgl. *Roth* / Altmeppen § 9 Rn. 11). 13

Für den Beginn der Verjährung ist auf den Tag der Eintragung der Gesellschaft in das Handelsregister, nicht auf den Tag der Anmeldung zur Eintragung abzustellen, obwohl für die Beurteilung, ob eine Überbewertung vorliegt, der Zeitpunkt der Anmeldung maßgebend ist (s. Rn. 8). Da das Datum der Anmeldung nicht in gleicher Weise festgehalten wird wie das Datum der Eintragung (vgl. §§ 15, 40 Nr. 6, 43 Nr. 7 HRV), wird aus Gründen der Rechtssicherheit auf den Zeitpunkt der Eintragung abgestellt (Gesetzesentwurf der Bundesregierung, BT-Drs. 15/3653, 11). 14

IV. Darlegungs- und Beweislast

Die Darlegungs- und Beweislast für das Bestehen eines Anspruchs auf Leistung einer die Sacheinlage ergänzenden Geldeinlage trifft die Gesellschaft, im Insolvenzfall deren Insolvenzverwalter; sofern indes aufgrund konkreter, von der Gesellschaft dargelegter und ggf. bewiesener Umstände Zweifel am angegebenen Wert der Sacheinlage vorhanden sind, besteht eine sekundäre Darlegungslast des Gesellschafters (vgl. A / E / S / *Achilles* Rn. 6; R / S-L / *Schmidt-Leithoff* § 9 Rn. 9; Scholz / *Winter* GmbHG, § 9 Rn. 15; vgl. auch BGH NJW 1999, 143; OLG Düsseldorf NJW-RR 1992, 426; OLG München GmbHR 1994, 712 [LS]; LG Bonn GmbHR 1999, 1291 [LS]; vgl. außerdem Lutter / Hommelhoff / *Lutter/Bayer* GmbHG, § 9 Rn. 10; Michalski / *Heyder* § 9 Rn. 10; *von Gleichenstein* EWiR 1999, 953; *Schulze-Osterloh* EWiR 1994, 465; a. A. *Roth* / Altmeppen § 9 Rn. 4). 15

Eine andere Beurteilung der Darlegungs- und Beweislast ist auch nicht wegen der Verlängerung der Verjährungsfrist auf zehn Jahre infolge der Neuregelung des § 9 Abs. 2 GmbHG durch Art. 13 Nr. 1 des »Gesetzes zur Anpassung der Verjährungsvorschriften an das Gesetz zur Modernisierung des Schuldrechts« vom 9. 12. 2004 (BGBl. I, 3214) angezeigt (vgl. dazu die Begründung des Gesetzesentwurfs durch die Bundesregierung, BT-Drs. 15/3653, 11 f.). 16

C. Verhältnis der Haftung wegen der Überbewertung einer Sacheinlage zur (register-)gerichtlichen Prüfung und zu anderen Haftungstatbeständen

17 Die – auf den Zeitpunkt der Eintragung bezogene (s. Rn. 8) – Prüfung des Werts einer Sacheinlage durch das (Register-)Gerichts gem. § 9 c Abs. 1 S. 2 GmbHG ist für die (Differenz-)Haftung des Gesellschafters wegen der Überbewertung einer Sacheinlage im Zeitpunkt der Anmeldung ohne Bedeutung: Die erfolgte Eintragung der Gesellschaft in das Handelsregister schließt die (Differenz-)Haftung des Gesellschafters nicht aus (s. auch § 9 c GmbHG Rn. 32 ff.). Außerdem wird das in der Überbewertung einer Sacheinlage liegende Eintragungshindernis nicht durch das Bestehen eines Anspruchs auf Grund der (Differenz-)Haftung beseitigt (vgl. Michalski / *Heyder* § 9 Rn. 2; MünchHdb GesR III / *Gummert* § 50 Rn. 170 f.; R / S-L / *Schmidt-Leithoff* § 9 Rn. 6; Scholz / *Winter* GmbHG, § 9 Rn. 22; *Ulmer* § 9 Rn. 18 ff.).

18 Neben der – auf Leistung einer die Sacheinlage ergänzenden Geldeinlage gerichteten – (Differenz-)Haftung des Gesellschafters wegen Überbewertung einer Sacheinlage kommt ein **Ersatzanspruch der Gesellschaft wegen falscher Angaben** zum Zweck der Errichtung einer Gesellschaft gem. § 9 a Abs. 1 und 4 GmbHG in Betracht (vgl. auch Lutter / Hommelhoff / *Lutter/Bayer* GmbHG, § 9 Rn. 12; Michalski / *Heyder* § 9 Rn. 17; Scholz / *Winter* GmbHG, § 9 Rn. 24 f.; vgl. aber auch *Roth* / Altmeppen § 9 Rn. 13; s. auch § 9 a GmbHG Rn. 17).

19 Durch die **Unterbilanzhaftung** wird gewährleistet, dass der Gesellschaft das ihr von ihren Gesellschaftern versprochene, im Gesellschaftsvertrag verlautbarte Stammkapital im Zeitpunkt ihrer Eintragung in das Handelsregister zur Verfügung steht; Voraussetzung einer solchen Haftung ist die Aufnahme der Geschäftstätigkeit vor Eintragung der Gesellschaft in das Handelsregister, die zu einer Unterbilanz im Zeitpunkt der Eintragung führt (s. § 11 GmbHG Rn. 23 ff.). Angesichts der unterschiedlichen Voraussetzungen schließt die Unterbilanzhaftung die (Differenz-)Haftung wegen der Überbewertung einer Sacheinlage im Zeitpunkt der Anmeldung (s. Rn. 8) nicht aus; die Ansprüche können, sofern ihre jeweiligen Voraussetzungen vorliegen, nebeneinander bestehen (vgl. Baumbach / Hueck / *Hueck/Fastrich* § 9 Rn. 9; *Ulmer* § 9 Rn. 22 sowie § 11 Rn. 101; vgl. aber auch *Roth* / Altmeppen Rn. 7; R / S-L / *Schmidt-Leithoff* § 9 Rn. 12 sowie § 11 Rn. 30 f.; Scholz / *K. Schmidt* GmbHG, § 11 Rn. 130).

§ 9 a [Ersatzansprüche der Gesellschaft]

(1) Werden zum Zweck der Errichtung der Gesellschaft falsche Angaben gemacht, so haben die Gesellschafter und Geschäftsführer der Gesellschaft als Gesamtschuldner fehlende Einzahlungen zu leisten, eine Vergütung, die nicht unter den Gründungsaufwand aufgenommen ist, zu ersetzen und für den sonst entstehenden Schaden Ersatz zu leisten.

(2) Wird die Gesellschaft von Gesellschaftern durch Einlagen oder Gründungsaufwand vorsätzlich oder aus grober Fahrlässigkeit geschädigt, so sind ihr alle Gesellschafter als Gesamtschuldner zum Ersatz verpflichtet.

(3) Von diesen Verpflichtungen ist ein Gesellschafter oder ein Geschäftsführer befreit, wenn er die die Ersatzpflicht begründenden Tatsachen weder kannte noch bei Anwendung der Sorgfalt eines ordentlichen Geschäftsmannes kennen mußte.

(4) Neben den Gesellschaftern sind in gleicher Weise Personen verantwortlich, für deren Rechnung die Gesellschafter Stammeinlagen übernommen haben. Sie können sich auf ihre eigene Unkenntnis nicht wegen solcher Umstände berufen, die ein für ihre Rechnung handelnder Gesellschafter kannte oder bei Anwendung der Sorgfalt eines ordentlichen Geschäftsmannes kennen mußte.

Übersicht:

A. Allgemeines

Die durch Art. 1 Nr. 8 des GmbHÄndG vom 4. 7. 1980 (BGBl. I, 836) in das GmbH-Gesetz eingefügte Vorschrift regelt die **Haftung der Geschäftsführer und der Gesellschafter wegen falscher Angaben** zum Zweck der Errichtung einer Gesellschaft (Abs. 1) und die Haftung der Gesellschafter wegen Schädigung der Gesellschaft durch Einlagen oder Gründungsaufwand (Abs. 2); die Haftung wird auch auf die »Hintermänner« der Gesellschaftern erstreckt (Abs. 4). Die bis zum Inkrafttreten des Gesetzes vom 4. 7. 1980 geltende (Vorläufer-)Vorschrift regelte lediglich eine Haftung der zur Anmeldung berufenen Geschäftsführer wegen falscher Angaben über die Leistung der Einlagen (§ 9 GmbHG a. F.). Im **RefE des MoMiG** (Stand: 29. 5. 2006) ist die Überschrift »Ersatzansprüche der Gesellschaft« vorgesehen. Die Regelung wird ergänzt durch § 9 b Abs. 1 GmbH, der im Interesse des Schutzes der Gesellschaftsgläubiger die Unwirksamkeit eines Verzichts auf einen Ersatzanspruch gem. Abs. 1 und 4 und gem. Abs. 2 und 4 sowie eines Vergleichs über einen derartigen Ersatzanspruch regelt (s. § 9 b GmbHG Rn. 3 ff.); die Verjährung eines derartigen Ersatzanspruchs ist in § 9 b Abs. 2 GmbHG geregelt (s. § 9 b GmbHG Rn. 10 f.). 1

Die Gesellschaft ist unter Beifügung des – notariell zu beurkundenden und von sämtlichen Gesellschaftern zu unterzeichnenden (§ 2 Abs. 1 GmbHG) – Gesellschaftsvertrags zur Eintragung in das Handelsregister anzumelden (§§ 7 Abs. 1, 8 Abs. 1 Nr. 1 GmbHG); sämtliche Geschäftsführer haben die Anmeldung zu bewirken (§ 78 GmbHG). Die Anmeldung darf erst erfolgen, wenn bestimmte (Mindest-)Leistungen auf die Stammeinlagen erbracht sind: Auf jede Geldeinlage ist ¼ einzuzahlen, wobei der Mindestbetrag sämtlicher (Geld- und Sach-)Einlagen € 12.500,– erreichen muss (§ 7 Abs. 2 S. 1 und 2 GmbHG); bei Gründung der Gesellschaft durch eine Person ist für den übrigen Teil der Geldeinlage eine Sicherung zu bestellen (§ 7 Abs. 2 S. 3 GmbHG). Sacheinlagen sind so zu bewirken, dass sie vor der Anmeldung endgültig zur freien Verfügung der Geschäftsführer stehen (§ 7 Abs. 3 GmbHG). In der Anmeldung ist die Versicherung abzugeben, dass diese (Mindest-)Leistungen bewirkt sind und dass der Gegenstand der Leistungen sich endgültig in der freien Verfügung der Geschäftsführer befindet sowie ggf. eine Sicherung bestellt ist (§ 8 Abs. 2 GmbHG). In der Anmeldung haben die Geschäftsführer außerdem zu versichern, dass ihrer Bestellung keine Hindernisse entgegenstehen (§ 8 Abs. 3 GmbHG). Vorbehaltlich des entsprechenden Ergebnisses einer Prüfung durch das (Register-)Gericht (§ 9 c GmbHG) wird die ordnungsgemäß errichtete und angemeldete Gesellschaft in das Handelsregister eingetragen (§ 10 Abs. 1 und 2 GmbHG); vor ihrer Eintragung in das Handelsregister besteht die Gesellschaft »als solche« nicht (§ 11 Abs. 1 GmbHG). 2

Wer als **Gesellschafter** oder als **Geschäftsführer** zum Zweck der Eintragung falsche Angaben insbesondere über die Leistung der Einlagen oder Sicherungen für nicht voll eingezahlte Geldeinlagen macht, wird bestraft (§ 82 Abs. 1 Nr. 1 GmbHG). Wer als **Geschäftsführer** in der Versicherung darüber, dass seiner Bestellung kein Hindernis entgegensteht und dass er über seine 3

Auskunftspflicht belehrt worden ist, falsche Angaben macht, wird bestraft (§ 82 Abs. 1 Nr. 5 GmbHG).

4 Abs. 1 und 3 gelten entsprechend für die Verantwortlichkeit der Geschäftsführer, welche die Kapitalerhöhung zur Eintragung in das Handelsregister angemeldet haben (§ 57 Abs. 4 GmbHG).

B. Haftung wegen falscher Angaben zum Zweck der Errichtung der Gesellschaft, Abs. 1 und 4

5 Geschäftsführer, Gesellschafter und ihre »Hintermänner« (Abs. 4) haben der Gesellschaft als Gesamtschuldner fehlende Einzahlungen zu leisten, eine nicht unter den Gründungsaufwand aufgenommene (Gründungs-)Vergütung zu ersetzen und für den sonst entstehenden Schaden Ersatz zu leisten, wenn zum Zweck der Errichtung der Gesellschaft falsche Angaben gemacht worden sind (Abs. 1). Bei diesem Anspruch handelt es sich – ebenso wie beim Anspruch gem. Abs. 2 – um einen **verschuldensabhängigen gesetzlichen Schadensersatzanspruch** gesellschaftsrechtlicher, nicht deliktischer oder deliktsähnlicher Natur, weil die Verletzung organschaftlicher oder mitgliedschaftlicher Rechte sanktioniert wird (vgl. Baumbach / Hueck / *Hueck/Fastrich* § 9 a Rn. 1; a. A. Michalski / *Heyder* § 9 a Rn. 24; MünchHdb GesR III / *Heinrich* § 13 Rn. 1; Scholz / *Winter* GmbHG, § 9 a Rn. 6). Durch diese Ersatzansprüche wird die Ordnungsmäßigkeit der Gründung einer Gesellschaft durch die Auferlegung einer (zivilrechtlichen) Haftung abgesichert; aus diesem Zweck der Regelung ergibt sich, dass der Anspruch erst mit Eintragung der Gesellschaft in das Handelsregister entsteht (OLG Rostock GmbHR 1995, 658; vgl. auch Michalski / *Heyder* § 9 a Rn. 23, 32; Scholz / *Winter* GmbHG, § 9 a Rn. 3; vgl. außerdem Baumbach / Hueck / *Hueck/Fastrich* § 9 a Rn. 19; zur Inhaberschaft und Geltendmachung der Ersatzansprüche s. Rn. 23).

I. Voraussetzungen

1. Falsche Angaben zum Zweck der Errichtung der Gesellschaft

6 Die Angaben müssen zum Zweck der »Errichtung der Gesellschaft« gemacht werden. Unter »Errichtung« wird der **gesamte Gründungsvorgang** – vom Abschluss des Gesellschaftsvertrags bis zur Eintragung der Gesellschaft in das Handelsregister (vgl. die Überschrift des Ersten Abschnitts des GmbHG) – verstanden; der Tatbestand ist weiter gefasst als bei der Verantwortlichkeit der Gründer einer AG gem. § 46 Abs. 1 S. 1 AktG (vgl. Michalski / *Heyder* § 9 a Rn. 4 f.; Scholz / *Winter* GmbHG, § 9 a Rn. 13). Die Verwirklichung des Tatbestands setzt nicht voraus, dass die **Angaben** gegenüber dem (Register-)Gericht gemacht werden; auch Angaben gegenüber einem (Mit-)Geschäftsführer, gegenüber einem (Mit-)Gesellschafter, gegenüber einem Sachverständigen, der z. B. mit der Bewertung einer Sacheinlage betraut ist, gegenüber einer Behörde, die im Fall der Genehmigungsbedürftigkeit des Unternehmensgegenstandes (vgl. § 8 Abs. 1 Nr. 6 GmbHG) für die Erteilung der Genehmigung zuständig ist, oder gegenüber anderen Personen können den Tatbestand erfüllen (vgl. Michalski / *Heyder* § 9 a Rn. 9; *Ulmer* § 9 a Rn. 13; a. A. hinsichtl. Angaben gegenüber einer Behörde: Lutter / Hommelhoff / *Lutter/Bayer* GmbHG, § 9 a Rn. 3; R/S-L / *Schmidt-Leithoff* § 9 a Rn. 8; Scholz / *Winter* GmbHG, § 9 a Rn. 11; vgl. auch BGH NJW 1999, 143, vorangehend OLG Köln GmbHR 1998, 42, hinsichtl. Angaben gegenüber einem Sachverständigen). Ferner ist nicht erforderlich, dass die Angaben von einem Geschäftsführer, einem Gesellschafter oder einem »Hintermann« (Abs. 4) gemacht werden; eine Haftung **für von Dritten gemachte Angaben** kommt in Betracht, wenn sich die Ersatzpflichtigen diese Angaben – z. B. durch Beifügung einer Bankbestätigung über die Gutschrift eines eingezahlten Betrags bei Anmeldung der Gesellschaft zur Eintragung in das Handelsregister (s. Rn. 29, § 8 GmbHG Rn. 24 sowie § 9 c GmbHG Rn. 29) – zu eigen machen (vgl. MünchHdb GesR III / *Heinrich* § 13 Rn. 9; Scholz / *Winter* GmbHG, § 9 a Rn. 10; vgl. außerdem KG NZG 2000, 841).

7 Eine Angabe ist **falsch**, wenn sie **objektiv** – unabhängig von der Vorstellung der Geschäftsführer, Gesellschafter oder ihrer »Hintermänner« – **unrichtig** ist; eine Angabe ist auch dann falsch, wenn sie zwar für sich genommen inhaltlich richtig ist, aber durch das Verschweigen von Einzelum-

ständen ein mit der Wirklichkeit objektiv nicht übereinstimmender Sinn vermittelt wird (OLG Bremen GmbHR 1998, 40). Für die Beurteilung der Unrichtigkeit ist auf den Zeitpunkt abzustellen, in dem die Angabe gemacht worden ist: Bei einer gegenüber dem (Register-)Gericht »in der Anmeldung« zu machenden Angabe ist dies der **Zeitpunkt des Eingangs der Anmeldung** beim (Register-)Gericht; auf den Zeitpunkt der Eintragung der Gesellschaft in das Handelsregister kommt es nicht an. Sofern sich die tatsächlichen Umstände ändern, nachdem die Angabe gemacht worden ist, wird die Angabe nicht unrichtig; eine **Pflicht zur Korrektur** einer früheren Angabe besteht nicht (vgl. A/E/S/*Achilles* § 9 a Rn. 6; Baumbach/Hueck/*Hueck/Fastrich* § 9 a Rn. 12; Lutter/Hommelhoff/*Lutter/Bayer* GmbHG, § 9 a Rn. 4 f.; Michalski/*Heyder* Rn. 10 ff.; MünchHdb GesR III/*Heinrich* § 13 Rn. 8; Scholz/*Winter* GmbHG, § 9 a Rn. 20 f.; a. A. OLG Rostock GmbHR 1995, 658; s. auch § 8 GmbHG Rn. 33 f. sowie § 9 c GmbHG Rn. 9, 37).

Eine gegenüber dem (Register-)Gericht gemachte Angabe, die im Zeitpunkt ihres Eingangs bei Gericht falsch ist, kann bis zur Eintragung der Gesellschaft in das Handelsregister berichtigt werden (Michalski/*Heyder* § 9 a Rn. 14; R/S-L/*Schmidt-Leithoff* § 9 a Rn. 11; Scholz/*Winter* GmbHG, § 9 a Rn. 22; zu dem für die Kenntnis oder das Kennenmüssen der Unrichtigkeit einer Angabe maßgebenden Zeitpunkt s. Rn. 13). 8

In der Praxis kommt eine **Haftung** vor allem **wegen folgender Angaben** in Betracht: wegen falscher Angaben in der – von den Geschäftsführern »in der Anmeldung« der Gesellschaft zur Eintragung in das Handelsregister abzugebenden – **Versicherung über die Erbringung der (Mindest-)Leistungen** auf die Stammeinlagen (§ 8 Abs. 2 GmbHG i. V. m. § 7 Abs. 2 und 3 GmbHG), insbesondere über die Leistung (»Einzahlung«) von Geldeinlagen (vgl. OLG Bremen GmbHR 1998, 40; OLG Celle NZG 2000, 1178; OLG Düsseldorf GmbHR 1995, 582; OLG Köln NZG 1999, 459; OLG Rostock GmbHR 1995, 658; OLG Schleswig NZG 2001, 84; LG Heilbronn DB 1993, 1352; LG Mannheim GmbHR 1996, 118 zur Kapitalerhöhung; s. auch Rn. 16); wegen falscher Angaben in dem – von den Gesellschaftern zu erstellenden und der Anmeldung beizufügenden – **Sachgründungsbericht** (§ 5 Abs. 4 S. 2 GmbHG i. V. m. § 8 Abs. 1 Nr. 4 GmbHG) bei der Leistung von Sacheinlagen (vgl. KG NZG 2000, 841; OLG Köln NZG 2002, 679; s. auch Rn. 17); wegen falscher Angaben **gegenüber einem Sachverständigen**, der in einem Gutachten, das der Anmeldung beizufügen ist (§ 8 Abs. 1 Nr. 5 GmbHG), eine Sacheinlage bewertet (vgl. BGH NJW 1999, 143). 9

2. Ersatzpflichtige

Der Anspruch besteht **gegenüber sämtlichen Geschäftsführern** – einschließlich den stellvertretenden Geschäftsführern (§ 44 GmbHG) –, ohne dass es darauf ankommt, von wem im konkreten Fall die falsche Angabe gemacht worden ist oder ob allgemein eine bestimmte Geschäftsverteilung unter den Geschäftsführern vereinbart ist (vgl. Baumbach/Hueck/*Hueck/Fastrich* § 9 a Rn. 2; Michalski/*Heyder* § 9 a Rn. 15; Scholz/*Winter* GmbHG, § 9 a Rn. 23). Die Haftung sämtlicher Geschäftsführer begegnet keinen Bedenken, weil die Anmeldung einer Gesellschaft zur Eintragung in das Handelsregister durch sämtliche Geschäftsführer zu bewirken ist (§ 78 GmbHG; vgl. *Ulmer* § 9 a Rn. 32; s. auch § 7 GmbHG Rn. 6, § 8 GmbHG Rn. 28). 10

Angesichts der »Inkongruenz zwischen Nichtmitwirkung bei der Anmeldung und Gründungshaftung« wird von einer Auffassung eine »restriktive Auslegung« des Abs. 1 befürwortet, wonach ein **Gesellschafter** nur für diejenigen Angaben haftet, die er selbst – z. B. im Sachgründungsbericht – gemacht oder zu deren Abgabe er die Geschäftsführer veranlasst hat (vgl. *Ulmer* § 9 a Rn. 33 f.). Diesem Einwand kann indes bei der Prüfung des Verschuldens Rechnung getragen werden; außerdem besteht angesichts der gesamtschuldnerischen Haftung der Ersatzpflichtigen eine Rückgriffsmöglichkeit im Innenverhältnis (s. Rn. 24). 11

Um eine Umgehung der Haftung der Gesellschafter durch das »Vorschieben vermögensloser Strohmänner« zu verhindern, besteht auch eine Haftung derjenigen Personen, für deren Rechnung die Gesellschafter Stammeinlagen übernommen haben (Abs. 4 S. 1). Auch hinsichtlich 12 eines »**Hintermanns**«, der bei der Abgabe von Erklärungen über keine Einwirkungsmöglichkeit verfügt, bedarf es keiner einschränkenden Auslegung des Abs. 4 S. 1, da dieser Einwand bei der Prüfung des Verschuldens zu berücksichtigen ist (vgl. A / E / S / *Achilles* § 9 a Rn. 4; Lutter / Hommelhoff / *Lutter/Bayer* GmbHG, § 9 a Rn. 13; Michalski / *Heyder* § 9 a Rn. 16; R / S-L / *Schmidt-Leithoff* § 9 a Rn. 28; a. A. Baumbach / Hueck / *Hueck/Fastrich* § 9 a Rn. 4; MünchHdb GesR III / *Heinrich* § 13 Rn. 4; *Roth* / Altmeppen § 9 a Rn. 20; Scholz / *Winter* GmbHG, § 9 a Rn. 26; vgl. auch *Ulmer* § 9 a Rn. 36).

3. Verschulden, Abs. 3 und Abs. 4 S. 2

13 Die Ersatzpflicht setzt nicht voraus, dass der Ersatzpflichtige persönlich die falsche Angabe gemacht; ausreichend ist die Kenntnis oder das – bei Anwendung der Sorgfalt eines ordentlichen Geschäftsmanns – **Kennenmüssen** der Unrichtigkeit der Angabe. Maßgebender Zeitpunkt für die Kenntnis oder das Kennenmüssen ihrer Unrichtigkeit ist die **Eintragung der Gesellschaft** in das Handelsregister, weil eine Berichtigung der Angabe gegenüber dem (Register-)Gericht bis zu diesem Zeitpunkt möglich ist (s. auch Rn. 8; zu dem – hiervon abweichenden – Zeitpunkt für die Beurteilung der Unrichtigkeit s. Rn. 7). Da für das Kennenmüssen der Sorgfaltsmaßstab eines ordentlichen Geschäftsmanns (vgl. auch § 43 Abs. 1 GmbHG) zugrunde gelegt wird, ist die einem Geschäftsführer oder Gesellschafter individuell fehlende Aus- oder Vorbildung, Erfahrung oder Gewandheit unbeachtlich (vgl. MünchHdb GesR III / *Heinrich* § 13 Rn. 10; Scholz / *Winter* GmbHG, § 9 a Rn. 27; *Ulmer* § 9 a Rn. 38). Dies bedeutet in der Praxis insbesondere, dass Geschäftsführer den Sachgründungsbericht der Gesellschafter nicht ungeprüft in die Anmeldung übernehmen dürfen, sondern mindestens eine **Plausibilitätskontrolle** vornehmen müssen (vgl. Lutter / Hommelhoff / *Lutter/Bayer* GmbHG, § 9 a Rn. 6; vgl. auch Michalski / *Heyder* Rn. 19).

14 Das **Verschulden** der – als Gesamtschuldner haftenden – Geschäftsführer und Gesellschafter wird **vermutet**; diese können die Vermutung widerlegen (»Entlastungsbeweis«). Die Beweislastumkehr darf nicht zu einer Garantiehaftung führen (KG NZG 2000, 841).

15 Da der »**Hintermann**« eines Gesellschafters für das Verschulden des auf seine Rechnung handelnden Gesellschafters (»Vordermann«) haftet (Abs. 4 S. 1), muss er zu seiner Entlastung den Nachweis führen, dass weder er noch sein »Vordermann« die Unrichtigkeit der Angaben kannte oder bei Anwendung der Sorgfalt eines ordentlichen Geschäftsmanns erkennen konnte; Abs. 4 S. 2 verlangt vom »Hintermann« einen »doppelten Entlastungsbeweis«, um seine Haftung auszuschließen (vgl. *Ulmer* § 9 a Rn. 39; Scholz / *Winter* GmbHG, § 9 a Rn. 29).

II. Rechtsfolge

16 Ohne besonderen Nachweis, dass der Gesellschaft ein Schaden entstanden ist, sind von den Ersatzpflichtigen diejenigen **Einzahlungen** zu leisten, die – entgegen der Angabe – vom Inferenten (Einleger) **nicht geleistet** worden sind. Ein Geschäftsführer, der eine unzutreffende Versicherung über die Einzahlung eines bestimmten Betrags abgegeben hat, ist zur Einzahlung dieses Betrags auch dann verpflichtet, wenn zur Eintragung der Gesellschaft in das Handelsregister die Einzahlung eines geringeren Betrags genügt hätte (OLG Celle NZG 2000, 1178; OLG Schleswig NZG 2001, 84). Dem Ersatzanspruch gem. Abs. 1 und 4 steht nicht entgegen, dass der Gesellschaft gegenüber dem betreffenden Gesellschafter ein nicht erfüllter Anspruch auf Leistung seiner Einlage zusteht, selbst wenn dieser Anspruch durchsetzbar ist (BGHZ 113, 335, 355; vgl. auch Baumbach / Hueck / *Hueck/Fastrich* § 9 a Rn. 14; Michalski / *Heyder* § 9 a Rn. 26; MünchHdb GesR III / *Heinrich* § 13 Rn. 11; Scholz / *Winter* GmbHG, § 9 a Rn. 31; *Ulmer* Rn. 43, 46; zum Verhältnis zwischen einem Anspruch gem. Abs. 1 und 4 und einem Anspruch auf Leistung einer Einlage s. Rn. 25). Mit Leistung der Einlage durch den Inferenten (Einleger) erlischt der Anspruch (OLG Düsseldorf GmbHR 1995, 582; vgl. Lutter / Hommelhoff / *Lutter/Bayer* GmbHG, § 9 a Rn. 7; Scholz / *Winter* GmbHG, § 9 a Rn. 42).

17 Ungeachtet des missverständlichen, auf »Einzahlungen« abstellenden Wortlauts des Abs. 1 ist auch für eine **nicht bewirkte Sacheinlage** Ersatz zu leisten, wenn die entsprechende Angabe falsch ist; Ersatz ist in Natur oder ggf. in Geld zu leisten, wobei sich die Höhe nach dem Betrag der Stammeinlage richtet, der auf die betreffende Sacheinlage entfällt (vgl. Baumbach / Hueck / *Hueck/Fastrich* § 9 a Rn. 14; Lutter / Hommelhoff / *Lutter/Bayer* GmbHG, § 9 a Rn. 7; Scholz / *Winter* GmbHG, § 9 a Rn. 32). Ist eine Sacheinlage – entgegen den Angaben im Sachgründungsbericht – überbewertet, haften die Ersatzpflichtigen auf Ersatz des Fehlbetrags (Differenz) zwischen dem tatsächlichen und dem falsch angegebenen Wert der Einlage (KG NZG 2000, 841). Dem Ersatzanspruch gem. Abs. 1 und 4 steht nicht entgegen, dass der Gesellschaft wegen der Überbewertung einer Sacheinlage ein Anspruch auf Zahlung einer Bareinlage in Höhe des Fehlbetrags (Differenz) gem. § 9 GmbHG zusteht, selbst wenn dieser Anspruch durchsetzbar ist (vgl. R / S-L / *Schmidt-Leithoff* § 9 a Rn. 18; *Ulmer* § 9 a Rn. 43, 46; zum Verhältnis zwischen einem Anspruch gem. Abs. 1 und 4 und einem Anspruch gem. § 9 GmbHG s. § 9 GmbHG Rn. 18).

Im Gesellschaftsvertrag kann bestimmt werden, dass der **Gründungsaufwand** im (Innen-)Ver- 18
hältnis zwischen Gesellschaft und Gesellschaftern (Gründern) von der Gesellschaft zu tragen ist, wobei über die Nennung der einzelnen Kostenpositionen, aus denen sich der Gründungsaufwand zusammensetzt, hinausgehend der Ausweis eines – ggf. geschätzten – Gesamtbetrages erforderlich ist; wenn das Stammkapital durch die Übernahme des Gründungsaufwands vorbelastet wird, muss dies aus Gründen des Gläubigerschutzes im Gesellschaftsvertrag offengelegt werden (§ 26 Abs. 2 AktG analog; BGHZ 107, 1, 5 f. = NJW 1989, 1610; BGH NJW 1998, 233; s. auch Rn. 20 sowie § 3 GmbHG Rn. 23 f.). Eine anlässlich der Gründung gezahlte Vergütung ist zu ersetzen, wenn sie nicht zu dem ordnungsgemäß im Gesellschaftsvertrag festgesetzten und (nur) deshalb von der Gesellschaft zu tragenden Gründungsaufwand gehört; dem Ersatzanspruch gem. Abs. 1 und 4 steht nicht entgegen, dass die Vergütung vom Empfänger zurückgefordert werden kann (vgl. Baumbach / Hueck / *Hueck/Fastrich* § 9 a Rn. 15; Michalski / *Heyder* § 9 a Rn. 28; Scholz / *Winter* GmbHG, § 9 a Rn. 33).

Der Ersatzanspruch gem. Abs. 1 und 4 umfasst auch den »**sonst entstehenden Schaden**«: Der 19
durch eine falsche Angabe verursachte Schaden ist zu ersetzen, indem die Gesellschaft so gestellt wird, wie sie stünde, wenn die Angabe nicht falsch, sondern richtig gewesen wäre; der gesamte Schaden einschließlich eines Folgeschadens, insbesondere entgangenen Gewinns, ist zu ersetzen (vgl. Baumbach / Hueck / *Hueck/Fastrich* § 9 a Rn. 16; Michalski / *Heyder* § 9 a Rn. 25; Scholz / *Winter* GmbHG, § 9 a Rn. 30; *Ulmer* Rn. 41). Umfasst ist insbesondere der durch Zahlung von Kreditzinsen infolge rechtswidrig gewährter (Gründungs-)Vergütung entstandene Schaden (vgl. *Goette* DStR 1998, 1308, 1311)

C. Haftung wegen Schädigung durch Einlagen oder Gründungsaufwand, Abs. 2 und 4

Sofern die Gesellschaft durch Einlagen oder Gründungsaufwand **vorsätzlich oder grob fahrläs-** 20
sig geschädigt wird, steht ihr gegenüber den Gesellschaftern und ihren »Hintermännern« (Abs. 4) ein Ersatzanspruch zu (Abs. 2). Da die Haftung nach Abs. 2 und 4 – anders als die Haftung gem. Abs. 1 und 4 – nicht das Machen falscher Angaben zum Zweck der Errichtung der Gesellschaft voraussetzt, kann die haftungsbegründende Handlung entweder nach Eintragung der Gesellschaft erfolgen (vgl. § 9 b Abs. 2 S. 2 Alt. 2 GmbHG; s. § 9 b GmbHG Rn. 11) oder liegt in einer anderen Handlung als dem Machen falscher Angaben; da der Ersatzanspruch gem. Abs. 2 und 4 gegenüber dem gem. Abs. 1 und 4 subsidiär ist, verbleibt nur ein kleiner Anwendungsbereich (vgl. *Roth* / Altmeppen § 9 a Rn. 19; Scholz / *Winter* GmbHG, § 9 a Rn. 35 f.; *Ulmer* § 9 a Rn. 47; a. A. A / E / S / *Achilles* § 9 a Rn. 10; zur Rechtsnatur und zum Zweck des Anspruchs gem. Abs. 2 und 4 s. Rn. 5). Veröffentlichte Gerichtsentscheidungen existieren – soweit ersichtlich – nicht; im Schrifttum werden folgende **Beispiele** zur Anwendung dieses Ersatzanspruchs genannt: die Leistung einer im Sachgründungsbericht zwar ordnungsgemäß bewerteten, aber für die Gesellschaft völlig unbrauchbaren Sacheinlage; die Erstattung eines im Gesellschaftsvertrag zwar ordnungsgemäß festgesetzten (s. Rn. 18 sowie § 3 GmbHG Rn. 23), aber völlig überhöhten Gründungsaufwands; die nach Abgabe der Versicherung über die Leistung einer Geldeinlage (§§ 8 Abs. 2 i. V. m. 7 Abs. 2 GmbHG) erfolgende »Umfunktionierung« derselben zu einer (»ver-

deckten«) Sacheinlage (vgl. Baumbach / Hueck / *Hueck/Fastrich* § 9 a Rn. 18; Michalski / *Heyder* Rn. 29; MünchHdb GesR III / *Heinrich* § 13 Rn. 12; vgl. auch Lutter / Hommelhoff / *Lutter/Bayer* GmbHG, § 9 a Rn. 9; zur »verdeckten Sacheinlage« s. § 5 GmbHG Rn. 36 ff., § 7 GmbHG Rn. 31 f. sowie § 19 GmbHG Rn. 80 ff.).

21 **Ersatzpflichtige** sind Gesellschafter und ihre »Hintermänner« (Abs. 4); eine Haftung der Geschäftsführer kommt (nur) unter den Voraussetzungen des § 43 GmbHG in Betracht (vgl. Scholz / *Winter* GmbHG, § 9 a Rn. 39; zum Verhältnis zwischen einem Anspruch gem. Abs. 1 und einem solchen gem. § 43 GmbHG s. Rn. 22).

22 Erforderlich ist ein – von der Gesellschaft zu beweisendes – **vorsätzliches oder grob fahrlässiges Handeln mindestens eines Gesellschafters**; es ist nicht erforderlich, dass dieser unmittelbar durch die Schädigung begünstigt wird (vgl. Michalski / *Heyder* § 9 a Rn. 31; Scholz / *Winter* GmbHG, § 9 a Rn. 37 f.; *Ulmer* § 9 a Rn. 51). Für das Verschulden der übrigen Gesellschafter, die in die gesamtschuldnerische Haftung »einbezogen« werden (vgl. den Wortlaut des Abs. 1: »alle Gesellschafter«), gilt die Regelung des Abs. 3, die sich ausweislich ihrer systematischen Stellung nicht nur auf den Ersatzanspruch gem. Abs. 1 und 4, sondern auch auf den Anspruch gem. Abs. 2 und 4 bezieht: Ihr Verschulden wird – widerlegbar – vermutet (vgl. Lutter / Hommelhoff / *Lutter/Bayer* GmbHG, § 9 a Rn. 10; R / S-L / *Schmidt-Leithoff* § 9 a Rn. 24).

D. Gesellschaft als Berechtigte

23 Ausweislich der ausdrücklichen gesetzlichen Regelung ist die **Gesellschaft Inhaberin des Ersatzanspruchs** gem. Abs. 1 und 4 und des Anspruchs gem. Abs. 2 und 4 (vgl. auch die Formulierung »Ersatzansprüche der Gesellschaft nach § 9 a« in § 9 b Abs. 2 GmbHG). Einer **Vorgesellschaft** kann ein solcher Anspruch nicht zustehen, weil er erst mit Eintragung der Gesellschaft in das Handelsregister entsteht (vgl. A / E / S / *Achilles* § 9 a Rn. 3; Baumbach / Hueck / *Hueck/Fastrich* § 9 a Rn. 1; s. auch Rn. 5). Zur Geltendmachung des Anspruchs bedarf es eines **Gesellschafterbeschlusses** gem. § 46 Nr. 8 GmbHG, sofern der Anspruch nicht gegenüber einem »Hintermann« (§ 8 Abs. 4 GmbHG) geltend gemacht wird; wird der Anspruch gegenüber einem Gesellschafter geltend gemacht, hat dieser kein Stimmrecht (§ 47 Abs. 4 GmbHG; vgl. Lutter / Hommelhoff / *Lutter/Bayer* GmbHG, § 9 a Rn. 1; Scholz / *Winter* GmbHG, § 9 a Rn. 4). Indes bedarf es keines Gesellschafterbeschlusses, wenn der Anspruch vom Insolvenzverwalter der Gesellschaft geltend gemacht wird, weil die Gesellschafterversammlung ihre entsprechende Zuständigkeit verloren hat (OLG Schleswig NZG 2001, 84).

E. Gesamtschuldnerische Haftung mehrerer Ersatzpflichtiger

24 Gesellschafter und ihre »Hintermänner« (Abs. 4) sowie – hinsichtlich der Haftung wegen falscher Angaben gem. Abs. 1 – auch die Geschäftsführer haften aufgrund ausdrücklicher gesetzlicher Bestimmung als **Gesamtschuldner**. Die im Innenverhältnis bestehende Rückgriffsmöglichkeit (§ 426 BGB) hängt vom jeweiligen (Mit-)Verursachungsbeitrag oder Verschuldensanteil (analog § 254 BGB) ab; sie kann zur völligen Freistellung eines Ersatzpflichtigen im Innenverhältnis führen. Da es sich um einen gesetzlichen Schadensersatzanspruch (s. Rn. 5) handelt, ist eine unterschiedlich hohe Beteiligung der Gesellschafter am Stammkapital für den Ausgleich im Innenverhältnis ohne Bedeutung (vgl. Baumbach / Hueck / *Hueck/Fastrich* § 9 a Rn. 5; Michalski / *Heyder* § 9 a Rn. 18; MünchHdb GesR III / *Heinrich* § 13 Rn. 13; R / S-L / *Schmidt-Leithoff* § 9 a Rn. 31; Scholz / *Winter* GmbHG, § 9 a Rn. 41; a. A. *Ulmer* § 9 a Rn. 53).

25 Sofern die Haftung eines Gesellschafters gem. Abs. 1 und 4 mit der noch nicht getilgten Einlageschuld eines anderen Gesellschafters zusammentrifft, besteht gegenüber der Gesellschaft eine (»unechte«) Gesamtschuld (BGHZ 113, 335, 355; OLG Celle NZG 2000, 1178; OLG Schleswig NZG 2001, 84; vgl. auch *Ulmer* § 9 a Rn. 43 und 54; Baumbach / Hueck / *Hueck/Fastrich* § 9 a Rn. 6; *Roth* / Altmeppen § 9 a Rn. 11; a. A. Scholz / *Winter* GmbHG, § 9 a Rn. 42; s. auch Rn. 16). Im **Innenverhältnis** ist der Gesellschafter, der die Verpflichtung zur Leistung seiner Einlage bislang

nicht erfüllt hat, allein verpflichtet (vgl. Michalski / *Heyder* § 9 a Rn. 18; MünchHdb GesR III / *Heinrich* § 13 Rn. 13; R / S-L / *Schmidt-Leithoff* § 9 a Rn. 32; *Ulmer* § 9 a Rn. 55).

F. Sonstige Haftungstatbestände aus Anlass der Gründung einer Gesellschaft

Aus Anlass der Gründung kommen verschiedene Haftungstatbestände in Betracht, wobei sowohl hinsichtlich der Berechtigten – Gesellschaft, gegenwärtige oder künftige Gesellschafter, Gläubiger – als auch hinsichtlich der Ersatzpflichtigen – Gesellschaft, Geschäftsführer, Gesellschafter, Bank – zu unterscheiden ist. Neben der – auch Dritten gegenüber bestehenden – allgemeinen deliktischen Haftung aufgrund der Verletzung eines Schutzgesetzes (§ 823 Abs. 2 BGB i. V. m. § 263 StGB bzw. § 266 StGB) oder aufgrund sittenwidriger vorsätzlicher Schädigung (§ 826 BGB; vgl. MünchHdb GesR III / *Heinrich* § 13 Rn. 32; Scholz / *Winter* GmbHG, § 9 a Rn. 48 f.) oder der – Gesellschaftern gegenüber bestehenden – Haftung wegen der Verletzung schuldrechtlicher (Neben-)Abreden (vgl. *Ulmer* § 9 a Rn. 63) kommen insbesondere die nachfolgend aufgeführten Haftungstatbestände in Betracht (zum Verhältnis zwischen einem Anspruch gem. Abs. 1 und 4 und einem solchen gem. § 9 GmbHG s. § 9 GmbHG Rn. 18; s. auch Rn. 17). 26

I. Haftung der Geschäftsführer gem. § 43 GmbHG

Geschäftsführer haben in den Angelegenheiten der Gesellschaft die **Sorgfalt eines ordentlichen Geschäftsmanns** anzuwenden; bei Verletzung ihrer Pflichten haften sie der Gesellschaft gegenüber auf Schadensersatz (§ 43 Abs. 1 und 2 GmbHG). § 9 a Abs. 1 GmbHG ist hinsichtlich der Haftung der Geschäftsführer wegen falscher Angaben zum Zweck der Gründung einer Gesellschaft gegenüber § 43 GmbHG die speziellere Vorschrift, so dass eine Haftung gem. § 43 GmbHG im Anwendungsbereich des § 9 a Abs. 1 GmbHG zurücktritt (OLG Celle NZG 2000, 1178; OLG Rostock GmbHR 1995, 658); außerhalb des Anwendungsbereichs des § 9 a Abs. 1 GmbHG, namentlich dann, wenn die Gesellschaft nicht in das Handelsregister eingetragen wird (s. Rn. 5 und 23), kommt eine Haftung gem. § 43 GmbHG in Betracht (vgl. Baumbach / Hueck / *Hueck/Fastrich* § 9 a Rn. 1; Scholz / *Winter* GmbHG, § 9 a Rn. 47; *Ulmer* § 9 a Rn. 56; a. A. A / E / S / *Achilles* § 9 a Rn. 11). 27

II. Haftung gem. § 823 Abs. 2 BGB i. V. m. § 82 GmbHG (»Gründungsschwindel«)

Die in § 82 GmbHG geregelten Straftatbestände sind **Schutzgesetze i. S. d. § 823 Abs. 2 BGB**, soweit sie nicht nur im allgemeinen Interesse, sondern auch im individuellen Interesse des geschützten Personenkreises sind: Der Schutzgesetzcharakter ist gegenüber künftigen Gesellschaftern sowie gegenwärtigen und künftigen Gläubigern insbesondere beim »Gründungsschwindel« durch unrichtige Anmeldung i. S. d. § 82 Abs. 1 Nr. 1 GmbHG, beim »Gründungsschwindel« durch unrichtigen Sachgründungsbericht i. S. d. § 82 Abs. 1 Nr. 2 GmbHG, beim »Kapitalerhöhungsschwindel« mit Einlagen i. S. d. § 82 Abs. 1 Nr. 3 GmbHG und bei der Abgabe einer unrichtigen Versicherung i. S. d. § 82 Abs. 1 Nr. 5 GmbHG anerkannt (vgl. BGHZ 105, 121, 124 f.; 96, 231, 243 jeweils zur Kapitalerhöhung bei einer AG; zur Haftung einer Bank gem. §§ 823 Abs. 2, 31 BGB i. V. m. § 82 Abs. 1 Nr. 1 und 3 GmbHG, § 27 StGB s. Rn. 33). Die – auch Dritten gegenüber bestehende – Haftung gem. § 823 Abs. 2 BGB i. V. m. § 82 GmbHG tritt neben die Haftung gem. § 9 a Abs. 1 und 4 GmbHG (vgl. Scholz / *Winter* GmbHG, § 9 a Rn. 49; MünchHdb GesR III / *Heinrich* § 13 Rn. 32). 28

III. Haftung der Bank wegen Abgabe einer unrichtigen Bestätigung, § 37 Abs. 1 S. 4 AktG analog

Das GmbHG enthält – anders als § 37 Abs. 1 S. 3 AktG für AGs – keine ausdrückliche Verpflichtung, die Einzahlung eines Geldbetrags durch **Vorlage einer Bankbestätigung** nachzuweisen (BGHZ 113, 335, 352 f. zur Kapitalerhöhung; OLG Düsseldorf NJW-RR 1998, 898; OLG Frankfurt NJW-RR 1992, 1253; s. auch § 8 GmbHG Rn. 29). Allerdings kann der Versicherung eine Bankbestätigung über die Gutschrift des eingezahlten Betrags freiwillig beigefügt werden (s. § 8 GmbHG Rn. 24); außerdem kann das (Register-)Gericht im Rahmen seiner Prüfung bei begrün- 29 deten Zweifeln an der Richtigkeit der Versicherung der Geschäftsführer über die Leistung von Geldeinlagen zur endgültig freien Verfügung die Vorlage einer Bankbestätigung verlangen (s. § 9 c GmbHG Rn. 29).

30 Da die Vorlage einer Bankbestätigung über die Gutschrift des eingezahlten Betrags und dessen endgültig freie Verfügbarkeit sowohl bei der Kapitalaufbringung einer GmbH als auch einer AG dieselben Auswirkungen eines eigenständigen, das registergerichtliche Prüfungsverfahren begrenzenden und in der Regel beendenden Nachweises hat, ist die Bank bei einer GmbH für die Richtigkeit ihrer freiwillig abgegebenen Bestätigung in gleicher Weise verantwortlich wie bei einer AG für die dort gesetzlich vorgeschriebene Bestätigung; angesichts der grundsätzlichen Gleichartigkeit der Auswirkungen inhaltlich unrichtiger Bankbestätigungen auf das registergerichtliche Verfahren und die präventive Kapitalaufbringungskontrolle ist eine **entsprechende Anwendung der Haftungssanktion des § 37 Abs. 1 S. 4 AktG** im GmbH-Recht geboten (BGHZ 113, 335, 354; 119, 177, 180 zur Kapitalerhöhung bei einer AG; BGH NJW 1997, 945; LG Landau WM 1996, 854; Baumbach / Hueck / *Hueck/Fastrich* § 8 Rn. 15 sowie § 9 a Rn. 3; Lutter / Hommelhoff / *Lutter/Bayer* GmbHG, § 8 Rn. 9; MünchHdb GesR III / *Heinrich* § 13 Rn. 33; MünchHdb GesR III / *Gummert* § 50 Rn. 178; Scholz / *Winter* GmbHG, § 9 a Rn. 43 ff.; *Röhricht* FS Boujong 1996, 457; vgl. außerdem *Appell* ZHR 157(1993), 213, 228; *Edelmann* WiB 1996, 76; WiB 1997, 358; *von Gerkan* EWiR 1995, 789; *Goette* DStR 1997, 378; *Kübler* ZHR 157(1993), 196; *Nicolai* WM 1997, 993, 997 ff.; *Rawert* EWiR 1997, 243; *Spindler* ZGR 1997, 537; *Ulmer* GmbHR 1993, 189, 195 ff.).

31 Die Bank, die eine inhaltlich unrichtige Bestätigung über die Leistung von Geldeinlagen abgegeben hat, ist der Gesellschaft gegenüber verpflichtet, die fehlende Geldeinlage nach Maßgabe ihrer Bestätigung zu leisten, wenn die geschuldete Geldeinlage – entgegen ihrer Bestätigung – ganz oder teilweise nicht aufgebracht worden ist; es handelt sich um eine »Gewährleistungshaftung für die Richtigkeit der eigenen Erklärung«, deren Höhe nicht auf den Betrag der – vor der Anmeldung zu bewirkenden – Mindestleistung (§ 7 Abs. 2 GmbHG) begrenzt ist (BGHZ 113, 335, 355; 119, 177, 180 f. zur Kapitalerhöhung bei einer AG).

32 Die **Kenntnis der Geschäftsführer** der (Vor-)Gesellschaft von der Unrichtigkeit der Bestätigung entlastet die Bank nicht von ihrer Haftung, weil die Anwendung des § 254 Abs. 1 BGB – wegen des Charakters der Haftung als »Gewährleistungshaftung« – ausscheidet (BGHZ 113, 335, 355; 119, 177, 181 zur Kapitalerhöhung bei einer AG)

33 Der mit den Regeln der Kapitalaufbringung beabsichtigte Schutz der Gläubiger gebietet eine **eigenständige Haftung der Bank**, die weder gegenüber der fortbestehenden Einlageschuld der Gesellschafter noch gegenüber der Haftung der Geschäftsführer, Gesellschafter und ihrer »Hintermänner« gem. § 9 a Abs. 1 und 4 GmbHG subsidiär ist (BGHZ 113, 335, 355 f.). In bestimmten Fällen kommt außerdem eine **deliktische Haftung der Bank** wegen Beihilfe ihres Vorstands bzw. ihrer Geschäftsführer zum »Gründungsschwindel« bzw. »Kapitalerhöhungsschwindel« in Betracht (§§ 823 Abs. 2, 31 BGB i. V. m. § 82 Abs. 1 Nr. 1 und 3 GmbHG, § 27 StGB); ein solcher – auch Dritten gegenüber bestehender – Schadensersatzanspruch setzt voraus, dass ein Geschädigter im Vertrauen auf die Richtigkeit der Bankbestätigung Vermögensdispositionen getroffen und dadurch einen Schaden erlitten hat (BGH NJW 2005, 3721; BGHZ 96, 231, 243 beide zur Kapitalerhöhung bei einer AG; vgl. außerdem *Döser* NJW 2006, 881; zur Haftung der Geschäftsführer oder Gesellschafter gem. § 823 Abs. 2 BGB i. V. m. § 82 GmbHG [»Gründungsschwindel«] s. Rn. 28).

§ 9 b [Verzicht auf Ersatzansprüche]

(1) [1]Ein Verzicht der Gesellschaft auf die Ersatzansprüche nach § 9 a oder ein Vergleich der Gesellschaft über diese Ansprüche ist unwirksam, soweit der Ersatz zur Befriedigung der Gläubiger der Gesellschaft erforderlich ist. [2]Dies gilt nicht, wenn der Ersatzpflichtige zahlungsun-

fähig ist und sich zur Abwendung des Insolvenzverfahrens mit seinen Gläubigern vergleicht oder wenn die Ersatzpflicht in einem Insolvenzplan geregelt wird.

(2) [1]Ersatzansprüche der Gesellschaft nach § 9 a verjähren in fünf Jahren. [2]Die Verjährung beginnt mit der Eintragung der Gesellschaft in das Handelsregister oder, wenn die zum Ersatz verpflichtende Handlung später begangen worden ist, mit der Vornahme der Handlung.

A. Allgemeines

Die durch Art. 1 Nr. 8 des GmbHÄndG vom 4. 7. 1980 (BGBl. I, 836) in das GmbH-Gesetz eingefügte, eine frühere Regelung weitgehend übernehmende Vorschrift und durch Art. 48 Nr. 1 des Einführungsgesetzes zur Insolvenzordnung (EGInsO) vom 5. 10. 1994 (BGBl. I, 2911) geänderte Vorschrift betrifft **Ersatzansprüche der Gesellschaft** gegen Geschäftsführer, Gesellschafter oder deren »Hintermänner« wegen falscher Angaben zum Zweck der Errichtung einer Gesellschaft gem. § 9 a Abs. 1 und 4 GmbHG sowie Ersatzansprüche gegen Gesellschafter oder deren »Hintermänner« wegen Schädigung durch Einlagen oder Gründungsaufwand gem. § 9 a Abs. 2 und 4 GmbHG, indem Verzicht auf und Vergleich über sowie Verjährung dieser Ersatzansprüche geregelt werden. Im **RefE des MoMiG** (Stand: 29. 5. 2006) ist die Überschrift »Verzicht auf Ersatzansprüche« vorgesehen. 1

§ 9 b GmbHG **gilt entsprechend** für die Verantwortlichkeit der Geschäftsführer, die eine Kapitalerhöhung zur Eintragung in das Handelsregister angemeldet haben (§ 57 Abs. 4 GmbHG). § 9 b Abs. 1 GmbHG findet entsprechende Anwendung auf einen Ersatzanspruch der Gesellschaft gegen Geschäftsführer gem. § 43 GmbHG und gem. § 64 GmbHG (§ 43 Abs. 3 S. 2 GmbHG, ggf. i. V. m. § 64 Abs. 2 S. 3 GmbHG). Die Verjährung des Anspruchs der Gesellschaft wegen Überbewertung einer Sacheinlage (§ 9 GmbHG) und des Anspruchs auf Leistung von Einlagen (§ 19 GmbHG) ist abweichend von § 9 b Abs. 2 GmbHG geregelt (§ 9 Abs. 2 GmbHG bzw. § 19 Abs. 6 S. 1 GmbHG). 2

B. Verzicht auf oder Vergleich über einen Ersatzanspruch, Abs. 1

I. Grundsatz: Unwirksamkeit eines Verzichts oder Vergleichs, S. 1

Ein Verzicht der Gesellschaft auf einen Ersatzanspruch gegen Geschäftsführer, Gesellschafter oder deren »Hintermänner« wegen falscher Angaben zum Zweck der Errichtung einer Gesellschaft gem. § 9 a Abs. 1 und 4 GmbHG sowie einen Ersatzanspruch gegen Gesellschafter oder deren »Hintermänner« wegen Schädigung durch Einlagen oder Gründungsaufwand gem. § 9 a Abs. 2 und 4 GmbHG ist **unwirksam**, soweit der Ersatz zur Befriedigung von Gesellschaftsgläubigern erforderlich ist; dies gilt auch für einen Vergleich über einen derartigen Ersatzanspruch. Diese Regelung dient – anders als § 50 AktG – nur dem **Schutz der Gläubiger**, nicht dem der Gesellschaft oder der (Minderheits-)Gesellschafter (vgl. Baumbach / Hueck / *Hueck/Fastrich* § 9 b Rn. 1; Michalski / *Heyder* § 9 b Rn. 1). 3

Ein Verzicht liegt im Abschluss eines **Erlassvertrags** gem. § 397 Abs. 1 BGB oder eines **negativen Schuldanerkenntnisses** gem. § 397 Abs. 2 BGB; ein Vergleich liegt im Abschluss eines **Vergleichsvertrags** gem. § 779 BGB, der auch in einem Gerichtsverfahren abgeschlossen werden kann (vgl. Baumbach / Hueck / *Hueck/Fastrich* § 9 b Rn. 2; Scholz / *Winter* GmbHG, § 9 b Rn. 6 f.; *Ulmer* § 9 b Rn. 8 ff.). Auf andere Rechtsgeschäfte zwischen der Gesellschaft und dem Ersatzpflichtigem, durch deren Abschluss unmittelbar die Gesellschaft und mittelbar deren Gläubiger benachteiligt werden – z. B. die Annahme einer unzureichenden Leistung an Erfüllungs statt oder die Abtretung eines Ersatzanspruchs ohne entsprechende Gegenleistung –, ist § 9 a Abs. 1 GmbHG analog anzuwenden (vgl. OLG Hamm NZG 2001, 1144; A / E / S / *Achilles* § 9 b Rn. 2; Lutter / Hommelhoff / *Lutter/Bayer* GmbHG, § 9 b Rn. 1; Michalski / *Heyder* § 9 b Rn. 3, 5). 4

Verzicht auf oder Vergleich über einen Ersatzanspruch sind zulässig, soweit der Ersatz nicht zur Befriedigung von Gesellschaftsgläubigern erforderlich ist. Sie bedürfen eines **Beschlusses der** 5

Gesellschafterversammlung gem. § 46 Nr. 8 Alt. 1 GmbHG analog; sofern ein Gesellschafter zum Ersatz verpflichtet ist, hat dieser kein Stimmrecht (§ 47 Abs. 4 GmbHG; vgl. Baumbach/Hueck/*Hueck/Fastrich* § 9 b Rn. 2; MünchHdb GesR III/*Heinrich* § 13 Rn. 14; Scholz/*Winter* GmbHG, § 9 b Rn. 4).

6 Die **Unwirksamkeit** eines Verzichts oder Vergleichs tritt – gleich einer auflösenden Bedingung gem. § 158 Abs. 2 BGB – dann ein, wenn die Gesellschaft einen Gläubiger nicht befriedigen kann; dies ist nicht erst im Insolvenzfall, sondern schon bei Vorliegen der Insolvenzantragsvoraussetzungen (§ 64 Abs. 1 GmbHG i. V. m. §§ 17 ff. InsO) oder bei ernsthaften, nicht nur vorübergehenden Zahlungsschwierigkeiten der Fall (vgl. OLG Hamm NZG 2001, 1144; Lutter/Hommelhoff/*Lutter/Bayer* GmbHG, § 9 b Rn. 1; MünchHdb GesR III/*Heinrich* § 13 Rn. 15; *Roth*/Altmeppen § 9 b Rn. 2; Scholz/*Winter* GmbHG, Rn. 8, 10).

II. Ausnahme: Vergleich zur Abwendung eines Insolvenzverfahrens oder Regelung der Ersatzpflicht im Insolvenzplan, S. 2

7 Die Unwirksamkeit eines Verzichts auf oder eines Vergleichs über einen Ersatzanspruch gem. § 9 a Abs. 1 und 4 GmbHG oder gem. § 9 a Abs. 2 und 4 GmbHG tritt ausnahmsweise dann nicht ein, wenn der Ersatzpflichtige zahlungsunfähig ist und sich zur Abwendung des Insolvenzverfahrens mit seinen Gläubigern vergleicht (Abs. 1 S. 2 Alt. 1) oder wenn die Ersatzpflicht in einem Insolvenzplan geregelt wird (Abs. 1 S. 2 Alt. 2).

8 Abs. 1 S. 2 Alt. 1 setzt die **Eröffnung eines Insolvenzverfahrens** über das Vermögen des Ersatzpflichtigen nicht voraus, da ein solches vielmehr – durch Abschluss eines Vergleichs zwischen dem Ersatzpflichtigen und seinen Gläubigern – abgewendet werden soll; die Abwendung des Insolvenzverfahrens wird ermöglicht, indem die – durch Abs. 1 S. 1 bewirkte – Einschränkung der Dispositionsfreiheit der Gesellschaft zugunsten einer im Interesse der Gläubiger des Ersatzpflichtigen liegenden Sanierungsaktion zurücktritt (vgl. *Ulmer* § 9 b Rn. 18 ff.). Der Zahlungsunfähigkeit (§ 17 InsO) des Ersatzpflichtigen steht, sofern es sich um eine juristische Person handelt, die Überschuldung (§ 19 InsO) gleich; bei der Nichterwähnung der Überschuldung handelt es sich um ein Redaktionsversehen (vgl. Scholz/*Winter* GmbHG, § 9 b Rn. 13 ff.; Lutter/Hommelhoff/*Lutter/Bayer* GmbHG, § 9 b Rn. 3; Michalski/*Heyder* § 9 b Rn. 10 f.; MünchHdb GesR III/*Heinrich* § 13 Rn. 15). Sofern das Insolvenzverfahren bereits eröffnet ist, kann es insbesondere dann, wenn der Ersatzpflichtige einen Vergleich mit seinen Gläubigern geschlossen hat, gem. § 213 InsO eingestellt werden (vgl. auch Baumbach/Hueck/*Hueck/Fastrich* § 9 b Rn. 3).

9 Abs. 1 S. 2 Alt. 2 setzt die **Aufstellung eines Insolvenzplans** gem. §§ 217 ff. InsO voraus, welcher der Annahme durch die Gläubiger (§§ 244 ff. InsO) und der Bestätigung durch das Insolvenzgericht bedarf (§ 248 InsO). Durch diese Regelung wird der Gesellschaft eine Mitwirkung am Zustandekommen des Insolvenzplans – unter teilweisem Verzicht auf den im Insolvenzplan berücksichtigten Ersatzanspruch – ermöglicht (vgl. *Ulmer* § 9 b Rn. 22).

C. Verjährung eines Ersatzanspruchs, Abs. 2

10 Ein Ersatzanspruch der Gesellschaft gem. § 9 a Abs. 1 und 4 GmbHG oder gem. § 9 a Abs. 2 und 4 GmbHG verjährt in **fünf Jahren** (Abs. 2 S. 1). Die Frist kann – abweichend von § 202 Abs. 1 BGB – durch Rechtsgeschäft zwischen der Gesellschaft und dem Ersatzpflichtigem selbst dann nicht verkürzt werden, wenn die in Abs. 1 S. 2 genannten Voraussetzungen vorliegen (vgl. Baumbach/Hueck/*Hueck/Fastrich* § 9 b Rn. 4; Lutter/Hommelhoff/*Lutter/Bayer* GmbHG, § 9 b Rn. 4; Scholz/*Winter* GmbHG, § 9 b Rn. 19; a. A. A/E/S/*Achilles* § 9 b Rn. 5; MünchHdb GesR III/*Heinrich* § 13 Rn. 17)

11 Die Verjährung **beginnt** mit der **Eintragung der Gesellschaft in das Handelsregister** (Abs. 2 S. 2 Alt. 1) oder, wenn die zum Ersatz verpflichtende Handlung später begangen worden ist, mit Vornahme der Handlung (Abs. 2 S. 2 Alt. 2). Die zweite Alternative – schädigende Handlung nach Eintragung – kommt vor allem beim Ersatzanspruch gem. § 9 a Abs. 2 und 4 GmbHG, aber

auch bei einer analogen Anwendung des Ersatzanspruchs gem. § 9 a Abs. 1 und 4 GmbHG in Betracht. Sowohl der Eintritt des Schadens als auch die Kenntnis bzw. grobfahrlässige Unkenntnis von den den Anspruch begründenden Umständen und der Person des Schuldners (vgl. § 199 BGB) sind für den Beginn der Verjährungsfrist ohne Bedeutung (vgl. A/E/S/*Achilles* § 9 b Rn. 5; Baumbach/Hueck/*Hueck/Fastrich* § 9 b Rn. 4; Scholz/*Winter* GmbHG, § 9 b Rn. 17; *Ulmer* § 9 b Rn. 25).

§ 9 c [Ablehnung der Eintragung]

(1) [1]Ist die Gesellschaft nicht ordnungsgemäß errichtet und angemeldet, so hat das Gericht die Eintragung abzulehnen. [2]Dies gilt auch, wenn Sacheinlagen überbewertet worden sind.

(2) Wegen einer mangelhaften, fehlenden oder nichtigen Bestimmung des Gesellschaftsvertrages darf das Gericht die Eintragung nach Absatz 1 nur ablehnen, soweit diese Bestimmung, ihr Fehlen oder ihre Nichtigkeit

1. Tatsachen oder Rechtsverhältnisse betrifft, die nach § 3 Abs. 1 oder auf Grund anderer zwingender gesetzlicher Vorschriften in dem Gesellschaftsvertrag bestimmt sein müssen oder die in das Handelsregister einzutragen oder von dem Gericht bekanntzumachen sind,

2. Vorschriften verletzt, die ausschließlich oder überwiegend zum Schutze der Gläubiger der Gesellschaft oder sonst im öffentlichen Interesse gegeben sind, oder

3. die Nichtigkeit des Gesellschaftsvertrages zur Folge hat.

Übersicht:

A. Allgemeines

1 Die durch Art. 1 Nr. 8 des GmbHÄndG vom 4. 7. 1980 (BGBl. I, 836) in das GmbH-Gesetz eingefügte und durch Art. 9 Nr. 4 des Handelsrechtsreformgesetzes (HRefG) vom 22. 6. 1998 (BGBl. I, 1474) geänderte Vorschrift regelt die Prüfung der zur Eintragung in das Handelsregister angemeldeten Gesellschaft durch das (Register-)Gericht und die Ablehnung der Eintragung. Im **RefE des MoMiG** (Stand: 29. 5. 2006) ist die Überschrift »Ablehnung der Eintragung« vorgesehen.

2 Der – notariell zu beurkundende und von sämtlichen Gesellschaftern zu unterzeichnende (§ 2 Abs. 1 GmbHG) – Gesellschaftsvertrag muss insbesondere die Firma und den Sitz der Gesellschaft, den Gegenstand des Unternehmens, den Betrag des Stammkapitals und der Stammeinlagen enthalten (§ 3 Abs. 1 GmbHG). Die Gesellschaft ist unter Beifügung des Gesellschaftsvertrags zur Eintragung in das Handelsregister anzumelden (§§ 7 Abs. 1, 8 Abs. 1 Nr. 1 GmbHG).

»In der Anmeldung« ist die Versicherung abzugeben, dass bestimmte (Mindest-)Leistungen auf die Stammeinlagen bewirkt sind und dass der Gegenstand der Leistungen sich endgültig in der freien Verfügung der Geschäftsführer befindet sowie eine bei der Einpersonen-Gesellschaft ggf. erforderliche Sicherung bestellt ist (§§ 8 Abs. 2 i. V. m. 7 Abs. 2 und 3 GmbHG). Wenn zum Zweck der Errichtung der Gesellschaft falsche Angaben gemacht werden, haben Geschäftsführer, Geschäftsführer und ihre »Hintermänner« der Gesellschaft Schadensersatz zu leisten (§ 9 a Abs. 1 und 4 GmbHG). Wer als Gesellschafter oder Geschäftsführer zum Zweck der Eintragung der Gesellschaft falsche Angaben insbesondere über die Leistung der Einlagen oder Sicherungen für nicht voll eingezahlte Geldeinlagen macht, wird bestraft (§ 82 Abs. 1 Nr. 1 GmbHG).

3 Das (Register-)Gericht überprüft die ordnungsgemäße Errichtung und Anmeldung der Gesellschaft zur Eintragung in das Handelsregister; sofern die Prüfung zu dem Ergebnis führt, dass die Errichtung oder die Anmeldung der Gesellschaft nicht ordnungsgemäß ist, lehnt das Gericht die Eintragung der Gesellschaft in das Handelsregister ab (Abs. 1 S. 1). Die Eintragung ist ferner abzulehnen, wenn Sacheinlagen überbewertet worden sind (Abs. 1 S. 2). Wegen einer mangelhaften, fehlenden oder nichtigen Bestimmung des Gesellschaftsvertrags darf das Gericht die Eintragung der Gesellschaft in das Handelsregister nur ablehnen, soweit diese Bestimmung, ihr Fehlen oder ihre Nichtigkeit (1) Tatsachen oder Rechtsverhältnisse betrifft, die im Gesellschaftsvertrag bestimmt sein müssen, die in das Handelsregister einzutragen oder vom Gericht bekannt zu machen sind, (2) gläubigerschützende oder sonst im öffentlichen Interesse gegebene Vorschriften verletzt oder (3) die Nichtigkeit des Gesellschaftsvertrags zur Folge hat (Abs. 2). Die Gesellschaft wird – vorbehaltlich des entsprechenden Ergebnisses der Prüfung durch das Gericht – in das Handelsregister eingetragen (§ 10 Abs. 1 und 2 GmbHG); vor ihrer Eintragung in das Handelsregister besteht die Gesellschaft »als solche« nicht (§ 11 Abs. 1 GmbHG).

4 Eine – nach Eintragung der Gesellschaft in das Handelsregister erfolgende – **Änderung des Gesellschaftsvertrags** (§ 53 GmbHG) wird, ohne dass dies ausdrücklich gesetzlich geregelt ist, vom (Register-)Gericht vor ihrer Eintragung in das Handelsregister überprüft und – vorbehaltlich des entsprechenden Ergebnisses der Prüfung – in das Handelsregister eingetragen (s. Rn. 13 sowie § 54 GmbHG Rn. 22 ff.). Bei der Erhöhung des Stammkapitals findet Abs. 1 für die Prüfung und Ablehnung der Eintragung durch das (Register-)Gericht entsprechende Anwendung (§ 57 a GmbHG). Bei einer Kapitalerhöhung aus Gesellschaftsmitteln ist das Gericht nicht zur Prüfung verpflichtet, ob die Bilanz den gesetzlichen Vorschriften entspricht (§ 57 i Abs. 3 GmbHG).

B. Prüfung und Ablehnung der Eintragung

5 Das (Register-)Gericht hat die Eintragung einer Gesellschaft in das Handelsregister abzulehnen, wenn die Gesellschaft nicht ordnungsgemäß errichtet und angemeldet ist (Abs. 1 S. 1); die Eintragung ist ferner abzulehnen, wenn eine Sacheinlage überbewertet worden ist (Abs. 1 S. 2). Aus der Befugnis zur Ablehnung folgt eine – dieser »vorgelagerte« – Befugnis zur Prüfung der Voraussetzungen, die zur Ablehnung der Eintragung aus rechtlichen oder tatsächlichen Gründen berechtigen (vgl. Michalski / *Heyder* § 9 c Rn. 3; Scholz / *Winter* GmbHG, § 9 c Rn. 4). Für die Prüfung der Eintragungsvoraussetzungen und die Ablehnung der Eintragung ist das Gericht zuständig, bei dem die Gesellschaft zur Eintragung angemeldet worden ist; eine Gesellschaft ist bei dem Gericht, in dessen Bezirk sie ihren Sitz hat, anzumelden (§ 7 Abs. 1 GmbHG).

6 Die Entscheidung, ob anlässlich der Anmeldung der Errichtung einer Gesellschaft überhaupt eine Prüfung durchzuführen ist, steht – anders als die Auswahl zwischen mehreren geeigneten Maßnahmen (s. Rn. 8) – nicht im (Entschließungs-)Ermessen des (Register-)Gerichts: Die Notwendigkeit einer Prüfung der Eintragungsvoraussetzungen und ggf. der zwingenden Ablehnung der Eintragung (s. Rn. 41) folgt aus dem Normativsystem: Da die Eintragung der Gesellschaft angesichts der mit der Eintragung verbundenen Wirkungen (s. § 2 GmbHG Rn. 30, 41 und 46 ff., § 10 GmbHG Rn. 3) »tief in die Rechtsstellung der – auch künftigen – Gesellschafter und Dritter« eingreift, erfolgt die Eintragung nur dann, wenn bestimmte Voraussetzungen erfüllt sind; bei Erfüllung dieser Voraussetzungen haben die Gesellschafter einen Anspruch auf Eintra-

gung der Gesellschaft in das Handelsregister (vgl. *Ulmer* § 9 c Rn. 7, 9, 45; auch Michalski / *Heyder* § 9 c Rn. 3 f.; Scholz / *Winter* GmbHG, § 9 c Rn. 4 f.).

I. Prüfung

7 Die Prüfung bezieht sich auf die Anforderungen an Errichtung und Anmeldung einer Gesellschaft **in rechtlicher und tatsächlicher Hinsicht**, weil (nur) eine Nichtbeachtung dieser Anforderungen die Ablehnung der Eintragung rechtfertigt. **Ordnungsmäßigkeit** i. S. d. Abs. 1 S. 1 bedeutet »Rechtmäßigkeit und Wahrheit, nicht aber Zweckmäßigkeit und Klarheit« (MünchHdb GesR III / *Heinrich* § 8 Rn. 33 f.). Die Überprüfung der Rechtsmäßigkeit beinhaltet nicht nur die Überprüfung, ob die formellen Anforderungen an Errichtung und Anmeldung der Gesellschaft beachtet, insbesondere die Form- und Verfahrensvorschriften eingehalten, sondern auch die Überprüfung, ob die materiellen Anforderungen insbesondere an den Inhalt des Gesellschaftsvertrags beachtet wurden (vgl. Michalski / *Heyder* § 9 c Rn. 8 f.; Scholz / *Winter* GmbHG, § 9 c Rn. 8 f.; *Ulmer* § 9 c Rn. 9 ff.); der **Prüfungsumfang** ist jedoch hinsichtlich des Inhalts des Gesellschaftsvertrags aufgrund der im Jahr 1998 erfolgten Einfügung des Abs. 2 eingeschränkt (s. Rn. 12 f.). Neben der Rechtmäßigkeit ist auch zu prüfen, ob die »in der Anmeldung« gemachten Versicherungen und Angaben tatsächlich zutreffend (»wahr«) sind, soweit sie für die Entscheidung des Gerichts über die Eintragung von Bedeutung sind (vgl. MünchHdb GesR III / *Heinrich* § 8 Rn. 35 ff.). Demgegenüber ist die **Zweckmäßigkeit** der Errichtung einer GmbH oder ihrer Kapitalausstattung zum Unternehmenszweck vom (Register-)Gericht nicht zu prüfen. Auch die »**Klarheit**« der Bestimmungen des Gesellschaftsvertrags ist nicht zu prüfen (vgl. Scholz / *Winter* GmbHG, § 9 c Rn. 10 f.; *Ulmer* § 9 c Rn. 11 f.; Lutter / Hommelhoff / *Lutter/Bayer* GmbHG, § 9 c Rn. 4).

8 Das (Register-)Gericht hat **von Amts wegen** die zur Feststellung der Tatsachen erforderlichen Ermittlungen durchzuführen und die geeignet erscheinenden Beweise aufzunehmen (§ 12 FGG). Diese – häufig als »Amtsermittlungsgrundsatz«, treffender jedoch als »**Gebot hinreichender Sachaufklärung**« (*Ulmer* § 9 c Rn. 15) bezeichnete – Regelung besagt nicht, dass die Beteiligten von der Mitwirkung an der Sachverhaltsaufklärung entbunden sind (vgl. R / S-L / *Schmidt-Leithoff* § 9 c Rn. 9; *Ulmer* § 9 c Rn. 58). Die Auswahl zwischen mehreren geeigneten Maßnahmen zur Prüfung, ob die Voraussetzungen zur Eintragung der Gesellschaft in das Handelsregister in tatsächlicher Hinsicht vorliegen, steht – anders als die Entscheidung des Gerichts, überhaupt eine Prüfung durchzuführen (s. Rn. 6) – im **(Auswahl-)Ermessen des Gerichts**: Bei der Ausübung des Ermessens ist die Entstehung einer Verzögerung und von Kosten zu berücksichtigen, die den Anspruch der Gesellschafter auf (schnelle und kostengünstige) Eintragung der Gesellschaft beeinträchtigen; aus diesem Grund legt das Gericht seiner Prüfung die »in der Anmeldung« abgegebenen Versicherungen und Angaben der Prüfung zugrunde und darf erst bei Vorliegen begründeter Zweifel im Einzelfall weitere Maßnahmen anordnen oder durchführen (vgl. MünchHdb GesR III / *Heinrich* § 8 Rn. 39; Scholz / *Winter* GmbHG, § 9 c Rn. 12 ff.; *Ulmer* § 9 c Rn. 13 ff.; zur Prüfung der Leistung von Geldeinlagen s. Rn. 26 ff.).

9 Für die Prüfung der Eintragungsvoraussetzungen durch das (Register-)Gericht ist grundsätzlich der **Zeitpunkt der Anmeldung maßgebend** (vgl. *Ulmer* § 9 c Rn. 17 ff.; a. A. *Roth* / Altmeppen § 9 c Rn. 12). Sofern sich die tatsächlichen Umstände nach der Anmeldung ändern, werden die »in der Anmeldung« von den Geschäftsführern abgegebenen Versicherungen und Angaben nicht unrichtig; eine **Pflicht zur Korrektur** einer früheren Angabe besteht – vorbehaltlich spezieller gesetzlicher Regelung – nicht (vgl. Scholz / *Winter* GmbHG, § 9 c Rn. 15; s. auch § 9 a GmbHG Rn. 7). Der Zeitpunkt der Anmeldung ist – nach zutreffender, allerdings bestrittener Ansicht – insbesondere für die Prüfung maßgebend, ob eine Vorbelastung besteht; eine nach der Anmeldung eingetretene Vorbelastung stellt kein Eintragungshindernis dar (s. Rn. 37). Lediglich für die Prüfung des Werts der Sacheinlagen ist – nach zutreffender, allerdings bestrittener Ansicht – der Zeitpunkt der Eintragung maßgebend (s. Rn. 33).

10 Da unter Errichtung der gesamte Gründungsvorgang – vom Abschluss des Gesellschaftsvertrags bis zur Eintragung der Gesellschaft in das Handelsregister (vgl. die Überschrift des Ersten Abschnitts des GmbHG) – verstanden wird, erstreckt sich die Prüfung neben den nachfolgend behandelten Gegenständen – Abschluss und Inhalt des Gesellschaftsvertrags, Bestellung der Geschäftsführer und der Mitglieder des Aufsichtsrats, Leistung auf die Stammeinlagen sowie Vorbelastung – insbesondere auf die **Genehmigungsbedürftigkeit des Unternehmensgegenstands** und das ggf. erforderliche Vorliegen einer Genehmigung (§ 8 Abs. 1 Nr. 6 GmbHG; s. auch § 8 GmbHG Rn. 16 ff.). Das (Register-)Gericht ist nicht befugt, die **»wirtschaftlichen und finanziellen Unternehmensgrundlagen«** einer Gesellschaft zu überprüfen; eine »Unterkapitalisierung« berechtigt nicht dazu, die Eintragung in das Handelsregister abzulehnen, weil das GmbH-Recht keine Verpflichtung enthält, ein höheres als das Mindeststammkapital (vgl. § 5 Abs. 1 GmbHG) im Gesellschaftsvertrag festzusetzen (vgl. Michalski/*Heyder* Rn. 45; Scholz / *Winter* GmbHG, § 9 c Rn. 36; s. auch § 5 GmbHG Rn. 6).

1. Abschluss des Gesellschaftsvertrags

11 Die Prüfung des (Register-)Gerichts umfasst den Abschluss des Gesellschaftsvertrags, welcher der Anmeldung der Gesellschaft zur Eintragung in das Handelsregister beizufügen ist (§ 8 Abs. 1 Nr. 1 GmbHG): Das Gericht überprüft die Einhaltung der **Anforderungen an die Form** (s. § 2 GmbHG Rn. 15 ff.) und an die **Mitwirkung der Gesellschafter** (s. § 2 GmbHG Rn. 31 f.). Im Fall rechtsgeschäftlicher Vertretung überprüft das Gericht die Anforderungen an die **Erteilung der Vertretungsmacht** (s. § 2 GmbHG Rn. 34 ff.) oder im Fall vollmachtloser Vertretung bei Errichtung der Gesellschaft durch mehrere Personen die Anforderungen an die Genehmigung (s. § 2 GmbHG Rn. 38 ff.); der Anmeldung sind Vollmachten oder Genehmigungserklärungen beizufügen (§ 8 Abs. 1 Nr. 1 GmbHG, ggf. analog; s. § 8 GmbHG Rn. 8). Die Überprüfung bezieht sich insbesondere auf die **Wirksamkeit von Willenserklärungen**, mit der Gesellschafter ihren Beitritt zur Gesellschaft erklärt haben; bei Streit zwischen den Gesellschaftern über die Wirksamkeit einer Beitrittserklärung kann das Gericht das Eintragungsverfahren aussetzen (vgl. Michalski / *Heyder* § 9 c Rn. 11; Scholz / *Winter* GmbHG, § 9 c Rn. 16; *Ulmer* § 9 c Rn. 25; s. auch Rn. 40; zur Behandlung eines fehlerhaften Gesellschafterbeitritts s. § 2 GmbHG Rn. 48 ff.).

2. Inhalt des Gesellschaftsvertrags, Abs. 2

12 Wegen einer **mangelhaften, fehlenden oder nichtigen Bestimmung des Gesellschaftsvertrags** darf das (Register-)Gericht die Eintragung nur dann **ablehnen**, wenn diese Bestimmung, ihr Fehlen oder ihre Nichtigkeit (1) Tatsachen oder Rechtsverhältnisse betrifft, die nach § 3 Abs. 1 GmbHG oder auf Grund anderer zwingender gesetzlicher Vorschriften im Gesellschaftsvertrag bestimmt sein müssen oder die in das Handelsregister einzutragen oder vom Gericht bekanntzumachen sind, (2) Vorschriften verletzt, die ausschließlich oder überwiegend zum Schutz der Gläubiger der Gesellschaft oder sonst im öffentlichen Interesse gegeben sind, oder (3) die Nichtigkeit des Gesellschaftsvertrags zur Folge hat (Abs. 2). Mit dieser durch Art. 9 Nr. 4 des Handelsrechtsreformgesetz (HRefG) vom 22. 6. 1998 (BGBl. I, 1474) eingefügten Regelung wird die Beschleunigung der Eintragung einer Gesellschaft in das Handelsregister bezweckt, indem die gerichtliche Kontrollkompetenz hinsichtlich des Inhalts des Gesellschaftsvertrags beschränkt wird (vgl. auch Begründung des Gesetzesentwurfs durch die Bundesregierung BT-Drs. 13/8444, 75 ff.).

13 Die **Beschränkung des Umfangs der gerichtlichen Prüfung** wird im Hinblick auf die – gem. § 242 Abs. 2 AktG analog eintretende (BGHZ 144, 365, 367 f.) – Heilungswirkung der Eintragung nichtiger Bestimmungen des Gesellschaftsvertrags kritisiert (vgl. *Ulmer* § 9 c Rn. 44). Ferner wird auf den unterschiedlichen Prüfungsumfang bei Errichtung der Gesellschaft einerseits und bei Änderung des Gesellschaftsvertrags andererseits hingewiesen: Bei einer – nach Eintragung der Gesellschaft in das Handelsregister erfolgenden – Änderung des Gesellschaftsvertrags (§ 53 GmbHG), die zur Eintragung in das Handelsregister anzumelden (§ 54 Abs. 1 GmbHG) und, ohne dass dies ausdrücklich gesetzlich geregelt ist, vom (Register-)Gericht zu überprüfen

ist (s. auch § 54 GmbHG Rn. 22 ff.), ist das Gericht nicht auf die Überprüfung der in Abs. 2 genannten Verstöße beschränkt; Abs. 2 findet ausweislich der Gesetzesbegründung nicht nur bei der Prüfung einer **Kapitalerhöhung** gem. § 57 a GmbHG, sondern auch bei der Prüfung einer **Änderung des Gesellschaftsvertrags** keine Anwendung: Da das Interesse an der (schnellen) Eintragung einer Änderung des Gesellschaftsvertrags (§ 54 Abs. 3 GmbHG) nicht so gewichtig ist wie das Interesse an der (schnellen) Eintragung einer Gesellschaft in das Handelsregister, soll dem Gericht bei einer Änderung des Gesellschaftsvertrags »grundsätzlich auch die Prüfung in formeller und materieller Hinsicht zustehen« (BT-Drs. 13/8444, 77 und 80; vgl. auch Lutter / Hommelhoff / *Bayer* GmbHG, § 9 c Rn. 14; *Roth* / Altmeppen § 9 c Rn. 1; R / S-L / *Schmidt-Leithoff* § 9 c Rn. 4; *Ulmer* § 9 c Rn. 2, 5, 44, 47; vgl. aber auch Michalski / *Heyder* § 9 c Rn. 13; s. auch § 54 GmbHG Rn. 22). Die zu einem »Wertungswiderspruch« führende Beschränkung der gerichtlichen Prüfung gem. Abs. 2 auf die Prüfung bei der Errichtung der Gesellschaft wird darauf zurückgeführt, »dass dem Gesetzgeber bei der Neuregelung selbst nicht ganz wohl war und er deshalb deren Anwendungsbereich möglichst eng zuschneiden wollte« (*Ulmer* § 9 c Rn. 5). Schließlich wird bezweifelt, dass die Neuregelung insbesondere wegen der – weiterhin erforderlichen – Prüfung, ob eine mangelhafte, fehlende oder nichtige Bestimmung zur Nichtigkeit des Gesellschaftsvertrags führt (Abs. 2 Nr. 3), eine beschleunigte Eintragung der Gesellschaft in das Handelsregister bewirkt (vgl. Baumbach / Hueck / *Hueck/Fastrich* § 9 c Rn. 5; MünchHdb GesR III / *Heinrich* § 8 Rn. 40; *Roth* / Altmeppen § 9 c Rn. 20; Scholz / *Winter* GmbHG, § 9 c Rn. 2).

a) Verstoß gegen die Anforderungen an den Inhalt, Nr. 1

aa) Verstoß gegen den notwendigen Inhalt, Alt. 1 Wegen einer mangelhaften, fehlenden oder 14
nichtigen Bestimmung des Gesellschaftsvertrags lehnt das (Register-)Gericht die Eintragung ab, soweit diese Bestimmung, ihr Fehlen oder ihre Nichtigkeit Tatsachen oder Rechtsverhältnisse betrifft, die nach § 3 Abs. 1 GmbHG oder auf Grund anderer zwingender gesetzlicher Vorschriften im Gesellschaftsvertrag bestimmt sein müssen (Abs. 2 Nr. 1 Alt. 1). Ausweislich der Begründung des Gesetzesentwurfs (Art. 9 Nr. 4 HRefG) bezieht sich die Prüfung auf die – in § 3 Abs. 1 GmbHG genannten – für die Gesellschaft »wichtigen Bereiche Firma [. . .] und Sitz [. . .], Unternehmensgegenstand [. . .], Stammkapital und Stammeinlage«, indem »die diesbezüglichen Satzungsbestimmungen der vollen Inhaltskontrolle unterworfen« werden (BT-Drs. 13/8444, 77 f.). Auf Grund anderer gesetzlicher Bestimmungen als § 3 Abs. 1 GmbHG gehören die Bestimmung über eine ggf. vereinbarte Zeitdauer der Gesellschaft (§ 3 Abs. 2 Hs. 1 GmbHG), die Bestimmung über ggf. vereinbarte Nebenleistungspflichten (§ 3 Abs. 2 Hs. 2 GmbHG), die Bestimmung über eine ggf. vereinbarte Übernahme des Gründungsaufwands durch die Gesellschaft (§ 26 Abs. 2 AktG analog; s. § 3 GmbHG Rn. 23 f.) sowie die Festsetzung des Gegenstands einer ggf. vereinbarten Sacheinlage und des sich hierauf beziehenden Betrags der Stammeinlage (§ 5 Abs. 4 S. 1 GmbHG) zum notwendigen Inhalt des Gesellschaftsvertrags (vgl. *Ulmer* § 9 c Rn. 49; vgl. auch *Roth* / Altmeppen § 9 c Rn. 18).

bb) Verstoß gegen den der Eintragung oder Bekanntmachung unterliegenden Inhalt, Alt. 2 Wegen einer mangelhaften, fehlenden oder nichtigen Bestimmung des Gesellschaftsver- 15
trags lehnt das (Register-)Gericht die Eintragung ab, soweit diese Bestimmung, ihr Fehlen oder ihre Nichtigkeit Tatsachen oder Rechtsverhältnisse betrifft, die in das Handelsregister einzutragen oder vom Gericht bekanntzumachen sind (Abs. 2 Nr. 1 Alt. 2). Ausweislich der Begründung des Gesetzesentwurfs zur Einfügung des Abs. 2 Nr. 1 Alt. 2 (Art. 9 Nr. 4 HRefG) findet der Gedanke Berücksichtigung, »dass das Gericht nicht an der Eintragung oder Veröffentlichung unrichtiger Tatsachen oder unwirksamer Rechtsvorgänge mitwirken soll«; von der Regelung sind insbesondere »die Satzungsbestimmungen über die Vertretungsbefugnis der Geschäftsführer erfasst« (BT-Drs. 13/8444, 77 f.).

Bei dem der Eintragung oder Bekanntmachung unterliegenden Inhalt des Gesellschaftsvertrags 16
handelt es sich um solche Bestimmungen, die **nicht zum notwendigen Inhalt des Gesellschaftsvertrags** (s. Rn. 14) gehören, nämlich um die Bestimmung über die Vertretungsbefugnis der Ge-

schäftsführer einschließlich der Befreiung vom Verbot des Selbstkontrahierens (§ 10 Abs. 1 S. 2 GmbHG). Beim Tag des Abschlusses des Gesellschaftsvertrags und den Personen der Geschäftsführer, die in das Handelsregister einzutragen sind (§ 10 Abs. 1 S. 1 GmbHG), handelt es sich nicht um (»echte«) Bestimmungen des Gesellschaftsvertrags i. S. d. § 9 c Abs. 2 GmbHG (vgl. *Ulmer* § 9 c Rn. 50; vgl. aber auch Michalski / *Heyder* § 9 c Rn. 16; MünchHdb GesR III / *Heinrich* § 8 Rn. 41; zur Prüfung der Bestellung der Geschäftsführer s. Rn. 22).

17 Wegen der Aufhebung des § 10 Abs. 3 GmbHG durch das **»Gesetz über elektronische Handelsregister und Genossenschaftsregister sowie das Unternehmensregister« (EHUG)** (vgl. Art. 10 Nr. 2 EHUG; s. § 10 GmbHG Rn. 14 ff.) kommt der Regelung des Abs. 2 Nr. 1 Alt. 2 keine Bedeutung mehr zu, soweit dort auf die gerichtliche Bekanntmachung verwiesen wird. Der **RefE des MoMiG** (Stand: 29. 5. 2006) sieht die Änderung des § 10 Abs. 1 S. 1 GmbHG (Art. 1 Nr. 7 a) MoMiG-RefE; s. § 10 GmbHG Rn. 8) und die Änderung des § 10 Abs. 2 GmbHG (Art. 1 Nr. 7 b) MoMiG-RefE; s. § 10 GmbHG Rn. 12 f.) vor; die beabsichtigten Änderungen sind für die Prüfung des Inhalts des Gesellschaftsvertrags durch das (Register-)Gericht ohne Bedeutung, weil es sich hierbei nicht um (»echte«) Bestimmungen des Gesellschaftsvertrags i. S. d. § 9 c Abs. 2 GmbHG handelt.

b) Verstoß gegen gläubigerschützende oder sonst im öffentlichen Interesse gegebene Vorschriften, Nr. 2

18 Wegen einer mangelhaften, fehlenden oder nichtigen Bestimmung des Gesellschaftsvertrags lehnt das (Register-)Gericht die Eintragung ab, soweit diese Bestimmung, ihr Fehlen oder ihre Nichtigkeit Vorschriften verletzt, die ausschließlich oder überwiegend zum **Schutz der Gläubiger** der Gesellschaft oder sonst **im öffentlichen Interesse** gegeben sind (Abs. 2 Nr. 2). Ausweislich der Begründung des Gesetzesentwurfs zur Einfügung des Abs. 2 Nr. 2 (Art. 9 Nr. 4 HRefG) knüpft die Vorschrift an § 241 Nr. 3 Alt. 2 AktG an, was den Vorteil hat, dass auf die vorhandene Judikatur und Literatur zur Auslegung dieser Vorschrift zurückgegriffen werden kann (vgl. BT-Drs. 13/8444, 78).

19 Zu den Vorschriften, die ausschließlich oder überwiegend zum Schutz der Gläubiger der Gesellschaft gegeben sind, gehören vor allem die der **Kapitalaufbringung und -erhaltung** dienenden Vorschriften, namentlich die Anforderungen an die Leistung auf die Stammeinlagen, sowie diejenigen Vorschriften, welche die ordnungsgemäße Durchführung eines **Insolvenzverfahrens** gewährleisten. Zu den sonst im öffentlichen Interesse gegebenen Vorschriften gehören solche des **Gewerbe- oder Kartellrechts**, des **Handelsbilanzrechts** sowie des **Mitbestimmungsrechts** (vgl. *Ulmer* § 9 c Rn. 53 f.; A / E / S / *Achilles* § 9 c Rn. 8; Lutter / Hommelhoff / *Lutter/Bayer* GmbHG, § 9 c Rn. 11; Michalski / *Heyder* Rn. 19 f.; Scholz / *Winter* GmbHG, § 9 c Rn. 22).

c) Zur (Gesamt-)Nichtigkeit des Gesellschaftsvertrags führender Verstoß, Nr. 3

20 Wegen einer mangelhaften, fehlenden oder nichtigen Bestimmung des Gesellschaftsvertrags lehnt das (Register-)Gericht die Eintragung ab, soweit diese Bestimmung, ihr Fehlen oder ihre Nichtigkeit die Nichtigkeit des Gesellschaftsvertrags zur Folge hat (Abs. 2 Nr. 3). Ausweislich der Begründung des Gesetzesentwurfs zur Einfügung des Abs. 2 Nr. 3 (Art. 9 Nr. 4 HRefG) »sollte das Gericht die Eintragung ablehnen dürfen (und müssen), wenn eine einzelne Satzungsbestimmung unwirksam und dadurch, z. B. wegen § 139 BGB, die Nichtigkeit der Satzung insgesamt anzunehmen ist«, was »unverzichtbar« ist, wenn »an der Funktion des Gerichts als Garant für das rechtswirksame Entstehen der juristischen Person« festgehalten werden soll; »dass das Gericht auf diese Weise dann doch gehalten ist, den gesamten Gesellschaftsvertrag durchzusehen, dürfte vor dem angestrebten Regelungsziel – Beschleunigung und Vereinfachung des Registerverfahrens – unschädlich sein« (BT-Drs. 13/8444, 79).

21 Da die Auslegungsregel des § 139 BGB, sofern sie auf die Nichtigkeit einer in einem Gesellschaftsvertrag enthaltenen Bestimmung überhaupt anwendbar ist (zweifelnd R / S-L / *Schmidt-Leithoff* § 9 c Rn. 24; *Ulmer* § 9 c Rn. 56), im Gesellschaftsvertrag häufig abbedungen ist (vgl.

A / E / S / *Achilles* § 9 c Rn. 8; Lutter / Hommelhoff / *Lutter/Bayer* GmbHG, § 9 c Rn. 12, 14; Scholz / *Winter* GmbHG, § 9 c Rn. 23), bleibt dieser Regelung in der Praxis nur ein kleiner Anwendungsbereich, so dass sie den Charakter eines »**Auffangtatbestands**« hat (vgl. *Ulmer* § 9 c Rn. 55; Michalski / *Heyder* § 9 c Rn. 21).

3. Bestellung der Geschäftsführer und der Mitglieder des Aufsichtsrats

Das (Register-)Gericht überprüft, sofern die Bestellung der Geschäftsführer im Gesellschaftsvertrag vorgenommen worden ist, anhand des – der Anmeldung beizufügenden (§ 8 Abs. 1 Nr. 1 GmbHG) – Gesellschaftsvertrags, andernfalls anhand der – der Anmeldung beizufügenden (§ 8 Abs. 1 Nr. 2 GmbHG) – Legitimation, ob die **Geschäftsführer ordnungsgemäß bestellt** wurden (§ 6 Abs. 3 S. 2 GmbHG). Anhand der von den Geschäftsführern »in der Anmeldung« abzugebenden Versicherung hinsichtlich des Nichtvorliegens von Bestellungshindernissen (§ 8 Abs. 3 GmbHG) überprüft das Gericht, ob gegen ein **Bestellungshindernis** verstoßen worden ist (§ 6 Abs. 2 S. 3 und 4 GmbHG); hat das Gericht aufgrund der abgegebenen Versicherung Zweifel, ob gegen ein Bestellungshindernis verstoßen worden ist, ist das Gericht verpflichtet, weitere Ermittlungen anzustellen, was durch Einholung einer Auskunft aus dem Bundeszentralregister geschehen kann (BayObLG BB 1982, 200; vgl. auch Scholz / *Winter* GmbHG, § 9 c Rn. 25). Die gerichtliche Prüfung erstreckt sich außerdem darauf, ob die Vertretungsbefugnis der Geschäftsführer, die »in der Anmeldung« anzugeben ist (§ 8 Abs. 4 GmbHG), in Übereinstimmung mit § 35 Abs. 2 GmbHG und der im Gesellschaftsvertrag getroffenen Bestimmung steht (vgl. Michalski / *Heyder* § 9 c Rn. 39; Scholz / *Winter* GmbHG, § 9 c Rn. 26). **22**

Sofern die **Mitglieder** eines – nach dem Gesellschaftsvertrag zu bestellenden – **Aufsichtsrats** vor Eintragung der Gesellschaft in das Handelsregister bestellt worden sind, überprüft das (Register-)Gericht, ob ihre Bestellung ordnungsgemäß erfolgt ist (vgl. Michalski / *Heyder* § 9 c Rn. 41; Scholz / *Winter* GmbHG, § 9 c Rn. 27). Dies ergibt sich daraus, dass der Anmeldung Urkunden über die Bestellung sowie eine Liste der Mitglieder des Aufsichtsrats beizufügen sind (§ 52 Abs. 2 S. 1 GmbHG i. V. m. § 37 Abs. 4 Nr. 3 und Nr. 3 a AktG; s. § 8 GmbHG Rn. 22). **23**

4. Leistung auf die Stammeinlagen

Die Prüfung des (Register-)Gerichts umfasst die Leistung auf die Stammeinlagen, die von den Gesellschaftern vor der Anmeldung zu erbringen (§ 7 Abs. 2 und 3 GmbHG) und von den Geschäftsführern »in der Anmeldung« zu versichern ist (§ 8 Abs. 2 GmbHG). Die Prüfung ist – ebenso wie die Prüfung hinsichtlich des Bestehens von Vorbelastungen (s. Rn. 36 f.) – Teil der »präventiven Kapitalaufbringungskontrolle«. **24**

Die Gründungsvorschriften insbesondere über die registergerichtliche Prüfung der Errichtung einer Gesellschaft sind auf die wirtschaftliche Neugründung einer Gesellschaft mittels »Aktivierung« einer Vorratsgesellschaft oder »Wiederbelebung« eines leeren (GmbH-)Mantels durch Ausstattung mit einem neuen Unternehmen analog anzuwenden: Bei **»Aktivierung« einer Vorratsgesellschaft** ist von den Geschäftsführern in der Anmeldung der – mit der wirtschaftlichen Neugründung verbundenen – Änderungen des Gesellschaftsvertrags, insbesondere des Unternehmensgegenstands, die Versicherung abzugeben, dass die in § 7 Abs. 2 und 3 GmbHG bezeichneten Leistungen auf die Stammeinlagen bewirkt sind und dass der Gegenstand der Leistungen sich (weiterhin) in ihrer freien Verfügung befindet (§ 8 Abs. 2 GmbHG analog; BGHZ 153, 158, 162; s. auch Rn. 35, 38, § 3 GmbHG Rn. 29 ff., § 7 GmbHG Rn. 4 sowie § 8 GmbHG Rn. 27, 35). Die Tatsache **der »Wiederbelebung« eines leer gewordenen (GmbH-)Mantels** bedarf der Offenlegung gegenüber dem Gericht, die mit der Versicherung zu verbinden ist, dass im Zeitpunkt der Anmeldung die Einlagen nicht durch schon entstandene Verluste ganz oder teilweise aufgezehrt sind (§ 8 Abs. 2 GmbHG analog; BGHZ 155, 318, 326; OLG Jena NZG 2004, 1114). Bei der wirtschaftlichen Neugründung einer Gesellschaft hat sich die Prüfung, da die Kapitalaufbringung – ebenso wie bei jeder »regulären« (oder »echten«) rechtlichen Neugründung einer Gesellschaft – im Umfang der im Gesellschaftsvertrag festgelegten Stammkapitalziffer sichergestellt werden **25** soll, nicht nur am gesetzlich geregelten Mindeststammkapital (§ 5 Abs. 1 S. 1 GmbHG), sondern an dem im Gesellschaftsvertrag festgesetzten Stammkapital auszurichten (BGHZ 155, 318, 325 f.; 153, 158, 162 ff.).

a) Leistung von Geldeinlagen

26 Die Anmeldung einer Gesellschaft zur Eintragung in das Handelsregister darf erst erfolgen, wenn auf jede Geldeinlage ¼ eingezahlt ist und der Mindestbetrag sämtlicher (Geld- und Sach-)Einlagen € 12.500,– erreicht (§ 7 Abs. 2 S. 1 und 2 GmbHG; s. § 7 GmbHG Rn. 18 ff.); »in der Anmeldung« ist die Versicherung abzugeben, dass diese Mindestleistungen bewirkt sind und dass der Gegenstand der Leistungen sich endgültig in der freien Verfügung der Geschäftsführer befindet (§ 8 Abs. 2 S. 1 GmbHG; s. § 8 GmbHG Rn. 29 ff.). Wenn die Gesellschaft nur durch eine Person gegründet wird, darf die Anmeldung zur Eintragung in das Handelsregister erst dann erfolgen, wenn über diese Mindestleistungen hinausgehend für den übrigen Teil der Geldeinlage eine Sicherung bestellt ist (§ 7 Abs. 2 S. 3 GmbHG; s. § 7 GmbHG Rn. 34 ff.); die Versicherung hat sich auf die Bestellung der Sicherung zu erstrecken, wenn die Geldeinlage nicht voll eingezahlt ist (§ 8 Abs. 2 S. 2 GmbHG; s. § 8 GmbHG Rn. 36 ff.).

27 Die Prüfung durch das (Register-)Gericht erstreckt sich auf die **ordnungsgemäße Aufbringung des Stammkapitals** und insbesondere auf das **Vorliegen einer verdeckten Sacheinlage** (s. § 5 GmbHG Rn. 36 ff., § 7 GmbHG Rn. 31 sowie § 19 GmbHG Rn. 80 ff.), weil bei einer verdeckten Sacheinlage das verlautbarte Stammkapital nicht ordnungsgemäß aufgebracht worden ist und die Versicherung der Geschäftsführer, eine bestimmte Geldeinlage sei geleistet und stehe zur endgültig freien Verfügung der Geschäftsführer, folglich falsch ist (BGHZ 113, 335, 351 zur Kapitalerhöhung).

28 Das (Register-)Gericht überprüft bei Gründung der Gesellschaft durch mehrere Personen indes nicht, ob – über die in § 7 Abs. 2 S. 1 und S. 2 GmbHG geregelten Leistungen hinaus – **Mehrleistungen** auf die Stammeinlagen erbracht sind, selbst wenn im Gesellschaftsvertrag die vollständige Einzahlung der Geldeinlagen vor Anmeldung der Gesellschaft zur Eintragung in das Handelsregister bestimmt ist (zur Tilgung der Einlageschuld durch eine Mehrleistung s. § 7 Rn. 33). Bei Gründung der Gesellschaft durch eine Person erstreckt sich die Prüfung auf die – ggf. erforderliche – **Sicherung** (§ 7 Abs. 2 S. 3 GmbHG), wobei insbesondere das Sicherungsmittel sowie die Art und Weise seiner Bestellung zu prüfen ist; bei Einzahlung eines – über den in § 7 Abs. 2 S. 1 GmbHG geregelten Mindestbetrag der Geldeinlage hinausgehenden – (Mehr-)Betrags ist dessen Bewirkung und die endgültig freie Verfügbarkeit zu prüfen (LG Bonn GmbHR 1993, 99; vgl. auch A/E/S/*Achilles* § 9 c Rn. 13 f.; Michalski/*Heyder* § 9 c Rn. 36 f.; Scholz/*Winter* GmbHG, § 9 c Rn. 28 ff.; *Ulmer* § 9 c Rn. 32 ff.).

29 In Ausübung seines Prüfungsermessens begnügt sich das (Register-)Gericht regelmäßig mit der – von den Geschäftsführern »in der Anmeldung« abzugebenden – Versicherung hinsichtlich der Leistung auf die Stammeinlagen, wenn es keinen Anlass hat, an ihrer inhaltlichen Richtigkeit zu zweifeln (BGHZ 113, 335, 352 f. zur Kapitalerhöhung). Ist der Inhalt der Versicherung indes unklar oder besteht sachlich berechtigter Anlass zu Zweifeln an der Richtigkeit der Versicherung, kann das Gericht zusätzliche Informationen oder Nachweise über die Leistung auf die Stammeinlagen verlangen; bei **begründeten Zweifeln** hat das Gericht Nachweise zu verlangen oder selbst Ermttlungen anzustellen (BayObLG BB 1994, 23; NJW-RR 1988, 872; NZG 1999, 27; KG NZG 1998, 777 zur Kapitalerhöhung; OLG Düsseldorf NJW-RR 1998, 898; vgl. außerdem Michalski/*Heyder* § 9 c Rn. 23; *Meyer-Landrut* EWiR 1988, 473; *Petzoldt* EWiR 1994, 157; s. auch Rn. 8). Insbesondere kann das Gericht bei begründeten Zweifeln an der Richtigkeit der Versicherung die Vorlage einer Bankbestätigung über die Gutschrift des eingezahlten Betrags verlangen (OLG Düsseldorf ZIP 1996, 1705; vgl. auch *Spiegelberger/Walz* GmbHR 1998, 761, 762; s. auch § 8 GmbHG Rn. 24 sowie § 9 a GmbHG Rn. 29; zur Aussagekraft einer Bankbestätigung s. BGH NJW 1997, 945 zur Kapitalerhöhung; vgl. auch *Edelmann* WiB 1997, 358; *von Gerkan* EWiR 1995, 789; EWiR 1997, 243; *Goette* DStR 1997, 379); eine routinemäßig erfolgende Forderung nach Vorlage einer Bankbestätigung ist

indes – auch bei Gründung der Gesellschaft durch eine Person – unzulässig (OLG Frankfurt NJW-RR 1992, 1253; LG Bonn GmbHR 1993, 99).

b) Leistung von Sacheinlagen

aa) Vollständige Leistung Sofern Sacheinlagen geleistet werden, müssen der Gegenstand der Sacheinlage und der Betrag der Stammeinlage, auf den sich die Sacheinlage bezieht, im Gesellschaftsvertrag festgesetzt werden (§ 5 Abs. 4 S. 1 GmbHG). Sacheinlagen sind vor Anmeldung der Gesellschaft zur Eintragung in das Handelsregister vollständig zu leisten (§ 7 Abs. 3 GmbHG); »in der Anmeldung« ist die Versicherung abzugeben, dass diese Leistungen bewirkt sind und der Gegenstand der Leistungen sich endgültig in der freien Verfügung der Geschäftsführer befindet (§ 8 Abs. 2 S. 1 GmbHG). Der Anmeldung sind die Verträge, die den Festsetzungen der Sacheinlagen zugrunde liegen oder zu ihrer Ausführung geschlossen worden sind, und der Sachgründungsbericht (§ 5 Abs. 4 S. 2 GmbHG) beizufügen (§ 8 Abs. 1 Nr. 4 GmbHG). 30

Das (Register-)Gericht prüft, da – anders als bei der Gründung einer AG (vgl. §§ 33 ff. AktG) – eine **Gründungsprüfung** im GmbH-Recht nicht vorgeschrieben ist, anhand der – der Anmeldung beizufügenden – Unterlagen, ob die Sacheinlagen vollständig geleistet worden sind. Da für das Gericht schwieriger zu beurteilen ist, ob die Leistung der Sacheinlagen tatsächlich vollständig erfolgte, ist die richterliche Prüfung »eingehender« durchzuführen als bei der Leistung von Geldeinlagen (MünchHdb GesR III/*Heinrich* § 9 Rn. 43; vgl. auch Michalski/*Heyder* § 9 c Rn. 24; *Ulmer* § 9 c Rn. 28). Der höhere Aufwand schlägt sich in einer höheren Gebühr für die Eintragung der Gesellschaft in das Handelsregister nieder (s. Gebührentatbestand Nr. 2101 des Gebührenverzeichnisses [Anlage zu § 1 HRegGebV] im Vergleich zu Gebührentatbestand Nr. 2100; s. § 10 GmbHG Rn. 18). 31

bb) Wert, Abs. 1 S. 2 Die Prüfung des (Register-)Gerichts umfasst nicht nur die vollständige Leistung der Sacheinlagen, sondern auch deren Wert: Eine **Überbewertung** liegt vor, wenn der tatsächliche Wert einer Sacheinlage nicht den Betrag der dafür übernommenen, im Gesellschaftsvertrag festgesetzten Stammeinlage erreicht (vgl. § 9 GmbHG); wurden Sacheinlagen überbewertet, ist die Eintragung der Gesellschaft in das Handelsregister abzulehnen (Abs. 1 S. 2). Eine **Unterbewertung** liegt vor, wenn der tatsächliche Wert einer Sacheinlage über den im Gesellschaftsvertrag festgesetzten Wert der Sacheinlage hinausgeht; eine Unterbewertung ist für die Eintragung unschädlich (vgl. LG Augsburg NJW-RR 1996, 604 zur Kapitalerhöhung; vgl. auch Baumbach/Hueck/*Hueck/Fastrich* § 9 c Rn. 7; Lutter/Hommelhoff/*Lutter/Bayer* GmbHG, § 9 c Rn. 18; MünchHdb GesR III/*Heinrich* § 9 Rn. 43). 32

Der für die Beurteilung **maßgebende Zeitpunkt** ist nach zutreffender, allerdings bestrittener Ansicht – anders als bei der Haftung eines Gesellschafters wegen Überbewertung der von ihm bewirkten Sacheinlage gem. § 9 GmbHG – der Zeitpunkt der **Eintragung** der Gesellschaft in das Handelsregister; eine nach der Anmeldung eingetretene Wertminderung ist bei der Prüfung zu berücksichtigen (BGHZ 80, 129, 136 f.; OLG Düsseldorf NJW-RR 1996, 605 zur Kapitalerhöhung; vgl. auch A/E/S/*Achilles* § 9 c Rn. 11; *Roth*/Altmeppen § 9 c Rn. 8 ff.; *Ulmer* Rn. 21, 38 und 41; vgl. außerdem *Spiegelberger/Walz* GmbHR 1998, 761, 763 f.; a. A. Baumbach/Hueck/*Hueck/Fastrich* § 9 c Rn. 8 ff.; Lutter/Hommelhoff/*Lutter/Bayer* GmbHG, § 9 c Rn. 17; Scholz/*Winter* GmbHG, § 9 c Rn. 33; zu dem für die Haftung gem. § 9 GmbHG maßgebenden Zeitpunkt s. § 9 GmbHG Rn. 8; s. auch Rn. 9). 33

Das (Register-)Gericht nimmt die Prüfung **anhand der Verträge**, die den Festsetzungen der Sacheinlagen zugrunde liegen oder zu ihrer Ausführung geschlossen sind, **anhand des Sachgründungsberichts** und vor allem **anhand der Unterlagen** zum Wert der Sacheinlagen, die der Anmeldung der Gesellschaft zur Eintragung in das Handelsregister beizufügen sind (s. § 8 GmbHG Rn. 13 ff.), vor (vgl. Scholz/*Winter* GmbHG, § 9 c Rn. 34, *Ulmer* § 9 c Rn. 39 f.). Die Prüfung der Ordnungsmäßigkeit einer Anmeldung kann und muss dem Gericht nicht die volle Überzeugung oder Gewissheit über die inhaltliche Richtigkeit des Sachverhalts verschaffen; nur und erst dann 34 wenn anhand der eingereichten Unterlagen begründete Zweifel an der Bewertung bestehen, sind zusätzliche Auflagen oder Ermittlungen durch das Gericht geboten (OLG Düsseldorf NJW-RR 1996, 605 zur Kapitalerhöhung; OLG Düsseldorf NJW 1995, 2927 zur Umwandlung eines einzelkaufmännischen Unternehmens in eine GmbHG; vgl. außerdem A/E/S/*Achilles* § 9 c Rn. 10; Lutter/Hommelhoff/*Lutter/Bayer* GmbHG, § 9 c Rn. 18; *Lüttge* WiB 1995, 909; *Trölitzsch* WiB 1996, 487). Auch bei der Einbringung eines Grundstücks im Rahmen der Gründung einer Gesellschaft darf das Gericht nicht routinemäßig die Vorlage eines Sachverständigengutachtens verlangen; anderes gilt im Rahmen der Kapitalerhöhung, bei der die Erstellung und Vorlage eines Sacherhöhungsberichts – anders als die eines Sachgründungsberichts (§ 5 Abs. 4 S. 2 GmbHG) – nicht gesetzlich vorgeschrieben ist (vgl. BayObLG NJW 1995, 1971 zur Kapitalerhöhung; vgl. auch *Meyding* EWiR 1995, 481; *Werner* WiB 1995, 307).

35 Bei der wirtschaftlichen Neugründung einer Gesellschaft mittels **»Aktivierung« einer Vorratsgesellschaft** oder **»Wiederbelebung« eines leeren (GmbH-)Mantels** durch Ausstattung mit einem neuen Unternehmen, bei der Gründungsvorschriften analog anzuwenden sind (s. Rn. 25), ist insbesondere die Werthaltigkeit der im Gesellschaftsvertrag festgesetzten Sacheinlagen zu überprüfen (BGHZ 153, 158, 162 zur »Aktivierung« einer Vorratsgesellschaft).

5. Vorbelastung

36 Sofern die Gesellschafter der Aufnahme des Geschäftsbetriebs vor Eintragung der Gesellschaft in das Handelsregister zugestimmt haben, haften sie anteilig in Höhe der Differenz zwischen dem im Gesellschaftsvertrag festgesetzten Stammkapital (ggf. abzüglich des Gründungsaufwands; s. § 3 GmbHG Rn. 23 f.) und dem Wert des Gesellschaftsvermögens im Zeitpunkt der Eintragung (zur Unterbilanz- oder Vorbelastungshaftung s. § 11 GmbHG Rn. 23 ff.). Die Prüfung durch das (Register-)Gericht hat sich darauf zu erstrecken, ob das aus Geldeinlagen und Geldeinlageforderungen gebildete Startkapital **bereits durch Verbindlichkeiten vorbelastet** ist, weil es nicht Sinn der Unterbilanzhaftung ist, die Eintragung einer Gesellschaft trotz unzureichender Kapitalausstattung zu ermöglichen (BGHZ 80, 129, 143; 80, 182, 184 f.; BayObLG BB 1991, 2391; NZG 1999, 27; KG NJW-RR 1997, 794; OLG Düsseldorf ZIP 1996, 1705; OLG Frankfurt NJW-RR 1992, 1254; OLG Hamm NJW-RR 1993, 1381; OLG Köln NJW-RR 1988, 875; vgl. auch Baumbach/Hueck/*Hueck/Fastrich* § 9 c Rn. 11; Lutter/Hommelhoff/*Lutter/Bayer* GmbHG, § 9 c Rn. 19; *Ulmer* § 9 c Rn. 34; *Gummert* WiB 1997, 29; *Weipert* EWiR 1997, 35; *Wessel* EWiR 1988, 595; *Winkler* EWiR 1992, 679; a. A. Michalski/*Heyder* § 9 c Rn. 27 ff.; s. auch § 8 GmbHG Rn. 32 f.). Diese Prüfung ergänzt die Prüfung, ob die Leistung auf die Stammeinlagen im gesetzlich vorgeschriebenen Umfang (§ 7 Abs. 2 und 3 GmbHG) erbracht ist (s. Rn. 24), und ist Teil der »präventiven Kapitalaufbringungskontrolle«.

37 Die Frage, ob eine erst nach dem Zeitpunkt der Anmeldung, auf den sich die Versicherung gem. § 8 Abs. 2 GmbHG bezieht, eingetretene Vorbelastung im Eintragungsverfahren zu berücksichtigen ist, wird unterschiedlich beantwortet (zur Frage, ob nach Anmeldung eingetretene Vorbelastungen dem [Register-]Gericht mitzuteilen sind, s. § 8 GmbHG Rn. 34); nach zutreffender Ansicht stellt eine **nach der Anmeldung eingetretene Vorbelastung** kein Eintragungshindernis dar (vgl. OLG Frankfurt NJW-RR 1992, 1253; Baumbach/Hueck/*Hueck/Fastrich* § 9 c Rn. 12; Lutter/Hommelhoff/*Lutter/Bayer* GmbHG, § 9 c Rn. 19; Michalski/*Heyder* § 9 c Rn. 26 ff.; MünchHdb GesR III/*Heinrich* § 8 Rn. 36 f.; Scholz/*Winter* GmbHG, § 9 c Rn. 29; offen gelassen von BGH NJW-RR 1990, 462; a. A. BayObLG NZG 1999, 27; OLG Hamm NJW-RR 1993, 1381; s. auch Rn. 9). Einigkeit besteht jedoch darüber, dass die Eintragung der Gesellschaft in das Handelsregister dann ausscheidet, wenn dem (Register-)Gericht der Eintritt einer erheblichen Vorbelastung nach der Anmeldung bekannt wird und Ansprüche aus der Unterbilanzhaftung wegen der schlechten Vermögenslage der Gesellschafter nicht durchsetzbar erscheinen (BayObLG BB 1991, 2391; vgl. auch Baumbach/Hueck/*Hueck/Fastrich* § 9 c Rn. 12; Lutter/Hommelhoff/*Lutter/Bayer* GmbHG, § 9 c Rn. 19).

Die Gründungsvorschriften insbesondere über die registergerichtliche Prüfung der Errichtung einer Gesellschaft sind auf die wirtschaftliche Neugründung einer Gesellschaft mittels »Aktivierung« einer Vorratsgesellschaft oder »Wiederbelebung« eines leeren (GmbH-)Mantels durch Ausstattung mit einem neuen Unternehmen analog anzuwenden: Bei **»Aktivierung« einer Vorratsgesellschaft** ist von den Geschäftsführern in der Anmeldung der – mit der wirtschaftlichen Neugründung verbundenen – Änderungen des Gesellschaftsvertrags, insbesondere des Unternehmensgegenstands, die Versicherung abzugeben, dass die in § 7 Abs. 2 und 3 GmbHG bezeichneten Leistungen auf die Stammeinlagen bewirkt sind und dass der Gegenstand der Leistungen sich (weiterhin) in ihrer freien Verfügung befindet (§ 8 Abs. 2 GmbHG analog); wenn – entgegen der Versicherung – hinreichende Anhaltspunkte dafür bestehen, dass im Zeitpunkt der Anmeldung die Einlagen durch schon entstandene Verluste ganz oder teilweise aufgezehrt sind, darf und muss das (Register-)Gericht seine Prüfung auch auf die Frage erstrecken, ob die Gesellschaft eine Unterbilanz aufweist (BGHZ 153, 158, 162; s. auch Rn. 25, § 3 GmbHG Rn. 29 ff., § 7 GmbHG Rn. 4, § 8 GmbHG Rn. 27, 35 sowie § 11 GmbHG Rn. 22). Die Tatsache der **»Wiederbelebung« eines leer gewordenen (GmbH-)Mantels** bedarf der Offenlegung gegenüber dem Gericht, die mit der Versicherung zu verbinden ist, dass im Zeitpunkt der Anmeldung die Einlagen nicht durch schon entstandene Verluste ganz oder teilweise aufgezehrt sind (§ 8 Abs. 2 GmbHG analog); bei hinreichenden Anhaltspunkten obliegt dem Gericht die Prüfung auf das Vorhandensein einer Unterbilanz (BGHZ 155, 318, 326; OLG Jena NZG 2004, 1114). **Maßgeblicher Stichtag** für das Bestehen und die Höhe einer Unterbilanzhaftung ist die – mit der Versicherung zu verbindende – Anmeldung der mit der wirtschaftlichen Neugründung einhergehenden Änderungen des Gesellschaftsvertrags bzw. deren Offenlegung gegenüber dem Gericht; einer Gewährleistung der Unversehrtheit des im Gesellschaftsvertrag festgelegten Stammkapitals über diesen Zeitpunkt hinaus ist – anders als bei einer »regulären« (oder »echten«) rechtlichen Neugründung einer Gesellschaft – nicht veranlasst, weil der bereits als Gesellschaft wirksam entstandene Rechtsträger zu seiner weiteren rechtlichen Existenz keiner zusätzlichen (konstitutiven) Eintragung (mehr) bedarf (BGHZ 155, 318, 326 f.; vgl. auch A/E/S/*Achilles* § 9 c Rn. 12; s. auch § 3 GmbHG Rn. 35 sowie § 11 GmbHG Rn. 22). 38

II. Ablehnung der Eintragung und andere Maßnahmen

Das (Register-)Gericht hat über die Eintragung **spätestens einen Monat** nach Eingang der Anmeldung zu entscheiden (§ 25 Abs. 1 S. 2 HRV). Ist die Anmeldung zur Eintragung in das Handelsregister unvollständig oder steht der Eintragung ein (behebbares) Hindernis entgegen, setzt das Gericht durch **Zwischenverfügung** eine Frist zur Vervollständigung der Unterlagen oder zur Behebung des Hindernis (§§ 25 Abs. 1 S. 3 Hs. 1, 26 S. 2 HRV). Ohne der (Vor-)Gesellschaft hierzu zunächst Gelegenheit gegeben zu haben, ist die Ablehnung der Eintragung unzulässig (vgl. MünchHdb GesR III/*Heinrich* § 8 Rn. 44; Scholz/*Winter* GmbHG, § 9 c Rn. 37; *Ulmer* § 9 c Rn. 58; zur Ermittlung der Tatsachen von Amts wegen s. Rn. 8). 39

Das (Register-)Gericht kann, wenn eine von ihm zu erlassende Verfügung von der Beurteilung eines streitigen Rechtsverhältnisses abhängt, das **Verfahren aussetzen**, bis über das Rechtsverhältnis im Wege eines Rechtsstreits entschieden ist; wenn ein Rechtsstreit noch nicht anhängig ist, kann das Gericht einem der Beteiligten eine Frist zur Erhebung der Klage bestimmen (§ 127 FGG). Die Entscheidung über die Aussetzung ist nach **pflichtgemäßem Ermessen** zu treffen; eine Aussetzung des auf Eintragung einer Gesellschaft gerichteten Verfahrens kommt insbesondere dann in Betracht, wenn unter den Gesellschaftern Streit über die Wirksamkeit eines Gesellschafterbeitritts oder eines Gesellschafterwechsels besteht (vgl. Michalski/*Heyder* § 9 c Rn. 49; MünchHdb GesR III/*Heinrich* § 8 Rn. 47; Scholz/*Winter* GmbHG, § 9 c Rn. 38; s. auch Rn. 11; zur Behandlung eines fehlerhaften Gesellschafterbeitritts s. § 2 GmbHG Rn. 48 ff.) 40

Das (Register-)Gericht hat die Eintragung **zwingend abzulehnen**, wenn einer der in § 9 c GmbHG genannten Gründe vorliegt; dem Gericht steht kein Ermessen zu (vgl. *Ulmer* § 9 c Rn. 60; s. auch Rn. 6). Nicht aufklärbare Zweifel, ob die Voraussetzungen für die Eintragung der Gesell- 41 schaft vorliegen, gehen zulasten der (Vor-)Gesellschaft; sie trägt die »materielle Beweislast« (»Feststellungslast«) für das Vorliegen der Eintragungsvoraussetzungen. Vor einer Ablehnung ist der (Vor-)Gesellschaft rechtliches Gehör zu gewähren, sofern die Gründe nicht in einer Zwischenverfügung mitgeteilt worden sind (vgl. vgl. KG NJW-RR 1997, 794; vgl. auch Michalski/*Heyder* § 9c Rn. 6, 47; Scholz/*Winter* GmbHG, § 9c Rn. 40; MünchHdb GesR III/*Heinrich* § 8 Rn. 45; *Ulmer* § 9c Rn. 60 f.). Die Gründe der Ablehnung sind mitzuteilen (§ 26 S. 1 HRV).

42 Gegen eine Verfügung des (Register-)Gerichts – sowohl gegen eine Zwischenverfügung als auch gegen eine die Eintragung endgültig ablehnende Entscheidung – kann **Beschwerde** eingelegt werden, über die das Landgericht entscheidet (§ 19 FGG). Zur Einlegung der Beschwerde ist die **(Vor-)Gesellschaft** berechtigt (BGHZ 105, 324, 327 f.; 107, 1, 2; 117, 323, 325 ff. zur Vor-AG; BayObLG NJW-RR 1996, 413; KG NJW–RR 1997, 794; OLG Hamm DB 1992, 264; vgl. außerdem A/E/S/*Achilles* § 9c Rn. 4; Michalski/*Heyder* § 9c Rn. 48; MünchHdb GesR III/*Heinrich* § 8 Rn. 46; *Priester* EWiR 1992, 113; s. auch § 7 GmbHG Rn. 6 sowie § 11 GmbHG Rn. 14). Die (Vor-)Gesellschaft wird durch ihre Geschäftsführer vertreten; eine Vertretung durch sämtliche Geschäftsführer ist nicht erforderlich, weil § 78 GmbHG auf die Einlegung einer Beschwerde nicht anwendbar ist (BGHZ 117, 323, 329 zur Vor-AG; BayObLG NJW-RR 1996, 413; a. A. Scholz/*Winter* GmbHG, § 9c Rn. 41). Gegen die Entscheidung des Beschwerdegerichts ist das Rechtsmittel der **weiteren Beschwerde** zulässig, wenn die Entscheidung auf einer Rechtsverletzung beruht; über die weitere Beschwerde entscheidet das OLG (§§ 27 Abs. 1 S. 1, 28 Abs. 1 FGG).

43 Gegen die erfolgte Eintragung einer Gesellschaft in das Handelsregister ist eine Beschwerde nicht statthaft, weil die Bestandskraft der – konstitutiv wirkenden – Eintragung nicht im Beschwerdeverfahren, sondern lediglich in einem Löschungsverfahren gem. § 142 FGG, gem. § 144 Abs. 1 S. 2 FGG i. V. m. §§ 75, 76 GmbHG oder in einem Auflösungsverfahren gem. § 144 a Abs. 4 FGG beseitigt werden kann (vgl. BGHZ 104, 61, 63; BayObLG NJW-RR 1991, 295; vgl. auch *Ulmer* § 9c Rn. 63; Michalski/*Heyder* § 9c Rn. 48; *Roth*/Altmeppen § 9c Rn. 24; Scholz/*Winter* GmbHG, § 9c Rn. 42; vgl. außerdem *Bokelmann* EWiR 1992, 789).

§ 10 [Inhalt der Eintragung] [i. d. F. ab 1. 1. 2007 durch EHUG]

(1) [1]Bei der Eintragung in das Handelsregister sind die Firma und der Sitz der Gesellschaft, der Gegenstand des Unternehmens, die Höhe des Stammkapitals, der Tag des Abschlusses des Gesellschaftsvertrages und die Personen der Geschäftsführer anzugeben. [2]Ferner ist einzutragen, welche Vertretungsbefugnis die Geschäftsführer haben.

(2) Enthält der Gesellschaftsvertrag eine Bestimmung über die Zeitdauer der Gesellschaft, so ist auch diese Bestimmung einzutragen.

(3) *[aufgehoben]*

§ 10 [Inhalt der Eintragung] [i. d. F. bis 31. 12. 2006]

***(1) bis (2)* [identisch]**

(3) In der Veröffentlichung, durch welche die Eintragung bekanntgemacht wird, sind außer dem Inhalt der Eintragung die nach § 5 Abs. 4 Satz 1 getroffenen Festsetzungen und, sofern der Gesellschaftsvertrag besondere Bestimmungen über die Form enthält, in welcher öffentliche Bekanntmachungen der Gesellschaft erlassen werden, auch diese Bestimmungen aufzunehmen.

Übersicht:

A. Allgemeines

Die zuletzt durch Art. 10 Nr. 2 des EHUG vom 10. 11. 2006 (BGBl. I, 2553) geänderte Vorschrift regelt die Eintragung einer Gesellschaft in das Handelsregister. Durch die Richtlinie 2003/58/EG des Europäischen Parlaments und des Rates zur Änderung der Richtlinie 68/151/EWG in Bezug auf die Offenlegungspflichten von Gesellschaften bestimmter Rechtsformen vom 15. 7. 2003 (ABl. EU Nr. L 221, 13) ist eine Novellierung der §§ 10 ff. HGB erforderlich geworden; diese ist durch das »**Gesetz über elektronische Handelsregister und Genossenschaftsregister sowie das Unternehmensregister« (EHUG)** erfolgt, die insbesondere zur **Aufhebung des § 10 Abs. 3 GmbHG** und zur Änderung des § 10 HGB sowie des § 52 Abs. 2 GmbHG geführt hat. Der **RefE des MoMiG** (Stand: 29. 5. 2006) sieht die Änderung dieser Vorschrift vor; außerdem ist »Inhalt der Eintragung« als Überschrift des § 10 GmbHG vorgesehen. 1

Nachdem eine bestimmte (Mindest-)Leistung auf die Stammeinlagen erbracht ist (§ 7 Abs. 2 und 3 GmbHG), ist die Gesellschaft unter Beifügung insbesondere des Gesellschaftsvertrags zur Eintragung in das Handelsregister anzumelden (§§ 7 Abs. 1, 8 Abs. 1 Nr. 1 GmbHG). Vorbehaltlich des entsprechenden Ergebnisses einer Prüfung durch das (Register-)Gericht (§ 9 c GmbHG) wird die ordnungsgemäß errichtete und angemeldete Gesellschaft in das Handelsregister eingetragen: Bei der Eintragung sind die Firma und der Sitz der Gesellschaft, der Gegenstand des Unternehmens, die Höhe des Stammkapitals, der Tag des Abschlusses des Gesellschaftsvertrags und die Personen der Geschäftsführer sowie deren Vertretungsbefugnis anzugeben (Abs. 1). Sofern der Gesellschaftsvertrag eine Bestimmung über die Zeitdauer der Gesellschaft enthält, ist auch diese einzutragen (Abs. 2). Die in das Handelsregister **eintragungsfähigen Tatsachen** sind im Gesetz **abschließend geregelt** (OLG Frankfurt GmbHR 1994, 118; OLG Hamm NJW-RR 1997, 415; vgl. auch *Holzer* WiB 1997, 530). 2

Vor der Eintragung in das Handelsregister besteht die Gesellschaft »als solche« nicht (§ 11 Abs. 1 GmbHG). Wenn die Eintragung vom (Register-)Gericht vorgenommen wird, obwohl die Gesellschaft nicht ordnungsgemäß errichtet oder angemeldet worden ist, Sacheinlagen überbewertet sind oder der Gesellschaftsvertrag mangelhafte, fehlende oder nichtige Bestimmungen aufweist, die zur Ablehnung der beantragten Eintragung berechtigten (§ 9 c GmbHG), hindert dies nicht die Entstehung der Gesellschaft; nur durch eine auf Nichtigkeitserklärung gerichtete Klage der Gesellschafter, Geschäftsführer oder Mitglieder des Aufsichtsrats (§ 75 GmbHG; vgl. dazu ausführl. auch Kap. 16 Rn. 464 ff.) oder durch eine Löschung oder Auflösung von Amts wegen (§§ 142, 144 und 144 a FGG) kann diese (»Heilungs«-)Wirkung der Eintragung beseitigt werden. Eine nicht erfüllte Einlageverpflichtung oder eine fehlerhafte Geschäftsführerbestellung bleiben hiervon unberührt (vgl. Michalski/*Heyder* § 10 Rn. 20 ff.). 3

Ist eine in das Handelsregister einzutragende Tatsache in das Handelsregister eingetragen und bekanntgemacht worden, muss ein Dritter sie gegen sich gelten lassen (§ 15 Abs. 2 S. 1 HGB). Ist eine solche Tatsache nicht eingetragen und bekanntgemacht worden, kann sie einem Dritten nicht entgegengesetzt werden, es sei denn, dass sie diesem bekannt war (§ 15 Abs. 1 HGB). 4

B. Inhalt der Eintragung in das Handelsregister

I. Notwendige Angaben gem. Abs. 1

1. Firma, Sitz, Unternehmensgegenstand, Höhe des Stammkapitals, Tag des Abschlusses des Gesellschaftsvertrags und Personen der Geschäftsführer, Abs. 1 S. 1

a) Geltende Fassung des Abs. 1 S. 1

5 Die **Firma** und der **Sitz** der Gesellschaft, die im Gesellschaftsvertrag enthalten sein müssen (§ 3 Abs. 1 Nr. 1 GmbHG), sind bei der Eintragung in das Handelsregister anzugeben. Auch der **Gegenstand des Unternehmens** (§ 3 Abs. 1 Nr. 2 GmbHG) und die **Höhe des Stammkapitals** (§ 3 Abs. 1 Nr. 3 GmbHG) sind anzugeben. Der Betrag der – von jedem Gesellschafter zu leistenden – Stammeinlage wird nicht in das Handelsregister eingetragen, obwohl er im Gesellschaftsvertrag enthalten sein muss (§ 3 Abs. 1 Nr. 4 GmbHG); er ergibt sich außerdem aus der Liste der Gesellschafter, die der Anmeldung beizufügen ist (§ 8 Abs. 1 Nr. 3 GmbHG).

6 Bei der Eintragung in das Handelsregister ist der **Tag des Abschlusses des Gesellschaftsvertrags** anzugeben, der sich regelmäßig aus der vom Notar aufgenommenen Niederschrift ergibt (§ 9 Abs. 2 BeurkG). Da die gleichzeitige Anwesenheit sämtlicher Gesellschafter beim Abschluss des Gesellschaftsvertrags nicht erforderlich ist und die Abgabe der Willenserklärungen folglich an verschiedenen Tagen erfolgen kann (s. § 2 GmbHG Rn. 20), ist bei einer solchen »Stufenbeurkundung« des Gesellschaftsvertrags der Tag anzugeben, an dem die letzte Erklärung abgegeben worden ist (vgl. Baumbach / Hueck / *Hueck/Fastrich* § 10 Rn. 2; Scholz / *Winter* GmbHG, § 10 Rn. 9; *Ulmer* § 10 Rn. 8). Bei einer Änderung des Gesellschaftsvertrags vor Eintragung der Gesellschaft in das Handelsregister (s. § 2 GmbHG Rn. 44) ist der Tag einzutragen, an dem die (letzte) Erklärung abgegeben worden ist, durch die der Gesellschaftsvertrag geändert wurde (vgl. *Roth* / Altmeppen § 10 Rn. 2).

7 Die **Personen der Geschäftsführer**, deren Bestellung durch Vorlage des Gesellschaftsvertrag oder einer Legitimation dem (Register-)Gericht nachgewiesen wird (s. § 8 GmbHG Rn. 9 f.), sind bei der Eintragung in das Handelsregister anzugeben. Die Eintragung umfasst den Vor- und Familiennamen, das Geburtsdatum und den Wohnort (§ 43 Nr. 4 HRV). Ein stellvertretender Geschäftsführer (§ 44 GmbHG) ist ohne Stellvertreterzusatz in das Handelsregister einzutragen (BGH NJW 1998, 1071; vgl. auch *Bokelmann* EWiR 1997, 511; *Meier* WiB 1997, 1271).

b) Beabsichtigte Änderung des Abs. 1 S. 1

8 Der **RefE des MoMiG** (Stand: 29. 5. 2006) sieht die Änderung des Abs. 1 vor, indem nach den Worten »Sitz der Gesellschaft« die Worte »eine inländische Geschäftsanschrift« eingefügt werden (Art. 1 Nr. 7 a) MoMiG-RefE). Ausweislich der Begründung zu Art. 1 Nr. 7 a) MoMiG-RefE handelt es sich um eine »Folgeänderung« zu der beabsichtigten Änderung des § 8 Abs. 4 GmbHG durch Art. 1 Nr. 6 d) MOMiG-RefE (s. § 8 GmbHG Rn. 51 f.), indem »die bei der Anmeldung anzugebende inländische Geschäftsanschrift (…) in das Handelsregister« eingetragen wird (vgl. auch *Seibert* ZIP 2006, 1157, 1164 f.).

2. Vertretungsbefugnis der Geschäftsführer, Abs. 1 S. 2

9 Die – bei der Anmeldung der Gesellschaft anzugebende (§ 8 Abs. 4 GmbHG) – **Vertretungsbefugnis der Geschäftsführer** (§ 35 Abs. 2 GmbHG) ist in das Handelsregister einzutragen (Abs. 1 S. 2). Da Abs. 1 S. 2 – ebenso wie § 8 Abs. 4 GmbHG – durch Art. 3 Nr. 2 a) des »Gesetzes zur Durchführung der Ersten Richtlinie des Rates der Europäischen Gemeinschaften zur Koordinierung des Gesellschaftsrechts« vom 15. 8. 1969 (BGBl. I, 1146) in das GmbHG eingefügt worden ist, ist bei seiner Auslegung die Zielsetzung der (Koordinierungs-)Richtlinie zu berücksichtigen: Jeder, der den Wunsch hat, Geschäftsverbindungen mit Gesellschaften in einem anderen Mitgliedstaat aufzunehmen oder fortzusetzen, soll sich unproblematisch Kenntnis von den Befugnissen der mit ihrer Vertretung betrauten Personen verschaffen können; im Interesse des grenzüberschreitenden Rechtsverkehrs müssen alle einschlägigen Angaben in Registern oder amtlichen

Unterlagen aufgeführt werden, selbst wenn sich diese Angaben aus nationalen Rechtsvorschriften ergeben, weil von Außenstehenden deren Kenntnis nicht verlangt werden kann. Bei der Bestellung eines einzigen Geschäftsführers ist deshalb anzugeben, dass dieser die Gesellschaft alleine vertritt, selbst wenn sich diese Vertretungsbefugnis ohne weiteres aus dem Gesetz ergibt; bei der Bestellung mehrerer Geschäftsführer ist die Vertretungsbefugnis auch dann anzugeben, wenn diese – mangels abweichender Regelung des Gesellschaftsvertrags – der gesetzlichen Regelung des § 35 Abs. 2 S. 2 GmbHG entspricht (EuGH BB 1974, 1500, vorangehend BGH BB 1974, 808, nachfolgend BGHZ 63, 261, 263 ff.; BayObLG NZG 1998, 72; OLG Zweibrücken NJW-RR 1993, 933; vgl. zur Bezeichnung »Alleinvertretung« den Vorlagebeschluss OLG Brandenburg NZG 2006, 832).

Da die **Befreiung vom Verbot des Selbstkontrahierens** (§ 181 BGB) als Vertretungsregelung be- 10
handelt wird (s. § 35 GmbHG Rn. 15 ff.), ist diese in das Handelsregister einzutragen (BGHZ 87, 59, 60 ff.; 114, 167, 170; BGH NJW 2000, 664; OLG Frankfurt GmbHR 1997, 349; OLG Köln NJW-RR 1996, 1382; s. auch § 39 GmbHG Rn. 2 f.). Einzutragen ist nicht nur eine uneingeschränkte Befreiung vom Verbot des Selbstkontrahierens, sondern auch eine solche Befreiung, die nur bestimmte Arten von Geschäften oder nur Geschäfte mit bestimmten Personen umfasst (OLG Düsseldorf NJW-RR 1995, 488; vgl. auch *Bokelmann* EWiR 1994, 1063; *Kurz* WiB 1995, 24). Die Befreiung des Geschäftsführers einer (Komplementär-)GmbH einer GmbH & Co. KG vom Verbot des Selbstkontrahierens kann in das Handelsregister der KG eingetragen werden (BayObLG NZG 2000, 138; NZG 2000, 684). Eine im Gesellschaftsvertrag enthaltene Ermächtigung der Gesellschafterversammlung, durch Beschluss eine vom Gesellschaftsvertrag abweichende Vertretungsregelung zu treffen oder vom Verbot des Selbstkontrahierens zu befreien, kann indes nicht in das Handelsregister eingetragen werden (OLG Frankfurt GmbHR 1994, 118; OLG Hamm NJW-RR 1997, 415; vgl. auch *Holzer* WiB 1997, 530).

II. Zeitliche Beschränkung (Befristung) der Gesellschaft, Abs. 2

1. Geltende Fassung des Abs. 2

Sofern der Gesellschaftsvertrag eine Bestimmung über die Zeitdauer (Befristung) der Gesell- 11
schaft enthält (§ 3 Abs. 2 Hs. 1 GmbHG), ist diese Bestimmung in das Handelsregister einzutragen (s. § 3 GmbHG Rn. 16). Die Eintragung ist indes keine Voraussetzung für die Wirksamkeit einer solchen Bestimmung (vgl. Baumbach / Hueck / *Hueck/Fastrich* § 10 Rn. 3; Michalski / *Heyder* § 10 Rn. 11; Scholz / *Winter* GmbHG, § 10 Rn. 14).

2. Beabsichtigte Änderung des Abs. 2

Der **RefE des MoMiG** (Stand: 29. 5. 2006) sieht die Änderung des Abs. 2 vor, indem folgender S. 2 12
angefügt wird (Art. 1 Nr. 7 b) MoMiG-RefE):

»Sofern eine Person, die für Zustellungen an die Gesellschaft empfangsberechtigt ist, mit einer inländischen Anschrift zur Eintragung in das Handelsregister angemeldet wird, sind auch diese Angaben einzutragen; Dritten gegenüber gilt die Empfangsberechtigung als fortbestehend, bis sie im Handelsregister gelöscht und die Löschung bekannt gemacht worden ist, es sei denn, dass die fehlende Empfangsberechtigung dem Dritten bekannt war.«

Zur **Begründung** des Art. 1 Nr. 7 b) MoMiG-RefE wird Folgendes ausgeführt (vgl. auch *Seibert* 13
ZIP 2006, 1157, 1165):

»Zusätzlich zu der zwingenden Eintragung einer inländischen Geschäftsanschrift wird es den Gesellschaften in Zukunft gestattet sein, eine Person ins Register eintragen zu lassen, die den Gläubigern als zusätzlicher Zustellungsempfänger neben den Vertretern der Gesellschaft dient [...]. Ob es sich bei dieser weiteren Empfangsperson um einen Gesellschafter oder eine sonstige rechtsgeschäftlich empfangsberechtigte Person wie beispielsweise einen Steuerberater oder Notar handelt, bleibt den Gesellschaften überlassen. Diese Regelung ist ausdrücklich nur als Option ausgestaltet. Es handelt sich dabei nicht um eine gesetzliche Pflicht [...]. Die Anmeldung steht also im Ermessen der Gesellschaften. Es liegt lediglich eine eintragungsfähige Tatsache vor, keine eintragungspflichtige. Daher kommt § 15 HGB nicht unmittelbar zur Anwendung. Um Unklarheiten zu vermeiden, die bei Anordnung einer entsprechenden Anwendung des § 15 HGB hätten auftreten können, bedurfte es der Klarstellung in Hs. 2. Wird von der Möglichkeit der Eintragung dieser weiteren Empfangsperson Gebrauch gemacht, so erstreckt sich auch die Registerpublizität auf die eingetragenen Tatsachen. Hierdurch werden die Gesellschaften dazu angehalten, die Angaben zur Person stets aktuell zu halten, da ansonsten eine Zustellung an eine nicht mehr empfangsberechtigte Person droht, die dem Dritten gegenüber aufgrund des neuen Halbsatzes 2 noch als empfangszuständig gilt. Die Ausdehnung der Registerpublizität nach dem Vorbild des § 15 HGB hilft dem Gläubiger allerdings nur in den Fällen, in denen die rechtsgeschäftliche Vollmacht lediglich im Innenverhältnis beendet wurde. Scheitert hingegen ein Zustellversuch an die eingetragene Person unter der eingetragenen Anschrift aus tatsächlichen Gründen, weil die Anschrift nämlich nicht mehr existiert, so hilft die Fiktion der fortbestehenden Empfangsberechtigung hier nicht weiter.«

C. Exkurs: Inhalt der Veröffentlichung

14 Das »**Gesetz über elektronische Handelsregister und Genossenschaftsregister sowie das Unternehmensregister« (EHUG)** hat zur Änderung des § 10 HGB (Art. 1 Nr. 2 EHUG) und zur **Aufhebung des § 10 Abs. 3 GmbHG** geführt (Art. 10 Nr. 2 EHUG). § 10 HGB lautet numehr wie folgt (BR-Drs. 693/06):

15 *§ 10 HGB Bekanntmachung der Eintragungen*

[1]Das Gericht macht die Eintragungen in das Handelsregister in dem von der Landesjustizverwaltung bestimmten elektronischen Informations- und Kommunikationsmedium in der zeitlichen Folge ihrer Eintragung nach Tagen geordnet bekannt; § 9 Abs. 1 S. 4 und 5 gilt entsprechend. [2]Soweit nicht ein Gesetz etwas anderes vorschreibt, werden die Eintragungen ihrem ganzen Inhalt nach veröffentlicht.

16 In der **Begründung** des Gesetzesentwurfs zur **Neufassung des § 10 HGB** (Art. 1 Nr. 2 EHUG) hat die Bundesregierung ausgeführt (BR-Drs. 942/05, 107 f. = BT-Drs. 16/906, 44):

»Die EU-Publizitätsrichtlinie geht nach wie vor von der Notwendigkeit einer Bekanntmachung aus, selbst bei freier elektronischer Abrufbarkeit der Eintragungen. Im Grunde sind Eintragungsabruf und Bekanntmachung nur zwei Seiten einer Medaille und setzen nur eine unterschiedliche Datenaufbereitung voraus (unternehmensbezogen im einen, chronologisch im anderen Fall). [...] § 10 wird dahingehend geändert, dass Bekanntmachungen künftig nicht mehr im Papier-Bundesanzeiger und in Tageszeitungen erfolgen, sondern über das von der Landesjustizverwaltung bestimmte elektronische Informations- und Kommunikationssystem. Alle Handelsregistereintragungen werden dabei in der Reihenfolge ihrer Eintragung und tageschronologisch geordnet bekannt gemacht. Für diese Pflichtbekanntmachung gilt nach S. 2 die bisher in § 10 Abs. 1 S. 2 enthaltene Regelung, dass die Eintragungen grundsätzlich ihrem ganzen Inhalt nach veröffentlicht werden.«

17 Zur **Aufhebung des § 10 Abs. 3 GmbHG** hat die Bundesregierung ausgeführt, dass die Aufhebung dem »Grundsatz des Verzichts auf Zusatzbekanntmachungen« folgt (BR-Drs. 942/05, 167 = BT-Drs. 16/960, 66). Die Aufhebung des – gleichlautenden – § 40AktG (Art. 9 Nr. 2 EHUG) wird mit der »Umsetzung des Grundsatzes, dass die Bekanntmachung nur das Spiegelbild der Eintragung ist, nicht aber weiter gehende Inhalte aufweisen soll«, begründet (BR-Drs. 942/05, 164 = BT-Drs. 16/960, 65).

D. Kosten

18 Für die Eintragung einer Gesellschaft in das Handelsregister werden Gebühren erhoben. Seit Inkrafttreten der Handelsregistergebührenverordnung (HRegGebV) vom 30. 9. 2004 (BGBl. I, 2562) beträgt die Gebühr **für die Eintragung einer GmbH** – außer aufgrund einer Umwandlung – **€ 100,–** und, sofern mindestens eine Sacheinlage geleistet wird, **€ 150,–** (Gebührentatbestand Nr. 2100 bzw. 2101 des Gebührenverzeichnisses [Anlage zu § 1 HRegGebV]).

19 Die Handelsregistergebührenverordnung ist auf Grund des § 79 a KostO erlassen worden, der durch Art. 1 Nr. 7 des Handelsregistergebühren-Neuordnungsgesetz (HRegGebNeuOG) vom 3. 7. 2004 (BGBl. I, 1410) eingefügt worden ist. Diese (Neu-)Regelung dient der Umsetzung europarechtlicher Vorgaben, nachdem der EuGH zur Auslegung der Richtlinie 69/335/EWG des Rates vom 17. 7. 1969 betreffend die indirekten Steuern auf die Ansammlung von Kapital (ABl. L 249, 25) in der durch die Richtlinie 85/303/EWG des Rates vom 10. 6. 1985 (ABl. L 156, 23) geänderten Fassung entschieden hat, dass sich die Gebühren für Eintragungen in das Handelsregister an den dafür tatsächlich getätigten Aufwendungen zu orientieren haben und auf den Gegenstandswert bezogene Gebühren als indirekte Steuern gegen Gemeinschaftsrecht verstoßen (EuGH NZG 1998, 274; vgl. auch Gesetzesentwurf der Bundesregierung zum HRegGebNeuOG, BT-Drs. 15/2251, 1).

Bis zur (Neu-)Regelung des Gebührenrechts durch § 79 a KostO und die HRegGebV wurden die 20
Gebühren für Vorgänge, die vom Anwendungsbereich der Richtlinie 69/335/EWG erfasst sind, nur vorläufig oder auf der Grundlage des im Einzelfall zu ermittelnden Aufwandes erhoben (BayObLG NJW 1999, 652; NZG 1999, 159; NJW 1999, 654; OLG Frankfurt NJW-RR 2001, 1579; OLG Köln NJW 1999, 341; OLG Zweibrücken NJW-RR 2000, 1377; NJW-RR 2000, 1094).

Für **Bekanntmachungen** werden bei der Veröffentlichung in einem elektronischen Informations- 21
und Kommunikationssystem, wenn ein Entgelt nicht zu zahlen ist oder das Entgelt nicht für den Einzelfall berechnet wird, **je Veröffentlichung pauschal € 1,–**, in sonstigen Fällen die zu zahlenden Entgelte als **Auslagen** erhoben (§ 137 Abs. 1 Nr. 5 KostO).

§ 11 [Rechtszustand vor der Eintragung]

(1) Vor der Eintragung in das Handelsregister des Sitzes der Gesellschaft besteht die Gesellschaft als solche nicht.

(2) Ist vor der Eintragung im Namen der Gesellschaft gehandelt worden, so haften die Handelnden persönlich und solidarisch.

Übersicht:

A. Allgemeines

1 Die seit Inkrafttreten des GmbHG unveränderte Vorschrift befasst sich in fragmentarischer Form mit den Rechtsverhältnissen des »Rechtsgebildes«, das als **»Vorgesellschaft«** oder auch als **»Vor-GmbH«** bezeichnet wird, indem in Abs. 1 die Rechtsnatur und Verfassung der Vorgesellschaft, in Abs. 2 die Haftung der im Namen der Vorgesellschaft Handelnden angesprochen werden. Im **RefE des MoMiG** (Stand: 29. 5. 2006) ist die Überschrift »Rechtszustand vor der Eintragung« vorgesehen.

2 § 11 GmbHG hat durch richterliche Rechtsfortbildung einen **Funktionswandel** erfahren, zumal der Gesetzgeber – ausweislich der Begründung zum Entwurf eines Gesetzes über Gesellschaften mit beschränkter Haftung (GmbHG) vom 26. 2. 1973 durch die Bundesregierung – »von einer Regelung der zum Recht der Vorgesellschaft bestehenden Streitfragen« abgesehen hat, weil »es zweckmäßiger erscheint, sie der Wissenschaft und Rechtsprechung zur Klärung zu überlassen« (BT-Drs. 7/253, 96; s. auch Rn. 19).

3 Zum Verständnis des Abs. 1 ist vor allem der **Zusammenhang mit folgenden Regelungen** zu beachten: Die Vorgesellschaft entsteht mit Abschluss des – notariell zu beurkundenden und von sämtlichen Gesellschaftern zu unterzeichnenden (§ 2 Abs. 1 GmbHG) – Gesellschaftsvertrags. Nach der (Mindest-)Leistung von Geld- oder Sacheinlagen (§§ 7 Abs. 2 und 3, 8 Abs. 2 GmbHG) ist die Gesellschaft von ihren Geschäftsführern unter Beifügung insbesondere des Gesellschaftsvertrags zur Eintragung in das Handelsregister anzumelden (§§ 7 Abs. 1, 8 Abs. 1 Nr. 1, 78 GmbHG). Vorbehaltlich des entsprechenden Ergebnisses einer Prüfung durch das (Register-)Gericht (§ 9 c GmbHG) wird die Gesellschaft in das Handelsregister eingetragen (§ 10 Abs. 1 und 2 GmbHG). Die durch die Eintragung entstandene GmbH »hat selbstständig ihre Rechte und Pflichten« und ist juristische Person (§ 13 Abs. 1 Hs. 1 GmbHG; s. auch § 13 Rn. 2 ff.).

4 Auf die Vorgesellschaft als **»notwendiger Vorstufe zur juristischen Person«** werden die Vorschriften des GmbH-Rechts angewendet, soweit diese nicht die Rechtsfähigkeit voraussetzen oder auf die besonderen Umstände bzw. Verhältnisse des Gründungsstadiums nicht hinreichend Rücksicht nehmen (s. Rn. 8). Die Änderung des Gesellschaftsvertrags einer Vorgesellschaft einschließlich des Wechsels eines Gesellschafters bedarf – mangels Anwendbarkeit des § 53 GmbHG bzw. des § 15 GmbHG sowie vorbehaltlich anderweitiger Regelung des Gesellschaftsvertrags – der vertraglichen, von sämtlichen Gesellschaftern zu unterzeichnenden Vereinbarung gem. § 2 GmbHG (s. Rn. 52, § 2 GmbHG Rn. 44 f.). Sofern trotz Abschlusses eines Gesellschaftsvertrags nach dem Willen ihrer Gründer keine GmbH entstehen soll, handelt es sich um eine **»unechte Vorgesellschaft«**, auf die das Recht der BGB-Gesellschaft oder der offenen Handelsgesellschaft angewendet wird (s. Rn. 10).

5 Im Wege **richterlicher Rechtsfortbildung** ist ein **Konzept zur Haftung der Gesellschafter** für die von der Vorgesellschaft begründeten Verbindlichkeiten entwickelt worden, das – entgegen der ursprünglichen Vorstellung des Gesetzgebers (»Vorbelastungsverbot«; s. Rn. 20) – der Vorgesellschaft die Aufnahme des Geschäftsbetriebs und die Begründung von Verbindlichkeiten schon vor Eintragung der Gesellschaft in das Handelsregister erlaubt: Die Vorgesellschaft kann durch ihren Geschäftsführer als Vertretungsorgan nach außen geschlossen auftreten und selbst Träger von Rechten und Pflichten, insbesondere von eingebrachten Vermögenswerten sein (s. Rn. 14). Zu ihren Lasten begründete Verbindlichkeiten gehen mit der Eintragung »nahtlos« auf die

GmbH über (s. Rn. 9). Um trotz des Übergangs der Verbindlichkeiten die Unversehrtheit des Stammkapitals im Zeitpunkt der Eintragung wertmäßig sicherzustellen, haften die Gesellschafter der Gesellschaft gegenüber für die Differenz zwischen dem Stammkapital und dem Wert des Gesellschaftsvermögens im Zeitpunkt der Eintragung (sog. **»Unterbilanzhaftung«, »Vorbelastungshaftung«**; s. Rn. 23 ff.). Scheitert die Gründung der GmbH, haften die Gesellschafter für die entstandenen Verluste, wenn die Geschäftstätigkeit sofort nach Aufgabe der Eintragungsabsicht beendet wird (sog. **»Verlustdeckungshaftung«**; s. Rn. 36 ff.).

Dieses Konzept zur Haftung der Gesellschafter für die von der Vorgesellschaft begründeten Verbindlichkeiten hat Auswirkungen auf das Verständnis der **Handelndenhaftung gem. Abs. 2**: Den Erwartungen eines Gläubigers, wegen seiner Ansprüche auf ein geprüftes, veröffentlichtes und gesetzlich gewährleistetes Stammkapital zugreifen zu können, ist Genüge getan, wenn die GmbH nach Erfüllung der gesetzlichen Anforderungen eingetragen ist, alle Verbindlichkeiten der Vorgesellschaft auf sie übergegangen sind und überdies die Gesellschafter für Lücken im Stammkapital aufkommen müssen, die bei der Eintragung infolge von Vorbelastungen zu verzeichnen sind; aus diesem Grund erlischt die Handelndenhaftung mit der Eintragung der Gesellschaft in das Handelsregister. Die Handelndenhaftung erlangt vor allem dann Bedeutung, wenn die Eintragung der Gesellschaft unterbleibt; in einem solchen Fall tritt sie neben die (Verlustdeckungs-)Haftung der Gesellschafter. Ferner kommt die Handelndenhaftung neben der Haftung wegen vollmachtloser Vertretung gem. § 179 BGB in Betracht, wenn die (Vor-)Gesellschaft beim Abschluss eines Rechtsgeschäfts nicht wirksam worden vertreten ist und das Geschäft nicht genehmigt (s. Rn. 53 ff.). 6

Von der – durch Abschluss des GmbH-Gesellschaftsvertrags entstandenen – Vorgesellschaft ist die **»Vorgründungsgesellschaft«** zu unterscheiden, die durch Abschluss eines (Vor-)Vertrages entsteht, durch den sich mehrere Personen zur Gründung einer GmbH verpflichten. Bei der Vorgründungsgesellschaft handelt es sich im Gegensatz zur Vorgesellschaft nicht um eine »notwendige Vorstufe zur juristischen Person« (s. § 2 GmbHG Rn. 56 f.). 7

B. Vorgesellschaft

I. Rechtsnatur und Verfassung

1. Rechtsprechung des BGH

a) Rechtsnatur und anzuwendendes Recht

Der BGH hat die – durch Abschluss des Gesellschaftsvertrags entstandene – Vorgesellschaft wie folgt charakterisiert: Die Vorgesellschaft untersteht als **»Rechtsgebilde eigener Art«** einem Sonderrecht, das den gesetzlichen und vertraglichen Gründungsvorschriften und dem Recht der eingetragenen GmbH, soweit es nicht die Eintragung voraussetzt, zu entnehmen ist (BGHZ 21, 242, 246; 45, 338, 347; 51, 30, 32; 72, 45, 48 f.; 79, 239, 241; vgl. außerdem BGHZ 17, 385, 389 f.; 20, 281, 285 – beide zur Vor-Genossenschaft; vgl. auch BGH NJW 1963, 859). Als **»notwendige Vorstufe zur juristischen Person«** untersteht sie dem Recht der eingetragenen GmbH schon insoweit, als es mit ihrem besonderen Zweck vereinbar ist und nicht die Rechtsfähigkeit voraussetzt (BGHZ 80, 212, 214; 120, 103, 105 f.; zuletzt BGH Urt. v. 23. 10. 2006, AZ II ZR 162/05, ZIP 2006, 2267; vgl. auch BGH NJW 1983, 2822). Als **»werdende Kapitalgesellschaft«** ist sie bereits ein eigenständiges, von ihren Gesellschaftern verschiedenes »körperschaftlich strukturiertes ›Rechtsgebilde‹ mit eigenen Rechten und Pflichten« (BGHZ 117, 323, 326 zur Vor-AG; vgl. auch BGHZ 80, 129, 132; 91, 148, 151; BGH NJW 1998, 1079; BGH NJW-RR 2004, 258; vgl. außerdem BGHZ 134, 333, 338 f.: »Entwicklungsstufe«). Die Vorgesellschaft ist weder eine Personengesellschaft noch eine juristische Person, sondern eine **»Personenvereinigung eigener Art«**, die bis auf die noch fehlende Rechtsfähigkeit bereits der künftigen GmbH als deren Vorstufe entspricht; infolgedessen sind bereits die Vorschriften des GmbH-Rechts auf sie anzuwenden, soweit diese nicht die Rechtsfähigkeit voraussetzen oder auf die besonderen Umstände bzw. Verhältnisse des Gründungsstadiums nicht hinreichend Rücksicht nehmen (BGHZ 143, 314, 319). Auf die Änderung des Gesellschafts- 8 vertrags einer Vorgesellschaft einschließlich des Wechsels eines Gesellschafters sind § 53 GmbHG bzw. § 15 GmbHG nicht anwendbar (s. Rn. 52 sowie § 2 GmbHG Rn. 44 f.).

9 Da die »Vorgesellschaft mit der Eintragung der GmbH in dieser aufgeht und damit als Vermögensträger wegfällt«, gehen sowohl das in der Vorgesellschaft **angesammelte Aktivvermögen** als auch die zu Lasten der Vorgesellschaft **begründeten Schulden** »nahtlos« **auf die eingetragene GmbH über** (BGHZ 80, 129, 137 ff.; 91, 148, 151; 134, 333, 338 f.; BGH NJW 1985, 736; GmbHR 1982, 235; vgl. außerdem BGHZ 117, 323, 326 f. zur Vor-AG: Vermögenswerte und Rechte und Pflichten gehen »mit der Eintragung automatisch auf die damit entstandene juristische Person über«; BGH NJW 1996, 2645: Aktiva und Passiva gehen »mit der Eintragung der GmbH in das Handelsregister ohne weiteres auf die als solche [...] entstandene Gesellschaft über«). Der **Übergang der Verbindlichkeiten** der Vorgesellschaft auf die GmbH erfolgt, ohne dass es einer besonderen Eintritts- oder Genehmigungserklärung bedarf (BGHZ 80, 182, 183). Der Übergang der Aktiva und Passiva erfolgt im Rahmen einer **»Gesamtrechtsnachfolge«** (BGHZ 105, 300, 303 f.; BGH NJW 1982, 932).

10 Die weitgehende Anwendung des GmbH-Rechts auf die Vorgesellschaft setzt voraus, dass nach dem Willen ihrer Gründer eine GmbH entstehen soll. Fehlt es an dieser Voraussetzung, weil die Parteien des Gesellschaftsvertrags nicht beabsichtigt haben, die Eintragung der Gesellschaft zu betreiben, handelt es sich bei einem solchen Zusammenschluss um eine **»unechte Vorgesellschaft«**, bei der lediglich nach außen der Schein besteht, eine GmbH gründen zu wollen; auf ein solches Gebilde sind diejenigen Vorschriften anzuwenden, die für die Gesellschaftsform gelten, die im konkreten Einzelfall tatsächlich betrieben wird, nämlich das Recht der BGB-Gesellschaft oder der offenen Handelsgesellschaft (BGHZ 143, 314, 319; 22, 240, 244 f.; 51, 30, 32). Der Fall, dass die Gesellschafter von Anbeginn an nicht die Absicht haben, die Gesellschaft eintragen zu lassen, ist mit dem Fall vergleichbar, dass die Gesellschafter einer Vorgesellschaft, die vor ihrer Eintragung in das Handelsregister den Geschäftsbetrieb bereits aufgenommen hat und in diesem Stadium gescheitert ist, die Geschäftstätigkeit trotz aufgegebener Eintragungsabsicht fortsetzen (BGHZ 152, 290, 294 f.); hierbei handelt es sich nicht mehr um eine Vorgesellschaft, sondern um eine dem Recht der BGB-Gesellschaft oder der OHG unterliegende Personengesellschaft (BGH NJW 1998, 1079; vgl. auch BGHZ 80, 129, 142 f.; 152, 290, 294 f.; BGH ZIP 1983, 299; OLG Hamm NZG 2006, 754; BGH 23. 10. 2006 AZ II ZR 162/05, ZIP 2006, 2267; s. auch Rn. 46 ff.).

b) Geschäftsführung und Vertretung

11 Vor Eintragung der Gesellschaft muss zwingend ein Geschäftsführer bestellt werden, um die Eintragung herbeizuführen (§§ 7 Abs. 1, 78 GmbHG); dessen Bestellung kann, sofern sie nicht im Gesellschaftsvertrag gem. § 6 Abs. 3 S. 2 Alt. 1 GmbHG vorgenommen worden ist, durch Mehrheitsbeschluss der Gesellschafter gem. §§ 6 Abs. 3 S. 2 Alt. 2, 47 Abs. 1 GmbHG erfolgen (BGHZ 80, 212, 214 f.). Die Vorgesellschaft kann durch ihren **Geschäftsführer als Vertretungsorgan** nach außen geschlossen auftreten (BGHZ 80, 129, 132; BGHZ 117, 323, 326 zur Vor-AG).

12 Die **Vertretungsmacht der Geschäftsführer** in der Vorgesellschaft ist – vorbehaltlich anderweitiger Regelung – durch deren Zweck **begrenzt**, die Entstehung der juristischen Person zu fördern und bis dahin das schon eingebrachte **Vermögen zu verwalten und zu erhalten**. Sofern ein als Sacheinlage eingebrachtes Handelsgeschäft fortgeführt wird, deckt sich die Vertretungsmacht weitgehend mit der umfassenden Vertretungsmacht des Geschäftsführers einer (eingetragenen) GmbH. Bei Bargründungen beschränkt sich die Vertretungsmacht grundsätzlich auf diejenigen Rechtshandlungen, die unerlässlich sind, um die Eintragungsvoraussetzungen und die Eintragung selbst herbeizuführen; allerdings können die Gesellschafter übereinstimmend die Vertretungsmacht des Geschäftsführers erweitern, indem sie ihn ermächtigen, bereits vor der Eintragung den Geschäftsbetrieb aufzunehmen und hierzu Verbindlichkeiten einzugehen (BGHZ 80, 129, 139; vgl. auch BGHZ 80, 182, 183).

Die für eine Vorgesellschaft handelnde Person hat durch die Zeichnung deutlich zu machen, dass sie für ein Unternehmen handelt, dessen Haftungsfonds künftig beschränkt sein wird; andernfalls kommt unter dem Gesichtspunkt der **Rechtsscheinhaftung** eine persönliche Haftung in Betracht (BGH NJW 1996, 2645 unter Bezugnahme auf § 4 Abs. 2 GmbHG a. F.; s. auch § 4 GmbHG Rn. 20, 28 ff.). 13

c) Teilnahme am Rechtsverkehr

Die Vorgesellschaft kann selbst **Träger von Rechten und Pflichten**, insbesondere der eingebrachten Vermögenswerte (BGHZ 117, 323, 326 zur Vor-AG; vgl. auch BGH NJW-RR 1990, 220; NJW 1998, 1079), sowie **persönlich haftender Gesellschafter** einer KG sein (BGHZ 80, 129, 132; BGH NJW 1985, 736; BGHZ 117, 323, 326 zur Vor-AG). Sie ist **konto- und grundbuchfähig** (BGHZ 45, 338, 347 f.; 117, 323, 326 zur Vor-AG) sowie **namens- und kennzeichenrechtsfähig** (BGHZ 117, 323, 326 zur Vor-AG; BGHZ 120, 103, 105 f.). Die Vorgesellschaft kann im Zivilprozess verklagt **werden** (BGHZ 79, 239, 241) und **Klage erheben** (BGH NJW 1998, 1079). Sie ist **im Registerverfahren beteiligten-** und insbesondere auch **beschwerdefähig** (BGHZ 107, 1, 2; 117, 323, 325 ff. zur Vor-AG; vgl. auch BGHZ 105, 324, 327 f.; s. auch § 7 GmbHG Rn. 6 sowie § 9 c GmbHG Rn. 42) sowie **insolvenzrechtsfähig** (BGH NJW-RR 2004, 258). Die Vorgesellschaft ist – wie der 1. ZS des BGH im Urteil vom 29. 10. 1992 formuliert hat – »nach heute nahezu einhellig vertretener Meinung zum Auftreten und Handeln im Rechts- und Geschäftsverkehr im weiten Umfang berechtigt und dabei – abgesehen von der Rechtsfähigkeit im engeren Sinne – einer juristischen Person bereits weitgehend angenähert« (BGHZ 120, 103, 106). 14

d) Auflösung (Liquidation)

Nach Rücknahme oder Ablehnung des Eintragungsantrags ist die Auflösung einer Vorgesellschaft im Wege der Abwicklung (Liquidation) **analog §§ 60 ff. GmbHG** möglich; die Gesellschaft besteht als Vorgesellschaft in Liquidation fort (BGH NJW 1998, 1079). Nach älterer, im Schrifttum (Baumbach / Hueck / *Hueck/Fastrich* § 11 Rn. 31; Lutter / Hommelhoff / *Lutter/Bayer* GmbHG, § 11 Rn. 17; *Michalski* § 11 Rn. 73; Scholz / *K. Schmidt* GmbHG, § 11 Rn. 56; *Ulmer* § 11 Rn. 55) kritisierter Rechtsprechung des BGH wird allerdings anstelle des § 66 Abs. 1 und 2 GmbHG der »Gedanke des § 730 BGB« angewendet, so dass die Abwicklung (Liquidation) allen Gesellschaftern gemeinschaftlich obliegt (BGHZ 51, 30, 34; 86, 122, 127; BGH NJW 1963, 859). 15

2. Schrifttum

Nachdem 1970 im Schrifttum vom »Rätsel Vorgesellschaft« gesprochen worden ist (*Weidemann* Jura 1970, 439, 440), wurde »hinsichtlich des Hauptproblems der Vorgesellschaft, des Haftungsproblems,« anlässlich des Urteils des BGH vom 9. 3. 1981 zur »Unterbilanzhaftung« der Gesellschafter für die von der Vorgesellschaft begründeten Verbindlichkeiten (BGHZ 80, 129) die »Enträtselung der Vorgesellschaft« vermeldet (*Flume* NJW 1981, 1353; s. auch Rn. 34). Anlässlich des Vorlagebeschlusses des BGH an den Gemeinsamen Senat der obersten Gerichtshöfe des Bundes vom 4. 3. 1996 (BGH NJW 1996, 1210; vgl. auch BGHZ 134, 333) zur »Verlustdeckungshaftung« der Gesellschafter bei gescheiterter Gründung der GmbH ist die »Enträtselung des Rätsels Vorgesellschaft« in Frage, jedoch nicht in Abrede gestellt worden (*Schütz* GmbHR 1996, 727; s. auch Rn. 45). 16

Der **Übergang der Rechte und Pflichten** von der Vorgesellschaft auf die durch die Eintragung »als solche« entstandene GmbH wird von einem Teil des Schrifttums – im Einklang mit der Rechtsprechung des BGH – mit einer **Rechtsnachfolge** (Baumbach / Hueck / *Hueck/Fastrich* § 11 Rn. 56 f.; A / E / S / *Ensthaler* § 11 Rn. 35), vom überwiegenden Teil indes mit der **Identität von Vorgesellschaft und GmbH** begründet (Lutter / Hommelhoff / *Lutter/Bayer* GmbHG, § 11 Rn. 4; *Michalski* § 11 Rn. 70,118 f.; MünchHdb GesR III / *Gummert* § 16 Rn. 12; R / S-L / *Schmidt-Leithoff* § 11 Rn. 15, 32, 135; Scholz / *K. Schmidt* GmbHG, § 11 Rn. 25, 36 ff., 132 ff.; *K. Schmidt* GmbHR 1997, 869, 871); teilweise wird von einer »kraft objektiven Rechts eintretenden« **formwechselnden Um-** 17

wandlung gem. § 190 Abs. 1 UmwG vom 28. 10. 1994 (BGBl. I, 3210, ber. 1995 I, 428) ausgegangen (*Ulmer* § 11 Rn. 12, 51, 88 ff.; *Roth* / Altmeppen § 11 Rn. 19, 60), bei der – im Unterschied zur Umwandlung »durch Übertragung des Vermögens« gem. § 46 ff. UmwG i. d. F. der Bekanntmachung vom 6. 11. 1969 (BGBl. I, 2081) – die Identität des Rechtsträgers gewahrt wird (Kallmeyer / *Meister/Klöcker* § 190 Rn. 6 f.; Semler / *Stengel/Schwamma* § 190 Rn. 3 f., 9). Angesichts der Rechtsnatur der Vorgesellschaft als »notwendiger Vorstufe zur juristischen Person« ist die Auffassung vorzugswürdig, die von der Identität von Vorgesellschaft und GmbH ausgeht, so dass es – streng genommen – nicht zu einem »Übergang« der Rechte und Pflichten kommt, weil der Rechtsträger derselbe bleibt (Scholz / *K. Schmidt* GmbHG, § 11 Rn. 133).

18 Nachdem der BGH mit Urteil vom 29. 1. 2001 die Rechtsfähigkeit der BGB-Gesellschaft anerkannt hat (BGHZ 146, 341), wird hinsichtlich der »Einordnung des Gebildes Vorgesellschaft in die Phalanx der Rechtsformen« indes eine »neuerliche Verdunkelung« beobachtet: Denn die Anerkennung der Rechtsfähigkeit der BGB-Gesellschaft habe auch die Anerkennung der Rechtsfähigkeit der Vorgesellschaft – anstelle der vielen Einzelfähigkeiten, die man ihr bisher schon zuerkannte – zur Folge, obwohl die Vorgesellschaft »nach eindeutigem Bekenntnis des Gesetzes« keine juristische Person sei; mit der Bejahung der Rechtsfähigkeit der Vorgesellschaft sei das »vorab als entscheidend angesehene Fehlen der Rechtsfähigkeit als Differenz zwischen Vorgesellschaft und Kapitalgesellschaft weggefallen« (*Zöller* FS Wiedemann 2002, 1383, 1388; vgl. auch Lutter / Hommelhoff / *Lutter/Bayer* GmbHG, § 11 Rn. 4).

II. Haftung der Gesellschafter für von der Vorgesellschaft begründete Verbindlichkeiten

19 Hinsichtlich der Haftung für die Verbindlichkeiten einer in das Handelsregister eingetragenen Gesellschaft ist § 13 Abs. 2 GmbHG die maßgebende Bestimmung: Da für die Verbindlichkeiten der GmbH den Gläubigern nur das Gesellschaftsvermögen haftet, ist eine persönliche Haftung der Gesellschafter für die von der Gesellschaft begründeten Verbindlichkeiten ausgeschlossen. § 13 Abs. 2 GmbHG schließt indes nicht die Haftung der Gesellschafter für diejenigen Verbindlichkeiten aus, die vor der Eintragung der Gesellschaft in das Handelsregister begründet worden sind und die mit der Eintragung von der Vorgesellschaft auf die GmbH übergehen (s. Rn. 9). Hinsichtlich der Gesellschafterhaftung für diese Verbindlichkeiten ist ein von Rechtsprechung und Rechtswissenschaft entwickeltes Konzept maßgebend, weil das Konzept des Gesetzgebers, der §§ 11, 13 GmbHG seit Inkrafttreten des GmbH-Gesetzes nicht geändert hat, als nicht praxisgerecht angesehen wird; ausweislich der Begründung zum Entwurf eines Gesetzes über Gesellschaften mit beschränkter Haftung (GmbHG) vom 26. 2. 1973 durch die Bundesregierung wird »von einer Regelung der zum Recht der Vorgesellschaft bestehenden Streitfragen« durch den Gesetzgeber abgesehen, weil »es zweckmäßiger erscheint, sie der Wissenschaft und Rechtsprechung zur Klärung zu überlassen« (BT-Drs. 7/253, 96).

20 Nach der ursprünglichen Vorstellung des Gesetzgebers soll das Tätigwerden des Geschäftsführers der Vorgesellschaft allein darauf gerichtet sein, die Eintragung der Gesellschaft in das Handelsregister herbeizuführen; das Stammkapital sei »von einer Vorwegbelastung mit Verbindlichkeiten, die nicht aus der Satzung ersichtlich sind, tunlichst freizuhalten« (BGHZ 53, 210, 212; 17, 385, 39 zur Vor-Genossenschaft; BGHZ 45, 338, 343; 65, 378, 383). Da in der Praxis, insbesondere bei der Einbringung eines Handelsgeschäfts im Wege der Sacheinlage, mit der Aufnahme des Geschäftsbetriebs häufig nicht bis zur Eintragung der Gesellschaft in das Handelsregister abgewartet werden kann, hat der BGH mit den Urteilen vom 9. 3. 1981 und vom 27. 1. 1997 ein Konzept entwickelt, um trotz des Übergangs der Verbindlichkeiten der Vorgesellschaft auf die GmbH (s. Rn. 9) die Unversehrtheit des Stammkapitals im Zeitpunkt der Eintragung anders als durch ein Vorbelastungsverbot sicherzustellen: Die Gesellschafter der Vorgesellschaft haften dafür, dass die Gesellschaft im Zeitpunkt ihrer Eintragung in das Handelsregister über das im Gesellschaftsvertrag verlautbarte Stammkapital verfügt; die – auch als **»Vorbelastungshaftung«** bezeichnete – **»Unterbilanzhaftung«** ist eine **unbeschränkte und anteilige (Innen-)Haftung der**

Gesellschafter gegenüber der Gesellschaft für die von der Vorgesellschaft begründeten Verbindlichkeiten (BGHZ 80, 129, 136 ff. = NJW 1981, 1373; BGHZ 134, 333, 339 ff. = NJW 1997, 1507; s. Rn. 23 ff.).

Hinsichtlich der Haftung der Gesellschafter einer Vorgesellschaft für deren Verbindlichkeiten ist wie folgt zu unterscheiden: Sofern die Geschäftstätigkeit der Vorgesellschaft nach **Aufgabe der Eintragungsabsicht** sofort beendet wird, besteht nach der Rechtsprechung des BGH und anderer oberster Gerichtshöfe des Bundes eine **»Verlustdeckungshaftung«**; da die Verlustdeckungshaftung – neben der Unterbilanzhaftung – eine Erscheinungsform der einheitlichen »Gründerhaftung« ist, handelt es sich bei der Verlustdeckungshaftung um eine **unbeschränkte und anteilige sowie grundsätzlich nur im (Innen-)Verhältnis zur Vorgesellschaft** bestehende Haftung der Gesellschafter (GemSOGB WiB 1996, 934 [LS]; BGHZ 134, 333, 334 ff.; s. Rn. 36 ff.). Sofern indes die Geschäftstätigkeit trotz Aufgabe der Eintragungsabsicht nicht sofort beendet, sondern fortgeführt wird, haften die Gesellschafter der Vorgesellschaft für deren Verbindlichkeiten nach **personengesellschaftsrechtlichen Grundsätzen**; bei dieser Haftung handelt es sich um eine **unbeschränkte und gesamtschuldnerische Außenhaftung der Gesellschafter der Vorgesellschaft gegenüber den Gläubigern** (BGHZ 152, 290, 294 f. = NJW 2003, 429; s. Rn. 46 ff.). Diese Grundsätze gelten auch für die Haftung der Gesellschafter einer Vorgesellschaft, bei der es noch nicht zum Scheitern der Gründung gekommen ist: Die Verlustdeckungshaftung besteht schon vor dem Scheitern der Gründung, solange die Eintragung der Gesellschaft betrieben wird. Sofern die Gesellschafter von Anbeginn an nicht die Absicht haben, die Gesellschaft eintragen zu lassen, haften die Gesellschafter einer solchen, als **»unechte Vorgesellschaft«** bezeichneten Gesellschaft wie die Gesellschafter einer Personengesellschaft (s. Rn. 10). 21

Die Gründungsvorschriften sind auf die wirtschaftliche Neugründung einer Gesellschaft mittels **»Aktivierung« einer Vorratsgesellschaft** oder **»Wiederbelebung« eines leeren (GmbH-)Mantels** durch Ausstattung mit einem Unternehmen analog anzuwenden: Sowohl bei der »Aktivierung« einer Vorratsgesellschaft als auch bei der »Wiederbelebung« eines leeren (GmbH-)Mantels durch Ausstattung mit einem (neuen) Unternehmen ist die Kapitalaufbringung als zentrales, die Haftungsbegrenzung auf das Gesellschaftsvermögen rechtfertigendes Element nicht nur durch die registergerichtliche Präventivkontrolle (s. § 3 GmbHG Rn. 29 ff.; § 7 GmbHG Rn. 4, § 8 GmbHG Rn. 27, 35 sowie § 9 c GmbHG Rn. 25 und 38), sondern auf der materiell-rechtlichen Haftungsebene durch analoge Anwendung des Haftungsmodells der Unterbilanzhaftung (Vorbelastungshaftung) der Gesellschafter sicherzustellen: Maßgeblicher Stichtag für das Bestehen und die Höhe einer Unterbilanzhaftung ist die – mit der Versicherung (§ 8 Abs. 2 GmbHG analog) zu verbindende – Anmeldung der mit der wirtschaftlichen Neugründung einhergehenden Änderungen des Gesellschaftsvertrags, insbesondere des Unternehmensgegenstands (vgl. § 54 GmbHG) bzw. deren Offenlegung gegenüber dem Registergericht; einer Gewährleistung der Unversehrtheit des im Gesellschaftsvertrag festgelegten Stammkapitals über diesen Zeitpunkt hinaus ist – anders als bei einer »regulären« (oder »echten«) rechtlichen Neugründung einer Gesellschaft – nicht veranlasst, weil der bereits als Gesellschaft wirksam entstandene Rechtsträger zu seiner weiteren rechtlichen Existenz keiner zusätzlichen (konstitutiven) Eintragung (mehr) bedarf (BGHZ 155, 318, 326 f.). Im Fall der Aufgabe der neuen Geschäftstätigkeit vor Anmeldung bzw. Offenlegung der wirtschaftlichen Neugründung kommt – was in der höchstrichterlichen Rechtsprechung noch nicht entschieden worden ist – die analoge Anwendung des Haftungsmodells der Verlustdeckungshaftung in Betracht; außerdem ist die analoge Anwendung der Haftung nach personengesellschaftrechtlichen Grundsätzen in Betracht zu ziehen, wenn die Geschäftstätigkeit nicht sofort nach Aufgabe der Anmelde- bzw. Offenlegungsabsicht beendet wird (s. § 3 GmbHG Rn. 35 f.). 22

1. Unterbilanzhaftung bei erfolgter Eintragung der Gesellschaft

a) Rechtsprechung des BGH

23 Der BGH hat im Urteil vom 9. 3. 1981 seine bisherige Rechtsprechung, nach der das Stammkapital einer Gesellschaft vor ihrer Eintragung in das Handelsregister »von einer Vorwegbelastung mit Verbindlichkeiten, die nicht aus der Satzung ersichtlich sind, tunlichst freizuhalten« sei (BGHZ 53, 210, 212; s. auch Rn. 20), aufgegeben. Es sei

»nicht daran vorbeizukommen, dass es ein Kerngedanke des Kapitalgesellschaftsrechts ist, die juristische Person nur mit einem garantierten Mindestkapital als der unerlässlichen Betriebs- und Haftungsgrundlage ins Leben treten zu lassen; darauf dass die GmbH wenigstens im Augenblick ihrer Eintragung, in dem sie ›als solche‹ entsteht (§ 11 Abs. 1 GmbHG), über diesen öffentlich verlautbarten Haftungsfonds tatsächlich verfügt, soll sich der Rechtsverkehr verlassen dürfen [...]. Es ist also im Grundsatz daran festzuhalten, dass es dem Zweck der Kapitalaufbringungsvorschriften widerspricht, das garantierte Anfangsvermögen der GmbH vorweg durch eine Belastung mit Verbindlichkeiten auszuhöhlen, die sich weder aus dem Gesetz noch aus der Satzung unmittelbar oder mittelbar ergibt.«

Der Übergang der Verbindlichkeiten der Vorgesellschaft auf die in das Handelsregister eingetragene Gesellschaft könne allerdings

»bei Verbindlichkeiten, die mit einer satzungsgemäß eingebrachten Sacheinlage [...] notwendig verbunden sind, zur Folge haben, dass der Wert des eingebrachten Gegenstandes den Betrag der dafür übernommenen Stammeinlage in Wirklichkeit nicht (oder nicht mehr) erreicht. In diesem Fall muss der Gesellschafter den Fehlbetrag in Geld ausgleichen (§ 9 GmbHG [...]; sog. Differenzhaftung). Der Unversehrtheitsgrundsatz wird hier also nicht buchstäblich, sondern wertmäßig verstanden, d. h. das eingebrachte Sachvermögen soll bei Aufstellung einer Bilanz einen Aktivüberschuss in Höhe der Stammkapitalziffer aufweisen.«

Da der Grundsatz der wertmäßigen Aufbringung des Stammkapitals auch bei Bargründungen gelte, sei es folgerichtig (BGHZ 80, 129, 136 ff.)

»hier ebenfalls eine Differenzhaftung eingreifen zu lassen, also die Gesellschafter gegenüber der eingetragenen GmbH zur Ausfüllung der Kapitallücke zu verpflichten, die bilanzmäßig durch Vorbelastungen entstanden ist. Denn es macht vom Sinn der Kapitalaufbringungsvorschriften her grundsätzlich keinen Unterschied, ob z. B. ein als Sacheinlage eingebrachtes Unternehmen infolge ungünstiger Geschäftsabschlüsse nachträglich nicht mehr den in der Satzung festgesetzten Wert hat, ob schon vor Fälligkeit eingezahlte Bareinlagen bei der Eintragung verbraucht sind [...] oder ob das in Geldeinlagen und Einlageforderungen verkörperte Stammkapital durch Verbindlichkeiten aus einer gemeinsam gewollten vorzeitigen Geschäftsaufnahme schon vor der Eintragung aufgezehrt ist, so dass die GmbH mit einer Unterbilanz oder sogar überschuldet ins Leben tritt. Soll der gleiche, nunmehr ausdrücklich in § 9 GmbHG niedergelegte Rechtsgedanke in allen vergleichbaren Fällen sachgerecht zur Geltung kommen, so bedeutet dies, dass die Gesellschafter auch bei einer Bargründung der GmbH gegenüber anteilig für die Differenz zwischen dem Stammkapital (abzüglich solcher Gründungskosten, die der Sache nach zu Lasten der GmbH gehen, wie insbesondere Eintragungs- und Bekanntmachungsgebühren) und dem Wert des Gesellschaftsvermögens im Zeitpunkt der Eintragung haften, was gegebenenfalls eine Ausfallhaftung gem. § 24 GmbHG einschließt. Damit sind die Interessen der Alt- und Neugläubiger ebenso wie die der Gesellschaft selbst mindestens genauso gewahrt wie bei einer Vorbelastungssperre«

24 Durch die Unterbilanzhaftung wird gewährleistet, dass das **Stammkapital der Gesellschaft** im Zeitpunkt ihrer Eintragung in das Handelsregister im Interesse der Gläubiger **unversehrt** ist (BGHZ 105, 300, 302 f.; 124, 282, 286; 165, 391; 80, 182, 183; BGH GmbHR 1982, 235).

25 **aa) Voraussetzungen: Aufnahme des Geschäftsbetriebs vor Eintragung** Die Unterbilanzhaftung setzt eine **übereinstimmende Ermächtigung des Geschäftsführers** durch die Gesellschafter der Vorgesellschaft voraus, bereits vor Eintragung der Gesellschaft in das Handelsregister den Geschäftsbetrieb aufzunehmen und hierzu Verbindlichkeiten einzugehen; eine solche Ermächtigung bedarf keines förmlichen Beschlusses der Gesellschafter (BGHZ 80, 129, 139; 105, 300, 303; 80, 182, 183). Ohne Ermächtigung durch die Gesellschafter wird die (Vor-)Gesellschaft durch ein Handeln des – insoweit vollmachtlosen – Geschäftsführers nicht verpflichtet, so dass keine Un-

terbilanzhaftung der Gesellschafter besteht (zur Handelndenhaftung gem. § 11 Abs. 2 GmbHG s. Rn. 55 und 65).

bb) Rechtsfolge: unbeschränkte und anteilige Innenhaftung der Gesellschafter Das Bestehen einer Unterbilanzhaftung und deren Höhe werden durch die Vermögensverhältnisse der Gesellschaft im Zeitpunkt ihrer Eintragung in das Handelsregister bestimmt. Die Vermögensverhältnisse sind durch eine auf diesen Zeitpunkt zu erstellende **(Vorbelastungs-)Bilanz** zu ermitteln: Im Hinblick auf die besondere Zweckbestimmung dieser Bilanz ist das Gesellschaftsvermögen grundsätzlich nach Fortführungsgrundsätzen mit seinen wirklichen Werten so zu bewerten, als würde es im Zeitpunkt der Eintragung der Gesellschaft (erstmals) als Einlage eingebracht (BGHZ 124, 282, 285 ff.). Im Fall einer negativen Fortbestehensprognose ist das Vermögen indes nach **Veräußerungswerten** (»Zerschlagungswerten«) zu bilanzieren (BGH NJW 1998, 233). Sofern die Geschäftstätigkeit der Vorgesellschaft erfolgreich war und bis zur Eintragung der Gesellschaft schon zu einer Organisationseinheit geführt hat, die als Unternehmen anzusehen ist, das über seine einzelnen Vermögenswerte hinaus einen eigenen Vermögenswert darstellt, erfolgt die Bewertung des Vermögens nach der **Ertragswertmethode**; der Zweck der Unterbilanzhaftung hindert die Berücksichtigung des Geschäfts- oder Firmenwerts in der Bilanz nicht (BGHZ 140, 35, 36 f.; BGH NZG 2002, 524). Auch bei einem als »Start-up-Unternehmen« bezeichneten Unternehmen, das sich bis zur Eintragung in das Handelsregister noch in der Phase der operativen Vorbereitung des Geschäfts befunden hat, kann von einer als Unternehmen anzusehenden strukturierten Organisationseinheit nur in engen Ausnahmefällen und erst dann ausgegangen werden, wenn das von den Gründungsgesellschaftern verfolgte innovative Geschäftskonzept seine Bestätigung am Markt gefunden hat (BGHZ 165, 391). 26

In ihrer **Höhe** ist die Unterbilanzhaftung nicht auf den Betrag des im Gesellschaftsvertrag verlautbarten Stammkapitals oder den Betrag der noch nicht geleisteten Einlagen beschränkt, sondern auf den **vollen Ausgleich des Verlustes** gerichtet, um zu gewährleisten, dass das Stammkapital der Gesellschaft im Zeitpunkt ihrer Eintragung in das Handelsregister unversehrt ist (BGH GmbHR 1982, 235). Insofern besteht eine – nur durch das Erreichen der Stammkapitalziffer nach oben begrenzte – **unbeschränkte Haftung**. Vor der Eintragung freiwillig erbrachte Mehrleistungen auf die Stammeinlagen sind nicht anders zu beurteilen als die (Mindest-)Leistungen auf die Stammeinlagen, zu deren Erbringung die Gesellschafter gem. § 7 Abs. 2 GmbHG verpflichtet sind; da sich Leistungen der Gesellschafter, die in das Vermögen der Vorgesellschaft erfolgen, regelmäßig auch im Vermögen der GmbH erhöhend auswirken, fällt die Unterbilanz nämlich niedriger aus, als sie ohne die freiwillige Mehrleistung ausfallen würde (BGHZ 105, 300, 303 f.; 134, 333, 339; anders noch BGHZ 80, 129, 137 = NJW 1981, 1373; s. auch § 7 GmbHG Rn. 38). 27

Die Gesellschafter haften für den Ausgleich der Unterbilanz **nur anteilig** entsprechend ihrer gesellschaftlichen Beteiligung (**pro rata**) und nicht als Gesamtschuldner (BGHZ 80, 129, 141; 80, 182, 183; 105, 300, 303; BGH GmbHR 1982, 235; BGH NZG 2003, 393). 28

Die Unterbilanzhaftung der Gesellschafter besteht **nur im (Innen-)Verhältnis zur Gesellschaft**, weil mit der Aufgabe des Vorbelastungsverbots und der Einführung der Unterbilanzhaftung die für eine Außenhaftung der Gesellschafter der Vorgesellschaft gegenüber deren Gläubigern sprechenden Gründe entfallen sind; da die Verbindlichkeiten aus den mit der Vorgesellschaft getätigten Geschäften auf die GmbH übergehen und darüber hinaus die Unterbilanzhaftung auch die den Mindesteinlagebetrag übersteigende Zahlung ergreift, die »freiwillig« vor Eintragung der GmbH zur Erfüllung der Resteinlagepflicht vorgenommen wird, ist die besondere, für die Außenhaftung sprechende Gefahrenlage entfallen (BGHZ 134, 333, 339 ff.; BGH NJW 2001, 2092; vgl. auch BGHZ 80, 129, 144 f.). Die Unterbilanzhaftung ist selbst dann als Innenhaftung ausgestaltet, wenn die GmbH vermögenslos ist oder nur einen Gesellschafter hat; ein Gläubiger ist darauf verwiesen, den Anspruch der Gesellschaft gegen ihre Gesellschafter auf Grund der Unter- 29 bilanzhaftung im Wege der Forderungspfändung geltend zu machen oder einen Insolvenzantrag gegen die GmbH zu stellen (BGH NZG 2006, 64; vgl. auch BAG ZIP 2005, 350 zur AG).

30 Da der Anspruch auf Grund der Unterbilanzhaftung grundsätzlich wie ein Anspruch auf Leistung fehlender Bareinlagen zu behandeln ist, unterliegt er denselben strengen **Regeln der Kapitalaufbringung** wie die ursprüngliche Einlageschuld (BGHZ 124, 282, 286). Nach diesen Regeln ist bei der Unterbilanzhaftung ein automatisches Erlöschen des Anspruchs durch faktische Zweckerreichung infolge anderweitiger Auffüllung des Haftungsfonds ausgeschlossen; der – in der Jahresbilanz zu aktivierende – Anspruch auf Grund der Unterbilanzhaftung geht nicht automatisch unter, wenn die Gesellschaft nach dem Stichtag aus anderen Gründen über ein die Stammkapitalziffer deckendes Vermögen, namentlich über nicht ausgeschüttete Gewinne oder eine auflösungsfähige Kapitalrücklage i. S. d. § 272 Abs. 2 Nr. 4 HGB, verfügt (BGHZ 165, 391).

31 Ein Gesellschafter kann gegen den Anspruch der Gesellschaft auf Grund der Unterbilanzhaftung **nicht** mit Forderungen, die er gegen die GmbH besitzt, **aufrechnen** (§ 19 Abs. 1 S. 2 GmbHG analog); wenn der Gegenanspruch des Gesellschafters vollwertig, fällig und liquide (nicht einwendungs- oder einredebehaftet) ist, kann indes die Gesellschaft den – in der Jahresbilanz zu aktivierenden – Anspruch auf Grund der Unterbilanzhaftung mit dem Jahresüberschuss bzw. dem Bilanzgewinn durch Ergebnisverwendungsbeschluss oder durch Auflösung von Kapital- oder Gewinnrücklagen anlässlich der Feststellung des Jahresabschlusses verrechnen (BGHZ 165, 391).

32 **cc) Verjährung** Hinsichtlich der Verjährung des Anspruchs auf Grund der Unterbilanzhaftung ist § 9 Abs. 2 GmbHG analog anzuwenden, weil dieser Anspruch und der Anspruch auf Grund der (Differenz-)Haftung wegen der Überbewertung einer Sacheinlage gem. § 9 GmbHG angesichts der Schwierigkeiten ihrer Ermittlung in tatsächlicher Hinsicht einander gleichen (BGHZ 105, 300, 304 ff. unter Bezugnahme auf § 9 Abs. 2 GmbHG a. F.). Seit der – durch Art. 13 Nr. 1 des »Gesetzes zur Anpassung der Verjährungsvorschriften an das Gesetz zur Modernisierung des Schuldrechts« vom 9. 12. 2004 (BGBl. I, 3214) erfolgten – Neuregelung verjährt der Anspruch der Gesellschaft in zehn Jahren seit der Eintragung der Gesellschaft in das Handelsregister (zur Neuregelung des § 9 Abs. 2 GmbHG s. § 9 GmbHG Rn. 12 f.).

33 **dd) Darlegungs- und Beweislast** Die Darlegungs- und Beweislast für das Bestehen eines Anspruchs auf Grund der Unterbilanzhaftung trägt grundsätzlich die **Gesellschaft** bzw. im Fall ihrer Insolvenz der **Insolvenzverwalter** (BGH NJW 1998, 233). Sofern keine (Vorbelastungs-)Bilanz auf den (Stich-)Tag der Eintragung erstellt worden ist oder keine geordneten Geschäftsaufzeichnungen vorhanden sind, besteht eine sekundäre Darlegungslast der Gesellschafter für das Gegenteil (BGHZ 165, 391; BGH NZG 2003, 393).

b) Schrifttum

34 Im Schrifttum wird der Rechtsprechung des BGH zu der – der Höhe nach unbeschränkten und entsprechend dem Beteiligungsverhältnis anteiligen, nur im (Innen-)Verhältnis zur Gesellschaft bestehenden – Unterbilanzhaftung weitgehend zugestimmt (vgl. Baumbach / Hueck / *Hueck/Fastrich* § 11 Rn. 61 ff.; Lutter / Hommelhoff / *Lutter/Bayer* GmbHG, § 11 Rn. 29 ff.; *Michalski* § 11 Rn. 129 ff.; MünchHdb GesR III / *Heinrich* § 13 Rn. 26 ff.; *Roth* / Altmeppen § 11 Rn. 10 ff.; R / S-L / *Schmidt-Leithoff* § 11 Rn. 27 ff.; *Ulmer* § 11 Rn. 75 ff., 98 ff.; vgl. auch MünchHdb GesR III / *Gummert* § 16 Rn. 95 ff.; Scholz / *K. Schmidt* GmbHG, § 11 Rn. 124 ff.).

2. Haftung bei gescheiterter GmbH-Gründung

35 Da die Gesellschaft vor ihrer Eintragung in das Handelsregister nicht »als solche« besteht (§ 11 Abs. 1 GmbHG), scheitert die Gründung einer GmbH, wenn die Vorgesellschaft nicht in das Handelsregister eingetragen wird; die Gründung kann scheitern, weil die Gesellschafter der Vorgesellschaft die Eintragungsabsicht wegen (register-)gerichtlicher Ablehnung der Eintragung (§ 9 c GmbHG) oder aus anderen Gründen aufgeben. Hinsichtlich der Haftung der Gesellschafter ist zu unterscheiden, ob die Geschäftstätigkeit der Vorgesellschaft nach Aufgabe der Eintragungsabsicht sofort beendet (Verlustdeckungshaftung) oder fortgeführt wird (Haftung nach personengesellschaftsrechtlichen Grundsätzen). Die folgenden Ausführungen betreffen auch die Haftung der Gesellschafter einer Vorgesellschaft, bei der es noch nicht zum Scheitern der Gründung gekommen ist: Die Verlustdeckungshaftung besteht schon vor dem Scheitern der Gründung, solange die Eintragung der Gesellschaft betrieben wird. Sofern die Gesellschafter von Anbeginn an nicht die Absicht haben, die Gesellschaft eintragen zu lassen, haften die Gesellschafter einer solchen, als »unechte Vorgesellschaft« bezeichneten Gesellschaft wie die Gesellschafter einer Personengesellschaft (s. Rn. 10).

a) Verlustdeckungshaftung im Fall sofortiger Beendigung der Geschäftstätigkeit

aa) Rechtsprechung des BGH und anderer oberster Gerichtshöfe des Bundes Der BGH hat im Urteil vom 27. 1. 1997 seine bisherige Rechtsprechung, nach der die Gesellschafter einer Vorgesellschaft, die nicht in das Handelsregister eingetragen wird, für deren Verbindlichkeiten nur beschränkt – bis zur Höhe ihrer Einlageverpflichtung – haften, wenn die Geschäftstätigkeit nach Aufgabe der Eintragungsabsicht sofort beendet wird (BGHZ 72, 45, 48 ff.; 80, 129, 144; 80, 182, 184; 65, 378, 382 ff.; 70, 132, 138; 91, 148, 152; BGH WM 1980, 955; ZIP 1983, 299), aufgegeben. Gegen die Haftungsbeschränkung seien insbesondere nach Aufgabe des Vorbelastungsverbots und der Einführung der Unterbilanzhaftung (Vorbelastungshaftung) berechtigte Bedenken erhoben worden. Es entstehe ein 36

»Wertungswiderspruch […], wenn die Haftung der Gesellschafter in der Vor-GmbH beschränkt wird, nach Eintragung in Gestalt der Unterbilanzhaftung […] jedoch eine unbeschränkte Haftung eingreifen soll […]. Das Ungleichgewicht zwischen einer beschränkten Haftung vor Eintragung und einer unbeschränkten Einstandspflicht nach Eintragung würde bei Verlusten der Vorgesellschaft für die Gründer einen erheblichen Anreiz bieten, die Eintragung nicht weiterzubetreiben und die Vorgesellschaft zu liquidieren […]. Ein Haftungsgleichlauf vor und nach Eintragung der GmbH erscheint daher unabdingbar. Er gebietet, eine unbeschränkte Haftung der mit der Aufnahme der Geschäftstätigkeit einverstandenen Gründer für sämtliche Anlaufverluste der Vor-GmbH anzuerkennen.« Außerdem benötige die »Unterbilanzhaftung, die erst nach Eintragung der Gesellschaft in das Handelsregister Rechtsfolgen entfaltet, […] in der Entwicklungsstufe der Vor-GmbH ein gleichwertiges Äquivalent. Denn erst eine schon während des Bestehens der Vor-GmbH eingreifende unbeschränkte Haftung der Gründer kann die nach der Eintragung wirkende Vorbelastungs- oder Unterbilanzhaftung legitimieren […]. Es erscheint unter diesem Gesichtspunkt geboten, von einer einheitlichen Gründerhaftung auszugehen […], die sich in eine Verlustdeckungshaftung und eine Vorbelastungshaftung aufspaltet, jedoch auf den gleichen, der jeweiligen Gründungsphase angepassten Anspruchsvoraussetzungen basiert.«

Mit Aufgabe des Vorbelastungsverbots und der Einführung der Unterbilanzhaftung (Vorbelastungshaftung) seien außerdem die Gründe entfallen, die bisher nach Ansicht des Senats im Gläubigerinteresse eine Außenhaftung erforderlich machten (BGHZ 134, 333, 334 ff.; vgl. auch BGH NJW 1996, 1210):

»Entsprechend dem für die GmbH gültigen gesetzlichen Konzept ist die an die Eintragung der GmbH geknüpfte Vorbelastungshaftung (Unterbilanzhaftung) folgerichtig stets unter dem Gesichtspunkt der internen Haftung der Gesellschafter gesehen worden. Der weitgehende Gleichlauf der Verlustdeckungshaftung mit der Vorbelastungshaftung, die beide in einem engen Zusammenhang stehen, spricht somit nachdrücklich dafür, auch dieses Rechtsinstitut mit anteiliger Haftung auszuformen«.

Dem Urteil des BGH vom 27. 1. 1997 ist eine Befassung des GemSOGB vorausgegangen: Zuerst 37
hat das BAG, das von der Auffassung des BSG zur unbeschränkten Haftung der Gesellschafter einer Vorgesellschaft (BSGE 60, 29, 32 f.; BSG BB 1986, 2271) abweichen wollte, dem GemSOGB die Frage zur Entscheidung vorgelegt, ob die »Gesellschafter einer Vor-GmbH für nicht rechtsgeschäftlich begründete Verbindlichkeiten der Vor-GmbH nur beschränkt haften« (BAGE 80, 353, 339 ff.). Da der BGH von seiner früheren Rechtsprechung zu der – auf die Höhe ihrer Einlagever-

pflichtung – begrenzten Außenhaftung der Gesellschafter einer Vorgesellschaft abweichen wollte, hat er dem GemSOGB mit Beschluss vom 4. 3. 1996 die Frage zur Entscheidung vorgelegt, ob »die Gesellschafter einer Vor-GmbH für Verbindlichkeiten dieser Gesellschaft unbeschränkt und grundsätzlich nur im Verhältnis zur Vor-Gesellschaft« haften (BGH NJW 1996, 1210). Da das BSG und das BAG sich der Auffassung des BGH angeschlossen haben (BSG KTS 1996, 599; BAGE 83, 283; s. die Hinweise von *Goette* DStR 1996, 1615), hat sich das vom BAG eingeleitete Verfahren vor dem GemSOGB erledigt (GemSOGB WiB 1996, 934 [LS]). Das auf Vorlage des BGH eingeleitete Verfahren ist eingestellt worden; der GemSOGB hat folgende Entscheidung getroffen (GemSOGB WiB 1996, 934 [LS]):

»Hinsichtlich der Haftung der Gesellschafter einer Vor-GmbH gilt nach nunmehr einheitlicher Rechtsprechung der Bundesgerichte, dass für rechtsgeschäftliche wie für gesetzliche Verbindlichkeiten der Vor-GmbH im Außenverhältnis nur die Vor-GmbH mit ihrem Gesellschaftsvermögen haftet; eine unmittelbare Außenhaftung der Gesellschafter kommt nur in Ausnahmefällen in Betracht«.

38 Durch die Verlustdeckungshaftung wird gewährleistet, dass die Gesellschafter der Vorgesellschaft deren nicht vom Gesellschaftsvermögen gedeckten Verluste ausgleichen; die Verlustdeckungshaftung ist eine Erscheinungsform der einheitlichen, regelmäßig als **Innenhaftung der Gesellschafter gegenüber der Vorgesellschaft (Verlustdeckungshaftung)** bzw. **gegenüber der GmbH (Unterbilanzhaftung)** ausgestalteten Gründerhaftung (BGHZ 134, 333, 334 ff.; vgl. auch BGH NJW 1996, 1210). Dies schließt eine unbeschränkte und gesamtschuldnerische Außenhaftung, wie sie für das personengesellschaftsrechtliche Haftungssystem kennzeichnend ist, aus (BGHZ 152, 290, 293 f.). Die Verlustdeckungshaftung kommt auch bei einer – mit der Vor-GmbH von ihrer körperschaftlichen Struktur her insoweit vergleichbaren – **Vor-Genossenschaft** in Betracht (BGHZ 149, 273, 274 f.; vgl. auch BSGE 85, 200, 205 ff.).

39 Der Rechtsprechung des BGH zur Verlustdeckungshaftung haben sich das BAG (BAGE 85, 94, 98 f.; BAGE 93, 151, 156 f.; BAG ZIP 2005, 350 zur AG; EzA § 11 GmbHG Nr. 6; NZG 2006, 507; vgl. auch BAGE 86, 38, 41), der BFH (BFHE 185, 356, 360) und das BSG (BSGE 85, 192; vgl. auch BSGE 85, 200, 204 ff. zur Vor-Genossenschaft) angeschlossen.

40 **(1) Voraussetzungen: Aufnahme des Geschäftsbetriebs vor Eintragung** Die Verlustdeckungshaftung setzt das **Einverständnis der Gesellschafter** einer Vorgesellschaft, bereits vor Eintragung der Gesellschaft in das Handelsregister den **Geschäftsbetrieb aufzunehmen**, und dementsprechend die Ermächtigung des Geschäftsführers voraus, nicht nur die Eintragung der Gesellschaft herbeizuführen, sondern darüber hinaus Verbindlichkeiten einzugehen; auf die Kenntnis der Gesellschafter vom Abschluss eines bestimmten Geschäfts kommt es nicht an (BGHZ 152, 290, 296). Ohne Ermächtigung durch die Gesellschafter wird die Vorgesellschaft durch ein Handeln des – insoweit vollmachtlosen – Geschäftsführers nicht verpflichtet, so dass keine Verlustdeckungshaftung der Gesellschafter besteht (zur Handelndenhaftung gem. § 11 Abs. 2 GmbHG s. Rn. 55 und 65).

41 **(2) Rechtsfolge: unbeschränkte und anteilige Innenhaftung der Gesellschafter** Das Bestehen einer Verlustdeckungshaftung und deren Höhe werden durch die Vermögensverhältnisse der Vorgesellschaft bestimmt, indem nicht vom Gesellschaftsvermögen gedeckte Verluste von den Gesellschaftern auszugleichen sind; in ihrer Höhe ist die Verlustdeckungshaftung nicht auf den Betrag des im Gesellschaftsvertrag verlautbarten Stammkapitals oder den Betrag der noch nicht geleisteten Einlagen beschränkt, sondern **unbeschränkt** (BGHZ 134, 333, 334 ff.; BAG NZG 2006, 507).

42 Die Gesellschafter der Vorgesellschaft haften für deren Verluste nur anteilig entsprechend ihrer gesellschaftlichen Beteiligung **(pro rata)** und nicht als Gesamtschuldner (BGHZ 134, 333, 334). Die Haftung ist selbst dann anteilig, wenn die Gesellschafter der Vorgesellschaft wegen deren Vermögenslosigkeit (ausnahmsweise) gegenüber den Gläubigern haften; denn eine solche Außenhaftung kann nicht weiter gehen als die Haftung der Gesellschafter im (Innen-)Verhältnis

zur Vorgesellschaft (BSGE 85, 192, 198 f.; vgl. auch BAGE 85, 94, 100; BAGE 93, 151, 156 ff.; BAG EzA § 11 GmbHG Nr. 6; NZG 2006, 507; vgl. aber auch BAGE 86, 38, 41).

Die Verlustdeckungshaftung der Gesellschafter einer Vorgesellschaft besteht – ebenso wie die an 43
die Eintragung der Gesellschaft in das Handelsregister anknüpfende Unterbilanzhaftung – grundsätzlich **nur im (Innen-)Verhältnis zur Gesellschaft,** ohne dass den Gläubigern hierdurch unzumutbare Nachteile entstehen; denn diese können den Verlustdeckungsanspruch der Vorgesellschaft gegen ihre Gesellschafter pfänden und verwerten (BGHZ 134, 333, 338 ff.; BGH NJW 2001, 2092). Ausnahmsweise kommt eine **Außenhaftung der Gesellschafter** der Vorgesellschaft in Betracht, wenn diese vermögenslos ist, keinen Geschäftsführer mehr hat, keine weiteren Gläubiger vorhanden sind oder es sich um eine Einpersonen-Vorgesellschaft handelt (BGHZ 134, 333, 341; BGH NZG 2006, 64; NJW 2001, 2092; NJW 2002, 747). Denn die Innenhaftung wird den berechtigten Gläubiger- und Gesellschafterinteressen nur bei geordneten Verhältnissen der Gesellschaft gerecht, nämlich solange die Vorgesellschaft noch besteht und die Eintragung weiterhin betrieben wird oder sie sich in Liquidation oder Insolvenz befindet, aber nicht masselos ist; nur in einem solchen Fall ist es für den Gläubiger erkennbar, wie er seine Ansprüche durchsetzen kann (BSGE 85, 192, 196 f.). Wenn ein Insolvenzverfahren mangels Masse nicht eröffnet wird, liegt eine zur Außenhaftung der Gesellschafter führende Vermögenslosigkeit der Vorgesellschaft vor (BAGE 85, 94, 100; 93, 151, 157 f.; BFHE 185, 356, 360 ff.). Diese liegt auch im Fall der Einstellung eines Insolvenzverfahrens mangels Masse vor (BSGE 85, 192, 197). Sie liegt auch dann vor, wenn ein Insolvenzverfahren wegen Masseunzulänglichkeit eingestellt wurde und die geltend gemachten Ansprüche zu den ausgefallenen Ansprüchen gehören; die Teilnahme am Insolvenzverfahren ist einem Gläubiger unzumutbar, wenn objektiv feststeht, dass eine Befriedigung seiner Ansprüche wegen deren schlechten Ranges aussichtslos ist (BAG NZG 2006, 507).

(3) Verjährung Hinsichtlich der Verjährung des Anspruchs auf Grund der Verlustdeckungshaf- 44
tung ist § 9 Abs. 2 GmbHG analog anzuwenden, weil diese Regelung auch auf die Verjährung des Anspruchs auf Grund der Unterbilanzhaftung angewendet wird (BGHZ 149, 273, 275 f. zur Vor-Genossenschaft unter Bezugnahme auf § 9 Abs. 2 GmbHG a. F.; s. auch Rn. 32): Seit der – durch Art. 13 Nr. 1 des »Gesetzes zur Anpassung der Verjährungsvorschriften an das Gesetz zur Modernisierung des Schuldrechts« vom 9. 12. 2004 (BGBl. I, 3214) erfolgten – Neuregelung verjährt der Anspruch der Gesellschaft in **zehn Jahren**; für den Beginn der Verjährung ist auf den Zeitpunkt abzustellen, in dem das Scheitern der Gründung feststeht (zur Neuregelung des § 9 Abs. 2 GmbHG s. § 9 GmbHG Rn. 12 f.).

bb) Schrifttum Im Schrifttum wird die Rechtsprechung des BGH und der anderen obersten 45
Gerichtshöfe des Bundes zu der – der Höhe nach unbeschränkten und entsprechend der gesellschaftlichen Beteiligung anteiligen, grundsätzlich nur im (Innen-)Verhältnis zur Gesellschaft bestehenden – Verlustdeckungshaftung kontrovers diskutiert: Während ein Teil des Schrifttums von einer **Außenhaftung der Gesellschafter** ausgeht (vgl. A/E/S/*Ensthaler* § 11 Rn. 10 ff.; Lutter/Hommelhoff/*Lutter/Bayer* GmbHG, § 11 Rn. 13 ff.; Scholz/*K. Schmidt* GmbHG, § 11 Rn. 79 ff.; *Michalski* § 11 Rn. 60 ff.; R/S-L/*Schmidt-Leithoff* § 11 Rn. 91 ff.; *Roth*/Altmeppen § 11 Rn. 49 ff.; MünchHdb GesR III/*Gummert* § 16 Rn. 55 ff.; *Altmeppen* NJW 1997, 1509 f.; NJW 1997, 3272; *Beuthien* BB 1996, 1337; GmbHR 1996, 309; ZIP 1996, 305, 308 ff.; WM 2002, 2261 zur Vor-Genossenschaft; FS Hadding 2004, 309; *Enstahler* BB 997, 257; *Flume* DB 1998, 45; *Jüntgen* JuS 1999, 728; *Kersting* GmbHR 2003, 1466; *Kleindiek* ZGR 1997, 427; *Michalski/Barth* NZG 1998, 525; *Raab* WM 1999, 1596; *Raiser/Veil* BB 1996, 1344; *K. Schmidt* ZIP 1996, 353; ZIP 1996, 593; ZIP 1997, 671; *Schöpflin* JR 1998, 106; *Wilhelm* DB 1996, 921; DB 1996, 461; DStR 1998, 457; *Zöllner* FS Wiedemann 2002, 1383, 1404 ff.; *Baumann* JZ 1998, 597; *Emde* GmbHR 2000, 429; GmbHR 2000, 1044; *Gummert* DStR 1997, 1007; WiB 1997, 465), geht ein anderer Teil des Schrifttums davon aus, dass die Haftung der Gesellschafter **grundsätzlich nur im (Innen-)Verhältnis zur Vorgesellschaft**, ausnahmsweise – namentlich bei deren Vermögenslosigkeit oder bei einer Einpersonen-Vorge-

sellschaft – gegenüber den Gläubigern der Vorgesellschaft besteht (vgl. Baumbach/Hueck/*Hueck/Fastrich* § 11 Rn. 24 ff.; *Ulmer* § 11 Rn. 75 ff., 119 ff.; *Dauner-Lieb* GmbHR 1996, 82; *Gehrlein* DB 1996, 561, 564 ff.; NJW 1996, 1193; *Goette* DStR 1996, 517; DStR 1997, 628; DStR 1998, 179; EWiR 1997, 849; EWiR 2000, 915; DStR 2000, 746; *Hartmann* WiB 1997, 66; *Lutter* JuS 1998, 1073, 1077; *Schütz* GmbHR 1996, 727; *Ulmer* ZIP 1996, 733; *Wiedenmann* ZIP 1997, 2029, 2032 f.; vgl. auch *Bork* EWiR 1998, 745; *Fleischer* EWiR 1997, 463; *Jaeger* WiB 1996, 303; *Kort* ZIP 1996, 109, 114; *Krebs/Klerx* JuS 1998, 991; *Monhemius* GmbHR 1997, 384; JA 1997, 913; *Sandberger* FS Fikentscher 1998, 389, 402 ff.; *Wiegand* BB 1998, 1065; *Wilken* EWiR 1996, 359; GmbHR 1997, 409). Angesichts des Wesens der Vorgesellschaft als »notwendiger Vorstufe zur juristischen Person«, auf die im Regelfall das Recht der Personengesellschaften nicht angewendet wird (s. Rn. 8), verdient die Auffassung den Vorzug, nach der eine Haftung der Gesellschafter für die von der Vorgesellschaft begründeten Verbindlichkeiten grundsätzlich nur im (Innen-)Verhältnis zur Gesellschaft besteht; berechtigte Interessen der Gläubiger können berücksichtigt werden, indem in bestimmten Ausnahmefällen, die ausweislich der gerichtlichen Praxis offenbar zur Regel geworden sind (vgl. *Emde* GmbHR 2000, 1044; *Goette* DStR 2001, 1396), eine Außenhaftung der Gesellschafter angenommen wird.

b) Haftung im Fall fortgeführter Geschäftstätigkeit trotz Aufgabe der Eintragungsabsicht

46 **aa) Rechtsprechung des BGH und anderer oberster Gerichtshöfe des Bundes** Die Grundsätze der – unbeschränkten und entsprechend der gesellschaftlichen Beteiligung anteiligen, grundsätzlich nur im (Innen-)Verhältnis zur Gesellschaft bestehenden, – Verlustdeckungshaftung finden **keine Anwendung**, wenn der **Geschäftsbetrieb** der Vorgesellschaft nach Aufgabe der Eintragungsabsicht nicht sofort beendet, sondern **fortgeführt wird**; führt die Vorgesellschaft ihren Geschäftsbetrieb trotz Scheiterns der GmbH-Gründung fort, haben die Gesellschafter für sämtliche Verbindlichkeiten der Vorgesellschaft nach **personengesellschaftsrechtlichen Grundsätzen** – abhängig vom Geschäftsgegenstand nach dem Recht der offenen Handelsgesellschaft oder dem der Gesellschaft bürgerlichen Rechts (§§ 128 ff. HGB, ggf. analog) – einzustehen: Nach aufgegebener Eintragungsabsicht ist nämlich der einzige Grund dafür entfallen, den Gläubigern der Vorgesellschaft die Inanspruchnahme der Gesellschafter zu versagen, der darin liegt, dass eine Kapitalgesellschaft notwendig ein Vorstadium durchlaufen muss und deren Gläubiger erwarten dürfen, sich wegen ihrer Ansprüche an eine alsbald entstehende GmbH mit einem gesetzlich kontrollierten und garantiertem, notfalls auf dem Wege der Unterbilanzhaftung aufzufüllenden Haftungsfonds halten zu können; entfällt diese Voraussetzung, müssen die Gesellschafter die Geschäftstätigkeit sofort einstellen bzw. deren Einstellung veranlassen und die Vorgesellschaft abwickeln, um zu vermeiden, nicht nur wegen der neuen, sondern auch wegen der bis dahin begründeten Verbindlichkeiten der Vorgesellschaft persönlich in Anspruch genommen zu werden (BGHZ 152, 290, 294 f.; 80, 129, 142 f.; 143, 314, 319; BGH ZIP 1983, 299; NJW 1998, 1079; BAGE 86, 38, 42; BAGE 93, 151, 158; BFHE 185, 356, 361 f.; BSGE 85, 192, 199; BSGE 85, 200, 204 ff. zur Vor-Genossenschaft; zweifelnd: BGH NJW 1996, 1210; offen lassend: BGHZ 134, 333, 341).

47 Der Fall, dass die Gesellschafter einer Vorgesellschaft, die vor ihrer Eintragung in das Handelsregister den Geschäftsbetrieb bereits aufgenommen hat und in diesem Stadium gescheitert ist, die Geschäftstätigkeit nach aufgegebener Eintragungsabsicht fortsetzen, ist mit dem Fall vergleichbar, dass die Gesellschafter von Anbeginn an nicht die Absicht haben, die Gesellschaft eintragen zu lassen; die Gesellschafter einer solchen, als »**unechte Vorgesellschaft**« bezeichneten Gesellschaft müssen sich so behandeln lassen, als wären sie in einer Personengesellschaft miteinander verbunden (BGHZ 152, 290, 294; 22, 240, 244 f.; 51, 30, 32; 143, 314, 319).

48 **(1) Voraussetzungen: Aufnahme des Geschäftsbetriebs vor Eintragung** Die Haftung nach personengesellschaftsrechtlichen Grundsätzen setzt – ebenso wie Unterbilanzhaftung und Verlustdeckungshaftung – das **Einverständnis der Gesellschafter** einer Vorgesellschaft, bereits vor Eintragung der Gesellschaft in das Handelsregister den Geschäftsbetrieb aufzunehmen,

und dementsprechend die Ermächtigung des Geschäftsführers voraus, nicht nur die Eintragung der Gesellschaft herbeizuführen, sondern darüber hinaus Verbindlichkeiten einzugehen; auf die Kenntnis der Gesellschafter vom Abschluss eines bestimmten Geschäfts kommt es nicht an (BGHZ 152, 290, 296).

Die Aufgabe der Eintragungsabsicht und das Scheitern der Gründung lassen sich regelmäßig **anhand äußerer Umstände** feststellen: Solche Umstände liegen namentlich dann vor, wenn Gesellschafter bzw. Geschäftsführer die Gesellschaft nicht zur Eintragung in das Handelsregister anmelden, weil sie sich über die Bewertung einer zu leistenden Sacheinlage nicht einigen können, wenn Beanstandungen des (Register-)Gerichts im Eintragungsverfahren nicht umgehend behoben werden, wenn die Auflösung der Vorgesellschaft beschlossen oder ein Insolvenzantrag gestellt wird; eine lange Dauer des Eintragungsverfahrens lässt nicht ohne weiteres den Schluss darauf zu, dass die Gesellschafter ihre Eintragungsabsicht aufgegeben haben (BGHZ 152, 290, 295 f.; vgl. auch BAGE 86, 38, 42; BFHE 185, 356, 363). 49

(2) Rechtsfolge: unbeschränkte und gesamtschuldnerische Außenhaftung der Gesellschafter 50
Die Haftung nach personengesellschaftsrechtlichen Grundsätzen ist eine **unbeschränkte und gesamtschuldnerische Außenhaftung** (BGHZ 152, 290, 294 f.; vgl. auch BAGE 93, 151, 158; BFHE 185, 356, 361 f.; BSGE 85, 192, 199).

bb) Schrifttum Im Schrifttum wird der Rechtsprechung des BGH und der anderen obersten Gerichtshöfe des Bundes zu der – der Höhe nach unbeschränkten und gesamtschuldnerischen, unmittelbar gegenüber den Gläubigern der Vorgesellschaft bestehenden – Haftung nach personengesellschaftsrechtlichen Grundsätzen, wenn die Geschäftstätigkeit der Vorgesellschaft trotz Aufgabe der Eintragungsabsicht nicht sofort beendet, sondern fortgeführt wird, **zugestimmt** (vgl. Baumbach / Hueck / *Hueck/Fastrich* § 11 Rn. 33; Lutter / Hommelhoff / *Lutter/Bayer* GmbHG, § 11 Rn. 18; *Michalski* § 11 Rn. 81; MünchHdb GesR III / *Gummert* § 16 Rn. 75; *Roth* / Altmeppen § 11 Rn. 58; R / S-L / *Schmidt-Leithoff* § 11 Rn. 22 f.; Scholz / *K. Schmidt* GmbHG, § 11 Rn. 90, 143; *Ulmer* § 11 Rn. 27 f.; vgl. auch *Lutter* JuS 1998, 1073, 1077 f.; *Baumann/Müller* NZG 2001, 218; *Bork* EWiR 1998, 745; *Drygala* ZIP 2002, 2311; *Goette* EWiR 1997, 849; DStR 1998, 179; DStR 2000, 746; EWiR 2000, 915; *Kothe* EWiR 1998, 373; *Langenbucher* JZ 2003, 628; *Lieb* JZ 2000, 1010, 1011; *Mätzig* JR 2003, 469; *Peetz* GmbHR 2003, 933; *Saenger* EWiR 1999, 171; EWiR 2002, 285; *K. Schmidt* NJW 2000, 1521, 1524; GmbHR 2001, 27, berichtigt GmbHR 2001, 76; GmbHR 2003, 99; *Schwarz* ZIP 1996, 2005; vgl. aber auch *Münnich* EWiR 2000, 1016). Es wird darauf hingewiesen, dass »jede andere Lösung zur Folge« hätte, »dass den interessierten Kreisen eine Gesellschaftsform zur Verfügung gestellt würde, bei der man die unmittelbare, unbeschränkte und gesamtschuldnerische Haftung den Gläubigern gegenüber vermeiden könnte, ohne dafür den ›Preis‹ einer Unterwerfung unter die Kapitalschutzregeln entrichten zu müssen« (*Goette* DStR 2003, 887, 889). Das – rückwirkende – Eingreifen der Haftung nach personengesellschaftsrechtlichen Grundsätzen (auch) hinsichtlich derjenigen Verbindlichkeiten, die vor Aufgabe der Eintragungsabsicht begründet worden sind, kann damit erklärt werden, dass die Gesellschafter, die die Geschäftstätigkeit der Vorgesellschaft fortsetzen, sich deren Verbindlichkeiten zu eigen machen (vgl. *Goette* EWiR 1997, 849, 850; vgl. auch *Servatius* NJW 2001, 1696, 1698 f.). 51

III. Besonderheit: Änderung des Gesellschaftsvertrags einschließlich des Wechsels eines Gesellschafters

Die Änderung des Gesellschaftsvertrags einer Vorgesellschaft einschließlich des Wechsels eines Gesellschafters bedarf – mangels Anwendbarkeit des § 53 GmbHG bzw. des § 15 GmbHG sowie vorbehaltlich anderweitiger Regelung des Gesellschaftsvertrags – der vertraglichen, von sämtlichen Gesellschaftern zu unterzeichnenden Vereinbarung gem. § 2 GmbHG (s. § 2 GmbHG Rn. 44 f.). 52

C. Handelndenhaftung, Abs. 2

53 Nach der ursprünglichen Vorstellung des Gesetzgebers soll das Tätigwerden des Geschäftsführers der Vorgesellschaft allein darauf gerichtet sein, die **Eintragung der Gesellschaft** in das Handelsregister herbeizuführen; das Stammkapital sei »von einer Vorwegbelastung mit Verbindlichkeiten, die nicht aus der Satzung ersichtlich sind, tunlichst freizuhalten« (BGHZ 53, 210, 212; s. auch Rn. 20). Da mit der Aufnahme des Geschäftsbetriebs in der Praxis häufig nicht bis zur Eintragung der Gesellschaft abgewartet werden kann, hat der BGH mit den Urteilen vom 9. 3. 1981 und vom 27. 1. 1997 ein Konzept entwickelt, um trotz des Übergangs der Verbindlichkeiten der Vorgesellschaft auf die GmbH (s. Rn. 9) die **Unversehrtheit des Stammkapitals** im Zeitpunkt der Eintragung wertmäßig sicherzustellen: Die Gesellschafter der Vorgesellschaft haften dafür, dass die Gesellschaft im Zeitpunkt ihrer Eintragung über das verlautbarte Stammkapital verfügt; die – auch als »Vorbelastungshaftung« bezeichnete – »Unterbilanzhaftung« ist eine unbeschränkte und anteilige (Innen-)Haftung der Gesellschafter gegenüber der Gesellschaft für die von der Vorgesellschaft begründeten Verbindlichkeiten (BGHZ 80, 129, 136 ff.; 134, 333, 339 ff.; s. auch Rn. 23 ff.). Scheitert die Gründung der GmbH, besteht eine »Verlustdeckungshaftung« der Gesellschafter der Vorgesellschaft, wenn deren Geschäftstätigkeit sofort nach Aufgabe der Eintragungsabsicht beendet wird; wegen des Gleichlaufs mit der Unterbilanzhaftung handelt es sich bei der Verlustdeckungshaftung um eine unbeschränkte und anteilige sowie grundsätzlich nur im (Innen-)Verhältnis zur Vorgesellschaft bestehende Haftung der Gesellschafter (BGHZ 134, 333, 334 ff.; s. Rn. 36 ff.).

54 Dieses von der Rechtsprechung entwickelte Konzept zur Haftung der Gesellschafter einer Vorgesellschaft für deren Verbindlichkeiten hat auf das Verständnis der Handelndenhaftung gem. Abs. 2 Auswirkungen: Da den Erwartungen eines Gläubigers, wegen seiner Ansprüche auf ein geprüftes, veröffentlichtes und gesetzlich gewährleistetes Stammkapital zugreifen zu können, voll genügt ist, wenn die GmbH nach Erfüllung der gesetzlichen Anforderungen eingetragen ist, alle Verbindlichkeiten der Vorgesellschaft auf sie übergegangen sind und überdies die Gesellschafter für Lücken im Stammkapital aufkommen müssen, die bei der Eintragung infolge von Vorbelastungen zu verzeichnen sind, **erlischt die Handelndenhaftung mit der Eintragung** der Gesellschaft in das Handelsregister (BGHZ 80, 182, 184 f. = NJW 1981, 1452). Das Erlöschen der Handelndenhaftung wird auch damit begründet, dass sie auf dem Gedanken beruht, der im Namen der Vorgesellschaft Handelnde müsse gegenüber seinem Geschäftspartner dafür einstehen, dass das Rechtsgeschäft mit der durch die Eintragung in das Handelsregister zur juristischen Person erstarkten GmbH zustande kommt (BAGE 80, 335, 339).

55 Nach heutigem Verständnis hat die Handelndenhaftung gem. Abs. 2 vor allem folgende Bedeutung: Sie will den Gläubigern der Vorgesellschaft eine **»Notlösung«** bieten, wenn die Gesellschaft nicht eingetragen wird oder das in ihrem Namen eingegangene Geschäft nicht gegen sich gelten lässt. Ein Bedürfnis für die Haftung nach Abs. 2 besteht hiernach nur noch, wenn die **Eintragung der GmbH unterbleibt** oder der **Geschäftsführer eigenmächtig gehandelt** und deshalb schon die Vorgesellschaft nicht wirksam verpflichtet hat (BGHZ 80, 182, 183 f.). Der BGH hat im Urteil vom 14. 6. 2004 (BGH NJW 2004, 2519 zur AG) zur Handelndenhaftung ausgeführt, dass nach Aufgabe des gegenständlich verstandenen Vorbelastungsverbots wesentliche Funktionen, die der historische Gesetzgeber dieser Haftungsnorm zugewiesen hat, entfallen seien:

»So hat die so genannte Straf- und Druckfunktion der Handelndenhaftung, nachdem nicht nur für das GmbH-Recht, sondern auch für das Aktienrecht die Wahrung des Unversehrtheitsgrundsatzes durch das Vorbelastungsverbot aufgegeben und der Übergang zur Unterbilanzhaftung vollzogen worden ist, ihre Bedeutung verloren. Dies trifft jedoch nicht in gleicher Weise auf die so genannte Sicherungsfunktion der Handelndenhaftung zu. Sie trägt dem Gedanken Rechnung, dass die mit der Vorgesellschaft in rechtsgeschäftlichen Kontakt tretenden Gläubiger nicht wissen können und mit der Unsicherheit nicht belastet werden sollen, ob die Gründer sämtlich das handelnde Organ ermächtigt haben, schon vor der Eintragung der Gesellschaft geschäftlich tätig zu werden [...]; fehlt diese Ermächtigung und ist demgemäß die Vertretungsmacht des Handelnden eingeschränkt, soll nach dem Willen des Gesetzgebers der Gläubiger wenigstens die als organschaftlicher Vertreter für die Gesellschaft auftretende Person in Anspruch nehmen dürfen. Unter diesem Blickwinkel hat die Handelndenhaftung nach wie vor ihren Platz. Sie ist zudem in Art. 7 der Publizitätsrichtlinie der EG [...] mit Bindungswirkung für die Mitgliedsstaaten niedergelegt und in der in diesem Zusammenhang auf das Aktienrecht übertragbaren GmbH-rechtlichen Rechtsprechung des Senats bis in die jüngste Zeit anerkannt worden«.

Die Gründungsvorschriften sind auf die wirtschaftliche Neugründung einer Gesellschaft mittels »Aktivierung« einer Vorratsgesellschaft oder »Wiederbelebung« eines leeren (GmbH-)Mantels durch Ausstattung mit einem Unternehmen analog anzuwenden (s. § 3 GmbHG Rn. 29 ff.): Sowohl bei der **»Aktivierung« einer Vorratsgesellschaft** als auch bei der **»Wiederbelebung« eines leeren (GmbH-)Mantels** durch Ausstattung mit einem (neuen) Unternehmen ist die Kapitalaufbringung als zentrales, die Haftungsbegrenzung auf das Gesellschaftsvermögen rechtfertigendes Element nicht nur durch die registergerichtliche Präventivkontrolle (s. § 7 GmbHG Rn. 4, § 8 GmbHG Rn. 27, 35 sowie § 9 c GmbHG Rn. 25, 38), sondern auf der materiell-rechtlichen Haftungsebene durch analoge Anwendung des Haftungsmodells der Unterbilanzhaftung (Vorbelastungshaftung) der Gesellschafter sicherzustellen (BGHZ 155, 318, 326; s. auch Rn. 22); neben der Unterbilanzhaftung ist auch die Handelndenhaftung (§ 11 Abs. 2 GmbHG analog) in Betracht zu ziehen, wenn vor Anmeldung bzw. Offenlegung der wirtschaftlichen Neugründung der Geschäftsbetrieb der Gesellschaft aufgenommen wird, ohne dass alle Gesellschafter dem zugestimmt haben (BGHZ 155, 318, 327; s. § 3 GmbHG Rn. 35). 56

I. Voraussetzungen: Handeln im Namen der Gesellschaft vor Eintragung

Handelnder i. S. d. Abs. 2 ist nur derjenige, der **als Geschäftsführer** oder **wie ein Geschäftsführer rechtsgeschäftliche Erklärungen** für die Vorgesellschaft abgibt (BGH NJW 2001, 2092; vgl. auch BGHZ 53, 206, 208; 66, 359, 360 ff.; BGH NJW 1974, 1284; WM 1980, 955). Als Handelnder kommt auch der Aufsichtsrat in Betracht (BGH NJW 2004, 2519 zur AG). Ein Gesellschafter der Vorgesellschaft, der der Aufnahme des Geschäftsbetriebs vor Eintragung der Gesellschaft in das Handelsregister zugestimmt hat, ist – entgegen früherer Auffassung des BGH und des Reichsgerichts – kein Handelnder (BGHZ 47, 25, 27 ff.; 72, 45, 46 f.; 65, 378, 380 f.; 80, 129, 135). 57

Die Handelndenhaftung ist keine »bloße Veranlassungshaftung«, sondern eine **»Haftung aus rechtsgeschäftlichem Handeln«**, deren Grund darin liegt, dass dem Geschäftspartner, der sich mit der werdenden GmbH einlässt, in der Person des Handelnden ein Schuldner gegeben wird (BGHZ 53, 210, 214; BGHZ 65, 378, 380 f.). Nicht nur rechtsgeschäftliches, sondern auch **rechtsgeschäftsähnliches Handeln** kann die Handelndenhaftung begründen; die Haftung umfasst namentlich auch Bereicherungsansprüche, die aus rechtsgeschäftsähnlichem Handeln des Geschäftsführers der Vorgesellschaft resultieren (OLG Karlsruhe NZG 1998, 268; vgl. auch *Michalski* NZG 1998, 248; *Ulmer* § 11 Rn. 136; a. A. Scholz/*K. Schmidt* GmbHG, § 11 Rn. 106). Da die Handelndenhaftung auf dem Gedanken beruht, dass der im Namen der Vorgesellschaft Handelnde gegenüber seinem Geschäftspartner dafür einstehen muss, dass das Rechtsgeschäft mit der durch die Eintragung in das Handelsregister zur juristischen Person erstarkten GmbH zustande kommt, erstreckt sie sich nicht auf Verbindlichkeiten, die durch einen für allgemeinverbindlich erklärten Tarifvertrag begründet worden sind (BAGE 80, 335, 339; BAGE 85, 94, 97 f.; BAGE 93, 151, 155 f.; BAG EzA § 11 GmbHG Nr. 6; NZG 2006, 507). Sie erstreckt sich auch nicht auf kraft Gesetzes entstandene Beitragsverpflichtungen zur gesetzlichen Unfallversicherung (BSGE 60, 29, 31 f.; BSG BB 1986, 2271; vgl. auch OLG Saarbrücken GmbHR 1992, 307). Steuern werden von der Handelndenhaftung nicht umfasst (BFH DStRE 1997, 265). 58

Bei einem **Handeln vor Abschluss des GmbH-Gesellschaftsvertrags** kommt die Handelndenhaftung nicht in Betracht: Sofern der für eine Vorgründungsgesellschaft Handelnde beim Abschluss eines Vertrages mit Vertretungsmacht gehandelt hat, haften deren Gesellschafter für die Verbindlichkeiten der Vorgründungsgesellschaft unbeschränkt und persönlich (§§ 128 ff. HGB, ggf. in analoger Anwendung), ohne dass der Handelnde gem. § 11 Abs. 2 GmbHG haftet; sofern der Handelnde ohne Vertretungsmacht gehandelt hat, haftet er gem. § 179 BGB (BGHZ 91, 148, 151 ff.; BGH GmbHR 1985, 214; OLG Hamburg NJW-RR 1987, 811; OLG Hamm GmbHR 59

1993, 105; OLG Koblenz NZG 2002, 32; OLG Köln NJW-RR 1995, 1503 zur AG; OLG Stuttgart OLGR Stuttgart 2001, 46; BAG NJW 2006, 3230; vgl. auch *Goette* DStR 1996, 1015 zu BGH 22. 4. 1996 AZ II ZR 303/94; s. auch § 2 GmbHG Rn. 58).

60 Bei einem **Handeln nach Eintragung** der Gesellschaft in das Handelsregister kommt die Handelndenhaftung gem. nicht in Betracht (BGH GmbHR 1980, 55; vgl. auch Scholz/*K. Schmidt* GmbHG, § 11 Rn. 97).

II. Rechtsfolge: unbeschränkte und gesamtschuldnerische Außenhaftung der Handelnden

61 Auf Grund der Handelndenhaftung können die Vertragspartner der Vorgesellschaft den Handelnden unmittelbar in Anspruch nehmen (**Außenhaftung**). Sofern mehrere Personen gehandelt haben, haften diese als **Gesamtschuldner**. Die Handelndenhaftung tritt neben die Haftung der (Vor-)Gesellschaft für die von ihr begründeten Verbindlichkeiten; Handelnde und (Vor-)Gesellschaft haften als Gesamtschuldner (vgl. Baumbach/Hueck/*Hueck/Fastrich* § 11 Rn. 51; Lutter/Hommelhoff/*Bayer* GmbHG, § 11 Rn. 23; MünchHdb GesR III/*Gummert* § 16 Rn. 84; MünchHdb GesR III/*Heinrich* § 13 Rn. 22; *Roth*/Altmeppen § 11 Rn. 32; a. A. *Bergmann* GmbHR 2003, 563, 572; vgl. aber auch Scholz/*K. Schmidt* GmbHG, § 11 Rn. 113). Der **Umfang** der Handelndenhaftung, einschließlich der **Verjährung** eines Anspruchs auf Grund der Handelndenhaftung, richtet sich nach dem mit dem Dritten abgeschlossenen Rechtsgeschäft: Die Handelndenhaftung geht nicht weiter als die Haftung der Gesellschaft ginge, wenn sie bei Abschluss des Rechtsgeschäfts bereits in das Handelsregister eingetragen wäre; der Gläubiger soll rechtlich weder besser noch schlechter stehen, als wenn die Gesellschaft bei Vertragsschluss bereits eingetragen gewesen wäre (BGHZ 53, 210, 214; 69, 95, 104). Denn nur in dem Umfang, in dem die (eingetragene) GmbH haften würde, besteht ein berechtigtes Interesse des Vertragspartners an einer Haftung des Handelnden (vgl. *Michalski* § 11 Rn. 105).

62 Die Handelndenhaftung **erlischt mit der Eintragung** der Gesellschaft in das Handelsregister: Da die Verbindlichkeiten der Vorgesellschaft mit der Eintragung auf die GmbH übergehen (s. Rn. 9), ist den Erwartungen eines Gläubigers, wegen seiner Ansprüche auf ein geprüftes, veröffentlichtes und gesetzlich gewährleistetes Stammkapital zugreifen zu können, insoweit Genüge getan; der Gläubiger erhält den Vertragspartner, mit dem er von vornherein rechnen durfte, ohne dass ein Grund dafür besteht, die persönliche Haftung des Handelnden fortbestehen zu lassen (BGHZ 80, 182, 183 ff.; 69, 95, 103 f.; 70, 132, 141 f.; 76, 320, 323 f.; BGH NJW 1982, 932; ZIP 1983, 299; NJW 1983, 2822; NJW 1983, 2822; NJW 1996, 2645; BAGE 80, 335, 339; s. auch Rn. 54). Die Handelndenhaftung erlischt selbst dann mit der Eintragung, wenn zu diesem Zeitpunkt eine Insolvenzlage besteht (BAG ZIP 2005, 350 zur AG).

63 Die Handelndenhaftung erlischt indes nicht mit der Eintragung der Gesellschaft in das Handelsregister, wenn der **Geschäftsführer** der Vorgesellschaft **eigenmächtig gehandelt** hat und deshalb die Vorgesellschaft nicht wirksam verpflichtet hat; da dann keine Verbindlichkeit der Vorgesellschaft existiert, kann mit der Eintragung folglich keine Verbindlichkeit der Vorgesellschaft auf die GmbH übergehen, so dass das Erlöschen der Handelndenhaftung mangels Haftung der GmbH nicht gerechtfertigt ist (vgl. BGHZ 80, 182, 183 f.; A/E/S/*Ensthaler* § 11 Rn. 33; Baumbach/Hueck/*Hueck/Fastrich* § 11 Rn. 53; Lutter/Hommelhoff/*Bayer* GmbHG, § 11 Rn. 26; *Michalski* § 11 Rn. 110; *Ulmer* § 11 Rn. 147; vgl. aber auch Scholz/*K. Schmidt* GmbHG, § 11 Rn. 120).

III. Verhältnis der Handelndenhaftung zu anderen Haftungstatbeständen

64 Für das Verhältnis der Handelndenhaftung gem. § 11 Abs. 2 GmbHG zur Haftung der Gesellschafter der (Vor-)Gesellschaft gilt – ungeachtet der Verpflichtung der (Vor-)Gesellschaft zur Erfüllung für die in ihrem Namen begründeten Verbindlichkeiten – Folgendes: Sofern es nicht zur Eintragung der Gesellschaft in das Handelsregister kommt, tritt die **Handelndenhaftung neben die Verlustdeckungshaftung** der Gesellschafter der Vorgesellschaft. Vor allem bei »undurchsichtigen Gründungsverhältnissen« ist die Inanspruchnahme des Handelnden regelmäßig einfacher als die der Vorgesellschaft oder ihrer Gesellschafter (vgl. *Ulmer* § 11 Rn. 123); durch die Handelndenhaftung wird die »fehlende Registerpublizität« der Vorgesellschaft ausgeglichen (*Bergmann* GmbHR 2003, 563, 570 f.; vgl. auch *Meyer* GmbHR 2002, 1176, 1183). Da mit der Eintragung der Gesellschaft in das Handelsregister und dem hierdurch bewirkten Übergang der Verbindlichkeiten der Vorgesellschaft auf die GmbH die Handelndenhaftung erlischt, besteht für die von der Vorgesellschaft begründeten Verbindlichkeiten die Handelndenhaftung nicht mehr, sondern nur noch die Unterbilanzhaftung der Gesellschafter.

Sofern die Gesellschafter der Vorgesellschaft den Geschäftsführer nicht ermächtigt haben, vor der Eintragung den Geschäftsbetrieb aufzunehmen und hierzu Verbindlichkeiten einzugehen, wird die (Vor-)Gesellschaft durch ein Handeln des – insoweit vollmachtlosen – Geschäftsführers nicht verpflichtet; außerdem besteht keine Unterbilanzhaftung bzw. Verlustdeckungshaftung der Gesellschafter (s. Rn. 25, 40). Zum **Verhältnis** der Handelndenhaftung gem. § 11 Abs. 2 GmbHG **zur Haftung wegen vollmachtloser Vertretung gem. § 179 BGB** werden im Schrifttum folgende Auffassungen vertreten: Während die Haftung des Geschäftsführers als eines Vertreters ohne Vertretungsmacht gem. § 179 BGB nach einer Auffassung von der Handelndenhaftung gem. § 11 Abs. 2 GmbHG verdrängt wird (vgl. *Michalski* § 11 Rn. 96, 108; *Ulmer* § 11 Rn. 128; R / S-L / *Schmidt-Leithoff* § 11 Rn. 124), wird nach einer anderen Auffassung die Handelndenhaftung von der Haftung wegen vollmachtloser Vertretung verdrängt (vgl. *Bergmann* GmbHR 2003, 563, 572; *Beuthien* GmbHR 1996, 561; *Meyer* GmbHR 2002, 1176, 1185 f.; *Roth* / Altmeppen § 11 Rn. 25; vgl. auch MünchHdb GesR III / *Heinrich* § 13 Rn. 19); nach einer dritten Auffassung kann der Geschäftsführer sowohl auf Grund der Handelndenhaftung als auch auf Grund der Haftung wegen vollmachtloser Vertretung in Anspruch genommen werden (vgl. Lutter / Hommelhoff / *Bayer* GmbHG, § 11 Rn. 11; MünchHdb GesR III / *Gummert* § 16 Rn. 89; Scholz / *K. Schmidt* GmbHG, § 11 Rn. 117, 120, *Lutter* JuS 1988, 1073, 1076). Da die Sicherungsfunktion der Handelndenhaftung dem Gedanken Rechnung trägt, dass die mit der Vorgesellschaft rechtgeschäftlich in Kontakt tretenden Gläubiger nicht wissen können, ob die Gründer sämtlich das handelnde Organ ermächtigt haben (BGH NJW 2004, 2519 zur AG), ist die Auffassung vorzugswürdig, nach der die Handelndenhaftung unabhängig davon in Betracht kommt, ob der Handelnde (auch) wegen vollmachtloser Vertretung gem. § 179 BGB haftet; Handelndenhaftung und Haftung wegen vollmachtloser Vertretung schließen einander nicht aus. 65

§ 12 [Bekanntmachungen der Gesellschaft] [i. d. F. ab 1. 1. 2007 durch EHUG]

[1]Bestimmt das Gesetz oder der Gesellschaftsvertrag, dass von der Gesellschaft etwas bekannt zu machen ist, so erfolgt die Bekanntmachung im elektronischen Bundesanzeiger (Gesellschaftsblatt). [2]Daneben kann der Gesellschaftsvertrag andere öffentliche Blätter oder elektronische Informationsmedien als Gesellschaftsblätter bezeichnen. [3]Sieht der Gesellschaftsvertrag vor, dass Bekanntmachungen der Gesellschaft im Bundesanzeiger erfolgen, so ist die Bekanntmachung im elektronischen Bundesanzeiger ausreichend.

§ 12 [Bekanntmachungen der Gesellschaft] [i. d. F. bis 31. 12. 2006]

[S. 1 und 2 identisch, S. 3 nicht vorhanden]

Übersicht:

A. Allgemeines

1 Die durch Art. 12 Nr. 1 des Justizkommunikationsgesetzes (JKomG) vom 22. 3. 2005 (BGBl. I, 837) eingefügte und durch Art. 10 Nr. 2 a des EHUG vom 10. 11. 2006 (BGBl. I, 2553) geänderte Vorschrift regelt das Publikationsmedium für diejenigen Bekanntmachungen, die von der Gesellschaft zu veranlassen sind; sie findet keine Anwendung auf die vom (Register-)Gericht zu veranlassenden Bekanntmachungen von Eintragungen in das Handelsregister (§ 10 HGB). Bekanntmachungen der Gesellschaft haben **zwingend im elektronischen Bundesanzeiger** (S. 1) und vorbehaltlich einer entsprechenden Bestimmung im Gesellschaftsvertrag zusätzlich in anderen öffentlichen Blättern oder elektronischen Informationsmedien zu erfolgen (S. 2). Vor Inkrafttreten des § 12 GmbHG am 1. 4. 2005 (Art. 16 Abs. 1 JKomG) enthielt das GmbHG keine allgemeine Regelung über das Publikationsmedium für Bekanntmachungen der Gesellschaft; vielmehr enthielten die gesetzlichen Vorschriften, die Bekanntmachungen in bestimmten Fällen anordnen, Regelungen zum Publikationsmedium: Bekanntmachungen hatten »durch die im Gesellschaftsvertrag [...] bestimmten öffentlichen Blätter und in Ermangelung solcher durch die für Bekanntmachungen aus dem Handelsregister bestimmten öffentlichen Blätter« (§ 30 Abs. 2 S. 2 GmbHG a. F.) oder »durch den Bundesanzeiger und die im Gesellschaftsvertrag [...] bestimmten anderen öffentlichen Blätter« zu erfolgen (§ 52 Abs. 2 S. 2 GmbHG a. F.). Der in § 12 GmbHG definierte Begriff »Gesellschaftsblatt« wird nunmehr auch in anderen gesetzlichen Vorschriften verwendet (vgl. die Änderungen der §§ 30 Abs. 2 S. 2, 52 Abs. 2 S. 2, 58 Abs. 1 Nr. 1 und 3, 65 Abs. 2 GmbHG durch Art. 12 Nr. 2 - 4 des JKomG vom 22. 3. 2005 [BGBl. I, 837]).

2 Nachdem bereits seit der Änderung des § 25 S. 1 AktG durch Art. 1 Nr. 1 des Transparenz- und Publizitätsgesetzes (TransPuG) vom 19. 7. 2002 (BGBl. I, 2681) der elektronische Bundesanzeiger als »Basis-Gesellschaftsblatt« für Bekanntmachungen einer Aktiengesellschaft eingeführt worden ist, führt § 12 S. 1 GmbHG den **elektronischen Bundesanzeiger als »Basis-Gesellschaftsblatt«** für Bekanntmachungen einer GmbH ein (Gesetzesentwurf der Bundesregierung, BT-Drs. 15/4067, 56). In Übereinstimmung mit § 25 S. 2 AktG erlaubt § 12 S. 2 GmbHG einer GmbH, durch Gesellschaftsvertrag neben dem elektronischen Bundesanzeiger weitere Publikationsmedien als zusätzliche Gesellschaftsblätter zu bezeichnen. Während der Wortlaut des S. 2 mit dem des § 25 S. 2 AktG übereinstimmt, weicht die Formulierung des S. 1 von der des § 25 S. 1 AktG ab, ohne dass hierdurch ein sachlicher Unterschied zwischen GmbH-rechtlicher und aktienrechtlicher Regelung bewirkt wird. Die durch § 12 GmbHG bewirkte Neuregelung im GmbH-Recht dient der **»Vereinheitlichung der Bekanntmachungsvorschriften und sprachlichen Angleichung«** im »Unternehmensrecht« (Gesetzesentwurf der Bundesregierung, BT-Drs. 15/4067, 56; vgl. auch Beschlussempfehlung und Bericht des Rechtsausschusses des Deutschen Bundestages, BT-Drs. 15/4952, 50). Die Vereinheitlichung und Angleichung bezieht nicht nur aktienrechtliche, sondern auch andere, insbesondere mitbestimmungsrechtliche Vorschriften mit ein, die eine Bekanntmachung im elektronischen Bundesanzeiger bestimmen; dies gilt namentlich für die Bekanntmachung der Mitglieder eines auf Grund gesetzlicher Vorschriften zu bestellenden Aufsichtsrats (§ 8 S. 1 DrittelbG, § 19 Abs. 1 S. 1 MitbestG).

Zur Umsetzung der Richtlinie 2003/58/EG des Europäischen Parlaments und des Rates zur Änderung der Richtlinie 68/151/EWG in Bezug auf die Offenlegungspflichten von Gesellschaften bestimmter Rechtsformen vom 15. 7. 2003 (ABl. EU Nr. L 221, 13) ist eine Novellierung insbesondere der §§ 8 ff. und 325 ff. HGB erforderlich geworden; diese ist durch das **»Gesetz über elektronische Handelsregister und Genossenschaftsregister sowie das Unternehmensregister«** (EHUG) erfolgt, die zur **Aufhebung des § 10 Abs. 3 GmbHG** und **Änderung des § 12 GmbHG und des § 52 Abs. 2 GmbHG** geführt hat; § 12 GmbHG ist um den letzten Satz ergänzt worden. 3

B. Bekanntmachungen der Gesellschaft

§ 12 GmbHG betrifft nur diejenigen Sachverhalte, die auf Grund gesetzlicher oder gesellschaftsvertraglicher Bestimmung von der Gesellschaft bekannt zu machen sind, nicht die vom (Register-)Gericht zu veranlassenden Bekanntmachungen, für die § 10 HGB gilt (s. auch § 10 GmbHG Rn. 14 ff.). 4

I. Bekannt zu machende Tatsachen

1. Bekanntmachungspflicht auf Grund Gesetzes

Auf Grund des GmbH-Gesetzes besteht eine **Bekanntmachungspflicht der Gesellschaft** bei der Zurückzahlung eingezahlter Nachschüsse, soweit sie nicht zur Deckung eines Stammkapitalverlustes erforderlich sind (§ 30 Abs. 2 S. 2 GmbHG), bei der Herabsetzung des Stammkapitals (§ 58 Abs. 1 Nr. 1 und 3 GmbHG), bei der Auflösung der Gesellschaft und der Verteilung des Vermögens (§§ 65 Abs. 2, 73 Abs. 1 GmbHG) sowie bei der Erhebung einer auf Erklärung der Nichtigkeit gerichteten Klage (§ 75 Abs. 2 GmbHG i. V. m. § 246 Abs. 4 AktG). 5

Während der Gesetzentwurf der Bundesregierung zu S. 1 die Formulierung »Bestimmt *dieses* Gesetz« enthielt (BT-Drs. 15/4067; Hervorhebung nur hier), ist die Formulierung im Verlauf des Gesetzgebungsverfahrens zu Gunsten der Gesetz gewordenen Fassung »Bestimmt *das* Gesetz« (Hervorhebung nur hier) geändert worden; die Angleichung an den Wortlaut des § 25 S. 1 AktG wurde auf Anregung des Bundesrates vorgenommen (vgl. auch Beschlussempfehlung und Bericht des Rechtsausschusses des Deutschen Bundestages, BT-Drs. 15/4952, 50). Der Bundesrat hatte in seiner Stellungnahme zum Gesetzesentwurf der Bundesregierung die Forderung nach einer Angleichung wie folgt begründet (BT-Drs. 15/4067, 68): 6

> »Nicht ersichtlich ist […], warum § 12 GmbHG-E nur auf Bekanntmachungsbestimmungen des GmbH-Gesetzes abstellt (›Bestimmt dieses Gesetz›), während § 25 S. 1 AktG für sämtliche Bekanntmachungsbestimmungen gilt (›Bestimmt das Gesetz‹). Die Formulierung des § 12 S. 1 GmbHG-E sollte insoweit an § 25 S. 1 AktG angepasst werden. Die Schaffung neuer Bekanntmachungspflichten außerhalb des GmbH-Gesetzes durch europarechtliche Vorgaben ist nicht auszuschließen. Solche Bekanntmachungsvorschriften fallen dann automatisch unter § 12 GmbHG-E.«

Angesichts des Wortlauts der Gesetz gewordenen Fassung des S. 1 ist – im Einklang mit der Absicht des Gesetzgebers – davon auszugehen, dass sich eine Pflicht der Gesellschaft zur Bekanntmachung im elektronischen Bundesanzeiger nicht nur aus dem GmbH-Gesetz (»Bestimmt dieses Gesetz«), sondern auch aus anderen Gesetzen (»Bestimmt das Gesetz«) ergeben kann (vgl. A/E/S/*Achilles* § 12 Rn. 5). 7

2. Bekanntmachungspflicht auf Grund Gesellschaftsvertrags

Der Gesellschaftsvertrag kann weitere Sachverhalte benennen, die im elektronischen Bundesanzeiger oder zusätzlich in anderen Gesellschaftsblättern bekannt zu machen sind. Da der Gesellschaft insbesondere auf Grund der Anmeldeobliegenheit des § 16 Abs. 1 GmbHG ihre Gesellschafter bekannt sind, besteht bei einer GmbH, die typischerweise einen begrenzten Gesellschafterkreis aufweist, regelmäßig kein Bedürfnis nach der Bekanntmachung von Sachverhalten in einem Gesellschaftsblatt; aus diesem Grund wird eine Bekanntmachungspflicht nur selten im Gesellschaftsvertrag geregelt (vgl. *Noack* BB 2005, 599). Dem notwendigen Schutz der Gläubiger 8 einer Gesellschaft und ihrer Gesellschafter wird durch die auf Grund gesetzlicher Bestimmung bekannt zu machenden Sachverhalte genügt.

II. Gesellschaftsblatt bzw. Gesellschaftsblätter

1. Elektronischer Bundesanzeiger als »Basis-Gesellschaftsblatt«, S. 1

9 Nachdem bereits seit der Änderung des § 25 S. 1 AktG durch Art. 1 Nr. 1 TransPuG vom 19. 7. 2002 (BGBl. I, 2681) der elektronische Bundesanzeiger als »Basis-Gesellschaftsblatt« für Bekanntmachungen einer AG eingeführt worden ist, führt § 12 S. 1 GmbHG den elektronischen Bundesanzeiger als **»Basis-Gesellschaftsblatt« für Bekanntmachungen einer GmbH** ein; es handelt sich hierbei um eine »Folgeänderung«, die der »Vereinheitlichung der Bekanntmachungsvorschriften« im »Unternehmensrecht« dient (Gesetzesentwurf der Bundesregierung, BT-Drs. 15/4067, 56). Bekanntmachungen durch den Bundesanzeiger in der gedruckten Fassung wurden schon bei der Änderung des § 25 S. 1 AktG im Jahr 2002 als »nicht mehr zeitgemäß« angesehen (vgl. ausführl. Begründung des Gesetzesentwurfs zur Änderung des § 25 S. 1 AktG durch die Bundesregierung, BT-Drs. 14/8769, 11).

10 Von der gesetzlichen Bestimmung des elektronischen Bundesanzeigers als »Basis-Gesellschaftsblatt« für Bekanntmachungen einer GmbH kann nicht durch gesellschaftsvertragliche Regelung abgewichen werden; es handelt sich um **»zwingendes Gesetzesrecht«** (Gesetzesentwurf der Bundesregierung, BT-Drs. 15/4067, 56).

11 Der elektronische Bundesanzeiger ist unter **www.ebundesanzeiger.de** im Internet zugänglich. Für denjenigen, der eine Bekanntmachung – unentgeltlich – einsehen will, ist eine Registrierung nicht notwendig; für denjenigen, der einen Sachverhalt bekannt machen will, ist eine Registrierung erforderlich (vgl. auch *Deilmann/Messerschmidt* NZG 2003, 616). Für die Durchführung einer Veröffentlichung im elektronischen Bundesanzeiger sind die »Allgemeinen Geschäftsbedingungen für entgeltliche Veröffentlichungen im ›Elektronischen Bundesanzeiger‹ (Stand: Dezember 2005)« maßgebend, die Bestimmungen zu elektronischen Datenformaten und Papiermanuskripten, zur Darstellung und Gestaltungsform, zu Berichtigungen, Terminen bei elektronischer Datenübermittlung, Einreichung von Papiermanuskripten und Stornierung, zur Haftung, zum Gerichtsstand und zu Erscheinungsdaten enthalten.

2. Andere öffentliche Blätter oder elektronische Informationsmedien, S. 2

12 S. 2 stellt es – ebenso wie § 25 S. 2 AktG – einer Gesellschaft frei, durch Gesellschaftsvertrag neben dem elektronischen Bundesanzeiger **andere öffentliche Blätter** oder **elektronische Informationsmedien** als (zusätzliche) Gesellschaftsblätter zu bezeichnen. Angesichts des Wortlauts des S. 2 (»Daneben *kann* der Gesellschaftsvertrag« [Hervorhebung nur hier]) besteht **keine Verpflichtung** zur Bezeichnung weiterer Gesellschaftsblätter. Als »öffentliche Blätter« kommen örtliche oder überregionale Tageszeitungen, Amtsblätter oder der Bundesanzeiger in der gedruckten Fassung in Betracht. Als »elektronisches Informationsmedium« kommt die eigene Internetseite (Website) eines Unternehmens in Betracht (Gesetzesentwurf der Bundesregierung zum TransPuG, BT-Drs. 14/8769, 12).

13 Die Bekanntmachung in dem durch Gesellschaftsvertrag bezeichneten (zusätzlichen) Gesellschaftsblatt kann eine Bekanntmachung im elektronischen Bundesanzeiger nicht ersetzen, weil der »elektronische Bundesanzeiger« das »Basis-Gesellschaftsblatt« darstellt; durch § 12 S. 2 GmbHG wird – ausweislich seiner Formulierung »daneben« – lediglich die **Möglichkeit einer zusätzlichen Bekanntmachung** in einem anderen Gesellschaftsblatt eröffnet. Von einer »möglichen Zweigleisigkeit der Bekanntmachung« wurde Abstand genommen (Gesetzesentwurf der Bundesregierung zum TransPuG, BT-Drs. 14/8769, 11).

14 Wollen die Gesellschafter kein anderes öffentliches Blatt oder elektronisches Informationsmedium als (zusätzliches) Gesellschaftsblatt durch Gesellschaftsvertrag bezeichnen, empfiehlt sich der Verzicht auf eine gesellschaftsvertragliche Regelung über Bekanntmachungen der Ge-

sellschaft, da auf Grund zwingenden Gesetzesrechts Bekanntmachungen der Gesellschaft im elektronischen Bundesanzeiger zu erfolgen haben; gleichwohl kommt die Aufnahme einer § 12 S. 1 GmbHG wiedergebenden (deklaratorischen) Regelung im Gesellschaftsvertrag (z. B. »Bekanntmachungen der Gesellschaft erfolgen im elektronischen Bundesanzeiger.«) in Betracht.

3. Auswirkungen auf »Bekanntmachungsregelungen in Altsatzungen«, S. 3

Vor Inkrafttreten des § 12 GmbHG am 1. 4. 2005 (Art. 16 Abs. 1 JKomG vom 22. 3. 2005, BGBl. I, 837) enthielt das GmbH-Gesetz – anders als § 23 Abs. 4 AktG – keine allgemeine Regelung über das Publikationsmedium für Bekanntmachungen der Gesellschaft; vielmehr enthielten die gesetzlichen Vorschriften, die Bekanntmachungen in bestimmten Fällen anordnen, Regelungen über das Publikationsmedium. Zur Vermeidung einer ersatzweise durchzuführenden Bekanntmachung »durch die für Bekanntmachungen aus dem Handelsregister bestimmten öffentlichen Blätter« (vgl. § 30 Abs. 2 S. 2 GmbHG a. F.) enthalten Gesellschaftsverträge, die vor Inkrafttreten des § 12 GmbHG geschlossen worden sind, üblicherweise eine Regelung über Bekanntmachungen im »Bundesanzeiger« (z. B. »Bekanntmachungen der Gesellschaft erfolgen im Bundesanzeiger.«). Sofern der Gesellschaftsvertrag eine solche Bestimmung enthält, stellte sich die Frage, ob wegen § 12 GmbHG eine Bekanntmachung allein im elektronischen Bundesanzeiger ausreichend ist oder ob es zusätzlich einer Bekanntmachung durch den Bundesanzeiger in der gedruckten Fassung bedarf. 15

Zu dieser Frage ist in der Begründung des Gesetzesentwurfs zu § 12 GmbHG durch die Bundesregierung Folgendes ausgeführt (BT-Drs. 15/4067, 56): 16

»Nach Inkrafttreten [. . .] ist von Folgendem auszugehen: Da die Anordnung des elektronischen Bundesanzeigers als Basisgesellschaftsblatt zwingendes Gesetzesrecht ist, gilt diese Anordnung und sind entgegenstehende Bestimmungen in den Gesellschaftsverträgen gegenstandslos, sofern nicht ausnahmsweise einmal angenommen werden müsste, dass der Gesellschaftsvertrag gem. § 12 S. 2 neben dem Bundesanzeiger ein anderes öffentliches Blatt oder elektronisches Informationsmedium als zusätzliches Gesellschaftsblatt bezeichnen wollte. Da diese Auslegung äußerst unwahrscheinlich ist, bedürfte es ausdrücklicher Hinweise, dass dies gemeint war. Spricht der Gesellschaftsvertrag also vom ›Bundesanzeiger‹ als Bekanntmachungsblatt, so steht fest, dass alleine die Bekanntmachung im elektronischen Bundesanzeiger vorgeschrieben ist. Keinesfalls ist dann eine Bekanntmachung im Papier-Bundesanzeiger und daneben auch noch im elektronischen Bundesanzeiger vorzunehmen.«

Auf die Stellungnahme des Bundesrates im Verlauf des Gesetzgebungsverfahrens, der eine »Klarstellung« durch gesetzliche Regelung erbat (BT-Drs. 15/4067, 68), führte die Bundesregierung in ihrer Gegenäußerung aus, dass ein »Klarstellungsbedarf« nicht gesehen werde (BT-Drs. 15/4067, 71): »Da die Anordnung des elektronischen Bundesanzeigers als Verkündungsblatt zwingendes Gesetzesrecht ist, gilt diese Anordnung, so dass entgegenstehende Bestimmungen in den Gesellschaftsverträgen gegenstandslos sind.« 17

Angesichts von in der Praxis aufgetreten Schwierigkeiten sah der von der Bundesregierung vorgelegte, dem Bundesrat am 30. 12. 2005 zugeleitete Entwurf eines **»Gesetzes über elektronische Handelsregister und Genossenschaftsregister sowie das Unternehmensregister« (EHUG)** die **Einfügung eines § 88** in das GmbHG (Art. 10 Nr. 12 EHUG) vor; § 88 GmbHG sollte folgenden Wortlaut haben (BR-Drs. 942/05): 18

§ 88 Bekanntmachungsregelungen in Altsatzungen

Sieht der Gesellschaftsvertrag vor, dass Bekanntmachungen der Gesellschaft im ›Bundesanzeiger‹ erfolgen, so ist die Bekanntmachung im elektronischen Bundesanzeiger ausreichend, wenn die Bestimmung im Gesellschaftsvertrag vor dem 1. 4. 2005 wirksam vereinbart worden ist.

Die Bundesregierung hat in ihrer Begründung des Gesetzesentwurfs zu Art. 10 Nr. 12 EHUG Folgendes ausgeführt (BR-Drs. 942/05, 168 f. = BT-Drs. 16/960, 67): 19

»In vielen Gesellschaftsverträgen findet sich die Bestimmung, dass Bekanntmachungen der Gesellschaft ›im Bundesanzeiger‹ zu erfolgen haben. Nachdem mit dem Inkrafttreten des JKomG am 1. 4. 2005 der elektronische Bundesanzeiger als Basis-Gesellschaftsblatt für Bekanntmachungen gesetzlich vorgegeben worden ist (§ 12 S. 1), sind entsprechende, vor diesem Datum vereinbarte Klauseln auch ohne ausdrückliche Anpassung an die geänderte Rechtslage dahingehend zu lesen, dass allein eine Bekanntmachung im elektronischen Bundesanzeiger erforderlich ist (vgl. Begründung des Gesetzesentwurfs der Bundesregierung zum JKomG, BT-Drs. 15/4067, S. 56). Es kann nicht allein aufgrund der bloßen Bezugnahme auf den ›Bundesanzeiger‹ davon ausgegangen werden, dass zusätzlich auch weiterhin eine zwingende Veröffentlichung in der gedruckten Ausgabe des Bundesanzeigers gewollt ist.

Dies entspricht der nach Änderung des § 25 AktG durch das TransPuG für die Bekanntmachungen von Aktiengesellschaften geltenden Rechtslage. Anders als im Aktiengesetz hat es im Bereich des GmbH-Rechts bei der Auslegung von Gesellschaftsverträgen, die für Bekanntmachungen auf den ›Bundesanzeiger‹ verweisen, immer wieder Verständnisfragen gegeben. Um Rechtsunsicherheit für die betroffenen Gesellschaften zu vermeiden, erscheint die in § 88 vorgesehene Klarstellung sinnvoll.«

20 In der Stellungnahme des Bundesrates zum Gesetzesentwurf ist zu Art. 10 Nr. 2 EHUG Folgendes ausgeführt (BT-Drs. 16/906, 84):

»Mit dem durch den Regierungsentwurf geschaffenen § 88 GmbHG soll klargestellt werden, wie vor dem 1. April 2005 vereinbarte Satzungsbestimmungen in Bezug auf das maßgebliche Veröffentlichungsmedium der Gesellschaft auszulegen sind. Trotz der durch das Justizkommunikationsgesetz zum 1. April 2005 eingeführten Regelung in § 12 GmbHG bestehen jedoch noch Unklarheiten bei den Satzungsregelungen, die nach diesem Zeitpunkt vereinbart wurden bzw. werden; denn vielfach werden weiterhin ›alte‹ Musterformulierungen verwendet (...). In der derzeitigen Fassung beseitigt § 88 GmbHG-E diese Rechtsunsicherheit wegen der Beschränkung auf den Zeitraum vor dem 1. April 2005 nicht; denn es bleibt (...) unklar, welche Auslegung Bekanntmachungsklauseln erfahren sollen, die nach dem genannten Zeitpunkt vereinbart wurden. Die im Regierungsentwurf enthaltene Beschränkung ist daher zu streichen. Wegen des Regelungszusammenhangs ist die Klarstellung in § 12 GmbHG-E aufzunehmen.«

21 Im Verlauf des Gesetzgebungsverfahrens hat die Bundesregierung dem vom Bundesrat gemachten Vorschlag, der der geltenden Fassung des § 12 S. 3 GmbHG entspricht, zugestimmt (BT-Drs. 16/960, 95). Es ist nunmehr unerheblich, ob eine im Gesellschaftsvertrag enthaltene Bestimmung über »Bekanntmachungen der Gesellschaft« vor oder nach Inkrafttreten der Art. 12 Nr. 1 des JKomG am 1. 4. 2005 getroffen worden ist.

Zweiter Abschnitt
Rechtsverhältnisse der Gesellschaft und der Gesellschafter

§ 13 [Juristische Person; Handelsgesellschaft]

(1) Die Gesellschaft mit beschränkter Haftung als solche hat selbständig ihre Rechte und Pflichten; sie kann Eigentum und andere dingliche Rechte an Grundstücken erwerben, vor Gericht klagen und verklagt werden.

(2) Für die Verbindlichkeiten der Gesellschaft haftet den Gläubigern derselben nur das Gesellschaftsvermögen.

(3) Die Gesellschaft gilt als Handelsgesellschaft im Sinne des Handelsgesetzbuchs.

Übersicht:

A. Allgemeines

Mit ihrer etwas altmodischen Formulierung beinhaltet die Vorschrift **drei Wesensmerkmale** der GmbH: (1) Die GmbH kann als juristische Person selbstständig am Geschäftsverkehr teilnehmen und dabei Rechte erwerben und Verpflichtungen eingehen. (2) Für sämtliche dabei entstehenden Verbindlichkeiten haftet allein das Gesellschaftsvermögen ohne Zugriffsmöglichkeit auf das Vermögen der Gesellschafter. (3) Auf die Tätigkeit der GmbH ist das Handelsrecht anwendbar. Die Behandlung der GmbH als eigenständiger Rechtsträger und die damit einhergehenden **Beschränkung der Haftung auf das Gesellschaftsvermögen** (vgl. Rn. 9 ff.) ermöglicht eine Teilnahme am Geschäftsverkehr mit einem überschaubaren persönlichen Risiko des Gesellschafters. Dies trägt zur unverminderten Attraktivität der GmbH bei. Gleichsam als Kehrseite birgt die Ausstattung der GmbH mit eigener Rechtspersönlichkeit aber immer auch die Gefahr eines **Formmissbrauchs** zum Nachteil der Gesellschaftsgläubiger. Als Folge hiervon hat die Rechtsprechung in Durchbrechung der in Abs. 2 angeordneten Haftungsbeschränkung bei Vorliegen besonderer Umstände einen **Haftungsdurchgriff** auf das Vermögen der Gesellschafter bejaht (vgl. Rn. 13 ff.). In der Praxis führt dies dazu, dass an das Verhalten der Gesellschafter bestimmte Anforderungen gestellt werden, damit diese sich auf das Haftungsprivileg berufen können. 1

B. Die GmbH als Träger von Rechten und Pflichten, Abs. 1

I. Umfang der Rechtsfähigkeit

Abs. 1 bestimmt die rechtliche Trennung von Gesellschaft und Gesellschafter (**Trennungsprinzip**). Er stellt klar, dass die GmbH selbst Träger von Rechten und Pflichten ist und damit als juristische Person eigenständig am Rechtsverkehr im eigenen Namen teilnimmt. Mit dieser Aus- 2 sage hätte es nach heutigem Verständnis sein Bewenden haben können, denn dass eine juristische Person Eigentum und andere dingliche Rechte an Grundstücken erwerben sowie vor Gericht **klagen und verklagt** werden kann, ist eine Selbstverständlichkeit (s. u. Rn. 6). Ebenso selbstverständlich kann die GmbH auch **Eigentum** und sonstige dingliche Rechte an anderen Sachen als an Grundstücken, insbesondere an beweglichen Sachen, oder an Rechten erwerben, auch wenn diese in Abs. 1 nicht ausdrücklich genannt werden. Der Umfang der Rechtsfähigkeit unterscheidet sich insoweit nicht von dem einer natürlichen Person. Die GmbH kann **Verträge** im eigenen Namen abschließen, auch mit den Gesellschaftern. Sie kann Inhaber von **gewerblichen Schutzrechten** sein, d. h. Patent-, Gebrauchsmuster-, Geschmacksmuster- und Markenrechte erwerben. Ebenso kann sie an anderen Verbänden teilnehmen, also **Gesellschafterin** von Personen- und Kapitalgesellschaften oder Mitglied einer Genossenschaft oder eines Vereins sein. Die GmbH kann kein Erfinder oder Urheber sein, ein Urheberecht aber im Erbgang erwerben (§ 28 f. UrhG) oder ein Nutzungsrecht hieran eingeräumt bekommen (§ 31 UrhG). Sie ist passiv, nicht aber aktiv **erbfähig**, kann mithin Erbin oder Vermächtnisnehmerin, nicht aber Erblasserin sein. Die GmbH ist wechsel- (Art. 91 WG) und scheckfähig (Art. 60 ScheckG), nicht aber deliktsfähig; sie haftet jedoch für deliktisches Verhalten ihrer Geschäftsführer nach § 31 BGB.

3 Da die Gesellschaft selbst weder die tatsächliche Gewalt über eine Sache (§ 854 BGB) auszuüben noch den erforderlichen Besitzwillen zu bilden vermag, übt sie den **Besitz** an Sachen durch ihre Organe, also in der Regel durch die Geschäftsführung, aus (BGH NJW 1972, 43; NJW 1971, 1358). Allerdings erwirbt die Gesellschaft nicht automatisch Besitz an allen Sachen, die sich in der tatsächlichen Gewalt ihres Organs befinden. Voraussetzung ist, dass das Organ die tatsächliche Gewalt nicht für sich selbst, sondern für die Gesellschaft erlangt hat und ausüben will (BGH NJW 2004, 217; OLG Düsseldorf GmbHR 2000, 283). Richtet sich der Besitzwille des Organs darauf, die tatsächliche Gewalt über die Sache für sich selbst auszuüben, ist nur das Organ Besitzer. Bei Gesamtgeschäftsführung muss sowohl die tatsächliche Gewalt als auch der Besitzwille bei sämtlichen Geschäftsführern vorliegen.

4 Der Umfang der Rechtsfähigkeit der GmbH wird dort fraglich, wo es um eine Teilnahme am Rechtsverkehr geht, die auf natürliche Personen zugeschnitten ist. Unstreitig kann der GmbH **Vollmacht** erteilt werden, nach überwiegender Auffassung auch Handlungsvollmacht (BFH BB 1999, 249; LG Heidelberg BB 1998, 971; LG Münster BB 1982, 1748), nicht aber Prokura (KG NotBZ 2002, 105). Arbeitnehmerin, Vorstand (§ 76 Abs. 3 AktG), Aufsichtsrat (§ 100 Abs. 1 AktG), Geschäftsführerin (§ 6 Abs. 2 GmbHG), Vormund (arg. § 1791 a BGB), Betreuerin (arg. § 1897 BGB), Pflegerin (arg. §§ 1915, 1791 a BGB), oder Insolvenzverwalterin (§ 56 Abs. 1 InsO) kann die GmbH **nicht** sein. Ob sie Nachlassverwalterin oder -pflegerin sein kann, ist streitig (bejahend: Roth/*Altmeppen* § 13 Rn. 3; Michalski/*Michalski* § 13 Rn. 59; Baumbach/Hueck/*Fastrich* § 13 Rn. 4; verneinend: Lutter/*Hommelhoff* § 13 Rn. 2; Scholz/*Emmerich* § 13 Rn. 15). Das Amt der Testamentsvollstreckerin (arg. § 2210 S. 3, 2163 Abs. 2 BGB) und des Liquidators (arg. § 66 Abs. 4) kann sie übernehmen.

5 Die GmbH kann grundsätzlich Träger des allgemeinen **Persönlichkeitsrechts** sein, allerdings nur im Rahmen der ihr zugewiesenen Funktion als Wirtschaftsunternehmen. Persönlichkeitsschutz kann die GmbH daher in der Regel (nur) dann beanspruchen, wenn sie in ihrem sozialen Geltungsanspruch als Arbeitgeber oder Wirtschaftsunternehmen betroffen ist (BGH NJW 1994, 1281; NJW 1986, 2951; NJW 1975, 1882; OLG Frankfurt NJW 1985, 1649; NJW 1982, 648). Untersagt werden kann deswegen beispielsweise die verzerrende Verwendung eines von der GmbH benutzten Emblems, soweit diese eine herabsetzende Aussage über die Qualität der Produkte oder das Auftreten im Wirtschaftsleben aufweist; rein ideelle Belange, die sich nicht in einem geschäftlichen Interesse niederschlagen, müssen demgegenüber in der Regel zurücktreten (OLG Frankfurt NJW 1985, 1649; NJW 1982, 648). Die Firma der GmbH wird durch das Namensrecht des § 12 BGB geschützt (BGHZ 120, 103; 91, 117).

II. Prozessuale Stellung der GmbH

Als Träger von Rechten und Pflichten kann die GmbH vor Gericht klagen und verklagt werden. 6
Sie ist damit **partei-** (§ 50 Abs. 1 ZPO) und **prozessfähig** (BGHZ 121, 265 f.; vgl. zur Parteifähigkeit der GmbH außerdem Kap. 16 Rn. 223 ff.). Vertreten wird die GmbH dabei durch die Geschäftsführung (vgl. hierzu § 35 GmbHG sowie ausführl. Kap. 16 Rn. 231). Daher kann ein Geschäftsführer (wohl aber ein Gesellschafter) im Prozess der GmbH nicht Zeuge sein, sonder nur als Partei vernommen werden (§ 445 ZPO; vgl. Kap. 16 Rn. 251). Allgemeiner Gerichtsstand der GmbH ist deren satzungsmäßiger Sitz (§ 17 Abs. 1 ZPO). Daneben kann der Gesellschaftsvertrag noch einen weiteren Gerichtsstand bestimmen (§ 17 Abs. 3 ZPO; zum Gerichtsstand vgl. ausführl. Kap. 16 Rn. 255 ff.). Der Gesellschaftsvertrag kann auch vorsehen, dass Streitigkeiten zwischen den Gesellschaftern und der GmbH vor einem **Schiedsgericht** ausgetragen werden (str. für Ansprüche aus § 51 a GmbHG; verneinend: OLG Köln, GmbHR 1989, 207; LG Mönchengladbach, GmbHR 1986, 390; bejahend: OLG Hamm NZG 2000, 1182; OLG Koblenz WM 1990, 1992). Aus einem Urteil gegen die GmbH kann die Zwangsvollstreckung nur gegen diese betrieben werden (§ 750 ZPO).

III. Beginn und Ende der Rechtsfähigkeit

Die Rechtsfähigkeit der GmbH **beginnt** mit ihrer Eintragung in das Handelsregister. Dies folgt 7
unmittelbar aus § 11 Abs. 1 GmbHG. Ist die Gesellschaft mit notariellem Abschluss des Gesellschaftsvertrages gegründet, aber noch nicht eingetragen, besteht eine Vor-GmbH, auf die grundsätzlich die Vorschriften des GmbH-Gesetzes anwendbar sind, soweit sie nicht die Rechtsfähigkeit voraussetzen (BGH NJW 1993, 459; NJW 1981, 1373 und 2125; vgl. zur Vor-GmbH auch ausführl. Kommentierung zu § 11 GmbHG).

Wann die Rechtspersönlichkeit der GmbH **endet**, ist dagegen nicht ausdrücklich geregelt. Sicher 8
ist, dass die Auflösung (§§ 60 ff. GmbHG) und die Nichtigkeitserklärung (§§ 75 ff. GmbHG) nicht zum Erlöschen der Rechtspersönlichkeit führen, sondern die Gesellschaft mit einem veränderten Zweck, nämlich der Liquidation, fortbestehen lassen (Scholz/*Emmerich* GmbHG, § 13 Rn. 6; Michalski/*Michalski* § 13 Rn. 28; vgl. auch Kap. 16 Rn. 226 f.). Daher endet die Rechtsfähigkeit erst **mit dem Erlöschen** der GmbH als juristische Person. Hierfür müssen zwei Voraussetzungen erfüllt sein: die Gesellschaft muss vermögenslos und im Handelsregister gelöscht sein (OLG Stuttgart NZG 1999, 31; OLG Koblenz NZG 1998, 637; OLG Köln GmbHR 1992, 536; OLG Saarbrücken GmbHR 1992, 311; wohl auch BayObLG NZG 1998, 228; zur Parteifähigkeit einer gelöschten GmbH: OLG Hamm NZG 1998, 778; vgl. auch Kap. 16 Rn. 227). Daneben kann die GmbH auch im Wege der **Verschmelzung** erlöschen (§ 20 Abs. 1 UmwG), nicht dagegen im Wege des Formwechsels, da sich bei diesem nur die Rechtsform, nicht aber der Rechtsträger ändert (§ 202 Abs. 1 UmwG). Auch bei der Verschmelzung erlischt die GmbH erst mit Eintragung der Verschmelzung in das Handelsregister.

C. Beschränkung der Haftung auf das Gesellschaftsvermögen, Abs. 2

I. Haftungsprivileg

1. Grundsatz – Haftung des Gesellschaftsvermögens

Eines der bedeutsamsten Wesenmerkmale der GmbH ist die Beschränkung der Haftung auf das 9
Gesellschaftsvermögen als folgerichtige Konsequenz der Anerkennung der Gesellschaft als selbstständiger Rechtsträger. Die Haftungsbeschränkung schließt eine persönliche Haftung des Gesellschafters für Verbindlichkeiten der Gesellschaft aus. Den Gläubigern der Gesellschaft steht **nur das Gesellschaftsvermögen** als Haftungsmasse zur Verfügung

2. Haftung des Gesellschafters aus besonderem Rechtsgrund

Der Gesellschafter kann aber infolge eines besonderen Rechtsgrundes für Verbindlichkeiten der 10
Gesellschaft haften. Insbesondere bei der Vergabe von Darlehen an die GmbH ist gängige Praxis,

aus der Darlehensverbindlichkeit der GmbH immer auch eine persönliche Verbindlichkeit des Gesellschafters zu machen, indem die Darlehensvergabe von einem **Schuldbeitritt**, einer **Bürgschaft**, einer **Patronatserklärung** oder einem **Garantieversprechen** des Gesellschafters abhängig gemacht wird (zur Abgrenzung BGH NJW 1986, 580). Ohne ausdrückliche Regelung bedarf es der **Auslegung** des zugrundeliegenden Vertrages, ob eine Mitverpflichtung des Gesellschafters gewollt ist. Hierbei wird man eine gleichzeitige persönliche Verpflichtung des Gesellschafters ohne besondere Anhaltspunkte in aller Regel verneinen müssen. Das bloße Interesse des Gesellschaftsgläubigers an einem weiteren Schuldner reicht sicher nicht. Die persönliche Verpflichtung des Gesellschafters muss sich vielmehr zwingend aus der Natur des Vertrages oder aus dem Vorliegen besonderer Umstände ergeben, die den sicheren Schluss erlauben, dass das fragliche Rechtsgeschäft ohne eine gleichzeitige persönliche Verpflichtung des Gesellschafters nicht abgeschlossen worden wäre und sämtliche Beteiligten, einschließlich des Gesellschafters, hiervon erkennbar übereinstimmend ausgegangen sind. Dies wird bei der Vereinbarung von Unterlassungspflichten (typisches Beispiel: Wettbewerbsverbot) der Gesellschaft häufig der Fall sein, weil eine solche Verpflichtung – je nach Stellung des Gesellschafters innerhalb der Gesellschaft – für den Gläubiger wertlos sein kann, wenn der Gesellschafter die fragliche Handlung soll vornehmen dürfen (vgl. hierzu *Roth/Altmeppen* § 13 Rn. 16).

11 Scheidet der Gesellschafter aus der GmbH aus, bleibt seine persönliche Verpflichtung aus besonderem Rechtsgrund grundsätzlich bestehen. Ein Wegfall der Verpflichtung unter dem Gesichtspunkt des Wegfalls der Geschäftsgrundlage wird nur in Ausnahmefällen angenommen werden können (OLG Zweibrücken ZIP 1985, 1196). In allen anderen Fällen führt das **Ausscheiden aus der Gesellschaft** nur dann zur Aufhebung der persönlichen Verpflichtungen, wenn dem Gesellschafter nach Treu und Glauben die Erfüllung des Vertrages nicht mehr zugemutet werden kann (OLG Zweibrücken ZIP 1985, 1195). Wesentlich soll dies davon abhängen, ob dem Gesellschafter andere Möglichkeiten der Haftungsbefreiung zur Verfügung stehen, insbesondere eine Kündigung des seine persönlichen Haftung begründenden Schuldverhältnisses möglich ist (OLG Zweibrücken ZIP 1985, 1195). Ein solches Kündigungsrecht aus wichtigem Grund wird man mit dem Ausscheiden aus der Gesellschaft und dem damit wegfallenden Interesse an deren finanziellen Absicherung ohne weiteres annehmen können, wenn – wie in der Regel – die Gesellschafterstellung Anlass für die Übernahme der persönlichen Haftung war (so für die Bürgschaft OLG Zweibrücken ZIP 1985, 1195; enger BGH GmbHR 1985, 391, wonach das Ausscheiden ein wichtiger Grund sein kann). Die Kündigung kann allerdings nur unter Wahrung einer Kündigungsfrist erklärt werden, die so zu bemessen ist, dass sowohl der GmbH als auch dem Gesellschaftsschuldner ein angemessener Zeitraum verbleibt, um ihre wirtschaftliche Dispositionen der durch die Kündigung geschaffenen veränderten Lage anzupassen (BGH GmbHR 1985, 391). Die Kündigung wirkt in jedem Fall nur für zukünftige Verbindlichkeiten der Gesellschaft, so dass die persönliche Haftung für die bis zum Wirksamwerden der Kündigung begründeten Gesellschaftsschulden bestehen bleibt.

3. Ausgleichspflicht im Innenverhältnis

12 Stellt nur einer von mehreren Gesellschaftern im Einvernehmen mit den übrigen **Sicherheiten** für Verbindlichkeiten der GmbH, so soll regelmäßig anzunehmen sein, dass die Gesellschafter im Innenverhältnis eine Ausgleichspflicht wollen (BGH WM 1986, 883). Die Höhe der Ausgleichspflicht bestimmt sich bei Fehlen anderweitiger Vereinbarungen nach den Beteiligungsverhältnissen.

II. Zugriff auf das Vermögen der Gesellschafter (Durchgriffshaftung)

13 Die Beschränkung der Haftung auf das Gesellschaftsvermögen setzt als Kehrseite voraus, dass die Gläubiger der Gesellschaft vor einer Aushöhlung der Haftungsmasse geschützt werden. Dieses Ziel verfolgen in erster Linie die Vorschriften über die **Erbringung und Erhaltung des Stammkapitals** (vgl. §§ 9 ff., 30 ff. GmbHG sowie die Kommentierungen zu diesen Vorschriften). Da diese aber nur unzureichenden Schutz vor einer »Ausschlachtung« der Gesellschaft mit an-

schließender Insolvenzanmeldung bieten, hat die Rechtsprechung schon früh Grundsätze entwickelt, nach denen ein Zugriff der Gesellschaftsgläubiger auf das Vermögen der Gesellschafter möglich ist.

1. Existenzvernichtender Eingriff

Mit seiner richtungsweisenden Entscheidung »Bremer Vulkan« (BGH GmbHR 2001, 1036) hat der BGH die **Voraussetzungen** für einen Durchgriff auf das Vermögen des Gesellschafters auf eine neue Grundlage gestellt (zur historischen Entwicklung ausführlich Michalski/*Michalski* § 13 Rn. 323 ff.) und in einer Vielzahl nachfolgender Entscheidungen konkretisiert. Danach haftet ein Gesellschafter einer GmbH für die Gesellschaftsschulden persönlich, wenn er auf die Zweckbindung des Gesellschaftsvermögens keine Rücksicht nimmt und der Gesellschaft durch offene oder verdeckte Entnahmen ohne angemessenen Ausgleich **Vermögenswerte entzieht**, die sie zur Erfüllung ihrer Verbindlichkeiten benötigt (sog. existenzvernichtender Eingriff; vgl. BGH GmbHR 2005, 225; BB 2005, 286; GmbHR 2002, 549 und 902; OLG München GmbHR 2005, 1486). Ein Gesellschafter, der auf diese Weise gezielt und zu betriebsfremden Zwecken in das Gesellschaftsvermögen eingreift, missbraucht die Rechtsform der GmbH und verliert damit grundsätzlich die Berechtigung, sich auf die Haftungsbeschränkung zu berufen. 14

Nicht erforderlich ist, dass der Eingriff durch den Gesellschafter der GmbH selbst erfolgt. Es reicht vielmehr aus, dass der Eingreifende einen **beherrschenden Einfluss** auf die GmbH ausüben kann, etwa als Allein- oder Mehrheitsgesellschafter der Muttergesellschaft oder der Konzernmutter. In einer solchen Konstellation ist nicht auf die formaljuristische Konstruktion, sondern auf die tatsächliche Einflussmöglichkeit abzustellen (BGH GmbHR 2005, 225; BB 2005, 286). Eine solche Einflussmöglichkeit kann schon dann bestehen, wenn der Gesellschafter zwar nur über 50 % der Geschäftsanteile verfügt, aber gleichzeitig alleiniger Geschäftsführer ist, und die Gesellschafterversammlung ihn (deshalb) ohne seine Zustimmung weder abberufen noch ihm Weisungen erteilen kann (BGH GmbHR 2005, 225). 15

Unternehmerische Maßnahmen, die darauf abzielen, den **Geschäftsbetrieb einzustellen**, stellen nicht automatisch einen existenzvernichtenden Eingriff dar (BGH GmbHR 1996, 366). Ein Gesellschafter ist grundsätzlich nicht verpflichtet, das Gesellschaftsunternehmen fortzuführen. Es steht ihm frei, den Geschäftsbetrieb einzustellen oder eine sich bietende Geschäftschance nicht zu ergreifen. Erst recht ist er nicht verpflichtet, die Ertragskraft des Gesellschaftsunternehmens durch **Investitionen** zu erhalten oder wiederherzustellen (BGH GmbHR 2005, 225; GmbHR 2002, 902). Entscheidend ist allein, dass er sich des im Gesetz für die Einstellung der Unternehmenstätigkeit vorgeschriebenen Verfahrens bedient, also das Vermögen der Gesellschaft ordnungsgemäß verwertet und aus dem Erlös die Gläubiger befriedigt. Überträgt er dabei Vermögenswerte der Gesellschaft auf sich selbst oder auf eine andere Gesellschaft, an der er beteiligt ist, schuldet er der Gesellschaft eine marktgerechte Gegenleistung. Nur wenn er diese nicht erbringt, entzieht er der Gesellschaft vorhandenes Vermögen und nimmt ihr dadurch die Möglichkeit, in diesem Umfang ihre Verbindlichkeiten zu erfüllen (BGH GmbHR 2005, 225; GmbHR 2002, 902). 16

Der Haftungsdurchgriff unter dem Gesichtspunkt des existenzvernichtenden Eingriffs soll dann nicht in Betracht kommen, wenn über das Vermögen der Gesellschaft das **Insolvenzverfahren** eröffnet worden ist (BAG GmbHR 2005, 987; LAG Köln ZIP 2003, 1893; näher dazu *Recq/Smyrek* GmbHR 2005, 1593). Begründet wird dies damit, dass in diesem Fall nur der Insolvenzverwalter die in erster Linie ohnehin der Gesellschaft selbst zustehenden Ansprüche gegen die Gesellschafter auf Ausgleich der ihr durch den existenzvernichtenden Eingriff entstandenen Nachteile geltend machen könne. Gestützt wird diese Sichtweise auf den in § 93 InsO zum Ausdruck kommenden Rechtsgedanken, der einen – anderenfalls drohenden – »Wettlauf der Gesellschaftsgläubiger« gerade vermeiden will. Hieraus folgt für den Gesellschaftsgläubiger, dass er erst nach Abschluss des Insolvenzverfahrens oder bei dessen Nichteröffnung mangels Masse Rückgriff auf die Gesellschafter nehmen kann, will er nicht riskieren, dass ein über seine Forderung anhängiges Verfahren infolge der späteren Eröffnung analog § 240 ZPO unterbrochen wird. 17

18 Keinen existenzvernichtenden Eingriff stellen bloße **Managementfehler** dar. Unternehmerische Fehlentscheidungen oder sonstiges kaufmännisch unvernünftiges Wirtschaften, das zu einer Verminderung des Gesellschaftsvermögens führt, löst deshalb grundsätzlich keine persönliche Haftung des Gesellschafters aus, wenn es an einem gezielten, betriebsfremden Zwecken dienenden Entzug von Vermögenswerten fehlt (BGH BB 2005, 286).

2. Sonstige Fälle der Durchgriffshaftung

19 Auch schon bevor der BGH seine Rechtsprechung zum existenzvernichtenden Eingriff entwickelt hat, basierte die Haftung des Gesellschafters für Verbindlichkeiten der Gesellschaft auf dem Gedanken des **Rechtsmissbrauchs**. Der BGH hat hierzu die im Folgenden näher beschriebenen verschiedenen Fallgruppen entwickelt, bei deren Vorliegen regelmäßig davon ausgegangen werden konnte, dass die GmbH von dem Gesellschafter bloß vorgeschoben und ihre Rechtsform zum Zwecke der Benachteiligung der Gesellschaftsgläubiger missbraucht wurde. Alle Konstellationen beruhen dabei auf der Annahme, dass der Gesellschaftsgläubiger seine Forderung gegen die Gesellschaft nicht durchsetzen kann, weil anderenfalls ein Bedürfnis für eine zusätzliche Haftung der Gesellschafter nicht besteht.

a) Vermögensvermengung

20 Da die zum Schutz der Gesellschaftsgläubiger erlassenen Kapitalerhaltungsvorschriften darauf beruhen, dass ein selbstständiges Gesellschaftsvermögen gebildet und seinem Umfang nach von dem Eigenvermögen der Gesellschafter abgegrenzt bleibt, ist eine Durchgriffshaftung in den Fällen der **Vermengung von Gesellschafts- und Eigenvermögen** möglich (BGH NJW 2006, 1346; NJW 1994, 1801; NJW 1986, 188; NJW 1985, 740; hierzu näher *Altmeppen* ZIP 2002, 1557). Eine solche setzt voraus, dass sich nicht ermitteln lässt, welcher Vermögensgegenstand zum Gesellschafts- und welcher zum Privatvermögen gehört. Dies ist dann der Fall, wenn das Gesellschaftsvermögen in den Büchern der Gesellschaft nur unzureichend ausgewiesen, die Buchführung aus anderen Gründen undurchsichtig oder die Vermögensabgrenzung zwischen Gesellschaft und Gesellschaftern sonst verschleiert worden ist (BGH NJW 1994, 1801; NJW 1986, 188; NJW 1985, 740). Nicht ausreichend ist deshalb auch die wechselseitige Erfüllung von Zahlungsverpflichtungen innerhalb einer Unternehmensgruppe etwa im Rahmen eines »Cash-Pools«, solange diese ordnungsgemäß verbucht werden (vgl. *Lutter/Hommelhoff* GmbHG, § 13 Rn. 13). Die persönliche Haftung trifft nur diejenigen Gesellschafter, die für die Vermögensvermengung verantwortlich sind, nicht dagegen solche, die infolge ihrer geringen Beteiligung und fehlenden Mitspracherechte keinen **beherrschenden Einfluss** auf die Gesellschaft ausüben können (BGH NJW 1994, 1801).

b) Unterkapitalisierung

21 Als einen Unterfall des Rechtsmissbrauchs, der zur Aufhebung des Trennungsprinzips (s. o. Rn. 2) führt, wird gelegentlich auch die erhebliche Unterkapitalisierung einer GmbH angesehen. Danach soll es auf ein rechtsmissbräuchliches Vorschieben der Rechtsform der GmbH hindeuten, wenn das haftende Kapital der Gesellschaft völlig außerhalb des Rahmens liegt, der sich aus dem Zweck ergibt, dem das Vermögen gewidmet ist (OLG Hamburg BB 1973, 1231; den Durchgriff wegen Unterkapitalisierung ebenfalls grundsätzlich bejahend: BSG NJW 1997, 94; NJW-RR 1995, 730; NJW 1984, 2117; wohl auch BGH NJW 1979, 2104 und OLG Oldenburg NZG 2000, 555; ablehnend dagegen BGH NJW 1977, 1440; BAG ZIP 1999, 878; GmbHR 1998, 1223; kritisch auch *Vonnemann* GmbHR 1992, 77; differenzierend: *Roth/Altmeppen* § 13 Rn. 118 ff.). Folgt man der Auffassung, auch die völlig unzureichende Kapitalausstattung einer GmbH könne ein Fall des Rechtsmissbrauchs sein, wird man eine »gewisse Relation« zwischen dem nach Art und Umfang der Geschäftstätigkeit bestehenden Finanzbedarf und dem haftenden Eigenkapital für erforderlich halten müssen, und zwar in dem Sinne, dass nicht jedes denkbare wirtschaftliche Risiko aufgefangen werden muss, aber auch keine Geschäftstätigkeit ausgeübt werden darf, die auch bei Berücksichtigung des dem Wirtschaftsleben immanenten und für gewöhnlich hingenommenen Ri-

sikos mit den zur Verfügung stehenden Mitteln von vornherein erkennbar keinesfalls bewältigt werden kann (OLG Hamburg BB 1973, 1231). Unerheblich ist dabei, ob es sich um eine anfängliche oder nachträglich entstehende Unterkapitalisierung handelt (Michalski/*Michalski* § 13 Rn. 371).

Die **Rechtsfolge** der Unterkapitalisierung ist umstritten. Während die Rechtsprechung und ihr folgend der überwiegende Teil des Schrifttums sie ebenso behandelt wie die übrigen Fällen des Durchgriffs, also eine (subsidiäre) unmittelbare Haftung des Gesellschafters gegenüber dem Gesellschaftsgläubiger bejahen, gehen andere lediglich von einer Innenhaftung des Gesellschafters gegenüber der Gesellschaft unter dem Gesichtspunkt des sorgfaltswidrigen Umfangs mit dem Gesellschaftsvermögen aus (Nachweise bei Scholz/*Emmerich* GmbHG, § 13 Rn. 85). Durch die jüngste Rechtsprechung zum »existenzvernichtenden Eingriff« dürfte auch die Frage der Durchgriffshaftung wegen Unterkapitalisierung wieder an Aktualität gewinnen (hierzu Ulmer/*Raiser* GmbHG, § 16 Rn. 162 ff.; *Philipp/Weber* DB 2006, 142). Denn jedenfalls im Ergebnis sind die von vornherein oder später eintretende unzureichende Kapitalausstattung der Gesellschaft und der spätere Entzug von Vermögenswerten, die die Gesellschaft zur Erfüllung ihrer Verbindlichkeiten benötigt, unter dem Gesichtspunkt des Gläubigerschutzes durchaus vergleichbar. 22

c) Sonstige Fälle des Rechtsmissbrauchs

Allen Unterfällen der Durchgriffshaftung ist gemein, dass sie auf dem Gedanken des **treuwidrigen Missbrauchs der Rechtsform der GmbH** beruhen, durch den das Risiko in einer von der Rechtsordnung nicht mehr zu billigen Weise allein auf die Gesellschaftsgläubiger abgewälzt und diese dadurch geschädigt werden (OLG München NJW-RR 1996, 746). Ein solcher Rechtsmissbrauch liegt daher auch im Falle einer **planmäßigen Vermögensverlagerung** vor. Wird der GmbH planmäßig deren Vermögen entzogen und dieses auf eine Schwestergesellschaft verlagert, um den Zugriff der Gesellschaftsgläubiger zu verhindern und auf diese Weise das von der Gesellschaft betriebene Unternehmen ohne Rücksicht auf die entstandenen Schulden fortführen zu können, haften sowohl Gesellschafter als auch Schwestergesellschaft den Gesellschaftsgläubigern nach § 826 BGB (BGH BB 2005, 286; ZIP 2004, 2138; ZIP 2002, 1578; OLG Karlsruhe BB 1978, 1332). Hinsichtlich des Gesellschafters dürfte im Falle einer planmäßigen Vermögensverlagerung in der Regel auch ein **existenzvernichtender Eingriff** vorliegen (s. o. Rn. 14 ff.); der BGH hat dies gleichwohl offengelassen, weil die Haftung der Schwestergesellschaft unter diesem Gesichtspunkt zweifelhaft ist (BGH ZIP 2004, 2138). In einer jüngeren Entscheidung (BGH BB 2005, 286) geht der BGH aber offenbar davon aus, dass beide Anspruchsgrundlagen nebeneinander bestehen können. Ebenso wie der Anspruch unter dem Gesichtspunkt des existenzvernichtenden Eingriffs soll auch ein solcher aus § 826 BGB nicht mehr in Betracht kommen, wenn über das Vermögen der Gesellschaft das Insolvenzverfahren eröffnet worden ist (BAG GmbHR 2005, 987). Grundsätzlich zulässig ist dagegen die Verwendung der GmbH zur **Haftungssegmentierung**, indem ein Unternehmen auf mehrere selbstständige Rechtsträger aufgeteilt wird (BGH NJW 1986, 188). 23

d) Rechtsschein, Treuhand und Strohmannverhältnisse

Schließlich soll ein »Haftungsdurchgriff« denkbar sein, wenn der Gesellschafter zum Nachteil eines Gesellschaftsgläubigers den unzutreffenden **Rechtsschein** hervorgerufen hat, dass er für die Gesellschaftsschulden privat haftet (OLG Hamburg BB 1973, 1232). Bei einer solchen Konstellation dürfte es sich jedoch tatsächlich nicht um eine Frage des Haftungsdurchgriffs handeln. Der Sache nach handelt es sich vielmehr um einen Fall der rechtsgeschäftlichen Mitverpflichtung des Gesellschafters aus einem besonderen Rechtsgrund (oben Rn. 10) – entweder nach Rechtsscheingrundsätzen oder aufgrund einer entsprechenden Auslegung der von dem Gesellschafter abgegeben Willenserklärung, die es erlaubt, in dieser die – konkludente – Vereinbarungen einer gleichzeitigen Haftung zu sehen. Ebenfalls **kein Fall des Haftungsdurchgriffs** ist das Vorschieben eines **Treuhänders oder Strohmannes** bei der Gründung der Gesellschaft oder dem Halten 24 von Geschäftsanteilen. Ein solches Vorgehen kann zwar rechtfertigen, den Treugeber bzw. Hintermann als Gesellschafter zu behandeln (BGH NJW 1991, 1057; NJW-RR 1991, 144; NJW 1992, 1167 und 2023). Eine automatische Haftung für Verbindlichkeiten der Gesellschaft wird damit jedoch nicht begründet (BGH WM 1977, 73; OLG Frankfurt WM 1975, 810). Ein Zugriff auf das Privatvermögen des Gesellschafters erfordert also auch hier das Vorliegen eines den Durchgriff rechtfertigenden Haftungstatbestandes.

III. Umgekehrter Durchgriff

25 Ein sog. »umgekehrter Haftungsdurchgriff«, der es in bestimmten Fällen erlauben würde, wegen Privatverbindlichkeiten der Gesellschafter auf das Vermögen der Gesellschaft zuzugreifen, wird zu Recht allgemein abgelehnt (BGH DStR 1999, 1822; DStR 1996, 974; GmbHR 1990, 295; *Roth/Altmeppen* § 13 Rn. 124). Solange nicht (auch) ausdrücklich im Namen der Gesellschaft gehandelt wird, besteht für eine Haftung der Gesellschaft kein Raum. Da das Vermögen der Gesellschaft ausschließlich für deren Gläubiger reserviert ist, würde die Anerkennung eines »umgekehrten Durchgriffs« nicht nur ohne Not das Trennungsprinzip aufheben, sondern sich auch in Widerspruch zu den Kapitalerhaltungsvorschriften setzen (BGH DStR 1999, 1822; DStR 1996, 974). Etwas anderes kann nur ganz ausnahmsweise bei Vorliegen besonderer Umstände gelten, die es rechtfertigen, der Gesellschaft die Schutzfähigkeit abzusprechen (OLG Düsseldorf GmbHR 2000, 283).

IV. Durchgriffshaftung zugunsten des Minderheitsgesellschafters

26 Der Zugriff auf das Privatvermögen der beherrschenden Gesellschafter in den oben beschriebenen Fällen der Durchgriffshaftung steht nur den **Gläubigern der Gesellschaft**, nicht jedoch auch den Minderheitsgesellschaftern zu. Diese sind durch das die Gesellschaft schädigende Verhalten des beherrschenden Gesellschafters zwar ebenfalls betroffen, doch handelt es sich dabei um eine lediglich **mittelbare Schädigung**, die in dem Wertverlust ihrer Beteiligung an der Gesellschaft besteht (sog. **Reflexschaden**). Demgemäß sind die Minderheitsgesellschafter darauf verwiesen, von dem beherrschenden Gesellschafter die Wiederherstellung des Gesellschaftsvermögens zu verlangen, ohne selbst zum Schadensersatz berechtigt zu sein (BGH NJW 1992, 368; NJW 1987, 1637; NJW 1988, 2794; NJW 1987, 1077; OLG Düsseldorf ZIP 1997, 27 zur AG). Dagegen liegt ein eigener ersatzfähiger Schaden des Minderheitsgesellschafters vor, wenn dieser der Gesellschaft ein Darlehen gewährt hat, das infolge eines existenzschädigenden Verhaltens der beherrschenden Gesellschafters von der Gesellschaft nicht mehr zurückgezahlt werden kann (BGH NJW 1985, 1777 zur AG). Ein Fall der Durchgriffshaftung ist dies freilich nicht. Grundlage sowohl für den Wiederherstellungsanspruch als auch für den Schadensersatzanspruch ist die Verletzung der aus dem Gesellschaftsverhältnis folgenden Treupflicht durch den beherrschenden Gesellschafter.

V. Zurechnungsdurchgriff

27 Unter der Überschrift »Zurechnungsdurchgriff« werden diejenigen Fälle behandelt, in denen es darum geht, ob und inwieweit bestimmte Eigenschaften, die in der Person eines Gesellschafters (der nicht Geschäftsführer ist) vorliegen, der **Gesellschaft zugerechnet** werden können. Hierzu zählt die Frage, ob die an den Eintritt einer bestimmten Rechtsfolge geknüpfte **Kenntnis eines Gesellschafters** der Gesellschaft zugerechnet werden kann (typischer Fall: Bösgläubigkeit des Gesellschafters, die zum Ausschluss des gutgläubigen Erwerbs durch die Gesellschaft führt). Auf derartige Fälle wird allgemein § 166 Abs. 2 BGB entsprechend angewandt. Danach kommt es auf die Kenntnis oder das Kennenmüssen des Gesellschafters (nur) dann an, wenn er der Geschäftsführung der Gesellschaft in Bezug auf das fragliche Rechtsgeschäft besondere Weisungen erteilt hat oder die Vornahme des Rechtsgeschäftes trotz Kenntnis und Weisungsmöglichkeit nicht verhindert hat (Scholz/*Emmerich* GmbHG, § 13 Rn. 72 a; Michalski/*Michalski* § 13 Rn. 381; demgegenüber stellen BGH NJW 1997, 1917 und NJW 1996, 1339, allein auf den Schutz des Rechtsverkehrs ab). Grundsätzlich verbleibt es also auch hier bei dem Trennungsprinzip (s. o.

Rn. 2). Auch bei **Willensmängeln** i. S. d. §§ 116 bis 123 BGB kommt es grundsätzlich allein auf die durch die Geschäftsführung handelnde Gesellschaft an. Irrtümer seitens der Gesellschafter sind deshalb grundsätzlich unerheblich. Ob man auch hier ausnahmsweise zusätzlich einen Willensmangel des Gesellschafters berücksichtigen möchte, sofern die oben genannten Voraussetzungen vorliegen, dürfte davon abhängen, ob man § 166 Abs. 2 BGB auf Willensmängel für entsprechend anwendbar hält (bejahend: Palandt/*Heinrichs* § 166 Rn. 12). Jedenfalls für § 123 BGB stellt der BGH auch auf den Gesellschafter ab: Ist dieser durch arglistige Täuschung zur Erteilung einer besonderen Weisung an die Geschäftsführung veranlasst worden, kann er selbst das Rechtsgeschäft anfechten (BGH NJW 1969, 925; ebenso, für andere Fälle von Willensmängeln aber offen lassend BGH NJW 2000, 2269). Umgekehrt ist ein Allein- oder Mehrheitsgesellschaft dann nicht Dritter i. S. d. § 123 Abs. 2 BGB, wenn er die Gesellschaft über seine Weisungsbefugnis zur Täuschung des Geschäftspartners verwendet (BGH NJW 1990, 1915).

D. Die GmbH als Handelsgesellschaft, Abs. 3

Abs. 3 stellt klar, dass die GmbH eine Handelsgesellschaft i. S. d. § 6 HGB ist und damit den Vor- 28
schriften des HGB unterliegt, ohne dass es darauf ankommt, ob die Gesellschaft ein Handelsgewerbe nach § 1 Abs. 2 HGB betreibt. Damit sind alle von der GmbH vorgenommen Geschäfte Handelsgeschäfte i. S. d. § 343 HGB. Abs. 3 ist zwingend, kann also weder abbedungen noch widerlegt werden (Michalski/*Michalski* § 13 Rn. 301).

Für die Vor-GmbH soll Abs. 3 nicht gelten (Lutter/Hommelhoff/*Lutter/Bayer* GmbHG, § 11 29
Rn. 6; Baumbach/Hueck/*Fastrich* § 11 Rn. 13; a. A. *Roth/Altmeppen* § 11 Rn. 44). Bis zur Eintragung in das Handelsregister kommt es für die Kaufmannseigenschaft der Vor-GmbH also darauf an, ob sie bereits ein Handelsgewerbe betreibt. Die Kaufmannseigenschaft gilt nur für die GmbH, nicht aber auch für deren Geschäftsführer und Gesellschafter (BGH WM 2006, 177; WM 1986, 939).

§ 14 [Geschäftsanteil]

Der Geschäftsanteil jedes Gesellschafters bestimmt sich nach dem Betrage der von ihm übernommenen Stammeinlage.

Übersicht:

A. Geschäftsanteil

I. Definition des Geschäftsanteils

1 Der Geschäftsanteil ist der Anteil des einzelnen Gesellschafters an der GmbH. Sein **Nennbetrag** entspricht der Höhe der von dem Gesellschafter übernommenen Stammeinlage. Er muss mindestens € 100,– betragen und durch fünfzig teilbar sein (vgl. § 5 GmbHG). Die Summe der Nennbeträge aller Geschäftsanteile entspricht der Stammkapitalziffer. Dies kann sich allerdings infolge einer späteren Einziehung eines Geschäftsanteils (§ 34 GmbHG) ändern, weil bei dieser eine Anpassung der Nennbeträge der verbleibenden Geschäftsanteile zwar zulässig (BGH NJW 1989, 168; BayObLG DB 1991, 2537), aber nicht notwendig ist (Michalski/*Ebbing* § 14 Rn. 8 m. w. N.). Das Verhältnis der Nennbeträge zueinander bestimmt die Beteiligungsverhältnisse innerhalb der Gesellschaft und damit auch – vorbehaltlich zulässiger Abweichungen im Gesellschaftsvertrag – den **Umfang der Mitgliedschaft** eines jeden Gesellschafters. Dies ist insbesondere für die Verteilung des Jahresüberschusses (§ 29 Abs. 3 GmbHG), die Anzahl der auf den Geschäftsanteil entfallenden Stimmen bei der Fassung von Gesellschafterbeschlüssen (§ 47 Abs. 2 GmbHG) sowie die Ausübung von Minderheitenrechten von Bedeutung, die nach dem Gesetz oder dem Gesellschaftsvertrag eine bestimmte Beteiligungsquote voraussetzen (z. B. 10 % für die Einberufung einer Gesellschafterversammlung, § 50 Abs. 1 GmbHG).

II. Enstehung und Erlöschen

2 Der Geschäftsanteil **entsteht** erst mit dem Entstehen der GmbH, d. h. mit deren Eintragung in das Handelsregister (§ 11 Abs. 1 GmbHG), oder im Rahmen einer späteren Kapitalerhöhung mit deren Eintragung (§ 54 Abs. 3 GmbHG). An der Vor-GmbH können noch keine Geschäftsanteile bestehen, also auch nicht übertragen werden. Daher kann ein Gesellschafterwechsel in der Vor-GmbH nur durch eine Änderung des Gesellschaftsvertrages vollzogen werden (BGH NJW-RR 2005, 469; NJW 1997, 1507; LG Dresden GmbHR 1993, 590; a. A. *K. Schmidt* GmbHR 1997, 869). Der Geschäftsanteil **erlischt** mit dem Erlöschen der GmbH (§ 74 GmbHG), mit der Einziehung des Geschäftsanteils (Amortisation, § 34 GmbHG) oder mit einer Kapitalherabsetzung, wenn diese zu Lasten des einzelnen Geschäftsanteils durchgeführt wird und diesen beseitigt (§ 58 GmbHG). Die Auflösung der GmbH (§ 60 GmbHG), die Ausschließung eines Gesellschafters (Kaduzierung, § 21 GmbHG), die Verwertung des Geschäftsanteils im Rahmen des Preisgaberechts (Abandon, § 27 GmbHG) und der Erwerb des Geschäftsanteils durch die Gesellschaft (§ 33 GmbHG) beseitigen den Geschäftsanteil dagegen nicht.

III. Keine Verbriefung

3 Der Geschäftsanteil wird **nicht verbrieft**, seine Übertragung erfolgt daher nur durch Abtretung (vgl. hierzu ausführl. § 15 GmbHG Rn. 3 ff.). Möglich, wenn auch in der Praxis von nur sehr geringer Bedeutung, ist die Ausgabe von Geschäftsanteilsscheinen. Bei diesen handelt es sich aber lediglich um Beweisurkunden, deren Besitz zur Geltendmachung der Mitgliedschaftsrechte nicht erforderlich ist, wenn die Mitgliedschaft auch auf andere Weise nachgewiesen werden kann (OLG Köln GmbHR 1995, 293).

IV. Mehrere Geschäftsanteile

4 Ein Gesellschafter kann **mehrere selbstständige** Geschäftsanteile halten. Seine Beteiligung an der Gesellschaft bestimmt sich dann nach der **Summe der Nennbeträge**. Da jedoch bei der Gründung der Gesellschaft jeder Gesellschafter nur eine Stammeinlage übernehmen (§ 5 Abs. 2 GmbHG) und damit nur einen Geschäftsanteil erhalten kann, ist das Halten mehrerer selbstständiger Geschäftsanteile in einer Hand nur dadurch möglich, dass der Gesellschafter später Geschäftsanteile anderer Gesellschafter erwirbt (§ 15 Abs. 2 GmbHG) oder an einer Kapitalerhöhung mitwirkt, durch die ein neuer Geschäftsanteil gebildet wird (§ 57 h Abs. 1 GmbHG). Geschäftsanteile können, müssen aber nicht **zusammengelegt** werden (näher hierzu unter § 15 GmbHG Rn. 11 ff.). Dagegen ist ein Geschäftsanteil **grundsätzlich unteilbar**, wobei allerdings

§ 17 GmbHG für die in der Praxis sehr wichtigen Fälle der Veräußerung und Vererbung eine Ausnahme macht (näher hierzu unter § 17 GmbHG). Der Nennbetrag des durch Zusammenlegung neu gebildeten Geschäftsanteils entspricht der Summe der zusammengelegten Geschäftsanteile. Die Summe der Nennbeträge der durch Teilung neu gebildeten Geschäftsanteile entspricht dem Nennbetrag des geteilten Geschäftsanteils.

B. Mitgliedschaft

I. Allgemeines

1. Definition der Mitgliedschaft

Die Mitgliedschaft des Gesellschafters in der Gesellschaft beschreibt die **Summe seiner Rechte und Pflichten** gegenüber der Gesellschaft und den anderen Gesellschaftern (BGH DB 1972, 132). 5
Sie wird durch den Geschäftsanteil verkörpert. Da bereits mit der Gründung der GmbH Rechte und Pflichten aus dem Gesellschaftsverhältnis begründet werden, kennt auch die Vor-GmbH eine Mitgliedschaft (Lutter/Hommelhoff/*Lutter/Bayer* GmbHG, § 14 Rn. 2). Diese setzt sich nach Eintragung in das Handelsregister ohne weiteres als Mitgliedschaft in der GmbH fort. Die Mitgliedschaft in der GmbH selbst ist mit dem Geschäftsanteil untrennbar verbunden. Sie entsteht mit dem Entstehen des Geschäftsanteils, wird mit dessen Übertragung übertragen und **erlischt** mit dessen Erlöschen (zu Entstehung und Erlöschen des Geschäftsanteils vgl. Rn. 2). Dies erklärt, warum im Falle des Erwerbs eigener Geschäftsanteile durch die GmbH die durch den Geschäftsanteil verkörperte Mitgliedschaft nur ruht, also nach Übertragung des Geschäftsanteils wieder auflebt (BGH GmbHR 1995, 291).

2. Abspaltungsverbot

Einzelne Teile der Mitgliedschaft können nicht isoliert übertragen werden (sog. Abspaltungsverbot; vgl. auch § 47 GmbHG Rn. 9). Dies gilt auch für das Stimmrecht (BGH WM 1987, 70 für die AG; BayObLG ZIP 1986, 303; OLG Koblenz GmbHR 1992, 464), so dass die isolierte Übertragung des Stimmrechts ohne Wirkung ist. Dagegen ist die Erteilung einer **Vollmacht zur Ausübung des Stimmrechts** möglich (vgl. ausführl. § 47 GmbHG Rn. 15 ff.). Das Verbot der Stimmrechtsabspaltung führt allerdings dazu, dass eine Stimmrechtsvollmacht nicht unwiderruflich erteilt werden kann, weil dies faktisch einer Übertragung gleichkommt (Lutter/Hommelhoff/*Bayer* GmbHG, § 14 Rn. 14; Scholz/*K. Schmidt* GmbHG, § 47 Rn. 21; Baumbach/Hueck/*Zöllner* § 47 Rn. 50; § 47 GmbHG Rn. 17). Eine Vereinbarung, die auf die – unwirksame – Übertragung des Stimmrechts gerichtet ist, kann unter Umständen in eine – widerrufliche – Stimmrechtsvollmacht umgedeutet werden (OLG Koblenz GmbHR 1992, 464; OLG Hamburg ZIP 1989, 300). Das Abspaltungsverbot gilt für mitgliedschaftliche Verwaltungs- und Vermögensrechte gleichermaßen. Nicht möglich ist daher auch die isolierte Übertragung des Gewinnanteils. Auch diese kann aber möglicherweise in eine Abtretung des Auszahlungsanspruches umgedeutet werden. Ist der abtretende Gesellschafter zum Zeitpunkt der Entstehung des Zahlungsanspruches jedoch kein Gesellschafter mehr, geht die Abtretung ins Leere, weil der Anspruch nie in der Person des Zedenten entstanden ist (BGH NJW1984, 492; näher hierzu *Müller* ZIP 1994, 342). 6

3. Mitgliedschaft als »sonstiges Recht« i. S. d. § 823 Abs. 2 BGB

Die Mitgliedschaft ist ein **sonstiges Recht** i. S. d. § 823 Abs. 2 BGB, genießt also **deliktischen Schutz** (BGHZ 110, 323 für den Verein). Dies gilt allerdings nur für Angriffe Dritter, also nicht seitens der Mitgesellschafter, der Gesellschaft oder der Geschäftsführer. Eingriffe durch diese stellen eine Verletzung gesellschafts- oder sonstiger vertraglicher Verpflichtungen dar und sind demgemäß mit gesellschaftsrechtlichen Abwehr- oder Schadensersatzansprüchen zu begegnen (Michalski/*Ebbing* § 14 Rn. 43 f.). Ebensowenig begründen Schädigungen der Gesellschaft durch Dritte, die – mittelbar – auch zu einer Wertminderung des Geschäftsanteils führen, einen deliktischen Schadensersatzanspruch des Gesellschafters (Scholz/*Winter* GmbHG, § 14 Rn. 8). 7

4. Treuhänder als Gesellschafter

8 Wird ein Geschäftsanteil dadurch **treuhänderisch** gehalten (zur Zulässigkeit der Treuhand BGH GmbHR 1999, 707; NJW 1992, 2024), dass der Treuhänder bei der Gründung der Gesellschaft oder bei dem späteren Erwerb des Geschäftsanteils aufgrund einer Treuhandabrede für einen Dritten, den Treugeber, handelt, wird allein der Treuhänder Gesellschafter mit allen Rechten und Pflichten (BGH GmbHR 1989, 21; OLG Köln NZG 2002, 870). Der Treuhänder unterliegt bei der Ausübung der mitgliedschaftlichen Rechte jedoch den **Weisungen** des Treugebers nach Maßgabe der Treuhandabrede. Diese Beschränkung wirkt allein im Innenverhältnis zum Treugeber und kann in Ausnahmefällen ihre Grenzen in der gesellschaftsrechtlichen Treuepflicht des Treuhänders finden (Lutter/Hommelhoff/*Lutter/Bayer* GmbHG, § 14 Rn. 15).

II. Rechte und Pflichten aus der Mitgliedschaft

9 Die mitgliedschaftlichen Rechte und Pflichten der Gesellschafter folgen aus dem Gesellschaftsverhältnis und sind von jenen zu unterscheiden, die ihre Grundlage in anderen vertraglichen (z. B. Dienst-, Miet-, Darlehens- oder Kaufvertrag) oder gesetzlichen Schuldverhältnissen (z. B. Bereicherung, Geschäftsführung ohne Auftrag; unerlaubte Handlungen) zwischen dem einzelnen Gesellschafter und der Gesellschaft oder den anderen Gesellschaftern haben. **Drittgeschäfte** folgen ihren jeweils eigenen Regeln, und zwar auch dann, wenn ihr Entstehen durch die Gesellschafterstellung motiviert ist (z. B. Gesellschafterdarlehen, Stimmbindungsverträge). Denkbar ist aber, dass die gesellschaftsvertragliche Verbundenheit der Vertragsparteien Berücksichtigung findet bei der Beantwortung von Wertungsfragen innerhalb des jeweiligen Rechtsverhältnisses, insbesondere bei der Ausfüllung des Grundsatzes von Treu und Glauben. Knüpft die Schuldrechtsbeziehung dagegen nicht an die Gesellschafterstellung an, stehen die Gesellschafter grundsätzlich Dritten gleich (Michalski/*Ebbing* § 14 Rn. 51; Scholz/*Winter* GmbHG, § 14 Rn. 16; vgl. auch BGH ZIP 1988, 1117).

1. Teilnahme- und Kontrollrechte

10 **Kern der mitgliedschaftlichen Rechte** sind die Teilnahme- und Kontrollrechte des Gesellschafters. Diese beinhalten das Recht zur Teilnahme an den Gesellschafterversammlungen (§ 47 GmbHG), das Auskunfts- und Einsichtsrecht (§ 51 a GmbHG), das Gewinnbezugsrecht (§ 29 Abs. 1 GmbHG), die Minderheitsrechte im Zusammenhang mit der Einberufung einer Gesellschafterversammlung (§ 50 GmbHG), der Auflösung der Gesellschaft (§ 66 Abs. 2 GmbHG) und der Bestellung von Liquidatoren (§ 66 Abs. 2 GmbHG). Ob den Gesellschaftern trotz § 55 Abs. 2 GmbHG auch ein Bezugsrecht bei Kapitalerhöhungen zusteht, ist dagegen streitig (bejahend z. B. *Priester* DB 1980, 1925; Michalski/*Ebbing* § 14 Rn. 57).

2. Treuepflicht

a) Allgemeines

11 Die gesellschafterliche Treuepflicht bezeichnet den Oberbegriff einer ganzen Reihe von verschiedenen Pflichten der Gesellschafter im Verhältnis zur Gesellschaft und untereinander (BGH ZIP 1988, 1118). Sie wird daher auch als **»mitgliedschaftliche Hauptpflicht«** (*Lutter* ZHR 1998, 164) bezeichnet. In der Rechtsprechung ist sie seit langem anerkannt (z. B. BGHZ 98, 276; BGH DStR 1994, 215). Sie drückt sich in erster Linie als **aktive Förderpflicht** aus, wonach jeder Gesellschafter an allen Maßnahmen mitwirken muss, die zur Erhaltung des Gesellschaftsvermögens und zur Erreichung des Gesellschaftszwecks dringend geboten und ihm unter Berücksichtigung der eigenen schutzwürdigen Belange zumutbar sind (BGHZ 98, 276; OLG Köln NZG 1999, 1167). Die Treuepflicht gilt für den Alleingesellschafter einer GmbH grundsätzlich nicht, da die Gesellschaft diesem gegenüber kein gesondertes Eigeninteresse hat (BGHZ 119, 257; 122, 333; näher zum Eigeninteresse *Hartmann* GmbHR 2006, 1061). Eine wichtige Ausnahme von diesem Grundsatz besteht allerdings in den Fällen der Durchgriffshaftung (s. § 13 GmbHG Rn. 13 ff.), da diese auch bei einer Einmann-GmbH Anwendung findet und daher – zumindest unter Gläubigerschutzgesichtspunkten – von einem Eigeninteresse der Gesellschaft auszugehen scheint.

b) Treuepflicht in Angelegenheiten der Geschäftsführung

Zwar muss sich jeder Gesellschafter bei der Stimmabgabe im Rahmen von Beschlüssen über Angelegenheiten der Geschäftsführung von den Interessen der Gesellschaft leiten lassen und die Sorgfalt eines ordentlichen Kaufmanns anwenden (BGHZ 65, 19; OLG Düsseldorf ZIP 1996, 1083; vgl. auch § 47 GmbHG Rn. 13); dennoch darf und kann jeder Gesellschafter seine Stimme grundsätzlich nach seinen eigenen wirtschaftlichen Vorstellungen und persönlichen Anschauungen abgeben und die Interessen der Gesellschaft sowie die Zweckmäßigkeit von Geschäftsführungsmaßnahmen anders als seine Mitgesellschafter beurteilen. Deshalb kann die Treuepflicht nur in Ausnahmefällen ein bestimmtes **Abstimmungsverhalten** gebieten (OLG Hamm ZIP 1993, 119; GmbHR 1992, 612). Voraussetzung hierfür ist, dass die vorgeschlagene Geschäftsführungsmaßnahme dringend geboten ist, um erhebliche Nachteile von der Gesellschaft abzuwenden, und den Gesellschaftern hierüber kein Entscheidungsspielraum mehr zusteht. Zusätzlich wird teilweise verlangt, dass die erforderliche Entscheidung ohne die Zustimmung des betreffenden Gesellschafters – etwa infolge des Erfordernisses der Einstimmigkeit oder einer bestimmter Mehrheit – nicht zustande kommen kann (Scholz/*Winter* GmbHG, § 14 Rn. 60). Folgt man diesem Ansatz, wird man allerdings davon ausgehen müssen, dass in den Fällen, in denen mehrere Gesellschafter zu einem bestimmten Abstimmungsverhalten verpflichtet sind, der gegenseitige Verweis auf den jeweils anderen nicht ausreicht, um sich dem zu entziehen. Grundsätzlich ist bei der Annahme einer Pflicht zu einem bestimmen Abstimmungsverhalten ein strenger Maßstab anzulegen. Keinem Gesellschafter kommt eine Deutungshoheit hinsichtlich der Frage zu, was im zwingenden Interesse der Gesellschaft liegt. Dies beurteilt sich nach objektiven Kriterien. Die gleichen Grundsätze gelten für die **Anpassung des Gesellschaftsvertrages** an veränderte Umstände. Auch hier gilt, dass eine Verpflichtung zur Mitwirkung hieran nur dann besteht, wenn die Anpassung im dringenden Interesse der Gesellschaft oder der Gesellschafter liegt und dem Gesellschafter eine Mitwirkung ohne weiteres zuzumuten ist (BGH NJW 1987, 189; WM 1978, 1230; OLG München DStR 1992, 1102). **12**

c) Treuepflicht in sonstigen Gesellschaftsangelegenheiten

Bei anderen Gesellschaftsangelegenheiten außerhalb der Geschäftsführung hängen **Inhalt** und **Reichweite** der Treuepflicht von den Umständen des Einzelfalls ab. Dabei sind der Gesellschaftszweck und der Umfang und die Dauer der Beteiligung (BGHZ 65, 19), die persönliche Bindung der Gesellschafter untereinander (BGH NJW 1989, 166; NJW 1987, 189; OLG Köln NZG 1999, 1167; OLG Düsseldorf GmbHR 1994, 172; OLG Hamm GmbHR 1992, 612), die Art der zu beurteilenden gesellschaftlichen Maßnahme und das Maß der damit verbundenen Beeinträchtigung für den betroffenen Gesellschafter, die Auswirkung der Maßnahme auf die Interessen der Gesellschaft oder anderen Gesellschafter sowie die Bedeutung dieser Interessen (BGH GmbHR 1991, 362; NJW 1985, 1901) zu berücksichtigen. Aus der Treuepflicht lässt sich aber **kein allgemeiner Bestandsschutz** der Gesellschaft herleiten (BGH NJW 1995, 1743 für die AG), d. h. es besteht keine Pflicht, einem bestimmten Sanierungsprogramm zuzustimmen oder der Gesellschaft in der Krise Mittel zur Verfügung zu stellen. Die Treuepflicht kann aber verbieten, eine mehrheitlich angestrebte Sanierung aus rein eigennützigen Gründen zu verhindern (BGH NJW 1995, 1743 für die AG). Ebenso soll die Rückzahlung eines Gesellschafterdarlehen dann nicht durchgesetzt werden dürfen, wenn die Gesellschaft dadurch in eine bedrohliche Liquiditätskrise geraten oder andere schwerwiegende Nachteile erleiden würde (Scholz/*Winter* GmbHG, § 14 Rn. 57). **13**

d) Rechtsfolge der Treuepflichtverletzung

Die Rechtsfolge einer Treuepflichtverletzung hängt von deren Art ab. Die treuwidrige Ausübung von **Mitgliedschaftsrechten** ist als Rechtsmissbrauch unbeachtlich (OLG Stuttgart DB 1999, 2256; Scholz/*Winter* GmbHG, § 14 Rn. 61). Die treuwidrig abgegebene Stimme ist deshalb nichtig und wird bei der Feststellung des Abstimmungsergebnisses schlicht nicht mitgezählt (BGH GmbHR 1993, 579; GmbHR 1991, 62; ZIP 1988, 22; OLG Hamburg GmbHR 1992, 43). Dennoch soll ein treuwidriger Gesellschafterbeschluss nicht ebenfalls nichtig (weil mit nichtigen Stimmen gefasst), **14** sondern (nur) anfechtbar sein (BGHZ 76, 357; Baumbach / Hueck / *Fastrich* § 13 Rn. 36; dagegen – zutreffend – Nichtigkeit annehmend: OLG Hamm ZIP 1993, 119; zu anfechtbaren Gesellschafterbeschlüssen vgl. ausführl. § 47 GmbHG Rn. 67 ff., insbes. Rn. 74). Bei Beschlüssen, die einem **Einstimmigkeitserfordernis** unterliegen kann eine treuwidrig abgegebene Gegenstimme ignoriert und Einstimmigkeit festgestellt werden. Ist die positive Zustimmung des Gesellschafters nach Gesetz oder Gesellschaftsvertrag Voraussetzung für das Zustandekommen eines wirksamen Beschlusses, muss die treuwidrig nicht abgegebene Stimme allerdings im Wege einer Leistungsklage erstritten und notfalls gem. § 894 ZPO erzwungen werden (näher *Koppensteiner* ZIP 1994, 1325; *K. Schmidt* GmbHR 1992, 9). Entsprechendes gilt für andere treuwidrig unterlassene Handlungen. Auch bei diesen sind die übrigen Gesellschafter grundsätzlich darauf verwiesen, den treuwidrigen Mitgesellschafter auf Vornahme der geschuldeten Handlung zu verklagen. Führt das treuwidrige Verhalten zu einem Schaden der Gesellschaft, kann dessen Ersatz verlangt werden (BGH NJW 1992, 368; WM 1978, 1205; OLG Karlsruhe WM 1984, 656).

e) Loyalitätspflicht

15 Der Gesellschafter unterliegt einer Loyalitätspflicht, die es ihm gebietet, die Belange der Gesellschaft zu wahren, und es ihm untersagt, die Gesellschaft durch das Voranstellen eigener Interessen zu schädigen (BGH WM 1978, 1205). Hierzu zählt insbesondere das Verbot, sich in **Geschäftschancen der Gesellschaft** zu drängen, um sie für sich selbst zu nutzen (näher hierzu *Steck* GmbHR 2006, 1157). Ob der Gesellschafter einem Wettbewerbsverbot unterliegt, ist hierfür unerheblich (BGH WM 1978, 1205). Illoyal ist es auch, sich **kreditgefährdend** oder sonstwie **geschäftsschädigend** über die Gesellschaft zu äußern (Lutter / Hommelhoff / *Lutter/Bayer* GmbHG, § 14 Rn. 22; Scholz / *Winter* GmbHG, § 14 Rn. 59). Unter Umständen kann der Gesellschafter sogar verpflichtet sein, von ihm an sich zustehenden Rechten keinen Gebrauch zu machen. Dabei braucht er aber nicht ohne weiteres seine eigenen Belange hinter diejenigen der Gesellschaft zurückzustellen. Vielmehr kommt es auf eine Abwägung der beiderseitigen Interessen an (BGH GmbHR 1991, 362; OLG Frankfurt GmbHR 1993, 659). Allgemein gilt, dass bei der **Ausübung eigennütziger Rechte** ein strengerer Maßstab anzulegen ist als bei Maßnahmen der Geschäftsführung (OLG Düsseldorf WiB 1997, 31). Die Loyalitätspflicht gebietet es bei Vorliegen enger persönlicher Verbundenheit zwischen den Gesellschaftern, dem geschäftlich unerfahrenen Gesellschafter die Auswirkungen eines Beschlusses zu erläutern (BGH DB 1991, 2588) sowie – zumindest dann, wenn die Übertragbarkeit der Geschäftsanteile gem. § 15 Abs. 5 GmbHG eingeschränkt ist – ein an dem Geschäftsanteil bestehendes Treuhandverhältnis den Mitgesellschaftern gegenüber aufzudecken (OLG Hamburg BB 1993, 1030).

3. Gleichbehandlungsgrundsatz

16 Soweit im Gesellschaftsvertrag (in zulässiger Weise nichts Abweichendes in Form von Sonderrechten und Sonderpflichten) bestimmt ist, gilt im Gesellschaftsverhältnis der Grundsatz der gleichmäßigen Behandlung aller Gesellschafter (BGH WM 1990, 182; NJW 1985, 1901). Dieser beinhaltet das Verbot einer willkürlichen, d. h. sachlich nicht gerechtfertigten verschiedenen Behandlung der Gesellschafter (BGHZ 116, 359). Ob eine **verschiedene Behandlung** der Gesellschafter vorliegt, beurteilt sich danach, ob der im Gesetz oder Gesellschaftsvertrag für die betreffende Maßnahme bestimmte Maßstab für alle Gesellschafter in derselben Weise angelegt wurde. Außerhalb des Gesellschaftsverhältnisses liegende persönliche Verhältnisse der Gesellschafter haben grundsätzlich außer Betracht zu bleiben (Baumbach / Hueck / *Fastrich* § 13 Rn. 42; Michalski / *Michalski* § 13 Rn. 126; mit Einschränkung Scholz / *Winter* GmbHG, § 14 Rn. 45 a). Liegt eine verschiedene Behandlung der Gesellschafter vor, kommt es darauf an, ob diese durch einen **sachlichen Grund** gerechtfertigt ist. Ein solcher sachlicher Grund kann (muss aber nicht) auch in einem vorausgegangenen pflichtwidrigen Verhalten des betroffenen Gesellschafters liegen, zu dem sich die verschiedene Behandlung als eine im Interesse der Gesellschaft liegende Gegenmaßnahme erweisen kann (Scholz / *Winter* GmbHG, § 14 Rn. 45 b).

Die **Rechtsfolge** eines Verstoßes gegen den Gleichbehandlungsgrundsatz ist darauf gerichtet, den Zustand herzustellen, der bei einer gebotenen Gleichbehandlung der Gesellschafter bestehen würde. Besteht der Verstoß gegen den Gleichbehandlungsgrundsatz in einer ungleichmäßigen Gewährung von Vorteilen, kann er entweder dadurch ausgeglichen werden, dass die begünstigten Gesellschafter zur Rückgewähr der Vorteile verpflichtet werden oder dem übergangenen Gesellschafter eine gleichartige Leistung zugebilligt wird. Die Entscheidung, welcher dieser beiden möglichen Ansätze gewählt wird, steht der Gesellschaft, nicht dem benachteiligten Gesellschafter zu (Scholz/*Winter* GmbHG, § 14 Rn. 48). Ist eine gleichartige Leistung nicht möglich und die Rückgewähr des gewährten Vorteils den begünstigten Gesellschaftern unzumutbar oder aus Rechtsgründen unmöglich, steht dem übergangenen Gesellschafter (nur) ein Ausgleichanspruch gegen die Gesellschaft zu (BGH BB 1972, 894). Beschlüsse der Gesellschafterversammlung, die unter Verletzung des Gleichheitsgrundsatzes gefasst wurden, sind nicht nichtig, sondern anfechtbar (BGHZ 111, 224; 116, 372; vgl. auch § 47 GmbHG Rn. 73). 17

4. Wettbewerbsverbot

Ein allgemeines, alle Gesellschafter treffendes Wettbewerbsverbot besteht nicht und lässt sich auch nicht aus der gesellschafterlichen Treuepflicht herleiten (BGH GmbHR 1987, 302). Vielmehr bedarf die Begründung eines Wettbewerbsverbotes einer **besonderen Regelung** im Gesellschaftsvertrag. Soll es nachträglich eingefügt werden, ist hierfür eine satzungsändernde Mehrheit sowie gem. § 53 Abs. 3 GmbHG die Zustimmung sämtlicher davon betroffener Gesellschafter erforderlich (Michalski/*Michalski* § 13 Rn. 195). Auch ohne Regelung im Gesellschaftsvertrag wird aber ganz überwiegend ein **ungeschriebenes** aus der Treuepflicht der Gesellschafter folgendes Wettbewerbsverbot für den geschäftsführenden Gesellschafter, den Mehrheitsgesellschafter sowie denjenigen Gesellschafter bejaht, der aufgrund von Sonderrechten Einfluss auf die Geschäftsführung der GmbH nehmen kann (BGH WM 1984, 203; WM 1978, 1205; OLG Köln GmbHR 1991, 366). Eine 50 %ige Beteiligung am Stammkapital allein reicht hiefür allerdings nicht (OLG Karlsruhe GmbHR 1999, 539). Teilweise wird auch bei personalistisch strukturierten Gesellschaften, die auf eine enge persönliche Bindung oder Zusammenarbeit zwischen den Gesellschaftern angelegt sind, auch für den Minderheitsgesellschafter ein Wettbewerbsverbot befürwortet (Lutter/Hommelhoff/*Lutter/Hommelhoff* GmbHG, § 13 Rn. 24; *Timm* GmbHR 1981, 177). 18

Die **Befreiung** von einem ungeschriebenen Wettbewerbsverbot erfordert eine entsprechende Regelung im **Gesellschaftsvertrag**. Hierzu bedarf es einer satzungsändernden Mehrheit sowie der Zustimmung sämtlicher ebenfalls einem ungeschriebenen Wettbewerbsverbot unterliegender, aber nicht befreiter Gesellschafter (abw. Michalski/*Michalski* § 13 Rn. 256: nur satzungsändernde Mehrheit). Dies folgt daraus, dass die Befreiung von einem Wettbewerbsverbot die **Einräumung eines Sonderrechts** darstellt und diese wegen des Gleichbehandlungsgrundsatzes die Zustimmung aller nicht bevorrechtigten Gesellschafter erfordert. Der Gesellschaftsvertrag kann allerdings auch eine Öffnungsklausel enthalten, die eine Befreiung vom Wettbewerbsverbot durch einfachen Gesellschafterbeschluss zulässt (LG Hamburg NZG 1998, 687). Ist dies der Fall, genügt (unter Beachtung des § 47 Abs. 4 GmbHG) die einfache Mehrheit (BGH NJW 1981, 1512). Ohne Öffnungsklausel ist ein einfacher Beschluss, der von einem Wettbewerbsverbot generell befreit, unwirksam, wenn er nicht den Formerfordernissen für eine Satzungsänderung entspricht. Dies gilt auch dann, wenn er einstimmig gefasst wurde. Etwas anderes gilt, wenn durch den Beschluss nur eine Einzelfallbefreiung ausgesprochen werden soll (näher Michalski/*Michalski* § 13 Rn. 257). Ist dagegen im Gesellschaftsvertrag ein Wettbewerbsverbot ausdrücklich vereinbart worden, so ist die Wettbewerbshandlung erlaubt, wenn alle Gesellschafter einwilligen, ohne dass ein Beschluss der Gesellschafterversammlung vorliegen muss (BGH NJW 1998, 3663). 19

5. Gesellschafterklage (actio pro socio)

a) Allgemeines

20 Mit der im GmbH-Recht allgemein anerkannten actio pro socio (BGH NZG 1998, 428; NJW 1990, 2627; OLG Köln GmbHR 1993, 816; OLG Düsseldorf ZIP 1994, 619; vgl. zur actio pro socio auch ausführl. Kap. 16 Rn. 269 ff.) kann ein Gesellschafter einen Anspruch der Gesellschaft gegen einen Mitgesellschafter im Wege der Prozessstandschaft geltend machen und auf **Leistung an die Gesellschaft** klagen (OLG Düsseldorf ZIP 1994, 619; Baumbach / Hueck / *Fastrich* § 13 Rn. 38; Michalski / *Ebbing* § 14 Rn. 95; a. A. Lutter / Hommelhoff / *Lutter/Hommelhoff* GmbHG, § 13 Rn. 34; *Roth/Altmeppen* § 13 Rn. 50: eigener aus dem Gesellschaftsverhältnis folgender Anspruch des Gesellschafters; die Einzelheiten sind sehr umstritten, vgl. auch Darstellung des Meinungsstands in Kap. 16 Rn. 269, 273). Diese Möglichkeit dient vor allem dem **Minderheitenschutz**. Sie erspart dem klagenden Gesellschafter den Umweg, zunächst die Gesellschaft zu einer Klage gegen den schädigenden Gesellschafter zu zwingen, wenn die Gesellschaft den Anspruch pflichtwidrig nicht geltend macht. Eine solche Konstellation kann insbesondere dann vorliegen, wenn der Gesellschafter, der die Leistung schuldet, infolge der Mehrheitsverhältnisse die Erhebung der Klage vereitelt, indem er einen wesentlichen Einfluss auf die Geschäftsführung ausübt.

b) Voraussetzungen

21 Voraussetzung für eine Gesellschafterklage ist, dass es sich um einen **Anspruch der Gesellschaft gegen einen Gesellschafter aus dem Gesellschaftsverhältnis** handelt. Nicht erfasst werden also Ansprüche gegen Geschäftsführer oder solche gegen Gesellschafter, die nicht aus dem Gesellschaftsverhältnis, sondern aus Drittgeschäften stammen (Baumbach / Hueck / *Fastrich* § 13 Rn. 39). Da der Gesellschafter mit der actio pro socio einen Anspruch der Gesellschaft verfolgt, setzt dessen Geltendmachung grundsätzlich einen entsprechenden **Gesellschafterbeschluss** nach § 46 Nr. 8 GmbHG voraus (OLG Köln GmbHR 1993, 816; OLG Düsseldorf ZIP 1004, 621; Michalski / *Ebbing* § 14 Rn. 99; ebenso, allerdings mit anderem Ansatz *Roth / Altmeppen*, § 13 Rn. 20 ff; a. A. *Lutter/Hommelhoff* § 13 Rn. 35; näher *Gehrlein* ZIP 1993, 1525; vgl. auch § 46 GmbHG Rn. 33). Ein solcher Beschluss ist jedoch dann entbehrlich, wenn seine Herbeiführung durch den klagenden Gesellschafter nicht möglich ist (etwa weil die Geschäftsführung sich weigert, eine Gesellschafterversammlung einzuberufen und die Mindestbeteiligung für das Selbsthilferecht nicht erreicht ist) oder als aussichtslos oder zeitraubender, unnötiger Umweg erscheint (OLG Düsseldorf ZIP 1994, 619; *Roth/Altmeppen* § 13 Rn. 23). Auch in einer Zwei-Personen-Gesellschaft ist ein Gesellschafterbeschluss entbehrlich, weil der klagende Gesellschafter diesen infolge des für den anderen geltenden Stimmrechtverbotes (§ 47 Abs. 4 GmbHG) ohne weiteres herbeiführen könnte, die Beschlussfassung mithin bloße Formalität wäre (BGH ZIP 1991, 582; Michalski / *Ebbing* § 14 Rn. 102).

22 Für die actio pro socio ist dann kein Raum, wenn die Gesellschaft ihren Anspruch ordnungsgemäß verfolgt. Abgrenzungsfragen ergeben sich dann, wenn die Gesellschaft nicht schlicht untätig bleibt, sondern sich die Gesellschafterversammlung ausdrücklich gegen die Geltendmachung des Anspruchs entscheidet. Denn in einem solchen Fall greift die Erhebung einer Gesellschafterklage in die Kompetenzordnung innerhalb der Gesellschaft ein, weil die Beurteilung, ob und unter welchen Voraussetzungen ein Anspruch gegen einen Gesellschafter geltend gemacht werden soll, der Gesellschafterversammlung, also der Mehrheit der Gesellschafter, und nicht einem einzigen von ihnen obliegt (in diesem Sinne auch *Roth/Altmeppen* § 13 Rn. 21). Dies gilt insbesondere dann, wenn die Gründe für die Nichtverfolgung eines Anspruchs kontrovers sind und innerhalb des Gesellschafterkreises durchaus unterschiedlich beurteilt werden können. Der einzelne Gesellschafter, der die Frage, ob die Gesellschaft einen Anspruch geltend machen soll, anders beurteilt als die Mehrheit, ist daher grundsätzlich auf die Erhebung einer **Anfechtungsklage** gegen den Beschluss der Gesellschafterversammlung verwiesen (OLG Köln GmbHR 1993, 816; OLG Düsseldorf ZIP 1994, 619; abweichend Michalski / *Ebbing* § 14 Rn. 104: nur bei einer Beschlussfassung über einen Verzicht auf den Anspruch, sonst sofortige actio pro socio möglich; zur Anfechtungsklage gem. § 243 Abs. 1 AktG analog vgl. ausführl. § 47 GmbHG Rn. 81 ff. sowie Kap. 16

Rn. 329 ff.). In materieller Hinsicht wird eine solche Anfechtungsklage (nur) dann Erfolg haben, wenn die Beschlussfassung auf offensichtlich sachfremden Erwägungen beruht und die Nichtverfolgung des Anspruchs sich deshalb aus der Sicht eines gewissenhaften und den Interessen der Gesellschaft verpflichteten Gesellschafters als offensichtlich pflichtwidrig darstellt. Ausnahmsweise wird man auf die (vorherige) Erhebung einer Anfechtungsklage aber dann verzichten können, wenn nach den Umständen für den klagenden Gesellschafter erkennbar ist, dass die Gesellschaft auch nach einer der Anfechtungsklage stattgebenden Entscheidung keine Maßnahmen zur Geltendmachung des Anspruchs ergreifen wird, die Erhebung einer Anfechtungsklage für den Gesellschafter deshalb ein unzumutbarer Umweg wäre (ebenso *Roth/Altmeppen* § 13 Rn. 23).

III. Gestaltung von Mitgliedschaftsrechten

a) Unentziehbare Mitgliedschaftsrechte

Im Gesellschaftsvertrag können die Gesellschafter das Gesellschaftsverhältnis grundsätzlich inhaltlich frei gestalten. Allerdings setzt das Wesen der Mitgliedschaft der Satzungsautonomie Grenzen. Bestimmte Mitgliedschaftsrechte sind **unentziehbar** und mithin der Dispositionsfreiheit der Gesellschafter entzogen. Hierzu zählen das **Auskunfts- und Einsichtsrecht** des Gesellschafters (folgt unmittelbar aus § 51 a Abs. 3 GmbHG), das Recht zur **Einberufung der Gesellschafterversammlung** nach § 50 GmbHG (OLG Stuttgart NJW 1974, 1566), das Recht auf **Teilnahme an der Gesellschafterversammlung** (BGH GmbHR 1989, 120; OLG Frankfurt GmbHR 1984, 99; vgl. auch § 48 GmbHG Rn. 4), das **Recht zur Erhebung der Anfechtungsklage** (BGHZ 104, 72; OLG Brandenburg GmbHR 1996, 540: Anfechtungsfrist kann nicht geringer als einen Monat sein), das **Austrittsrecht** aus wichtigem Grund (BGHZ 116, 359), das Recht zur **Erhebung der Auflösungsklage** gem. § 61 GmbHG (BayObLG DB 1978, 2164), das Recht zur **Erhebung einer Gesellschafterklage** (actio pro socio) (Baumbach/Hueck/*Fastrich* § 13 Rn. 38; offengelassen von BGH NJW 1985, 2830; dagegen Michalski/*Ebbing* § 13 Rn. 98: abdingbar, wenn Minderheitenschutz anders gewährleistet ist); das **Antragsrecht zur Bestellung und Abberufung von Liquidatoren** (§ 66 GmbHG) sowie das Recht zur **Preisgabe des Geschäftsanteils** bei unbeschränkter Nachschusspflicht (arg. § 66 Abs. 4 GmbHG). Bestimmungen im Gesellschaftsvertrag sowie Gesellschafterbeschlüsse, die unentziehbare Mitgliedschaftsrechte einschränken oder entziehen, sind **nichtig** (Michalski/*Ebbing* § 14 Rn. 62). 23

b) Abdingbare Mitgliedschaftsrechte

Grundsätzlich abdingbar sind dagegen das Recht auf einen **Gewinnanteil** (§ 29 GmbHG), das Recht auf eine **Liquidationsquote** (§ 72 GmbHG) und das **Stimmrecht** nach § 47 GmbHG (BGH GmbHR 1993, 591, bis hin zur Möglichkeit eines stimmrechtslosen Geschäftsanteils; hierzu *Schäfer*, GmbHR 1998, 113 und 168; vgl. auch § 47 GmbHG Rn. 9). Auch das Bezugsrecht des Gesellschafters im Falle einer Kapitalerhöhung – vorausgesetzt man bejaht seine Existenz (Lutter/Hommelhoff/*Lutter/Hommelhoff* GmbHG, § 55 Rn. 20; *Priester* DB 1980, 1925; Michalski/*Ebbing* § 14 Rn. 57) – kann durch den Gesellschaftsvertrag ausgeschlossen werden. All diesen Fällen ist allerdings gemein, dass eine durch Gesellschaftsvertrag vorgesehene Einschränkung der Zustimmung **des betroffenen Gesellschafters** bedarf; ein bloßer Mehrheitsbeschluss reicht nicht (Michalski/*Ebbing* § 14 Rn. 63 und 68). 24

c) Einräumung von Sonderrechten, Begründung von Sonderpflichten

Einzelnen Gesellschaftern können im Gesellschaftsvertrag **Sonderrechte** eingeräumt werden. Die nicht bevorrechtigten Gesellschafter müssen einer solchen Regelung zustimmen (anders wohl *Lutter/Timm* NJW 1982, 418: nur satzungsändernde Mehrheit); wird ein entsprechender Beschluss ohne **Zustimmung** der benachteiligten Gesellschafter gefasst, ist er **anfechtbar** (Michalski/*Ebbing* § 14 Rn. 82). Einmal eingeräumte Sonderrechte können nur mit Zustimmung des bevorrechtigten Gesellschafters durch eine nachträgliche Änderung des Gesellschaftsvertrages eingeschränkt werden (BGH WM 1989, 250). 25

26 Gleiches gilt für ein im Gesellschaftsvertrag für bestimmte Entscheidungen angeordnetes **Einstimmigkeitserfordernis**; auch dessen Beseitigung bedarf eines einstimmigen Beschlusses (*Roth/Altmeppen* § 14 Rn. 18; abweichend jedoch OLG Stuttgart NJW 1974, 1566: Auslegungsfrage; Michalski/*Ebbing* § 14 Rn. 65: nur bei erforderlicher Zustimmung aller Gesellschafter). Bei der Begründung von Sonderrechten haben die Gesellschafter eine weitgehende Gestaltungsfreiheit, der allerdings die Kapitalerhaltungsvorschriften, zwingende gesetzliche Kompetenzzuordnungen innerhalb der GmbH (z. B. §§ 53 Abs. 1, 60 Abs. 1 Nr. 2 GmbHG) sowie die unentziehbaren Mitgliedschaftsrechte der anderen Gesellschafter Grenzen setzen (Scholz/*Winter* GmbHG, § 14 Rn. 21).

27 In der Praxis **häufig vorkommende Sonderrechte** sind das gegenüber der Beteiligungsquote erhöhte Stimmrecht, die Einräumung eines höheren Gewinnanteils, das Recht zur Übernahme eines anderen Geschäftsanteils, Zustimmungs- oder Einspruchsrechte bei Gesellschafterbeschlüssen, das Recht zur Geschäftsführung oder zur Ernennung des Geschäftsführers (BGH GmbHR 1988, 336; WM 1989, 250; OLG Stuttgart GmbHR 1999, 537), das Entsenderecht für Mitglieder des Aufsichts- oder Beirats oder die Nutzung von Einrichtungen der Gesellschaft.

28 Ein ohne die Zustimmung des betroffenen Gesellschafters gefasster **Beschluss über die Aufhebung des Sonderrechts** soll diesem gegenüber schwebend und bei Verweigerung der Genehmigung endgültig unwirksam sein. Die Erhebung einer Anfechtungsklage soll deshalb nicht erforderlich sein (*Waldenberger* GmbHR 1997, 55). Demgegenüber muss ein Beschluss, der ein erhöhtes Stimmrecht eines Gesellschafters ignoriert, von diesem angefochten werden. Ausnahmsweise ist die **Einschränkung oder Aufhebung eines Sonderrechts** ohne Zustimmung des Betroffenen möglich, wenn hierfür ein **wichtiger Grund** vorliegt. Ein solcher Grund liegt vor, wenn bei Abwägung der beteiligten Interessen das Fortbestehen des Sonderrechts für die Gesellschaft unzumutbar wäre (näher Scholz/*Winter* GmbHG, § 13 Rn. 27). Das Vorliegen eines wichtigen Grundes macht zwar die Zustimmung des betroffenen Gesellschafters, nicht aber den Beschluss der Gesellschafterversammlung über die Änderung des Gesellschaftsvertrages entbehrlich.

29 Der Gesellschaftsvertrag kann schließlich auch **Sonderpflichten**, wie etwa eine **Nachschusspflicht**, die **Pflicht zur Geschäftsführung** oder ein **Wettbewerbsverbot** (BGH WM 1988, 1357), begründen. Auch hier gilt grundsätzlich, dass derartige Pflichten nur mit Zustimmung des betroffenen Gesellschafters in den Gesellschaftsvertrag aufgenommen werden können (Michalski/*Ebbing* § 14 Rn. 94).

30 Sonderrechte und Sonderpflichten können auch zeitlich **befristet**, aufschiebend oder auflösend **bedingt** vereinbart werden. Sie sind Mitgliedschaftsrechte und -pflichten, die grundsätzlich mit der Veräußerung des Geschäftsanteils auf den Erwerber übergehen. In nicht wenigen Fällen – insbesondere bei der Einräumung eines Rechts zur Geschäftsführung – werden sie aber von den Beteiligten als höchstpersönlich gewollt, also an die Person des Gesellschafters geknüpft sein, so dass sie bei dessen Ausscheiden nicht auf den Rechtsnachfolger übergehen, sondern erlöschen (Scholz/*Winter* GmbHG, § 14 Rn. 23 f.).

§ 15 [Übertragung von Geschäftsanteilen]

(1) Die Geschäftsanteile sind veräußerlich und vererblich.

(2) Erwirbt ein Gesellschafter zu seinem ursprünglichen Geschäftsanteil weitere Geschäftsanteile, so behalten dieselben ihre Selbständigkeit.

(3) Zur Abtretung von Geschäftsanteilen durch Gesellschafter bedarf es eines in notarieller Form geschlossenen Vertrages.

(4) [1]Der notariellen Form bedarf auch eine Vereinbarung, durch welche die Verpflichtung eines Gesellschafters zur Abtretung eines Geschäftsanteils begründet wird. [2]Eine ohne diese

Form getroffene Vereinbarung wird jedoch durch den nach Maßgabe des vorigen Absatzes geschlossenen Abtretungsvertrag gültig.

(5) Durch den Gesellschaftsvertrag kann die Abtretung der Geschäftsanteile an weitere Voraussetzungen geknüpft, insbesondere von der Genehmigung der Gesellschaft abhängig gemacht werden.

Übersicht:

A. Allgemeines

§ 15 GmbHG bestimmt die grundsätzliche Möglichkeit, Geschäftsanteile zu veräußern, knüpft allerdings an die Wirksamkeit einer solchen Veräußerung **besondere Formerfordernisse** und belässt den Gesellschaftern die Möglichkeit, die Veräußerung durch eine entsprechende Regelung im Gesellschaftsvertrag von weiteren Voraussetzungen abhängig zu machen. 1

B. Übertragbarkeit des Geschäftsanteils, Abs. 1

I. Veräußerlichkeit

Abs. 1 ordnet die grundsätzlich (weil nach Abs. 5 unter dem Vorbehalt abweichender gesellschaftsvertraglicher Gestaltung stehend) **freie Veräußerlichkeit** von Geschäftsanteilen an. Bei der Veräußerung ist zwischen dem schuldrechtlichen Kausalgeschäft und dem Verfügungsgeschäft (Abtretung) zu unterscheiden. Das der Abtretung zugrunde liegende Kausalgeschäft ist in der Praxis zumeist ein Kauf- oder Schenkungsvertrag, häufig ergibt sich aber auch der Rechtsgrund für die Abtretung bereits aus dem Gesellschaftsvertrag selbst (z. B. sog. »call options« oder »put options«). 2

1. Abtretung

a) Allgemeines zur Abtretung gem. § 398 BGB

Da der Geschäftsanteil nicht verbrieft ist, wird er wie jedes andere Recht durch bloße Abtretung (§ 398 BGB) übertragen. Erforderlich ist also ein Vertrag zwischen dem Veräußerer und dem Erwerber, durch den die Inhaberschaft an dem Geschäftsanteil, also dessen dingliche Zuordnung, auf den Erwerber übertragen wird. Die Abtretung kann **bedingt** (z. B. auf die vollständige Zah- 3 lung des Kaufpreises) oder **befristet** (Vereinbarung eines bestimmten Übertragungsstichtags) sein (BGH GmbHR 1989, 195; OLG Hamm GmbHR 1997, 950; KG GmbHR 1997, 603); beides kommt in der Praxis häufig vor. Auch **künftige Geschäftsanteile** können abgetreten werden (BGH GmbHR 1999, 708; GmbHR 1997, 406; GmbHR 1995, 120). Wirksam wird die Abtretung dann mit deren Entstehen. An der **Vor-GmbH** können noch keine Geschäftsanteile bestehen, also auch nicht übertragen werden. Daher kann ein Gesellschafterwechsel in der Vor-GmbH nur durch eine Änderung des Gesellschaftsvertrages vollzogen werden (BGH NJW-RR 2005, 469; NJW 1997, 1507; LG Dresden GmbHR 1993, 590; a. A. *K. Schmidt* GmbHR 1997, 869). Die Abtretung ist **nicht anmeldepflichtig oder eintragungsfähig**. Nach dem Gesellschafterwechsel hat der Geschäftsführer jedoch eine aktuelle Gesellschafterliste zum Handelsregister einzureichen (vgl. § 40 GmbHG Rn. 3 ff) und der beurkundende Notar die Abtretung dem Handelsregister anzuzeigen (vgl. § 40 GmbHG Rn. 7).

b) Bestimmtheit der Abtretung

4 Ein Vertrag über die Übertragung von Geschäftsanteilen ist nur wirksam, wenn zweifelsfrei feststeht, welcher Geschäftsanteil auf wen übergehen soll (OLG Brandenburg NZG 1998, 951; KG GmbHR 1997, 603). Unumgänglich ist daher, den Geschäftsanteil im Abtretungsvertrag so genau wie möglich zu bezeichnen, was freilich in der Regel nur über den Nennbetrag möglich ist. Mehrere selbstständige Geschäftsanteile sollten grundsätzlich einzeln bezeichnet werden. Eine zusammenfassende Bezeichnung bei Abtretung mehrerer Geschäftsanteile kann aber genügen, wenn keine ernsthaften Zweifel am Übertragungsgegenstand bestehen (BGH NJW-RR 1987, 807; KG GmbHR 1997, 603). Die Notwendigkeit hinreichender **Bestimmtheit** besteht grundsätzlich nur für die Abtretung, nicht aber für das zugrunde liegende schuldrechtliche Verpflichtungsgeschäft. Ist dieses wirksam, bleibt der Gesellschafter zur Übertragung verpflichtet und hat ggf. gesellschaftsrechtliche Maßnahmen zu ergreifen, um die Bestimmtheit des Geschäftsanteils herbeizuführen (näher *Jasper/Rust* DB 2000, 1549). Mangels Verbriefung kann die **Inhaberschaft** an einem Geschäftsanteil nur durch eine lückenlose Kette beginnend mit der Gründungsurkunde bis zur Urkunde über die letzte Übertragung nachgewiesen werden. Aus der in der Handelsregisterakte befindlichen letzten Gesellschafterliste (vgl. § 40 GmbHG) ergibt sich dagegen kein hinreichender Nachweis über die Inhaberschaft, da die Einreichung der Gesellschafterliste häufig zeitlich verzögert erfolgt und keine Gewähr dafür bietet, dass nicht zwischenzeitlich erneut über den Geschäftsanteil verfügt wurde. Ist die Abtretung aufschiebend oder auflösend bedingt, ist es ratsam, einen Beleg über den (Nicht-)Eintritt der Bedingung der Abtretungsurkunde beizufügen, um bei einer späteren Veräußerung die Wirksamkeit der vorausgegangenen Abtretung und damit auch die Inhaberschaft an dem Geschäftsanteil nachweisen zu können. Wirksamkeitsvoraussetzung ist dies freilich nicht.

c) Sicherungsabtretung

5 Auch durch eine Sicherungsabtretung wird der Geschäftsanteil wirksam übertragen, d. h. der Erwerber wird Gesellschafter mit allen mitgliedschaftlichen Rechten und Pflichten. Da die Übertragung des Geschäftsanteils aber nur als Sicherungsmittel dienen soll, ist die Einnahme der Gesellschafterstellung durch den Sicherungsnehmer und damit auch die Notwendigkeit, die Sicherungsabtretung offen zu legen, in der Regel aber nicht gewollt. Daher erscheint in der Praxis die Verpfändung des Geschäftsanteils häufig als das attraktivere Sicherungsmittel.

2. Sonstige Verfügungen

a) Verpfändung, § 1274 BGB

6 In der Praxis wichtiges Sicherungs- und Finanzierungsmittel ist die Verpfändung des Geschäftsanteils (s. hierzu *Bruhns* GmbHR 2006, 587). Diese ist nach § 1274 Abs. 2 BGB zulässig. Sie erfolgt nach den für die Übertragung des Geschäftsanteils geltenden Vorschriften (§ 1274 Abs. 1 BGB), ist also ebenfalls formbedürftig (§ 15 Abs. 3 GmbHG). Begründet wird das Pfandrecht durch einen Vertrag über dessen **Bestellung**. Ebenso wie die Übertragung selbst ist die Verpfändung

weder anmeldepflichtig noch eintragungsfähig. Trotz Verpfändung bleibt der Verpfänder Inhaber des Geschäftsanteils, kann also sämtliche aus seiner Mitgliedschaft folgenden Rechte nach außen selbstständig wahrnehmen (Michalski/*Ebbing* § 15 Rn. 223; Baumbach/Hueck/*Fastrich* § 15 Rn. 50). Der Sicherungszweck wird durch eine nach innen, also lediglich im Verhältnis zwischen Pfandgläubiger und Verpfänder wirkende Einschränkung des Verpfänders bei der Ausübung der Mitgliedschaftsrechte erreicht (z. B. vorherige Zustimmung zur Stimmabgabe; Wahrnehmung von Auskunfts- und Einsichtsrechten auf Verlangen). Die Verpfändung des Geschäftsanteils ist von der Verpfändung der aus dem Geschäftsanteil entspringenden vermögensrechtlichen Ansprüche (z. B. auf Auszahlung des auf den Geschäftsanteil fallenden Gewinns) zu unterscheiden. Für diese gelten die §§ 1279 ff. BGB. Auch die Verpfändung eines künftigen Geschäftsanteils oder nur eines **Teils eines Geschäftsanteils** ist zulässig (Lutter/Hommelhoff/*Lutter/Bayer* § 17 Rn. 23; Scholz/*Winter* GmbHG, § 15 Rn. 154, 157). Im letzteren Fall ist eine Teilung des Geschäftsanteils nicht erforderlich. Sie tritt erst im Falle der Verwertung des Geschäftsanteils ein (*Mertens* ZIP 1998, 1788).

Das Pfandrecht vermittelt dem Pfandgläubiger grundsätzlich nur das Recht, sich aus dem Pfand 7
zu befriedigen, nicht aber auch aus dem Gewinnanspruch (Scholz/*Winter* GmbHG, § 15 Rn. 160). Etwas anderes gilt nur bei der Vereinbarung eines Nutzungspfandrechts (§§ 1273, 1213 Abs. 1 BGB). Die **Verwertung** des verpfändeten Geschäftsanteils erfolgt auf Grund eines vollstreckbaren Titels im Wege der Zwangsvollstreckung nach den Vorschriften über die Rechtspfändung (§ 1277 BGB), also idR durch eine von dem Vollstreckungsgericht angeordnete öffentliche Versteigerung (§§ 857, 844 Abs. 1 ZPO). Die Parteien des Verpfändungsvertrages können – allerdings erst nach Eintritt der Pfandreife (zum Zeitpunkt näher *Sieger/Hasselbach* GmbHR 1999, 636) – auch den freihändigen Verkauf durch einen zu solchen Verkäufen öffentlich ermächtigten Handelsmakler oder durch eine andere zur öffentlichen Versteigerung befugte Person vereinbaren (§ 1221 BGB). Eine in der Verpfändungsabrede getroffene Vereinbarung, nach welcher dem Pfandgläubiger im Verwertungsfall der Geschäftsanteil zu übertragen ist (Verfallvereinbarung), ist nichtig (§ 1229 BGB). Ebenso ist die Überweisung des Geschäftsanteils zur Einziehung oder an Zahlungs Statt zum Nennwert (§ 835 ZPO) unzulässig (LG Berlin MDR 1987, 592; Scholz/*Winter* GmbHG, § 15 Rn. 176). Die **Aufhebung** der Verpfändung ist formlos möglich, entweder durch eine entsprechende Vereinbarung zwischen Verpfänder und Pfandgläubiger oder durch eine einseitige empfangsbedürftige Willenserklärung des Pfandgläubigers gegenüber dem Verpfänder (*Widder* GmbHR 2002, 898).

b) Nießbrauch, § 1069 BGB

Der Nießbrauch an einem Geschäftsanteil ist nach § 1069 Abs. 2 BGB zulässig. Seine **Bestellung** 8
erfolgt nach den für die Übertragung des Geschäftsanteils geltenden Vorschriften (§ 1069 Abs. 1 BGB); der Vertrag über die Nießbrauchsbestellung ist folglich formbedürftig (§ 15 Abs. 3 GmbHG). Durch den Nießbrauch wird der Nießbraucher berechtigt, die Nutzungen des Geschäftsanteils zu ziehen, ohne die Gesellschafterstellung zu verändern (§§ 1068 Abs. 2, 1030 BGB). Die Nießbrauchbestellung an Geschäftsanteilen kommt deshalb dann in Betracht, wenn jemand zwar an den vermögensrechtlichen Vorteilen der Gesellschaftsbeteiligung teilhaben, nicht aber die Position eines Gesellschafters eingeräumt bekommen soll. Die dem Nießbraucher gebührenden **Nutzungen** bestehen in dem von der Gesellschaft ausgeschütteten Gewinn, soweit er auf den Zeitraum des Nießbrauchs entfällt (BGH WM 1975, 174). Wird der Nießbrauch während des laufenden Geschäftsjahrs bestellt oder aufgehoben, ist der Gewinn pro rata temporis zwischen dem Gesellschafter und dem Nießbraucher zu verteilen (§ 101 Nr. 2 BGB). An einem in die Rücklage eingestellten Gewinn sowie an einem Zuwachs stiller Reserven nimmt der Nießbraucher nicht teil (*Teichmann* ZGR 1972, 1; *Sudhoff* GmbHR 1971, 53). Werden Rücklagen aufgelöst und ausgeschüttet, so kommt es für die Verteilung zwischen Gesellschafter und Nießbraucher darauf an, in welchem Zeitabschnitt der verteilte Gewinn erzielt wurde (Hachenburg/*Zutt* Anh. § 15 Rn. 59). Auch die Bestellung des Nießbrauchs nur für einen **Teil des Geschäftsanteils**

ist möglich. Dem Nießbraucher steht in einem solchen Fall nur der entsprechende Teil des auf den Geschäftsanteil entfallenden Gewinns zu.

9 Da die Rechtsstellung des Gesellschafters durch die Einräumung des Nießbrauchsrechts unberührt bleibt (a. A. *Sudhoff* NJW 1974, 2205; *Petzold* GmbHR 1987, 381), verbleibt die Ausübung der **mitgliedschaftlichen Rechte** bei dem Gesellschafter (BGH NJW 1999, 571 zur GbR; OLG Koblenz GmbHR 1992, 464: auch bei Nießbrauch auf Lebenszeit und Erteilung einer Stimmrechtsvollmacht; Baumbach / Hueck / *Fastrich* § 15 Rn. 53; Lutter / Hommelhoff / *Lutter/Bayer* GmbHG, § 15 Rn. 67; *Roth/Altmeppen* § 15 Rn. 60; Scholz / *Winter* GmbHG, § 15 Rn. 192). Beschränkungen für den nießbrauchbestellenden Gesellschafter können sich daher nur aus der schuldrechtlichen Abrede über die Nießbrauchsbestellung und nur im Verhältnis zum Nießbraucher ergeben. Eine Ausnahme ergibt sich aus § 1071 BGB. Danach kann ein dem Nießbrauch unterliegendes Recht durch Rechtsgeschäft nur mit Zustimmung des Nießbrauchers aufgehoben werden. Hieraus folgt, dass der Gesellschafter vor der Vornahme von Rechtshandlungen, die den Bestand des Geschäftsanteils berühren (z. B. Mitwirkung an einer Beschlussfassung über die Liquidierung der Gesellschaft), die Zustimmung des Nießbrauchers einholen muss. Das Nießbrauchverhältnis **endet** mit der Dauer, auf die es eingegangen ist, spätestens mit dem Tod des Nießbrauchers (§ 1061 BGB). Darüber hinaus kann der Nießbrauch durch eine formlose Vereinbarung zwischen dem Gesellschafter und dem Nießbraucher (Baumbach / Hueck / *Fastrich* § 15 Rn. 52) oder durch eine einseitige empfangsbedürftige Willenserklärung des Nießbrauchers gegenüber dem Gesellschafter aufgehoben werden (§ 1064 BGB).

II. Vererblichkeit

10 Abs. 1 bestimmt die freie Vererblichkeit von Geschäftsanteilen. Bei der Vererbung geht der Geschäftsanteil nicht wie bei der Veräußerung im Wege einer rechtgeschäftlichen Einzelrechtsnachfolge, sondern durch **Gesamtrechtsnachfolge** über (§ 1922 BGB). Mehrere Erben werden als Erbengemeinschaft gesamthänderisch Inhaber des Geschäftsanteils (§ 2032 BGB) und sind als solche Mitberechtigte i. S. d. § 18 GmbHG. Geschäftsanteile können auch Gegenstand eines Vermächtnisses sein. In diesem Fall geht der Geschäftsanteil auf den Erben über, der allerdings zu dessen Abtretung an den Vermächtnisnehmer verpflichtet ist (§ 2174 BGB).

C. Selbstständigkeit der Geschäftsanteile, Abs. 2

I. Grundsatz

11 Erwirbt ein Gesellschafter einen oder mehrere weitere Geschäftsanteile hinzu, so bleiben sämtliche von ihm gehaltenen Geschäftsanteile nach Abs. 2 zunächst selbstständig. Diese Regelung dient der Aufbringung des Stammkapitals. Um diese sicherzustellen, muß es der Gesellschaft möglich bleiben, den einzelnen Geschäftsanteil, auf den die Stammeinlage nicht voll erbracht wurde, gesondert zu kaduzieren (§ 21 GmbHG), den Rechtsvorgänger in Anspruch zu nehmen (§ 22 GmbHG) oder schließlich den Geschäftsanteil zu verwerten (§ 23 GmbHG). Die Selbständigkeit des Geschäftsanteils ist zudem Voraussetzung dafür, dass der Regressschuldner gegen Zahlung des rückständigen Betrages den Geschäftsanteil auch erwerben kann (§ 22 Abs. 4 GmbHG).

II. Zusammenlegung von Geschäftsanteilen

12 Die Selbständigkeit der Geschäftsanteile schließt nicht aus, dass mehrere Geschäftsanteile zu einem einzigen Geschäftsanteil zusammengelegt werden. Aus dem Zweck der Regelung des Abs. 2 folgt allerdings, dass eine solche Zusammenlegung von vornherein nur möglich ist, wenn die Stammeinlagen auf die betreffenden Geschäftsanteile **voll geleistet** sind und eine **Nachschusspflicht nicht besteht** (BGHZ 42, 92; 63, 116; BGH NJW 1989, 168; KG GmbHR 1997, 603). Hinzukommen muss, dass die Geschäftsanteile keine unterschiedlichen Rechte vermitteln (Grund: Vermeidung von Unklarheiten über Inhalt und Umfang der mitgliedschaftlichen Rechte) sowie nicht unterschiedlich mit Rechten Dritter belastet sein dürfen (Scholz / *Winter* GmbHG,

§ 15 Rn. 104; Hachenburg/*Zutt* § 15 Rn. 141; einschränkend *Jasper/Rust* DB 2000, 1549: Zusammenlegung bei Treuhand und Unterbeteiligung möglich). Dagegen ist es nicht erforderlich, dass der Gesellschaftsvertrag die Zusammenlegung von Geschäftsanteilen ausdrücklich zulässt (KG NZG 2000, 787; Lutter / Hommelhoff / *Lutter/Bayer* GmbHG, § 15 Rn. 14; Baumbach / Hueck / *Fastrich* § 15 Rn. 19; *Priester* GmbHR 1976, 132; a. A. Hachenbug / *Zutt* § 15 Rn. 141; *Roth/Altmeppen* § 15 Rn. 43; Scholz / *Winter* GmbHG, § 15 Rn. 105: Abs. 2 müsse ausdrücklich abbedungen werden). Dies schließt aber nicht aus, dass der Gesellschaftsvertrag die näheren Voraussetzungen und Modalitäten der Zusammenlegung regeln kann.

Die Zusammenlegung der Geschäftsanteile stellt **keine Satzungsänderung** dar, weil der Nennbetrag eines Geschäftsanteils kein materieller Satzungsbestandteil ist (BGH GmbHR 1988, 337). Sie erfolgt nach ganz h. M. durch **Beschluss der Gesellschafterversammlung**, der der Zustimmung des betroffenen Gesellschafters bedarf (KG GmbHR 1997, 605; Scholz / *Winter* GmbHG, § 15 Rn. 105; Baumbach / Hueck / *Fastrich* § 15 Rn. 18; Lutter / Hommelhoff / *Lutter/Bayer* GmbHG, § 15 Rn. 14; Hachenburg / *Zutt* § 15 Rn. 142; teilweise anders *Meyer-Landrut* § 15 Rn. 24: keine Zustimmung erforderlich). Der Gesellschafterbeschluss kann auch dadurch zustande kommen, dass die Gesellschafter entsprechende Willenserklärungen im Rahmen eines Vertrages über die Abtretung zusammengelegter Geschäftsanteile abgeben (a. A. KG GmbHR 1997, 605; wie hier *Jasper/Rust* DB 2000, 1549). Ist die Zusammenlegung von Geschäftsanteilen möglich, sollten an sie keine zu strengen formalen Anforderungen gestellt werden. Deswegen ist es überzeugender, entgegen der h. M. auf die Notwendigkeit eines Beschlusses der Gesellschafterversammlung ganz zu verzichten und dem Gesellschafter, der mehrere Geschäftsanteile hält, völlige Dispositionsfreiheit einzuräumen, es mithin seiner alleinigen Entscheidung zu überlassen, ob er die Geschäftsanteile – durch einseitige Erklärung gegenüber der Gesellschaft – zusammenlegen möchte oder nicht (*Priester* GmbHR 1976, 132). Wünschen die Gesellschafter hierüber ein Mitspracherecht, könnten sie dies durch die Anordnung eines Zustimmungserfordernisses im Gesellschaftsvertrag erreichen. 13

D. Formerfordernisse, Abs. 3 und Abs. 4

I. Allgemeines

1. Zweck der notariellen Beurkundung

Sowohl die (dingliche) Abtretung des Geschäftsanteils (Abs. 3) als auch die (schuldrechtliche) Verpflichtung hierzu (Abs. 4) bedürfen zu ihrer Wirksamkeit der **notariellen Beurkundung des Abtretungs- und Verpflichtungsvertrages**. Die gemeinsame Beurkundung beider Verträge aus Zeit- und Kostengründen ist in der Praxis häufig. Für das Formerfordernis werden üblicherweise zwei **Gründe** genannt: Erschwerung des Handels mit Geschäftsanteilen (BGH GmbHR 1999, 709; GmbHR 1997, 605; OLG München GmbHR 1996, 608) und Beweiserleichterung (BGH GmbHR 1999, 709; Michalski / *Ebbing* § 15 Rn. 55; näher hierzu *Walz* NZG 2003, 1134). Dem Schutz vor übereilten Entscheidungen soll das Formerfordernis dagegen nicht dienen (BGH GmbHR 1999, 709; OLG München GmbHR 1996, 608; a. A. Lutter / Hommelhoff / *Lutter/Bayer* GmbHG, § 15 Rn. 1). 14

2. Umfang der Beurkundung

a) Nebenabreden, Änderungen

Sowohl für das Verpflichtungsgeschäft als auch für das Verfügungsgeschäft gilt, dass der gesamte Vertrag mit allen **Nebenabreden**, die nach dem Willen der Parteien Bestandteil der Vereinbarung sein sollen, beurkundet werden muss (BGH NJW 2002, 143; ZIP 1996, 1902; GmbHR 1989, 195; OLG Düsseldorf GmbHR 1997, 742; krit. *Heidenhain* NJW 1999, 3073; *Pohlmann* GmbHR 2002, 41; weniger streng auch BGH DB 1986, 1513). Angebot und Annahme können dabei aber getrennt beurkundet werden (§§ 128, 152 BGB). Auch **spätere Änderungen** oder Zusätze unterliegen dem Formzwang, wenn sie einen eigenen Regelungsgehalt haben, also über eine bloß redaktionelle 15

Klarstellung hinausgehen (BGH DStR 2000, 1272). Dies gilt allerdings nur für das Verfügungsgeschäft, nicht dagegen auch für das Verpflichtungsgeschäft; dessen nachträgliche Änderung ist formfrei, sofern die Abtretung bereits wirksam vollzogen wurde. Der Grund hierfür liegt darin, dass das Verpflichtungsgeschäft bereits durch die formgültige Abtretung geheilt wurde (Michalski/*Ebbing* § 15 Rn. 92).

16 Formbedürftig werden auch an sich **formfreie Abreden**, wenn sie mit den dem Beurkundungszwang unterliegenden Vereinbarungen derart **zusammenhängen**, dass sie ohne diese nicht getroffen worden wären (BGH DB 1986, 1513; OLG München WM 1995, 671). Hierzu zählen aber nicht Maklerverträge über die Vermittlung von Geschäftsanteilen, die eine Vergütung auch im Falle des Nichtzustandekommens eines solchen Geschäfts vorsehen (BGH GmbHR 1997, 605). Ebensowenig unterliegen Abreden, aus denen sich die Verpflichtung zur Übertragung eines Geschäftsanteils von Gesetzes wegen oder nur mittelbar (z. B. Auftrag zum Erwerb eines Geschäftsanteils) ergibt, dem Formerfordernis (OLG Rostock GmbHR 1998, 641). Schließlich gilt die Beurkundungspflicht nur für Verträge, **nicht** dagegen auch für **einseitige Rechtsgeschäfte**, wie z. B. Auslobung (§ 657 BGB) oder das Vermächtnis (§ 2174 BGB) (Baumbach/Hueck/*Fastrich* § 15 Rn. 31; Michalski/*Ebbing* § 15 Rn. 57).

b) Verpflichtung zur Abnahme, Übertragung eines Anspruchs, Gesamtrechtsnachfolge

17 Obwohl die **Verpflichtung zur Abnahme** eines Geschäftsanteils vom Wortlaut des Abs. 4 nicht erfasst wird, ist auch sie formbedürftig (OLG München GmbHR 1996, 608; BB 1985, 428). Gleiches gilt für die **Übertragung eines Anspruchs auf Abtretung** eines Geschäftsanteils (BGH NJW 1980, 1100; Baumbach/Hueck/*Fastrich* § 15 Rn. 26; Lutter/Hommelhoff/*Lutter/Bayer* GmbHG, § 15 Rn. 18; *Roth/Altmeppen* § 15 Rn. 79; a. A. Scholz/*Winter* GmbHG, § 15 Rn. 45). Das Formerfordernis erstreckt sich nur auf die rechtgeschäftliche Einzelrechtsnachfolge, nicht dagegen auf den Erwerb des Geschäftsanteils im Wege der **Gesamtrechtsnachfolge** (z. B. Erbschaft, Verschmelzung). In derartigen Fällen tritt der Erwerb kraft Gesetzes zum Zeitpunkt der Gesamtrechtsnachfolge ein; eines dem Formerfordernis entsprechenden »bestätigenden« Abtretungsvertrages bedarf es nicht.

c) Vollmacht zur Abtretung

18 Die Vollmacht zur Abtretung unterliegt gem. § 167 Abs. 2 BGB nicht dem Formerfordernis (BGH GmbHR 1997, 606). Dasselbe gilt nach § 182 Abs. 2 BGB für die **Genehmigung** eines von einem vollmachtlosen Vertreter abgeschlossenen Verpflichtungs- oder Abtretungsvertrages (§ 177 Abs. 1 BGB) oder die von einem Nichtberechtigten vorgenommenen Abtretung (§ 185 BGB) (BGH GmbHR 1989, 196). Gleiches gilt für die schuldrechtlich übernommene Verpflichtung, einen durch einen Vertreter ohne Vertretungsmacht abgeschlossenen Kaufvertrag über einen Geschäftsanteil zu genehmigen (BGH ZIP 1996, 1902).

3. Rechtsfolge bei Formverstoß

a) Nichtigkeit von Abtretung und Verpflichtungsgeschäft

19 Eine nicht formgerechte Abtretung des Geschäftsanteils ist nichtig. Nur in ganz besonderen Ausnahmefällen kann der formnichtige Abtretungsvertrag nachträglich wirksam werden, wenn Umstände vorliegen, die es nach Treu und Glauben als untragbar erscheinen lassen, dem gewollten und nachträglich vollzogenen Gesellschafterwechsel die Anerkennung zu versagen (BGH ZIP 1995, 1090; OLG München BB 1996, 1297). Auch das nicht beurkundete Verpflichtungsgeschäft ist grundsätzlich nichtig.

b) Heilung

20 Ein Formmangel der schuldrechtlichen Verpflichtung zur Übertragung eines Geschäftsanteils wird allerdings **durch eine formgerechte Abtretung** geheilt (Abs. 4 S. 2). Die Abtretung muss dabei jedoch auch im Übrigen wirksam sein, d. h. weitere im Gesellschaftsvertrag vorgesehene

Voraussetzungen (Abs. 5) müssen erfüllt sein. Erfolgt die Abtretung unter einer aufschiebenden Bedingung, so tritt die Heilung erst ein, wenn die Bedingung erfüllt ist oder auf sie wirksam verzichtet wurde (BGH ZIP 1998, 911; GmbHR 1989, 195; a. A. *Moll* MDR 1998, 1042). Weitere Voraussetzung für eine Heilung ist, dass die **Willensübereinstimmung der Vertragsparteien** über den Inhalt des (zu heilenden) Verpflichtungsgeschäftes auch noch zum Zeitpunkt des Abschlusses des Verfügungsgeschäftes (nicht dagegen bei dessen Wirksamkeit) besteht (BGHZ 127, 135; OLG München GmbHR 1996, 609; *Pohlmann* GmbHR 1995, 413). Die Heilungswirkung erstreckt sich auch auf die nur in dem Verpflichtungsgeschäft enthaltenen Nebenabreden (BGH NJW-RR 1987, 807). Die formgültige und wirksame Abtretung heilt allerdings nur den Formmangel des Verpflichtungsgeschäftes, nicht dagegen auch andere materielle Nichtigkeitsgründe. Denkbar ist aber, dass das Verpflichtungsgeschäft durch den Abschluss des Abtretungsvertrages konkludent bestätigt wird, § 141 BGB (Scholz/*Winter* GmbHG, § 15 Rn. 77). Die Heilung wirkt nicht zurück, sondern erst vom Zeitpunkt der Wirksamkeit der formgerechten Abtretung (**ex nunc**). Die Vertragsparteien sind allerdings im Zweifel verpflichtet, sich einander so zu stellen, wie wenn der Vertrag von Anfang an gültig gewesen wäre, § 141 Abs. 2 BGB analog (Baumbach/Hueck/*Fastrich* § 15 Rn. 36; Scholz/*Winter* GmbHG, § 15 Rn. 78).

II. Formzwang bei anderen Verfügungen

1. Bestellung eines Pfandrechts

Der Beurkundungszwang beschränkt sich nicht nur auf die Abtretung von Geschäftsanteilen, 21
sondern erfasst auch andere Verfügungen. Für einen Vertrag über die Bestellung eines Pfandrechts an einem Geschäftsanteil folgt er aus § 1274 Abs. 1 BGB, wonach die Pfandrechtsbestellung an einem Geschäftsanteil der gleichen Form bedarf wie die Übertragung eines Geschäftsanteils. Dagegen soll die schuldrechtliche Verpflichtung zur Bestellung eines Pfandrechts formfrei sein (Scholz/*Winter* GmbHG, § 15 Rn. 156; a. A. MüKo BGB/*Damrau* § 1274 Rn. 56). Begründet wird dies formal damit, dass § 1274 BGB nur die dingliche Bestellung des Pfandrechts behandelt und die Verweisung sich demgemäß nur auf die Vorschriften über die dingliche Übertragung des von dem Pfandrecht erfassten Rechts bezieht, also nur auf Abs. 3 und nicht auch auf Abs. 4. Dieses Ergebnis ist nicht unbedenklich, weil es dem Regelungszweck des § 15 GmbHG widerspricht, nicht nur den dinglichen Verfügungsakt, sondern auch schon die schulrechtliche Verpflichtung hierzu einem Formzwang zu unterwerfen. Aus der offensichtlichen Verknüpfung des Abs. 3 und Abs. 4 über einen gemeinsamen Regelungszweck könnte man daher ebenso gut folgern, dass beide die »für die Übertragung des Rechts geltenden Vorschriften« i. S. d. § 1274 Abs. 1 BGB sind. Dieser Schluss wird teilweise schon gezogen, denn die schuldrechtliche Verpflichtung soll dann formbedürftig sein, wenn bei der dinglichen Bestellung des Pfandrechts hierauf ausdrücklich Bezug genommen und so eine Einheit zwischen den beiden Rechtsgeschäften hergestellt wird (*Sieger/Hasselbach* GmbHR 1999, 633). Besonders relevant dürfte dieser Fall allerdings nicht sein, da die formgerechte Bestellung des Pfandrechts eine vorausgegangene formlose Verpfändungsverpflichtung ohnehin heilen würde. Keinem Formerfordernis unterliegen die bloße Sicherungsabrede ohne Verpfändungsverpflichtung und der Übergang des Pfandrechts durch Übertragung der gesicherten Forderung (§ 1250 Abs. 1 BGB).

2. Bestellung eines Nießbrauchs, Einräumung einer Unterbeteiligung

Da § 1069 Abs. 1 BGB dem § 1274 Abs. 1 BGB inhaltlich entspricht, gelten die für das Pfandrecht 22
gemachten Ausführungen für die Bestellung eines **Nießbrauchs** an einem Geschäftsanteil sinngemäß. Die Einräumung einer **Unterbeteiligung** an einem Geschäftsanteil (näher hierzu *Blaurock/Berninger* GmbHR 1990, 11) ist formfrei (OLG Frankfurt GmbHR 1987, 57).

3. Treuhänderische Beteiligung

Die treuhänderische Beteiligung an einer GmbH stellt ein in der Praxis gängiges Gestaltungsmit- 23
tel dar, um einen Nichtgesellschafter in wirtschaftlicher Hinsicht einem Gesellschafter gleichzu-

stellen, ohne ihn materiell zum Gesellschafter machen zu müssen (näher zu den Motiven der Treuhand *Armbrüster* GmbHR 2001, 941). Obwohl es sich bei der Vereinbarung der Treuhand nicht um eine Verfügung über den Geschäftsanteil handelt, kann auch sie der notariellen Beurkundung bedürfen.

24 Allgemein wird bei der Beantwortung der Frage, inwieweit ein Treuhandvertrag dem Formerfordernis unterliegt, nach der Art der Treuhand differenziert (*Armbrüster* GmbHR 2001, 941; *Schulz* GmbHR 2001, 282): Verpflichtet sich ein Gesellschafter, seinen Geschäftsanteil künftig für einen Treugeber zu halten (sog. **Vereinbarungstreuhand**), bedarf diese Vereinbarung der notariellen Beurkundung, es denn die Treuhandvereinbarung bezieht sich auf einen Geschäftsanteil, der noch nicht vorhanden ist und dessen Entstehen noch nicht in die Wege geleitet ist (BGH GmbHR 2006, 875; GmbHR 1999, 707; BSG GmbHR 2006, 645; BFH GmbHR 2006, 997; OLG Frankfurt GmbHR 2005, 766; GmbHR 1992, 369; OLG Celle NZG 2001, 368). Formfrei ist eine Vereinbarungstreuhand mithin nur dann, wenn sie vor Beurkundung des Gesellschaftsvertrages (nicht dagegen nach Gründung, aber vor Eintragung der Gesellschaft) vereinbart wird. Eine Vereinbarung, wonach der Treuhänder den Geschäftsanteil nicht vom Treugeber, sondern in dessen Auftrag von einem Dritten erwirbt (sog. **Erwerbstreuhand**), ist dagegen **formfrei** (BGH GmbHR 1999, 707; *Armbrüster* GmbHR 2001, 941; a. A. *Schulz* GmbHR 2001, 286; *Kallmeyer* GmbHR 2006, 67). Ob eine Vereinbarung, wonach der Treugeber den bislang von ihm selbst gehaltenen Geschäftsanteil auf den Treuhänder überträgt (die Übertragung selbst ist natürlich formbedürftig) und dieser sich zugleich verpflichtet, den Geschäftsanteil zwar im eigenen Namen, aber für Rechung des Treugebers zu halten (sog. **Übertragungstreuhand**), formbedürftig ist, ist streitig (verneinend: Baumbach/Hueck/*Fastrich* § 15 Rn. 56; *Armbrüster* GmbHR 2001, 941; bejahend: Michalski/*Ebbing* § 15 Rn. 209; Lutter/Hommelhoff/*Lutter/Bayer* GmbHG, § 15 Rn. 61).

III. Formwirksamkeit und Auslandsbeurkundung

25 Bei der Übertragung von Geschäftsanteilen mit erheblichem Wert stellt sich unter Kostengesichtspunkten in der Praxis häufig die Frage, ob auch eine Beurkundung im Ausland – vornehmlich in der Schweiz – dem Formerfordernis des Abs. 4 entspricht. Die Rechtsprechung lässt zumindest für den Fall der Übertragung von Geschäftsanteilen eine Beurkundung auch außerhalb des deutschen Rechtsraumes zu, wenn das betreffende Ortsrecht ein entsprechendes Rechtsgeschäft kennt und das ausländische Beurkundungsverfahren dem deutschen **gleichwertig** ist (näher *Janßen/Robertz* GmbHR 2003, 433; vgl. zur Wirksamkeit der Auslandsbeurkundung auch ausführl. § 2 GmbHG Rn. 21 ff.). Eine solche Gleichwertigkeit liegt vor, wenn der beurkundende Notar eine nach Ausbildung und Stellung im Rechtsleben einem deutschen Notar vergleichbare Funktion ausübt und für die Errichtung der Urkunde ein Verfahrensrecht zu beachten hat, das den tragenden Grundsätzen des deutschen Beurkundungsrechts entspricht (BGH GmbHR 1981, 238; OLG Frankfurt GmbHR 2005, 766).

26 Die Gleichwertigkeit wurde für Beurkundungen in **Zürich** (BGH GmbHR 1981, 238; LG Köln GmbHR 1990, 171 für Verschmelzungsvertrag), in **Basel** (OLG Frankfurt GmbHR 2005, 766; OLG München GmbHR 1998, 46), für Beurkundungen generell durch **Schweizer Notare** (BGH GmbHR 1990, 28; a. A. *Pilger* BB 2005, 1285; dagegen wiederum *Weller* BB 2005, 1807), in **Österreich** (LG Kiel BB 1998, 120 für Verschmelzungsvertrag), in den **Niederlanden** (OLG Düsseldorf NJW 1989, 2200 für Kapitalerhöhungsbeschluss), **nicht** dagegen in den **USA** (OLG Stuttgart GmbHR 2000, 724) bejaht. Ob daneben auch die bloße Einhaltung der nach dem jeweiligen Ortsrecht geltenden Wirksamkeitsvoraussetzungen genügt, auch wenn dieses die freie Übertragbarkeit eines Anteils an einer der GmbH vergleichbaren Gesellschaft vorsieht, ist zweifelhaft (str.; bejahend: BayObLG DB 1977, 2320; Michalski/*Ebbing* § 15 Rn. 97; wohl auch OLG Stuttgart GmbHR 2000, 724; OLG Frankfurt DB 1981, 1456; verneinend: Lutter/Hommelhoff/*Lutter/Bayer* GmbHG, § 15 Rn. 16; vgl. zur Formwirksamkeit der Auslandsbeurkundung eines Gesellschaftsvertrags außerdem ausführl. § 2 GmbHG Rn. 21 ff.).

E. Beschränkungen im Gesellschaftsvertrag, Abs. 5

I. Zustimmungserfordernis

Der Gesellschaftsvertrag kann die Abtretung der Geschäftsanteile an weitere Voraussetzungen knüpfen oder die Übertragbarkeit auch ganz ausschließen (Baumbach/Hueck/*Fastrich* § 15 Rn. 2). Die in Abs. 5 besonders hervorgehobene Beschränkung in Form eines Zustimmungserfordernisses ist in der Praxis häufig. Derartige Vinkulierungsklauseln können vorsehen, dass die Abtretung des Geschäftsanteils der Zustimmung der »Gesellschaft«, der »Gesellschafter«, der »Gesellschafterversammlung« (BGH GmbHR 1989, 327; BayObLG BB 1992, 226; GmbHR 1991, 573) oder – soweit vorhanden – eines anderen Organs (Aufsichtsrat, Beirat), oder nach h. M. sogar eines gesellschaftsfremden Dritten (Baumbach/Hueck/*Fastrich* § 15 Rn. 39; Michalski/*Ebbing* § 15 Rn. 152; a. A. Scholz/*Winter* § 15 Rn. 91) bedarf. 27

Bestimmt der Gesellschaftsvertrag, dass die Verfügung über einen Geschäftsanteil der **»Zustimmung der Gesellschaft«** bedarf, so sind der oder die Geschäftsführer (bzw. Liquidator) in vertretungsberechtigter Anzahl und nicht die Gesellschafterversammlung für die Erteilung der Zustimmung zuständig (offengelassen in OLG Hamburg GmbHR 1992, 609); § 181 BGB findet dabei Anwendung. Im Innenverhältnis ist der Geschäftsführer aber verpflichtet, die Zustimmung der Gesellschafterversammlung einzuholen (BGH WM 1988, 704; OLG Hamburg GmbHR 1992, 609). Unterbleibt dies, ist die Zustimmung – abgesehen von den Fällen des Missbrauchs der Vertretungsmacht – dennoch wirksam. Bestimmt der Gesellschaftsvertrag, dass die **»Zustimmung der Gesellschafter«** erforderlich ist, bedarf es der Auslegung, ob damit jeder einzelne Gesellschafter oder die Gesamtheit der Gesellschafter als Beschlussorgan (Gesellschafterversammlung) gemeint ist. Gibt der Gesellschaftsvertrag keine weiteren Anhaltspunkte, soll im Zweifel letzteres anzunehmen sein (Scholz/*Winter* GmbHG, § 15 Rn. 93). Sieht der Gesellschaftsvertrag nichts anderes vor, bedarf der Beschluss der Gesellschafterversammlung der einfachen Mehrheit; der an dem Veräußerungsgeschäft beteiligte Gesellschafter darf mitstimmen (BayObLG BB 1992, 226; GmbHR 1991, 573). 28

II. Erteilung der Zustimmung

Enthält der Gesellschaftsvertrag keine besondere Regelung zu den Versagungsgründen, steht die Entscheidung über die Erteilung der Zustimmung grundsätzlich im **Ermessen** der hierzu Berechtigten (Baumbach/Hueck/*Fastrich* § 15 Rn. 46). Dieses findet allerdings seine Grenzen in der gesellschaftlichen Treuepflicht, die es untersagt, die Genehmigung grundlos, willkürlich, aus sachfremden Gründen oder unter Verstoß gegen den Gleichbehandlungsgrundsatz zu verweigern (OLG Karlsruhe BB 1984, 2016, Scholz/*Winter* GmbHG, § 15 Rn. 94). Der veräußerungswillige Gesellschafter hat in einem solchen Fall einen **Anspruch auf Erteilung der Zustimmung** (OLG Hamm NJW-RR 2001, 111; OLG Koblenz DB 1989, 672; vgl. auch KG NZG 2001, 508 sowie BGH GmbHR 2006, 875 zur Unbedenklichkeit einer ablehnenden Stimmabgabe). Die Zustimmung ist, sofern der Gesellschaftsvertrag nichts Abweichendes regelt, **formfrei**, kann also auch durch schlüssiges Verhalten erteilt werden (BayObLG GmbHR 1991, 573; OLG Hamm GmbHR 1997, 951), etwa dadurch, dass der Erwerber unzweideutig als Gesellschafter behandelt wird. Ob auch die Eintragung in die Gesellschafterliste reicht, ist streitig (bejahend: Baumbach/Hueck/*Fastrich* § 15 Rn. 45; verneinend: Scholz/*Winter* GmbHG, § 15 Rn. 98). Die Zustimmung kann **vor, bei** und **nach** Abschluss des Abtretungsvertrages erteilt werden (BayObLG GmbHR 1991, 573), selbst wenn der Gesellschaftsvertrag die vorherige Zustimmung erfordert (BGH GmbHR 1965, 155; OLG Celle GmbHR 1999, 131). Die einmal erteilte Zustimmung ist unwiderruflich (Baumbach/Hueck/*Fastrich* § 15 Rn. 47; Michalski/*Ebbing* § 15 Rn. 156). Eine nachträglich erteilte Zustimmung (Genehmigung) wirkt auf den Zeitpunkt des Abschlusses des Abtretungsvertrages zurück (§ 184 Abs. 1 BGB). Bis zur Erteilung der Zustimmung ist der Abtretungsvertrag schwebend, mit Verweigerung der Zustimmung endgültig unwirksam, selbst wenn die Zustimmung zu einem späteren Zeitpunkt dann doch noch erteilt wird (KG GmbHR 1998, 641 zur Beweislast BGH GmbHR 2006, 875). Erfolgt die Zustimmung nicht innerhalb einer **angemes-** 29

senen Zeit, gilt sie als verweigert (KG GmbHR 1998, 641; a. A. *Roth/Altmeppen* § 15 Rn. 102). Die Zustimmung zu einem Treuhandvertrag über einen GmbH-Geschäftsanteil kann auch **konkludent** dadurch erteilt werden, dass die Gesellschafter den Treugeber dieser Funktion entsprechend behandelt (BGH GmbHR 2006, 875).

III. Einmanngesellschaft

30 Bei der Einmanngesellschaft haben satzungsmäßige Erschwerungen der Abtretbarkeit von Geschäftsanteilen **keine Wirkung** (BGH GmbHR 1991, 311; OLG Hamburg GmbHR 2005, 1491). Der alleinige Gesellschafter kann sich über solche Bestimmungen ohne weiteres hinwegsetzen, weil keine fremden Interessen betroffen sind (BGH GmbHR 1991, 311). Gleiches gilt, wenn in einer zweigliedrigen Gesellschaft der eine Gesellschafter einen Geschäftsanteil (nicht notwendigerweise alle) an den anderen veräußert (OLG Hamm NZG 1999, 600; *Roth/Altmeppen* § 15 Rn. 96; Baumbauch/Hueck/*Fastrich* § 15 Rn. 39).

IV. Sonstige Verfügungen, Gesamtrechtsnachfolge

31 Die für die Abtretung von Geschäftsanteilen vorgesehenen Beschränkungen im Gesellschaftsvertrag gelten in aller Regel auch ohne ausdrückliche Erwähnung für **andere Verfügungen**, für die Begründung eines Treuhandverhältnisses an dem Geschäftsanteil (OLG Hamburg GmbHR 1993, 507) sowie für die Übertragung der Treugeberrechte im Ganzen (Scholz/*Winter* GmbHG, § 15 Rn. 16), nicht dagegen für die schuldrechtliche Einräumung einer Unterbeteiligung (OLG Frankfurt GmbHR 1992, 668; 1987, 57). Dass der statuarische Ausschluss der Abtretbarkeit auch die Verpfändung und die Bestellung eines Nießbrauchrechts erfasst, ergibt sich bereits aus §§ 1274 Abs. 2, 1069 Abs. 2 BGB.

32 Der Gesellschaftsvertrag kann aber auch unabhängig von den Beschränkungen der Abtretbarkeit eines Geschäftsanteils andere Voraussetzungen für die Zulässigkeit sonstiger Verfügungen normieren. Bedarf es nach dem Gesellschaftsvertrag zur Verpfändung eines Geschäftsanteils der Zustimmung der Gesellschaft, so gilt dieses Zustimmungserfordernis auch für die Sicherungsabtretung eines solchen Anteils (OLG Nürnberg GmbHR 1990, 166; dazu *Michalski* GmbHR 1991, 89). **Umgehungsgeschäfte**, die – insbesondere im Wege von Stimmbindungsverträgen – dazu dienen, einem anderen die Stellung eines Anteilserwerbers zu verschaffen, werden von den Beschränkungen ebenfalls erfasst (näher *Lutter/Grunewald* AG 1999, 109; *Kowalski* GmbHR 1992, 347).

33 Ob Abtretungsbeschränkungen auch auf den gesetzlichen Übergang des Geschäftsanteils im Wege der **Gesamtrechtsnachfolge** anwendbar sind, ist durch Auslegung des Gesellschaftsvertrages zu ermitteln. In der Regel gelten sie für die Erbfolge (OLG Düsseldorf GmbHR 1990, 504) und die Verschmelzung (Scholz/*Winter* GmbHG, § 15 Rn. 84 a) nicht, während sie auf die Ausgliederung und Abspaltung im Zweifel Anwendung finden sollen (Scholz/*Winter* § 15 Rn. 84 a; *Heidenhain* ZIP 1995, 802, 804; a. A. *Kallmeyer* GmbHR 1996, 243). Der schuldrechtliche **Verpflichtungsvertrag** über die Abtretung des Geschäftsanteils oder über dessen sonstiger Verfügung kann durch den Gesellschaftsvertrag dagegen nicht eingeschränkt werden; eine derartige Regelung wäre unbeachtlich (Scholz/*Winter* GmbHG, § 15 Rn. 79).

V. Beschränkungen für Vererbung von Geschäftsanteilen

34 Abs. 5 sieht lediglich Beschränkungen für die Abtretung (rechtgeschäftlichen Einzelrechtsnachfolge) von Geschäftsanteilen, nicht dagegen auch für die **Vererbung** (Gesamtrechtsnachfolge) vor. Folglich ist der Ausschluss oder die Beschränkung der Vererblichkeit eines Geschäftsanteils im Gesellschaftsvertrag nicht möglich (Scholz/*Winter* GmbHG, § 15 Rn. 21 f.; Baumbach/Hueck/*Fastrich* § 15 Rn. 12; unscharf: OLG Düsseldorf GmbHR 1990, 504). Eine die Vererblichkeit des Geschäftsanteils ausschließende oder einschränkende Klausel im Gesellschaftsvertrag ist **nichtig** (näher *Petzoldt* GmbHR 1977, 25; *Leßmann* GmbHR 1986, 409), der Geschäftsanteil geht ohne Rücksicht auf die anderslautende Regelung im Gesellschaftsvertrag ohne weiteres auf den Erben über (OLG Koblenz GmbHR 1995, 586).

Eine Vinkulierungsklausel findet dagegen grundsätzlich auch Anwendung auf Veräußerungen des Geschäftsanteils zur Durchführung letztwilliger Verfügungen (OLG Düsseldorf ZIP 1987, 227; Baumbach/Hueck/*Fastrich* § 15 Rn. 15; a. A. LG Düsseldorf ZIP 1985, 1269; hierzu *Westermann* ZIP 1985, 1249). Ist ein vinkulierter Geschäftsanteil **Gegenstand eines Vermächtnisses**, unterliegt auch die Übertragung von dem Erben auf den Vermächtnisnehmer dem Zustimmungsvorbehalt. Der Erbe ist verpflichtet, alle ihm möglichen und zumutbaren Maßnahmen zu ergreifen, um diese Zustimmung herbeizuführen (Scholz/*Winter* GmbHG, § 15 Rn. 32; Michalski/*Ebbing* § 15 Rn. 39). Wird die Zustimmung dennoch nicht erteilt, ist die Erfüllung des Vermächtnisses unmöglich. Sieht also der Gesellschaftsvertrag die Unveräußerlichkeit von Geschäftsanteilen vor (nicht dagegen bei bloßer Vinkulierung, OLG Düsseldorf GmbHR 1990, 507), kann die Anordnung eines Vermächtnisses auf eine unmögliche Leistung gerichtet (§ 2171 BGB) und damit unwirksam sein (Scholz/*Winter* GmbHG, § 15 Rn. 30). Eine die Vererblichkeit ausschließende oder einschränkende Satzungsbestimmung kann möglicherweise in eine **zulässige Nachfolgeregelung umgedeutet** werden. So kann etwa eine satzungsmäßige Bestimmung, nach der Geschäftsanteile nur an einen näher umschriebenen Personenkreis vererbt werden können, dahingehend ausgelegt werden, dass ein Erbe, der nicht zu diesem Personenkreis zählt, zur rechtgeschäftlichen Übertragung an die bezeichneten Personen verpflichtet und die Gesellschaft hilfsweise zur Einziehung des Geschäftsanteil berechtigt ist (BGH GmbHR 1985, 150; OLG Koblenz GmbHR 1995, 586). 35

Nachfolgeregelungen im Gesellschaftsvertrag kommen in unterschiedlicher Form vor (näher hierzu *Langner/Heydel* GmbHR 2006, 291). So kann vorgesehen werden, dass beim Tode eines Gesellschafters der Geschäftsanteil eingezogen werden kann oder muss (§ 34 GmbHG, **Einziehungsklausel**; vgl. BGH BB 1977, 563; OLG München ZIP 1984, 1349; hierzu *Habersack* ZIP 1990, 625), wobei die Einziehung auch an das Vorliegen bestimmter Voraussetzungen (z. B. Person des Erben, Nichterfüllung einer für den Erbfall angeordneten Abtretungspflicht) oder an eine bestimmte Frist geknüpft werden kann. Ebenso ist es zulässig, den oder die Erben allgemein oder nur bestimmte Erben zur Abtretung des im Wege der Erbfolge übergegangenen Geschäftsanteils an einen der Miterben, einen anderen Gesellschafter (BGH GmbHR 1985, 150), einen Dritten (OLG Koblenz GmbHR 1995, 586) oder an die Gesellschaft selbst zu verpflichten (**Abtretungsklausel**). 36

Anspruchsberechtigt aus einer Nachfolgeklausel ist die Gesellschaft, wenn der Gesellschaftsvertrag nicht einen anderen Begünstigten nennt (Scholz/*Winter* GmbHG, § 15 Rn. 26). Schließlich kann (und sollte) der Gesellschaftsvertrag Regelungen darüber enthalten, was mit Sonderrechten (z. B. erhöhtes Stimmrecht, Recht zur Geschäftsführung) oder Sonderpflichten geschieht, die an den im Wege der Erbfolge übergegangenen Geschäftsanteil geknüpft sind. 37

§ 16 [Rechtsstellung bei der Übertragung von Geschäftsanteilen]

(1) Der Gesellschaft gegenüber gilt im Fall der Veräußerung des Geschäftsanteils nur derjenige als Erwerber, dessen Erwerb unter Nachweis des Übergangs bei der Gesellschaft angemeldet ist.

(2) Die vor der Anmeldung von der Gesellschaft gegenüber dem Veräußerer oder von dem letzteren gegenüber der Gesellschaft in bezug auf das Gesellschaftsverhältnis vorgenommenen Rechtshandlungen muss der Erwerber gegen sich gelten lassen.

(3) Für die zur Zeit der Anmeldung auf den Geschäftsanteil rückständigen Leistungen ist der Erwerber neben dem Veräußerer verhaftet.

Übersicht:

A. Allgemeines

1 Die Vorschrift ergänzt § 15 GmbHG. Während dieser die Wirkung der Veräußerung eines Geschäftsanteils im Verhältnis zwischen Veräußerer und Erwerber und allen Dritten gegenüber (inter omnes) regelt, bestimmt § 16 GmbHG lediglich, unter welchen Voraussetzungen die Veräußerung des Geschäftsanteils gegenüber der Gesellschaft Wirkung entfaltet. § 16 GmbHG statuiert damit keine Bedingung für die materielle Zuordnung des Geschäftsanteils – diese richtet sich ausschließlich nach § 15 GmbHG –, sondern regelt die Frage, **ab welchem Zeitpunkt** der Erwerber eines Geschäftsanteils im Verhältnis zur Gesellschaft als neuer Gesellschafter gilt und damit seine mitgliedschaftlichen Rechte ausüben kann. Die Vorschrift dient dem **Schutz der Gesellschaft**, indem sie die Gesellschafterstellung von der – oft unklaren oder streitigen – materiellen Zuordnung des Geschäftsanteils entkoppelt und auf diese Weise Klarheit über den Gesellschafterbestand gibt. Sie räumt aber auch dem Veräußerer und/oder Erwerber die Möglichkeit ein, den Zeitpunkt des Gesellschafterwechsels gegenüber der Gesellschaft selber zu bestimmen. Indem sie den Übergang des Geschäftsanteils erst später anmelden, haben es die Parteien in der Hand, die Gesellschafterstellung des Veräußerers gegenüber der Gesellschaft noch aufrechtzuerhalten, etwa um ihm den Gewinnanspruch für einen gewissen Zeitraum zu belassen und ihm die Möglichkeit zu geben, auf die Höhe dieses Anspruchs durch die Ausübung des ihm verbleibenden Stimmrechts Einfluss zu nehmen (BGH NJW 1969, 133; BayObLG BB 1990, 86). Die gesetzliche Fiktion des Abs. 1 bindet auch das **Registergericht**; sie hat insoweit materielle Wirkung (OLG Hamm GmbHR 2001, 920).

B. Anmeldung des Erwerbs eines Geschäftsanteils, Abs. 1

I. Veräußerung/Erwerb eines Geschäftsanteils

2 § 16 GmbHG erfasst nicht nur die **Abtretung** (auch Sicherungsabtretung, OLG Hamm GmbHR 1985, 22) des Geschäftsanteils, sondern – in analoger Anwendung – auch dessen dingliche Belastung durch die Bestellung eines **Pfand- oder Nießbrauchsrechts** (Baumbach/Hueck/*Fastrich* § 16 Rn. 2; Lutter/Hommelhoff/*Lutter/Bayer* GmbHG, § 16 Rn. 3; Michalski/*Ebbing* § 16 Rn. 9; Scholz/*Winter* GmbHG, § 15 Rn. 155 b und § 16 Rn. 44; *Roth/Altmeppen* § 16 Rn. 2). Angemeldet werden muss nur die **rechtsgeschäftliche Einzelrechtsnachfolge**, nicht auch der gesetzliche Erwerb durch Gesamtrechtsnachfolge im Wege des Erbfalls (wohl aber im Wege der Erbauseinandersetzung) oder als Folge einer Umwandlung (LG Berlin BB 1985, 1752; wohl auch BayObLG BB1990, 86; Baumbach/Hueck/*Fastrich* § 16 Rn. 2; Lutter/Hommelhof/*Bayer* GmbHG, § 16 Rn. 4; Scholz/*Winter* GmbHG, § 16 Rn. 28 f.; Michalski/*Ebbing* § 16 Rn. 7; *Geck* DStR 1996, 628; a. A. *KG* GmbHR 1960, 47; *Priester* GmbHR 1984, 195; *Kremer/Laux* BB 1992, 159). Der Erbe ist deshalb im Verhältnis zur GmbH auch dann Inhaber des Geschäftsanteils, wenn er den Übergang ihr gegenüber nicht angezeigt hat. In der Praxis wird eine entsprechende Benachrichtigung der

GmbH jedoch in der Regel schon deshalb erfolgen, weil sich der Erwerber als neuer Berechtigter zu erkennen geben muss, um seine mitgliedschaftlichen Rechte auszuüben. Es handelt sich dabei aber nicht um eine Anmeldung i. S. d. Abs. 1 (Scholz/*Winter* § 16 Rn. 31; unscharf Lutter/Hommelhoff/*Lutter/Bayer* GmbHG, § 16 Rn. 4), so dass für den »Ausweis« des neuen Gesellschafters auch eine anderweitige Kenntnis der Gesellschaft (nebst hinreichendem Nachweis) ausreicht.

II. Anmeldung

1. Allgemeines

Die Anmeldung wird allgemein als rechtsgeschäftsähnliche Handlung (a. A. Hachenburg/*Zutt* § 16 Rn. 6: Willenserklärung) verstanden, auf die die **Vorschriften über Willenserklärungen** analog anzuwenden sind (BGH BB 1990, 873; BayObLG BB 1990, 86; OLG Dresden GmbHR 1999, 710). Sie ist **formfrei**, kann also auch mündlich erfolgen. Eine schriftliche Anmeldung ist jedoch zu Beweiszwecken ratsam. Wie jede Willenserklärung muss die Anmeldung durch eine geschäftsfähige Person (§ 105 BGB) erfolgen und der Gesellschaft zugehen (§ 130 BGB). Die Gesellschaft wird durch die Geschäftsführung vertreten. Auch bei Vorhandensein mehrerer gesamtvertretungsberechtigter Geschäftsführer reicht die Anmeldung gegenüber nur einem von ihnen (§ 35 Abs. 2 S. 3 GmbHG). Minderjährige Anmeldende bedürfen der Einwilligung des gesetzlichen Vertreters, weil die Anmeldung nicht lediglich rechtlich vorteilhaft ist (§ 107 BGB). Die Anmeldung kann nach h. M. nicht mit einer **Bedingung** (Baumbach/Hueck/*Fastrich* § 16 Rn. 8; Scholz/*Winter* GmbHG, § 16 Rn. 14; *Roth/Altmeppen* § 16 Rn. 4; *Michalski/Ebbing* § 16 Rn. 20; unscharf BGH GmbHR 1991, 311), wohl aber mit einem künftigen Wirksamkeitsdatum versehen werden. Die **Rücknahme** einer wirksamen Anmeldung ist nicht möglich (Scholz/*Winter* GmbHG, § 16 Rn. 14). Bei einer Anmeldung durch einen rechtsgeschäftlichen Vertreter gelten die §§ 174, 180 BGB. 3

2. Konkludente Anmeldung

Die Anmeldung kann auch **konkludent** erfolgen (BGH GmbHR 1997, 166; GmbHR 1991, 312; BayObLG GmbHR 1991, 572; OLG Hamburg GmbHR 2005, 1490; OLG Schleswig GmbHR 2004, 1584; OLG Hamm GmbHR 1998, 138; GmbHR 1985, 22; BB 1995, 1816; OLG Nürnberg GmbHR 1990, 168). Von einer solchen konkludenten Anmeldung wird auszugehen sein, wenn die Gesellschaft bei oder nach der Veräußerung um die Erteilung ihrer Genehmigung gem. § 15 Abs. 5 GmbHG oder § 17 Abs. 1 GmbHG gebeten wird (OLG Schleswig GmbHR 2004, 1583; *Michalski* GmbHR 1991, 92) oder die Gesellschaft den Erwerber mit dessen Willen unzweideutig als Gesellschafter behandelt (BayObLG GmbHR 1991, 572; OLG Hamm GmbHR 2001, 922; 1998, 138), etwa indem im Anschluss an der Übertragung eine Gesellschafterversammlung stattfindet, an der der übertragende und der neue Gesellschafter teilgenommen haben (OLG Hamburg GmbHR 2005, 1490). Veräußert oder **erwirbt der Geschäftsführer** den Geschäftsanteil selbst, ist eine gesonderte Anmeldung nicht mehr erforderlich, wenn sich aus dem Abtretungsvertrag nicht ergibt, dass die Anmeldung zu einem späteren Zeitpunkt erfolgen soll (vgl. BGH WM 1991, 996; OLG Hamm BB 1995, 1816; Scholz/*Winter* GmbHG, § 16 Rn. 14). 4

3. Anmeldung bei Abtretung unter aufschiebender Bedingung

Eine bedingungslos vorgenommene Anmeldung wird, wenn der Abtretungsvertrag unter einer aufschiebenden Bedingung geschlossen worden ist, mit **Eintritt der Bedingung** wirksam, falls die Bedingung für die Gesellschaft bei der Anmeldung erkennbar war (BGH GmbHR 1991, 311; einschränkend für die Frage, ob eine konkludente Anmeldung vorliegt OLG Nürnberg GmbHR 1990, 168; hierzu *Michalski* GmbHR 1991, 89). Eine erneute Anmeldung bei Eintritt der Bedingung ist daher nicht erforderlich, doch ist dieser ggf. der Gesellschaft gegenüber noch nachzuweisen. Entsprechendes gilt für die Anmeldung einer Übertragung, die erst zu einem in der Zukunft liegenden Zeitpunkt wirksam werden soll (OLG Hamburg GmbHR 2005, 1491). 5

4. Anmeldeberechtigung

6 Zur Anmeldung **berechtigt** sind sowohl der Veräußerer als auch der Erwerber. Die Anmeldung durch einen der beiden genügt (BayObLG BB 1990, 86; Baumbach/Hueck/*Fastrich* § 16 Rn. 5; Lutter/Hommelhoff/*Lutter/Bayer* GmbHG, § 16 Rn. 12; *Roth/Altmeppen* § 16 Rn. 6 mit einer Einschränkung bei sich widersprechenden Erklärungen, Rn. 20).

5. Anmeldefrist, anderweitige Kenntnis

7 Die Anmeldung unterliegt **keiner Frist**; sie kann von der Gesellschaft auch nicht erzwungen werden (BGH ZIP 2001, 514). Eben weil der Zeitpunkt der Anmeldung und damit der Herbeiführung der gesetzlichen Fiktion des Abs. 1 von dem Veräußerer und Erwerber frei bestimmt werden kann, ist auch eine **anderweitige Kenntnis** der Gesellschaft von dem Erwerb des Geschäftsanteils unbeachtlich (BGH ZIP 2001, 514; GmbHR 1997, 165; GmbHR 1991, 312; BayObLG BB 1990, 86; OLG Koblenz GmbHR 1995, 588; OLG Hamm GmbHR 1993, 660; GmbHR 1985, 22). Die anderweitige Kenntnis der Gesellschaft erhält deshalb nur in den Fällen der Gesamtrechtsnachfolge Bedeutung, in denen eine Anmeldung nicht erforderlich ist, die Gesellschaft aber über den Übergang Kenntnis erlangen muss, damit der Erwerber seine mitgliedschaftlichen Rechte ausüben kann. Eine Annahme der Anmeldung durch die Gesellschaft ist nicht erforderlich (offengelassen von BGH GmbHR 1991, 313).

III. Nachweis der Übergangs

8 Mit der Anmeldung des Erwerbs ist auch der Nachweis über den Übergang des Geschäftsanteils zu erbringen. Hierfür genügt **»jede überzeugende Unterrichtung der Gesellschaft«** (BGH GmbHR 1997, 166; GmbHR 1995, 120; GmbHR 1991, 312; BayObLG BB 1990, 86; OLG Hamburg GmbHR 2005, 1491; OLG Dresden GmbHR 1999, 710; OLG Düsseldorf GmbHR 1996, 445; OLG Koblenz GmbHR 1995, 588). Dies geschieht in der Regel durch **Vorlage der Abtretungsurkunde**. Knüpft der Gesellschaftsvertrag die Abtretung des Geschäftsanteils an weitere Voraussetzungen (§ 15 Abs. 5 GmbHG; vgl. § 15 GmbHG Rn. 27 ff.), ist auch deren Vorliegen nachzuweisen (BGH GmbHR 1991, 312; GmbHR 1995, 120; GmbHR 1997, 166; OLG Koblenz GmbHR 1995, 588; OLG Düsseldorf GmbHR 1996, 445). Gleiches gilt für den Eintritt der **Bedingung** im Falle einer aufschiebend bedingten Übertragung (Scholz/*Winter* GmbHG, § 16 Rn. 18). Wurde der vorausgegangene Erwerb des Geschäftsanteils durch den Veräußerer selbst nicht angemeldet, so muss dies bei der Anmeldung des nachfolgenden Erwerbs nachgeholt werden (OLG Dresden GmbHR 1999, 710). Dies kann auch konludent durch die Vorlage einer zusammenhängenden und lückenlosen Kette von Abtretungsurkunden bis hin zum letzten Erwerber erfolgen. Die Gesellschaft kann auf den Nachweis (nicht aber auf die Anmeldung) verzichten (BGH WM 1991, 996; WM 1967, 24; OLG Koblenz GmbHR 1995, 588), die Entscheidung hierüber sowie über die Art und den Umfang des Nachweises trifft die Geschäftsführung nach pflichtgemäßen Ermessen (BGHZ 112, 114; BGH GmbHR 1997, 166; GmbHR 1991, 313; OLG Dresden GmbHR 1999, 710; OLG Koblenz GmbHR 1995, 588; OLG Hamm GmbHR 1993, 660). Ob der Nachweis des Überganges hinreichend ist und damit die Wirkung des § 16 GmbHG entfaltet, richtet sich nach **objektiven Kriterien** (näher dazu Scholz/*Winter* GmbHG, § 16 Rn. 20).

IV. Regelungen im Gesellschaftsvertrag

9 Die Anmeldung ist zum Schutz der Gesellschaft zwingend (Lutter/Hommelhoff/*Lutter/Bayer* GmbHG, § 16 Rn. 2). Der Gesellschaftsvertrag kann allerdings Näheres zu der Form der Anmeldung regeln, etwa besondere Formerfordernisse aufstellen (z. B. Anmeldung durch Veräußerer und Erwerber, Schriftform, Einschreiben) oder etwa bestimmen, dass der Antrag auf Erteilung einer Genehmigung nach § 15 Abs. 5 oder § 17 Abs. 1 zugleich als Anmeldung gilt. Ebenso ist möglich, auch für die Fälle des Anteilserwerbs kraft Gesetzes im Wege der Gesamtrechtsnachfolge (z. B. Erbfall, Umwandlung) eine Anmeldepflicht vorzusehen (LG Berlin BB 1985, 1753; Michalski/*Ebbing* § 16 Rn. 7).

C. Rechtshandlungen vor Anmeldung, Abs. 2

I. Rechtslage bis zur Anmeldung

Bis zur Anmeldung des Erwerbs eines Geschäftsanteils muss die Gesellschaft den hinsichtlich dieses Geschäftsanteils zuletzt Angemeldeten als Gesellschafter behandeln. **Vor der Anmeldung** ist deshalb **allein der Veräußerer** (vorausgesetzt freilich, dass er der zuletzt Angemeldete ist) befugt, die Mitgliedschaftsrechte weiterhin auszuüben. Nur der Veräußerer, nicht der Erwerber hat ein Teilnahme- und Stimmrecht in den Gesellschafterversammlungen (zur Bindung des Erwerbers an Stimmabgabe des Veräußerers *Noack* GmbHR 1994, 351); ein nur von dem oder den Erwerbern gefasster Beschluss ist ein Nichtbeschluss, auch wenn alle Geschäftsanteile erworben wurden (BayObLG BB 1990, 85). Anfechtungs- und Nichtigkeitsklagen gegen Beschlüsse kann ebenfalls nur der Veräußerer erheben (OLG Hamm GmbHR 1998, 138; OLG Düsseldorf GmbHR 1996, 443). Solange der Übergang des Geschäftsanteils nicht ordnungsgemäß angemeldet ist, sind Rechtshandlungen des zuletzt Angemeldeten gegenüber der Gesellschaft und umgekehrt wirksam (BGHZ 112, 114). Dies gilt auch dann, wenn die Gesellschaft anderweitige Kenntnis von dem Erwerb hat. Auch in einem solchen Fall darf sie nicht den ihr bekannten Erwerber, sondern muss den zuletzt angemeldeten Veräußerer etwa zu den Gesellschafterversammlungen laden oder diesem die Dividenden auszahlen. Verstößt die Gesellschaft gegen diese Pflicht, macht sie sich gegenüber den Beteiligten schadensersatzpflichtig (BGH NJW 1990, 1916; 1969, 133; OLG Düsseldorf BB 1996, 568). 10

Keine Relevanz hat die Anmeldung für das Verhältnis zwischen Veräußerer und Erwerber und gegenüber allen Dritten. Die **materielle Zuordnung des Geschäftsanteils** richtet sich allein nach § 15 GmbHG. Auch vor der Anmeldung ist deshalb allein der Erwerber Inhaber des Geschäftsanteils und kann über diesen wirksam verfügen. Gleiches gilt für die Verpfändung. Unterbleibt deren Anmeldung, hindert dies nicht die Entstehung des Pfandrechts und des damit verbundenen Rangvorrechts des Pfandgläubigers; allerdings ist die Geltendmachung von Ansprüchen aus dem Pfandrecht (einschließlich der Zwangsvollstreckung) gegenüber der Gesellschaft bis zur jederzeit möglichen Nachholung der Anmeldung ausgeschlossen. Sinngemäßes gilt für den Nießbrauch (Baumbach/Hueck/*Fastrich* § 16 Rn. 2; Scholz/*Winter* GmbHG, § 15 Rn. 155). 11

II. Wirkung der Anmeldung

Mit der Anmeldung gilt der Erwerber (auch) im Verhältnis zur Gesellschaft **als Gesellschafter**, d. h. sämtliche mit dem übertragenen Geschäftsanteil verknüpften mitgliedschaftlichen Rechte und Pflichten gehen auf den Erwerber über (zu den mitgliedschaftlichen Rechten und Pflichten des Gesellschafters vgl. ausführl. § 14 GmbHG Rn. 9 ff.). Der Veräußerer hingegen verliert gegenüber der Gesellschaft seine Gesellschafterstellung. Entsprechendes gilt für die Stellung als Pfandgläubiger und Nießbrauchberechtigter. Maßgeblicher **Zeitpunkt** ist der Zeitpunkt, zu dem die Anmeldung nebst hinreichendem Nachweis der Gesellschaft zugeht. Da eine Annahme der Anmeldung durch die Gesellschaft nicht erforderlich ist (Baumbach/Hueck/*Fastrich* § 16 Rn. 7; Scholz/*Winter* GmbHG, § 16 Rn. 4; Lutter/Hommelhoff/*Lutter/Bayer* GmbHG, § 16 Rn. 9; a. A. Hachenburg/*Zutt* § 16 Rn. 17), ist die Frage, ob der Nachweis des Erwerbs hinreichend ist, nach objektiven Kriterien zu beantworten, also danach, ob ein sorgfältiger Geschäftsführer in der gegebenen Situation nach pflichtgemäßem Ermessen den Nachweis als ausreichend ansehen durfte und musste. Ist der Nachweis bei einer solchen objektiven Betrachtung als ausreichend anzusehen, ist die Zurückweisung der Anmeldung durch den Geschäftsführer wirkungslos. Eine Rückwirkung hat die Anmeldung nicht. 12

III. Nichtigkeit und Anfechtbarkeit der Anmeldung

1. Mängel der Anmeldung

13 Da auf die Anmeldung die Vorschriften über Willenserklärungen entsprechende Anwendung finden (vgl. Rn. 3), kann die Anmeldung nichtig sein oder angefochten werden. **Nichtig** ist die Anmeldung durch eine nicht geschäftsfähige Person (§ 105 BGB). Ebenso ist eine Anmeldung durch einen vollmachtslosen Vertreter bei verweigerter Genehmigung durch die Anmeldungsberechtigten unwirksam. Demgegenüber liegt überhaupt keine Anmeldung vor, wenn sie durch eine nicht zur Anmeldung berechtigte Person erfolgt; eine diesbezügliche Erklärung geht ins Leere. In all diesen Fällen tritt die **Fiktionswirkung des Abs. 1** von vornherein nicht ein.

14 Die Anmeldung kann aus den in §§ 119 ff. BGB genannten Gründen angefochten werden. Die **Anfechtung** ist gegenüber der Gesellschaft zu erklären (§ 143 Abs. 3 BGB) und unterliegt den Fristen der §§ 121, 124 BGB. Anfechtungsberechtigt ist nur der Anmeldende selbst; der Erwerber kann deshalb eine Anmeldung durch den Veräußerer (und umgekehrt) nicht anfechten. Haben beide angemeldet, kann zwar jeder seine eigene Erklärung anfechten; da für die Anmeldung aber eine Erklärung ausreicht, wird die Anmeldung durch nur eine Anfechtung nicht beseitigt (*Müller* GmbHR 1996, 643; a. A. Scholz/*Winter* GmbHG, § 16 Rn. 24). Abweichend von dem Grundsatz, dass eine erfolgreiche Anfechtung rückwirkende Kraft (ex tunc) hat, wirkt die angefochtene Anmeldung nur von dem Zeitpunkt des Zugangs der Anfechtungserklärung (**ex nunc**) an (Baumbach/Hueck/*Fastrich* § 16 Rn. 4; Lutter/Hommelhoff/*Bayer* GmbHG, § 16 Rn. 10; Michalski/*Ebbing* § 16 Rn. 48).

2. Mängel des Abtretungsvertrages

15 Da es sich bei Abs. 1 um eine gesetzliche Fiktion handelt, kommt es auf die **Wirksamkeit der Übertragung** des Geschäftsanteils grundsätzlich nicht an (BGH GmbHR 1991, 311). Gleiches gilt für die nachträgliche Anfechtung des Übertragungsvertrages. Die Anfechtung und erst recht die bloße Anfechtbarkeit des Anteilsübertragungsvertrages beseitigt die Legitimationswirkung der Anmeldung nicht. Allein entscheidend, wer im Verhältnis zu der Gesellschaft als Gesellschafter zu behandeln ist, ist die Anmeldung (näher *Grunewald* ZGR 1991, 453). Der angemeldete vermeintliche Erwerber gilt im Verhältnis der Gesellschaft also auch dann als Gesellschafter, wenn der Abtretungsvertrag von vornherein nichtig ist oder später erfolgreich angefochten wurde.

16 In einem solchen Fall kann die Anmeldung allerdings **widerrufen** werden (OLG Dresden GmbHR 1999, 711; Scholz/*Winter* GmbHG, § 16 Rn. 23; Lutter/Hommelhoff/*Bayer* GmbHG, § 16 Rn. 19; krit. *Müller* GmbHR 1996, 641). Ebenso wie die Anfechtung beseitigt der **Widerruf** die sachlich unrichtige Anmeldung nur mit **Wirkung für die Zukunft**. Dies führt bei einer Inanspruchnahme des angemeldeten (Schein-)Erwerbers für rückständige Leistungen (Abs. 3, vgl. Rn. 19 ff.) dazu, dass diese nicht unter Hinweis auf die ex-tunc-Wirkung der Anfechtung des Abtretungsvertrages zurückgefordert werden können (BGH ZIP 1990, 374; GmbHR 1983, 42; OLG Hamburg NJW-RR 1998, 899; OLG Hamm GmbHR 1985, 22; AG Hannover GmbHR 2006, 1047; a. A. aber jetzt OLG Hamm GmbHR 2006, 252: von der Nichtigkeit infolge einer Anfechtung werden auch die Rechtsfolgen des § 16 Abs. 3 GmbHG erfasst; hierzu *Weiler* ZIP 2006, 1754; krit. auch *Roth/Altmeppen* § 16 Rn. 26 ff.; *Müller* GmbHR 1996, 881 und NJW 1999, 544; für die (notarielle) Vertragsgestaltung *Krafczyk/Gerlach* GmbHR 2006, 1038). Eine Durchbrechung dieses Grundsatzes kommt aber dann in Betracht, wenn der Geschäftsführer bei der Entgegennahme der Anmeldung die die Anfechtbarkeit der Anteilsübertragung begründenden Umstände kannte oder grob fahrlässig nicht kannte (OLG Hamburg NJW-RR 1998, 899; ähnlich *Knobbe-Keuk* ZIP 1983, 274; *Böken* GmbHR 2005, 1171). Für von dem Erwerber noch nicht bewirkte, noch ausstehende Beträge beseitigt der wirksame Widerruf dagegen die Haftung für rückständige Leistungen (Baumbach/Hueck/*Fastrich* § 16 Rn. 13; Michalski/*Ebbing* § 16 Rn. 61).

17 Zum Widerruf **berechtigt** sind die Anmeldeberechtigten (zur Möglichkeit eines konkludenten Widerrufs OLG Schleswig GmbHR 2004, 1583). Wer die Anmeldung vorgenommen hat, ist dabei unerheblich. Anders als bei der Anfechtung kann der Erwerber die von dem Veräußerer (und um-

gekehrt) sowie von beiden gemeinsam vorgenommene Anmeldung wirksam widerrufen (Baumbach / Hueck / *Fastrich* § 16 Rn. 4; Scholz / *Winter* GmbHG, § 16 Rn. 23; a. A. *Müller* GmbHR 1996, 643; enger auch Lutter / Hommelhoff / *Lutter/Bayer* GmbHG, § 16 Rn. 20). Der Widerruf ist analog Abs. 1 durch die Anmeldeberechtigten unter Nachweis der Unwirksamkeit der Übertragung des Geschäftsanteils vorzunehmen (OLG Dresden GmbHR 1999, 711). Besteht Streit zwischen dem Veräußerer und dem Erwerber über die Wirksamkeit des Abtretungsvertrages, entscheidet die Geschäftsführung nach pflichtgemäßem Ermessen, welchen Tatbestand sie überzeugender nachgewiesen bekommen hat. Kann sie hierüber keine hinreichend sichere Aussage treffen, wird sie im Zweifel bis zu einer gerichtlichen Entscheidung hierüber von dem Fortbestehen der Anmeldung auszugehen haben (ebenso Scholz / *Winter* GmbHG, § 15 Rn. 23).

D. Haftung für rückständige Leistungen, Abs. 3

Nach Abs. 3 haftet der Erwerber als neuer Inhaber des Geschäftsanteils neben dem Veräußerer 18
für die zur Zeit der Anmeldung auf den Geschäftsanteil rückständigen Leistungen. Hiervon erfasst werden allein die **aus der Mitgliedschaft folgenden Leistungspflichten**, nicht dagegen solche, die auf Drittgeschäften mit der Gesellschaft beruhen (näher zu der Frage, ob darunter auch Schadensersatzansprüche aus Treuepflichtverletzungen fallen *Limmer* ZIP 1993, 413).

I. Rückständige Leistung

Rückständig ist eine Leistung, wenn sie fällig, aber noch nicht bewirkt ist (BGH GmbHR 1996, 19
284; zur Beweislast: OLG Brandenburg DB 2006, 996; LG Mönchengladbach GmbHR 1995, 121). Wer zum Zeitpunkt des Fälligwerdens der Leistung Inhaber des Geschäftsanteils war, ist unerheblich. Die in Abs. 3 normierte Haftung knüpft an die gesetzliche Fiktion des Abs. 1 an. Dies bedeutet: Weil ein nicht angemeldeter Inhaber des Geschäftsanteils im Verhältnis zu der Gesellschaft keine Rechte oder Pflichten erlangen kann, kommt als haftender Veräußerer nur derjenige in Betracht, der zuvor selber als Erwerber angemeldet war oder den Geschäftsanteil kraft Gesetzes (z. B. Erbfolge) und damit ohne die Notwendigkeit einer Anmeldung (s. Rn. 2) erworben hat (Lutter / Hommelhoff / *Lutter/Bayer* GmbHG, § 16 Rn. 18; Scholz / *Winter* GmbHG, § 16 Rn. 41). Oder anders ausgedrückt: Mangels **Anmeldung des Vorerwerbs** trat der Veräußerers als Vorerwerber des Geschäftsanteils nie in die Haftung nach Abs. 3 ein (vgl. auch Rn. 11); es haftet damit weiterhin neben dem Erwerber der zuletzt angemeldete Inhaber des Geschäftsanteils. Die Anknüpfung der Haftung an die gesetzliche Fiktion des Abs. 1 bedeutet weiter: Die in Abs. 3 angeordnete Haftung gilt auch dann, wenn die **Übertragung des Geschäftsanteils unwirksam** war, weil es allein darauf ankommt, ob der Erwerber im Verhältnis zur Gesellschaft als neuer Gesellschafter gilt (BGH GmbHR 1991, 311). Hierfür ist allein die Anmeldung nach Abs. 1 maßgeblich.

II. Gesamtschuldnerische Haftung von Veräußerer und Erwerber

Veräußerer und Erwerber haften für die rückständigen Leistungen als Gesamtschuldner i. S. d. 20
§§ 421 ff. BGB (BGH GmbHR 1995, 119; BB 1991, 714). Ob der in Anspruch Genommene gegen den anderen einen Ausgleichsanspruch nach § 426 BGB hat, richtet sich nach dem Inhalt der zwischen ihnen in dem Abtretungsvertrag oder dem diesem zugrunde liegenden Kausalgeschäft getroffenen Vereinbarung. Die Haftung nach Abs. 3 ist **zwingend** und kann daher im Gesellschaftsvertrag nicht ausgeschlossen oder gemildert werden (Lutter / Hommelhoff / *Lutter/Bayer* GmbHG, § 16 Rn. 18; Scholz / *Winter* GmbHG, § 16 Rn. 41).

Ob die **Verpfändung** und die **Nießbrauchbestellung** ebenfalls eine gesamtschuldnerische Haf- 21
tung des Pfandgläubigers und Nießbrauchberechtigten nach Abs. 3 auslöst, obwohl sie keinen Gesellschafterwechsel zur Folge haben, dürfte zweifelhaft sein (ablehnend Baumbach / Hueck / *Fastrich* § 16 Rn. 2/12; krit. auch *Geck* DStR 1996, 628). Dass die Haftung auch für die **Sicherungsabtretung** (OLG Hamm GmbHR 1985, 22) und die Treuhandabtretung gilt, versteht sich dagegen von selbst. Hat der Gründer einer **Vorrats-GmbH** das Stammkapital ordnungsgemäß eingezahlt, haftet er nicht nach Abs. 3, wenn die Erwerber der Geschäftsanteile dieses nach Anmeldung des Erwerbs bei der Gesellschaft entnehmen (BGH NJW 2006, 906).

E. Geplante Neuregelung duch das MoMiG

22 Die Regelung des § 16 GmbHG soll durch das derzeit als Referentenentwurf vorliegende »Gesetz zur Modernisierung des GmbHR-Rechts und zur Bekämpfung von Missbräuchen (MoMiG)« umfassend geändert werden. Nach der **geplanten Neufassung** soll es auf die Anmeldung der Anteilsübertragung bei der Gesellschaft allein nicht mehr ankommen. Stattdessen soll im Verhältnis zur Gesellschaft nur derjenige als Gesellschafter gelten, wer als solcher in der zum Handelsregister eingereichten **Gesellschafterliste eingetragen** ist. Entsprechend der gegenwärtigen Gesetzeslage soll die Eintragung in die Gesellschafterliste für den Erwerb des Geschäftsanteils zwar keine Wirksamkeitsvoraussetzung sein. Ohne Eintragung bleibt dem Neugesellschaft jedoch die Ausübung seiner Mitgliedschaftsrechte verwehrt, da ihm gegenüber der Gesellschaft erst mit Eintragung in die Gesellschafterliste die Gesellschafterstellung zukommt.

23 Die Änderung der Gesellschafterliste durch die Geschäftsführung soll »auf Mitteilung und Nachweis« erfolgen (§ 16 Abs. 1 GmbHG-RefE), worunter in der Sache wohl die bisherige Anmeldung des – ebenfalls hinreichend nachzuweisenden – Anteilsübergangs bei der Gesellschaft zu verstehen ist. In welchem Verhältnis § 16 Abs. 1 GmbHG-RefE dabei zu § 40 Abs. 1 GmbHG-RefE steht, der die Übersendung der geänderten Liste durch den Notar an die Geschäftsführung vorsieht, wird abzuwarten sein.

24 Die geplante Änderung des § 16 Abs. 1 GmbHG lehnt sich an § 67 Abs. 2 und Abs. 3 AktG an. Bei diesem ist eine einklagbare Verpflichtung der Gesellschaft gegenüber dem Neugesellschafter auf Eintragung in das Aktienregister auch ohne ausdrückliche gesetzliche Regelung anerkannt (MüKo AktG/*Bayer* § 67 Rn. 91). Man wird daher auch dem eintretenden GmbH-Gesellschafter einen Rechtsanspruch auf Eintragung in die Gesellschaferliste zubilligen müssen. In der Praxis dürfte dieser Frage allerdings keine große Bedeutung zukommen. Dies folgt daraus, dass für die Einreichung der neuen Gesellschafterliste nicht mehr allein die Geschäftsführung **zuständig** ist. § 40 Abs. 1 GmbHG-RefE bestimmt, dass der Notar, der an einer Anteilsübertragung mitgewirkt, unmittelbar nach deren Wirksamkeit die Liste in Vertretung der Geschäftsführer zum Handelsregister einzureichen hat (krit. hierzu *Peetz* GmbHR 2006, 859). Die Notwendigkeit einer bislang nur für den Fall der Änderung des Gesellschaftsvertrages vorgesehenen Bescheinigung des Notars (§ 54 Abs. 1 GmbHG) wird durch § 40 Abs. 1 GmbHG-RefE auch für die Einreichung der Gesellschafterliste eingeführt: Bei Einreichung der Liste hat der Notar künftig zu bescheinigen hat, dass er an den Veränderungen mitgewirkt und die geänderte Liste den Geschäftsführern übermittelt hat, die übrigen Eintragungen mit dem Inhalt des bisherigen Liste übereinstimmen und aus den ihm vorliegenden Unterlagen nichts ersichtlich ist, was die Richtigkeit der Liste in Frage stellt.

25 Die geplante Änderung des Abs. 1 führt dazu, dass § 16 GmbHG künftig nicht mehr nur auf die rechtsgeschäftliche Einzelrechtsnachfolge anwendbar sein wird, sondern **bei jedem Gesellschafterwechsel**, also auch einer solchen im Wege der Gesamtsrechtsnachfolge.

26 Der gegenwärtige Abs. 2 entfällt in dem GmbHG-RefE. Begründet wird dies damit, dass für die bisherige Regelung des Abs. 2 kein gesondertes Bedürfnis mehr besteht, weil sich die dort geregelten Rechtsfolgen bisher schon aus Abs. 1 herleiten ließen. Ob dem so ist oder der Wegfall des bisherigen Abs. 2 doch eine materielle Änderung bewirkt, wird sich zeigen müssen. § 16 Abs. 2 GmbHG-RefE übernimmt in sprachlich vereinfachter Form die Regelung des gegenwärtigen Abs. 3, wobei folgerichtig nicht mehr auf die Zeit der Anmeldung abgestellt wird, sondern auf die Zeit der Einreichung der Gesellschafterliste zum Handelsregister.

27 Neu eingefügt werden soll in § 16 Abs. 3 GmbHG-RefE die Möglichkeit des **gutgläubigen Erwerbs eines Geschäftsanteils**. Nach § 16 Abs. 3 GmbHG-RefE gilt zugunsten desjenigen, der einen Geschäftsanteil oder ein Recht daran durch Rechtsgeschäft erwirbt, der Inhalt der Gesellschafterliste insoweit als richtig, als die den Geschäftsanteil betreffende Eintragung im Zeitpunkt des Erwerbs seit mindestens drei Jahren unrichtig in der Gesellschafterliste enthalten und kein Widerspruch zum Handelsregister eingereicht worden ist. Mit Eintragung in die Gesellschafter-

liste wird der Gesellschafter also nicht nur gegenüber der Gesellschaft, sondern auch gegenüber Dritten legitimiert. Der Erwerber wiederum wird in seinem guten Glauben darauf geschützt, dass der Veräußerer vor drei Jahren Gesellschafter in dem in der Gesellschafterliste angegebenen Umfang war. Bei Kenntnis des Erwerbers von der Unrichtigkeit scheidet ein gutgläubiger Erwerb demgemäß aus (§ 16 Abs. 3 S. 2 GmbHG-RefE; s. hierzu auch *Schockenhoff/Höder* ZIP 2006, 1841 sowie *Müller* GmbHR 2006, 953 und *Ziemons* BB 2006, 9 zu den Auswirkungen für Unternehmens- u. Beteiligungskäufe).

§ 17 [Veräußerung von Teilen eines Geschäftsanteils]

(1) Die Veräußerung von Teilen eines Geschäftsanteils kann nur mit Genehmigung der Gesellschaft stattfinden.

(2) Die Genehmigung bedarf der schriftlichen Form; sie muss die Person des Erwerbers und den Betrag bezeichnen, welcher von der Stammeinlage des ungeteilten Geschäftsanteils auf jeden der durch die Teilung entstehenden Geschäftsanteile entfällt.

(3) Im Gesellschaftsvertrag kann bestimmt werden, dass für die Veräußerung von Teilen eines Geschäftsanteils an andere Gesellschafter sowie für die Teilung von Geschäftsanteilen verstorbener Gesellschafter unter deren Erben eine Genehmigung der Gesellschaft nicht erforderlich ist.

(4) Die Bestimmungen in § 5 Abs. 1 und 3 über den Betrag der Stammeinlagen finden bei der Teilung von Geschäftsanteilen entsprechende Anwendung.

(5) Eine gleichzeitige Übertragung mehrerer Teile von Geschäftsanteilen eines Gesellschafters an denselben Erwerber ist unzulässig.

(6) [1]Außer dem Fall der Veräußerung und Vererbung findet eine Teilung von Geschäftsanteilen nicht statt. [2]Sie kann im Gesellschaftsvertrag auch für diese Fälle ausgeschlossen werden.

Übersicht:

A. Allgemeines

§ 17 GmbHG lockert einerseits die mit § 15 GmbHG verfolgte Erschwerung des Handels mit Geschäftsanteilen (BGH GmbHR 1999, 709; GmbHR 1997, 605; OLG München GmbHR 1996, 608), indem er für den praktisch einzig bedeutsamen Fall der Veräußerung eines Geschäftsanteils dessen **Teilung erlaubt**. Andererseits schränkt er diese Lockerung wieder ein, indem er die Teilung an die Genehmigung der Gesellschaft knüpft. Die Vorschrift dient ebenso wie §§ 5 Abs. 2, 55 Abs. 4 GmbHG dazu, eine Vervielfältigung des Geschäftsanteils in der Hand eines Gesellschaf- 1 ters zu verhindern (OLG Hamm DB 1976, 907). § 17 GmbHG gibt es der Gesellschaft in die Hand, mit darüber zu entscheiden, in welchem Maße sie den Handel mit den Geschäftsanteilen ermöglichen möchte, indem er die Genehmigung der Gesellschaft als Voraussetzung für die Teilung normiert und der Gesellschaft die Möglichkeit eröffnet, die Teilung eines Geschäftsanteils im Gesellschaftsvertrag gänzlich, also auch für die Veräußerung, auszuschließen.

B. Genehmigung der Gesellschaft, Abs. 1 und Abs. 2

2 § 17 GmbHG ist etwas umständlich aufgebaut. Abs. 1 knüpft die Veräußerung eines Teils eines Geschäftsanteils an die Genehmigung der Gesellschaft. Damit stellt er gleichzeitig klar, dass eine Teilung von Geschäftsanteilen zu dem Zweck der Veräußerung zulässig ist, eine Aussage, die sich so ausdrücklich erst in Abs. 6 wiederfindet.

I. Veräußerung, Teilung

3 Der Begriff der **Veräußerung** ist identisch mit dem in § 16 GmbHG; er meint die dingliche Abtretung des Geschäftsanteils unter Einschluss der Sicherungsabtretung (OLG Nürnberg GmbHR 1990, 167, hierzu *Michalski* GmbHR 1991, 89; vgl. auch § 16 GmbHG Rn. 2). Daraus folgt, dass die schuldrechtliche Verpflichtung zur Übertragung eines Teilgeschäftsanteils nicht der Genehmigung der Gesellschaft bedarf.

4 Die **Teilung** meint die Zerlegung des Geschäftsanteils ausschließlich **nach Nennbeträgen**; jede andere Teilung, insbesondere in einen durch Bar- oder Sacheinlage gedeckten oder in einen einbezahlten oder nicht einbezahlten Teil, ist unzulässig (Baumbach/Hueck/*Fastrich* § 17 Rn. 3; *Roth/Altmeppen* § 17 Rn. 3).

II. Genehmigung

1. Allgemeines

5 Der Begriff Genehmigung ist missverständlich. Gemeint ist **Zustimmung i. S. d. §§ 182 ff. BGB**. Sie kann also nicht nur nachträglich (§ 184 BGB), sondern auch schon vor der Abtretung erteilt werden. Die Genehmigung ist **Wirksamkeitsvoraussetzung**, d. h. eine Teilveräußerung (nicht dagegen das schuldrechtliche Verpflichtungsgeschäft) ohne Genehmigung ist zunächst schwebend und bei Verweigerung der Genehmigung endgültig unwirksam. Fehlt es an einer wirksamen Genehmigung, weil die Erklärung nicht schriftlich erteilt wurde und somit nichtig ist (Rn. 7), ist der Geschäftsanteilsübertragungsvertrag so lange schwebend unwirksam, bis die Formnichtigkeit der Genehmigungserklärung erkannt ist und die Geschäftsführung die Teilung daraufhin entweder formwirksam genehmigt oder endgültig verweigert (*Liese* GmbHR 2005, 1460). Keiner gesonderten Genehmigung bedarf es, wenn in einer **Einmann-GmbH** der Alleingesellschafter Teile seines Geschäftsanteils verkauft (BGH GmbHR 1991, 311; NJW 1989, 168; KG GmbHR 1996, 921); dies gilt auch für zweigliedrige Gesellschaften, wenn der eine Gesellschafter einen Teilgeschäftsanteil an den anderen überträgt (Baumbach/Hueck/*Fastrich* § 17 Rn. 10; Lutter/Hommelhoff/*Bayer* GmbHG, § 17 Rn. 10; *Roth/Altmeppen* § 17 Rn. 10) oder in denen ein Gesellschafter mit Stimmrechtsvollmacht des anderen Beschlüsse fasst (BGH NJW 1989, 168).

2. Form und Inhalt der Genehmigung

6 Die Genehmigung ist eine **empfangsbedürftige Willenserklärung** (§ 130 BGB), die wahlweise gegenüber dem Erwerber oder Veräußerer erklärt werden kann (§ 182 BGB). Für ihre Abgabe sind der oder die **Geschäftsführer** in vertretungsberechtigter Anzahl zuständig. Intern bedarf es eines Beschlusses der Gesellschafterversammlung nach § 46 Nr. 4 GmbHG, soweit der Gesellschaftsvertrag keine hiervon abweichende Regelung trifft (§ 45 Abs. 2 GmbHG). Der Veräußerer und der Erwerber (wenn er Gesellschafter ist) sind stimmberechtigt. Eine ohne Beschluss erklärte Genehmigung ist gleichwohl wirksam (BGHZ 14, 31; OLG Frankfurt GmbHR 1962, 157; Lutter/Hommelhoff/*Lutter/Bayer* GmbHG, § 17 Rn. 8; Scholz/*Winter* GmbHG, § 14 Rn. 20). Dies gilt

auch für die personalistische GmbH (OLG Nürnberg NZG 2001, 232; a. A. noch OLG Nürnberg GmbHR 1990, 168).

Die Genehmigung bedarf der **Schriftform** (Abs. 2). Erforderlich ist also die eigenhändige Unterzeichnung der Genehmigungserklärung durch den oder die Geschäftsführer (§ 126 BGB). Eine Genehmigung durch schlüssiges Verhalten (z. B. Einladung zur Gesellschafterversammlung) ist nicht möglich. Wirkt der Geschäftsführer allerdings selbst bei der Teilabtretung mit, kann darin regelmäßig die Erteilung der Genehmigung gesehen werden (OLG Nürnberg NZG 2001, 231; Lutter / Hommelhoff / *Lutter/Bayer* GmbHG, § 17 Rn. 10). Fehlende Schriftform führt zur **Nichtigkeit** der Genehmigungserklärung (§ 125 BGB). 7

Inhaltlich muss die Genehmigung die Person des Erwerbers sowie den Betrag der auf jeden Teil entfallenden Stammeinlage bezeichnen. Dabei reicht es aus, wenn sich beides aus der Bezugnahme auf die Abtretungsurkunde ergibt (KG GmbHR 1997, 605). Die Genehmigung kann nach allgemeiner Auffassung auch unter einer **Bedingung** erteilt werden (Baumbach / Hueck / *Fastrich* § 17 Rn. 11; Lutter / Hommelhoff / *Lutter/Bayer* GmbHG, § 17 Rn. 13; Scholz / *Winter* GmbHG, § 17 Rn. 26; Michalski / *Ebbing* § 17 Rn. 13). 8

3. Erteilung der Genehmigung

Die Entscheidung über die Erteilung der Genehmigung liegt im **Ermessen** der Gesellschaft. Ein Anspruch hierauf besteht grundsätzlich nicht, wohl aber darauf, dass innerhalb einer angemessenen Zeit eine Entscheidung getroffen wird (Baumbach / Hueck / *Fastrich* § 17 Rn. 12; Scholz / *Winter* GmbHG, § 17 Rn. 27). Ausnahmsweise kann ein Anspruch auf Erteilung der Genehmigung unter dem Gesichtspunkt des Verbots der Ungleichbehandlung der Gesellschafter bestehen, wonach eine sachlich nicht gerechtfertigte verschiedene Behandlung der Gesellschafter untersagt ist (vgl. dazu ausführl. § 14 Rn. 16 f.). Mit der Übertragung eines Teilgeschäftsanteils entstehen aus dem bisherigen Geschäftsanteil zwei **selbstständige Geschäftsanteile**, deren Selbstständigkeit auch dann erhalten bleibt, wenn der übertragene Teilgeschäftsanteil an den Veräußerer zurückabgetreten wird (§ 15 Abs. 2 GmbHG). Für die Übertragung eines Teilgeschäftsanteils ist die **Anmeldung** des Erwerbers bei der Gesellschaft unter Nachweis des Rechtsübergangs erforderlich (§ 16 Abs. 1 GmbHG, vgl. ausführl. Kommentierung dort). Wird die Gesellschaft um die Erteilung ihrer Genehmigung nach Abs. 1 gebeten, liegt hierin allerdings regelmäßig bereits eine Anmeldung des Erwerbers (*Michalski* GmbHR 1991, 92). 9

4. Übergang der Mitgliedschaftsrechte, Sonderrechte und Sonderpflichten

Mit der Anmeldung erwirbt der Erwerber des Teilgeschäftsanteils die an diesen geknüpften **Mitgliedschaftsrechte** (vgl. zu den Mitgliedschaftsrechten § 14 GmbHG Rn. 9 ff.). Unproblematisch ist dies bei Mitgliedschaftsrechten, deren Umfang sich anhand der Beteiligung an dem Stammkapital bestimmt (z. B. Stimmrecht, Gewinnanteil) oder deren Ausübung gänzlich unabhängig von der Beteiligungsquote ist (z. B. Auskunftsrecht, Teilnahmerecht an Gesellschafterversammlungen). Erstere erwirbt der Erwerber zu einem dem Nennbetrag des erworbenen Teilgeschäftsanteils entsprechenden Teil, während sich die Mitgliedschaftsrechte des Veräußerers entsprechend reduzieren; letztere stehen Erwerber und Veräußerer gleichermaßen uneingeschränkt zu. 10

Fraglich können die Mitgliedschaftsrechte aber dort werden, wo **Sonderrechte** oder Sonderpflichten an den Geschäftsanteil geknüpft sind (vgl. § 14 GmbHG Rn. 25 ff.). Sind dem Inhaber des – ungeteilten – Geschäftsanteils etwa das Recht zur Geschäftsführung oder bestimmte Zustimmungs- oder Einspruchsrechte bei Gesellschafterbeschlüssen eingeräumt, stellt sich die Frage, wem ein solches Recht nach Teilung des Geschäftsanteils zusteht. Der Gesellschaftsvertrag kann hierzu Regelungen vorsehen, etwa eine gemeinschaftliche Ausübung der Rechte durch Veräußerer und Erwerber vorschreiben. Geschieht dies nicht, ist die Rechtslage zweifelhaft, wenn der Gesellschaftsvertrag keine eindeutige **Auslegung** erlaubt. 11

12 Sachgerecht erscheint es, in solchen Fällen nach der Art des Sonderrechts zu unterscheiden: Soweit es sich um **höchstpersönliche Rechte** (z. B. Recht zur Geschäftsführung) handelt, wird man davon ausgehen müssen, dass sie bei dem Veräußerer verbleiben, selbst wenn dieser nach der Teilung nur noch über einen geringen (Teil-) Geschäftsanteil verfügt. Sind die Rechte dagegen **an den Geschäftsanteil** dergestalt **geknüpft**, dass sie der darin ausgedrückten Beteiligungsquote Rechnung tragen (z. B. keine Beschlussfassung gegen das Votum des Gesellschafters mit der höchsten Beteiligung), besteht kein Grund, das Recht bei dem Veräußer zu belassen oder allein dem Erwerber zuzugestehen, wenn die Nennbeträge der entstandenen (Teil-)Geschäftsanteile nicht mehr die Voraussetzungen für das Sonderrecht erfüllen. Da hier mangels hinreichender Abgrenzungskriterien erhebliche Rechtsunsicherheit entstehen kann, wird man davon ausgehen müssen, dass das Sonderecht durch die Teilung entweder **erlischt** oder Veräußerer und Erwerber nur **gemeinschaftlich zusteht** (für die gemeinschaftliche Wahrnehmung Lutter/Hommelhoff/*Lutter/Bayer* GmbHG, § 17 Rn. 21; Scholz/*Winter* GmbHG, § 17 Rn. 38).

13 Besteht das Sonderrecht schließlich in der Gewährung eines **quantifizierbaren Vorteils** (z. B. erhöhte Gewinnbeteiligung des Geschäftsanteils), steht einer Aufteilung des Erhöhungsbetrages auf Veräußerer und Erwerber entsprechend dem Verhältnis der Nennbeträge der nach der Teilung entstandenen Geschäftsanteile zueinander nichts entgegen. Entsprechendes gilt für an den Geschäftsanteil geknüpfte **Sonderpflichten**. Sind sie höchstpersönlicher Natur, verbleiben sie bei dem Veräußerer. Sind sie es nicht, aber auch nicht teilbar, sind Veräußerer und Erwerber Gesamtschuldner i. S. d. § 431 BGB (Scholz/*Winter* GmbHG, § 17 Rn. 40). Ein an den Geschäftsanteil geknüpftes Wettbewerbsverbot soll für Veräußerer und Erwerber gleichermaßen gelten (Baumbach/Hueck/*Fastrich* § 17 Rn. 5; Scholz/*Winter* GmbHG, § 17 Rn. 40).

C. Gesellschaftsvertragliche Bestimmungen, Abs. 3 und Abs. 6 S. 2

I. Grundsatz der Unabdingbarkeit

14 Mit Ausnahme der in Abs. 3 vorgesehenen Fälle sind Abs. 1 und Abs. 2 **zwingend**, d. h. der Gesellschaftsvertrag kann nicht generell auf das Genehmigungserfordernis verzichten oder die Genehmigung für sämtliche künftige Teilveräußerungen bereits im Voraus erteilen (OLG Koblenz GmbHR 1992, 464). Ebensowenig ist es möglich, einen allgemeinen Anspruch der Gesellschafter auf Erteilung der Genehmigung zu statuieren (Hachenburg/*Zutt* § 17 Rn. 30). Entsprechende Regelungen im Gesellschaftsvertrag sind nichtig. Möglich ist allerdings, für einen bestimmten **individualisierten Fall der Teilveräußerung** bereits vorab im Gesellschaftsvertrag die Genehmigung zu erteilen oder einen Anspruch hierauf zu begründen. Eine solche Bestimmung muss dann aber sämtliche nach § 17 GmbHG erforderlichen Angaben enthalten (Scholz/*Winter* GmbHG, § 17 Rn. 27). Zulässig sind auch Regelungen im Gesellschaftsvertrag, die die näheren Voraussetzungen bestimmen, bei deren Vorliegen die Genehmigung zu versagen ist.

II. Befreiung vom Genehmigungserfordernis

15 Abs. 3 eröffnet die Möglichkeit, in Abweichung von Abs. 1 die Veräußerung von Teilen eines Geschäftsanteils an andere Gesellschafter sowie die Teilung von Geschäftsanteilen verstorbener Gesellschafter unter deren Erben von dem Genehmigungserfordernis zu befreien. Die Befreiung braucht nicht ausdrücklich geregelt sein, sondern kann sich auch durch Auslegung anderer Bestimmungen im Gesellschaftsvertrag über die Nachfolge im Todesfall ergeben (Scholz/*Winter* GmbHG, § 17 Rn. 29). »**Andere Gesellschafter**« sind nur diejenigen, die gem. § 16 GmbHG bei der Gesellschaft angemeldet wurden oder deren Anmeldung nicht erforderlich ist, weil der Geschäftsanteil im Wege der gesetzlichen Gesamtrechtsnachfolge übergegangen ist. Ob bei Gesamthands- oder Bruchteilsgemeinschaften jeder einzelne Mitberechtigte »Gesellschafter« i. S. d. Abs. 3 ist, ist umstritten (bejahend: BGHZ 32, 39 für die Erbengemeinschaft; *Mayer-Landrut* § 17 Rn. 6; verneinend: Scholz/*Winter* GmbHG, § 17 Rn. 30). Die Teilung des Geschäftsanteils eines verstorbenen Gesellschafters unter dessen Erben meint die dingliche Übertragung im Rahmen der **Erbauseinandersetzung**. Ob hierunter auch die durch den Erben zu bewirkende Übertragung eines Teilge-

schäftsanteils auf einen Vermächtnisnehmer fällt, ist umstritten (bejahend: Scholz/*Winter* GmbHG, § 17 Rn. 31; *Petzold* GmbHR 1977, 27; verneinend: Baumbach/Hueck/*Fastrich* § 17 Rn. 13; Lutter/Hommelhoff/*Lutter/Bayer* GmbHG, § 17 Rn. 17; Michalski/*Ebbing* § 17 Rn. 27).

III. Ausschluss der Teilung auch für die Veräußerung

Der Gesellschaftsvertrag kann zudem bestimmen, dass auch für den Fall der Veräußerung eine Teilung des Geschäftsanteils unzulässig ist (Abs. 6 S. 2). Ist dies der Fall, ist eine Teilung auch mit Genehmigung der Gesellschaft ohne Änderung des Gesellschaftsvertrages nicht möglich (Lutter/Hommelhoff/*Lutter/Bayer* GmbHG, § 17 Rn. 6). Der Ausschluss der Teilung kann für alle oder nur für einzelne Geschäftsanteile (OLG Koblenz GmbHR 1992, 464) vorgesehen werden. Möglich ist auch, eine Teilung nur für bestimmte Veräußerungsfälle auszuschließen oder etwa nur die Teilung eines im Wege der Erbfolge übergegangenen Geschäftsanteils zum Zwecke der Erbauseinandersetzung zu erlauben. Statt die Teilung gänzlich auszuschließen, kann der Gesellschaftsvertrag sie auch nur erschweren, etwa indem er die Zustimmung an bestimmte Mehrheiten knüpft oder bestimmte Mindestnennbeträge der aus der Teilung entstehenden Geschäftsanteile verlangt (Scholz/*Winter* GmbHG, § 17 Rn. 9). 16

D. Nominalbeträge der Geschäftsanteile, Abs. 4

I. Gegenwärtige Gesetzeslage

Die Bestimmungen in § 5 Abs. 1 und 3 GmbHG über den Betrag der Stammeinlagen finden bei der Teilung von Geschäftsanteilen entsprechende Anwendung. Der Nennwert der durch die Teilung entstehenden neuen Geschäftsanteile muss also mindestens € 100,– betragen und durch fünfzig teilbar sein; auch nach der Teilung muss die Summe der Geschäftsanteile mit dem Stammkapitalbetrag grundsätzlich übereinstimmen. Abs. 4 dient der Verhinderung einer Kapitalzersplitterung. 17

Ein **Verstoß** gegen die Vorschrift führt gem. § 134 BGB zur **Nichtigkeit** des (dinglichen) Übertragungsgeschäfts (BGH GmbHR 2005, 1494; OLG Hamm NZG 2003, 928). Etwas anderes soll aber dann gelten, wenn die dem Erfordernis des Abs. 4 nicht entsprechenden, neu gebildeten Geschäftsanteile im unmittelbaren Anschluss mit anderen Geschäftsanteilen zusammengelegt werden und der zusammengelegte Geschäftsanteil dann den Mindestnennbetrag erreicht (KG GmbHR 2001, 520). Für »Altfälle«, die sich nach dem vor dem 1. 1. 2002 geltenden Schuldrecht bestimmen, hat der BGH (GmbHR 2005, 1494) entschieden, dass bei Nichtigkeit des Übertragungsgeschäfts wegen Verstoßes gegen Abs. 4 auch das (schuldrechtliche) Verpflichtungsgeschäft in der Regel wegen anfänglicher Unmöglichkeit der Leistung nichtig ist, weil es auf eine unzulässige Leistung gerichtet ist (§ 306 BGB a. F.) Diese Entscheidung ist allerdings nicht ohne weiteres auch auf aktuelle Fälle übertragbar. Denn im geltenden Schuldrecht ist ein Vertrag bei anfänglich objektiver Unmöglichkeit nicht mehr nichtig (§ 311 a Abs. 1 BGB), sondern begründet allenfalls eine Schadensersatzpflicht (§ 311 a Abs. 2 BGB). Allerdings dürfte zu erwarten sein, dass der BGH seine Rechtsprechung zur »durchschlagenden Nichtigkeit«, wonach eine auf § 134 BGB beruhende Nichtigkeit des dinglichen Erfüllungsgeschäfts auch das zu Grunde liegende Verpflichtungsgeschäft erfasst (BGH NJW 1995, 2026; NJW 1992, 737), auch auf den Verstoß gegen Abs. 4 anwenden wird (so bereits ausdrücklich OLG Schleswig NJW-RR 1995, 554; dagegen für die Möglichkeit einer ergänzenden Vertragsauslegung OLG Hamm NZG 2003, 928; a. A. auch *Deubner* JuS 1996, 106). 18

II. Geplante Neuregelung durch das MoMiG

Die Regelung der Nominalbeträge der durch die Teilung entstandenen Geschäftsanteile soll durch das derzeit als Referentenentwurf vorliegende »Gesetz zur Modernisierung des GmbHR-Rechts und zur Bekämpfung von Missbräuchen (MoMiG)« geändert werden. § 17 Abs. 4 GmbHG-RefE ordnet bei der Teilung von Geschäftsanteilen die entsprechende Anwendung des § 5 Abs. 2 GmbHG-RefE an. Dieser sieht gegenüber der gegenwärtigen Gesetzeslage eine deutliche Flexibi- 19 lisierung in der Stückelung der Geschäftsanteile vor. Nach § 5 Abs. 2 GmbHG-RefE muss der Betrag der Stammeinlage jedes Gesellschafters künftig nur noch auf volle Euro lauten. Der Mindestbetrag einer Stammeinlage in Höhe von € 100,– und das Erfordernis der Teilbarkeit durch fünfzig entfallen vollständig. Damit müssen nach dem MoMiG auch die nach der Teilung eines Geschäftsanteils entstandenen Geschäftsanteile nur noch auf volle Euro lauten. Weitergehende Beschränkungen bestehen dann nicht mehr (vgl. dazu auch ausführl. § 5 Rn. 2 ff., 9).

E. Verbot gleichzeitiger Übertragung, Abs. 5

20 Nach Abs. 5 ist eine gleichzeitige Übertragung mehrerer Teile von Geschäftsanteilen eines Gesellschafters auf denselben Erwerber **unzulässig**. Eine derartige gleichzeitige Übertragung ist **insgesamt nichtig**, eine Teilwirksamkeit der Übertragung nur eines Teilgeschäftsanteils nach § 139 BGB kommt aus Gründen der Rechtssicherheit nicht in Betracht (Baumbach/Hueck/*Fastrich* § 17 Rn. 8; Lutter/Hommelhoff/*Lutter/Bayer* GmbHG, § 17 Rn. 19; Scholz/*Winter* GmbHG, § 17 Rn. 12; Michalski/*Ebbing* § 17 Rn. 39). Die Regelung in Abs. 5 ist konsequent, sie entspricht derjenigen in §§ 5 Abs. 2, 55 Abs. 4 GmbHG, wonach jeder Gesellschafter auch bei der Errichtung der Gesellschaft sowie bei einer Kapitalerhöhung nur eine Stammeinlage übernehmen kann.

I. Gleichzeitige Übertragung

21 Wann eine »gleichzeitige« Übertragung vorliegt, ist umstritten. Sicher ist, dass es nicht dem mit Abs. 5 verfolgten Zweck, eine Vervielfältigung des Geschäftsanteils zu vermeiden, entspricht, einen Geschäftsanteil dadurch in der Hand eines Erwerbs aufzustückeln, dass er durch mehrere nacheinander geschaltete Teilveräußerungen mehrfach geteilt übertragen wird. Umgekehrt ergibt sich aus § 15 Abs. 2 GmbHG, dass der spätere Erwerb eines selbstständigen Geschäftsanteils durch einen Gesellschafter durchaus möglich sein soll. Dies gilt grundsätzlich auch für den nach der Teilung bei dem Veräußerer verbliebenen Teilgeschäftsanteil. Auch dieser kann grundsätzlich zu einem späteren Zeitpunkt von dem Erwerber eines anderen durch die Teilung entstandenen Teilgeschäftsanteils erworben werden. Für die Frage der »Gleichzeitigkeit« wird es daher entscheidend darauf ankommen, ob ein späterer Erwerb eines weiteren Teilgeschäftsanteils durch den gleichen Erwerber eine **Umgehung** des Verbots der gleichzeitigen Übertragung darstellt. In diesem Sinne liegt ein Verstoß gegen das Verbot der gleichzeitigen Übertragung mehrerer Teilgeschäftsanteile auch dann vor, wenn mehrere Teilgeschäftsanteile zwar nicht gleichzeitig, aber durch mehrere zeitlich aufeinanderfolgende Veräußerungen auf den gleichen Erwerber übertragen werden, ohne dass für diese Vorgehensweise ein sachlicher Grund erkennbar ist (ähnlich BGH NJW 1967, 2161: Teilung darf kein Selbstzweck sein; OLG Schleswig NZG 2000, 318; Scholz/*Winter* GmbHG, § 17 Rn. 15: gewisser zeitlicher und wirtschaftlicher Zusammenhang; Lutter/Hommelhoff/*Lutter/Bayer* GmbHG, § 17 Rn. 18: nicht durch besondere Umstände gerechtfertigt). Darauf, ob die Teilveräußerungen in einer oder mehreren Urkunden vollzogen werden, kommt es dagegen nicht an.

II. Übertragung an denselben Erwerber

22 Unzulässig ist immer nur die gleichzeitige Übertragung an denselben Erwerber. Ob hierunter auch die Übertragung von Teilen **verschiedener Geschäftsanteile** des Veräußerers fällt, ist umstritten (bejahend: Baumbach/Hueck/*Fastrich* § 17 Rn. 8; MünchHdb GesR III/*Jasper* § 24 Rn. 10; verneinend: Scholz/*Winter* GmbHG, § 17 Rn. 12; Lutter/Hommelhoff/*Lutter/Bayer* GmbHG, § 17 Rn. 18; Michalski/*Ebbing* § 17 Rn. 37; *Roth/Altmeppen* § 17 Rn. 25). Mit Blick auf den mit Abs. 5 verfolgten Zweck erscheint es geboten, auch die Übertragung von Teilen verschiedener Geschäftsanteile des Veräußerers auf denselben Erwerber jedenfalls dann als einen Fall des Abs. 5 anzusehen, wenn das gleiche wirtschaftliche Ziel auch durch die Übertragung ungeteilter Geschäftsanteile bzw. im Wege nur einer Teilung erreicht werden kann und für die Teilung der verschiedenen Geschäftsanteile auch keine anderen sachlichen Gründe (z. B. Verknüpfung von Sonderrechten oder Sonderpflichten an bestimmte Geschäftsanteile) erkennbar sind. Liegen diese Voraussetzungen nicht vor, stellt die Teilung verschiedener Geschäftsanteile des Veräuße-

res und die Veräußerung der verschiedenen Teilgeschäftsanteile an denselben Erwerber eine Umgehung des Abs. 5 dar. Eine Übertragung an denselben Erwerber liegt auch dann vor, wenn dieser einzelne Geschäftsanteile als Treuhänder für einen Dritten halten soll (OLG Frankfurt GmbHR 2006, 1105).

III. Geplante Neuregelung durch das MoMiG

Das Verbot der gleichzeitigen Übertragung mehrerer Geschäftsanteile auf denselben Erwerber 23
soll durch das derzeit als Referentenentwurf vorliegende »Gesetz zur Modernisierung des GmbHR-Rechts und zur Bekämpfung von Missbräuchen (MoMiG)« **ersatzlos gestrichen** werden. Die geplante Neufassung des § 17 GmbHG folgt damit der ebenfalls im MoMiG vorgesehenen Aufhebung des Verbots, bei der Errichtung der Gesellschaft mehrere Geschäftsanteile zu übernehmen (§ 5 Abs. 2 GmbHG). Künftig soll es den Gesellschaftern sowohl bei der Errichtung der Gesellschaft als auch bei der späteren Übertragung von Geschäftsanteilen freigestellt sein, individuell über die Stückelung und damit die Höhe der Nennbeträge der Geschäftsanteile zu entscheiden.

F. Unzulässigkeit anderer Teilungen, Abs. 6

I. Vererbung

Abs. 6 stellt klar, dass außer in dem Fall der **Veräußerung** und **Vererbung** eine Teilung von Ge- 24
schäftsanteilen unzulässig ist. Anders als Abs. 1, der lediglich von der Veräußerung des Geschäftsanteils spricht, bezieht sich Abs. 6 noch zusätzlich auf die Vererbung eines Geschäftsanteils. Dies ist ein Versehen des Gesetzgebers, da durch die Vererbung des Geschäftsanteils tatsächlich keine Teilung erfolgt (Scholz/*Winter* GmbHG, § 17 Rn. 8). Im Falle mehrerer Erben fällt der Geschäftsanteil vielmehr ungeteilt der Erbengemeinschaft zu, die ihn zur gesamten Hand und damit als Mitberechtigte i. S. d. § 18 GmbHG halten. Eine Teilung kommt demgemäß erst im Rahmen der Erbauseinandersetzung in Betracht. Dass diese ein Fall des § 17 GmbHG ist, mithin eine Teilung des geerbten Geschäftsanteils unter den einzelnen Erben möglich ist, ergibt sich bereits mittelbar aus Abs. 3.

II. Weitere Fälle

Dass in anderen Fällen als der Veräußerung eine Teilung von Geschäftsanteilen nicht möglich 25
sein soll, ergibt sich bereits aus anderen Vorschriften. So wird eine Aufteilung von Geschäftsanteilen **bei der Errichtung** der Gesellschaft und bei einer späteren Kapitalerhöhung bereits durch die §§ 5 Abs. 2, 55 Abs. 4 GmbHG ausgeschlossen. Abs. 6 stellt darüber hinaus klar, dass eine **Vorratsteilung** in der Hand eines Gesellschafters zum Zwecke einer möglichen späteren Verfügung über nur einen Teil des Geschäftsanteils nicht möglich ist (OLG Frankfurt DB 1977, 2180). Ein dahingehender Beschluss der Gesellschafterversammlung oder gar eine einseitige Erklärung des Gesellschafters ist nichtig und entfaltet keinerlei Rechtswirkung. Für die Zulässigkeit der Teilung des Geschäftsanteils allein entscheidend ist, ob sie zum Zwecke der Veräußerung erfolgt. Keine Rolle spielt daher, ob sich die Gesellschaft zum Zeitpunkt der Veräußerung bereits im Stadium der **Liquidation** befindet (KG GmbHR 1996, 921).

Eine Teilung des Geschäftsanteils **zum Zwecke der Verpfändung** nur eines bestimmten Teils ist 26
nicht möglich (a. A. *Leuschner* WM 2005, 2161). Sie ist allerdings auch nicht erforderlich, weil auch die Verpfändung nur eines Teils eines Geschäftsanteils zulässig ist (Lutter/Hommelhoff/*Lutter/Bayer* GmbHG, § 17 Rn. 23; Scholz/*Winter* GmbHG, § 15 Rn. 154, 157). Die Teilverpfändung selbst bewirkt noch keine Teilung des Geschäftsanteils. Erst mit der Verwertung kommt es zur Veräußerung und damit zur Abspaltung des verpfändeten Teils (*Mertens* ZIP 1998, 1788). In diesem Fall bedarf es der Genehmigung der Gesellschaft nach Abs. 1. Hat die Gesellschaft bereits der Verpfändung eines Teils eines Geschäftsanteils zugestimmt, kann darin auch die Zustimmung zu der zum Zwecke der Verwertung erforderlichen Teilung gesehen werden. Kommt es nicht zur Verwertung, bleibt der Anteil ungeteilt (Palandt/*Bassenge* § 1274 Rn. 7).

§ 18 [Mitberechtigung am Geschäftsanteil]

(1) Steht ein Geschäftsanteil mehreren Mitberechtigten ungeteilt zu, so können sie die Rechte aus demselben nur gemeinschaftlich ausüben.

(2) Für die auf den Geschäftsanteil zu bewirkenden Leistungen haften sie der Gesellschaft solidarisch.

(3) [1]Rechtshandlungen, welche die Gesellschaft gegenüber dem Inhaber des Anteils vorzunehmen hat, sind, sofern nicht ein gemeinsamer Vertreter der Mitberechtigten vorhanden ist, wirksam, wenn sie auch nur gegenüber einem Mitberechtigten vorgenommen werden. [2]Gegenüber mehreren Erben eines Gesellschafters findet diese Bestimmung nur in bezug auf Rechtshandlungen Anwendung, welche nach Ablauf eines Monats seit dem Anfall der Erbschaft vorgenommen werden.

A. Allgemeines

1 Wird ein Geschäftsanteil nicht von einer einzelnen Person, sondern von mehreren **gemeinschaftlich gehalten**, kann unklar sein, wer die aus dem Geschäftsanteil folgenden Mitgliedschaftsrechte auszuüben berechtigt ist und an wen sich die Gesellschaft in allen den Geschäftsanteil betreffenden Angelegenheiten zu halten hat. § 18 GmbHG trägt der Gefahr einer hieraus entstehenden Rechtsunsicherheit Rechnung, indem er zum Schutz der Gesellschaft Regeln aufstellt, die dieser den Rechtsverkehr mit den Mitberechtigten an dem Geschäftsanteil erleichtern.

B. Mitberechtigung am Geschäftsanteil, Abs. 1

I. Allgemeines

2 Abs. 1 bestimmt, dass mehrere an einem Geschäftsanteil Berechtigte die aus dem Geschäftsanteil folgenden Mitgliedschaftsrechte nur gemeinschaftlich ausüben können. Eine solche Mitberechtigung besteht, wenn mehrere natürliche oder juristische Personen oder Personengemeinschaften gemeinsam Inhaber eines Geschäftsanteils sind. Dies ist bei **Bruchteils-** und **Gesamthandsgemeinschaften** an dem Geschäftsanteil der Fall, nicht dagegen bei einer Unterbeteiligung, einem Nießbrauch oder einem Pfandrecht an dem Geschäftsanteil, weil diese lediglich schuldrechtliche bzw. beschränkte Rechte an dem Geschäftsanteil vermitteln (Baumbach/Hueck/*Fastrich* § 18 Rn. 2; Michalski/*Ebbing* § 18 Rn. 7). Von § 18 GmbHG ebenfalls nicht erfasst werden die Fälle, in denen der Geschäftsanteil von einer juristischen Person, Personenmehrheiten mit eigener Rechtspersönlichkeit oder Personenhandelsgesellschaften (BGHZ 78, 316) gehalten werden. Ob hierzu auch die BGB-Gesellschaft als Außengesellschaft infolge ihrer zwischenzeitlich anerkannten Teilrechtsfähigkeit zählt, ist umstritten (bejahend: Baumbach/Hueck/*Fastrich* § 18 Rn. 2; *Roth/Altmeppen* § 18 Rn. 6; verneinend: Scholz/*Winter* GmbHG, § 18 Rn. 3 a; analoge Anwendung: Lutter/Hommelhoff/*Bayer* GmbHG, § 18 Rn. 2; Michalski/*Ebbing* § 18 Rn. 18 ff.).

II. Bruchteilsgemeinschaft, Gesamthandsgemeinschaft

3 Bei der **Bruchteilsgemeinschaft** (§§ 741 ff. BGB) steht jedem Teilhaber ein ideeller, rechnerischer Anteil an dem ungeteilten Geschäftsanteil zu. Über diesen Anteil kann jeder Teilhaber frei verfügen, während die Übertragung des Geschäftsanteils nur durch alle möglich ist (§ 747 BGB). Eine Bruchteilsgemeinschaft kann dadurch entstehen, dass ein ungeteilter Geschäftsanteil an mehrere Personen abgetreten wird, ohne dass diese eine Gesamthandsgemeinschaft bilden. Möglich ist auch, dass nicht der Geschäftsanteil oder ein Teil des Geschäftsanteils, sondern lediglich ein ideeller, rechnerischer Teil des Geschäftsanteils auf einen einzigen Erwerber abgetreten wird, der dann mit dem Veräußerer eine Bruchteilsgemeinschaft bildet. In beiden Fällen bleibt der Geschäftsanteil ungeteilt, so dass § 17 GmbHG keine Anwendung findet.

Als **Gesamthandsgemeinschaft** an dem Geschäftsanteil kommen insbesondere die Erbengemeinschaft (§§ 2032 ff. BGB), die Gütergemeinschaft (§§ 1415 ff. BGB) und die BGB-Gesellschaft (§§ 705 ff. BGB) in Betracht, letztere jedenfalls dann, wenn sie nur reine Innengesellschaft ist (s. oben Rn. 2). Die Mitberechtigten sind nicht jeder für sich Gesellschafter (BGHZ 78, 311), sondern immer nur gemeinsam mit den anderen Teilhabern der Bruchteilsgemeinschaft oder den anderen Gesamthandsberechtigten. 4

II. Gemeinschaftliche Ausübung

Durch die Anordnung der gemeinschaftlichen Ausübung der Rechte aus dem Geschäftsanteil soll Rechtsklarheit für die Gesellschaft geschaffen werden. § 18 GmbHG dient insoweit dem Schutz der Gesellschaft. Die gemeinschaftliche Ausübung der Rechte aus dem Geschäftsanteil kann dadurch erfolgen, dass alle Mitberechtigten übereinstimmend **gemeinsam handeln** oder einen **gemeinsamen Vertreter** bestellen, der in ihrem Namen handelt. 5

1. Ausübung durch übereinstimmendes Handeln

Zu der gemeinschaftlichen Ausübung durch übereinstimmendes Handeln zählt auch die gemeinsame Ausübung des Stimmrechts, so dass allen Mitberechtigten ein Recht zur Teilnahme an den Gesellschafterversammlungen zusteht. Die gemeinsame Ausübung der Mitgliedschaftsrechte kann nur einheitlich erfolgen, d. h. kommt unter den Mitberechtigten keine Einigung über die Rechtsausübung zustande, so kann das Recht nicht ausgeübt werden (BayObLG BB 1997, 2547). Unterliegt einer der Mitberechtigten einem **Stimmrechtsverbot** (vgl. dazu § 47 GmbHG Rn. 30 ff.), soll die Ausübung des Stimmrechts nicht generell für den gemeinschaftlich gehaltenen Geschäftsanteil ausgeschlossen, sondern zu fragen sein, ob der Zweck des Stimmrechtsverbots den Gesamtausschluss vom Stimmrecht gebietet. Dies ist nur dann der Fall, wenn zu besorgen ist, dass die Mitberechtigten in gleicher Weise das Stimmrecht unsachlich ausüben (BGHZ 49, 183). 6

Üben die Mitberechtigten die Rechte aus dem Geschäftsanteil durch übereinstimmendes Handeln aus, also ohne einen gemeinsamen Vertreter bestellt zu haben, kann fraglich werden, welche Auswirkungen es auf die gemeinschaftliche Ausübung der Rechte aus dem Geschäftsanteil hat, wenn das für die Bruchteils- oder Gesamthandsgemeinschaft anzuwendende Recht die **Möglichkeit der Rechtsausübung durch eine Mehrheit** der Mitberechtigten oder durch einen einzelnen Mitberechtigten vorsieht (§§ 745 Abs. 1, 744 Abs. 2 BGB für die Bruchteilsgemeinschaft, §§ 2038 Abs. 2, 2038 Abs. 1 S. 2 Hs. 2 BGB für die Erbengemeinschaft; entsprechende Regelungen im Gesellschaftsvertrag sowie § 744 Abs. 2 BGB analog für die BGB-Gesellschaft). Die Rechtsprechung hat für den Fall, dass sämtliche Erben in der Gesellschafterversammlung der GmbH anwesend sind und über die Ausübung des aus dem gesamthänderisch gehaltenen Geschäftsanteil folgenden Stimmrechts mehrheitlich entscheiden und an dieser Mehrheitsentscheidung kein Zweifel besteht, angenommen, dass ein solches Mehrheitsvotum als einheitliche Stimmabgabe i. S. d. § 18 Abs. 1 GmbHG zu werten ist (OLG Karlsruhe GmbHR 1995, 826; ablehnend Scholz/*Winter* GmbHG, § 18 Rn. 20; Michalski/*Ebbing* § 18 Rn. 44). Im gleichen Sinne hat der BGH entschieden, dass ein einzelnes Mitglied einer Erbengemeinschaft eine Anfechtungsklage auch alleine erheben kann, weil § 2038 Abs. 1 S. 2 Hs. 2 BGB jedem einzelnen die Befugnis zur Ergreifung notwendiger Erhaltungsmaßnahmen einräume und hierunter auch die rechtzeitige Erhebung einer Anfechtungsklage falle, weil nur sie einen rechtswidrigen Beschluss beseitigen könne (BGHZ 108, 21; i.Erg., jedoch mit abweichender Begründung, zustimmend Michalski/*Ebbing* § 18 Rn. 44). 7

2. Ausübung durch gemeinsamen Vertreter

Die Mitberechtigten können aber auch entscheiden, die Rechte aus dem Geschäftsanteil durch einen gemeinsamen Vertreter auszuüben. Der Gesellschaftsvertrag kann dies auch anordnen und nähere Bestimmungen zu der Person des gemeinsamen Vertreters treffen (BGH GmbHR 1989, 121; einschränkend für höchstpersönliche Mitgliedschaftsrechte wie Kündigungs- oder Informationsrecht *K. Schmidt* ZHR 146 (1982), 535). Ist dies nicht geschehen, steht den Mitberechtig- 8 ten die Art und Weise der gemeinschaftlichen Rechtsausübung grundsätzlich frei. Grenzen ergeben sich dort, wo das auf die Bruchteils- oder Gesamthandsgemeinschaft anzuwendende Recht eine bestimmte Person als gemeinsamen Vertreter zwingend vorschreibt. Ist etwa über einen Geschäftsanteil die Testamentsvollstreckung angeordnet oder unterliegt der Geschäftsanteil der Nachlassverwaltung, so kann die Erbengemeinschaft nur von dem Testamentsvollstrecker (§ 2205 BGB) oder Nachlassverwalter (§ 1984 BGB) gegenüber der Gesellschaft vertreten werden. Diese sind also jeweils gemeinsame Vertreter **kraft Amtes**. Entsprechendes gilt für die eheliche Gütergemeinschaft, wenn der Ehevertrag die Verwaltung des Gesamtgutes durch einen Ehegatten anordnet (§ 1421 S. 1 BGB), und für die BGB-Gesellschaft, wenn deren Geschäftsführung und Vertretung einem oder mehreren Gesellschaftern übertragen wurde (§§ 710, 714 BGB).

9 **Bestellung und Widerruf** des gemeinsamen Vertreters richten sich nach dem für die Bruchteils- oder Gesamthandsgemeinschaft geltenden Recht (BGHZ 49, 183). Da sich der gemeinsame Vertreter gegenüber der Gesellschaft **legitimieren** muss (§ 174 BGB), ist eine schriftliche Bestellung ratsam, zumal die Ausübung des aus dem gemeinschaftlich gehaltenen Geschäftsanteil folgenden Stimmrechts durch den gemeinsamen Vertreter ohnehin einer schriftlichen Stimmrechtsvollmacht bedarf (§ 47 Abs. 3 GmbHG; zur Möglichkeit der mündlichen Erteilung in einer Gesellschafterversammlung BGHZ 49, 183). Auch wenn die Mitberechtigten einen gemeinsamen Vertreter bestellt haben, können sie die gemeinschaftliche Ausübung der Rechte aus dem Geschäftsanteil jederzeit wieder an sich ziehen, wenn und soweit das auf die Bruchteils- oder Gesamthandsgemeinschaft anzuwendende Recht nichts Gegenteiliges bestimmt (s. o. Rn. 7).

C. Haftung der Mitberechtigten, Abs. 2

10 Für die auf den Geschäftsanteil zu bewirkenden Leistungen haften die Mitberechtigten der Gesellschaft solidarisch, d. h. als **Gesamtschuldner** (§ 421 BGB). Die gesamtschuldnerische Haftung ist zwingend, kann also durch den Gesellschaftsvertrag nicht abbedungen werden (OLG Hamm GmbHR 1996, 364). Auch abweichende Regelungen innerhalb der Bruchteils- oder Gesamthandsgemeinschaft wirken nur intern, also im Verhältnis der Mitberechtigten zueinander.

11 Für die **Erbengemeinschaft** folgt die gesamtschuldnerische Haftung bereits aus § 2058 BGB. Die Besonderheit besteht allerdings darin, dass bis zur Teilung des Nachlasses jeder Miterbe die Berichtigung der Nachlassverbindlichkeiten aus seinem sonstigen Vermögen verweigern kann (§ 2059 Abs. 1 S. 1 BGB). Haftet der Erbe bereits unbeschränkbar, kann er die Haftung mit seinem sonstigen Vermögen auf den Teil der Verbindlichkeit beschränken, der seinem ideellen Anteil an dem Geschäftsanteil entspricht (§ 2059 Abs. 1 S. 2 BGB). Die Gesellschaft hat die Möglichkeit, auf die Einrede der beschränkten Miterbenhaftung mit der Kaduzierung des von der Erbengemeinschaft gehaltenen Geschäftsanteils wegen rückständiger Einlagen (§ 21 GmbHG) oder mit der Fiktion der Preisgabe des Geschäftsanteils wegen rückständiger Nachschüsse (§ 27 Abs. 1 S. 2 GmbHG) zu reagieren.

12 Die gesamtschuldnerische Haftung besteht für die »auf den Geschäftsanteil zu bewirkenden Leistungen«. Hierunter fallen **alle Leistungen**, die die Mitberechtigten aufgrund ihrer Stellung als Gesellschafter (nicht aus Drittgeschäften) schulden (insbesondere Stammeinlagen und Nachschüsse), einschließlich solcher, für die die Mitberechtigten nach § 16 Abs. 3 GmbHG haften (näher zu der Frage, ob hierunter auch Schadensersatzansprüche aus Treuepflichtverletzungen fallen *Limmer* ZIP 1993, 413). Höchstpersönliche Verpflichtungen, wie etwa die Pflicht zur Geschäftsführung, werden von der gesamtschuldnerischen Haftung nicht erfasst (Baumbach/Hueck/*Fastrich* § 18 Rn. 7; Scholz/*Winter* GmbHG, § 18 Rn. 31).

D. Rechtshandlungen gegenüber den Mitberechtigten, Abs. 3

13 Abs. 3 bestimmt, dass Rechtshandlungen, die die Gesellschaft gegenüber dem Inhaber eines Geschäftsanteils vorzunehmen hat, auch dann wirksam sind, wenn sie nur gegenüber einem Mitberechtigten vorgenommen werden, sofern die Mitberechtigten keinen gemeinsamen Vertreter bestimmt haben (s. dazu Rn. 8 f.). Diese Regelung folgt praktischen Bedürfnissen; sie soll der Gesell-

schaft den Rechtsverkehr mit den aus Personenmehrheiten bestehenden Gesellschaftern erleichtert. Der Begriff der »Rechtshandlung« meint sämtliche **einseitigen Rechtsgeschäfte** und geschäftsähnliche Handlungen (z. B. Einforderung von Leistungen auf die Stammeinlagen, Einladung zur Gesellschafterversammlung – hierzu BGHZ 49, 183 –, Mahnungen, Kündigungen, Kaduzierung). Der Abschluss von Verträgen zählt ebensowenig dazu wie Zahlungen an den Gesellschafter (allg. Meinung; Baumbach / Hueck / *Fastrich* § 18 Rn. 9; Lutter / Hommelhoff / *Lutter/Bayer* GmbHG, § 18 Rn. 6; Scholz / *Winter* GmbHG, § 18 Rn. 34).

Die Wirksamkeit einer gegenüber einem Mitberechtigten vorgenommenen Rechtshandlung auch 14 im Verhältnis zu allen anderen Mitberechtigten greift nur dann, wenn **kein gemeinsamer Vertreter** vorhanden ist. Dies ist folgerichtig, da bei der Bestellung eines gemeinsamen Vertreters der Gesellschaft ein für alle handelnder Adressat bekannt ist und für die Erstreckung der Wirksamkeit kein Bedürfnis besteht. Ein gemeinsamer Vertreter ist dann »vorhanden« i. S. d. Abs. 3, wenn er von den Mitberechtigten wirksam bestellt wurde (s. Rn. 8 f.) oder die Voraussetzungen für die Vertretereigenschaft kraft Amtes vorliegen (s. Rn. 8) und die Gesellschaft Kenntnis hierüber hat. Ob eine Anmeldung des gemeinsamen Vertreters nach § 16 Abs. 1 GmbHG erforderlich ist, ist streitig (bejahend: Scholz / *Winter* GmbHG, § 18 Rn. 35; Michalski / *Ebbing* § 18 Rn. 51; verneinend: Baumbach / Hueck / *Fastrich* § 18 Rn. 5). In der Praxis dürfte diese Frage nicht besonders relevant werden. Sie stellt sich vornherein nur dann, wenn die Unterrichtung der Gesellschaft von der Bestellung unterblieben ist, die Gesellschaft jedoch anderweitige Kenntnis hiervon hat. Ein solcher Fall dürfte nicht häufig sein, da sich der gemeinsame Vertreter auch dann, wenn man eine Anmeldung nicht für erforderlich hält, der Gesellschaft gegenüber jedenfalls legitimieren muss (s. oben Rn. 9) und hierin zwanglos eine Anmeldung gesehen werden könnte. Auch wenn ein gemeinsamer Vertreter vorhanden ist, kann die Gesellschaft ihre Rechthandlungen unmittelbar gegenüber den Mitberechtigten vornehmen, wenn das für die Gemeinschaft anzuwendende Recht dem nicht entgegensteht oder der gemeinsame Vertreter diese Position nicht kraft Amtes ausübt (s. oben Rn. 8). Abs. 3 gilt in einem solchen Fall allerdings nicht, d. h. die Gesellschaft muss die Rechtshandlung gegenüber allen Mitberechtigten vornehmen (Baumbach / Hueck / *Fastrich* § 18 Rn. 10; Lutter / Hommelhoff / *Lutter/Bayer* GmbHG, § 18 Rn. 8; Scholz / *Winter* GmbHG, § 18 Rn. 35).

Gegenüber mehreren **Erben** eines Gesellschafters findet Abs. 3 nur in Bezug auf Rechtshandlun- 15 gen Anwendung, die nach Ablauf eines Monats seit dem Anfall der Erbschaft vorgenommen werden. Der »Anfall der Erbschaft« meint den Erbfall, d. h. den Zeitpunkt des Todes des Erblassers (§ 1922 BGB). In dem Zeitraum von einem Monat nach dem Erbfall kann die Gesellschaft Rechtshandlungen also nur gegenüber allen Erben vornehmen und erst danach gegenüber einem mit Wirkung für alle. Diese Einschränkung dient dazu, den Erben ausreichend Zeit einzuräumen, sich über die Annahme der Erbschaft und die Bestellung eines gemeinsamen Vertreters schlüssig zu werden (Scholz / *Winter* GmbHG, § 18 Rn. 36; Michalski / *Ebbing* § 18 Rn. 79). Ist über einen Geschäftsanteil die Testamentsvollstreckung angeordnet oder unterliegt der Geschäftsanteil der Nachlassverwaltung, so kann die Erbengemeinschaft nur von dem Testamentsvollstrecker (§ 2205 BGB) oder Nachlassverwalter (§ 1984 BGB) gegenüber der Gesellschaft vertreten werden. Abs. 3 findet in einem solchen Fall keine Anwendung.

§ 19 [Einzahlungen auf die Stammeinlage]

(1) Die Einzahlungen auf die Stammeinlagen sind nach dem Verhältnis der Geldeinlagen zu leisten.

(2) [1]Von der Verpflichtung zur Leistung der Einlagen können die Gesellschafter nicht befreit werden. [2]Gegen den Anspruch der Gesellschaft ist die Aufrechnung nicht zulässig. [3]An dem Gegenstand einer Sacheinlage kann wegen Forderungen, welche sich nicht auf den Gegenstand beziehen, kein Zurückbehaltungsrecht geltend gemacht werden.

(3) Durch eine Kapitalherabsetzung können die Gesellschafter von der Verpflichtung zur Leistung von Einlagen höchstens in Höhe des Betrags befreit werden, um den das Stammkapital herabgesetzt worden ist.

(4) Vereinigen sich innerhalb von drei Jahren nach der Eintragung der Gesellschaft in das Handelsregister alle Geschäftsanteile in der Hand eines Gesellschafters oder daneben in der Hand der Gesellschaft, so hat der Gesellschafter innerhalb von drei Monaten seit der Vereinigung der Geschäftsanteile alle Geldeinlagen voll einzuzahlen oder der Gesellschaft für die Zahlung der noch ausstehenden Beträge eine Sicherung zu bestellen oder einen Teil der Geschäftsanteile an einen Dritten zu übertragen.

(5) Eine Leistung auf die Stammeinlage, welche nicht in Geld besteht oder welche durch Aufrechnung einer für die Überlassung von Vermögensgegenständen zu gewährenden Vergütung bewirkt wird, befreit den Gesellschafter von seiner Verpflichtung nur, soweit sie in Ausführung einer nach § 5 Abs. 4 Satz 1 getroffenen Bestimmung erfolgt.

(6) [1]Der Anspruch der Gesellschaft auf Leistung der Einlagen verjährt in zehn Jahren von seiner Entstehung an. [2]Wird das Insolvenzverfahren über das Vermögen der Gesellschaft eröffnet, so tritt die Verjährung nicht vor Ablauf von sechs Monaten ab dem Zeitpunkt der Eröffnung ein.

Übersicht:

A. Einleitung

§ 19 GmbHG sichert die Kapitalaufbringung und -erhaltung in der GmbH und steht daher in engem Zusammenhang mit den sonstigen Kapitalaufbringungs- und Kapitalerhaltungsregeln des GmbHG. Dementsprechend ist die Vorschrift auch in Ergänzung zu den §§ 5 Abs. 4, 7 Abs. 2 und Abs. 3, 8 Abs. 2 und 9, §§ 20 ff., §§ 30 ff., 46 Nr. 2, § 56 Abs. 1 und § 69 Abs. 1 GmbHG und als Teil des übergreifenden **Grundsatzes der Sicherung, der Schaffung und Erhaltung des Stammkapitals** zu verstehen. Diese Vorschriften sollen allesamt sicherstellen, dass das Stammkapital in der im Handelsregister eingetragenen Höhe auch tatsächlich zur Verfügung steht. Vorrangiges Ziel des § 19 GmbHG ist damit der **Schutz der Gesellschaftsgläubiger**. Die Bestimmungen des Abs. 2 bis Abs. 5–ebenso wie der neu eingefügte Abs. 6 (durch Art. 13 des Gesetzes zur Anpassung von Verjährungsvorschriften an das Gesetz zur Modernisierung des Schuldrechts vom 9. 12. 2004, BGBl. 2004 I, 3214), mit dem eine eigene gesetzliche Verjährungsbestimmung eingefügt wurde – sind daher zwingender Natur, während Abs. 1, der das Innenverhältnis zwischen den Gesellschaftern betrifft, dispositiven Charakter hat. 1

Die Bestimmungen des § 19 GmbHG finden nicht nur in der **Gründungsphase** – vor Handelsregistereintragung – sondern grundsätzlich auf **jeden Fall der Einzahlung von Stammeinlagen** Anwendung, so insbesondere auch anlässlich einer Kapitalerhöhung – auch für die Zeit nach Handelsregistereintragung (vgl. BGHZ 29, 300, 304 f.; Baumbach / Hueck/*Fastrich* § 19 Rn. 3; a. A. für Vorgründungsgesellschaft Lutter / Hommelhoff / *Bayer* GmbHG, § 19 Rn. 4). Für den Fall der Kapitalerhöhung erfolgt ein Verweis in § 56 Abs. 2 GmbHG unmittelbar auf § 19 Abs. 5 GmbHG ebenso wie für die Anwendbarkeit des § 19 Abs. 6 GmbHG in § 55 Abs. 4 GmbHG, während auf die Abs. 1 bis 3 als Allgemeinregelungen zurückgegriffen wird, da gesonderte Bestimmungen für die Kapitalerhöhung insofern nicht bestehen. Für Einlageforderungen aus Kapitalerhöhungen ist die Anwendbarkeit des Abs. 4 auf einen Zeitraum von drei Jahren nach Eintragung der Gesellschaft im Handelsregister beschränkt (Lutter / Hommelhoff / *Lutter/Hommelhoff* GmbHG, § 56 a Rn. 3; Baumbach / Hueck / *Zöllner*, § 56 a Rn. 4; Begründung bei Michalski / *Ebbing* § 19 Rn. 107). 2

Mit der Einschränkung des Abs. 1 (s. Rn. 9), der nur auf Bareinlagen Anwendung findet (und bei gemischten Einlagen für den Teil der in Geld zu erbringen ist), gilt § 19 GmbHG sowohl für **Bar- als auch für Sacheinlagen** (vgl. BGHZ 29, 300, 304 f.; vgl. auch Begr. RegE 1977, BT-Drs. 8/1347, 38). 3

Die Abs. 2, Abs. 3 und Abs. 5 gelten auch für alle mit der Einlagepflicht verbundenen **Neben- und Folgeansprüche**, daher also für Ansprüche wegen Differenzhaftung nach § 9 GmbHG, Verlustdeckungs- und Vorbelastungshaftung in der Gründungsphase nach § 11 GmbHG, ebenso wegen solcher aus Ausfall- oder Rechtsvorgängerhaftung nach § 21 Abs. 3, 22, 24 GmbHG (Scholz / *U. H. Schneider* GmbHG, § 19 Rn. 32; Hachenburg / *Ulmer*, § 19 Rn. 34; Baumbach / Hueck / *Fastrich* § 19 Rn. 3). 4

Nicht in den Regelungsbereich der Abs. 2, Abs. 3 und Abs. 5 fallen sonstige, neben der Stammeinlage zu bewirkende Leistungen, die nicht die Aufbringung von Vermögen in Höhe des satzungsmäßigen Stammkapitals bezwecken, wie Zahlung von Verzugszinsen nach § 20 GmbHG oder Vertragsstrafen, Nebenleistungen nach § 3 Abs. 2 GmbHG (RGZ 79, 271, 273; 87, 179, 180 ff.) und Nachschusspflichten nach §§ 26 bis 28 GmbHG (RG JW 1931, 3653), ebenso wie für ein vereinbartes Agio (Baumbach / Hueck / *Fastrich* § 19 Rn. 3, h. M.; a. A. betreffend Agio noch: R / S-L / *Rowedder* § 19 Rn. 13). 5

Soweit es sich im Übrigen um **Leistungsverpflichtungen** handelt, die wie die Stammeinlageverpflichtung gleichmäßig allen Gesellschaftern auferlegt werden sollen, kommt Abs. 1 zur Anwendung (vgl. OLG Köln, NJW-RR 1988, 356; zum Gleichbehandlungsgrundsatz vgl. Rn. 7 ff.). Abs. 1 gilt daher auch für ein vereinbartes Agio (MünchHdb GesR III / *Gummert* § 50 Rn. 15; Hachenburg / *Ulmer*, § 19 Rn. 17; Scholz / *U. H. Schneider* § 19 Rn. 15; Michalski / *Ebbing* § 19 Rn. 7; ebenso R / S-L / *Rowedder* § 19 Rn. 3, der auf das hohe Maß an eigenkapitalähnlichem Charakter des Auf- 6 gelds abstellt; insoweit nicht eindeutig Baumbach/Hueck/*Fastrich* § 19 Rn. 3). Ebenfalls unter Abs. 1 fallen **Einforderungen von Nachschüssen** nach § 26 GmbHG, **Zahlungsverpflichtungen aus Ausfall- oder Vorbelastungshaftung**; dies gilt auch für den Fall der Verlustdeckungshaftung, nachdem der BGH festgestellt hat, dass diese als anteilige Innenhaftung der Gesellschafter ausgestaltet ist (vgl. BGH NJW 1997, 1507, 1508). Trifft eine Leistungsverpflichtung einen Gesellschafter aus nur individuellen Gründen, findet Abs. 1 keine Anwendung. **Nicht unter Abs. 1** fallen daher Leistungspflichten der Gesellschafter gegenüber der Gesellschaft aus Zinsansprüchen und Vertragsstrafen. Dies gilt auch für Nebenleistungen nach § 3 Abs. 2 GmbHG, weil sie die Gesellschafter ungleich treffen und deshalb gesondert zu behandeln sind. Umstritten ist, ob Abs. 1 auch auf die **Zahlungspflicht auf Grund der Differenzhaftung** Anwendung findet. Zu unterscheiden ist die vom BGH (vgl. *Roth/Altmeppen* § 11 Rn. 12) anerkannte Differenzhaftung, die die Haftung der Gründergesellschafter in der Höhe meint, in der der Wert des Gesellschaftsvermögens im Zeitpunkt der Eintragung unter das Stammkapital gesunken ist. Damit ist gemeint die allgemeine Differenzhaftung nach § 11 GmbHG, im Unterschied zu der auf bestimmte Sacheinlagen bezogenen Differenzhaftung des Sacheinlegers nach § 9 GmbHG. Diese Differenzierung wird bisweilen in der Literatur nicht konsequent vorgenommen. Die Differenzhaftung der Gründungsgesellschafter trifft die Gründer gemeinsam und betrifft einen anderen Zeitpunkt, nämlich den der Eintragung (vgl. *Roth/Altmeppen* § 11 Rn. 12). Daher findet Abs. 1 hinsichtlich des Anspruchs aus § 9 GmbHG keine Anwendung, weil sich an der Vorleistungspflicht des Sacheinlegers nichts ändert und sich dieser Anspruch gegen den einzelnen Gesellschafter richtet (Hachenburg/*Ulmer* § 19 Rn. 16; Michalski/*Ebbing* § 19 Rn. 7; a. A. Baumbach/Hueck/*Fastrich*, § 19 Rn. 3: für Differenzhaftung nach § 9 GmbHG; Meyer-Landrut/*Miller* § 19 Rn. 12; nicht eindeutig: Scholz/*U. H. Schneider* GmbHG, § 19 Rn. 21 verneinend für Zuzahlungsanspruch gem. § 9 Abs. 1 GmbHG; Scholz/*U. H. Schneider* GmbHG, § 19 Rn. 15 bejahend für Differenzzahlung nach § 9 GmbHG wegen überbewerteter Sacheinlage; so auch MünchHdb GesR III/*Gummert* § 50 Rn. 15).

B. Einzahlung auf die Stammeinlagen, Abs. 1 (Gleichbehandlungsgrundsatz)

I. Allgemeines

7 Abs. 1 regelt das **interne Verhältnis** der Gesellschaft zu den Gesellschaftern bei der Einforderung der Geldeinlagen durch die Gesellschaft. Nach Abs. 1 müssen die Gesellschafter Einzahlungen auf die Stammeinlagen nach dem Verhältnis ihrer (übernommenen) Geldeinlagen leisten. Der darin zum Ausdruck kommende **Grundsatz der gleichmäßigen Heranziehung der Gesellschafter** bedeutet, dass jeder Gesellschafter gemessen an seinem übernommenen Kapitalanteil verpflichtet ist, seine Einlageverbindlichkeit dem Umfang nach zum gleichen prozentualen Anteil und zum gleichen Zeitpunkt in Geld zu zahlen (RGZ 65, 432, 434; 132, 396 (obiter); Baumbach/Hueck/*Fastrich* § 19 Rn. 4, Scholz/*U. H. Schneider* GmbHG, § 19 Rn. 15; Hachenburg/*Ulmer* § 19 Rn. 11).

8 Mit Einfügung des Wortes »Geldeinlagen« durch die GmbH-Novellierung 1980 wurde klargestellt, dass Abs. 1 **ausschließlich auf Geldeinlagen** Anwendung findet, was auch sog. **gemischten Einlagen** einbezieht, d. h. Einlagen bestehend aus Sach- und Geldeinlagen, dort jedoch nur den Anteil der Geldeinlagen. Bei diesen ist lediglich der Anteil der Geldleistung für das Einzahlungsverhältnis ausschlaggebend, während der weitere als Sacheinlage zu erbringende Teil insoweit unberücksichtigt bleibt (Baumbach/Hueck/*Fastrich* § 19 Rn. 4).

9 Auf **Sacheinlagen** findet Abs. 1 keine Anwendung (Hachenburg /*Ulmer* § 19 Rn. 19; Baumbach/Hueck/*Fastrich* § 19 Rn. 4). Sacheinlagen sind vor Anmeldung der Gesellschaft zur Eintragung in das Handelsregister nach § 7 Abs. 3 voll zu erbringen. Soweit nicht Sacheinlagen vereinbart sind, ist nach § 7 Abs. 2 GmbHG vor der Anmeldung auf jede Stammeinlage ein Viertel einzuzahlen. § 19 GmbHG bezieht sich daher zum einen der Höhe nach auf den Teil der Einlagen, die über dem aus § 7 Abs. 2 GmbHG hinausgehen und zum anderen auf diejenigen Einlagen, die nach der Anmeldung bzw. der Eintragung erfolgen. Gleichwohl bleibt § 19 GmbHG und damit auch der

Grundsatz der Gleichbehandlung der Gesellschafter aus Abs. 1 auch vor der Eintragung und damit auf die Vorgesellschaft anwendbar (Scholz/*U. H. Schneider* GmbHG, § 19 Rn. 8). Sollen bereits ausgeschiedene Gesellschafter wegen noch ausstehender Einlagen in Anspruch genommen werden, findet auch auf diese Abs. 1 und daher der Gleichbehandlungsgrundsatz Anwendung (OLG Hamm NJW-RR 2001, 1182 f.).

II. Einforderung der Stammeinlage

1. Einlageanspruch

Für die Pflicht der Gesellschafter die gezeichnete Einlage zu leisten, besteht keine gesetzliche Anspruchsgrundlage, auch nicht in § 19 GmbHG. Vielmehr wird das Bestehen des Anspruchs als rechtsgeschäftliche Pflicht aus der Übernahme einer Stammeinlage bei Gründung einer GmbH oder im Rahmen einer Kapitalerhöhung hergeleitet (Hachenburg/*Ulmer* § 19 Rn. 6). 10

2. Leistungszeit

Eine gesetzliche Regelung hinsichtlich des Zeitpunkts der Leistung besteht in §§ 7 Abs. 2 und 3, 56 a GmbHG nur hinsichtlich der Mindesteinlagen, die vor Anmeldung der Gesellschaft bzw. der Kapitalerhöhung zu erbringen sind, nicht aber für die darüber hinausgehende Einlage nach § 19 Abs. 1 GmbHG. Der Zeitpunkt, in dem diese »restliche Einlageleistung« zu erbringen ist, ergibt sich aus dem in der Satzung aufgenommenen festen **Einzahlungstermin** (RGZ 65, 432, 434; 76, 438; Scholz/*U. H. Schneider* GmbHG § 19 Rn. 9; Roth/Altmeppen/*Roth* § 19 Rn. 7). Eines Einforderungsbeschlusses durch die Gesellschafter bedarf es für diesen Fall nicht (BGH ZIP 1991, 724, 726; OLG Zweibrücken GmbHR 1996, 122; OLG Dresden GmbHR 1997, 946, 947). Wurde hingegen ein fester Einzahlungstermin in der Satzung nicht aufgenommen, wird der Anspruch nicht mit Eintragung der Gesellschaft fällig. Vielmehr bedarf es dann eines **Gesellschafterbeschlusses** nach § 46 Nr. 2 GmbHG, mit dem die Resteinlage eingefordert wird (sog. **Einforderung**). Der Gesellschafterbeschluss konkretisiert den Leistungsort, die Leistungszeit und die Leistungshöhe der mit der Stammeinlage übernommenen Einzahlungspflicht und bildet damit (nur) eine weitere Voraussetzung für dessen Fälligkeit; der Gesellschafterbeschluss allein führt aber noch nicht zur Fälligkeit (h. M., BGH BB 1961, 953; vgl. auch BFHE 93, 414, 417; Scholz/*U. H. Schneider* GmbHG, § 19 Rn. 10; Baumbach/Hueck/*Fastrich* § 19 Rn. 6; Hachenburg/*Ulmer* § 19 Rn. 7). Nach § 46 Nr. 2 GmbHG sind zwar die Gesellschafter für die Einforderung der Stammeinlagen zuständig, indessen handelt es sich dabei nicht um eine zwingende Vorschrift. Nach Maßgabe des § 45 Abs. 2 GmbHG kann eine abweichende Regelung getroffen werden und die Einforderung einem anderen Gesellschaftsorgan – also auch dem Geschäftsführer – übertragen werden (BGH DStR 1996, 111, 112). Die Mitteilung durch den Vorsitzenden der Gesellschafterversammlung soll dem gleichstehen (so Scholz/*U. H. Schneider* GmbHG, § 19 Rn. 10). Hierzu bedarf es allerdings einer eindeutigen Festlegung in der Satzung (OLG Celle GmbHG 1997, 748, 749). Von der Einforderung als der Entscheidung darüber, ob die Resteinlageschuld fällig gestellt werden soll oder nicht, zu unterscheiden ist deren Umsetzung. Sie obliegt regelmäßig den Geschäftsführern der Gesellschaft und wird – bei nicht immer einheitlichem Sprachgebrauch im Schrifttum – als **Anforderung** bezeichnet (BGH DStR 1996, 111, 112; BB 1961, 953; OLG Celle GmbHG 1997, 748, 749; OLG Köln MDR 1987, 675). Erst die Anforderung, d. h. die Mitteilung des Gesellschafterbeschlusses und die damit verbundene förmliche Aufforderung zur Leistung an den jeweiligen Gesellschafter, führt die Fälligkeit herbei (vgl. OLG München GmbHR 1985, 56; Scholz/*U. H. Schneider* GmbHG, § 19 Rn. 10; Baumbach/*Hueck/Fastrich* § 19 Rn. 6). Dabei wird jeder Gesellschafter einzeln unter Angabe des Gesellschaftskontos aufgefordert seine Einlage zu überweisen. Die Gesellschafter müssen auf die Anforderung hin **sofort** leisten, anderenfalls entsteht der Zinsanspruch der Gesellschaft nach § 20 GmbHG ohne das Erfordernis weiterer Voraussetzungen (vgl. § 20 GmbHG Rn. 3 ff.). 11

Ohne **Gesellschafterbeschluss** kann die (restliche) Einlage nicht angefordert werden. Eine Anforderung ohne Gesellschaftsbeschluss ist unwirksam (BGH WM 1989, 190; BB 1961, 953; OLG 12

München GmbHR 1985, 56, 57; Scholz/*U. H. Schneider* GmbHG, § 19 Rn. 10, Baumbach/*Hueck/Fastrich* § 19 Rn. 6). Ohne Gesellschafterbeschluss können lediglich die Mindesteinlagen eingefordert werden, weil diese nach § 7 Abs. 2, Abs. 3 GmbHG bereits vor Anmeldung der Gesellschaft ins Handelsregister vollständig zu erbringen sind. Eines Gesellschafterbeschlusses als Grundlage der Anforderung bedarf es aber in der **Insolvenz der Gesellschaft** nicht (OLG Dresden ZInsO, 2002, 328; OLG Hamm GmbHG 1985, 326, 327; DB 1995, 1907; Roth / Altmeppen / *Roth* § 19 Rn. 7). Mit Eröffnung des Insolvenzverfahrens hat ausschließlich der Insolvenzverwalter die Befugnis, die ausstehenden Stammeinlagen einzufordern. Zwischen der Einforderung und der Anforderung kann im Insolvenzverfahren nicht mehr unterschieden werden (Michalski / *Ebbing* § 19 Rn. 25). Vielmehr wird bereits mit der Einforderung durch den Insolvenzverwalter die Stammeinlage fällig (BGH BB 1978, 1635; OLG Hamm DB 1995, 1907; anders noch OLG Hamm GmbHG 1985, 326, 327, wonach Fälligkeit der Stammeinlage bereits mit Eröffnung des Insolvenzverfahrens angenommen wurde). Der Insolvenzverwalter hat ebenso den Gleichbehandlungsgrundsatz zu beachten (Roth / Altmeppen / *Roth* § 19 Rn. 7; Baumbach / Hueck / *Hueck/Fastrich* § 19 Rn. 4; Scholz / *U. H.Schneider* GmbHG, § 19 Rn. 27; a. A.: Lutter / Hommelhoff / *Lutter/Hommelhoff* GmbHG, § 46 Rn. 7 unter Hinweis auf OLG Dresden ZInsO, 2002, 328, worin diese Auffassung aber nicht vertreten wird). Auch im Fall der **Liquidation** bedarf es keines Einforderungsbeschlusses, sondern der Liquidator kann die Einlagen im Rahmen der Abwicklung einfordern, die sodann fällig werden. Voraussetzung der Einforderung ist aber, dass die Geltendmachung und Durchsetzung der Einlagenforderung für eine sachgemäße Liquidation tatsächlich erforderlich ist, vor allem zur Gläubigerbefriedigung; die Beweislast dafür, dass die Einforderung nicht notwendig ist, trägt der betroffenen Gesellschafter (*Hoffmann* GmbHR 1976, 258, 264; Michalski / *Ebbing* § 19 Rn. 26). Die Pflicht zur Gleichbehandlung besteht auch in der Liquidation (OLG Hamm NJW-RR 2001, 1182; Baumbach / Hueck / *Hueck/Fastrich* § 19 Rn. 4).

13 Im Rahmen der Beschlussfassung über die Einforderung seiner Stammeinlage ist der betroffene **Gesellschafter stimmberechtigt**; eine analoge Anwendung des § 47 Abs. 2 S. 2 GmbHG kommt nicht in Betracht (BGH GmbHR 1990, 452, 452 f.; OLG Celle GmbHG 1997, 748, 749). Anwesenden Gesellschaftern gegenüber wird der Beschluss sofort wirksam und ist nicht nochmals gesondert mitzuteilen (h. M., BGH WM 2002, 2245; OLG Hamburg GmbHR 1991, 578; OLG Dresden GmbHR 1997, 946, 947; Lutter / Hommelhoff / *Bayer* GmbHG, § 19 Rn. 8; Roth / *Altmeppen* § 20 Rn. 5; MünchHdb GesR III / *Gummert* § 50 Rn. 12; Baumbach / Hueck / *Zöllner* § 46 Rn. 2; a. A. Baumbach / Hueck / *Hueck/Fastrich* § 19 Rn. 6).

14 Im **unternehmerischen Ermessen** der Gesellschafter liegt die Entscheidung darüber, wann und ob sie den Einforderungsbeschluss fassen und somit die Fälligkeit herbeiführen. Unterlassen die Gesellschafter einen Beschluss über die Einforderung der restlichen Einlagen oder schiebt der hierzu ermächtigte Geschäftsführer die Einforderung der Einlagen auf, liegt darin grundsätzlich kein Fall der **unzulässigen Stundung** vor (allg. M.; OLG Celle GmbHG 1997, 748, 749; vgl. auch BFHE 93, 414, 417 f.; MünchHdb GesR III / *Gummert* § 50 Rn. 13; Lutter / Hommelhoff / *Lutter/Bayer* GmbHG, § 19 Rn. 15; Hachenburg / *Ulmer* § 19 Rn. 52; Meyer-Landrut / *Miller* § 19 Rn. 20; Baumbach / *Hueck/Fastrich* § 19 Rn. 18; a. A. einschränkend Scholz / *U. H. Schneider* GmbHG, § 19 Rn. 11 ff.). Unzulässig und damit unwirksam soll aber die Zusage sein, untätig zu bleiben (Baumbach / *Hueck/Fastrich* § 19 Rn. 18). Bisweilen wird in Ausnahmefällen auf die wirtschaftliche Lage der Gesellschaft abgestellt und in den Fällen, in denen die Einforderung der Einlage nötig wird – so z. B. bei dringendem Kapitalbedarf oder bei einer Gefährdung des Bestandes der Gesellschaft, ebenso wie bei einem Liquiditätsengpass und auch bei Vorliegen einer Unterbilanz – diese aber gleichwohl unterbleibt, als unzulässige Stundung erachtet (MünchHdb GesR III / *Gummert* § 50 Rn. 13; Scholz / *U. H. Schneider* GmbHG, § 19 Rn. 13).

3. Leistungsort

15 Die Gesellschafter können den Ort der Leistungshandlung **frei bestimmen**. Fehlt es an einer besonderen vertraglichen Vereinbarung folgt nach Maßgabe des § 269 Abs. 1 BGB aus der Natur des

Schuldverhältnisses, dass Leistungsort der Sitz der Gesellschaft ist (Hachenburg/*Ulmer* § 19 Rn. 8).

4. Leistungshandlung

Bei Eintritt des in der Satzung vorgesehenen festen Einzahlungstermins bzw. nach Anforderung durch den Geschäftsführer (vgl. Rn. 11) haben die Gesellschafter wie bei der Leistung der Mindesteinlage nach § 7 Abs. 2 und Abs. 3 GmbHG die darüber hinausgehende restliche Einlageverpflichtung sofort zu leisten, und zwar so, dass die Geschäftsführer hierüber frei verfügen können (vgl. § 8 Abs. 2 S. 1 GmbHG). Obwohl die §§ 7 Abs. 2, 8 Abs. 2 GmbHG auf die Zahlung der Resteinlage keine Anwendung finden (vgl. BGH GmbHR 1994, 394, 398) gilt der darin normierte Gedanke der »Leistung zur (endgültig) freien Verfügung der Geschäftsführer« auch hierfür (Baumbach/*Hueck/Fastrich* § 19 Rn. 9). 16

Die notwendige Leistungshandlung wird regelmäßig durch **Barzahlung** oder durch **Überweisung auf das Gesellschaftskonto** und unter entsprechender Leistungsbestimmung erfüllt. Ob eine Zahlung auf eine Einlageschuld erfolgt ist, bestimmt sich allein nach den allgemeinen Vorschriften der §§ 362 ff. BGB, wonach lediglich erforderlich ist, dass sich eine Leistung einem bestimmten Schuldverhältnis zuordnen lässt (BGB GmbHR 2001, 152; OLG München GmbHR 2006, 935, 936). Auch muss eine Tilgungsbestimmung nach außen zum Ausdruck gebracht werden. In Ermangelung einer ausdrücklichen Tilgungsbestimmung ist auf die Sicht des Leistungsempfängers und nicht die der Gesellschaftsgläubiger abzustellen (BGH WM 1992, 1432; OLG Köln NJW-RR 2002, 394, 395). Ausreichend ist, dass die bewirkte Leistung die allein geschuldete ist und daneben keine andere gleichartige Schuld besteht, auf welche die Leistung daneben oder stattdessen erbracht worden sein könnte (OLG München GmbHR 2006, 935, 936; BGH GmbHR 2001, 152). Im Falle **mehrerer Verbindlichkeiten** des Gesellschafters gegenüber der Gesellschaft, die durch die Zahlung nicht vollständig gedeckt sind, reicht es daher aus, wenn für den Empfänger ersichtlich ist, dass eine bestimmte Forderung nach dem Willen des Leistenden gedeckt werden soll. Die Leistung auf eine Einlageschuld ist u. a. dann anzunehmen, wenn sie bei mehreren offenen Forderungen genau den Betrag der offenen Einlageschuld abdeckt (BGH GmbHR 2001, 1114, 1115). Unschädlich sind **schuldrechtliche Verwendungsabsprachen** - auch dann, wenn sie zwischen dem Einleger und der Gesellschaft getroffen werden –, die nicht den mittelbaren oder unmittelbaren Rückfluss der eingezahlten Mittel an die Gesellschafter selbst bezwecken, sondern allein der Umsetzung von Investitionsentscheidungen der Gesellschafter oder sonstiger ihrer Weisung unterliegender geschäftspolitischer Zwecken dienen (BGH NJW 2003, 825; GmbHR 1990, 554, 555 GmbHR 1992, 601, 603; Baumbach/*Hueck/Fastrich* § 19 Rn. 9). Mit der Befriedigung einer Forderung eines Gesellschaftsgläubigers wird zugleich die Einlageforderung der Gesellschaft gegen ihn selbst getilgt, wenn die geleisteten Beträge zur freien Verfügung der Gesellschaft geleistet werden; dies ist bei **Zahlung an einen Dritten** nur dann der Fall, wenn der Gesellschafter auf Anweisung der Gesellschaft bzw. des Geschäftsführers an den Dritten leistet (Lutter/Hommelhoff/*Lutter/Bayer* GmbHG, § 19 Rn. 35; Baumbach/*Hueck/Fastrich* § 19 Rn. 11). Bezahlt der Gesellschafter ohne entsprechende Anweisung eine Gesellschaftsverbindlichkeit bei einem Dritten, geht die Forderung gegen die Gesellschaft zwar auf ihn über (§§ 268 Abs. 3, 426 Abs. 2 BGB), indessen kann diese wegen des **Aufrechnungsverbots** nach §§ 19 Abs. 2 S. 2, 19 Abs. 5, 5 Abs. 4 S. 1 GmbHG (vgl. Rn. 41 ff.) nicht gegen die Einlageforderung aufgerechnet werden. Im Übrigen muss die Forderung des Gesellschaftsgläubigers, auf die der Gesellschafter auf Veranlassung der Gesellschaft leistet, vollwertig, fällig und liquide sein (BGH GmbHR 1986, 115, 116; OLG Naumburg GmbHR 1999, 1037, 1038). Nach h. M. ist allerdings die Zahlung auf die Forderung eines Gesellschaftsgläubigers **zur Erfüllung der Mindesteinlage nicht zulässig**, weil der Gesellschaft eine Mindestliquidität zufliesen soll und diese zumindest zu einem Zeitpunkt im Vermögen der Gesellschaft gewesen sein muss (BGH GmbHR 1986, 115, 116; OLG ZIP 1989, 238, 239; Baumbach/*Hueck/Fastrich* § 19 Rn. 11; ausführl. *Priester* BB 1987, 208 m. w. N.; a. A. Hachenburg/*Ulmer* § 19 Rn. 44; Lutter/Hommelhoff/*Lutter/Bayer* GmbHG, § 19 Rn. 35). Ausreichend ist auch eine Zahlung, die auf ein im **Debet geführtes laufendes Konto** der Gesellschaft 17 erfolgt, sofern die Gesellschaft die Möglichkeit hat, über einen eingezahlten Betrag frei zu verfügen. Hierfür ist es ausreichend, dass die Geschäftsführung infolge der Einzahlung in die Lage versetzt wird, erneut Kredit in Höhe des eingezahlten Betrages zu nehmen, ohne dass es auf eine »förmliche« Einräumung ankommt, d. h. die stillschweigende Gestattung der Bank ist ausreichend (BGH NJW-Spezial 2005, 126, 127; keine Erfüllungshandlung, wenn Kreditinstitut keine neuen Verfügungen zulässt: OLG Hamm GmbHR 2005, 168). Die Leistungshandlung muss nicht durch den Gesellschafter selbst erfolgen, sondern kann **auch von einem Dritten** (z. B. Treuhänder) für den Gesellschafter oder von dem Gesellschafter mit Mitteln eines Dritten erfolgen, wenn die eingezahlten Mittel der Gesellschaft uneingeschränkt zur freien Verfügung zukommen (Baumbach/*Hueck/Fastrich* § 19 Rn. 10). Die Einlageverpflichtung ist auch dann erfüllt, wenn ein Nichtberechtigter eine Sache an die Gesellschaft übereignet und die übrigen Gesellschafter bzw. der Geschäftsführer gutgläubig waren; die Bösgläubigkeit des Sacheinlegers steht dem nicht entgegen (BGH WM 2002, 2245; Lutter / Hommelhoff / *Lutter/Bayer* GmbHG, § 19 Rn. 10). Die Einlageverpflichtung ist **nicht erfüllt**, wenn eine Leistung unter einer Bedingung oder einem Vorbehalt erfolgt (Lutter / Hommelhoff / *Lutter/Bayer* GmbHG, § 19 Rn. 11) oder bei einer Scheinzahlung, die bei einer Rückzahlung im engen zeitlichen Zusammenhang mit der Einlageleistung vermutet wird, sei es mittelbar oder unmittelbar z. B. als Darlehen deklariert (BGHZ 153, 107; Roth / Altmeppen / *Roth* § 19 Rn. 19; umfassend *Bayer* GmbHR 2004, 445, 451). Sind die Mittel zur Einlagenerbringung dem Gesellschafter durch die Gesellschaft zur Verfügung gestellt worden – als Darlehen (BGHZ 28, 77; OLG München GmbHR 2005, 541) oder in sonstiger Weise – oder hat der Gesellschafter die Einlage aus Mitteln erbracht, die ihm zuvor gemeinsam mit der Gesellschaft überlassen worden sind, d. h. für die die Gesellschaft die Mithaftung übernommen hat, liegen darin keine erfüllenden Leistungshandlungen vor (BGH GmbHR 2006, 982, 983; GmbHR 2004, 896; GmbHR 2003, 231; OLG Köln ZIP 1984, 176). Dies gilt auch in dem Fall, in dem die Zahlung durch ein vom leistungsverpflichteten Gesellschafter betriebenes einzelkäufmännisches Unternehmen geleistet wird, welches sodann – absehbar – durch die GmbH übernommen wird (OLG Hamm GmbHR 1999, 773; *Bayer* GmbHR 2004, 445, 452 m. w. N.). Auch soll es in den weiteren Fällen des **Hin- und Herzahlens**, so wie z. B. beim sog. **Cash-pool** (*Goette* DStR 2005, 206, 207 unter Hinweis auf die Tendenz der Rechtsprechung), an dem Erfordernis des für die Tilgung der Einlageschuld erforderlichen Merkmals der Zahlung zur endgültigen freien Verfügung an die Gesellschaft fehlen; ein Hin- und Herzahlen und keine Einlageerfüllung liegt auch bei **Zahlung in ein (konzernweites) Kredit- und Dispositionsverfahren** vor (BGH DStR 1999, 1451; Baumbach/*Hueck/Fastrich* § 19 Rn. 10). Die **Hingabe eines Schecks oder eines Wechsels** erfolgt im Zweifel erfüllungshalber, so dass erst mit Einlösung und Gutschrift des Schecks auf dem Konto der Gesellschaft die Einlageleistung erfüllt ist (OLG Dresden GmbHR 2000, 38, 39). Wird der Scheck zur Begleichung einer Verbindlichkeit der Gesellschaft an einen Dritten (GmbH-Gläubiger) weitergereicht, tritt Erfüllung mit dem Einlösen und dem dadurch bewirkten Erlöschen der Gesellschaftsverbindlichkeit ein (OLG Dresden GmbHR 2000, 38, 39; *Bayer* GmbHR 2004, 445, 452). In dem Fall, in dem Zahlungen an ein von dem Einlageschuldner beherrschtes Unternehmen erbracht oder an ein Unternehmen geleistet werden, das in Abhängigkeit zum Gesellschafter steht, wird – bei sachlichem und zeitlichem Zusammenhang – eine mittelbare Rückzahlung an den Gesellschafter vermutet (BGHZ 110, 47, 66 ff.; ausführl. *Bayer* GmbHR 2004, 445, 455 m. w. N.).

18 Die **Beweislast** dafür, dass eine Einlage erbracht ist, trägt der sich hierauf berufende Gesellschafter, und zwar nach den allgemeinen Beweisgrundsätzen (BGH DStR 2004, 2112, 2113 mit Anm. *Goette*; OLG Brandenburg DB 2006, 996; OLG Köln GmbHR 1989, 293, 294; Vossen, DStR 2004, 1299, 1300 f.). Das gilt grundsätzlich auch dann, wenn die Zahlungsvorgänge sehr lange zurückliegen. Bei nachgewiesener oder unstreitiger Einlageleistung auf ein Konto der Gesellschaft ist von der Erfüllung der Einlageschuld jedenfalls solange auszugehen, als nicht konkrete Anhaltspunkte über fehlende Erfüllung dargetan sind (BGH DStR 2005, 297, 298 mit Anm. *Goette*).

III. Verhältnismäßigkeit der Einzahlungen auf die Stammeinlage

Der Gleichbehandlungsgrundsatz des Abs. 1 (vgl. Rn. 7 ff.) bezieht sich sowohl auf die **Höhe** als auch auf das **Verfahren** der Einzahlung, ebenso wie auf die **Leistungszeit**. Die Stammeinlagen müssen bei den Gesellschaftern gleichzeitig und – bezogen auf die jeweils übernommene Bareinlage – zu einem prozentual gleichen Anteil eingefordert werden (vgl. Rn. 7). Für die Beurteilung der gleichmäßigen Behandlung ist auch bei der gemischten Einlage der Bareinlageteil als Bezugsgröße heranzuziehen (zu der Differenzierung »Mischeinlage« bzw. »gemischte Einlage« vgl. GmbH-Hdb/*Kallmeyer* Rn. I 261 f., Stand: April 2005). 19

1. Leistungsverweigerungsrecht der Gesellschafter

Werden **der Höhe nach** unterschiedliche Einforderungen gegenüber den Gesellschaftern gestellt, so kann ein Gesellschafter die Zahlung des im Verhältnis zu den anderen Gesellschaftern höheren Betrages verweigern. Der Gesellschafter, dessen **Leistung vorzeitig eingefordert** wird, ist bis zum Fälligkeitszeitpunkt, in dem alle Gesellschafter leistungspflichtig werden, ebenso zur **Leistungsverweigerung** berechtigt. Der Gesellschafter gerät durch die Leistungsverweigerung nicht in Verzug (RGZ 65, 432, 434; Baumbach/*Hueck/Fastrich* § 19 Rn. 7); die §§ 20, 21 GmbHG sind ausgeschlossen (RGZ 49, 149; 65, 432, 435; vgl. auch OLG Köln MDR 1987, 675). Ihm steht auch ein Auskunftsrecht über Höhe und Zeitpunkt der Zahlungsanforderung gegen die anderen Gesellschafter zu, wenn hierüber die Anforderung eine gleichmäßige Inanspruchnahme der Gesellschafter nicht erkennen lässt oder Zweifel hierüber bestehen (RGZ 65, 432, 435; Roth/Altmeppen/*Roth* § 19 Rn. 5; Baumbach/*Hueck/Fastrich* § 19 Rn. 8). Ein Ausschluss nach § 21 GmbHG ist ausgeschlossen (RGZ 49, 149; 65, 432, 435; OLG Köln MDR 1987, 675). Das Leistungsverweigerungsrecht besteht bis zur Auskunftserteilung (RGZ 65, 533; Scholz/*U. H. Schneider* GmbHG, § 19 Rn. 24). 20

Soll ein Gesellschafter eine Leistung **vorzeitig oder anteilig höher** erbringen und fehlt es an einer Satzungsregelung über die Einforderung der Einzahlungen, muss hierüber zuvor ein **Gesellschafterbeschluss** gefasst werden, der nach § 53 Abs. 3 GmbHG nur mit Zustimmung aller und damit auch des benachteiligten Gesellschafters erfolgen kann; Abs. 1 ist abdingbar (allg. M.; RGZ 149, 293, 300; MünchHdb GesR III/*Gummert* § 50 Rn. 19; Hachenburg/*Ulmer* § 19 Rn. 31). Die fehlende Zustimmung führt nicht zur Nichtigkeit, sondern zur Anfechtbarkeit des Beschlusses (Hachenburg/*Ulmer* § 19 Rn. 26; *Roth*/Altmeppen § 19 Rn. 5; Baumbach/Hueck/*Hueck/Fastrich* § 19 Rn. 8). Will der Gesellschafter diesen Beschluss nicht gegen sich gelten lassen, muss er den Einforderungsbeschluss anfechten (Scholz/*U. H. Schneider* GmbHG, § 19 Rn. 24; Michalski/*Ebbing*, § 19 Rn. 24). Anderenfalls wird er so behandelt, als wenn er der Ungleichbehandlung zugestimmt hätte und kann sich dann gegenüber der Anforderung durch den Geschäftsführer nicht mehr auf den Einwand des Gleichbehandlungsgebots aus Abs. 1 berufen (OLG Köln MDR 1987, 675). 21

Wurde ein Gesellschafter erst gar nicht zur Zahlung aufgefordert, sind die Gesellschafter zwar weiterhin zur Leistung verpflichtet, ihnen steht aber ebenso ein zeitlich begrenztes Leistungsverweigerungsrecht zu (vgl. Rn. 20; Scholz/*U. H. Schneider* GmbHG, § 19 Rn. 24). Werden hingegen alle Gesellschafter gleichmäßig zur Einlageleistung aufgefordert und verweigern einzelne Gesellschafter die Leistung, können sich die zahlungswilligen Gesellschafter nicht auf ein Zurückbehaltungsrecht berufen, denn mit der Zahlungsaufforderung allein ist dem Gleichbehandlungsgrundsatz Genüge getan. Ein Zurückbehaltungsrecht allgemeiner Art vergleichbar dem aus § 320 BGB besteht nicht (RGZ 149, 293, 300 f.; vgl. auch OLG Köln MDR 1987, 675). Der säumige Gesellschafter ist aber von Rechts wegen zur Entrichtung von **Verzugszinsen** verpflichtet (vgl. hierzu § 20 GmbHG Rn. 8) und kann mit seinem Geschäftsanteil ausgeschlossen werden (vgl. zum Kaduzierungsverfahren ausführl. Kommentierung zu § 21 GmbHG). 22

2. Zahlungsunfähigkeit und sonstige Unmöglichkeit der Leistung

23 Die **Zahlungsunfähigkeit** eines Gesellschafters oder die **Unmöglichkeit**, einen Gesellschafter zur Leistung heranzuziehen, entbindet die weiteren Gesellschafter nicht von ihrer eigenen Leistungspflicht (RGZ 149, 300; OLG München BB 1954, 758). Um dem Gleichbehandlungsgebot des Abs. 1 zu genügen, soll auch ein zahlungsunfähiger Gesellschafter zur Einlageleistung aufgefordert werden (vgl. Michalski/*Ebbing* § 19 Rn. 22). Der zahlungsunfähige Gesellschafter wird tatsächlich regelmäßig bereits deshalb zur Leistung aufgefordert werden, weil die Durchführung des Kaduzierungsverfahrens nach §§ 21 ff. GmbHG eine Zahlungsaufforderung voraussetzt. Ungeachtet der Zahlungsfähigkeit sollte jeder Gesellschafter zur Leistung aufgefordert werden, weil hierdurch den Gesellschaftern von vornherein die Möglichkeit des Einwandes der ungleichmäßigen Behandlung oder der Zahlungsverweigerung unter Behauptung der Zahlungsunfähigkeit eines Gesellschafters die Grundlage entzogen wird.

3. Freiwillige Mehrleistung

24 Zahlt ein Gesellschafter, ohne hierzu nach dem Gesellschaftsvertrag verpflichtet zu sein, mehr, sei es freiwillig oder irrtümlich, ist eine Rückforderung unter Hinweis auf eine rechtsgrundlos erfolgte Leistung bzw. auf Abs. 1 ausgeschlossen (*Roth*/Altmeppen § 19 Rn. 4; Baumbach/*Hueck/Fastrich* § 19 Rn. 8; a. A. R/S-L/*Rowedder* § 19 Rn. 9, der im Fall der versehentlichen Mehrzahlung eine Anfechtung nach § 119 BGB als möglich erachtet). Der Gesellschafter hat aber einen Anspruch darauf, dass ihm bei einer nachfolgenden Einforderung die erfolgte Vorleistung angerechnet wird (Hachenburg /*Ulmer* § 19 Rn. 30; *Roth*/Altmeppen § 19 Rn. 5; Scholz/*U. H. Schneider* GmbHG § 19 Rn. 25).

4. Abtretung, Verpfändung der Einlageforderung

a) Allgemeines

25 Allgemein anerkannt ist heute, dass eine Einlageforderung abtretbar (§§ 398 ff. BGB) und verpfändbar (§ 1274 Abs. 2 BGB) ist (BGHZ 69, 274, 282; Lutter / Hommelhoff/*Lutter/Bayer* GmbHG, § 19 Rn. 32; *Roth*/Altmeppen § 19 Rn. 13; Scholz/*U. H. Schneider* GmbHG § 19 Rn. 145). Voraussetzung ist, dass der Gesellschaft im Gegenzug eine **vollwertige Gegenleistung** zufließt (h. M.; BGHZ 69, 274, 283 f. (Abtretung); BGHZ 53, 71, 72 = NJW 1970, 469; BGH GmbHR 1992, 522 (Pfändung und Abtretung); OLG Frankfurt GmbHR 1977, 249 (Abtretung und Pfändung); OLG Köln GmbHR 1989, 293 (Pfändung und Abtretung); *Roth* / Altmeppen § 19 Rn. 13; Baumbach / Hueck/*Hueck/Fastrich* § 19 Rn. 47; Scholz/*U. H. Schneider* GmbHG § 19 Rn. 150 (Abtretung und Pfändung); *Bayer* ZIP 1989, 8; a. A. generell zulässig unter Verzicht auf Vollwertigkeit *K. Schmidt* ZHR 157 (1993), 291, 304, m. w. N.; für den Fall der Pfändung: *Volmer* GmbHR 1998, 579, 580 f.; vgl. auch Rn. 27). Auf die Vollwertigkeit der Forderung soll es aber im Liquidationsstadium nicht ankommen, wenn die Gesellschaft ihren **Geschäftsbetrieb eingestellt** hat und ihr Vermögen sich in der Einlageforderung erschöpft, und wenn außerdem keine weiteren Gläubiger vorhanden sind oder diese ihre Ansprüche nicht mehr weiterverfolgen und die Gesellschaft die Mittel für einen Prozess gegen den Einlagenschuldner weder besitzt noch von einem dieser Gläubiger vorgeschossen erhält (BGHZ 53, 71, 72 ff.; BGH GmbHR 1992, 522; OLG Celle GmbHR 1994, 246, 247; Lutter / Hommelhoff/*Lutter/Bayer* GmbHG, § 19 Rn. 33; Scholz/*U. H. Schneider* GmbHG, § 19 Rn. 151; GmbH-Hdb/*Kallmeyer* Rn. I 302; Stand: Juli 2003). Nach vereinzelt vertretener Auffassung sei für die Frage der Zulässigkeit der Abtretung bzw. Verpfändung zwischen der **Mindesteinlage** und der **Resteinlage** zu differenzieren. Zulässig sei danach die Abtretung und Verpfändung (und auch die Pfändung) nur des Anspruchs auf Zahlung der Resteinlage; vor der Handelsregistereintragung soll danach die Mindesteinlage nicht abtretbar sein (so nur noch Scholz/*U. H. Schneider* GmbHG, § 19 Rn. 147). Begründet wird dies damit, dass der Gesellschaft eine Mindestliquidität zufließen müsse. Da die Mindesteinlage aber auch als Sacheinlage erbracht werden kann, greift diese Argumentation nicht durch und auch ist eine dahingehende Einschränkung nicht geboten (Baumbach / Hueck/*Hueck/Fastrich* § 19 Rn. 47), noch sind anderweitige Hinderungsgründe ersichtlich (Lutter / Hommelhoff/*Lutter/Bayer* GmbHG, § 19 Rn. 32). Die Möglich-

keit die Einlageforderung abtreten oder verpfänden zu können, kann dadurch unterbunden werden, dass sie in der Satzung nach den allgemeinen Bestimmungen ausgeschlossen wird (Michalski/*Ebbing* § 19 Rn. 95 unter Hinweis auf § 399 BGB).

b) Rechtsfolgen

Durch die Abtretung bzw. Verpfändung ändert sich nichts an der Rechtsstellung des Einlageschuldners. Er kann sich auf alle **Einreden und Einwendungen** berufen, die ihm gegen die Gesellschaft zustanden (§§ 412, 404 BGB; vgl. BGH NJW 1980, 2253; Lutter/Hommelhoff/*Lutter/Bayer* GmbHG, § 19 Rn. 34; Hachenburg/*Ulmer* § 19 Rn. 122). Im Fall der Abtretung hat auch das Gleichbehandlungsgebot aus Abs. 1 Bestand (*Roth*/Altmeppen § 19 Rn. 15; Baumbach/Hueck/*Hueck/Fastrich* § 19 Rn. 48; auch für den Fall der Verpfändung: Michalski/*Ebbing* § 19 Rn. 98; so wohl auch Lutter/Hommelhoff/*Lutter/Bayer* GmbHG, § 19 Rn. 40). Nach wohl überwiegender Auffassung wird durch die Abtretung oder die Verpfändung allein die Einlageforderung nicht fällig, sondern es bedarf – wenn sich der Fälligkeitszeitpunkt nicht schon aus der Satzung ergibt – eines **Einforderungsbeschlusses** nach § 46 Nr. 2 GmbHG (Baumbach/Hueck/*Hueck/Fastrich* § 19 Rn. 48; Lutter/Hommelhoff/*Lutter/Bayer* GmbHG, § 19 Rn. 34; Michalski/*Ebbing* § 19 Rn. 97; *Roth*/Altmeppen § 19 Rn. 15; a. A. heute nur noch Scholz/*U. H. Schneider* GmbHG, § 19 Rn. 155 unter Hinweis auf frühere h. M.: RGZ 76, 434, 436; 149, 298, 302 und auf OLG Köln GmbHR 1989, 293, 294, worin das Gericht aber nur für den Fall der Pfändung das Bestimmungsrecht über die Fälligkeit auf den Pfandgläubiger übergegangen sieht). Mit der Abtretung der Einlageforderung entfällt der ihr zukommende Zweck der Kapitalaufbringung. Die Gesellschaft erhält in diesem Fall ein vollwertiges Äquivalent, so dass sich der Schutzzweck des Kaduzierungsverfahrens erübrigt und daher weder dem Zessionar noch der Gesellschaft das Ausschlussrecht nach § 21 GmbHG zusteht (vgl. § 21 GmbHG Rn. 4; Scholz/*U. H. Schneider* GmbHG, § 19 Rn. 157; Baumbach/Hueck/*Hueck/Fastrich* § 19 Rn. 48, *Roth*/Altmeppen § 19 Rn. 15; Hachenburg/*Ulmer* § 19 Rn. 121). Dies gilt ebenfalls im Fall der Verpfändung (Lutter/Hommelhoff/*Lutter/Bayer* GmbHG, § 21 Rn. 4; Michalski/*Ebbing* § 19 Rn. 98). Eine **Aufrechnung des Einlagenschuldners** mit einer Forderung, die ihm unmittelbar gegen den Zessionar oder Vollstrechungsgläubiger zusteht, ist möglich. Dem steht § 19 Abs. 2 S. 2 GmbHG nicht entgegen, jedoch kann er nicht mit Forderungen aufrechnen, die ihm gegen die Gesellschaft zustehen (BGHZ 53, 71, 75; BGH GmbHR 1968, 162, 163 f. mit Anm. *Pleyer*; Hachenburg/*Ulmer* § 19 Rn. 122; Scholz/*U. H. Schneider* GmbHG, § 19 Rn. 156; Michalski/*Ebbing* § 19 Rn. 98). Dem Zessionar steht es auch frei, den Einlageschuldner die Forderung zu **erlassen** oder zu **stunden** (Hachenburg/*Ulmer* § 19 Rn. 121; Scholz/*U. H. Schneider* GmbHG, § 19 Rn. 157). 26

5. Pfändung der Einlageforderung

Einlageforderungen sind ebenso unter der Voraussetzung pfändbar, dass der Gesellschaft dafür eine **vollwertige Gegenleistung** zufließt (h. M.; BGH GmbHR 1992, 522; OLG Köln GmbHR 1989, 293; OLG Hamm GmbHR 1992, 370, 371; Lutter/Hommelhoff/*Lutter/Bayer* GmbHG, § 19 Rn. 38). Dies gilt auch für den Teil der Stammeinlage, der nach § 7 Abs. 2 GmbHG vor der Anmeldung zum Handelsregister eingezahlt werden muss. Zumindest nach Eintragung in das Handelsregister spielt die Unterscheidung zwischen Mindest- und Resteinlage keine Rolle mehr (allg. M.; a. A. nur Scholz/*U. H. Schneider* GmbHG, § 19 Rn. 147). Auch wenn die Einlageforderung nicht »vollwertig« ist, ist eine Pfändung gleichwohl ausnahmsweise zulässig, wenn aus besonderen Gründen der Zweck der Kapitalerhaltung entfallen ist. Das ist dann anzunehmen, wenn die Gesellschaft ihren **Geschäftsbetrieb vollständig und endgültig eingestellt** hat, ihr Vermögen sich in der Einlagenforderung erschöpft und mit anderen Gläubigern als dem Pfändungsgläubiger nicht mehr zu rechnen ist, weil diese ihre Ansprüche nicht mehr weiterverfolgen und die Gesellschaft die Mittel für einen Prozess gegen den Einlagenschuldner weder besitzt noch von einem dieser Gläubiger vorgeschossen erhält (vgl. auch »Abtretung« Rn. 25; RGZ 149, 293; BGHZ 51, 71, 73; BGH GmbHR 1992, 522; OLG Köln GmbHR 1989, 293; OLG Hamm GmbHR 1992, 370, 371; *Roth*/Altmeppen § 19 Rn. 14; Lutter/Hommelhoff/*Lutter/Bayer* GmbHG, § 19 27

Rn. 38). Begründet wird dies damit, dass anderenfalls die Unpfändbarkeit dazu führen würde, dass der Einlageschuldner überhaupt nicht mehr zahlen müsste und hierdurch gegenüber dem einzigen aktiven Pfändungsgläubiger begünstigt wäre, wofür ein sachlicher Grund nicht besteht (OLG Hamm GmbHR 1992, 370, 371; im Fall der Liquidation: vgl. Rn. 25; OLG Celle GmbHR 1994, 246, 247; bei Abweisung der Eröffnung des Insolvenzverfahrens mangels Kostendeckung und kein weiterer Gläubiger Vorschuss leistet: BGH NJW 2001, 304, 305; *Bayer* ZIP 1989, 8, 10; Lutter/Hommelhoff/*Lutter/Bayer* GmbHG, § 19 Rn. 38). Die Pfändung ist indessen **ausgeschlossen**, wenn ein Gesellschafter die gegen ihn gerichtete Einlageforderung der Gesellschaft pfändet, weil damit das Aufrechnungsverbot aus § 19 Abs. 2 S. 2 GmbHG umgangen werden würde (Hachenburg/*Ulmer* § 19 Rn. 124; *Roth*/Altmeppen § 19 Rn. 16; Lutter/Hommelhoff/*Lutter/Bayer* GmbHG, § 19 Rn. 39). Die Pfändungsvoraussetzungen sollen nach vereinzelt vertretener Auffassung, wenn sie bei der Pfändung nicht vorliegen, später nachgeholt werden können (so Michalski/*Ebbing* § 19 Rn. 82 unter Hinweis auf BGH NJW 1992, 2229, 2230 – dort aber nicht eindeutig; im zu entscheidenden Fall lagen bei Erlass des Pfändungs- und Überweisungsbeschlusses die Pfändungsvoraussetzungen nicht vor und traten erst anschließend ein). Nach anders lautender Ansicht soll es für die Frage der Rechtmäßigkeit der Pfändung gar nicht auf die »Vollwertigkeit« ankommen, vielmehr sei die Pfändung einer ausstehenden Einlagenforderung ohne Einschränkung zulässig (Michalski/*Ebbing* § 19 Rn. 83 ff. mit umfassender Begründung; *Volmer* GmbHR 1998, 579, 582; *K. Schmidt* ZHR 157 (1993), 291, 315; *Berger* ZZP 107 (1994), 29, 36 ff.). Anders als bei der Abtretung und Verpfändung soll auch nach Pfändung der Einlageansprüche das Kaduzierungsverfahren zulässig sein, weil der wirtschaftliche Wert einer nur gepfändeten und überwiesenen Forderung der Gesellschaft im Zeitpunkt der Pfändung schon gar nicht zugeflossen ist, sondern dies erst mit der Einziehung durch den Gläubiger erfolgt und die Gesellschaft erst in diesem Moment von der gegen sie gerichteten Forderung des pfändenden Gläubigers befreit wird (OLG Celle GmbHR 1994, 801, 802; Lutter/Hommelhoff/*Lutter/Bayer* GmbHG, § 19 Rn. 40 und § 21 Rn. 4; *Müller* GmbHR 1970, 57,60 ff.; vgl. auch Rn. 26 und § 21 GmbHG Rn. 4). Auch führt die Pfändung der Einlageforderung zu deren **unmittelbaren Fälligkeit** (RGZ 149, 298, 302; OLG Köln GmbHR 1989, 293, 294; Lutter/Hommelhoff/*Lutter/Bayer* GmbHG, § 19 Rn. 40; Baumbach/Hueck/*Hueck/Fastrich* § 19 Rn. 48; *Roth*/Altmeppen § 19 Rn. 17, der dies für sachdienlich hält, aber aus Sicht des Schuldners nicht begründet sieht; Scholz/*U. H. Schneider* GmbHG, § 19 Rn. 155; Hachenburg/*Ulmer* § 19 Rn. 124).Unter Hinweis auf den Zweck der zwangsweisen Befriedigung wird durch die h. M. die Geltung des Gleichbehandlungsgebots im Pfändungsfall hingegen verneint (BGH NJW 1980, 2253; Scholz/*U. H. Schneider* GmbHG, § 19 Rn. 152; *Roth*/Altmeppen § 19 Rn. 17; Baumbach/Hueck/*Hueck/Fastrich* § 19 Rn. 49; Michalski/*Ebbing* § 19 Rn. 89). Als **Rechtsfolge der Pfändung** verliert die Einlageforderung ihren Eigenkapitalcharakter. Der Gesellschafter darf dann gegen Forderungen des Gläubigers aufrechnen, wegen § 19 Abs. 2 S. 2 GmbHG nicht hingegen mit solchen gegen die Gesellschaft (Scholz/*U. H. Schneider* GmbHG, § 19 Rn. 156).

6. Insolvenz und Liquidation der Gesellschaft

28 Im Fall der Insolvenz kann der Insolvenzverwalter **ohne Gesellschafterbeschluss** nach § 46 Nr. 2 GmbHG die Einlageforderung einfordern (allg. M.; OLG Hamm GmbHR 1985, 326, 327; DB 1995, 1907; Baumbach/Hueck/*Hueck/Fastrich* § 19 Rn. 6 m. w. N. vgl. auch Rn. 11). Dasselbe gilt für den Liquidator im Rahmen der Abwicklung (Scholz/*U. H. Schneider* GmbHG § 19 Rn. 27; Hachenburg/*Ulmer* § 19 Rn. 23). Insolvenzverwalter wie Liquidator müssen bei der Einforderung den Grundsatz der Gleichbehandlung nach Abs. 1 beachten (OLG Hamm NJW-RR 2001, 1182 f. für den Fall der Liquidation). Wird eine ausstehende Einlageforderung geltend gemacht, ist der **Insolvenz- bzw. Liquidationszweck** zu beachten, d. h. der Anspruch der Leistung der Einlage darf nur insoweit geltend gemacht und durchgesetzt werden, als er zur sachgemäßen Durchführung des Insolvenzverfahrens bzw. der Liquidatin – vor allem der Gläubigerbefriedigung – auch tatsächlich erforderlich ist (RGZ 149, 293, 301). Die **Beweislast** dafür, dass eine Einforderung nicht erforderlich ist, tragen die betroffenen Gesellschafter (*Hofmann* GmbHR 1976, 258,

264 m. w. N.; Michalski/*Ebbing* § 19 Rn. 26; vgl. auch Rn. 29). Weder der Insolvenzverwalter noch der Liquidator sind an die im Gesellschaftsvertrag oder durch Gesellschaftsbeschluss bestimmten Fälligkeitstermine gebunden. Die Verpflichtung, offene Stammeinlagen zu zahlen, wird nicht schon mit Eröffnung des Insolvenzverfahrens fällig (so aber noch OLG Hamm GmbHR 1985, 326, 327; Scholz/*U. H. Schneider* GmbHG, § 19 Rn. 28). Notwendige Voraussetzung der Fälligkeit ist vielmehr eine Anforderung durch den Insolvenzverwalter bzw. den Liquidator (BGH, BB 1978, 1635; so auch OLG Hamm DB 1995, 1907; Michalski/*Ebbing* § 19 Rn. 25 f.).

IV. Beweislast

Der Nachweis dafür, dass er der Einlageverpflichtung ordnungsgemäß nachgekommen ist, ist entsprechend den allgemeinen Grundsätzen durch den sich darauf berufenden Gesellschafter zu erbringen (BGH NJW 1992, 2698, 2699; DStR 2004, 2112, 2113; OLG Brandenburg DB 2006, 996; Baumbach/Hueck/*Hueck/Fastrich* § 19 Rn. 9; Lutter/Hommelhoff/*Lutter/Bayer* GmbHG, § 19 Rn. 12). Das gilt nicht nur für behauptete Einzahlungen und das Erbringen von Sacheinlagen, sondern auch für die Erfüllungswirkung anderer Leistungsvorgänge wie z. B. die Zahlung an einen Gläubiger der Gesellschaft, und zwar grundsätzlich auch dann, wenn die Zahlungsvorgänge sehr lange Zeit zurückliegen (BGH DStR 2004, 2112, 2113; OLG Brandenburg DB 2006, 996). Bei lange zurückliegenden Zahlungsvorgängen ist es aber eine Frage des vom Tatrichter zu bestimmenden Beweismaßes, wie viele Umstände dargelegt und bewiesen werden müssen, wobei dem Gesellschafter auch die Grundsätze über die sekundäre Behauptungslast zu Gute kommen (OLG Brandenburg DB 2006, 996 – für 20 Jahre zurückliegende Einlagenzahlung). Diese Beweiserleichterung beruht auf dem Umstand, dass nach früherem Recht Einlageleistungen erst nach 30 Jahren verjährten, die Aufbewahrungspflichten für entsprechende Zahlungsbelege nach § 257 Abs. 4 HGB aber zehn Jahre betragen und die Gesellschafter daher hinsichtlich der ordnungsgemäßen Erfüllung der Einlageverpflichtung in erhebliche Beweisnot geraten konnten (*Voßen* DStR 2004, 1299, 1302; *Goette*, Anm. zu BGH vom 13. 9. 2004, II ZR 137/02, DStR 2004, 2113). 29

C. Keine Befreiung von der Leistung auf die Stammeinlage, Abs. 2

I. Befreiungsverbot Abs. 2 S. 1 und Abs. 3

1. Sachlicher Anwendungsbereich

In Abs. 2 ist der **Grundsatz der realen Kapitalaufbringung** normiert. Im Interesse des Gläubigerschutzes wird darin jegliche Befreiung von der Verpflichtung zur Einlageleistung ausgeschlossen, ungeachtet ob diese bei Errichtung der Gesellschaft durch Gesellschaftsvertrag oder durch einen Kapitalerhöhungsbeschluss begründet wurde und auch ungeachtet dessen, ob sie als Bar- oder Sacheinlage zu erbringen ist (Begr. RegE 1977, BT-Drs. 8/1347 S. 38; BGHZ 29, 300, 304 f.; Scholz/*U. H. Schneider* GmbHG, § 19 Rn. 29 ff.; Hachenburg/*Ulmer* § 19 Rn. 34). Unter das Befreiungsverbot des Abs. 2 fallen auch alle mit der Einlageforderung verbundenen **Neben- und Folgeansprüche**, die wie diese dem Aufbringen des Stammkapitals und damit der Sicherung der Gläubiger dienen. Daher erstreckt sich der Anwendungsbereich des Abs. 2 auch auf Ansprüche der Gesellschaft aus Ausfallhaftung nach § 21 Abs. 3 und § 24 GmbHG, auf Ansprüche aus Haftung der Rechtsvorgänger des zahlungsunfähigen oder -unwilligen Gesellschafters nach § 16 Abs. 3 und § 22 Abs. 1 GmbHG (RGZ 98, 277; RGZ 123, 8, 9 f.), Ansprüche aus der Vorbelastungshaftung bei Eintragung der Gesellschaft und auf Verlustausgleich bei Abbruch des Eintragungsverfahrens nach § 11 GmbHG und Ansprüche aus der Differenzhaftung nach §§ 9, 9 a GmbHG wegen Überbewertung der Sacheinlage; erfasst sind auch sämtliche Nebenverpflichtungen von Gesellschaftern, die eine Sacheinlage zu erbringen haben, wie z. B. bei der Einbringung eines Handelsgeschäfts, die Haftung des Inferenten für die Außenstände (RGZ 79, 271, 273) und aus Gewährleistung und Schadenersatz (MünchHdb GesR III/*Gummert* § 50 Rn. 27; Scholz/*U. H. Schneider* GmbHG, § 19 Rn. 32; Hachenburg/*Ulmer* § 19 Rn. 34). Das Befreiungsverbot aus Abs. 2 findet nach h. M. auch entsprechende Anwendung auf **Erstattungsansprüche der Gesellschaft aus § 31 Abs. 1 GmbHG** (BGH GmbHR 2001, 142, 143; Lutter/Hommelhoff/*Lutter/Bayer* GmbHG § 31 Rn. 24; *Paul* ZInsO 2001, 243; s. auch § 31 GmbHG Rn. 32; a. A. noch BGHZ 69, 30

274; *Preus* GmbHR 2001, 655; Baumbach / Hueck / *Hueck/Fastrich* § 31 Rn. 6) sowie auf **Ansprüche aus § 43 a GmbHG** (*Zimmermann* EWiR 1999, 21, 22; a. A. OLG Naumburg GmbHR 1998, 1180, 1181 f. – auch gegen Analogie bei § 31 GmbHG; Michalski / *Ebbing* § 19 Rn. 31).

31 In dem Fall, in dem der Geschäftsanteil von einem **Treuhänder** gehalten wird, soll nach Auffassung der Rechtsprechung der dahinter stehende Treugeber mit Blick auf § 19 Abs. 2 GmbHG wie ein Gesellschafter behandelt und daher unmittelbar persönlich auf Zahlung der Einlage in Anspruch genommen werden (BGHZ 31, 258, 266; BGH WM 1992, 1233; OLG Hamburg DB 1984, 1515 f.; Scholz / *U. H. Schneider* GmbHG, § 19 Rn. 61; MünchHdb GesR III / *Gummert*, § 50 Rn. 27; Meyer-Landrut / *Miller* § 19 Rn. 17; a. A. Hachenburg / *Ulmer* § 2 Rn. 62, 66).

32 Ansprüche der Gesellschaft, die nicht der Aufbringung des Stammkapitals dienen, sind **von Abs. 2 nicht erfasst** (Hachenburg / *Ulmer* § 19 Rn. 35). Das gilt für Ansprüche auf Zahlung von Verzugszinsen (h. L.; a. A. Michalski / *Ebbing* § 19 Rn. 32 und § 20 Rn. 38) oder Vertragsstrafen nach § 20 GmbHG, für Nebenleistungen nach § 3 Abs. 2 GmbHG (RGZ 79, 271, 273), für ein vereinbartes Aufgeld (a. A. Meyer-Landrut / *Miller* § 19 Rn. 15), ebenso wie für eine vereinbarte Nachschusspflicht gem. § 26 ff. GmbHG (Hachenburg / *Ulmer* § 19 Rn. 35; Scholz / *U. H. Schneider* GmbHG, § 19 Rn. 32; Baumbach / Hueck / *Hueck/Fastrich* § 19 Rn. 3; Lutter / Hommelhoff / *Lutter/ Bayer* GmbHG, § 19 Rn. 3).

2. Zeitlicher Anwendungsbereich

33 Das Befreiungsverbot setzt voraus, dass die Verpflichtung zur Leistung der Stammeinlage besteht, so dass nach Eintragung der Gesellschaft ins Handelsregister hinsichtlich der Resteinlage Abs. 2 greift. Dies gilt aber auch nach Eintritt der Gesellschaft in das Liquidations- und auch das Insolvenzstadium, so dass sowohl der **Liquidator** als auch der **Insolvenzverwalter** an das Befreiungsverbot gebunden sind (BayObLG ZIP 1985, 33). Auf die Vorgründungsgesellschaft, die eine GbR oder OHG, aber jedenfalls keine GmbH ist, findet Abs. 2 keine Anwendung (BGH WM 1984, 929; MünchHdb GesR III / *Gummert* § 50 Rn. 30; Scholz / *U. H. Schneider* GmbHG § 19 Rn. 34). Umstritten ist allerdings die Anwendbarkeit auf die Vorgesellschaft (so aber BGHZ 80, 129; BGH WM 1980, 955). Nach in der Literatur vertretener Auffassung soll während des Stadiums der Vorgesellschaft Abs. 2 anwendbar sein, wenn in Erfüllung zur Verpflichtung der Einbringung der Einlage Leistungen mit befreiender Wirkung erbracht werden können und die Frage, ob eine solche Leistung befreiend wirkt, nach den strengen Kriterien des Abs. 2 zu beurteilen ist (vgl. Scholz / *U. H. Schneider* GmbHG, § 19 Rn. 35 f.; MünchHdb GesR III / *Gummert* § 50 Rn. 30).

II. Erlassverbot

1. Allgemeines

34 Abs. 2 S. 1 a. F. untersagte ausdrücklich noch den **Erlass** und die **Stundung** (»Die Stammeinlagen können … weder erlassen noch gestundet werden«). Die Neufassung durch die GmbH-Novelle 1980 ist mit der Befreiung von der Leistungspflicht allgemeiner gehalten, meint aber nach dem Willen des Gesetzgebers in erster Linie die Stundung (vgl. § 202 Abs. 1 BGB a. F.) und den Erlassvertrag nach § 397 Abs. 1 BGB (Begr. RegE 1977, BT-Drs. 871347, 38). Die Neufassung des Abs. 2 ist daher lediglich eine Klarstellung dahingehend, dass auch jedes andere gleichgestellte, rechtsgeschäftliche Aufgeben des Zahlungsanspruchs durch diese Bestimmung erfasst ist; dazu zählen das **negative Schuldanerkenntnis** nach § 397 Abs. 2 BGB, der **Verzicht** der Gesellschaft auf andere gegen den Gesellschafter bestehende Forderungen (z. B. den Anspruch auf Rückzahlung eines Darlehens), damit der Gesellschafter die Bareinlage bewirken kann (OLG Köln, NJW-RR 1989, 354; OLG Hamburg NJW-RR 1986, 118), die Annahme einer anderen als der geschuldeten Leistung **an Erfüllung Statt**, § 364 Abs. 1 BGB, oder die **Novation** (d. h. die Umwandlung des korporationsrechtlich besonders geschützten Einlageeinspruchs – u. a. durch §§ 21 ff. GmbHG – in eine einfache schuldrechtliche Forderung durch Vertrag zwischen Gesellschafter und Geschäftsführer) mit dem Inhalt, den Gesellschafter von seiner Verpflichtung zu befreien (Scholz / *U. H. Schneider* GmbHG, § 19 Rn. 39; *Roth* / Altmeppen § 19 Rn. 22; MünchHdb GesR III / *Gummert*

§ 50 Rn. 31). Einer Novation gleichgestellt und damit nicht mit § 19 Abs. 2 S. 1 GmbHG vereinbar ist der Fall, dass die Einlageleistung nicht unmittelbar an die Komplementär-GmbH einer GmbH & Co. KG erbracht wird, auch wenn die Leistung bei der GmbH & Co. KG der Komplementär-GmbH gutgeschrieben wird (OLG Hamm GmbHR 1989, 162). Auch die Herabsetzung einzelner Stammeinlagen bei gleichzeitiger entsprechender Erhöhung anderer Stammeinlagen ist als Teilerlass der herabgesetzten Einlagen unzulässig (RGZ 130, 39, 43; Baumbach/Hueck/*Hueck/Fastrich* § 19 Rn. 16; Hachenburg/*Ulmer* § 19 Rn. 41). Zwar ändert sich in dem Fall der Neuzuweisung der Einlageverpflichtungen untereinander– quantitativ – nichts an dem Haftungsvolumen, allerdings besteht die Gefahr, dass zu Lasten der Gesellschaftsgläubiger solvente gegen weniger solvente Gesellschafter entlastet werden und es so zu einer qualitativen Verschiebung kommt. Unzulässig ist auch die Annahme einer fehlerhaften, mangelbehafteten oder unvollständigen Sacheinlage als Erfüllung oder die tatsächliche Nichteinforderung (Scholz/*U. H. Schneider* GmbHG, § 19 Rn. 39; MünchHdb GesR III/*Gummert* § 50 Rn. 31). Ein Rechtsgeschäft unterliegt bereits dann dem Verbot des § 19 Abs. 2 S. 1 GmbHG, wenn es nur einen Teil der Forderung betrifft (*Roth*/Altmeppen § 19 Rn. 22).

2. Verdeckte Finanzierung

Einem verbotenen Erlass nach Abs. 2 S. 1 gleichgestellt sind die Fälle der verdeckten Finanzierung, bei denen die Einlageanspruch – vergleichbar der Novation – **in eine Darlehensforderung umgewandelt** und mittelbar oder unmittelbar aus dem Vermögen der Gesellschaft geleistet wird. Der Gesellschafter bleibt daher weiterhin zur Einlageleistung verpflichtet, wenn die Gesellschaft dem Gesellschafter oder einem mit diesem verbundenen Unternehmen (kurz vor oder nach Leistung der Einlage) ein Darlehen gewährt hat, damit er seine Einlage bezahlen kann (BGHZ 28, 77 f.; BGH, DB 1958, 835; GmbHR 2003, 231; GmbHR 2004, 896; GmbHR 2006, 982, 983; OLG Thüringen GmbHR 2006, 940, 941; OLG Köln, WM 1984, 740, 741; OLG Hamm, GmbHR 1994, 472). Dem steht gleich, dass der Gesellschafter zwar die Einlageleistung erbringt, aber sodann der Einlagebetrag als Darlehen wieder an ihn ausgezahlt wird (BGH GmbHR 2006, 43; GmbHR 2006, 306; OLG Hamm GmbHR 1992, 749; OLG Schleswig BB 2000, 2014) oder an ein mit diesem verbundenes Unternehmen (Scholz/*U. H. Schneider* GmbHG, § 19 Rn. 40; MünchHdb GesR III/*Gummert* § 50 Rn. 32 m. w. N.). Eine weitere Fallgruppe erfasst die Sachverhalte bei denen Dritte einbezogen werden, wenn daher die Gesellschaft gemeinsam mit dem Gesellschafter oder einem mit dem Gesellschafter verbundenen Unternehmen bei einem Dritten ein Darlehen aufnimmt und mit der Darlehensvaluta die Einlageverpflichtung des Gesellschafters erfüllt wird (RGZ 47, 180, 185; OLG Köln WM 1984, 740). 35

Eine befreiende Einlageleistung liegt auch im Fall der **mittelbar verdeckten Finanzierung** nicht vor, wenn der Einzahlungsbetrag mittelbar aus dem Vermögen der Gesellschaft stammt, was anzunehmen ist, wenn die Einlageleistung aus dem Vermögen eines Unternehmens erfolgt, an dem die Gesellschaft mittelbar oder unmittelbar eine wesentliche Beteiligung hält. Das gilt für ein Darlehen an einen Gesellschafter durch ein von ihm beherrschtes Konzernunternehmen oder wenn eine Tochtergesellschaft Sicherheit für ein durch einen Gesellschafter bei einem Dritten aufgenommenes Darlehen leistet und in beiden Fällen daraus die Einlageleistung erfolgt (Scholz/*U. H. Schneider* GmbHG, § 19 Rn. 43). Vergleichbar damit ist der Fall einer unzulässige Novation, wenn eine Konzernmutter ihre Einlage an die GmbH überweist, die GmbH die geleistete Zahlung wegen eines zentralen Cash-Managements aber wieder zurück überweist und ihr lediglich ein schuldrechtlicher Anspruch gegen die Konzernmutter verbleibt (BGH DStR 1999, 1451; vgl. auch OLG Köln BB 2000, 372; *Jäger* DStR 2000, 1653). In diesen Fällen wird die gesellschaftsrechtliche Einlagepflicht durch in eine einfache schuldrechtliche Forderung ersetzt, was aber einer qualitativen Minderung entspricht (Scholz/*U. H. Schneider* GmbHG, § 19 Rn. 43). 36

3. Rechtsfolge bei Verstoß gegen das Befreiungsverbot

§ 19 Abs. 2 GmbHG ist als eine dem Gläubigerschutz dienende Vorschrift **zwingend** (Hachenburg/*Ulmer* § 19 Rn. 40; Meyer-Landrut/*Miller* § 19 Rn. 14). Ihre Rechtsfolgen sind daher auch 37 bei einvernehmlichem Handeln unwirksam. Das Befreiungsverbot ist ein **gesetzliches Verbot nach § 134 BGB**, das bei einem Verstoß zur **Nichtigkeit** sämtlicher rechtsgeschäftlicher Vereinbarungen zwischen der Gesellschaft und dem Gesellschafter zur Folge hat (Scholz/*U. H. Schneider* GmbHG, § 19 Rn. 28; MünchHdb GesR III/*Gummert* § 50 Rn. 35), und zwar ungeachtet der Kenntnis des Verbots oder eines Umgehungsbewusstseins bei den Gesellschaftern bzw. dem Geschäftsführer der Gesellschaft (Baumbach/Hueck/*Hueck/Fastrich* § 19 Rn. 14; Hachenburg/*Ulmer* § 19 Rn. 40).

III. Stundungsverbot

38 Auch nach der Neufassung des § 19 Abs. 2 S. 1 GmbHG durch die GmbH-Novelle 1980 ist die Stundung der Stammeinlagen verboten (allg. M.; vgl. Rn. 34). Unter Stundung ist jedes rechtsgeschäftliche Hinausschieben der Fälligkeit einer Forderung bei Bestehenbleiben der Erfüllbarkeit zu verstehen, mit der Folge, dass der Schuldner zeitweilig zur Leistungsverweigerung berechtigt ist (vgl. § 271 Abs. 2 BGB; MünchHdb GesR III/*Gummert* § 50 Rn. 36). Die Stundung der Verpflichtung zur Einlageleistung bedeutet wirtschaftlich eine **Teilbefreiung**, weil dem Gläubiger für die gestundete Zeit die Nutzungsmöglichkeit entzogen ist und beim Schuldner verbleibt, womit eine Wertentzug begründet ist (Scholz/*U. H. Schneider* GmbHG, § 19 Rn. 46). Soweit die Fälligkeit der Einlageleistung festgelegt ist, was regelmäßig durch den im Gesellschaftsvertrag festgesetzten Zahlungstermin erfolgt, so dürfen weder die Gesellschafter noch die Geschäftsführer den Zahlungstermin ändern. Eine Regelung im Gesellschaftsvertrag, die die Gesellschafter oder den Geschäftsführer zur Stundung ermächtigen, ist ebenso unzulässig; denn wenn einmal die Fälligkeit eingetreten ist, greift das Stundungsverbot zwingend ein (MünchHdb GesR III/*Gummert* § 50 Rn. 36; Scholz/*U. H. Schneider* GmbHG, § 19 Rn. 46). Nachträglich kann auch durch eine Satzungsänderung keine Befristung eingeführt, bestehende Zahlungstermine aufgeschoben oder eine Stundung ausgesprochen werden. **Vor Eintragung der Gesellschaft** ins Handelsregister kann ein bis dahin im Gesellschaftsvertrag vorgesehener Fälligkeitstermin durch Satzungsänderung abgeändert werden (Scholz/*U. H. Schneider* GmbHG, § 19 Rn. 46; MünchHdb GesR III/*Gummert* § 50 Rn. 36; weitergehend: Michalski/*Ebbing*, § 19 Rn. 48). Ist im Gesellschaftsvertrag **kein Fälligkeitszeitpunkt** bestimmt, können die Gesellschafter im Rahmen ihres unternehmerischen Ermessens den Fälligkeitszeitpunkt selbst bestimmen, wobei Gesellschafter und Geschäftsführer nicht verpflichtet sind, alsbald die zur Einforderung erforderlichen Maßnahmen zu treffen; die Nicht-Geltendmachung durch Unterlassen des entsprechenden Beschlusses (d. h. fehlende Einforderung) ist keine verbotene Stundung, so dass sich der Geschäftsführer – wegen fehlender Fälligkeit, mangels Einforderungsbeschlusses – nicht schadenersatzpflichtig macht (Hachenburg/*Ulmer* § 19 Rn. 52; Scholz/*U. H. Schneider* GmbHG, § 19 Rn. 47). Unterlässt der Geschäftsführer entgegen einem Einforderungsbeschluss die Anforderung der Einlage, stellt auch dies keine verbotene Stundung dar, allerdings kann er sich hierdurch gegenüber der Gesellschaft schadensersatzpflichtig machen (Lutter/Hommelhoff/*Lutter/Bayer* GmbHG, § 19 Rn. 15; MünchHdb GesR III/*Gummert* § 50 Rn. 37). Unzulässig ist auch das einem vorübergehenden oder dauerhaft zahlungsunfähigen Gesellschafter gewährte **Zahlungsmoratorium** (Hachenburg/*Ulmer* § 19 Rn. 49; Scholz/*U. H. Schneider* GmbHG, § 19 Rn. 48; im Einzelfall soll darin ein zulässiger Vergleich zu sehen sein: MünchHdb GesR III/*Gummert* § 50 Rn. 37). Mit Zustimmung der betroffenen Gesellschafter ist die Vorverlegung der Fälligkeit zulässig, kann aber anschließend nicht mehr rückgängig gemacht werden (RGZ 138, 106, 111; Michalski/*Ebbing* § 19 Rn. 46).

39 Ein Rechtsgeschäft mit einer dem Stundungsverbot widersprechenden Vereinbarung führt zu dessen **Nichtigkeit** (§ 134 BGB; vgl. Rn. 37). Dies gilt auch für einen Gesellschaftsbeschluss, mit dem eine Stundung gewährt werden soll (Scholz/*U. H. Schneider* GmbHG, § 19 Rn. 49).

IV. Vergleich

40 Regelmäßig ist ein Verzicht teilweise oder im Ganzen auf die Einlageforderung im Wege des Vergleichs durch Rechtsgeschäft oder im Prozess **nicht zulässig**, weil die Einlageforderung nicht zur freien Disposition durch die Geschäftsführer bzw. Gesellschafter steht; nur Ausnahmsweise soll

ein Vergleich über den Einlageanspruch möglich sein (h. M., Scholz/*U. H. Schneider* GmbHG, § 19 Rn. 50; a. A. Michalski/*Ebbing*, § 19 Rn. 49, der unter den weiteren Voraussetzungen eines Vergleichs diesen grundsätzlich für zulässig erachtet, was im Ergebnis zu keinem Unterschied führen dürfte, vgl. dort Rn. 96). Voraussetzung eines wirksamen Vergleichs ist, dass ein ernsthafter rechtlich oder tatsächlich begründeter Streit durch beiderseitiges Nachgeben beendet wird (»echter Vergleich«, § 779 BGB; RGZ 79, 271, 274; BayObLG ZIP 1985, 33; OLG Hamm GmbHR 1988, 308; Scholz/*U. H. Schneider* GmbHG, § 19 Rn. 50; Lutter/Hommelhoff/*Bayer* GmbHG, § 19 Rn. 11; enger: Hachenburg/*Ulmer* § 19 Rn. 45 ff., wonach ein Vergleich nur bei Sekundäransprüchen zulässig sein soll; zur Zulässigkeit eines § 1 GWB berührenden Vergleichs BGHZ 65, 147, 151 = NJW 1976, 194). Ein Vergleich ist in diesen Fällen nicht nur wirtschaftlich sinnvoll, sondern vielmehr mindert das Prozessrisiko den Wert der Einlageforderung bzw. des Sekundäranspruchs, so dass durch den Vergleich keine Beeinträchtigung des Gesellschaftsvermögens vorliege (Scholz/*U. H. Schneider* GmbHG, § 19 Rn. 50). So soll ein Vergleich abgeschlossen werden, wenn Zweifel an der ordnungsgemäßen Erfüllung der Einalgeleistung bestehen, daher also zweifelhaft ist, ob die Resteinlage bereits bezahlt wurde (Scholz/*U. H. Schneider* GmbHG, § 19 Rn. 50; hiergegen berechtigter Einwand, dass die Beweislast für die Erfüllung der Einlagepflicht begründende Tatsachen bei sich hierauf berufenden Gesellschafter liegt: MünchHdb GesR III/*Gummert* § 50 Rn. 121) und wenn zweifelhaft ist, ob rechtzeitig bezahlt wurde und ob die geschuldete Sacheinlage fehlerfrei war (a. A. im Hinblick auf einen Vergleich über die Fehlerfreiheit einer Sacheinlage, *Lamers* DNotZ 1992, 195). Ein Vergleich kommt nicht in Betracht, wenn ein Gesellschafter lediglich zahlungsunfähig ist oder Zweifel an seiner Zahlungsfähigkeit bestehen (BayObLG ZIP 1985, 33; Lutter/Hommelhoff/*Bayer* GmbHG, § 19 Rn. 11; Hachenburg/*Ulmer* § 19 Rn. 48; MünchHdb GesR III/*Gummert* § 50 Rn. 39). Im Fall der **Insolvenz eines Gesellschafters** ist an Stelle der Vergleichsmöglichkeit (so nach früherer Rechtsordnung §§ 173 ff. KO, Zwangsvergleich, und § 82 VerglO, Vergleich zur Abwendung des Konkurses) der Insolvenzplan nach §§ 217 ff. InsO getreten. § 9 b Abs. 1 S. 2 GmbHG findet auf die Einlageforderung keine Anwendung (Hachenburg/*Ulmer* § 19 Rn. 48; Scholz/*U. H. Schneider* GmbHG, § 19 Rn. 52). Vielmehr ist eine hinreichende und vorrangige Regelung dieses Falles mit dem Kaduzierungsverfahren sowie der Ausfallhaftung des betreffenden Gesellschafters (§ 21 Abs. 3 GmbHG) und der Mitgesellschafter (§ 24 GmbHG) getroffen worden. Im Fall der Insolvenz des Gesellschafters kann daher die Gesellschaft mit ihrer Einlageforderung am Insolvenzverfahren teilnehmen und wird insoweit quotal befriedigt. Beträgt die Quote weniger als 100 %, kann sie den Geschäftsanteil des Gesellschafters einziehen und in Höhe des Ausfalls im Kaduzierungsverfahren Befriedigung suchen (vgl. §§ 21 ff. GmbHG). Alternativ kann die Gesellschaft auch unmittelbar das Kaduzierungsverfahren betreiben und den Geschäftsanteil einzuziehen.

Bei Abschluss des Vergleichs wird die Gesellschaft durch Ihre Geschäftsführer vertreten. Für seine **Wirksamkeit** bedarf der Vergleich auch eines **Gesellschafterbeschlusses** (Hachenburg/*Ulmer* § 19 Rn. 47; MünchHdb GesR III/*Gummert* § 50 Rn. 40; a. A. Lutter/Hommelhoff/*Bayer* GmbHG, § 19 Rn. 11). Dies wird in analoger Anwendung zu § 46 Nr. 2 GmbHG (Scholz/*U. H. Schneider* § 19 Rn. 53) und teils aus einem »erst-recht-Schluss« aus § 46 Nr. 2 GmbHG (Hachenburg/*Ulmer* § 19 Rn. 47) begründet. **41**

V. Aufrechnung, Abs. 2 S. 2

1. Aufrechnung durch Gesellschafter

Nach dem Wortlaut des Abs. 2 S. 2 ist die einseitige Aufrechnung eines Gesellschafters mit einer ihm zustehenden Forderung gegen die Einlageforderung der Gesellschaft nicht zulässig. Das in § 19 Abs. 2 S. 2 GmbHG normierte **einseitige Aufrechnungsverbot** dient der Sicherung der Kapitalaufbringung und soll die Umgehung der Leistung auf die Einlagepflicht verhindern. Die einseitige Aufrechnung ist generell verboten, weil sie der Gesellschaft kein Kapital zur freien Verfügung zuführt. Das Aufrechnungsverbot gilt für jede mögliche Gegenforderung des Gesellschafters ungeachtet dessen, woraus sie hergeleitet wird, ob sie gesellschaftsrechtlicher oder **42** schuldrechtlicher Natur ist, und zu welchem Zeitpunkt sie entstanden ist. Unzulässig sind daher beispielsweise die Aufrechnung mit rückständigen Gewinndividenden (RGZ 47, 180, 185 f.), mit einer dem Gesellschafter zustehenden Darlehensforderung (OLG Frankfurt NJW-RR 1995, 35 f.), mit einer dem Gesellschafter gegen die Gesellschaft zustehenden Schadenersatzforderung (RGZ 93, 326, 330), mit einer dem Gesellschafter abgetretenen Forderung eines Gesellschaftsgläubigers (BGHZ 53, 71, 72,82) oder mit künftigen Lohnforderungen eines Gesellschafters für die eine Verrechnung vereinbart wird (BGH GmbHR 1978, 268 mit Anm. *Plander* GmbHR 1980, 30; BGH WM 1982, 1200).

43 Auch wenn durchaus ein Dritter die Einlageleistung für einen Gesellschafter bezahlen kann, ist die Aufrechnung des Gesellschafters mit einer **Forderung eines Dritten**, die ihm gegen die Gesellschaft zusteht und mit Zustimmung des Dritten erfolgt, gegen die eigene Einlageschuld des Gesellschafters nicht möglich (Scholz/*U. H. Schneider* GmbHG § 19 Rn. 55). Unzulässig ist im Rahmen der Vollstreckung einer eigenen Forderung des Gesellschafters gegen die Gesellschaft, dass der Gesellschafter die gegen ihn gerichtete Einlageforderung der Gesellschaft pfändet und sich zur Einziehung überweisen lässt, weil die Einlageforderung mit der Überweisung an den Gesellschafter zur Einziehung durch Konfusion untergehen würde und dies einer Aufrechnung gleich käme (KG JW 1930, 3779; Hachenburg/*Ulmer* § 19 Rn. 124; Baumbach/Hueck/Hueck/*Fastrich* § 19 Rn. 17; Scholz/*U. H. Schneider* GmbHG, § 19 Rn. 55; *Beise* GmbHR 1978, 101; MünchHdb GesR III/*Gummert* § 50 Rn. 43).

44 Erfolgt eine Zahlung an die Gesellschaft, ohne dass zunächst der Leistungszweck angegeben ist, so kann durch **nachfolgende Zweckbestimmung** als Leistungszweck die Einlageschuld bestimmt werden (so BGHZ 51, 157, 161 f.; a. A. OLG Oldenburg ZIP 1996, 2026; OLG Schleswig EWiR 1998, 1035), wobei dies nur solange möglich sein soll, als der gezahlte Betrag der Gesellschaft noch unverbraucht zur Verfügung steht (BGH NJW 1992, 2229, 2230; OLG Hamburg BB 1994, 1240; OLG Köln GmbHR 1986, 310; OLG Hamm GmbHR 1985, 326; Scholz/*U. H. Schneider* GmbHG, § 19 Rn. 55; MünchHdb GesR III/*Gummert* § 50 Rn. 44). Das Risiko der nach Verbrauch des Kapitals erfolgten Zweckbestimmung trägt der Gesellschafter (Scholz/*U. H. Schneider* GmbHG, § 19 Rn. 55). Unzulässig ist die **rückwirkende Zweckänderung**, beispielsweise durch Erklärung, der zuvor als Darlehen geleistete Betrag sei als Zahlung auf die Einlage anzusehen (BGH GmbHR 1983, 194; GmbHG 1992, 524). Eine solche Erklärung würde eine Aufrechnung mit dem Rückzahlungsanspruch aus Darlehen durch den Gesellschafter gegenüber der Einlageforderung der Gesellschaft bedeuten. Eine Aufrechnung, die ein Gesellschafter aufgrund einer im Gesellschaftsvertrag (§ 5 Abs. 4 S. 1 GmbHG) oder im Kapitalerhöhungsbeschluss (§ 56 Abs. 1 GmbHG) enthaltenen Sachübernahmevereinbarung (§§ 5, 97 GmbHG) mit dem ihm hieraus zustehenden Vergütungsanspruch gegenüber der Einlageforderung der Gesellschaft erklärt hat, ist hingegen zulässig, wenn dies im Zuge einer formgerecht vereinbarten Sachübernahme geschieht, daher also die zur Aufrechnung gestellte Forderung des Gesellschafters aus einer Sachübernahme stammt, die nach §§ 5 Abs. 4, 19 Abs. 5, 55 Abs. 1, 56 Abs. 1 GmbHG beurkundet ist (BGHZ 15, 52, 57; Hachenburg/*Ulmer* § 19 Rn. 56, 82; Baumbach/Hueck/*Fastrich* § 19 Rn. 25; Scholz/*U. H. Schneider* GmbHG, § 19 Rn. 56, der wegen der Gleichstellung mit der Sacheinlage gem. § 7 Abs. 3 GmbHG zusätzlich vor der Eintragung verlangt, dass die Sachübernahme bewirkt sein muss).

45 Das Aufrechnungsverbot gilt auch im **Liquiditätsstadium** (BGH NJW 1970, 469; BB 1976, 852, 853); sofern sich aber der Zweck des Aufrechnungsverbots erledigt hat, weil alle Gesellschaftsgläubiger befriedigt, die Vermögensgegenstände im Wesentlichen verwertet und der Geschäftsbetrieb beendet sowie die Entstehung neuer Verbindlichkeiten nicht zu erwarten ist, soll eine Aufrechnung zulässig sein (BGH GmbHR 1968, 162; NJW 1979, 219). Der Gesellschafter kann auch im Fall der **Insolvenz der Gesellschaft** als Insolvenzgläubiger nicht gegen seine Einlageschuld aufrechnen. Insoweit geht das öffentliche Interesse der Gläubiger an der Beschaffung der Stammeinlage demjenigen eines Gesellschafter-Gläubigers vor (BGHZ 15, 52, 56 = NJW 1954, 1842; OLG Hamm, GmbHR 1985, 326; Scholz/*U. H. Schneider* GmbHG, § 19 Rn. 58). Das Aufrechnungsverbot ist durch den Insolvenzzweck begrenzt, der sich erledigt hat, wenn sämtliche Gläubiger befriedigt sind und mit dem Entstehen neuer Verbindlichkeiten nicht mehr zu rechnen ist (BGHZ 53, 71, 75; BGH GmbHR 1968, 162).

Das Aufrechnungsverbot des § 19 Abs. 2 S. 2 GmbHG **gilt entsprechend** auch gegenüber dem Anspruch auf Verlustausgleich aus analoger Anwendung des § 302 Abs. 1 AktG (OLG Thüringen GmbHR 2005, 1058, 1060; *Petersen* GmbHR 2005, 1031, 1032 f.; krit. *Sinewe* EwiR 2005, 332). 46

Eine unter Nichtbeachtung des Aufrechnungsverbots erfolgte Aufrechnung ist **unwirksam** und hat zur Folge, dass die Einlagepflicht des Gesellschafters durch die Aufrechnungserklärung nicht erfüllt ist. 47

2. Aufrechnung durch Gesellschaft

Das Aufrechnungsverbot aus Abs. 2 S. 2 gilt – obwohl dem Wortlaut nach nicht erfasst – auch hinsichtlich der Aufrechnung der Gesellschaft mit der Einlageforderung gegenüber einer Gegenforderung des Gesellschafters. Dennoch bleibt in Anbetracht der § 7 Abs. 2 und § 57 Abs. 2 sowie § 19 Abs. 5 GmbHG eine Aufrechnung unter engen Voraussetzungen möglich. Nach einer wohl überwiegenden Auffassung soll eine Aufrechnung durch die Gesellschaft nur hinsichtlich der **Resteinlage** und nicht auch der Mindesteinlage möglich sein, weil mit der Mindesteinlage gewährleistet werden soll, dass der Gesellschaft auch eine Mindestliquidität zukommt (Scholz/*U. H. Schneider* GmbHG, § 19 Rn. 71; *Kutzer* GmbHR 1987, 299; *Priester* DB 1976, 1801; MünchHdb GesR III/*Gummert* § 50 Rn. 48; a. A. nicht zwingend, weil die Mindesteinlage auch in Form von Sacheinlagen erbracht werden kann, Michalski/*Ebbing* § 19 Rn. 66). Überdies darf es sich – rückschließend aus § 19 Abs. 5 GmbHG – bei der Gegenforderung der Gesellschaft nicht um eine Altforderung handeln, also um eine aus der Gründungsphase oder eine vor der Kapitalerhöhung begründeten Forderung, und zudem nicht aus der Überlassung von Vermögensgegenständen stammen. Schließlich muss die Gegenforderung **fällig, liquide und vollwertig** sein (BGHZ 15, 52, 59 f. = NJW 1954, 1842, 1843 f.; OLG Frankfurt NJW-RR 1995, 35, 36; Hachenburg/*Ulmer* § 19 Rn. 61; Baumbach/Hueck/*Fastrich* § 19 Rn. 18; Scholz/*U. H. Schneider* GmbHG, § 19 Rn. 71; a. A. *Möhring* FS R. Schmidt 1976, 85 ff.; *Reuter* BB 1978, 1195 ff.). Die Gesellschaft darf danach nicht vor Fälligkeit der Gesellschafterforderung mit ihrer Einlageforderung aufrechnen, weil sie durch die verfrühte Leistung Zins- und Liquiditätsverluste erfahren würde; auch die Abzinsung der nicht fälligen Forderung vermag dies nicht abzuändern (Scholz/*U. H. Schneider* GmbHG, § 19 Rn. 74). Die Gegenforderung muss sodann liquide sein, was gegeben ist, wenn sie nach Grund und Höhe unbestritten ist und keine Einreden oder Einwendungen der Gesellschaft entgegenstehen (Hachenburg/*Ulmer* § 19 Rn. 65; Lutter/Hommelhoff/*Lutter/Bayer* GmbHG, § 19 Rn. 21). Abschließend muss die Forderung des Gesellschafters auch vollwertig sein, daher also muss die Gesellschaft in der Lage sein, alle fälligen Gesellschaftsverbindlichkeiten zu erfüllen. Ist die Gesellschaft dagegen zahlungsunfähig oder überschuldet, so ist die Gesellschafterforderung im Wert gemindert, weil eine vollständige Durchsetzung der Forderung nicht mehr möglich ist (BGH GmbHR 1992, 522, 524; nicht eindeutig noch BGHZ 90, 370, 373; OLG Nürnberg GmbHR 1970, 276; OLG Hamburg GmbHR 1982, 158; Hachenburg/*Ulmer* § 19 Rn. 62; Scholz/*U. H. Schneider* GmbHG, § 19 Rn. 76; a. A. *Möhring* FS R. Schmidt 1976, 91 ff., Aufrechnung auch bei fehlender Vollwertigkeit im Ermessen des Geschäftsführers, der ggf. schadenersatzpflichtig ist). Die **Beweislast** über die Vollwertigkeit der Gegenforderung trifft den Einlageschuldner (BGH GmbHR 1992, 522, 524). **Zur Aufrechnung zulässig** sind daher beispielsweise Ansprüche auf Rückzahlung eines Darlehens (OLG Düsseldorf ZIP 1994, 897), Ansprüche des Gesellschafters auf Auszahlung eines nach Eintragung entstandenen Gewinns, Gehaltsansprüche des Gesellschafter-Geschäftsführers, Aufwendungserstattungs- und Schadenersatzansprüche des Gesellschafters gegen die Gesellschaft. Eine wirksame Aufrechnung der Gesellschaft liegt aber dann nicht vor, wenn sie durch den Gesellschafter-Geschäftsführer für die Gesellschaft erklärt wird, der zugleich als Gesellschafter die Einlage schuldet (OLG Düsseldorf, BB 1993, 1747, 1748). Die Aufrechnung der Gesellschaft gegen einen Rückzahlungsanspruch des Gesellschafters 48 aus einem kapitalersetzenden Darlehen (§ 32 a GmbHG) ist mangels Vollwertigkeit nicht zulässig (BGHZ 90, 370, 373 = NJW 1984, 1891; OLG Frankfurt ZIP 1984, 837; OLG Köln ZIP 1986, 571; Scholz/*U. H. Schneider* GmbHG, § 19 Rn. 77).

49 Ungeachtet der vorerwähnten Voraussetzungen soll **ausnahmsweise** eine Aufrechnung durch die Gesellschaft auch dann möglich sein, wenn die Einlageforderung wegen der wirtschaftlichen Lage des Gesellschafters, wegen der Zahlungsunfähigkeit des Gesellschafters oder aus tatsächlichen Gründen uneinbringlich oder gefährdet ist (OLG Düsseldorf BB 1993, 1747, 1748 m. w. N.; Hachenburg/*Ulmer* § 19 Rn. 67). Insoweit soll das Kaduzierungsverfahren nicht vorrangig sein (Baumbach/Hueck/*Fastrich* § 19 Rn. 18; Lutter/Hommelhoff/*Lutter/Bayer* GmbHG, § 19 Rn. 23, a. A. Hachenburg/*Ulmer* § 19 Rn. 67). In weiterer Ausnahme kann von der Voraussetzung der Vollwertigkeit abgesehen werden, wenn das Unterlassen der Aufrechnung die Gesellschaft schädigen würde, weil sie zur Erfüllung ihrer Verpflichtung gegenüber dem Gesellschafter mehr aufwenden müsste, als sie selbst erzielt (BGHZ 15, 52, 57 = NJW 1954, 1842; Baumbach/Hueck/*Fastrich* § 19 Rn. 18; Lutter/Hommelhoff/*Lutter/Bayer* GmbHG, § 19 Rn. 23).

50 Die ohne Vorliegen einer fälligen, liquiden und vollwertigen Gegenforderung erklärte Aufrechnung der Gesellschaft ist wegen § 19 Abs. 2 S. 1 GmbHG i. V. m. § 134 BGB **unwirksam** mit der Konsequenz, dass die Einlageschuld nicht erloschen ist und fortbesteht.

3. Aufrechnungsvertrag

51 Der **beidseitige Aufrechnungs(oder Verrechnungs-)vertrag** unterscheidet sich von der einseitigen Aufrechnung dadurch, dass sich die Gesellschaft und der Einlageschuldner über die Aufrechnung zweier gegenläufiger Forderungen einigen. Dabei beurteilt sich die Zulässigkeit des Aufrechnungsvertrags nach denselben Grundsätzen wie die einseitige Aufrechnungserklärung durch die Gesellschaft (Hachenburg/*Ulmer* § 19 Rn. 60; Scholz/*U. H. Schneider* GmbHG, § 19 Rn. 80). Nicht erheblich ist, ob die Initiative zum Abschluss des Aufrechnungsvertrages von dem Gesellschafter oder der Gesellschaft ausging; vielmehr ist maßgeblich, dass der Wille auch der Gesellschaft auf Verrechnung geht (Scholz/*U. H. Schneider* GmbHG, § 19 Rn. 80; a. A. *H. Hefermehl*, Anm. zu HansOLG WuB II C, § 9 GmbHG 1.90.). In den Fällen, in denen ein gegenseitiges Aufrechnungsverbot besteht, ist eine Aufrechnungsvereinbarung nicht zulässig (§ 19 Abs. 5 GmbHG). Zulässig ist eine Aufrechnungsvereinbarung, ohne dass die Resteinlageforderung fällig, andererseits aber die Gegenforderung fällig, liquide und wirtschaftlich vollwertig sein muss (BGH NJW 1992, 2229; OLG Frankfurt, NJW-RR 1995, 35, 36). Die Verrechnung vermeidet in diesen Fällen lediglich ein Hin- und Herzahlen (BGHZ 15, 52, 60 f. = NJW 1954, 1842, 1843 f.; MünchHdb GesR III/*Gummert* § 50 Rn. 52 m. w. N.). Nicht zulässig ist die Aufrechnungsvereinbarung, wenn die Gesellschaft dadurch keinen ausreichenden Gegenwert erhält. Dies ist dann anzunehmen, wenn die Gegenforderung, mit der die Einlageforderung verrechnet werden soll, **verjährt** und mithin nicht vollwertig ist (Scholz/*U. H. Schneider* GmbHG, § 19 Rn. 81).

52 **Nicht zulässig** ist die Einstellung einer Einlageforderung in ein **Kontokorrent**, weil dies dem Stundungs- und Erlassverbot widerspricht und eine vorweggenommene Aufrechnung bedeutet (Hachenburg/*Ulmer* § 19 Rn. 72; Baumbach/Hueck/*Fastrich* § 19 Rn. 20; Lutter/Hommelhoff/*Bayer* GmbHG, § 19 Rn. 4). Im Fall einer unzulässigerweise erfolgten Einbeziehung der Einlageforderung in ein Kontokorrentverhältnis kann diese erlöschen, wenn im Zeitpunkt des Rechnungsabschlusses die Voraussetzungen einer zulässigen Aufrechnung seitens der Gesellschaft gegeben sind (Hachenburg/*Ulmer* § 19 Rn. 72; Scholz/*U. H. Schneider* GmbHG, § 19 Rn. 82; Baumbach/Hueck/*Fastrich* § 19 Rn. 20; differenzierend: Michalski/*Ebbing* § 19 Rn. 69; a. A. Lutter/Hommelhoff/*Lutter/Bayer* GmbHG, § 19 Rn. 24). Das ist dann anzunehmen, wenn sich daraus kein positiver Saldo zugunsten der Gesellschaft ergibt, weil dies sonst dazu führen würde, dass an die Stelle der Einlageforderung eine schlichte Geldforderung gegen die Gesellschaft treten und dies einen Verstoß gegen das Novationsverbot bedeuten würde (Hachenburg/*Ulmer* § 19 Rn. 73; Michalski/*Ebbing* § 19 Rn. 70). Durch ein Kontokorrent dürfen zudem nicht die Beschränkungen des § 19 Abs. 5 GmbHG umgangen werden und sind zu beachten.

4. Vertretung der Gesellschaft

Bei der **Erklärung der Aufrechnung** und bei Abschluss des Aufrechnungsvertrags wird die Gesellschaft von ihren **Geschäftsführern** vertreten, wobei diese nach pflichtgemäßem Ermessen handeln. Gesellschafter-Geschäftsführer können, auch wenn sie von den Beschränkungen des § 181 BGB befreit sind, sich selbst gegenüber keine Aufrechnungserklärung abgeben, weil dies nicht mit dem Vorrang der Gläubigerinteressen zu vereinbaren wäre (OLG Düsseldorf GmbHR 1993, 293; 1990, 135; OLG Hamm ZIP 1988, 1057; Hachenburg/*Ulmer* § 19 Rn. 68; Lutter/Hommelhoff/*Bayer* GmbHG, § 19 Rn. 21; Scholz/*U. H. Schneider* GmbHG, § 19 Rn. 83; Baumbach/Hueck/*Fastrich* § 19 Rn. 21; a. A. OLG Karlsruhe GmbHR 1971, 8). Die Gesellschafter können auch einen Beschluss fassen und die Geschäftsführer anweisen, entsprechende Erklärungen für eine Aufrechnung oder Verrechnung abzugeben. Der Beschluss der Gesellschafter allein entfaltet aber mangels ordnungsgemäßer Vertretung keine Wirkung (HansOLG WM 1990, 636 mit Anm. *H. Hefermehl* WuB II C. § 19 GmbHG 1.90.). **53**

VI. Zurückbehaltungsrecht, Abs. 2 S. 3

Dem Wortlaut nach schränkt Abs. 2 S. 3 **Zurückbehaltungsrechte gegenüber Sacheinlagen** ein. **54** Danach ist die Geltendmachung von Zurückbehaltungsrechten grundsätzlich verboten und nur ausnahmsweise zulässig, wenn sie sich unmittelbar auf den Gegenstand der Sacheinlage beziehen. Dies kommt nur bei einem **fälligen Anspruch des Gesellschafters auf Verwendungsersatz** nach §§ 273 Abs. 2, 1001 BGB in Betracht. Das kaufmännische Zurückbehaltungsrecht (§§ 369, 370 HGB) findet auf Sacheinlageforderungen keine Anwendung (Hachenburg/*Ulmer* § 19 Rn. 75; Baumbach/Hueck/*Fastrich* § 19 Rn. 22; Lutter/Hommelhoff/*Bayer* GmbHG, § 19 Rn. 26). Auch wenn Zurückbehaltungsrechte gegenüber **Bareinlageansprüchen** ausdrücklich nicht erfasst sind, ergibt sich schon aus dem Zweck der Kapitalaufbringungsvorschriften, dass ein Gesellschafter gegenüber seiner Einlagepflicht kein Zurückbehaltungsrecht zusteht (Hachenburg/*Ulmer* § 19 Rn. 74; Baumbach/Hueck/*Fastrich* § 19 Rn. 22; Scholz/*U. H. Schneider* GmbHG, § 19 Rn. 85). Auf **gemischte Sacheinlagen** kann das Zurückbehaltungsrecht daher nicht auf den in bar zu zahlenden Teil der Stammeinlage, sondern nur hinsichtlich der Sacheinlagepflicht bestehen.

VII. Kapitalherabsetzung, Abs. 3

Soweit die Gesellschafter ein über das Mindestkapital hinausgehendes Stammkapital im Gesellschaftsvertrag oder in einem Kapitalerhöhungsbeschluss festgelegt haben und dieses im Handelsregister eingetragen wurde, ist das Vertrauen in die Existenz dieses Stammkapitals durch das Erlassverbot des Abs. 2 geschützt. Sind nach Eintragung des Stammkapitals im Handelsregister die Einlagen noch nicht in vollem Umfang geleistet, so kann nach Abs. 3 das Stammkapital bis zur Höhe des Mindestkapitals herabgesetzt werden. Der Erlass der Einlageforderung ist allerdings nur in Höhe des Betrages zulässig, um den das Kapital herabgesetzt wurde; der Erlass kann wirksam erst nach ordnungsgemäß durchgeführter und bekannt gemachter Kapitalherabsetzung erfolgen (vgl. zu den Voraussetzungen der Kapitalherabsetzung § 58 GmbHG). **55**

VIII. Sicherung der Kapitalaufbringung bei nachträglicher Einpersonen-GmbH, Abs. 4

1. Regelungszweck

Abs. 4 ist als ergänzende Vorschrift zu § 7 Abs. 2 S. 3 GmbHG zu verstehen. Danach darf die Anmeldung einer Einpersonen-GmbH zum Handelsregister erst nach Erbringung der Mindesteinlage und der Bestellung der Sicherheit für den weiteren Teil erfolgen. Mit der Verpflichtung der Vollzahlung oder alternativ der Sicherungsbestellung bei der Einpersonen-GmbH sollen die fehlende Ausfallhaftung gem. § 24 GmbHG ausgeglichen und auch die Umgehung des § 7 Abs. 2 S. 3 GmbHG verhindert werden. Abs. 4 soll verhindern, dass bei Gründung der Gesellschaft ein Strohmann mit einer Minimaleinlage beteiligt ist und diesen zeitlich naheliegend an die **56**

Gründung an den Einpersonen-Gründer unter Missachtung des § 7 Abs. 2 S. 3 GmbHG veräußert (MünchHdb GesR III/*Gummert* § 50 Rn. 109).

2. Voraussetzungen

57 Der Regelungsfall des Abs. 4 meint die **nachträgliche Vereinigung aller Geschäftsanteile** in der Hand **eines Gesellschafters** (vgl. LG Koblenz BB 1991, 1655). Weder kommt es darauf an, aus welchem Grund die Geschäftsanteile vereinigt werden, noch ob es sich bei dem Alleingesellschafter um eine einzelne natürliche Person oder juristische Person oder auch eine Personengesellschaften handelt, sofern alle Anteile gemeinschaftlich zur gesamten Hand gehalten werden (Scholz/*U. H. Schneider* GmbHG, § 19 Rn. 90; Hachenburg/*Ulmer* § 19 Rn. 127; Baumbach/Hueck/*Fastrich* § 19 Rn. 34; krit.: MünchHdb GesR III/*Gummert* § 50 Rn. 110). Hält die Gesellschaft neben dem einzig noch verbliebenen Gesellschafter eigene Geschäftsanteile, sind diese für die Frage der Vereinigung nach Abs. 4 S. 1 wie solche des Gesellschafters zu beurteilen.

58 Weitere Voraussetzung des Abs. 4 ist, dass die **Anteilsvereinigung innerhalb von drei Jahren** nach Eintragung der Gesellschaft eintritt. Maßgeblicher Stichtag der Vereinigung der Anteile ist der Zeitpunkt, in dem der Anteilserwerb im Verhältnis zwischen dem Anteilsinhaber und dem nunmehrigen Alleingesellschafter wirksam wird, daher also bei dinglichen Rechtsgeschäften mit der Beurkundung und im Fall des Erwerbes von Todes wegen mit dem Ableben des Erblassers (Baumbach/Hueck/*Fastrich* § 19 Rn. 35; Scholz/*U. H. Schneider* GmbHG, § 19 Rn. 91; MünchHdb GesR III/*Gummert* § 50 Rn. 111). Eine andere Auffassung stellt hingegen auf den Zeitpunkt der Anmeldung des Erwerbs unter Nachweis des Übergangs bei der Gesellschaft gem. § 16 Abs. 1 GmbHG ab (Hachenburg/*Ulmer* § 19 Rn. 130; Meyer-Landrut/*Miller* § 19 Rn. 48; Lutter/Hommelhoff/*Bayer* GmbHG, § 19 Rn. 31; Michalski/*Ebbing* § 19 Rn. 103, dieser aber abweichend für den Erbfall). Der letztgenannten Ansicht, die argumentiert, dass bis zum Zeitpunkt der Anmeldung der Veräußerer weiterhin als Gesellschafter gilt und nach § 24 GmbHG subsidiär für die Einlageschuld des erwerbenden Alleingesellschafters haftet, ist aber entgegenzuhalten, dass die Anmeldung gem. § 16 GmbHG nicht konstitutiv ist und nur für das Innenverhältnis zwischen der Gesellschaft und den Gesellschaftern gilt, während § 19 Abs. 4 GmbHG dem Gläubigerschutz dient.

59 Abs. 4 gilt auch für den Fall, dass sich innerhalb von drei Jahren nach einer Kapitalerhöhung die Geschäftsanteile vereinigen, und zwar seit Eintragung der Kapitalerhöhung im Handelsregister (BayObLG, BB 1986, 760; Lutter/Hommelhoff/*Lutter/Bayer* GmbHG, § 19 Rn. 32; Baumbach/Hueck/*Fastrich* § 19 Rn. 34).

3. Pflichten des Gesellschafters

60 Der Alleingesellschafter kann den Tatbestand der Einpersonen-Gesellschaft beseitigen, indem er einen Teil der Anteile abtritt oder einen weiteren Gesellschafter im Rahmen einer Kapitalerhöhung aufnimmt (BayObLG, BB 1986, 760). Anderenfalls obliegt ihm wahlweise die Geldeinlagen voll einzubezahlen oder der Gesellschaft für die ausstehenden Geldeinlagen eine Sicherung zu bestellen. Eine dieser Alternativmaßnahmen hat der Gesellschafter **innerhalb von drei Monaten** seit der Vereinigung der Geschäftsanteile in der Hand eines Gesellschafters vorzunehmen. Die Fristberechnung verfolgt nach §§ 187 Abs. 1, 188 BGB (Scholz/*U. H. Schneider* GmbHG, § 19 Rn. 96). Aus § 144 b FGG wird die Mitteilungspflicht der Anteilsvereinigung in einer Hand und die Erfüllung einer der vorgenannten Alternativverpflichtungen gegenüber dem Registergericht entnommen. Aus § 15 Abs. 2 FGG wird geschlossen, dass die Volleinzahlung oder die Sicherungsbestellung glaubhaft zu machen ist (Scholz/*U. H. Schneider* GmbHG, § 19 Rn. 96).

4. Rechtsfolgen der Pflichtverletzung

61 Wenn das Registergericht zur Überzeugung gelangt, dass der Gesellschafter innerhalb der 3-Monats-Frist seinen Verpflichtungen nach Abs. 4 nicht nachgekommen ist, hat es von Amts wegen ein **Verfahren nach § 144 b FGG** einzuleiten. Darin ist der Gesellschafter unter Beteiligung der

Gesellschaft (BayObLG DB 1984, 1241; DB 1986, 1806; DB 1991, 1509) zur Erfüllung aufzufordern oder die Unterlassung durch Widerspruch zu rechtfertigen und auf die weiteren Folgen des § 144 b S. 2 FGG hinzuweisen. Kommt der Gesellschafter auch danach seiner Verpflichtung nicht nach, hat das Registergericht dies oder die Zurückweisung des Widerspruchs durch weitere Verfügung festzustellen (§§ 144 a Abs. 2, 144 b S. 3 FGG). Die rechtskräftige Feststellung der Nichteinhaltung der Verpflichtung aus Abs. 4 hat die **Auflösung der Gesellschaft** zur Folge (§ 60 Abs. 1 Nr. 5 GmbHG), die von Amts wegen in das Handelsregister eingetragen wird (§ 65 Abs. 1 S. 2 und S. 3 GmbHG). Ist mit der Verteilung des Vermögens noch nicht begonnen worden, kann unter sinngemäßer Anwendung des § 274 Abs. 1, Abs. 2 Nr. 2 und Abs. 4 AktG die Fortsetzung der Gesellschaft beschlossen werden, wenn die Pflichten aus § 19 Abs. 4 GmbHG bis zur Beschlussfassung erfüllt werden (vgl. dazu ausführl. § 60 GmbHG Rn. 19 ff.; Scholz/*U. H. Schneider* GmbHG, § 19 Rn. 97).

IX. Sicherung der Sacheinlagevorschriften, Abs. 5

1. Regelungszweck

Abs. 5 schließt zum einen jede Leistung auf Erfüllung Statt auf Bareinlageforderungen aus und **62**
trifft eine **Sonderregelung für die Aufrechnung** gegenüber der Einlageforderung mit Ansprüchen aus der Überlassung von Vermögensgegenständen an der Gesellschaft. Zweck des Abs. 5 ist das für die Erbringung von Sacheinlagen zwingend vorgesehene formale Verfahren durchzusetzen, d. h. die Vorschrift soll die Einhaltung der Bestimmungen zur Sachgründung (§ 5 Abs. 4 GmbHG) und Sachkapitalerhöhung (§ 56 GmbHG) sichern, die gewährleisten, dass die zu erbringende Einlage angemessen bewertet und der Tatbestand einer Sachleistung publik gemacht wird. Abs. 5 gilt sowohl für die auf Geld gerichtete Einlageforderung der Gesellschaft (Mindesteinlage), als auch für die nach Anmeldung zu leistende Resteinlage (Hachenburg/*Ulmer* § 19 Rn. 79). Die Rechtsprechung legt die Bestimmung des Abs. 5 zu Lasten des Gesellschafters weit aus. Fließt etwa der Gesellschaft eine vollwertige Sacheinlageleistung zu, ist aber das Verfahren hierzu nicht eingehalten worden oder war die Erbringung von Bareinlagen vereinbart, findet Abs. 5 Anwendung, obwohl wirtschaftlich keine Gläubigergefährdung zu befürchten ist (BGHZ 113, 335, 343; Hachenburg/*Ulmer* § 19 Rn. 86). Eine befreiende Sachleistung auf die Stammeinlageverbindlichkeit findet in einem solchen Fall nicht statt, so dass der Gesellschafter die Einlage erneut zu erbringen hat. Abs. 5 enthält keine abschließende Regelung und ist daher auch analogiefähig (BGHZ 113, 335, 343; Scholz/*U. H. Schneider* GmbHG, § 19 Rn. 101).

2. Keine Leistung an Erfüllung Statt

Nach Abs. 5 Hs. 1 ist die **Leistung an Erfüllung Statt** (§ 364 Abs. 1 BGB) auf die Bareinlageforde- **63**
rung verboten. Zu befürchten wäre anderenfalls, das Risiko einer Überbewertung der Leistung (BGHZ 113, 335, 343; Hachenburg/*Ulmer* § 19 Rn. 86). Abs. 5 Hs. 1 findet auf Sacheinlagen entsprechende Anwendung, wenn anstelle der ursprünglich vereinbarten Sachleistung ein anderer Gegenstand treten soll (BayObLG WM 1978, 526; *Roth*/Altmeppen § 19 Rn. 42; Scholz/*U. H. Schneider* GmbHG, § 19 Rn. 103). Wenn ein Gesellschafter die Erbringung einer Sacheinlage übernommen hat, ist er aber nicht daran gehindert, die Sacheinlagepflicht durch eine Geldleistung zu erfüllen (Hachenburg/*Ulmer* § 19 Rn. 86; *Langenfeld* GmbHR 1981, 53, 54; Scholz/*U. H. Schneider* GmbHG, § 19 Rn. 103); dies allerdings nur unter der Voraussetzung, dass sich die übrigen Gesellschafter mit der Vorgehensweise einverstanden erklären (MünchHdb GesR III/*Gummert* § 50 Rn. 67). Sachleistungen, die **erfüllungshalber** (§ 364 Abs. 2 BGB) auf die Bareinlageverpflichtung geleistet werden, sind zulässig, weil die Bareinlageschuld erst dann erlischt, wenn der Erlös aus der erfüllungshalber hingegebenen Leistung in das Vermögen der Gesellschaft übergegangen ist (Lutter/Hommelhoff/*Lutter/Bayer* GmbHG, § 19 Rn. 45; Scholz/*U. H. Schneider* GmbHG, § 19 Rn. 103). Das Risiko angemessener Verwertung trägt der Gesellschafter, ein eventueller die Einlageschuld übersteigender Erlös ist aber an die Gesellschafter herauszugeben (Scholz/*U. H. Schneider* GmbHG, § 19 Rn. 105). Möglich ist aber auch die wahlweise Festsetzung alternative

Leistungsmöglichkeiten im Gesellschaftsvertrag (*Roth*/Altmeppen § 19 Rn. 42; Lutter/Hommelhoff/*Bayer* GmbHG, § 19 Rn. 45).

3. Unbare Zahlung

64 Grundsätzlich ist die übernommene Stammeinlage in bar zu erbringen, wobei auch jede andere Form der Leistungserbringung in Betracht kommt, die der Barzahlung gleich kommt und sich mit § 19 Abs. 5 GmbHG vereinbaren lässt. Möglich ist die Zahlung durch Einreichung eines bestätigten – d. h. nicht einwendungsbehafteten – Bundesbankschecks (OLG Naumburg NJW-RR 1999, 1641, 1642; Scholz/*U. H. Schneider* GmbHG, § 19 Rn. 106). Sonstige Schecks oder Wechsel werden regelmäßig nur erfüllungshalber angenommen und wirken erst mit der Einlösung (OLG Düsseldorf BB 1988, 2126; OLG Stuttgart ZIP 1988, 477; Scholz/*U. H. Schneider* GmbHG, § 19 Rn. 106; Michalski/*Ebbing* § 19 Rn. 120). In jedem Fall hat die Zahlung aber zur Erfüllung der Einlageforderung zu erfolgen (vgl. zur Zweckbestimmung Rn. 43).

65 Wird der Einlagebetrag auf ein **Bankkonto** der Gesellschaft **überwiesen**, ist dies einer Barzahlung gleichgestellt (Scholz/*U. H. Schneider* GmbHG, § 19 Rn. 106; *Wimmer* GmbHR 1997, 827). Unproblematisch ist dies, wenn das Geld auf dem Bankkonto thesauriert wird und bei der Anmeldung der Gesellschaft zum Handelsregister unversehrt vorhanden ist, d. h. der Gesellschaft zur freien Verfügung steht (*Goette* DStR 1997, 924, 925 f.). Anders kann die Lage zu beurteilen sein, wenn auf ein **debitorisches Konto** gezahlt wird. Mit befreiender Wirkung ist nur dann geleistet, wenn der Geschäftsführer der Gesellschaft in Höhe des eingegangenen Betrages über neue Liquidität verfügen kann (BGH NJW 1991, 227; BayObLG GmbHR 1998, 736; OLG Stuttgart GmbHR 1995, 115; MünchHdb GesR III/*Gummert* § 50 Rn. 70 f.; Scholz/*U. H. Schneider* GmbHG, § 19 Rn. 108 f.). Bei Zahlung auf ein debitorisches Konto kann die Gesellschaft über den Betrag nicht frei verfügen, wenn die Kreditlinie durch die Bank gekündigt ist (BGH NJW 1991, 227). Vereinzelt wird vorgeschlagen die befreiende Wirkung in diesem Fall nur bei Kenntnis des Gesellschafters über den Umstand der Kündigung entfallen zu lassen (Scholz/*U. H. Schneider* GmbHG, § 19 Rn. 108; a. A. MünchHdb GesR III/*Gummert* § 50 Rn. 71 mit umfassender Begründung; nicht eindeutig: *Fleck* GmbHR 1993, 550, 552). Das gilt insbesondere dann, wenn die Geschäftsführer im Rahmen einer eingeräumten Kreditlinie über den zugeflossenen Betrag frei verfügen können. Eine freie Verfügungsmöglichkeit besteht auch dann nicht, wenn das Konto gepfändet ist oder die Bank nach Saldenverrechnung keine neuen Verfügungen zulässt, d. h. gesperrt ist (vgl. hierzu *Kowalski* EWiR, § 7 GmbHG 1/98, 415), die kontoführende Bank das Guthaben sogleich mit einem Debetsaldo verrechnen kann oder auf ein Geschäftskonto eingezahlt wird, bei dem die Kreditlinie bereits überschritten ist (OLG Düsseldorf GmbHR 1993, 292 f.). Die hier angeführten Beispiele sind nicht abschließend und auch bestehen in der Praxis Abgrenzungsschwierigkeiten, so dass anzuraten ist, im Zweifel auf ein Haben geführtes Konto die Einlageleistung zu überweisen (vgl. MünchHdb GesR III/*Gummert* § 50 Rn. 70; Scholz/*U. H. Schneider* GmbHG, § 19 Rn. 108 a beide mit weiteren Beispielen aus der Rechtsprechung).

4. Zahlung an Dritte

66 Die Einlageleistung kann auch dergestalt erfolgen, dass mit dem Gesellschafter eine **schuldrechtliche Verwendungsabsprache** getroffen wird, wonach die Geschäftsführung der Gesellschaft verpflichtet wird mit den eingezahlten Mitteln in bestimmter Weise zu verfahren, z. B. einen bestimmten Kauf vorzunehmen oder einen Bankkredit abzulösen. Dies ist aus Sicht der Kapitalaufbringungsvorschriften dann unschädlich, wenn die Verwendungsabsprache weder mittelbar noch unmittelbar dazu bestimmt ist, die eingezahlten Mittel wieder an den Anleger zurückfließen zu lassen, sondern allein der Investitionsentscheidung der Gesellschafter oder sonstiger, der Weisung der Gesellschafter unterliegender geschäftspolitischer Zwecke dient (BGH GmbHR 1990, 554, 555; Scholz/*U. H. Schneider* GmbHG, § 19 Rn. 110; MünchHdb GesR III/*Gummert* § 50 Rn. 72).

67 Der Gesellschafter kann von seiner Einlageverpflichtung auch dadurch befreit werden, dass er **unmittelbar an einen Dritten** eine Zahlung vornimmt und dadurch eine Schuld der Gesellschaft ablöst. Der Gesellschafter wird dann von seiner Einlageschuld befreit, wenn er zum einen auf Veranlassung der Gesellschaft (bei alleinigem Gesellschafter-Geschäftsführer nach § 35 Abs. 4 GmbHG i. V. m. § 181 BGB) einen Gesellschaftsgläubiger befriedigt und dessen Forderung des Weiteren dem Vollwertigkeitsprinzip Stand hält, d. h. vollwertig, fällig und liquide ist (BGH GmbHR 1986, 115, 116; OLG Stuttgart DB 1986, 1514, 1515; OLG Hamm GmbHR 2000, 386; Scholz/*U. H. Schneider* GmbHG, § 19 Rn. 111 ff.). Anerkannt ist dies bezogen auf die Resteinlage (vgl. BGH GmbHR 1986, 115, 116; OLG Hamm GmbHR 2000, 386; Scholz/*U. H. Schneider* GmbHG, § 19 Rn. 112). Für die Mindesteinlage darf dies bezweifelt werden (vgl. BGH GmbHR 1991, 152; OLG Hamm GmbHR 2000, 386; Scholz/*U. H. Schneider* GmbHG, § 19 Rn. 111; MünchHdb GesR III/*Gummert* § 50 Rn. 73, a. A. Hachenburg/*Ulmer* § 19 Rn. 86 und *Ulmer* GmbHR 1993, 189, 190 ff.).

68 Die vereinzelt vertretene Auffassung, dass Zahlungen des Gesellschafters an Dritte wegen Umgehung der Sacheinlagevorschriften grundsätzlich unzulässig seinen, darf wohl als überholt gelten, zumindest dann, wenn die Zahlung auf Anweisung des Geschäftsführers erfolgt (so noch OLG Stuttgart, ZIP 1985, 476 aufgehoben durch BGH GmbHR 1986, 115, 116).

69 Erfolgt eine Zahlung an einen dritten ohne Veranlassung durch den Geschäftsführer oder nicht in Zusammenhang mit der Einlageschuld des Gesellschafters, geht die Forderung gegen die Gesellschaft auf den Gesellschafter über (§§ 268 Abs. 3, 426 Abs. 2 BGB); dieser ist dann aber wegen § 19 Abs. 2 S. 2, Abs. 5 GmbHG nicht berechtigt damit gegen seine Einlageverpflichtung aufzurechnen (vgl. Michalski/*Ebbing* § 19 Rn. 126).

70 **Konzernunternehmen** ebenso wie die KG mit der GmbH bei der **GmbH & Co. KG** bilden keine Einheit. Zahlungen innerhalb des Konzerns, daher also an das beherrschte Unternehmen oder das herrschende Konzernunternehmen, sind wie die die unmittelbaren Zahlungen an Dritte zu behandeln. Zahlt der Gesellschafter der Komplementär-GmbH im Fall der GmbH & Co. KG an die KG, so muss das ebenso auf Veranlassung der Gesellschaft bzw. des Geschäftsführers der GmbH erfolgen und die Forderung muss vollwertig, fällig und liquide sein (BGH GmbHR 1986, 115, 116; Lutter/Hommelhoff/*Lutter/Bayer* GmbHG, § 19 Rn. 36; vgl. Rn. 67). Insofern bedürfen aber die Eigengläubiger der GmbH des Schutzes. Der GmbH-Gesellschafter kann sich daher nach dem Vollwertigkeitsprinzip durch eine Leistung an die KG von seiner Einlageschuld nur befreien, wenn das verbleibende Vermögen der GmbH zur vollen Befriedigung sowohl der Eigengläubiger der GmbH als auch der Gläubiger der KG, soweit deren Ansprüche das Vermögen der Gesellschaft übersteigen, ausreicht (BGH GmbHR 1986, 115, 116; vgl. OLG Köln, WM 2002, 1015).

5. Beidseitiges Aufrechnungsverbot

71 § 19 Abs. 5 Hs. 2 GmbHG bestimmt ein **beidseitiges Aufrechnungs- und Verrechnungsverbot** und verschärft die Sonderregelung zum einseitigen Aufrechnungsverbot aus § 19 Abs. 2 zu Lasten der Gesellschaft (MünchHdb GesR III/*Gummert* § 50 Rn. 75). Das Aufrechnungs- und Verrechnungsverbot gilt sowohl hinsichtlich der Einlageforderung im Rahmen der Gründung einer Gesellschaft wie auch hinsichtlich solcher aus einer Kapitalerhöhung. Nach Eintragung der Gesellschaft oder nach der Kapitalerhöhung besteht das Verbot des Abs. 5 Hs. 2 für die Mindest- und die Resteinlage (Scholz/*U. H. Schneider* GmbHG, § 19 Rn. 118).

a) Aufrechnungsverbot für Vergütungsansprüche

72 Nach seinem Wortlaut schließt Abs. 5 jede Aufrechnung gegen Forderungen aus, die aus der **Überlassung von Vermögensgegenständen** herrühren. Der Begriff »Überlassung« ist dabei weit auszulegen, so dass unerheblich ist, aus welchem Rechtsverhältnis – z. B. Kauf-, Miet-, Pacht-, Leasingvertrag oder sonstige Vereinbarung – die Forderung des Gesellschafters stammt (Scholz/*U. H. Schneider* GmbHG, § 19 Rn. 119). Entscheidend ist, dass der Gesellschaft für die

Einlageforderung etwas überlassen wurde, ohne, dass es sich um einen einlagefähigen Gegenstand handeln muss (BGH NJW 1990, 219; *Mayer* NJW 1990, 2593, 2595). Unstreitig fallen alle Forderungen unter das Aufrechnungsverbot des Abs. 5 Hs. 2, die auf einem Überlassungsvertrag beruhen, der bereits vor der Gründung bzw. der Kapitalerhöhung abgeschlossen wurde; umstritten ist dies für Überlassungsverträge, die danach erfolgen (einschränkend: *Wilhelm* ZHR 152 (1988), 333, 361; weite Auslegung: Baumbach/Hueck/*Fastrich* § 19 Rn. 27; Lutter/Hommelhoff/*Lutter/Bayer* GmbHG, § 19 Rn. 36; *Mayer* NJW 1990, 2595). Im Interesse des Gläubigerschutzes gilt das Aufrechnungs- und Verrechnungsverbot aber mit der wohl überwiegenden Auffassung ungeachtet des Zeitpunkts der Vornahme des schuldrechtlichen Überlassungsgeschäfts (Scholz/*U. H. Schneider* GmbHG, § 19 Rn. 119 m. w. N.).

73 Diskutiert wird bisweilen, ob neben dem objektiven Tatbestand der Überlassung von Vermögensgegenständen für die Annahme eines Aufrechnungs- und Verrechnungsverbots ein **subjektives Merkmal** im Sinne einer **Umgehungsabsicht** erforderlich ist. Einigkeit besteht jedenfalls insoweit, dass Abs. 5 Hs. 2 Anwendung findet, wenn die Gesellschafter bereits in der Gründungsphase die Verrechnung der Einlageforderung mit einer Vergütungsforderung verabredet haben und sich die Vergütungsforderung auf einen Gegenstand bezieht, der von der Gesellschaft übernommen werden soll (BGHZ 110, 47, 64 f.; 113, 335, 344; Scholz/*U. H. Schneider* GmbHG, § 19 Rn. 122; **Verrechnungsabrede**). In diesem Fall ist eine Sachübernahmevereinbarung gewollt, die wegen Verstoßes gegen §§ 5 Abs. 4 S. 1, 56 Abs. 2 GmbHG nicht formwirksam beurkundet worden ist (Hachenburg/*Ulmer* § 19 Rn. 92; *Niemann* DB 1988, 1531, 1532).

74 Umstritten sind die Voraussetzungen des Eingreifens eines Aufrechnungs- und Verrechnungsverbotes nach § 19 Abs. 5 Hs. 2 GmbHG hingegen bei fehlender Verrechnungsabrede oder bei einer Sachüberlassung, die aber ein normales Umsatzgeschäft darstellt (vgl. zum Ganzen: Hachenburg/*Ulmer* § 19 Rn. 92 f.; MünchHdb GesR III/*Gummert* § 50 Rn. 79). Eine Umgehungsabsicht der Beteiligten ist für die Annahme eines Aufrechnungs- und Verrechnungsverbotes nicht erforderlich (BGHZ 110, 47, 64 f.; OLG Köln ZIP 1999, 399, 401; OLG Hamburg BB 1998, 504, 505; Hachenburg/*Ulmer* § 19 Rn. 93; Scholz/*U. H. Schneider* GmbHG, § 19 Rn. 124). Gleichwohl hängt das Eingreifen des Umgehungsverbotes aus Abs. 5 Hs. 2 davon ab, ob die zu beurteilende Gestaltung Merkmale aufweist, die dem Tatbestand der umgangenen Norm entsprechen (Hachenburg/*Ulmer* § 19 Rn. 93). Teilweise wird vertreten, der rein objektive, **sachliche und zeitliche Zusammenhang** zwischen der Begründung oder Erfüllung der Einlageverpflichtung und dem Veräußerungsgeschäft seien hinreichend (*Lutter/Gehling* WM 1989, 1445, 1447; *Kutzer* GmbHR 1987, 297, 299 f.; *Lutter*FS Stiefel, 1987, 505, 513). Nach a. A. ist eine Abrede des Einlageschuldners entweder mit den Mitgesellschaftern anlässlich der Gründung oder Kapitalerhöhung oder mit den Geschäftsführern im Hinblick auf die Erfüllung der Einlagepflicht erforderlich, wenn das Aufrechnungs- und Verrechnungsverbot greifen soll (Hachenburg/*Ulmer* § 19 Rn. 93 m. w. N.). Das Vorliegen eines sachlichen und zeitlichen Zusammenhangs zwischen Einlagepflicht und Veräußerungsgeschäft begründe lediglich die eine tatsächliche Vermutung für das vorliegen einer Abrede über die Sachübernahme oder Verrechnung (Hachenburg/*Ulmer* § 19 Rn. 93; BGHZ 125, 141, 144 = GmbHR 1994, 394). Auf eine rechtsgeschäftliche Vereinbarung zwischen Gesellschafter und Gesellschaft kann es aber nicht ankommen, weil diese ohnehin unwirksam wäre (vgl. BGH NJW 1979, 216; MünchHdb GesR III/*Gummert* § 50 Rn. 79 m. w. N.). Mit der wohl überwiegenden Auffassung wird man aber ein **abgestimmtes Verhalten** zwischen dem Einlageschuldner mit den Mitgesellschaftern bzw. den Geschäftsführern verlangen. Gegenstand dieses abgestimmten Verhaltens ist die Verkoppelung zwischen der Erfüllung der Einlagepflicht durch Aufrechnung oder Verrechnung einerseits und der Gegenforderung andererseits (BGH GmbHR 1996, 283, 284 f.; MünchHdb GesR III/*Gummert* § 50 Rn. 79 m. w. N.; Scholz/*U. H. Schneider* GmbHG, § 19 Rn. 126; Michalski/*Ebbing*, § 19 Rn. 134). Dafür ist hinreichend das beiderseitige Bewusstsein, dass die Bareinlage und das fragliche Geschäft so miteinander verknüpft sind, dass der Gesellschaft im Ergebnis keine Bar-, sondern eine Sacheinlage zufließt (*Joost* ZIP 1990, 549, 559; *Schöpfing* GmbHR 2003, 57, 62).

Die Abstimmung muss nicht notwendigerweise in der Gründungsphase oder zum Zeitpunkt der Kapitalerhöhung, sondern kann auch in der Zeit nach Eintragung ins Handelsregister erfolgen (Scholz/*U. H. Schneider* GmbHG, § 19 Rn. 126; a. A. Hachenburg/*Ulmer* § 19 Rn. 93; Michalski/*Ebbing*, § 19 Rn. 134; *Henze* ZHR 154 (1990), 105, 112). 75

Keine Klarheit herrscht auch zu der Frage der Behandlung von **Umsatzsatzgeschäften**. Es wird vertreten, das Aufrechnungsverbot aus § 19 Abs. 5 Hs. 2 GmbHG gelte nicht, wenn sich die Überlassung der Vermögensgegenstände als ein gewöhnliches Umsatzgeschäft darstellt bzw. das Umsatzgeschäft nicht im Zusammenhang mit der Einlagepflicht steht (Meyer-Landrut/*Miller* § 19 Rn. 36; *Knobbe-Keuk* ZIP 1986, 889 f.). Gegen diese Auffassung spricht, dass Anlagegeschäfte und Umsatzgeschäfte in der Gründungsphase oft nicht mit der erforderlichen Eindeutigkeit zu trennen sein werden, so dass an dem umfassenden Aufrechnungs- und Verrechnungsverbot auch für Umsatzgeschäfte festzuhalten ist. 76

b) Aufrechnungsverbot mit Altforderungen

Dem Wortlaut nach findet Abs. 5 auf Gesellschaftsforderungen Anwendung, die aus der Überlassung von Vermögensgegenständen an der Gesellschaft stammen. Darüber hinaus gilt dies auch für Forderungen jeder Art, die in der Gründungsphase der Gesellschaft oder vor Kapitalerhöhung, also vor Eintragung in das Handelsregister, entstanden sind (Lutter/Hommelhoff/*Bayer* GmbHG, § 19 Rn. 47; Scholz/*U. H. Schneider* GmbHG, § 19 Rn. 134). Diese sog. Altforderungen sind z. B. Ansprüche aus Werk-, Leasing-, Pacht- oder Mietvertrag (BGH ZIP 1996, 673), aus Gewinn- (BGHZ 113, 335, 336) und Gehaltsansprüchen und auch Ansprüche aus unerlaubter Handlung (Michalski/*Ebbing* § 19 Rn. 138). Von besonderer praktischer Bedeutung ist das Aufrechnungsverbot für **Gesellschafterdarlehen** (vgl. hierzu ausführl. MünchHdb GesR III/*Gummert* § 50 Rn. 84 f.). Eine Aufrechnung durch die Gesellschaft oder eine Verrechnung durch Vereinbarung zwischen der Gesellschaft und dem Gesellschafter ist hinsichtlich des Rückzahlungsanspruchs und auch der Zinsansprüche ausgeschlossen (Scholz/*U. H. Schneider* GmbHG, § 19 Rn. 134). Für die Aufrechnung eines Rückzahlungsanspruchs aus Gesellschafterdarlehen gegen die Einlageforderung sind die Vorschriften über die Einbringung von Sacheinlagen zu beachten (BGHZ 15, 52, 60; 113, 335; BGH NJW 1970, 469; OLG Köln WM 1990, 1385; OLG Düsseldorf DB 1991, 220; Meyer-Landrut/*Miller* § 19 Rn. 39; Hachenburg/*Ulmer* § 19 Rn. 106 ff.; Scholz/*U. H. Schneider* GmbHG, § 19 Rn. 134; MünchHdb GesR III/*Gummert* § 50 Rn. 84 f.). 77

Forderungen, die erst nach der Gründungsphase bzw. der Kapitalerhöhung begründet werden, unterliegen als sog. **Neuforderungen** nicht dem Aufrechnungsverbot des § 19 Abs. 2 GmbHG; für sie gelten die Aufrechnungsvoraussetzungen des § 19 Abs. 2 GmbHG (Scholz/*U. H. Schneider* GmbHG, § 19 Rn. 135 m. w. N.; Baumbach/Hueck/*Fastrich* § 19 Rn. 33). **Vorweg getroffene Absprachen** über die Verrechnung der Einlageforderung mit künftigen Forderungen des Gesellschafters unterliegen aber ausnahmsweise Abs. 5 und sind nicht zulässig. Das gilt vor allem bei Gehaltsforderungen des Gesellschafter-Geschäftsführers (BGH WM 1978, 1271; krit. *Roth/Altmeppen* § 19 Rn. 51) und bei dem Anspruch auf Auszahlung künftiger Gewinne (BGHZ 132, 141, 148; 152, 37; OLG Stuttgart ZIP 2004, 909). 78

c) Ausnahmen vom beiderseitigen Aufrechnungsverbot

Das Aufrechnungsverbot des Abs. 5 dient der Sicherung der vollständigen Aufbringung des Stammkapitals. Läuft das Aufrechnungsverbot diesem Zweck entgegen, muss daher ausnahmsweise eine Aufrechnung möglich sein. Daher ist eine Aufrechnung durch die Gesellschaft gegen Altforderungen oder einen Vergütungsanspruch -ausnahmsweise – zulässig, wenn die Einlageforderung wegen der **wirtschaftlichen Lage des Gesellschafters** nicht realisierbar oder gefährdet ist (BGH NJW 1979, 216; Scholz/*U. H. Schneider* GmbHG, § 19 Rn. 137 m. w. N.). Diskutiert wird auch ein Aufrechnungsverbot für gesetzliche Gründungskosten und den Gründerlohn. Für die **Gründungskosten** (insb. Notarkosten, Eintragungsgebühren und Veröffentlichungskosten) ist Abs. 5 nicht anwendbar (BGHZ 80, 129, 141). Für den **Gründerlohn**, d. h. die über den 79

Kostenersatz hinausgehende Entgeltzahlung für die Beteiligung an der Gründung, gilt das Aufrechnungsverbot (vgl. Hachenburg/*Ulmer* § 19 Rn. 96; Scholz/*U. H. Schneider* GmbHG, § 19 Rn. 137 m. w. N.; Michalski/*Ebbing* § 19 Rn. 141).

6. Verdeckte Sacheinlagen

80 Abs. 5 findet über seinen Wortlaut hinaus auch Anwendung auf Fälle, die zwar keine Aufrechnung darstellen, dieser aber nahe kommen und deshalb zu einer Umgehung der Sacheinlagevorschriften führen können. Insofern ist die Vorschrift nicht nur weit auszulegen, sondern auch analogiefähig (vgl. BGH NJW 1996, 1286, 1287; Scholz/*U. H. Schneider* GmbHG, § 19 Rn. 139). Die Voraussetzungen einer unzulässigen Umgehung nach § 19 Abs. 5 GmbHG sind weiterhin umstritten (vgl. hierzu MünchHdb GesR III/*Gummert* § 50 Rn. 91 m. w. N.). Unzulässig sind die Fallgestaltungen der »**verschleierten**« bzw. der »**verdeckten Sacheinlage**«, womit die Sachverhalte bezeichnet sind, bei denen die gesetzlichen Regeln über Sacheinlagen dadurch unterlaufen werden, dass zwar eine **Bareinlage vereinbart** wird, die Gesellschaft aber bei wirtschaftlicher Betrachtung von dem Einleger aufgrund einer im Zusammenhang mit der Übernahme der Einlage getroffenen Absprache einen **Sachwert erhalten** soll (h. M.; zuletzt: BGH NJW 2003, 3127; Baumbach/Hueck/*Fastrich* § 19 Rn. 37 m. w. N.; *Roth*/Altmeppen § 19 Rn. 48 ff. und § 5 Rn. 68 ff; Scholz/*U. H. Schneider* GmbHG, § 19 Rn. 139 f. m. w. N.; krit. und umfassend *Schöpflin* GmbHR 2003, 57).

81 In der Fallgruppe des »**Hin- und Herzahlens**«, d. h. wenn gegenseitige Forderungen durch zeitnahe gegenseitige Zahlungen erfüllt werden, was wirtschaftlich gesehen einer Aufrechnung entspricht, wird die Umgehung stets bejaht (BGHZ 152, 37, 42; 125, 141, 143; 28, 314, 316 = GmbHR 1959, 70; BGH NJW 1990, 992, 985 ff.; OLG Köln NJW-RR 1995, 32, 33 f.; Baumbach/Hueck/*Fastrich* § 19 Rn. 38). Für die Annahme eines unzulässigen Hin- und Herzahlens ist es unerheblich, ob die Bareinzahlung aufgrund einer Übernahme- oder ähnlichen Abrede als Vergütung für Sachleistungen zufließt (BGH GmbHR 2001, 1114, 1115 mit Anm. *Müller*) oder umgekehrt Mittel für die Stammeinlageneinzahlung vorher durch entsprechendes Geschäft mit der Gesellschaft beschafft werden (BGHZ 125, 141, 143). Unzulässig ist daher z. B. der Fall, dass der Gesellschafter der Gesellschaft eine Sache überlässt, den diese bezahlt und sodann der Gesellschafter die Stammeinlage in gleicher Höhe – im entschiedenen Fall auch ratenweise – einzahlt (OLG Karlsruhe GmbHR 1992, 113,114). Das gilt auch für den Fall, dass der Gesellschafter in der Gründungsphase mit der Bareinlageverpflichtung gleichzeitig einen Überlassungsvertrag mit der Gesellschaft vereinbart, die Einlage bezahlt und kurz darauf einen gleich hohen Betrag als Entgelt durch die Gesellschaft zurückerhält (vgl. BGHZ 28, 314, 316; OLG Köln BB 2000, 372). Unwirksames Hin- und herzahlen ist auch bei der Einbeziehung Dritter möglich, so wenn die Zahlung an den Dritten einer Zahlung an den Gesellschafter gleich kommt (Rückzahlung an ein mit dem Gesellschafter verbundenes Unternehmen: OLG Dresden NJW-RR 2000, 563, 564; verabredete Zahlung an Eltern: LG Dresden GmbHR 2001, 29, 30; Übertragung des einzubringenden Gegenstandes an Ehepartner des Gesellschafters, der absprachegemäß an Gesellschaft weiterveräußert: BGH DB 1972, 1972, 1974). Erfasst wird jede Art der Umgehung, wie insbesondere auch die Fälle, in denen durch ein Darlehen der Gesellschaft an den Gesellschafter die Bareinlage zurückgeführt wird (BGHZ 153, 107 = NJW 2003, 825, 826; BGH GmbHR 2006, 982, 983; OLG Thüringen, GmbHR 2006, 940, 941 mit Anm. *Werner*; OLG Schleswig BB 2000, 2014 f.; weiteren Fallkonstellationen Baumbach/Hueck/*Fastrich* § 19 Rn. 38; ebenso bei MünchHdb GesR III/*Gummert* § 50 Rn. 92; umfassend mit zahlreichen Bsp. aus der Rechtsprechung: *Bayer* GmbHR 2004, 445).

82 Beim »**Schütt-aus-Hol-zurück-Verfahren**« (hierzu ausführl. *Roth* NJW 1991, 1913) wird der Bilanzgewinn der Gesellschaft an die Gesellschafter ausgeschüttet, worauf diese die Ausschüttung oder einen Teil in Form der Kapitalerhöhung zurückgewähren. Dieser Vorgang lässt sich auch als eine in Wahrheit eingebrachte Forderung der Gesellschafter in die Gesellschaft betrachten und damit als eine Sacheinlage. Deshalb hat der BGH zunächst einen Fall des Hin- und Herzahlens angenommen und die Grundsätze der verdeckten Sacheinlage angewandt. Danach könnten

die Gewinnausschüttungsansprüche nur unter Beachtung der formellen Bestimmungen über Sacheinlagen in Eigenkapital umgewandelt werden (BGHZ 113, 335, 340 ff.). Da die auszuschüttenden Gewinne auf einem Jahresabschluss beruhen (vgl. §§ 29, 41 bis 42 a, 46 Nr. 1 GmbHG, §§ 316 ff. HGB), bedarf die Werthaltigkeit des Gewinnausschüttungsanspruchs nicht der nochmaligen Überprüfung im Wege des Sacheinlageverfahrens (*Roth* NJW 1991, 1913, 1915). Der BGH hat daher in der Folgezeit seine Rechtsprechung korrigiert, so dass die Grundsätze der verdeckten Sacheinlage zumindest dann nicht gelten, wenn gegenüber dem Registergericht offen gelegt wurde, dass die Kapitalerhöhung im Wege des »Schütt-aus-Hol-zurück-Verfahrens« erfolgen soll. In diesen Fällen sei die Kapitalaufbringung nach den Grundsätzen der Kapitalerhöhung aus Gesellschaftsmitteln (§§ 57 c ff. GmbHG) sicherzustellen (BGHZ 135, 381 = ZIP 1997, 1337; vgl. *Schöpfing* GmbHR 2003, 57, 59; *Lutter/Zöllner* ZHR 1996, 164, 180 ff.; *Priester* ZGR 1998, 856).

Wie bei der unmittelbaren Anwendung des § 19 Abs. 5 GmbHG ist auch in den vorbezeichneten Fallgruppen eine **Umgehungsabsicht nicht erforderlich** (allg. M.; Baumbach/Hueck/*Fastrich* § 19 Rn. 39; *Schöpfing* GmbHR 2003, 57, 61). Neben dem engen zeitlichen und sachlichen Zusammenhang zwischen der Zahlung der Einlage und dem Rückfluss derselben an den Gesellschafter wird auch hier ein beiderseitiges Bewusstsein erforderlich sein, dass die Bareinlage und das fragliche Geschäft so miteinander verknüpft sind, dass der Gesellschaft im Ergebnis keine Bar-, sondern eine Sacheinlage zufließt (Baumbach/Hueck/*Fastrich* § 19 Rn. 39 m. w. N.; *Joost* ZIP 1990, 549, 559; *Schöpfing* GmbHR 2003, 57, 62; vgl. Rn. 74). Überwiegend wird hinsichtlich des **zeitlichen Zusammenhangs** auf die Umstände des Einzelfalls abgestellt (*Henze* ZHR 154 (1990), 105, 113 f,), während andere eine Frist von sechs Monaten (Baumbach/Hueck/*Fastrich* § 19 Rn. 39 m. w. N.; OLG Köln GmbHR 1999, 663; vgl. Lutter/Hommelhoff/*Lutter/Bayer* GmbHG, § 19 Rn. 41) bis zu einem Jahr (Michalski/*Ebbing* § 19 Rn. 144 m. w. N.) seit Eintragung der Gesellschaft bzw. der Kapitalerhöhung befürworten; teilweise wird auch auf die 2-Jahres-Frist des § 52 AktG abgestellt (*Mayer* NJW 1990, 2593, 2598). 83

7. Rechtsfolgen eines Verstoßes

Als Rechtsfolge eines Verstoßes gegen Abs. 5 **besteht die Bareinlagepflicht fort**, so dass der Gesellschafter Gefahr läuft ein zweites Mal leisten zu müssen. Ihm steht ein Bereicherungsanspruch wegen der ersten Zahlung zu, der im Falle der Insolvenz der Gesellschaft allerdings nur mit der Insolvenzquote befriedigt wird; auch kann er im Insolvenzfall wegen Abs. 2 nicht aufrechnen (Baumbach/Hueck/*Fastrich* § 19 Rn. 41; Lutter/Hommelhoff/*Lutter/Bayer* GmbHG, § 5 Rn. 47 f.; Scholz/*U. H. Schneider* GmbHG, § 19 Rn. 141). Nach der ursprünglich vorherrschenden Meinung wurde bei verdeckten Sacheinlagen im GmbH-Recht lediglich das Verpflichtungsgeschäft (schuldrechtlicher Teil) für unwirksam erachtet, während die Wirksamkeit des Verfügungsgeschäfts (dingliches Erfüllungsgeschäft) davon unberührt bleiben sollte (vgl. Hachenburg/*Ulmer* § 19 Rn. 113 f.; Scholz/*U. H. Schneider* GmbHG, § 19 Rn. 142; MünchHdb GesR III/*Gummert* § 50 Rn. 98 f.; OLG Köln WM 1995, 488, 489). Die Nichtigkeit des schuldrechtlichen Teils wird aus einer Analogie zu § 27 Abs. 3 S. 1 AktG gefolgert (Lutter/Hommelhoff/*Lutter/Bayer* GmbHG, § 5 Rn. 51; Baumbach/Hueck/*Fastrich* § 19 Rn. 42). Zwischenzeitlich hat der BGH festgestellt, dass in entsprechender Anwendung des § 27 Abs. 3 S. 1 AktG auch im GmbH-Recht sowohl der schuldrechtliche Verpflichtungsvertrag über die verdeckte Sacheinlage, als auch die »Rechtshandlung zu ihrer Ausführung der Gesellschaft gegenüber unwirksam« sind (BGHZ 155, 329; Lutter/Hommelhoff/*Lutter/Bayer* GmbHG, § 5 Rn. 51; Baumbach/Hueck/*Fastrich* § 19 Rn. 42; *Roth*/Altmeppen § 19 Rn. 59; *Langenbucher* DStR 2003, 1838). 84

Der Gesellschaft steht ein **Bereicherungsanspruch auf die geleistete Vergütung** zu, während der Gesellschafter einen Herausgabeanspruch auf den eingebrachten Gegenstand und etwaiger Nutzungen hat; soweit die Sachleistung noch vorhanden ist, ist ihm diese nach §§ 985, 894 BGB zurückzugewähren (vgl. BGHZ 155, 329; Lutter/Hommelhoff/*Lutter/Bayer* GmbHG, § 5 Rn. 51). An dem zurück zu übertragenden Vermögensgegenstand steht der Gesellschaft aber wegen der geleisteten Vergütung ein Zurückbehaltungsrecht nach § 273 Abs. 1 BGB zusteht (Baum- 85 bach / Hueck/*Fastrich* § 19 Rn. 42; ZBR gestützt auf offene Einlageforderung: Hachenburg / *Ulmer* § 19 Rn. 115; Michalski / *Ebbing* § 19 Rn. 148).

8. Heilung einer verdeckten Sacheinlage

86 Mit Blick auf die schwerwiegenden Rechtsfolgen ist die Möglichkeit einer Heilung verdeckter Sacheinlagen anerkannt (BGHZ 132, 141, 148 ff.; Lutter / Hommelhoff / *Lutter/Bayer* GmbHG, § 5 Rn. 55 ff.; Baumbach / Hueck/*Fastrich* § 19 Rn. 46 ff.; *Roth* / Altmeppen § 19 Rn. 63 ff.). Die Voraussetzungen, unter denen eine Heilung erfolgen kann, sind im Einzelnen noch nicht abschließend geklärt. Erforderlich ist aber eine **Satzungsänderung** mit entsprechender Mehrheit und den Angaben nach § 5 Abs. 4 GmbHG, wonach die bisherige Bar- in eine Sacheinlage umgewandelt wird. Gegenstand der nachgeholten Sacheinlage ist der Vermögensgegenstand, der als verdeckte Sacheinlage zu qualifizieren war und infolge der Nichtigkeit des Erfüllungsgeschäfts **erneut einzubringen und zu bewerten** ist (BGH GmbHR 2003, 1051, 1054). Die Bewertung ist auf den Zeitpunkt unmittelbar vor Anmeldung des Heilungsakts zum Handelsregister zu beziehen (BGHZ 132, 141, 155). Ein **Sachgründungsbericht** wird empfohlen, ein Ertragswertgutachten kann genügen (*Roth* / Altmeppen § 19 Rn. 65 m. w. N.). Jedenfalls bei der Verrechnung mit Gewinnansprüchen wird durch den BGH eine von einem Wirtschaftsprüfer testierte Bilanz neuesten Datums verlangt (BGHZ 132, 141, 155).

X. Verjährung

87 Bis zum Inkrafttreten des § 19 Abs. 6 GmbHG am 15. 12. 2004 (mit Art. 13 des »Gesetzes zur Anpassung von Verjährungsvorschriften an das Gesetz zur Schuldrechtsmodernisierung« vom 9. 12. 2004, BGBl. 2004 I, 3214) enthielt das GmbH-Gesetz keine Regelung zur Verjährung des Einlageanspruchs. Für die Zeit bis zum 31. 12. 2001 wurde die regelmäßige 30-jährige Verjährung (§§ 195, 198 BGB a. F.) herangezogen (BGH NJW 2001, 3781). Die zwischenzeitliche Verkürzung der Regelverjährung zum 1. 1. 2002 auf nur drei Jahre machte die Regelverjährung für Einlageschulden ungeeignet (vgl. einhellige Ablehnung: *Sontheimer* DStR 2005, 834, 837; *Roth* / Altmeppen § 19 Rn. 69; Baumbach / Hueck/*Fastrich* § 19 Rn. 12 m. w. N.). Dies hat der Gesetzgeber erkannt und mit der Einführung des Abs. 6 reagiert. Nunmehr verjähren die Stammeinlageforderungen in **zehn Jahren** ab dem Zeitpunkt ihrer Entstehung.

88 Trotz des Wortlauts des Abs. 6 **beginnt** die Verjährung mit der Fälligkeit (vgl. RegBegr BT-Drs. 15/3653, 20, 21); maßgeblich ist daher ein im Gesellschaftsvertrag **festgelegter Zahlungstermin** oder die Einforderung bzw. Anforderung durch die Geschäftsführer (*Roth* / Altmeppen § 19 Rn. 70; *Thiessen* ZHR 168 (2004), 503, 519). Nach Abs. 6 S. 2 wird im Fall der Insolvenz eine **Ablaufhemmung** von sechs Monaten wirksam, die mit dem Eröffnungsbeschluss beginnt (vgl. § 27 InsO). Dem Insolvenzverwalter soll damit die Möglichkeit eingeräumt werden, die Ansprüche zu prüfen und ggf. verjährungshemmende Maßnahmen zu ergreifen (vgl. RegBegr BT-Drs. 15/3653, 20). Lassen vor Eröffnung des Insolvenzverfahrens die Geschäftsführer fällige Einlageforderungen verjähren, kann dies zu einer möglichen Haftung nach § 43 Abs. 4 GmbH führen. Der Schadenersatzanspruch der Gesellschaft wegen Sorgfaltspflichtverstoß verjährt in fünf Jahren ab Schadenseintritt, daher also ab Verjährung der Einlageforderung (*Roth* / Altmeppen § 19 Rn. 71). Daneben besteht die Möglichkeit der Anfechtung nach § 129 InsO, § 3 AnfG, weil das Verjährenlassen eine anfechtbare Rechtshandlung der GmbH sein kann (RegBegr BT-Drs. 15/3653, 21, 25).

89 Nach der Überleitungsvorschrift des Art. 229 § 12 Abs. 2 S. 1 EGBGB findet die neue **10-jährige Verjährung** nicht nur auf Einlageforderungen Anwendung, die nach dem 14. 12. 2004 entstanden sind. Der Gesetzgeber wollte mit der Überleitungsvorschrift des Art. 229 § 12 Abs. 2 EGBGB die 10-jährige Verjährung vielmehr für alle Einlageforderungen einführen, die am 15. 12. 2004 noch nicht verjährt waren (*Sontheimer* DStR 2005, 834, 837). Nicht erfasst sind dagegen die Fälle, in denen die Stammeinlageforderung bis zum 15. 12. 2004 schon nach der alten 30-jährigen Frist verjährt ist (vgl. Art. 229 § 12 Abs. 1 S. 2 i. V. m. § 6 Abs. 1 S. 1 EGBGB; OLG Düsseldorf, Beschl.

vom 30. 11. 2005, I-16 W 76/06 (rkr.), BB 2006, 741, 742). Für am 14. 12. 2004 noch nicht verjährte Einlageforderungen gilt nach Art. 229 § 12 Abs. 1 S. 1 letzter Hs. EGBGB nicht mehr die 3-jährige, sondern die 10-jährige Verjährungsfrist (in Ausnahme zu Art. 229 § 6 Abs. 3 EGBGB; OLG Düsseldorf BB 2006, 741, 742). Nach Art. 229 § 12 Abs. 2 S. 2 EGBGB wird der vor dem 15. 12. 2004 **abgelaufene Zeitraum** in die Verjährungsfrist eingerechnet. Dabei ist zu berücksichtigen, dass die Verjährung vor diesem Datum nach dem bis dahin geltenden Recht lief. Nach Art. 229 § 6 Abs. 4 S. 1 EGBGB galt die kurze Regelverjährung (§§ 195, 199 BGB) in den Fällen, in denen die alte 30-Jahres-Frist (§ 195 BGB a. F.) am 1. 1. 2002 noch nicht abgelaufen war und auch bis zum 31. 12. 2004 nicht abgelaufen wäre. Diese 3-Jahres-Frist wurde frühestens ab dem 1. 1. 2002 berechnet und lief daher frühestens am 31. 12. 2004 ab, so dass die neue 10-Jahres-Frist des § 19 Abs. 6 GmbHG erst ab dem 1. 1. 2002 berechnet werden kann (OLG Düsseldorf BB 2006, 741, 742; *Thiessen* NJW 2005, 2120 f.; Baumbach / Hueck/*Fastrich* § 19 Rn. 12; vgl. auch *Sontheimer* DStR 2005, 834, 837 f.; *Wagner*ZIP 2005, 558, 560; krit.: *Mansel/Budzikiewicz* NJW 2005, 321, 328 f.).

In den Fällen, in denen die alte 30-Jahres-Frist nach dem 31. 12. 2004, aber vor dem 31. 12. 2011 abgelaufen wäre, bewirkt Art. 229 § 12 Abs. 2 S. 1 EGBGB, dass im Rahmen des Art. 229 § 6 Abs. 6 EGBGB nicht mehr die kurze Regelverjährung, sondern die neue 10-Jahres-Frist mit der 30-jährigen Frist verglichen wird. Läuft die 30-Jahres-Frist früher ab, so ist hiermit die Verjährung nach Art. 229 § 6 Abs. 4 S. 2 EGBGB beendet (OLG Düsseldorf BB 2006, 741; *Thiessen* NJW 2005, 2121; krit.: *Undritz/Nissen* § 19 GmbHG 2/06, 343, 344). 90

§ 20 [Verzugszinsen]

Ein Gesellschafter, welcher den auf die Stammeinlage eingeforderten Betrag nicht zur rechten Zeit einzahlt, ist zur Entrichtung von Verzugszinsen von Rechts wegen verpflichtet.

Übersicht:

A. Einleitung

§ 20 GmbHG sieht die Verzinsungspflicht unter erleichterten Voraussetzungen – mit Ablauf des im Einforderungsbeschluss genannten Datums oder sofort nach Anforderung und ohne zusätzliche Mahnung – vor und ist insofern eine **Sonderregelung gegenüber § 288 Abs. 1 BGB** (*Roth*/ Altmeppen § 20 Rn. 1; Lutter / Hommelhoff / *Lutter/Bayer* GmbHG, § 20 Rn. 1). Dass § 20 GmbHG in § 25 GmbHG nicht genannt ist, beruht auf einem Redaktionsversehen, so dass die Vorschrift nach wohl überwiegender Ansicht **zwingend** ist und nicht durch Gesellschaftsvertrag beseitigt oder beschränkt werden kann (Roth / *Altmeppen* § 20 Rn. 12; Scholz / *Winter* GmbHG, § 20 Rn. 1, 18; Lutter / Hommelhoff / *Lutter/Bayer* GmbHG, § 20 Rn. 5; Michalski / *Ebbing* § 20 Rn. 1; MünchHdb GesR III / *Gummert* § 50 Rn. 117; *Wachter* GmbHR 2002, 665, 666 f.; a. A. Baumbach / *Hueck/Fastrich* § 20 Rn. 1; Hachenburg / *Müller* § 20 Rn. 6; HK GmbHG / *Bartl* § 20 Rn. 1; R / S-L / *Pentz* § 20 Rn. 2). 1

B. Voraussetzungen

I. Geldeinlage

2 Die Vorschrift gilt nur für Stammeinlagen, die **in Geld** zu leisten sind und nicht für Sacheinlagen (allg. M., Roth/*Altmeppen* § 20 Rn. 2; Baumbach/*Hueck/Fastrich* § 20 Rn. 2). Sie findet ebenso auf sonstige – ergänzende – **Geldeinlagepflichten** Anwendung, die der Kapitalaufbringung dienen, wie aus Differenzhaftung nach § 9 GmbHG und aus der sog. Verlustdeckungs- (Baumbach/*Hueck/Fastrich* § 20 Rn. 2; Michalski/*Ebbing* § 20 Rn. 5) und Vorbelastungshaftung der Gesellschafter (BGHZ 80, 129, 141 ff.) und aus Bareinlagepflichten, die anstelle einer fehlgeschlagenen Sacheinlage treten; bei **gemischten Einlagen** ist nur der Geldanteil zu verzinsen (Baumbach/*Hueck/Fastrich* § 20 Rn. 2; Lutter/Hommelhoff/*Lutter/Bayer* GmbHG, § 20 Rn. 1; *Roth*/Altmeppen § 20 Rn. 2). § 20 GmbHG gilt nicht für alle sonstigen Leistungspflichten, insbesondere nicht für das Agio und Nachschüsse (§ 26 GmbHG), für Nebenpflichten (§ 3 Abs. 2 GmbHG) und auch nicht für die Haftung aus §§ 16 Abs. 3, 22, 24 GmbHG oder §§ 26 ff., 31, 31 b GmbHG (Hachenburg/*Müller* § 20 Rn. 10; MünchHdb GesR III/*Gummert* § 50 Rn. 117). In diesen Fällen bleibt es bei den allgemeinen Verzugsregelungen der §§ 286 ff. BGB (*Roth*/Altmeppen § 20 Rn. 2 m. w. N.).

II. Fälligkeit

3 Die Zinspflicht des § 20 GmbHG setzt voraus, dass der auf die Stammeinlage zu zahlende Betrag **eingefordert** ist. Damit wird angeknüpft an das Erfordernis der Fälligstellung der Einlageforderung durch Gesellschafterbeschluss (§ 46 Nr. 2 GmbHG) und der anschließenden Anforderung durch die Geschäftsführer (Scholz/*Winter* GmbHG, § 20 Rn. 6 ff.; vgl. § 19 GmbHG Rn. 10 ff). Die Anforderung bedarf keiner besonderen Form, ist aber empfangsbedürftig (OLG München GmbHR 1985, 56 f.; Lutter/Hommelhoff/*Lutter/Bayer* GmbHG, § 20 Rn. 3; Baumbach/*Lutter/Hueck/Fastrich* § 20 Rn. 4; Scholz/*Winter* GmbHG, § 20 Rn. 12). Die Satzung kann Regelungen vorsehen, wonach die Anforderung z. B. nur schriftlich oder durch Einschreiben, mit Zustellung durch den Gerichtsvollzieher oder eine zusätzliche Bekanntmachung in den Veröffentlichungsblättern der Gesellschaft erfolgen kann (Roth/*Altmeppen* § 20 Rn. 3; umstr., ob auch durch öffentliche Bekanntmachung; ablehnend: Scholz/*Winter* GmbHG, § 20 Rn. 12; R/S-L/*Pentz* § 20 Rn. 12; Michalski/*Ebbing* § 20 Rn. 16; krit. Hachenburg/*Müller* § 20 Rn. 34; bejahend: RGZ 85, 366, 368; Lutter/Hommelhoff/*Lutter/Bayer* GmbHG, § 20 Rn. 3). Fehlt der erforderliche Einforderungsbeschluss oder ist er nichtig, ist die Anforderung unwirksam (Baumbach/Hueck/*Hueck/Fastrich* § 20 Rn. 3; Roth/*Altmeppen* § 20 Rn. 3).

4 Eines Gesellschafterbeschlusses und der Anforderung bedarf es für den Eintritt der Verzinsungspflicht dann nicht, wenn im Gesellschaftsvertrag ein Zahlungstermin bestimmt ist (OLG Zweibrücken GmbHR 1996, 122; OLG Celle GmbHR 1997, 748 f.; OLG Dresden GmbHR 1997, 946, 947; Lutter/Hommelhoff/*Lutter/Bayer* GmbHG, § 20 Rn. 3). Die Anforderung ist auch dann entbehrlich bzw. sie erfolgt konkludent (Baumbach/Hueck/*Hueck/Fastrich* § 20 Rn. 3 m. w. N.), wenn die betroffenen Gesellschafter und auch die Geschäftsführer bei der Beschlussfassung über die Einlageeinforderung anwesend sind (BGH NJW-RR 2003, 1196; OLG Hamburg GmbHR 1991, 578; Lutter/Hommelhoff/*Lutter/Bayer* GmbHG, § 20 Rn. 3; Roth/*Altmeppen* § 20 Rn. 5 m. w. N.; vgl. § 19 GmbHG Rn. 14).

III. Nicht rechtzeitige Zahlung

5 Der Gesellschafter hat **sofort** (§ 271 Abs. 1 BGB) nach Zugang der Anforderung zu zahlen, wenn nicht eine bestimmte Zahlungsfrist festgesetzt ist (Lutter/Hommelhoff/*Lutter/Bayer* GmbHG, § 20 Rn. 4; Baumbach/Hueck/*Hueck/Fastrich* § 20 Rn. 5). Der Gesellschafter muss so schnell, wie nach den Umständen möglich, leisten, wobei regelmäßig ein Zeitraum von 2 bis 3 Tagen nach Eintritt der Fälligkeit als noch rechtzeitig erachtet wird (OLG Köln BB 1995, 426, 427; OLG Brandenburg NZG 2001, 366, 367; Hachenburg/*Müller* § 20 Rn. 18; Baumbach/Hueck/*Hueck/Fastrich* § 20 Rn. 5, 12; Michalski/*Ebbing* § 20 Rn. 22). Nach Eintritt der Fälligkeit ist eine Mahnung nicht erforderlich. Auf ein Verschulden des säumigen Gesellschafters kommt es ebenso

nicht an (h. M.; OLG Brandenburg NZG 2001, 366, 367; Roth/*Altmeppen* § 20 Rn. 6; Scholz/*Winter* GmbHG, § 20 Rn. 15; Baumbach/Hueck/*Hueck/Fastrich* § 20 Rn. 5; Hachenburg/*Müller* § 20 Rn. 16; a. A. nur: R/S-L/*Pentz* § 20 Rn. 19).

IV. Einwendungen und Einreden

Im Rahmen der Anforderung sind die **Grundsätze der Gleichbehandlung** nach § 19 Abs. 1 GmbHG zu beachten, so dass z. B. bei Anforderung der Einlage nur bei einzelnen Gesellschaftern oder bei allen, jedoch nicht entsprechend ihrem Anteil oder zu unterschiedlichen Fristen, dies durch den in Anspruch genommenen Gesellschafter eingewendet werden kann (vgl. § 19 GmbHG Rn. 7 ff.; Lutter/Hommelhoff/*Lutter/Bayer* GmbHG, § 20 Rn. 3; Hachenburg/*Müller* § 20 Rn. 20). Eine insoweit mangelhafte Anforderung, berechtigt den Gesellschafter zur Leistungsverweigerung. Im Übrigen ist der Einforderungsbeschluss anzufechten, da es sonst bei der Zahlungspflicht bleibt (Scholz/*Winter* § 20 Rn. 14; Roth/*Altmeppen* § 20 Rn. 5). 6

Der Einlageanspruch der Gesellschaft unterliegt der **Verjährung**, die nach neuem § 19 Abs. 6 GmbHG zehn Jahre beträgt; die Frist beginnt mit Fälligkeit der Einlageleistung (vgl. § 19 GmbHG Rn. 89 ff.). Ist die Einlageforderung verjährt, steht dem Gesellschafter ein Leistungsverweigerungsrecht zu; offene Zinsansprüche sind dann nach § 217 BGB mitverjährt. 7

C. Rechtsfolge: Verzugszinsen

Der Zinssatz nach § 20 GmbHG beträgt nach richtiger Ansicht **4 %**; es handelt sich um einen **Fälligkeitszinsatz** i. S. d. § 246 BGB (LG Dresden ZIP 2000, 1835; Lutter/Hommelhoff/*Bayer* GmbHG, § 20 Rn. 5; Baumbach/Hueck/*Hueck/Fastrich* § 20 Rn. 6; Roth/*Altmeppen* § 20 Rn. 9 ff.; Michalski/*Ebbing* § 20 Rn. 30). Der Wortlaut des § 20 GmbHG, der von einem Verzugszins spricht und daher bisweilen als Verweis auf § 288 Abs. 1 BGB verstanden wird (daher 5 % über dem Basiszinssatz: MünchHdb GesR III/*Gummert* § 50 Rn. 120; R/S-L/*Pentz* § 20 Rn. 19; *Wachter* GmbHR 2002, 665, 667; so wohl auch Scholz/*Winter* GmbHG, § 20 Rn. 17, der noch § 288 BGB a. F. zugrunde legt) ist irreführend (vgl. OLG Brandenburg NZG 2001, 366, 368). 8

Der Zins kann im Gesellschaftsvertrag über die gesetzliche Höhe von 4 % hinaus erhöht werden (allg. M.; Lutter/Hommelhoff/*Bayer* GmbHG, § 20 Rn. 5; Baumbach/Hueck/*Hueck/Fastrich* § 20 Rn. 6). Umstritten ist, ob die gesetzliche Zinspflicht darüber hinaus herabgesetzt oder gar gänzlich abbedungen werden kann. Diese Frage richtet sich danach, ob die Vorschrift des § 20 GmbHG als zwingend erachtet wird (vgl. Rn. 1), denn dann ist eine Herabsetzung oder völlige Beseitigung nicht möglich (vgl. Roth/*Altmeppen* § 20 Rn. 12 m. w. N.). 9

D. Sonstige Verzugsfolgen, Vertragsstrafe

Ein weitergehender Schaden nach § 288 Abs. 4 BGB ist durch § 20 GmbHG nicht ausgeschlossen (allg. M.; Baumbach/Hueck/*Hueck/Fastrich* § 20 Rn. 8; Roth/*Altmeppen* § 20 Rn. 13; Lutter/Hommelhoff/*Bayer* GmbHG, § 20 Rn. 6). Durch die Satzung kann daneben bei nicht rechtzeitiger Einzahlung auf die Stammeinlage eine **Vertragsstrafe** vorgesehen sein (allg. M.; Scholz/*Winter* GmbHG, § 20 Rn. 22). Soweit der Fälligkeitszins nicht die Vertragsstrafe übersteigt, wird vertreten, dass er durch die Vertragsstrafe absorbiert wird und nicht kumulativ neben der Vertragstrafe steht (Roth/*Altmeppen* § 20 Rn. 13; Scholz/*Winter* GmbHG, § 20 Rn. 28; Hachenburg/*Müller* § 20 Rn. 50; a. A. Lutter/Hommelhoff/*Lutter/Bayer* GmbHG, § 20 Rn. 7). Die nachträgliche Einführung einer Vertragsstrafe erfolgt durch Satzungsänderung und bedarf nach § 53 Abs. 3 GmbHG der Zustimmung aller potentiell betroffenen Gesellschafter (Scholz/*Winter* GmbHG § 20 Rn. 23; Hachenburg/*Müller* § 20 Rn. 44 f.). 10

Die Vertragstrafe kann in Geld, aber auch in dem Ausschluss oder in der Beschränkung von Mitgliedschaftsrechten (z. B. Gewinnbezug, Stimmrecht) bestehen (allg. M.; Lutter/Hommelhoff/*Lutter/Bayer* GmbHG, § 20 Rn. 7). Für Vertragsstrafen gelten grundsätzlich die Bestimmungen des BGB, so dass zunächst auch ein Verzugseintritt nach § 339 BGB erforderlich ist (Baumbach/ 11

Hueck/*Hueck/Fastrich* § 20 Rn. 9). Der Anspruch auf **richterliche Herabsetzung** nach § 343 BGB ist möglich, solange es sich bei dem Gesellschafter nicht um einen Vollkaufmann nach § 348 HGB handelt (h. M.; Baumbach/Hueck/*Hueck/Fastrich* § 20 Rn. 9; Lutter/Hommelhoff/*Lutter/Bayer* GmbHG, § 20 Rn. 7; Scholz/*Winter* GmbHG, § 20 Rn. 27; MünchHdb GesR III/*Gummert* § 50 Rn. 12; a. A. Roth/*Altmeppen* § 20 Rn. 14; R/S-L/*Pentz* § 20 Rn. 25). Auch im Rahmen der Vertragsstrafe sind aber die Grundsätze über die Aufbringung des Stammkapitals zu beachten (Michalski/*Ebbing* § 20 Rn. 49).

E. Verwendung

12 Die Gesellschaft ist in der Verwendung der Zinsen aus § 20 GmbHG und den Vertragsstrafen – soweit sich aus § 30 GmbHG nichts anderes ergibt – frei und kann sie als außergewöhnliche Erträge über die GuV dem Bilanzgewinn zuführen und entsprechend ausschütten (Scholz/*Winter* GmbHG, § 20 Rn. 31; Lutter/Hommelhoff/*Lutter/Bayer* GmbHG, § 20 Rn. 8).

§ 21 [Kaduzierung]

(1) [1]Im Fall verzögerter Einzahlung kann an den säumigen Gesellschafter eine erneute Aufforderung zur Zahlung binnen einer zu bestimmenden Nachfrist unter Androhung seines Ausschlusses mit dem Geschäftsanteil, auf welchen die Zahlung zu erfolgen hat, erlassen werden. [2]Die Aufforderung erfolgt mittels eingeschriebenen Briefes. [3]Die Nachfrist muß mindestens einen Monat betragen.

(2) [1]Nach fruchtlosem Ablauf der Frist ist der säumige Gesellschafter seines Geschäftsanteils und der geleisteten Teilzahlungen zugunsten der Gesellschaft verlustig zu erklären. [2]Die Erklärung erfolgt mittels eingeschriebenen Briefes.

(3) Wegen des Ausfalls, welchen die Gesellschaft an dem rückständigen Betrag oder den später auf den Geschäftsanteil eingeforderten Beträgen der Stammeinlage erleidet, bleibt ihr der ausgeschlossene Gesellschafter verhaftet.

Übersicht:

A. Einleitung

1 In den §§ 21 bis 24 GmbHG werden die **Folgen nicht rechtzeitiger Einzahlung von Stammeinlagen** geregelt, die dem Interesse der Sicherung der Kapitalaufbringung dienen. Die Durchführung des sehr einschneidenden Kaduzierungsverfahrens nach § 21 GmbHG steht dabei im **pflichtgemäßen Ermessen** der Geschäftsführer, die sich alternativ ebenso auch für die Beitreibung eines rückständigen Einlagebetrags im Klageverfahren entscheiden können (vgl. § 43 GmbHG, Roth/*Altmeppen* § 21 Rn. 1; MünchHdb GesR III/*Gummert* § 50 Rn. 129; Baumbach/Hueck/*Hueck/Fastrich* § 21 Rn. 1). Eine Pflicht der Gesellschaft zur Durchführung des Kaduzierungsverfahrens besteht nicht, so dass sie hierzu auch nicht von einem Gläubiger gezwungen werden kann (Scholz/*Emmerich* GmbHG, § 21 Rn. 3, 12 m. w. N.). Die Kaduzierung nach § 21 GmbHG ist ein Recht der Gesellschaft, das durch den Gesellschaftsvertrag weder ausgeschlos-

sen, noch eingeschränkt wohl aber erweitert werden kann (vgl. § 25 GmbHG, **zwingende Vorschrift**; Scholz/*Emmerich* GmbHG, § 21 Rn. 3).

Anders als die Einziehung nach § 34 GmbHG führt die Kaduzierung zum **Ausschluss des Gesellschafters** und nicht zum Untergang des Geschäftsanteils; dieser bleibt bestehen. Der Gesellschafter verliert aber seinen Geschäftsanteil und haftet der Gesellschaft wegen fehlender Einlage weiterhin nach § 21 Abs. 3 GmbHG (Scholz/*Emmerich* GmbHG, § 21 Rn. 4; Roth/*Altmeppen* § 21 Rn. 3). 2

B. Voraussetzungen, Abs. 1

I. Geldeinlageverpflichtung

Die Kaduzierung des Geschäftsanteils findet nur bei **rückständigen Bareinlageverpflichtungen** sowie bei einer verzögerten Einzahlung von Nachschüssen nach § 28 GmbHG Anwendung. Auf andere Pflichten, wie bei einer Sacheinlagepflicht ist § 21 GmbHG, nicht anwendbar, es sei denn, dass sie sich in eine Geldeinlagepflicht zurückgewandelt hat (Lutter/Hommelhoff/*Lutter/Bayer* GmbHG, § 21 Rn. 3; Hachenburg/*Müller* § 20 Rn. 11; Scholz/*Emmerich* GmbHG, § 21 Rn. 5; Baumbach/Hueck/*Hueck/Fastrich* § 21 Rn. 3; Michalski/*Ebbing* § 21 Rn. 17; a. A. R/S-L/*Pentz* § 20 Rn. 26). § 21 GmbHG gilt auch für **Beträge aus Differenz- und Vorbelastungshaftung** (BGH ZIP 2003, 625, 627; Scholz/*Emmerich* GmbHG, § 21 Rn. 5 a; Lutter/Hommelhoff/*Lutter/Bayer* GmbHG, § 20 Rn. 4; Roth/*Altmeppen* § 21 Rn. 5; krit. *Melber* GmbHR 1991, 563, 566 f.), nicht aber bei **Verlustdeckungshaftung** (vgl. Baumbach/Hueck/*Hueck/Fastrich* § 21 Rn. 3), ebenso wie bei **Mischeinlagen** hinsichtlich des Geldeinlageteils (Scholz/*Emmerich* GmbHG, § 21 Rn. 5 a; *Fleck* GmbHR1993, 550, 552), wobei sich dann die Folgen der Kaduzierung auf den ganzen Geschäftsanteil erstrecken (h. M.; Baumbach/Hueck/*Hueck/Fastrich* § 21 Rn. 3 m. w. N.). Keine Anwendung findet § 21 GmbHG bei Nebenleistungen, bei Verzugszinsen nach § 20 GmbHG und Vertragsstrafen, bei der Ausfallhaftung für die Einlageschulden der anderen Gesellschafter wegen § 24 GmbHG und für die unbeschränkte Nachschusspflicht nach § 27 GmbHG (Scholz/*Emmerich* GmbHG, § 21 Rn. 5 m. w. N.). 3

Umstritten ist die Frage, ob die Betreibung des Kaduzierungsverfahrens möglich ist, wenn die Einlageforderung abgetreten, gepfändet oder verpfändet ist (vgl. § 19 GmbHG Rn. 26; so wohl die h. M., Roth/*Altmeppen* § 21 Rn. 4 m. w. N.). Für den Fall der Pfändung wird dies zu bejahen sein, weil der Gesellschaft der Wert der Forderung erst mit der Einziehung durch den Gläubiger zufließt (vgl. § 19 GmbHG Rn. 27; OLG Celle GmbHR 1994, 801 f.; Scholz/*Emmerich* GmbHG, § 21 Rn. 12; Lutter/Hommelhoff/*Lutter/Bayer* GmbHG, § 21 Rn. 4; Michalski/*Ebbing* § 21 Rn. 62; a. A. Roth/Altmeppen/*Altmeppen*, § 21 Rn. 4 m. w. N.; Scholz/*U. H. Schneider* GmbHG, § 19 Rn. 157; Baumbach/Hueck/*Hueck/Fastrich* § 19 Rn. 32 ff.; nur für den Fall der Abtretung: Hachenburg/*Ulmer* § 19 Rn. 121, 123). 4

In dem Gesellschaftsvertrag können die Gesellschafter bestimmen, dass § 21 GmbHG auch in anderen Fällen Anwendung findet (Scholz/*Emmerich* GmbHG, § 21 Rn. 7; MünchHdb GesR III/*Gummert* § 50 Rn. 131), beispielsweise bei der Ausschließung eines Gesellschafters aus wichtigem Grund (BGH NJW 1983, 2380). 5

II. Verzögerte Einzahlung

Abs. 1 setzt eine »verzögerte Einzahlung« voraus, was -gleichbedeutend mit dem Fall des § 20 GmbHG (vgl. dort Rn. 3 ff.) – dann vorliegt, wenn der Gesellschafter bei bestehender, fälliger und durchsetzbarer Einlageschuld diese nicht erbringt; die Voraussetzungen sind mit denen für Verzugszinsen nach § 20 GmbHG identisch (Hachenburg/*Müller* § 20 Rn. 23; Baumbach/Hueck/*Hueck/Fastrich* § 21 Rn. 3; Roth/*Altmeppen* § 21 Rn. 6). Die **Fälligkeit** wird regelmäßig durch den Einforderungsbeschluss der Gesellschafterversammlung nach § 46 Nr. 2 GmbHG und die anschließende Anforderung durch die Geschäftsführung hergestellt (OLG Celle GmbHR 1997, 748, 749; OLG München GmbHR 1985, 56 f.; Hachenburg/*Müller* § 21 Rn. 23). Entbehrlich 6 sind diese, wenn die Leistung der Stammeinlagebeträge nach einem im Gesellschaftsvertrag festgesetzten Termin zu erfolgen haben (vgl. § 20 GmbHG Rn. 4; Baumbach / Hueck / *Hueck/Fastrich* § 21 Rn. 4). Ein **Verschulden** ist nicht erforderlich (MünchHdb GesR III / *Gummert* § 50 Rn. 130; Scholz / *Emmerich* GmbHG, § 21 Rn. 6 b; Michalski / *Ebbing* § 21 Rn. 30; Roth / *Altmeppen* § 21 Rn. 6).

III. Erneute Zahlungsaufforderung

7 Nach Abs. 1 S. 1 hat die Gesellschaft den säumigen Gesellschafter »erneut« zur Zahlung aufzufordern. Die Aufforderung nach Abs. 1 kann grundsätzlich – anders als die Anforderung – erst nach Eintragung der Gesellschaft erfolgen (allg. M.; OLG München GmbHR 1998, 56 f.; Scholz / *Emmerich* GmbHG, § 21 Rn. 15 a). Die Anforderung kann mit der Aufforderung nicht verbunden werden, auch ist eine besondere Frist zwischen der ersten (Anforderung) und der erneuten Zahlungsaufforderung nicht vorgeschrieben; die Frist muss aber so bemessen sein, dass der Gesellschafter die Möglichkeit hat, der Zahlungspflicht nachzukommen (Scholz / *Emmerich* GmbHG, § 21 Rn. 15 a) und sie auch vorher zu prüfen (Baumbach / Hueck / *Hueck/Fastrich* § 21 Rn. 4 m. w. N.).

8 **Zuständig** für die Aufforderung sind die **Geschäftsführer** (Baumbach / Hueck / *Hueck/Fastrich* § 21 Rn. 6). In der Insolvenz der GmbH ist allein der **Insolvenzverwalter** für die Kaduzierung zuständig (vgl. § 80 Abs. 1 InSO; OLG Dresden GmbHR 1998, 884, 886 m. w. N.; Lutter / Hommelhoff / *Bayer* GmbHG, § 21 Rn. 5), wobei er die Einlagen nur zum Zwecke der Liquidation einfordern dürfen soll, nicht auch für produktive Zwecke (Roth / *Altmeppen* § 21 Rn. 10 m. w. N.).

1. Bezifferung des Betrags

9 Abs. 1 stellt für die erneute Zahlungsaufforderung **Mindestkriterien** voraus. Die Zahlungsaufforderung muss zunächst den rückständigen Betrag nennen. Wird ein **niedriger** als der tatsächlich ausstehende Betrag beziffert, hat dies zur Folge, dass der Gesellschafter lediglich den zu niedrig angegebenen Betrag bezahlen muss, um den Ausschluss abzuwenden (allg. M.; Lutter / Hommelhoff / *Bayer* GmbHG, § 21 Rn. 9; Scholz / *Emmerich* GmbHG, § 21 Rn. 16; Baumbach / Hueck / *Hueck/Fastrich* § 21 Rn. 5; Roth / *Altmeppen* § 21 Rn. 11). Dies ist für den Fall der **überhöhten** Bezifferung umstritten, mit der h. M. aber anzunehmen (OLG Hamburg, NJW-RR 1994, 1528, 1529; LG Hildesheim GmbHR 1998, 44, 45 für Aufforderung, »sämtliche« Stammeinlagen zu zahlen; Hachenburg / *Müller* § 21 Rn. 29; Lutter / Hommelhoff / *Lutter/Bayer* GmbHG, § 21 Rn. 9; Michalski / *Ebbing* § 21 Rn. 69.; a. A. Scholz / *Emmerich* GmbHG § 21 Rn. 16; Roth / *Altmeppen* § 21 Rn. 11, *Kortüm* EWiR 1993, 891).

2. Adressat

10 Die erneute Aufforderung ist **an die säumigen Gesellschafter** zu adressieren, regelmäßig also an die Gründungsgesellschafter und im Falle der Rechtsnachfolge die bei der Gesellschaft nach § 16 GmbHG angemeldeten Gesellschafter (Baumbach / Hueck / *Hueck/Fastrich* § 21 Rn. 7; Scholz / *Emmerich* GmbHG, § 21 Rn. 13; Michalski / *Ebbing* § 21 Rn. 47). Im Erbfall kann das Kaduzierungsverfahren gegen den **Erben** gerichtet werden, soweit dieser durch Erbschein ausgewiesenen ist (Hachenburg / *Müller* § 21 Rn. 15; MünchHdb GesR III / *Gummert* § 50 Rn. 136).

11 Bei **mehreren säumigen Gesellschaftern** haben die Geschäftsführer nach pflichtgemäßem Ermessen (Scholz / *Emmerich* GmbHG, § 21 Rn. 14) zu entscheiden, ob und gegen welche Gesellschafter sie das Kaduzierungsverfahren betreiben wollen, dabei jedoch die Einhaltung des Gleichbehandlungsgebots (§ 19 Abs. 1 GmbHG) zu beachten (OLG Köln NJW-RR 1988, 356; OLG Düsseldorf GmbHR 1962, 158 f.; Hachenburg / *Müller* § 21 Rn. 7; Roth / *Altmeppen* § 21 Rn. 9). Dem steht nicht entgegen, dass die Gesellschaft gegen einzelne Gesellschafter oder gegen einzelne Gesellschafter unterschiedlich vorgeht, d. h. bei einem das Kaduzierungsverfahren betreibt, bei einem anderen Zahlungsklage erhebt und bei einem dritten die nahe stehende Zahlungsfähigkeit abwartet. In jedem Fall muss die unterschiedliche Behandlung sachgerecht sein,

und darf nicht auf einer willkürlichen Ungleichbehandlung beruhen (allg. M., Baumbach/Hueck/*Hueck/Fastrich* § 21 Rn. 7 m. w. N. MünchHdb GesR III/*Gummert* § 50 Rn. 136). Verfügt ein Gesellschafter über **mehrere Geschäftsanteile** (§ 15 Abs. 2 GmbHG), muss eindeutig sein, auf welche Geschäftsanteile sich die Aufforderung bezieht (Roth/*Altmeppen* § 21 Rn. 8 und 13, Baumbach/Hueck/*Hueck/Fastrich* § 21 Rn. 7).

Auch im Fall der **Insolvenz** des säumigen Gesellschafters kann das Kaduzierungsverfahren durchgeführt werden. Es richtet sich dann gegen den Insolvenzverwalter, der durch Zahlung der vollen rückständigen Einlage das Kaduzierungsverfahren abwenden kann (Lutter/Hommelhoff/*Lutter/Bayer* GmbHG, § 21 Rn. 5; Scholz/*Emmerich* GmbHG, § 21 Rn. 14 a; MünchHdb GesR III/*Gummert* § 50 Rn. 136; Roth/*Altmeppen* § 21 Rn. 8). **12**

3. Setzen einer Nachfrist

Weitere Voraussetzung des Abs. 1 S. 1 und 3 ist das Setzen einer Nachfrist unter Androhung des Ausschlusses mit dem Geschäftsanteil, auf welchen die Zahlung zu erfolgen hat. Die Nachfrist muss nach Abs. 1 S. 3 **»mindestens« einen Monat** betragen, so dass eine 4-Wochen-Frist unwirksam ist (vgl. auch Hachenburg/*Müller* § 21 Rn. 31; Roth/*Altmeppen* § 21 Rn. 12). Ebenso reicht eine Aufforderung zur »prompten« oder »sofortigen« Zahlung nicht (OLG Köln OLGE 19, 369). Eine zu kurze und damit unwirksame Frist gilt nicht als mit einem Monat bemessen und setzt auch nicht die vorgesehene Frist von einem Monat in Gang (OLG Rostock GmbHR 1997, 449, 450 (inzidenter); Hachenburg/*Müller* § 21 Rn. 31; Baumbach/Hueck/*Hueck/Fastrich* § 21 Rn. 5; Lutter/Hommelhoff/*Lutter/Bayer* GmbHG, § 21 Rn. 10; a. A. nur noch: Michalski/*Ebbing* § 21 Rn. 71 unter Hinweis auf OLG München OLGE 22, 15, 16; *Schuler* GmbHR 1961, 98, 99; Meyer-Landrut/*Miller* § 21 Rn. 5). Empfohlen wird daher, die Nachfrist mit den Worten des Gesetzes zu bestimmen (vgl. OLG Köln OLGE 19, 369; Scholz/*Emmerich* GmbHG, § 21 Rn. 17; vgl. Formulierungsvorschläge bei Hachenburg/*Müller* § 21 Rn. 31 und Lutter/Hommelhoff/*Bayer* GmbHG, § 21 Rn. 10). Die Nachfrist kann aber, da es sich nach dem Wortlaut des § 21 Abs. 1 S. 3 GmbHG um eine Mindestfrist handelt, auch mehr als einen Monat betragen. **13**

Die Frist **beginnt** mit dem Zugang der erneuten Zahlungsaufforderung beim Gesellschafter und wird nach den allgemeinen Bestimmungen der §§ 187 ff. BGB berechnet (Scholz/*Emmerich* GmbHG, § 21 Rn. 17; Hachenburg/*Müller* § 21 Rn. 32; Baumbach/Hueck/*Hueck/Fastrich* § 21 Rn. 9). **14**

4. Androhung

Dem säumigen Gesellschafter muss der Verlust des Geschäftsanteils für den Fall der nicht fristgerechten Zahlung angedroht werden. Ein bestimmter Wortlaut für die Androhung ist nicht vorgeschrieben. Die Androhung muss aber so gehalten sein, dass sie dem Gesellschafter deutlich macht, dass er im Falle der Nichtzahlung seinen Geschäftsanteil verliert (OLG Hamm GmbHR 1993, 360, 361). Das Wort »Ausschluss« muss nicht verwendet und es muss nicht auf den Verlust einer erfolgten Teilzahlung hingewiesen werden (wenn auch zweckmäßig, so: Lutter/Hommelhoff/*Bayer* GmbHG, § 21 Rn. 11). Ein Hinweis auf die »Wahrung aller Rechte« oder » bei Gefahr der gesetzlichen Nachteile« ist aber nicht ausreichend (Hachenburg/*Müller* § 21 Rn. 33; Baumbach/Hueck/*Hueck/Fastrich* § 21 Rn. 5; Lutter/Hommelhoff/*Lutter/Bayer* GmbHG, § 21 Rn. 11). Hat der Gesellschafter mehrere Geschäftsanteile (§ 15 Abs. 2 GmbHG), muss angegeben werden, für welchen Anteil die Androhung erfolgt (vgl. Rn. 11; Hachenburg/*Müller* § 21 Rn. 34). **15**

5. Form

Die erneute Zahlungsaufforderung hat nach Abs. 1 S. 2 **mittels eingeschriebenen Briefes** zu erfolgen. Der Gesellschaftsvertrag kann hingegen weitergehende Anforderungen stellen; auch ohne Regelung im Gesellschaftsvertrag ist die Wahl einer strengeren Zustellungsform möglich (Scholz/*Emmerich* GmbHG, § 21 Rn. 19; Hachenburg/*Müller* § 21 Rn. 35). Entscheidend ist, dass die strengere Form dem gleichen Beweiswert wie die gesetzliche Form genügt, was bei **16** der Zustellung durch den Gerichtsvollzieher nach § 132 Abs. 1 BGB oder eine öffentliche Zustellung nach § 132 Abs. 2 BGB angenommen wird (OLG Hamm GmbHR 1995, 663 f.; Hachenburg/*Müller* § 21 Rn. 35; Baumbach/Hueck/*Hueck/Fastrich* § 21 Rn. 8; Lutter/Hommelhoff/*Lutter/Bayer* GmbHG, § 21 Rn. 14). Die erforderliche Schriftform nach Abs. 1 S. 2 kann durch **notarielle Beurkundung** (§ 126 Abs. 3 BGB) und diese wiederum durch **Erklärung zu Protokoll nach § 127 a BGB**, der nicht nur für Prozessvergleiche, sondern auf alle Willenserklärungen Anwendung findet, erfolgen; erforderlich ist dann aber auch die formgerechte Zustellung an den betroffenen Gesellschafter (OLG Rostock GmbHR 1997, 449, 450; Scholz/*Emmerich* GmbHG, § 21 Rn. 19; Lutter/Hommelhoff/*Bayer* GmbHG, § 21 Rn. 8 m. w. N.). Eine Veröffentlichung in den Gesellschaftsblättern genügt hingegen nicht (Hachenburg/*Müller* § 21 Rn. 36; Roth/*Altmeppen*, § 21 Rn. 14; Michalski/*Ebbing* § 21 Rn. 76).

17 Die Zahlungsaufforderung ist eine empfangsbedürftige Willenserklärung und unterliegt den Voraussetzungen der §§ 130 ff. BGB, so dass sie erst mit Zugang beim Gesellschafter wirksam wird (§ 130 Abs. 1 BGB; umfassend hierzu: Hachenburg/*Müller* § 21 Rn. 37). Für den Nachweis des Zugangs genügt die Gesellschaft ihrer **Beweislast** durch Nachweis ordnungsgemäßer Absendung. Insofern wird mit Vorlage des Einlieferungsbelegs der ordnungsgemäße Zugang vermutet (Baumbach/Hueck/*Hueck/Fastrich* § 21 Rn. 8; Michalski/*Ebbing* § 21 Rn. 79). Dem Gesellschafter obliegt dann der verspätete oder nicht erfolgte Zugang (Roth/*Altmeppen* § 21 Rn. 14).

C. Ausschluss (Kaduzierung), Abs. 2

I. Fruchtloser Ablauf der Nachfrist

18 Soweit die Voraussetzungen des Abs. 1 erfüllt sind, ist das Kaduzierungsverfahren zulässig, wenn die gesetzte Frist nach Abs. 2 fruchtlos verstrichen ist. Der Gesellschafter kann aber trotz Fristablaufs die Zahlung der rückständigen und eingeforderten Einlage bis zum Zugang der Kaduzierungserklärung **nachholen**. Ausreichend ist die Zahlung des eingeforderten Betrages, nicht auch der Nebenforderungen, Verzugszinsen oder Vertragsstrafen (allg. M.; Baumbach/Hueck/*Hueck/Fastrich* § 21 Rn. 9; Roth/*Altmeppen* § 21 Rn. 15; Scholz/*Emmerich* GmbHG, § 21 Rn. 20; Hachenburg/*Müller* § 21 Rn. 49). Maßgebender Zeitpunkt ist der **Eingang der Zahlung** bei der Gesellschaft (Baumbach/Hueck/*Hueck/Fastrich* § 21 Rn. 9; Lutter/Hommelhoff/*Lutter/Bayer* GmbHG, § 21 Rn. 12; Michalski/*Ebbing* § 21 Rn. 85), nicht schon die Absendung des geschuldeten Betrages (so aber: Scholz/*Emmerich* GmbHG, § 21 Rn. 20), weil das Geld zur freien Verfügung der Gesellschaft stehen muss. Erfolgen Kaduzierung und die Zahlung gleichzeitig, soll vom Vorrang der Zahlung ausgegangen werden (Scholz/*Emmerich* GmbHG, § 21 Rn. 20; Hachenburg/*Müller* § 21 Rn. 49; Baumbach/Hueck/*Hueck/Fastrich* § 21 Rn. 9).

II. Ausschlusserklärung

19 Bei Vorliegen sämtlicher Kaduzierungsvoraussetzungen erfolgt der Ausschluss nicht kraft gesetzlicher Folge, sondern bedarf der **ausdrücklichen Erklärung**, die durch die Geschäftsführer nach pflichtgemäßem Ermessen zu erfolgen hat (Scholz/*Emmerich* GmbHG, § 21 Rn. 21; Baumbach/Hueck/*Hueck/Fastrich* § 21 Rn. 10; Lutter/Hommelhoff/*Lutter/Bayer* GmbHG, § 21 Rn. 12; Roth/*Altmeppen* § 21 Rn. 16). Die Erklärung hat nach Abs. 2 S. 2 **durch eingeschriebenen Brief** zu erfolgen und deutlich zu machen, dass der Gesellschafter seines Geschäftsanteils und seiner bereits geleisteten Teilzahlungen zugunsten der Gesellschaft verlustig wird. Auch hier wird – auch wenn nicht zwingend – zu empfehlen sein, den Wortlaut des Gesetzes in der Erklärung aufzunehmen (vgl. Lutter/Hommelhoff/*Lutter/Bayer* GmbHG, § 21 Rn. 12; Baumbach/Hueck/*Hueck/Fastrich* § 21 Rn. 10). Ein bloßer Hinweis auf die gesetzlichen Folgen des § 21 GmbHG reicht nicht aus (Michalski/*Ebbing* § 21 Rn. 95). Die Gesellschaft ist nicht gezwungen, mit Vorliegen der Voraussetzungen die Kaduzierung unverzüglich auszusprechen, muss aber eine möglichen Verwirkung im Auge behalten (vgl. OLG Hamburg, NJW-RR 1994, 1528, 1529: sechs Monate nicht ausreichend, wenn Umstandsmoment fehlt; Lutter/Hommelhoff/*Lutter/Bayer* GmbHG, § 21 Rn. 12: »einige Monate« zulässig; ebenso Scholz/*Emmerich* GmbHG, § 21 Rn. 22).

Für den Gesellschafter muss daher ersichtlich sein, dass die Kaduzierung seiner Geschäftsanteile weiterhin verfolgt wird (Baumbach / Hueck / *Hueck/Fastrich* § 21 Rn. 10, der »geringe Überschreitung« für zulässig hält, wenn deutlich wird, dass das Verfahren weiter betrieben werden soll).

Die Ausschlusserklärung wird mit Zugang wirksam und ist danach **unwiderruflich** (Scholz / *Emmerich* GmbHG, § 21 Rn. 22; Baumbach / Hueck / *Hueck/Fastrich* § 21 Rn. 10; Lutter / Hommelhoff / *Lutter/Bayer* GmbHG, § 21 Rn. 16; Michalski / *Ebbing* § 21 Rn. 89, 102). 20

III. Rechtsfolgen

Mit dem Zugang der Kaduzierungserklärung **verliert** der betroffene Gesellschafter mit Wirkung für die Zukunft **sämtliche Mitgliedschaftsrechte**, seinen Geschäftsanteil einschließlich der darauf geleisteten Zahlungen oder Sacheinlagen; er hört auf Gesellschafter zu sein (Scholz / *Emmerich* GmbHG, § 21 Rn. 25; Baumbach / Hueck / *Hueck/Fastrich* § 21 Rn. 11; Roth / *Altmeppen* § 21 Rn. 17). Der Gesellschafter erhält in Folge der Kaduzierung **keine Entschädigung oder Abfindung**. Ein etwaiger Mehrerlös im Falle der Verwertung nach § 23 GmbHG steht allein der Gesellschaft zu (h. M.; vgl. auch § 23 GmbHG Rn. 9; Roth / *Altmeppen* § 21 Rn. 17; krit. Scholz / *Emmerich* GmbHG, § 21 Rn. 26 a; a. A. *Melber* Die Kaduzierung in der GmbH, 1993, 76 ff., 174 ff., 208 ff.). 21

Von den **gesellschaftsrechtlichen Pflichten** wird der Ausgeschlossene befreit. Insbesondere besteht dann keine Einlageverpflichtung mehr; jedoch tritt an ihre Stelle die – von der Einlageschuld zu unterscheidende – **subsidiäre Ausfallhaftung** nach Abs. 3 (vgl. Rn. 25; Baumbach / Hueck / *Hueck/Fastrich* § 21 Rn. 11; Roth / *Altmeppen* § 21 Rn. 17; Scholz / *Emmerich* GmbHG, § 21 Rn. 26). Unberührt bleiben auch die Rechte, die vor der Kaduzierung entstanden sind, insbesondere der **Anspruch auf den Gewinnanteil**, jedoch nur unter der Voraussetzung, dass der Gewinnverteilungsbeschluss vor der Kaduzierung gefasst und damit zum Gläubigerrecht wurde (so Scholz / *Emmerich* GmbHG, § 21 Rn. 2; Lutter / Hommelhoff / *Lutter/Bayer* GmbHG, § 21 Rn. 14; Baumbach / Hueck / *Hueck/Fastrich* § 21 Rn. 11; Roth / *Altmeppen* § 21 Rn. 18; unter Verzicht auf den vorherigen Gewinnverteilungsbeschluss: OLG Hamm GmbHR 1989, 126; ebenso: Hachenburg / *Müller* § 21 Rn. 53). Nebenpflichten, die vor Kaduzierung fällig geworden sind, beispielsweise wegen Ausfallhaftung nach § 24 GmbHG für Einlageschulden von Mitgesellschafter oder Ansprüche aus § 20 GmbHG, hat der Ausgeschlossene zu erfüllen (MünchHdb GesR III / *Gummert* § 50 Rn. 139; Lutter / Hommelhoff / *Lutter/Bayer* GmbHG, § 21 Rn. 14). Ihm verbleibt auch das Recht, von der Gesellschaft die Verwertung des kaduzierten Geschäftsanteils nach §§ 22, 23 GmbHG zu verlangen (Scholz / *Emmerich* GmbHG, § 21 Rn. 27). 22

Der kaduzierte **Geschäftsanteil verfällt an die Gesellschaft** (Lutter / Hommelhoff / *Lutter/Bayer* GmbHG, § 21 Rn. 15 m. w. N.). Abzulehnen ist die frühere Auffassung, wonach nach der Kaduzierung der Geschäftsanteil als ein subjektloses (herrenloses) Recht fortbestehe (»unhaltbar«: Lutter / Hommelhoff / *Lutter/Bayer* GmbHG, § 21 Rn. 15; MünchHdb GesR III / *Gummert* § 50 Rn. 141). Nach wohl mehrheitlicher Auffassung stellt der Anteil nach der Kaduzierung vorübergehend ein **treuhänderisches Sondervermögen** der Gesellschaft dar, über das nur nach §§ 22 bis 24 GmbHG verfügt werden darf. In der Zeit, in der der Geschäftsanteil bei der Gesellschaft verbleibt, ruhen alle Rechte und Pflichten, insbesondere das Stimmrecht. Eine **Ausnahme** gilt für die Teilnahme an einer Kapitalerhöhung aus Gesellschaftsmitteln (Roth / *Altmeppen* § 21 Rn. 19 f.; Scholz / *Emmerich* GmbHG, § 21 Rn. 29 f.; MünchHdb GesR III / *Gummert* § 50 Rn. 141; Baumbach / Hueck / *Hueck/Fastrich* § 21 Rn. 11). Umstritten ist, ob die auf den **Geschäftsanteil entfallenden Gewinne** dem Erwerber (Baumbach / Hueck / *Hueck/Fastrich* § 21 Rn. 11; MünchHdb GesR III / *Gummert* § 50 Rn. 141; Scholz / *Emmerich* GmbHG, § 21 Rn. 30) oder den übrigen Gesellschaftern zustehen (Hachenburg / *Müller*, § 21 Rn. 60 mit ausführl. Begründung). 23

Rechte Dritter, das sind die Gläubiger der Gesellschaft, an dem kaduzierten Geschäftsanteil – wie z. B. Pfandrecht oder Nießbrauch – gehen mit der Kaduzierung unter (Hachenburg / *Müller* § 21 Rn. 57; Roth / *Altmeppen* § 21 Rn. 21; Baumbach / Hueck / *Hueck/Fastrich* § 21 Rn. 13). Eine bereits eingeleitete Zwangsvollstreckung ist aufzuheben; schon entstandene Pfändungspfand- 24 rechte Dritter sind nach Widerspruchsklage gem. § 771 ZPO zu beseitigen (Scholz/*Emmerich* GmbHG, § 21 Rn. 28).

D. Ausfallhaftung, Abs. 3

25 Nach der Kaduzierung haftet der ausgeschlossene Gesellschafter **unbefristet** für den rückständigen und auch für den später eingeforderten Betrag der Stammeinlage. Die Haftung erstreckt sich auch auf die Kosten der Verwertung nach §§ 22, 23 GmbHG (Hachenburg/*Müller* § 21 Rn. 73; Baumbach/Hueck/*Hueck/Fastrich* § 21 Rn. 14; Roth/*Altmeppen* § 21 Rn. 25). Die Haftung des ausgeschlossenen Gesellschafters nach § 21 Abs. 3 GmbHG ist **subsudiär**, d. h. sie greift nur insoweit, als die Einlage weder zuvor bei den Rechtsvorgängern nach § 22 GmbHG, noch durch die Verwertung des Geschäftsanteils nach § 23 GmbHG realisiert werden kann. Nicht erforderlich ist, dass zuvor die Mitgesellschafter nach § 24 GmbHG herangezogen wurden (Lutter/Hommelhoff/*Lutter/Bayer* GmbHG, § 21 Rn. 15). Bei Beträgen, die nach der Kaduzierung fällig werden, haftet der Ausgeschlossene erst, nachdem der neue Inhaber – der Erwerber – wegen Nichtzahlung ausgeschlossen wurde (umstr., Hachenburg/*Müller* § 21 Rn. 77; Roth/*Altmeppen* § 21 Rn. 26; Scholz/*Emmerich* GmbHG, § 21 Rn. 34; Baumbach/Hueck/*Hueck/Fastrich* § 21 Rn. 15; Lutter/Hommelhoff/*Bayer* GmbHG, § 21 Rn. 17; a. A. *Schuler* GmbHR 1961, 98, 103; Meyer-Landrut/*Miller* § 21 Rn. 15).

26 Auf die Ausfallhaftung ist **§ 19 Abs. 2 GmbHG entsprechend** anwendbar, so dass Erlass, Verzicht, Stundung und Aufrechnung unzulässig sind (Scholz/*Emmerich* GmbHG, § 21 Rn. 37; Baumbach/Hueck/*Hueck/Fastrich* § 21 Rn. 14).

27 Der Ausgeschlossene wird durch die **Zahlung des Ausfalls** nicht wieder Gesellschafter, auch stehen ihm keine Ansprüche gegen die GmbH oder den Erwerber der Geschäftsanteile zu (allg. M.; Scholz/*Emmerich* GmbHG, § 21 Rn. 36; Lutter/Hommelhoff/*Lutter/Bayer* GmbHG, § 21 Rn. 17; Roth/*Altmeppen* § 21 Rn. 27).

E. Rechtsbehelf

28 Bei fehlenden materiellen oder formellen Voraussetzungen ist die Erklärung des Ausschlusses **nichtig**. Der zu Unrecht Ausgeschlossene kann **Feststellungsklage** sowohl gegen die Gesellschaft als auch gegen den vermeintlich neuen Gesellschafter erheben (Roth/*Altmeppen* § 21 Rn. 22; Lutter/Hommelhoff/*Lutter/Bayer* GmbHG, § 21 Rn. 18). Der Gerichtsstand ergibt sich aus § 22 ZPO.

§ 22 [Haftung der Rechtsvorgänger]

(1) Wegen des von dem ausgeschlossenen Gesellschafter nicht bezahlten Betrags der Stammeinlage ist der Gesellschaft der letzte und jeder frühere, bei der Gesellschaft angemeldete Rechtsvorgänger des Ausgeschlossenen verhaftet.

(2) Ein früherer Rechtsvorgänger haftet nur, soweit die Zahlung von dessen Rechtsnachfolger nicht zu erlangen ist; dies ist bis zum Beweis des Gegenteils anzunehmen, wenn der letztere die Zahlung nicht bis zum Ablauf eines Monats geleistet hat, nachdem an ihn die Zahlungsaufforderung und an den Rechtsvorgänger die Benachrichtigung von derselben erfolgt ist.

(3) [1]Die Haftpflicht des Rechtsvorgängers ist auf die innerhalb der Frist von fünf Jahren auf die Stammeinlage eingeforderten Einzahlungen beschränkt. [2]Die Frist beginnt mit dem Tage, an welchem der Übergang des Geschäftsanteils auf den Rechtsnachfolger ordnungsmäßig angemeldet ist.

(4) Der Rechtsvorgänger erwirbt gegen Zahlung des rückständigen Betrags den Geschäftsanteil des ausgeschlossenen Gesellschafters.

Übersicht:

A. Einleitung

§ 22 GmbHG ist in **Ergänzung und Fortführung des Kaduzierungsverfahrens** nach § 21 GmbHG zu verstehen und dient ebenso der Sicherung der Kapitalaufbringung. Die Vorschrift regelt die **Haftung der Rechtsvorgänger** des nach § 21 GmbHG ausgeschlossenen Gesellschafters für rückständige Stammeinlagebeträge. Es handelt sich hierbei um eine zwingende Norm (vgl. § 25 GmbHG), so dass eine Abschwächung oder ein gänzlicher Haftungsverzicht nicht möglich sind. Eine Verschärfung ist hingegen zulässig (allg. M.; Scholz/*Emmerich* GmbHG, § 22 Rn. 3; Baumbach/Hueck/*Hueck/Fastrich* § 22 Rn. 1). Die Haftung des Rechtsvorgängers aus § 16 Abs. 3 GmbHG bleibt neben § 22 GmbHG bestehen, so dass die Gesellschaft bzw. ihre Geschäftsführer nach pflichtgemäßem Ermessen (§ 43 GmbHG) entscheiden können, nach welcher Haftungsvorschrift sie vorgehen wollen (Hachenburg/*Müller* § 22 Rn. 6; Scholz/*Emmerich* GmbHG, § 22 Rn. 4; Lutter/Hommelhoff/*Lutter/Bayer* GmbHG, § 22 Rn. 19). 1

B. Haftungsvoraussetzungen, Abs. 1

I. Wirksame Kaduzierung

Da § 22 GmbHG auf § 21 GmbHG folgt, setzt die Haftung des Rechtsvorgängers voraus, dass der Geschäftsanteil des Nachmanns wirksam kaduziert wurde. Die Rechtsvorgänger können daher die Unwirksamkeit der Kaduzierung im Wege der Einrede oder durch Erhebung einer Feststellungsklage gegen die Gesellschaft geltend machen (Scholz/*Emmerich* GmbHG, § 22 Rn. 5; Roth/*Altmeppen* § 22 Rn. 2). Das Erfordernis einer wirksamen Kaduzierung ist auch im Fall der Insolvenz der Gesellschaft erforderlich (OLG Dresden GmbHR 1998, 884, 886; OLG Hamburg BB 2001, 2182, 2183; Lutter/Hommelhoff/*Lutter/Bayer* GmbHG, § 22 Rn. 1; Scholz/*Emmerich* GmbHG, § 22 Rn. 5). 2

II. Rechtsvorgänger

Nach Abs. 1 haften »der letzte und jeder frühere, bei der Gesellschaft angemeldete Rechtsvorgänger des Ausgeschlossenen«. Danach kommen diejenigen Rechtsvorgänger in Betracht, die bei der GmbH »angemeldet« waren, womit auf die Bestimmung des § 16 GmbHG Bezug genommen wird, d. h. die frühere Gesellschafterstellung muss gegenüber der Gesellschaft wirksam geworden sein (Scholz/*Emmerich* GmbHG, § 22 Rn. 6; Lutter/Hommelhoff/*Lutter/Bayer* GmbHG, § 22 Rn. 4; Roth/*Altmeppen* § 22 Rn. 2). Rechtsvorgänger in diesem Sinne ist auch derjenige, der lediglich treuhänderisch einen Geschäftsanteil für einen Dritten hält, also der **Treuhänder** (LG Ulm GmbHR 2000, 241; Baumbach/Hueck/*Hueck/Fastrich* § 22 Rn. 4; Hachenburg/*Müller* § 22 Rn. 27). Bei **gemeinsamer Inhaberschaft** des Geschäftanteils haften die Gesellschafter nach § 18 Abs. 2 GmbHG als Gesamtschuldner (Hachenburg/*Müller* § 22 Rn. 27; Baumbach/Hueck/*Hueck/Fastrich* § 22 Rn. 4). Dem Rechtsvorgänger gleichgestellt sind auch diejenigen, die der Gesellschaft gegenüber auch ohne Anmeldung als Gesellschafter gelten, etwa beim Erwerb im Wege der **Gesamtrechtsnachfolge** - z. B. durch Erbfall – und beim **Erwerb kraft Gesetzes**, so etwa im Fall der Anwachsung nach § 738 Abs. 1 S. 1 BGB (Hachenburg/*Müller* § 22 Rn. 32; Roth/*Altmeppen* § 22 Rn. 3). Keiner Anmeldung bedarf auch der Gründungsgesellschafter (Lutter/Hommelhoff/*Lutter/Bayer* GmbHG, § 22 Rn. 4; Baumbach/Hueck/*Hueck/Fastrich* § 22 Rn. 4). Bei einem **Pfandverkauf**, d. h. bei einem durch Zwangsvollstreckung erworbenen Ge- 3 schäftsanteil, ist der seinerzeitige Vollstreckungsschuldner und nicht der Vollstreckungsgläubiger Rechtsvorgänger i. S. d. § 22 GmbHG (Hachenburg/*Müller* § 22 Rn. 27; Scholz/*Emmerich* GmbHG, § 22 Rn. 7 a; Baumbach/Hueck/*Hueck/Fastrich* § 22 Rn. 4). Rechtsvorgänger kann auch der nach § 21 GmbHG Ausgeschlossene sein, wenn er schon früher einmal Mitglied der Gesellschaft war (Lutter/Hommelhoff/*Lutter/Bayer* GmbHG, § 22 Rn. 4; Baumbach/Hueck/*Hueck/Fastrich* § 22 Rn. 4).

4 Ein nach § 16 GmbHG anzumeldender **Zwischenerwerber**, der gleichwohl nicht angemeldet wurde, haftet nicht nach § 22 GmbHG (Baumbach/Hueck/*Hueck/Fastrich* § 22 Rn. 4). Wird die Abtretung eines Geschäftsanteils rückgängig gemacht, gleich ob durch Rückerwerb oder aufgrund eines Rücktrittrechts oder der Wandelung eines Kausalgeschäfts (Scholz/*Emmerich* GmbHG, § 22 Rn. 7), besteht die Haftung nach § 22 GmbHG, soweit der Rechtsübergang angemeldet war. Bei einem von Anfang an **unwirksamen** oder **nichtigen** (z. B. wegen Irrtumsanfechtung, § 119 Abs. 1 BGB) Anteilsübertragung, ist hingegen trotz Anmeldung eine Haftung nach § 22 GmbHG abzulehnen (h. M.; Hachenburg/*Müller* § 22 Rn. 29; Baumbach/Hueck/*Hueck/Fastrich* § 22 Rn. 4 m. w. N.; a. A. Lutter/Hommelhoff/*Lutter/Bayer* GmbHG, § 22 Rn. 4).

III. Haftungsumfang

5 Die Rechtsvorgänger haftet nach § 22 GmbHG für die **fällige und rückständige Bareinlage**, für die der ausgeschlossene Gesellschafter einzustehen hätte, wenn er noch Gesellschafter wäre, wobei dies nicht nur für den Teilbetrag der Einlage gilt, der bis zur Kaduzierung fällig ist, sondern auch für den danach fällig gewordenen Teil (allg. M.; Baumbach/Hueck/*Hueck/Fastrich* § 22 Rn. 4). Es gilt insoweit der Bareinlagebegriff entsprechend § 21 GmbHG (vgl. § 21 GmbHG Rn. 3), so dass weder Zinsen nach § 20 GmbHG oder Vertragsstrafen, noch rückständige Nebenleistungen erfasst sind (Roth/*Altmeppen* § 22 Rn. 5; Lutter/Hommelhoff/*Lutter/Bayer* GmbHG, § 22 Rn. 2; Scholz/*Emmerich* GmbHG, § 22 Rn. 13).

6 Leistungen der Rechtsvorgänger wegen Haftung aus § 22 GmbHG dienen der Sicherung der Aufbringung des Stammkapitals, so dass auch auf diese § 19 Abs. 2 und Abs. 5 GmbHG Anwendung finden und eine Zahlung an Gläubiger der Gesellschaft auf Veranlassung der Gesellschaft nur dann befreiend wirkt, wenn auf eine vollwertige, fällige und liquide Forderung des Gläubigers gezahlt wird (OLG Köln GmbHR 1987, 478; Lutter/Hommelhoff/*Lutter/Bayer* GmbHG, § 22 Rn. 3; Roth/*Altmeppen* § 22 Rn. 5; Baumbach/Hueck/*Hueck/Fastrich* § 22 Rn. 8).

C. Stufenregress, Abs. 2

I. Subsidiäre Haftung der unmittelbaren Rechtsvorgänger

7 Die Rechtsvorgänger des ausgeschlossenen Gesellschafters haften nicht gesamtschuldnerisch und auch nicht gleichrangig, sondern **sukzessiv**, d. h. zunächst haftet nur der unmittelbare Rechtsvorgänger des Kaduzierten und soweit dieser zahlungsunfähig ist (daher auch subsuidiär) der – in umgekehrter Reihenfolge zum Erwerb – jeweils folgende Nachmann (sog. **Staffelregress** nach Abs. 2). Diese Reihenfolge vom jeweils nächsten zum entferntesten (dem ersten) Inhaber des Geschäftsanteils ist zwingend, so dass sich die Gesellschaft nicht etwa den solventesten Zwischenerwerber aussuchen kann (sog. **Sprungregress**; ausführl. Michalski/*Ebbing* § 22 Rn. 26 ff.; Baumbach/Hueck/*Hueck/Fastrich* § 22 Rn. 5; Lutter/Hommelhoff/*Lutter/Bayer* GmbHG, § 22 Rn. 5; Roth/*Altmeppen* § 22 Rn. 9; Michalski/*Ebbing*, § 22 Rn. 30).

II. Nachweis der Zahlungsunfähigkeit

8 Voraussetzung der Inanspruchnahme des Rechtsvorgängers ist, dass sein **Rechtsnachfolger zahlungsunfähig** ist. Auf die Zahlungsunfähigkeit des ausgeschlossenen Gesellschafters kommt es nicht an, insoweit findet Abs. 2 nur auf seine Rechtsvorgänger Anwendung (Roth/*Altmeppen* § 22 Rn. 10 m. w. N.). Darlegungs- und beweispflichtig für die Behauptung der Zahlungsunfähigkeit des zunächst verpflichteten Rechtsvorgängers ist die Gesellschaft, wobei ihr als Beweiser-

leichterung die widerlegliche Vermutung des § 22 Abs. 2 Hs. 2 GmbHG zukommt. Den Nachweis der Zahlungsunfähigkeit kann sie auch anderweitig erbringen (Scholz/*Emmerich* GmbHG, § 22 Rn. 9, MünchHdb GesR III/*Gummert* § 50 Rn. 145; Baumbach/Hueck/*Hueck/Fastrich* § 22 Rn. 6). Beide Erklärungen nach § 22 Abs. 2 Hs. 2 GmbHG sind nicht formgebunden und können daher auch mündlich abgegeben werden; die Monatsfrist läuft nach Zugang der jeweils letzten Erklärung (Roth/*Altmeppen* § 22 Rn. 10). Die Vermutung des Abs. 2 gilt auch hinsichtlich des letzten Rechtsvorgängers in der Kette, auch wenn eine Benachrichtigung seines Rechtsvorgängers ausscheidet (allg. M.; Lutter/Hommelhoff/*Lutter/Bayer* GmbHG, § 22 Rn. 6; Baumbach/Hueck/*Hueck/Fastrich* § 22 Rn. 6 m. w. N.).

Die Vermutung der Zahlungsunfähigkeit nach Abs. 2 ist **widerlegt** bei Beweis der Zahlungsfähigkeit eines vorrangig haftenden Rechtsvorgängers (Lutter/Hommelhoff/*Lutter/Bayer* GmbHG, § 22 Rn. 6). 9

Hat ein Rechtsvorgänger aufgrund der Vermutung des Abs. 2 gezahlt und stellt sich dann die Zahlungsfähigkeit eines vorrangig Haftenden heraus, kann der Rechtserwerb nach § 21 Abs. 4 GmbHG nicht mehr rückgängig gemacht werden; zuvor steht dem in Anspruch genommenen Rechtsvorgänger ein Leistungsverweigerungsrecht zu (Roth/*Altmeppen* § 22 Rn. 13; Baumbach/Hueck/*Hueck/Fastrich* § 22 Rn. 6). 10

Die Zahlungsunfähigkeit eines Rechtsvorgängers entlässt ihn nicht aus seiner Haftung, sondern begründet nur die der nachrangigen Rechtsvorgänger; die Gesellschaft kann ihn daher zu einem späteren Zeitpunkt, wenn dies aussichtsreich erscheint, erneut in Anspruch nehmen. Die Haftung des Rechtsvorgängers endet erst mit der Verwertung nach § 23 GmbHG oder mit Zahlung des rückständigen Einlagebetrages (Scholz/*Emmerich* GmbHG, § 22 Rn. 17; Lutter/Hommelhoff/*Lutter/Bayer* GmbHG, § 22 Rn. 10; Baumbach/Hueck/*Hueck/Fastrich* § 22 Rn. 7). 11

D. Haftungsbegründungsfrist, Abs. 3

Die Haftung des Rechtsvorgängers erstreckt sich auf die innerhalb von fünf Jahren nach Anmeldung des Anteilsübergangs auf seinen Rechtsnachfolger eingeforderte Einzahlung, wobei insoweit auf die Anforderung durch die Geschäftsführer abzustellen ist (Hachenburg/*Müller* § 22 Rn. 17; Scholz/*Emmerich* GmbHG, § 22 Rn. 15; Michalski/*Ebbing* § 22 Rn. 51). Ist der Zahlungstermin schon im Gesellschaftsvertrag bestimmt, so ist eine Zahlungsaufforderung entbehrlich und es kommt nur darauf an, ob der Fälligkeitstermin in die 5-Jahres-Frist fällt (Baumbach/Hueck/*Hueck/Fastrich* § 22 Rn. 9; Scholz/*Emmerich* GmbHG, § 22 Rn. 15). 12

Fristbeginn gem. Abs. 3 S. 2 ist am Tage nach der wirksamen Anmeldung (§ 16 GmbHG) des Anteilsübergangs vom Rechtsvorgänger auf den Rechtsnachfolger oder, wenn die Anmeldung entbehrlich ist (vgl. Rn. 3; z. B. beim Erben), mit dem hierfür maßgeblichen Zeitpunkt des Anteilsübergangs auf den Rechtsnachfolger (so Scholz/*Emmerich* GmbHG, § 22 Rn. 16; Lutter/Hommelhoff/*Lutter/Bayer* GmbHG, § 22 Rn. 8; ähnlich Baumbach/Hueck/*Hueck/Fastrich* § 22 Rn. 9, der auf das Ende der Gesellschafterstellung des Rechtsvorgängers abstellt; differenzierend: Michalski/*Ebbing*, § 22 Rn. 57 ff.; abweichend: Hachenburg/*Müller* § 22 Rn. 19). 13

Die innerhalb des 5-Jahres-Zeitraums fällig gewordenen Ansprüche unterliegen der **regelmäßigen Verjährung** (vgl. § 19 GmbHG Rn. 87 ff.; Roth/*Altmeppen* § 22 Rn. 6; Baumbach/Hueck/*Hueck/Fastrich* § 22 Rn. 9). 14

E. Erwerb des Geschäftsanteils, Abs. 4

Bei Zahlung des rückständigen Betrages (vgl. Rn. 5) erwirbt der Rechtsvorgänger ipso iure den kaduzierten Geschäftsanteil. Abs. 4 gilt dabei nur für den nach Abs. 2 haftenden Rechtsvorgänger, so dass ein Erwerb durch einen anderen – z. B. fernen Rechtsvorgänger – nicht möglich ist. Gleichwohl kann aber ein Dritter für einen Rechtsvorgänger gem. § 267 BGB leisten, mit der Folge, dass der Haftende – auch ohne seinen Willen (umstr.; so aber Baumbach/Hueck/*Hueck/Fastrich* § 22 Rn. 10; a. A. nur mit Einverständnis: Michalski/*Ebbing* § 22 Rn. 84; vgl. zum Meinungs- 15 stand: Roth/*Altmeppen* § 22 Rn. 18, gegen entsprechende Anwendung des § 267 BGB) – den Geschäftsanteil erwirbt (Hachenburg/*Müller* § 22 Rn. 56; Scholz/*Emmerich* GmbHG, § 22 Rn. 19; Lutter/Hommelhoff/*Lutter/Bayer* GmbHG, § 22 Rn. 8).

16 Der Erwerb des Geschäftsanteils erfolgt **kraft Gesetzes** und somit unabhängig vom Willen des zahlenden Rechtsvorgängers und auch ungeachtet möglicher Vorkaufsrechte anderer Gesellschafter. Dies gilt auch im Fall der Beitreibung der rückständigen Einlagebeträge im Wege der Zwangsvollstreckung (Scholz/*Emmerich* GmbHG, § 22 Rn. 20; Lutter/Hommelhoff/*Lutter/Bayer* GmbHG, § 22 Rn. 12; Roth/*Altmeppen* § 22 Rn. 20; Hachenburg/*Müller* § 22 Rn. 66). Eine Anmeldung nach § 16 GmbHG ist nicht erforderlich, ebenso wie die Zustimmung der Gesellschafter bei vinkulierten Geschäftsanteilen (Baumbach/Hueck/*Hueck/Fastrich* § 22 Rn. 11).

17 Der zahlende Rechtsvorgänger erwirbt den Geschäftsanteil, so wie er sich zwischenzeitlich gestaltet hat, d. h. mit allen Rechten und Pflichten, auch aus zwischenzeitlichen Satzungsänderungen (Scholz/*Emmerich* GmbHG, § 22 Rn. 22 m. w. N.). Nach der Kaduzierung anfallende Gewinnanteile sollen ihm zustehen (umstr.; vgl. § 21 GmbHG Rn. 23), ebenso wie er für später fällig gewordene (Einlage-)Pflichten einstehen soll (Scholz/*Emmerich* GmbHG, § 22 Rn. 20; Baumbach/Hueck/*Hueck/Fastrich* § 22 Rn. 12).

F. Ausgleichs- und Erstattungsansprüche

18 Ausgleichs- und Erstattungsansprüche der Gesellschafter untereinander bestehen nicht; solche können sich nur aus zwischen ihnen getroffenen vertraglichen Grundlagen ergeben (h. M.; Scholz/*Emmerich* GmbHG, § 22 Rn. 12; Roth/*Altmeppen* § 22 Rn. 23; a. A. Lutter/Hommelhoff/*Lutter/Bayer* GmbHG, § 22 Rn. 16 ff.).

§ 23 [Versteigerung des Geschäftsanteils]

[1]Ist die Zahlung des rückständigen Betrags von Rechtsvorgängern nicht zu erlangen, so kann die Gesellschaft den Geschäftsanteil im Wege öffentlicher Versteigerung verkaufen lassen. [2]Eine andere Art des Verkaufs ist nur mit Zustimmung des ausgeschlossenen Gesellschafters zulässig.

Übersicht:

A. Einleitung

1 Nach wirksamer Kaduzierung des Geschäftsanteils nach § 21 GmbHG und erfolgloser Inanspruchnahme die Rechtsvorgänger gem. § 22 GmbHG kann der kaduzierte Geschäftsanteil nach § 23 GmbHG durch **Zwangsverkauf** verwertet werden. Die Vorschrift ebenso wie die §§ 21, 22 GmbHG der Sicherung der Kapitalaufbringung und ist daher ebenso zwingend (§ 25 GmbHG), so dass im Gesellschaftsvertrag allenfalls eine vereinfachte oder erweiterte Form der Verwertung vereinbart werden kann, nicht hingegen eine Reduzierung derselben (Lutter/Hommelhoff/*Lutter/Bayer* GmbHG, § 23 Rn. 1; Michalski/*Ebbing* § 23 Rn. 4).

B. Verwertung des Anteils

I. Voraussetzungen

Einer Verwertung nach § 23 GmbHG ist als notwendige Voraussetzung vorangestellt die wirksame Kaduzierung nach § 21 GmbHG und die erfolglose Inanspruchnahme aller Rechtsvorgänger nach § 22 GmbHG, wobei auch insoweit die gesetzliche Vermutung des § 22 Abs. 2 Hs. 2 GmbHG gilt (vgl. § 22 GmbHG Rn. 8). Liegen diese Voraussetzungen nicht vor, ist die Gesellschaft nicht zur Verfügung befugt, so dass ein dennoch erfolgter Verkauf unwirksam ist (vgl. Rn. 11; OLG Rostock GmbHR 1997, 449; Baumbach / Hueck / *Hueck/Fastrich* § 23 Rn. 2); ein gutgläubiger Erwerb kommt nicht in Betracht (Roth / *Altmeppen* § 23 Rn. 2). Eine wirksame Kaduzierung kann aber jederzeit nachgeholt werden, mit der Folge, dass der Mangel geheilt wird (Scholz / *Emmerich* GmbHG, § 23 Rn. 3; Baumbach / Hueck / *Hueck/Fastrich* § 23 Rn. 10). 2

Ein fehlerhaft ausgeschlossener Gesellschafter kann gegen die Versteigerung **nicht** im Wege des **einstweiligen Rechtsschutzes** vorgehen, weil er mangels wirksamer Kaduzierung nicht gefährdet ist (OLG Rostock GmbHR 1997, 449; Baumbach / Hueck / *Hueck/Fastrich* § 23 Rn. 2; Roth / *Altmeppen* § 23 Rn. 2; a. A. Michalski / *Ebbing* § 23 Rn. 83). Eine Klage auf einstweilige Feststellung des Fortbestehens der Gesellschafterstellung (sog. **Regelungsverfügung** gem. § 940 ZPO) ist hingegen zulässig (OLG Rostock GmbHR 1997, 449). 3

Bei Vorliegen der (vorerwähnten) Zwangsverkaufsvoraussetzungen bestimmt § 23 S. 1 GmbHG, dass »die Gesellschaft den Geschäftsteil im Wege öffentlicher Versteigerung verkaufen *kann*«. Hieraus wird der Gesellschaft überwiegend ein **Recht zur Veräußerung** zugestanden, ohne dass eine Verpflichtung und damit ein einklagbarer Anspruch auf Veräußerung der Gesellschafter, des Kaduzierten oder seiner Rechtsvorgänger sowie der Gesellschaftsgläubiger besteht (Baumbach / Hueck / *Hueck/Fastrich* § 23 Rn. 3; Roth / *Altmeppen* § 23 Rn. 5; Meyer-Landrut / *Miller* § 23 Rn. 3; einschränkend: MünchHdb GesR III / *Gummert* § 50 Rn. 148, Scholz / *Emmerich* GmbHG, § 23 Rn. 4; Michalski / *Ebbing* § 23 Rn. 13: Recht besteht nur hinsichtlich der Bestimmung des Zeitpunkts der Veräußerung; a. A. Pflicht zur unverzüglichen Beitreibung rückständiger Einlagen: Lutter / Hommelhoff / *Lutter/Bayer* GmbHG, § 23 Rn. 3). Die Gesellschaft kann daher einen günstigen Zeitpunkt für die Veräußerung abwarten, der regelmäßig – ebenso wie der Ort des Verkaufs (vgl. Rn. 5) – nach pflichtgemäßem Ermessen (§ 43 GmbHG) durch ihre Geschäftsführer bestimmt wird (übereinstimmend auch: Lutter / Hommelhoff / *Lutter/Bayer* GmbHG, § 23 Rn. 3; Michalski / *Ebbing* § 23 Rn. 13). Insoweit ist ein **Gesellschafterbeschluss** nicht erforderlich, jedoch kann die Gesellschaft den Geschäftsführer nach § 37 Abs. 1 GmbHG entsprechend anweisen (Meyer-Landrut / *Miller* § 23 Rn. 3; Hachenburg / *Müller* § 23 Rn. 11; Baumbach / Hueck / *Hueck/Fastrich* § 23 Rn. 3). Der Verwertungsversuch nach § 23 GmbHG hat zwingend vor einem weiteren Vorgehen nach §§ 21 Abs. 3 und 24 GmbHG zu erfolgen (Baumbach / Hueck / *Hueck/Fastrich* § 23 Rn. 3; Roth / *Altmeppen* § 23 Rn. 7). Nur ausnahmsweise kann auch der Versuch der Verwertung unterbleiben, wenn diese von vornherein **aussichtslos** ist, weil sie keinen wirtschaftlichen Erfolg erwarten lässt; das gilt insbesondere im Fall der Insolvenz bei nicht bestehender Sanierungsfähigkeit der Gesellschaft (OLG Hamm GmbHR 1993, 360, 362; LG Hildesheim NJW-RR 1998, 248, 249; Lutter / Hommelhoff / *Bayer* GmbHG, § 23 Rn. 3; Hachenburg / *Müller* § 23 Rn. 11; Scholz / *Emmerich* GmbHG, § 23 Rn. 4). Die **Beweislast** für das Vorliegen der Aussichtslosigkeit obliegt der Gesellschaft (Roth / *Altmeppen* § 23 Rn. 7). Im Insolvenzverfahren erfolgt der Verkauf durch den Insolvenzverwalter (Baumbach / Hueck / *Hueck/Fastrich* § 23 Rn. 3). 4

II. Öffentliche Versteigerung, S. 1

Die Verwertung des kaduzierten Geschäftsanteils erfolgt nach Maßgabe des § 23 S. 1 GmbHG im Wege einer öffentlichen Versteigerung und damit **nach den Bestimmungen des §§ 383 Abs. 3, 156 BGB** durch einen Gerichtsvollzieher oder eine andere zur Versteigerung befugte Person (z. B. Notar oder öffentlich bestellter Versteigerer) für die Gesellschaft (MünchHdb GesR III / *Gummert* § 50 Rn. 149; Baumbach / Hueck / *Hueck/Fastrich* § 23 Rn. 4). Dem vorausgehen muss ein **Antrag** 5 der Gesellschaft (Scholz/*Emmerich* GmbHG, § 23 Rn. 6). Durch den Zuschlag erfolgen der Kaufvertrag und die Zuweisung des Geschäftsanteils an den Erwerber. Die Gesellschaft kann sich im Versteigerungsauftrag aber die Zustimmung zum Zuschlag vorbehalten (allg. M.; Lutter / Hommelhoff / *Bayer* GmbHG, § 23 Rn. 4; Baumbach / Hueck / *Hueck/Fastrich* § 23 Rn. 4; Michalski / *Ebbing* § 23 Rn. 32; Hachenburg / *Müller* § 23 Rn. 25). In entsprechender Anwendung des § 1238 Abs. 1 BGB ist ein sofortiger Zuschlag des Anteils **nur gegen sofortige Barzahlung** der rückständigen Einlage zulässig (h. M.; Scholz / *Emmerich* GmbHG, § 23 Rn. 7 a; MünchHdb GesR III / *Gummert* § 50 Rn. 150; Roth / *Altmeppen* § 23 Rn. 8; sofortige Barzahlung gestützt auf § 19 GmbHG: Michalski / *Ebbing*, § 23 Rn. 29; a. A. – ohne Begründung: Lutter / Hommelhoff / *Lutter/Bayer* GmbHG, § 23 Rn. 4). Die Bestimmungen des § 15 Abs. 3, Abs. 4 und Abs. 5 GmbHG sind im Fall der öffentlichen Versteigerung nicht anwendbar (allg. M.; Baumbach / Hueck / *Hueck/Fastrich* § 23 Rn. 4 m. w. N.). Die Versteigerung muss nicht an dem **Ort** erfolgen, in dem die Gesellschaft ihren Sitz hat. Insofern enthält § 23 GmbHG keine Vorgabe, so dass jeder andere Ort gewählt werden kann, der eine angemessene Verwertung erwarten lässt (vgl. § 383 Abs. 2 BGB; MünchHdb GesR III / *Gummert* § 50 Rn. 149; Baumbach / Hueck / *Hueck/Fastrich* § 23 Rn. 4). Es muss sichergestellt sein, dass jedermann einschließlich der übrigen Gesellschafter und des ausgeschlossenen Gesellschafters mitbieten kann, die hierzu auch berechtigt sind; **nicht berechtigt** ist hingegen die Gesellschaft, weil ihrem Erwerb § 33 Abs. 1 GmbHG entgegensteht (allg. M.; Scholz / *Emmerich* GmbHG, § 23 Rn. 7; Lutter / Hommelhoff / *Lutter/Bayer* GmbHG, § 23 Rn. 4). Zeit und Ort der Versteigerung sind durch den Gerichtsvollzieher oder eine andere zur Versteigerung befugte Person **öffentlich bekannt zu machen** (vgl. § 383 Abs. 2 BGB; Hachenburg / *Müller* § 23 Rn. 19; Baumbach / Hueck / *Hueck/Fastrich* § 23 Rn. 3); bisweilen wird zudem gefordert, dass der ausgeschlossene Gesellschafter, seine Rechtsvorgänger, sowie die Mitgesellschafter von der Gesellschaft entsprechend § 383 Abs. 2 BGB und § 65 Abs. 3 S. 4 AktG gesondert zu unterrichten sind (Scholz / *Emmerich* GmbHG, § 23 Rn. 7). Einer Anmeldung des Erwerbers nach § 16 GmbHG bedarf es nicht, weil die Gesellschaft selbst veräußert (Lutter / Hommelhoff / *Bayer* GmbHG, § 23 Rn. 4; Baumbach / Hueck / *Hueck/Fastrich* § 23 Rn. 4, 7; Michalski / *Ebbing* § 23 Rn. 49).

III. Anderweitiger Verkauf, S. 2

6 Nach § 23 S. 2 GmbHG ist auch eine **andere Art des Verkaufs** mit Zustimmung des ausgeschlossenen Gesellschafters zulässig, so dass insbesondere ein freihändiger Verkauf (BGHZ 82, 49) oder eine Versteigerung mit eingeschränktem Bieterkreis möglich ist (Scholz / *Emmerich* GmbHG, § 23 Rn. 8; Roth / *Altmeppen* § 23 Rn. 10). Die erforderliche Zustimmung des kaduzierten Gesellschafters kann bereits durch Aufnahme in den Gesellschaftsvertrag im Voraus erklärt werden. Auch steht § 25 GmbHG nicht einer abweichenden Regelung der Verwertungsmodalitäten entgegen (Scholz / *Emmerich* GmbHG, § 23 Rn. 8; Hachenburg / *Müller* § 23 Rn. 4; Lutter / Hommelhoff / *Lutter/Bayer* GmbHG, § 23 Rn. 5). Erfolgt aber eine solche Regelung nachträglich durch Satzungsänderung, so müssen hierzu alle Gesellschafter nach § 53 Abs. 3 GmbHG (bzw. § 23 S. 2 GmbHG) zustimmen (Baumbach / Hueck / *Hueck/Fastrich* § 23 Rn. 5; Roth / *Altmeppen* § 23 Rn. 10; Michalski / *Ebbing*, § 23 Rn. 43).

7 Bei der Verwertung nach S. 2 (»freihändiger Verkauf«) sind die **Formvorschriften** des § 15 Abs. 3 und. 4 GmbHG zu beachten (vgl. § 15 GmbHG Rn. 14 ff.; Scholz / *Emmerich* GmbHG, § 23 Rn. 9; krit. Roth / *Altmeppen* § 23 Rn. 11). Die wohl überwiegende Auffassung wendet hier auch die Veräußerungsbeschränkungen des § 15 Abs. 5 GmbHG an (so: *Ehlke* DB 1995, 561, 565; Lutter / Hommelhoff / *Bayer* GmbHG, § 23 Rn. 5; Hachenburg / *Müller* § 23 Rn. 29; a. A. Michalski / *Ebbing*, § 23 Rn. 48), räumt allerdings ein, dass mit dem Verkauf zugleich die Gesellschaft ihre Zustimmung hierzu erteilt (Roth / *Altmeppen* § 23 Rn. 12; Baumbach / Hueck / *Hueck/Fastrich* § 23 Rn. 5 – nicht aber eine ggf. erforderliche Gesellschafterversammlung).

C. Wirkung der Verwertung

I. Übergang des Geschäftsanteils

Der Übergang des Geschäftsanteils erfolgt nach Zuschlag bzw. Abschluss des Kaufvertrags bei freihändigem Verkauf und Abtretung an den Erwerber gem. §§ 413, 398 BGB. Der Erwerber des kaduzierten Geschäftsanteils **wird Gesellschafter** mit allen Rechten und Pflichten und erhält den Anteil, in dem Zustand wie er sich im Augenblick der Verwertung befindet, also frei von Rechten Dritter (Scholz/*Emmerich* GmbHG, § 23 Rn. 13; Lutter/Hommelhoff/*Bayer* GmbHG, § 23 Rn. 8; Baumbach/Hueck/*Hueck/Fastrich* § 23 Rn. 7). Der Erwerber wird von der **Haftung** für alle rückständigen Einlagebeträge und insbesondere für den Betrag befreit, der zur Kaduzierung geführt hat; an ihre Stelle tritt der Kaufpreis (BGHZ 42, 89, 93; Baumbach/Hueck/*Hueck/Fastrich* § 23 Rn. 7 m. w. N.). Weitere Konsequenz dieses Umstandes ist, dass der Erwerber wegen § 19 Abs. 2 S. 2 GmbHG gegen den Kaufpreisanspruch nicht aufrechnen kann und im Übrigen auch § 19 Abs. 3 und Abs. 5 GmbHG gelten (BGHZ 42, 89, 93; Baumbach/Hueck/*Hueck/Fastrich* § 23 Rn. 8). Eine Haftung nach § 24 GmbHG ist ebenso ausgeschlossen. Der Erwerber hat aber für die nach seinem Erwerb fällig werdende Stammeinlagen und für sonstige Leistungen (z. B. nach § 3 Abs. 2 GmbHG) einzustehen, so dass bei hierauf entstehenden Rückstand erneut kaduziert werden kann (Scholz/*Emmerich* GmbHG, § 23 Rn. 14; Baumbach/Hueck/*Hueck/Fastrich* § 23 Rn. 7). 8

II. Erlös

Führt die Verwertung zu einem **Mindererlös**, d. h. reicht der Kaufpreis nicht aus, um die rückständigen Einlagebeträge zu decken, führt dies gleichwohl zur Haftungsbefreiung des Erwerbers (vgl. Rn. 8). In der Höhe der Differenz kommt nunmehr aber die **Ausfallhaftung** zunächst des ausgeschlossenen Gesellschafters nach § 21 Abs. 3 GmbHG und zweitrangig diejenige der übrigen Gesellschafter nach § 24 GmbHG zum Zuge (Scholz/*Emmerich* GmbHG, § 23 Rn. 15; Baumbach/Hueck/*Hueck/Fastrich* § 23 Rn. 9). Übersteigt der Kaufpreis die rückständige Einlageforderung und kommt es daher zu einem **Mehrerlös**, steht dieser der Gesellschaft und nicht dem ausgeschlossenen Gesellschafter zu. Jedoch soll der Mehrerlös auf die Ausfallhaftung (§ 21 Abs. 3 GmbHG) des ausgeschlossenen Gesellschafters für später fällige Beträge angerechnet werden (h. M.; Scholz/*Emmerich* GmbHG, § 23 Rn. 16; Roth/*Altmeppen* § 23 Rn. 16; Michalski/*Ebbing* § 23 Rn. 60 f.; Hachenburg/*Müller* § 23 Rn. 39; MünchHdb GesR III/*Gummert* § 50 Rn. 152; a. A. Baumbach/Hueck/*Hueck/Fastrich* § 23 Rn. 8; Lutter/Hommelhoff/*Bayer* GmbHG, § 23 Rn. 8). 9

Mit dem Zwangsverkauf (auch bei Mindererlös) entfällt auch die Haftung der Rechtsvorgänger nach § 22 GmbHG (Baumbach/Hueck/*Hueck/Fastrich* § 23 Rn. 9). 10

D. Verfahrensmängel

Bei Fehlen der Voraussetzungen des Zwangsverkaufs führt dies zu dessen Unwirksamkeit; bei **Fehlen einer wirksamen Kaduzierung** kann dies durch eine nachträgliche wirksame Kaduzierung nachgeholt werden (vgl. Rn. 2; § 185 Abs. 2 BGB). Unwirksam ist ein Verkauf auch, wenn zuvor nicht die Rechtsvorgänger nach § 22 GmbHG in Anspruch genommen wurden (Baumbach/Hueck/*Hueck/Fastrich* § 23 Rn. 10 m. w. N.; Lutter/Hommelhoff/*Lutter/Bayer* GmbHG, § 23 Rn. 11). Der Zwangsverkauf ist auch unwirksam, wenn **wesentliche Erfordernisse der öffentlichen Versteigerung** missachtet werden (Scholz/*Emmerich* GmbHG, § 23 Rn. 11). Auch hier ist eine Heilung ex tunc möglich, wenn der Gesellschafter die verfahrensfehlerhafte Versteigerung nachträglich genehmigt (Baumbach/Hueck/*Hueck/Fastrich* § 23 Rn. 10). 11

E. Unverkäuflichkeit des Geschäftsanteils

Erweist sich der Geschäftsanteils als nicht verkäuflich – entweder von vornherein wegen Aussichtlosigkeit oder weil die Verkaufsbemühungen scheitern –, fällt er endgültig der Gesellschaft zu, die diesen zuvor nur treuhänderisch verwaltet hat (vgl. § 21 GmbHG Rn. 23; Baumbach/Hueck/*Hueck/Fastrich* § 23 Rn. 6). Damit treten die Rechtsfolgen wie bei einem zulässigen Er- 12 werb nach § 33 GmbHG ein, ohne dass aber eine Konfusion im Hinblick auf die rückständige Einlageschuld (Erlöschen des Geschäftsanteils) eintritt (so Lutter / Hommelhoff / *Lutter/Bayer* GmbHG, § 23 Rn. 6; Roth / *Altmeppen* § 23 Rn. 20; Hachenburg / *Müller* § 23 Rn. 47; a. A. Scholz / *Emmerich* GmbHG, § 23 Rn. 17; i. Erg. Streit nicht erheblich: Michalski / *Ebbing* § 23 Rn. 73); die Ausfallhaftung der ausgeschlossenen Gesellschafters nach § 21 Abs. 3 GmbHG und der übrigen Gesellschafter nach § 24 GmbHG bleibt bestehen (Baumbach / Hueck / *Hueck/Fastrich* § 23 Rn. 6).

§ 24 [Aufbringung von Fehlbeträgen]

[1]Soweit eine Stammeinlage weder von den Zahlungspflichtigen eingezogen, noch durch Verkauf des Geschäftsanteils gedeckt werden kann, haben die übrigen Gesellschafter den Fehlbetrag nach Verhältnis ihrer Geschäftsanteile aufzubringen. [2]Beiträge, welche von einzelnen Gesellschaftern nicht zu erlangen sind, werden nach dem bezeichneten Verhältnis auf die übrigen verteilt.

Übersicht:

A. Einleitung

1 § 24 GmbHG ist nach Maßgabe des § 25 GmbHG eine **zwingende Vorschrift** und ordnet die **Ausfallhaftung** gegenüber der Gesellschaft für rückständige und nach §§ 21 bis 23 GmbHG uneinbringliche Einlagebeträge und ebenso wie für entsprechende Haftungsanteile von Mitgesellschaftern an (Roth / *Altmeppen* § 23 Rn. 2; Scholz / *Emmerich* GmbHG, § 24 Rn. 1). Damit wird im Interesse der Sicherung der Kapitalaufbringung das Prinzip der Haftungsbeschränkung jedes Gesellschafters auf den Betrag seiner Stammeinlage durchbrochen, d. h. die Haftung jedes einzelnen Gesellschafters geht über seine Stammeinlage hinaus und wird u. U. bis zum gesamten, auf das Stammkapital rückständigen Betrag erhöht (Roth / *Altmeppen* § 24 Rn. 1; Baumbach / Hueck / *Hueck/Fastrich* § 24 Rn. 1).

B. Voraussetzungen

I. Geldeinlagebetrag

2 Aus dem Zusammenhang mit den Bestimmungen der §§ 21 bis 23 GmbHG ergibt sich, dass § 24 GmbHG die Ausfallhaftung nur für **rückständige Geldeinlagebeträge** und diesen gleichgestellte Verbindlichkeiten erfasst, so dass auch der Geldanteil bei einer gemischten Einlage, die Vorbelastungs- (§ 11 GmbHG) und Differenzhaftung der Gesellschafter (§ 9 GmbHG; BGH GmbHR 1982, 235), sowie Geldeinlagen die an Stelle einer Sacheinlage getreten sind (Scholz / *Emmerich* GmbHG, § 24 Rn. 3; Roth / *Altmeppen* § 24 Rn. 2; Michalski / *Ebbing* § 24 Rn. 12; *K.Schmidt* BB 1985, 154). Erfasst sind auch die nach der Kaduzierung eingeforderten – seit der Kaduzierung fällig gewordenen – Beträge, nicht aber die Haftung für Sachleistungen, ein Agio, Zinsen, Vertragsstrafen oder sonstige Nebenleistungen (Baumbach / Hueck / *Hueck/Fastrich* § 24 Rn. 2; Scholz / *Emmerich* GmbHG, § 24 Rn. 3; Roth / *Altmeppen* § 24 Rn. 4). Ob § 24 GmbHG auch auf die Verlustdeckungshaftung in der Vorgesellschaft entsprechend anwendbar ist, bleibt streitig (so: Lutter / Hommelhoff / *Lutter/Bayer* GmbHG, § 24 Rn. 13; a. A. KG Berlin GmbHR 1993, 647, 648; Scholz / *Emmerich* GmbHG, § 24 Rn. 3 a; Roth / *Altmeppen* § 24 Rn. 3; *Gummert* DStR 1007, 1009).

II. Subsidiarität

Die Ausfallhaftung der Mitgesellschafter nach § 24 GmbHG greift dem Wortlaut nach subsidiär, d. h. in der Reihenfolge der §§ 21 bis 24 GmbHG **letztrangig** (Scholz/*Emmerich* GmbHG, § 24 Rn. 4; Roth/*Altmeppen* § 24 Rn. 5). Die Ausfallhaftung setzt aber voraus, dass der Geschäftsanteil gem. § 21 GmbHG wirksam kaduziert wurde und die Inanspruchnahme der Rechtsvorgänger nach § 22 GmbHG vergeblich war, wobei insoweit die Vermutung des § 22 Abs. 2 GmbHG gilt (Baumbach/Hueck/*Hueck/Fastrich* § 24 Rn. 3 m. w. N.). Auch muss die Verwertung nach § 23 GmbHG nicht oder nicht zur vollständigen Deckung der rückständigen Stammeinlage geführt haben, wobei der Versuch bei offensichtlicher Aussichtlosigkeit unterbleiben kann (vgl. § 23 GmbHG Rn. 4; Scholz/*Emmerich* GmbHG, § 24 Rn. 5). Abschließend muss auch der Ausgeschlossene selbst vergeblich nach § 21 Abs. 3 GmbHG in Anspruch genommen worden sein; seine Zahlungsunfähigkeit ist aber zu beweisen (OLG Celle GmbHR 1994, 801; Scholz/*Emmerich* GmbHG, § 24 Rn. 6). Die **Beweislast** für das Vorliegen der Voraussetzungen der Ausfallhaftung trägt die Gesellschaft (Baumbach/Hueck/*Hueck/Fastrich* § 24 Rn. 3; Scholz/*Emmerich* GmbHG, § 24 Rn. 7; Michalski/*Ebbing*, § 24 Rn. 78). 3

III. Verpflichteter

§ 24 S. 1 GmbHG erfasst die »übrigen Gesellschafter«, womit sämtliche Gesellschafter gemeint sind, mit Ausnahme des ausgeschlossenen Gesellschafters (§ 21 GmbHG) und seiner Rechtsvorgänger sowie des Erwerbers nach § 23 GmbHG, wobei ohne Belang ist, ob der Gesellschafter sich mit einer Geld- oder Sacheinlage beteiligt hat (Scholz/*Emmerich* GmbHG, § 24 Rn. 10; Baumbach/Hueck/*Hueck/Fastrich* § 24 Rn. 4). Hält die Gesellschaft eigene Geschäftsanteile, haftet sie nicht nach § 24 GmbHG (nunmehr allg. M.; Scholz/*Emmerich* GmbHG, § 24 Rn. 14). 4

Das gilt auch für den Gesellschafter der Vorgesellschaft, wenn dieser schon vor Eintragung der Gesellschaft seinen künftigen GmbH-Anteil veräußert hat (OLG Köln GmbHR 1997, 546; Roth/*Altmeppen*, § 24 Rn. 10; Baumbach/Hueck/*Hueck/Fastrich* § 24 Rn. 4; a. A. Haftungsbefreiung nur bei Gesellschafterwechsel vor Eintragung: Lutter/Hommelhoff/*Lutter/Bayer* GmbHG, § 24 Rn. 9; Michalski/*Ebbing* § 24 Rn. 23). 5

Hält ein Gesellschafter seinen Anteil als **Treuhänder** für einen Dritten, haftet er selbst aus § 24 GmbHG (Roth/*Altmeppen* § 24 Rn. 11; grds. zur Ausfallhaftung des Treuhänders vgl. LG Ulm EWiR 2000, 29 f. m. Anm. *Kowalski*); die Ausfallhaftung erstreckt sich auch auf den **Treugeber** (BGHZ 31, 258, 265 ff.; 118, 107, 110 ff.; umfassende Darstellung: *Köhl* GmbHR 1998, 119; Roth/*Altmeppen* § 24 Rn. 10; a. A. Michalski/*Ebbing* § 24 Rn. 45 m. w. N.; Hachenburg/*Müller* § 24 Rn. 33; *Ulmer* ZHR 156 (1992), 377, 382 ff.; krit. Baumbach/Hueck/*Hueck/Fastrich* § 24 Rn. 4; nicht eindeutig: Scholz/*Emmerich* GmbHG, § 24 Rn. 11). 6

Erhöht die Gesellschaft im Rahmen einer **Kapitalerhöhung** ihr Stammkapital und nimmt sie **neue Gesellschafter** auf, so haften nach § 24 GmbHG die neuen Gesellschafter für Einlagerückstände der Altgesellschafter und diese wiederum für Einlagerückstände der Neugesellschafter (h. M.; LG Mönchengladbach NJW-RR 1986, 837 f.; Hachenburg/*Müller* § 24 Rn. 19 f.; Baumbach/Hueck/*Hueck/Fastrich* § 24 Rn. 5; Scholz/*Emmerich* GmbHG, § 24 Rn. 16 f.; Lutter/Hommelhoff/*Bayer* GmbHG, § 2 Rn. 8). Dies gilt ungeachtet des Umstandes, ob die Altgesellschafter der Kapitalerhöhung **zugestimmt** oder **widersprochen** haben; den der Kapitalerhöhung widersprechenden Gesellschaftern steht aber ein **Austrittsrecht** aus wichtigem Grund zu (h. M.; nicht eindeutig ist, ob ein ausdrücklicher Widerspruch erforderlich ist, so LG Mönchengladbach NJW-RR 1986, 837 f.; Roth/*Altmeppen* § 24 Rn. 16; Hachenburg/*Müller* § 24 Rn. 21; Michalski/*Ebbing* § 24 Rn. 52, oder ob ein »nicht zustimmen« hinreichend ist, womit auch dem Gesellschafter der sich der Stimme enthalten hat, ein Austrittsrecht gewährt werden würde, so Scholz/*Emmerich* GmbHG, § 24 Rn. 17). Das Recht ist aber unverzüglich nach Beschlussfassung über die Kapitalerhöhung geltend zu machen und nicht etwa erst mit Eintritt des Haftungsfalls, weil es dann im Hinblick auf § 24 GmbHG keine befreiende Wirkung entfalten kann (LG Mönchengladbach NJW-RR 1986, 837 f.; Baumbach/Hueck/*Hueck/Fastrich* § 24 Rn. 5 m. w. N.). 7

8 Eine **Einschränkung** der Ausfallhaftung bei Kapitalerhöhung **analog § 32 a Abs. 3 S. 2 GmbHG** auf den geringfügig beteiligten (10 % oder weniger am Stammkapital) und nicht geschäftsführend tätigen Gesellschafter bzw. die Beschränkung der Haftung nur für den Fall der Zustimmung oder Einlageübernahme (so *Gaiser* GmbHR 1999, 210, 213 f.; *Grunewald* FS Lutter 2000, 413, 416 ff.; Scholz/*Emmerich* GmbHG, § 24 Rn. 17) ist nicht sachgerecht und mangels Vergleichbarkeit der Interessenlagen abzulehnen.

9 Im Fall der **Verschmelzung** haften die Gesellschafter der aufnehmenden Gesellschaft für nicht voll eingezahlte Stammeinlagen des übertragenden Rechtsträgers und die Gesellschafter der übertragenden Gesellschaft für nicht voll eingezahlte Stammeinlagen der aufnehmenden Gesellschaft. Daher bedarf der Verschmelzungsbeschluss des übertragenden Rechtsträgers der Zustimmung aller (anwesenden) Anteilsinhaber, § 51 Abs. 1 S. 1 UmwG, sowie der Zustimmung sämtlicher Gesellschafter der übernehmenden Gesellschaft, § 51 Abs. 1 S. 3 UmwG (Roth/*Altmeppen* § 24 Rn. 12; Lutter/Hommelhoff/*Lutter/Bayer* GmbHG, § 24 Rn. 9).

IV. Maßgeblicher Zeitpunkt

10 Entscheidend für das Auslösen der Ausfallhaftung nach § 24 GmbHG ist, dass die Gesellschaftereigenschaft bei Eintritt der **Fälligkeit der Einlageschuld**, die Anlass des Kaduzierungsverfahrens ist, vorliegt; mit dem Fälligkeitseintritt entsteht aufschiebend bedingt der Haftungsanspruch (BGHZ 132, 390, 393 ff.; Scholz/*Emmerich* GmbHG, § 24 Rn. 15; Baumbach/Hueck/*Hueck/Fastrich* § 24 Rn. 6; Roth/*Altmeppen*,§ 24 Rn. 13). Die anders lautende Ansicht, die davon ausgeht, dass auch die weiteren Voraussetzungen der §§ 21 bis 23 GmbHG erfüllt sein müssen (Hachenburg/*Müller* § 24 Rn. 28 f.; Michalski/*Ebbing* § 24 Rn. 30) hätte zur Konsequenz, dass jeder Gesellschafter der Haftung durch zwischenzeitliche Veräußerung des Geschäftsanteils entziehen könnte (vgl. BGH GmbHR 1996, 601, 603; hiergegen Michalski/*Ebbing* § 24 Rn. 31 ff.).

C. Art und Umfang der Haftung, Verjährung

11 Die Gesellschafter haften gem. § 24 S. 1 GmbHG anteilig nach dem Verhältnis ihrer Geschäftsanteile (**pro rata**) und nicht gesamtschuldnerisch. Die Berechnung erfolgt nach dem Verhältnis der Nennbeträge der haftenden Gesellschafter, ungeachtet der Höhe der erfolgten Einzahlung und unter Gleichbehandlung der Geld- mit Sacheinlagen. Nicht berücksichtigt werden kaduzierte, noch eingezogene oder eigene Geschäftsanteile der Gesellschaft (Scholz/*Emmerich* GmbHG, § 24 Rn. 18; Baumbach/Hueck/*Hueck/Fastrich* § 24 Rn. 7; Berechnungsbeispiele bei Lutter/Hommelhoff/*Lutter/Bayer* GmbHG, § 24 Rn. 4 f. und Michalski/*Ebbing* § 24 Rn. 67 ff.).

12 Umstritten ist, ob die Frage der **Haftungsbegrenzung** im Rahmen des § 24 GmbHG. Die Haftung wird bisweilen summenmäßig auf den Betrag des Stammeinlage des kaduzierten Gesellschafters (*K. Schmidt* GesR, § 37 II 5 d), 1128; BB 1985, 154, 155; BB 1995, 532; FS Raiser 2005, 311, 317; Scholz/*Emmerich* GmbHG, § 24 Rn. 3 a; Baumbach/Hueck/*Hueck/Fastrich* § 24 Rn. 7) oder auch auf die Höhe des ganzen Stammkapitals (Hachenburg/*Müller* § 24 Rn. 22) beschränkt. Eine unbeschränkte Haftung (*Gätsch* BB 1999, 701, 703 ff; *Wilhelm* FS Flume II 1978, 337, 361 f.; Michalski/*Ebbing* § 24 Rn. 62 f.; Lutter/Hommelhoff/*Lutter/Bayer* GmbHG, § 24 Rn. 6; so wohl auch: Roth/*Altmeppen* § 24 Rn. 18) bleibt vor dem mit der Gründung einer GmbH (auch) verbundenen Hintergrund der Haftungsbegrenzung bedenklich.

13 Beträge, die nach § 24 S. 2 GmbHG von einem Gesellschafter nicht zu erlangen sind, werden auf die übrigen Gesellschafter nach dem Verhältnis ihrer Nennbeträge verteilt. Die Umlage obliegt den Geschäftsführern (Scholz/*Emmerich* GmbHG, § 24 Rn. 20). Die **Beweislast** der Haftungsvoraussetzungen trägt auch hier die Gesellschaft (vgl. Rn. 3; Baumbach/Hueck/*Hueck/Fastrich* § 24 Rn. 8).

14 Die Ansprüche der Gesellschaft aus § 24 GmbHG sind **abtretbar und pfändbar**. Für sie gelten die Bestimmungen des § 19 Abs. 2 und Abs. 5 GmbHG (Scholz/*Emmerich* GmbHG, § 24 Rn. 21 f.

m. w. N.; Baumbach / Hueck / *Hueck/Fastrich* § 24 Rn. 9; Lutter / Hommelhoff / *Lutter/Bayer* GmbHG, § 24 Rn. 12; auch § 19 Abs. 3: Roth / *Altmeppen* § 24 Rn. 19).

Der Anspruch aus Ausfallhaftung **verjährt** wie der Anspruch der Gesellschaft auf Leistung der Einlagen entsprechend § 19 Abs. 6 GmbHG in zehn Jahren (Baumbach / Hueck / *Hueck/Fastrich* § 24 Rn. 9; Roth / *Altmeppen* § 24 Rn. 19; zur Problematik der Verjährung nach neuem Schuldrecht vgl. § 19 GmbHG Rn. 87 ff.). 15

D. Rückgriffsansprüche

Der zahlende Gesellschafter erwirbt nicht den Geschäftsanteil (Scholz / *Emmerich* GmbHG, § 24 Rn. 22 a; Baumbach / Hueck / *Hueck/Fastrich* § 24 Rn. 10), hat aber einen Ausgleichsanspruch gegen den **ausgeschlossenen Gesellschafter** (§ 774 BGB analog, so Lutter / Hommelhoff / *Bayer* GmbHG, § 24 Rn. 14 bzw. Gesellschafterverhältnis i. V. m. § 426 BGB, so Scholz / *Emmerich* GmbHG, § 24 Rn. 23) und im Fall des § 24 S. 2 GmbHG gegen die säumigen **Mitgesellschafter**, nicht hingegen gegen den **Rechtsvorgänger** nach i. S. d. § 22 GmbHG (Lutter / Hommelhoff / *Lutter/Bayer* GmbHG, § 24 Rn. 14; Baumbach / Hueck / *Hueck/Fastrich* § 24 Rn. 10; Roth / Altmeppen / *Altmeppen*, § 24 Rn. 26). 16

Verletzen die Geschäftsführer ihre (Sorgfalts-)Pflicht zur ordnungsgemäßen Durchführung des Kaduzierungsverfahrens schuldhaft, haften sie der Gesellschaft nach § 43 GmbHG. Den **Gesellschaftern** gegenüber haften sie des Weiteren, wenn diese durch die Nachlässigkeit der Geschäftsführer zur Haftung nach § 24 GmbHG herangezogen werden, d. h. bei ordnungsgemäßem Verfahren nicht oder in geringerem Umfang hätten haften müssen. Die Einstandspflicht wird in Analogie zu § 31 Abs. 6 GmbHG hergeleitet (Roth / *Altmeppen* § 24 Rn. 27; Scholz / *Emmerich* GmbHG, § 24 Rn. 24; a. A. Baumbach / Hueck / *Hueck/Fastrich* § 24 Rn. 10, Haftung nur wegen unerlaubter Handlung, insbes. § 826 BGB). 17

§ 25 [Zwingende Vorschriften]

Von den in den §§ 21 bis 24 bezeichneten Rechtsfolgen können die Gesellschafter nicht befreit werden.

Die Vorschriften der § 21 bis 24 GmbHG stellen im Gläubigerinteresse die Aufbringung des Stammkapitals sicher und sind daher nach Maßgabe des § 25 GmbHG **zwingendes Recht**. Von dem Wortlaut des § 25 GmbHG nicht erfasst ist § 20 GmbHG, der aber gleichwohl zwingend ist, weil auch diese Bestimmung der Sicherung der Kapitalaufbringung dient (vgl. § 20 GmbHG Rn. 1, 9). Zwingend sind diese Vorschriften insoweit, als die danach jeweils bestimmten Haftungsvoraussetzungen weder gemildert noch gänzlich abgedungen werden dürfen; eine Verschärfung der gesetzlichen Regelungen ist aber möglich (Scholz / *Emmerich* GmbHG, § 25 Rn. 1 f.; Baumbach / Hueck / *Hueck/Fastrich* § 25 Rn. 1). 1

§ 26 [Nachschusspflicht]

(1) Im Gesellschaftsvertrag kann bestimmt werden, daß die Gesellschafter über den Betrag der Stammeinlagen hinaus die Einforderung von weiteren Einzahlungen (Nachschüssen) beschließen können.

(2) Die Einzahlung der Nachschüsse hat nach Verhältnis der Geschäftsanteile zu erfolgen.

(3) Die Nachschußpflicht kann im Gesellschaftsvertrag auf einen bestimmten, nach Verhältnis der Geschäftsanteile festzusetzenden Betrag beschränkt werden.

Übersicht:

A. Einleitung

1 In den §§ 26 bis 28 GmbHG wird die Möglichkeit geregelt, über den Gesellschaftsvertrag **Nachschusspflichten der Gesellschafter** einzuführen. Als Finanzinstrument und auch in der Gerichtspraxis haben diese Regelungen eine nur geringe Bedeutung (*Kornblum/Kleinle/Baumann/Steffan* GmbHR 1985, 42, 47; *Hommelhoff/Kleindiek* FS 100 Jahre GmbHG 1992, 421, 422 ff.; Baumbach / Hueck / *Hueck/Fastrich* § 26 Rn. 1; Lutter / Hommelhoff / *Lutter/Bayer* GmbHG, § 26 Rn. 1).

2 Bei den Nachschüssen handelt es sich um **Geldeinlagen**, die über die Stammeinlagen hinaus kraft Satzung zu erbringen sind und bei denen keine Anrechnung auf das Stammkapital erfolgt (Lutter / Hommelhoff / *Lutter/Bayer* GmbHG, § 26 Rn. 2; Roth / *Altmeppen*,§ 26 Rn. 2). Nachschusspflichten sind als Geldleistung zu erbringen; Sachleistungen können aber von der Gesellschaft an Erfüllung Statt angenommen werden (Baumbach / Hueck / *Hueck/Fastrich* § 26 Rn. 2; MünchHdb GesR III / *Mayer* § 20 Rn. 16).

B. Abgrenzung

3 Nachschüsse sind streng abzugrenzen zu den **Stammeinlagen** (vgl. § 3 GmbHG Rn. 10), weil anders als bei diesen hier die maßgeblichen Kapitalaufbringungs- und -erhaltungsvorschriften – namentlich die §§ 19, 24 und 30 GmbHG – keine Anwendung finden. Stundung, Erlaß und Aufrechnung sind bezogen auf Nachschüsse möglich; § 19 Abs. 2 und Abs. 5 GmbHG finden hier keine Anwendung (Baumbach / Hueck / *Hueck/Fastrich* § 26 Rn. 2; Roth / *Altmeppen* § 26 Rn. 3). Eine weitere Abgrenzung erfolgt zu den **Nebenleistungspflichten** i. S. d. § 3 Abs. 2 GmbHG (vgl. § 3 GmbHG Rn. 18 ff.), die sich dadurch unterscheiden, dass sie nicht durch Gesellschafterbeschluss angefordert werden müssen und nicht an das Verhältnis der Geschäftsanteile gebunden sind, sondern hiervon unabhängig vereinbart werden können (OLG Frankfurt GmbHR 665, 666; Lutter / Hommelhoff / *Lutter/Bayer* GmbHG, § 26 Rn. 4; Scholz / *Emmerich* GmbHG, § 26 Rn. 6 a). Freiwillige zusätzliche Leistungen eines Gesellschafters (sog. **freiwillige Zuschüsse**, außerhalb des Gesellschaftsvertrags und ohne Rückzahlungsanspruch) fließen wie Nachschüsse in das Vermögen der Gesellschaft und sind ggf. unter den Kapitalrücklagen zu verbuchen, so dass sie nur unter Beachtung des § 30 Abs. 1 GmbHG zurückgezahlt werden dürfen (Hachenburg / *Müller* § 24 Rn. 27; Scholz / *Emmerich* GmbHG, § 26 Rn. 7). Sodann hat eine Unterscheidung zu den **Gesellschafterdarlehen** zu erfolgen, die sich vor allem in der Frage der Rückzahlbarkeit und der Verzinsungsabrede sowie der Hingabe einer möglichen Sicherheitsleistung der Gesellschaft unterscheiden (Lutter / Hommelhoff / *Lutter/Bayer* GmbHG, § 26 Rn. 5; Hachenburg / *Müller* § 26 Rn. 22 f; Scholz / *Emmerich* GmbHG, § 26 Rn. 8).

C. Voraussetzungen

I. Zulassung im Gesellschaftsvertrag

4 Nachschusspflichten können nur durch Aufnahme in dem Gesellschaftsvertrag – von Anfang an oder durch spätere Satzungsänderung, dann aber unter Beachtung des Zustimmungserfordernisses nach § 53 Abs. 3 GmbHG und der Formerfordernisse insbes. § 53 Abs. 2 GmbHG (notarielle Beurkundung) und § 54 Abs. 3 GmbHG (Eintragung ins Handelsregister) – begründet werden (Lutter / Hommelhoff / *Lutter/Bayer* GmbHG, § 26 Rn. 6; Scholz / *Emmerich* GmbHG, § 26

Rn. 9); fehlt es an diesen Erfordernissen kann kein Nachschuss verlangt werden (OLG München GmbHR 2000, 981; Scholz/*Emmerich* GmbHG, § 26 Rn. 9 a). Weitere Ausgestaltungen bzw. Einschränkungen können im Gesellschaftsvertrag aufgenommen werden, so dass die Nachschusspflicht nur bei Eintritt bestimmter Voraussetzungen entsteht, wie z. B. bei Zustimmung des Aufsichtsrats oder Eintritt in die Liquidationsphase (vgl. OLG Schleswig GmbHR 1994, 250, hierzu Revision nicht angenommen: BGH 1994, 710; Scholz/*Emmerich* GmbHG, § 26 Rn. 10; Roth/*Altmeppen* § 26 Rn. 8; Michalski/*Zeidler* § 26 Rn. 14).

II. Einforderungsbeschluss

Nach Aufnahme der Nachschussverpflichtung im Gesellschaftsvertrag bedarf es nach Abs. 1 für die Entstehung des Anspruchs auch eines entsprechenden Einforderungsbeschlusses der Gesellschafter (OLG Frankfurt GmbHR 1992, 665). Hierbei handelt es sich um eine zwingende Bestimmung, so dass die Einforderung der Nachschüsse nicht an ein anderes Organ übertragen werden kann; allenfalls kann zusätzlich die Zustimmung eines solchen – z. B. des Aufsichtsrats – verlangt werden (Baumbach / Hueck / *Hueck/Fastrich* § 26 Rn. 8; Scholz / *Emmerich* GmbHG, § 26 Rn. 14; Roth / *Altmeppen* § 26 Rn. 10; Lutter / Hommelhoff / *Lutter/Bayer* GmbHG, § 26 Rn. 7). Wirksam können durch ein anderes Organ nur Leistungen eingefordert werden, wenn es sich nicht um echte Nachschüsse, sondern um sog. Nebenleistungen i. S. d. § 3 Abs. 2 GmbHG handelt (Scholz/*Emmerich* GmbHG, § 26 Rn. 14). Weil der Einforderungsbeschluss **konstitutive Bedeutung** hat, kann der Anspruch auf Leistung eines Nachschusses zuvor weder abgetreten noch gepfändet werden; auch können weder Gläubiger noch Insolvenzverwalter die Einforderung erzwingen (Baumbach / Hueck / *Hueck/Fastrich* § 26 Rn. 8; Scholz / *Emmerich* GmbHG, § 26 Rn. 16). 5

Für die Beschlussfassung ist ein Mehrheitsbeschluss nach Maßgabe des Gesellschaftsvertrages erforderlich, anderenfalls – soweit dieser keine Regelung trifft – ist **einfache Mehrheit** hinreichend (Michalski/*Zeidler* § 26 Rn. 19; Lutter / Hommelhoff / *Lutter/Bayer* GmbHG, § 26 Rn. 7; Baumbach / Hueck / *Hueck/Fastrich* § 26 Rn. 8). 6

Trifft der Gesellschaftsvertrag keine abweichende Regelung, ist der Nachschuss sofort nach weiterer **Anforderung durch die Geschäftsführer**, d. h. in Vollziehung des Einforderungsbeschlusses mit Zahlungsanforderung an die Gesellschafter, fällig (Baumbach / Hueck / *Hueck/Fastrich* § 26 Rn. 9; Scholz / *Emmerich* GmbHG, § 26 Rn. 17, 20; Roth / *Altmeppen* § 26 Rn. 11; Hachenburg / *Müller* § 24 Rn. 57 f.; nicht eindeutig: Lutter / Hommelhoff / *Lutter/Bayer* GmbHG, § 26 Rn. 7). Ob und wann Nachschüsse eingefordert werden, entscheidet die Gesellschafterversammlung nach eigenem Ermessen, wobei erforderlich ist, dass das Stammkapital bereits vollständig eingefordert ist, ohne dass es vollständig eingezahlt sein muss (Baumbach / Hueck / *Hueck/Fastrich* § 26 Rn. 8; Michalski/*Zeidler* § 26 Rn. 21). 7

III. Weitere Voraussetzungen

Die **Verteilung der Nachschüsse** bestimmt sich nach Abs. 2 nach dem Verhältnis der Geschäftsanteile, so dass Verstöße hiergegen den Einforderungsbeschluss anfechtbar machen und die benachteiligten Gesellschafter ein Zurückbehaltungsrecht nach §§ 242, 273 BGB besitzen (Baumbach / Hueck / *Hueck/Fastrich* § 26 Rn. 9; Scholz / *Emmerich* GmbHG, § 26 Rn. 24). Bei der Einforderung und Durchsetzung des Anspruchs auf Nachzahlung durch die Gesellschaft ist das Gleichbehandlungsgebot zu beachten (Roth / *Altmeppen* § 26 Rn. 15; Lutter / Hommelhoff / *Lutter/Bayer* GmbHG, § 26 Rn. 8). Abs. 2 ist aber **dispositiv**, so dass mit Zustimmung der betroffenen Gesellschafter (§ 53 Abs. 3 GmbHG) eine ungleiche Verteilung möglich ist (Baumbach / Hueck / *Hueck/Fastrich* § 26 Rn. 9; Roth / *Altmeppen* § 26 Rn. 15). 8

Im Übrigen sind die Bestimmungen des § 19 Abs. 2 und Abs. 5 GmbHG auf Nachschüsse nicht anwendbar, d. h. die Geschäftsführer sind befugt, den Gesellschaftern **Stundungen** zu bewilligen oder ihnen ihre Schuld ganz oder teilweise zu **erlassen** (Scholz/*Emmerich* GmbHG, § 26 Rn. 26; Baumbach / Hueck / *Hueck/Fastrich* § 26 Rn. 9; Roth / *Altmeppen* § 26 Rn. 14). Die Gesell- 9 schaft kann auch Sachleistungen an Erfüllung Statt annehmen (Lutter / Hommelhoff / *Lutter/ Bayer* GmbHG, § 26 Rn. 8) und auch gegen Forderungen der Gesellschaft aufrechnen (Baumbach / Hueck / *Hueck/Fastrich* § 26 Rn. 9). In jedem Fall ist aber der Gleichbehandlungsgrundsatz zu beachten, ebenso die Schranken des § 30 GmbHG, d. h. soweit eine Nachlassforderung entstanden ist und somit zum nach § 30 GmbHG gebundenen Gesellschaftsvermögen gehört darf durch den Erlass – oder eine Stundung – das zur Erhaltung des Stammkapitals erforderliche Vermögen nicht wieder vermindert werden (Hachenburg / *Müller* § 26 Rn. 60; Lutter / Hommelhoff / *Lutter/Bayer* GmbHG, § 26 Rn. 7).

10 Der Einforderungsbeschluss kann von den Gesellschaftern – durch Gesellschaftsbeschluss wie die ursprüngliche Beschlussfassung (vgl. Rn. 5) – **aufgehoben** werden, wenn noch keine Nachschüsse eingezahlt sind (Scholz / *Emmerich* GmbHG, § 26 Rn. 19). Nach erfolgter Einzahlung ist für die Rückzahlung § 30 Abs. 2 GmbHG zu beachten (Roth / *Altmeppen* § 26 Rn. 12).

IV. Verpflichteter

11 Zur Leistung des Nachschusses ist der zum Zeitpunkt der Fälligkeit **gemeldete Gesellschafter** nach Maßgabe des § 16 GmbHG verpflichtet. Wird der Geschäftsanteil nach Fälligkeit veräußert, haftet der Erwerber neben dem Veräußerer nach § 16 Abs. 3 GmbHG (Hachenburg / *Müller* § 26 Rn. 48; Roth / *Altmeppen* § 26 Rn. 13; Lutter / Hommelhoff / *Lutter/Bayer* GmbHG, § 26 Rn. 8; Scholz / *Emmerich* GmbHG, § 26 Rn. 21, 13). Erwirbt die Gesellschaft eigene Geschäftsanteile, besteht keine Nachschusspflicht (h. M. mit unterschiedlicher Begründung: Baumbach / Hueck / *Hueck/Fastrich* § 26 Rn. 10 m. w. N.; Hachenburg / *Müller* § 26 Rn. 49).

V. Verjährung, Durchsetzung

12 Der Anspruch verjährt nach **drei Jahren** gem. §§ 195, 199 BGB (Baumbach / Hueck / *Hueck/Fastrich* § 26 Rn. 9; Roth / *Altmeppen* § 26 Rn. 15). Für das Klage- wie das Zwangsvollstreckungsverfahren gelten keine Besonderheiten. Kann der Nachschuss bei einem Gesellschafter nicht beigetrieben werden, so fällt dieser aus; die übrigen Gesellschafter haften hierfür nicht (Hachenburg / *Müller* § 24 Rn. 64; Scholz / *Emmerich* GmbHG, § 26 Rn. 23; Lutter / Hommelhoff / *Lutter/Bayer* GmbHG, § 26 Rn. 9).

D. Beschränkte Nachschusspflicht, Abs. 3

13 Nach Maßgabe des Abs. 3 kann die Nachschusspflicht im Gesellschaftsvertrag auf einen bestimmten, nach dem Verhältnis der Geschäftsanteile festzusetzenden Betrag beschränkt werden, was die Rechtsfolge des § 28 GmbHG zur Folge hat, d. h. hierdurch wird über § 28 GmbHG die Kaduzierung ermöglicht. Hinreichend ist, dass die Höchstbeträge der Nachschüsse bestimmbar sind; eine Beschränkung auf einen Prozentsatz am jährlich ausgeschütteten Gewinn ist nicht als beschränkt anzusehen und somit nicht hinreichend (Scholz / *Emmerich* GmbHG, § 26 Rn. 11 mit zulässigen Beschränkungsbeispielen; Lutter / Hommelhoff / *Lutter/Bayer* GmbHG, § 26 Rn. 9: »bis zur Höhe von 50 % des Nennbetrages« oder »jedoch höchstens pro Gesellschafter € 10.000,–«; Baumbach / Hueck / *Hueck/Fastrich* § 26 Rn. 4; Roth / *Altmeppen* § 26 Rn. 16).

14 Abs. 3 sieht die **gleichmäßige Verteilung** – nach den Verhältnissen der Geschäftsanteile – vor. Diese Bestimmung ist aber **dispositiv**, so dass mit Zustimmung der Gesellschafter (§ 53 Abs. 3 GmbHG) hiervon abgewichen werden kann (Scholz / *Emmerich* GmbHG, § 26 Rn. 12; Roth / *Altmeppen*, § 26 Rn. 17 mit Ausführung zu Rechtsfolgen bei fehlender Zustimmung).

§ 27 [Unbeschränkte Nachschusspflicht]

(1) [1]Ist die Nachschußpflicht nicht auf einen bestimmten Betrag beschränkt, so hat jeder Gesellschafter, falls er die Stammeinlage vollständig eingezahlt hat, das Recht, sich von der Zahlung des auf den Geschäftsanteil eingeforderten Nachschusses dadurch zu befreien, daß er innerhalb eines Monats nach der Aufforderung zur Einzahlung den Geschäftsanteil der Gesellschaft zur Befriedigung aus demselben zur Verfügung stellt. [2]Ebenso kann die Gesellschaft, wenn der Gesellschafter binnen der angegebenen Frist weder von der bezeichneten Befugnis Gebrauch macht, noch die Einzahlung leistet, demselben mittels eingeschriebenen Briefes erklären, daß sie den Geschäftsanteil als zur Verfügung gestellt betrachte.

(2) [1]Die Gesellschaft hat den Geschäftsanteil innerhalb eines Monats nach der Erklärung des Gesellschafters oder der Gesellschaft im Wege öffentlicher Versteigerung verkaufen zu lassen. Eine andere Art des Verkaufs ist nur mit Zustimmung des Gesellschafters zulässig. [2]Ein nach Deckung der Verkaufskosten und des rückständigen Nachschusses verbleibender Überschuss gebührt dem Gesellschafter.

(3) Ist die Befriedigung der Gesellschaft durch den Verkauf nicht zu erlangen, so fällt der Geschäftsanteil der Gesellschaft zu. Dieselbe ist befugt, den Anteil für eigene Rechnung zu veräußern.

(4) Im Gesellschaftsvertrag kann die Anwendung der vorstehenden Bestimmungen auf den Fall beschränkt werden, dass die auf den Geschäftsanteil eingeforderten Nachschüsse einen bestimmten Betrag überschreiten.

Übersicht:

A. Einleitung

1 Im Fall der im Gesellschaftsvertrag vorgesehenen unbeschränkten Nachschusspflicht besteht für den Gesellschafter die Gefahr einer unbeschränkten Inanspruchnahme. Mit § 27 GmbHG eröffnet sich ihm aber die Möglichkeit, sich von der Haftung für die eingeforderten Nachschüsse und jede weitere Nachschussforderung zu entziehen, indem er seinen Geschäftsanteil preisgibt. Das **Preisgaberecht** aus § 27 GmbHG (sog. **Abandon**) ist zwingend und kann bei Einführung einer unbeschränkten Nachschusspflicht nicht abgedungen und auch nicht eingeschränkt oder erschwert werden (allg. M.; RGZ 81, 368, 372; 128, 1, 16 f.; Lutter/Hommelhoff/*Lutter/Bayer* GmbHG, § 27 Rn. 1; Scholz/*Emmerich* GmbHG, § 27 Rn. 1; Michalski/*Zeidler* § 27 Rn. 6); möglich ist aber eine Erleichterung, z. B. durch Fristverlängerung (vgl. Baumbach/Hueck/*Hueck/Fastrich* § 27 Rn. 2).

2 Hält ein Gesellschafter **mehrere Geschäftsanteile**, kann der Abandon hinsichtlich jedes einzelnen Geschäftsanteils selbstständig (vgl. § 15 Abs. 2 GmbHG) und damit unterschiedlich ausgeübt werden; auch sind die Voraussetzungen für jeden Anteil getrennt zu beurteilen (Roth/*Altmeppen* § 27 Rn. 1). Wird das Preisgaberecht hinsichtlich aller Geschäftsanteile geltend gemacht, entsteht eine sog. »Keinmanngesellschaft« (Hachenburg/*Müller* § 27 Rn. 35; Baumbach/Hueck/*Hueck/Fastrich* § 27 Rn. 2). In diesem Fall wird die Gesellschaft aufgelöst und muss liquidiert werden (Scholz/*Emmerich* GmbHG, § 27 Rn. 4).

3 Durch den Gesellschaftsvertrag kann der Abandon auch für beschränkte Nachschusspflichten aufgenommen werden. Das Preisgaberecht kann aber nicht von einem »wirtschaftlich enttäuschten Finanzanleger« – in analoger Anwendung des § 27 GmbHG – in Anspruch genommen werden (Lutter/Hommelhoff/*Lutter/Bayer* GmbHG, § 27 Rn. 5; Roth/*Altmeppen* § 27 Rn. 19; Michalski/*Zeidler* § 27 Rn. 10; a. A. *Venrooy* GmbHR 1992, 141, 147 f.).

B. Voraussetzungen

I. Vollständige Zahlung der Stammeinlage

4 Die Preisgabe setzt voraus, dass die Stammeinlage vollständig einbezahlt ist. Dies hat er nach Abs. 1 S. 1 binnen Monatsfrist zu tun, so dass zwar eine erklärte Preisgabe zunächst wegen fehlender Volleinzahlung der Stammeinlage unwirksam sein, dies aber vor Ablauf der Monatsfrist nachgeholt werden kann (Roth/*Altmeppen* § 27 Rn. 5, Hachenburg/*Müller* § 27 Rn. 15 ff.; Baumbach/Hueck/*Hueck/Fastrich* § 27 Rn. 3). Für die Frage des Preisgaberechts ohne Belang sind andere Rückstände, wie z. B. auf Zinsen, Vertragsstrafen oder Nebenleistungen nach § 3 Abs. 2 GmbHG, auch wenn der Gesellschafter für diese auch nach Preisgabe weiterhin haftet (Lutter/Hommelhoff/*Lutter/Bayer* GmbHG, § 27 Rn. 1; Roth/*Altmeppen* § 27 Rn. 4; Scholz/*Emmerich* GmbHG, § 27 Rn. 7).

II. Einforderung des Nachschusses

5 Nach Abs. 1 S. 1 wird neben der im Gesellschaftsvertrag aufgenommenen unbegrenzten Nachschusspflicht die Einforderung des Nachschusses durch **Gesellschafterbeschluss** und die Anforderung durch den Geschäftsführer vorausgesetzt (vgl. § 26 GmbHG Rn. 5 ff.; Baumbach/Hueck/*Hueck/Fastrich* § 27 Rn. 3; Roth/*Altmeppen* § 27 Rn. 6; Ausübung des Abandon bereits nach Einforderung möglich: Scholz/*Emmerich* GmbHG, § 27 Rn. 9; Hachenburg/*Müller* § 27 Rn. 12).

III. Keine Erfüllung der Nachschusspflicht

6 Schließlich ist erforderlich, dass auf die eingeforderten Nachschüsse keine bzw. keine vollständige Zahlung erfolgt ist. Die vollständige Erfüllung der Nachschussverpflichtung beseitigt das Preisgaberecht, was aber nicht durch bloße Teilzahlungen geschieht (Roth/*Altmeppen* § 27 Rn. 8; Scholz/*Emmerich* GmbHG, § 27 Rn. 10).

IV. Preisgabeerklärung

7 Mit Zugang der Zahlungsaufforderung an den Gesellschafter läuft die Monatsfrist des Abs. 1 S. 1, innerhalb derer die Preisgabeerklärung gegenüber der Gesellschaft zugehen muss. Die Berechnung erfolgt nach §§ 187 Abs. 1, 188 Abs. 2 BGB. Der Gesellschaftsvertrag kann eine Verlängerung dieser Frist vorsehen, eine Verkürzung ist ausgeschlossen. Möglich ist auch, dass die Gesellschaft eine verspätete Preisgabeerklärung annimmt (Scholz/*Emmerich* GmbHG, § 27 Rn. 12; Baumbach/Hueck/*Hueck/Fastrich* § 27 Rn. 5; Roth/*Altmeppen* § 27 Rn. 7).

8 Die Preisgabe erfolgt durch **einseitige empfangsbedürftige Willenserklärung** gegenüber dem Geschäftsführer, die formlos erfolgen kann, aber den eindeutigen Willen des Gesellschafters wiedergeben muss, dass er der Gesellschaft seinen Geschäftsanteil zur Befriedigung der Nachschussforderungen zur Verfügung stellt (Lutter/Hommelhoff/*Lutter/Bayer* GmbHG, § 27 Rn. 2; Baumbach/Hueck/*Hueck/Fastrich* § 27 Rn. 5). Zur Erklärung **berechtigt** ist, wer gegenüber der Gesellschaft zum Zeitpunkt der Abgabe nach § 16 GmbHG als Gesellschafter gilt (Scholz/*Emmerich* GmbHG, § 27 Rn. 13; Roth/*Altmeppen* § 27 Rn. 9). Bis zum Zugang der Preisgabeerklärung an die Gesellschaft kann diese **widerrufen** werden; nach Zugang ist der Widerruf ausgeschlossen, es verbleibt aber die Anfechtungsmöglichkeit nach §§ 119 ff. BGB (Baumbach/Hueck/*Hueck/Fastrich* § 27 Rn. 5; Hachenburg/*Müller* § 27 Rn. 32). Eine Rückgängigmachung soll auch durch Vereinbarung zwischen Gesellschafter und Gesellschaft möglich sein (so Roth/*Altmeppen* § 27 Rn. 13 a. E., allerdings mit unzutreffenden weiteren Verweisen).

C. Fingierte Preisgabe, Abs. 1 S. 2

Zahlt der Gesellschafter den Nachschuss nicht und abandoniert nicht er innerhalb der Monatsfrist seinen Geschäftsanteil, geht nach Abs. 1 S. 2 das Preisgaberecht **auf die Gesellschaft über**. Diese kann sodann durch ihren Geschäftsführer mittels eingeschriebenem Brief (ganz h. M.: § 125 BGB; Baumbach / Hueck / *Hueck/Fastrich* § 27 Rn. 6 m. w. N.; a. A. Michalski / *Zeidler* § 27 Rn. 34: teleologische Reduktion auf Anforderungen des § 126 BGB) dem Gesellschafter gegenüber erklären, dass sie die Geschäftsanteile als ihr zur Verfügung gestellt betrachtet. Ob sie hiervon Gebrauch macht, entscheiden die Gesellschaft bzw. ihre Geschäftsführer nach pflichtgemäßem Ermessen. Wahlweise kann die Gesellschaft aber auch gegen den Gesellschafter Zahlungsklage erheben und anschließend in dessen Vermögen vollstrecken (Scholz / *Emmerich* GmbHG, § 27 Rn. 16). Der Gesellschafter kann seinerseits das Preisgaberecht der Gesellschaft dadurch beseitigen, dass er die Nachschusszahlung in voller Höhe erfüllt (Roth / *Altmeppen* § 27 Rn. 11). 9

D. Rechtsfolgen

Mit der Preisgabe durch den Gesellschafter oder durch die fingierte Preisgabe **entfällt die Verpflichtung** des Gesellschafters zur **Zahlung des Nachschusses**; fortan haftet er nach Abs. 1 S. 1 nur noch mit dem abandonierten Geschäftsanteil (Scholz / *Emmerich* GmbHG, § 27 Rn. 20; Baumbach / Hueck / *Hueck/Fastrich* § 27 Rn. 7; Roth / *Altmeppen* § 27 Rn. 13). Zwar büßt der Gesellschafter sein Verfügungsrecht in Folge der Preisgabe ein, die Gesellschaft erhält aber lediglich ein Verwertungsrecht an dem Geschäftsanteil (Abs. 2), so dass der Gesellschafter weiterhin in seine Mitgliedschaftsposition (Vermögens- und Mitverwaltungsrechte, insbesondere Stimmrecht und Recht am Gewinnanteil) verbleibt (Roth / *Altmeppen* § 27 Rn. 12; Lutter / Hommelhoff / *Bayer* GmbHG, § 27 Rn. 2; Scholz / *Emmerich* GmbHG, § 27 Rn. 19). 10

Die **Verwertung** des abandonierten Geschäftsanteils hat nach Abs. 2 S. 1 **innerhalb eines Monats** nach der Preisgabeerklärung grundsätzlich nur durch Verkauf im Wege öffentlicher Versteigerung zu erfolgen. Eine andere Verwertungsart ebenso wie die Verlängerung der Monatsfrist ist mit Zustimmung des betroffenen Gesellschafters, letztere auch durch Regelung im Gesellschaftsvertrag, möglich (Roth / *Altmeppen* § 27 Rn. 14; Scholz / *Emmerich* GmbHG, § 27 Rn. 24; Baumbach / Hueck / *Hueck/Fastrich* § 27 Rn. 8). Die Versteigerung erfolgt im Wesentlichen wie im Kaduzierungsverfahren nach § 23 GmbHG (vgl. § 23 GmbHG Rn. 5 ff.), mit dem Unterschied, dass die Gesellschaft den Gesellschaftsanteil im eigenen Namen aber für Rechnung des Gesellschafters – der noch Inhaber der Anteils ist – veräußert und neben dem Gesellschafter auch die Gesellschaft zum Mitbieten berechtigt ist (Roth / *Altmeppen* § 27 Rn. 16; Scholz / *Emmerich* GmbHG, § 27 Rn. 23; Baumbach / Hueck / *Hueck/Fastrich* § 27 Rn. 8). Der Zuschlag darf durch die Gesellschaft zu jedem Preis gegeben werden, der die Verfahrenskosten deckt, muss aber nicht erteilt werden, wenn durch das Gebot ihre Forderung nicht gedeckt ist (Hachenburg / *Müller*, § 27 Rn. 58; Michalski / *Zeidler* § 27 Rn. 46, Baumbach / Hueck / *Hueck/Fastrich* § 27 Rn. 8) oder aus anderen Gründen, etwa weil der Erwerber nicht akzeptabel ist, daher insbesondere, wenn es sich bei dem Erwerber um einen Konkurrenten handelt (Hachenburg / *Müller* § 27 Rn. 59.; Scholz / *Emmerich* GmbHG, § 27 Rn. 23). Von der Versteigerung kann nur mit Zustimmung des betroffenen Gesellschafters abgesehen werden (Scholz / *Emmerich* GmbHG, § 27 Rn. 24). 11

Der **Erlös** steht der Gesellschaft zu. Der Übererlös nach Abs. 2 S. 3 dem Gesellschafter. Die Gesellschaft kann hiergegen mit anderen Verbindlichkeiten des Gesellschafters aufrechnen (Scholz / *Emmerich* GmbHG, § 27 Rn. 27; Roth / *Altmeppen* § 27 Rn. 19; Baumbach / Hueck / *Hueck/Fastrich* § 27 Rn. 8). 12

Ist die Veräußerung erfolglos geblieben oder ist die Veräußerung mit Zustimmung des Gesellschafters unterblieben, so fällt nach Abs. 3 S. 1 – und damit kraft Gesetzes – der **Geschäftsanteil der Gesellschaft zu**. Rechte Dritter an dem Anteil erlöschen (Roth / *Altmeppen* § 27 Rn. 20; Scholz / *Emmerich* GmbHG, § 27 Rn. 30; Baumbach / Hueck / *Hueck/Fastrich* § 27 Rn. 9). Ein etwai- 13 ges Pfandrecht setzt sich aber am Übererlös fort (h. M.; Scholz/*Emmerich* GmbHG, § 27 Rn. 28; Baumbach/Hueck/*Hueck/Fastrich* § 27 Rn. 10 m. w. N.; a. A. Roth/*Altmeppen* § 27 Rn. 21). Die Gesellschaft kann in weiterer Folge nach Abs. 3 S. 2 frei veräußern, so dass auch ein Übererlös ihr zusteht. Der Erwerber ist in diesem Fall nicht Rechtsnachfolger des Gesellschafters sondern der Gesellschaft und haftet daher nicht nach § 16 Abs. 3 GmbHG für rückständige Leistungen; für diese hat – mit Ausnahme der Nachschusspflicht – der ehemalige Gesellschafter weiterhin einzustehen (Hachenburg/*Müller* § 27 Rn. 65; Baumbach/Hueck/*Hueck/Fastrich* § 27 Rn. 9; Scholz/*Emmerich* GmbHG, § 27 Rn. 30; Roth/*Altmeppen* § 27 Rn. 20).

E. Betragsgrenze nach Abs. 4

14 Die unbeschränkte Nachschusspflicht kann in dem Gesellschaftsvertrag mit einer **bezifferten Grenze** für die Nachschüsse versehen werden, mit der Folge, dass nur bei Überschreitung dieser – und zwar in Summe der Nachschüsse – das Preisgaberecht greift und auch nur für diejenigen Nachschüsse, die darüber liegen. Bis zu dieser Grenze gilt an der Stelle des Preisgaberechts das Kaduzierungsverfahren über § 28 Abs. 1 S. 2 GmbHG (vgl. § 28 GmbHG Rn. 6; Scholz/*Emmerich* GmbHG, § 27 Rn. 3; Roth/*Altmeppen* § 27 Rn. 22 und § 28 Rn. 2; Hachenburg/*Müller* § 28 Rn. 14).

§ 28 [Beschränkte Nachschusspflicht]

(1) [1]Ist die Nachschußpflicht auf einen bestimmten Betrag beschränkt, so finden, wenn im Gesellschaftsvertrag nicht ein anderes festgesetzt ist, im Fall verzögerter Einzahlung von Nachschüssen die auf die Einzahlung der Stammeinlagen bezüglichen Vorschriften der §§ 21 bis 23 entsprechende Anwendung. [2]Das gleiche gilt im Fall des § 27 Abs. 4 auch bei unbeschränkter Nachschußpflicht, soweit die Nachschüsse den im Gesellschaftsvertrag festgesetzten Betrag nicht überschreiten.

(2) Im Gesellschaftsvertrag kann bestimmt werden, daß die Einforderung von Nachschüssen, auf deren Zahlung die Vorschriften der §§ 21 bis 23 Anwendung finden, schon vor vollständiger Einforderung der Stammeinlagen zulässig ist.

A. Einleitung

1 Bei der beschränkten Nachschusspflicht ist der mögliche Umfang der Inanspruchnahme für den Gesellschafter – anders als bei der unbeschränkten Nachschusspflicht – von vornherein absehbar, so dass das Preisgaberecht des § 27 GmbHG als Befreiungsmöglichkeit insoweit nicht notwendigerweise herangezogen werden muss. Daher trifft § 28 GmbHG eine **abweichende Regelung** für die zwei Fälle der beschränkten Nachschusspflicht nach § 26 Abs. 3 und § 27 Abs. 4 GmbHG (vgl. Hachenburg/*Müller* § 28 Rn. 1 f.). Abs. 1 regelt die Haftung der Gesellschafter bei beschränkter Nachschusspflicht unter Verweis auf die Vorschriften der §§ 21 bis 23 GmbHG, womit die Regelungen (Verfahren und Rechtsfolgen) zum Kaduzierungsverfahren entsprechend gelten. Abs. 2 ermöglicht das Einfordern beschränkter Nachschüsse auch vor vollständiger Einforderung des Stammkapitals, wenn im Gesellschaftsvertrag die Anwendung der Kaduzierungsregelungen aus §§ 21 bis 23 GmbHG nicht ausgeschlossen wurde.

B. Kaduzierung bei beschränkter Nachschusspflicht, Abs. 1 S. 1

2 Nach Einforderung eines Nachschusses steht der Gesellschaft – wenn der Gesellschafter seiner Zahlungspflicht nicht nachkommt – ein **Wahlrecht** dahingehend zu, im Wege der Leistungsklage und der Zwangsvollstreckung oder durch Kaduzierung und Verwertung nach §§ 21 bis 23 GmbHG gegen den Gesellschafter vorzugehen. Der kaduzierte Gesellschafter haftet aber – nach § 21 Abs. 3 GmbHG – für alle rückständigen und zukünftigen Nachschüsse, soweit sie bereits eingefordert sind, aber erst nach seinem Ausschluss fällig werden (ganz h. M.; Roth/

Altmeppen § 28 Rn. 4; Scholz/*Emmerich* GmbHG, § 28 Rn. 3; Baumbach/Hueck/*Hueck/Fastrich* § 28 Rn. 5; Hachenburg/*Müller* § 28 Rn. 6; R/S-L/*Pentz* § 28 Rn. 2; a. A. Lutter/Hommelhoff/*Lutter/Bayer* GmbHG, § 28 Rn. 2).

Bei entsprechender gesellschaftsvertraglicher Regelung kann auch bei nicht vollständiger Einforderung der Stammeinlage eine Nachschussforderung geltend gemacht werden (vgl. § 28 Abs. 2 GmbHG), so dass es zu einer **Konkurrenzsituation** zwischen der Kaduzierung wegen rückständiger Stammeinlagen und wegen solcher aus Nachschuss kommen kann; Vorrang hat dann die Kaduzierung wegen ausstehender Stammeinlagen, zumindest müssen aber beide Kaduzierungsverfahren gleichzeitig geführt werden (Scholz/*Emmerich* GmbHG, § 28 Rn. 3 a; R/S-L/*Pentz* § 28 Rn. 9; Roth/*Altmeppen* § 28 Rn. 6; Baumbach/Hueck/*Hueck/Fastrich* § 28 Rn. 6; wohl auch Lutter/Hommelhoff/*Lutter/Bayer* GmbHG, § 28 Rn. 3; differenzierend: Hachenburg/ *Müller* § 28 Rn. 9). 3

Die Rechtsvorgänger haften analog § 22 GmbHG für Rückstände auf die eingeforderten Nachschüsse, allerdings nur bis zu dem Betrag, auf den die Nachschusspflicht zum Zeitpunkt der Anmeldung ihres Austritts im Gesellschaftsvertrag beschränkt war, daher also nicht für eine spätere Erhöhung der Grenzen oder für eine erst nach ihrem Ausscheiden eingeführte Nachusspflicht. Die übrigen Gesellschafter trifft die Ausfallhaftung nach § 24 GmbHG nicht, da auf diese in § 28 GmbHG nicht Bezug genommen wird (Scholz/*Emmerich* GmbHG, § 28 Rn. 4; Hachenburg/*Müller* § 28 Rn. 6; Roth/*Altmeppen* § 28 Rn. 5 f.; Baumbach/Hueck/*Hueck/Fastrich* § 28 Rn. 6; Lutter/Hommelhoff/*Lutter/Bayer* GmbHG, § 28 Rn. 3). 4

Der Gesellschaftsvertrag kann die Haftung nach § 28 GmbHG beseitigen und stattdessen eine andere Haftung oder die Rechtsfolge der Preisgabe nach § 27 GmbHG anordnen; insofern ist die Anwendung der §§ 21 bis 23 GmbHG im Fall der beschränkten Nachschusspflicht **nicht zwingend** (Hachenburg/*Müller* § 28 Rn. 2; Baumbach/Hueck/*Hueck/Fastrich* § 28 Rn. 3; Roth/*Altmeppen* § 28 Rn. 9; Lutter/Hommelhoff/*Lutter/Bayer* GmbHG, § 28 Rn. 4). Das Kaduzierungsverfahren kann daher ausgeschlossen oder abgeschwächt oder aber auch durch Aufnahme der Ausfallhaftung der übrigen Gesellschafter nach § 24 GmbHG verschärft werden, jedoch darf durch diese Maßnahmen die Aufbringung des Stammkapitals nicht gefährdet werden (Scholz/*Emmerich* GmbHG, § 28 Rn. 6). 5

C. Unbeschränkte Nachschusspflicht mit beschränktem Preisgaberecht, Abs. 1 S. 2

Der unbeschränkten Nachschusspflicht kann eine beschränkte Nachschusspflicht nach §§ 26, 27 Abs. 4 GmbHG vorgeschaltet sein (sog. **gestufte Nachschusspflicht**), dergestalt, dass im Gesellschaftsvertrag vereinbart wird, dass das Preisgaberecht nach § 27 GmbHG erst eintritt, wenn die eingeforderten Nachschüsse eine bestimmte (Höchst-)Grenze überschreiten (vgl. § 27 GmbHG Rn. 14; Hachenburg/*Müller,* § 28 Rn. 13). Solange die Summe der zusammengerechneten Nachschusspflichten – früherer und aktueller (ohne Belang ob auch gezahlte Nachschüsse: Lutter/Hommelhoff/*Lutter/Bayer* GmbHG, § 28 Rn. 5; a. A. Michalski/*Zeidler* § 28 Rn. 5, nur ausstehende Nachschüsse) – den festgesetzten Betrag nicht überschreitet, findet § 28 Abs. 1 S. 1 GmbHG Anwendung (Baumbach/Hueck/*Hueck/Fastrich* § 28 Rn. 2; Roth/*Altmeppen* § 28 Rn. 2; Michalski/*Zeidler* § 28 Rn. 5; Hachenburg/*Müller,* § 28 Rn. 13). Die Festsetzung des Höchstgrenze liegt im Ermessen der Gesellschafter, führt aber bei einem Umgehungsversuch, der beispielsweise angenommen wird, wenn die Grenze des Nachschusses so hoch gesetzt wird, dass sie praktisch nie erreichbar ist (»das Hunderttausendfache des Stammkapitals«), zu deren Unwirksamkeit und in weiterer Folge zu der Annahme einer unbeschränkten Nachschusspflicht (Hachenburg/*Müller,* § 28 Rn. 15; Lutter/Hommelhoff/*Lutter/Bayer* GmbHG, § 28 Rn. 5). 6

D. vorzeitige Einforderung, Abs. 2

7 Unter den Voraussetzungen, dass im Gesellschaftsvertrag – von Anfang an oder durch Änderung – ausdrücklich die Einforderung von Nachschüssen vor der vollständigen Einforderung der Stammeinlagen zugelassen wird und auf die Zahlung der vorzeitig eingeforderten Nachschüsse die §§ 21 bis 23 Anwendung finden, ist nach Maßgabe des § 28 Abs. 2 die vorzeitige Einforderung beschränkter Nachschüsse zulässig (Lutter/Hommelhoff/*Lutter/Bayer* GmbHG, § 28 Rn. 6; Roth/*Altmeppen* § 28 Rn. 7; Hachenburg/*Müller* § 28 Rn. 18). Nachschüsse, die vor der vollständigen Einforderung des vollständigen Stammkapitals eingezogen worden sind, sind nach § 30 Abs. 2 S. 3 GmbHG gebunden und können vor vollständiger Einzahlung des Stammkapitals nicht zurückgezahlt werden (vgl. § 30 GmbHG Rn. 83 ff.; Hachenburg/*Müller* § 28 Rn. 19; Roth/*Altmeppen* § 28 Rn. 8; Scholz/*Emmerich* GmbHG, § 28 Rn. 7).

§ 29 [Ergebnisverwendung]

(1) [1]Die Gesellschafter haben Anspruch auf den Jahresüberschuß zuzüglich eines Gewinnvortrags und abzüglich eines Verlustvortrags, soweit der sich ergebende Betrag nicht nach Gesetz oder Gesellschaftsvertrag, durch Beschluß nach Absatz 2 oder als zusätzlicher Aufwand auf Grund des Beschlusses über die Verwendung des Ergebnisses von der Verteilung unter die Gesellschafter ausgeschlossen ist. [2]Wird die Bilanz unter Berücksichtigung der teilweisen Ergebnisverwendung aufgestellt oder werden Rücklagen aufgelöst, so haben die Gesellschafter abweichend von Satz 1 Anspruch auf den Bilanzgewinn.

(2) Im Beschluß über die Verwendung des Ergebnisses können die Gesellschafter, wenn der Gesellschaftsvertrag nicht ein anderes bestimmt, Beträge in Gewinnrücklagen einstellen oder als Gewinn vortragen.

(3) [1]Die Verteilung erfolgt nach Verhältnis der Geschäftsanteile. [2]Im Gesellschaftsvertrag kann ein anderer Maßstab der Verteilung festgesetzt werden.

(4) [1]Unbeschadet der Absätze 1 und 2 und abweichender Gewinnverteilungsabreden nach Absatz 3 Satz 2 können die Geschäftsführer mit Zustimmung des Aufsichtsrats oder der Gesellschafter den Eigenkapitalanteil von Wertaufholungen bei Vermögensgegenständen des Anlage- und Umlaufvermögens und von bei der steuerrechtlichen Gewinnermittlung gebildeten Passivposten, die nicht im Sonderposten mit Rücklageanteil ausgewiesen werden dürfen, in andere Gewinnrücklagen einstellen. [2]Der Betrag dieser Rücklagen ist entweder in der Bilanz gesondert auszuweisen oder im Anhang anzugeben.

Übergangsvorschrift

Art. 12 § 7 GmbHÄndG: Gewinnverwendung

(1) [1]Bei einer Gesellschaft mit beschränkter Haftung, die bei Inkrafttreten des Bilanzrichtlinien-Gesetzes vom 19. Dezember 1985 (BGBl. I S. 2355) in das Handelsregister eingetragen ist, haben die Gesellschafter haben Anspruch auf den Jahresüberschuss zuzüglich eines Gewinnvortrags und abzüglich eines Verlustvortrags, soweit dieser Betrag nicht nach Gesetz oder Gesellschaftsvertrag von der Verteilung unter die Gesellschafter ausgeschlossen ist. [2]Wird die Bilanz unter Berücksichtigung der teilweisen Ergebnisverwendung aufgestellt oder werden Rücklagen aufgelöst, so haben die Gesellschafter abweichend von Satz 1 Anspruch auf den Bilanzgewinn.

(2) [1]Haben die Gesellschafter nach Absatz 1 ganz oder teilweise Anspruch auf den Jahresüberschuss oder den Bilanzgewinn, so sind Änderungen des Gesellschaftsvertrages nur in das

Handelsregister einzutragen, wenn zugleich eine Änderung des Gesellschaftsvertrages eingetragen wird, durch die dieser Anspruch, die gesetzliche Regelung des § 29 Abs. 2 des Gesetzes betreffend die Gesellschaften mit beschränkter Haftung oder eine davon abweichende Bestimmung in den Gesellschaftsvertrag aufgenommen wird. [2]Die Aufnahme einer solchen Bestimmung in den Gesellschaftsvertrag kann bei der erstmaligen Änderung des Gesellschaftsvertrages nach dem Inkrafttreten des Bilanzrichtlinien-Gesetzes mit einfacher Mehrheit beschlossen werden.

(3) § 29 Abs. 1 und 2 des Gesetzes betreffend die Gesellschaften mit beschränkter Haftung ist für diese Gesellschaften erst anzuwenden, wenn die Änderung des Gesellschaftsvertrages nach Abs. 2 in das Handelsregister eingetragen worden ist.

Übersicht:

A. Allgemeines

1 § 29 GmbHG regelt die sog. **offenen Gewinnausschüttungen**. In dieser Vorschrift sind die sog. verdeckten Gewinnausschüttungen (vGA) nicht geregelt.

I. Zeitlicher Anwendungsbereich

2 § 29 GmbHG wurde in der heutigen Fassung durch das Bilanzrichtliniengesetz 1985 (BiRiLiG) eingeführt. Er gilt für alle Gesellschaften, die ab dem 1. 1. 1986 in das Handelsregister eingetragen wurden (Art. 13 BiRiLiG). Für Altgesellschaften, d. h. Gesellschaften, die vor dem 1. 1. 1986 im Handelsregister eingetragen waren, gilt § 29 GmbHG nur, soweit eine Änderung des Gesellschaftsvertrags nach Art. 12 § 7 Abs. 3 GmbHÄndG (im Nachfolgenden wird Art. 12 § 7 GmbHÄndG stets als § 7 ÄndG bezeichnet) im Handelsregister eingetragen worden ist.

II. Altgesellschaften

3 Für Altgesellschaften, d. h. Gesellschaften, die vor dem 1. 1. 1986 im Handelsregister eingetragen waren, gilt zunächst § 29 Abs. 1 GmbHG a. F. fort (§ 7 Abs. 3 ÄndG). Nach § 29 Abs. 1 a. F. GmbHG hatten die Gesellschafter Anspruch auf den sich nach der jährlichen Bilanz ergebenden Reingewinn, sofern nicht der Gesellschaftsvertrag etwas anderes bestimmte. Damit gilt für die Altgesellschaften das sog. **Vollausschüttungsgebot**. Nach damals h. M. (Scholz/*Emmerich* GmbHG, § 29 Rn. 9) wurde die Bildung von stillen Reserven für zulässig erachtet, weshalb die Wirkungen der Vollausschüttung begrenzt wurden.

1. Zweck des ÄndG

4 Der Gesetzgeber hatte bei den sog. Altgesellschaften die Problematik der Anpassung der Vollausschüttung nach § 29 GmbHG a. F. an die § 29 Abs. 1 GmbHG n. F. zu lösen, weshalb die Übergangsregelung des § 7 ÄndG geschaffen wurde.

2. Anwendungsbereich

5 Der Anwendungsbereich von § 7 ÄndG erstreckt sich nach seinem Wortlaut auf alle Gesellschaften, die vor dem 1. 1. 1986 im Handelsregister eingetragen waren. Allerdings wird dabei der Zweck der Vorschrift außer Acht gelassen. § 7 ÄndG gilt nur für die Gesellschaften, bei denen das gesetzliche Ausschüttungsgebot des § 29 Abs. 1 GmbHG a. F. ganz oder teilweise fort gilt. § 7 ÄndG gilt also nicht für solche Gesellschaften, deren Gesellschaftsvertrag bereits eine von § 29 Abs. 1 GmbHG a. F. abweichende Gewinnausschüttung enthält (BGHZ 105, 206, 211). § 7 ÄndG gilt auch nicht für Altgesellschaften, soweit der Gesellschaftsvertrag bereits eine eigene Regelung zur Gewinnverwendung enthält, selbst wenn diese über die Gewinnausschüttung nach § 29 Abs. 1 n. F. GmbHG hinausgeht (BGHZ 105, 206, 211), oder wenn der Gesellschaftsvertrag bereits die Regelung des heutigen § 29 Abs. 1 GmbHG n. F. wiederholt (Scholz/*Emmerich* GmbHG, § 29 Rn. 13). Ein Gesellschaftsvertrag enthält ferner eine von § 29 GmbHG a. F. abweichende Regelung, sofern er bestimmt, dass die Geschäftsführer dem Beirat einen Vorschlag über die Gewinnverwendung zu unterbreiten und die Gesellschafterversammlung über den Vorschlag der Geschäftsführer und des Beirats mit einfacher Mehrheit zu entscheiden haben (BGH GmbHR 1997, 655, 657). Hierzu zählen auch Gesellschaften, deren Gesellschafter nach dem Gesellschaftsvertrag keinen Anspruch auf den Gewinn haben oder bei denen die Entscheidung über die Gewinnverwendung einem anderen Organ als der Gesellschafterversammlung übertragen ist (LG Essen GmbHR 1989, 85).

Wenn der Gesellschaftsvertrag einer sog. Altgesellschaft die Gewinnverwendung nicht regelt, so dass insoweit § 29 Abs. 1 GmbHG a. F. anwendbar bleibt (§ 7 Abs. 3 ÄndG), greift die Übergangsregelung des § 7 ÄndG ein. Sofern ein Gesellschaftsvertrag lediglich bestimmt, dass ein Teil des Gewinns oder »Gewinn« nur an Mitarbeiter vorab als Tantieme zu verwenden ist, fällt er somit unter § 7 ÄndG, da es im Übrigen bei der Regelung des § 29 GmbHG a. F. verbleibt (OLG München GmbHR 1994, 63, 64). 6

3. Vollausschüttungsgebot, § 7 Abs. 1 ÄndG

§ 7 Abs. 1 ÄndG statuiert den Grundsatz der Vollausschüttung und wiederholt in der Sache den § 29 Abs. 1 GmbHG a. F. (BayObLG GmbHR 1988, 102). § 7 Abs. 1 ÄndG passt lediglich die Sprachregelung des § 29 Abs. 1 GmbHG a. F. an, indem der Begriff des Reingewinns durch die Begriffe des Jahresüberschusses (zzgl. eines Gewinnvortrages und abzüglich eines Verlustvortrags) und des Bilanzgewinns ersetzt wird. 7

Von der Verteilung nach § 7 Abs. 1 S. 1 ÄndG ausgeschlossen sind nur die Beträge, die nach Gesetz oder Gesellschaftsvertrag von der Verteilung unter den Gesellschaftern ausgeschlossen sind. Das Gesetz nimmt damit Bezug auf die Kapitalrücklage (§ 272 Abs. 2 HGB) und die Rücklage für eigene Anteile, § 272 Abs. 4 HGB. 8

4. Handelsregistersperre, § 7 Abs. 2 S. 1 ÄndG

Nach § 7 Abs. 3 ÄndG finden § 29 Abs. 1 und 2 GmbHG Anwendung, sobald die Gesellschaftsvertragsänderung nach § 7 Abs. 2 ÄndG ins Handelsregister eingetragen ist. Zum Zwecke der beschleunigten Anwendung des § 29 Abs. 1 und 2 GmbHG bestimmt § 7 Abs. 2 S. 1 ÄndG, dass Gesellschaftsvertragsänderungen nur ins Handelsregister eingetragen werden dürfen, wenn zugleich die Ergebnisverwendungsbestimmungen geändert werden, d. h. entweder durch die Einfügung einer Regelung, die dem § 29 Abs. 1 GmbHG a. F. entspricht, oder durch eine Regelung i. S. d. § 29 Abs. 2 GmbHG (OLG Stuttgart GmbHR 1989, 422) oder durch eine sonstige abweichende gesellschaftsvertragliche Regelung. Dabei muss der Wortlaut des Gesellschaftsvertrags nicht notwendigerweise geändert werden (LG Düsseldorf GmbHR 1988, 108). Damit führt § 7 Abs. 2 S. 1 ÄndG zu einer **Handelsregistersperre**, die die Gesellschafter veranlassen soll, sich möglichst bald mit der Frage zu befassen, wie die Gewinnverwendung in ihrer Gesellschaft für die Zukunft geregelt werden soll (BGHZ 105, 206, 209). 9

Die Registersperre gilt für sämtliche Anträge auf Eintragung von Gesellschaftsvertragsänderungen ins Handelsregister der GmbH, die nach dem 31. 12. 1995 beim Handelsregister eingegangen waren. War der Antrag vorher beim Amtsgericht eingegangen, galt keine Registersperre (OLG Hamm GmbHR 1987, 430, 432; OLG Celle GmbHR 1986, 433). 10

Die Handelsregistersperre gilt auch heute für Altgesellschaften, die in den Anwendungsbereich des § 7 ÄndG fallen. Denn der Gesetzgeber hat zum einen darauf verzichtet, Fristen für die Neuregelung des Gesellschaftsvertrages zu bestimmen. Zum anderen können sich Gesellschafter bewusst für die Anwendung des § 29 Abs. 1 GmbHG a. F. entscheiden. 11

Wurde bei einer Gesellschaftsvertragsänderung die Registersperre des § 7 Abs. 2 S. 1 ÄndG übersehen, findet die Handelsregistersperre auf die nächste Gesellschaftsvertragsänderung Anwendung (OLG München GmbHR 1994, 63, 64). 12

5. Gesellschaftsvertragsänderung, § 7 Abs. 2 S. 2 ÄndG

§ 7 Abs. 2 S. 2 ÄndG ermöglicht eine vereinfachte Gesellschaftsvertragsänderung. Die Gesellschafter haben die Wahl, entweder die Regelung des § 29 Abs. 1 GmbHG a. F. zu bestätigen oder die Regelung des § 29 Abs. 1 und 2 GmbHG n. F. anzuwenden oder im Rahmen der Vertragsfreiheit jede andere Regelung zu treffen. 13

14 Wollen die Gesellschafter das Vollausschüttungsgebot des § 29 Abs. 1 GmbHG a. F. beibehalten, haben sie den Gesellschaftsvertrag im Hinblick auf die Ergebnisverwendung zu bestätigen (LG Tübingen GmbHR 1987, 190, 191). Dieser **Bestätigungsbeschluss**, der in der Regel den Wortlaut des Gesellschaftsvertrages nicht ändert, ist gleichwohl zum Handelsregister anzumelden, §§ 53, 54 (LG Köln GmbHR 1988, 108, 109).

15 Die Gesellschaftsvertragsänderung, die die Ergebnisverwendung bestätigt oder neu regelt, bedarf entgegen § 53 Abs. 2 S. 1 GmbHG nur der **einfachen Mehrheit** (§ 7 Abs. 2 S. 2 ÄndG). Etwaige Sonderrechte eines Gesellschafters (§ 35 BGB, § 53 Abs. 3 GmbHG) oder besondere gesellschaftsvertragliche Regelungen zum Schutz von Gesellschafterminderheiten bleiben unberührt.

16 Die einfache Mehrheit gilt dabei nicht nur für die Bestätigung oder Anpassung der Ergebnisverwendung, sondern darüber hinaus für jede Gesellschaftsvertragsänderung in diesem Zusammenhang. Weil § 7 Abs. 2 S. 2 ÄndG das Mehrheitserfordernis des § 53 Abs. 2 S. 1 GmbHG erheblich herabsetzt und damit den Minderheitenschutz aufweicht, besteht in der Literatur Einigkeit, dass die Schranken der Mehrheitsherrschaft aus Anlass dieser Gesellschaftsvertragsänderungen besonders streng beachtet werden müssen (Scholz/*Emmerich* GmbHG, § 29 GmbHG Rn. 22; Lutter/Hommelhoff/*Lutter/Hommelhoff* GmbHG, § 29 Rn. 73 f.). Daher ist es der Mehrheit untersagt, die Anpassung der Ergebnisverwendung von § 29 Abs. 1 GmbHG a. F. an die Neuregelung dafür zu nutzen, in das Gewinnbezugsrecht der Minderheit einzugreifen. Ein Beschluss, dass die Hälfte des Gewinns in die Rücklagen eingestellt werden kann (vgl. § 58 Abs. 2 S. 1 AktG), wäre danach nicht mit einfacher Mehrheit zu fassen (a. A. OLG München GmbHR 1994, 63, 64). Ebenfalls nicht mit einfacher Mehrheit kann der Beschluss gefasst werden, dass das Gewinnbezugsrecht der Minderheit ganz oder teilweise beschränkt oder Gewinne thesauriert werden.

6. Wertaufholung bei Altgesellschaften, § 29 Abs. 4 GmbHG

17 Abs. 4 regelt die Wertaufholung und gilt auch für Altgesellschaften, was aus § 7 Abs. 3 ÄndG folgt.

B. Aufstellung des Jahresabschlusses

18 Jede Gesellschaft ist verpflichtet, einen Jahresabschluss nebst Lagebericht aufzustellen, §§ 6 Abs. 1, 242, 264 Abs. 1 HGB, § 13 Abs. 3 GmbHG. Der Einzelabschluss besteht unabhängig von der Größe der Gesellschaft aus den Rechenwerken der Bilanz und der GuV, die um einen Anhang erweitert werden (§§ 242 Abs. 3, 264 Abs. 1 S. 1 HGB). Der Anhang erläutert die Rechenwerke und liefert zusätzliche Informationen (§§ 284 ff. HGB).

I. Geschäftsjahr

19 Der Gesellschaftsvertrag regelt regelmäßig das **Geschäftsjahr**. Das Geschäftsjahr muss mit dem Kalenderjahr nicht identisch sein.

20 Das Geschäftsjahr hat regelmäßig eine Dauer von **zwölf Monaten** (§ 240 Abs. 2 S. 2 HGB). Ausnahmsweise hat das Geschäftsjahr eine kürzere Dauer, etwa bei der Gründung der Gesellschaft im Laufe des Geschäftsjahres, bei Fassung des Liquidationseröffnungsbeschlusses im Laufe des Geschäftsjahres für das abgelaufene Geschäftsjahr oder bei der Umstellung des Geschäftsjahres. Ausnahmsweise hat das Geschäftsjahr auch eine längere Dauer, etwa bei Verschmelzung der Gesellschaft auf eine Gesellschaft mit einem anderen Geschäftsjahr oder bei der Liquidation, § 73 GmbHG.

21 Das Geschäftsjahr kann **während des Geschäftsjahres** durch **Änderung des Gesellschaftsvertrages** geändert werden, sofern die Eintragung ins Handelsregister noch während des Geschäftsjahres erfolgt. Die Zustimmung des für die Gesellschaft zuständigen Finanzamtes ist notwendig (RG Recht 1909 Nr. 3283), sofern vom Grundsatz Geschäftsjahr gleich Kalenderjahr abgewichen werden soll. Umstritten ist, ob das Geschäftsjahr noch nach Ablauf des Geschäftsjahres geändert werden kann, etwa wenn die Gesellschaftsvertragsänderung nach Ablauf des Geschäftsjahres be-

schlossen wird oder der Antrag auf Eintragung ins Handelsregister nach Ablauf des Geschäftsjahres beim Handelsregister eingegangen ist oder die Gesellschaftsvertragsänderung nach Ablauf des Geschäftsjahres im Handelsregister eingetragen wird. Während teilweise jede Änderung des Geschäftsjahres nach Ablauf des Geschäftsjahres für unzulässig erachtet wird (Scholz/*Emmerich* GmbHG, § 29 Rn. 32; Lutter/Hommelhoff/*Lutter/Hommelhoff* GmbHG, § 53 Rn. 37), ist die Rechtsprechung zum Teil großzügiger (LG Frankfurt/Main GmbHR 1978, 112, 113; GmbHR 1979, 208; OLG Karlsruhe RPfleger 1975, 178: offengelassen, ob auch Eintragung erforderlich ist). Dieser Rechtsprechung ist jedenfalls dann der Vorzug zu gewähren, wenn Gläubigerinteressen nicht gefährdet sind (etwa bei einem Gewinnabführungsvertrag) oder der Jahresabschluss noch nicht aufgestellt oder noch nicht festgestellt worden ist (a. A. OLG Frankfurt GmbHR 1999, 484 unter Berufung auf den abstrakten Schutzzweck des § 54 Abs. 3 GmbHG; BFH GmbHR 1997, 670, 671).

II. Aufstellungsfrist des Einzelabschlusses

Die Aufstellungsfrist beträgt für alle Gesellschaften **drei Monate** nach Ende eines jeden Geschäftsjahres (§ 264 Abs. 1 S. 2 HGB). Bei kleinen Gesellschaften (§ 267 HGB) kann die Aufstellungsfrist auf höchstens sechs Monate verlängert werden, sofern dies einem ordnungsgemäßen Geschäftsgang entspricht (§ 264 Abs. 1 S. 3 HGB). Eine gesellschaftsvertragliche Regelung, die die Aufstellungsfrist generell auf sechs Monate bestimmt, wird von den Registergerichten zu Recht beanstandet (BayObLG WM 1987, 502, 503 mit dem Hinweis, dass bei einer uneingeschränkten Anmeldung ein Teilvollzug der Anmeldung unzulässig ist; ADS § 264 HGB Rn. 28 a), es sei denn, sie wiederholt lediglich den Wortlaut des Gesetzes. 22

III. Durch Geschäftsführer

Die Aufstellung des Jahresabschlusses ist die ureigene **Aufgabe aller Geschäftsführer** (§ 42 a Abs. 1 S. 1 GmbHG; vgl. dazu § 42 a GmbHG Rn. 1). Jeder Geschäftsführer hat gegen jeden anderen Geschäftsführer einen Anspruch auf Mitwirkung bei der Aufstellung des Jahresabschlusses. 23

Die Verantwortlichkeit trifft nicht nur den bestellten Geschäftsführer, sondern auch den **faktischen Geschäftsführer**, also die Person, die nicht zum Geschäftsführer bestellt ist, aber sich so behandeln lassen muss, als sei sie bestellter Geschäftsführer. Für die Annahme der faktischen Geschäftsführung ist es nicht erforderlich, dass der Handelnde die bestellte Geschäftsführung völlig verdrängt. Entscheidend ist vielmehr, dass der Betreffende die Geschicke der Gesellschaft – über die interne Einwirkung auf die gesellschaftsvertragliche Geschäftsführung hinaus – durch eigenes Verhalten im Außenverhältnis, das die Tätigkeit des rechtlichen Geschäftsführungsorgans nachhaltig prägt, maßgeblich in die Hand genommen hat (BGH GmbHR 2005, 1187, 1188). Anhaltspunkte für das Gesamterscheinungsbild eines Außenauftritts sind: Führung des kaufmännischen und finanziellen Geschäftsbereichs in wesentlichen Punkten, Verfügungen über Geschäftskonten, Weisungen an die Buchhaltung oder die Personalverantwortlichen, Vollmachten gegenüber Kreditinstituten, Entscheidungen, welche Gläubiger bedient werden, standardmäßige Verwendung von Geschäftsunterlagen, Vereinbarungen über Zahlungskonditionen (BGHZ 150, 61, 68 ff.; 104, 44, 48; BGH GmbHR 2005, 1187, 1188). Gesellschaftsinterne Einwirkungen und Weisungen führen allein nicht zur faktischen Geschäftsführung (BGH GmbHR 2005, 1126, 1127; vgl. zum faktischen Geschäftsführer auch § 6 Rn. 8). 24

Die Geschäftsordnung der Geschäftsführung oder eine sonstige Regelung der Geschäftsverteilung kann vorsehen, dass nur **ein Geschäftsführer** für die rechnerische Aufbereitung der Buchhaltung und des Jahresabschlusses zuständig ist. Für das Ergebnis dieser Tätigkeiten tragen alle Geschäftsführer Verantwortung. 25

Der Gesellschaftsvertrag kann die Aufstellung des Jahresabschlusses nicht auf ein anderes Organ der Gesellschaft delegieren. 26

27 Die Aufstellung des Jahresabschlusses beginnt mit der Einrichtung der Buchhaltung und deren Erstellung. Die Geschäftsführer können einzelne oder alle Aufgaben der Buchhaltungserstellung und einzelne oder alle Aufgaben der Jahresabschlusserstellung auf Dritte (z. B. Buchhaltungsgesellschaften, Steuerberater und Wirtschaftsprüfer) übertragen. Die **Übertragung** der Aufgabenerledigung **auf Dritte** ändert jedoch nichts an der Tatsache, dass die Geschäftsführer allein für diese Aufgaben zuständig sind. Daher müssen die Geschäftsführer entweder selbst oder in der Gesellschaft soviel Kenntnis vorhalten, dass die Dritten sachgerecht geführt werden können, da andernfalls die Geschäftsführer nach § 43 GmbHG haften (vgl. die ausführl. Kommentierung dort). Die Aussage »Der Jahresabschluss ist richtig, er wurde vom Steuerberater gemacht« mag die tägliche Praxis kennzeichnen, offenbart jedoch eine sträfliche Vernachlässigung der Pflichten als Geschäftsführer.

IV. Aufstellung

28 Zweck der Aufstellung des Jahresabschlusses ist es zunächst zu ermitteln, über **welches Vermögen** die Gesellschaft am Ende eines jeden Geschäftsjahres verfügt (Bilanz) und **welches Ergebnis** erzielt wurde (GuV). Damit ergibt sich aus der Bilanz und der GuV, welches Vermögen zur Verwendung der Gesellschafter zur Verfügung steht.

1. Nach HGB

a) Gewinnbeteiligungen Dritter

29 Im Rahmen der Aufstellung des Jahresabschlusses kann der Gewinn dadurch gemindert sein, dass Dritte am Gewinn der Gesellschaft beteiligt sind. **Beispiele** dieser Art sind ertragsabhängige Miet- und Pachtverträge, partiarische Darlehen, stille Gesellschafter, Beteiligungen von Arbeitnehmern, gewinnabhängige Tantiemen von Geschäftsführern, Mitgliedern des Beirates und des Aufsichtsrates sowie Genussrechte. Derartige Gewinnbeteiligungen sind zulässig, können aber im Einzelfall bei einer Gewinnbeteiligung des Gesellschafters zu einer verdeckten Gewinnausschüttung führen. **Bilanzrechtlich** sind derartige Gewinnbeteiligungen als Verbindlichkeiten der Gesellschaft zu behandeln (BGHZ 18, 205, 208; RG JW 1936, 180; Scholz/*Emmerich* GmbHG, § 29 Rn. 50). Ebenfalls eine Verbindlichkeit der Gesellschaft ist der Ausgleichsanspruch nach § 302 AktG, dessen Höhe nicht durch den festgestellten Jahresabschluss der abhängigen Gesellschaft festgelegt, sondern durch den zum Bilanzstichtag zutreffend ausgewiesenen Fehlbetrag bestimmt wird (BGH DStR 2005, 750, 751).

b) Unter Berücksichtigung der teilweisen Ergebnisverwendung, Abs. 1 S. 2

30 Abs. 1 S. 2 bestimmt, dass die Bilanz auch unter teilweiser Ergebnisverwendung aufgestellt werden kann. Damit darf der die Bilanz Aufstellende in die Kompetenz des zur Gewinnverwendung befugten Organs eingreifen. Die Geschäftsführer können im Gesellschaftsvertrag ermächtigt werden, über den Verbleib des Ergebnisses ganz oder teilweise zu entscheiden. In diesem Fall ist die Entscheidung desjenigen, der den Jahresabschluss aufstellt, für denjenigen **bindend**, der über die Feststellung des Jahresabschlusses und über die Gewinnverwendung zu entscheiden hat. Das Weisungsrecht der Gesellschafter ist insoweit begrenzt (vgl. § 37 GmbHG; zu Weisungen der Gesellschafter aufgrund von Gesellschafterbeschlüssen vgl. dort Rn. 11 f., zu den Grenzen Rn. 17).

31 Eine vollständige oder teilweise Verwendung des Jahresergebnisses liegt vor, wenn der Jahresüberschuss bereits bei der Aufstellung des Jahresabschlusses bilanzwirksam berücksichtigt worden ist. Hierzu gehören:

- die Abdeckung eines früheren Verlustvortrags,
- die Aufstockung von Gewinnrücklagen oder
- die Beachtung der gesetzlichen und steuerlichen Vorgaben, den Jahresüberschuss in einer bestimmten Weise zu verwenden.

c) Bildung anderer Gewinnrücklagen gem. Abs. 4

Abs. 4 enthält eine Sondervorschrift, die § 58 Abs. 2 AktG entspricht. Ziel der Vorschrift ist es, die Rücklagenbildung außerhalb der Ergebnisverwendung nach Abs. 2 zu erleichtern. Die praktische Bedeutung der Vorschrift hat sich seit dem Steuerentlastungsgesetz 1999/2000/2002 (BGBl. I 1999, 402) erhöht, da seither ein striktes **Gebot zur Wertaufholung** gilt. 32

Gäbe es die Vorschrift des Abs. 4 nicht, würden Wertaufholungen das Ergebnis der Gesellschaft erhöhen und zu ausschüttungsfähigen Gewinnen führen. Dem will Abs. 4 entgegenwirken, indem diese Vorschrift der Geschäftsführung ermöglicht, das Ergebnis in die anderen Gewinnrücklagen einzustellen und damit der Gewinnausschüttung zu entziehen. 33

Das Verhältnis des Abs. 4 zu Abs. 2 ist ungeklärt. *Emmerich* (Scholz/*Emmerich* GmbHG, § 29 Rn. 49) ist der Auffassung, dass Abs. 4 nur in den Fällen der gesetzlichen oder gesellschaftsvertraglichen Vollausschüttung praktische Bedeutung hat, wohingegen Abs. 4 im Übrigen den Abs. 2 lediglich wiederholt. Nach dieser Auffassung ist Abs. 4 eine **besondere Form der Ergebnisverwendung**. Abs. 4 bestimmt als grundsätzlich zuständiges Organ die Geschäftsführung, was dafür spricht, dass die Vorschrift bereits bei der Aufstellung des Jahresabschlusses zu beachten ist (aus Zweckmäßigkeitsgründen ebenso: Michalski/*Salje* § 29 Rn. 126). 34

Die Geschäftsführer sind nach Abs. 4 zuständig, über die Einstellung des Eigenkapitalanteils der Wertaufholung in die andere Gewinnrücklage zu entscheiden. Dabei sind sie in zweifacher Weise der **Kontrolle** unterzogen: Zum einen können die Gesellschafter ihnen Weisungen nach den gesellschaftsvertraglichen Regelungen erteilen (vgl. dazu § 37 GmbHG Rn. 11 f.). Zum anderen erfolgt die Einstellung mit Zustimmung des Aufsichtsrates oder der Gesellschafter. Die Regelung in Abs. 4 ist nicht abschließend, sondern ermöglicht es, das Zustimmungserfordernis auf jedes andere Organ der Gesellschaft zu übertragen (Michalski/*Salje* § 29 Rn. 128). Für die Zustimmung zur Rücklagenbildung gilt die einfache Mehrheit (Michalski/*Salje* § 29 Rn. 137). 35

Abs. 4 S. 1 regelt **zwei Fälle**: Zum einen nimmt die Vorschrift auf § 280 Abs. 1 S. 1 HGB Bezug. Hatte die Gesellschaft in einem früheren Geschäftsjahr für einen Vermögensgegenstand eine außerplanmäßige Abschreibung vorgenommen, hat sie die dadurch bedingte Wertminderung rückgängig zu machen, wenn sich in einem späteren Geschäftsjahr herausstellt, dass die Gründe der Abschreibung nicht mehr bestehen. Abs. 4 S. 1 betrifft im Rahmen der steuerlichen Gewinnermittlung gebildete Passivposten (§ 273 HGB), die nicht im Sonderposten mit Rücklagenanteil ausgewiesen werden dürfen. 36

Rechtsfolge der Wertaufholung ist, dass sie der Nachversteuerung unterliegt. Der der Gesellschaft nach Versteuerung verbleibende Betrag bildet den rücklagefähigen Eigenkapitalanteil (Michalski/*Salje* § 29 Rn. 130; Scholz/*Emmerich* GmbHG, § 29 Rn. 49). Haben die Geschäftsführer vorab mit Zustimmung über den Eigenkapitalanteil verfügt, werden die anderen Gewinnrücklagen i. S. d. § 266 Abs. 3 A III Nr. 4 HGB erhöht. Ferner sind nach Abs. 4 S. 2 wahlweise die Beträge in der Bilanz gesondert auszuweisen oder im Anhang des Jahresabschlusses anzugeben. 37

d) Auflösung von Rücklagen, Abs. 1 S. 2

Umstritten ist, ob die Auflösung von Rücklagen bereits mit der Feststellung des Jahresabschlusses durch das dafür zuständige Organ oder ob dies erst mit der Gewinnverwendung durch das dann zuständige Organ beschlossen werden kann. Der Wortlaut des Abs. 1 S. 2 ist unergiebig. Da es sich bei der Auflösung von Rücklagen um einen **Akt der Gewinnverwendung**, nicht jedoch der Feststellung des Jahresabschlusses handelt, kann darüber nur das Organ beschließen, das für die Gewinnverwendung zuständig ist (Scholz/*Emmerich* GmbHG, § 29 Rn. 74; a. A. Baumbach/Hueck/*Schulze-Osterloh* § 42 Rn. 172). Etwas anderes gilt, wenn der Gesellschaftsvertrag bereits das für die Feststellung des Jahresabschlusses zuständige Organ mit der Auflösung von Rücklagen ermächtigt (Michalski/*Salje* § 29 Rn. 57). 38

39 Bei der Auflösung von Rücklagen muss **zwingend § 30 GmbHG beachtet** werden (Michalski/*Salje* § 29 Rn. 58; Scholz/*Emmerich* GmbHG, § 29 Rn. 74). Unter Rücklage i. S. d. § 29 Abs. 1 S. 2 GmbHG sind sowohl die gesetzlichen als auch die gesellschaftsvertraglichen Rücklagen zu verstehen.

40 Soweit die Rücklage **auf Grund gesetzlicher Vorschriften** (z. B. § 272 Abs. 2 und 4 HGB) gebildet worden ist, darf die Auflösung nur erfolgen, soweit eine gesetzliche Ermächtigung vorliegt. Ein hiergegen verstoßender Gewinnverwendungsbeschluss ist anfechtbar (Michalski/*Salje* § 29 Rn. 58).

41 Soweit die Rücklage **auf Grund gesellschaftsvertraglicher Regelungen** gebildet worden ist, ist die Auflösung der Rücklage im Einzelnen streitig: Zum Teil wird in der Literatur das Vorliegen einer gesellschaftsvertragsändernden Mehrheit verlangt (Michalski/*Salje* § 29 Rn. 58); teilweise wird sogar Einstimmigkeit verlangt (Scholz/*Emmerich* GmbHG, § 29 Rn. 75), teilweise wird die einfache Mehrheit für ausreichend erachtet (Lutter/Hommelhoff/*Lutter/Hommelhoff* GmbHG, § 29 Rn. 30). Da sich die Gesellschafter mit der Auflösung von Rücklage über Vorgaben des Gesellschaftsvertrages hinwegsetzen, wird man insoweit von einem sog. satzungsändernden Beschluss auszugehen haben. Dann ist es zutreffend, eine gesellschaftsvertragsändernde Mehrheit zu fordern.

e) Gewinnabführungsvertrag

42 Ist die Gesellschaft Vertragspartnerin eines wirksamen Gewinnabführungsvertrages und hiernach als abhängige Gesellschaft verpflichtet, ihren Gewinn ganz oder teilweise an den anderen Vertragspartner abzuführen (vgl. § 291 Abs. 1 S. 1 AktG), ist dieser Gewinnabführungsvertrag bereits im Rahmen der Aufstellung des Jahresabschlusses zu beachten. Die Gewinnabführungsverpflichtung ist entsprechend zu passivieren bzw. umgekehrt ist die Verlustausgleichsverpflichtung entsprechend zu aktivieren. Beim Voll-Gewinnabführungsvertrag ist für einen Gewinnverwendungsbeschluss kein Raum (Lutter/Hommelhoff/*Kleindiek* GmbHG, § 29 Rn. 10).

43 Ist die Gesellschaft Vertragspartnerin eines Gewinnabführungsvertrages und hiernach als herrschende Gesellschaft verpflichtet, den Gewinn eines anderen Unternehmens ganz oder teilweise entgegenzunehmen oder den Verlust eines anderen Unternehmens auszugleichen, ist dieser Gewinnabführungsvertrag bereits bei Aufstellung des Jahresabschlusses des herrschenden Unternehmens zu beachten. Soweit die Gesellschaft zum Verlustausgleich verpflichtet ist, ist die Höhe des Ausgleichsanspruchs nicht durch den festgestellten Jahresabschluss der beherrschten Gesellschaft begrenzt, sondern durch den zum Bilanzstichtag der beherrschten Gesellschaft zutreffend ausgewiesenen Fehlbetrag (BGH DB 2005, 937).

2. Nach IAS

44 [einstweilen frei]

V. Nichtig aufgestellter Jahresabschluss

45 Sollte sich nach Aufstellung des Jahresabschlusses ergeben, dass der Jahresabschluss nichtig ist, dürfen die Geschäftsführer nicht bis zum Eintritt der Heilung warten (vgl. § 256 Abs. 4 AktG analog). Vielmehr ist es ihre Aufgabe, ohne eine Weisung der Gesellschafter oder eines sonstigen Organs selbstständig einen rechtmäßigen Jahresabschluss aufzustellen (Lutter/Hommelhoff/*Kleindiek* GmbHG, § 42 Rn. 13). Dies gilt jedenfalls dann, solange der Mangel nicht durch Zeitablauf geheilt ist (IDW RS HFA 6 Rn. 16). Siehe auch *Weilep/Weilep* BB 2006, 147, 151.

VI. Änderung des aufgestellten Jahresabschlusses durch die Geschäftsführer

46 Die Geschäftsführer sind berechtigt, den Jahresabschluss und den Lagebericht jederzeit zu ändern, jedenfalls solange die Feststellung noch nicht durch das Feststellungsorgan beschlossen worden ist (zu Anlässen: *Küting/Weber-Baetge/Fischer/Siefke* § 316 HGB Rn. 14). Genauer gesagt

dürfte es heißen, dass die Änderungskompetenz der Geschäftsführer mit der Absendung der Einladung der Versammlung, die über die Feststellung zu beschließen hat, endet. Ab diesem Zeitpunkt geht die Änderungskompetenz auf das Gesellschaftsorgan über, das über die Feststellung des Jahresabschlusses zu beschließen hat.

Hatte der gesetzliche Abschlussprüfer im Zeitpunkt der Änderung bereits seine gesetzliche Prüfung beendet, ist gem. § 316 Abs. 3 HGB eine Nachtragsprüfung durchzuführen. Die Nachtragsprüfung ist nicht auf die geänderten Buchungen beschränkt, sondern führt dazu, dass die Unterlagen, d. h. der Jahresabschluss und der Lagebericht insgesamt neu zu prüfen sind, § 316 Abs. 1 S. 1 HGB. 47

C. Prüfung des Jahresabschlusses

I. Prüfungspflichtige Gesellschaft

Kleine Gesellschaften i. S. d. § 267 Abs. 1 HGB müssen ihren Jahresabschluss durch einen Abschlussprüfer nicht prüfen lassen, § 316 Abs. 1 S. 1 HGB. Wohl aber kann der Gesellschaftsvertrag die freiwillige Prüfung des Jahresabschlusses anordnen. 48

Dagegen besteht für mittlere und große Gesellschaften (vgl. § 267 Abs. 1 HGB) die Verpflichtung, ihren Jahresabschluss und Lagebericht prüfen zu lassen, § 316 Abs. 1 S. 1 HGB. Im Gesellschaftsvertrag kann die gesetzliche Abschlussprüfung weder erweitert noch verringert werden (Lutter / Hommelhoff / *Kleindiek* GmbHG, Anh. § 42 Rn. 25). Wohl aber kann der Gesellschaftsvertrag – als freiwillige Abschlussprüfung – einen weiteren oder engeren Prüfungsumfang bestimmen. 49

II. Rechtsfolge bei Verstoß

Wurde die Prüfung des Jahresabschlusses nicht vorgenommen, obwohl eine gesetzliche Verpflichtung bestand, kann der Jahresabschluss nicht festgestellt werden, § 316 Abs. 1 S. 2 HGB. Wird er gleichwohl festgestellt, ist der Feststellungsbeschluss analog § 256 Abs. 1 Nr. 2 AktG nichtig (Lutter / Hommelhoff / *Kleindiek* GmbHG, Anh. § 42 Rn. 30; ADS § 316 HGB Rn. 47). Der auf dieser Basis gefasste Gewinnverwendungsbeschluss ist gleichfalls nichtig (Lutter / Hommelhoff / *Kleindiek* GmbHG, Anh. § 42 Rn. 30), weshalb die Gesellschafter ihre »Gewinnansprüche« ohne Rechtsgrund erhalten haben und daher gem. § 812 Abs. 1 S. 1 BGB zur Herausgabe verpflichtet sind. 50

D. Feststellung des Jahresabschlusses

Nach § 42 a Abs. 1 S. 1 GmbHG haben die Geschäftsführer den Jahresabschluss und den Lagebericht unverzüglich nach der Aufstellung den Gesellschaftern **zum Zwecke der Feststellung vorzulegen** (§ 46 Nr. 1 GmbHG). Ist der Jahresabschluss durch einen Abschlussprüfer zu prüfen, haben die Geschäftsführer ihn zusammen mit dem Lagebericht und dem Prüfungsbericht des Abschlussprüfers vorzulegen (§ 42 a Abs. 1 S. 2 GmbHG; vgl. zur Feststellung ausführl. § 42 a GmbHG). Die Gesellschafter haben einen aus ihrer Mitgliedschaft resultierenden Anspruch auf Feststellung des Jahresabschlusses (BGHZ 139, 299, 303; *Bascopé/Hering* GmbHR 2006, 183, 185). 51

Der Anspruch der Gesellschafter auf Vorlage des Jahresabschlusses und des Lageberichts ist ein Anspruch, der der Gesellschaftergesamtheit zusteht, und kein mitgliedschaftliches Individualrecht. Daher muss der Anspruch auf Vorlage im Wege der **Leistungsklage** – ggf. im Wege der **actio pro socio** – auf Vorlage an die Gesellschafterversammlung vor den Streitgerichten der ordentlichen Gerichtsbarkeit verfolgt werden (LG München GmbHR 2005, 937, 938; vgl. auch § 42 a Rn. 11 sowie – zur actio pro socio – ausführl. Kap. 16 Rn. 269 ff.); er unterliegt nicht der Zuständigkeit der freiwilligen Gerichtsbarkeit. 52

Der Gesellschaftsvertrag kann die Feststellungskompetenz auch einem anderen Organ zuweisen (§ 45 Abs. 2 GmbHG), entweder der Geschäftsführung, dem Beirat oder dem Aufsichtsrat. Sofern 53 die Feststellung des Jahresabschlusses einem anderen Organ zugewiesen ist, sind dessen Beschlüsse in gleicher Weise anfechtbar wie der Gesellschafterbeschluss selbst (BGHZ 43, 261, 265; OLG Düsseldorf GmbHR 1983, 124, 125). Denkbar ist auch, dass sowohl die Feststellungskompetenz einem anderen Organ als auch die Verwendungskompetenz einem dritten Organ zugewiesen ist.

I. Zweck der Feststellung

54 Mit der Feststellung des Jahresabschlusses wird dieser für die Gesellschafter **verbindlich**. Die Feststellung hat damit rechtsgeschäftlichen Charakter und bindet die Gesellschafter (Michalski/*Salje* § 29 Rn. 54). Die Geschäftsführer haben den Gesellschaftern analog § 176 Abs. 1 S. 2 AktG von sich aus sämtliche für die Abschlussfeststellung erforderlichen Informationen zu geben (Lutter / Hommelhoff/*Lutter/Hommelhoff* GmbHG, § 29 Rn. 12).

55 Die Feststellung des Jahresabschlusses gehört zum Kernbereich der Mitgliedschaft des Gesellschafters. Gleichwohl kann der Gesellschaftsvertrag bestimmen, dass ein anderes Organ für die Feststellung des Jahresabschlusses zuständig ist.

II. Durch Gesellschafter

1. Fristen der Feststellung des Jahresabschlusses

56 Die Gesellschafter haben **spätestens** bis zum Ablauf der **ersten acht Monate** oder, wenn es sich bei der Gesellschaft um eine kleine Gesellschaft handelt (§ 267 Abs. 1 HGB), bis zum Ablauf der ersten elf Monate des Geschäftsjahres über die Feststellung des Jahresabschlusses zu beschließen (§ 42 a Abs. 2 S. 1 GmbHG). Diese Endtermine können durch den Gesellschaftsvertrag nicht verlängert, wohl aber verkürzt werden, was ggf. bei Einbeziehung in einen Konzernabschluss sinnvoll ist (ADS § 42 a GmbHG Rn. 42; vgl. auch § 42 a GmbHG Rn. 14).

57 Wird der Endtermin für die Feststellung des Jahresabschlusses versäumt, sind gleichwohl gefasste Feststellungsbeschlüsse allein wegen der Fristversäumnis weder rechtswidrig noch nichtig. Streitig wird die Frage diskutiert, wie zu verfahren ist, wenn der Endtermin versäumt wurde. Man wird in der Betrachtung zunächst zu unterscheiden haben, welches Organ die Fristversäumnis verursacht hat.

58 Haben die **Geschäftsführer** die Aufstellung des Jahresabschlusses **fristwidrig versäumt**, sind zum einen die allgemeinen Sanktionen der §§ 334, 335 HGB einschlägig; zum anderen können die Gesellschafter die Geschäftsführer abberufen oder ihnen die Entlastung verweigern (§ 46 Nr. 5 GmbHG) oder sie können Maßregeln der Überwachung einführen (§ 46 Nr. 6 GmbHG) oder aber die Geschäftsführer sind der Gesellschaft zum Schadensersatz verpflichtet (§ 43 Abs. 2 GmbHG).

59 Wesentlich kritischer ist die Frage zu beurteilen, wenn der bzw. die **Mehrheitsgesellschafter** die Beschlussfassung über die Feststellung des Jahresabschlusses **verzögern**. § 50 GmbHG hilft in der Sache nicht weiter, da der Mehrheitsgesellschafter gerade die Rechte aus dieser Vorschrift hintertreibt. Teilweise wird die Auffassung vertreten, den Feststellungsbeschluss als gefasst anzusehen, wenn dieser pflichtwidrig verzögert wird (*Gutbrod* GmbHR 1995, 551, 555 ff.; offen gelassen in BGH NJW 1998, 3646, 3648). Für diese Auffassung spricht zwar ihre vordergründige Einfachheit: Ihr ist aber entgegenzuhalten, dass nach dem Feststellungsbeschluss der Gewinnverwendungsbeschluss zu fassen ist und eine Fiktion der Bilanzfeststellung (wann liegt eine Pflichtwidrigkeit vor?) der Gewinnverwendung entgegensteht. Mit der herrschenden Auffassung haben die Minderheitsgesellschafter ihre Mitgesellschafter durch eine **Leistungsklage auf Beschlussfassung** über die Feststellung des Jahresabschlusses zu verklagen (Lutter / Hommelhoff / *Lutter/Hommelhoff* GmbHG, § 29 Rn. 33; Scholz / *Emmerich* GmbHG, § 29 Rn. 35). Diese wird nach § 894 ZPO vollstreckt.

2. Ordentliche Gesellschafterversammlung

Die Gesellschafterversammlung über die Feststellung des Jahresabschlusses wird regelmäßig mit der Gesellschafterversammlung über die Verwendung des Ergebnisses und die Entlastung der Geschäftsführer verbunden (sog. ordentliche Gesellschafterversammlung. Zur Beschlussfassung im sog. Umlaufverfahren: OLG Thüringen DB 2006, 271). **60**

Der Gewinnverwendungsbeschluss wird regelmäßig in der ordentlichen Gesellschafterversammlung gefasst. Grundlage der Beschlussfassung ist der von der Geschäftsführung vorgelegte Entwurf des Jahresabschlusses und des Lageberichts. **61**

Entsprechend dem Gesellschaftsvertrag haben der/die Geschäftsführer diese Unterlagen jedem Gesellschafter in angemessener Frist vor der Beschlussfassung zuzusenden. Es besteht Einigkeit, dass hierfür die Wochenfrist des § 51 Abs. 1 S. 2 GmbHG nicht ausreichend ist (Lutter/Hommelhoff/*Lutter/Hommelhoff* GmbHG, § 29 Rn. 23); je nach Komplexität des Jahresabschlusses und der Vorbefassung der Gesellschafter während der Aufstellung des Jahresabschlusses kann eine **3-Wochen-Frist** zur Übermittlung der Unterlagen geboten sein. **62**

3. Form der Beschlussfassung

Formerfordernisse bestehen für den Beschluss **nicht**. Schriftliche Beschlussfassung oder die Dokumentation in einer Niederschrift einer Gesellschafterversammlung ist jedoch empfehlenswert. Teilweise wird die Auffassung vertreten, dass die Feststellung des Jahresabschlusses **konkludent** im Ergebnisverwendungsbeschluss zu sehen sei (OLG Hamm DB 1991, 1924, 1925). Wegen des unterschiedlichen Zwecks von Feststellung und Ergebnisverwendung erscheint diese Auffassung bedenklich. **63**

4. Änderung des aufgestellten Jahresabschlusses durch Gesellschafter

Die Gesellschafter sind nicht an den von den Geschäftsführern aufgestellten Jahresabschluss gebunden. Sie können den Jahresabschluss **beliebig abändern**, sind aber im Rahmen der Änderung an das Gesetz, den Gesellschaftsvertrag sowie an die Grundsätze ordnungsmäßiger Buchführung wie die Geschäftsführer selbst gebunden (BGH GmbHR 1974, 109, 110). Ein wesentlicher Fall der Änderung durch die Gesellschafter sind sog. **wertaufhellende Tatsachen**, die am Bilanzstichtag vorlagen, aber erst bekannt wurden, als der Jahresabschluss den Gesellschaftern vorgelegt wurde. Spätere wertaufhellende Erkenntnisse machen den Jahresabschluss nicht fehlerhaft (IDW RS HFA 6 Rn. 15). **64**

Jedenfalls bei Gesellschaften, die kraft Gesetzes zur Prüfung ihres Jahresabschlusses und Lageberichts verpflichtet sind, sollten sich die Gesellschafter frühzeitig ihre Änderungen überlegen und der Geschäftsführung mitteilen bzw. diese anweisen, da sie andernfalls das Risiko einer Nachtragsprüfung tragen, § 316 Abs. 3 S. 1 HGB. **65**

5. Mangelhafter Feststellungsbeschluss

Der Feststellungsbeschluss kann sowohl nichtig als auch anfechtbar sein. Er ist in analoger Anwendung des § 256 AktG nichtig, wenn er durch seinen Inhalt Vorschriften verletzt, die im öffentlichen Interesse oder zum Schutz der Gesellschaftsgläubiger gegeben sind. Der Feststellungsbeschluss ist beispielsweise **nichtig**, wenn einer der Gründe des § 241 AktG analog vorliegt, oder wenn ein Einladungsmangel vorliegt, der faktisch einer Nichteinladung gleichkommt (BGH ZIP 2006, 707, 708 Tz. 13) oder wenn der Jahresabschluss nichtig aufgestellt worden ist, etwa wenn Aktiva in unzulässiger Weise angesetzt oder überbewertet werden (BGHZ 83, 341, 347; OLG Dresden DB 2006, 1606, 1607) oder wenn Rückstellungen oder Verbindlichkeiten nicht passiviert werden (OLG Dresden DB 2006, 1606, 1607; OLG Hamm DB 1991, 1924, 1925) und dies in ihrem Umfang nicht bedeutungslos ist, oder wenn der Jahresabschluss einer kraft Gesetzes prüfungspflichtigen Gesellschaft nicht geprüft worden ist, § 316 Abs. 1 S. 2 HGB i. V. m. § 256 Abs. 1 Nr. 2 AktG analog. Im Regelfall führt aber die Mangelhaftigkeit nur zur Anfechtbarkeit des Fest- **66** stellungsbeschlusses. Der Feststellungsbeschluss ist z. B. **anfechtbar**, wenn gesetzeswidrig stille Reserven oder offene Rücklagen gesellschaftsvertragswidrig gebildet werden (Lutter / Hommelhoff/*Lutter/Hommelhoff* GmbHG, § 29 Rn. 20).

67 Solange der Feststellungsbeschluss nicht angefochten wurde, ist er rechtmäßig und bildet die Rechtsgrundlage des Gewinnverwendungsbeschlusses. Mit Rechtskraft des Anfechtungsurteils wird der Feststellungsbeschluss rückwirkend beseitigt. Dadurch wird dem Gewinnverwendungsbeschluss analog § 243 AktG die Rechtsgrundlage entzogen. Die Gesellschaft ist hiernach verpflichtet, die Herausgabe von ohne Rechtsgrund ausgeschütteten Gewinnen vom Gesellschafter zu verlangen (§ 812 Abs. 1 S. 1 BGB), es sei denn, es liegt ein Fall des § 32 GmbHG vor.

6. Bestätigung des Feststellungsbeschlusses durch Gesellschafter

68 Einer Bestätigung durch Beschluss der Gesellschafter zugänglich ist ein Erst-Feststellungsbeschluss, der an einem die Art und Weise seines Zustandekommens betreffenden, heilbaren Verfahrensfehler leidet (§ 244 S. 1 AktG analog). Ein derartiger Verfahrensfehler liegt u. a. vor, wenn das Abstimmungsergebnis hinsichtlich des Erst-Feststellungsbeschlusses z. B. infolge von Zählfehlern, Mitzählen von unter Verletzung eines Stimmverbotes abgegebenen Stimmen fehlerhaft festgestellt worden ist. Ein wirksamer Bestätigungsbeschluss beseitigt nicht nur die Anfechtbarkeit des Erst-Feststellungsbeschlusses, sondern entzieht auch einer im Erstprozess mit der Anfechtung des Erstbeschlusses verbundenen, noch rechtshängigen Beschlussfeststellungsklage den Boden (BGH AG 2006, 158).

7. Änderung des Feststellungsbeschlusses durch Gesellschafter

69 Bei der Änderung eines festgestellten Jahresabschlusses ist zu unterscheiden, ob der Jahresabschluss fehlerfrei aufgestellt war, ob er fehlerhaft oder ob er nichtig war.

70 War der Jahresabschluss **fehlerfrei aufgestellt** worden, kann die Aufstellung nur geändert werden, wenn für die geänderte Aufstellung ein wichtiger Grund vorliegt (Lutter / Hommelhoff/ *Kleindiek* GmbHG, § 42 Rn. 50). Soweit der Jahresabschluss bereits festgestellt wurde, kann vom Feststellungsorgan ein entsprechend geänderter Feststellungsbeschluss gefasst werden. Wurde bereits der Gewinnverwendungsbeschluss gefasst und führte die Änderung zu einer Reduzierung der Gewinnansprüche, bewirkt die Änderung des Feststellungsbeschlusses einen Eingriff in die Rechte der einzelnen Gesellschafter, weshalb die Änderung des Feststellungsbeschlusses neben der einfachen Mehrheit zugleich auch der Zustimmung aller betroffenen Gesellschafter bedarf (Lutter / Hommelhoff / *Kleindiek* GmbHG, § 42 Rn. 50).

71 War der Jahresabschluss **fehlerhaft aufgestellt**, kann die Aufstellung jederzeit berichtigt werden. Im Übrigen gilt dasselbe wie für die Änderung des fehlerfrei aufgestellten Jahresabschlusses.

72 Wurde der Jahresabschluss **nichtig** aufgestellt, ist die Geschäftsführung verpflichtet, den Jahresabschluss neu aufzustellen. Der auf Grund eines nichtig augestellten Jahresabschlusses gefasste Feststellungsbeschluss ist seinerseits nichtig, weshalb das Feststellungsorgan seinerseits zur Neufassung verpflichtet ist.

III. Durch Nicht-Gesellschafter

1. Durch ein Organ

73 Der Gesellschaftsvertrag kann die Beschlusskompetenz auch einem anderen Organ zuweisen, z. B. der Geschäftsführung, dem Beirat, einem Gesellschafter oder dem Gesellschafterausschuss, vgl. § 45 GmbHG. Dabei ist jedoch darauf zu achten, dass es sich um ein **Organ der Gesellschaft** handelt. Denn die Gewinnfeststellung ist Grundlage des Ergebnisverwendungsbeschlusses, weshalb mit dem Feststellungsbeschluss in den Kernbereich der Mitgliedschaft eingegriffen wird. Eine Übertragung auf ein außenstehendes Gremium, das nicht Organ der Gesellschaft ist, kommt daher nicht in Betracht (Michalski / *Salje* § 29 Rn. 69). Ein Organ liegt vor, wenn das

Gremium in die Organisation der Gesellschaft eingebaut ist, in gesellschaftlichen Angelegenheiten entscheiden soll und ihre Begründung im Handelsregister eingetragen wurde (BGHZ 43, 261, 263 f.).

Die Frage, ob das Gremium Organ der Gesellschaft ist, wird nicht danach beurteilt, wer Mitglied des Gremiums ist, da auch ein Organ vollständig mit Außenstehenden (Nicht-Geschäftsführern und Nicht-Gesellschaftern) besetzt sein kann. Die Organeigenschaft hängt davon ab, ob dem Gremium die Kompetenz durch den Gesellschaftsvertrag eingeräumt wurde (Lutter / Hommelhoff/ *Lutter/Hommelhoff* GmbHG, § 47 Rn. 1). Denn nur durch diese formale Betrachtung ist gewährleistet, dass das Organ den gesellschaftsrechtlichen Rechten und Pflichten unterliegt und insbesondere die Interessen der Gesellschaft und der Gesellschafter gewahrt werden. 74

2. Weisungsbefugnis der Gesellschafter

Von der Ausgestaltung der Organrechte im Gesellschaftsvertrag hängt ab, ob die Gesellschafter berechtigt sind, dem Organ Weisungen zu erteilen oder die Beschlusskompetenz an sich zu ziehen. Sind diese Rechte nicht geregelt, bleibt für die Gesellschafter nur die Abschaffung des Organs, um ihre Rechte zu wahren. Dies setzt allerdings eine gesellschaftsvertragsändernde Mehrheit voraus. 75

Im Übrigen gelten für die Feststellung des Jahresabschlusses durch ein anderes Organ die Ausführungen der Beschlussfassung durch die Gesellschafter selbst entsprechend (vgl. dazu Rn. 56 ff.). 76

E. Unterzeichnung des Jahresabschlusses durch die Geschäftsführer

Als Konsequenz aus der Aufstellungsverpflichtung des Jahresabschlusses durch die Geschäftsführer sind alle Geschäftsführer, auch die Stellvertreter (§ 44 GmbHG) und die faktischen (vgl. zum faktischen Geschäftsführer § 6 GmbHG Rn. 8), verpflichtet, den Jahresabschluss zu unterzeichnen (§§ 264 Abs. 1 S. 1, 245 HGB). Grundlage des zu unterzeichnenden Exemplars ist nicht der aufgestellte, sondern der festgestellte Jahresabschluss (BGH BB 1985, 567; Lutter / Hommelhoff/*Kleindiek* GmbHG, § 42 Rn. 14). Die Gesellschafter sind berechtigt, die Geschäftsführer anzuweisen, den von den Gesellschaftern festgestellten Jahresabschluss zu unterzeichnen. 77

Die Unterzeichnungspflicht ist eine öffentlich-rechtliche Verpflichtung und kann durch den Gesellschaftsvertrag **nicht abbedungen** werden. Ihr Verstoß ist bußgeldbewehrt (§ 334 Abs. 1 Nr. 1 a HGB). 78

F. Zweck des festgestellten Jahresabschlusses

Der festgestellte Jahresabschluss hat unterschiedliche Funktionen, je nachdem, wem er vorgelegt wird. 79

I. Für die Geschäftsführer

Für die Geschäftsführer ist der Jahresabschluss zunächst ein **zahlenmäßiger Rechenschaftsbericht** ihrer Tätigkeit. Auf der Basis dieses Rechenschaftsberichts begehren die Geschäftsführer i. d. R. ihre **Entlastung**. Daher sollte der Jahresabschluss ehrlich sein, d. h. ein wahres Bild über die wirtschaftlichen und tatsächlichen Verhältnisse der Gesellschaft zum Bilanzstichtag abliefern. In diesem Zusammenhang haben die Geschäftsführer ein gebundenes Ermessen, ob und wie sie wen über die Gesellschaft und deren wirtschaftliche Verhältnisse neben den gesetzlichen Bestimmungen informieren. Insbesondere in wirtschaftlich kritischen Zeiten einer Gesellschaft kann es gegenüber den Gesellschaftern geboten sein, freiwillig einen Lagebericht zu erstellen, um über die wirtschaftlichen Verhältnisse der Gesellschaft umfassend zu informieren. Hierauf können insbesondere die Geschäftsführer bestehen, denen als einfaches Mitglied der Geschäftsführung die Befugnis zur Teilnahme an den Gesellschafterversammlungen genommen ist. 80

II. Für die Gesellschafter

81 Der Jahresabschluss stellt für die Gesellschafter eine wichtige Informationsquelle dar (sog. **interne Publizität**). Sie können wesentliche Informationen über die Gesellschaft unmittelbar aus der Bilanz entnehmen:

82 Üblicherweise ist das Jahresergebnis in der Bilanz als Summe des Passivpostens A V (Jahresüberschuss / Jahresfehlbetrag) und A IV (Gewinnvortrag / Verlustvortrag) ausgewiesen. Sollte jedoch die Bilanz unter dem Posten A IV eine Position »Bilanzgewinn« oder »Bilanzverlust« aufweisen, ist für die Gesellschafter zu entnehmen, dass bereits bei der Bilanzaufstellung die Geschäftsführer einen gewissen Teil des Ergebnisses verwandt haben und insoweit die Verwendungsentscheidung der Gesellschafter eingeschränkt wurde.

83 Die Gesellschafter können entscheiden, dass ihnen weitere Informationen zur Verfügung gestellt werden. Insbesondere können die Gesellschafter beschließen, dass die Geschäftsführer angewiesen werden, den Jahresabschluss freiwillig prüfen zu lassen, obwohl die gesetzlichen Vorschriften nicht erfüllt sind.

84 Für die Gesellschafter hat der festgestellte Jahresabschluss vor allem Bedeutung im Hinblick auf den Gewinnverwendungsbeschluss.

III. Für den Beirat

85 Soweit bei der Gesellschaft ein Beirat oder ein sonstiges Organ eingerichtet ist, bestimmt in der Regel der Gesellschaftsvertrag die Rechte und die Pflichten dieses Organs. Nach diesseitiger Auffassung haben die Mitglieder des Beirates Anspruch auf Übergabe des festgestellten Jahresabschlusses, da sie andernfalls ihrer gesellschaftsvertraglichen Aufgabe nicht gerecht werden können. Der Anspruch richtet sich gegen die Gesellschafter, wenn Aufgabe des Beirates die Beratung der Gesellschafter ist. Im Übrigen richtet sich der Anspruch gegen die Geschäftsführer, wenn der Beirat die Geschäftsführer zu beraten und/oder zu überwachen hat.

IV. Für das Handelsregister

86 Nach § 325 ff. HGB ist die Gesellschaft verpflichtet, ihre Rechnungslegung gegenüber der Allgemeinheit zu veröffentlichen, d. h. zum Handelsregister einzureichen und im Bundesanzeiger bekanntzumachen, sog. **externe Publizität** (vgl. Lutter/Hommelhoff/*Kleindiek* GmbHG, Anh. § 42 a Rn. 1). Dies gilt unabhängig davon, ob es sich um eine kleine oder große Gesellschaft handelt. Allerdings gibt es eine Vielzahl von Befreiungsvorschriften, insbesondere § 325 Abs. 2 a, 2 b HGB.

87 Die Unterlagen, die nach Maßgabe der §§ 325 Abs. 1 S. 1, 326 f. HGB zu veröffentlichen sind, haben die Geschäftsführer als Organ einzureichen.

88 Nach § 325 Abs. 1 S. 1 HGB haben die Geschäftsführer den Jahresabschluss **unverzüglich** nach seiner Vorlage an die Gesellschafter, spätestens jedoch vor Ablauf von zwölf Monaten des dem Abschlussstichtag nachfolgenden Geschäftsjahres, einzureichen. Auf die Feststellung des Jahresabschlusses durch die Gesellschafter kommt es damit nicht an. In der GmbH haben die Geschäftsführer damit praktisch mit der Vorlage an die Gesellschafter den Jahresabschluss zum Handelsregister einzureichen. Falls die Gesellschafter abweichend vom Vorschlag der Geschäftsführer den Jahresabschluss feststellen, ist nach § 325 Abs. 1 S. 3 Hs. 2 HGB diese Änderung nachträglich einzureichen.

89 **Gegenstand der Einreichung** ist bei **kleinen Gesellschaften** (§ 267 Abs. 1 HGB) nur die Bilanz und der Anhang, § 326 S. 1 HGB. Nicht eingereicht zu werden brauchen: die GuV, ein freiwillig aufgestellter Lagebericht, bei einer freiwillig geprüften Gesellschaft der Bestätigungsvermerk und der Prüfungsbericht, in Gesellschaften mit Aufsichtsrat/Beirat dessen Prüfungsbericht. Der Anhang darf vor seiner Einreichung um jene Angaben bereinigt werden, die die GuV betreffen, § 326 S. 2 HGB. Die Entscheidung darüber, ob neben den Pflichtangaben weitere Angaben

zum Handelsregister eingereicht werden sollen, treffen die Gesellschafter in der Regel mit einfacher Mehrheit. Die Geschäftsführer haben nach der Einreichung im Bundesanzeiger bekanntzumachen, bei welchem Handelsregister und unter welcher Nummer die Unterlagen eingereicht worden sind, § 325 Abs. 1 S. 2 HGB.

Gegenstand der Einreichung bei einer **mittelgroßen Gesellschaft** (§ 267 HGB) ist der Jahresabschluss (Bilanz, GuV und Anhang) sowie der Lagebericht zusammen mit dem Bestätigungsvermerk oder dem Vermerk über seine Versagung; außerdem ist der Vorschlag über die Ergebnisverwendung einzureichen, sofern er sich nicht aus dem eingereichten Jahresabschluss ergibt. Hat die Gesellschaft einen Aufsichtsrat / Beirat, ist dessen Prüfungsbericht beizufügen, § 325 Abs. 1 S. 1 HGB. Für den Inhalt des einzureichenden Jahresabschlusses sieht § 327 HGB Erleichterungen des Inhalts vor, dass die Bilanz in einer abgekürzten Form einzureichen ist, sofern zusätzliche Angaben gemacht werden, § 327 Nr. 1 HGB. Auch bei einzureichendem Anhang können Angaben fortgelassen werden, § 327 Nr. 2 HGB. Die Geschäftsführer haben nach der Einreichung im Bundesanzeiger bekanntzumachen, bei welchem Handelsregister und unter welcher Nummer die Unterlagen eingereicht worden sind, § 325 Abs. 1 S. 2 HGB. 90

Bei **großen Gesellschaften** (§ 267 Abs. 3 HGB) sind zunächst die Unterlagen im Bundesanzeiger bekanntzumachen und die Bekanntmachung unter Beifügung der Unterlagen einer mittelgroßen Gesellschaft zum Handelsregister einzureichen. Es gelten für große Gesellschaften keinerlei Erleichterungen, weshalb bei ihnen die externe Publizität der internen entspricht. 91

Ein **vorsätzlicher Verstoß** gegen die Offenlegung (Form und Inhalt der Offenlegung) erfüllt den Tatbestand einer Ordnungswidrigkeit (§ 334 Abs. 1 Nr. 5 HGB) und kann mit einer Geldbuße von bis zu € 25.000,– geahndet werden. 92

V. Für Kreditinstitute

Ein Kreditinstitut darf einen Kredit von mehr als € 250.000,– nur gewähren, wenn es sich von dem Kreditnehmer während der gesamten Dauer des Kreditengagements (Rundschreiben 9/98 des BAKred vom 7.7.1998 – I 3 – 237 – 2/94 unter III.1.) die wirtschaftlichen Verhältnisse, insbesondere durch Vorlage der Einzel-Jahresabschlüsse offen legen lässt, § 18 S. 1 KWG. Unter bestimmten Voraussetzungen kann von einer Offenlegung nach § 18 S. 2 bis 4 KWG Abstand genommen werden. 93

Vorlegungspflichtig ist der **Jahresabschluss**, d. h. die von sämtlichen Geschäftsführern unterzeichnete Bilanz nebst Anlagen (GuV, Anhang, Lagebericht, Testat des Wirtschaftsprüfers oder Versagung) sowie der **Feststellungsbeschluss**, und zwar nicht nur des zeitlich letzten Bilanzstichtages, sondern möglichst auch der letzten drei Jahre (Rundschreiben 9/98 des BAKred vom 7.7.1998 – I 3 – 237 – 2/94 unter III.1.a). Ohne Feststellungsbeschluss und Unterzeichnung durch die Geschäftsführer kann das Kreditinstitut die Wirksamkeit nicht prüfen (*Reischauer/ Kleinhaus* § 18 KWG Rn. 15 c begnügen sich mit dem unterschriebenen Jahresabschluss). Werden die Unterlagen nicht vollständig übergeben, hat das Kreditinstitut Ersatzunterlagen einzuholen. Unterlassen das Kreditinstitut oder die für die Einhaltung der Vorschriften verantwortlichen Personen die Einholung der Ersatzunterlagen, liegt ein Verstoß gegen § 18 S. 1 KWG vor, weshalb die BaFin als zuständige Behörde gegen das Kreditinstitut oder die Personen ein Verfahren wegen einer Ordnungswidrigkeit einleiten (§ 56 Abs. 3 Nr. 4 KWG) und ein Bußgeld von bis zu € 150.000,– festsetzen kann (§ 56 Abs. 4 KWG). Über die Festsetzung des Bußgeldes hinaus ist die BaFin auch berechtigt, gegenüber dem Kreditinstitut und dessen Geschäftsleitern Anordnungen zu treffen, wenn gravierende Verstöße vorliegen, die die Sicherheit der dem Kreditinstitut anvertrauten Vermögenswerte gefährden oder die ordnungsgemäße Durchführung der Bankgeschäfte beeinträchtigen. Ändern die Geschäftsleiter trotz Vorwarnung ihr Verhalten nicht, kann die BaFin die Abberufung von Geschäftsleitern verlangen und ihnen die Ausübung ihrer Tätigkeit untersagen, § 36 Abs. 1 und 3 KWG. 94

95 In der Regel verweisen Darlehensverträge der Gesellschaft mit Kreditinstituten auf die Berichtspflichten nach § 18 KWG und verpflichten damit die Gesellschaft, jährlich die festgestellten Jahresabschlüsse dem Kreditinstitut zur Prüfung seiner Bonität vorzulegen.

VI. Für das Finanzamt

96 Der durch die Gesellschafter festgestellte Jahresabschluss ist **Grundlage der steuerlichen Gewinnermittlung** (§ 5 Abs. 1 S. 1 EStG i. V. m. § 8 Abs. 1 S. 1 KStG), sog. Steuerbilanz.

G. Gewinnverwendungsbeschluss

97 In §§ 42 a Abs. 2 S. 1, 46 Nr. 1 GmbHG wird zwischen dem Feststellungsbeschluss und dem Gewinnverwendungsbeschluss unterschieden. Die h. M. leitet hieraus ab, dass der Gewinnanspruch der Gesellschafter erst entsteht, wenn neben dem Feststellungsbeschluss (BGH WM 1998, 450) ein **Gewinnverwendungsbeschluss** gefasst wurde, der die Verteilung der Beträge unter der Gesellschaft und den Gesellschaftern regelt (BGHZ 137, 378, 381; 65, 230, 234; OLG Hamm GmbHR 1989, 126 für kaduzierte Geschäftsanteile; BayObLG GmbHR 1988, 102, 103). Dies ist jedoch keinesfalls zwingend, § 45 Abs. 1 GmbHG. Die Gesellschafter können im Gesellschaftsvertrag auf den Gewinnverwendungsbeschluss verzichten (BayObLG GmbHR 1998, 102, 103), so dass über die Gewinnverwendung mit der Feststellung zu entscheiden ist (Scholz/*Emmerich* GmbHG, § 29 Rn. 58; Lutter/Hommelhoff/*Lutter/Hommelhoff* GmbHG, § 29 Rn. 22).

98 Sofern der Gesellschaftsvertrag ein **Vollausschüttungsgebot** vorsieht, ist ebenfalls ein Gewinnverwendungsbeschluss erforderlich, obwohl dieser wirtschaftlich nur formale Bedeutung hat (RGZ 87, 383, 386). Dies gilt ebenfalls für kaduzierte Gesellschafter (BGH NJW 1989, 3646 f.; a. A. OLG Hamm GmbHR 1989, 126).

99 In der Praxis werden der Feststellungsbeschluss und der Gewinnverwendungsbeschluss in der sog. ordentlichen Gesellschafterversammlung zusammengefasst, jedenfalls wenn dieselben Organe zuständig sind (s. auch oben Rn. 60 ff.).

100 Anders als §§ 170 Abs. 2, 175 Abs. 2 S. 1 AktG gibt § 42 a GmbHG nach seinem Wortlaut den Geschäftsführern **keine Vorschlagspflicht** für die Ergebnisverwendung (*Gutbrod* GmbHR 1995, 551, 552; vgl. auch § 42 a GmbHG Rn. 10). Die h. M. (ADS § 42 a GmbHG Rn. 15) bejaht eine Verpflichtung der Geschäftsführer, einen Gewinnverwendungsvorschlag zu unterbreiten zu Recht nur, wenn der Gesellschaftsvertrag eine entsprechende Regelung vorsieht oder die Gesellschafter eine entsprechende Weisung erteilt haben.

I. Durch die Gesellschafter

101 Nach §§ 46 Nr. 1, 29 Abs. 2 GmbHG entscheiden über die Gewinnverwendung grundsätzlich die Gesellschafter mit **einfacher Mehrheit**.

102 Stimmberechtigt sind alle Gesellschafter, auch die Gesellschafter-Geschäftsführer, die den Jahresabschluss aufgestellt und/oder den Jahresabschluss festgestellt haben. Auch die Gesellschafter, die vom Gewinnbezug ausgeschlossen sind oder einen festen Gewinnanspruch haben, sind stimmberechtigt. Der Erwerber eines Geschäftsanteils ist dann stimmberechtigt, wenn er den Übergang des Geschäftsanteils der Gesellschaft angezeigt hat, § 16 GmbHG.

1. Fristen des Verwendungsbeschlusses

103 Die Gesellschafter haben spätestens bis zum Ablauf der ersten **acht Monate** oder, wenn es sich bei der Gesellschaft um eine kleine Gesellschaft handelt (§ 267 Abs. 1 HGB), bis zum Ablauf der ersten elf Monate des Geschäftsjahres über die Verwendung des Jahresergebnisses zu beschließen (§ 42 a Abs. 2 S. 1 GmbHG). Diese Endtermine können durch den Gesellschaftsvertrag nicht verlängert (§ 42 a Abs. 2 S. 2 GmbHG), wohl aber verkürzt werden (ADS § 42 a GmbHG Rn. 42; vgl. auch § 42 a GmbHG Rn. 14).

Wird der Endtermin für die Feststellung des Jahresabschlusses versäumt, sind gleichwohl gefasste Gewinnverwendungsbeschlüsse allein wegen der Fristversäumnis weder rechtswidrig noch nichtig. Streitig wird die Frage diskutiert, wie zu verfahren ist, wenn der **Endtermin versäumt** wurde. 104

Haben die **Geschäftsführer** die Aufstellung des Jahresabschlusses **fristwidrig versäumt**, sind zum einen die allgemeinen Sanktionen der §§ 334, 335 HGB einschlägig, und zum anderen können die Gesellschafter die Geschäftsführer abberufen oder ihnen die Entlastung verweigern (§ 46 Nr. 5 GmbHG) oder sie können Maßregeln der Überwachung einführen (§ 46 Nr. 6 GmbHG) oder aber die Geschäftsführer sind der Gesellschaft zum Schadensersatz verpflichtet (§ 43 Abs. 2 GmbHG; s. auch oben Rn. 58 zur parallelen Sachlage bei der Feststellung des Jahresabschlusses). 105

Wesentlich kritischer ist die Frage zu beurteilen, wenn der/die **Mehrheitsgesellschafter** die Beschlussfassung über die Verwendung des Jahresergebnisses **verzögern**. § 50 GmbHG hilft in der Sache nicht weiter, da der Mehrheitsgesellschafter gerade die Rechte aus dieser Vorschrift hintertreibt. Teilweise wird die Auffassung vertreten, den Gewinnverwendungsbeschluss als gefasst anzusehen, wenn dieser pflichtwidrig verzögert wird, aber der Jahresabschluss festgestellt ist (vgl. *Gutbrod* GmbHR 1995, 551, 555 ff.; offen gelassen in BGH NJW 1998, 3646, 3648). Mit der herrschenden Auffassung haben die Minderheitsgesellschafter ihre Mitgesellschafter durch eine **Leistungsklage** auf Beschlussfassung über die Feststellung des Jahresabschlusses zu verklagen (Lutter/Hommelhoff/*Lutter/Hommelhoff* GmbHG, § 29 Rn. 33; Scholz/*Emmerich* GmbHG, § 29 Rn. 64; s. auch oben Rn. 59 zur parallelen Sachlage bei der Feststellung des Jahresabschlusses). Diese wird nach § 888 ZPO vollstreckt. 106

2. Ordentliche Gesellschafterversammlung

Der Gewinnverwendungsbeschluss wird regelmäßig in der ordentlichen Gesellschafterversammlung gefasst. Grundlage der Beschlussfassung ist regelmäßig der Jahresabschluss und der Lagebericht. 107

Entsprechend dem Gesellschaftsvertrag haben der/die Geschäftsführer diese Unterlagen jedem Gesellschafter in angemessener Frist vor der Beschlussfassung **zuzusenden**. Es besteht Einigkeit, dass hierfür die Wochenfrist des § 51 Abs. 1 S. 2 GmbHG nicht ausreichend ist (Lutter/Hommelhoff/*Lutter/Hommelhoff* GmbHG, § 29 Rn. 23); je nach Komplexität des Jahresabschlusses und der Vorbefassung der Gesellschafter während der Aufstellung des Jahresabschlusses kann eine **3-Wochen-Frist** zur Übermittlung der Unterlagen geboten sein. 108

Analog § 176 Abs. 1 S. 2 AktG sind die Geschäftsführer verpflichtet, in der Gesellschafterversammlung – auf Wunsch – die Gesellschafter bei der Ergebnisverwendung zu **beraten** oder ihre Überlegungen zur Ergebnisverwendung durch die Gesellschafter vorzutragen. 109

3. Form des Beschlusses

Formerfordernisse bestehen für den Beschluss nicht. Schriftliche Beschlussfassung oder die Dokumentation in einer Niederschrift einer Gesellschafterversammlung ist jedoch empfehlenswert. 110

4. Inhalt der Beschlussfassung, Abs. 2

Die Gesellschafter sind **grundsätzlich frei**, über die Verwendung des Ergebnisses zu beschließen. Innerhalb der gesellschaftsvertraglichen Vorgaben können sie den Gewinn an die Gesellschafter ausschütten, Beträge in die Gewinnrücklage einstellen und/oder den Gewinn auf neue Rechnung vortragen, § 29 Abs. 2 GmbHG. Der BGH (ZIP 2004, 1551, 1552) ist im Falle der Anteilsveräußerung der Auffassung, dass das nach § 29 Abs. 2 GmbHG bestehende Ermessen eingeschränkt ist, wenn im Anteils-Kaufvertrag eine diesbezügliche Regelung enthalten ist. Diese Auffassung ist nicht zwingend geboten, dies dürfte eine Frage des Schadensersatzes sein. 111

112 Abs. 2 gilt nicht nur in den Fällen, in denen bei der Aufstellung des Jahresabschlusses keine Ergebnisverwendung getätigt wurde (Abs. 1 S. 1), sondern nach überwiegender Auffassung auch dann, wenn bei der Aufstellung bereits ein Teil des Ergebnisses verwandt wurde, Abs. 1 S. 2 (Michalski/*Salje* § 29 Rn. 71). Der BGH (ZIP 2004, 1551, 1552) ist im Falle der Anteilsveräußerung der Auffassung, dass das nach § 19 Abs. 2 GmbHG bestehende Ermessen eingeschränkt ist, wenn im Anteils-Kaufvertrag eine diesbezügliche Regelung enthalten ist. Diese Auffassung ist nicht zwingend geboten; dies dürfte eine Frage des Schadensersatzes sein.

a) Bildung von Rücklagen

113 Die Gesellschafter können beschließen, den Jahresüberschuss oder den Bilanzgewinn oder einen Teil davon in die **Gewinnrücklage** (§ 272 Abs. 3 HGB) einzustellen. Damit wird dieser Teil des Ergebnisses von der Ausschüttung an die Gesellschafter ausgeschlossen.

b) Auflösung von Rücklagen

114 Rücklagen können wieder aufgelöst werden. Dies gilt jedoch nicht, soweit es sich um die Kapitalrücklage (§ 272 Abs. 2 HGB) oder um die Rücklage für eigene Anteile handelt, § 272 Abs. 4 HGB (Scholz/*Emmerich* GmbHG, § 29 Rn. 75). Die aufgelösten Rücklagen fließen als außerordentliche Erträge in den Jahresüberschuss des folgenden Geschäftsjahres ein (§ 277 Abs. 4 HGB). Bei der Auflösung von Rücklagen handelt es sich nach diesseitiger Auffassung um einen Beschluss zur Ergebnisverwendung (Scholz/*Emmerich* GmbHG, § 29 Rn. 74, Lutter/Hommelhoff/*Lutter/Hommelhoff* GmbHG, § 29 Rn. 30), und nicht um einen Beschluss der Feststellung des Jahresabschlusses (so aber Baumbach/Hueck/*Schulze-Osterloh* § 42 Rn. 172), weshalb das Feststellungsorgan für diesen Beschlussgegenstand zuständig ist.

c) Gewinnvortrag

115 Nach § 29 Abs. 1 S. 1 GmbHG ist der Jahresüberschuss zunächst um Gewinnvorträge zu korrigieren. Die Gesellschafter können im Rahmen der Gewinnverwendung (BGH GmbHR 1976, 158, 159; Scholz/*Emmerich* GmbHG, § 29 Rn. 43) beschließen, den Jahresüberschuss oder den Bilanzgewinn oder einen Teil von ihnen als Gewinn vorzutragen. Das Ergebnis des nächsten Geschäftsjahres wird erhöht. Wirtschaftlich betrachtet handelt es sich bei dem Gewinnvortrag also um einen zeitlichen Aufschub des Beschlusses über die Ergebnisverwendung bis zum nächsten Ergebnisverwendungsbeschluss, weshalb Gewinnvorträge als vorübergehende Rücklagen bezeichnet werden (RGZ 167, 65, 69; OLG Düsseldorf NJW 1963, 2080, 2081; BFHE 122, 43, 48). Damit wird dieser Teil des Ergebnisses von der Ausschüttung an die Gesellschafter ausgeschlossen.

d) Verlustvortrag

116 Nach Abs. 1 S. 1 ist der Jahresüberschuss ferner um Verlustvorträge zu korrigieren. Während Gewinnvorträge das verwendungsfähige Ergebnis erhöhen, wird dieses durch Verlustvorträge entsprechend gemindert. Soweit durch den Verlustvortrag das Stammkapital angegriffen wird, ist dies nach §§ 30, 31 GmbHG unzulässig. Soweit durch den Verlustvortrag das Stammkapital zur Hälfte aufgebraucht ist, ist die Geschäftsführung verpflichtet, eine Gesellschafterversammlung einzuberufen, § 49 Abs. 3 GmbHG.

e) Gewinnausschüttung und Gewinnanspruch

117 Die Gesellschafter können beschließen, den Jahresüberschuss oder den Bilanzgewinn oder einen Teil von ihnen an die Gesellschafter auszuschütten. Gesellschafter in diesem Sinne ist der nach § 16 GmbHG bestimmte Gesellschafter.

118 Soweit die Gewinnausschüttung beschlossen wurde, entsteht ein **sofort fälliger Anspruch** der Gesellschafter gegen die Gesellschaft auf Auszahlung des Gesellschafteranteils (BayObLG NJW 1988, 426, 427; Michalski/*Salje*, § 29 Rn. 74; Scholz/*Emmerich* GmbHG, § 29 Rn. 84; a. A. Lut-

ter / Hommelhoff/*Lutter/Hommelhoff* GmbHG, § 29 Rn. 41, wonach der Gewinnanspruch bereits mit der Feststellung des Jahresabschlusses entsteht).

Mit der Beschlussfassung wandelt sich das Gewinnbezugsrecht des Gesellschafters endgültig in eine von der Mitgliedschaft **losgelöste Forderung** um (BGHZ 137, 378, 381; 65, 230, 234; 23, 150, 154; BayObLG GmbHR 1988, 102; 103), ohne dass es einer besonderen Mitteilung – etwa an nicht anwesende Gesellschafter – bedarf. Folglich ist die Forderung der Gesellschafter erst mit dem Ergebnisverwendungsbeschluss als Aufwand in der Gesellschaft zu erfassen; umgekehrt kann die Forderung grundsätzlich auch erst mit dem Ergebnisverwendungsbeschluss in der Buchhaltung des Gesellschafters aktiviert werden (vgl. BGH NJW 1998, 3646, 3647; BFHE 138, 257, 258). Ausnahmsweise ist der Gewinnanspruch des Gesellschafters in seinem Jahresabschluss bereits vor Gewinnfeststellung der GmbH in den Fällen der sog. **phasengleichen Vereinnahmung** zu aktivieren, wenn er allein oder auf Grund der Konzernvermutung der §§ 17 Abs. 2, 18 Abs. 1 S. 3 AktG an der GmbH beteiligt ist, da sich in diesen Fällen der Gewinnanspruch bereits zum Stichtag der Bilanz der abhängigen Gesellschaft so konkretisiert hat, dass der Gewinnanspruch als zu seinem Vermögen zugehörig angesehen werden kann (BGHZ 137, 378, 382 f. gegen BGHZ 65, 230, 234 ff.). 119

Die sofortige Fälligkeit des Auszahlungsanspruchs ist jedenfalls dann unbedenklich, wenn die Gesellschafter auf die Anfechtung des Ergebnisverwendungsbeschlusses verzichtet haben. Besteht allerdings für die Geschäftsführer das Risiko, dass ein oder mehrere Gesellschafter den Ergebnisverwendungsbeschluss anfechten, haben sie nach diesseitiger Auffassung ein i. d. R. auszuübendes **Leistungsverweigerungsrecht** bis zur Rechtskraft des Anfechtungsurteils oder bis zum Ablauf der Anfechtungsfrist. 120

Der Gesellschaftsvertrag kann eine andere Fälligkeit des Auszahlungsanspruchs festlegen oder aber den Geschäftsführern das Recht einräumen, die Auszahlungsansprüche gleichmäßig unter den Gesellschaftern in Abhängigkeit von der Liquiditätslage der Gesellschaft zu befriedigen. Fraglich ist aber, ob die Gesellschafter im Gewinnverwendungsbeschluss eine **andere Fälligkeit** bestimmen können. Dies ist jedenfalls dann möglich, wenn der Beschluss mit sämtlichen Stimmen einstimmig gefasst wurde, da dann jeder Gesellschafter in die abweichende Fälligkeit eingewilligt hat (a. A. Scholz / *Emmerich* GmbHG, § 29 Rn. 84). Im Übrigen kann die Fälligkeit des Auszahlungsanspruchs im Ergebnisverwendungsbeschluss nicht geregelt werden. 121

Der Auszahlungsanspruch ist auf **Leistung in Geld** gerichtet. Etwas anderes kann der Gesellschaftsvertrag bestimmen (so auch: Scholz / *Emmerich* GmbHG, § 29 Rn. 84; Baumbach / Hueck / *Hueck-Fastrich* § 29 Rn. 55). Soweit der Gesellschaftsvertrag eine **Leistung in Natur** zulässt (z. B. eigene Anteile oder Vermögensgegenstände der Gesellschaft), stellt sich die Frage nach deren Bewertung. Der Buchwert ist jedenfalls nicht maßgeblich, weshalb die Geschäftsführung zur Vermeidung einer verdeckten Gewinnausschüttung ein Verkehrswertgutachten über den Wert des auszuschüttenden Vermögensgegenstandes einzuholen hat. 122

Die Geschäftsführer haben im Falle der Gewinnausschüttung zu prüfen, ob die **Voraussetzungen des Gewinnauszahlungsanspruches** gegeben sind, d. h. ob der Jahresabschluss wirksam aufgestellt und festgestellt ist und ob der Gewinnausschüttungsbeschluss wirksam gefasst wurde. Soweit im Zeitpunkt der Auszahlung der Gewinnansprüche durch die Auszahlung das Stammkapital angegriffen wird (§ 30 GmbHG), haben die Geschäftsführer ein Auszahlungsverweigerungsrecht (Michalski / *Salje* § 29 Rn. 109). Allerdings sind sie verpflichtet, bis zum Erhalt des Stammkapitals die Gesellschafter gleichmäßig zu befriedigen. 123

Der Gewinnanspruch **verjährt nach drei Jahren** (§ 195 BGB). Die Verjährungsfrist beginnt nach § 199 Abs. 1 BGB am Ende des Kalenderjahres, in dem der Ergebniswendungsbeschluss gefasst ist und der Gesellschafter von der Gewinnausschüttung Kenntnis erlangt hat. Der Gesellschaftsvertrag kann eine längere Verjährungsfrist bestimmen (§ 202 Abs. 2 BGB). 124

125 Der Gewinnanspruch ist **abtretbar, verpfändbar, pfändbar** und kann mit einem **Nießbrauchsrecht** belastet sein. Als zukünftiger Anspruch kann er bereits vor Fassung des Ergebnisverwendungsbeschlusses abgetreten, verpfändet und gepfändet werden. Der künftige Anspruch entsteht in der Person des Zessionars mit Fassung des Ausschüttungsbeschlusses (RGZ 98, 318, 320; BFHE 147, 44, 46). Der Zessionar hat als bloß obligatorisch Berechtigter in der Gesellschafterversammlung kein Stimmrecht und kein Anfechtungsrecht des Ergebnisverwendungsbeschlusses (RGZ 98, 318, 320). Der Gesellschaftsvertrag kann ein Abtretungsverbot vorsehen (§ 399 Alt. 2 BGB). Das gilt nicht, sofern der Gesellschafter seinerseits ein Kaufmann ist (§ 354 a HGB).

126 Wird der Geschäftsanteil **abgetreten**, hängt die Person des Gläubigers des Gewinnanspruchs davon ab, ob Veräußerer oder Erwerber der Gesellschaft den Übergang des Geschäftsanteils **angezeigt** haben, § 16 Abs. 1 GmbHG. Wenn dem Veräußerer noch Gewinnansprüche zustehen sollten, darf der Erwerber seine Gesellschafterrechte nicht dahin ausüben, dass diese Ansprüche verkürzt werden (OLG Hamm GmbHR 1985, 220). Hat sich der Veräußerer das Gewinnbezugsrecht vorbehalten, handelt es sich um die **Rückabtretung** des zukünftigen Gewinnanspruchs seitens des Erwerbers an den Veräußerer, weshalb der Veräußerer leer ausgeht, wenn die Gesellschafter keine Gewinnausschüttung beschließen (OLG Hamburg OLGE 30 [1915 I], 379, 380). Ob daneben Schadensersatzansprüche des Veräußerers möglich sind, hängt von der Ausgestaltung des Geschäftsanteilskaufvertrages oder von der Handhabung bei der Gesellschaft ab (OLG Hamm GmbHR 1985, 220). Steuerrechtlich ist darauf zu achten, dass der Gewinn – unabhängig von § 16 GmbHG durch den Inhaber der Geschäftsanteile zu versteuern ist, § 20 Abs. 2 a EStG.

f) Gewinnanteilscheine

127 Die Gesellschaft kann über den Auszahlungsanspruch einen Gewinnanteilschein (oder Dividendenschein) erstellen. Je nach Ausgestaltung kann dieser eine **Inhaberschuldverschreibung** i. S. d. § 793 BGB verkörpern oder lediglich eine **Beweisurkunde** des Gewinnanspruchs darstellen (Palandt/*Sprau* § 793 Rn. 6). Sofern der Gewinnanteilschein als Inhaberschuldverschreibung ausgestaltet ist, verkörpert er gleichwohl nicht die Gesellschafterrechte, weshalb nur der Inhaber des Geschäftsanteils an der Feststellung des Jahresabschlusses und der Ergebnisverwendung mitzuwirken hat, selbst wenn er den Gewinnanteilschein schon veräußert hat (Hachenburg/*Goerdeler/Müller* § 29 Rn. 162).

g) Schütt-aus-Hol-zurück-Beschluss

128 Die sog. »Schütt-aus-Hol-zurück-Beschlüsse« waren im Wesentlichen steuerlich motiviert. Es wurden die unterschiedlichen Steuersätze auf ausgeschütteten und einbehaltenen Gewinnen ausgenutzt. Der Schütt-aus-Hol-zurück-Beschluss beinhaltet nicht nur eine Gewinnausschüttung, sondern auch einen vollständigen oder teilweisen **Rückfluss der ausgeschütteten Gewinne** an die Gesellschaft. Wegen des Rückflusses der Gewinne an die Gesellschaft bedarf es für diese Form der Ergebnisverwendung eines einstimmigen Beschlusses der Gesellschafter (§ 53 Abs. 3 GmbHG), soweit der Gesellschaftsvertrag nicht ein anderes bestimmt (Michalski/*Salje* § 29 Rn. 97). Nur in Ausnahmefällen können die Gesellschafter auf Grund Treuepflicht verpflichtet sein, einem Schütt-aus-Hol-zurück-Beschluss zuzustimmen (Lutter/Hommelhoff/*Lutter/Hommelhoff* GmbHG, § 29 Rn. 94).

129 Mit dem Schütt-aus-Hol-zurück-Beschluss kann das **Stammkapital der Gesellschaft erhöht** werden, indem entweder in der Gesellschaft die Forderung der Gesellschaft in Stammkapital umgebucht wird oder indem die Gesellschaft den Gewinn an die Gesellschafter auszahlt und diesen an die Gesellschaft zurückzahlen. Sofern die Umbuchung dem Registergericht offen gelegt wird, ist zum einen der **Ergebnisverwendungsbeschluss beurkundungspflichtig** und es gelten die Grundsätze, die für eine Kapitalerhöhung aus Gesellschaftsmitteln gelten, §§ 57 i, 57 c, 57 Abs. 2 GmbHG (BGHZ 135, 335, 340 ff.; Scholz/*Emmerich* GmbHG, § 29 Rn. 93). Im Übrigen sind die **Grundsätze der Kapitalerhöhung** gegen Sacheinlage anzuwenden (BGHZ 113, 335, 340 ff.; OLG Köln ZIP 1990, 717). Teilweise wurde und wird die Rückführung des Gewinnes als Barein-

lage gehandhabt, weil die z. T. kostenträchtigen Sachkapitalerhöhungsvorschriften umgangen werden sollten. Damit stellt sich in diesen Fällen die Frage einer etwaigen **Heilungsmöglichkeit**. Seit BGH (BGHZ 132, 141, 148 ff.) ist anerkannt, dass die Heilung möglich ist, sofern dies die Gesellschafter mit gesellschaftsvertragsändernder Mehrheit beschließen. Zu der Mitwirkung an der Beschlussfassung sind die Gesellschafter grundsätzlich unter dem Gesichtspunkt der Treuepflicht verpflichtet, jedenfalls dann, wenn sich die Gesellschafter über die geplante Einlage einig waren (BGH ZIP 2003, 1540, 1541; *Hirte* ZInsO, 2005, 403, 405). Einlagegegenstand ist nach h. A. die nicht erloschene Gesellschafterforderung auf Auszahlung des Gewinns (BGHZ 132, 141, 156). Der Beschluss ist zum Handelsregister anzumelden und mit einem Bericht über die Einlageänderung, der von den Geschäftsführern und den betroffenen Gesellschaftern (Lutter / Hommelhoff / *Lutter/Bayer* GmbHG, § 5 Rn. 56, str.) zu unterzeichnen ist, einer Werthaltigkeitsbescheinigung, die i. d. R. von einem Wirtschaftsprüfer zu erstellen ist, sowie der Versicherung der Geschäftsführer, dass die eingebrachten Forderungen werthaltig sind und zur freien Verfügung der Geschäftsführung sind, zusammen zum Handelsregister einzureichen. Maßgebend für die Werthaltigkeit der Forderung ist der Zeitpunkt der Heilung (BGHZ 132, 141, 156; BGH ZIP 2003, 1540, 1543), nicht jedoch der Zeitpunkt der ursprünglichen Leistung.

Mit dem Schütt-aus-Hol-zurück-Beschluss kann das Eigenkapital im Übrigen erhöht werden, in- 130
dem **Nachschüsse** nach §§ 26 bis 28 GmbHG geleistet werden oder die Gesellschafter Einzahlungen in die Kapitalrücklage (§ 272 Abs. 2 Nr. 4 HGB) vornehmen (Scholz / *Emmerich* GmbHG, § 29 Rn. 93). Letzteres hat den Vorteil, dass die Beträge zu einem späteren Zeitpunkt vereinfacht zu einer Erhöhung des Stammkapitals verwendet werden können, § 57 c GmbHG (LG Aachen GmbHR 1990, 512, 513; Scholz / *Emmerich* GmbHG, § 29 Rn. 93).

Mit dem Schütt-aus-Hol-zurück-Beschluss kann auch das **Fremdkapital der Gesellschaft erhöht** 131
werden, indem entweder die ausgeschütteten Gewinne als Darlehen oder als stille Gesellschaftseinlage der Gesellschaft zur Verfügung gestellt werden. §§ 32 a und 32 b GmbHG sind zu beachten. Der Abschluss des stillen Gesellschaftsvertrags kann einen Teilgewinnabführungsvertrag i. S. v. § 292 Abs. 1 1 Nr. 2 AktG darstellen. Wird die Darlehensforderung zu einem späteren Zeitpunkt zu einer Erhöhung des Stammkapitals verwandt, ist dies über eine Stammkapitalerhöhung durch Sacheinlage möglich.

5. Mehrheitserfordernisse und Schutz der Minderheitsgesellschafter

Der Beschluss über die Ergebnisverwendung wird mit **einfacher Mehrheit** gefasst. Der Gesell- 132
schaftsvertrag kann ein höheres Mehrheitserfordernis bestimmen.

Damit kann eine geringe Gesellschaftermehrheit die Ausschüttung an Minderheitsgesellschafter 133
verhindern, indem beispielsweise der Jahresüberschuss oder Bilanzgewinn in die Rücklagen eingestellt oder als Gewinn vorgetragen wird. Die ursprünglich bei der Bilanzrechtsreform vorgesehene Mindestdividende (§ 42 h EGGmbHG) wurde während des Gesetzgebungsverfahrens fallengelassen (BT-Drs. 10 / 4268, 130 ff.), weshalb sich eine Analogie zu § 254 AktG verbietet. Besonders kritisch bzw. diskussionsträchtig wird es für Minderheitsgesellschafter, wenn der Mehrheitsgesellschafter zugleich Geschäftsführer ist und ein auskömmliches Geschäftsführergehalt bezieht.

In Gesellschaftsverträgen findet sich häufig die Regelung, dass die Gesellschaft mit einem »**be- 134
triebswirtschaftlich sinnvollen Eigenkapital**« ausgestattet sein soll und dies durch Rücklagenbildung o. ä. zu bewerkstelligen ist. Soweit der Gesellschaftsvertrag eine Regelung enthält, ist diese Regelung vorrangig anwendbar und verbietet insoweit die vollständige Ausschüttung der Gewinne.

Soweit der Gesellschaftsvertrag nicht weiter hilft, gelten die **allgemeinen Grundsätze**, nämlich 135
das Verbot des Rechtsmissbrauchs, der Gleichbehandlungsgrundsatz der Gesellschafter und die Treuepflicht der Gesellschafter.

136 Rechtstheoretisch einfach zu begründen ist die **rechtsmissbräuchliche Thesaurierung** auf Grund der §§ 138, 242, 826 BGB. In der Rechtspraxis sind allerdings kaum Anwendungsfälle denkbar, denn genauso wie die Gesellschafter das Recht haben, die Gesellschaft unterzukapitalisieren, haben sie das Recht, die Gesellschaft überzukapitalisieren. Daher wird in der Regel der Minderheit nur in extremen Ausnahmefällen der Nachweis einer rechtsmissbräuchlichen Thesaurierung gelingen.

137 Ein **Verstoß gegen den Gleichbehandlungsgrundsatz** kommt auch nur ganz selten in Betracht, da § 29 Abs. 3 S. 1 GmbHG eine Gewinnverwendung nach Maßgabe der Geschäftsanteile bestimmt und ein anderer Maßstab bereits im Gesellschaftsvertrag festgelegt sein muss (Michalski/*Salje* § 29 Rn. 41).

138 Es bleibt daher nur die **Treuepflicht** der Gesellschafter, um eine extreme Thesaurierung zu verhindern. In Anlehnung an § 254 Abs. 1 AktG wird darauf abgestellt, ob die Thesaurierung bei Abwägung der Interessen der Gesellschaft und den Interessen der einzelnen und aller Gesellschafter nach objektiven Maßstäben noch als kaufmännisch vertretbar angesehen werden kann (OLG Hamm GmbHR 1992, 458, 459; Scholz/*Emmerich* GmbHG, § 29 Rn. 71). In Anlehnung an § 58 AktG schlagen *Lutter/Hommelhoff* (Lutter / Hommelhoff GmbHG, § 29 Rn. 28) vor, 60 % des Jahresergebnisses auch gegen den Willen der Minderheitsgesellschafter in die Gewinnrücklage einzustellen, bis die Gewinnrücklagen das gesellschaftsvertragliche Stammkapital überschreiten. Da sich der Gesetzgeber allerdings gegen feste Mindestgewinne bzw. Thesaurierung entschieden hat, dürfte der Vorschlag von *Lutter/Hommelhoff* nicht weiterführen (Scholz/*Emmerich* GmbHG, § 29 Rn. 71). Insbesondere in allgemein wirtschaftlich kritischen Zeiten und in für Gesellschaften, deren Branche von Umwälzungen betroffen ist, ist es i. d. R. aus Vorsicht für die Gesellschaft geboten, mehr als 60 % des Jahresergebnisses und/oder mehr als die Stammkapitalziffer zu thesaurieren.

139 Will ein Minderheitsgesellschafter gegen den **Ergebnisverwendungsbeschluss** vorgehen, hat er diesen innerhalb der gesellschaftsvertraglichen Fristen **anzufechten**. In der Sache wird er nur in extremen, offen auf der Hand liegenden Fällen auch materiell Erfolg haben. Wenn er also auf Gewinnausschüttungen zum Bestreiten seines Lebensunterhalts angewiesen ist, kann eine Thesaurierungspolitik der Mehrheit für ihn prekäre Folgen haben. Dies wird noch dadurch verstärkt, dass nach der Rechtsprechung ein Austrittsrecht der Gesellschafter auch bei extremer Thesaurierung verwehrt wird (OLG München GmbHR 1990, 221, 222).

6. Anspruch auf Fassung des Ergebnisverwendungsbeschlusses

140 Jeder Gesellschafter hat gegen den anderen Gesellschafter einen Anspruch auf Fassung des Ergebnisverwendungsbeschlusses. Sofern ein Gesellschafter sich pflichtwidrig weigert, begründet dies einen in der Treuepflicht (Lutter / Hommelhoff/*Lutter/Hommelhoff* GmbHG, § 29 Rn. 32) begründeten Anspruch auf Fassung des Ergebnisverwendungsbeschlusses. Dieser Anspruch kann durch **Leistungsklage** gegen die sich weigernden Gesellschaft geltend gemacht werden. Er wird nach § 888 ZPO vollstreckt.

7. Verteilungsmaßstab, Abs. 3

141 Maßstab für die Verteilung des Jahresüberschusses oder des Bilanzgewinns ist zunächst der **Gesellschaftsvertrag**, Abs. 3 S. 2. Der Gesellschaftsvertrag kann insbesondere

- eine Gewinnverteilung **nach Köpfen**,
- eine Gewinnverteilung **analog § 60 Abs. 2 AktG**,
- eine **volle Ergebnisverteilung** nur, soweit die Einlage voll eingezahlt ist (BGHZ 14, 264, 273),
- eine **prozentuale Ergebnisverteilung** nach dem prozentualen Grad der Einzahlung,
- eine Gewinnverteilung **nach Umsätzen der Gesellschafter** mit der Gesellschaft (RG JW 1936, 180, 181),
- **feste Gewinngarantien**,

– **Vorzugs- oder Sonderrechte** einzelner Gesellschafter, vgl. § 35 BGB, oder
– Verteilung unter Berücksichtigung von **getätigten Lieferungen** (RGZ 104, 349, 350/351)

bestimmen. Ob es sich dabei immer um »sinnvolle« Verteilungsmaßstäbe handelt, darf bei Umsatz- oder Lieferungsmaßstäben bezweifelt werden.

Soweit der Gesellschaftsvertrag eine Regelung enthält, kann im Ergebnisverwendungsbeschluss einmalig hiervon als sog. **satzungsdurchbrechender Beschluss** nur abgewichen werden, wenn alle Gesellschafter einverstanden sind (vgl. § 53 Abs. 3 GmbHG). Im Übrigen kann eine dauerhafte Änderung des Verteilungsmaßstabes nur erzielt werden, wenn der **Gesellschaftsvertrag geändert** wird (RGZ 76, 155, 158; 37, 62, 64; 22, 113, 114). Hierfür ist Voraussetzung, dass § 53 Abs. 3 GmbHG beachtet wird. Teilweise wird vertreten, dass daneben noch § 33 BGB zu beachten ist, was nicht notwendigerweise zwingend ist, da die Zustimmung der Gesellschafterversammlung zum Abschluss eines Gewinnabführungsvertrages ebenfalls bereits **mit $^{3}/_{4}$-Mehrheit** beschlossen werden kann. 142

Soweit der Gesellschaftsvertrag keine Regelung enthält, ist Verteilungsmaßstab der **Nennbetrag der Geschäftsanteile**, Abs. 3 S. 1. Unerheblich ist, ob die Geschäftsführer die Einlage eingefordert haben, ob und wieviel die Gesellschafter auf die Einlage geleistet haben, ob es sich um eine Sach- oder Geldeinlage handelt, ob die Gesellschafter ein Aufgeld geleistet haben oder ob die Sacheinlage überbewertet wurde. § 60 Abs. 2 AktG findet keine Anwendung (Scholz/*Emmerich* GmbHG, § 29 Rn. 76). 143

Ein **Gewinnbezugsrecht der GmbH**, die Inhaberin eigener Anteile ist, besteht nicht; das Gewinnbezugsrecht ruht (BGH GmbHR 1998, 538, 539; NJW 1995, 1027, 1029). Der rechnerisch auf die eigenen Anteile entfallende Gewinn fällt sofort den übrigen Gesellschaftern zu, es sei denn, die Gesellschaft hat über den Gewinnanspruch, der auf ihre eigenen Anteile entfällt, bereits verfügt. 144

8. Mangelhafter Ergebnisverwendungsbeschluss

Der Beschluss über die Ergebnisverwendung kann **nichtig** sein, wenn der Feststellungsbeschluss fehlt, es sei denn, der Ergebnisverwendungsbeschluss kann als konkludente Feststellung des Jahresabschlusses gedeutet werden, was jedoch nur in Betracht kommt, wenn für beide Beschlüsse dasselbe Organ zuständig ist. Der Beschluss über die Ergebnisverwendung ist ferner nichtig, wenn der Feststellungsbeschluss entweder selbst nichtig ist oder auf Grund einer Anfechtung aufgehoben wird (§ 253 Abs. 1 S. 1 AktG analog; OLG Hamm, DB 1991, 1924). Der Ergebnisverwendungsbeschluss ist überdies nichtig, wenn der Jahresabschluss nichtig aufgestellt wurde (OLG Hamm DB 1991, 1924, 1925), etwa weil die Gesellschafter gesetzlich gebotene Rückstellungen unterlassen haben (BGHZ 83, 341, 346 ff.). Sofern der Ergebnisverwendungsbeschluss gegen das Kapitalerhaltungsgebot des § 30 GmbHG verstößt, ist er grundsätzlich wirksam (BGHZ 136, 125, 129 ff.). 145

Ist der Beschluss über die Ergebnisverwendung nicht nichtig, ist er wirksam, solange er nicht rechtskräftig angefochten worden ist. **Anfechtbar** ist der Ergebnisverwendungsbeschluss, wenn ein anderer Verteilungsmaßstab gewählt wurde, als in dem Gesellschaftsvertrag oder dem Gesetz vorgesehen ist, wenn der Ergebnisverwendungsbeschluss dem Feststellungsbeschluss widerspricht (BGHZ 23, 150, 154) oder wenn Rücklagen übermäßig dotiert werden (OLG Hamm GmbHR 1992, 458 f.; BayObLG GmbHR 1988, 102, 103; RGZ 87, 383, 386; OLG Düsseldorf NJW 1963, 2080, 2081). Während des Rechtsstreits über die Anfechtung haben die Geschäftsführer ein **Leistungsverweigerungsrecht** (Scholz/*Emmerich* GmbHG, § 29 Rn. 83; Lutter/Hommelhoff/*Lutter/Hommelhoff* GmbHG, § 29 Rn. 41), weshalb sie während dieser Zeit jedenfalls Gewinne nicht ausschütten müssen. 146

Wird die Nichtigkeit festgestellt oder der Gewinnverwendungsbeschluss aufgehoben, **erlischt** insoweit der Zahlungsanspruch der Gesellschafter. 147

148 Wenn die Gesellschafter das verteilungsfähige Ergebnis nicht vollständig verteilt haben, ist es eine Frage der Auslegung des Verwendungsbeschlusses, ob das nicht verteilte Ergebnis auf neue Rechnung vorgetragen werden soll. Führt dies nicht weiter, sind die Gesellschafter berechtigt, über das nicht verteilte Ergebnis erneut zu beschließen. Kommt ein derartiger Beschluss nicht zustande, bleibt es bei der Anfechtbarkeit des Ergebnisverwendungsbeschlusses, da insoweit das Gewinnbezugsrecht der Gesellschafter verletzt wurde (Scholz/*Emmerich* GmbHG, § 29 Rn. 81; Baumbach/Hueck/*Hueck/Fastrich* § 29 Rn. 45).

9. Änderung des Ergebnisverwendungsbeschlusses

149 Bei der Änderung eines nicht mangelbehafteten Ergebnisverwendungsbeschlusses ist zu unterscheiden, ob die Gesellschafter das Ergebnis thesauriert oder ob sie es ausgeschüttet haben. Soweit die Gesellschafter das Ergebnis **ausgeschüttet** haben, ist der Gewinnanspruch des einzelnen Gesellschafters entstanden; insoweit kann der Ergebnisverwendungsbeschluss nur geändert werden, wenn diese Gesellschafter zusätzlich in die Änderung eingewilligt haben (Lutter/Hommelhoff/*Lutter/Hommelhoff* GmbHG, § 29 Rn. 31 a). Soweit die Gesellschafter das Ergebnis **thesauriert** haben, kann dieser Beschlussgegenstand jederzeit geändert werden.

II. Durch Nicht-Gesellschafter

1. Durch ein Organ

150 Der Gesellschaftsvertrag kann die Beschlusskompetenz auch einem **anderen Organ zuweisen**, z. B. der Geschäftsführung, dem Beirat, einem Gesellschafter (so auch Scholz/*Emmerich* GmbHG, § 29 Rn. 62) oder dem Gesellschafterausschuss, vgl. § 45 GmbHG. Dabei ist jedoch darauf zu achten, dass es sich um ein Organ der Gesellschaft handelt, da andernfalls die Übertragung wegen des damit verbundenen Eingriffs in das Selbstbestimmungsrecht der Gesellschafter unwirksam ist, § 138 BGB (Scholz/*Emmerich* GmbHG, § 29 Rn. 62).

2. Weisungsbefugnis der Gesellschafter

151 Von der Ausgestaltung der Organrechte im Gesellschaftsvertrag hängt ab, ob die Gesellschafter berechtigt sind, dem Organ Weisungen zu erteilen oder die Beschlusskompetenz an sich zu ziehen. Im Gegensatz zum Feststellungsbeschluss greift das Organ mit dem Ergebnisverwendungsbeschluss besonders stark in die Rechte der Gesellschaft bei unterlassener Thesaurierung und der Gesellschafter bei unterlassener Gewinnausschüttung ein. Da es allerdings allein Sache der Gesellschafter ist, die Finanzierung der Gesellschaft darzustellen, unterliegt das Organ **besonderen Treuepflichten** gegenüber den Gesellschaftern. Sind die Rechte der Gesellschafter gegenüber dem Organ nicht geregelt, wird man daher beim Ergebnisverwendungsbeschluss wesentlich eher konkludentes Weisungsrecht der Gesellschafter annehmen müssen als bei dem Feststellungsbeschluss. Im Übrigen bleibt für die Gesellschafter nur die Abschaffung des Organs, um ihre Rechte zu wahren. Dies setzt allerdings eine gesellschaftsvertragsändernde Mehrheit voraus.

152 Im Übrigen gelten für die Ergebnisverwendung durch ein anderes Organ die Ausführungen der Beschlussfassung durch die Gesellschafter selbst entsprechend (vgl. Rn. 151).

H. Besondere Formen der Ergebnisverwendung

I. Gewinnvorschüsse der Gesellschafter

153 Die Gesellschafter sind berechtigt, Gewinnvorschüsse (auch Vorabausschüttungen oder Zwischendividenden genannt) zu beschließen, selbst wenn der Gesellschaftsvertrag keine Ermächtigung vorsieht (vgl. § 59 AktG). Sollte der Gesellschaftsvertrag eine Regelung enthalten, dass Gewinnvorschüsse gezahlt werden dürfen, ist diese nicht nach § 134 BGB nichtig (a. A. HansOLG Hamburg GmbHR 1973, 124).

154 Voraussetzung ist, dass **im Zeitpunkt der Beschlussfassung** nach sorgfältiger kaufmännischer Beurteilung mit einem entsprechenden Bilanzgewinn am Ende des Geschäftsjahres zu rechnen

ist, dass im Zeitpunkt der Auszahlung **kein Verstoß gegen § 30 GmbHG** vorliegt (RGZ 92, 77, 82; 85, 43, 44 f.; RG DR 1942, 40, 41; BGH AG 1978, 106, 107; BFHE 141, 304, 308; 122, 43, 45 f.; HansOLG Hamburg GmbHR 1973, 123, 124; a. A. OLG Hamm GmbHR 1992, 456, 457; LG Essen ZIP 1981, 1094, 1095) und dass ein möglicher **Herausgabeanspruch** der Gesellschaft gegen die Gesellschafter **werthaltig** ist. Dies ist von den Geschäftsführern spätestens im Zeitpunkt der Auszahlung zu prüfen. Die sorgfältige kaufmännische Beurteilung erfordert in der Regel die Aufstellung eines Zwischenabschlusses auf den Zeitpunkt der Beschlussfassung (so Scholz/*Emmerich* GmbHG, § 29 Rn. 86) und eine ordentlich aufgestellte Liquiditätsplanung (so Lutter/Hommelhoff/*Lutter/Hommelhoff* GmbHG, § 29 Rn. 45).

Die Gewinnvorschüsse sind **Maßnahmen der Ergebnisverwendung**. Soweit der Gesellschaftsvertrag keine Sonderzuständigkeit begründet, ist das Organ zuständig, das den Ergebnisverwendungsbeschluss zu fassen hat. Es gilt die einfache Mehrheit (Michalski/*Salje* § 29 Rn. 87) und der Gewinnverteilungsschlüssel des Gesellschaftsvertrages, hilfsweise § 29 Abs. 3 GmbHG (vgl. oben Rn. 141 ff.). 155

Gewinnvorschüsse sind **unzulässig**, sobald der Gewinnanspruch entstanden ist, mithin ab Fassung des Ergebnisverwendungsbeschlusses (a. A. OLG Hamm GmbHR 1992, 456, 457; Scholz/*Emmerich* GmbHG, § 29 Rn. 86 ab Aufstellung des Jahresabschlusses; a. A. Lutter/Hommelhoff/*Lutter/Hommelhoff* GmbHG, § 29 Rn. 45 ab Fassung des Feststellungsbeschlusses). Während der Liquidation sind Gewinnvorschüsse ebenfalls unzulässig, da während der Liquidation kein Gewinn ermittelt wird (Scholz/*Emmerich* GmbHG, § 29 Rn. 86). 156

Gewinnvorschüsse stehen unter dem **Vorbehalt**, dass ein Bilanzgewinn entsprechend der Vorabgewinnausschüttung erzielt wird (vgl. BGH AG 1978, 106, 107). Ist dies nicht der Fall, sind die Gesellschafter insoweit zur **Herausgabe** nach § 812 Abs. 1 S. 2 Alt. 1 BGB verpflichtet. Der Herausgabeanspruch ist nicht gem. § 32 GmbHG ausgeschlossen, da dieser nur für den ordentlichen Ergebnisverwendungsbeschluss gilt. Ferner ist er nicht gem. § 818 Abs. 3 BGB ausgeschlossen, da jeder Gesellschafter den Vorbehalt der Rückforderung kennt, § 819 Abs. 1 BGB. Soweit der Beschluss über den Gewinnvorschuss während des Geschäftsjahres gefasst wurde, ist der Herausgabeanspruch bereits im Jahresabschluss zu aktivieren. 157

II. Zinsen auf Stammeinlage/Abschläge

Im Gesellschaftsvertrag kann eine Verzinsung der Stammeinlage vereinbart werden. Es gelten die Regelungen zu Gewinnvorschüssen entsprechend, weshalb die Regelung im Gesellschaftsvertrag nur wirksam ist, wenn sie – zumindest konkludent – unter dem Vorbehalt eines entsprechenden Bilanzgewinns steht (Michalski/*Salje* § 29 Rn. 92). 158

Entsprechendes gilt für Abschläge, d. h. feste Zahlungen der Gesellschaft an den Gesellschafter. 159

III. Entnahmerecht

Das Entnahmerecht ist das Recht des einzelnen Gesellschafters, vorab die **Ausschüttung zukünftiger Gewinne** zu verlangen. Das Entnahmerecht sollte in dem Gesellschaftsvertrag verankert sein (Michalski/*Salje* § 29 Rn. 94); es kann aber auch durch Beschluss der Gesellschafter begründet werden (BGH NJW 1984, 1037), sofern alle Gesellschafter zustimmen, § 53 Abs. 3 GmbHG. Im Übrigen gelten die Grundsätze zu Gewinnvorschüssen entsprechend. 160

J. Verdeckte Gewinnausschüttungen (vGA)

Der Begriff der verdeckten Gewinnausschüttung (oder verdeckte Vorteilsgewährung, vVG) hat seine vornehmliche Bedeutung im Steuerrecht. Unter einer steuerrechtlichen vGA ist nach § 8 Abs. 3 S. 2 KStG eine **Vermögensminderung** (verhinderte Vermögensmehrung) zu verstehen, die durch das Gesellschaftsverhältnis veranlasst ist, sich auf die Höhe des Unterschiedsbetrags gem. § 5 Abs. 1 S. 1 EStG i. V. m. § 8 Abs. 1 KStG auswirkt und in keinem Zusammenhang mit 161 einer offenen Ausschüttung steht. Steuerrechtlich soll damit der körperschaftsteuerliche Gewinn der Gesellschaft außerhalb der Steuerbilanz erhöht werden.

I. Tatbestandsvoraussetzung

162 Im Ausgangspunkt stimmen das Steuerrecht und das Gesellschaftsrecht in den Tatbestandsvoraussetzungen überein, dass eine vGA vorliegt, wenn die Gesellschaft aus ihrem Vermögen Leistungen an einen ihrer Gesellschafter erbringt, denen **keine gleichwertige Gegenleistung** gegenübersteht. Während es bei der gesellschaftsrechtlichen vGA darum geht, Vermögensverschiebungen zwischen der Gesellschaft und einem Gesellschafter zu Lasten der Gesellschaft oder eines Mitgesellschafters vorzubeugen, geht es bei der steuerrechtlichen vGA um die Ermittlung des körperschaftsteuerrechtlichen Gewinns und dessen Auswirkungen auf die Gesellschafter (OLG Frankfurt GmbHR 2005, 550, 558; *Goette* DStR 1996, 272; *Hager* ZGR 1989, 71, 75 ff.).

163 **Gesellschaftsrechtlich** liegt eine vGA vor, wenn die Gesellschaft aus ihrem Vermögen an einen ihrer Gesellschafter eine Leistung vornimmt, der keine gleichwertige Gegenleistung gegenübersteht, sofern nicht ein Gewinnverwendungsbeschluss vorliegt (BGH GmbHR 1996, 111, 112; OLG Celle GmbHR 1993, 363, 364). Ob im Einzelfall ein Austauschgeschäft oder eine vGA vorliegt, richtet sich danach, ob ein gewissenhaft nach kaufmännischen Grundsätzen handelnder Geschäftsführer das Geschäft unter sonst gleichen Umständen zu den gleichen Bedingungen mit einem Nichtgesellschafter abgeschlossen hätte, wobei subjektive Erwägungen des Geschäftsführers keine Bedeutung haben (BGH GmbHR 1996, 111, 112; GmbHR 1987, 345; GmbHR 1987, 187; OLG Düsseldorf GmbHR 1990, 134).

164 Die hierunter zu subsumierenden **Fallgestaltungen** sind vielfältiger Art: Hierunter fallen übermäßige oder überhöhte Vergütungen an die Gesellschafter-Geschäftsführer, Erteilung einer Pensionszusage an Gesellschafter-Geschäftsführer ohne Einhaltung einer Probezeit (BFH GmbHR 2005, 775, 776), Zusage einer Alters- und/oder Invaliditätsversorgung, deren Passivierung zur Überschuldung der Gesellschaft führen würde (BFH ZIP 2003, 348, 349; *Hirte* ZInsO 2005, 403, 405), Erteilung einer Pensionszusage an 63 Jahre alten Gesellschafter-Geschäftsführer (BFH DStRE 2005, 653), Zusage einer Nur-Pension ohne Barlohnumwandlung (BFH GmbHR 2006, 95, 97), Zahlung eines überhöhten Preises durch die Gesellschaft an die Gesellschafter (BGHZ 31, 258, 275; OLG Celle GmbHR 1993, 363, 365), die Veräußerung oder Vermietung von Gesellschaftsvermögen zu weit unter dem Verkehrswert liegenden Preisen (BGH GmbHR 1972, 224, 225; OLG Celle GmbHR 1993, 363, 365; OLG Karlsruhe WM 1984, 656), die Nutzung eines Firmen-Pkw zur privaten Zwecken, obwohl im Dienstvertrag des Gesellschafter-Geschäftsführers die Nutzung nur für dienstliche Fahrten und für Fahrten zwischen Wohnung und Betrieb erlaubt war (BFH GmbHR 2005, 775, 776 mit Anm. *Briese* GmbHR 2005, 1271 ff.) oder im Dienstvertrag eine Regelung fehlt (*Schneider* ZGR 1985, 285), die Gewährung zinsloser oder günstiger Darlehen der Gesellschaft an die Gesellschafter, die grundlose Stundung von Schulden der Gesellschafter. Nicht nur das Verhältnis zwischen Gesellschaft und Gesellschafter kann Gegenstand einer vGA sein (BGHZ 111, 224, 227), sondern auch das Verhältnis zwischen der Gesellschaft und einer der Gesellschaft nahe stehenden Person (BGH GmbHR 1987, 345, 347; RG HRR 1941, Nr. 132) oder nahe stehenden Gesellschaft. So stellt beispielsweise eine vertraglich nicht geregelte private Kfz-Nutzung sowohl durch den Gesellschafter-Geschäftsführer als auch dessen Ehegatten eine vGA dar (BFH GmbHR 2005, 775, 776 mit Anm. *Hoffmann*).

II. Rechtsfolge

1. Vertragliche Ebene

165 Soweit die vGA in dem Abschluss eines Rechtsgeschäfts besteht, gelten zunächst die allgemeinen Grundsätze, d. h. es ist zu prüfen, ob das **Rechtsgeschäft wirksam** ist. Das Rechtsgeschäft kann unwirksam sein, weil der Geschäftsführer seine Vertretungsmacht zum Nachteil der Gesellschaft missbraucht hat. Hier gelten erleichternde Maßstäbe, denn wenn der Geschäftspartner Gesellschafter ist, genügt statt der Evidenz des Handelns der Pflichtverstoß des Gesellschafters gegen

den Gesellschaftsvertrag (BGHZ 38, 26, 34). Im Übrigen ist auch an die Auslegung des Vertrages, an den Wegfall der Geschäftsgrundlage und an die Sittenwidrigkeit zu denken. Auf diese Weise dürfte für die Mehrzahl aller Fälle eine angemessene Lösung zu finden sein. Da dies die ureigene Aufgabe der Geschäftsführer ist, machen sie sich bei Unterlassen der genauen Prüfung der Verhältnisse der Gesellschaft gegenüber schadensersatzpflichtig.

2. Gesellschaftsvertragliche Ebene

Häufig finden sich in Gesellschaftsverträgen Regelungen, die der Gesellschaft einen **Anspruch auf Ausgleich** einer vGA gegen den begünstigten Gesellschafter gewähren oder die Verhandlungsklauseln zwischen Gesellschaft und Gesellschafter vorsehen. In der Regel knüpfen diese Klauseln an eine steuerrechtliche vGA an. Insoweit verbietet sich eine weite Auslegung der gesellschaftsvertraglichen Klauseln, weil derartige Regelungen die Gesellschafter nicht vor eigenen und ihnen nachteiligen Entscheidungen schützen sollen (OLG Frankfurt GmbHR 2005, 550, 558). 166

3. Gesellschaftsrechtliche Ebene im Übrigen

Mit der vGA wird in die innergesellschaftliche Kompetenzordnung eingegriffen: Während es für die offene Ergebnisverwendung eine geregelte innergesellschaftliche Zuständigkeit gibt, hebelt die vGA diese Kompetenzordnung aus. Daher sind vGA aus dem Verstoß gegen die innergesellschaftliche Kompetenzzuordnung, den Gleichbehandlungsgrundsatz und die Treuepflicht verboten (BGHZ 111, 224, 227; BGH GmbHR 1996, 111, 112). In erster Linie kommen daher **Rückzahlungs- oder Schadensersatzansprüche** der Gesellschaft gegen den Gesellschafter in Betracht. Rechtsgrundlage des Rückgewähranspruchs ist nicht das allgemeine Bereicherungsrecht (a. A. OLG Brandenburg GmbHR 1997, 750), sondern § 31 Abs. 1 GmbHG analog (Lutter / Hommelhoff/*Lutter/Hommelhoff* GmbHG, § 29 Rn. 54; a. A. OLG Frankfurt GmbHR 2005, 550, 558), weshalb dieser Anspruch analog § 31 Abs. 5 GmbHG verjährt. Im Ausnahmefall ist auch der übervorteilte Gesellschafter anspruchsberechtigt, wobei der Anspruch aber nur auf Zahlung an die Gesellschaft gerichtet ist (BGH GmbHR 1996, 111, 112). Rechtsgrundlage des Schadensersatzanspruchs ist die schuldhafte Verletzung des Gesellschafters einer gegenüber der Gesellschaft bestehenden Treuepflicht (BGH GmbHR 1996, 111, 112; Lutter / Hommelhoff/*Lutter/Hommelhoff* GmbHG, § 29 Rn. 54). Soweit der Vertrag noch nicht durchgeführt wurde, hat die Gesellschaft ein **Leistungsverweigerungsrecht**. Schließlich können die Mitgesellschafter in Ausnahmefällen Ausgleichsansprüche gegen den Gesellschafter haben. Schuldner des Rückgewähranspruchs ist der Gesellschafter auch in den Fällen, in denen die Gesellschaft die vGA an einen Dritten geleistet hat. 167

Sämtliche Rechtsfolgen einer vGA werden jedoch **geheilt**, wenn durch die vGA das nach § 30 GmbHG geschützte Stammkapital nicht angegriffen wird, wenn die für die Abschlussfeststellung und Ergebnisverwendung zuständigen Organe der vGA zustimmen und wenn jeder Gesellschafter, dessen Gewinnanspruch durch die vGA gemindert wird, der vGA zustimmt (Lutter / Hommelhoff/*Lutter/Hommelhoff* GmbHG, § 29 Rn. 50). In diesem Fall wird aus der vGA eine offene Gewinnausschüttung. 168

§ 30 [Kapitalerhaltung]

(1) Das zur Erhaltung des Stammkapitals erforderliche Vermögen der Gesellschaft darf an die Gesellschafter nicht ausgezahlt werden.

(2) [1]Eingezahlte Nachschüsse können, soweit sie nicht zur Deckung eines Verlustes am Stammkapital erforderlich sind, an die Gesellschafter zurückgezahlt werden. [2]Die Zurückzahlung darf nicht vor Ablauf von drei Monaten erfolgen, nachdem der Rückzahlungsbeschluß nach § 12 bekanntgemacht ist. [3]Im Fall des § 28 Abs. 2 ist die Zurückzahlung von Nach-

schüssen vor der Volleinzahlung des Stammkapitals unzulässig. [4]Zurückgezahlte Nachschüsse gelten als nicht eingezogen.

Übersicht:

A. Zweck der Vorschrift

1 Die seit 1892 im Wesentlichen unveränderten §§ 30, 31 GmbHG vervollständigen den **Schutz des Stammkapitals** der GmbH und zählen zu den »Grundpfeilern« oder dem »Kernstück« des GmbH-Rechts (BGHZ 28, 77, 78; RGZ 168, 292, 297 f.). Vornehmlich werden durch das Auszahlungsverbot die Gesellschaft, die Gesellschaftsgläubiger und auch einzelne Gesellschafter geschützt (a. A. OLG Brandenburg ZIP 2006, 1864, 1865). Gleichwohl ist § 30 GmbHG **kein Schutzgesetz** i. S. v. § 823 Abs. 2 BGB (BGH GmbHR 2001, 771, 772).

2 § 30 GmbHG ist **zwingend** und **weit auszulegen**. Jede Form der Umgehung fällt unter das Auszahlungsverbot (BGHZ 81, 311, 315; 75, 335; 51, 157, 162; RGZ 168, 292, 298).

Subjektive Elemente haben in § 30 GmbHG keine Bedeutung (Michalski/*Heidinger*, § 30 Rn. 46). Daher müssen die Geschäftsführer weder schuldhaft handeln noch das Bewusstsein haben, eine Auszahlung zu leisten. Die Gutgläubigkeit des Gesellschafters hat nur im Rahmen der Rechtsfolge Bedeutung, § 31 Abs. 2 GmbHG. 3

§ 30 GmbHG galt nicht im Bereich der BvS (arg. e. § 25 Abs. 5 und 6 DMBilG). Die besondere Kapitalbindung nach Abs. 1 ist unmittelbar anwendbar auf das nach § 27 DMBilG neu festgesetzte Stammkapital der Gesellschaft der ehemaligen DDR. Übersteigt in der Eröffnungsbilanz das Eigenkapital das Stammkapital, ist der übersteigende Betrag in eine Sonderrücklage einzustellen, auf die Abs. 1 entsprechend anwendbar ist (§ 27 Abs. 3 DMBilG). 4

§ 30 GmbHG verbietet es, dass die Geschäftsführer an die Gesellschafter Vermögen auszahlen, wenn und soweit dadurch eine Unterdeckung herbeigeführt oder noch vertieft wird oder gar eine Überschuldung herbeigeführt oder vertieft wird (BGH GmbHR 2002, 549, 550; ZIP 1990, 451, 453). Damit schützt § 30 GmbHG zunächst nur den rechnerischen Wert des Gesellschaftsvermögens. Im Übrigen will die Vorschrift nur Auszahlungen an Gesellschafter und ihnen nahe stehende Personen verhindern, nicht aber Geschäfte mit sonstigen Dritten (BGH ZIP 1998, 793, 795). 5

Abs. 1 verhindert nur, dass das zur Erhaltung des Stammkapitals erforderliche Vermögen ausgezahlt wird. Zum gebundenen Vermögen der Aktiengesellschaft gehören auch die gesetzlichen Rücklagen, § 150 AktG (BGHZ 90, 381, 386). 6

B. Tatbestand des Abs. 1

I. Verhältnis zu § 19 GmbHG

Während §§ 5 Abs. 4, 7 Abs. 2 und 3, 8 Abs. 2, 9, 9 a, 9 b und 19 GmbHG die **Aufbringung des Stammkapitals** schützen, dienen die Vorschriften der §§ 30, 31, 32, 33 und 43 a GmbHG der **Erhaltung des Stammkapitals**. Daher finden §§ 30, 31 GmbHG keine Anwendung, soweit der Gesellschafter seine Stammeinlageschuld noch nicht erfüllt hat (OLG Brandenburg ZInsO 2005, 1217, 1219). 7

II. Normadressat

Abs. 1 wendet sich an die **Geschäftsführer**, und zwar sowohl an die bestellten als auch an die faktischen Geschäftsführer (BGH GmbHR 2001, 771, 772; Lutter/Hommelhoff/*Lutter*/*Hommelhoff* GmbHG, § 30 Rn. 2 a; zum faktischen Geschäftsführer vgl. ausführl. § 6 GmbHG Rn. 8). Für die Beantwortung der Frage, ob der Betreffende faktischer Geschäftsführer ist, s. § 29 GmbHG Rn. 24. 8

Abs. 1 gilt **nicht** für **leitende Angestellte oder Prokuristen**, selbst wenn sie organschaftliche Vertretungsmacht haben (BGH GmbHR 2001, 771, 772). Das schließt aber nicht aus, dass Handlungen dieses Personenkreises auch unter § 30 GmbHG fallen können. Denn der Geschäftsführer muss auf Grund seiner Überwachungspflicht dafür Sorge tragen, dass dieser Personenkreis keine Auszahlung i. S. d. Abs. 1 vornimmt. Nimmt der Personenkreis eine derartige Auszahlung vor, ist wegen des überragenden Zwecks der Vorschrift im Zweifel von einer fehlerhaften Überwachungstätigkeit auszugehen, weshalb die Zahlung als Auszahlung i. S. v. § 30 GmbHG gilt (BGH GmbHR 2001, 771, 772). 9

III. Auszahlung

Auszahlung i. S. d. Abs. 1 ist nicht nur eine Geldleistung, sondern **jede Art von Leistung**, der **keine gleichwertige Gegenleistung** gegenübersteht und die wirtschaftlich das zur Erhaltung des Stammkapitals erforderliche Vermögen verringert (BGHZ 31, 258, 276; OLG Dresden GmbHR 2003, 356, 358). Es ist unerheblich, ob der Auszahlung ein einseitiges Rechtsgeschäft, eine tatsächliche Handlung oder ein Vertrag zugrunde liegt. Eine Auszahlung liegt damit grundsätzlich nicht vor, soweit sich Leistung und Gegenleistung gleichwertig gegenüberstehen. 10

1. Vermögensminderung auf Seiten der Gesellschaft

11 Entscheidend ist damit für das Tatbestandsmerkmal der Auszahlung die **Vermögensminderung** auf Seiten der Gesellschaft, weshalb es unerheblich ist, ob auf Seiten des Gesellschafters eine Vermögensmehrung eintritt (Hachenburg/*Goerdeler/Müller* § 30 Rn. 62; Michalski/*Heidinger* § 30 Rn. 35). Daher liegt keine Auszahlung vor, soweit sich Leistung und Gegenleistung gleichwertig gegenüberstehen (OLG Frankfurt BB 1996, 445, 447). Somit ist die Rückzahlung einer auf eine beschlossene Erhöhung gezahlten Einlage lediglich als Bilanzverkürzung zu bewerten und damit unschädlich (Michalski/*Heidinger* § 30 Rn. 37). Gleiches gilt für die Rückzahlung von Eigenkapital, soweit es aus freien Rücklagen entnommen wird (Hachenburg/*Goerdeler/Müller* § 30 Rn. 5). Ebenfalls liegt keine Vermögensminderung vor, wenn liquide Mittel auf eine Tochtergesellschaft übertragen werden, sofern sich durch den Mittelabfluss bei der Muttergesellschaft der Wert der Tochtergesellschaft erhöht (OLG München GmbHR 2005, 1486, 1488).

2. Auf Veranlassung der Gesellschaft

12 Die Auszahlung muss auf Veranlassung der Gesellschaft (»darf nicht« i. S. v. Abs. 1) erfolgen. In der Regel ist eine Veranlassung der Gesellschaft anzunehmen (BGHZ 95, 188, 193, wo die Gesellschaft im Einverständnis mit dem Gesellschafter geleistet hat; BGHZ 81, 252, 260; OLG Rostock GmbHR 1998, 329, 330). Dies gilt nur dann nicht, wenn die Gesellschaft an der Auszahlung nicht beteiligt war, etwa wenn der Gesellschafter oder ein Dritter auf Veranlassung des Gesellschafters die Gesellschaft bestiehlt oder Sachen unterschlägt (Hachenburg/*Goerdeler/Müller* § 30 Rn. 58; Michalski/*Heidinger* § 30 Rn. 38). **Keine Veranlassung** ist anzunehmen, wenn die Gesellschaft Schadensersatzansprüche aus unerlaubter Handlung oder aus Pflichtverletzungen oder Herausgabeansprüche aus Bereicherungsrecht oder aus Geschäftsführung ohne Auftrag erfüllt (Michalski/*Heidinger* § 30 Rn. 38).

13 Soweit ein Gesellschafter in anfechtbarer Weise einen Vermögensgegenstand in die Gesellschaft geleistet hat und die Gesellschaft daher zur Rückgewähr gem. §§ 143 InsO, 11 Abs. 1 AnfG verpflichtet ist, ist eine Veranlassung i. S. d. Abs. 1 gegeben (RGZ 74, 16, 17; 24, 14, 24; BGH NJW 1985, 659, 662). In der Regel muss die Gesellschaft gegen den Gesellschafter und dessen Mitgesellschafter gem. §§ 19, 21 ff., 24 GmbHG vorgehen.

14 Auch die **Leistung auf einen Ergebnisverwendungsbeschluss** ist eine Auszahlung i. S. v. § 30 GmbHG. Dies wird teilweise abgelehnt, weil sich der Umfang des Gesellschaftsvermögens durch den Ergebnisverwendungsbeschluss nicht verändert (*Sieker* ZGR 1995, 250, 265 ff.). Da aber der Gewinnausschüttungsbeschluss gerade die Gesellschaftereigenschaft voraussetzt, ist insoweit die Veranlassung gegeben (Hachenburg/*Goerdeler/Müller* § 30 Rn. 59)

3. Grundlage im Gesellschaftsverhältnis

15 Es werden nur die Auszahlungen erfasst, die ihre Grundlage im Gesellschaftsverhältnis haben (Michalski/*Heidinger* § 30 Rn. 41; Hachenburg/*Goerdeler/Müller* § 30 Rn. 59). **Maßgeblicher Zeitpunkt** für die Gesellschaftereigenschaft ist der Zeitpunkt des jeweiligen Vertragsabschlusses (Hachenburg/*Goerdeler/Müller* § 30 Rn. 60). Im Gegensatz dazu stehen die Austauschgeschäfte zwischen Gesellschaft und Gesellschafter, die wie zwischen fremden Dritten abgeschlossen werden. Ob eine Auszahlung ihre Grundlage im Gesellschaftsvertrag hat oder ein Austauschgeschäft vorliegt, bestimmt sich danach, ob ein gewissenhafter, nach kaufmännischen Grundsätzen handelnder Geschäftsführer das Geschäft unter sonst gleichen Bedingungen mit einem Nichtgesellschafter abgeschlossen hätte (OLG Düsseldorf GmbHR 1990, 134).

4. Beispiele einer Auszahlung

16 Praktische Bedeutung hat die Vorschrift damit vor allem für **verdeckte Gewinnausschüttungen** (vgl. dazu ausführl. § 29 GmbHG Rn. 161) und **eigenkapitalersetzende Gesellschafterdarlehen**.

Beispiele einer Auszahlung sind:

- die ganz oder teilweise unentgeltliche **Übereignung** einer Sache (Lutter / Hommelhoff/*Lutter/Hommelhoff* GmbHG, § 30 Rn. 8) der Gesellschaft;
- die **Abtretung einer Forderung** der Gesellschaft (BGH WM 1984, 136, 137);
- die **Erfüllung einer Verbindlichkeit** des Gesellschafters durch die Gesellschaft (BGH ZIP 2000, 1251, 1255);
- die **Verrechnung einer Forderung** der Gesellschaft mit dem Gesellschafter (BGH NJW 1984, 1036), wobei es unerheblich ist, wer die Aufrechnung erklärt hat und ob hierüber eine Vereinbarung geschlossen wurde;
- die **unterlassene Geltendmachung** einer Forderung gegen die Gesellschafter (BGHZ 122, 333, 338; für den Fall des Nichtentstehens eines Schadensersatzanspruchs: BGH NZG 2000, 544 gegen *Altmeppen* DB 2000, 657, 660);
- Abschluss eines Vertrages mit **überhöhter Leistung** der Gesellschaft;
- Zahlung von **Vorabgewinnausschüttungen** oder von **Zinsen** auf die Stammeinlage (RG HRR 1942, 258, 259);
- die Zahlung einer **überhöhten Vergütung** eines Gesellschafter-Geschäftsführers (BGH NJW 1992, 2894; OLG Hamm DStR 1992, 591; OLG Düsseldorf GmbHR 1990, 134).

5. Einzelfälle der Auszahlung

a) Austauschgeschäfte mit dem Gesellschafter

Auch Austauschgeschäfte mit dem Gesellschafter können unter die Auszahlung i. S. d. Abs. 1 fallen, wenn das Austauschgeschäft einem **Drittvergleich** nicht standhält. Dies ist der Fall, wenn die Leistung der Gesellschaft durch die Gegenleistung des Gesellschafters nicht ausgeglichen wird oder wenn – sollten Leistung und Gegenleistung ausgeglichen sein – nicht sicher zu erwarten ist, dass der Gesellschafter die von ihm zu erbringenden Leistungen erbringen wird (OLG Hamburg ZIP 2005, 1968, 1969). Die **Ausgeglichenheit von Leistung und Gegenleistung** ist anhand **objektiver Kriterien** zu messen, wobei allerdings dem Geschäftsführer der Gesellschaft ein objektiver unternehmerischer Ermessensspielraum einzuräumen ist (BGH NJW 1992, 2894, 2896; OLG Hamburg ZIP 2005, 1968, 1969; OLG Celle NJW 1993, 739). Auf subjektive Erwägungen, die dazu führen, dass der Geschäftsführer Leistung und Gegenleistung falsch beurteilt und in der Folge irrtümlich für ausgeglichen hält, kommt es nicht an (OLG Hamburg ZIP 2005, 1968, 1969). 17

Beurteilungskriterien für die Ausgeglichenheit von Leistung und Gegenleistung eines Anstellungsvertrages sind Art und Umfang der Tätigkeit, Art, Größe und Leistungsfähigkeit des Betriebs sowie Alter, Ausbildung, Berufserfahrung und Fähigkeiten des Gesellschafter-Geschäftsführers. Verschlechtern sich die Vermögensverhältnisse der Gesellschaft wesentlich, kann ein Organmitglied auf Grund der von ihm als solcher geschuldeten Treuepflicht gehalten sein, einer Herabsetzung seiner Bezüge zuzustimmen, vgl. § 87 Abs. 2 AktG. Für Gesellschafter-Geschäftsführer gilt dies unabhängig davon, ob und in welchem Umfang sie an der Gesellschaft beteiligt sind (BGH NJW 1992, 2894, 2896). Ist ein Gesellschafter-Geschäftsführer zu einer Anpassung seines Anstellungsvertrages verpflichtet und wurde dies unterlassen, stellt die Unterlassung eine Auszahlung dar, wenn der Anstellungsvertrag ohne Anpassung unausgeglichen ist. 18

b) Darlehen an Gesellschafter

Teilweise wird die Auffassung vertreten, dass Darlehen an Gesellschafter bei **Vorliegen einer Unterbilanz** generell unzulässig sind, wobei dies teilweise mit der »strukturellen Nachrangigkeit« der übrigen Gesellschafterforderungen begründet (so *Schön* ZHR 1995, 351, 361) oder auf einen »Erst-Recht-Schluss« analog § 43 a GmbHG abgestellt wird. Zum Teil wird auch darauf abgestellt, dass ein Rückzahlungsanspruch gegen den Gesellschafter kein gleichwertiger Ersatz für freies Vermögen der Gesellschaft ist. Da allerdings § 43 a GmbHG den Gesellschafter ausnimmt und die Geldanlage beim Gesellschafter eine denkbare Investition der Gesellschaft sein kann, ist 19 die Darlehensgewährung an Gesellschafter grundsätzlich nicht schädlich (*Bähr/Hoos* GmbHR 2004, 304, 305).

20 Gewährt die Gesellschaft ihrem Gesellschafter ein Darlehen zu einem Zeitpunkt, in dem **keine Unterbilanz** vorliegt, ist dies keine Auszahlung i. S. v. § 30 GmbHG, denn der Auszahlung des Darlehens steht der Rückzahlungsanspruch der Gesellschaft gegen den Gesellschafter gegenüber (§ 488 Abs. 1 S. 2 BGB). Ist jedoch der Darlehensrückzahlungsanspruch zum Zeitpunkt der Darlehensgewährung nicht werthaltig, weil die Bonität des Gesellschafters fragwürdig ist, liegt bereits insoweit eine Auszahlung vor. Erweist sich nach Darlehensgewährung die Bonität des Gesellschafters als fraglich, liegt bereits bei Darlehensgewährung eine Auszahlung vor, wenn die Gesellschaft sich nicht ausreichende übliche Sicherheiten hat bestellen lassen, bzw. liegt eine Auszahlung dann vor, wenn die Gesellschaft von ihrem Sonderkündigungsrecht keinen Gebrauch gemacht hat.

21 Gewährt die Gesellschaft ihrem Gesellschafter ein Darlehen zu einem Zeitpunkt, in dem sie eine Unterbilanz hat, so stellt diese Darlehensgewährung bereits eine Auszahlung dar (BGHZ 157, 72, 75). Denn die bilanzrechtliche Neutralität der Darlehensgewährung ändert nichts an der wirtschaftlichen Verschlechterung der Vermögensverhältnisse der Gesellschaft. Dies gilt auch dann, wenn der Darlehensrückzahlungsanspruch werthaltig ist (*Hirte* ZInsO, 2005, 403, 405). Keine Auszahlung liegt nach diesseitiger Auffassung vor, wenn der Darlehensrückzahlungsanspruch nebst Verzinsung auf die Dauer der Darlehenslaufzeit vollwertig und jederzeit vorrangig liquide ist.

22 Wird das Darlehen **zinslos** oder unter dem Zinssatz gewährt, der der Bonität des Gesellschafters entspricht, liegt in der Darlehensgewährung eine Auszahlung, da die Gesellschaft auf Gewinne verzichtet.

23 **Stundet** die Gesellschaft dem Gesellschafter die Rückzahlung des Darlehens, gelten die gleichen Grundsätze, d. h. der Gesellschafter muss stundungswürdig sein, ausreichende Sicherheiten bestellen und die Stundung angemessen entsprechend seiner Bonität verzinsen (Michalski/*Heidinger* § 30 Rn. 51; offen gelassen BGHZ 81, 311, 320). Sofern dies nicht beachtet wird, hat die Gesellschaft einen sofort fälligen Anspruch gegen den Gesellschafter, ohne dass er sich auf die gewährte Stundung berufen kann (BGHZ 81, 311, 320).

c) (Fiktives und reales) cash-pooling

24 Sog. Cash-pooling-Systemen liegt der wirtschaftliche Gedanke zugrunde, Kreditzinsen in Unternehmensverbindungen zu ersparen, deren wirtschaftlicher Hintergrund nicht quasi grundgesetzlich geschützt ist (*Goette* ZIP 2005, 1481, 1484). Je nach Konsolidierung der Salden der beteiligten Unternehmen ist zwischen dem sog. **fiktiven cash-pooling** (notional cash-pooling) und dem sog. **realen cash-pooling** (cash-concentration) zu unterscheiden. Unabhängig von der Unterscheidung erfordert ein geordnetes cash-pooling einen Vertrag, aus dem hervorgeht, ob, vom wem und in welcher Form und in welchen Fälligkeiten die Gesellschaft die Rückzahlung verlangen kann (OLG München GmbHR 2006, 144, 145). Zum Einfluss des MoMiG *Priester* ZIP 2006, 1557.

25 Beim **fiktiven cash-pooling** verbleibt die Liquidität bei den am cash-pool beteiligten Gesellschaften, d. h. die Gesellschaft richtet beim Kreditinstitut auf ihren Namen ein Konto ein, auf dem alle übrigen Konten der Gesellschaft gebündelt werden. Das Kreditinstitut bildet lediglich – regelmäßig am Ende eines jeden Tages – einen fiktiven Gesamtsaldo zur Ermittlung der entsprechenden Soll- oder Habenzinsen aller beteiligten Gesellschaften. Die Finanzierung wird weiterhin durch die einzelne Gesellschaft sichergestellt. Das fiktive cash-pooling dient damit im Wesentlichen der Reduzierung der Soll-Zinsen. Eine Auszahlung i. S. d. § 30 GmbHG liegt damit nicht vor (*Grothaus/Halberkamp* GmbHR 2005, 1317, 1323).

Beim **realen cash-pooling** wird die Liquidität jeder teilnehmenden Gesellschaft von der jeweiligen teilnehmenden Gesellschaft auf ein oder mehrere Zielkonten und damit i. d. R. auf einen anderen oder gar mehrere Rechtsträger transferiert. Dabei werden die Konten zu einem bestimmten Zeitpunkt – i. d. R. werktäglich – auf Null (sog. zero-balancing) oder auf einen bestimmten Betrag (sog. target-balancing) gesetzt. Kontenüberträge können ebenfalls erst ab Überschreitung eines bestimmten Soll- oder Habensaldos durchgeführt werden. Beim realen cash-pooling findet eine Auszahlung auf einen anderen Rechtsträger statt (OLG München GmbHR 2006, 144, 145). 26

Das reale cash-pooling setzt in **formeller Hinsicht** ein klares, belastbares und schriftliches **Vertragswerk** (OLG München GmbHR 2006, 144, 145) sowie einen zustimmenden **Beschluss der Gesellschafterversammlung** jedenfalls dann voraus, wenn die Gesellschaft ihre Liquidität in wesentlichem Maße der Betreibergesellschaft überträgt. Die Zustimmung nach dem KWG ist keine formelle Voraussetzung (vgl. § 1 Abs. 1 Nr. 1 KWG »Publikum«). 27

Das reale cash-pooling setzt in **materieller Hinsicht** voraus: ein transparentes und zeitnahes **Rechnungswesen** aller Zahlungsströme, die **Einhaltung der Kapitalaufbringungsvorschriften** (BGH GmbHR 2006, 477, 479 Tz. 21) und der Kapitalerhaltungsvorschriften (BGHZ 157, 72, 74), eine **angemessene Verzinsung** für die die Liquidität abgebende Gesellschaft, eine **ausreichende Besicherung**, um die Fähigkeit der die Liquidität in Empfang nehmenden Gesellschaft auf Rückzahlung des Darlehens dauerhaft sicherzustellen (*Goette* DStR 2006, 768), die Installation eines **Frühwarn- und Informationssystems**, das in der Lage ist, alle internen und externen Risiken des cash-pooling-Systems abzubilden und den beteiligten Gesellschaften mitzuteilen, **Informationsrechte** der die Liquidität abgebenden Gesellschaft, **Handlungspflichten** bei der Anlage bzw. dem Verbot der Anlage von Liquiditätsüberschüssen, die **Aufrechterhaltung eigener Konten** und eigener Bankkontakte und schließlich die **Kündigungsmöglichkeit** des cash-pooling-Vertrages. Die Information über die internen (innerhalb der Unternehmensgruppe) und externen Risiken ist notwendige Voraussetzung dafür, dass die beteiligten Unternehmen in der Lage sind, ihre eigenen Pflichten uneingeschränkt zu erfüllen (vgl. FG Bremen ZIP 2005, 2159, 2162) und ggf. den Vertrag über die Teilnahme am cash-pooling rechtzeitig zu kündigen. Der Abschluss des cash-pooling-Vertrages und seine Durchführung sind im Abhängigkeitsbericht darzustellen (vgl. § 312 Abs. 1 S. 2 AktG; *Hüffer* AG 2004, 416, 421 f.). Die Ausführungen gelten nach diesseitiger Auffassung auch dann, wenn das reale cash-pooling mit einem Beherrschungs- oder Gewinnabführungsvertrag ergänzt wird, da der Verlustausgleich bei diesen erst am Ende des Geschäftsjahres gilt (§ 302 Abs. 1 AktG) und der cash-pool keine Leistung auf Grund eines Beherrschungs- oder Gewinnabführungsvertrages ist, vgl. § 291 Abs. 3 AktG (a. A. wohl OLG München GmbHR 2006, 144, 145; HFA, FN-IDW 2004, 746, 748; *Habersack/Schürnbrand* NZG 2004, 689, 691; *Seidel* DStR 2004, 1130, 1133). Zur insolvenzrechtlichen Anfechtung: s. BGH ZIP 2006, 957. 28

Sofern ausnahmsweise cash-pooling zu einem Zeitpunkt betrieben wird, in dem die Gesellschaft aus **gebundenem Vermögen** ein Darlehen gewährt, ist dies nur zulässig, wenn folgende drei Voraussetzungen **kumulativ** (*Goette* ZIP 2005, 1481, 1484) vorliegen (BGHZ 157, 72, 77): (1) Die Darlehensvergabe liegt im Interesse der Gesellschaft. (2) Die Darlehensvergabe hält einem Drittvergleich stand. Ohne cash-pooling hätte die Gesellschaft einen konzernexternen Schuldner, weshalb sie mit cash-pooling vergleichbar gestellt werden muss und daher jede Form des Personalkredits ausscheidet (*Hüffer* AG 2004, 416, 419). (3) Die Kreditwürdigkeit des Unternehmens, auf das die Liquiditätsstände übertragen werden, steht selbst bei Anlegung strengster Maßstäbe außerhalb jeden vernünftigen Zweifels und/oder die Rückzahlung ist durch werthaltige Sicherheiten voll gewährleistet. In der Regel ist dabei auf die Konzernkreditwürdigkeit abzustellen (*Engert* BB 2005, 1951, 1958). Maßgeblich sind ein angemessenes Verhältnis von Gesamtverschuldung des Konzerns, der Konzerninnenfinanzierung und der Ertragskraft der Gruppe. Ein Indiz – aber auch nicht mehr – für die Kreditwürdigkeit ist das Rating des Konzerns bei den Rating-Agenturen (*Fuhrmann* NZG 2004, 552, 554). Dies wird deutlich, wenn die Tochtergesellschaft regelmäßig die Muttergesellschaft finanziert, weshalb bei der Frage der Kreditwürdigkeit auf den Restkonzern, d. h. den Konzern ohne die Tochtergesellschaft, abzustellen ist, da andernfalls die Tochter- 29 gesellschaft durch ihre eigene Kreditwürdigkeit die Kreditwürdigkeit der Muttergesellschaft verbessert.

d) Eigenkapitalersetzende Darlehen

30 Die **Rückzahlung** eines eigenkapitalersetzenden Darlehens kann eine Auszahlung sein. Kommt dem Darlehen keine eigenkapitalersetzende Bedeutung zu, hindert § 30 GmbHG die Rückzahlung nicht, auch wenn im Zeitpunkt der Rückzahlung eine Unterbilanz vorliegt (OLG Köln ZIP 2001, 961, 962).

31 Wird ein eigenkapitalersetzendes Darlehen des Gesellschafters mit einem Darlehen der Gesellschaft an den Gesellschafter **verrechnet**, liegt insoweit eine Auszahlung vor, als der Gesellschafter seine Darlehensforderung nicht geltend machen kann (Michalski/*Heidinger* § 30 Rn. 60).

e) Sicherheitenbestellung zugunsten eines Gesellschafters

32 Bestellt die Gesellschaft eine Sicherheit zugunsten eines Gesellschafters, ist zunächst zu beachten, dass die **Zustimmung aller Gesellschafter** für die Sicherheitenbestellung erforderlich ist, da andernfalls ein Verstoß gegen § 53 Abs. 3 GmbHG vorliegt. Fehlt es an der Zustimmung, darf der Geschäftsführer die Sicherheit nicht bestellen. Die Gesellschaftersicherheit kann sowohl für Forderungen von Dritten gegen den Gesellschafter als auch zur Besicherung von Forderungen des Gesellschafters gegen Dritte bestellt werden (KG NZG 2000, 479, 480).

33 Soweit die Gesellschaft einem Gesellschafter eine Sicherheit bestellen darf, ist das Geschäft auch **bilanziell** in seine einzelnen Rechtsgeschäfte zu zerlegen. Die Zusage der Sicherheit braucht nicht stets in der Bilanz passiviert zu werden (§ 251 S. 1 HGB), sondern erst, wenn eine Inanspruchnahme droht, wobei sie dann als Rückstellung erfolgt, § 249 Abs. 1 S. 1 HGB (OLG München GmbHR 1998, 986), und als Verbindlichkeit, wenn die Gesellschaft in Anspruch genommen worden ist. Sobald die Sicherheitenbestellung in die Bilanz aufzunehmen ist, sei es als Rückstellung oder als Verbindlichkeit, ist auch der Freistellungsanspruch gegen den Gesellschafter zu aktivieren (Lutter / Hommelhoff/*Lutter/Hommelhoff* GmbHG, § 30 Rn. 32); i. d. R. liegt dem Freistellungsanspruch ein Auftrag zugrunde. Ob und in welchem Umfang der Freistellungsanspruch zu aktivieren ist, hängt von der Bonität des Gesellschafters und / oder den von ihm bestellten Sicherheiten ab.

34 Hieraus folgt zunächst: Die **Sicherheitenbestellung** zugunsten des Gesellschafters ist grundsätzlich **unterbilanzneutral** (Hachenburg/*Goerdeler/Müller* § 30 Rn. 66). Dies gilt nicht nur, solange die Sicherheit unter der Bilanz ausgewiesen ist, sondern auch, wenn die Inanspruchnahme aus der Sicherheit droht (a. A. Lutter / Hommelhoff/*Lutter/Hommelhoff* GmbHG, § 30 Rn. 33; *Steinbeck* WM 1999, 885, 887) oder sogar, soweit die Gesellschaft aus der Sicherheit in Anspruch genommen wird, sofern der Freistellungsanspruch der Gesellschaft gegen den Gesellschafter werthaltig ist und geltend gemacht wurde. Liegt die Werthaltigkeit nicht vor, ist mit der drohenden Inanspruchnahme eine Auszahlung gegeben.

35 Hieraus folgt ferner: Es entspricht kaufmännischen Gepflogenheiten, dass sich ein Dritter die Sicherheitenbestellung vergüten lässt. Dies gilt auch im Verhältnis zu den Gesellschaftern. Unterbleibt die **Vergütung**, liegt ein Fall des Verzichts auf Gewinn vor, weshalb schon aus diesem Grund die Sicherheitenbestellung eine Auszahlung ist. Die Höhe der Vergütung hängt von der Bonität des Gesellschafters und den von ihm bestellten Sicherheiten ab. Diese Begründung führt im wirtschaftlichen Ergebnis dazu, dass während einer Unterbilanz oder während einer Überschuldung keine Sicherheit aus dem Gesellschaftsvermögen an den Gesellschafter gegeben werden darf (Lutter / Hommelhoff/*Lutter/Hommelhoff* GmbHG, § 30 Rn. 35).

f) Verkauf unter Verzicht auf Gewinnaufschlag

36 Verkauft die Gesellschaft eine Sache oder Forderung an den Gesellschafter oder überlässt die Gesellschaft dem Gesellschafter eine Sache ohne Gewinnaufschlag, liegt insoweit eine Auszahlung

vor, wenn der Gewinnaufschlag realisierbar ist. § 30 GmbHG ist jedoch nur dann einschlägig, wenn eine Unterbilanz verursacht wird, weshalb zusätzlich ein Verkauf unter Herstellungs- oder Anschaffungskosten bzw. Buchwert erforderlich ist.

g) Wechselseitige Beteiligungen

Erwirbt die Gesellschaft Geschäftsanteile von ihrer Muttergesellschaft, sei es originär durch eine Kapitalerhöhung bei der Muttergesellschaft oder derivativ von den Gesellschaftern der Muttergesellschaft, entsteht eine wechselseitige Beteiligung. Für die Aktiengesellschaft ist dies in §§ 19, 56 Abs. 2 AktG geregelt. Während ein Teil der Literatur (Scholz/*Westermann* GmbHG, § 30 Rn. 37) die wechselseitige Beteiligung bei der GmbH durch § 30 GmbHG lösen will, erachtet eine im Vordringen befindliche Meinung (*Verhoeven* GmbHR 1977, 97, 100; Hachenburg/*Goerdeler/Müller* § 30 Rn. 71) dies als Problematik des § 33 GmbHG analog. Nach der erstgenannten Meinung liegt eine Auszahlung an die Muttergesellschaft vor, wenn der Wert des erworbenen Anteils nicht zumindest der geleisteten Einlage entspricht. Nach der a. A. ist der Erwerb nur zulässig, soweit der Erwerb der Anteile aus nicht gebundenem Vermögen erfolgt. Letzterer Auffassung ist der Vorzug zu geben, weil sie die wechselseitige Beteiligung sachgerecht löst. 37

h) Verschmelzung des Gesellschafters auf die Gesellschaft

Eine Auszahlung liegt ebenfalls vor, wenn der Gesellschafter auf die Gesellschaft verschmolzen wird, sofern das Vermögen des Gesellschafters nicht ausgeglichen ist. Denn die Gesellschaft übernimmt die Verbindlichkeiten ihres Gesellschafters, ohne hierfür eine adäquate, den Vermögensverlust ausgleichende Gegenleistung zu erhalten (Widmann/Mayer/*Mayer* [81. Erg.Lfg] § 5 Rn. 40.1). 38

IV. An Gesellschafter

1. Gesellschafter

Der Wortlaut (»an die Gesellschafter«) erfasst nur **Auszahlungen an die Gesellschafter** i. S. v. § 16 GmbHG. Die Frage ist, ob dies auch für Gesellschafter in einem **Vertragskonzern** gilt. Der BGH hat hierzu die Auffassung vertreten, dass die Verpflichtungen zur Verlustübernahme und zur Sicherheitsleistung (§§ 302, 303 AktG analog) der einzig sichere Weg sei, um Gesellschafter und Gläubiger gegen eine Aushöhlung der bilanzmäßigen Substanz zu schützen (BGH GmbHR 1988, 174, 175), weshalb die Verlustübernahmeverpflichtung zumindest auch dazu dient, die Außerkraftsetzung der Kapitalsicherungsvorschriften auszugleichen (BGH GmbHR 1989, 196, 200). Mit Rücksicht darauf, dass die Verlustausgleichsverpflichtung nur auf das Ende des Geschäftsjahres der abhängigen Gesellschaft wirkt und § 31 GmbHG einen sofort fälligen Erstattungsanspruch begründet, geht § 31 GmbHG deutlich über § 302 AktG hinaus, weshalb die Rechtsprechung nicht unbedenklich ist. Voraussetzung ist nicht, dass der Verlustausgleich durch Barzahlung erfüllt werden muss. Vielmehr kann die Verlustausgleichsverpflichtung auch durch Aufrechnung erfüllt werden, wenn die Forderung der herrschenden Gesellschaft werthaltig ist (BGH ZInsO 2006, 818, 820 Tz. 11). Die Beweislast für die Werthaltigkeit der Forderung trifft das herrschende Unternehmen (BGH a. a. O.). Ob der BGH mit dieser Entscheidung sein Dogma, § 302 AktG trete »an die Stelle der Kapitalerhaltungsvorschriften« aufgibt, bleibt abzuwarten, wäre wünschenswert (wohl auch *Goette* DStR 2006, 2132, 2136). 39

Auf Grund des Zwecks des § 30 GmbHG und um seine Umgebung zu verhindern, besteht aber Einigkeit, dass nicht nur unmittelbare Auszahlungen an die Gesellschafter geregelt sind, sondern auch **mittelbare Zahlungen** und alle **Umgehungsgeschäfte** (OLG Rostock GmbHR 1998, 329, 330; Hachenburg/*Goerdeler/Müller* § 30 Rn. 47; Michalski/*Heidinger* § 30 Rn. 66). 40

Mittelbare Leistungen an den Gesellschafter liegen immer dann vor, wenn die Auszahlung dem Gesellschafter indirekt zugute kommt (Michalski/*Heidinger* § 30 Rn. 66). **Beispielsfälle** dieser Art sind die Erfüllung einer Verbindlichkeit des Gesellschafters durch die Gesellschaft gegenüber 41 einem Dritten (BGHZ 60, 324, 328; BGH LM § 30 GmbHG Nr. 1); die Erfüllung einer Verbindlichkeit einer anderen Gesellschaft des Gesellschafters durch die Gesellschaft gegenüber einem Dritten (OLG Köln GmbHR 1996, 367); die Übernahme einer Verbindlichkeit des Gesellschafters von einem Dritten (Michalski/*Heidinger* § 30 Rn. 66); das Eingehen einer Verbindlichkeit gegenüber einem Dritten, die nur den Interessen des Gesellschafters dient (OLG Rostock, GmbHR 1998, 329, 330).

2. Gleichbehandelte Personen

42 Zahlt die Gesellschaft nicht an den Gesellschafter, sondern an den **Nießbraucher** aus, gilt dies als Auszahlung an den Gesellschafter, da der Nießbraucher den vermögensrechtlichen Teil der Mitgliedschaft ausübt (Hachenburg/*Goerdeler/Müller* § 30 Rn. 51).

43 Zahlt die Gesellschaft an einen **Treuhänder** aus, liegt § 30 GmbHG unmittelbar vor, da der Treuhänder Gesellschafter ist (vgl. § 14 GmbHG Rn. 8).

44 Zahlt die Gesellschaft an den Treugeber (Hintermann) aus, gilt die Auszahlung analog § 46 Abs. 5 AktG als Auszahlung an den Gesellschafter (BGHZ 31, 258, 266 f.; OLG Celle ZIP 1985, 100, 104; OLG Hamburg DB 1984, 1515, 1516).

3. Zuzurechnende Dritte

45 Zahlungen an Dritte erfasst der Wortlaut des § 30 GmbHG nicht. Zur **Vermeidung von Umgehungen** werden aber Zahlungen an Dritte als Zahlungen an den Gesellschafter behandelt, wenn es sich bei den Dritten um **nahe Angehörige** (BGHZ 81, 365, 369; Michalski/*Heidinger* § 30 Rn. 80), minderjährige Kinder, Ehegatten oder um **konzernrechtlich verbundene Unternehmen** i. S. d. § 15 AktG (BGH ZIP 1987, 1050; OLG München GmbHR 2006, 144, 145; OLG Dresden GmbHR 2003, 356, 358; *U. H. Schneider* ZGR 1985, 279, 285 ff.) handelt. **Stille Gesellschafter** sind einem Gesellschafter gleich zu stellen, wenn sie auf Grund der vertraglichen Ausgestaltung des stillen Gesellschaftsverhältnisses hinsichtlich ihrer vermögensmäßigen Beteiligung und ihres Einflusses auf die Geschicke der Gesellschaft weitgehend einem Gesellschafter gleichstehen (BGH DStR 2006, 860, 862 Tz. 24). Zahlungen an natürliche Personen, die nicht nahe Angehörige sind, sind nur dann als Auszahlung an den Gesellschafter zu werten, wenn dieser einen **messbaren Vorteil** hatte (Hachenburg/*Goerdeler/Müller* § 30 Rn. 52, Michalski/*Heidinger* § 30 Rn. 80) oder die **Zahlung veranlasst** hat.

46 Man wird den Kreis der Dritten nicht nach § 138 InsO bestimmen können. Denn bei der Insolvenzanfechtung geht es um Personen, die dem Schuldner nahe stehen, bei denen die Kenntnis der Zahlungsunfähigkeit, des Eröffnungsantrages oder der Gläubigerbenachteiligung widerleglich vermutet wird (§§ 130 Abs. 3, 131 Abs. 2 S. 2, 132 Abs. 3 InsO). Derartige subjektive Voraussetzungen spielen aber bei der Auszahlung an Dritte keine Rolle.

47 Ob die Gesellschaft gegen den Dritten einen **eigenen Anspruch** aus §§ 30, 31 GmbHG hat, richtet sich nach h. M. danach, ob der Dritte den Verstoß gegen § 30 GmbHG gekannt hat oder hätte kennen müssen (BGHZ 81, 359, 369/370).

4. Beurteilungszeitpunkt

48 Maßgeblicher Zeitpunkt für die Beurteilung der Gesellschaftereigenschaft ist die **Begründung der Auszahlungsverpflichtung** (BGHZ 81, 252, 258; 13, 49, 54; RG JW 1938, 1176; KG NZG 2000, 479, 480; Michalski/*Heidinger* § 30 Rn. 69; *Goette* DStR 1997, 1495, 1498), nicht die Auszahlung selbst. Wenn die Auszahlung zu einem Zeitpunkt geleistet wird, zu dem der Gesellschafter der Gesellschaft nicht mehr angehört, liegt gleichwohl eine Auszahlung vor, wenn die Auszahlungsverpflichtung während seiner Gesellschaftereigenschaft begründet worden ist.

49 Ist die Auszahlungsverpflichtung zu einem Zeitpunkt entstanden, zu dem der Gesellschafter **nicht mehr Gesellschafter** war, liegt grundsätzlich kein Fall des § 30 GmbHG vor (Hachenburg/

Goerdeler/Müller § 30 Rn. 55), es sei denn, es gibt Anhaltspunkte für ein Umgehungsgeschäft, etwa wenn die Auszahlung innerhalb von etwa sechs Monaten nach dem Ausscheiden geleistet wurde. Dann besteht ein Indiz, dass die Auszahlung im Zusammenhang mit der Gesellschafterstellung begründet war.

Ist die Auszahlungsverpflichtung zu einem Zeitpunkt entstanden, zu dem der Gesellschafter **noch nicht Gesellschafter** war, liegt grundsätzlich kein Fall des § 30 GmbHG vor, es sei denn, es gibt Anhaltspunkte für ein Umgehungsgeschäft, etwa wenn die Auszahlung innerhalb von etwa sechs Monaten vor der Begründung der Gesellschafterstellung geleistet wurde. Dies findet man häufig in sog. »Management-Buy-Out-Konstellationen«, bei denen dem Management zur Finanzierung des Kaufpreises Mittel der Gesellschaft vorab zur Verfügung gestellt werden. **50**

Maßgeblicher Zeitpunkt für die Beurteilung der Auszahlung an den dem Gesellschafter **zuzurechnenden Dritten** (s. o. Rn. 45 f.) ist der Zeitpunkt der **Auszahlung** (BGH DStR 1996, 271, 272; *Goette* DStR 1997, 1495, 1499). **51**

V. Zur Erhaltung des Stammkapitals erforderliches Vermögen

Geschützt wird nicht das Gesellschaftsvermögen als solches, sondern nur das zur Erhaltung des Stammkapitals erforderliche Gesellschaftsvermögen. **52**

1. Nominelles Stammkapital vs. Rücklagen

Geschützt ist nur das **Stammkapital**, wie es im Handelsregister eingetragen ist. Unerheblich ist, ob das Stammkapital eingezahlt ist oder ob die Gesellschafter eine Kapitalerhöhung oder -herabsetzung beschlossen haben. **53**

Rücklagen sind durch § 30 GmbHG nicht geschützt. Dies gilt nicht für Rücklagen nach § 27 Abs. 2 DMBilG, die kraft Verweisung (§ 27 Abs. 3 DMBilG) dem Anwendungsbereich des § 30 GmbHG unterliegen (vgl. auch Rn. 4). **54**

Verbindlichkeiten an Gesellschafter sind durch § 30 GmbHG ebenfalls nicht geschützt. Dies gilt nicht bei eigenkapitalersetzenden Gesellschafterdarlehen. Sie sind zwar Fremdkapital, haben aber die Funktion von Eigenkapital. Nach der Rechtsprechung des BGH fällt die Rückzahlung eigenkapitalersetzender Darlehen selbst unter §§ 30, 31 GmbHG (vgl. §§ 32 a, 32 b GmbHG Rn. 13). **55**

2. Unterbilanz

Nach § 30 GmbHG darf das Gesellschaftsvermögen nicht unter den nominellen Wert des Stammkapitals sinken, d. h. es darf weder eine Unterbilanz begründet oder vertieft werden, noch darf eine Überschuldung entstehen. **56**

a) Zeitpunkte der Unterbilanzermittlung

Maßgeblicher Zeitpunkt für die Ermittlung der Unterbilanz ist der **Zeitpunkt der Auszahlung** (BGH GmbHR 1987, 187; Lutter / Hommelhoff/*Lutter/Hommelhoff* GmbHG, § 30 Rn. 20; Michalski/*Heidinger* § 30 Rn. 16). Dieser Zeitpunkt kann je nach Form der Auszahlung unterschiedlich sein; auch mehrere Zeitpunkte kommen in Betracht. Besteht die Auszahlung etwa in der Eingehung einer Verbindlichkeit, ist dieser Zeitpunkt maßgeblich. Besteht die Auszahlung in der Bestellung einer Sicherheit, ist die Unterbilanz jedenfalls auf den Zeitpunkt zu ermitteln, in dem die dem Gesellschafter gewährte Sicherheit in Anspruch genommen wird (KG NZG 2000, 479, 481), wenn nicht sogar der Zeitpunkt maßgeblich ist, in dem die Inanspruchnahme erstmalig droht. **57**

b) Zwischenbilanz zur Unterbilanzfeststellung

58 Streitig wird die Frage diskutiert, ob zwingend auf den Zeitpunkt der Unterbilanzermittlung eine Zwischenbilanz (auch Unterbilanzrechnung genannt, s. Hachenburg/*Goerdeler/Müller* § 30 Rn. 31; Lutter/Hommelhoff/*Lutter/Hommelhoff* GmbHG, § 30 Rn. 15) aufzustellen ist (bejahend: *Röhrkasten* GmbHR 1974, 36; *Meister* WM 1980, 390, 394; verneinend: Hachenburg/*Goerdeler/Müller* § 30 Rn. 43). Unabhängig wie man sich zu der Frage stellt, wird ein kaufmännisch handelnder Geschäftsführer eine Zwischenbilanz aufstellen müssen, insbesondere dann, wenn Zweifel am Vorliegen einer Unterbilanz bestehen. Ideal ist es, wenn der Geschäftsführer den Zwischenabschluss vor und nach der Auszahlung aufstellt, was ihm im Nachhinein die Argumentation erleichtert. Auch aus Gründen der Beweisführung wird die Aufstellung eines Zwischenabschlusses empfohlen (Michalski/*Heidinger* § 30 Rn. 29). Im Ergebnis besteht damit aus den Grundsätzen ordnungsmäßiger Unternehmensführung eine **Verpflichtung zur Aufstellung der Zwischenbilanz**. Eine Zwischenbilanz ist dann nicht erforderlich, wenn es aufgrund der Fehlbeträge der Vorjahre keine Anhaltspunkte für die Annahme gibt, dass die Unterbilanz nachhaltig beseitigt worden ist (BGH BB 2006, 1070, 1071 Tz. 8).

59 Solange die Zwischenbilanz nicht aufgestellt ist, haben die Geschäftsführer ein **Leistungsverweigerungsrecht** der Auszahlung (Hachenburg/*Goerdeler/Müller* § 30 Rn. 43).

60 Wurde eine Zwischenbilanz aufgestellt, haben die Gesellschafter **Anspruch auf Einsicht in die Zwischenbilanz** (vgl. § 51 a Abs. 1 GmbHG). Der ausgeschiedene Gesellschafter hat Anspruch auf Vorlage der Zwischenbilanz nach § 810 BGB.

c) Aufstellungsgrundsätze der Zwischenbilanz

61 Die Zwischenbilanz wird aus dem Jahresabschluss abgeleitet. Maßgeblich ist der letzte festgestellte und wirksame Jahresabschluss.

62 In dem Zwischenabschluss wird das **Nettovermögen der Gesellschaft** ermittelt. Das Nettovermögen ermittelt sich aus der Summe aller nach § 42, §§ 246 ff. und §§ 266 ff. HGB angesetzten und bewerteten Aktiva abzüglich sämtlicher echten Passiva, also nicht vermindert um das Stammkapital selbst und die Rücklagen (BGH NJW 1988, 139; OLG Brandenburg GmbHR 1999, 298, 299; Lutter/Hommelhoff/*Lutter/Hommelhoff* GmbHG, § 30 Rn. 14; *Müller* DStR 1997, 1577). Zu den echten Passiva zählen die **Rückstellungen** (Michalski/*Heidinger* § 30 Rn. 13). **Rücklagen** und **Nachschusskapital** bleiben außer Ansatz. Das Nettovermögen der Gesellschaft entspricht damit den frei verfügbaren Rücklagen und den Gewinnvorträgen.

63 Der Zwischenabschluss wird grundsätzlich zu **Fortführungswerten** bewertet, weshalb die bisherige Bewertungs- und Bilanzierungspraxis beizubehalten ist. Die Gesellschaft ist an das Stetigkeitsgebot (§ 252 Abs. 1 Nr. 6 HGB) gebunden (*Goette* DStR 2006, 139, 145), darf aber, soweit dies bei Aufstellung des Jahresabschlusses zulässig wäre, im Rahmen des Zwischenabschlusses ihre Bewertungspraxis ändern (Hachenburg/*Goerdeler/Müller* § 30 Rn. 31). Die Fortführungswerte unterstellen eine geordnete Fortführung des Unternehmens trotz Unterbilanz. Führt allerdings die Auszahlungsveranlassung der Gesellschafter dazu, dass die Gesellschaft zu liquidieren oder zu zerschlagen ist, weil ihr lang- oder kurzfristig die betrieblichen Grundlagen entzogen wurden, sind in dem Zwischenabschluss die Vermögensgegenstände mit **Liquidations-** oder sogar mit **Zerschlagungswerten** anzusetzen (so auch Hachenburg/*Goerdeler/Müller* § 30 Rn. 31 für Liquidationswerte). Liquidationswerte sind die Werte, die im Rahmen einer durch die Gesellschafter beschlossenen ordnungsgemäßen Liquidation zugrunde zu legen sind (Uhlenbruck/*Uhlenbruck* § 19 InsO Rn. 25) Zerschlagungswerte sind die Werte, die im Rahmen einer Zwangsabwicklung der Gesellschaft zugrunde zu legen sind. Diese beinhalten auch mögliche Sozialplanverpflichtungen (a. A. Lutter/Hommelhoff/*Lutter/Hommelhoff* GmbHG, § 30 Rn. 15).

d) Einzelheiten der Aufstellung

Die Einzelheiten der Aufstellung sind (in alphabetischer Reihenfolge): 64

- **Eigene Anteile:** Soweit die Gesellschaft eigene Anteile erworben hat, sind die Anteile mit ihren Anschaffungskosten, d. h. einschließlich Aufgeld zu aktivieren. Zugleich ist aber auch zwingend eine neutralisierende Rücklage zu bilden (§ 272 Abs. 4 HGB), die als zur Ausschüttung nicht verwendbar zu bezeichnen ist (Hachenburg/*Goerdeler/Müller* § 30 Rn. 39).
- **Eigenkapitalersetzende Gesellschafterdarlehen:** Eigenkapitalersetzende Gesellschafterdarlehen sind als Verbindlichkeiten zu passivieren, selbst wenn für sie eine Rangrücktrittserklärung abgegeben wurde (Hachenburg/*Goerdeler/Müller* § 30 Rn. 36; Michalski/*Heidinger* § 30 Rn. 24).
- Ausstehende **Gesellschafterforderung:** Sind die Stammeinlagen begründet, aber noch nicht eingezahlt oder hat die Gesellschaft sonstige Forderungen gegen den Gesellschafter, ist die (Einlage-) Forderung gegen den Gesellschafter als Forderung zu aktivieren (§ 272 Abs. 1 HGB), soweit sie werthaltig ist (HansOLG Bremen DStR 2002, 1407; Hachenburg/*Goerdeler/Müller* § 30 Rn. 23).
- **Geschäfts- und Firmenwert:** Der selbst geschaffene Geschäfts- und Firmenwert darf nicht aktiviert werden. Streitig ist die Behandlung des derivativ erworbenen Geschäfts- und Firmenwertes (aktivierbar: Hachenburg/*Goerdeler/Müller* § 30 Rn. 35; Michalski/*Heidinger* § 30 Rn. 19; *Müller* DStR 1997, 1577, 1579; nicht aktivierbar: Lutter / Hommelhoff/*Lutter/Hommelhoff* GmbHG, § 30 Rn. 15). Er stellt zwar einen immateriellen Vermögensgegenstand dar (§ 266 Abs. 2 AI Nr. 2 HGB); dieser ist jedoch unsicher und für die Gläubiger nicht verwertbar. Daher ist er nicht anzusetzen.
- **Gründungskosten:** Aufwendungen für die Gründung der Gesellschaft sind wegen des Aktivierungsverbotes des § 248 Abs. 1 HGB in der Zwischenbilanz nicht zu aktivieren (Michalski/*Heidinger* § 30 Rn. 17).
- Aufwendungen für die **Ingangsetzung und Erweiterung des Geschäftsbetriebs**: Die Bilanzierungshilfen (§ 169 HGB) dürfen nicht aktiviert werden, da sie gem. § 269 S. 2 HGB mit einer Ausschüttungssperre belegt sind (Hachenburg/*Goerdeler/Müller* § 30 Rn. 34; Michalski/*Heidinger* § 30 Rn. 18).
- **Rechnungsabgrenzungsposten:** Die aktiven und passiven Rechnungsabgrenzungsposten sind auf den Zeitpunkt der Zwischenbilanzaufstellung zu bilden (BGH GmbHR 1989, 152, 154; Hachenburg/*Goerdeler/Müller* § 30 Rn. 40; Michalski/*Heidinger* § 30 Rn. 22; a. A. Lutter / Hommelhoff/*Lutter/Hommelhoff* GmbHG, § 30 Rn. 19).
- **Rückstellung für ungewisse Verbindlichkeiten:** Die Rückstellungspflicht besteht dem Grunde nach jedenfalls dann, wenn ernsthaft mit ihrem Bestand gerechnet werden muss. Maßgeblich ist insoweit, ob der Bilanzierende bei sorgfältiger Abwägung aller in Betracht kommenden Umstände eine Rückstellungspflicht nicht verneinen durfte, wobei auch ein faktischer Leistungszwang genügen kann (BGH ZIP 2003, 2068 f.).
- **Schwebende Geschäfte:** sind grundsätzlich nicht zu bilanzieren, es sei denn, es liegen Vorleistungen, Erfüllungsrückstände oder drohende Verluste vor (BGH GmbHR 1989, 152, 154).
- **Sonderposten mit Rücklagenanteil:** Im Jahresabschluss ist der Sonderposten mit Rücklagenanteil gesondert auszuweisen, § 273 S. 2 HGB. Der Sonderposten stellt aus wirtschaftlicher Sicht einen Mischposten zwischen Eigenkapital und Fremdkapital dar. Durch die erfolgswirksame Bildung des Sonderpostens wird ein sonst auszuweisender Gewinn der Gesellschaft vermindert oder ein sonst auszuweisender Verlust erhöht. Durch seine Bildung werden gewisse Beträge der Ausschüttung entzogen und es kommt zu einer Steuerstundung. Der Rückstellungsteil ist zu passivieren und in die Zwischenbilanz einzustellen (Lutter / Hommelhoff/*Lutter/Hommelhoff* GmbHG, § 30 Rn. 18; a. A. *Schmitt* GmbHR 2002, 349, 351/352). Der Eigenkapitalanteil des Sonderpostens wird dadurch ermittelt, dass die potentielle Steuerbelastung in Abzug zu bringen ist.
- **Stille Reserven:** Durch die Anwendung der Grundsätze ordnungsmäßiger Bilanzierung ist es der Gesellschaft verwehrt, stille Reserven aufzudecken. Dies gilt sowohl für die zwangsweise

als auch für die willkürlich gebildeten stillen Reserven (BGH GmbHR 1989, 152, 154; OLG Brandenburg GmbHR 1999, 298, 299; Lutter / Hommelhoff/*Lutter/Hommelhoff* GmbHG, § 30 Rn. 15; a. A. *Meister* WM 1980, 390, 394; *Sonnenhol/Stützle* DB 1979, 925, 927 f.). Etwas anderes gilt nur, wenn die Auflösung stiller Reserven den Grundsätzen ordnungsmäßiger Buchführung entspricht und im Jahresabschluss zulässig wäre, etwa im Falle einer Wertaufholung, § 280 HGB (*Müller* DStR 1997, 1577, 1579).

- **Verlustvortrag:** Der Verlustvortrag ist zu passivieren. Er hindert die Auszahlung so lange nicht, wie er durch Rücklagen gedeckt ist (Hachenburg/*Goerdeler/Müller* § 30 Rn. 37).
- **Wahlrechte:** Die Gesellschaft bleibt an die ausgeübten Wahlrechte gebunden. Daher braucht die Gesellschaft eine zulässigerweise unterbliebene Passivierung in dem Zwischenabschluss nicht nachzuholen (Lutter / Hommelhoff/*Lutter/Hommelhoff* GmbHG, § 30 Rn. 15, 18).

VI. Rechtsfolgen

1. Auszahlungsverbot

65 Eine Auszahlung, die gegen § 30 Abs. 1 GmbHG verstößt, begründet im Sinne einer Einwendung ein **Leistungsverweigerungsrecht** der Gesellschaft (BGH ZIP 1996, 538, 539). Das Auszahlungsverbot endet, sobald das Stammkapital nachhaltig wieder hergestellt ist. Das Auszahlungsverbot wird nicht dadurch geheilt, dass die Gesellschafter einen entsprechenden Gesellschafterbeschluss fassen. Ein derartiger Beschluss in Kenntnis des Auszahlungsverbotes wäre nichtig, § 241 Nr. 3 AktG analog (Hachenburg/*Goerdeler/Müller* § 30 Rn. 76)

2. Erstattungsanspruch und Geschäftsführerhaftung

66 Wird dennoch gegen das Auszahlungsverbot verstoßen, hat die Gesellschaft einen **gesellschaftsrechtlichen Erstattungsanspruch** (BGHZ 31, 258, 265; Hachenburg/*Goerdeler/Müller* § 30 Rn. 66) gegen die Gesellschafter, § 31 GmbHG. Die Geschäftsführer haften gem. § 43 Abs. 1 und 3 GmbHG. Zur Beweislastverteilung der Geschäftsführerhaftung s. BGH BB 2006, 1070, 1071 Tz. 11.

3. Nichtigkeit des Verpflichtungsgeschäfts und Verfügungsgeschäfts

67 Offen ist die Diskussion, ob das **Verpflichtungsgeschäft nichtig** ist, wenn ein Verstoß gegen § 30 GmbHG vorliegt. Die Rechtsprechung (BGHZ 69, 274, 280; RGZ 133, 393, 395; 113, 241, 244; OLG Düsseldorf GmbHR 1990, 134) und die überwiegende Literatur (Michalski/*Heidinger* § 30 Rn. 88; a. A. *Groß/Sonnenhol* GmbHR 1995, 561, 562) nehmen eine Nichtigkeit des Verpflichtungsgeschäfts nach § 134 BGB nur an, wenn **bewusst** gegen § 30 GmbHG verstoßen wurde. Das OLG Frankfurt (GmbHR 2005, 550, 557) sieht einen Verstoß gegen das Auszahlungsverbot des § 30 GmbHG stets als Nichtigkeitsgrund nach § 134 BGB an. Mit Rücksicht darauf, dass die Rechtsfolge in § 31 GmbHG abschließend geregelt ist, spricht viel dafür, die Nichtigkeit nicht anzunehmen (offen gelassen in BGHZ 136, 125, 129)

68 Mit derselben Begründung ist auch das **Verfügungsgeschäft** als grundsätzlich **wirksam** zu erachten (Lutter / Hommelhoff/*Lutter/Hommelhoff* GmbHG, § 30 Rn. 42; a. A. OLG Düsseldorf GmbHR 1990, 134).

4. Konkurrenz zu allgemeinen Vorschriften

69 Neben dem gesellschaftsrechtlichen Regelwerk der §§ 30, 31, 43 Abs. 1 und 3 GmbHG finden die allgemeinen Vorschriften Anwendung, so §§ 812 ff., 823 ff., 985 BGB. Ferner sind Fälle denkbar, in denen ein Missbrauch der Vertretungsmacht des Geschäftsführers vorliegen kann (Michalski/*Heidinger* § 30 Rn. 84).

VII. Beweislast

Die Beweislast für das Vorliegen der Voraussetzungen des § 30 GmbHG liegt bei der **Gesellschaft** (BGH GmbHR 2003, 466, 467; ZIP 2000, 1251, 1254). Für die Behauptung des Gesellschafters, dass die Auszahlung für Mittel der Gesellschaft verwandt wurde, trifft den **Gesellschafter** die Beweislast (OLG Celle OLGR 1997, 128). Darlegungsschwierigkeiten bei unvollständigen oder ungeordneten Geschäftsunterlagen sind nach den Grundsätzen der sekundären Behauptungslast zu lösen (BGH GmbHR 2003, 466, 467). Das Vorliegen einer Unterbilanz ist von Amts wegen vom Gericht zu beachten. 70

VIII. Bilanzieller Ausweis

Streitig ist der Ausweis der verbotswidrigen Auszahlung im Jahresabschluss der Gesellschaft. Zunächst ist § 265 Abs. 5 HGB zu beachten, der eine weitere Untergliederung der Posten der Bilanz zulässt. Zum anderen ist aus § 272 Abs. 1 S. 3 HGB zu entnehmen, dass auch nicht eingeforderte Einlagen offen vom Posten des gezeichneten Kapitals abgesetzt werden dürfen. Da die Auszahlung wirtschaftlich gesehen nichts anderes als eine Form der Rückzahlung von Eigenkapital ist, spricht viel dafür, das widerrechtlich ausgezahlte Kapital offen vom gezeichneten Kapital in einer Vorspalte als »Kapitalrückzahlung« abzusetzen (*Binz* DB 2004, 1273, 1274). 71

Soweit der Jahresabschluss prüfungspflichtig ist, trifft den Abschlussprüfer eine Redepflicht nach § 321 Abs. 1 S. 3 HGB, und zwar nach diesseitiger Auffassung unabhängig davon, ob der Bestand des Unternehmens gefährdet ist (enger: *Binz* DB 2004, 1273, 1275). 72

IX. Steuerliche Behandlung verbotswidriger Auszahlungen

Zur steuerlichen Behandlung verbotswidriger Auszahlungen s. *Suchanek/Hagedorn* GmbHR 2006, 405. 73

C. Nachschüsse, Abs. 2

I. Zweck der Vorschrift

Abs. 2 knüpft an die Nachschusspflicht der §§ 26 bis 28 GmbHG an. Werden Nachschüsse geleistet, werden sie in der Bilanz der Gesellschaft in einem **besonderen Posten** innerhalb der Kapitalrücklage ausgewiesen (§ 42 Abs. 2 S. 3 GmbHG), und zwar wie folgt: Einerseits ist der nachgeschossene Betrag nachrangig zum Stammkapital (§ 266 Abs. 3 Posten A I HGB), andererseits ist der Betrag vorrangig innerhalb der Kapitalrücklage (§ 266 Abs. 3 Posten A II HGB) auszuweisen. Diese bilanzielle Behandlung spiegelt sich konsequent in der Handhabung der nachgeschossenen Beträge wider: Nachgeschossene Beträge unterliegen nicht § 19 Abs. 2 und Abs. 5 GmbHG. Werden Kapitalrücklagen durch Verluste aufgezehrt, findet die Berichtspflicht der Geschäftsführer an die Gesellschafter gem. § 49 Abs. 2 GmbHG keine Anwendung. Damit werden die eingezahlten Nachschüsse gegenüber dem Stammkapital nachrangiger behandelt. Jedoch erschwert § 30 Abs. 2 GmbHG die Rückzahlung einer Kapitalrücklage aus eingezahlten Nachschüssen, wodurch diese Kapitalrücklage vorrangig gegenüber den anderen Kapitalrücklagen behandelt wird. 74

II. Verhältnis zu Abs. 1

Abs. 2 steht neben Abs. 1. Werden eingezahlte Nachschüsse zurückgezahlt und wird durch die Rückzahlung das Stammkapital der Gesellschaft ganz oder teilweise angegriffen, liegt insoweit bereits ein Fall des Abs. 1 vor, der die Rückzahlung verbietet. Werden eingezahlte Nachschüsse zurückgezahlt und wird durch die Rückzahlung das Stammkapital nicht angegriffen, sind für die Rückzahlung die zusätzlichen Voraussetzungen des Abs. 2 zu beachten. Damit enthält Abs. 2 eine zusätzliche Sicherung des Nachschusskapitals, die nur zum Zuge kommt, wenn die Voraussetzungen des Abs. 1 nicht erfüllt sind (Hachenburg/*Goerdeler/Müller* § 30 Rn. 91). 75

III. Gesellschaftsvertragliche Regelungen

76 Abs. 2 ist **zwingend** (Michalski/*Heidinger* § 30 Rn. 130), mit Ausnahme von S. 4 (s. Rn. 93). Der Gesellschaftsvertrag kann die Rückzahlung von Nachschüssen nicht erleichtern, wohl aber erschweren (Michalski/*Heidinger* § 30 Rn. 130).

IV. Tatbestandsvoraussetzungen

1. Materielle Voraussetzungen

a) Nachschüsse

77 Abs. 2 gilt nur für **Nachschüsse i. S. d. §§ 26 bis 28 GmbHG**, d. h. für die Nachschüsse, die im Gesellschaftsvertrag geregelt sind (§ 26 Abs. 1 GmbHG), da die Gesellschaft und vor allem Gläubiger auf die Einforderung dieser Nachschüsse besonders vertrauen können müssen.

78 Hat ein Gesellschafter **freiwillige Leistungen** an die Gesellschaft erbracht, die nicht auf einer gesellschaftsvertraglichen Regelung beruhen, unterliegen diese dem Abs. 2 nicht. Gleiches gilt für **Nebenleistungen** i. S. d. § 3 Abs. 2 GmbHG. Werden diese zurückgefordert, können Abs. 1 (Hachenburg/*Goerdeler/Müller* § 30 Rn. 94) oder aber die Regelungen über die Rückzahlung eigenkapitalersetzender Darlehen Anwendung finden (Michalski/*Heidinger* § 31 Rn. 5).

b) Eingezahlte Nachschüsse

79 Abs. 2 gilt für die Rückzahlung von eingezahlten Nachschüssen, also von **tatsächlich erbrachten** Nachschüssen (Michalski/*Heidinger* § 30 Rn. 130). Ein Nachschuss ist tatsächlich erbracht, wenn die Verpflichtung erfüllt worden ist, sei es durch Zahlung oder durch Aufrechnung.

c) Volle Deckung des Stammkapitals, Abs. 2 S. 1

80 Nachschüsse können zurückgezahlt werde, soweit das Stammkapital voll gedeckt ist. Führt also die Rückzahlung der Nachschüsse zu einer Unterbilanz, ist insoweit die Rückzahlung unzulässig. Gleiches gilt, soweit die Gesellschaft überschuldet ist (Michalski/*Heidinger* § 30 Rn. 132).

81 Die Rückzahlung an mehrere Gesellschafter ist als einheitlicher Vorgang zu betrachten. Führt die Rückzahlung zu einer teilweisen Unterbilanz, ist der Rückzahlungsanspruch eines jeden Gesellschafters anteilig durch die Geschäftsführer zu kürzen. Wurde gleichwohl ein Rückzahlungsanspruch eines Gesellschafters voll erfüllt, haben die Gesellschafter untereinander einen Ausgleichsanspruch (Michalski/*Heidinger* § 30 Rn. 132).

82 **Maßgeblicher Zeitpunkt** für die Beurteilung der Deckung ist der Zeitpunkt der Auszahlung, nicht der Zeitpunkt der Beschlussfassung.

d) Volleinzahlung des Stammkapitals, Abs. 2 S. 3 i. V. m. § 28 Abs. 2 GmbHG

83 Sofern der Gesellschaftsvertrag bestimmt, dass Nachschüsse schon vor vollständiger Einzahlung der Stammeinlage eingefordert werden können (§ 28 Abs. 2 GmbHG), bestimmt Abs. 2 S. 3, dass die Rückzahlung der Nachschüse nicht zulässig ist, sofern das Stammkapital nicht vollständig eingezahlt ist.

84 Da in den übrigen Fällen des Nachschusses die Volleinzahlung des Stammkapitals allgemeine Voraussetzung für die Einforderbarkeit des Nachschusses ist, enthält Abs. 2 S. 3 einen allgemeinen Rechtsgedanken, der in allen Fällen der Rückforderbarkeit des Nachschusses gilt (Michalski/*Heidinger* § 30 Rn. 133; Hachenburg/*Goerdeler/Müller* § 30 Rn. 98)

85 Trifft die Nachschusspflicht nicht sämtliche Gesellschafter, ist nicht auf die Volleinzahlung des Stammkapitals abzustellen. Es kommt dann nur darauf an, ob der zum Nachschuss verpflichtete Gesellschafter seine Stammeinlage vollständig eingezahlt hat (Hachenburg/*Goerdeler/Müller* § 30 Rn. 98; Michalski/*Heidinger* § 30 Rn. 133).

2. Formelle Voraussetzungen, Abs. 2 S. 2

a) Gesellschafterbeschluss

Es muss ein Gesellschafterbeschluss auf Rückzahlung vorliegen, vgl. § 46 Nr. 3 GmbHG. Die Zuständigkeit der Gesellschafterversammlung ist nicht zwingend. Der Gesellschaftsvertrag oder der Beschluss über die Einforderung des Nachschusses kann die Zuständigkeit abweichend festlegen, da § 46 Nr. 3 GmbHG nicht zwingend ist (vgl. auch § 46 GmbHG Rn. 19). Dieser Beschluss muss von dem zuständigen Organ wirksam gefasst sein. Für den Beschluss gelten keine besonderen Formvorschriften. Wegen der Bekanntmachung des Rückzahlungsbeschlusses (S. 2) ist jedoch eine schriftliche Dokumentation geboten. 86

b) Bekanntmachung

Der Rückzahlungsbeschluss muss in den **Gesellschaftsblättern** bekannt gemacht werden (vgl. § 12 GmbHG; vgl. zur Fassung des § 12 GmbHG ab 1. 1. 2007 sowie zur Bekanntmachung im elektronischen Bundesanzeiger dort). Bestimmt der Gesellschaftsvertrag oder der Rückzahlungsbeschluss, dass neben dem elektronischen Bundesanzeiger in weiteren Blättern zu veröffentlichen ist, ist auch dort zu veröffentlichen. Zuständig für die Bekanntmachung sind die Geschäftsführer. 87

c) Ablauf der Sperrfrist

Die Zurückzahlung darf nach Abs. 2 S. 2 erst erfolgen, wenn **drei Monate** abgelaufen sind (Sperrfrist), seit dem der Rückzahlungsbeschluss in den Gesellschaftsblättern bekannt gemacht wurde. Bestimmt der Gesellschaftsvertrag, dass nicht nur im elektronischen Bundesanzeiger zu veröffentlichen ist, beginnt die Frist zu laufen, sobald der Rückzahlungsbeschluss in dem zuletzt erschienenen Blatt veröffentlicht worden ist (Hachenburg/*Goerdeler/Müller* § 30 Rn. 101; Michalski/*Heidinger* § 30 Rn. 136). Hat der Geschäftsführer die Bekanntmachung in einem im Gesellschaftsvertrag oder Rückzahlungsbeschluss genannten Blatt unterlassen, beginnt die Frist nicht zu laufen. 88

V. Rechtsfolgen

1. Rückzahlung

Der Begriff der Rückzahlung ist weit zu fassen. Soweit der Rückzahlungsbeschluss keine Regelung enthält, haben die Gesellschafter Anspruch auf **Barauszahlung**. 89

Der Rückzahlungsbeschluss kann auch **jede Sachleistung** der Gesellschaft vorsehen (Hachenburg/*Goerdeler/Müller* § 30 Rn. 102), wobei die Geschäftsführer verpflichtet sind, die Sache mit dem **aktuellen Verkehrswert** zu bewerten. Maßgeblicher Zeitpunkt für die Ermittlung des Verkehrswertes ist der Zeitpunkt des Eintritts der letzten Tatbestandsvoraussetzung, d. h. der Ablauf der Sperrfrist. An etwaige Weisungen der Gesellschafter in Bezug auf die Wertermittlung sind die Geschäftsführer nicht gebunden, da ihnen andernfalls das Risiko des Abs. 1 droht. 90

Der Rückzahlungsanspruch kann ferner auch die **Umwandlung in Darlehen** vorsehen. 91

Zwingende Gläubigerschutzvorschriften sind wie etwa bei der Herabsetzung des Stammkapitals nach § 58 GmbHG nicht vorgesehen. 92

2. Zulässige Rückzahlung, Abs. 2 S. 4

Sofern die Tatbestandsvoraussetzungen der Rückzahlung erfüllt sind, entsteht der **Anspruch auf Rückzahlung** (a. A. Hachenburg/*Goerdeler/Müller* § 30 Rn. 99, wonach die Forderung bereits mit der Beschlussfassung entsteht) und ist sofort fällig (§ 271 Abs. 1 BGB). Forderungsinhaber ist damit derjenige, der im Zeitpunkt der letzten Tatbestandsvoraussetzung (Ablauf der Sperrfrist) bei der Gesellschaft gem. § 16 GmbHG angemeldet war (a. A. Michalski/*Heidinger* § 30 Rn. 139, der auf die Beschlussfassung abstellt). 93

94 Zulässigerweise zurückgezahlte Nachschüsse gelten nach Abs. 2 S. 4 als nicht eingezogen oder – besser ausgedrückt – »als nicht eingefordert«, da die Rückzahlung den Zustand vor Einforderung wiederherstellen soll (Hachenburg/*Goerdeler/Müller* § 30 Rn. 104). Wenn der Nachschussbetrag der Höhe nach begrenzt ist (siehe §§ 26 Abs. 3, 27 Abs. 4 GmbHG), gelten die zurückgezahlten Beträge als nicht eingefordert, weshalb sie bei der Errechnung der bereits geleisteten Nachschüsse nicht mitgerechnet werden (Hachenburg/*Goerdeler/Müller* § 30 Rn. 104).

95 Abs. 2 S. 4 ist **abdingbar**. Nach seinem Wortlaut hebt der Rückzahlungsbeschluss nur den Einforderungsbeschluss der Nachschüsse auf. Der Gesellschaftsvertrag oder der Rückzahlungsbeschluss können bestimmen, dass nach Rückzahlung die Nachschusspflicht endgültig erloschen ist (Hachenburg/*Goerdeler/Müller* § 30 Rn. 104).

96 **Bilanziell** findet bei der Rückzahlung ein **Passivtausch** statt, d. h. das Eigenkapital der Gesellschaft, i. d. R. die Kapitalrücklage (§ 272 Abs. 2 Nr. 4 HGB) wird vermindert zugunsten der Verbindlichkeiten gegenüber Gesellschaftern. Die Rückzahlung des Nachschusskapitals wird nicht in der GuV erfasst.

3. Unzulässige Rückzahlung

97 Liegt eine der Voraussetzungen des Abs. 2 nicht vor, müssen die daraufhin geleisteten Rückzahlungen der Gesellschaft erstattet werden, § 31 Abs. 1 GmbHG. War der Gesellschafter als Empfänger der Rückzahlung in gutem Glauben, kann seine Erstattungspflicht gemildert sein (§ 31 Abs. 2 GmbHG), wobei ihm sicherlich eine Prüfungspflicht der formellen Tatbestandsvoraussetzungen zugemutet werden muss.

D. Haftung des Gesellschafters wegen existenzvernichtenden Eingriffs

98 In einer ausgedehnten Rechtsprechung hatte der BGH in Übereinstimmung mit der Literatur die sog. **Haftung im qualifiziert faktischen Konzern** entwickelt. Diese Rechtsprechung lehnte sich an die konzernrechtlichen Bestimmungen der §§ 291 ff. AktG an (vgl. dazu auch Kap. 14 Rn. 11).

99 Mit der Entscheidung »Bremer Vulkan« (BGHZ 149, 10, 16) gab der BGH diese Rechtsprechung auf und begründete unter dem Stichwort der sog. **Existenzvernichtungshaftung** einen neuen Haftungstatbestand des Gesellschafters. Dem liegt der Gedanke zugrunde, dass das Haftungssystem der GmbH dem Haftungssystem des Konzernrechts der §§ 292 ff. AktG, insbesondere der Verlustausgleichsverpflichtung, nicht folgt, sondern auf die Erhaltung des Stammkapitals und die Gewährleistung seines Bestandsschutzes beschränkt ist (BGHZ 149, 10, LS 1 S. 1). Gerade dieser Bestandsschutz erfordert eine angemessene Rücksichtnahme des Gesellschafters auf die Eigenbelange der GmbH (BGHZ 149, 10, LS 1 S. 2).

100 In einem weiteren Urteil hat der BGH (BGHZ 151, 181, 187) im Hinblick auf Diskussionen in der Literatur klargestellt, dass es sich bei der Haftung des Gesellschafters aus dem existenzvernichtenden Eingriff um eine **Außenhaftung des Gesellschafters** (LS) handelt, die jedoch gegenüber der Haftung aus §§ 30, 31 GmbHG subsidiär ist. In dieser Entscheidung hebt der BGH zu Recht hervor, dass das Haftungsprivileg des Gesellschafters aus § 13 Abs. 2 GmbHG unabdingbar zur Voraussetzung hat, dass der Gesellschafter die Zweckbindung des Gesellschaftsvermögens zur Befriedigung der Gesellschaftsgläubiger von der Errichtung der Gesellschaft bis zu ihrer Liquidation bzw. zur Beendigung des Insolvenzverfahrens respektiert (BGHZ 151, 181, LS 1). Sollte der Gesellschafter in einem ins Gewicht fallenden Maße die gebotene Rücksichtnahme vermissen lassen, weil er der Gesellschaft die zur Befriedigung der Gesellschaftsgläubiger erforderlichen Mittel entzieht, liegt ein Missbrauch der Rechtsform der GmbH vor, der zum Verlust des Haftungsprivilegs des § 13 Abs. 2 GmbHG führt. Dies gilt allerdings nicht, soweit der zugefügte Nachteil nicht bereits durch die Innenhaftung der §§ 30, 31 GmbHG ausgeglichen wird. Ein Entzug der Mittel liegt jedoch nicht vor, soweit der Entzug auf – nicht eigennützigen – Managementfehlern im Rahmen des Betriebs des Unternehmens im weitesten Sinne beruht (OLG München GmbHR 2005, 1486, 1489; *Gehrlein* BB 2005, 613, 614).

Mit der vorbezeichneten Entscheidung hat der BGH den Rechtsgedanken des § 826 BGB aktiviert und zu Recht auf den **Rechtsformmissbrauch als Haftungskriterium** des Gesellschafters abgestellt. Inkonsequent ist an dieser Rechtsprechung, dass sie eine Außenhaftung des Gesellschafters begründet, die jedoch als Negativkriterium auf die Innenhaftung des Gesellschafters abstellt. 101

Dass der BGH die Haftung aus Existenzvernichtung als einen Schadensersatzanspruch ansieht, stellt er in der Weise klar, dass es nicht Aufgabe des Gesellschafters sei, das Unternehmen fortzuführen. Wenn er sich, was das gute Recht des Gesellschafters ist, entscheide, die Geschäftstätigkeit nicht fortzuführen, habe er sich aber der gesetzlich gebotenen Verfahren zu bedienen, nämlich des Liquidationsverfahrens oder des Insolvenzverfahrens. Dann sei ihm aber – wenn er aus dem Gesichtspunkt der Existenzvernichtung haften sollte – quasi als rechtmäßiges Alternativverhalten die Möglichkeit gegeben, den Nachweis zu führen, dass bei ordnungsgemäßem Vorgehen, sei es, dass er das Liquidationsverfahren oder das Insolvenzverfahren betrieben habe, den Gesellschaftsgläubigern ein geringerer Schaden entstanden wäre (BGH ZIP 2005, 250, 252). 102

Mit seinem letzten Urteil in dieser Reihe von Entscheidungen stellt der BGH klar, dass es bei dem Haftungstatbestand des existenzvernichtenden Eingriffs nicht darum geht, Managementfehler mit Schadensersatz zu belegen. **Haftungstatbestand** ist der **Eingriff des Gesellschafters in den Haftungsfonds der Gesellschaft**. Damit hat ein Geschäftsführer bei einer Weisung des Gesellschafters, den Eingriff in den Haftungsfonds vorzunehmen, eine Pflicht zur Nichtbefolgung (*Lutter/Banerjea* ZIP 2003, 2177, 2179). Verstößt er dagegen, bewegen sich sowohl der Gesellschafter als auch der Geschäftsführer außerhalb ordnungsgemäßen unternehmerischen Verhaltens, weshalb sie als Gesamtschuldner **schadensersatzpflichtig** sind. Im Innenverhältnis kann der Geschäftsführer von dem Gesellschafter die Freistellung von dem gegen ihn gerichteten Anspruch aus § 43 Abs. 2 GmbHG verlangen (*Lutter/Banerjea* ZIP 2003, 2177, 2179). 103

Bei der Bewertung dieser Rechtsprechung fällt auf, dass es im Kern um eine Schadensersatzhaftung des Gesellschafters geht, die an die Tatbestandsvoraussetzungen des § 826 BGB anknüpft und sie an die Bedürfnisse des Gesellschaftsrechts anpasst (vgl. bereits BGH ZIP 2004, 2138, 2139 zur planmäßigen Verlagerung des Gesellschafters von Vermögen auf eine Schwester-Gesellschaft; a. A. *Gehrlein* BB 2005, 613, 615; *Rubner* DStR 2005, 1694, 1700 – »verbotene Rechtsfortbildung contra legem«; *Emmerich* AG 2004, 423, 425). Dabei beruht die sittenwidrige Schädigung nach § 826 BGB auf dem Eingriff des Gesellschafters in den Haftungsfonds der Gesellschaft. Gesellschafter in diesem Sinne kann auch der mittelbar Beteiligte sein, der die Gesellschafterrechte zum Schaden der Gesellschaft ausübt (OLG Rostock ZIP 2005, 120) oder ausüben lässt. Die Sittenwidrigkeit der Schädigung liegt dann nicht vor, soweit der Eingriff spezialgesetzlich geregelt ist, insbesondere wenn ein Ausgleich nach §§ 30, 31 GmbHG oder wenn eine Rückgewähr nach §§ 135 ff. AnfG bzw. § 6 AnfG möglich ist. Die Rechtswidrigkeit und das Verschulden i. S. d. § 826 BGB werden widerlegbar vermutet, weil § 13 Abs. 2 GmbHG ein Haftungsprivileg des Gesellschafters schützen will, das durch § 30 GmbHG verschuldensunabhängig vor Eingriffen des Gesellschafters geschützt ist (vgl. auch *Dauner-Lieb* DStR 2006, 2034, 2039). Wenn man in diesem Sinne den existenzvernichtenden Eingriff als Anwendungsfall des § 826 BGB ansieht, kann die Praxis mit dieser Rechtsprechung leben. Dann spricht auch viel dafür, dass dieser Anspruch in der Insolvenz der Gesellschaft nur vom Insolvenzverwalter geltend gemacht werden kann, § 93 InsO analog (BGH ZIP 2005, 1734, 1738; BAG GmbHR 2005, 987, 989; LAG Köln ZIP 2003, 1893, 1895). Die Verlagerung der Einziehungsbefugnis auf die einzelnen Gläubiger ist grundsätzlich unstatthaft (OLG Dresden ZIP 2005, 1680, 1682). 104

International zuständig ist das Gericht am Verwaltungssitz der Gesellschaft, Art. 5 Nr. 3 EuGVO (*Lehmann* GmbHR 2005, 978, 982). Im Rahmen des Lugano-Übereinkommens folgt die internationale Zuständigkeit aus Art. 5 Nr. 3 (OLG München GmbHR 2006, 1153, 1155). 105

E. GmbH-Reform: Beabsichtigte Änderungen durch das MoMiG

106 Der Referentenentwurf des MoMiG sieht eine Ergänzung des § 30 Abs. 1 GmbHG um zwei Sätze vor (Art. 1 Nr. 11).

107 § 30 Abs. 1 S. 2 GmbHG-E sieht Vorleistungen der Gesellschaft, die das Stammkapital angreifen, als keinen Verstoß gegen § 30 Abs. 1 S. 1 an, wenn die Leistung im Interesse der Gesellschaft liegt. Gedacht ist hier an Cash-Pool-Situationen. Ob diese allerdings »Vorleistungen« sind, wenn die GmbH ihrem Gesellschafter Liquidität zu Verfügung stellt, darf vom Wortlaut her bezweifelt werden. Darüber hinaus geht der Referentenentwurf irrigerweise davon aus, dass cash-pooling um Interesse von Konzerntöchtern sein, denn das cash-pooling dient unmittelbar nur der Konzernmutter und erst mittelbar den finanzschwachen Töchtern und kann für die finanzstarken Töchter sogar schädlich sein. Da das »Interesse der Gesellschaft« stets ex-ante zu beurteilen ist, führt § 30 Abs. 1 S. 2 GmbHG-E zu einer Verlagerung auf die Geschäftsführerhaftung und hilft damit dem ordentlichen Geschäftsführer nicht viel weiter.

108 § 30 Abs. 1 S. 3 GmbHG-E hebt die sog. Rechtsprechungsregeln zum Eigenkapitalersatz auf.

§ 31 [Erstattung verbotener Rückzahlungen]

(1) Zahlungen, welche den Vorschriften des § 30 zuwider geleistet sind, müssen der Gesellschaft erstattet werden.

(2) War der Empfänger in gutem Glauben, so kann die Erstattung nur insoweit verlangt werden, als sie zur Befriedigung der Gesellschaftsgläubiger erforderlich ist.

(3) [1]Ist die Erstattung von dem Empfänger nicht zu erlangen, so haften für den zu erstattenden Betrag, soweit er zur Befriedigung der Gesellschaftsgläubiger erforderlich ist, die übrigen Gesellschafter nach Verhältnis ihrer Geschäftsanteile. [2]Beiträge, welche von einzelnen Gesellschaftern nicht zu erlangen sind, werden nach dem bezeichneten Verhältnis auf die übrigen verteilt.

(4) Zahlungen, welche auf Grund der vorstehenden Bestimmungen zu leisten sind, können den Verpflichteten nicht erlassen werden.

(5) [1]Die Ansprüche der Gesellschaft verjähren in den Fällen des Absatzes 1 in zehn Jahren sowie in den Fällen des Absatzes 3 in fünf Jahren. [2]Die Verjährung beginnt mit dem Ablauf des Tages, an welchem die Zahlung, deren Erstattung beansprucht wird, geleistet ist. [3]In den Fällen des Absatzes 1 findet § 19 Abs. 6 Satz 2 entsprechende Anwendung.

(6) [1]Für die in den Fällen des Absatzes 3 geleistete Erstattung einer Zahlung sind den Gesellschaftern die Geschäftsführer, welchen in betreff der geleisteten Zahlung ein Verschulden zur Last fällt, solidarisch zum Ersatz verpflichtet. [2]Die Bestimmungen in § 43 Abs. 1 und 4 finden entsprechende Anwendung.

Übersicht:

A. Zweck der Vorschrift

§ 31 GmbHG knüpft an die Tatbestandsvoraussetzungen des § 30 GmbHG an und regelt dessen **Rechtsfolgen**. Diese Vorschrift hat einen doppelten Zweck, je nachdem, ob ein Verstoß gegen § 30 Abs. 1 oder Abs. 2 GmbHG vorliegt. Im ersten Fall zielt die Vorschrift auf die Wiederherstellung des Stammkapitals, während sie im zweiten Fall auf die Wiederherstellung einer nicht ordnungsgemäßen Rückzahlung von Nachschüssen gerichtet ist. Sie dient damit vor allem dem Schutz der Gesellschaft, aber auch ihren Gläubigern und Gesellschaftern. 1

§ 31 GmbHG knüpft an die Regelungen über die Aufbringung der Stammeinlage an. Er hat eine Parallele in § 24 GmbHG, der ebenfalls die **kollektive Subsidiärhaftung** der Gesellschafter begründet. 2

B. Erstattungsanspruch, Abs. 1

I. Tatbestandsvoraussetzungen

Die Tatbestandsvoraussetzungen sind **in § 30 GmbHG** abschließend geregelt, an die § 31 GmbHG über die Formulierung »Zahlungen, welche den Vorschriften des § 30 zuwider geleistet sind« anknüpft. Abs. 1 unterscheidet nicht nach den unterschiedlichen Verstößen zwischen § 30 Abs. 1 und Abs. 2 GmbHG, so dass etwa bereits der Verstoß gegen die formalen Voraussetzungen 3 des § 30 Abs. 2 GmbHG (z. B. unterlassene Bekanntmachung oder Nichteinhalten der Sperrfrist) den Erstattungsanspruch begründet.

4 Der Anspruch **entsteht**, sobald eine der Voraussetzungen des § 30 GmbHG erfüllt ist und ist **sofort fällig**, § 271 Abs. 1 BGB (BGHZ 76, 326, 328; BGH NJW 1987, 779; Michalski/*Heidinger* § 31 Rn. 5). Damit kann der Anspruch bereits vor Auszahlung i. S. d. § 30 Abs. 1 GmbHG oder vor Rückzahlung i. S. d. § 30 Abs. 2 S. 1 GmbHG entstehen und begründet insoweit ein **Leistungsverweigerungsrecht** der Geschäftsführer (§ 273 BGB). Der Erstattungsanspruch setzt keinen Gesellschafterbeschluss nach § 46 Nr. 2 GmbHG voraus (Michalski/*Heidinger* § 31 Rn. 5).

II. Gläubiger

1. Gesellschaft

5 Gläubiger des Erstattungsanspruchs ist die **Gesellschaft**. Die Gesellschaft wird vertreten durch ihre Geschäftsführer, Liquidatoren oder den Insolvenzverwalter (Michalski/*Heidinger* § 31 Rn. 6). Der Erstattungsanspruch ist ein mitgliedschaftlicher Anspruch. Daher können die Gesellschafter diesen Anspruch im Wege der **actio pro socio** geltend machen (Hachenburg/*Goerdeler/Müller* § 31 Rn. 13; Michalski/*Heidinger* § 31 Rn. 6; vgl. zur actio pro socio ausführl. Kap. 16 Rn. 269 ff.).

6 Weil es sich um einen **mitgliedschaftlichen Anspruch** handelt, sind die Geschäftsführer auf Grund der Treuepflicht gehalten, den Anspruch bei allen betroffenen Gesellschaftern im gleichen Maße geltend zu machen. Dies verkennt OLG Brandenburg (ZIP 2006, 1864, 1865 f.), das den mitgliedschaftlichen Anspruch auf einen rein gläubigerschütztenden Anspruch verkürzen will (s. § 30 GmbHG Rn. 1).

2. Gesellschaftsgläubiger

7 Da eine dem § 62 Abs. 2 S. 1 AktG entsprechende Vorschrift fehlt, kann der Gesellschaftsgläubiger diesen Anspruch nicht aus eigenem Recht geltend machen. Auch ein Bereicherungsanspruch steht dem Gesellschaftsgläubiger nicht zu, da es an einer Leistung des Gesellschaftsgläubigers fehlt und der Gesellschafter nicht auf Kosten des Gesellschaftsgläubigers bereichert ist (RGZ 92, 77, 82 ff.; Hachenburg/*Goerdeler/Müller* § 31 Rn. 14; Michalski/*Heidinger* § 31 Rn. 7). Hat der Gesellschaftsgläubiger jedoch den Anspruch gepfändet und sich überweisen lassen, steht ihm der Anspruch zu.

3. Zessionar

8 Bei der Abtretung sind zwei Fälle zu unterscheiden, nämlich die Abtretung an einen Gesellschafter oder einen diesem nahe stehenden Dritten zum einen und die Abtretung an einen fremden Dritten zum anderen. Im ersten Fall kann die Abtretung ihrerseits einen Fall des § 30 Abs. 1 GmbHG darstellen, wenn die Forderung wegen der Lage der Gesellschaft nicht vollwertig ist und der Gesellschafter oder der diesem nahe stehende Dritte dennoch die Forderung zum Nennbetrag abgetreten erhält. Im zweiten Fall ist die Abtretung zulässig, wenn die Forderung des fremden Dritten entstanden und fällig ist, selbst wenn seine Forderung wegen der Lage der Gesellschaft nicht vollwertig ist (BGHZ 69, 274, 283; BGH NJW 1995, 326, 330; OLG Karlsruhe BB 1991, 1728, 1729; Hachenburg/*Goerdeler/Müller* § 31 Rn. 15; Michalski/*Heidinger* § 31 Rn. 10).

III. Schuldner

9 Abs. 1 regelt nicht, wer die Zahlung zu erstatten hat. Entsprechend der Fälle, die in § 30 GmbHG erfasst sind, kann Erstattungspflichtiger der Gesellschafter oder ein ihm nahe stehender Dritter sein. In Betracht kommt aber auch eine Erstattungspflicht beider zusammen.

1. Gesellschafter

Schuldner des Erstattungsanspruchs ist der Gesellschafter, wenn er die nach § 30 GmbHG verbotene Leistung erhalten hat. Dies gilt auch, wenn auf Verlangen des Gesellschafters an einen Dritten ausgezahlt wurde (vgl. BGH NJW 1984, 1037; Michalski/*Heidinger* § 31 Rn. 13), wenn ein Dritter die Leistung als Vertreter des Gesellschafters in Empfang genommen hat, wenn sich die Leistung an den Dritten als Zahlung an den Gesellschafter darstellt (BGHZ 60, 324, 330; RGZ 136, 260, 266; Michalski/*Heidinger* § 31 Rn. 15) oder wenn die Zahlung der Gesellschaft zu einer Tilgung ihrer Verbindlichkeit führte und der Gesellschafter von einer mittelbaren Verbindlichkeit, wie etwa der Bürgschaft, frei wurde (BGHZ 81, 252, 260; 67, 171, 182; Michalski/*Heidinger* § 31 Rn. 16). 10

2. Ausgeschiedener Gesellschafter

Tritt ein Gesellschafter seinen Geschäftsanteil ab, nachdem er eine nach § 30 GmbHG unzulässige Auszahlung erhalten hat, bleibt er Schuldner des Erstattungsanspruchs (BGH GmbHR 1991, 195). Die Frage ist nur, ob dies auch gilt, wenn bei einem mehraktigen Rechtsgeschäft zwischen der Verpflichtung zur Auszahlung und der Auszahlung selbst ein Gesellschafterwechsel stattfindet. Die vorherrschende Auffassung will auf den zeitlich vorgelagerten Zeitpunkt der Begründung der Auszahlungsverpflichtung abstellen (BGHZ 81, 252, 258; RGZ 133, 393, 395; Hachenburg/*Goerdeler/Müller* § 31 Rn. 17; Michalski/*Heidinger* § 31 Rn. 21), nicht jedoch auf den Zeitpunkt der Auszahlung selbst (Lutter/Hommelhoff/*Lutter/Hommelhoff* GmbHG, § 31 Rn. 6). 11

Im Einzelfall kann die **Inanspruchnahme** des Altgesellschafters **unzulässig** sein, nämlich dann, wenn der Erwerber zum Alleingesellschafter wurde und der Erwerber den Altgesellschafter freizustellen hatte (BGH NJW 1984, 1037, 1038). Dies mag für den Einzelfall gerecht gewesen sein und dazu führen, dass der Altgesellschafter nur in Anspruch genommen wird, wenn der Alleingesellschafter seine Verpflichtungen nicht erfüllt. Sofern Gesellschafts- oder Gläubigerinteressen gefährdet werden oder werden könnten, dürfte allerdings ein Fall der unzulässigen Rechtsausübung nicht mehr vorliegen (Hachenburg/*Goerdeler/Müller* § 31 Rn. 18). 12

Der Erwerber kann jedoch nach § 31 Abs. 3 GmbHG haften. Zu Recht wirft *Heidinger* (Michalski § 31 Rn. 20) die Frage auf, ob analog § 16 Abs. 3 GmbHG der Erwerber für rückständige Leistungen des Veräußerers stets neben dem Veräußerer haftet. Diese Analogie wird abgelehnt, weil es sich um eine **persönliche Schuld** des Rückzahlungspflichtigen handelt und nicht um eine auf den Geschäftsanteil entfallende rückständige Leistung (Hachenburg/*Goerdeler/Müller* § 31, Rn. 17). Für diese Auffassung mag vordergründig der Wortlaut des § 16 Abs. 3 GmbHG sprechen, jedoch ist die Inhaberschaft des Geschäftsanteils, also die Gesellschaftereigenschaft materielle Voraussetzung des § 30 GmbHG, weshalb die Analogie zu befürworten ist. 13

3. Mitberechtigte

Steht ein Geschäftsanteil mehreren Mitberechtigten ungeteilt zu (vgl. § 18 Abs. 1 GmbHG), haftet jeder Mitberechtigte nur auf den Betrag, den er empfangen hat. Die Solidarhaftung kann nicht mit § 18 Abs. 2 GmbHG begründet werden, da die Rückzahlung keine auf den Geschäftsanteil zu bewirkende Leistung ist. Die Solidarhaftung ist jedoch gem. § 31 Abs. 3 GmbHG möglich. 14

4. Zessionar des Auszahlungsanspruchs

Sofern der Gesellschafter einen Auszahlungsanspruch nach § 30 GmbHG abtritt oder verpfändet oder sich ein Pfändungsgläubiger den Anspruch pfänden und überweisen lässt, ist der Zessionar oder Pfandgläubiger zur Erstattung verpflichtet. Ein Erwerb der Forderung frei von den Rechten der §§ 30, 31 GmbHG ist wegen § 404 BGB ausgeschlossen. 15

Ob daneben auch der Gesellschafter haftet, ist streitig. Die sich als überwiegend bezeichnende Auffassung lehnt dies ab, da der Gesellschafter in der Regel dem Anspruch des Dritten ausgesetzt sei (Michalski/*Heidinger* § 31 Rn. 23). Darauf kann es aber aus der Sicht der zu schützenden Gesellschaft nicht ankommen. Entscheidend ist, dass der Gesellschafter durch die Abtretung/Ver- 16 pfändung/Pfändung an den Dritten (mindestens) mittelbar begünstigt ist, weshalb der Gesellschafter stets neben dem Zessionar/Pfandgläubiger des Auszahlungsanspruchs als Gesamtschuldner haftet (so auch Hachenburg/*Goerdeler/Müller* § 31 Rn. 20).

5. Sonstige Dritte

17 Soweit ein Dritter nicht selbst Leistungsempfänger ist, besteht **kein Erstattungsanspruch** gegen den Dritten. Hiervon gibt es Ausnahmen auf Grund eines **besonderen Näheverhältnisses** zwischen dem Dritten und der Gesellschaft; ein derartiges Näheverhältnis ist anerkannt bei Nießbrauchern am Unternehmen oder bei stillen Gesellschaftern an der Gesellschaft. Soweit der Dritte wegen eines besonderen Näheverhältnisses zum Gesellschafter, insbesondere weil er eine wirtschaftliche Einheit mit ihm bildet, der Sphäre des Gesellschafters zugerechnet wird, haftet in diesen Fällen der Dritte neben dem Gesellschafter als Gesamtschuldner auf die Erstattung des Betrages (Hachenburg/*Goerdeler/Müller* § 31 Rn. 21; Michalski/*Heidinger* § 31 Rn. 17; a. A. Hager, ZGR 1989, 71, 102 ff.). Ein besonderes Näheverhältnis wird weiterhin angenommen, wenn der Dritte der **Ehegatte** oder das **minderjährige Kind** des Gesellschafters ist (BGHZ 81, 365, 368 f.; BGH NJW 1984, 1036), wenn der Dritte eine vom Gesellschafter **beherrschte Gesellschaft** ist (BGH NJW 1991, 357; GmbHR 1986, 113, 114) oder wenn der Dritte ein mit dem Gesellschafter **verbundenes Unternehmen** ist (BGHZ 81, 365, 368 f.; 81, 311, 316 ff.; BGH NJW 1991, 1057, 1059; NJW 1991, 357; NJW 1984, 1036).

18 In den Einzelheiten streitig wird die Frage diskutiert, ob ein Sicherungsnehmer des Gesellschafters (meist ein Kreditinstitut) der Gesellschaft die Sicherheit erstatten muss oder ob die Gesellschaft die Gewährung der Sicherheit und die Befriedigung aus der Sicherheit verweigern darf. Die Rechtsprechung hält die Sicherheitenbestellung an den Sicherungsnehmer grundsätzlich für nicht nichtig und lässt den Sicherungsnehmer grundsätzlich nicht nach §§ 30, 31 GmbHG haften (BGHZ 138, 291, 287 f.; BGH WM 1982, 1402), es sei denn, der Sicherungsnehmer und der Gesellschafter haben bewusst zum Nachteil der Gesellschaft gehandelt (sog. Kollusion; vgl. BGH WM 1982, 1402: auch zum Schaden der Gläubiger). Ab wann ein **kollusives Verhalten** anzunehmen ist, ist streitig (*Abramenko* GmbHR 1997, 875, 878 ff.; *Mülbert* ZGR 1995, 579, 603 f.; *Groß/Sonnenhol* GmbHR 1995, 561; *Peltzer/Bell* ZIP 1993, 1757, 1764, die einen Anspruch gegen jeden fahrlässig handelnden Dritten bejahen, wobei sich die Fahrlässigkeit auf die Unterbilanz erstrecken soll). Das LG Frankfurt (ZIP 1997, 1464, 1469; krit.: *App* EWiR, § 30 GmbHG 2/97, 1091) will bereits Bösgläubigkeit i. S. d. Art. 17 WG genügen lassen. Entscheidend dürfte jedoch die Beantwortung der Frage sein, ob der Dritte den Gesellschafter so beeinflussen konnte, dass der Dritte einen maßgeblichen Einfluss auf den Gesellschafter hatte, so dass der Dritte wirtschaftlich einem Gesellschafter gleichbehandelt werden muss. Dies ist etwa gegeben, wenn die Sicherheitenbestellung erfolgt, weil der Dritte das Darlehensverhältnis bereits gekündigt hat oder die Kündigung angedroht hat oder wenn das Kreditinstitut gerade auf eine Sicherheitenbestellung der Gesellschaft besteht, weil der Gesellschafter über nicht ausreichende Sicherheiten verfügt.

IV. Inhalt des Anspruchs

1. Rechtsnatur des Erstattungsanspruchs

19 Der Erstattungsanspruch ist ein Anspruch, der die Mitgliedschaft des Gesellschafters voraussetzt und insoweit als **gesellschaftsrechtlicher Anspruch** bezeichnet werden kann. Im Falle der Veräußerung des Geschäftsanteils geht der Erstattungsanspruch auf den Erwerber nicht gem. § 16 Abs. 3 GmbHG über (Hachenburg/*Goerdeler/Müller* § 31 Rn. 12; Michalski/*Heidinger* § 31 Rn. 24). §§ 19 bis 25 GmbHG sind auf den Anspruch nicht anwendbar (Michalski/*Heidinger* § 31 Rn. 14).

2. Erstattung

Der Anspruch nach § 31 GmbHG ist auf Erstattung der Zahlung gerichtet, wobei der Begriff der Zahlung sich an die Auszahlung i. S. d. § 30 Abs. 1 GmbHG bzw. an die Rückzahlung gem. § 30 Abs. 2 GmbHG anlehnt. 20

a) Von Geldleistungen

Bestand die Auszahlung nach § 30 GmbHG in der Aus- oder Rückzahlung von Geld, ist § 31 GmbHG auf die Erstattung von Geld gerichtet. Bei der Höhe der Erstattung sind die beiden Absätze des § 30 GmbHG zu unterscheiden (anders wohl die h. M.: vgl. Michalski/*Heidinger* § 31 Rn. 27). Im Falle des § 30 Abs. 1 GmbHG darf die Gesellschaft die Erstattung nur für das geltend machen, was der Gesellschafter ausgezahlt erhalten hat, höchstens jedoch für den Betrag, der zur Erhaltung des Stammkapitals erforderlich ist. Daher kann der Erstattungsanspruch die Stammkapitalziffer überschreiten (BGHZ 60, 324, 331). Im Falle des § 30 Abs. 2 GmbHG spielt die Erhaltung des Stammkapitals keine Rolle. Daher ist der Anspruch der Höhe nach auf die Erstattung des zurückgezahlten Betrags begrenzt. 21

b) Von Sachleistungen

Bestand die Auszahlung i. S. d. § 30 Abs. 1 GmbHG oder die Rückzahlung i. S. d. § 30 Abs. 2 GmbHG in einer Sachleistung (z. B. Übereignung einer Maschine, Abtretung einer Forderung oder Freiwerden von einer Verbindlichkeit), stellt sich die Frage, ob der Erstattungsanspruch auf Herausgabe der Sachleistung oder auf Geld gerichtet ist, d. h. nur auf Wertausgleich. Die überwiegende Auffassung nimmt eine **Verpflichtung zur Herausgabe der Sachleistung** an, d. h. z. B. Rückübereignung von Gegenständen oder Warenzeichen (OLG Frankfurt BB 1996, 445, 446), Wiederbegründung einer Gesellschaftsforderung (BGHZ 95, 188, 193); wenn es sich um eine fällige Forderung handelt, kann die Gesellschaft unmittelbar Zahlung verlangen (BGHZ 95, 188, 193). Ein Teil der Literatur vertritt die Auffassung, dass §§ 30, 31 GmbHG nicht die gegenstandsbezogene Vermögensbindung schützen wollen, sondern nur dessen vermögensmäßige Bindung. Daher seien §§ 30, 31 GmbHG stets auf Wertausgleich in Geld gerichtet. Für diese Auffassung spricht einerseits der Wortlaut des § 30 Abs. 1 GmbHG, der nicht jeden Leistungsaustausch zwischen Gesellschaft und Gesellschafter verbieten will, sondern nur denjenigen, der das Stammkapital angreift. Andererseits will § 30 Abs. 2 GmbHG jede Rückzahlung an den Gesellschafter verbieten, soweit die formalen Voraussetzungen des § 30 Abs. 2 GmbHG nicht erfüllt sind, weshalb hiernach stets der zurückgezahlte Gegenstand herauszugeben ist. Daher ist nach diesseitiger Auffassung der Erstattungsanspruch der §§ 30 Abs. 1, 31 GmbHG auf Geld, hingegen der Erstattungsanspruch der §§ 30 Abs. 2, 31 GmbHG auf Herausgabe der Sache gerichtet. 22

Soweit der Erstattungsanspruch auf Herausgabe der Sache gerichtet ist, ist es zutreffende Auffassung, dass der Gesellschafter eine **Ersetzungsbefugnis** dann hat, wenn die Gegenleistung im Rahmen eines Austauschgeschäfts wertmäßig hinter den Leistungen der Gesellschaft zurückbleibt. Dann kann der Empfänger seine Rückerstattungspflicht durch bare Zuzahlung abwenden (Michalski/*Heidinger* § 31 Rn. 31). 23

Soweit sich der Wert der Sache in der Zeit zwischen Auszahlung bzw. Rückzahlung gem. § 30 GmbHG einerseits und Erstattung gem. § 31 GmbHG verändert hat, ist die **Wertveränderung** entweder durch die Gesellschaft oder den Gesellschafter auszugleichen, was aus § 31 GmbHG unmittelbar folgt, da durch die Erstattungspflicht der Zustand hergestellt werden soll, der ohne die Auszahlung bzw. Rückzahlung bestehen würde. Die Wertveränderung ist **in bar** auszugleichen (BGHZ 122, 333, 338 f. für den Wertverlust). 24

3. Einwendungen des Erstattungspflichtigen

a) Beseitigung der Unterbilanz

25 Fraglich ist, wie Gewinne bzw. Verluste der Gesellschaft zu behandeln sind, die der Gesellschaft in der Zeit zwischen der Auszahlung bzw. Rückzahlung nach § 30 GmbHG und der Erstattung nach § 31 GmbHG entstanden sind. Da nur in den Fällen des § 30 Abs. 1 GmbHG auf die Erhaltung des Stammkapitals abzustellen ist, kann sich diese Frage in den Fällen des § 30 Abs. 2 GmbHG nicht stellen.

26 Ein Teil der Literatur (Hachenburg/*Goerdeler/Müller* § 31 Rn. 24) und die frühere Rechtsprechung (BGH ZIP 1987, 1113, 1114) nahmen an, dass der Erstattungsanspruch aus §§ 31, 30 Abs. 1 GmbHG entfällt, sobald und soweit die Unterbilanz nachhaltig wieder beseitigt sei. Daher würden nicht kurzfristige (keine »Bilanzkosmetik«), sondern nur nachhaltige Gewinne den Erstattungsanspruch der Gesellschaft ganz oder teilweise entfallen lassen. Der hiergegen gerichteten Kritik (Lutter / Hommelhoff/*Lutter/Hommelhoff* GmbHG, § 31 Rn. 11) schloss sich der BGH an (BGHZ 144, 336, 341 f.; BGH DB 2006, 775, 777): Ein einmal entstandener Erstattungsanspruch entfällt nicht, wenn das Gesellschaftsvermögen anderweitig bis zur Höhe des Stammkapitals hergestellt ist.

b) Sonstige Einwendungen

27 Im Übrigen sind die Einwendungen **ausgeschlossen**. Da es sich bei dem Erstattungsanspruch nicht um einen Bereicherungsanspruch handelt, kann sich der Erstattungspflichtige nicht auf den Wegfall der Bereicherung berufen.

V. Fälligkeit, Stundung, Verzug und Verzinsung des Erstattungsanspruchs

28 Der Anspruch aus § 31 GmbHG entsteht, sobald die Voraussetzungen des § 31 GmbHG verwirklicht sind, spätestens mit der Auszahlung i. S. d. § 30 Abs. 1 GmbHG und der Rückzahlung gem. § 30 Abs. 2 GmbHG (BGHZ 76, 326, 328; *Meister* WM 1980, 390, 395). Er ist **sofort fällig**, § 271 BGB (BGH NJW 1987, 779).

29 Der Erstattungsanspruch darf nicht unverzinslich gestundet werden, da die **Stundung** ihrerseits eine Auszahlung i. S. d. § 30 GmbHG ist (*Schön* ZHR 1995, 361); die verzinsliche Stundung unter Berücksichtigung des Marktzinses und der Bonität des Gesellschafters ist zulässig, sofern die Forderung werthaltig ist.

30 Der Eintritt des **Verzugs** setzt grundsätzlich die Mahnung der Gesellschaft voraus, § 286 Abs. 1 S. 1 BGB. Mit Rücksicht auf den Schutzzweck der §§ 30, 31 GmbHG ist es vertretbar zu begründen, dass der Erstattungspflichtige auch ohne Mahnung in Verzug kommt (§ 286 Abs. 2 Nr. 4 BGB).

31 Soweit die Gesellschaft in der Zeit zwischen Aus- bzw. Rückzahlung und Erstattung den Gegenstand selbst hätte nutzen können, hat der Erstattungspflichtige die **entgangenen Nutzungen** ebenfalls zu ersetzen, § 288 Abs. 4 BGB. Soweit die Gesellschaft in der Zeit zwischen Aus- bzw. Rückzahlung und Erstattung einen Verlust erwirtschaftet hat, der durch die Aus- bzw. Rückzahlung verursacht worden ist, hat der Erstattungspflichtige den Verlust zu ersetzen, § 288 Abs. 4 BGB.

VI. Erfüllung

32 In entsprechender Anwendung des § 19 Abs. 2 S. 2 GmbHG kann gegen den Erstattungsanspruch **nicht aufgerechnet** werden (BGHZ 146, 105, 107; OLG Thüringen DB 2005, 2347, 2348; a. A. *Reuter* DB 2005, 2339, 2341).

VII. Konkurrenz zu sonstigen Ansprüchen

Der Erstattungsanspruch ist **kein Anspruch gem. §§ 812 ff. BGB** (BGHZ 31, 258, 265; Hachenburg/*Goerdeler/Müller* § 31 Rn. 4; Michalski/*Heidinger* § 31 Rn. 24), weshalb §§ 814, 817, 818 BGB auf den Erstattungsanspruch nicht anwendbar sind. Die Ansprüche aus §§ 812 ff. BGB, §§ 823 ff. BGB und aus Verletzung der gesellschaftsrechtlichen Treuepflicht einerseits und der Erstattungsanspruch aus § 31 GmbHG andererseits stehen nebeneinander. 33

VIII. Beweislast

Die **Gesellschaft** trägt die Beweislast für das Vorliegen der Voraussetzungen des § 30 Abs. 1 oder Abs. 2 GmbHG und für die Höhe des Erstattungsanspruchs nach § 31 Abs. 1 GmbHG. 34

IX. Internationale Zuständigkeit

Die Kapitalerhaltungsregelungen beruhen auf dem Gesellschaftsvertrag, weshalb der Anspruch aus § 31 GmbHG als vertraglich zu qualifizieren ist, Art. 5 Nr. 1 lit. a EuGVO (OLG Koblenz NZG 2001, 759, 760; *Lehmann* GmbHR 2005, 978, 980). Im Rahmen des Lugano-Übereinkommens folgt die internationale Zuständigkeit aus Art. 5 Nr. 1 (OLG München GmbHG 2006, 1153, 1154). 35

X. Bilanzieller Ausweis

Der Erstattungsanspruch der Gesellschaft ist zu **aktivieren**, sobald der Anspruch geltend gemacht wird, er vollwertig und dem Grunde und der Höhe nach ausreichend konkretisiert ist. Der Anspruch ist wie eine ausstehende Einlage entsprechend § 272 Abs. 1 S. 2 HGB zu bilanzieren, da es sich hier um eine im Gesellschaftsverhältnis begründete Verpflichtung des Gesellschafters handelt (*Binz* DB 2004, 1273, 1274). 36

Im Prüfbericht hat der Abschlussprüfer gem. § 321 Abs. 1 S. 3 HGB eine Redepflicht über erfolgte Aus- und Rückzahlungen (*Binz* DB 2004, 1273, 1274 f.). 37

C. Beschränkung des Erstattungsanspruchs bei gutem Glauben, Abs. 2

War der Empfänger in gutem Glauben, wird der Erstattungsanspruch insoweit eingeschränkt, dass die Erstattung nur insoweit verlangt werden kann, als sie zur Befriedigung der Gesellschaftsgläubiger erforderlich ist, Abs. 2. 38

I. Guter Glaube

Guter Glaube liegt vor, soweit nicht Kenntnis oder grob fahrlässige Unkenntnis vorliegen. Es gelten die **Grundsätze für § 932 Abs. 2 BGB analog** (OLG München DB 1983, 166, 167; Michalski/*Heidinger* § 31 Rn. 43; Hachenburg/*Goerdeler/Müller* § 31 Rn. 29; str.). **Grob fahrlässig** handelt, wer im Rechtsverkehr die erforderliche Sorgfalt in ungewöhnlich hohem Maße verletzt und so außer Acht lässt, was jedem hätte einleuchten müssen (BGH NJW 1990, 899, 900; Michalski/*Heidinger* § 31 Rn. 43; Hachenburg/*Goerdeler/Müller* § 31 Rn. 31). 39

Ob jemand in gutem Glauben gehandelt hat oder nicht, ist eine Frage des Einzelfalls. Man wird zu unterscheiden haben zwischen dem Gesellschafter-Geschäftsführer, dem Gesellschafter und einem Dritten (Hachenburg/*Goerdeler/Müller* § 31 Rn. 31). Der **Gesellschafter-Geschäftsführer** ist in der Regel nicht in gutem Glauben, da er sich das Wissen der Gesellschaft zurechnen lassen muss und als Geschäftsführer bei jedem Geschäft mit einem Gesellschafter prüfen muss, ob die Voraussetzungen des § 30 Abs. 1 oder Abs. 2 GmbHG gegeben sind. Der **Gesellschafter**, gleichgültig ob er Minderheits- oder Mehrheitsgesellschafter ist (a. A. Michalski/*Heidinger* § 31 Rn. 44; Hachenburg/*Goerdeler/Müller* § 31 Rn. 31), hat ein Auskunfts- und Einsichtnahmerecht nach § 51 a Abs. 1 GmbHG. Der Gesellschafter handelt in der Regel in gutem Glauben, sofern er vor Abschluss der Auszahlung i. S. v. § 30 Abs. 1 GmbHG oder vor Rückzahlung i. S. v. § 30 Abs. 2 GmbHG bei dem Geschäftsführer Auskunft über die Unterbilanz oder die Rückzahlungsvoraussetzungen einholt. Ein **Dritter** handelt in der Regel gutgläubig. 40

II. Gegenstand des guten Glaubens

41 Abs. 2 beschreibt nicht, worauf sich der gute Glaube beziehen muss. Es besteht Einigkeit, dass es um den guten Glauben an die **tatsächlichen Umstände** der Auszahlung gem. § 30 Abs. 1 GmbHG oder der Rückzahlung gem. § 30 Abs. 2 GmbHG geht (Hachenburg/*Goerdeler/Müller* § 31 Rn. 32). In erster Linie geht es um den guten Glauben an den Stand des Gesellschaftsvermögens (OLG München DB 1983, 166, 167). Dazu gehört u. a. bei einer Auszahlung, dass der Empfänger gutgläubig war hinsichtlich der Unterbilanz und hinsichtlich der Ausgewogenheit eines etwaigen Austauschgeschäfts. Bei einer Rückzahlung gehört u. a. dazu, dass der Gesellschafter vom Ablauf der Sperrfrist ausgehen durfte, was nicht der Fall ist, wenn die Rückzahlung unmittelbar auf die Gesellschafterversammlung erfolgt.

42 Auf die Unkenntnis des gesetzlichen Verbots des § 30 GmbHG kann die Gutgläubigkeit des Abs. 2 nicht gestützt werden (OLG München DB 1983, 166, 167; Hachenburg/*Goerdeler/Müller* § 31 Rn. 33). Wohl aber ist ein Rechtsirrtum beachtlich (RGZ 77, 88, 92), etwa bei den formellen Voraussetzungen des § 30 Abs. 2 GmbHG.

III. Person des Gutgläubigen

43 Abs. 2 stellt auf den guten Glauben des **Leistungsempfängers** ab. Wurde die Aus- bzw. Rückzahlung an Mitberechtigte i. S. d. § 18 GmbHG geleistet, ist auf die Gutgläubigkeit eines jeden Mitberechtigten abzustellen, ohne dass die Bösgläubigkeit eines Mitberechtigten auf die anderen ausstrahlt (Michalski/*Heidinger* § 30 Rn. 46).

44 Problematisch sind die Fälle, in denen an einen Dritten ausgezahlt oder zurückgezahlt wurde, der gutgläubig ist, wohingegen der Gesellschafter bösgläubig ist. Der Dritte hat sich die Bösgläubigkeit des Gesellschafters zurechnen zu lassen, wenn der Dritte die Aus- oder Rückzahlung im Namen oder für Rechnung des Gesellschafters in Empfang nimmt (Hachenburg/*Goerdeler/Müller* § 31 Rn. 34; Michalski/*Heidinger* § 31 Rn. 47), wenn der Dritte in einem Näheverhältnis zum Gesellschafter steht (Hachenburg/*Goerdeler/Müller* § 31 Rn. 34; Michalski/*Heidinger* § 31 Rn. 48) oder wenn dem Dritten ein bösgläubiger Auszahlungs- oder Rückzahlungsanspruch abgetreten, verpfändet oder sonst über ihn verfügt wurde (Michalski/*Heidinger* § 31 Rn. 40; Hachenburg/*Goerdeler/Müller* § 31 Rn. 34).

IV. Zeitpunkt der Gutgläubigkeit

45 Maßgeblich für den guten Glauben ist der **Zeitpunkt der Auszahlung** i. S. d. § 30 Abs. 1 GmbHG bzw. der Rückzahlung i. S. d. § 30 Abs. 2 GmbHG (Michalski/*Heidinger* § 31 Rn. 50).

V. Rechtsfolge bei Gutgläubigkeit

46 In Anlehnung an §§ 9 b und 43 Abs. 3 GmbHG kann die Erstattung bei Gutgläubigkeit nur insoweit verlangt werden, als dies zu Befriedigung der Gesellschaftsgläubiger erforderlich ist. Damit führt Abs. 2 nur zu einer Reduktion des primären Erstattungsanspruchs (Abs. 1), nicht jedoch der sekundären Ansprüche, z. B. aus Verzug.

1. Erforderlichkeit zur Befriedigung

47 Zur Befriedigung der Gläubiger erforderlich ist der Betrag, den die Gesellschaft aufwenden muss, um sämtliche Gläubiger zu befriedigen, soweit der Geldbetrag nicht aus dem Reinvermögen der Gesellschaft bedient werden kann. Es kommt nicht darauf an, ob die Gesellschaft zahlungsunfähig, überschuldet oder drohend zahlungsunfähig ist. Es ist ein Status zu erstellen und mit der Zielsetzung zu prüfen, ob das Aktivvermögen der Gesellschaft abzüglich des Stammkapitals ausreichend ist, sämtliche Gesellschaftsgläubiger zu befriedigen. Sofern dieser Status ausgeglichen ist, entfällt der Ausgleichsanspruch. Sofern das Reinvermögen negativ ist, besteht insoweit der Erstattungsanspruch nach Abs. 2, höchstens jedoch im Umfang des Abs. 1.

2. Zeitpunkt der Erforderlichkeit

Maßgeblicher Zeitpunkt für die Erforderlichkeit ist der **Zeitpunkt der Geltendmachung des Erstattungsanspruchs**. Maßgeblich ist hierfür nicht die erstmalige Geltendmachung, sondern es ist auf den Zeitpunkt der letzten mündlichen Verhandlung abzustellen. Verbessert sich die Ertragslage nach der letzten mündlichen Verhandlung, kann der Erstattungspflichtige die Verbesserung insoweit gem. § 767 ZPO entgegenhalten. Verschlechtert sich die Ertragslage nach der letzten mündlichen Verhandlung, kann die Gesellschaft im Rahmen der Verjährung diese Ansprüche zusätzlich geltend machen (vgl. auch Michalski/*Heidinger* § 31 Rn. 52). 48

VI. Beweislast

Den **Erstattungspflichtigen** trifft die Beweislast seiner Gutgläubigkeit. 49

Sofern der Beweis geführt ist, trifft die Gesellschaft die Beweislast hinsichtlich der Erforderlichkeit der Gläubigerbefriedigung. Die Anforderungen an die Darlegungs- und Beweislast dürfen nicht überspannt werden, um die Gesellschaft vor der Insolvenz durch Zahlungsunfähigkeit zu schützen. Ausreichend ist eine plausible Ertrags- und Liquiditätsplanung, die in ihren wesentlichen Eckpunkten durch Belege hinterlegt ist (Hachenburg/*Goerdeler/Müller* § 31 Rn. 39). 50

D. Haftung der übrigen Gesellschafter, Abs. 3

Ist die Erstattung von dem Erstattungspflichtigen nicht zu erlangen, haften die übrigen Gesellschafter der Gesellschaft im Verhältnis ihrer Geschäftsanteile, soweit es zur Befriedigung der Gesellschaftsgläubiger erforderlich ist. Abs. 3 S. 1 begründet damit eine **Subsidiärhaftung der übrigen Gesellschafter**. Diese hat die folgenden **Voraussetzungen**: 51

I. Bestehen eines primären Erstattungsanspruchs

Es muss ein Erstattungsanspruch entstanden sein, wobei es gleichgültig ist, ob es sich um den nach Abs. 1 oder den nach Abs. 2 reduzierten handelt. 52

II. Entstehen und Fälligkeit der Subsidiär-Haftung

Die Haftung der übrigen Gesellschafter **entsteht** dem Grunde nach schon mit der verbotenen Aus- oder Rückzahlung an den Gesellschafter (BGH ZIP 2005, 1638, 1639). 53

Der Anspruch ist **fällig**, sobald die Erstattung von dem Empfänger nicht zu erlangen ist, Abs. 3 S. 1 (vgl. BGH ZIP 2005, 1638, 1639). »Nicht zu erlangen« bedeutet nicht, dass der Erstattungspflichtige kein Geld oder kein sonstiges Vermögen hat (Hachenburg/*Goerdeler/Müller* § 31 Rn. 51), dass ein Vollstreckungsversuch fruchtlos verlaufen ist, oder dass ein Insolvenzantrag gegen den Erstattungspflichtigen gestellt worden ist. »Nicht zu erlangen« meint vielmehr, dass der Erstattungspflichtige den Anspruch aus Abs. 1 oder Abs. 2 binnen angemessener Frist seit seinem Entstehen **nicht erfüllt** (vgl. Hachenburg/*Goerdeler/Müller* § 31 Rn. 51; Michalski/*Heidinger* § 31 Rn. 55). Der Zweck der §§ 30, 31 GmbHG gebietet es, dass die Gesellschaft die Gesellschafter in die Subsidiär-Haftung nehmen kann, sobald sich der Erstattungspflichtige mit welchen Gründen auch immer gegen seine Inanspruchnahme verteidigt. Die Gesellschafter haften damit zumindest teilweise mit dem Erstattungspflichtigen als Gesamtschuldner und sind gemeinschaftlich zu verklagen. 54

III. Haftende Gesellschafter

Es haften die übrigen Gesellschafter nach dem **Verhältnis ihrer Geschäftsanteile**, Abs. 3 S. 1. Ist der Erstattungspflichtige ein Dritter, haften sämtliche Gesellschafter. Wer Gesellschafter ist, bestimmt sich für die Gesellschaft nach § 16 Abs. 1 GmbHG. Wenn der angemeldete Gesellschafter ein Treuhänder ist, haften der Treuhänder und der Treugeber gesamtschuldnerisch (BGHZ 31, 258, 265 ff.; HansOLG Hamburg DB 1984, 1515; Michalski/*Heidinger* § 31 Rn.). Sofern der Geschäftsanteil von mehreren gemeinschaftlich ungeteilt gehalten wird (§ 18 Abs. 1 GmbHG; s. 55

dazu auch § 18 Rn. 2), haften sie der Gesellschaft gesamtschuldnerisch, § 18 Abs. 2 GmbHG (vgl. auch § 18 Rn. 10 ff.). Hält die Gesellschaft einen eigenen Geschäftsanteil, reduziert sich ihr Erstattungsanspruch nach Abs. 1 oder Abs. 2 nicht, denn die übrigen Gesellschafter haften für ihren Ausfall (Abs. 3 S. 2).

IV. Zeitpunkt der Gesellschaftereigenschaft

56 Bei der Frage, welcher Zeitpunkt für die Gesellschaftereigenschaft maßgeblich ist, stehen sich zwei Auffassungen gegenüber: Während die sich als herrschend bezeichnende Auffassung auf den **Zeitpunkt der verbotswidrigen Auszahlung** abstellt, hält die Gegenmeinung den Zeitpunkt, in dem der **Ausfall des Erstattungspflichtigen feststeht** (Hachenburg/*Goerdeler/Müller* § 31 Rn. 42), für zutreffend. Aus dem Gesetzeswortlaut lässt sich weder für die eine noch für die andere Auffassung eine Begründung ableiten. Entscheidend dürfte allerdings sein, dass § 31 GmbHG die unzulässige Auszahlung nach § 30 Abs. 1 GmbHG und die unzulässige Rückzahlung nach § 30 Abs. 2 GmbHG beseitigen will. Daher spricht dieser Gedanke für eine Anknüpfung an den Zeitpunkt der Aus- bzw. Rückzahlung. Im Übrigen hätten es die Gesellschafter in der Hand, den Kreis der haftenden Gesellschafter zu verändern, wenn man auf den Zeitpunkt des Ausfalls abstellen würde (Michalski/*Heidinger* § 31 Rn. 61). Damit würde die Wirkung des § 31 GmbHG deutlich entschärft werden, was nicht gewollt sein kann.

57 Für den Fall der **Veräußerung des Geschäftsanteils** haften grundsätzlich der Veräußerer (§ 16 Abs. 3 GmbHG) und der Erwerber (so für § 263 StGB: BGH GmbHR 1991, 195; offen gelassen in BGH ZIP 2005, 1638, 1639). Dies gilt nur dann nicht, wenn die Abtretung der Geschäftsanteile und die Anzeige an die Gesellschaft vor der Auszahlung i. S. d. § 30 Abs. 1 GmbHG oder der Rückzahlung i. S. d. § 30 Abs. 2 GmbHG vorgenommen wurden (Michalski/*Heidinger* § 31 Rn. 60). Wenn der Veräußerer und der Erwerber nebeneinander haften, soll für den Erwerber eine Nachrangigkeit gelten, weshalb er nur haftet, wenn die Haftung beim Veräußerer nicht realisiert werden kann (BGH NJW 1984, 1037, 1038; Michalski/*Heidinger* § 13 Rn. 62).

V. Inhalt und Umfang der Haftung

58 Die Haftung der Gesellschafter ist stets auf die **Zahlung von Geld** gerichtet, selbst wenn der primär Erstattungspflichtige z. B. zur Herausgabe eines Gegenstandes verpflichtet ist (Michalski/*Heidinger* § 31 Rn. 64). Wird ein Mitgesellschafter nach Abs. 3 in Anspruch genommen, kann er von den Geschäftsführern Befreiung von der Verbindlichkeit unter den Voraussetzungen des Abs. 5 verlangen (Michalski/*Heidinger* § 31 Rn. 94)

59 Der **Umfang der Haftung** bestimmt sich grundsätzlich nach der Höhe der Primärhaftung, d. h. im Falle des § 30 Abs. 1 GmbHG auf den Betrag der Auszahlung und im Falle des § 30 Abs. 2 GmbHG auf den Betrag der Rückzahlung. Die einzige Beschränkung der Haftung der Höhe nach ist aus § 31 Abs. 3 S. 1 GmbHG abzuleiten, wonach die Mitgesellschafter nur insoweit haften, als der Betrag zur Befriedigung der Gesellschaftsgläubiger erforderlich ist. Soweit also die Gesellschaft, obwohl sie überschuldet sein sollte, über ausreichend Liquidität verfügt, um die Gesellschaftsgläubiger zu befrieden, ist die Haftung der Mitgesellschafter begrenzt.

60 Die h. M. begrenzt die Haftung auf den **Betrag des Stammkapitals** (BGH ZIP 2005, 1638, 1639; ZIP 2003, 2068, 2071; ZIP 2002, 848, 850; offen gelassen in BGH NJW 1990, 1730, 1732), weil die Haftung der Gesellschafter »nach dem Verhältnis ihrer Geschäftsanteile« i. S. d. § 31 Abs. 3 S. 1 GmbHG zugleich die Obergrenze auf das Stammkapital beschreibt (Hachenburg/*Goerdeler/Müller* § 31 Rn. 54). Der eigene Anteil des Gesellschafters am Stammkapital ist nicht abzuziehen (BGH ZIP 2003, 2068, 2071).

61 Die Mitgesellschafter haften entsprechend dem **Verhältnis des Nennwerts ihrer Geschäftsanteile** (Abs. 3 S. 1), also nicht gesamtschuldnerisch. Maßgeblich ist das Beteiligungsverhältnis zu dem Zeitpunkt, in dem der Anspruch aus § 31 Abs. 1 GmbHG entsteht (Hachenburg/*Goerdeler/Müller* § 31 Rn. 55; Michalski/*Heidinger* § 31 Rn. 67).

62 Fällt ein mithaftender Gesellschafter aus, erhöht sich die Mithaftung der übrigen Gesellschafter ebenfalls im Verhältnis ihrer Geschäftsanteile (Abs. 3 S. 2). Maßgeblich ist auch hier das Beteiligungsverhältnis zu dem Zeitpunkt, in dem der Anspruch aus § 31 Abs. 1 entsteht, und nicht zu dem, in dem der Ausfall feststeht.

VI. Beweislast

63 Die Beweislast für die Voraussetzungen des Abs. 3 trägt die **Gesellschaft**. Sie muss die Primärhaftung des Gesellschafters nachweisen sowie, dass der Erstattungspflichtige ausgefallen und die Haftung zur Befriedigung der Gesellschaftsgläubiger erforderlich ist.

VII. Weitere Haftungstatbestände des Mitgesellschafters

64 Einen weiteren Haftungstatbestand begründet die Rechtsprechung, sofern der **Gesellschafter schuldhaft gegen seine Gesellschafterpflichten verstoßen** hat (BGHZ 93, 146, 150; BGH NJW 1995, 1960, 1961). Dabei stellt die Rechtsprechung klar, dass die Mitgesellschafter zunächst nur nach Abs. 3 haften (BGH ZIP 1999, 2817). Über den Rahmen des Abs. 3 hinaus haften die Mitgesellschafter der Gesellschaft jedoch auf **Schadensersatz**, wenn sie schuldhaft eigene Gesellschafterpflichten verletzt haben. Die Verletzungshandlung kann in der Zustimmung zu dem entsprechenden Gesellschafterbeschluss liegen. Für das Verschulden des Gesellschafters gelten § 276 BGB bzw. § 43 Abs. 1 GmbHG analog, so dass **leichte Fahrlässigkeit** ausreichend ist (BGHZ 93, 146, 150 mit Verweis auf BGH NJW 1976, 191, 192). Die Literatur lehnt diese Rechtsprechung ab (Michalski/*Heidinger* § 31 Rn. 71; Hachenburg/*Goerdeler/Müller* § 31 Rn. 57). Dies ist allerdings nicht nachvollziehbar, weil unterschiedliche Anknüpfungspunkte der Haftung bestehen: Während § 31 GmbHG auf eine subsidiäre Haftung abstellt, begründet die Rechtsprechung eine verschuldensabhängige Gesellschafterhaftung, die ein eigenes Gesellschafterverschulden voraussetzt. Danach kann die Mitwirkung an einem ordnungsgemäß vorbereiteten Gesellschafterbeschlusses kein Verschulden begründen.

65 Praktisch selten wird die **Haftung des Leistungsempfängers** oder eines anderen mitwirkenden Mitgesellschafters aus dem Gesichtspunkt der Verletzung der Treuepflicht gegenüber einem Mitgesellschafter sein (vgl. Michalski/*Heidinger* § 31 Rn. 72).

E. Erlass, Abs. 4

I. Erlassvertrag

66 Die Erstattungsansprüche aus Abs. 1 bis 3 können nicht erlassen werden, Abs. 4. Ein dennoch vereinbarter Erlass ist **nichtig**, § 134 BGB (Hachenburg/*Goerdeler/Müller* § 31 Rn. 58; Michalski/*Heidinger* § 31 Rn. 73).

67 Abs. 4 enthält zwingendes Recht. Die Vorschrift dient dem Schutz der Gesellschaft und ihrer Gläubiger. Zur Vermeidung der Umgehung muss daher auch die Verschuldenshaftung des BGH (vgl. Rn. 64) von dieser Regelung erfasst sein.

II. Stundungsvertrag

68 Der Stundungsvertrag ist dem Wortlaut nach nicht von Abs. 4 erfasst (Hachenburg/*Goerdeler/Müller* § 31 Rn. 59). Gleichwohl würde eine Stundung dem Zweck des Abs. 4 widersprechen und damit einem Erlass gleichkommen. Daher ist auch die Stundung der Ansprüche aus Abs. 1 bis 3 **unwirksam** (Lutter/Hommelhoff/*Lutter/Hommelhoff* GmbHG, § 31 Rn. 23), unabhängig davon, ob die Stundung lang- oder kurzfristig ist (nur für die langfristige Stundung: Michalski/*Heidinger* § 31 Rn. 74).

69 Davon unbenommen ist es der Gesellschaft, Nebenansprüche zu Abs. 1 bis 3 zu stunden, etwa Ansprüche aus Verzug.

III. Vergleichbare Vereinbarungen, insbesondere Erfüllungssurrogate und Vergleich

70 Sicher ist, dass die Gesellschaft mit einer vollwertigen, fälligen und liquiden Gegenforderung des Gesellschafters **aufrechnen** kann (BGH GmbHR 2000, 771, 775).

71 Fraglich ist, ob auch der Gesellschafter mit einer derartigen Gegenforderung die Aufrechnung erklären kann. Die h. M. hielt dies für zulässig (OLG Naumburg GmbHR 1998, 1180, 1181). Dies ist aber nicht unstreitig. Im Kern geht es um die Frage, ob § 19 Abs. 2 S. 2 GmbHG analog im Rahmen des Erstattungsanspruchs Anwendung findet. Da es einen Wertungswiderspruch zwischen Kapitalaufbringung und Kapitalerhaltung bedeuten würde, würde man die Anwendung ablehnen, und weil bereits das GmbHG von 1891 die redaktionelle Abstimmung beider Vorschriften übersehen hatte, ist es zutreffende Auffassung, dass für den Erstattungsempfänger ein **Aufrechnungsverbot** gilt (BGH GmbHR 2001, 142, 143; Lutter/Hommelhoff/*Lutter/Hommelhoff* GmbHG, § 31 Rn. 24; Michalski/*Heidinger* § 31 Rn. 76).

72 Bei der Hingabe eines Gegenstandes **an Erfüllung Statt** gelten die Ausführungen wie zur Aufrechnung entsprechend. Wenn die Gesellschaft einen vollwertigen Gegenstand akzeptiert, beseitigt dies insoweit die verbotswidrige Aus- oder Rückzahlung.

73 Ein **Vergleich**, auch ein Prozessvergleich, ist **grundsätzlich unzulässig**, weil das »Nachgeben« den wirtschaftlichen Folgen eines Erlasses gleichsteht (Abs. 4). Dies gilt nur dann nicht, wenn der Erstattungspflichtige zahlungsunfähig ist und sich mit der Gesellschaft zur Abwendung oder Beseitigung eines Insolvenzverfahrens vergleicht, § 93 Abs. 4 S. 4 AktG analog (Lutter/Hommelhoff/*Lutter/Hommelhoff* GmbHG, § 31 Rn. 23; weitergehend: Michalski/*Heidinger* § 31 Rn. 78; Hachenburg/*Goerdeler/Müller* § 31 Rn. 60). Da der Vergleich die Regressansprüche der Mitgesellschafter betrifft, wird gefordert, dass der Vergleich zusätzlich der **Zustimmung sämtlicher Mitgesellschafter** bedarf (Hachenburg/*Goerdeler/Müller* § 31 Rn. 60; Lutter/Hommelhoff/*Lutter/Hommelhoff* GmbHG, § 31 Rn. 23).

F. Verjährung, Abs. 5

I. Beginn der Verjährung, Abs. 5 S. 2

74 Die Verjährung beginnt in den Fällen des Abs. 1 und 2 mit dem Ablauf des Tages, an dem die Aus- oder Rückzahlung vorgenommen wurde, S. 2. Dies gilt auch in den Fällen, in denen eine Sicherheit bestellt wurde. Dann liegt jedoch eine Auszahlung nicht bereits mit der Bestellung der Sicherheit vor (so aber BGHZ 168, 292, 300), sondern erst, wenn die Sicherheit in Anspruch genommen wird, weil erst dies die zur Unterbilanz führende Auszahlung ist (vgl. § 30 GmbHG Rn. 33). Auf die Kenntnis des Geschäftsführers von der Entstehung des Anspruchs kommt es nicht an (Hachenburg/*Goerdeler/Müller* § 31 Rn. 68; Michalski/*Heidinger* § 31 Rn. 79).

75 Fraglich ist, ob diese Argumentation auch für den Beginn der Verjährung gem. Abs. 3 gilt. Der Anspruch aus Abs. 3 entsteht nicht bereits mit der Auszahlung, sondern erst, wenn die Erstattung von dem Empfänger nicht zu erlangen ist, und wird dann sofort fällig, § 271 BGB. Folglich beginnt erst mit dem Ausfall des Erstattungspflichtigen die Verjährung (Michalski/*Heidinger* § 31 Rn. 83).

II. Verjährungsfristen, Abs. 5 S. 1

76 Die Verjährungsfrist beträgt in den Fällen des Abs. 1 und 2 **zehn Jahre**, hingegen in den Fällen des Abs. 3 **fünf Jahre**.

III. Ende der Verjährung, Abs. 5 S. 3

77 Für das Ende der Verjährungsfrist gelten die allgemeinen Regeln. Eine Besonderheit besteht nach S. 3 nur in dem Fall des Abs. 1, in dem über das Vermögen der Gesellschaft das **Insolvenzverfahren** eröffnet worden ist. In diesem Fall tritt die Verjährung erst sechs Monate nach Eröffnung des Insolvenzverfahrens ein (§ 19 Abs. 6 S. 2 GmbHG, Ablaufhemmung), d. h. nach Veröffent-

lichung des Eröffnungsbeschlusses. Diese Ausnahme setzt allerdings voraus, dass im Zeitpunkt des Erlasses des Eröffnungsbeschlusses die Verjährung noch nicht eingetreten war (*Nöll* ZInsO 2005, 964, 970).

IV. Verjährung konkurrierender Ansprüche

Soweit neben § 31 GmbHG konkurrierende Ansprüche bestehen, gelten für sie die dort geltenden 78
Verjährungsvorschriften. Soweit allerdings gesellschaftsrechtliche Treuepflichten dadurch verletzt wurden, dass Gesellschaftsvermögen entzogen wurde, findet Abs. 5 analoge Anwendung (OLG Köln NZG 2000, 1137; Michalski/*Heidinger* § 31 Rn. 82).

G. Haftung der Geschäftsführer, Abs. 6

Sofern die Geschäftsführer zugleich Gesellschafter sind, sind sie gem. Abs. 6 zur Erstattung ent- 79
weder nach Abs. 1, wenn sie Empfänger der Zahlung sind, oder nach Abs. 3 als Mitgesellschafter verpflichtet. Diese Verpflichtung besteht gegenüber der Gesellschaft und ist verschuldensunabhängig. Der Geschäftsführer ist der Gesellschaft gegenüber zum Schadensersatz gem. § 43 Abs. 1 GmbHG verpflichtet, wobei ein Verstoß gegen die Verpflichtungen des § 30 Abs. 1 GmbHG zu den besonders genannten Schadensersatztatbeständen des § 43 Abs. 3 GmbHG zählt (vgl. dazu auch § 43 GmbHG Rn. 51 ff.).

Darüber hinaus begründet § 31 Abs. 6 GmbHG eine weitere **verschuldensabhängige Haftung** 80
der Geschäftsführer, diesmal jedoch nur gegenüber bestimmten Gesellschaftern.

I. Anspruchsberechtigter

Anspruchsberechtigt sind die Gesellschafter i. S. d. Abs. 3, d. h. nur die mithaftenden Gesellschaf- 81
ter.

II. Anspruchsverpflichteter

Anspruchsverpflichtet sind die **Geschäftsführer**, die im Zeitpunkt der verbotswidrigen Aus- 82
oder Rückzahlung Geschäftsführer waren. Mehrere Geschäftsführer haften den Gesellschaftern als Gesamtschuldner (§ 426 BGB). Soweit mehrere Geschäftsführer haften, haben sie ihrerseits untereinander Ausgleichsansprüche (§ 426 BGB) sowie Regressansprüche gegen den Erstattungspflichtigen.

III. Verschulden, § 43 Abs. 1 GmbHG

Ein oder mehrere Geschäftsführer haften nur, wenn eine oder mehrere von ihnen **schuldhaft** aus- 83
oder zurückgezahlt haben. Dabei gilt der Verschuldensmaßstab des § 43 GmbHG Abs. 1 S. 2 GmbHG, d. h. die Anwendung der Sorgfalt eines ordentlichen Geschäftsmannes (vgl. dazu ausführl. § 43 GmbHG Rn. 7 ff. sowie insbes. Rn. 36). Da es sich bei den Rechtsverhältnissen zwischen Gesellschaft und Gesellschafter ohnehin um kritisch Rechtsbeziehungen handelt und die Kapitalerhaltung zu den Kardinalpflichten der Geschäftsführer gehört, spielt die **interne Geschäftsverteilung** unter den Geschäftsführern keine Rolle (zur Wirksamkeit der internen Geschäftsverteilung: *Schneider/Schneider* GmbHR 2005, 1229, 1230; vgl. auch § 43 GmbHG Rn. 11). Der für das Finanz- und Rechnungswesen nicht zuständige Geschäftsführer hat den hierfür zuständigen Geschäftsführer zu überwachen. Soweit daher eine verbotswidrige Aus- oder Rückzahlung vorgenommen wurde, spricht eine Vermutung dafür, dass sämtliche Geschäftsführer ihre Geschäftsführerpflichten schuldhaft verletzt haben, sei es durch positives Tun oder Unterlassen der Beaufsichtigung (Hachenburg/*Goerdeler/Müller* § 31 Rn. 64).

Soweit sich der Geschäftsführer in einem **entschuldbaren Verbotsirrtum** befand, haftet er nicht. 84
Entschuldbar ist der Rechtsirrtum nur, wenn sich der Geschäftsführer sowohl hinsichtlich der wirtschaftlichen als auch hinsichtlich der rechtlichen Voraussetzungen der Aus- und Rückzahlung sachkundigen Rat eingeholt hat, weshalb die Einholung eines Rechtsrates allein nicht aus-

reichend ist (a. A. *Schneider/Schneider* GmbHR 2005, 1229, 1232). Auf eine qualifizierte Beratung kann sich der Geschäftsführer nur verlassen, wenn die Rechtswidrigkeit der Maßnahme nicht offenkundig ist.

85 Ein **Beschluss der Gesellschafterversammlung**, in dem die Geschäftsführung zur Aus- oder Rückzahlung angewiesen wurde, **exkulpiert nicht**. Denn der Beschluss, der zu einem Verstoß gegen die Kapitalerhaltungsvorschriften führt, ist für die Geschäftsführer unverbindlich (BGHZ 31, 258, 278), was dazu führt, dass die Geschäftsführer dem Beschluss widersprechen müssen, dass sie ihn nicht ausführen dürfen und alles unternehmen müssen, dass die Auszahlung verhindert wird (Michalski/*Heidinger* § 31 Rn. 97; Hachenburg/*Goerdeler/Müller* § 31 Rn. 64).

IV. Umfang der Haftung

86 Die Haftung ist auf die **Ausfallhaftung gem. Abs. 3** gerichtet (vgl. dazu ausführl. oben Rn. 59). Das Verbot, den Anspruch zu erlassen (Abs. 4, vgl. Rn. 66) oder – nur in Ausnahmefällen – einen Vergleich zu schließen, gilt für den Anspruch der Gesellschafter nicht.

V. Verjährung, § 43 Abs. 4 GmbHG

87 Der Anspruch verjährt nach **fünf Jahren**, § 43 Abs. 4 S. 2 GmbHG (vgl. auch ausführl. § 43 Rn. 56 ff.). Die Haftung beginnt mit der Zahlung der Mitgesellschafter gem. Abs. 3.

VI. Geltendmachung der Haftung

88 Die Geltendmachung des Anspruchs kann **unzulässig** sein. Dies ist etwa dann der Fall, wenn der anspruchsberechtigte Gesellschafter den Geschäftsführer durch Beschluss angewiesen oder **mitgestimmt** hat, die Aus- oder Rückzahlung vorzunehmen, obwohl der Geschäftsführer einen Hinweis auf den Verstoß gegen § 30 GmbHG gegeben hatte (Hachenburg/*Goerdeler/Müller* § 31 Rn. 62; Michalski/*Heidinger* § 31 Rn. 91), oder wenn dem Gesellschafter der Verstoß gegen § 30 GmbHG vor Aus- und Rückzahlung **bekannt** war.

§ 32 [Rückzahlung von Gewinn]

Liegt die in § 31 Abs. 1 bezeichnete Voraussetzung nicht vor, so sind die Gesellschafter in keinem Fall verpflichtet, Beträge, welche sie in gutem Glauben als Gewinnanteile bezogen haben, zurückzuzahlen.

Übersicht:

A. Zweck der Vorschrift

1 § 32 GmbHG schützt den gutgläubigen Gesellschafter, der eine Gewinnausschüttung auf Grund eines Gewinnverteilungsbeschlusses erhalten hat. § 32 GmbHG gewährt dem Gesellschafter eine Einwendung gegen den Rückforderungsanspruch der Gesellschaft (Michalski/*Heidinger* § 32 Rn. 2; Hachenburg/*Goerdeler/Müller* § 32 Rn. 1). Die Vorschrift schützt jedoch nicht vor Aus- oder Rückzahlungen gem. § 30 GmbHG, da der gutgläubige Gesellschafter insoweit nur durch § 31 Abs. 2 GmbHG geschützt ist. Damit unterscheidet sich § 32 GmbHG grundlegend von

§ 62 Abs. 1 S. 2 AktG, der den gutgläubigen Aktionär bei jeder Form des Dividendenbezugs von der Rückforderung freistellt.

B. Tatbestandsvoraussetzungen

I. Rückforderungsanspruch der Gesellschaft

§ 32 GmbHG begründet keinen Rückforderungsanspruch, sondern setzt einen solchen voraus (Hachenburg/*Goerdeler/Müller* § 32 Rn. 3). Dieser Rückforderungsanspruch kann sich aus verschiedenen Grundlagen ergeben, nämlich aus einem Gesellschafterbeschluss (a. A. Hachenburg/*Goerdeler/Müller* § 32 Rn. 4; Michalski/*Heidinger* § 32 Rn. 4), etwa wenn die Gesellschafterversammlung eine Gewinnausschüttung zurückfordert, aus dem Gesellschaftsvertrag (a. A. Hachenburg/*Goerdeler/Müller* § 31 Rn. 4; Michalski/*Heidinger* § 32 Rn. 4), etwa bei einer sog. Schütt-aus-Hol-zurück-Regelung (vgl. § 29 GmbHG Rn. 131), aus § 985 BGB oder aus §§ 812 ff. BGB. Der **Regelfall einer Rückforderung** ist derjenige, dass die Gewinnausschüttung nichtig ist oder auf Grund einer Anfechtung für nichtig erklärt wurde. Die Gewinnausschüttung ist nichtig, wenn der Jahresabschluss analog § 256 AktG nicht aufgestellt wurde (s. § 29 GmbHG Rn. 45), wenn bei prüfungspflichtigen Gesellschaften der Jahresabschluss nicht geprüft wurde (s. § 29 GmbHG Rn. 50), wenn der Feststellungsbeschluss nichtig zustande gekommen ist (s. § 29 GmbHG Rn. 66) oder wenn der Gewinnverteilungsbeschluss nichtig ist (s. § 29 GmbHG Rn. 145). Sofern eine nicht nichtige, aber mangelbehaftete Gewinnausschüttung vorliegt, ist die Gewinnausschüttung solange wirksam, bis die Gesellschafter oder das Gericht die Wirksamkeit der Anfechtung gerichtlich festgestellt haben. 2

Der Rückforderungsanspruch der Gesellschaft muss **entstanden, fällig und durchsetzbar** sein. Soweit dem Rückforderungsanspruch selbst andere Einwendungen entgegenstehen, etwa aus §§ 814 BGB oder aus § 818 Abs. 3 BGB, bleiben diese neben § 32 GmbHG erhalten (Michalski/*Heidinger* § 32 Rn. 17; Hachenburg/*Goerdeler/Müller* § 32 Rn. 15). 3

II. Auf Grund der Gewinnverteilung

Geschützt ist nur der Gewinnanspruch auf Grund der Gewinnverwendung nach § 29 GmbHG (Michalski/*Heidinger* § 29 Rn. 9; Hachenburg/*Goerdeler/Müller* § 29 Rn. 9). 4

Daher werden folgende Ansprüche **nicht nach § 32 GmbHG geschützt**: Auszahlung i. S. d. § 30 Abs. 1 GmbHG oder Rückzahlung i. S. d. § 30 Abs. 2 GmbHG (vgl. § 31 Abs. 1 GmbHG), Gewinnvorschüsse (s. § 29 GmbHG Rn. 153), Zinsen auf die Stammeinlage (s. § 29 GmbHG Rn. 158), Entnahmen (s. § 29 GmbHG Rn. 160), die doppelte Auszahlung von Gewinn, verdeckte Gewinnausschüttungen (vgl. § 29 GmbHG Rn. 161), gewinnabhängige Tantiemen und vergleichbare Vergütungen, Ansprüche aus Genussscheinen oder Besserungsscheinen, Zinszahlungen, Zinsen auf partiarische Darlehen oder Ansprüche aus existenzvernichtenden Eingriffen (vgl. zu allem auch Michalski/*Heidinger* § 32 Rn. 10 f.; Hachenburg/*Goerdeler/Müller* § 32 Rn. 5, 7, 11). 5

III. Einwendungsberechtigter

§ 32 GmbHG schützt nach seinem Wortlaut nur den **Gesellschafter** i. S. d. § 16 GmbHG. 6

Dem Gesellschafter stehen folgende Personen gleich: Der **Zessionar** des Gewinnanspruchs, denn die Einwendung aus § 32 GmbHG geht mit der Forderung auf Auszahlung des Gewinns auf den Zessionar über, § 401 BGB; außerdem der **Nießbraucher** am Geschäftsanteil (Michalski/*Heidinger* § 32 Rn. 7; Hachenburg/*Goerdeler/Müller* § 32 Rn. 6). 7

IV. Guter Glaube

Der gute Glaube muss sich auf den Bezug der Gewinnanteile beziehen. Der Gesellschafter darf daher weder Kenntnis noch grob fahrlässige Unkenntnis vom unzutreffenden Bezug der Gewinnanteile haben. Hierfür gilt der Maßstab der § 31 Abs. 2 GmbHG, § 932 Abs. 2 BGB, weshalb leicht fahrlässige Unkenntnis unschädlich ist (Michalski/*Heidinger* § 32 Rn. 12; Hachenburg/ 8

Goerdeler/Müller § 32 Rn. 13). Der Gesellschafter darf somit keine Kenntnis bzw. grob fahrlässige Unkenntnis von der Nichtigkeit oder Anfechtbarkeit des Gewinnverwendungsbeschlusses haben.

1. Maßgeblicher Zeitpunkt

9 Maßgeblicher Zeitpunkt für die Beurteilung der Gutgläubigkeit ist der **Bezug der Gewinnanteile**, d. h. der Zufluss des Gewinns beim Gesellschafter (Michalski/*Heidinger* § 32 Rn. 13). Spätere Bösgläubigkeit ist unschädlich.

2. Person des Gutgläubigen

10 Anders als in § 31 GmbHG kommt es in § 32 GmbHG auf die **Person des Gesellschafters** als Gutgläubigen an. Dies gilt auch in den Fällen der Abtretung des Gewinnanspruchs und des Nießbrauchs am Geschäftsanteil. Ist jedoch der Gesellschafter gutgläubig, der Zessionar oder Nießbrauchsberechtigte aber bösgläubig, etwa weil sie an der Gewinnfeststellung bzw. -verteilung mitgewirkt haben, wird teilweise die Auffassung vertreten, dass dann ihre Bösgläubigkeit entscheidend ist (Hachenburg/*Goerdeler/Müller* § 32 Rn. 14; Michalski/*Heidinger* § 32 Rn. 14). Zu dem gleichen Ergebnis gelangt man mit der Begründung, dass die Geltendmachung der Einwendung für den Dritten unzulässig ist, wenn er selbst bösgläubig war.

C. Rechtsfolge

11 Der gutgläubige Gesellschafter ist nicht verpflichtet, die erhaltenen Gewinnanteile zurückzuzahlen. Da § 32 GmbHG zu einer **Einwendung** führt, ist die Vorschrift von Amts wegen zu berücksichtigen.

D. Beweislast

12 Die Gesellschaft hat die Rechtsgrundlosigkeit der Gewinnausschüttung zu beweisen. Der gute Glaube des Gesellschafters wird vermutet. Soweit die Gesellschaft die Vermutung erschüttert, hat der Gesellschafter den guten Glauben zu beweisen, da die Gutgläubigkeit als rechtshindernde Tatsache der Rückzahlung des Gewinnanspruchs entgegensteht.

§ 32 a [Darlehensansprüche im Insolvenzverfahren]

(1) Hat ein Gesellschafter der Gesellschaft in einem Zeitpunkt, in dem ihr die Gesellschafter als ordentliche Kaufleute Eigenkapital zugeführt hätten (Krise der Gesellschaft), statt dessen ein Darlehen gewährt, so kann er den Anspruch auf Rückgewähr des Darlehens im Insolvenzverfahren über das Vermögen der Gesellschaft nur als nachrangiger Insolvenzgläubiger geltend machen.

(2) Hat ein Dritter der Gesellschaft in einem Zeitpunkt, in dem ihr die Gesellschafter als ordentliche Kaufleute Eigenkapital zugeführt hätten, statt dessen ein Darlehen gewährt und hat ihm ein Gesellschafter für die Rückgewähr des Darlehens eine Sicherung bestellt oder hat er sich dafür verbürgt, so kann der Dritte im Insolvenzverfahren über das Vermögen der Gesellschaft nur für den Betrag verhältnismäßige Befriedigung verlangen, mit dem er bei der Inanspruchnahme der Sicherung oder des Bürgen ausgefallen ist.

(3) [1]Diese Vorschriften gelten sinngemäß für andere Rechtshandlungen eines Gesellschafters oder eines Dritten, die der Darlehensgewährung nach Abs. 1 oder 2 wirtschaftlich entsprechen. [2]Die Regeln über den Eigenkapitalersatz gelten nicht für den nicht geschäftsführenden Gesellschafter, der mit zehn vom Hundert oder weniger am Stammkapital beteiligt ist. [3]Erwirbt ein Darlehensgeber in der Krise der Gesellschaft Geschäftsanteile zum Zweck der Überwindung der Krise, führt dies für seine bestehenden oder neugewährten Kredite nicht zur Anwendung der Regeln über den Eigenkapitalersatz.

§ 32 b [Darlehensrückzahlung im letzten Jahr vor Eröffnung des Insolvenzverfahrens]

[1]Hat die Gesellschaft im Fall des § 32 a Abs. 2, 3 das Darlehen im letzten Jahr vor dem Antrag auf Eröffnung des Insolvenzverfahrens oder nach diesem Antrag zurückgezahlt, so hat der Gesellschafter, der die Sicherung bestellt hatte oder als Bürge haftete, der Gesellschaft den zurückgezahlten Betrag zu erstatten; § 146 der Insolvenzordnung gilt entsprechend. [2]Die Verpflichtung besteht nur bis zur Höhe des Betrags, mit dem der Gesellschafter als Bürge haftete oder der dem Wert der von ihm bestellten Sicherung im Zeitpunkt der Rückzahlung des Darlehens entspricht. [3]Der Gesellschafter wird von der Verpflichtung frei, wenn er die Gegenstände, die dem Gläubiger als Sicherheit gedient hatten, der Gesellschaft zu ihrer Befriedigung zur Verfügung stellt. [4]Diese Vorschriften gelten sinngemäß für andere Rechtshandlungen, die der Darlehensgewährung wirtschaftlich entsprechen.

§ 135 InsO Kapitalersetzende Darlehen

Anfechtbar ist eine Rechtshandlung, die für die Forderung eines Gesellschafters auf Rückgewähr eines kapitalersetzenden Darlehens oder für eine gleichgestellte Forderung

1. **Sicherung gewährt hat, wenn die Handlung in den letzten zehn Jahren vor dem Antrag auf Eröffnung des Insolvenzverfahrens oder nach diesem Antrag vorgenommen worden ist;**
2. **Befriedigung gewährt hat, wenn die Handlung im letzten Jahr vor dem Eröffnungsantrag oder nach diesem Antrag vorgenommen worden ist.**

§ 146 InsO Verjährung des Anfechtungsanspruchs

(1) Die Verjährung des Anfechtungsanspruchs richtet sich nach den Regelungen über die regelmäßige Verjährung nach dem Bürgerlichen Gesetzbuch.

(2) Auch wenn der Anfechtungsanspruch verjährt ist, kann der Insolvenzverwalter die Erfüllung einer Leistungspflicht verweigern, die auf einer anfechtbaren Handlung beruht.

§ 6 AnfG Kapitalersetzende Darlehen

Anfechtbar ist eine Rechtshandlung, die für die Forderung eines Gesellschafters auf Rückgewähr eines kapitalersetzenden Darlehens oder für eine gleichgestellte Forderung

1. **Sicherung gewährt hat, wenn die Handlung in den letzten zehn Jahren vor der Anfechtung vorgenommen worden ist;**
2. **Befriedigung gewährt hat, wenn die Handlung im letzten Jahr vor der Anfechtung vorgenommen worden ist.**

Übersicht:

A. Überblick

1 §§ 32 a, 32 b GmbHG regeln die **eigenkapitalersetzenden Gesellschafterdarlehen** nur teilweise. Die Vorschriften werden ergänzt durch §§ 135 InsO und durch § 6 AnfG. Neben diesen gesetzlichen Regelungen hat die Rechtsprechung weitere Regelungen entwickelt, die sich auf eine Analogie zu §§ 30, 31 GmbHG stützen.

I. Zweck der Vorschriften

2 Für Verbindlichkeiten der Gesellschaft haftet den Gesellschaftsgläubigern **nur das Gesellschaftsvermögen**, vgl. § 13 Abs. 2 GmbHG. Diese Regelung ist eine der Kernvorschriften des GmbHG. Sie strahlt aus in die Zusammensetzung des Vermögens der Gesellschaft, in das Verhältnis der Gesellschaft zu ihren Gläubigern und in das Verhältnis der Gesellschaft zu ihren Gesellschaftern. Die Regelung des § 13 Abs. 2 GmbHG kommt auf den Prüfstand, wenn die **Gesellschaft in einer Krise** ist. In dieser Situation stellt sich die Frage, ob die Beschränkung der Haftung auf das Gesellschaftsvermögen sachgerecht ist. Sie ist es dann, wenn der Gesellschafter seiner Finanzierungsverantwortung gerecht wird. Der Gesellschafter muss sich entscheiden, ob er der Gesellschaft frisches Kapital zuführt oder nicht. Wenn er der Gesellschaft kein frisches Kapital zuführt, ist es Aufgabe der Geschäftsführer, die Gesellschaft zu liquidieren, sei es, dass sie den Auflösungsbeschluss herbeiführen, oder sei es, dass sie die Eröffnung des Insolvenzverfahrens beantragen. Wenn der Gesellschafter der Gesellschaft frisches Kapital zuführt, ist es der Wunsch des Gesetzgebers, dass das frische Kapital dazu führt, dass sich die wirtschaftliche Situation der Gesellschaft verbessert, was nur dadurch möglich ist, dass sich die Eigenkapitalbasis der Gesellschaft verbessert. Daher möchte der Gesetzgeber, dass frisches Kapital der Gesellschaft nachhaltig nur in Form der Erhöhung des Stammkapitals oder der Rücklagen (vgl. § 267 Abs. 3 lit. a HGB) zugeführt wird. Hintergrund ist, dass das Eigenkapital nur unter zusätzlichen Voraussetzungen zurückgeführt werden kann. Neben diesen beiden Königswegen (Liquidation oder Eigenkapitalzuführung) gibt es einen dritten Weg, wie der Gesellschafter in der Krise der Gesellschaft agieren kann: Er kann der Gesellschaft **Fremdkapital zuführen**. Diese Form der Fremdkapitalzufuhr ist vom Gesetzgeber nicht gewünscht. Vor dem Hintergrund wird das Fremdkapital, das Eigenkapital ersetzen soll, einem ganzen Bündel von Restriktionen unterworfen, die letztlich nur dazu dienen, das Fremdkapital wie Eigenkapital zu behandeln.

3 Die Rechtsprechung bezeichnete diesen übergeordneten Zweck der §§ 32 a, 32 b GmbHG zunächst mit der Finanzierungsverantwortung der Gesellschafter (BGHZ 90, 381, 389) und heute mit der **Finanzierungsfolgenverantwortung** (BGHZ 127, 336, 344; *Goette* ZHR 1998, 223, 225). Diese verpflichtet den Gesellschafter nicht, der Gesellschaft in der Krise frisches Kapital zuzuführen. Wenn er sich aber dazu entschließen sollte, der Gesellschaft Kapital zuzuführen, wird er für das »Wie« der Kapitalzufuhr in die Pflicht genommen, d. h. nur die Zufuhr von Eigenkapital ist erlaubt (Michalski/*Heidinger* §§ 32 a, 32 b Rn. 12). In der Krise wird der Gesellschafter insbesondere nicht mit dem Einwand gehört, er wolle und könne sich über die wirtschaftliche Lage der Gesellschaft nicht auf dem Laufenden halten (BGHZ 127, 336, 344; BGH GmbHR 1992, 367, 368).

4 **Andere Rechtfertigungen** dieser Regelungen laufen darauf hinaus, eine künstliche Verlängerung des Todeskampfes zu Lasten der außenstehenden Gesellschaftsgläubiger zu vermeiden (*Boujong* GmbHR 1992, 207, 209; krit. *Hüffer* ZHR 1989, 332, 335). Auch die Abwälzung des Finanzierungsrisikos auf die Gesellschaftsgläubiger wird als tragender Grund herangezogen. Teilweise wird auf die Doppelrolle der Gesellschafter abgestellt, die zum einen Gläubiger der Gesellschaft und zum anderen Gesellschafter sind, die bessere Informationsmöglichkeiten als andere Gläubiger haben (§ 51 a GmbHG) und sich der Gefahr der Widersprüchlichkeit eigenen Verhaltens aussetzen, wenn sie der Gesellschaft das einmal gewährte Darlehen wieder entziehen (BGHZ 67, 171, 175; 31, 258, 272). Teilweise wird darauf abgestellt, dass der Kreditmarkt außer Kraft gesetzt wird.

II. Geschichte der eigenkapitalersetzenden Darlehen

Das **RG** versuchte die Problematik der eigenkapitalersetzenden Gesellschafterdarlehen zunächst mit § 826 BGB (RG JW 1938, 862, 864), dann mit dem Hinweis auf den Rechtsformmissbrauch (RG JW 1939, 229, 231) und schließlich mit dem Hinweis, dass die Darlehen »als das behandelt werden müssten, was sie in Wirklichkeit sind, nämlich als Gesellschaftereinlagen« (RG JW 1939, 355, 356), zu behandeln. 5

Der **BGH** führte diese Rechtsprechung bis 1980 fort und verfeinerte sie. Er stützte sich dabei auf eine analoge Anwendung der §§ 30, 31 GmbHG. 6

Gesetzlich geregelt wurden die eigenkapitalersetzenden Darlehen durch die **GmbH-Novelle vom 4. 7. 1980**, die die §§ 32 a, 32 b, 32 a GmbHG, § 41 Abs. 1 S. 3 KO, §§ 107 Abs. 2, 108 Abs. 2 S. 3 VerglO, §§ 3 b, 4, 12 Abs. 1 S. 1, 13 Abs. 4 S. 2 AnfG schuf (BGBl. 1980 I, 836). Das Ziel der GmbH-Novelle war, die bisherige Rechtsprechung in einen Gesetzes-Text zu gießen und die bisherige Rechtsprechung abzulösen (Begr. RegE 1977, 39). 7

Die gesetzliche Regelung blieb aber hinter der Rechtsprechung zurück. In Übereinstimmung mit wesentlichen Teilen der Literatur entschied der BGH in seinem **Grundlagenurteil von 1984** (BGHZ 90, 370) die Fortgeltung der alten Rechtsprechung neben den gesetzlichen Vorschriften. 8

Zum **1. 1. 1999** wurden die §§ 32 a, 32 b GmbHG dem Insolvenzrecht angepasst und die alten konkurs- und vergleichsrechtlichen Vorschriften in die Insolvenzordnung überführt. Die eigenkapitalersetzenden Darlehen werden seither als nachrangige Insolvenzforderungen behandelt (§ 39 InsO) und das Anfechtungsrecht wurde angepasst (§ 135 InsO, § 6 AnfG). 9

Durch das Kapitalaufnahmeerleichterungsgesetz (**KapAEG**) vom **20. 4. 1998** (BGBl. I, 707) wurde dem § 32 a Abs. 3 GmbHG ein zweiter Satz angefügt, welcher die nichtgeschäftsführenden Gesellschafter, die zu 10 % oder weniger an der Gesellschaft beteiligt waren, von den Regeln des Eigenkapitalersatzes freistellt. 10

Durch das Gesetz über die Kontrolle und Transparenz im Unternehmensbereich (**KonTraG**) vom **27. 4. 1998** (BGBl. I, 786) wurde dem § 32 a Abs. 3 GmbHG ein dritter Satz angefügt. Dieses Sanierungsprivileg stellt Kredite von den Regeln des Eigenkapitalersatzes frei, wenn sie in der Zeit der Krise gewährt werden. 11

Das Eigenkapitalersatzrecht steht seit langem unter Fundamentalkritik, die aber angesichts der Finanzierungsfreiheit des Gesellschafters in der Sache fehl geht (*K. Schmidt* GmbHR 2005, 797, 798; anders *Altmeppen* NJW 2005, 1911, 1913; *Cahn* AG 2005, 217, 218). 12

III. Verhältnis der BGH-Regeln zur Novellenregelung

Die Novellenregelung hatte das Ziel, die Rechtsprechung zu den eigenkapitalersetzenden Darlehen zu ersetzen. Die Rechtsprechung ist dem nicht gefolgt und hat die **Fortgeltung ihrer Rechtsprechung** angeordnet (BGH ZIP 2006, 243, 246 Tz. 13). Damit stellt sich die Frage, in welchem Verhältnis die Novellenregelung zu der Rechtsprechung steht. Einen Vorrang der Novellenregelung kann man sicherlich nicht anerkennen, da andernfalls die Fortgeltung der Rechtsprechungsgrundsätze nach dem alten Recht nicht möglich wäre. Einen Vorrang der Rechtsprechung kann man aber ebenfalls nicht anerkennen, da andernfalls die Novellenregelung überflüssig wäre. Daher ist es heute zu Recht herrschende Auffassung, dass die Novellenregelung und die Rechtsprechung nebeneinander stehen. Da die Rechtsprechung im Wesentlichen auf den **Schutz des Stammkapitals** gerichtet ist, haben §§ 32 a, 32 b GmbHG vor allem dort ihre volle Bedeutung, wo sie weitergehen als die Rechtsprechung (BGHZ 90, 370, 380). Daher gehen die Rechtsprechung (seit BGHZ 90, 370) und die überwiegende Literatur (*Hommelhoff* ZGR 1988, 460, 480 ff.; a. A. de lege lata *Huber/Habersack* BB 2006, 1, 3) davon aus, dass die Novellenregelung und die Rechtsprechung sich überlagern, aber keinesfalls in allen Punkten deckungsgleich sind, und daher zwei einander ergänzende Rechtsfolgensysteme sind (*K. Schmidt* GmbHR 2005, 797, 801). 13

14 In den Tatbestandsvoraussetzungen weichen die Novellenregelung und die Rechtsprechung kaum voneinander ab. Beide setzen eine Krise der Gesellschaft und die Bereitstellung von Fremdkapital durch die Gesellschafter voraus. Der wesentliche Unterschied besteht in den Rechtsfolgen: Die Novellenregelung kann nur geltend gemacht werden (v. Gerkan / Hommelhoff / *Hommelhoff* Rn. 1.18), wenn das Insolvenzverfahren eröffnet ist (§ 135 InsO) oder wenn die Einzelzwangsvollstreckung betrieben wird (§ 6 AnfG). Hingegen kann der Eigenkapitalersatz nach der Rechtsprechung zu jeder Zeit geltend gemacht werden, allerdings nur insoweit, wie es zur Herstellung des Stammkapitals erforderlich ist (BGHZ 90, 370, 378).

IV. Verhältnis des Eigenkapitalersatzrechts zum Beihilferecht

15 Das europäische Beihilfenrecht steht einer Rückforderung einer als verbotene Beihilfe zu qualifizierenden Beihilfe nicht entgegen. Im Falle der Insolvenz des Beihilfeempfängers kommt der Staat seiner Rückforderungspflicht dadurch nach, dass er seine Forderung zur Insolvenztabelle anmeldet und wie ein Gläubiger geltend macht (OLG Thüringen DB 2006, 95, 98).

B. Tatbestandsvoraussetzungen für eigenkapitalersetzendes Darlehen

I. Gesellschaftlicher Anwendungsbereich

1. Für die GmbH

16 Die Regeln zu den eigenkapitalersetzenden Darlehen gelten zunächst dem **Wortlaut** des Gesetzes nach nur für die GmbH (zur Erweiterung auf andere Gesellschaftsformen vgl. *K. Schmidt* GmbHR 2005, 797, 802).

2. Für die GmbH & Co. KG

17 Die Rechtsprechung hatte schon vor der GmbH-Novelle im Jahr 1980 auf die GmbH & Co. KG die für die eigenkapitalersetzenden Darlehen geltenden Regeln angewandt. Rückzahlungen aus dem Vermögen der KG können auf mehrere Arten das Stammkapital der GmbH beeinträchtigen: Wenn die GmbH an der KG beteiligt ist – was in der Praxis selten vorkommt-, kann die Beteiligung der GmbH entwertet werden, so dass eine Unterbilanz entsteht, wenn Vermögen aus der KG abfließt. Unabhängig davon, ob die GmbH an der KG beteiligt ist, kommt es entscheidend auf die Komplementär-Haftung an: Wenn die KG überschuldet ist oder wenn die KG eine Unterbilanz hat, entsteht insoweit die Komplementärhaftung der GmbH (§§ 161 Abs. 2, 128 HGB), so dass insoweit die Überschuldung oder Unterbilanz der KG in das Vermögen der GmbH durchschlägt (BGHZ 76, 326, 336; 67, 171, 175; 60, 324, 329). Vgl. zur Anwendung auf die GmbH & Co. KG ausführl. Kap. 8 Rn. 83 ff.

18 In der GmbH-Novelle von 1980 wurden über die neu eingefügten §§ 128 a, 172 a HGB die §§ 32 a, 32 b GmbHG auf die Personengesellschaften für anwendbar erklärt, soweit keine natürliche Person als Komplementärin vorhanden ist. Vgl. dazu ausführl. Kap. 5 § 172 a HGB.

3. Für die OHG, KG und GbR

19 Sehr umstritten ist die Frage, ob das Eigenkapitalrecht auf **Personengesellschaften** und damit auch auf die Gesellschaft bürgerlichen Rechts anwendbar ist, wenn als persönlich haftender Gesellschafter eine natürliche Person vorhanden ist. Die Rechtsprechung hat die Frage bisher offen gelassen (BGHZ 112, 31, 39).

20 Teilweise wird die Auffassung vertreten, dass auch **Kommanditistendarlehen** eigenkapitalersetzend sein können. Soweit die Rückzahlung zu einer Überschuldung oder zu einer Unterbilanz führt, sind die Kommanditisten verpflichtet, hierfür den Gesellschaftsgläubigern gegenüber einzustehen, und zwar unabhängig von der Beschränkung auf die Haftsumme gem. §§ 172 Abs. 4, 171 HGB (*Joost* ZGR 1987, 370, 393 ff.; a. A. *Rümker* ZGR 1988, 494, 509 ff.). Noch weiter geht die Auffassung von *K. Schmidt* (ZIP 1991, 1), der es als allgemeinen Rechtsgrundsatz definiert,

dass Darlehen, die notwendiges Risikokapital ersetzen, im Insolvenzfall nur nachrangig geltend gemacht werden können.

Letztlich geht es bei der Frage der Umwidmung von Fremdkapital in Eigenkapital, also des Darlehens in das eigenkapitalersetzende Darlehen, um die Finanzierungsfreiheit der Gesellschafter. Die Finanzierungsfreiheit der Gesellschafter genießt solange Schutz, wie sie nicht Gläubiger gefährdend ist. Dieser allgemeine, von der Gesetzgebung und Rechtsprechung bestätigte Grundsatz drückt sich für die Personengesellschaften in § 172 a HGB aus, da hier durch die beschränkte Komplementär-Haftung auf §§ 32 a, 32 b GmbHG verwiesen wird (vgl. zu § 172 a HGB ausführl. Kap. 5). Dieser allgemeine Rechtsgrundsatz gilt aber auch für alle anderen Gesellschaftsformen. Er führt nach diesseitiger Auffassung dazu, dass bei OHG, KG und GbR die Vorschriften des Eigenkapitalersatzes nicht anwendbar sind, solange die persönlich haftenden Gesellschafter ihrer Finanzierungsverantwortung gegenüber der Gesellschaft nachkommen können. Soweit die persönlich haftenden Gesellschafter dieser Finanzierungsverantwortung nicht mehr nachkommen können, etwa weil ihr Vermögen nicht mehr werthaltig ist oder sie zahlungsunfähig sind, gelten die Grundsätze des Eigenkapitalersatzes. Denn einen wirtschaftlichen oder juristischen Unterschied zwischen einer nur beschränkt haftenden Komplementär-GmbH und dem gesetzlich eingerichteten Komplementär gibt es nicht. Der Mitgesellschafter also, sei es der Mitkomplementär, der Kommanditist oder der mithaftende Gesellschafter in der GbR, der in dieser Situation der oHG, KG oder GbR ein Darlehen gewährt oder stehen lässt, begründet damit in der Gesellschaft neues Risikokapital, also Eigenkapital, das genauso zu behandeln ist wie bei der GmbH. 21

4. Für die AG

Es ist zunächst allgemein in Rechtsprechung (vgl. z. B. BGHZ 90, 381, 385 ff.) und Literatur (s. *Hüffer* AktG, § 57 Rn. 16 ff.) anerkannt, dass auch die AG in den persönlichen Anwendungsbereich des Eigenkapitalrechts fällt. Zwar findet sich im AktG keine gesetzliche Regelung. Dennoch sehen §§ 57 ff. AktG einen wesentlich strengeren Schutz des Eigenkapitals vor als §§ 30, 31 GmbHG (vgl. dazu Kap. 10 §§ 57 AktG ff.). 22

Die Frage ist ferner, welches das geschützte Vermögen der AG ist. Der BGH hat diese Frage noch offen gelassen (BGHZ 90, 381, 387). In Anlehnung an die GmbH wird der Schutz nur des Grundkapitals (*Immenga* ZIP 1983, 1405, 1411 f.), der Schutz des Grundkapitals und der gesetzlichen Rücklagen sowie der Schutz des Gesellschaftsvermögens bis auf den Bilanzgewinn diskutiert (*H. P. Westermann* ZIP 1982, 379, 387). Nach diesseitiger Auffassung sind nur das Grundkapital und die gesetzlichen Rücklagen (§ 150 AktG) geschützt, also das Vermögen der AG, das nicht in einen Bilanzgewinn umgewandelt und an die Aktionäre ausgeschüttet werden kann. Folglich unterliegt das Darlehen, das in einen Bilanzgewinn hätte umgewandelt werden können, nicht der Bindung und den Rechtsfolgen der eigenkapitalersetzenden Darlehen (v. Gerkan / Hommelhoff/*Bayer* Rn. 11.38). 23

5. Für die Kommanditgesellschaft auf Aktien (KGaA)

Auch für die KGaA gelten die Grundsätze des Eigenkapitalersatzrechts (vgl. dazu v. Gerkan / Hommelhoff/*Bayer* Rn. 11.39). 24

6. Für die Societas Europaea (SE)

Die Rechtsform der Societas Europaea (SE) ist die **erste übernationale Rechtsform der EU**, die nach dem Vorbild der deutschen AG ausgestaltet ist. Für sie sind die jeweiligen nationalen Vorschriften zur Rechtsform der AG des jeweiligen Gründungsstaates maßgeblich. Eine im Inland gegründete SE unterliegt folglich dem deutschen Aktienrecht. Daher gelten auch die obigen Ausführungen für die SE entsprechend. Ob damit auf Grund der unterschiedlichen Behandlungen eigenkapitalersetzender Gesellschafterdarlehen in den verschiedenen EU-Ländern die gewünschte Transparenz der Rechtsform hergestellt wird (*Kerssenbrock* ZSteu 2004, 342, 346), bleibt abzuwarten. 25

7. Für die stille Gesellschaft

26 In der Vertragsgestaltung und insbesondere in der steuerlichen Behandlung gibt es zwei Formen der stillen Gesellschaft, die **typische** und die **atypische** stille Gesellschaft (vgl. zur Unterscheidung ausführl. Kap. 6 Rn. 16). Diese Unterscheidung hat für das Eigenkapitalersatzrecht jedoch dann keine Bedeutung, wenn sich der Gesellschafter zusätzlich mit einer typischen oder atypischen stillen Beteiligung an der Gesellschaft beteiligt, denn diese typische oder atypische stille Beteiligung ist eine andere Rechtshandlung i. S. d. § 32 a Abs. 3 GmbHG (v. Gerkan / Hommelhoff / *Hommelhoff* Rn. 1.38).

27 Wer sich als **typisch stiller Gesellschafter** an einer Gesellschaft, sei es an einer GmbH oder an einer KG beteiligt, ohne zugleich Gesellschafter der Gesellschaft zu sein, steht der Gesellschaft wie ein gesellschaftsfremder Dritter gegenüber (für die GmbH: BGHZ 106, 7, 9; BGH ZIP 1983, 561). Er kann nach § 236 HGB seine Einlage in der Insolvenz geltend machen (vgl. dazu ausführl. Kap. 6 Rn. 191 ff.). Ihn trifft keine Finanzierungsverantwortung (v. Gerkan / Hommelhoff / *Hommelhoff* Rn. 1.35). Ein zusätzlich von ihm gewährtes Darlehen ist nicht eigenkapitalersetzend.

28 Wer sich jedoch als **atypisch stiller Gesellschafter** an einer Gesellschaft beteiligt, ist sowohl hinsichtlich seiner stillen Einlage als auch hinsichtlich etwaiger zusätzlicher Darlehen **wie ein GmbH-Gesellschafter** zu behandeln (BGHZ 106, 7, 9; OLG Hamburg, ZIP 1990, 791, 792 f.). Eine atypische stille Beteiligung liegt vor, wenn ein stiller Gesellschafter einen Anspruch auf Beteiligung am Gesellschaftsvermögen hat, d. h. an etwaigen stillen Reserven, oder am Firmenwert und / oder dessen Veränderungen beteiligt ist, also eine Gewinn- und Verlustbeteiligung hat (BFH BStBl. 1994 II, 700, 701). Ohne eine Beteiligung an den stillen Reserven liegt eine atypische stille Gesellschaft dann vor, wenn die Gesellschaft es ihm ermöglicht, auf die Geschicke der Gesellschaft und damit auf seine eigene Erfolgsbeteiligung Einfluss zu nehmen (vgl. BFH BStBl. 1982 II, 389, 390), i. d. R. über einen Katalog von zustimmungsbedürftigen Geschäften.

8. Für die Stiftung

29 In Anlehnung an die Überlegungen zur stillen Gesellschaft wird neuerdings die Anwendung der Eigenkapitalersatzregeln auch auf die Stiftung bürgerlichen Rechts (§§ 80 ff. BGB) gefordert, jedenfalls solange der Stifter im Vorstand tätig und am Ertrag der Stiftung beteiligt ist (*Oepen* NZG 2001, 209, 213 ff.).

9. Für die Genossenschaft

30 Die Genossenschaft verfügt im Gegensatz zur GmbH und zur AG über **kein Grund- oder Stammkapital**. Allerdings begründet § 23 Abs. 1 GenG eine nur beschränkte Haftung der Genossen, und § 22 Abs. 4 S. 1 GenG untersagt jede direkte oder indirekte Auszahlung des Geschäftsguthabens. Darüber hinaus hat das Statut der Genossenschaft zu regeln, ob und in welchem Umfang die Genossen Nachschüsse zu leisten haben, § 6 Nr. 3 GenG. Damit gibt es auch bei der Genossenschaft ein geschütztes Geschäftsvermögen, das den Gläubigern in der Krise als Haftungssubstrat zur Verfügung steht. Aus diesen Gründen bestehen keine Bedenken, die Grundsätze der eigenkapitalersetzenden Darlehen auf das Verhältnis der Genossen zur Genossenschaft anzuwenden (so auch *Bayer* DStR 1999, 1815, 1820; v. Gerkan / Hommelhoff / *Bayer* Rn. 11.58; str.).

31 Sofern allerdings die Genossenschaft in ihrem Statut eine **unbeschränkte Nachschusspflicht** der Genossen vereinbart hat, was in der Praxis nur selten vorkommt, dürfte die Anwendung des Eigenkapitalersatzrechts in Anwendung der Grundsätze auf den persönlich haftenden Gesellschafter einer OHG oder KG (vgl. dazu Rn. 21) in Betracht kommen.

II. Der Eigenkapitalersatz

1. Novellenregelung vs. Rechtsprechungsregeln

Grundsätzlich ist ein Darlehen, das ein Gesellschafter der Gesellschaft gewährt, **Fremdkapital der Gesellschaft**. Das Fremdkapital der Gesellschaft wandelt sich jedoch in Eigenkapital der Gesellschaft um, wenn das Darlehen zu einem Zeitpunkt gewährt wird, in dem der Gesellschafter als ordentlicher Kaufmann der Gesellschaft Eigenkapital zugeführt hätte (sog. »**Krise der Gesellschaft**«). Die Novellenregelung knüpft ausschließlich an die Krise der Gesellschaft an, § 32 a Abs. 1 GmbHG. 32

Die Rechtsprechungsregeln verlangen, dass neben der Krise der Gesellschaft zusätzlich eine **Unterbilanz** der Gesellschaft vorliegt. Dabei ist unklar, ob es sich bei der Unterbilanz der Gesellschaft um eine zusätzliche Tatbestandsvoraussetzung (so Michalski/*Heidinger* §§ 32 a/b Rn. 42) oder lediglich um eine Rechtsfolge handelt. 33

2. Krise der Gesellschaft

Erst durch das KonTraG (BGBl. 1998 I, 786) hat der Gesetzgeber den Begriff der »Krise der Gesellschaft« in das Gesetz eingeführt. Diese ist gesetzlich so definiert, dass dies der Zeitpunkt ist, in dem die Gesellschafter als ordentliche Kaufleute der Gesellschaft Eigenkapital zugeführt hätten. Dieser Begriff eröffnet dem Rechtsanwender einen **normativen Beurteilungsspielraum** (Scholz/*K. Schmidt* GmbHG, §§ 32 a/b Rn. 38; Michalski/*Heidinger* §§ 32 a/b Rn. 43). Beurteilt der Rechtsanwender, sei es die Gesellschaft, der Gesellschafter oder ein gesellschafternaher Dritter, den Spielraum unzutreffend, kann der Rechtsanwender hieraus keinerlei Rechte ableiten, da das Eigenkapitalersatzrecht zum Schutz der Gesellschaft und ihrer Gläubiger kein Verschulden voraussetzen kann (Scholz/*K. Schmidt* GmbHG, §§ 32 a/b Rn. 38). 34

In Ausfüllung des Beurteilungsspielraums, ob und ab wann eine Krise der Gesellschaft vorliegt, hat die Rechtsprechung (BGHZ 76, 326, 329; 81, 311, 318; 81, 365, 367; 119, 201, 206; BGH ZIP 1999, 1524, 1525; WM 1986, 447, 448; GmbHR 1985, 355) in Übereinstimmung mit der Lehre (Michalski/*Heidinger* § 32 a/b Rn. 44) das Kriterium der **Kreditunwürdigkeit der Gesellschaft** bei gesellschaftsfremden Dritten eingeführt. Die Novellenbegründung hat auf diese Rechtsprechung Bezug genommen (vgl. BT-Drs. 8/1347, 39). 35

a) Kreditunwürdigkeit

Eine Gesellschaft ist dann **kreditunwürdig**, wenn sie von dritter Seite nicht mehr zu marktüblichen Bedingungen ohne Besicherung des Kredits durch die Gesellschafter Kredite erhalten könnte und ohne die Zuführung von Eigenkapital oder von Gesellschafterdarlehen liquidiert werden müsste (BGHZ 76, 326, 329; 81, 311, 318; 81, 365, 367; 119, 201, 206; BGH ZIP 2006, 243, 245 Tz. 15; ZIP 1999, 1524, 1526; WM 1986, 447, 448; GmbHR 1985, 355). Ein Unterfall der Kreditunwürdigkeit ist in den Fällen der eigenkapitalersetzenden Gebrauchsüberlassung die **Überlassungsunwürdigkeit**. 36

b) Objekt der Kreditunwürdigkeit

Die Novellenregelung in § 32 a Abs. 1 GmbHG sieht die Gesellschaft als Objekt, dem Eigenkapital hätte zugeführt werden müssen. Es sind aber auch Fälle denkbar, in denen die Gesellschaft ihre Kreditwürdigkeit auch von Dritten ableitet. 37

Bei der **KGaA** und bei der **GmbH & Co. KG** ist eine isolierte Betrachtung der KG nicht angezeigt. Bedingt durch die Tatsache, dass die Komplementärin für die Verbindlichkeiten der KG haftet, hängt die Beurteilung der Kreditwürdigkeit der KG von den Vermögens- und Liquiditätsverhältnissen der Komplementärin ab, unabhängig davon, ob die Komplementärin an der KG selbst vermögensmäßig beteiligt ist. Daher ist die Komplementärin in die Beurteilung der Kreditwürdigkeit der KG einzubeziehen. 38

39 Dieselben Erwägungen gelten für die **OHG, KG** und für die **GbR.**

40 Da der stille Gesellschafter seine Einlage in das Unternehmen der Gesellschaft leistet, kommt es bei der **stillen Gesellschaft** i. d. R. nur auf die Beurteilung der Kreditwürdigkeit der Gesellschaft an.

41 Bei der **Genossenschaft** kommt es für die Beurteilung der Kreditwürdigkeit i. d. R. nur auf das Vermögen der Genossenschaft an. Soweit allerdings die Genossen zum Nachschuss verpflichtet sind (vgl. § 6 Nr. 3 GenG), sind die Voraussetzungen des Nachschusses und die Realisierbarkeit des Nachschusses in die Beurteilung einzubeziehen.

42 Die Tatsache, dass die Gesellschaft ein **verbundenes Unternehmen** ist, hat i. d. R. keinen Einfluss auf die Kreditwürdigkeit der Gesellschaft. Die Frage ist, ob dies auch dann gilt, wenn die Gesellschaft in einen Vertragskonzern eingebunden ist. Im Vertragskonzern besteht die Verlustausgleichsverpflichtung am Ende des Geschäftsjahres der abhängigen Gesellschaft (§ 302 Abs. 1 AktG). Gläubigerschutz besteht nur mit Ablauf des Beherrschungs- oder Ergebnisabführungsvertrages. Diese lediglich punktuelle Betrachtung könnte dafür sprechen, bei der Beurteilung der Kreditwürdigkeit nur auf die abhängige Gesellschaft abzustellen (*v. Gerkan* ZGR 1997, 173, 204 f.; *Hommelhoff* WM 1984, 1105, 1107 f.). Die Gegenauffassung meint, die Kreditwürdigkeit könne nicht unabhängig von der Kreditwürdigkeit des herrschenden Unternehmens beurteilt werden. Für sie spricht die Praxis, wonach das abhängige Unternehmen solange noch Kredit erhält, wie das herrschende Unternehmen seine Verpflichtungen erfüllt. Dennoch ist zu beachten, dass die Gläubigerschutzregeln des § 302 AktG während der Laufzeit des Ergebnisabführungs- oder des Beherrschungsvertrages nur an die Ergebnisbetrachtung, nicht aber an die Liquiditätsbetrachtung anknüpfen. Daher ist bei der Beurteilung der Kreditwürdigkeit der abhängigen Gesellschaft nur auf ihre eigene Kreditwürdigkeit abzustellen (v. Gerkan / Hommelhoff / *Fleischer* Rn. 12.35). Etwas anderes gilt nur, wenn die herrschende Gesellschaft zusätzlich noch eine Liquiditätsgarantie zugunsten der abhängigen Gesellschaft abgegeben hat.

c) Ermittlung der Kreditwürdigkeit

43 Die Frage, ob eine Gesellschaft kreditwürdig ist oder nicht, beurteilt sich nach **objektiven Verhältnissen ex ante**, also rückwirkend aus der Sicht eines vernünftig denkenden außenstehenden Kreditgebers (BGH ZIP 1992, 177, 178; OLG Hamburg GmbHR 2006, 813, 814; v. Gerkan / Hommelhoff / *v. Gerkan* Rn. 3.42). Ob und in welchem Umfang ein Kreditgeber zu diesem Zeitpunkt die Entscheidung getroffen hat, einen Kredit zu gewähren, hat indizielle Bedeutung (BGH ZIP 1992, 177, 178).

44 Bei der Ermittlung der Kreditwürdigkeit ist im ersten Schritt allein auf die **Liquiditätsbetrachtung** der Gesellschaft abzustellen. Die Kernfrage ist zunächst, ob die Gesellschaft im Zeitpunkt der zu treffenden Entscheidung in einer zukunftsbezogenen Betrachtungsweise über einen derartigen Überschuss der Einnahmen über die Ausgaben verfügt, dass die Gesellschaft im Rahmen eines ordnungsgemäßen Geschäftsgangs im Übrigen in der Lage ist, das Darlehen zu bedienen und planmäßig zurückzuführen. Sodann ist im zweiten Schritt die Frage zu stellen, ob die Gesellschaft während der Laufzeit des Darlehens in der Lage ist, das **Darlehen ordnungsgemäß zu bedienen**, d. h. wenn die Gesellschaft während der Laufzeit des Darlehens überschuldet ist oder sonst ergebnisrelevante Tatsachen vorhanden sind, die einen Fremdgläubiger zur Kündigung des Darlehensvertrages berechtigen könnten, sind diese Möglichkeiten in die Liquiditätsbetrachtung mit einzubeziehen. Daher kann die Kreditwürdigkeit einer Gesellschaft nur mit Hilfe einer kombinierten Liquiditäts- und Ertragsplanung objektiv dargestellt werden. Diese Liquiditäts- und Ertragsplanung ist grundsätzlich für die Laufzeit des Darlehens aufzustellen. Bei lang laufenden Darlehen ist aber ein vernünftiger Planungszeitraum auf **maximal fünf Geschäftsjahre** begrenzt.

d) Indizien der Kreditunwürdigkeit

Liegt eine kombinierte Liquiditäts- und Ertragsplanung der Gesellschaft nicht vor, hat die Rechtsprechung eine Vielzahl von Kriterien entwickelt, die für die Beurteilung der Kreditwürdigkeit bzw. Kreditunwürdigkeit indiziell herangezogen werden können. Ob man diese Indizien in unternehmensbezogene oder kreditbezogene Indizien aufteilt (Michalski/*Heidinger* § 32 a/b Rn. 48 ff.), mag für eine Handhabung der Indizien praktisch sein. Entscheidend ist aber, dass auf die Kreditwürdigkeit der Gesellschaft abgestellt wird, weshalb kreditbezogene Indizien allenfalls sekundär indiziell auf die Kreditwürdigkeit schließen lassen. 45

Indizien für die Kreditunwürdigkeit der Gesellschaft können sein: 46

- Die **Besicherung** des Darlehens ist ein wesentliches Indiz. Soweit die Gesellschaft die Möglichkeit hat, ein Darlehen während der gesamten Laufzeit bankenüblich mit eigenem Vermögen zu besichern, steht dies der Kreditwürdigkeit gleich (Michalski/*Heidinger* § 32 a/b Rn. 52), wenn nicht besondere Umstände (BGH NJW 1989, 1219, 1221) eine andere Beurteilung erfordern (BGHZ 81, 252, 258 ff.). Soweit die Gesellschaft kein freies Vermögen hat und die Besicherung unter Zuhilfenahme des Vermögens der Gesellschafter erfolgt, spricht dies für die Kreditunwürdigkeit der Gesellschaft (BGH ZIP 1990, 95, 96; OLG Frankfurt DStR 1999, 1576). Die Tatsache, dass die Gesellschaft weiterhin von dritter Seite Sicherheit gestellt bekommt, spricht i. d. R. für ihre Kreditwürdigkeit (BGH WM 1986, 447, 448);
- soweit außenstehende Dritte zur Kreditgewährung darauf bestehen, dass die Gesellschafter ihre **Darlehen belassen**, spricht dies gegen die Kreditwürdigkeit (BGH ZIP 1990, 98, 99);
- die ungünstige **Ertragslage** (OLG Köln GmbHR 1994, 696, 698; GmbHR 1992, 182, 183; OLG Hamburg GmbHR 1991, 103, 106; KG NJW 1990, 459, 460);
- **fehlende Kreditlinie** bei einer Bank, wobei dieses Indiz auch Ausdruck einer Geschäftspolitik der Gesellschaft sein kann. Gerade bei Familiengesellschaften kommt es häufig vor, dass diese ohne Kredit ihr Unternehmen führen. Hieraus lässt sich allein weder etwas für noch gegen die Kreditwürdigkeit ableiten. Im Gegenteil spricht gerade in wirtschaftlich kritischen Zeiten in einer kapitalintensiven Branche, in der die Gesellschaft tätig ist, eine fehlende Kreditlinie für die Kreditwürdigkeit der Gesellschaft (vgl. BGH ZIP 1990, 95, 96);
- Pfändungen, Moratorien und Kündigungen von **Krediten** (OLG München NZG 1999, 603);
- ungenutzte **Kreditlinien** sprechen für die Kreditwürdigkeit der Gesellschaft (OLG Dresden NZG 1999, 347, 348);
- kurzfristige **Laufzeit** des Darlehens spricht eher für als gegen die Kreditwürdigkeit der Gesellschaft (BGHZ 75, 334, 337);
- ausstehende **Löhne,** Steuern und Sozialabgaben (BGH NJW 1996, 720, 721);
- Kündigung von **Mitarbeitern** (OLG München NZG 1999, 603);
- Gesellschafterdarlehen in Höhe des 65-fachen des Stammkapitals in Verbindung mit Rangrücktrittserklärungen und **Patronatserklärungen** (OLG München DB 2006, 1420, 1421);
- auch die für den Geschäftsbetrieb der Gesellschaft unübliche **Person des Kreditgebers** kann für Kreditunwürdigkeit sprechen (OLG Karlsruhe NJW-RR 1989, 739, 741);
- Verlangen eines fremden Kreditgebers, dass die Gesellschafter für ihre Darlehen **Rangrücktrittserklärungen** abgeben (BGH ZIP 1998, 98, 100);
- **Reduzierung** einer **Kreditlinie** durch eine Bank spricht gegen die Kreditwürdigkeit (OLG Frankfurt DStR 1999, 1576);
- soweit außenstehende Darlehensgeber nach Prüfung der Gesellschaft Gesellschafter- oder **Gesellschaftssicherheiten freigeben**, spricht dies für die Kreditwürdigkeit der Gesellschaft (OLG Hamburg DB 1990, 2012);
- der weitreichende **Verlust des Stammkapitals** (BGH GmbHR 1995, 381, 382);
- die Funktion des Darlehens als bloßer **Überbrückungskredit** spricht für die Kreditwürdigkeit (BGH NJW 1995, 457, 458);
- die **Höhe** der bei der Insolvenzeröffnung bestehenden **Überschuldung** (BGH NJW 1996, 720, 721);

- das **Fehlen** von als Kreditsicherheit dienenden **Vermögenswerten** (BGH NJW 1996, 720, 721; GmbHR 1995, 381, 382; OLG Frankfurt DStR 2000, 1576);
- die **Verwendung des Darlehens** kann eine nachrangige Indizwirkung haben. Soweit das Darlehen für Maßnahmen verwandt wird, die üblicherweise zumindest teilweise mit Eigenkapital unterlegt sind (z. B. Anschaffung von langfristigem Anlagevermögen), spricht diese Verwendung indiziell für die Kreditwürdigkeit;
- die **Zahlungsstockung** im insolvenzrechtlichen Sinne begründet **keine Kreditunwürdigkeit,** da die Zahlungsstockung gerade die Kreditwürdigkeit voraussetzt (BGH ZInsO 2005, 807); anders bei Nichtbegleichung fälliger Verbindlichkeiten in erheblichem Ausmaß (BGH NJW 1996, 720, 721);
- ganz oder teilweise **Nichterfüllung** oder verspätete Erfüllung der **laufenden Zahlungsverpflichtungen** (BGHZ 105, 168, 181). Soweit einzelne Gläubiger stillhalten oder mit einzelnen Gläubigern eine Stillhaltevereinbarung geschlossen wurde, steht dies grundsätzlich der Kreditunwürdigkeit nicht entgegen (Michalski/*Heidinger* § 32 a/b Rn. 49);
- der **Höhe der Zinsen** kommt eine entscheidende Bedeutung in der Beurteilung der Kreditwürdigkeit zu, da die Zinsen i. d. R. das Risiko des Unternehmens für den Kreditgeber widerspiegeln. Soweit die Zinsen unter dem Marktzins liegen, spricht dies für eine kreditwürdige Gesellschaft. Umgekehrt ist es, wenn die Zinsen deutlich über dem Marktzins liegen (OLG Düsseldorf ZIP 1989, 586, 587). Bei der Beurteilung ist auf folgende Zinssätze abzustellen: Zinssatz unter Verwendung des Gesellschaftsvermögens und Zinssatz mit zusätzlicher Bereitstellung von Gesellschaftersicherheiten. Soweit diese Zinssätze erheblich auseinander fallen, spricht dies für die Kreditunwürdigkeit.

e) Insolvenzgründe als Krise

47 Wenn für die Gesellschaft ein Insolvenzgrund vorliegt, liegt erst recht eine Krise der Gesellschaft vor. Das Vorliegen der Insolvenzgründe führt zu einer **zeitlichen Vorverlagerung der Krise,** d. h. selbst wenn die Gesellschaft noch kreditwürdig sein sollte, ist bei Vorliegen eines Insolvenzgrundes eine Krise der Gesellschaft anzunehmen (BGH GmbHR 2006, 703 Tz. 7). Liegt ein Insolvenzgrund vor, kommt es auf die Kreditwürdigkeit der Gesellschaft nicht mehr an (BGH ZIP 2006, 243, 245 Tz. 15; ZIP 2004, 1049, 1052; NJW 1996, 722; NJW 1996, 720, 721; NJW 1993, 2179, 2180).Ob dies der Fall ist, bestimmt sich nach §§ 17 bis 19 InsO (vgl. zu den Insolvenzgründen außerdem ausführl. auch Kap. 13 Rn. 30 ff.).

48 **aa) Überschuldung, § 19 InsO** Ob eine Gesellschaft überschuldet ist, bestimmte sich bis zum Inkrafttreten der InsO nach dem zweistufigen Überschuldungsbegriff. Seit dem Inkrafttreten der InsO am 1. 1. 1999 (vgl. insoweit Art. 110 Abs. 1 EGInsO) gilt die **Legaldefinition des § 19 Abs. 2 InsO**. Für die Anwendung des Überschuldungsbegriffs oder der Legaldefinition kommt es entscheidend auf den Zeitpunkt der Darlehensgewährung an (vgl. zur Überschuldung auch ausführl. Kap. 13 Rn. 39 ff.).

49 Eine Überschuldung liegt nach der Legaldefinition des § 19 Abs. 2 S. 1 InsO vor, wenn rechnerisch das Vermögen der Gesellschaft die Verbindlichkeiten nicht mehr deckt. Damit ist der Geschäftsführer verpflichtet, einen Überschuldungsstatus zu erstellen, dessen Zweck es ist zu ermitteln, ob das Aktivvermögen der Gesellschaft die Schulden deckt. Damit steht fest, dass der Überschuldungsstatus von der Handelsbilanz abweichen muss.

50 Auf der **Aktivseite des Überschuldungsstatus** sind alle Vermögensgegenstände anzusetzen, die im Insolvenzverfahren zur Masse gehören würden (BGHZ 119, 201, 214), also nicht eigene Geschäftsanteile oder auf die Insolvenzeröffnung erlassene Forderungen. Auf der **Passivseite** sind alle Verbindlichkeiten anzusetzen, die im Insolvenzverfahren von Gläubigern geltend gemacht werden können. Es war lange Zeit umstritten, ob in den Überschuldungsstatus auch die eigenkapitalersetzenden Darlehen aufzunehmen sind. Der BGH hat entschieden, dass auch die eigenkapitalersetzenden Darlehen in den Status aufzunehmen sind, sofern sie nicht mit einer

qualifizierten Rangrücktrittserklärung belegt sind (BGHZ 119, 201, 214). Rückstellungen, soweit sie in der Insolvenz abzuwickeln sind, Betriebsrentenansprüche und unverfallbare Versorgungsanwartschaften sind gleichfalls anzusetzen. Haben die Gesellschafter durch Teil-Forderungsverzicht das bilanzielle Gesellschaftsvermögen »auf Null gestellt«, so muss darauf geachtet werden, dass durch danach eingetretene Verbindlichkeiten die Überschuldung nicht wieder auflebt (BGH DStR 2005, 119, 120 mit Anm. *Goette*).

Bewertet werden die anzusetzenden Vermögensgegenstände grundsätzlich mit dem **Liquidationswert** (a.A. *v. Gerkan* GmbHR 1990, 384, 388: mit fortgeführten Buchwerten), es sei denn, nach den Umständen ist die Fortführung des Unternehmens überwiegend wahrscheinlich (BGH ZIP 2006, 2171). In diesem Ausnahmefall sind die Vermögensgegenstände zu **Fortführungswerten** zu bewerten (§ 19 Abs. 2 S. 2 InsO; vgl. auch Kap. 13 Rn. 40). Liquidationswert ist der Wert, der im Rahmen einer geordneten Liquidation der Gesellschaft, d. h. im Insolvenzverfahren zu erzielen wäre. Fortführungswert ist der Wert, der bei Fortführung des lebenden Unternehmens (»going concern«) von einem Dritten bezahlt würde. Ob eine Gesellschaft die Liquidations- oder Fortführungswerte anzusetzen hat, bestimmt sich danach, ob die Fortführung überwiegend wahrscheinlich ist, was i. d. R. anhand einer Prognose des Überschusses der Einnahmen über die Ausgaben (Liquiditätsanalyse) der kommenden zwei Geschäftsjahre zu beurteilen ist. Eine positive Fortführungsprognose kann nicht auf einseitige und mit den Gläubigern noch nicht abgestimmte Sanierungsbemühungen gestützt werden (BGH ZIP 2004, 1049, 1051; *Hirte* ZInsO 2005, 403, 406). 51

Ein Gesellschafterdarlehen, das im Zeitpunkt der Überschuldung gewährt wird, ist ohne weiteres eigenkapitalersetzend (BGHZ 133, 298, 302; NJW 1995, 457, 459; ZIP 1986, 1829, 1830). Dies gilt auch dann, wenn das Darlehen nicht der Sanierung, sondern der Durchführung eines bestimmten Rechtsgeschäfts dienen soll (BGHZ 133, 298, 304). 52

bb) Zahlungsunfähigkeit, § 17 InsO Ob die Gesellschaft zahlungsunfähig ist, bestimmt sich nach § 17 Abs. 2 InsO (vgl. dazu auch ausführl. Kap. 13 Rn. 31 ff.). Nach S. 1 liegt **Zahlungsunfähigkeit** vor, wenn die Gesellschaft nicht in der Lage ist, ihre fälligen Verbindlichkeiten zu erfüllen. Die Zahlungsunfähigkeit wird vermutet, wenn die Gesellschaft ihre Zahlungen eingestellt hat, § 17 Abs. 2 S. 2 InsO. Bei der durchzuführenden **Liquiditätsanalyse** sind die Einnahmen den Ausgaben gegenüberzustellen. Solange die Gesellschaft in der Lage ist, mit ihren Einnahmen und der frei verfügbaren Liquidität die Ausgaben zu bedienen, ist sie nicht zahlungsunfähig. Auf der Ausgabenseite sind nur die fälligen Ausgaben anzusetzen. Soweit eine Ausgabe nicht fällig ist, etwa weil sie gestundet ist, ist sie für den Zeitraum der Stundung nicht anzusetzen (Lutter/Hommelhoff/*Lutter/Kleindiek* GmbHG § 64 Rn. 9). Anzusetzen sind ferner auch nur die Ausgaben, die im Insolvenzfall bedient werden müssen, weshalb Ausgaben, die nach §§ 30 ff. GmbHG nicht bedient werden dürfen, nicht anzusetzen sind (Michalski/*Heidinger* § 32 a/b Rn. 60). 53

Die Rechtsprechung (vgl. z. B. BGH ZInsO 2005, 807) hat für die Abgrenzung zur Zahlungsstockung folgende Grundsätze entwickelt: Die **bloße Zahlungsstockung** ist anzunehmen, wenn der Zeitraum nicht überschritten wird, den eine kreditwürdige Person benötigt, um sich die benötigten Mittel zu beschaffen; für diesen Zeitraum sind drei Wochen ausreichend. Beträgt eine innerhalb von drei Wochen nicht zu beseitigende Liquiditätslücke **weniger als 10 % der fälligen Gesamtverbindlichkeiten** (zur 10 %-Grenze: *Stahlschmidt* ZInsO 2005, 1086, 1089; Kap. 13 Rn. 32 ff.), ist regelmäßig von Zahlungsfähigkeit auszugehen, es sei denn, es ist bereits absehbar, dass die Lücke demnächst mehr als 10 % betragen wird. Beträgt die Lücke 10 % oder mehr, ist regelmäßig von Zahlungsunfähigkeit auszugehen, sofern nicht ausnahmsweise mit an Sicherheit grenzender Wahrscheinlichkeit davon ausgegangen werden kann, dass die Liquiditätslücke demnächst vollständig oder fast vollständig beseitigt wird und den Gläubigern ein Zuwarten nach den besonderen Umständen des Einzelfalls zuzumuten ist. 54

55 Die Zahlungsunfähigkeit indiziert die Kreditunwürdigkeit ohne weiteres (BGH WM 1972, 74, 75), ohne dass es darauf ankommt, ob die Darlehensgewährung die Zahlungsunfähigkeit beseitigen sollte.

56 **cc) Drohende Zahlungsunfähigkeit, § 18 InsO** Ob die Gesellschaft drohend zahlungsunfähig ist, bestimmt sich nach § 18 Abs. 2 InsO (vgl. dazu auch Kap. 13 Rn. 37 f.). Drohende Zahlungsunfähigkeit liegt danach vor, wenn die Gesellschaft voraussichtlich nicht in der Lage sein wird, bei Fälligkeit die bestehenden Zahlungsverpflichtungen zu erfüllen. Die drohende Zahlungsunfähigkeit berechtigt die Gesellschaft nur zu einem **Eigenantrag,** § 18 Abs. 1 InsO (vgl. zum Eigenantrag ausführl. Kap. 13 Rn. 20 ff.). Im Gegensatz zur Zahlungsunfähigkeit müssen bei der drohenden Zahlungsunfähigkeit sämtliche Ausgaben, also auch die nicht fälligen, in die Betrachtung einbezogen werden. In der Regel geht die drohende Zahlungsunfähigkeit mit der Krise einher (v. Gerkan/Hommelhoff/*v. Gerkan* Rn. 3.49), weil ein Dritter dieser Gesellschaft, wenn er diesen Umstand kennen würde, ein Darlehen nur mit erheblicher Eigenkapitalunterlegung gewähren würde.

f) Umfang des Kapitalersatzes für Darlehenshauptforderung

57 **aa) Nach der Novellenregelung** Nach der überwiegenden Auffassung werden Darlehen, für die die Novellenregelung gilt, in vollem Umfang zu Eigenkapital umqualifiziert (vgl. v. Gerkan/Hommelhoff/*v. Gerkan* Rn. 3.85 m. w. N.). Dies gilt auch, wenn die Gesellschaft nur für einen Teil der Darlehenssumme kreditunwürdig ist (OLG München GmbHR 1997, 703, 704). Denn es geht bei der Novellenregelung nicht um eine Eigenkapitallücke, sondern um eine besondere Finanzierungsform der Gesellschaft.

58 **bb) Rechtsprechungsgrundsätze** Demgegenüber knüpft die Rechtsprechung an die zu §§ 30, 31 GmbHG entwickelten **Grundsätze zur Beeinträchtigung des Stammkapitals** an. Ein Gesellschafterdarlehen unterliegt danach nur insoweit der Eigenkapitalsperrung, als eine Unterbilanz oder Überschuldung vorliegt. Ist das Darlehen also höher als dies für eine Wiederherstellung erforderlich ist, findet insoweit eine Aufteilung in gebundenes Eigenkapital und freies Fremdkapital statt (BGHZ 95, 188, 193; 90, 370, 378; 81, 252, 261; 76, 326, 335; 69, 274, 280; 67, 171, 179; 31, 258, 276).

g) Umfang des Kapitalersatzes bei mehreren Darlehen und Kontokorrent

59 Aus der Tatsache, dass ein Darlehen eigenkapitalersetzend war, kann nicht geschlossen werden, dass auch das nachfolgende Darlehen eigenkapitalersetzend ist (BGHZ 119, 201, 212). Vielmehr ist **für jedes Darlehen** der Eigenkapitalersatz **selbstständig zu prüfen.**

60 Haben Gesellschaft und Gesellschafter in einer dauerhaften Geschäftsverbindung stets neu entstehende Gesellschafter- oder Gesellschaftsforderungen, die die Gesellschaft erst später tilgt, sieht der BGH nicht die einzelne Forderung, sondern den durchschnittlichen Saldo der so gestundeten Forderung als Kapitalersatz an (BGH ZIP 1995, 23, 24).

h) Umfang des Eigenkapitalersatzes für Zinsen und sonstige Nebenforderungen

61 Ein eigenkapitalersetzendes Darlehen kann nach überwiegender Auffassung verzinst werden (BGH NJW 1996, 1341, 1343). Die Zinsen und Nebenforderungen unterliegen der Eigenkapitalersatzbindung, wenn das zugrunde liegende Darlehen eigenkapitalersetzend ist (BGHZ 109, 55, 66; 67, 171, 179 f.; BGH NJW 1996, 1341, 1343), wobei zu unterscheiden ist zwischen der Novellenregelung und den Rechtsprechungsgrundsätzen, d. h. Zinsen und sonstige Nebenforderungen sind nach den Rechtsprechungsgrundsätzen nur eigenkapitalersetzend, soweit dadurch eine Unterbilanz oder Überschuldung verstärkt wird (BGHZ 127, 17, 21 f.; 127, 1, 7).

i) Beginn des Kapitalersatzes

Die Dauer des Eigenkapitalersatzes knüpft grundsätzlich an die Dauer der Krise an. Daher beginnt der Eigenkapitalersatz grundsätzlich mit dem **Beginn der Krise**. Dabei kommt es nach Auffassung des BGH (BGHZ 133, 298, 304) auf den **Zeitpunkt der verbindlichen Darlehenszusage** an und nicht auf den Zeitpunkt der Darlehensauszahlung. Bei der Nutzungsüberlassung kommt es daher auf den Zeitpunkt der Entscheidung über die Nutzungsüberlassung an. 62

Tritt die Krise erst nach der Darlehenszusage ein, wird das Darlehen nur dann eigenkapitalersetzend, wenn der Gesellschafter das Darlehen bei Beginn der Krise stehen lässt. War die Gesellschaft bei der Entscheidung über die Nutzungsüberlassung noch nicht in einer Krise, beginnt die eigenkapitalersetzende Nutzungsüberlassung mit dem Zeitpunkt der möglichen Kündigung des Überlassungsvertrages (Michalski/*Heidinger* §§ 32 a/b Rn. 88). 63

j) Ende des Eigenkapitalersatzes nach der Novellenregelung

Endet die Krise der Gesellschaft, d. h. ist die Gesellschaft nicht mehr nur vorübergehend zahlungsunfähig, zahlungsunfähig, überschuldet und nicht mehr kreditunwürdig, werden die ursprünglich eigenkapitalersetzenden Darlehen automatisch entsperrt, sofern die wirtschaftliche Erholung der Gesellschaft nachhaltig ist. Dies ist insbesondere dann der Fall, wenn wieder genügend freies, die Stammkapitalziffer übersteigendes Vermögen vorhanden ist (BGH ZIP 2005, 82, 84). Wird die Gesellschaft nach der Veräußerung der wesentlichen Aktiva nicht abgewickelt, sondern fortgeführt, kann von einer **nachhaltigen Erholung der Gesellschaft** nur die Rede sein, wenn die Fortführungsprognose günstig ist und die Gesellschaft mit hinreichender Sicherheit aus eigenen Kräften überleben kann (OLG München GmbHR 2006, 424, 425). 64

Die wirtschaftliche Erholung der Gesellschaft ist nicht nachhaltig, wenn es innerhalb von einem Jahr nach Rückzahlung des Gesellschafterdarlehens zur Eröffnung des Insolvenzverfahrens oder zur Gläubigeranfechtung kommt (BGHZ 90, 370, 381). Die wirtschaftliche Erholung ist ferner nicht nachhaltig, wenn im letzten Jahr vor Anbringung des Insolvenzantrages oder dem nach § 6 AnfG gleichgestellten Zeitpunkt von der Gesellschaft eine Leistung auf ein eigenkapitalersetzendes Darlehen geleistet wurde (BGH ZInsO 2006, 492, 493 Tz. 6). In diesen Fällen wird der Eigenkapitalersatzcharakter der Gesellschafterhilfe für den Zeitpunkt der Leistung unwiderleglich vermutet (BGH ZInsO 2006, 492, 493 Tz. 6). 65

Das Ende der Krise ist für jeden einzelnen Auszahlungszeitpunkt gesondert zu prüfen (*Goette* DStR 2006, 479). 66

k) Ende des Eigenkapitalersatzes nach der Rechtsprechung

Eigenkapitalersetzenden Charakter verlieren die Gesellschafterdarlehen weder dadurch, dass der Gesellschafter, der sie gewährt hat, aus der Gesellschaft ausscheidet, noch dadurch, dass sie bei Gründung einer stillen Gesellschaft in Einlagen des stillen Gesellschafters umgewandelt und in die stille Gesellschaft eingebracht werden (BGH ZInsO 2005, 1168, 1169; ZIP 2005, 82, 84). 67

Wird die **Krise der Gesellschaft beendet** und zugleich auch die Unterbilanz und Überschuldung beseitigt, d. h. das **Stammkapital** der Gesellschaft **wiederhergestellt**, liegt auch nach den Rechtsprechungsgrundsätzen eine Enthaftung des eigenkapitalersetzenden Darlehens vor (BGH ZInsO 2005, 1168, 1169; ZIP 2005, 82, 84). Dies gilt jedenfalls dann, wenn das Stammkapital nachhaltig wiederhergestellt ist (BGH ZIP 2000, 1256; ZIP 2000, 1251, 1253; *v. Gerkan* EWiR § 30 GmbHG 3/05). 68

Fraglich ist nach den Rechtsprechungsgrundätzen allerdings nur, ob allein die Beendigung der Krise für die Enthaftung ausreichend ist. Dies wird zu bejahen sein, denn mit Beendigung der Krise bleibt für eine Anwendung des Eigenkapitalersatzes kein Raum mehr (v. Gerkan/Hommelhoff/*v. Gerkan* Rn. 3.101). 69

l) Erneute Krise

70 Haben sich die wirtschaftlichen Verhältnisse der Gesellschaft nachhaltig gebessert und fällt die Gesellschaft danach wieder in eine Krise, werden die ursprünglich entsperrten Darlehen wieder eigenkapitalersetzend, wenn der Gesellschafter sie stehen lässt.

m) Beweislast

71 Die Beweislast für das Vorliegen der **Krise i. S. der Kreditunwürdigkeit** trifft nach allgemeinen Grundsätzen die **Gesellschaft** (BGH NJW 1989, 1219, 1220). Soweit der Gesellschafter substantiiert Möglichkeiten einer Darlehensbesicherung aus Gesellschaftsmitteln vortragen kann, hat die Gesellschaft sie zu entkräften (BGH NJW 1998, 1143, 1144), ggf. dadurch, dass auf den Tag der Darlehensgewährung nachträglich eine Liquiditäts- und Ertragsplanung erstellt wird. Sofern bei der Gesellschaft eine Unterbilanz vorliegt, kann damit allein eine Krise nicht dargelegt werden, wenn greifbare Anhaltspunkte für das Vorhandensein stiller Reserven bestehen (BGH NJW 1999, 3120). Allein aus der späteren Eröffnung des Insolvenzverfahrens oder aus einem nicht durch Eigenkapital gedeckten Fehlbetrag lässt sich keine Krise ableiten (BGH DStR 1999, 553 mit Anm. *Goette*). Zugunsten der Gesellschaft gelten die **Grundsätze der sekundären Beweislast** (BGH DStR 2003, 650, 652 mit Anm. *Goette*): Ergeben sich Anhaltspunkte dafür, dass das Stammkapital der Gesellschaft bereits im Gründungsstadium verbraucht oder abgegriffen war oder sogar darüber hinausgehende Verluste entstanden sind, ist es Sache der Gesellschafter darzulegen, dass eine Unterbilanz nicht bestanden hat. Behaupten die Gesellschafter, die Gesellschaft hätte noch weitere Möglichkeiten der Kreditbesicherung gehabt, braucht die Gesellschaft nur die von den Gesellschaftern substantiiert vorgetragenen Kreditbesicherungsmöglichkeiten zu widerlegen, keinesfalls alle denkbaren (BGH GmbHR 1998, 233, 234; GmbHR 1997, 890, 891). Ergeben sich aus dem Jahresabschluss der Gesellschaft greifbare Anhaltspunkte dafür, dass für externe Kreditgeber unbelastete Reserven vorhanden sind, hat die Gesellschaft den Vollbeweis der Kreditunwürdigkeit zu führen (BGH ZIP 1999, 1524, 1526).

72 Die Beweislast für das Vorliegen der **Krise i. S. der Zahlungsunfähigkeit oder Überschuldung** trifft ebenfalls die **Gesellschaft**. Diese hat im Falle der Überschuldung einen Überschuldungsstatus vorzulegen, in dem die stillen Reserven aufgedeckt und die Vermögensgegenstände zu den jeweiligen Werten angesetzt werden. Die Handelsbilanz hat nur indizielle Bedeutung. Wird diese vorgelegt, hat die Gesellschaft zu erläutern, ob und ggf. in welchem Umfang stille Reserven und sonstige daraus nicht erkennbare Veräußerungswerte vorhanden sind (BGH DB 2005, 996, 997).

73 Die Beweislast für die **Beendigung der Krise** trifft den **Gesellschafter** (BGH NJW 1989, 1219, 1220).

74 Der **Gesellschafter** trägt die Beweislast für die **fehlende Kenntnis** und Kenntnismöglichkeit von der Krise der Gesellschaft und ihres Eintritts (BGH NJW 1998, 3200, 3201).

III. Darlehen

1. Rechtsgeschäftliche Wirksamkeit

75 Es ist streitig, ob das Darlehen, das der Gesellschafter der Gesellschaft gewährt, rechtsgeschäftlich wirksam sein muss. Die Rechtsprechung (BGH NJW 2000, 3496, 3497; OLG Dresden GmbHR 2002, 269, 271) hat dies bejaht für den Fall eines unwirksamen Schuldbeitritts gem. § 4 Abs. 1 S. 4 VerbrKrG (zur Anwendbarkeit des VerbrKrG auf Gesellschafter-Geschäftsführer: BGH BB 2006, 177, 178 Tz. 14). Teilweise wird die Wirksamkeit des Darlehensvertrages nicht verlangt (OLG Thüringen DB 2006, 95, 96; *Scholz* BB 2001, 2541, 2543). Nach diesseitiger Auffassung erfüllt nur der wirksame Darlehensvertrag die Voraussetzungen der Novellenregelung, da andernfalls zwingende Schutzrechte, wie z. B. der Minderjährigenschutz, hinter das Eigenkapitalersatzrecht zurücktreten würden. Sollte der Vertrag im Übrigen aus welchen Gründen auch immer unwirksam sein, hat der Gesellschafter einen bereicherungsrechtlichen Herausgabeanspruch gegen die

Gesellschaft (§ 812 Abs. 1 S. BGB), der seinerseits dem Eigenkapitalersatzrecht unterliegt (OLG Thüringen DB 2006, 95, 96).

2. Gesellschafterdarlehen, § 32 a Abs. 1 GmbHG

a) Darlehensgewährung

76 Die Darlehensgewährung in der Krise bildet den **Grundfall des Eigenkapitalersatzrechts**, und zwar sowohl nach der Novellenregelung als auch nach den Rechtsprechungsgrundsätzen (vgl. BGHZ 76, 326, 329).

77 Der Begriff des Darlehens ist rechtstechnisch i. S. d. §§ 488 ff., 607 ff. BGB zu verstehen, weshalb sowohl das Gelddarlehen als auch das Sachdarlehen unter den Grundtatbestand des § 32 a Abs. 1 GmbHG fallen.

78 Das **Sachdarlehen** unterscheidet sich von der eigenkapitalersetzenden Nutzungsüberlassung dadurch, dass bei diesem der Gegenstand des Darlehens endgültig in die Vermögenssphäre der Gesellschaft übergeht und die Gesellschaft nur einen Rückerstattungsanspruch auf Sachen gleicher Art, Güte oder Menge hat (vgl. § 607 Abs. 1 BGB). Damit wird beim Sachdarlehen das Vermögen der Gesellschaft durch die darlehensweise überlassene Sache endgültig vermehrt. Dagegen hat der Gesellschafter bei der Nutzungsüberlassung einen Herausgabeanspruch genau auf die überlassene Sache.

79 Das Darlehen ist gewährt, sobald eine **unwiderrufliche Darlehenszusage** vorliegt (BGHZ 133, 298, 304). Es kommt nicht auf die Auszahlung des Darlehens an. Erkennt der Gesellschafter nach Darlehensgewährung, dass die Gesellschaft in einer Krise ist, gewährt ihm dies i. d. R. kein Leistungsverweigerungsrecht, da die Gesellschaft aus dem zugrundeliegenden Darlehensvertrag einen Anspruch auf Auszahlung des Darlehens hat.

80 Subjektive Elemente haben bei der Gewährung des Darlehens keine Bedeutung (BGHZ 105, 168, 176; OLG Celle GmbHR 1998, 1131). In Anlehnung an die Rechtsprechung zum Stehenlassen eines Darlehens wird teilweise gefordert, dass ein Darlehen nur dann i. S. d. § 32 a Abs. 1 GmbHG gewährt ist, wenn der Gesellschafter die Krise zumindest hätte kennen können (KG GmbHR 1998, 938, 940; v. Gerkan / Hommelhoff / *Hommelhoff* Rn. 2.23). Dieser Auffassung ist zwar zuzugestehen, dass es Wertungswidersprüche zu den Fällen des Stehenlassens eines Darlehens geben mag, wobei der Wertungswiderspruch allerdings in der Praxis außer Kraft gesetzt wird, wenn an die Möglichkeiten der Kenntnis sehr geringe Anforderungen gestellt werden.

b) Besondere Darlehensformen

81 **aa) Bankdarlehen** Gesellschafterdarlehen, die ein Kreditinstitut seiner Tochter- oder Beteiligungsgesellschaft gewährt (sog. Bankdarlehen), unterliegen keinen Besonderheiten. Anders ist dies nur, wenn das Kreditinstitut lediglich als Zahlstelle für einen dritten Kreditgeber eingeschaltet worden ist, weshalb das Kreditinstitut von dem dritten Kreditgeber Erstattung der Valuta verlangen kann.

82 **bb) Finanzplankredit** Finanzplankredite bilden keine eigenständige Fallgruppe des Eigenkapitalrechts. Sie sind **wie ein Darlehen** zu behandeln (BGHZ 142, 11, 122).

83 Beim Finanzplankredit stellten die Gesellschafter nach dem Finanzierungsplan der Gesellschaft Mittel zur Verwirklichung des Unternehmensgegenstandes zur Verfügung, und zwar ergänzend zum Eigenkapital. Hierbei kann es sich um eine kurzfristige (z. B. Durchführung einer wesentlichen Investition), i. d. R. aber um eine langfristige Maßnahme handeln (BGHZ 121, 31, 41 f.). Die Verpflichtung kann sich aus einer Nebenpflicht gem. § 3 Abs. 2 GmbHG, aus einem Darlehen, aus einem Gesellschafterbeschluss (OLG München NZG 1999, 775) oder aus sonstigen Verpflichtungen, auch aus gesplitteten Einlagen (BGHZ 142, 116, 121), ergeben.

84 Finanzplankredite sind wie eigenkapitalersetzende Darlehen zu behandeln, wenn sie in der Krise gewährt oder stehengelassen wurden (BGHZ 142, 116, 122; BGH NJW 1999, 2308).

85 Die Frage ist, ob sich aus dem wirtschaftlichen Hintergrund als Finanzplankredit zusätzliche Weiterungen ergeben, etwa des Inhalts, dass das Darlehen unabhängig von der Krise eigenkapitalersetzend ist oder dass die Gesellschaft für den Fall, dass der Gesellschafter den Finanzplankredit nicht oder nicht vollständig geleistet hat, von dem Gesellschafter die Auszahlung des Restbetrages in der Krise verlangen kann (BGHZ 142, 116, 121). In der Regel ist dies vor dem wirtschaftlichen Hintergrund zu bejahen. Dann gelten für diese Weiterungen nicht die Kleinbeteiligtenschwelle und das Sanierungsprivileg.

86 **cc) Insolvenzkredit** Wird ein Kredit vom (vorläufigen) Insolvenzverwalter erst nach dem Insolvenzantrag oder nach der Insolvenzeröffnung vom Gesellschafter gewährt, ist dieser Fremdkapital und nach § 55 Abs. 1 Nr. 1, Abs. 2 InsO Masseforderung.

87 **dd) Konsortialkredit** Gewährt ein Konsortium aus Gesellschafter und Nicht-Gesellschafter der Gesellschaft einen Kredit, kommt es darauf an, ob es sich um ein **Außen- oder Innenkonsortium** handelt (vgl. dazu Rn. 122 ff.).

88 **ee) Kontokorrent** Kontokorrentkredite sind Darlehen i. S. d. Eigenkapitalersatzrechts (OLG Düsseldorf GmbHR 1999, 615, 616). Stehen Gesellschafter und Gesellschaft in einer dauernden Geschäftsverbindung mit sich stets ändernden Gesellschafterforderungen, die von der Gesellschaft nicht sofort getilgt werden (Kontokorrent), kommt es nicht auf die einzelne Gesellschafterforderung an, sondern auf den **durchschnittlichen Saldo** der Gesellschafterforderungen (BGH ZIP 1995, 23, 24). Für die Frage der Beurteilung der Kreditwürdigkeit kommt es also darauf an, ob sich die Gesellschaft bei einem fremden Dritten ein Darlehen in Höhe des durchschnittlichen Saldos hätte beschaffen können und ob der fremde Dritte die nicht sofortige Tilgung geduldet hätte.

89 **ff) Rangrücktritt** Ein Darlehen, das der Gesellschafter der Gesellschaft gibt, ist grundsätzlich genauso zu behandeln wie das Darlehen eines Dritten. Durch Vereinbarung zwischen Gesellschafter und Gesellschaft (sog. **Rangrücktrittsvereinbarung**) kann dieses Darlehen aber als eigenkapitalersetzend behandelt werden, selbst wenn bei Abschluss der Vereinbarung keine Krise vorliegen sollte. Die Rangrücktrittsvereinbarung bedarf keiner Form. In der Praxis wird sie schriftlich geschlossen. Formlose Rangrücktritterklärungen können sich aber auch aus den Umständen ergeben, besonders dann, wenn die vom Gesellschafter zu leistende Hilfe nach dem Sinn und Zweck gerade dann Bestand haben sollte, wenn sich die Vermögensverhältnisse der Gesellschaft verschlechtern.

90 **gg) Sanierungskredit** Darlehen, die vom Gesellschafter gewährt werden, um die Gesellschaft kurz- oder langfristig zu sanieren (Sanierungskredite), unterliegen keinen besonderen Regeln. Es kommt also darauf an, ob ein fremder Dritter in der Situation der Gesellschaft das Darlehen gewährt hätte oder dieser ein zusätzliches Darlehen gewährt hätte, um ein bestehendes Darlehen zu retten (Lutter/Hommelhoff/*Lutter/Hommelhoff* GmbHG, §§ 32 a/b Rn. 39). Ein Sanierungsdarlehen ist ausnahmsweise weiterhin Fremdkapital, wenn es innerhalb der 3-Wochen-Frist des § 64 GmbHG gewährt wird (vgl. auch § 64 GmbHG Rn. 8).

91 Bei Sanierungsdarlehen ist allerdings zu unterscheiden, ob der sanierende Gesellschafter bereits an der Gesellschaft beteiligt war oder sich zum Zwecke der Überwindung der Krise an der Gesellschaft beteiligt, § 32 a Abs. 3 S. 3 GmbHG.

92 **hh) Überbrückungsdarlehen** Gesellschafterdarlehen, die einen **kurzfristigen Liquiditätsengpass** bei der Gesellschaft überbrücken sollen (sog. Überbrückungsdarlehen), sind keine eigenka-

pitalersetzenden Darlehen, wenn die Gesellschaft zwischenkreditwürdig ist (BGHZ 90, 381, 394; OLG Hamm ZIP 1986, 1321, 1323). Dies setzt die reale objektive Aussicht voraus, das Überbrückungsdarlehen in der vorgesehenen Zeit zurückzuführen oder abzulösen (BGH DStR 2006, 2140, 2141 Tz. 9; ZIP 1995, 23, 24; OLG Frankfurt GmbHR 1993, 436, 437; OLG Düsseldorf ZIP 1989, 586, 588; LG Kiel GmbHR 2001, 296, 297). Die längste Frist für die Rückzahlung des Überbrückungskredits beträgt längstens drei Wochen (BGH DStR 2006, 2140, 2141 Tz. 9). Dies gilt ausnahmsweise auch, wenn das Überbrückungsdarlehen in der Dreiwochenfrist des § 64 GmbHG gewährt wird, damit die Gesellschaft einen Sanierungsplan ausarbeiten kann; Voraussetzung ist, dass die Gesellschaft einen Sanierungsplan erstellt und fortschreibt (Lutter / Hommelhoff / *Lutter/Hommelhoff* GmbHG, §§ 32 a / b Rn. 35).

Alle übrigen Überbrückungsdarlehen sind eigenkapitalersetzend und damit als sog. **Verschleppungsdarlehen** zu behandeln (Lutter / Hommelhoff / *Lutter/Hommelhoff* GmbHG, §§ 32 a / b Rn. 36). Dies gilt für solche Darlehen, die den Todeskampf der Gesellschaft nur verschleppen, bei denen ein Dritter keinen Zwischenkredit gewährt hätte, bei denen eine Sanierung keine Aussicht auf Erfolg hat oder die während der Insolvenzreife gewährt wurden (BGH DStR 2006, 2140, 2141 Tz. 13). Werden Verbindlichkeiten der Gesellschaft laufend durch den Gesellschafter vorfinanziert, liegt ein eigenkapitalersetzendes Darlehen vor (OLG Hamburg GmbHR 2006, 813). 93

c) Stehenlassen des Darlehens

Von der Gewährung eines Darlehens zu unterscheiden sind die Fälle, in denen das Darlehen vor der Krise gewährt, das aber bei Beginn der Krise stehen gelassen wurde. Der BGH hat schon frühzeitig entschieden, dass das **Gewähren und Stehenlassen** des Darlehens **gleich zu behandeln** sind (BGHZ 75, 334, 336 f.). Ob das Stehenlassen ein Gewähren i. S. d. § 32 a Abs. 1 GmbHG oder eine andere Rechtshandlung i. S. d. § 32 a Abs. 3 GmbHG ist (v. Gerkan / Hommelhoff / *Johlke/Schröder* Rn. 5.77), hat im Ergebnis keine Bedeutung, da für beide die gleiche Rechtsfolge gilt. 94

aa) Objektiver Tatbestand Damit das Stehenlassen eines Darlehens von Fremdkapital in Eigenkapital umqualifiziert wird, ist ein mit der Darlehensgewährung **wirtschaftlich vergleichbarer Sachverhalt** erforderlich, weshalb das Stehenlassen der Darlehensgewährung entsprechen muss. Daher ist eine Vereinbarung der Gesellschaft mit dem Gesellschafter erforderlich, nach der die finanziellen Mittel des Gesellschafters in der Krise der Gesellschaft bei dieser wirtschaftlich verbleiben. Diese Finanzierungsvereinbarung kann auch konkludent erfolgen. Nicht erforderlich ist, dass dem Stehenlassen ein Darlehensvertrag zugrunde liegt; auch das Nichtgeltendmachen eines fälligen Lohnanspruchs kann zu einem Stehenlassen als Darlehen führen (*v. Gerkan* EWiR § 32 a GmbHG 4/98, 1136; a. A. LG Ingolstadt EWiR § 32 a GmbHG 4/98, 1135). 95

Damit es zu einer Finanzierungsvereinbarung kommen kann, ist es erforderlich, dass der Gesellschafter die Möglichkeiten hatte, entweder das Darlehen der Gesellschaft zu kündigen oder die Gesellschaft zu liquidieren. Besteht ausnahmsweise keine Kündigungsmöglichkeit oder keine Möglichkeit, einen Liquidationsbeschluss zu fassen, ist die Möglichkeit einer Finanzierungsvereinbarung nicht gegeben, weshalb in diesen Fällen das Fremdkapital nicht in Eigenkapital umqualifiziert wird (BGHZ 104, 33, 37; *Goette* DStR 1997, 2027, 2033). Dem steht es gleich, wenn die Gesellschaft innerhalb angemessener Zeit nach Beginn der Krise den Insolvenzantrag stellt (BGH NJW 1995, 658). 96

Der Gesellschafter trifft seine Finanzierungsentscheidung, wenn das Darlehen in der Krise entweder zur Rückzahlung fällig ist und er die Rückzahlung nicht geltend macht oder wenn er in der Krise das Darlehen nicht ordentlich oder außerordentlich kündigt. Die Krise der Gesellschaft begründet ein Recht zur außerordentlichen Kündigung des Darlehensvertrages, § 490 BGB (Palandt / *Putzo* [63. Aufl] § 490 BGB Rn. 6 f.). Der Kündigung steht die gesellschaftsrechtliche Treuepflicht nicht entgegen. Vereinbaren die Gesellschaft und der Gesellschafter statt der Kündigung 97 einen Rangrücktritt oder eine finanzplanmäßige Bindung, steht dies einem Stehenlassen gleich (BGHZ 142, 116, 125).

98 Kündigt der Gesellschafter das Darlehen nicht, hat er stattdessen die Möglichkeit, die Gesellschaft zu liquidieren. Diese Entscheidung hat er innerhalb einer Überlegungsfrist von längstens drei Wochen zu treffen (BGH NJW 1998, 3200, 3201; NJW 1995, 658, 659).

99 Eine derartige Finanzierungsvereinbarung kann in einer Darlehensverlängerung (BGHZ 81, 311, 317 f.; 75, 334, 338), in einer Prolongation eines fälligen Darlehens, in einer Verlängerung eines Kontokorrentkredits, in einer Stundung eines Rückzahlungsanspruchs (BGHZ 81, 252, 256; 76, 326, 329), in einem Verzicht auf eine mögliche Aufrechnung, in einem stehen gelassenen Lohnanspruch des angestellten Gesellschafter-Geschäftsführers (a. A. LG Ingolstadt EWiR § 32 a GmbHG 4/98, 1135), in der Rücknahme einer bereits erklärten Kündigung (BGHZ 81, 311, 317), in einer Schuldumschaffung, in einer einvernehmlichen Umfinanzierung oder in einem pactum de non petendo liegen.

100 **bb) Subjektiver Tatbestand** Damit das Stehenlassen der Darlehensgewährung vergleichbar ist, verlangt die Rechtsprechung, dass der Gesellschafter die Krise der Gesellschaft **kannte** oder jedenfalls für ihn die Krise **erkennbar** war (BGHZ 127, 336, 344; 105, 168, 186; BGH ZIP 1995, 23, 25; offen gelassen: OLG München GmbHR 2000, 934; OLG Köln NJW-RR 2002, 179; nach a. A. ist kein subjektiver Tatbestand erforderlich, da anderenfalls ein Wertungswiderspruch zwischen Darlehensgewährung und Stehenlassen vorliegt, OLG Hamburg ZIP 1984, 584, 586).

101 Die Kenntnis des Gesellschafters von der Krise der Gesellschaft wird vermutet. Dies folgt wirtschaftlich aus dem Umstand, dass sich jeder Gläubiger bei einer Finanzierungsentscheidung über die Bonität seines Schuldners Gedanken macht und erforderlichenfalls Erkundigungen einholt. Der Gesellschafter ist auch gehalten, sich um die Entwicklung der Gesellschaft zu kümmern (BGH GmbHR 1992, 367). Nicht erforderlich ist, dass er sich vor dem Stehenlassen eine Bilanz oder einen Status vorlegen lässt (BGHZ 109, 55, 60; 75, 334, 338; OLG München GmbHR 1994, 181, 183). Daher muss der Gesellschafter darlegen und beweisen, warum er ausnahmsweise keine Kenntnis oder keine Erkennbarkeit von der Krise hatte (BGH NJW 1998, 3200, 3201; NJW 1992, 1764, 1766).

d) Zession des eigenkapitalersetzenden Rückzahlungsanspruchs

102 Ist ein Darlehen eigenkapitalersetzend, ändert sich an der Umqualifizierung in Eigenkapital nichts dadurch, dass der Gesellschafter den Anspruch auf Rückzahlung an einen Dritten abtritt (BGHZ 104, 33, 43). Der Dritte kann das Darlehen nur in dem Umfang geltend machen, wie es der Gesellschafter geltend machen könnte, § 404 BGB (BGH GmbHR 2006, 487, 489 Tz. 12). Gleiches gilt bei einem gesetzlichen Forderungsübergang, etwa wenn ein Dritter für das eigenkapitalersetzende Darlehen eine Sicherheit bestellt hatte und der Darlehensrückzahlungsanspruch nach Verwertung der Sicherheit auf ihn übergeht (*K. Schmidt* ZIP 1981, 689, 696).

e) Beweislast

103 Die Beweislast für die Darlehensgewährung und das Stehenlassen des Darlehens trägt die **Gesellschaft**. Im Übrigen trägt der Gesellschafter die Beweislast.

IV. Darlehen des Gesellschafters

104 Gläubiger des Darlehens muss ein Gesellschafter sein.

1. Gesellschafter einer GmbH

a) Materiell-rechtlicher Gesellschafter

Bei der Beurteilung der Gesellschaftereigenschaft kommt es auf die **materiell-rechtliche Inhaberschaft** an. Die Anzeige nach § 16 GmbHG ist unerheblich (Michalski/*Heidinger* §§ 32 a/b Rn. 122). 105

b) Art des Gesellschafters, Unternehmensbeteiligungsgesellschaften, BvS

Erfasst wird jede Art des Gesellschafters. Es gibt kein Privileg für institutionelle Anleger, wie Kreditinstitute (BGHZ 105, 168, 175) oder Versicherungen. 106

§ 24 UBGG sieht in der Fassung des 3. Kapitalmarktförderungsgesetzes (BGBl. 1998 I, 529) eine **Freistellung vom Kapitalersatzrecht** vor. Danach wird der Anteilsbesitz einer nach § 1 UBGG anerkannten Unternehmensbeteiligungsgesellschaft an Unternehmen, dem der Gesellschafter der Unternehmensbeteiligungsgesellschaft einen Kredit gewährt hat, deren Kreditgeber nicht nach den Grundsätzen des Kapitalersatzrechts zugerechnet. Teilweise wird gefordert, diese Ausnahmeregelung auf vergleichbare institutionelle Investoren analog anzuwenden (*Volmer/Smerdka* DB 2000, 757, 760 f.). 107

Grundsätzlich findet das Kapitalersatzrecht auch auf Gesellschaften Anwendung, die mit Wirkung ab 1. 7. 1990 der Treuhandanstalt nach der UmwVO oder dem TreuhandG als **Treuhandunternehmen** zugeordnet wurden. Strittig war, ob dies auch für Altkredite gilt, die aus der Zeit vor dem 30. 6. 1990 stammten und an die VEB oder Kombinate ausgegeben wurden, was die Rechtsprechung ablehnte (BGHZ 127, 212, 221). Für Kredite der Treuhandanstalt wurde am 14. 7. 1992 durch das 2. Vermögensrechtsänderungsgesetz (BGBl. 1992 I, 1257) § 56 e DMBilG eingeführt, wonach §§ 32 a, 32 b GmbHG nicht auf Kredite gem. Art. 25 Abs. 7 EV und auf Kredite, die die Treuhandanstalt der Gesellschaft gewährt, für die sie eine Sicherung bestellt oder sich verbürgt hat, anzuwenden sind. Diese Regelung galt auch für die Rechtsprechungsregeln (LG Dresden GmbHR 1996, 847, 850). 108

c) Beteiligungsquote

§ 32 a Abs. 1 GmbHG sah ursprünglich keine bestimmte Beteiligungsquote des Gesellschafters vor. Nach Abs. 3 S. 2 ist nunmehr der Gesellschafter von der Anwendung der Eigenkapitalersatzregeln befreit, der mit 10 % oder weniger am Stammkapital der Gesellschaft beteiligt und nicht Geschäftsführer ist. 109

d) Konsortialgesellschafter

Bei der Behandlung von Konsortialkrediten ist zwischen Außenkonsortien und Innenkonsortien zu unterscheiden, insbesondere, wenn nur ein Beteiligter des Konsortiums Gesellschafter ist. 110

Beim **Außenkonsortium** wird grundsätzlich nur die Beteiligungsquote des Gesellschafters am Konsortium in Eigenkapital umqualifiziert. Dies gilt allerdings nicht, soweit der Gesellschafter die anderen Konsorten im Innenverhältnis freistellt, z. B. weil er im Innenverhältnis den anderen Konsorten eine Bürgschaft begibt (BGHZ 105, 168, 185). Sofern diese Ausnahme nicht vorliegt, ist die Frage zu stellen, ob die Gesellschaft überhaupt in einer Krise ist, da gesellschafterfremde Dritte der Gesellschaft Kredit gewährt haben. 111

Beim **Innenkonsortium** ist fraglich, ob auch hier nur der Konsortialanteil des Gesellschafters in Eigenkapital umqualifiziert wird. Ist ein Konsorte Gesellschafter, wird teilweise die Auffassung vertreten, dass dann der gesamte Kredit zu Eigenkapital umqualifiziert wird (v. Gerkan/Hommelhoff/*v. Gerkan* Rn. 3.71; Michalski/*Heidinger* §§ 32 a/b Rn. 128), wobei es nach diesseitiger Auffassung nicht darauf ankommt, ob der Konsorte Konsortialführer ist oder nicht. Ist er Konsortialführer und hat er das Darlehen gewährt, sind für das Gesamtdarlehen §§ 32 a/b unmittelbar anwendbar. Hat der Gesellschafter-Konsorte das Darlehen nicht gewährt, aber im Innenverhält- 112 nis einen Teil der Konsortialfinanzierung übernommen, ist er einem Gesellschafter gleich zu behandeln. Für diese Auffassung spricht, dass die Konsortialabrede keine Außenwirkung hat. Der Gesellschafter-Konsorte hat aber die übrigen Gesellschafter im Innenverhältnis von der Verstrickung des Darlehens freizustellen (Lutter/Hommelhoff/*Lutter/Hommelhoff* GmbHG, §§ 32 a/b Rn. 42), mit der Folge, dass in der Insolvenz der Gesellschaft das gesamte Darlehen nachrangig ist. Die Konsorten, die keine Gesellschafter sind, haben aber einen Freistellungsanspruch gegen den Gesellschafter-Konsorten und sind so zu stellen, wie sie als Insolvenzgläubiger, ggf. sogar als absonderungsberechtigte Gläubiger stehen würden.

e) Maßgeblicher Zeitpunkt

113 Maßgeblicher Zeitpunkt für die Beurteilung der Gesellschaftereigenschaft ist grundsätzlich die Entscheidung über die Darlehensgewährung (vgl. Rn. 79) oder die Finanzierungsentscheidung des Gesellschafters (Rn. 97 f.).

f) Behandlung ausgeschiedener Gesellschafter

Bei ausgeschiedenen Gesellschaftern sind mehrere **Sachverhaltsgestaltungen** zu unterscheiden:

114 – Scheidet ein Gesellschafter aus der Gesellschaft aus, dessen Darlehen bereits bei seinem Ausscheiden eigenkapitalersetzend war, behält das Darlehen seinen eigenkapitalersetzenden Charakter fort (BGHZ 127, 1, 6 f.; 110, 342, 353; BGH DStR 2005, 119, 120; NJW 1996, 1341, 1342; OLG Karlsruhe GmbHR 1998, 741).

115 – Scheidet ein Gesellschafter aus der Gesellschaft aus, dessen Darlehen bei seinem Ausscheiden nicht eigenkapitalersetzend waren, bleiben seine Darlehen Fremdkapital. Dies gilt jedoch nicht, wenn der ausgeschiedene Gesellschafter faktischer oder wirtschaftlicher Gesellschafter bleibt (s. Rn. 132).

116 – Scheidet ein Gesellschafter aus der Gesellschaft aus, der der Gesellschaft kein Darlehen gegeben hatte, und gewährt er der Gesellschaft nach seinem Ausscheiden ein Darlehen, ist dieses Darlehen grundsätzlich Fremdkapital. Anders ist es jedoch, wenn das Ausscheiden zum Zwecke der Gesetzesumgehung vorgenommen wird (vgl. § 162 BGB) oder wenn die Grundlagen des Darlehens bereits vor (BGHZ 81, 252, 258 f.; BGH NJW 1987, 1080, 1081) oder mit seinem Ausscheiden gelegt worden sind, etwa wenn das Abfindungsguthaben kreditiert wird.

g) Behandlung neuer Gesellschafter

117 Hat ein Dritter der Gesellschaft ein Darlehen gewährt, bleibt dieses Fremdkapital, wenn der Dritte später Gesellschafter wird. Dies gilt nicht, wenn der Dritte das Darlehen bereits in sachlichem Zusammenhang mit dem Eintritt in die Gesellschaft gegeben hat (OLG Hamburg GmbHR 1996, 534, 535). Das Fremdkapital wandelt sich in Eigenkapital um, wenn der Gesellschafter das Darlehen nach dem Anteilserwerb stehen lässt oder er eine vergleichbare Rechtshandlung vornimmt (BGHZ 81, 311, 317), es sei denn, der Gesellschafter kann sich auf das Sanierungsprivileg des § 32 a Abs. 3 S. 3 GmbHG berufen.

118 Eine andere Frage ist, ob und inwieweit ein neuer Gesellschafter für ein eigenkapitalersetzendes Darlehen eines anderen Gesellschafters oder für die Rückzahlung des Darlehens nach § 16 Abs. 3 oder § 31 Abs. 3 GmbHG haftet.

2. Gesellschafter einer GmbH & Co. KG

119 Ist der Darlehensgeber der **Gesellschafter der Komplementär-GmbH**, unterliegt dieses Darlehen den Regeln des Eigenkapitalersatzes.

120 § 172 a HGB erweitert den Kreis der eigenkapitalersetzenden Darlehensgeber auch um die Kommanditisten, die nur an der Kommanditgesellschaft, nicht aber auch an der Komplementär-GmbH beteiligt sind.

§ 172 a HGB erfasst seinem Wortlaut nach keine Darlehen, die der Komplementär der Kommanditgesellschaft gewährt hat. Hiergegen könnte vordergründig sprechen, dass über die unbeschränkte Komplementär-Haftung des § 128 HGB nicht die Notwendigkeit besteht, die Regeln der §§ 32 a, 32 b GmbHG anzuwenden. Andererseits greift die Komplementär-Haftung nicht, wenn der Komplementär rechtzeitig vor der Krise sein Darlehen zurückgeführt hat, weshalb die entsprechende Anwendung der §§ 129 a, 172 a HGB erwogen wird (v. Gerkan/Hommelhoff/*v. Gerkan* Rn. 10.18; vgl. zu § 172 a HGB auch ausführl. Kap. 5). **121**

3. Gesellschafter einer OHG, KG oder GbR

In Abhängigkeit von der Beantwortung der Frage, ob die Regeln des Eigenkapitalersatzes auch auf Personengesellschaften Anwendung finden (vgl. dazu Rn. 19 ff.), ist die Frage der Gesellschaftereigenschaft des Darlehensgebers zu beantworten. **122**

4. Aktionär

Die Ausführungen zum Gesellschafter einer GmbH gelten grundsätzlich auch für den Aktionär. **123**

Die Frage ist zunächst, welche Voraussetzungen gegeben sein müssen, damit ein Aktionär im Verhältnis zur Aktiengesellschaft wie ein Gesellschafter zur GmbH behandelt werden kann. Denn der Gesellschafter ist gegenüber dem Geschäftsführer weisungsbefugt und damit unternehmerisch tätig. Folglich ist ein Aktionär nur dann mit dem Gesellschafter vergleichbar, wenn er ebenfalls **unternehmerisch tätig** ist. Die Rechtsprechung verlangt hierfür – auch nach Inkrafttreten des § 32 a Abs. 3 S. 2 GmbHG – regelmäßig einen **Aktienbesitz von mehr als 25 % des Grundkapitals** (BGHZ 90, 381, 391; BGH ZIP 2005, 1316, 1317). **124**

Eine darunter liegende Beteiligung soll genügen, wenn die Beteiligung dem Aktionär in Verbindung mit weiteren Umständen Einfluss auf die Geschäftsleitung sichert und er ein entsprechendes unternehmerisches Interesse erkennen lässt (OLG Düsseldorf NJW-RR 1987, 362, 365; LG Freiburg GmbHR 2006, 704, 706). Dies setzt allerdings voraus, dass der Aktionär auf gesellschaftsrechtlicher Grundlage in die Entscheidungsfindung der AG aktiv eingebunden ist, etwa als **Aktionärsvorstand** (vgl. § 32 a Abs. 3 S. 2 GmbHG; LG Freiburg GmbHR 2006, 704, 706), durch **Entsendungsrechte** in den Aufsichtsrat bzw. Vorstand (*Junker* ZHR 1992, 394, 404) oder in den Finanzausschuss, oder wenn er schuldrechtlich für die Finanzierung der AG einzustehen hat, z. B. durch sog. **Patronatserklärungen** (v. Gerkan/Hommelhoff/*Bayer* Rn. 11.18). Nicht ausreichend ist, dass der Aktionär einmal Vorstandsvorsitzender und später Aufsichtsratsvorsitzender der Gesellschaft war (BGH ZIP 2005, 1316, 1317). Die Literatur ist in diesem Punkt teilweise weiter und fordert seit der Einfügung des § 32 a Abs. 2 S. 2 GmbHG eine Reduzierung der 25 %-Schwelle (v. Gerkan/Hommelhoff/*Hommelhoff* Rn. 1.41). Zur Addition mehrerer geringfügig beteiligter Aktionäre siehe Rn. 138. **125**

5. Gesellschafter einer KGaA

Die Ausführungen zum Aktionär gelten grundsätzlich auch für die KGaA. Zu beachten sind hier allerdings Besonderheiten in der Satzung der KGaA: Häufig enthält die Satzung weitreichende Mitwirkungsrechte der Kommanditaktionäre. Bei diesen Kommanditaktionären ist daher wesentlich häufiger eine unternehmerische Verantwortung anzunehmen, wenn sie unterhalb der 25 %-Grenze beteiligt sind (*Hüffer* AktG, § 278 Rn. 18 f. m. w. N.; *Kerssenbrock* ZSteu 2004, 342, 346). **126**

6. Societas Europaea (SE)

Die Ausführungen zum Aktionär gelten grundsätzlich auch für die Societas Europaea (SE). **127**

7. Gesellschafter einer stillen Gesellschaft

128 Das ältere Schrifttum vertrat die Auffassung, dass sowohl die typische als auch die atypische stille Gesellschaft die Voraussetzungen eines eigenkapitalersetzenden Darlehens erfüllen können (*K. Schmidt* ZIP 1981, 689, 693). Dem ist der BGH entgegengetreten, indem er den typischen stillen Gesellschafter von der Pflicht zur Erhaltung des Stammkapitals ausgenommen hat; er ist normaler Fremdgläubiger der Gesellschaft (BGHZ 106, 7, 9; BGH ZIP 1983, 561).

129 Auf den Gesellschafter einer atypischen stillen Gesellschaft, der wie ein Gesellschafter selbst am Vermögen und Ertrag beteiligt ist und über die Geschicke der Gesellschaft bestimmt, finden die Regeln der §§ 30, 31, 32 a, 32 b GmbHG analoge Anwendung (BGHZ 106, 7, 9; OLG Hamburg ZIP 1990, 791, 792).

8. Darlehen eines verbundenen Unternehmens

130 Da die mit dem Gesellschafter verbundenen Unternehmen mit dem Gesellschafter eine **wirtschaftliche Einheit** bilden, erfüllen auch Darlehen eines verbundenen Unternehmens an die Gesellschaft die Voraussetzungen des Gesellschafterdarlehens.

9. Genosse

131 In Abhängigkeit von der Beantwortung der Frage, ob die Genossenschaft Gesellschaft eines eigenkapitalersetzenden Darlehens sein kann (vgl. dazu Rn. 30), ist die Frage zu beurteilen, ob der Genosse selbst Darlehensgeber sein kann.

10. Dem Gesellschafter gleichzustellende Personen

132 Wirtschaftlich der Gesellschafterstellung gleich zu behandeln sind **faktische Gesellschafter**, **Treugeber** (*Pentz* GmbHR 1999, 437, 444), **Unterbeteiligungen**, **Pfandgläubiger** oder **Nießbraucher** am Geschäftsanteil (Michalski/*Heidinger* § 32 a/b Rn. 126).

11. Kleinbeteiligungsprivileg, § 32 a Abs. 3 S. 2 GmbHG

133 § 32 a Abs. 3 S. 2 GmbHG stellt Kredite von Gesellschaftern, die an der Gesellschaft mit 10 % oder weniger beteiligt und die nicht zugleich Geschäftsführer der Gesellschaft sind, von der Anwendung des Eigenkapitalersatzes frei. Diese durch das KapAEG (BGBl. I 1998, 707) mit Wirkung vom 24. 4. 1998 eingefügte Regelung wurde im Gesetzgebungsverfahren heftig kritisiert (*K. Schmidt* ZIP 1996, 1586). Sie stellt keine systemimmanente Klarstellung dar (RegE BT-Drs. 13/7141, 11), sondern greift tief in das Eigenkapitalersatzrecht ein.

a) Anwendungsbereich

134 Aus der Formulierung »Die Regeln über den Eigenkapitalersatz« des § 32 a Abs. 3 S. 2 GmbHG schließt die ganz h. M., dass die Regelung nicht nur für die Novellenregelung gilt, sondern auch für die weitergehenden Rechtsprechungsregeln (BGH ZIP 2005, 1638, 1639; OLG Thüringen DB 2006, 95, 97; *Goette* DStR 1997, 2027, 2029). In zeitlicher Hinsicht ist zu beachten, dass § 32 a Abs. 3 S. 2 GmbHG nur für die nach dem 24. 4. 1998 verwirklichten Tatbestände des Eigenkapitalersatzrechts gilt (BGH ZIP 2005, 1638, 1639).

b) Kleingesellschafter

135 Kleingesellschafter ist derjenige Gesellschafter, der mit **höchstens 10 %** oder weniger an der Gesellschaft beteiligt ist. Der Gesetzeswortlaut stellt alleine auf die Beteiligung am Stammkapital ab; andere Parameter wie Sonderrechte oder Stimmrechte sind unbeachtlich.

136 Ist ein Gesellschafter sowohl als GmbH-Gesellschafter als auch als sonstiger Beteiligter an der Gesellschaft beteiligt, werden seine Anteile zusammengerechnet, etwa bei Treuhandverhältnissen, wenn er den Treuhänder anweisen kann (*K. Schmidt* GmbHR 1999, 1269, 1271).

In **mehrstufigen Unternehmensverbindungen** bestimmt sich die Beteiligungsquote ausschließlich aus der unmittelbaren Beteiligung. **137**

Mehrere Kleingesellschafter werden zusammengerechnet, wenn sie mit einem **Stimmbindungsvertrag** miteinander verbunden sind oder auf sonstige Weise tatsächlich über einen längeren Zeitraum hinweg ihre Abstimmung in Gesellschafterversammlungen koordinieren (Lutter / Hommelhoff / *Lutter/Hommelhoff* GmbHG, §§ 32 a / b Rn. 67), oder wenn sie zusammen die Gesellschaft finanzieren (*K. Schmidt* GmbHR 1999, 1269, 1271), sei es, dass sie der Gesellschaft gemeinschaftlich ein Darlehen gewähren oder mehrere Darlehen abgestimmt gewähren. Eine derartige koordinierte Finanzhilfe liegt jedenfalls nicht schon darin, dass mehrere Kleingesellschafter, die zusammen über 10 %-Anteilsbesitz verfügen, jeweils eine Bürgschaft für die Gesellschaft übernommen haben, weil dies von Banken nicht selten gefordert wird (BGH ZIP 2005, 1316, 1318). **138**

War ein Gesellschafter mit mehr als 10 % an der Gesellschaft beteiligt und reduziert er seine Beteiligung auf 10 % oder weniger, blieben seine bisherigen eigenkapitalersetzenden Darlehen Eigenkapital (Lutter / Hommelhoff / *Lutter/Hommelhoff* GmbHG, §§ 32 a / b Rn. 70). War ein Gesellschafter mit 10 % oder weniger an der Gesellschaft beteiligt und erhöht er seine Beteiligung auf über 10 %, bleiben seine bisherigen Darlehen weiterhin Fremdkapital; sie wandeln sich in Eigenkapital um, wenn der Gesellschafter sie nach Erhöhung seiner Beteiligung stehen lässt. **139**

Fraglich ist, ob ein Gesellschafter, der mit mehr als 10 % an der Gesellschaft beteiligt ist, Kleingesellschafter sein kann. Dies wird teilweise angenommen mit der Begründung, dass es in § 32 a Abs. 3 S. 2 GmbHG auf das Einflusspotential ankomme (Lutter / Hommelhoff / *Lutter/Hommelhoff* GmbHG, § 32/b Rn. 68). Falls einem Gesellschafter, der mit mehr als 10 % beteiligt ist, seine Gesellschafterrechte beschnitten werden (z. B. bei stimmrechtlosen Geschäftsanteilen) könne er auch Kleingesellschafter sein. Allerdings findet diese Auslegung ihre Grenze im eindeutigen Wortlaut. **140**

Für die GmbH & Co. KG vgl. Michalski / *Heidinger* §§ 32 a / b Rn. 247. **141**

c) Fehlende Geschäftsführung

Ausgehend von dem Gedanken, dass eine natürliche Person Gesellschafter ist, setzt das Kleinbeteiligungsprivileg voraus, dass der Gesellschafter **»nicht geschäftsführend«** sein darf, § 32 a Abs. 3 S. 2 GmbHG. Abzustellen ist auf das Amt als Geschäftsführer, nicht auf die dienstvertragliche Regelung. Auf den Grund der Bestellung (Gesellschafterbeschluss oder Sonderrecht) kommt es nicht an, ebenso nicht auf die Eintragung der Bestellung bzw. Abberufung im Handelsregister. **142**

Ein Gesellschafter, der lediglich als **Handlungsbevollmächtigter** oder als **Prokurist** in der Gesellschaft tätig ist, verliert dadurch nicht das Kleinbeteiligungsprivileg, es sei denn, er hat unechte Gesamtvertretungsmacht, weil insoweit der Prokurist einem mit organschaftlicher Vertretungsmacht handelnden Geschäftsführer vergleichbar amtiert (Lutter / Hommelhoff / *Lutter/Hommelhoff* GmbHG, §§ 32 a / b Rn. 74), oder er übt diese Vollmachten einem Geschäftsführer vergleichbar aus. **143**

Einem geschäftsführenden Gesellschafter gleich zu behandeln sind die Gesellschafter, die auf die Geschäftsführung Einfluss nehmen können, ohne selbst zum Geschäftsführer bestellt zu sein, sei es auf Grund eines **Beherrschungsvertrages** oder auf Grund von **Weisungsrechten** von erheblichem Gewicht, z. B. auf Grund des Gesellschaftsvertrages, oder als faktische Geschäftsführer (zum faktischen Geschäftsführer vgl. § 6 GmbHG Rn. 8). **144**

Ist eine **juristische Person** oder eine Personengesellschaft der Gesellschafter und ist ein Mitglied der Geschäftsführung in der Gesellschaft als Geschäftsführer tätig, nimmt dies dem Gesellschafter das Kleinbeteiligungsprivileg, selbst wenn das Mitglied in der Geschäftsführung nur gesamt- **145** vertretungsberechtigt ist. Das gilt auch, wenn eine nachgeordnete Person in der Gesellschaft tätig ist.

146 War ein Kleingesellschafter bisher nicht in der Geschäftsführung und wechselt er zusätzlich in diese, werden mit der Amtsübernahme seine bisher nicht verstrickten Gesellschafterdarlehen erst verstrickt, wenn er sie in der Krise stehen lässt.

147 War ein Kleingesellschafter zunächst in der Geschäftsführung und endet sein Amt, bleiben seine Gesellschafterdarlehen weiterhin Fremdkapital. Dies gilt auch, wenn der Gesellschafter das Darlehen weiterhin stehen lässt. Führt er hingegen der Gesellschaft frisches Kapital zu, genießt er erst insoweit das Kleinbeteiligungsprivileg.

d) Beweislast

148 Die Beweislast für das Vorliegen der Krise trifft die **Gesellschaft**. Die Darlegungs- und Beweislast für das Vorliegen des Kleinbeteiligungsprivilegs trifft den **Gesellschafter** nach allgemeinen Regeln.

e) Sachverhalte vor dem 24. 4. 1998

149 § 32 a Abs. 3 S. 2 GmbHG ist mit Wirkung ab dem 24. 4. 1998 in Kraft getreten. Eine Absicht des Gesetzgebers, alle eigenkapitalersetzenden Darlehen nachträglich zu entstricken, ist dem Gesetz nicht zu entnehmen (BGH ZIP 2001, 115, 116; a. A. ArbG Dresden GmbHR 2002, 1068, 1070). Wurde ein Gesellschafterdarlehen vor dem 24. 4. 1998 als Eigenkapital behandelt, unterliegt es nach der Einfügung des § 32 a Abs. 3 S. 2 GmbHG dem Eigenkapitalersatzrecht.

12. Sanierungsprivileg, § 32 a Abs. 3 S. 3 GmbHG

150 Die Rechtsprechung des BGH (BGHZ 81, 311, 315) hatte ein Sanierungsprivileg abgelehnt, womit das Eigenkapitalersatzrecht als sanierungsfeindlich kritisiert wurde (*Uhlenbruck* GmbHR 1982, 141, 150 ff.). Daraufhin hat der Bundestag am 1. 5. 1998 in § 32 a Abs. 3 S. 3 GmbHG ein Sanierungsprivileg in das Gesetz aufgenommen. Aus der Tatsache, dass sich der BGH erstmals im November 2005 mit § 32 a Abs. 3 S. 3 GmbHG beschäftigen musste, schließt *Goette* (DStR 2006, 387), dass der wiederholten Behauptung, das Kapitalerhaltungsrecht sei sanierungsfeindlich, offensichtlich die praktische Fundierung fehle.

a) Anwendungsbereich

151 Die Formulierung »führt dies ... nicht zur Anwendung der Regeln über den Eigenkapitalersatz« in § 32 a Abs. 3 S. 3 GmbHG macht deutlich, dass das Sanierungsprivileg nicht nur für die Novellenregelung, sondern auch für die Rechtsprechungsregeln gilt (BGH ZInsO 2006, 148, 150 Tz. 12; *Goette* DStR 2006, 387).

b) Erwerb von Geschäftsanteilen

152 Das Sanierungsprivileg knüpft an den Erwerb von Geschäftsanteilen an der sanierungsbedürftigen Gesellschaft an, § 32 a Abs. 3 S. 3 GmbHG. Dies ist möglich durch Anteilserwerb, durch Übernahme eines Geschäftsanteils im Wege der Kapitalerhöhung (Beschlussempfehlung des Rechtsausschusses ZIP 1998, 487, 491) oder durch Verpfändung. Hierzu zählt auch das Einrücken in eine Stellung, die dem Gesellschafter nach Abs. 3 S. 1 gleichgestellt ist (Michalski/*Heidinger* §§ 32 a/b Rn. 222).

153 Auf die **Höhe des Anteilserwerbs** kommt es nicht an, so dass auch der Erwerb sämtlicher Geschäftsanteile unschädlich ist.

154 An die **Person des Erwerbers** knüpft das Gesetz keine Besonderheiten. Streitig ist allerdings die Frage, ob auch ein Altgesellschafter oder eine einem Altgesellschafter gleichgestellte Person (§ 32 a Abs. 3 S. 1 GmbHG) ein sog. **Sanierungsgesellschafter** sein kann. Die h. L. lehnt dies

ab, weil den Altgesellschaftern oder ihnen gleich gestellten Personen die Krise der Gesellschaft objektiv zuzurechnen ist, so dass sie der Gesellschaft nur Eigenkapital zuführen können (Lutter/Hommelhoff/*Lutter/Hommelhoff* GmbHG, §§ 32 a/b Rn. 80). Für diese Auffassung sprechen die Gesetzesmaterialien, aus denen abgeleitet werden kann, dass der Gesetzgeber offenkundig nur einen Darlehensgeber privilegieren wollte, der sich in der Krise dazu entschließt, ein Sanierungsdarlehen zu gewähren und im Zuge der Darlehensgewährung eine relevante Beteiligung von über 10 % erwirbt (BT-Drs. 13/10038, 28). Allerdings ist dieser Wille des Gesetzgebers nicht Wortlaut (»Erwirbt ein Darlehensgeber ... Geschäftsanteile«) geworden. Im Übrigen macht es keinen Sinn, mit dem Sanierungsprivileg nur solche Personen zu »belohnen«, die noch nicht an der Gesellschaft beteiligt waren (*Roth/Altmeppen* § 32 a Rn. 66). Gerade der offene Wortlaut spricht dafür, auch Altgesellschafter als Person des Erwerbers zu betrachten.

Die Privilegierung ist nicht auf Kreditinstitute beschränkt. Ebenso ist die Privilegierung auch nicht auf Alt-Kreditgeber beschränkt, die bereits vor dem Anteilserwerb Gläubiger der Gesellschaft waren (OLG Düsseldorf ZIP 2004, 508, 509); vielmehr ist es möglich, dass der Gesellschafter das Darlehen erst mit dem Erwerb des Geschäftsanteils erwirbt. Auch der Geschäftsführer kann Sanierungsgesellschafter werden, obwohl ihm die Krise zuzurechnen ist. 155

c) In der Krise der Gesellschaft

Der Anteilserwerb muss in der Krise der Gesellschaft erfolgen, § 32 a Abs. 3 S. 3 GmbHG. Hierzu zählt auch ein mehrfacher Anteilserwerb in der Krise (Michalski/*Heidinger* §§ 32 a/b Rn. 222). Ein vor oder nach der Krise vorgenommener Anteilserwerb ist für das Sanierungsprivileg schädlich. Nicht erforderlich ist, dass der erwerbende Gesellschafter der Gesellschaft Darlehen zuführt. Zur Krise der Gesellschaft vgl. ausführl. Rn. 34 ff. 156

d) Sanierungszweck

Wesentliche Voraussetzung ist, dass die Geschäftsanteile **zum Zweck der Überwindung der Krise** erworben werden, § 32 a Abs. 3 S. 3 GmbHG. Diese Voraussetzung führt dazu, dass aus einem an sich als Eigenkapital zu qualifizierenden Darlehen dennoch Fremdkapital wird, weshalb an diese Tatbestandsvoraussetzung besondere Anforderungen zu stellen sind (Lutter/Hommelhoff/*Lutter/Hommelhoff* GmbHG, §§ 32 a/b Rn. 83). Ob zusätzlich ein **Sanierungswille des Gesellschafters** zu fordern ist (so OLG Düsseldorf ZIP 2004, 508, 511), lässt sich aus dem Wortlaut nicht ableiten; jedenfalls wird dieser als selbstverständlich vermutet (BGH ZInsO 2006, 148, 150 Tz. 14). 157

Zudem ist es nach Einschätzung eines objektiven Dritten erforderlich, dass die Gesellschaft sanierungsfähig ist und dass die für ihre Sanierung geplanten und eingeleiteten Maßnahmen objektiv geeignet sind, die Gesellschaft durchgreifend zu sanieren (BGH ZinsO 2006, 148, 150 Tz. 14). Die **objektive Sanierungsfähigkeit** setzt einen **Sanierungsplan** in folgenden Schritten voraus: Im ersten Schritt ist eine Bestandsaufnahme der Ist-Situation der Gesellschaft erforderlich, d. h. nicht nur eine Erstellung der Ertrags- und Liquiditätsplanung, sondern auch eine Analyse des Geschäftsmodells und der Produkte. Im zweiten Schritt ist eine Veränderung des Geschäftsmodells und der Produkte einschließlich der Auswirkungen auf die Ertrags- und Liquiditätsplanung erforderlich, so dass die Soll-Situation der Gesellschaft ermittelt wird. Im dritten Schritt ist die Frage zu beantworten, ob die Gesellschaft ggf. mit Hilfe der Gesellschafter objektiv in der Lage ist, die Ist-Situation der Gesellschaft an die Soll-Situation anzupassen. Soweit die Gesellschaft bereits Maßnahmen ergriffen hat, müssen diese objektiv geeignet sein, den Sanierungserfolg herbeizuführen. Erst damit ist der Sanierungsplan der Gesellschaft dokumentiert. Dabei ist die objektive Sanierungstauglichkeit aus der ex-ante-Sicht eines ordentlichen Geschäftsmannes zu beurteilen (BGH ZinsO 2006, 148, 150 Tz. 15; OLG Düsseldorf ZIP 2004, 508, 510; LG Bonn GmbHR 2005, 1571). 158

Der Sanierungsplan setzt nicht zwingend ein schriftliches Gutachten (LG Bonn GmbHR 2005, 1571) eines außenstehenden Dritten voraus, jedoch erleichtert ein Gutachten die Zweckrichtung 159 der Sanierung (*Dörrie* ZIP 1999, 12, 14). Auch kommt es nicht darauf an, dass der Sanierungserfolg gelingt. Ein Sanierungsgutachten gewinnt jedenfalls dann an Überzeugungskraft, wenn ein Dritter dieses geprüft hat und er daraufhin ein eigenes Risiko eingegangen ist (OLG Düsseldorf ZIP 2004, 508, 511).

160 Maßgeblicher Zeitpunkt für diese Prognoseentscheidung ist der **Zeitpunkt des Anteilserwerbs** (BGH ZinsO 2006, 148, 150 Tz. 14), d. h. der Zeitpunkt der Eintragung der Kapitalerhöhung ins Handelsregister oder der Zeitpunkt der Abtretung. Es empfiehlt sich, etwaige Sanierungspläne dem Vertrag über den Anteilserwerb beizufügen. Auf aufschiebende Bedingungen aus Anlass des Anteilserwerbs sollte möglichst verzichtet werden, da andernfalls das Risiko droht, dass der Sanierungsplan bei Abschluss des schuldrechtlichen Geschäfts nicht mehr bei Eintritt des Anteilserwerbs aktuell ist.

e) Umfang der Privilegierung

161 Gegenstand der Privilegierung sind zum einen **Altdarlehen des Sanierungsgesellschafters,** also solche Darlehen, die er der Gesellschaft vor der Krise gewährt hat (*Seibert* GmbHR 1998, 309, 310). Gegenstand der Privilegierung sind zum anderen Darlehen, die er der Gesellschaft **aus Anlass seines Anteilserwerbs** gewährt hat; bei diesen Darlehen steht zu vermuten, dass sie zum Zwecke der Sanierung gewährt werden. Gegenstand der Privilegierung sind schließlich Darlehen, die nach dem Anteilserwerb gewährt werden, sofern sie zur Erreichung des ursprünglichen Sanierungsplanes oder seiner Fortschreibung erforderlich sind.

162 Auf die **Höhe des Darlehens** kommt es nicht an. Gewährt der Gesellschafter aber zusätzlich Darlehen, die nach dem Sanierungsplan nicht erforderlich sind, sind diese zusätzlichen Darlehen nach diesseitiger Auffassung nicht privilegiert.

163 Auch sonstige Gesellschafterleistungen (wie z. B. Gebrauchsüberlassungen und Drittbesicherungen) werden im Rahmen des § 32 a Abs. 3 S. 3 GmbHG privilegiert (OLG Düsseldorf ZIP 2004, 508, 509).

f) Dauer der Privilegierung

164 Sofern die Sanierung der Gesellschaft gelingt und damit die Krise enden sollte, dauert die Privilegierung des Sanierungsgesellschafters bis zur **Beendigung der Krise** an. Dies gilt auch dann, wenn sich im Laufe der Zeit die Ursachen der Krise verändern. Ist die Krise beendet, endet auch die Privilegierung, d. h. der Gesellschafter hat zum nächstmöglichen Zeitpunkt zu entscheiden, ob er das Darlehen zurückführt oder es stehen lässt. Lässt er das Darlehen stehen, ist das Darlehen wie jedes andere Darlehen zu behandeln, für das die Regeln des Eigenkapitalersatzes gelten, sollte die Gesellschaft erneut in eine Krise fallen (Michalski/*Heidinger* §§ 32 a/b Rn. 227).

165 Scheitert die Sanierung, nimmt der Sanierungsgesellschafter als **Insolvenzgläubiger** (§ 38 InsO) ohne Nachrang am Insolvenzverfahren der Gesellschaft teil. Das Argument, er habe sein Darlehen abziehen können, als das Scheitern der Sanierung feststand oder sich abzeichnete, führt nicht zum Nachrang der Insolvenzforderung, da es das Sanierungsprivileg aushöhlen würde.

g) Beweislast

166 Die Beweislast für das Vorliegen der Krise trifft die Gesellschaft. Die Darlegungs- und Beweislast für das Vorliegen des Sanierungsprivilegs trifft den Gesellschafter nach allgemeinen Regeln.

h) Sachverhalte vor dem 1. 5. 1998

167 Das Sanierungsprivileg gilt nur für Geschäftsanteile, die nach dem 1. 5. 1998 erworben wurden. Maßgeblich ist der **dingliche Rechtsübergang**. Sofern sog. Alt-Darlehen vor dem 1. 5. 1998 gewährt wurden und nach dem 1. 5. 1998 Geschäftsanteile erworben wurden, sind diese als Fremdkapital privilegiert. Sofern vor dem 1. 5. 1998 Geschäftsanteile zum Zwecke der Sanierung erworben wurden, sind damit im Zusammenhang stehende Gesellschafterdarlehen als Eigenkapital zu behandeln, es sei denn, dass in derselben Krise weitere Geschäftsanteile nach dem 1. 5. 1998 erworben wurden.

C. Gesellschafterbesicherte Drittdarlehen, § 32 a Abs. 2 GmbHG

Die Rechtsprechung hatte bereits sehr frühzeitig, u. a. unter dem Gesichtspunkt des **Umgehungsschutzes**, die gesellschafterbesicherten Drittdarlehen in den Anwendungsbereich des Eigenkapitalersatzes einbezogen (BGHZ 67, 171, 182). Ihnen liegt der regelmäßig von Kreditinstituten verwirklichte Sachverhalt zugrunde, dass ein Dritter der Gesellschaft ein Darlehen gewährt, dieses jedoch nicht durch die Gesellschaft, sondern durch den Gesellschafter besichert ist. Bei den gesellschafterbesicherten Drittdarlehen sind die einzelnen Rechtsbeziehungen zu trennen: Der Dritte hat mit der Gesellschaft einen Darlehensvertrag, dessen Rückzahlungsansprüche er im Insolvenzfall der Gesellschaft geltend machen kann. Die Sicherheit des Gesellschafters dient vorrangig der Insolvenzmasse und soll diese entlasten. **168**

I. Darlehensgewährung und Stehenlassen eines Darlehens

§ 32 a Abs. 2 GmbHG knüpft an die Darlehensgewährung i. S. d. Abs. 1 oder an die der Darlehensgewährung wirtschaftlich vergleichbaren Rechtshandlungen i. S. d. Abs. 3 S. 1 an (OLG Celle NZG 2000, 104; vgl. OLG Düsseldorf GmbHR 1999, 615, 616). So ist beispielsweise eine **Kautionsgewährung** oder eine **Prozesssicherheit** eine Darlehensgewährung, wenn diese in der Gesellschaft andernfalls erforderliche Finanzmittel ersetzt (BGH ZIP 1990, 95, 96). **169**

II. Eines Dritten

Dritter i. S. d. Abs. 2 ist **jeder Kreditgeber**, der nicht zu den Gesellschaftern gehört (vgl. Rn. 105 ff.) oder den Gesellschaftern gem. Abs. 3 gleichzubehandeln ist (vgl. Rn. 132). **170**

III. Eigenkapitalersatzfunktion des Darlehens

Für die Feststellung, ob das Drittdarlehen eigenkapitalersetzend war, ist auf die Lage abzustellen, als ob das Darlehen nicht von dem Dritten, sondern vom Gesellschafter gewährt worden wäre. Somit kommt es darauf an, ob die Gesellschaft das Darlehen auch ohne die Besicherung des Gesellschafters **zu allgemein auf dem Kapitalmarkt üblichen Bedingungen** erhalten hätte (BGH NJW 1988, 824). Hatte die Gesellschaft das Drittdarlehen auch mit ihrem Vermögen besichert, kann die Reihenfolge der Sicherheitenverwertung, zunächst die Gesellschaftssicherheit, dann die Gesellschaftersicherheit oder umgekehrt, dem Darlehen nicht den Charakter eines eigenkapitalersetzenden Darlehens nehmen (BGH NJW 1988, 824, 825). **171**

IV. Besicherung des Darlehens

1. Sicherheiten

Das Gesetz nennt als einen Beispielsfall der Sicherheit die Bürgschaft, ohne damit den Charakter als akzessorische Sicherheit festzulegen. Der Begriff der Sicherheit ist denkbar weit zu verstehen (BGH NJW 1989, 1733, 1734). Hierzu gehören sämtliche **Personal- oder Realsicherheiten**, wie z. B. Bürgschaft, Garantiezusagen, Grundpfandrechte, Kautionen (BGH NJW 1989, 1733, 1734), Kreditauftrag, harte Patronatserklärungen, Schuldbeitritt (LG Hamburg ZIP 1981, 730), selbstständige Schuldversprechen, Sicherungsübereignungen, Sicherungszessionen, Sicherheiten nach § 232 BGB, Verpfändung von Forderungen und Wertpapieren. **172**

Nach Abs. 3 S. 1 stehen **sicherungsgleiche Rechtsgeschäfte** zugunsten des Drittkreditgebers einer Sicherung selbst gleich. Fälle dieser Art liegen etwa vor, wenn die Gesellschaft dem Dritten das Darlehen besichert hat, aber der Gesellschafter dem Dritten jedes Verwertungs- oder Wertverfallrisiko nimmt (BGH DStR 1999, 1409 mit Anm. *Goette*; a. A. OLG Köln NZG 1999, 314). **173**

Für die Sicherheitenbestellung ist es gleichgültig, ob die Sicherheit erst- oder nachrangig in Anspruch genommen werden kann. Bei einer vorrangigen Gesellschaftssicherheit und einer nach- **174** rangigen Gesellschaftersicherheit ist allerdings besonders die Frage zu prüfen, ob die Gesellschaft tatsächlich in einer Krise war.

2. Sicherheitenbestellung

175 Auch bei der Sicherheitenbestellung ist zu unterscheiden zwischen der Gewährung einer Sicherheit und dem Stehenlassen einer Sicherheit. Bei der **Gewährung der Sicherheit** hat der Gesellschafter keine Überlegungsfrist entsprechend der beim Stehenlassen des Gesellschafterdarlehens (OLG Hamm GmbHR 1999, 917, 919). Besteht die Sicherheit in einer Mitschuld des Gesellschafters, kann diese gem. § 491 Abs. 1 BGB nichtig sein (BGHZ 133, 71, 74; BGH GmbHR 1997, 444, 445) und wird auch nicht gem. § 494 Abs. 2 BGB wirksam durch Auszahlung des Darlehens an die Gesellschaft (BGHZ 134, 94, 98). Unabhängig hiervon hat die Gesellschaft i. d. R. einen **Freistellungsanspruch** gegen den Gesellschafter, da der Schutz aus dem Verbraucherdarlehensrecht nach §§ 491 ff BGB allein im Verhältnis des Gesellschafters zu Dritten wirkt, nicht jedoch im Verhältnis zur Gesellschaft (Lutter / Hommelhoff / *Lutter/Hommelhoff* GmbHG, §§ 32 a/b Rn. 117; a. A. OLG Dresden GmbHR 2002, 269, 271). Bei Gewährung der Sicherheit hat der Gesellschafter keine Überlegungsfrist entsprechend der beim Stehenlassen des Gesellschafterdarlehens (OLG Hamm GmbHR 1999, 917, 919).

176 Auch das **Stehenlassen der Sicherheit in der Krise** der Gesellschaft genügt. War die Gesellschaft im Zeitpunkt der Sicherheitenbestellung in keiner Krise, ist das Stehenlassen der Sicherheit der Sicherheitenbestellung gleich zu behandeln, wenn der Gesellschafter in der Krise der Gesellschaft nicht das der Sicherheit zugrundeliegende Schuldverhältnis kündigt (BGH GmbHR 1992, 296, 298; GmbHR 1992, 170). Dies gilt nicht, wenn die Sicherheit mit der Abrede gewährt worden ist, dass die Sicherheit selbst dann Bestand haben soll, sollten sich die Vermögensverhältnisse der Gesellschaft verschlechtern; in diesem Fall ist die Sicherheit kraft Vereinbarung eigenkapitalersetzend (BGH GmbHR 1992, 367, 368). Das nachträgliche Umqualifizieren der stehengelassenen Gesellschaftersicherheit in Eigenkapitalersatz setzt ebenso wie beim stehengelassenen Darlehen voraus, dass der Gesellschafter die Krise der Gesellschaft kannte oder kennen musste (BGHZ 127, 336, 344). So muss der Gesellschafterbürge sicherstellen, dass er von einem etwaigen Kriseneintritt unterrichtet wird (BGHZ 127, 336, 346).

V. Durch Gesellschafter

177 Sicherungsgeber muss der Gesellschafter oder eine diesem gleichgestellte Person sein. Dabei darf es sich allerdings nicht um einen kleinbeteiligten Gesellschafter (§ 32 a Abs. 3 S. 2 GmbHG) oder um einen Sanierungsgesellschafter (§ 32 a Abs. 3 S. 3 GmbHG) handeln.

178 Wurde das Darlehen nicht von einem Gesellschafter besichert, sondern von einem Vierten, handelt es sich nur dann um eine Gesellschaftersicherheit i. S. d. § 32 a Abs. 2 GmbHG, wenn der Vierte dem Gesellschafter nahe steht (Lutter / Hommelhoff / *Lutter/Hommelhoff* GmbHG, §§ 32 a/b Rn. 118) oder wenn der Gesellschafter den Vierten von den wirtschaftlichen Risiken der Sicherheit ganz oder teilweise freistellt.

VI. Mit eigenkapitalersetzender Wirkung

179 Das Drittdarlehen muss eigenkapitalersetzend sein. Eigenkapitalersetzend ist danach eine Sicherheit, wenn sie **zum Zwecke der Gewährung oder Verlängerung eines Drittkredits** entweder kraft Vereinbarung oder im Zeitpunkt der Kreditunwürdigkeit oder bei Insolvenzreife der Gesellschaft gewährt oder stehengelassen wurde (BGH NJW 1988, 824; WM 1986, 447, 448; OLG Köln GmbHR 1992, 182, 183).

VII. Maßgeblicher Zeitpunkt

180 Der Wortlaut des § 32 a Abs. 2 GmbHG verlangt nicht, dass Darlehen und Sicherheit gleichzeitig gegeben werden. Gleichwohl ist ein **funktioneller Zusammenhang** zwischen Darlehensgewährung und Sicherheitenbestellung in der Krise erforderlich, weshalb entweder die Darlehensge-

währung oder das Stehenlassen des Darlehens zusammen mit der Sicherheitenbestellung oder dem Stehenlassen der Sicherheit innerhalb der Krise erfolgen müssen. Folgt die Sicherheitenbestellung der Darlehensgewährung nach, muss damit auch eine Kreditverlängerung oder ein Stehenlassen des Darlehens verbunden sein (OLG Stuttgart WM 1984, 835, 836). In der Regel geht die nachträgliche Sicherheitenbestellung mit einem Stehenlassen des Darlehens einher.

D. Gleichgestellte Tatbestände, § 32 a Abs. 3 S. 1 GmbHG

Die Rechtsprechung hatte schon sehr frühzeitig die Regeln über eigenkapitalersetzende Darlehen auf wirtschaftlich vergleichbare Sachverhalte erweitert, um Umgehungen zu verhindern (BGHZ 31, 258). Dies hat der Gesetzgeber in § 32 a Abs. 3 S. 1 GmbHG aufgegriffen, der einen Anwendungsbereich in sachlicher (wirtschaftlich vergleichbare Rechtshandlungen) und persönlicher Hinsicht (Rechtshandlungen vergleichbarer Dritter) hat. 181

I. Gleichgestellte Rechtshandlungen

Eine der Darlehensgewährung nach § 32 a Abs. 1 und Abs. 2 GmbHG vergleichbare Rechtshandlung liegt vor, wenn der Gesellschaft zeitweise **Mittel**, die einen wirtschaftlichen Gegenwert haben, **zur Nutzung überlassen** werden. Hierzu hat die Rechtsprechung einen Katalog von Fallgestaltungen entwickelt: 182

1. Anderkonto

Zahlt der Gesellschafter auf ein Anderkonto und wird von diesem aus der Zahlungsverkehr der Gesellschaft abgewickelt, ist dies als **darlehensgleich** einzustufen (OLG Düsseldorf ZIP 1998, 2101, 2103). 183

2. Anzahlungen des Gesellschafters

Anzahlungen des Gesellschafters auf ein **zukünftiges Verkehrsgeschäft** mit der Gesellschaft können eine Darlehensgewährung sein. Insoweit geltend die Grundsätze der Vorauszahlung entsprechend (vgl. dazu Rn. 226). 184

3. Dienstleistungen

Strittig ist, ob Dienstleistungen eigenkapitalersetzend sein können. Während dies teilweise angenommen wird (vgl. z. B. OLG Hamm GmbHR 1992, 607, 608; *Molitor* ZInsO 2005, 856), stellt eine andere Auffassung zu Recht darauf ab, dass es den Dienstleistungen an der Einlagefähigkeit fehlt. Hiervon zu unterscheiden ist die Frage, ob ein Vergütungsanspruch des Dienstverpflichteten eigenkapitalersetzend sein kann, was jedenfalls zu bejahen ist, wenn dieser stehen gelassen wird (LG Frankenthal GmbHR 1996, 356, 359; a. A. LG Ingolstadt EWiR § 32 a GmbHG 4/98, 1135). 185

4. Diskontierung von Wechseln

Diskontiert der Gesellschafter einen Wechsel der Gesellschaft, kann dem ein **Darlehensvertrag** (§ 32 a Abs. 1 GmbHG) oder ein **Kaufvertrag** (§ 32 a Abs. 3 S. 1GmbHG) zugrunde liegen, wenn wechselrechtliche Rückgriffsansprüche des Gesellschafters gegen die Gesellschaft möglich sind oder wenn zugunsten des Gesellschafters eine Rückgriffsmöglichkeit vereinbart ist. 186

5. Eigentumsvorbehalt

Die Belieferung der Gesellschaft mit Waren unter Eigentumsvorbehalt durch den Gesellschafter kann zur Gewährung eines eigenkapitalersetzenden Darlehens führen, wenn der **Kaufpreis gestundet** wird. Dies gilt, wenn die Waren des Anlage- (OLG Hamm GmbHR 1992, 753) oder Umlaufvermögens (LG Hamburg ZIP 1991, 180) an die Gesellschaft geliefert werden. 187

Die Auswirkung der Urteile liegt in dem Ausspruch, dass der Insolvenzverwalter die dem Eigentumsvorbehalt unterliegenden Gegenstände zur Masse ziehen bzw. die Aussonderung ver- 188 weigern kann (OLG Celle NZG 1999, 75, 76 f.; vgl. v. Gerkan/Hommelhoff/*Johlke/Schröder* Rn. 5.61 ff.)

6. Erwerb gestundeter Forderungen

189 Erwirbt ein Gesellschafter Forderungen Dritter, die der Gesellschaft bereits gestundet waren, sah bereits § 32 a Abs. 2 GmbHG des RegE 1977 die sinngemäße Anwendung der Eigenkapitalersatzregeln vor. Die wirtschaftliche Gleichsetzung entspricht auch dem geltenden Recht, da der Forderungskauf in die Befriedigung des Gläubigers durch den Gesellschafter und den gleichzeitigen Verzicht auf den Regress umgedeutet werden kann.

7. Factoring

190 Beim Factoring ist zwischen dem echten und dem unechten Factoring zu unterscheiden. Das **echte Factoring** ist ein Forderungsverkauf, bei dem keine Möglichkeit besteht, die Forderung rückabzutreten oder sonst rückzubelasten, wenn sie nicht beitreibbar ist. Das echte Factoring ist nur unter dem Gesichtspunkt von Interesse, ob sich durch das echte Factoring bei der Gesellschaft eine Unterbilanz gebildet oder verstärkt hat.

191 Beim **unechten Factoring** hat der Forderungserwerber eine Rückbelastungsmöglichkeit für den Fall, dass sich die Forderung als nicht beitreibbar erweist. Daher liegt beim unechten Factoring eine Darlehensgewährung des Gesellschafters an die Gesellschaft vor (OLG Köln ZIP 1986, 1585, 1587), denn der Gesellschafter tritt in Vorleistung und gewährt insoweit ein Darlehen, weil die Gegenleistung der Gesellschaft nach dem Parteiwillen erst dann entstehen soll, wenn der Schuldner vollständig erfüllt hat.

192 Liegt eine **Mischform** aus echtem und unechtem Factoring vor, soll allein die rechtliche Ausgestaltung des Factoring-Vertrages, nicht aber seine konkrete wirtschaftliche Durchführung entscheidend sein (OLG Köln ZIP 1986, 1585, 1587).

8. Forderungsverzicht und Besserungsschein

193 Anstelle des Rangrücktritts können der Gesellschafter und die Gesellschaft vereinbaren, dass der Gesellschafter auf seine (Darlehens-) Forderung gegen die Gesellschaft verzichtet. Dadurch wird das Gesellschafterdarlehen nicht nur nachrangig behandelt, sondern der **Rückzahlungsanspruch erlischt** in dem vereinbarten Umfang. Durch den Forderungsverzicht kann der Gesellschafter die Ertragslage der Gesellschaft verbessern, weshalb die Frage zu stellen ist, ob nach dem Forderungsverzicht die Gesellschaft noch in einer Krise ist.

194 Der Forderungsverzicht kann **ausdrücklich oder konkludent** mit einem Besserungsschein verbunden sein, der die Wirkungen des Forderungsverzichts im Falle der Besserung der Vermögensverhältnisse der Gesellschaft aufhebt oder modifiziert, sei es, dass die Forderungen neu entstehen oder die Gesellschaft zur Zinszahlung verpflichtet wird. Gerade bei der vertraglichen Beendigung des Forderungsverzichts ist darauf zu achten, dass durch die Aufhebung der vertraglichen Regelungen die gesetzliche Regelung der §§ 32 a, 32 b GmbHG, § 135 InsO, § 6 AnfG nicht umgangen wird (Lutter/Hommelhoff/*Lutter/Hommelhoff* GmbHG, §§ 32 a/b Rn. 38).

9. Gebrauchsüberlassung

195 Seit den Urteilen des BGH zu den **Lagergrundstücken** (BGHZ 140, 147; 127, 17; 127, 1; 109, 55) steht fest, dass die Überlassung von Grundstücken ebenfalls zu den Gesellschafterleistungen zählt, die einer Darlehensgewährung gleichzustellen sind. Die Sachverhaltsgestaltungen zeichnen sich dadurch aus, dass der Gesellschafter bewegliche oder unbewegliche Vermögensgegenstände des Anlage- oder Umlaufvermögens der Gesellschaft nicht übereignet oder sonst dinglich zur Nutzung überträgt, sondern dass sie der Gesellschaft auf Grund einer schuldrechtlichen (z. B. Mietvertrag, Pachtvertrag, Leasingvertrag, Leihvertrag) oder dinglichen Gestaltung (z. B. Nießbrauch) oder tatsächlich zum Gebrauch überlassen werden.

Auch bei der Gebrauchsüberlassung trifft den Gesellschafter die Finanzierungsverantwortung, falls er, statt Eigenkapital zuzuführen, der Gesellschaft Vermögensgegenstände zur Nutzung überlässt. Daher sieht die Rechtsprechung die **Gebrauchsüberlassung** als dem Grundtatbestand der Darlehensgewährung vergleichbar an, da die Gebrauchsüberlassung der Darlehensgewährung wirtschaftlich entspricht, § 32 a Abs. 3 S. 1 GmbHG (BGHZ 127, 17, 21; 127, 1, 4; 109, 55, 57 ff.; 121, 31, 33; BGH GmbHR 2006, 487, 488 Tz. 9; ZIP 1997, 1375, 1376; ZIP 1993, 1072, 1073; NJW 1998, 3200, 3201; OLG Dresden NZG 1999, 309, 310; OLG Stuttgart NZG 1998, 308, 309; OLG Hamm GmbHR 1997, 357; ZIP 1992, 1306, 1307; OLG Karlsruhe ZIP 1997, 1758; ZIP 1996, 918, 919 ff.). Ein Teil der Literatur lehnt die Rechtsprechung generell ab, da letztlich nicht, wie bei der Darlehensgewährung, ein Vermögensgegenstand in das Vermögen der Gesellschaft übertragen wird, sondern die Gesellschaft nur Aufwendungen erspart. Nach dieser Auffassung können die »Lagergrundstücks-Fälle« über die Regeln der materiellen Unterkapitalisierung gelöst werden. 196

Die eigenkapitalersetzende Gebrauchsüberlassung hat im Wesentlichen die folgenden Tatbestandsvoraussetzungen: die **Gebrauchsüberlassung** durch einen **Gesellschafter** oder eine ihm vergleichbare Person, die **Überlassungsunwürdigkeit** und die **Finanzierungsentscheidung** des Gesellschafters. 197

a) Gebrauchsüberlassung

Eine Gebrauchsüberlassung liegt vor, wenn der Gesellschaft ein Gegenstand zur Nutzung überlassen wird, ohne dass der Überlassende seine dingliche Rechtsposition wie das Eigentum oder die Inhaberschaft überträgt. Dabei kann die Gebrauchsüberlassung durch **Abschluss eines schuldrechtlichen Vertrages** (wie Miet-, Pacht-, Leih- oder Leasingvertrag), durch Abschluss eines dinglichen Vertrages (z. B. Nießbrauch) oder durch ein tatsächliches Überlassen erfolgen. 198

Kein Fall der Gebrauchsüberlassung liegt vor, wenn der Gesellschaft die Mietzinsforderung, die Pachtzinsforderung oder die Leasingforderung nebst Nebenforderungen gestundet wird. Die Stundung selbst kann eine eigenkapitalersetzende Darlehensgewährung begründen (vgl. Rn. 224). 199

Überlassener Gegenstand kann sowohl ein Recht als auch eine bewegliche und unbewegliche Sache sein (BGHZ 109, 55, 58; *Goette* ZIP 2005, 1481, 1485). Dabei spielt es keine Rolle, ob der Gegenstand zum Anlage- oder Umlaufvermögen gehört, ob die Sache beweglich oder unbeweglich ist, ob das Recht eingetragen ist oder nicht, ob es sich um ein Standard-Wirtschaftsgut oder um eine Spezial-Sache handelt. Nicht zum Gebrauch überlassen werden können Dienstleistungen (Michalski/*Heidinger* §§ 32 a/b Rn. 178). 200

b) Durch Gesellschafter

Überlassender der Sache oder des Rechts muss entweder der Gesellschafter oder eine ihm vergleichbare oder nahestehende Person sein. Maßgeblich sind die Verhältnisse **bei Abschluss des Mietvertrages** (OLG Frankfurt GmbHR 2005, 930, 931), bei Verlängerung des Mietvertrages oder bei Nichtausübung eines Kündigungsrechts. 201

War die Gebrauchsüberlassung eigenkapitalersetzend und überträgt der Gesellschafter den überlassenen Gegenstand auf einen Erwerber, besteht der Eigenkapitalersatzeinwand gegenüber dem Erwerber nicht fort (BGH GmbHR 2006, 487, 489 Tz. 13 ff.), da nach § 566 BGB mit dem Erwerber ein neues, mit dem alten lediglich inhaltsgleiches Mietverhältnis begründet wird. Die Regeln des Eigenkapitalersatzes gehen auf den Erwerber jedoch über, wenn der Erwerber Gesellschafter ist oder einem Gesellschafter nach § 32 a Abs. 3 GmbHG oder nach den Rechtsprechungsregeln zum Eigenkapitalersatz gleichsteht (BGH GmbHR 2006, 487, 489 Tz. 16) 202

c) Überlassungsunwürdigkeit

203 Während der Grundtatbestand der Darlehensgewährung auf die Kreditunwürdigkeit abstellt, entspricht die **Gebrauchsüberlassungsunwürdigkeit** der Kreditunwürdigkeit bei der Gebrauchsüberlassung. Die Kreditunwürdigkeit muss allerdings an die Besonderheiten der Gebrauchsüberlassung angepasst werden (BGHZ 121, 31, 38; 109, 55, 62).

204 Die Kreditunwürdigkeit ist jedenfalls dann gegeben, wenn die Gesellschaft außerstande ist, sich am Kapitalmarkt die für den Erwerb des Gegenstandes erforderlichen Mittel zu beschaffen (**spezielle Kreditunwürdigkeit**), und ein anstelle des Gesellschafters handelnder Dritter nicht bereit wäre, der Gesellschaft den Gegenstand zum Gebrauch zu überlassen.

205 Bei Standardwirtschaftsgütern (wie z. B. Serien-Kfz, unbebaute Grundstücke, Fotokopierer) ist die Gesellschaft dann **überlassungsunwürdig**, wenn sie nicht mehr in der Lage ist, das laufende Nutzungsentgelt und die laufende Wartung zu bezahlen und eventuelle Schäden zu beheben (BGHZ 109, 55, 63; a. A. OLG Brandenburg GmbHR 1998, 1229). Wie danach der Prognosezeitraum zu bestimmen ist, ist im Einzelnen unklar. Nach diesseitiger Auffassung ist auf die Laufzeit des Vertrages abzustellen, wohingegen eine andere Auffassung (vgl. v. Gerkan/Hommelhoff/*Haas/Dittrich* Rn. 8.25) auf den Zeitraum abstellen will, in dem ein Vermieter wegen Zahlungsverzuges kündigen kann, d. h. in der Regel auf den Zeitraum, in dem die Gesellschaft mit zwei Monatsraten in Verzug gelangen kann. Sollte dies zutreffend sein, muss nach diesseitiger Auffassung in die Berechnung des erforderlichen Liquiditätsbedarfs der Schadensersatzanspruch des Vermieters wegen der vorzeitigen Beendigung des Mietvertrages einbezogen werden.

206 Sofern der Gesellschafter der Gesellschaft Spezial-Wirtschaftsgüter überlässt, ist dem Umstand Rechnung zu tragen, dass die Vermögensgegenstände entweder nicht oder nur mit einem verhältnismäßig hohen Aufwand für Dritte verwertbar sind. Die Gesellschaft ist dann überlassungsunwürdig, wenn sie das Überlassungsentgelt für die vorgesehene Dauer der Überlassung nicht entrichten kann (BGHZ 121, 31, 40; 109, 55, 63 f.; OLG Schleswig NZG 2001, 273, 275), wobei zusätzlich mögliche Veränderungskosten entweder in das Überlassungsentgelt einzubeziehen oder gesondert zu berechnen sind.

d) Finanzierungsentscheidung des Gesellschafters

207 Die Umwandlung der Nutzungsüberlassung in eine eigenkapitalersetzende Nutzungsüberlassung findet nur statt, wenn der Gesellschafter eine Finanzierungsentscheidung treffen konnte, d. h. wenn er zwischen Fortbestand oder Beendigung der Nutzungsüberlassung entscheiden konnte. Dies gilt nicht, wenn es sich bei der Nutzungsüberlassung um eine solche handelt, die einem Finanzplankredit entspricht (s. Rn. 85).

208 Haben die Vertragsparteien ein außerordentliches Kündigungsrecht vereinbart (z. B. die gesetzliche Regelung des § 543 BGB) oder haben die Parteien die gesetzliche Regelung modifiziert, trifft der Gesellschafter die Finanzierungsentscheidung dann, wenn er den erstmöglichen Kündigungszeitraum ungenutzt verstreichen lässt. Zulässig ist es, in den Verträgen eine Regelung aufzunehmen, dass der Vermögensverfall (Kreditunwürdigkeit oder Überlassungsunwürdigkeit) ein zusätzlicher außerordentlicher Kündigungsgrund ist (*Sundermann/Wilhelm* DStR 1997, 1454, 1460). Unzulässig ist es jedoch, die Zeit nach Umqualifizierung in Eigenkapital als Kündigungsgrund zu vereinbaren, da andernfalls der durch den Eigenkapitalersatz vermittelte Gläubigerschutz zur Disposition steht (BGHZ 127, 1, 6).

209 Liegen die Voraussetzungen einer außerordentlichen Kündigung nicht vor, trifft der Gesellschafter eine Finanzierungsentscheidung, wenn er den nächsten ordentlichen **Kündigungstermin ungenutzt verstreichen** lässt.

210 Unterlässt der Gesellschafter die erstmalige außerordentliche oder ordentliche Kündigung, unterliegt die Nutzungsüberlassung für die Zeit nach Ablauf der außerordentlichen Kündigungsmöglichkeit oder nach Ablauf der ordentlichen Kündigungsfrist der Eigenkapitalersatzhaftung

(OLG Dresden NZG 1999, 309, 311; OLG Düsseldorf ZIP 1998, 1910, 1913; OLG Karlsruhe ZIP 1997, 1758, 1759).

In **subjektiver Hinsicht** ist wie bei der Darlehensgewährung und beim Stehenlassen des Darlehens zwischen der erstmaligen Gebrauchsüberlassung und der fortdauernden Gebrauchsüberlassung zu unterscheiden. Bei der erstmaligen Gebrauchsüberlassung ist keine Kenntnis von der Krise zu verlangen, wohingegen für die fortdauernde Gebrauchsüberlassung eine Erkennbarkeit der Krise zu verlangen ist (OLG Stuttgart NZG 1998, 308, 309; vgl. *Goette* DStR 1995, 190). 211

10. Hingabe von Wechseln

Gibt die Gesellschaft statt der Zahlung einen Wechsel **erfüllungshalber** hin, liegt auch insoweit eine Darlehensgewährung vor. 212

11. Leasing

Für das Eigenkapitalersatzrecht ist zwischen dem Finanzierungsleasing und dem Operatingleasing zu unterscheiden. Das **Finanzierungsleasing** ist der Darlehensgewährung ähnlich und wird daher der Darlehensgewährung gleichbehandelt, § 32 a Abs. 3 S. 1 GmbHG (Michalski/*Heidinger* §§ 32 a/b Rn. 161). Das **Operatingleasing** ist mietvertragsähnlich und wird daher der eigenkapitalersetzenden Nutzungsüberlassung unterworfen (vgl. v. Gerkan / Hommelhoff / *Johlke/Schröder* Rn. 5.71). 213

Ein Sonderfall des Finanzierungsleasings sind die **sale-and-lease-back-Fälle**, s. dazu nachfolgend Rn. 219. 214

12. Mehrfache eigenkapitalersetzende Darlehen

Soweit ein Gesellschafter der Gesellschaft gegenüber mehrfach in eigenkapitalersetzender Weise verpflichtet ist, etwa weil die Gesellschaft gegen ihn einen Darlehensrückforderungsanspruch hat und er sich für einen Gesellschaftskredit verbürgt hat, sind die einzelnen Rechtsverhältnisse zu trennen (*Goette* ZIP 2005, 1481, 1486). Die Zahlung auf ein debitorisches Gesellschaftskonto befreit den Gesellschafter in der Regel nicht von beiden eigenkapitalersetzenden Darlehen (BGH GmbHR 2005, 540, 541).

13. Nutzungsentschädigung

Sofern in einer Leistungsbeziehung zwischen Gesellschaft und Gesellschafter die Forderung des Gesellschafters unentgeltlich gestundet wurde und diese damit eigenkapitalersetzend war, setzt sich der Eigenkapitalersatz fort, wenn der Gesellschafter den Rücktritt erklärt. Dann teilt der Nutzungsentschädigungsanspruch (§ 346 BGB) das Schicksal der ursprünglichen Kaufpreisforderung (BGH NZG 2001, 895, 896). 215

14. Prolongation der Darlehensforderung und Nebenleistungen

Die Prolongation (Verlängerung der Vertragsdauer) einer Darlehensforderung, von Zinsen oder sonstigen Nebenleistungen stellt eine Ergänzung des Darlehensvertrages dar. Nach diesseitiger Auffassung handelt es sich bei der Prolongation um einen Fall der Darlehensgewährung i. S. d. § 32 a Abs. 1 GmbHG, weil die Verlängerung der Laufzeit eines ungekündigten Darlehens der Darlehensgewährung entspricht. Für die Beurteilung, ob eine Krise vorliegt, ist der **Zeitpunkt der Prolongationsabrede** maßgeblich (OLG Hamburg GmbHR 1986, 232, 233). 216

15. Rangrücktritt und Besserungsschein

Die Rangrücktrittsvereinbarung, sei sie als Vertrag (sog. **Rangrücktrittsvereinbarung**) oder als einseitige Erklärung ausgestaltet, bei der der Gesellschafter auf den Zugang der Annahmeerklärung seitens der Gesellschaft verzichtet hat (sog. **Rangrücktrittserklärung**), ist eine schuldrechtliche Vereinbarung, bei der i. d. R. der Gesellschafter rechtsgeschäftlich sein Darlehen so behan- 217 deln lassen will, als seien die Voraussetzungen der §§ 32 a, 32 b GmbHG gegeben. Die Rangrücktrittsvereinbarung beinhaltet damit eine **freiwillige Gleichstellung** des Gesellschafterdarlehens mit haftendem Eigenkapital (vgl. BGH NJW 1983, 120, 121). Wie jede schuldrechtliche Vereinbarung besteht die Rangrücktrittsvereinbarung der Disposition der Parteien unterworfen. Die praktische Bedeutung der Rangrücktrittsvereinbarung besteht zum einen im Überschuldungsstatus (vgl. dazu § 64 GmbHG Rn. 9 ff.) und zum anderen in Zeitpunkten vor der Krise, bei der die Parteien die Wirkungen des Eigenkapitalersatzes auf einen früheren Zeitpunkt vorverlegen. Mit einer Rangrücktrittsvereinbarung versehene Darlehen sind in der Insolvenz als nachrangige Forderungen zu behandeln (§ 39 Abs. 1 Nr. 5 InsO).

218 Die Rangrücktrittsvereinbarung kann **ausdrücklich oder konkludent** mit einem **Besserungsschein** verbunden sein, der die Wirkungen des Rangrücktritts im Falle der Besserung der Vermögensverhältnisse der Gesellschaft aufhebt oder modifiziert. Gerade bei der vertraglichen Beendigung des Rangrücktritts ist darauf zu achten, dass durch die Aufhebung der vertraglichen Regelungen die gesetzliche Regelung der §§ 32 a, 32 b GmbHG, § 135 InsO, § 6 AnfG nicht umgangen wird (Lutter / Hommelhoff/*Lutter/Hommelhoff* GmbHG, §§ 32 a/b Rn. 38). Insoweit ist der Besserungsschein einschränkend auszulegen.

16. sale-and-lease-back

219 Beim sog. sale-and-lease-back »verkauft« die Gesellschaft zunächst einen Vermögensgegenstand an den Gesellschafter, der den Vermögensgegenstand gegen ein Nutzungsentgelt der Gesellschaft wieder zur Verfügung stellt, i. d. R. auf Mietbasis. Wirtschaftlich dienen die Rechtsgeschäfte in der Regel der **Bilanzpflege**, um stille Reserven bei der Gesellschaft dadurch zu heben, dass Vermögensgegenstände des Anlagevermögens verkauft, sie aber nicht der Nutzung der Gesellschaft entzogen werden.

220 Bei der Beurteilung dieser Geschäfte ist im Einzelfall **durch Auslegung** zu ermitteln, ob der Vertrag in einen Kauf- und einen Mietvertrag zerlegt werden kann oder ob der Vertrag insgesamt als ein Darlehen anzusehen ist, bei dem der Leasinggegenstand die Funktion einer Sicherheit hat und die Leasingraten der Darlehensrückzahlung dienen (*Schulze-Osterloh* ZIP 2005, 1617, 1618). Für eine Darlehensgewährung spricht es, wenn die Gesellschaft den Gegenstand des sale-and-lease-back am Ende der Vertragslaufzeit zurückerhält. Wenn eine Darlehensgewährung vorliegt, steht der Gesellschaft unverändert die Substanz des Gegenstandes zur Verfügung, weshalb es bilanzrechtlich an einem Realisationstatbestand fehlt (*Schulze-Osterloh* ZIP 2005, 1617, 1620). Soweit die Leistungen unangemessen sind und sich dadurch eine Unterbilanz der Gesellschaft verstärkt, ist der Gesellschafter zur Erstattung nach §§ 30, 31 GmbHG verpflichtet. Im Übrigen sind sale-and-lease-back-Geschäfte als Darlehensgewährungen i. S. d. § 32 a Abs. 1 bzw. Abs. 3 S. 1 GmbHG oder als Gebrauchsüberlassungen zu behandeln (OLG Düsseldorf BB 1997, 958; Hachenburg/*Ulmer* §§ 32 a/b Rn. 99; a. A. *Roth/Altmeppen* § 32 a Rn. 214)

17. Stille Beteiligung

221 Die stille Beteiligung steht wirtschaftlich einem Darlehen gleich. § 32 a Abs. 7 GmbHG des RegE 1977 (BT-Drs. 8/1347, 40) erwähnte die stille Beteiligung noch ausdrücklich. Wird eine **atypische stille Beteiligung** gewährt, ist der atypisch still Beteiligte einem Gesellschafter gleich zu behandeln (s. auch Rn. 129). Wird die **typisch stille Beteiligung** von einem Gesellschafter gewährt, kann sie eigenkapitalersetzend sein. Wird sie von einem fremden Dritten gewährt, gelten für sie lediglich die besonderen Anfechtungsregeln des § 136 InsO.

18. Stundung der Darlehensforderung

222 Die Stundung einer Darlehensforderung, Zinsen oder sonstiger Nebenleistungen setzen im Gegensatz zur Prolongation die **Fälligkeit** der jeweiligen Forderung voraus. Nach diesseitiger Auffassung handelt es sich bei der Stundung um einen Fall der Darlehensgewährung i. S. d. § 32 a

Abs. 1 GmbHG, weil das Hinausschieben der Fälligkeit durch Stundung eine Darlehensgewährung i. S. d. Abs. 1 ist.

19. Stundung von Nicht-Darlehensforderung

Grundsätzlich unterliegen Forderungen eines Gesellschafters aus **Verkehrsgeschäften** (z. B. aus Warenlieferungen, Geschäftsführeranstellungsvertrag, Mietvertrag, Pachtvertrag) nicht den Regeln über Eigenkapitalersatz, soweit es sich nicht um verdeckte Gewinnausschüttungen handelt und soweit sie einem Fremdvergleich standhalten (vgl. § 29 GmbHG Rn. 161). Allein eine längere Zahlungsfrist der Gesellschaft ist kein Indiz für den fehlenden Fremdvergleich, wenn die Zinsen bei der Ermittlung der Gesellschaftsleistung berechnet wurden. 223

Sind die Forderungen des Gesellschafters aus dem Verkehrsgeschäft fällig und erfüllt die Gesellschaft ihre Verbindlichkeiten nicht, liegt eine Darlehensgewährung vor, wenn die Gesellschaft und der Gesellschafter sich darauf geeinigt haben, die aus dem Verkehrsgeschäfts aufgelaufenen Forderungen als Vereinbarungsdarlehen (§ 488 Abs. 1 BGB) bei der Gesellschaft zu belassen (OLG Düsseldorf NZG 2000, 430, 431). Liegt eine Einigung nicht vor, d. h. setzt der Gesellschafter seinen Anspruch nicht durch, liegt ein Fall vor, der die Voraussetzungen des Stehenlassens einer Darlehensforderung erfüllen muss (BGH ZIP 1995, 23; OLG Düsseldorf ZIP 1995, 1907, 1910; OLG Karlsruhe ZIP 1989, 588, 590). 224

Erfüllt die Gesellschaft laufend Verbindlichkeiten aus Verkehrsgeschäften nicht, verschafft sie sich einen fortdauernden Kredit, für den die Grundsätze des Kontokorrentkredits (s. Rn. 88) gelten, d. h. der Kapitalersatz besteht in dem durchschnittlichen Saldo der gestundeten Forderungen (BGH ZIP 1995, 23, 24). 225

20. Vorauszahlungen des Gesellschafters

Leistet der Gesellschafter eine Vorauszahlung für eine künftig von der Gesellschaft zu erbringende Leistung, liegt in der Vorauszahlung wirtschaftlich bereits eine Darlehensgewährung (Michalski/*Heidinger* §§ 32 a/b Rn. 170), sofern nach diesseitiger Auffassung die Vorauszahlung nicht geschäftstypisch ist (z. B. im Hotel bei Messebuchungen oder im Maschinenbau). In allen Fällen kann der Gesellschafter die Vorauszahlung nicht auf das spätere Verkehrsgeschäft anrechnen, sofern die Vorauszahlung zur Deckung einer Unterbilanz erforderlich ist. Die Verrechnung der geschäftsuntypischen Vorauszahlung kann im Übrigen nach § 135 InsO oder § 6 AnfG anfechtbar sein. 226

II. Gleichgestellte Dritte

§ 32 a Abs. 3 S. 1 GmbHG erweitert den betroffenen Personenkreis auf alle Personen, deren Darlehensgewährung an die Gesellschaft wirtschaftlich derjenigen durch den Gesellschafter gleichkommt. 227

1. Angehörige oder sonstige Nahestehende

Der RegE 1977 sah in § 32 a Abs. 6 GmbHG (BT-Drs. 8/1347, 10) noch die Regelung vor, in der er für Forderungen und Sicherungen des Ehegatten oder der minderjährigen Kinder die widerlegbare Vermutung aufstellte, dass sie aus Mitteln des Gesellschafters erworben oder bestellt worden sind. Aus verfassungsrechtlichen Gründen ist diese Regelung nicht übernommen worden (BVerfG NJW 1968, 1771). 228

Nach h. M. genügt eine **familiäre Nähe** allein nicht, eine Gleichstellung zum Gesellschafter zu begründen. Erforderlich ist vielmehr, dass der Gesellschafter den Angehörigen unabhängig von der gewählten rechtlichen Konstruktion **wirtschaftlich freistellt**, etwa weil die Finanzierungsmittel vom Gesellschafter stammen, der Gesellschafter den Geschäftsanteil treuhänderisch für den Darlehensgeber hält (BGH ZIP 1991, 366, 367) oder Ehegatten ein Darlehen gemeinschaft- 229 lich aufgenommen haben und der Gesellschafter den anderen Ehegatten freistellt (BGH NJW 2000, 3278, 3279).

230 Für die **Beweislast** gelten die allgemeinen Grundsätze. Die Rechtsprechung ist mit Anscheinsbeweisen zu Recht zurückhaltend (BGH ZIP 1991, 366, 367; OLG Stuttgart NZG 1998, 997 f.; OLG Zweibrücken NZG 2000, 49, 50). Im Einzelfall kann jedoch ein prima-facie-Beweis dafür bestehen, dass der Gesellschafter dem Angehörigen die Finanzierungsmittel zur Verfügung gestellt hat, etwa dann, wenn der Darlehensgeber keine eigenen Einkünfte hat.

2. Betriebsaufspaltung

231 Im Falle einer Betriebsaufspaltung ist sowohl die Besitzgesellschaft als auch der Besitzgesellschafter dem Gesellschafter der Betriebsgesellschaft gleich zu behandeln.

3. Mittelbarer Stellvertreter

232 Hält ein Gesellschafter den Geschäftsanteil im eigenen Namen, aber im Interesse und für Rechnung eines von ihm vertretenen Dritten, ist dieser Dritte wie ein Gesellschafter zu behandeln, § 32 a Abs. 3 S. 1 GmbHG (OLG Hamburg GmbHR 1991, 103, 108 f.; OLG Celle ZIP 1985, 100, 102).

4. Nießbraucher

233 Der Nießbraucher an einem Geschäftsanteil ist dem Gesellschafter **nicht gleichzustellen**. Dies gilt nur, soweit der Nießbrauch dem gesetzlichen Leitbild entspricht. Sind ihm aber zusätzliche Rechte eingeräumt, wie z. B. Mitspracherechte oder Zustimmungsvorbehalte, so dass seine Rechtsstellung der eines mitunternehmerischen Gesellschafters entspricht, ist er einem Gesellschafter gleich zu behandeln (v. Gerkan / Hommelhoff / *Johlke/Schröder* Rn. 5.33).

5. Pfandgläubiger

234 Der Pfandgläubiger an einem Geschäftsanteil ist dem Gesellschafter **nicht gleichzustellen** (BGHZ 119, 191, 195). Auf Mitverwaltungs-, Stimm- und Gewinnbezugsrechte erstreckt sich das Pfandrecht grundsätzlich nicht (BGHZ 19, 191, 195).

235 Sind dem Pfandgläubiger aber **zusätzliche Rechte** eingeräumt, wie z. B. Mitspracherechte, Entsendungsrechte, Einflussnahme auf die Geschäftsführung, Gestaltung der Gesellschaft oder Zustimmungsvorbehalte, oder sind ihm das Gewinnbezugsrecht, Ansprüche auf Abfindung oder auf den Liquidationserlös verpfändet worden, so dass seine Rechtsstellung der eines Gesellschafters entspricht, ist er einem Gesellschafter gleich zu behandeln (BGHZ 119, 191, 196).

6. Sicherungsnehmer

236 Tritt der Gesellschafter einem Dritten die Geschäftsanteile zur Sicherheit ab und gewährt der Dritte der Gesellschaft ein Darlehen, ist er Gesellschafter i. S. d. § 32 a Abs. 1 GmbHG, da er im Außenverhältnis vollberechtigter und -verpflichteter Gesellschafter ist (BGHZ 105, 168, 177).

7. Stiller Gesellschafter

237 Der **typische stille Gesellschafter** ist gegenüber der Gesellschaft ein Dritter. Er beteiligt sich an der Gesellschaft, ohne nach außen in Erscheinung zu treten, ohne an der Geschäftsleitung teilzuhaben und ohne das wirtschaftliche Risiko mit zu übernehmen. Er nimmt gem. § 236 HGB mit seinem Auseinandersetzungsguthaben in der Insolvenz teil und trägt ein höheres Anfechtungsrisiko nach § 136 InsO.

238 Der **atypische stille Gesellschafter** nimmt am Vermögen und am Gewinn und Verlust der Gesellschaft teil. Er ist daher einem Gesellschafter gleich zu behandeln, § 32 a Abs. 3 S. 1 GmbHG (BGHZ 106, 7, 9).

8. Treuhänder und Treugeber

Leistungen des **Treuhänders** an die Gesellschaft sind schon nach § 32 a Abs. 1 GmbHG eigenkapitalersetzend, da er nach außen formal die Gesellschafterstellung innehält. **239**

Der BGH hat schon sehr frühzeitig entschieden (BGHZ 31, 258, 266 f.) und mehrfach bestätigt (BGHZ 91, 188, 193; 75, 334, 335; BGH NJW 1996, 1341, 1342; ZIP 1989, 440, 441), dass derjenige **Treugeber**, der mit Hilfe eines Strohmanns (Treuhänder) eine Gesellschaft gründen lässt, sich **wie ein Gesellschafter** behandeln lassen muss. Entscheidend ist die Frage, ob der Treugeber im Zeitpunkt der Entscheidung über die Gewährung des Darlehens wirtschaftlich Inhaber der Mitgliedschaft war. Ein Darlehen, das dieser Treugeber gewährt, wird nach § 32 a Abs. 3 S. 1 GmbHG dem Darlehen des Treuhänders gleichbehandelt. Da die treuhänderische Bindung nur im Innenverhältnis gilt, kommt es auf die Unterscheidung zwischen eigen- und fremdnütziger Treuhand nicht an (BGHZ 105, 168, 177). **240**

Bei einer **Doppeltreuhand** ist in der Regel davon auszugehen, dass beide Treugeber wirtschaftlich dieselben Interessen verfolgen, weshalb das Darlehen eines Treugebers zur Begründung des Eigenkapitalersatzes ausreichend ist. **241**

Für die **Beweislast** gelten die allgemeinen Regeln. Haben die Voraussetzungen einer Treuhand vorgelegen und behauptet der in Anspruch Genommene, dass sie beendet sei, muss er für die zwischenzeitliche Veränderung Beweis führen (BGH ZIP 1989, 93, 94). **242**

9. Unterbeteiligter

Der Unterbeteiligte geht mit dem hauptbeteiligten Gesellschafter eine **reine Innengesellschaft** ein, die nicht automatisch eine Gleichstellung des Unterbeteiligten mit dem Gesellschafter begründet. Entscheidend ist, ob dem Unterbeteiligten unmittelbar gegen die Gesellschaft Kontroll-, Mitwirkungs- und Informationsrechte eingeräumt werden (vgl. v. Gerkan / Hommelhoff / *Johlke/ Schröder* Rn. 5.35). Im Übrigen kann es von der Ausgestaltung der Innengesellschaft abhängen, inwieweit das treuhänderische Element den Gesellschafter dem Treuhänder annähert. **243**

10. Verbundene Unternehmen

a) Vertikale Unternehmensverbindungen

Bei vertikalen Unternehmensverbindungen geht es um Fragestellungen zu § 32 a Abs. 3 GmbHG, die die Frage betreffen, ob die Mittelausreichungen durch verbundene Unternehmen unter die Generalklausel des § 32 a Abs. 3 GmbHG fallen. Der RegE zur GmbH-Novelle des Jahres 1977 hatte noch in seinem § 32 a Abs. 5 S. 1 vorgesehen, dass Forderungen, Sicherungen oder Bürgschaften eines mit einem Gesellschafter oder mit der Gesellschaft verbundenen Unternehmens den eigenen Forderungen, Sicherungen oder Bürgschaften gleichstehen. In S. 2 des Entwurfs wurde erläutert, dass sich der Kreis der verbundenen Unternehmen nach §§ 15 bis 19 AktG bestimmt (BT-Drs. 8/1347, 11). **244**

Die Rechtsprechung des BGH hat schon sehr frühzeitig verbundene Unternehmen in das Eigenkapitalersatzrecht einbezogen, da die Eigenkapitalersatzregeln durch das Zwischenschalten von Tochtergesellschaften nicht unterlaufen werden können (BGHZ 81, 311, 315). Die nachfolgenden Entscheidungen des BGH (BGHZ 105, 168, 176; BGH ZIP 1999, 1314, 1315; ZIP 1990, 1593; ZIP 1990, 1467; ZIP 1987, 1050, 1051; ZIP 1986, 456, 458; ZIP 1983, 1448, 1449) und der unterinstanzlichen Gerichte (OLG Düsseldorf BB 1997, 958, 959) beschäftigten sich im Wesentlichen mit der Fragestellung, welche Voraussetzungen gegeben sein müssen, damit das herrschende Unternehmen als Gesellschafter anerkannt wird. Es ist aber heute anerkannt, dass auch eine **mittelbare Beteiligung ausreichend** ist, sofern, durchgerechnet auf den mittelbar Beteiligten, der Schwellenwert des § 32 a Abs. 3 S. 2 GmbHG überschritten wird (OLG Hamburg ZIP 2006, 129, 130). **245**

b) Horizontale Unternehmensverbindungen

246 Schwieriger sind die rechtlichen Fragen in horizontalen Unternehmensverbindungen zu beantworten. Man mag hier pauschal auf die aktienrechtlichen Unternehmensverbindungen der §§ 15 bis 19 AktG zurückgreifen, ohne allerdings die Besonderheiten der horizontalen Unternehmensverbindungen zu beachten. Einigkeit besteht, dass auch horizontale Unternehmensverbindungen Gegenstand des Eigenkapitalersatzrechts sind (v. Gerkan / Hommelhoff / *Fleischer* Rn. 12.20 ff.). Aber auch hier geht es im Wesentlichen nur um die Frage, ob eine Parallelgesellschaft – mit oder ohne gleicher Muttergesellschaft – Gesellschafterin i. S. d. Eigenkapitalersatzrechts sein kann.

c) Vertragskonzern

247 Im Vertragskonzern gibt es ein ausdifferenziertes System der Vermögenssicherung der abhängigen Gesellschaft, §§ 300 bis 308 AktG. Damit ist in der Lehre die Frage aufgeworfen worden, ob die §§ 300 ff. AktG die Grundsätze der eigenkapitalersetzenden Darlehen verdrängen (*Hommelhoff* WM 1984, 1105, 1110). Es ist allerdings zu beachten, dass die Verlustausgleichsverpflichtung im Vertragskonzern nur den Jahresfehlbetrag (§ 302 Abs. 1 AktG) erfasst und somit zeitlich erst am Ende des Geschäftsjahres der abhängigen Gesellschaft entsteht. Inhaltlich schützt die Verlustausgleichsverpflichtung nur den Jahresfehlbetrag der abhängigen Gesellschaft (§ 302 Abs. 1 AktG), der unterschiedlich sein kann vom Schutz des Stammkapitals bzw. der Unterbilanz. Daher sind auch im Vertragskonzern die Regelungen über eigenkapitalersetzende Darlehen anwendbar (BGH ZInsO 2006, 818, 821 Tz. 18; v. Gerkan / Hommelhoff / *Fleischer* Rn. 12.32).

11. Zahlungsmittler

248 Hat derjenige Dritte, der das Darlehen der Gesellschaft gewährt, einen **Freistellungs- oder Erstattungsanspruch** gegen den Gesellschafter, ist er als Zahlungsmittler dem Gesellschafter gleich zu behandeln, weil dann das Darlehen bei wirtschaftlicher Betrachtungsweise aus dem Vermögen des Gesellschafters und nicht aus dem eines fremden Dritten stammt (BGH NJW 2000, 3278, 3279; ZIP 1997, 115, 116; DStR 1999, 510 mit Anm. *Goette*; a. A. OLG München NZG 1999, 123, 124; OLG Hamm NZG 1999, 597). Dieser Anspruch kann auch auf Gesetz, z. B. auf § 110 HGB oder § 426 BGB beruhen.

E. Rechtsfolgen

I. Gesellschafterdarlehen

1. Außerhalb der Insolvenz

249 Die Novellenregelung der §§ 32 a, 32 b GmbHG führt zu einer **vollständigen Verstrickung** des eigenkapitalersetzenden Darlehens, und zwar in seiner vollen Höhe, weshalb eine Aufteilung des Darlehens in einen Eigenkapitalanteil und einen Fremdkapitalanteil nicht möglich ist (OLG München GmbHR 1997, 703, 704; a. A. OLG Hamm ZIP 1989, 1398, 1399). Die Sperrwirkung der Verstrickung nach der Novellenregelung beschränkt sich auf die Insolvenz und auf die Anfechtbarkeit. Die Gesellschaft ist daher außerhalb der Insolvenz nach der Novellenregelung berechtigt, das eigenkapitalersetzende Darlehen zu tilgen, aufzurechnen oder als Sacheinlage zu einer Kapitalerhöhung zu verwenden.

250 Soweit daneben die Tatbestandsvoraussetzungen der Rechtsprechungsregeln erfüllt sind, gilt folgendes:

a) Rückzahlungssperre, § 30 Abs. 1 GmbHG analog

251 Ein eigenkapitalersetzendes Darlehen darf an den Gesellschafter nicht zurückgezahlt werden, sofern durch die Rückzahlung eine Unterbilanz entsteht. Für die Ermittlung der Unterbilanz gelten die zu § 30 GmbHG entwickelten Grundsätze (vgl. dazu ausführl. § 30 GmbHG Rn. 56). Der in Anspruch genommene Gesellschafter hat regelmäßig nicht nur den weggegebenen Vermö-

gensgegenstand zurückzuübertragen, sondern auch den zwischenzeitlich eingetretenen Wertverlust bis zur Höhe der Stammkapitalziffer auszugleichen (OLG Celle GmbHR 2006, 940 LS 1). Dies gilt auch, wenn der Wertverlust im Vermögen der Gesellschaft eingetreten wäre (a. A. OLG Celle GmbHR 2006, 940 LS 2).

Es ist **jede Art der Rückzahlung** untersagt, also auch sämtliche Formen der Erfüllungssurrogate, 252
sei es die Aufrechnung oder die Verrechnung mit Gegenforderungen (BGHZ 95, 188, 191; 81, 365, 367 f.; 90, 370, 376; BGH ZIP 1983, 1448). Eine Rückzahlung liegt nicht vor, wenn dem Gesellschafter, der ein Darlehen gewährt hat, bestimmungsgemäß die Valuta eines gemeinsam mit der Gesellschaft aufgenommenen Darlehens zufließt und das Gesellschafterdarlehen insoweit erlischt. Erbringt die Gesellschaft jedoch Tilgungsleistungen auf das neue Darlehen, liegt insoweit eine Rückzahlung vor (BGH ZIP 1999, 965, 966). Einer Aufrechnung steht bereits die fehlende Aufrechnungslage entgegen, da es bereits an dem Anspruch auf Rückzahlung fehlt (BGHZ 90, 370, 376). Unzulässig ist es damit auch, den eigenkapitalersetzenden Darlehensrückzahlungsanspruch durch Kapitalerhöhung in Eigenkapital umzuwandeln.

Auch für ein verstricktes Darlehen entstehen **Zinsen**. Diese können allerdings nur geltend ge- 253
macht werden, solange dadurch nicht das Eigenkapital angegriffen wird.

b) Erstattungsanspruch, § 31 Abs. 1 GmbHG analog

Wird die Darlehensvaluta entgegen der Rückzahlungssperre des § 30 Abs. 1 GmbHG an den Ge- 254
sellschafter zurückgezahlt, hat die Gesellschaft einen **Erstattungsanspruch gegen den Gesellschafter** in Höhe des Erlangten.

aa) Schuldner des Anspruchs Schuldner des Anspruchs ist der **Gesellschafter**, der das Darle- 255
hen gewährt hat. Wurde das Darlehen an einen Dritten zurückgezahlt, bleibt der Gesellschafter Schuldner, wenn die Rückzahlung an den Dritten auf Veranlassung oder auf Rechnung des Gesellschafters erfolgte.

Der Gesellschafter und ein Dritter sind **gesamtschuldnerisch** zur Erstattung verpflichtet, wenn 256
die Tilgung des eigenkapitalersetzenden Darlehens an den nahestehenden Dritten erfolgte. Dies gilt jedenfalls, soweit Gesellschafter und Dritter eine wirtschaftliche Einheit darstellen (BGHZ 81, 365, 368; 75, 334, 335 f.; 31, 258, 266 f.; BGH ZIP 1986, 456, 458; ZIP 1983, 1448, 1449).

bb) Geltendmachung des Anspruchs, Verjährung Der Anspruch entsteht in der Höhe, in der 257
das Darlehen nach § 30 GmbHG gebunden war. Der Anspruch ist **sofort fällig**.

Der Geschäftsführer hat den Anspruch geltend zu machen. Daneben kann der Anspruch auch 258
vom Mitgesellschafter in Form der actio pro socio geltend gemacht werden, sofern der Geschäftsführer ein Vorgehen ablehnt (vgl. zur actio pro socio ausführl. Kap. 16 Rn. 269 ff.).

Im Übrigen gelten für den Erstattungsanspruch die Regeln des § 31 GmbHG in gleicher Weise, 259
besonders § 31 Abs. 2 und 4 GmbHG. Der Erstattungsanspruch verjährt analog § 31 Abs. 5 GmbHG. Unabhängig davon gilt daneben die Jahresfrist des § 135 Nr. 2 InsO.

cc) Haftung der Mitgesellschafter, § 31 Abs. 3 GmbHG analog Aus § 31 Abs. 3 GmbHG kann 260
sich eine **anteilige Außenhaftung der Mitgesellschafter** ergeben, sofern der primäre Erstattungsanspruch bei dem Gesellschafter nicht einbringlich ist.

Fraglich ist, ob das Kleinbeteiligungsprivileg (§ 32 a Abs. 3 S. 2 GmbHG, vgl. dazu Rn. 133) auch 261
für die Haftung der Mitgesellschafter gilt. Dies wird teilweise bejaht mit der Begründung, dass andernfalls die Intention des Gesetzgebers mit dem Kleinbeteiligungsprivileg konterkariert würde (Michalski/*Heidinger* §§ 32 a/b Rn. 272). Dabei ist aber zu bedenken, dass das Gesetz nur die eigene Kreditvergabe von Kleingesellschaftern schützen will, aber nicht regeln wollte, diese von der Solidarverantwortung für die Erhaltung des Stammkapitals freizustellen (v. Ger-

kan/Hommelhoff/*v. Gerkan* Rn. 3.17). Daher gilt die Mithaftung gleichfalls für den Sanierungsgesellschafter und für den unter das Kleinbeteiligungsprivileg fallenden Gesellschafter.

262 Die Haftung ist auf die **Höhe des Stammkapitals** beschränkt (vgl. § 31 GmbHG Rn. 60)

c) Haftung des Geschäftsführers, § 43 Abs. 1 bis 3 GmbHG

263 Für eine gegen § 30 Abs. 1 GmbHG analog verstoßende Auszahlung haftet der Geschäftsführer, mehrere Geschäftsführer als Gesamtschuldner, der Gesellschaft nach § 43 Abs. 1 bis 3 GmbHG auf Ersatz, sofern ihnen hinsichtlich der Auszahlung ein **Pflichtverstoß** zur Last gelegt wird. Ebenso haftet der Geschäftsführer, wenn er es verabsäumt, den Gesellschafter auf Freistellung der Gesellschaft in Anspruch zu nehmen, wenn die Gesellschaft von einem Dritten ein Darlehen erhalten hat, das eigenkapitalersetzend besichert ist; Voraussetzung ist, dass der die Sicherheit stellende Gesellschafter zur Schuldablösung hätte veranlasst werden können (BGH ZIP 1992, 108, 109). Ebenso haftet der Geschäftsführer, wenn er den Erstattungsanspruch aus § 31 Abs. 1 GmbHG gegen den Gesellschafter oder den Haftungsanspruch gegen die Mitgesellschafter (§ 31 Abs. 3 GmbHG) nicht geltend macht (BGH ZIP 1987, 370, 371). Vgl. zur Haftung des Geschäftsführers im Allgemeinen auch ausführl. § 43 GmbHG sowie Kap. 16 Rn. 557 ff.

264 Die Haftung besteht auch, sofern der Geschäftsführer **auf Weisung** der Gesellschafter gehandelt hat (BGH ZIP 2001, 1458, 1459).

265 Soweit Mitgesellschafter nach § 31 Abs. 3 GmbHG für den Fehlbetrag haften, haften die Geschäftsführer ihnen gegenüber nach § 31 Abs. 6 GmbHG auf den Ersatz des Geleisteten.

d) Rechtsstellung des Gesellschaftsgläubigers, insbesondere § 6 AnfG

266 Ein Gläubiger hat nach Titulierung seiner Forderung gegen die Gesellschaft die Möglichkeit, den Erstattungsanspruch der Gesellschaft gegen den Gesellschafter (§ 31 Abs. 1 GmbHG analog), den Haftungsanspruch der Mitgesellschafter (§ 31 Abs. 3 GmbHG analog) und den Haftungsanspruch des Geschäftsführers gem. §§ 829 ff. ZPO zu **pfänden** und sich **überweisen** zu lassen.

267 Sofern eine Vollstreckung in das Vermögen der Gesellschaft **erfolglos** geblieben ist (§ 2 AnfG), hat der Gesellschaftsgläubiger die Möglichkeit, im Wege der Individualanfechtung gegen den Gesellschafter vorzugehen, an den ein nach § 32 a GmbHG als Eigenkapitalersatz verstricktes Darlehen zurückgezahlt wurde oder dem die Gesellschaft für seinen Rückzahlungsanspruch eine Sicherheit eingeräumt hat. Die Voraussetzungen und Rechtsfolgen des § 6 AnfG entsprechen denjenigen des § 135 InsO (vgl. Rn. 271 ff.).

2. Nach Eröffnung des Insolvenzverfahrens

a) Fortgeltung der Rechtsprechungsregelung

268 Die Rechtsprechungsregeln, die §§ 30, 31 GmbHG analog anwenden, werden durch die Eröffnung des Insolvenzverfahrens nicht außer Kraft gesetzt. Die Ansprüche werden nicht mehr durch den Geschäftsführer, sondern nur noch durch den **Insolvenzverwalter** für die Gesellschaft verfolgt.

b) Nachrangige Insolvenzforderung

269 Nach der InsO nimmt der Gesellschafter mit dem Anspruch auf Rückgewähr eines eigenkapitalersetzenden Darlehens am Insolvenzverfahren der Gesellschaft teil. Er ist allerdings nach § 39 Abs. 1 Nr. 5 InsO **nachrangiger Insolvenzgläubiger** der untersten Rangstufe. Der Gesellschafter kann seine Forderung nur anmelden, wenn das Gericht hierzu auffordern sollte, § 174 Abs. 3 InsO. Bei einem eventuell vorhandenen Restvermögen kommt eine Verteilung unter den Gesellschaftern nach § 199 S. 2 InsO in Betracht.

270 Wurde ein eigenkapitalersetzendes Darlehen versehentlich als Insolvenzforderung festgestellt (§ 178 Abs. 3 InsO), kann der Insolvenzverwalter nachträglich nicht mehr geltend machen, das

Darlehen habe nach Auffassung des BGH eigenkapitalersetzenden Charakter und sei deshalb keine Insolvenzforderung (BGH GmbHR 1991, 196).

c) Anfechtung, § 135 InsO

aa) Anfechtbare Rechtshandlung § 135 InsO knüpft an die **Rückgewähr** eines eigenkapitalersetzenden Darlehens an. Dabei unterscheidet das Gesetz zwischen den Rechtshandlungen, die dem Gesellschafter für seine noch nicht erfüllten Rückzahlungsansprüche eine Sicherung aus dem Gesellschaftsvermögen gewährt haben, und den Rechtshandlungen, durch die der Gesellschafter befriedigt worden ist. 271

Rechtshandlungen sind alle Handlungen, die rechtliche Wirkungen auslösen, sei es als dringliche, schuldrechtliche, prozessuale, geschäftsähnliche, vollstreckungsrechtliche Handlungen oder Unterlassungen. Dabei gilt eine wirtschaftliche Betrachtungsweise (BGH ZIP 1983, 334, 336). 272

Rechtshandlungen i. S. d. § 135 Nr. 1 InsO sind nicht nur die Sicherheiten, die die Gesellschaft dem Gesellschafter zur Absicherung eines Gesellschafterdarlehens gewährt hat, sondern auch diejenigen, die dem Gesellschafter zur Absicherung eines Ersatz- oder Rückgewähranspruchs gewährt worden sind. Dabei kann die Sicherung auch gem. §§ 412, 401 BGB vom Gläubiger auf den Gesellschafter übergegangen sein (BGHZ 81, 252, 259). Eine Sicherung liegt auch vor, wenn sich der Gesellschafter das Eigentum am Liefergegenstand vorbehält. Eine Rechtshandlung, die Sicherung gewährt hat, ist **anfechtbar**, wenn sie in den letzten zehn Jahren vor dem Insolvenzantrag oder nach dem Insolvenzantrag vorgenommen wurde (§ 135 Nr. 1 InsO). 273

Rechtshandlungen, die Befriedigung gewähren (§ 135 Nr. 2 InsO), sind alle Formen der **Erfüllung** und der **Erfüllungssurrogate**. Eine Rechtshandlung, die Befriedigung gewährt hat, ist anfechtbar, wenn sie in dem letzten Jahr vor dem Insolvenzantrag oder nach dem Insolvenzantrag vorgenommen wurde (§ 135 Nr. 2 InsO). 274

bb) Anfechtungsfrist Nach § 146 InsO muss die Anfechtung innerhalb der **regelmäßigen Verjährungsfrist von drei Jahren** seit Verfahrenseröffnung erfolgen (§ 146 Abs. 1 InsO). Diese Frist ist als Verjährungsfrist ausgestaltet. Auch nach Ablauf der Verjährungsfrist kann die Gesellschaft die Leistung verweigern, die auf einer anfechtbaren Rechtshandlung beruht, § 146 Abs. 2 InsO (Anfechtungseinrede). 275

Die internationale Zuständigkeit folgt nicht aus dem Lugano-Übereinkommen, da dies nicht für Insolvenzverfahren gilt (Art. 1 Abs. 2 Nr. 2). Sie folgt aus § 22 ZPO (OLG München GmbHR 2006, 1153, 1154).

II. Sicherheitenbestellung

1. Verhältnis Kreditgeber – Gesellschaft

Gewährt ein **außenstehender Dritter** der Gesellschaft ein Darlehen, stellt dieses eine **reine Fremdfinanzierung** dar. Es ist zu unterscheiden zwischen der Geltendmachung außerhalb und innerhalb des Insolvenzverfahrens. 276

a) Außerhalb der Insolvenz

Außerhalb des Insolvenzverfahrens kann der kreditgewährende Dritte seinen Darlehensanspruch gegen die Gesellschaft ohne jede Beschränkung geltend machen. Er ist nicht gehalten, sich vorrangig an den Gesellschafter wegen dessen Gesellschaftersicherheit zu wenden (BGH ZIP 1992, 108). 277

Hat die Gesellschaft den kreditgewährenden Dritten befriedigt, kann der Gesellschaft aus §§ 32 b, 30, 31 GmbHG ein Erstattungsanspruch gegen den Gesellschafter zustehen. Es stellt sich die Frage, ob dieser Erstattungsanspruch durch die Gesellschaftersicherheit besichert ist. Hierfür ist die **Zweckerklärung** entscheidend, die bestimmen kann, dass die Gesellschaft vom Dritten verlan- 278 gen kann, dass dieser zur Sicherung ihres Erstattungsanspruchs ihr die Sicherheit abzutreten hat (BGH ZIP 1986, 30, 32). §§ 401, 412 BGB sind nicht anwendbar.

b) Innerhalb der Insolvenz

279 Ist das Insolvenzverfahren eröffnet, hat der Dritte zunächst **Befriedigung aus der Gesellschaftersicherheit** zu suchen, bevor er mit seinem Ausfall an dem Insolvenzverfahren teilnehmen kann. Verfahrensrechtlich nimmt er bereits vor der Befriedigung der Gesellschaftersicherheit in Höhe seines mutmaßlichen Ausfalls am Insolvenzverfahren teil; Befriedigung der Ausfallforderung kann er allerdings erst nach Verwertung der Gesellschaftersicherheit verlangen, da erst dann die Höhe des Ausfalls feststeht.

280 **Verzichtet** der Dritte auf die ihm vom Gesellschafter bestellte Sicherheit, führt dies nicht dazu, den Einwand des § 32 a Abs. 2 GmbHG zu beseitigen (OLG Hamm NZG 1999, 1163, 1165), da diese Vorschrift zum einen zwingendes Recht (BT-Drs. 8/1347, 40) und zum anderen gläubigerschützend ist.

281 Haben die Gesellschaft und der Gesellschafter dem Dritten eine Sicherheit gewährt, kann der Dritte wahlweise entweder auf die Gesellschaftersicherheit oder auf die Gesellschaftssicherheit zugreifen (BGH ZIP 1986, 30, 31; ZIP 1985, 158, 159). Eine Verpflichtung zur vorrangigen Inanspruchnahme der Gesellschaftersicherheit besteht nicht.

2. Verhältnis Kreditgeber – Gesellschafter

a) Außerhalb der Insolvenz

282 Der eigenkapitalersetzende Charakter der Gesellschaftersicherheit wirkt sich nicht aus, solange das Insolvenzverfahren nicht eröffnet ist. Ob und inwieweit der Dritte berechtigt ist, die Gesellschaftersicherheit zu verwerten, bestimmt sich allein nach dem Darlehensvertrag, der Zweckerklärung und den sonstigen getroffenen Vereinbarungen.

b) Innerhalb der Insolvenz

283 Die Insolvenz bewirkt, dass der kreditgebende Dritte zunächst Befriedigung aus der Gesellschaftersicherheit suchen muss, bevor er in Höhe seines Ausfalls Befriedigung der Gesellschaft verlangen kann (v. Gerkan/Hommelhoff-Fleischer, Handbuch des Eigenkapitalersatzrechts, 6.42). Verzichtet der Dritte auf die Gesellschaftersicherheit, ist dieser Verzicht im Verhältnis zum Gesellschafter wirksam, jedoch kann dies nicht zu Lasten der Gesellschaft gehen, weshalb der verzichtende Dritte nur in Höhe seines mutmaßlichen Ausfalls am Insolvenzverfahren teilnimmt (OLG Hamm NZG 1999, 1163, 1165).

3. Verhältnis Gesellschaft – Gesellschafter

284 Der Inhalt der Ansprüche der Gesellschaft hängt davon ab, ob die Gesellschaft die Rückzahlung des Drittdarlehens bereits erfüllt hat oder nicht.

a) Noch nicht erfülltes Drittdarlehen, Freistellungsanspruch

285 Hat die Gesellschaft das eigenkapitalersetzende Drittdarlehen noch nicht erfüllt, ist der Gesellschafter verpflichtet, die Gesellschaft von der Darlehensverbindlichkeit **freizustellen** (BGH ZIP 1992, 108, 109). Wie der Freistellungsanspruch erfüllt wird, ist Sache des Gesellschafters. Er hat die Wahl, entweder das Darlehen als Dritter gem. § 267 BGB zu tilgen, der Gesellschaft die Mittel zur Darlehenstilgung zur Verfügung zu stellen oder das Darlehen gem. § 414 BGB zu übernehmen.

286 Der **Geschäftsführer** ist zur rechtzeitigen Geltendmachung des Freistellungsanspruchs verpflichtet, da er sich andernfalls nach § 43 Abs. 2 und 3 GmbHG **schadensersatzpflichtig** macht (BGH ZIP 1992, 108, 109). Der Schadensnachweis obliegt der Gesellschaft.

b) Erfülltes Drittdarlehen, Erstattungsanspruch

aa) Erstattung nach § 32 b GmbHG Hat die Gesellschaft im letzten Jahr vor der Eröffnung des Insolvenzverfahrens oder nach dessen Eröffnung das Darlehen zurückgezahlt, hat der Gesellschafter, der der Gesellschaft die Sicherheit gewährt hat, der Gesellschaft den Betrag zu erstatten, § 32 b S. 1 GmbHG. Da der Sinn und Zweck der Vorschrift darin besteht, eine Schmälerung der Insolvenzmasse kurz vor Eröffnung des Insolvenzverfahrens zu verhindern (v. Gerkan / Hommelhoff / *Fleischer* Rn. 6.51), greift die Vorschrift nicht ein, wenn die Eröffnung des Insolvenzverfahrens mangels Masse abgelehnt wird. 287

Der **Begriff der Rückzahlung** ist weit zu verstehen. Alle Formen der Erfüllung und der Erfüllungssurrogate erfüllen diese Voraussetzung. Eine Rückzahlung liegt ebenfalls vor, wenn bei einer von dem Gesellschafter und der Gesellschaft besicherten Forderung zunächst die Gesellschaftssicherheit erfüllt wird. Auch die Erfüllung durch Zwangsvollstreckung erfüllt die Voraussetzungen der Rückzahlung. 288

Soweit die Rückzahlung nach der Insolvenzantragstellung oder im letzten Jahr vor der Insolvenzantragstellung geleistet wurde, führt sie zur Erstattung. Entscheidend ist der Antrag, der letztlich zur Insolvenzeröffnung geführt hat. Maßgebliches Kriterium für die Fristberechnung ist der Tag des Eingangs dieses Insolvenzantrags bei Gericht. 289

Der Erstattungsanspruch ist der **Höhe** nach zunächst darauf gerichtet, dass der Gesellschaft alles das erstattet wird, was aus dem Gesellschaftsvermögen auf die Hauptforderung, Nebenforderung und Kosten geleistet worden ist. § 32 b S. 2 GmbHG beschränkt die Höhe jedoch auf den Betrag, für den der Gesellschafter im Zeitpunkt der Rückzahlung der Gesellschaft haftete. Dies gilt auch dann, wenn der Gesellschafter nur für einen Teil der Forderung Sicherheit gestellt hatte. Hatte sich der Gesellschafter also für einen Höchstbetrag nebst einem bestimmten Zinssatz verbürgt, besteht hinsichtlich der Kosten und hinsichtlich des die Hauptforderung und die Zinsen übersteigenden Betrags keine Erstattungspflicht. Ggf. ist für den Sicherungsgegenstand ein Verkehrswertgutachten auf den Zeitpunkt der Rückzahlung einzuholen. Da es bei Sicherheiten nur auf den Wert des Sicherungsgegenstandes ankommt, spielt die Bonität des Gesellschafters insoweit keine Rolle. 290

Der Gesellschafter ist berechtigt, die Erstattungspflicht durch die Übertragung des Sicherungsgegenstandes zu ersetzen (§ 32 b S. 3 GmbHG), weshalb die Gesellschaft das Risiko der Wertminderung des Sicherungsgegenstandes nach der Rückzahlung trägt. Die Gesellschaft hat kein Recht auf die Ersetzungsbefugnis (BGH ZIP 1986, 30, 32). 291

Der Erstattungsanspruch **verjährt** nach den allgemeinen Regeln, § 146 InsO, § 32 b S. 1 GmbHG. 292

Gemeinschaftsrechtlich wird der Erstattungsanspruch teilweise als anfechtungsrechtliche Regelung behandelt, die gem. Art. 1 Abs. 2 Lit. EuGVO dem dortigen Anwendungsbereich entzogen ist (*Lehmann* GmbHR 2005, 978, 980 f.). Gleichwohl handelt es sich nicht um einen insolvenzrechtlichen Anfechtungstatbestand (*K. Schmidt* GmbHR 2005, 797, 805), sondern um einen vertraglichen Anspruch i. S. d. Art. 5 Nr. 1 EuGVO (OLG Bremen NZG 1998, 386). 293

bb) Erstattung nach § 31 Abs. 1 GmbHG analog Die Regelung in § 32 b GmbHG ist nicht abschließend, weil sie dem Zweck des Schutzes des Stammkapitals nur begrenzt entspricht (vgl. BGHZ 67, 171, 182). Analog § 31 Abs. 1 GmbHG hat die Gesellschaft gegen den Gesellschafter einen **sofort fälligen Erstattungsanspruch**, soweit die Gesellschaft durch die Rückzahlung das zur Erhaltung des Stammkapitals erforderliche Vermögen verloren hat (BGH GmbHR 2005, 540). Die Jahresbegrenzung der Rückzahlung gilt für diesen Erstattungsanspruch nicht. 294

Für den Erstattungsanspruch gilt die Begrenzung des § 32 b S. 2 GmbHG nicht. Er ist der **Höhe nach** auf den Betrag beschränkt, der erforderlich ist, um das Stammkapital wieder vollständig aufzufüllen (vgl. BGHZ 81, 252, 260; 67, 171, 182). 295

296 Für diesen Anspruch gilt die **Verjährung** des § 31 Abs. 5 GmbHG (v. Gerkan/Hommelhoff/*Fleischer* Rn. 6.60).

c) Gegenrechte des Gesellschafters gegen die Gesellschaft

297 **aa) Außerhalb der Insolvenz** Die Gesellschaft hat den Gesellschafter in der Regel beauftragt, für sie die Sicherheit zu bestellen, weshalb der Gesellschafter wegen der von ihm gestellten Sicherheit einen **Freistellungs- und Regressanspruch** hat (§ 670 BGB). Daneben kann die Forderung des Dritten gegen die Gesellschaft kraft Gesetzes auf den Gesellschafter übergehen (§§ 426 Abs. 2, 774, 1143, 1225 BGB). Sofern das durch den Gesellschafter besicherte Darlehen des Dritten das Stammkapital abdeckt, kann der Gesellschafter analog §§ 30 Abs. 1, 31 Abs. 1 GmbHG diese Ansprüche nicht geltend machen (BGH WM 1986, 447, 449; OLG München WM 1988, 1896, 1897; OLG Hamburg ZIP 1980, 911, 912).

298 **bb) Innerhalb der Insolvenz** Mit Eröffnung des Insolvenzverfahrens kann der Gesellschafter regelmäßig keinen Rückgriff bei der Gesellschaft mehr nehmen, da sein **Rückgriffsanspruch nachrangig** ist (§ 39 Abs. 1 Nr. 5 InsO). Hat die Gesellschaft bereits geleistet, ist diese Zahlung anfechtbar (§ 135 InsO) oder unterliegt nach den Rechtsprechungsregeln der Rückzahlung, sofern eine Unterbilanz begründet oder vertieft wurde.

III. Gebrauchsüberlassung

299 Liegen die Voraussetzungen der eigenkapitalersetzenden Gebrauchsüberlassung vor (vgl. dazu Rn. 195 f.), wird die Leistung des Gesellschafters, die Gebrauchsüberlassung, der Vermögensbindung der Gesellschaft unterworfen, die dazu dient, das Ausfallrisiko der Gläubiger in der Insolvenz der Gesellschaft zu reduzieren. Auch bezüglich der Gebrauchsüberlassung gilt das **zweistufige Schutzsystem** aus der Novellenregelung einerseits und den Rechtsprechungsregeln andererseits.

300 Nach den **Rechtsprechungsregeln** findet das Auszahlungsverbot des § 30 Abs. 1 GmbHG auf eigenkapitalersetzende Gebrauchsüberlassungen entsprechende Anwendung, soweit diese benötigt werden, um eine Unterdeckung des Stammkapitals auszugleichen (vgl. z. B. BGH ZIP 2001, 1005, 1006). Wird die verstrickte Gesellschafterleistung an den Gesellschafter zurückgewährt, ist dieser der Gesellschaft analog § 31 GmbHG zur Rückgewähr verpflichtet.

301 Mit der Rechtsprechungsregel konkurriert die **Novellenregelung der §§ 135 InsO, 6 AnfG**. Danach sind eigenkapitalersetzende Gebrauchsüberlassung an den Gläubiger oder die Gesamtheit der Gläubiger unter den dort genannten Voraussetzungen anfechtbar den Gläubigern zurückzugewähren, § 143 InsO.

1. Gegenstand der Verstrickung

302 Es ist umstritten, was Gegenstand der Verstrickung ist. Mit der herrschenden Auffassung ist weder die Sache selbst (*Schulze-Osterloh* ZGR 1983, 123, 142) noch ihr Substanzwert (a. A. *Ebenroth/Wilcken* BB 1993, 305, 309), sondern nur das in der tatsächlichen, schuldrechtlichen oder dinglichen Gewährung der Gebrauchsüberlassung liegende **abstrakte Recht** verstrickt (BGHZ 127, 17, 24 f.; 127, 1, 9; OLG Düsseldorf BB 1997, 958). Das Gebrauchsüberlassungsrecht wird dabei in dem vertraglichen Umfang verstrickt, d. h. ggf. einschließlich der vereinbarten Ver- und Entsorgung- und sonstigen Nebenkosten (BGH ZIP 2000, 1491, 1492).

2. Konsequenzen

a) Entgelt für Gebrauchsüberlassung

303 Sollte der Gesellschafter das verstrickte Nutzungsrecht entzogen haben, kann es außerhalb der Insolvenz analog § 31 Abs. 1 GmbHG **zurückverlangt** werden. In der Insolvenz hat der Gesellschafter der Gesellschaft das Nutzungsrecht zu belassen, ohne dass der Insolvenzverwalter ein

Entgelt zu entrichten hat. Der Herausgabeanspruch des Gesellschafters ist ausgeschlossen, nicht jedoch das Aussonderungsrecht, § 47 InsO (BGHZ 127, 1, 8 f.).

b) Dauer der Gebrauchsüberlassung

Sehr umstritten ist die Frage der Dauer des zu überlassenden Nutzungsrechts der Gesellschaft. **304**
Teilweise wird verlangt, dass die Verstrickung so lange andauert, bis alle Gläubiger der Gesellschaft befriedigt sind bzw. gegen Verzicht auf wertlose Gegenstände das Eigentum auf die Gesellschaft übertragen (*Drygala* BB 1992, 80, 81). Die Rechtsprechung knüpft zu Recht an den zugrundeliegenden Vertrag an und lässt eine Gebrauchsüberlassung nur bis zu dem **vereinbarten Endtermin** zu (BGHZ 127, 1, 10 f.; BGH ZIP 1999, 65, 66; OLG München NZG 1999, 777, 778; *Goette* DStR 1999, 553, 555), sofern der vereinbarte Endtermin im Rahmen einer Angemessenheitsprüfung einem Vergleich mit einem vernünftig handelnden Dritten standhält (BGHZ 121, 31, 40; OLG Dresden NZG 1999, 309, 311) und sofern die vereinbarte Dauer nicht nach § 118 BGB nichtig ist, wenn sie nicht ernstlich gewollt war (BGHZ 121, 31, 40). Ist eine Nutzungsdauer nicht vereinbart oder ist sie unangemessen, richtet sich die Restnutzungsdauer nach dem **hypothetischen Willen der Parteien** (BGHZ 127, 1, 11). Maßgebend ist danach der Zeitraum, auf den sich ein außenstehender Dritter unter Berücksichtigung der Art der Nutzung der überlassenen Gegenstände und unter Wahrung seiner eigenen Vermögens- und Vertragsinteressen vernünftigerweise eingelassen hätte (BGHZ 127, 1, 11). Soweit keine Anhaltspunkte für die Ermittlung des hypothetischen Parteiwillens bestehen, soll bei abnutzbaren Vermögensgegenständen von der betriebsgewöhnlichen Nutzungsdauer ausgegangen werden, hingegen wird bei nicht abnutzbaren Vermögensgegenständen eine Überlassungsdauer von zehn Jahren unterstellt (a. A. OLG Dresden NZG 1999, 309, 311).

Die **Darlegungs- und Beweislast** für die Dauer der Gebrauchsüberlassung trägt der Gesellschaf- **305**
ter (Michalski/*Heidinger* §§ 32 a/b Rn. 293).

c) Art der Nutzung durch die Gesellschaft

Wie die Gesellschaft den Gegenstand nutzt, spielt keine Rolle. Die Gesellschaft kann die Gegen- **306**
stände entweder **selbst unentgeltlich** nutzen (Michalski/*Heidinger* §§ 32 a/b Rn. 294) oder die Gegenstände einem Dritten **entgeltlich zur Nutzung überlassen** und das Entgelt zur Befriedigung der Gläubiger verwenden (KG GmbHR 2001, 568, 569). Damit trägt die Gemeinschaft der Gläubiger der Gesellschaft das Risiko der Verwertung der Nutzungsmöglichkeit (BGHZ 127, 17, 31; 127, 1, 14).

Teilweise wird vorgeschlagen, dem Gesellschafter statt des Anspruchs auf Zwangsüberlassung **307**
einen Anspruch auf Vergütung des Restnutzungswertes gegen den Gesellschafter zu gewähren Zug um Zug gegen Herausgabe des Nutzungsgegenstandes. Dies lehnt die Rechtsprechung zu Recht ab, da der Gesellschafter der Gesellschaft nur ein Nutzungsrecht überlassen hat (BGHZ 127, 17, 31; 127, 1, 14).

d) Zahlungspflicht des Gesellschafters

Grundsätzlich hat der Gesellschafter der Gesellschaft den Gegenstand in dem vertraglich verein- **308**
barten Zustand zum Gebrauch zu überlassen. Sieht man von der vereinbarten Zahlung der Nebenkosten gem. Vertrag ab, trifft ihn **keine Zahlungspflicht**.

Vereitelt jedoch der Gesellschafter die Nutzungsmöglichkeit durch die Gesellschaft, hat er der Ge- **309**
sellschaft den Wert der Nutzung auf die Restnutzungsdauer zu erstatten (BGHZ 127, 17, 31; 127, 1, 14; OLG Hamm ZIP 1992, 1306, 1308). Dies ist beispielsweise der Fall, wenn der Gesellschafter den der Gesellschaft überlassenen Vermögensgegenstand entzieht und dessen Rückgabe an die Gesellschaft unmöglich ist.

e) Miteigentum Dritter am Vermögensgegenstand

310 Ist der überlassene Gegenstand im Eigentum eines Gesellschafters und eines Dritten, stellt sich die Frage, ob die Gesellschaft berechtigt ist, das Nutzungsrecht im Interesse der Gläubiger zu verwerten. Dies wird man ablehnen müssen, da das Nutzungsrecht an der Sache insgesamt besteht, unteilbar ist und nicht bloß an dem Bruchteil des Gesellschafters besteht (v. Gerkan/Hommelhoff/*Haas/Dittrich* Rn. 8.93).

311 Anders ist die Frage zu beurteilen im Hinblick auf die zugrunde liegende Mietforderung des Gesellschafters. Die Gesellschaft kann die fehlende Durchsetzbarkeit der Mietforderung auch einem Dritten entgegenhalten, jedenfalls in der Höhe, die auf den Gesellschaftervermieter entfällt (BGH NJW 1997, 3026, 3027; weitergehend OLG München GmbHR 1999, 612, 615).

f) Verhältnis zu Grundpfandrechten

312 Grundpfandrechte Dritter haben **keinen generellen Vorrang** vor den Eigenkapitalersatzregeln (BGHZ 140, 147, 152). Grundsätzlich hat auch der Grundpfandgläubiger zu dulden, dass ein Gesellschafter der Gesellschaft einen Gegenstand eigenkapitalersetzend zum Gebrauch überlassen hat. Ihm steht insoweit kein außerordentliches Kündigungsrecht zu.

313 Wurde der Gegenstand durch die Anordnung der Zwangsverwaltung oder Zwangsversteigerung **beschlagnahmt**, wandelt sich die unentgeltliche Nutzungsüberlassung in eine entgeltliche um, da der Erwerber oder der Zwangsverwalter nur in die entgeltliche Gebrauchsüberlassung eintritt, §§ 157 Abs. 2, 57 ZVG. Nach der Beschlagnahme muss der Grundpfandgläubiger die Gebrauchsüberlassung gegen sich gelten lassen. Die Gesellschaft hat den vereinbarten Pachtzins an den Erwerber zu zahlen (§ 57 b Abs. 1 S. 1 ZVG), ohne dass sie sich auf den ursprünglichen Eigenkapitalersatz berufen kann, § 1124 BGB (BGHZ 140, 147, 155; BGH NJW-RR, 2000, 925). Der Erwerber ist ferner gem. § 57 a ZVG zur Kündigung des Gebrauchsüberlassungsvertrages berechtigt, so dass das Grundstück an den Zwangsverwalter herauszugeben ist (BGH GmbHR 2005, 538, 539).

314 Der Gesellschafter hat für diese Entziehung des unentgeltlich auszuübenden Nutzungsrechts einzustehen und der Gesellschaft die gezahlte Miete oder Pacht zu erstatten (BGH GmbHR 2005, 534, 535). Er hat der Gesellschaft im Falle der Herausgabe des Grundstücks den **objektiven Restwert des Nutzungsrechts** zu erstatten (BGH GmbHR 2005, 538, 540; GmbHR 2005, 834, 836; *Goette* ZIP 2005, 1481, 1486; *Herbst* EWiR § 32 a GmbHG 1/05; krit. *Mylich* GmbHR 2005, 1542). Eine Ersatzpflicht setzt allerdings voraus, dass die Gesellschaft das Grundstück selbst hätte unentgeltlich nutzen können (BGH GmbHR 2005, 534, 536).

g) Gesellschafter-Insolvenz

315 Liegt eine gebrauchsüberlassende Nutzungsüberlassung vor, endet diese nicht in der Gesellschafterinsolvenz. Damit hat der Insolvenzverwalter der Gesellschaft in der Insolvenz des Gesellschafters ein *unentgeltliches Nutzungsrecht*. Dieses Nutzungsrecht erlischt nicht analog § 110 InsO (LG Zwickau ZIP 2005, 1151; *Henkel* ZInsO 2006, 1013, 1019; a. A. OLG Brandenburg GmbHR 2006, 937, 940; LG Cottbus ZIP 2005, 1608; *Rendels* ZIP 2006, 1273).

F. Bilanzierung

316 Bei der Frage, ob ein eigenkapitalersetzendes Darlehen zu bilanzieren ist, ist zu unterscheiden, ob sich die Frage im Jahresabschluss oder im Überschuldungsstatus stellt. Ferner ist zu differenzieren, ob eine Rangrücktrittserklärung vorliegt oder nicht.

I. Im Jahresabschluss

1. Ohne Rangrücktrittserklärung

In Rechtsprechung (BGHZ 124, 282, 284; BGH NJW 1996, 1341, 1343; BFHE 166, 356, 360) und Literatur (BilKomm/*Hoyos/M. Ring* § 247 HGB Rn. 231; *Lutter* ZIP 1999, 641, 644) besteht Übereinstimmung, dass eigenkapitalersetzende Darlehen in dem Jahresabschluss der Gesellschaft **als Verbindlichkeit** gegenüber verbundenen Unternehmen bzw. Gesellschaftern **zu passivieren** sind (§ 264 c Abs. 1 HGB, § 42 Abs. 3 GmbHG). Dies beruht auf der zutreffenden Überlegung, dass der Bestand der Verbindlichkeit durch die Wirkung des Eigenkapitalersatzes nicht berührt wird. Der Betrag mit einer Restlaufzeit bis zu einem Jahr ist stets gesondert zu vermerken (§ 268 Abs. 5 S. 1 HGB). 317

Im **IFRS-Abschluss** sind die eigenkapitalersetzenden Darlehen ebenfalls als Verbindlichkeit auszuweisen. 318

Kontrovers wird die Frage diskutiert, ob überhaupt **auf den Eigenkapitalersatz hinzuweisen** ist. Teilweise wird die Auffassung vertreten, die Angabepflicht scheitere daran, dass die Erfüllung der Voraussetzungen des Eigenkapitalersatzes im Einzelfall schwierig zu beurteilen ist (BilKomm/*Hoyos/M. Ring* § 266 HGB Rn. 255). Ergänzend wird darauf hingewiesen, dass auch § 42 Abs. 3 GmbHG nicht zwischen einem Gesellschafterdarlehen mit und ohne Eigenkapitalersatz unterscheidet. Diese Argumente vermögen nicht zu überzeugen. Im Gegenteil gebietet gerade die Vermeidung der Irreführung der Gläubiger, dass diese über die Krise der Gesellschaft informiert werden und sie die Einschätzung der Geschäftsführung erfahren, welche Verbindlichkeit des Gesellschafters nicht oder nur eingeschränkt durchsetzbar ist. Dass letztlich Einschätzungsrisiken bestehen bleiben, mag zutreffend sein, hindert allerdings nicht den Vorrang der Informationsfunktion des Jahresabschlusses vor den Anwendungsschwierigkeiten bzw. Haftungsrisiken des Geschäftsführers und Wirtschaftsprüfers. Die überwiegende Auffassung im Schrifttum bejaht daher das Ob der Kennzeichnung (vgl. dazu v. Gerkan/Hommelhoff/*Kleindieck* Rn. 7.10). 319

Kontrovers wird weiter die Frage diskutiert, an **welcher Stelle im Jahresabschluss** die Kapitalersatzfunktion des Gesellschafterdarlehens deutlich gemacht wird. Teilweise werden Ausführungen im **Anhang** (§§ 264 Abs. 1 S. 1, 284 ff. HGB) oder im **Lagebericht** als ausreichend angesehen. Andere sind der Auffassung, dass eine Vermerkpflicht im Lagebericht nur dann in Betracht kommt, wenn am Bilanzstichtag das Gesellschaftsvermögen die Stammkapitalziffer noch nicht unterschritten hat oder eine Unterschreitung in Kürze zu erwarten ist, aber andernfalls die Kapitalersatzfunktion in der Bilanz zu vermerken ist (*Küting/Kessler* BB 1994, 2103, 2108). Nach diesseitiger Auffassung muss der Eigenkapitalersatz in der Bilanz offen gelegt werden. Gerade des Gebot des »true-and-fair-view« des § 264 Abs. 2 HGB gebietet es, diese Angabe im Rechenwerk des Jahresabschlusses selbst auszuweisen und nicht erst in seinem Verbalteil (v. Gerkan/Hommelhoff/*Kleindieck* Rn. 7.14; *Schulze-Osterloh* WPg 1996, 97, 99; *Bachem* DB 1994, 1055, 1056). Dies kann in der Praxis nur durch einen **Vermerk »davon eigenkapitalersetzend € …«** unter der Bilanzposition »Verbindlichkeiten gegenüber Gesellschaftern« erzielt werden. 320

Hat die Gesellschaft ein eigenkapitalersetzendes Darlehen **verbotswidrig zurückgezahlt**, ist der Erstattungsanspruch zu aktivieren und entsprechend der Bonität/Sicherheiten zu bewerten. Die Frage ist, ob und wie die Gegenbuchung vorzunehmen ist. Teilweise wird auf eine Passivierung verzichtet (*Fleck* GmbHR 1989, 313, 316), was aber nicht der Informationsfunktion des Jahresabschlusses entspricht. Da auch das Darlehen selbst nicht mehr auflebt, ist es empfehlenswert, eine Rückstellung für ungewisse Verbindlichkeiten als Gegenposten einzubuchen (*Bachem* DB 1994, 1055, 1056). 321

2. Mit Rangrücktrittserklärung

322 Nach ganz h. M. ist das mit einer Rangrücktrittserklärung belegte Darlehen **als Verbindlichkeit** in der Handelsbilanz auszuweisen, da der Rangrücktritt lediglich zu einer Veränderung der Rangordnung der Verbindlichkeiten führt. Ein Sonderausweis innerhalb der Verbindlichkeiten ist nicht vorzunehmen (*Janssen* BB 2005, 1895), wohl aber nach diesseitiger Auffassung, da die Rangrücktrittserklärung i. d. R. die Rechtsfolge des eigenkapitalersetzenden Darlehens lediglich vertraglich beschreibt. Dementsprechend ist das Darlehen auch in der steuerlichen Nebenrechnung (= Steuerbilanz) als Verbindlichkeit auszuweisen (BFH GmbHR 2005, 303, 304).

II. Im Überschuldungsstatus

323 Im Überschuldungsstatus sind eigenkapitalersetzende Gesellschafterdarlehen **zu passivieren** (anders *Lutter* ZIP 1999, 641, 645), es sei denn, der Darlehensgeber hat eine Rangrücktrittserklärung des Inhalts abgegeben, dass er bis zur Abwendung der Krise außerhalb des Insolvenzverfahrens nur aus dem ungebundenen Vermögen und innerhalb des Insolvenzverfahrens im Rang hinter den einfachen Insolvenzgläubigern bedient werden kann (BGH GmbHR 2001, 190, 192; OLG Schleswig GmbHR 2005, 1124, 1125; *Lutter* ZIP 1999, 641, 645).

G. Steuerrecht

324 In steuerlicher Hinsicht ist zu unterscheiden, ob der Gesellschafter die Beteiligung an der Gesellschaft im Privatvermögen oder im Betriebsvermögen hält. Im Übrigen ist zu unterscheiden, ob ein einfacher oder qualifizierter Rangrücktritt vorliegt (BMF-Schreiben vom 8. 9. 2006 – IV B2-S 2133 – 10/06), da nach § 5 Abs. 2 a EStG Verbindlichkeiten, die erst zu erfüllen sind, soweit künftige Gewinne oder Einnahmen anfallen, zu passivieren sind, wenn die Einnahmen oder Gewinne angefallen sind.

325 Gehört die Beteiligung an der Gesellschaft in das **steuerliche Privatvermögen**, führt die Gewährung eines eigenkapitalersetzenden Darlehens zu nachträglichen Anschaffungskosten auf die Beteiligung (BFH BB 2005, 2067, 2069).

326 Gehört die Beteiligung in das **steuerliche Betriebsvermögen** des Gesellschafters, führt die Gewährung eines eigenkapitalersetzenden Darlehens zum Ansatz einer Forderung (BFH GmbHR 2006, 158, 159 f.; *Watermeyer* GmbHR 2006, 240, 242) und zur dementsprechenden Bewertung (BFH BB 2005, 2067, 2070). Verzichtet der Gesellschafter auf eine noch teilweise werthaltige Forderung, liegt in der Höhe des im Zeitpunkt des Erlasses noch werthaltigen Teils der Forderung eine verdeckte Einlage in das Gesellschaftsvermögens vor (BFH GmbHR 2006, 158, 159), die nach allgemeinen Grundsätzen auch bei Beteiligungen im Betriebsvermögen zu nachträglichen Anschaffungskosten des Gesellschafter führt.

H. GmbH-Reform: Beabsichtigte Änderungen durch das MoMiG

327 Der Referentenentwurf sieht vor, dass §§ 32 a, 32 b GmbHG aufgehoben werden (Art. 1 Nr. 13). Ergänzt wird die Regelung durch Art. 1 Nr. 11 S. 3, der auch die sog. Rechtsprechungsregelungen aufhebt. Statt dessen werden die Regelungen in die InsO bzw. das AnfG verlegt. Damit tritt eine Verringerung des Gläubiger- und Gesellschaftsschutzes in den Fällen ein, in denen die Rückzahlung begehrt wird, wenn die Gesellschaft weder insolvenzreif ist noch durch die Rückzahlung zahlungsunfähig würde (*Schäfer* DStR 2006, 2085, 2088). Verlagert wird die Problematik damit auf die Geschäftsführerhaftung.

§ 33 [Erwerb eigener Geschäftsanteile]

(1) Die Gesellschaft kann eigene Geschäftsanteile, auf welche die Einlagen noch nicht vollständig geleistet sind, nicht erwerben oder als Pfand nehmen.

(2) [1]Eigene Geschäftsanteile, auf welche die Einlagen vollständig geleistet sind, darf sie nur erwerben, sofern der Erwerb aus dem über den Betrag des Stammkapitals hinaus vorhandenen Vermögen geschehen und die Gesellschaft die nach § 272 Abs. 4 des Handelsgesetzbuchs vorgeschriebene Rücklage für eigene Anteile bilden kann, ohne das Stammkapital oder eine nach dem Gesellschaftsvertrag zu bildende Rücklage zu mindern, die nicht zu Zahlungen an die Gesellschafter verwandt werden darf. [2]Als Pfand nehmen darf sie solche Geschäftsanteile nur, soweit der Gesamtbetrag der durch die Inpfandnahme eigener Geschäftsanteile gesicherten Forderungen oder, wenn der Wert der als Pfand genommenen Geschäftsanteile niedriger ist, dieser Betrag nicht höher ist als das über das Stammkapital hinaus vorhandene Vermögen. [3]Ein Verstoß gegen die Sätze 1 und 2 macht den Erwerb oder die Inpfandnahme der Geschäftsanteile nicht unwirksam; jedoch ist das schuldrechtliche Geschäft über einen verbotswidrigen Erwerb oder eine verbotswidrige Inpfandnahme nichtig.

(3) Der Erwerb eigener Geschäftsanteile ist ferner zulässig zur Abfindung von Gesellschaftern nach § 29 Abs. 1, § 125 Satz 1 in Verbindung mit § 29 Abs. 1, § 207 Abs. 1 Satz 1 des Umwandlungsgesetzes, sofern der Erwerb binnen sechs Monaten nach dem Wirksamwerden der Umwandlung oder nach der Rechtskraft der gerichtlichen Entscheidung erfolgt und die Gesellschaft die nach § 272 Abs. 4 des Handelsgesetzbuchs vorgeschriebene Rücklage für eigene Anteile bilden kann, ohne das Stammkapital oder eine nach dem Gesellschaftsvertrag zu bildende Rücklage zu mindern, die nicht zu Zahlungen an die Gesellschafter verwandt werden darf.

Übersicht:

A. Allgemeines

§ 33 GmbHG wurde durch die GmbH-Novelle 1980 neugefasst und verschärft. Weitere Änderungen erfolgten durch das Inkrafttreten des Bilanzrichtliniengesetzes (BiRiLiG) vom 19.12.1985. Darüber hinaus wurde Abs. 3 durch Art. 4 des Gesetzes zur Bereinigung des Umwandlungsrechts (UmwBerG) vom 28.10.1994 neu hinzugefügt. Weitere Änderungen durch das »Gesetz zur Modernisierung des GmbH-Rechts und zur Bekämpfung von Missbräuchen« (MoMiG; vgl. RefE vom 29.5.2006) sind nicht geplant. Die Vorschrift dient wie die Bestimmungen der §§ 30 bis 32 b GmbHG den fundamentalen Grundsätzen der **realen Kapitalsufbringung und Erhaltung des Stammkapitals** und erlaubt abweichend vom Aktienrecht (vgl. insbesondere §§ 71 ff. AktG) die Möglichkeit zum **Erwerb eigener Anteile** unter bestimmten Voraussetzungen. Danach ist der Erwerb eigener Geschäftsanteile der Gesellschaft grundsätzlich gestattet. Allerdings muss auf den Geschäftsanteil die Stammeinlage voll erbracht sein. Folge des Erwerbs eines nicht voll eingezahlten Geschäftsanteiles durch die Gesellschaft wäre nämlich, dass diese anderenfalls gleichzeitig Gläubigerin und Schuldnerin eines Anspruches wäre. Dadurch würde die noch ausstehende Einlageverpflichtung durch Konfusion erlöschen. Diese Folge wollte der Gesetzgeber ausschließen. 1

2 Der Erwerb ist von der **Kaduzierung** gem. § 21 GmbHG, der **Abandon** gem. § 27 GmbHG und der **Einziehung** der Geschäftsanteile nach § 34 GmbHG zu unterscheiden. Bei der Kaduzierung erwirbt die Gesellschaft den Geschäftsanteil regelmäßig nur treuhänderisch zum Zweck der Weiterveräußerung. Beim Abandon bleibt der Gesellschafter solange beteiligt, bis sein Geschäftsanteil an einen Dritten übertragen wurde. Bei der Einziehung geht der Geschäftsanteil gänzlich unter. § 33 GmbHG ist zwingendes Recht und kann durch den Gesellschaftsvertrag oder Beschlüsse der Gesellschafterversammlung nicht abbedungen wohl aber über die gesetzlichen Anforderungen hinaus erschwert werden (*Baumbach/Hueck* § 33 Rn. 1; R/S-L/*Rowedder* § 33 Rn. 1; Scholz/*Westermann* GmbHG, § 33 Rn. 4). Die Inpfandnahme ist dem Erwerb ausdrücklich gleichgestellt.

B. Verbot des Erwerbs und der Inpfandnahme eigener, nicht voll eingezahlter Geschäftsanteile, Abs. 1

3 Abs. 1 dient der **Kapitalaufbringung** und verbietet zwingend den Erwerb und die Inpfandnahme von Geschäftsanteilen, auf die die Stammeinlage noch nicht vollständig geleistet ist.

I. Voraussetzungen

4 Das Verbot gilt, wenn objektiv noch irgendein Teil der Stammeinlage geschuldet ist. Dies gilt für Geld- und Sacheinlagen gleichermaßen und unabhängig davon, wie hoch der noch ausstehende Restbetrag ist (*Baumbach/Hueck* § 33 Rn. 2; Hachenburg/*Hohner* § 33 Rn. 14; *Lutter/Hommelhoff* GmbHG, § 33 Rn. 2 f.; R/S-L/*Rowedder* § 33 Rn. 3; Scholz/*Westermann* GmbHG, § 33 Rn. 5). Es bezieht sich jedoch nur auf **noch offene Einlagen**. Keine Einlage stellen Nebenforderungen wie Zinsen, Kosten, Aufgeld, Nachschüsse oder Vertragsstrafen dar (Hachenburg/*Hohner* § 33 Rn. 17; MünchHdb GesR III/*Kort* § 27 Rn. 4; *Roth/Altmeppen* § 33 Rn. 6; R/S-L/*Rowedder* § 33 Rn. 3; Scholz/*Westermann* GmbHG, § 33 Rn. 6; aber str., a. A. *Lutter/Hommelhoff* GmbHG, § 33 Rn. 2). Sind diese noch zu erbringen, ist ein Erwerb nach Abs. 1 möglich.

5 Darüber hinaus ist es unerheblich, ob die Einlage **eingefordert wurde** oder ob die Gesellschaft oder der veräußernde Gesellschafter **Kenntnis** von der noch offenen Einlageleistung haben. Des Weiteren ist es unerheblich, aus welchem Grund die Volleinzahlung noch fehlt. Hingegen ist es kein Fall des Abs. 1, wenn der Geschäftsanteil vollständig einbezahlt war, zu einem späteren Zeitpunkt jedoch unter Verstoß gegen § 30 GmbHG an den Gesellschafter zurückgezahlt wurde. Der **Rückerstattungsanspruch nach § 31 GmbHG** stellt eine persönliche Schuld des Gesellschafters dar und ist insoweit kein Surrogat für Einlageansprüche (*Baumbach/Hueck* § 33 Rn. 2; Hachenburg/*Hohner* § 33 Rn. 19; *Roth/Altmeppen* § 33 Rn. 6; a. A. Scholz/*Westermann* § 33 Rn. 6).

6 Dem Verbot des Abs. 1 unterliegt **jede Form des Erwerbs kraft Abtretung**, mithin auch die entgeltliche und unentgeltliche Übernahme von Geschäftsanteilen, insbesondere also auch durch Schenkung oder Verfügung von Todes wegen. Umfasst ist ferner der Erwerb eines nicht vollständig eingezahlten Geschäftsanteils im Weg der Ausschließung und durch Zwangsversteigerung. Nicht erfasst ist jedoch der Erwerb durch das Kaduzierungsverfahren, da die §§ 21 ff. GmbHG insoweit als leges speciales § 33 GmbHG vorgehen (*Lutter/Hommelhoff* GmbHG, § 33 Rn. 4; *Meyer-Landrut* § 33 Rn. 3). Gleichfalls nicht umfasst ist der **originäre Erwerb** eigener Anteile durch die Gesellschaft im Wege einer Kapitalerhöhung.

7 Dem Erwerbsverbot des Abs. 1 unterliegt auch **die rechtsgeschäftliche Inpfandnahme** (§ 1273 BGB) eigener Geschäftsanteile durch die Gesellschaft. Somit darf die Gesellschaft auch keinen Geschäftsanteil in Pfand nehmen, auf den die Einlage nicht vollständig eingezahlt ist. Vom Verbot umfasst ist jedoch nur der rechtsgeschäftliche Erwerb eines Pfandrechts (*Lutter/Hommelhoff* GmbHG, § 33 Rn. 11; Roth/*Altmeppen* § 33 Rn. 30; Scholz/*Westermann* GmbHG, § 33 Rn. 8; a. A. Ulmer/*Hohner/Panra* GmbHG, § 33 Rn. 12).

Ferner ist die Begründung anderer Rechte als Pfandrechte am Geschäftsanteil zugunsten der Gesellschaft möglich. Die Regelung für Erwerb und Inpfandnahme ist **enumerativ** und nicht analogiefähig (*Roth/Altmeppen* § 33 Rn. 30). Folglich sind beispielsweise die Bestellung eines Nießbrauchs und die Pfändung im Wege der Zwangsvollstreckung zulässig. 8

II. Nichtigkeit des Erwerbs oder der Inpfandnahme

Der Erwerb bzw. die Inpfandnahme eines nicht voll eingezahlten Geschäftsanteils ist **nichtig** gem. § 134 BGB. Das gilt sowohl für das schuldrechtliche **Verpflichtungsgeschäft** als auch für das dingliche **Erfüllungsgeschäft**. Beim Erwerb bleibt der veräußernde Gesellschafter weiterhin Inhaber des Geschäftsanteils und haftet nach wie vor für die nicht voll erbrachte Stammeinlage. Indes ist der gezahlte Kaufpreis rechtsgrundlos erbracht und nach den Bestimmungen der §§ 812 ff. BGB mit dem Risiko des § 818 BGB zurückzugewähren. Die Gesellschaft wird nicht Inhaberin des Geschäftsanteils und kann einen solchen, da ein Gutglaubenserwerb derzeit ausgeschlossen ist, auch nicht wirksam auf einen Dritten übertragen. Allerdings kann eine solche Verfügung durch die Gesellschaft als Nichtberechtigte mit Zustimmung (auch konkludent) des wirklichen Inhabers wirksam werden, §§ 182 ff. BGB. 9

Eine **Heilung** des nichtigen Erwerbsvorganges ist nicht möglich. Insbesondere kann keine Heilung durch nachträgliche Volleinzahlung auf die Stammeinlage herbeigeführt werden, so dass der Erwerb neu vorgenommen werden muss (Hachenburg / *Hohner* § 33 Rn. 28; *Lutter/Hommelhoff* GmbHG, § 33 Rn. 5; Scholz / *Westermann* § 33 Rn. 15). 10

III. Unzulässige Umgehungen

Abs. 1 ist **zwingendes Recht** und verbietet jegliche gesellschaftsvertragliche Umgehungsgestaltung. Eine unzulässige Umgehung liegt beispielsweise vor, wenn im Fall der Veräußerung des Geschäftsanteils an die Gesellschaft die noch ausstehende Einlage mit dem Kaufpreis verrechnet werden soll. Da die Resteinlage bei Erwerb durch die Gesellschaft noch offen war, verstößt diese Fallgestaltung gegen Abs. 1. Es besteht auch nicht die Möglichkeit, den Kaufvertrag aufschiebend bedingt zu schließen, aus dem Kaufpreis die noch geschuldete Stammeinlage zu verrechnen und dann den Geschäftsanteil zu übertragen (*Baumbach/Hueck* § 33 Rn. 7; *Lutter/Hommelhoff* GmbHG, § 33 Rn. 6, aber str. a. A. *Roth/Altmeppen* § 33 Rn. 8). 11

Eine unzulässige Umgehung liegt auch bei Erwerb des Geschäftsanteils **durch einen Dritten** im eigenen Namen aber **für Rechnung der Gesellschaft** vor (Hachenburg / *Hohner* § 33 Rn. 27; Scholz / *Westermann* § 33 Rn. 12). In diesem Fall ist der Dritte als vollmachtloser Vertreter zu behandeln, der den Geschäftsanteil auf eigene Rechnung erwirbt. 12

Hingegen liegt keine unzulässige Umgehung des Abs. 1 vor, wenn der Erwerb **gleichzeitig mit einer Herabsetzung des Stammkapitals** verbunden wird, die zu einem Erlass der noch ausstehenden Einlageverpflichtung führt. In diesem Fall gilt die Einlage als voll erbracht und der Geschäftsanteil kann durch die Gesellschaft erworben werden. Wegen der hohen Anforderungen, die gem. § 58 GmbHG mit der Herabsetzung des Stammkapitals (einschließlich des Sperrjahrs) verbunden sind, dürfte diese Möglichkeit jedoch kaum praktikabel sein (*Baumbach/Hueck* § 33 Rn. 7). 13

C. Erwerb oder Inpfandnahme eigener, voll eingezahlter Geschäftsanteile, Abs. 2

Während Abs. 1 der Kapitalaufbringung dient, will Abs. 2 die **Erhaltung des Stammkapitals** sichern. Danach ist der Gesellschaft der Erwerb vollständig eingezahlter Geschäftsanteile ohne Höchstgrenze unter zwei Voraussetzungen gestattet: 14

(1) Zunächst ist der Erwerb eigener Geschäftsanteile nur erlaubt, soweit er aus dem über den Betrag des Stammkapitals hinaus **vorhandenen Vermögen der Gesellschaft** bezahlt werden kann (s. nachfolgend Rn. 17). 15

16 (2) Zudem darf die nach § 272 Abs. 4 HGB vorgeschriebene **Rücklage**, die für eigene Anteile zu bilden ist, nicht zu Lasten des Stammkapitals gebildet werden oder eine nach dem Gesellschaftsvertrag zu bildende Rücklage mindern, die nicht zu Zahlungen an die Gesellschafter verwandt werden darf (s. Rn. 18).

I. Gegenleistung aus ungebundenem Vermögen

17 Die Gesellschaft darf voll eingezahlte, eigene Geschäftsanteile nur erwerben, wenn sie dafür **kein gebundenes Vermögen** einsetzen muss. Es versteht sich von selbst, dass diese Voraussetzung immer dann erfüllt ist, wenn der Erwerb des Geschäftsanteils **unentgeltlich** erfolgt (etwa durch Schenkung oder Vermächtnis), mithin keine Gegenleistung, die zu Lasten des Stammkapitals oder der Rücklagen gehen könnte, von der Gesellschaft erbracht wird (Hachenburg/*Hohner* § 33 Rn. 40; *Roth/Altmeppen* § 33 Rn. 13). Beim entgeltlichen Erwerb kommt es hingegen darauf an, ob die Gesellschaft diese aus dem über den Betrag des Stammkapitals hinaus vorhandenen Vermögen bezahlen kann. In der Praxis bedeutet dies, dass die Gesellschaft in Höhe der Gegenleistung über **ausschüttungsfähige Rücklagen** oder **festgestellten Bilanzgewinn** verfügen muss (BGH GmbHR 2000, 822; GmbHR 1997, 171; Scholz/*Westermann* GmbHG, § 33 Rn. 24). Ob die Gesellschaft insoweit über ausreichende Mittel verfügt, ist aus der fortgeschriebenen Ertragsbilanz nach §§ 42 GmbHG, 264 ff. HGB zu ermitteln (Scholz/*Westermann* GmbHG, § 33 Rn. 24). Es gelten also die gleichen Grundsätze wie zu § 30 Abs. 1 GmbHG zur Feststellung des zur Erhaltung des Stammkapitals erforderlichen Vermögens (vgl. § 30 GmbHG Rn. 52 ff.). Maßgebend ist der buch- und bilanzmäßige Ansatz der Aktiva abzüglich echter Schulden und Rückstellungen, so dass nicht aufgelöste stille Reserven bei Erwerb eigener Anteile grundsätzlich unberücksichtigt bleiben (BGH GmbHR 2000, 822; Hachenburg/*Hohner* § 33 Rn. 37; Ulmer/*Hohner/Panra* § 33 Rn. 47).

II. Darstellung in der Bilanz

18 Der von der Gesellschaft erworbene eigene Geschäftsanteil ist in der nächsten Bilanz – regelmäßig zu Anschaffungskosten, d. h. einschließlich eines eventuell gezahlten Aufgeldes – unter dem Posten **»eigene Anteile« zu aktivieren** (§ 266 Abs. 2 B III Nr. 2 HGB). Gleichzeitig muss gem. § 272 Abs. 4 S. 1 HGB zwingend eine **besondere Rücklage** für den eigenen Geschäftsanteil aus freien Mitteln (also aus Gewinn, Gewinnvortrag oder aus freien Rücklagen) auf der Passivseite gebildet werden, die als zur Ausschüttung nicht verwendbar zu bezeichnen ist. Die Rücklage muss in Höhe desjenigen Betrages gebildet werden, mit welchem der Geschäftsanteil in der Bilanz aktiviert wird.

19 Durch diese Verpflichtung zur Bildung einer Sonderrücklage wird der eigene Geschäftsanteil wertmäßig neutralisiert und das freie Vermögen der Gesellschaft kann in der betreffenden Höhe weder ausgeschüttet noch zum Erwerb weiterer eigener Geschäftsanteile verwandt werden (*Lutter/Hommelhoff* GmbHG, § 33 Rn. 8; *Meyer-Landrut* § 33 Rn. 14; Scholz/*Westermann* GmbHG, § 33 Rn. 42).

20 Fraglich ist, **zu welchem Zeitpunkt** ausreichend freies Gesellschaftsvermögen zum Erwerb eigener Geschäftsanteile und zur Bildung der Rücklage vorhanden sein muss. Die Rechtsprechung und herrschende Literatur stellen insofern wegen der Parallele zu § 30 GmbHG auf den **Zeitpunkt der Gegenleistung** ab (BGH GmbHR 1998, 933, wobei der BGH ausdrücklich offen ließ, ob gleichzeitig auch auf den Zeitpunkt des schuldrechtlichen Vertrages abzustellen ist; Hachenburg/*Hohner* § 33 Rn. 38; *Lutter/Hommelhoff* GmbHG, § 33 Rn. 7) und nicht auf den Zeitpunkt, in dem die Zahlungsverpflichtung entsteht oder fällig wird (so aber *Meyer-Landrut* § 33 Rn. 6; Scholz/*Westermann* GmbHG, § 33 Rn. 26). Daneben existiert eine stark vertretene Ansicht in der Literatur, wonach kumulativ auf den Zeitpunkt des Abschluss des Anteilskaufvertrages und auf den Zeitpunkt der Bezahlung des Geschäftsanteils abzustellen ist (*Baumbach/Hueck* § 33 Rn. 10; MünchHdb GesR III/*Kort* § 27 Rn. 17; *Roth/Altmeppen* § 33 Rn. 11 f.).

III. Inpfandnahme

21 Die Inpfandnahme voll eingezahlter Geschäftsanteile durch die Gesellschaft ist nur zulässig, wenn die gesicherten Forderungen oder die niedrigeren Verkehrswerte der verpfändeten Geschäftsanteile **durch freies Vermögen gedeckt** sind, S. 2. Sofern die Höhe der gesicherten Forderung das freie Vermögen der Gesellschaft übersteigt, wird teilweise angenommen, dass die Inpfandnahme dann zumindest in Höhe dieses freien Teilbetrages aufrechterhalten werden kann (*Meyer-Landrut* § 33 Rn. 8; Scholz/*Westermann* GmbHG, § 33 Rn. 25; R/S-L/*Rowedder* § 33 Rn. 17). Ebenso wie bei Abs. 1 betrifft auch das Verbot der Inpfandnahme nicht voll eingezahlter Geschäftsanteile nur die rechtsgeschäftliche Inpfandnahme (vgl. Rn. 7).

IV. Rechtsfolgen bei zulässigem Anteilserwerb

22 Beim zulässigen Erwerb eines eigenen Geschäftsanteils durch die Gesellschaft **besteht der Anteil fort**. Der Geschäftsanteil kann von der Gesellschaft an einen Dritten **weiterveräußert** werden.

23 Solange die Gesellschaft allerdings den Geschäftsanteil selbst hält, **ruhen** die damit verbundenen vermögensrechtlichen und nichtvermögensrechtlichen **Rechte und Pflichten** (BGH GmbHR 1995, 291). Die GmbH hat also selbst insbesondere kein Stimmrecht und kein Gewinnbezugsrecht aus eigenen Anteilen (vgl. hierzu ausführl. Hachenburg/*Hohner* § 33 Rn. 51 ff.). Würde das Stimmrecht nicht ruhen, wären die Geschäftsführer der Gesellschaft in der Lage, sich auf Gesellschafterebene an der Willensbildung der GmbH zu beteiligen. Das ist nicht erwünscht. Da die GmbH auch kein Gewinnbezugsrecht hat, bleibt es den weiteren Gesellschaftern unbenommen, den Gewinn, der auf den von der Gesellschaft gehaltenen Geschäftsanteil entfällt, auf sich zu verteilen (BGH GmbHR 1995, 291). Ebenso wie kein Gewinnbezugsrecht besteht, ist die Gesellschaft auch nicht zum Nachschuss aus eigenen Geschäftsanteilen verpflichtet.

V. Rechtsfolgen bei unzulässigen Anteilserwerb

24 Anders als bei Abs. 1 (s. Rn. 9) hat ein Verstoß gegen Abs. 2 nur **Nichtigkeit** des zugrundeliegenden **Verpflichtungsgeschäftes** zur Folge, lässt jedoch das dingliche Geschäft unberührt. Folglich ist bei Weiterveräußerung an einen Dritten der **gutgläubige Erwerb** des Geschäftsanteils **möglich**. Aus der Nichtigkeit des schuldrechtlichen Vertrages folgt die Rückabwicklung entsprechend den Bestimmungen der §§ 812 ff. BGB. Danach hat die Gesellschaft gegen den Veräußerer einen **Zahlungsanspruch** in Höhe des gezahlten Kaufpreises Zug um Zug gegen Rückabtretung des verbotswidrig übertragenen Geschäftsanteils (Hachenburg/*Hohner* § 33 Rn. 44). Ferner würde eine Zahlung der Gesellschaft gegen § 30 GmbHG verstoßen. Bereits geleistete Zahlungen hat die Gesellschaft nach § 31 GmbHG zurückzufordern. Die **Haftung des Geschäftsführers** bestimmt sich nach § 43 GmbHG. In der Regel trifft ihn ein Verschulden, da er die bilanziellen Verhältnisse der Gesellschaft – unter Umständen durch Aufstellung einer Zwischenbilanz – bei Abschluss des schuldrechtlichen Vertrags prüfen muss (*Bloching/Kettinger* BB 2006, 172; Hachenburg/*Hohner* § 33 Rn. 47; MünchHdb GesR III/*Kort* § 27 Rn. 25; Scholz/*Westermann* GmbHG, § 33 Rn. 31).

25 Zeigt sich erst nach Abschluss des schuldrechtlichen Vertrages, dass die Gesellschaft nicht in der Lage ist, den Kaufpreis zu erbringen oder die Rücklage für den Geschäftsanteil zu bilden (etwa durch unerwartete Vermögensverschlechterung der GmbH), wird das **Verpflichtungsgeschäft** gleichsam nicht nichtig. Allerdings steht der Gesellschaft dann in Bezug auf das dingliche Geschäft ein **Leistungsverweigerungsrecht** zu (BGHZ 139, 132; *Bloching/Ketting* BB 2006, 172 f. m. w. N.).

VI. Sonderproblem: Erwerb sämtlicher Geschäftsanteile (Kein-Mann-GmbH)

26 Soweit die Gesellschaft auch den **letzten noch ausstehenden Geschäftsanteil** erwirbt, entsteht die sog. Kein-Mann-GmbH. Bei diesem Rechtskonstrukt hält die Gesellschaft – gänzlich gesellschafterlos – alle Geschäftsanteile an sich selbst. Weil die mitgliedschaftlichen Rechte und Pflichten solange ruhen, wie der Geschäftsanteil von der Gesellschaft selbst gehalten wird (vgl. Rn. 23), ist die Kein-Mann-GmbH zur Willensbildung auf Gesellschafterebene unfähig. Konsequenter-

weise lehnt die h. M. (*Baumbach/Hueck* § 33 Rn. 14; Hachenburg / *Hohner* § 33 Rn. 87; MünchHdb GesR III / *Kort* § 27 Rn. 42; *Roth/Altmeppen* § 33 Rn. 22; Scholz / *Westermann* GmbHG, § 33 Rn. 44, *Steding* NZG 2003, 60 jeweils m. w. N.) die Zulässigkeit der Kein-Mann-Gesellschaft unter Berufung darauf ab, dass in diesem Fall kein funktionsfähiges Willensbildungsorgan (Gesellschafterversammlung) mehr vorhanden ist. Es besteht auch kein praktisches Bedürfnis für die Kein-Mann-GmbH. Teilweise wird die Kein-Mann-GmbH allenfalls als **kurzzeitige Interimslösung** für zulässig erachtet (Scholz / *Westermann* GmbHG, § 33 Rn. 44). Damit wäre der Erwerb des letzten noch ausstehenden Geschäftsanteils nicht nichtig (*Roth/Altmeppen* § 33 Rn. 23 m. w. N.), sondern lediglich Auflösungsgrund für die Gesellschaft. So bietet sich bei einem kurzfristigen Zwischenerwerb durch die Gesellschaft die Möglichkeit, den gesellschafterlosen Zustand beispielsweise durch Veräußerung eines Geschäftsanteils zu beenden.

D. Erwerb im Rahmen von Umwandlungsvorgängen, Abs. 3

27 Abs. 3 betrifft ausschließlich den **entgeltlichen Erwerb eigener Geschäftsanteile** durch die Gesellschaft in den Fällen der Fusion (§ 29 Abs. 1 UmwG), der Spaltung (§ 125 UmwG) und der formwechselnden Umwandlung (§ 207 UmwG). Um Strukturänderungen der Gesellschaft zu erleichtern sieht Abs. 3 vor, dass für eine **Ausschlussfrist von sechs Monaten** der Erwerb zur Abfindung von Gesellschaftern, die der Umwandlung widersprochen haben, mit Mitteln aus gebundenem Gesellschaftsvermögen zulässig ist.

28 Voraussetzung ist jedoch weiterhin, dass die Gesellschaft **wirtschaftlich in der Lage** ist, eine Sonderrücklage nach § 272 Abs. 4 HGB zu bilden. Kann die Gesellschaft diese Rücklage nicht bilden, kann sie die geplante Strukturmaßnahme nicht durchführen.

29 Hingegen ist der Erwerb **nicht voll eingezahlter Geschäftsanteile** in jedem Fall möglich (*Baumbach/Hueck* § 33 Rn. 16; *Lutter/Hommelhoff* GmbHG, § 33 Rn. 13; *Roth/Altmeppen* § 33 Rn. 43; Scholz / *Westermann* GmbHG, § 33 Rn. 45), das Erwerbsverbot des Abs. 1 tritt insoweit hinter Abs. 3 zurück (MünchHdb GesR III / *Kort* § 27 Rn. 33). Streitig ist dann jedoch, wie der **Anspruch auf die ausstehende Resteinlage** zu behandelnd ist. Nach h. A. erlischt der Anspruch durch Konfusion endgültig, also auch für den Fall späterer Weiterveräußerung (*Baumbach/Hueck* § 33 Rn. 16; MünchHdb GesR III / *Kort* § 27 Rn. 33; Scholz / *Westermann* GmbHG, § 33 Rn. 45). Nach a. A. (*Roth/Altmeppen* § 33 Rn. 43; R / S-L / *Rowedder* § 33 Rn. 38) soll die Einlageverpflichtung des ausscheidenden Gesellschafters nicht durch Konfusion erlöschen. Zur Sicherung der Kapitalaufbringung sollen der ausgeschiedene Gesellschafter, die Mitgesellschafter und der etwaige spätere Erwerber für die Einlageforderung verhaftet bleiben. Zum Schutz des Stammkapitals ist der zuletzt genannten Auffassung der Vorzug zu geben.

E. Gegenseitige Beteiligungen im Konzern

30 Es liegt unmittelbar auf der Hand, dass gegenseitige Beteiligungen in Konzernrechtsverhältnissen als mittelbare Selbstbeteiligungen das Stammkapital ähnlich gefährden können wie der Erwerb eigener Geschäftsanteile durch die GmbH. Daher ist heute allgemein anerkannt, dass die Grundsätze des § 33 GmbHG auch dann **analoge Anwendung** finden, wenn eine Tochtergesellschaft Anteile an der Muttergesellschaft erwerben will (*Baumbach/Hueck* § 33 Rn. 21; *Lutter/Hommelhoff* GmbHG, § 33 Rn. 21 ff.) – sog. **Verbot mittelbarer Selbstbeteiligung**. Hingegen ist der umgekehrte Fall, wonach die Muttergesellschaft Geschäftsanteile an ihrer Tochtergesellschaft erwerben will, evidenterweise kein Fall des § 33 GmbHG und einschränkungslos möglich (*Roth/Altmeppen* § 33 Rn. 37; Scholz / *Westermann* GmbHG, § 33 Rn. 13).

31 Die Einzelheiten der analogen Anwendung bei Anteilserwerb durch Tochtergesellschaften sind indes noch **umstritten**. Einigkeit besteht darin, dass nicht jede Form der mittelbaren Selbstbeteiligung den Bestimmungen des § 33 GmbHG unterfällt, sondern nur solche, bei denen die Tochtergesellschaft, die Anteile an der Muttergesellschaft erwerben will, ihrerseits von der Muttergesellschaft beherrscht wird (Hachenburg / *Hohner* § 33 Rn. 80; R / S-L / *Rowedder* § 33 Rn. 34) oder zumindest in einer bestimmten qualifizierten Beteiligungshöhe gehalten wird (eine Beteiligungs-

höhe i. H. v. 25 % für ausreichend halten *Lutter/Hommelhoff* GmbHG, § 33 Rn. 22) bzw. ein sonstiges Abhängigkeitsverhältnis besteht. Findet § 33 GmbHG insoweit analoge Anwendung, darf die abhängige Tochtergesellschaft nur solche Anteile der herrschenden Muttergesellschaft erwerben, die **voll eingezahlt** sind und die sie aus dem ihr zur Verfügung stehenden Vermögen, das über den Wert des nominalen Stammkapitals hinaus vorhanden ist, bezahlen kann. Ferner ist die Sonderrücklage für eigene Anteile zu bilden. Daneben ist streitig, ob – in entsprechender Anwendung von § 328 AktG – die beherrschte Tochtergesellschaft Geschäftsanteile an ihrer herrschenden Muttergesellschaft nur in einer **bestimmten Höhe** halten darf. Dies befürwortet eine Meinung und beschränkt die Grenze auf 25 % des Stammkapitals (Scholz / *Westermann* GmbHG, § 33 Rn. 22; *Lutter/Hommelhoff* GmbHG, § 33 Rn. 21), und geht damit über den im Aktienrecht bestehenden Prozentsatz i. H. v. 10 % hinaus (vgl. §§ 71, 71 c Abs. 2 und 71 d AktG). Nach der hier vertretenen Auffassung kann die GmbH in Übereinstimmung mit § 33 GmbHG, der eine solche Beschränkung nicht vorsieht, die Geschäftsanteile einschränkungslos erwerben (so auch *Meyer-Landrut* § 33 Rn. 9).

Handelt es sich bei der herrschenden Muttergesellschaft um eine Aktiengesellschaft, an der die 32
beherrschte Tochter-GmbH Aktien erwerben will, gelten die Bestimmungen der §§ 71 ff. AktG.

F. Änderungen durch das MoMiG

Änderungen durch das geplante »Gesetz zur Modernisierung des GmbH-Rechts und zur Be- 33
kämpfung von Missbräuchen« (MoMiG; vgl. RefE vom 29. 5. 2006) sind nicht vorgesehen.

§ 34 [Einziehung von Geschäftsanteilen]

(1) Die Einziehung (Amortisation) von Geschäftsanteilen darf nur erfolgen, soweit sie im Gesellschaftsvertrag zugelassen ist.

(2) Ohne die Zustimmung des Anteilsberechtigten findet die Einziehung nur statt, wenn die Voraussetzungen derselben vor dem Zeitpunkt, in welchem der Berechtigte den Geschäftsanteil erworben hat, im Gesellschaftsvertrag festgesetzt waren.

(3) Die Bestimmung im § 30 Abs. 1 bleibt unberührt.

Übersicht:

A. Allgemeines

1 § 34 GmbHG ermöglicht die **Einziehung von Geschäftsanteilen** der GmbH, früher auch **Amortisation** genannt. Die Bestimmung ist simpel formuliert, erweist sich jedoch in der juristischen Praxis oftmals als schwierig (so auch *Fromm* GmbHR 2005, 1478).

2 Die Einziehung regelt das **Ausscheiden eines Gesellschafters** aus der Gesellschaft, ohne den Bestand der Gesellschaft selbst aufzugeben und das Stammkapital herabzusetzen. Sie betrifft mithin einen wichtigen Problemkreis des GmbH-Rechts. Zu unterscheiden ist die in der Praxis kaum relevante **freiwillige Einziehung** mit Zustimmung des betroffenen Gesellschafters (Abs. 1) und die sog. **Zwangseinziehung** (Abs. 2). Bei der Zwangseinziehung wird der Gesellschafter gegen seinen Willen aus der Gesellschaft ausgeschlossen, was regelmäßig zu Streit führt. Dabei können die Motive für eine Zwangseinziehung vielfältig sein: So kann die Einziehung dem Schutz der anderen Gesellschafter vor dem Eintreten unerwünschter Personen in die GmbH dienen, was beispielsweise bei der Einziehung wegen drohender Verwertung des Geschäftsanteils durch Gläubiger des Gesellschafters sowie bei Ausschluss von Vererbung oder Schenkung im Gesellschaftsvertrag der Fall ist. Daneben ist die Zwangseinziehung in der Praxis oft ultima ratio, um sich von einem unerwünschten Gesellschafter zu trennen. Durch die Einziehung wird der Geschäftsanteil des ausscheidenden Gesellschafters vernichtet (amortisiert) und die damit verbundenen Mitgliedschaftsrechte gehen unter. Das Stammkapital bleibt unverändert erhalten. Eine Erhöhung der Nennbeträge der Geschäftsanteile der verbleibenden Gesellschafter wird nicht verlangt. Nach Abs. 3 ist die Kapitalerhaltungsvorschrift des § 30 Abs. 1 GmbHG zu beachten. Die Bestimmung enthält große Lücken und beinhaltet lediglich einige **formelle Voraussetzungen** der Einziehung. Ungeregelt bleiben die Art und Weise der Durchführung der Einziehung sowie ihre Wirkung.

3 Änderungen durch das »Gesetz zur Modernisierung des GmbH-Rechts und zur Bekämpfung von Missbräuchen« (MoMiG; vgl. RefE vom 29. 5. 2006) sind nicht geplant.

B. Voraussetzungen der freiwilligen Einziehung

4 Die freiwillige Einziehung hat mehrere **zwingende Voraussetzungen**.

I. Regelung im Gesellschaftsvertrag

5 Eine erste Voraussetzung ist, dass der Gesellschaftsvertrag die **Einziehung zulässt**. Ohne entsprechende Regelung im Gesellschaftsvertrag ist die Einziehung selbst mit Zustimmung des betroffenen Gesellschafters unzulässig. Indes genügt eine allgemein gehaltene Regelung im Gesellschaftsvertrag (etwa: »Die Einziehung von Geschäftsanteilen ist zulässig«), nähere Einzelheiten müssen nicht vorgesehen werden (allg. M., vgl. Baumbach/Hueck/*Hueck* GmbHG, § 34 Rn. 15; Scholz/*Westermann* GmbHG, § 34 Rn. 7). Ausreichend ist nach ganz h. M. auch, wenn dem Gesellschaftsvertrag **durch Auslegung** entnommen werden kann, dass eine freiwillige Einziehung möglich sein soll, beispielsweise wenn von Kündigung oder Rücktritt gesprochen wird (vgl. R/S-L/*Rowedder* § 34 Rn. 6; Scholz/*Westermann* GmbHG, § 34 Rn. 7).

6 Sofern die freiwillige Einziehung im Gesellschaftsvertrag nicht vorgesehen ist, kann sie nach **nachträglich** durch **Änderung des Gesellschaftsvertrages** ermöglicht werden. Hierfür ist nach § 53 Abs. 3 GmbHG die Zustimmung aller Gesellschafter erforderlich, da auch die verbleibenden Gesellschafter durch höhere Belastungen oder Verschiebungen der Stimmverhältnisse betroffen sein können (so auch die wohl h. M., vgl. *Lutter/Hommelhoff* GmbHG, § 34 Rn. 9; R/S-L/*Rowedder* § 34 Rn. 7) und Rechtsprechung (BGHZ 9, 160). Die Gegenansicht (*Roth/Altmeppen* § 34 Rn. 8; *Baumbach/Hueck* § 34 Rn. 5; *Meyer-Landrut* § 34 Rn. 3; Scholz/*Westermann* GmbHG, § 34 Rn. 10) hält eine 3/4-Mehrheit für ausreichend, da der Gesellschafter, der seinen Geschäftsanteil vor entsprechender Änderung des Gesellschaftsvertrages erworben hat, aufgrund des Zustimmungserfordernisses des Abs. 2 ausreichend geschützt sei und mit der nachträglichen Zulassung der Einziehung für die Gesellschafter keine zusätzlichen Pflichten begründet werden.

II. Zustimmung des Betroffenen

Ferner ist die Zustimmung des betroffenen Gesellschafters notwendig. Die Zustimmungserklärung ist eine **formlose empfangsbedürftige Willenserklärung**, die gegenüber der Gesellschaft abzugeben ist. Die Zustimmung kann auch **konkludent** erklärt werden. Infolgedessen kann die Zustimmung auch dadurch zum Ausdruck gebracht werden, dass der betroffene Gesellschafter an der Beschlussfassung in der Gesellschafterversammlung positiv mitwirkt (Michalski/*Sosnitza* § 34 Rn. 14). 7

Ist der Geschäftsanteil durch bestehende Pfandrechte oder durch Nießbrauch mit **Rechten Dritter belastet**, so müssen auch alle Mitberechtigten der Einziehung des Geschäftsanteils zustimmen, wenn sie der Gesellschaft durch Anmeldung oder Anzeige entsprechend § 16 GmbHG bekannt waren (Baumbach/Hueck/*Hueck* § 34 Rn. 6; Ulmer/*Ulmer* GmbHG, § 34 Rn. 23). 8

III. Kein Verstoß gegen Kapitalerhaltungs- und -aufbringungsvorschriften

Weitere zwingende Voraussetzung für die Einziehung eines Geschäftsanteils ist, dass die **Stammeinlage** auf den einzuziehenden Geschäftsanteil **voll erbracht** ist. Dies ergibt sich aus dem Verbot des Erlasses der Einlageforderung (§ 19 Abs. 2 GmbHG), weil anderenfalls die noch offene Einlagepflicht durch Vernichtung des Geschäftsanteils untergehen würde (Michalski/*Sosnitza* § 34 Rn. 16). 9

Mit dem Verweis des Abs. 3 auf § 30 Abs. 1 GmbHG wird klargestellt, dass eine für die Einziehung zu zahlende Abfindung zwingend aus freiem, **nicht im Stammkapital gebundenen Vermögen** zu leisten ist. Die Verweisung dient dem Grundsatz der Kapitalerhaltung. Dementsprechend findet diese Voraussetzung keine Anwendung, wenn die Einziehung unentgeltlich erfolgt. 10

Bei der **entgeltlichen** Abfindung ist zur Beurteilung der Frage, ob die Gesellschaft über ausreichend freies Vermögen verfügt, die nach ordnungsgemäßen Grundsätzen aufgestellte letzte fortgeschriebene Jahresbilanz der Gesellschaft maßgebend. Ist nach dieser fraglich, ob genügend freies Vermögen vorhanden ist, ist gegebenenfalls eine Stichtagsbilanz auf den Tag aufzustellen, in dem die Abfindung für den eingezogenen Geschäftsanteil fällig ist. 11

Sofern ein nicht voll eingezahlter Geschäftsanteil eingezogen werden soll oder die Zahlung des Einziehungsentgelts zu einer Unterbilanz führen würde, kann die Einziehung nur nach einer **vorherigen Herabsetzung des Stammkapitals** vorgenommen werden. Die Kapitalherabsetzung hat den Anforderungen des § 58 GmbHG zu entsprechen. Die Einziehung darf aber erst dann erfolgen, wenn die Kapitalherabsetzung vollständig durchgeführt und in das Handelsregister eingetragen worden ist (R/S-L/*Rowedder* § 34 Rn. 15; Michalski/*Sosnitza* § 34 Rn. 18 f.). 12

IV. Rechtsfolgen einer unwirksamen Einziehung

Bei nicht ordnungsgemäßer Einziehung ist zwischen Mängeln des Einziehungsbeschlusses und übrigen Mängeln zu unterscheiden: Mängel des Einziehungsbeschlusses sind je nach Art des Mangels anfechtbar (beispielsweise bei Fehlen der notwendigen Grundlage im Gesellschaftsvertrag) oder nichtig (bei Verstoß gegen die Vorschriften zur Kapitalaufbringung- und -erhaltung) (Michalski/*Sosnitza* § 34 Rn. 27). Liegen sonstige Mängel der Einziehung vor, so führen diese zur Unwirksamkeit der Einziehung, die durch Feststellungsklage geltend gemacht werden kann. 13

C. Voraussetzungen der Zwangseinziehung, Abs. 2

Für die Einziehung von Geschäftsanteilen ohne Zustimmung bestehen zum Schutz des betroffenen Gesellschafters erhöhte Anforderungen. 14

I. Regelung im Gesellschaftsvertrag

Zunächst ist die zwangsweise Einziehung nur zulässig, wenn ihre Voraussetzungen **im Gesellschaftsvertrag festgelegt** sind. Ferner muss aus Gründen des Vertrauensschutzes die entspre- 15 chende Bestimmung bei Gründung oder in dem **Zeitpunkt**, in dem der Betroffene den Geschäftsanteil erwarb, Bestandteil des Gesellschaftsvertrags gewesen sein (*Sosnitza* Rn. 30). Eine nachträgliche Zulassung der Zwangseinziehung ist zulässig, bedarf jedoch in jedem Fall der Zustimmung aller Gesellschafter (§ 53 Abs. 3 GmbHG). Damit ist der Betroffene gegenüber einer späteren Zulassung der Zwangseinziehung im Gesellschaftsvertrag hinreichend geschützt, da sie nur mit seiner Zustimmung in den Gesellschaftsvertrag aufgenommen werden kann.

II. Vorliegen eines Einziehungsgrundes

16 Die **Gründe** der Zwangseinziehung müssen im Gesellschaftsvertrag **präzise festgelegt** werden. Aus Gründen des Vertrauensschutzes sind die Einziehungsgründe so genau wie möglich zu formulieren, damit jedem Gesellschafter die mit der Bestimmung formulierten Risiken hinreichend klar werden und die Bestimmung einer gerichtlichen Überprüfung standhält (*Sosnitza* Rn. 34). Allerdings reicht eine Formulierung wie »Vorliegen eines wichtigen Grundes in der Person des Gesellschafters« aus, da derartige Umschreibungen üblich und gerichtlich nachprüfbar sind (*Sosnitza* Rn. 37).

17 Als Gründe, die zur Einziehung berechtigen, finden sich **in der Praxis** häufig: die Pfändung in einen Geschäftsanteil oder Insolvenz des Gesellschafters, die Abberufung als Geschäftsführer oder Beendigung der Mitarbeit (BGH GmbHR 2005, 1561; GmbHR 2005, 1558), Verstoß gegen ein Wettbewerbsverbot oder Vererbung des Anteils an familienfremde Personen bei einer Familiengesellschaft, Nichtmitwirken an der Finanzierung der Gesellschaft durch einen Gesellschafter.

18 Indes besteht Einigkeit, dass die zwangsweise Einziehung eines Geschäftsanteiles in jedem Fall eines **sachlichen Grundes** bedarf. Eine sog. **Hinauskündigungsklausel**, wonach die Einziehung des Geschäftsanteiles im freien Ermessen der Mehrheitsgesellschafter steht, verstößt gegen § 138 Abs. 1 BGB und ist nichtig (BGHZ 112, 103, 108; 105, 213, 216 f.). Grund dafür ist die Befürchtung, dass der von der jederzeitigen Ausschlussmöglichkeit bedrohte Gesellschafter von seinen Gesellschafterrechten keinen oder nur eingeschränkten Gebrauch macht bzw. die ihm obliegenden Pflichten nicht ordnungsgemäß erfüllt, sondern sich stattdessen den Wünschen der Mehrheitsgesellschafter beugt (BGHZ 112, 103, 107 m. w. N.: Hachenburg / *Ulmer* § 34 Rn. 43; *Baumbach/Hueck* § 34 Rn. 8; *Lutter/Hommelhoff* GmbHG, § 34 Rn. 18). In seinen Urteilen vom 19. 9. 2005 hat der BGH entschieden, dass **Management- und Mitarbeiter-Beteiligungsmodelle**, die diesem Personenkreis nur für die Dauer der Beschäftigung bei der Gesellschaft einen Geschäftsanteil einräumen, keine freie gegen § 138 BGB verstoßende Hinauskündigung darstellen (BGHZ 164, 107; 164, 117).

III. Zahlung einer Einziehungsabfindung

19 Dem wirksam durch Einziehung ausgeschlossenen Gesellschafter steht für den Anteilsverlust regelmäßig eine Einziehungsabfindung zu. Diese ist von der Gesellschaft geschuldet. In der Praxis wird über die **Höhe** der Abfindung regelmäßig gestritten.

1. Verkehrswert

20 Grundsätzlich hat der aus einer Gesellschaft ausscheidende Gesellschafter – soweit nicht gesellschaftsvertraglich etwas anderes bestimmt ist – Anspruch auf Abfindung zum **Verkehrswert seines Anteils** (BGHZ 116, 359, 369 f.; *Scholz* Rn. 22; *Lutter/Hommelhoff* GmbHG, § 34 Rn. 42). Der Verkehrswert ist der Betrag, den ein Dritter bei einer möglichst vorteilhaften Verwertung für den Erwerb des Geschäftsanteils zu zahlen bereit wäre. Selbst wenn ein Gesellschafter einer gesellschaftsvertraglich festgelegten Abfindungsvereinbarung ursprünglich zugestimmt hat, wird er im Zeitpunkt seines Ausscheidens regelmäßig nicht geneigt sein, einen Abfindungsanspruch zu akzeptieren, der erheblich unter Verkehrswert liegt.

In der Regel fordert die Wertermittlung die Einholung eines **Sachverständigengutachtens**. Dabei wird für die Unternehmensbewertung regelmäßig die **Ertragswertmethode** angewendet, wonach aus den in der Vergangenheit tatsächlich erzielten Erträgen auf die künftig erzielbaren Erträge geschlossen wird. Diese werden dann kapitalisiert (Michalski/*Sosnitza* § 34 Rn. 45). Die Substanzwerte stellt demgegenüber darauf ab, welche Aufwendungen nötig wären, um ein gleiches Unternehmen zu errichten. Dazu werden die Werte der einzelnen Wirtschaftsgüter summiert (Michalski/*Sosnitza* § 34 Rn. 45). 21

2. Gesellschaftsvertragliche Abfindungsbeschränkungen

Einigkeit besteht, dass Abfindungsbeschränkungen im Gesellschaftsvertrag **im Grundsatz zulässig** sind (BGHZ 65, 22, 27; *Baumbach/Hueck* § 34 Rn. 22; *Sosnitza* Rn. 52). Im Einzelnen ist aber noch unklar, inwieweit der Gesellschaftsvertrag die Abfindungshöhe vorsehen darf. Führt die Beschränkung des Abfindungsanspruchs beim Ausscheiden aus der Gesellschaft zu einem unangemessen niedrigen Abfindungsbetrag, so ist diese entweder gem. § 138 BGB nichtig (anfängliches Missverhältnis) oder kann als ursprünglich wirksame Abfindungsbeschränkung im Laufe der Zeit undurchsetzbar werden. Wann ein Abfindungsbetrag **unangemessen niedrig** ist, kann nur aufgrund der Umstände des jeweiligen Einzelfalles festgelegt werden. Der BGH hat sich dazu bislang zahlenmäßig nicht festgelegt. Vielmehr stellt er jeweils eine Einzelfallbetrachtung an; starre Regeln gibt es nicht (vgl. BGHZ 126, 226, 243 f.). 22

Als **sittenwidrig** hat der BGH in der Vergangenheit beispielsweise eine Beschränkung der Abfindung auf die **Hälfte des Buchwerts** des Geschäftsanteils angesehen (BGH NJW 1989, 2685, 2686). In der Regel sittenwidrig ist nach dem BGH des Weiteren eine Abfindung zum **Nennwert**, wenn der Verkehrswert des Anteils ein Vielfaches des Nennwertes beträgt (BGHZ 116, 359, 376). Hingegen kann ausnahmsweise auch die entschädigungslose Einziehung zulässig sein, wenn die Gesellschaft eigene Anteile einzieht oder ideelle oder gemeinnützige Zwecke erfolgt. 23

3. Ausscheiden bei Streit über die Höhe der Abfindung

Es liegt in der Natur der Sache, dass eine angemessene Höhe der Abfindung nur schwer zu ermitteln ist. Damit ein vor den Gerichten geführter Streit über die Höhe der geschuldeten Abfindung die Gesellschaft nicht über Jahre hinweg blockieren kann, befürwortet eine stark vertretene Auffassung im Schrifttum, dass der Streit über die Höhe der Abfindung keinen Einfluss auf das Wirksamwerden der Einziehung hat (*Fromm* GmbHR 2005, 1480; *Goette* ZIP 2005, 1488; *Roth/Altmeppen* § 34 Rn. 14 ff.). Die noch h. M. (Lutter/Hommelhoff/*Hommelhoff* GmbHG, § 34 Rn. 28 f.; Scholz/*Westermann* GmbHG, § 34 Rn. 56) stützt sich hier auf BGHZ 9, 157, wonach die Gesellschafterstellung erst mit Zahlung der geschuldeten Abfindung endet. Da dies zu einem für beide Seiten unerträglichen Schwebezustand führt, ist diese Auffassung abzulehnen. 24

IV. Kein Verstoß gegen Kapitalerhaltungs- und -aufbringungsvorschriften

Mit dem Verweis von Abs. 3 auf § 30 Abs. 1 GmbHG wird klargestellt, dass die Gesellschaft das Einziehungsentgelt – in ungewisser Höhe – **aus freiem Vermögen** zu leisten hat. Daneben muss der Geschäftsanteil **voll einbezahlt** sein. 25

V. Rechtsfolgen einer unwirksamen Zwangseinziehung

Bei Mängeln des Einziehungsbeschlusses ist dieser je nach Schwere des Mangels **anfechtbar oder nichtig**. Nichtigkeitsgründe sind analog § 243 Nr. 3 AktG insbesondere ein Verstoß gegen Kapitalerhaltungsvorschriften. Mängel bei der Beschlussdurchführung machen die Einziehung unwirksam. Mangelhafte Abfindungsklauseln sind nur ausnahmsweise nichtig, im Übrigen besteht ein Anspruch auf Anpassung der Abfindung, der die Einziehung nicht unwirksam macht (Michalski/*Sosnitza* § 34 Rn. 86 ff.) 26

D. Durchführung der Einziehung

27 Die Durchführung der Einziehung erfolgt durch **Einziehungsbeschluss der Gesellschafterversammlung** (§ 46 Abs. 1 Nr. 4 GmbHG) und **Erklärung** der Einziehung gegenüber dem betroffenen Gesellschafter.

I. Gesellschafterbeschluss

28 Die Beschlussfassung über die Einziehung erfolgt mit **einfacher Mehrheit** der Gesellschafterversammlung, sofern nicht der Gesellschaftsvertrag etwas anderes bestimmt (str., aber h. M.; s. *Lutter/Hommelhoff* GmbHG, § 34 Rn. 28 m. w. N.). Für die Beschlussfassung gilt § 48 GmbHG.

29 Eine Einziehung ohne entsprechenden Beschluss der Gesellschafterversammlung (automatische Einziehung) ist wegen §§ 46 Abs. 1 Nr. 4, 47 GmbHG unzulässig. Dies gilt auch, wenn der Gesellschaftsvertrag die automatische Einziehung ausdrücklich vorsieht (*Baumbach/Hueck* § 34 Rn. 13; *Lutter/Hommelhoff* GmbHG, § 34 Rn. 4; R/S-L/*Rowedder* § 34 Rn. 11).

30 Nach ganz h. M. kann die Befugnis zur Einziehung auf ein **anderes Organ übertragen** werden, etwa dem Beirat der Gesellschaft, einem Gesellschafterausschuss oder einem Schiedsgericht (R/S-L/*Rowedder* § 34 Rn. 11).

31 Jedenfalls bei der zwangsweisen Einziehung unterliegt der betroffene Gesellschafter dem **Stimmverbot** des § 47 Abs. 4 S. 1 GmbHG, wenn die Einziehung auf einen wichtigen Grund in der Person des betroffenen Gesellschafters gestützt wird (Michalski/*Sosnitza* § 34 Rn. 100). Dies folgt aus dem Grundsatz, dass niemand Richter in eigener Sache sein kann. Dem betroffenen Gesellschafter steht ein Teilnahmerecht in der Gesellschafterversammlung jedoch selbstverständlich zu.

II. Bekanntgabe

32 Der Einziehungsbeschluss ist dem Gesellschafter durch die Gesellschaft, vertreten durch die Geschäftsführung, mitzuteilen (*Fromm* GmbHR 2005, 1478; *Lutter/Hommelhoff* GmbHG, § 34 Rn. 12). Hierfür genügt eine **formlose Mitteilung**. Ist der betroffene Gesellschafter auf der Gesellschafterversammlung anwesend, auf der der Einziehungsbeschluss gefasst wird, bedarf es keiner gesonderten Mitteilung durch die Geschäftsführung (*Fromm* GmbHR 2005; R/S-L/*Rowedder* § 34 Rn. 12).

III. Rechtsstellung des Gesellschafters während des Einziehungsverfahrens

33 Während des laufenden Einziehungsverfahrens bleibt der betroffene Gesellschafter Gesellschafter mit allen Rechten und Pflichten. Ihm steht also insbesondere das **Stimmrecht** in der Gesellschafterversammlung zu und er ist **gewinnbezugsberechtigt**. Im Gegenzug ist der Gesellschafter jedoch auch verpflichtet, die mit dem Geschäftsanteil verbundenen Verpflichtungen zu erbringen, insbesondere ist er zur **Nachschusszahlung** verpflichtet.

E. Wirkung der Einziehung

34 Mit der Erklärung der wirksamen Einziehung gegenüber dem betroffenen Gesellschafter tritt die **Gestaltungswirkung** ein. Ab diesem Zeitpunkt wird der Geschäftsanteil nicht nur dem betreffenden Gesellschafter entzogen, sondern er wird auch vernichtet (Michalski/*Sosnitza* § 34 Rn. 112). Die Vernichtung umfasst sämtliche mit dem Geschäftsanteil verbundenen Rechte und Pflichten.

35 Hierbei ist jedoch zu unterscheiden: Auf dem eingezogenen Geschäftsanteil **lastende dingliche Rechte** können sich am Abfindungserlös **als Surrogat** fortsetzen (§§ 1075, 1287 BGB). Darüber hinaus bleiben die Rechte und Pflichten, die bis zum Zeitpunkt der Wirksamkeit der Einziehung entstanden sind, wie Ansprüche am festgestellten Jahresgewinn oder die Verpflichtung zur Zahlung von Nachschüssen, bestehen.

Im **Innenverhältnis** wächst der eingezogene Anteil den übrigen Gesellschaftern im Verhältnis der von ihnen gehaltenen Beteiligungen materiell-rechtlich zu. Indes bleibt das Stammkapital der Gesellschaft unverändert. Damit kommt es zu einer Diskrepanz entgegen § 5 Abs. 3 S. 3 GmbHG, da der Nennbetrag der verbliebenen Geschäftsanteile nicht mehr mit dem Stammkapital übereinstimmt. Damit hat die Einziehung eines Geschäftsanteils sowohl Auswirkungen auf das Stimmverhältnis der Gesellschafter untereinander, als auch auf ihre Rechte und Pflichten, die sich entsprechend erhöhen (z. B. Pflicht zum Nachschuss). Streitig ist insoweit nur, ob sich die Nennwerte automatisch erhöhen (so *Lutter/Hommelhoff* GmbHG, § 34 Rn. 3) oder ob insofern ein gesonderter Aufstockungsbeschluss der Gesellschafterversammlung benötigt wird (so die wohl noch h. M. vgl. *Fromm* GmbHR 2005, 1478; R/S-L/*Rowedder* § 34 Rn. 33; Scholz/*Westermann* GmbHG, § 34 Rn. 63; *Tschernig* GmbHR 1999, 691). Der **Aufstockungsbeschluss** ist ein reiner Anpassungsbeschluss ohne materielle Bedeutung. Insofern bedarf er weder einer qualifizierten Mehrheit noch ist er in das Handelsregister einzutragen (*Fromm* GmbHR 2005, 1478). 36

F. Sonderfälle

I. Einziehung eines Teil-Geschäftsanteils

Die Teil-Einziehung eines Geschäftsanteils ist zulässig und unter Umständen geboten, wenn das freie Vermögen der Gesellschaft nicht ausreicht, um das Einziehungsentgelt für den gesamten Geschäftsanteil zu bezahlen. 37

II. Einziehung eigener Geschäftsanteile

Auch eigene Geschäftsanteile (§ 33 GmbHG) der Gesellschaft können eingezogen werden. Voraussetzung für eine solche Einziehung ist die **Zulassung im Gesellschaftsvertrag** und ein **entsprechender Beschluss** der Gesellschafterversammlung. 38

Bei fehlender Zulassung im Gesellschaftsvertrag ist eine Mitwirkung aller Gesellschafter an dem Beschluss auch ohne förmliche Satzungsänderung ausreichend. Die Einziehung eigener Geschäftsanteile führt zur gleichzeitigen Auflösung der nach § 272 Abs. 4 HGB gebildeten Sonderrücklage (vgl. § 33 Abs. 2GmbHG) 39

G. Exkurs: Abgrenzung zu Ausschluss und Austritt

Von der Einziehung zu unterscheiden sind der **Ausschluss** als zwangsweise und der **Austritt** eines Gesellschafters als freiwilliges Ausscheiden. Beide Rechtsbehelfe sind im Gesetz nicht geregelt. Dennoch ist im Grundsatz allgemein anerkannt, dass Ausschluss und Austritt eines Gesellschafters – auch ohne ausdrückliche Zulassung im Gesellschaftsvertrag, aber **stets nur aus wichtigem Grund** – erfolgen können (Michalski/*Sosnitza* Anh. § 34 Rn. 4). Dahinter steht der allgemeine Grundsatz, dass für jeden Partner eine Lösung von Dauerschuldverhältnissen in Extremfällen möglich sein muss. Ein Rückgriff auf diese Rechtsbehelfe ist jedoch nur zulässig, wenn der Gesellschaftsvertrag keine anderen Wege zur Verfügung stellt (Ulmer/*Ulmer* GmbHG § 34 Rn. 11). 40

Im Gegensatz zur Einziehung geht der Geschäftsanteil bei Ausschluss und Austritt nicht unter, sondern bleibt bestehen. 41

I. Ausschluss

1. Voraussetzungen

Der Ausschluss setzt das Vorliegen eines wichtigen Grundes voraus. Dabei sind an das Vorliegen eines wichtigen, zur Ausschließung berechtigenden Grundes **hohe Anforderungen** zu stellen. So darf den übrigen Gesellschaftern das Verbleiben des auszuschließenden Gesellschafters in der GmbH nicht weiter zumutbar sein. Dies liegt beispielsweise vor, wenn die Person oder das Verhalten des Gesellschafters, der ausgeschlossen werden soll, die Erreichung des Gesellschaftszwecks unmöglich macht oder erheblich gefährdet und deswegen bei Gesamtwürdigung sein 42

Verbleib in der Gesellschaft untragbar erscheint. Der wichtige Grund setzt **kein Verschulden** des auszuschließenden Gesellschafters voraus.

43 Als wichtige Gründe kommen **beispielsweise** in Frage: schwere Treuepflichtverletzungen gegenüber den verbleibenden Gesellschaftern, Verstoß gegen ein Wettbewerbsverbot oder Verlust der gesellschaftsvertraglich geforderter Familienzugehörigkeit.

44 Der Ausschluss ist **stets äußerstes Mittel**, so dass die verbleibenden Gesellschafter unter Umständen weniger einschneidende Maßnahmen wählen müssen (R/S-L/*Rowedder* § 34 Rn. 43). Als **mildere Maßnahmen** kommen insoweit auch in Betracht, den Geschäftsanteil zur Überwindung einer Sperrminorität teilweise einzuziehen, auf einen Treuhänder zu übertragen oder die Mitgliedschaftsrechte durch eine zur Berufsverschwiegenheit verpflichtete Person (Wirtschaftsprüfer, Rechtsanwalt etc.) wahrnehmen zu lassen (R/S-L/*Rowedder* § 34 Rn. 43).

45 Der Ausschluss darf nicht zu einem Verstoß gegen die Vorschriften zur Aufbringung und Erhaltung des Stammkapitals führen (§§ 19 Abs. 2, 30 Abs. 1, 33 Abs. 2 GmbHG). Ein Ausschluss ist daher bei einem nicht voll eingezahlten Geschäftsanteil nur dann möglich, wenn sich ein Erwerber findet oder der Ausschluss mit einer Herabsetzung des Stammkapitals verbunden werden soll. Soll der Geschäftsanteil auf die Gesellschaft übertragen werden, muss er **voll eingezahlt** sein und die Zahlung der Abfindung muss **aus ungebundenen Mitteln** der Gesellschaft erfolgen.

2. Verfahren

46 Der Ausschluss eines Gesellschafters erfordert – sofern nicht im Gesellschaftsvertrag etwas anderes vorgesehen – einen **Gesellschafterbeschluss** sowie ein **Ausschließungsurteil**.

47 Der Beschluss der Gesellschafterversammlung muss aufgrund der Schwere des Eingriffs nach zutreffender Auffassung mit **³/₄-Mehrheit** erfolgen (R/S-L/*Rowedder* § 34 Rn. 51; Scholz/*Winter* GmbHG, § 15 Rn. 140; a. A. MünchHdb GesR III/*Kort* § 29 Rn. 43, der eine Notwendigkeit dafür wegen der nachgeschalteten gerichtlichen Kontrolle verneint). Der vom Ausschluss bedrohte Gesellschafter hat **kein Stimmrecht**, § 47 Abs. 4 GmbHG.

48 Danach ist **Ausschließungsklage** zu erheben. Der Ausschluss erfolgt durch Gestaltungsurteil. Einer Ausschließungsklage bedarf es nicht, wenn der Gesellschaftsvertrag vorsieht, dass ein Gesellschafter aus wichtigem Grund aus der Gesellschaft ausgeschlossen werden kann. In diesem Fall gilt der betroffene Gesellschafter mit ordnungsgemäßer Beschlussfassung durch die Gesellschafterversammlung als ausgeschlossen (R/S-L/*Rowedder* § 34 Rn. 52). Gegen den Ausschließungsbeschluss der Gesellschafterversammlung kann Anfechtungsklage oder Nichtigkeitsklage eingelegt werden.

II. Austritt

1. Voraussetzungen

49 Spiegelbildlich zum Ausschluss steht jedem Gesellschafter auch ohne Regelung im Gesellschaftsvertrag das Recht zu, **jederzeit** aus der Gesellschaft auszutreten, wenn ein wichtiger Grund gegeben ist und ihm die weitere Mitgliedschaft in der GmbH nicht mehr zumutbar ist.

50 Das Austrittsrecht aus wichtigem Grund ist **unabdingbar und nicht beschränkbar**. Ein wichtiger Grund ist alles, was dem Gesellschafter den weiteren Verbleib in der Gesellschaft unzumutbar macht (Scholz/*Winter* GmbHG, § 15 Rn. 119 ff.; Ulmer/*Ulmer* GmbHG, Anh. § 34 Rn. 51). Er kann in der Person des Gesellschafters, der Mitgesellschafter und der Gesellschaft liegen. Allerdings muss dem Gesellschafter die Fortdauer der Mitgliedschaft **unzumutbar** sein. Auf ein Verschulden kommt es ebenso wie beim Ausschluss nicht an.

51 Zu den zum Austritt berechtigenden **wichtigen Gründen** zählen je nach den Umständen des Einzelfalles auch wesentliche Veränderungen der Gesellschafterstellung, Missbrauch der Mehrheits-

herrschaft, dringender Geldbedarf des austretenden Gesellschafters oder sein Wegzug ins Ausland (MünchHdb GesR III/*Kort* § 29 Rn. 7 ff.; R/S-L/*Rowedder* § 34 Rn. 47).

Ebenso wie beim Ausschluss ist der Austritt nur als äußerstes Mittel zulässig, wenn auf weniger einschneidende Weise nicht zumutbare Verhältnisse geschaffen werden können. Milderes Mittel kann beispielsweise auch die Veräußerung des Geschäftsanteils sein (*Baumbach-Hueck* § 34 Anh Rn. 22). 52

Schließlich darf der Austritt auch nicht zu einem Verstoß gegen die Vorschriften zur Aufbringung und Erhaltung des Stammkapitals führen (§§ 19 Abs. 2, 30 Abs. 1, 33 Abs. 2). 53

2. Verfahren

Für das Austrittsverfahren sind prinzipiell die Grundsätze über die Ausschließung eines Gesellschafters anzuwenden (vgl. Rn. 46 ff.). 54

Zunächst **erklärt** der austrittswillige Gesellschafter einseitig seinen Austritt gegenüber der Gesellschaft. Einer förmlichen Annahme bedarf es nicht. 55

Ist im Gesellschaftsvertrag das Austrittsrecht nicht geregelt, muss die **Gesellschafterversammlung** dem Austritt des Gesellschafters **zustimmen**. Für den Vollzug des Austritts kann die Gesellschaft nach ihrer Wahl den Geschäftsanteil einziehen oder Abtretung an sich oder einen Dritten verlangen. Sofern nach Austrittserklärung die Gesellschaft nicht innerhalb **angemessener Frist** den Geschäftsanteil einzieht oder abnimmt und die geschuldete Abfindung nicht leistet, wird weitgehend angenommen, dass der Gesellschafter die **Auflösungsklage** in Anlehnung an § 61 GmbHG erheben kann (*Baumbach/Hueck* § 34 Rn. 20; *Lutter/Hommelhoff* GmbHG, § 34 Rn. 48; *Scholz* GmbHG, § 15 Rn. 127; a. A. OLG Koblenz ZIP 2005, 1873). 56

Dritter Abschnitt
Vertretung und Geschäftsführung

§ 35 [Vertretung der Gesellschaft]

(1) Die Gesellschaft wird durch die Geschäftsführer gerichtlich und außergerichtlich vertreten.

(2) [1]Dieselben haben in der durch den Gesellschaftsvertrag bestimmten Form ihre Willenserklärungen kundzugeben und für die Gesellschaft zu zeichnen. [2]Ist nichts darüber bestimmt, so muss die Erklärung und Zeichnung durch sämtliche Geschäftsführer erfolgen. [3]Ist der Gesellschaft gegenüber eine Willenserklärung abzugeben, so genügt es, wenn dieselbe an einen der Geschäftsführer erfolgt.

(3) Die Zeichnung geschieht in der Weise, dass die Zeichnenden zu der Firma der Gesellschaft ihre Namensunterschrift beifügen.

(4) [1]Befinden sich alle Geschäftsanteile der Gesellschaft in der Hand eines Gesellschafters oder daneben in der Hand der Gesellschaft und ist er zugleich deren alleiniger Geschäftsführer, so ist auf seine Rechtsgeschäfte mit der Gesellschaft § 181 des Bürgerlichen Gesetzbuchs anzuwenden. [2]Rechtsgeschäfte zwischen ihm und der von ihm vertretenen Gesellschaft sind, auch wenn er nicht alleiniger Geschäftsführer ist, unverzüglich nach ihrer Vornahme in eine Niederschrift aufzunehmen.

Übersicht:

A. Allgemeines, Abs. 1

I. Abgrenzung Vertretung und Geschäftsführung

1 Die GmbH ist als juristische Person rechtsfähig, als solche aber auch handlungsunfähig. Sie benötigt daher Organe, um im Rechtsverkehr auftreten zu können. Zentrales Organ der GmbH sind die Geschäftsführer, die Inhaber der **Vertretungsmacht** für die GmbH sind. Die gesetzliche Vertretungsmacht der Geschäftsführer umfasst alle gerichtlichen und außergerichtlichen Geschäfte, die sich aus der Teilnahme der Gesellschaft am Rechtsverkehr ergeben. Vertretung bezeichnet dabei das nach außen gerichtete Handeln der Geschäftsführer für die GmbH und ist abzugrenzen von seiner **Geschäftsführungsbefugnis**, deren Umfang durch die rechtlichen Befugnisse des Geschäftsführers gegenüber der Gesellschaft und den Gesellschaftern bestimmt wird. Die Vertretungsmacht betrifft also das »Können« nach außen im Unterschied zur Geschäftsführungsbefugnis, die das »Dürfen« im Innenverhältnis beschreibt. Jede natürliche und unbeschränkt geschäftsfähige Person kann zum Geschäftsführer bestellt werden. Zu der Bestellung des Geschäftsführers s. o. § 6 GmbHG Rn. 14 ff.

II. Umfang der Vertretungsmacht

2 Die gesetzliche Vertretungsmacht ist grundsätzlich **unbeschränkt** und kann grundsätzlich auch nicht beschränkt werden, auch nicht durch die Satzung oder den Anstellungsvertrag. Auch eine Beschränkung auf einen bestimmten Geschäftsbereich oder eine Niederlassung der Gesellschaft ist nicht möglich.

3 Der Geschäftsführer vertritt die Gesellschaft auch **im Prozess**, sei es als Klägerin, Beklagte, anderweitig Beteiligte oder auch als Betroffene nach OWiG (vgl. hierzu auch ausführl. Kap. 16 Rn. 230 f.). Für die Zustellung einer Klage etc. an eine GmbH reicht die Zustellung an einen der Geschäftsführer (zur Passivvertretung s. u. Rn. 13).

4 Von der organschaftlichen Vertretungsmacht der Geschäftsführer **nicht umfasst** sind hingegen Rechtsgeschäfte im Rahmen der statutarischen oder gesetzlichen Organisation der Gesellschaft, z. B. also Firmenänderungen, Aufnahme neuer Gesellschafter, Kapitalerhöhungen, Umwandlungen etc. Für diese Geschäfte liegt die Zuständigkeit ausschließlich bei den Gesellschaftern bzw. bei den von der Satzung entsprechend benannten Organen.

III. Übertragung der Vertretungsmacht

Die Gesellschaft hat einen oder mehrere Geschäftsführer; die Vertretungsmacht obliegt dabei **ausschließlich dem oder den Geschäftsführer(n)** der Gesellschaft. Sie kann insbesondere nicht durch die Gesellschafter ganz oder teilweise, auch nicht nur vorübergehend, an sich gezogen werden; insbesondere auch nicht, wenn kein Geschäftsführer mehr vorhanden ist. In einem solchen Fall ist ein neuer Geschäftsführer durch die Gesellschafter oder ein Notgeschäftsführer durch das Registergericht zu bestellen (vgl. § 6 GmbHG Rn. 4 ff.). Die Vertretungsmacht kann auch **nicht auf einen Dritten** im Ganzen übertragen werden, eine solche sog. übertragende Vollmacht zur Geschäftsführung ist unzulässig und unwirksam (BGHZ 91, 334). Eine übertragende Vollmacht zur Geschäftsführung, z. B. als Generalvollmacht, ist auch im Falle der Ausgestaltung als befristet oder widerruflich und selbst im Falle der Zustimmung der Gesamtheit der Gesellschafter unwirksam. Es kommt in diesen Fällen lediglich eine einschränkende Auslegung in der Weise in Betracht, dass sich die Vollmacht lediglich auf solche Geschäfte bezieht, die nicht einem Organ der Gesellschaft ausschließlich vorbehalten sind (BGH NJW-RR 2002, 1325, 1326). 5

Bei der **Bestellung eines rechtsgeschäftlichen Vertreters** nach § 164 BGB bzw. eines Handlungsbevollmächtigten handelt es sich um die Gewährung von Vertretungsbefugnissen, die die organschaftlichen Befugnisse des/der Geschäftsführer(s) unberührt lassen. 6

B. Aktivvertretung, Abs. 2 S. 2

I. Grundsatz Gesamtvertretung

Im Recht der GmbH gilt für alle Fälle der Aktivvertretung grundsätzlich Gesamtvertretung, solange der Gesellschaftsvertrag nichts anderes bestimmt (§ 35 Abs. 2 S. 2 GmbHG). Das bedeutet, dass, sofern mehrere Geschäftsführer bestellt sind, **alle bestellten Geschäftsführer** zusammenwirken und die erforderliche Erklärung gemeinsam abgeben müssen (sog. **echte Gesamtvertretung**); dabei können die Erklärungen zeitlich und/oder örtlich getrennt, ausdrücklich oder konkludent abgegeben werden (anders allerdings in Fällen der §§ 20, 29 GBO bei Erklärungen gegenüber dem Grundbuchamt). In allen diesen Fällen ist es aber erforderlich, dass die einzelnen Teilerklärungen miteinander übereinstimmen und jeweils wirksam sind (BGHZ 53, 210, 215). Anderenfalls ist die Erklärung der Gesellschaft insgesamt unwirksam. 7

II. Anderweitige Regelung durch Satzung

Die Satzung ist in der Ausgestaltung der Regelung zur Aktivvertretung frei (Lutter/Hommelhoff/*Lutter/Hommelhoff* GmbHG, § 35 Rn. 36). In Betracht kommen die **modifizierte Gesamtvertretung**, bei der die Gesellschaft nur durch eine bestimmte Zahl oder eine bestimmte Kombination, aber eben nicht nur durch alle Geschäftsführer gemeinsam vertreten wird, oder die sog. **unechte Gesamtvertretung**, nach der die Gesellschaft durch einen Geschäftsführer zusammen mit einem Prokuristen vertreten werden kann, wobei aber die Möglichkeit der Vertretung der Gesellschaft durch einen, mehrere oder alle Geschäftsführer unabhängig vom Prokuristen erhalten bleiben muss, da anderenfalls der Prokurist hinsichtlich seiner Vertretungsbefugnis in die Stellung eines Geschäftsführers gelangen würde. Weiterhin gibt es die Möglichkeit, in der Satzung **Einzelvertretungsbefugnis** für einen, mehrere oder alle Geschäftsführer vorzusehen. 8

Wird nur **ein Geschäftsführer** bestellt, ist ihm **Einzelvertretungsbefugnis** zu erteilen, da die Gesellschaft andernfalls nach außen handlungsunfähig würde. Scheidet bei zwei nur gesamtvertretungsberechtigten Geschäftsführern einer der beiden bei der Gesellschaft aus, so erstarkt nach der richtigen h. M. die Gesamtvertretungsberechtigung des verbleibenden Geschäftsführers zur Einzelvertretungsbefugnis bis wieder ein zweiter Geschäftsführer bestellt ist (vgl. zum Meinungsstand Roth/Altmeppen/*Altmeppen* § 35 Rn. 32). Allerdings muss die Einzelvertretungsbefugnis durch die Satzung zugelassen sein. Es empfiehlt sich daher eine entsprechende Formulierung in der Satzung, dass im Falle des Vorhandenseins nur eines Geschäftsführers dieser Einzelvertretungsbefugnis hat. 9

10 Ist im Falle von gesetzlich gegebener Gesamtvertretung einer von zwei Geschäftsführern tatsächlich am Mitwirken verhindert, so führt dies noch nicht zur Einzelvertretungsbefugnis beim verbleibenden Geschäftsführer (BGHZ 34, 27, 29). Vielmehr ist ein weiterer Geschäftsführer, ggf. auch ein Notgeschäftsführer (vgl. hierzu § 6 GmbHG Rn. 4 ff.), zu bestellen. Ist ein Prokurist vorhanden, so hilft das nicht, da dieser dann eine organschaftliche Stellung erlangen würde, die seiner Stellung eines rechtsgeschäftlichen Vertreters widersprechen würde (s. o. Rn. 8).

11 Hingegen ist es **nicht möglich**, einzelne Geschäftsführer von der Vertretungsbefugnis **auszunehmen** oder ihre Vertretungsbefugnis auf bestimmte Geschäftsarten oder in anderer Weise **inhaltlich einzuschränken** (Roth / Altmeppen / *Altmeppen* § 35 Rn. 41).

III. Keine Dispositionsbefugnis für die Geschäftsführer

12 Auch darf die Regelung der Vertretungsbefugnis nicht in die Disposition der Geschäftsführer selbst gestellt werden; die Übertragung der Ausgestaltung der Vertretungsbefugnisse auf einen (fakultativen) Aufsichtsrat oder einen Beirat hingegen kommt im Wege einer entsprechenden Satzungsregelung in Betracht. Die Geschäftsführer können sich aber gem. § 78 Abs. 4 S. 1 AktG in analoger Anwendung einzeln zur Vornahme eines ganz **konkreten Geschäfts** oder einer **bestimmten Art von Geschäften** ermächtigen. Dies darf aber vom Umfang her nicht dazu führen, dass auf diese Weise durch die Geschäftsführer untereinander Einzelvertretungsbefugnis erteilt würde. Im Einzelfall sollte vielmehr ein konkreter Grund für die Erteilung der Ermächtigung vorliegen (z. B. bei zwei bestellen Geschäftsführern die Verhinderung des anderen Geschäftsführers). In Betracht kommt in Fällen der Gesamtvertretung auch, dass nach außen nur ein Geschäftsführer auftritt und der andere dem Geschäft vorher oder nachher zustimmt (§§ 182 ff. BGB).

C. Passivvertretung, Abs. 2 S. 3

13 Hingegen ist nach Abs. 2 S. 3 für die Passivvertretung der Gesellschaft, also insbesondere für den Empfang von Willenserklärungen, auch dann ein Geschäftsführer als Empfänger einer Willenserklärung ausreichend, wenn zwei oder mehrere Geschäftsführer bestellt sind. Diese **passive Einzelvertretungsbefugnis** des Geschäftsführers ist mit Rücksicht auf das Interesse des Rechtsverkehrs an einer eindeutigen Vertretung der GmbH zwingend, kann also auch durch die Satzung nicht durch eine Gesamtvertretungsbefugnis ersetzt werden. Diese Regelungen gelten auch für die Zurechnung von Wissen, und zwar auch dann, wenn der entsprechende (wissende) Geschäftsführer zwischenzeitlich ausgeschieden ist und es sich um Wissen handelt, das aktenkundig gemacht wurde. Dasselbe gilt für andere subjektive Tatbestände, z. B. Arglist, die der Gesellschaft, auch wenn sie nur bei einem Geschäftsführer vorliegt, zuzurechnen ist.

D. Zeichnung, Abs. 3

14 Nach Abs. 3 zeichnen die Geschäftsführer in der Weise, dass der Firma der Gesellschaft die Namensunterschrift beigefügt wird. Wichtig ist, dass für den Rechtsverkehr das **Handeln des Geschäftsführers für die GmbH erkennbar** wird. Wenn bereits aufgrund unternehmensbezogenen Handelns deutlich wird, dass der Geschäftsführer für die GmbH auftritt, ist die firmenrechtlich korrekte Bezeichnung der Gesellschaft nicht mehr erforderlich (BGH BB 1990, 654; GmbHR 1991, 360). Hingegen ist im umgekehrten Fall, dass aufgrund Fehlens des Hinweises auf ein Handeln des Geschäftsführers für die GmbH der Erklärungsgegner auf einen unbeschränkt haftenden Erklärenden vertrauen durfte, eine persönliche Haftung des Geschäftsführers ggf. als Gesamtschuldner neben der GmbH denkbar. Abs. 3 ist eine bloße **Ordnungsvorschrift** für die formschriftlichen Geschäftsführererklärungen(OLG München NZG 2000, 893). Auch mündliche Willenserklärungen sind wirksam, es sei denn sie bedürfen nach dem Gesetz oder aufgrund einer Vereinbarung ausdrücklich einer anderen Form.

E. Beschränkungen der Vertretungsmacht

I. In-Sich-Geschäfte, Abs. 4

1. Grundsatz

Auch für den Geschäftsführer gelten die Regelungen des § 181 BGB und damit das allgemeine **Verbot des Selbstkontrahierens**, und zwar grundsätzlich und über die seit der GmbHG-Novelle 1980 in Abs. 4 S. 1 und S. 2 geregelten Fälle hinaus. Demnach kann er als Vertreter der Gesellschaft keine Rechtsgeschäfte mit sich selbst vornehmen; ebenso wenig kann der Geschäftsführer Rechtsgeschäfte der Gesellschaft mit sich als Vertreter eines Dritten vornehmen (**Verbot der Mehrfachvertretung**). Nach den allgemeinen Regeln gelten Ausnahmen lediglich für die Erfüllung einer bereits bestehenden Verbindlichkeit (in der Praxis wichtigstes Beispiel: Auszahlung des Geschäftsführergehalts an sich selbst) und für rechtlich lediglich vorteilhafte Rechtsgeschäfte. Nicht erfasst sind auch sog. Sozialakte der körperschaftlichen Willensbildung (z. B. Stimmabgabe bei der Wahl des Geschäftsführers in der Gesellschafterversammlung durch den geschäftsführenden Gesellschafter). 15

Besonders praxisrelevant sind diese Verbote bei Stimmrechtsausübung in Tochtergesellschaften, in der GmbH & Co. KG, wenn Geschäfte zwischen der Komplementär-GmbH und der Kommanditgesellschaft abgeschlossen werden sollen, sowie innerhalb eines Konzerns, innerhalb dessen eine Person mehrere Organfunktionen innehat. 16

2. Anderweitige Regelung durch Satzung

Die Satzung kann die **Befreiung** der oder eines Geschäftsführers von den Beschränkungen des § 181 BGB vorsehen. Möglich ist es auch, in der Satzung ein Organ der Gesellschaft zur Befreiung der oder einzelner Geschäftsführer zu ermächtigen. Ist in der Satzung nicht bestimmt, welches Organ für die Befreiung zuständig sein soll, ist nach richtiger h. M. das Bestellungsorgan zuständig (Lutter / Hommelhoff / *Lutter/Hommelhoff* GmbHG, § 35 Rn. 20). Ob eine satzungsmäßige Grundlage für die Befreiung der oder einzelner Geschäftsführer (sog. **Öffnungsklausel**) erforderlich ist, ist umstritten. Die richtige Ansicht hält dies zumindest dann nicht für notwendig, wenn und solange es sich um Befreiungen für den Einzelfall handelt (BGHZ 75, 358, 362); auch eine Eintragung in das Handelsregister ist dann nicht erforderlich. Hingegen wird für eine generelle Befreiung ein einfacher Gesellschafterbeschluss nicht genügen; sie sollte in die Satzung aufgenommen werden (vgl. dazu etwa BGHZ 87, 59, 61; 114, 167, 170). 17

Die **Beschränkung der Befreiung** vom Selbstkontrahierungsverbot auf bestimmte Fälle ist als zulässig anzusehen, solange sich die Beschränkung in ihrem Umfang aus der im Handelsregister einzutragenden Formulierung zweifelsfrei bestimmen lässt (Baumbach / Hueck / *Zöllner/Noack* § 35 Rn. 133). In jedem Falle ist aber die Beschränkung der Befreiung auf eine der beiden Alternativen des § 181 BGB (also Verbot des Selbstkontrahierens nach Alt. 1 oder Verbot der Mehrfachvertretung nach Alt. 2) zulässig. 18

Gem. § 15 Abs. 1 HGB dürfen sich Dritte auf den Inhalt des Handelsregisters grundsätzlich verlassen, was auch für die Befreiung nach § 181 BGB gilt, sofern der Dritte nicht weiß, dass das Handelsregister in diesem Punkte fehlerhaft ist, er also gutgläubig ist. 19

3. Allein geschäftsführender Alleingesellschafter, Abs. 4 S. 1

In Abs. 4 S. 1 ist der Fall des allein geschäftsführenden Alleingesellschafters, auf dessen Geschäfte mit der Gesellschaft die Regelungen des § 181 BGB anzuwenden sind, gesetzlich geregelt. Bis zur Einfügung dieser Regelung ging die Rechtsprechung davon aus, dass der § 181 BGB auf den allein geschäftsführenden Alleingesellschafter keine Anwendung finde, da Schutzzweck des § 181 BGB die Vermeidung eines Interessenwiderstreits zwischen Vertreter und Vertretenem sei, nicht aber der Schutz der Gläubiger (BGHZ 56, 97). Seit der GmbHG-Novelle 1980 ist diese Auffassung überholt. Seitdem darf auch der allein geschäftsführende Alleingesellschafter mit der 20

Gesellschaft weder im eigenen Namen noch als Vertreter für einen Dritten Rechtsgeschäfte tätigen. Auch beim allein geschäftsführenden Alleingesellschafter soll dem Rechtsverkehr mit Rücksicht auf Gläubigerschutz und Rechtssicherheit deutlich sein, ob sich die Vertretungsmacht des Geschäftsführers auch auf Insichgeschäfte erstreckt. Hieraus ergibt sich, dass auch Insichgeschäfte des allein geschäftsführenden Alleingesellschafters in der Satzung gestattet sein müssen. Darüber hinaus wird man in diesen Fällen auch für einen konkreten Einzelfall die Befreiung vom Verbot des Selbstkontrahierens durch einfachen Gesellschafterbeschluss nicht ausreichen lassen können, sondern insoweit eine Ermächtigung in der Satzung verlangen müssen, damit der Rechtsverkehr damit rechnen kann, dass von dieser Ermächtigung Gebrauch gemacht wird (BGHZ 87, 59; OLG Hamm NJW-RR 1998, 1193, 1194). Die im Drittinteresse angeordnete Anwendbarkeit des § 181 BGB würde anderenfalls weitgehend leer laufen, der mit § 10 Abs. 1 S. 2 GmbHG beabsichtigte Schutz des Rechtsverkehrs durch Information würde verfehlt.

21 Wird bei einer **mehrgliedrigen GmbH** der Alleingeschäftsführer zum Alleingesellschafter, so erlischt die Befreiung von dem Verbot des Selbstkontrahierens nicht, wenn sie in der Satzung normiert ist (Lutter / Hommelhoff / *Lutter/Hommelhoff* GmbHG, § 35 Rn. 22); anders ist es, wenn die Befreiung durch einfachen Gesellschafterbeschluss erteilt worden ist, da für den allein geschäftsführenden Gesellschafter dieser Weg der Befreiung auch für den konkreten Einzelfall nicht offensteht.

4. Aufnahme in Niederschrift, Abs. 4 S. 2

22 Abs. 4 S. 2 normiert, dass (zulässige) Insichgeschäfte der durch ihn als Geschäftsführer (nicht notwendigerweise als Alleingeschäftsführer) vertretenen Gesellschaft mit sich selbst unverzüglich nach ihrer Vornahme in einer Niederschrift aufzunehmen sind. Mit dem Begriff **»unverzüglich«** nimmt das GmbHG den in § 121 BGB als »ohne schuldhaftes Zögern« legaldefinierten Begriff der Unverzüglichkeit auf. Die Verpflichtung gilt für Fälle der Einvertretung ebenso wie für Fälle der Gesamtvertretung. Eine Verletzung dieser Dokumentationspflicht, die sich auf die wesentlichen Inhalte des Rechtsgeschäfts bezieht, führt nicht zur Unwirksamkeit des Rechtsgeschäfts selbst, kann aber zu Schadensersatzansprüchen führen, da § 35 Abs. 4 S. 2 GmbHG als Schutzgesetz i. S. v. § 823 Abs. 2 BGB anzusehen ist. Nach der h. M. in der Literatur handelt es sich um einen Anwendungsfall der Durchgriffshaftung gegen den geschäftsführenden Alleingesellschafter selbst (Roth / Altmeppen / *Altmeppen* § 35 Rn. 83).

5. Genehmigung von Willenserklärungen

23 Eine von dem Verbot des Selbstkontrahierens erfasste Willenserklärung ist grundsätzlich **schwebend unwirksam** (§ 177 Abs. 1 BGB) und der Genehmigung (§ 184 BGB) zugänglich; die Genehmigung erfolgt durch nicht dem Selbstkontrahierungsverbot unterliegende Geschäftsführer in vertretungsberechtigter Zahl (Lutter / Hommelhoff / *Lutter/Hommelhoff* GmbHG, § 35 Rn. 19). Die Genehmigung kann auch durch die Gesamtheit der Gesellschafter im Wege des Mehrheitsbeschlusses nach § 47 Abs. 1 GmbHG oder durch schlüssiges Handeln aller Gesellschafter oder des Alleingesellschafters erfolgen (Lutter / Hommelhoff / *Lutter/Hommelhoff* GmbHG, § 35 Rn. 19), wobei der betroffene geschäftsführende Gesellschafter gem. § 47 Abs. 4 GmbHG vom Stimmrecht ausgeschlossen ist (A / E / S / *B. Schmidt* § 35 Rn. 44). Entsprechendes gilt im Fall des geschäftsführenden Alleingesellschafters. Ist von zwei gesamtvertretungsberechtigten Geschäftsführern nur einer von dem Verbot des Selbstkontrahierens befreit, so kann ihn der andere Geschäftsführer wirksam zur Alleinvertretung ermächtigen (BGHZ 64, 72, 76 ff.).

II. Mitwirkungsbedürftige Vertretungsgeschäfte und Innengeschäfte

24 In den Fällen der sog. **»mitwirkungsbedürftigen Vertretungsgeschäfte«** (z. B. Abschluss eines Verschmelzungsvertrages nach §§ 4 ff. UmwG, Abschluss eines Unternehmensvertrages) hat der Geschäftsführer zwar als Organ der Gesellschaft die Vertretungsbefugnis, diese setzt aber zur Gültigkeit voraus, dass ihr ein **wirksamer Gesellschafterbeschluss** zugrunde liegt, der die

Einhaltung des Gesellschafterwillen auch bei der Ausführung der Gesellschafterentscheidung sicherstellt (Lutter / Hommelhoff / *Lutter/Hommelhoff* GmbHG, § 35 Rn. 10). Andererseits können die Gesellschafter selbst aber nicht tätig werden, sondern würden dafür der Bevollmächtigung durch den Geschäftsführer bedürfen.

Die Vertretungsmacht des Geschäftsführers bei den sog. »**Innengeschäften**« (z. B. Teilungsgenehmigung nach § 17 Abs. 1 GmbHG, Erwerb eigener Geschäftsanteile durch die Gesellschaft, Einziehung, Zustimmung zur Veräußerung nach § 15 Abs. 5 GmbHG, Verpflichtung zur Satzungsänderung und Abschluss des Übernahmevertrages bei der Kapitalerhöhung nach § 55 GmbHG), die das Innenverhältnis der GmbH betreffen, ist umstritten. Bei der Verpflichtung zur Satzungsänderung und dem Abschluss des Übernahmevertrages bei der Kapitalerhöhung vertreten nur die Gesellschafter die Gesellschaft, das ist insoweit auch unstreitig (BGHZ 14, 31). In allen anderen Fällen wird von der h. M. angenommen, dass die Geschäftsführer die Gesellschaft vertreten. Allerdings gelten bei Fehlen der erforderlichen Gesellschafterbeschlüsse die Regeln des Missbrauchs der Vertretungsmacht durch den Geschäftsführer (Lutter / Hommelhoff / *Lutter/Hommelhoff* GmbHG, § 35 Rn. 9). 25

III. Sonstige Fälle

1. Rechtsgeschäfte mit anderen Geschäftsführern

Bei Rechtsgeschäften mit anderen Geschäftsführern können die Geschäftsführer die Gesellschaft zwar grundsätzlich vertreten; das gilt jedoch nicht für den Abschluss, die Änderung, die Kündigung oder die Aufhebung des Anstellungsvertrages (BGH NJW 1991, 1680, 1681). In diesen Fällen wird die Gesellschaft **durch die Gesellschafter** vertreten oder aber durch den **Beirat** oder den **Aufsichtsrat**. Ist ein Aufsichtsrat i. S. d. § 52 GmbHG gebildet, so ist dieser für die Vertretung der Gesellschaft grundsätzlich bei allen Rechtsgeschäften mit amtierenden und ausgeschiedenen Geschäftsführern zuständig (§ 52 Abs. 1 GmbHG i. V. m. § 112 AktG). Bei der mitbestimmten GmbH gilt dies kraft Gesetzes (§ 1 Abs. 1 Nr. 3 DrittelbG, § 25 Abs. 1 S. 1 Nr. 2 MitbestG, § 3 Abs. 2 MontanMitbestG, § 3 Abs. 1 S. 2 MontanMitbestErgG) ebenfalls. 26

2. Prozess gegen Geschäftsführer

Auch in einem Prozess der Gesellschaft gegen einen Geschäftsführer wird die Gesellschaft bei Vorhandensein eines **Aufsichtsrates** durch diesen gem. § 52 Abs. 1 GmbHG i. V. m. § 112 AktG vertreten, um eine objektive Vertretung der Gesellschaft in dem Verfahren sicherzustellen. Auch dies gilt sowohl bei amtierenden als auch bei bereits ausgeschiedenen Geschäftsführern (BGH NZG 2004, 327). Ist ein Aufsichtsrat hingegen nicht vorhanden, so entscheiden **die Gesellschafter** über die Prozessvertretung der Gesellschaft (A / E / S / *B. Schmidt* § 35 Rn. 44). Im Falle eines Prozesses zwischen der Gesellschaft und einem Gesellschafter bei der zweigliedrigen Gesellschaft wird die Gesellschaft durch den jeweils anderen Gesellschafter vertreten, da der Geschäftsführer selbst nicht unabhängig agieren kann; ähnliches gilt im Falle mehrerer Gesellschafter, die sich auf zwei fest gefügte Gesellschafterblöcke aufteilen (Lutter / Hommelhoff / *Lutter/Hommelhoff* GmbHG, § 35 Rn. 8). 27

F. Geschäftsführungsbefugnis

I. Grundsatz Gesamtgeschäftsführungsbefugnis

Der grundsätzlich als Gesamtvertretungsberechtigung geregelten Vertretungsmacht im Außenverhältnis entspricht die grundsätzlich als Gesamtgeschäftsführungsbefugnis ausgestaltete Vertretungsbefugnis im Innenverhältnis. Daraus ergibt sich auch die Notwendigkeit, Geschäftsführungsbeschlüsse grundsätzlich **einstimmig** zu fassen (A / E / S / *B. Schmidt* § 37 Rn. 17). Der Grundsatz der Gesamtgeschäftsführungsbefugnis ist **dispositiv**, d. h. der Gesellschaftsvertrag kann in mannigfaltiger Weise Abweichendes bestimmen, etwa Einzelgeschäftsführungbefugnis einem, mehreren oder allen Geschäftsführern erteilen oder Mehrheitsentscheidungen innerhalb 28 der Geschäftsführung zulassen. Ist eine Erleichterung der Vertretungsmacht im Außenverhältnis z. B. in Form der unechten Gesamtvertretung vorgesehen, so ist im Zweifel anzunehmen, dass diese Erleichterung auch im Hinblick auf die Geschäftsführungsbefugnis Anwendung findet.

II. Vorsitzender der Geschäftsführung

29 Bei Bestellung eines Vorsitzenden der Geschäftsführung kann diesem das **ausschlaggebende Stimmrecht** bei Mehrheitsentscheidungen oder ein **Vetorecht** eingeräumt werden, nach richtiger Auffassung aber kein Alleinentscheidungsrecht gegen die Mehrheit der anderen Geschäftsführer (Lutter / Hommelhoff / *Lutter/Hommelhoff* GmbHG, § 37 Rn. 34). Darüber hinaus haben die Geschäftsführer das Recht, in analoger Anwendung des § 115 HGB der Entscheidung eines einzelgeschäftsführungsbefugten Geschäftsführers zu widersprechen. Die entsprechende Handlung hat dann zu unterbleiben.

III. Ressortverteilung

30 In Betracht kommt auch die Vorgabe einer Ressortverteilung mit einer **Aufteilung der Geschäftsführungsbefugnis nach Sachgruppen** auf die einzelnen Geschäftsführer. Oftmals erfolgt eine derartige Ressort- oder Geschäftsverteilung in der Weise, dass zwar für die jeweils zugewiesenen Bereiche Einzelgeschäftsführungsbefugnis besteht, besonders bedeutsame Entscheidungen jedoch der gesamten Geschäftsführung zur Entscheidung vorgelegt werden müssen. Trotz der Regelung einer Geschäftsverteilung bleibt grundsätzlich die **Gesamtverantwortung** aller Geschäftsführer im Hinblick auf den geschäftlichen Erfolg der Gesellschaft, die Korrektur negativer Entwicklungen und die Beseitigung von Defiziten bestehen. Für die konkreten, im Rahmen der Einzelvertretungsberechtigung erfolgten Maßnahmen hingegen gilt dann auch Einzelverantwortung.

IV. Gesellschafterbeschluss

31 Abweichungen vom Grundsatz der Gesamtgeschäftsführungsbefugnis können grundsätzlich auch durch Gesellschafterbeschluss vorgenommen werden, solange damit nicht gegen Satzungsrecht verstoßen wird (vgl. A / E / S / *B. Schmidt* § 37 Rn. 17). Oftmals werden solche Regelungen in Form einer **Geschäftsordnung für die Geschäftsführung** zusammengefasst werden. Die Kompetenz zum Erlass einer solchen Geschäftsordnung kann von der Satzung auch auf ein anderes Gesellschaftsorgan als die Gesellschafterversammlung übertragen werden. Äußert sich die Satzung nicht, so können sich auch die Geschäftsführer selbst mit einstimmigem Beschluss eine Geschäftsordnung geben (Roth / Altmeppen / *Altmeppen* § 37 Rn. 34). Das Erfordernis der Zustimmung aller Geschäftsführer ergibt sich in diesem Falle daraus, dass in den Umfang der Geschäftsführungsbefugnis des einzelnen Geschäftsführers eingegriffen wird.

G. GmbH-Reform: Beabsichtigte Änderungen durch das MoMiG

32 Der Referentenentwurf (Stand: 29. 5. 2006) eines »Gesetzes zur Modernisierung des GmbH-Rechts und zur Bekämpfung von Missbräuchen« (MoMiG) sieht für § 35 GmbHG zwei recht praxisrelevante Ergänzungen vor; Abs. 1 soll dahin ergänzt werden, dass unter der **im Handelsregister eingetragenen Geschäftsanschrift** Willenserklärungen abgegeben und Schriftstücke zugestellt werden können. Sollte an dieser Anschrift eine Zustellung unmöglich sein, droht der Gesellschaft in Zukunft die Zustellung im Wege der öffentlichen Bekanntgabe nach dem ebenfalls gem. dem MoMiG neu zu fassenden § 185 Nr. 2 ZPO. Durch die vorgesehene Regelung in Abs. 1 soll eine unwiderlegliche Vermutung der Möglichkeit der Kenntnisnahme der abgegebenen Willenserklärung bzw. eines zugestellten Schriftstücks durch die Vertreter der Gesellschafter etabliert werden.

33 In Zukunft soll gemäß dem Referentenentwurf des MoMiG nach einem **neu einzufügenden S. 2** des § 10 Abs. 2 GmbHG die Eintragung einer zusätzlichen Person nebst Anschrift als zusätzliche Zustellungsempfängerin in das Handelsregister möglich sein. Dieser zusätzlichen Person soll je-

derzeit zugestellt werden können, unabhängig davon, ob auch eine Zustellung an die Vertreter der Gesellschaft unter der im Handelsregister eingetragenen Geschäftsanschrift möglich ist. Für die Gesellschaft bietet dies die Einrichtung einer zweiten Möglichkeit der Kenntniserlangung der Abgabe von Willenserklärungen bzw. der Zustellung von Schriftstücken, bevor die Gläubiger die Gelegenheit haben, eine Zustellung im Wege der öffentlichen Zustellung nach § 185 Nr. 2 ZPO i. d. F. des MoMiG zu bewirken.

Weiterhin sieht der Referentenentwurf vor, dass in dem Falle, in dem die Gesellschaft keinen Geschäftsführer mehr aufweist (ein Zustand, der nunmehr als »Führungslosigkeit« legaldefiniert werden soll), eine **Zustellung an jeden Gesellschafter** bzw., soweit vorhanden, an den Aufsichtsrat erfolgen können soll. Damit will der Gesetzgeber der in der Praxis nicht seltenen Zustellungs- und Zugangsvereitelung durch Abberufung aller Geschäftsführer begegnen; denn gem. § 170 Abs. 1 S. 2 ZPO ist eine Zustellung an die Gesellschaft als nicht prozessfähige Person unwirksam. **34**

§ 35 a [Angaben auf Geschäftsbriefen] [i. d. F. ab 1. 1. 2007 durch EHUG]

(1) [1]Auf allen Geschäftsbriefen gleichviel welcher Form, die an einen bestimmten Empfänger gerichtet werden, müssen die Rechtsform und der Sitz der Gesellschaft, das Registergericht des Sitzes der Gesellschaft und die Nummer, unter der die Gesellschaft in das Handelsregister eingetragen ist, sowie alle Geschäftsführer und, sofern die Gesellschaft einen Aufsichtsrat gebildet und dieser einen Vorsitzenden hat, der Vorsitzende des Aufsichtsrats mit dem Familiennamen und mindestens einem ausgeschriebenen Vornamen angegeben werden. [2]Werden Angaben über das Kapital der Gesellschaft gemacht, so müssen in jedem Falle das Stammkapital sowie, wenn nicht alle in Geld zu leistenden Einlagen eingezahlt sind, der Gesamtbetrag der ausstehenden Einlagen angegeben werden.

(2) Der Angaben nach Absatz 1 Satz 1 bedarf es nicht bei Mitteilungen oder Berichten, die im Rahmen einer bestehenden Geschäftsverbindung ergehen und für die üblicherweise Vordrucke verwendet werden, in denen lediglich die im Einzelfall erforderlichen besonderen Angaben eingefügt zu werden brauchen.

(3) [1]Bestellscheine gelten als Geschäftsbriefe im Sinne des Absatzes 1. [2]Absatz 2 ist auf sie nicht anzuwenden.

(4) [1]Auf allen Geschäftsbriefen und Bestellscheinen, die von einer Zweigniederlassung einer Gesellschaft mit beschränkter Haftung mit Sitz im Ausland verwendet werden, müssen das Register, bei dem die Zweigniederlassung geführt wird, und die Nummer des Registereintrags angegeben werden; im übrigen gelten die Vorschriften der Absätze 1 bis 3, soweit nicht das ausländische Recht Abweichungen nötig macht. [2]Befindet sich die ausländische Gesellschaft in Liquidation, so sind auch diese Tatsache sowie alle Liquidatoren anzugeben.

§ 35 a [Angaben auf Geschäftsbriefen] [i. d. F. bis 31. 12. 2006]

(1) [1]Auf allen Geschäftsbriefen, die an einen bestimmten Empfänger gerichtet werden, müssen die Rechtsform und der Sitz der Gesellschaft, das Registergericht des Sitzes der Gesellschaft und die Nummer, unter der die Gesellschaft in das Handelsregister eingetragen ist, sowie alle Geschäftsführer und, sofern die Gesellschaft einen Aufsichtsrat gebildet und dieser einen Vorsitzenden hat, der Vorsitzende des Aufsichtsrats mit dem Familiennamen und mindestens einem ausgeschriebenen Vornamen angegeben werden. **[S. 2 identisch]**

(2) bis (4) **[identisch]**

Übersicht:

A. Allgemeines

1 **Zweck** des § 35 a GmbHG, eingeführt in Umsetzung der 1969 ergangenen EG-Publizitätsrichtlinie, ist, dem Rechtsverkehr bestimmte Informationen über alle im Geschäftsverkehr auftretenden Gesellschaften mit beschränkter Haftung zur Verfügung zu stellen, was insbesondere im Hinblick auf die beschränkte Haftung dieser Gesellschaften bedeutsam ist. Weiterhin soll dem Rechtsverkehr die Möglichkeit gegeben werden, über das zuständige Registergericht selbst weitere Informationen einzuholen. Die Bestimmung gilt nicht nur im inländischen Rechtsverkehr, sondern auch im Rechtsverkehr mit dem Ausland und auch für ausländische Kapitalgesellschaften mit einer Zweigniederlassung oder einer Betriebsstätte in Deutschland.

B. Sachlicher Anwendungsbereich, Abs. 1 und Abs. 3

2 Die Angaben sind sowohl auf Geschäftsbriefen (Abs. 1) als auch auf Bestellscheinen (Abs. 3) zu machen. Der Begriff **Geschäftsbriefe** ist weit auszulegen und umfasst sämtliche schriftlichen, geschäftsbezogenen Mitteilungen der Gesellschaft gegenüber externen Dritten. Umfasst sind dabei auch i. S. d. §§ 15 ff. AktG verbundene Unternehmen und Arbeitnehmer. Auch bei formularmäßiger Abfassung handelt es sich um Geschäftsbriefe. Umfasst sind auch mit den modernen Telekommunikationsmedien übersandte Mitteilungen wie E-Mail, Telefax, Telex und Fernschreiben. Das Schreiben muss an einen bestimmten Empfänger gerichtet sein, ohne aber notwendigerweise inhaltlich individualisiert sein zu müssen. Durch das **»Gesetz über elektronische Handelsregister und Genossenschaftsregister sowie das Unternehmensregister« (EHUG)** wurden nach Geschäftsbriefe die Worte »gleichviel welcher Form« eingefügt (vgl. BR-Drs. 693/06, Art. 10 Nr. 3), ohne, dass damit eine sachliche Änderung des Regelungsgehalts verbunden wäre (vgl. auch Begründung der Bundesregierung zum Gesetzentwurf, BT-Drs. 16/960, 48–zu Art. 1 Nr. 13 EHUG bzgl. § 37 a HGB). Die Ergänzung geht auf Art. 4 der EU-Publizitätsrichtlinie zurück, der vorschreibt, dass die Pflichtangaben auf Geschäftsbriefen und Bestellscheinen unabhängig von der Form dieser Dokumente zu machen sind.

C. Ausnahmen, Abs. 2

3 Eine gesetzliche Ausnahme ist in Abs. 2 für Mitteilungen und Berichte geregelt, für die üblicherweise Vordrucke verwendet werden, in denen lediglich die im Einzelfall erforderlichen besonderen Angaben eingefügt zu werden brauchen. Der Begriff der **»Üblichkeit«** ist als eine branchenbezogene Üblichkeit zu verstehen (A/E/S/*B. Schmidt* § 35 a Rn. 10). Unter **»Vordrucken«** sind Formulare zu verstehen, in die lediglich noch die im Einzelfall erforderlichen Angaben eingefügt zu werden brauchen. In Betracht kommen vor allem Rechnungen, Kontoauszüge, Lieferscheine, Auftragsbestätigungen, Mahnungen etc. Schließlich müssen die unter die Ausnahme fallenden Mitteilungen im Rahmen einer **bestehenden Geschäftsverbindung** erfolgen, wobei es darauf ankommt, dass in einem überschaubaren, zurückliegenden Zeitraum die Angaben bereits gemacht wurden.

D. Ausländische Gesellschaften, Abs. 4

Abs. 4 macht § 35 a GmbHG auch für alle Zweigniederlassungen ausländischer Gesellschaften mit beschränkter Haftung anwendbar. Dabei sind die Angaben über das Registergericht und die Nummer des Registereintrags in jedem Falle zu machen, was die Notwendigkeit der Angabe der entsprechenden Angaben über die ausländische Gesellschaft nach der h. M. selbst ausschließt (vgl. statt vieler Baumbach / Hueck / *Zöllner/Noack* § 35 a Rn. 10; a. A. Lutter / Hommelhoff / *Lutter/Hommelhoff* GmbHG, § 35 a Rn. 4). Die Vorschriften des § 35 a GmbHG sind im Übrigen insoweit anwendbar, als das jeweilige ausländische Recht keine Abweichungen nötig macht. Auch die Liquidation der ausländischen Gesellschaft selbst sowie ihre sämtlichen Liquidatoren sind anzugeben. 4

E. Die Angaben im Einzelnen

Zu unterscheiden ist zwischen den unbedingt erforderlichen Angaben nach Abs. 1 S. 1 und den nur bedingt erforderlichen Angaben nach Abs. 1 S. 2. 5

I. Unbedingt erforderliche Angaben, Abs. 1 S. 1

1. Rechtsform

Dabei genügt die Angabe der allgemein geläufigen Abkürzung GmbH. Fehler in der Firmenbezeichnung begründen keine Haftung, sofern die GmbH durch Registergericht und Registernummer allein identifiziert werden kann (OLG Brandenburg NZG 1999, 166, 167). Befindet sich die GmbH in der Liquidation oder in der Insolvenz, so ist dies durch einen Zusatz (»i. L.« oder »in Liquidation« bzw. »i.Ins.« oder »in Insolvenz«) deutlich zu machen (Hachenburg / *Mertens* § 35 a Rn. 9). 6

2. Sitz

Bei inländischen Gesellschaften geht es um den Sitz der Gesellschaft selbst, nicht um den Sitz einer Zweigniederlassung oder Betriebsstätte, von der der Brief stammt. Der Absendeort allein genügt nicht; der Sitz ist als solcher zu bezeichnen. 7

3. Zuständiges Registergericht, HRB-Nummer

Das Registergericht kann in üblicher Form abgekürzt werden, wenn dies eindeutig ist. Die Angaben sollen dem Rechtsverkehr ermöglichen, beim Registergericht selbstständig Erkundigungen einzuholen. 8

4. Geschäftsführer

Es müssen **alle Geschäftsführer** angegeben werden. Dazu zählen ggf. auch die **Stellvertreter** und die **Notgeschäftsführer** mit Familiennamen und zumindest einem ausgeschriebenen Vornamen. Bei Doppelnamen genügt die Angabe eines der Namen, wenn der Geschäftsführer im Geschäftsverkehr entsprechend zeichnet. Bei stellvertretenden Geschäftsführern ist der Stellvertreterzusatz zwar nicht notwendig aber zulässig, da gem. § 44 GmbHG sämtliche Regelungen, die für die Geschäftsführer gelten, auch auf die Stellvertreter der Geschäftsführer Anwendung finden (vgl. Baumbach / Hueck / *Zöllner/Noack* § 35 a Rn. 7). 9

5. Aufsichtsratsvorsitzender

Besteht ein Aufsichtsrat i. S. d. § 52 GmbHG (sei es aufgrund Gesetzes, sei es aufgrund der Satzung), ist der Aufsichtsratsvorsitzende mit Familiennamen und mindestens einem Vornamen anzugeben. Bei anderen eingerichteten Kontrollorganen ist der Vorsitzende nur zu nennen, wenn das Organ eine dem Aufsichtsrat nach § 52 GmbHG vergleichbare Rolle spielt (Roth / Altmeppen / *Altmeppen* § 35 a Rn. 3). 10

6. Steuernummern

11 Nicht übersehen werden darf die Pflicht zur Angabe der vom Finanzamt erteilten **Steuernummer** oder ggf. der vom Bundesamt für Finanzen erteilten **Umsatzsteuer-Identifikationsnummer**, die sich allerdings nicht aus § 35 a GmbHG sondern aus § 14 Abs. 4 Nr. 2 UStG ergibt. Dies gilt jeweils nur für Rechnungen.

II. Nur bedingt erforderliche Angaben, Abs. 1 S. 2

12 Angaben zum **Kapital der Gesellschaft** sind nach Abs. 1 S. 2 freiwillig. Werden solche Angaben gemacht, so müssen sie gem. den Vorgaben des Abs. 1 S. 2 mit Blick auf die Beschränkung der Haftung bei der GmbH in jedem Falle die Stammkapitalziffer angeben sowie den Gesamtbetrag ausstehender Einlagen, sofern es sich um in Geld zu leistende Einlagen handelt. In der Literatur wird teilweise auch die Angabe ausstehender Sacheinlagen verlangt (Scholz / *Schneider* GmbHG, § 35 a Rn. 12). Dem ist zu folgen. Die Höhe des noch vorhandenen Kapitals ist nicht anzugeben.

F. Sanktion bei Verstößen

13 § 79 Abs. 1 S. 1 GmbHG regelt, dass Geschäftsführer oder Liquidatoren, die die Vorgaben des § 35 a GmbHG nicht befolgen, hierzu vom Registergericht durch Festsetzung eines Zwangsgeldes, das gem. § 79 Abs. 1 S. 2 GmbHG den Betrag von € 5.000,– nicht überschreiten darf. Hierbei handelt es sich um eine bloße **Ordnungsvorschrift**, so dass die Wirksamkeit von Willenserklärungen in Geschäftsbriefen von einem Verstoß gegen die Vorschriften des § 35 a GmbHG unberührt bleibt.

14 In Betracht kommt daneben in Ausnahmefällen (LG Detmold WM 1990, 1872 = NJW-RR 1990, 995) die **Anfechtbarkeit** einer durch den Vertragspartner abgegebenen Willenserklärung nach §§ 119, 123 BGB von Rechtsgeschäften aufgrund Irrtums oder arglistiger Täuschung (m. w. N. Roth / Altmeppen / *Altmeppen* § 35 a Rn. 8). Dies könnte beispielsweise im Falle eines Irrtums über das Nichtbestehen einer Haftungsbeschränkung des Vertragspartners, wenn der Rechtsformzusatz »GmbH« weggelassen wird, der Fall sein. Auch **Schadensersatzansprüche** für den Vertragspartner sind denkbar, ggf. aus Rechtsscheinshaftung auch gegen den Geschäftsführer persönlich (LG Heidelberg NJW-RR 1997, 355). Als Anspruchsgrundlagen kommen §§ 280 Abs. 1 i. V. m. 311 Abs. 2 Nr. 1, 241 BGB (culpa in contrahendo) sowie § 823 Abs. 2 i. V. m. § 35 a GmbHG als Schutzgesetz und – allerdings in sehr seltenen Fällen – auch aus § 826 BGB in Betracht.

G. GmbH-Reform: Beabsichtigte Änderungen des MoMiG

15 Nach dem Referentenentwurf (Stand: 29 Mai 2006) eines »Gesetzes zur Modernisierung des GmbH-Rechts und zur Bekämpfung von Missbräuchen« (MoMiG) ist vorgesehen, dass zukünftig die Angaben nach § 35 a Abs. 1 bis 3 GmbHG auch durch **ausländische Gesellschaften** in Form einer **doppelten Angabenverpflichtung** gemacht werden müssen. Damit soll, so die Begründung des Referentenentwurfs, der bisherige Meinungsstreit (s. o. Rn. 4) über das Bestehen einer doppelten Angabeverpflichtung zugunsten einer Stärkung der Transparenz und des Gläubigerschutzes entschieden werden. Deutsche Gesellschaften und Auslandsgesellschaften sollen damit in Zukunft in vollem Umfang gleichbehandelt werden.

§ 36 [Wirkung der Vertretung]

Die Gesellschaft wird durch die in ihrem Namen von den Geschäftsführern vorgenommenen Rechtsgeschäfte berechtigt und verpflichtet; es ist gleichgültig, ob das Geschäft ausdrücklich im Namen der Gesellschaft vorgenommen worden ist oder ob die Umstände ergeben, dass es nach dem Willen der Beteiligten für die Gesellschaft vorgenommen werden sollte.

A. Allgemeines

§ 36 GmbHG ist nach heute allgemeiner Meinung überflüssig, da der Regelungsinhalt seit Inkrafttreten des BGB als **lex posterior** durch dessen § 164 Abs. 1 BGB bereits normiert wird, zu dem § 36 GmbHG gewissermaßen gleichlautende und damit eben überflüssige **lex specialis** ist. 1

B. Voraussetzungen

Wirksame Vertretung der Gesellschaft setzt Handeln im Rahmen der Vertretungsmacht und im Namen der vertretenen Gesellschaft voraus. 2

I. Vertretungsmacht

Die Vertretungsmacht wird mit der wirksamen Bestellung zum Geschäftsführer (Organ) begründet. Ohne sie ist eine Organstellung nicht denkbar. 3

§ 164 Abs. 2 BGB findet Anwendung, so dass das Anfechtungsrecht, das dem ohne erkennbaren Vertreterwillen Handelnden an sich gem. § 119 Abs. 1 BGB zustehen würde, ausscheidet. 4

II. Handeln im Namen der Gesellschaft

Für das Handeln im Namen und damit mit Wirkung für die Gesellschaft ist es unerheblich, ob ein Rechtsgeschäft ausdrücklich im Namen der Gesellschaft vorgenommen wird oder ob sich das nur aus den Umständen ergibt. Diese Regelung des § 36 Hs. 2 GmbHG entspricht § 164 Abs. 1 S. 2 BGB. Sie gilt sowohl für schriftliche als auch für mündliche Erklärungen bzw. Rechtsgeschäfte. 5

Bei sog. **unternehmensbezogenen Geschäften** ist der Wille der Beteiligten im Zweifel so auszulegen, dass die Gesellschaft als Inhaberin des Unternehmens Partei des Rechtsgeschäfts werden soll, hingegen nicht der die Gesellschaft Vertretende. Dies gilt z. B. in dem Falle, dass durch einen Geschäftsführer ein Mietvertrag über Gewerberäume abgeschlossen wird (OLG Köln MDR 1999, 1012). Das soll auch dann gelten, wenn eine Falschbezeichnung des Inhabers oder andere Fehlvorstellungen über ihn vorliegen (BGH NJW 1990, 2678). 6

War das Handeln als Vertreter hingegen **nicht erkennbar**, so tritt auch keine Wirkung der Vertretung für die Gesellschaft ein. 7

C. Einzelfälle

Wird ein Rechtsgeschäft, das sich auf den **Unternehmensgegenstand der Gesellschaft** bezieht, durch den Geschäftsführer abgeschlossen, so ist es als mit der Gesellschaft geschlossen anzusehen, wenn die andere Rechtsgeschäftspartei die Vertreterstellung des handelnden Geschäftsführers und auch der Unternehmensgegenstand **bekannt** waren. Außerdem dürfen keine Hinweise auf ein Handeln des Geschäftsführers im eigenen Namen vorliegen (OLG Köln GmbHR 1999, 410). 8

Bei Zeichnung von **Wechseln** oder **Schecks** ergibt sich eine Verpflichtung der Gesellschaft nur, wenn sie selbst als Zeichner (z. B. Aussteller oder Indossant) genannt wird oder aus zusätzlichen Umständen im Zusammenhang mit der Scheckbegebung das Handeln des Vertreters als solches erkennbar ist; andernfalls haftet der Geschäftsführer auch gegenüber dem ersten Erwerber (BGHZ 65, 219). 9

Auch in dem Falle, dass weder ausdrücklich bekannt ist noch aus den Umständen hervorgeht, dass ein Rechtsgeschäft im Namen der Gesellschaft vorgenommen wird, kann die Vertretungswirkung bei einem sog **»verdeckten Geschäft für den, den es angeht«** gegeben sein (BGHZ 114, 79). Diese Regelungen finden vor allem bei Verfügungsgeschäften zu Erfüllungszwecken Anwendung. Aber auch Bargeschäfte des täglichen Lebens sind hierfür ein Beispiel. Bei diesen fehlt ein schutzwürdiges Interesse an der genauen Kenntnis der anderen Partei (BGH NJW 1991, 2958, 2959). 10

D. Beweislast

11 Grundsätzlich liegt die Beweislast für das Handeln als Vertreter bei demjenigen, der sich darauf beruft, dass das Handeln eines Vertreters vorliegt (BGHZ 85, 258). Insoweit handelt es sich um einen Ausnahmetatbestand vom Normalfall des Handelns in eigenem Namen. Hingegen trägt die Beweislast für die Unternehmensbezogenheit des Geschäfts derjenige, der eine Erklärung abgegeben hat, sie aber nicht für sich gelten lassen will und sich deshalb auf die Unternehmensbezogenheit beruft (BGH NJW 1995, 43, 44).

§ 37 [Beschränkungen der Vertretungsbefugnis]

(1) Die Geschäftsführer sind der Gesellschaft gegenüber verpflichtet, die Beschränkungen einzuhalten, welche für den Umfang ihrer Befugnis, die Gesellschaft zu vertreten, durch den Gesellschaftsvertrag oder, soweit dieser nicht ein anderes bestimmt, durch die Beschlüsse der Gesellschafter festgesetzt sind.

(2) [1]Gegen dritte Personen hat eine Beschränkung der Befugnis der Geschäftsführer, die Gesellschaft zu vertreten, keine rechtliche Wirkung. [2]Dies gilt insbesondere für den Fall, dass die Vertretung sich nur auf gewisse Geschäfte oder Arten von Geschäften erstrecken oder nur unter gewissen Umständen oder für eine gewisse Zeit oder an einzelnen Orten stattfinden soll oder dass die Zustimmung der Gesellschafter oder eines Organs der Gesellschaft für einzelne Geschäfte erfordert ist.

Übersicht:

A. Allgemeines

1 § 37 GmbHG setzt die **zentrale Trennung** der Wirkung von Handlungen des Geschäftsführers im Innenverhältnis zur Gesellschaft und im Außenverhältnis voraus. Während Abs. 1 ausdrücklich regelt, dass Einschränkungen der Befugnis des Geschäftsführers, die Gesellschaft zu vertreten, mit verbindlicher Wirkung für den Geschäftsführer (also im **Innenverhältnis**) möglich sind, normiert Abs. 2, dass solche Regelungen gegen dritte Personen (also im **Außenverhältnis**) keine rechtliche Wirkung haben.

2 Die von § 37 GmbHG genannte Befugnis, die Gesellschaft zu vertreten, ist terminologisch zu trennen von dem Begriff der Vertretungsmacht. **Befugnis** i. S. d. § 37 Abs. 1 GmbHG meint die Kom-

petenz im Verhältnis zur Gesellschaft, **Vertretungsmacht** das objektive Können gegenüber Dritten.

3 **Inhaltlich** meint die Geschäftsführungsbefugnis die Befugnis, aber auch die Pflicht zur **Leitung des Unternehmens** durch den Geschäftsführer mit allen dazu gehörenden Maßnahmen und Entscheidungen. Der Geschäftsführer wird kontrollierend und koordinierend, planerisch und entscheidend tätig. Ihm stehen dafür alle sachlichen, personellen und finanziellen Mittel zu Gebote. Zu den im öffentlichen Interesse normierten Pflichten, aber eben auch nicht übertragbaren Kompetenzen der Geschäftsführer gehören die Pflicht zur Erhaltung des Stammkapitals (§§ 30, 31, 33 GmbHG), die Handelsregisterpflichten (§ 40 GmbHG), die Buchführungspflicht und die Pflicht zur Aufstellung eines Jahresabschlusses (§ 264 Abs. 1 HGB, §§ 41, 42 GmbHG), die Pflicht zur Einberufung der Gesellschafterversammlung (§ 49 GmbHG) die Insolvenzantragspflicht (§ 64 GmbHG) sowie steuerrechtliche Verpflichtungen (§ 34 AO).

B. Beschränkung der Vertretungsbefugnis im Innenverhältnis, Abs. 1

4 Die Geschäftsführer haben ihnen von den Gesellschaftern auferlegte Beschränkungen der Vertretungsbefugnis zu beachten. Zwar umfasst die Vertretungsbefugnis der Geschäftsführer grundsätzlich den gesamten Bereich der Geschäftsführung (vgl. § 35 Abs. 1 GmbHG), sie ist aber gem. Abs. 1 durch die Gesellschafter über den Gesellschaftsvertrag oder einzelne zu fassende Gesellschafterbeschlüsse im Innenverhältnis **beschränkbar**. Grundsätzlich können also die Geschäftsführer alle Maßnahmen und Entscheidungen treffen, die der Verfolgung des durch den Gesellschaftsvertrag vorgegebenen Gesellschaftszwecks zu dienen geeignet sind, solange der entsprechend den Anforderungen des § 37 Abs. 1 GmbHG normierte Wille der Gesellschafter dem nicht entgegensteht.

5 Abs. 1 sieht zwei Möglichkeiten der Beschränkung der Vertretungsbefugnis der Geschäftsführer vor: Beschränkung **durch den Gesellschaftsvertrag** sowie Beschränkung **durch einzelne Beschlüsse der Gesellschafter**. Letzeres ist allerdings nur zulässig, wenn diese Möglichkeit nicht durch den Gesellschaftsvertrag wiederum ausgeschlossen ist. Daneben kommen Beschränkungen außerhalb des Gesellschaftsvertrages oder aufgrund Gesetzes in Betracht.

I. Beschränkungen aufgrund des Gesellschaftsvertrages

1. Allgemeines

6 Es gibt viele Möglichkeiten der Beschränkung der Vertretungsbefugnisse der Geschäftsführer durch Regelungen des Gesellschaftsvertrages. Dabei ist stets darauf zu achten, dass die Beschränkung derartig ausgestaltet ist, dass die gesetzlich vorgesehene Rolle der Geschäftsführer als der für die Gesellschaft Handelnden (auch im Hinblick auf Durchführungshandlungen) unberührt bleibt (BGH WM 1978, 1047). Dies ergibt sich nicht zuletzt aus den Haftungsregelungen, die die Geschäftsführer betreffen, und ihren gesetzlich geregelten organschaftlichen Pflichten. Die Vertretung der Gesellschaft nach außen durch ihre Geschäftsführer muss immer die höchstrangige bleiben, die zuvor stattfindende Willensbildung hingegen kann auf die Gesellschafterversammlung übertragen oder an den Willen der Gesellschafterversammlung gebunden werden.

2. Beachtung des Gesellschaftszwecks

7 Maßnahmen, die dem gesellschaftsvertraglich festgelegten **Gesellschafts- oder Unternehmenszweck widersprechen**, sind **unzulässig**. Die Geschäftsführer müssen sich mit ihren Entscheidungen und Maßnahmen im Rahmen des Gesellschaftszweckes bewegen (A/E/S/*B. Schmidt* § 37 Rn. 5).

3. Zustimmung anderer Organe

8 Häufig sieht der Gesellschaftsvertrag auch vor, dass für bestimmte Entscheidungen oder Maßnahmen die vorherige Zustimmung (Einwilligung) der **Gesellschafterversammlung** oder

auch eines **anderen Organs** (dazu s. u. Rn. 11 ff.) erforderlich ist. Dabei kann es zu Auslegungsschwierigkeiten kommen, wenn solche Klauseln sehr allgemein oder abstrakt formuliert sind, wenn also beispielsweise geregelt ist, dass alle Geschäfte außerhalb des gewöhnlichen Geschäftsbetriebes der vorherigen Zustimmung der Gesellschafterversammlung bedürfen. Insofern kann sich je nach Interessenlage eine möglichst **präzise Umschreibung** solcher zustimmungspflichtiger Geschäfte empfehlen, um auch den Geschäftsführern die Anwendung der gesellschaftsvertraglichen Regelungen zu erleichtern.

9 **Nicht übertragen** werden können die im öffentlichen Interesse bestehenden Kompetenzen der Geschäftsführer betreffend die Pflicht zur Erhaltung des Stammkapitals (§§ 30, 31, 33 GmbHG), die Handelsregisterpflichten (§ 40 GmbHG), die Buchführungspflicht, die Pflicht zur Aufstellung eines Jahresabschlusses (§ 264 Abs. 1 HGB, §§ 41, 42 GmbHG), die Pflicht zur Einberufung der Gesellschafterversammlung (§ 49 GmbHG) die Insolvenzantragspflicht (§ 64 GmbHG) sowie steuerrechtliche Verpflichtungen (§ 34 AO) (A/E/S/*B. Schmidt* § 37 Rn. 3).

4. Befugnis zur Beschränkung der Geschäftsführungsbefugnis

10 Nur der Gesellschaftsvertrag (nicht hingegen ein Gesellschafterbeschluss) kann Regelungen treffen, nach denen einem anderen Organ das Recht eingeräumt wird, die Geschäftsführungsbefugnis der Geschäftsführer einschränkende Regelungen zu erlassen, wobei dies zusätzlich oder alternativ zu Beschränkungsbefugnissen der Gesellschafterversammlung erfolgen kann (Baumbach/Hueck/*Zöllner/Noack* § 37 Rn. 22). Darüber hinaus kommt bei **Bestehen eines Aufsichtsrates** eine Beschränkung der Geschäftsführungsbefugnis durch Anwendung des § 111 Abs. 4 AktG in Betracht, die freilich bei einem fakultativen Aufsichtsrat im Gesellschaftsvertrag ausgeschlossen werden kann. Demnach sind bestimmte Arten von Geschäften an die Zustimmung des Aufsichtsrates zu binden. Handelt es sich um einen obligatorischen Aufsichtsrat kann derselbe auch entgegen den Regelungen der Satzung andere Geschäfte an seine Zustimmung binden (Baumbach/Hueck/*Zöllner/Noack* § 37 Rn. 20).

II. Beschränkungen aufgrund von Gesellschafterbeschlüssen

1. Allgemeines

11 Abs. 1 nennt auch Gesellschafterbeschlüsse als Möglichkeit, eine Beschränkung der Vertretungsbefugnisse des Geschäftsführers im Innenverhältnis vorzunehmen. Inhaltlich kann dasselbe wie bei einer Regelung des Gesellschaftsvertrages auch durch einen Gesellschafterbeschluss geregelt werden. Auch im Falle des Tätigwerdens der Gesellschafterversammlung im Wege von einzelnen Gesellschafterbeschlüssen ist darauf zu achten, dass die Geschäftsführungsbefugnisse der Gesellschafter nicht völlig entkernt werden und diese zu reinen Marionetten werden (s. o. Rn. 6 und Rn. 9). Auch hier gilt, dass die Geschäftsführer nicht zu schlichten Ausführungsorganen der Gesellschafterversammlung oder eines anderen Organs werden dürfen.

2. Wirksamkeit des Gesellschafterbeschlusses

12 Der Gesellschafterbeschluss muss wirksam sein, um den Geschäftsführer zu verpflichten, ihm Folge zu leisten; ein **schwebend unwirksamer Beschluss** löst keine Folgepflicht für die Geschäftsführer aus (BGHZ 31, 278). Schließlich muss ein Geschäftsführer einem **anfechtbaren Beschluss** (ein solcher liegt insbesondere immer bei Verstößen gegen Regelungen der Satzung zur Beschlussfassung vor) dann nicht Folge leisten, wenn der Beschluss wirksam angefochten worden ist (Baumbach/Hueck/*Zöllner/Noack* § 37 Rn. 20). Ist der Beschluss (beispielsweise durch Ablauf der Anfechtungsfrist) unanfechtbar geworden, müssen die Geschäftsführer ihn befolgen, denn die Entscheidung über die Anfechtung liegt bei den Gesellschaftern, die durch Nichtausübung des Anfechtungsrechts innerhalb einer bestimmten Frist die Wirksamkeit des Beschlusses offenbar unberührt lassen wollen (vgl. hierzu BGHZ 76, 160; BGH WM 1965, 425). Solange der Beschluss anfechtbar ist, wird man für den Geschäftsführer keine Folgepflicht annehmen können, da er sich Haftungsrisiken aufgrund Handelns auf der Basis eines infolge Anfechtung mög-

licherweise ex tunc nichtigen Gesellschafterbeschlusses aussetzen würde. Dabei muss der Geschäftsführer aber die Wahrscheinlichkeit der Begründetheit einer möglichen Anfechtung prüfen; tendiert diese gegen Null, wird man eine Folgepflicht annehmen können.

III. Beschränkungen durch Gesetz

§ 46 GmbHG sieht eine Reihe von Maßnahmen vor, die in die **originäre Zuständigkeit der Gesellschafterversammlung** fallen. Den Geschäftsführern fehlt demgemäß die entsprechende Befugnis zur Durchführung dieser Maßnahmen. Zusätzlich sind zu den einzelnen, gesetzlich geregelten Kompetenzen sog. **Annexkompetenzen** entwickelt worden, vgl. dazu § 46 GmbHG Rn. 5 bis 40. 13

IV. Beschränkungen außerhalb der gesetzlichen und gesellschaftsvertraglichen Regelungen

1. Ungewöhnliche Geschäfte

Eine heute allgemeine Meinung hält darüber hinaus sog. ungewöhnliche Geschäfte für vorlagepflichtig. Bei der Bestimmung des Begriffs »ungewöhnliches Geschäft« herrscht indessen große Unklarheit und Unsicherheit, was den Umgang mit der Frage der Vorlagepflicht in der Praxis erheblich erschwert. Mit Blick auf Rechtssicherheit und Rechtsklarheit ist insoweit von einer **restriktiven Anwendung der Vorlagepflicht** bei sog. »ungewöhnlichen Geschäften« auszugehen. Die Treuepflicht der Geschäftsführer gebietet allerdings die Vorlage einer Entscheidung an und damit die Verlagerung der Entscheidung auf die Gesellschafterversammlung, wenn anzunehmen ist, dass die Maßnahme auf den Widerstand der Gesellschafter stoßen würde. Auch der Umstand, dass Unvorhergesehenes zu entscheiden ist, kann unabhängig von der wirtschaftlichen Größenordnung eine Vorlagepflicht begründen, da insoweit die Gesellschafterversammlung eine Regelung der eigenen Zuständigkeit z. B. bei Normierung eines Katalogs zustimmungspflichtiger Geschäfte gar nicht in Erwägung ziehen konnte (vgl. zu den ungewöhnlichen Geschäften oder Maßnahmen auch Lutter / Hommelhoff / *Lutter/Hommelhoff* GmbHG, § 37 Rn. 15). 14

Auch gegenüber dem in diesem Zusammenhang gelegentlich benutzten Begriff der **»Abweichung von der Unternehmenspolitik«** o. ä. ist Zurückhaltung geboten, da die Gefahr besteht, sich auf das Gebiet nicht justiziabler Begrifflichkeiten zu begeben. Insoweit sollte es genügen, eine Entscheidung für vorlagepflichtig zu halten, wenn es um Änderungen des bislang im Unternehmen Geübten und Bewährten geht (Baumbach / Hueck / *Zöllner/Noack* § 37 Rn. 13 a. E.). 15

2. Interesse der Gesellschaft

Auch wenn die Vorlage im Interesse der Gesellschaft **erforderlich** erscheint (vgl. § 49 Abs. 2 GmbHG), z. B. weil aus der Maßnahme ein erhebliches Risiko für die Gesellschaft erwächst, kommt eine Vorlage an die Gesellschafterversammlung in Betracht. Aber auch insoweit handelt es sich um wenige Ausnahmefälle, denn die Gesellschafterversammlung hat jederzeit die Möglichkeit, konkrete Regelungen für eine Vorlagepflicht zu erlassen; macht sie von dieser Möglichkeit keinen Gebrauch, so muss der Geschäftsführer grundsätzlich davon ausgehen können, die erforderliche Geschäftsführungsbefugnis zu haben. 16

V. Grenzen der Beschränkungsmöglichkeiten

Die Beschränkung der Geschäftsführungsbefugnis ist nicht unbegrenzt möglich. Aus der Pflichtenstellung des Geschäftsführers ergibt sich, dass seine **Geschäftsführungskompetenz** nicht in der Weise entkernt werden darf, dass er im Rechtsverkehr nur noch als »Marionette« der Gesellschafter auftritt, die sich seiner ausschließlich zur Vertretung der Gesellschaft bedienen. Der Geschäftsführer darf durch die Bindung der Willensbildung der Gesellschaft an die Gesellschafter bzw. durch die vollständige Übertragung der Willensbildung auf die Gesellschafter oder ein anderes Organ nicht jede eigene Geschäftsführungsbefugnis verlieren. Er wäre dann nicht mehr Ge- 17 schäftsführer im eigentlichen Sinne dieses Wortes und des Gesetzes. Das schließt aber z. B. die Bindung von auch weniger bedeutenden Geschäften an die vorherige Zustimmung der Gesellschafterversammlung nicht aus.

VI. Relevanz von Beschränkungen der Geschäftsführungsbefugnis im Außenverhältnis

1. Allgemeines – Missbrauch der Vertretungsmacht

18 Die idealtypische Trennung des rechtsgeschäftlichen Könnens der Geschäftsführer im Außenverhältnis von ihrem rechtsgeschäftlichen Dürfen im Innenverhältnis hat im Wesentlichen im Hinblick auf den Ausnahmefall des **Missbrauchs der Vertretungsmacht** Einschränkungen erfahren. In diesen Fällen muss sich der Vertragspartner so behandeln lassen, als sei das Geschäft unter Überschreitung der Vertretungsmacht vorgenommen worden (BGHZ 141, 363). Das bedeutet, dass die allgemeinen bürgerlichrechtlichen Regelungen über die Vertretung ohne Vertretungsmacht (§§ 177 ff. BGB) Anwendung finden. Dazu gehört auch die Regelung, dass die persönliche Haftung des Geschäftsführers im Regelfall nach § 179 Abs. 3 S. 1 BGB ausgeschlossen ist.

19 Allerdings ist mit Blick auf den Schutz des Rechtsverkehrs und im Sinne der Rechtsklarheit von dem Ausnahmefall des Missbrauchs der Vertretungsmacht nur in sehr zurückhaltender Weise Gebrauch zu machen (Baumbach/Hueck/*Zöllner/Noack* § 37 Rn. 40). Grundsätzlich gilt, dass sich der Rechtsverkehr auf die knappe, aber prägnante Aussage des Handelsregisters zur Vertretungsmacht verlassen können muss.

2. Kollusives Zusammenwirken

20 Der erste, seit langem diskutierte Fall des sog. Missbrauchs der Vertretungsmacht betrifft das kollusive Zusammenwirken des Geschäftsführers und des Geschäftspartners zum Schaden der Gesellschaft. Dieser Fall ist auch heute im Einzelnen noch stark umstritten. Für den **Geschäftsführer** wird allgemein ein **objektives Überschreiten** der Geschäftsführungsbefugnis als hinreichend angenommen (Baumbach/Hueck/*Zöllner/Noack* § 37 Rn. 38), beim Geschäftspartner wird zwar nicht mehr die **tatsächliche Kenntnis** der Überschreitung der im Innenverhältnis geltenden Geschäftsführungsbefugnis verlangt; ob aber leicht fahrlässiges oder grob fahrlässiges Nichterkennen der Überschreitung oder sogar eine entsprechende Evidenz verlangt werden soll, ist wiederum umstritten (vgl. zum Meinungsstand Baumbach/Hueck/*Zöllner/Noack* § 37 Rn. 38). Nach hiesiger Auffassung ist i. S. v. Rechtssicherheit und Rechtsklarheit ein **evidentes Überschreiten** der Geschäftsführungsbefugnis zu verlangen. Alle anderen Lösungen kommen nicht umhin, eine Erkundigungspflicht des Geschäftspartners zu etablieren, die aber schon unter dem Gesichtspunkt der Zumutbarkeit abzulehnen ist.

3. Gesellschafter oder Organmitglied als Geschäftspartner

21 Anzunehmen ist eine Außenwirkung auch in einem zweiten Fall, und zwar dann, wenn der Geschäftspartner selbst Gesellschafter oder Mitglied eines anderen Gesellschaftsorgans ist. Derartig eng mit der Gesellschaft verbundene Geschäftspartner haben jedenfalls die im Gesellschaftsvertrag normierten Beschränkungen der Geschäftsführungsbefugnis gegen sich gelten zu lassen (vgl. z. B. BGHZ 38, 32). Bei durch Gesellschafterbeschluss geregelten Beschränkungen der Geschäftsführungsbefugnis wird darauf abzustellen sein, ob der Gesellschafter den entsprechenden Gesellschafterbeschluss kannte oder zumindest kennen musste; nur dann wird auch in einem solchen Fall die Beschränkung der Geschäftsführungsbefugnis Wirkung auch im Außenverhältnis entfalten können (vgl. Baumbach/Hueck/*Zöllner/Noack* § 37 Rn. 38; instruktiv auch Roth/Altmeppen/*Altmeppen* § 37 Rn. 47 f.).

VII. Sonderfall: Weisungen durch Gesellschafterbeschluss

22 Gesellschafterbeschlüsse können auch einzelne Geschäftsführungsentscheidungen in ganz konkreten Einzelfällen dergestalt enthalten, dass sie positiv die Vornahme bestimmter Geschäfte

anweisen (OLG Düsseldorf ZIP 1984, 1476). Diese **Weisungsbefugnis** für die Gesellschafterversammlung wird aus der überragenden Stellung derselben im Gesamtgefüge der GmbH abgeleitet. Dies gilt uneingeschränkt auch für die mitbestimmte GmbH (Baumbach / Hueck / *Zöllner/Noack* GmbHG, § 37 Rn. 18). Auch für die Weisungsbefugnis der Gesellschafterversammlung gilt aber, dass sich die Gesellschafterversammlung nicht an die Stelle der gesetzlich zur Geschäftsführung aufgerufenen Geschäftsführer setzen darf. Keine Bedenken bestehen insbesondere dann, wenn der Geschäftsführung gewisse Spielräume verbleiben. Wirtschaftlich nachteilige Weisungen beinhaltende Gesellschafterbeschlüsse sind grundsätzlich **anfechtbar**, so dass eine Folgepflicht für die Geschäftsführer erst dann besteht, wenn der entsprechende Beschluss unanfechtbar geworden ist. In der Einpersonengesellschaft gilt dies naturgemäß nicht (OLG Frankfurt GmbHR 1997, 346). Allerdings dürfen auch dort die Weisungen nicht zur Überschuldung oder Zahlungsunfähigkeit der Gesellschaft führen; in diesen Fällen besteht nicht nur keine Folgepflicht für die Geschäftsführer, die Geschäftsführer dürfen die Weisung schlicht nicht befolgen (BGHZ 31, 278; BGH NJW 1974, 1089).

Auch das Weisungsrecht kann durch den Gesellschaftsvertrag **auf andere Organe**, z. B. auf einen Aufsichtsrat oder Beirat, **übertragen** werden. Das gilt aber nur für einen fakultativen Aufsichtsrat, da der die Weisungsbefugnis nicht umfassende § 111 Abs. 4 S. 1 AktG gem. § 52 Abs. 1 GmbHG insoweit dispositiv ist, nicht aber für den obligatorischen Aufsichtsrat, für den die Verweisung auf den § 111 Abs. 4 S. 1 AktG zwingend ist (Lutter / Hommelhoff / *Lutter/Hommelhoff* GmbHG, § 37 Rn. 19). 23

In der **GmbH & Co. KG** sind lediglich die Gesellschafter der Komplementär-GmbH gegenüber den Geschäftsführern der Komplementär-GmbH, die für diese die Geschäftsführung in der KG ausüben, weisungsbefugt, da die Kommanditisten von der Geschäftsführung gem. § 164 Abs. 1 HGB ausgeschlossen sind. 24

C. Unbeschränkbarkeit der Vertretungsmacht im Außenverhältnis, Abs. 2

I. Allgemeines

Abs. 2 S. 1 statuiert, dass die Vertretungsmacht der Geschäftsführer im Außenverhältnis nicht beschränkt werden kann, und zwar weder durch den Gesellschaftsvertrag, noch durch einen Gesellschafterbeschluss, noch durch den Anstellungsvertrag oder in irgendeiner anderen Weise. Abs. 2 S. 2 zählt hierzu eine Reihe von Beispielen auf, nach denen eine Beschränkung im Außenverhältnis insbesondere nicht in der Weise in Betracht kommt, dass sich die Vertretung nur auf gewisse Geschäfte oder Arten von Geschäften erstrecken oder nur unter gewissen Umständen oder für eine gewisse Zeit oder an einzelnen Orten stattfinden soll oder dass die Zustimmung der Gesellschafter oder eines Organs der Gesellschaft für einzelne Geschäfte erforderlich ist. Die Aufzählung ist **nicht abschließend** und im Grunde genommen vor dem Hintergrund des generalklauselartig formulierten S. 1 überflüssig. 25

II. Einschränkung des § 37 Abs. 2 GmbHG

Eine »Einschränkung« freilich erfährt Abs. 2 im Hinblick auf die unumstrittene und gesetzlich in § 35 Abs. 2 S. 2 GmbHG angedeutete Zulässigkeit der Modifizierung der in § 35 Abs. 2 S. 1 GmbHG vorgesehenen (echten) Gesamtvertretungsberechtigung aller Geschäftsführer in eine modifizierte Gesamtvertretungsberechtigung, eine unechte Gesamtvertretungsberechtigung oder die Einzelvertretungsberechtigung (vgl. insoweit § 35 GmbHG Rn. 7 f.). Dabei handelt es sich aber um Erleichterungen gegenüber der grundsätzlich vorgesehenen Gesamtvertretungsberechtigung, so dass die Interessen des Rechtsverkehrs unbeeinträchtigt bleiben. Darüber hinaus werden diese Erleichterungen im Handelsregister offengelegt. Auch für die Erleichterungen gilt schließlich, dass sie mit genereller Wirkung ausgestaltet werden müssen und nicht von weiteren sachlichen Voraussetzungen abhängig gemacht werden dürfen. 26

§ 38 [Widerruf der Bestellung]

(1) Die Bestellung der Geschäftsführer ist zu jeder Zeit widerruflich, unbeschadet der Entschädigungsansprüche aus bestehenden Verträgen.

(2) [1]Im Gesellschaftsvertrag kann die Zulässigkeit des Widerrufs auf den Fall beschränkt werden, dass wichtige Gründe denselben notwendig machen. [2]Als solche Gründe sind insbesondere grobe Pflichtverletzung oder Unfähigkeit zur ordnungsmäßigen Geschäftsführung anzusehen.

Übersicht:

A. Allgemeines

I. Begriffsbestimmung

1 Grundsätzlich kann gem. Abs. 1 die Bestellung des Geschäftsführers jederzeit und ohne Angaben von Gründen widerrufen werden. Terminologisch hat sich dafür der Begriff der **Abberufung** des Geschäftsführers durchgesetzt (so auch § 46 Nr. 5 GmbHG), der klarer ist als der Begriff »Widerruf«, der eine rückwirkende Beseitigung der Bestellung nahelegen könnte; dagegen wirkt der Widerruf (selbstverständlich) nur ex nunc für die Zukunft.

II. Beschränkbarkeit des Rechts auf Abberufung

2 Gem. Abs. 2 ist die gesetzliche Regelung des Abs. 1 in der Weise **dispositiv**, dass die Möglichkeit des Widerrufs von dem **Vorliegen eines wichtigen Grundes** abhängig gemacht werden kann (vgl. dazu ausführl. Rn. 8 ff.). Auch die Statuierung anderer Voraussetzungen materieller Art (z. B. andere sachliche Gründe) oder formeller Art (z. B. qualifizierte Beschlussmehrheit, Fristbindung) ist denkbar; das Recht der Gesellschafter zum Widerruf der Bestellung im Falle des Vorliegens eines wichtigen Grundes darf allerdings **nicht eingeschränkt** werden (BGH NJW 1969, 1483).

3 Die Interessen des Geschäftsführers werden ausschließlich im Rahmen seines von der Organstellung zu unterscheidenden **Anstellungsverhältnisses** geschützt, das von dem Widerruf der Bestellung unberührt bleibt. Ansprüche nach § 628 Abs. 2 BGB bestehen daher nicht.

Möglich ist eine Einschränkung der freien Widerruflichkeit in **schuldrechtlichen Nebenabreden** zwischen dem geschäftsführenden Gesellschafter und den übrigen Gesellschaftern. Denkbar ist z. B. die Zustimmung des betroffenen geschäftsführenden Gesellschafters zum Widerruf der eigenen Bestellung. Eine solche Regelung findet aber ihre Grenze in dem in jedem Falle möglichen Widerruf aus wichtigem Grund, die nicht von der Zustimmung des betroffenen geschäftsführenden Gesellschafters abhängig gemacht werden darf (BGH NJW 1987, 1050). 4

In besonderen Einzelfällen kann die freie Widerruflichkeit der Bestellung unter dem Gesichtspunkt **gesellschafterlicher Treuepflicht** eingeschränkt sein. Das kann wiederum im Fall des langjährigen und/oder wirtschaftlich sehr erfolgreichen und/oder am Stammkapital namhaft beteiligten geschäftsführenden Gesellschafters das Vorliegen und die Angabe eines sachlichen Grundes notwendig machen, der freilich weniger engen und strengen Voraussetzungen unterliegt als der einen Widerruf der Bestellung stets ermöglichende wichtige Grund i. S. v. Abs. 2 (OLG Zweibrücken GmbHR 1998, 373, 374). 5

B. Widerruf der Bestellung ohne wichtigen Grund, Abs. 1

Der Widerruf der Bestellung ist grundsätzlich jederzeit, ohne Angabe von Gründen und auch ohne Gewährung vorheriger oder nachträglicher Anhörung (BGH NJW 1960, 1861) möglich. Der Widerruf erfolgt als **actus contrarius** durch das auch **für die Bestellung zuständige Organ**. Liegt die Zuständigkeit, wie grundsätzlich nach § 46 Nr. 5 GmbHG gesetzlich vorgesehen, bei der Gesellschafterversammlung, bedarf es also eines wirksamen Gesellschafterbeschlusses. Auch der Widerruf der Bestellung ist gem. § 39 Abs. 1 GmbHG unverzüglich zur Eintragung in das Handelsregister anzumelden. Im Einzelnen s. u. § 39 GmbHG Rn. 2. 6

In der **mitbestimmten GmbH** ergibt sich aus dem Verweis von § 31 MitbestG, § 12 MontanMitbestG und § 13 MitBestErgG auf § 84 AktG, dass wie bei der Aktiengesellschaft ein Widerruf immer das Vorliegen eines wichtigen Grundes erfordert (vgl. Kap. 10 § 84 Rn. 21 ff.). 7

C. Widerruf der Bestellung aus wichtigem Grund, Abs. 2

I. Vorliegen eines wichtigen Grundes

Bei der Entscheidung, ob ein **wichtiger Grund** vorliegt, handelt es sich um eine schwierige **Einzelfallentscheidung**, im Rahmen derer alle Umstände der widerstreitenden Interessen insbesondere unter dem Gesichtspunkt der **Zumutbarkeit** des Verbleibens des Geschäftsführers im Amte für die Gesellschaft zu berücksichtigen sind (vgl. BGH NJW-RR 1992, 292, 295). In Abs. 2 S. 2 werden beispielhaft die grobe Pflichtverletzung und die Unfähigkeit zur ordnungsgemäßen Geschäftsführung genannt. Durch die Wahl des Wortes »insbesondere« macht das Gesetz deutlich, dass es sich nicht um eine abschließende Aufzählung handelt. Das Gesetz scheint zwar mit den Beispielen andeuten zu wollen, dass der wichtige Grund in der Person des Geschäftsführers selbst liegen müsse. Doch können sich auch von seiner Person unabhängige Gründe für die Gesellschaft in unzumutbarer Weise auswirken, so dass sie als wichtiger Grund für den Widerruf hinreichen (Scholz/*Schneider* GmbHG, § 38 Rn. 43). 8

Als wichtige Gründe, die den Widerruf der Bestellung i. S. d. Abs. 2 S. 1 rechtfertigen können, kommen u. a. **folgende Umstände** in Betracht: Tätlichkeiten gegenüber Mitarbeitern, anderen Geschäftsführern oder Gesellschaftern; unzureichende Buchführung; Fälschung von Abrechnungsbelegen; Missbrauch von Gesellschaftsvermögen für eigene Zwecke; Teilnahme an unseriösen Geschäften; Fehlen notwendiger Kenntnisse; lange andauernde Krankheit; schwerer Vertrauensbruch; Haft von längerer oder nicht absehbarer Dauer; Annahme von Schmiergeldern; Verstoß gegen vereinbarte Gesamtvertretung; Bilanzmanipulationen und Steuerhinterziehung; Beteiligung an strafbaren Handlungen; auf einem sachlich nachvollziehbaren Umstand beruhender Vertrauensentzug (vgl. zu diesen Beispielen und zu weiteren mit umfassenden Nachweisen A/E/S/*B. Schmidt* § 38 Rn. 16). Diese Aufzählung ist nicht abschließend. Auch lässt sich die Be- 9 gründung nicht pauschal vornehmen, sondern wird sich stets an den Gesamtumständen des Einzelfalls orientieren müssen.

10 Bei der **personalistischen GmbH**, insbesondere in der Form der **Zwei-Personen-GmbH**, sind an die Bejahung des wichtigen Grundes besonders hohe Ansprüche zu stellen (BGH NJW RR 1993, 1253). Denn das dem betroffenen Gesellschafter auferlegte Stimmverbot (s. u. Rn. 18) in einer Abstimmung über seine Abberufung aus wichtigem Grund führt zu einer faktischen Alleinentscheidung des jeweils anderen Gesellschafters. Aus diesem Grund wird bei der personalistischen Zwei-Personen-GmbH die Abberufung aufgrund Vertrauensentzuges nur dann in Betracht kommen, wenn der Vertrauensentzug nach der Beurteilung eines verständigen Betrachters auf berechtigten Zweifeln an der Rechtsmäßigkeit oder an der Ordnungsmäßigkeit der Geschäftsführung beruht (BGH WM 1968, 1347, 1348).

11 Während Gründe, die für die **außerordentliche Kündigung des Anstellungsverhältnisses** hinreichend sind, stets auch die Abberufung aus wichtigem Grund rechtfertigen können, ist das umgekehrt nicht der Fall (BGH NJW RR 1996, 156). Im Anstellungsverhältnis können die Interessen des Geschäftsführers weitergehend geschützt werden, da die kollidierenden Interessen der Gesellschaft hier weniger schützenswert sind als im für die Gesellschaft selbst essentiellen Organverhältnis.

II. Verwirkung, Nachschieben von Gründen

12 Die Gesellschaft kann das Recht, sich auf das Vorliegen eines wichtigen Grundes zu berufen dann **verwirken**, wenn sie nach Kenntnis der den wichtigen Grund darstellenden Umstände unangemessen lange zuwartet oder sich für den betroffenen Geschäftsführer aus den Gesamtumständen ergibt, dass von der Widerrufsmöglichkeit kein Gebrauch mehr gemacht werden solle (BGH ZIP 1993, 1228 f.; ZIP 1992, 32).

13 Ein **Nachschieben von wichtigen Gründen** im Prozess ist dann möglich, wenn die Umstände bereits im Zeitpunkt des Beschlusses über den Widerruf der Bestellung vorlagen, selbst wenn sie zum damaligen Zeitpunkt dem für den Widerruf zuständigen Organ noch nicht bekannt waren. Eine erneute Beschlussfassung aber ist grundsätzlich erforderlich (BGH NJW-RR 1992, 292, 293). Anders in der Zwei-Personen-GmbH (BGH NJW 1992, 292, 294).

D. Das »Verfahren« beim Widerruf

I. Zuständigkeit für den Widerruf

14 Die Gesellschafterversammlung ist ebenso wie für die Bestellung des Geschäftsführers auch für den Widerruf der Bestellung (Abberufung) zuständig (§ 46 Nr. 5 GmbHG). Ist das Recht zur Bestellung des Geschäftsführers auf ein anderes Organ der Gesellschaft übertragen worden, so liegt auch die Zuständigkeit für den Widerruf bei diesem Organ. Diese fällt nur bei dessen Handlungsunfähigkeit an die Gesellschafterversammlung zurück. In der mitbestimmten GmbH ergibt sich aus der zwingenden Verweisung von § 31 Abs. 1 MitbestG, § 12 MontanMitbestG, § 13 MitbestErgG auf § 84 AktG, dass der **Aufsichtsrat** für Bestellung und Widerruf derselben zuständig ist. § 13 Abs. 1 MontanMitbestG regelt, dass der Arbeitsdirektor nicht gegen die Mehrheit der Stimmen der Arbeitnehmer abberufen werden darf.

II. Tagesordnung, Anhörung

15 In der **Tagesordnung** reicht Nennung des Tagesordnungspunktes »Abberufung des Geschäftsführers« aus; die wichtigen Gründe müssen nicht angegeben werden (BGH NJW 1962, 393, 394). Eine **Anhörung** muss dem Geschäftsführer nicht gewährt werden; ebenso ist grundsätzlich eine Abmahnung entbehrlich (A/E/S/*B. Schmidt* § 38 Rn. 18 f.).

III. Beschlussfassung

Die Beschlussfassung der Gesellschafterversammlung erfolgt grundsätzlich mit **einfacher Mehrheit**. Das gilt für Organe, auf die die Kompetenz übertragen worden ist, entsprechend. Für die Abberufung aus wichtigem Grund darf keine qualifizierte Mehrheit durch den Gesellschaftsvertrag statuiert werden, da dieses Recht der Gesellschafter nicht eingeschränkt werden darf (s. o. Rn. 2). Für andere Abberufungen ist das zulässig. 16

Bei der Beschlussfassung über den Widerruf der Bestellung eines **Gesellschafter-Geschäftsführers** aus wichtigem Grund trifft denselben in der Gesellschafterversammlung (soweit diese zuständig ist) ein **Stimmverbot** (BGHZ 34, 367, 371; 86, 177, 181). Hingegen gilt bei einer Beschlussfassung über den Widerruf der Bestellung ohne wichtigen Grund kein Stimmverbot (BGHZ 86, 177 f.). In solchen Fällen kann der Gesellschafter seine Mitgliedschaftsrechte ausüben. Sein Teilnahmerecht an der Gesellschafterversammlung bleibt aber in jedem Falle unberührt ebenso wie sein Äußerungsrecht, insbesondere zu dem (behaupteten) wichtigen Grund, der dem Beschlussvorschlag betreffend den Widerruf zugrunde liegt (BGHZ 1987, 1890, 1891). Der betroffene Gesellschafter-Geschäftsführer ist also zur Gesellschafterversammlung einzuladen. Andernfalls ist der Beschluss fehlerhaft und anfechtbar. 17

IV. Notgeschäftsführer, Geschäftsführer aufgrund Sonderrechts

Die Bestellung eines Notgeschäftsführers kann ausschließlich **durch das Gericht**, das ihn bestellt hat, widerrufen werden. Dem Widerruf der Bestellung eines aufgrund eines Sonderrechts eines einzelnen Gesellschafters bestellten Geschäftsführers muss der Sonderrechtsinhaber zustimmen, wenn der Widerruf ohne wichtigen Grund erfolgt (BGH WM 1962, 201); bei Vorliegen eines wichtigen Grundes hingegen kommt es auf seine Zustimmung nicht an, wenn im Übrigen die erforderliche Mehrheit gegeben ist. 18

V. Erklärung gegenüber Geschäftsführer

Ist der Widerruf der Bestellung wirksam beschlossen worden, so muss er gegenüber dem Geschäftsführer durch Erklärung umgesetzt werden. Die Erklärung ist **formlos** wirksam (A/E/S/*B. Schmidt* § 38 Rn. 20). Der Widerruf wird erst mit **Zugang** dieser Erklärung beim betroffenen Geschäftsführer wirksam. Der Umsetzung bedarf es nicht mehr, wenn der Geschäftsführer bei der Beschlussfassung anwesend ist (BGH GmbHR 2003, 544 f.). 19

E. Folgen des Widerrufs der Bestellung

I. Eintragung ins Handelsregister

Der Beschluss über den Widerruf der Bestellung ist unmittelbar, ggf. nach Erklärung gegenüber dem Geschäftsführer (s. o. Rn. 19), wirksam; die erforderliche Eintragung in das Handelsregister erfolgt nur zu **deklaratorischen** Zwecken. 20

II. Auswirkungen auf Vertretungsberechtigung

Die **Gesamtvertretungsberechtigung** eines zweiten vorhandenen Geschäftsführers erstarkt nach der richtigen h. M. unmittelbar zur Einzelvertretungsberechtigung (vgl. zum Meinungsstand Roth/Altmeppen/*Altmeppen* § 35 Rn. 32). Die Eintragung des Widerrufs ist auch insoweit nur deklaratorisch. War aber überhaupt nur ein Geschäftsführer vorhanden oder sieht der Gesellschaftsvertrag zwingend die Vertretung der Gesellschaft durch mindestens zwei Geschäftsführer vor, so ist die Gesellschaft handlungsunfähig, was die sofortige Bestellung eines neuen (zusätzlichen) Geschäftsführers nötig macht. 21

III. Anfechtung des Widerrufs, einstweiliger Rechtsschutz

Der Widerruf der Bestellung des GmbH-Geschäftsführers ist in Analogie zu § 84 Abs. 3 S. 4 AktG auch im Falle gerichtlicher Anfechtung solange wirksam, bis durch rechtskräftiges gerichtliches 22

Urteil das Gegenteil festgestellt ist (in der Literatur sehr str; für die mitbestimmte GmbH ist das durch den zwingenden Verweis auf § 84 Abs. 3 S. 4 AktG aber unumstr. Gegen die Beschlussfassung kann durch jeden Gesellschafter im Wege des **einstweiligen Rechtsschutzes** vorgegangen werden, auch gegen den Widerruf der Bestellung eines Fremdgeschäftsführers (hierzu i. E. A/E/S/*B. Schmidt* § 38 Rn. 43). Der Antrag auf Erlass einer einstweiligen Verfügung kann darauf gerichtet werden, das Organverhältnis bis zur Entscheidung in der Hauptsache aufrechtzuerhalten und eine anderweitige Eintragung in das Handelsregister zu verhindern. Das ist wiederum bei der mitbestimmten GmbH aufgrund der zwingenden Verweisung auf § 84 Abs. 3 S. 4 AktG nicht möglich.

23 Gegenstand eines Antrags auf Erlass einer einstweiligen Verfügung nach § 940 ZPO kann aber auch sein, dass einem Geschäftsführer bis zur Entscheidung in der Hauptsache seine Tätigkeit als Geschäftsführer untersagt wird. Ein solcher Antrag kann von Gesellschaftern gestellt werden, die den Widerruf einer Bestellung betreiben, worüber eine Beschlussfassung aber (noch) fehlt.

IV. Auswirkung auf Anstellungsverhältnis

1. Trennungsprinzip

24 Das Anstellungsverhältnis bleibt von dem Widerruf der Bestellung zunächst **grundsätzlich unberührt** (BGH NJW RR 1996, 156). Der Widerruf betrifft zunächst nur das Organverhältnis. Das Anstellungsverhältnis ist von diesem unabhängig (sog. **Trennungsprinzip**). Gleichwohl kann das Trennungsprinzip nicht bedeuten, dass Änderungen in dem Organverhältnis stets ohne Auswirkung auf das Anstellungsverhältnis bleiben, und umgekehrt. Eine vertragliche Verknüpfung von Organverhältnis und Anstellungsverhältnis dergestalt, dass mit dem Widerruf der Bestellung auch die Kündigung des Anstellungsverhältnisses erklärt ist und umgekehrt ist möglich, das Trennungsprinzip also insoweit »dispositiv« (vgl. BGH NJW 1999, 3263, 3264).

2. Verknüpfung von Bestellung and Anstellung

25 Im Einzelfall ist im Wege der **Auslegung** zu ermitteln, ob mit dem Widerruf der Bestellung zugleich das Anstellungsverhältnis gekündigt worden ist, und ob im umgekehrten Fall der Geschäftsführer mit der Niederlegung seines Geschäftsführeramtes (s. u. Rn. 32) auch den Anstellungsvertrag kündigen wollte. Insbesondere im Falle eines Widerrufs ohne wichtigen Grund wird man i.Zw. nicht annehmen können, dass damit auch eine Kündigung des Anstellungsverhältnisses verbunden sein sollte (BGH NJW 2003, 351). Bei einem Widerruf aus wichtigem Grund hingegen wird man das annehmen können, allerdings ist gesondert zu prüfen, ob der den Widerruf rechtfertigende wichtige Grund geeignet ist, auch eine außerordentliche Kündigung des Anstellungsvertrages zu rechtfertigen, was nicht immer der Fall ist (s. o. Rn. 11).

26 Hingegen wird eine wirksame **Kündigung des Anstellungsvertrages** grundsätzlich auch als Widerruf der Bestellung auszulegen sein (s. o. Rn. 11); das gilt insbesondere bei einer Kündigung des Anstellungsvertrages aus wichtigem Grund. Umgekehrt wird auch eine Amtsniederlegung durch den Geschäftsführer als Kündigung des Anstellungsvertrages zu verstehen sein.

27 Bleibt das **Anstellungsverhältnis** trotz Beendigung des Organverhältnisses **bestehen**, so können dem Geschäftsführer nach den allgemeinen arbeitsrechtlichen Regelungen Tätigkeiten zugewiesen werden, die ihm unter Berücksichtigung seiner fachlichen Qualifikation und bisherigen Position zumutbar sind (BAG GmbHR 2003, 105, 109 f.). Ist er dazu nicht bereit, kann die Gesellschaft außerordentlich kündigen.

3. Zuständigkeit der ordentlichen Gerichte

28 Für Rechtsstreitigkeiten zwischen dem Geschäftsführer und der Gesellschaft sind die ordentlichen Gerichte und dort ggf. die **Kammer für Handelssachen** (§ 95 Abs. 1 Nr. 4 a GVG) zuständig. Eine Klage gegen den Widerruf hat keine aufschiebende Wirkung; eine analoge Anwendung

der §§ 117, 127 HGB kommt für die kapitalistische GmbH nicht in Betracht (BGHZ 86, 177, 180).

F. Amtsniederlegung

I. Allgemeines

Der grundsätzlich jederzeitigen Widerruflichkeit des Bestellungsbeschlusses ohne das Erfordernis der Angabe von Gründen entspricht das jederzeitige **Recht des Geschäftsführers**, sein Amt, ebenfalls ohne Angabe von Gründen, niederzulegen. Die Niederlegungserklärung ist eine empfangsbedürftige Willenserklärung. **Empfangszuständig** ist das für die Bestellung zuständige Organ, in der Regel also die nach § 46 Nr. 5 GmbHG zuständige Gesellschafterversammlung. Es reicht aber die Erklärung gegenüber einem Gesellschafter (BGHZ 149, 28). Mündliche Erklärung reicht ebenfalls, wenn der Gesellschaftsvertrag nicht anderes vorsieht. Die Niederlegungserklärung ist sofort wirksam, kann aber auch mit Wirkung zu einem zeitlich späteren Termin erfolgen (BGH GmbHR 2003, 544). Mit Wirksamkeit der Niederlegung **endet die Haftung** des Geschäftsführers für die Erfüllung der Pflichten des Geschäftsführers. 29

II. Amtsniederlegung zur Unzeit

Erfolgt die Amtsniederlegung, ohne dass ein wichtiger Grund vorliegt, in einer für die Gesellschaft schwierigen Phase und so kurzfristig, dass die Bestellung eines neuen oder eines weiteren Geschäftsführers in einem angemessenen Zeitraum nicht möglich erscheint, kann es sich um eine Niederlegung zur Unzeit handeln, die den Geschäftsführer u. U. schadensersatzpflichtig machen kann (BGH NJW 1980, 2415). Die Gefahr, dass bei der Gesellschaft infolge ihrer Handlungsunfähigkeit Schäden eintreten, ist dabei nicht gering. In einigen besonderen Fällen wird vom Grundsatz der sofortigen Wirksamkeit der Amtsniederlegung abgewichen, insbesondere wenn der einzige Geschäftsführer, der auch alleiniger Gesellschafter ist, sein Amt niederlegt und nicht sofort einen neuen Geschäftsführer bestellt (BayObLG NZG 1999, 1003). 30

III. Wirksamkeitszeitpunkt, Auswirkungen auf Anstellungsverhältnis

Während die Amtsniederlegung aus wichtigem Grund stets mit sofortiger Wirkung möglich ist (Baumbach / Hueck / *Zöllner/Noack* § 38 Rn. 84), kann der Gesellschaftsvertrag für die »einfache« Amtsniederlegung besondere Formen und Fristen festlegen. 31

Die Frage, ob mit der Amtsniederlegung auch eine Kündigung des Anstellungsverhältnisses erklärt wird, ist im Wege der Auslegung festzustellen, im Zweifel aber abzulehnen, da Organverhältnis und Anstellungsverhältnis dogmatisch streng zu trennen sind (s. o. Rn. 24 ff.). 32

G. Automatische Beendigung der Organstellung eines Geschäftsführers

I. Befristung der Bestellung, auflösende Bedingung

Die Bestellung eines Geschäftsführers kann sowohl aufgrund einer Regelung im Gesellschaftsvertrag als auch aufgrund eines entsprechend gefassten Bestellungsbeschlusses befristet erfolgen oder unter den Eintritt einer auflösenden Bedingung gestellt werden. In der mitbestimmten GmbH ist durch den zwingenden Verweis auf § 84 Abs. 1 S. 1 AktG die Dauer der Bestellung auf fünf Jahre begrenzt; eine erneute Bestellung ist selbstverständlich möglich. Diese gesetzlich befristete Organstellung wird durch einen nachträglichen Wegfall der Mitbestimmung nicht automatisch zu einer unbefristeten (A / E / S / *B. Schmidt* § 38 Rn. 29). 33

II. Amtsunfähigkeit des Geschäftsführers

Ein weiterer Fall der automatischen Beendigung der Organstellung eines Geschäftsführers ist das Eintreten der Amtsunfähigkeit in der Person des Geschäftsführers (s. o. § 6 Rn. 9). Hingegen führt der Verlust von gesellschaftsvertraglichen Eignungsvoraussetzungen nicht ohne weiteres 34 zur automatischen Beendigung der Organstellung; in Betracht kommt i. d. R. die Abberufung, die freilich grundsätzlich auch ohne Vorliegen eines Grundes möglich ist.

III. Umwandlungsvorgänge, Auflösung der GmbH, Insolvenz

35 Bei **Umwandlungsvorgängen** (z. B. Verschmelzung) endet die Organstellung bei dem übertragenden Rechtsträger automatisch mit dem Erlöschen der Gesellschaft nach §§ 20 Abs. 1 Nr. 2, 131 Abs. 1 Nr. 2 UmwG. Hingegen führen die **Auflösung einer GmbH** (insbes. gem. § 60 GmbHG) und die Eröffnung des **Insolvenzverfahrens** nicht zur Beendigung der Organstellung. Während im Falle der Auflösung die Geschäftsführer grundsätzlich zu Liquidatoren der Gesellschaft werden, bleiben sie auch im Falle der Eröffnung des Insolvenzverfahrens im Amt und sind für alle diejenigen Angelegenheiten zuständig, die nicht unter die Verwaltung des Insolvenzverwalters fallen, vor allem im innergesellschaftlichen Bereich (BGHZ 32, 114).

IV. Tod des Geschäftsführers

36 Ohne erbrechtliche Nachfolge endet das Geschäftsführeramt im Falle des Todes eines Geschäftsführers sofort und automatisch, und zwar auch dann, wenn es sich um ein mit einem Sonderrecht auf Benennung eines Geschäftsführers ausgestatteten Geschäftsanteil handelt (vgl. Baumbach/Hueck/*Zöllner/Noack* § 38 Rn. 84).

§ 39 [Anmeldung der Geschäftsführer] [i. d. F. ab 1. 1. 2007 durch EHUG]

(1) Jede Änderung in den Personen der Geschäftsführer sowie die Beendigung der Vertretungsbefugnis eines Geschäftsführers ist zur Eintragung in das Handelsregister anzumelden.

(2) Der Anmeldung sind die Urkunden über die Bestellung der Geschäftsführer oder über die Beendigung der Vertretungsbefugnis in Urschrift oder öffentlich beglaubigter Abschrift beizufügen.

(3) Die neuen Geschäftsführer haben in der Anmeldung zu versichern, dass keine Umstände vorliegen, die ihrer Bestellung nach § 6 Abs. 2 Satz 3 und 4 entgegenstehen und dass sie über ihre unbeschränkte Auskunftspflicht gegenüber dem Gericht belehrt worden sind. § 8 Abs. 3 Satz 2 ist anzuwenden.

(4) *[aufgehoben]*

§ 39 [Anmeldung der Geschäftsführer] [i. d. F. bis 31. 12. 2006]

***(1)* [identisch]**

(2) Der Anmeldung sind die Urkunden über die Bestellung der Geschäftsführer oder über die Beendigung der Vertretungsbefugnis in Urschrift oder öffentlich beglaubigter Abschrift für das Gericht des Sitzes der Gesellschaft beizufügen.

***(3)* [identisch]**

(4) Die Geschäftsführer haben ihre Unterschrift zur Aufbewahrung bei dem Gericht zu zeichnen.

Übersicht:

A. Allgemeines

1 Alle Veränderungen in den Personen der Geschäftsführer sind zur Eintragung in das Handelsregister beim zuständigen Registergericht anzumelden. Damit soll die Funktion des Handelsregisters als aktuelle Informationsquelle für den Rechtsverkehr sichergestellt werden. Vor diesem Hintergrund erklärt sich auch die Pflicht, den Zeitpunkt der Änderung anzugeben. Die Eintragung hat lediglich **deklaratorische Bedeutung** (s. u. Rn. 12).

B. Inhalt der Anmeldung im Einzelnen, Abs. 1

2 Änderungen in der Person des Geschäftsführers i. S. d. Abs. 1 sind die Bestellung und das Ausscheiden eines Geschäftsführers, eines stellvertretenden Geschäftsführers sowie eines Notgeschäftsführers; in der Anmeldung sind Name, Vorname(n), Wohnort, Geburtsdatum sowie der Zeitpunkt des Amtsantritts anzugeben. Auch Namensänderungen einschließlich einen Namensbestandteil bildender Titel sind anzumelden. Über den Wortlaut von Abs. 1 hinaus sind auch Veränderungen der Vertretungsbefugnis der Geschäftsführer anzumelden, nicht nur die Beendigung der Vertretungsbefugnis (Lutter / Hommelhoff / *Lutter/Hommelhoff* GmbHG, § 39 Rn. 4).

3 Unter **Vertretungsbefugnis** i. s. d. § 39 GmbHG ist nach h. M. auch die Befreiung eines Geschäftsführers von den Beschränkungen des § 181 BGB (grundsätzliches Verbot des Selbstkontrahierens und der Mehrfachvertretung) zu fassen und demnach zur Eintragung anzumelden, und zwar auch wenn sich die Befreiung nur auf bestimmte Arten von Rechtsgeschäften oder nur auf Rechtsgeschäfte mit bestimmten Personen bezieht (OLG Düsseldorf GmbHR 1995, 51).

C. Verfahren von Anmeldung und Eintragung

I. Form der Anmeldung, Anlagen, Abs. 2

1. Form der Anmeldung

4 Die Anmeldung hat jeweils elektronisch in **öffentlich beglaubigter Form** (§ 12 Abs. 1 HGB i. V. m. § 129 Abs. 1 S. 1 BGB) durch die Geschäftsführer (§ 78 GmbHG) in vertretungsberechtigter Zahl zu erfolgen; die Anmeldung muss schriftlich abgefasst und die Unterschrift des Anmeldenden von einem Notar beglaubigt sein. **Notarielle Beurkundung** der Erklärung ersetzt die öffentliche Beglaubigung (§ 129 Abs. 2 BGB). Der neu bestellte Geschäftsführer kann bei der eigenen Anmeldung bereits mitwirken, es sei denn, sie wird erst zu einem späteren Zeitpunkt wirksam. Auch eine **Bevollmächtigung** zur Anmeldung muss in öffentlich beglaubigter Form erfolgen (§ 12 Abs. 1 S. 2 HGB). Auch Prokuristen können wie Dritte diese Verpflichtung nur aufgrund einer Registervollmacht in öffentlich beglaubigter Form erfüllen.

2. Mitwirkung des ausgeschiedenen Geschäftsführers

5 Ein Geschäftsführer, der im Zeitpunkt der Unterzeichnung der Anmeldung schon ausgeschieden ist, ist nicht mehr zur Anmeldung berechtigt, es sei denn, der Widerruf der Bestellung bzw. die Amtsniederlegung erfolgten mit Wirkung zum Zeitpunkt des Eingangs der entsprechenden Anmeldung beim Registergericht oder zum Zeitpunkt der Eintragung des Ausscheidens im Han-

delsregister (OLG Frankfurt NJW RR 1994, 105). Ist er der einzige Geschäftsführer, ist er sogar zur Anmeldung verpflichtet. Sind Geschäftsführer in vertretungsberechtigter Zahl nicht (mehr) vorhanden, so ist u. U. ein **Notgeschäftsführer** für die Vornahme der Anmeldung zu bestellen (s. dazu § 6 GmbHG Rn. 4 ff.).

6 Ein ausgeschiedener und damit nicht mehr anmeldeberechtigter Geschäftsführer kann die Anmeldung seines Ausscheidens, zu der die Gesellschafter verpflichtet sind, ggf. im Wege einer dann nach § 894 ZPO zu vollstreckenden Klage durchsetzen. Daneben kann er beim Registergericht die **Durchsetzung der Anmeldepflicht** durch Zwangsgeldfestsetzung gem. §§ 14 S. 1 i. V. m. 132 ff. HGB anregen.

3. Anlagen

7 Der Anmeldung sind die **Urkunden** über die Bestellung des Geschäftsführers oder die Beendigung der Vertretungsbefugnis in Urschrift oder öffentlich beglaubigter Abschrift beizufügen. Durch das **»Gesetz über elektronische Handelsregister und Genossenschaftsregister sowie das Unternehmensregister« (EHUG)** wurden die Worte »für das Gericht des Sitzes der Gesellschaft« aus dem Gesetzestext gestrichen. Es handelt sich um eine Folgeänderung zur Änderung der §§ 13 ff. HGB. Das EHUG vereinfacht das Recht der Zweigniederlassungen, da bei Existenz eines zentralen Unternehmensregisters eine separate Registerführung für Zweigniederlassungen entbehrlich erscheint. In der Regel ist der entsprechende Beschluss der Gesellschafterversammlung oder das Niederlegungsschreiben des Geschäftsführers beizufügen. Nur bei letzterem ist auch der Zugang der Willenserklärung beim zuständigen Organ der Gesellschaft nachzuweisen (OLG Düsseldorf ZIP 2004, 2007).

II. Persönliche Versicherungen der Geschäftsführer, Abs. 3

8 Die Geschäftsführer haben in der Anmeldung zu versichern, dass keine Umstände vorliegen, die ihrer Bestellung nach § 6 Abs. 2 S. 3 und 4 GmbHG entgegenstehen, sie also für das Amt des Geschäftsführers geeignet sind (vgl. i. E. § 6 GmbHG Rn. 9 ff.). Weiterhin haben die Geschäftsführer zu versichern, dass sie über ihre unbeschränkte Auskunftspflicht gegenüber dem Gericht belehrt worden sind. Die Versicherungen sind persönliche und können daher nicht von einem Bevollmächtigten abgegeben werden. Nach § 82 Abs. 1 Nr. 5 GmbHG sind falsche Angaben zur Eignung als Geschäftsführer strafbar.

9 Die Belehrung kann gem. § 8 Abs. 3 S. 2 GmbHG auch durch einen Notar vorgenommen werden. Das ist auch gängige Praxis im Rahmen der öffentlichen Beglaubigung der Anmeldung durch einen Notar. Wohnt der Geschäftsführer im Ausland, sollte ein Nachweis über die Belehrung der Anmeldung beigefügt werden.

III. Zeichnung der Unterschrift, Abs. 4 i. d. F. bis 31. 12. 2006

10 Abs. 4 ordnete an, dass die Geschäftsführer in der notariell zu beglaubigenden Anmeldung ihre Unterschrift zur Aufbewahrung beim Registergericht zu zeichnen hatten. Zu zeichnen war, wie durch den Geschäftsführer im Rechtsverkehr üblicherweise gezeichnet wird. Eine notariell beglaubigte Paraphe reichte daher nicht aus (a. A. OLG Hamm GmbHR 2001, 817).

Durch das **»Gesetz über elektronische Handelsregister und Genossenschaftsregister sowie das Unternehmensregister« (EHUG)** wurde Abs. 4 **aufgehoben**. Es handelt sich dabei um eine Folgeänderung aufgrund der Aufgabe des Erfordernisses einer Unterschriftsprobe (vgl. Begründung des Gesetzentwurfs der Bundesregierung BT-Drs. 16/690, 66): Gem. § 14 HGB n. F. (ab 1. 1. 2007, ebenfalls geändert durch EHUG) ist eine Unterschriftsprobe nicht mehr erfoderlich. Begründet wird dieser Verzicht von der Bundesregierung damit, dass die elektronische Führung des Handelsregisters zwar auch eingescannte Unterschriften aufnehmen könnte, in diesem Fall jedoch eine Echtheitsprüfung nicht mehr mit hinreichender Sicherheit durchgeführt werden könnte und außerdem das Missbrauchsrisiko zu hoch wäre (vgl. Begründung des Gesetzentwurfs der Bundesregierung zu § 14 HGB – Art. 1 Nr. 8 EHUG –, BT-Drs. 16/690, 47).

IV. Prüfung durch zuständiges Gericht

Zuständig für die Eintragung der Änderungen ist das für den Sitz der Gesellschaft zuständige Registergericht (§ 125 FGG). Das galt bis zum 31. 12. 2006 auch für Änderungen, die eine Zweigniederlassung betreffen (§ 13 c Abs. 1 HGB a. F.). § 13 c HGB ist durch das EHUG aufgehoben worden (s. o. Rn. 7). Das zuständige Registergericht prüft die Anmeldung insbesondere im Hinblick darauf, ob der Bestellungsbeschluss ordnungsgemäß gefasst wurde. Dabei üben die Registergerichte zunächst nur eine rein **formelle Prüfung** aus. Ergeben sich dabei Zweifel an der Wirksamkeit der Bestellung wird ggf. unter Aussetzung des Verfahrens (§ 127 FGG) durch das Registergericht Aufklärung betrieben, bevor die Eintragung erfolgt. Ein umfassendes materielles Prüfungsrecht betreffend die Wirksamkeit von Bestellung und Widerruf besteht aber nicht (OLG Naumburg NJW-RR 2001, 1183, 1184 m. w. N.). 11

V. Eintragung und Bekanntmachung

Nach Prüfung erfolgen die Eintragung der Bestellung des Geschäftsführers bzw. seines Ausscheidens in das Handelsregister durch das Registergericht sowie die Bekanntmachung der Eintragung. Die Eintragung in das Handelsregister wirkt lediglich **deklaratorisch**; die Bestellung ist bereits mit Beschlussfassung und Erklärung gegenüber dem Geschäftsführer sowie dessen Annahme wirksam. Dasselbe gilt für das Ausscheiden des Geschäftsführers infolge von Abberufung, Amtsniederlegung etc. Konstitutiv wirkt die Eintragung hingegen bei einer Änderung der Vertretungsverhältnisse durch Änderung des Gesellschaftsvertrages, die erst mit Eintragung in das Handelsregister wirksam wird. 12

D. GmbH-Reform: Beabsichtigte Änderungen durch das MoMiG

Nach dem Referentenentwurf (Stand: 29. 5. 2006) eines »Gesetzes zur Modernisierung des GmbH-Rechts und zur Bekämpfung von Missbräuchen« (MoMiG) soll die Bezugnahme in Abs. 3 auf § 6 Abs. 2 GmbHG an die neue Fassung des § 6 GmbHG angepasst werden. Es handelt sich lediglich um eine redaktionelle Folgeänderung. 13

§ 40 [Liste der Gesellschafter]

(1) [1]Die Geschäftsführer haben nach jeder Veränderung in den Personen der Gesellschafter oder des Umfangs ihrer Beteiligung unverzüglich eine von ihnen unterschriebene Liste der Gesellschafter, aus welcher Name, Vorname, Geburtsdatum und Wohnort der letzteren sowie ihre Stammeinlagen zu entnehmen sind, zum Handelsregister einzureichen. [2]Hat ein Notar einen Vertrag über die Abtretung eines Geschäftsanteils nach § 15 Abs. 3 beurkundet, so hat er diese Abtretung unverzüglich dem Registergericht anzuzeigen.

(2) Geschäftsführer, welche die ihnen nach Absatz 1 obliegende Pflicht verletzen, haften den Gläubigern der Gesellschaft für den daraus entstandenen Schaden als Gesamtschuldner.

A. Allgemeines

Der beim Handelsregister durch die Geschäftsführer einzureichenden Gesellschafterliste kann der Rechtsverkehr einige **zentrale Informationen** zu den Gesellschaftern der Gesellschaft entnehmen. § 40 Abs. 1 S. 1 GmbHG knüpft an die in § 8 Abs. 1 Nr. 3 GmbHG normierte Pflicht der Geschäftsführer an, bei Gründung der Gesellschaft eine Liste der Gesellschafter beim Handelsregister einzureichen. Nach jeder Veränderung der Beteiligungsverhältnisse an der GmbH ist eine neue, aktualisierte Gesellschafterliste durch die Geschäftsführer einzureichen. 1

2 Eine Eintragung dieser Informationen im Handelsregister selbst erfolgt nicht. Aufgrund Verletzung der Pflicht zur Einreichung der Gesellschafterliste beim Handelsregister kann nach Abs. 2 eine **persönliche Schadensersatzpflicht** der Geschäftsführer als Gesamtschuldner begründet werden.

B. Inhaltliche Angaben der Gesellschafterliste, Abs. 1 S. 1

3 Inhaltlich müssen der Gesellschafterliste der Name, der oder die Vorname(n), das Geburtsdatum und der Wohnort aller Gesellschafter zu entnehmen sein. Die Angabe einer vollständigen Adresse ist nicht erforderlich.

4 Die von den einzelnen Gesellschaftern **gehaltenen Stammeinlagen** sind ebenfalls anzugeben. Zu nennen sind die rechtlichen Eigentümer der Geschäftsanteile, auf die die Stammeinlagen erbracht wurden, nicht die wirtschaftlichen Eigentümer. Bei von mehreren Personen gemeinsam gehaltenen Geschäftsanteilen sind alle diese Personen zu nennen. Hält ein Gesellschafter mehrere Geschäftsanteile, sind diese im Einzelnen aufzuführen; es genügt nicht, die Höhe des Gesamtbetrages zu nennen (A/E/S/*B. Schmidt* § 40 Rn. 2). Hingegen bedarf es keiner Angaben darüber, in welcher Höhe die Stammeinlagen auf die Geschäftsanteile erbracht sind.

5 Bei **juristischen Personen** sind deren vollständige Firma nebst Handelsregisternummer und zuständigem Registergericht sowie der Sitz der Gesellschaft zu nennen.

6 Die formlose Gesellschafterliste ist von den Geschäftsführern in vertretungsberechtigter Anzahl zu **unterschreiben** und beim zuständigen Registergericht einzureichen. Das gilt auch bei einer GmbH, die sich in der Insolvenz befindet. Das Registergericht prüft zunächst nur die **formelle Ordnungsmäßigkeit** der Gesellschafterliste; es kann offensichtlichen Ungereimtheiten aber wie bei der Anmeldung von Änderungen in den Personen der Geschäftsführer (s. o. § 39 GmbHG Rn. 11) nachgehen und ggf. die Einreichung einer richtigen und vollständigen Liste durchsetzen.

C. Pflicht zur Anzeige durch den Notar, Abs. 1 S. 2

7 Die Pflicht der Geschäftsführer zur Einreichung einer aktuellen Gesellschafterliste wird ergänzt durch die Pflicht des Notars zur Anzeige einer **Abtretung eines Geschäftsanteils**, die er nach § 15 Abs. 3 GmbHG beurkundet hat. Zweck dieser Verpflichtung der Notare ist es, das Registergericht in die Lage zu versetzen, auf die Einhaltung ihrer Pflichten durch die Geschäftsführer hinzuwirken (OLG Celle NJW RR 2000, 40), wobei nicht alle Fälle der Änderung in den Beteiligungsverhältnissen erfasst werden können, da Änderungen infolge von Erbfolge oder aufgrund von Beurkundungen von einem Notar im Ausland naturgemäß keine Anzeigepflicht eines Notars auslösen können.

D. Haftung bei Verstoß, Abs. 2

8 Während das Gesetz in Abs. 2 ausdrücklich eine Haftung im Sinne einer Schadensersatzpflicht der Geschäftsführer für die Verletzung ihrer Pflicht zur Einreichung einer richtigen und vollständigen Gesellschafterliste nach Abs. 1 S. 1 normiert, ist dies für den Notar im Hinblick auf seine Anzeigepflicht nach Abs. 1 S. 2 nicht vorgesehen. Die **Ersatzpflicht der Geschäftsführer** bezieht sich typischerweise auf Schäden, die dadurch entstanden sind, dass ein Gläubiger auf den einer veralteten Gesellschafterliste zu entnehmenden und nicht aktualisierten Gesellschafterbestand vertraut hat, oder auf Kosten, die zur Ermittlung des aktuellen Gesellschafterbestandes entstanden sind (A/E/S/*B. Schmidt* § 40 Rn. 2).

E. GmbH-Reform: Beabsichtigte Änderungen durch das MoMiG

9 Nach dem Referentenentwurf (Stand: 29.5.2006) eines »Gesetzes zur Modernisierung des GmbH-Rechts und zur Bekämpfung von Missbräuchen« (MoMiG) soll die Richtigkeitsgewähr der Gesellschafterliste erhöht werden, da nunmehr an die Gesellschafterliste die Möglichkeit des gutgläubigen Erwerbs geknüpft ist. Daher sieht die Neufassung des Abs. 2 jetzt die Haftung

der Geschäftsführer bei Verstößen gegen die Pflichten aus § 40 GmbHG nicht mehr nur gegenüber dem Gläubiger der Gesellschaft, sondern auch gegenüber dem Veräußerer und dem Erwerber vor. Nach dem gem. MoMiG ebenfalls zu ändernden § 16 Abs. 1 S. 2 GmbHG erfolgt die Änderung der Gesellschafterliste auf Mitteilung und Nachweis. Daraus ergibt sich die **Prüfpflicht für die Geschäftsführer**.

Weiterhin soll durch eine weitere Änderung gemäß MoMiG der Notar verstärkt in die Aktualisie- 10
rung der Gesellschafterliste einbezogen werden, indem der bei der Abtretung eines Geschäftsanteils **mitwirkende Notar** zugleich dafür Sorge zu tragen hat, dass die Einreichung der neuen Gesellschafterliste vollzogen wird. Durch die Einreichung der neuen Gesellschafterliste durch den Notar wird seine bisher erforderliche Mitteilung an das Registergericht ersetzt. Das ist sinnvoll, denn da nunmehr ohne Eintragung in der Gesellschafterliste der neue Gesellschafter im Verhältnis zur Gesellschaft nicht berechtigt wird, muss die Berichtigung der Liste ohnehin zeitgleich mit der Abtretung erledigt werden.

Schließlich soll nach dem MoMiG der Notar verpflichtet sein, die **Gesellschafterliste** mit einer 11
Bescheinigung darüber zu versehen, dass er an den Veränderungen mitgewirkt und die geänderte Liste den Geschäftsführern übermittelt hat, die übrigen Eintragungen mit dem Inhalt der bisherigen Liste übereinstimmen und aus den ihm vorliegenden Unterlagen nichts ersichtlich ist, was die Richtigkeit der Liste in Frage stellt. Die dadurch erhöhte Richtigkeitsgewähr rechtfertigt neben der mehrjährigen Widerspruchsmöglichkeit den gutgläubigen Erwerb. In Fällen, in denen der Notar nicht an den Veränderungen mitwirkt, etwa im Falle der Gesamtrechtsnachfolge, bleibt die Einreichungspflicht mit Haftungsdrohung allein bei den Geschäftsführern.

§ 41 [Buchführung]

(1) Die Geschäftsführer sind verpflichtet, für die ordnungsgemäße Buchführung der Gesellschaft zu sorgen.

(2) *(Aufgehoben)*

(3) *(Aufgehoben)*

(4) *(Aufgehoben)*

Übersicht:

A. Allgemeines

1 § 41 GmbHG normiert die Pflicht der Geschäftsführer, für eine **ordnungsgemäße Buchführung** der Gesellschaft Sorge zu tragen. Die Verpflichtung der Gesellschaft zu einer ordnungsgemäßen Buchführung wiederum ergibt sich infolge der Qualifizierung der GmbH als Formkaufmann (§ 13 Abs. 3 GmbHG, § 6 Abs. 1 HGB; vgl. § 13 GmbHG Rn. 28 f.) aus den allgemeinen handelsrechtlichen und steuerrechtlichen Bestimmungen (§§ 238 Abs. 1, 242 HGB, § 140 AO).

I. Beginn und Ende der Buchführungspflicht

2 Die Buchführungspflicht beginnt mit der Aufnahme der Geschäftstätigkeit (BGHSt 3, 24, 26) und endet mit der Löschung der Gesellschaft durch Beendigung der Liquidation oder aus anderem Grund. Erster Geschäftsvorfall ist regelmäßig das Entstehen des Anspruchs der Gesellschaft auf Erbringung der Stammeinlagen. Buchführungspflicht besteht damit auch schon für die sog. **Vor-GmbH**. Auf die Eintragung der Gesellschaft in das Handelsregister kommt es also nicht an. Vor Abschluss des Gesellschaftsvertrages existiert die GmbH als juristische Person noch nicht; wird die Geschäftstätigkeit dennoch bereits vorher aufgenommen finden die Regelungen über die Gesellschaft bürgerlichen Rechts Anwendung, für die ebenfalls die Buchführungspflichten bestehen.

3 Während eines **Insolvenzverfahrens** geht die Buchführungspflicht auf den Insolvenzverwalter über (*KG* DB 1997, 1708, 1709).

II. Erfüllung und Übertragung der Pflicht

4 Die Buchführungspflicht ist eine **öffentlich-rechtliche Pflicht** und kann daher unter keinen Umständen auf ein anderes Organ oder einen fremden Dritten übertragen werden. Gleichwohl muss und kann sie oftmals gar nicht durch den oder die Geschäftsführer persönlich erfüllt werden. Vielmehr ist es dem Geschäftsführer im Rahmen seiner Buchführungspflicht gestattet, sich zu deren Erfüllung qualifizierten Fachpersonals oder auch externer Dritter (z. B. eines Steuerberaters) zu bedienen. Letzteres ist häufig insbesondere bei kleineren Gesellschaften der Fall. Dabei treffen den Geschäftsführer aber die Pflicht zur sorgfältigen Auswahl des Fachpersonals oder des sachverständigen Dritten sowie Überwachungspflichten in Form von regelmäßigen, auch unterjährigen Kontrollen und der Einrichtung und Einhaltung von Berichtspflichten für diejenigen, deren sich der Geschäftsführer zur Erfüllung seiner Pflichten bedient (vgl. BGH NJW 1995, 2850, 2851).

5 Bei Vorhandensein von mehreren Geschäftsführern trifft die Buchführungspflicht **alle Geschäftsführer**. Die Bestellung eines allein zuständigen »kaufmännischen Geschäftsführers« ist in der Weise, dass dies die Buchführungspflicht der anderen Geschäftsführer ausschließen würde, nicht möglich. Vielmehr treffen die übrigen Geschäftsführer in einem solchen Fall die gleichen Sorgfalts- und Überwachungspflichten hinsichtlich der Auswahl und der Tätigkeit des kaufmännischen Geschäftsführers wie bei Einsatz von qualifiziertem Personal oder eines Beraters (Roth / Altmeppen / *Altmeppen* § 41 Rn. 5).

B. Die Buchführungspflichten im Einzelnen

Der Inhalt und der Umfang der einzelnen Buchführungspflichten ergibt sich aus den **handelsrechtlichen Vorschriften über die Rechnungslegung** (§§ 238, 264 ff. HGB i. V. m. § 42 a GmbHG) und aus den **Grundsätzen ordnungsgemäßer Buchführung**. Umfasst sind die Pflichten zur Aufstellung einer Eröffnungsbilanz und des Jahresabschlusses sowie ggf. des Konzernabschlusses, zur Führung von Handelsbüchern sowie Aufzeichnung aller Geschäftsvorfälle, die Inventarpflicht, die Pflicht zur Aufbewahrung aller geschäftsrelevanten Unterlagen sowie die Pflicht zur Erteilung des Abschlussprüfungsauftrages. 6

I. Führung von Handelsbüchern und Aufzeichnung aller Geschäftsvorfälle

1. Grundsätze ordnungsgemäßer Buchführung (GoB)

Der Geschäftsführer hat die Handelsbücher nach den Grundsätzen ordnungsgemäßer Buchführung (GoB) zu führen. Der Zweck der gesetzlichen Regelungen über die Pflicht zur Führung von Handelsbüchern liegt darin, dass Dritte davor geschützt werden sollen, dass die Geschäftsführung einer GmbH den Überblick über die wirtschaftlichen und finanziellen Verhältnisse der Gesellschaft verliert, und davor, dass nicht zutreffende Angaben zu diesen Verhältnissen gemacht werden, auf deren Grundlage Entscheidungen betreffend z. B. die Gewährung von Krediten oder den Abschluss überhaupt von Verträgen getroffen werden; die Führung von Handelsbüchern dient also sowohl der Selbstinformation als auch der Information des Rechtsverkehrs und der Gläubiger (BGHZ 125, 366, 378). 7

2. Doppelte Buchführung

Zur Erfüllung der Pflicht zur Führung von Handelsbüchern ist kein bestimmtes System vorgeschrieben. Erforderlich ist aber in aller Regel eine **doppelte Buchführung**, d. h. eine Buchung von Geschäftsvorfällen jeweils auf Bestands- und Erfolgskonten, die am Ende des Geschäftsjahres in die Erstellung von Jahresbilanz und Gewinn- und Verlustrechnung münden (§ 242 Abs. 3 HGB). Andernfalls ist die Erstellung dieser beiden zentralen Dokumente kaum möglich. Die Bücher sind so zu führen, dass sich ein sachverständiger Dritter in angemessener Zeit einen Überblick verschaffen kann; Entstehung und Abwicklung der Geschäftsvorfälle müssen sich verfolgen lassen. 8

3. Zu führende Bücher

Die Bücher, die üblicherweise zu führen sind, sind das **Grundbuch (Journal)** mit allen chronologisch aufgeführten Geschäftsvorfällen, das **Hauptbuch** mit einer sachlichen Gliederung nach Konten und die **Nebenbücher**, die sich auf einzelne Konten beziehen und bei großen Datenmengen anzulegen sind, um die Übersichtlichkeit zu wahren (z. B. für Forderungen aus Lieferungen und Leistungen oder Konten des Anlagevermögens). Datenträger sind zulässig und heute auch üblich; die Daten müssen aber innerhalb angemessener Frist lesbar gemacht werden können (§ 239 Abs. 4 S. 2 HGB). Alle Eintragungen in die Handelsbücher müssen vollständig, richtig, zeitgerecht und geordnet vorgenommen werden (§ 239 Abs. 2 HGB). Sie müssen darüber hinaus unveränderlich sein. 9

4. Ordnungsgemäße Buchführung

An die ordnungsgemäße Buchführung werden bestimmte Voraussetzungen gestellt; so muss die Buchführung insbesondere vollständig, richtig, zeitgerecht, geordnet und unveränderlich sein. 10

Vollständig sind die Eintragungen in die Handelsbücher, wenn alle Geschäftsvorfälle, die Umfang oder Strukturierung des Vermögens, der schulden, der Rechnungsabgrenzungsposten oder der Aufwendungen und Erträge verändern, erfasst sind.

Richtig sind die Eintragungen in die Handelsbücher, wenn die Geschäftsvorfälle in Übereinstimmung mit den tatsächlichen Verhältnissen (Geschäftsvorfall, Betrag oder Menge sowie Wertanga- 11 ben) abgebildet werden. Für die Erfassung eines jeden Geschäftsvorfalls bedarf es als Grundlage eines Belegs (»Keine Buchung ohne Beleg« oder sog. **Belegprinzip**).

12 **Zeitgerecht** sind die Eintragungen in die Handelsbücher, wenn die Eintragungen zeitnah zum Geschäftsvorfall und in der richtigen Buchungsperiode erfolgen. Bei Kassenvorgängen ist grundsätzlich täglich zu buchen. Im Übrigen ist die Zeitnähe nach der Komplexität der Geschäftstätigkeit zu bewerten.

13 **Geordnet** ist die Eintragung in die Handelsbücher, wenn die Erfassung der Geschäftsvorfälle in sachlicher und zeitlicher Ordnung und planmäßig gegliedert in einem Kontensystem erfolgt und hinreichend identifizierbar ist.

14 **Unveränderlich** sind die Eintragungen in die Handelsbücher, wenn auch nach der Vornahme von Änderungen der ursprüngliche Inhalt noch feststellbar ist. Insofern kommen Änderungen nur in der Form von Umbuchungen oder Stornierungen in Betracht.

15 Darüber hinaus treffen den Geschäftsführer **weitergehende Aufzeichnungspflichten**, beispielsweise umsatzsteuerliche Aufzeichnungspflichten oder die Pflicht zur Aufzeichnung nicht abzugsfähiger Betriebsausgaben. Auch die Pflicht zur Führung von Wareneingangs- und Warenausgangsbüchern zählt hierzu; diese Pflicht ergibt sich aus §§ 143, 144 AO.

II. Aufstellung der Eröffnungsbilanz, § 242 Abs. 1 HGB

16 Die Eröffnungsbilanz ist zu **Beginn der Geschäftstätigkeit** der GmbH durch die Geschäftsführer aufzustellen. Der Zeitpunkt ist also mit dem Beginn der Buchführungspflicht identisch. Regelmäßig wird das der Zeitpunkt des Abschlusses des Gesellschaftsvertrages sein (s. o. Rn. 2). Die **Aufstellungsfrist** beträgt nach der h. M. unabhängig von der Größenklasse der GmbH in jedem Falle drei Monate. Auf die Eröffnungsbilanz sind grundsätzlich die für den Jahresabschluss geltenden Vorschriften entsprechend anzuwenden, soweit sie sich auf die Bilanz beziehen (§ 242 Abs. 1 S. 2 HGB).

III. Aufstellung des Jahresabschlusses, § 242 Abs. 1 HGB

17 Zum Ende eines jeden Geschäftsjahres hat der Geschäftsführer einen Jahresabschluss gem. den Vorschriften des HGB zu erstellen. Der Jahresabschluss besteht aus Bilanz, Gewinn- und Verlustrechnung und Anhang, vgl. §§ 242, 264 Abs. 1 S. 1 HGB. Für mittelgroße und große Gesellschaften ist außerdem ein Lagebericht aufzustellen, § 264 Abs. 1 S. 1 HGB. Die Aufstellung des Jahresabschlusses erfolgt zwingend **in deutscher Sprache** und **in Euro,** § 244 HGB. Das Gesetz sieht die Unterzeichnung des Jahresabschlusses erst für den festgestellten Jahresabschluss vor, vgl. § 245 HGB. Es empfiehlt sich aber für den Geschäftsführer, bereits den aufgestellten Jahresabschluss unter Nennung des Datums der Aufstellung (»aufgestellt am ...«) zu unterzeichnen, um die Erfüllung der Pflicht zur rechtzeitigen Aufstellung des Jahresabschlusses nach § 264 Abs. 1 HGB zu dokumentieren. Denn die Feststellung ist Sache der Gesellschafter (§ 46 Nr. 1 GmbHG) und liegt außerhalb des Einflusses des Geschäftsführers.

18 Große Kapitalgesellschaften dürfen unter bestimmten Voraussetzungen an Stelle des Einzelabschlusses nach HGB einen **Einzelabschluss nach IAS/IFRS** offen legen. Dieses Wahlrecht befreit sie aber nur von der Pflicht zur Offenlegung, nicht hingegen von der Pflicht zur Aufstellung eines Einzelabschlusses nach § 264 HGB und eines Abschlusses für die Zwecke der Besteuerung (Steuerbilanz).

19 Die jeweilige Größenklasse der Gesellschaft, an deren Bestehen bestimmte Pflichten im Rahmen der Aufstellung des Jahresabschlusses oder Konzernabschlusses sowie die Geltung bestimmter Fristen an die Größenklasse einer Gesellschaft oder auch die Befreiung von solchen anknüpfen, sind in § 267 HGB festgelegt. Dort finden sich auch Regelungen für das Erreichen einer anderen Größenklasse.

1. Gliederung und Grundsätze

a) Bilanz

Das HGB nennt für Kapitalgesellschaften besondere **Gliederungsvorschriften** für die Bilanz (vgl. vor allem § 266 Abs. 2 HGB). Bei der Aufstellung des Jahresabschlusses ist eine ganze Reihe von Grundsätzen zu beachten, die auf verschiedene Rechtsquellen verteilt sind. Dazu zählen HGB und GmbHG sowie von Rechtsprechung, Wissenschaft und den Fachvertretern des Berufsstandes der Wirtschaftsprüfer bzw. Steuerberater entwickelte Regeln. Zu den Grundsätzen zählen die Stetigkeit des Bilanzansatzes und die Angabe von Vorjahreszahlen. 20

Die Bilanzansätze sind dem Grunde nach auch für die Besteuerung der Gesellschaft maßgeblich (**Maßgeblichkeitsprinzip**). Andererseits kann aber eine Reihe von steuerlichen Wahlrechten nur ausgeübt werden, wenn ein Ansatz in der Handelsbilanz erfolgt, so dass das Maßgeblichkeitsprinzip zum Teil auch umgekehrt gilt. Nicht zuletzt aufgrund der zunehmenden Bedeutung internationaler Rechnungslegungsvorschriften (insbesondere der IFRS) findet eine **zunehmende Abkoppelung** der Steuerbilanz von der Handelsbilanz statt. 21

§ 274 a HGB normiert eine Reihe von Erleichterungen für kleine Kapitalgesellschaften. 22

b) Gewinn- und Verlustrechnung

Für die Gliederung der Gewinn- und Verlustrechnung finden sich ebenfalls Vorgaben im HGB, insbesondere in § 275 HGB). § 275 HGB stellt für die Darstellung der Gewinn- und Verlustrechnung mit dem **Gesamtkostenverfahren** (Abs. 2) und dem **Umsatzkostenverfahren** (Abs. 3) zwei unterschiedliche Darstellungsvarianten zur Auswahl. Der wesentliche Unterschied liegt in der Ermittlung einzelner Erträge und Aufwendungen und im Ausweis einzelner Kostenarten (vgl. dazu Baumbach / Hueck / *Schulze-Osterloh* § 42 Rn. 435 ff.). 23

§ 276 HGB normiert eine Reihe von Erleichterungen für kleine und mittelgroße Kapitalgesellschaften. 24

c) Anhang

Zweck des Anhangs als drittem Teil des Jahresabschlusses ist die Offenlegung von Informationen über die Vermögens-, Finanz- und Ertragslage, die aus der Bilanz und der Gewinn- und Verlustrechnung nicht ohne weiteres zu ersehen sind. Die §§ 284 ff. HGB nennen eine Reihe von Angaben, die im Anhang zu machen sind (u. a. Abweichungen von Bilanzierungs- und Bewertungsmethoden und alle Mitglieder des Geschäftsführungsorgans und des Aufsichtsrates) (vgl. dazu Baumbach / Hueck / *Schulze-Osterloh* § 42 Rn. 480 ff.). 25

§ 288 HGB normiert eine Reihe von Erleichterungen für kleine und mittelgroße Kapitalgesellschaften. 26

d) Lagebericht

Nur mittelgroße und große Gesellschaften sind verpflichtet, einen Lagebericht gem. § 289 HGB aufzustellen; dieser ist **nicht Bestandteil des Jahresabschlusses**. Im Lagebericht sind gem. § 289 HGB der Geschäftsverlauf und die Lage der Gesellschaft darzustellen, wobei insbesondere auch auf die Risiken der künftigen Entwicklung einzugehen ist. Ein weiterer Bestandteil ist eine Prognose über die voraussichtliche Entwicklung der Gesellschaft, die mindestens zwei Jahre ab dem Bilanzstichtag umfassen sollte. Durch das KonTraG wurde der Lagebericht erheblich aufgewertet; die Regelungen zur Aufstellung wurden genauer gefasst; der Abschlussprüfer nimmt ebenfalls zur Lage des Unternehmens Stellung und wird dazu vom Lagebericht ausgehen (vgl. dazu Baumbach / Hueck / *Schulze-Osterloh* § 42 Rn. 549 ff.). 27

e) Konzernabschluss

28 **aa) Pflicht zur Aufstellung eines Konzernabschlusses nach § 290 HGB** Nach § 290 Abs. 1 HGB ist durch eine GmbH ein Konzernabschluss aufzustellen, wenn ein oder mehrere Beteiligungsunternehmen i. S. d. § 271 Abs. 1 HGB unter der einheitlichen Leitung der GmbH als Mutterunternehmen stehen. § 271 Abs. 1 HGB definiert Beteiligungen als Anteile an anderen Unternehmen, die bestimmt sind, dem eigenen Geschäftsbetrieb durch Herstellung einer dauernden Verbindung zu den anderen Unternehmen zu dienen.

29 Nach § 290 Abs. 2 HGB hat eine GmbH einen Konzernabschluss aufzustellen, wenn sie Inhaberin von Anteilen an Tochterunternehmen hält und dabei **Kontrolle ausübt**, entweder in der Form, dass sie über die Mehrheit der Stimmrechte in den Tochterunternehmen verfügt oder aber das Recht hat, die Mehrheit der Geschäftsführer oder Aufsichtsräte zu bestellen, oder aufgrund des Gesellschaftsvertrages oder eines anderen Vertrages das Recht hat, die Tochterunternehmen zu beherrschen (sog. »control«-Prinzip).

30 Grundsätzlich sind alle Tochterunternehmen jeder Rechtsform, und zwar auch ausländische in den Konzernabschluss einzubeziehen.

31 **bb) Funktion des Konzernabschlusses** Der Konzernabschluss hat reine Informationsfunktionen und ist im Grunde genommen eine **fiktive Darstellung des Konzerns als wirtschaftliche Einheit**, als handele es sich um lediglich ein Unternehmen. Dementsprechend ist – vereinfacht gesprochen – die Summe aller Einzelabschlüsse um alle diejenigen Geschäftsvorfälle zu bereinigen, die zwischen den einzelnen Konzerngesellschaften stattgefunden haben. Die Tochterunternehmen werden im Rahmen einer Vollkonsolidierung in den Konzernabschluss mit sämtlichen Vermögensgegenständen und Schulden einbezogen. Im Wege der Kapitalkonsolidierung werden die Wertansätze der Tochterunternehmen in der Bilanz des Mutterunternehmens mit dem Eigenkapital des Tochterunternehmens zum Erstkonsolidierungszeitpunkt verrechnet. Beim Eigenkapitalansatz erfolgt im Konzernabschluss die Korrektur der aufaddierten Vermögensgegenstände und Schulden durch separaten Ausweis der sog. Fremdanteile.

32 Der Konzernabschluss dient nicht als Besteuerungsgrundlage. Dazu werden allein die Einzelabschlüsse der Steuersubjekte verwendet. Der Konzernabschluss dient auch nicht als Grundlage für die Berechnung von Ausschüttungen (PraxisHdb GmbH-GF / *Weber* § 34 Rn. 11).

33 **cc) Gemeinschaftsunternehmen** Für Gemeinschaftsunternehmen, also grundsätzlich Unternehmen, die von mehreren Unternehmen mit jeweils gleichen Geschäftsanteilen gemeinsam beherrscht werden, erfolgt eine sog. **Teilkonsolidierung** als quotale Konsolidierung, die sich nach dem Anteil am Stammkapital richtet. Als Alternative kommt dafür eine Konsolidierung nach der sog. **Equity-Methode** in Betracht, im Rahmen derer die Anschaffungskosten in Abhängigkeit von der Entwicklung des Eigenkapitals des Tochterunternehmens fortgeführt werden.

34 Hält die GmbH an einem anderen Unternehmen Anteile von 20 % bis 49 %, kommt grundsätzlich nur eine Konsolidierung nach der Equity-Methode in Betracht, bei Beteiligungen unter 20 % erfolgt die Einbeziehung in den Konzernabschluss grundsätzlich lediglich durch Ausweis des im Einzelabschluss anzusetzenden Wertes der Beteiligung.

35 **dd) Befreiung** § 291 HGB sieht verschiedene Möglichkeiten für die **Befreiung der Gesellschaft** von der Pflicht zur Aufstellung eines Konzernabschlusses vor, s. i. E. dort.

36 **ee) Konzernabschluss nach IAS/IFRS Börsennotierte Konzerne** müssen für nach dem 1. 1. 2005 begonnene Geschäftsjahre den Konzernabschluss nach den Regelungen von IAS / IFRS aufstellen. Hingegen haben nicht kapitalmarktorientierte Konzerne für ihre Konzernabschlüsse ein **Wahlrecht** zwischen einer Aufstellung nach HGB oder IAS / IFRS.

2. Aufstellungsfrist

Der **Jahresabschluss** muss bei mittelgroßen und großen Kapitalgesellschaften gem. § 264 Abs. 1 S. 2 HGB **innerhalb von drei Monaten** nach dem Bilanzstichtag aufgestellt werden; für kleine Kapitalgesellschaften sind bis zu sechs Monaten erlaubt, wenn dies einem ordnungsgemäßen Geschäftsgang entspricht (§ 264 Abs. 1 S. 3 HGB). Eine volle Ausschöpfung der Frist kommt aber insbesondere dann nicht in Betracht, wenn es Anzeichen für eine Krise der Gesellschaft gibt, so dass ein möglichst früher Einblick in die wirtschaftliche Lage der Gesellschaft u. a. im Interesse der Gläubiger erforderlich ist (PraxisHdb GmbHG-GF / *Weber* § 34 Rn. 20). 37

Der **Konzernabschluss** ist nach § 290 Abs. 1 S. 1 HGB innerhalb der ersten fünf Monate des Konzerngeschäftsjahres für das vergangene Geschäftsjahr aufzustellen. 38

Für den **Lagebericht und den Konzernlagebericht** gelten die genannten Fristen jeweils entsprechend. 39

IV. Inventarpflicht, § 240 HGB

Nach § 240 HGB ist jeder Kaufmann und damit auch jede GmbH als Formkaufmann (vgl. § 13 GmbHG Rn. 28 f.) zur Aufstellung eines Inventars verpflichtet. Unter einem Inventar ist die schriftliche Erfassung und Bewertung sämtlicher Vermögensgegenstände, die der Gesellschaft wirtschaftlich zuzuordnen sind, sowie der Schulden im Rahmen einer körperlichen Bestandsaufnahme (**Inventur**) zum Zeitpunkt des Beginns des Geschäftsbetriebes für den Schluss eines jeden Geschäftsjahres und zum Zeitpunkt der Beendigung des Geschäftsbetriebes zu verstehen (Baumbach / Hueck/*Schulze-Osterloh* § 41 Rn. 44). Da es hinsichtlich der Vermögensgegenstände auf die wirtschaftliche Zuordnung ankommt, sind auch unter Eigentumsvorbehalt eines Dritten erworbene Gegenstände und auch verpfändete Gegenstände zu erfassen. 40

Das Inventar dient dem Zweck der Erstellung der (Jahres-)Bilanz, in der u. a. alle Vermögensgegenstände aufzuführen sind. Das Inventar ist daher grundsätzlich innerhalb derselben Fristen (vgl. Rn. 37), aber naturgemäß jeweils vor der Aufstellung des Jahresabschlusses zu erstellen. Für die Erstellung des Inventars gelten in Anlehnung an die Grundsätze ordnungsgemäßer Buchführung (GoB) die **Grundsätze ordnungsgemäßer Inventur** (GoI). Diesen zufolge müssen die Vermögensgegenstände und Schulden vollständig und richtig, nachprüfbar und klar erfasst werden. 41

In geeigneten Fällen kommen **Inventurvereinfachungsverfahren** nach § 241 HGB in Betracht, wonach u. a. die Aufstellung des Inventars durch eine sog. Stichprobeninventur (§ 241 Abs. 1 HGB) vorgenommen werden kann. § 241 Abs. 2 HGB ermöglicht darüber hinaus eine sog. permanente Inventur, wenn eine Bestandsfortschreibung ausreicht, um eine genaue Erfassung der Vermögensgegenstände und der Schulden zu gewährleisten (vgl. jeweils i. E. Baumbach / Hueck/ *Schulze-Osterloh* § 41 Rn. 46 ff.). 42

V. Aufbewahrungspflichten, § 257 HGB

In § 257 HGB sowie in § 147 AO hat der Gesetzgeber bestimmte Aufbewahrungspflichten normiert, um die Dokumentation und die Nachprüfbarkeit der die GmbH betreffenden Geschäftsvorfälle zu gewährleisten. § 257 Abs. 3 HGB schreibt nur für die Eröffnungsbilanzen, die Jahresabschlüsse und die Konzernabschlüsse die Aufbewahrung im Original vor, im Übrigen ist eine Aufbewahrung als Wiedergabe auf Bildträgern oder auf anderen Datenträgern ausreichend. Die Wiedergaben müssen dabei identisch sein und innerhalb angemessener Frist lesbar gemacht werden können. 43

§ 257 Abs. 4 HGB normiert die folgenden **Aufbewahrungsfristen** 44

– **zehn Jahre**: Handelsbücher, Inventare, Eröffnungsbilanzen, Jahresabschlüsse, Lageberichte, Konzernabschlüsse, Konzernlageberichte sowie die zu ihrem Verständnis erforderlichen Arbeitsanweisungen und sonstigen Organisationsunterlagen, Belege für Buchungen (Buchungsbelege in den nach § 238 Abs. 1 HGB zu führenden Büchern)

– **sechs Jahre**: Empfangene Handelsbriefe und Wiedergaben abgesendeter Handelsbriefe.

45 Die Fristen beginnen nach § 257 Abs. 5 HGB mit dem Schluss des Kalenderjahres, in dem die letzte Eintragung in das Handelsbuch gemacht, das Inventar aufgestellt, die Eröffnungsbilanz oder der Jahresabschluss festgestellt, der Konzernabschluss aufgestellt, der Handelsbrief empfangen oder abgesendet worden oder der Buchungsbeleg entstanden ist. Nach § 147 Abs. 3 S. 2 AO kann die Frist u. U. länger laufen, soweit und solange die Unterlagen für Steuern von Bedeutung sind, für welche die Festsetzungsfrist noch nicht abgelaufen ist.

VI. Pflicht zur Erteilung des Auftrages zur Prüfung des Jahresabschlusses und Pflichten bei der Abschlussprüfung, § 318 HGB

1. Kompetenz zur Wahl des Abschlussprüfers

46 Mittelgroße und große GmbHs haben ihren Jahresabschluss und ihren Lagebericht unter Einbeziehung der Buchführung gem. § 316 Abs. 1 HGB durch einen Abschlussprüfer prüfen zu lassen. Bei kleinen GmbHs ist eine solche Prüfung zulässig, aber nicht erforderlich. Die **Wahl des Abschlussprüfers** obliegt grundsätzlich den Gesellschaftern der GmbH (§ 318 Abs. 1 HGB). Bei der GmbH kann der Gesellschaftsvertrag diese Kompetenz auch auf den (obligatorischen oder fakultativen) Aufsichtsrat oder den Beirat übertragen (PraxisHdb GmbH-GF / *Weber* § 35 Rn. 2). Es ist dann Aufgabe der Geschäftsführung, dafür Sorge zu tragen, dass dem gewählten Abschlussprüfer der Auftrag für die Durchführung der Prüfung erteilt wird. Bei dem Auftrag an den Abschlussprüfer handelt es sich um einen schuldrechtlichen Geschäftsbesorgungsvertrag mit werk- und dienstvertraglichen Elementen. Bei Zuständigkeit des Aufsichtsrates für die Wahl des Abschlussprüfers ist der Aufsichtsrat auch für die Erteilung des Prüfungsauftrages zuständig (§ 318 Abs. 1 S. 4 HGB).

47 Falls keine gesonderte Wahl erfolgt, gilt der für den Einzelabschluss eines Mutterunternehmens gewählte Abschlussprüfer auch als Prüfer des Konzernabschlusses (§ 318 Abs. 2 HGB). Ist der Abschlussprüfer durch die Gesellschafter bzw. den Aufsichtsrat oder Beirat nicht bis spätestens zum Ablauf des Geschäftsjahres gewählt worden, ist die Geschäftsführung gem. § 318 Abs. 4 S. 3 HGB verpflichtet, die Bestellung eines Abschlussprüfers beim zuständigen Amtsgericht zu beantragen.

2. Vorlage des Jahresabschlusses an Abschlussprüfer

48 Die Geschäftsführer sind nach § 320 Abs. 1 S. 1 HGB verpflichtet, dem Abschlussprüfer **unverzüglich** nach der Aufstellung den Jahresabschluss und den Lagebericht vorzulegen. Sie haben darüber hinaus dem Abschlussprüfer die Prüfung der Bücher und Schriften der Kapitalgesellschaft sowie der Vermögensgegenstände und Schulden, namentlich der Kasse und der Bestände an Wertpapieren und Waren zu ermöglichen. Auch Aufklärungen und Nachweise, die für eine sorgfältige Prüfung erforderlich sind, sind gem. § 320 Abs. 2 HGB zu gewähren. Hinzu kommen **Erläuterungspflichten** in schriftlicher oder mündlicher Form, soweit die zur Verfügung gestellten Unterlagen nicht hinreichend sind, um die Richtigkeit und Vollständigkeit der Dokumentation zu gewährleisten.

3. Vorlage des Prüfungsberichts

49 Sind die Geschäftsführer für die Erteilung des Prüfungsauftrages zuständig, so ist von den Abschlussprüfern der Prüfungsbericht einschließlich dem Bestätigungsvermerk den Geschäftsführern zuzuleiten (§ 321 Abs. 5 S. 1 HGB), die ihn dann an die Gesellschafter weiterzuleiten haben (vgl. § 42 a Abs. 1 S. 2 GmbHG). § 321 Abs. 5 S. 2 Hs. 2 HGB sieht vor, dass dem Vorstand einer AG (umfasst sind aber auch die Geschäftsführer einer GmbH mit einem Aufsichtsrat) **Gelegenheit zur Stellungnahme** zu gewähren ist, bevor der Bericht dem Aufsichtsrat zugeleitet wird.

VII. Offenlegungspflichten, §§ 325, 326 HGB

Die Geschäftsführer **mittelgroßer und großer GmbHs** trifft nach § 325 Abs. 1 HGB die Pflicht, den Jahresabschluss (bestehend aus Bilanz, GuV-Rechnung und Anhang und ggf. ergänzt um den Bestätigungsvermerk oder den Vermerk über dessen Versagung), den Lagebericht, den Bericht des Aufsichtsrates (soweit vorhanden) und den Beschluss zur Verwendung des Ergebnisses **durch Einreichung beim Betreiber des elektronischen Bundesanzeigers offenzulegen**. 50

Die Geschäftsführer **kleiner GmbHs** hingegen haben gem. § 326 HGB lediglich die Bilanz und den Anhang, und diesen lediglich soweit er sich auf die Bilanz bezieht, durch Einreichung beim Betreiber des elektronischen Bundesanzeigers offenzulegen. 51

Die Offenlegungspflichten sind gem. § 325 Abs. 1 S. 1 HGB grundsätzlich **unverzüglich** i. S. d. § 121 BGB, also ohne schuldhaftes Zögern, nach Vorlage des Jahresabschlusses an die Gesellschafter zu erfüllen, spätestens jedoch vor Ablauf des zwölften Monats des dem Abschlussstichtag nachfolgenden Geschäftsjahres. 52

§ 329 HGB regelt den **Prüfungsumfang des Betreibers des elektronischen Bundesanzeigers**. 53

C. Rechtsfolgen bei Verstößen gegen Buchführungspflichten

I. Rechstfolgen nach StGB

Die schuldhafte (also vorsätzliche oder fahrlässige) Verletzung der Buchführungspflicht ist grundsätzlich nach § 283 b StGB strafbar. Vgl. für die Krise der Gesellschaft auch § 283 Abs. 1 Nr. 5 und 6 StGB. § 283 Abs. 2 StGB dehnt die Strafbarkeit auf denjenigen aus, der durch eine schuldhafte Verletzung der Buchführungspflicht die Überschuldung oder Zahlungsunfähigkeit der Gesellschaft herbeiführt. 54

II. Rechtsfolgen nach HGB

1. § 334 HGB

Im Falle der Verletzung der Pflicht zur rechtzeitigen Einreichung oder Bekanntmachung eines Jahresabschlusses oder Konzernabschlusses, eines Lageberichtes oder Konzernlageberichtes kann das Bundesamt für Justiz als Ordnungswidrigkeit ahnden. 55

Bei prüfungspflichtigen Gesellschaften kommt im Falle der Nichtbeachtung der Vorschriften zur rechtzeitigen Aufstellung eines Jahresabschlusses oder Konzernabschlusses auch die Einschränkung oder gar die Versagung des Bestätigungsvermerks durch den Abschlussprüfer in Betracht. 56

2. § 331 HGB

§ 331 HGB schließlich sanktioniert eine vorsätzlich unrichtige Wiedergabe der Verhältnisse im Jahresabschluss, im Lagebericht oder in der Eröffnungsbilanz mit einer **Freiheitsstrafe** von bis zu drei Jahren oder einer **Geldstrafe**. Dasselbe gilt für den Konzernabschluss. 57

III. Schadensersatzpflicht der Geschäftsführer

Die Geschäftsführer machen sich ggf. gegenüber der Gesellschaft gem. § 43 Abs. 2 GmbHG schadensersatzpflichtig. Gläubiger hingegen können sich nicht auf § 41 GmbHG als Schutzgesetz i. S. d. § 823 Abs. 2 BGB stützen, da § 41 GmbHG die Art der Verletzung und den Kreis der geschützten Personen nicht hinreichend klar bestimmt (BGHZ 125, 366, 377 ff.). Auch die genannten Strafvorschriften (s. o. Rn. 55) haben nach ganz h. M. keinen Schutzgesetzcharakter (A/E/S/*B. Schmidt* § 41 Rn. 39). 58

§ 42 [Bilanz]

(1) In der Bilanz des nach den §§ 242, 264 des Handelsgesetzbuchs aufzustellenden Jahresabschlusses ist das Stammkapital als gezeichnetes Kapital auszuweisen.

(2) [1]Das Recht der Gesellschaft zur Einziehung von Nachschüssen der Gesellschafter ist in der Bilanz insoweit zu aktivieren, als die Einziehung bereits beschlossen ist und den Gesellschaftern ein Recht, durch Verweisung auf den Geschäftsanteil sich von der Zahlung der Nachschüsse zu befreien, nicht zusteht. [2]Der nachzuschießende Betrag ist auf der Aktivseite unter den Forderungen gesondert unter der Bezeichnung »Eingeforderte Nachschüsse« auszuweisen, soweit mit der Zahlung gerechnet werden kann. [3]Ein dem Aktivposten entsprechender Betrag ist auf der Passivseite in dem Posten »Kapitalrücklage« gesondert auszuweisen.

(3) Ausleihungen, Forderungen und Verbindlichkeiten gegenüber Gesellschaftern sind in der Regel als solche jeweils gesondert auszuweisen oder im Anhang anzugeben; werden sie unter anderen Posten ausgewiesen, so muss diese Eigenschaft vermerkt werden.

Übersicht:

A. Allgemeines

1 § 42 GmbHG trifft in Ergänzung zu den auch für die GmbH geltenden Regelungen des Handelsgesetzbuches zur Erstellung des Jahresabschlusses (§ 242 ff. HGB) einige **Sonderregelungen**, die das Stammkapital (Abs. 1), die Berücksichtigung von Nachschüssen (Abs. 2) sowie Ausleihungen, Forderungen und Verbindlichkeiten gegenüber Gesellschaftern (Abs. 3) betreffen.

B. Sonderregelungen zum Stammkapital, Abs. 1

I. Ausweis als »gezeichnetes Kapital«

2 Das Stammkapital ist bei einer GmbH gem. Abs. 1 in der Bilanz auf der Passivseite beim Eigenkapital als »gezeichnetes Kapital« auszuweisen. § 42 Abs. 1 HGB entspricht § 152 Abs. 1 S. 1 AktG, der entsprechendes für das Grundkapital der Aktiengesellschaft regelt. Ziel ist eine einheitliche Regelung für die Kapitalgesellschaften. Maßgebend für den Ausweis ist der nach § 3 Abs. 1 Nr. 3 GmbHG im Gesellschaftsvertrag bestimmte Nennbetrag (§ 283 HGB). Die Höhe der tatsächlichen Einzahlungen und der eingeforderten Beiträge spielt insoweit keine Rolle. Dasselbe gilt für die Eröffnungsbilanz auch vor Eintragung der GmbH in das Handelsregister.

II. Ausstehende Einlagen

3 Der Begriff »gezeichnetes Kapital« stellt klar, dass die Haftung nicht auf das eingezahlte Kapital sondern auf das Stammkapital beschränkt ist (vgl. § 272 Abs. 1 S. 1 HGB). Nach § 272 Abs. 1 S. 2 Hs. 1 HGB sind ausstehende Einlagen auf der Aktivseite vor dem Anlagevermögen **gesondert auszuweisen** und entsprechend zu bezeichnen; die davon eingeforderten Einlagen sind zu vermerken (§ 272 Abs. 1 S. 2 Hs. 2 HGB). Alternativ dürfen die nicht eingeforderten ausstehenden Einlagen auch von dem Posten »gezeichnetes Kapital« offen abgesetzt werden; dann ist der verbleibende Betrag als Posten »eingefordertes Kapital« in der Hauptspalte der Passivseite auszu-

weisen und der eingeforderte aber noch nicht eingezahlte Betrag ist unter den Forderungen gesondert auszuweisen und entsprechend zu bezeichnen (vgl. A/E/S/*B. Schmidt* § 42 Rn. 15). Dasselbe gilt für Erstattungsansprüche der Gesellschaft gem. § 30 GmbHG wegen verbotener Auszahlungen an die Gesellschafter.

III. Eigenkapitalersetzende Darlehen

4 Eigenkapitalersetzende Darlehen sind nicht als »gezeichnetes Kapital« auszuweisen, da der Eigenkapitalersatz lediglich Gläubigerschutzwirkung hat mit der Folge eines Rückzahlungsverbotes, das durch Beendigung der den Eigenkapitalersatz begründenden Umstände wieder enden kann. Eigenkapitalersatz hat insoweit keine bilanzielle Qualität.

C. Sonderregelungen zu Nachschusspflichten, Abs. 2

5 § 42 Abs. 2 GmbHG trifft Regelungen im Hinblick auf das Recht der Gesellschaft zur **Einziehung von Nachschüssen der Gesellschafter** durch die Gesellschaft. Diese sind nach Abs. 2 erst dann zu aktivieren, wenn die Einziehung bereits wirksam beschlossen worden ist und die Gesellschafter keine Möglichkeit haben, sich durch Verweisung auf den Geschäftsanteil von der Zahlung der Nachschüsse zu befreien.

I. Einziehungsbeschluss

6 Der der Einziehung zugrunde liegende Beschluss muss spätestens am Bilanzstichtag gefasst werden. Mit der Formulierung »Verweisung auf den Geschäftsanteil« ist die grundsätzliche Möglichkeit der Gesellschafter gemeint, sich der Nachschusspflicht durch sog. Preisgabe des Geschäftsanteils, also dadurch, dass der Geschäftsanteil der Gesellschaft zur Befriedigung aus demselben zur Verfügung gestellt wird, zu entziehen. Diese Möglichkeit besteht grundsätzlich bei einer satzungsmäßig festgesetzten unbegrenzten Nachschusspflicht. Für die **Aktivierung von Nachschussforderungen** ist daher erforderlich, dass diese Möglichkeit für die Gesellschafter nicht mehr in Betracht kommt, z. B. weil die Monatsfrist nach § 27 Abs. 1 S. 1 GmbHG abgelaufen ist, ohne dass durch den Gesellschafter von dem Recht auf Preisgabe Gebrauch gemacht wurde.

7 Erfolgt die entsprechende Beschlussfassung vor dem Bilanzstichtag, läuft die Monatsfrist aber erst nach dem Bilanzstichtag ab, so ist der Fristablauf wertaufhellende Tatsache mit der Folge, dass die Aktivierung geboten ist, wenn von dem Recht zur Preisgabe kein Gebrauch gemacht worden ist.

II. Ausweis auf Aktiv- und Passivseite

8 Die Nachschüsse sind gem. Abs. 2 S. 2 auf der **Aktivseite bei den Forderungen** gesondert in der Höhe auszuweisen, in der mit der Zahlung gerechnet werden kann, in der also die Nachschussforderungen der Gesellschaft werthaltig sind.

9 Nach S. 3 ist auf der **Passivseite** in dem Posten »**Nachschusskapital**« bei den Kapitalrücklagen ein dem Aktivposten entsprechender Betrag auszuweisen. Die Passivierung erfolgt also ebenfalls nur in der Höhe, in der mit der Zahlung gerechnet werden kann. Für die Passivierung müssen die Voraussetzungen für die Aktivierung vorliegen (s. o. Rn. 6). Werden die Nachschüsse eingezahlt, so bleibt der Passivposten »Nachschusskapital« zunächst bestehen, da er nur zu bestimmten Zwecken wie Deckung eines Verlustvortrages, Jahresfehlbetrages oder Bilanzverlustes etc. verwendet werden darf. Erst dann kann dieser Posten (teilweise) aufgelöst werden.

D. Ausleihungen, Forderungen und Verbindlichkeiten gegenüber Gesellschaftern, Abs. 3

10 § 42 Abs. 3 GmbHG ordnet für den Regelfall den gesonderten Ausweis oder aber die Angabe im Anhang von Ausleihungen, Forderungen und Verbindlichkeiten gegenüber Gesellschaftern unter diesen jeweiligen Bezeichnungen an. Hs. 2 normiert, dass bei Ausweisung unter anderen Pos-

ten die jeweilige Eigenschaft anzugeben ist. Diese Vorschrift dient dem Zweck, die Beziehungen zwischen der GmbH und ihren Gesellschaftern offenzulegen.

I. Gesellschafter

11 Gesellschafter sind die jeweiligen Inhaber der Geschäftsanteile, und zwar nach der h. M. (a. A. Lutter / Hommelhoff / *Kleindiek* GmbHG, § 42 Rn. 15) unabhängig davon, ob nach einem Erwerb der neue Gesellschafter gem. § 16 Abs. 1 GmbHG bei der Gesellschaft angemeldet ist, da dies nur die rechtliche Wirkung des Erwerbs gegenüber der Gesellschaft betrifft, nicht aber die Wirkung gegenüber außen stehenden Dritten (A / E / S / *B. Schmidt* § 42 Rn. 15). Entscheidend ist die Gesellschafterstellung am Bilanzstichtag. Bei treuhänderisch gehaltenen Geschäftsanteilen wird neben dem Treuhänder auch der Treugeber als Gesellschafter angesehen. Ausleihungen, Forderungen und Verbindlichkeiten gegenüber dem Treugeber sind also ebenfalls anzugeben.

II. Ausweis als »Davon«-Ausweis

12 Als Ort für den gesonderten Ausweis von Ausleihungen, Forderungen und Verbindlichkeiten gegenüber Gesellschaftern kommt jeweils ein eigener Bilanzposten, ein sog. »Davon«-Ausweis bei anderen Bilanzpositionen mit entsprechendem Vermerk oder ein gesonderter Ausweis im Anhang in Betracht. Bei einem Ausweis als eigener Bilanzposten empfiehlt es sich, die Ausleihungen, Forderungen oder Verbindlichkeiten mit dem Zusatz »gegenüber Gesellschaftern« im Gliederungsschema des § 266 Abs. 2 HGB vor der jeweils entsprechenden Position »gegenüber verbundenen Unternehmen« auszuweisen.

III. Ausleihungen

13 Ausleihungen gegenüber Gesellschaftern, die in der Bilanz gesondert auszuweisen sind, sind auf längere Zeit angelegte Darlehen, die i. S. d. § 247 Abs. 2 HGB dazu bestimmt sind, dauernd dem Geschäftsbetrieb der Gesellschaft zu dienen (vgl. A / E / S / *B. Schmidt* § 42 Rn. 9). Zwar gibt es keine gesetzlich festgesetzte Mindestlaufzeit, die ein Darlehen zur Ausleihung qualifiziert, doch ist grundsätzlich bei einer Gewährung für mehr als vier Jahre von einer Ausleihung auszugehen, während eine vereinbarte Laufzeit von weniger als einem Jahr regelmäßig gegen eine Ausleihung spricht. Aus Umsatzgeschäften herrührende und nicht in Darlehen umgewandelte Forderungen gehören jedenfalls nicht dazu.

IV. Forderungen

14 Zu den Forderungen gegenüber Gesellschaftern gehören neben Forderungen aus Lieferungen und sonstigen Leistungen sowie Forderungen aus kurzfristigen Darlehen (im Unterschied zu Ausleihungen, s. o. Rn. 13), auch Ansprüche auf Rückgewähr aus verdeckter Gewinnausschüttung, die bei hinreichender Konkretisierung mit Kenntnis der Gesellschaft von der verdeckten Gewinnausschüttung und der Äußerung des Rückforderungswillens aktivierbar sind.

15 Nicht bei den Forderungen gegenüber Gesellschaftern auszuweisen sind **einlagenersetzende Forderungen** aus § 31 GmbHG (z. B. Anspruch aus Differenzhaftung nach § 9 Abs. 1 GmbHG, Anspruch aus Vorbelastungshaftung oder Anspruch auf Rückgewähr zu Unrecht erstatteter Gründungskosten); diese Ansprüche sind vielmehr wegen ihrer Bedeutung nach den ausstehenden Einlagen auf das gezeichnete Kapital auszuweisen.

V. Verbindlichkeiten

16 Schließlich sind auch Verbindlichkeiten gegenüber Gesellschaftern, wie z. B. aus Lieferungen und sonstigen Leistungen oder aus kurzfristigen Darlehen, in der Bilanz gesondert auszuweisen. Auch Dividenden und Zinsverbindlichkeiten zählen dazu. **Eigenkapitalersetzende Gesellschafterdarlehen** sind mit einer entsprechenden Bezeichnung ebenfalls gesondert in der Bilanz oder im Anhang auszuweisen. Dort, wo die entsprechende Verbindlichkeit ausgewiesen wird, ist

auch die Charakterisierung als eigenkapitalersetzend auszuweisen (A/E/S/*B. Schmidt* § 42 Rn. 22).

Für die Verbindlichkeiten kommt ein Ausweis als »Verbindlichkeiten gegenüber Gesellschaftern« 17
nach den »sonstigen Verbindlichkeiten« in Betracht, aber auch ein sog »Davon«-Ausweis nach den jeweiligen Bilanzpositionen oder schließlich durch gesonderten Ausweis im Anhang.

§ 42 a [Vorlage des Jahresabschlusses und des Lageberichts]

(1) [1]Die Geschäftsführer haben den Jahresabschluss und den Lagebericht unverzüglich nach der Aufstellung den Gesellschaftern zum Zwecke der Feststellung des Jahresabschlusses vorzulegen. [2]Ist der Jahresabschluss durch einen Abschlussprüfer zu prüfen, so haben die Geschäftsführer ihn zusammen mit dem Lagebericht und dem Prüfungsbericht des Abschlussprüfers unverzüglich nach Eingang des Prüfungsberichts vorzulegen. [3]Hat die Gesellschaft einen Aufsichtsrat, so ist dessen Bericht über das Ergebnis seiner Prüfung ebenfalls unverzüglich vorzulegen.

(2) [1]Die Gesellschafter haben spätestens bis zum Ablauf der ersten acht Monate oder, wenn es sich um eine kleine Gesellschaft handelt (§ 267 Abs. 1 des Handelsgesetzbuchs), bis zum Ablauf der ersten elf Monate des Geschäftsjahrs über die Feststellung des Jahresabschlusses und über die Ergebnisverwendung zu beschließen. [2]Der Gesellschaftsvertrag kann die Frist nicht verlängern. Auf den Jahresabschluss sind bei der Feststellung die für seine Aufstellung geltenden Vorschriften anzuwenden.

(3) Hat ein Abschlussprüfer den Jahresabschluss geprüft, so hat er auf Verlangen eines Gesellschafters an den Verhandlungen über die Feststellung des Jahresabschlusses teilzunehmen.

(4) [1]Ist die Gesellschaft zur Aufstellung eines Konzernabschlusses und eines Konzernlageberichts verpflichtet, so sind die Absätze 1 bis 3 entsprechend anzuwenden. [2]Das Gleiche gilt hinsichtlich eines Einzelabschlusses nach § 325 Abs. 2 a des Handelsgesetzbuchs, wenn die Gesellschafter die Offenlegung eines solchen beschlossen haben.

Übersicht:

A. Allgemeines

Während den Geschäftsführern im Rahmen ihrer in § 42 Abs. 1 GmbHG normierten Verpflichtung, für die ordnungsgemäße Buchführung der Gesellschaft zu sorgen, auch die Aufgabe ob- 1 liegt, den Jahresabschluss aufzustellen, fällt es in die **originäre Zuständigkeit der Gesellschafter**, den Jahresabschluss festzustellen und über die Gewinnverwendung zu entscheiden (§ 46 Nr. 1 GmbHG). § 42 a GmbHG regelt die Pflicht der Geschäftsführer zur Vorlage des Jahresabschlusses, ggf. zusammen mit dem Lagebericht, dem Prüfungsbericht und dem Bericht des Aufsichtsrates, um den Gesellschaftern die Beschlussfassung über die Feststellung des Jahresabschlusses zu ermöglichen. Dem schließen sich Regelungen betreffend die Beschlussfassung über die Feststellung selbst und betreffend die Teilnahmepflicht an den Verhandlungen über die Feststellung des Jahresabschlusses der Abschlussprüfer an. Auf Konzernabschluss und Konzernlagebericht sind die Regelungen gem. Abs. 4 entsprechend anzuwenden.

B. Vorlage an die Gesellschafter, Abs. 1

I. Grundsatz, Abs. 1 S. 1

2 Die Geschäftsführer haben gem. Abs. 1 S. 1 den Gesellschaftern den **Jahresabschluss** (bestehend aus Bilanz, Gewinn- und Verlustrechnung sowie dem Anhang, vgl. § 242 HGB) und den **Lagebericht**, soweit vorhanden (vgl. § 264 Abs. 1 S. 3 HGB, bei kleinen Kapitalgesellschaften ist ein solcher nicht zwingend aufzustellen), unverzüglich vorzulegen. Schuldner dieser und der weiteren Vorlagepflichten nach § 42 a Abs. 1 GmbHG sind die Geschäftsführer als Mitglieder des Vertretungsorgans, unabhängig von der internen Geschäftsverteilung. Im Prozess sind sie nach § 62 ZPO notwendige Streitgenossen.

II. Vorlage bei Abschlussprüfung, Abs. 1 S. 2

3 Findet bei der Gesellschaft eine Abschlussprüfung statt, was bei mittelgroßen und großen GmbHs zwingend, bei kleinen GmbHs hingegen lediglich möglich ist, ist der Jahresabschluss gem. § 320 Abs. 1 S. 1 HGB zunächst dem Abschlussprüfer zur Prüfung vorzulegen und gem. Abs. 1 S. 2 erst nach Erhalt des Prüfungsberichtes zusammen mit dem Lagebericht und dem Prüfungsbericht des Abschlussprüfers den Gesellschaftern vorzulegen. Ein existierender Prüfungsbericht darf auch bei einer kleinen GmbH den Gesellschaftern nicht vorenthalten werden.

III. Vorlage bei Bestehen eines Aufsichtsrats, Abs. 1 S. 3

4 Hat die Gesellschaft einen Aufsichtsrat, sind gem. § 52 Abs. 1 GmbHG i. V. m. § 170 Abs. 1 S. 2 AktG zunächst dem Aufsichtsrat bzw. einem zuständigen Ausschuss des Aufsichtsrates (§ 52 Abs. 1 GmbHG i. V. m. § 170 Abs. 3 S. 2 AktG) anstelle der Gesellschafter der Jahresabschluss, der Lagebericht sowie ggf. der Prüfungsbericht des Abschlussprüfers vorzulegen. Der Aufsichtsrat ist selbst zur Prüfung von Jahresabschluss und Lagebericht verpflichtet, was lediglich beim fakultativen Aufsichtsrat durch den Gesellschaftsvertrag anders geregelt werden kann.

5 Ist der Aufsichtsrat aufgrund des Gesellschaftsvertrages selbst für die Feststellung des Jahresabschlusses zuständig, so sind durch die Geschäftsführer sämtliche Unterlagen dem Aufsichtsrat vorzulegen; die Pflicht zur Vorlage der Unterlagen an die Gesellschafter gem. § 42 a GmbHG wird dadurch nach h. M. aber nicht verdrängt (Baumbach / Hueck / *Schulze-Osterloh* § 42 a Rn. 10).

6 Der Aufsichtsrat wiederum übermittelt den Prüfungsbericht des Aufsichtsrates an die Geschäftsführer, die ihn zusammen mit dem Jahresabschluss, dem Lagebericht und ggf. dem Prüfungsbericht des Abschlussprüfers den Gesellschaftern vorlegen (vgl. S. 3). Nur, wenn der Aufsichtsrat selbst den Auftrag für die Abschlussprüfung erteilt, leitet der Aufsichtsrat den von den Geschäftsführern aufgestellten Jahresabschluss und den Lagebericht an den Abschlussprüfer weiter; nach Erhalt des Prüfungsberichts der Abschlussprüfer hat der Aufsichtsrat dem Jahresabschluss den eigenen Prüfungsbericht beizufügen und dann die gesamten Unterlagen an die Geschäftsführer zwecks Vorlage an die Gesellschafter zu übersenden.

IV. Vorlage bei kleinen und mittelgroßen GmbHs

Sind bei kleinen oder mittelgroßen GmbHs bei der Aufstellung des Jahresabschlusses größenabhängige Erleichterungen in Anspruch genommen worden, ist grundsätzlich der so aufgestellte Jahresabschluss den Gesellschaftern vorzulegen, es sei denn, sie verlangen aufgrund ihres Auskunfts- und Einsichtsrechts nach § 51 a Abs. 1 GmbHG zusätzlich die Vorlage eines ohne Inanspruchnahme von Erleichterungen aufgestellten Jahresabschlusses (Baumbach / Hueck / *Schulze-Osterloh* § 42 a Rn. 6), der aber nicht Gegenstand der Beschlussfassung über die Feststellung des Jahresabschlusses ist. 7

V. Erfüllung der Vorlagepflicht

1. Einsichtnahme durch Gesellschafter

Der Pflicht zur Vorlage des Jahresabschlusses genügen die Geschäftsführer i. d. R., wenn sie die Unterlagen zur **Einsichtnahme durch die Gesellschafter** in den Geschäftsräumen auslegen, wobei jeder Gesellschafter über die Auslage zu informieren ist (Baumbach / Hueck / *Schulze-Osterloh* § 42 a Rn. 6). Allerdings sind die Unterlagen nach der h. M. auf Verlangen einem jeden Gesellschafter auch auszuhändigen. Bei der Einsichtnahme dürfen die Gesellschafter einen zur (ggf. berufsmäßigen) Verschwiegenheit verpflichteten Sachverständigen (z. B. einen Wirtschaftsprüfer, Steuerberater oder Rechtsanwalt) hinzuziehen oder ihr Recht durch solche Personen ausüben lassen. 8

2. Unverzüglichkeit

Alle Vorlagepflichten gem. § 42 a Abs. 1 GmbHG sind durch die Geschäftsführer unverzüglich, also ohne schuldhaftes Zögern i. S. d. § 121 BGB, zu erfüllen, um den Gesellschaftern eine rechtzeitige Beschlussfassung über die Feststellung des Jahresabschlusses sowie über die Ergebnisverwendung, für die wiederum strenge Fristen zu beachten sind (s. u. Rn. 13 f.), zu ermöglichen. Die Vorlagen haben also so rechtzeitig zu erfolgen, dass genügend Zeit für die Beschlussfassung über die Feststellung des Jahresabschlusses und die Gewinnverwendung sowie die Vorbereitung dieser Beschlüsse bleibt. Das schränkt das Erfordernis der unverzüglichen Vorlage aber nicht ein. Die Vorlagepflicht beginnt stets mit dem Eingang sämtlicher vollständiger Unterlagen bei den Geschäftsführern, da die Unterlagen dem Informationsbedürfnis der Gesellschaft nur entsprechen können, wenn sie als Einheit vollständig vorliegen. 9

3. Vorschlag zur Ergebnisverwendung

Zu einem Vorschlag zur Ergebnisverwendung sind die Geschäftsführer nach der richtigen Ansicht grundsätzlich **nicht verpflichtet** (a. A. Roth / Altmeppen / *Altmeppen* § 42 a Rn. 31 m. w. N.); in der Praxis werden aber durchaus Vorschläge gemacht, was aufgrund der besonderen Vertrautheit der Geschäftsführer mit der wirtschaftlichen und finanziellen Lage der Gesellschaft auch sinnvoll und sachgerecht erscheint. Es ist auch möglich, eine entsprechende Verpflichtung der Geschäftsführer im Gesellschaftsvertrag vorzusehen. Besteht ein fakultativer Aufsichtsrat, ergibt sich das Erfordernis eines solchen Vorschlages aus § 52 GmbHG i. V. m. § 170 AktG, wonach der Vorstand und damit also die Geschäftsführung verpflichtet sind, dem Aufsichtsrat einen solchen Vorschlag vorzulegen (vgl. Baumbach / Hueck / *Schulze-Osterloh* § 42 a Rn. 6; § 41 GmbHG Rn. 187 und 190). 10

VI. Klagemöglichkeit der Gesellschafter bei Nichterfüllung

Die Gesellschaft oder ein Gesellschafter kann bzw. können unter den Voraussetzungen der **actio pro socio** im Wege der **Leistungsklage** die rechtzeitige Erfüllung der Vorlagepflichten durch die Geschäftsführer durchzusetzen versuchen (vgl. auch § 29 GmbHG Rn. 52; zur actio pro socio ausführl. Kap. 16 Rn. 269 ff.). In engen Grenzen kommt auch die Erwirkung einer **einstweiligen Verfügung** in Betracht. Liegt die Zuständigkeit für die Beschlussfassung bei einem anderen Organ der Gesellschaft als den Gesellschaftern, sind die Vorlagepflichten diesem gegenüber zu erfüllen. 11

Die Gesellschafter sind dann auf das mitgliedschaftliche Informationsrecht nach § 51 a GmbHG angewiesen, können aber auch die Vorlage des Jahresabschlusses an sich selbst verlangen (s. o. Rn. 5)

C. Feststellung des Jahresabschlusses und Ergebnisverwendung, Abs. 2

12 Gem. § 46 Nr. 1 GmbHG beschließen grundsätzlich die Gesellschafter über die Feststellung des Jahresabschlusses und über die Verwendung des Ergebnisses. Für diese Beschlussfassung stellt § 42 a Abs. 2 S. 1 GmbHG einige Regeln auf.

I. Frist für Beschlussfassung

13 Abs. 2 S. 1 regelt für GmbHs die Frist, innerhalb derer durch die Gesellschafter über die Feststellung des Jahresabschlusses und über die Ergebnisverwendung Beschluss gefasst werden muss. Bei mittelgroßen und großen GmbHs hat dies für das vorangegangene Geschäftsjahr vor dem Ablauf der ersten acht Monate des laufenden Geschäftsjahres zu erfolgen, während die Gesellschafter kleiner GmbHs i. S. d. § 267 Abs. 1 HGB diesen Pflichten lediglich innerhalb der ersten elf Monate nach Ablauf des Geschäftsjahres nachzukommen haben.

14 Abs. 2 S. 2 bestimmt ausdrücklich, dass diese Fristen **nicht** durch den Gesellschaftsvertrag **verlängert** werden dürfen. Eine **Verkürzung** der Fristen im Gesellschaftsvertrag hingegen ist möglich. Die Geschäftsführer haben auf die Einhaltung der Fristen hinzuwirken. Allerdings führt ein Verstoß gegen die Fristen weder zur Unwirksamkeit noch zur Anfechtbarkeit des Beschlusses (Baumbach / Hueck / *Schulze-Osterloh* § 42 a Rn. 22; vgl. auch § 29 GmbHG Rn. 57 ff.)

II. Anwendbare Vorschriften

15 Abs. 2 S. 3 schließlich normiert, dass die für die Aufstellung des Jahresabschlusses geltenden Vorschriften auch auf seine Feststellung anzuwenden sind. Daraus geht hervor, dass die Gesellschafter bei der Feststellung des Jahresabschlusses nicht an die durch die Geschäftsführer aufgestellte und vorgelegte Fassung des Jahresabschlusses gebunden sind; vielmehr können sie bei der Feststellung im Rahmen der auch für die Aufstellung geltenden Vorschriften von der vorgelegten Fassung abweichen. Für einen solchen Fall ordnet § 316 Abs. 3 HGB bei GmbHs, die der Pflicht zur Abschlussprüfung unterliegen, eine **Nachtragsprüfung** an. Nicht zuletzt um eine solche zu vermeiden, sollten vor Aufstellung des Jahresabschlusses und Vorlage an die Geschäftsführung die grundlegenden bilanzpolitischen Linien zwischen Gesellschaftern und Geschäftsführern abgestimmt und mögliche Differenzen geklärt werden.

D. Teilnahme des Abschlussprüfers, Abs. 3

I. Recht der Gesellschafter auf Teilnahmeverlangen

16 Jeder Gesellschafter hat das Recht, die Teilnahme des Abschlussprüfers an der Gesellschafterversammlung, die über die Feststellung des Jahresabschlusses beschließt, zu verlangen. Dabei handelt es sich um ein grundsätzlich **unentziehbares Minderheitsrecht**, das nur durch **einstimmigen Beschluss** entzogen oder eingeschränkt werden kann (Baumbach / Hueck / *Schulze-Osterloh* § 42 a Rn. 47). § 42 a Abs. 3 GmbHG normiert die der Ausfüllung dieses Rechts dienende Pflicht des Abschlussprüfers, an der Gesellschafterversammlung auf Verlangen auch nur eines Gesellschafters teilzunehmen. Dem Gesellschafter soll vor der Beschlussfassung die Möglichkeit gegeben werden, Fragen zum Abschluss zu stellen, offene Punkte zu klären, Zweifel auszuräumen, um dadurch seine Entscheidung betreffend die Feststellung des Jahresabschlusses auf eine sichere Grundlage stellen zu können. Diese Zweckrichtung der Vorschrift macht auch deutlich, dass eine Ausdehnung der Teilnahmepflicht des Abschlussprüfers auch auf die Beratung über die Ergebnisverwendung oder über andere Gegenstände nicht in Betracht kommt. Insoweit ist auch der Wortlaut des Gesetzes eindeutig.

II. Teilnahmepflicht

Die Teilnahmepflicht erschöpft sich naturgemäß nicht in der rein physischen Teilnahme des Abschlussprüfers an der Gesellschafterversammlung, sondern umfasst auch seine **Verpflichtung**, in den Grenzen des Prüfungsauftrages den Prüfungsbericht **zu erläutern** und Fragen zum Prüfungsbericht und zur Abschlussprüfung insgesamt zu beantworten. In diesem Rahmen ist der Abschlussprüfer zu einer Auskunftsverweigerung nicht berechtigt (Lutter / Hommelhoff / *Kleindiek* GmbHG, § 42 a Rn. 40). 17

III. Auskunftsverweigerung des Abschlussprüfers

Ein Recht zur Auskunftsverweigerung kommt in analoger Anwendung des § 51 a Abs. 2 GmbHG lediglich auf der Basis eines **Gesellschafterbeschlusses** in Betracht, wenn zu besorgen ist, dass die Auskunft zu gesellschaftsfremden Zwecken verwendet und dadurch der Gesellschaft oder einem verbundenen Unternehmen ein nicht unerheblicher Nachteil zugefügt wird (A/E/S/*B. Schmidt* § 42 a Rn. 18). Es handelt sich dabei aber nicht nur um ein Recht des Abschlussprüfers, sondern auch um eine Pflicht, da der erforderliche Gesellschafterbeschluss (vgl. § 51 a Abs. 2 S. 2 GmbHG) für den Abschlussprüfer bindend ist. 18

IV. Form des Teilnahmeverlangens

1. Anspruchsgegner

Umstritten ist, ob der Gesellschafter selbst die Teilnahme des Abschlussprüfers von diesem verlangen kann, oder ob er sein Verlangen an den Geschäftsführer zu richten hat, der die Gesellschaft in ihrem vertraglichen Verhältnis zum Abschlussprüfer vertritt und das Teilnahmeverlangen geltend zu machen hat. Die h. M. fordert zu Recht, dass eine unmittelbare Ladung durch einen Gesellschafter nicht in Betracht kommt, da ein überraschendes Erscheinen in der Gesellschafterversammlung weder für die Geschäftsführer noch für die anderen Gesellschafter zumutbar ist (vgl. Baumbach / Hueck / *Schulze-Osterloh* § 42 a Rn. 47). 19

2. Frist zur Ladung, Vertagung

Das Teilnahmeverlangen ist durch den Gesellschafter an die Geschäftsführer mit angemessener Frist zu richten, damit eine Ladung des Abschlussprüfers ebenfalls noch in angemessener Frist erfolgen kann. Stellt sich erst während der Gesellschafterversammlung heraus, dass die Teilnahme des Abschlussprüfers erforderlich ist, kann jeder Gesellschafter die **Vertagung** der Gesellschafterversammlung verlangen. Zu der neu angesetzten Versammlung ist dann der Abschlussprüfer zu laden (vgl. Baumbach / Hueck / *Schulze-Osterloh* § 42 a Rn. 48). 20

V. Beschlussfassung durch anderes Organ

Für den Fall der (möglichen) Übertragung der Zuständigkeit für die Beschlussfassung über die Feststellung des Jahresabschlusses auf ein anderes Organ der Gesellschaft (s. o. Rn. 5) kann das in Abs. 3 vorgesehene Recht eines jeden Gesellschafters entsprechend von jedem **Mitglied des zuständigen Organs** geltend gemacht werden. Zu verneinen ist aber ein daneben bestehendes Recht der Gesellschafter, ebenfalls die Teilnahme des Abschlussprüfers an einer sich mit dem Jahresabschluss befassenden Gesellschafterversammlung zu verlangen, da sich die Teilnahmepflicht nur auf die Feststellung des Jahresabschlusses richtet. 21

VI. Weigerung der Teilnahme durch Abschlussprüfer

Im Falle einer Verweigerung der Teilnahme durch den Abschlussprüfer kann die Teilnahme durch die Gesellschaft oder aber durch einen Gesellschafter im Wege der **actio pro socio** gerichtlich durchgesetzt werden; außerdem kommen Schadensersatzansprüche wegen einer Pflichtverletzung nach § 280 BGB in Betracht. Ein trotzdem gefasster Beschluss ist grundsätzlich **anfechtbar**, wobei sich die Anfechtbarkeit auch auf den Gewinnverwendungsbeschluss beziehen kann, 22 der mit dem Beschluss über die Feststellung des Jahresabschlusses inhaltlich eng zusammenhängt (A/E/S/*B. Schmidt* § 42 a Rn. 19).

E. Entsprechende Anwendung auf Konzernrechnungslegung und Einzelabschluss nach internationaler Rechnungslegung, Abs. 4

23 Soweit die GmbH auch einen Konzernabschluss und einen Konzernlagebericht aufzustellen hat, sind gem. Abs. 4 auch diese Unterlagen nebst dem Prüfungsbericht des Konzernabschlussprüfers sowie ggf. des Aufsichtsrates den Gesellschaftern zu ihrer Information vorzulegen. Dies gilt auch für die Fälle des zu Informationszwecken freiwillig unter Beachtung der gesetzlichen Vorschriften aufgestellten Konzernabschlusses und einen aufgrund freiwilliger Prüfung erstellten Prüfungsbericht. Dabei erübrigt sich aber eine Feststellung des Konzernabschlusses durch die Gesellschafter ebenso wie eine Prüfung durch den Aufsichtsrat.

24 Das TransPuG hat durch Inbezugnahme auch von Abs. 2 und Abs. 3 für den Konzernabschluss ein **förmliches Billigungsverfahren** vorgesehen; über die Billigung entscheiden grundsätzlich ebenfalls die Gesellschafter. Allerdings ist die Billigung nicht mit der Feststellung identisch, da der Konzernabschluss reine Informationsfunktionen hat. So ist auch die entsprechende Anwendung von Abs. 2 und Abs. 3 zu verstehen. Wie der Einzelabschluss kann auch der Konzernabschluss in einer anderen Fassung festgestellt werden als derjenigen, in der er durch die Geschäftsführer aufgestellt wurde, was aber wiederum eine Nachtragsprüfung nach § 316 Abs. 3 HGB erforderlich machen kann. Das Unterbleiben der Billigung des Konzernabschlusses bleibt ohne Sanktion, da der Konzernabschluss lediglich Informationsfunktionen hat.

25 Wird beschlossen, dass der nach **internationalen Rechnungslegungsregeln** (Art. 4 IAS – VO der EU) aufgestellte Einzelabschluss nach § 325 Abs. 2 a HGB offengelegt wird, so ist dafür gem. Abs. 4 ebenfalls das Verfahren nach § 42 a Abs. 1 bis Abs. 3 anzuwenden.

§ 43 [Haftung der Geschäftsführer]

(1) Die Geschäftsführer haben in den Angelegenheiten der Gesellschaft die Sorgfalt eines ordentlichen Geschäftsmannes anzuwenden.

(2) Geschäftsführer, welche ihre Obliegenheiten verletzen, haften der Gesellschaft solidarisch für den entstandenen Schaden.

(3) [1]Insbesondere sind sie zum Ersatze verpflichtet, wenn den Bestimmungen des § 30 zuwider Zahlungen aus dem zur Erhaltung des Stammkapitals erforderlichen Vermögen der Gesellschaft gemacht oder den Bestimmungen des § 33 zuwider eigene Geschäftsanteile der Gesellschaft erworben worden sind. [2]Auf den Ersatzanspruch finden die Bestimmungen in § 9 b Abs. 1 entsprechende Anwendung. [3]Soweit der Ersatz zur Befriedigung der Gläubiger der Gesellschaft erforderlich ist, wird die Verpflichtung der Geschäftsführer dadurch nicht aufgehoben, dass dieselben in Befolgung eines Beschlusses der Gesellschafter gehandelt haben.

(4) Die Ansprüche auf Grund der vorstehenden Bestimmungen verjähren in fünf Jahren.

Übersicht:

A. Allgemeines

I. Reichweite der Haftung, Konkurrenzen

1 § 43 GmbHG umfasst die zentralen Regelungen für die **organschaftliche Innenhaftung** der GmbH-Geschäftsführer gegenüber der Gesellschaft, deren Leitung ihnen übertragen ist. Nach der Rechtsprechung umfasst die Organhaftung gem. § 43 GmbHG auch die Haftung des Geschäftsführers aus seinem Anstellungsvertrag, also z. B. aus Verstößen gegen das vertragliche Wettbewerbsverbot oder aus angemaßter Eigengeschäftsführung (BGH ZIP 1989, 1392). Daneben steht die Haftung nach § 64 Abs. 2 GmbHG; die Haftungstatbestände von §§ 9 a und 57 Abs. 4 GmbHG hingegen haben als leges speciales Vorrang vor § 43 GmbHG. Außerhalb des GmbHG kommen noch realkonkurrierende deliktische Ansprüche nach § 823 Abs. 1 BGB, § 823 Abs. 2 BGB i. V. m. einem Schutzgesetz und § 826 BGB in Betracht. Vor Eintragung der Gesellschaft in das Handelsregister gelten die Regelungen der Handelndenhaftung nach § 11 Abs. 2 GmbHG. Die Geschäftsführerhaftung gegenüber Dritten hingegen ist von der Organhaftung des § 43 GmbHG strikt zu trennen; sie bedarf als Außenhaftung einer eigenen Grundlage.

2 Mehrere Geschäftsführer haften nach Abs. 2 als **Gesamtschuldner** (solidarisch), sofern ein jeder von ihnen pflichtwidrig und schuldhaft gehandelt hat. Die Geltendmachung der Schadensersatzansprüche obliegt gem. § 46 Nr. 8 GmbHG der Gesellschafterversammlung.

3 Die Haftung **beginnt** mit der Annahme der Bestellung zum Geschäftsführer und ist unabhängig von der Eintragung der Organstellung in das Handelsregister; die Eintragung ins Handelsregister wirkt auch für die Bestellung nur deklaratorisch. Die Haftung endet mit dem Abschluss der Tätigkeit als Geschäftsführer, kann also über die Beendigung des Anstellungsvertrages hinaus andauern. War die **Bestellung fehlerhaft**, ist der Geschäftsführer aber gleichwohl als solcher tätig geworden, dann trifft ihn dennoch die Geschäftsführerhaftung (BGHZ 47, 343).

II. Versicherung, Haftungsfreistellung

4 Die den Geschäftsführer treffenden Risiken können durch eine sog **D&O-Versicherung** (Directors and Officers Liability Insurance) abgedeckt werden, die typischerweise von der Gesellschaft als Versicherungsnehmerin für die Geschäftsführer abgeschlossen wird. Sie deckt in der Regel Ansprüche der Gesellschaft oder Dritter gegen die Geschäftsführer (einschließlich der Rechtsschutzkosten) ab. Zumeist ist dabei ein Versicherungsschutz für vorsätzliche Pflichtverletzungen nicht gegeben.

5 Eine **Haftungsfreistellung** für den Geschäftsführer kommt in der Form einer Vereinbarung mit einem Dritten, z. B. mit einem Gesellschafter, in Betracht. Gegenüber der Gesellschaft kommt nach den Grundsätzen des Auftragsrechts ein Anspruch auf Haftungsfreistellung für den Fall der Inanspruchnahme durch einen Dritten in Betracht, wenn das haftungsbegründende Verhalten im Interesse der Gesellschaft lag.

III. Aufbau der Norm

6 Während Abs. 1 den Sorgfaltsmaßstab (Sorgfalt eines ordentlichen Geschäftsmannes) nennt und damit einen **Verschuldensmaßstab** für den Verstoss gegen ihre Pflichten durch die Geschäftsführer regelt, normiert Abs. 2 die (gesamtschuldnerische) Haftung der Geschäftsführer im Falle eines Verstoßes gegen eine ihrer Pflichten (das Gesetz spricht insoweit von Obliegenheiten). Abs. 3 enthält spezielle Haftungstatbestände im Zusammenhang mit Verstößen gegen die Regelungen der §§ 30, 33 GmbHG; Abs. 4 schließlich normiert eine fünfjährige Verjährungsfrist.

B. Verschuldensmaßstab Sorgfalt eines ordentlichen Geschäftsmannes, Abs. 1

7 Abs. 1 benennt mit der Sorgfalt eines ordentlichen Geschäftsmannes den Verschuldensmaßstab, nach dem zu bestimmen ist, ob es sich bei einem Verstoß gegen die Pflichten (Obliegenheiten) eines Geschäftsführers (Abs. 2) um einen schuldhaften, also fahrlässigen oder vorsätzlichen Verstoß handelt, der eine entsprechende Haftung begründen kann.

8 Mit der Sorgfalt eines ordentlichen Geschäftsmannes ist die **Sorgfalt eines selbstständigen, treuhänderischen Verwalters fremder Vermögensinteressen in verantwortlicher Position** (Lutter / Hommelhoff / *Kleindiek* GmbHG, § 43 Rn. 6 m. w. N.) gemeint. Umfang und Qualität dieses Sorgfaltsmaßstabes richten sich neben der Stellung und Funktion des Geschäftsführers nach der Art, der Branche und der Größe der Gesellschaft sowie ihrer wirtschaftlichen Positionierung am Markt, wobei die verschärften Anforderungen im kaufmännischen Verkehr zu beachten sind. Die übliche Sorgfalt reicht dann nicht aus, wenn die Üblichkeit nicht den Erwartungen besonnener und gewissenhafter Beurteilung entspricht (BGH NJW 1984, 801, 802).

9 Keine Rolle hingegen spielen die **persönlichen Eigenschaften** (Eigenarten, individueller Wissensstand, Fähigkeiten und Erfahrungen etc.) des Geschäftsführers (Lutter / Hommelhoff/*Kleindiek* GmbHG, § 43 Rn. 6 m. w. N.), da es sich um einen **objektiven Sorgfaltsmaßstab** handelt. Der Geschäftsführer kann sich daher auch nicht auf die eigene fachliche Untauglichkeit oder Unfähigkeit berufen.

C. Haftung bei Pflichtverletzungen, Abs. 2

I. Pflichtverletzung und Grundsatz der Gesamtverantwortung

Die Geschäftsführer treffen vielfältige Pflichten; sie sind im Einzelnen im Gesetz, im Gesellschaftsvertrag und im Anstellungsvertrag sowie ggf. auch in einer Geschäftsordnung für die Geschäftsführung geregelt; darüber hinaus gibt es im Recht der GmbH auch Weisungen der Gesellschafter, die von den Geschäftsführern zu befolgen sind. Aus dem Verstoß gegen eine jede dieser Pflichten kann grundsätzlich eine Haftung des Geschäftsführers folgen. 10

Die Pflichtverletzung muss sich aus einem **Tun oder Unterlassen** des Geschäftsführers selbst ergeben. Eine sachgemäße und rechtmäßige Geschäftsverteilung kann die Verantwortlichkeit von einzelnen, nicht zuständigen Geschäftsführern gegenüber derjenigen der zuständigen Geschäftsführer beschränken (A/E/S/*B. Schmidt* § 43 Rn. 16). Aufgrund des **Grundsatzes der Gesamtverantwortung** kann aber die Verantwortlichkeit für einzelne Pflichten nie ganz aufgehoben werden. Vielmehr treffen auch die nicht zuständigen Geschäftsführer Überwachungspflichten und die Verpflichtung, sich in gewissem Umfang über die Aufgabenstellungen und Entscheidungen im fremden Ressort zu informieren (A/E/S/*B. Schmidt* § 43 Rn. 16). 11

II. Die Pflichten des Geschäftsführers im Einzelnen

1. Allgemeines

Bei der Führung der Geschäfte der Gesellschaft ist den Geschäftsführern ein **weiter Handlungsspielraum** zu belassen, den die Geschäftsführer durch pflichtgemäße Ausübung geschäftlichen Entscheidungsermessens ausfüllen. Die durch den BGH in seiner »ARAG/Garmenbeck«-Entscheidung (BGHZ 135, 244) entwickelten Grundsätze für das Handeln des Vorstands einer Aktiengesellschaft gelten entsprechend für den oder die Geschäftsführer einer GmbH (BGH NJW 2003, 358, 359). Nach den Grundsätzen der »ARAG/Garmenbeck«-Entscheidung kommt eine Schadensersatzpflicht erst dann in Betracht, wenn die Grenzen eines verantwortungsbewussten, ausschließlich am Unternehmensinteresse orientierten, auf sorgfältigen Ermittlungen beruhenden Handelns überschritten sind. Im Rahmen eines solchen Handelns ist das bewusste Eingehen geschäftlicher Risiken ebenso wie das Eingehen der Gefahr von Fehlbeurteilungen und Fehleinschätzungen zulässig, ja im Hinblick auf den unternehmerischen Erfolg möglicherweise sogar notwendig. Der BGH orientiert sich insoweit deutlich erkennbar an der sog. **business judgement rule** des US-amerikanischen Rechts. Unternehmerisches Handeln ist stets risikobehaftet. Erst ein unverantwortliches Überspannen des Eingehens von Risiken kann Anlass für die Haftung von Geschäftsführern sein. Insbesondere dürfen die Geschäftsführer nicht gegen in der jeweiligen Branche anerkannte Erkenntnisse und Erfahrungsgrundsätze verstoßen (vgl. für den Fall des Vorstands einer Genossenschaftsbank BGH ZIP 2002, 213, 214). 12

Für das GmbH-Recht hat die Anwendung dieser Grundsätze stets im Lichte der **Kompetenzverteilung** innerhalb der betroffenen Gesellschaft, insbesondere unter Berücksichtigung von das Entscheidungsermessen der Geschäftsführer reduzierenden Weisungen der Gesellschafter zu erfolgen (A/E/S/*B. Schmidt* § 43 Rn. 5 ff.). 13

Die pflichtenkonforme Wahrnehmung des Ermessensspielraums setzt eine **angemessene Vorbereitung der unternehmerischen Entscheidungen** der Geschäftsführung voraus. Maßgebend sind dabei die Ermittlung der wichtigsten Entscheidungsgrundlagen, die Bewertung der rechtlichen und wirtschaftlichen Folgen, die sich aus einer bestimmten Entscheidung ergeben, sowie die Abwägung gegen Handlungsalternativen. Mit der Möglichkeit, eine Geschäftsführungsmaßnahme zu unterlassen, ist zumindest eine Handlungsalternative immer gegeben. Umfang und Intensität der Vorbereitung der unternehmerischen Unterscheidung sowie der Betrachtung von Folgen und Alternativen bestimmen sich im Wesentlichen nach der Höhe und dem Umfang des Risikos mit dem eine beabsichtigte unternehmerische Entscheidung verbunden ist, und nach den im Falle der Risikoverwirklichung für die Gesellschaft zu erwartenden Schäden. 14

2. Pflicht zur sorgfältigen Unternehmensleitung

15 Die Pflicht zur ordnungsgemäßen Unternehmensleitung richtet sich auf die bestmögliche **Förderung des Gesellschaftszwecks**. Dabei sind Gesetz, Satzung und, soweit vorhanden, auch die Geschäftsordnung für die Geschäftsführung sowie der Anstellungsvertrag zu beachten. In der Satzung und ggf. in der Geschäftsordnung geregelte Zuständigkeiten und Zustimmungsvorbehalte sind zu beachten; Weisungen der Gesellschafter sind zu befolgen.

16 Die Geschäftsführer haben für die **Erfüllung aller rechtlichen Pflichten** der GmbH verbandsrechtlicher, bürgerlichrechtlicher oder öffentlich-rechtlicher Art Sorge zu tragen.

17 Das GmbHG kennt anders als das AktG in § 91 Abs. 2 AktG keine ausdrückliche gesetzliche Pflicht der Geschäftsführung, geeignete Maßnahmen zu treffen, insbesondere ein Überwachungssystem einzurichten, damit möglicherweise den Fortbestand der Gesellschaft gefährdende Entwicklungen früh erkannt werden. Dennoch trifft auch die Geschäftsführer der GmbH die Pflicht, stets in der Lage zu sein, die wirtschaftliche und finanzielle Lage der Gesellschaft zu überblicken und Risiken so rechtzeitig zu erkennen, dass wirksame Maßnahmen zu ihrer Beseitigung noch getroffen werden können. Aus dieser Pflicht folgt auch für den Geschäftsführer einer GmbH die Pflicht zur Einführung eines geeigneten und institutionalisierten **Risikokontrollsystems**, dessen Umfang und Komplexität sich an den Gegebenheiten der jeweiligen Gesellschaft zu orientieren hat (vgl. insgesamt A/E/S/*B. Schmidt* § 43 Rn. 24 ff.).

18 Auffassungen, nach denen solche Risikokontrollsysteme nur bei kapitalmarktorientierten oder bei nach § 1 MitBestG aufsichtsratspflichtigen Gesellschaften verlangt werden, verkennen die generelle Schutzwirkung der allgemeinen Geschäftsführerpflichten für die Gesellschaft, ihre Gesellschafter und ihre Gläubiger.

3. Treuepflicht

19 Aus der Funktion des Geschäftsführers als **Verwalter fremder Vermögensinteressen** ergibt sich seine besondere Treuepflicht. Die Treuepflicht verpflichtet die Geschäftsführer, mit ganzer Kraft zum Wohlergehen der Gesellschaft beizutragen und Schaden von der Gesellschaft abzuwenden (BGH NJW 1989, 26, 27). Desweiteren muss sich der Geschäftsführer in allen Angelegenheiten, die das Interesse der Gesellschaft berühren, allein durch das **Wohl der Gesellschaft** und nicht durch seine eigenen Interessen leiten lassen (BGH NJW 1986, 585, 586).

4. Wettbewerbsverbot

20 Mit der Treuepflicht eng zusammen hängt das grundsätzliche Wettbewerbsverbot des Geschäftsführers, nach dem er Geschäftschancen allein für die Gesellschaft wahrzunehmen hat; er darf solche Chancen nicht in eigenem Interesse nutzen. Dem Geschäftsführer ist jede unternehmerische Tätigkeit im Bereich des satzungsmäßigen aber auch des unter Satzungsdurchbrechung tatsächlich gegebenen Unternehmensgegenstandes der Gesellschaft untersagt (A/E/S/*B. Schmidt* GmbHG, § 43 Rn. 24 ff). Dies gilt auch für die Unternehmensgegenstände verbundener Unternehmen (PraxisHdb GmbH-GF/*Ziemons*, § 22 Rn. 47).

21 Eine generelle **Befreiung vom Wettbewerbsverbot** kann nach richtiger Auffassung nur durch die Satzung bzw. einen die Satzung ändernden Beschluss erteilt werden (PraxisHdb GmbH-GF/*Ziemons*, § 22 Rn. 47), ein einfacher Beschluss reicht aber für die Freigabe eines einzelnen Geschäfts aus (a. A. BGH GmbHR 1981, 189, 191, der einen Gesellschafterbeschluss grundsätzlich für ausreichend hält; vgl. zum Diskussionsstand Lutter/Hommelhoff/*Hommelhoff/Kleindiek* GmbHG, Anh. § 6 Rn. 23). Die richtige Auffassung macht zu recht geltend, dass die in der Gestattung des Wettbewerbs liegende Einschränkung des Gesellschaftszwecks (Gewinnerzielung) und die mit der Gestattung einhergehende Satzungsdurchbrechung ein gewisses Maß an Publizität verlangen (vgl. PraxisHdb GmbH-GF/*Ziemons* § 22 Rn. 48).

Alle Meinungen lassen eine Befreiung vom Wettbewerbsverbot aufgrund eines Gesellschafterbeschlusses, der seinerseits auf Grund einer Öffnungsklausel in der Satzung gefasst wird, zu. 22

Mit **Beendigung** des Geschäftsführeramtes endet das organschaftliche Wettbewerbsverbot automatisch. 23

Der Geschäftsführer darf Geschäfte, die der Gesellschaft zuzuordnen sind, nicht für eigene Rechnung oder für Rechnung nahe stehender Personen oder von ihm beherrschter Gesellschaften tätigen oder tätigen lassen (vgl. PraxisHdb GmbH-GF / *Ziemons* § 22 Rn. 46). Dabei kommt es nicht darauf an, ob der Geschäftsführer privat oder in seiner Organfunktion von der Geschäftschance erfahren hat. In Betracht kommt aber die Einholung der Zustimmung der Gesellschafterversammlung zur Vornahme eines solchen Eigengeschäfts (BGH WM 1989, 1335). 24

5. Verschwiegenheitspflicht

a) Grundsatz

Die Geschäftsführer sind hinsichtlich aller **vertraulichen Angaben** sowie aller **Betriebs- und Geschäftsgeheimnisse** gegenüber Dritten zum Stillschweigen verpflichtet. Im Verhältnis zu anderen Organen, z. B. gegenüber einem Aufsichtsrat, besteht diese Verschwiegenheitspflicht grundsätzlich nicht. Auch gegenüber der Gesellschafterversammlung oder einzelnen Gesellschaftern besteht diese Geheimhaltungspflicht grundsätzlich nicht, da die Gesellschafter ihrerseits zur Verschwiegenheit verpflichtet sind (PraxisHdb GmbH-GF / *Ziemons* § 22 Rn. 49). Dies gilt nur dann nicht, wenn konkrete Umstände einen Missbrauch durch einzelne Organmitglieder befürchten lassen (Hachenburg / *Mertens* § 42 Rn. 48). 25

Gegenüber dem **Betriebsrat** sind die Geschäftsführer zur Weitergabe von Informationen nur befugt, soweit eine betriebsverfassungsrechtliche Verpflichtung zur Information besteht. 26

b) Verschwiegenheit im Rahmen von Unternehmenskäufen

Bei Unternehmenskäufen stellt sich die Frage der Zulässigkeit der Durchführung einer **Due Diligence** durch Interessenten, im Rahmen derer umfangreiche Informationen über die Gesellschaft zur Verfügung gestellt werden. Wollen alle Gesellschafter ihre Anteile verkaufen, ist das Zurverfügungstellen von Informationen unproblematisch, da regelmäßig alle Gesellschafter damit einverstanden sind (PraxisHdb GmbH-GF / *Ziemons*, § 22 Rn. 50). Davon darf der Geschäftsführer auch grundsätzlich ausgehen. 27

Will nur ein Teil der Gesellschafter ihre jeweiligen Anteile verkaufen, ist ein **Gesellschafterbeschluss** herbeizuführen, der die Weitergabe der Informationen an den verkaufswilligen Gesellschafter zum Zwecke der Weiterleitung der Informationen an den Kaufinteressenten gestattet. Für die Beschlussfassung reicht die einfache Mehrheit (so auch PraxisHdb GmbH-GF / *Ziemons* § 22 Rn. 50; a. A. Lutter / Hommelhoff / *Kleindiek* GmbHG, § 43 Rn. 12 m. w. N.; Baumbach / Hueck/*Schulze-Osterloh*/*Servatius* § 85 Rn. 11, die einen einstimmigen Beschluss verlangen; diese Auffassung kann nicht überzeugen, da die Veräußerbarkeit der Anteile dadurch zu stark eingeschränkt würde). Um den Geheimhaltungsinteressen der Gesellschaft Rechnung zu tragen, kann ein solcher Beschluss von der überstimmten Minderheit **angefochten** werden, wenn die Interessen der Gesellschaft etwa dadurch verletzt werden, dass der Kaufinteressent in Wirklichkeit gar nicht an dem Erwerb der Anteile sondern nur am Erhalt der Informationen interessiert ist, oder wenn der Erwerber ein Wettbewerber der Gesellschaft ist. 28

Im Falle der Durchführung einer Due Diligence zwecks geplanten Erwerbs eines **Geschäftsbereichs** oder einer **Beteiligung** kann der Geschäftsführer hingegen die Durchführung einer Due Diligence gestatten. Handelt es sich um einen besonders bedeutenden oder großen Geschäftsbereich, ist aber ebenfalls ein die Weitergabe der Informationen gestattender Beschluss der Gesellschafterversammlung bzw. des Aufsichtsrates einzuholen. 29

30 In jedem Falle ist der Geschäftsführer aber verpflichtet, eine nach Möglichkeit vertragsstrafenbewehrte **Vertraulichkeitsvereinbarung** mit dem Erwerbsinteressenten abzuschließen.

c) Strafbarkeit

31 Die unbefugte Weitergabe von Betriebs- und Geschäftsgeheimnissen durch einen Geschäftsführer ist nach § 85 Abs. 1 GmbHG strafbar (bis zu ein Jahr Freiheitsstrafe oder Geldstrafe).

6. Pflicht zu kollegialer Zusammenarbeit

32 Die Geschäftsführer treffen **Loyalitätspflichten**, die Pflicht zu **kollegialer Zusammenarbeit** und gegenseitige **Informationspflichten**. Außerdem besteht die Pflicht der Geschäftsführer, sich gegenseitig zu **überwachen**, insbesondere auch Pflichtverletzungen durch andere Geschäftsführer zu verhindern(A / E / S / *B. Schmidt* § 43 Rn. 29). Diese Pflichten bestehen unabhängig vom Bestehen von Einzel- oder Gesamtgeschäftsführungsbefugnis und auch unabhängig davon, ob eine Ressortverteilung eingerichtet worden ist. Beschlüsse des Geschäftsführungsgremiums sind grundsätzlich auszuführen, es sei denn, sie sind rechtswidrig oder für die Gesellschaft nachteilig.

33 Die Pflicht zu kollegialer Zusammenarbeit der Geschäftsführer untereinander umfasst auch die Verpflichtung, vor der Einschaltung von Aufsichtsbehörden oder anderen externen Institutionen zur Durchführung von Untersuchungen gegen einen Mitgeschäftsführer zu versuchen, Missstände innergesellschaftlich abzustellen, also z. B. sämtliche Geschäftsführer und / oder den Aufsichtsrat oder die Gesellschafterversammlung zu informieren und zum Einschreiten zu veranlassen (PraxisHdb GmbH-GF / *Ziemons* § 22 Rn. 52)

34 Die Loyalitätspflichten gelten auch für die Zusammenarbeit mit den **anderen Gesellschaftsorganen**, also insbesondere mit der Gesellschafterversammlung und mit dem Aufsichts- oder Beirat. Es bestehen Beratungspflichten, Unterstützungspflichten und Informations- sowie Berichtspflichten im Hinblick auf Geschäfts- und Unternehmensplanung, Umsatz- und Ergebnisentwicklung, besonders bedeutende Geschäftsvorfälle sowie alle sonstigen für die Gesellschaft oder verbundene Unternehmen wichtigen Maßnahmen.

35 Bei Bestehen eines **obligatorischen Aufsichtsrates** aufgrund mitbestimmungsrechtlicher Vorschriften gelten die Loyalitätspflichten auch diesem Organ gegenüber, wobei dies bei einem qualifiziert mitbestimmten Aufsichtsrat aus der gesetzlich angeordneten Geltung der aktienrechtlichen Vorschriften folgt.

III. Verschulden

36 Der Geschäftsführer haftet grundsätzlich für **jede Form des Verschuldens**, also auch für leichte und leichteste Fahrlässigkeit (A / E / S / *B. Schmidt* § 43 Rn. 37). In dem aus seiner Position eines Geschäftsführers resultierenden Pflichtenkreis gibt es keinen Grund für eine Haftungserleichterung. Eine solche kann auch nicht durch Gesellschafterbeschluss (auch nicht, wenn der Beschluss einstimmig gefasst wird) oder durch den Gesellschaftsvertrag bzw. den Anstellungsvertrag eingerichtet werden, und zwar auch nicht bei der Einpersonen-GmbH. Hingegen wird die Haftung des Geschäftsführers außerhalb seines amtstypischen Pflichtenkreises von der h. M. in der Regel nach den Regeln der Arbeitnehmerhaftung auf grobe Fahrlässigkeit und Vorsatz beschränkt (BGH NJW 1994, 856; a. A. Lutter / Hommelhoff / *Hommelhoff/Kleindiek* GmbHG, § 43 Rn. 21).

IV. Schaden

37 Um eine Haftung des Geschäftsführers zu begründen, ist der Eintritt eines Schadens bei der Gesellschaft erforderlich. Der Schaden besteht regelmäßig in einer **Minderung des (geldwerten) Gesellschaftsvermögens**. Tritt der Schaden in Form eines Vermögensnachteils hingegen bei einem Gesellschafter ein, gründet sich darauf kein Schadensersatzanspruch gegen den Geschäftsführer; auch dies gilt bei der Einpersonen-GmbH.

§ 254 BGB mit der Folge einer Reduzierung des Umfangs des zu leistenden Ersatzes ist insoweit nicht anwendbar, als es sich um ein Mitverschulden eines anderen Geschäftsführers oder auch eines nachgeordneten Mitarbeiters handelt (A/E/S/*B. Schmidt* § 43 Rn. 40). Der Geschäftsführer kann sich auch nicht auf die Verletzung von Überwachungspflichten von Gesellschaftern berufen (BGH NJW 1983, 1856). Mehrere Verantwortliche haften gem. § 43 Abs. 2 GmbHG der Gesellschaft nebeneinander als **Gesamtschuldner**; erst im Gesamtschuldnerausgleich nach § 426 Abs. 1 und 2 BGB können die Anteile an Verursachung und Verschulden Berücksichtigung finden (A/E/S/*B. Schmidt* § 43 Rn. 40). Ein typischer Fall für einen solchen ungleichen Gesamtschuldnerausgleich ist gegeben, wenn ein Geschäftsführer aufgrund Verletzung seiner Überwachungspflichten neben einem oder mehreren handlungs- oder unterlassungsverpflichteten Geschäftsführern haftet. Dies kann bis zu einer Reduzierung der Haftung des lediglich die Überwachungspflichten verletzenden Geschäftsführers auf Null führen (Baumbach/Hueck/*Zöllner*/*Noack* § 43 Rn. 29). 38

V. Kausalität

Zwischen der Pflichtverletzung und dem Schaden muss ein adäquat kausaler Zusammenhang bestehen. Außerdem muss der Schaden in den **Schutzbereich** der verletzten Pflicht bzw. Vorschrift fallen. Will der Geschäftsführer sich auf **rechtmäßiges Alternativverhalten** berufen, so trifft ihn dafür die Beweislast (BGH NJW 1996, 3343, 3345). Rechtmäßiges Alternativverhalten setzt voraus, dass in jedem Falle und nicht nur möglicherweise bei pflichtgemäßem Verhalten derselbe Erfolg eingetreten wäre (BGH NJW 1993, 520, 522). 39

VI. Haftungsfreistellung und Haftungsverzicht

1. Meinungsstreit

Heftig umstritten ist die Frage, ob und in welchem Umfang durch **privatrechtliche Vereinbarungen** die Haftung des Geschäftsführers eingeschränkt werden kann (vgl. *Altmeppen* DB 2000, 261). Dies ist nach hiesiger Auffassung im Wege einer Beschränkung der Haftung auch bei amtstypischen Pflichtverletzungen auf Vorsatz und grobe Fahrlässigkeit denkbar. Auch kann die Haftung auf bestimmte Schadensarten oder Schadenshöhen beschränkt werden; weiterhin kommt eine Modifizierung der Regeln über die Darlegungs- und Beweislast zu Gunsten des Geschäftsführers in Betracht, den grundsätzlich die Beweislast hinsichtlich seiner Behauptung, nicht pflichtwidrig oder zumindest nicht schuldhaft gehandelt zu haben, trifft (s. u. Rn. 49 f.). 40

Der BGH hat zu dieser Frage ausgeführt, außerhalb des Anwendungsbereiches von § 43 Abs. 3 GmbHG (s. u. Rn. 51 ff.) sei es Sache der Gesellschafter, ob und ggf. in welchem Umfang sie Ansprüche der Gesellschaft gegen einen pflichtwidrig handelnden Geschäftsführer verfolgen wollen. Daher könne schon im Vorfeld das Entstehen und der Umfang des Schadensersatzanspruches geregelt werden. Als Beispiele führt der BGH die Erteilung einer haftungsfreistellenden Gesellschafterweisung oder die Vereinbarung eines geminderten Sorgfaltsmaßstabes an (BGH NJW 2002, 3777; GmbHR 2003, 712, 713). 41

2. Grenzen der Einschränkbarkeit

Von der Möglichkeit der Haftungsbeschränkung in jedem Falle ausgenommen ist aber der **Anwendungsbereich des Abs. 3**, da diese Norm dem Schutz der Gläubiger der Gesellschaft dient, der nicht zur Disposition der Gesellschafter gestellt werden darf, auch nicht durch Absenkung des Sorgfaltsmaßstabes. Das ist unumstritten. Eine weitere gesetzlich vorgegebene Grenze findet die Möglichkeit der Haftungsbeschränkung in § 276 Abs. 3 BGB, wonach eine Haftung wegen Vorsatzes dem Schuldner nicht im Voraus erlassen werden kann. Auch Haftungsfreistellungen oder Haftungsbeschränkungen im Zusammenhang mit Verstößen gegen zwingende Pflichten des Geschäftsführers sind nicht zuzulassen und damit unwirksam. Hierzu zählen insbesondere die im Allgemeininteresse bestehende Buchführungspflicht nach § 41 GmbHG, die Einberu- 42 fungspflicht nach § 49 Abs. 3 GmbHG und das Kreditverbot nach § 43 a GmbHG (Lutter / Hommelhoff / *Hommelhoff/Kleindiek* GmbHG, § 43 Rn. 43).

43 Weiterhin wird man über die genannten gesetzlichen Grenzen hinaus die Unzulässigkeit einer Haftungsbeschränkung auch bei **existenzvernichtenden Eingriffen** sowie einer Beschränkung in Form einer **generellen Freistellung** von der Haftung für Sorgfaltspflichtverstöße jeglicher Art und Intensität im Vorhinein annehmen müssen. Aufgrund seiner Funktion einer Haftungsgrundlage für Dritte kann das Vermögen der GmbH nicht beliebig und pauschal möglicher Haftungsansprüche entäußert werden. Eine Konkretisierung und Spezifizierung der Haftungsbeschränkungen sind daher unerlässlich.

3. Beschränkung aufgrund Gesellschaftsvertrag oder Beschlusses

44 Nicht unumstritten ist auch die Frage, ob für (zulässige) Haftungsbeschränkungen eine Grundlage im Gesellschaftsvertrag oder zumindest ein entsprechender einstimmiger Gesellschafterbeschluss vorliegen muss, oder ob eine Regelung im Anstellungsvertrag ausreichend ist. Die h. M. nimmt zu recht letzteres an (vgl. nur BGH NJW 2002, 3778), wobei aber ein, wenn auch nicht notwendigerweise einstimmiger Beschluss, der Gesellschafter vorliegen muß (vgl. § 46 Nr. 8 GmbHG).

4. Nachträglicher Haftungsverzicht

45 Ein Haftungsverzicht im Nachhinein (auch durch **Genehmigung** bestimmter Maßnahmen) ist außerhalb des Anwendungsbereiches des Abs. 3 und abgesehen von den Fällen der Befolgung von sittenwidrigen Gesellschafterbeschlüssen in analoger Anwendung des § 46 Nr. 8 GmbHG grundsätzlich möglich (A / E / S / *B. Schmidt* § 43 Rn. 11). Die **Entlastung** durch die Gesellschafter gem. § 46 Nr. 5 GmbHG führt diese Verzichtswirkung ebenfalls herbei.

VII. Unterlassungsanspruch und weitere Rechtsfolgen bei Pflichtverletzungen

46 Neben dem Schadensersatzanspruch wird aus Abs. 2 auch ein **vorbeugender Unterlassungsanspruch** abgeleitet und zwar für den Fall, dass eine schädigende Pflichtverletzung eines Geschäftsführers zu besorgen ist.

47 Ein Unterlassungsanspruch besteht auch bei einem Verstoß des Geschäftsführers gegen das Wettbewerbsverbot. Ebenso kann darin ein Grund für eine außerordentliche Kündigung des Anstellungsvertrages liegen (A / E / S / *B. Schmidt* § 43 Rn. 42). Bei Abschluss eines Vertrages mit einem Dritten mit sich selbst durch den Geschäftsführer kann die Gesellschaft zwischen **Schadensersatz** und einem **Eintritt** analog §§ 88 Abs. 2 AktG, 113 Abs. 1 HGB wählen. Die Ansprüche können aber nicht kumulativ geltend gemacht werden. Bei Wahl des Eintrittsrechts ist die GmbH so zu stellen, als habe der Geschäftsführer den Vertrag für sie abgeschlossen; bei Wahl des Schadensersatzes hingegen kann sie die dem Geschäftsführer zufließenden Vermögenswerte abschöpfen, wird aber nicht selbst im Verhältnis zum Dritten Vertragspartner.

VIII. Prozessuales, Darlegungs- und Beweislast

48 Ein Prozess gegen den Geschäftsführer wegen Geltendmachung von Ansprüchen nach § 43 Abs. 2 GmbHG ist nicht vor dem Arbeitsgericht zu führen, sondern vor dem nach § 29 ZPO zuständigen Gericht (vgl. zur prozessualen Geltendmachung des Anspruchs auch ausführl. Kap. 16 Rn. 557 ff.). Das ist der Gerichtsstand des Erfüllungsortes am Sitz der Gesellschaft. Da die Gesellschaft Anspruchsinhaberin ist, ist sie auch klagebefugt. Erforderlich ist ein **Gesellschafterbeschluss** (§ 48 Nr. 8 GmbHG), andernfalls ist die Klage unbegründet (BGHZ 97, 382, 390). Macht die GmbH selbst die Ansprüche nicht geltend, obwohl ein entsprechender Gesellschafterbeschluss gefasst wurde, oder unterliegt ein die Geltendmachung ablehnender Gesellschafterbeschluss der Anfechtung, kommt eine Geltendmachung der Ansprüche aus § 43 Abs. 2 GmbHG durch einen einzelnen oder mehrere Gesellschafter im Wege der **actio pro socio** in Betracht (zur actio pro socio vgl. ausführl. Kap. 16 Rn. 269 ff.).

Die **Darlegungs- und Beweislast** der Gesellschaft wird in entsprechender Anwendung der §§ 93 Abs. 2 S. 2 AktG, 34 Abs. 2 GenG erleichtert (vgl. BGH NJW 2003, 358; vgl. dazu auch ausführl. Kap. 16 Rn. 561). Der BGH hat in der genannten Entscheidung deutlich gemacht, dass die Gesellschaft den Eintritt eines Schadens und dessen Verursachung durch ein möglicherweise pflichtwidriges Verhalten (Tun oder Unterlassen) des Geschäftsführers darzulegen und zu beweisen hat. Hingegen obliegt es dem Geschäftsführer zu beweisen, dass das den Schaden herbeiführende Verhalten nicht pflichtwidrig gewesen ist oder es sich zumindest nicht um eine schuldhafte Pflichtverletzung handelte. Auch für die Geltendmachung eines rechtmäßigen Alternativverhaltens oder eine ihn bindende Weisung der Gesellschafter zu seiner Entlastung trifft den Geschäftsführer die Beweislast. **49**

Für den Nachweis von Kausalität, Schadenseintritt und Schadenshöhe gelten die Erleichterungen des § 287 ZPO (BGH NJW 2003, 358). **50**

D. Haftung bei Verstoß gegen die §§ 30, 33 GmbHG, Abs. 3

Abs. 3 regelt zwei besondere Fälle von Pflichtwidrigkeiten der Geschäftsführer, die eine Schadensersatzpflicht auslösen. Mit der Regelung dieser beiden Einzelfälle hat der Gesetzgeber den **Schutz der Gläubiger** der Gesellschaft ausdrücklich in das System der Haftung der Geschäftsführer aufgenommen. **51**

S. 1 Alt. 1 regelt eine Schadensersatzpflicht des Geschäftsführers für den Fall, dass entgegen § 30 GmbHG Zahlungen aus dem zur Erhaltung des Stammkapitals erforderlichen Vermögen der Gesellschaft vorgenommen werden; S. 1 Alt. 2 hingegen begründet die Schadensersatzpflicht in dem Falle, dass entgegen den Bestimmungen des § 33 GmbHG eigene Geschäftsanteile der Gesellschaft erworben werden. Aus der jeweils passivischen Formulierung und der Schutzwirkung dieser Vorschrift für die Gläubiger der Gesellschaft ergibt sich, dass die Geschäftsführer aufgrund ihrer Überwachungspflichten ebenfalls dafür zu sorgen haben, dass solche Zahlungen und Erwerbe eigener Geschäftsanteile auch nicht durch Mitgeschäftsführer, Prokuristen oder durch andere Mitarbeiter vorgenommen werden. Eine Haftung von Prokuristen oder anderen nachgeordneten Mitarbeitern nach Abs. 3 hingegen besteht nicht; hier kommt eine Haftung allenfalls nach den Regeln des Deliktsrechts oder wegen Verletzung von Pflichten aus dem Anstellungsvertrag in Betracht. **52**

Die Haftung des Geschäftsführers nach S. 1 Alt. 1 tritt neben die Haftung desjenigen, der die Zahlung erhalten hat und daher nach § 31 Abs. 1 und Abs. 2 GmbHG auf Rückerstattung haftet (vgl. hierzu die ausführl. Kommentierung zu § 31 GmbHG). Der Geschäftsführer kann bei dem Leistungsempfänger Regress nehmen (Baumbach / Hueck / *Zöllner/Noack* § 43 Rn. 49). Aus § 31 Abs. 6 GmbHG ergibt sich, dass im Falle einer Ausfallhaftung der übrigen Gesellschafter nach § 31 Abs. 3 GmbHG, diesen die Geschäftsführer als Gesamtschuldner zum Ersatz verpflichtet sind (vgl. § 31 GmbHG Rn. 79 ff.). **53**

Abs. 3 S. 2 macht für die in Abs. 3 geregelten Einzelfälle der Haftung des Geschäftsführers, und zwar nach h. M. nur für diese beiden Einzelfälle, die Beschränkungen des § 9 b Abs. 1 GmbHG anwendbar. Das bedeutet, dass ein Verzicht der Gesellschaft auf Ersatzansprüche nach Abs. 3 oder ein Vergleich, den die Gesellschaft über diese Ansprüche abschließt, immer insoweit unwirksam ist, als der Ersatz zur Befriedigung der Gläubiger erforderlich ist (vgl. auch § 9 b GmbHG Rn. 2). **54**

Abs. 3 S. 3 schließlich regelt, dass die Ersatzpflicht der Geschäftsführer nicht dadurch entfällt, dass sie in Befolgung eines Gesellschafterbeschlusses handeln. Da es sich bei Abs. 3 um eine die Gläubiger der Gesellschaft schützende Vorschrift handelt, gilt dies wiederum ausdrücklich in dem Umfang, in dem der Ersatz zur Befriedigung der Gläubiger der Gesellschaft erforderlich ist (vgl. Baumbach / Hueck / *Zöllner/Noack* § 43 Rn. 52). **55**

E. Verjährung, Abs. 4

I. Dauer und Beginn der Verjährungsfrist

56 Ansprüche nach Abs. 2 und Abs. 3 verjähren gem. Abs. 4 in **fünf Jahren**. Das entspricht der Vorschrift des § 93 Abs. 6 AktG für Ansprüche gegen Mitglieder des Vorstands einer Aktiengesellschaft. Die Verjährung beginnt mit der Anspruchsentstehung, also grundsätzlich frühestens mit dem Eintritt des Schadens dem Grunde nach, so dass der Gesellschaft die Möglichkeit der Erhebung einer Feststellungsklage offen steht. Dafür muss der Schaden der Höhe nach noch nicht feststehen.

57 Auch nach der Neuregelung der bürgerlichrechtlichen Verjährungsregelungen durch das am 1. 1. 2002 in Kraft getretene Gesetz zur Modernisierung des Schuldrechts kommt es auf Kenntnis oder grob fahrlässige Unkenntnis der Gesellschaft nicht an. Gem. § 200 S. 1 BGB (§ 198 S. 1 BGB a. F.) beginnt die Verjährungsfrist bei Ansprüchen, die nicht der regelmäßigen Verjährung unterliegen, und damit also auch im Falle des § 43 Abs. 4 GmbHG mit der Entstehung des Anspruchs, ohne dass es auf Kenntnis oder Kennenmüssen ankäme. Es handelt sich daher auch nicht um einen Fall der Jahresendverjährung.

II. Reichweite des Abs. 4

58 Der Geltungsbereich des Abs. 4 erstreckt sich auf alle Ansprüche aus Abs. 2 und Abs. 3 **aus organschaftlicher Pflichtverletzung** oder aus Verletzung von **schuldrechtlichen Verpflichtungen**, die die Organstellung begleiten, wie z. B. Verpflichtungen aus dem Anstellungsvertrag (BGH NJW-RR 1989, 1255 f.). Dadurch wird die einheitliche Verjährung der Haftungsansprüche gegen Geschäftsführer gewährleistet. Hingegen unterliegen deliktische, bereicherungsrechtliche oder Ansprüche auf Herausgabe den jeweils eigenen Verjährungsregelungen (BGHZ 100, 190, 199 ff.).

59 Ansprüche aus der **Verletzung gesellschafterlicher Treuepflicht** durch den Gesellschaftergeschäftsführer unterliegen auch im Falle der Konkurrenz mit dem Anspruch aus § 43 GmbHG der regelmäßigen Verjährungsfrist des § 195 BGB, verjähren also nach drei Jahren ab Kenntnis bzw. Kennenmüssen (BGH NJW 1999, 781).

60 In besonderen Einzelfällen kann sich der Anspruchsinhaber auf den **Einwand der Arglist** gegen die Einrede der Verjährung durch den Geschäftsführer berufen; allerdings reicht dafür insbesondere bei der Einpersonen-Gesellschaft die Berufung darauf, dass der Geschäftsführer selbst geeignete Maßnahmen zur Verhinderung des Eintritts der Verjährung oder einen entsprechenden Hinweis unterlässt, nicht aus.

III. Verlängerung und Verkürzung der Verjährungsfrist

61 § 202 Abs. 2 BGB lässt die **Verlängerung** von Verjährungsfristen bis zu einer Dauer von 30 Jahren zu. Eine **Verkürzung** der Verjährungsfrist für Fälle der Haftung aufgrund Fahrlässigkeit ist ebenfalls möglich, und zwar nach richtiger und herrschender Auffassung sowohl in der Satzung als auch im Anstellungsvertrag. Bei Haftungsansprüchen nach §§ 30 und 33 GmbHG ist die Verkürzung der Verjährungsfrist allerdings mit Blick auf den Schutz der Gläubiger der Gesellschaft insoweit unwirksam, wie der Ersatz zur Befriedigung der Gläubiger erforderlich ist (BGH NZG 2002, 1170, 1171 f.). Im Hinblick auf die Rechte der Gesellschafterversammlung ist die Vereinbarung der Verkürzung der Verjährungsfrist durch einen nach Gesetz oder aufgrund Satzung zuständigen Aufsichtsrat ohne die Zustimmung der Gesellschafter nicht zulässig (Baumbach/Hueck/*Zöllner/Noack* § 43 Rn. 60 a. E.).

62 Die **verjährungshemmende** Wirkung gem. § 204 BGB, z. B. durch die Zustellung eines Mahnbescheides oder durch die Erhebung einer Klage gegen den Geschäftsführer, setzt nicht voraus, dass der Beschluss nach § 46 Nr. 8 GmbHG ebenfalls vor Ablauf der Verjährungsfrist zustande

kommt (BGH GmbHR 1999, 714, 715). Er kann innerhalb der durch die Hemmung der Verjährung »gewonnenen Zeit« nachgeholt werden.

F. Haftung des Geschäftsführers gegenüber Gesellschaftern

I. Grundsatz innergesellschaftliche Organhaftung

§ 43 GmbHG normiert ausschließlich die Haftung des Geschäftsführers gegenüber der Gesellschaft, also die innergesellschaftliche Organhaftung. Das ist nicht unumstritten. Teilweise wird angenommen, dass bestimmte Pflichten wie Rechnungslegungs- und Auskunftspflichten organschaftliche Pflichten gegenüber den Gesellschaftern seien (Scholz / *Schneider* GmbHG, § 43 Rn. 212) und Haftungstatbestände begründen können. Dem ist mit Blick auf die vom Gesetzgeber intendierte Konzentration von Haftungsansprüchen bei der Gesellschaft nicht zu folgen. Dementsprechend ist nach h. M. § 43 GmbHG auch kein Schutzgesetz i. S. v. § 823 Abs. 2 BGB (A / E / S / *B. Schmidt* § 43 Rn. 55). 63

II. Anspruchsgrundlagen für Haftung gegenüber Gesellschaftern

Die Haftung gegenüber den Gesellschaftern muss sich vielmehr aus anderen Anspruchsgrundlagen ergeben. Hiermit ist ebenfalls aus Gründen der Anspruchskonzentration bei der Gesellschaft grundsätzlich sehr restriktiv umzugehen. Dafür kommt neben dem gesetzlich geregelten Fall des **§ 31 Abs. 6 GmbHG** grundsätzlich nur der **Anstellungsvertrag** in Betracht. Voraussetzung ist dabei grundsätzlich, dass beim Gesellschafter ein **eigenständiger Schaden** entstanden ist, der nicht nur ein Reflexschaden des bei der Gesellschaft eingetretenen Schadens ist. Eine doppelte Haftung des Geschäftsführers gegenüber Gesellschaft und Gesellschaftern, bei denen sich die Vermögenseinbuße der Gesellschaft im entsprechenden Wertverlust des Geschäftsanteils spiegelt, kommt nicht in Betracht. Die Einbuße ist grundsätzlich durch Ersatzleistung in das Vermögen der Gesellschaft auszugleichen (OLG Hamm NJW-RR 2002, 1259, 1260). 64

1. Anstellungsvertrag

Eine Haftung des Geschäftsführers gegenüber den Gesellschaftern aus dem Anstellungsvertrag kommt wiederum nur dann in Betracht, wenn der Anstellungsvertrag **ausdrückliche Schutzpflichten** zu Gunsten der Gesellschafter enthält, denn per se stellt der Anstellungsvertrag keinen Vertrag mit Schutzwirkung für die Gesellschafter dar (A / E / S / *B. Schmidt* § 43 Rn. 58). 65

2. Deliktische Haftung

Deliktische Haftungsansprüche nach § 823 Abs. 1 BGB wegen **Eingriffs in das Mitgliedschaftsrecht** als absolutes Recht i. S. d. § 823 Abs. 1 BGB durch Beeinträchtigung (also Beseitigung oder Verkürzung) der im Mitgliedschaftsrecht zusammengefassten Herrschafts-, Teilhabe- und Vermögenspositionen sind abzulehnen. Als Beispiele werden in der Literatur unerlaubte Strukturveränderungen, faktische Veränderungen des Unternehmensgegenstandes ohne entsprechende Satzungsänderung oder Verletzung des Gleichbehandlungsgrundsatzes z. B. bei der Veräußerung eigener Geschäftsanteile an einen Gesellschafter genannt (PraxisHdb GmbH-GF / *Ziemons* § 23 Rn. 6). Dem ist nicht zu folgen, da es sich nicht um einen Außeneingriff handelt, sondern um typische Verletzungen seiner körperschafts- und vertragsrechtlichen Pflichten durch den Geschäftsführer, die tyischerweise auch durch die Gesellschaft zu sanktionieren sind (Baumbach / Hueck / *Zöllner/Noack* § 43 Rn. 65). 66

3. § 31 Abs. 6 GmbHG

Gem. § 31 Abs. 6 GmbHG haftet der Geschäftsführer gegenüber den Gesellschaftern in Höhe desjenigen Betrages, den sie im Falle eines Verstoßes gegen das Auszahlungsverbot gem. § 30 Abs. 1 GmbHG aufgrund ihrer Haftung gem. § 31 Abs. 3 GmbHG an einen oder mehrere Gesellschaftsgläubiger im Verhältnis ihrer Geschäftsanteile leisten müssen. In diesen Fällen haften mehrere Geschäftsführer als Gesamtschuldner (vgl. hierzu § 31 GmbHG Rn. 79 ff.). 67

G. Haftung gegenüber Dritten

I. Haftung nach den Grundsätzen der culpa in contrahendo

1. Wirtschaftliches Eigeninteresse

68 Eine persönliche Haftung des Geschäftsführers gegenüber Dritten für die Folgen vorvertraglicher Pflichtverletzungen kommt grundsätzlich dann in Betracht, wenn er eine so enge Beziehung zum Gegenstand der Vertragsverhandlungen hat, dass er als eine Art **procurator in rem suam** tätig wird. Er handelt in diesen Fällen wie in eigener Sache. Der Geschäftsführer haftet dann unter dem Gesichtspunkt der culpa in contrahendo nach §§ 280 Abs. 1, 311 Abs. 3 BGB wegen unmittelbaren wirtschaftlichen Eigeninteresses. Die Rechtsprechung, namentlich der BGH, fasst die Voraussetzungen für eine solche Haftung zu recht immer strenger (BGHZ 126, 181, 186), in der Literatur wird teilweise die Abschaffung dieser Haftungsfigur gefordert.

69 Eine Haftung aufgrund der Figur des unmittelbaren wirtschaftlichen Eigeninteresses ist daher nicht bereits in den Fällen zu bejahen, in denen der verhandelnde Geschäftsführer gleichzeitig Allein- oder Mehrheitsgesellschafter der GmbH ist (BGHZ 126, 181, 187), in denen er für Verbindlichkeiten der Gesellschaft Sicherheiten bestellt hat (ebenfalls BGHZ 126, 181, 187) oder in denen er durch den Abschluss des Vertrages einen Provisionsanspruch erwirbt. Der BGH bejaht hingegen die Möglichkeit der Haftung, wenn die Tätigkeit des Geschäftsführers auf die Beseitigung von Schäden abzielt, für die er andernfalls von der Gesellschaft selbst haftbar gemacht werden könnte (BGH ZIP 1986, 26, 30) oder in Fällen, in denen der Geschäftsführer von Anfang an die vertragliche Leistung nicht an die Gesellschaft weiterleiten sondern von ihm selbst bestimmten Zwecken zuführen wollte.

2. Inanspruchnahme besonderen persönlichen Vertrauens

70 Wegen der Inanspruchnahme besonderen persönlichen Vertrauens haftet der Geschäftsführer, wenn er zusätzliches besonderes auf sich bezogenes und über die normale Verhandlungsloyalität hinausgehendes Vertrauen bezüglich der Vollständigkeit und Richtigkeit seiner Erklärungen hervorruft und der Willensentschluss des anderen Teils darauf beruht (BGHZ 126, 181, 189). Im Grunde genommen muss der Geschäftsführer als Vertreter der GmbH eine von ihm selbst einzulösende **garantieähnliche Erklärung** gegenüber dem Vertragspartner abgegeben haben (vgl. auch OLG Koblenz NJW-RR 2003, 1198, 1199). Das Unterlassen einer Aufklärung über die wahren finanziellen Verhältnisse der GmbH reicht nach der BGH-Rechtsprechung hingegen nicht aus (BGHZ 126, 181, 189 f.). Ebensowenig reichen Hinweise auf die besondere Sachkunde oder die besondere persönliche Zuverlässigkeit des Geschäftsführers aus, um eine Haftung nach den Grundsätzen der einstmaligen culpa in contrahendo zu begründen. Dies sind Eigenschaften, die für den Geschäftspartner aufgrund der zentralen Stellung und Rolle des Geschäftsführers innerhalb des Gefüges der GmbH immer von besonderer Bedeutung sind und daher keine über den Normalfall hinausgehende Inanspruchnahme von Vertrauen darstellen.

II. Deliktische Haftung

71 Im Bereich des Deliktsrechts kommt eine Haftung des Geschäftsführers gegenüber Dritten in Betracht, wenn er diese unmittelbar im Zusammenhang mit seiner Tätigkeit als Geschäftsführer schädigt und dabei ein Schutzgut i. S. d. § 823 Abs. 1 BGB oder ein Schutzgesetz i. S. d. § 823 Abs. 2 BGB schuldhaft verletzt und dem Dritten dadurch einen Schaden zufügt. Dabei haftet auch die Gesellschaft in analoger Anwendung des § 31 BGB gegenüber dem Dritten als Gesamtschuldnerin (BGH NJW 2001, 964), aber (natürlich) nur dann, wenn die von ihm begangene Rechtsverletzung im Zusammenhang mit seiner Tätigkeit als Geschäftsführer steht.

72 Hinsichtlich der Frage, ob Verhaltenspflichten der Gesellschaft, die durch die Geschäftsführer zu erfüllen sind, auch **eigene Verhaltenspflichten der Geschäftsführer** begründen, deren Verletzung zu einer deliktischen Haftung führt, ist zu differenzieren. Verwirklicht ein Geschäftsführer durch **aktives Tun** in eigener Person einen deliktischen Haftungstatbestand, so ist seine delikti-

sche Verantwortlichkeit unumstritten gegeben. Soweit eine Haftung aufgrund **Unterlassens** in Betracht kommt (z. B. durch vorangegangenes Handeln des Geschäftsführers selbst oder eines seiner nachgeordneten Mitarbeiter), beschränkt sich die persönliche Garantenstellung im Wesentlichen auf den Bereich allgemeiner Handlungspflichten, wie bei solchen Verkehrssicherungspflichten, bei denen dem Geschäftsführer auch der Allgemeinheit gegenüber eine besondere Verantwortung zukommt. Darüber hinaus kann aufgrund einer etwa angenommenen Garantenstellung der Geschäftsführer eine externe Haftung nicht begründet werden, denn grundsätzlich bleibt es bei der nur intern der Gesellschaft gegenüber bestehenden Verantwortlichkeit des Geschäftsführers (A/E/S/*B. Schmidt* § 43 Rn. 64).

Auch bei **Verstößen gegen das Wettbewerbsrecht** oder bei der **Verletzung von Marken** oder anderen Immaterialgüterrechten kommt eine persönliche Haftung des Geschäftsführers in Betracht, wenn er die Rechtsgutverletzung selbst schuldhaft herbeigeführt hat oder von der Möglichkeit, sie zu verhindern, keinen Gebrauch gemacht hat (BGH NJW 1987, 127, 129). 73

III. Deliktische Haftung wegen Verletzung öffentlich-rechtlicher Pflichten

An die Verletzung öffentlich-rechtlicher Pflichten kann eine deliktsrechtliche Haftung geknüpft werden, wenn eine Zuordnung im Ordnungswidrigkeiten- oder Strafrecht möglich ist. 74

1. Verletzung von steuerlichen Pflichten

Gem. § 69 AO kommt eine persönliche Haftung des Geschäftsführers bei der grob fahrlässigen oder vorsätzlichen Verletzung der gem. § 34 AO den Geschäftsführern obliegenden steuerlichen Pflichten in Betracht, wenn Steuerschulden nicht oder nicht rechtzeitig festgesetzt oder erfüllt werden oder wenn Steuervergütungen oder Steuererstattungen ohne rechtlichen Grund gezahlt werden. Ist hingegen die Pflichtverletzung für die Nichterfüllung der Steuerschuld nicht ursächlich, da die Gesellschaft auch bei Beachtung der Pflichten die Steuerschuld nicht hätte begleichen können, scheidet eine Haftung aus. 75

2. Nichtabführung von Sozialversicherungsbeiträgen

Im Rahmen seiner Amtstätigkeit nimmt der Geschäftsführer auch die **Arbeitgeberpflichten** der GmbH wahr und macht sich bei Verletzung dieser Pflichten u. U. selbst haftbar. Besonders haftungsträchtig ist die Nichtzahlung von Beiträgen an den Sozialversicherungsträger. Eine mögliche Schadensersatzpflicht kann sich gem. § 823 Abs. 2 BGB i. V. m. § 64 Abs. 1 GmbHG oder i. V. m. § 266 a StGB ergeben. 76

a) § 266 a StGB als Schutzgesetz

Aus § 823 Abs. 2 BGB i. V. m. §§ 266 a Abs. 1, 14 Abs. 1 Nr. 1 StGB können sich Ansprüche der Sozialversicherungsträger gegen den Geschäftsführer auf Zahlung nicht abgeführter **Arbeitnehmeranteile zur Sozialversicherung** ergeben. § 266 a StGB sieht zunächst die Strafbarkeit des Vorenthaltens der Arbeitnehmeranteile (nicht hingegen der Arbeitgeberanteile) zur Sozialversicherung oder zur Bundesagentur für Arbeit vor. Doch sieht der BGH in § 266 a StGB ein **Schutzgesetz i. S. d. § 823 Abs. 2 BGB**, das die Einzugsstellen der Sozialversicherungsbeiträge individuell gegen die Nichtabführung von Arbeitnehmeranteilen schützt (BGHZ 133, 370, 374; 134, 304, 307) und somit eine persönliche Haftung des Geschäftsführers nach § 823 Abs. 2 BGB begründet. Das ist nicht unumstritten, aber ständige höchstrichterliche Rechtsprechung. 77

b) Zeitliche Grenze der Haftung des Geschäftsführers

Ab dem Zeitpunkt der **Annahme seiner Bestellung** zum Geschäftsführer trifft den Geschäftsführer die Verantwortung zum Abführen der Sozialversicherungsbeiträge. Die Nichtabführung von Beiträgen durch seine Vorgänger ist für ihn insoweit von Bedeutung, als er nach Amtsantritt zur **unverzüglichen Prüfung**, ob tatsächlich alle fälligen Beiträge abgeführt worden sind, verpflichtet ist; ebenso ist er zur unverzüglichen Begleichung aller rückständigen Beiträge verpflichtet (BGH 78

ZIP 2001, 1474, 1476). Andernfalls macht er sich seinerseits gem. § 266 a StGB strafbar (s. u. Rn. 79). Im Falle einer Ressortaufteilung bei einer mehrgliedrigen Geschäftsführung bleibt die Verantwortung für die Abführung der Sozialversicherungsbeiträge für alle Geschäftsführer bestehen, zumindest in Form von gerade in der finanziellen Krise zum Tragen kommenden Überwachungspflichten (BGHZ 133, 370, 377 f.), an die insbesondere in der finanziellen Krise hohe Ansprüche zu stellen sind. Wegen des im Strafrecht geltenden Analogieverbots und aufgrund des Wortlauts des § 14 Abs. 1 StGB kann die Haftung nach § 823 Abs. 2 BGB i. V. m. § 266 a Abs. 1 StGB nicht auf den Geschäftsführer einer **Vor-GmbH** (KG ZIP 2002, 438, 439) oder auf einen **faktischen Geschäftsführer** (h. M.: KG NJW-RR 1997, 1126; vgl. zum faktischen Geschäftsführer auch § 6 GmbHG Rn. 8) einer GmbH ausgedehnt werden. Die Verantwortlichkeit des Geschäftsführers endet mit seiner Abberufung bzw. mit seiner Niederlegung des Geschäftsführeramtes (BGHZ 133, 370, 376).

c) Tatbestand des § 266 a StGB

79 **aa) Objektiver Tatbestand** Der Tatbestand des § 266 a StGB ist erfüllt, sobald fällige Arbeitnehmerbeiträge zur Sozialversicherung nicht abgeführt werden; die Fälligkeit tritt gemäß § 23 Abs. 1 Satz 2 SGB IV am 15. des Monats, der dem Monat folgt, in dem die Beschäftigung, mit der das Entgelt erzielt wurde, ausgeübt wurde, und zwar nach der h. M. unabhängig von der tatsächlichen Zahlung oder Teilzahlung von Lohn oder Gehalt (BGH NJW 2002, 2480, 2481). Voraussetzung ist vielmehr lediglich, dass der Lohnanspruch entstanden ist (BGHZ 144, 311, 317 ff.). Als **echtes Unterlassungsdelikt** setzt § 266 a StGB weiter voraus, dass dem Arbeitgeber die Abführung der Arbeitnehmeranteile **möglich und zumutbar** ist (vgl. BGH NJW 2002, 2480, 2481).

80 **bb) Zahlungsunfähigkeit, Rechtliche Unmöglichkeit der Zahlung** Ist die GmbH hingegen vor dem Fälligkeitszeitpunkt **zahlungsunfähig**, entfällt die Strafbarkeit nach § 266 a StGB und damit auch die persönliche Haftung nach § 823 Abs. 2 BGB. Zahlungsunfähigkeit besteht immer erst dann, wenn auch ohne Berücksichtigung anderer Verbindlichkeiten die Mittel zur Abführung der Arbeitnehmeranteile nicht zur Verfügung stehen. Denn dem Beitragsanspruch der Sozialversicherungsträger gebührt nach der Rechtsprechung des BGH (vgl. BGHZ 134, 304, 307 f.) auf der Basis des gesetzgeberischen Willens (insbesondere der Strafbewehrung der Nichtabführung nach § 266 a StGB) der Vorrang vor den Ansprüchen anderer Gesellschaftsgläubiger. Das ist in der Literatur nicht unumstritten. Hat der Geschäftsführer die Zahlungsunfähigkeit i. S. d. § 266 a StGB pflichtwidrig etwa dadurch herbeigeführt, dass er vor dem Fälligkeitszeitpunkt am 15. eines Monats fällige, einredefreie Forderungen dritter Gläubiger befriedigt hat, haftet der Geschäftsführer dennoch, da der objektive Tatbestand des § 266 a StGB erfüllt ist. Muss sich aufgrund der finanziellen Situation der GmbH den Geschäftsführern aufdrängen, dass am 15. des Monats nicht ausreichende Mittel zur Abführung der Arbeitnehmerbeiträge vorhanden sein werden, sind sie verpflichtet durch besondere Maßnahmen die Fähigkeit zur Abführung der Arbeitnehmerbeiträge z. B. durch Aufstellung eines Liquiditätsplanes oder die Kürzung von Lohnauszahlungen so weit wie möglich sicherzustellen (BGHZ 134, 304, 309). Andernfalls ist der Tatbestand des § 266 a StGB und damit die Haftung des Geschäftsführers verwirklicht.

81 **Rechtliche Unmöglichkeit** für die Abführung der Arbeitnehmeranteile besteht hingegen dann, wenn ein **Insolvenzverfahren** eröffnet, nach § 21 Abs. 2 InsO Sicherungsmaßnahmen verfügt oder nach §§ 935, 938 ZPO Sequestration etc. angeordnet worden sind. Der BGH verneint das deliktische Verschulden und damit eine Strafbarkeit und also auch eine Haftung des Geschäftsführers darüber hinaus, wenn der Geschäftsführer in der Situation der Insolvenzreife der GmbH keine Zahlungen mehr vornimmt, obwohl es ihm noch möglich wäre, da in einem solchen Falle seine Pflichten nach dem Sozialversicherungsrecht mit denjenigen aus § 64 Abs. 2 GmbHG (eine dem Interesse der Gesamtheit der Gesellschaftsgläubiger dienende Spezialvorschrift) kollidieren (BGH ZIP 2001, 235, 238).

Für den Fall, dass die GmbH nicht mehr sämtliche sozialversicherungspflichtigen Ansprüche erfüllen kann, empfiehlt sich für die Geschäftsführer im Hinblick auf die vorzunehmenden Teilzahlungen die Aufnahme einer ausdrücklichen **Tilgungsbestimmung**, nach der die Zahlung auf die Arbeitnehmerbeiträge erfolgt, da andernfalls angenommen wird, dass die Teilzahlung jeweils zur Hälfte auf die Arbeitgeber- und die Arbeitnehmeranteile entfällt (BGH GmbHR 1998, 327, 329). § 366 Abs. 2 BGB findet keine Anwendung (BGH NJW 1998, 1484, 1485). 82

cc) Subjektiver Tatbestand Die Haftung wegen der Nichtabführung von Sozialversicherungsbeiträgen setzt zumindest **dolus eventualis** und damit das Bewusstsein und den Willen voraus, die geschuldeten Beiträge bei Fälligkeit nicht an die Kasse abzuführen, wobei der Wille einer dauerhaften Vorenthaltung nicht erforderlich ist (vgl. BGH NJW 2001, 969, 971; BGHZ 133, 370, 382). 83

d) Beweislast

Die Beweislast folgt den allgemeinen Grundsätzen; es erfolgt keine Beweislastumkehr zugunsten des Sozialversicherungsträgers, der vielmehr alle Tatbestandsmerkmale des § 266 a StGB, also auch die Zahlungsfähigkeit des Arbeitgebers und das Verschulden des Geschäftsführers darlegen und beweisen muss. Allerdings muss der Arbeitgeber den Vortrag des Sozialversicherungsträgers substantiiert bestreiten und sich aufgrund seiner Sachnähe zu den finanziellen Verhältnisses der Gesellschaft zu den Behauptungen der Gegenseite konkret äußern (BGH GmbHR 2002, 213, 215). 84

e) Anspruch der Sozialversicherung bei Verletzung der Insolvenzantragspflicht

Bei Verletzung der Insolvenzantragspflicht sind die Geschäftsführer gem. § 823 Abs. 2 BGB i. V. m. § 64 Abs. 1 GmbHG den Gesellschaftsgläubigern zum Ersatz des Schadens, der aus der verspäteten oder unterlassenen Antragstellung resultiert, verpflichtet. Abweichend von seiner generellen Linie hat der BGH dazu entschieden, dass Ansprüche der Sozialversicherungsträger im Insolvenzverfahren unabhängig vom Zeitpunkt ihres Entstehens (vor oder nach Entstehen der Insolvenzantragspflicht) nie den vertraglichen Ansprüchen von Neugläubigern gleichzustellen sind, sondern dass die Sozialversicherungsträger lediglich Anspruch auf **Ersatz des Quotenschadens** haben (BGH GmbHR 1999, 715, 716). Der Quotenschaden beläuft sich auf die Differenz zwischen dem hypothetischen Betrag, den der Sozialversicherungsträger erhalten hätte, wenn der Insolvenzantrag rechtzeitig gestellt worden wäre, und dem Betrag, der tatsächlich als Insolvenzquote an den Sozialversicherungsträger ausgezahlt worden ist. 85

H. Haftung gegenüber der KG bei der GmbH & Co. KG

Im Falle der GmbH & Co. KG wird ausnahmsweise die **drittschützende Wirkung** eines Dienstverhältnisses zwischen der GmbH und ihrem Geschäftsführer auch zugunsten der KG angenommen, wenn die alleinige oder wesentliche Aufgabe der GmbH darin besteht, die Geschäfte der KG zu führen (BGH GmbHR 2002, 588, 589). So kann die KG den Geschäftsführer nicht nur im Falle einer unerlaubten Handlung unmittelbar auf Schadensersatz in Anspruch nehmen. Diese Ansprüche können auch ohne Beschluss der Komplementär-GmbH nach § 46 Nr. 8 GmbHG geltend gemacht werden (BGHZ 76, 326, 338). 86

§ 43 a [Kreditgewährung aus Gesellschaftsvermögen]

[1]Den Geschäftsführern, anderen gesetzlichen Vertretern, Prokuristen oder zum gesamten Geschäftsbetrieb ermächtigten Handlungsbevollmächtigten darf Kredit nicht aus dem zur Erhaltung des Stammkapitals erforderlichen Vermögen der Gesellschaft gewährt werden. [2]Ein entgegen Satz 1 gewährter Kredit ist ohne Rücksicht auf entgegenstehende Vereinbarungen sofort zurückzugewähren.

A. Allgemeines

1 Der zwingende § 43 a GmbHG (Erleichterungen sind nicht zulässig) soll im **Interesse des Gläubigerschutzes** die Erhaltung des Stammkapitals durch das Verbot, an einen näher beschriebenen Personenkreis Kredite auszureichen, verbessern. Die Realisierung dieses Gläubigerschutzes soll durch die Normierung eines eigenständigen Rückgewähranspruches der Gesellschaft gegenüber dem jeweiligen Kreditnehmer erreicht werden. Demnach können Kredite an den von § 43 a GmbHG betroffenen Personenkreis grundsätzlich nur aus freien Rücklagen oder aus Gewinnvorträgen erfolgen. Aber auch insoweit ist die Kreditgewährung nicht schrankenlos zulässig. Vielmehr hat eine Kreditgewährung, welcher Art auch immer, sich stets an der allgemeinen Sorgfaltspflicht des § 43 Abs. 1 GmbHG, ggf. an den Grenzen der §§ 30 f. GmbHG (auch bei Krediten an Gesellschaftergeschäftsführer) und an den allgemeinen zivilrechtlichen Schranken der §§ 134, 138 BGB zu orientieren.

B. Zur Erhaltung des Stammkapitals erforderliches Vermögen

2 Da ein Kredit selbst in aller Regel bilanzneutral ist (dem Abgang i. d. R. aus der Kasse steht der schuldrechtliche Anspruch auf Rückzahlung gegen den jeweiligen Kreditnehmer gegenüber; es handelt sich um einen Aktivtausch), geht es in § 43 a GmbHG nicht um die rechnerische Erhaltung des Stammkapitals, sondern vielmehr um die **Eindämmung der abstrakt-generellen Gefahr**, die für die Gesellschaft aus dem Risiko einer Insolvenz des Kreditnehmers erwächst. Die Werthaltigkeit des Kredits selbst spielt daher im Rahmen dieser Vorschrift ebenso wenig eine Rolle wie die tatsächliche Beeinträchtigung des Stammkapitals. Dementsprechend ist bei der Bestimmung des dem Verbot der Kreditgewährung unterliegenden Vermögens der Rückzahlungsanspruch gegenüber dem Kreditnehmer außer acht zu lassen.

3 Der relevante Zeitpunkt für die Vornahme der Beurteilung ist nicht der Vertragsabschluss sondern der **Zeitpunkt der Auszahlung** (A/E/S/*B. Schmidt* § 43 a Rn. 5). Erst nach der Auszahlung eintretende »Betroffenheit« des Stammkapitals führt nicht zum automatischen Eingreifen des § 43 a GmbHG, hindert aber die Vertragsverlängerung und verpflichtet bei bestehender Kündigungsmöglichkeit zur unverzüglichen Erklärung der Kündigung. Demnach ist im Grunde genommen die Nichtwahrnehmung einer Kündigungsmöglichkeit als Kreditgewährung einzustufen (Michalski/*Michalski* § 43 a Rn. 35).

C. »Kredit« und andere erfasste Geschäfte

4 Der Begriff des Kredits ist **weit auszulegen**. Dazu zählen neben Darlehen auch Bürgschaften und sonstige Sicherheiten zugunsten Dritter für Forderungen gegen den betroffenen Personenkreis, die Nichtgeltendmachung von Forderungen gegenüber dem betroffenen Personenkreis, Stundungen, Gehaltsvorschüsse, Wechselzeichnungen, Warenkredite u. a. Marktüblichkeit und Werthaltigkeit des Kredites sind ebenso ohne Bedeutung wie die Stellung von Sicherheiten jeder Art.

D. Betroffene Kreditnehmer

5 Nach dem Gesetzeswortlaut des S. 1 dürfen Kredite aus dem zur Erhaltung des Stammkapitals erforderlichen Vermögen der Gesellschaft nicht an **Geschäftsführer**, andere **gesetzliche Vertreter**, **Prokuristen** oder zum Geschäftsbetrieb ermächtigte **Handlungsbevollmächtigte** (vgl. § 54 HGB) gewährt werden. Zu den betroffenen Personen gehören auch der Gesellschaftergeschäftsführer, der stellvertretende Geschäftsführer, der Notgeschäftsführer, der fehlerhaft bestellte und der faktische Geschäftsführer, der Arbeitsdirektor, der Liquidator sowie der Generalbevollmächtigte. Da die Aufzählung abschließend ist, kommt hingegen eine (analoge) Anwendung auf Mitglieder eines obligatorischen Aufsichtsrates oder generell auf Gesellschafter nicht in Betracht (vgl. BGH ZIP 2004, 263, 264). Für letztere gelten die Regeln des § 30 GmbHG. Für Gesellschaftergeschäftsführer finden sowohl die Regelungen des § 30 GmbHG als auch die Regelungen des § 43 a GmbHG Anwendung.

In analoger Anwendung der §§ 89 Abs. 3 S. 1, 115 Abs. 2 AktG unterliegen dem Verbot des S. 1 als Kreditnehmer auch **Ehegatten** und **minderjährige** Kinder von dem Verbot erfasster Personen (A/E/S/*B. Schmidt* § 43 a Rn. 2). 6

Ein im Rahmen eines **Mangement-Buy-Out** durch die Ziel-GmbH an eine durch die Geschäftsführer zum Zwecke der Übernahme gegründete neue GmbH ausgereichter Kredit, unterliegt nicht dem Verbot des § 43 a GmbHG, weil die Begünstigte selbst (zukünftige) Gesellschafterin ist, die Geschäftsführer selbst dagegen gar nicht begünstigt werden. Es empfiehlt sich in einem solchen Fall u. a. aus diesem Grund die Zwischenschaltung einer GmbH, denn eine Kreditgewährung an die Geschäftsführer selbst bzw. eine Besicherung einer Drittfinanzierung durch das Gesellschaftsvermögen unterliegt den Regelungen des Kreditverbotes (vgl. Baumbach/Hueck/*Zöllner/Noack* § 43 a Rn. 4). 7

Der nach der h. M. relevante Zeitpunkt für die Vornahme der Beurteilung der Zugehörigkeit zum betroffenen Personenkreis ist, wie bei der Beurteilung des zur Erhaltung des Stammkapitals erforderlichen Vermögens (s. o. Rn. 3), der **Zeitpunkt der Auszahlung**, nicht hingegen der Zeitpunkt des Vertragsschlusses (A/E/S/*B. Schmidt* § 43 a Rn. 2). 8

E. Rechtsfolgen eines Verstoßes gegen das Kreditverbot

I. Wirksamkeit des Rechtsgeschäfts, Rückzahlung des Kredits

Ein Verstoß gegen das Verbot des § 43 a S. 1 GmbHG lässt die **Wirksamkeit des geschlossenen Rechtsgeschäftes** unberührt; das gilt für das Verpflichtungs- wie für das Erfüllungsgeschäft gleichermaßen. **S. 2** stellt eine **eigenständige Anspruchsgrundlage** für die Rückzahlung des Kredites dar. Der Vertrag ist also rückabzuwickeln, § 812 BGB findet keine Anwendung. Umstritten ist die Frage, ob Gutgläubigkeit des Empfängers die Rückzahlungspflicht beschränken kann. Nach richtiger Ansicht kommt eine entsprechende Anwendung des § 31 Abs. 2 GmbHG aber nicht in Betracht (vgl. zum Meinungsstand Baumbach/Hueck/*Zöllner/Noack* § 43 a Rn. 7). Hingegen wird eine entsprechende Anwendung des § 31 Abs. 4 und 5 zu Recht bejaht (Baumbach/Hueck/*Zöllner/Noack* § 43 a Rn. 7). 9

Trotz Wirksamkeit des schuldrechtlichen Rechtsgeschäfts kann der Kreditnehmer im Falle eines Verstoßes gegen § 43 a GmbHG einen Anspruch auf Auszahlung der Kreditsumme nicht durchsetzen, denn die Gesellschaft muss gegen das Auszahlungsverlangen des Kredits das ihr insoweit gem. § 242 BGB zustehende **Leistungsverweigerungsrecht** geltend machen (A/E/S/*B. Schmidt* § 43 a Rn. 7). Auf der anderen Seite ergibt sich aber aus der Wirksamkeit des Rechtsgeschäfts, dass Zinszahlungen für den Zeitraum der Kapitalüberlassung unberührt bleiben. Gestellte Sicherheiten sind schon nach den allgemeinen Regeln nach § 812 BGB zurückzugewähren, da der Sicherungszweck als Rechtsgrund für die Stellung der Sicherheit entfallen ist (BGHZ 124, 371, 375). 10

II. Haftung des Geschäftsführers

Die **Geschäftsführer** haften der Gesellschaft nach § 43 GmbHG bei einem schuldhaften Verstoß gegen § 43 a GmbHG auf Schadensersatz; § 43 Abs. 3 GmbHG findet entsprechende Anwendung (Roth/Altmeppen/Altmeppen § 43 a Rn. 13). Eine Haftung gegenüber Gesellschafsgläubigern kommt hingegen nicht in Betracht, da § 43 a GmbHG **kein Schutzgesetz** i. S. d. § 823 Abs. 2 BGB ist (A/E/S/*B. Schmidt* § 43 a Rn. 7). 11

§ 44 [Stellvertreter von Geschäftsführern]

Die für die Geschäftsführer gegebenen Vorschriften gelten auch für Stellvertreter von Geschäftsführern.

A. Allgemeines

1 Die Möglichkeit der Bestellung eines oder mehrerer Stellvertreter von Geschäftsführern (man spricht auch von stellvertretenden Geschäftsführern) setzt § 44 GmbHG voraus; sie ist demnach rechtlich zulässig. Da nach § 44 GmbHG ausnahmslos alle Vorschriften, die für die Geschäftsführer »gegeben« worden sind, auch auf den stellvertretenden Geschäftsführer Anwendung finden, besteht grundsätzlich im Hinblick auf die Beziehungen der Gesellschaft im Außenverhältnis zwischen dem Geschäftsführer und dem Stellvertreter kein Unterschied.

2 Dementsprechend wird die Stellvertretereigenschaft auch **nicht in das Handelsregister eingetragen** (BGH NJW 1998, 1071). Eine Eintragung in das Handelsregister würde den Geschäftsverkehr darüber hinaus in die Irre leiten. Auch auf den Geschäftsbriefen ist die Stellvertretereigenschaft nicht zu nennen, da diese von der ratio legis des § 35 a GmbHG her nur die Publizität des Handelsregisters erweitert (die h. M. sieht das anders; wie hier aber A/E/S/*B. Schmidt* § 35 a Rn. 7 m. w. N. auch für die h. M.).

3 Die Stellvertretereigenschaft gewinnt ihre Bedeutung im Innenverhältnis, in dem die Stellung des Stellvertreters, anders als im Außenverhältnis, beschränkt sein darf; andernfalls wäre § 44 GmbHG bedeutungslos. Zu der Frage, inwieweit die Beschränkungen im Innenverhältnis doch Auswirkungen auf das Außenverhältnis gewinnen, vgl. Rn. 6 ff.

B. Beschränkungen im Innenverhältnis

4 Aus dem Begriff »Stellvertreter« lässt sich ableiten, dass die vom Gesetzgeber intendierte Beschränkung im Innenverhältnis so ausgestaltet ist, dass der Stellvertreter seine Geschäftsführerkompetenzen von dem ordentlichen Geschäftsführer **ableitet**, sei es dass er ihm nachgeordnet ist, sei es dass er nur im Falle seiner Verhinderung im Rechtsverkehr als sein Stellvertreter auftritt. Das ist der Regelfall und im Zweifel wird die Bezeichnung als »Stellvertreter« im Wege der Auslegung zu einem solchen Verständnis der Rolle des stellvertretenden Geschäftsführers führen. Andernfalls handelt es sich nicht um wirkliche Stellvertretung sondern um **Titelabstufung**, die freilich in der Praxis nicht selten vorkommt. Das kann z. B. der Fall sein, wenn auch der stellvertretende Geschäftsführer ein keinem anderen (ordentlichen) Geschäftsführer unterstelltes Ressort hat (Baumbach/Hueck/*Zöllner/Noack* § 44 Rn. 4).

5 Die nach § 33 Abs. 1 MitbestG erforderliche Bestellung des Arbeitsdirektors als gleichberechtigtes Mitglied des zur gesetzlichen Vertretung des Unternehmens befugten Organs schließt seine Bestellung als Stellvertreter des Geschäftsführers i. S. d. § 44 GmbHG aus. Das Gesetz verlangt eigenständige Ressortverantwortung durch den Arbeitsdirektor (Baumbach/Hueck/*Zöllner/Noack* § 44 Rn. 4). Insoweit kommt die Verwendung des Begriffs »Stellvertreter des Geschäftsführers« für den Arbeitsdirektor allenfalls im Sinne der Titelabstufung in Betracht.

C. Stellvertreter des Geschäftsführers im Außenverhältnis

6 Aus dem Umstand, dass der Geschäftsverkehr den Grad der Beschränkungen, denen der Stellvertreter des Geschäftsführers unterliegt, regelmäßig nicht kennt (im Handelsregister ist die Stellvertretereigenschaft nicht eingetragen, s. o. Rn. 2), ergibt sich die Notwendigkeit einer strengen Anwendung der Regelungen zur Vertretungsmacht nach § 35 ff. GmbHG. Dies folgt auch aus dem Rechtsgedanken des § 37 Abs. 2 GmbHG, nach dem gegen dritte Personen eine Beschränkung der Befugnis der Geschäftsführer, die Gesellschaft zu vertreten, keine rechtliche Wirkung hat.

7 Für die **Aktivvertretung** bedeutet dies, dass bei satzungsmäßig vorgesehener Einzelvertretungsbefugnis diese auch dem Stellvertreter des Geschäftsführers zukommt. Bei unechter, modifizierter oder gemischter Gesamtvertretung kann der Stellvertreter des Geschäftsführers problemlos mitwirken. Im Falle der **echten Gesamtvertretung** (vgl. § 35 Abs. 2 S. 2 GmbHG) müssen nach der richtigen h. M. auch (alle) Stellvertreter der Geschäftsführer mitwirken (BGH GmbHR 1998, 181, 182; Baumbach/Hueck/*Zöllner/Noack* § 44 Rn. 7). Die gleiche Auffassung wird von

der h. M. auch zu § 94 AktG vertreten (KölnKomm AktG / *Mertens*, § 94 Rn. 2). Soweit Anmeldungen zum Handelsregister gem. § 78 Hs. 2 GmbHG durch sämtliche Geschäftsführer zu bewirken sind, ist dementsprechend auch die Mitwirkung (aller) Stellvertreter der Geschäftsführer erforderlich, also etwa bei der erstmaligen Anmeldung der Gesellschaft nach Gründung (§ 7 GmbHG) sowie bei der Anmeldung einer Kapitalerhöhung bzw. einer Kapitalherabsetzung (§ 57 bzw. § 58 GmbHG).

Für die **Passivvertretung** schließlich besteht die nach § 35 Abs. 2 S. 3 GmbHG zwingende Einzelvertretungsbefugnis auch für den Stellvertreter des Geschäftsführers (Scholz / *Schneider* GmbHG, § 44 Rn. 7). 8

D. Pflichten des Stellvertreters des Geschäftsführers

Auch den Stellvertreter des Geschäftsführers treffen, unabhängig von der Ausgestaltung seiner Stellung im Innenverhältnis der Gesellschaft, bestimmte **Pflichten kraft Gesetzes**. Von besonderer Bedeutung sind dabei die Pflichten nach § 41 GmbHG (rechtzeitige und ordnungsgemäße Rechnungslegung), § 40 GmbHG (Einreichung der Gesellschafterliste), § 49 Abs. 2 und Abs. 3 GmbHG (Einberufung der Gesellschafterversammlung in besonderen Fällen) und § 49 GmbHG (Antrag zur Eröffnung eines Insolvenzverfahrens). Daneben treffen auch alle anderen Pflichten, die den Geschäftsführern obliegen, die Stellvertreter der Geschäftsführer gleichermaßen. Sie haben diese Pflichten u. U. auch gegen den Willen der ordentlichen Geschäftsführer zu erfüllen (Baumbach / Hueck / *Zöllner/Noack* § 44 Rn. 11). 9

Bei der Erfüllung ihrer gesetzlichen und vertraglichen Aufgaben und Pflichten haben auch die Stellvertreter der Geschäftsführer dem **Sorgfaltsmaßstab des § 43 Abs. 1 GmbHG** zu genügen (zum Sorgfaltsmaßstab vgl. ausführl. § 43 GmbHG Rn. 7 ff.). Eine darüber hinausgehende Aufsichtspflicht besteht für sie hingegen nach der richtigen h. M. nur für die in § 43 Abs. 3 GmbHG genannten Angelegenheiten (Baumbach / Hueck / *Zöllner/Noack* § 44 Rn. 12; a. A. Roth / Altmeppen / *Altmeppen* § 44 Rn. 4); in allen anderen Angelegenheiten trifft sie die Aufsichtspflicht nur, soweit sie die Funktionen eines ordentlichen Geschäftsführers wahrnehmen, also an der Geschäftsführung tatsächlich teilnehmen (Baumbach / Hueck / *Zöllner/Noack* § 44 Rn. 12). 10

E. Aufsichtsratsmitglieder als Stellvertreter von Geschäftsführern

§ 52 Abs. 1 GmbHG i. V. m. § 105 AktG ermöglicht die Bestellung eines Mitgliedes des Aufsichtsrates einer GmbH zum Stellvertreter von Geschäftsführern. Dabei gelten jedoch die engen Voraussetzungen des § 105 AktG. Anders als bei nach den Mitbestimmungsregelungen zu bestellenden Aufsichtsräten ist diese Bestimmung für den fakultativen Aufsichtsrat dispositiv, wobei aber auch hier die Funktion des fakultativen Aufsichtsrates eine gleichzeitige Wahrnehmung von geschäftsführenden und kontrollierenden Aufgaben nicht zulässt (OLG Frankfurt BB 1987, 22). Daher scheidet eine **Doppelzugehörigkeit** in den Fällen bloßer Titelabstufung ebenso aus wie im Falle bestehender echter Gesamtvertretung und der daraus folgenden Notwendigkeit des Mitwirkens des Stellvertreters bei allen Vertretungsakten (Baumbach / Hueck / *Zöllner/Noack* § 44 Rn. 15). 11

§ 45 [Rechte der Gesellschafter]

(1) Die Rechte, welche den Gesellschaftern in den Angelegenheiten der Gesellschaft, insbesondere in Bezug auf die Führung der Geschäfte zustehen, sowie die Ausübung derselben bestimmen sich, soweit nicht gesetzliche Vorschriften entgegenstehen, nach dem Gesellschaftsvertrag.

(2) In Ermangelung besonderer Bestimmungen des Gesellschaftsvertrages finden die Vorschriften der §§ 46 bis 51 Anwendung.

Übersicht:

A. Allgemeines

1 Abs. 1 bestimmt, dass sich die Mitgliedschaftsrechte der Gesellschafter zunächst nach dem Gesellschaftsvertrag bestimmen. Abs. 2 hingegen normiert, dass dann, wenn der Gesellschaftsvertrag keine besonderen Regelungen trifft, die Vorschriften der §§ 46 bis 51 GmbHG Anwendung finden. Nach h. M. statuiert § 45 Abs. 2 GmbHG damit die **Dispositivität** oder die **Subsidiarität** der §§ 46 bis 51 GmbHG (Baumbach / Hueck / *Zöllner* § 45 Rn. 8).

B. Satzungsautonomie für Verwaltungsrechte der Gesellschafter, Abs. 1

2 Abs. 1 räumt den Gesellschaftern eine sehr weitgehende Freiheit bei der Gestaltung eines zentralen Teils des Gesellschaftsvertrages, nämlich der auf die Rolle der Gesellschafter bezogenen Organisationsstruktur der Gesellschaft, ein. »Rechte« i. S. d. Abs. 1 meint **ausschließlich die Mitgliedschaftsrechte** i. S. d. Verwaltungsrechte, nicht hingegen die Vermögensrechte der Gesellschafter. Das ergibt sich aus der systematischen Stellung von § 45 GmbHG im dritten Abschnitt des Gesetzes, ferner aus dem folgenden Abs. 2, der sich ausschließlich auf die §§ 46 bis 51 GmbHG und damit auf die Verwaltungsrechte bezieht, während die Vermögensrechte anderweitig geregelt sind, insbesondere in § 29 GmbHG (Gewinnbezugsrecht) und § 72 GmbHG (Vermögensverteilung im Falle der Liquidation; A / E / S / *B. Schmidt* § 45 Rn. 1). Es steht den Gesellschaftern also insbesondere frei, das Stimmrecht, das Recht zur Teilnahme an der Gesellschafterversammlung und das Recht zur Geltendmachung von Beschlussmängeln frei zu regeln.

3 Weiterhin kommt in Betracht, dass durch Regelungen des Gesellschaftsvertrages **zusätzliche Verwaltungsrechte** für einzelne oder alle Gesellschafter geschaffen werden können, und auch eine Ausdehnung der Kompetenzen der Gesellschafterversammlung ist möglich (A / E / S / *B. Schmidt* § 45 Rn. 5).

4 Schließlich folgt aus der Satzungautonomie auch die Möglichkeit, andere, im Gesetz nicht ausdrücklich vorgesehene **Organe zu schaffen** und auf diese Kompetenzen z. B. der Gesellschafterversammlung zu übertragen (vgl. Lutter / Hommelhoff / *Lutter/Hommelhoff* GmbHG, § 45 Rn. 5). Davon wird durch die Praxis insbesondere durch Schaffung von **Beiräten**, **Gesellschafterausschüssen** oder **Verwaltungsräten** Gebrauch gemacht. Vom Gesetz ausdrücklich vorgesehen ist die Möglichkeit der Bildung eines **fakultativen Aufsichtsrates**, vgl. § 52 GmbHG.

C. Grenzen der Satzungsautonomie

I. Gesetzlich garantierte Rechte der Gesellschafter

5 Die sich aus Abs. 1 ergebende Gestaltungsfreiheit für die Verwaltungsrechte der Gesellschafter ist nicht grenzenlos. Bestimmte Rechte sind **gesetzlich garantiert**: Dazu zählen im Rahmen der §§ 46 bis 51 GmbHG ausdrücklich das Informationsrecht nach § 51 a Abs. 3 GmbHG und die in § 50 normierten Minderheitsrechte. Diese Minderheitsrechte können aber durch den Gesellschaftsvertrag z. B. durch Absenkung der zur Durchsetzung erforderlichen Quoten verstärkt werden (Baumbach / Hueck / *Zöllner* § 45 Rn. 13).

II. Grenzen nach BGB, Grundprinzipien des GmbH-Rechts

1. Körperschaftsrechtliche Prinzipien

Grenzen der Satzungsautonomie sind auch die **§§ 134, 138 und 242 BGB** sowie Vorschriften, die **zentrale körperschaftsrechtliche Prinzipien** oder ungeschriebene Prinzipien des GmbH-Rechts zum Ausdruck bringen, z. B. die Stellung der Gesellschafterversammlung als oberstes Organ der Gesellschaft, dessen Stellung nicht durch Zuweisung von zentralen Kompetenzen an andere Organe ausgehöhlt werden darf; dies gilt insbesondere für das **Recht zur Änderung der Satzung**, das der Gesellschafterversammlung u. a. die Kompetenz-Kompetenz sichert, da sie einmal auf ein anderes Organ übertragene Kompetenzen durch satzungsändernden Beschluss jederzeit wieder an sich ziehen kann. Nicht zur Disposition des Gesellschaftsvertrages schließlich stehen das **Recht zur Anfechtung von Gesellschafterbeschlüssen** (BGHZ 132, 278, 282) und die **actio pro socio** (vgl. zur actio pro socio ausführl. Kap. 16 Rn. 269 ff.). Bei gravierenden Abweichungen hinsichtlich der mitgliedschaftlichen Verwaltungsrechte kann u. U. hinsichtlich einzelner Sachfragen eine Gesamtbetrachtung des Gesellschaftsvertrages auf seine Ausgewogenheit hin erforderlich sein (vgl. i. E. Baumbach / Hueck / *Zöllner* § 45 Rn. 11). 6

2. Inhaltskontrolle

§ 310 Abs. 4 S. 1 BGB schließt ausdrücklich die Anwendbarkeit der Regelungen über die **Allgemeinen Geschäftsbedingungen** (§§ 305 ff. BGB) und damit u. a. Regelungen betreffend Inhaltskontrolle und Klauselverbote für Verträge auf dem Gebiet des Gesellschaftsrechts und damit auch für den Gesellschaftsvertrag einer GmbH aus. 7

3. Rückfallkompetenz

Sind Kompetenzen der Gesellschafterversammlung durch den Gesellschaftsvertrag auf ein anderes Organ übertragen worden, so ergibt sich im Falle der Funktionsunfähigkeit dieses Organs erneut die Zuständigkeit der Gesellschafterversammlung (sog. **Rückfallkompetenz**, vgl. BGHZ 12, 337, 340). 8

4. Erweiterung von Rechten der Gesellschafter und der Gesellschafterversammlung

Der Gesellschaftsvertrag kann die Kompetenzen der Gesellschafterversammlung oder auch die Verwaltungsrechte einzelner oder aller Gesellschafter erweitern (Baumbach / Hueck / *Zöllner* § 45 Rn. 9 f.). 9

Bei der Zuweisung zusätzlicher Rechte an die Gesellschafterversammlung ist zu beachten, dass dies auf Kosten anderer Gesellschaftsorgane nur in einem Umfang gestattet ist, der die Stellung der anderen Organe im Kern unberührt lässt. Zu denken ist hier namentlich an die Stellung des Geschäftsführers, der nicht zum reinen Vollzugsorgan der Gesellschafterversammlung degradiert werden darf (vgl. Lutter / Hommelhoff / *Lutter/Hommelhoff* GmbHG, § 45 Rn. 4). 10

Als über die allgemeinen Verwaltungsrechte hinausgehende **Sonderrechte** einzelner oder aller Gesellschafter kommen Mehrstimmrechte, Vetorechte oder Weisungsrechte in Betracht (A / E / S / *B. Schmidt* § 45 Rn. 7; vgl. auch § 14 GmbHG Rn. 25). Daneben ist die Einräumung von Entsenderechten hinsichtlich der Bestellung eines Geschäftsführers oder bei der Besetzung des Aufsichts- oder Beirates ebenso möglich wie die Einräumung des Rechts, selbst Mitglied des Aufsichts- oder Beirats zu werden. Entsenderechte umfassen dabei im Zweifel auch das Recht zur Abberufung der entsendeten Person (OLG Düsseldorf NJW 1990, 1122, 1123). Auch kommt die Gewährung zusätzlicher Minderheitsrechte z. B. auf Bestellung von Sonderprüfern oder auf zusätzliche Informationen in Betracht. 11

D. Die Subsidiarität der gesetzlichen Regelung, Abs. 2

Trifft der Gesellschaftsvertrag selbst keine Regelung, ist gem. Abs. 2 auf die §§ 46 bis 51 GmbHG zurückzugreifen; diese gelten also grundsätzlich erst subsidiär, freilich unter Beachtung der un- 12 ter Rn. 6 f. genannten Grundsätze für die Grenzen der gesellschaftsvertraglichen Gestaltungsfreiheiten mit der Folge einer teilweisen Aufhebung der Subsidiarität. Regelungslücken des Gesellschaftsvertrages sind zunächst im Wege der **ergänzenden Vertragsauslegung** zu schließen (A/E/S/*B. Schmidt* § 45 Rn. 7). Die Auslegung erfolgt nach objektiven Maßstäben, so dass lediglich der Text des Gesellschaftsvertrages und die sonstigen zum Handelsregister eingereichten Unterlagen herangezogen werden dürfen. Erst in zweiter Linie wird auf die subsidiären Regelungen der §§ 46 bis 51 GmbHG zurückgegriffen (A/E/S/*B. Schmidt* § 45 Rn. 9).

§ 46 [Aufgabenkreis der Gesellschafter]

Der Bestimmung der Gesellschafter unterliegen:

1. die Feststellung des Jahresabschlusses und die Verwendung des Ergebnisses;

1 a. die Entscheidung über die Offenlegung eines Einzelabschlusses nach internationalen Rechnungslegungsstandards (§ 325 Abs. 2 a des Handelsgesetzbuchs) und über die Billigung des von den Geschäftsführern aufgestellten Abschlusses;

1 b. die Billigung eines von den Geschäftsführern aufgestellten Konzernabschlusses;

2. die Einforderung von Einzahlungen auf die Stammeinlagen;

3. die Rückzahlung von Nachschüssen;

4. die Teilung sowie die Einziehung von Geschäftsanteilen;

5. die Bestellung und die Abberufung von Geschäftsführern sowie die Entlastung derselben;

6. die Maßregeln zur Prüfung und Überwachung der Geschäftsführung;

7. die Bestellung von Prokuristen und von Handlungsbevollmächtigten zum gesamten Geschäftsbetrieb;

8. die Geltendmachung von Ersatzansprüchen, welche der Gesellschaft aus der Gründung oder Geschäftsführung gegen Geschäftsführer oder Gesellschafter zustehen, sowie die Vertretung der Gesellschaft in Prozessen, welche sie gegen die Geschäftsführer zu führen hat.

Übersicht:

A. Allgemeines

I. Gesetzlich bestimmte Zuständigkeiten Gesellschafterversammlung

1 § 46 GmbHG enthält eine **nicht abschließende Aufzählung** von Beschlussgegenständen, die in die Zuständigkeit der Gesellschafter fallen; das Gesetz spricht von der »Bestimmung der Gesellschafter«. Aus § 47 Abs. 1 GmbHG ergibt sich, dass die Bestimmung von Angelegenheiten durch die Gesellschafter durch Beschlüsse erfolgt, welche nach § 48 Abs. 1 GmbHG in Gesellschafterversammlungen gefasst werden. Zuständig ist also im Grundsatz die Gesellschafterversammlung. Weitere, nicht in der Satzung zu regelnde Zuständigkeiten der Gesellschafterversammlung ergeben sich sowohl aus dem GmbHG (z. B. § 53 GmbHG (Satzungsänderungen), §§ 55 ff., 57 c ff., 58 ff. GmbHG (Kapitalmaßnahmen), § 66 GmbHG (Bestellung von Liquidatoren) etc.) als auch aus anderen Gesetzen (insbes. aus dem UmwG und dem HGB).

II. Weitere Zuständigkeiten der Gesellschafterversammlung

2 Schließlich folgt aus dem **Grundsatz der Allzuständigkeit** der Gesellschafter (A/E/S/*B. Schmidt* § 46 Rn. 1), dass die Gesellschafterversammlung praktisch jede Angelegenheit an sich ziehen kann. Das gilt aber nicht ausnahmslos. Insbesondere gibt es **zwingende Zuständigkeiten** des Aufsichtsrates und der Geschäftsführer, für letztere z. B. die Vertretung der Gesellschaft, die Aufstellung des Jahresabschlusses sowie die Erfüllung von steuerlichen und sozialversicherungsrechtlichen Pflichten der Gesellschaft. Im Bereich dieser »potenziellen« Allzuständigkeit bedarf es allerdings im Gegensatz zu den gesetzlich bestimmten Zuständigkeiten (Rn. 1) eines Aktes des »An-sich-Ziehens« durch die Gesellschafter in der Satzung oder durch einen Gesellschafterbeschluss.

III. Zuständigkeitsverlagerung auf andere Organe

3 Die Möglichkeit der **Verlagerung** von in § 46 GmbHG geregelten Zuständigkeiten auf ein **anderes Gesellschaftsorgan** ist für jede einzelne Angelegenheit gesondert zu betrachten (s. u. Ausführungen zu den einzelnen Angelegenheiten, Rn. 5 ff.). Eine generelle Verlagerung bedarf der Satzungsänderung; für eine **ad-hoc-Delegation** reicht zwar nach der richtigen h. M. ein Gesellschafterbeschluss, dieser bedarf jedoch der Zustimmung aller Gesellschafter, da in jeder Verlagerung von Zuständigkeiten eine Verkürzung des Rechtsschutzes für die Gesellschafter liegt (Baumbach/Hueck/*Zöllner* § 46 Rn. 2).

4 Bestimmt der Gesellschaftsvertrag in negativer Wendung, dass bestimmte Angelegenheiten ausdrücklich nicht in die Zuständigkeit der Gesellschafterversammlung fallen, so ist bei Vorhandensein von mehr als nur einem weiteren Organ durch Auslegung des Gesellschaftsvertrages zu ermitteln, auf welches Organ die Zuständigkeit übergehen soll. Ist hingegen der Geschäftsführer das einzige Organ der Gesellschaft neben der Gesellschafterversammlung, dann ergibt sich zwanglos seine Zuständigkeit, soweit die Übertragung rechtlich zulässig ist (vgl. dazu im Folgenden jeweils die einzelnen Angelegenheiten).

B. Die Zuständigkeiten im Einzelnen

I. Feststellung des Jahresabschlusses, Nr. 1

1. Wirkung der Feststellung

5 Durch seine Feststellung wird der Jahresabschluss **verbindlich**. Die Feststellung bezieht sich auf den von den Geschäftsführern nach den §§ 264 ff. HGB aufgestellten Jahresabschluss, der aus der Jahresbilanz, der Gewinn- und Verlustrechnung und dem Anhang besteht (vgl. i. E. § 41 GmbHG Rn. 17 ff.). Hingegen gehört der ggf ebenfalls durch die Geschäftsführer aufzustellende und von den Geschäftsführern vorzulegende Lagebericht nicht zum Jahresabschluss, vgl. § 289 HGB. Bei ihrer Beschlussfassung ist die Gesellschafterversammlung nicht an die von den Geschäftsführern aufgestellte Fassung des Jahresabschlusses gebunden, sondern kann selbst **Änderungen vornehmen**, die aber stets im Rahmen der geltenden Gesetze bleiben müssen. Jeder Gesellschafter hat einen Anspruch auf eine Abschrift des festgestellten Jahresabschlusses (LG Frankfurt BB 1960, 1355).

2. Frist für Beschlussfassung

6 Die Feststellung des Jahresabschlusses muss **innerhalb der ersten acht Monate** nach Ablauf des Geschäftsjahres, für welches der Jahresabschluss aufgestellt wurde, erfolgen (§ 42 a Abs. 2 S. 1 GmbHG). Bei kleinen Gesellschaften i. S. d. § 267 HGB beträgt die Feststellungsfrist hingegen elf Monate, vgl. ebenfalls § 42 a Abs. 2 S. 1 GmbHG. Eine **Erzwingung der Feststellung** kommt weder durch die Geschäftsführer noch durch das Registergericht in Betracht. Für jeden einzelnen Gesellschafter wird ein **Anspruch gegen die Gesellschaft** auf Vornahme einer positiven Feststellung des Jahresabschlusses in der Literatur mehrheitlich bejaht (A/E/S/*B. Schmidt* § 46 Rn. 5); dieser Anspruch kann auch im Klagewege durchgesetzt werden, obwohl er sich auf einen inhaltlich genau bestimmten Jahresabschluss gar nicht richten kann. Bei der zweigliedrigen Gesellschaft kommt auch ein **Anspruch gegen den Mitgesellschafter** in Betracht. Allerdings ist die praktische Bedeutung solcher Ansprüche eher gering (vgl. Baumbach/Hueck/*Zöllner* § 46 Rn. 12 f.).

3. Alternativen zur Beschlussfassung, rückwirkende Änderung

7 Die Beschlussfassung betreffend die Feststellung des Jahresabschlusses kommt auch in der Weise in Betracht, dass keiner der Gesellschafter dem aufgestellten und vorgelegten Jahresabschluss innerhalb einer bestimmten Frist **widerspricht**, sofern das in der Satzung so vorgesehen ist (Roth/Altmeppen/*Altmeppen* § 46 Rn. 6). Entbehrlich ist eine Beschlussfassung dann, wenn alle Gesellschafter auch Geschäftsführer sind und den Jahresabschluss zwecks Dokumentation der Aufstellung **unterschrieben** haben; da im Falle der Prüfungspflicht nach §§ 316 ff. HGB zwischen Aufstellung und Feststellung die Prüfung des Jahresabschlusses durch die Abschlussprüfer erfolgt, ist das aber nur im Falle eines nicht prüfungspflichtigen Jahresabschlusses möglich.

8 Eine **rückwirkende Änderung** des Jahresabschlusses durch erneute Beschlussfassung ist bei Zustimmung aller Gesellschafter vor Offenlegung immer möglich, nach Offenlegung nur, soweit die Änderung für die Gläubiger nicht ungünstiger ist. Stimmen nicht alle Gesellschafter zu, ist Voraussetzung, dass über die Ergebnisverwendung noch nicht Beschluss gefasst wurde oder die Änderung zu einer Erhöhung der Ausschüttung führt (vgl. zu Änderungen insgesamt Baumbach/Hueck/*Zöllner* § 46 Rn. 15).

4. Zuständigkeit anderer Organe

9 Die Zuständigkeit der Gesellschafterversammlung für die Feststellung des Jahresabschlusses ist **dispositiv**, sie kann also auf andere Organe (z. B. Aufsichtsrat, Beirat, Gesellschafterausschuss und nach h. M. auch die Geschäftsführer) übertragen werden, sofern diese Organe von den Gesellschaftern besetzt werden (Baumbach/Hueck/*Zöllner* § 46 Rn. 16).

II. Verwendung des Ergebnisses, Nr. 1

1. Verwendungsbeschluss

In die Zuständigkeit der Gesellschafterversammlung fällt auch die Beschlussfassung über die Verwendung des Jahresergebnisses, die die vorherige Feststellung des Jahresabschlusses voraussetzt. Die Geschäftsführer können einen **Vorschlag zur Verwendung** des Ergebnisses machen, der aber für die Gesellschafter **nicht bindend** ist. Ist in einem Geschäftsjahr ein **Jahresverlust** angefallen, so ist dieser grundsätzlich auf neue Rechnung vorzutragen. Für die Verwendung eines Jahresüberschusses zuzüglich eines eventuellen Gewinnvortrags und abzüglich eines eventuellen Verlustvortrags (§ 29 Abs. 1 GmbHG) ist ein Verwendungsbeschluss darüber zu fassen, ob der Jahresüberschuss in der Gesellschaft verbleiben oder ganz oder teilweise an die Gesellschafter ausgeschüttet werden soll. Erst mit dem Verwendungsbeschluss entsteht der Anspruch der Gesellschafter auf Auszahlung ihrer Gewinnanteile (BGHZ 23, 150, 154). Ein Verwendungsbeschluss kann auch **konkludent** gefasst werden (BGH NJW 2002, 3774, 3775). Er erübrigt sich in Fällen, in denen der Gesellschaftsvertrag die Verwendung des Jahresergebnisses bereits regelt und dort auf einen ergänzenden förmlichen Verwendungsbeschluss verzichtet wird (A/E/S/*B. Schmidt* § 46 Rn. 4). 10

2. Frist für Beschlussfassung, Klage

Der Beschluss über die Ergebnisverwendung hat innerhalb derselben **Frist** wie die Beschussfassung über die Feststellung des Jahresabschlusses (s. o. Rn. 6) zu erfolgen. Die Ablehnung der Verteilung zumindest eines Teils des Jahresüberschusses kann treuwidrig sein; die die Ausschüttung des Gewinns begehrenden Gesellschafter können gegen eine Ablehnung der Ausschüttung ggf. mit einer **positiven Feststellungsklage** vorgehen. 11

3. Zuständigkeit anderer Organe

Die Zuständigkeit der Gesellschafterversammlung für die Beschlussfassung über die Ergebnisverwendung ist nach der richtigen Auffassung in derselben Weise **dispositiv** wie diejenige für die Feststellung des Jahresabschlusses, zumindest solange eine Einflussnahme der Gesellschafter auf die Besetzung der Organe gewahrt ist (s. o. Rn. 9; A/E/S/*B. Schmidt* § 46 Rn. 4). 12

III. Offenlegung eines nach internationalen Rechnungslegungsstandards aufgestellten Einzelabschlusses, Nr. 1 a

§ 325 Abs. 2 a HGB ermöglicht es nur großen Kapitalgesellschaften i. S. v. § 267 Abs. 3 HGB, einen nach internationalen Rechnungslegungsstandards aufgestellten Einzelabschluss anstelle des nach den HGB-Regeln aufgestellten Abschlusses mit »befreiender Wirkung« offen zu legen. Die befreiende Wirkung bezieht sich freilich nur auf die Offenlegung, nicht aber auf die nach wie vor erforderliche Aufstellung des Einzelabschlusses nach den Regeln des HGB. 13

IV. Billigung eines nach internationalen Rechnungslegungsstandards aufgestellten Einzelabschlusses, Nr. 1 a

Die durch den Gesetzgeber vorgenommene terminologische Differenzierung zwischen der Feststellung des nach den Regeln des HGB aufgestellten Jahresabschlusses und der Billigung eines nach internationalen Rechnungslegungsstandards aufgestellten Einzelabschlusses ist vor dem Hintergrund, dass an die Feststellung des ersteren weitergehende Rechtsfolgen als an die Billigung des letzteren anknüpfen, gerechtfertigt (vgl. weitergehend Baumbach/Hueck/*Zöllner* § 46 Rn. 23). Insbesondere hat nur der nach den Regeln des HGB aufgestellte Jahresabschluss Bedeutung für die Ergebnisverwendung. Das Verfahren der Billigung entspricht dem Verfahren der Feststellung; inwieweit nachträgliche Änderungen des gebilligten Einzelabschlusses möglich sind, insbesondere inwieweit solche Änderungen leichter vorzunehmen sind als beim festgestellten Jahresabschluss, ist noch nicht endgültig geklärt (Baumbach/Hueck/*Zöllner* § 46 Rn. 23). 14

V. Billigung eines Konzernabschlusses, Nr. 1 b

15 Unabhängig davon, ob ein Konzernabschluss nach den Regeln des HGB oder nach internationalen Rechnungslegungsstandards aufgestellt wird, sieht das Gesetz seine **Billigung** vor, für die die Gesellschafterversammlung zuständig ist. Dabei ist der Begriff Billigung vom Gesetzgeber in derselben bewußten Abgrenzung zur Feststellung des nach den Regeln des HGB aufgestellten Einzelabschlusses gewählt worden wie bei der Entscheidung über den nach internationalen Rechnungslegungsstandards aufgestellten Einzelabschluss (s. o. Rn. 14).

VI. Einforderung von Einzahlungen auf Stammeinlagen, Nr. 2

16 Bei der Gründung einer GmbH sind zwingend nur jeweils 25 % der einzuzahlenden Geldeinlagen und die vollständigen Sacheinlagen vor der Anmeldung der Gesellschaft zum Handelsregister zu entrichten, wobei in der Summe 50 % des Mindeststammkapitals nach § 5 Abs. 1 GmbHG, also (derzeit) € 12.500,– erreicht sein müssen (vgl. § 7 Abs. 2 S. 1 und S. 2 GmbHG).

17 Der auf die Stammeinlagen durch die Gesellschafter einzuzahlende Restbetrag in Höhe von maximal 75 % ist erst dann fällig, wenn und soweit die Gesellschafterversammlung die Einforderung beschließt; der Beschluss ist also Voraussetzung dafür, dass die Geschäftsführer die Einzahlung einfordern können (BGH WM 1989, 190). Mit dem Einforderungsbeschluss beginnt auch die Verjährungsfrist zu laufen (BGH WM 1987, 209). Bei der Beschlussfassung dürfen betroffene Gesellschafter mitwirken (BGH NJW 1991, 172, 173). Gegenüber den bei der Beschlussfassung anwesenden Gesellschaftern wird der Beschluss sofort wirksam, den abwesenden Gesellschaftern muss er mitgeteilt werden. Ausgeführt wird der Beschluss durch die Geschäftsführer.

18 Nr. 2 regelt die Zuständigkeit der Gesellschafterversammlung für die Einforderung, die durch Gesellschafterbeschluss oder durch den Gesellschaftsvertrag auf **andere Organe** der Gesellschaft, insbesondere auch auf den Geschäftführer, übertragen werden kann, der sich von dem Interesse der Gesellschaft und dem Grundsatz der Gleichbehandlung aller Gesellschafter leiten zu lassen hat. Bei der Liquidation der Gesellschaft geht die Zuständigkeit automatisch auf den Liquidator, bei der Insolvenz auf den Insolvenzverwalter über; eines Gesellschafterbeschlusses bedarf es in diesen Fällen nicht mehr. Das gilt auch im Falle eines Pfändungs- und Überweisungsbeschlusses.

VII. Rückzahlung von Nachschüssen, Nr. 3

19 Der Gesellschaftsvertrag kann gem. § 26 GmbHG vorsehen, dass die Einforderung von über die Stammeinlagen hinausgehenden Beträgen beschlossen werden kann. Nr. 3 regelt die Zuständigkeit der Gesellschafter für die Rückzahlung solcher Nachschüsse, die anders als die Zuständigkeit für die Einforderung von Nachschüssen auf ein anderes Organ der Gesellschaft übertragen werden kann (vgl. auch § 30 GmbHG Rn. 86). Betroffene Gesellschafter sind stimmberechtigt (A/E/S/*B. Schmidt* § 46 Rn. 13). Die materiellen Voraussetzungen für die Rückzahlung von Nachschüssen finden sich in § 30 Abs. 2 GmbHG (vgl. ausführl. § 30 GmbHG Rn. 74 ff.).

20 Eine hinreichend konkrete Regelung über die Rückzahlung im Gesellschaftsvertrag macht eine Beschlussfassung überflüssig. Ein Beschluss über die Verwendung des Jahresüberschusses, der die Ausschüttung eines über den Bilanzgewinn hinausgehenden Betrages vorsieht, kann konkludent einen Beschluss über die Rückzahlung von Nachschüssen enthalten (A/E/S/*B. Schmidt* § 46 Rn. 13).

VIII. Teilung von Geschäftsanteilen, Nr. 4

21 Nach § 17 Abs. 1 GmbHG erfordert die Teilung von Geschäftsanteilen, die nach § 17 Abs. 6 GmbHG nur in den Fällen der Veräußerung und der Vererbung möglich ist, die **Genehmigung** durch die Gesellschaft; über die Genehmigung entscheidet gem. Nr. 4 die Gesellschafterversammlung. Diese Voraussetzung für die Teilung ist **dispositiv** und kann auch auf andere Organe wie z. B. den Geschäftsführer übertragen werden (A/E/S/*B. Schmidt* § 46 Rn. 13). Die Teilungs-

erklärung erfolgt durch den Geschäftsführer. Auch ohne den Beschluss der Gesellschafterversammlung ist die Teilungserklärung nach der h. M. aber wirksam, da die Vertretungsmacht nach außen unbeschränkbar sei (Lutter / Hommelhoff / *Lutter/Hommelhoff* GmbHG, § 46 Rn. 9); anderes könne sich allenfalls aus den Grundsätzen des Missbrauchs der Vertretungsmacht ergeben. Dem ist nicht zu folgen. Vielmehr fehlt es an dem erforderlichen Verkehrsschutz bei solchem Handeln des Geschäftsführers, da am Veräußerungsvorgang der Inhaber des zu teilenden Geschäftsanteils als Veräußerer beteiligt ist. Zumindest er muss um das Fehlen oder die Unwirksamkeit eines Beschlusses wissen und mag sich seinem Vertragspartner gegenüber schadensersatzpflichtig machen.

IX. Einziehung von Geschäftsanteilen, Nr. 4

Für die Beschlussfassung über die auch als **Amortisation** bezeichnete Einziehung von Geschäftsanteilen ist gem. Nr. 4 die Gesellschafterversammlung zuständig. Voraussetzung für eine Einziehung ist allerdings ihre **Zulassung durch die Satzung** (§ 34 Abs. 1 GmbHG). Betroffene Gesellschafter sind bei der zwangsweisen Einziehung aus wichtigem Grund nicht stimmberechtigt. Umgesetzt wird der Einziehungsbeschluss durch die Einziehungserklärung des Geschäftsführers; eine Einziehungserklärung ohne wirksamen Beschluss führt keine wirksame Einziehung herbei (A / E / S / *B. Schmidt* § 46 Rn. 17). 22

X. Bestellung, Abberufung und Entlastung von Gesellschaftern, Nr. 5

1. Bestellung und Abberufung; Annexkompetenzen

Nr. 5 regelt die Zuständigkeit der Gesellschafterversammlung für die Bestellung und die Abberufung der Geschäftsführer. Wegen des engen Sachzusammenhangs erstreckt sich diese Zuständigkeit auch auf den Abschluss, die Kündigung, die Änderung und die Aufhebung bzw. Kündigung des Anstellungsvertrages zwischen dem Geschäftsführer und der Gesellschaft, sog. **Annexkompetenz** (BGHZ 113, 237, 241). Diese Zuständigkeiten nach Nr. 5 umfassen nicht nur die interne Willensbildung durch Beschlussfassung sondern auch die Vertretung der Gesellschaft sowohl im Organverhältnis als auch im Anstellungsverhältnis (Lutter / Hommelhoff / *Lutter/Hommelhoff* GmbHG, § 46 Rn. 13). 23

In der **mitbestimmten GmbH** ist gem. § 31 MitbestG, § 12 MontanMitbestG, § 13 MitbestErgG grundsätzlich der (obligatorische) Aufsichtsrat für die Bestellung und die Abberufung des Geschäftsführers zuständig. Beim **fakultativen Aufsichtsrat** hingegen bleibt es bei der Zuständigkeit der Gesellschafterversammlung. Die Zuständigkeit kann aber auf den fakultativen Aufsichtsrat oder auf andere Organe der Gesellschaft (z. B. auf einen Beirat) übertragen werden (Lutter / Hommelhoff / *Lutter/Hommelhoff* GmbHG, § 46 Rn. 13). Nr. 5 gilt auch bei der **Vor-GmbH**, so dass also schon nach Gründung aber noch vor der Eintragung ein Geschäftsführer bestellt werden kann. 24

2. Entlastung

Auch für die Erteilung der Entlastung des Geschäftsführers ist nach Nr. 5 die Gesellschafterversammlung zuständig. Auch insoweit kommt eine Übertragung auf ein anderes Organ, nicht aber auf die Geschäftsführer in Betracht (Baumbach / Hueck / *Zöllner* § 46 Rn. 48). »Entlastung« meint die Billigung der Amtsführung des jeweiligen Geschäftsführers für den Zeitraum, für den die Entlastung erteilt wird (in der Praxis ist das oft das zurückliegende Geschäftsjahr im Rahmen der Feststellung des Jahresabschlusses). Es ist eine einseitige körperschaftsrechtliche Erklärung, die keiner Annahme bedarf (Baumbach / Hueck / *Zöllner* § 46 Rn. 41). Bei der Beschlussfassung hat die Gesellschafterversammlung ein denkbar weites Ermessen. Wird dieses weite Ermessen aber überschritten, so unterliegt der Beschluss der Anfechtung. Hat der Geschäftsführer die Entlastung durch unwahre Angaben erschlichen, so ist sie nach dem Rechtsgedanken des § 242 BGB unwirksam. Ein **Anspruch auf Entlastung** steht dem Geschäftsführer aber nicht zu, und zwar nach h. M. und höchstrichterlicher Rechtsprechung auch dann nicht, wenn sie ihm aus offenbar 25 sachfremden Gründen verweigert wird (BGHZ 94, 324, 327). Die Gegenansicht hat freilich gute Argumente für sich (vgl. Baumbach / Hueck / *Zöllner* § 46 Rn. 46).

26 **Rechtsfolge** der Entlastung ist der Ausschluss sämtlicher Ersatzansprüche der Gesellschaft und der Gründe für eine außerordentliche Kündigung, soweit sie für das entlastende Organ aufgrund der Rechenschaftslegung und anderer Unterlagen, die zugänglich gemacht wurden, bei Anwendung der im Verkehr erforderlichen Sorgfalt erkennbar waren (Baumbach / Hueck / *Zöllner* § 46 Rn. 41). Im Übrigen entfalten Ausschlusswirkung nur die positive Kenntnis oder Erkennbarkeit durch alle Gesellschafter aufgrund eigener Tätigkeit in der Gesellschaft (BGH NJW 1959, 194). »Ersatzansprüche« in diesem Sinn umfasst Schadensersatzansprüche, aber auch alle anderen Ansprüche, die auf Maßnahmen der Geschäftführung zurückgehen, z. B. also bereicherungsrechtliche Ansprüche oder Ansprüche aus angemaßter Eigengeschäftsführung (BGHZ 97, 382, 390; BGH NJW 1975, 977, 978).

27 Ein Gesellschaftergeschäftsführer ist bei der Beschlussfassung über die eigene Entlastung **nicht stimmberechtigt** (RGZ 55, 75, 76); bei einem Verstoß hiergegen ist der Beschluss anfechtbar (BGH NJW-RR 2003, 895, 896).

3. Generalbereinigung

28 Weitergehend als die Entlastung ist die sog. Generalbereinigung, bei der die Gesellschaft gegenüber dem Geschäftsführer auf alle denkbaren, also auch alle unbekannten Ersatzansprüche verzichtet, soweit ein Verzicht nicht aus rechtlichen Gründen (meist zum Zwecke des Gläubigerschutzes) ausgeschlossen ist (vgl. z. B. §§ 43 Abs. 3, 9 b Abs. 1, 57 Abs. 4, 64 Abs. 2 GmbHG). Die Generalbereinigung hat Vertragscharakter und kann deshalb auch nach §§ 119, 123 BGB angefochten werden (A / E / S / *B. Schmidt* § 46 Rn. 26). Die Zuständigkeit der Gesellschafterversammlung für die Generalbereinigung ergibt sich neben § 46 Nr. 8 GmbHG auch aus § 46 Nr. 5 GmbHG.

XI. Maßregeln zur Prüfung und Überwachung der Geschäftsführung, Nr. 6

29 Über Maßregeln (eigentlich: Maßnahmen) zur Prüfung und Überwachung der Geschäftsführung entscheidet nach Nr. 6 die Gesellschafterversammlung; sie sind von den jedem einzelnen Gesellschafter zustehenden Auskunfts- und Einsichtsrecht nach den §§ 51 a und 51 b GmbHG zu unterscheiden. Als Maßregeln kommen u. a. die Bestimmung einer (regelmäßigen) Berichterstattung durch die Geschäftsführer, die Verpflichtung zur Vorlage der Bücher und anderer Unterlagen, die Befragung von Mitarbeitern und Sachverständigen, der Erlass eines Zustimmungskataloges für bestimmte Angelegenheiten der Geschäftsführung, der Erlass eines Kataloges von verbotenen Geschäftsarten, Durchführung einer Sonderprüfung (§ 142 AktG analog) und die Etablierung eines an § 90 AktG angelehnten Berichts- und Informationssystems für die Geschäftsführung in Betracht (A / E / S / *B. Schmidt* § 46 Rn. 27).

30 Gesellschaftergeschäftsführer sind bei der Beschlussfassung über Maßnahmen nach § 46 Nr. 6 **nicht stimmberechtigt**. Die Zuständigkeit nach Nr. 6 kann durch den Gesellschaftsvertrag einem anderen Organ übertragen werden, insbesondere einem Beirat oder einem Aufsichtsrat (A / E / S / *B. Schmidt* § 46 Rn. 28). Das Recht zur **Bestellung von Sonderprüfern** ist für die Gesellschafterversammlung unverzichtbar (Baumbach / Hueck / *Zöllner* § 46 Rn. 51). Trotz Übertragung der Zuständigkeit auf ein anderes Organ liegt im Falle besonderer Gründe die jederzeitige Kompetenz zur Überwachung auch noch bei der Gesellschafterversammlung.

XII. Bestellung von Prokuristen und Handlungsbevollmächtigten zum gesamten Geschäftsbetrieb, Nr. 7

31 Die Zuständigkeit der Gesellschafterversammlung bezieht sich auf die **gesellschaftsinterne Willensbildung** über die Bestellung eines Prokuristen bzw. eines Handlungsbevollmächtigten zum gesamten Geschäftsbetrieb (sog. Generalhandlungsbevollmächtigter). Die Bestellung selbst er-

folgt als Vertretungshandlung durch die Geschäftsführer, ebenso die Anmeldung zum Handelsregister, jeweils in vertretungsberechtigter Anzahl (Baumbach / Hueck / *Zöllner* § 46 Rn. 55). Eine Bestellung ohne Gesellschafterbeschluss ist daher wirksam (BGHZ 62, 166, 168). Ein zu Bestellender ist bei der Beschlussfassung über die eigene Bestellung nach richtiger und h. M. stimmberechtigt (Roth / Altmeppen / *Roth* § 46 Rn. 52).

Der **Widerruf der Prokura** bzw. der Generalhandlungsvollmacht hingegen bedarf keines Gesellschafterbeschlusses, so dass die Geschäftsführer dazu auch im Innenverhältnis berechtigt sind (A / E / S / *B. Schmidt* § 46 Rn. 33). Die Satzung kann anderes vorsehen. Auch der Abschluss des Anstellungsvertrages eines Prokuristen fällt in die Zuständigkeit der Geschäftsführer. Selbstverständlich kann aber die Gesellschafterversammlung kraft Weisung den Geschäftsführern bindende Vorgaben für den Widerruf der Prokura und den Inhalt des Anstellungsvertrages machen. 32

XIII. Geltendmachung von Ansprüchen gegen Geschäftsführer oder Gesellschafter aus Gründung oder Geschäftsführung, Nr. 8 Hs. 1

1. Ansprüche i. S. d. Nr. 8 Hs. 1

Nr. 8 weist der Gesellschafterversammlung die umfassende Zuständigkeit für die Geltendmachung von Ersatzansprüchen jeder Art gegenüber Gesellschaftern oder Geschäftsführern zu. 33 Die Ansprüche ergeben sich aus dem Gesichtspunkt der Pflichtverletzung bei Gründung oder Geschäftsführung (z. B. Gründerhaftung nach § 9 a GmbHG oder Geschäftsführerhaftung nach § 43 GmbHG), aber auch aus Verstößen gegen ein Wettbewerbsverbot entsprechend § 113 HGB oder aus Unterbilanzhaftung (zum Geltungsbereich des § 46 Nr. 8 Hs. 1 GmbHG vgl. auch Kap. 16 Rn. 545). Die Zuständigkeit erstreckt sich auch auf Bereicherungsansprüche und Unterlassungsansprüche sowie auf **Nebenansprüche** möglicher Ersatzansprüche, wie z. B. Ansprüche auf Auskunft und Rechnungslegung. **Nicht erfasst** sind Ansprüche, die mit Gründung oder Geschäftsführung nicht im Zusammenhang stehen (z. B. Ansprüche auf Rückzahlung eines Darlehens oder aus Lieferung und Leistung). Ein betroffener Gesellschafter hat bei der Beschlussfassung gem. § 47 Abs. 4 S. 2 GmbHG **kein Stimmrecht** (vgl. auch Kap. 16 Rn. 550). Einzelne Gesellschafter können die Ansprüche im Falle pflichtwidriger Verweigerung der Geltendmachung trotz wirksamen Gesellschafterbeschlusses oder bei Anfechtung eines ablehnenden Gesellschafterbeschlusses im Wege der **actio pro socio** geltend machen (vgl. zur actio pro socio ausführl. Kap. 16 Rn. 269 ff.). Unter Umständen kann bei deren Aussichtslosigkeit sogar auf die vorherige Anfechtung verzichtet werden (BGH WM 1982, 928, 929; vgl. zur Geltendmachung von Ersatzansprüchen gem. § 46 Nr. 8 Hs. 1 GmbHG auch ausführl. Kap. 16 Rn. 542 ff.).

Der Insolvenzverwalter, der Liquidator und der Gesellschaftsgläubiger im Falle eines Pfändungs- und Überweisungsbeschlusses bedürfen keines Gesellschafterbeschlusses (BGH NJW 1960, 1667 für den Insolvenzverwalter; vgl. auch BGH ZIP 2004, 1708, 1710; vgl. Kap. 16 Rn. 547). 34

2. Reichweite der Zuständigkeit

Die Zuständigkeit der Gesellschafterversammlung erstreckt sich auch auf die Geltendmachung 35 von Ansprüchen gegenüber ausgeschiedenen Gesellschaftern und Geschäftsführern und auch auf die Geltendmachung gegenüber den Erben von Gesellschaftern und Geschäftsführern (Lutter / Hommelhoff/*Lutter/Hommelhoff* GmbHG, § 46 Rn. 21). Die Zuständigkeit umfasst **jede Form der Geltendmachung** (vgl. auch Kap. 16 Rn. 546), von der schriftlichen Aufforderung über die Mahnung bis hin zur Klageerhebung, sowie jede Art der Erledigung (z. B. durch Vergleich, Aufrechnung, Erlass etc.). Auch Maßnahmen des einstweiligen Rechtsschutzes sind erfasst, doch sind die Geschäftsführer bei besonderer Eilbedürftigkeit im Gesellschaftsinteresse zu derartigen Maßnahmen berechtigt, gleichzeitig aber verpflichtet, die Gesellschafter zu informieren und ihnen zur Beschlussfassung Gelegenheit zu geben (vgl. Baumbach / Hueck / *Zöllner* § 46 Rn. 60).

Das Vorliegen eines wirksamen Beschlusses ist auch **im Außenverhältnis** Voraussetzung für die 36 Vornahme wirksamer Rechtshandlungen (Baumbach / Hueck / *Zöllner* § 46 Rn. 60). Ohne Beschluss oder bei nichtigem Beschluss handelt der die Gesellschaft vertretende Geschäftsführer ohne Vertretungsmacht, eine Klage ohne Gesellschafterbeschluss ist daher ggf. als unbegründet abzuweisen (BGHZ 23, 259). Die Beschlussfassung kann aber während des Verfahrens noch nachgeholt und nachträglich in den Prozess eingeführt werden (BGH ZIP 2004, 1708, 1710; NJW 1998, 1646, 1647; vgl. auch Kap. 16 Rn. 552 f.).

3. Entsprechende Anwendung der Nr. 8 Hs. 1

37 Entsprechende Anwendung findet Nr. 8 Hs. 1 auf die Geltendmachung von Ersatzansprüchen gegen Mitglieder eines obligatorischen oder fakultativen Aufsichtsrats, eines Beirats oder eines Verwaltungsrats wegen ihrer Tätigkeit als Organmitglieder, jedoch nicht für Ersatzansprüche gegenüber den Abschlussprüfern (h. M.; vgl. A/E/S/*B. Schmidt* § 46 Rn. 37; vgl. auch Kap. 16 Rn. 544).

XIV. Vertretung der Gesellschaft in Prozessen gegen Geschäftsführer, Nr. 8 Hs. 2

38 Nr. 8 Hs. 2 regelt die Zuständigkeit der Gesellschafterversammlung für die Entscheidung darüber, durch wen die Gesellschaft in Prozessen gegen Geschäftsführer vertreten wird, um eine unvoreingenommene Prozessführung auch dann zu gewährleisten, wenn die Geschäftsführer insgesamt oder teilweise als Vertretungsorgan nicht in Betracht kommen (BGHZ 116, 353, 355). Diese Zuständigkeit gilt für alle Gerichtsbarkeiten, umfasst Aktiv- und Passivprozesse und schließt auch solche Prozesse gegen Geschäftsführer mit ein, in denen es nicht um Ersatzansprüche i. S. v. § 46 Nr. 8 Hs. 1 GmbHG geht (vgl. BGHZ 116, 353, 355). Vielmehr werden alle Streitgegenstände erfasst. Anwendbar ist diese Vorschrift schließlich nach der h. M. auch auf Prozesse gegen **ehemalige Geschäftsführer** (BGHZ 116, 353, 355; A/E/S/*B. Schmidt* § 46 Rn. 39), soweit der Geschäftsführer der Gesellschaft nicht wie ein Dritter gegenübersteht. Die Rechtsprechung wendet außerdem die Vorschrift auch auf Prozesse wegen möglicher Ersatzansprüche i. S. v. Nr. 8 Hs. 1 gegen Gesellschafter an, denen dieselbe Pflichtverletzung vorgeworfen wird wie einem ebenfalls in Anspruch genommenen Geschäftsführer, so dass eine unvoreingenommene Prozessführung (auch bei Vorhandensein mehrerer Geschäftsführer) nicht gewährleistet ist (BGHZ 97, 28, 35; vgl. hierzu auch Kap. 16 Rn. 556, 243 ff.).

39 Die Entscheidung fällt nach **freiem Ermessen** der Gesellschafterversammlung. **Vertreter** kann ein Mitgeschäftsführer, ein Mitglied eines anderen Gesellschaftsorgans, ein Gesellschafter oder ein Dritter sein (A/E/S/*B. Schmidt* § 46 Rn. 40). An der Beschlussfassung kann der betroffene Gesellschaftergeschäftsführer nicht mitwirken, wohl aber der potenziell zu bestellende Vertreter (BGHZ 97, 28, 35). Der Vertreter ist im Prozess gesetzlicher Vertreter der Gesellschaft i. S. d. § 51 ZPO und entsprechend § 37 Abs. 1 GmbHG den **Weisungen der Gesellschafter** unterworfen. In Betracht kommt auch eine gesonderte Regelung im Gesellschaftsvertrag, die die Beschlussfassung überflüssig macht. Fehlt es an einem Beschluss trotz dessen Notwendigkeit, sind die Geschäftsführer im Außenverhältnis dennoch zur Vertretung befugt; ihre Vertretungsmacht endet erst mit der Bestellung eines Vertreters durch die Gesellschafter (PraxisHdb GmbH-GF/*Jaeger* § 19 Rn. 10). Der für einen **fakultativen Aufsichtsrat** gem. § 52 Abs. 1 GmbHG anwendbare § 112 AktG normiert die Vertretung der Gesellschaft durch den Aufsichtsrat in Prozessen gegen Geschäftsführer, wobei hiervon durch den Gesellschaftsvertrag anders als im Falle des obligatorischen Aufsichtsrates abgewichen werden kann. Beim obligatorischen Aufsichtsrat in der **mitbestimmten GmbH** gilt § 112 AktG zwingend.

40 Nach h. M. findet bei der **GmbH & Co. KG** Nr. 8 Hs. 2 für die Bestellung des Vertreters in Prozessen zur Geltendmachung von Ersatzansprüchen der KG gegen den Geschäftsführer der GmbH entsprechende Anwendung (vgl. statt vieler Scholz/*K. Schmidt* GmbHG, § 46 Rn. 177).

§ 47 [Abstimmung]

(1) Die von den Gesellschaftern in den Angelegenheiten der Gesellschaft zu treffenden Bestimmungen erfolgen durch Beschlussfassung nach der Mehrheit der abgegebenen Stimmen.

(2) Jede fünfzig Euro eines Geschäftsanteils gewähren eine Stimme.

(3) Vollmachten bedürfen zu ihrer Gültigkeit der Textform.

(4) [1]Ein Gesellschafter, welcher durch die Beschlussfassung entlastet oder von einer Verbindlichkeit befreit werden soll, hat hierbei kein Stimmrecht und darf ein solches auch nicht für andere ausüben. [2]Dasselbe gilt von einer Beschlussfassung, welche die Vornahme eines Rechtsgeschäfts oder die Einleitung oder Erledigung eines Rechtsstreites gegenüber einem Gesellschafter betrifft.

Übersicht:

A. Überblick

1 § 47 GmbHG enthält eine Reihe von Regelungen zur Beschlussfassung durch die Gesellschafter, die grundsätzlich in der Gesellschafterversammlung erfolgt (§ 48 Abs. 1 GmbHG). Abs. 1 statuiert den Grundsatz des Handelns der Gesellschafter im Wege der Beschlussfassung in den ihnen durch Gesetz oder Gesellschaftsvertrag übertragenen Angelegenheiten und die bei diesem Handeln erforderliche einfache Mehrheit der durch die Gesellschafter abgegebenen Stimmen. Nach Abs. 2 bestimmt sich das Stimmgewicht nicht nach Köpfen, sondern nach den Nominalgrößen der Geschäftsanteile: Je € 50,– eines Geschäftsanteils gewähren eine Stimme. Da ein Geschäftsanteil durch 50 teilbar sein muss, kommt es zu keinen »Spitzenbeträgen« ohne Stimmrecht. Abs. 3 regelt, dass eine Vollmacht zur Ausübung des Stimmrechts der Textform (§ 126 b BGB) bedarf. Abs. 4 schließlich statuiert eine Reihe von Stimmverboten; die Verbote richten sich auch auf die Ausübung des Stimmrechts für andere. Die Regelungen des § 47 GmbHG finden auch auf die **Vor-GmbH** Anwendung (*Hachenburg*/Hüffer § 47 Rn. 1).

B. Gesellschafterbeschluss, Abs. 1

I. Beschlussfähigkeit

2 Für die Beschlussfähigkeit einer Gesellschafterversammlung, im Rahmen derer Gesellschafterbeschlüsse zu fassen sind, sieht das Gesetz keine besonderen Anforderungen vor. Bei ordnungsgemäßer Einberufung gem. §§ 49 ff. GmbHG genügt die Anwesenheit nur eines Gesellschafters, der aber stimmberechtigt sein muss. Der Gesellschaftsvertrag kann davon abweichend die Beschlussfähigkeit von der Vertretung eines bestimmten Anteils der vorhandenen Stimmen (**Stimmquorum**) in der Gesellschafterversammlung abhängig machen. Das ist gerade bei Gesellschaften mit einem größeren Gesellschafterkreis auch empfehlenswert. Bei Feststellung des Vertretenseins der erforderlichen Anzahl an Stimmen, sind nach der (zutreffenden) h. M. alle stimmberechtigten Stimmen unabhängig von ihrem Stimmverhalten zu berücksichtigen (A/E/S/*B. Schmidt* § 47 Rn. 4). Im Falle der Statuierung eines Stimmquorums durch den Gesellschaftsvertrag folgt aus der gesellschafterlichen Treuepflicht für die Gesellschafter eine Pflicht zur Teilnahme, deren (bewusste) Verletzung dazu führt, dass sich die Gesellschafter im Falle deren Verletzung nicht auf die fehlende Beschlussfähigkeit berufen können (OLG Hamburg WM 1992, 272, 273).

II. Beschlussfassung

1. Anwendbare Vorschriften

3 Der Gesellschafterbeschluss ist ein Rechtsgeschäft sui generis, auf das grundsätzlich die allgemeinen Normen des Bürgerlichen Rechts über Rechtsgeschäfte Anwendung finden (A/E/S/*B. Schmidt* § 47 Rn. 1). Eine Sonderbehandlung erfahren Gesellschafterbeschlüsse aller-

dings im Falle ihrer Mangelhaftigkeit in Anlehnung an das Aktienrecht. §§ 134, 138 BGB kommen nicht zur Anwendung, sondern werden durch Regelungen über die Anfechtbarkeit ersetzt, die sich aber wiederum von den bürgerlichrechtlichen Regelungen zur Anfechtbarkeit (insbesondere §§ 119, 123 BGB) unterscheiden, s. u. Rn. 38 ff. Die Vorschriften über Willensmängel (§§ 116 bis 123 BGB) sind insgesamt auf Gesellschafterbeschlüsse nicht anwendbar. Der Gesellschafterbeschluss bedarf als körperschaftsrechtliche Entscheidung grundsätzlich nicht des Zugangs bei einem Dritten (Baumbach/Hueck/*Zöllner* § 47 Rn. 5). Oftmals ist der Gesellschafterbeschluss freilich nur die gesellschaftsinterne Willensbildung, deren Umsetzung einer dann auch empfangsbedürftigen Willenserklärung bedarf, wie z. B. die Bestellung eines Geschäftsführers. Anderes gilt, wenn der Betroffene bei der Beschlussfassung anwesend ist (BGH NJW 2003, 1196, 1197). Gesellschafterbeschlüsse können auch **aufschiebend oder auflösend bedingt** oder mit einer Befristung gefasst werden; §§ 139 und 141 BGB sind anwendbar, soweit der Beschlussgegenstand nicht bereits von seiner Natur her **bedingungsfeindlich** ist.

2. Entscheidungsvorschlag, Beschlussantrag

Grundlage für die Beschlussfassung ist grundsätzlich ein Entscheidungsvorschlag oder Beschlussantrag eines Gesellschafters, der durch seine Formulierung eine Beschlussfassung durch Zustimmung oder Ablehnung möglich machen muss. Zur Antragstellung ist jeder Gesellschafter berechtigt, und zwar auch, wenn er selbst nicht stimmberechtigt ist (A/E/S/*B. Schmidt* § 47 Rn. 2). Bei der Einpersonen-GmbH ist ein Antrag entbehrlich. Bei mehreren Anträgen entscheidet der Versammlungsleiter über die Reihenfolge der Beschlussfassungen, wobei die Anträge zum Verfahren vor den Anträgen zur Sache behandelt werden. 4

3. Entscheidungsmöglichkeiten, Mehrheit

In Betracht kommen sodann eine positive oder negative Sachentscheidung, aber auch die Ablehnung oder die Vertagung einer Sachentscheidung. Der Gesellschafterbeschluss bedarf gem. Abs. 1 grundsätzlich der Mehrheit der abgegebenen Stimmen, es sei denn Gesetz oder Satzung sehen eine **qualifizierte Mehrheit** für die Beschlussfassung vor. Das GmbHG fordert eine qualifizierte Mehrheit in § 53 Abs. 2 GmbHG für Änderungen des Gesellschaftsvertrages, in § 60 Abs. 1 Nr. 2 GmbHG für die Auflösung der Gesellschaft durch Gesellschafterbeschluss; das Erfordernis einer qualifizierten Mehrheit nach § 60 Abs. 1 Nr. 2 GmbHG findet analoge Anwendung auf die Ausschließung eines Gesellschafters (BGH WM 2003, 443); daneben findet sich das Erfordernis einer qualifizierten Mehrheit vor allem im Umwandlungsgesetz. Ungültige Stimmen und Stimmenthaltungen werden nicht mitgezählt (zu ungültigen Stimmen BGHZ 80, 212, 215). Ist die einfache Mehrheit der abgegebenen Stimmen erforderlich, so ist bei Stimmengleichheit der Antrag ebenso wie bei Nichterreichen der Mehrheit der abgegebenen Stimmen abgelehnt, mit der Folge einer negativen Sachentscheidung, die mit diesem Inhalt rechtliche Wirkung entfaltet (BGHZ 97, 28, 30). 5

4. Form der Beschlussfassung

Grundsätzlich muss ein Gesellschafterbeschluss nicht in einer bestimmten Form (z. B. in Form schriftlicher Protokollierung) gefasst werden (BGHZ 76, 154, 156). Für einige Beschlüsse ordnet allerdings das Gesetz eine bestimmte Form an; zu nennen sind insbesondere § 53 Abs. 2 GmbHG für Beschlüsse über die Änderung des Gesellschaftsvertrages und einige Vorschriften aus dem Umwandlungsgesetz, die jeweils die **notarielle Form** vorschreiben. Schon aus Beweisgründen empfiehlt sich freilich grundsätzlich die Dokumentation der Beschlüsse in geeigneter Form. Ein Anspruch auf eine geheime Abstimmung besteht nicht (A/E/S/*B. Schmidt* § 47 Rn. 2). 6

5. Aufhebung eines Beschlusses

Sofern der Beschluss noch keine rechtlichen Bindungen gegenüber Gesellschafter oder Dritten begründet hat, kann jederzeit die **Aufhebung eines Beschlusses** beschlossen werden, und zwar nach h. M. mit der einfachen Mehrheit der abgegebenen Stimmen auch dann, wenn die Be- 7 schlussfassung selbst einer qualifizierten Mehrheit bedurfte (vgl. Roth/Altmeppen/*Roth* § 47 Rn. 12). Insbesondere bedarf ein Beschluss über die Aufhebung einer Satzungsänderung vor der Eintragung im Handelsregister weder der qualifizierten Mehrheit des § 53 Abs. 2 GmbHG noch der notariellen Beurkundung (Hdb GmbH/*Fischer* § 4 Rn. 161). Hingegen müssen nach Eintragung des Erstbeschlusses in das Handelsregister und auch in dem Fall, dass lediglich eine Änderung und nicht eine vollständige Aufhebung des Erstbeschlusses vorgesehen ist, das Mehrheitserfordernis des § 53 Abs. 2 GmbHG erfüllt und die Beschlussfassung notariell beurkundet werden (Roth/Altmeppen/*Roth* § 47 Rn. 12).

6. Auslegung von Gesellschafterbeschlüssen

8 Die Auslegung von Gesellschafterbeschlüssen richtet sich nach den **allgemeinen Regeln** (OLG Köln BB 1982, 579). Demnach ist der wirkliche Wille der Gesellschafter zu berücksichtigen. Ist die Satzung betroffen, insbesondere durch einen satzungsändernden Beschluss, ist aufgrund der darin liegenden körperschaftlichen Regelung eine objektivierte, sich primär am Wortlaut orientierende Auslegung vorzunehmen (vgl. BGH NJW 1997, 1510, 1511).

C. Stimmrecht, Abs. 2

I. Abspaltungsverbot, Dauer des Stimmrechts

9 Gem. Abs. 2 gewähren je € 50,– eines Geschäftsanteils eine Stimme. Der Referentenentwurf eines »Gesetzes zur Modernisierung des GmbH-Rechts und zur Bekämpfung von Missbräuchen« (**MoMiG**; Stand: 29. 5. 2006) sieht eine Änderung dahingehend vor, dass **je € 1,– eines Geschäftsanteils eine Stimme gewährt**. Dabei handelt es sich um eine Folgeänderung zu der Neufassung von § 5 Abs. 2 GmbHG, wonach der Betrag einer Stammeinlage auf volle Euro lauten muß, dabei aber nicht mehr durch fünfzig teilbar sein muß (vgl. dazu ausführl. § 5 GmbHG Rn. 2 ff.). Die Änderung von Abs. 2 stellt die Stimmberechtigung aller Gesellschafter im Verhältnis ihrer Beteiligung an der Gesellschaft sicher. Das Stimmrecht ist ein **mitgliedschaftliches Verwaltungsrecht** des Gesellschafters. Eine Gewährung von Stimmrechten an Nichtgesellschafter durch den Gesellschaftsvertrag oder eine Trennung des Stimmrechts von dem entsprechenden Geschäftsanteil ist nicht möglich, sog. **Abspaltungsverbot** (BGHZ 43, 267; vgl. auch § 14 GmbHG Rn. 6). Umgekehrt ist aber die Schaffung von **stimmrechtslosen Geschäftsanteilen** möglich und zwar auch ohne Ausgleich durch einen Gewinnvorzug (vgl. zu stimmrechtslosen Geschäftsanteilen Baumbach/Hueck/*Zöllner* § 47 Rn. 33, 73; außerdem § 14 GmbHG Rn. 24). Das durch den Geschäftsanteil vermittelte Stimmrecht des Gesellschafters beginnt mit der Mitgliedschaft in der Gesellschaft und endet mit dem Ausscheiden des Gesellschafters aus der Gesellschaft bzw. durch die Löschung der Gesellschaft im Handelsregister. Das Stimmrecht erlischt nicht bereits durch Kündigung, die auch nach der Kündigung fortgeltende gesellschafterliche Treuepflicht gebietet aber Zurückhaltung bei der Stimmrechtsausübung, soweit nicht eigene Vermögensinteressen berührt sind (BGHZ 88, 320, 328). Das Stimmrecht kann durch den Gesellschafter auch schon ausgeübt werden, wenn er seine Stammeinlage noch nicht oder noch nicht voll erbracht hat (A/E/S/*B. Schmidt* § 47 Rn. 5).

II. Träger des Stimmrechts

10 Träger des Stimmrechts ist der **rechtliche Inhaber** des Geschäftsanteils, also bei der Treuhandübertragung des Geschäftsanteils der Treuhänder und bei der Verpfändung des Geschäftsanteils der pfandgebende Gesellschafter. Dasselbe gilt nach der h. M. auch für den Fall der Bestellung eines Nießbrauchs (Roth/Altmeppen/*Roth* § 47 Rn. 20).

III. Eigene Anteile der GmbH

11 Hält die GmbH eigene Geschäftsanteile der GmbH ruht das Stimmrecht für diese Anteile (BGHZ 119, 346, 356). Nach h. M. gilt das auch für Anteile, die durch einen Dritten treuhänderisch oder in anderer Weise für Rechnung der GmbH gehalten werden. Wechselseitige Beteiligungen zweier

GmbHs führen zu einem Ruhen der Stimmrechte erst dann, wenn die wechselseitige Beteiligung so hoch ist, dass sie jeweils zu einem beiderseits beherrschenden Einfluss führt (Baumbauch/Hueck/*Zöllner* § 47 Rn. 57). Stimmrechte in einer Komplementär-GmbH ruhen hingegen nicht, wenn alle Anteile in der Hand der KG liegen (Baumbauch/Hueck/*Zöllner* § 47 Rn. 58).

IV. Stimmgewicht

Das Stimmgewicht bestimmt sich gem. Abs. 2 nicht nach Köpfen, sondern nach der Nominalgröße der jeweiligen Geschäftsanteile. Jeder Gesellschafter kann sein Stimmrecht aus einem Geschäftsanteil **nur einheitlich** ausüben (BGH MDR 1965, 26). Liegen mehrere Geschäftsanteile bei einem Gesellschafter ist eine unterschiedliche Stimmabgabe nach der h. M. nur aufgrund besonderer Interessenlagen zulässig, wie z. B. Stimmbindung für nur einen von mehreren Geschäftsanteilen oder gleichzeitige Treuhänderstellung für unterschiedliche Treugeber (Baumbauch/Hueck/*Zöllner* § 47 Rn. 20). Die Rechtsfolge einer unzulässigen uneinheitlichen Stimmrechtsausübung wird in der Literatur unterschiedlich gesehen. Überzeugend ist allein die Auffassung, dass eine solche unzulässige uneinheitliche Stimmrechtsausübung unwirksam ist. Keine der abgegebenen Stimmen ist daher mitzuzählen (vgl. dazu A/E/S/*B. Schmidt* § 47 Rn. 9). 12

V. Stimmrechtsausübung

Bei der Stimmrechtsausübung sind die Gesellschafter nach § 138 BGB an die **guten Sitten** gebunden und unterliegen der gesellschafterlichen **Treuepflicht** (Roth/Altmeppen/*Roth* § 47 Rn. 43). Die Gesellschafter haben sich daher an den Interessen der Gesellschaft zu orientieren, was sie in Einzelfällen zu einem bestimmten Abstimmungsverhalten verpflichten kann (BGH NJW 1991, 172, 174; vgl. auch § 14 GmbHG Rn. 12). Ein Verstoß gegen die guten Sitten oder gegen die gesellschafterliche Treuepflicht führt zur **Nichtigkeit** der Stimmabgabe und zur Nichtberücksichtigung der entsprechenden Stimmen bei der Beschlussfeststellung (BGH NJW 1991, 846). Bei der Beschlussfassung sind immer auch die Interessen der Gesellschafterminderheit in der Weise zu berücksichtigen, dass Eingriffe in deren Rechte nur in den Grenzen der Erforderlichkeit und Verhältnismäßigkeit zulässig sind. 13

VI. Stimmbindungsvereinbarung

Für die Ausübung des Stimmrechts kommt der Abschluss einer schuldrechtlichen Stimmbindungsvereinbarung in Betracht, in der sich ein Gesellschafter schuldrechtlich gegenüber einem Mitgesellschafter oder auch gegenüber einem Dritten zu einem bestimmten Abstimmungsverhalten verpflichtet. Eine solche Vereinbarung ist ohne weiteres **formlos** wirksam, darf aber nicht dadurch zur Umgehung von Stimmverboten nach § 47 Abs. 4 GmbHG führen, dass sich ein Gesellschafter verpflichtet, der Weisung eines einem Stimmverbot unterliegenden Gesellschafters zu folgen (zu Stimmverboten s. BGHZ 48, 163, 166; außerdem Rn. 30 ff.). Stimmbindungsvereinbarungen müssen **unentgeltlich** sein, andernfalls verstoßen sie gegen die guten Sitten und sind gem. § 138 BGB nichtig (Baumbauch/Hueck/*Zöllner* § 47 Rn. 114). Eine Stimmbindungsvereinbarung begründet einen schuldrechtlichen Anspruch, der im Wege der **Klage auf Erfüllung** auch schon vor Abstimmung in der Gesellschafterversammlung gerichtlich durchgesetzt werden kann. Die Vollstreckung erfolgt gem. der Rechtsprechung dann im Falle einer inhaltlich bestimmbaren Abstimmungsverpflichtung nach § 894 ZPO (BGHZ 48, 163, 170), die Verurteilung ersetzt insoweit die abzugebenden Stimmen (BGH GmbHR 1990, 68). Hingegen ist nach h. M. nur in wenigen Ausnahmefällen einer drohenden schwerwiegenden Beeinträchtigung der Belange von Mitgesellschaftern die Inanspruchnahme **einstweiligen Rechtsschutzes** möglich (vgl. OLG Hamburg NJW 1992, 186). Ein trotz allem erfolgender Verstoß eines Gesellschafters gegen eine zulässige Stimmbindung führt ebenfalls nur in wenigen Ausnahmefällen (z. B. im Falle eines Stimmbindungsvertrages zwischen allen Gesellschaftern) zur Unwirksamkeit der Stimmabgabe und zur Anfechtbarkeit des Gesellschafterbeschlusses (A/E/S/*B. Schmidt* § 47 Rn. 14). Grundsätzlich betrifft der Verstoß ausschließlich das Verhältnis zwischen den Parteien der Vereinbarung und begründet Schadensersatzansprüche, die sich u. U. auch auf Naturalrestitution richten 14 können. Die Vereinbarung einer Vertragsstrafe ist grundsätzlich möglich und auch empfehlenswert.

D. Ausübung des Stimmrechts durch Dritte

I. Rechtsgeschäftliche Vertretungsmacht zur Stimmrechtsausübung, Abs. 3

1. Allgemeines

15 Abs. 3 normiert das Erfordernis der Textform gem. § 126 b BGB für Stimmrechtsvollmachten (s. u. Rn. 18) und setzt damit die rechtliche Möglichkeit der Erteilung solcher Vollmachten voraus. Eine solche Vollmacht ist ein einseitiges Rechtsgeschäft und empfangsbedürftige Willenserklärung gegenüber dem Bevollmächtigten oder gegenüber der Gesellschaft (§ 167 Abs. 1 BGB). Die Stimmrechtsvollmacht eröffnet zugleich das Recht auf Teilnahme an der Gesellschafterversammlung, da die Teilnahme an der Gesellschafterversammlung notwendige Voraussetzung für die Stimmrechtsausübung ist. Daher ist aber **gleichzeitige Teilnahme von Gesellschafter und Bevollmächtigtem** nur mit Einverständnis der Mehrheit der Mitgesellschafter möglich, da die Teilnahme des Bevollmächtigten für die Ausübung des Stimmrechts des Gesellschafters gerade nicht erforderlich ist (vgl. OLG Stuttgart NJW-RR 1994, 167, 169).

2. Bevollmächtigte

16 Als Bevollmächtigte kommen sowohl **Mitgesellschafter** als auch **Dritte** in Betracht. Die Gesellschafter können einen nicht zumutbaren Vertreter (z. B. einen Wettbewerber) durch Beschluss zurückweisen (Lutter / Hommelhoff / *Lutter/Hommelhoff* GmbHG, § 47 Rn. 8). Bei Bevollmächtigung eines Mitgesellschafters kann es zu Anwendungsfällen des § 181 BGB kommen (vgl. dazu unten Rn. 26 ff.). Die Möglichkeit, sich bei der Ausübung des Stimmrechts vertreten zu lassen, kann in der Satzung ausgeschlossen werden; auch eine Beschränkung der für die Bevollmächtigung in Betracht kommenden Personen auf bestimmte Gruppen wie Kaufleute, Rechtsanwälte, Wirtschaftsprüfer etc. kommt in Betracht. Auch die Prokura umfasst grundsätzlich ebenso wie die Generalhandlungsvollmacht das Recht zur Stimmrechtsausübung. Anders als die Stimmrechtsvollmacht ist die **Stimmrechtsbotenschaft** im Sinne der Überbringung einer vorgefertigten Erklärung nur bei ihrer ausdrücklichen Zulassung durch den Gesellschaftsvertrag möglich (Baumbach / Hueck / *Zöllner* § 47 Rn. 56).

3. Umfang der Vollmacht

17 Die Stimmrechtsvollmacht ist **Wirksamkeitserfordernis** und nicht bloßes Legitimationsmittel. Sie kann sich auf bestimmte Tagesordnungspunkte beschränken, aber auch als generelle Stimmrechtsvollmacht ohne Beschränkung auf eine bestimmte Gesellschafterversammlung erteilt werden. Die Vollmacht darf **nicht** in der Weise **unwiderruflich** erteilt werden, dass die Rechtsmacht des Vollmachtgebers in der Gesellschaft zugunsten des Bevollmächtigten eingeschränkt wird (BGH NJW 1970, 468). Sie muss zumindest enden, wenn das ihr zugrunde liegende Rechtsverhältnis (z. B. Treuhand) endet, und den Widerruf aus **wichtigem Grund** zulassen (A / E / S / *B. Schmidt* § 47 Rn. 16; vg. auch § 14 GmbHG Rn. 6). Die Stimmrechtsvollmacht kann den Gesellschafter im Außenverhältnis nicht verdrängen, so dass bei theoretisch denkbarer widersprechender Stimmabgabe von Bevollmächtigtem und Gesellschafter die Stimme des Gesellschafters maßgebend ist.

4. Form der Vollmacht

18 Gem. § 126 b BGB meint **Textform**, dass die Erklärung in einer Urkunde oder auf andere zur dauerhaften Wiedergabe in Schriftzeichen geeigneten Weise abgegeben, die Person des Erklärenden genannt und der Abschluss der Erklärung durch Nachbildung der Namensunterschrift oder anders erkennbar gemacht werden muss. Damit sind Vollmachten in Form eines Telefaxes, Computerfaxes, einer Fotokopie oder einer E-Mail ohne eigenhändige Unterschrift, aber unter Namensnennung zulässig (A / E / S / *B. Schmidt* § 47 Rn. 17). Vollmachten müssen nicht in deutscher Spra-

che erteilt werden; zulässig ist vielmehr jede übersetzbare Sprache (vgl. OLG Brandenburg NJW-RR 1999, 543, 545).

5. Untervollmacht

Auch die Erteilung von **Untervollmacht** ist in Textform möglich. Im Außenverhältnis ist sie durch die Stimmrechtsvollmacht gedeckt, im Innenverhältnis zum Gesellschafter ist das anhand der Vollmachtserteilung gesondert festzustellen. 19

6. Nachweis der Vollmacht

Ein Vertreter, der die Vollmacht nicht nachweisen kann, kann zur Teilnahme an der Gesellschafterversammlung nur zugelassen werden, wenn kein Gesellschafter widerspricht. Nach h. M. ist ein Mehrheitsbeschluss dafür nicht ausreichend (RG JW 1934, 976, 977). Ohne weiteres gültig ist seine Stimmrechtsausübung nur, wenn er Vollmachtserteilung in Textform nachweisen kann, andernfalls kommt Heilung nach § 180 S. 2 BGB in Betracht. Erfolgt keine Heilung, ist der Beschluss anfechtbar, falls es auf die Stimmrechtsausübung für das Ergebnis ankam. 20

II. Gesetzliche Vertretungsmacht zur Stimmrechtsausübung

Gesetzliche Vertreter des Gesellschafters bedürfen **keiner Vollmacht**. Das gilt für Eltern (§§ 1626 Abs. 1, 1629 Abs. 2 BGB) ebenso wie für den Vormund (§ 1793 BGB), Betreuer (§ 1902 BGB) und Pfleger (§§ 1915, 1973 BGB). Besteht bei einem Minderjährigen eine vom Vormundschaftsgericht genehmigte Ermächtigung zum selbstständigen Betrieb eines Erwerbsgeschäftes (§ 112 BGB) und gehört der Geschäftsanteil zum Geschäftsvermögen, kann der beschränkt Geschäftsfähige selbst ohne besondere Einwilligung abstimmen (Baumbach / Hueck / *Zöllner* § 47 Rn. 43). Andernfalls ist eine Spezial- oder Generaleinwilligung des gesetzlichen Vertreters erforderlich. 21

Ist eine **juristische Person** Gesellschafterin einer GmbH, so wird ihr Stimmrecht durch ihr **Vertretungsorgan** ausgeübt, bei der AG also durch den Vorstand, bei der GmbH durch den Geschäftsführer etc. Da die Stimmrechtsausübung gegenüber der GmbH erfolgt, ist auch dann, wenn die Abstimmung ein Vorstandsmitglied der AG betrifft (z. B. Entlastung als Geschäftsführer der GmbH), nicht etwa der Aufsichtsrat nach § 112 AktG zuständig (Baumbach / Hueck / *Zöllner* § 47 Rn. 37). Ein Nachweis der Vertretungsmacht ist in jeder geeigneten Weise möglich, z. B. bei Vertretungsorganen von Handelsgesellschaften durch Vorlage eines aktuellen Handelsregisterauszuges. OHG, KG und GbR stimmen durch ihre vertretungsberechtigten Gesellschafter ab. 22

III. Stimmrechtsausübung durch Amtswalter

Im Falle der Insolvenz eines Gesellschafters ist allein der **Insolvenzverwalter** zur Ausübung des Stimmrechts berechtigt, bei Nachlassverwaltung der **Nachlassverwalter**, bei Testamentsvollstreckung aus einem zum Nachlass gehörenden Geschäftsanteil der **Testamentsvollstrecker**, freilich begrenzt auf solche Handlungen, die keine neuen Verpflichtungen der Erben bewirken. Inwieweit der Gesellschaftsvertrag die Stimmrechtsausübung durch den Testamentsvollstrecker ausschließen kann, ist im Einzelnen umstritten (m. w. N. Baumbach / Hueck / *Zöllner* § 47 Rn. 42). Ist der Testamentsvollstrecker aus rechtlichen Gründen an der Stimmrechtsausübung verhindert (z. B. infolge von Abs. 4), dann sind die Erben selbst stimmberechtigt (BGHZ 108, 21, 28). 23

IV. Stimmrechtsausübung durch Vertreter ohne Vertretungsmacht

Eine Stimmabgabe ohne Vertretungsmacht, etwa bei fehlender Erteilung oder bei unwirksamer Erteilung (z. B. ohne Einhaltung des Formerfordernisses oder durch einen Nichtberechtigten), ist **schwebend unwirksam**. Die schwebende Unwirksamkeit kann nach den allgemeinen Regeln durch **formlose Genehmigung** (§§ 180 S. 2 i. V. m. 177 BGB) beseitigt werden. Auch § 177 Abs. 2 BGB (Aufforderung zur Genehmigung durch den Versammlungsleiter oder Geschäftsführer jeweils für die Gesellschaft) findet Anwendung (Baumbach / Hueck / *Zöllner* § 47 Rn. 55). 24

25 Für den Fall, dass das Ergebnis der Abstimmung durch den Versammlungsleiter bindend festgestellt wird, obwohl die Abstimmung unter Beteiligung eines Vertreters ohne Vertretungsmacht erfolgt ist, ist durch **Anfechtungsklage** kombiniert mit positiver Beschlussfeststellungsklage das abweichende Beschlussergebnis geltend zu machen (Baumbach / Hueck / *Zöllner* § 47 Rn. 55).

V. Stimmrechtsausübung und § 181 BGB

26 Schon vom Tatbestand her ist § 181 BGB in denjenigen Fällen, in denen es um Konflikte zwischen den Interessen des abstimmenden Gesellschafters oder seinem Vertreter und der Gesellschaft geht, wie z. B. bei einer Abstimmung über ein zwischen dem Abstimmenden und der Gesellschaft abzuschließendes Geschäft nicht anwendbar; denn die Abstimmung ist ein Vorgang gesellschaftsinterner Willensbildung, der Geschäftsabschluss selbst erfolgt in einem separaten Akt. Ausschließliche sedes materiae ist in diesen Fällen § 47 Abs. 4 GmbHG (s. u. Rn. 35).

27 Hingegen findet nach mittlerweile h. M. **§ 181 BGB** bei Konflikten zwischen den Interessen eines Gesellschafters und dessen Vertreter in der Gesellschafterversammlung oder zwischen den Interessen zweier vertretener Gesellschafter – sog. Doppelvertretung – neben § 47 Abs. 4 GmbHG dann Anwendung, wenn der nicht vom Verbot des Selbstkontrahierens befreite Vertreter an der Beschlussfassung über eine Maßnahme mitwirkt, die seine eigenen Interessen in nicht unerheblichem Maße betrifft, wie z. B. seine eigene Bestellung zum Geschäftsführer, die Geltendmachung von Ersatzansprüchen oder die eigene Abberufung als Geschäftsführer (Baumbach / Hueck / *Zöllner* § 47 Rn. 60). Das gilt auch für die Stimmrechtsausübung juristischer Personen durch ihre Organe (s. o. Rn. 22). Vorstandsmitglieder können sich daher nicht selbst zum Geschäftsführer der Tochtergesellschaft bestellen, wenn sie von den Beschränkungen des § 181 BGB nicht befreit sind. Außerdem gehören nach der h. M. in der Literatur auch Maßnahmen dazu, die die Grundlagen der Gesellschaft betreffen, so z. B. Änderungen des Gesellschaftsvertrages, Zustimmung zu einem Gesellschafterwechsel, Abschluss und Aufhebung von Unternehmensverträgen auf Seiten der abhängigen Gesellschaft oder die Auflösung der Gesellschaft. Nach dieser Auffassung kommt hierbei die Vertretung zweier Gesellschafter durch einen Vertreter bzw. die Vertreter eines Gesellschafters durch seinen Mitgesellschafter nicht in Betracht. Diese Auffassung entspricht zwar nicht dem Wortlaut des § 181 BGB, da die Stimmabgabe jedenfalls im Grundsatz gegenüber der Gesellschaft erfolgt und nicht gegenüber dem Mitgesellschafter. Doch das am Wortlaut der Vorschrift orientierte Verständnis ist einem stärker teleologisch ausgeprägten Verständnis des § 181 BGB gewichen. Das ist auch richtig, denn die genannten Beschlüsse führen jeweils zu Vertragsabschlüssen bzw. zu Änderungen des zwischen den Vertretenen bestehenden Gesellschaftsvertrages.

28 An eine nach der h. M. grundsätzlich mögliche Auslegung der Erteilung der Vollmacht als gleichzeitige stillschweigende Befreiung des Vertreters von den Beschränkungen des § 181 BGB sind in Abhängigkeit von der Stärke des Interessenkonflikts und der Allgemeinheit der Vollmacht hohe Anforderungen zu stellen (A / E / S / *B. Schmidt* § 47 Rn. 22).

E. Stimmrechtsausübung bei Personenmehrheiten

29 Bei in **Gütergemeinschaft** lebenden Ehegatten stimmt der verwaltende Ehegatte allein ab, bei gemeinschaftlicher Verwaltung beide gemeinsam, § 1421 BGB. Das gilt selbstverständlich nur, wenn der Geschäftsanteil zum Gesamtgut gehört. Im Falle der **Erbengemeinschaft** oder der **Bruchteilsgemeinschaft** steht das Stimmrecht allen gemeinsam zu (vgl. auch BGHZ 108, 21, 31 f.). Nach dem Prinzip des § 18 Abs. 1 GmbHG kann bei mehreren Mitberechtigten gemeinsam zustehenden Geschäftsanteilen auch das Stimmrecht gleichwohl nur einheitlich ausgeübt werden. In diesen Fällen müssen daher die Berechtigten rechtzeitig für Bevollmächtigung eines gemeinsamen Vertreters und den Nachweis seiner Bevollmächtigung sorgen. Zur Schaffung einer eindeutigen Regelung empfiehlt sich die Aufnahme einer **Regelung in den Gesellschaftsvertrag**, nach der das Stimmrecht jeweils nur durch eine Person als Vertreter mehrerer Gesamtberechtigter oder Vertretungsberechtigter zulässig ist.

F. Stimmverbote, Abs. 4

I. Allgemeines

In Abs. 4 sieht der Gesetzgeber in **vier typischen Konfliktfällen** zwischen Eigeninteresse des Gesellschafters und Gesellschaftsinteresse ein Stimmverbot für den betroffenen Gesellschafter vor. Ziel der Vorschrift ist der Schutz des Gesellschaftsinteresses vor außerhalb der Gesellschaft stehenden Sonderinteressen durch Ausschluss von Fällen des »Richtens in eigener Sache« (BGHZ 9, 157, 178) und von Insichgeschäften. Eine Ausdehnung des Anwendungsbereiches der Vorschrift kommt aus Gründen der Rechtssicherheit lediglich in Fällen in Betracht, in denen ein gleich gelagerter Interessenkonflikt vorliegt (BGHZ 97, 28, 33). Eine Ausdehnung auf einem Gesellschafter persönlich oder rechtliche nahe stehende Personen findet nicht statt (BGH DB 2003, 494, 496). Auch für Geschäfte des Alleingesellschafters (BGHZ 105, 324, 333) und bei einer sich auf alle Gesellschafter erstreckende, gleichmäßigen Konfliktlage gelten die Stimmverbote nicht. Für juristische Personen gelten die Stimmverbote, wenn eines ihrer Mitglieder, dessen wirtschaftliche Interessen mit denen der juristischen Person gleichzusetzen sind, betroffen ist. 30

Die Stimmverbote des Abs. 4 gelten auch im **Konzern**, ein Konzernprivileg wird von der Rechtsprechung nicht anerkannt (BGH NJW 1973, 1039, 1041). Das Stimmverbot erfasst auch Abstimmungen in **anderen Organen** der Gesellschaft, z. B. in einem Aufsichtsrat, in dem der Gesellschafter vertreten ist (Lutter / Hommelhoff/*Lutter/Hommelhoff* GmbHG, § 47 Rn. 17). 31

Ein Verstoß gegen das Stimmverbot nach Abs. 4 führt zur **Nichtigkeit der Stimmabgabe**. Die Stimme darf bei der Beschlussfeststellung nicht berücksichtigt werden (OLG Düsseldorf DB 2000, 1956, 1957). Die Gültigkeit des Beschlusses bleibt aber unberührt, wenn das Abstimmungsergebnis durch die Nichtberücksichtigung der nichtigen Stimmabgabe unverändert bleibt (A / E / S / *B. Schmidt* § 47 Rn. 30). In der unter Verletzung des Stimmverbotes erfolgenden Stimmabgabe liegt zugleich eine Verletzung der gesellschafterlichen Treuepflicht mit der Möglichkeit daraus folgender, u. U. auch deliktischer Schadensersatzverpflichtungen. Das Recht des Gesellschafters zur **Teilnahme** an der Gesellschafterversammlung bleibt von dem Stimmverbot unberührt. 32

II. Die Stimmverbote im Einzelnen

1. Entlastung des Gesellschaftergeschäftsführers, Abs. 4 S. 1 Alt. 1

Das Stimmverbot nach Abs. 4 S. 1 Alt. 1 soll verhindern, dass der Gesellschafter bei der Beschlussfassung über die eigene Entlastung als **»Richter in eigener Sache«** sein eigenes Wirken als Geschäftsführer, Liquidator oder Mitglied eines Aufsichtsrates, eines Beirates oder eines anderen Gesellschaftsorgans beurteilt. Dieses Stimmverbot findet auf alle Beschlüsse, die eine Billigung oder Missbilligung von Gesellschafterverhalten, so insbesondere die Einziehung seines Geschäftsanteils, seine Abberufung als Geschäftsführer (BGHZ 86, 177, 178), die außerordentliche Kündigung seines Anstellungsvertrages (BGH NJW 1987, 1889) oder die rechtlichen Folgen seiner Pflichtverletzungen (OLG Düsseldorf DB 2000, 1956, 1957) zum Gegenstand haben. Bezieht sich der Vorwurf auf mit anderen Geschäftsführern gemeinsam begangene Pflichtverletzungen bezieht sich das Stimmverbot zusätzlich auf die Beschlussfassung betreffend die Entlastung der an der behaupteten Pflichtverletzung Beteiligten, da nur eine einheitliche Bewertung möglich ist (BGHZ 108, 21, 25). 33

2. Befreiung von einer Verbindlichkeit, Abs. 4 S. 1 Alt. 2

Unabhängig vom Rechtsgrund, vom Inhalt und vom Zusammenhang der Befreiung von einer Verbindlichkeit unterliegt der Gesellschafter bei der Beschlussfassung in jedem Falle einem Stimmverbot. Ist für die Verbindlichkeit durch einen Mitgesellschafter eine Bürgschaft bestellt worden, so unterliegt auch dieser wegen der unmittelbar wirkenden Akzessorietät zwischen Hauptschuld und Bürgschaft einem Stimmverbot. Abs. 4 S. 1 Alt. 2 erfasst auch Beschlussfassungen über die **Geltendmachung von Forderungen**, da eine negative Sachentscheidung einer Be- 34 freiung von einer Verbindlichkeit zumindest nahekommt. Insbesondere ist auch jede dem Schuldner zugute kommende »**Lockerung**« **einer Verbindlichkeit** z. B. durch Stundung oder Zinslosstellung von Abs. 4 S. 1 Alt. 2 erfasst (Lutter / Hommelhoff / *Lutter/Hommelhoff* GmbHG, § 47 Rn. 20). Er unterliegt bei den entsprechenden Beschlussfassungen einem Stimmverbot.

3. Rechtsgeschäfte mit einem Gesellschafter, Abs. 4 S. 2 Alt. 1

35 Auch bei der Vornahme eines Rechtsgeschäfts durch die Gesellschaft mit einem ihrer Gesellschafter hat dieser kein Stimmrecht. Erfasst sind einseitige Rechtsgeschäfte (z. B. Ausübung von Gestaltungsrechten, Genehmigungen etc.) zwei- und mehrseitige Rechtsgeschäfte (z. B. Verträge) sowie rechtsgeschäftsähnliche Handlungen (z. B. Mahnungen, Mängelanzeigen). Nicht betroffen sind hingegen grundsätzlich Beschlüsse über **innere Angelegenheiten** der Gesellschaft, auch wenn sie den persönlichen Rechtskreis des Gesellschafters betreffen, da der Gesellschafter insoweit nur seine gesellschafterlichen Verwaltungsrechte wahrnimmt (BGH NJW 1991, 172, 173). Erfasst sind hingegen auch **Vorbereitungshandlungen** zur Vornahme von entsprechenden Rechtsgeschäften gegenüber Gesellschaftern wie z. B. eine entsprechende Weisung, Beauftragung oder Ermächtigung an den Geschäftsführer, sowie Rechtsgeschäfte, die dem Gesellschafter nur mittelbar zugute kommen wie die Stellung einer Sicherheit zu Gunsten eines Vertragspartners des Gesellschafters, ohne dass es zu einem unmittelbaren Rechtsgeschäft mit dem Gesellschafter kommt (A / E / S / *B. Schmidt* § 47 Rn. 38). Ebenso genügt die nur mittelbare Beteiligung des Gesellschafters an einem Rechtsgeschäft, etwa über einen Treuhänder (BGHZ 56, 47, 53). Ist ein Gesellschafter auch Gesellschafter des Vertragspartners, so gilt das Stimmverbot nur dann, wenn die wirtschaftliche Verbindung so stark ist, dass das persönliche Interesse des Gesellschafters mit dem des Unternehmens, das Vertragspartner ist, praktisch identisch ist (BGHZ 56, 47, 53).

4. Rechtsstreitigkeiten mit einem Gesellschafter, Abs. 4 S. 2 Alt. 2

36 Sowohl bei der Einleitung als auch bei der **Erledigung** eines Rechtsstreits gegen einen Gesellschafter ist das Stimmrecht des betroffenen Gesellschafters ausgeschlossen. Zu den Rechtsstreitigkeiten im Sinne dieser Vorschrift gehören Klageverfahren aller Art, Mahnverfahren, Verfahren des einstweiligen Rechtsschutzes und Zwangsvollstreckungsverfahren sowie ein Verfahren vorbereitende Handlungen (BGH NJW 1991, 172, 173). Auch die Beteiligung der Gesellschaft an Verfahren im Wege der Nebenintervention oder der Streitverkündung gehören dazu, und zwar unabhängig davon, ob der Gesellschafter auf der Seite des Prozessgegners steht, denn in diesem Falle ist die Entscheidung eine Entscheidung gegen den Beitritt auf Seiten des Prozessgegners des Gesellschafters (A / E / S / *B. Schmidt* § 47 Rn. 40). Nicht erfasst hingegen ist die Beschlussfassung betreffend eine außergerichtliche Geltendmachung von Forderungen gegenüber Gesellschaftern.

G. Dispositivität der gesetzlichen Regelungen zur Beschlussfassung

37 Durch den Gesellschaftsvertrag kann von den in § 47 GmbHG für die Beschlussfassung vorgesehenen Regelungen in vielfältiger Weise abgewichen werden. Nur einige wenige **zentrale Grundsätze** sind stets zu beachten. Dazu zählt grundsätzlich insbesondere das **Mehrheitsprinzip**. Stichentscheid und Zulassung der relativen Mehrheit bei Wahlen für die Besetzung der Organe sind aber möglich. Hingegen ist eine Ersetzung des Mehrheitsprinzips durch das Prinzip der Einstimmigkeit mit wenigen Ausnahmen (z. B. Abberufung eines Geschäftsführers aus wichtigem Grund) grundsätzlich zulässig. Auch kommen die Statuierung zusätzlicher Stimmverbote sowie die Schaffung stimmrechtsloser Geschäftsanteile in Betracht. Eine **Abmilderung der Stimmverbote** nach § 47 Abs. 4 GmbHG durch den Gesellschaftsvertrag hingegen kommt nach der h. M. nur bezüglich der Vornahme von Rechtsgeschäften mit den Gesellschaftern (S. 2 Alt. 2) in Betracht (BGH DStR 1994, 869).

H. Fehlerhafte Gesellschafterbeschlüsse

Auf fehlerhafte Gesellschafterbeschlüsse finden grundsätzlich die **aktienrechtlichen Vorschriften** über die **Anfechtbarkeit** und die **Nichtigkeit** von Hauptversammlungsbeschlüssen in den §§ 241 ff. AktG Anwendung (BGHZ 51, 209, 210; vgl. insoweit auch die ausführliche Kommentierung der §§ 241 ff. AktG in Kap. 10 (für die AG), sowie Kap. 16 Rn. 294 ff.). Anderes gilt nur, soweit Besonderheiten der GmbH Abweichungen erfordern. Auch für das Recht der GmbH gilt also die Unterscheidung nach Nichtigkeit und lediglich möglicher Anfechtbarkeit von Beschlüssen. Anfechtbare Gesellschafterbeschlüsse sind demnach durch Erhebung der Anfechtungsklage nachträglich vernichtbar. Hingegen ist die Bildung einer Sonderkategorie von Schein- oder Nichtbeschlüssen außerhalb des analog anzuwendenden Systems der aktienrechtlichen Vorschriften zu Beschlussmängeln durch eine ältere Rechtsprechung des BGH (BGHZ 11, 231, 236) und nach der heute h. M. überflüssig, da solche Beschlüsse sich ganz regelmäßig bereits durch die analoge Anwendung der §§ 241 ff. AktG als nichtig erweisen (Baumbach / Hueck / *Zöllner* § 47 Rn. 25 f.). 38

Die analog anzuwendenden Regelungen über Nichtigkeit und Anfechtbarkeit gelten für Beschlüsse **anderer Gesellschaftsorgane** als der Gesellschafterversammlung nur, wenn es sich um Beschlüsse im Bereich von auf das andere Gesellschaftsorgan durch den Gesellschaftsvertrag übertragenen Kompetenzen handelt (BGHZ 43, 261, 265). Hingegen gelten für **Beschlüsse eines Aufsichtsrates** aufgrund eigener gesetzlicher Zuständigkeit sowie für Beschlüsse der Geschäftsführung die allgemeinen Regeln (OLG Frankfurt BB 2003, 1975, 1976). 39

I. Nichtige Gesellschafterbeschlüsse

Rechtsfolge besonders schwerwiegender Mängel von Beschlüssen ist deren Nichtigkeit, die gegenüber jedermann ohne gerichtliche Feststellung wirkt (vgl. Kap. 10 § 241 Rn. 4 (für die AG); vgl. zu den Nichtigkeitsgründen außerdem auch Kap. 16 Rn. 296 ff.). Die Behandlung von Nichtigkeitsgründen in den §§ 241 ff. AktG ist nach h. M. abschließend und zwingend, so dass sie einer Regelung in der Satzung im Sinne einer Ausdehnung oder Begrenzung nicht zugänglich ist (Lutter / Hommelhoff / *Lutter/Hommelhoff* GmbHG, Anh. § 47 Rn. 9). Mit §§ 57 j S. 2 und 57 n Abs. 2 S. 4 GmbHG finden sich aber auch im GmbHG ausdrücklich geregelte Fälle der Nichtigkeit von Gesellschafterbeschlüssen (s. dazu jeweils die dortige Kommentierung sowie Kap. 16 Rn. 297). 40

Regelt ein Beschluss mehrere Fragen oder mehrere Aspekte einer Frage gleichzeitig, so ist in analoger Anwendung des § 139 BGB zu beurteilen, ob die Nichtigkeit den Beschluss insgesamt oder nur einzelne Teile des Beschlusses erfasst. Dabei gilt gem. § 139 BGB zunächst der gesamte Beschluss als unwirksam, es sei denn, es ist anzunehmen, der Beschluss wäre auch ohne den »primär nichtigen« Teil gefasst worden. Dafür muss der Beschluss inhaltlich in dem Sinne teilbar sein, dass der wirksam bleibende Teil des Beschlusses auch allein eine sinnvolle Regelung darstellt und dass die Gesellschafter bei Kenntnis der Wirksamkeit nur dieses Teils diese Teilregelung so getroffen hätten (BGH NJW 1996, 2087, 2088). Bilden mehrere Beschlüsse gemeinsam ein Regelwerk, so findet § 139 BGB darauf ebenfalls Anwendung (vgl. etwa BGHZ 112, 376, 378; vgl. hierzu auch Kap. 16 Rn. 307). 41

II. Die Nichtigkeitsgründe im Einzelnen

Vgl. zu den Nichtigkeitsgründen im Einzelnen auch Kap. 10 § 241 Rn. 9 ff. (für die AG) sowie Kap. 16 Rn. 296 ff.

1. Einberufungsmängel, § 241 Nr. 1 AktG analog

Nichtig sind Gesellschafterbeschlüsse, die in Gesellschafterversammlungen gefasst wurden, deren Einberufung unter Verstoß gegen Vorschriften über die Einberufung erfolgt war. Dabei kommt es auf die Relevanz des Mangels für das Beschlussergebnis nicht an. Als Einberufungsmängel mit der Rechtsfolge der Nichtigkeit kommen in Betracht: **Fehlen der Einberufung** gegen- 42 über allen oder einzelnen Gesellschaftern; Einberufung durch einen Unbefugten; Einberufung nach § 50 Abs. 1 und Abs. 3 S. 1 GmbHG trotz Fehlens der dort formulierten Voraussetzungen; Aufforderung zur Stimmabgabe im schriftlichen Verfahren durch einen Unbefugten oder nicht gegenüber allen Gesellschaftern; falsche oder fehlende Ortsangabe oder Datumsangabe (vgl. auch Kap. 10 § 241 Rn. 10 ff. für die AG).

43 Widerspricht auf einer Vollversammlung kein Gesellschafter der Beschlussfassung trotz des Einberufungsmangels, liegt ein Beschlussmangel nicht vor (BGHZ 100, 264, 269; BGHZ 36, 207, 211). Darüber hinaus gilt, dass Einberufungsmängel von **nicht betroffenen Gesellschaftern** nicht gegen den Willen der betroffenen Gesellschafter geltend gemacht werden können. Ein nur einzelne Gesellschafter betreffender Einberufungsmangel kann daher durch deren Ladungs- oder Rügeverzicht auch ohne Vollversammlung, ggf. auch im Wege der Genehmigung des Beschlusses (§ 242 Abs. 2 S. 4 AktG analog), beseitigt werden.

2. Beurkundungsmängel, § 241 Nr. 2 AktG analog

44 Die Nichtbeachtung des gesetzlichen Erfordernisses notarieller Beurkundung (z. B. bei Änderungen des Gesellschaftsvertrages gem. § 53 Abs. 2 GmbHG, bei Kapitalmaßnahmen und bei Umwandlungen nach dem UmwG) führt zur **Nichtigkeit** des jeweiligen Beschlusses. Das gilt hingegen nicht für das Erfordernis der Aufnahme einer Niederschrift nach § 48 Abs. 3 GmbHG sowie für von der Satzung angeordnete Beurkundungs-, Protokollierungs- und Niederschriftspflichten (Lutter / Hommelhoff / *Lutter/Hommelhoff* GmbHG, Anh. § 47 Rn. 15; vgl. auch Kap. 10 § 241 Rn. 13 für die AG).

3. Inhaltsmängel, § 241 Nr. 3 AktG analog

45 Beschlüsse, die die Struktur der GmbH als Kapitalgesellschaft und ihre spezifische Einordnung in das System der Kapitalgesellschaften berühren würden (z. B. Eingriffe in die Zuständigkeiten der Geschäftsführer mit der Folge einer völligen Aushöhlung ihrer gesetzlich vorgesehenen Rolle innerhalb der Gesellschaft oder die Wegnahme von den Gesellschaftern nicht entziehbaren Verwaltungs- oder Minderheitsrechten), sind nach § 241 Nr. 3 Alt. 1 AktG analog nichtig (Lutter / Hommelhoff / *Lutter/Hommelhoff* GmbHG, Anh. § 47 Rn. 16). Grundsätzlich ist die Bedeutung von § 241 Nr. 3 Alt. 1 AktG analog im Recht der GmbH aber sehr gering, da die in Betracht kommenden Fälle durch den Katalog des § 241 AktG meist direkt und ausdrücklich erfasst sind.

46 Zu den Vorschriften, die ausschließlich oder überwiegend zum Schutz der Gesellschaftsgläubiger oder sonst im öffentlichen Interesse gegeben sind, sind insbesondere die folgenden Vorschriften des GmbHG zu zählen: Regelungen über die Firma (§ 4 GmbHG) und die Kapitalaufbringung und -erhaltung (§ 5 Abs. 1 und Abs. 3 S. 2, § 9, § 19 Abs. 2 und Abs. 3, §§ 21 bis 24, §§ 30 bis 33, § 55 Abs. 4, § 58 GmbHG). Im öffentlichen Interesse bestehen weiterhin die Strafvorschriften der §§ 82 ff. GmbHG und darüber hinaus außerhalb des GmbHG insbesondere zwingende Vorschriften der Mitbestimmungsgesetze (BGHZ 89, 48, 50) und des Gesetzes gegen Wettbewerbsbeschränkungen (vgl. auch Kap. 10 § 241 Rn. 15 ff. für die AG).

47 Bei **Beschlussmängeln** nach § 241 Nr. 3 AktG analog kommt es allein auf einen Verstoß gegen den Inhalt der erfassten Vorschriften an; bloße Verfahrensverstöße haben nicht die Nichtigkeit zur Folge.

4. Inhaltsmängel durch Verstoß gegen die guten Sitten, § 241 Nr. 4 AktG analog

48 Ein Verstoß gegen die guten Sitten, aus dem die Nichtigkeit des betreffenden Beschlusses folgt, muss sich wie in den Fällen des § 241 Nr. 3 AktG analog stets auf den allein betrachteten Inhalt des Beschlusses beziehen, nicht hingegen auf Zweck oder Art seines Zustandekommens (BGHZ 15, 382, 285). Demnach sind Beschlüsse, die nach Beweggrund, Zweck oder Art des Zustandekommens gegen die guten Sitten verstoßen, nur anfechtbar (BGHZ 116, 359, 374). Das ist bei § 138 BGB anders.

Anderes aber gilt auch bei § 241 Nr. 4 AktG analog dann, wenn der Beschluss in unverzichtbare Rechte eines Gesellschafters eingreift, Gläubiger oder andere in sittenwidriger Weise schädigt, ohne dass diese die Möglichkeit zur Anfechtbarkeit von Beschlüssen haben (vgl. auch Kap. 10 § 241 Rn. 18 für die AG). 49

5. Nichtigkeit durch Urteil nach Anfechtung, § 241 Nr. 5 AktG analog

Wird einer Anfechtungsklage rechtskräftig stattgegeben, so ergibt sich als Rechtsfolge aus dem Urteil auch die Nichtigkeit des Beschlusses. Die Wirkung der Nichtigkeit des Beschlusses besteht dann auch in diesen Fällen **ex tunc** (vgl. auch Kap. 10 § 241 Rn. 19 für die AG). 50

6. Nichtigkeit aufgrund Löschung nach § 144 Abs. 2 FGG, § 241 Nr. 6 AktG analog

Ein Beschluss ist nichtig, wenn er von Amts wegen gem. § 144 Abs. 2 FGG im Handelsregister aufgrund rechtskräftiger Entscheidung gelöscht wird. Eine Löschung von Amts wegen kommt gem. §§ 142, 143 FGG dann in Betracht, wenn der Beschluss durch seinen Inhalt zwingende gesetzliche Vorschriften verletzt und seine Beseitigung im öffentlichen Interesse erforderlich erscheint (§ 144 Abs. 2 FGG). Auf die Bedeutung der Eintragung in das Handelsregister für die Wirksamkeit des Beschlusses i. S. konstitutiver oder nur deklaratorischer Wirkung kommt es dabei nach h. M. nicht an, da das Gesetz keine Unterscheidung trifft (A/E/S/*B. Schmidt* § 47 Rn. 59). Die zeitliche Begrenzung des § 242 Abs. 2 S. 1 AktG analog gilt für Löschungen von Amts wegen nach § 144 Abs. 2 FGG gem. § 242 Abs. 2 S. 3 AktG analog nicht (vgl. auch Kap. 10 § 241 Rn. 20 ff. für die AG). 51

7. Nichtigkeit des festgestellten Jahresabschlusses, § 256 AktG analog

Die Nichtigkeit eines festgestellten Jahresabschlusses ergibt sich in analoger Anwendung des § 256 AktG auch durch Verstöße gegen **gläubigerschützende Vorschriften** (§ 256 Abs. 1 Nr. 1 AktG analog) wie z. B. durch die Nichtvornahme der Aufstellung eines Anhangs, die Nichtvornahme einer gesetzlich vorgeschriebenen Abschlussprüfung (§ 256 Abs. 1 Nr. 2 AktG analog), die Vornahme der Abschlussprüfung durch nicht bestellte oder den Anforderungen des Art. 25 EGHGB nicht entsprechende Personen (§ 256 Abs. 1 Nr. 3 AktG analog) und die Verletzung von Vorschriften von Gesetz oder Gesellschaftsvertrag betreffend die Einstellung von Beträgen in oder die Entnahme von Beträgen aus Kapital- oder Gewinnrücklagen (§ 256 Abs. 1 Nr. 4 AktG analog) sowie bei Verstößen gegen die Gliederung des Jahresabschlusses, soweit dadurch Klarheit und Übersichtlichkeit des Jahresabschlusses beeinträchtigt werden (§ 256 Abs. 4 AktG analog). § 256 Abs. 5 AktG analog ordnet die Nichtigkeit schließlich unter bestimmten Voraussetzungen im Falle des Vorliegens von Unter- oder Überbewertungen an. Zu beachten ist auch § 256 Abs. 3 AktG analog. Von der Nichtigkeit des Beschlusses betreffend die Feststellung des Jahresabschlusses ist auch der Beschluss über die Verwendung des Jahresergebnisses umfasst, § 253 AktG analog (vgl. auch ausführl. Kap. 10 § 256 für die AG sowie Kap. 16 Rn. 300, 303). 52

8. Nichtigkeit der Wahlen zum Aufsichtsrat, § 250 AktG analog

a) Fakultativer Aufsichtsrat

Bei der Beurteilung der Nichtigkeit von Wahlen zum Aufsichtsrat ist zwischen den Wahlen zu einem fakultativen Aufsichtsrat und den Wahlen zu einem obligatorischen Aufsichtsrat zu unterscheiden. Im Falle des fakultativen Aufsichtsrates kommt die analoge Anwendung von §§ 250 Abs. 1 Nr. 4, 100 AktG in Betracht, wenn das gewählte Mitglied des Aufsichtsrates bei Beginn seiner Amtszeit nicht eine natürliche, unbeschränkt geschäftsfähige Person ist (A/E/S/*B. Schmidt* § 47 Rn. 62). Da § 250 AktG den § 105 AktG nicht erwähnt, führt ein Verstoß gegen die in § 105 AktG formulierten Voraussetzungen nicht zur Nichtigkeit der Wahl. Außerdem verweist § 250 AktG auf die Nichtigkeitsgründe des § 241 Nr. 1 und 5 AktG, die ebenfalls auf die Wahl von Mitgliedern eines fakultativen Aufsichtsrates Anwendung finden, während die analoge Anwendung des § 241 Nr. 2 AktG schon deswegen nicht in Betracht kommt, da eine notarielle Beurkun- 53 dung der Wahl gar nicht stattfindet (A/E/S/*B. Schmidt* § 47 Rn. 62; vgl. auch ausführl. Kap. 10 § 250 für die AG)

b) Obligatorischer Aufsichtsrat

54 Bei der Wahl von Mitgliedern eines obligatorischen Aufsichtsrates kommen daneben über die Verweisungsnormen der mitbestimmungsrechtlichen Vorschriften (z. B. § 1 Abs. 1 Nr. 3 DrittelbG, §§ 1 Abs. 1, 25 Abs. 1 Nr. 2 MitbestG) weitere Nichtigkeitsgründe hinzu, so insbesondere die Überschreitung der gesetzlich festgelegten Höchstzahl von Aufsichtsratsmitgliedern (§§ 250 Abs. 1 Nr. 3 i. V. m. 95 AktG analog), Überschreitung der Höchstzahl von Aufsichtsratsmandaten (§§ 250 Abs. 1 Nr. 4, 100 Abs. 2 Nr. 2 und 3 AktG analog), Verstoß gegen andere Regeln betreffend die Zusammensetzung des Aufsichtsrates (§§ 250 Abs. 1 Nr. 4 AktG, 96 Abs. 2, 97 Abs. 2 S. 1, 98 Abs. 4 AktG analog). § 250 Abs. 1 Nr. 2 AktG findet nur bei Aufsichtsräten Anwendung, die nach dem MontanMitbestG gebildet worden sind (vgl. auch Kap. 16 Rn. 299).

III. Rechtsfolgen, Heilung und Geltendmachung der Nichtigkeit (Nichtigkeitsklage)

1. Rechtsfolgen

55 Nichtige Gesellschafterbeschlüsse sind **rechtlich unwirksam**, sie entfalten daher keinerlei Rechtswirkung. Die rechtliche Unwirksamkeit ist von jedermann zu beachten, insbesondere auch von dem Geschäftsführer, der nichtige Beschlüsse nicht ausführen darf, und vom Registergericht, das nichtige Beschlüsse nicht in das Handelsregister eintragen darf.

2. Heilung

56 Die Heilung eines nichtigen Beschlusses kommt grundsätzlich nur bei Beschlüssen in Betracht, die in das Handelsregister einzutragen sind (A/E/S/*B. Schmidt* § 47 Rn. 66; vgl. Kap. 16 Rn. 301 f.). Die Heilung führt zur **Unbegründetheit einer Nichtigkeitsklage**, die Möglichkeit zur Löschung von Amts wegen gem. § 144 Abs. 2 FGG bleibt unberührt (§ 242 Abs. 2 S. 3 AktG analog; vgl. auch Kap. 16 Rn. 304).

57 Ergibt sich die Nichtigkeit aus einem Verstoß gegen § 241 Nr. 2 AktG analog, also aus der fehlenden oder mangelbehafteten notariellen Beurkundung des Beschlusses (s. o. Rn. 44), genügt für die Heilung bereits die Eintragung in das Handelsregister selbst (§ 242 Abs. 1 AktG analog; vgl. zu § 242 AktG ausführl. Kommentierung in Kap. 10 (für die AG), sowie Kap. 16 Rn. 302). Bei Verstößen gegen § 241 Nr. 1, Nr. 3 und Nr. 4 AktG, also im Falle von Verstößen gegen Vorschriften betreffend die Einberufung der Gesellschafterversammlung, bei Verstößen gegen das Wesen der Gesellschaft, gegen Gläubigerschutzvorschriften oder gegen im öffentlichen Interesse bestehende Vorschriften sowie bei inhaltlichen Verstößen gegen die guten Sitten tritt Heilung erst mit dem Ablauf von drei Jahren nach Eintragung des nichtigen Beschlusses in das Handelsregister ein (BGHZ 80, 212, 217). Bei Verstößen gegen § 121 Abs. 4 AktG analog (Ladungsmängel) und der daraus resultierenden Nichtigkeit des Beschlusses nach § 241 Nr. 1 AktG analog kommt alternativ die **Heilung durch Genehmigung** des betroffenen, also nicht geladenen Aktionärs in Betracht (vgl. – für die AG – Kap. 10 § 242 Rn. 8).

3. Frist zur Geltendmachung der Nichtigkeit

58 Obwohl eine Eintragung im Handelsregister nicht erfolgt, kann gem. § 256 Abs. 6 AktG analog die Nichtigkeit von Jahresabschlussfeststellungs- und Ergebnisverwendungsbeschlüssen bereits dann nicht mehr geltend gemacht werden, wenn sechs Monate bzw. drei Jahre seit Bekanntmachung im Bundesanzeiger verstrichen sind (A/E/S/*B. Schmidt* § 47 Rn. 66).

4. Bestätigungs- oder Genehmigungsbeschluss

59 Sog. Bestätigungs- oder auch Genehmigungsbeschlüsse gelten als **Neuvornahme** des jeweiligen nichtigen Beschlusses, sie wirken daher nur ex nunc (§ 141 BGB analog).

5. Nichtigkeitsklage, § 249 AktG analog

Vgl. zur Nichtigkeitsklage auch ausführl. Kap. 16 Rn. 380 ff. sowie (für die AG) Kap. 10 §§ 249, 250.

a) Klagebefugnis

Die Nichtigkeitsklage gem. § 249 AktG analog ist ein spezieller Rechtsbehelf zur Geltendmachung der Nichtigkeit eines Gesellschafterbeschlusses. Zur Erhebung einer Nichtigkeitsklage sind analog § 249 Abs. 1 S. 1 AktG die Gesellschafter, jeder Geschäftsführer und auch die Mitglieder sowohl eines fakultativen als auch eines obligatorischen Aufsichtsrates berechtigt. Darüber hinaus kann im Hinblick auf Beschlüsse betreffend die Wahl zum obligatorischen Aufsichtsrat auch durch Betriebsräte und durch die im Unternehmen vertretenen Gewerkschaften einschließlich deren Spitzenorganisationen Nichtigkeitsklage erhoben werden (§ 250 Abs. 2 AktG analog). Besteht die Klageberechtigung für eine Nichtigkeitsklage, fehlt es für die Erhebung einer allgemeinen Feststellungsklage gem. § 256 ZPO an dem erforderlichen Feststellungsinteresse (BGHZ 70, 384, 388). Im Falle der Veräußerung eines Geschäftsanteils geht die Klageberechtigung erst im Zeitpunkt der ordnungsgemäßen Anmeldung des Erwerbs bei der Gesellschaft gem. § 16 Abs. 1 GmbHG auf den Erwerber über. Die Übertragung bleibt auf einen bereits anhängigen Prozess ohne Wirkung (§ 265 Abs. 2 ZPO; vgl. BGHZ 43, 261, 268). 60

b) Beklagter

Die Klage ist **gegen die Gesellschaft** zu richten, die stets durch ihre Geschäftsführer vertreten wird. § 246 Abs. 2 S. 2 AktG findet keine analoge Anwendung (A/E/S/*B. Schmidt* § 47 Rn. 75). 61

c) Frist, Verwirkung

Die Erhebung einer Nichtigkeitsklage ist nicht an eine bestimmte **Frist** gebunden. Eine Frist kann insbesondere auch nicht durch die Satzung statuiert werden. Die unbeschränkte Möglichkeit zur Geltendmachung von Nichtigkeitsgründen liegt im öffentlichen Interesse und steht schon daher nicht zur Disposition der Gesellschafter. In Betracht kommt allenfalls eine **Verwirkung** der Geltendmachung der Nichtigkeit im Wege der Nichtigkeitsklage in bestimmten Ausnahmefällen (vgl. etwa BGHZ 22, 101, 106). 62

d) Zuständigkeit

Aus § 246 Abs. 3 S. 1 AktG analog ergibt sich die **ausschließliche Zuständigkeit** des Landgerichts, in dessen Bezirk die Gesellschaft ihren Sitz hat, aus § 95 Abs. 1 Nr. 4 a GVG ergibt sich die funktionelle Zuständigkeit der **Kammer für Handelssachen** im Falle einer entsprechenden Antragstellung (§ 96 Abs. 1 GVG). Mehrere Nichtigkeitsklagen sind gem. § 249 Abs. 2 S. 1 AktG analog zu verbinden, mehrere Kläger sind notwendige Streitgenossen gem. § 62 ZPO. 63

e) Darlegungs- und Beweislast

Die Darlegungs- und Beweislast tragen grundsätzlich für alle Tatsachen, die die Mangelhaftigkeit des Beschlusses begründen können, die Kläger (A/E/S/*B. Schmidt* § 47 Rn. 79). Im Hinblick auf die genaue Kenntnis gesellschaftsinterner Tatsachen kann die Gesellschaft allerdings eine sog. **sekundäre Darlegungslast** treffen. Für den Streitwert gilt grundsätzlich § 247 AktG analog, mit Ausnahme von § 247 Abs. 1 S. 2 AktG (OLG Karlsruhe GmbHR 1995, 302; vom BGH bisher offengelassen). 64

f) Urteilswirkungen

Wird der Nichtigkeitsklage durch das Urteil stattgegeben, so wird mit dem Urteil die **Nichtigkeit** des angegriffenen Beschlusses festgestellt. Der Beschluss ist dann als von Anfang unwirksam anzusehen (A/E/S/*B. Schmidt* § 47 Rn. 81). Das Urteil wirkt **inter omnes**, also jedermann gegenüber (§§ 249 Abs. 1 S. 1, 248 Abs. 1 S. 1 AktG analog; vgl. auch die ausdrückliche Regelung in 65

§ 252 Abs. 1 AktG analog). Aus der Tragweite der gerichtlichen Entscheidung ergibt sich die Verpflichtung für die Geschäftsführer, Gesellschafter, Aufsichtsrat oder Beirat über die Nichtigkeitsklage **unverzüglich zu informieren**, um ihnen die Möglichkeit der Teilnahme am Prozess als Nebenintervenienten zu ermöglichen (BGHZ 97, 28, 31). Im Falle der Klageabweisung wirkt das Urteil ausschließlich zwischen den Prozessbeteiligten. Ein nicht beteiligter Klageberechtigter ist also nicht gehindert, die Feststellung der Nichtigkeit aus denselben Gründen ebenfalls gerichtlich geltend zu machen.

66 Sämtliche Urteile, die einer Nichtigkeitsklage, welche einen anmeldungspflichtigen Gesellschafterbeschluss zum Gegenstand hatte, stattgeben, sind vom Geschäftsführer unverzüglich **zum Handelsregister einzureichen** (§ 248 Abs. 1 S. 2 AktG analog); war der Beschluss im Handelsregister eingetragen, muss in analoger Anwendung des § 248 Abs. 1 S. 3 AktG auch das Nichtigkeitsurteil eingetragen werden.

IV. Anfechtbare Gesellschafterbeschlüsse

67 Aus einem Verstoß gegen Gesetz oder Satzung durch einen Gesellschafterbeschluss kann sich seine Anfechtbarkeit gem. § 243 Abs. 1 AktG analog ergeben, wenn der Verstoß selbst nicht bereits einen Nichtigkeitsgrund darstellt. Der Begriff »Gesetz« umfasst nicht nur Gesetze im formellen Sinn, sondern alle in Deutschland geltenden Rechtsvorschriften des Privatrechts und des Öffentlichen Rechts, insbesondere also auch Rechtsverordnungen, Gewohnheitsrecht, allgemeine Rechtsgedanken und Rechtsgrundsätze (Art. 2 EGBGB). Verstöße gegen reine Ordnungsvorschriften in Gesetz oder Satzung berechtigen hingegen nicht zur Anfechtung. Dabei ist es im Einzelfall eine Auslegungsfrage, ob es sich bei der betroffenen Vorschrift lediglich um eine **Ordnungsvorschrift** handelt. So ist die Verwendung des Wortes »soll« ein Hinweis auf eine solche Ordnungsvorschrift. Die Satzung kann auch ausdrücklich statuieren, dass Verstöße gegen bestimmte Vorschriften nicht zur Anfechtung berechtigen. Sie qualifiziert die entsprechenden Vorschriften damit als Ordnungsvorschriften. Dies kann sie aber nur im Hinblick auf Verstöße gegen **dispositives Gesetzesrecht**. Ohne eine entsprechende Satzungsregelung führen aber auch Verstöße gegen dispositives Gesetzesrecht zur Anfechtbarkeit des Beschlusses. Auch kann die Satzung das Anfechtungsrecht nicht grundsätzlich für alle Gesellschafter oder für bestimmte Geschäftsanteile ausschließen.

68 Weiterhin muss das **Beschlussergebnis** zunächst **verbindlich festgestellt** worden sein, sei es aufgrund der erforderlichen notariellen Beurkundung oder durch einen in der Satzung vorgesehenen, oder mit einstimmigem Beschluss gewählten Versammlungsleiter (A/E/S/*B. Schmidt* § 47 Rn. 84). Hingegen ist die **Protokollierung** des Beschlussergebnisses selbst zur Herbeiführung der vorläufigen Verbindlichkeit nicht notwendigerweise erforderlich. Das Beschlussergebnis muss darüber hinaus auch **verkündet** worden sein. Bei Einigkeit aller Gesellschafter ist die verkündete Feststellung durch den Versammlungsleiter entbehrlich, da das Beschlussergebnis dennoch sicher feststeht. Fehlt die vorläufig verbindliche Beschlussfeststellung, führt der Beschlussmangel nicht zur Anfechtbarkeit mit der Folge, dass nach Ablauf der Anfechtungsfrist der Mangel nicht mehr geltend gemacht werden kann. Es gilt dann die tatsächliche Rechtslage (A/E/S/*B. Schmidt* § 47 Rn. 84).

V. Die Anfechtungsgründe im Einzelnen

69 Als Anfechtungsgründe kommen Beschlussmängel sowohl im Hinblick auf das Zustandekommen des Beschlusses, also im Hinblick auf das **Verfahren**, als auch im Hinblick auf den **Inhalt** des Beschlusses in Betracht.

Vgl. zu den Anfechtungsgründen im Einzelnen auch Kap. 10 § 243 Rn. 2 ff. (für die AG), sowie Kap. 16 Rn. 309 ff.

1. Verfahrensverstöße

Als Verstöße gegen das Verfahren können insbesondere die **folgenden Mängel** zur Anfechtung berechtigen: zu kurze Ladungsfrist; Tagesordnung nicht (vollständig oder rechtzeitig oder richtig) mitgeteilt; Nichtladung teilnahmeberechtigter Personen (z. B. Mitglieder eines Beirats oder Aufsichtsrates); Nichtteilnahme des Abschlussprüfers trotz Teilnahmeverlangens eines Gesellschafters (vgl. § 42 a Abs. 3 GmbHG sowie die dortige Kommentierung); unzulässiger Zeitpunkt oder Ort der Versammlung; Beschlussunfähigkeit; Anwesenheit nicht teilnahmeberechtigter Personen; Verkennung der Gültigkeit von Stimmen oder von Mehrheitserfordernissen; falsche Auszählung der Stimmen; zu Unrecht erfolgter Ausschluss vom Stimmrecht; Nichtzulassung von ordnungsgemäß Bevollmächtigten; unzureichende Informationsgewährung; unzulässige Einschränkung des Rederechts; unberechtigte Auskunftsverweigerung; Abweichung von der Tagesordnung; Behinderung einer Antragstellung (vgl. zu den Verfahrensverstößen auch Kap. 10 § 243 Rn. 4 ff. (für die AG) sowie Kap. 16 Rn. 311). 70

Trotz Vorliegens eines Verfahrensverstoßes bleibt die Wirksamkeit eines Beschlusses unberührt, 71 wenn der gerügte Mangel für das Beschlussergebnis **nicht ursächlich** war. Grundsätzlich wird diese Ursächlichkeit vermutet (vgl. BGH NJW 1998, 1317, 1318). Die Ursächlichkeit des Verfahrensverstoßes für das Beschlussergebnis kann nur in dem Falle verneint werden, dass bei vernünftiger Beurteilung offensichtlich ist, dass der Beschluss auch ohne den Mangel zustande gekommen wäre; eine Auswirkung des Verstoßes auf das Ergebnis muss also ausgeschlossen werden können (BGHZ 149, 158, 165). Insbesondere bei stabilen Mehrheitsverhältnissen stellt sich im Hinblick auf eine Verletzung der Partizipationsrechte (also des Informations-, des Teilnahme- und des Rederechts) eines Gesellschafters die Frage nach der Ursächlichkeit des Verstoßes für das Ergebnis der Beschlussfassung. Die Rechtsprechung des BGH stellt in Fällen der **Verletzung von Partizipationsrechten** auf das Abstimmungsverhalten eines objektiv urteilenden Gesellschafters ab. Ursächlichkeit ist dann gegeben, wenn ein objektiv urteilender Aktionär z. B. bei Erteilung der vorenthaltenen Informationen dem Beschlussantrag nicht zugestimmt hätte. Die h. M. in der Literatur hingegen stellt im Sinne eines erweiterten Minderheitenschutzes auf den Schutzzweck der Verfahrensbestimmungen ab, die Interessen aller Teilnahme- und Abstimmungsberechtigten an einer sachgerechten Teilhabe bei der Willensbildung der Gesellschaft sicherzustellen, sog. **Relevanztheorie** (zur Relevanztheorie A/E/S/*B. Schmidt* § 47 Rn. 90). Die Anfechtbarkeit entfällt nur in den Fällen, in denen eine Beeinträchtigung dieser Interessen nicht eingetreten ist; auf Ursächlichkeit kommt es in diesen Fällen gar nicht an. Zumindest für Informationsmängel hat sich die höchstrichterliche Rechtsprechung dieser Meinung zwischenzeitlich angeschlossen (vgl. z. B. BGHZ 149, 158, 164 f.; vgl. hierzu auch Kap. 16 Rn. 312 sowie – für die AG – Kap. 10 § 243 Rn. 11). Hingegen ist beiden Auffassungen zufolge im Falle des unberechtigten Ausschlusses von der Stimmabgabe sowie bei Fehlern der Beschlussfeststellung z. B. durch (Nicht-)Berücksichtigung gültiger bzw. ungültiger Stimmen oder durch schlicht falsches Zählen eine Anfechtbarkeit nur dann gegeben, wenn ohne den Fehler das Beschlussergebnis ein anderes gewesen wäre.

Ein wegen eines Verfahrensverstoßes anfechtbarer Beschluss kann durch einen den Mangel be- 72 seitigenden Beschluss **bestätigt** werden (BGH NJW 2004, 1165); es entfällt dann mit der erneuten Beschlussfassung die Anfechtbarkeit des Erstbeschlusses (§ 244 Abs. 1 AktG analog). Ist bereits Anfechtungsklage erhoben worden, wird diese unbegründet und kann in der Hauptsache für erledigt erklärt werden.

2. Inhaltsmängel

Vgl. zu den Inhaltsmängeln auch Kap. 10 § 243 Rn. 12 ff. (für die AG) sowie Kap. 16 Rn. 311.

a) Verstoß gegen gute Sitten, Bestimmtheitsgrundsatz, Gleichbehandlungsgrundsatz

Für Beschlüsse, die nach Zweck oder Art und Weise des Zustandekommens gegen die **guten Sit-** 73 **ten** oder gegen das **Bestimmtheitsgebot** verstoßen, kommt grundsätzlich Anfechtbarkeit in Betracht (BGHZ 116, 359, 374). Die Anfechtbarkeit von Beschlüssen aufgrund von Inhaltsmängeln beruht darüber hinaus in vielen Fällen auf dem Gedanken des **Minderheitenschutzes** und der Einschränkung der Mehrheitsmacht. Anfechtbarkeit ist deshalb auch gegeben, wenn ein Beschluss gegen den **Gleichbehandlungsgrundsatz** verstößt (BGHZ 116, 359, 372; vgl. auch § 14 GmbHG Rn. 17 a. E.). Ein solcher Verstoß liegt vor, wenn die Gesellschafter durch den Beschluss objektiv ungleich behandelt werden und diese Ungleichbehandlung nicht durch einen Sachgrund zur Wahrnehmung oder Förderung von Gesellschaftsinteressen gerechtfertigt ist. Gem. § 243 Abs. 2 AktG analog ist ein Beschluss anfechtbar, der der **Verschaffung von Sondervorteilen** für einen Gesellschafter oder einen Dritten zum Schaden der Gesellschaft oder der Mitgesellschafter dient (BGH WM 1976, 1226, 1227). Dabei handelt es sich im Grunde genommen um einen gesetzlich geregelten Fall einer verbotenen Ungleichbehandlung der Gesellschafter. Ein typischer Fall ist die Gewährung von sachwidrig hohen Vergütungen für einen Gesellschaftergeschäftsführer. Aber auch Beschlüsse über die Stärkung der gesellschaftsinternen Machtposition eines Gesellschafters (z. B. nachträgliche Einführung von Höchst- und Mehrstimmrechten) oder ein Beschluss über die ungleiche Einforderung von Einlagen können aus diesem Grunde anfechtbar sein (A/E/S/*B. Schmidt* § 47 Rn. 93).

b) Verstoß gegen gesellschafterliche Treuepflicht

74 Eine mögliche Anfechtbarkeit von Beschlüssen ergibt sich schließlich auch bei Verstößen gegen die **gesellschafterliche Treuepflicht**, die die Gesellschafter ebenso zu loyalem Verhalten gegenüber der Gesellschaft und gegenüber den Mitgesellschaftern wie zur Abwendung von Schaden von der Gesellschaft und zu Beiträgen zum Wohlergehen der Gesellschaft verpflichtet (BGH NJW 1989, 26, 27). Typische Fälle sind ungerechtfertigte Entlastungsbeschlüsse, Beschlüsse über die Nichtgeltendmachung von Organhaftungsansprüchen oder Beschlüsse, die den Gesellschaftszweck missachten. Die Anfechtbarkeit beruht in diesen Fällen darauf, dass die aufgrund der Treuepflichtverletzung nichtigen Stimmen nicht mitgezählt werden dürfen. Die Nichtberücksichtigung der nichtigen Stimmen muss dann zu einem anderen Ergebnis führen, der Verstoß gegen die gesellschafterliche Treuepflicht muss also kausal geworden sein für das Beschlussergebnis (BGHZ 14, 264, 267).

3. Verstöße gegen die Satzung und sonstige Anfechtungsgründe

75 Anfechtbarkeit ist auch gegeben, wenn der Beschlussinhalt gegen Satzungsregelungen verstößt, die nicht bloße Ordnungsvorschriften sind. Wichtig sind der **Gesellschaftszweck** (i. d. R. Gewinnerzielung) und der **Unternehmensgegenstand**. Insbesondere Geschäftsführungsentscheidungen der Gesellschafter sind hieran ebenso wie am konkreten Gesellschaftsinteresse auszurichten. Zwar steht auch den Gesellschaftern in Geschäftsführungsfragen ein weites unternehmerisches Ermessen zu; dieses ist allerdings als an das Gesellschaftsinteresse gebundenes Ermessen auf Ermessensfehler hin überprüfbar. Es kann z. B. bei der Entscheidung über die Entlastung des Geschäftsführers aufgrund dessen offensichtlich die Gesellschaft schädigenden Verhaltens bis auf Null reduziert sein mit der Folge, dass nur die Entlastungsverweigerung ermessensfehlerfrei ist. Unternehmerische Unzweckmäßigkeit von Beschlüssen allein führt aber noch nicht zur Anfechtbarkeit (A/E/S/*B. Schmidt* § 47 Rn. 98).

76 Die bloße Verletzung von **schuldrechtlichen Bindungen** gegenüber Dritten oder einzelnen Gesellschaftern oder von testamentarischen Verfügungen ist für sich allein genommen regelmäßig kein Anfechtungsgrund (A/E/S/*B. Schmidt* § 47 Rn. 98). Vgl. zu speziellen Anfechtungsgründen für die GmbH außerdem Kap. 16 Rn. 314 ff.

VI. Rechtsfolgen, Heilung, Geltendmachung der Anfechtbarkeit (Anfechtungsklage)

1. Rechtsfolgen, Anfechtungsfrist

77 Anfechtbare Beschlüsse sind rechtlich **zunächst wirksam**; sie können nur durch ein rechtskräftiges Urteil **rückwirkend vernichtet** werden (vgl. dazu ausführl. Kap. 16 Rn. 317). Die Geltendma-

chung der Anfechtbarkeit kann grundsätzlich nur durch Erhebung der Anfechtungsklage erfolgen. Die Anfechtungsklage ist **fristgebunden** (vgl. Rn. 82 f.). Nach Ablauf der Anfechtungsfrist ohne Geltendmachung der Anfechtung wird der anfechtbare Beschluss grundsätzlich endgültig wirksam.

2. Eintragung ins Handelsregister

78 Anfechtbare Beschlüsse können grundsätzlich auch vor Ablauf der Anfechtungsfrist in das Handelsregister eingetragen werden. Allerdings wird der Registerrichter bei noch laufender Anfechtungsfrist das Fristende abwarten und seinerseits nach § 127 S. 2 FGG eine Frist zur Erhebung der Anfechtungsklage setzen. Im Falle einer erhobenen Anfechtungsklage kann der Registerrichter das Eintragungsverfahren unter Würdigung der Erfolgsaussichten des Anfechtungsverfahrens bis zum rechtskräftigen Abschluss desselben nach § 127 FGG aussetzen. Nach Ablauf der Anfechtungsfrist, ohne dass eine Anfechtungsklage erhoben worden ist, ist der Beschluss in das Handelsregister einzutragen, da der Beschluss nunmehr auch gegenüber dem Gericht wirksam geworden ist. Anderes gilt nach der h. M. in Fällen von Beschlüssen, die gegen zwingendes Gesetzesrecht verstoßen, ohne nichtig zu sein (PraxisHdb GmbH-GF / *Jaeger* § 19 Rn. 126).

3. Pflicht des Geschäftsführers zur Ausführung

79 Der Geschäftsführer hat einen anfechtbaren Gesellschafterbeschluss nach Ablauf der Anfechtungsfrist auszuführen, denn auch ihm gegenüber ist der Beschluss endgültig wirksam geworden. Vor Ablauf der Anfechtungsfrist hingegen soll nach der h. M. der Beschluss für den Geschäftsführer nicht bindend sein. Er soll vielmehr in eigener Verantwortung und bei drohender Schadensersatzhaftung darüber entscheiden, ob er dem Beschluss folgt oder nicht. Diese Lösung verkennt allerdings sowohl die Rolle des Geschäftsführers, insbesondere eines Fremdgeschäftsführers, im Organisationsgefüge der GmbH als auch die Tatsache, dass der anfechtbare Beschluss bis zur Erhebung der Anfechtungsklage uneingeschränkt wirksam ist. Es ist vielmehr der Initiative der anfechtungsbefugten Gesellschafter zu überlassen, im Wege der Erwirkung einer **einstweiligen Verfügung** eine Ausführung des anfechtbaren Beschlusses zu verhindern. Insoweit wird man den Geschäftsführer lediglich für verpflichtet halten, mit der Beschlussdurchführung so lange abzuwarten, wie mit dem Erlaß und der Zustellung einer einstweiligen Verfügung zu rechnen ist, also bis zu zwei Wochen (vgl. zum Ganzen sehr instruktiv PraxisHdb GmbH-GF / *Jaeger* § 19 Rn. 125).

4. Heilung

80 Beschlüsse, die aufgrund einer Verletzung von Vorschriften anfechtbar sind, die dem Schutz nur eines einzelnen Gesellschafters dienen und verzichtbar sind (z. B. individuelle Teilnahme- und Informationsrechte, Gleichbehandlungsgrundsatz), können durch ausdrücklich oder stillschweigend erteilte **Genehmigung** des betroffenen Gesellschafters geheilt werden (PraxisHdb GmbH-GF / *Jaeger* § 19 Rn. 128; vgl. auch Kap. 16 Rn. 319). Der Anfechtungsgrund entfällt dann. Die bloße Nichtrüge einer der genannten Verletzungen beseitigt aber grundsätzlich nicht bereits den Anfechtungsgrund (PraxisHdb GmbH-GF / *Jaeger* § 19 Rn. 128). Heilung kommt gem. § 244 S. 1 AktG analog auch durch Bestätigung des anfechtbaren Beschlusses durch einen neuen, mangelfreien Beschluss (**Bestätigungsbeschluss**) in Betracht. Eine bereits erhobene Anfechtungsklage wird unbegründet und kann in der Hauptsache für erledigt erklärt werden. Eine solche bereits anhängige Anfechtungsklage kann mit dem Klageziel, dass ein anfechtbarer Beschluss für die Zeit bis zum Bestätigungsbeschluss für nichtig erklärt wird, weiterverfolgt werden, wenn der bestätigte Beschluss Grundlage für zwischenzeitlich vorgenommene Ausführungshandlungen oder Wirksamkeitsvoraussetzung für spätere Beschlüsse geworden war.

5. Anfechtungsklage

Vgl. zur Anfechtungsklage auch ausführl. Kap. 16 Rn. 329 ff. sowie (für die AG) Kap. 10 §§ 245, 246.

a) Klagebefugnis

81 Die Anfechtung wird im Wege der Anfechtungsklage **gem. §§ 243 ff. AktG analog** gerichtlich geltend gemacht. Das Anfechtungsrecht gehört zu den unverzichtbaren Mitgliedschaftsrechten, eine Einschränkung der gesetzlich Anfechtungsberechtigten etwa durch die Satzung ist daher nicht möglich (vgl. Kap. 16 Rn. 338 m. w. N.). Organen oder Organmitgliedern kann es durch die Satzung zusätzlich eingeräumt werden, nicht aber Dritten (vgl. Kap. 16 Rn. 341 f. m. w. N.). **Anfechtungsbefugt** ist jeder Gesellschafter, der gem. § 16 Abs. 1 GmbHG bei der Gesellschaft angemeldet ist, unabhängig davon, ob er in seinen eigenen Rechten verletzt ist oder nicht, und unabhängig davon, ob er zum Zeitpunkt der Beschlussfassung bereits Gesellschafter war oder nicht (vgl. dazu ausführl. Kap. 16 Rn. 333, 336). Das Anfechtungsrecht ist nicht abspaltbar, steht also Treugebern oder beschränkt dinglich Berechtigten nicht zu. Für die Anfechtungsbefugnis gilt § 251 Abs. 2 S. 2 AktG analog. Hingegen findet § 245 Nr. 1 bis 3 AktG keine analoge Anwendung, die Teilnahme an der Gesellschafterversammlung und ein förmlicher Widerspruch sind also nicht erforderlich (A / E / S / *B. Schmidt* § 47 Rn. 99). Auch § 245 Nr. 4 AktG findet nach der höchstrichterlichen Rechtsprechung ebenfalls keine analoge Anwendung (BGHZ 76, 154, 159). Hingegen wird von der wohl h. M. den Geschäftsführern in analoger Anwendung des § 245 Nr. 5 AktG eine Anfechtungsbefugnis dann eingeräumt, wenn die dem Geschäftsführer obliegende Ausführung des anfechtbaren Beschlusses eine Straftat, Ordnungswidrigkeit oder eine ihn selbst schadensersatzpflichtig machende Handlung wäre (PraxisHdb GmbH-GF / *Jaeger* § 19 Rn. 131; vgl. zur Anfechtungsbefugnis ausführl. Kap. 16 Rn. 332 ff.).

b) Frist

82 Auch im GmbH-Recht ist die Anfechtungsklage **fristgebunden**; die strikte Regelung des § 246 AktG findet aber keine analoge Anwendung. Im Hinblick auf den kleineren und häufig durch persönliche Beziehungen verbundenen Gesellschafterkreis bei der GmbH soll ein größerer zeitlicher Spielraum gewährt werden, um alternative Lösungsmöglichkeiten ausloten zu können; die Anfechtungsklage gewinnt den Charakter der ultima ratio. Die höchstrichterliche Rechtsprechung verlangt, dass die Klage **mit aller zumutbaren Beschleunigung** erhoben wird (BHGZ 111, 224, 226). Dabei bleibt die Monatsfrist des § 246 AktG zwar **Leitbild** und darf als Minimum auch bei der GmbH durch eine Regelung der Anfechtungsfrist in der Satzung nicht unterschritten werden (BGHZ 104, 66, 72). Gerade bei einer personalistisch geprägten GmbH kommt im Einzelfall bei fehlender Satzungsregelung eine nicht unwesentliche Verlängerung in Betracht, wenn schwierige tatsächliche und rechtliche Fragen zu klären sind oder andere zwingende Gründe bestehen (vgl. BGHZ 111, 224, 226). Fehlen solche Gründe und ist auch keine abweichende Satzungsregelung vorhanden, wird sich das Gericht aber grundsätzlich sehr eng an der Monatsfrist orientieren (vgl. zur Anfechtungsfrist ausführl. Kap. 16 Rn. 345 ff.).

83 Die Anfechtungsfrist beginnt mit der **Kenntnis des Gesellschafters** von dem Beschluss (vgl. Kap. 16 Rn. 348). Nach richtiger Ansicht ist darüber hinaus die Erkennbarkeit des Beschlussmangels erforderlich für den Beginn des Fristlaufes (vgl. OLG Schleswig NZG 2000, 986). Bei Nichteinhaltung der Frist ist die Klage nicht als unzulässig, sondern als **unbegründet** abzuweisen. Die Wahrung der Frist ist eine materielle, von der klagenden Partei darzulegende und von Amts wegen durch das Gericht zu prüfende Klagevoraussetzung (BGH NJW 1998, 3344, 3345).

VII. Feststellungsklagen

1. Voraussetzungen

84 Die Erhebung einer allgemeinen Feststellungsklage gem. § 256 ZPO kommt in Betracht, wenn das **Beschlussergebnis nicht förmlich festgestellt** worden ist und auch auf andere Weise der Beschluss nicht feststeht (A / E / S / *B. Schmidt* § 47 Rn. 109). Eine solche allgemeine Feststellungsklage kann von interessierten Gesellschaftern, aber auch von der Gesellschaft selbst, von Organmitgliedern oder von Dritten gegen die GmbH erhoben werden. Diese allgemeine Feststellungsklage ist **nicht fristgebunden** und unterliegt lediglich der **Verwirkung**; sie kann also ausge-

schlossen sein, wenn der Kläger durch das Zuwarten über einen längeren Zeitraum bei der Gegenseite den Eindruck erweckt hat, das Recht werde nicht mehr geltend gemacht (BGH NJW 1999, 2268). Die Frage, ob das Urteil in einem solchen Feststellungsverfahren Rechtswirkung nur **inter partes** oder **inter omnes** entfaltet, ist umstritten. Richtig ist die Ansicht, dass das klageabweisende Urteil inter partes gilt, während das feststellende Urteil schon aus Gründen der Rechtssicherheit inter omnes Wirkung entfalten muß (vgl. hierzu A/E/S/*B. Schmidt* § 47 Rn. 111 m. w. N.).

2. Verbindung mit positiver Beschlussfeststellungsklage

Im Falle einer Nichtigkeits- oder Anfechtungsklage betreffend einen Gesellschafterbeschluss **85**
empfiehlt sich die Verbindung mit einer positiven Beschlussfeststellungsklage, da bei Wegfall eines Beschlusses sich häufig die Frage stellt, was denn stattdessen gilt bzw. möglicherweise beschlossen worden ist (vgl. zur positiven Beschlussfeststellungsklage ausführl. Kap. 16 Rn. 396 ff.). Nach der h. M. gilt dann die Anfechtungsfrist auch für die positive Beschlussfeststellungsklage (OLG Celle OLGR 1998, 340, 342; vgl. auch Kap. 16 Rn. 399 m. w. N.). Auch die Wirkung des Urteils richtet sich nach § 248 Abs. 1. S. 1 AktG. Das Urteil wirkt demnach auch gegenüber sämtlichen nicht am Rechtsstreit beteiligten Gesellschaftern und Organmitgliedern (BGHZ 97, 28, 31). Die Mitgesellschafter können an dem Rechtsstreit über eine positive Beschlussfeststellungsklage im Wege der Nebenintervention teilnehmen und so versuchen, ihre Interessen zu wahren und auf die Entscheidung des Gerichts Einfluss zu nehmen. Der Geschäftsführer der GmbH ist verpflichtet, die Erhebung der Klage und den Termin zur mündlichen Verhandlung unverzüglich in den Gesellschaftsblättern bekanntzumachen (§ 246 Abs. 4 AktG analog), so dass auch die Gesellschafter von dem Rechtsstreit Kenntnis erlangen können (vgl. BGHZ 97, 28, 31).

VIII. Unwirksame Beschlüsse

Neben nichtigen und anfechtbaren Beschlüssen kann es auch zu unwirksamen Beschlüssen **86**
kommen. Bei unwirksamen Beschlüssen handelt es sich um solche, die zwar ordnungsgemäß gefasst worden sind, zu deren Wirksamkeit aber noch ein weiteres Erfordernis hinzukommen muß, z. B. die Zustimmung eines Gesellschafters, in dessen unentziehbares Recht eingegriffen werden soll (BGHZ 15, 177, 181). Solange dieses **zusätzliche Erfordernis** erfüllbar ist, ist der Beschluss schwebend unwirksam und bindet solange die beteiligten Gesellschafter (OLG Hamm NZG 2002, 783, 785). Die Feststellung der Unwirksamkeit des Beschlusses kann im Wege einer negativen Feststellungsklage begehrt werden, sofern ein rechtliches Interesse an dieser Feststellung besteht.

§ 48 [Gesellschafterversammlung]

(1) Die Beschlüsse der Gesellschafter werden in Versammlungen gefasst.

(2) Der Abhaltung einer Versammlung bedarf es nicht, wenn sämtliche Gesellschafter in Textform mit der zu treffenden Bestimmung oder mit der schriftlichen Abgabe der Stimmen sich einverstanden erklären.

(3) Befinden sich alle Geschäftsanteile der Gesellschaft in der Hand eines Gesellschafters oder daneben in der Hand der Gesellschaft, so hat er unverzüglich nach der Beschlussfassung eine Niederschrift aufzunehmen und zu unterschreiben.

Übersicht:

A. Allgemeines

1 Gem. Abs. 1 werden Beschlüsse der Gesellschafter grundsätzlich in einer Versammlung gefasst. Allerdings formuliert Abs. 2 bereits Ausnahmen von diesem Grundsatz. Danach bedarf es einer Gesellschafterversammlung nicht, wenn sämtliche Gesellschafter ihre Zustimmung zu dem Beschluss in Textform erklären oder mit der schriftlichen Abgabe der Stimmen einverstanden sind. Abs. 3 schließlich bestimmt, dass in der Einpersonen-GmbH ein Gesellschafterbeschluss unverzüglich nach Beschlussfassung zu protokollieren ist.

B. Grundsätzliche Beschlussfassung in einer Versammlung, Abs. 1

I. Gründung der Gesellschaft vor Gesellschafterversammlung

2 Beschlussfassungen in einer Gesellschafterversammlung setzen die **vorherige Gründung der Gesellschaft** voraus. Dazu muss der Gesellschaftsvertrag rechtswirksam abgeschlossen worden sein; die Eintragung der Gesellschaft in das Handelsregister ist nicht Voraussetzung (Baumbach / Hueck / *Zöllner* § 48 Rn. 5). Gleichzeitige Abhaltung mit der Gründung und Beurkundung in derselben Urkunde sind möglich(BayObLG GmbHR 1990, 215).

II. Beschlussfähigkeit

3 Ist die Gesellschafterversammlung ordnungsgemäß einberufen worden (dazu § 49 GmbHG Rn. 2 ff.), kommt es für die Beschlussfähigkeit der Gesellschafterversammlung auf die Zahl und die Beteiligungshöhe der Gesellschafter nicht an; auch ein einziger erschienener Gesellschafter kann bei einem noch so kleinen Geschäftsanteil wirksam Beschlüsse fassen (vgl. OLG Köln NZG 2002, 381, 383). In der Praxis wird hiervon häufig durch die Statuierung von Quoren im Gesellschaftsvertrag abgewichen, nach denen das Erscheinen einer Mindestzahl von Gesellschaftern oder eine Mindestbeteiligungshöhe Voraussetzung für eine Beschlussfassung ist. Hieraus kann sich eine **Treuepflicht der Gesellschafter zur Teilnahme** an der Gesellschafterversammlung herleiten. Ein Fernbleiben zum Zwecke der Beschlussverhinderung ist dann eine Verletzung dieser Treuepflicht (OLG Hamburg WM 1992, 272). Die Statuierung eines Quorums wird durch die Satzung häufig durch Regeln über eine Folgeversammlung ergänzt, die ohne Erreichen eines bestimmten Quorums oder bei Erreichen eines niedrigeren Quorums beschlussfähig ist. Kombinierte Ladung zu Erst- und Folgeversammlung ist aber nicht möglich, da Ladungsfrist auch dem Überlegen der Gesellschafter nach Scheitern der Erstversammlung dient.

III. Teilnahmerecht

1. Teilnahmerecht und -pflicht

4 Vom Teilnahmerecht ist das Stimmrecht streng zu trennen. Das **Teilnahmerecht** steht jedem Gesellschafter zu, auch wenn er vom Stimmrecht ausgeschlossen ist. Eine **Teilnahmepflicht** be-

steht grundsätzlich nicht (s. aber oben Rn. 3 im Zusammenhang mit einer gesellschafterlichen Treuepflicht). Das Teilnahmerecht steht bei mehreren Mitberechtigten (z. B. Bruchteilsgemeinschaft) jedem einzelnen Mitberechtigten zu. Die Satzung kann hiervon abweichend regeln, dass mehrere Mitberechtigte einen gemeinsamen Vertreter zu benennen haben, dem dann allein das Teilnahmerecht zusteht. Im Übrigen handelt es sich aber um ein **im Kern unentziehbares Recht** (BGH GmbHR 1989, 120; OLG Frankfurt GmbHR 1984, 99; vgl. auch § 14 GmbHG Rn. 23). Dennoch kann der Gesellschaftsvertrag bei sachlicher Rechtfertigung das Recht auf Teilnahme unter bestimmten Voraussetzungen einschränken, wenn die Versagung in einem angemessenen Verhältnis zum Schutzzweck steht und ausreichend Sicherungen für den Gesellschafter getroffen werden (z. B. Vertretung durch eine unabhängige Person). Typischer Fall ist, wenn ohne Versagung der Teilnahme einem Konkurrenten Informationen zufließen würden. In schwerwiegenden Einzelfällen solcher Art ist sogar eine Versagung ohne Satzungsregelung möglich (Baumbach / Hueck / *Zöllner* § 48 Rn. 7).

2. Amtswalter

Gerichtlich bestellte Amtswalter, also z. B. Insolvenzverwalter oder Nachlaßverwalter, haben ein eigenes Teilnahmerecht anstelle des Gesellschafters. Anstelle des geschäftsunfähigen und des beschränkt geschäftsfähigen Kindes steht das Teilnahmerecht dem gesetzlichen Vertreter zu; im (Normal-) Fall der gesetzlichen Vertretung durch die Eltern dürfen beide teilnehmen (Baumbach / Hueck / *Zöllner* § 48 Rn. 9). Im Übrigen gilt der Grundgedanke, dass die Teilnehmerzahl der Gesellschafterversammlung nicht ohne besondere Zulassung vermehrt werden soll. Ist Inhaber des Geschäftsanteils oder auch mehrerer Geschäftsanteile eine **juristische Person oder eine Personenhandelsgesellschaft**, so besteht das Teilnahmerecht nur für ein einzelvertretungsberechtigtes Vorstandsmitglied bzw. Geschäftsführungsmitglied (Baumbach / Hueck / *Zöllner* § 48 Rn. 10). Im Falle von Gesamtvertretungsberechtigung besteht das Teilnahmerecht ebenfalls nur für einen Vertreter, dem eine entsprechende Ermächtigung zu erteilen ist 5

3. Stimmrechtsbevollmächtigung

Im Falle der Stimmrechtsbevollmächtigung übt der Bevollmächtigte das Teilnahmerecht des Vollmachtgebers aus. Nimmt der Vollmachtgeber selbst teil, muss der Bevollmächtigte nicht zur Teilnahme zugelassen werden; bei Bevollmächtigung mehrerer Personen muss nur einer der Bevollmächtigten zugelassen werden, ebenfalls um die Teilnehmerzahl nicht ohne besonderen Grund zu vermehren. 6

4. Organmitglieder

Organmitglieder (Geschäftsführer und Mitglieder des Aufsichtsrates) haben grundsätzlich nur in der **mitbestimmten GmbH** ein Teilnahmerecht, das sich aus § 118 Abs. 2 AktG ergibt; insoweit besteht aber auch eine Pflicht zur Teilnahme an der Gesellschafterversammlung. Im Übrigen muss ein Teilnahmerecht ausdrücklich durch den Gesellschaftsvertrag statuiert werden, sonst besteht es nicht. **Geschäftsführer haben kein Teilnahmerecht**, und zwar auch dann nicht, wenn die Gesellschaft eigene Anteile hält (A / E / S / *B. Schmidt* § 48 Rn. 7). Eine Pflicht zur Teilnahme des Geschäftsführers kann sich aber aus einem entsprechenden Gesellschafterbeschluss ergeben. 7

5. Dritte

Ein Teilnahmerecht für Dritte kann durch den Gesellschaftsvertrag nach der wohl überwiegenden Meinung (vgl. Baumbach / Hueck / *Zöllner* § 48 Rn. 12) nur bei Vorliegen eines Sachgrundes vorgesehen werden. Nicht selten ist etwa die Zulassung von Sachverständigen und Beratern zu finden. Inwieweit auch mit dem Teilnahmerecht verbundene Rechte (z. B. Rederecht) umfasst sind, ist im Einzelfall aus dem konkreten Inhalt ihrer Zulassung abzuleiten (A / E / S / *B. Schmidt* § 48 Rn. 7). 8

6. Nichtzulassung

9 Die **Nichtzulassung** teilnahmeberechtigter Gesellschafter, Bevollmächtigter, Amtswalter, Organe führt zur **Anfechtbarkeit** der in der Gesellschafterversammlung gefassten Beschlüsse. Das gilt auch bei stimmrechtslosen Anteilen, da das Teilnahmerecht ein selbstständiges Mitgliedschaftsrecht ist; auch auf die Ursächlichkeit für das Ergebnis der Abstimmung kommt es hierbei nicht an. Die Zulassung nicht teilnahmeberechtigter Gesellschafter oder Dritter hat hingegen grundsätzlich keinen Einfluss auf die Rechtmäßigkeit und die Wirksamkeit der Beschlussfassung.

IV. Rederecht und Antragsrecht

10 Rederecht und Antragsrecht stehen **jedem anwesenden Teilnahmeberechtigten** zu (Baumbach / Hueck / *Zöllner* § 48 Rn. 20). Das Rederecht umfasst das Recht, an den Beratungen aktiv teilzunehmen, das Wort zu ergreifen und in angemessenem Umfang sachbezogene Ausführungen zu machen; das Antragsrecht bezeichnet das Recht, Beschlussanträge zu stellen. Auch Rederecht und Antragsrecht bestehen bei stimmrechtslosen Geschäftsanteilen sowie in Fällen des Ruhens bzw. des Ausschlusses des Stimmrechts (A / E / S / *B. Schmidt* § 48 Rn. 4). Auch eine Verletzung dieser beiden Rechte macht die in der Gesellschafterversammlung gefassten Beschlüsse anfechtbar (Baumbach / Hueck / *Zöllner* § 48 Rn. 20).

V. Versammlungsleitung

11 Die Bestellung eines Versammlungsleiters kann bei größeren Gesellschafterzahlen zweckmäßig sein. Ein Versammlungsleiter kann durch die Satzung vorgesehen werden und auch bereits der Person nach bestimmt werden. Aber auch ohne Satzungsgrundlage kann die Gesellschafterversammlung nach h. M. mit einfacher Mehrheit einen Versammlungsleiter bestellen (Baumbach / Hueck / *Zöllner* § 48 Rn. 16; a. A. OLG Frankfurt NZG 1999, 406). Der Versammlungsleiter muss nicht notwendigerweise Gesellschafter sein. Häufig wird z. B. ein Geschäftsführer zum Versammlungsleiter gewählt.

12 Die **Aufgaben des Versammlungsleiters** sind die Eröffnung der Versammlung und ihre Schließung sowie die Leitung der Beratung und der Abstimmungen. Er erteilt das Wort, nimmt Anträge entgegen, entscheidet über die Reihenfolge der Behandlung von Gegenständen der Tagesordnung und stellt die Abstimmungsergebnisse vorläufig verbindlich fest. Letzteres kann er nur, wenn dies vom Gesellschaftsvertrag so vorgesehen ist oder wenn alle Gesellschafter dem zugestimmt haben.

13 Darüber hinaus steht dem Versammlungsleiter die **Ordnungsgewalt** in der Sitzung zu mit dem Recht, nicht sachbezogen vortragenden Rednern das Wort zu entziehen und in Fällen schwerwiegender Störungen des Versammlungsablaufs auch einen Saalverweis gegenüber dem Störer auszusprechen, wenn ein milderes Mittel nicht zur Verfügung steht (Baumbach / Hueck / *Zöllner* § 48 Rn. 18). Der Versammlungsleiter bestimmt auch die Reihenfolge der Abarbeitung der Tagesordnungspunkte; allerdings geht dieses Recht nicht soweit, dass er auch Vertagungen oder Absetzungen von der Tagesordnung vornehmen könnte.

14 Der Versammlungsleiter hat für einen **zweckmäßigen Ablauf** der Versammlung und ihre **Protokollierung** einschließlich des Beschlussgeschehens zu sorgen. Grundsätzlich hingegen ist eine Protokollierung nicht gesetzlich vorgeschrieben. Sie kann aber durch den Gesellschaftsvertrag angeordnet werden. Niederschriften sieht das Gesetz lediglich für satzungsändernde Beschlüsse und bestimmte Beschlüsse aus dem Umwandlungsrecht vor sowie für die Einpersonengesellschaft (vgl. dazu unten Rn. 22 ff.). Die Protokollierungspflicht des Versammlungsleiters ist aber nicht Formvorschrift für den Beschluss selbst, von deren Einhaltung die Wirksamkeit des Beschlusses abhinge. Von einem Geschäftsführer, dem Versammlungsleiter oder anderen offiziellen Protokollanten erstellte Protokolle müssen Gesellschaftern zur Einsicht offen stehen.

C. Beschlussfassungen außerhalb einer Gesellschafterversammlung, Abs. 2

I. Allgemeines

Abs. 2 regelt zwei verschiedene Möglichkeiten der Beschlussfassung außerhalb einer Gesellschafterversammlung. Die erste Möglichkeit erfasst Fälle, in denen sämtliche Gesellschafter einem Beschlussantrag **in Textform zustimmen**, die zweite Möglichkeit hingegen Fälle, in denen sich alle Gesellschafter mit der **Abstimmung im schriftlichen Verfahren** einverstanden erklären, ohne dass Einstimmigkeit bei der Beschlussfassung selbst erforderlich wäre. Die Geschäftsführer haben im Falle einer erforderlichen Beschlussfassung die Möglichkeiten des § 48 Abs. 2 GmbHG stets als Alternativen zu der Einberufung einer Gesellschafterversammlung nach § 49 Abs. 1 GmbHG zu erwägen und auf die Belange der Gesellschafter dadurch Rücksicht zu nehmen, dass dieser weniger aufwendige Weg zur Beschlussfassung vorgezogen wird, wenn nicht schwerwiegende Maßnahmen mit möglicherweise kontroversen Meinungsäußerungen und ausführlicher Diskussion zu erwarten sind. Es bleibt jedem Gesellschafter überlassen, durch Ablehnung des schriftlichen Verfahrens dennoch die Einberufung einer Gesellschafterversammlung herbeizuführen. 15

Abs. 2 gilt grundsätzlich für **Beschlussgegenstände aller Art**, wobei allerdings bestimmte Beschlüsse aus dem UmwG (Formwechsel nach § 193 Abs. 1 S. 2 UmwG, Verschmelzung nach § 13 Abs. 1 S. 2 UmwG und Spaltung nach §§ 125, 13 Abs. 1 und Abs. 2 UmwG) ausgenommen sind. Nach h. M. ist Abs. 2 auch auf Beschlüsse über Satzungsänderungen und auf Auflösungsbeschlüsse anwendbar (m. w. N. A/E/S/*B. Schmidt* § 48 Rn. 17; a. A. für Satzungsänderungen der BGH in BGHZ 15, 324, 328). Bei Satzungsänderungen kann die notarielle Form dadurch gewahrt werden, dass die Stimmen jeweils zu Protokoll eines Notars gegeben werden. 16

II. Zustimmung in Textform, Abs. 2 Alt. 1

Die erste Möglichkeit sieht die Zustimmung sämtlicher Gesellschafter zu einem Beschlussantrag in Textform (§ 126 b BGB) vor. Es reichen also Zustimmungserklärungen per E-Mail, Fax oder Fernschreiben. Mit »sämtlichen Gesellschaftern« i. S. d. Vorschrift sind alle teilnahmeberechtigten Gesellschafter gemeint, also auch diejenigen, die kein Stimmrecht haben (OLG Düsseldorf ZIP 1989, 1556), denn ihr Teilnahmerecht wird durch Beschlussfassung mit Stimmabgabe in Textform ebenfalls berührt. Die Abstimmung erfolgt durch **Abgabe der Abstimmungserklärungen** gegenüber der Gesellschaft, die dabei durch einen Geschäftsführer oder durch einen von der Satzung vorgesehenen Abstimmungsleiter vertreten wird. Die Abstimmung kann auch im Wege des **Umlaufverfahrens** erfolgen, bei der das Beschlussformular reihum von einem Gesellschafter jeweils nach Abgabe seiner Abstimmungserklärung zum nächsten geschickt wird (Roth/Altmeppen/*Roth* § 48 Rn. 30). Alle Stimmabgaben werden aber erst mit Eingang des Beschlussformulars bei demjenigen, der die Beschlussfassung in Gang gesetzt hat, als Vertreter der Gesellschaft wirksam. Das kann nach h. M. jeder Gesellschafter, aber auch ein Geschäftsführer oder ein durch die Satzung bestimmter Abstimmungsleiter sein (A/E/S/*B. Schmidt* § 48 Rn. 14). Die Abstimmungserklärung kann lediglich bis zum Zeitpunkt ihres Zugangs bei der Gesellschaft **widerrufen** werden (§ 130 Abs. 1 BGB). Feststellung des Beschlussergebnisses, Verkündung oder Mitteilung an die Gesellschafter sind entbehrlich (A/E/S/*B. Schmidt* § 48 Rn. 14; a. A. aber BGHZ 15, 324, 329), letztere ist aber zweckmäßig und empfehlenswert. 17

III. Einverständnis mit schriftlicher Stimmabgabe, Abs. 2 Alt. 2

Die zweite Möglichkeit sieht eine Abstimmung ohne Gesellschafterversammlung für den Fall vor, dass sich sämtliche Gesellschafter mit dem Verfahren der schriftlichen Stimmabgabe einverstanden erklären, auch wenn unterschiedliche Stimmabgaben erfolgen. Aufgrund eines **Redaktionsversehens** ist der Gesetzestext seit Einführung der Textform für die Abstimmung ohne Abhaltung einer Gesellschafterversammlung widersprüchlich, da sich im Rahmen der zweiten Möglichkeit des Abs. 2 die Einverständniserklärung auf eine schriftliche Stimmabgabe bezieht. Indessen muss sich bei richtigem Verständnis der Norm auch die Einverständniserklärung auf 18 eine Stimmabgabe in Textform beziehen. Eine unterschiedliche Behandlung der beiden Möglichkeiten im Hinblick auf die Stimmabgabe ist weder praxistauglich noch sachgerecht (vgl. Baumbach / Hueck / *Zöllner* § 48 Rn. 37). Die **Einverständniserklärung** selbst hingegen ist formlos, also **auch konkludent**, solange sie hinreichend deutlich ist, oder stillschweigend möglich (BGHZ 28, 355, 358). Sie ist gegenüber der Gesellschaft abzugeben und bis zum Zugang bei der Gesellschaft widerruflich. In der Stimmabgabe in Textform liegt nach der h. M. nicht automatisch auch die Zustimmung zur Mehrheitsentscheidung im Verfahren der Stimmabgabe in Textform; andernfalls liefe die Normierung der zweiten Möglichkeit in Abs. 2 leer. Die Einverständniserklärung kann gleichzeitig mit der Stimmabgabe erfolgen und sogar noch nach der Stimmabgabe nachgeholt werden, womit der Beschluss dann wirksam wird (m. w. N. A / E / S / *B. Schmidt* § 48 Rn. 15). Fehlt hingegen das Einverständnis auch nur eines Gesellschafters, ist die Beschlussfassung endgültig unwirksam.

IV. Sonstige Fälle

19 Außerhalb einer Gesellschafterversammlung sind Beschlüsse auch in den folgenden Fällen möglich:

20 Im Rahmen formloser Zusammenkünfte gefasste Beschlüsse sind wirksam, wenn es sich bei der Zusammenkunft um eine **Vollversammlung** handelt, also alle teilnahmeberechtigten Gesellschafter anwesend sind und niemand der Fassung von Beschlüssen widerspricht (BGH ZIP 1999, 1352; Roth / Altmeppen / *Roth* § 48 Rn. 38). Es empfiehlt sich, in solchen Fällen durch Beschlussfassung im Wege der Stimmabgabe in Textform nach Abs. 2 den Beschluss durch alle Gesellschafter unterschreiben zu lassen, was insbesondere bei Vorhandensein nur weniger Gesellschafter unproblematisch möglich ist.

21 Der **Gesellschaftsvertrag** kann weitere Beschlussverfahren außerhalb einer Gesellschafterversammlung regeln, z. B. durch Zulassung **telefonischer Beschlussfassung** (als Rundruf oder im Wege der Konferenzschaltung) oder von Beschlussfassungen **mittels anderer moderner Medien**, die ebenfalls der Form des § 126 b BGB nicht entsprechen, von mündlichen Beschlussfassungen auf Raten, kombinierten Formen der Beschlussfassung etc. Dies gilt nach richtiger Auffassung auch bei mitbestimmten GmbHs (Baumbach / Hueck / *Zöllner* § 48 Rn. 44). Entscheidend ist, dass die Beteiligung aller teilnahmeberechtigten, nicht lediglich der stimmberechtigten (so aber Baumbach / Hueck / *Zöllner* § 48 Rn. 44) Gesellschafter an der Beschlussfassung hinreichend sichergestellt ist.

D. Beschlussfassung bei der Einpersonengesellschaft, Abs. 3

22 Ist nur ein Gesellschafter, der sämtliche Geschäftsanteile hält, vorhanden oder hält neben ihm nur noch die Gesellschaft selbst Geschäftsanteile, so kann der Gesellschafter jederzeit **ad hoc Beschlüsse** fassen. Er bildet gewissermaßen stets eine Vollversammlung der Gesellschafter. Das gilt nur dann nicht, wenn andere Gesellschaftsorgane ein Teilnahmerecht an einer Gesellschafterversammlung haben. Abs. 3 ist auch nicht anwendbar, wenn es mehr als einen Gesellschafter gibt und der weitere Gesellschafter vom Stimmrecht ausgeschlossen ist, am Beschluss nicht mitgewirkt hat oder den anderen Gesellschafter bevollmächtigt hatte (A / E / S / *B. Schmidt* § 48 Rn. 18).

23 In den Fällen des Abs. 3 ist der Gesellschafter verpflichtet, unverzüglich (ohne schuldhaftes Zögern i. S. v. § 121 BGB) nach der Beschlussfassung eine **Niederschrift** aufzunehmen und diese zu unterschreiben. Dabei wird durch die Rechtsprechung eine Niederschrift der Beschlussfassung in recht großzügiger Weise auch in dokumentierten Ausführungshandlungen gesehen (z. B. schriftliche Kündigungserklärung gegenüber einem Fremdgeschäftsführer für vorhergehende entsprechende Beschlussfassung, KG GmbHR 1999, 818). Hingegen gilt Abs. 3 bei Satzungsänderungen, für die eine notariell protokollierte Beschlussfassung gem. § 53 Abs. 2 GmbHG vorgesehen ist, nicht.

Rechtsfolge der Nichtbeachtung der Pflicht zur Niederschrift ist nicht die Nichtigkeit des Beschlusses. Die Nichtbeachtung kann aber zu erheblichen **Beweisschwierigkeiten** führen und **Schadensersatzpflichten** gegenüber der GmbH oder späteren anderen Gesellschafter nach sich ziehen, da es sich um die Verletzung einer körperschaftsrechtlichen Pflicht des alleinigen Gesellschafters handelt (Roth / Altmeppen / *Roth* § 48 Rn. 44). Darüber hinaus kann im Rahmen der Anwendung des Grundsatzes von Treu und Glauben (venire contra factum proprium) dem Alleingesellschafter die Berufung auf einen nicht protokollierten Beschluss versagt werden, jedoch nicht darüber hinaus (Baumbach / Hueck / *Zöllner* § 48 Rn. 49 a. E.). Ihm muss die Möglichkeit des Beweisantritts über das Zustandekommen des Beschlusses grundsätzlich erhalten bleiben (A / E / S / *B. Schmidt* § 48 Rn. 21). 24

Für eine Reihe von Maßnahmen wird man schließlich bei der Einpersonengesellschaft eine Beschlussfassung überhaupt für **entbehrlich** halten, weil der entsprechende Entschluss des Alleingesellschafters bereits hinreichend ist. Dies gilt z. B. für Geschäftsführungsmaßnahmen des Gesellschaftergeschäftsführers bei der Einpersonengesellschaft sowie für die Geltendmachung von Schadensersatzansprüchen gegen frühere Gesellschafter oder Geschäftsführer (Baumbach / Hueck / *Zöllner* § 48 Rn. 50; OLG Köln GmbHR 1975, 373). 25

§ 49 [Einberufung der Versammlung]

(1) Die Versammlung der Gesellschafter wird durch die Geschäftsführer berufen.

(2) Sie ist außer in den ausdrücklich bestimmten Fällen zu berufen, wenn es im Interesse der Gesellschaft erforderlich erscheint.

(3) Insbesondere muss die Versammlung unverzüglich berufen werden, wenn aus der Jahresbilanz oder aus einer im Laufe des Geschäftsjahres aufgestellten Bilanz sich ergibt, dass die Hälfte des Stammkapitals verloren ist.

Übersicht:

A. Allgemeines

Die Vorschrift regelt den Grundsatz für die Einberufung der Gesellschafterversammlung (Abs. 1). In Abs. 2 und Abs. 3 werden einige Fälle genannt, in denen die Einberufung zwingend erforderlich ist. § 49 GmbHG wird durch die §§ 50, 51 GmbHG ergänzt, die ebenfalls einige Regelungen betreffend die Einberufung umfassen und insbesondere den Minderheitenschutz in diesem Zusammenhang sicherstellen sollen. 1

B. Einberufung der Gesellschafterversammlung, Abs. 1

I. Grundsatz: Einberufungsbefugnis des Geschäftsführers

Abs. 1 normiert die grundsätzliche **Befugnis der Geschäftsführer** für die Einberufung der Gesellschafterversammlung. Das Recht entsteht mit der wirksamen Bestellung des Geschäftsführers unabhängig von der Eintragung der Bestellung ins Handelsregister, die nur deklaratorische 2

Bedeutung hat. Das gilt auch für den Notgeschäftsführer und den fehlerhaft bestellten Geschäftsführer (im Hinblick auf den letzteren a. A. BGHZ 18, 334, 340 f.). Die Zuständigkeit für die Einberufung der Gesellschafterversammlung umfasst auch die Zuständigkeit für die **Einleitung anderer Abstimmungsverfahren**, die sich entweder aus § 48 Abs. 2 GmbHG ergeben oder durch den Gesellschaftsvertrag statuiert worden sind (Baumbach / Hueck / *Zöllner* § 49 Rn. 12; vgl. auch Lutter / Hommelhoff / *Lutter/Hommelhoff* GmbHG, § 49 Rn. 8). Abstimmungsverfahren nach § 48 GmbHG können daneben in jedem Falle von jedem einzelnen Gesellschafter eingeleitet werden. Die Zuständigkeit für die Einberufung umfasst grundsätzlich auch die **Befugnis zur Absage** der Gesellschafterversammlung; allerdings steht diese Befugnis als actus contrarius der Einberufung nach h. M. immer nur demjenigen zu, der die Einberufung vorgenommen hat bzw. dessen Amtsnachfolger (i. E. Baumbach / Hueck / *Zöllner* § 49 Rn. 12). Bei Einberufung durch einen Geschäftsführer kann also nur dieser die Gesellschafterversammlung wieder absagen; waren mehrere Geschäftsführer beteiligt, ist auch die Beteiligung aller an der Absage erforderlich. Dasselbe gilt im Falle der Einberufung durch eine Mehrzahl von Gesellschaftern, die eine Minderheit i. S. v. § 50 Abs. 1 GmbHG darstellen.

3 Die Zuständigkeit nach Abs. 1 kann in der Satzung nicht ausgeschlossen oder etwa in der Weise, dass nur mehrere Geschäftsführer gemeinsam die Einberufung vornehmen können, modifiziert werden (Baumbach / Hueck / *Zöllner* § 49 Rn. 4; a. A. A / E / S / *B. Schmidt* § 49 Rn. 6). Bei mehreren Geschäftsführern ist vielmehr jedenfalls jeder einzelne zur Einberufung berechtigt und ggf. auch verpflichtet, unabhängig von Regelungen zu Vertretungsmacht und Geschäftsführungsbefugnis, denn es handelt sich lediglich um eine **innergesellschaftliche Verfahrenshandlung**. Die Zuständigkeit des Geschäftsführers bleibt auch im **Insolvenzverfahren** erhalten, bei einer Gesellschaft in Liquidation hingegen steht das Recht zur Einberufung den Liquidatoren zu (Lutter / Hommelhoff / *Lutter/Hommelhoff* GmbHG, § 49 Rn. 3 a). Ein **Prokurist** ist nicht für die Einberufung zuständig (KG OLG 1924, 159). Bei der Vornahme der Einberufung kann sich ein Geschäftsführer **vertreten lassen**, wobei die Gesellschafter aber von der Bevollmächtigung in Kenntnis zu setzen sind, da andernfalls die Einberufung analog § 174 S. 2 BGB unwirksam ist. Das Recht selbst kann aber nicht auf Dritte übertragen werden oder von Dritten aufgrund Vollmacht ausgeübt werden (Lutter / Hommelhoff / *Lutter/Hommelhoff* GmbHG, § 49 Rn. 3 a).

II. Einberufungsbefugnis des Aufsichtsrates

4 Eine Einberufungsbefugnis für den **Aufsichtsrat** als Organ, nicht jedoch für jedes einzelne Mitglied des Aufsichtsrates, ergibt sich aus § 52 Abs. 1 GmbHG i. V. m. § 111 Abs. 3 AktG, wenn das Wohl der Gesellschaft die Einberufung erfordert. § 111 Abs. 3 AktG ist beim obligatorischen Aufsichtsrat in mitbestimmten GmbHs zwingend, beim fakultativen Aufsichtsrat hingegen durch die Satzung abdingbar. Der entsprechende Aufsichtsratsbeschluss bedarf lediglich der einfachen Mehrheit (A / E / S / *B. Schmidt* § 49 Rn. 4). Besteht ein Beirat mit echter Organstellung, so steht auch ihm die Befugnis zur Einberufung der Gesellschafterversammlung zu, solange neben dem Beirat ein Aufsichtsrat nicht bestellt ist. Die Befugnis des Beirats steht aber zur Disposition des Gesellschaftsvertrages (Lutter / Hommelhoff / *Lutter/Hommelhoff* GmbHG, § 49 Rn. 5).

III. Gesellschaftsvertragliche Ausweitung der Befugnisse

5 Der Gesellschaftsvertrag kann die Befugnis zur Einberufung ausdehnen, z. B. einem Beirat zuteilen, der neben einem Aufsichtsrat besteht, einem jeden Gesellschafter oder ausgewählten Gesellschaftern oder einer Minderheit der Gesellschafter mit weniger als 10 % Anteil am Stammkapital oder an Prokuristen und außen stehende Institutionen wie z. B. einer Behörde. Auch können alle Gesellschafter zusammen jederzeit eine Gesellschafterversammlung verabreden, ohne dass es dann noch einer Einberufung bedürfte (OLG München BB 1994, 1307).

IV. Gegenstand der Einberufung

Die Einberufung einer Gesellschafterversammlung kann zu jedem sinnvollen Gegenstand einer Beratung oder einer Beschlussfassung erfolgen, soweit sich die Zuständigkeit der Gesellschafterversammlung auf diesen Gegenstand erstreckt. Dabei ist im Hinblick auf den zeitlichen und finanziellen Aufwand für die Teilnehmer der Grundsatz der Verhältnismäßigkeit zu wahren (Baumbach/Hueck/*Zöllner* § 49 Rn. 14). Andernfalls kann ein Verstoß gegen die Treuepflicht der einberufenden Minderheitsgesellschafter bzw. eine Pflichtverletzung des/der einberufenden Geschäftsführer vorliegen, ohne dass hiervon die Wirksamkeit der gefassten Beschlüsse betroffen wäre. Der Aufsichtsrat hingegen darf eine Gesellschafterversammlung ausschließlich in dem Falle einberufen, in dem das Wohl der Gesellschaft die Einberufung erfordert, § 111 Abs. 3 AktG also die Einberufung verlangt. Ein Verstoß hiergegen berührt die Wirksamkeit der in der Versammlung dann gefassten Beschlüsse freilich nicht (A/E/S/*B. Schmidt* § 49 Rn. 7). 6

V. Nichtigkeit von Beschlüssen gem. § 241 Nr. 1 AktG analog

Soweit eine Gesellschafterversammlung von einem **Unbefugten** einberufen worden ist, sind die in ihr gefassten Beschlüsse gem. § 241 Nr. 1 AktG analog nichtig, es sei denn es handelt sich um eine Vollversammlung nach § 51 Abs. 3 GmbHG. 7

C. Pflicht zur Einberufung, Abs. 2 und Abs. 3

Abs. 2 und Abs. 3 normieren Fälle, in denen eine Pflicht der Geschäftsführer zur Einberufung einer Gesellschafterversammlung besteht. Diese Pflicht trifft die Geschäftsführer als **Organpflicht**, deren Verletzung sie nach § 43 Abs. 2 GmbHG gegenüber der Gesellschaft, nicht aber gegenüber den Gesellschaftern oder den Gesellschaftsgläubigern schadensersatzpflichtig macht (vgl. Lutter/Hommelhoff/*Lutter/Hommelhoff* GmbHG, § 49 Rn. 15). Zu ersetzen ist der Schaden, der bei rechtzeitiger Einberufung der Gesellschafterversammlung hätte verhindert werden können (A/E/S/*B. Schmidt* § 49 Rn. 13). Eine Verletzung der Anzeigepflicht gegenüber den Gesellschaftern, dass die Hälfte des Stammkapitals verloren ist, ist nach § 84 Abs. 1 Nr. 1 StGB strafbar. § 84 Abs. 1 Nr. 1 StGB ist Schutzgesetz i. S. d. § 823 Abs. 2 BGB (A/E/S/*B. Schmidt* § 49 Rn. 14). 8

I. Einberufung im Interesse der Gesellschaft, Abs. 2

Mit den in Abs. 2 zunächst genannten ausdrücklich bestimmten Fällen sind § 49 Abs. 3 und § 50 Abs. 1 GmbHG sowie Fälle, für die die Satzung ausdrücklich die Einberufung einer Gesellschafterversammlung vorsieht, gemeint. Nach Abs. 2 besteht eine Pflicht zur Einberufung der Gesellschafterversammlung weiterhin dann, wenn die Einberufung im Interesse der Gesellschaft erforderlich erscheint. Diese Voraussetzung ist immer dann gegeben, wenn der Gesellschaft ohne Abhaltung einer Gesellschafterversammlung ein nicht unerheblicher Schaden droht. Diese Voraussetzung kann auch dadurch erfüllt sein, dass die Vornahme eines bestimmten Geschäftes im Interesse der Gesellschaft liegt, ohne die erforderliche Zustimmung der Gesellschafterversammlung aber nicht vorgenommen werden kann. Dann sind die Geschäftsführer verpflichtet, eine Gesellschafterversammlung einzuberufen (Baumbach/Hueck/*Zöllner* § 49 Rn. 17). Die beabsichtigte Vornahme aller außergewöhnlichen Maßnahmen, die ohnehin in die Kompetenz der Gesellschafter fallen (es sei denn, die Satzung bestimmt etwas anderes, macht die Einberufung einer Gesellschafterversammlung ebenfalls erforderlich (Lutter/Hommelhoff/*Lutter/Hommelhoff* GmbHG, § 49 Rn. 11). Genügt, wie in einem solchen Falle denkbar, die Herbeiführung eines schriftlichen Beschlusses (z. B. über die Zustimmung zur Vornahme eines zustimmungspflichtigen Geschäfts), kann anstelle der Einberufung der Gesellschafterversammlung auch ein Beschlussverfahren nach § 48 Abs. 2 GmbHG eingeleitet werden (s. § 48 GmbHG Rn. 15 ff.). Das kann im Hinblick auf die Verhältnismäßigkeit wegen entstehender Kosten für die Gesellschafter und ihres Zeitaufwandes auch geboten sein (Lutter/Hommelhoff/*Lutter/Hommelhoff* GmbHG, § 49 Rn. 11 a. E.). 9

II. Verlust der Hälfte des Stammkapitals

10 Abs. 3 normiert das Erfordernis der unverzüglichen (i. S. d. § 121 BGB, d. h. ohne schuldhaftes Zögern) Einberufung der Gesellschafterversammlung für den Fall, dass sich aus der Jahresbilanz oder aus einer Zwischenbilanz ergibt, dass das **Eigenkapital auf die Hälfte des Betrages des Stammkapitals** oder weniger abgesunken ist. Dies gilt selbstverständlich auch, wenn die Geschäftsführer außerhalb einer solchen Bilanz Kenntnis von einem entsprechenden Absinken des Eigenkapitals haben. Sind den Geschäftsführern Tatsachen bekannt, die den Verdacht auf ein entsprechendes Absinken des Eigenkapitals nahe legen, so sind sie verpflichtet, zumindest eine grobe Zwischenbilanz aufzustellen, um auf dieser Basis ggf. eine Gesellschafterversammlung einberufen zu können(vgl. BGH ZIP 1995, 560). Für die Feststellung der Vermögenwerte sind die Ansatz- und Bewertungsregeln der §§ 252 ff. HGB maßgeblich, stille Reserven nur nach diesen Regeln aufzulösen, außerdem ist bei der Bewertung grundsätzlich von der Fortführung der Unternehmenstätigkeit auszugehen (»going concern«; A/E/S/*B. Schmidt* § 49 Rn. 11). Ist mit dem Fortbestand des Unternehmens dagegen nicht zu rechnen, treten an die Stelle der Fortführungswerte die Liquidationswerte (A/E/S/*B. Schmidt* § 49 Rn. 11). Den Anforderungen des Abs. 3 genügt die Einleitung des Beschlussverfahrens nach § 48 Abs. 2 GmbHG nicht.

III. Einberufung in sonstigen Fällen

11 Der Gesellschaftsvertrag kann die Pflicht zur Einberufung einer Gesellschafterversammlung in weiteren Fällen statuieren; eine **Einschränkung der gesetzlichen Pflichten** nach Abs. 3 ist nach allgemeiner Meinung nicht möglich und richtigerweise auch für Abs. 2 abzulehnen (dazu Baumbach/Hueck/*Zöllner* § 49 Rn. 22). Üblich ist etwa die Statuierung von Zustimmungserfordernissen durch die Gesellschafterversammlung zu bestimmten Maßnahmen der Geschäftsführung, die regelmäßig freilich auch durch Einleitung eines Beschlussverfahrens nach § 48 Abs. 2 GmbHG erfüllt werden können.

§ 50 [Minderheitsrechte]

(1) Gesellschafter, deren Geschäftsanteile zusammen mindestens dem zehnten Teil des Stammkapitals entsprechen, sind berechtigt, unter Angabe des Zwecks und der Gründe die Berufung der Versammlung zu verlangen.

(2) In gleicher Weise haben die Gesellschafter das Recht zu verlangen, dass Gegenstände zur Beschlussfassung der Versammlung angekündigt werden.

(3) [1]Wird dem Verlangen nicht entsprochen oder sind Personen, an welche dasselbe zu richten wäre, nicht vorhanden, so können die in Absatz 1 bezeichneten Gesellschafter unter Mitteilung des Sachverhältnisses die Berufung oder Ankündigung selbst bewirken. [2]Die Versammlung beschließt, ob die entstandenen Kosten von der Gesellschaft zu tragen sind.

Übersicht:

A. Allgemeines

§ 50 GmbHG ist eine der wenigen Vorschriften des GmbHG, die der Minderheit der Gesellschafter ein besonderes Recht einräumt. Diese Regelung ist **zwingend** und kann durch den Gesellschaftsvertrag zum Schutz der Minderheit zwar verstärkt, nicht aber abgeschwächt werden (Lutter / Hommelhoff / *Lutter/Hommelhoff* GmbHG, § 50 Rn. 2; vgl. auch § 14 GmbHG Rn. 23). Die Vorschrift räumt einer Minderheit von Gesellschaftern, deren Geschäftsanteile zusammen mindestens 10 % des Stammkapitals entsprechen, das Recht ein, die Einberufung einer Gesellschafterversammlung zu verlangen. Auf der nach § 50 GmbHG einberufenen Gesellschafterversammlung wird dann aber nach den auch in anderen Gesellschafterversammlungen geltenden Regeln abgestimmt und Beschluss gefasst. 1

B. Einberufungsverlangen nach Abs. 1

I. Anforderungen an die Minderheit

Die Minderheit muss Geschäftsanteile innehaben, die mindestens **10 % des Stammkapitals** entsprechen. Mit Stammkapital ist grundsätzlich die im Handelsregister eingetragene Stammkapitalziffer gemeint, jedoch sind die Beträge eigener Geschäftsanteile der Gesellschaft und eingezogener Geschäftsanteile ebenso abzuziehen wie nach § 27 GmbHG zur Verfügung gestellte Geschäftsanteile und Geschäftsanteile eines ausgeschlossenen Gesellschafters (Lutter / Hommelhoff / *Lutter/Hommelhoff* GmbHG, § 50 Rn. 3). **Anmeldung der Minderheitsgesellschafter** nach § 16 Abs. 1 GmbHG bei der Gesellschaft ist erforderlich, auf die Erfüllung der Einlagepflichten kommt es hingegen nicht an (Roth / Altmeppen/*Roth* § 50 Rn. 3). Gem. § 47 Abs. 4 GmbHG nicht stimmberechtigte Gesellschafter können auf der Seite der Minderheit berücksichtigt werden, da das Antragsrecht ein **Stimmrecht** nicht voraussetzt (A / E / S / *B. Schmidt* § 50 Rn. 2). Der Anteil i. H. v. 10 % muss im **Zeitpunkt der Geltendmachung** des Verlangens bestehen; fällt er danach weg, ist dem Verlangen nicht mehr Folge zu leisten und kann das Selbsthilferecht nach Abs. 3 (s. u. Rn. 9 ff.) nicht mehr geltend gemacht werden (A / E / S / *B. Schmidt* § 50 Rn. 3). 2

II. Form des Einberufungsverlangens

Das Einberufungsverlangen bedarf **keiner besonderen Form** (Roth / Altmeppen / *Roth* § 50 Rn. 5). Auch mündliche und telefonische Geltendmachung sind demnach möglich. Auch kann die Geltendmachung durch einen **Bevollmächtigten** erfolgen (Baumbach / Hueck / *Zöllner* § 50 Rn. 5). Das wird bei einer Vielzahl von Minderheitsgesellschaftern, die gemeinsam das Einberufungsverlangen geltend machen, schon aus Gründen der Praktikabilität der Fall sein. Für die Vollmacht wird von der h. M. gem. § 47 Abs. 3 GmbHG analog Textform verlangt (vgl. A / E / S / *B. Schmidt* § 50 Rn. 4). Diese ist zumindest geeignet, um die Bevollmächtigung den Geschäftsführern nach § 174 S. 1 BGB nachzuweisen, mag auch die dogmatische Begründung zweifelhaft sein (Baumbach / Hueck / *Zöllner* § 50 Rn. 5). Die Beifügung eines ausformulierten Beschlussantrags ist nicht erforderlich (A / E / S / *B. Schmidt* § 50 Rn. 4). 3

III. Adressat und Inhalt des Einberufungsverlangens

Adressat des Einberufungsverlangens ist die Gesellschaft, die hierbei grundsätzlich durch ihre Geschäftsführer vertreten wird. Zu einer solchen Passivvertretung ist jeder Geschäftsführer einzeln berechtigt (s. § 35 GmbHG Rn. 13). Die Vertretung der Gesellschaft kommt auch durch andere Personen und Organe in Betracht, soweit solche ebenfalls berechtigt sind, die Gesellschafterversammlung einzuberufen. 4

Inhaltlich muss das Einberufungsverlangen den **Zweck und die Gründe** für die Einberufung der Gesellschafterversammlung angeben. Andernfalls sind die Vertreter der Gesellschaft zur Einberufung nicht verpflichtet. Das gilt sowohl bei Fehlen dieser Angaben als auch bei offensichtlicher Sinnlosigkeit des Beschlussgegenstandes, einem Verstoß gegen den Gesellschaftsvertrag, in Fällen missbräuchlichen Verlangens in Schädigungsabsicht. Darüber hinaus haben die Geschäftsführer oder ggf. anderweitig Berechtigten **kein Prüfungsrecht**. Insbesondere kommt es 5 auch auf ihre Einschätzung der Erfolgsaussichten nicht an (A/E/S/*B. Schmidt* § 50 Rn. 5). Mit Zweck sind die Gegenstände für Beratung und Beschlussfassung der einzuberufenden Gesellschafterversammlung gemeint, die anzugebenden Gründe beziehen sich auf die Eilbedürftigkeit.

IV. Informationspflicht, Kosten

6 Die Geschäftsführer oder ggf. andere zur Einberufung Berechtigte haben den die Einberufung Verlangenden nach Prüfung des Vorliegens der Voraussetzungen möglichst rasch mitzuteilen, ob sie dem Verlangen stattgeben werden oder nicht. Sodann haben sie die Einberufung binnen angemessener Frist (BGH WM 1985, 568; a. A. geht von Unverzüglichkeit i. S. v. § 121 BGB aus, Baumbach/Hueck/*Zöllner* § 50 Rn. 9) vorzunehmen und dabei den Zeitpunkt für die Versammlung, die ebenfalls binnen angemessener Frist stattzufinden hat, festzulegen. Insoweit ist die Mindestfrist des § 51 Abs. 1 GmbHG zu beachten. In die Überlegungen zur Angemessenheit des Zeitpunkts für die Abhaltung der Gesellschafterversammlung fließen u. a. die Zahl der Gesellschafter und deren Umstände, z. B. die Nähe zum Versammlungsort, ein. Die **Kosten der Einberufung** und der Abhaltung der Versammlung, nicht aber die persönlichen Kosten der die Einberufung verlangenden Gesellschafter, trägt die Gesellschaft (Baumbach/Hueck/*Zöllner* § 50 Rn. 12). Mit der Einleitung eines Verfahrens nach § 48 Abs. 2 GmbHG (vgl. § 48 GmbHG Rn. 15 ff.) kann dem Einberufungsverlangen nicht entsprochen werden (Baumbach/Hueck/*Zöllner* § 50 Rn. 13).

V. Fehlerhafte Einberufung

7 Eine Einberufung der Gesellschafterversammlung trotz fehlenden Vorliegens der Voraussetzungen macht die in der Versammlung gefassten Beschlüsse nicht unwirksam, da die Gesellschafterversammlung auch ohne das Verlangen hätte einberufen werden können. Hingegen fehlt für die Erhebung einer Klage zur Erzwingung der Einberufung das Rechtsschutzbedürfnis, da den Minderheitsgesellschaftern das Selbstbewirkungsrecht nach Abs. 3 zusteht (A/E/S/*B. Schmidt* § 50 Rn. 5). Hinsichtlich der Kosten findet Abs. 3 S. 2 auf Abs. 1 keine Anwendung; die Kosten sind in diesen Fällen von der Gesellschaft zu tragen.

C. Verlangen der Ankündigung von Gegenständen zur Beschlussfassung, Abs. 2

8 Abs. 2 gibt der Minderheit zusätzlich das Recht in gleicher Weise zu verlangen, dass Beschlussgegenstände auf die Tagesordnung einer Gesellschafterversammlung gesetzt werden. Dieses Recht ist insbesondere wichtig in Fällen, in denen eine Gesellschafterversammlung schon einberufen und eine Tagesordnung bereits bekannt gegeben worden ist, in Fällen also, in denen die **Erweiterung einer Tagesordnung** begehrt wird. Dem Verlangen muss nur gefolgt werden, wenn die Frist des § 51 Abs. 4 GmbHG für den oder die zusätzlichen Tagesordnungspunkte noch eingehalten werden kann (Roth/Altmeppen/*Roth* § 50 Rn. 7). Daraus leitet sich die Pflicht der Geschäftsführer ab, rasch zu handeln, schon um bei Verstreichen der Frist zusätzliche Kosten durch Einberufung und Abhaltung einer weiteren Gesellschafterversammlung zu vermeiden. Im Gegensatz zu Abs. 1 ist die Eilbedürftigkeit nur darzulegen, wenn es zu einer erheblichen Erweiterung der Tagesordnung kommt mit der Folge, dass die Abarbeitung in einem zeitlich angemessenen Rahmen nicht möglich erscheint.

D. Recht zur Selbstbewirkung der Einberufung, Abs. 3

9 Abs. 3 räumt den Minderheitsgesellschaftern, die von ihren Rechten nach Abs. 1 oder Abs. 2 Gebrauch gemacht haben, unter bestimmten Voraussetzungen das Recht ein, die begehrte Einberufung einer Gesellschafterversammlung oder Ankündigung eines Beschlussgegenstandes selbst zu bewirken. Dazu müssen zunächst alle Erfordernisse von Abs. 1 und Abs. 2 jeweils erfüllt sein; die den Geschäftsführer oder anderweitig Berechtigten verpflichtenden Voraussetzungen für eine Einberufung bzw. Ankündigung müssen also vorliegen (s. o. Rn. 2 ff.).

Außerdem müssen gem. Abs. 3 der Geschäftsführer und anderweitig zur Einberufung der Gesellschafterversammlung bzw. zur Ankündigung Berechtigte die Einberufung bzw. die Ankündigung entweder **abgelehnt**, nur **teilweise vorgenommen** oder die Vornahme für einen den Bedürfnissen der Minderheit nicht gerecht werdenden Zeitpunkt angekündigt haben. Auch bei Unterbleiben jeglicher Reaktion innerhalb angemessener Frist (zwei Wochen, vgl. Baumbauch / Hueck / *Zöllner* § 50 Rn. 16) besteht das Recht zur Selbsthilfe. Das Recht zur Selbsthilfe besteht weiterhin in den Fällen, in denen Personen, an welche das Verlangen zu richten wäre, nicht vorhanden sind. Die wohl h. M. gewährt das Selbsthilferecht darüber hinaus in Fällen, in denen zwar keine Geschäftsführer vorhanden sind, ein zur Einberufung oder Ankündigung berechtigter Aufsichtsrat aber besteht (Baumbach / Hueck / *Zöllner* § 50 Rn. 17). Dem ist zu folgen, da das Verlangen gegenüber einem Aufsichtsrat mit dem Risiko nicht unerheblichen Zeitverlustes schwieriger geltend zu machen ist. 10

Für die Durchführung der Einberufung bzw. der Ankündigung können die Minderheitsgesellschafter von der Gesellschaft die **Herausgabe der Namen und der Anschriften** der Gesellschafter verlangen (Baumbach / Hueck / *Zöllner* § 50 Rn. 18). Im Rahmen der Einberufung haben sie darzulegen, woraus sich ihr Selbstbewirkungsrecht ableitet, also die Voraussetzungen des Abs. 3 einschließlich der Voraussetzungen von Abs. 1 bzw. Abs. 2. Das Erreichen des Quorums ergibt sich schon aus der Nennung der die Einberufung vornehmenden Gesellschafter. Daneben sind auch alle Erfordernisse des § 51 GmbHG bzw. der Satzung zu erfüllen. Das Selbstbewirkungsrecht kann nur für diejenigen Gegenstände ausgeübt werden, auf die sich auch das Einberufungsverlangen bezogen hat (A / E / S / *B. Schmidt* § 50 Rn. 9). 11

Nach Abs. 3 S. 2 hat die Gesellschafterversammlung darüber zu entscheiden, ob die entstandenen Kosten von der Gesellschaft zu tragen sind, ohne dass dieser Beschlussgegenstand auf der Tagesordnung anzukündigen wäre (Baumbach / Hueck / *Zöllner* § 49 Rn. 21). Die Kosten umfassen sowohl die **Kosten der Einberufung** als auch die **Kosten der Durchführung** der Gesellschafterversammlung, soweit diese angemessen sind. Sonst kommt auch Teilübernahme durch die Gesellschaft in Betracht. Die Minderheitsgesellschafter, die die Gesellschaft einberufen haben, sind stimmberechtigt. Nach heute h. M. entscheidet die Gesellschaft im Rahmen pflichtgemäßen Ermessens (PraxisHdb GmbH-GF / *Jaeger* § 19 Rn. 32); die Gesellschafter haben bei der Abstimmung die gesellschafterliche Treuepflicht zu beachten. Die Gesellschaft dürfte grundsätzlich diejenigen Kosten, die im Gesellschaftsinteresse angefallen sind, zu tragen haben. Ein **Verstoß gegen die Treuepflicht** macht den Beschluss analog § 243 Abs. 1 AktG anfechtbar; eine entsprechende Anfechtungsklage können die Minderheitsgesellschafter mit einer positiven Beschlussfeststellungsklage verbinden, um die Kostentragungspflicht der Gesellschaft herbeizuführen (Baumbach / Hueck / *Zöllner* § 50 Rn. 22). 12

E. Durchführung der einberufenen Gesellschafterversammlung

Auf der nach § 50 GmbHG einberufenen Gesellschafterversammlung wird nach den auch in anderen Gesellschafterversammlungen geltenden Regeln abgestimmt und Beschluss gefasst. Doch ist in dieser Versammlung zu beachten, dass das Minderheitsrecht zur Einberufung einer Gesellschafterversammlung nicht ausgehöhlt wird und damit die Rechte aus § 50 GmbHG leer laufen. So kommt in einer solchen Versammlung eine **Vertagung nur bei Vorliegen dringender Sachgründe** in Betracht. Im Einzelnen sind die der Mehrheit gesetzten Grenzen und ihre für die Minderheit zu gewährleistende Durchsetzbarkeit noch stark umstritten und im Grunde erst in der Entwicklung (vgl. insgesamt Baumbach / Hueck / *Zöllner* § 50 Rn. 27). 13

§ 51 [Form der Einberufung]

(1) Die Berufung der Versammlung erfolgt durch Einladung der Gesellschafter mittels eingeschriebener Briefe. Sie ist mit einer Frist von mindestens einer Woche zu bewirken.

(2) Der Zweck der Versammlung soll jederzeit bei der Berufung angekündigt werden.

(3) Ist die Versammlung nicht ordnungsmäßig berufen, so können Beschlüsse nur gefasst werden, wenn sämtliche Gesellschafter anwesend sind.

(4) Das gleiche gilt in Bezug auf Beschlüsse über Gegenstände, welche nicht wenigstens drei Tage vor der Versammlung in der für die Berufung vorgeschriebenen Weise angekündigt worden sind.

Übersicht:

A. Allgemeines

1 Grundsätzlich bedürfen Gesellschafterversammlungen gem. Abs. 1 der ordnungsgemäßen Einberufung und rechtzeitiger Ankündigung der Tagesordnung; andernfalls können Beschlüsse nicht wirksam gefasst werden. Von diesem Grundsatz formulieren Abs. 3 und Abs. 4 für den Fall der Vollversammlung Ausnahmen. Abs. 2 regelt die Art und Weise sowie den Inhalt der Einberufung.

B. Art und Weise der Einladung, Abs. 1

I. Adressat und Adresse

2 Gem. Abs. 1 S. 1 erfolgt die Einberufung der Gesellschafterversammlung durch die Einladung der Gesellschafter persönlich. Bei minderjährigen Gesellschaftern ist der **gesetzliche Vertreter** zu laden, bei unter Betreuung gestellten sowohl der **Betreuer** als auch der betreute Gesellschafter, dessen Ladung allerdings bei Geschäftsunfähigkeit unterbleiben kann. Bei Testamentsvollstreckung ist der **Testamentsvollstrecker**, bei eröffnetem Insolvenzverfahren ist der **Insolvenzverwalter** einzuladen (Baumbach/Hueck/*Zöllner* § 51 Rn. 7). Für die Gesellschafterstellung maßgeblich ist die Anmeldung bei der Gesellschaft nach § 16 Abs. 1 GmbHG. Im Falle einer unwirksamen Übertragung der Geschäftsanteile und der dennoch erfolgten Anzeige nach § 16 Abs. 1 GmbHG, ist die Einladung an den **Scheingesellschafter** ausreichend. Es sind auch alle **nicht stimmberechtigten Gesellschafter** einzuladen, da das Teilnahmerecht auch ohne Stimmrecht besteht. Hat ein Gesellschafter kein Teilnahmerecht, entfällt auch die Einladung. Die Einladung ist an die vom Gesellschafter mitgeteilte Adresse zu senden. Ist die Adresse unrichtig geworden, muss die Gesellschaft nicht die richtige Adresse herausfinden, und zwar selbst dann nicht, wenn das Einladungsschreiben als unzustellbar zurückkommt (A/E/S/*B. Schmidt* § 51 Rn. 2). Der Gesellschafter hat an der mitgeteilten Adresse selbst für Nachsendung o. ä. Vorsorge zu treffen. Die mitgeteilte Adresse ist so lange maßgeblich, wie eine neue Adresse nicht mitgeteilt worden ist.

3 Bei einem **verstorbenen Gesellschafter** sind bekannte Erben unter deren Adresse einzuladen; sind Erben nicht bekannt, ist eine Nachlasspflegschaft i. S. d. § 1960 BGB einzuleiten, wobei im Falle eiliger Beschlüsse das Gericht die notwendigen Entscheidungen rasch zu treffen hat (Baumbach/Hueck/*Zöllner* § 51 Rn. 6). Ist der Tod bei der Gesellschaft nicht bekannt, reicht die Ladung des verstorbenen Gesellschafters unter seiner zuletzt mitgeteilten Anschrift. Entsprechendes gilt,

wenn Eröffnung des Insolvenzverfahrens oder das Bestehen einer Betreuung oder Pflegschaft unbekannt sind. Die Gesellschaft kann in diesen Fällen wie bisher wirksam laden.

Hat der Gesellschafter jemanden schriftlich zur Stimmrechtsausübung bevollmächtigt, so kann er ihn auch als **Ladungsempfänger** bestimmen, dessen Einladung dann dem Einberufungserfordernis genügt (Baumbach/Hueck/*Zöllner* § 51 Rn. 8). **Teilnahmeberechtigte Nichtgesellschafter** müssen nicht nach Abs. 1 eingeladen werden; es genügt eine formlose Mitteilung binnen angemessener Frist (A/E/S/*B. Schmidt* § 51 Rn. 4). 4

II. Form der Einladung, Abs. 1 S. 1

Abs. 1 S. 1 verlangt die Einladung der Gesellschafter mittels Zustellung durch eingeschriebenen Brief. Das bedeutet zunächst, dass die Einladung **schriftlich in Papierform** erfolgen muss. Textform reicht nicht. Der Urheber der Einladung muß erkennbar sein, um die Zuständigkeit überprüfen zu können (Baumbach/Hueck/*Zöllner* § 51 Rn. 11). Aus guten Gründen bejaht die wohl h. M. darüber hinaus das Erfordernis der **namentlichen Unterzeichnung** durch den bzw. die Einberufenden (Roth/Altmeppen/*Roth* § 51 Rn. 2). Das gilt auch für die Selbstbewirkung der Einberufung durch Minderheitsgesellschafter (zur Selbstbewirkung s. § 50 GmbHG Rn. 9 ff.). Weiterhin schreibt das Gesetz für die Zustellung einen Einschreibebrief vor; diesem Erfordernis entspricht nach h. M. nur das **Übergabeeinschreiben**, nicht aber das Einwurfeinschreiben, bei dem lediglich der Vorgang des Einwurfs des Schreibens in den Briefkasten durch den Zusteller dokumentiert wird, ohne dass die Zustellung dem Absender selbst mitgeteilt würde (A/E/S/*B. Schmidt* § 51 Rn. 3). 5

III. Frist, Abs. 1 S. 2

Gem. Abs. 1 S. 2 ist die Einberufung der Gesellschafterversammlung mit einer Frist von **mindestens einer Woche** zu bewirken. Der **Fristlauf** beginnt an dem Tag, an dem mit der Zustellung der mittels eingeschriebener Briefe versendeten Einladungen zu rechnen ist, also zwei Tage nach Aufgabe der Briefe zur Post für Gesellschafter im Inland, im Ausland je nach Land entsprechend länger (vgl. Lutter/Hommelhoff/*Lutter/Hommelhoff* GmbHG, § 51 Rn. 9). Bei Streik oder anderen, alle Gesellschafter betreffenden Postlaufhindernissen wird der Fristbeginn entsprechend hinausgeschoben; bei nur einzelne Gesellschafter betreffenden Postlaufhindernissen (Krieg in einem anderen Land etc.) wird der Fristlauf grundsätzlich nicht hinausgeschoben, doch kann die Gesellschaft zum gleichzeitigen Einsatz anderer Kommunikationsmittel (z. B. E-Mail) verpflichtet sein (Baumbach/Hueck/*Zöllner* § 51 Rn. 19). Die **Fristberechnung** erfolgt nach den §§ 187 Abs. 1, 188 Abs. 2 BGB. Ist der Tag des Fristbeginns z. B. ein Mittwoch, dann kann die Gesellschafterversammlung frühestens am Donnerstag der darauf folgenden Woche stattfinden. § 193 BGB findet nach h. M. Anwendung, da die Frist auch der Vorbereitung des Gesellschafters dient, der an Sonn- und Feiertagen Hindernisse entgegenstehen können (Lutter/Hommelhoff/*Lutter/Hommelhoff* GmbHG, § 51 Rn. 8). 6

IV. Abweichende Regelung durch Gesellschaftsvertrag

Der Gesellschaftsvertrag kann die Einberufung der Gesellschafterversammlung abweichend von den gesetzlichen Vorschriften modifizierend regeln, ist dabei aber trotz des dispositiven Charakters von § 51 GmbHG nicht völlig frei. Eine Erschwerung der Einberufung (längere Frist, öffentliche Bekanntmachung etc.) ist möglich, soweit die Abhaltung dadurch nicht über die Maßen erschwert wird. Erleichterungen sind grundsätzlich ebenfalls möglich (z. B. Zulassung der Einberufung im Wege moderner elektronischer Kommunikationsmittel oder der mündlichen, telefonischen Einberufung etc.), nicht aber die Abkürzung der Einberufungsfrist (vgl. dazu insgesamt Roth/Altmeppen/*Roth* § 51 Rn. 20). 7

C. Ankündigung des Zwecks der Versammlung, Abs. 2

8 Mit der Einladung zur Gesellschafterversammlung soll nach Abs. 2 der Zweck der Gesellschafterversammlung angekündigt werden. Damit ist die Mitteilung der **Tagesordnung** gemeint (Lutter / Hommelhoff / *Lutter/Hommelhoff* GmbHG, § 51 Rn. 6). Bereits die Wahl einer Sollvorschrift macht aber deutlich, dass die gleichzeitige Mitteilung der Tagesordnung nicht Voraussetzung für die Wirksamkeit der Einladung und damit der Einberufung der Gesellschafterversammlung ist. Hingegen kann die Tagesordnung auch noch später mitgeteilt werden, wobei aber eine **Mindestfrist von drei Tagen** vor der Gesellschafterversammlung einzuhalten ist (Abs. 4). Die Berechnung der Frist erfolgt nach denselben Regeln wie die Fristberechnung bei der Einladung (s. o. Rn. 6).

9 Inhaltlich hat die Tagesordnung alle **Beschluss- und Beratungsgegenstände** so genau zu nennen und zu beschreiben, dass die eingeladenen Gesellschafter sich ein hinreichendes Bild von den Gegenständen machen und sich auf die Gesellschafterversammlung vorbereiten können. Regelmäßig ist eine **stichwortartige Angabe** ausreichend (vgl. OLG Stuttgart NZG 2000, 159). Unter dem Tagesordnungspunkt »Sonstiges« oder »Verschiedenes« in der Ankündigung dürfen nur Gegenstände von geringerer Bedeutung beraten werden; Beschlussfassungen sind dabei ausgeschlossen (OLG München GmbHR 1994, 259). Keinesfalls darf es zu Überraschungen oder gar Überrumpelungen der Gesellschafter in der Gesellschafterversammlung kommen, es besteht ansonsten die Gefahr eines Ankündigungsmangels. Die Formulierung von Beschlussvorschlägen oder Beschlussanträgen ist zwar nicht erforderlich, kann aber sinnvoll sein. Das gilt auch bei Satzungsänderungen.

10 Das Erfordernis der Ankündigung des Zwecks der Gesellschafterversammlung kann durch den Gesellschaftsvertrag weder ausgeschlossen noch abgeschwächt werden (BGHZ 99, 119, 124).

D. Mangelhafte Einberufung, Abs. 3

I. Vollversammlung

11 Abs. 3 regelt, dass im Falle einer nicht ordnungsmäßig einberufenen Gesellschafterversammlung Beschlüsse nur gefasst werden können, wenn alle Gesellschafter anwesend sind, es sich also um eine sog. Vollversammlung handelt. Die Anwesenheit eines Gesellschafters ist auch im Falle der Vertretung durch einen Bevollmächtigten und bei Anwesenheit der gesetzlichen Vertreter gegeben. Dabei verlangen die h. M. und die höchstrichterliche Rechtsprechung (BGH NZG 2003, 127; Roth / Altmeppen / *Roth* § 51 Rn. 16) über den Wortlaut des Gesetzes hinaus aber nicht nur die Anwesenheit aller Gesellschafter sondern auch deren konkludent oder ausdrücklich erklärtes Einvernehmen damit, dass die Gesellschafterversammlung abgehalten und Beschlüsse gefasst werden. Auch bei einer Vollversammlung müssen nicht notwendigerweise alle Gesellschafter anwesend sein. So ist eine Vollversammlung auch möglich, wenn Ladungsmängel nur bei einem Teil der Gesellschafter vorliegen, diese aber sämtlich erschienen sind, während ordnungsgemäß geladene Gesellschafter oder solche, die vorher auf Ladung und Teilnahme verzichtet haben (s. u. Rn. 13), nicht erschienen sind (A / E / S / *B. Schmidt* § 51 Rn. 13).

II. Rechtsfolgen der mangelhaften Einberufung

12 Mängel der Einberufung einer Gesellschafterversammlung können verschiedene Rechtsfolgen haben. So begründen bestimmte Mängel der Einberufung, unabhängig davon, ob sie nur einem Gesellschafter oder allen Gesellschaftern gegenüber bestehen, die **Nichtigkeit** der in der mangelhaft einberufenen Gesellschafterversammlung gefassten Beschlüsse, andere Mängel führen nur zu ihrer Anfechtbarkeit. Die Nichtigkeitsfolge tritt ein bei Fehlen der Einberufung, Einberufung nur eines Teils der Gesellschafter, Einberufung mit unvollständigem Inhalt (keine Ortsangabe, keine Zeitangabe, keine Angabe des Versammlungslokals etc.) und im Fall der Einberufung durch Unbefugte. Die Einladung an einen unzulässigen Ort oder zu einem unzulässigen Zeitpunkt hingegen führt jeweils nur zur Anfechtbarkeit. Dasselbe gilt für das Unterschreiten der La-

dungsfrist (vgl. zur Nichtigkeitsfolge auch § 47 GmbHG Rn. 42 f., 55 ff.; zur Anfechtbarkeitsfolge vgl. § 47 GmbHG Rn. 70 ff., 77 ff.).

Die Gesellschafter können widerruflich schon vor der Versammlung für einen oder alle zukünftigen Fälle auf die Einladung insgesamt oder auf einzelne ihrer Merkmale verzichten, wobei jeder Gesellschafter den **Verzicht nur für sich selbst** erklären kann. Auch die nachträgliche Erklärung des Einverständnisses mit der Beschlussfassung trotz Ladungsmangels oder ein Rügeverzicht sind möglich. Es tritt dann Heilung der Einberufungsmängel ein (Baumbach / Hueck / *Zöllner* § 51 Rn. 29 f.). 13

E. Mangelhafte Ankündigung von Beschlussgegenständen, Abs. 4

Abs. 4 normiert für die mangelhafte Ankündigung von Beschlussgegenständen zunächst dieselbe Rechtsfolge, die Abs. 3 für die mangelhafte Einberufung der Gesellschafterversammlung vorsieht (s. o. Rn. 12 f.). Wirksame Beschlüsse können demnach nicht gefasst werden, es sei denn es sind alle Gesellschafter anwesend (Vollversammlung, s. o. Rn. 11). Es ist aber allgemeine Meinung, dass trotzdem gefasste Beschlüsse nur anfechtbar, nicht hingegen nichtig sind (Baumbach / Hueck / *Zöllner* § 51 Rn. 37). Die Anfechtungsbefugnis steht insoweit nur denjenigen Gesellschaftern zu, denen gegenüber die Ankündigung unwirksam war. Wurde auf die Ankündigung gem. Abs. 2 oder auf die Rüge von Ladungsmängeln verzichtet oder dem Beschluss nachträglich zugestimmt (s. o. Rn. 13), entfällt die Anfechtungsbefugnis (Baumbach / Hueck / *Zöllner* § 51 Rn. 38). 14

F. Absage und Verlegung einer Gesellschafterversammlung

Für die **Absage** einer bereits einberufenen Gesellschafterversammlung hat derjenige, der die Absage vornimmt, das bestmögliche Kommunikationsmittel zu wählen, das nicht notwendigerweise mit dem für die Einberufung gewählten Kommunikationsmittel übereinstimmt (Baumbach / Hueck / *Zöllner* § 51 Rn. 40). In einer trotz Absage abgehaltenen Gesellschafterversammlung gefasste Beschlüsse sind nach § 241 Nr. 1 AktG analog nichtig. Das gilt nicht in einer Vollversammlung (s. o. Rn. 11). 15

Auch bei der **Verlegung** einer Gesellschafterversammlung stellt sich die Frage nach Frist und Form für die entsprechende Mitteilung an die Gesellschafter. Bei einer **Verlegung des Versammlungsortes** ist in den Fällen, in denen das neue Versammlungslokal mit demselben Zeitaufwand wie das ursprünglich benannte erreicht werden kann, eine sehr kurzfristig und formlos erfolgende Mitteilung ausreichend. Es müssen aber alle Gesellschafter informiert werden. Liegen neues und altes Versammlungslokal sehr nah beieinander, ist bei einer hinreichenden zeitlichen Verschiebung der Versammlung auch die Verständigung über die örtliche Verlegung am ursprünglichen Versammlungslokal ausreichend (Baumbach / Hueck / *Zöllner* § 51 Rn. 40). In allen anderen Fällen ist eine erneute Einberufung unter Wahrung der gesetzlichen Frist und Form vorzunehmen. Bei einer **Verlegung des Zeitpunkts** der Gesellschafterversammlung bedarf es hingegen immer der erneuten Einberufung unter Frist- und Formwahrung. Vorverlegung am selben Tag verlangt erneute Einberufung; Verschiebung nach hinten ist im Rahmen von ein bis zwei Stunden am selben Tag stets form- und fristlos möglich. Auch dabei sind aber die Interessen der Gesellschafter durch Abwägung nach Treu und Glauben im Einzelfall zu wahren. Bei unveränderter Tagesordnung muss diese weder bei zeitlicher noch bei örtlicher Verlegung erneut mitgeteilt werden (Baumbach / Hueck / *Zöllner* § 51 Rn. 42). 16

§ 51 a [Auskunfts- und Einsichtsrecht]

(1) Die Geschäftsführer haben jedem Gesellschafter auf Verlangen unverzüglich Auskunft über die Angelegenheiten der Gesellschaft zu geben und die Einsicht der Bücher und Schriften zu gestatten.

(2) [1]Die Geschäftsführer dürfen die Auskunft und die Einsicht verweigern, wenn zu besorgen ist, dass der Gesellschafter sie zu gesellschaftsfremden Zwecken verwenden und dadurch der Gesellschaft oder einem verbundenen Unternehmen einen nicht unerheblichen Nachteil zufügen wird. [2]Die Verweigerung bedarf eines Beschlusses der Gesellschafter.

(3) Von diesen Vorschriften kann im Gesellschaftsvertrag nicht abgewichen werden.

Übersicht:

A. Allgemeines

1 § 51 a GmbHG regelt umfassende **mitgliedschaftliche Informationsansprüche** jedes einzelnen Gesellschafters, die ihm außerhalb der Gesellschafterversammlung zustehen. Sie stehen neben den Informationsrechten, die die Gesellschafter innerhalb der Gesellschafterversammlung im Hinblick auf die Beratungs- oder Beschlussgegenstände haben. Die Informationsansprüche sollen dem Gesellschafter insbesondere die Wahrnehmung seiner mitgliedschaftlichen Teilhaberechte ermöglichen (A/E/S/*B. Schmidt* § 51 a Rn. 1). Die praktische Bedeutung der Vorschrift ist sehr groß. Abs. 1 gewährt neben dem **Auskunftsrecht** auch ein **Einsichtsrecht** in die Bücher und Schriften der Gesellschaft. Durch den die Informationen begehrenden Gesellschafter ist das im konkreten Fall weniger stark in die Belange der Gesellschaft eingreifende Recht zu wählen. Die erhaltenen Informationen muss der Gesellschafter vertraulich behandeln und darf sie nicht zu gesellschaftsfremden Zwecken verwenden oder an gesellschaftsfremde Dritte weitergeben.

B. Auskunftsrecht, Abs. 1 Alt. 1

I. Auskunftsberechtigter

2 Gem. Abs. 1 Alt. 1 haben die Geschäftsführer zunächst jedem Gesellschafter auf Verlangen unverzüglich Auskunft über die Angelegenheiten der Gesellschaft zu geben. Träger dieses Mitgliedschaftsrechtes ist **jeder einzelne Gesellschafter** unabhängig von der Höhe seiner Beteiligung. Es kann schon in der Vor-GmbH geltend gemacht werden. Dieses Recht kann unabhängig von der Gesellschafterstellung **nicht übertragen** werden, ist aber auch durch **Bevollmächtigte** ausübbar, wenn deren Verschwiegenheit gesichert ist (Baumbach/Hueck/*Zöllner* § 51 a Rn. 5). Steht einem Testamentsvollstrecker das Stimmrecht zu, hat er auch das Auskunftsrecht inne (Lutter/Hommelhoff/*Lutter/Hommelhoff* GmbHG, § 51 a Rn. 4). Ist ein Gesellschafter insolvent, steht das Auskunftsrecht dem Insolvenzverwalter zu. Wie das Teilnahmerecht steht auch das Auskunftsrecht dem Gesellschafter im Falle stimmrechtsloser Geschäftsanteile oder im Falle des Ausschlusses seines Stimmrechts hinsichtlich bestimmter Angelegenheiten der Gesellschaft auch insoweit zu (Baumbach/Hueck/*Zöllner* § 51 a Rn. 5). Bei **Verpfändung und Nießbrauch** verbleibt das Auskunftsrecht beim Gesellschafter, der allerdings gegenüber dem Pfandnehmer bzw. dem Inhaber des Nießbrauchs zur Einholung von für das bestellte Recht wesentlichen Informationen verpflichtet sein kann (Baumbach/Hueck/*Zöllner* § 51 a Rn. 6). Das Auskunftsrecht besteht bis zum Ausscheiden aus der Gesellschafterstellung, also auch noch während eines Ausschließungs- oder Einziehungsverfahrens. **Ansprüche ausgeschiedener Gesellschafter** auf Informationen im

Zusammenhang mit Gewinn- und Abfindungsansprüchen werden von der Rechtsprechung hingegen auf § 810 BGB gestützt (BGH GmbHR 1977, 153).

II. Auskunftsverpflichteter

Adressat des Auskunftsanspruchs sind gem. Abs. 1 Alt. 1 die **Geschäftsführer**, die insoweit aber für die Gesellschaft als Trägerin der Auskunftspflicht handeln. Die Geschäftsführer können die Aufgabe der Informationserteilung auch delegieren. Gerichtlich ist der Auskunftsanspruch dementsprechend gegenüber der Gesellschaft geltend zu machen (BGHZ 135, 51). Im Falle der Insolvenz der Gesellschaft bleibt der Anspruch gegen die Gesellschaft bestehen; sie wird dann vom Insolvenzverwalter vertreten (Roth / Altmeppen / *Roth* § 51 a Rn. 16). 3

III. Gegenstand des Auskunftsanspruchs

Gegenstand des Auskunftsanspruchs sind **alle Angelegenheiten der Gesellschaft**. Der Begriff der »Angelegenheiten der Gesellschaft« i. S. d. Abs. 1 ist denkbar weit, umfasst im Grunde genommen alles, was mit der Geschäftsführung, den wirtschaftlichen Verhältnissen, den Beziehungen der Gesellschaft zu Dritten zu tun hat, aber auch gesellschaftsinterne Beziehungen (Roth / Altmeppen / *Roth* § 51 a Rn. 5). Auch die Verhältnisse von i. S. d. §§ 15 ff. AktG verbundenen Unternehmen können Angelegenheiten der Gesellschaft sein, wenn sie für die Gesellschaft selbst von wesentlicher Bedeutung sind (ausführlich Lutter / Hommelhoff / *Lutter/Hommelhoff* GmbHG, § 51 a Rn. 13 ff.). 4

IV. Umfang, Form, Frist und Kosten der Auskunftserteilung

Die erteilten Auskünfte müssen **zutreffend und vollständig** sein. Bestehen Ungewissheiten, ist darauf hinzuweisen (Baumbach / Hueck / *Zöllner* § 51 a Rn. 14). Allerdings sind schon aus Gründen der Praktikabilität dem Umfang der zu erteilenden Auskünfte Grenzen gesetzt, insbesondere durch den Zweck, den das Auskunftsverlangen hat, der in der Vorbereitung eines Beschlussgegenstandes, der Bewertung der Rechtmäßigkeit einer Geschäftsführungsmaßnahme etc. liegen kann (Baumbach / Hueck / *Zöllner* § 51 a Rn. 15). Eine pauschal gestellte Frage darf ebenso pauschal beantwortet werden (BayObLG NJW-RR 1989, 932, 934). Die Auskunft kann **mündlich oder schriftlich** erteilt werden, die Wahl der Form steht dabei im Ermessen der Geschäftsführer, es sei denn eine mündliche Erteilung ist erkennbar ungeeignet (A / E / S / *B. Schmidt* § 51 a Rn. 5). 5

Die Auskunft hat nach dem Wortlaut des Gesetzes **unverzüglich** zu erfolgen, also ohne schuldhaftes Zögern (§ 121 BGB). Der Begriff der Unverzüglichkeit ist im Einzelfall unter den Gesichtspunkten der Bedeutung, der Dringlichkeit und auch des Umfangs des Auskunftsverlangens, seiner Schwierigkeit sowie der allgemeinen Belastung der Geschäftsführer zu bewerten. In einer Gesellschafterversammlung verlangte Auskünfte, die für die Beurteilung von Tagesordnungspunkten erforderlich sind, sind grundsätzlich sofort zu erteilen, sofern nicht die zu erteilenden Auskünfte so umfangreich und schwierig sind, dass die Geschäftsführer mit einem solchen Verlangen nicht rechnen mussten (vgl. KG WM 1994, 1479, 1485). Die **Kosten** der Anfrage trägt der jeweilige Gesellschafter selbst, die Kosten der Auskunftserteilung hingegen die Gesellschaft (Baumbach / Hueck / *Zöllner* § 51 a Rn. 18). 6

C. Einsicht der Gesellschafter in Bücher und Schriften, Abs. 1 Alt. 2

Neben dem Auskunftsanspruch steht den Gesellschaftern auch das Recht zur Einsicht in die Bücher und Schriften der Gesellschaft zu, Abs. 1 Alt. 2. Das Einsichtsrecht kann global und ohne Bezug auf konkrete Unterlagen oder Sachverhalte geltend gemacht werden (Lutter / Hommelhoff / *Lutter/Hommelhoff* GmbHG, § 51 a Rn. 18 unter Verweis auf OLG Frankfurt WM 1995, 1719, 1720) Der Anspruch nach Abs. 1 Alt. 2 richtet sich nur in äußerst wenigen Ausnahmefällen auch auf die Bücher und Schriften verbundener Unternehmen, z. B. bei der Führung einer 100 %igen Tochtergesellschaft wie eine Betriebsabteilung (Baumbach / Hueck / *Zöllner* § 51 a Rn. 19). 7

8 **Bücher** i. S. v. Abs. 1 Alt. 2 sind die Handelsbücher nach § 238 Abs. 1 HGB. Mit **Schriften der Gesellschaft** (gleichbedeutend mit Papiere der Gesellschaft in § 118 HGB) hingegen sind die geschriebenen Geschäftsunterlagen der Gesellschaft einschließlich der Korrespondenz und der Buchungsbelege gemeint, ohne Beschränkung auf das nach § 257 HGB aufbewahrungspflichtige Schriftgut (A/E/S/*B. Schmidt* § 51 a Rn. 7). Umfasst sind auch mit moderner Technik (z. B. EDV oder Mikrofilm) aufbewahrte Bücher (§ 239 Abs. 4 HGB) und Schriften der Gesellschaft (Baumbach/Hueck/*Zöllner* § 51 a Rn. 21). Umstritten ist die Erstreckung des Anspruchs auch auf Protokolle von Aufsichtsratssitzungen (dazu instruktiv und m. w. N. Baumbach/Hueck/*Zöllner* § 51 a Rn. 22).

9 Die Gewährung der Einsicht erfolgt **während der ordentlichen Geschäftszeiten** der Gesellschaft und nur in den **Geschäftsräumen**; das Recht zur Anfertigung von Abschriften oder Kopien ist grundsätzlich gegeben, solange keine schutzwürdigen Interessen entgegenstehen (OLG Köln WM 1986, 36, 38). Die Einsicht kann durch die Geschäftsführer auf die notwendigen Teile der Schriften oder Bücher beschränkt werden. Zur Einsicht kann sich der Gesellschafter in begründeten Fällen auch eines Sachverständigen bedienen, der entweder der beruflichen Schweigepflicht unterliegt (Rechtsanwalt, Steuerberater, Wirtschaftsprüfer) oder sich der Gesellschaft gegenüber entsprechend verpflichtet (Roth/Altmeppen/*Roth* § 51 a Rn. 15).

D. Schranken der Informationsansprüche, Abs. 2

10 Gem. Abs. 2 S. 1 dürfen die Geschäftsführer nach Abs. 1 verlangte Auskünfte oder die Einsicht **verweigern**, wenn zu besorgen ist, dass der Gesellschafter sie zu **gesellschaftsfremden Zwecken** verwenden und dadurch der Gesellschaft oder einem verbundenen Unternehmen einen nicht unerheblichen Nachteil zufügen wird.

I. Gesellschaftsfremde Verwendung

11 Gesellschaftsfremde Verwendung meint **gesellschaftsschädliche Verwendung** oder Verwendung außerhalb des ordnungsgemäßen mitgliedschaftlichen Verhaltens, insbesondere also wenn die Verwendung nicht der Ausübung von Mitgliedschaftsrechte dient (A/E/S/*B. Schmidt* § 51 a Rn. 12). Typischer Fall ist die Verwendung für Konkurrenzunternehmen oder die Verwendung für rein private Zwecke. Hingegen ist die Verwendung im Rahmen der Vorbereitung einer Veräußerung des eigenen Geschäftsanteils an der Gesellschaft nicht automatisch gesellschaftsfremd; die Weitergabe von Informationen an einen potenziellen Erwerber ist regelmäßig Voraussetzung für die Realisierung der Veräußerung, da sich der Erwerber hinreichende Kenntnisse über den Kaufgegenstand verschaffen wollen wird, etwa durch die Durchführung einer sog. **Due Diligence**. Es genügt dann nach h. M. regelmäßig eine strafbewehrte Vertraulichkeitsverpflichtung des Erwerbsinteressenten, die im Rahmen der Due Diligence erhaltenen Informationen vertraulich zu behandeln und nur für die Prüfung des Erwerbsvorhabens zu verwenden. Handelt es sich freilich bei dem potenziellen Erwerber um einen Konkurrenten, erhält die Weitergabe gesellschaftsfremden Charakter (PraxisHdb GmbH-GF/*Jaeger* § 19 Rn. 159). In Betracht kommt die Einsetzung eines neutralen, zur beruflichen Verschwiegenheit verpflichteten Treuhänders, der Auskünfte erhält und/oder Einsicht nehmen kann und an den Gesellschafter bzw. den Erwerbsinteressenten nur die Ergebnisse und Wertungen seiner Prüfung weitergeben darf (OLG Frankfurt GmbHR 1995, 904, 905).

II. Besorgnis

12 Für eine Besorgnis i. S. d. Abs. 2 ist eine **konkrete Gefahr** für eine gesellschaftsfremde Verwendung erforderlich, also eine auf objektiv vorliegenden Umständen beruhende Wahrscheinlichkeit ihrer Realisierung (OLG Stuttgart GmbHR 1983, 242, 243). Ist der Gesellschafter zumindest nicht unwesentlich an einem Konkurrenzunternehmen beteiligt, wird eine konkrete Gefahr regelmäßig zu bejahen sein (PraxisHdb GmbH-GF/*Jaeger* § 19 Rn. 160). Der nicht unerhebliche Nachteil, den das Gesetz verlangt, wird häufig in einem Vermögensschaden liegen, kann sich

aber auch in einem immateriellen Schaden (z. B. Rufschädigung) verwirklichen (PraxisHdb GmbH-GF / *Jaeger* § 19 Rn. 159). Nachteile mit Bagatellcharakter rechtfertigen die Verweigerung der verlangten Informationen aber ebenso wenig wie bloße Nachteile der Mitgesellschafter (A / E / S / *B. Schmidt* § 51 a Rn. 12).

III. Mildere Mittel

Trotz Vorliegens der Voraussetzungen des § 51 a Abs. 2 S. 1 GmbHG ist der Geschäftsführer nicht 13
zur vollständigen Verweigerung von Informationen berechtigt, wenn mildere Mittel, z. B. eine nur teilweise Versagung der Informationen, ausreichen, die drohenden Nachteile von der Gesellschaft anzuwenden (Roth / Altmeppen / *Roth* § 51 a Rn. 32).

IV. Einholung eines Gesellschafterbeschlusses

Nach Abs. 2 S. 2 sind die Geschäftsführer, die für die Gesellschaft Auskünfte erteilen und Ein- 14
sicht in Bücher und Schriften der Gesellschaft gewähren, zur Einholung eines Gesellschafterbeschlusses verpflichtet, wenn sie von dem Recht auf Verweigerung von Informationen Gebrauch machen wollen. Bei der Beschlussfassung hat der betroffene Gesellschafter gem. § 47 Abs. 4 GmbHG kein Stimmrecht; ihm bleibt die Möglichkeit, die Informationserteilung nach § 51 b GmbHG gerichtlich zu erzwingen. Liegt ein Verweigerungsgrund vor, dürfen sich darüber auch die Gesellschafter nicht hinwegsetzen. Der Beschluss muss substantiiert begründet werden (BGHZ 32, 159; a. A. Lutter / Hommelhoff / *Lutter/Hommelhoff* GmbHG, § 51 a Rn. 31) und ist für die Geschäftsführer bindend.

V. Weitere Verweigerungsgründe

Neben den Fällen des Abs. 2 S. 2 kommt eine Verweigerung der Informationserteilung auch dann 15
in Betracht, wenn die Weitergabe der Informationen z. B. nach § 203 StGB **strafbar oder ordnungswidrig** ist oder sonst gegen zwingende gesetzliche Bestimmungen verstößt. Ein Gesellschafterbeschluss ist in diesen Fällen nicht erforderlich (Roth / Altmeppen / *Roth* § 51 a Rn. 33). Dasselbe gilt in Fällen, in denen das Verlangen **rechtsmissbräuchlich oder treuwidrig** ist, z. B. weil die Informationen in einer unmittelbar bevorstehenden Gesellschafterversammlung ohnehin erteilt werden oder kurz zuvor schon erteilt worden sind. Auch ein **unzumutbarer Aufwand** kann in Einzelfällen die Verweigerung rechtfertigen (A / E / S / *B. Schmidt* § 51 a Rn. 8). Eines Gesellschafterbeschlusses bedarf es auch dann nicht, wenn schon die Tatbestandsvoraussetzungen des Abs. 1 nicht gegeben sind, da z. B. der die Informationen Begehrende gar nicht Gesellschafter ist.

VI. Unterlassung der gesellschaftsfremden Verwendung von Informationen

Wird erst nachträglich festgestellt, dass die Informationserteilung hätte verweigert werden dür- 16
fen oder müssen, kann die Gesellschaft von dem Gesellschafter, der die Informationen erhalten hat, unter dem Gesichtspunkt der Treuepflicht die Unterlassung der gesellschaftsfremden Verwendung der Informationen verlangen.

E. Regelungen in der Satzung, Abs. 3

Abs. 3 normiert, dass die Regelungen des § 51 a GmbHG **zwingend** sind. Das gilt im Sinne eines 17
Mindeststandards, der durch den Gesellschaftsvertrag z. B. durch die Etablierung eines Berichtssystems erweitert werden kann. Denn ratio legis des § 51 a GmbHG ist der Schutz der Rechtsstellung des Gesellschafters. Auch sind Vorschriften über das Verfahren und die Form des Informationsverlangens oder der Informationserteilung möglich, solange die Rechte selbst in ihrem Wesen unberührt bleiben (A / E / S / *B. Schmidt* § 51 a Rn. 19).

F. Unberechtigte Informationsverweigerung

18 Die Geschäftsführer, die die von einem Gesellschafter verlangten Informationen verweigern, müssen diesem die Gründe mitteilen; andernfalls ist es ihm unmöglich, sein Begehr ggf. im Wege des **Informationserzwingungsverfahrens** nach § 51 b GmbHG weiterzuverfolgen. Liegt ein Beschluss i. S. v. Abs. 2 S. 2 vor, ist dieser selbst grundsätzlich nicht anfechtbar (A/E/S/*B. Schmidt* § 51 a Rn. 19); probates Rechtsmittel ist das Verfahren nach § 51 b GmbHG. Im Falle des Eintritts eines Schadens infolge einer unberechtigten Informationsverweigerung kommen **Schadensersatzansprüche** des Gesellschafters gegen die Gesellschaft unter dem Gesichtspunkt der Pflichtverletzung in Betracht. § 51 a GmbHG ist aber **nicht Schutzgesetz** i. S. v. § 823 Abs. 2 BGB. Die Gesellschaft selbst wiederum kann sich an ihren Geschäftsführern nach § 43 GmbHG schadlos halten (A/E/S/*B. Schmidt* § 51 a Rn. 21).

§ 51 b [Gerichtliche Entscheidung über das Auskunfts- und Einsichtsrecht]

[1]Für die gerichtliche Entscheidung über das Auskunfts- und Einsichtsrecht findet § 132 Abs. 1, 3 bis 5 des Aktiengesetzes entsprechende Anwendung. [2]Antragsberechtigt ist jeder Gesellschafter, dem die verlangte Auskunft nicht gegeben oder die verlangte Einsicht nicht gestattet worden ist.

A. Allgemeines

1 Wird dem Informationsbegehren eines Gesellschafters nicht entsprochen, steht dem betroffenen Gesellschafter das **Erzwingungsverfahren** nach § 51 b GmbHG zur Verfügung. Für dieses Verfahren gelten im Wesentlichen die Regelungen des aktienrechtlichen Auskunftserzwingungsverfahrens nach § 132 AktG (vgl. daher auch Kap. 10 § 132). Fehlt es an einem entsprechenden Verlangen oder sind die begehrten Informationen bereits erteilt worden, fehlt es an sachlichen Voraussetzungen des Informationsanspruchs oder liegen Gründe für die Verweigerung der begehrten Informationen vor, ist die Klage unbegründet. Verweigerungsgründe können im Verfahren nachgeschoben werden (Baumbach/Hueck/*Zöllner* § 51 b Rn. 1). Unbegründet wird die Klage auch, wenn der Gesellschafter aus der Gesellschaft ausscheidet. Er verliert dann seine Informationsansprüche; § 265 ZPO findet keine (analoge) Anwendung.

B. Einzelheiten zum Verfahren

I. Anwaltszwang, Zuständigkeit

2 Das Verfahren nach § 51 b GmbHG i. V. m. § 132 AktG findet ausschließlich **auf Antrag** statt; es besteht **kein Anwaltszwang** (Lutter/Hommelhoff/*Lutter/Hommelhoff* GmbHG, § 51 b Rn. 3 a. E.). Für das Verfahren ist ausschließlich das für den **Sitz der Gesellschaft** zuständige Landgericht (Kammer für Handelssachen, soweit vorhanden) zuständig. Die Bundesländer Baden-Württemberg, Bayern, Hessen, Niedersachsen und Sachsen haben von der Möglichkeit der örtlichen Konzentration bei einem Eingangsgericht Gebrauch gemacht. Abweichende Vereinbarungen der **Zuständigkeit eines Schiedsgerichts** können für den Einzelfall, aber auch generell im Gesellschaftsvertrag bzw. in einem separaten Schiedsvertrag zwischen der Gesellschaft und den Gesellschaftern vereinbart werden (vgl. zu den Möglichkeiten einer Schiedsklausel ausführl. Kap. 17).

II. Antragsberechtigung, Antragsfrist, Antragsgegner

3 **Antragsberechtigt** ist nach § 51 b Abs. 2 GmbHG jeder Gesellschafter – unabhängig von der Höhe seiner Beteiligung – dem die verlangte Auskunft nicht gegeben oder die verlangte Einsicht nicht gestattet worden ist. Es genügt, dass die Gesellschaft auf ein Verlangen nicht reagiert hat. Die Fassung eines Beschlusses über die Verweigerung der Informationsgewährung nach § 51 a

Abs. 2 S. 2 GmbHG ist nicht erforderlich (BGHZ 135, 48, 49). Eine **Antragsfrist** gibt es nicht; § 51 b S. 1 GmbHG verweist insbesondere nicht auf § 132 Abs. 2 AktG. In Betracht kommt aber die Verwirkung der Antragsberechtigung, wenn sich der Gesellschafter mit der Verweigerung der Erteilung von Auskünften bzw. der Gestattung von Einsichtnahme offensichtlich zufrieden gegeben hat (Baumbach / Hueck / *Zöllner* § 51 b Rn. 6). **Antragsgegner** ist die Gesellschaft, vertreten durch ihre Geschäftsführer. Bejaht man die Möglichkeit eines negativen Feststellungsantrages durch die Gesellschaft selbst, ist in diesen Fällen der entsprechende Gesellschafter der Antragsgegner. Der Antrag ist in hinreichend bestimmter Weise, also insbesondere unter Bezeichnung der betroffenen Angelegenheit und der Art der begehrten Information zu fordern (Baumbach/Hueck/*Zöllner* § 51 b Rn. 8).

III. Prozessuales

Für das Verfahren gilt im Übrigen das **FGG**, insbesondere also der Amtsermittlungsgrundsatz 4
(§ 12 FGG). **Einstweiliger Rechtsschutz** steht nicht zur Verfügung (A/E/S/*B. Schmidt* § 51 b Rn. 11). Rechtsmittel ist nur im Falle ihrer Zulassung durch das Landgericht die **sofortige Beschwerde** (§ 132 Abs. 3 S. 2 AktG), für die die Oberlandesgerichte zuständig sind. Die Entscheidung über die Zulassung der sofortigen Beschwerde sowie über die Kosten ist unanfechtbar. Die Zulassung der sofortigen Beschwerde durch das Landgericht setzt voraus, dass die Klärung einer Rechtsfrage von grundsätzlicher Bedeutung von der Durchführung des Beschwerdeverfahrens abhängig ist. Bei offensichtlichem Fehlen einer gesetzlichen Grundlage für die Entscheidung ist die sofortige Beschwerde auch ohne Zulassung möglich (BayObLG DB 1989, 2013). Will ein Oberlandesgericht von einer Entscheidung eines anderen Oberlandesgerichts oder des BGH abweichen, ist die Sache dem BGH zur Entscheidung vorzulegen. Eine weitere Beschwerde findet nicht statt (vgl. zu den Rechtsmitteln i. E. A / E / S / *B. Schmidt* § 51 b Rn. 6)

Zu den **Kosten** vgl. § 132 Abs. 5 AktG. Gem. § 132 Abs. 3 i. V. m. § 99 Abs. 5 S. 3 AktG ist die 5
rechtskräftige Entscheidung durch die Geschäftsführer **zum Handelsregister** einzureichen.

C. Stattgebende Entscheidung

Gibt das Gericht dem gestellten Antrag statt, ist die Gesellschaft verpflichtet, durch ihre Ge- 6
schäftsführer die begehrten Informationen auch außerhalb einer Gesellschafterversammlung zu erteilen. Die Vollstreckung erfolgt nach **§ 888 ZPO**. Im Hinblick auf die Herausgabe von Unterlagen zwecks Einsichtnahme kommt jedoch auch eine Vollstreckung analog § 883 ZPO in Betracht.

§ 52 [Aufsichtsrat] [i. d. F. ab 1. 1. 2007 durch EHUG]

(1) Ist nach dem Gesellschaftsvertrag ein Aufsichtsrat zu bestellen, so sind § 90 Abs. 3, 4, 5 Satz 1 und 2, § 95 Satz 1, § 100 Abs. 1 und 2 Nr. 2, § 101 Abs. 1 Satz 1, § 103 Abs. 1 Satz 1 und 2, §§ 105, 110 bis 114, 116 des Aktiengesetzes in Verbindung mit § 93 Abs. 1 und 2 des Aktiengesetzes, §§ 170, 171 des Aktiengesetzes entsprechend anzuwenden, soweit nicht im Gesellschaftsvertrag ein anderes bestimmt ist.

(2) [1]Werden die Mitglieder des Aufsichtsrats vor der Eintragung der Gesellschaft in das Handelsregister bestellt, gilt § 37 Abs. 4 Nr. 3 und 3 a des Aktiengesetzes entsprechend. [2]Die Geschäftsführer haben bei jeder Änderung in den Personen der Aufsichtsratsmitglieder unverzüglich eine Liste der Mitglieder des Aufsichtsrats, aus welcher Name, Vorname, ausgeübter Beruf und Wohnort der Mitglieder ersichtlich ist, zum Handelsregister einzureichen; das Gericht hat nach § 10 des Handelsgesetzbuchs einen Hinweis darauf bekannt zu machen, dass die Liste zum Handelsregister eingereicht worden ist.

(3) Schadensersatzansprüche gegen die Mitglieder des Aufsichtsrats wegen Verletzung ihrer Obliegenheiten verjähren in fünf Jahren.

§ 52 [Aufsichtsrat] [i. d. F. bis 31. 12. 2006]

***(1)* [identisch]**

(2)* [1]*Werden die Mitglieder des Aufsichtsrats vor der Eintragung der Gesellschaft in das Handelsregister bestellt, gelten § 37 Abs. 4 Nr. 3, § 40 Abs. 1 Nr. 4 des Aktiengesetzes entsprechend.* [2]*Jede spätere Bestellung sowie jeden Wechsel von Aufsichtsratsmitgliedern haben die Geschäftsführer unverzüglich in den Gesellschaftsblättern bekanntzumachen und die Bekanntmachung zum Handelsregister einzureichen.

***(3)* [identisch]**

Übersicht:

A. Allgemeines

1 Grundsätzlich besteht in der Verfassung der GmbH nicht die Notwendigkeit, einen Aufsichtsrat einzurichten. Hiervon kann einerseits bei Abschluss des Gesellschaftsvertrages freiwillig abgewichen werden, indem die Einrichtung eines Aufsichtsrates vertraglich vorgesehen wird. Für einen solchen sog. **fakultativen Aufsichtsrat** verweist § 52 Abs. 1 GmbHG auf eine Reihe von aktienrechtlichen Vorschriften zum im Aktienrecht stets obligatorischen Aufsichtsrat. Sie finden entsprechende Anwendung, soweit im Gesellschaftsvertrag nichts anderes bestimmt ist. Andererseits sehen einige Normen des Mitbestimmungsrechts sowie § 6 Abs. 2 InvG für Kapitalanlagegesellschaften unter bestimmten Voraussetzungen die zwingende Bildung eines Aufsichtsrates bei Gesellschaften vor, die in der Form einer GmbH betrieben werden, sog. **obligatorischer Aufsichtsrat**.

B. Fakultativer Aufsichtsrat, Abs. 1

2 Abs. 1 bezieht sich ausschließlich auf den fakultativen Aufsichtsrat, also den freiwillig nach dem Gesellschaftsvertrag gebildeten Aufsichtsrat. Im Gesellschaftsvertrag finden sich regelmäßig auch Regelungen zu den Zuständigkeiten, zur inneren Ordnung, zu seiner Besetzung etc. In den Punkten, zu denen sich keine Regelungen im Gesellschaftsvertrag finden, finden diejenigen Normen des Aktienrechts Anwendung, auf die Abs. 1 verweist. Diese Verweisung gilt auch für ein nach dem Gesellschaftsvertrag vorgesehenes Organ, das zwar nicht als Aufsichtsrat bezeichnet wird, dem aber durch den Gesellschaftsvertrag die Aufgabe der **Kontrolle der Geschäftsführung** übertragen ist (Roth / Altmeppen / *Altmeppen* § 52 Rn. 2). Andererseits scheidet die Anwendung des Abs. 1 auf ein Organ, das zwar im Gesellschaftsvertrag als Aufsichtsrat bezeichnet wird, dem aber die Kontrolle der Geschäftsführung nicht oder nur bruchstückhaft übertragen ist, aus. Die Aufzählung in Abs. 1 schließt die analoge Anwendung weiterer Vorschriften aus

dem Aktienrecht nicht aus. Das ist eine Frage der Vertragsauslegung, die mit Zurückhaltung zu behandeln ist (Roth/Altmeppen/*Altmeppen* § 52 Rn. 3).

C. Mitglieder des Aufsichtsrates

I. Anzahl der Mitglieder

Die Anzahl der Mitglieder des Aufsichtsrates kann frei gewählt werden und auch dem Aufsichts- 3
rat selbst überlassen bleiben; sie kann nach h. M. auch nur ein Mitglied betragen (vgl. die überzeugenden Ausführungen bei Roth/Altmeppen/*Altmeppen* § 52 Rn. 6). Ist nichts geregelt, hat der Aufsichtsrat drei Mitglieder (§ 95 S. 1 AktG).

II. Persönliche Voraussetzungen der Mitglieder

In Betracht kommt jede **natürliche, unbeschränkt geschäftsfähige Person** (§ 100 Abs. 1 Satz 1 4
AktG), nach h. M. hingegen keine juristische Person (Roth/Altmeppen/*Altmeppen* § 52 Rn. 7). **Ausgeschlossen** sind Geschäftsführer, Prokuristen, Generalbevollmächtigte und nach h. M. auch die gesetzlichen Vertreter eines von der Gesellschaft abhängigen Unternehmens (Grundsatz der Inkompatibilität, § 105 Abs. 1 AktG; A/E/S/*B. Schmidt* § 52 Rn. 12), nicht hingegen die Gesellschafter, solange sie nicht auch Mitglied der Geschäftsführung sind (BGHZ 135, 48, 57). Anders als bei der Aktiengesellschaft ist die zulässige Anzahl gleichzeitiger Mitgliedschaften in verschiedenen Aufsichtsräten nicht begrenzt, da § 100 Abs. 2 Nr. 1 AktG nicht gilt. Der Gesellschaftsvertrag kann in diesem Punkt anderes regeln; nicht selten fordert er auch besondere persönliche Voraussetzungen von den Mitgliedern, z. B. im Hinblick auf Alter, Familienzugehörigkeit oder spezifische Qualifikationen. Da § 101 Abs. 3 AktG nicht anwendbar ist, können auch **stellvertretende Mitglieder** des Aufsichtsrates im Gesellschaftsvertrag vorgesehen werden, die im Falle der Verhinderung des Mitgliedes, zu dessen Stellvertreter sie bestellt sind, dessen Aufgaben wahrnehmen.

III. Bestellung der Mitglieder

Die Bestellung der Mitglieder des Aufsichtsrates erfolgt grundsätzlich durch **Beschluss der Ge-** 5
sellschafterversammlung, der der **Mehrheit** der abgegebenen Stimmen bedarf (A/E/S/*B. Schmidt* § 52 Rn. 22). Der Gesellschaftsvertrag kann die Bestellung in vielfältig abweichender Weise regeln (z. B. durch Statuierung von qualifizierten Mehrheitserfordernissen, von Vorschlags- oder Entsenderechten etc.); auch eine Ergänzungswahl durch den Aufsichtsrat kommt in Betracht. Eine Einflussnahme der Geschäftsführer auf die Auswahl und Bestellung der Mitglieder des Aufsichtsrates hingegen kommt nicht in Betracht, da eine der zentralen Aufgaben des Aufsichtsrates gerade die Kontrolle der Geschäftsführung ist. Die Bestellung erfolgt grundsätzlich **auf unbestimmte Zeit**, da § 102 AktG keine Anwendung findet; diesbezüglich kann der Gesellschaftsvertrag etwas anderes regeln.

IV. Abberufung

Für die Abberufung eines Mitglieds des Aufsichtsrates bedarf es nach § 103 Abs. 1 S. 1 AktG eines 6
Beschlusses der Gesellschafterversammlung, der nach h. M. aufgrund des anwendbaren § 103 Abs. 1 S. 2 AktG einer **3/4-Mehrheit** bedarf (m. w. N. A/E/S/*B. Schmidt* § 52 Rn. 25). Andere Auffassungen lassen hingegen eine einfache Mehrheit ausreichen (Scholz/*Schneider* GmbHG, § 52 Rn. 199). Auch diesbezüglich kann der Gesellschaftsvertrag aber anderes regeln. Ist das betroffene Aufsichtsratsmitglied zugleich Gesellschafter, ist es grundsätzlich bei der Beschlussfassung über die Abberufung stimmberechtigt; das ist nur dann anders, wenn die Abberufung aus wichtigem Grund erfolgt, wenn also das Verbleiben des betroffenen Mitglieds im Aufsichtsrat unzumutbar ist. In solchen Fällen können die übrigen Gesellschafter aufgrund ihrer Treuepflicht verpflichtet sein, sich an dem Beschluss zu beteiligen und der Abberufung zuzustimmen, worauf sie u. U. von den Mitgesellschaftern gerichtlich in Anspruch genommen werden können (A/E/S/*B. Schmidt* § 52 Rn. 25). Ein zur Entsendung eines Mitglieds des Aufsichtsrates Berech-

tigter kann das entsandte Aufsichtsratsmitglied jederzeit wieder abberufen; dazu kann er bei Vorliegen eines wichtigen Grundes (s. o.) gegenüber der Gesellschaft sogar verpflichtet sein; der entsprechende Anspruch der Gesellschaft kann klageweise geltend gemacht werden, während in diesen Fällen eine unmittelbare Abberufung durch die Gesellschafterversammlung gewissermaßen im Wege der Selbsthilfe nicht in Betracht kommt. Eine **gerichtliche Abberufung** eines Mitglieds des Aufsichtsrates kommt nicht in Betracht, auch nicht durch eine entsprechende Regelung im Gesellschaftsvertrag.

IV. Sonstige Beendigungsgründe

7 Das Amt eines Mitglieds endet außerdem durch jederzeit zulässige Amtsniederlegung, durch den Wegfall der persönlichen Voraussetzungen (s. o. Rn. 3), durch Ablauf einer vorher festgelegten bestimmten Amtszeit sowie durch Tod. Das Amt endet hingegen nicht in der Liquidation; vielmehr richtet sich die Überwachungsfunktion nunmehr auf die Tätigkeit der Liquidatoren.

V. Entlastung

8 Über die Entlastung der Mitglieder des Aufsichtsrates entscheidet die Gesellschafterversammlung. Den Mitgliedern des Aufsichtsrats steht ein Anspruch auf Entlastung nicht zu, auch nicht, wenn sie ganz offensichtlich willkürlich verweigert wird (A/E/S/*B. Schmidt* § 52 Rn. 19). Anders als im Aktienrecht (§ 120 Abs. 2 S. 2 AktG) hat die Entlastung in der GmbH zur Folge, dass die Gesellschaft mit solchen Ersatzansprüchen, die der Gesellschafterversammlung bei sorgfältiger Prüfung aller Vorlagen und Berichte erkennbar waren, ausgeschlossen wird. Auch private Kenntnis aller Gesellschafter ist ausreichend (A/E/S/*B. Schmidt* § 52 Rn. 19).

VI. Vergütung

9 Für die **Vergütung** der Mitglieder des Aufsichtsrates gilt § 113 AktG. Sie muss daher im Gesellschaftsvertrag festgesetzt sein oder durch die Gesellschafterversammlung beschlossen werden. Eine Mindermeinung in der Literatur geht hingegen ganz grundsätzlich von einer stillschweigend üblichen Vergütung nach § 612 BGB analog aus (Hachenburg/Ulmer/*Raiser* § 52 Rn. 122). Dem folgt die h. M. zu Recht nicht (A/E/S/*B. Schmidt* § 52 Rn. 20). Ein Anspruch auf **Erstattung von Reisekosten** und anderen durch die Aufsichtsratstätigkeit veranlasste **Aufwendungen** hingegen besteht auch ohne Regelung im Gesellschaftsvertrag (§§ 670, 675 BGB). Nach § 113 Abs. 1 S. 3 AktG soll die Vergütung in einem angemessenen Verhältnis zu den Aufgaben der Aufsichtsratsmitglieder und zur Lage der Gesellschaft stehen. Die Vergütung kann für die einzelnen Mitglieder des Aufsichtsrates unterschiedlich hoch ausgestaltet werden, wenn das sachgerecht ist. So kommt insbesondere eine im Vergleich zur Vergütung für die einfachen Mitglieder des Aufsichtsrates erhöhte Vergütung für den Vorsitzenden des Aufsichtsrates und auch den stellvertretenden Vorsitzenden in Betracht (A/E/S/*B. Schmidt* § 52 Rn. 20). **Beratungsverträge**, die sich auf Pflichten beziehen, die das Mitglied des Aufsichtsrates schon aufgrund seiner Mitgliedschaft im Aufsichtsrat zu erfüllen hat, sind nach § 113 AktG i. V. m. § 134 BGB **nichtig**. Im Übrigen findet § 114 AktG Anwendung, so dass in jedem Falle die Zustimmung des Aufsichtsrates erforderlich ist; sie erfolgt durch Beschlussfassung, bei der das betroffene Mitglied nicht stimmberechtigt ist (A/E/S/*B. Schmidt* § 52 Rn. 21).

VII. Anmeldung zum Handelsregister

10 Nach § 52 Abs. 2 S. 1 GmbHG i. V. m. § 37 Abs. 4 Nr. 3 und Nr. 3 a AktG (Nr. 3 a sowie Bezugnahme darauf in § 52 Abs. 2 S. 1 GmbHG zum 1. 1. 2007 neu eingefügt durch das **»Gesetz über elektronische Handelsregister und Genossenschaftsregister sowie das Unternehmensregister« (EHUG),** vgl. Art. 10 Nr. 5 EHUG sowie Kap. 10 § 37 AktG) sind im Falle der Bestellung der Mitglieder des Aufsichtsrates schon vor der Eintragung der Gesellschaft in das Handelsregister u. a. die **Urkunden über die Bestellung** des Aufsichtsrates der Anmeldung zum Handelsregister sowie eine **Liste der Mitglieder des Aufsichtsrats** beizufügen, aus der die gem. § 37 Abs. 4 Nr. 3 a AktG n. F. geforderten Angaben hervor gehen: Name, Vorname, ausgeübter Beruf und

Wohnort. Nach dem durch das EHUG mit Wirkung zum 1. 1. 2007 ebenfalls **neu gefassten Abs. 2 S. 2** haben die Geschäftsführer bei jeder Änderung in den Personen der Mitglieder des Aufsichtsrates nach dem durch das EHUG neu in das Gesetz eingefügten § 37 Abs. 4 Nr. 3 a AktG unverzüglich eine (aktualisierte) Liste der Aufsichtsratsmitglieder zum Handelsregister einzureichen. Dabei handelt es sich um eine notwendige Folgeänderung zu § 37 AktG bzw. § 106 AktG. Die EU-Publizitätsrichtlinie fordert in Art. 2 Abs. 1 Buchst. d) ii) die Offenlegung der Personalien derjenigen, die als Mitglieder eines gesetzlich vorgesehenen Gesellschaftsorgans an der Verwaltung, Kontrolle oder Beaufsichtigung des Unternehmens teilnehmen; aus diesem Grund sei auch eine Liste der Aufsichtsratsmitglieder zu führen und zum Handelsregsiter einzureichen (vgl. Begründung des Gesetzentwurfs durch die Bundesregierung BT-Drs. 16/960, 65 zu Art. 9 Nr. 1 a) in Bezug auf § 37 AktG). Vor der Gesetzesänderung waren gem. § 52 Abs. 2 S. 1 GmbHG i. V. m. § 40 Abs. 1 Nr. 4 AktG jeweils a. F. in die gerichtliche Bekanntmachung der Eintragung der Gesellschaft in das Handelsregister Name, Beruf und Wohnort der Mitglieder des Aufsichtsrates aufzunehmen. Nach der Eintragung der Gesellschaft in das Handelsregister war jeder Wechsel von Mitgliedern des Aufsichtsrates durch die Geschäftsführer unverzüglich (ohne schuldhaftes Zögern, § 121 BGB) im elektronischen Bundesanzeiger sowie ggf. weiteren Gesellschaftsblättern bekannt zu machen. Die Bekanntmachungen hatten die Geschäftsführer zum Handelsregister einzureichen (A/E/S/*B. Schmidt* § 52 Rn. 31).

D. Aufgaben des Aufsichtsrates

I. Allgemeines – Pflichten der Aufsichtsratsmitglieder

Die **Aufgaben** des Aufsichtsrates ergeben sich zunächst aus den jeweiligen Vorschriften des Aktiengesetzes, die über Abs. 1 auf den fakultativen Aufsichtsrat der GmbH anzuwenden sind. Der Gesellschaftsvertrag kann darüber hinaus weitere Aufgaben, Rechte und Pflichten für den Aufsichtsrat festlegen, insbesondere gesetzlich der Gesellschafterversammlung zugewiesene Zuständigkeiten auf den Aufsichtsrat übertragen (z. B. Feststellung des Jahresabschlusses oder Bestellung und Abberufung des Geschäftsführers). 11

Bei der Ausübung ihres Amtes sind die Mitglieder des Aufsichtsrates unabhängig und **frei von Weisungen Dritter**. Die Mitglieder des Aufsichtsrates haben gem. §§ 116, 93 Abs. 1 S. 1 AktG die Sorgfalt eines ordentlichen und gewissenhaften Mitgliedes des Aufsichtsrates zu beachten. Dabei werden normale Fähigkeiten, Erfahrungen und Kenntnisse eines Aufsichtsratsmitgliedes erwartet, bezogen jeweils auf den konkreten Zuschnitt des Unternehmens (A/E/S/*B. Schmidt* § 52 Rn. 14). Auch die Mitglieder des Aufsichtsrates unterliegen einer besonderen **Treuepflicht**. Sie haben sich vom Wohl der Gesellschaft leiten zu lassen und dürfen im Rahmen ihrer Tätigkeit erworbene Kenntnisse nicht zum eigenen Nutzen und zum Nachteil der Gesellschaft verwerten (A/E/S/*B. Schmidt* § 52 Rn. 14). Darüber hinaus unterliegen die Mitglieder des Aufsichtsrates der **Pflicht zum Stillschweigen** über vertrauliche und der Geheimhaltung unterliegende Daten. Die Mitglieder des Aufsichtsrates sind auch verpflichtet, sich umfassend über die Gegenstände der eigenen Tätigkeiten zu informieren, sich auf die Sitzungen des Aufsichtsrates gründlich vorzubereiten und an diesen regelmäßig teilzunehmen (A/E/S/*B. Schmidt* § 52 Rn. 14). 12

Im Falle einer **Pflichtverletzung** haften die Mitglieder des Aufsichtsrates gem. §§ 116, 93 Abs. 2 S. 1 AktG jedes für sich persönlich und zusammen als Gesamtschuldner der Gesellschaft auf Schadensersatz. Nach §§ 116, 93 Abs. 2 S. 2 AktG trifft die Mitglieder des Aufsichtsrates auch die **Beweislast** dafür, dass sie die Sorgfalt eines ordentlichen und gewissenhaften Mitgliedes des Aufsichtsrates beachtet haben. Die fünfjährige Verjährungsfrist für diese Ansprüche ist dispositiv, kann also sowohl verlängert, als auch verkürzt werden. 13

II. Überwachung der Geschäftsführung, § 111 AktG

Der Aufsichtsrat hat gem. Abs. 1 i. V. m. § 111 Abs. 1 AktG vor allem die Aufgabe, die Geschäftsführung zu überwachen. Er überprüft, grundsätzlich in Kooperation mit der Geschäftsführung, Rechtmäßigkeit, sowie Zweckmäßigkeit und Wirtschaftlichkeit der Maßnahmen der Geschäfts- 14 führung, wobei sich diese Prüfung auf Maßnahmen von einer gewissen Bedeutung und auch auf Stichproben beschränken kann. Zur Überwachungstätigkeit gehört aber auch ein präventiver beratender Teil, der sich auf die laufenden Vorgänge und auf die in die Zukunft weisende Planung bezieht (PraxisHdb GmbH-GF/*Jaeger* § 20 Rn. 24).

15 Um diese Überwachungsfunktion erfüllen zu können, benötigt der Aufsichtsrat Informationen zu den zu überprüfenden Sachverhalten. Auf deren Zur-Verfügung-Stellung durch Gewährung von **Einsicht in Unterlagen** hat er nach § 111 Abs. 2 AktG einen Anspruch; er kann jederzeit schriftliche oder mündliche Berichte der Geschäftsführung anfordern (§ 90 Abs. 3 AktG). Um dem Aufsichtsrat eine pflichtgemäße Überwachung der Maßnahmen der Geschäftsführung zu ermöglichen, sind die Geschäftsführer verpflichtet, von sich aus über relevante Sachverhalte zu berichten, wenn nicht davon ausgegangen werden kann, dass der Aufsichtsrat seinerseits von sich aus eine Anfrage an die Geschäftsführung auf den Weg bringt oder bringen kann. Die Geschäftsführer haben auch die Mitglieder des Aufsichtsrates über die Beschlüsse der Gesellschafterversammlung zu informieren, soweit es sich um Beschlüsse handelt, deren Kenntnis zur Erfüllung der Aufgaben des Aufsichtsrats erforderlich ist. Die Mitglieder des Aufsichtsrates sind nach §§ 116 S. 1, 93 Abs. 1 S. 2 AktG im Hinblick auf von ihnen in ihrer Funktion als Aufsichtsrat erlangte Informationen gegenüber Dritten zum **Stillschweigen** verpflichtet, soweit es sich um vertrauliche Angaben und Geheimnisse der Gesellschaft, insbesondere Betriebs- oder Geschäftsgeheimnisse handelt. Die Satzung kann den Umfang der Verschweigenheitspflicht näher bestimmen, auch erweitern und einschränken, freilich nicht beliebig (Baumbach/Hueck/*Zöllner/Noack* § 52 Rn. 65).

16 Nach § 111 Abs. 3 AktG ist der Aufsichtsrat verpflichtet, **eine Gesellschafterversammlung einzuberufen**, wenn das Wohl der Gesellschaft dies erfordert. An einer solchen Gesellschafterversammlung haben die Mitglieder des Aufsichtsrates ein Teilnahmerecht (vgl. Baumbach/Hueck/*Zöllner/Noack* § 52 Rn. 106).

17 Nach § 111 Abs. 4 S. 1 AktG können dem Aufsichtsrat Maßnahmen der Geschäftsführung nicht übertragen werden. § 111 Abs. 4 S. 2 AktG schreibt aber einen **Katalog von geschäftsführenden Maßnahmen** vor, die durch den Vorstand nur mit der Zustimmung des Aufsichtsrates vorgenommen werden dürfen. Ein solcher Katalog kann durch die Satzung vorgegeben sein oder vom Aufsichtsrat selbst beschlossen werden. Anders als bei der Aktiengesellschaft kann das Erfordernis eines solchen Zustimmungskataloges durch die Satzung aber auch abbedungen werden (Baumbach/Hueck/*Zöllner/Noack* § 52 Rn. 113). Die überwachende Funktion des Aufsichtsrates ist bei der Erstellung des Kataloges zu berücksichtigen. § 111 Abs. 4 S. 3 AktG gibt der Geschäftsführung die Möglichkeit, bei Verweigerung der Zustimmung zu einem zustimmungspflichtigen Geschäft durch den Aufsichtsrat eine Beschlussfassung durch die Hauptversammlung zu verlangen. Abweichend vom Wortlaut des § 111 Abs. 4 S. 4 AktG reicht für eine solche Beschlussfassung die **einfache Mehrheit**, die bei der GmbH auch für die Erteilung einer Weisung an die Geschäftsführer ausreichend ist.

III. Prüfung des Jahresabschlusses, § 171 AktG

18 Nach Abs. 1 i. V. m. § 171 AktG hat der Aufsichtsrat den Jahresabschluss, den Lagebericht und den Vorschlag für die Verwendung des Bilanzgewinns zu prüfen. Diese Pflicht erstreckt sich bei dem Mutterunternehmen eines Konzerns auch auf einen etwaigen **Konzernabschluss** und Konzernlagebericht (Lutter/Hommelhoff/*Lutter/Hommelhoff* GmbHG, § 52 Rn. 15). Bei den der gesetzlich vorgeschriebenen Abschlussprüfung unterliegenden Gesellschaften erteilt der Aufsichtsrat nach § 111 Abs. 2 S. 3 AktG dem Abschlussprüfer den **Prüfungsauftrag** für den Jahres- und den Konzernabschluss gem. § 290 HGB. Der Abschlussprüfer hat nach § 171 Abs. 1 S. 2 AktG an den Verhandlungen des Aufsichtsrates über den Jahresabschluss teilzunehmen und über die wesentlichen Ergebnisse seiner Prüfung zu berichten. Nach § 171 Abs. 3 AktG hat der Aufsichtsrat binnen eines Monats über das Ergebnis seiner Prüfung schriftlich zu berichten. Bei seiner Prüfung kann der Aufsichtsrat grundsätzlich von einer ordnungsgemäßen Abschlussprüfung ausgehen; er nimmt in erster Linie eine Analyse und eine wirtschaftliche Bewertung der vorgegebenen Daten und eine Prüfung bilanztechnischer Ansätze auf ihre Zeckmäßigkeit hin vor (A/E/S/*B. Schmidt* § 52 Rn. 7). Dazu gehört auch eine Darstellung von Art und Weise sowie Umfang der Prüfung der Geschäftsführung durch den Aufsichtsrat.

IV. Vertretung der Gesellschaft, § 112 AktG

Nach Abs. 1 i. V. m. § 112 AktG vertritt der Aufsichtsrat die Gesellschaft gegenüber den Geschäftsführern **gerichtlich und außergerichtlich**; das gilt auch gegenüber künftigen oder bereits ausgeschiedenen Geschäftsführern. Die Regelung dient der Sicherstellung einer unbefangenen, von sachfremden Erwägungen freien Vertretung der Gesellschaft gegenüber ihren Geschäftsführern. Nicht umfasst sind aber die gem. § 46 Nr. 5 GmbHG in die Zuständigkeit der Gesellschafterversammlung fallenden Akte der Bestellung und der Abberufung der Geschäftsführer und der damit sachlich zusammenhängende Abschluss, die Aufhebung und die Kündigung der Geschäftsführeranstellungsverträge, sowie die Entlastung des Geschäftsführers und die Geltendmachung von Ersatzansprüchen gegenüber dem Geschäftsführer. All dies verbleibt in der Zuständigkeit der Gesellschafterversammlung (Baumbach/Hueck/*Zöllner/Noack* § 52 Rn. 107 ff.). Es bleiben für die Zuständigkeit des Aufsichtsrates im Grunde genommen nur Geschäfte, die den Geschäftsführer nicht in seiner Funktion betreffen. Und auch insoweit sind Umsatzgeschäfte des täglichen Lebens ausgenommen. 19

E. Innere Ordnung des Aufsichtsrates

I. Geschäftsordnung

Die innere Ordnung des Aufsichtsrates ist im Wesentlichen im **Gesellschaftsvertrag** oder in einer **Geschäftsordnung** für den Aufsichtsrat festzulegen. § 52 Abs. 1 GmbHG verweist im Hinblick auf die innere Ordnung nur auf einige wenige Regelungen des Aktiengesetzes, namentlich auf § 110 AktG, und insbesondere nicht auf die insoweit im Aktienrecht zentralen Regelungen der §§ 107 bis 109 AktG. Nach § 110 Abs. 1 S. 1 AktG kann jedes Mitglied des Aufsichtsrats unter Angabe des Zwecks und der Gründe verlangen, dass der Aufsichtsrat unverzüglich einberufen wird. Ist ein **Vorsitzender des Aufsichtsrates** nicht bestellt, so hat jedes Mitglied eine originäre Zuständigkeit für die Einberufung des Aufsichtsrates; im Falle des § 110 Abs. 1 S. 1 AktG hat die Sitzung des Aufsichtsrates gem. S. 2 binnen zwei Wochen stattzufinden. In dem Falle, dass dem Verlangen nicht entsprochen wird, gewährt § 110 Abs. 2 AktG dem betroffenen Mitglied des Aufsichtsrates und auch den Geschäftsführern das Recht, die Sitzung selbst einzuberufen, auch wenn ein zuständiger Vorsitzender des Aufsichtsrates bestellt ist. 20

II. Anzahl der Sitzungen, Teilnahmeberechtigung

Gem. § 110 Abs. 3 S. 1 AktG hat der Aufsichtsrat pro Kalenderhalbjahr **mindestens zwei Sitzungen** abzuhalten; nach S. 2 kann bei der nie börsennotierten GmbH allerdings durch den Aufsichtsrat auch beschlossen werden, dass eine Sitzung nur einmal pro Kalenderhalbjahr abzuhalten ist. Eine Sitzung kann ausnahmsweise auch in Form einer Telefon- oder Videokonferenz abgehalten werden (PraxisHdb GmbH-GF/*Jaeger* § 20 Rn. 43). Die **Geschäftsführer** haben kein Recht auf Teilnahme an den Sitzungen des Aufsichtsrates, sind andererseits aber zur Teilnahme verpflichtet, wenn der Aufsichtsrat das wünscht. Auch die Teilnahme **Dritter** an Sitzungen des Aufsichtsrates kann durch den Gesellschaftsvertrag oder durch Beschluss des Aufsichtsrates zugelassen werden. 21

III. Willensbildung

Fehlen Regelungen in Gesellschaftsvertrag oder Geschäftsordnung für den Aufsichtsrat zum Verfahren der Willensbildung, kommt die **Anwendung von Vereinsrecht** in Betracht. § 32 Abs. 2 BGB lässt insoweit bei schriftlicher Zustimmung aller Mitglieder eine schriftliche Abstimmung zu. Beschlüsse des Aufsichtsrates werden gem. § 32 Abs. 1 S. 3 BGB mit der einfachen Mehrheit 22 der abgegebenen Stimmen gefasst; ungültige Stimmen und Enthaltungen sind nicht mitzuzählen. Bei Stimmengleichheit ist ein Antrag abgelehnt, da er nicht die Mehrheit erhalten hat (A/E/S/*B. Schmidt* § 52 Rn. 37). Die **Beschlussfähigkeit** des Aufsichtsrates ist im Falle ordnungsgemäßer Ladung aller Mitglieder und Erscheinen mindestens eines Mitgliedes gegeben. Die **Feststellung der Nichtigkeit** von Beschlüssen aufgrund von Verstößen gegen §§ 134, 138 BGB kann im Wege der gegen die Gesellschaft zu richtenden Feststellungsklage nach § 256 ZPO geltend gemacht werden; die Regelungen des Aktienrechts zur Anfechtbarkeit von fehlerhaften Beschlüssen finden auf Beschlüsse des Aufsichtsrates keine Anwendung (BGHZ 135, 244, 247). Ein Rechtsschutzinteresse können grundsätzlich nur Mitglieder des Aufsichtsrates, Geschäftsführer und Gesellschafter geltend machen. Im Klageverfahren wird die Gesellschaft grundsätzlich durch ihre Geschäftsführer (vgl. Kap. 16 Rn. 231) und nur im Falle einer Klageerhebung durch einen Geschäftsführer durch den Aufsichtsrat vertreten (vgl. Kap. 16 Rn. 244). Ein klageabweisendes Urteil gilt nur inter partes, ein die Nichtigkeit feststellendes Urteil hingegen wirkt aus Gründen der Rechtssicherheit inter omnes (vgl. BGHZ 122, 342, 350).

IV. Nichtigkeit von Beschlüssen bei Verstoß gegen Verfahrensvorschriften

23 Im Falle von Verstößen gegen wesentliche Verfahrensvorschriften (z. B. Fehlen der Ladung etc.) kommt grundsätzlich ebenfalls die Nichtigkeit des Beschlusses in Betracht. Voraussetzung ist stets die Kausalität des Mangels für die Beschlussfassung (A/E/S/*B. Schmidt* § 52 Rn. 39).

V. Ausschüsse des Aufsichtsrats

24 Der Aufsichtsrat kann Ausschüsse einsetzen, z. B. für Aufgaben der Vorbereitung der Verhandlungen und der Beschlüsse des Aufsichtsrates; denkbar sind aber auch für Ausschüsse beratende und beschließende Funktionen.

VI. Weitere Organe neben dem Aufsichtsrat

25 Nicht selten sieht der Gesellschaftsvertrag neben dem Aufsichtsrat ein weiteres Organ vor, das als **Beirat**, **Verwaltungsrat** o. ä. bezeichnet wird. § 52 Abs. 1 GmbHG mit seinen Verweisungen in das Aktiengesetz findet auf derartige Organe **keine Anwendung**, wenn ihnen nicht die Zuständigkeit zur Überwachung der Geschäftsführung obliegt (s. o. Rn. 2). Unabhängig von der Bezeichnung des betroffenen Organs handelt es sich nur in diesen Fällen um einen Aufsichtsrat i. S. d. § 52 Abs. 1 GmbHG, dann aber auch immer, also auch, wenn er nicht als Aufsichtsrat bezeichnet wird (Roth/Altmeppen/*Altmeppen* § 52 Rn. 2).

26 Ein **Beirat** dient meist der **Beratung der Geschäftsführung** oder der Gesellschaft. Ihm werden aber oftmals auch Kompetenzen zugewiesen, die nach dem Gesetz der Gesellschafterversammlung oder der Geschäftsführung zustehen, wie z. B. die Beschlussfassung über die Feststellung des Jahresabschlusses oder die Gewinnverwendung. Bestimmte Kompetenzen weist das Gesetz aber **zwingend** den Gesellschaftern bzw. den Geschäftsführern zu. Das gilt bei den Gesellschaftern z. B. für Änderungen des Gesellschaftsvertrages, den Auflösungsbeschluss, den Ausschluss eines Gesellschafters, bei der Geschäftsführung z. B. für die Vertretung der Gesellschaft im Außenverhältnis, die Vornahme von Anmeldungen zum Handelsregister oder die Antragspflicht auf Eröffnung des Insolvenzverfahrens (vgl. Roth/Altmeppen/*Altmeppen* § 52 Rn. 48). Die Rechtsstellung der anderen Organe darf auch durch die Zuweisung von Zuständigkeiten an einen Beirat oder ein ähnliches Organ im Wesenskern nicht ausgehöhlt werden (A/E/S/*B. Schmidt* § 52 Rn. 55). Ein Beirat kann auch neben einem obligatorischen Aufsichtsrat eingerichtet werden; allerdings darf das nicht zu Einschränkungen der mitbestimmungsrechtlich vorgeschriebenen Rolle des obligatorischen Aufsichtsrates führen, z. B. durch Etablierung eines zweiten konkurrierenden, nicht mitbestimmten faktischen Aufsichtsrates unter der Bezeichnung »Beirat« (A/E/S/*B. Schmidt* § 52 Rn. 57). Für den Beirat kommt neben den allgemeinen Grundsätzen des Körperschaftsrechts grundsätzlich auch eine entsprechende Anwendung aktienrechtlicher Vorschriften für den Aufsichtsrat nach § 52 Abs. 1 GmbHG in Betracht, aber

auch die Anwendung von Vorschriften, die den Geschäftsführer betreffen. Dies gilt jeweils umso mehr, je stärker der Beirat mit den Aufsichtsrat typischerweise kennzeichnenden Zuständigkeiten oder unternehmensleitenden Kompetenzen ausgestattet ist. Für § 90 AktG (**Informationsrecht**) und § 116 AktG (**Haftung**) wird man regelmäßig die Anwendbarkeit bejahen können; hinsichtlich § 113 AktG hat der BGH diese Frage ausdrücklich offen gelassen.

Ist ein Beirat lediglich durch einen **schuldrechtlichen Vertrag** eingerichtet worden, was grundsätzlich möglich ist, so richten sich seine Rechte und Pflichten einschließlich seiner Haftung ausschließlich nach dem entsprechenden Vertrag (A/E/S/*B. Schmidt* § 52 Rn. 58). 27

Vierter Abschnitt
Abänderungen des Gesellschaftsvertrages

§ 53 [Form der Satzungsänderung]

(1) Eine Abänderung des Gesellschaftsvertrages kann nur durch Beschluß der Gesellschafter erfolgen.

(2) [1]Der Beschluß muß notariell beurkundet werden, derselbe bedarf einer Mehrheit von drei Vierteilen der abgegebenen Stimmen. [2]Der Gesellschaftsvertrag kann noch andere Erfordernisse aufstellen.

(3) Eine Vermehrung der den Gesellschaftern nach dem Gesellschaftsvertrag obliegenden Leistungen kann nur mit Zustimmung sämtlicher beteiligter Gesellschafter beschlossen werden.

Übersicht:

A. Allgemeines

Die durch § 56 Abs. 1 Beurkundungsgesetz vom 28. 8. 1969 (BGBl. I, 1513) geänderte Vorschrift regelt die Änderung des Gesellschaftsvertrags, indem bestimmte Anforderungen an die hierbei einzuhaltende Form und die Mitwirkung der Gesellschafter aufgestellt werden: Eine Änderung des Gesellschaftsvertrags kann nur durch **Beschluss der Gesellschafter** erfolgen (Abs. 1), der notariell zu beurkunden ist (Abs. 2 S. 1 Hs. 1). Der Beschluss bedarf – vorbehaltlich einer anderweitigen Regelung des Gesellschaftsvertrags – einer **Mehrheit von ³/₄** der abgegebenen Stimmen (Abs. 2 S. 1 Hs. 1, S. 2); bei einer Vermehrung ihrer Pflichten bedarf der Beschluss der **Zustimmung der betroffenen Gesellschafter** (Abs. 3). Im Referentenentwurf eines »Gesetzes zur Mo- 1 dernisierung des GmbH-Rechts und zur Bekämpfung von Missbräuchen« (MoMiG, Stand: 29.5.2006) ist die Überschrift »Form der Satzungsänderung« vorgesehen.

2 Durch § 53 GmbHG werden die bei der Errichtung einer Gesellschaft durch Abschluss eines Gesellschaftsvertrags zu beachtenden Anforderungen an die Mitwirkung der (Gründungs-)Gesellschafter (§ 2 GmbHG) hinsichtlich der Änderung des Gesellschaftsvertrags modifiziert: Der nach Maßgabe des § 47 GmbHG zu treffende Beschluss bedarf – anders als der Abschluss des Gesellschaftsvertrags bei Errichtung der Gesellschaft – nicht der Mitwirkung, respektive Zustimmung sämtlicher Gesellschafter, sondern lediglich einer Mehrheit von $^3/_4$ der abgegebenen Stimmen, sofern nicht der Gesellschaftsvertrag oder das Gesetz Abweichendes bestimmt (Abs. 2 S. 1 Hs. 2, Abs. 2 S. 2, Abs. 3). Das **Mehrheitsprinzip** ist Ausdruck eines allgemeinen Prinzip des Körperschaftsrechts, das mit Entstehung der Körperschaft zur Anwendung kommt (vgl. Michalski/*Hoffmann* § 53 Rn. 1; Scholz/*Priester* GmbHG, § 53 Rn. 2). Dementsprechend gelten Besonderheiten für die Änderung des Gesellschaftsvertrags einer (Vor-)Gesellschaft, die (noch) nicht in das Handelsregister eingetragen ist (s. Rn. 13, § 2 GmbHG Rn. 44 sowie § 54 GmbHG Rn. 3).

3 Die Änderung des Gesellschaftsvertrags ist – ebenso wie der Abschluss des Gesellschaftsvertrags bei Errichtung der Gesellschaft (§ 7 Abs. 1 GmbHG) – unter Beifügung des vollständigen Wortlauts des (geänderten) Gesellschaftsvertrags zur Eintragung in das Handelsregister anzumelden (§ 54 Abs. 1 S. 1 und 2 Hs. 1 GmbHG). Die Eintragung in das Handelsregister orientiert sich an den für den Abschluss des Gesellschaftsvertrags geltenden Vorschriften (§§ 54 Abs. 2 S. 1 i. V. m. 10 GmbHG). Vor Eintragung in das Handelsregister hat die Änderung des Gesellschaftsvertrags – vergleichbar mit der Errichtung der Gesellschaft, die vor ihrer Eintragung »als solche nicht« besteht (§ 11 Abs. 1 GmbHG) – keine rechtliche Wirkung (§ 54 Abs. 3 GmbHG).

4 Sowohl eine **Kapitalerhöhung** als auch eine **Kapitalherabsetzung** erfolgen im Wege der Änderung des Gesellschaftsvertrags, wobei – ergänzend und teilweise auch abweichend zu den in §§ 53 f. GmbHG geregelten Anforderungen – besondere Anforderungen zu beachten sind (§§ 55 ff. bzw. §§ 58 ff. GmbHG). Besondere Anforderungen gelten insbesondere für Kapitalmaßnahmen bei den Gesellschaften, deren Stammkapital (noch) auf Deutsche Mark lautet (§ 86 GmbHG; s. Rn. 21, § 54 GmbHG Rn. 4).

B. Änderung des Gesellschaftsvertrags

I. Anwendungsbereich des § 53 GmbHG

5 Der Gesellschaftsvertrag enthält neben »echten« (»materiellen«, »mitgliedschaftsrechtlichen«, »körperschaftsrechtlichen«, »körperschaftlichen« oder »korporativen«) Satzungsbestandteilen vielfach auch »unechte« (»formelle«, »individualrechtliche« oder »nichtkorporative«) Satzungsbestandteile. **»Echte« Satzungsbestandteile** sind die für die Verfassung der Gesellschaft notwendigen oder sie zumindest prägenden Regelungen, welche die gegenwärtigen und die künftigen Gesellschafter unmittelbar binden; zu ihrer Wirksamkeit ist die Aufnahme in den Gesellschaftsvertrag konstitutiv. **»Unechte« Satzungsbestandteile** sind Regelungen, die für die Verfassung der Gesellschaft nicht notwendig oder prägend sind; da solche Regelungen auch außerhalb des Gesellschaftsvertrags vereinbart werden können, hat ihre Aufnahme in den Gesellschaftsvertrag lediglich deklaratorische Wirkung (vgl. A/E/S/*Achilles* § 53 Rn. 3; Michalski/*Hoffmann* § 53 Rn. 4; MünchHdb GesR III/*Marquardt* § 22 Rn. 9 f.; *Roth*/Altmeppen § 53 Rn. 2; R/S-L/*Zimmermann* § 53 Rn. 5 ff.; Scholz/*Priester* GmbHG, § 53 Rn. 5 ff.; s. auch § 2 GmbHG Rn. 9 ff. sowie § 3 GmbHG Rn. 20). Prägnant ist formuliert worden: »Satzung muss immer auch Satzungstext sein, Satzungstext nicht immer Satzung« (Baumbach/Hueck/*Zöllner* § 53 Rn. 4 f.).

6 Die in §§ 53 f. GmbHG geregelten Anforderungen sind (nur) für die Wirksamkeit der Änderung eines »echten« Satzungsbestandteils maßgebend, während sich die Wirksamkeit der Änderung eines »unechten« Satzungsbestandteils nach den jeweils maßgeblichen Rechtsvorschriften richtet – z. B. der Widerruf der Bestellung eines (im Gesellschaftsvertrag bestellten, § 6 Abs. 3 S. 2 Alt. 1 GmbHG) Geschäftsführers nach § 38 Abs. 1 GmbHG –, nicht nach den §§ 53 f. GmbHG

(BGHZ 18, 205, 207 f.; OLG Brandenburg NZG 2001, 129; vgl. auch Michalski/*Hoffmann* § 53 Rn. 6, 20; MünchHdb Ges R III/*Marquardt* § 22 Rn. 2, 5, 11; *Roth*/Altmeppen § 53 Rn. 3 f.; R/S-L/*Zimmermann* § 53 Rn. 13 f.; Scholz/*Priester* GmbHG, § 53 Rn. 17; Baumbach/Hueck/*Zöllner* § 53 Rn. 22 ff.; *Priester* ZHR 151 [1987], 40, 41; zur – deklaratorischen – Beseitigung eines aufgehobenen »unechten« Satzungsbestandteils aus dem Wortlaut des Gesellschaftsvertrags s. Rn. 8).

Die (vollständige) **Neufassung des Gesellschaftsvertrags** stellt eine Änderung des Gesellschaftsvertrags dar, auf welche die §§ 53 f. GmbHG anwendbar sind (OLG Köln NJW-RR 1993, 223; OLG Zweibrücken RPfleger 1984, 104; NZG 2002, 93; vgl. auch BayObLG GmbHR 1979, 15; GmbHR 1985, 262; OLG Celle RPfleger 1982, 288; OLG Düsseldorf NZG 1999, 118; OLG Hamm NZG 2002, 782; LG Bonn GmbHR 1994, 558; zum Inhalt der Anmeldung einer [vollständigen] Neufassung s. § 54 GmbHG Rn. 10; zur – nicht erforderlichen – Bescheinigung des Notars bei einer [vollständigen] Neufassung des Gesellschaftsvertrags s. § 54 GmbHG Rn. 20). Auch eine **Erweiterung oder Ergänzung** des Gesellschaftsvertrags unterliegt den in den §§ 53 f. GmbHG geregelten Anforderungen (OLG Köln NJW-RR 1996, 1439). 7

Im Gesellschaftsvertrag enthaltene Bestimmungen bleiben solange dessen Bestandteil, bis sie durch eine Änderung des Gesellschaftsvertrags gem. §§ 53 f. GmbHG beseitigt worden sind; eine Änderung des Wortlauts des Gesellschaftsvertrags anders als durch – notariell zu beurkundenden und mit (mindestens) $^3/_4$-Mehrheit gefassten – Beschluss der Gesellschafter und Eintragung in das Handelsregister ist ausgeschlossen. Aus Gründen der Rechtssicherheit gilt dieses Erfordernis auch für die – deklaratorische – Beseitigung aufgehobener »unechter« Satzungsbestandteile (s. Rn. 6); auch die Beseitigung überholter Satzungsbestandteile – z. B. Bestimmungen über die Stammeinlagen (§ 3 Abs. 1 Nr. 4 GmbHG) oder die Bestellung der (ersten, mittlerweile abberufenen) Geschäftsführer (§ 6 Abs. 3 S. 2 Alt. 1 GmbHG) – aus dem Wortlaut des Gesellschaftsvertrags bedarf der Einhaltung dieser Anforderungen, ohne dass es darauf ankommt, ob die Änderung »unechte« oder »echte« Satzungsbestandteile betrifft (vgl. OLG Brandenburg NZG 2001, 129; vgl. auch Michalski/*Hoffmann* § 53 Rn. 6, 20 ff.; *Roth*/Altmeppen § 53 Rn. 5; R/S-/*Zimmermann* § 53 Rn. 14 f.; Scholz/*Priester* GmbHG, § 53 Rn. 21; *Priester* ZHR 151 [1987], 40, 41 f.; a. A. *Lutter/Hommelhoff* GmbHG, § 53 Rn. 5, 29 ff.; MünchHdb GesR III/*Marquardt* § 22 Rn. 11, 18; s. auch § 54 GmbHG Rn. 18). 8

Bei der **Beseitigung überholter Bestandteile** des Gesellschaftsvertrags – Angaben zu den ursprünglichen (Gründungs-)Gesellschaftern und den von ihnen zu leistenden (Stamm-)Einlagen sowie Angaben zu gegenwärtigen Gesellschaftern, Bestimmungen zur Übernahme des Gründungsaufwands durch die Gesellschaft, Bestimmungen über den Gegenstand einer Sacheinlage und den Betrag der sich hierauf beziehenden Stammeinlage – ist neben den in §§ 53 f. GmbHG geregelten Anforderungen Folgendes zu beachten: Die Angabe der **ursprünglichen (Gründungs-)Gesellschafter** mit den von ihnen auf das Stammkapital zu leistenden (Stamm-)Einlagen (§ 3 Abs. 1 Nr. 4 GmbHG) darf im Wege der Änderung des Gesellschaftsvertrags beseitigt werden, ohne dass es darauf ankommt, ob die Leistungen auf die Stammeinlagen vollständig erbracht sind; angesichts der jedem möglichen Einsichtnahme in den – beim Handelsregister aufbewahrten – ursprünglichen Gesellschaftsvertrag (§ 9 HGB) stehen Aspekte des Gläubigerschutzes einer (späteren) Beseitigung dieser Angaben nicht entgegen (BGH NJW 1989, 168; BayObLG NJW-RR 1997, 485; vgl. außerdem Michalski/*Hoffmann* § 53 Rn. 25, 154; Scholz/*Priester* GmbHG, § 53 Rn. 23; *Müller* GmbHR 1997, 923; *Priester* GmbHR 1973, 169, 170 f.; a. A. OLG Hamm RPfleger 1984, 274; vgl. auch Baumbach/Hueck/*Zöllner* Rn. 16, 21; s. auch § 3 GmbHG Rn. 12). Im Gesellschaftsvertrag dürfen die **gegenwärtigen Gesellschafter** – deklaratorisch – angegeben werden (OLG Frankfurt GmbHR 1973, 172; BayObLG NJW-RR 1992, 736; OLG Hamm NJW-RR 1996, 483; vgl. außerdem Michalski/*Hoffmann* § 53 Rn. 19; R/S-L/*Zimmermann* § 53 Rn. 8, 21; Scholz/*Priester* GmbHG, § 53 Rn. 25; s. auch § 3 GmbHG Rn. 12). Eine im Gesellschaftsvertrag enthaltene Bestimmung zur **Übernahme des Gründungsaufwands** durch die Gesellschaft (§ 26 Abs. 2 AktG analog; s. § 3 GmbHG Rn. 23) darf nach Ablauf einer Frist von fünf Jah- 9 ren seit Eintragung der Gesellschaft in das Handelsregister (»Änderungssperre«) im Wege der Änderung des Gesellschaftsvertrags beseitigt werden; die Anknüpfung an die fünfjährige Frist des § 9 b Abs. 2 GmbHG erscheint hinsichtlich des Gründungsaufwands – wegen dessen Erwähnung in § 9 a Abs. 1 GmbHG – sachgerechter als die Anknüpfung an die zehnjährige Frist des § 9 Abs. 2 GmbHG (vgl. auch LG Berlin GmbHR 1993, 590 unter Bezugnahme auf die fünfjährige Frist des § 9 Abs. 2 GmbHG aF; vgl. außerdem Scholz/*Priester* GmbHG, § 53 Rn. 24; Michalski/*Hoffmann* § 53 Rn. 155 unter Bezugnahme auf die fünfjährige Frist des § 26 Abs. 4 AktG). Eine im Gesellschaftsvertrag enthaltene Bestimmung über den Gegenstand einer **Sacheinlage** und den Betrag der sich hierauf beziehenden Stammeinlage (§ 5 Abs. 4 S. 1 GmbHG) darf nach Ablauf einer Frist von zehn Jahren seit Eintragung der Gesellschaft in das Handelsregister beseitigt werden; die Anknüpfung an die zehnjährige Frist des § 9 Abs. 2 GmbHG ist sachgerecht, weil die Angabe im Gesellschaftsvertrag insbesondere der Geltendmachung eines Anspruchs wegen Überbewertung einer Sacheinlage gem. § 9 GmbHG dient (vgl. aber auch R/S-L/*Zimmermann* Rn. 12, 21).

10 Von der Änderung des Gesellschaftsvertrags wird dessen »Durchbrechung« unterschieden: Eine **Satzungsdurchbrechung** liegt vor, wenn für einen Sonderfall durch Beschluss der Gesellschafter vom Gesellschaftsvertrag abgewichen wird, ohne den Gesellschaftsvertrag selbst zu ändern und seine Geltung im Übrigen und für die Zukunft aufheben zu wollen (*Habersack* ZGR 1994, 354, 356); bei einer **»zustandsbegründenden« Satzungsdurchbrechung** entfaltet der Beschluss – z. B. die generelle Befreiung von einem im Gesellschaftsvertrag geregelten Wettbewerbsverbot – Dauerwirkung, bei einer **»punktuellen« Satzungsdurchbrechung** – z. B. Genehmigung einer Anteilsübertragung durch die Gesellschafterversammlung anstelle des nach dem Gesellschaftsvertrag hierfür zuständigen Aufsichtsrats – erschöpft sich die Wirkung in einem Einzelakt (vgl. Scholz/*Priester* GmbHG, § 53 Rn. 29; vgl. auch A/E/S/*Achilles* § 53 Rn. 15; Michalski/*Hoffmann* § 53 Rn. 35; MünchHdb GesR III/*Marquardt* § 22 Rn. 70; R/S-L/*Zimmermann* § 53 Rn. 34; Baumbach/Hueck/*Zöllner* § 53 Rn. 45 ff.; *Priester* ZHR 151 [1987], 40, 52)

11 Eine Satzungsdurchbrechung, die einen vom Gesellschaftsvertrag abweichenden rechtlichen **Zustand** begründet, ist ohne Einhaltung der für die Änderung des Gesellschaftsvertrags geltenden Formvorschriften selbst dann unwirksam, wenn dieser Zustand auf einen bestimmten Zeitraum begrenzt ist: Eine solche Dauerwirkung entfaltende Abweichung vom Gesellschaftsvertrag hat nämlich nicht nur gesellschaftsinterne Bedeutung, sondern berührt auch den Rechtsverkehr und auch später hinzutretende Gesellschafter; wenn die – zum Handelsregister einzureichende – Satzungsurkunde den materiellen Satzungsinhalt nicht richtig und vollständig wiedergibt, wird der Rechtsverkehr über die Verhältnisse der Gesellschaft entgegen dem mit der Registerpublizität verfolgten Zweck unzutreffend informiert (BGHZ 123, 15, 19 zur Änderung der Amtszeit von Mitgliedern des Aufsichtsrats; vgl. auch OLG Hamm NJW-RR 1993, 867 zur Änderung der den Geschäftsführern im Gesellschaftsvertrag eingeräumten (Einzel-)Vertretungsbefugnis; OLG Köln NJW-RR 1996, 1439 zur Aufnahme eines Entsendungsrechts; OLG Köln DB 2000, 2465 zur Änderung des Unternehmensgegenstands einer AG; OLG Nürnberg BB 2000, 687 zur Abberufung eines Gesellschafter-Geschäftsführers, dem das Sonderrecht auf Bestellung zum Geschäftsführer eingeräumt ist; vgl. außerdem Michalski/*Hoffmann* § 53 Rn. 40; MünchHdb GesR III/*Marquardt* § 22 Rn. 73; Scholz/*Priester* GmbHG, § 53 Rn. 30; *Goette* DStR 1993, 1302; *Habersack* ZGR 1994, 354; *Scheuch* EWiR 1993, 991). Da der Gesellschaftsvertrag auch Regelungen für Einzelfälle treffen kann, sind solche Beschlüsse, wenn die in §§ 53 f. GmbHG geregelten Anforderungen beachtet werden, nicht satzungsdurchbrechend, sondern satzungsändernd; für eine »zustandsbegründende« Satzungsdurchbrechung ist demnach »kein Platz« (*Priester* ZHR 151 [1987], 40, 57; vgl. auch *Gummert* WiB 1994, 25).

12 Im Gegensatz zu einer »zustandsbegründenden« Satzungsdurchbrechung bleibt jedoch Raum für eine **»punktuelle« Satzungsdurchbrechung**, bei der sich die Wirkung des Beschlusses in der betreffenden Maßnahme erschöpft: Eine solche Satzungsdurchbrechung ist auch ohne Einhaltung der formellen Voraussetzungen einer Änderung des Gesellschaftsvertrags nicht nichtig; ob ein solcher Beschluss anfechtbar ist, ist in der höchstrichterlichen Rechtsprechung noch nicht entschieden worden (BGH ZIP 1981, 1205 zur Vergütung eines Beiratsmitglieds für Beratungsleistungen; BGHZ 123, 15, 19 f.). Nach zutreffender, allerdings bestrittener Auffassung ist von der (bloßen) Anfechtbarkeit eines solchen Beschlusses auszugehen; einer notariellen Beurkundung des Beschlusses (§ 53 Abs. 2 S. 1 Hs. 1 GmbHG) und einer Eintragung des Beschlusses in das Handelsregister (§ 54 GmbHG), deren Fehlen grundsätzlich zur Nichtigkeit bzw. zur Unwirksamkeit führt (s. Rn. 20 sowie § 54 GmbHG Rn. 36), bedarf es nicht, weil sich der Beschluss definitionsgemäß bereits mit seiner Vornahme erledigt und folglich kein Interesse des Rechtsverkehrs an einer Eintragung in das Handelsregister besteht (vgl. A/E/S/*Achilles* § 53 Rn. 15; Scholz/*Priester* GmbHG, § 53 Rn. 30 a; *Lutter/Hommelhoff* GmbHG, § 53 Rn. 26; MünchHandb GesR III/*Marquardt* § 22 Rn. 76, 80; vgl. auch *Habersack* ZGR 1994, 354, 365 ff.; *Priester* ZHR 151 [1987], 40, 53 f.).

Vor Eintragung der Gesellschaft in das Handelsregister bedarf eine Änderung einschließlich einer Ergänzung des Gesellschaftsvertrags – vorbehaltlich anderweitiger Regelung – der vertraglichen Vereinbarung aller Gesellschafter gem. § 2 GmbHG, weil § 53 GmbHG **auf eine Vorgesellschaft** (s. § 11 GmbHG Rn. 8 ff.) **nicht anwendbar** ist: Die – notariell zu beurkundende – Vereinbarung ist von sämtlichen Gesellschaftern zu unterzeichnen; Vollmachtsurkunde oder Genehmigungserklärung bedürfen notarieller Beurkundung oder Beglaubigung (vgl. A/E/S/*Achilles* § 53 Rn. 2; Baumbach/Hueck/*Zöllner* § 53 Rn. 87; MünchHdb GesR III/*Marquardt* § 22 Rn. 15; *Roth*/Altmeppen § 53 Rn. 31; a. A. Michalski/*Hoffmann* § 53 Rn. 43 ff.; Scholz/*Priester* GmbHG, § 53 Rn. 186; s. auch § 2 GmbHG Rn. 44). Eine Änderung des Gesellschaftsvertrags gem. § 53 GmbHG ist auch im **Stadium der Auflösung (Liquidation)** oder der **Insolvenz** möglich (BGHZ 24, 279, 286 zur AG; BayObLG NJW- RR 1987, 1175; NJW-RR 1996, 417; OLG Frankfurt NJW 1974, 463 zur Kapitalherabsetzung; OLG Karlsruhe NJW 1993, 1931; vgl. A/E/S/*Achilles* § 53 Rn. 2; *Lutter/Hommelhoff* GmbHG, § 53 Rn. 15; Michalski/*Hoffmann* § 53 Rn. 48; MünchHdb GesR III/*Marquardt* § 22 Rn. 16; Scholz/*Priester* GmbHG, § 53 Rn. 187; Baumbach/Hueck/*Zöllner* § 53 Rn. 87; *Joussen* GmbHR 1994, 159). 13

II. Beschluss der Gesellschafter, Abs. 1

Eine Änderung des Gesellschaftsvertrags kann nur durch Beschluss der Gesellschafter erfolgen (Abs. 1). Die – schlagwortartig als **»Satzungsautonomie«** bezeichnete – Regelung lässt eine Übertragung dieser Befugnis auf ein anderes Organ der Gesellschaft oder auf Dritte nicht zu; es handelt sich um eine »zwingende Organzuständigkeit« (MünchHdb GesR III/*Marquardt* § 22 Rn. 18; Michalski/*Hoffmann* § 53 Rn. 57; *Roth*/Altmeppen § 53 Rn. 17; Scholz/*Priester* GmbHG, § 53 Rn. 62; vgl. auch A/E/S/*Achilles* § 53 Rn. 16; Baumbach/Hueck/*Zöllner* § 53 Rn. 60). Aus der »gesellschaftlichen Selbstverwaltung« (§ 45 Abs. 2 GmbHG) folgt zwar die Zulässigkeit, Befugnisse der Gesellschafterversammlung einem anderen Organ zuzuweisen; ausgenommen hiervon sind jedoch diejenigen Befugnisse, die der Gesellschafterversammlung zwingend zugewiesen sind, namentlich die Befugnis zur Änderung des Gesellschaftsvertrags (BGHZ 43, 261, 264; OLG Hamm BB 1982, 762). Aus diesem Grund ist eine im Gesellschaftsvertrag enthaltene Bestimmung, durch welche die Geschäftsführer ermächtigt werden, das Geschäftsjahr zu bestimmen, unzulässig (vgl. *Lutter/Hommelhoff* GmbHG, § 53 Rn. 7; *Priester* GmbHR 1992, 584; a. A. OLG Stuttgart NJW-RR 1992, 1391). Es ist – anders als im Aktienrecht (§ 179 Abs. 1 S. 2 AktG) – unzulässig, dem Aufsichtsrat oder den Geschäftsführern die Befugnis einzuräumen, redaktionelle Änderungen des Gesellschaftsvertrags vorzunehmen (vgl. Baumbach/Hueck/*Zöllner* § 53 Rn. 60; Michalski/*Hoffmann* § 53 Rn. 59; MünchHdb GesR III/*Marquardt* § 22 Rn. 12; *Roth*/Altmeppen § 53 Rn. 5). Ein Beherrschungsvertrag, der dazu führt, dass die Zuständigkeit der Gesellschafterversammlung in Geschäftsführungsangelegenheiten zugunsten des herrschenden Unternehmens beseitigt und die Weisungsbefugnis der Gesellschafterversammlung auf diese übertragen wird (§ 291 Abs. 1 S. 1 Alt. 1 AktG analog), berührt die Zuständigkeit der Gesellschafterversammlung dort nicht, wo ihr von Gesetzes wegen die Beschlusszuständigkeit zwingend zuge- 14 wiesen ist: Zum »weisungsfesten Kernbereich der ausschließlichen Kompetenz der Gesellschafterversammlung« gehört insbesondere die Befugnis zur Änderung des Gesellschaftsvertrags (OLG Stuttgart NZG 1998, 601, nachfolgend BGH NZG 1999, 999; vgl. auch *Rottnauer* NZG 1999, 337).

15 Der (Gesellschafter-)Beschluss über die Änderung des Gesellschaftsvertrags kann in einer **Versammlung** gefasst werden (§ 48 Abs. 1 GmbHG); bei Einberufung der Versammmlung ist nicht nur deren Zweck (§ 51 Abs. 2 GmbHG), sondern auch der Gegenstand der beabsichtigten Änderung des Gesellschaftsvertrags, jedoch nicht deren Wortlaut anzukündigen (vgl. A/E/S/*Achilles* § 53 Rn. 17 f.; Michalski/*Hoffmann* § 53 Rn. 61 f.; *Lutter/Hommelhoff* GmbHG, § 53 Rn. 10 ff.; s. auch § 51 GmbHG Rn. 8 ff.). Der Abhaltung einer Versammlung bedarf es nicht, wenn sich alle Gesellschafter mit der zu treffenden Bestimmung oder mit der schriftlichen Stimmabgabe einverstanden erklären (§ 48 Abs. 2 BGB; vgl. Baumbach/Hueck/*Zöllner* § 53 Rn. 60; MünchHdb Ges R III/*Marquardt* § 22 Rn. 19; Scholz/*Priester* GmbHG, § 53 Rn. 65 f. *Pleyer* GmbHR 1959, 238; a. A. BGHZ 15, 324, 328; KG NJW 1959, 1446; OLG Hamm NJW 1974, 1057). Wegen des Erfordernisses notarieller Beurkundung (s. Rn. 16 ff.) und der Möglichkeit rechtsgeschäftlicher Vertretung (s. Rn. 39) erweist sich diese Art der Beschlussfassung als unpraktikabel.

III. Anforderungen an die Form und die Mitwirkung der Gesellschafter

1. Notarielle Beurkundung des Beschlusses, Abs. 2 S. 1 Hs. 1

16 Der Beschluss der Gesellschafter über die Änderung des Gesellschaftsvertrags muss notariell beurkundet werden (Abs. 2 S. 1 Hs. 1). Das Erfordernis notarieller Beurkundung besteht aus Gründen der Beweissicherung und damit der Rechtssicherheit, aber auch zum Zweck der materiellen Richtigkeitsgewähr sowie zur Gewährleistung einer Prüfungs- und Belehrungsfunktion (BGHZ 105, 324, 338; vgl. auch MünchHdb GesR III/*Marquardt* § 22 Rn. 27; vgl. aber auch Baumbach/Hueck/*Zöllner* § 53 Rn. 76). Durch schlüssiges Verhalten der Gesellschafter kann eine Änderung des Gesellschaftsvertrags nicht bewirkt werden (OLG Köln NJW-RR 1996, 1439).

17 Die **notarielle Beurkundung** des Beschlusses richtet sich, da es sich – anders als beim Abschluss eines Gesellschaftsvertrags (s. § 2 GmbHG Rn. 18) – nicht um die Beurkundung von Willenserklärungen handelt, nach den Vorschriften des Dritten Abschnitts des Beurkundungsgesetzes (§§ 36 f. BeurkG): Vom Notar wird eine Niederschrift aufgenommen, welche die Bezeichnung des Notars und den Bericht über seine Wahrnehmungen enthält (§ 37 Abs. 1 S. 1 BeurkG). Bei der Beschlussfassung in der Gesellschafterversammlung einer Mehrpersonen-Gesellschaft (§ 48 Abs. 1 GmbHG) ist vom Notar über den zur Abstimmung gestellten Wortlaut der Änderung des Gesellschaftsvertrags und den Abstimmungsvorgang sowie dessen Ergebnis zu berichten (vgl. Baumbach/Hueck/*Zöllner* § 53 Rn. 77 f.; MünchHdb GesR III/*Marquardt* § 22 Rn. 24; Scholz/*Priester* GmbHG, § 53 Rn. 69 f.). Sofern die Beurkundung des Beschlusses gem. den (strengeren) Vorschriften über die Beurkundung von Willenserklärungen (§§ 6 ff. BeurkG) vorgenommen wird, ist dies unschädlich (vgl. *Lutter/Hommelhoff* GmbHG, § 53 Rn. 16; R/S-L/*Zimmermann* § 35 Rn. 37 f.; a. A. Baumbach/Hueck/*Zöllner* § 53 Rn. 75). Bei der Änderung des Gesellschaftsvertrags einer Einpersonen-Gesellschaft ist wegen der vom Gesellschafter zu unterschreibenden Niederschrift über den Beschluss (§ 48 Abs. 3 GmbHG) eine Beurkundung gem. §§ 6 ff. BeurkG erforderlich (vgl. A/E/S/*Achilles* § 53 Rn. 18; Michalski/*Hoffmann* Rn. 73; Scholz/*Priester* GmbHG, § 53 Rn. 108).

18 Sofern der Beschluss über die Änderung des Gesellschaftsvertrags **außerhalb einer Gesellschafterversammlung** gefasst wird (§ 48 Abs. 2 GmbHG; s. § 48 GmbHG Rn. 15 ff.), geben die Gesellschafter ihre Stimmen zur Niederschrift eines Notars ab; wenn die Stimmabgaben zur Niederschrift verschiedener Notare erfolgt sind, werden die Niederschriften einem Notar übermittelt, der anschließend die Urkunde über die Fassung des Beschlusses erstellt (vgl. Baumbach/Hueck/*Zöllner* § 53 Rn. 79; Michalski/*Hoffmann* § 53 Rn. 72; MünchHdb GesR III/*Marquardt* § 22 Rn. 26; *Pleyer* NJW 1959, 238; Scholz/*Priester* GmbHG, § 53 Rn. 66).

Angesichts des mit der Beurkundung des Beschlusses über die Änderung des Gesellschaftsvertrags verfolgten Zweckes, insbesondere die materielle Richtigkeit des Beschlusses zu gewährleisten (s. Rn. 16), begegnet ein **im Ausland gefasster Beschluss** über die Änderung des Gesellschaftsvertrags denselben Bedenken, die bei Abschluss des Gesellschaftsvertrags im Ausland bestehen (s. dazu ausführl. § 2 GmbHG Rn. 21 ff.). Bevor nicht der deutsche Gesetzgeber – möglicherweise zur Umsetzung europarechtlicher Vorgaben – eine ausdrückliche Regelung über die bei der Änderung eines Gesellschaftsvertrags im Ausland einzuhaltende Form geschaffen hat, ist von der **Maßgeblichkeit des Wirkungsstatuts** auszugehen, so dass die vom deutschen Recht vorgeschriebene Form notarieller Beurkundung bei einem Beschluss über die Änderung des Gesellschaftsvertrags (§ 53 Abs. 2 S. 1 Hs. 1 GmbHG) einzuhalten ist. Dieses Formerfordernis wird durch eine Beurkundung im Ausland erfüllt, wenn diese mit der Beurkundung durch einen deutschen Notar **gleichwertig** ist, was anhand der Umstände des Einzelfalls zu ermitteln ist; sofern ein ausländischer Notar nachweisbar über Kenntnisse deutschen (Gesellschafts-)Rechts verfügt und seine Haftung für Fehler nicht durch eine »Freizeichnungserklärung« ausschließt, kann mittels einer Beurkundung im Ausland die materielle Richtigkeit in demselben Maß gewährt werden wie mittels einer Beurkundung durch einen deutschen Notar (vgl. auch Baumbach/Hueck/*Zöllner* § 53 Rn. 80; Michalski/*Hoffmann* § 53 Rn. 74 ff.; MünchHdb GesR III/*Marquardt* § 22 Rn. 27; *Roth*/Altmeppen § 53 Rn. 21; R/S-L/*Zimmermann* § 53 Rn. 39; a. A. Scholz/*Priester* GmbHG, § 53 Rn. 71 ff.; s. auch § 2 GmbHG Rn. 28). 19

Die **Nichtbeachtung des (Form-)Erfordernisses** notarieller Beurkundung führt zur **Nichtigkeit** des Beschlusses über die Änderung des Gesellschaftsvertrags (§ 241 Nr. 2 AktG analog; OLG Brandenburg NZG 2001, 129; OLG Köln NJW-RR 1996, 1439; vgl. auch Baumbach/Hueck/*Zöllner* § 53 Rn. 74; Michalski/*Hoffmann* Rn. 70; MünchHdb GesR III/*Marquardt* § 22 Rn. 41, 44; Scholz/*Priester* GmbHG, § 53 Rn. 68; s. auch § 47 GmbHG Rn. 44). Wird die Änderung des Gesellschaftsvertrags aufgrund eines solchen Beschlusses in das Handelsregister eingetragen, obwohl sie nicht hätte eingetragen werden dürfen (s. § 54 GmbHG Rn. 23), kann die Nichtigkeit nicht mehr geltend gemacht werden (§ 242 Abs. 1 AktG analog; vgl. Baumbach/Hueck/*Zöllner* § 53 Rn. 88; *Lutter/Hommelhoff* GmbHG, § 53 Rn. 16; MünchHdb GesR III/*Marquardt* § 22 Rn. 44; s. auch § 47 GmbHG Rn. 56 f. sowie § 54 GmbHG Rn. 36). 20

2. Mitwirkung der Gesellschafter

a) Beschlussfassung mit $^3/_4$-Mehrheit, Abs. 2 S. 1 Hs. 2

Der Beschluss über die Änderung des Gesellschaftsvertrags bedarf einer Mehrheit von $^3/_4$ der abgegebenen Stimmen (Abs. 2 S. 1 Hs. 2). Der Gesellschaftsvertrag kann eine größere Stimmenmehrheit, insbesondere Einstimmigkeit vorschreiben (Abs. 2 S. 2; s. Rn. 27). Für die Umstellung des Stammkapitals und der Geschäftsanteile auf Euro ist – abweichend von Abs. 2 S. 1 Hs. 2 – die einfache Stimmenmehrheit ausreichend (§ 86 Abs. 3 S. 1 GmbHG). 21

Für die Berechnung, ob eine $^3/_4$-Mehrheit erreicht ist, kommt es – vorbehaltlich anderweitiger Bestimmung des Gesellschaftsvertrags (s. Rn. 27) und anders als bei der Satzungsänderung einer AG (§ 179 Abs. 2 AktG) – allein auf die Mehrheit der abgegebenen und gültigen zustimmenden (»Ja«-)Stimmen, nicht auf die des Kapitals an (vgl. Baumbach/Hueck/*Zöllner* § 53 Rn. 66; R/S-L/*Zimmermann* § 53 Rn. 45; Scholz/*Priester* GmbHG, § 53 Rn. 81 f.). Eine Änderung des Gesellschaftsvertrags kann in jedem Fall verhindert werden, wenn ¼ aller Stimmen und eine Stimme ablehnend (»Nein«) sind (»**Sperrminorität**«; vgl. Michalski/*Hoffmann* § 53 Rn. 65 f.; MünchHdb GesR III/*Marquardt* § 22 Rn. 29; *Roth*/Altmeppen § 53 Rn. 18; Scholz/*Priester* GmbHG, § 53 Rn. 78). 22

Das in § 47 Abs. 4 GmbHG geregelte **Stimmverbot** findet bei einem Beschluss über die Änderung des Gesellschaftsvertrags keine Anwendung (vgl. OLG Stuttgart NZG 1998, 601; A/E/S/*Achilles* § 53 Rn. 21; MünchHdb GesR III/*Marquardt* § 22 Rn. 22; R/S-L/*Zimmermann* § 53 Rn. 44). 23

24 Eine **förmliche Feststellung des Beschlussergebnisses**, die über die Feststellung des Abstimmungsergebnisses durch Mitteilung der abgegebenen »Ja«- und »Nein«-Stimmen sowie der Stimmenthaltungen hinausgeht, indem sie den als verabschiedet geltenden Gegenstand der Beschlussfassung beschreibt, ist – vorbehaltlich anderweitiger Regelung im Gesellschaftsvertrag (s. Rn. 28) und anders als bei einer AG (§ 130 Abs. 2 AktG) – nicht erforderlich; dies gilt auch für die Beschlussfassung über die Änderung des Gesellschaftsvertrags (vgl. Baumbach/Hueck/*Zöllner* § 53 Rn. 71 f.; Scholz/*Priester* GmbHG, § 53 Rn. 84).

25 Die Nichtbeachtung des Erfordernisses, den Beschluss (mindestens) mit einer $^3/_4$-Mehrheit der abgegebenen Stimmen zu fassen, führt nicht zur Nichtigkeit, sondern zur **Anfechtbarkeit** des Beschlusses (§ 243 Abs. 1 AktG analog; BGHZ 104, 66, 68 ff.; BayObLG BB 1992, 226; vgl. auch Baumbach/Hueck/*Zöllner* § 53 Rn. 43; MünchHdb GesR III/*Marquardt* § 22 Rn. 42 ff.; R/S-L/*Zimmermann* § 53 Rn. 62; zur Nichtbeachtung eines von Abs. 2 S. 1 Hs. 2 abweichenden, im Gesellschaftsvertrag geregelten Mehrheitserfordernisses s. Rn. 27).

b) Zusätzliche Erfordernisse aufgrund gesellschaftsvertraglicher Regelung, Abs. 2 S. 2

26 Der Gesellschaftsvertrag kann hinsichtlich seiner Änderung – neben der Form notarieller Beurkundung (Abs. 2 S. 1 Hs. 1) und der Beschlussfassung mit $^3/_4$-Mehrheit (Abs. 2 S. 1 Hs. 2) – noch andere Erfordernisse aufstellen (Abs. 2 S. 2). Die Änderung des Gesellschaftsvertrags darf durch zusätzliche Erfordernisse erschwert, jedoch nicht erleichtert werden (vgl. *Lutter/Hommelhoff* GmbHG, § 53 Rn. 13; *Roth*/Altmeppen § 53 Rn. 22; R/S-L/*Zimmermann* § 53 Rn. 46; Scholz/*Priester* GmbHG, § 53 Rn. 86).

27 Der Gesellschaftsvertrag darf hinsichtlich seiner Änderung eine **größere Stimmenmehrheit**, insbesondere Einstimmigkeit vorschreiben (vgl. Baumbach/Hueck/*Zöllner* § 53 Rn. 68; Michalski/*Hoffmann* Rn. 99; MünchHdb GesR III/*Marquardt* § 22 Rn. 37; *Roth*/Altmeppen Rn. 22; R/S-L/*Zimmermann* § 53 Rn. 46). Wenn eine – von Abs. 2 S. 1 Hs. 2 abweichende, im Gesellschaftsvertrag vorgeschriebene – Mehrheit nicht erreicht wird, führt dies lediglich zur Anfechtbarkeit des Beschlusses (§ 243 Abs. 1 AktG analog; vgl. Scholz/*Priester* GmbHG, § 53 Rn. 90; vgl. aber auch Michalski/*Hoffmann* § 53 Rn. 101; zur Nichtbeachtung des in Abs. 2 S. 1 Hs. 2 geregelten Erfordernisses der $^3/_4$-Mehrheit s. Rn. 25).

28 Ferner kann vorgesehen werden, dass die Beschlussfähigkeit von der Einhaltung bestimmter (Ladungs- oder Teilnahme-)Voraussetzungen abhängt oder es einer förmlichen Feststellung des Abstimmungsergebnisses durch den Versammlungsleiter oder den beurkundenden Notar bedarf. Die Nichteinhaltung dieser Anforderungen macht den Beschluss anfechtbar (§ 243 Abs. 1 AktG analog; vgl. A/E/S/*Achilles* § 53 Rn. 22; Scholz/*Priester* GmbHG, § 53 Rn. 87 ff.; Baumbach/Hueck/*Zöllner* § 53 Rn. 82; Michalski/*Hoffmann* Rn. 99 ff.).

29 Der Gesellschaftsvertrag kann einen **Zustimmungsvorbehalt** zugunsten einzelner Gesellschafter enthalten; der Gesellschaftsvertrag darf indes keinen Zustimmungsvorbehalt zugunsten der Geschäftsführer oder des Aufsichtsrats, erst recht nicht zugunsten Dritter vorsehen, da dies mit der Satzungsautonomie der Gesellschafter nicht vereinbar wäre (vgl. Baumbach/Hueck/*Zöllner* § 53 Rn. 83 ff.; *Lutter/Hommelhoff* GmbHG, § 53 Rn. 7; MünchHdb GesR III/*Marquardt* § 22 Rn. 37). Ohne Zustimmung des betroffenen Gesellschafters ist der Beschluss zumindest ihm gegenüber (»relativ«) unwirksam (vgl. Michalski/*Hoffmann* § 53 Rn. 101; Scholz/*Priester* GmbHG, § 53 Rn. 88 ff.).

c) Zustimmung betroffener Gesellschafter bei Vermehrung ihrer Pflichten, Abs. 3

30 Eine Vermehrung der den Gesellschaftern nach dem Gesellschaftsvertrag obliegenden Leistungen kann nur mit Zustimmung sämtlicher beteiligter Gesellschafter beschlossen werden (Abs. 3). Durch diese Regelung wird den berechtigten Interessen von Minderheitsgesellschaftern »Vorrang vor dem gesellschaftsrechtlichen Prinzip organschaftlicher Willensbildung« eingeräumt (MünchHdb GesR III/*Marquardt* § 22 Rn. 32). Der durch das Zustimmungsrecht bewirkte Minderheitenschutz stellt ein »notwendiges Korrektiv der Mehrheitsherrschaft« dar (Michalski/*Hoffmann* § 53 Rn. 86).

31 Eine Vermehrung der einen Gesellschafter treffenden Leistungspflicht liegt vor, wenn eine **neue Pflicht eingeführt** oder eine **bestehende Pflicht erweitert** wird; die Leistung kann sich auf eine Zahlung, auf die Vornahme einer sonstigen Handlung oder auf die Unterlassung eines Tuns beziehen. Die Einführung einer **Nachschusspflicht** (§ 26 GmbHG) stellt eine Vermehrung der Pflichten dar (KG NZG 2000, 688; OLG München GmbHR 2000, 981). Als weitere Beispiele werden im Schrifttum die Einführung von Nebenleistungspflichten (s. § 3 GmbHG Rn. 18 ff.), die Verschärfung durch Fristverkürzung, Einführung einer Vertragsstrafe oder Ausgestaltung als Gesamtschuld sowie die Einführung eines Wettbewerbsverbots genannt (vgl. Baumbach/Hueck/*Zöllner* § 53 Rn. 31; R/S-L/*Zimmermann* § 53 Rn. 48; Michalski/*Hoffmann* § 53 Rn. 87; MünchHdb GesR III/*Marquardt* § 22 Rn. 33; Scholz/*Priester* GmbHG, § 53 Rn. 50 ff.).

32 Eine Vermehrung der Pflichten ist von einer **Verkürzung der Rechte** durch Änderung des Gesellschaftsvertrags zu unterscheiden, auf die § 53 Abs. 3 GmbHG grundsätzlich nicht anwendbar ist (BGHZ 116, 359, 362 f.; vgl. außerdem R/S-L/*Zimmermann* § 53 Rn. 49; Scholz/*Priester* GmbHG, § 53 Rn. 54; *Roth*/Altmeppen § 53 Rn. 33). Wenn die Verkürzung der Rechte in ihrer Wirkung einer Vermehrung der Pflichten vergleichbar ist, kann diese jedoch nur mit Zustimmung des betroffenen Gesellschafters beschlossen werden (OLG Dresden GmbHR 2004, 1080 zur Einführung einer Vinkulierung der Übertragung von Geschäftsanteilen).

33 Das Erfordernis der **Zustimmung aller** oder zumindest der betroffenen Gesellschafter kann sich auch aus anderen gesetzlichen Regelungen ergeben (vgl. BGHZ 116, 359, 363 zur Einführung der Möglichkeit einer Zwangseinziehung, § 34 GmbHG): Bei einer Änderung des – vom Unternehmensgegenstand (s. § 3 GmbHG Rn. 6 ff.) zu unterscheidenden – Gesellschaftszwecks (s. § 1 GmbHG Rn. 4 ff.) folgt das Erfordernis der Zustimmung aller Gesellschafter aus § 33 Abs. 1 S. 2 BGB analog (vgl. Baumbach/Hueck/*Zöllner* § 53 Rn. 28; Michalski/*Hoffmann* § 53 Rn. 91; MünchHdb GesR III/*Marquardt* § 22 Rn. 34 f.; *Roth*/Altmeppen § 53 Rn. 42); bei einer Beeinträchtigung eines Sonderrechts oder -vorteils (s. § 14 GmbHG Rn. 25 ff.) ergibt sich das Zustimmungserfordernis des betroffenen Gesellschafters aus § 35 BGB analog (BGH NJW-RR 1989, 542; vgl. Baumbach/Hueck/*Zöllner* § 53 Rn. 34; *Lutter/Hommelhoff* GmbHG, § 53 Rn. 19 f.; Michalski/*Hoffmann* § 53 Rn. 88). Bei einer Änderung des Gesellschaftsvertrags, die einen Eingriff in den »Kernbereich der Mitgliedschaft« bewirkt, besteht ein (ungeschriebenes) Zustimmungserfordernis des betroffenen Gesellschafters (vgl. BGHZ 144, 146, 148 ff. zur Einführung eines Verzichts auf den Zugang zur staatlichen Gerichtsbarkeit bei einem eingetragenen Verein; BayObLG NZG 2005, 173 zum Eintritt eines neuen Gesellschafters als Komplementär bei einer KG; vgl. außerdem BGH NJW 1985, 974 zur Aufhebung einer Verzinsung von Gesellschafterdarlehen bei einer KG; BGH NJW 1995, 194 zur Entziehung des Informationsrechts eines Gesellschafters bei einer KG; BGHZ 132, 263, 268 f. zur Bilanzfeststellung bei einer KG; Michalski/*Hoffmann* § 53 Rn. 89; *Roth*/Altmeppen § 53 Rn. 39; Scholz/*Priester* GmbHG, § 53 Rn. 44 ff.).

34 Die Zustimmung ist eine **empfangsbedürftige, der Gesellschaft gegenüber abzugebende Willenserklärung** des von der Vermehrung der Pflichten betroffenen Gesellschafters, die formlos erteilt werden kann; wegen der Prüfung des Beschlusses über die Änderung des Gesellschaftsvertrags durch das (Register-)Gericht empfiehlt sich indes die Abgabe einer **schriftlichen Erklärung** (s. auch § 54 GmbHG Rn. 23 f.). Die Zustimmung kann auch in einer positiven Stimmabgabe im Rahmen der Beschlussfassung über die Änderung des Gesellschaftsvertrags liegen (vgl. MünchHdb GesR III/*Marquardt* § 22 Rn. 25; Scholz/*Priester* GmbHG, § 53 Rn. 93 f.; *Roth*/Altmeppen § 53 Rn. 45; A/E/S/*Achilles* § 53 Rn. 24; Michalski/*Hoffmann* Rn. 92).

35 Bei der Zustimmung handelt es sich um eine (zusätzliche) Voraussetzung für die Wirksamkeit des Beschlusses über die Änderung des Gesellschaftsvertrags: Solange die Zustimmung nicht vorliegt, ist der Beschluss **schwebend unwirksam**; die Geschäftsführer können den betroffenen

Gesellschafter zur Abgabe einer Erklärung auffordern, um den Schwebezustand zu beenden (§§ 108 Abs. 2, 177 Abs. 2 BGB analog). Ohne Zustimmung ist der Beschluss zumindest dem betroffenen Gesellschafter gegenüber (»relativ«) unwirksam (vgl. A/E/S/*Achilles* § 53 Rn. 24; Michalski/*Hoffmann* Rn. 94 f.; R/S-L/*Zimmermann* § 53 Rn. 52, 56; Scholz/*Priester* GmbHG, § 53 Rn. 95 ff.; MünchHdb GesR III/*Marquardt* § 22 Rn. 45).

36 Im Gesellschaftsvertrag kann bestimmt werden, dass – abweichend von § 53 Abs. 3 GmbHG – eine Zustimmung der betroffenen Gesellschafter zu einer nach Art, Ausmaß und Umfang bestimmten und für die betroffenen Gesellschafter deshalb absehbaren Vermehrung der Pflichten nicht erforderlich ist. Die Einführung einer solchen Bestimmung bedarf ihrerseits der Zustimmung der betroffenen Gesellschafter (vgl. Baumbach/Hueck/*Zöllner* § 53 Rn. 32; *Lutter/Hommelhoff* GmbHG, § 53 Rn. 18; Scholz/*Priester* GmbHG, § 53 Rn. 51).

d) Pflicht zur Mitwirkung und zur Zustimmung

37 Eine Pflicht der Gesellschafter zur Mitwirkung an der Beschlussfassung über die Änderung des Gesellschaftsvertrags und insbesondere zur Zustimmung besteht grundsätzlich nicht: Die Gesellschafter sollen frei darüber entscheiden können, ob sie an der Beschlussfassung teilnehmen, wie sie ihr Stimmrecht ausüben und ob sie, sofern ein besonderes Zustimmungserfordernis aufgrund gesellschaftsvertraglicher Regelung (Abs. 2 S. 2) oder bei Vermehrung ihrer Pflichten besteht (Abs. 3), der Änderung zustimmen. Ausnahmsweise kann sich aus der **gesellschaftsrechtlichen Treuepflicht** die Pflicht ergeben, einer Änderung des Gesellschaftsvertrags zuzustimmen: Die im Personengesellschaftsrecht entwickelten Grundsätze – die Treuepflicht kann einem Gesellschafter gebieten, einer Anpassung des Gesellschaftsvertrags an veränderte Umstände zuzustimmen, die mit Rücksicht auf das Gesellschaftsverhältnis dringend geboten und ihm unter Berücksichtigung seiner eigenen schutzwerten Belange zumutbar ist – finden auch auf die Beziehungen der Gesellschafter einer personalistisch ausgestalteten GmbH Anwendung; anhand der konkreten Umstände des Einzelfalls ist eine Abwägung vorzunehmen, ob und in welcher Form dem Gesellschafter eine Mitwirkung an der Änderung des Gesellschaftsvertrags zumutbar ist (BGHZ 98, 276, 279 f.; BGH NJW 1987, 3192 beide zur Kapitalerhöhung; vgl. auch Baumbach/Hueck/*Zöllner* § 53 Rn. 90; *Lutter/Hommelhoff* GmbHG, § 53 Rn. 32; Michalski/*Hoffmann* § 53 Rn. 98, 109 ff.; MünchHdb GesR III/*Marquardt* § 22 Rn. 38; Scholz/*Priester* GmbHG, MünchHdb GesR III/*Marquardt* Rn. 37, 98; s. auch § 47 GmbHG Rn. 13).

38 Eine Pflicht zur Mitwirkung und insbesondere zur Zustimmung einer Änderung des Gesellschaftsvertrags kann sich aus einer schuldrechtlichen Vereinbarung einzelner oder aller Gesellschafter ergeben; derartige Vereinbarungen, die häufig als **»Stimmbindungsvereinbarungen«** bezeichnet werden, bedürfen zu ihrer Wirksamkeit nicht der notariellen Beurkundung: Bei den in der Praxis häufigen Fällen, in denen ein Gesellschafter sich unabhängig von einer konkreten Beschlussfrage generell zu einem bestimmten Stimmverhalten verpflichtet, etwa um Mehrheitsverhältnisse unter den Gesellschaftern oder die Interessenwahrung einer Gesellschaftergruppe dauerhaft sicherzustellen, steht bei Abschluss der Stimmbindungsvereinbarung ein konkreter Beschlussgegenstand noch nicht im Raum, so dass eine notarielle Belehrung über ein konkretes, mit der Abstimmung verbundenes Risiko nicht erfolgen kann, sondern nur eine generelle Aufklärung über die mit einer Stimmbindung verbundenen Risiken möglich wäre; der (Belehrungs-)Zweck der notariellen Beurkundung eines Beschlusses über die Änderung des Gesellschaftsvertrags (s. Rn. 16) erstreckt sich indes nicht auf eine solche generelle Aufklärung (OLG Köln 25. 7. 2002, AZ 18 U 60/02, LS in GmbHR 2003, 416; OLG Köln NJW-RR 1996, 1439; vgl. außerdem A/E/S/*Achilles* § 53 Rn. 26; Scholz/*Priester* GmbHG, § 53 Rn. 36; Baumbach/Hueck/*Zöllner* § 53 Rn. 91; *Frey* EWiR 2002, 121; a. A. *Lutter/Hommelhoff* GmbHG, § 53 Rn. 34; s. auch § 47 GmbHG Rn. 14).

e) Vertretung

aa) Zulässigkeit rechtsgeschäftlicher Vertretung Gesellschafter können sich – vorbehaltlich anderweitiger Bestimmung des Gesellschaftsvertrags – bei der Ausübung des Stimmrechts zur Beschlussfassung über die Änderung des Gesellschaftsvertrags durch Bevollmächtigte vertreten lassen (vgl. A/E/S/*Achilles* § 53 Rn. 16; *Lutter/Hommelhoff* GmbHG, § 53 Rn. 8 f., Michalski/*Hoffmann* § 53 Rn. 62 f.; MünchHdb GesR III/*Marquardt* § 22 Rn. 19; s. auch § 47 GmbHG Rn. 15 ff.). Auf die **rechtsgeschäftliche Vertretung** finden – vorbehaltlich anderweitiger spezieller Regelung – die §§ 164 ff. BGB Anwendung; insbesondere die Regelung des § 181 BGB zu Insichgeschäften ist zu beachten, wobei in der Bevollmächtigung auch die Befreiung des Vertreters vom Selbstkontrahierungsverbot liegen kann (vgl. BGH NJW 1989, 168; *Goette* DStR 2000, 697 zu BGH 3. 4. 2000, AZ II ZR 379/99; vgl. außerdem A/E/S/*Achilles* § 47 Rn. 22 sowie § 53 Rn. 21; Baumbach/Hueck/*Zöllner* § 47 Rn. 46 , 60; MünchHdb GesR III/*Marquardt* § 20 Rn. 23; Scholz/*Priester* GmbHG, § 53 Rn. 101 f.; Scholz/*K. Schmidt* §GmbHG, 47 Rn. 180; *Kirstgen* GmbHR 1989, 406; *Priester* EWiR 1988, 1209; s. auch § 47 GmbHG Rn. 26 ff.). 39

bb) Anforderungen an die Erteilung der Vertretungsmacht Vorbehaltlich anderweitiger Bestimmung des Gesellschaftsvertrags (§ 45 Abs. 2 GmbHG; s. § 47 GmbHG Rn. 37) bedarf eine Vollmacht zur Ausübung des Stimmrechts, um in Angelegenheiten der Gesellschaft einen Beschluss zu fassen, zu ihrer Gültigkeit der **Textform** (§ 47 Abs. 3 GmbHG i. V. m. § 126 b BGB). Die Erteilung der Vertretungsmacht zur Ausübung des Stimmrechts, um einen Beschluss über die Änderung des Gesellschaftsvertrags zu fassen, bedarf – im Einklang mit der Regelung des § 167 Abs. 2 BGB – nicht der für den Beschluss über die Änderung des Gesellschaftsvertrags vorgeschriebenen notariellen Beurkundung, sondern lediglich der Textform (vgl. MünchHdb GesR III/*Marquardt* § 22 Rn. 20; *Roth*/Altmeppen § 53 Rn. 21; R/S-L/*Zimmermann* § 53 Rn. 42; Scholz/*Priester* GmbHG, § 53 Rn. 77; Scholz/*K. Schmidt* GmbHG, § 47 Rn. 85; s. auch § 47 GmbHG Rn. 18; zur Beifügung der Vollmacht bei der Anmeldung der Änderung des Gesellschaftsvertrags zur Eintragung in das Handelsregister s. § 54 GmbHG Rn. 16). Wenn überhaupt keine Vertretungsmacht oder diese nicht formgerecht erteilt worden ist, kommt nicht nur bei einer Mehrpersonen-Gesellschaft, sondern auch bei einer Einpersonen-Gesellschaft eine Genehmigung durch den Vertretenen in Betracht: Bei der Stimmabgabe handelt es sich um ein einseitiges Rechtsgeschäft, das – anders als bei Gründung der Gesellschaft (s. § 2 GmbHG Rn. 38) – gegenüber der (bereits) entstandenen Gesellschaft abzugeben ist; eine **Genehmigung** durch den Vertretenen ist möglich (§§ 180 S. 2 i. V. m. 177 Abs. 1 BGB; OLG Frankfurt NZG 2003, 438; vgl. auch A/E/S/*Achilles* § 53 Rn. 16; s. auch § 47 GmbHG Rn. 24 f.). 40

C. Kosten

Für die notarielle Beurkundung eines Beschlusses über die Änderung des Gesellschaftsvertrags werden – unabhängig davon, ob mehrere Personen oder nur eine Person (bei einer Einpersonen-Gesellschaft) den Beschluss fassen – zwei Gebühren, höchstens jedoch € 5.000,- erhoben (§§ 47 S. 1 Hs. 1, S. 2, 141 KostO; vgl. Korintenberg/Lappe/*Reinmann* KostO, § 47 Rn. 7 b, *Hartmann* KostG § 47 KostO Rn. 5). Für die Bestimmung des der Gebührenberechnung zu Grunde zu legenden Geschäftswerts kommt es darauf an, ob der Beschluss einen bestimmten Geldwert hat (vgl. Korintenberg/Lappe/*Reimann* KostO, § 47 Rn. 8): Bei einem Beschluss über eine Kapitalerhöhung bestimmt sich der Gegenstandswert nach dem Erhöhungsnennbetrag bzw. nach dem Wert der Sacheinlage, wenn dieser Wert höher als der Erhöhungsnennbetrag ist; bei einem Beschluss über eine Kapitalherabsetzung bestimmt er sich nach dem Nennbetrag der Herabsetzung (vgl. Korintenberg/Lappe/*Bengel/Tiedtke* KostO, § 41 c Rn. 32 ff.). Beschlüsse ohne einen bestimmten Geldwert sind insbesondere solche Beschlüsse, welche die Firma, den Sitz der Gesellschaft oder den Unternehmensgegenstand betreffen (vgl. Korintenberg/Lappe/*Bengel/Tiedtke* KostO, § 41 c Rn. 49). Sofern der Gegenstand des Beschlusses keinen bestimmten Geldwert hat, beträgt der Geschäftswert 1 % des eingetragenen Stammkapitals, mindestens € 25.000,– und höchstens € 500.000,– (§§ 41 a Abs. 4 Nr. 1, 41 c Abs. 1 und 4, 141 KostO; vgl. Korintenberg/Lap- 41 pe/*Bengel/Tiedtke* KostO, § 29 Rn. 4 b sowie § 41 c Rn. 18, 54 ff.). Besonderheiten gelten für die Erhebung von Gebühren für Tätigkeiten eines »Notars im Landesdienst« (»Amtsnotar«) in Baden (s. § 2 GmbHG Rn. 60; vgl. zu den Kosten auch ausführl. Kap. 18).

§ 54 [Anmeldung und Eintragung der Satzungsänderung] [i. d. F. ab 1. 1. 2007 durch EHUG]

(1) [1]Die Abänderung des Gesellschaftsvertrages ist zur Eintragung in das Handelsregister anzumelden. [2]Der Anmeldung ist der vollständige Wortlaut des Gesellschaftsvertrags beizufügen; er muß mit der Bescheinigung eines Notars versehen sein, daß die geänderten Bestimmungen des Gesellschaftsvertrags mit dem Beschluß über die Änderung des Gesellschaftsvertrags und die unveränderten Bestimmungen mit dem zuletzt zum Handelsregister eingereichten vollständigen Wortlaut des Gesellschaftsvertrags übereinstimmen.

(2) Bei der Eintragung genügt, sofern nicht die Abänderung die in § 10 bezeichneten Angaben betrifft, die Bezugnahme auf die bei dem Gericht eingereichten Dokumente über die Abänderung.

(3) Die Abänderung hat keine rechtliche Wirkung, bevor sie in das Handelsregister des Sitzes der Gesellschaft eingetragen ist.

§ 54 [Anmeldung und Eintragung] [i. d. F. bis 31. 12. 2006]

***(1)* [identisch]**

(2) [1]Bei der Eintragung genügt, sofern nicht die Abänderung die in § 10 Abs. 1 und 2 bezeichneten Angaben betrifft, die Bezugnahme auf die bei dem Gericht eingereichten Urkunden über die Abänderung. [2]Die öffentliche Bekanntmachung findet in betreff aller Bestimmungen statt, auf welche sich die in § 10 Abs. 3 und in § 13 b Abs. 4 des Handelsgesetzbuchs vorgeschriebenen Veröffentlichungen beziehen.

***(3)* [identisch]**

Übersicht:

A. Allgemeines

Die zuletzt durch Art. 10 Nr. 6 des EHUG vom 10. 11. 2006 (BGBl. I, 2253) geänderte Vorschrift regelt die **Anmeldung einer Änderung des Gesellschaftsvertrags** zur Eintragung in das Handelsregister, deren Eintragung und die rechtliche Wirkung der Eintragung. Durch die Richtlinie 2003/58/EG des Europäischen Parlaments und des Rates zur Änderung der Richtlinie 68/151/EWG in Bezug auf die Offenlegungspflichten von Gesellschaften bestimmter Rechtsformen vom 15. 7. 2003 (ABl. EU Nr. L 221, 13) ist eine Novellierung der §§ 10 ff. HGB und des § 54 Abs. 2 GmbHG erforderlich geworden; diese ist durch das **»Gesetz über elektronische Handelsregister und Genossenschaftsregister sowie das Unternehmensregister« (EHUG)** erfolgt. Im **RefE des MoMiG** (Stand: 29. 5. 2006) ist die Überschrift »Anmeldung und Eintragung der Satzungsänderung« vorgesehen. 1

Der Gesellschaftsvertrag einer Gesellschaft kann **durch Beschluss der Gesellschafter** geändert werden (§ 53 Abs. 1 GmbHG). Dieser Beschluss bedarf – anders der von sämtlichen Gesellschaftern zu unterzeichnende Gesellschaftsvertrag bei Errichtung der Gesellschaft (§ 2 Abs. 1 S. 2 GmbHG) – nicht der Mitwirkung sämtlicher Gesellschafter, sondern lediglich einer **Mehrheit von 3/4 der abgegebenen Stimmen**, sofern nicht der Gesellschaftsvertrag oder das Gesetz weitere Anforderungen aufstellen (§ 53 Abs. 2 S. 1 Hs. 2, Abs. 2 S. 2, Abs. 3 GmbHG). Die Änderung des Gesellschaftsvertrags ist – ebenso wie der Abschluss des Gesellschaftsvertrags bei Errichtung der Gesellschaft (§ 7 Abs. 1 GmbHG) – unter Beifügung des vollständigen Wortlauts des (geänderten) Gesellschaftsvertrags **zur Eintragung in das Handelsregister anzumelden** (Abs. 1 S. 1 und 2 Hs. 1). Vor ihrer Eintragung in das Handelsregister hat die Änderung des Gesellschaftsvertrags – vergleichbar mit der Errichtung der Gesellschaft, die vor ihrer Eintragung »als solche nicht besteht« (§ 11 Abs. 1 GmbHG) – keine rechtliche Wirkung (Abs. 3). 2

Da § 53 GmbHG auf eine Änderung des Gesellschaftsvertrags einer – vor Eintragung der Gesellschaft in das Handelsregister bestehenden – Vorgesellschaft keine Anwendung findet (s. § 2 GmbHG Rn. 44 sowie § 53 GmbHG Rn. 13), findet folgerichtig § 54 GmbHG – mit Ausnahme des Abs. 1 S. 2, der analog angewendet wird (s. § 8 GmbHG Rn. 6 f.) – hierauf keine Anwendung (vgl. Scholz/*Priester* GmbHG, § 54 Rn. 4; vgl. auch R/S-L/*Zimmermann* § 54 Rn. 2; vgl. aber auch Michalski/*Hoffmann* § 54 Rn. 23 f.). 3

Eine nach dem 31. 12. 2001 erfolgte Änderung des Stammkapitals (Kapitalerhöhung oder -herabsetzung), die eine Änderung des Gesellschaftsvertrags darstellt (s. § 55 GmbHG Rn. 9 sowie § 58 GmbHG Rn. 5), darf nur in das Handelsregister eingetragen werden, wenn das Kapital auf Euro umgestellt und die in Euro berechneten Nennbeträge der Geschäftsanteile auf einen durch zehn teilbaren Betrag, mindestens jedoch auf € 50,– umgestellt sind (»Registersperre«; § 86 Abs. 1 S. 4 GmbHG; vgl. Baumbach/Hueck/*Zöllner* § 54 Rn. 26; *Lutter/Hommelhoff* GmbHG, § 54 Rn. 17; Michalski/*Hoffmann* § 54 Rn. 36; *Roth*/Altmeppen § 54 Rn. 22; R/S-L/*Zimmermann* § 54 Rn. 32; Scholz/*Priester* GmbHG, § 54 Rn. 27). 4

Für die Entgegennahme der Anmeldung der Änderung des Gesellschaftsvertrags, für die Prüfung und Ablehnung der Eintragung sowie für die Eintragung in das Handelsregister ist das **(Register-)Gericht zuständig**, in dessen Bezirk die Gesellschaft ihren Sitz hat (vgl. A/E/S/*Achilles* § 54 Rn. 3; Baumbach/Hueck/*Zöllner* § 54 Rn. 15). Sofern die Änderung des Gesellschaftsvertrags den Sitz der Gesellschaft (§ 4 a GmbHG) betrifft, ist die Änderung beim **Gericht des bisherigen Sitzes** anzumelden (§ 13 h Abs. 1 HGB). Das Gericht des bisherigen Sitzes überprüft die förmliche Richtigkeit der Anmeldung; es hat insbesondere zu prüfen, ob die Anmeldung in der erforderlichen Form und durch die hierzu berufenen Personen erfolgt ist sowie ob der Anmeldung der vollständige Wortlaut des geänderten Gesellschaftsvertrags nebst Notarbescheinigung beigefügt ist (OLG Frankfurt NZG 2002, 1119; vgl. auch OLG Köln NZG 2005, 87). Wird der Sitz aus dem Bezirk des Gerichts des bisherigen Sitzes in den Bezirk eines anderen Gerichts verlegt, so hat das Gericht von Amts wegen die Verlegung dem Gericht des neuen Sitzes mitzuteilen (§ 13 h Abs. 2 S. 1 HGB). Das Gericht des neuen Sitzes hat zu prüfen, ob der Sitz ordnungsgemäß 5 verlegt und die Unterscheidbarkeit der Firma (§ 30 Abs. 1 HGB) gewährleistet ist; ist dies der Fall, hat das Gericht die Verlegung einzutragen und dabei die ihm mitgeteilten Eintragungen ohne weitere Nachprüfung zu übernehmen (§ 13 h Abs. 2 S. 3 und 4 HGB). Dieser Regelung legt die gesetzgeberische Vorstellung zugrunde, dass die Eintragung einer Sitzverlegung nicht wie die Neueintragung einer Gesellschaft zu behandeln ist; aus diesem Grund ist dem Gericht des neuen Sitzes die Beanstandung der ihm mitgeteilten Eintragungen im Rahmen seiner Prüfung, die anlässlich der Sitzverlegung stattfindet, versagt (BayObLG DB 1978, 838 zu § 13 c HGB a. F.; OLG Hamm NJW-RR 1997, 167; OLG Oldenburg BB 1977, 12 zu § 13 c HGB a. F.; vgl. auch *Holzer* WiB 1997, 193; Scholz/*Priester* GmbHG, § 54 Rn. 8; s. auch § 4 a GmbHG Rn. 16). Sofern der Gesellschaftsvertrag nicht nur hinsichtlich des Sitzes, sondern auch hinsichtlich anderer Bestimmungen geändert worden ist, ist das **Gericht des neuen Sitzes** für die Prüfung der gesamten Änderung zuständig (OLG Frankfurt RPfleger 1991, 508 zu § 13 c HGB a. F.; OLG Hamm NJW-RR 1991, 1001 zu § 13 c HGB a. F.; OLG Zweibrücken GmbHR 1992, 678 zu § 13 c HGB a. F.; vgl. auch OLG Celle GmbHR 1995, 303 [LS]; OLG Hamm NJW-RR 1995, 356; vgl. außerdem *Buchberger* RPfleger 1990, 513; *Meyding* EWiR 1994, 1209; *Waldner* WiB 1995, 88; vgl. aber auch Baumbach/Hueck/*Zöllner* § 54 Rn. 15; Scholz/*Priester* GmbHG, § 54 Rn. 8; s. auch § 4 a GmbHG Rn. 16). Die Eintragung ist dem Gericht des bisherigen Sitzes mitzuteilen, das die erforderlichen Eintragungen von Amts wegen vornimmt (§ 13 h Abs. 2 S. 5 und 6 HGB). Für die Wirksamkeit der Sitzverlegung ist die Eintragung in das Handelsregister des neuen Sitzes, nicht die Eintragung in das Handelsregister des bisherigen Sitzes entscheidend (OLG Hamm DB 2004, 972).

6 In das Handelsregister ist nicht nur die Änderung des Gesellschaftsvertrags durch Beschluss der Gesellschafter einzutragen, sondern auch ein Urteil, das einen – im Wege der (Beschluss-)Anfechtungsklage oder der Nichtigkeitsklage angegriffenen – Beschluss für nichtig erklärt oder dessen Nichtigkeit feststellt; mit dem Urteil ist der vollständige Wortlaut des Gesellschaftsvertrags, wie er sich unter Berücksichtigung des Urteils und aller bisherigen Änderungen ergibt, mit der Bescheinigung eines Notars zum Handelsregister einzureichen (§ 248 AktG analog bzw. § 249 AktG analog; § 44 HRV; vgl. A/E/S/*Achilles* § 54 Rn. 2; Baumbach/Hueck/*Zöllner* § 54 Rn. 10; *Lutter/Hommelhoff* GmbHG, § 54 Rn. 13; Michalski/*Hoffmann* § 54 Rn. 39; Scholz/*Priester* GmbHG, § 54 Rn. 5, 16 und 66; s. auch Rn. 36 sowie § 47 GmbHG Rn. 66).

B. Anmeldung und Eintragung einer Änderung des Gesellschaftsvertrags

I. Anmeldung einer Änderung des Gesellschaftsvertrags, Abs. 1

7 Das Handelsregister dient bei Eintragungen, die Kapitalgesellschaften betreffen, nicht nur der Sicherheit und Leichtigkeit des Rechtsverkehrs, sondern soll den Schutz des anlagesuchenden Publikums sowie der Gesellschaftsgläubiger gewährleisten, indem Gesellschaft und Gesellschaftsvertrag in das Register nur dann eingetragen werden, wenn die im öffentlichen Interesse sowie im Interesse der Gesellschaftsgläubiger aufgestellten Normativbedingungen erfüllt und zwingende, ihren Schutz bezweckende Vorschriften nicht verletzt sind; da die Beachtung dieser Vorschriften nicht nur bei der Errichtung der Gesellschaft kontrolliert werden muss (vgl. § 9 c GmbHG), ist jede Umgestaltung des Gesellschaftsvertrags zur Eintragung in das Handelsregister anzumelden, wobei der Inhalt der Anmeldung gewährleisten muss, dass das (Register-)Gericht die ihm zufallenden Aufgaben der Prüfung und Eintragung erfüllen kann (BGH NJW 1987, 3191).

8 Das (Register-)Gericht kann die Anmeldung einer Änderung des Gesellschaftsvertrags nicht durch die **Festsetzung von Zwangsgeld** erzwingen (§ 79 Abs. 2 GmbHG), weil keine öffentlichrechtliche Verpflichtung besteht, die Eintragung einer Änderung des Gesellschaftsvertrags zu betreiben (vgl. Baumbach/Hueck/*Zöllner* § 54 Rn. 1; Scholz/*Priester* GmbHG, § 54 Rn. 23). Indes dient die Abhängigkeit der Wirksamkeit der Änderung des Gesellschaftsvertrags von der Eintragung in das Handelsregister (§ 54 Abs. 3 GmbHG) dem Zweck, die Vorlage des Gesellschafterbeschlusses an das Gericht und damit die Gesetzmäßigkeitsprüfung zu erreichen (BGH NJW 1987, 3191).

Bei einer Änderung von Firma, Sitz, Unternehmensgegenstand, Höhe des Stammkapitals, Vertretungsbefugnis der Geschäftsführer und ggf. Zeitdauer der Gesellschaft, bei der eine »**ausdrückliche Eintragung**« in das Handelsregister erforderlich ist (§§ 54 Abs. 2 i. V. m. 10 GmbHG; s. Rn. 29 f.), sind die geänderten Bestimmungen des Gesellschaftsvertrags schlagwortartig in der Anmeldung hervorzuheben, da dies für das (Register-)Gericht eine Hilfe darstellt, Fehler bei der Prüfung, ob und welche ihrem Inhalt nach eintragungspflichtigen Bestimmungen von der beschlossenen Änderung betroffen sind, zu verhindern; hierdurch kann eine erhöhte Gewähr für die Richtigkeit der sich an die Prüfung anschließenden Wiedergabe im Handelsregister erreicht werden (BGH NJW 1987, 3191; BayObLG GmbHR 1979, 15; GmbHR 1985, 262; OLG Düsseldorf GmbHR 1978, 155; NZG 1999, 118; OLG Frankfurt NZG 2003, 1075; OLG Hamm NZG 2002, 782). Bei einer Änderung sonstiger Bestimmungen des Gesellschaftsvertrags, bei der lediglich eine »**bezugnehmende Eintragung**« in das Handelsregister erfolgt (s. Rn. 31), reicht es aus, dass in der Anmeldung auf beigefügte Unterlagen, insbesondere den Gesellschafterbeschluss verwiesen wird (BayObLG GmbHR 1979, 15; GmbHR 1985, 262). 9

Auch bei einer (vollständigen) **Neufassung des Gesellschaftsvertrags** müssen die »ausdrücklich« eintragungspflichtigen Änderungen durch schlagwortartige Hervorhebung angegeben werden (BayObLG GmbHR 1979, 15; GmbHR 1985, 262; OLG Hamm NZG 2002, 782; offen gelassen von OLG Düsseldorf NZG 1999, 118; vgl. auch *Bokelmann* EWiR 1985, 175). 10

1. Anmeldung durch Geschäftsführer oder Bevollmächtigte

Die Gesellschaft wird bei der Anmeldung einer Änderung des Gesellschaftsvertrags durch ihre Geschäftsführer (in vertretungsberechtigter Zahl) gesetzlich vertreten (OLG Hamm NZG 2001, 1039; vgl. auch BGHZ 105, 324, 327 f.); eine **Vertretung durch sämtliche Geschäftsführer** ist nicht erforderlich, weil § 78 Hs. 2 GmbHG auf die Anmeldung einer Änderung des Gesellschaftsvertrags, sofern keine Kapitalerhöhung oder -herabsetzung vorliegt, nicht anwendbar ist. Die Gesellschaft kann auch, sofern der Gesellschaftsvertrag eine entsprechende Vertretungsregelung vorsieht, durch einen Geschäftsführer und einen Prokuristen vertreten werden (vgl. Baumbach/Hueck/*Zöllner* § 54 Rn. 2; Scholz/*Priester* GmbHG, § 54 Rn. 6). Sofern die anzumeldende Änderung die Vertretungsregelung betrifft, ist für die Anmeldung die bisherige Vertretungsregelung maßgebend, weil die Änderung erst mit der Eintragung wirksam wird (§ 54 Abs. 3 GmbHG; vgl. Scholz/*Priester* GmbHG, § 54 Rn. 6; s. auch Rn. 35). 11

Die Anmeldung der Änderung des Gesellschaftsvertrags darf auch aufgrund **rechtsgeschäftlicher Vertretung** durch einen Bevollmächtigten – z. B. einen Justiziar oder den die Änderung des Gesellschaftsvertrags beurkundenden Notar – erfolgen (vgl. § 12 Abs. 1 S. 2 HGB; vgl. auch Baumbach/Hueck/*Zöllner* § 54 Rn. 2; *Lutter/Hommelhoff* GmbHG, § 54 Rn. 2; Michalski/*Hoffmann* § 54 Rn. 7; Scholz/*Priester* GmbHG, § 54 Rn. 7; zur Änderung des § 12 Abs. 1 HGB durch das EHUG s. § 7 GmbHG Rn. 8 ff.). 12

2. Form der Anmeldung

Anmeldungen zur Eintragung in das Handelsregister sind in **öffentlich beglaubigter Form** einzureichen (§ 12 Abs. 1 S. 1 HGB; zur Änderung des § 12 Abs. 1 HGB durch das EHUG s. § 7 GmbHG Rn. 8 ff.). Ist durch Gesetz für eine Erklärung öffentliche Beglaubigung vorgeschrieben, so muss die Erklärung **schriftlich** abgefasst und die Unterschrift des Erklärenden **von einem Notar beglaubigt** werden (§ 129 Abs. 1 S. 1 BGB). Eine Unterzeichnung durch Handzeichen ist ausreichend, wenn das Handzeichen notariell beglaubigt wird (§§ 129 Abs. 1 S. 2 i. V. m. 126 Abs. 1 BGB). Die öffentliche Beglaubigung einer Unterschrift oder eines Handzeichens kann durch die notarielle Beurkundung der Erklärung ersetzt werden (§ 129 Abs. 2 BGB). Dementsprechend kann die Anmeldung einer Änderung des Gesellschaftsvertrags zur Eintragung in das Handelsregister, sofern die Erklärung nicht notariell beurkundet wird (§ 129 Abs. 2 BGB), erfolgen, indem die Unterschriften oder die Handzeichen der Anmeldenden notariell beglaubigt werden (§ 129 Abs. 1 S. 1 BGB bzw. §§ 129 Abs. 1 S. 2 i. V. m. 126 Abs. 1 BGB). 13

14 Sofern die Anmeldung aufgrund rechtsgeschäftlicher Vertretung durch einen **Bevollmächtigten** erfolgt (s. Rn. 12), bedarf die **Vollmachtsurkunde öffentlich beglaubigter Form** (§ 12 Abs. 1 S. 2 HGB); dies gilt auch, wenn die Anmeldung durch den Notar, der die Änderung des Gesellschaftsvertrags beurkundet hat, erfolgt, weil die Vermutungsregel des § 129 FGG auf eine solche Anmeldung nicht anwendbar ist (vgl. Baumbach/Hueck/*Zöllner* § 54 Rn. 3; Scholz/*Priester* GmbHG, § 54 Rn. 7). Zur öffentlichen Beglaubigung der Vollmachtsurkunde müssen die Unterschriften oder die Handzeichen derjenigen, welche die Vollmachtsurkunde ausstellen, notariell beglaubigt werden (§ 129 Abs. 1 S. 1 BGB bzw. §§ 129 Abs. 1 S. 2 i. V. m. 126 BGB); die öffentliche Beglaubigung der Vollmachtsurkunde kann durch die notarielle Beurkundung der Bevollmächtigung ersetzt werden (§ 129 Abs. 2 BGB).

3. Beizufügende Unterlagen

a) Gesellschafterbeschluss

15 Der Beschluss über die Änderung des Gesellschaftsvertrags bedarf **notarieller Beurkundung** (§ 53 Abs. 2 S. 1 Hs. 1 GmbHG). Der Anmeldung ist, obwohl nicht ausdrücklich gesetzlich vorgeschrieben, eine Ausfertigung (§§ 47 ff. BeurkG) oder beglaubigte Abschrift (§ 42 BeurkG) der **notariellen Urkunde** beizufügen, um dem (Register-)Gericht eine Überprüfung der Ordnungsmäßigkeit des Beschlusses zu ermöglichen (OLG Hamm NZG 2002, 425; vgl. auch A/E/S/*Achilles* § 54 Rn. 4; Baumbach/Hueck/*Zöllner* § 54 Rn. 9; Michalski/*Hoffmann* § 54 Rn. 16; *Roth*/Altmeppen § 54 Rn. 7; Scholz/*Priester* GmbHG, § 54 Rn. 13).

16 Sofern das Stimmrecht bei der Beschlussfassung durch einen Bevollmächtigten ausgeübt worden ist, bedarf die Vollmacht zu ihrer Gültigkeit der **Textform** (§ 47 Abs. 3 GmbHG i. V. m. § 126 b BGB; s. § 53 GmbHG Rn. 40). Die Vollmacht ist der Anmeldung beizufügen, um dem (Register-)Gericht die Prüfung zu ermöglichen, ob der Beschluss ordnungsgemäß zustande gekommen ist (Scholz/*Priester* GmbHG, § 54 Rn. 13; a. A. Baumbach/Hueck/*Zöllner* § 54 Rn. 14).

b) Vollständiger Wortlaut des (geänderten) Gesellschaftsvertrags, Abs. 1 S. 2 Hs. 1

17 Der Anmeldung ist der vollständige Wortlaut des (geänderten) Gesellschaftsvertrags beizufügen (Abs. 1 S. 2 Hs. 1). Sinn dieser Bestimmung ist die Erleichterung des Rechtsverkehrs: Die bei Errichtung der Gesellschaft bewirkte Klarheit und Verlässlichkeit des Handelsregisters soll bei einer Änderung des Gesellschaftsvertrags erhalten bleiben; der neueste Stand des Gesellschaftsvertrags soll jederzeit aus einer einzigen, beim Handelsregister hinterlegten Urkunde entnommen werden können, über deren Inhalt sich jeder durch Einsicht in die Registerakten (§ 9 HGB) unterrichten kann (BayObLG BB 1988, 2198 zur Änderung des Gesellschaftsvertrags vor Eintragung der Gesellschaft in das Handelsregister; KG NJW-RR 1997, 794 zur Änderung des Gesellschaftsvertrags vor Eintragung der Gesellschaft in das Handelsregister; OLG Celle RPfleger 1982, 288; OLG Zweibrücken NZG 2002, 93; s. auch § 8 Rn. 6 f.).

18 Bei der – redaktionellen – Zusammenstellung des vollständigen Wortlauts des (geänderten) Gesellschaftsvertrags dürfen nur Änderungen des Gesellschaftsvertrags aufgrund einer Beschlussfassung der Gesellschafter berücksichtigt werden; überholte Bestimmungen des Gesellschaftsvertrags – z. B. Bestimmungen über die (mittlerweile vollständig geleisteten) Stammeinlagen (§ 3 Abs. 1 Nr. 4 GmbHG) oder die Bestellung der (ersten, mittlerweile abberufenen) Geschäftsführer (§ 6 Abs. 3 S. 2 Alt. 1 GmbHG) – dürfen nicht ohne förmlichen Gesellschafterbeschluss weggelassen werden (vgl. Scholz/*Priester* GmbHG, § 54 Rn. 17 f.; vgl. auch A/E/S/*Achilles* § 54 Rn. 5; *Lutter/Hommelhoff* GmbHG, § 54 Rn. 3; Michalski/*Hoffmann* § 54 Rn. 21; R/S-L/*Zimmermann* § 54 Rn. 12; s. auch § 53 GmbHG Rn. 8 f.).

c) Bescheinigung des Notars, Abs. 1 S. 2 Hs. 2

19 Der vollständige Wortlaut des (geänderten) Gesellschaftsvertrags muss mit einer Bescheinigung eines Notars versehen sein, dass die geänderten Bestimmungen des Gesellschaftsvertrags mit dem Beschluss über die Änderung des Gesellschaftsvertrags und die unveränderten Bestimmun-

gen mit dem zuletzt beim Handelsregister eingereichten vollständigen Wortlaut des Gesellschaftsvertrags übereinstimmen (Abs. 1 S. 2 Hs. 2). Zur Erstellung der Bescheinigung hat der Notar zu prüfen, ob die redaktionelle Ableitung des Wortlauts des (geänderten) Gesellschaftsvertrags zutreffend ist, indem der Wortlaut des (noch) geltenden, beim Handelsregister zuletzt eingereichten Gesellschaftsvertrags an der betreffenden Stelle durch den Wortlaut des beurkundeten Beschlusses ersetzt wird; die Bestätigung muss nicht notwendig von dem Notar ausgestellt sein, der den Gesellschafterbeschluss über die Änderung des Gesellschaftsvertrags beurkundet hat (vgl. Baumbach/Hueck/*Zöllner* § 54 Rn. 11; Michalski/*Hoffmann* § 54 Rn. 22; Scholz/*Priester* GmbHG, § 54 Rn. 19). Die Bestätigung stellt ein einfaches Zeugnis i. S. d. § 39 BeurkG dar.

Bei einer (vollständigen) Neufassung des Gesellschaftsvertrags entfällt das – regelmäßig durch die Bescheinigung erfüllte – Klarstellungsbedürfnis, weil sich aus dem beim Handelsregister einzureichenden neugefassten Gesellschaftsvertrag unmittelbar und ohne Weiteres ergibt, dass der jetzt maßgebliche Gesellschaftsvertrag in vollem Umfang neu beschlossen worden ist; da einer Bescheinigung des Notars in einem solchen Fall keine selbstständige Bedeutung zukommen kann, ist sie entbehrlich (OLG Celle RPfleger 1982, 288; OLG Zweibrücken RPfleger 1984, 104; NZG 2002, 93; LG Bonn GmbHR 1994, 558). 20

d) Nachweis der Genehmigung

Sofern die Änderung des Gesellschaftsvertrags, insbesondere wegen einer Änderung des Unternehmensgegenstands der **staatlichen Genehmigung** bedarf, ist der Anmeldung die Genehmigungsurkunde beizufügen (§ 181 Abs. 1 S. 3 AktG analog; § 8 Abs. 1 Nr. 6 GmbHG analog; vgl. A/E/S/*Achilles* § 54 Rn. 4; Baumbach/Hueck/*Zöllner* § 54 Rn. 13; *Lutter/Hommelhoff* GmbHG, § 54 Rn. 3; Michalski/*Hoffmann* § 54 Rn. 20; Scholz/*Priester* GmbHG, § 54 Rn. 14; zur beabsichtigten Neuregelung des § 8 Abs. 1 Nr. 6 GmbHG s. § 8 GmbHG Rn. 20 f.). 21

e) Nachweis der Einhaltung anderer (Zustimmungs-)Erfordernisse

Der Gesellschaftsvertrag kann für die Änderung desselben – über die Erfordernisse der notariellen Beurkundung und der Zustimmung mit $^3/_4$-Mehrheit hinausgehend – noch andere Erfordernisse aufstellen (§ 53 Abs. 2 S. 2 GmbHG), insbesondere die Zustimmung einzelner oder sämtlicher Gesellschafter vorsehen (s. § 53 GmbHG Rn. 26 ff.); eine Vermehrung der den Gesellschaftern nach dem Gesellschaftsvertrag obliegenden Leistungen kann nur mit Zustimmung sämtlicher beteiligter Gesellschafter beschlossen werden (§ 53 Abs. 3 GmbHG; s. § 53 GmbHG Rn. 30 ff.). In einem solchen Fall ist die Einhaltung dieser (Zustimmungs-)Erfordernisse nachzuweisen (vgl. Scholz/*Priester* GmbHG, § 54 Rn. 13; vgl. auch Baumbach/Hueck/*Zöllner* § 54 Rn. 12; Michalski/*Hoffmann* § 54 Rn. 17 ff.). 22

II. Prüfung der Anmeldung und Ablehnung der Eintragung

Bei einer Änderung des Gesellschaftsvertrags findet, ohne dass dies ausdrücklich gesetzlich geregelt ist, eine **Prüfung durch das (Register-)Gericht** statt (vgl. BayObLG NJW-RR 2002, 248; NJW-RR 1993, 494; OLG Hamm NJW-RR 1996, 482; NZG 2001, 1038; OLG Köln NJW-RR 1993, 223; vgl. auch A/E/S/*Achilles* § 54 Rn. 6; Baumbach/Hueck/*Zöllner* § 54 Rn. 19 ff.; *Lutter/Hommelhoff* GmbHG, § 54 Rn. 6 ff.; Michalski/*Hoffmann* § 54 Rn. 25 ff.; MünchHdb GesR III/*Marquardt* § 22 Rn. 53; Scholz/*Priester* GmbHG, § 54 Rn. 28). Der **Prüfungsumfang** ist – anders als bei der Prüfung des Inhalts des Gesellschaftsvertrags im Rahmen der Errichtung der Gesellschaft – nicht auf die in § 9 c Abs. 2 GmbHG genannten Verstöße beschränkt: Diese Vorschrift, die durch Art. 9 Nr. 4 des HRefG vom 22. 6. 1998 (BGBl. I, 1474) eingefügt worden ist, findet ausweislich der Gesetzesbegründung durch die Bundesregierung nicht nur bei der Prüfung einer Kapitalerhöhung gem. § 57 a GmbHG, sondern auch bei der Prüfung einer Änderung des Gesellschaftsvertrags keine Anwendung; da das Interesse an der (schnellen) Entstehung der juristischen Person durch Eintragung der Gesellschaft in das Handelsregister bei der Änderung des Gesellschaftsvertrags einer bereits entstandenen Gesellschaft nicht mehr besteht, sollte dem Gericht »grund- 23 sätzlich auch die Prüfung in formeller und materieller Hinsicht zustehen« (BT-Drs. 13/8444, 77, 80; vgl. BayObLG NJW-RR 2002, 248; *Lutter/Hommelhoff* § 54 Rn. 6; Michalski/*Hoffmann* § 54 Rn. 33; Scholz/*Priester* GmbHG, § 54 Rn. 28 a; Baumbach/Hueck/*Zöllner* § 54 Rn. 21; s. auch § 9 c GmbHG Rn. 13).

24 Wird eine **Änderung des Gesellschaftsvertrags** zur Eintragung in das Handelsregister angemeldet, hat das (Register-)Gericht zunächst die Ordnungsmäßigkeit der Anmeldung, die Legitimation der anmeldenden Personen, die Vollständigkeit der beizufügenden Unterlagen sowie die Übereinstimmung des Inhalts der Anmeldung mit dem Inhalt der Änderungsbeschlusses zu prüfen (BayObLG GmbHR 1985, 261; OLG Hamm NZG 2002, 425). Ferner hat das Gericht die formelle Rechtmäßigkeit des Beschlusses, vor allem dessen ordnungsgemäße Beurkundung (OLG Hamm NZG 2002, 425; OLG Köln NJW-RR 1993, 223) und dessen ordnungsgemäßes Zustandekommen, insbesondere die Frage, ob die beschlussfassende Person Gesellschafter oder zur Ausübung des Stimmrechts des Gesellschafters befugt war, zu überprüfen (OLG Hamm NZG 2001, 1038; vgl. aber auch BayObLG BB 1992, 226 für den Fall einer Ergebnisfeststellung durch den Versamlungsleiter gem. § 130 Abs. 2 AktG analog). Das Gericht hat außerdem zu prüfen, ob in materiell-rechtlicher Hinsicht Nichtigkeits- oder Unwirksamkeitsgründe vorliegen, insbesondere ob die geänderten Bestimmungen wegen Verstoßes gegen gesetzliche Bestimmungen oder gegen allgemeine Grundsätze des Gesellschaftsrechts unwirksam sind (BayObLG DB 1972, 1015; NJW-RR 1987, 927; OLG Hamm NJW-RR 1996, 482). Eine auf einem **nichtigen Gesellschafterbeschluss** beruhende Änderung des Gesellschaftsvertrags darf das Gericht nicht eintragen (s. § 47 GmbHG Rn. 55), selbst wenn die Nichtigkeit durch die Eintragung geheilt würde (OLG Köln NJW-RR 1993, 223; BayObLG DB 1972, 1015). Dem Gericht ist die Beanstandung eines **anfechtbaren Gesellschafterbeschlusses** (s. § 47 GmbHG Rn. 78), der nicht innerhalb der maßgebenden Frist angefochten worden ist, verwehrt (OLG Köln BB 1982, 579; vgl. auch BayObLG BB 1992, 226; NJW-RR 1993, 494; vgl. aber auch A/E/S/*Achilles* § 54 Rn. 6; Baumbach/Hueck/*Zöllner* § 54 Rn. 22 ff.; *Lutter/Hommelhoff* GmbHG, § 54 Rn. 8; Michalski/*Hoffmann* § 54 Rn. 30 f.; MünchHdb GesR III/*Marquardt* § 22 Rn. 54; Scholz/*Priester* GmbHG, § 54 Rn. 49 ff.). Ist eine – gegen den Beschluss über die Änderung des Gesellschaftsvertrags gerichtete – (Beschluss-)**Anfechtungsklage** bereits erhoben, kommt die Aussetzung des auf Eintragung gerichteten Verfahrens in Betracht; außerdem kann das Gericht, wenn ein Rechtsstreit noch nicht anhängig ist, einem der Beteiligten eine Frist zur Erhebung der Klage bestimmen (§ 127 FGG; *Roth*/Altmeppen § 54 Rn. 19; R/S-L/*Zimmermann* § 54 Rn. 20; Scholz/*Priester* GmbHG, § 54 Rn. 50, 53; zur Aussetzung s. § 9 c GmbHG Rn. 40; zur Anwendbarkeit des Freigabeverfahrens gem. § 246 a AktG analog auf Beschlüsse über Kapitalerhöhung oder -herabsetzung s. § 57 GmbHG Rn. 11).

25 Das (Register-)Gericht darf indes nicht die **Zweckmäßigkeit einer Änderung** prüfen, weil eine über die Rechtsmäßigkeitskontrolle hinausgehende Zweckmäßigkeitskontrolle in unzulässiger Weise in die Satzungsfreiheit eingriffe (BayObLG GmbHR 1985, 261; NJW-RR 1993, 494; OLG Karlsruhe NJW 1993, 1931). Dies gilt grundsätzlich auch hinsichtlich einer Kontrolle, ob geänderte Bestandteile des Gesellschaftsvertrags unklar oder widersprüchlich sind, wenn diese nur gesellschaftsinterne Bedeutung haben und somit für außenstehende Dritte nicht bedeutsam sind; jedenfalls müssen aber Widersprüche zwischen geänderten und unveränderten Bestimmungen in den für Nichtgesellschafter relevanten Teilen gerügt werden (BayObLG NJW-RR 1993, 494; GmbHR 1985, 261; KG DB 2005, 2744).

26 **Gegenstand der Prüfung** des (Register-)Gerichts ist lediglich die **angemeldete Änderung des Gesellschaftsvertrags**: Nur wenn gegen die Zulässigkeit der angemeldeten Änderung Bedenken bestehen, darf das Gericht die Eintragung ablehnen; das Gericht darf die Eintragung einer zulässigen Änderung nicht deshalb ablehnen, weil der Inhalt des Handelsregisters oder der Gesellschaftsvertrag in anderer Hinsicht zu Beanstandungen Anlass gibt, sondern kann in einem solchen Fall nur das auf Feststellung eines Mangels gerichtete Verfahren (§ 144 a Abs. 4 FGG) durchführen (BayObLG NJW-RR 1997, 485; vgl. KG DB 2005, 2744 zur Neufassung eines Gesellschaftvertrags; vgl. auch A/E/S/*Achilles* § 54 Rn. 7; Baumbach/Hueck/*Zöllner* § 54 Rn. 23, 26; *Bokelmann* EWiR 1997, 263; *Holzer* WiB 1997, 699; Scholz/*Priester* GmbHG, § 54 Rn. 54).

Ist die **Anmeldung unvollständig** oder steht der Eintragung ein **(behebbares) Hindernis** entgegen, setzt das Gericht durch **Zwischenverfügung** eine Frist zur Vervollständigung der Unterlagen oder zur Behebung des Hindernises (§§ 25 Abs. 1 S. 3 Hs. 1, 26 S. 2 HRV); ohne der Gesellschaft hierzu zunächst Gelegenheit gegeben zu haben, ist die Ablehnung der Eintragung unzulässig (OLG Hamm NZG 2002, 425; vgl. auch Michalski/*Hoffmann* § 54 Rn. 35; Scholz/*Priester* GmbHG, § 54 Rn. 54; zur Ablehnung der Eintragung und zu anderen Maßnahmen s. § 9 c Rn. 39 ff.). Für die Beurteilung des Vorliegens der Eintragungsvoraussetzungen ist allein auf den Zeitpunkt der Eintragung abzustellen; da es nicht erforderlich ist, dass sämtliche Voraussetzungen schon zum Zeitpunkt der Anmeldung vorliegen, können die Voraussetzungen auch nachträglich, insbesondere nach gerichtlicher Zwischenverfügung – z. B. durch nunmehr ordnungsgemäß beurkundeten Beschluss – geschaffen werden (OLG Hamm NZG 2002, 425). 27

Gegen die Ablehnung der Eintragung kann die Gesellschaft, vertreten durch ihre Geschäftsführer in vertretungsberechtigter Zahl, **Beschwerde** und ggf. **weitere Beschwerde** einlegen (§§ 19 ff. FGG bzw. §§ 27 ff. FGG; BGHZ 105, 324, 327; BayObLG NJW-RR 1997, 485; OLG Hamm NZG 2001, 1038; vgl. außerdem Baumbach/Hueck/*Zöllner* § 54 Rn. 27; *Lutter/Hommelhoff* § 54 Rn. 10; Michalski/*Hoffmann* § 54 Rn. 35; Scholz/*Priester* GmbHG, § 54 Rn. 55; zur Beschwerde gegen eine Verfügung des [Register-]Gerichts s. § 9 c Rn. 42). Gegen die erfolgte Eintragung ist eine Beschwerde nicht statthaft (vgl. Baumbach/Hueck/*Zöllner* § 54 Rn. 27; Scholz/*Priester* GmbHG, § 54 Rn. 55; s. auch § 9 c GmbHG Rn. 43). 28

III. Eintragung einer Änderung des Gesellschaftsvertrags und Bekanntmachung

1. Eintragung

Bei der Eintragung genügt, sofern die Änderung nicht die in § 10 Abs. 1 und 2 GmbHG bezeichneten Angaben betrifft, die Bezugnahme auf die beim (Register-)Gericht eingereichten Urkunden über die Änderung. Nach dem Gegenstand der Änderung wird dementsprechend zwischen einer »ausdrücklichen Eintragung« und einer »bezugnehmenden Eintragung« unterschieden (Baumbach/Hueck/*Zöllner* § 54 Rn. 34 f.; MünchHdb GesR III/*Marquardt* § 22 Rn. 56; Scholz/*Priester* GmbHG, § 54 Rn. 58). 29

Sofern die Änderung die in § 10 GmbHG bezeichneten Angaben betrifft, muss die Eintragung den Inhalt der Änderung wiedergeben **(»ausdrückliche Eintragung«)**; eine Wiedergabe des genauen Wortlauts ist indes nicht erforderlich (vgl. A/E/S/*Achilles* § 54 Rn. 8; Baumbach/Hueck/*Zöllner* § 54 Rn. 34; *Lutter/Hommelhoff* GmbHG, § 54 Rn. 11; R/S-L/*Zimmermann* § 54 Rn. 22 f.). Eine »ausdrückliche Eintragung« ist erforderlich, wenn Firma, Sitz der Gesellschaft, Unternehmensgegenstand, Höhe des Stammkapitals, Vertretungsbefugnis der Geschäftsführer sowie ggf. vereinbarte Zeitdauer der Gesellschaft geändert werden; der Tag des Abschlusses des Gesellschaftsvertrags und die Personen der Geschäftsführer sind, obwohl in § 10 Abs. 1 GmbHG erwähnt, für eine Änderung des Gesellschaftsvertrags und deren Eintragung in das Handelsregister ohne Bedeutung (vgl. Michalski/*Hoffmann* § 54 Rn. 37; Scholz/*Priester* GmbHG, § 54 Rn. 59). 30

Sofern die Änderung des Gesellschaftsvertrags sonstige Angaben betrifft, braucht die Eintragung – neben der Tatsache der Änderung – lediglich Bezug auf eingereichte Urkunden zu nehmen **(»bezugnehmende Eintragung«)**. In der (register-)gerichtlichen Praxis erfolgt eine allgemeine Bezeichnung des Gegenstands der Änderung (§ 43 Nr. 6 f) HRV). 31

Bei jeder Eintragung in das Handelsregister ist der **Tag der Eintragung** anzugeben (§ 15 HRV; vgl. auch § 130 Abs. 1 FGG). Es ist außerdem üblich, das **Datums des Gesellschafterbeschlusses** über die Änderung des Gesellschaftsvertrags einzutragen, obwohl hierzu keine Verpflichtung besteht (vgl. Baumbach/Hueck/*Zöllner* § 54 Rn. 37; Michalski/*Hoffmann* § 54 Rn. 37; a. A. A/E/S/*Achilles* § 54 Rn. 8; Scholz/*Priester* GmbHG, § 54 Rn. 61). 32

33 Das »**Gesetz über elektronische Handelsregister und Genossenschaftsregister sowie das Unternehmensregister« (EHUG)** hat zu einer redaktionellen Änderung des Abs. 2 S. 1 (Art. 10 Nr. 6 a) EHUG) geführt. In ihrer Begründung des Gesetzesentwurfs bezeichnet die Bundesregierung diese Änderung »als terminologische Folgeänderung« (BR-Drs. 942/05, 167 = BT-Drs. 16/906, 67).

2. Bekanntmachung

34 Das »**Gesetz über elektronische Handelsregister und Genossenschaftsregister sowie das Unternehmensregister« (EHUG)** hat zur **Aufhebung des Abs. 2 S. 2** (Art. 10 Nr. 6 b) EHUG) und des § 10 Abs. 3 GmbHG (Art. 10 Nr. 2 EHUG) sowie zur Änderung des § 10 HGB (Art. 1 Nr. 2 EHUG) geführt. In ihrer Begründung des Gesetzesentwurfs bezeichnet die Bundesregierung die Aufhebung des Abs. 2 S. 2 (Art. 10 Nr. 6 b) EHUG) »als Folgeänderung auf Grund des Verzichts auf Zusatzbekanntmachungen« (BR-Drs. 942/05, 167 = BT-Drs. 16/960, 67). Vom (Register-)Gericht ist (nur) der Inhalt der Eintragung in das Handelsregister bekanntzumachen (§ 10 HGB; zur Änderung des § 10 HGB s. § 10 GmbHG Rn. 14 ff.).

IV. Rechtliche Wirkung der Eintragung, Abs. 3

35 Die Änderung des Gesellschaftsvertrags hat keine rechtliche Wirkung, bevor sie in das Handelsregister eingetragen ist (Abs. 3). Wegen dieser **(»konstitutiven«) Wirkung** der Eintragung kann eine Änderung des Gesellschaftsvertrags **keine Rückwirkung** haben (vgl. A/E/S/*Achilles* § 54 Rn. 10; Michalski/*Hoffmann* § 54 Rn. 42; *Roth*/Altmeppen § 54 Rn. 15; R/S-L/*Zimmermann* § 54 Rn. 34; Scholz/*Priester* GmbHG, § 54 Rn. 62 f.). Aus diesem Grund ist auch eine Änderung des Gesellschaftsvertrags hinsichtlich des **Geschäftsjahrs** nicht mit Rückwirkung möglich: Die Änderung des Geschäftsjahrs muss innerhalb des betreffenden Wirtschaftsjahres eingetragen sein (vgl. BFH GmbHR 1997, 670; vgl. auch OLG Frankfurt GmbHR 1999, 484; OLG Schleswig NJW-RR 2000, 1425; Scholz/*Priester* GmbHG, § 54 Rn. 63; *Wachter* GmbHR 2000, 227, 228; vgl. aber auch *Herrmann* BB 1999, 2270); ein im Zeitpunkt der Eintragung noch laufendes Geschäftsjahr kann verkürzt oder verlängert werden, indem ein anderer, nach der Eintragung liegender Ablaufzeitpunkt gewählt wird.

36 Wird ein Beschluss über die Änderung des Gesellschaftsvertrags in das Handelsregister eingetragen, obwohl er wegen Verstoßes gegen die Anforderungen an die **Beurkundung** nichtig ist und nicht hätte eingetragen werden dürfen (s. Rn. 24), kann die **Nichtigkeit** nicht mehr geltend gemacht werden (§ 242 Abs. 1 AktG analog; BGH NJW 1996, 257; vgl. *Lutter/Hommelhoff* GmbHG, § 54 Rn. 13; Michalski/*Hoffmann* § 54 Rn. 43; MünchHdb GesR III/*Marquardt* § 22 Rn. 57; *Roth*/Altmeppen § 54 Rn. 17; Scholz/*Priester* GmbHG, § 54 Rn. 65; s. auch § 47 GmbHG Rn. 57). Eine **aus anderen Gründen resultierende Nichtigkeit** des Beschlusses kann nicht mehr geltend gemacht werden, wenn der Beschluss in das Handelsregister eingetragen wird und seitdem **drei Jahre** verstrichen sind (§ 242 Abs. 2 S. 1 AktG analog; vgl. BGHZ 144, 365, 368; 80, 212, 216 f. zu einem Beschluss über die Bestellung eines Geschäftsführers; BGH AG 1984, 149 zur Änderung des Gesellschaftsvertrags einer GmbH; BGHZ 99, 211, 217 zu einem satzungsändernden Beschluss einer AG; OLG Stuttgart NZG 2001, 40 zu einem Beschluss über eine Kapitalerhöhung; vgl. auch *Lutter/Hommelhoff* GmbHG, § 54 Rn. 13; Michalski/*Hoffmann* § 54 Rn. 44; MünchHdb GesR III/*Marquardt* § 22 Rn. 57; *Roth*/Altmeppen § 54 Rn. 17; Scholz/*Priester* GmbHG, § 54 Rn. 65; zur Eintragung eines Urteils, durch das die Nichtigkeit festgestellt wird, s. Rn. 6). Die Eintragung eines **anfechtbaren Beschlusses** über die Änderung des Gesellschaftsvertrags führt nicht zu einem Verlust des Rechts, die Anfechtbarkeit des Beschlusses durch Erhebung einer Anfechtungsklage innerhalb der maßgeblichen Frist geltend zu machen (§§ 243 ff. AktG analog; vgl. Scholz/*Priester* GmbHG, § 54 Rn. 66; vgl. auch Michalski/*Hoffmann* § 54 Rn. 446; MünchHdb GesR III/*Marquardt* § 22 Rn. 57; zur Eintragung eines Urteils, durch das ein Beschluss für nichtig erklärt wird, s. Rn. 6).

C. Kosten

I. Gebühren für notarielle Tätigkeiten

1. Gebühr für die notarielle Beurkundung oder Beglaubigung der Anmeldung

Für die **notarielle Beurkundung einer Anmeldung** zur Eintragung einer Änderung des Gesellschaftsvertrags in das Handelsregister wird eine halbe Gebühr erhoben (§§ 38 Abs. 2 Nr. 7, 141 KostO). Der der Gebührenberechnung zu Grunde zu legende Geschäftswert beträgt bei der Anmeldung einer Änderung des Gesellschaftsvertrags 1 Prozent des eingetragenen Stammkapitals, mindestens € 25.000,– (§§ 41 a Abs. 2 und 4 Nr. 1, 141 KostO); er beträgt jedoch höchstens € 500.000,– (§ 39 Abs. 4 Hs. 2 KostO; vgl. Gesetzesentwurf der Bundesregierung zum Handelsregistergebühren-Neuordnungsgesetz BT-Drucksache 15/2251, S. 10; vgl. auch Korintenberg/Lappe/*Bengel/Tiedtke* KostO, § 41 a Rn. 55 f.). Besonderheiten gelten für die Erhebung von Gebühren für Tätigkeiten eines »Notars im Landesdienst« (»Amtsnotar«) in Baden (s. § 2 GmbHG Rn. 60). 37

Für die **notarielle Beglaubigung der Anmeldung** wird ¼ der vollen Gebühr, höchstens jedoch € 130,– erhoben (§§ 45 Abs. 1 S. 1, 141 KostO). Der Geschäftswert für eine Beglaubigung ist ebenso wie im Fall notarieller Beurkundung der Erklärung zu bestimmen (§§ 45 Abs. 1 S. 2, 141 KostO). 38

Die für die Anmeldung erforderliche Bescheinigung des neuen vollständigen Wortlauts des Gesellschaftsvertrags gilt als gebührenfreies Nebengeschäft zur Beurkundung eines Beschlusses über die Änderung des Gesellschaftsvertrags (§§ 47 S. 1 Hs. 2, 35, 141 KostO). 39

2. Gebühr für die notarielle Beurkundung oder Beglaubigung einer Vollmachtsurkunde

Für die **notarielle Beurkundung einer Vollmachtsurkunde**, mit der einem Vertreter rechtsgeschäftlich Vertretungsmacht erteilt wird, eine Änderung des Gesellschaftsvertrags zur Eintragung in das Handelsregister anzumelden, wird eine halbe Gebühr erhoben (§§ 38 Abs. 2 Nr. 4, 141 KostO). Der zu Grunde zu legende Geschäftswert entspricht dem Geschäftswert des Rechtsgeschäfts, auf das sich die Vollmachtsurkunde bezieht, beträgt jedoch höchstens € 500.000,– (§§ 41 Abs. 1 und 4, 141 KostO). 40

Für die **notarielle Beglaubigung einer Vollmachtsurkunde** wird ¼ der vollen Gebühr, höchstens jedoch € 130,– erhoben (§§ 45 Abs. 1 S. 1, 141 KostO). Der Geschäftswert für eine Beglaubigung ist ebenso wie im Fall notarieller Beurkundung der Erklärung zu bestimmen (§§ 45 Abs. 1 S. 2, 141 KostO). 41

II. Kosten gerichtlicher Tätigkeiten

Für die **Eintragung einer Änderung des Gesellschaftsvertrags** in das Handelsregister wird eine Gebühr von € 40,– bzw. € 30,– erhoben (Gebührentatbestand 2500 bzw. 2501 des Gebührenverzeichnisses [Anlage zu § 1 HRegGebV]; zur Neuregelung des [Handelsregister-]Gebührenrechts s. § 10 GmbHG Rn. 18 f.). 42

Für **Bekanntmachungen** werden bei der Veröffentlichung in einem elektronischen Informations- und Kommunikationssystem, wenn ein Entgelt nicht zu zahlen ist oder das Entgelt nicht für den Einzelfall berechnet wird, je Veröffentlichung pauschal € 1,–, in sonstigen Fällen die zu zahlenden Entgelte als Auslagen erhoben (§ 137 Abs. 1 Nr. 5 KostO). 43

§ 55 [Erhöhung des Stammkapitals]

(1) Wird eine Erhöhung des Stammkapitals beschlossen, so bedarf es zur Übernahme jeder auf das erhöhte Kapital zu leistenden Stammeinlage einer notariell aufgenommenen oder beglaubigten Erklärung des Übernehmers.

(2) [1]Zur Übernahme einer Stammeinlage können von der Gesellschaft die bisherigen Gesellschafter oder andere Personen, welche durch die Übernahme ihren Beitritt zu der Gesellschaft erklären, zugelassen werden. [2]Im letzteren Falle sind außer dem Betrage der Stammeinlage auch sonstige Leistungen, zu welchen der Beitretende nach dem Gesellschaftsvertrage verpflichtet sein soll, in der in Absatz 1 bezeichneten Urkunde ersichtlich zu machen

(3) Wird von einem der Gesellschaft bereits angehörenden Gesellschafter eine Stammeinlage auf das erhöhte Kapital übernommen, so erwirbt derselbe einen weiteren Geschäftsanteil.

(4) Die Bestimmungen in § 5 Abs. 1 und 3 über den Betrag der Stammeinlagen, die Bestimmung in § 5 Abs. 2 über die Unzulässigkeit der Übernahme mehrerer Stammeinlagen sowie die Bestimmungen in § 19 Abs. 6 über die Verjährung finden auch hinsichtlich der auf das erhöhte Kapital zu leistenden Stammeinlagen Anwendung.

Übersicht:

A. Normzweck

1 § 55 GmbHG regelt den Grundfall der Kapitalerhöhung gegen Einlagen (also der Einbringung neuer Mittel in das Gesellschaftsvermögen), nämlich die **Kapitalerhöhung durch Geldeinlagen**. Jede Kapitalerhöhung dient der Erhöhung des Stammkapitals, jedoch nur die Kapitalerhöhung gegen Einlagen führt auch zu einer Erhöhung des Eigenkapitals der Gesellschaft.

B. Systematischer Zusammenhang und Abgrenzung

2 Die Kapitalerhöhung führt zu einer Änderung der Satzung, da der Betrag des Stammkapitals gem. § 3 Abs. 1 Nr. 3 GmbHG zwingend in der Satzung enthalten sein muss. Folglich finden die Vorschriften über die **Satzungsänderung** (§§ 53, 54 GmbHG) unmittelbar Anwendung.

3 § 55 bis 57 b GmbHG regeln die Erhöhung des Stammkapitals gegen Einlagen, also durch Vermehrung des Gesellschaftsvermögens (sog. **effektive Kapitalerhöhung**). Die Kapitalerhöhung gegen Einlagen kann entweder durch Geldeinlagen erfolgen, was Regelungsgegenstand von § 55 GmbHG ist. Oder die Kapitalerhöhung erfolgt durch die Erbringung von Sacheinlagen (§ 56 GmbHG). Die Kapitalerhöhung aus Gesellschaftsmitteln (§§ 57 c bis 57 o GmbHG) führt hingegen nicht zu einer Vermehrung des Gesellschaftsvermögens, sondern nur zu einer Umwandlung von nicht durch Kapitalerhaltungsvorschriften gebundenem Gesellschaftsvermögen

(Rücklagen) in gebundenes Gesellschaftsvermögen (Eigenkapital). Es werden also keine neuen Finanzmittel eingebracht, vielmehr wird vorhandenes Gesellschaftsvermögen umgebucht.

C. Abfolge einer Kapitalerhöhung gegen Geldeinlagen

Die Kapitalerhöhung vollzieht sich in folgenden Schritten (*Lutter/Hommelhoff* GmbHG, § 55 Rn. 7; Baumbach/Hueck/*Zöllner* § 55 Rn. 8; Heckschen/Heidinger/*Heckschen* A Rn. 2): 4

Im ersten Schritt **beschließt die Gesellschafterversammlung** gem. §§ 53, 55 GmbHG mit qualifizierter Mehrheit die satzungsändernde Kapitalerhöhung. Falls nicht sämtliche Gesellschafter zur Teilnahme an der Kapitalerhöhung zugelassen werden sollen, ist ein Bezugsrechtsausschluss im Rahmen des Satzungsänderungsbeschlusses erforderlich.

Im zweiten Schritt wird durch den **Zulassungsbeschluss** (Abs. 2 S. 1) festgelegt, wer als Übernehmer zur Zeichnung des Erhöhungsbetrages zugelassen werden soll. In der Praxis erfolgt der Zulassungsbeschluss in der Regel zusammen mit dem Erhöhungsbeschluss (Heckschen/Heidinger/*Heckschen* A Rn. 228; für ein Muster wird auf das MünchVertragsHdb I/*Heidenhain* Rn. VI. 81 sowie auf *Langenfeld* Rn. 555 verwiesen). 5

In einem dritten Schritt erfolgt die Übernahme des Erhöhungsbetrages durch (zumindest notariell beglaubigte) **Übernahmeerklärungen der Übernehmer** (Abs. 1) und Annahme durch die Gesellschaft, wodurch ein **Übernahmevertrag** zustande kommt. Aus Kostengründen sollte die Übernahme separat von der Beurkundung des Kapitalerhöhungsbeschlusses notariell beglaubigt werden (Muster finden sich im MünchVertrHdb I/*Heidenhain* Rn. VI. 83 sowie bei *Langenfeld* Rn. 556). 6

In einem vierten Schritt müssen die Übernehmer die **Einlagen bewirken** (§ 57 Abs. 2 GmbHG). 7

Als fünfter Schritt erfolgen die **Anmeldung zum Handelsregister** (§ 57 GmbHG), die Prüfung durch das Registergericht (§§ 57, 57 a GmbHG), die konstitutive Eintragung der Kapitalerhöhung in das Handelsregister und die Bekanntmachung der Eintragung (§ 57 b GmbHG). 8

D. Kapitalerhöhungsbeschluss, Abs. 1

I. Satzungsänderung

Die Kapitalerhöhung ist als **Satzungsänderung** notariell zu beurkunden (§ 53 Abs. 2 S. 1 Hs. 1 GmbHG). Der Gesellschafterbeschluss bedarf einer Mehrheit von $^3/_4$ der abgegebenen Stimmen oder einer durch die Satzung vorgeschriebenen höheren Mehrheit (§ 53 Abs. 2 GmbHG). 9

II. Inhalt

Der Beschluss kann den Betrag des erhöhten Stammkapitals festlegen (§ 3 Abs. 1 Nr. 3 GmbHG). Üblicherweise werden in dem Erhöhungsbeschluss sowohl der **Erhöhungsbetrag** (»um € 25.000«) als auch der **erhöhte Betrag** (»auf € 50.000«) angegeben. Gem. § 54 Abs. 1 S. 2 GmbHG ist auch der Wortlaut des Gesellschaftsvertrages abzuändern; entsprechend soll der Beschluss festlegen, an welcher Stelle und auf welche Weise der Gesellschaftsvertrag geändert wird, z. B.: 10

»§ X des Gesellschaftsvertrages wird wie folgt geändert: § X Stammkapital – Das Stammkapital der Gesellschaft beträgt € 50.000.«

Im Aktienrecht ist anerkannt, dass der Kapitalerhöhungsbeschluss nicht den genauen Betrag der Kapitalerhöhung enthalten muss; es ist im Aktienrecht vielmehr ausreichend, dass der Kapitalerhöhungsbeschluss einen **Mindest- und einen Höchstbetrag** der Kapitalerhöhung festsetzt (OLG Hamburg NZG 2000, 549). Teilweise wird nicht einmal die Festsetzung eines Mindestbetrages für erforderlich gehalten. Auch im GmbH-Recht wird nach h. M. die Festlegung eines Höchstbetrags (bzw. eines Mindest- und Höchstbetrages) der Kapitalerhöhung in dem Erhöhungsbeschluss für ausreichend gehalten (Baumbach/Hueck/*Zöllner* § 55 Rn. 11; *Roth/Altmeppen* § 55 Rn. 3; ein Muster zur Barkapitalerhöhung um einen Mindest- bzw. Höchstbetrag findet sich im 11

MünchVertrHdb I/*Heidenhain* Rn. VI.82). Nach einer Mindermeinung muss der Gesamtbetrag des Stammkapitals nicht in der Satzung angegeben werden; ausreichend sei, dass die Handelsregisteranmeldung den Erhöhungsbetrag bzw. den Betrag des erhöhten Stammkapitals genau beziffert. § 54 Abs. 1 S. 2 GmbHG sei durch § 57 GmbHG als lex specialis verdrängt (*Roth/Altmeppen* § 55 Rn. 3). Nach zutreffender h. M. ergibt sich der endgültige Inhalt der Satzungsänderung (bzw. der geänderten Satzung) – d. h. der Erhöhungsbetrag bzw. der Betrag des erhöhten Stammkapitals – nach Übernahme der Stammeinlagen und ist vom Notar anlässlich der Anmeldung gem. § 54 Abs. 1 S. 2 GmbHG zu bestätigen (*Lutter/Hommelhoff* GmbHG, § 55 Rn. 12; *Leuring/Simon* NJW-Spezial 2005, 363). Es ist Aufgabe der Geschäftsführer, die Fassung des Gesellschaftsvertrags an das Ergebnis der Übernahmen anzupassen; gemeinsam mit dem Notar soll die Geschäftsführung den neuen Wortlaut der Satzung nach § 54 Abs. 1 S. 2 GmbHG anfertigen und beim Handelsregister einreichen (*Gerber/Piltz* GmbHR 2005, 1324, 1328 mit eingehender Analyse).

12 Falls ein Höchstbetrag festgelegt wird, soll nach h. M. eine **Frist** von höchstens sechs Monaten für die Durchführung der Kapitalerhöhung bestimmt werden, da das GmbH-Recht ein genehmigtes Kapital i. S. v. §§ 202 ff. AktG nicht kennt (LG Hamburg AG 1995, 93 für das Aktienrecht; A/E/S/*Ensthaler* § 55 Rn. 6). In jedem Fall ist die Kapitalerhöhung unverzüglich (§ 121 Abs. 1 BGB) durchzuführen (*Roth/Altmeppen* § 55 Rn. 5).

13 **Nebenverpflichtungen** im Zusammenhang mit der Kapitalerhöhung, z. B. ein über den Nennbetrag hinausgehender Ausgabepreis für die Stammeinlagen (Aufgeld oder Agio), aber auch Nachschusspflichten, Vinkulierung oder Vorzugsrechte, müssen als **Satzungsbestandteil** (§ 3 Abs. 2 GmbHG) im Erhöhungsbeschluss enthalten sein (*Roth/Altmeppen* § 55 Rn. 31; Heckschen/Heidinger/*Heckschen* D Rn. 51). Im Fall eines Aufgeldes muss zwischen einem erhöhten Ausgabebetrag (»echtes«, gesellschaftsrechtlich veranlasstes Agio, dass der Gesellschafter kraft seiner Mitgliedschaft schuldet) und einer rein schuldrechtlichen Verpflichtung zur Zahlung eines Aufgeldes unterschieden werden, das als sonstige Zuzahlung gem. § 272 Abs. 2 Nr. 4 HGB in die Kapitalrücklagen erbracht wird (*Brandi* NZG 2004, 600, 604 zur Aktiengesellschaft m. w. N.). Das rein schuldrechtliche Agio – das z. B. im Rahmen eines Beteiligungsvertrages im Venture Capital-Bereich neben der Leistung auf die Stammeinlage in Höhe des Nennwerts häufig vereinbart wird – ist anders als das gesellschaftsrechtlich veranlasste Agio, also der über den Nennbetrag hinausgehende Ausgabebetrag, nicht im Kapitalerhöhungsbeschluss festzulegen; nur das »echte«, gesellschaftsrechtliche Aufgeld muss im Erhöhungsbeschluss enthalten sein (a. A. zum Aktienrecht: BayObLG NZG 2002, 853). Zur Festsetzung in der Übernahmeerklärung gem. § 55 Abs. 2 S. 2 GmbHG s. Rn. 25.

14 Im Fall der **Sacheinlage** bedarf der Kapitalerhöhungsbeschluss weiterer Festsetzungen, vgl. § 56 Rn. 2 ff.

E. Übernahme

15 Die Übernahme einer Stammeinlage erfolgt **durch Vertrag**. Damit sind die Übernahmeerklärung des jeweiligen Übernehmers nach Abs. 1 sowie eine Erklärung der Gesellschaft erforderlich.

I. Form und Kosten, Abs. 1

16 Die Übernahmeerklärung ist entweder zu **beurkunden** oder notariell zu **beglaubigen** (Abs. 1). Die Übernahme kann vor oder nach dem Kapitalerhöhungsbeschluss erklärt werden. Falls die Übernahme in einer getrennten Urkunde beglaubigt wird, wird nur die **Beglaubigungsgebühr** erhoben, sofern der Notar nicht auch den Entwurf fertigt (ein Muster einer Übernahmeerklärung findet sich im MünchVertrHdb I/*Heidenhain* Rn. VI.83). Im Fall der Beurkundung statt der Beglaubigung wird dagegen eine volle **Beurkundungsgebühr gem.** § 36 Abs. 1 KostO erhoben. Die für die notarielle Beurkundung einer Übernahmeerklärung gem. Abs. 1 nach den Regeln der KostO in Ansatz gebrachten Gebühren verstoßen nicht gegen die Gesellschaftssteuerrichtlinie, da die Beurkundung nicht zwingend vorgeschrieben ist (OLG Karlsruhe GmbHR 2005, 771).

Das Formerfordernis des Abs. 1 gilt auch für die Vollmacht zur Übernahme (Baumbach / Hueck / *Zöllner* § 55 Rn. 32).

II. Bezugsrecht

Die Gesellschafter haben im Fall der Kapitalerhöhung ein **gesetzliches Bezugsrecht** auf die neuen Geschäftsanteile analog § 186 AktG (Heckschen / Heidinger / *Heckschen* E Rn. 67; Baumbach / Hueck / *Zöllner* § 55 Rn. 20; *Lutter/Hommelhoff* GmbHG, § 55 Rn. 17; A / E / S / *Ensthaler* § 55 Rn. 11; a. A. *Roth/Altmeppen* § 55 Rn. 20). Der BGH hat die Streitfrage, ob das Bezugsrecht ein (ungeschriebenes) gesetzliches Recht analog § 186 AktG darstellt oder auf dem (freilich inhaltlich gebundenen) Zulassungsbeschluss nach § 55 Abs. 2 GmbHG beruht, bislang offen gelassen (BGH NZG 2005, 551, 552). Bis zu einer höchstrichterlichen Entscheidung sollte der Erhöhungsbeschluss daher genaue Bestimmungen darüber enthalten, wer zur Übernahme zugelassen wird; falls der Erhöhungsbeschluss die Übernehmer nicht bezeichnet, kann dies noch in einem gesonderten Zulassungsbeschluss gem. Abs. 2 S. 1 erfolgen. 17

Sofern nach dem Erhöhungsbeschluss einzelne Gesellschafter nicht an der Kapitalerhöhung teilnehmen sollen, bedarf dies unabhängig von der dogmatischen Herleitung einer **sachlichen Rechtfertigung**. Dies folgt nach zutreffender Auffassung aus einer analogen Anwendung von § 186 Abs. 3 AktG (Baumbach / Hueck / *Zöllner* § 55 Rn. 25; zu anderen dogmatischen Herleitungen *Lutter/Hommelhoff* GmbHG, § 55 Rn. 20; *Roth/Altmeppen* § 55 Rn. 23). 18

1. Formelle Voraussetzungen des Bezugsrechtsausschlusses

Der Bezugsrechtsausschluss ist analog § 186 Abs. 3 S. 1 AktG Bestandteil des Erhöhungsbeschlusses, bedarf einer Mehrheit von mindestens $^3/_4$ des bei der Beschlussfassung vertretenen Stammkapitals, also der sog. **$^3/_4$-Kapitalmehrheit**, und ist notariell zu beurkunden (Baumbach / Hueck / *Zöllner* § 55 Rn. 25). Nach a. A. genügt eine Mehrheit von $^3/_4$ der abgegebenen Stimmen, der sog. **$^3/_4$-Stimmenmehrheit** gem. § 53 Abs. 2 GmbHG (*Roth/Altmeppen* § 55 Rn. 7; *Lutter/Hommelhoff* GmbHG, § 55 Rn. 19) oder sogar die einfache Mehrheit. Durch die Bestimmung der Kapitalmehrheit wird die Stimmenmehrheit qualitativ zur Kapitalmehrheit gesteigert. Wo eine Kapitalmehrheit verlangt wird, werden die Stimmen nicht nur gezählt, sondern gewogen. Dadurch wird der Einfluss von Geschäftsanteilen, die mit Mehrstimmrechten ausgestattet sind, in Schranken gehalten (MüKo AktG / *Volhard* § 130 Rn. 38 zum Aktienrecht). Zum Schutz der Minderheitsgesellschafter scheint die analoge Anwendung des qualifizierten Mehrheitserfordernisses gem. § 186 Abs. 3 S. 1 AktG sachgerecht. 19

Der Bezugsrechtsausschluss muss analog § 186 Abs. 4 S. 1 AktG zur Tagesordnung **angekündigt** werden (Baumbach / Hueck / *Zöllner* § 55 Rn. 25; Heckschen / Heidinger / *Heckschen* E Rn. 91). Die Geschäftsführung hat der Gesellschafterversammlung analog § 186 Abs. 4 S. 2 AktG einen **schriftlichen Bericht** über den Grund für den teilweisen oder vollständigen Ausschluss des Bezugsrechts vorzulegen (Baumbach / Hueck / *Zöllner* § 55 Rn. 25; Heckschen / Heidinger / *Heckschen* E Rn. 91; nach *Lutter/Hommelhoff* GmbHG, § 55 Rn. 19 kann der Bericht auch mündlich erfolgen, falls der Eingriff in die Mitgliedschaft nicht schwerwiegend ist; um hier Anfechtungspotential zu vermeiden, sollte der Bericht nach hier vertretener Auffassung jedoch in Schriftform erfolgen). 20

2. Materielle Voraussetzungen des Bezugsrechtsausschlusses

Der Bezugsrechtsausschluss stellt einen schwerwiegenden Eingriff in das Mitgliedschaftsrecht dar (Heckschen / Heidinger / *Heckschen* E Rn. 94). Daher bedarf der Bezugsrechtsausschluss der **sachlichen Rechtfertigung.** Für das Aktienrecht ist das von der höchstrichterlichen Rechtsprechung seit BGHZ 71, 40 (»Kali & Salz«) anerkannt. Für das GmbH-Recht soll nach der Literatur nichts anderes gelten (Baumbach / Hueck / *Zöllner* § 55 Rn. 26 ff.; Heckschen / Heidinger / *Heckschen* E Rn. 94 ff., *Lutter/Hommelhoff* GmbHG, § 55 Rn. 20). Die Gesellschaft muss ein berechtigtes Interesse am Bezugsrechtsausschluss haben, dieser muss erforderlich und verhältnismäßig sein. 21

3. Der sog. faktische Bezugsrechtsausschluss

22 Unter das Schlagwort vom sog. »faktischen Bezugsrechtsausschluss« fallen unterschiedliche Fallgestaltungen, in denen zwar **formell kein Ausschluss** des Gesellschafters von der Teilnahme an der Kapitalerhöhung erfolgt, ein Gesellschafter aber faktisch an der Ausübung seines Bezugsrechts etwa aus den folgenden Gründen gehindert ist: Für die Übernahme der Geschäftsanteile wird eine Sacheinlage festgesetzt, die nicht gattungsmäßig bestimmt ist und von dem Gesellschafter nicht erbracht werden kann (z. B. ein besonderes Unternehmen). Oder es wird ein den inneren Wert der Geschäftsanteile übersteigendes Aufgeld beschlossen; dies wird aber nur ausnahmsweise als treuwidrig erachtet, sofern die übrigen Gesellschafter wussten oder fahrlässig nicht beachtet haben, dass der Gesellschafter das überhöhte Aufgeld nicht aufbringen kann, denn grundsätzlich erfährt der bestehende Geschäftsanteil durch das überhöhte Aufgeld einen Wertzuwachs, auch wenn der Gesellschafter sich entscheidet, nicht an der Kapitalerhöhung teilzunehmen (dazu eingehend Heckschen/Heidinger/*Heckschen* E Rn. 108 ff.). Auch ein Gesellschafterbeschluss, der den Gesellschafter nur faktisch an der Ausübung seines Bezugsrechts hindert, kann als Verstoß gegen die gesellschaftsrechtliche Treuepflicht oder analog § 243 Abs. 2 AktG aufgrund der Verfolgung von Sonderinteressen angefochten werden.

4. Anfechtbarkeit

23 Ein treuwidriger Bezugsrechtsausschluss anlässlich einer Kapitalerhöhung hat nur die Anfechtbarkeit des zugrunde liegenden Beschlusses wegen Gesetzesverletzung i. S. v. § 243 Abs. 1 AktG zur Folge, keine Nichtigkeit analog § 241 Nr. 3 AktG (BGH NZG 2005, 551). Die Einhaltung der Treupflicht gehört nach der ständigen Rechtsprechung des BGH nicht zu den tragenden Strukturprinzipien des GmbH-Rechts; ihre Verletzung führt daher selbst bei gravierenden Eingriffen in die Rechtsstellung des betreffenden Gesellschafters regelmäßig nur zur Anfechtbarkeit des Gesellschafterbeschlusses. Daher gilt für die Geltendmachung von eng begrenzten Ausnahmen abgesehen regelmäßig die Monatsfrist des § 246 Abs. 1 AktG als Maßstab (BGH NZG 2005, 551).

III. Zulassungsbeschluss, Abs. 2 S. 1

24 Die gesetzliche Regelung in Abs. 2 S. 1 geht ersichtlich davon aus, dass die Geschäftsanteile durch Zulassungsbeschluss ausgegeben werden. Geht man jedoch mit der h. M. von einem gesetzlichen Bezugsrecht aus, ist ein **Zulassungsbeschluss** nur erforderlich, falls einzelne Gesellschafter von der Teilnahme an der Kapitalerhöhung ausgeschlossen werden (Heckschen/Heidinger/*Heckschen* E Rn. 65 ff.; *Lutter/Hommelhoff* GmbHG, § 55 Rn. 22; weiter differenzierend Baumbach/Hueck/*Zöllner* § 55 Rn. 28). Für die Praxis sollte man vorerst einen ausdrücklichen Zulassungsbeschluss vorsehen, bis die Frage höchstrichterlich entschieden ist.

IV. Inhalt der Übernahmeerklärung, Abs. 2 S. 2

25 Notwendiger Inhalt ist der Betrag der übernommenen Stammeinlage (Abs. 2 S. 2), die Bezeichnung des Übernehmers, die Gesellschaft, deren Stammeinlagen übernommen werden sollen, sowie die Bezeichnung des Kapitalerhöhungsbeschlusses (falls die Übernahmeerklärung gesondert erklärt wird; vgl. *Roth/Altmeppen* § 55 Rn. 31; nach Baumbach/Hueck/*Zöllner* § 55 Rn. 33 muss die Kapitalerhöhungsmaßnahme zumindest identifizierbar sein). Falls Dritte als neue Gesellschafter zur Teilnahme an der Kapitalerhöhung zugelassen werden, muss die Übernahmeerklärung gem. Abs. 2 S. 2 auch **sonstige Leistungen** (§ 3 Abs. 2 GmbHG) aufführen, zu welchen der neue Gesellschafter nach dem Gesellschaftsvertrag verpflichtet ist; das umfasst z. B. ein statutarisch festgelegtes Aufgeld, Nebenleistungs- und Nachschusspflichten (§§ 26 bis 28 GmbHG). Für **Sacheinlagen** gilt § 56 Abs. 1 GmbHG.

F. Bildung neuer Stammeinlagen, Mindestbeträge, Abs. 3

26 Neue Stammeinlagen können entweder an die Gesellschafter oder, im Fall des Bezugsrechtsausschlusses oder dem Verzicht auf die Ausübung des Bezugsrechts durch die Altgesellschafter, an

Dritte gewährt werden. Werden die neu gebildeten Stammeinlagen von einem der Gesellschaft bereits angehörenden Gesellschafter übernommen, so ist nach der Regelvorstellung des Gesetzgebers gem. Abs. 3 ein **neuer Geschäftsanteil** zu bilden. Nicht nur im Rahmen der Gründung, sondern auch im Rahmen der Kapitalerhöhung gelten §§ 5 Abs. 1 und 3 i. V. m. 55 Abs. 4 GmbHG. Folglich gilt für die neu gebildeten Stammeinlagen ein **Mindestbetrag** von € 100,– und das Erfordernis der **Teilbarkeit** durch 50.

Nach dem **RefE MoMiG** (»Gesetz zur Modernisierung des GmbH-Rechts und zur Bekämpfung 27
von Missbräuchen«) vom 29. 5. 2006 gilt – als Folgeänderung zur Änderung von § 5 Abs. 1 bis 3 GmbHG, auf den in § 55 Abs. 4 GmbHG in der Fassung des RefE MoMiG verwiesen wird (vgl. RefE MoMiG Art. 1 Nr. 19)-, dass mehrere neu gebildete Stammeinlagen übernommen werden dürfen; ferner müssen die neu gebildeten Stammeinlagen nur auf volle Euro lauten, die Mindestbeträge von € 100,– und das Erfordernis der Teilbarkeit durch 50 sollen nach dem RefE MoMiG abgeschafft werden (zu den beabsichtigten Änderungen des § 5 GmbHG durch den RefE MoMiG vgl. ausführl. § 5 GmbHG Rn. 2 ff., 7). Anzumerken ist freilich, dass der in § 55 Abs. 4 GmbHG (i. d. F. des RefE MoMiG) vorgesehene Verweis auf § 5 Abs. 1 GmbHG (i. d. F. des RefE MoMiG) ins Leere läuft, da dieser in seiner geänderten Fassung nur noch die Höhe des Stammkapitals, nicht aber die Mindesthöhe der Stammeinlagen festsetzt. § 55 Abs. 4 GmbHG müsste daher richtigerweise nur auf die Absätze 2 und 3 von § 55 GmbHG i. d. F. des RefE MoMiG verweisen.

G. Aufstockung bestehender Stammeinlagen; Mindestbeträge

Die Kapitalerhöhung im Wege der Nennwerterhöhung (sog. Aufstockung) unterliegt **besonde-** 28
ren Voraussetzungen (KG NZG 2005, 397). Sie ist nur zulässig, wenn eine Haftung der Rechtsvorgänger nach § 22 Abs. 4 GmbHG nicht in Betracht kommt, d. h. wenn die alten Geschäftsanteile voll eingezahlt sind und keine Nachschusspflicht besteht oder falls die aufzustockenden Anteile noch vom dem Gründer (bzw. seinen Rechtsnachfolgern) gehalten werden (BGHZ 63, 116 = NJW 1975, 118; KG NZG 2005, 397) oder der jetzige Inhaber nach Ablauf der Frist nach § 22 Abs. 3 allein für die ausstehenden Einlagen haftet (Baumbach/Hueck/*Zöllner* § 55 Rn. 46). Ferner muss die Aufstockung in den Kapitalerhöhungsbeschluss aufgenommen werden, weil es andernfalls bei der Regelung des § 55 Abs. 3 bliebe, wonach der Gesellschafter, der der Gesellschaft bereits angehört, nach der Kapitalerhöhung einen weiteren Geschäftsanteil erwirbt (BGH NJW 1989, 168, 169).

Gem. §§ 55 Abs. 4 i. V. m. 5 Abs. 3 S. 2 GmbHG muss der Betrag der Stammeinlagen in Euro **durch** 29
50 teilbar sein. Die Regelung betrifft nicht den Erhöhungsbetrag, sondern den Stammeinlagebetrag (KG NZG 2005, 397, 398; *Roth/Altmeppen* § 55 Rn. 35). § 5 Abs. 3 S. 2 GmbHG gilt daher bei der Kapitalerhöhung durch eine Aufstockung des Nennwerts eines Geschäftsanteils nur für den dann erhöhten Nennwertbetrag. Folglich verstößt eine Kapitalerhöhung um € 20,– nicht gegen §§ 55 Abs. 4 i. V. m. 5 Abs. 3 S. 2 GmbHG, sofern der Nennwert des Geschäftsanteils auf einen durch 50 teilbaren Betrag erhöht wird (anders *Lutter/Hommelhoff* GmbHG, § 55 Rn. 16 unter Verweis auf BGHZ 63, 116; die Entscheidung wird jedoch in KG NZG 2005, 397, 398 nur als obiter dictum angesehen). Nach dem **RefE MoMiG** sind die Bestimmungen des § 5 Abs. 1 bis 3 GmbHG über den Betrag der Stammeinlagen auch hinsichtlich der auf das erhöhte Kapital zu leistenden Stammeinlagen anzuwenden. Danach muss der Betrag der Stammeinlagen auf volle Euro lauten; die strengen Teilungsregeln nach bisherigen Recht werden aufgehoben (s. Rn. 27 mit Verweis auf § 5 Rn. 2 ff., 7).

H. Registersperre

Falls Gesellschaften ihr Kapital noch nicht auf Euro umgestellt haben oder lediglich eine Umrech- 30
nung des DM-Betrages in Euro ohne Glättung der Euro-Beträge erfolgt ist, darf die Kapitalerhöhung nach dem 31. 12. 2001 nur eingetragen werden (sog. **Registersperre**), wenn das Kapital auf Euro umgestellt und die in Euro berechneten Nennbeträge der Geschäftsanteile auf einen durch zehn teilbaren Betrag, mindestens jedoch auf € 50,– gestellt werden (§ 86 Abs. 1 S. 4 GmbHG). Der

RefE MoMiG sieht die Aufhebung von § 86 GmbHG und Ersetzung durch § 1 GmbH-Einführungsgesetz (EGGmbHG) vor (vgl. RefE MoMig Art. 1 Nr. 32 sowie Art. 2 § 1). § 1 Abs. 3 S. 3 EGGmbHG i. d. F. des RefE MoMiG (vgl. RefE MoMiG Art. 2 § 1) bestimmt, dass im Fall einer Kapitalveränderung die allgemeinen Bestimmungen Anwendung finden; die Teilungsregeln nach bisherigem Recht werden somit aufgehoben.

J. Ausgabepreis

31 Die Ausgabe der neu gebildeten Stammeinlagen bzw. die Nennwerterhöhung muss mindestens zum Nennwert der Stammeinlagen erfolgen. Eine sog. **Unterpari-Emission** ist nicht zulässig (Baumbach / Hueck / *Hueck/Fastrich* § 5 Rn. 9).

32 Der Ausgabepreis für neue Anteile bei einer Kapitalerhöhung in der GmbH muss auch dann den **inneren Wert** der Anteile angemessen widerspiegeln und darf nicht zu niedrig sein, wenn das Bezugsrecht nicht ausgeschlossen wird. Ist dies nicht der Fall, wird ein faktischer Zwang zur Teilnahme an der Kapitalerhöhung bewirkt, der mit den Grundsätzen des GmbH-Rechts nicht vereinbar ist und als Verstoß gegen die gesellschaftsrechtliche Treuepflicht zur Anfechtbarkeit führt (OLG Stuttgart NZG 2000, 156 mit krit. Anmerkung von *Gätsch* BB 2000, 1158; ebenso Baumbach / Hueck / *Zöllner* § 55 Rn. 13). Dies ist jedenfalls im Fall des Bezugsrechtsausschlusses anerkannt (Heckschen / Heidinger / *Heckschen* D Rn. 54; *Lutter/Hommelhoff* GmbHG, § 55 Rn. 20). Die Wertermittlung hat sich nach anerkannten Bewertungsmaßstäben zu richten, was die Praxis vor erhebliche Unsicherheit stellt (Heckschen / Heidinger / *Heckschen* D Rn. 61).

K. Bewirken der Einlagen

I. Allgemeines, anwendbare Vorschriften

33 Es können Geld- oder Sacheinlagen geleistet werden. Zu **Sacheinlagen** vgl. § 56 GmbHG. Zu den Bestimmungen über **Mindesteinlagen** vgl. § 56 a GmbHG. Die Einlage muss endgültig zur freien Verfügung der Gesellschaft stehen (§ 57 Abs. 2 GmbHG). Für die Leistung der Einlagen gelten die **allgemeinen Vorschriften**, insbesondere das Verbot der Befreiung von der Leistungspflicht (§ 19 Abs. 1 GmbHG), das Aufrechnungsverbot (§ 19 Abs. 2 S. 2 GmbHG), der Ausschluss des Zurückbehaltungsrechts (§ 19 Abs. 2 S. 3 GmbHG) und das Verbot der Erbringung von Sachleistungen an Erfüllungs statt (§ 19 Abs. 5 GmbHG), die Bestimmungen über Verzugszinsen (§ 20 GmbHG), das Kaduzierungsverfahren (§§ 20 ff. GmbHG) und die Ausfallhaftung (§ 24 GmbHG).

II. Cash-Pooling

34 Erfolgt die Einlageleistung auf ein Konto der Tochtergesellschaft und wird dieser Betrag zeitnah im Wege des **Cash-Managements** bzw. **Cash-Pooling** auf ein zentrales Cash-Pool-Konto abgezogen, fehlt es an dem für die Tilgung der Einlageschuld erforderlichen Merkmal einer Zahlung zur **endgültig freien Verfügung** der Geschäftsführung, die auch durch eine nur schuldrechtlich gegebene Möglichkeit der Tochtergesellschaft, auf das Zentralkonto – neben anderen Konzerngesellschaften – Zugriff zu nehmen, nicht gewährleistet ist; der Vorgang wird als bloßes **Hin- und Herzahlen** angesehen (*Goette* DStR 2005, 204, 206 f.; BGH DStR 1999, 1451). Werden im Rahmen des Cash-Pool-Verfahrens Kredite an Gesellschafter gewährt (sog. **upstream loans** oder **aufsteigende Darlehen**), die nicht aus Rücklagen oder Gewinnvorträgen, sondern aus dem gebundenen Vermögen der GmbH gewährt werden, gelten diese grundsätzlich auch dann als verbotene Auszahlungen i. S. v. § 30 Abs. 1 GmbHG, wenn der Rückzahlungsanspruch im einzelnen vollwertig sein sollte (BGHZ 157, 72 = NJW 2004, 1111; zu sonstigen Finanzierungshilfen *Wessels* ZIP 2004, 793). Dies soll aber nach zutreffender Auffassung nur gelten, falls eine Unterbilanz besteht (*Goette* DStR 2006, 767, 768; ausführl. *Wessels* ZIP 2006, 1701, 1703; *Haas/Oechsler* NZG 2006, 806). Die Darlehenshingabe ist aber unstreitig jedenfalls dann verboten, wenn bereits eine Unterbilanz bestand oder eine solche dadurch entsteht, dass der Rückzahlungsanspruch der Gesellschaft nicht vollwertig ist (so *Habersack/Schürnbrand* BB 2006, 288; *Hentzen* ZGR 2005, 480, 488 f.; *J. Vetter* ZGR 2005, 788, 819 ff.; *Henze* WM 2005, 717, 719).

Der BGH hat ausdrücklich offen gelassen, ob auch bei Bestehen einer Unterbilanz die Gewährung eines Darlehens aus gebundenem Vermögen **ausnahmsweise zulässig** sein kann, wenn die Darlehensvergabe im Interesse der Gesellschaft liegt, die Darlehensbedingungen dem Drittvergleich standhalten und die Kreditwürdigkeit des Gesellschafters selbst bei Anlegung strengster Maßstäbe außerhalb jedes vernünftigen Zweifels steht oder die Rückzahlung des Darlehens durch werthaltige Sicherheiten voll gewährleistet ist (vgl. § 30 GmbHG Rn. 29). Für die Voraussetzungen eines solchen Ausnahmetatbestands wäre der Gesellschafter darlegungs- und beweispflichtig. Die Rechtsprechung hat in jüngster Zeit ausdrücklich betont, dass nach § 30 Abs. 1 GmbHG verbotene Auszahlungen nicht dadurch privilegiert sind, dass sie im Rahmen eines Cash-pool-Verfahrens erfolgen (BGH GmbHR 2006, 447; OLG München BB 2006, 286; *Bayer/Lieder* GmbHR 2006, 449). Teilweise wird gefordert, dass der am Cash pool teilnehmenden Gesellschaft die dingliche Verfügungsbefugnis über das Zielkonto eingeräumt werden muss (*Bayer/Lieder* GmbHR 2006, 449), was von *Wessels* (ZIP 2006, 1701, 1702) als praxisuntauglich verworfen wird). Besteht ein Beherrschungsvertrag, ist ein Cash-pool bis zur Grenze der Existenzvernichtung zulässig (*Wessels* ZIP 2006, 1701, 1707). 35

Nach dem **RefE MoMiG** wird § 30 Abs. 1 GmbHG durch folgenden Satz ergänzt: »Wird das Stammkapital durch eine Vorleistung aufgrund eines Vertrages mit einem Gesellschafter angegriffen, so gilt das Verbot des Satzes nicht, wenn die Leistung im Interesse der Gesellschaft liegt.« (vgl. RefE MoMiG Art. 1 Nr. 11) Die Ergänzung erfolgt nach der Begründung zum RefE vor dem Hintergrund der Unsicherheit über die Zulässigkeit von Leistungen im Rahmen von an sich »bilanzneutralen« aufsteigenden Finanzierungshilfen, insbesondere im Cash-pool (vgl. RefE MoMiG Begr. zu Art. 1 zu Nr. 11, S. 53 ff.). Die Formulierung stellt klar, dass Leistungen aus und im Rahmen der freien Rücklagen im Hinblick auf Kapitalerhaltungsregeln zulässig sind – dies war allerdings auch bislang unstreitig. Darüber hinaus sollen aber auch solche Finanzierungshilfen zulässig sein, die im Interesse der Gesellschaft liegen. Die umfassende Interessenabwägung soll sich nach der Begründung zum Referentenentwurf insbesondere an folgenden, nicht abschließend gemeinten **Indizien** orientieren, die nicht unbedingt kumulativ vorzuliegen brauchen (vgl. RefE MoMiG Begr. zu Art. 1 zu Nr. 11, S. 54): 36

- die Finanzierungshilfe hält einem Drittvergleich stand, ist also z. B. im Fall eines Kredits angemessen verzinst und auch hinsichtlich der sonstigen Bedingungen im angemessenen Rahmen;
- eine Stundung liegt im Rahmen kaufmännisch üblicher Zahlungsziele;
- der Anspruch auf Gegenleistung oder Darlehensrückzahlung ist vollwertig;
- die Kreditgewährung ist kurzfristig kündbar;
- es wurden Vorkehrungen getroffen, die es möglich machen, eine wesentliche Verschlechterung der Bonität des Schuldners, also des Empfängers der Finanzierungshilfe, frühzeitig zu erkennen.

III. Nachweis der Erfüllung bei Insolvenz

Zu den Anforderungen die Rechtsprechung an den Nachweis der Erfüllung der Einlageschuld im Fall der Insolvenz *Henkel* NZI 2005, 649. 37

IV. Verjährung

Die Verjährung der Einlageleistungspflicht ist mit dem »Gesetz zur Modernisierung des Schuldrechts« vom 9. 12. 2004 neu geregelt worden. Nach dem Wortlaut von §§ 55 Abs. 4, 19 Abs. 6 GmbHG verjährt der Anspruch der Gesellschaft auf Leistung der Einlagen in zehn Jahren von seiner Entstehung an; entgegen dem Wortlaut beginnt die Verjährung jedoch erst **mit Fälligkeit** (Baumbach / Hueck / *Hueck/Fastrich* § 19 Rn. 12; *Roth/Altmeppen* § 19 Rn. 70). Die Eröffnung des Insolvenzverfahrens über das Vermögen der Gesellschaft verlängert gegebenenfalls die Verjährungsfrist um bis zu 6 Monate (§ 19 Abs. 6 S. 2 GmbHG). Die **Übergangsregelung** Art. 229 § 12 Abs. 2 S. 2 EGBGB ist verfassungskonform (Rückwirkungsproblematik) auszulegen, wobei Beginn und Ende der Verjährungsfrist umstritten sind (*Benecke/Geldsetzer* NZG 2006, 7; *Wagner* 38

ZIP 2005, 558; *Sontheimer* DStR 2005, 834; *Thiessen* NJW 2005, 2120; *Mansel/Budzikiewicz* NJW 2005, 321; a. A. Baumbach / Hueck / *Hueck/Fastrich* § 19 Rn. 12, die von einem »Scheinproblem« sprechen).

39 Nach dem **RefE MoMiG** entfällt der Verweis auf die Verjährungsregel in § 19 Abs. 6 GmbHG (§ 19 Abs. 5 i. d. F. des RefE MoMiG, vgl. RefE MoMIG Art. 1 Nr. 19 bzgl. § 55 Abs. 4 und Nr. 10 bzgl. § 19). Der Referentenentwurf schweigt dazu, ob damit eine sachliche Änderung geltenden Rechts bezweckt ist. Wahrscheinlich ist von einem redaktionellen Versehen auszugehen. Doch auch ohne ausdrücklichen Verweis dürften die Verjährungsvorschriften gem. § 19 Abs. 5 GmbHG i. d. F. des RefE MoMiG im Fall der Kapitalerhöhung entsprechend Anwendung finden. Nach anderer Auffassung würden durch den fehlenden Verweis auf § 19 Abs. 5 GmbHG n. F. die Ansprüche der Gesellschaft der regelmäßigen, 3-jährigen Frist des § 195 BGB unterliegen (*Ehinger* Beilage zu BB 2006, Heft 37, 1).

L. Voreinzahlung auf künftige, noch nicht beschlossene Kapitalerhöhung

I. Einzahlung vor Kapitalerhöhungsbeschluss

40 Grundsätzlich kann die Zahlung auf die Einlageleistung nur nach der Fassung des Kapitalerhöhungsbeschlusses erfolgen. Der Kapitalerhöhungsbeschluss ist nach der Rechtsprechung des BGH die maßgebliche **Zäsur** (BGH NJW 2004, 2592; 2002, 1716).

41 Wenn die Zahlung auf die Einlageleistung bewirkt wird, bevor die Kapitalerhöhung beschlossen wird, handelt es sich um eine so genannte **Zahlung auf künftige Einlageschuld**; diese hat grundsätzlich keine Schuld tilgende Wirkung (BGH NJW 2004, 2592).

42 Hiervon macht der BGH für den Fall eine Ausnahme, dass sich der vor dem Beschluss über die Kapitalerhöhung eingezahlte **Betrag als solcher** - also nicht nur wertmäßig – im **Zeitpunkt der Beschlussfassung** über die Kapitalerhöhung zweifelsfrei noch **im Gesellschaftsvermögen** befindet (BGH NJW 2004, 2592). Erfüllt ist diese Voraussetzung nach der höchstrichterlichen Rechtsprechung, wenn sich der geschuldete Betrag entweder in der Kasse der Gesellschaft befindet oder wenn der Gesellschafter auf ein Konto der Gesellschaft einzahlt und dieses anschließend und fortdauernd bis zur Fassung des Kapitalerhöhungsbeschlusses ein Guthaben in entsprechender Höhe ausweist. Dagegen reicht es nicht aus, dass der Überweisungsbetrag mit Schulden der Gesellschaft verrechnet wird; das gilt selbst dann, wenn das Kreditinstitut eine erneute Verfügung über das Kreditkonto in entsprechender Höhe gestattet (BGH NJW 2004, 2592). Dem steht es nicht gleich, dass auf ein debitorisches Konto der Gesellschaft eingezahlt wird und die Bank nach Verrechnung der Gutschrift eine Verfügung über den Einlagebetrag zulässt (BGH NJW 2004, 2592; anschaulich auch OLG Oldenburg DStRE 2006, 883).

43 Ob eine Einzahlung ausnahmsweise auch dann Schuld tilgende Wirkung hat, wenn die **Voreinzahlung aus Sanierungsgründen geboten** ist, hat der BGH bislang ausdrücklich offen gelassen (BGH NJW 2004, 2592; NJW 2001, 67). Die h. M. in der Literatur und die überwiegende OLG-Rechtsprechung gehen von einer Tilgungswirkung der Voreinzahlung, die aus Sanierungsgründen geboten ist, unter folgenden Voraussetzungen aus (Heckschen / Heidinger / *Heidinger* F Rn. 148; Baumbach / Hueck / *Zöllner* § 56 a Rn. 9 ff.; *Langenfeld* Rn. 586):

- Die **Zweckbestimmung** der Zahlung als Vorleistung auf künftige Einlageschuld muss spätestens im Zahlungszeitpunkt in für Dritte nachprüfbarer Weise festgelegt sein; dabei ist streitig ob Schriftform ausreicht oder notarielle Beurkundung / Beglaubigung (gem. § 55 Abs. 1 GmbHG) erforderlich ist.
- Es besteht ein **enger zeitlicher Zusammenhang** zwischen der Voreinzahlung und der Kapitalerhöhung.
- Es erfolgt eine **Offenlegung** im Kapitalerhöhungsbeschluss und in der Versicherung in der Handelsregisteranmeldung.
- Die Voreinzahlung muss **aus Sanierungsgründen geboten** sein.

II. Einzahlung im Zeitraum zwischen Kapitalerhöhungsbeschluss und Eintragung

Der Gesellschafter erfüllt seine Einlagepflicht auch dann, wenn die Zahlung in dem Zeitraum zwischen einem Kapitalerhöhungsbeschluss und der Eintragung der Kapitalerhöhung in das Handelsregister erfolgt (BGH NJW-RR 2005, 338). Eine **wertgleiche Deckung** bis zu der Eintragung der Kapitalerhöhung in das Handelsregister ist **nicht erforderlich** (BGHZ 150, 197, 199 ff.; anders noch BGHZ 119, 177; *Henze* BB 2002, 955; anders für Zahlungen vor dem Kapitalerhöhungsbeschluss s. o. Rn. 40 ff.). Ausreichend ist auch eine Zahlung auf ein – wie hier – im Debet geführtes laufendes Konto der Gesellschaft, sofern die Geschäftsführung die Möglichkeit hat, über den eingezahlten Betrag frei zu verfügen. Dabei ist nicht entscheidend, ob der Gesellschaft ein entsprechender Kreditrahmen förmlich eingeräumt worden ist. Es reicht vielmehr aus, dass die Geschäftsführung infolge der Einzahlung in die Lage versetzt wird, erneut Kredit in Höhe des eingezahlten Betrages in Anspruch zu nehmen, mag das auch auf einer nur stillschweigenden Gestattung der Bank beruhen (BGHZ 150, 197, 199 ff.). 44

Beim bislang aufgrund der unterschiedlichen Besteuerung ausgeschütteter und von der Gesellschaft einbehaltener Gewinne beliebten sog. »**Schütt-aus-Hol-zurück-Verfahren**« sind nach der höchstrichterlichen Rechtsprechung die Sachkapitalerhöhungsvorschriften – allerdings in modifzierter Form – anzuwenden. Wird gegenüber dem Registergericht offen gelegt, dass eine Kapitalerhöhung im Schütt-aus-Hol-zurück-Verfahren durchgeführt werden soll, sind die Voraussetzungen ihrer Eintragung an der für die Kapitalerhöhung aus Gesellschaftsmitteln geltenden Regelung auszurichten. Die Grundsätze der verdeckten Sacheinlage finden in diesem Falle keine Anwendung (BGH NJW 1997, 2516; Heckschen / Heidinger / *Heidinger* K Rn. 218). Näher zum Schütt-aus-Hol-zurück-Verfahren vgl. § 29 GmbHG Rn. 128 ff. 45

M. Unzulässigkeit der Übernahme mehrerer Stammeinlagen, Abs. 5

Gem. Abs. 5 findet die Bestimmung in § 5 Abs. 2 GmbHG über die Unzulässigkeit der Übernahme mehrerer Stammeinlagen auch im Rahmen der Kapitalerhöhung Anwendung. Nach dem **RefE MoMiG** entfällt dieses Verbot. 46

N. Umstellung auf Euro

Hinsichtlich der Euro-Umstellung wird auf § 86 GmbHG verwiesen. 47

O. Kapitalerhöhung im Insolvenz- bzw. Liquidationsverfahren

Auch im **Insolvenzverfahren** ist die Durchführung einer Kapitalerhöhung heute unstreitig zulässig (ausführl. *Friedrich* ZGR 2004, 842, 843 m. w. N.; *Lutter/Hommelhoff* GmbHG, § 55 Rn. 34; *Roth/Altmeppen* § 55 Rn. 10; Baumbach / Hueck / *Zöllner* § 55 Rn. 5). 48

Nach der Rechtsprechung des BGH berührt die Eröffnung des Insolvenzverfahrens die **Wirksamkeit** des Kapitalerhöhungsbeschlusses nicht (BGH NJW 1995, 460; KG NZG 2000, 104; *Friedrich* ZGR 2004, 842, 851; a. A. Baumbach / Hueck / *Zöllner* § 55 Rn. 5; *Lutter/Hommelhoff* GmbHG, § 55 Rn. 35; *Roth/Altmeppen* § 55 Rn. 10). 49

Zur **Treuepflicht** Minderheitsgesellschafter mit Sperrminorität im Sanierungsfall *von Schorlemer/Stupp* NZI 2003, 345. 50

§ 56 [Kapitalerhöhung mit Sacheinlagen]

(1) [1]Sollen Sacheinlagen geleistet werden, so müssen ihr Gegenstand und der Betrag der Stammeinlage, auf die sich die Sacheinlage bezieht, im Beschluß über die Erhöhung des Stammkapitals festgesetzt werden. [2]Die Festsetzung ist in die in § 55 Abs. 1 bezeichnete Erklärung des Übernehmers aufzunehmen.

(2) Die §§ 9 und 19 Abs. 5 finden entsprechende Anwendung.

A. Normzweck

1 Bei Sacheinlagen besteht die **Gefahr der Überbewertung**. Das Gesetz sieht daher für die Sachkapitalerhöhung, ähnlich wie im Fall der Sachgründung, eine Überprüfung der Werthaltigkeit der Sacheinlagen durch das Registergericht vor. Eine solche registergerichtliche **Werthaltigkeitskontrolle** (§§ 56, 57 a, 9 c GmbHG) erfordert aber insbesondere, dass der Gegenstand der Sacheinlagen in nachvollziehbarer Weise dokumentiert wird. Dem dienen die in Abs. 1 geforderten Festsetzungen.

B. Festsetzung der Sacheinlage im Gesellschafterbeschluss

2 Sollen Sacheinlagen geleistet werden, so müssen ihr **Gegenstand** und der **Betrag der Stammeinlage**, auf die sich die Sacheinlage bezieht, im Kapitalerhöhungsbeschluss festgesetzt werden (Abs. 1 S. 2). Was Gegenstand der Sacheinlage sein kann, entspricht dem für die Gründung geltenden Recht (s. § 5 GmbHG Rn. 15 ff., insbes. 21 ff.). Bei der Sacheinlagefestsetzung muss der Gegenstand der einzubringenden Sacheinlage im Gesellschaftsvertrag so genau **bestimmt** sein, dass über seine Identität kein Zweifel besteht (BGH NZG 2000, 1226; KG NZG 1999, 1235). So ist z. B. klarzustellen, ob Aktiva und Passiva übergehen sollen (OLG Düsseldorf NJW 1993, 2123). Und sollen etwa einzelne Gegenstände aus einer durch Sammelbezeichnung gekennzeichneten Sachgesamtheit nicht mit eingebracht werden, so müssen diese im Erhöhungsbeschluss ausdrücklich und deutlich genannt sein (OLG Düsseldorf NJW 1996, 605).

3 Darüber hinaus muss nach h. M. die **Person der Übernehmers** im Kapitalerhöhungsbeschluss festgesetzt werden (*Roth/Altmeppen* § 56 Rn. 2; Baumbach/Hueck/*Zöllner* § 56 Rn. 10; *Lutter/Hommelhoff* GmbHG, § 56 Rn. 4).

4 **Fehlen** jegliche Festsetzungen, ist von einer **Barkapitalerhöhung** auszugehen. Der Übernehmer schuldet dann eine Geldzahlung (Baumbach/Hueck/*Zöllner* § 56 Rn. 12). Sind die Festsetzungen unvollständig, haben die Sacheinlagen nach h. M. ebenfalls keine Tilgungswirkung; die Einlagepflicht richtet sich auf eine Geldleistung (*Roth/Altmeppen* § 56 Rn. 4). Erreicht die Sacheinlage trotz im Übrigen ordnungsgemäßer Festsetzung nicht den im Beschluss festgesetzten Betrag der Stammeinlage, greift die Differenzhaftung nach §§ 56 Abs. 2 i. V. m. 9 GmbHG (BGH NZG 2004, 910, 912).

C. Festsetzung der Sacheinlage in der Übernahmeerklärung

5 Nach Abs. 1 S. 2 muss die Übernahmeerklärung zusätzlich zu den Angaben nach § 55 Abs. 2 S. 2 GmbHG auch die Festsetzungen betreffend den Gegenstand der Sacheinlage und den Betrag der Stammeinlage enthalten, die auch im Sachkapitalerhöhungsbeschluss enthalten sein müssen. Bezugnahme auf die Festsetzungen im Beschluss genügt.

6 Allerdings empfiehlt sich bei Mitbeurkundung des Einbringungsvertrags – wegen Vorhandenseins von Grundstücken oder GmbH-Geschäftsanteilen – die Aufnahme auch der Übernahmeerklärung in die Urkunde, weil diese mit dem die 20/10-Gebühr nach § 36 Abs. 2 KostO auslösenden Einbringungsvertrag gegenstandsgleich ist (ein Muster für einen Einbringungsvertrag findet sich in *Reichert/Herbarth* S. 189).

D. Sacheinlagebericht

7 Ob bei der Kapitalerhöhung gegen Sacheinlagen ein **Sachkapitalerhöhungsbericht** im Rahmen des Eintragungsverfahrens vorgelegt werden muss, hat der BGH bislang offen gelassen (BGH NJW-RR 2004, 1341). Dies erscheint jedoch zweifelhaft, weil das Gesetz einen Sachkapitalerhöhungsbericht mangels Verweisung auf § 5 Abs. 4 GmbHG in den einschlägigen Vorschriften der §§ 56 ff. GmbHG nicht verlangt und ein gesetzgeberisches Versehen fern liegt (BGH NJW-RR 2004, 1341). Nach der h. L. ist ein Sachkapitalerhöhungsbericht nicht erforderlich (Baumbach/Hueck/*Zöllner* § 56 Rn. 17; *Lutter/Hommelhoff* GmbHG, § 56 Rn. 7; *Roth/Altmeppen* § 56 Rn. 7; a. A. Scholz/*Priester* GmbHG, § 56 Rn. 89 f.). Die instanzgerichtliche Rechtsprechung ist uneinheitlich (dafür: OLG Stuttgart GmbHR 1982, 109; OLG Jena GmbHR 1994, 701; dagegen: OLG

Köln NJW-RR 1996, 1250; LG Memmingen NZG 2005, 322; offen gelassen: BayObLG NJW 1995, 1971). Nach §§ 57 a, 9 c Abs. 1 S. 2 GmbHG kann das Registergericht aber im Einzelfall Nachweise über die Werthaltigkeit verlangen (vgl. § 57 a GmbHG Rn. 2). Zur Beschleunigung des Vorgangs sollte der Handelsregisteranmeldung daher in der Regel eine aktuelle Bilanz oder eine Bestätigung eines Wirtschaftsprüfers beigefügt werden (*Langenfeld* Rn. 568).

Soll eine **verdeckte Sacheinlage** geheilt werden, verlangt der BGH einen Bericht über die Änderung der Einlagendeckung von der Bar- zur Sacheinlage, der von allen Geschäftsführern und den von der Änderung betroffenen Gesellschaftern erstattet und unterzeichnet werden muss. Die Vollwertigkeit der einzubringenden Forderung ist – bezogen auf den Zeitpunkt der Prüfung, der unmittelbar vor der Anmeldung zur Eintragung in das Handelsregister zu liegen hat – durch eine von einem Wirtschaftsprüfer testierte Bilanz nachzuweisen (BGH NJW 1996, 1473, 1477). 8

E. Sicherung der Kapitalaufbringung im Übrigen, Abs. 2

Nach Abs. 2 gilt die Differenzhaftung (§ 9 GmbHG) entsprechend, falls die Einlagen überbewertet sind (zu den Voraussetzungen der Differenzhaftung vgl. § 9 GmbHG Rn. 6 ff.). Ein Gesellschafter wird von seiner Sacheinlageverpflichtung nur frei, falls sie den Festsetzungen im Sachkapitalerhöhungsbeschluss entspricht (§§ 56 Abs. 2, 19 Abs. 5 GmbHG). Weitere Verweise auf das Gründungsrecht enthalten §§ 56 a bis 57 b GmbHG. Die folgenden **Vorschriften zur Sachgründung** gelten entsprechend für die Sachkapitalerhöhung: §§ 5 Abs. 4 S. 1, 7 Abs. 3, 9, 9 c S. 2, 19 Abs. 5 GmbHG (*Roth/Altmeppen* § 56 Rn. 9). Der **RefE MoMiG** bringt insofern aufgrund geänderter Nummerierung eine rein redaktionelle Änderung: In § 56 Abs. 2 GmbHG wird die Angabe »§ 19 Abs. 5« durch »§ 19 Abs. 4« ersetzt (vgl. RefE MoMiG Art. 1 Nr. 20). 9

§ 56 a [Leistungen auf das neue Stammkapital]

Für die Leistungen der Einlagen auf das neue Stammkapital und die Bestellung einer Sicherung findet § 7 Abs. 2 Satz 1 und 3, Abs. 3 entsprechende Anwendung.

A. Normzweck

§ 56 a GmbHG dient der realen Aufbringung der Stammeinlagen durch die **Pflicht zur Voll- oder Mindesteinzahlung** der Stammeinlagen sowie zur Sicherheitsleistung im Fall der Ein-Personen GmbH. Dabei wird weitgehend auf das Gründungsrecht verwiesen. Der **RefE MoMiG** sieht die Aufhebung der Sonderregelungen für Ein-Personen-GmbHs vor (vgl. unten Rn. 3 sowie RefE MoMiG Art. 1 Nr. 21). 1

B. Mindesteinzahlung bei Geldeinlagen

Vor Anmeldung der Kapitalerhöhung muss mindestens ¼ jeder einzelnen Geldeinlage eingezahlt sein (§§ 56 a i. V. m. 7 Abs. 1 S. 1 GmbHG). Im Fall der Kapitalerhöhung durch Erhöhung der Nennbeträge bestehender Geschäftanteile (sog. **Aufstockung**) ist die entsprechende Anwendung von § 7 Abs. 2 S. 1 GmbHG umstritten: Nach h. M. ist $^1/_4$ des Aufstockungsbetrags einzuzahlen; ob auf die bereits bestehenden Stammeinlagen früher bereits Zahlungen über den Mindestbetrag hinaus geleistet wurden, spielt demnach keine Rolle (BayObLG ZIP 1986, 707; Hachenburg/*Ulmer* § 56 a Rn. 6; Baumbach/Hueck/*Zöllner* § 56 a Rn. 2). Nach anderer Auffassung bezieht sich das $^1/_4$-Kriterium auf die gesamte Einlage und nicht nur den Erhöhungsbetrag, wenn keine Unterbilanz besteht; entsprechend sind die früher schon auf die Einlage geleisteten Zahlungen in voller Höhe anzurechnen (*Roth/Altmeppen* § 56 a Rn. 3). Nach h. M. muss der Übernehmer auch im Zeitpunkt der Aufstockung seine Leistungsfähigkeit durch Einzahlung eines Viertels des Aufstockungsbetrages nachweisen. Es ist allerdings wenig überzeugend, wenn die Einzahlung des Viertelbetrages als valider Indikator für die Leistungsfähigkeit des Unternehmens gehalten wird. 2

C. Sicherheitsleistung bei Ein-Personen-GmbH

3 Wird die GmbH nur durch **eine Person** errichtet, muss vor der Anmeldung der Mindesteinzahlungsbetrag von einem Viertel des Nennbetrags der Stammeinlage erbracht sein und der Gesellschafter für den noch ausstehenden Restbetrag der Geldeinlage eine Sicherung bestellt haben (§§ 56 a i. V. m. 7 Abs. 2 S. 3 GmbHG). Als Sicherung kommen jedenfalls die Sicherungsmittel gem. §§ 232 ff. BGB in Betracht, also Hinterlegung oder Verpfändung. Darüber hinaus kommt eine selbstschuldnerische Bürgschaft in Betracht (Baumbach / Hueck / *Hueck/Fastrich* § 7 Rn. 11 m. w. N.). Die Regelung ist nach der Begründung zum RefE MoMiG verzichtbar und kann aufgegeben werden (vgl. RefE MoMiG Art. 1 Nr. 21 sowie Begr. RefE MoMiG zu Art. 1 zu Nr. 21, S. 61 i. V. m. Begr. zu Art. 1 Nr. 5, S. 43). Die Bestimmung geht über das von der Ein-Personen-Richtlinie (89 / 667 / EWG) Geforderte hinaus.

D. Volleinzahlungsgebot bei Sacheinlagen

4 Sacheinlagen sind vor der Anmeldung der Kapitalerhöhung vollständig zu leisten (§§ 56 a, 7 Abs. 3 GmbHG).

E. Bewirken der Einlage, dass sie endgültig zur freien Verfügung steht

5 Sowohl Sacheinlagen (§ 56 a, 7 Abs. 3 GmbHG) wie auch Geldeinlagen – auch wenn dies in § 7 GmbHG nicht ausdrücklich bestimmt ist – sind so zu bewirken, dass sie endgültig zur freien Verfügung der Geschäftsführer stehen (*Roth/Altmeppen* § 56 a Rn. 4). Bei einer Kapitalerhöhung ist die Bareinlage schon dann zur (endgültig) freien Verfügung der Geschäftsführung geleistet worden, wenn sie nach dem Kapitalerhöhungsbeschluss in ihren uneingeschränkten Verfügungsbereich gelangt ist und nicht an den Einleger zurückfließt; auf sog. wertgleiche Deckung kommt es nach der neueren Rechtsprechung nicht mehr an (BGH NJW 2002, 1716). Zu verdeckten Sacheinlagen vgl. § 5 Rn. 36 ff.

F. Vorleistung

6 Zu Vorleistungen vgl. § 55 GmbHG Rn. 40 ff.

§ 57 [Anmeldung der Erhöhung]

(1) Die beschlossene Erhöhung des Stammkapitals ist zur Eintragung in das Handelsregister anzumelden, nachdem das erhöhte Kapital durch Übernahme von Stammeinlagen gedeckt ist.

(2) [1]In der Anmeldung ist die Versicherung abzugeben, dass die Einlagen auf das neue Stammkapital nach § 7 Abs. 2 Satz 1 und 3, Abs. 3 bewirkt sind und dass der Gegenstand der Leistungen sich endgültig in der freien Verfügung der Geschäftsführer befindet. [2]Für die Anmeldung findet im übrigen § 8 Abs. 2 Satz 2 entsprechende Anwendung.

(3) Der Anmeldung sind beizufügen:

1. **die in § 55 Absatz 1 bezeichneten Erklärungen oder eine beglaubigte Abschrift derselben;**
2. **eine von den Anmeldenden unterschriebene Liste der Personen, welche die neuen Stammeinlagen übernommen haben; aus der Liste muss der Betrag der von jedem übernommenen Einlage ersichtlich sein;**
3. **bei einer Kapitalerhöhung mit Sacheinlagen die Verträge, die den Festsetzungen nach § 56 zugrunde liegen oder zur ihrer Ausführung geschlossen worden sind.**

(4) Für die Verantwortlichkeit der Geschäftsführer, welche die Kapitalerhöhung zur Eintragung in das Handelsregister angemeldet haben, finden § 9 a Abs. 1 und 3, § 9 b entsprechende Anwendung.

Übersicht:

A. Allgemeines

§ 57 GmbHG ergänzt die Vorschriften über die Anmeldung von Satzungsänderungen (§ 54 GmbHG). Als Satzungsänderung hat die Kapitalerhöhung keine rechtliche Wirkung, bevor sie in das Handelsregister eingetragen ist (§ 54 Abs. 3 GmbHG). Anders als nach § 54 GmbHG ist die Anmeldung durch sämtliche Geschäftsführer vorzunehmen, § 78 GmbHG. Zur Zulässigkeit der Stellvertretung vgl. § 78 GmbHG Rn. 7. Die Anmeldung einer beschlossenen Erhöhung des Stammkapitals obliegt auch nach Eröffnung des Insolvenzverfahrens allen Geschäftsführern. Der Insolvenzverwalter kann deshalb für die GmbH in einem solchen Anmeldeverfahren keine zulässigen Rechtsmittel einlegen (BayObLG NZG 2004, 582). Die Anmeldung hat in öffentlich beglaubigter Form zu erfolgen (§ 12 Abs. 2 HGB). 1

B. Voraussetzungen der Anmeldung, Abs. 1

Nach Abs. 1 muss der im Kapitalerhöhungsbeschluss festgesetzte Kapitalerhöhungsbetrag **vollständig** durch entsprechende **wirksame Übernahmeerklärungen** übernommen worden sein. Liegt eine Überzeichnung vor, hat der Registerrichter der Gesellschaft die Berichtigung der Anmeldung aufzugeben (Baumbach/Hueck/*Zöllner* § 57 Rn. 5; *Roth/Altmeppen* § 57 Rn. 4). Liegt die Summe der in den Übernahmeerklärungen übernommenen Erhöhungsbeträge unter dem im Kapitalerhöhungsbeschluss festgesetzten Erhöhungsbetrag, ist die Eintragung abzulehnen (Baumbach/Hueck/*Zöllner* § 57 Rn. 5; *Roth/Altmeppen* § 57 Rn. 4). Bei einer Kapitalerhöhung um einen Mindest- und Höchstbetrag oder nur um einen Höchstbetrag (vgl. § 55 GmbHG Rn. 11) müssen sich die Übernahmeerklärungen im Rahmen des Erhöhungsbeschlusses halten. Ferner müssen die Voraussetzungen nach § 56 a GmbHG erfüllt sein. 2

C. Inhalt der Anmeldung

I. Konkrete Bezeichnung der Änderungen

In der Anmeldung sind nicht nur die geänderten Bestimmungen des Gesellschaftsvertrages im Einzelnen zu bezeichnen, nach § 10 Abs. 1 S. 1 GmbHG insbesondere die Höhe des Stammkapitals, vielmehr ist auch der Inhalt der Änderungen in der Handelsregisteranmeldung konkret zumindest im Sinne einer **schlagwortartigen Bezeichnung** hervorzuheben. Dabei reicht eine Bezugnahme auf die beigefügte Änderungsurkunde auch dann nicht aus, wenn im Einzelfall keine Zweifel über den Umfang der Satzungsänderung auftreten können, da das Gebot der Rechtssicherheit eine einheitliche Betrachtungsweise erfordert (BGH NJW 1987, 3191; OLG Frankfurt NJW-RR 2003, 1616; OLG Düsseldorf GmbHR 1993, 169; OLG Hamm FGPrax 2001, 250; BayObLG DB 1979, 84, 1985, 1223). Diesen Anforderungen wird eine Handelsregisteranmeldung nicht gerecht, die nicht die einzelnen Paragrafen des Gesellschaftsvertrages betreffend das Stammkapital bezeichnet, welche geändert wurden. Wird der Inhalt der Änderung durch »Erhöhung des Stammkapitals« nur abstrakt, nicht aber in der gebotenen Weise konkret durch zumindest schlagwortartige Bezeichnung mitgeteilt, wird dies nicht als ausreichend angesehen. Dabei bedarf es bezüglich der Erhöhung des Stammkapitals zwar **nicht zwingend der Angabe des Kapitalerhöhungsbetrages**, da sich der notwendige Inhalt durch schlagwortartige Kennzeichnung auch durch Angabe des alten und des neuen Stammkapitals hinreichend klar entnehmen lässt, ist aber in der Praxis üblich und empfehlenswert (OLG Frankfurt NJW-RR 2003, 1616; a. A. *Lutter/* 3

Hommelhoff GmbHG, § 57 Rn. 4). An Stelle der Angabe des neuen Stammkapitals genügt die Angabe des Kapitalerhöhungsbetrags (Baumbach/Hueck/*Zöllner* § 57 Rn. 7).

4 Empfehlenswert ist eine **Formulierung**, die sowohl den Ausgangsbetrag, den Erhöhungsbetrag und den erhöhten Betrag des Stammkapitals bezeichnet, z. B.:

»Die Satzung wurde durch Erhöhung des Stammkapitals von € [...] um € [...] auf nunmehr € [...] geändert.«

II. Versicherung, Abs. 2

5 In der Anmeldung die Versicherung abzugeben, dass die Einlagen auf das neue Stammkapital bewirkt sind und dass der Gegenstand der Einlageleistung sich endgültig in der freien Verfügung der Geschäftsführer befindet (Abs. 2).

1. Versicherung über das Bewirken der Leistung

6 Bei Geldeinlagen muss versichert werden, dass die Mindesteinlagen gem. §§ 56 a, 7 Abs. 2 S. 1 GmbHG bewirkt worden sind; die von den einzelnen Übernehmern geleisteten Geldbeträge sind nach h. M. gesondert anzugeben (*Lutter/Hommelhoff* GmbHG, § 57 Rn. 5; Baumbach/Hueck/*Zöllner* § 57 Rn. 10). Bei Volleinzahlung der Stammeinlagen muss in der Versicherung des Geschäftsführers nicht im Einzelnen angegeben werden, welcher Gesellschafter welchen Betrag eingezahlt hat (OLG Frankfurt DNotZ 1992, 744; OLG Düsseldorf DNotZ 1986, 180).

2. Versicherung der freien Verfügbarkeit

7 Es handelt sich nicht um die gleiche Versicherung wie bei der Gründung; denn § 57 GmbHG verweist nicht auf § 7 Abs. 2 S. 2 GmbHG, weil im Rahmen der Gründung bereits mindestens € 12.500,– eingezahlt sein worden müssen. Für den Fall der Barkapitalerhöhung hat der BGH (BGH NJW 2002, 1716) ausdrücklich das Erfordernis der wertgleichen Deckung zum Zeitpunkt der Anmeldung aufgegeben. Dies unterscheidet die Versicherung über die endgültige, freie Verfügbarkeit der Einlageleistung bei der Barkapitalerhöhung vom Fall der Gründung (*Meyding/Schnorbus/Hennig* ZNotP 2006, 122, 129). Bei der Versicherung sollte nicht an den Wortlaut des § 8 Abs. 2 S. 1 GmbHG angeknüpft, vielmehr sollte die Versicherung nach den Vorgaben des Bundesgerichthofs formuliert werden. Nach Auffassung des Bundesgerichtshofes gilt: »Die Versicherung des Geschäftsführers hat dahin zu lauten, dass der Betrag der Einzahlung zur freien Verfügung der Geschäftsführung für die Zwecke der Gesellschaft eingezahlt und auch in der Folge nicht an den Einleger zurückgezahlt worden ist.« (BGH NJW 2002, 1716; vgl. auch die Muster-Anmeldungen bei *Keidel/Krafka/Willer* Rn. 1046 ff.; *Gustavus* A 108).

D. Anlagen zur Anmeldung, Abs. 3

8 Über die ausdrücklich in Abs. 2 genannten Anlagen hinaus müssen das notarielle Beschlussprotokoll über die Kapitalerhöhung und die Neufassung des Satzungswortlauts (§ 54 Abs. 1 GmbHG) beigefügt werden (*Lutter/Hommelhoff* GmbHG, § 57 Rn. 7, 11; Baumbach/Hueck/*Zöllner* § 57 Rn. 17, 21). Somit sind der Anmeldung beizufügen (*Keidel/Krafka/Willer* Rn. 1046 ff. mit Muster; *Gustavus* A 108 mit Muster):
- der **notariell beurkundete Erhöhungsbeschluss** in Ausfertigung oder beglaubigter Abschrift;
- die zumindest unterschriftsbeglaubigten **Übernahmeerklärungen** (Abs. 3 Nr. 1) in Urschrift oder beglaubigter Abschrift;
- **Liste der Übernehmer** (Abs. 3 Nr. 2); die Liste muss von sämtlichen Geschäftsführern unterschrieben sein und Name, Vorname, Geburtsdatum und Wohnort der Übernehmer enthalten (§ 8 Abs. 1 Nr. 3 GmbHG). Nach Abs. 3 Nr. 2 Hs. 2 muss der Betrag der von jedem Übernehmer übernommenen Einlage in der Liste aufgeführt werden; die Liste ist von allen Anmeldenden zu unterschreiben, also von sämtlichen Geschäftsführern (*Keidel/Krafka/Willer* Rn. 1046; Baumbach/Hueck/*Zöllner* § 57 Rn. 19);

- **Einbringungsverträge** und die Übernahme begleitende Verträge bei Sacheinlagen (Abs. 3 Nr. 3);
- **Neufassung des Satzungswortlauts**: Die Bildung neuer Geschäftsanteile nach einer Kapitalerhöhung stellt – anders als der Kapitalerhöhungsbeschluss – keine Satzungsänderung dar (BGH NJW 1989, 168, 169). Bei der Anmeldung einer Kapitalerhöhung zur Eintragung in das Handelsregister genügt es daher, dass die auf das erhöhte Kapital zu leistenden Stammeinlagen in den Erklärungen der Übernehmer der Stammeinlagen und in der Liste der Übernehmer enthalten sind; eine Aufnahme der auf das erhöhte Kapital zu leistenden Stammeinlagen und deren Übernehmer in die Satzung ist nicht erforderlich; das gilt auch dann, wenn die neuen Stammeinlagen noch nicht voll eingezahlt sind (BayObLG NJW 1982, 1400). Allerdings ist die Neufassung des Satzungswortlauts nach § 54 Abs. 1 GmbHG erforderlich, auch wenn nur die Kapitalziffer geändert wird (Baumbach/Hueck/*Zöllner* § 57 Rn. 21; *Keidel/Krafka/Willer* Rn. 1046; a. A. *Roth/Altmeppen* § 57 Rn. 3);
- **aktuelle Gesellschafterliste** soll nach § 40 Abs. 1 GmbHG zusätzlich zur Liste der Übernehmer (Abs. 3 Nr. 2) eingereicht werden (*Keidel/Krafka/Willer* Rn. 1046; *Gustavus* A 108: »Komplettliste«); dies ist erforderlich, damit beim Handelsregister eine komplette aktualisierte Liste sämtlicher Gesellschafter und nicht nur die Liste der Übernehmer vorliegt.

E. Haftung der anmeldenden Geschäftsführer, Abs. 4

Werden in der Anmeldung falsche Angaben gemacht, haften die anmeldenden Geschäftsführer 9
nach Abs. 4 entsprechend den §§ 9 a Abs. 1 und 3, 9 b GmbHG. Nach § 57 Abs. 4, 9 a Abs. 3 GmbHG besteht keine **Ersatzpflicht**, wenn die Geschäftsführer die die Ersatzpflicht begründenden Tatsachen weder kannten noch bei Anwendung der Sorgfalt eines ordentlichen Geschäftsmannes (§ 43 GmbHG, vgl. § 43 GmbHG Rn. 7 ff.) kennen mussten.

F. Heilung von Mängeln durch Eintragung

Die Eintragung des Kapitalerhöhungsbeschlusses im Handelsregister soll unter den Voraussetzungen 10
von § 242 AktG analog zur **Heilung** führen (Baumbach/Hueck/*Zöllner* § 57 Rn. 28). Ein nichtiger Kapitalerhöhungsbeschluss wird somit in entsprechender Anwendung von § 242 Abs. 2 AktG durch Heilung wirksam, wenn er drei Jahre im Handelsregister eingetragen ist (OLG Stuttgart NZG 2001, 40). Formmängel werden analog § 242 Abs. 1 AktG sofort geheilt (*Lutter/Hommelhoff* GmbHG, § 57 Rn. 18). Für die Zeit zwischen Eintragung und Eintritt der Heilung, also dem Zeitpunkt, bis zu dem die Nichtigkeit geltend gemacht werden kann, ist nach verbreiteter Auffassung entsprechend den Regeln über fehlerhafte Gesellschaftsverhältnisse von einer vorläufigen Entstehung der neuen Mitgliedschaft auszugehen mit der Folge, dass der Neugesellschafter, der die Anteile übernommen hat, als stimmberechtigt anzusehen ist und unter seiner Mitwirkung gefasste Beschlüsse wirksam sind. Tritt die Heilungswirkung nicht ein, hat danach mit Wirkung ex nunc eine Rückabwicklung nach den Regeln über die fehlerhafte Gesellschaft zu erfolgen (OLG Stuttgart NZG 2001, 40).

Das **Freigabeverfahren** nach § 246 a AktG soll im GmbH-Recht entsprechend Anwendung fin- 11
den (*Herbarth* GmbHR 2005, 966; zweifelnd Baumbach/Hueck/*Zöllner* § 54 Rn. 28 ff.).

Mängel des Übernahmevertrages können nach Eintragung der Kapitalerhöhung nur dann gel- 12
tend gemacht werden, wenn sie von dem Übernehmer nicht zurechenbar veranlasst wurden (Baumbach/Hueck/*Zöllner* § 57 Rn. 27).

§ 57 a [Ablehnung der Eintragung]

Für die Ablehnung der Eintragung durch das Gericht findet § 9 c Abs. 1 entsprechende Anwendung.

A. Prüfungsumfang

1 Das Gericht prüft die Ordnungsmäßigkeit der Kapitalerhöhung einschließlich der Übernahmen nach § 55 GmbHG und ihrer Anmeldung (§§ 57 a, 9 c Abs. 1 S. 1 GmbHG). Ferner prüft das Gericht, ob die Einlagen überbewertet sind (§§ 57 a, 9 c Abs. 1 S. 2 GmbHG).

B. Werthaltigkeitskontrolle

2 Nach h. M. ist ein **Sachkapitalerhöhungsbericht** grundsätzlich nicht erforderlich (vgl. § 56 Rn. 7). Die in § 57 a GmbHG enthaltene Verweisung auf § 9 c Abs. 1 GmbHG bietet dagegen nach umstrittener Auffassung ausreichende Rechtsgrundlage für das Registergericht, um bei einer Kapitalerhöhung durch eine Sacheinlage einen Sachkapitalerhöhungsbericht zu fordern (LG Memmingen NZG 2005, 322; a. A. Baumbach / Hueck / *Zöllner* § 57 a Rn. 10). Jedenfalls kann das Registergericht von Amts wegen Ermittelungen anstellen (§ 12 FGG) und nach pflichtgemäßem Ermessen die Vorlage von **Nachweisen** über die Werthaltigkeit der Sacheinlagen (z. B. Nachweise über Anschaffungs- und Herstellungskosten oder Bewertungsgutachten von Sachverständigen) verlangen. Das Gericht kann auch Sachverständige mit der Nachprüfung der Bewertung beauftragen (BayObLG NJW 1995, 1971). Das Registergericht kann über die gesetzlichen Bestimmungen hinausgehende Versicherungen und Nachweise nur dann verlangen, wenn sich im konkreten Einzelfall begründete Zweifel an der Einhaltung der Kapitalerhöhungsvorschriften ergeben. Werden im Rahmen einer Kapitalerhöhung die bisherigen Gesellschafter zur Übernahme der neuen Stammeinlagen zugelassen, ist das Registergericht nicht befugt, allein aufgrund seiner durch statistische Erhebungen gewonnenen Erkenntnis, dass in dieser Fallgruppe tatsächlich häufig verdeckte Sachkapitalerhöhungen vorliegen, generell weitere Nachweise zu verlangen, um dies auszuschließen (KG NZG 1998, 777; a. A. Baumbach / Hueck / *Zöllner* § 57 a Rn. 9 m. w. N.). Maßgeblicher **Bewertungszeitpunkt** ist die Anmeldung (OLG Düsseldorf NJW-RR 1996, 605; a. A. OLG Thüringen GmbHR 1994, 710: Zeitpunkt des Kapitalerhöhungsbeschlusses; ebenfalls a. A. *Meyding/Schnorbus/Hennig* ZNotP 2006, 122: Eintragungszeitpunkt, die sich aber zu Unrecht auf die h. M. mit BGHZ 80, 129 berufen, da dieser Fall die Gründung betrifft).

3 Zum Prüfungsverfahren im Übrigen und Rechtsmitteln vgl. § 9 c GmbHG Rn. 5 ff.

§ 57 b [Bekanntmachung der Eintragung]

[1]In die Bekanntmachung der Eintragung der Kapitalerhöhung sind außer deren Inhalt die bei einer Kapitalerhöhung mit Sacheinlagen vorgesehenen Festsetzungen aufzunehmen. [2]Bei der Bekanntmachung dieser Festsetzungen genügt die Bezugnahme auf die beim Gericht eingereichten Urkunden.

1 Das Gericht macht Eintragungen in das Handelsregister in dem von der Landesjustizverwaltung bestimmten Informations- und Kommunikationssystem bekannt (§ 10 S. 1 HGB n. F.). Im Fall einer Sacheinlage sind auch die Festsetzungen der Sacheinlage zu veröffentlichen. Der Wortlaut der Bekanntmachung ist im Fall von Sacheinlagen gesondert neben der Eintragung zu verfügen, weil er von der Eintragung abweicht (§ 27 S. 2 HRV).

2 Das Gesetz ist widersprüchlich, denn einerseits sollen die Festsetzungen veröffentlicht werden und andererseits soll die Bezugnahme auf die beim Gericht eingereichten Urkunden ausreichen (S. 1 Hs. 2 einerseits und S. 2 andererseits). Es ist daher umstritten, ob der **Hinweis** ausreicht: »Es wurden Sacheinlagen geleistet.«. Nach a. A. muss der **Umfang der Sacheinlage** erkennbar sein. Insofern wird folgende Formulierung vorgeschlagen: »Für den gesamten Erhöhungsbetrag (oder: für einen Teilbetrag von ...) wurden Sacheinlagen geleistet. Wegen der Einzelheiten wird auf die beim Gericht eingereichten Unterlagen Bezug genommen.« (Baumbach / Hueck / *Zöllner* § 57 b Rn. 3 m. w. N.).

Für die **Registerpraxis** wird die nähere Beschreibung der Sacheinlage in der Bekanntmachung etwa wie folgt empfohlen (vgl. *Keidel/Krafka/Willer*, Rn. 1058): 3

»Der neue Gesellschafter Hans Huber leistet auf seine Stammeinlage von € 25.000,– einen PKW Mercedes mit dem amtlichen Kennzeichen S-AR 666 (oder: Einrichtungsgegenstände nach näherer Maßgabe des Erhöhungsbeschlusses; oder: eine Sacheinlage nach Maßgabe des Erhöhungsbeschlusses vom [Datum]).«

§ 57 c [Kapitalerhöhung aus Gesellschaftsmitteln]

(1) Das Stammkapital kann durch Umwandlung von Rücklagen in Stammkapital erhöht werden (Kapitalerhöhung aus Gesellschaftsmitteln).

(2) Die Erhöhung des Stammkapitals kann erst beschlossen werden, nachdem der Jahresabschluss für das letzte vor der Beschlussfassung über die Kapitalerhöhung abgelaufene Geschäftsjahr (letzter Jahresabschluss) festgestellt und über die Ergebnisverwendung Beschluss gefasst worden ist.

(3) Dem Beschluss über die Erhöhung des Stammkapitals ist eine Bilanz zugrunde zu legen.

(4) Neben den §§ 53 und 54 über die Abänderung des Gesellschaftsvertrags gelten die §§ 57 d bis 57 o.

A. Normzweck

1 Bei der Kapitalerhöhung aus Gesellschaftsmitteln werden Rücklagen der Gesellschaft zur Kapitalerhöhung verwendet. Ungebundenes und ausschüttungsfähiges Eigenkapital wird zu gebundenem Stammkapital umgewandelt. Es findet also nur nominell eine Kapitalerhöhung durch Umbuchung von Bilanzpositionen innerhalb des Eigenkapitals der Gesellschaft statt, ohne dass der Gesellschaft neue Mittel effektiv zufließen (Heckschen / Heidinger / *Heckschen* L Rn. 222).

2 Anders als bei der effektiven Kapitalerhöhung (§ 55 Abs. 2 GmbHG) findet keine Übernahme von Stammeinlagen statt. Vielmehr stehen die neuen Gesellschaftsanteile zwingend den Altgesellschaftern im Verhältnis ihrer bisherigen Beteiligung zu (§ 57 j GmbHG). Dies wird damit begründet, dass die Gesellschafter mittels ihrer bestehenden Mitgliedschaft in der GmbH bereits am Substanzwert der Kapital- und Gewinnrücklagen anteilig beteiligt sind (*Lutter/Hommelhoff* GmbHG, § 57 c Rn. 5; A / E / S / *Ensthaler* § 57 c Rn. 2).

B. Voraussetzungen der Kapitalerhöhung aus Gesellschaftsmitteln

3 Die Erhöhung des Stammkapitals darf erst nach der **Feststellung des Jahresabschlusses** für das letzte vor der Beschlussfassung über die Kapitalerhöhung abgelaufene Geschäftsjahr beschlossen werden. Darüber hinaus muss auch der **Beschluss über die Gewinnverwendung** gefasst worden sein (Abs. 2), sofern nicht die Ausnahmeregelung nach § 57 n Abs. 2 S. 2 GmbHG eingreift. Der Jahresabschluss muss geprüft und mit dem **uneingeschränkten Bestätigungsvermerk** des Abschlussprüfers versehen sein (§§ 57 e, 57 f GmbHG).

4 Dem Beschluss über die Kapitalerhöhung aus Gesellschaftsmitteln ist eine **Bilanz** zugrunde zu legen (Abs. 3). Dies kann die Bilanz des letzten Jahresabschlusses sein; falls die 8-Monats-Frist nach § 57 e Abs. 1 GmbHG überschritten ist, muss eine Zwischenbilanz erstellt werden, die den Anforderungen gem. § 57 f GmbHG genügt.

5 Die Kapitalerhöhung aus Gesellschaftsmitteln ist Satzungsänderung (Abs. 4, §§ 53, 54 GmbHG). Insofern ist ein **satzungsändernder Beschluss** erforderlich, der den gesetzlichen Mehrheitserfordernissen von drei Vierteln des Grundkapitals (§ 53 Abs. 2 S. 1 GmbHG) oder der satzungsmäßigen Mehrheit (§ 53 Abs. 2 S. 2 GmbHG) unterliegt.

6 Der Kapitalerhöhungsbeschluss muss folgende **Angaben** enthalten (vgl. dazu auch Heckschen/Heidinger/*Heckschen* L Rn. 223; ein kommentiertes Muster findet sich bei *Fröhlich* GmbH-StB 2005, 310; MünchVertrHdb I/*Heidenhain* Rn. VI.91):

- den **Erhöhungsbetrag**; die Erhöhung um einen Höchstbetrag ist bei der Kapitalerhöhung aus Gesellschaftsmitteln anders als im Fall der effektiven Kapitalerhöhung unzulässig (*Lutter/Hommelhoff* GmbHG, § 57 c Rn. 10; Baumbach/Hueck/*Zöllner* § 57 c Rn. 3.);
- die **neue Stammkapitalziffer** (*Lutter/Hommelhoff* GmbHG, § 57 c Rn. 10; a. A. Baumbach/Hueck/*Zöllner* § 57 c Rn. 3; für die letztgenannte Ansicht spricht, dass die neue Stammkapitalziffer vom Registergericht durch eine simple Rechenoperation ermittelt werden kann);
- die Angabe, **welche Bilanz** (Jahresabschlussbilanz oder Zwischenbilanz) dem Beschluss zugrunde gelegt wird (*Lutter/Hommelhoff* GmbHG, § 57 c Rn. 10; Baumbach/Hueck/*Zöllner* Baumbach/Hueck § 57 c Rn. 3);
- die Angabe, dass **Kapitalerhöhung durch Umwandlung von Rücklagen** erfolgt (*Lutter/Hommelhoff* GmbHG, § 57 c Rn. 10; Baumbach/Hueck/*Zöllner* § 57 c Rn. 3). Bei Vorhandensein mehrerer Rücklagen ist anzugeben, zu Lasten welcher und in welcher Höhe die Umwandlung erfolgen soll (Baumbach/Hueck/*Zöllner* § 57 c Rn. 3); in § 57 d GmbHG wird geregelt, welche Rücklagen umwandlungsfähig sind (§ 57 d GmbHG Rn. 3 ff.);
- die **Art der Erhöhung** (§ 57 Abs. 2 S. 1 GmbHG), also durch Bildung neuer Geschäftsanteile oder durch Erhöhung des Nennbetrags bestehender Geschäftsanteile;
- **Festlegungen zur Gewinnbeteiligung**, falls von § 57 n Abs. 1 GmbHG abgewichen werden soll;
- ggf. **Anpassungsregeln** zu den mit den Geschäftsanteilen verbundenen Nebenrechten und -pflichten (Baumbach/Hueck/*Zöllner* § 57 c Rn. 3; § 57 m GmbHG).

C. Beschlussmängel

7 Verstöße gegen die Reihenfolge der Beschlussfassungen gem. Abs. 2 und die Pflicht zur Zugrundelegung einer Bilanz nach Abs. 3 führen analog § 241 Nr. 3 AktG zur Nichtigkeit. Dies wird mit dem Gläubigerschutzcharakter der genannten Bestimmungen begründet (*Roth/Altmeppen* § 57 c Rn. 14; *Lutter/Hommelhoff* GmbHG, § 57 c Rn. 11; teilweise a. A. Baumbach/Hueck/*Zöllner* § 57 c Rn. 5). Falls die zugrunde liegende Bilanz unrichtig ist und tatsächlich nicht bestehende Rücklagen ausweist, ist der Jahresabschluss analog § 256 Abs. 1 Nr. 1 AktG nichtig. Dies führt zur Nichtigkeit des Kapitalerhöhungsbeschlusses analog § 241 Nr. 3 AktG (Baumbach/Hueck/*Zöllner* § 57 c Rn. 7). Eine Unterdeckung aufgrund des Umstands, dass die in der Bilanz ausgewiesenen Rücklagen tatsächlich nicht existieren, führt nach h. M. nicht zu einer Einzahlungspflicht des Gesellschafters (Baumbach/Hoeck/*Zöllner* § 57 d Rn. 8), sondern nur zu einem Ausschüttungsverbot hinsichtlich künftiger Jahresüberschüsse bis zur Auffüllung. Dem entspricht, dass die Kapitalerhöhung aus Gesellschaftsmitteln grundsätzlich nicht mit Einlageleistungen der Gesellschafter verbunden ist. Nach a. A. muss jedoch die in § 9 GmbHG geregelte Differenzhaftung analog gelten (Scholz/*Priester* GmbHG, § 57 i Rn. 20).

D. Verbindung mit anderen Kapitalmaßnahmen

I. Verbindung von Kapitalerhöhung aus Gesellschaftsmitteln mit ordentlicher Kapitalerhöhung

8 Nach der Rechtsprechung kann die Kapitalerhöhung aus Gesellschaftsmitteln (§ 57 c GmbHG) sowie die effektive Kapitalerhöhung (§§ 55, 56 GmbHG) zu einem Gesellschafterbeschluss zusammengefasst werden, wenn alle Gesellschafter einverstanden sind und kumulativ alle gesetzlichen Voraussetzungen beider Erhöhungsarten vorliegen (OLG Düsseldorf NJW 1986, 2060; LG München Rpfleger 1983, 157). Die h. L. geht dagegen von der Unzulässigkeit eines einheitlichen Beschlusses aus (Baumbach/Hueck/*Zöllner* § 57 c Rn. 8; *Lutter/Hommelhoff* GmbHG, § 57 c Rn. 15). Unproblematisch können jedoch in derselben Gesellschafterversammlung getrennte Be-

schlüsse über die beiden Arten der Kapitalerhöhung gefasst werden (*Roth/Altmeppen* § 57 c Rn. 7).

II. Verbindung von Kapitalerhöhung aus Gesellschaftsmitteln mit Kapitalherabsetzung

Die Verbindung einer Kapitalerhöhung aus Gesellschaftsmitteln ist unstreitig weder mit einer ordentlichen Kapitalherabsetzung (§ 58 GmbHG) noch mit einer vereinfachten Kapitalherabsetzung (§§ 58 a ff. GmbHG) möglich. Bei der ordentlichen Kapitalherabsetzung liegt es daran, dass nach § 58 Abs. 1 Nr. 3 GmbHG die Herabsetzung erst mehr als ein Jahr nach dem Herabsetzungsbeschluss im Handelsregister angemeldet werden kann, während der Beschluss über Kapitalerhöhung aus Gesellschaftsmitteln innerhalb der 8-Monats-Frist gem. §§ 57 e, 57 f GmbHG anzumelden ist. Hinsichtlich der vereinfachten Kapitalherabsetzung ist die Begründung, dass die Kombination irreführend sei und nach § 58 a Abs. 2 GmbHG vorab die Auflösung aller Rücklagen voraussetzt (*Roth/Altmeppen* § 57 c Rn. 8; *Lutter/Hommelhoff* GmbHG, § 57 c Rn. 16; a. A. Baumbach / Hueck / *Zöllner* § 57 c Rn. 10). 9

§ 57 d [Ausweisung von Kapital- und Gewinnrücklagen]

(1) Die Kapital- und Gewinnrücklagen, die in Stammkapital umgewandelt werden sollen, müssen in der letzten Jahresbilanz und, wenn dem Beschluss eine andere Bilanz zugrunde gelegt wird, auch in dieser Bilanz unter »Kapitalrücklage« oder »Gewinnrücklagen« oder im letzten Beschluss über die Verwendung des Jahresergebnisses als Zuführung zu diesen Rücklagen ausgewiesen sein.

(2) Die Rücklagen können nicht umgewandelt werden, soweit in der zugrunde gelegten Bilanz ein Verlust, einschließlich eines Verlustvortrags, ausgewiesen ist.

(3) Andere Gewinnrücklagen, die einem bestimmten Zweck zu dienen bestimmt sind, dürfen nur umgewandelt werden, soweit dies mit ihrer Zweckbestimmung vereinbar ist.

A. Normzweck

§ 57 d GmbHG soll sicherstellen, dass die GmbH tatsächlich über ausreichende Rücklagen verfügt, um den Betrag der Kapitalerhöhung zu decken (*Lutter/Hommelhoff* GmbHG, § 57 d Rn. 1). 1

B. Bilanzausweis der Kapital- und Gewinnrücklagen

Die Kapital- und Gewinnrücklagen müssen grundsätzlich in der letzten Jahresbilanz (§ 57 e GmbHG) ausgewiesen sein. Wird der Kapitalerhöhung eine Zwischenbilanz (§ 57 f GmbHG) zugrunde gelegt, müssen die Rücklagen gem. Abs. 1 in beiden Bilanzen ausgewiesen sein. Falls die Rücklagen im letzten Gewinnverwendungsbeschluss (§ 29 GmbHG) als Zuführung zu Kapital- oder Gewinnrücklage ausgewiesen sind, reicht der zusätzliche Ausweis in der Zwischenbilanz (*Roth/Altmeppen/Roth* § 57 d Rn. 4). 2

C. Umwandlungsfähige Gewinn- und Kapitalrücklagen

I. Arten von Gewinn- und Kapitalrücklagen

Ausdrücklich als umwandlungsfähig genannt (Abs. 1) sind Kapital- und Gewinnrücklagen. **Kapitalrücklagen** sind sämtliche Einlagen von Gesellschaftern, die nicht Stammkapital sind. Als Kapitalrücklage sind nach § 272 Abs. 2 HGB auszuweisen: (1) Aufgelder bei der Ausgabe von Geschäftsanteilen, (2) Options- oder Wandlungsprämien, (3) Zuzahlungen bei Gewährung von Vorzügen und (4) sonstige Zuzahlungen in die Kapitalrücklage, wie z. B. Nachschüsse gem. § 26 GmbHG. 3

4 **Gewinnrücklagen** sind Rücklagen aus einbehaltenen Jahresüberschüssen (§ 272 Abs. 3 S. 1 HGB). Dazu zählen nach § 266 Abs. 3 A III HGB Rücklagen für eigene Anteile und satzungsmäßige Rücklagen und andere Gewinnrücklagen. Rücklagen für eigene Anteile sind jedoch nicht umwandlungsfähig (Ausführlich *Roth/Altmeppen* § 57 d Rn. 6). Das GmbH-Recht kennt keine gesetzlichen Rücklagen (A/E/S/*Ensthaler* § 57 d Rn. 2).

5 Damit sind grundsätzlich alle **offenen Rücklagen** umwandlungsfähig.

6 **Nicht umwandlungsfähig** sind dagegen die folgenden Positionen:

- **Stille Reserven** können dagegen erst aufgelöst und in den nach Abs. 1 maßgeblichen Bilanzen ausgewiesen werden, bevor sie umwandlungsfähig sind (Baumbach/Hueck/*Zöllner* § 57 d Rn. 1).
- **Künftige Rücklagen** sind nicht umwandlungfähig (Heckschen/Heidinger/*Heckschen* L Rn. 231).
- Der **Jahresüberschuss** oder **Bilanzgewinn** ist nur umwandlungsfähig, wenn ein Gewinnverwendungsbeschluss gefasst wurde und der Gewinn bzw. Überschuss bereits der Gewinnrücklage zugewiesen worden ist.
- Die nach § 247 Abs. 3 HGB zulässigen Passivposten für Zwecke der Steuern vom Einkommen und Ertrag (**Sonderposten mit Rücklagenanteil**) sind bei Kapitalgesellschaften gem. § 273 S. 2 HGB auf der Passivseite vor den Rückstellungen auszuweisen. Sie sind ein Mischposten aus Eigenkapital und Fremdkapital und werden entsprechend zwischen dem Eigenkapital und dem Fremdkapital (also vor den Rückstellungen) ausgewiesen. Die Bildung einer steuerfreien Rücklage bewirkt zunächst nur eine Gewinnverlagerung, wirtschaftlich also eine Steuerstundung. In Höhe der aufgeschobenen Steuerbelastung hat der Sonderposten Rückstellungscharakter und entspricht einer Rückstellung für die latente Steuerverbindlichkeit. Daneben hat der Sonderposten Eigenkapitalcharakter (MüKo AktG/*Hennrichs* § 247 HGB Rn. 25–27).

II. Keine Verlustsituation

7 Die Rücklagen dürfen nicht umgewandelt werden, »soweit« in der zugrunde gelegten Bilanz ein Verlust oder Verlustvortrag ausgewiesen ist (Abs. 2). »Soweit« bedeutet, dass nur die **positive Differenz** aus umwandlungsfähigen Rücklagen und dem ausgewiesenen Verlust einschließlich Verlustvortrag umgewandelt werden kann (*Roth/Altmeppen* § 57 d Rn. 11). Zwischen dem Stichtag der der Kapitalerhöhung zugrunde gelegten Jahres- oder Zwischenbilanz bis zur Anmeldung beim Handelsregister dürfen keine Vermögensminderungen eingetreten sein (§ 57 i Abs. 1 S. 2 GmbHG).

D. Andere Gewinnrücklagen mit Zweckbestimmung, Abs. 3

8 Zweckgebundene Gewinnrücklagen dürfen nur dann in Stammkapital umgewandelt werden, soweit dies mit ihrer Zweckbestimmung vereinbar ist (Abs. 3). Die Zweckbindung richtet sich nach dem Gesellschafterbeschluss, mit dem die Zweckbindung festgesetzt wurde. Eine Umwandlung in Stammkapital wäre z. B. unvereinbar, wenn die Rücklage ausweislich des Gewinnverwendungsbeschlusses für freiwillige soziale Leistungen bestimmt ist (*Roth/Altmeppen* § 57 d Rn. 7). In der Praxis ist dies jedoch regelmäßig unproblematisch, weil der Kapitalerhöhungsbeschluss, also der Beschluss über Umwandlung der Rücklagen, als (ggf. konkludente) Aufhebung der Zweckbindung verstanden wird (Baumbach/Hueck/*Zöllner* § 57 d Rn. 10). Beruht die Zweckbindung auf einer Satzungsbestimmung, so muss die Satzung entsprechend geändert werden. Die Satzungsänderung über die Aufhebung der Zweckbindung und die Kapitalerhöhung aus Gesellschaftsmitteln können in einem einheitlichen Beschluss gefasst werden (Baumbach/Hueck/*Zöllner* § 57 d Rn. 11).

E. Rechtsfolgen eines Verstoßes

Verstöße gegen Abs. 1 und Abs. 2 führen aufgrund ihres gläubigerschützenden Charakters analog § 241 Nr. 3 AktG zur Nichtigkeit (*Roth/Altmeppen* § 57 d Rn. 12; differenzierend Baumbach/Hueck/*Zöllner* § 57 d Rn. 4 und Rn. 8; vgl. auch Kap. 16 Rn. 296). Ein Verstoß gegen Abs. 3 führt unstreitig nicht zur Nichtigkeit, sondern nur zur Anfechtbarkeit (Baumbach/Hueck/*Zöllner* § 57 d Rn. 11; *Roth/Altmeppen* § 57 d Rn. 12; vgl. zur Anfechtbarkeit von Beschlüssen in der GmbH auch ausführl. Kap. 16 Rn. 309 ff., zur Anfechtungsklage gem. § 243 AktG analog Kap. 16 Rn. 329 ff.) 9

§ 57 e [Zugrundelegung der letzten Jahresbilanz; Prüfung]

(1) Dem Beschluss kann die letzte Jahresbilanz zugrunde gelegt werden, wenn die Jahresbilanz geprüft und die festgestellte Jahresbilanz mit dem uneingeschränkten Bestätigungsvermerk der Abschlussprüfer versehen ist und wenn ihr Stichtag höchstens acht Monate vor der Anmeldung des Beschlusses zur Eintragung in das Handelsregister liegt.

(2) Bei Gesellschaften, die nicht große i. S. d. § 267 Abs. 3 des Handelsgesetzbuchs sind, kann die Prüfung auch durch vereidigte Buchprüfer erfolgen; die Abschlussprüfer müssen von der Versammlung der Gesellschafter gewählt sein.

A. Normzweck

Nach § 57 e GmbHG muss die Jahresbilanz, die Grundlage der Kapitalerhöhung sein soll, in jedem Fall geprüft und testiert sein. Die Vorschrift hat somit vor allem eine Kontrollfunktion zum Schutz der Gesellschaftsgläubiger. 1

B. Voraussetzungen der Verwendung der letzten Jahresbilanz

I. Bilanz mit uneingeschränktem Bestätigungsvermerk

Die Verwendung der Bilanz aus dem Jahresabschluss (Jahresbilanz) als Grundlage der Kapitalerhöhung aus Gesellschaftsmitteln setzt voraus, dass die Jahresbilanz geprüft und mit dem uneingeschränkten Bestätigungsvermerk des Abschlussprüfers versehen ist (Abs. 1). Damit wird auch für kleine GmbHs (§ 267 Abs. 1 HGB), deren Jahresabschlüsse normalerweise nach § 316 Abs. 1 S. 1 HGB nicht geprüft werden müssen, eine Abschlussprüfung festgelegt (A/E/S/*Ensthaler* § 57 e Rn. 1). 2

II. 8-Monats-Frist

Der Stichtag der Jahresbilanz, die der Kapitalerhöhung zugrunde gelegt wird, darf nicht mehr als acht Monate vor der Anmeldung des Kapitalerhöhungsbeschlusses liegen (Abs. 1). Es ist fraglich, ob es ausreicht, wenn die entsprechende Handelsregisteranmeldung innerhalb der 8-Monats-Frist **per Telefax** beim Handelsregister eingeht und in öffentlich-beglaubigter Form nachgereicht wird (so Heckschen/Heidinger/*Heckschen* L Rn. 224; für den Fall einer Verschmelzungsanmeldung OLG Jena NZG 2003, 43). Wiedereinsetzung in den vorigen Stand ist ausgeschlossen; jede geringste Fristüberschreitung schadet (OLG Frankfurt BB 1981, 1253, 1254; Heckschen/Heidinger/*Heckschen* L Rn. 224; Baumbach/Hueck/*Zöllner* § 57 e Rn. 4). Teilweise wird vertreten, dass nur eine vollständige und mangelfreie Registeranmeldung fristwahrend ist (*Lutter/Hommelhoff* GmbHG, § 57 g Rn. 10). Zutreffend ist hier zu differenzieren: Eine Anmeldung nur pro forma, also wenn die Anmeldungsvoraussetzungen wie z. B. der Erhöhungsbeschluss gar nicht vorliegen, ist nicht ausreichend (*Heckschen* L Rn. 224; Michalski/*Hermanns* § 57 e Rn. 9). Wird die Anmeldung jedoch nicht wegen Unvollständigkeit zurückgewiesen, sondern ergeht nur eine Zwischenverfügung, bleibt die Frist gewahrt, auch wenn die nachgereichten Unterlagen erst nach 3

Ablauf der 8-Monats-Frist beim Gericht eingehen (Baumbach / Hueck / *Zöllner* § 57 e Rn. 4). Liegt der Bilanzstichtag mehr als 8 Monate zurück, bedarf es einer Sonderbilanz nach § 57 f GmbHG.

III. Prüferbestellung

4 Bei kleinen und mittelgroßen GmbHs (§ 267 Abs. 1 und 2 HGB) kann die Abschlussprüfung auch durch vereidigte Buchprüfer erfolgen (Abs. 2 Hs. 1). Bei großen Kapitalgesellschaften kommen nur Wirtschaftsprüfer oder Wirtschaftsprüfergesellschaften in Frage (§ 319 Abs. 1 S. 1 HGB). Die Abschlussprüfer müssen von der Gesellschafterversammlung gewählt sein (Abs. 2 Hs. 2); auch die Beschlussfassung im Umlaufverfahren (§ 48 Abs. 2 GmbHG) zu möglich. Wenn eine bereits geprüfte Jahresbilanz zugrunde gelegt wird und deren Prüfer anderweitig bestellt wurde, genügt auch deren nachträgliche Bestätigung durch die Gesellschafterversammlung (*Roth/Altmeppen* § 57 e Rn. 5).

C. Umfang der Prüfung

5 Grundsätzlich richtet sich der Umfang der Prüfung nach §§ 316 ff. HGB. Bei kleinen GmbHs ist der Prüfungsumfang aber umstritten; entweder genügt eine Prüfung entsprechend den Anforderungen für Sonderbilanzen nach § 57 f GmbHG (*Roth/Altmeppen* § 57 e Rn. 4; Baumbach / Hueck / *Zöllner* § 57 e Rn. 2) oder die §§ 316 ff. HGB finden entsprechend Anwendung (Michalski / *Hermanns* § 57 e Rn. 5, wonach die in § 57 f Abs. 3 S. 2 GmbHG in Bezug genommenen Vorschriften nicht den Prüfungsgegenstand betreffen; ohne nähere Auseinandersetzung R / S-L / *Zimmermann* § 57 g Rn. 4).

D. Mängel, Rechtsfolgen

6 Wird dem Beschluss keine geprüfte und mit dem uneingeschränkten Bestätigungsvermerk zu versehender Jahresabschluss zu Grunde gelegt, ist der Beschluss analog § 243 Nr. 3 AktG **nichtig** (BayObLG ZIP 2002, 1398, 1400 zur Aktiengesellschaft; vgl. auch Kap. 16 Rn. 296). Die Nichtigkeit kann analog § 242 Abs. 2 AktG nach drei Jahren nicht mehr geltend gemacht werden. Zu inhaltlichen Mängeln der Bilanz vgl. § 57 c GmbHG Rn. 7.

7 Wird die 8-Monats-Frist bereits mit der Beschlussfassung überschritten, ist der Beschluss analog § 243 Nr. 3 AktG nichtig (Baumbach / Hueck / *Zöllner* § 57 e Rn. 5). Ansonsten stellt die Überschreitung der 8-Monats-Frist zwar ein Eintragungshindernis dar; dieses wird aber mit der (versehentlichen) Eintragung im Handelsregister **geheilt** (*Roth/Altmeppen* § 57 e Rn. 8).

§ 57 f [Anforderungen an die Bilanz]

(1) [1]Wird dem Beschluss nicht die letzte Jahresbilanz zugrunde gelegt, so muss die Bilanz den Vorschriften über die Gliederung der Jahresbilanz und über die Wertansätze in der Jahresbilanz entsprechen. [2]Der Stichtag der Bilanz darf höchstens acht Monate vor der Anmeldung des Beschlusses zur Eintragung in das Handelsregister liegen.

(2) [1]Die Bilanz ist, bevor über die Erhöhung des Stammkapitals Beschluss gefasst wird, durch einen oder mehrere Prüfer darauf zu prüfen, ob sie dem Absatz 1 entspricht. [2]Sind nach dem abschließenden Ergebnis der Prüfung keine Einwendungen zu erheben, so haben die Prüfer dies durch einen Vermerk zu bestätigen. [3]Die Erhöhung des Stammkapitals kann nicht ohne diese Bestätigung der Prüfer beschlossen werden.

(3) [1]Die Prüfer werden von den Gesellschaftern gewählt; falls nicht andere Prüfer gewählt werden, gelten die Prüfer als gewählt, die für die Prüfung des letzten Jahresabschlusses von den Gesellschaftern gewählt oder vom Gericht bestellt worden sind. [2]Im Übrigen sind, soweit sich aus der Besonderheit des Prüfungsauftrags nichts anderes ergibt, § 318 Abs. 1 Satz 2, § 319 Abs. 1 bis 4, § 319 a Abs. 1, § 320 Abs. 1 Satz 2, Abs. 2 und die §§ 321 und 323

des Handelsgesetzbuchs anzuwenden. [3]Bei Gesellschaften, die nicht große i. S. d. § 267 Abs. 3 des Handelsgesetzbuchs sind, können auch vereidigte Buchprüfer zu Prüfern bestellt werden.

A. Normzweck

Dem Kapitalerhöhungsbeschluss kann statt der letzten Jahresbilanz auch eine Zwischenbilanz zugrunde gelegt werden. Liegt der Stichtag des Jahresabschlusses mehr als acht Monate zurück, muss eine Zwischenbilanz erstellt werden. § 57 f GmbHG legt die inhaltlichen Anforderungen an die Kapitalerhöhungssonderbilanz fest. 1

B. Gliederung der Bilanz und Wertansätze in der Bilanz

Die Bilanz muss den Vorschriften über die Gliederung der Jahresbilanz und über die Wertansätze in der Jahresbilanz entsprechen (Abs. 1 S. 1). 2

C. 8-Monats-Frist

Der Stichtag der Zwischenbilanz darf höchstens acht Monate vor der Anmeldung des Erhöhungsbeschlusses zur Eintragung in das Handelsregister liegen (Abs. 1 S. 2). Insoweit wird auf die Ausführungen unter § 57 e Rn. 3 verwiesen. 3

D. Prüfung, Prüferbestellung, Prüfungsumfang

Die Zwischenbilanz muss vor der Beschlussfassung über die Kapitalerhöhung geprüft und mit dem uneingeschränkten Bestätigungsvermerk des Abschlussprüfers versehen sein (Abs. 2). Auch die Feststellung der Bilanz in einem gesonderten Beschluss vor dem Kapitalerhöhungsbeschluss ist erforderlich (ausdrücklich nur für die Jahresbilanz nach § 57 c Abs. 2 GmbHG; Michalski/*Hermanns* § 57 f Rn. 5; Baumbach/Hueck/*Zöllner* § 57 f Rn. 12). 4

Hinsichtlich der **Prüferbestellung** gelten die Ausführungen zu § 57 e entsprechend (§ 57 e Rn. 4). 5

Prüfungsinhalt ist, ob die Bilanz den Vorschriften über die Gliederung der Jahresbilanz und der Wertansätze in der Jahresbilanz entsprechen (Abs. 2 S. 1 i. V. m. Abs. 1 S. 1). Der **Prüfungsumfang** ist im Vergleich zur Jahresabschlussprüfung (§§ 316 ff. HGB) jedoch eingeschränkt (Abs. 3 S. 2), da die Vorschriften des HGB, auf die verwiesen wird, nur insoweit anzuwenden sind, als dies den Besonderheiten des Prüfungsauftrags hier nicht widerspricht. Als Besonderheit wird angeführt, dass die Zwischenbilanz nicht als Grundlage der Beurteilung der Lage der Gesellschaft dient; insofern sind der Prüfungsbericht (§ 321 HGB) und die Informationsrechte der Abschlussprüfer (§ 320 Abs. 1 S. 2 und Abs. 2 HGB) eingeschränkt (Baumbach/Hueck/*Zöllner* § 57 f Rn. 5). 6

§ 57 g [Vorherige Bekanntgabe des Jahresabschlusses]

Die Bestimmungen des Gesellschaftsvertrags über die vorherige Bekanntgabe des Jahresabschlusses an die Gesellschafter sind in den Fällen des § 57 f entsprechend anzuwenden.

Die Norm ist **lückenhaft**, da sie nur den Fall regelt, dass die Satzung Bestimmungen über die vorherige Bekanntgabe des Jahresabschlusses an die Gesellschafter enthält. Dann sind diese Satzungsbestimmungen entsprechend auf die Zwischenbilanz in den Fällen des § 57 f GmbHG anzuwenden. Fehlt jedoch eine Satzungsregelung über die Vorlage, ist unstreitig § 42 a Abs. 1 GmbHG entsprechend anzuwenden (*Roth/Altmeppen* § 57 g; Michalski/*Hermanns* § 57 g Rn. 2; Baumbach/Hueck/*Zöllner* § 57 g Rn. 1 m. w. N.). Streitig ist, ob analog § 42 a Abs. 1 S. 3 GmbHG auch die Vorlage an einen etwa bestehenden Aufsichtsrat erforderlich ist (befürwortend: Michalski/*Hermanns* § 57 g Rn. 2; *Roth/Altmeppen* § 57 g; a. A. R/S-L/*Zimmermann* §§ 57 f, 57 g Rn. 12). 1

§ 57 h [Arten der Kapitalerhöhung]

(1) [1]Die Kapitalerhöhung kann vorbehaltlich des § 57 l Abs. 2 durch Bildung neuer Geschäftsanteile oder durch Erhöhung des Nennbetrags der Geschäftsanteile ausgeführt werden. [2]Die neuen Geschäftsanteile und die Geschäftsanteile, deren Nennbetrag erhöht wird, können auf jeden durch zehn teilbaren Betrag, müssen jedoch auf mindestens fünfzig Euro gestellt werden.

(2) [1]Der Beschluss über die Erhöhung des Stammkapitals muss die Art der Erhöhung angeben. [2]Soweit die Kapitalerhöhung durch Erhöhung des Nennbetrags der Geschäftsanteile ausgeführt werden soll, ist sie so zu bemessen, dass durch sie auf keinen Geschäftsanteil, dessen Nennbetrag erhöht wird, Beträge entfallen, die durch die Erhöhung des Nennbetrags des Geschäftsanteils nicht gedeckt werden können.

A. Normzweck

1 Die Norm erlaubt **Kapitalerhöhung aus Gesellschaftsmitteln** sowohl durch Bildung neuer Geschäftsanteile wie auch durch Aufstockung bestehender Geschäftsanteile (Abs. 1 S. 1). Ferner gewährt das Gesetz Erleichterungen hinsichtlich der Mindestnennbeträge und Teilbarkeit der neuen bzw. aufgestockten Anteile (Abs. 1 S. 2). Nach dem **RefE MoMiG** (Referentenentwurf eines »Gesetzes zur Modernisierung des GmbH-Rechts und zur Bekämpfung von Missbräuchen« vom 29. 5. 2006) sollen solche Erleichterungen nicht mehr erforderlich sein, da ohnehin Stammeinlagen, die auf den vollen Euro lauten, zugelassen sind (vgl. hierzu ausführl. § 5 GmbHG Rn. 2 ff., 7 ff.). In § 57 h Abs. 1 S. 2 i. d. F. des RefE MoMiG sollen die Wörter in Abs. 1 S. 2 a. E. (»können auf jeden durch zehn teilbaren Betrag, müssen jedoch auf mindestens fünfzig Euro gestellt werden«) durch die Wörter »müssen auf einen Betrag gestellt werden, der auf volle Euro lautet« ersetzt werden (vgl. RefE MoMiG Art. 1 Nr. 23). Bei den Gesellschaftern dürfen keine Spitzenbeträge entstehen (§ 57 h Abs. 2 S. 2).

B. Bildung neuer Geschäftsanteile

2 Nach § 57 j GmbHG sind die Gesellschafter zwar zwingend Verhältnis wahrend am erhöhten Stammkapital beteiligt. Durch Kapitalerhöhungsbeschluss kann und muss (Abs. 2 S. 1) bestimmt werden, ob die Erhöhung durch **Neubildung von Geschäftsteilen** oder **Aufstockung der Nennbeträge** bestehender Geschäftsanteile erfolgen soll. Auch eine Kombination aus beiden Arten der Erhöhung ist möglich (vgl. § 57 l Abs. 2 S. 3 GmbHG für den Fall teileingezahlter Geschäftsanteile; Baumbach / Hueck / *Zöllner* § 57 h Rn. 8; *Lutter/Hommelhoff* GmbHG, § 57 h Rn. 5; *Roth/Altmeppen* § 57 h Rn. 6). Lediglich bei teileingezahlten Geschäftsanteilen kommt ausschließlich die Kapitalerhöhung durch Nennbetragserhöhung (Aufstockung) in Betracht (§ 57 l Abs. 2 S. 2 GmbHG).

3 Ist ein Gesellschafter **Inhaber mehrerer Geschäftsanteile**, nehmen alle Geschäftsanteile Verhältnis wahrend an der Kapitalerhöhung teil (Heckschen / Heidinger / *Heckschen* L Rn. 228). Mit Zustimmung des Gesellschafters, der mehrer Geschäftsanteile hält, soll es auch möglich sein, ihm nur einen neuen Geschäftsanteile zu gewähren (Baumbach / Hueck / *Zöllner* § 57 h Rn. 5; kritisch Heckschen / Heidinger / *Heckschen* L Rn. 228).

C. Nennbetragserhöhung bestehender Geschäftsanteile (Aufstockung)

4 Die Erhöhung des Stammkapitals durch Nennbetragserhöhung ist für Gesellschafter vorteilhaft, wenn auf sie ein unter € 50,– liegender Erhöhungsbetrag entfallen würde, so dass die Bildung eines neuen Geschäftsanteils ausscheidet, weil der Mindestnennbetrag gem. § 57 h Abs. 1 S. 2 GmbHG nicht erreicht ist (*Roth/Altmeppen* § 57 h Rn. 7; Baumbach / Hueck / *Zöllner* § 57 h Rn. 5). Dies spielt nach den Regelungen des RefE MoMiG keine Rolle (s. o. Rn. 1).

D. Mindestnennbeträge und Teilbarkeit der neuen oder aufgestockten Geschäftsanteile

Die neuen Geschäftanteile und die Geschäftsanteile, deren Nennbeträge durch Aufstockung erhöht wird, können auf jeden durch zehn teilbaren Betrag, müssen jedoch auf einen Nennbetrag von mindestens € 50,– lauten (Abs. 1 S. 2). 5

E. Spitzenbeträge

Bei den Gesellschaftern dürfen im Fall der Kapitalerhöhung durch Nennbetragserhöhung (Aufstockung) keine Spitzenbeträge entstehen (Abs. 2 S. 2); entsprechend ist der Umfang der Kapitalerhöhung aus Gesellschaftsmitteln festzulegen. Im Fall der Kapitalerhöhung durch Ausgabe neuer Geschäftsanteile hingegen ist die Entstehung von Spitzenbeträgen möglich, da die Gesellschafter zwingend Verhältnis wahrend an der Kapitalerhöhung partizipieren (§ 57 j GmbHG) und zugleich zwingende Vorschriften über Mindestnennbeträge und die Teilbarkeit (Abs. 1 S. 2) bestehen. Allerdings kann ein Erhöhungsbeschluss, der zu solchen Spitzenbeträgen führt, **treuwidrig und anfechtbar** sein (Baumbach / Hueck / *Zöllner* § 57 k Rn. 1). Falls es, z. B. nach Versäumen der Anfechtungsfrist, doch zur Entstehung der Spitzenbeträge kommt, also wenn »auf einen Geschäftsanteil nur ein Teil eines neuen Geschäftsanteils entfällt« (§ 57 k Abs. 1 GmbHG), können die verbleibenden Spitzenbeträge zu neuen Geschäftsanteilen zusammengefasst werden; das setzt jedoch voraus, dass der aus den Spitzenbeträgen zusammengefasste Geschäftsanteil den Anforderungen an Mindestnennbetrag (€ 50,–) und Teilbarkeit (durch 10) gem. Abs. 1 S. 2 entspricht (*Roth/Altmeppen* § 57 h Rn. 7). Zu den Rechten an dem aus Spitzenbeträgen zusammengefassten Geschäftsanteil vgl. § 57 k GmbHG. 6

Wird der Mindestnennbetrag von € 50,– durch den Spitzenbetrag nicht erreicht, vermittelt der Spitzenbetrag – mangels abweichender Satzungsregelung – nach § 47 Abs. 2 GmbHG **kein Stimmrecht**. Hier soll unter Berufung auf § 57 l Abs. 2 S. 4 GmbHG entgegen der Satzungsregelung kraft Gesetzes gelten, dass jeweils € 5,– Nennbetrag eine Stimme gewähren (Baumbach / Hueck / *Zöllner* § 57 h Rn. 4; § 47 Rn. 66). Dies überschreitet jedoch die Grenzen zulässiger Analogie; für die Praxis sollte vorerst abgewartet werden, ob die Rechtsprechung diesem Vorschlag einer Rechtsfortbildung folgen wird. Die unterschiedlichen Mindestnennbeträge und die damit zusammenhängenden Fragen spielen keine Rolle mehr nach dem RefE MoMiG, da die einzelne Stammeinlage nur noch auf den vollen Euro lauten muss (vgl. hierzu ausführl. § 5 GmbHG Rn. 2, 7 ff.). 7

F. Mängel, Rechtsfolgen

Mängel führen zur Nichtigkeit analog § 241 Nr. 3 AktG (Verstoß gegen Gläubigerschutzvorschriften; vgl. dazu auch Kap. 16 Rn. 296). Das ist für einen Verstoß gegen Abs. 2 S. 2 umstritten (für Anfechtbarkeit: Baumbach / Hueck / *Zöllner* § 57 h Rn. 10; für Nichtigkeit: *Roth/Altmeppen* § 57 h Rn. 13). 8

§ 57 i [Anmeldung und Eintragung des Erhöhungsbeschlusses] [i. d. F. ab 1. 1. 2007 durch EHUG]

(1) [1]Der Anmeldung des Beschlusses über die Erhöhung des Stammkapitals zur Eintragung in das Handelsregister ist die der Kapitalerhöhung zugrunde gelegte, mit dem Bestätigungsvermerk der Prüfer versehene Bilanz, in den Fällen des § 57 f außerdem die letzte Jahresbilanz, sofern sie noch nicht nach § 325 Abs. 1 des Handelsgesetzbuchs eingereicht ist, beizufügen. [2]Die Anmeldenden haben dem Registergericht gegenüber zu erklären, dass nach ihrer Kenntnis seit dem Stichtag der zugrunde gelegten Bilanz bis zum Tag der Anmeldung keine Vermögensminderung eingetreten ist, die der Kapitalerhöhung entgegenstünde, wenn sie am Tag der Anmeldung beschlossen worden wäre.

(2) Das Registergericht darf den Beschluss nur eintragen, wenn die der Kapitalerhöhung zugrunde gelegte Bilanz für einen höchstens acht Monate vor der Anmeldung liegenden Zeitpunkt aufgestellt und eine Erklärung nach Absatz 1 Satz 2 abgegeben worden ist.

(3) Zu der Prüfung, ob die Bilanzen den gesetzlichen Vorschriften entsprechen, ist das Gericht nicht verpflichtet.

(4) Bei der Eintragung des Beschlusses ist anzugeben, dass es sich um eine Kapitalerhöhung aus Gesellschaftsmitteln handelt.

§ 57 i [Anmeldung und Eintragung des Erhöhungsbeschlusses] [i. d. F. bis 31. 12. 2006]

(1) [1]Der Anmeldung des Beschlusses über die Erhöhung des Stammkapitals zur Eintragung in das Handelsregister ist die der Kapitalerhöhung zugrunde gelegte, mit dem Bestätigungsvermerk der Prüfer versehene Bilanz, in den Fällen des § 57 f außerdem die letzte Jahresbilanz, sofern sie noch nicht eingereicht ist, beizufügen. **[S. 2 identisch]**

(2) bis (4) **[identisch]**

A. Normzweck

1 § 57 i GmbHG regelt den Inhalt der **Handelsregisteranmeldung** sowie den **Umfang der Prüfungspflicht** des Registergerichts.

2 Die Vorschrift wurde durch Art. 10 Nr. 7 des **»Gesetzes über elektronische Handelsregister und Genossenschaftsregister sowie das Unternehmensregister« EHUG** (Inkrafttreten zum 1. 1. 2007, vgl. BGBl. I, 2553) geändert: In Abs. 1 S. 1 wurden nach den Wörtern »noch nicht« die Wörter »nach § 325 Abs. 1 des Handelsgesetzbuches« eingefügt werden (vgl. Art. 10 Nr. 7 EHUG). Nach der Begründung der Bundesregierung zum Gesetzentwurf handelt es sich dabei lediglich um eine Klarstellung, da infolge der Änderung des § 325 HGB durch das EHUG die Einreichung der Jahresabschlüsse nicht mehr zum Handelsregister, sondern beim Betreiber des elektronischen Bundesanzeigers erfolgt (vgl. BT-Drs. 16/960, 66 f. Begründung zu Art. 10 Nr. 7 i. V. m. Begründung zu Art. 9 Nr. 10 EHUG).

B. Anmeldung des Kapitalerhöhungsbeschlusses

I. Form

3 Die Handelsregisteranmeldung muss in öffentlich beglaubigter Form erfolgen (§ 12 Abs. 2 HGB).

II. Anmeldende, zivil- und strafrechtliche Verantwortung

4 Die Anmeldung des Kapitalerhöhungsbeschlusses (Abs. 1) ist durch sämtliche Geschäftsführer zu bewirken (§ 78 GmbHG). Machen die anmeldenden Geschäftsführer vorsätzlich falsche Angaben über das Fehlen von Vermögensminderungen i. S. v. Abs. 1 S. 2, droht ihnen nach § 82 Abs. 1 Nr. 4 GmbHG strafrechtliche und nach § 823 Abs. 2 BGB i. V. m. § 82 Abs. 1 Nr. 4 GmbHG zivilrechtliche Haftung.

III. Inhalt der Handelsregisteranmeldung

5 Neben den nachfolgend aufgeführten Anlagen, hat die Handelsregisteranmeldung folgenden Inhalt:

In der Anmeldung muss erklärt werden, dass es sich um eine **Kapitalerhöhung aus Gesellschaftsmitteln** handelt (str.; dafür: Baumbach/Hueck/*Zöllner* § 57 i Rn. 5; a. A. A/E/S/*Ensthaler* § 57 i Rn. 1). Ebenso sollte die Anmeldung Angaben zum **Erhöhungsbetrag** und zur **neuen**

Stammkapitalziffer enthalten. Folgender Formulierungsvorschlag dürfte allen Bedenken gerecht werden und somit in der Praxis zu empfehlen sein (vgl. die Muster bei *Keidel/Krafka/Willer*, Rn. 1061; *Gustavus*, A 109; a. A. A / E / S / *Ensthaler* § 57 i Rn. 1, der Bezugnahme auf das notarielle Beschlussprotokoll ausreichen lässt):

»Das Stammkapital wurde aus Gesellschaftsmitteln von € [...] um € [...] auf € [...] erhöht. § X der Satzung wurde entsprechend geändert.«

Ferner muss die Anmeldung die **Versicherung** der Anmeldenden nach Abs. 1 S. 2 – bei mehreren Geschäftsführern jeder für sich – enthalten, dass nach ihrer Kenntnis seit dem Stichtag der zugrunde gelegten Bilanz bis zum Tag der Anmeldung keine Vermögensminderung der Gesellschaft eingetreten ist, die der Kapitalerhöhung entgegenstünde, wenn sie am Tag der Anmeldung beschlossen worden wäre. 6

III. Anlagen zur Handelsregisteranmeldung

Der Handelsregisteranmeldung sind folgende Anlagen beizufügen (*Keidel/Krafka/Willer*, Rn. 1061 mit Muster; *Gustavus*, A 109 mit Muster): 7

- der **Erhöhungsbeschluss** in notarieller Ausfertigung oder beglaubigter Abschrift;
- die **zugrunde gelegte Bilanz**. Der Bilanzstichtag darf höchstens acht Monate vor der Anmeldung liegen (§ 57 e Abs. 1 GmbHG im Fall der Jahresbilanz und § 57 f Abs. 1 S. 2 GmbHG im Fall der Zwischenbilanz); auch der uneingeschränkte Prüfungsvermerk der zuständigen Abschlussprüfer muss vorliegen (§ 57 e Abs. 1 GmbHG im Fall der Jahresbilanz und § 57 f Abs. 2 S. 3 GmbHG im Fall der Zwischenbilanz);
- zusätzlich ist die **letzte Jahresbilanz** einzureichen, wenn dem Kapitalerhöhungsbeschluss eine Zwischenbilanz zugrunde gelegt wurde (Abs. 1 S. 1); diese muss nur testiert sein, falls dies nach allgemeinen Vorschriften geboten ist, weil es sich um eine mittelgroße oder große Kapitalgesellschaft handelt. Die Jahresbilanz muss nur eingereicht werden, sofern sie noch nicht bereits beim Handelsregister eingereicht worden ist. Daran ändert auch der **RegE EHUG** in der Sache nichts, durch die Änderung von § 325 HGB (s. o. Rn. 2) erfolgt nur eine redaktionelle Änderung der Vorschrift (vgl. auch Begr. RegE EHUG zu Art. 10 zu Nr. 7, S. 168);
- die **Erklärung** der Anmeldenden, dass nach ihrer Kenntnis seit dem Stichtag der zugrunde gelegten Bilanz bis zum Tag der Anmeldung keine Vermögensminderung der Gesellschaft eingetreten ist, die der Kapitalerhöhung entgegenstünde, wenn sie am Tag der Anmeldung beschlossen worden wäre (Abs. 1 S. 2); Vertretung ist bei der Abgabe der Erklärung nicht möglich, die in beglaubigter Form abzugeben ist (Baumbach / Hueck / *Zöllner* § 57 i Rn. 7);
- nach h. M. der **vollständige Wortlaut der geänderten Satzung** mit der Bescheinigung des Notars nach § 54 Abs. 1 S. 2 GmbHG, dass die geänderten Bestimmungen der Satzung mit dem Satzungsänderungsbeschluss und die unveränderten Bestimmungen mit dem zuletzt beim Handelsregister eingereichten vollständigen Wortlaut des Gesellschaftsvertrags übereinstimmen (*Keidel/Krafka/Willer*, Rn. 1061; *Gustavus*, A 109; Baumbach / Hueck / *Zöllner* § 57 i Rn. 11; a. A. *Roth/Altmeppen / Roth* § 57 i Rn. 6, sofern der neue Stammkapitalbetrag in der Anmeldung beziffert ist).

Es ist empfehlenswert, dass die Geschäftsführer mit der Anmeldung auch gleich die **aktualisierte Gesellschafterliste** (§ 40 Abs. 1 S. 1 GmbHG) einreichen (*Gustavus*, A 109; *Keidel/Krafka/Willer*, Rn. 1061). 8

C. Gegenstand der gerichtlichen Eintragungsprüfung

Das Registergericht prüft die Anmeldung nebst Anlagen. Geprüft wird, ob die Bilanzen festgestellt sind, ob sie mit dem uneingeschränkten Prüfungsvermerk – soweit erforderlich – versehen sind, die Einhaltung der Acht-Monats-Frist und ob die in den Bilanzen ausgewiesenen Rücklagen den beschlossenen Erhöhungsbetrag vollumfänglich abdecken (§ 57 d Abs. 1 GmbHG); ferner darf die Basisbilanz keinen Verlust ausweisen (§ 57 d Abs. 2 GmbHG). Allerdings braucht 9 das Registergericht nicht prüfen, ob die Bilanzen den gesetzlichen Vorschriften entsprechen (§ 57 i Abs. 3 GmbHG). Die Einhaltung von § 57 h und § 57 l GmbHG ist ebenfalls Gegenstand gerichtlicher Prüfung (*Keidel/Krafka/Willer*, Rn. 1062; näher zum weiteren Prüfungsumfang noch Baumbach / Hueck / *Zöllner* § 57 i Rn. 13).

D. Eintragung

10 Die Eintragung des Kapitalerhöhungsbeschlusses erfolgt unter der Angabe, dass es sich um eine Kapitalerhöhung aus Gesellschaftsmitteln handelt (Abs. 4, § 54 Abs. 2 S. 1 GmbHG; *Roth/Altmeppen* § 57 i Rn. 10). Gem. §§ 57 c Abs. 4, 54 Abs. 3 GmbHG hat die Eintragung der Kapitalerhöhung aus Gesellschaftsmitteln im Handelsregister **konstitutive Wirkung**. Die Mitgliedschaftsrechte entstehen kraft Gesetzes mit der Eintragung (§ 57 j GmbHG), es bedarf keiner Übernahmeerklärungen (A / E / S / *Ensthaler* § 57 i Rn. 4).

11 Bislang war die Eintragung nach § 57 c Abs. 4, 54 Abs. 2 GmbHG vom Registergericht durch Veröffentlichung im Bundesanzeiger und den Blättern gem. § 10 HGB bekannt zu machen. Durch das **EHUG** wird § 54 Abs. 2 S. 2 GmbHG aufgehoben, der Gesetzgeber verzichtet also auf die Zusatzbekanntmachung des Kapitalerhöhungbeschlusses.

E. Mängel, Rechtsfolgen

12 Kommt es versehentlich zu Eintragung eines nichtigen Erhöhungsbeschlusses, wird **bloße Formnichtigkeit** analog § 242 Abs. 1 AktG mit Eintragung **geheilt**. Sonstige Nichtigkeitsgründe können zwar analog § 242 Abs. 2 AktG durch Eintragung und Ablauf von drei Jahren geheilt werden; die Heilung tritt rückwirkend ab dem Zeitpunkt der Eintragung ein, wenn die Frist abgelaufen ist (*Roth/Altmeppen* § 57 i Rn. 11); bis zu diesem Heilungszeitpunkt sind die Anteilsrechte aber nichtig. Die Grundsätze der fehlerhaften Gesellschaft finden im Fall der Kapitalerhöhung aus Gesellschaftsmitteln keine Anwendung (Baumbach / Hueck / *Zöllner* § 57 i Rn. 19).

§ 57 j [Verteilung der Geschäftsanteile]

[1]Die neuen Geschäftsanteile stehen den Gesellschaftern im Verhältnis ihrer bisherigen Geschäftsanteile zu. [2]Ein entgegenstehender Beschluss der Gesellschafter ist nichtig.

A. Gebot der Verhältnis wahrenden Kapitalerhöhung

1 Bislang ist die Proportionalität der Kapitalerhöhung aus Gesellschaftsmitteln zwingend vorgeschrieben. S. 1 weist die aus der Kapitalerhöhung entstehenden Geschäftsanteile den Gesellschaftern zwingend genau im Verhältnis ihrer bisherigen Geschäftsanteile zu. De lege ferenda wird vorgeschlagen, den Grundsatz der Proportionalität zugunsten privatautonomer Gestaltung zu lockern (*Vossius/Wachter* GmbHR 2005, R 373). Die Bindung an die Treuepflicht und an § 242 BGB würde trotzdem bestehen bleiben. Nach den Reformplänen von *Vossius/Wachter* wären aber Quotenverschiebungen zur Vermeidung von Rundungsproblemen oder zur Berücksichtigung eines unterschiedlichen Beitrags zur Rücklagenbildung möglich. Der Vorschlag wurde durch den RefE MoMiG allerdings nicht aufgegriffen.

B. Automatischer Zuwachs der Geschäftsanteile

2 Mit der Eintragung des Kapitalerhöhungsbeschlusses ist das Stammkapital von Gesetzes wegen automatisch erhöht; die neuen Geschäftsanteile fallen den bestehenden Gesellschaftern kraft Gesetzes unmittelbar dinglich zu (Baumbach / Hueck / *Zöllner* § 57 j Rn. 5 f.).

3 Gem. § 16 GmbHG erwirbt im Verhältnis zur Gesellschaft nur der angemeldete Gesellschafter (*Lutter/Hommelhoff* GmbHG, § 57 j Rn. 1 m. w. N.).

C. Rechte Dritter

Dingliche Rechte Dritter setzen sich an den im Nennbetrag erhöhten oder neu gebildeten Geschäftsanteilen fort. 4

D. Rechtsfolgen

Weist der Erhöhungsbeschluss abweichend von der zwingenden Vorschrift des S. 1 die neuen Geschäftsanteile nicht Verhältnis wahrend zu, ist der Beschluss gem. S. 2 auch dann **nichtig**, wenn er einstimmig gefasst wird oder der in seinen Rechten negativ betroffene Gesellschafter ausdrücklich der abweichenden Verteilung zugestimmt hat (OLG Dresden NZG 2001, 756 zu § 212 AktG; ebenso *Roth/Altmeppen* § 57 j Rn. 3; Baumbach/Hueck/*Zöllner* § 57 j Rn. 4; vgl. auch Kap. 16 Rn. 297). 5

§ 57 k [Teilrechte; Ausübung der Rechte]

(1) Führt die Kapitalerhöhung dazu, dass auf einen Geschäftsanteil nur ein Teil eines neuen Geschäftsanteils entfällt, so ist dieses Teilrecht selbstständig veräußerlich und vererblich.

(2) Die Rechte aus einem neuen Geschäftsanteil, einschließlich des Anspruchs auf Ausstellung einer Urkunde über den neuen Geschäftsanteil, können nur ausgeübt werden, wenn Teilrechte, die zusammen einen vollen Geschäftsanteil ergeben, in einer Hand vereinigt sind oder wenn sich mehrere Berechtigte, deren Teilrechte zusammen einen vollen Geschäftsanteil ergeben, zur Ausübung der Rechte (§ 18) zusammenschließen.

A. Normzweck

§ 57 k GmbHG regelt, welche **Rechte an Spitzenbeträgen** bestehen, die bei der Kapitalerhöhung im Wege der Bildung neuer Geschäftsanteile entstehen können. Im Fall der Nennbetragserhöhung ist das Erhöhungsvolumen so zu bemessen, dass keine Spitzenbeträge entstehen können (§ 57 h Abs. 2 S. 2 GmbHG), so dass sich bei der Aufstockung der Nennbeträge das Problem der Spitzenbeträge normalerweise nicht stellt. 1

B. Entstehung von Teilrechten

Da die Kapitalerhöhung aus Gesellschaftsmitteln zwingend Verhältnis wahrend sein muss (§ 57 j GmbHG), entstehen unter Umständen sog. Spitzenbeträge, wenn der neue Anteil, der dem Gesellschafter im Verhältnis seiner bisherigen Beteiligung zusteht, nicht den gesetzlichen Anforderungen an Mindestnennbetrag (€ 50,–) oder Teilbarkeit (durch 10) gem. § 57 h Abs. 1 S. 2 GmbHG entspricht (Baumbach/Hueck/*Zöllner* § 57 k Rn. 1). Im Fall der Absenkung der Mindestnennbeträge und der Lockerung der Teilbarkeitsregeln, die im RefE MoMiG vorgesehen ist, wird das Problem der Spitzenbeträge praktisch an Relevanz verlieren. 2

Die Summe der entstehenden Teilrechte muss nach h. M. mindestens einem oder mehreren Geschäftsanteilen entsprechen, der bzw. die einen Mindestnennbetrag von € 50 haben und deren Nennbetrag durch 10 teilbar ist (*Roth/Altmeppen* § 57 k Rn. 2; *Lutter/Hommelhoff* GmbHG, § 57 k Rn. 1; *Priester* GmbHR 1980, 240; R/S-L/*Zimmermann* § 57 k Rn. 2; wohl a. A. Baumbach/Hueck/*Zöllner* § 57 k Rn. 4). Dafür spricht, dass Abs. 1 von einem »Teil eines neuen Geschäftsanteils« spricht. Unklar ist allerdings, was gemeint sein soll, wenn die Literatur davon ausgeht, dass die Teilrechte »einen vollen Geschäftsanteil gem. § 57 h Abs. 3 S. 2« ergeben müssen (so *Lutter/Hommelhoff* GmbHG, § 57 k Rn. 1; ebenso Baumbach/Hueck/*Zöllner* § 57 k Rn. 5: »Sie müssen dabei nur die Regel des § 57 h Abs. 3 S. 2 einhalten.«), da die kurioserweise von zwei führenden Kommentaren zitierte Norm überhaupt nicht existiert. 3

C. Rechtsnatur von Teilrechten

4 Teilrechte vermitteln eine selbstständige Mitgliedschaft in der GmbH genauso wie volle Geschäftsanteile (*Lutter/Hommelhoff* GmbHG, § 57 k Rn. 2). Entsprechend sind die Teilrechte selbstständig veräußerlich und vererblich (Abs. 1). Sie sind auch selbstständig belastbar (*Lutter/Hommelhoff* GmbHG, § 57 k Rn. 2; *Roth/Altmeppen* § 57 k Rn. 5). Für die Abtretung von Teilrechten gilt nach h. M. die Formvorschrift § 15 GmbHG entsprechend (*Lutter/Hommelhoff* GmbHG, § 57 k Rn. 2; *Roth/Altmeppen* § 57 k Rn. 5; Baumbach / Hueck / *Zöllner* § 57 k Rn. 6).

D. Ausübung von Teilrechten

5 Die Rechte aus den Teilrechten (in Höhe der Spitzenbeträge) können nur geltend gemacht werden, wenn solche Teilrechte, die zusammen einen vollen Geschäftsanteil ergeben, von einem Gesellschafter gehalten werden oder wenn sich mehrere Inhaber von Teilrechten, deren Teilrechte zusammen einen Geschäftsanteil ergeben, zur Ausübung ihrer Mitgliedschaftsrechte zusammenschließen (Abs. 2). Die Gesellschafter können sich zu einer reinen Innengesellschaft oder zu einer Außengesellschaft zusammenschließen; im Verhältnis zur GmbH findet in beiden Fällen § 18 GmbHG Anwendung (*Roth/Altmeppen* § 57 k Rn. 6 ff.). Solange die Teilrechte weder in einer Hand vereint sind noch sich die Gesellschafter zur Ausübung ihrer Mitgliedschaftsrechte aus den Teilrechten zusammengeschlossen haben, ruhen die Rechte aus den Teilrechten (Baumbach / Hueck / *Zöllner* § 57 k Rn. 7).

§ 57 l [Teilnahme an der Erhöhung des Stammkapitals]

(1) Eigene Geschäftsanteile nehmen an der Erhöhung des Stammkapitals teil.

(2) [1]Teileingezahlte Geschäftsanteile nehmen entsprechend ihrem Nennbetrag an der Erhöhung des Stammkapitals teil. [2]Bei ihnen kann die Kapitalerhöhung nur durch Erhöhung des Nennbetrags der Geschäftsanteile ausgeführt werden. [3]Sind neben teileingezahlten Geschäftsanteilen vollständig eingezahlte Geschäftsanteile vorhanden, so kann bei diesen die Kapitalerhöhung durch Erhöhung des Nennbetrags der Geschäftsanteile und durch Bildung neuer Geschäftsanteile ausgeführt werden. [4]Die Geschäftsanteile, deren Nennbetrag erhöht wird, können auf jeden durch fünf teilbaren Betrag gestellt werden.

A. Eigene Anteile

1 Auch eigene Anteile (§ 33 GmbHG) nehmen an der Erhöhung des Stammkapitals teil. Normzweck des Abs. 1 ist es im Hinblick auf eigene Anteile, die bestehenden Beteiligungsquoten auch im Fall der Umwandlung der Rücklagen in Stammkapital zu wahren (*Roth/Altmeppen* § 57 l Rn. 1).

B. Teileingezahlte Geschäftsanteile

2 Gem. Abs. 2 nehmen auch teileingezahlte Geschäftsanteile an der Kapitalerhöhung aus Gesellschaftsmitteln teil und zwar in voller Höhe ihres Nennbetrages, also nicht lediglich in Höhe der Teileinzahlung. Das ist konsequent, weil auch der teileingezahlte Geschäftsanteil ein volles Mitgliedschaftsrecht repräsentiert (Baumbach / Hueck / *Zöllner* § 57 l Rn. 2; *Roth/Altmeppen* § 57 l Rn. 3).

3 Bei teileingezahlten Gesellschaftsanteilen darf die Erhöhung nur durch Nennbetragserhöhung erfolgen, nicht durch Bildung neuer Geschäftsanteile (Abs. 2 S. 2). Durch diese Regelung wird zu Gunsten der Gesellschaftergläubiger gewährleistet, dass gegebenenfalls der durch die Umwandlung der Rücklagen in dem Geschäftsanteil repräsentierte Wert kaduziert (§ 21 GmbHG) und verwertet (§ 23 GmbHG) werden kann (*Roth/Altmeppen* § 57 l Rn. 2).

Sind neben den teileingezahlten Geschäftsanteilen auch voll eingezahlte Geschäftsanteile vorhanden, dann kann bei den voll eingezahlten die Kapitalerhöhung durch beide Arten der Kapitalerhöhung, also durch Erhöhung des Nennbetrags oder durch Bildung neuer Geschäftsanteile erfolgen (Abs. 2 S. 3). 4

C. Teilbarkeit bei der Erhöhung teileingezahlter Geschäftsanteile

Im Fall der Nennbetragserhöhung (Aufstockung) der Geschäftsanteile sieht der Gesetzgeber eine Erleichterung hinsichtlich der Teilbarkeit vor. Es genügt, wenn der aufgestockte Nennbetrag durch fünf teilbar ist (Abs. 2 S. 4). Damit soll die Notwendigkeit zur Bildung von Spitzenbeträgen vermieden werden, die im Fall der Kapitalerhöhung aus Gesellschaftsmitteln im Wege der Nennbetragserhöhung unzulässig ist (§ 57 h Abs. 2 S. 2 GmbHG; krit. dazu Baumbach/Hueck/*Zöllner* § 57 l Rn. 4; *Lutter/Hommelhoff* GmbHG, § 57 l Rn. 3). 5

Nach dem **RefE MoMiG** wird eine solche Erleichterung nicht mehr erforderlich sein, da der Mindestnennbetrag generell auf den vollen Euro herabgesetzt werden soll. Entsprechend sieht § 57 l Abs. 2 S. 4 i. d. F. des RefE MoMiG vor: »Die Geschäftsanteile, deren Nennbetrag erhöht wird, können auf jeden Betrag gestellt werden, der auf volle Euro lautet.« (vgl. RefE MoMiG Art. 1 Nr. 24; vgl. zur Änderung des Mindestnennbetrags nach dem RefE MoMiG § 5 GmbHG Rn. 2 ff., 7 ff.). 6

D. Mängel, Rechtsfolgen

Werden die eigenen Anteile nicht oder nicht vollständig im Rahmen des Kapitalerhöhungsbeschlusses berücksichtigt, ist dieser **nichtig** (*Roth/Altmeppen* § 57 l Rn. 5). Ein Verstoß gegen Abs. 2 S. 2 führt analog § 241 Nr. 3 AktG zur Nichtigkeit (Baumbach/Hueck/*Zöllner* § 57 l Rn. 3 differenzierend zwischen Gesamtnichtigkeit des Beschlusses und Teilnichtigkeit des Beschlussteils; stets Gesamtnichtigkeit nimmt die h. L. an: *Lutter/Hommelhoff* GmbHG, § 57 l Rn. 4; Michalski-*Hermanns* § 57 l Rn. 9; *Roth/Altmeppen* § 57 l Rn. 5; vgl. auch Kap. 16 Rn. 296). 7

§ 57 m [Verhältnis der Rechte; Beziehungen zu Dritten]

(1) Das Verhältnis der mit den Geschäftsanteilen verbundenen Rechte zueinander wird durch die Kapitalerhöhung nicht berührt.

(2) [1]Soweit sich einzelne Rechte teileingezahlter Geschäftsanteile, insbesondere die Beteiligung am Gewinn oder das Stimmrecht, nach der je Geschäftsanteil geleisteten Einlage bestimmen, stehen diese Rechte den Gesellschaftern bis zur Leistung der noch ausstehenden Einlagen nur nach der Höhe der geleisteten Einlage, erhöht um den auf den Nennbetrag des Stammkapitals berechneten Hundertsatz der Erhöhung des Stammkapitals, zu. [2]Werden weitere Einzahlungen geleistet, so erweitern sich diese Rechte entsprechend.

(3) Der wirtschaftliche Inhalt vertraglicher Beziehungen der Gesellschaft zu Dritten, die von der Gewinnausschüttung der Gesellschaft, dem Nennbetrag oder Wert ihrer Geschäftsanteile oder ihres Stammkapitals oder in sonstiger Weise von den bisherigen Kapital- oder Gewinnverhältnissen abhängen, wird durch die Kapitalerhöhung nicht berührt.

A. Normzweck

§ 57 m GmbHG beruht auf dem gesetzlichen Leitbild, dass sich durch die Kapitalerhöhung aus Gesellschaftsmitteln außer der Bindung weiteren Vermögens als Stammkapital und der damit verbundenen Entstehung neuer oder Erhöhung bestehender Geschäftsanteile materiell nichts ändern soll (*Lutter/Hommelhoff* GmbHG, § 57 m Rn. 1). Das bedeutet zum einen, dass Mitgliedschaftsrechte gleicher Art und im gleichen Verhältnis wie vor der Kapitalerhöhung bestehen sollen. Das bedeutet zum anderen, dass die rechtliche Stellung der Gesellschafter, Gläubiger oder 1

Schuldner der Gesellschaft nicht beeinträchtigt werden soll (*Lutter/Hommelhoff* GmbHG, § 57 m Rn. 1).

B. Rechte und Pflichten aus der Mitgliedschaft, Abs. 1

2 Das **Verhältnis** der mit den Geschäftsanteilen verbundenen Rechte zueinander bleibt durch die Kapitalerhöhung **unberührt** (Abs. 1). Bestehen nur Geschäftsanteile gleicher Art – also nur voll eingezahlte Anteile ohne Vorzugsrechte oder Nebenleistungspflichten –, ist durch § 57 j GmbHG bereits gewährleistet, dass die neuen Mitgliedschaftsrechte den Gesellschaftern strikt im Verhältnis ihrer bisherigen Stammkapitalbeteiligung zustehen (*Lutter/Hommelhoff* GmbHG, § 57 m Rn. 3).

3 Soweit Mitgliedschaftsrechte wie z. B. das Informationsrecht den Gesellschaftern **nach Köpfen** zustehen, stehen sie den Gesellschaftern auch weiterhin nach Köpfen zu. Räumt die Satzung einzelnen Gesellschaftern höchstpersönlich **Sondervorteile**, wie z. B. das Recht auf Geschäftsführung, ein (vgl. dazu auch § 6 GmbHG Rn. 19), ist eine solches nicht mit dem Geschäftsanteil verbunden und bleibt von der Kapitalerhöhung unberührt (*Roth/Altmeppen* § 57 m Rn. 5). Die automatische proportionale Zuordnung der Geschäftsanteile (§ 57 j GmbHG) führt dann nicht zu dem Ergebnis, dass die mit den Geschäftsanteilen verbundenen Mitgliedschaftsrechte nach der Kapitalerhöhung im selben Verhältnis bestehen bleiben, wenn z. B. Vorzugsrechte, Sondervorteile oder Nebenleistungspflichten bestehen. Im Einzelnen gilt Folgendes:

4 – **Vermögensrechtliche Vorzugsrechte:** Bestimmt die Satzung Gewinn- oder Liquidationsvorzüge, die sich am Nennwert der Geschäftsanteile orientieren, so würde sich der Vorzug bei einer Erhöhung des Nennwerts des Geschäftsanteils erhöhen und die Gewinnbezugsrechte der übrigen Gesellschafter würden entsprechend vermindert (*Lutter/Hommelhoff* GmbHG, § 57 m Rn. 6; *Roth/Altmeppen/Roth* § 57 m Rn. 3). Der Prozentsatz der Vorzugsdividende ist somit nach unten anzupassen, damit sich nach der Kapitalerhöhung derselbe absolute Betrag des Gewinnvorzugs ergibt (*Lutter/Hommelhoff* GmbHG, § 57 m Rn. 6).
Beispiel: Steht einem Vorzugsgesellschafter auf einen Geschäftsanteil von € 200.000,– eine Vorzugsdividende von 10 % zu und wird das Stammkapital um 100 % auf € 200.000,– erhöht, so ist der Prozentsatz der Vorzugsdividende auf 5 % anzupassen. Durch die Anpassung wird gewährleistet, dass der Vorzugsgesellschafter unabhängig von der Umwandlung der Rücklagen durch Kapitalerhöhung aus Gesellschaftsmitteln einen absoluten Dividendenbetrag von € 10.000,– erhält.

5 – **Verwaltungsrechtliche Vorzugsrechte:** Als verwaltungsrechtliche mitgliedschaftliche Vorzugsrechte kommen etwa das Recht auf Geschäftsführung oder Entsendungsrechte in den Aufsichtsrat in Betracht. Im Fall der Kapitalerhöhung im Wege der Bildung eines neuen Geschäftsanteils würde es zu einer Vervielfältigung der Herrschaftsrechte kommen, wenn mit dem neuen Geschäftsanteil dieselben verwaltungsrechtlichen Vorzugsrechte eingeräumt würden; sie erstrecken sich daher nicht auf den neuen Geschäftsanteil (*Roth/Altmeppen* § 57 m Rn. 4; *Lutter/Hommelhoff* GmbHG, § 57 m Rn. 7).

6 – **Minderheitenrechte:** Minderheitenrechte sollen durch die Kapitalerhöhung aus Gesellschaftsmitteln nicht verändert werden. Sind die Minderheitenrechte z. B. an absolute Nennbeträge gekoppelt (z. B. Einberufungsrecht ab € 10.000,– des Stammkapitals), sind diese Beträge entsprechend anzupassen (näher *Lutter/Hommelhoff* GmbHG, § 57 m Rn. 9).

7 – **Nebenleistungspflichten:** Nebenleistungspflichten dürfen durch die Kapitalerhöhung aus Gesellschaftsmitteln nicht vermehrt werden. Auch hier gilt, falls die Nebenleistungspflichten nennwertbezogen definiert sind, dass eine entsprechende Anpassung erforderlich sein kann (Baumbach/Hueck/*Zöllner* § 57 m Rn. 5).

8 Darüber hinaus richtet sich die Ausgestaltung der Mitgliedschaftsrechte nach der Satzung, die sich durch die Kapitalerhöhung mit Ausnahme der Änderung der Stammkapitalziffer nicht ändert. Enthält die Satzung z. B. Abtretungsbeschränkungen, gestattet sie die Einziehung von Geschäftsanteilen oder bestimmt sie Erwerbsvorrechte von Mitgesellschaftern, finden diese Sat-

zungsbestimmungen auch für die neuen oder im Nennbetrag erhöhten Geschäftsanteile Anwendung (LG Bonn AG 1970, 19; *Lutter/Hommelhoff* GmbHG, § 57 m Rn. 2).

C. Förmliche Satzungsänderung

Die Satzung ändert sich automatisch kraft Gesetzes hinsichtlich der nach Abs. 1 erforderlichen Anpassungen. Dennoch ist der Satzungswortlaut durch förmlichen **Satzungsänderungsbeschluss** anzupassen; die geänderte Satzung ist mit der Vollständigkeitsbescheinigung des Notars gem. § 54 Abs. 1 S. 2 GmbHG beim Handelsregister einzureichen (*Lutter/Hommelhoff* GmbHG, § 57 m Rn. 10; Baumbach/Hueck/*Zöllner* § 57 m Rn. 9; a. A. *Roth/Altmeppen* § 57 m Rn. 8). 9

Abs. 1 ist **dispositiv**. Die Gesellschafter können also durch Satzungsänderungsbeschluss ihre Rechte untereinander abweichend von den kraft Gesetzes eintretenden Rechtsfolgen regeln (*Roth/Altmeppen* § 57 m Rn. 9). 10

D. Teileingezahlte Geschäftsanteile, Abs. 2

Den Fall der Satzungsanpassung bei teileingezahlten Geschäftsanteilen hat der Gesetzgeber ausdrücklich in Abs. 2 geregelt. Soweit sich die einzelnen Rechte teileingezahlter Geschäftsanteile, insbesondere die Beteiligung am Gewinn oder das Stimmrecht, abweichend vom gesetzlichen Regelfall gem. §§ 29 Abs. 3 S. 1, 47 Abs. 2 GmbHG nach der je Geschäftsanteil geleisteten Einlage bestimmen, stehen diese Rechte den Gesellschaftern bis zur Leistung der noch ausstehenden Einlagen nur **nach der Höhe der geleisteten Einlage**, erhöht um den auf den Nennbetrag des Stammkapitals berechneten Prozentsatz der Erhöhung des Stammkapitals, zu, vgl. Abs. 2. Leistet der Gesellschafter später weiter Einzahlungen auf seinen bislang nur teilweise eingezahlten Geschäftsanteil, erhöhen sich seine Rechte entsprechend proportional (*Roth/Altmeppen* § 57 m Rn. 10; Baumbach/Hueck/*Zöllner* § 57 m Rn. 7). 11

Hinsichtlich der **Verteilung des Liquidationserlöses** gilt nach § 72 GmbHG, dass die Gesellschafter am Liquidationsüberschuss im Verhältnis ihrer Geschäftsanteile beteiligt sind, soweit die Satzung keinen abweichenden Verteilungsschlüssel bestimmt (vgl. § 72 Rn. 5 f.). Sind die Einlagen auf die Geschäftsanteile jedoch in unterschiedlichem Verhältnis eingezahlt, gilt nach h. M. § 271 Abs. 3 AktG analog für die GmbH (*Lutter/Hommelhoff* GmbHG, § 57 m Rn. 13; vgl. Kap. 10 § 271). 12

E. Mängel, Rechtsfolgen

Wird keine Abs. 1 entsprechende Satzungsregelung getroffen und haben die betroffenen Gesellschafter nicht zugestimmt, besteht ein **Eintragungshindernis** (*Lutter/Hommelhoff* GmbHG, § 57 m Rn. 16). 13

F. Anpassung kapital- oder gewinnorientierter Beziehungen zu Dritten, Abs. 3

Der wirtschaftliche Inhalt vertraglicher Beziehungen der Gesellschaft zu Dritten, die von den bisherigen Kapital- oder Gewinnverhältnissen abhängen, sollen durch die Kapitalerhöhung nicht verändert werden (Abs. 3). Die Norm gewährt einen **Schutz vor der Verwässerung der Gläubigerposition** Dritter (MüKo AktG/*Habersack* § 221 Rn. 271, 303 ff. zur aktienrechtlichen Parallelvorschrift des § 216 Abs. 3 AktG; ausführl. auch MüKo AktG/*Volhard* § 216 Rn. 40 ff.). Verträge mit Dritten werden automatisch mit der Eintragung der Kapitalerhöhung im Handelsregister angepasst. Von den Kapital- oder Gewinnverhältnissen abhängige Rechte Dritter, die »von der Gewinnausschüttung der Gesellschaft, dem Nennbetrag oder Wert ihrer Geschäftsanteile oder ihres Stammkapitals oder in sonstiger Weise von den bisherigen Stammkapitalverhältnissen abhängen«, sind z. B. Tantiemeregelungen, Gewinnansprüche von Stillen Gesellschaftern oder Darlehensnehmern (im Fall partiarischer Darlehen), Ansprüche aus Beherrschungs- und Gewinnabführungsverträgen und Ansprüche aus Genussrechten (*Lutter/Hommelhoff* GmbHG, § 57 m Rn. 14; *Roth/Altmeppen* § 57 m Rn. 12; Baumbach/Hueck/*Zöllner* § 57 m Rn. 11; vgl. zu § 216 Abs. 3 AktG auch ausführl. Kap. 10 § 216). 14

§ 57 n [Gewinnbeteiligung der neuen Geschäftsanteile]

(1) Die neuen Geschäftsanteile nehmen, wenn nichts anderes bestimmt ist, am Gewinn des ganzen Geschäftsjahres teil, in dem die Erhöhung des Stammkapitals beschlossen worden ist.

(2) [1]Im Beschluss über die Erhöhung des Stammkapitals kann bestimmt werden, dass die neuen Geschäftsanteile bereits am Gewinn des letzten vor der Beschlussfassung über die Kapitalerhöhung abgelaufenen Geschäftsjahrs teilnehmen. [2]In diesem Fall ist die Erhöhung des Stammkapitals abweichend von § 57 c Abs. 2 zu beschließen, bevor über die Ergebnisverwendung für das letzte vor der Beschlussfassung abgelaufene Geschäftsjahr Beschluss gefasst worden ist. [3]Der Beschluss über die Ergebnisverwendung für das letzte vor der Beschlussfassung über die Kapitalerhöhung abgelaufene Geschäftsjahr wird erst wirksam, wenn das Stammkapital erhöht worden ist. [4]Der Beschluss über die Erhöhung des Stammkapitals und der Beschluss über die Ergebnisverwendung für das letzte vor der Beschlussfassung über die Kapitalerhöhung abgelaufene Geschäftsjahr sind nichtig, wenn der Beschluss über die Kapitalerhöhung nicht binnen drei Monaten nach der Beschlussfassung in das Handelsregister eingetragen worden ist; der Lauf der Frist ist gehemmt, solange eine Anfechtungs- oder Nichtigkeitsklage rechtshängig ist oder eine zur Kapitalerhöhung beantragte staatliche Genehmigung noch nicht erteilt worden ist.

A. Normzweck

1 Die Regelung schafft insbesondere bei späterer Veräußerung der erhöhten oder neu gebildeten Anteile aus der Kapitalerhöhung übersichtliche Verhältnisse, weil die Dividendenberechtigung nicht zeitanteilig zu berechnen ist, sondern jeweils für ein ganzes Geschäftsjahr übergeht. Das erleichtert die Übersicht, weil kein Zwischenabschluss erforderlich ist.

B. Beteiligung der neuen Geschäftsanteile am Gewinn des laufenden Geschäftsjahrs

2 Grundsätzlich nehmen die neuen Geschäftsanteile am Gewinn des gesamten Geschäftsjahres teil, in dem die Kapitalerhöhung beschlossen wurde (Abs. 1). Das Gesetz stellt auf den **Zeitpunkt der Beschlussfassung** ab, nicht den Zeitpunkt der Wirksamkeit der Kapitalerhöhung mit Eintragung im Handelsregister. Wird die Kapitalerhöhung am Ende eines Geschäftsjahres beschlossen, so dass die Kapitalerhöhung erst im darauf folgenden Geschäftsjahr eingetragen wird, nehmen die neuen Geschäftsanteile gem. der gesetzlichen Regelfolge (Abs. 1) – mangels abweichender Beschlussfassung – automatisch am Gewinn des letzten Geschäftsjahres vor dem Wirksamwerden der Kapitalerhöhung teil.

C. Abweichende Regelung

3 Die Regelung ist **dispositiv**, die Gesellschafter sind also frei eine abweichende Gewinnberechtigung zu beschließen. Besonderheiten gelten nur für den Fall, dass die neuen Geschäftsanteile am Gewinn des letzten Jahres vor der Beschlussfassung über die Kapitalerhöhung teilnehmen sollen (Abs. 2) – vgl. nachfolgend unter Rn. 4. Abweichend von der gesetzlichen Regelfolge nach Abs. 1 kann eine nur **zeitanteilige Gewinnberechtigung** oder auch ein **vollständiger oder teilweiser Ausschluss** von der Gewinnbeteiligung beschlossen werden (*Roth/Altmeppen* § 57 n Rn. 2; Baumbach/Hueck/*Zöllner* § 57 n Rn. 2).

D. Voraussetzungen der Beteiligung am Gewinn des vorangegangenen Geschäftsjahrs

4 Im Erhöhungsbeschluss kann auch eine Teilnahme der neuen Anteile am Vorjahresgewinn, also am Gewinn des letzten vor der Beschlussfassung über die Kapitalerhöhung abgelaufenen Geschäftsjahres, beschlossen werden (Abs. 2 S. 1). Das setzt voraus, dass der **Kapitalerhöhungsbeschluss** – abweichend von der in § 57 c GmbHG normierten Reihenfolge – **vor dem Ergebnisverwendungsbeschluss** für das letzte Geschäftsjahr beschlossen wird (Abs. 2 S. 2). Dadurch soll sichergestellt werden, dass die Gesellschaft keine Mittel ausschüttet, die für die Kapitalerhöhung

erforderlich sind (*Lutter/Hommelhoff* GmbHG, § 57 n Rn. 2 m. w. N.). Die Beteiligung der neuen Anteile aus einer Kapitalerhöhung aus Gesellschaftsmitteln am Gewinn des letzten Geschäftsjahres ist daher nicht möglich, wenn für das Vorjahr bereits ein Gewinnverwendungsbeschluss gefasst worden ist; mit Zustimmung sämtlicher Gesellschafter kann allerdings der bereits gefasste Gewinnverwendungsbeschluss aufgehoben bzw. geändert werden; deren Zustimmung ist erforderlich, falls mit dem Gewinnverwendungsbeschluss bereits Dividendenansprüche (d. h. Gläubigerrechte) der Gesellschafter entstanden sind (*Lutter/Hommelhoff* GmbHG, § 57 n Rn. 2 m. w. N.). Der Beschluss über die Ergebnisverwendung für das Vorjahr wird erst mit Eintragung der Kapitalerhöhung im Handelsregister wirksam (Abs. 2 S. 3); der Zeitpunkt der Wirksamkeit wird also durch das Gesetz aufgeschoben (Baumbach/Hueck/*Zöllner* § 57 n Rn. 8). Der Erhöhungsbeschluss muss im Fall der Gewinnbeteiligung an den Vorjahresergebnissen binnen drei Monaten nach der Beschlussfassung eingetragen werden (Abs. 2 S. 4); der Lauf der Frist ist gehemmt (§ 209 BGB), solange eine Anfechtungs- oder Nichtigkeitsklage rechtshängig (§ 261 ZPO) oder eine zur Kapitalerhöhung beantragte staatliche Genehmigung noch nicht erteilt ist.

E. Mängel, Rechtsfolgen

Verstoß gegen gesetzliche Reihenfolge: Wird der Beschluss über die Verwendung der Vorjahresergebnisse unter Verstoß gegen Abs. 2 S. 2 vor dem Kapitalerhöhungsbeschluss gefasst, so dürfte der Kapitalerhöhungsbeschluss bei Zustimmung sämtlicher Gesellschafter regelmäßig als (konkludente) **Abänderung des Gewinnverwendungsbeschlusses** auszulegen sein (*Lutter/Hommelhoff* GmbHG, § 57 n Rn. 2; Baumbach/Hueck/*Zöllner* § 57 n Rn. 5); tatsächlich liegt dann kein Verstoß gegen die zwingende Norm vor. Fehlt die Zustimmung sämtlicher Gesellschafter, ist der Kapitalerhöhungsbeschluss **nichtig oder teilnichtig** (§ 139 BGB; näher Baumbach/Hueck/*Zöllner* § 57 n Rn. 6; *Lutter/Hommelhoff* GmbHG, § 57 n Rn. 2; vgl. auch Kap. 16 Rn. 297). 5

Fristüberschreitung: Wurde ein Ergebnisverwendungsbeschluss für das letzte Geschäftsjahr gefasst, sind er und der Kapitalerhöhungsbeschluss nichtig, wenn die Kapitalerhöhung nicht binnen drei Monaten nach der Beschlussfassung über die Kapitalerhöhung eingetragen wird (§ 57 n Abs. 2 S. 4 GmbHG). Zur Hemmung der Frist s. Rn. 4 a. E. 6

§ 57 o [Anschaffungskosten]

[1]Als Anschaffungskosten der vor der Erhöhung des Stammkapitals erworbenen Geschäftsanteile und der auf sie entfallenden neuen Geschäftsanteile gelten die Beträge, die sich für die einzelnen Geschäftsanteile ergeben, wenn die Anschaffungskosten der vor der Erhöhung des Stammkapitals erworbenen Geschäftsanteile auf diese und auf die auf sie entfallenden neuen Geschäftsanteile nach dem Verhältnis der Nennbeträge verteilt werden. [2]Der Zuwachs an Geschäftsanteilen ist nicht als Zugang auszuweisen.

Diese bilanzrechtliche Vorschrift findet sich systematisch überraschend im GmbHG. Sie ist nur relevant für Gesellschafter, die bilanzierungspflichtig sind. Durch S. 1 wird verhindert, dass durch die Kapitalerhöhung ein **Wertzuwachs ausgewiesen** wird, weil der bisherige Wert der Geschäftsanteile im Verhältnis von altem Stammkapital und Erhöhungsbetrag auf alte und neue Geschäftsanteile insgesamt zu verteilen ist. Die Kapitalerhöhung im Wege der Nennbetragserhöhung lässt den Wertansatz des Geschäftsanteils unberührt, so dass keine gesetzliche Sonderregelung erforderlich war (*Roth/Altmeppen* § 57 o Rn. 1). 1

Nach S. 2 ist der **automatische dingliche Zuwachs** an Geschäftsanteilen mit Eintragung der Kapitalerhöhung nicht bilanzmäßig als Zugang auszuweisen. Damit wird ein Gewinnausweis bei dem Gesellschafter vermieden. Zwar erhält der Gesellschafter durch die Umwandlung von Rücklagen in Stammkapital erweiterte Mitgliedschaftsrechte. Doch ist damit keine Werterhöhung der Beteiligung verbunden, weil mit dem Mehr an Stammkapital zugleich eine Reduzie- 2 rung der Rücklagen verbunden ist; es handelt sich um einen bloßen Umbuchungsvorgang. Daher untersagt S. 2 den Bilanzausweis der neu ausgegebenen Geschäftsanteile.

3 Die Kapitalerhöhung aus Gesellschaftsmitteln stellt einen **steuerlich neutralen Vorgang** dar (vgl. den mit § 57 o S. 1 GmbHG wortgleichen § 4 KapErhStG).

§ 58 [Herabsetzung des Stammkapitals]

(1) Eine Herabsetzung des Stammkapitals kann nur unter Beobachtung der nachstehenden Bestimmungen erfolgen:

1. **der Beschluss auf Herabsetzung des Stammkapitals muss von den Geschäftsführern zu drei verschiedenen Malen in den Gesellschaftsblättern bekannt gemacht werden; in diesen Bekanntmachungen sind zugleich die Gläubiger der Gesellschaft aufzufordern, sich bei derselben zu melden; die aus den Handelsbüchern der Gesellschaft ersichtlichen oder in anderer Weise bekannten Gläubiger sind durch besondere Mitteilung zur Anmeldung aufzufordern;**
2. **die Gläubiger, welche sich bei der Gesellschaft melden und der Herabsetzung nicht zustimmen, sind wegen der erhobenen Ansprüche zu befriedigen oder sicherzustellen;**
3. **die Anmeldung des Herabsetzungsbeschlusses zur Eintragung in das Handelsregister erfolgt nicht vor Ablauf eines Jahres seit dem Tage, an welchem die Aufforderung der Gläubiger in den Gesellschaftsblättern zum dritten Mal stattgefunden hat;**
4. **mit der Anmeldung sind die Bekanntmachungen des Beschlusses einzureichen; zugleich haben die Geschäftsführer die Versicherung abzugeben, dass die Gläubiger, welche sich bei der Gesellschaft gemeldet und der Herabsetzung nicht zugestimmt haben, befriedigt oder sichergestellt sind.**

(2) Die Bestimmung in § 5 Absatz 1 über den Mindestbetrag des Stammkapitals bleibt unberührt. Erfolgt die Herabsetzung zum Zweck der Zurückzahlung von Stammeinlagen oder zum Zweck des Erlasses der auf diese geschuldeten Einzahlungen, so darf der verbleibende Betrag der Stammeinlagen nicht unter den in § 5 Absatz 1 und 3 bezeichneten Betrag herab gehen.

Übersicht:

A. Normzweck

1 § 58 GmbHG dient der **effektiven Kapitalherabsetzung**, also der Verringerung des durch die Kapitalerhöhungsvorschriften gebundenen Stammkapitals. Ziel wird häufig die **Beseitigung einer Unterbilanz** sein (Baumbach/Hueck/*Zöllner* § 58 Rn. 1).

Die folgenden **Zwecke** einer ordentlichen Kapitalherabsetzung werden genannt: 2

- Zurückzahlung des freigewordenen Betrags an die Gesellschafter (Abs. 2 S. 2);
- Abfindung ausscheidender Gesellschafter (Heckschen / Heidinger / *Heckschen* M Rn. 243);
- Erlass ausstehender Einlageforderungen (Abs. 2 S. 2; Heckschen / Heidinger / *Heckschen* M Rn. 243; *Lutter/Hommelhoff* GmbHG, § 58 Rn. 1);
- Korrektur unwirksamer Übernahme- bzw. Beitrittserklärungen (*Lutter/Hommelhoff* GmbHG, § 58 Rn. 1);
- Heilung verdeckter Sacheinlagen (*Lutter/Hommelhoff* GmbHG, § 58 Rn. 1); oder
- Rücklagenbildung (*Lutter/Hommelhoff* GmbHG, § 58 Rn. 1).

Da durch die Kapitalherabsetzung der **Haftungsfonds der Gläubiger verringert** wird, bestimmt 3 das Gesetz gewisse Schutzvorkehrungen zugunsten der Gesellschaftsgläubiger (*Roth/Altmeppen* § 58 Rn. 1).

B. Abgrenzung ordentliche und vereinfachte Kapitalherabsetzung

Das GmbHG sieht zwei Arten der Kapitalherabsetzung vor, die **ordentliche Kapitalherabsetzung** (§ 58 GmbHG) und die **vereinfachte Kapitalherabsetzung** (§§ 58 a bis 58 f GmbHG). 4 Bei der ordentlichen Kapitalerhöhung soll bisher durch die Stammkapitalziffer gebundenes Vermögen zur Ausschüttung kommen oder zumindest ausschüttungsfähig gemacht werden, während die vereinfachte Kapitalherabsetzung dazu dient, eine bereits durch verbrauchtes Stammkapital entstandene Unterbilanz auszugleichen (Baumbach / Hueck / *Zöllner* § 58 Rn. 2; *Roth/Altmeppen* § 58 Rn. 2). Bei der ordentlichen Kapitalherabsetzung wird der Gläubigerschutz durch Sicherheitsleistung gewährleistet; bei der vereinfachten Kapitalherabsetzung durch die fünfjährige Ausschüttungssperre (Baumbach / Hueck / *Zöllner* § 58 Rn. 2). Bei der vereinfachten Kapitalherabsetzung bedarf es somit keines Gläubigeraufrufs und auch ein Sperrjahr braucht nicht abgewartet zu werden (K. Schmidt / Uhlenbruck / *K. Schmidt* Rn. 364).

C. Voraussetzungen der ordentlichen Kapitalherabsetzung

I. Kapitalherabsetzungsbeschluss

Die Kapitalherabsetzung ist **Satzungsänderung**. Dementsprechend muss der Kapitalherabset- 5 zungsbeschluss die Anforderungen der §§ 53, 54 GmbHG oder strengerer Bestimmungen in der Satzung erfüllen. Finden die gesetzlichen Bestimmungen Anwendung, muss der Beschluss mit einer Stimmenmehrheit von mindestens $^3/_4$ (§ 53 Abs. 2 S. 1 GmbHG) gefasst werden. Der Beschluss unterliegt keiner materiellen Beschlusskontrolle (*Lutter/Hommelhoff* GmbHG, § 58 Rn. 5 unter Berufung auf die Rechtsprechung zum Aktienrecht – BGH NJW 1998, 2054). Es gilt aber das Gleichbehandlungsgebot und die mitgliedschaftliche Treuepflicht.

1. Inhalt des Kapitalherabsetzungsbeschlusses

Der Beschluss sollte folgenden **Inhalt** haben:

Der Beschluss muss die neue **Stammkapitalziffer** festlegen. (»Das Stammkapital wird von € [...] 6 um € [...] auf € [...] herabgesetzt.«) Zulässig ist auch die Herabsetzung um einen **Maximalbetrag**. Allerdings muss der Herabsetzungsbetrag nach dem Beschlussinhalt bestimmbar sein. Zulässig ist es etwa, den Herabsetzungsbetrag von der Höhe der Unterbilanz in einem erst aufzustellenden Jahresabschluss abhängig zu machen (Näher Baumbach / Hueck / *Zöllner* § 58 Rn. 18; *Lutter/Hommelhoff* GmbHG, § 58 Rn. 7). Nicht zulässig ist es dagegen, die Festsetzung des Herabsetzungsbetrags in das Ermessen der Geschäftsführung zu stellen (*Lutter/Hommelhoff* GmbHG, § 58 Rn. 7).

Der Beschluss muss nach h. M. den **Zweck** der Kapitalherabsetzung festsetzen (BayObLG BB 7 1979, 240; Heckschen / Heidinger / *Heckschen* M Rn. 245; *Lutter/Hommelhoff* GmbHG, § 58 Rn. 8; differenzierend Baumbach / Hueck / *Zöllner* § 58 Rn. 20, der die Zweckangabe nur dann für erforderlich hält, wenn infolge der Herabsetzung der Mindestbetrag von € 100,– unterschritten wird). Auch die Angabe mehrerer Zwecke ist zulässig (*Lutter/Hommelhoff* GmbHG, § 58 Rn. 8). Nach dem **RefE MoMiG** soll der Mindestbetrag auf € 1,– abgesenkt werden (vgl. § 5 GmbHG Rn. 7).

2. Anteilige Herabsetzung der Geschäftsanteile

8 Mangels abweichender Bestimmung werden die Nennwerte sämtlicher Geschäftanteile anteilig herabgesetzt (*Lutter/Hommelhoff* GmbHG, § 58 Rn. 10). Eine solche Verhältnis wahrende Herabsetzung tritt jedoch nur dann automatisch ein, wenn kein Geschäftanteil im Nennwert unter € 100,– sinkt oder nicht durch 50 teilbar ist (*Lutter/Hommelhoff* GmbHG, § 58 Rn. 10). Nach dem **RefE MoMiG** soll der Mindestnennbetrag auf einen vollen Euro abgesenkt werden (vgl. § 5 GmbHG Rn. 7); der Nennbetrag des Geschäftsanteils muss durch einen vollen Euro teilbar sein. Würde die automatische Rechtsfolge nicht die Anforderungen an Mindeststammeinlage und Teilbarkeit automatisch erfüllen, muss die Art und Weise der Durchführung der Kapitalherabsetzung als notwendige Anweisung an die Geschäftsführung über die Art des Vollzuges angegeben werden, also ob die Herabsetzung durch Verringerung des Nennbetrages der Geschäftsanteile, Zusammenlegung oder Einziehung erfolgen soll (*Lutter/Hommelhoff* GmbHG, § 58 Rn. 9).

3. Zustimmung durch Gesellschafter

9 Soll die Kapitalherabsetzung nicht zu Lasten aller Gesellschafter im Verhältnis der Nennbeträge ihrer Geschäftsanteile gehen, müssen dem Beschluss sämtliche Gesellschafter zustimmen, deren Geschäftsanteile überproportional herabgesetzt werden. Nach a. A. müssen alle Gesellschafter zustimmen (Heckschen/Heidinger/*Heckschen* M Rn. 236 mit Nachweisen zu beiden Ansichten und zu den Ausnahmen im Rahmen der Euro-Umstellung).

II. Dreimaliger Gläubigeraufruf

10 Der Kapitalherabsetzungsbeschluss muss von den Geschäftsführern zu drei verschiedenen Malen in den **Gesellschaftsblättern bekannt** gemacht werden (ein Muster findet sich bei Münch-VertrHdb I/*Heidenhain* Rn. IV.96). Basisgesellschaftsblatt ist der elektronische Bundesanzeiger. Ein Mindestabstand zwischen den drei Bekanntmachungen ist nicht geboten (Baumbach/Hueck/*Zöllner* § 58 Rn. 23; *Lutter/Hommelhoff* GmbHG, § 58 Rn. 15). In diesen Bekanntmachungen sind zugleich die Gläubiger der Gesellschaft aufzufordern, sich bei der Gesellschaft zu melden (Abs. 1 Nr. 1). Durch das Justizkommunikationsgesetz wurde Abs. 1 Nr. 1 und Nr. 3 mit Wirkung vom 1. 4. 2005 an den durch das Gesetz neu eingefügten § 12 GmbHG angepasst, der den Begriff des Gesellschaftsblatts bzw. der Gesellschaftsblätter definiert (*Terbrack* DStR 2005, 2045; *Spindler/Kramski* NZG 2005, 746). Nach Art. 61 Abs. 4 EGHGB können die Landesregierungen durch Rechtsverordnung bestimmen, dass bis zum 31. 12. 2009 Eintragungen als vollständig oder als Hinweisbekanntmachung auch in den Printmedien bekannt zu machen sind. Falls eine solche Regelung nicht getroffen wird, gilt gem. § 10 HGB i. d. F EHUG, dass die Bekanntmachungen nur in dem von der Landesjustizverwaltung bestimmten Informations- und Kommunikationssystem erfolgt (*Noack* NZG 2006, 801, 802).

11 Die Bekanntmachung des Beschlusses muss nicht den **vollständigen Wortlaut** des Kapitalherabsetzungsbeschlusses wiedergeben (Baumbach/Hueck/*Zöllner* § 58 Rn. 23; a. A. *Roth/Altmeppen* § 58 Rn. 16 wonach der gesamte Beschluss samt Zweckangabe zu veröffentlichen ist). Ausreichend sind die Angaben, dass und in welchem Umfang die Kapitalherabsetzung beschlossen wurde. Im Fall der Kapitalherabsetzung um einen Maximalbetrag sind auch die Parameter für die Bestimmung des endgültigen Herabsetzungsbetrages zu nennen. Angaben zu Zweck der Herabsetzung und Art der Anpassung der Nennbeträge sind entbehrlich (Baumbach/Hueck/*Zöllner* § 58 Rn. 23; *Lutter/Hommelhoff* GmbHG, § 58 Rn. 15). Die Gläubiger müssen auch – anders als im Aktienrecht (§ 225 Abs. 1 S. 2 AktG) – nach h. M. nicht auf ihre Rechte hingewiesen werden (*Lutter/Hommelhoff* GmbHG, § 58 Rn. 15; Baumbach/Hueck/*Zöllner* § 58 Rn. 23; *Roth/Altmeppen* § 58 Rn. 17).

Bekannte Gläubiger sind durch **besondere Mitteilung** zur Anmeldung bei der Gesellschaft aufzufordern (Abs. 1 Nr. 1 a. E.). Maßgeblicher Tag für die Bestimmung der Kenntnis soll nach h. M. der Tag der dritten Bekanntmachung sein (*Lutter/Hommelhoff* GmbHG, § 58 Rn. 16; Baumbach/Hueck/*Zöllner* § 58 Rn. 24 m. w. N.). Gegenüber nach diesem Zeitpunkt hinzutretenden Gläubigern soll eine weitere Mitteilungspflicht bestehen (Baumbach/Hueck/*Zöllner* § 58 Rn. 24). Für die gesonderte Mitteilung schreibt das Gesetz keine ausdrückliche Frist vor; man wird jedoch davon ausgehen, dass sie unverzüglich nach der Bekanntmachung bzw. bei späterer Entstehung, nach Kenntnis, zu erfolgen hat (Baumbach/Hueck/*Zöllner* § 58 Rn. 25; nach *Lutter/Hommelhoff* GmbHG, § 58 Rn. 16 reicht es hingegen, wenn die Mitteilung in angemessener Frist vor Ablauf des Sperrjahres erfolgt). 12

III. Befriedigung oder Sicherung der Gläubiger

Entgegen dem Wortlaut von Abs. 1 Nr. 2, begründet die Norm keine Ansprüche der Gläubiger auf Befriedigung oder Sicherstellung. Die Vorschrift ist vielmehr als **registerverfahrensrechtliche Obliegenheit** zu verstehen; d. h. solange die Gesellschaft nicht für Befriedigung oder Sicherstellung der Gläubiger gesorgt hat, besteht ein Eintragungshindernis (Baumbach/Hueck/*Zöllner* § 58 Rn. 26 ff.). Die Gläubiger müssen sich bei der Gesellschaft »melden« und »nicht zustimmen«. Ob hierfür eine empfangsbedürftige Willenserklärung erforderlich ist, dürfte wohl ein akademischer Streit sein (dafür: *Lutter/Hommelhoff* GmbHG, § 58 Rn. 18; a. A. Baumbach/Hueck/*Zöllner* § 58 Rn. 27). Ein Gläubigerwiderspruch hindert mangels Befriedigung oder Sicherstellung die Eintragung der Kapitalherabsetzung nur bis zum Zeitpunkt der Einreichung der Handelsregisteranmeldung beim Registergericht (Baumbach/Hueck/*Zöllner* § 58 Rn. 29 m. w. N.; a. A. *Roth/Altmeppen* § 58 Rn. 22 und 25: bis zur Eintragung, wenn frühere Anmeldung nicht möglich und zumutbar war). Für die Sicherstellung gelten §§ 232 ff. BGB. (zu Ausnahmen: Baumbach/Hueck/*Zöllner* § 58 Rn. 33). Zu strittigen Forderungen vgl. unten Rn. 18. 13

IV. Ablauf der Jahresfrist

Erst nach Ablauf eines Jahres (Sperrjahr) seit dem Tage, an welchem der Gläubigeraufruf zum dritten Male stattgefunden hat, darf der Kapitalherabsetzungsbeschluss zur Eintragung ins Handelsregister angemeldet werden (Abs. 1 Nr. 3). 14

Um die Sperrfrist von einem Jahr zu **umgehen**, werden in der Praxis **Verschmelzungs- und Spaltungsmaßnahmen** benutzt, um Ausschüttungen vornehmen zu können. Das Umwandlungsgesetz (UmwG) verlangt nicht, das nach einer Verschmelzung die Stammkapitalziffer des aufnehmenden Rechtsträgers der Summe der Stammkapitalziffern der an der Verschmelzung beteiligten Rechtsträger entsprechen muss. Wird z. B. eine GmbH mit einem Stammkapital von € 1,0 Mio. auf eine GmbH mit dem Mindeststammkapital von € 25.000,– verschmolzen, ist das Mindestkapital des aufnehmenden Rechtsträgers ausreichend (Heckschen/Heidinger/*Heckschen* M Rn. 251). Es wird allerdings in der Literatur erörtert, ob in einem solchen Fall die Ausschüttungssperre nach § 58 d GmbHG analog anzuwenden ist (Heckschen/Heidinger/*Heckschen* M Rn. 251 m. w. N.). 15

V. Anmeldung; Versicherung

Die Handelsregisteranmeldung ist nach § 78 GmbHG von sämtlichen Geschäftsführern vorzunehmen. Für die Anmeldung gelten §§ 54 Abs. 1 i. V. m. 58 Abs. 1 Nr. 4 GmbHG (vgl. die Muster-Anmeldungen bei *Keidel/Krafka/Willer*, Rn. 1073; *Gustavus*, A 110). 16

Die Anmeldung **beinhaltet** die Angabe der herabgesetzten **Stammkapitalziffer** sowie die Angabe des **Zwecks** der Herabsetzung etwa wie folgt: 17

»Das Stammkapital der Gesellschaft wurde von € [...] um € [...] auf € [...] herabgesetzt. § X der Satzung wurde entsprechend geändert. Die Kapitalherabsetzung erfolgt zum Zweck [...].«

18 Ferner beinhaltet die Anmeldung die **Versicherung** entsprechend dem Wortlaut von Abs. 1 Nr. 4 Hs. 2. Problematisch ist die Versicherung nur mit Blick auf streitige Forderungen. Sind die Forderungen offensichtlich unbegründet oder erweisen sie sich als nach sorgfältiger Prüfung als nicht bestehend, braucht weder Befriedigung noch Sicherheit geleistet werden. Allerdings sind die Geschäftsführer bei der Beurteilung dem Risiko zivilrechtlicher Haftung und strafrechtlicher Verantwortlichkeit (§ 82 Abs. 2 Nr. 1 GmbHG; ggf. als Schutzgesetz i. S. v. § 823 Abs. 2 BGB) ausgesetzt (*Lutter/Hommelhoff* GmbHG, § 58 Rn. 21).

19 Der Handelsregisteranmeldung sind folgende **Anlagen** beizufügen:
- Ausfertigung oder beglaubigte Abschrift des notariell beurkundeten **Herabsetzungsbeschlusses**;
- vollständiger **Satzungswortlaut** mit der notariellen Bescheinigung gem. § 54 Abs. 1 S. 2 GmbHG;
- aktuelle **Gesellschafterliste** unter Berücksichtigung der angemeldeten Kapitalherabsetzung (§ 40 GmbHG); dabei soll eine Pflicht zur Einreichung der Gesellschafterliste nur bestehen, falls die Kapitalherabsetzung ungleichmäßig erfolgt und dementsprechend eine Änderung im Umfang der Beteiligung eintritt (*Lutter/Hommelhoff* GmbHG, § 58 Rn. 27);
- Beleg für die dreimalige Bekanntmachung gem. Abs. 1 Nr. 1 (vgl. Abs. 1 Nr. 4).

VI. Eintragung

20 Die Eintragung und Bekanntmachung des Kapitalherabsetzungsbeschlusses richtet sich nach §§ 54 Abs. 2, S. 1, 10 GmbHG sowie den entsprechenden Vorschriften der Handelsregisterverordnung. Die Eintragung hat **konstitutive** Wirkung. Eine Zusatzbekanntmachung findet nach der Streichung von § 54 Abs. 2 S. 2 GmbHG und § 10 Abs. 3 GmbHG durch das EHUG nicht mehr statt. Ausweislich der Gesetzesbegründung zum EHUG soll künftig grundsätzlich nur der im Handelsregister eingetragene Text bekannt gemacht werden. Die bislang verschiedentlich angeordneten zusätzlichen Bekanntmachungen werden als Fehlerquelle angesehen und seien aufgrund des Online-Zugangs zum Handelsregister nicht mehr erforderlich (Grundsatz des Verzichts auf Zusatzbekanntmachungen).

VII. Vollzug des festgelegten Zwecks

21 Nach der Eintragung der Kapitalherabsetzung im Handelsregister müssen die Geschäftsführer die Vorgaben des Herabsetzungsbeschlusses umsetzen, also z. B. den Herabsetzungsbetrag in die Rücklage buchen (*Lutter/Hommelhoff* GmbHG, § 58 Rn. 27).

D. Mindestbetrag des Stammkapitals

22 Das Stammkapital darf nicht unter den Mindestbetrag des Stammkapitals in Höhe von € 25.000,– gem. Abs. 2 S. 1, § 5 Abs. 1 GmbHG herabgesetzt werden. Umstritten ist, ob ausnahmsweise eine **vorübergehende Herabsetzung** unter die Mindeststammkapitalziffer von € 25.000,– zulässig ist, wenn gleichzeitig eine Kapitalerhöhung beschlossen wird, die wieder ein Stammkapital über € 25.000,– herstellt (ablehnend h. M.: LG Saarbrücken GmbHR 1992, 380; LG Frankfurt / Main GmbHR 1992, 381; K. Schmidt / Uhlenbruck/*K. Schmidt* Rn. 363; Heckschen / Heidinger / *Heckschen* M Rn. 250; *Lutter/Hommelhoff* GmbHG, § 58 Rn. 6; Scholz/*Priester* GmbHG, § 58 Rn. 33; a. A. Baumbach / Hueck / *Zöllner* § 58 Rn. 4). Bei der vereinfachten Kapitalerhöhung ist es nach § 58 a Abs. 4 GmbHG ausdrücklich gestattet, das Stammkapital auf unter € 25.000,– herabzusetzen, wenn zeitgleich eine Erhöhung auf den gesetzlichen Mindestbetrag beschlossen wird, so dass die Frage keine praktische Relevanz mehr hat.

23 Nach dem **RefE MoMiG** soll der Mindestbetrag des Stammkapitals nur noch € 10.000,– betragen (vgl. dazu § 5 GmbHG Rn. 6); im Übrigen würden die Bestimmungen entsprechend anwendbar bleiben.

E. Mindestbetrag der Stammeinlagen

Der Gesamtbetrag der Stammeinlagen muss nach §§ 58 Abs. 2 S. 2, 5 Abs. 3 S. 3 GmbHG mit der herabgesetzten Stammkapitalziffer **übereinstimmen** (unstr.; *Roth/Altmeppen* § 58 Rn. 13 m. w. N.). Stammeinlagen müssen einen Mindestnennwert von € 100,– haben und durch 50 teilbar sein (§§ 58 Abs. 2 S. 2, 5 Abs. 1 und Abs. 3 S. 2 GmbHG). Das gilt jedoch nur für die in der Verweisungsnorm des Abs. 2 S. 2 genannten Fälle, also die Kapitalherabsetzung zum Zwecke der Zurückzahlung von Stammeinlagen oder zum Zweck des Erlasses von Einlageforderungen. Dient die Herabsetzung z. B. der Beseitigung einer Unterbilanz, gelten die Anforderung an Mindestnennbetrag und Teilbarkeit der Stammeinlagen nach § 5 GmbHG nicht (*Roth/Altmeppen* § 58 Rn. 13). Nach h. L. sollen aber zumindest die Anforderungen nach § 57 h GmbHG entsprechend anwendbar sein (Mindestnennbetrag von € 50,– und Teilbarkeit durch 10, vgl. § 57 h Rn. 5; *Roth/Altmeppen* § 58 Rn. 13; Baumbach / Hueck / *Zöllner* § 58 Rn. 7). Nach dem **RefE MoMiG** hingegen wird der Mindestbetrag einer Stammeinlage auf einen vollen Euro abgesenkt; die Stammeinlagen müssen nur noch durch einen vollen Eurobetrag teilbar sein (vgl. Ausführungen bei § 5 GmbHG Rn. 2 ff., 7 ff.). 24

F. Kombination aus Kapitalerhöhung und Kapitalherabsetzung

Die Kombination aus Kapitalerhöhung und -herabsetzung ist zwar auch im Fall der ordentlichen Kapitalherabsetzung möglich; aufgrund des Sperrjahres nach Abs. 1 Nr. 3 wird sie aber praktisch kaum mehr relevant, vielmehr findet die vereinfachte Kapitalherabsetzung (§ 58 a GmbHG) Anwendung. 25

G. Zulässigkeit der Kapitalherabsetzung in der Liquidation oder Insolvenz

In der Liquidation ist die ordentliche Kapitalherabsetzung zwar möglich, aber sinnlos. Denn die Schutzregeln des Liquidationsrechts (§ 73 GmbHG) sind zusätzlich zu beachten. Dann kann aber auch nach § 73 GmbHG verteilt werden (*Lutter/Hommelhoff* GmbHG, § 58 Rn. 28). In der Insolvenz ist die vereinfachte Kapitalherabsetzung sinnvoller (*Lutter/Hommelhoff* GmbHG, § 58 Rn. 28). 26

H. Mängel, Rechtsfolgen

Wird das Mindeststammkapital unterschritten, führt das zur **Nichtigkeit der Kapitalherabsetzung**. Andere Beschlussmängel, etwa fehlende Angaben, begründen einerseits ein Eintragungshindernis und andererseits die Anfechtbarkeit des Beschlusses (*Roth/Altmeppen* § 58 Rn. 27 f). 27

§ 58 a [Vereinfachte Kapitalherabsetzung]

(1) Eine Herabsetzung des Stammkapitals, die dazu dienen soll, Wertminderungen auszugleichen oder sonstige Verluste zu decken, kann als vereinfachte Kapitalherabsetzung vorgenommen werden.

(2) Die vereinfachte Kapitalherabsetzung ist nur zulässig, nachdem der Teil der Kapital- und Gewinnrücklagen, der zusammen über zehn vom Hundert des nach der Herabsetzung verbleibenden Stammkapitals hinausgeht, vorweg aufgelöst ist. Sie ist nicht zulässig, solange ein Gewinnvortrag vorhanden ist.

(3) [1]Im Beschluss über die vereinfachte Kapitalherabsetzung sind die Nennbeträge der Geschäftsanteile dem herabgesetzten Stammkapital anzupassen. [2]Die Geschäftsanteile können auf jeden durch zehn teilbaren Betrag, müssen jedoch auf mindestens fünfzig Euro gestellt werden. [3]Geschäftsanteile, deren Nennbetrag durch die Herabsetzung unter fünfzig Euro sinken würde, sind von den Geschäftsführern zu gemeinschaftlichen Geschäftsanteilen zu vereinigen, wenn die Einlagen auf die Geschäftsanteile voll geleistet, die Geschäftsanteile nicht mit einer Nachschusspflicht oder mit Rechten Dritter belastet und nach dem Gesellschaftsver-

trag nicht mit verschiedenen Rechten und Pflichten ausgestattet sind. [4]Die Erklärung über die Vereinigung der Geschäftsanteile bedarf der notariellen Beurkundung. [5]Die Vereinigung wird mit der Eintragung des Beschlusses über die Kapitalherabsetzung in das Handelsregister wirksam.

(4) [1]Das Stammkapital kann unter den in § 5 Abs. 1 bestimmten Mindestnennbetrag herabgesetzt werden, wenn dieser durch eine Kapitalerhöhung wieder erreicht wird, die zugleich mit der Kapitalherabsetzung beschlossen ist und bei der Sacheinlagen nicht festgesetzt sind. [2]Die Beschlüsse sind nichtig, wenn sie nicht binnen drei Monaten nach der Beschlussfassung in das Handelsregister eingetragen worden sind. [3]Der Lauf der Frist ist gehemmt, solange eine Anfechtungs- oder Nichtigkeitsklage rechtshängig ist oder eine zur Kapitalherabsetzung oder Kapitalerhöhung beantragte staatliche Genehmigung noch nicht erteilt ist. [4]Die Beschlüsse sollen nur zusammen in das Handelsregister eingetragen werden.

(5) Neben den §§ 53 und 54 über die Abänderung des Gesellschaftsvertrags gelten die §§ 58 b bis 58 f.

Übersicht:

A. Normzweck

I. Gläubigerschutz

1 Die vereinfachte Kapitalherabsetzung (§§ 58 a bis 58 f GmbHG) dient der **Sanierung von Unternehmen** (*Lutter/Hommelhoff* GmbHG, § 58 a Rn. 2). Der Gläubigerschutz wird bei der vereinfachten Kapitalherabsetzung durch Verwendungszweckbindung der frei gewordenen Beträge (§§ 58 b, 58 c GmbHG) und die vorübergehenden Ausschüttungsbeschränkungen (§ 58 d GmbHG) gewährleistet. Da das Gesellschaftsvermögen vorerst nicht verteilt und damit den Gläubigern entzogen werden kann, bedarf es bei der vereinfachten Kapitalherabsetzung anders als bei der ordentlichen Kapitalherabsetzung weder des dreimaligen Gläubigeraufrufs (§ 58 Abs. 1 Nr. 1 GmbHG) noch der Sicherheitsleistung bzw. Befriedigung der Gläubiger (§ 58 Abs. 1 Nr. 2 GmbHG) oder des Sperrjahrs (§ 58 Abs. 1 Nr. 3 GmbHG). Die vereinfachte Kapitalherabsetzung kann also **sofort vollzogen** werden (*Roth/Altmeppen/Roth* § 58 a Rn. 3; *Lutter/Hommelhoff* GmbHG, § 58 a Rn. 3; Heckschen/Heidinger/*Heckschen* M Rn. 252).

II. Zulässige Zwecke der vereinfachten Kapitalherabsetzung

2 Nach dem Gesetz dient die vereinfachte Kapitalherabsetzung dazu »Wertminderungen auszugleichen oder sonstige Verluste zu decken« (Abs. 1); das ist irreführend, weil der GmbH aufgrund der Kapitalherabsetzung keine neuen Finanzmittel zugeführt werden, vielmehr wird nur die **Stammkapitalziffer verringert** und dadurch eine bestehende Unterbilanz beseitigt (Heckschen/Heidinger/*Heckschen* M Rn. 252; A/E/S/*Ensthaler* § 58 a Rn. 2; Baumbach/Hueck/*Zöllner* § 58 a Rn. 6). Es wird auch von einer bloßen »Buchsanierung« gesprochen (A/E/S/*Ensthaler* § 58 a Rn. 2). Häufig wird zugleich mit der vereinfachten Kapitalherabsetzung eine Kapitalerhöhung durchgeführt, um die Gesellschaft wieder zu kapitalisieren (Heckschen/Heidinger/*Heckschen* M Rn. 252).

Eine Kapitalherabsetzung, die zum Zwecke der **Abdeckung von Verlusten** vorgenommen wird, kann auch dann durchgeführt werden, wenn diese Verluste erst künftig einzutreten drohen, in Höhe dieser drohenden Verluste gem. § 249 Abs. HGB Rückstellungen in der Bilanz zu bilden sind und die dadurch eingetretene Situation zur Überschuldung der Gesellschaft führt oder diese sonst in wirtschaftliche Schwierigkeiten bringt. Erweist sich später, dass die Verluste in der angenommenen Höhe nicht eingetreten sind und werden die Rückstellungen in dieser Höhe aufgelöst, ist der Betrag in die Kapitalrücklage (§ 266 Abs. 3 A II HGB) einzustellen (BGH NJW 1993, 57, 61 zum Aktienrecht). 3

Als weiterer zulässiger Zweck ist die **Vermeidung einer Unterbilanz** der übertragenden GmbH im Fall einer **Abspaltung und Ausgliederung** gem. § 139 UmwG anerkannt (Heckschen/Heidinger/*Heckschen* M Rn. 253). 4

Unzulässig ist die vereinfachte Kapitalherabsetzung dagegen zum Zwecke der Rücklagenauffüllung oder zum Erlass ausstehender Einlageforderungen (Baumbach/Hueck/*Zöllner* § 58 a Rn. 8 f.). Nach a. A. soll die Rücklagenauffüllung zumindest als untergeordneter Nebenzweck der vereinfachten Kapitalherabsetzung zulässig sein (*Lutter/Hommelhoff* GmbHG, § 58 a Rn. 18 mit Formulierungsvorschlag). Gemeint ist wohl, dass die durch die Herabsetzung frei gewordenen Beträge nicht ohne vorangegangenen Verlustausgleich in die Kapitalrücklagen eingestellt werden dürfen (Baumbach/Hueck/*Zöllner* § 58 a Rn. 8); wie sich aus § 58 b Abs. 2 GmbHG ergibt, kann aber ein zum Verlustausgleich nicht benötigter überschießender Betrag bis zur erlaubten Grenze in die Rücklagen eingestellt werden. 5

B. Voraussetzungen der vereinfachten Kapitalherabsetzung

I. Qualifizierter Verlust (10 %-Grenze)

Voraussetzung für die Zulässigkeit der Herabsetzung ist, dass sie der Verlustdeckung dient und keine Kapital- oder Gewinnrücklagen bestehen, welche 10 % des nach der Herabsetzung verbleibenden Kapitals übersteigen, vgl. Abs. 2 S. 1 (Heckschen/Heidinger/*Heckschen* M Rn. 254; *Langenfeld* Rn. 599). Zunächst sind somit Kapitalrücklagen (§ 272 Abs. 2 HGB) und Gewinnrücklagen (§ 272 Abs. 3 HGB) aufzulösen, bevor die Kapitalherabsetzung durchgeführt werden darf, wenn andernfalls die 10 %-Grenze überschritten würde. Sonstige Rücklagen oder stille Reserven müssen nicht vorab aufgelöst werden (*Lutter/Hommelhoff* GmbHG, § 58 a Rn. 12). 6

II. Fehlen eines Gewinnvortrags

Es darf auch kein Gewinnvortrag (§ 266 Abs. 3 A IV HGB) bestehen, Abs. 2 S. 2. 7

III. Kapitalherabsetzungsbeschluss

Abs. 5 verweist auf § 53 GmbHG; der Herabsetzungsbeschluss ist somit **satzungsändernd** und muss – mangels abweichender Satzungsbestimmungen – mit **$^3/_4$ der abgegebenen Stimmen** gefasst werden (Muster einer vereinfachten Kapitalherabsetzung finden sich im MünchVertrHdb I/*Heidenhain* Rn. IV.95; *Langenfeld* Rn. 606). 8

Im Beschluss muss der **Betrag**, die **Art** (»vereinfachte Kapitalherabsetzung«) und der **Zweck** (»zur Deckung von Verlusten«) der Kapitalherabsetzung festgesetzt werden. Wie bei der ordentlichen Kapitalherabsetzung genügt nach umstrittener Auffassung die Angabe eines **Maximalbetrages** (Baumbach/Hueck/*Zöllner* § 58 a Rn. 17; a. A. *Lutter/Hommelhoff* GmbHG, § 58 a Rn. 17: nur ausnahmsweise, sofern der Geschäftsführung kein Ermessenspielraum eingeräumt wird; Teil des Herabsetzungsbetrages, der nicht zum Verlustausgleich benötigt wird, könne in die Kapitalrücklage eingestellt werden). Nach h. M. muss auch der Zweck der Kapitalerhöhung angegeben werden (*Lutter/Hommelhoff* GmbHG, § 58 a Rn. 18; *Roth/Altmeppen* § 58 a Rn. 12: a. A. Baumbach/Hueck/*Zöllner* § 58 a Rn. 19 mit ausführlicher Begründung: ausreichend sei die Angabe, dass es sich um vereinfachte Kapitalherabsetzung handelt). 9

Zu den Nennbeträgen nachfolgend Rn. 11 f., 13.

10 Nach h. M. ist eine sachliche Rechtfertigung des Kapitalherabsetzungsbeschlusses nicht erforderlich (BGHZ 138, 71 – Sachsenmilch zu Aktiengesellschaft; differenzierend *Lutter/Hommelhoff* GmbHG, § 58 a Rn. 15 a; nach Baumbach / Hueck / *Zöllner* § 58 a Rn. 23 muss die Kapitalherabsetzung erforderlich und verhältnismäßig sein). Der Sanierungszweck kann unter Umständen eine Mitwirkungspflicht der Gesellschafter an der Kapitalherabsetzung aufgrund ihrer mitgliedschaftlichen Treuepflicht begründen (BGHZ 129, 136 – »Girmes« zu Aktiengesellschaft).

IV. Anpassung der Nennbeträge, Abs. 3

11 Im Beschluss über die vereinfachte Kapitalherabsetzung sind die Nennbeträge der Geschäftsanteile dem herabgesetzten Stammkapital anzupassen (Abs. 3 S. 1), d. h. die Nennbeträge müssen ausdrücklich im Beschluss festgesetzt werden (*Roth/Altmeppen* § 58 a Rn. 14). Der Mindestnennbetrag eines Geschäftsanteil beträgt € 50,–; der Nennbetrag eines Geschäftsanteils muss durch 10 teilbar sein (Abs. 3 S. 2). Nach dem **RefE MoMiG** sollen der Mindestbetrag auf einen vollen Euro herabgesetzt und die Teilbarkeitsregeln gelockert werden; die Geschäftsanteile müssen nur noch auf einen Betrag gestellt werden, der auf volle Euro lautet (vgl. ausführl. § 5 GmbHG Rn. 2 ff., 7 ff.).

12 **Voll eingezahlte Geschäftsanteile**, deren Nennbetrag durch die Herabsetzung unter € 50,– fallen würde, sind gem. Abs. 3 S. 3 zu gemeinschaftlichen (§ 18 GmbHG) Geschäftsanteilen zu vereinigen, wenn die Geschäftsanteile nicht mit einer Nachschusspflicht (§ 26 GmbHG) oder mit Rechten Dritter belastet oder nach dem Gesellschaftsvertrag nicht mit verschiedenen Rechten und Pflichten (z. B. ein Gewinnvorzug oder einer Liquidationspräferenz) ausgestattet sind (Heckschen / Heidinger / *Heckschen* M Rn. 255). Dies sollte möglichst bereits Gegenstand des Herabsetzungsbeschlusses sein; subsidiär bestimmt das Gesetz eine Kompetenz der Geschäftsführung (Baumbach / Hueck / *Zöllner* § 58 a Rn. 27; *Lutter/Hommelhoff* GmbHG, § 58 a Rn. 22). Liegen die besonderen Voraussetzungen nach Abs. 3 S. 3 (Volleinzahlung, keine Nachschusspflichten oder Rechte Dritter, keine unterschiedliche Ausstattung der Geschäftsanteile) nicht vor, besteht keine entsprechende Kompetenz der Geschäftsführung. Dann kann eine Vereinigung nur durch satzungsändernden Gesellschafterbeschluss mit Zustimmung der betroffenen Gesellschafter erfolgen (Baumbach / Hueck / *Zöllner* § 58 a Rn. 29). Wird das Problem übersehen und trotzdem eingetragen, entstehen ruhende Teilrechte (Baumbach / Hueck / *Zöllner* § 58 a Rn. 29).

V. Einhaltung der Mindeststammkapitalhöhe, Abs. 4

13 Grundsätzlich darf mit der Kapitalherabsetzung nicht die Mindeststammkapitalziffer von € 25.000,– gem. § 5 Abs. 1 GmbHG unterschritten werden. Die Herabsetzung darf bis auf 0 erfolgen (BGH NJW 1993, 57; NJW 1999, 3197 zum Aktienrecht; zu den Modalitäten näher *Lutter/Hommelhoff* GmbHG, § 58 a Rn. 21). Ausnahmsweise ist es bei der vereinfachten Kapitalherabsetzung nach Abs. 4 S. 1 möglich, das Stammkapital unter einen Gesamtnennbetrag von € 25.000,– herabzusetzen, wenn zugleich mit der Kapitalherabsetzung eine **Kapitalerhöhung** beschlossen wird, durch welche der Mindeststammkapitalbetrag von € 25.000,– wieder überschritten wird. Dabei darf es sich um keine Sachkapitalerhöhung handeln. Der **RefE MoMiG** sieht eine Mindeststammkapitalziffer von € 10.000,– vor (vgl. § 5 GmbHG Rn. 6); im Übrigen gelten die vorangegangen Ausführungen entsprechend auch bei herabgesetzter Stammkapitalziffer.

14 Die der Gesellschaftermehrheit obliegende **Treuepflicht** gebietet zumindest in einer **personalistisch strukturierten GmbH** keine Zulassung der partiellen Ausübung des Bezugsrechts oder zumindest eine Gestaltung und Bemessung der Kapitalerhöhung in der Weise, dass die Minderheit die größtmögliche Chance der Beteiligung – etwa zu einem Mindestbetrag des Geschäftsanteils von € 50,– (vgl. Abs. 3 S. 2) – hat (BGH DStR 2005, 975; a. A. Baumbach / Hueck / *Zöllner* § 58 a Rn. 35). Bei einer solchen personalistisch strukturierten GmbH ist vielmehr grundsätzlich auf ein Bestehenbleiben der bisherigen Beteiligungsverhältnisse bei der Kapitalerhöhung gerade auch im Verfahren nach Abs. 4 Bedacht zu nehmen.

VI. Anmeldung, Abs. 5

Abs. 5 verweist auf § 54 GmbHG (ausführl. Baumbach / Hueck / *Zöllner* § 58 a Rn. 30 ff.). Auch im Fall der vereinfachten Kapitalherabsetzung muss die Anmeldung von allen Geschäftsführen gemeinsam vorgenommen werden, auch wenn eine Verweisung in § 78 Hs. 2 GmbHG fehlt (*Lutter/Hommelhoff* GmbHG, § 58 a Rn. 23; Baumbach / Hueck / *Zöllner* § 58 a Rn. 30; a. A. Scholz / *Priester* GmbHG, § 58 a Rn. 32). 15

Die Reichweite der Prüfungskompetenz des Registergerichts ist umstritten. Im Einzelfall soll der Registerrichter auch die Vorlage einer Zwischenbilanz verlangen können (*Keidel/Krafka/Willer* Rn. 1077); in der Regel soll eine plausible Fortführung der letzten Jahresbilanz ausreichen (»management accounts«), ohne dass ein formaler Zwischenabschluss erstellt werden muss (Baumbach / Hueck / *Zöllner* § 58 a Rn. 31). 16

VII. Eintragung

Wird die Kapitalherabsetzung mit der Kapitalerhöhung kombiniert, sind beide Beschlüsse nach Abs. 4 S. 2 **nichtig**, wenn sie nicht binnen drei Monaten nach der Beschlussfassung im Handelsregister eingetragen worden sind. Sie sollen nur zusammen ins Handelsregister eingetragen werden (Abs. 4 S. 4). Im Übrigen gelten die allgemeinen Regelungen (Abs. 5, § 54 GmbHG). 17

C. Verweis auf § 58 b bis § 58 f GmbHG

Zusätzlich gelten die §§ 58 b bis 58 f GmbHG. 18

§ 58 b [Beträge aus Rücklagenauflösung und Kapitalherabsetzung]

(1) Die Beträge, die aus der Auflösung der Kapital- oder Gewinnrücklagen und aus der Kapitalherabsetzung gewonnen werden, dürfen nur verwandt werden, um Wertminderungen auszugleichen und sonstige Verluste zu decken.

(2) [1]Daneben dürfen die gewonnenen Beträge in die Kapitalrücklage eingestellt werden, soweit diese zehn vom Hundert des Stammkapitals nicht übersteigt. [2]Als Stammkapital gilt dabei der Nennbetrag, der sich durch die Herabsetzung ergibt, mindestens aber der nach § 5 Abs. 1 zulässige Mindestnennbetrag.

(3) Ein Betrag, der auf Grund des Absatzes 2 in die Kapitalrücklage eingestellt worden ist, darf vor Ablauf des fünften nach der Beschlussfassung über die Kapitalherabsetzung beginnenden Geschäftsjahrs nur verwandt werden

1. **zum Ausgleich eines Jahresfehlbetrags, soweit er nicht durch einen Gewinnvortrag aus dem Vorjahr gedeckt ist und nicht durch Auflösung von Gewinnrücklagen ausgeglichen werden kann;**
2. **zum Ausgleich eines Verlustvortrags aus dem Vorjahr, soweit er nicht durch einen Jahresüberschuss gedeckt ist und nicht durch Auflösung von Gewinnrücklagen ausgeglichen werden kann;**
3. **zur Kapitalerhöhung aus Gesellschaftsmitteln.**

A. Normweck

Die durch die Kapitalherabsetzung von der strengen Vermögensbindung des Stammkapitals befreiten Beträge werden durch § 58 b GmbHG einer **Verwendungsbindung** zu abschließend genannten Zwecken unterworfen. Sofern die durch die Herabsetzung frei gewordenen Beträge in die Kapitalrücklage eingestellt werden, ist ihre Verwendung für die Dauer von fünf Jahren beschränkt. 1

B. Beschränkung der Verwendung der frei gewordenen Beträge

2 Die durch die Kapitalherabsetzung frei gewordenen Beträge, also der Buchgewinn, dürfen nur zu **zwei Zwecken** verwandt werden: Zur Verlustdeckung (Abs. 1) und zur Auffüllung der Kapitalrücklage, soweit die Kapitalrücklage nicht 10 % des Stammkapitals übersteigt (Abs. 2), verwandt werden. Dabei muss die Kapitalherabsetzung immer zunächst der Verlustdeckung dienen; nur soweit das Stammkapital erreicht ist, kann der überschießende Betrag bis zur erlaubten Grenze (10 % der herabgesetzten Stammkapitalziffer, mindestens aber € 2.500,– bzw. € 1.000,–, wenn das Mindeststammkapital gem. dem RefE MoMiG auf € 10.000,– abgesenkt wird, vgl. § 5 GmbHG Rn. 6) in die Kapitalrücklage eingestellt werden (*Roth/Altmeppen* § 58 b Rn. 4).

C. 5-Jahres-Frist, Beschränkung der Verwendung der Kapitalrücklage

3 Wird ein Betrag, der nicht zum Verlustausgleich erforderlich ist, gem. Abs. 2 in die Kapitalrücklage eingestellt, darf er für einen vorübergehenden Zeitraum nicht aufgelöst und an die Gesellschafter ausgeschüttet, sondern nur zu **folgenden Zwecken** verwandt werden:
- zum **Ausgleich eines Jahresfehlbetrags** (§ 266 Abs. 3 A V HGB), soweit er nicht durch einen Gewinnvortrag (§ 266 Abs. 3 A IV HGB) aus dem vorangegangenen Geschäftsjahr gedeckt ist und nicht durch Auflösung von Gewinnrücklagen ausgeglichen werden kann;
- zum **Ausgleich eines Verlustvortrags** (§ 266 Abs. 3 A IV HGB), soweit er nicht durch einen Jahresüberschuss (§ 266 Abs. 3 A V HGB) gedeckt ist und nicht durch Auflösung von Gewinnrücklagen ausgeglichen werden kann;
- zur Kapitalerhöhung aus Gesellschaftsmitteln (§§ 57 c ff. GmbHG).

4 Der Zeitraum der Verwendungsbindung **beginnt** mit dem Tag der Beschlussfassung über die vereinfachte Kapitalherabsetzung und endet mit Ablauf des fünften nach diesem Tag beginnenden Geschäftsjahres.

5 Die 5-Jahres-Frist kann zulässigerweise **verkürzt** werden, indem die Kapitalrücklage zur Kapitalerhöhung aus Gesellschaftsmitteln verwandt wird. Danach kann sich unmittelbar eine ordentliche Kapitalherabsetzung mit dem Sperrjahr (Dauer: 1 Jahr, § 58 Abs. 1 Nr. 3 GmbHG) anschließen (*Lutter/Hommelhoff* GmbHG, § 58 b Rn. 7; Baumbach / Hueck / *Zöllner* § 58 b Rn. 10). Die Gläubiger sind berechtigt, Sicherheit zu verlangen, und somit hinreichend geschützt.

D. Mängel, Rechtsfolgen

6 Verletzt ein Jahresabschluss die Verwendungsbindung gem. § 58 b GmbHG, ist er analog § 241 Nr. 3 AktG **nichtig** (vgl. auch Kap. 16 Rn. 296). Soweit Gewinnverwendungsbeschlüsse auf einem nichtigen Jahresabschluss beruhen, sind sie ebenfalls nichtig. Unzulässige Zahlungen der nach Abs. 1 bis 3 gebundenen Beträge verletzen gläubigerschützende Normen. Die Auszahlungen sind nach § 812 BGB zurück zu gewähren. Die Handelnden machen sich **schadensersatzpflichtig** (ausführl. Baumbach / Hueck / *Zöllner* § 58 b Rn. 14; *Lutter/Hommelhoff* GmbHG, § 58 b Rn. 3; *Roth/Altmeppen* § 58 b Rn. 8). Teilweise wird eine analoge Anwendung von § 31 GmbHG befürwortet (Baumbach / Hueck / *Zöllner* § 58 b Rn. 14).

§ 58 c [Nichteintritt angenommener Verluste]

[1]Ergibt sich bei Aufstellung der Jahresbilanz für das Geschäftsjahr, in dem der Beschluss über die Kapitalherabsetzung gefasst wurde, oder für eines der beiden folgenden Geschäftsjahre, dass Wertminderungen und sonstige Verluste in der bei der Beschlussfassung angenommenen Höhe tatsächlich nicht eingetreten oder ausgeglichen waren, so ist der Unterschiedsbetrag in die Kapitalrücklage einzustellen. [2]Für einen nach Satz 1 in die Kapitalrücklage eingestellten Betrag gilt § 58 b Abs. 3 sinngemäß.

A. Normzweck

Wurde das Stammkapital übermäßig herabgesetzt, weil Verluste in der bei der Beschlussfassung über die Kapitalherabsetzung angenommenen Höhe nicht »eingetreten« oder »ausgeglichen« waren, ist der Unterschiedsbetrag in die Kapitalrücklage einzustellen. Damit soll verhindert werden, dass ein ausschüttungsfähiger Bilanzgewinn faktisch aus dem vor der Kapitalherabsetzung vorhandenen Stammkapital erfolgt (*Lutter/Hommelhoff* GmbHG, § 58 c Rn. 1; Baumbach/Hueck/*Zöllner* § 58 c Rn. 1). 1

B. Voraussetzungen

I. Nichteintritt oder Nichtbestehen von Verlusten

Ferner müssen Verluste tatsächlich nicht eingetreten oder bereits im Zeitpunkt der Beschlussfassung ausgeglichen gewesen sein. Dabei kommt es nicht darauf an, weshalb die im Zeitpunkt der Beschlussfassung angenommenen Verluste tatsächlich nicht eintreten oder ausgeglichen waren (Baumbach/Hueck/*Zöllner* § 58 c Rn. 4). 2

Beispielsweise können für hinreichend konkrete und wahrscheinliche ungewisse Verbindlichkeiten rechtmäßig gebildete Rückstellungen (§ 249 HGB) aufzulösen sein, wenn sich das Risiko nachträglich nicht realisiert. Dann beruht die Rückstellungsbildung nicht unbedingt auf einer Fehleinschätzung, wenn das Risiko im Zeitpunkt der Beschlussfassung zutreffend abgebildet worden ist. Dennoch ist die Rückstellung aufzulösen, wenn feststeht, dass die Verbindlichkeit nicht besteht oder entstehen kann. Erst recht ist eine Rückstellung ganz oder teilweise aufzulösen, wenn sie aufgrund einer Fehleinschätzung des Risikos überhöht gebildet wurde. 3

Ein Verlust war »ausgeglichen«, wenn im Zeitpunkt der Beschlussfassung bereits wieder alles in Ordnung war (*Lutter/Hommelhoff* GmbHG, § 58 c Rn. 2), etwa wenn es zu einer Wertaufholung durch Anstieg des Börsenkurses von Beteiligungen zum Zeitpunkt der Beschlussfassung über die Kapitalherabsetzung gekommen war (*Lutter/Hommelhoff* GmbHG, § 58 c Rn. 2; weitere Beispiele *Lutter/Hommelhoff* GmbHG, § 58 c Rn. 3; Baumbach/Hueck/*Zöllner* § 58 c Rn. 4). 4

II. Relevanter Zeitraum

Der Unterschiedsbetrag, also der tatsächlich nicht eingetretene oder im Zeitpunkt bereits ausgeglichene Verlust, muss sich in dem Jahresabschluss für das laufende Geschäftsjahr, in dem über die Kapitalherabsetzung beschlossen wurde, oder in einem der beiden folgenden Geschäftsjahre ergeben. 5

C. Rechtsfolge

Ist der Tatbestand erfüllt, muss der Unterschiedsbetrag in die **Kapitalrücklage eingestellt** werden. Die Verwendung der solchermaßen gebildeten Rücklage ist entsprechend § 58 b Abs. 3 GmbHG beschränkt für einen Zeitraum, der mit Korrektur des angenommenen Verlustes im Jahresabschluss (für das laufende Geschäftsjahr oder eines der beiden Folgengeschäftsjahre) beginnt und mit Ablauf des nach der Korrektur beginnenden Geschäftsjahres endet. 6

D. Mängel, Rechtsfolgen

Wird § 58 c GmbHG bei der Feststellung des Jahresabschlusses nicht beachtet, führt dies zur **Nichtigkeit** analog § 243 Nr. 3 AktG und analog § 256 Abs. 1 Nr. 1 AktG (vgl. auch Kap. 16 Rn. 296, 300). Das gilt auch für den Gewinnverwendungsbeschluss, der auf dem nichtigen Jahresabschluss beruht (Baumbach/Hueck/*Zöllner* § 58 c Rn. 8; *Lutter/Hommelhoff* GmbHG, § 58 c Rn. 8). 7

§ 58 d [Gewinnausschüttung] [i. d. F. ab 1. 1. 2007 durch EHUG]

(1) [1]Gewinn darf vor Ablauf des fünften nach der Beschlussfassung über die Kapitalherabsetzung beginnenden Geschäftsjahrs nur ausgeschüttet werden, wenn die Kapital- und Gewinnrücklagen zusammen zehn vom Hundert des Stammkapitals erreichen. [2]Als Stammkapital gilt dabei der Nennbetrag, der sich durch die Herabsetzung ergibt, mindestens aber der nach § 5 Abs. 1 zulässige Mindestnennbetrag.

(2) [1]Die Zahlung eines Gewinnanteils von mehr als vier vom Hundert ist erst für ein Geschäftsjahr zulässig, das später als zwei Jahre nach der Beschlussfassung über die Kapitalherabsetzung beginnt. [2]Dies gilt nicht, wenn die Gläubiger, deren Forderungen vor der Bekanntmachung der Eintragung des Beschlusses begründet worden waren, befriedigt oder sichergestellt sind, soweit sie sich binnen sechs Monaten nach der Bekanntmachung des Jahresabschlusses, auf Grund dessen die Gewinnverteilung beschlossen ist, zu diesem Zweck gemeldet haben. [3]Einer Sicherstellung der Gläubiger bedarf es nicht, die im Fall des Insolvenzverfahrens ein Recht auf vorzugsweise Befriedigung aus einer Deckungsmasse haben, die nach gesetzlicher Vorschrift zu ihrem Schutz errichtet und staatlich überwacht ist. [4]Die Gläubiger sind in der Bekanntmachung nach § 325 Abs. 2 des Handelsgesetzbuchs auf die Befriedigung oder Sicherstellung hinzuweisen.

§ 58 d [Gewinnausschüttung] [i. d. F. bis 31. 12. 2006]

***(1)* [identisch]**

(2)* [S. 1 bis 3 identisch] *[4]Die Gläubiger sind in der Bekanntmachung nach § 325 Abs. 1 Satz 2 oder Abs. 2 Satz 1 des Handelsgesetzbuchs auf die Befriedigung oder Sicherstellung hinzuweisen.

A. Normzweck

1 Die Norm soll dazu dienen, aus den laufenden Gewinnen der Gesellschaft wieder einen **ausreichenden Reservefonds** zu bilden, indem zunächst (für einen 5-Jahreszeitraum) ein Verbot der Gewinnausschüttung besteht, bis die Rücklagen in Höhe von bis zu 10 % des herabgesetzten Stammkapitals wieder aufgefüllt worden sind. Darüber hinaus ist die Gewinnausschüttung grundsätzlich bis zum dritten Jahr nach der Beschlussfassung über die Kapitalherabsetzung auf 4 % des Stammkapitals beschränkt. Die Regelungen dienen dem **Gläubigerschutz**. Die Vorschrift wurde durch Art. 10 Nr. 8 des **»Gesetzes über elektronische Handelsregister und Genossenschaftsregister sowie das Unternehmensregister« EHUG** (Inkrafttreten zum 1. 1. 2007, BGBl. I, 2553) geändert: In Abs. 2 S. 4 wurden die Wörter »§ 325 Abs. 1 Satz 2 oder Abs. 2 Satz 1« durch die Angabe »§ 325 Abs. 2 HGB« ersetzt. Es handelt es sich um eine Folgeänderung aufgrund der Änderung des § 325 HGB durch das EHUG (vgl. Begründung der Bundesregierung zum Gesetzentwurf BT-Drs. 16/960, 67 zu Art. 10 Nr. 8).

B. Ausschüttungsbeschränkungen

I. Umfassendes Ausschüttungsverbot

2 Abs. 1 verbietet jegliche Gewinnausschüttung, solange die Gewinn- und Kapitalrücklagen zusammen nicht 10 % der herabgesetzten Stammkapitalziffer erreichen. Auch hier ist bei der Berechnung wieder vom herabgesetzten Stammkapital, mindestens aber von einem Betrag von € 25.000,– auszugehen. Nach dem **RefE MoMiG** ist von einem Mindeststammkapital von € 10.000,– auszugehen (vgl. § 5 Rn. 6). Der Gewinn darf nur nicht ausgeschüttet werden, dagegen sind z. B. der Vortrag der Gewinne oder eine Kapitalerhöhung aus Gesellschaftsmitteln zulässig (Baumbach/Hueck/*Zöllner* § 58 d Rn. 2).

Umstritten ist, ob auch die Gewinnabführung aufgrund eines Gewinnabführungsvertrages von dem Gewinnausschüttungsverbot nach Abs. 1 erfasst ist (dafür: Baumbach / Hueck / *Zöllner* § 58 d Rn. 4). Bei der Begebung von Gewinnschuldverschreibungen oder gewinnabhängigen Genussrechten kann Umgehung zu prüfen sein (Baumbach / Hueck / *Zöllner* § 58 d Rn. 4). 3

Das Verbot beginnt nach h. M. mit dem **Tag der Beschlussfassung** über die Kapitalherabsetzung (Baumbach / Hueck / *Zöllner* § 58 d Rn. 5; *Lutter/Hommelhoff* GmbHG, § 58 d Rn. 1; *Roth/Altmeppen* § 58 d Rn. 5 m. w. N. zu Gegenansicht, die auf den Eintragungszeitpunkt abstellt) und endet mit Ablauf des fünften Geschäftsjahres nach der Beschlussfassung. 4

II. Beschränkung der Ausschüttungshöhe

Erreichen die Rücklagen bereits 10 % des herabgesetzten Stammkapitals, findet die umfassende Ausschüttungssperre nach Abs. 1 keine Anwendung mehr. Allerdings ist auch dann – für einen Zeitraum bis zum dritten Geschäftsjahr nach dem Kapitalherabsetzungsbeschluss – nur eine Gewinnausschüttung in Höhe von **4 % des Stammkapitals** zulässig. Für die Bemessung gilt jeweils das zum Jahresabschlussstichtag gültige Stammkapital (Baumbach / Hueck / *Zöllner* § 58 d Rn. 7). 5

C. Gläubigersicherung

Die Beschränkung der Ausschüttungshöhe auf 4 % des jeweiligen Stammkapitals gilt nicht, wenn für die Gläubiger Sicherheit geleistet wird. Zur Vermeidung der Ausschüttungsbeschränkung muss an Gläubiger Sicherheit geleistet werden, deren Forderungen vor der Bekanntmachung (§ 10 HGB) der Eintragung des Kapitalherabsetzungsbeschlusses begründet waren und die sich zudem innerhalb von sechs Monaten nach der Bekanntmachung des Jahresabschlusses (§ 325 HGB), auf Grund dessen die Gewinnverteilung beschlossen worden ist, bei des Gesellschaft gemeldet haben. Nach § 10 HGB (i. d. F. des EHUG) gilt die Bekanntmachung des Kapitalherabsetzungsbeschlusses mit der Bekanntmachung in dem von der Landesjustizverwaltung bestimmten Informations- und Kommunikationssystem als erfolgt; es kommt dagegen nicht auf die vorläufig (bis Ende 2008) zusätzlich mögliche, freiwillige Bekanntmachung in den Printmedien an. Die Gläubiger sind in der Bekanntmachung des Jahresabschlusses nach § 325 Abs. 2 HGB n. F. auf die Möglichkeit der Befriedigung oder Sicherstellung hinzuweisen (Abs. 2 S. 4). Eine Sicherstellung zugunsten dinglich gesicherter Gläubiger ist nach näherer Maßgabe des Abs. 2 S. 3 nicht erforderlich. 6

D. Mängel, Rechtsfolgen

Ein gegen Abs. 1 oder Abs. 2 verstoßender Gewinnausschüttungsbeschluss ist nach h. M. analog § 241 Nr. 3 AktG **nichtig** (*Roth/Altmeppen* § 58 d Rn. 15; Baumbach / Hueck / *Zöllner* § 58 d Rn. 16; *Lutter/Hommelhoff* GmbHG, § 58 d Rn. 9; vgl. auch Kap. 16 Rn. 296). Gegen § 58 d GmbHG verstoßende Zahlungen sind nach § 812 Abs. 1 S. 1 BGB zurückzuzahlen. Bei Verschulden kommt auch eine Geschäftsführerhaftung nach § 43 GmbHG in Betracht (*Roth/Altmeppen* § 58 d Rn. 16; Baumbach / Hueck / *Zöllner* § 58 d Rn. 18). 7

Für die Praxis wird empfohlen, soweit über 4 % hinausgehende Ausschüttungen vorgenommen werden sollen, dass hinsichtlich des überschießenden Betrages eine **aufschiebende Bedingung** aufgenommen wird, dass der Jahresabschluss mit dem entsprechenden Hinweis veröffentlicht wurde und dass Gläubiger, die sich binnen sechs Monaten melden, sichergestellt und befriedigt worden sind (Baumbach / Hueck / *Zöllner* § 58 d Rn. 16; *Lutter/Hommelhoff* GmbHG, § 58 d Rn. 7). Nach a. A. führt eine solche Verfahrensweise zur Nichtigkeit (*Roth/Altmeppen* § 58 d Rn. 15). 8

§ 58 e [Beschluss über die Kapitalherabsetzung]

(1) [1]Im Jahresabschluss für das letzte vor der Beschlussfassung über die Kapitalherabsetzung abgelaufene Geschäftsjahr können das Stammkapital sowie die Kapital- und Gewinnrückla-

gen in der Höhe ausgewiesen werden, in der sie nach der Kapitalherabsetzung bestehen sollen. [2]Dies gilt nicht, wenn der Jahresabschluss anders als durch Beschluss der Gesellschafter festgestellt wird.

(2) Der Beschluss über die Feststellung des Jahresabschlusses soll zugleich mit dem Beschluss über die Kapitalherabsetzung gefasst werden.

(3) [1]Die Beschlüsse sind nichtig, wenn der Beschluss über die Kapitalherabsetzung nicht binnen drei Monaten nach der Beschlussfassung in das Handelsregister eingetragen worden ist. [2]Der Lauf der Frist ist gehemmt, solange eine Anfechtungs- oder Nichtigkeitsklage rechtshängig ist oder eine zur Kapitalherabsetzung beantragte staatliche Genehmigung noch nicht erteilt ist.

(4) Der Jahresabschluss darf nach § 325 des Handelsgesetzbuchs erst nach Eintragung des Beschlusses über die Kapitalherabsetzung offen gelegt werden.

A. Normweck

1 Die rein bilanzrechtliche Norm gestattet, bereits in dem letzten Jahresabschluss vor dem Geschäftsjahr, in dem die Kapitalherabsetzung beschlossen wird, das Stammkapital und die Gewinn- und Kapitalrücklagen unter Vorwegnahme der künftigen Kapitalherabsetzung bereits so auszuweisen, als sei die Kapitalherabsetzung bereits vollzogen. Diese bilanzielle Vorwegnahme soll der **Sanierung der Gesellschaft** dienen, ist aber reine »Bilanzoptik«. Aus der Gewinn- und Verlustrechnung können aber die tatsächlichen Kapitalverhältnisse entnommen werden.

B. Bilanzielle Vorwegnahme der Kapitalherabsetzung

2 Durch die Norm wird das Stichtagsprinzip (§ 252 Abs. 1 Nr. 3 HGB) für die in Abs. 1 genannten Eigenkapitalpositionen durchbrochen (*Roth/Altmeppen* § 58 e Rn. 1). Die Norm räumt eine bilanzielle Gestaltungsmöglichkeit ein, verpflicht aber nicht zur Vorwegnahme des Bilanzausweises der Kapitalherabsetzung (Baumbach/Hueck/*Zöllner* § 58 e Rn. 2).

C. Voraussetzungen

3 Der Jahresabschluss für das Vorjahr muss **von der Gesellschafterversammlung durch Gesellschafterbeschluss festgestellt** sein (Abs. 1 S. 2). Nicht ausreichend ist eine Feststellung durch den Aufsichtsrat, Beirat oder Gesellschafterausschuss, selbst wenn die Satzung die Feststellungskompetenz auf die genannten Organe delegiert haben sollte (*Lutter/Hommelhoff* GmbHG, § 58 e Rn. 2).

4 Der Beschluss über die Feststellung des Jahresabschlusses soll zugleich mit dem Beschluss über die Kapitalherabsetzung gefasst werden (Abs. 2), d. h. **in derselben Gesellschafterversammlung**. Es handelt sich hierbei um eine Sollvorschrift; Verstoß begründet nach h. M. keinen Mangel der Beschlüsse (Baumbach/Hueck/*Zöllner* § 58 e Rn. 6; *Lutter/Hommelhoff* GmbHG, § 58 e Rn. 4).

5 Der Beschluss über die Feststellung des Jahresabschlusses und der Beschluss über die Kapitalherabsetzung sind nichtig, wenn der Beschluss über die Kapitalherabsetzung nicht **binnen drei Monaten** nach dem Herabsetzungsbeschluss in das Handelsregister **eingetragen** worden ist (Abs. 2 S. 1). Die Fristberechnung folgt allgemeinen Regeln (§§ 187, 188 BGB). Die Fristhemmung bestimmt sich nach Abs. 3 S. 2 und entspricht der Regelung in § 58 a Abs. 4 S. 2 GmbHG (vgl. dort).

6 Ein Muster einer Gesellschafterversammlung über eine rückwirkende Kapitalherabsetzung findet sich bei *Stephan* in Beck'sches Formularbuch Bürgerliches-, Handels- und Wirtschaftsrecht, 8. Auflage 2003 IX.47.

D. Offenlegungssperre

Nach Abs. 4 darf der Jahresabschluss, der den vorgezogenen Kapitalausweis enthält, erst nach der Eintragung des Kapitalherabsetzungsbeschlusses offen gelegt werden. Die Pflichten nach §§ 325, 326 HGB werden insoweit zeitlich aufgeschoben, damit die Gläubiger nicht auf einen gegebenenfalls unwirksamen Jahresabschluss vertrauen (Baumbach/Hueck/*Zöllner* § 58 e Rn. 15 ff.). 7

§ 58 f [Kapitalherabsetzung bei gleichzeitiger Erhöhung des Stammkapitals]

(1) [1]Wird im Fall des § 58 e zugleich mit der Kapitalherabsetzung eine Erhöhung des Stammkapitals beschlossen, so kann auch die Kapitalerhöhung in dem Jahresabschluss als vollzogen berücksichtigt werden. [2]Die Beschlussfassung ist nur zulässig, wenn die neuen Stammeinlagen übernommen, keine Sacheinlagen festgesetzt sind und wenn auf jede neue Stammeinlage die Einzahlung geleistet ist, die nach § 56 a zur Zeit der Anmeldung der Kapitalerhöhung bewirkt sein muss. [3]Die Übernahme und die Einzahlung sind dem Notar nachzuweisen, der den Beschluss über die Erhöhung des Stammkapitals beurkundet.

(2) [1]Sämtliche Beschlüsse sind nichtig, wenn die Beschlüsse über die Kapitalherabsetzung und die Kapitalerhöhung nicht binnen drei Monaten nach der Beschlussfassung in das Handelsregister eingetragen worden sind. [2]Der Lauf der Frist ist gehemmt, solange eine Anfechtungs- oder Nichtigkeitsklage rechtshängig ist oder eine zur Kapitalherabsetzung oder Kapitalerhöhung beantragte staatliche Genehmigung noch nicht erteilt worden ist. [3]Die Beschlüsse sollen nur zusammen in das Handelsregister eingetragen werden.

(3) Der Jahresabschluss darf nach § 325 des Handelsgesetzbuchs erst offen gelegt werden, nachdem die Beschlüsse über die Kapitalherabsetzung und Kapitalerhöhung eingetragen worden sind.

A. Normzweck

§ 58 f GmbHG ergänzt § 58 e GmbHG für den Fall, dass die Kapitalherabsetzung mit einer Kapitalerhöhung verbunden wird. Dadurch kann erreicht werden, dass die Kapitalherabsetzung aus der Bilanz nicht ersichtlich wird (*Lutter/Hommelhoff* GmbHG, § 58 f Rn. 1). Abs. 1 S. 2 und 3 sieht daher zusätzliche **gläubigerschützende** Bestimmungen vor. 1

B. Bilanzielle Vorwegnahme der Kapitalerhöhung

Abs. 1 S. 1 gestattet auch das Stammkapital unter Vorwegnahme der künftigen Kapitalerhöhung bereits so auszuweisen, als sei diese bereits vollzogen. Die Rückbeziehung nur der Kapitalerhöhung ohne eine vereinfachte Kapitalherabsetzung ist unzulässig (*Lutter/Hommelhoff* GmbHG, § 58 f Rn. 3). 2

C. Voraussetzungen

Da der rückwirkende Vollzug der Kapitalerhöhung ergänzend zur rückwirkenden Kapitalherabsetzung erfolgt, müssen kumulativ die Voraussetzungen des § 58 e Abs. 1 und 2 GmbHG und des § 58 f Abs. 1 GmbHG vorliegen (Baumbach/Hueck/*Zöllner* § 58 f Rn. 4): 3

- Rückwirkender Vollzug ist nur für **das letzte Geschäftsjahr** vor dem Kapitalherabsetzungsbeschluss möglich.
- Kapitalherabsetzungs- und Kapitalerhöhungsbeschluss müssen zugleich (Abs. 1 S. 1) beschlossen werden, d. h. **in derselben Gesellschafterversammlung** (*Lutter/Hommelhoff* GmbHG, § 58 f Rn. 5; *Roth/Altmeppen* § 58 f Rn. 4; kritisch Baumbach/Hueck/*Zöllner* § 58 f Rn. 6).

- Die Kapitalerhöhung muss durch **Geldeinlage** erbracht werden (Abs. 1 S. 2).
- Die neuen Stammeinlagen müssen bereits vor der Beschlussfassung über die Kapitalerhöhung übernommen werden (*Lutter/Hommelhoff* GmbHG, § 58 f Rn. 7; a. A. Baumbach/Hueck/*Zöllner* § 58 f Rn. 9). Zur **Übernahmeerklärung** und deren Annahme vgl. § 55 GmbHG Rn. 15 ff.
- Die **Mindesteinzahlung** (25 %) auf das übernommene Stammkapital muss vollständig erbracht sein und zur freien Verfügung der Gesellschaft stehen (§§ 58 f Abs. 1 S. 2, 56 a, 7 Abs. 2 S. 1 und 8 Abs. 2 GmbHG); im Fall der Einpersonen-GmbH gilt § 7 Abs. 2 S. 3 GmbHG analog (Baumbach/Hueck/*Zöllner* § 58 f Rn. 8).
- Die Übernahme und die Einzahlung sind dem **beurkundenden Notar nachzuweisen** (Abs. 1 S. 3). Ihm ist somit die zumindest notariell beglaubigte Übernahmeerklärung vorzulegen. Hinsichtlich der Einzahlung kann z. B. eine Einzahlungsquittung der Bank mit Angabe der Tilgungsbestimmung vorgelegt werden (*Lutter/Hommelhoff* GmbHG, § 58 f Rn. 9).

4 Alle drei Beschlüsse, d. h. der Beschluss über die Feststellung des Jahresabschlusses, der Beschluss über die Kapitalherabsetzung und der Beschluss über die Kapitalerhöhung sind **nichtig**, wenn die Feststellung des Jahresabschlusses auch die Rückwirkung enthält und der Beschluss über die vereinfachte Kapitalherabsetzung nicht **binnen drei Monaten** nach dem Herabsetzungsbeschluss in das Handelsregister **eingetragen** worden ist (§ 58 e Abs. 3 S. 1 GmbHG). Die Fristberechnung folgt allgemeinen Regeln (§§ 187, 188 BGB). Die Fristhemmung bestimmt sich nach § 58 e Abs. 3 S. 2 GmbHG und entspricht der Regelung in § 58 a Abs. 4 S. 2 GmbHG (vgl. dort).

D. Offenlegungssperre

5 Der Jahresabschluss darf erst offen gelegt werden, nachdem die Beschlüsse über Kapitalherabsetzung und Kapitalerhöhung im Handelsregister eingetragen worden sind (Abs. 3). Ausführlich zur entsprechenden Regelung gem. § 58 e Abs. 4 GmbHG s. o. § 58 e GmbHG Rn. 7.

E. Mängel, Rechtsfolgen

6 Sind die gläubigerschützenden Vorschriften des Abs. 1 nicht erfüllt, ist der Beschluss über die Feststellung des Jahresabschlusses, welcher die Kapitalmaßnahmen vorwegnimmt, analog § 256 Abs. 1 AktG **nichtig** (*Roth/Altmeppen* § 58 f Rn. 8; im Grundsatz ebenso Baumbach/Hueck/*Zöllner* § 58 f Rn. 12; vgl. auch Kap. 16 Rn. 296, 300). Zum Erfordernis der Eintragung binnen drei Monaten s. o. Rn. 4.

§ 59 [aufgehoben zum 1. 1. 2007 durch EHUG]

§ 59 [Zweigniederlassung] [i. d. F. bis 31. 12. 2006]

[1]Die Versicherung nach § 57 Abs. 2 ist nur gegenüber dem Gericht des Sitzes der Gesellschaft abzugeben. [2]Die Urkunden nach § 57 Abs. 3 Nr. 1 und § 58 Abs. 1 Nr. 4 sind nur bei dem Gericht des Sitzes der Gesellschaft einzureichen.

1 Die Norm betraf das Handelsregisterverfahrensrecht für Zweigniederlassungen, was grundsätzlich in §§ 13 ff. HGB und der HRV geregelt war. Hatte die GmbH eine oder mehrere Zweigniederlassungen, so waren sämtliche Handelsregisteranmeldungen – einschließlich der Anmeldungen über Kapitalmaßnahmen – gem. § 13 c Abs. 1 HGB a. F. (§ 13 c HGB wurde zum 1. 1. 2007 durch das EHUG ebenfalls aufgehoben) beim Gericht der Hauptniederlassung oder der Niederlassung am Sitz der Gesellschaft zu bewirken. Nach § 13 Abs. 1 Hs. 2 HGB a. F. waren dabei so viele Stücke der Anmeldungen zum Handelsregister einzureichen, wie Zweigniederlassungen bestehen.

Davon abweichend sah § 59 GmbHG die **Erleichterung** vor, dass nur jeweils eines der in § 59 GmbHG genannten Belegstücke beim Handelsregister einzureichen war; auf die Anzahl der Zweigniederlassungen kam es somit nicht an. 2

Gem. Art. 10 Nr. 9 des **EHUG** wurde § 59 GmbHG infolge der grundlegenden Neuregelung des Rechts der Zweigniederlassungen **aufgehoben** (vgl. Art. 10 Nr. 9 EHUG sowie die Begründung der Bundesregierung zu Art. 10 zu Nr. 9, BT-Drs. 16/690, 67). Nach dem durch das EHUG ab 1.1.2007 neu gefassten § 13 HGB ist insofern nur mehr eine Eintragung bei dem Gericht der Hauptniederlassung erforderlich. 3

Fünfter Abschnitt
Auflösung und Nichtigkeit der Gesellschaft

§ 60 [Auflösungsgründe]

(1) Die Gesellschaft mit beschränkter Haftung wird aufgelöst:

1. durch Ablauf der im Gesellschaftsvertrag bestimmten Zeit;
2. durch Beschluß der Gesellschafter; derselbe bedarf, sofern im Gesellschaftsvertrag nicht ein anderes bestimmt ist, einer Mehrheit von drei Vierteilen der abgegebenen Stimmen;
3. durch gerichtliches Urteil oder durch Entscheidung des Verwaltungsgerichts oder der Verwaltungsbehörde in den Fällen der §§ 61 und 62;
4. durch die Eröffnung des Insolvenzverfahrens; wird das Verfahren auf Antrag des Schuldners eingestellt oder nach der Bestätigung eines Insolvenzplans, der den Fortbestand der Gesellschaft vorsieht, aufgehoben, so können die Gesellschafter die Fortsetzung der Gesellschaft beschließen;
5. mit der Rechtskraft des Beschlusses, durch den die Eröffnung des Insolvenzverfahrens mangels Masse abgelehnt worden ist;
6. mit der Rechtskraft einer Verfügung des Registergerichts, durch welche nach den §§ 144 a, 144 b des Gesetzes über die Angelegenheiten der freiwilligen Gerichtsbarkeit ein Mangel des Gesellschaftsvertrags oder die Nichteinhaltung der Verpflichtungen nach § 19 Abs. 4 dieses Gesetzes festgestellt worden ist;
7. durch die Löschung der Gesellschaft wegen Vermögenslosigkeit nach § 141 a des Gesetzes über die Angelegenheiten der freiwilligen Gerichtsbarkeit.

(2) Im Gesellschaftsvertrag können weitere Auflösungsgründe festgesetzt werden.

Übersicht:

A. Überblick

1 Die in § 60 Abs. 1 GmbHG bezeichneten (und weitere gesetzliche) sowie gesellschaftsvertraglich festgelegte Gründe führen zur Auflösung der Gesellschaft. Hiermit ist zunächst lediglich eine **Änderung des Zwecks der Gesellschaft** verbunden, die von der werbenden Gesellschaft zur Liquidationsgesellschaft übergeht, für welche die Regeln der §§ 65 bis 74 GmbHG gelten. So, wie die Gesellschaft nicht in einem Akt entsteht, sondern verschiedene Gründungsstadien durchläuft, handelt es sich auch bei der Auflösung um einen gestreckten Vorgang. Aus §§ 60 ff. GmbHG und § 141 a FGG folgt, dass die Gesellschaft nicht von selbst wieder aus dem Rechtsleben verschwindet (»von selber stirbt«); vielmehr bedarf es des Eintritts bestimmter Ereignisse, um die Gesellschaft zur Liquidationsgesellschaft zu machen und schließlich ihre Existenz als juristische Person zu beenden (vgl. *Goette* § 10 Rn. 1, 4).

2 Die aufgelöste Gesellschaft **besteht fort**, vgl. § 69 Abs. 1 GmbHG; **neuer Gesellschaftszweck** wird die Beendigung der laufenden Geschäfte und die Verteilung des Gesellschaftsvermögens an die Gesellschafter, §§ 70, 72 GmbHG. Die Auflösung ist gem. § 65 GmbHG im Handelsregister einzutragen und bekannt zu machen. Vertretungsorgan der in Liquidation befindlichen Gesellschaft werden die Liquidatoren, §§ 66 ff. GmbHG. Die Firma der Gesellschaft bleibt bestehen, ist jedoch mit einem auf die Abwicklung deutenden Zusatz zu versehen (analog § 153 HGB), z. B. »i. L.«, »i. Abw.«. Die **(Voll-)Beendigung** der Gesellschaft tritt erst mit Abschluss des Auflösungsverfahrens ein, jedenfalls mit Vermögenslosigkeit und Eintragung des Erlöschens der Gesellschaft im Handelsregister (str., vgl. A/E/S/*Ensthaler/Zech* § 60 Rn. 4).

3 Lediglich in Ausnahmefällen ist an die Auflösung kein mehraktiges Liquidationsverfahren geknüpft, so dass Auflösung und (Voll-) Beendigung zusammenfallen; dies gilt neben den Fällen der Verschmelzung und Umwandlung vor allem für die Löschung der Gesellschaft im Handelsregister wegen Vermögenslosigkeit (§ 141 a FGG, § 60 Abs. 1 Nr. 7 GmbHG).

4 Bei Konzernverhältnissen und verschmelzungsfähigen Rechtsträgern (§ 3 UmwG) kann sich – bei entsprechenden Gesellschafterverhältnissen – eine Verschmelzung auf Mutter oder Tochter (upstream- oder downstream merger) als (u. U. auch steuergünstigere) **Alternative** zur Auflösung und Liquidation empfehlen. Nicht zur Auflösung und Abwicklung führen die Handlungsunfähigkeit der Gesellschaft (insoweit ist ein Notgeschäftsführer zu bestellen), eine Umwandlung oder Verschmelzung (bei übertragender Umwandlung erlischt die Gesellschaft ohne Liquidation) und die bloße Unternehmenseinstellung.

B. Gesetzliche Auflösungsgründe

I. Ablauf der gesellschaftsvertraglich bestimmten Zeit, Abs. 1 Nr. 1

5 Erforderlich für eine Auflösung der Gesellschaft infolge Zeitablaufs ist eine eindeutige, nicht notwendig kalendermäßige **Bestimmbarkeit des Zeitpunkts** durch Anknüpfung an ein objektiv bestimmbares, künftiges, gewisses Ereignis (BayObLG BB 1975, 249; z. B. Tod oder bestimmtes Alter von Geschäftsführer oder Gesellschafter, Ablauf eines gewerblichen Schutzrechtes). Fehlen der Registereintragung oder Bekanntmachung der satzungsmäßigen Zeitbestimmung gem. § 10 Abs. 2 und 3 GmbHG sind unschädlich. Kann der Eintritt des relevanten Zeitpunkts einer grundsätzlich hinreichend bestimmten Befristung aus praktischen Gründen nicht ausreichend zuverlässig festgestellt werden, ist zu erwägen, die Befristung in eine Verpflichtung zur Mitwirkung an einem Auflösungsbeschluss gem. § 60 Abs. 1 Nr. 2 GmbHG umzudeuten. Vor Ablauf der satzungsmäßigen Frist können die Gesellschafter zur Vermeidung der (automatisch mit Fristablauf eintretenden) Auflösung die Satzung ändern. Nach Fristablauf kommt ein Fortsetzungsbeschluss in Betracht (s. Erläuterungen zu § 65 GmbHG Rn. 10 f.).

II. Gesellschafterbeschluss, Abs. 1 Nr. 2

6 Von Gesetzes wegen ist nach Abs. 1 Nr. 2 für einen Auflösungsbeschluss der Gesellschafterversammlung eine **Mehrheit von $^3/_4$** der abgegebenen (nicht notwendigerweise der vorhandenen)

Stimmen erforderlich, wobei die Satzung schärfere oder geringere Mehrheitserfordernisse vorsehen kann. Bei Bestehen von Sonderrechten (vgl. hierzu § 14 GmbHG Rn. 25 ff.) ist nach allgemeinen Grundsätzen auch die Zustimmung der begünstigten Gesellschafter erforderlich. Sieht die Satzung die Auflösung durch Minderheitenbeschluss vor, so liegt darin die Einräumung eines Kündigungsrechts nach Abs. 2 (Baumbach/Hueck/*Schulze-Osterloh/Fastrich* § 60 Rn. 17). Soll nach der Satzung die Gesellschaft für eine bestimmte Zeit bestehen, ist vor Fristablauf eine Auflösung durch Gesellschafterbeschluss nach Abs. 1 Nr. 2 allein nicht möglich, vielmehr muss zunächst die Satzung entsprechend geändert werden, um den Weg zu einem Auflösungsbeschluss zu ebnen (*Roth/Altmeppen* § 60 Rn. 16; Baumbach-Hueck/*Schulze-Osterloh/Fastrich* § 60 Rn. 18). Die Auflösbarkeit als solche ist **nicht abdingbar**, so dass eine Satzungsbestimmung über die »Unauflöslichkeit« der Gesellschaft einem mit Zustimmung aller Gesellschafter gefassten Auflösungsbeschluss nicht entgegensteht. In einem Beschluss, eine in alleinigem Anteilsbesitz stehende GmbH »sofort still zu liquidieren«, kann ein verschleierter Auflösungsbeschluss i. S. v. Abs. 1 Nr. 2 gesehen werden (BGH DStR 1999, 30).

Der Auflösungsbeschluss bedarf keiner besonderen Begründung oder Rechtfertigung (BGHZ 103, 184), muss sich aber ggf. an der **gesellschafterlichen Treuepflicht** messen lassen (BGHZ 76, 352, 353 ff.). Treuwidrigkeit liegt noch nicht darin, dass – falls keine Veräußerung des Unternehmens im Ganzen möglich ist – im Rahmen der Abwicklung das Gesellschaftsvermögen zerschlagen und hierdurch das dem einzelnen Gesellschafter zustehende Auseinandersetzungsguthaben vermindert wird. Irrelevant ist auch die Argumentation der Minderheit gegenüber einem mehrheitlich gefassten Auflösungsbeschluss, dass sie nach ihrer persönlichen Lage von den Auswirkungen der Auflösung ungleich schwerer als die Mehrheit getroffen werde (BGHZ 76, 352, 353 ff.). Anders verhält es sich in einer Zweipersonengesellschaft, wenn der Mehrheitsgesellschafter allein mit seinen Stimmen die Auflösung herbeiführen kann und die Auflösung durch Gründung einer Auffanggesellschaft, auf die er Vermögen und Geschäftsbetrieb der GmbH zielgerichtet überleitet, vorbereitet und damit schon – z. B. durch Abwerbung der Mitarbeiter – vor der Beschlussfassung über die Auflösung beginnt. 7

Der Auflösungsbeschluss ist – vorbehaltlich der Vorschriften über die Einmann-GmbH und bei Festschreibung einer bestimmten Zeitdauer oder der Unauflösbarkeit in der Satzung – **formlos**, sogar durch wechselseitige »Kündigungen« (BGH ZIP 1999, 281), nicht jedoch durch bloße einverständliche Betriebseinstellung (vgl. BAG ZIP 1998, 1284), möglich. Der Auflösungsbeschluss als solcher stellt keine Satzungsänderung dar (geändert wird der Gesellschaftszweck, nicht der satzungsmäßige Unternehmensgegenstand) und bedarf zur Wirksamkeit grundsätzlich nicht der Registereintragung. Der Beschluss wird mit seiner Fassung oder einem späteren, im Beschluss genannten Zeitpunkt **wirksam**, bzw. – bei Erfordernis der Registereintragung – mit einer solchen Eintragung wirksam. Im Hinblick auf die aufzustellende Eröffnungsbilanz kann es zweckmäßig sein, das Ende des Geschäftsjahres im Beschluss als Auflösungszeitpunkt zu bestimmen. 8

III. Urteil oder Verwaltungsakt, Abs. 1 Nr. 3

Gem. § 61 GmbHG kann die Gesellschafterminderheit mittels Auflösungsklage die Auflösung der Gesellschaft durch Gestaltungsurteil herbeiführen. Die Auflösung im Verwaltungswege nach § 62 GmbHG ist dem Auflösungsurteil verwandt, spielt in der Praxis allerdings seit fast 60 Jahren keine Rolle mehr (Baumbach/Hueck/*Schulze-Osterloh/Fastrich* § 62 Rn. 1); s. Erläuterungen zu § 61 GmbHG und zu § 62 GmbHG. 9

IV. Eröffnung des Insolvenzverfahrens, Abs. 1 Nr. 4

Die Eröffnung eines Insolvenzverfahrens ist ebenfalls ein Auflösungsgrund. Ab diesem Zeitpunkt sind die Befugnisse der Gesellschaftsorgane auf das Innenverhältnis sowie die Verwaltung des nicht vom Insolvenzbeschlag erfassten Vermögens beschränkt, sämtliche andere Kompetenzen gehen auf den Insolvenzverwalter über (vgl. hierzu ausführl. Kap. 13 Rn. 47 ff.). 10

V. Ablehnung der Eröffnung des Insolvenzverfahrens, Abs. 1 Nr. 5

11 Die Zurückweisung eines Insolvenzantrags mangels die Verfahrenskosten deckender Masse (vgl. Kap. 13 Rn. 43 f.) führt zur Auflösung der Gesellschaft nach Abs. 1 Nr. 5. Die Auflösung tritt ein mit Rechtskraft des Ablehnungsbeschlusses, § 26 InsO. Gem. § 65 Abs. 1 S. 2 und 3 GmbHG wird die Auflösung der Gesellschaft von Amts wegen (deklaratorisch) im Handelsregister eingetragen.

VI. Feststellungsverfügung des Registergerichts, Abs. 1 Nr. 6

12 In der Praxis nur geringe Bedeutung hat die Auflösung der Gesellschaft mit Rechtskraft der von Amts wegen zu treffenden, registerrichterlichen Feststellungsverfügung über einen (nicht behobenen) Mangel des Gesellschaftsvertrages nach § 3 Nr. 1 bzw. Nr. 4 GmbHG (Fehlen von Angaben zu Firma / Sitz bzw. Höhe des Stammkapitals) oder Nr. 3 (Nichtigkeit der Bestimmungen zum Stammkapital) gem. § 144 a Abs. 2 S. 1 FGG oder gem. § 144 b FGG hinsichtlich der Einhaltung der Volleinzahlungspflicht bei Vereinigung sämtlicher Geschäftsanteile in einer Hand nach § 19 Abs. 4 GmbHG. Bei Verfahrenseinleitung hat das Gericht Gelegenheit zur Mängelbeseitigung zu geben und auf die Auflösungsfolge hinzuweisen (s. auch Erläuterungen zu § 75 GmbHG Rn. 18 ff.). Der **RefE MoMiG** (Referentenentwurf eines »Gesetzes zur Modernisierung des GmbH-Rechts und zur Bekämpfung von Missbräuchen« vom 29. 5. 2006) sieht eine Streichung von § 144 b FGG und damit auch eine entsprechende Modifikation von Abs. 1 Nr. 6 vor.

VII. Löschung wegen Vermögenslosigkeit, Abs. 1 Nr. 7

13 Abs. 1 Nr. 7 sieht die Auflösung (und gleichzeitige Vollbeendigung) der Gesellschaft infolge Löschung von Amts wegen aufgrund von Vermögenslosigkeit durch das Registergericht gem. § 141 a FGG vor. Der Begriff der Vermögenslosigkeit i. S. v. § 141 a FGG knüpft weder an einer Überschuldung / Unterbilanz noch an einer Unterkapitalisierung an; aus § 66 Abs. 5 GmbHG ergibt sich vielmehr, dass das **Fehlen verwertbaren Vermögens** Voraussetzung einer Amtslöschung wegen Vermögenslosigkeit ist. So lange überhaupt noch Vermögen, wenn auch möglicherweise weit unterhalb des Stammkapitalbetrages vorhanden ist, kommt eine Amtslöschung wegen Vermögenslosigkeit – auch von Vorratsgesellschaften – nicht in Betracht (für AG: BGHZ 117, 323, 332). Umstritten ist, ob selbst bei nur vermeintlicher Vermögenslosigkeit aufgrund der formalen Löschung Vollbeendigung eintritt, mit der Folge, dass das noch vorhandene Gesellschaftsvermögen ohne Nachtragsliquidation gem. § 66 Abs. 5 GmbHG den ehemaligen Gesellschaftern gesamthänderisch zufällt (A / E / S/*Ensthaler/Zech* § 60 Rn. 16). Nach h. M. ist in Fällen, in denen sich nachträglich doch noch Gesellschaftsvermögen herausstellt, eine nachträgliche Liquidation nach § 66 Abs. 5 GmbHG erforderlich (*Roth/Altmeppen* § 75 Rn. 70; Baumbach / Hueck / *Schulze-Osterloh/Noack* § 66 Rn. 37). Im Übrigen hat die Löschungseintragung nicht zur (Voll-) Beendigung geführt, sondern lediglich zu ihrer Auflösung (Lehre vom Doppelbestand der Beendigung; vgl. Lutter / Hommelhoff / *Lutter/Kleindieck* GmbHG, 60 Rn. 17). Der **MoMiG-RefE** sieht – als Korrelat zur beabsichtigten erleichterten Anmeldung von Gesellschaften, die ein genehmigungsbedürftiges Unternehmen betreiben – die »Nichtvorlage des Nachweises der Genehmigung nach § 8 Abs. 1 S. 3 GmbH« als weiteren Auflösungs- bzw. Löschungsgrund vor. Im Falle der ausbleibenden Genehmigung ist das Registergericht laut Begründung des RefE zum MoMiG (S. 62) nicht gehalten, die Gesellschaft zur Nachreichung der Genehmigungsurkunde anzuhalten. Vielmehr sei eine sofortige Löschung angezeigt, welche die Gesellschaft in sehr engen Grenzen durch einen Widerspruch abwenden könne.

VIII. Weitere gesetzliche Auflösungsgründe

1. Rechtskraft eines Nichtigkeitsurteils, Amtslöschung

14 Zu den weiteren, gesetzlichen Auflösungsgründen zählt die Rechtskraft eines **Nichtigkeitsurteils** gem. § 75 GmbHG (vgl. Kommentierung zu § 75 GmbHG). Darüber hinaus sind z. B. die **Amtslöschung** gem. § 144 Abs. 1 S. 2 FGG wegen zentraler Satzungsmängel (Fehlen bzw. Nich-

tigkeit von Satzungsbestimmung zur Stammkapitalhöhe oder Nichtigkeit der Bestimmungen zum Unternehmensgegenstand), die Amtslöschung der Eintragung der GmbH nach § 142 FGG (Löschung unzulässiger Eintragungen wegen Fehlens einer wesentlichen Voraussetzung), § 38 Abs. 1 KWG (Aufhebung der Erlaubnis gem. § 32 KWG) und §§ 3 Abs. 1 S. 1, 17 VereinsG (Vereinsverbot) zu nennen.

2. Erwerb des letzten Anteils durch die Gesellschaft

Umstritten ist, ob mit Erwerb des letzten Anteils durch die Gesellschaft, z. B. durch Kaduzierung (vgl. § 21 GmbHG), diese (konkludent) aufgelöst ist oder weitere Voraussetzung einer Auflösung ist, dass es sich hierbei um einen Dauerzustand handelt. Jedenfalls kann die aufgelöste **Keinmann-Gesellschaft** nach Übertragung eines Anteils auf einen Dritten wieder fortgesetzt werden, wobei die Anteilsveräußerung einen konkludenten Fortsetzungsbeschluss darstellen kann (vgl. A/E/S/*Ensthaler/Zech* § 60 Rn. 6). 15

3. Verlegung des Sitzes ins Ausland

Die bislang h. M. ging davon aus, dass sowohl die (nachträgliche) Verlegung des tatsächlichen Verwaltungssitzes als auch des satzungsmäßigen Sitzes der Gesellschaft ins Ausland zu deren Auflösung führen (vgl. RGZ 88, 53, 55; BGHZ 97, 269; BayObLG NJW-RR 1993, 43, 44). Streitig war (vgl. Baumbach/Hueck/*Hueck/Fastrich* § 4 a Rn. 10), ob die Sitzverlegung ins Ausland durch Satzungsbeschluss als Auflösungsbeschluss zu werten war und zur Liquidierung führte oder einen bloß nichtigen Satzungsänderungsbeschluss darstellte (vgl. auch Erläuterungen zu § 75 GmbHG Rn. 18 a. E.). Die Verlagerung des Verwaltungssitzes ins Ausland ohne Änderung des inländischen Satzungssitzes führte – jedenfalls wenn der Satzungssitz gem. § 4 a Abs. 2 Alt. 2 bzw. 3 GmbHG am Ort der Geschäftsleitung bzw. am Ort der Durchführung der Verwaltung anknüpfte – infolge der entstandenen Abweichung zur Nichtigkeit der Satzungsbestimmung über den Sitz mit der Konsequenz der Amtsauflösung nach § 144 a FGG (s. auch Erläuterungen zu § 75 GmbHG Rn. 18 a. E.); eine isolierte Verlegung des tatsächlichen Verwaltungssitzes ohne gleichzeitige Änderung des – weiterhin z. B. am Betriebsort anknüpfenden – satzungsmäßigen Sitz wurde zumindest bei einem tatsächlichen Verwaltungssitz in Ländern, die das Personalstatut einer Gesellschaft nach der Gründungstheorie beurteilt, für zulässig gehalten (vgl. OLG Hamm, NJW 2001, 2183; a. A. wohl BayObLG NJW-RR 1993, 43, 44). Bei Fällen mit **Gemeinschaftsrechtsbezug** dürfte mittlerweile auf Grund der Niederlassungsfreiheit gem. Art. 43, 48 EG (vgl. auch EuGH ZIP 2004, 662, 664–»de Lasteyrie du Saillant«; EuGH DB 2002, 2425, 2427 f. – »Überseering«; EuGH BB 2003, 2195, 2197 f. – »Inspire Art«) davon auszugehen sein, dass der Verwaltungssitz ins Ausland verlegt werden kann, sofern der satzungsmäßige Sitz in Deutschland verbleibt (vgl. A/E/S/*Ensthaler/Zech* § 60 Rn. 6; Lutter/Hommelhoff/*Lutter/Bayer* GmbHG, § 4 a Rn. 20 f.; unklar: RefE MoMiG, S. 37; offen gelassen von BayObLG ZIP 2004, 806, 808). Somit besteht nur bei einer Durchführung der Geschäftsleitung und Verwaltung im (Nicht-EU-)Ausland die Gefahr einer (ggf. unbeabsichtigten) Sitzverlegung ins Ausland. Bei Fehlen eines Betriebes im Inland (§ 4 a Abs. 2 Alt. 1 GmbH) als Anknüpfungspunkt für den satzungsmäßigen Gesellschaftssitz kann aber auch im gemeinschaftsrechtlichen Kontext u. U. aufgrund Verstoßes gegen § 3 Abs. 1 Nr. 1 GmbHG i. V. m. § 144 a FGG eine Amtsauflösung drohen (s. auch Erläuterung zu § 75 GmbHG Rn. 18). Im Zusammenhang mit der Auflösung ist in steuerlicher Hinsicht § 11 KStG (Besteuerung der stillen Reserven) zu beachten, insbesondere bei ggf. unbeabsichtigter Verlegung von Verwaltungssitz und satzungsmäßigem Sitz ins Ausland (vgl. aber auch hier EuGH ZIP 2004, 662–»de Lasteyrie du Saillant«). Der **RefE MoMiG** (Referentenentwurf eines »Gesetzes zur Modernisierung des GmbH-Rechts und zur Bekämpfung von Missbräuchen« vom 29. 5. 2006) hat sich der vorstehend geschilderten Problematik angenommen. Beabsichtigt ist die Streichung von § 4 a Abs. 2 GmbH, der bestimmte Kriterien für die gesellschaftsvertragliche Sitzbestimmung festlegt. Nach dem MoMiG soll § 4 a GmbH nurmehr bestimmen, dass Sitz der Gesellschaft der Ort »im Inland« ist, den der Gesellschaftsvertrag bestimmt. Hierdurch soll deutschen Gesellschaften ermöglicht werden, einen Verwaltungssitz zu wählen, der nicht notwendig 16 mit dem Satzungssitz übereinstimmt. Damit solle der Spielraum deutscher Gesellschaften erhöht werden, ihre Geschäftstätigkeit auch ausschließlich im Rahmen einer (Zweig-) Niederlassung, die alle Geschäftsaktivitäten erfasst, außerhalb des deutschen Hoheitsgebietes zu entfalten. Erforderlich ist jedoch jedenfalls eine inländische Geschäftsanschrift, die neben dem Gesellschaftssitz gem. § 10 Abs. 1 GmbHG im Register eingetragen werden muss und die dann auch aufrecht zu erhalten ist.

C. Satzungsmäßige Auflösungsgründe, Abs. 2

17 Auflösungsgründe können auch in der Satzung festgelegt werden, wobei allerdings die gesetzlichen Auflösungsgründe nicht abbedungen werden können (Baumbach / Hueck / *Schulze-Osterloh/Fastrich* § 60 Rn. 5; vgl. auch Kap. 16 Rn. 424). Beispiele für satzungsmäßige Auflösungsgründe sind die Insolvenz eines Gesellschafters oder Geschäftsführers, der Tod eines Gesellschafters, Änderungen von Voraussetzungen hinsichtlich des Geschäftsgegenstandes (Verlust eines Patentes, Entzug einer behördlichen Erlaubnis, Feststellung einer Unterbilanz oder eines bestimmten Jahresfehlbetrages, Ausscheiden / Einstellung der Mitarbeit eines bestimmten Gesellschafters), Auflösung der KG bei einer GmbH & Co. KG, wobei (unbeachtliche) Überschneidungen zu Abs. 1 Nr. 1 möglich sind. Bei solchen satzungsmäßigen Gründen ist im Hinblick auf die einschneidenden Folgen eine **hinreichende Bestimmtheit** erforderlich; zu unbestimmt und streitträchtig z. B. »Eintritt wichtiger Gründe«, »Unmöglichkeit der Zweckerreichung« oder »mangelnde Rentabilität«. Solche Klauseln können jedoch zu Kündigungsklauseln umgedeutet werden (Scholz / *K. Schmidt* GmbHG, § 60 Rn. 40); im Übrigen sind die zugrunde liegenden Sachverhalte ggf. über § 61 GmbHG erfasst, s. Erläuterung zu § 61 GmbHG Rn. 2.

18 Umstritten ist, inwiefern eine auf eine satzungsmäßige **Kündigungsklauseln** wie »Die Gesellschaft kann mit einer Frist von sechs Monaten zum Ende eines Geschäftsjahres gekündigt werden« gestützte Kündigung zu einer Auflösung der Gesellschaft führt oder bloß ein **Austrittsrecht** des kündigenden Gesellschafters verleiht. Nach h. M. führt die Kündigung der Gesellschaft bei Fehlen satzungsmäßiger Regelungen zu den Rechtsfolgen der Kündigung (Austritt des Kündigenden bzw. Ausschluss bei Kündigung durch die Gesellschaft unter Regelung des Schicksals des betroffenen Geschäftsanteils) im Zweifel zur Auflösung der Gesellschaft (vgl. z. B. Baumbach / Hueck / *Schulze-Osterloh/Fastrich* § 60 Rn. 51; Scholz / *K. Schmidt* GmbHG, § 60 Rn. 41).

D. Rückgängigmachung der Auflösung:

19 Nach h. M. kann bei Behebung des Auflösungsgrundes (außer bei Vorliegen einer Amtslöschung gem. Abs. 1 Nr. 5 und Nr. 7) in Fällen, in denen noch nicht mit der Verteilung des Gesellschaftsvermögens unter die Gesellschafter begonnen wurde (§ 274 AktG analog), per **Fortsetzungsbeschluss** die Abwicklungsgesellschaft wieder in eine werbende Gesellschaft verwandelt werden; dieser Beschluss muss nach h. M. analog § 274 Abs. 1 S. 2 AktG grundsätzlich mit einer **Mehrheit von $^3/_4$** der abgegebenen Stimmen bzw. der für den Auflösungsbeschluss von der Satzung vorgesehenen Mehrheit gefasst werden (Baumbach / Hueck / *Schulze-Osterloh / Fastrich* § 60 Rn. 52; Scholz / *K. Schmidt* GmbHG, § 60 Rn. 82). Teilweise wird vertreten, einem gegen die Fortsetzung stimmenden Gesellschafter stehe in den Fällen einer Auflösung gem. Abs. 1 Nr. 1 oder Abs. 2 ein **außerordentliches Austrittsrecht** mit Recht auf Abfindung gem. dem zu erwartenden Liquidationserlöses zu, weil bei Fortsetzung der satzungsmäßig verankerte Anspruch auf den Liquidationserlös durch Gewinnansprüche ersetzt wird, die der satzungsmäßigen bzw. gesetzlichen Dispositionsbefugnisse der Gesellschafter unterliegen (Scholz / *K. Schmidt* GmbHG, § 60 Rn. 51; Lutter / Hommelhoff/*Hommelhoff* GmbHG, § 60 Rn. 32). Zu erwägen ist auch, die Zustimmung von Gesellschaftern, denen durch die Fortsetzung zusätzliche Lasten aufgebürdet werden, gem. § 53 Abs. 3 GmbHG zu fordern.

20 Zum Teil wird ein Fortsetzungsbeschluss auch **nach Beginn der Verteilung** des Gesellschaftsvermögens unter die Gesellschafter für zulässig gehalten; insoweit wird lediglich gefordert, das nach Beginn der Verteilung noch vorhandene Gesellschaftsvermögen müsse eine Überschuldung

ausschließen (*Roth/Altmeppen* § 60 Rn. 44) bzw. der Höhe des gesetzlichen Mindestkapitals (OLG Düsseldorf GmbHR 1979, 227) bzw. dem satzungsmäßigen Stammkapital entsprechen (RGZ 118, 337); nach § 31 Abs. 6 GmbHG sind allerdings die von den Gesellschaftern empfangenen Leistungen zurückzugewähren, wobei die Liquidatoren wegen des vorrangigen § 72 GmbHG nicht nach § 31 Abs. 6 GmbHG und §§ 43 Abs. 3 und 30 Abs. 1 GmbHG haften.

Im Falle des Abs. 1 Nr. 1 bedarf der Fortsetzungsbeschluss der **Form** einer Satzungsänderung (Hachenburg/*Ulmer* § 60 Rn. 24), s. auch Rn. 5. 21

§ 61 [Auflösung durch Urteil]

(1) Die Gesellschaft kann durch gerichtliches Urteil aufgelöst werden, wenn die Erreichung des Gesellschaftszweckes unmöglich wird, oder wenn andere, in den Verhältnissen der Gesellschaft liegende, wichtige Gründe für die Auflösung vorhanden sind.

(2) [1]Die Auflösungsklage ist gegen die Gesellschaft zu richten. [2]Sie kann von Gesellschaftern erhoben werden, deren Geschäftsanteile zusammen mindestens dem zehnten Teil des Stammkapitals entsprechen.

(3) Für die Klage ist das Landgericht ausschließlich zuständig, in dessen Bezirk die Gesellschaft ihren Sitz hat.

A. Überblick

Während bei Vorliegen der erforderlichen Mehrheit ein Auflösungsbeschluss gem. § 60 Abs. 1 Nr. 2 GmbHG in Betracht kommt, steht die Auflösungsklage bei Vorliegen eines wichtigen Grundes als Instrument des **Minderheitenschutzes** für Gesellschafter zur Verfügung, deren Geschäftsanteile zusammen mindestens 10 % des Stammkapitals der Gesellschaft darstellen. Diese **unabdingbare** Vorschrift ist Ausgleich für die im Vergleich zur Aktiengesellschaft geringere Fungibilität der Anteile an einer GmbH. Die Auflösung gem. § 60 Abs. 1 Nr. 3 GmbHG erfolgt mit Rechtskraft eines gerichtlichen Gestaltungsurteils. Bei Schiedssprüchen gem. § 1055 ZPO fordert die h. M. eine Vollstreckbarerklärung gem. § 1060 ZPO (Baumbach/Hueck/*Schulze-Osterloh/Fastrich* § 61 Rn. 23; Scholz/*K. Schmidt* GmbHG, § 61 Rn. 6; vgl. auch Kap. 17 Rn. 87 ff.). Die Geltendmachung des Rechts aus § 61 GmbHG bedarf keiner Zustimmung eines Nießbrauchers oder Pfandgläubigers gem. §§ 1071, 1276 BGB (Lutter/Hommelhoff/*Lutter/Kleindiek* GmbHG, § 61 Rn. 2). 1

Vgl. zur Auflösungsklage auch ausführl. Kap. 16 Rn. 447 ff.

B. Klagegrund, Abs. 1

I. Wichtiger Grund

Der Klagegrund des wichtigen, in den Verhältnissen der Gesellschaft liegenden Grundes für die Auflösung erfordert, dass der Fortbestand der Gesellschaft für den Kläger dauerhaft aus in der Gesellschaft, nicht in der Person des Klägers, liegenden Gründen **unzumutbar** ist (Baumbach/Hueck/*Schulze-Osterloh/Fastrich* § 61 Rn. 11; s. auch Kap. 16 Rn. 447). Hierzu zählen zunächst finanzielle Gründe, wie dauernde Unrentabilität der Gesellschaft (nicht jedoch bereits der Eintritt erheblicher Verluste oder fehlende Kreditfähigkeit). **Persönliche Gründe** stellen erst dann einen in den Verhältnissen der Gesellschaft liegenden, wichtigen Grund dar, wenn sie Auswirkungen haben, welche unmittelbar den Bestand der Gesellschaft gefährden. Dies ist z. B. der Fall, wenn eine tief greifende Zerrüttung zwischen den Gesellschaftern vorliegt, welche auf Dauer eine Verständigung über zentrale Fragen der Fortführung der Gesellschaft unmöglich macht; auf ein Verschulden kommt es grundsätzlich nicht an, ein Klägerverschulden kann die Klage allerdings unbegründet machen (BGHZ 80, 346; BGH NJW 1985, 1901). Das Gesetz nennt als wichtigen Grund 2 das unbehebbare Unmöglichwerden des Gesellschaftszweckes, was u. a. durch Auslegung des satzungsmäßigen Unternehmensgegenstandes zu ermitteln ist.

3 **Keine wichtigen Gründe** sind regelmäßig die Verletzung gesellschaftsvertraglicher oder organschaftlicher Pflichten oder die Insolvenz eines Gesellschafters oder die Pfändung von dessen Anteil (Baumbach / Hueck / *Schulze-Osterloh/Fastrich* § 61 Rn. 11). Das Gericht hat bei seiner Entscheidung über das Vorliegen eines wichtigen Grundes – trotz der Formulierung »kann« im Gesetz – kein Ermessen (Baumbach / Hueck / *Schulze-Osterloh/Fastrich* § 61 Rn. 21).

II. Subsidiarität der Auflösungsklage

4 Die Auflösungsklage ist wegen der einschneidenden, zur Auflösung der Gesellschaft führenden Konsequenzen, stets **subsidiär**, d. h. es darf kein milderes Mittel zur Behebung der Störung zur Verfügung stehen (Baumbach / Hueck / *Schulze-Osterloh/Fastrich* § 61 Rn. 5; Scholz / *K. Schmidt* GmbHG, § 61 Rn. 3; s. auch Kap. 16 Rn. 448). Insoweit kommen als **mildere Mittel** in Betracht: Veräußerung des Geschäftsanteils des Minderheitsgesellschafters zu einem angemessenen Preis, vorausgesetzt, die Mitgesellschafter oder ein Dritter haben ein Angebot zum vollen Verkehrswert oder aber zumindest zum Liquidationswert unterbreitet (BGH NJW 1985, 1901) oder die Erhebung einer **Ausschließungsklage** gegen einen Gesellschafter (zum Ausschluss eines Gesellschafters aus der GmbH sowie zur Ausschließungsklage vgl. ausführl. Kap. 16 Rn. 427 ff. und Rn. 435 ff.). Auf einen Austritt aus wichtigem Grund – was nach h. M. praeter legem möglich ist – muss sich der Gesellschafter nur einlassen, wenn die Mitgesellschafter sich bindend damit einverstanden erklären, dass der Minderheitsgesellschafter eine angemessene Entschädigung für sein Ausscheiden erhält (vgl. MünchHdb GesR III / *Weitbrecht* § 62 Rn. 10).

C. Passivlegitimation und Klagebefugnis, Abs. 2

5 Die Auflösungsklage ist gem. § 61 Abs. 2 GmbHG **gegen die Gesellschaft** zu richten (vgl. Kap. 16 Rn. 453 f.). Diese wird gem. § 51 Abs. 1 ZPO, § 35 Abs. 1 GmbHG durch die Geschäftsführer in vertretungsberechtigter Zahl vertreten. **Klagebefugt** sind nur ein oder mehrere Gesellschafter, die zusammen 10 % des Stammkapitals der Gesellschaft halten; mehrere Gesellschafter sind **notwendige Streitgenossen** nach § 62 ZPO (Lutter / Hommelhoff / *Lutter/Kleindiek* GmbHG, § 61 Rn. 3; s. auch Kap. 16 Rn. 450 ff.). Die 10 %-Schwelle kann durch die Satzung nur erleichtert, nicht verschärft werden (Scholz / *K. Schmidt* GmbHG, § 61 Rn. 2). Ein Kläger, der seine Beteiligung während des Auflösungsverfahrens veräußert, verliert seine Klagebefugnis; die Anteilsveräußerung stellt keine für den Fortgang des Verfahrens nach § 265 ZPO unbeachtliche Abtretung der Streitsache dar. Ein Klägerwechsel gem. § 263 ZPO ist jedoch statthaft (Baumbach / Hueck / *Schulze-Osterloh/Fastrich* § 61 Rn. 14), bei Unterschreiten der 10 %-Grenze wird die Klage – z. B. wenn der Erwerber des Anteils nicht im Rahmen der Klageänderung Partei wird – unzulässig (Lutter / Hommelhoff / *Lutter/Kleindiek* GmbHG, § 61 Rn. 3).

6 Die übrigen Gesellschafter können der Gesellschaft in dem Rechtsstreit als Streithelfer gem. §§ 66, 69 ZPO beitreten; das Gericht hat sie zur Wahrung des rechtlichen Gehörs von der Auflösungsklage zu informieren (Lutter / Hommelhoff / *Lutter/Kleindiek* GmbHG, § 61 Rn. 4; Kap. 16 Rn. 456).

D. Zuständigkeit, Abs. 3

7 Für das Auflösungsverfahren besteht eine **ausschließliche Zuständigkeit** des Landgerichts am Sitz der Gesellschaft. Funktionell zuständig sind gem. § 95 Nr. 4 a GVG, § 13 Abs. 3 GmbHG die Kammern für Handelssachen. Gerichtsstandsvereinbarungen sind wegen der ausschließlichen Zuständigkeit unzulässig (vgl. Kap. 16 Rn. 455 m. w. N.). Die Vereinbarung eines Schiedsgerichts ist zulässig. Im Hinblick auf die Vergleichsfähigkeit des Streitgegenstandes i. S. v. § 1030 Abs. 1 S. 2 ZPO kommt es allerdings nicht auf die Parteien des Auflösungsverfahrens, sondern auf die Gesellschafter an. Daher muss die Schiedsvereinbarung bereits in der Satzung erfolgt sein

bzw. ist im Wege der Satzungsänderung zu vereinbaren (Lutter/Hommelhoff/*Lutter/Kleindiek* GmbHG, § 61 Rn. 5).

Zu den Urteilswirkungen und der Möglichkeit einstweiligen Rechtsschutzes vgl. Kap. 16 Rn. 459 ff.

§ 62 [Auflösung durch eine Verwaltungsbehörde]

(1) Wenn eine Gesellschaft das Gemeinwohl dadurch gefährdet, daß die Gesellschafter gesetzwidrige Beschlüsse fassen oder gesetzwidrige Handlungen der Geschäftsführer wissentlich geschehen lassen, so kann sie aufgelöst werden, ohne daß deshalb ein Anspruch auf Entschädigung stattfindet.

(2) Das Verfahren und die Zuständigkeit der Behörden richtet sich nach den für streitige Verwaltungssachen landesgesetzlich geltenden Vorschriften.

A. Überblick

1 § 62 GmbHG regelt die Auflösung einer GmbH durch privatrechtsgestaltenden Verwaltungsakt wegen Gemeinwohlgefährdung. Dieser führt nach h. M. gem. den § 43 Abs. 1 VwVfG entsprechenden Landesnormen bereits mit seiner Bekanntgabe zur Auflösung der Gesellschaft (Lutter/Hommelhoff/*Lutter/Kleindiek* GmbHG, § 62 Rn. 2). § 62 GmbHG ist **subsidiär** gegenüber anderen Normen, die zur hoheitlichen Gesellschaftsauflösung führen, z. B. auf Grund § 17 VereinsG oder nach § 36 KWG, oder die Gefahrenabwehr auf andere Weise ermöglichen (Baumbach/Hueck/*Schulze-Osterloh/Fastrich* § 61 Rn. 10). Es gilt der **Verhältnismäßigkeitsgrundsatz** als Ausfluss des verfassungsrechtlichen Übermaßverbotes. Daher sind z. B. Untersagungsverfügungen gewerberechtlicher oder immissionsschutzrechtlicher Art, die den Bestand der Gesellschaft nicht berühren, grundsätzlich vorrangig einzusetzen. Auch sind ggf. gesellschaftsinterne Maßnahmen, wie z. B. die Abberufung von Geschäftsführern oder die Ausschließung von Gesellschaftern, ausreichend (Lutter/Hommelhoff/*Lutter/Kleindiek* GmbHG, § 62 Rn. 1). Die praktische Relevanz der Norm ist daher äußerst gering.

B. Voraussetzungen einer Auflösungsverfügung, Abs. 1

2 Die Gesellschafter müssen gem. Abs. 1 **gesetzeswidrige Beschlüsse** fassen oder gesetzeswidrige Handlungen der Geschäftsführer wissentlich geschehen lassen, z. B. im Hinblick auf zwingende Vorschriften des Gesellschaftsrechts, des Kartell- und Wettbewerbsrechts, des Steuer-, Gewerbe- und Strafrechts. Gegenstand einer Auflösung im Verwaltungswege können z. B. gewerbsmäßige Betrugsunternehmen, Gesellschaften zur Verfolgung kartellrechtswidriger Ziele, zur Subventionserschleichung (z. B. Scheinexporte) oder zum Menschenhandel sein (Lutter/Hommelhoff/*Lutter/Kleindiek* GmbHG, § 62 Rn. 3) sein. Fälle, in denen nach § 62 GmbHG vorgegangen wurde, sind indes mit Ausnahme eines vom KG entschiedenen Falles (JW 1937, 1270) nicht bekannt geworden (Baumbach/Hueck/*Schulze-Osterloh/Fastrich* § 62 Rn. 1).

3 Soweit Maßnahmen der **Geschäftsführung** in Rede stehen, muss eine über entsprechende Einflussmöglichkeiten gegenüber der Geschäftsführung verfügende Anzahl von Gesellschaftern die gesetzeswidrigen Handlungen der Geschäftsführer wissentlich geschehen lassen oder die Augen hiervor verschließen (Lutter/Hommelhoff/*Lutter/Kleindiek* GmbHG, § 62 Rn. 4).

4 Die Rechtsverletzungen durch Gesellschafterbeschlüsse bzw. Maßnahmen der Geschäftsführung müssen zu einer **Gefährdung des Allgemeinwohls** führen, dh die Interessen breiter Verkehrskreise oder der Öffentlichkeit müssen in erheblichem Maße beeinträchtigt werden. Der Begriff der »Gefährdung des Allgemeinwohls« kann mit dem moderneren, gefahrenabwehrrechtlichen Begriff der »Gefahr für die öffentliche Sicherheit und Ordnung« ausgefüllt werden (A/E/S/*Ensthaler/Zech* § 62 Rn. 2).

C. Verfahren, Abs. 2

5 Für den Erlass des Verwaltungsaktes betreffend die Auflösung ist analog § 396 Abs. 1 AktG die sachlich oberste Landesbehörde zuständig, regelmäßig das Wirtschaftsministerium (Scholz/*K. Schmidt* GmbHG, § 61 Rn. 6). Die Kontrolle der Entscheidung erfolgt im verwaltungsgerichtlichen Verfahren (Baumbach/Hueck/*Schulze-Osterloh*/*Fastrich* § 62 Rn. 11).

§ 63 [aufgehoben]

§ 64 [Insolvenzantragspflicht; Haftung]

(1) [1]Wird die Gesellschaft zahlungsunfähig, so haben die Geschäftsführer ohne schuldhaftes Zögern, spätestens aber drei Wochen nach Eintritt der Zahlungsunfähigkeit, die Eröffnung des Insolvenzverfahrens zu beantragen. [2]Dies gilt sinngemäß, wenn sich eine Überschuldung der Gesellschaft ergibt.

(2) [1]Die Geschäftsführer sind der Gesellschaft zum Ersatz von Zahlungen verpflichtet, die nach Eintritt der Zahlungsunfähigkeit der Gesellschaft oder nach Feststellung ihrer Überschuldung geleistet werden. [2]Dies gilt nicht von Zahlungen, die auch nach diesem Zeitpunkt mit der Sorgfalt eines ordentlichen Geschäftsmanns vereinbar sind. [3]Auf den Ersatzanspruch finden die Bestimmungen in § 43 Absatz 3 und 4 entsprechende Anwendung.

Übersicht:

A. Überblick

1 § 64 GmbHG bestimmt die Handlungspflichten und Haftungen der Geschäftsführer der Gesellschaft im Zusammenhang mit deren Zahlungsunfähigkeit und Überschuldung. § 60 Abs. 1 Nr. 4 und 5 GmbHG regeln sowohl für die Eröffnung des Insolvenzverfahrens als auch für dessen Ablehnung mangels Masse, dass die Gesellschaft in diesen Fällen aufgelöst ist (vgl. Erläuterung zu § 60 Rn. 10 f.). Hintergrund ist die Überlegung, dass eine Kapitalgesellschaft, deren als juristische Person verselbstständigte Vermögensmasse verloren gegangen ist, keine Existenzberechtigung mehr hat (*Roth/Altmeppen* § 64 Rn. 4). Insbesondere aufgrund der problematischen Insolvenzstatistik der Rechtsform der GmbH, nach der regelmäßig über 50 % der Insolvenzen masselos sind, sind die insolvenzrechtlichen Vorschriften des GmbHG von herausragender Bedeutung (*Roth/*

Altmeppen § 64 Rn. 3). Der **RefE MoMiG** (Referentenentwurf eines »Gesetzes zur Modernisierung des GmbH-Rechts und zur Bekämpfung von Missbräuchen« vom 29. 5. 2006) erstreckt bei Geschäftsführerlosigkeit der Gesellschaft die Insolvenzantragspflicht auf die Gesellschafter, was der Vermeidung einer Umgehung der Insolvenzantragspflicht dienen soll.

Den Geschäftsführern der GmbH obliegt die fortwährende Überwachung der wirtschaftlichen Lage der Gesellschaft (**Beobachtungspflicht**; vgl. auch § 43 Rn. 17); zeichnen sich wirtschaftliche Schwierigkeiten ab, haben sich die Geschäftsführer – insbesondere im Hinblick auf den im Vergleich zur Zahlungsunfähigkeit – weniger augenfälligen und ggf. früher ansetzenden Insolvenzgrund der Überschuldung einen konkreten Überblick über die Vermögensverhältnisse zu verschaffen (vgl. BGH NJW 1994, 2220). Weiterhin sind ggf. eine Gesellschafterversammlung gem. § 49 Abs. 3 GmbHG wegen hälftigen Stammkapitalverlustes bzw. Ausweis eines nicht durch Eigenkapital gedeckten Fehlbetrages nach § 269 Abs. 3 HGB einzuberufen sowie Sanierungsmöglichkeiten zu prüfen und mit den Gesellschaftern zu erörtern (Lutter / Hommelhoff / *Lutter/Kleindiek* GmbHG, § 64 Rn. 4, 16; *Roth/Altmeppen* § 64 Rn. 19). Die entsprechende Beobachtungspflicht besteht – ungeachtet einer Ressortverteilung – für jeden der Geschäftsführer einzeln (Lutter / Hommelhoff/*Lutter/Kleindiek* GmbHG, § 64 Rn. 16). 2

Nach der früher h. M. bestand eine **Insolvenzantragspflicht** erst ab Kenntnis von Zahlungsunfähigkeit oder Überschuldung (BGHZ 75, 95) bzw. einem Sich-der-Kenntnisnahme-Verschließen bzw. einer böswillen Unkenntnis der Insolvenzantragspflicht (Baumbach / Hueck / *Schulze-Osterloh* § 64 Rn. 50; für AG: OLG Frankfurt NZG 2004, 1157, 1159; zum Insolvenzantrag vgl. auch Kap. 13 Rn. 20 ff.). Beachtliche Tendenzen im Schrifttum und die neuere Rechtsprechung gehen aber im Hinblick auf das öffentliche Interesse an rechtzeitiger Insolvenzantragsstellung dahin, bereits bei evident vorliegender bzw. **objektiv zu Tage tretender Insolvenzreife** und unabhängig von entsprechender Kenntnis des Geschäftsführers eine Insolvenzantragspflicht anzunehmen (BGH NJW 2000, 668; Lutter / Hommelhoff / *Lutter / Kleindiek* GmbHG, § 64 Rn. 28; Scholz / *K. Schmidt* GmbHG, § 64 Rn. 18; R / S-L/*Schmidt-Leithoff* § 64 Rn. 13). Selbst die früher h. M. verlagert, spätestens im Rahmen der auch bei Fahrlässigkeit eingreifenden Insolvenzverschleppungshaftung gem. § 823 Abs. 2 BGB, § 64 Abs. 1 GmbHG, den Anknüpfungspunkt der Haftung weg von der Erlangung positiver Kenntnis hin zur fahrlässigen Verkennung der Insolvenzreife und der wegen fehlenden Sanierungsaussichten bestehenden Pflicht zur unverzüglichen Insolvenzantragsstellung (BGHZ 75, 96; 126, 181). Damit wird de facto die nicht hinreichende Beobachtung der wirtschaftlichen Lage und damit eine Beobachtungspflicht konstituiert und sanktioniert (A / E / S / *Ensthaler/Zech* § 64 Rn. 14 f.). Hinsichtlich der Insolvenzantragspflicht der Gesellschafter im Falle der Geschäftsführerlosigkeit führt der **RefE MoMiG** aus, dass der Gesellschafter unter dem Referentenentwurf zur Haftungsvermeidung darlegen muss, dass er die Umstände, die auf die Zahlungsunfähigkeit, die Überschuldung und die Geschäftsführerlosigkeit schließen lassen, nicht kannte. Nach der Formulierung des Entwurfs (»es sei denn«) wird für den Fall der Geschäftsführerlosigkeit vermutet, dass der Gesellschafter sowohl den Insolvenzgrund als auch die Geschäftsführerlosigkeit kannte. Grundsätzlich ist positive Kenntnis erforderlich, es soll aber auch bereits – in Anlehnung auf die oben zitierte Rechtsprechung zur AG – das bewusste Verschließen vor der Kenntnis reichen (Begründung zum RefE MoMiG, S. 63). 3

Geschäftsführer (und nach den beabsichtigten Änderungen durch das MoMiG in bestimmten Fällen auch Gesellschafter) stehen damit in einem Konfliktfeld, einerseits zur Vermeidung einer Haftung nach § 43 GmbHG nicht verfrüht Insolvenzantrag zu stellen (sondern die 3-Wochen-Frist gem. § 64 Abs. 1 für aussichtsreiche Sanierungsversuche zu nutzen), andererseits wegen § 64 GmbHG einen solchen Antrag auch nicht verspätet zu stellen. Zu ihren Lasten wirkt sich zudem aus, dass – wie skizziert – ihr Pflichtenkreis bzw. die Sanktionen noch nicht abschließend geklärt sind. Zur Vermeidung **persönlicher Haftung** sollte der Geschäftsführer (und ggf. der Gesellschafter) in der Krise sich daher intensiv fachkundig beraten lassen (Lutter / Hommelhoff / *Lutter / Kleindiek* GmbHG, § 64 Rn. 45). § 64 Abs. 2 GmbHG sieht hinsichtlich Zahlungen nach Eintritt der Zahlungsunfähigkeit oder nach Feststellung der Überschuldung – zur Vermeidung 4 eines »Gläubigerwettlaufs« – eine Innenhaftung der Geschäftsführer gegenüber der Gesellschaft vor. Die Verletzung von § 64 Abs. 1 GmbHG durch die Geschäftsführer wird in Form einer als Außenhaftung angelegten Haftung aus Insolvenzverschleppung gem. § 823 Abs. 2 BGB i. V. m. § 64 Abs. 1 GmbHG zivilrechtlich sanktioniert, so dass es doch zu einem »Gläubigerwettlauf« kommen kann.

B. Antragspflicht, Abs. 1

I. Verpflichtete

5 Bei Vorliegen von Zahlungsunfähigkeit oder Überschuldung (sog. **Insolvenzreife**), also in Übereinstimmung mit den Eröffnungsgründen des Insolvenzverfahrens gem. § 16 ff. InsO (vgl. zu den Eröffnungsgründen ausführl. Kap. 13 Rn. 30 ff.), hat jeder der Geschäftsführer und unabhängig von der Ressortverteilung (BGH NJW 1994, 2149; vgl. zur Ressortverteilung unter mehreren Geschäftsführern § 35 GmbHG Rn. 30) nach Abs. 1 S. 1 ohne schuldhaftes Zögern Insolvenzantrag zu stellen. Dementsprechend ist gem. § 15 InsO auch jeder einzelne Geschäftsführer antragsberechtigt. Wer als sog. faktischer Geschäftsführer – infolge fehlerhafter Bestellung oder ohne Bestellungsakt (vgl. § 6 GmbHG Rn. 8) – mit Einverständnis der Gesellschafter die Geschäftsführung faktisch ausübt, ist ebenso gem. § 64 Abs. 1 GmbHG verpflichtet (BGH BB 1988, 1064). Hiervon zu unterscheiden ist die bloß **drohende Zahlungsunfähigkeit** i. S. v. § 18 InsO, wenn also die Gesellschaft voraussichtlich nicht in der Lage sein wird, die bestehenden Zahlungspflichten im Zeitpunkt der Fälligkeit zu erfüllen. Die drohende Zahlungsunfähigkeit begründet ein Insolvenzantragsrecht nach § 18 Abs. 1 und 3 InsO, aber keine Pflicht zur Stellung eines Insolvenzantrages und folglich auch keine Haftung (Lutter/Hommelhoff/*Lutter/Kleindiek* GmbHG, § 64 Rn. 5; zur drohenden Zahlungsunfähigkeit auch Kap. 13 Rn. 37 f.). Gem. § 18 Abs. 3 InsO kommt es bei der Antragsstellung wegen drohender Zahlungsunfähigkeit auf die Vertretungsberechtigung an, d. h. nicht jeder Geschäftsführer ist einzeln berechtigt, sondern nur Geschäftsführer in vertretungsberechtigter Anzahl. Im Innenverhältnis bedarf es zur Antragstellung wegen bloß drohender Zahlungsunfähigkeit jedoch – da die Eröffnung des Insolvenzverfahrens gem. § 60 Abs. 1 Nr. 4 GmbHG zur Gesellschaftsauflösung führt – der Zustimmung der Gesellschafterversammlung mit der für einen Auflösungsbeschluss gem. § 60 Abs. 1 Nr. 2 GmbHG erforderlichen Mehrheit (Baumbach/Hueck/*Schulze-Osterloh* § 64 Rn. 42). Der **RefE MoMiG** erstreckt in der beabsichtigten Neufassung von Abs. 1 S. 2 für die Fälle der Führungslosigkeit der Gesellschaft (§ 35 Abs. 2 S. 4 GmbHG) oder des unbekannten Aufenthalts der Geschäftsführer die Pflicht zur Stellung eines Insolvenzantrages auf jeden der Gesellschafter, es sei denn der betreffende Gesellschafter hätte von Zahlungsunfähigkeit bzw. Überschuldung sowie Führungslosigkeit bzw. unbekanntem Aufenthalt der Geschäftsführer der Gesellschaft keine Kenntnis. Dementsprechend soll dem Gesellschafter künftig gem. § 15 Abs. 1 S. 1 InsO persönlich das Recht zur Insolvenzantragsstellung zustehen.

II. Antragsgründe

1. Zahlungsunfähigkeit, Abs. 1 S. 1

a) Voraussetzungen nach § 17 Abs. 2 InsO

6 Gem. § 17 Abs. 2 S. 1 InsO besteht Zahlungsunfähigkeit, wenn die Gesellschaft außer Stande ist, ihre fälligen Geldverbindlichkeiten zu begleichen. Dies ist gem. § 17 Abs. 2 S. 2 InsO in der Regel dann anzunehmen, wenn die Gesellschaft ihre Zahlungen eingestellt hat. Bei **Zahlungseinstellung** obliegt es der Gesellschaft, die Vermutung der Zahlungsunfähigkeit zu widerlegen. Wichtige Indizien für eingetretene oder unmittelbar bevorstehende Zahlungsunfähigkeit sind Rückstände bei den Sozialversicherungsträgern (BGH ZIP 2002, 853, 854) oder die ausschließliche Begleichung von Neuschulden (OLG Hamburg GmbHR 2004, 797). Hiervon zu unterscheiden ist die **bloße Zahlungsunwilligkeit**, z. B. aufgrund von Zahlungsstockungen wegen eines momentanen Liquiditätsengpasses infolge verspäteter Zahlung von Schuldnern oder Zahlungsunwilligkeit bei gleichzeitiger Möglichkeit zur kurzfristigen Liquiditätsbeschaffung durch Beleihung

freien Gesellschaftsvermögens (s. u. Rn. 8). Keine Zahlungsunfähigkeit liegt nach h. M. vor, wenn die Gesellschaft lediglich **Lieferverpflichtungen** nicht erfüllen kann, so lange hieraus noch keine auf Geld gerichteten Schadensersatz- oder sonstige Verbindlichkeiten entstanden sind (Baumbach/Hueck/*Schulze-Osterloh* § 64 Rn. 5; Scholz/*K. Schmidt* GmbHG, Vor § 64 Rn. 6 f.; a. A. R/S-L/*Schmidt-Leithoff* § 63 Rn. 22). Auch dann, wenn ein gesetzliches oder behördliches Zahlungsverbot besteht, ist die Gesellschaft nicht zahlungsunfähig (Lutter/Hommelhoff/*Lutter/Kleindiek* GmbHG, § 64 Rn. 8).

b) Berücksichtigung von Forderungen der Gesellschafter

7 Zu den bei der Prüfung der Zahlungsunfähigkeit zu berücksichtigenden fälligen Geldverbindlichkeiten zählen grundsätzlich auch Forderungen der Gesellschafter gegenüber der Gesellschaft. Dies gilt nach wohl h. M. insoweit nicht, als die Gesellschafterforderungen als eigenkapitalersetzende Darlehen zu behandeln sind und daher einem Auszahlungsverbot gem. oder analog § 30 GmbHG unterliegen bzw. die Geltendmachung gem. § 32 a GmbHG ausgeschlossen ist (str., vgl. MünchHdb GesR III/*Marsch-Barner/Diekmann* § 45 Rn. 57; Scholz/*K. Schmidt* GmbHG, Vor § 64 Rn. 7; Baumbach/Hueck/*Schulze-Osterloh* § 64 Rn. 8). Nach a. A. sind Forderungen der Gesellschafter nur dann nicht zu berücksichtigen, wenn ein Rangrücktritt erklärt ist (*Roth/Altmeppen* § 63 Rn. 10); zu beachten ist, dass der **RefE des MoMiG** (Referentenentwurf eines »Gesetzes zur Modernisierung des GmbH-Rechts und zur Bekämpfung von Missbräuchen« vom 29. 5. 2006) über den beabsichtigten § 30 Abs. 1 Satz 3 GmbHG das Auszahlungsverbot analog § 30 GmbH (sog. Rechtsprechungsregeln) aufhebt und die Regelungsmaterie von §§ 32 a und 32 b GmbH in die Insolvenzordnung, §§ 39 und 44 a InsO, verlagert werden soll. Praktische Relevanz (und damit höchstrichterliche Klärung) dürfte der genannte Fragenkreis wohl deswegen kaum erlangen, weil regelmäßig gleichzeitig eine Überschuldung der Gesellschaft vorliegt (vgl. *Goette* § 4 Rn. 23); hinsichtlich dieser hat der BGH zum alten Recht entschieden, dass eine Passivierung von eigenkapitalersetzenden Gesellschafterdarlehen, die nicht mit einem Rangrücktritt versehen sind, vorzunehmen ist (BGH NJW 2001, 1280), s. auch Rn. 13. Der **RefE MoMiG** sieht in Abweichung dieser Rechtsprechung eine Ergänzung von § 19 Abs. 2 InsO dahingehend vor, dass jedes Gesellschafterdarlehen in der Insolvenz nachrangig gestellt wird und demgemäß im Rahmen der Überschuldungsbilanz nicht berücksichtigt werden muss. Hintergrund ist die beabsichtigte Neufassung von § 39 Abs. 1 Nr. 5 InsO, nach der jegliche, nicht nur – wie bisher – kapitalersetzende Gesellschafterdarlehen in der Insolvenz nachrangig sind

c) Relevanter Zeitpunkt

8 Streitig ist, zu welchem **Zeitpunkt** eine Zahlungseinstellung vorliegt und sich z. B. eine kurzfristige Zahlungsstockung infolge nicht rechtzeitigen Eingangs fälliger Forderungen zur Zahlungsunfähigkeit entwickelt hat. Teilweise wird erörtert, bei einer Deckungslücke von mehr als 5 % über einen Zeitraum von mehr als zwei Wochen von Zahlungsunfähigkeit auszugehen (*Roth/Altmeppen* § 64 Rn. 8); der BGH nimmt Zahlungsunfähigkeit bei einer Liquiditätslücke von mindestens 10 % der fälligen Verbindlichkeiten an, soweit nicht ausnahmsweise mit an Sicherheit grenzender Wahrscheinlichkeit zu erwarten ist, dass die Deckungslücke demnächst vollständig oder fast vollständig beseitigt wird, und den Gesellschaftsgläubigern ein Zuwarten nach den besonderen Umständen des Einzelfalls zuzumuten ist (BGH BB 2005, 1923, 1926 f.; vgl. auch Kap. 13 Rn. 32). Die h. M. geht davon aus, dass bei allgemeiner Nichterfüllung von fälligen Zahlungsverpflichtungen nach spätestens den in § 64 Abs. 1 S. 1 GmbHG genannten drei Wochen Zahlungsunfähigkeit eingetreten ist (Lutter/Hommelhoff/*Lutter/Kleindiek* GmbHG, § 64 Rn. 7; A/E/S/*Ensthaler/Zech* § 64 Rn. 3; R/S-L/*Schmidt-Leithoff* § 63 Rn. 22). Wiederherstellung der Liquidität und Zahlungswiederaufnahme beseitigen die Zahlungsunfähigkeit (Baumbach/Hueck/*Schulze-Osterloh* § 64 Rn. 2). Auch eine Stundung sämtlicher Verbindlichkeiten durch alle Gläubiger der Gesellschaft beseitigt (vorerst) die Zahlungsunfähigkeit, da das Kriterium der Zahlungsunfähigkeit kein prognostisches Element enthält; die bloße Stundung kann aber im Hinblick auf § 18 InsO relevant bleiben (Lutter/Hommelhoff/*Lutter/Kleindiek* GmbHG, § 64 Rn. 9).

2. Überschuldung, Abs. 1 S. 2

a) Voraussetzungen nach § 19 Abs. 2 InsO

9 Gem. § 19 Abs. 2 InsO liegt Überschuldung vor, wenn das Aktivvermögen der Gesellschaft nicht mehr die bestehenden Verbindlichkeiten deckt, wobei bilanziell unter Verbindlichkeiten das Fremdkapital verstanden wird: Übersteigt das Fremdkapital das Aktivvermögen, ist der entsprechende Saldo in der Handelsbilanz gem. § 268 Abs. 3 HGB auf der Aktivseite gesondert unter der Bezeichnung »nicht durch Eigenkapital gedeckter Fehlbetrag« auszuweisen.

b) Erstellung einer Überschuldungsbilanz

10 Die Geschäftsführung muss bei **drohender Überschuldung** eine Überschuldungsbilanz bzw. einen Überschuldungsstatus erstellen. Ob diese Pflicht tatsächlich erfüllt worden ist, spielt für die Entstehung der Insolvenzantragspflicht nach h. M. keine Rolle (s. Erläuterung oben Rn. 3); in subjektiver Hinsicht führt die Erstellung eines Überschuldungstatus lediglich von bislang fahrlässiger Unkenntnis zu positiver Kenntnis (A/E/S/*Ensthaler/Zech* § 64 Rn. 6).

11 **aa) Ansetzung der Aktivposten zu Fortführungswerten** Bei Aufstellung der Überschuldungsbilanz können die Aktivposten anstatt mit Zerschlagungs- bzw. Liquidationswerten mit den (regelmäßig höheren) Fortführungswerten (»going concern«) angesetzt werden, wenn die Unternehmensfortführung überwiegend wahrscheinlich ist, § 19 Abs. 2 S. 2 InsO (vgl. MünchHdb GesR III/*Marsch-Barner* § 45 Rn. 161; s. auch Kap. 13 Rn. 40). Dies setzt voraus, dass die Gesellschaft trotz derzeitiger Krise über die erforderliche Liquidität verfügen wird, um einen Einnahmenüberschuss zu erzielen, aus dem die gegenwärtigen und künftigen Verbindlichkeiten jedenfalls mittelfristig (nach h. M. bis zum Ende des folgenden Geschäftsjahres, Lutter/Hommelhoff/*Lutter/Kleindieck*, GmbHG, § 64 Rn. 15; Baumbach/Hueck/*Schulze-Osterloh* § 64 Rn. 13) im Sinne einer überwiegenden Wahrscheinlichkeit gedeckt sein werden (OLG Naumburg GmbHR 2004, 361, 362). Um dies zu belegen, ist seitens der Geschäftsführung ein dokumentierter **Finanzplan** mit Zahlungsfähigkeitsprognose aufzustellen; eine Ertragsfähigkeitsprognose ist entbehrlich, da aus Gläubigersicht unerheblich ist, worauf sich die Zahlungsfähigkeit der Gesellschaft gründet (Baumbach/Hueck/*Schulze-Osterloh* § 64 Rn. 13). Die Aufstellung eines solchen Finanzplans setzt eine intensive Prüfung von Budgetierung, Umsatz, Ertrag und Liquidität voraus. Hierbei sollten die Geschäftsführer möglichst sachverständigen Rat einholen (Lutter/Hommelhoff/*Lutter/Kleindiek* GmbHG, § 64 Rn. 15). Im Rahmen der Insolvenzverschleppungshaftung hat zwar der Gläubiger das Vorliegen der Insolvenzreife darzulegen und zu beweisen. Sodann obliegt es aber dem Geschäftsführer, eine positive Fortbestehensprognose darzutun und ggf. zu beweisen (A/E/S/*Ensthaler/Zech* § 64 Rn. 10). Ist das Ergebnis der Überschuldungsbilanz zu Fortführungswerten negativ, besteht trotz positiver Fortbestehensprognose grundsätzlich Insolvenzantragspflicht; diese entfällt (ausnahmsweise), wenn eine zusätzlich aufgestellte Überschuldungsbilanz zu Liquidationswerten die Überschuldung entfallen lässt (OLG Naumburg GmbHR 2004, 361 f.).

12 **bb) Aktivseite** Auf der Aktivseite anzusetzen sind alle Vermögenswerte, die im Falle der Insolvenzeröffnung zu den **verwertbaren Bestandteilen der Masse** gehören würden (BGHZ 119, 214), soweit sie vollwertig und liquide sind (vgl. auch Kap. 13 Rn. 41). Anzusetzen sind auch – in Durchbrechung von § 248 Abs. 2 HGB – unentgeltlich erworbene Vermögenswerte im Falle ihrer Verwertbarkeit (BGHZ 119, 214) sowie der Firmenwert (allerdings nur, wenn mit einer Veräußerung zumindest eines Teils des Geschäftsbetriebs zusammen mit der Firma durch den Insolvenzverwalter zu rechnen ist, vgl. OLG Celle NZG 2002, 730). **Ansprüche gegenüber Gesellschaftern** (auf rückständige Einlagen, Nachschüsse, Erstattung verbotener Rückzahlungen) **und Geschäftsführern** (Schadensersatzansprüche gegen Geschäftsführer, soweit nicht hierauf verzichtet wurde; vgl. MünchHdb GesR III/Marsch-*Barner/Diekmann* § 45 Rn. 62) sowie Verlustausgleichspflichten einer Obergesellschaft gem. § 302 AktG (Lutter/Hommelhoff/*Lutter/Kleindiek* GmbHG, § 64 Rn. 20) sind ebenfalls anzusetzen. Gleiches gilt für Patronatserklärungen Dritter,

wenn sie nicht nur zugunsten bestimmter, sondern aller Gläubiger der Gesellschaft wirken (Lutter / Hommelhoff / *Lutter/Kleindiek* GmbHG, § 61 Rn. 2). **Nicht anzusetzen** sind eigene Geschäftsanteile (str.; a. A. Baumbach / Hueck / *Schulze-Osterloh* § 64 Rn. 14), Bürgschaften und Aufwendungen für die Ingangsetzung des Geschäftsbetriebes (BGH NJW 1991, 1059). Stille Reserven sind, soweit in der Insolvenz realisierbar, mit dem Ansatz von Zerschlagungswerten aufzudecken (*Thümmel* BB 2002, 1105).

cc) Passivseite Auf der Passivseite anzusetzen sind – ohne Bindung an die Passivierungsregeln für die Jahresbilanz – **Verbindlichkeiten**, soweit sie in der Insolvenz geltend gemacht werden können (h. M., vgl. z. B. Lutter / Hommelhoff / *Lutter / Kleindiek* GmbHG, § 64 Rn. 21). **Nicht anzusetzen** sind das Stammkapital nebst freien Rücklagen (Scholz / *K. Schmidt* GmbHG, Vor § 64 Rn. 28) und Forderungen, die aufschiebend bedingt für den Fall der Insolvenz erlassen wurden; hierunter fallen z. B. Gesellschafterforderungen, die mit qualifiziertem Rangrücktritt (Erklärung des Gesellschafters, wonach er wegen der Forderungen »erst nach Befriedigung sämtlicher Gesellschaftsgläubiger und – bis zur Abwendung der Krise – auch nicht vor, sondern nur zugleich mit den Einlagenrückgewähransprüchen seiner Mitgesellschafter berücksichtigt« wird, vgl. BGH NJW 2001, 1280) oder mit einem aufschiebend bedingten Erlass versehen sind. Der **RefE MoMiG** (Referentenentwurf eines »Gesetzes zur Modernisierung des GmbH-Rechts und zur Bekämpfung von Missbräuchen« vom 29. 5. 2006) sieht eine Neufassung von § 39 Abs. 1 Nr. 5 InsO dahin vor, dass jegliche, nicht nur – wie bisher – kapitalersetzende Gesellschafterdarlehen in der Insolvenz nachrangig sind. Dementsprechend ist beabsichtigt, in Abweichung der vorgenannten Rechtsprechung in § 19 Abs. 2 InsO klarzustellen, dass Gesellschafterdarlehen, die gem. § 39 Abs. 1 Nr. 5 InsO in der Insolvenz nachrangig gestellt sind, im Rahmen der Überschuldungsbilanz nicht zu berücksichtigen sind. Nach dem RefE MoMiG wären daher von § 39 Abs. 1 Nr. 5 InsO erfasste Forderungen auch ohne Rangrücktrittserklärung des Gesellschafters generell nicht als Passiva in der Überschuldungsbilanz zu erfasen. Rückstellungen sind nur insoweit zu passivieren, als sie Risiken betreffen, die sich auch unter Annahme der Insolvenz verwirklichen können (Lutter / Hommelhoff / *Lutter / Kleindiek* GmbHG, § 64 Rn. 22); nicht passivierungspflichtig sind daher Aufwandsrückstellungen oder allgemeine Garantierisiken. Zu passivieren sind hingegen Rückstellungen für ungewisse Verbindlichkeiten (BGH ZIP 2003, 2068, 2070), Kosten für das Insolvenzverfahren (str., a. A. Scholz / *K. Schmidt* GmbHG, Vor § 64 Rn. 33) und hierdurch entstehende Lasten, wie etwa Sozialplanverbindlichkeiten (str.; a. A. OLG Celle NZG 2002, 730, 731), sowie Betriebsrentenansprüche und unverfallbare Versorgungsanwartschaften – unabhängig von der Einstandspflicht des Pensionssicherungsvereins (Lutter / Hommelhoff / *Lutter / Kleindiek* GmbHG, § 64 Rn. 23). Aufgrund des Stichtagsprinzips sind auch noch nicht fällige Verbindlichkeiten aus Zug um Zug zu erfüllenden Dauerschuldverhältnissen (z. B. Sukzessivlieferverträge, Miet- und Arbeitsverhältnisse) nicht zu passivieren, während betagte und bedingte Verbindlichkeiten im Hinblick auf § 41 InsO zu passivieren sind (Scholz / *K. Schmidt* GmbHG, Vor § 64 Rn. 29 f.). 13

III. Inhalt und Zeitpunkt der Antragspflicht

Nach bisher h. M. ist der Antrag ohne schuldhaftes Zögern ab Insolvenzreife (Zahlungsunfähigkeit oder Überschuldung), spätestens binnen drei Wochen nach Kenntnis von der Insolvenzreife, zu stellen (s. auch Erläuterung oben Rn. 3); strittig ist, ob und inwiefern fahrlässige Unkenntnis (was v. a. im Hinblick auf den Zeitpunkt der Überschuldung relevant ist) für den Fristbeginn ausreichen soll (verneinend: BGHZ 75, 96; Baumbach / Hueck / *Schulze-Osterloh* § 64 Rn. 43; bejahend: BGH NJW 2000, 668; Lutter / Hommelhoff / *Lutter / Kleindiek* GmbHG, § 64 Rn. 28; Scholz / *K. Schmidt* GmbHG, § 64 Rn. 18: Die eine Überschuldung begründenden Fakten und Zahlen müssen, z. B. aufgrund einer Bilanz, objektiv und evident zutage liegen, wobei positive Kenntnis nicht erforderlich, aber bloß fahrlässige Nichtkenntnis i. S. v. Erkennbarkeit aufgrund der schwierigen Erkennbarkeit und Beweisbarkeit des Eintritts der Überschuldung nicht ausreicht). Wenn von 14 vornherein feststeht, dass etwaige Sanierungsversuche scheitern und somit eine nicht behebbare Insolvenzreife vorliegt, darf die Frist nicht abgewartet werden (*Thümmel* BB 2002, 1105).

IV. Verstoß gegen die Antragspflicht (Insolvenzverschleppungshaftung)

15 Die Insolvenzantragspflicht ist in § 84 Abs. 1 Nr. 2 GmbHG als echtes Unterlassungsdelikt **strafrechtlich** bewehrt, wobei auch ein fahrlässiges Unterlassen des Insolvenzantrages gem. § 84 Abs. 2 GmbHG strafbar ist. Anknüpfungspunkt der **zivilrechtlichen Insolvenzverschleppungshaftung** ist der Vorwurf verspäteter Insolvenzantragsstellung (bzw. ungenügender Beobachtung der Gesellschaft im Hinblick auf deren Insolvenzreife, s. o. Rn. 2), wobei die Insolvenzantragspflicht als Schutzgesetz i. S. v. § 823 Abs. 2 BGB gesehen wird (a. A.: Organhaftung auf Verlustausgleich auf Basis einer Innenhaftung gem. § 64 Abs. 2 GmbHG, § 93 Abs. 3 Nr. 6 AktG, § 130 a Abs. 3 HGB: *Roth/Altmeppen* § 64 Rn. 94 ff.). Der hiervon zu unterscheidende Vorwurf, der Masse zugedachtes Vermögen in der Zeit zwischen Fristbeginn und Antragstellung pflichtwidrig vermindert zu haben, ist Gegenstand von § 64 Abs. 2 GmbHG. Nicht erfasst von § 64 GmbHG sind Vorwürfe gegenüber der Geschäftsführung, eine angezeigte Sanierung sei unterblieben oder fehlerhaft durchgeführt worden; insoweit ist § 43 GmbHG Ansatzpunkt (vgl. Lutter / Hommelhoff / *Lutter / Kleindiek* GmbHG, § 64 Rn. 39). Gleiches gilt für den Vorwurf, bei bloß drohender Zahlungsunfähigkeit sei die erforderliche Zustimmung der Gesellschafterversammlung zur Insolvenzantragsstellung unterblieben (s. Erläuterung oben Rn. 5).

1. Haftung gegenüber der Gesellschaft

16 Gegenüber der Gesellschaft haften die Geschäftsführer für den Schaden, der der Gesellschaft durch pflichtwidrige Verspätung oder Unterlassung eines Insolvenzantrags entstanden ist, gem. § 43 Abs. 2 GmbHG (BGH NJW 1974, 1088) und gem. § 823 Abs. 2 BGB, § 84 Abs. 1 Nr. 2 GmbHG (R / S-L / *Schaal* § 84 Rn. 2; Scholz / *Tiedemann* GmbHG, § 84 Rn. 8, 10). Eine entsprechende Weisung der Gesellschafter beseitigt grundsätzlich die Pflichtwidrigkeit (BGH NJW 1974, 1088, 1089), es sei denn die Haftung der Geschäftsführer gegenüber der Gesellschaft ist zur Befriedigung der Gesellschaftsgläubiger gem. § 43 Abs. 3 S. 3 GmbHG erforderlich (BGH WM 1986, 237, 239).

2. Haftung gegenüber den Gesellschaftern

17 Gegenüber den Gesellschaftern stellt nach h. M. weder § 64 Abs. 1 GmbHG noch § 84 Abs. 1 Nr. 2 GmbHG ein Schutzgesetz dar (Lutter / Hommelhoff / *Lutter / Kleindiek* GmbHG, § 64 Rn. 42; Scholz / *K. Schmidt* GmbHG, § 64 Rn. 37; a. A. zu § 84 Abs. 1 Nr. 2 GmbHG: R / S-L / *Schaal* § 84 Rn. 2; Scholz / *Tiedemann* GmbHG, § 84 Rn. 8, 10; A / E / S / *Ensthaler/Zech* § 64 Rn. 12). Diskutiert wird die Einbeziehung von nach Eintritt der Insolvenzreife beigetretenen Neugesellschaftern in den Schutzbereich von § 64 Abs. 1 GmbHG (vgl. *Roth/Altmeppen* § 64 Rn. 62).

3. Haftung gegenüber Gesellschaftsgläubigern

18 Gegenüber den Gesellschaftsgläubigern besteht eine **Insolvenzverschleppungshaftung** der Geschäftsführer aus § 823 Abs. 2, § 64 Abs. 1 GmbHG (BGHZ 29, 100), weshalb die parallel bestehende Haftung aus § 823 Abs. 2, § 84 Abs. 1 Nr. 2 GmbHG keine eigenständige Bedeutung hat (A / E / S / *Ensthaler/Zech* § 64 Rn. 13). Teile der Literatur lehnen die von der Rspr. begründete Insolvenzverschleppungshaftung ab und verweisen u. a. auf deliktische Ansprüche nach § 823 BGB, § 263 StGB, § 826 BGB bzw. § 311 Abs. 3 BGB (vgl. Baumbach / Hueck / *Schulze-Osterloh* § 64 Rn. 93) bzw. auf ein bloßes Innenhaftungsmodell (*Roth/Altmeppen* § 64 Rn. 94; vgl. auch Kap. 13 Rn. 141).

19 In **subjektiver Hinsicht** muss zur Verletzung der Antragspflicht gem. § 64 Abs. 1 nach h. M. Fahrlässigkeit treten. Die Haftung des Geschäftsführers setzt damit voraus, dass der Geschäftsführer fahrlässig verkannt hat, dass objektiv Insolvenzreife bestand und mangels Aussicht auf Sanie-

rung die Pflicht zur unverzüglichen Stellung eines Insolvenzantrags vorlag (BGHZ 75, 96; 126, 181).

Hinsichtlich des **Haftungsumfangs** ist zwischen Altgläubigern, deren Ansprüche vor Insolvenzreife der Gesellschaft begründet waren, und Neugläubigern zu differenzieren (BGHZ 126, 181; s. auch Kap. 13 Rn. 141 f.). Bei der Abgrenzung zwischen Neu- und Altgläubigern ist nicht der Zeitpunkt des Vetragsschlusses maßgeblich, sondern der Zeitpunkt der Krediteinräumung seitens des Gläubigers, z. B. durch Vorleistung (OLG Celle NZG 2002, 730, 732) bzw. der Valutierung eines Darlehens (OLG Saarbrücken NZG 2001, 414 f.). **Altgläubiger** haben Anspruch auf den sog. **Quotenschaden**, nämlich die Differenz zwischen hypothetischer Quote ohne Pflichtverletzung und der tatsächlichen Quote, die sich insbesondere durch neu eingegangene Verbindlichkeiten verschlechtern kann (BGHZ 126, 181). **Neugläubigern** gegenüber, die mit der Gesellschaft kontrahiert haben, haften Geschäftsführer in vollem Umfang für den entstandenen **Vertrauensschaden** (negatives Interesse) bzw. den **Individualschaden**, soweit dieser nicht durch die Insolvenzquote gedeckt ist oder einem leichtfertigen Neugläubiger bei erkennbar gefährdeten Forderungen ein Mitverschulden anzurechnen sein sollte (BGHZ 126, 181). Streitig ist die Behandlung der Ansprüche gesetzlicher (insbesondere deliktischer) Neugläubiger. Hier dürfte eine Haftung nur dann in Betracht kommen, wenn die deliktische Schädigung durch rechtzeitige Insolvenzantragsstellung verhindert worden wäre, wofür der Gläubiger darlegungs- und beweispflichtig ist (Lutter / Hommelhoff / *Lutter / Kleindiek* GmbHG, § 64 Rn. 50; Insolvenzverschleppungshaftung zugunsten deliktischer Neugläubiger gänzlich verneinend: Baumbach / Hueck / *Schulze-Osterloh* § 64 Rn. 92). Schutzzweck der Insolvenzverschleppungshaftung auf Grundlage von § 64 Abs. 1 GmbHG ist, eine insolvenzreife Gesellschaft vom Geschäftsverkehr fernzuhalten. Daher sind jedenfalls Sozialversicherungsträger, die während der Verfahrensverschleppung Ansprüche auf Abführung von Sozialversicherungsbeiträgen erworben haben, nicht in den Schutz der Insolvenzverschleppungshaftung einbezogen (BGH NJW 1999, 2182, 2183; ZIP 2003, 1713, 1714). 20

Der Quotenschaden der Altgläubiger wird analog § 93 Abs. 5 S. 4 AktG grundsätzlich als **Gesamtgläubigerschaden** (neben den Ansprüchen der Gesellschaft) vom Insolvenzverwalter für die Masse geltend gemacht, ohne dass die entsprechenden Ansprüche dem Insolvenzverwalter abgetreten werden müssten (§ 92 S. 1 InsO; vgl. BGHZ 110, 342). Dies gilt aber nicht bei Nichteröffnung bzw. Aufhebung des Insolvenzverfahrens (Lutter / Hommelhoff / *Lutter / Kleindiek* GmbHG, § 64 Rn. 52). Der **Individualschaden** eines Neugläubigers wird nach h. M. nicht im Rahmen der Gesamtschadensliquidation vom Insolvenzverwalter, sondern – auch während der Insolvenz – unmittelbar gegenüber den Geschäftsführern geltend gemacht (BGHZ 138, 211, 214 ff.; Lutter / Hommelhoff / *Lutter / Kleindiek* GmbHG, § 64 Rn. 54; Baumbach / Hueck / *Schulze-Osterloh* § 64 Rn. 98; differenzierend: Scholz / *K. Schmidt* GmbHG, § 64 Rn. 43 f.). 21

Nach h. M. **verjährt** der Anspruch der Gesellschaftsgläubiger aus Insolvenzantragsverschleppung analog §§ 64 Abs. 2 S. 3, 43 Abs. 4 GmbHG in fünf Jahren ab Schadenseintritt (Scholz / *K. Schmidt* GmbHG, Vor § 64 Rn. 53; Lutter / Hommelhoff / *Lutter / Kleindiek* GmbHG, § 64 Rn. 57; a. A. R / S-L / *Rasner* § 64 Rn. 51). 22

C. Geschäftsführerhaftung wegen Masseschmälerung, Abs. 2

Im Vorfeld des insolvenzrechtlichen Verfügungsverbotes nach § 80 Abs. 1 InsO darf der Geschäftsführer zwar noch Zahlungen tätigen, ist jedoch gem. § 64 Abs. 2 GmbHG gegenüber der Gesellschaft zu deren Ersatz verpflichtet, soweit solche Zahlungen nicht mit der Sorgfalt eine ordentlichen Kaufmanns vereinbar sind. Bezweckt sind – bis zum Verlust der Verfügungsbefugnis gem. § 80 Abs. 1 InsO bzw. der Überwindung der Unternehmenskrise – der **Schutz des Gesellschaftsvermögens** sowie eine gleichmäßige und ranggerechte Befriedigung der Gläubiger im Vorfeld der Insolvenz (BGHZ 143, 184, 186). Auf einen Schaden der Gesellschaft kommt es nicht an. § 64 Abs. 2 GmbHG gilt gem. § 71 Abs. 4 GmbHG auch für den Liqidator (vgl. Baumbach / Hueck / *Schulze-Osterloh* § 64 Rn. 78). Der Anspruch gegen den Geschäftsführer verjährt in fünf 23

Jahren ab Zahlung, §§ 64 Abs. 2 S. 3, 43 Abs. 4 GmbHG (Lutter / Hommelhoff / *Lutter* / *Kleindiek* GmbHG, § 64 Rn. 66).

I. Zahlungen nach Eintritt der Insolvenzreife, Abs. 2 S. 1

24 Zahlungen i. S. v. § 64 Abs. 2 S. 1 GmbHG sind zunächst Geldzahlungen (aus Barbeständen, Kontoguthaben oder unter Erhöhung eines Schuldsaldos), aber auch die Minderung eines Schuldsaldos auf einem Konto durch Einreichung eines Kundenschecks (BGHZ 143, 184, 186 ff.) und die Leistung von Diensten (OLG Düsseldorf GmbHR 1996, 616) sowie die Übertragung von Rechten und Lieferung von Waren (Lutter / Hommelhoff / *Lutter/Kleindiek* GmbHG, § 64 Rn. 59). Nach der Rechtsprechung ist die Begründung von Verbindlichkeiten gegenüber Neugläubigern nicht unter Abs. 2 zu rechnen, sondern lediglich nach Maßgabe der Insolvenzverschleppungshaftung geschützt (BGHZ 138, 211, 216 f.; Baumbach / Hueck / *Schulze-Osterloh* § 64 Rn. 79; a. A. A / E / S / *Ensthaler/Zech* § 64 Rn. 21). Der **RefE MoMiG** (Referentenentwurf eines »Gesetzes zur Modernisierung des GmbH-Rechts und zur Bekämpfung von Missbräuchen« vom 29. 5. 2006) sieht, als kodifizierte der Fallgruppe einer Haftung für »existenzvernichtende Eingriffe« und insoweit in Ergänzung des bislang vor allem auf Gläubigergleichbehandlung abzielenden § 64 Abs. 2 GmbHG, die Einfügung eines neuen S. 2 vor. Dieser soll auch Zahlungen an Gesellschafter, welche die Zahlungsunfähigkeit der Gesellschaft herbeiführen, ausdrücklich der Sanktion des Abs. 2 unterwerfen. Bezweckt ist, in Ergänzung zu § 30 Abs. 1 GmbHG, die Zahlungsunfähigkeit herbeiführende (nicht erst das Stammkapital berührende) Zahlungen zu sanktionieren.

II. Ausschluss der Haftung, Abs. 2 S. 2

25 Mit der Sorgfalt eines ordentlichen Kaufmanns zu vereinbarende Zahlungen begründen keine Haftung: Entscheidend ist, ob der Gesellschaft ein **ausreichender Gegenwert** zugeführt wird, wie z. B. Verträge mit angemessener Gegenleistung bzw. Erfüllung Zug um Zug (A / E / S/*Ensthaler/Zech* § 64 Rn. 22). Hierbei ist auch zu berücksichtigen, dass es im Hinblick auf Sanierungsversuche bzw. zur Wahrung von Veräußerungschancen notwendig sein kann, den Zahlungs-, Kredit- und Leistungsverkehr aufrecht zu erhalten; daher ist die in § 64 Abs. 2 GmbHG niedergelegte Vermutung der Pflichtwidrigkeit problematisch. Ausschlaggebend sollte stattdessen der Maßstab des ordentlichen Geschäftsleiters in der Unternehmenskrise sein; dieser hat sich in der Unternehmenskrise (auch) an der Abwendung größerer Nachteile für die Masse sowie dem öffentlichen Interesse am Fortbestand überlebensfähiger Betriebe zu orientieren (vgl. BGH NJW 1974, 1089). Zahlungen bzw. Leistungen zur Abwendung größerer Nachteile für die Masse sind daher privilegiert (BGH ZIP 2001, 235, 238). Im Übrigen sind die Geschäftsführer auch nicht zur Gläubigergleichbehandlung verpflichtet, weil sich dies mit der Aufrechterhaltung des Geschäftsbetriebs regelmäßig kaum vereinbaren lässt; allerdings rechtfertigt § 64 Abs. 2 S. 2 GmbHG nicht die bevorzugte Befriedigung von Sozialversicherungsträgern oder des Steuerfiskus (Lutter / Hommelhoff / *Lutter* / *Kleindiek* GmbHG, § 64 Rn. 61).

26 Ein **interner Haftungsausschluss** oder **–verzicht** und ein Handeln auf Weisung der Gesellschafter befreien gem. § 43 Abs. 3 S. 3 GmbHG insoweit nicht von der Haftung, als der Ersatzanspruch zur Befriedigung von Gesellschaftsgläubigern erforderlich ist (BGHZ 31, 258). Der **RefE MoMiG** führt zur Problematik der Weisungsgebundenheit und Abhängigkeit von (Fremd-) Geschäftsführern dementsprechend aus (Begründung, S. 65), dass die Weisungsgebundenheit dort endet, wo ein Geschäftsführer durch Ausführung einer Weisung eine ihn treffende gesetzliche Pflicht verletzen und sich selbst der Gesellschaft gegenüber schadensersatzpflichtig machen würde. Ein Geschäftsführer, der die Zulässigkeit einer Weisung auf Erbringung von Zahlungen an einen Gesellschafter bezweifelt, käme damit nicht umhin, sein Amt niederzulegen.

III. Verschulden

27 **Fahrlässigkeit** auf Seiten des Geschäftsführers reicht nach h. M. (BGHZ 75, 97) für eine Haftung gem. § 64 Abs. 2 GmbHG aus, wobei die Erkennbarkeit der Insolvenzreife vermutet wird und

den Geschäftsführer die **Darlegungs- und Beweislast** fehlender Erkennbarkeit – trotz entsprechender organisatorischer Vorkehrungen – trifft (BGHZ 143, 185 f.). Jeder Geschäftsführer hat ab Eintritt einer Krise – ungeachtet einer Ressortaufteilung – eine Beobachtungspflicht, auch hinsichtlich Zahlungen anderer Geschäftsführer (BGH ZIP 1994, 891, 892 f.), s. auch Erläuterung oben Rn. 2.

D. Weitere Aspekte der Geschäftsführerhaftung in der Unternehmenskrise

Die Inanspruchnahme von Geschäftsführern durch Vertragspartner (v. a. Kreditgeber) mit der 28
Argumentation, sie hätten von der problematischen wirtschaftlichen Lage unterrichtet und so vor Schaden bewahrt werden müssen, setzt am Rechtsinstitut des **Verschuldens bei Vertragsverhandlungen** bzw. § 311 Abs. 3 BGB an (Lutter/Hommelhoff/*Lutter/Kleindiek* GmbHG, § 64 Rn. 40). Die Voraussetzungen für die Geltendmachung eines solchen, individuellen Vertrauensschadens wurden im Hinblick auf den verbesserten deliktischen Schutz über die deliktische Insolvenzverschleppungshaftung seit der Entscheidung BGH NJW 1994, 2220 verschärft (Scholz/*K. Schmidt* GmbHG, § 64 Rn. 39): Ein wirtschaftliches Eigeninteresse (z. B. die Abwendung einer Schadensersatzpflicht gegenüber der Gesellschaft oder die private Nutzung einer Lieferung an die Gesellschaft) eines Allein- oder Mehrheitsgesellschafters reicht regelmäßig nicht; gleiches gilt für die bloße Teilnahme an Vertragsverhandlungen. Erforderlich für eine Eigenhaftung ist vielmehr die **Inanspruchnahme besonderen Vertrauens** (BGH WM 1987, 1431) bzw. Erklärungen im Vorfeld einer Garantiezusage (BGH NJW 1994, 2220, 2222) oder aber eine **vorsätzliche sittenwidrige Schädigung** (§ 826 BGB). Eine Haftung aus § 826 BGB scheidet jedoch aus, wenn der Geschäftsführer berechtigter Weise vom Erfolg eingeleiteter Sanierungsmaßnahmen ausgehen konnte (BGHZ 108, 134); hingegen kann von Umständen, welche die Sinnlosigkeit (weiterer) Sanierungsmaßnahmen offenbaren, auf den nach § 826 BGB erforderlichen Schädigungsvorsatz geschlossen werden (OLG Celle GmbHR 1994, 467).

§ 65 [Anmeldung und Eintragung der Auflösung]

(1) [1]Die Auflösung der Gesellschaft ist zur Eintragung in das Handelsregister anzumelden. [2]Dies gilt nicht in den Fällen der Eröffnung oder der Ablehnung der Eröffnung des Insolvenzverfahrens und der gerichtlichen Feststellung eines Mangels des Gesellschaftsvertrags oder der Nichteinhaltung der Verpflichtungen nach § 19 Abs. 4. [3]In diesen Fällen hat das Gericht die Auflösung und ihren Grund von Amts wegen einzutragen. [4]Im Falle der Löschung der Gesellschaft (§ 60 Abs. 1 Nr. 7) entfällt die Eintragung der Auflösung.

(2) [1]Die Auflösung ist von den Liquidatoren zu drei verschiedenen Malen durch die in § 30 Absatz 2 bezeichneten öffentlichen Blätter bekanntzumachen. [2]Durch die Bekanntmachung sind zugleich die Gläubiger der Gesellschaft aufzufordern, sich bei derselben zu melden.

A. Überblick

Außer bei gleichzeitiger Satzungsänderung (s. Erläuterung zu § 60 Rn. 8) ist die Registereintra- 1
gung der Auflösung lediglich **deklaratorisch** (Baumbach/Hueck/*Schulze-Osterloh/Fastrich* § 65 Rn. 15). Die Anmeldung der Auflösung wird regelmäßig mit der Anmeldung der Liquidatoren gem. § 67 GmbHG und dem Erlöschen der Vertretungsbefugnis der Geschäftsführer, die nicht Liquidatoren sind, verbunden (Lutter/Hommelhoff/*Lutter/Kleindiek* GmbHG, § 65 Rn. 1). Die Eintragung der Auflösung als Folge des Übergangs der Gesellschaft von einer werbenden zur Liquidationsgesellschaft ist von deren Löschung infolge Vollbeendigung zu trennen, die gem. § 74 Abs. 1 GmbHG, § 31 Abs. 2 HGB anzumelden ist. Die in § 65 Abs. 2 GmbHG geregelte, dreimalige Bekanntmachungspflicht dient dem Gläubigerschutz. Der **RefE MoMiG** (Referentenentwurf eines »Gesetzes zur Modernisierung des GmbH-Rechts und zur Bekämpfung von Missbräuchen« vom 29. 5. 2006) sieht, als Folgeänderung der beabsichtigten Streichung von § 19

Abs. 4 GmbHG, vor, dass die Wörter »oder der Nichteinhaltung der Verpflichtungen nach § 19 Abs. 4« gestrichen werden.

B. Eintragung der Auflösung, Abs. 1

I. Anmeldung

2 Die Auflösung der Gesellschaft ist zur Eintragung ins Handelsregister anzumelden, soweit keine Ausnahme gem. Abs. 1 S. 2 bis 4 besteht und die Auflösung nicht durch – ohnehin anmeldepflichtigen – satzungsändernden Gesellschafterbeschluss erfolgt (Baumbach / Hueck/*Schulze-Osterloh/Noack* § 65 Rn. 2). Zur Anmeldung **verpflichtet** sind – ab Wirksamkeit der Auflösung – nach § 78 GmbHG die Liquidatoren in der jeweils vertretungsberechtigten Anzahl; dies sind regelmäßig gem. § 66 Abs. 1 GmbHG die früheren Geschäftsführer (unter Fortgeltung der satzungsmäßigen Vertretungsregelung), da oft keine abweichende Satzungsregelung oder ein etwas anderes regelnder Gesellschafterbeschluss existiert. Setzt die Auflösung eine Satzungsänderung voraus und wird beides gleichzeitig angemeldet, sind noch die Geschäftsführer zur Anmeldung befugt (BayObLG GmbHR 1994, 478). Die Anmeldung hat **unverzüglich** (ohne schuldhaftes Zögern) zu erfolgen, wobei ein kurzfristiges Hinausschieben zur Einholung von Rechtsrat bei zweifelhafter Rechtslage oder zur Erleichterung der Übernahme des Unternehmens durch einen Gesellschafter unschädlich ist (Baumbach / Hueck/*Schulze-Osterloh/Noack* § 65 Rn. 9). Die Anmeldepflicht entfällt ab der Wirksamkeit eines Fortsetzungsbeschlusses (Baumbach / Hueck/*Schulze-Osterloh/Noack* § 65 Rn. 6).

3 Die Anmeldung der Auflösung bedarf gem. § 12 Abs. 1 HGB der **öffentlich beglaubigten Form**, ebenso wie entsprechende Vollmachten, wenn sich der / die Anmeldungsberechtigte(n) vertreten lassen möchten (§ 12 Abs. 1 S. 2 HGB n. F. nach Inkrafttreten des **EHUG** am 1. 1. 2007, vgl. dazu die Kommentierung zu § 12 GmbHG). § 12 Abs. 1 S. 1 HGB sieht nunmehr – nach Inkrafttreten des EHUG – die elektronische Handelsregisteranmeldung vor. In der Anmeldung ist der Auflösungsgrund zu nennen (und nicht lediglich die Auflösung zu behaupten) sowie die der Auflösung zugrunde liegenden Unterlagen (bzw. bei Erlöschen infolge Zeitablaufs ein Hinweis auf die entsprechende Satzungsänderung) beizufügen (Baumbach / Hueck/*Schulze-Osterloh/Noack* § 65 Rn. 10).

II. Eintragung

4 Die Eintragung der Auflösung der Gesellschaft erfolgt in Spalte 6 des Handelsregisters. Der Auflösungsgrund kann angegeben werden, in den Fällen von § 60 Abs. 1 Nr. 4 bis 6 GmbHG ist der Grund anzugeben (Abs. 1 S. 3). In den letztgenannten Fällen besteht keine Anmeldepflicht; das Registergericht erhält die entsprechenden Beschlüsse für die von Amts wegen erfolgende Eintragung vom Insolvenzgericht mitgeteilt, § 31 InsO.

5 Bei Löschung infolge Vermögenslosigkeit (§ 60 Abs. 1 Nr. 7 GmbHG) entfällt die Eintragung der Auflösung, da die Gesellschaft mit der Löschung beendet ist. Es besteht demgemäß auch hier keine Anmeldepflicht, beim Registergericht kann jedoch die Löschung angeregt werden (A / E / S / *Ensthaler/Zech* § 65 Rn. 9).

C. Bekanntmachung der Auflösung, Abs. 2

6 Die Bekanntmachung der Auflösung seitens der Liquidatoren gem. Abs. 2 ist von der Eintragungsbekanntmachung der Löschung durch das Registergericht nach § 10 HGB zu unterscheiden. Die Bekanntmachung der Auflösung dient der **Unterrichtung der Gläubiger** im Hinblick auf deren Befriedigung gem. § 70 GmbHG vor Verteilung des restlichen Vermögens. Eine Bekanntmachung erfolgt daher nicht bei Auflösung durch Insolvenz. Stattdessen wird der gerichtliche Eröffnungsbeschluss (§ 28 InsO) gem. § 30 Abs. 1 InsO durch das Insolvenzgericht bekannt gemacht. Streitig ist, ob die Bekanntmachung auch bei faktischer Vermögenslosigkeit (vgl. § 141 a FGG, § 60 Abs. 1 Nr. 7 GmbHG) der Gesellschaft entfällt, weil in diesen Fällen eine Gläubigerge-

fährdung bereits eingetreten ist und eine Vermögensverteilung nicht möglich ist (A/E/S/*Ensthaler/Zech* § 65 Rn. 14). Die strengere Auffassung hält die Bekanntmachung nur dann für entbehrlich, wenn nach Löschung einer GmbH nach § 141 a Abs. 1 S. 1 FGG nur noch rechtsgeschäftliche Erklärungen für die Gesellschaft abzugeben oder sonstige Abwicklungsmaßnahmen vorzunehmen sind, ohne dass sich verteilungsbedürftiges Vermögen herausgestellt hätte (Baumbach/Hueck/*Schulze-Osterloh/Noack* § 65 Rn. 17).

Der entsprechende Anzeigenauftrag zur Veröffentlichung der Bekanntmachung im elektronischen Bundesanzeiger kann mittels Formblatt (über das Internet erhältlich) beim Bundesanzeiger Verlag geschaltet werden; das Formblatt zum Anzeigenauftrag enthält auch einen Textvorschlag. Als zweckmäßiger **Wortlaut** der Bekanntmachung wird vorgeschlagen (vgl. Lutter/Hommelhoff/*Lutter/Kleindiek* GmbHG, § 64 Rn. 8): 7

»X-GmbH
Die Gesellschaft ist aufgelöst. Die Gläubiger der Gesellschaft werden hiermit gem. § 65 Abs. 2 GmbHG aufgefordert, sich unter Angabe des Grundes und der Höhe ihres Anspruches bei der Gesellschaft zu melden.

X-Stadt, den ...

Der Liquidator«

Die Bekanntmachung der Auflösung ist zwingend mit der **Aufforderung an die Gläubiger**, sich bei der Gesellschaft zu melden, zu verbinden. Die Bekanntmachung hat unverzüglich nach Wirksamwerden der Auflösung zu erfolgen. An bekannte Gläubiger muss keine gesonderte Aufforderung ergehen, weil sie selbst dann, wenn sie sich nicht bei der Gesellschaft melden, nach § 70 GmbHG (ggf. durch Hinterlegung nach § 73 Abs. 2 S. 1 GmbHG) zu befriedigen sind (A/E/S/*Ensthaler/Zech* § 65 Rn. 9). 8

Die Bekanntmachung erfolgt im **elektronischen Bundesanzeiger** sowie etwaigen, daneben bestehenden Gesellschaftsblättern (§ 12 GmbHG) dreimal, wobei Mindest- oder Höchstzeiträume zwischen den Bekanntmachungen nicht vorgesehen sind. Gem. § 73 Abs. 1 GmbHG beginnt mit der letzten der drei Aufforderungen das so genannte **Sperrjahr**, vor dessen Ablauf das Vermögen der Gesellschaft nicht unter die Gesellschafter verteilt werden darf, § 73 Abs. 1 GmbHG (Baumbach/Hueck/*Schulze-Osterloh/Noack* § 65 Rn. 10). 9

D. Verfahren bei Fortsetzung der Gesellschaft

Wird die Gesellschaft nach Auflösung fortgesetzt, ist diese Tatsache zur Eintragung im Handelsregister anzumelden. Anmeldung und Eintragung sind aber entbehrlich, wenn die Auflösung der Gesellschaft nicht eingetragen worden war und sich die zwischenzeitlich erfolgte Auflösung auch nicht aus anderen aus dem Handelsregister ersichtlichen Umständen (wie z. B. Zeitablauf gem. § 60 Abs. 1 Nr. 1 GmbHG, Eröffnung des Insolvenzverfahrens, § 60 Abs. 1 Nr. 4) ergibt (Baumbach/Hueck/*Schulze-Osterloh/Noack* § 65 Rn. 20; A/E/S/*Ensthaler/Zech* § 65 Rn. 11). 10

Die Eintragung der Fortsetzung wird vom Registergericht gem. §§ 10, 11 HGB bekannt gemacht. Eine Bekanntmachung entsprechend Abs. 2 durch Liquidatoren oder Geschäftsführer ist nicht erforderlich (Baumbach/Hueck/*Schulze-Osterloh/Noack* § 65 Rn. 22). 11

§ 66 [Liquidatoren]

(1) In den Fällen der Auflösung außer dem Fall des Insolvenzverfahrens erfolgt die Liquidation durch die Geschäftsführer, wenn nicht dieselbe durch den Gesellschaftsvertrag oder durch Beschluß der Gesellschafter anderen Personen übertragen wird.

(2) Auf Antrag von Gesellschaftern, deren Geschäftsanteile zusammen mindestens dem zehnten Teil des Stammkapitals entsprechen, kann aus wichtigen Gründen die Bestellung von Liquidatoren durch das Gericht (§ 7 Absatz 1) erfolgen.

(3) [1]Die Abberufung von Liquidatoren kann durch das Gericht unter derselben Voraussetzung wie die Bestellung stattfinden. [2]Liquidatoren, welche nicht vom Gericht ernannt sind, können auch durch Beschluß der Gesellschafter vor Ablauf des Zeitraums, für welchen sie bestellt sind, abberufen werden.

(4) Für die Auswahl der Liquidatoren findet § 6 Abs. 2 Satz 3 und 4 entsprechende Anwendung.

(5) [1]Ist die Gesellschaft durch Löschung wegen Vermögenslosigkeit aufgelöst, so findet eine Liquidation nur statt, wenn sich nach der Löschung herausstellt, daß Vermögen vorhanden ist, das der Verteilung unterliegt. [2]Die Liquidatoren sind auf Antrag eines Beteiligten durch das Gericht zu ernennen.

Übersicht:

A. Überblick

1 Die aufgelöste Gesellschaft ist, außer bei Auflösung gem. § 60 Abs. 1 Nr. 4 GmbHG (dann Abwicklung nach dem Insolvenzverfahren) und gem. § 60 Abs. 1 Nr. 7 GmbHG (wegen Vermögenslosigkeit keine Liquidation möglich) zu liquidieren. Die Geschäftsführer werden durch Liquidatoren ersetzt, welche nach § 70 GmbHG im Rahmen der Abwicklung die Geschäfte führen und die Gesellschaft nach außen vertreten. Nach heute h. L. sind die §§ 66 ff. GmbHG, soweit sie keine Registereintragung voraussetzen, auf die zu liquidierende Vor-GmbH entsprechend anzuwenden (Baumbach/Hueck/*Schulze-Osterloh/Noack* § 66 Rn. 3).

B. Bestimmung der Liquidatoren durch die Gesellschaft, Abs. 1

I. Geborene Liquidatoren

2 Grundsätzlich erfolgt die Liquidation durch die (ehemaligen) Geschäftsführer der werbenden Gesellschaft, sog »geborene Liquidatoren« (Abs. 1 Hs. 1). Die Geschäftsführer sind regelmäßig zur Übernahme dieses Amtes verpflichtet, die Auflösung der Gesellschaft allein ist kein Grund für eine außerordentliche Kündigung des Organschafts- und/oder Dienstverhältnisses. Eine gleichwohl erfolgte (wirksam mögliche) Niederlegung des Amtes als geborener Liquidator begründet u. U. Schadensersatzansprüche (Scholz/*K. Schmidt* GmbHG, § 66 Rn. 6).

II. Gekorene Liquidatoren

3 Sog. »gekorene Liquidatoren« sind solche, die **durch Satzung oder Gesellschafterbeschluss** bestimmt werden. Sie erlangen ihr Amt mit Wirksamwerden der Auflösung oder – im Falle eines Gesellschafterbeschlusses – mit dessen Wirksamwerden bzw. ab dem darin bestimmten Termin. Die Eintragung der Liquidatoren ins Handelsregister ist lediglich deklaratorisch, aber im Hin-

blick auf die Handelsregisterpublizität gem. § 15 Abs. 1 HGB empfehlenswert (A/E/S/*Ensthaler/Zech* § 66 Rn. 3). Bis zum Zeitpunkt der Amtserlangung der gekorenen Liquidatoren bleiben die Geschäftsführer als geborene Liquidatoren im Amt (Lutter/Hommelhoff/*Lutter/Kleindiek* GmbHG, § 66 Rn. 2). Fällt der gekorene Liquidator jedoch weg (Amtsausschlagung, Abberufung oder Amtsniederlegung), so lebt im Zweifel das Amt des Geschäftsführers als geborener Liquidator nicht wieder auf (wohl h. M., vgl. Scholz/*K. Schmidt* GmbHG, § 66 Rn. 31; LG Frankenthal GmbHR 1996, 131). In solchen Fällen sind per Gesellschafterbeschluss oder hilfsweise durch das Registergericht andere Liquidatoren zu bestellen; die gerichtliche Bestellung kann bei empfindlicher Störung der Handlungsfähigkeit der Gesellschaft von irgendeinem Beteiligten (auch Gläubiger) per – vorübergehender – Notbestellung (§§ 29, 48 Abs. 1 S. 2 BGB) bis zur anderweitigen Mangelbehebung bzw. gem. § 66 Abs. 2 GmbHG erfolgen (A/E/S/*Ensthaler/Zech* § 66 Rn. 5).

Grundsätzlich ist die Bestellung eines Liquidators im Wege des **Gesellschafterbeschlusses** vorrangig vor einem satzungsmäßig bestimmten Liquidator, weil auch ein satzungsmäßiger Liquidator jederzeit durch Gesellschafterbeschluss abberufen werden kann. Der Gesellschafterbeschluss zur Bestellung eines von der Satzung abweichenden Liquidators stellt daher keine Satzungsänderung dar und kann, vorbehaltlich anderweitiger Satzungsregelungen, mit einfacher Mehrheit gefasst werden. Allerdings kann die per Satzung erfolgte Benennung eines Gesellschafters zum Liquidator ein Sonderrecht darstellen, das nur aus wichtigem Grunde entzogen werden kann (Baumbach/Hueck/*Schulze-Osterloh/Noack* § 66 Rn. 14). Eine Übertragung des Rechts zur Bestellung der Liquidatoren auf den Aufsichtsrat/Beirat, einen einzelnen Gesellschafter oder einen Dritten ist nicht möglich (A/E/S/*Ensthaler/Zech* § 66 Rn. 4; Lutter/Hommelhoff/*Lutter/Kleindiek* GmbHG, § 66 Rn. 4). § 66 Abs. 1 GmbHG gilt auch für die mitbestimmte GmbH, jedoch nicht in Fällen der Nachtragsliquidation (Baumbach/Hueck/*Schulze-Osterloh/Noack* § 66 Rn. 15 f.). 4

III. Früherer Geschäftsführer

Ein früherer Geschäftsführer, der nicht Liquidator ist, kann aus nachwirkender Geschäftsführerpflicht noch zur Erfüllung von Organpflichten gehalten sein (OLG Köln ZIP 1990, 1330: Abgabe eidesstattlicher Erklärung nach §§ 807, 900 ZPO), solange ein Liquidator wegen der Kürze der Amtszeit oder aus anderen Gründen noch keinen hinreichenden Einblick in die Gesellschaftsverhältnisse hat (Lutter/Hommelhoff/*Lutter/Kleindiek* § 66 Rn. 13). 5

C. Gerichtliche Bestellung, Abs. 2

I. Wichtiger Grund

Ein wichtiger Grund für eine Bestellung von Liquidatoren durch das Amtsgericht i. S. d. Abs. 2 liegt – unabhängig davon, ob schon Liquidatoren vorhanden sind oder nicht – vor, wenn ordnungsgemäße Liquidatoren nicht vorhanden sind und mit ihrer Bestellung nach Abs. 1 auch nicht zu rechnen ist (*Roth/Altmeppen* § 66 Rn. 33). Bei der gerichtlichen Bestellung von Liquidatoren sind die schützenswerten Interessen der Minderheit gegenüber den Belangen der Mehrheit abzuwägen. **Wichtige Gründe** können sein, dass ein ordentlicher Liquidator dauerhaft fehlt und die Gesellschaft deshalb durch einen Notliquidator gem. §§ 29, 48 Abs. 1 S. 2 BGB abgewickelt wird (BGH GmbHR 1987, 307), oder objektiv begründete Bedenken gegen die Unparteilichkeit eines Liquidators (BayObLG GmbHR 1996, 130) oder dessen Fähigkeit zu ordnungsgemäßer Geschäftsführung und Abwicklung (BayObLG ZIP 1987, 1184) bestehen. Im Hinblick auf die bevorstehende Vollbeendigung der Gesellschaft ist deren Interesse selbst weniger maßgeblich. Auch nach Abberufung von Liquidatoren bzw. bei noch vorhandenen (aber abzuberufenden) Liquidatoren (Abs. 3) kann ein wichtiger Grund für eine Neubestellung vorliegen, soweit eine ordnungsgemäße Liquidation im Gesellschafterinteresse, insbesondere im Hinblick auf die Minderheitsgesellschafter, nicht gewährleistet ist. In diesem Fall kann in der gerichtlichen Bestellung nach § 66 Abs. 2 GmbHG gleichzeitig eine Abberufung nach Abs. 3 liegen (Lutter/Hommelhoff/*Lutter/Kleindiek* GmbHG, § 66 Rn. 5; A/E/S/*Ensthaler/Zech* § 66 Rn. 6). 6

II. Antragsrecht, Auswahl der Liquidatoren

7 Das Antragsrecht kann gem. Abs. 2 durch eine Minderheit von 10 % des Stammkapitals (unabhängig von der Höhe des damit verbundenen Stimmrechts) geltend gemacht werden. Dieses Minderheitsrecht darf durch die Satzung nicht beseitigt oder eingeschränkt werden; eine Erweiterung (z. B. Antragsberechtigung für jeden Gesellschafter oder 5 % des Stammkapitals) ist jedoch zulässig (Lutter / Hommelhoff / *Lutter/Kleindiek* GmbHG, § 66 Rn. 5; Roth / Altmeppen § 66 Rn. 31). Es gilt der **Amtsermittlungsgrundsatz**. Bejaht das Registergericht einen wichtigen Grund, so hat es die Bestellung vorzunehmen; es besteht trotz der Formulierung »kann« **kein Ermessen**. Bei **Auswahl der Liquidatoren** und deren Anzahl ist das Registergericht im Rahmen von § 6 Abs. 2 S. 2 und S. 3 GmbHG (wobei die genannten Bestimmungen nach dem RefE desMoMiG modifiziert werden sollen) frei und nicht an Vorschläge der Antragssteller (BayObLG 1987, 306) oder Satzungsregeln gebunden. Von einer Bestellung ist jedoch abzusehen, wenn die in Betracht kommende Person bereits erklärt hat, das Amt nicht zu übernehmen, wobei ein bestellter Liquidator nicht zur Amtsübernahme verpflichtet ist. (Baumbach / Hueck / *Schulze-Osterloh/Noack* § 66 Rn. 11; Lutter / Hommelhoff / *Lutter / Kleindiek* GmbHG, § 66 Rn. 5; A / E / S / *Ensthaler/ Zech* § 66 Rn. 9).

III. Zuständigkeit, Rechtsmittel

8 Die **Zuständigkeit** liegt beim Amtsgericht am Gesellschaftssitz (§ 7 Abs. 1 GmbHG). Umstritten ist, ob dieses in seiner Funktion als Gericht der freiwilligen Gerichtsbarkeit gem. §§ 145 ff. FGG entscheidet (BayObLG NJW-RR 1990, 52; Baumbach / Hueck/*Schulze-Osterloh/Noack* § 66 Rn. 21; A / E / S / *Ensthaler/Zech* § 66 Rn. 8) oder als Registergericht gem. §§ 125 ff. FGG (Scholz/*K. Schmidt* GmbHG, § 66 Rn. 13). Gegen die Entscheidung über die Bestellung findet gem. §§ 148 Abs. 1, 146 Abs. 2 FGG die **sofortige Beschwerde** (Frist: zwei Wochen) statt. Über diese entscheidet das – in tatsächlicher und rechtlicher Hinsicht nachprüfende (BayObLG GmbHR 1987, 306, 307) und eigenes Auswahlermessen ausübende (BayObLG NJW-RR 1990, 52) – Landgericht. Dessen Entscheidung kann dem Oberlandesgericht mittels weiterer sofortiger Beschwerde gem. §§ 27 FGG (BayObLG WM 1984, 809) zur rechtlichen Überprüfung (BayObLG GmbHR 1987, 306, 307) vorgelegt werden. Beschwerdeberechtigt sind die Gesellschafter und die Gesellschaft (§ 20 Abs. 1 FGG).

IV. Anspruch des Liquidators auf Vergütung, Dienstverhältnis

9 Bei gerichtlicher Bestellung kommt nach h. M. mit der bloßen Amtsübernahme (d. h. ohne vertragliche Vereinbarung) kein Dienstvertrag mit der Gesellschaft zustande (Baumbach / Hueck-*Schulze-Osterloh/Noack* § 66 Rn. 23; Roth / Altmeppen § 66 Rn. 40). Der Anspruch des Liquidators auf **Vergütung** und Auslagenersatz wird vom Registergericht auf Antrag (regelmäßig mit dem Bestellungsantrag verbunden) analog § 265 Abs. 4 S. 2 AktG festgesetzt. Ein Anwalt kann als Liquidator insoweit zusätzlich eine Vergütung nach RVG erhalten, als ein Nichtjurist als Liquidator anwaltlichen Rat in Anspruch nehmen müsste (Baumbach / Hueck-*Schulze-Osterloh/Noack* § 66 Rn. 23).

D. Abberufung, Abs. 3

I. Durch Gesellschafterversammlung

10 Mit Ausnahme des gerichtlich nach Abs. 2 bestellten Liquidators kann die Gesellschafterversammlung jeden Liquidator jederzeit und ohne wichtigen Grund abberufen, Abs. 3 S. 2. Nach h. M. kann dieses Recht durch Satzung nicht beschränkt werden (Lutter / Hommelhoff / *Lutter / Kleindiek* GmbHG, § 66 Rn. 11; a. A.: Baumbach / Hueck-*Schulze-Osterloh/Noack* § 66 Rn. 24, jedoch die Zweckmäßigkeit einer solchen Satzungsbestimmung bezweifelnd). Der Notliquidator gem. § 29 BGB kann und muss nicht abberufen werden, weil sein Amt automatisch mit der Bestellung von Liquidatoren in ausreichender Zahl endet (Lutter / Hommelhoff / *Lutter / Kleindiek* GmbHG, § 66 Rn. 11).

II. Durch Registergericht

Nach Abs. 3 S. 1 kann das **Registergericht** bei entsprechender Antragstellung und wichtigem Grund i. S. v. Abs. 2 jeden Liquidator, nicht nur den gerichtlich bestellten, abberufen. Ein wichtiger Grund liegt z. B. bei grober Pflichtverletzung oder Unfähigkeit eines Liquidators (OLG Düsseldorf GmbHR 2002, 68) oder bei objektiven Bedenken gegen dessen Unparteilichkeit (BayObLG GmbHR 1996, 129) vor. Antragsberechtigung, Zuständigkeit, Verfahren und Rechtsbehelfe entsprechen den Regelungen über die gerichtliche Bestellung eines Liquidators, wobei bei der Abberufung nicht nur die abberufenen Liquidatoren und die Gesellschaft, sondern nach h. M. auch die Gesellschafter, die den abberufenen Liquidator bestellt haben, antragsberechtigt sind (vgl. OLG Düsseldorf NZG 1998, 853). 11

III. Kündigung des Dienstverhältnisses

Für die Kündigung des Dienstverhältnisses mit dem Liquidator gelten die mit der Gesellschafterversammlung getroffenen Vereinbarungen, einschließlich der sich aus dem noch mit der werbenden Gesellschaft geschlossenen Anstellungsvertrag ergebenden Vereinbarungen. Sind keine Vereinbarungen getroffen worden, kommt es hinsichtlich der schuldrechtlichen Grundlage des Tätigwerdens jenseits der Organstellung und insbesondere hinsichtlich der Kündigungsfrist darauf an, ob der Liquidator sich im Hinblick auf die Aufgaben im Zusammenhang mit der Liquidation auf eine zeitlich und persönlich intensivere Tätigkeit, für die er vergütet wird, einstellen konnte, oder ob die Tätigkeit nebenher und auch neben anderer (z. B. anwaltlicher Tätigkeit) erfolgen kann. Im ersten Fall gilt mangels abweichender Vereinbarungen § 622 BGB, ansonsten besteht die Möglichkeit zur Kündigung mit sofortiger Wirkung gem. § 627 BGB. Eine fristlose Kündigung aus wichtigem Grund gem. § 626 BGB ist jederzeit möglich, wobei für den Liquidator seine Abberufung regelmäßig einen wichtigen Grund darstellt, nicht aber für die Gesellschaft, außer in den Fällen des § 66 Abs. 3 GmbHG (Lutter / Hommelhoff / *Lutter / Kleindiek* GmbHG, § 66 Rn. 12). 12

IV. Niederlegung durch Liquidator

Liquidatoren können zu jedem Zeitpunkt, unabhängig vom Bestehen eines wichtigen Grundes, ihr **Amt niederlegen**. Die Niederlegung zur Unzeit macht ggf. schadensersatzpflichtig (Baumbach / Hueck-*Schulze-Osterloh/Noack* § 66 Rn. 29). Die Amtsniederlegung erfolgt grundsätzlich durch Erklärung gegenüber der Gesellschaft, die hierbei entsprechend § 35 Abs. 2 S. 3 GmbHG von jedem Liquidator einzeln vertreten wird, oder gegenüber den Gesellschaftern, wenn kein anderer Liquidator vorhanden ist. Der gerichtlich bestellte Liquidator legt sein Amt durch Erklärung gegenüber dem Gericht nieder (Lutter / Hommelhoff / *Lutter / Kleindiek* GmbHG, § 66 Rn. 10; A / E / S / *Ensthaler/Zech* § 66 Rn. 12). Die Amtsniederlegung bedeutet in der Regel die gleichzeitige Kündigung des Dienstvertrages, wobei jedoch bei Nichtbeachtung der Kündigungsfrist (z. B. Fehlen eines wichtigen Grundes bei sofortiger Amtsniederlegung) eine Schadensersatzpflicht droht. 13

E. Persönliche Eignung, Abs. 4

Die Satzung kann besondere **Qualifikationserfordernisse** für die Liquidatoren aufstellen; für ein Abweichen hiervon bei Bestellung eines Liquidators durch Gesellschafterbeschluss ist eine Satzungsänderung (in Abweichung des Grundsatzes vom Vorrang des Gesellschafterbeschlusses, s. o. Rn. 4) erforderlich. Im Übrigen nimmt Abs. 4 hinsichtlich der persönlichen Eignung der Liquidatoren auf § 6 Abs. 2 S. 3 und S. 4 GmbHG (Verurteilung wegen Insolvenzstraftat, Berufsverbot, wobei der RefE des MoMiG die genannten Bestimmungen modifiziert und demgemäß statt auf § 6 Abs. 2 S. 3 und 4 GmbHG auf den neugefassten § 6 Abs. 2 Satz 2 Nr. 2 und 3 GmbHG Bezug genommen werden soll) Bezug (vgl. Erläuterung zu § 6 GmbHG Rn. 9). Mangels Verweisung auf § 6 Abs. 2 S. 1 GmbHG können auch **juristische Personen** (z. B. Treuhandgesellschaften in der Rechtsform einer Kapitalgesellschaft oder juristische Personen des öffentlichen Rechts), Personenhandelsgesellschaften und Partnerschaftsgesellschaften als Liquidatoren bestellt werden. Gesellschaften bürgerlichen Rechts scheiden trotz Anerkennung ihrer Rechtsfähigkeit mangels 14

Registerpublizität, welche über die Vertretungsverhältnisse Aufschluss geben würde, aus (Scholz/*K. Schmidt* GmbHG, § 66 Rn. 3 a). § 6 Abs. 2 S. 2 GmbHG (Ausschluss eines einem Einwilligungsvorbehalt nach § 1903 BGB unterliegenden Betreuten) ist trotz fehlender Verweisung analog anwendbar (A/E/S/*Ensthaler/Zech* § 66 Rn. 17).

F. Nachtragsliquidation, Abs. 5

15 Abs. 5 regelt einen Fall der Nachtragsliquidation, nämlich den Fall, dass eine Löschung nach § 141 a FGG einer **vermeintlich vermögenslosen Gesellschaft** erfolgt ist und sich nachträglich noch abzuwickelndes Vermögen findet. Über Abs. 5 hinaus findet allgemein eine Nachtragsliquidation statt, wenn sich nach Vollbeendigung einer Gesellschaft (d. h. deren Löschung) noch verteilungsfähiges Vermögen findet (selbst wenn zur Realisierung noch ein Aktivprozess nötig sein sollte) oder § 273 Abs. 4 S. 1 AktG analog noch **Abwicklungsmaßnahmen** erforderlich sind; hierzu gehören z. B. die Erteilung von Zeugnissen für Arbeitnehmer, der Empfang einer Zustellung, die Mitwirkung an der Auszahlung eines hinterlegten Betrages, die Wahrnehmung von Grundpfandrechten, u. U. auch die Mitwirkung an einem gegen die Gesellschaft gerichteten Prozess, die Abgabe von Erklärungen (Baumbach/Hueck/*Schulze-Osterloh/Fastrich* § 60 Rn. 65).

16 Der **Nachtragsliquidator** ist nicht mit dem ursprünglichen Liquidator identisch und kann weder durch Satzung noch durch Gesellschafterbeschluss bestimmt (oder ggf. abberufen) werden. Allein das Registergericht ist für die Bestellung eines solchen Liquidators zuständig (Lutter/Hommelhoff/*Lutter/Kleindiek* GmbHG, § 66 Rn. 14). Bei der Nachtragsliquidation wird die Gesellschaft (deklaratorisch) im Handelsregister eingetragen; bei der Eintragung handelt es sich nicht um eine Wiedereintragung, sondern um die Löschung des unrichtigen Löschungsvermerks. Die Nachtragsliquidation unterliegt den **Verfahrensregeln** der (lediglich fortgesetzten, ursprünglichen) Liquidation, wobei weder neue Gläubigeraufrufe noch die erneute Einhaltung eines Sperrjahres nötig sind. Ggf. sind aber weitere Liquidations-Jahresabschlüsse und bei Beendigung der Nachtrags-Liquidation eine Liquidations-Schlussrechnung aufzustellen (Baumbach/Hueck/*Schulze-Osterloh/Fastrich* § 60 Rn. 66 f.; MünchHdb GesR III/*Weitbrecht* § 63 Rn. 62 f.).

§ 67 [Anmeldung der Liquidatoren] [i. d. F. ab 1. 1. 2007 durch EHUG]

(1) Die ersten Liquidatoren sowie ihre Vertretungsbefugnis sind durch die Geschäftsführer, jeder Wechsel der Liquidatoren und jede Änderung ihrer Vertretungsbefugnis sind durch die Liquidatoren zur Eintragung in das Handelsregister anzumelden.

(2) Der Anmeldung sind die Urkunden über die Bestellung der Liquidatoren oder über die Änderung in den Personen derselben in Urschrift oder öffentlich beglaubigter Abschrift beizufügen.

(3) [1]In der Anmeldung haben die Liquidatoren zu versichern, daß keine Umstände vorliegen, die ihrer Bestellung nach § 66 Abs. 4 entgegenstehen, und daß sie über ihre unbeschränkte Auskunftspflicht gegenüber dem Gericht belehrt worden sind. [2]§ 8 Abs. 3 Satz 2 ist anzuwenden.

(4) Die Eintragung der gerichtlichen Ernennung oder Abberufung der Liquidatoren geschieht von Amts wegen.

(5) [aufgehoben]

§ 67 [Anmeldung der Liquidatoren] [i. d. F. bis 31. 12. 2006]

***(1)* [identisch]**

(2) Der Anmeldung sind die Urkunden über die Bestellung der Liquidatoren oder über die Änderung in den Personen derselben in Urschrift oder öffentlich beglaubigter Abschrift für das Gericht des Sitzes der Gesellschaft beizufügen.

***(3) bis (4)* [identisch]**

(5) Die Liquidatoren haben ihre Unterschrift zur Aufbewahrung bei dem Gericht zu zeichnen.

A. Überblick

1 In Anlehnung an die Bestimmungen der §§ 6, 8 und 39 GmbHG regelt § 67 GmbHG die (nur bei gerichtlich bestellten oder abberufenen Liquidatoren entbehrliche) **Anmeldung der Liquidatoren** zur (deklaratorischen) Eintragung ihrer Person und ihrer Vertretungsmacht. Die Anmeldung gem. § 67 GmbHG wird regelmäßig mit der Anmeldung der Auflösung der Gesellschaft gem. § 65 GmbHG und ggf. mit der Anmeldung des Wegfalls der Vertretungsbefugnis der bisherigen Geschäftsführer nach § 39 GmbHG verbunden sein.

B. Anmeldepflicht, Abs. 1

2 Trotz des unklaren Wortlauts ist **anmeldepflichtig**, wer im Zeitpunkt der Entstehung der Anmeldepflicht vertretungsberechtigtes Gesellschaftsorgan ist: Wenn der Auflösungsbeschluss zugleich Satzungsänderung ist, wird dieser – da die hiermit verbundene Satzungsänderung erst mit Eintragung wirksam wird – durch die Geschäftsführer angemeldet (s. Erläuterung zu § 65 GmbHG Rn. 2). Als geborene Liquidatoren (s. § 66 GmbHG Rn. 2) sind die (ehemaligen) Geschäftsführer (selbst, wenn sich ihre Vertretungsmacht nicht ändert) anmeldepflichtig; existieren (schon) gekorene Liquidatoren (s. § 66 GmbHG Rn. 2 ff.), so unterliegen diese der Anmeldepflicht. Keine Anmeldepflicht besteht bei der registergerichtlichen Bestellung / Abberufung von Liquidatoren nach § 66 Abs. 2 und 3 GmbHG sowie bei der Notbestellung von Liquidatoren nach §§ 29, 48 Abs. 1 S. 2 BGB (Scholz/*K. Schmidt* GmbHG, § 67 Rn. 6).

3 Die **Anmeldung** erfolgt in öffentlich beglaubigter Form, § 12 HGB, wobei seit Inkrafttreten des **EHUG** zum 1. 1. 2007 (vgl. BGBl. I, 2553) eine **elektronische Anmeldung** vorgesehen ist. Vertretung bei der Anmeldung ist unter den Voraussetzungen von § 12 Abs. 1 S. 2 HGB n. F. (zum 1. 1. 2007 durch EHUG neu gefasst) zulässig, soweit die Versicherung des (vertretenen) Liquidators nach § 67 GmbHG in öffentlich beglaubigter Form beigefügt wird (Baumbach / Hueck / *Schulze-Osterloh/Servatius* § 78 Rn. 4). Für die Anmeldung der Liquidatoren genügt – anders als bei der Anmeldung der Errichtung der Gesellschaft – eine vertretungsberechtigte Anzahl der Liquidatoren gem. § 78 GmbHG (A / E / S / *Ensthaler/Zech* § 67 Rn. 2; Lutter / Hommelhoff / *Lutter / Kleindiek* GmbHG, § 66 Rn. 2).

4 **Angemeldet werden** die Liquidatoren, die Art der Vertretungsmacht und eine evtl. Befreiung von § 181 BGB sowie alle nachfolgenden Änderungen. Umstritten ist, ob bei der Bestellung von nur einem Liquidator die Anmeldung einer (abstrakten) Vertretungsregelung im Hinblick auf evtl. künftig bestellte weitere Liquidatoren wegen des auf Liquidation beschränkten Gesellschaftszwecks entfallen kann (vgl. Baumbach / Hueck / *Schulze-Osterloh/Noack* § 67 Rn. 3; Lutter / Hommelhoff / *Lutter / Kleindiek* GmbHG, § 67 Rn. 2). Im Hinblick auf § 62 Ziff. 4 a HRV ist jedoch empfehlenswert, stets auch die abstrakte Vertretungsregelung anzumelden.

C. Beilagen, Abs. 2 und Abs. 5 a. F.

5 Die der Anmeldung **beizufügenden Urkunden** über Bestellung bzw. Änderung in der Person der Liquidatoren sind gem. Abs. 2 in Urschrift oder nach § 42 BeurkG in beglaubigter Abschrift der Handelsregisteranmeldung beizufügen. Ausreichend ist z. B. die/eine Urschrift des proto-

kollierten oder schriftlich gefassten Gesellschafterbeschlusses oder eine öffentlich beglaubigte Abschrift der Sterbeurkunde bei Tod des Liquidators (Baumbach/Hueck/*Schulze-Osterloh/Noack* § 67 Rn. 9). Im Übrigen ist eine **Bezugnahme auf Eintragungen** oder bei den Registerakten befindliche Urkunden zulässig, z. B. ein Hinweis bei geborenen Liquidatoren auf deren Eintragung als Geschäftsführer bzw. bei satzungsmäßig bestellten Liquidatoren auf die entsprechende Satzungsbestimmung, wobei hinsichtlich letzterem teilweise die Versicherung des satzungsmäßig bestellten Liquidators gefordert wird, zwischenzeitlich sei durch Gesellschafterbeschluss kein anderer Liquidator bestellt worden (Baumbach/Hueck/*Schulze-Osterloh/Noack* § 67 Rn. 9, a. A. A/E/S/*Ensthaler/Zech* § 67 Rn. 6).

6 Die Liquidatoren hatten gem. dem bis 31. 12. 2006 geltenden Abs. 5, öffentlich beglaubigt gem. § 41 BeurkG, ihre **Unterschrift** zur **Aufbewahrung** bei Gericht zu **zeichnen**. Geborene Liquidatoren konnten auf ihre Zeichnung als Geschäftsführer verweisen, was ehemaligen Prokuristen als gekorenen Liquidatoren (trotz Aufbewahrung der Unterschriften nach § 53 Abs. 2 HGB) verwehrt war (Lutter/Hommelhoff/*Lutter/Kleindiek* GmbHG, § 66 Rn. 8).

Nach dem **»Gesetz über elektronische Handelsregister und Genossenschaftsregister sowie das Unternehmensregister« (EHUG)**, das zum 1. 1. 2007 in Kraft getreten ist, ist Abs. 5 ersatzlos entfallen. Dies ist eine Änderung im Zusammenhang mit der Aufgabe des Erfordernisses einer Unterschriftenprobe im Hinblick auf das elektronisch zu führende Register, vgl. § 12 Abs. 2 HGB, § 8 Abs. 5 GmbHG, jeweils in der durch das EHUG geänderten Fassung (vgl. zu der Änderung und ihrer Begründung auch ausführl. § 8 GmbHG Rn. 53 ff.).

D. Versicherung, Abs. 3

7 Wie bei §§ 8 Abs. 3, 39 Abs. 3 GmbHG, hat grundsätzlich jeder der Liquidatoren höchstpersönlich (keine Vertretung zulässig) die **Versicherung** abzugeben, dass keines der in § 6 Abs. 2 S. 3 und 4 GmbHG (bzw. gem. **MoMiG-RefE**: § 6 Abs. 2 S. 2 Nr. 2 und 3 GmbHG) genannten Berufsverbote (vgl. § 6 GmbHG Rn. 9) entgegensteht und sie, entsprechend § 53 Abs. 2 BZRG, vom Registergericht oder von einem Notar, über die unbeschränkte Auskunftspflicht über solche Verurteilungen belehrt worden sind, die nach § 32 Abs. 2 BZRG nicht oder nur nach § 32 Abs. 3 und Abs. 4 BZRG in ein Führungszeugnis aufzunehmen sind. Sind juristische Personen oder sonstige rechtsfähige Gesellschaften Liquidator, haben deren Vertreter allesamt die Versicherung abzugeben. Die Versicherung wird als Teil der Anmeldung öffentlich beglaubigt (Baumbach/Hueck/*Schulze-Osterloh/Noack* § 66 GmbHG Rn. 10 f.).

8 Grundsätzlich müssen sowohl gekorene als auch geborene Liquidatoren die Versicherung abgeben. Bei geborenen Liquidatoren mag eine kurz vorher als Geschäftsführer abgegebene Versicherung ausreichen (ein Jahr Abstand zu lange, BayObLG WM 1982, 1291). Umstritten ist, ob bei **gerichtlich bestellten Liquidatoren** (vgl. § 66 GmbHG Rn. 6 ff.) eine Versicherung im Hinblick auf die im Zusammenhang mit der Bestellung von Amts wegen vorgenommenen Überprüfung der Bestellungsvoraussetzungen erforderlich ist (verneinend Baumbach/Hueck/*Schulze-Osterloh/Noack* § 67 Rn. 15; bejahend Scholz/*K. Schmidt* GmbHG, § 67 Rn. 12).

§ 68 [Zeichnung der Liquidatoren]

(1) [1]Die Liquidatoren haben in der bei ihrer Bestellung bestimmten Form ihre Willenserklärungen kundzugeben und für die Gesellschaft zu zeichnen. [2]Ist nichts darüber bestimmt, so muß die Erklärung und Zeichnung durch sämtliche Liquidatoren erfolgen.

(2) Die Zeichnungen geschehen in der Weise, daß die Liquidatoren der bisherigen, nunmehr als Liquidationsfirma zu bezeichnenden Firma ihre Namensunterschrift beifügen.

A. Überblick

§ 68 GmbHG regelt, in Entsprechung zu § 35 GmbHG bei der werbenden Gesellschaft, die Vertretungsmacht im Außenverhältnis (insoweit irreführend der gesetzliche Begriff der »Vertretungsbefugnis«) und die Art und Weise der Zeichnung. Die Vertretungsregeln (sowie eine etwaige Befreiung vom Verbot des § 181 BGB) werden gem. § 67 GmbHG zur (deklaratorischen) Eintragung im Handelsregister angemeldet. 1

B. Vertretungsregelungen, Abs. 1

I. Vertretungsmacht

Von der in § 70 GmbHG für das Innenverhältnis geregelten Geschäftsführungsbefugnis ist die das Außenverhältnis zu Dritten betreffende Vertretungsmacht zu unterscheiden. Die Vertretungsmacht der Liquidatoren ist, ebenso wie die der Geschäftsführer, nach §§ 71 Abs. 4 i. V. m. 37 Abs. 2 GmbHG **unbeschränkbar**. Durch den Abwicklungszweck entstehende Beschränkungen der Geschäftsführungsbefugnis im Innenverhältnis schlagen grundsätzlich nicht auf die Vertretungsmacht durch (OLG Stuttgart ZIP 1986, 647), es sei denn, die allgemeinen Regelungen zum Missbrauch der Vertretungsmacht greifen Platz. 2

Das Verbot des **§ 181 BGB** findet auch in der Liquidation Anwendung. Eine Befreiung hiervon ist möglich, setzt aber eine entsprechende Satzungsregelung oder einen aufgrund einer satzungsmäßigen Ermächtigung gefassten Gesellschafterbeschluss voraus. Die für die werbende Gesellschaft einschlägige Ermächtigung zur Befreiung von § 181 BGB gilt im Zweifel auch für die Liquidationsgesellschaft (BayObLG BB 1995, 2544; vgl. für den Geschäftsführer ausführl. § 35 GmbHG Rn. 15 ff.). Strittig ist, ob eine satzungsmäßige Befreiung des Geschäftsführers auch für ihn als geborenen Liquidator gilt (so BayObLG BB 1995, 2544; Baumbach / Hueck / *Schulze-Osterloh/Noack* § 68 Rn. 4; a. A. BayObLG BB 1985, 1148, 1149; OLG Hamm GmbHR 1997, 553 f.; Lutter / Hommelhoff / *Lutter* / *Kleindiek* GmbHG, § 68 Rn. 4). 3

II. Gesamt- und Einzelvertretung

1. Gesetzliche Grundregel

Als gesetzliche Grundregel gilt: Ist nur ein Liquidator bestellt, so hat dieser, entsprechend § 35 Abs. 2 S. 3 GmbHG, Alleinvertretungsmacht hinsichtlich Aktiv- und Passivvertretung. Bei mehreren Liquidatoren besteht hinsichtlich Aktivvertretung **Gesamtvertretungsmacht** aller Liquidatoren. Umstritten ist, ob dies auch für geborene Liquidatoren gilt, wenn deren Vertretungsmacht als Geschäftsführer bisher anders geregelt war (s. Erläuterung Rn. 5). Ist einer der Liquidatoren verhindert, können die anderen Liquidatoren bei Fehlen einer entsprechenden Satzungsbestimmung die Gesellschaft nicht alleine vertreten (BGHZ 121, 263). Vielmehr ist bei vorübergehender Verhinderung ein Notliquidator nach §§ 29, 48 BGB und bei dauerhafter Verhinderung durch Bestellung eines Ersatzliquidators durch Gesellschafterbeschluss oder gerichtliche Bestellung nach § 66 Abs. 2 GmbHG (vgl. § 66 GmbHG Rn. 6 ff.) einzusetzen. Für die Passivvertretung gilt gem. §§ 69 Abs. 1, 35 Abs. 2 S. 3 GmbHG, dass die Abgabe einer Willenserklärung gegenüber einem Geschäftsführer genügt (Baumbach / Hueck / *Schulze-Osterloh/Noack* § 68 Rn. 2 f; vgl. auch § 35 GmbHG Rn. 13) 4

2. Abweichungen durch Gesellschaftsvertrag

Von der gesetzlichen Vertretungsregelung kann **abgewichen** werden, z. B. in Gestalt der Einräumung von Einzelvertretung durch jeden Liquidator einzeln, Vertretung durch jeweils zwei von mehreren Liquidatoren oder unechte Gesamtvertretung mit einem Prokuristen. Beim alleinigen Liquidator kann allerdings wegen des auch während der Liquidation geltenden Grundsatzes der Selbstorganschaft die Vertretungsmacht des Liquidators nicht an die Mitwirkung eines Prokuristen geknüpft werden. Von der gesetzlichen Vertretungsregelung abweichende Regelungen können von der **Satzung** explizit für Liquidatoren vorgesehen sein; nach h. L. gelten im Übrigen trotz 5 des Wortlauts von Abs. 1 S. 2 für die Geschäftsführer vorgesehene Vertretungsregeln für diese auch als geborene Liquidatoren fort (in keinem Fall aber für Dritte, die gekorene Liquidatoren werden), wenn für den Fall der Liquidation nichts anderes bestimmt ist (so Baumbach / Hueck / *Schulze-Osterloh/Noack* § 68 Rn. 4; a. A.: BayObLG GmbHR 1997, 176; OLG Zweibrücken GmbHR 1999, 237). Weiterhin kann bei Bestellung der Liquidatoren durch **Gesellschafterbeschluss** von der gesetzlichen und – nach h. M. – auch der satzungsmäßigen Vertretungsregelung abgewichen werden. In letzterem Fall ist streitig, ob insoweit ein einfacher Gesellschafterbeschluss ausreicht, vorausgesetzt, dass die Satzung neben der Vertretungsregelung für Liquidatoren nicht zusätzlich bestimmt, dass eine Abweichung von der Satzungsregelung nur mit größerer Mehrheit beschlossen werden kann (so Lutter / Hommelhoff / *Lutter / Kleindiek* GmbHG, § 68 Rn. 2), oder in jedem Fall eine qualifizierte Mehrheit erforderlich ist und auch nur für eine Einzelfallregelung auf eine Satzungsänderung verzichtet werden kann (so Scholz / *K. Schmidt* GmbHG, § 66 Rn. 5).

6 Nachträgliche **Änderungen** der Vertretungsregelungen sind über den Wortlaut von Abs. 1 auch nach Bestellung der Liquidatoren hinaus zulässig, weil die Liquidatoren ja sogar abberufen bzw. neu bestellt werden könnten (vgl. § 66 Abs. 3 GmbHG). Dementsprechend kann auch die Vertretungsregelung, wenn die Satzung keine andere Mehrheit vorsieht, mit einfacher Mehrheit geändert werden (Baumbach / Hueck / *Schulze-Osterloh/Noack* § 66 Rn. 3; Scholz / *K. Schmidt* § 68 Rn. 5). Wie bei § 35 GmbHG sind bei Gesamtvertretungsmacht wechselseitige Ermächtigungen der Liquidatoren und nachträgliche Genehmigungen des Handelns in nicht vertretungsberechtigter Zahl möglich, §§ 182 ff. BGB (Lutter / Hommelhoff / *Lutter/Kleindiek* GmbHG, § 68 Rn. 2; vgl. auch § 35 GmbHG Rn. 12).

7 Eine vom **Gericht** im Zusammenhang mit der Bestellung eines Liquidators nach § 66 Abs. 2 GmbHG getroffene Vertretungsregelung (vgl. § 66 GmbHG Rn. 13) kann, wie auch die Abberufung eines solchen Liquidators, nur durch das Gericht erfolgen. Trifft das Gericht keine Vertretungsregelung, gilt bei Fehlen von Satzungsregelungen § 68 Abs. 1 S. 2 GmbHG. Durch Gesellschafterbeschluss kann die Vertretung eines gerichtlich nach § 66 Abs. 2 GmbHG bzw. §§ 29, 48 BGB bestellten (Not-) Liquidators nicht geregelt werden (Baumbach / Hueck / *Schulze-Osterloh/Noack* § 68 Rn. 9)

C. Zeichnungsregelung, Abs. 2

8 Die Firma der aufgelösten Gesellschaft bleibt firmenrechtlich identisch und wird über §§ 30, 37 HGB, § 12 BGB sowie das Recht des unlauteren Wettbewerbs und das Markenrecht geschützt. Ihr ist jedoch ein **Zusatz**, üblicherweise, »in Liquidation«, »in Abwicklung«, »i. L.«, »in Liq.« oder »i. A.« beizufügen (Lutter / Hommelhoff / *Lutter / Kleindiek* GmbHG, § 66 Rn. 6; Baumbach / Hueck / *Schulze-Osterloh/Noack* § 68 Rn. 11).

9 Abs. 2 ist bloße **Ordnungsvorschrift**. Auch bei ihrer Nichtbeachtung kann für die in Liquidation befindliche Gesellschaft gem. den allgemeinen Regeln, wie z. B. die Grundsätze über unternehmensbezogene Geschäfte, gehandelt werden. Ein Verstoß gegen die dem Verkehrsschutz dienende, jedoch kein Schutzgesetz i. S. d. § 823 Abs. 2 BGB darstellende Regelung in Abs. 2 kann jedoch zu einem Irrtum eines Geschäftpartners über eine verkehrswesentliche Eigenschaft und damit zu einem Anfechtungsrecht nach § 119 Abs. 2 BGB führen. Auch eine Schadensersatzpflicht der Abwicklungsgesellschaft aus Verschulden bei Vertragsschluss nach §§ 280 Abs. 1, 313 Abs. 2 i. V. m. 241 Abs. 2 BGB, für welche die Liquidatoren über §§ 71 Abs. 4, 43 Abs. 1 und 2 GmbHG haften, ist denkbar (Baumbach / Hueck / *Schulze-Osterloh/Noack* § 66 Rn. 13).

§ 69 [Rechtsverhältnisse von Gesellschaft und Gesellschaftern]

(1) Bis zur Beendigung der Liquidation kommen ungeachtet der Auflösung der Gesellschaft in bezug auf die Rechtsverhältnisse derselben und der Gesellschafter die Vorschriften des zweiten und dritten Abschnitts zur Anwendung, soweit sich aus den Bestimmungen des gegenwärtigen Abschnitts und aus dem Wesen der Liquidation nicht ein anderes ergibt.

(2) Der Gerichtsstand, welchen die Gesellschaft zur Zeit ihrer Auflösung hatte, bleibt bis zur vollzogenen Verteilung des Vermögens bestehen.

Übersicht:

A. Überblick

1 Zwischen werbender und aufgelöster Gesellschaft besteht Identität (OLG Köln GmbHR 1985, 24). Grundsätzlich gelten daher bis zum Schluss der Abwicklung die für die werbende Gesellschaft bestimmten Vorschriften (über den zu engen Wortlaut von § 69 GmbHG hinaus nicht nur hinsichtlich der Rechtsverhältnisse der Gesellschafter und der Gesellschaft sowie der Vertretung und Geschäftsführung) auch für die Liquidationsgesellschaft, soweit sich nicht aus dem Fünften Abschnitt des GmbHG oder dem Zweck der Abwicklung etwas anderes ergibt.

B. Anwendbare bzw. unanwendbare Vorschriften, Abs. 1

I. Erster Abschnitt des GmbHG

2 **Weitgehend unanwendbar** sind die Vorschriften des 1. Abschnittes des GmbHG (§§ 1 bis 11 GmbHG), da und soweit sich ihr Inhalt in der Errichtung der Gesellschaft erschöpft (Baumbach/Hueck/*Schulze-Osterloh/Noack* § 69 Rn. 2). Ob und inwieweit Nebenleistungspflichten fortbestehen, bedarf der Ermittlung durch Auslegung des Gesellschaftsvertrages. **Anwendbar** auf die Liquidationsgesellschaft sind § 4 GmbHG (Firma), ergänzt um einen Zusatz gem. § 66 Abs. 2 GmbHG, § 4 a GmbHG (Sitz der Gesellschaft) sowie hinsichtlich der Auswahl der Liquidatoren § 6 Abs. 2 GmbHG (Ungeeignetheit Betreuter aus allgemeinen Erwägungen) und – über § 66 Abs. 4 GmbHG – § 6 Abs. 2 S. 3 und 4 GmbHG sowie – sinngemäß – § 6 Abs. 3 GmbHG (wobei der RefE MoMiG Modifikationen in den genannten Bestimmungen vorsieht). § 67 Abs. 3 S. 2 GmbHG erklärt hinsichtlich der Belehrung im Zusammenhang mit der Liquidatorenanmeldung § 8 Abs. 3 S. 2 GmbHG für anwendbar. Bereits entstandene Ansprüche bestehen gem. §§ 9, 9 a GmbHG (Differenzhaftung der Gründung und Ansprüche aus Vorbelastungshaftung) fort; sie sind vom Liquidator geltend zu machen. Auch § 9 b GmbHG (Verzicht und Verjährung) ist während der Liquidation anwendbar (Lutter/Hommelhoff/*Lutter/Kleindiek* GmbHG, § 69 Rn. 4; Baumbach/Hueck/*Schulze-Osterloh/Noack* § 68 Rn. 2).

II. Zweiter Abschnitt des GmbHG

1. Einziehung ausstehender Einlagen

3 **Weitgehend anwendbar** sind die Vorschriften des 2. Abschnittes des GmbHG (§§ 13 bis 25 GmbHG). Für die **Einziehung noch ausstehender Einlagen** geltend Besonderheiten: Noch ausstehende Einlagen sind, auch ohne Gesellschafterbeschluss nach § 46 Nr. 2 GmbHG, fällig und vom Liquidator einziehbar. Sie müssen insoweit nicht geleistet werden, wie sie zur Gläubigerbefriedigung nicht erforderlich sind, wofür der Gesellschafter darlegungs- und beweispflichtig ist (Scholz/*K. Schmidt* GmbHG, § 69 Rn. 21; Lutter/Hommelhoff/*Lutter/Kleindiek* GmbHG, § 69 Rn. 5). Sobald keine Gläubiger mehr erkennbar sind und der Gesellschaftsbetrieb eingestellt ist, entfallen die den Erlass und die Aufrechnung betreffenden Schutzregelungen nach § 19 GmbHG. Der Gleichbehandlungsgrundsatz gilt zwar fort, gleichwohl sind sachliche Differenzierungen zwischen zahlungsfähigen und -unfähigen Gesellschaftern zulässig. Eine Einforderung ist auch dann zulässig, wenn sie nach Abschluss der Gläubigerbefriedigung nur noch der Vermögensverteilung unter die Gesellschafter gem. § 72 GmbHG dient, wobei dies die Unterbreitung eines Auseinandersetzungsplanes voraussetzt (Baumbach/Hueck/*Schulze-Osterloh/Noack* § 69 Rn. 4).

2. Nachschüsse, § 26 GmbHG

4 Nachschüsse i. S. v. § 26 GmbHG, deren Einforderung gem. § 26 Abs. 1 GmbHG vor Auflösung beschlossen wurde, können auch in der Abwicklung eingefordert werden. Die Einforderung aufgrund eines nach Auflösung gefassten Beschlusses setzt voraus, dass eingeforderte Nachschüsse nach Maßgabe des Gesellschaftsvertrages nicht nur als zusätzliches Betriebskapital dienen sollen (was der Regelfall ist, so dass zumeist Nachschüsse nicht mehr nachgefordert werden können), sondern auch zum Zwecke der Gläubigerbefriedigung zur Verfügung stehen sollen (eine derartige Auslegung setzt deutliche Hinweise im Gesellschaftsvertrag voraus; vgl. dazu Baumbach/Hueck/*Schulze-Osterloh/Noack* § 69 Rn. 5; Lutter/Hommelhoff/*Lutter/Kleindiek* GmbHG, § 69 Rn. 6).

3. Gewinnauszahlungsanspruch, § 29 GmbHG

5 § 29 GmbHG wird während der Abwicklung durch §§ 72, 73 GmbHG ersetzt: An die Stelle des Gewinnauszahlungsanspruchs tritt der Anspruch auf Vermögensverteilung bei Abschluss der Abwicklung. Ein vor der Auflösung gefasster Ergebnisverwendungsbeschluss unterliegt zwar nicht § 73 GmbHG, jedoch § 30 GmbHG, wobei regelmäßig die Tilgung passivierter Verbindlichkeiten das Gesellschaftsvermögen nicht mindert und hinsichtlich § 30 GmbHG unschädlich ist. Umstritten ist, ob ein nach Auflösung gefasster Ergebnisverwendungsbeschluss, der sich auf die Zeit vor der Auflösung bezieht, lediglich einen bei der Vermögensverteilung gem. §§ 72, 73 GmbHG zu berücksichtigenden Rechnungsposten bildet (so die h. M., vgl. BFH BStBl. 1974 II, 14, 15; Baumbach/Hueck/*Schulze-Osterloh/Noack* § 69 Rn. 6; Scholz/*K. Schmidt* GmbHG, § 69 Rn. 25), oder ob unter Beachtung von § 30 GmbH auch eine Ausschüttung zulässig ist.

4. Erhaltung des Stammkapitals, §§ 30 bis 32 b GmbHG

6 Die Vorschriften zur Erhaltung des Stammkapitals (§§ 30 bis 32 GmbHG) bleiben auch während der Abwicklung anwendbar und werden durch § 73 GmbHG ergänzt. Auch die vom BGH entwickelten Grundsätze über eigenkapitalersetzende Darlehen sowie § 6 AnfG sind anzuwenden (Baumbach/Hueck/*Schulze-Osterloh/Noack* § 69 Rn. 7 f; Lutter/Hommelhoff/*Lutter/Kleindiek* GmbHG, § 69 Rn. 8). Der **RefE MoMiG** (Entwurf eines »Gesetzes zur Modernisierung des GmbH-Rechts und zur Bekämpfung von Missbräuchen« vom 29. 5. 2005) sieht in § 30 Abs. 1 S. 3 GmbHG die Abschaffung der vom BGH entwickelten »Rechtsprechungsregeln« zum Eigenkapitalersatz nach Maßgabe von § 30 GmbHG vor; von Relevanz bleiben weiterhin.die Regelungen zu eigenkapitalersetzenden Darlehen gem. §§ 32 a und 32 b GmbH, die allerdings in die Insolvenzordnung verlagert werden, §§ 39 und 44 a InsO; weitere, geplante Änderungen betreffen

die Neufassung von § 135 InsO (Gesellschafterdarlehen) und § 6 AnfG (künftig: §§ 6 und 6 a AnfG).

5. Erwerb eigener Anteile, Einziehung, §§ 33, 34 GmbHG

§ 33 GmbHG über den Erwerb eigener Anteile und § 34 GmbHG über die Einziehung von Geschäftsanteilen sind während der Abwicklung grundsätzlich anwendbar, wobei die Entgeltzahlung als Vermögensverteilung den Schranken des § 73 Abs. 1 GmbHG unterliegt und erst nach Befriedigung aller Gläubiger und Ablauf des Sperrjahrs zulässig ist (Lutter / Hommelhoff / *Lutter / Kleindiek* GmbHG, § 69 Rn. 9; Baumbach / Hueck / *Schulze-Osterloh/Noack* § 69 Rn. 9 f.). 7

III. Dritter Abschnitt des GmbHG

1. Geschäftsführung, § 35 ff. GmbHG

§ 35 GmbHG wird hinsichtlich der Bestimmungen zur Geschäftsführung weitgehend durch die speziellen Regelungen in §§ 68 und 70 GmbHG verdrängt. Auch in der Abwicklung anwendbar sind § 35 Abs. 2 S. 3 GmbHG zur Passivvertretung und § 35 Abs. 4 GmbHG zum Einmann-Gesellschafter-Abwickler (Baumbach / Hueck / *Schulze-Osterloh/Noack* § 69 Rn. 11). Für Angaben auf Geschäftsbriefen gilt statt § 35 a GmbHG nun § 71 Abs. 5 GmbHG. Gem. § 71 Abs. 4 GmbHG finden §§ 36 und 37 GmbHG entsprechende Anwendung, während §§ 38 und 39 GmbHG durch §§ 66 Abs. 3 und 67 GmbHG ersetzt werden. 8

2. Gesellschafterlisten, Buchführungspflicht, Haftung der Geschäftsführer, §§ 40 bis 44 GmbHG

Auch den Liquidatoren obliegt die Pflicht zur Einreichung von **Gesellschafterlisten** (§ 40 GmbHG) bei Änderungen in den Personen der Gesellschafter oder deren Beteiligungsumfanges (Baumbach / Hueck / *Schulze-Osterloh/Noack* § 68 Rn. 15). §§ 41 bis 42 a GmbHG hinsichtlich der **Buchführungspflicht** sind auch während der Abwicklung anwendbar (Baumbach / Hueck / *Schulze-Osterloh/Noack* § 69 Rn. 16). Die Vorschriften über die **Haftung der Geschäftsführer nach § 43 GmbHG** finden insgesamt Anwendung, obwohl § 43 Abs. 3 GmbHG in § 71 Abs. 4 GmbHG nicht erwähnt ist. Für Kredite an bestimmte Personen oder Abwickler gilt § 43 a GmbHG entsprechend. § 44 GmbHG ermöglicht die Bestellung stellvertretender Liquidatoren (Baumbach / Hueck / *Schulze-Osterloh/Noack* § 69 Rn. 17). 9

3. Gesellschafterrechte, §§ 45, 46 GmbHG

Die Gesellschafterrechte bestimmen sich auch in der Abwicklung grundsätzlich nach dem Gesellschaftsvertrag, § 45 GmbHG, der für den Zeitraum der Abwicklung Besonderheiten vorsehen kann. Abwicklungsbedingt modifiziert ist die **Zuständigkeit der Gesellschafterversammlung**: Hinsichtlich der Feststellung des Jahresabschlusses ist § 46 Nr. 1 GmbHG durch § 71 Abs. 2 S. 1 GmbHG ersetzt. Da nur noch die Vermögensverteilung nach §§ 72 und 73 GmbHG ansteht, kommen Ergebnisverwendungsbeschlüsse nicht mehr in Betracht (s. auch oben Rn. 5). Da ausstehende Einlagen vom Liquidator auch ohne Gesellschafterbeschluss eingefordert werden können, ist § 46 Nr. 2 GmbHG ohne Bedeutung (s. auch oben Rn. 3). § 46 Nr. 3 GmbHG (Rückzahlung von Nachschüssen) und § 46 Nr. 4 GmbHG (Teilung und Einziehung von Geschäftsanteilen) sind auch in der Insolvenz relevant. § 46 Nr. 5 GmbHG ist hinsichtlich der Geschäftsführerbestellung durch § 66 GmbHG ersetzt. Die Entscheidung über die Entlastung der Liquidatoren obliegt auch in der Abwicklung der Gesellschafterversammlung. Gleiches gilt für die Prüfung und Überwachung der Geschäftsführung (§ 46 Nr. 6 GmbHG). Es besteht auch während der Abwicklung ein Weisungsrecht der Gesellschafter (auch gegenüber einem gerichtlich bestellten Liquidator), wobei die Weisungen nicht dem Abwicklungszweck entgegenlaufen dürfen. Ebenso ist die Gesellschafterversammlung auch weiterhin (im Innenverhältnis) zur Beschlussfassung über die Bestellung von Prokuristen und Handlungsbevollmächtigten zum gesamten Geschäftsbetrieb zuständig (§ 46 Nr. 7 GmbHG). § 46 Nr. 8 GmbHG (Geltendmachung von Ersatzansprüchen und 10

Prozessführung gegen Geschäftsführer) gilt ebenfalls und erstreckt sich auch auf Ersatzansprüche und die Prozessführung gegen Liquidatoren (Baumbach / Hueck / *Schulze-Osterloh/Noack* § 69 Rn. 18; A / E / S / *Ensthaler/Zech* § 69 Rn. 9).

4. Beschlussfassung, Gesellschafterversammlung, Aufsichtsrat, §§ 47 bis 52 GmbHG

11 §§ 47 bis 52 GmbHG gelten im Wesentlichen auch in der Liquidation. § 49 Abs. 1 und 2 GmbHG sind während der Liquidation anwendbar, wobei die Gesellschafterversammlung durch die Liquidatoren einberufen wird. § 49 Abs. 3 GmbHG ist nicht anwendbar, da im Hinblick auf den Abwicklungszweck der Gesellschaft Kapitalerhöhungsbeschlüsse der Gesellschafter (ohne Fortsetzungsbeschluss) nicht zu erwarten sind (arg. § 84 Abs. 1 Nr. 1 GmbHG, der Liquidatoren nicht erwähnt). Ein im Gesellschaftsvertrag vorgesehener Aufsichtsrat bleibt bestehen, ebenso ein nach Mitbestimmungsrecht erforderlicher Aufsichtsrat. Ihre Kompetenz erstreckt sich jedoch nicht auf die Bestellung der Liquidatoren (Baumbach / Hueck/*Schulze-Osterloh/Noack* § 69 Rn. 19).

IV. Vierter Abschnitt des GmbHG

12 Soweit mit dem Wesen der Liquidation vereinbar, sind auch die Vorschriften des 4. Abschnitts anwendbar (BayObLG NJW-RR 1987,1187). **Satzungsänderungen** können die Firma betreffen, soweit das Unternehmen der Gesellschaft zusammen mit der Firma veräußert wird (RGZ 107, 31, 33). Im Übrigen dürften Firmenänderungen jedoch regelmäßig nicht mit dem Liquidationszweck vereinbar sein. Satzungsänderungen hinsichtlich des Sitzes der Gesellschaft sind ebenso zulässig (vgl. § 4 a GmbHG Rn. 14), wie Änderungen, welche der Vereinfachung der rechtlichen Struktur während der Liquidation dienen. Der Unternehmensgegenstand kann nicht geändert werden, wenn damit nur die Abwicklung reflektiert werden soll, da sich der Abwicklungszweck bereits aus dem Abwicklungszusatz gem. § 68 Abs. 2 GmbHG ergibt. **Kapitalmaßnahmen** sind zulässig, wenn dafür einleuchtende Gründe bestehen, wie z. B. zur Vorbereitung der Fortsetzung der Gesellschaft aufgrund Fortsetzungsbeschlusses, zur Beschaffung von Mitteln (durch Kapitalerhöhung) für eine Befriedigung der Gesellschaftsgläubiger oder zur Minderung des steuerpflichtigen Vermögens (durch Kapitalherabsetzung) für die Dauer der Abwicklung (Baumbach / Hueck/*Schulze-Osterloh/Noack* § 69 Rn. 21 ff.; Lutter / Hommelhoff / *Lutter* / *Kleindiek* GmbHG, § 69 Rn. 13).

C. Gerichtsstand, Abs. 2

13 Falls sich der Sitz der GmbH i. S. v. § 17 Abs. 1 S. 2 ZPO (als Ort, an dem die Verwaltung der Gesellschaft durchgeführt wird) im Rahmen der Abwicklung nicht mehr feststellen lässt, schafft § 69 Abs. 2 GmbHG Klarheit: Danach ist allgemeiner Gerichtsstand der Verwaltungssitz im Zeitpunkt der Auflösung. Daneben entsteht im Falle, dass während der Abwicklung der Verwaltungssitz verlegt wird, ein weiterer Gerichtsstand am neuen Verwaltungssitz (Baumbach / Hueck/*Schulze-Osterloh/Noack* § 69 Rn. 25).

§ 70 [Aufgaben der Liquidatoren]

[1]Die Liquidatoren haben die laufenden Geschäfte zu beendigen, die Verpflichtungen der aufgelösten Gesellschaft zu erfüllen, die Forderungen derselben einzuziehen und das Vermögen der Gesellschaft in Geld umzusetzen; sie haben die Gesellschaft gerichtlich und außergerichtlich zu vertreten. [2]Zur Beendigung schwebender Geschäfte können die Liquidatoren auch neue Geschäfte eingehen.

Übersicht:

A. Überblick

§ 70 GmbHG regelt im Innenverhältnis die Aufgabe der Liquidatoren und, i. V. m. § 72 GmbHG, den von ihnen zu verwirklichenden Liquidationszweck. Ansatzweise ist, in Überschneidung zu § 68 GmbHG, auch die Vertretungsmacht geregelt. Weitere Rechte und Pflichten der Liquidatoren sind im Detail in § 71 GmbHG niedergelegt. 1

B. Liquidationskonzept

Aus **eigener Machtbefugnis** und ohne Möglichkeit entgegenlaufender Satzungsbestimmungen, Gesellschafterbeschlüsse und Weisungen haben die Liquidatoren – soweit zu Liquidationszwecken erforderlich – ausstehende Stammeinlagen einzufordern, die gläubigerschützenden Verfahrensregelungen (insbes. § 73 GmbHG) einzuhalten und offene Forderungen zu befriedigen (*Roth/Altmeppen* § 70 Rn. 10 ff.). Die Liquidatoren haben im Übrigen ein Liquidationskonzept aufzustellen und die Gesellschaft nach pflichtgemäßem Ermessen abzuwickeln (*Roth/Altmeppen* § 70 Rn. 21). 2

Grundsätzlich haben die Liquidatoren sich zunächst an den zu befriedigenden **Gläubigerinteressen** zu orientieren, und erst in zweiter Linie die Interessen sämtlicher Gesellschafter, einschließlich der Minderheitsgesellschafter, an einer optimalen Realisierung ihres Wertanteils am Gesellschaftsvermögen zu vertreten (*Roth/Altmeppen* § 70 Rn. 4). Die Vertretungsmacht der Liquidatoren wird durch den Liquidationszweck allerdings (vorbehaltlich der Grundsätze des Missbrauchs der Vertretungsmacht) nicht eingeschränkt (OLG Stuttgart ZIP 1986, 648). 3

Der Gesellschaftsvertrag kann **Abwicklungsrichtlinien** aufstellen, ebenso können Gesellschafterbeschlüsse zur Abwicklung, wie z. B. Zustimmung zu Verfügungen aufgrund Anteilsvinkulierung (vgl. OLG Hamm GmbHR 1979, 141, 142), oder zu einer Umfirmierung, erforderlich werden. Weisungen können grundsätzlich erteilt werden bzw. in Zweifelsfällen Gesellschafterentscheidungen herbeigeführt werden. Richtschnur für die Liquidatoren sind jedoch der Gläubigerschutz und der Liquidationszweck. Insoweit zulässige Gesellschafterbeschlüsse bedürfen grundsätzlich (s. aber auch Rn. 5) der einfachen (oder einer abweichenden satzungsgemäßen) Mehrheit (Baumbach / Hueck/*Schulze-Osterloh/Noack* § 70 Rn. 12). Gesellschafterbeschlüsse, die zur Verringerung der Ausschüttungen aus § 72 GmbHG führen, bedürfen der Zustimmung der betroffenen Gesellschafter (A / E / S / *Ensthaler/Zech* § 70 Rn. 7). Bei Veräußerung des Unternehmens nebst Firma ist jedenfalls ein Gesellschafterbeschluss zur Firmenänderung erforderlich, nach wohl h. M. jedoch nicht im Hinblick auf die Veräußerung des Unternehmens, sofern dies zeitnah erfolgt (Baumbach / Hueck/*Schulze-Osterloh/Noack* § 70 Rn. 8). 4

Das nach Maßgabe des Vorstehenden zu verfolgende **Liquidationskonzept** kann vorsehen, dass das von der Gesellschaft betriebene Unternehmen möglichst als Ganzes oder in Teilen (u. U. nebst Firma) an einen bzw. verschiedene Dritte veräußert wird, oder dass die unternehmerische Tätigkeit unter Einzelverwertung der Vermögensgegenstände eingestellt wird (Lutter / Hommelhoff/ *Lutter* / *Kleindiek* GmbHG, § 70 Rn. 4). Das Liquidationskonzept sollte der Gesellschafterversammlung zur Billigung mit einfacher Mehrheit vorgelegt werden. Ist beabsichtigt, die zeitnahe Vollbeendigung im Hinblick auf ein besseres Ergebnis zurückzustellen, wird ein Gesellschafterbeschluss mit einer Mehrheit von $^3/_4$ für die zeitlich beschränkte Fortführung für erforderlich gehalten (Lutter / Hommelhoff / *Lutter* / *Kleindiek* GmbHG, § 70 Rn. 7). 5

C. Einzelne Maßnahmen, S. 1

I. Beendigung laufender bzw. schwebender Geschäfte

6 Entsprechend dem Liquidationszweck ist die Geschäftstätigkeit der Gesellschaft insgesamt zu beenden. Noch nicht erfüllte Aufträge können noch ausgeführt werden. Dauerschuldverhältnisse sind zum voraussichtlichen Ende der Liquidation zu beenden, notfalls durch Kündigung. Zur Vermeidung von Liquidationsverlusten ist eine zeitlich **begrenzte Geschäftsfortführung** zulässig, wobei – über den Wortlaut von § 70 S. 2 GmbHG hinaus – im Rahmen des Abwicklungszwecks bzw. des Liquidationskonzeptes sinnvolle Geschäfte vorgenommen werden dürfen (Baumbach / Hueck/*Schulze-Osterloh/Noack* § 70 Rn. 4). Insoweit kommt es darauf an, dass das betreffende Geschäft objektiv dem Liquidationszweck dient (d. h. keine Rückumwandlung der Gesellschaft in eine werbende Gesellschaft impliziert) und auch subjektiv mit dieser Intention vorgenommen wird (Baumbach / Hueck / *Schulze-Osterloh/Noack* § 69 Rn. 2). **Unzulässig** sind jedoch z. B. der kreditfinanzierte Grundstückserwerb von einem Gesellschafter (OLG Karlsruhe GmbHR 1960, 24, 25) oder der Beitritt der Liquidationsgesellschaft zu einer neuen GmbH (KGJ 21 A 256, 259). Für die Abwicklung nötiges Personal kann eingestellt werden (Scholz / *K. Schmidt* GmbHG, § 70 Rn. 16), ebenso kann ein belastetes Grundstück zur Rettung einer der Gesellschaft zustehenden Hypothek erworben werden (vgl. RGZ 44, 84 zu einer Genossenschaft). Soweit eine vorteilhafte Verwertung des von der Gesellschaft betriebenen Unternehmens zu erwarten ist, können auch die Erlangung, Verlängerung oder Verteidigung von gewerblichen Schutzrechten sowie Maßnahmen gegen unlauteren Wettbewerb zulässig sein (Scholz / *K. Schmidt* GmbHG, § 70 Rn. 16).

II. Erfüllung der Verpflichtungen der aufgelösten Gesellschaft

7 Eigentliches, im Gläubigerinteresse liegendes Ziel der Liquidation ist die Tilgung der Gesellschaftsschulden sowohl gegenüber Dritten als auch, sofern nicht eigenkapitalersetzend bzw. einem Rangrücktritt unterliegend, gegenüber Gesellschaftern. Hierzu hat sich der Liquidator einen Überblick über die **offenen Verpflichtungen** zu verschaffen, die Liquidität zu gewährleisten bzw. die Fälligkeiten abzustimmen und ggf. auch über eine Beschleunigung von Fälligkeiten, z. B. durch Kündigung oder Aufhebungsvertrag, ggf. unter Abzinsung, zu entscheiden. Hierbei ist in Erfüllung der entsprechenden Beobachtungspflicht (s. auch Erläuterung zu § 64 GmbHG Rn. 2) stets im Auge zu behalten, ob ggf. nach § 64 GmbHG ein Insolvenzantrag zu stellen ist (Lutter / Hommelhoff / *Lutter* / *Kleindiek* GmbHG, § 70 Rn. 9).

8 Die Liquidatoren unterliegen grundsätzlich keiner Pflicht zur **Gläubigergleichbehandlung**, da das Liquidationsverfahren kein Insolvenzverfahren ist (BGHZ 53, 71, 74). Bei Masselosigkeit (§ 60 Abs. 1 Nr. 5 GmbHG) ist strittig, ob lediglich zu gewährleisten ist, dass Gesellschafter und diesen nahestehende Personen nicht vorrangig befriedigt werden (BGHZ 53, 71), ob ein generelles Gleichbehandlungsgebot besteht (Scholz / *K. Schmidt* GmbHG, § 70 Rn. 10), oder ob lediglich das Anfechtungsgesetz ggf. Platz greift (*Roth/Altmeppen* § 70 Rn. 17). In keinem Fall können jedoch die Liquidatoren verhindern, dass ein Gläubigerwettlauf im Rahmen der Einzelzwangsvollstreckung zu ungleichen Ergebnissen führt.

9 **Ansprüche von Gesellschaftern** aus normalen Verkehrsgeschäften (auch aus Darlehen, die nicht eigenkapitalersetzend sind) werden wie Drittverbindlichkeiten befriedigt (s. auch Erläuterung zu § 72 GmbHG Rn. 4). Gleiches gilt für entstandene Dividendenansprüche aus vor Auflösung gefassten Gewinnverwendungsbeschlüssen. Mitgliedschaftliche Ansprüche aus dem Gesellschaftsverhältnis, wie z. B. mit einem Rangrücktritt ausgestattete Darlehen, sowie Darlehen, die nach den Grundsätzen des BGH eigenkapitalersetzend sind, dürfen ggf. erst zum Abschluss der Liquidation (und Ablauf des Sperrjahres nach § 73 GmbHG) zurückgezahlt werden (Baumbach / Hueck / *Schulze-Osterloh/Noack* § 70 Rn. 6). Zu beachten ist, dass der künftige § 30 Abs. 1 S. 3 GmbHG gem. **RefE MoMiG** (Referentenentwurf eines »Gesetzes zur Modernisierung des GmbH-Rechts und zur Bekämpfung von Missbräuchen« vom 29. 5. 2005) die Rechtsprechungsregeln zu eigenkapitalersetzenden Darlehen abschaffen soll; §§ 32 a und 32 b GmbH sollen ins In-

solvenzrecht verlagert werden, §§ 39 und 44 a InsO. § 39 Abs. 1 Nr. 5 InsO sieht in der Fassung gem. MoMiG-RegE die Nachrangigkeit sämtlicher Gesellschafterdarlehen vor.

III. Einziehung von Gesellschaftsforderungen

In Vorbereitung der Vermögensverteilung gem. § 72 GmbHG sind nach S. 1 die Forderungen der Gesellschaft, auch nicht auf eine Geldzahlung gerichtete Ansprüche, zu **realisieren.** Dies kann mittels Aufrechnung, Verkauf und Abtretung oder sonstiger Vereinbarung erfolgen, aufgrund derer der Gesellschaft Geld zufließt. Geltend zu machen sind sowohl Forderungen gegenüber Dritten als auch Forderungen gegenüber Gesellschaftern, unabhängig ob aus Verkehrsgeschäften oder – soweit in Übereinstimmung mit dem Liquidationszweck (s. auch Erläuterung zu § 69 GmbHG Rn. 3) – aus dem Gesellschaftsverhältnis. Auf eine Einlageforderung, Nachschusszahlung, oder aus Differenzhaftung oder Vorbelastungshaftung in Anspruch genommene Gesellschafter sind darlegungs- und beweispflichtig, dass die gegen sie geltend gemachte Forderung aus dem Gesellschaftsverhältnis für den Liquidationszweck nicht benötigt wird (Baumbach/Hueck/*Schulze-Osterloh/Noack* § 70 Rn. 7). 10

IV. Veräußerung des Gesellschaftsvermögens

Neben Forderungen sind nach S. 1 auch die sonstigen Aktivposten der Gesellschaft grundsätzlich in Barvermögen umzuwandeln (s. auch Erläuterung zu § 72 GmbHG Rn. 6). Dies kann durch die komplette oder teilweise Veräußererung des von der Gesellschaft betriebenen Unternehmens (nebst Firma) geschehen, was zur Vermeidung von Zerschlagungsverlusten regelmäßig geboten sein wird. In diesem Fall kann auch eine zeitweise Unternehmensfortsetzung angebracht sein. Eine Unternehmensveräußerung an einen der Gesellschafter kann gegen den Gleichbehandlungsgrundsatz und die gesellschafterliche Treuepflicht verstoßen; dies bedeutet, dass der Liquidator sämtlichen Gesellschaftern das Unternehmen anbieten muss. Bloß nutzungshalber der Gesellschaft überlassene Gegenstände sind analog § 732 BGB zurückzugeben (Baumbach/Hueck/*Schulze-Osterloh/Noack* § 70 Rn. 8). Ausschüttungen in Natur setzen allerdings eine Zustimmung sämtlicher Gesellschafter voraus (Baumbach/Hueck/*Schulze-Osterloh/Noack* § 70 Rn. 13). 11

V. Weitere Aufgaben

Schließlich haben die Liquidatoren das Gesellschaftsvermögen mit der Sorgfalt eines ordentlichen Kaufmanns zu verwalten, Anmeldungen und Bekanntmachungen gem. §§ 65, 67 GmbHG vorzunehmen, die steuerlichen Pflichten – auch aus der Zeit vor der Auflösung – (§ 34 Abs. 1 AO) und die Pflichten bei Vermögensverteilung und Abschluss der Liquidation gem. §§ 72 bis 74 GmbHG zu erfüllen (A/E/S/*Ensthaler/Zech* § 70 Rn. 11). 12

Schwebende **Prozesse** sind fortzuführen (BayObLGZ 28, 365). Existieren keine geborenen Liquidatoren, sind bis zur Bestellung gekorener Liquidatoren die Prozesse nach § 241 ZPO auszusetzen, es sei denn die Gesellschaft ist nach § 246 ZPO durch einen vor der Liquidation bestellten Prozessbevollmächtigten vertreten (A/E/S/*Ensthaler/Zech* § 70 Rn. 9). 13

§ 71 [Eröffnungsbilanz; Rechte und Pflichten]

(1) Die Liquidatoren haben für den Beginn der Liquidation eine Bilanz (Eröffnungsbilanz) und einen die Eröffnungsbilanz erläuternden Bericht sowie für den Schluß eines jeden Jahres einen Jahresabschluß und einen Lagebericht aufzustellen.

(2) [1]Die Gesellschafter beschließen über die Feststellung der Eröffnungsbilanz und des Jahresabschlusses sowie über die Entlastung der Liquidatoren. [2]Auf die Eröffnungsbilanz und den erläuternden Bericht sind die Vorschriften über den Jahresabschluß entsprechend anzuwenden. [3]Vermögensgegenstände des Anlagevermögens sind jedoch wie Umlaufvermögen zu bewerten, soweit ihre Veräußerung innerhalb eines übersehbaren Zeitraums beabsichtigt

ist oder diese Vermögensgegenstände nicht mehr dem Geschäftsbetrieb dienen; dies gilt auch für den Jahresabschluß.

(3) [1]Das Gericht kann von der Prüfung des Jahresabschlusses und des Lageberichts durch einen Abschlußprüfer befreien, wenn die Verhältnisse der Gesellschaft so überschaubar sind, daß eine Prüfung im Interesse der Gläubiger und der Gesellschafter nicht geboten erscheint. [2]Gegen die Entscheidung ist die sofortige Beschwerde zulässig.

(4) Im übrigen haben sie die aus §§ 36, 37, 41 Abs. 1, § 43 Absätze 1, 2 und 4, § 49 Absätze 1 und 2, § 64 sich ergebenden Rechte und Pflichten der Geschäftsführer.

(5) [1]Auf allen Geschäftsbriefen, die an einen bestimmten Empfänger gerichtet werden, müssen die Rechtsform und der Sitz der Gesellschaft, die Tatsache, daß die Gesellschaft sich in Liquidation befindet, das Registergericht des Sitzes der Gesellschaft und die Nummer, unter der die Gesellschaft in das Handelsregister eingetragen ist, sowie alle Liquidatoren und, sofern die Gesellschaft einen Aufsichtsrat gebildet und dieser einen Vorsitzenden hat, der Vorsitzende des Aufsichtsrats mit dem Familiennamen und mindestens einem ausgeschriebenen Vornamen angegeben werden. [2]Werden Angaben über das Kapital der Gesellschaft gemacht, so müssen in jedem Falle das Stammkapital sowie, wenn nicht alle in Geld zu leistenden Einlagen eingezahlt sind, der Gesamtbetrag der ausstehenden Einlagen angegeben werden. [3]Der Angaben nach Satz 1 bedarf es nicht bei Mitteilungen oder Berichten, die im Rahmen einer bestehenden Geschäftsverbindung ergehen und für die üblicherweise Vordrucke verwendet werden, in denen lediglich die im Einzelfall erforderlichen besonderen Angaben eingefügt zu werden brauchen. [4]Bestellscheine gelten als Geschäftsbriefe im Sinne des Satzes 1; Satz 3 ist auf sie nicht anzuwenden.

Übersicht:

A. Überblick

1 Im Rahmen der Umsetzung des BiRiLiG wurde der Pflichtenkreis der Liquidatoren um die Pflicht zur Erstellung von erläuternden Berichten zur Eröffnungsbilanz, den Jahresabschlüssen und der Schlussbilanz erweitert. Zuvor war lediglich allgemein die Pflicht der Liquidatoren zur Bilanzaufstellung geregelt. Im Übrigen war streitig, ob vom sog. »going-concern-Prinzip« (**Fortführungsprinzip**) abzurücken und stattdessen eine auf (Zerschlagungs-)Verkehrswerte abstellende Vermögensbilanz, u. U. unter radikaler Neubewertung des Gesellschaftsvermögens, erforderlich ist, oder ob eine (leicht modifizierte) Fortführung der bisherigen Buchwerte zu erfolgen hat. Nunmehr ist in Anlehnung an § 270 AktG für die **externe Rechnungslegung** der GmbH eine nach dem Fortführungsprinzip fortgeführte Ertragsbilanz nach der HGB-Rechnungslegung vorgeschrieben. Nach der Intention des Gesetzgebers sollen die Bewertungen für die Abschlüsse während der Liquidation grundsätzlich nicht im Hinblick auf den zu erwartenden Liquidationserlös (also z. B. ohne Einbeziehung stiller Reserven) erfolgen (*Roth/Altmeppen* § 70 Rn. 21). Der **Bewertungsspielraum** in der Liquidationsgesellschaft ist allerdings insofern gegenüber dem in der werbenden Gesellschaft enger, als zur Veräußerung anstehendes oder nicht mehr genutztes Anlagevermögen wie Umlaufvermögen zu bewerten ist (§ 71 Abs. 3 S. 2 GmbHG). Darüber hinaus ist aus Zweckmäßigkeitserwägungen eine zusätzliche, **interne Liquidationsbilanz**, auch Liquidationsbilanz im engeren Sinne, erforderlich. Durch sie wird die an den wahrscheinlichen Veräußerungswerten orientierte Vermögenslage der Gesellschaft erkenn-

bar (A/E/S/*Ensthaler/Schönbohm* § 71 Rn. 1), was für eine ordnungsgemäße Abwicklung nach Maßgabe des Liquidationskonzepts und auch im Hinblick auf die insolvenzrechtliche Beobachtungspflicht relevant ist.

Fehlende Fachkenntnisse entschuldigen den Liquidator nicht hinsichtlich seiner Pflichten nach § 71 GmbHG. Bei fehlenden Geldmitteln zur Rechnungslegung wird von ihm sogar der Einsatz eigener Mittel verlangt (OLG Stuttgart NJW-RR 1995, 805, 806), so lange die Rechnungslegungspflicht nicht auf den Insolvenzverwalter übergegangen ist und der Liquidator auch nicht sein Amt niedergelegt hat (Baumbach/Hueck/*Schulze-Osterloh* § 71 Rn. 11; Lutter/Hommelhoff/*Lutter/Kleindiek* GmbHG, § 71 Rn. 1; a. A. *Roth/Altmeppen* § 71 Rn. 1). Die Gesellschafter können keine Befreiung von der Pflicht zur Aufstellung der Liquidationseröffnungsbilanz und der weiteren Liquidationsabschlüsse erteilen (OLG Stuttgart NJW-RR 1995, 805, 806). 2

B. Externe Liquidationsrechnungslegung, Abs. 1 bis 3

I. Liquidationseröffnungsbilanz und Jahresabschlüsse, Abs. 1

Aus Abs. 1 folgt die Pflicht der Liquidatoren zur Aufstellung einer Liquidationseröffnungsbilanz nebst erläuternden Berichts sowie eines jährlichen Jahresabschlusses nebst Lagebericht innerhalb von drei Monaten (§ 264 Abs. 1 S. 2 HGB; vgl. Lutter/Hommelhoff/*Lutter/Kleindiek* GmbHG, § 71 Rn. 6). Vorbehaltlich abweichender Regelungen in Abs. 2 S. 3 sind gem. Abs. 2 S. 2 nach dem **Fortführungsprinzip** (§ 252 Abs. 1 Nr. 2 HGB) die allgemeinen Vorschriften entsprechend anwendbar, auch wenn der Geschäftsbetrieb nur noch zeitlich begrenzt und mit der Zielrichtung der Liquidation fortgeführt wird (h. M., *Roth/Altmeppen* § 71 Rn. 21; Lutter/Hommelhoff/*Lutter/Kleindiek* GmbHG, § 71 Rn. 2; a. A. Baumbach/Hueck/*Schulze-Osterloh* § 71 Rn. 3: grundsätzlich kein Fortführungsprinzip mehr ab Erreichen des Abwicklungsstadiums). Die historischen Anschaffungs- oder Herstellungskosten stellen nach §§ 252 Abs. 1 Nr. 2, 253 Abs. 1 S. 1 HGB die Höchstkosten dar. Stille Reserven, wie sie z. B. bei Grundstücken entstanden sein mögen, sind in der externen Liquidationsbilanz nicht auszuweisen (A/E/S/*Ensthaler/Zech* § 71 Rn. 3). Selbst hinsichtlich veräußerungsfähiger immaterieller Vermögensgegenstände gelten nach h. M. die entsprechenden Bilanzierungsverbote in der Abwicklung fort (Lutter/Hommelhoff/*Lutter/Kleindiek* GmbHG, § 71 Rn. 2). 3

Von den Bewertungsgrundsätzen einer Ertragsbilanz nach HGB ist auf die Bewertungsgrundsätze einer Vermögensbilanz grundsätzlich erst dann überzugehen, wenn die Betriebstätigkeit der zu liquidierenden Gesellschaft eingestellt ist und daher bei der Bilanzerstellung die Vermögensverteilung unmittelbar bevorsteht und der Erlös bereits feststeht (s. auch Rn. 7). Im Übrigen schreibt Abs. 2 S. 3 eine **Bewertung wie Umlaufvermögen** bereits dann und insoweit vor, wie die Veräußerung eines Gegenstandes des Anlagevermögens innerhalb eines übersehbaren (h. M.: bis ein Jahr ab Bilanzerstellung, vgl. *Roth/Altmeppen* § 71 Rn. 23; Baumbach/Hueck/*Schulze-Osterloh* § 71 Rn. 19; Lutter/Hommelhoff/*Lutter/Kleindiek* GmbHG, § 71 Rn. 2; a. A. Scholz/*K. Schmidt* GmbHG, § 71 Rn. 24: bis zwei Jahre) Zeitraums vorgesehen ist oder der Gegenstand aus dem laufenden Geschäftsbetrieb effektiv herausgenommen worden ist. Die Bewertung wie Umlaufvermögen bedeutet im Wesentlichen, dass das Niederstwertgebot nach § 253 Abs. 3 S. 2 HGB bei einer Obergrenze in Höhe der ursprünglichen Anschaffungs- bzw. Herstellungskosten gilt. Bislang erfolgte Abschreibungen nach § 253 Abs. 2 HGB sind nach Maßgabe von § 280 Abs. 1 HGB aufzuholen, soweit der Markt- bzw. Zeitwert den Buchwert übersteigt (*Roth/Altmeppen* § 71 Rn. 22 f; Baumbach/Hueck/*Schulze-Osterloh* § 71 Rn. 19). 4

Stichtag der Eröffnungsbilanz ist der Tag der materiellen Auflösung. Der Erstellung der Eröffnungsbilanz hat eine Inventur vorauszugehen, §§ 240 f. HGB (*Roth/Altmeppen* § 71 Rn. 20). Auf den gleichen Stichtag ist eine Schlussbilanz der werbenden Gesellschaft (ebenfalls von den Liquidatoren) zu erstellen, die weitgehend der Eröffnungsbilanz entspricht, aber – im Gegensatz zur Eröffnungsbilanz – auch eine GuV umfasst. Die Schlussbilanz der werbenden Gesellschaft enthält auch einen Anhang und ggf. einen Lagebericht. Der Bericht der Eröffnungsbilanz soll, ver- 5 gleichbar dem Anhang in der regulären Rechnungslegung, entsprechend §§ 284 ff. HGB informieren und ähnlich dem Lagebericht den voraussichtlichen Verlauf und die Aussichten der Liquidation skizzieren (Lutter / Hommelhoff / *Lutter* / *Kleindiek* GmbHG, § 71 Rn. 5 ff.).

6 Die **laufende Liquidationsrechnungslegung** hat im Jahresabstand ab Stichtag der Liquidationseröffnungsbilanz zu erfolgen. Nach h. M. ist es jedoch möglich, durch einfachen (d. h. nicht satzungsändernden) Gesellschafterbeschluss festzulegen, dass zwei Rumpfgeschäftsjahre (d. h. zunächst bis zum Stichtag der Liquidationseröffnungsbilanz und danach bis zum Stichtag des regulären Geschäftsjahres) eingefügt werden und im Übrigen das satzungsmäßige Geschäftsjahr als maßgebliche Rechnungslegungsperiode beibehalten wird (Baumbach / Hueck / *Schulze-Osterloh* § 71 Rn. 23; *Roth/Altmeppen* § 71 Rn. 13). Erforderlich ist ein Jahresabschluss (bestehend aus Bilanz, GuV und Anhang) sowie ggf. ein Lagebericht (vgl. § 264 Abs. 1 S. 1 HGB). Die Aufstellung des Jahresabschlusses erfolgt nach den allgemeinen Regeln, also durch den / die Liquidator(en), festgestellt wird der Jahresabschluss durch die Gesellschafterversammlung oder nach Maßgabe von ggf. abweichenden (fortgeltenden) Satzungsbestimmungen. Die Prüfungspflicht und die Offenbarungspflicht bestimmen sich ebenfalls nach den allgemeinen Regeln (d. h. keine Prüfungspflicht bei kleiner GmbH i. S. v. §§ 267 Abs. 1 i. V. m. 316 Abs. 1 HGB, sowie größenabhängige Offenlegungspflicht nach §§ 325 ff. HGB). Gem. § 71 Abs. 3 GmbHG kann eine prüfungspflichtige Gesellschaft durch gerichtliche Entscheidung von der Prüfungspflicht freigestellt werden. Nach § 71 Abs. 2 S. 1 GmbHG beschließen die Gesellschafter über die Feststellung der Eröffnungsbilanz und der Jahresabschlüsse (sowie die Entlastung der Liquidatoren).

II. Liquidationsschlussbilanz

7 Auch die Erstellung einer – auf einen Stichtag unmittelbar vor der Vermögensverteilung bezogene – Schlussbilanz (als **Vermögensbilanz**) nebst GuV und Anhang gehört, obwohl im Gesetz nicht ausdrücklich vorgeschrieben, zu den Pflichten der Liquidatoren (Scholz / *K. Schmidt* § 71 Rn. 30; Baumbach / Hueck / *Schulze-Osterloh* § 71 Rn. 28). Aufgrund der unmittelbar bevorstehenden Zerschlagung und Vermögensaufteilung ist das Fortführungsprinzip aufzugeben und die verbleibenden Vermögenswerte sind auf Verkehrswerte, ggf. über die Anschaffungs- oder Herstellungskosten hinaus, umzubewerten (Scholz / *K. Schmidt* § 71 Rn. 30). Aufgrund des bevorstehenden Endes der Gesellschaft ist ein Lagebericht entbehrlich. Empfehlenswert ist jedoch die Beifügung eines Verteilungsplanes im Anhang, der die geplante Verteilung der Verteilungsmasse, insbesondere auch die Verteilungsart (s. Erläuterung zu § 72 GmbHG Rn. 6), festlegt. Liquidationsschlussbilanz mit GuV und Anhang (nebst Verteilungsplan) bedürfen entsprechend § 46 Nr. 1 GmbHG der Feststellung. Als Teil der externen Rechnungslegung unterliegt die Liquidationsschlussbilanz auch im Übrigen den in Rn. 6 dargestellten allgemeinen Grundsätzen zur Feststellung, Prüfung und Offenlegung (Lutter / Hommelhoff / *Lutter* / *Kleindiek* GmbHG, § 71 Rn. 12 f.).

C. Interne Liquidationsrechnungslegung

8 Teil der internen Liquidationsrechnungslegung ist die **Schlussrechnung** des Liquidators gem. § 74 Abs. 1 GmbHG. Da gegenüber den Gesellschaftern bereits mit der Liquidationsschlussbilanz Rechnung gelegt wird und dieser im Anhang ein Verteilungsplan beigefügt werden sollte (Baumbach / Hueck / *Schulze-Osterloh* § 71 Rn. 28; Scholz / *K. Schmidt* § 71 Rn. 30), stellt sich die Schlussrechnung regelmäßig als bloße Vollzugsmeldung hinsichtlich der im Zusammenhang mit der Liquidationsschlussbilanz erfolgten externen Rechnungslegung dar (Lutter / Hommelhoff / *Lutter* / *Kleindiek* GmbHG, § 71 Rn. 13).

9 Als Teil der internen Rechnungslegung ist es darüber hinaus zweckmäßig, sich ein möglichst marktorientiertes Vermögensbild durch **periodische Aufstellung eines Vermögensstatus** zu verschaffen. Hieraus lässt sich ein mögliches Liquidationsergebnis ableiten und der aufgestellte Liquidationsplan fortschreiben (A / E / S / *Ensthaler* / *Zech* § 71 Rn. 6). Zudem dient ein solcher Ver-

mögensstatus der Erfüllung der Organpflichten der Liquidatoren im Hinblick auf die Insolvenzantragspflicht gem. § 64 GmbHG (Lutter/Hommelhoff/*Lutter/Kleindiek* GmbHG, § 71 Rn. 11).

D. Weitere Rechte und Pflichten der Liquidatoren, Abs. 4

Abs. 1 regelt die Rechte und Pflichten der Liquidatoren nicht abschließend, sondern nach Maß- 10
gabe von § 69 GmbHG gelten ergänzend (§ 7 Abs. 5 GmbHG) die Regelungen für Geschäftsführer. Die Haftung der Liquidatoren bestimmt sich nach § 73 Abs. 3 GmbHG sowie § 43 Abs. 3 und 4 GmbHG, wobei zu berücksichtigen ist, dass die Aufgaben eines Liquidators von denen des Geschäftsführers einer werbenden Gesellschaft abweichen.

E. Geschäftsbriefe, Abs. 5

Abs. 5 schreibt in grundsätzlicher Entsprechung von § 35 a Abs. 1 bis 3 GmbHG vor, welche An- 11
gaben auf Geschäftsbriefen erforderlich sind (vgl. hierzu die Kommentierung zu § 35 a GmbHG). Abweichend von § 35 a GmbHG ist – strafbewehrt nach Maßgabe von § 79 Abs. 1 GmbHG – anzugeben, dass sich die Gesellschaft in Liquidation befindet. Der **RefE MoMiG** sieht im Wesentlichen eine Verweisung auf § 35 a GmbHG vor, womit lediglich eine formale Änderung verfolgt wird.

§ 72 [Vermögensverteilung]

[1]Das Vermögen der Gesellschaft wird unter die Gesellschafter nach Verhältnis ihrer Geschäftsanteile verteilt. [2]Durch den Gesellschaftsvertrag kann ein anderes Verhältnis für die Verteilung bestimmt werden.

A. Überblick

Die Vermögensverteilung gem. § 72 GmbHG setzt voraus, dass **alle Gesellschaftsgläubiger be-** 1
friedigt bzw. gesichert sind und das **Sperrjahr gem. § 73 GmbHG abgelaufen** ist. Das verteilungsfähige Vermögen wird dann nach dem Verhältnis der Nennbeträge der Geschäftsanteile der Gesellschafter zueinander, verteilt. Die Vermögensverteilung erfolgt grundsätzlich in Geldmitteln, es sei denn, ein einstimmiger Gesellschafterbeschluss oder eine Satzungsbestimmung sehen vor, dass Vermögenswerte nicht in Geldmittel umzusetzen sind, soweit dies nicht zur Befriedigung der Gläubiger erforderlich ist. Mit Ablauf des Sperrjahres wird die Verteilungsmasse (Liquidationsguthaben) zu einem gegen die Gesellschaft gerichteten Zahlungsanspruch. Der Liquidator vertritt hierbei die Gesellschaft. Ist er selbst Gesellschafter, kann er »in Erfüllung einer Verbindlichkeit« gem. § 181 BGB an sich selbst leisten (Lutter/Hommelhoff/*Lutter/Kleindiek* GmbHG, § 72 Rn. 1).

B. Liquidationsguthaben

Nach erfolgter Befriedigung oder Sicherung von Gesellschaftsgläubigern sind vom Liquidations- 2
guthaben **künftige Ansprüche** gegen die GmbH und bestimmte Ansprüche der Gesellschafter (neben dem Liquidationsguthaben) abzusetzen. Für künftige Verbindlichkeiten der Gesellschaft, insbesondere noch anfallende Steuern und Abgaben (für welche die Liquidatoren persönlich nach § 69 AO haften), restliche Vergütungsansprüche des Liquidators sowie die Kosten der Aufbewahrung der Schriften der GmbH nach § 74 GmbHG sind Rücklagen zu bilden, um welche das Liquidationsguthaben sich verringert (Lutter/Hommelhoff/*Lutter/Kleindiek* GmbHG, § 72 Rn. 3).

Vom Liquidationsguthaben zu unterscheiden sind **Rückübertragungsansprüche** nutzungshal- 3
ber überlassener Gegenstände, Drittgläubigeransprüche der Gesellschafter sowie mitgliedschaftliche Ansprüche (Lutter/Hommelhoff/*Lutter/Kleindiek* GmbHG, § 72 Rn. 4 ff.): Gegenstände (z. B. Gebäude, Grundstücke, gewerbliche Schutzrechte), die der Gesellschaft lediglich zur Nut-

zung überlassen worden sind, sind spätestens (BGH WM 1981, 1126: grundsätzlich sofort, es sei denn die gesellschafterliche Treupflicht verlangt längerer Belassung bei der Gesellschaft) nach Befriedigung oder Sicherung der Drittgläubigerverbindlichkeiten und – sofern keine eigenkapitalersetzende Gebrauchsüberlassung vorliegt – unabhängig von § 73 GmbHG zurückzugeben (Lutter / Hommelhoff / *Lutter/Kleindiek* GmbHG, § 72 Rn. 5). Insbesondere kommt es nicht auf die Erstellung der Schlussbilanz an (BGH WM 1981, 1126), da die Gefahr des zufälligen Untergangs (einschließlich der Abnutzung durch bestimmungsgemäßen Verbrauch) beim Gesellschafter liegt.

4 **Drittgläubigeransprüche** der Gesellschafter, die unabhängig von der Gesellschafterstellung im Rahmen eines normalen Verkehrsgeschäftes begründet worden sind, unterliegen weder § 72 GmbHG noch der Sperre gem. § 73 GmbHG. Sie werden, wie Ansprüche Dritter, befriedigt; erst danach kann von Verteilungsmasse bzw. Liquidationsguthaben gesprochen werden (Lutter / Hommelhoff / *Lutter/Kleindiek* GmbHG, § 72 Rn. 6). **Eigenkapitalersetzende Darlehen** unterliegen ohne Einschränkung zunächst der Auszahlungssperre des § 73 GmbHG. Sie sind dann, soweit nicht mitgliedschaftlicher Natur, vorab und vor Feststellung der Verteilungsmasse zu befriedigen. **Mitgliedschaftliche Ansprüche** der Gesellschafter, die ihren Rechtsgrund im Gesellschafterverhältnis haben (z. B. Nebenleistungsvergütungen, Rückzahlung von Nachschüssen, gesellschaftsvertraglich festgelegte obligatorische Darlehen in Form stehen gelassener Gewinne), werden im Rahmen von § 72 GmbHG lediglich zu – nicht die Vereilungsmasse mindernde – Rechnungsposten, die bei der Verteilung vorab zu befriedigen sind. Reicht die Verteilungsmasse hierfür nicht aus, ist eine anteilige Kürzung der mitgliedschaftlichen Ansprüche nach dem für den Anteil am Liquidationsguthaben geltenden Schlüssel vorzunehmen (Lutter / Hommelhoff / *Lutter/Kleindiek* GmbHG, § 72 Rn. 7). Ähnlich dürfte sich § 39 Abs. 1 Nr. 5 InsO in der Fassung gemäß MoMiG-RefE (Entwurf eines »Gesetzes zur Modernisierung des GmbH-Rechts und zur Bekämpfung von Missbräuchen« vom 29. 5. 2006) auswirken.

C. Verteilung

I. Gläubiger, Verteilungsschlüssel

5 Gläubiger bei der Verteilung des Gesellschaftsvermögens sind grundsätzlich die **Gesellschafter**, wobei die Satzung z. B. auch eine gemeinnützige Einrichtung benennen kann (vgl. § 55 Abs. 1 Nr. 4 AO). Der **Verteilungsschlüssel** ist nach S. 1, mangels anderer Satzungsbestimmungen (S. 2), nach dem Verhältnis der Nennbeträge der Geschäftsanteile der Gesellschafter zu bestimmen. Die auf die verbleibenden Stammanteile entfallenden Bruchteile erhöhen sich, wenn Geschäftsanteile ohne Änderung des Stammkapitals eingezogen wurden. Der Wert einer ursprünglich zu Eigentum eingebrachten Sacheinlage ist irrelevant (RG JW 1913, 1040, 1041). Wurden Stammeinlagen im gleichen Verhältnis erbracht, ist dies für die Ermittlung der Liquidationsanteile irrelevant. Wurden Stammeinlagen dagegen in einem relativ ungleichen Verhältnis von den Gesellschaftern nicht erbracht und reicht das Vermögen nicht zur Erstattung der Einlagenzahlung aus, so ist die Einlagenzahlung noch zu erbringen (Beispiel: A und B haben jeweils € 30.000,– Stammeinlagen übernommen; A hat voll, B nur € 10.000,– einbezahlt. Ohne die ausstehende Einlagenforderung ist der Liquidationserslös € 6.000,–; B hat daher € 7.000,– einzuzahlen, um die Auszahlung von € 13.000,– an A zu ermöglichen (vgl. *Roth/Altmeppen* § 72 Rn. 10).

II. Verteilungsart, Verteilungsfehler

6 Hinsichtlich der **Verteilungsart** entscheiden zunächst die Satzung bzw. einheitlich gefasste Gesellschafterbeschlüsse. Bestimmt die Satzung einen »Rückerwerb« durch die Gesellschafter, so bedeutet dies i. d. R. eine Übereignung eingebrachter Gegenstände unter Anrechnung auf das Liquidationsguthaben, ggf. gegen Zuzahlung. Auch ist eine Sachleistung auf den Liquidationsanspruch an Erfüllungs statt denkbar (Lutter / Hommelhoff / *Lutter / Kleindiek* GmbHG, § 72 Rn. 10; *Roth/Altmeppen* § 72 Rn. 7). Andernfalls wird das im Rahmen der Abwicklung versilberte Gesell-

schaftsvermögen verteilt. Zum Verteilungsplan als Anlage der Liquidationsschlussbilanz s. auch Erläuterung zu § 71 GmbHG Rn. 7 f.

Bei **Verteilungsfehlern**, wie z. B. Überzahlungen infolge Berechnungsfehlern oder unrichtiger rechtlicher Beurteilung, besteht aus der gesellschafterlichen Treuepflicht bzw. nach § 812 BGB eine Rückzahlungspflicht der zu Unrecht begünstigten Gesellschafter gegenüber der Gesellschaft. Ggf. kann auch ein direkter Ausgleichsanspruch unter den Gesellschaftern bestehen, da ein Vorgehen zunächst gegen die (u. U. bereits gelöschte) Gesellschaft und eine nachfolgende Vollstreckung der Ansprüche gegenüber dem begünstigten Mitgesellschafter dem benachteiligten Gesellschafter unzumutbar ist (Baumbach / Hueck/*Schulze-Osterloh/Noack* § 72 Rn. 21). Im Übrigen haften die Liquidatoren gem. §§ 71 Abs. 4, 43 GmbHG der Gesellschaft, gegenüber den Gesellschafter allenfalls aus Delikt. 7

§ 73 [Sperrjahr] [i. d. F. ab 1. 1. 2007 durch EHUG]

(1) Die Verteilung darf nicht vor Tilgung oder Sicherstellung der Schulden der Gesellschaft und nicht vor Ablauf eines Jahres seit dem Tage vorgenommen werden, an welchem die Aufforderung an die Gläubiger (§ 65 Absatz 2) in den Gesellschaftsblättern zum dritten Male erfolgt ist.

(2) [1]Meldet sich ein bekannter Gläubiger nicht, so ist der geschuldete Betrag, wenn die Berechtigung zur Hinterlegung vorhanden ist, für den Gläubiger zu hinterlegen. [2]Ist die Berichtigung einer Verbindlichkeit zur Zeit nicht ausführbar oder ist eine Verbindlichkeit streitig, so darf die Verteilung des Vermögens nur erfolgen, wenn dem Gläubiger Sicherheit geleistet ist.

(3) [1]Liquidatoren, welche diesen Vorschriften zuwiderhandeln, sind zum Ersatz der verteilten Beträge solidarisch verpflichtet. [2]Auf den Ersatzanspruch finden die Bestimmungen in § 43 Absatz 3 und 4 entsprechende Anwendung.

§ 73 [Sperrjahr] [i. d. F. bis 31. 12. 2006]

(1) Die Verteilung darf nicht vor Tilgung oder Sicherstellung der Schulden der Gesellschaft und nicht vor Ablauf eines Jahres seit dem Tage vorgenommen werden, an welchem die Aufforderung an die Gläubiger (§ 65 Absatz 2) in den öffentlichen Blättern zum dritten Male erfolgt ist.
***(2) bis (3)* [identisch]**

Übersicht:

A. Überblick

1 § 73 GmbHG bezweckt den Schutz der Gesellschaftsgläubiger und ergänzt die Regelungen des § 72 GmbHG zur Verteilung. § 73 GmbHG führt zu einer bei der werbenden Gesellschaft nicht bekannten, vollständigen **Ausschüttungssperre** ab Auflösung der Gesellschaft bis zum Ablauf des Sperrjahres und der vollständigen Befriedigung bzw. Sicherstellung der letzten bekannten Verbindlichkeit. Diese Ausschüttungssperre greift selbst bei reichhaltig ausgestatteten Rücklagen ein. Da auch unbekannten Gläubigern der Zeitraum von einem Jahr ab dritter Bekanntmachung der Auflösung gem. § 65 Abs. 2 GmbHG zustehen muss, um evtl. bestehende Ansprüche zu erkennen, darf selbst bei Zustimmung sämtlicher bekannter Gesellschaftsgläubiger keine Vermögensverteilung vor Ablauf des Sperrjahres erfolgen (Lutter/Hommelhoff/*Lutter*/*Kleindiek* GmbHG, § 73 Rn. 1). Die Verteilung von Sachwerten an Gesellschafter ist ebenfalls von der Leistungssperre betroffen (Baumbach/Hueck/*Schulze-Osterloh/Noack* § 73 Rn. 12); Zahlungen an Gesellschafter auf Drittgläubigeransprüche der Gesellschaft sind hingegen zulässig (s. Erläuterung zu § 72 GmbHG Rn. 4). Das **»Gesetz über elektronische Handelsregister und Genossenschaftsregister sowie das Unternehmensregister« (EHUG)**, das am 1. 1. 2007 in Kraft trat, führte in Abs. 1 zur Ersetzung der Wörter »öffentlichen Blättern« durch »Gesellschaftsblättern«; damit wird die Terminologie an § 65 Abs. 2 GmbHG angepasst (vgl. Begründung der Bundesregierung BT-Drs. 16/960, 67 zu Art. 10 Nr. 10). Basis-Gesellschaftsblatt ist der elektronische Bundesanzeiger.

B. Voraussetzungen für die Verteilung des Gesellschaftsvermögens, Abs. 1 und Abs. 2

I. Tilgung oder Sicherstellung der Gesellschaftsschulden

2 Unabhängig davon, ob bekannte Gesellschaftsgläubiger ihren Anspruch geltend machen, sind deren unbestrittene und fällige Forderungen zu erfüllen. Soweit Abs. 2 S. 1 darauf abstellt, Forderungen bekannter Gläubiger, die sich nicht melden, seien zu hinterlegen, wird hierdurch kein neuer Hinterlegungstatbestand geschaffen, sondern ein solcher vorausgesetzt (A/E/S/*Ensthaler* § 73 Rn. 16). Umstrittene, unklare (z. B. aufgrund vom Gläubiger auszuübenden Wahlrechts), betagte Forderungen oder solche, hinsichtlich derer sich der Gläubiger im Annahmeverzug befindet oder die erst nach der Abwicklung entstehen (wie z. B. Steuerschulden, vgl. BFH BStBl. II 1971, 614), sind »derzeit nicht ausführbar« i. S. v. Abs. 2 S. 2; sie sind daher nach Wahl des Liquidators durch **Hinterlegung** nach §§ 372 bis 386 BGB und der HinterlO beim Amtsgericht des Leistungsortes (i. S. v. §§ 269, 270 BGB) oder durch **Sicherheitsleistung** nach §§ 232 bis 240 BGB zu berücksichtigen. Nach h. M. genügt im Interesse der Beschleunigung der Liquidation auch die Stellung von im Wirtschaftsleben **üblichen Sicherheiten**, wie z. B. einer selbstschuldnerischen Bankbürgschaft (*Roth/Altmeppen* § 73 Rn. 6; Baumbach/Hueck/*Schulze-Osterloh* § 73 Rn. 7). Die Bürgschaft eines Gesellschafters genügt dagegen nur, wenn sich der Gläubiger hiermit einverstanden erklärt. Schwierigkeiten bereiten regelmäßig Rentenverbindlichkeiten. Kann mit den Begünstigten keine Lösung im Wege einer Abfindung oder Überleitung auf eine Versicherung gefunden werden, bleibt nur eine Sicherheitsleistung auf Grundlage einer versicherungsmathematischen Berechnung (Lutter/Hommelhoff/*Lutter*/*Kleindiek* GmbHG, § 77 Rn. 6 f.).

3 Ein **Anspruch auf Sicherstellung offener Forderungen** seitens der Gläubiger besteht nicht; die Sicherstellung ist aber erforderliche Voraussetzung für eine rechtmäßige Vermögensverteilung, für welche die Liquidatoren nach Maßgabe von Abs. 3 haften (Baumbach/Hueck/*Schulze-Osterloh/Noack* § 73 Rn. 4). Für offensichtlich unbegründete Forderungen gegen die Gesellschaft ist entgegen dem zu engen Wortlaut von Abs. 2 S. 2 keine Sicherheit zu leisten. Die Liquidatoren haben also pflichtgemäß, unter Beachtung ihrer Haftung nach Abs. 3, abzuwägen, welche Forderungen sie für offensichtlich unbegründet halten. Im Verschuldensfall haften sie, wenn sich eine Forderung im Nachhinein als begründet erweist (A/E/S/*Ensthaler* § 73 Rn. 21).

4 Die Liquidatoren unterliegen bei der Befriedigung der Gesellschaftsgläubiger keinem **Gleichbehandlungsgebot** (h. M., vgl. *Roth/Altmeppen* § 73 Rn. 5; a. A. für Steuerschulden: BFH BStBl. II 1984, 776; BStBl. II 1985, 702). Es besteht keine Rangordnung zwischen den Gläubigern (BGHZ

53, 74) und es erfolgt auch keine Differenzierung zwischen Alt- und Neugläubigern. Stets ist aber – auch in Erfüllung der Beobachtungspflicht der Liquidatoren im Hinblick auf § 64 GmbHG – zu gewärtigen, dass, sollte eine vollständige Befriedigung aller Gläubiger (wahrscheinlich) nicht möglich sein, **Insolvenzantrag** zu stellen ist (A/E/S/*Ensthaler* § 73 Rn. 8) oder, bei nur noch sehr geringer Masse, anteilige Quoten zu leisten sind (BayObLG GmbHR 1982, 274).

Bekannt ist ein Gläubiger i. S. v. Abs. 2, dessen Forderung dem Grunde und der Höhe nach den Liquidatoren im Wesentlichen bekannt ist. Der Bestand oder die künftige Entstehung einer Forderung brauchen nicht zweifelsfrei festzustehen (*Roth/Altmeppen* § 73 Rn. 2 f.). Kennenmüssen reicht nicht, jedoch ist eine Forderung schon dann bekannt, wenn sie sich aus den Gesellschaftsunterlagen ergibt (RGZ 92, 77, 80; Baumbach/Hueck-*Schulze-Osterloh/Noack* § 73 Rn. 6; a. A. *Roth/Altmeppen* § 73 Rn. 10, wonach fahrlässige Unkenntnis ausreichend). Zu Beweiszwecken sollten Gläubiger ihre Forderungen gegenüber den Liquidatoren anmelden. Forderungen **unbekannter Gläubiger** gehen zwar weder mit Ablauf des Sperrjahres noch mit Verteilung des Gesellschaftsvermögens unter, mangels verteilbarem Vermögen sind sie dann jedoch nicht mehr realisierbar. Eine Bereicherungshaftung der begünstigten Gesellschafter scheidet aus, da diese weder rechtsgrundlos noch unmittelbar auf Kosten des Gläubiger bereichert sind (RGZ 92, 82; 124, 214). Haben die Liquidatoren die Vermögensverteilung ordnungsgemäß nach Maßgabe von Abs. 1 und 2 vorgenommen, scheidet auch deren Haftung aus (A/E/S/*Ensthaler* § 73 Rn. 10). 5

II. Ablauf der Sperrfrist

Die in Abs. 1 normierte, **absolute Ausschüttungssperre** beginnt im Augenblick der Auflösung und endet nach Ablauf einer Frist von einem Jahr ab dem tatsächlichen Ausgabetag des Gesellschaftsblattes (bei mehreren: des letzten), das die dritte Gläubigeraufforderung nach § 65 Abs. 2 GmbHG enthält. Die Sperrfrist kann also deutlich länger als ein Jahr sein. Die Sperrfrist führt weder zu einer Stundung der Forderungen der Gesellschaftsgläubiger (Baumbach/Hueck/*Schulze-Osterloh/Noack* § 73 Rn. 5) noch ist sie eine Ausschlussfrist (RGZ 109, 210), binnen derer Gläubiger ihre Forderungen anzumelden hätten; vorbehaltlich einer Verjährung oder Verwirkung, etc. bestehen deren Forderungen vielmehr nach allgemeinen Bestimmungen fort. Meldet sich nach der Sperrfrist ein bisher unbekannter Gläubiger, ist eine ggf. bereits begonnene Verteilung zu unterbrechen und zunächst die bekannt gewordene Forderung zu erfüllen (Lutter/Hommelhoff/*Lutter/Kleindiek* GmbHG, § 73 Rn. 4). 6

III. Rechtsschutz für Gläubiger

Bei rechtwidrigen Vermögensverteilungen durch die Liquidatoren können die Gesellschaftgläubiger einen **Unterlassungsanspruch analog § 1004 BGB** geltend machen, der im Wege der einstweiligen Verfügung nach § 935 ZPO gesichert werden kann. Dieser Anspruch ist gegen die Liquidatoren, nicht gegen die Gesellschaft gerichtet (str.; A/E/S/*Ensthaler/Schönbohm* § 73 Rn. 15; Lutter/Hommelhoff/*Lutter/Kleindiek* GmbHG, § 73 Rn. 10: auch gegen Gesellschaft; Scholz/*K. Schmidt* GmbHG, § 73 Rn. 15). Darüber hinaus können nach Maßgabe von § 916 f. ZPO durch dinglichen Arrest Forderungen gegen die Gesellschaft gesichert werden, soweit Geldforderungen oder Ansprüche, die in eine Geldforderung übergehen können, in Rede stehen (Baumbach/Hueck/*Schulze-Osterloh/Noack* § 73 Rn. 10). 7

C. Haftung der Liquidatoren, Abs. 3

Die Liquidatoren sind verpflichtet, mit der Vermögensverteilung erst nach Befriedigung bzw. Sicherstellung bekannter Gesellschaftsgläubiger sowie Ablauf des Sperrjahres zu beginnen. Halten sich die Liquidatoren daran, so sind sie weder gegenüber der Gesellschaft noch gegenüber unbekannt gebliebenen Gesellschaftsgläubigern in der Haftung. Andernfalls liegt sowohl ein Verstoß gegen § 73 GmbHG als auch – abhängig von Verteilungsfortschritt bzw. Stand des Gesellschaftsvermögens – gegen §§ 30, 31 GmbHG vor; §§ 30, 31 GmbHG bleiben nämlich anwendbar, bis § 73 GmbHG die Vermögensverteilung gestattet. Außer in Fällen kollusiven Zusammenwirkens sind 8 gegen § 73 GmbHG verstoßende Rechtsgeschäft sowohl schuldrechtlich als auch dinglich wirksam (Lutter / Hommelhoff / *Lutter* / *Kleindiek* GmbHG, § 73 Rn. 11).

I. Haftung der Liquidatoren gegenüber der Gesellschaft

9 Obwohl die Gesellschaft selbst bei einem Verstoß gegen § 73 GmbHG keinen Schaden erleidet, sondern der benachteiligte Gesellschafter, ist die Gesellschaft Inhaberin des **verschuldensabhängigen Anspruchs** aus Abs. 3 (RGZ 109, 387). **Darlegungs- und beweispflichtig** für fehlendes Verschulden ist der Liquidator. Abs. 3 findet sowohl bei der pflichtwidrigen Verteilung von Geldvermögen als auch der pflichtwidrigen Verteilung von Sachwerten der Gesellschaft Anwendung (A / E / S / *Ensthaler/Schönbohm* § 73 Rn. 23).

10 Der **Ersatzanspruch** ist der Höhe nach begrenzt durch die Höhe des Anspruchs des betroffenen Gläubigers sowie den (zu Unrecht) verteilten Betrag (wohl h. M., Lutter / Hommelhoff / *Lutter* / *Kleindiek* GmbHG, § 73 Rn. 12; A / E / S / *Ensthaler* § 73 Rn. 25; a. A. Baumbach / Hueck / *Schulze-Osterloh/Noack* § 73 Rn. 14: in Höhe der rechtswidrig ausgeschütteten Beträge, wobei der Liquidator einwenden kann, dass ein Teil hiervon nicht zur Gläubigerbefriedigung notwendig ist). Der Erlös aus der Schadensliquidation gem. Abs. 3 steht nur dem jeweils betroffenen Gläubiger und nicht allen Gläubigern, die sich verspätet gemeldet haben, zu. Die Geltendmachung hängt nicht von einem Gesellschafterbeschluss nach § 46 Nr. 8 GmbHG ab und ein Gesellschafterbeschluss kann die Verantwortlichkeit der Liquidatoren auch nicht beseitigen. Nach h. M. besteht subsidiär ein **Gläubigerverfolgungsrecht** analog §§ 93 Abs. 5, 268 Abs. 2 AktG, wenn der Gläubiger von der GmbH keine Geltendmachung des Anspruchs zu erwarten hat (Scholz / *K. Schmidt* GmbHG, § 73 Rn. 29; Baumbach / Hueck / *Schulze-Osterloh/Noack* § 73 Rn. 13). Im Übrigen ist der Gläubiger ggf. auf eine Nachtragsliquidation bzw. eine Pfändung und Überweisung des Anspruchs nach Abs. 3 angewiesen (Lutter / Hommelhoff / *Lutter* / *Kleindiek* GmbHG, § 73 Rn. 13).

11 Die Liquidatoren haften **gesamtschuldnerisch** nach §§ 421 ff. BGB. Mehrere Liquidatoren sind nach Maßgabe der §§ 426, 254 BGB zum Ausgleich verpflichtet. Der Anspruch aus Abs. 3 **verjährt** nach Abs. 3 S. 2, § 43 Abs. 4 GmbHG in fünf Jahren ab der pflichtwidrigen Verteilung. Ein etwaiger Verzicht wäre gem. Abs. 3 S. 2, §§ 43 Abs. 3 S. 2, 9 b Abs. 1 S. 1 GmbHG unwirksam.

II. Haftung der Liquidatoren gegenüber den Gesellschaftsgläubigern

12 Streitig ist, ob den Gesellschaftsgläubigern ein Direktanspruch aus §§ 73 Abs. 3 i. V. m. 823 Abs. 2 BGB zur Seite steht (dafür: Lutter / Hommelhoff / *Lutter* / *Kleindiek* GmbHG, § 73 Rn. 14; A / E / S / *Ensthaler* § 73 Rn. 29; Scholz / *K. Schmidt* GmbHG, § 73 Rn. 32; dagegen: Baumbach / Hueck / *Schulze-Osterloh/Noack* § 73 Rn. 22). Ersetzt wird mit dem Gesamtgläubigerschaden der Betrag, den der jeweilige Gläubiger bei Beachtung des § 73 GmbHG erhalten hätte (A / E / S / *Ensthaler* § 73 Rn. 30).

III. Haftung der Gesellschafter

13 Analog § 31 GmbHG haften die Gesellschafter bei Verstößen gegen §§ 73 Abs. 1 und Abs. 2 GmbHG auf **Rückgewähr an die Gesellschaft**. Daneben besteht ein – wegen der Möglichkeit eines Entreicherungseinwandes nach § 818 Abs. 3 BGB schwächerer – Bereicherungsanspruch gem. § 812 Abs. 1 S. 1 BGB. Analog § 31 Abs. 3, Abs. 6 GmbHG besteht eine Mithaftung der Gesellschafter, sowie eine Regressmöglichkeit gegenüber den Liquidatoren und analog § 31 Abs. 4 GmbHG ein Erlassverbot (A / E / S / *Ensthaler* § 73 Rn. 31).

14 Nach Maßgabe von § 426 Abs. 2 BGB können die Liquidatoren bei den Gesellschaftern in Höhe der von diesen empfangenen Leistungen **Rückgriff** nehmen (*Roth/Altmeppen* § 73 Rn. 31; Baumbach / Hueck / *Schulze-Osterloh/Noack* § 73 Rn. 24), da bei einer Zahlung des Liquidators nach § 73 Abs. 3 GmbHG der Anspruch der Gesellschaft gegenüber dem Gesellschafter analog § 31 GmbHG auf den Liquidator übergeht.

IV. Persönliche steuerrechtliche Haftung der Liquidatoren

Vor Beginn der Verteilung haben die Liquidatoren Steuerschulden zu tilgen oder sicherzustellen. 15
Ein Verstoß hiergegen, der auch dann vorliegt, wenn nach Ablauf des Sperrjahres bei der Verteilung bekannt war bzw. sein musste, dass mit höheren Steuern zu rechnen ist als Mittel zu deren Bezahlung zurückbehalten wurden (BFH DB 1973, 1219), führt zur besonderen Haftung des Liquidators nach § 69 AO (Lutter / Hommelhoff / *Lutter* / *Kleindiek* GmbHG, § 74 Rn. 18).

§ 74 [Schluss der Liquidation]

(1) [1]Ist die Liquidation beendet und die Schlußrechnung gelegt, so haben die Liquidatoren den Schluß der Liquidation zur Eintragung in das Handelsregister anzumelden. [2]Die Gesellschaft ist zu löschen.

(2) [1]Nach Beendigung der Liquidation sind die Bücher und Schriften der Gesellschaft für die Dauer von zehn Jahren einem der Gesellschafter oder einem Dritten in Verwahrung zu geben. [2]Der Gesellschafter oder der Dritte wird in Ermangelung einer Bestimmung des Gesellschaftsvertrags oder eines Beschlusses der Gesellschafter durch das Gericht (§ 7 Absatz 1) bestimmt.

(3) [1]Die Gesellschafter und deren Rechtsnachfolger sind zur Einsicht der Bücher und Schriften berechtigt. [2]Gläubiger der Gesellschaft können von dem Gericht (§ 7 Absatz 1) zur Einsicht ermächtigt werden.

A. Überblick

Die Liquidation ist beendet (im Gegensatz zur (Voll-) Beendigung der Gesellschaft, die zu deren Erlöschen führt), wenn das Sperrjahr gem. § 73 GmbHG abgelaufen ist, kein verteilungsfähiges Vermögen mehr vorhanden ist und auch sonst keine Abwicklungsmaßnahmen mehr zu treffen sind (Lutter / Hommelhoff / *Lutter* / *Kleindiek* GmbHG, § 74 Rn. 2). Für dieses Stadium trifft § 74 GmbHG (unvollständige) Regelungen. 1

B. Anmeldung des Schlusses der Liquidation und Löschung der Gesellschaft, Abs. 1

I. Schluss der Liquidation

Laufende Rechtsstreitigkeiten stehen einer Anmeldung der Beendigung der Liquidation entgegen. Bei Aktivprozessen fehlt es an der erforderlichen Vermögenslosigkeit (BayObLG GmbHR 1993, 821), während bei Passivprozessen noch nicht abschließend geklärt ist, ob sämtliche Gesellschaftsverbindlichkeiten befriedigt sind und der Gesellschaft eventuell ein Kostenerstattungsanspruch zusteht. Nach h. M. wird daher auch ein Passivprozess, weil dieser noch abzuwickeln ist, als Löschungshindernis betrachtet (BGH GmbHR 1994, 260; Baumbach / Hueck / *Schulze-Osterloh/Noack* § 74 Rn. 19; Scholz / *K. Schmidt* GmbHG, § 74 Rn. 17 a; a. A. BGH NJW 1982, 238: Löschung macht Klage unzulässig; a. A. BAG WM 1982, 220: Löschung bei nicht auf Vermögensleistung zielenden Klagen unzulässig). Bei dennoch erfolgter Löschung ist ein Prozess Anlass für eine Nachtragsliquidation (Baumbach / Hueck / *Schulze-Osterloh/Noack* § 74 Rn. 19). 2

Sind für noch **ungeklärte Verbindlichkeiten**, wie Registergerichtskosten, Steuern, Aufbewahrung der Bücher und Schriften nach Abs. 2, noch Rücklagen gebildet – und im Übrigen das verteilungsfähige Vermögen erschöpft – ist die Liquidation noch nicht beendet (BayObLG GmbHR 1982, 275). Insoweit ist entweder eine Vorabbefriedigung (d. h. Zahlung statt bloßer Rücklagenbildung) sämtlicher Gläubiger erforderlich (unabdingbar nach Baumbach / Hueck / *Schulze-Osterloh/Noack* § 74 Rn. 11) oder aber, was umstritten ist, eine Hinterlegung oder treuhänderische Verwaltung des Zurückbehaltenen im Wege der Aussonderung aus dem Gesellschaftsvermögen und der nachfolgenden Verwaltung für Abwicklungszwecke (Scholz / *K. Schmidt* GmbHG, § 74 Rn. 1). 3

4 Umstritten ist der Charakter der **Schlussrechnung**. Regelmäßig wird sie mit der Liquidationsschlussbilanz identisch sein, und sich auf eine Vollzugsmeldung hinsichtlich Ablauf und Ergebnis des bereits in der Liquidationsschlussbilanz enthaltenen Verteilungsplans beschränken (s. auch die Erläuterung zu § 71 GmbHG Rn. 8). Auf Grundlage der Schlussrechnung sollte eine Schlussentlastung der Liquidatoren gem. §§ 71 Abs. 2 S. 1, 46 Nr. 5 GmbHG stattfinden, wobei allerdings die Liquidatoren – ebenso wie die Geschäftsführer der werbenden Gesellschaft – keinen einklagbaren Anspruch auf Entlastung haben (*Roth/Altmeppen* § 74 Rn. 11).

II. Anmeldung und Löschung

5 Die Anmeldung des Schlusses der Liquidation erfolgt durch die **Liquidatoren** in vertretungsberechtigter Zahl. Mit Löschung der Gesellschaft erlischt auch ihr Amt, so dass die Anmeldung nach Abs. 1 gleichzeitig die Anmeldung der Beendigung ihres Amtes gem. § 67 Abs. 1 GmbHG ist (BGHZ 53, 264).

6 Aufgrund der Anmeldung (entgegen des Wortlauts von Abs. 1 S. 2 und vorbehaltlich der Fälle der Amtslöschung nach § 141 a Abs. 1 FGG) überprüft das **Registergericht** aufgrund des Amtsermittlungsgrundsatzes (§ 12 FGG), ob die Liquidation beendet und eine ordnungsgemäße Verwahrung nach Abs. 2 gewährleistet ist. Bei Vorliegen aller Voraussetzungen wird die Gesellschaft gem. Abs. 1 S. 2 gelöscht und die Löschung vom Registergericht gem. § 10 HGB bekannt gemacht.

7 Umstritten ist, ob mit der Löschung der Gesellschaft deren **Vollbeendigung** einhergeht und evtl. noch vorhandenes Vermögen auf die Gesellschafter als Gesamthänder übergeht (R/S-L/*Pentz* § 13 Rn. 9; A/E/S/*Ensthaler* § 74 Rn. 9, § 66 Rn. 19), oder ob darüber hinaus – wie die h. M. annimmt – erforderlich ist, dass die gelöschte Gesellschaft auch tatsächlich vermögenslos war (Scholz/*K. Schmidt* GmbHG, § 74 Rn. 14; Baumbach/Hueck/*Schulze-Osterloh/Noack* § 74 Rn. 16). Praktische Relevanz hat die Unterscheidung hinsichtlich Aktiva nicht, da bei noch vorhandenem Vermögen jedenfalls gem. § 66 Abs. 5 GmbHG eine Nachtragsliquidation durchzuführen ist. Noch bestehende Verbindlichkeiten stehen der Vollbeendigung auch nach h. M. nicht entgegen. Sie erlöschen, wobei Kreditsicherheiten zugunsten eines unberücksichtigt gebliebenen Gläubigers, selbst akzessorische Sicherheiten, Bestand haben (Scholz/*K. Schmidt* GmbHG, § 74 Rn. 16; Baumbach/Hueck/*Schulze-Osterloh/Noack* § 74 Rn. 16).

C. Aufbewahrung der Bücher und Schriften der Gesellschaft, Abs. 2

8 Zu verwahren sind Bücher und Schriften i. S. v. § 51 a GmbHG, also nicht nur die in § 257 HGB genannten Unterlagen (BayObLG NJW 1968, 56; *Roth/Altmeppen* § 74 Rn. 12; vgl. auch § 51 a GmbHG Rn. 8). Die Person des **Verwahrers** ergibt sich aus dem Gesellschaftsvertrag bzw. Gesellschafterbeschluss (die beide die Bestimmung auch den Liquidatoren überlassen können) oder – hilfsweise – Beschluss des Gerichts nach Abs. 2 S. 2 i. V. m. § 148 Abs. 1 FGG als Gericht der freiwilligen Gerichtsbarkeit (Baumbach/Hueck/*Schulze-Osterloh/Noack* § 74 Rn. 9; a. A. als Registergericht, jedoch unter Anwendung von §§ 146, 148 FGG: Scholz/*K. Schmidt* GmbHG, § 74 Rn. 30). **Antragsberechtigt** ist jeder Liquidator, jeder Gesellschafter, jeder Gläubiger sowie der Insolvenzverwalter. Der durch Satzung, Gesellschafterbeschluss oder Gericht bestimmte Verwahrer ist zur Aufbewahrung nicht verpflichtet (OLG Stuttgart BB 1984, 2169).

9 Die **Aufbewahrungsfrist** beginnt mit der Aufbewahrung. Überschreiten Aufbewahrungsfristen nach § 257 Abs. 4 und 5 HGB und steuerrechtliche Aufbewahrungsfristen nach § 147 AO die Frist von zehn Jahren, so sind diese Fristen maßgeblich (Baumbach/Hueck/*Schulze-Osterloh/Noack* § 74 Rn. 8).

10 Das Gericht kann die Erfüllung der Pflicht der Liquidatoren, für die Aufbewahrung zu sorgen, nicht **erzwingen**, sie kann aber notfalls im Klageweg durch jeden Gesellschafter oder Gläubiger durchgesetzt werden (BayObLG NJW 1968, 56).

D. Einsichtsrecht, Abs. 3

I. Gesellschafter, Abs. 3 S. 1

Das Einsichtsrecht steht gem. Abs. 3 S. 1 den Gesellschaftern zu, nach h. M. nur solchen, die im Zeitpunkt der Beendigung Gesellschafter waren (Baumbach/Hueck/*Schulze-Osterloh/Noack* § 74 Rn. 13; Lutter/Hommelhoff/*Lutter/Kleindiek* GmbHG, § 74 Rn. 10; a. A. *Roth/Altmeppen* § 72 Rn. 18: auch frühere Gesellschafter). Klageweise geltend zu machen ist das Einsichtsrecht durch Klage gegen den Verwahrer vor dem Prozessgericht (KG JW 1937, 2289; Baumbach/Hueck/*Schulze-Osterloh/Noack* § 74 Rn. 13). 11

II. Gesellschaftsgläubiger, Abs. 3 S. 2

Gesellschaftsgläubiger können sich gem. Abs. 3 S. 2, wenn sie ein berechtigtes Interesse an der Einsichtnahme glaubhaft machen, vom Gericht, das wie bei der Bestimmung des Verwahrers entscheidet, zur Einsichtnahme ermächtigen lassen. Der Verwahrer ist nach h. M. Antragsgegner und nach § 146 Abs. 1 FGG zu hören (A/E/S/*Ensthaler* § 74 Rn. 19). Der Bestellung eines Nachtragsliquidators bedarf es nicht (OLG Hamm GmbHR 2001, 819). Ausreichen sollen die schlüssige Darlegung eines (auch verjährten) Anspruchs und von Anhaltspunkten, dass im Liquidationsverfahren Ansprüche der gelöschten GmbH nicht mit der erforderlichen Sorgfalt, Sachkunde und Unparteilichkeit geltend gemacht worden sind (*Roth/Altmeppen* § 74 Rn. 16 f.). Die gerichtliche Ermächtigung kann mit einer – durch Zwangsgeld sanktionierten – Gestattungsanordnung gegenüber dem Verwahrer verbunden werden (OLG Oldenburg BB 1983, 1434). Fehlt eine solche, kann der ermächtigte Gläubiger sein Einsichtsrecht durch Klage gegen den Verwahrer geltend machen (Baumbach/Hueck/*Schulze-Osterloh/Noack* § 74 Rn. 14). 12

III. Ehemalige Geschäftsführer

Ehemaligen Geschäftsführern steht ein Einsichtsanspruch analog § 810 BGB zur Seite, der bei gegen sie gerichteten Schadensersatzansprüchen relevant werden kann (*Roth/Altmeppen* § 74 Rn. 18). Unter den Voraussetzungen von § 810 BGB sind auch **sonstige Dritte**, wie z. B. nach h. M. im Zeitpunkt der Beendigung der Gesellschaft bereits ausgeschiedene ehemalige Gesellschafter, zur Einsichtnahme berechtigt. Auch dieser Anspruch ist nach h. M. vor dem Prozessgericht einzuklagen (A/E/S/*Ensthaler* § 74 Rn. 22). 13

§ 75 [Nichtigkeitsklage]

(1) Enthält der Gesellschaftsvertrag keine Bestimmungen über die Höhe des Stammkapitals oder über den Gegenstand des Unternehmens oder sind die Bestimmungen des Gesellschaftsvertrags über den Gegenstand des Unternehmens nichtig, so kann jeder Gesellschafter, jeder Geschäftsführer und, wenn ein Aufsichtsrat bestellt ist, jedes Mitglied des Aufsichtsrats im Wege der Klage beantragen, daß die Gesellschaft für nichtig erklärt werde.

(2) Die Vorschriften der §§ 246 bis 248 des Aktiengesetzes finden entsprechende Anwendung.

Übersicht:

A. Überblick

1 Eine GmbH genießt nach ihrer (konstitutiven) Eintragung im Interesse der Rechtssicherheit **weit reichenden Bestandsschutz**. Etwaige Mängel sind grundsätzlich ex nunc zu beheben bzw. können, bei Unzumutbarkeit der Gesellschaftsfortsetzung ohne Behebung solcher Mängel, Anlass zu einer Auflösungsklage gem. § 61 GmbHG geben.

2 § 75 GmbHG stellt – neben den Amtslöschungstatbeständen gem. § 144 Abs. 1 S. 2 FGG (vgl. hierzu Kap. 16 Rn. 481 ff.) und der Amtsauflösung gem. § 144 a FGG – die einzige zur Nichtigkeit (d. h. Zwangsauflösung und Abwicklung der Gesellschaft führende) Regelung dar. Aufgrund des Bestandsschutzes der eingetragenen GmbH kann sich eine Nichtigkeit der Gesellschaft insbesondere nicht aus den allgemeinen Vorschriften über Rechtsgeschäfte ergeben; **Nichtigkeit i. S. v. § 75 GmbHG** folgt demgemäß nicht schon allgemein aus Mängeln (z. B. Geschäftsunfähigkeit) beim Abschluss des Gründungsvertrags und Beitritt zu einer GmbH (KG NJW-RR 2001, 1117 f.), aus einer Scheingründung (BGHZ 2, 378, 381 f.) oder aus gegen geltendes Recht verstoßende und deshalb insoweit für sich betrachtet nichtigen Vertragsbestimmungen (KG NZG 1999, 1235, 1236). Praktische Relevanz dürfte der Vorschrift angesichts der Kontrolle der Satzung im Rahmen der notariellen Beurkundung und des Eintragungsverfahrens vor dem Registergericht kaum zukommen (Baumbach / Hueck / *Schulze-Osterloh/Zöllner* § 72 Rn. 1 ff; A / E / S / *Achilles* § 75 Rn. 1 ff.).

Vgl. zur Nichtigkeitsklage gem. § 75 GmbHG auch ausführl. Kap. 16 Rn. 465 ff.

B. Nichtigkeitsgründe, Abs. 1

3 Nichtigkeit i. S. v. § 75 GmbHG kann nur aus den dort **abschließend** aufgeführten und daher nicht analogiefähigen Satzungsmängeln folgen (BGHZ 21, 378, 381 f.; KG NJW-RR 2001, 117 f; OLG Frankfurt NZG 2002, 294, 295). Die in Abs. 1 genannten Gründe entsprechen den in § 144 Abs. 1 FGG genannten Amtslöschungstatbeständen (s. auch Kap. 16 Rn. 481). Irrelevant ist, ob ein Nichtigkeitsgrund bereits von Anfang an vorhanden war oder erst durch nachträgliche Satzungsänderungen entstanden ist (A / E / S / *Achilles* § 75 Rn. 4).

4 Andere Mängel bei wesentlichen Satzungsbestandteilen, d. h. Fehlen oder Nichtigkeit der Bestimmungen über Firma und Sitz (§ 3 Abs. 1 Nr. 1 GmbHG), zum Betrag des Stammkapitals (§ 3 Abs. 1 Nr. 3 GmbHG) und zur Stammeinlage (§ 3 Abs. 1 Nr. 4 GmbHG) werden über das Amtsauflösungsverfahren gem. § 144 a FGG erfasst.

I. Fehlende Satzungsbestimmung zur Höhe des Stammkapitals

5 Zur Nichtigkeit i. S. v. § 75 GmbHG führt nur das **vollständige Fehlen** einer Satzungsregelung. Bei einem lediglich fehlerhaft festgesetzten Stammkapital, z. B. entgegen § 5 Abs. 1 GmbHG auf € 2.500,– (vgl. zu den beabsichtigten Änderungen der Höhe des Mindeststammkapitals durch das MoMiG § 5 GmbHG Rn. 5) oder auf eine andere Währung als Euro bzw. DM (nach Maßgabe von § 86 GmbHG), kommt nur ein Amtsauflösungsverfahren gem. § 144 a FGG in Betracht, falls die nichtige Satzungsbestimmung nicht durch eine Satzungsänderung ersetzt und der Mangel geheilt wird (vgl. § 144 a Abs. 4, Abs. 1 FGG). Im Hinblick auf den Kapitalaufbringungs- und -erhaltungsgrundsatz stellt das gänzliche Fehlen einer Satzungsbestimmung zur Höhe des Stammkapitals nach h. M. einen unheilbaren Mangel dar, bei dem nur eine vollständige Neugründung

hilft (*Roth/Altmeppen* § 75 Rn. 14 f.; A/E/S/*Achilles* § 75 Rn. 5; a. A.: auch Mangel des fehlenden Stammkapitals heilbar: Lutter/Hommelhoff/*Lutter/Kleindieck* GmbHG, § 76 Rn. 1), s. auch Erläuterungen zu § 76 GmbHG Rn. 1.

II. Bestimmung über den Unternehmensgegenstand

Eine Nichtigkeitsklage kommt – vorbehaltlich einer Heilung der zur Nichtigkeit führenden Män- 6
gel nach § 76 GmbHG – nicht nur bei völligem Fehlen einer Satzungsbestimmung zum Unternehmensgegenstand in Betracht, sondern auch, wenn der Unternehmensgegenstand im Sinne der allgemeinen Vorschriften nichtig ist, z. B. bei verbotenem (§ 134 BGB), sittenwidrigen (§ 138 BGB) oder bloß zum Schein vereinbarten (§ 117 GmbHG) Unternehmensgegenstand. Streitig ist, ob dies auch bei endgültiger Verweigerung einer Genehmigung des Unternehmensgegenstands nach § 8 Abs. 1 Nr. 6 GmbHG gilt. Zum **RefE MoMiG** (Referentenentwurf eines »Gesetzes zur Modernisierung des GmbH-Rechts und zur Bekämpfung von Missbräuchen«) s. auch Erläuterungen zu § 60 GmbHG Rn. 13 a. E. Ebenfalls umstritten ist, ob ein nachträgliches Verbot des Unternehmensgegenstandes oder eine Abweichung des tatsächlich verfolgten Unternehmensgegenstand vom ursprünglich gewollten zur Nichtigkeit führt. Eine bloß unzureichende Konkretisierung des Unternehmensgegenstandes stellt jedenfalls keinen Nichtigkeitsgrund i. S. v. § 75 GmbHG dar, sondern lediglich ein Eintragungshindernis (vgl. zu den aufgeworfenen Fragen Baumbach/Hueck/*Schulze-Osterloh/Zöllner* § 75 Rn. 14 ff.; Roth/Altmeppen/*Altmeppen* § 75 Rn. 10 ff.; A/E/S/*Achilles* § 75 Rn. 6).

C. Nichtigkeitsklage, Abs. 1 und Abs. 2

I. Rechtsnatur der Klage

Die Nichtigkeit einer Gesellschaft tritt nicht automatisch ein, sondern ist im Wege einer **Gestal-** 7
tungsklage herbeizuführen. Die hierfür anzustrengende Nichtigkeitsklage bezweckt ein Gestaltungsurteil, dessen Erlass gem. § 77 GmbHG rechtsgestaltend die Auflösung der Gesellschaft mit Wirkung gegenüber Jedermann für die Zukunft bewirkt und insoweit den Auflösungstatbeständen des § 60 GmbHG entspricht (*Roth/Altmeppen* § 75 Rn. 7). Nach wohl h. M. ist es nicht möglich, Nichtigkeitsgründe der Gesellschaft lediglich einredeweise, z. B. als Leistungsverweigerungsrecht, entgegen zu halten (A/E/S/*Achilles* § 75 Rn. 7; vgl. auch Kap. 16 Rn. 465 m. w. N.). Ein klageabweisendes Urteil erzeugt Rechtskraft nur zwischen den Parteien (A/E/S/*Achilles* § 75 Rn. 9).

II. Aktiv- und Passivlegitimation

Nur der begrenzte, in Abs. 1 genannte **Personenkreis** – bei mehreren Klägern in Mitberechtigung 8
(§ 18 GmbHG) bzw. Klagen aus demselben Rechtsgrund in notwendiger Streitgenossenschaft – ist zur Klageerhebung aktivlegitimiert (vgl. auch Kap. 16 Rn. 466). Die Klage ist **gegen die Gesellschaft** zu richten, die durch ihre Geschäftsführer bzw. Liquidatoren in vertretungsberechtigter Zahl, und bei Existenz eines Aufsichtsrat gleichzeitig auch durch diesen zusammen mit Geschäftsführern/Liquidatoren vertreten wird, vgl. Abs. 2, § 246 Abs. 2 AktG (*Roth/Altmeppen* § 75 Rn. 20 ff; Kap. 16 Rn. 467 ff.) Klageerhebung und Prozesstermin sind gem. Abs. 2 i. V. m. §§ 246 Abs. 4, 407 AktG in den Gesellschaftsblättern **bekannt zu machen** (s. Kap. 16 Rn. 474).

III. Klagefrist

Eine Klagefrist von einem Monat existiert nach h. M. entgegen der missverständlichen Verwei- 9
sung auf die Monatsfrist des § 246 Abs. 1 AktG nicht (vgl. Kap. 16 Rn. 472 m. w. N.). Streitig ist, ob eine 3-Jahres-Frist analog § 275 Abs. 3 AktG ab Eintragung der Gesellschaft im Handelsregister Anwendung findet oder ob – in Anlehnung an diese Frist – die Grundsätze der Verwirkung und des widersprüchlichen Verhaltens anzuwenden sind (Baumbach/Hueck/*Schulze-Osterloh/Zöllner* § 75 Rn. 26; *Roth/Altmeppen* § 75 Rn. 24).

IV. Rechtsschutzbedürfnis

10 Bei nach § 76 GmbHG heilbaren Nichtigkeitsmängeln fordert die h. M. für das **Rechtsschutzbedürfnis** einer Klageerhebung zudem, dass die Gesellschaft zur Beseitigung der Mängel bzw. zur Auflösung nicht bereit ist, so dass sich analog § 275 Abs. 2 AktG eine Aufforderung zur Mängelbeseitigung empfiehlt (vgl. R/S-L/*Zimmermann* § 13 Rn. 9; Baumbach/Hueck/*Schulze-Osterloh/Zöllner* § 75 Rn. 27; A/E/S/*Achilles* § 75 Rn. 8). Ein paralleles Amtslöschungsverfahren nach § 144 Abs. 1 S. 2 FGG lässt das Rechtschutzbedürfnis nicht entfallen, eine rechtskräftige Löschung führt allerdings zur Erledigung der Nichtigkeitsklage (A/E/S/*Achilles* § 75 Rn. 8; *Roth/Altmeppen* § 75 Rn. 26; vgl. auch Kap. 16 Rn. 473). Zu den Rechtsfolgen einer Heilung gem. § 76 GmbHG s. Erläuterungen dort Rn. 3.

V. Zuständigkeit

11 Die gerichtliche Zuständigkeit liegt gem. § 75 Abs. 2 GmbHG, § 246 Abs. 3 AktG i. V. m. § 95 Abs. 2 GVG beim Landgericht, Kammer für Handelssachen, am Sitz der Gesellschaft (vgl. hierzu auch. Kap. 16 Rn. 389). Eine Vereinbarung über die Zuständigkeit eines Schiedsgerichts ist grundsätzlich zulässig, im Hinblick auf die hohen Anforderungen des BGH (BGHZ 132, 278, 285 ff.) an die Herbeiführung der erforderlichen Gestaltungswirkung auch in Bezug auf Dritte werden die mit einer Befassung von Schiedsgerichten verbundenen Risiken allerdings regelmäßig als nicht beherrschbar angesehen (A/E/S/*Achilles* § 75 Rn. 8).

VI. Urteil, Anmeldung

12 Das rechtskräftige, stattgebende Nichtigkeitsurteil ist ein **Gestaltungsurteil** (s. auch Rn. 7). Es ist mit Rechtskraftszeugnis zur Eintragung ins Handelsregister (s. § 77 Abs. 1 GmbHG) durch die Liquidatoren (da die Auflösung bereits eingetreten ist, nicht mehr durch die Geschäftsführer) analog § 248 Abs. 1 S. 2 AktG einzureichen (so *Roth/Altmeppen* § 75 Rn. 28; Baumbach/Hueck/*Schulze-Osterloh/Zöllner* § 75 Rn. 31) bzw. zusätzlich anzumelden (so Lutter/Hommelhoff/*Lutter/Kleindiek* GmbHG, § 75 Rn. 5; Scholz/*K. Schmidt* GmbHG, § 75 Rn. 21). In der Praxis sollte es regelmäßig kein Problem bereiten, die Einreichung mit einer Anmeldung zum Handelsregister zu verbinden. Vgl. zu den Urteilswirkungen auch Kap. 16 Rn. 475 f.

D. Überblick über Amtslöschungs- und Amtsauflösungsverfahren, §§ 142 ff. FGG

13 Während den Gesellschaftern die Möglichkeit offen steht, Gründungs-, Satzungs- und Eintragungsmängel durch entsprechende Beschlussfassung zu beheben bzw. ggf. mit der Auflösungsklage nach § 61 GmbHG oder einer Nichtigkeitsklage gem. § 75 GmbHG zu reagieren, stehen dem **Registergericht** (und gem. § 143 FGG bei Löschungen nach § 142 FGG auch dem übergeordneten Landgericht konkurrierend, welches während des registerrichterlichen Löschungsverfahrens zweckmäßigerweise aber nicht einschreitet, BayObLG BayObLGZ 1994, 58, 60) gem. §§ 142 FGG verschiedene Maßnahmen bis hin zur Löschung der Gesellschaft zur Verfügung. Einleitung des Verfahrens, das Verfahren selbst und der Beschwerdeweg unterliegen dem FGG. Es gilt der Amtsermittlungsgrundsatz nach § 12 FGG (A/E/S/*Achilles* § 75 Rn. 10 f.).

I. Allgemeines zu den Amtsverfahren

14 Die **Verfahrenseinleitung** erfolgt auf Grund sonstiger registerrichterlicher Verpflichtungen oder in Folge von Anregungen von Gesellschaftsbeteiligten oder Dritten, z. B. den in § 126 FGG bezeichneten berufsständischen Vertretungen. Die Einleitung des Verfahrens steht im pflichtgemäßen Ermessen des Registergerichts, das sich u. U. im Rahmen einer Ermessensreduzierung auf Null auf eine Einschreitenspflicht verkürzen kann, wenn gravierende Anhaltspunkte für die Existenz zu sanktionierender Mängel bestehen (str., s. A/E/S/*Achilles* § 75 Rn. 11).

15 Ein **Beschwerderecht** steht vornehmlich der betroffenen **Gesellschaft** zu. Einzelne Gesellschafter sind nur beschwerdeberechtigt bei Eingriffen in zu ihren Gunsten bestehende Sonderrechte oder bei Eingriffen, die Bestand und Inhalt ihrer Gesellschafterrechte grundlegend in Frage stel-

len und sie damit individuell in eigenen sachlichen Rechten verletzen würden (BayObLG NJW-RR 2001, 613; OLG Zweibrücken NJW-RR 1990, 672, 673). Die bloße Beeinträchtigung allgemeiner Mitgliedschaftsrechte und die darin liegende mittelbare Rechtsbeeinträchtigung oder die Berührung sonstiger rechtlicher Interessen verleiht noch keine Beschwerdeberechtigung. Im Übrigen ist erforderlich, dass der Gesellschafter der der Registereintragung zu Grunde liegenden Beschlussfassung wegen Gesetzes- oder Satzungsverstoß widersprochen hat und er dagegen mit Anfechtungs- oder Feststellungsklage vorgeht bzw. vorgehen kann (OLG Hamm OLGZ 1976, 392, 395; KG OLGZ 1967, 97, 100). Für das Beschwerderecht von Organmitgliedern, insbesondere wenn sie eine zu Unrecht erfolgte Löschung ihrer Organstellung geltend machen, gilt das Gleiche (vgl. BayObLG NJW-RR 1993, 698). Die in § 126 FGG bezeichneten Berufständevertretungen sind gegen ablehnende Entscheidungen des Gerichts beschwerdebefugt. Keine Beschwerdebefugnis steht außenstehenden Dritten, z. B. Gesellschaftsgläubigern, zu (BayObLG NJW-RR 2001, 613).

II. Amtslöschung unzulässiger Eintragungen, §§ 142 f. FGG

Von Amts wegen können nach pflichtgemäßem Ermessen gem. §§ 142 f. FGG Registereintragungen gelöscht werden, die wegen eines – ursprünglich vorhandenen oder erst nachträglich entstandenen (BayObLGZ 1994, 102, 104 f.) – Mangels einer wesentlichen Voraussetzung unzulässig sind. Hierzu gehören fehlende **Verfahrensvoraussetzungen**, wie z. B. das Fehlen einer ordnungsgemäßen Anmeldung (z. B. in Folge Rücknahme oder Antragsstellung durch Unbefugten); dies ist jedoch unbeachtlich, wenn die Eintragung im Ergebnis gleichwohl zutreffend war bzw. wurde, nur Ordnungsvorschriften verletzt wurden, das Registergericht von einer ordnungsgemäßen Anmeldung ausgehen durfte oder der Mangel bei Eintragung beseitigt war. 16

Darüber hinaus können **materiellrechtliche Mängel** aufgegriffen werden, z. B. die Eintragung eines gem. § 6 Abs. 2 GmbHG ausgeschlossenen Geschäftsführers oder einer nicht existierenden Zweigniederlassung (A/E/S/*Achilles* § 75 Rn. 12 ff.). Materiellrechtliche Mängel können jedoch nicht zur Löschung der Gesellschaft insgesamt führen, da insoweit § 144 FGG die speziellere Regelung ist. Im Übrigen hat § 144 Abs. 2 FGG hinsichtlich materiellrechtlicher Mängel, die in die Zuständigkeit der Gesellschafterversammlung fallen und ins Handelsregister einzutragen sind, Vorrang und entfaltet hinsichtlich § 142 FGG Sperrwirkung. Nach § 144 Abs. 2 FGG reichen das Fehlen wesentlicher Eintragungsvoraussetzungen bzw. bloße Mängel beim Zustandekommen nicht aus, vielmehr ist erforderlich, dass der zu löschende Gesellschafterbeschluss inhaltlich gegen zwingendes, auch nicht durch die Satzung abdingbares Recht verstößt (z. B. Mindestnennbetrag und Teilung von Stammeinlagen, Kapitalaufbringung und -erhaltung sowie gesetz- und sittenwidrige Beschlüsse) und darüber hinaus ein öffentliches Interesse an der Löschung des Beschlusses besteht (z. B. Schweregrad und Dauer der Gesetzesverletzung, Interesse der Gesellschaftsgläubiger). Bloße Satzungsverstöße können nur durch eine Beschlussanfechtung der Gesellschafter selbst aus der Welt geschaffen werden (A/E/S/*Achilles* § 75 Rn. 17). Nach § 142 FGG kommt eine **Löschung der Gesellschaft** (nur) in Betracht, wenn deren Eintragung aufgrund eines wesentlichen Verfahrensmangels erfolgte, die Eintragung der Gesellschaft also z. B. gar nicht beantragt war (str., vgl. Baumbach/Hueck/*Schulze-Osterloh/Zöllner* Anh. § 77 Rn. 19). 17

III. Amtslöschung nichtiger Gesellschaften, § 144 FGG

Aus Bestandsschutzgründen kommt eine zwangsweise Löschung der Gesellschaft (insgesamt) nur unter den materiellrechtlichen Voraussetzungen in Betracht, gem. denen nach § 75 GmbHG Nichtigkeitsklage erhoben werden kann. Beide Verfahren **konkurrieren**, wobei dem Gericht hinsichtlich des Einschreitens – entgegen dem Wortlaut von § 144 Abs. 1 S. 2 FGG – kein Ermessen zusteht. Bei einem anhängigen Nichtigkeitsrechtsstreit gem. § 75 GmbHG kommt allerdings eine Aussetzung des Amtslöschungsverfahrens gem. § 127 FGG in Betracht (*Roth/Altmeppen* § 75 Rn. 34 f.). Eine Amtslöschung führt zur Erledigung des Nichtigkeitsprozesses und umgekehrt, während eine Verneinung der Nichtigkeits- bzw. Löschungsvoraussetzungen für das jeweils andere Verfahren keine Bindungswirkung zeitigt (A/E/S/*Achilles* § 75 Rn. 15). 17

Vgl. zum Amtslöschungsverfahren nach § 144 FGG ausführl. Kap. 16 Rn. 481 ff.; zum Verhältnis zur Nichtigkeitsklage nach § 75 GmbHG vgl. Kap. 16 Rn. 487.

IV. Amtsauflösung, §§ 144 a, 144 b FGG

18 Gem. § 144 a Abs. 1 i. V. m. Abs. 4 FGG besteht eine Auflösungsbefugnis von Amts wegen, wenn entgegen § 3 Abs. 1 Nr. 1 und 4 GmbHG die Satzung **keine Bestimmungen zu Firma, Sitz und Stammeinlage** enthält oder die vorhandenen Bestimmungen nichtig sind. § 144 a FGG ist auch anwendbar bei **Nichtigkeit der Bestimmungen zum Stammkapital** gem. § 3 Abs. 1 Nr. 3 GmbHG (deren Fehlen stellt einen Fall des § 75 GmbHG sowie von § 144 FGG dar). Die Firma der GmbH ist nichtig, wenn gegen zwingende Vorgaben hinsichtlich der Firma verstoßen wird, z. B. gegen § 4 GmbHG oder §§ 18, 22, 30 HGB. Verstöße gegen die Satzungsbestimmungen zum Stammkapital und zur Stammeinlage sind nur dann nach § 144 a FGG sanktioniert, wenn die Mindestbeträge nach § 5 Abs. 1 GmbHG unterschritten werden oder der Gesamtbetrag der übernommenen Stammeinlagen entgegen § 5 Abs. 3 nicht dem Stammkapital entspricht. Streitig ist, ob § 144 a FGG auf nachträgliche Änderungen, wie z. B. auf das nachträgliche Auseinanderfallen von Satzungssitz und tatsächlichem Sitz Anwendung findet (verneinend: BayObLG BB 2002, 828, 829; A/E/S/*Achilles* § 75 Rn. 19; bejahend: LG Memmingen NZG 2002, 95; Baumbach/Hueck/*Schulze-Osterloh/Zöllner* Anh § 77 Rn. 34). Zur Sitzverlegung ins Ausland s. auch Erläuterungen zu § 60 GmbHG Rn. 16.

19 Bei der **Einmann-GmbH** ist die Erfüllung der Stammeinlage-Volleinzahlungs- bzw. Sicherungspflicht gem. § 19 Abs. 4 GmbHG durch eine zusätzliche Amtsauflösungsmöglichkeit gem. § 144 b FGG gesichert. Das Verfahren findet auch bei (Gründungs-) Eintragung unter Verstoß gegen § 7 Abs. 2 S. 3 GmbHG statt (BayObLG BayObLGZ 1988,248, 255). Am Verfahren sind sowohl Gesellschafter als auch Gesellschaft zu beteiligen (KG NJW-RR 2000, 488, 489). Das Verfahren wird bei Kenntnisnahme im Rahmen der Einreiche- und Anzeigepflichten der Gesellschafter nach § 40 GmbHG eingeleitet. Der **RefE MoMiG** (Referentenentwurf eines »Gesetzes zur Modernisierung des GmbH-Rechts und zur Bekämpfung von Missbräuchen« vom 29. 5. 2005) sieht als Folgeregelung zur beabsichtigten Streichung von §§ 7 Abs. 2 und 19 Abs. 4 GmbHG die Aufhebung von § 144 b FGG vor.

20 Eine **Heilung** der Mängel ist durch Satzungsänderung gem. § 53 GmbHG bzw. Nachholung bzw. Nachweis der Einzahlung bzw. Sicherung stets möglich, wozu das Gericht unter Fristsetzung aufzufordern hat. Nach fruchtlosem Fristablauf hat das Gericht die rechtskräftige Feststellung des Mangels nach § 144 a Abs. 2 FGG (i. V. m. mit § 144 b S. 3 FGG) zu verfügen. Hiergegen ist sofortige Beschwerde möglich (*Roth/Altmeppen* § 75 Rn. 47). Mit Rechtskraft der Feststellungsverfügung ist die Gesellschaft gem. § 60 Abs. 1 Nr. 6 GmbHG aufgelöst. Die Auflösung wird von Amts wegen ins Handelsregister eingetragen.

§ 76 [Heilung von Mängeln durch Gesellschafterbeschluss]

Ein Mangel, der die Bestimmungen über den Gegenstand des Unternehmens betrifft, kann durch einstimmigen Beschluß der Gesellschafter geheilt werden.

A. Überblick

1 Satzungsmängel sind, wie z. B. aus § 144 a FGG folgt, grundsätzlich heilbar. Für die in § 75 GmbHG genannten Mängel des Unternehmensgegenstand normiert § 76 GmbHG in Abweichung von § 53 GmbHG das Erfordernis der **Einstimmigkeit**. Die wohl noch h. M. verneint hingegen die Möglichkeit der Heilung des dritten, in § 75 GmbHG genannten Nichtigkeitsgrundes des Fehlens einer Bestimmung zur Stammkapitalhöhe (so R/S-L/*Zimmermann* § 75 Rn. 12; A/E/S/*Achilles* § 76 Rn. 1; a. A. Lutter/Hommelhoff/*Lutter/Kleindiek* GmbHG, § 76 Rn. 1;

Baumbach / Hueck / *Schulze-Osterloh/Zöllner* § 76 Rn. 3). Dieser wäre damit der einzige nicht heilbare Mangel, der nur durch eine vollständige Neugründung behoben werden kann.

B. Voraussetzung der Heilung

Erforderlich ist, entgegen dem insoweit ungenauen Wortlaut, zunächst ein **Beschluss mit satzungsändernder Mehrheit** gem. § 53 GmbHG bzw. der einschlägigen Satzungsbestimmung. Getrennt hiervon, jedoch nach h. M. notwendigerweise in notariell beurkundeter Form, ist zusätzlich die Zustimmung der übrigen Gesellschafter (d. h. der nicht anwesenden oder nicht positiv abstimmenden) Gesellschafter erforderlich (Lutter / Hommelhoff / *Lutter/Kleindiek* GmbHG, § 76 Rn. 2; Baumbach / Hueck / *Schulze-Osterloh/Zöllner* Anh. § 77 Rn. 8). Im Einzelfall kann aufgrund der gesellschafterlichen Treuepflicht für Gesellschafter, die an der mangelbehafteten Gründung schuldhaft mitgewirkt haben, eine Zustimmungspflicht bestehen (A / E / S / *Achilles* § 76 Rn. 2; Baumbach / Hueck / *Schulze-Osterloh/Zöllner* § 76 Rn. 8). 2

C. Rechtsfolgen der Heilung

Der Zeitpunkt der Heilung bestimmt sich nach der (konstitutiven) Eintragung der Satzungsänderung. Wird die Heilung vor Erlass eines Urteils gem. § 75 GmbHG bzw. des Beschlusses nach § 144 FGG eingetragen, so entzieht dies dem jeweiligen Verfahren die Grundlage, s. auch Erläuterungen zu § 75 GmbHG Rn. 10. Die Nichtigkeitsklage muss dann zur Vermeidung einer Klageabweisung als unbegründet für erledigt erklärt werden. Ein gleichwohl ergangenes Nichtigkeitsurteil führt mit seiner Rechtskraft auch bei Vorliegen eines Heilungsbeschlusses zu den in § 77 GmbHG geregelten Nichtigkeitswirkungen, wenn der Heilungsbeschluss vor Schluss der letzten Tatsachenverhandlung gefasst wurde und folglich hätte berücksichtigt werden müssen. In diesem Fall ist ein Fortsetzungsbeschluss erforderlich, um das aufgrund § 77 GmbHG eingetretene Liquidationsstadium wieder zu beenden (A / E / S / *Achilles* § 76 Rn. 3). 3

§ 77 [Wirkung der Nichtigkeit]

(1) Ist die Nichtigkeit einer Gesellschaft in das Handelsregister eingetragen, so finden zum Zwecke der Abwicklung ihrer Verhältnisse die für den Fall der Auflösung geltenden Vorschriften entsprechende Anwendung.

(2) Die Wirksamkeit der im Namen der Gesellschaft mit Dritten vorgenommenen Rechtsgeschäfte wird durch die Nichtigkeit nicht berührt.

(3) Die Gesellschafter haben die versprochenen Einzahlungen zu leisten, soweit es zur Erfüllung der eingegangenen Verbindlichkeiten erforderlich ist.

A. Überblick

Aus § 77 GmbHG folgt, dass mit Nichtigkeit der Gesellschaft gerade nicht die zivilrechtliche (ex tunc) Nichtigkeit gemeint ist, sondern die Gesellschaft ab Rechtskraft des Nichtigkeitsurteils i. S. v. § 60 GmbHG aufgelöst ist und abgewickelt wird. § 77 GmbHG wird bei Eintragung eines Löschungsvermerkes nach § 144 Abs. 1 S. 2 FGG entsprechend angewendet, wobei hier die Auflösung mit Eintragung des Löschungsvermerks erfolgt (Lutter / Hommelhoff / *Lutter/Kleindiek* § 77 Rn. 1 ff.). 1

B. Rechtsfolgen der Nichtigerklärung, Abs. 1

Die für nichtig erklärte Gesellschaft (der Nichtigkeitsvermerk im Handelsregister ist im Fall des § 75 GmbHG deklaratorisch, bei § 144 FGG konstitutiv) ist nach den allgemeinen Regeln der §§ 66 ff. GmbHG abzuwickeln. Vorbehaltlich abweichender Satzungsbestimmungen sind die Geschäftsführer als Liquidatoren anzumelden, die fortan intern die aus dem Liquidationszweck fol- 2 genden Schranken zu beachten haben (Lutter / Hommelhoff / *Lutter/Kleindiek* GmbHG, § 77 Rn. 2).

C. Wirksamkeit von Rechtsgeschäften vor Nichtigerklärung, Abs. 2

3 Die Gesellschaft war ausweislich § 77 Abs. 2 GmbHG zu jedem Zeitpunkt rechts- und parteifähig und bleibt dies bis zum Ende der Abwicklung. Darüber hinaus waren bzw. sind auch die im Innenverhältnis vorgenommenen Rechtsgeschäfte und Rechtsverhältnisse (Gesellschafterbeschlüsse, Gesellschafterstellung und entsprechende Rechte und Pflichten; bewirkte Einlageleistung) unabhängig von einer Kenntnis des Nichtigkeitsgrundes wirksam (A / E / S / *Achilles* § 77 Rn. 3).

D. Einlagerückstände, Abs. 3

4 Trotz des etwas unklaren Wortlauts sind im Rahmen der Liquidation nicht nur insoweit Einlagen zu leisten, wie dies zur Schuldentilgung oder Sicherstellung schwebender Verbindlichkeiten nach § 69 GmbHG erforderlich ist. Auch soweit es im Hinblick auf den Ausgleich unter den Gesellschaftern im Rahmen der Schlussverteilung nach § 72 GmbHG noch ausstehender Einlagen bedarf, sind die Einlagen einzufordern (A / E / S / *Achilles* § 77 Rn. 4).

E. Fortsetzungsbeschluss

5 Wird der der Nichtigkeitserklärung zugrunde liegende Mangel beseitigt (was nach Maßgabe von § 76 GmbHG möglich ist), können die Gesellschafter nach den allgemeinen Regeln die Fortsetzung der Gesellschaft beschließen (s. Erläuterung zu § 60 GmbHG Rn. 19 ff.; vgl. auch Kap. 16 Rn. 479). Der Fortsetzungsbeschluss bedarf der Eintragung im Handelsregister, die erst nach (oder gleichzeitig mit) Wirksamwerden der Heilung des zur Nichtigkeit führenden Mangels möglich ist (Baumbach / Hueck / *Schulze-Osterloh/Zöllner* § 77 Rn. 7).

Sechster Abschnitt
Schlußbestimmungen

§ 78 [Anmeldepflichtige]

Die in diesem Gesetz vorgesehenen Anmeldungen zum Handelsregister sind durch die Geschäftsführer oder die Liquidatoren, die in § 7 Abs. 1, § 57 Abs. 1, § 57 i Abs. 1, § 58 Abs. 1 Nr. 3 vorgesehenen Anmeldungen sind durch sämtliche Geschäftsführer zu bewirken.

A. Einleitung

1 Die Vorschrift legt fest, **welche Personen** für die im GmbH-Gesetz vorgesehenen Anmeldungen befugt sind. Sofern keine besondere Regelung besteht, ist § 78 GmbHG auch für Anmeldungen in Angelegenheiten der GmbH nach dem HGB oder sonstigen Gesetzen anzuwenden (z. B. *Lutter/Hommelhoff* GmbHG, § 78 Nr. 1).

B. Anmeldung zum Handelsregister

2 Unter einer Anmeldung ist der **Antrag an das Registergericht** auf Eintragung eines die Gesellschaft betreffenden eintragungsfähigen Umstandes in das Handelsregister zu verstehen. Es handelt sich um eine **Verfahrenshandlung** zur Einleitung des gerichtlichen Eintragungsverfahrens (z. B. BayObLG GmbHR 2000, 493, 494). Nur in Ausnahmefällen sieht das Gesetz eine Eintragung von Amts wegen vor (Scholz/*Winter* GmbHG, § 78 Rn. 6).

3 Im Regelfall setzt die Eintragung in das Handelsregister eine Anmeldung voraus, d. h. es gilt der **Anmeldegrundsatz**. Für die Geschäftsführer oder Liquidatoren der Gesellschaft besteht eine öf-

fentliche Anmeldepflicht für alle in das Handelsregister einzutragenden Tatsachen (§ 15 Abs. 1 HGB), deren Eintragung deklaratorisch ist und nicht von Amts wegen zu erfolgen hat (BGHZ 105, 324, 327 f.).

Bei konstitutiv wirkenden Eintragungen besteht keine öffentlich-rechtliche Anmeldepflicht (Scholz/*Winter* GmbHG, § 78 Rn. 8). 4

C. Anmeldebefugnis

Die Anmeldungen sind von den **Geschäftsführern oder Liquidatoren** vorzunehmen. Die in Hs. 5
2 genannten Angelegenheiten (Gesellschaftsgründung, Kapitalerhöhung und -herabsetzung) bedürfen einer Anmeldung durch sämtliche Geschäftsführer. In den anderen Fällen hat die Anmeldung durch die Geschäftsführer oder Liquidatoren **in vertretungsberechtigter Zahl** zu erfolgen (Scholz/*Winter* GmbHG, § 78 Rn. 1; vgl. auch § 7 GmbHG Rn. 6 f.).

Die Befugnis und die Pflicht zur Anmeldung **enden** mit dem Ausscheiden aus dem Amt als Ge- 6
schäftsführer oder Liquidator (*Lutter/Hommelhoff* GmbHG, § 78 Rn. 1), so dass beispielsweise der bisherige Geschäftsführer oder Liquidator sein eigenes Ausscheiden nicht mehr selbst zum Handelsregister anmelden kann, sofern die Abberufung oder Amtsniederlegung nicht erst ab dem Zeitpunkt der Eintragung wirksam werden soll und entsprechend befristet ist (Scholz/*Winter* GmbHG, § 78 Rn. 11).

Eine **Bevollmächtigung zur Anmeldung** ist möglich (§ 12 Abs. 2 HGB). Allerdings muss sich die 7
Vollmacht auf die besondere Organaufgabe des Geschäftsführers oder Liquidators beziehen, so dass die allgemeine Prokura, Handlungsvollmacht oder soweit zulässig, Generalvollmacht nicht ausreichen (*Lutter/Hommelhoff* GmbHG, § 78 Rn. 2). Die Vollmacht bedarf der **öffentlichen Beglaubigung** (§ 12 Abs. 2 S. 1 HGB). Anmeldungen, die durch sämtliche Geschäftsführer oder Liquidatoren zu bewirken sind, können nicht Gegenstand einer Vollmacht sein (Scholz/*Winter* GmbHG, § 78 Rn. 19).

D. Ausgestaltung der Anmeldung und Zuständigkeit

Die Anmeldung kann zusammen mit anderen Erklärungen verbunden werden (BayObLG BB 8
1993, 1830). Es ist unzulässig, die Anmeldung durch **Bedingungen oder Befristungen** zu beschränken (BayObLG GmbHR 1992, 672, 674).

Nach § 12 Abs. 1 HGB bedarf die Anmeldung der Form der **öffentlichen Beglaubigung**, d. h. die 9
Anmeldung hat schriftlich zu erfolgen und die Unterschrift des Geschäftsführers oder Liquidators muss von einem Notar beglaubigt sein. Möglich ist auch, die Anmeldung durch eine notarielle Urkunde über die Anmeldeerklärung oder durch Protokollierung im Rahmen eines gerichtlichen Vergleiches vorzunehmen (Großkomm HGB/*Hüffer* § 12 Rn. 2 ff.).

Das **Amtsgericht**, in dessen Bezirk die Gesellschaft ihren Sitz hat, ist für die Anmeldungen zu- 10
ständig (§ 8 HGB, § 125 FGG).

Das Registergericht prüft, ob die Anmeldung **formell** und – zum Teil auch – **materiell ordnungs-** 11
gemäß ist. Durch eine **Zwischenverfügung** wird den Geschäftsführern oder Liquidatoren bei Mängeln der Anmeldung die Möglichkeit gegeben, die gerügten Mängel zu beseitigen. Gegen eine Zwischenverfügung oder Ablehnung der beantragten Eintragung kann die unbefristete Beschwerde (§ 19 FGG) und die weitere Beschwerde (§ 27 FGG) erhoben werden, falls keine Abhilfe erfolgt (Scholz/*Winter* GmbHG, § 78 Rn. 25).

E. Folgen fehlerhafter Eintragungen

Ist eine Eintragung fehlerhaft erfolgt, so hat das Registergericht die Möglichkeit, unter den Vo- 12
raussetzungen der §§ 142 Abs. 1, 144 Abs. 2 FGG die **Eintragung zu löschen**, falls es sich um eine inhaltlich unrichtige deklaratorische Eintragung handelt (*Hachenburg/Ulmer* GmbHG, § 78 Rn. 28).

13 Hat die Eintragung dagegen **konstitutive Wirkung**, so werden die Mängel der Anmeldung grundsätzlich durch die Eintragung **geheilt**, sofern nicht ein Unbefugter die Anmeldung vorgenommen hat. In diesem Fall ist eine Löschung der Anmeldung von Amts wegen analog § 142 FGG möglich (Scholz/*Winter* GmbHG, § 78, Rn. 27).

§ 79 [Zwangsgelder]

(1) [1]Geschäftsführer oder Liquidatoren, die §§ 35 a, 71 Abs. 5 nicht befolgen, sind hierzu vom Registergericht durch Festsetzung von Zwangsgeld anzuhalten; § 14 des Handelsgesetzbuches bleibt unberührt. [2]Das einzelne Zwangsgeld darf den Betrag von fünftausend Euro nicht übersteigen.

(2) In Ansehung der in §§ 7, 54, 57 Abs. 1, 58 Abs. 1 Nr. 3 bezeichneten Anmeldung zum Handelsregister findet, soweit es sich um die Anmeldung zum Handelsregister des Sitzes der Gesellschaft handelt, eine Festsetzung von Zwangsgeld nach § 14 des Handelsgesetzbuches nicht statt.

A. Einleitung

1 Die Vorschrift ermöglicht dem Registergericht **Organpflichten** durch Festsetzung von Zwangsgeld durchzusetzen. § 14 HGB wird ergänzt und nicht ersetzt. Das Zwangsgeld ist eine **Beugemaßnahme**, d. h. weder Strafe noch Bußgeld (Scholz/*Winter* GmbHG, § 79 Rn. 11).

B. Tatbestände und Rechtsfolgen

2 Erforderlich ist die **Verletzung** der in Abs. 1 aufgeführten **Organpflichten**, wobei die Generalklausel zu § 14 HGB mit der aus Abs. 2 folgenden Einschränkung anzuwenden ist (Scholz/*Winter* GmbHG, § 79 Rn. 3 ff.).

3 Der Verstoß gegen die Organpflicht **indiziert die Rechtswidrigkeit**. Ein Verschulden ist für die Festsetzung des Zwangsgeldes nicht erforderlich. Ob bei der Festlegung der Frist zwischen Androhung und Festsetzung des Zwangsgeldes oder bei der Bemessung der Höhe des Zwangsgeldes das Verschulden eine Rolle spielt, ist umstritten (Scholz/*Winter* GmbHG, § 79 Rn. 13; Baumbach / Hueck / *Schulze/Osterloh* § 79 Rn. 6; *Lutter/Hommelhoff* GmbHG, § 79 Rn. 2).

4 Bei **konstitutiven Eintragungen** ist nach Abs. 2 eine Festsetzung von Zwangsgeld **unzulässig**.

5 Die Zwangsgeldfestsetzung richtet sich gegen die Kraft ihrer Organstellung **anmeldepflichtigen Personen** (*Lutter/Hommelhoff* GmbHG, § 79 Rn. 2). Das einzelne Zwangsgeld darf **maximal € 5.000,–** betragen, kann jedoch wiederholt festgesetzt werden (*Rowedder/Zimmermann* GmbHG § 79 Rn. 14). Die **Mindesthöhe** des Zwangsgeldes beträgt € 5,– (Art. 6 Abs. 1 S. 1 EGStGB).

§§ 80, 81 und 81 a [aufgehoben]

§ 82 [Falsche Angaben]

(1) Mit Freiheitsstrafe bis zu drei Jahren oder mit Geldstrafe wird bestraft, wer

1. als Gesellschafter oder als Geschäftsführer zum Zweck der Eintragung der Gesellschaft über die Übernahme der Stammeinlagen, die Leistung der Einlagen, die Verwendung eingezahlter Beträge, über Sondervorteile, Gründungsaufwand, Sacheinlagen und Sicherungen für nicht voll eingezahlte Geldeinlagen,

2. als Gesellschafter im Sachgründungsbericht,
3. als Geschäftsführer zum Zweck der Eintragung einer Erhöhung des Stammkapitals über die Zeichnung oder Einbringung des neuen Kapitals oder über Sacheinlagen,
4. als Geschäftsführer in der in § 57 i Abs. 1 Satz 2 vorgeschriebenen Erklärung oder
5. als Geschäftsführer in der nach § 8 Abs. 3 Satz 1 oder § 39 Abs. 3 Satz 1 abzugebenden Versicherung oder als Liquidator in der nach § 67 Abs. 3 Satz 1 abzugebenden Versicherung falsche Angaben macht.

(2) Ebenso wird bestraft, wer

1. als Geschäftsführer zum Zweck der Herabsetzung des Stammkapitals über die Befriedigung oder Sicherstellung der Gläubiger eine unwahre Versicherung abgibt oder
2. als Geschäftsführer, Liquidator, Mitglied eines Aufsichtsrats oder ähnlichen Organs in einer öffentlichen Mitteilung die Vermögenslage der Gesellschaft unwahr darstellt oder verschleiert, wenn die Tat nicht in § 331 Nr. 1 oder Nr. 1 a des Handelsgesetzbuchs mit Strafe bedroht ist.

§ 83 [aufgehoben]

§ 84 [Verletzung der Insolvenzantragspflicht]

(1) Mit Freiheitsstrafe bis zu drei Jahren oder mit Geldstrafe wird bestraft, wer es

1. als Geschäftsführer unterläßt, den Gesellschaftern einen Verlust in Höhe der Hälfte des Stammkapitals anzuzeigen, oder
2. als Geschäftsführer entgegen § 64 Abs. 1 oder als Liquidator entgegen § 71 Abs. 4 unterläßt, bei Zahlungsunfähigkeit oder Überschuldung die Eröffnung des Insolvenzverfahrens zu beantragen.

(2) Handelt der Täter fahrlässig, so ist die Strafe Freiheitsstrafe bis zu einem Jahr oder Geldstrafe.

§ 85 [Verletzung der Geheimhaltungspflicht]

(1) Mit Freiheitsstrafe bis zu einem Jahr oder mit Geldstrafe wird bestraft, wer ein Geheimnis der Gesellschaft, namentlich ein Betriebs- oder Geschäftsgeheimnis, das ihm in seiner Eigenschaft als Geschäftsführer, Mitglied des Aufsichtsrats oder Liquidator bekanntgeworden ist, unbefugt offenbart.

(2) [1]Handelt der Täter gegen Entgelt oder in der Absicht, sich oder einen anderen zu bereichern oder einen anderen zu schädigen, so ist die Strafe Freiheitsstrafe bis zu zwei Jahren oder Geldstrafe. [2]Ebenso wird bestraft, wer ein Geheimnis der in Absatz 1 bezeichneten Art, namentlich ein Betriebs- oder Geschäftsgeheimnis, das ihm unter den Voraussetzungen des Absatzes 1 bekannt geworden ist, unbefugt verwertet.

(3) [1]Die Tat wird nur auf Antrag der Gesellschaft verfolgt. [2]Hat ein Geschäftsführer oder ein Liquidator die Tat begangen, so sind der Aufsichtsrat und, wenn kein Aufsichtsrat vorhanden ist, von den Gesellschaftern bestellte besondere Vertreter antragsberechtigt. [3]Hat ein Mitglied des Aufsichtsrats die Tat begangen, so sind die Geschäftsführer oder die Liquidatoren antragsberechtigt.

A. Einleitung

1 Der Tatbestand der Verletzung von Geheimhaltungspflichten orientiert sich an § 404 AktG und ist in Abs. 1 dem Tatbestand des § 203 StGB nachgebildet. Abs. 2 S. 2 entspricht § 204 StGB (Scholz/*Tiedemann* GmbHG, § 85 Rn. 1).

2 Die Wahrung von Betriebs- und Geschäftsgeheimnisse erfolgt **im Interesse der Gesellschaft**, aber auch der Gesellschafter, geheime Umstände, die zur Geschäftstätigkeit der Gesellschaft gehören, als Vermögenswert zu schützen (Baumbach / Hueck / *Schulze/Osterloh* § 85 Rn. 1; *Lutter/Hommelhoff* GmbHG § 85 Rn. 1).

B. Täter

3 Die Verletzung von Geheimhaltungspflichten setzt voraus, dass der Täter zum Zeitpunkt, als ihm das Gesellschaftsgeheim bekannt wurde, **Geschäftsführer**, **Liquidator** oder **Mitglied des Aufsichtsrates** der GmbH war. Nur **Organmitglieder** einer GmbH können daher den Straftatbestand des § 85 GmbHG verwirklichen (Scholz/*Tiedemann* GmbHG § 85 Rn. 3). Wichtig ist, dass die in § 85 GmbHG normierte Schweigepflicht auch nach dem Ausscheiden aus dem Amt zu beachten ist, also ein »Wettbewerbsverbot ohne zeitliche Einschränkung und Entschädigung« (BGHZ 91, 6) begründet.

C. Gesellschaftsgeheimnis

4 Das »Gesellschaftsgeheimnis« ist der Oberbegriff, wobei allerdings unter den Begriff des »Betriebs- und Geschäftsgeheimnisses« in der Regel bereits **alle geheim zu haltenden wirtschaftlichen Tatsachen**, Erkenntnisse und Vorgänge fallen werden (Scholz/*Tiedemann* GmbHG, § 85 Rn. 6).

5 Zum Teil wird für den Geheimnisbegriff auf den Willen des Betriebsinhabers abgestellt (**»Willenstheorie«**). Bei einem anderen Ansatz ist das berechtigte wirtschaftliche Interesse an der Geheimhaltung entscheidend (**»Interessentheorie«**). Nach h. M. sind sowohl der Wille als auch das berechtigte Interesse zu kombinieren (Baumbach / Hueck / *Schulze/Osterloh* § 85 Rn. 7 m. w. N.; Scholz/*Tiedemann* GmbHG, § 85 Rn. 7 m. w. N.)

6 Den Geheimhaltungswillen bilden bei einer GmbH sowohl die **Gesamtheit der Gesellschafter** als auch – aus eigenem oder abgeleitetem Recht – die Geschäftsführer und Betriebsleiter (Scholz/*Tiedemann* GmbHG, § 85 Rn. 9).

D. Tathandlung

7 Eine **Offenbarung des Geheimnisses** liegt in der Mitteilung der geheimen Information an einen anderen, dem das Geheimnis bis dahin nicht bekannt war (*Lutter/Hommelhoff* GmbHG, § 85 Rn. 5).

8 Ein Geheimnis wird **verwertet**, wenn der wirtschaftliche Wert des Geheimnisses für eigene oder fremde Zwecke nutzbar gemacht wird (Baumbach / Hueck / *Schulze/Osterloh* § 85 Rn. 42).

E. Fehlende Befugnis

9 Die Tathandlungen der Offenbarung oder Verwertung eines Geheimnisses sind nur dann strafbar, wenn der Täter unbefugt handelt.

10 Ein Geschäftsführer handelt beispielsweise nicht unbefugt, wenn er im **Einverständnis aller Gesellschafter** ein Geheimnis der Gesellschaft offenbart. Allerdings muss die Zustimmung der Gesellschafter in Kenntnis der Tragweite der Freigabe erteilt werden und bereits **bei Vornahme der Tathandlung** vorliegen. Eine nachträgliche Zustimmung ist möglicherweise als Verzicht auf den gemäß Abs. 3 erforderlichen Strafantrag zu werten (Scholz/*Tiedemann* GmbHG, § 85 Rn. 20).

Besteht eine **gesetzliche Pflicht zur Offenlegung** von Geheimnissen, fehlt es ebenfalls an einer Verletzungshandlung. Dies gilt beispielsweise bei den mit der **Insolvenzantragspflicht** nach § 64 GmbHG verbundenen Informationspflichten (Scholz/*Tiedemann* GmbHG, § 85 Rn. 21). 11

Wird ein Geheimnis **gegen Entgelt** offenbart oder besteht eine Bereicherungs- bzw. Schädigungsabsicht, so liegt eine qualifizierte Verletzung von Geheimhaltungspflichten gem. § 85 Abs. 1 S. 1 GmbHG vor, die zu einer erhöhten Strafe führt (*Roth/Altmeppen* GmbHG § 85 Rn. 16). 12

F. Strafantrag und Verjährung

Es handelt sich um ein **Antragsdelikt** (Abs. 3). Das Antragsrecht wird durch die **Organe**, also grundsätzlich die Geschäftsführer oder Liquidatoren wahrgenommen. Sollten die zuständigen Organe an der Tat beteiligt sein, so ist von den Gesellschaftern ein besonderer Vertreter zu bestellen (Scholz/*Tiedemann* GmbHG, § 85 Rn. 41). 13

Im Falle einer Offenbarung als Tathandlung (Abs. 1) **verjährt** die Tat gem. § 78 Abs. 3 Nr. 5 StGB in drei Jahren. Eine Tat nach Abs. 2 verjährt gem. § 78 Abs. 3 Nr. 4 StGB in fünf Jahren. 14

§ 86 [Übergangsvorschriften aus Anlaß der Einführung des Euro] [i. d. F. ab 1. 1. 2007 durch EHUG]

(1) [1]Gesellschaften, die vor dem 1. Januar 1999 in das Handelsregister eingetragen worden sind, dürfen ihr auf Deutsche Mark lautendes Stammkapital beibehalten; entsprechendes gilt für Gesellschaften, die vor dem 1. Januar 1999 zur Eintragung in das Handelsregister angemeldet, aber erst danach bis zum 31. Dezember 2001 eingetragen werden. [2]Für Mindestbetrag und Teilbarkeit von Kapital, Einlagen und Geschäftsanteilen sowie für den Umfang des Stimmrechts bleiben bis zu einer Kapitaländerung nach Satz 4 die bis dahin gültigen Beträge weiter maßgeblich. [3]Dies gilt auch, wenn die Gesellschaft ihr Kapital auf Euro umgestellt hat; das Verhältnis der mit den Geschäftsanteilen verbundenen Rechte zueinander wird durch Umrechnung zwischen Deutscher Mark und Euro nicht berührt. [4]Eine Änderung des Stammkapitals darf nach dem 31. Dezember 2001 nur eingetragen werden, wenn das Kapital auf Euro umgestellt und die in Euro berechneten Nennbeträge der Geschäftsanteile auf einen durch zehn teilbaren Betrag, mindestens jedoch auf fünfzig Euro gestellt werden.

(2) [1]Bei Gesellschaften, die zwischen dem 1. Januar 1999 und dem 31. Dezember 2001 zum Handelsregister angemeldet und in das Register eingetragen werden, dürfen Stammkapital und Stammeinlagen auch auf Deutsche Mark lauten. [2]Für Mindestbetrag und Teilbarkeit von Kapital, Einlagen und Geschäftsanteilen sowie für den Umfang des Stimmrechts gelten die zu dem vom Rat der Europäischen Union gemäß Artikel 109 l Abs. 4 Satz 1 des EG-Vertrages unwiderruflich festgelegten Umrechnungskurs in Deutsche Mark umzurechnenden Beträge des Gesetzes in der ab dem 1. Januar 1999 geltenden Fassung.

(3) [1]Die Umstellung des Stammkapitals und der Geschäftsanteile sowie weiterer satzungsmäßiger Betragsangaben auf Euro zu dem gemäß Artikel 109 l Abs. 4 Satz 1 des EG-Vertrages unwiderruflich festgelegten Umrechnungskurs erfolgt durch Beschluß der Gesellschafter mit einfacher Stimmenmehrheit nach § 47; § 53 Abs. 2 Satz 1 findet keine Anwendung. [2]Auf die Anmeldung und Eintragung der Umstellung in das Handelsregister ist § 54 Abs. 1 Satz 2 nicht anzuwenden. [3]Werden mit der Umstellung weitere Maßnahmen verbunden, insbesondere das Kapital verändert, bleiben die hierfür geltenden Vorschriften unberührt; auf eine Herabsetzung des Stammkapitals, mit der die Nennbeträge der Geschäftsanteile auf einen Betrag nach Absatz 1 Satz 4 gestellt werden, findet jedoch § 58 Abs. 1 keine Anwendung, wenn zugleich eine Erhöhung des Stammkapitals gegen Bareinlagen beschlossen und diese in voller Höhe vor der Anmeldung zum Handelsregister geleistet werden.

Kapitel 8
Die GmbH & Co. KG

Übersicht:

A. Einleitung

I. Definition der GmbH& Co. KG

Die GmbH & Co. KG ist eine **Personenhandelsgesellschaft** in der Rechtsform einer Kommanditgesellschaft, auf die grundsätzlich die Vorschriften der **§§ 161 bis 177 a HGB** Anwendung finden. Persönlich haftender Gesellschafter dieser Kommanditgesellschaft ist typischerweise allein eine GmbH, mithin eine Kapitalgesellschaft, die als Komplementärin mit ihrem gesamten Vermögen haftet, welches rechtsformspezifisch beschränkt ist und (derzeit noch) mindestens € 25.000,– beträgt (§ 5 GmbHG). Damit ist die GmbH & Co. KG ein Mischtyp, bei der das Kommanditgesellschaftsrecht durch das Kapitalgesellschaftsrecht überlagert wird. Die Vorteile der beiden Rechts- 1 formen GmbH und KG werden kombiniert, namentlich durch die Haftungsbeschränkung, die Möglichkeit der Fremdorganschaft aus dem Kapitalgesellschaftsrecht sowie u. a. die weitgehend freie Gestaltung des Innenverhältnisses auf Grund der dispositiven Regelungen des Personengesellschaftsrechts (weitere Nachweise bei Baumbach/Hopt/*Hopt* Anh. § 177 a Rn. 1 zum Begriff, Rn. 3 zu den gesellschaftsrechtlichen Vorteilen; *K. Schmidt* GesR, § 56 I; MüKo HGB/*Grunewald*, § 161 Rn. 45 ff.).

II. Typenbildung

2 Die in der Praxis am Häufigsten vertretene Form ist die **personen- und beteiligungsidentische GmbH & Co. KG**, bei der die Gesellschafter der GmbH und die Kommanditisten der Kommanditgesellschaft mit denselben Beteiligungsquoten sowohl an der persönlich haftenden Gesellschaft als auch an der Personengesellschaft beteiligt sind. Einen Sonderfall bildet die **Ein-Personen-GmbH & Co. KG**, bei welcher der Alleingesellschafter der GmbH zugleich einziger Kommanditist ist (allgemein zur Typenbildung vgl. statt vieler: *K. Schmidt* GesR, § 56 II. 3.; MüKo HGB/*Grunewald*, § 161 Rn. 92 ff.; weitere Nachweise siehe jeweils dort).

3 Daneben gibt es die **nicht personen- und beteiligungsidentische GmbH & Co. KG**, bei der die Gesellschafter der persönlich haftenden Gesellschafterin und der Personengesellschaft entweder verschiedene Personen oder aber identische Personen mit abweichenden Beteiligungsverhältnissen sind. Fungiert die persönlich haftende Gesellschaft bei verschiedenen Kommanditgesellschaften als Komplementärin, wird sie auch als sternförmige GmbH & Co. KG bezeichnet.

4 Bei der **Einheits-GmbH & Co. KG** ist die Kommanditgesellschaft Alleingesellschafterin der GmbH, d. h. die Kommanditisten bringen ihre Geschäftsanteile an der GmbH als Einlage in die Kommanditgesellschaft ein.

5 Bei der **doppelstöckigen GmbH & Co. KG** ist eine weitere GmbH & Co. KG Komplementärin der GmbH & Co. KG.

6 Die GmbH & Co. KG kann **kapitalgesellschaftsähnliche Formen** annehmen, etwa in der Form einer Publikums-GmbH & Co. KG, bei der Investoren die Funktion der Kommanditisten übernehmen und die Gesellschafter der GmbH die Kommanditgesellschaft beherrschen. Bei diesem Typ einer nicht personenidentischen GmbH & Co. KG sind typischerweise körperschaftlich strukturierte Gesellschaftsverträge vereinbart, wie etwa Abstimmung mit Mehrheit und nach Kapitalbeträgen, Gesellschafterwechsel ohne Folgen für den Bestand der Gesellschaft und fakultative Aufsichtsorgane (weitere Nachweise bei Baumbach / Hopt / *Hopt* Anh. § 177 a Rn. 6 bis 11).

7 Schließlich sind **Typenverbindungen** mit anderen Gesellschaftsformen zu nennen, wobei hier insbesondere auf die **ausländische juristische Person & Co. KG** – wie z. B. die UK Private Limited Company als Komplementärin – hingewiesen wird. In der Praxis spielt eine derartige Typenverbindung etwa zur Vermeidung der unternehmerischen Mitbestimmung im Aufsichtsrat nach dem Betriebsverfassungsgesetz und deren Entschärfung nach dem Mitbestimmungsgesetz eine nicht unbedeutende Rolle: Personengesellschaften unterliegen nicht den Regelungen des Mitbestimmungsgesetzes 1976. Nach § 4 MitbestG wird jedoch die Zahl der Arbeitnehmer der GmbH & Co. KG der GmbH dann zugerechnet, wenn die Mehrheit der Kommanditisten auch die Mehrheit der Anteile oder Stimmen der GmbH innehat. Ist die Kommanditgesellschaft herrschendes Unternehmen eines Konzerns, so gelten die Arbeitnehmer nach § 5 Abs. 2 MitbestG als Arbeitnehmer der GmbH (Baumbach / Hopt / *Hopt* Anh. § 177 a Rn. 50 m. w. N.)

B. Rechtliche Strukturen

I. Gründung der GmbH & Co. KG

8 Die Errichtung einer GmbH & Co. KG durch Neugründung setzt zunächst die **Gründung einer GmbH** voraus, die die Funktion der Komplementärin in der Kommanditgesellschaft übernehmen soll und den Kommanditgesellschaftsvertrag mit einem oder mehreren Kommanditisten ab-

schließt. Die Gründung der GmbH folgt den Regelungen der §§ 3 ff. GmbHG. Die **Kommanditgesellschaft** entsteht mit Abschluss des Gesellschaftsvertrages und Aufnahme des Geschäftsbetriebs auch vor ihrer Eintragung in das Handelsregister, soweit die Kommanditgesellschaft ein Handelsgewerbe i. S. d. § 1 HGB betreibt (§§ 123 Abs. 2 HGB i. V. m. 161 Abs. 2 HGB). Erfordert das Unternehmen der Kommanditgesellschaft dagegen keinen in kaufmännischer Weise eingerichteten Geschäftsbetrieb (§§ 1 Abs. 2, 2 HGB) oder verwaltet die GmbH & Co. KG lediglich eigenes Vermögen oder betreibt sie kein Handelsgewerbe, entsteht die GmbH & Co. KG erst mit der Eintragung im Handelsregister, d. h. die Kaufmannseigenschaft der Komplementär-GmbH ersetzt nicht die der Kommanditgesellschaft (BayObLG NJW 1985, 982). Die Errichtung einer GmbH & Co. KG ist darüber hinaus durch den Eintritt einer GmbH in eine bereits bestehende Kommanditgesellschaft als neue Komplementärin bei Austritt des bisherigen Komplementärs unter Fortsetzung der Kommanditgesellschaft möglich. Weiter kann eine GmbH & Co. KG durch formwechselnde Umwandlung einer GmbH nach den §§ 190 ff. UmwG entstehen.

Die **Wirksamkeit der Kommanditgesellschaft** im Verhältnis zu Dritten tritt mit dem Zeitpunkt ein, in welchem die Gesellschaft in das elektronische Handelsregister eingetragen wird (§§ 161, 123 Abs. 1 HGB; vgl. §§ 8 Abs. 1, 8 a Abs. 1 HGB). Beginnt die Gesellschaft ihre Geschäfte schon vor der Eintragung, so tritt die Wirksamkeit mit dem Zeitpunkt des Geschäftsbeginns ein, soweit sich aus § 2 oder § 105 Abs. 2 HGB, jeweils i. V. m. § 161 HGB nichts Anderes ergibt (§ 123 Abs. 2 HGB). Eine Vereinbarung, dass die Gesellschaft erst zu einem späteren Zeitpunkt wirksam werden soll, ist Dritten gegenüber unwirksam (§ 123 Abs. 3 HGB). **9**

Die Kommanditgesellschaft ist **Inhaberin des Handelsgeschäfts** und Eigentümerin des Geschäftsvermögens. **10**

Sofern der Geschäftsführer der GmbH selbst Kommanditist ist, ist beim Abschluss des Kommanditgesellschaftsvertrages das **Verbot des Selbstkontrahierens** des § 181 BGB zu beachten. Daher sollte der Gesellschaftsvertrag der GmbH eine entsprechende Gestattung vorsehen. Die persönlich haftende Gesellschafterin benötigt eine Satzung nach dem GmbHG. Während der Abschluss des Kommanditgesellschaftsvertrages grundsätzlich formfrei möglich ist, aus Beweiszwecken jedoch stets schriftlich erfolgen sollte, und einer notariellen Form nur in Ausnahmefällen bedarf – etwa wenn ein GmbH-Geschäftsanteil (§ 15 Abs. 4 S. 1 GmbHG) oder ein Grundstück (§ 311 b Abs. 1 S. 1 BGB) eingebracht werden soll-, bedarf die Errichtung der GmbH der notariellen Beurkundung. **11**

Regelmäßig erfolgt die Anmeldung und Eintragung der Kommanditgesellschaft (§§ 106, 132 HGB) im Handelsregister nach der konstitutiven Eintragung der GmbH (§ 11 Abs. 1 GmbHG). **12**

II. Firma, Sitz und Unternehmensgegenstand

1. Firma

Die **Firma der GmbH & Co. KG** richtet sich nach § 19 Abs. 2 HGB, die der GmbH nach § 4 GmbHG. Nach § 19 Abs. 2 HGB muss die Firma einer Kommanditgesellschaft, in der keine natürliche Person persönlich haftet, eine Bezeichnung enthalten, welche die **Haftungsbeschränkung** kennzeichnet. Die Firma der Kommanditgesellschaft kann im Übrigen eine Personen-, Sach- oder Fantasiefirma sein (vgl. BGHZ 80, 353, 354). Bei einer Personenfirma kann auch der Name eines Kommanditisten aufgenommen werden, wenn die Haftungsverhältnisse in der Firmierung klar enthalten sind. Eine Unterscheidbarkeit der Firma der GmbH & Co. KG von anderen Firmen, also das Verbot der Irreführung des § 18 HGB, ist zu beachten. Die Firma der Komplementär-GmbH hat nach § 4 GmbHG die Bezeichnung »Gesellschaft mit beschränkter Haftung« oder eine allgemeinverständliche Abkürzung dieser Bezeichnung zu enthalten. Auch für sie gilt das Gebot der Unterscheidungskraft und das Verbot der Irreführung gem. § 18 HGB. **13**

2. Sitz

14 Während der Sitz der GmbH nach § 4 a GmbHG der Ort ist, den der Gesellschaftsvertrag bestimmt, regelmäßig der Ort, an dem die Gesellschaft einen Betrieb hat, oder der Ort, an dem sich die Geschäftsleitung befindet oder die Verwaltung geführt wird, befindet sich der **Sitz der GmbH & Co. KG** als Personenhandelsgesellschaft zwingend an dem Ort, an dem die **Verwaltung des Unternehmens** stattfindet (BGH WM 1957, 999). Es kann also nach h. M. nicht abweichend hiervon im Gesellschaftsvertrag ein anderer Sitz festgelegt werden (vgl. statt vieler: BGH NJW 1967, 36, 38; OLG Brandenburg NJW-RR 2001, 29, 30 m. w. N.).

3. Unternehmensgegenstand

15 Nach §§ 161 Abs. 2, 105 Abs. 3 HGB i. V. m. § 705 BGB verpflichten sich die Gesellschafter einer Kommanditgesellschaft mit dem Abschluss des Gesellschaftervertrages gegenseitig zur Erreichung eines gemeinsamen Zwecks. Dieser **Gesellschaftszweck** ist bei einer GmbH & Co. KG wie bei jeder Personenhandelsgesellschaft auf den Betrieb eines Handelsgewerbes unter einer gemeinsamen Firma (§§ 105 Abs. 1 HGB i. V. m. 161 Abs. 2 HGB) oder auf die Verwaltung eigenen Vermögens der Gesellschaft (§§ 105 Abs. 2 HGB i. V. m. 161 Abs. 2 HGB) gerichtet. In diesem Rahmen legt die gesellschaftsvertragliche Vereinbarung den Gegenstand des Unternehmens in engerer Weise durch die Art des Handelsgewerbes und die Tätigkeiten und Maßnahmen zur Erreichung des Gesellschaftszwecks fest.

16 Der Unternehmensgegenstand begrenzt die Befugnisse der geschäftsführenden Komplementärin auf alle Handlungen, die der gewöhnliche Betrieb des Handelsgewerbes der GmbH & Co. KG mit sich bringt. Bei außergewöhnlichen, also über den gewöhnlichen Geschäftsbetrieb hinausgehenden Handlungen können die Kommanditisten gem. § 164 HGB widersprechen. Die Gesellschafter sind zur Förderung des Gesellschaftszwecks verpflichtet, der sich in der Festlegung des Unternehmensgegenstandes konkretisiert. Ebenso bedeutsam ist der Unternehmensgegenstand für die Feststellung der Beschränkungen, die das Wettbewerbsverbot des § 112 HGB den persönlich haftenden Gesellschaftern auferlegt (vgl. hierzu Rn. 44).

17 Im Gegenstand des Unternehmens der GmbH ist nach § 10 GmbHG unter konkreter Bezeichnung auch der **Tätigkeitsbereich der GmbH & Co. KG** anzugeben und nicht nur die Übernahme der Funktion als persönlich haftende Gesellschafterin in der namentlich genannten Kommanditgesellschaft.

18 Die **örtliche Zuständigkeit des Handelsregistergerichts** (§§ 106 Abs. 1 i. V. m. 162 HGB) bestimmt sich nach dem Sitz der GmbH & Co. KG. Dieser ist ebenfalls maßgeblich für den allgemeinen Gerichtsstand im Sinne von § 17 Abs. 1 S. 1 ZPO und für die örtliche Zuständigkeit des Insolvenzgerichts gemäß § 3 Abs. 1 InsO. Sowohl Sitz als auch Registergericht sind gemäß § 37 a Abs. 1 HGB auf allen Geschäftsbriefen anzugeben.

4. Pflichtangaben auf Geschäftsbriefen

19 Nach §§ 161 Abs. 2 i. V. m. 125 a Abs. 1 HGB sind auf allen **Geschäftsbriefen** der GmbH & Co. KG, gleichviel welcher Form, die an einen bestimmten Empfänger gerichtet werden, die Rechtsform und der Sitz der Gesellschaft, das Registergericht und die Nummer, unter der die Gesellschaft in das Handelsregister eingetragen ist, anzugeben. Bei einer Gesellschaft, bei der kein Gesellschafter eine natürliche Person ist, sind auf den Geschäftsbriefen der Gesellschaft ferner die Firmen der Gesellschafter anzugeben sowie für die Gesellschafter die nach § 35 a GmbHG oder § 80 AktG für Geschäftsbriefe vorgeschriebenen Angaben, mithin die Rechtsform und der Sitz der Gesellschafterin, das Registergericht des Sitzes dieser Gesellschaft und die Handelsregisternummer sowie alle Geschäftsführer bzw. Vorstandsmitglieder und der Vorsitzende des Aufsichtsrats.

III. Organe der GmbH & Co. KG

1. Vertretung und Geschäftsführung durch die Komplementär-GmbH

Organschaftlich wird die Kommanditgesellschaft durch die **Komplementär-GmbH** vertreten (§§ 125, 161 Abs. 2, 170 HGB), wobei für die Komplementärin deren gesetzliche Vertreter handeln, mithin die Geschäftsführer der GmbH. **20**

Zur **Geschäftsführung** der Kommanditgesellschaft ist die Komplementär-GmbH allein befugt (§§ 161 Abs. 2 i. V. m. 115 Abs. 1 HGB), wobei ihr diese Befugnis nach § 117 HGB entzogen werden kann. Mit Blick auf das Verbot des Selbstkontrahierens gemäß § 181 BGB ist Folgendes zu beachten: Der Geschäftsführer der Komplementär-GmbH kann eigene Geschäfte mit der GmbH oder mit der Kommanditgesellschaft nur mit erforderlicher Gestattung durch die GmbH bzw. die Kommanditgesellschaft vornehmen. Dem Verbot des Selbstkontrahierens des § 181 BGB wird in der Regel durch Aufnahme einer befreienden Regelung im Gesellschaftsvertrag Rechnung getragen. Obwohl die Geschäftsführung dem Kommanditisten allein übertragen werden kann, kann die im Außenverhältnis bestehende Vertretungsmacht der Komplementärin nicht entzogen werden (§§ 164 ff. HGB). Die geschäftsführende Komplementär-GmbH haftet gegenüber der Kommanditgesellschaft grundsätzlich mit der Sorgfalt wie in eigenen Angelegenheiten. Bei kapitalistischer oder körperschaftlich strukturierten GmbH & Co. KGs, insbesondere **Publikumsgesellschaften**, haftet sie mit der Sorgfalt eines ordentlichen Geschäftsmannes, § 43 Abs. 1 GmbHG (BGHZ 75, 321, 327; 76, 160, 166; 76, 326, 338). Demselben Sorgfaltsmaßstab unterliegt der Gesellschafter der Komplementär-GmbH, der auf deren Geschäftsführung einen maßgeblichen Einfluss ausübt (BGH NJW 1976, 191). **21**

2. Geschäftsführer der Komplementär-GmbH

Der Geschäftsführer der Komplementär-GmbH ist nicht nur **Organ der GmbH**, sondern steht regelmäßig auch in einem Dienstverhältnis zu der GmbH. Sollte er im Ausnahmefall aufgrund besonderer Vertragsvereinbarung bei der Kommanditgesellschaft angestellt sein, kann er Arbeitnehmereigenschaft haben und damit dem Kündigungsschutz unterliegen; ebenso kann sich sein Arbeitsverhältnis zur Kommanditgesellschaft in ein freies Dienstverhältnis umwandeln, wenn er als Angestellter der Kommanditgesellschaft zum Geschäftsführer der Komplementär-GmbH bestellt wird (BAG WM 1983, 797; ZIP 1992, 1496). **22**

Weisungsbefugt gegenüber dem Geschäftsführer der Komplementär-GmbH ist die **Gesellschafterversammlung der GmbH** (§§ 37 Abs. 1, 45 GmbHG), allerdings kann eine Weisungsbefugnis der Kommanditgesellschaft oder eines Kommanditisten im Gesellschaftsvertrag wirksam vereinbart werden (MüKo HGB/*Grunewald* § 161 Rn. 69 m. w. N.). **23**

Der Geschäftsführer der Komplementär-GmbH unterliegt im Verhältnis zur GmbH einem **Wettbewerbsverbot**, strittig ist, ob es auch gegenüber der Kommanditgesellschaft besteht (Baumbach/Hopt//*Hopt* Anh. § 177 a Rn. 27 m. w. N.). **24**

Da die hauptsächliche Tätigkeit des Geschäftsführers der Komplementär-GmbH in der Geschäftsführung der Kommanditgesellschaft liegt, haftet er aus dem Anstellungsverhältnis zu der Komplementär-GmbH auch gegenüber der Kommanditgesellschaft (Baumbach/Hopt/*Hopt* Anh. § 177 a Rn. 28). Eine **Eigenhaftung des Geschäftsführers** gegenüber Dritten ist dagegen nur in Ausnahmefällen gegeben (Baumbach/Hopt/*Hopt* Anh. § 177 a Rn. 29). **25**

Bestellung und Abberufung des Geschäftsführers der Komplementär-GmbH richten sich nach dem GmbH-Recht, d. h. die Bestellung ist jederzeit widerruflich, kann aber durch eine satzungsgemäße Bestimmung auf die Widerrufbarkeit bei Vorliegen eines wichtigen Grundes beschränkt werden (§ 38 Abs. 1 und 2 GmbHG). **26**

Eine **rechtsgeschäftliche Vertretung** der Kommanditgesellschaft ist nach den allgemeinen Regeln des Vertretungsrechts möglich. **27**

28 Eine persönliche **Vertretung der Kommanditisten** qua Rechtsgeschäft setzt eine entsprechende Vollmacht voraus, die auch der Komplementär-GmbH erteilt werden kann.

3. Gesellschafterversammlung

29 Das HGB sieht eine **Gesellschafterversammlung** der Kommanditgesellschaft nicht vor, die jedoch üblicherweise gesellschaftsvertraglich geregelt wird, und erfordert grundsätzlich einstimmige Beschlüsse. Um Mehrheitsentscheidungen wie im GmbH-Recht zu ermöglichen, empfiehlt sich unter Beachtung des Bestimmtheitsgrundsatzes die Aufnahme entsprechender Regelungen in den Gesellschaftsvertrag der Kommanditgesellschaft (s. auch Rn. 56 f.; vgl. hierzu H/T/M-T/*Mussaeus* § 5 Rn. 104 ff.).

4. Obligatorischer Aufsichtsrat bei Mitbestimmungspflicht

30 In der mitbestimmungspflichtigen GmbH & Co. KG ist ein **obligatorischer Aufsichtsrat** zu bilden. Zwar sind Personenhandelsgesellschaften, und damit auch die GmbH & Co. KG, regelmäßig gesetzlich mitbestimmungsfrei geblieben. Die Komplementär-GmbH ist jedoch nach § 4 Abs. 1 MitbestG zur Bildung eines mitbestimmten Aufsichtsrats verpflichtet, wenn sie eine unternehmerische Einheit mit der Kommanditgesellschaft bildet und **mehr als 2000 Arbeitnehmer** beschäftigt, wobei die Arbeitnehmer der Kommanditgesellschaft mitgerechnet werden. Gleiches gilt nach § 5 Abs. 2 MitbestG, wenn die GmbH & Co. KG herrschendes Unternehmen in einem Unterordnungskonzern ist. Rechtlich ist der mitbestimmte Aufsichtsrat der Komplementär-GmbH nicht Organ der Kommanditgesellschaft, sondern der Komplementärin. Jedoch wirken sich seine Befugnisse direkt auf die Kommanditgesellschaft aus, vgl. §§ 4 Abs. 2, 5 Abs. 2 MitbestG (s. hierzu ausführl. MünchHdb GesR II/*Riegger* § 53; H/T/M-T/*Mussaeus*, § 5 Rn. 140 ff.).

5. Fakultativer Beirat

31 Schließlich kann fakultativ ein Beirat, der regelmäßig beratende Tätigkeiten entfaltet, gebildet werden, und zwar bei der Komplementär-GmbH und/oder der Kommanditgesellschaft. Auf einen solchen **fakultativen Beirat** kann auch in gewissem Umfang eine Kompetenzverlagerung der Funktionen der Gesellschafterversammlung erfolgen, so dass z. B. der Beirat zu geplanten Geschäftsführungsmaßnahmen der Komplementärin die Zustimmung anstelle der Gesellschafterversammlung erteilt. Es handelt sich im Regelfalle um solche Maßnahmen, die über den gewöhnlichen Geschäftsbetrieb der GmbH & Co. KG hinausgehen. Regelmäßig wird die Anwendbarkeit der für den aktienrechtlichen Aufsichtsrat geltenden Regelungen ausdrücklich ausgeschlossen, um die Rechte des Beirats bei der Komplementär-GmbH, auf den nach § 52 Abs. 1 GmbHG gewisse aktienrechtliche Regelungen Anwendung finden, und die Rechte des Beirats der Kommanditgesellschaft in Einklang zu bringen (vgl. etwa MünchVertrHdb I/*Riegger/Götze*, Muster III. 10., dort § 12 Abs. 2 mit Anm. 10).

IV. Haftung bei der GmbH & Co. KG

1. Haftung im Gründungsstadium der Komplementär-GmbH

32 Im **Gründungsstadium** haften die Gründer vor Eintragung der Komplementär-GmbH und der Kommanditgesellschaft entweder nach den Regeln einer BGB-Gesellschaft, wenn der kaufmännische Geschäftsbetrieb nicht unter § 1 HGB fällt, oder nach dem Recht der Kommanditgesellschaft (Baumbach/Hopt/*Hopt* Anh. § 177 a Rn. 14; Röhricht/v. Westphalen/*v. Gerkan* § 161 Rn. 51; *K. Schmidt* GesR, § 56 III. 3., jeweils m. w. N.).

33 Eine vor Abschluss des GmbH-Vertrages gebildete sog. **Vorgründungsgesellschaft** führt zu einer **unbeschränkten persönlichen Haftung** der Gründer, da es sich bei dieser Gesellschaft entweder um eine BGB-Gesellschaft oder um eine OHG handelt, sofern unter gemeinsamen Namen ein Handelsgewerbe betrieben wird (BGH ZIP 1997, 926). Die Haftung endet nicht mit dem Abschluss des GmbH-Gesellschaftsvertrages, mithin dem Entstehen der Vor-GmbH, weil keine Gesellschaftsidentität besteht und ohne die Zustimmung der Gläubiger eine befreiende Schuldüber-

nahme nicht möglich ist. Die Haftung der Vorgründungsgesellschaft endet ebenfalls nicht mit Eintragung der GmbH im Handelsregister, es sei denn, mit dem Gläubiger ist im Einzelfall etwas Abweichendes vereinbart (BGH NJW 1982, 932; s. dagegen aber BGH NJW 1983, 2822; vgl. Literaturnachweise bei *K. Schmidt* GmbHR 1982, 6).

Die mit Abschluss des GmbH-Vertrages entstehende, aber selbst noch nicht eingetragene Komplementär-GmbH kann in der Form der Vor-GmbH bereits persönlich haftende Gesellschafterin der Kommanditgesellschaft sein, sog. **Vor-GmbH & Co. KG** (BGHZ 80, 129, 132). Auf die Vor-GmbH finden weitgehend die für die spätere Rechtsform gültigen Rechtsgrundsätze Anwendung (BGHZ 79, 239, 241; 80, 129, 132; 117, 323, 326; BGH NJW 1998, 1079). Dabei ist die Vertretungsmacht des Geschäftsführers der Vor-GmbH auf deren Zweck begrenzt, mithin auf die Herbeiführung der Eintragung bei Bargründung (BGHZ 80, 129, 139) sowie auf die Fortführung des eingebrachten Handelsgeschäftes bei Sachgründung (BGH WM 1963, 248). Im Zweifel wird auch die Vorgesellschaft für laufende Geschäfte namens der künftigen Gesellschaft verpflichtet, wobei die Gründer auch für Verbindlichkeiten der Vor-GmbH haften (**Verlust-Deckungs-Haftung** als Teil der Gründerhaftung), soweit sie den handelnden Geschäftsführer ermächtigt haben. Die Verlust-Deckungs-Haftung entfällt mit der Eintragung der GmbH und findet auch dann keine Anwendung, wenn bei Scheitern der Gründung die Geschäftstätigkeit nicht sofort beendet und die Vor-GmbH abgewickelt wird. In diesem Falle haften die Gründer für sämtliche Verbindlichkeiten der Vor-GmbH wie Personengesellschafter (BGHZ 134, 333, 341; BGH NJW 2003, 429). 34

2. Haftung nach Eintragung der Komplementär-GmbH

Mit der **Eintragung der GmbH** im Handelsregister entfällt die persönliche Haftung der Gesellschafter der Vor-GmbH. Die Rechte und Pflichten der Vor-GmbH gehen mit Eintragung der GmbH vollumfänglich auf diese über (**Schuldenübergang ohne Vorbelastungsverbot**; BGHZ 80, 129, 134 – str. zum Meinungsstand in der Lit. vgl. nur Röhricht/v. Westphalen/*v. Gerkan* § 161 Rn. 48 f.; Baumbach/Hopt/*Hopt* Anh. § 177 a Rn. 16). Daraus folgt eine anteilige Haftung der Gesellschafter auf die Differenz, die sich durch solche Vorbelastungen zwischen dem Stammkapital und dem Wert des Gesellschaftsvermögens zum Zeitpunkt der Eintragung ergibt (sog. **Vorbelastungs- oder Unterbilanzhaftung**). Sobald beide Gesellschaften, die Komplementär-GmbH und die Kommanditgesellschaft eingetragen sind, wird die Kommanditgesellschaft Schuldnerin der im Namen der GmbH & Co. KG eingegangenen Verbindlichkeiten, für welche die eingetragene GmbH als Komplementärin nach § 128 HGB haftet (BGHZ 69, 95; 76, 320). 35

Rechtsgeschäftlich im Namen der GmbH Handelnde haften vor der Eintragung der GmbH persönlich (§ 11 Abs. 2 GmbHG). Auch der Geschäftsführer der Vor-GmbH haftet nach dieser Vorschrift persönlich, selbst wenn er im Namen der Kommanditgesellschaft handelt, aber dadurch die Haftung der Vor-GmbH nach § 128 HGB auslöst (BGHZ 80, 129, 133). Die Haftung aus namens der Gesellschaft mit Ermächtigung aller Gründer getätigten Geschäfte erlischt mit Eintragung der GmbH (BGHZ 76, 320), ebenso eine eventuelle Haftung nach § 179 BGB (BGHZ 76, 320). 36

3. Haftung der Kommanditisten

§ 176 Abs. 1 regelt den Grundsatz der **Haftung der Kommanditisten** vor ihrer Eintragung im Handelsregister: Hat die Gesellschaft ihre Geschäfte begonnen, bevor sie in das Handelsregister des Gerichts, in dessen Bezirk sie ihren Sitz hat, eingetragen wurde, so haftet jeder Kommanditist, der dem Geschäftsbeginn zugestimmt hat, für die bis zur Eintragung begründeten Verbindlichkeiten der Gesellschaft gleich einem persönlich haftenden Gesellschafter, es sei denn, dass seine Beteiligung als Kommanditist dem Gläubiger bekannt war. Diese Vorschrift kommt nicht zur Anwendung, wenn die Kommanditgesellschaft ein gewerbliches Unternehmen i. S. v. § 2 HGB betreibt, welches erst kraft Eintragung im Handelsregister Handelsgewerbe im Sinne des HGB ist, oder wenn die Kommanditgesellschaft nur eigenes Vermögen verwaltet gem. § 105 Abs. 2 HGB. Eine entsprechende Haftung gilt gem. § 176 Abs. 2 HGB bei Eintritt eines Kommanditisten in eine bestehende Handelsgesellschaft für die Verbindlichkeiten der Kommanditgesellschaft, 37 die in der Zeit zwischen seinem Eintritt und dessen Eintragung in das Handelsregister begründet worden sind. Die Haftung der Kommanditisten vor ihrer Eintragung im Handelsregister richtet sich bei einer GmbH & Co. KG dennoch regelmäßig nicht nach § 176 Abs. 1 HGB, ist mithin nicht unbeschränkt, da regelmäßig sämtliche Gesellschafter mit Ausnahme der Komplementär-GmbH Kommanditisten sind, was im Rechtsverkehr bekannt ist, so dass kein Vertrauenstatbestand gegeben ist (vgl. hierzu MüKo HGB/*Grunewald* § 176 Rn. 50 ff. m. w. N.).

4. Haftung der GmbH & Co. KG nach Eintragung und ihrer Gesellschafter

38 **Gegenüber Dritten** haftet die GmbH & Co. KG unbeschränkt mit ihrem gesamten Vermögen. Die GmbH haftet gemäß § 31 BGB für die Handlungen ihres Geschäftsführers. Die Kommanditisten haften nach §§ 171 ff. HGB. Eine Haftung der Kommanditisten, die aus Rechtsscheingründen wie persönlich haftende Gesellschafter auftreten, bleibt unberührt.

39 Daneben haftet die **Komplementär-GmbH** als persönlich haftende Gesellschafterin der Kommanditgesellschaft nach § 128 BGB mit ihrem gesamten Vermögen für die Schulden der Kommanditgesellschaft. Dieses Vermögen ist rechtsformspezifisch beschränkt. Das Stammkapital der GmbH beträgt gem. § 56 GmbHG mindestens € 25.000,00 (vgl. zu der beabsichtigten Änderung der Höhe des Stammkapitals den Referentenentwurf eines »Gesetzes zur Modernisierung des GmbH-Rechts und zur Bekämpfung von Missbräuchen (MoMiG)« vom 29. 5. 2006, abrufbar unter www.bmf.bund.de unter »Gesetzentwürfe Handels- und Wirtschaftsrecht«; vgl. hierzu: *Noack* DB 2006; 1475; *Römermann* GmbHR 2006, 673; *Seibert* ZIP 2006, 1157).

IV. Rechte und Pflichten

1. Anwendbares Recht

40 Das **Recht der Kommanditgesellschaft** bestimmt die Rechte und Pflichten der Gesellschafter. Die haftungsrechtliche Besonderheit, dass die GmbH als Komplementärin zwar unbeschränkt mit ihrem Vermögen haftet, welches jedoch nach dem GmbH-Recht beschränkt ist, kann zur Anwendung des Rechts der offenen Handelsgesellschaft, aber auch des GmbH- und sogar des Aktienrechts führen. Dies gilt auch bei besonderen Erscheinungsformen, wie etwa der personenidentischen GmbH & Co. KG oder der Publikumsgesellschaft (vgl. Röhricht/v. Westphalen/*v. Gerkan* § 161 Rn. 44, 91, 96 ff., Nachw. der Rspr. s. dort).

2. Geschäftsführung

41 **Geschäftsführende Gesellschafterin** ist die Komplementär-GmbH. Die Kommanditisten sind gem. § 164 HGB von der Führung der Geschäfte der Kommanditgesellschaft ausgeschlossen. Ihnen steht lediglich ein Widerspruchsrecht nach § 164 HGB zu, soweit Handlungen der Komplementärin über den gewöhnlichen Geschäftsbetrieb des Handelsgewerbes der Kommanditgesellschaft hinausgehen. Die Rechte und Pflichten des Geschäftsführers der Komplementärin bestimmen sich nach den Regelungen der §§ 35 ff. GmbHG.

3. Informationsrechte

42 Die **Informationsrechte des Kommanditisten** ergeben sich aus § 166 HGB u. a. Danach ist der Kommanditist berechtigt, die abschriftliche Mitteilung des Jahresabschlusses zu verlangen und dessen Richtigkeit unter Einsicht der Bücher und Papier zu prüfen (§ 166 Abs. 1 HGB). Weitergehende Rechte, wie sie den von der Geschäftsführung ausgeschlossenen Gesellschaftern einer offenen Handelsgesellschaft nach § 118 HGB zustehen, haben die Kommanditisten nicht (§ 166 Abs. 2 HGB). Auf Antrag eines Kommanditisten kann das Gericht, wenn wichtige Gründe vorliegen, die Mitteilung einer Bilanz oder eines Jahresabschlusses oder sonstige Aufklärungen sowie die Vorlage der Bücher und Papiere jederzeit anordnen (§ 166 Abs. 3 HGB). Ist der Kommanditist gleichzeitig Gesellschafter der GmbH, so steht ihm das **Informationsrecht nach § 51 a GmbHG** nicht nur bezogen auf die Komplementärin, sondern in Bezug auf Angelegenheiten der Kommanditgesellschaft zu (BGH NJW 1989, 225). Für die Gesellschafter der Komplemen-

tärin gelten die Bestimmungen der §§ 51 a, 51 b GmbHG, d. h. die GmbH-Gesellschafter können von den Geschäftsführern verlangen, unverzüglich Auskunft über die Angelegenheiten der Gesellschaft zu geben und die Einsicht in die Bücher und Schriften zu gestatten. Sie haben damit weiterreichende Informationsrechte als der Kommanditist gegenüber der Kommanditgesellschaft, denn Angelegenheiten der Kommanditgesellschaft sind auch solche ihrer Komplementär-GmbH (zu Informationsrechten vgl. statt vieler Röhricht/v. Westphalen/*v. Gerkan* § 166 Rn. 35 f.; MüKo HGB/*Grunewald* § 166 Rn. 43 ff. jeweils m. w. N.).

4. Treuepflicht und Wettbewerbsverbot

Die unter den Gesellschaftern einer Kommanditgesellschaft geltende **Treuepflicht** gilt ebenfalls in der GmbH & Co. KG. So verbietet die Treuepflicht den Gesellschaftern der geschäftsführenden persönlich haftenden Komplementär-GmbH eine nachteilige Geschäftsführung zu Lasten der Kommanditgesellschaft (vgl. hierzu MüKo HGB/*Grunewald* § 161 Rn. 64 f. m. w. N.). **43**

Auch für die Komplementär-GmbH gilt wie für jeden persönlich haftenden Gesellschafter nach h. M. das **Wettbewerbsverbot der §§ 112, 113 HGB** (vgl. statt vieler: Röhricht/v. Westphalen/*v. Gerkan* § 165 Rn. 15 m. w. N.; Baumbach/Hopt/*Hopt* Anh. § 177 a Rn. 23; MüKo HGB/*Grunewald* § 165 Rn. 4; vgl. zum Wettbewerbsverbot außerdem ausführl. Kap. 4 §§ 112, 113 HGB). Danach darf ein Gesellschafter ohne Einwilligung der anderen Gesellschafter weder in dem Handelszweig der Gesellschaft Geschäfte machen noch an einer anderen gleichartigen Handelsgesellschaft als persönlich haftender Gesellschafter teilnehmen (§ 112 Abs. 1 HGB). Eine Verletzung des Wettbewerbsverbots hat gem. § 113 Abs. 1 zur Folge, dass die Kommanditgesellschaft Schadensersatz fordern oder von dem Gesellschafter verlangen kann, dass er die für eigene Rechnung gemachten Geschäfte als für Rechnung der Gesellschaft eingegangen gelten lässt und die aus Geschäften für fremde Rechnung bezogene Vergütung herausgibt oder seinen Anspruch auf die Vergütung abtritt. Die Ansprüche verjähren gem. § 113 Abs. 3 HGB in drei Monaten von dem Zeitpunkt an, in welchem die übrigen Gesellschafter von dem Abschluss des Geschäfts oder von der Teilnahme des Gesellschafters an der anderen Gesellschaft Kenntnis erlangen oder ohne grobe Fahrlässigkeit erlangen müssten; sie verjähren ohne Rücksicht auf diese Kenntnis oder grob fahrlässige Unkenntnis in fünf Jahren von ihrer Entstehung an. Über die Geltendmachung der Ansprüche beschließen die übrigen Gesellschafter gem. § 113 Abs. 2 HGB. Ebenso können sie eine Befreiung von dem gesetzlichen Wettbewerbsverbot beschließen oder bereits gesellschaftsvertraglich vereinbaren. Im Übrigen gilt gem. § 112 Abs. 2 HGB die Einwilligung zur Teilnahme an einer anderen Gesellschaft als erteilt, wenn den übrigen Gesellschaftern bei Eingehung der Kommanditgesellschaft bekannt ist, dass der Gesellschafter an einer anderen Gesellschaft als persönlich haftender Gesellschafter beteiligt ist, und gleichwohl die Aufgabe dieser Beteiligung nicht ausdrücklich ausbedungen wird. **44**

Die **Kommanditisten** unterliegen gem. § 165 HGB grundsätzlich keinem Wettbewerbsverbot. Ebenso wenig besteht ein Wettbewerbsverbot der Gesellschafter der GmbH und ihrer Geschäftsführer unmittelbar gegenüber der Kommanditgesellschaft und ihren Gesellschaftern; ein derartiges Verbot kann sich jedoch mittelbar aus der Treuepflicht gegenüber der Komplementär-GmbH ergeben (vgl. Röhricht/v. Westphalen/*v. Gerkan* § 165 Rn. 17; Baumbach/Hopt/*Hopt* Anh. § 177 a Rn. 23 m. w. N.), etwa bei Beherrschung der Kommanditgesellschaft (vgl. §§ 17 Abs. 2, 18 Abs. 1 S. 1 AktG; s. auch BGHZ 89, 162, 165 ff). Hat ein Kommanditist auf Grund der gesellschaftsvertraglichen Regelungen die einem Komplementär vergleichbare Stellung, etwa durch eigene Geschäftsführungsbefugnis oder maßgeblichen Einfluss auf die Geschäftsführung, gilt das Wettbewerbsverbot der §§ 112, 113 HGB auch für ihn. Gleiches gilt, wenn der Kommanditist etwa auf Grund eines Informationsrechts wie ein Komplementär Zugang zu den Informationen der Geschäftsführung hat. Die Bestimmungen gelten wohl ebenfalls für die Kommanditisten einer personenidentischen GmbH & Co. KG (Röhricht/v. Westphalen/*v. Gerkan* § 165 Rn. 16; MüKo HGB/*Grunewald* § 165 Rn. 5 ff.). **45**

46 Die **Geschäftsführer der Komplementärin** unterliegen im Verhältnis zu dieser jedenfalls für die Dauer ihres Anstellungsverhältnisses einem gesetzlichen Wettbewerbsverbot, das aus der intensiven Treuepflicht des Geschäftsführers gegenüber der Gesellschaft resultiert (vgl. § 88 Abs. 1 S. 1 AktG, § 35 GmbHG). Ein nachvertragliches Wettbewerbsverbot kann vereinbart werden. Der Geschäftsführer darf Geschäftschancen der GmbH nicht für sich wahrnehmen und verwerten. Auf Grund seiner Organstellung als Vertreter der Komplementär-GmbH, deren Unternehmensgegenstand die Geschäftsführung der Kommanditgesellschaft ist, gilt für den Geschäftsführer der Komplementärin nach h. M. ein Wettbewerbsverbot in Bezug auf die Geschäfte der Kommanditgesellschaft (Schutzwirkung zu Gunsten der Kommanditgesellschaft; MüKo HGB/*Grunewald* § 165 Rn. 14; MünchHdb GesR II/*Gummert* § 52 Rn. 20 m. w. N.; Röhricht/v. Westphalen/*v. Gerkan* § 165 Rn. 18; vgl. allgemein zur Schutzwirkung zu Gunsten der Kommanditgesellschaft: BGHZ 75, 321, 322; 76, 327, 336; 100, 190, 192; BGH NJW 1995, 1353, 1357; Baumbach/Hopt/*Hopt* Anh. 177 a Rn. 27 ff.; Röhricht/v. Westphalen/*v. Gerkan* § 161 Rn. 57 ff.; *K. Schmidt* GesR, § 56 IV. 3.; jeweils m. w. N.).

5. Leistung von Kapitaleinlagen

47 Die Gesellschafter einer GmbH & Co. KG sind, wie aus § 705 BGB folgt, dazu verpflichtet, zur **Erreichung des Gesellschaftszwecks** beizutragen. Der Beitrag der Komplementärin liegt regelmäßig in der Übernahme der persönlichen Haftung und in der Geschäftsführung der Kommanditgesellschaft. Die Komplementärin wird regelmäßig nicht am Gesellschaftskapital beteiligt, leistet also keine Kapitaleinlage.

48 Die **Kommanditisten** der GmbH & Co. KG leisten dagegen regelmäßig einen **Kapitalanteil**, am häufigsten in Form von Geld, aber auch durch Gewährung von Darlehen oder als Sacheinlage durch Eigentumsübertragung einer Sache auf die Gesellschaft oder durch Nutzungsüberlassung, aber auch in Form einer Dienstleistung u. a.

49 Bei der GmbH & Co. KG wird wie bei jeder Kommanditgesellschaft zwischen der **Pflichteinlage**, zu deren Erbringung sich der Kommanditist im Innenverhältnis zwischen den Gesellschaftern gesellschaftsvertraglich verpflichtet, und der **Hafteinlage** (Haftsumme), also dem im Außenverhältnis bekannten, im Handelsregister eingetragenen Betrag, bis zu dessen Höhe der Kommanditist den Gläubigern der Kommanditgesellschaft gegenüber haftet, unterschieden. Regelmäßig werden sich Hafteinlage und Pflichteinlage entsprechen, jedoch sind Abweichungen möglich. (BGH WM 1977, 783, 784; MünchHdb GesR II/*v.Falkenhausen/H. C. Schneider* § 17 Rn. 6 ff.).

6. Beteiligung am Gewinn und Verlust der Gesellschaft

50 Für die **Beteiligung am Gewinn und Verlust** der GmbH & Co. KG gelten die §§ 167 bis 169 HGB, die Ergebnisverwendung bei der Komplementärin richtet sich nach § 29 GmbHG.

51 Nach §§ 167 Abs. 1 i. V. m. 120 HGB wird am Schluss eines jeden Geschäftsjahres auf Grund der Bilanz der Gewinn oder der Verlust des Jahres ermittelt und für jeden Gesellschafter sein Anteil berechnet. Der einem Gesellschafter zukommende Gewinn wird dem Kapitalanteil des Gesellschafters zugeschrieben; der auf einen Gesellschafter entfallende Verlust sowie das während des Geschäftsjahres aus dem Kapitalanteil entnommene Geld wird davon abgeschrieben (§ 120 Abs. 2 HGB). Diese Bestimmung gilt auch für die Kommanditisten; der ihnen zukommende Gewinn an ihrem Kapitalanteil wird jedoch nur solange zugeschrieben, als dieser den Betrag der übernommenen Einlage nicht erreicht (§ 167 Abs. 2 HGB). Am Verlust der Kommanditgesellschaft nimmt der Kommanditist nur bis zum Betrag seines Kapitalanteils und seiner noch rückständigen Einlage teil (§ 167 Abs. 3 HGB).

52 Die **Gewinn- und Verlustverteilung** ist in § 168 HGB dahingehend geregelt, dass sich die Anteile der Gesellschafter am Gewinn nach den Vorschriften des § 121 Abs. 1 und 2 HGB bestimmen, soweit der Gewinn den Betrag von 4 % der Kapitalanteile nicht übersteigt (§ 168 Abs. 1 HGB). Ein Gewinn, der diesen Betrag übersteigt, sowie ein Verlust werden angemessen, d. h. in der Regel

anteilig nach dem Kapitalanteil umgelegt. Da § 168 HGB dispositiv ist, sind abweichende gesellschaftsvertragliche Vereinbarungen zulässig.

Auch für die Kommanditisten der GmbH & Co. KG besteht **kein gewinnunabhängiges Entnahmerecht** (§§ 169 Abs. 1 i. V. m. 122 Abs. 1 HGB). Sie haben nur Anspruch auf Auszahlung des ihnen zukommenden Gewinns und können auch die Auszahlung des Gewinns nicht fordern, solange ihr Kapitalanteil durch Verlust unter den auf die vereinbarte Einlage geleisteten Betrag gesunken ist oder durch die Auszahlung unter diesen Betrag sinken würde. **53**

Ein **Gewinn-Rückzahlungsanspruch** gegen den Kommanditisten besteht gem. § 169 Abs. 2 HGB nicht. **54**

Die **Gesellschafter der Komplementär-GmbH** haben gem. § 29 Abs. 1 GmbHG **Anspruch auf den Jahresüberschuss** zuzüglich eines Gewinnvortrags und abzüglich eines Verlustvortrags, soweit der sich ergebende Betrag nicht nach Gesetz oder Gesellschaftsvertrag, durch Beschluss über Verwendung des Ergebnisses dahingehend, dass Beträge in Gewinnrücklagen eingestellt oder als Gewinn vorgetragen werden oder als zusätzlicher Aufwand auf Grund des Beschlusses über die Verwendung des Ergebnisses von der Verteilung unter den Gesellschaftern ausgeschlossen ist. Abweichend hiervon haben die Gesellschafter Anspruch auf den Bilanzgewinn, wenn die Bilanz unter Berücksichtigung der teilweisen Ergebnisverwendung aufgestellt wird oder wenn Rücklagen aufgelöst werden. Die **Verteilung des Gewinns** erfolgt gem. § 29 Abs. 3 GmbHG entsprechend dem Verhältnis der Geschäftsanteile zueinander, wobei im Gesellschaftsvertrag eine abweichende Verteilung festgesetzt werden kann. Davon unbeschadet können die Geschäftsführer gem. § 29 Abs. 4 GmbHG mit Zustimmung der Gesellschafter den Eigenkapitalanteil von Wertaufholungen bei Vermögensgegenständen des Anlage- und Umlaufvermögens und von bei der steuerrechtlichen Gewinnermittlung gebildeten Passivposten, die nicht im Sonderposten mit Rücklageanteil ausgewiesen werden dürfen, in andere Gewinnrücklagen einstellen. Derartige Rücklagen sind betragsmäßig entweder in der Bilanz gesondert auszuweisen oder im Anhang anzugeben. **55**

7. Beschlussfassung und Stimmrechte

Das **Stimmrecht innerhalb der GmbH & Co. KG** richtet sich nach dem Recht der Kommanditgesellschaft. Dieses gilt auch hinsichtlich des Stimmrechts der Komplementär-GmbH. Bei der GmbH & Co. KG ist die Vereinbarung des Stimmrechtsausschlusses für die persönlich haftende Komplementärin, die regelmäßig nicht am Kommanditkapital beteiligt ist, üblich (vgl. hierzu *K. Schmidt*, GesR, § 56 IV. 2.). Wie bei allen Personengesellschaften steht auch bei der GmbH & Co. KG jedem Gesellschafter **grundsätzlich ein gleiches Stimmrecht** zu (§ 709 BGB, §§ 119, 161 Abs. 2 HGB), während bei der Komplementärin als Kapitalgesellschaft das auf jeden Gesellschafter entfallende Stimmrecht dem Umfang seiner Kapitalbeteiligung an der Gesellschaft entspricht (§ 47 Abs. 2 GmbHG). Es gilt für die GmbH & Co. KG das **Einstimmigkeitsprinzip** für alle Entscheidungen im Gesellschaftsverhältnis, soweit vertraglich nichts Abweichendes bestimmt ist (§ 709 BGB, §§ 119, 161 Abs. 2 HGB; MünchHdb GesR II/*Weipert* § 14 Rn. 31 ff. m. w. N.). **56**

Den Gesellschaftsvertrag ändernde Beschlüsse sind grundsätzlich nur einstimmig möglich, **Mehrheitsbeschlüsse** nur, soweit dies unter **Wahrung des Bestimmtheitsgrundsatzes**, der auch bei der GmbH & Co. KG anwendbar ist, gesellschaftsvertraglich vereinbart ist. Auch wenn dies der Fall ist, ist die Mitwirkung aller Gesellschafter an der Beschlussfassung erforderlich. **57**

Beschlussfassungen erfolgen bei der GmbH & Co. KG nach § 119 HGB, bei der Komplementär-GmbH nach den Regelungen der §§ 46 ff. GmbHG. Da die Gesellschafter der Komplementär-GmbH gegenüber den Geschäftsführern weisungsbefugt sind, können sie erheblichen Einfluss auf die Kommanditgesellschaft, deren Geschäfte die Komplementärin führt, nehmen. Bei beteiligungsidentischen GmbH & Co. KGs ist dies regelmäßig unproblematisch, bei nicht-beteiligungsidentischen GmbH & Co. KGs können bei schwerwiegenden Eingriffen in die Kompeten- **58**

zen der Kommanditisten Schadensersatzansprüche oder Abwehransprüche für diese entstehen (MünchHdb GesR II/*Gummert* § 50 Rn. 78 m. w. N.)

59 Bei der personenidentischen GmbH & Co. KG wird regelmäßig eine Verzahnung der Gesellschaftsverträge auch mit Blick auf das Abhalten von Gesellschafterversammlungen vereinbart, z. T. sogar in der Weise, dass eine einheitliche Versammlung vorgegeben werden kann. Bei der nicht-personenidentischen GmbH & Co. KG ist dagegen zwischen den Beschlussfassungen in unterschiedlichen Gesellschafterversammlungen regelmäßig klar zu trennen.

V. Eintritt und Ausscheiden von Gesellschaftern

1. Anwendbares Recht

60 Das Ausscheiden der Komplementär-GmbH oder von Kommanditisten aus der Kommanditgesellschaft und die Übertragung von Kommanditgesellschaftsanteilen richten sich nach dem **Recht der Kommanditgesellschaft**. Das Ausscheiden von Gesellschaftern aus der GmbH und die Abtretung von Geschäftsanteilen bestimmen sich nach dem **Recht der GmbH**. Zu beachten ist die Formvorschrift des § 15 Abs. 4 GmbHG, wenn die Verpflichtung zur Veräußerung der Gesamtbeteiligung an der GmbH und der Kommanditgesellschaft besteht, die dann nicht nur für die Übertragung des Geschäftsanteils der GmbH, sondern auch für die des Kommanditanteils einer notariellen Beurkundung bedarf (BGH NJW 1986, 2642).

2. Insolvenz der Komplementär-GmbH

61 Gem. § 131 Abs. 3 Nr. 2 HGB scheidet die Komplementär-GmbH, über deren Vermögen das **Insolvenzverfahren** eröffnet wird, aus der Kommanditgesellschaft aus, soweit der Kommanditgesellschaftvertrag nichts anderes regelt. Da die GmbH als Kapitalgesellschaft die Rolle der persönlich haftenden Gesellschafterin der Kommanditgesellschaft übernimmt, mithin keine natürliche Person als Komplementärin haftet, ist Insolvenzgrund nicht nur die Zahlungsunfähigkeit der Kommanditgesellschaft gem. § 17 InsO, sondern auch die Überschuldung (§ 19 Abs. 3 InsO). Wegen der Insolvenzantragspflicht für zahlungsunfähige oder überschuldete Kommanditgesellschaften wird auf die §§ 177 a, 130 a und 130 b HGB verwiesen (vgl. auch Rn. 68, 87 ff.).

3. Tod eines Kommanditisten

62 Mangels abweichender Vertragsbestimmungen wird die GmbH & Co. KG beim **Tod eines Kommanditisten** mit dessen Erben fortgesetzt (§ 177 HGB). Ist der Erblasser-Kommanditist zugleich an der Komplementär-GmbH beteiligt, folgt die Vererblichkeit aus § 15 Abs. 1 GmbHG, wobei der GmbH-Anteil ungeteilt an den Nachlass fällt. Die Rechte hieraus können gem. § 18 Abs. 1 GmbHG von den Erben nur gemeinschaftlich ausübt werden, weshalb zwecks Verzahnung mit der Ausübung der Kommanditistenrechte die Vereinbarung einer Vertreterklausel im Kommanditgesellschaftsvertrag geboten ist. Testamentsvollstreckung an den vererbten Anteilen der Komplementärin und der Kommanditgesellschaft ist zulässig (vgl. hierzu statt vieler: MüKo HGB/*K. Schmidt* § 177 Rn. 45 f. zur Vererblichkeit, Rn. 47 zur Testamentsvollstreckung).

4. Kündigung

63 Das **Ausscheiden durch Kündigung** ist nach §§ 161 Abs. 2, 132 HGB für jeden Gesellschafter einer GmbH & Co. KG jederzeit zum Ende eines Geschäftsjahres unter Beachtung einer Kündigungsfrist von sechs Monaten zulässig. Ein Ausschluss dieses Kündigungsrechtes durch gesellschaftsvertragliche Vereinbarung ist nicht möglich, jedoch eine zeitliche Beschränkung. Die Gesellschafter der Komplementär-GmbH können dagegen nach der gesetzlichen Regelung nicht ordentlich kündigen. Ein solches Kündigungs- oder Austrittsrecht kann jedoch gesellschaftsvertraglich vereinbart werden.

64 Nach § 131 Abs. 3 HGB führt die Kündigung des Gesellschafters nicht zu einer Auflösung der Gesellschaft, sondern nur zu seinem Ausscheiden, sofern gesellschaftsvertraglich nichts Abwei-

chendes vereinbart ist. Im Falle des **Vorliegens eines wichtigen Grundes** kann die GmbH & Co. KG auf Antrag eines Gesellschafters auch vor dem Ablauf der für ihre Dauer bestimmten Zeit oder bei einer für unbestimmte Zeit eingegangenen Gesellschaft ohne Kündigung durch gerichtliche Entscheidung aufgelöst werden (§ 133 Abs. 1 HGB). Eine Vereinbarung, durch die das Recht des Gesellschafters, die Auflösung der Gesellschaft zu verlangen, ausgeschlossen oder diesen Vorschriften zuwider beschränkt wird, ist nichtig (§ 133 Abs. 3 HGB). Bei einer Komplementärin ist rechtlich anerkannt, dass im Falle des Vorliegens eines wichtigen Grundes ebenfalls ein außerordentliches Austrittsrecht besteht (MünchHdb GesR II/*Gummert* § 50 Rn. 58). Ein solcher wichtiger Grund liegt insbesondere dann vor, wenn ein anderer Gesellschafter eine ihm nach dem Gesellschaftsvertrag obliegende wesentliche Verpflichtung vorsätzlich oder aus grober Fahrlässigkeit verletzt oder wenn die Erfüllung einer solchen Verpflichtung unmöglich wird (§ 131 Abs. 2 HGB).

Durch **Verzahnung** des Kommanditgesellschaftsvertrages mit der Satzung der Komplementärin **65** sollte sichergestellt werden, dass es – jedenfalls bei beteiligungsidentischen GmbH & Co. KGs – zu einem Gleichlauf der Beteiligung an beiden Gesellschaften kommt.

5. Ausschließung von Kommanditisten

Die Ausschließung eines Kommanditisten aus der GmbH & Co. KG richtet sich nach den §§ 161 **66** Abs. 2, 140 HGB und setzt das Vorliegen eines **wichtigen Grundes** in seiner Person voraus (vgl. auch § 133 HGB, Überblick über Rechtsprechung und Literatur in *Partikel* S. 49 ff.; zur Ausschließungklage nach § 140 HGB vgl. Kap. 4 § 140, außerdem ausführl. Kap. 16 Rn. 190 ff.). Ebenso kann die **Komplementär-GmbH** aus der GmbH & Co. KG ausgeschlossen werden, wobei ihr das Verhalten ihres Geschäftsführers zuzurechnen ist. Eine Ausschließung nach freiem Ermessen ist dagegen nach höchstrichterlicher Rechtsprechung nur eingeschränkt möglich (BGHZ 68, 212; 81, 263). Danach ist neben einer entsprechenden gesellschaftsvertraglichen Vereinbarung auch das Anknüpfen an einen sachlichen Grund Voraussetzung (vgl. Überblick bei *Partikel* S. 77 ff.).

6. Abfindung als Rechtsfolge des Ausscheidens

Die Rechtsfolge des Ausscheidens eines Kommanditisten aus einer Kommanditgesellschaft ist **67** die vollwertige **Abfindung des Ausscheidenden** gem. §§ 161 Abs. 2, 105 Abs. 2 HGB i. V. m. §§ 738 ff. BGB. Hiervon abweichend kann gesellschaftsvertraglich eine eingeschränkte Abfindung vereinbart werden, wie etwa Ausschluss des Good Wills, der stillen Reserven, Nichtberücksichtigung schwebender Geschäfte gem. § 740 BGB oder Einschränkung durch Bewertungsklauseln, z. B. Buchwertklausel. Allerdings muss eine Abfindungsklausel nach höchstrichterlicher Rechtsprechung dem ausscheidenden Gesellschafter eine angemessene Abfindung gewähren (richtungsweisend BVerfGE 14, 263, 284; st. Rspr. seit BGH WM 1978, 1044; NJW-RR 1986, 256; Überblick der Rechtsprechung und Literatur vgl. bei *Partikel* S. 90 ff.).

VI. Auflösung und Liquidation der GmbH & Co. KG

1. Auflösung

Die Gründe für die Auflösung einer GmbH & Co. KG sind in §§ 161 Abs. 1, 131 Abs. 1 und 2 HGB **68** geregelt. Danach wird die GmbH & Co. KG aufgelöst durch den **Ablauf der Zeit**, für welche sie eingegangen ist, durch **Beschluss** der Gesellschafter, durch die Eröffnung des **Insolvenzverfahrens** über das Vermögen der Kommanditgesellschaft und durch **gerichtliche Entscheidung**. Ferner wird die Kommanditgesellschaft bei **Ausscheiden der Komplementär-GmbH** aufgelöst (§ 131 Abs. 3 S. 1 Nr. 2 HGB) sowie im Falle der **Insolvenz der Komplementär-GmbH** (§ 60 Abs. 1 Nr. 4 GmbHG, §§ 161 Abs. 2, 131 Abs. 3 S. 1 Nr. 2 HGB), z. B. bei Überschuldung der Kommanditgesellschaft, aus der regelmäßig die Überschuldung der persönlich haftenden Gesellschafterin folgt. Die Fortführung der Kommanditgesellschaft ist bei Berufung eines neuen persönlich haftenden Gesellschafters möglich. Wird die Eröffnung des Insolvenzverfahrens mangels Masse nach § 26 InsO abgelehnt, so wird die Kommanditgesellschaft gem. § 131 Abs. 2 S. 1 Nr. 1

HGB aufgelöst. Hingegen führt die Abweisung des Antrages bei der Komplementär-GmbH nach h. M. nur zu deren Auflösung (§ 60 Abs. 1 Nr. 5 GmbHG), nicht jedoch zu dem Ausscheiden aus der Kommanditgesellschaft (vgl. § 131 Abs. 2 Nr. 1, Abs. 3 Nr. 2 HGB) und daher auch nicht zur Auflösung der Kommanditgesellschaft (str.; BGHZ 75, 178, 181; a. A. *K. Schmidt* BB 1980, 1497 mit der Begründung, dass eine in Liquidation befindliche Gesellschaft nicht als persönlich haftende Gesellschafterin fungieren kann). Die Komplementär-GmbH wird durch die Auflösung der Kommanditgesellschaft im Zweifel nicht auch aufgelöst, sondern nimmt an der Auseinandersetzung der Kommanditgesellschaft teil. Schließlich ist die Auflösung wegen Vermögenslosigkeit nach § 141 a FGG zu nennen (§§ 161 Abs. 1 i. V. m. 131 Abs. 2 Nr. 2 HGB).

2. Liquidation

69 Die **Auseinandersetzung (Liquidation)** der GmbH & Co. KG richtet sich nach den §§ 145 bis 158 i. V. m. 161 HGB, die der Komplementär-GmbH nach §§ 66 ff. GmbHG. Es handelt sich dabei um **zwei getrennte Verfahren**. Bei der Kommanditgesellschaft sind sämtliche Gesellschafter Liquidatoren, bei der Komplementärin sind es ihre Geschäftsführer (§§ 161 Abs. 2, 146 Abs. 1 HGB bzw. § 66 Abs. 1 HGB). Rückständige Kommanditeinlagen können u. U. noch im Stadium der Liquidation eingezogen werden (BGH NJW 1980, 1522). Die Kommanditisten haben in der Insolvenz der GmbH & Co. KG keinen Rückgewähranspruch für an die Kommanditgesellschaft geleistete Darlehen, wenn diese Eigenkapital ersetzend sind (§ 172 a HGB).

C. Kapital der GmbH & Co. KG

I. Kapitalaufbringung

1. Kapitalaufbringung der GmbH & Co. KG

70 Die Kapitalaufbringung bei der GmbH & Co. KG bestimmt sich nach den für die Kommanditgesellschaft geltenden Regelungen der §§ 171 ff. HGB. Nach § 171 Abs. 1 HGB haftet der Kommanditist der Gesellschaft bis zur Höhe seiner Einlage unmittelbar; die Haftung ist ausgeschlossen, soweit die Einlage geleistet ist. Im Verhältnis zu den Gläubigern der Kommanditgesellschaft wird nach der Eintragung in das Handelsregister die Einlage des Kommanditisten durch den in der Eintragung angegebenen Betrag bestimmt (§ 172 Abs. 1 HGB). Auf eine nicht eingetragene Erhöhung der aus dem Handelsregister ersichtlichen Einlage können sich die Gläubiger nur berufen, wenn die Erhöhung in handelsüblicher Weise kundgemacht oder ihnen in anderer Weise von der Gesellschaft mitgeteilt worden ist (§ 172 Abs. 2 HGB). Den Gläubigern gegenüber ist eine Vereinbarung zwischen den Gesellschaftern unwirksam, durch die einem Kommanditisten die Einlage erlassen oder gestundet wird (§ 172 Abs. 3 HGB). Ebenso gilt die Einlage eines Kommanditisten den Gläubigern gegenüber als nicht geleistet, wenn sie an den leistenden Kommanditisten zurückbezahlt wird. Das gleiche gilt, wenn ein Kommanditist Gewinnanteile entnimmt, während sein Kapitalanteil durch Verlust unter den Betrag der geleisteten Einlage herabgemindert ist oder soweit durch die Entnahme der Kapitalanteil unter den bezeichneten Betrag herabgemindert wird (§ 172 Abs. 4 HGB). In keinem Falle ist ein Kommanditist jedoch verpflichtet, das zurückzuzahlen, was er auf Grund einer gutgläubig errichteten Bilanz in gutem Glauben als Gewinn bezieht (§ 172 Abs. 5 HGB). Schließlich bestimmt § 172 Abs. 6 HGB, dass gegenüber den Gläubigern einer Gesellschaft, bei der kein persönlich haftender Gesellschafter eine natürliche Person ist – also im Regelfall der GmbH & Co. KG –, die Einlage des Kommanditisten als nicht geleistet gilt, soweit sie in Anteilen an den persönlich haftenden Gesellschaftern bewirkt ist. Dies gilt nicht, wenn zu den persönlich haftenden Gesellschaftern eine offene Handelsgesellschaft oder Kommanditgesellschaft gehört, bei der ein persönlich haftender Gesellschafter eine natürliche Person ist. Damit wird sichergestellt, dass sowohl die Hafteinlage bei der Kommanditgesellschaft als auch das Stammkapital bei der GmbH getrennt zu erbringen sind. Bei der Einheitsgesellschaft, bei der die Kommanditgesellschaft sämtliche Anteile an ihrer Komplementär-GmbH hält, genügt mithin aus Gläubigerschutzgründen nicht allein die Einbringung des

GmbH-Anteils eines Kommanditisten zur Erfüllung seiner Kommanditeinlage (Röhricht/v. Westphalen/*v. Gerkan* § 172 Rn. 58).

Von der im Handelsregister einzutragenden **Hafteinlage** (§ 162 Abs. 1 HGB) kann sich die im Gesellschaftsvertrag vereinbarte **Pflichteinlage** eines Kommanditisten unterscheiden. Während erstere nur für das Verhältnis des Kommanditisten zu den Gläubigern die zuvor beschriebe Bedeutung erlangt, betrifft die Pflichteinlage die vom Kommanditisten im Verhältnis zur Gesellschaft übernommene Verpflichtung und kann betragsmäßig von der Hafteinlage abweichen. Im Zweifel entspricht die vereinbarte Einlage der Haftsumme. Maßgeblich ist bei einer Geldeinlage deren Betrag und bei einer Sacheinlage deren Wert. Diesbezüglich tragen die Kommanditisten die Beweislast für die Erbringung der Einlage, wenn ein Gläubiger einer Kommanditgesellschaft ihre Kommanditisten nach § 171 HGB in Anspruch nimmt (BGH WM 1977, 783, 784; Röhricht/v. Westphalen/*v. Gerkan* § 171 Rn. 6 ff.). 71

In den Fällen des sog. **Einlage-Splittings**, wenn also die Kommanditisten neben der Leistung der Einlage auch zur Gewährung eines Gesellschafterdarlehens an die Kommanditgesellschaft verpflichtet sind, kann dieses Darlehen funktional als Eigenkapital behandelt werden (BGHZ 104, 33). Dies gilt unabhängig von § 172 a HGB, der die Rückgewähr von Gesellschafterdarlehen behandelt, und setzt voraus, dass die Valuta des Darlehens zur Erreichung und Verfolgung des Unternehmensgegenstandes erforderlich war. 72

§ 172 a HGB bestimmt, dass bei einer Kommanditgesellschaft, bei der kein persönlich haftender Gesellschafter eine natürliche Person ist, die **Eigenkapitalersatzregelungen** des GmbH-Rechts gem. §§ 32 a (Rückgewähr von Darlehen) und 32 b (Haftung für zurückgezahlte Darlehen) GmbHG sinngemäß gelten mit der Maßgabe, dass an die Stelle der Gesellschafter der GmbH die Gesellschafter oder Mitglieder der persönlich haftenden Gesellschafter der Kommanditgesellschaft sowie die Kommanditisten treten. Dies gilt jedoch nicht, wenn zu den persönlich haftenden Gesellschaftern eine offene Handelsgesellschaft oder Kommanditgesellschaft gehört, bei der ein persönlich haftender Gesellschafter eine natürliche Person ist. 73

2. Kapitalaufbringung bei der Komplementär-GmbH

Bei der Komplementär-GmbH gelten die Kapitalaufbringungsregelungen der §§ 7, 19 und 55 ff. GmbHG. Nach § 7 Abs. 2 GmbHG darf die Anmeldung zum Handelsregister erst dann erfolgen, wenn auf jede Stammeinlage, soweit nicht Sacheinlagen vereinbart sind, ein Viertel eingezahlt ist (Satz 1). Insgesamt muss auf das Stammkapital mindestens soviel eingezahlt sein, dass der Gesamtbetrag der eingezahlten Geldeinlagen zuzüglich des Gesamtbetrags der Stammeinlagen, für die Sacheinlagen zu leisten sind, die Hälfte des Mindeststammkapitals gem. § 5 Abs. 1 GmbHG (derzeit noch € 25.000,–) erreicht (§ 7 Abs. 2 S. 2 GmbHG). Wird die Gesellschaft nur durch eine Person errichtet, so darf die Anmeldung gemäß § 7 Abs. 2 S. 3 GmbHG erst erfolgen, wenn mindestens die nach den S. 1 und 2 der vorgenannten Norm vorgeschriebenen Einzahlungen geleistet sind und der Gesellschafter für den übrigen Teil der Geldeinlage eine Sicherheit gestellt hat. Dabei sind Sacheinlagen nach § 7 Abs. 3 GmbHG vor der Anmeldung der Gesellschaft zur Eintragung in das Handelsregister so an die GmbH zu bewirken, dass sie endgültig zur freien Verfügung der Geschäftsführer stehen. 74

§ 19 GmbHG enthält Regelungen zu Leistungen auf die Stammeinlage, die §§ 55 ff. GmbHG befassen sich mit der Erhöhung des Stammkapitals. 75

II. Kapitalerhaltung

Die Kapitalerhaltung bei der **Komplementär-GmbH** richtet sich nach den §§ 30, 31 GmbHG. Danach darf das zur Erhaltung des Stammkapitals erforderliche Vermögen der Gesellschaft an die Gesellschafter nicht aufgeteilt werden. Zahlungen, welche den Vorschriften des § 30 GmbHG zuwider geleistet worden sind, müssen der Gesellschaft erstattet werden. Die Haftung des Gesell- 76 schafters besteht gegenüber der GmbH selbst, nicht jedoch gegenüber den Gläubigern der GmbH.

77 Nach §§ 172 Abs. 4 i. V. m. 171 Abs. 1 HGB lebt die Haftung der **Kommanditisten** einer GmbH & Co. KG bei Rückzahlung der von ihnen geleisteten Einlage wieder auf, summenmäßig allerdings begrenzt auf die im Handelsregister eingetragene Haftsumme. Ein Kommanditist, der seine Einlage geleistet und nicht zurückerhalten hat, haftet nicht, und zwar auch nicht gesamtschuldnerisch für andere Kommanditisten auf Rückzahlung ihrer Einlagen.

78 Die persönliche Haftung der Komplementär-GmbH für die Verbindlichkeiten der Kommanditgesellschaft kann zu einer Unterbilanz oder Überschuldung der Komplementärin führen. Führt eine Zahlung der Kommanditgesellschaft an ihre Kommanditisten hierzu, so ist der jeweilige Kommanditist in analoger Anwendung der Vorschrift des § 30 Abs. 1 GmbHG verpflichtet, den erhaltenen Betrag an die Kommanditgesellschaft zurückzuführen. Nach höchstrichterlicher Rechtsprechung (BGHZ 110, 342, 355 ff.) setzt die analoge Anwendung von §§ 30 f. GmbHG nicht voraus, dass die betroffenen Kommanditisten zugleich Gesellschafter der Komplementär-GmbH sind. Dies wird mit der **Finanzierungsverantwortung der Kommanditisten** für die Komplementär-GmbH begründet, so dass auch Gesellschafter einer GmbH & Co. KG, die nur Kommanditisten sind, behandelt werden wie eine den GmbH-Gesellschaftern nahe stehende Person.

79 Allerdings erfasst die **Ausfallhaftung des § 31 GmbHG** nach Ansicht des BGH (BGH NJW 2002, 1803) nicht den gesamten Fehlbetrag des nicht gedeckten Eigenkapitals, sondern nur den Betrag der Stammkapitalziffer (zum Meinungsstand s. MünchHdb GesR II/*Gummert* § 54 Rn. 12 ff.; MüKo HGB/*Grunewald* § 172 a Rn. 46).

80 Leistet die GmbH & Co. KG eine Stammeinlage auf das Kapital der Komplementär-GmbH oder kauft sie Geschäftsanteile an der Komplementärin von den Kommanditisten und wird hierdurch das Kommanditkapital geschmälert, so ist hierin ebenfalls eine Einlagenrückgewähr zu sehen.

81 Kann die Komplementär-GmbH für Zahlungen aus ihrem Vermögen an einen Kommanditisten bei der Gesellschaft Rückgriff nehmen, so kann auch dies als Rückzahlung der Kommanditeinlage zu werten sein (vgl. auch Kap. 4 § 110; BGHZ 76, 127, 130 ff.; 93, 246, 247 ff.).

82 Für einen Geschäftsführer, der zugleich Kommanditist der GmbH & Co. KG ist, ist die Zahlung seines Gehaltes, die nicht aus Gewinnen der Kommanditgesellschaft gedeckt werden kann, dann keine Rückzahlung der Einlage, wenn es sich um ein angemessenes Geschäftsführergehalt handelt (BAG ZIP 1983, 170). Ein überhöhtes Gehalt ist dagegen eine verdeckte Entnahme, durch welche die persönliche Haftung wieder auflebt.

III. Eigenkapitalersatz

83 Die Bestimmungen über Gesellschafterdarlehen in § 32 a GmbHG und über Darlehensrückzahlung vor Insolvenzeröffnung nach § 32 b GmbHG gelten nicht nur für die gesetzestypische GmbH, sondern auch für die Komplementär-GmbH. Dies gilt ebenso für die von der Rechtsprechung entwickelten Grundsätze zu kapitalersetzenden Gesellschafterdarlehen (BGHZ 90, 370). Falls sich die Frage des Eigenkapitalersatzes bei der GmbH & Co. KG stellt, dann in der Regel nicht bei deren Komplementär-GmbH, sondern vielmehr bei der operativ tätigen Kommanditgesellschaft, deren Geschäftsbetrieb durch Darlehen der Gesellschafter finanziert wird. Die §§ 32 a, 32 b GmbH sind in Kap. 7 ausführl. kommentiert, vgl. dort.

84 Die für die Komplementärin geltenden Regelungen der §§ 32 a, 32 b GmbHG gelten gem. § 172 a HGB auch bei einer Kommanditgesellschaft, bei der kein persönlich haftender Gesellschafter eine natürliche Person ist (vgl. Rn. 70). Diesbezüglich wird zunächst auf die ausführl. Darstellung in Kap. 5 § 172 a Rn. 23 ff. verwiesen.

85 Hat ein Gesellschafter zu einem Zeitpunkt, in dem die Gesellschafter der Gesellschaft als ordentliche Kaufleute Eigenkapital zugeführt hätten, stattdessen ein **Darlehen gewährt**, so kann er nach

§ 32 a Abs. 1 GmbHG den Anspruch auf Rückgewähr des Darlehens im Insolvenzverfahren über das Vermögen der Gesellschaft nur als nachrangiger Insolvenzgläubiger geltend machen. Hat ein Dritter der Gesellschaft zu einem Zeitpunkt, in dem ihr die Gesellschafter als ordentliche Kaufleute Eigenkapital zugeführt hätten, stattdessen ein Darlehen gewährt und hat ihm ein Gesellschafter für die Rückgewähr des Darlehens eine Sicherung bestellt oder hat er sich dafür verbürgt, so kann der Dritte nach § 32 a Abs. 2 GmbHG im Insolvenzverfahren über das Vermögen der Gesellschaft nur über den Betrag verhältnismäßige Befriedigung verlangen, mit dem er bei der Inanspruchnahme der Sicherung oder des Bürgen ausgefallen ist. Diese Regelungen gelten nach § 32 a Abs. 3 GmbHG sinngemäß für andere Rechtshandlungen eines Gesellschafters oder eines Dritten, die der Darlehensgewährung nach Abs. 1 oder 2 wirtschaftlich entsprechen. Die Regeln über den Eigenkapitalersatz gelten jedoch nicht für den nicht geschäftsführenden Gesellschafter, der mit 10 % oder weniger am Stammkapital beteiligt ist. Erwirbt ein Darlehensgeber in der Krise der Gesellschaft Geschäftsanteile zum Zwecke der Überwindung der Krise, führt dies für seine bestehenden oder neu gewährten Kredite nicht zur Anwendung der Regeln über den Eigenkapitalersatz (Baumbach/Hopt/*Hopt* § 172 a Rn. 12, 14; Röhricht/v. Westphalen/*v. Gerkan* § 172 a Rn. 82 a ff., 82 b ff. betr. Kleinbeteiligung, 82 e ff. betr. Sanierungsprivileg, jeweils m. w. N.; s. auch Kap. 7 § 32 a).

§ 32 b GmbHG regelt die **Darlehensrückzahlung vor Insolvenzeröffnung**: Hat die Gesellschaft im Falle des § 32 a Abs. 2, 3 GmbHG das Darlehen im letzten Jahr vor dem Antrag auf Eröffnung des Insolvenzverfahrens oder nach diesem Antrag zurückgezahlt, so hat der Gesellschafter, der die Sicherung gestellt hatte oder als Bürge haftete, der Gesellschaft den zurückgezahlten Betrag zu erstatten; § 146 InsO gilt entsprechend. Die Verpflichtung besteht nur bis zur Höhe des Betrags, mit dem der Gesellschafter als Bürge haftete oder der dem Wert der von ihm bestellten Sicherung im Zeitpunkt der Rückzahlung des Darlehens entspricht. Der Gesellschafter wird von der Verpflichtung frei, wenn er die Gegenstände, die dem Gläubiger als Sicherung gedient haben, der Gesellschaft zu ihrer Befriedigung zur Verfügung stellt. Diese Vorschriften gelten sinngemäß für andere Rechtshandlungen, die der Darlehensgewährung wirtschaftlich entsprechen (Baumbach/Hopt/*Hopt* § 172 a Rn. 15; Röhricht/v. Westphalen/*v. Gerkan* § 172 a Rn. 97 ff. m. w. N.). 86

IV. Insolvenz der GmbH & Co. KG

1. Insolvenz der GmbH & Co. KG

Die GmbH & Co. KG ist auf Grund ihrer Rechtsfähigkeit auch **insolvenzfähig**, wie dies deklaratorisch in § 11 Abs. 2 Nr. 1 InsO aufgeführt ist. Endet die GmbH & Co. KG als solche, so endet auch ihre Insolvenzfähigkeit. Nach §§ 161 Abs. 2 i. V. m. 130 a HGB ist die Eröffnung des Insolvenzverfahrens zu beantragen bei einer Gesellschaft, bei der kein Gesellschafter eine natürliche Person ist, wenn diese Gesellschaft zahlungsunfähig wird (§ 17 InsO) oder sich die Überschuldung der Gesellschaft (§ 19 Abs. 3 InsO) ergibt. Dies gilt nicht, wenn persönlich haftender Gesellschafter eine natürliche Person ist. **Antragspflichtig** sind die organschaftlichen Vertreter der Kommanditgesellschaft, mithin die Geschäftsführer der Komplementär-GmbH und nach deren Auflösung die Liquidatoren der Komplementär-GmbH. Der Antrag ist ohne schuldhaftes Zögern, spätestens aber drei Wochen nach Eintritt der Zahlungsunfähigkeit oder der Überschuldung der Gesellschaft zu stellen (§§ 130 a Abs. 1 S. 3, 177 a HGB; vgl. hierzu MüKo HGB/*Grunewald* § 177 a Rn. 9 ff.). 87

2. Insolvenz der Komplementär-GmbH

Von der Insolvenz der GmbH & Co. KG ist die Insolvenz ihrer Komplementär-GmbH zu unterscheiden. Dennoch dürfte die Insolvenz der GmbH & Co. KG regelmäßig auch zu einer Insolvenz ihrer Komplementär-GmbH führen, da diese nach § 128 HGB persönlich für die Schulden der GmbH & Co. KG haftet und daher direkt von deren Gläubigern in Anspruch genommen werden kann, wodurch jedenfalls bei den üblichen Fällen der Ausstattung der Komplementärin mit dem Mindeststammkapital zumeist auch der Insolvenztatbestand für die Komplementärin vorliegen 88 dürfte, und diese, vertreten durch ihre Geschäftsführer, einen Insolvenzantrag zu stellen hat. Zu den Gründen und dem Ablauf eines Insolvenzverfahrens vgl. ausführl. Kap. 13.

3. Insolvenzgründe und Rechtsfolgen

89 Die Gründe für die Eröffnung eines Insolvenzverfahrens (vgl. hierzu auch Kap. 13 Rn. 30 ff.) sind die **Zahlungsunfähigkeit gem. § 17 InsO**, wenn der Schuldner also nicht in der Lage ist, die fälligen Zahlungspflichten zu erfüllen, was in der Regel anzunehmen ist, wenn er seine Zahlungen eingestellt hat. Weiterer Insolvenzgrund ist die **drohende Zahlungsunfähigkeit gem. § 18 InsO**, d. h. wenn der Schuldner voraussichtlich nicht in der Lage sein wird, die bestehenden Zahlungsverpflichtungen im Zeitpunkt der Fälligkeit zu erfüllen. Eröffnungsgrund ist schließlich die **Überschuldung gem. § 19 InsO**, welche vorliegt, wenn das Vermögen des Schuldners die bestehenden Verbindlichkeiten nicht mehr deckt. Bei der Bewertung des Vermögens des Schuldners ist jedoch die Fortführung des Unternehmens zu Grunde zu legen, wenn diese den Umständen nach überwiegend wahrscheinlich ist (vgl. § 19 InsO). Die Insolvenzgründe der Zahlungsunfähigkeit und Überschuldung sind zwingend anzumelden, während der Insolvenzgrund der drohenden Zahlungsunfähigkeit nur von den Mitgliedern des Vertretungsorgans des Schuldners in vertretungsbefugter Zahl gestellt werden kann (§ 13 Abs. 3 InsO). Die Geschäftsführer der Komplementär-GmbH müssen bei drohender Zahlungsunfähigkeit daher abwägen, ob die Insolvenz-Antragstellung erfolgen soll oder ob eine außergerichtliche Sanierung möglich ist.

90 Nachdem die Zahlungsunfähigkeit der Gesellschaft eingetreten ist oder sich ihre Überschuldung ergeben hat, dürfen die organschaftlichen Vertreter und zur Vertretung der Kommanditgesellschaft befugten Gesellschafter und die Liquidatoren für die Gesellschaft keine Zahlungen leisten. Dies gilt jedoch nicht für Zahlungen, die auch nach diesem Zeitpunkt mit der Sorgfalt eines ordentlichen und gewissenhaften Geschäftsleiters vereinbar sind (§§ 130 a Abs. 2, 177 a HGB). Hierzu können nur solche Zahlungen gehören, die für die Durchführung des Insolvenzverfahrens oder für die Sanierung des Geschäftsbetriebs unter Berücksichtigung der Gläubigerinteressen erforderlich sind (MünchHdb GesR II/*Gummert* § 55 Rn. 14 m. w. N.).

91 Verstöße gegen die Insolvenzantragspflicht oder das Zahlungsverbot (§§ 130 a Abs. 1 bzw. 130 Abs. 2 HGB) führen zu einer **Schadensersatzpflicht des Geschäftsführers** nach § 130 a Abs. 3 HGB. Dabei haben die Insolvenzantragspflichtigen im Streitfall nachzuweisen, ob sie die Sorgfalt eines ordentlichen und gewissenhaften Geschäftsleiters angewandt haben. Die Ersatzpflicht kann durch Vereinbarung zwischen den Gesellschaftern weder eingeschränkt noch ausgeschlossen werden. Soweit der Ersatz zur Befriedigung der Gläubiger der Gesellschaft erforderlich ist, wird die Ersatzpflicht weder durch einen Verzicht oder Vergleich der Gesellschaft noch dadurch aufgehoben, dass die Handlung auf einem Beschluss der Gesellschafter beruht. Dies gilt nur dann nicht, wenn der Ersatzpflichtige zahlungsunfähig ist und sich zur Abwendung des Insolvenzverfahrens mit seinen Gläubigern vergleicht oder wenn die Ersatzpflicht in einem Insolvenzplan geregelt ist. Die Ansprüche aus § 130 a Abs. 3 HGB verjähren in fünf Jahren. § 130 Abs. 4 HGB schließlich stellt klar, dass die Vorschriften sinngemäß gelten, wenn die in den Absätzen 1 bis 3 genannten organschaftlichen Vertreter ihrerseits Gesellschaften sind, bei denen kein Gesellschafter eine natürliche Person ist, oder sich die Verbindung von Gesellschaften in dieser Art fortsetzen lässt.

92 Bei der Komplementär-GmbH haften die Geschäftsführer gem. § 64 GmbHG gegenüber der Gesellschaft grundsätzlich auf Ersatz von Zahlungen, die nach Eintritt der Zahlungsunfähigkeit oder nach Feststellung der Überschuldung geleistet wurden.

93 Nach der Rechtsprechung ist § 130 a HGB ein Schutzgesetz i. S. d. § 823 Abs. 2 BGB, so dass Gläubiger die Schadensersatzansprüche nicht nur gegenüber der Gesellschaft, sondern auch unmittelbar gegenüber den Geschäftsführern geltend machen können (BGHZ 126, 181, 190 ff.). Schutzgesetz im vorstehenden Sinne ist ebenfalls § 64 GmbHG, allerdings nur zugunsten derjenigen

Gläubiger, die bereits Gläubiger der Gesellschaft waren, bevor der Zeitpunkt der Insolvenzantragspflicht eingetreten ist (MünchHdb GesR II/*Gummert* § 55 Rn. 18).

Ein Verstoß gegen die Insolvenzantragspflicht kann schließlich mit Freiheitsstrafe bis zu drei Jahren, in fahrlässigen Fällen bis zu einem Jahr, oder mit Geldstrafe geahndet werden (§ 130 b HGB). **94**

4. Rechtsfolgen der Eröffnung des Insolvenzverfahrens und seiner Ablehnung

Durch die Eröffnung des Insolvenzverfahrens über das Vermögen der **Kommanditgesellschaft** **95** wird diese **aufgelöst** (§§ 161 Abs. 2 i. V. m. 131 Abs. 1 Nr. 3 HGB). Die Fortsetzung der Gesellschaft kann jedoch auch nach Gesellschaftskonkurs gem. § 144 Abs. 1 HGB beschlossen werden. Dies ist gegebenenfalls von sämtlichen Gesellschaftern zur Eintragung in das Handelsregister anzumelden und führt nicht mehr zur Abwicklung der Kommanditgesellschaft. Der Geschäftsführer der Komplementär-GmbH ist als organschaftlicher Vertreter verpflichtet, am Insolvenzverfahren mitzuwirken (§§ 101 Abs. 1, 97 Abs. 1 S. 1 InsO).

Wird über das Vermögen der **Komplementär-GmbH** das Insolvenzverfahren eröffnet, so führt **96** dies mangels abweichender vertraglicher Bestimmung zu ihrem **Ausscheiden aus der Kommanditgesellschaft** nach § 131 Abs. 3 Nr. 2 HGB. Das Ausscheiden des einzigen Komplementärs wiederum führt zur Auflösung der Kommanditgesellschaft.

Nach § 131 Abs. 2 Nr. 1 HGB wird die GmbH & Co. KG ebenfalls dann aufgelöst, wenn der An- **97** trag auf Eröffnung des Insolvenzverfahrens über ihr Vermögen **abgelehnt** wird (§ 23 InsO). Einer Liquidation bedarf es dann nicht, wenn die GmbH & Co. KG wegen Vermögenslosigkeit nach § 141 a FGG gelöscht wird, d. h. wenn sowohl die Kommanditgesellschaft als auch ihre Komplementär-GmbH vermögenslos sind. Die Gesellschaft ist beendet. Eine Liquidation findet gemäß § 145 Abs. 3 HGB nur dann statt, wenn sich nach der Löschung herausstellt, dass Vermögen vorhanden ist, welches der Verteilung unterliegt. Gegebenenfalls kann es zu einer Nachtragsliquidation kommen.

D. Steuerrechtliche Aspekte bei der GmbH & Co. KG

I. Jahresabschluss

1. Jahresabschluss der GmbH & Co. KG

Die GmbH & Co. KG hat wie jeder Kaufmann nach § 242 Abs. 1 HGB zu Beginn ihres Handels- **98** gewerbes und für den Schluss eines jeden Geschäftsjahres einen das Verhältnis ihres Vermögens und ihrer Schulden darstellenden Abschluss (Eröffnungsbilanz, Bilanz) aufzustellen. Auf die Eröffnungsbilanz sind die für den Jahresabschluss geltenden Vorschriften entsprechend anzuwenden, soweit sie sich auf die Bilanz beziehen. Gem. § 242 Abs. 2 HGB hat der Kaufmann für den Schluss eines jeden Geschäftsjahres eine Gegenüberstellung der Aufwendungen und Erträge des Geschäftsjahres (Gewinn- und Verlustrechnung) aufzustellen. Die Bilanz und die Gewinn- und Verlustrechnung bilden den Jahresabschluss (§ 242 Abs. 3 HGB; zum Jahresabschluss s. MünchHdb GesR II/*Breithaupt* § 56 m. w. N.).

Der Aufstellungsgrundsatz des § 243 HGB legt fest, dass der Jahresabschluss nach den **Grund-** **99** **sätzen ordnungsgemäßer Buchführung** aufzustellen ist, klar und übersichtlich sein muss und innerhalb der einem ordnungsgemäßen Geschäftsgang entsprechenden Zeit aufzustellen ist. Der Abschluss ist gem. § 244 HGB in deutscher Sprache und in Euro aufzustellen. Nach § 245 HGB ist der Jahresabschluss vom Kaufmann unter Angabe des Datums zu unterzeichnen. Sind mehrere persönlich haftende Gesellschafter vorhanden, so haben sie alle zu unterzeichnen.

§§ 264 Abs. 1 S. 1 i. V. m. 264 a HGB bestimmen, dass der Jahresabschluss der GmbH & Co. KG um **100** einen **Anhang** zu erweitern und ein **Lagebericht** zu erstellen ist (s. hierzu unten Rn. 116 f.). Die Erstellung des Jahresabschlusses der GmbH & Co. KG richtet sich somit nach den **Vorschriften für Kapitalgesellschaften**, wenn bei der Kommanditgesellschaft nicht wenigstens ein persönlich haftender Gesellschafter eine natürliche Person oder eine offene Handelsgesellschaft, Kommanditgesellschaft oder andere Personengesellschaft mit einer natürlichen Person als persönlich haftenden Gesellschafter ist oder sich die Verbindung von Gesellschaften in dieser Art fortsetzt. Typischerweise ist dies bei der GmbH & Co. KG der Fall, da diese regelmäßig ausschließlich eine persönlich haftende Gesellschafterin in Form einer Komplementär-GmbH hat. Ist dies nicht der Fall, d. h. ist eine natürliche Person direkt oder indirekt persönlich haftende Gesellschafterin der GmbH & Co. KG, so richtet sich die Erstellung des Jahresabschlusses der GmbH & Co. KG nach den allgemeinen Grundsätzen, die für alle Kaufleute gelten (MünchHdb GesR II/*Breithaupt* § 56 Rn. 2 ff., 9 ff. m. w. N.).

101 Ist die GmbH & Co. KG in den Konzernabschluss eines Mutterunternehmens mit Sitz in einem Mitgliedstaat der EU oder in einem anderen Vertragsstaat des Abkommens über den Europäischen Wirtschaftsraum (EWR) oder ist sie in den Konzernabschluss der Komplementär-GmbH einbezogen, liegt also ein **befreiender Konzernabschluss** i. S. d. § 264 b HGB vor, so sind die Bestimmungen der §§ 264 ff. HGB für die GmbH & Co. KG nicht anzuwenden.

102 Neben dem Jahresabschluss der GmbH & Co. KG ist für die **Komplementär-GmbH** ein **gesonderter Jahresabschluss** aufzustellen (s. hierzu nachfolgend Rn. 118 ff.). Für diesen gelten nicht nur die allgemeinen Vorschriften, sondern ergänzend auch die §§ 264 ff. HGB, ohne dass Befreiungsmöglichkeiten bestehen (MünchHdb GesR II/*Breithaupt* § 56 Rn. 15).

103 Die **Aufstellungspflicht** trifft nach § 264 Abs. 1 S. 1 HGB den gesetzlichen Vertreter, also die Komplementär-GmbH, diese wiederum vertreten durch ihren Geschäftsführer (§ 41 Abs. 1 GmbHG) als Vertreter der GmbH & Co. KG. Der Geschäftsführer der Komplementär-GmbH ist darüber hinaus zur Erstellung des Jahresabschlusses der Komplementärin selbst verpflichtet.

104 Sowohl der Jahresabschluss der GmbH & Co. KG als auch der ihrer Komplementär-GmbH sind grundsätzlich innerhalb der ersten drei Monate des folgenden Geschäftsjahres für das abgelaufene Geschäftsjahr aufzustellen. Handelt es sich um kleine Gesellschaften i. S. d. § 267 Abs. 1 HGB, so beläuft sich die Frist zur Bilanzaufstellung auf sechs Monate, sofern dies einem ordnungsgemäßen Geschäftsgang entspricht. Bei einem Konzernabschluss ist schließlich die in § 290 Abs. 1 HGB festgelegte 5-Monatsfrist zu beachten.

105 Eine **Verletzung der Bilanzaufstellungspflicht**, die auch bei nicht fristgerechter Erstellung des Jahresabschlusses vorliegt, stellt eine Ordnungswidrigkeit i. S. d. § 334 Abs. 1 HGB dar, die nach dessen Abs. 3 mit einer Geldbuße von bis € 25.000,– geahndet werden kann. Insolvenzstrafrechtliche Relevanz i. S. d. § 283 HGB kann im Falle des Bankrotts vorliegen.

106 Die Finanzbehörden können bei nicht fristgerechter Aufstellung des Jahresabschlusses eine **Schätzung** nach § 162 Abs. 2 S. 1 AO vornehmen und **Zwangsmittel** nach § 328 AO einsetzen.

107 Für die GmbH & Co. KG kommen neben den allgemeinen Ansatzvorschriften, die für alle Kaufleute gelten (Vollständigkeitsgebot, Ansatzwahlrechte, Passivierungswahlrechte etc.), **spezielle Ansatzvorschriften** zur Anwendung (vgl. §§ 269 ff. HGB).

108 Neben den für alle Kaufleute geltenden allgemeinen Grundsätzen für den Ausweis und die Gliederung der Bilanz gem. § 247 HGB (gesonderte Ausweisung von Anlage- und Umlaufvermögen, Eigenkapital, Schulden sowie Rechnungsabgrenzungsposten nebst hinreichender Aufgliederung) und dem Erfordernis einer klaren und übersichtlichen Aufstellung des Jahresabschlusses nach § 243 HGB gelten für die GmbH & Co. KG **weitere Grundsätze**: Stetigkeit der Darstellung und Angabe sowie Begründung von Abweichungen gem. § 265 Abs. 1 HGB, Angabe der Vorjahreszahlen zu jedem Posten der Bilanz und der Gewinn- und Verlustrechnung nach § 265 Abs. 2 S. 1 HGB, ggf. Ausweisung eines Vermögensgegenstandes oder einer Verbindlichkeit unter mehreren Posten in der Bilanz nebst Aufnahme eines entsprechenden Vermerkes in der Bilanz oder im Anhang (§ 265 Abs. 3 HGB), Angabe der Rechtsbeziehungen zwischen der Gesellschaft und ihren Gesellschaftern gem. § 264 c Abs. 1 HGB (vgl. § 42 GmbHG), wobei zwischen gesellschaftsrechtlichen und schuldrechtlichen Rechtsbeziehungen zu unterscheiden ist. Zu beachten ist weiter eine **strikte Trennung zwischen dem Gesellschaftsvermögen und dem Privatvermögen** der einzelnen Gesellschafter (§ 264 c Abs. 3 S. 1 HGB). Des Weiteren fordert § 264 c Abs. 2 S. 1 HGB eine besondere Gliederung für das Eigenkapital der GmbH & Co. KG in der Bilanz unter Ausweis der Posten I. Kapitalanteile, II. Rücklagen, III. Gewinnvortrag / Verlustvortrag und IV. Jahresüberschuss / Jahresfehlbetrag. Die Kapitalanteile der Komplementär-GmbH sind gem. § 264 Abs. 2 S. 2 Hs. 1 HGB auszuweisen. Eine auf Basis einer gesellschaftsrechtlichen Vereinbarung oder eines Gesellschafterbeschlusses gebildete **Rücklage** ist als Teil des Eigenkapitals gesondert auszuweisen, soweit es sich um nicht jederzeit entnahmefähige Gewinnanteile / die Pflichteinlage übersteigende Einlagen handelt. Im Anhang der Gesellschaft ist anzugeben, wenn die Hafteinlage der Gesellschafter der GmbH & Co. KG nicht vollständig geleistet ist (§ 264 c Abs. 2 S. 9 HGB).

Bei der **Einheitsgesellschaft** sind die Anteile, die die GmbH & Co. KG an ihrer Komplementär-GmbH hält, nach § 264 c Abs. 4 S. 1 HGB im Anlagevermögen gesondert auszuweisen, wobei gleichzeitig nach § 272 Abs. 4 HGB ein Sonderposten in Höhe der zu aktivierenden Anteile gebildet werden muss (§ 264 c Abs. 4 S. 2 HGB). **109**

Die Entwicklung der einzelnen Posten des Anlagevermögens und des Postens »Aufwendungen für die In-Gang-Setzung und Erweiterung des Geschäftsbetriebes« sind in der Bilanz oder im Anhang darzustellen (§ 268 Abs. 2 HGB). In diesem sog. **Anlagegitter** oder Anlagespiegel sind sämtliche Anlagegüter darzustellen, einschließlich Sach- und Finanzanlagen und immaterielle Vermögensgegenstände. Die kleine GmbH & Co. KG ist dagegen nicht verpflichtet, ein Anlagegitter zu erstellen (§§ 274 a Nr. 1 i. V. m. 277 Abs. 1 HGB). **110**

Die **Gliederung der Bilanz** richtet sich nach dem Bilanzschema des § 265 Abs. 2 HGB, sofern die GmbH & Co. KG eine große Gesellschaft i. S. d. § 267 HGB ist. Die Grundsätze des § 264 c HGB sind dabei zu beachten. Mittelgroße GmbH & Co. KGs können die Bilanz in der für kleine GmbH & Co. KGs vorgeschriebenen Form nach § 224 Nr. 1 HGB zum Handelsregister einreichen, wobei weitere Posten gesondert anzugeben sind (§§ 266 Abs. 1 S. 1 und 2, Abs. 2 und 3, 268 bis 274 i. V. m. 327 HGB). Kleine GmbH & Co. KGs können eine verkürzte Bilanz nach § 276 Abs. 1 S. 3 HGB aufstellen. **111**

Die **Gewinn- und Verlustrechnung** der GmbH & Co. KG ist in Staffelform nach dem Gesamtkostenverfahren des § 275 Abs. 2 HGB oder nach dem Umsatzkostenverfahren des § 275 Abs. 3 HGB aufzustellen. Bei Anwendung des letztgenannten müssen große und mittelgroße GmbH & Co. KGs im Anhang zusätzlich den Material- und Personalaufwand ausweisen (§§ 284 bis 288 HGB), während kleine GmbH & Co. KGs nur den Personalaufwand anzugeben haben (§§ 288 i. V. m. 285 Nr. 8 HGB). Größenabhängige Erleichterungen gelten auch für die Gewinn- und Verlustrechnung (vgl. § 276 HGB). Grundsätzlich kann die Wahl zwischen dem Umsatz- und dem Gesamtkostenverfahren nur einmal ausgeübt werden, um dem Gebot der Darstellungsstetigkeit des § 265 Abs. 1 HGB Rechnung zu tragen. **112**

Für die GmbH & Co. KG gelten wie für alle Kaufleute die **Bewertungsvorschriften der §§ 252 bis 256 HGB**. Von den Grundsätzen ordnungsgemäßer Buchführung darf nach § 252 Abs. 2 HGB nur in begründeten Ausnahmefällen abgewichen werden. Zu beachten sind daher die Bilanzidentität, die Fortführung der Unternehmensidentität, die Einzelbewertung, das Vorsichtsgebot, das Realisierungsprinzip, das Imparitätsprinzip, der Grundsatz der Wertaufstellung, die periodengerechte Abgrenzung und das Prinzip der Stetigkeit der angewandten Methoden (MünchHdb GesR II/*Breithaupt* § 56 Rn. 59 m. w. N.). **113**

Die speziellen, für alle Kaufleute geltenden Bewertungsvorschriften der §§ 253 bis 256 HGB für die Bewertung von Vermögensgegenständen (höchstens mit ihren Anschaffungs- oder Herstellungskosten) und Schulden (mit ihrem wahrscheinlichen bzw. sicheren Erfüllungsbetrag) sind ebenfalls zu beachten (vgl. insbes. § 253 HGB). Neben den Zugangsbewertungen sind die Abschreibungen darzulegen (Niederstwertprinzip). **114**

115 Die GmbH & Co. KG ist gem. § 253 Abs. 4 HGB nicht zur **Bildung stiller Reserven** berechtigt und kann außerplanmäßige Abschreibungen nur bei voraussichtlich nicht dauernder Wertminderung und nur bei Finanzanlagen vornehmen (§ 279 Abs. 1 S. 2 HGB). Bei außerplanmäßigen Abschreibungen sind die sog. **umgekehrte Maßgeblichkeit** (§ 279 Abs. 2 HGB) sowie das **Wertaufholungsgebot** des § 280 Abs. 1 HGB zu beachten.

116 Hinsichtlich des **Anhangs** wird auf die §§ 284 bis 288 HGB verwiesen. Nach § 285 Nr. 15 HGB hat der bei der GmbH & Co. KG aufzustellende Anhang stets bestimmte Angaben über ihre Komplementäre zu enthalten (insbesondere Name, Sitz und das durch die Komplementäre gezeichnete Kapital).

117 Hinsichtlich des **Lageberichtes** wird auf die Bestimmungen des § 269 HGB verwiesen. Kleine GmbH & Co. KGs sind nach § 264 Abs. 1 S. 2 HGB von der Erstellung des Lageberichts befreit.

2. Jahresabschluss der Komplementär-GmbH

118 Für den **Jahresabschluss der Komplementär-GmbH** gelten die zuvor beschriebenen Grundsätze entsprechend. Zu beachten ist, dass es sich bei der Komplementär-GmbH, die typischerweise ausschließlich mit der Geschäftsführung und Vertretung der GmbH & Co. KG befasst ist, regelmäßig um eine kleine Kapitalgesellschaft i. S. d. § 267 Abs. 1 HGB handelt.

119 In der Bilanz der Komplementär-GmbH ist ihr Anteil an der GmbH & Co. KG als Beteiligung nach § 266 Abs. 2 A III 3. HGB in Höhe der geleisteten Einlage anzugeben. Eine außerplanmäßige Abschreibung der Beteiligung ist nach § 253 Abs. 2 S. 3 HGB nur möglich, wenn durch Verluste der GmbH & Co. KG eine tatsächliche Wertminderung der Beteiligung eingetreten ist.

120 Ist die Komplementär-GmbH nicht am Kapital der GmbH & Co. KG beteiligt, stellt sie das von ihr benötigte Stammkapital der Kommanditgesellschaft darlehensweise zur Verfügung und wird der Darlehensvertrag für einen längeren Zeitraum als fünf Jahre abgeschlossen, so ist das Darlehen als Finanzanlage im Anlagevermögen darzustellen (§ 266 Abs. 2 A III. HGB). Bei einer kürzeren Darlehenszeit ist das Darlehen ins Umlaufvermögen aufzunehmen (§ 265 Abs. 2 B II. HGB). Ist die Rückzahlung des Darlehens auf Grund einer Vermögensverschlechterung der GmbH & Co. KG nicht sicher, kann eine außerplanmäßige Abschreibung nach § 253 Abs. 2 S. 3, Abs. 3 HGB vorgenommen werden.

121 Für den Anteil der Komplementärin an der Kommanditgesellschaft ist nach § 272 Abs. 4 S. 4 HGB eine **Rücklage** zu bilden, wenn die GmbH & Co. KG ein herrschendes oder mehrheitlich beteiligtes Unternehmen der Komplementärin ist (z. B. Einheitsgesellschaft).

122 **Gewinnanteile**, die die Komplementärin aus ihrer Beteiligung an der Kommanditgesellschaft erwirtschaftet, stellen Erträge aus Beteiligungen i. S. d. §§ 275 Abs. 2 Nr. 9 bzw. 275 Abs. 2 Nr. 8 HGB dar und sind in der Gewinn- und Verlustrechnung der Komplementärin auszuweisen. Dies gilt etwa für die Haftungsvergütung, die die Kommanditgesellschaft ihrer Komplementärin für die Übernahme der persönlichen Haftung zahlt.

123 Besteht eine kapitalmäßige Beteiligung der Komplementärin an der Kommanditgesellschaft, so ist diese im Anhang der Komplementär-GmbH anzugeben (vgl. i. E. §§ 285 Nr. 11, 286 Abs. 3 HGB).

3. Prüfung, Offenlegung und Feststellung des Jahresabschlusses

124 Eine **Prüfung des Jahresabschlusses** einer GmbH & Co. KG ist gem. § 316 HGB bei mittelgroßen bzw. großen Gesellschaften i. S. d. § 267 HGB durchzuführen. Die Prüfung erfolgt durch einen Wirtschaftsprüfer bzw. bei einer mittelgroßen GmbH & Co. KG auch durch vereidigte Buchprüfer (§ 319 Abs. 1 HGB). Die Wahl der Abschlussprüfer obliegt der Gesellschafterversammlung, sofern gesellschaftsvertraglich nichts Abweichendes festgelegt ist (§ 318 Abs. 1 S. 1 HGB).

Die GmbH & Co. KG hat ihren Jahresabschluss gem. §§ 325 ff. HGB **offen zu legen**, d. h. die gesetzlichen Vertreter von Kapitalgesellschaften haben für diese – und dies gilt nach § 264 a HGB auch für die haftungsbeschränkende Rechtsform der GmbH & Co. KG, bei der nicht wenigstens eine natürliche Person persönlich haftender Gesellschafter ist – den Jahresabschluss (die Bilanz und die Gewinn- und Verlustrechnug, § 242 HGB) sowie den Bestätigungsvermerk oder den Vermerk über dessen Versagung seitens des Abschlussprüfers unverzüglich nach seiner Vorlage an die Gesellschafter, jedoch spätestens vor Ablauf des zwölften Monats des dem Abschlussstichtag folgenden Geschäftsjahres beim Betreiber des elektronischen Bundesanzeigers elektronisch einzureichen (§ 325 Abs. 1 HGB) und dort vollständig bekannt machen zu lassen (§ 325 Abs. 2 HGB). Die Jahresabschlüsse werden vom Betreiber des elektronischen Bundesanzeigers an den Betreiber des Unternehmensregisters übermittelt und dort eingestellt (§ 8 b Abs. 3 Nr. 1 HGB). Mit dieser Neufassung der Offenlegungsvorschriften über die Rechnungslegung publizitätspflichtiger Unternehmen durch das Gesetz über elektronische Handelsregister und Genossenschaftsregister sowie das Unternehmensregister (EHUG, BGBl. I 2006, 2553 v. 15. November 2006) wird das bisher geltende Recht, welches die Einreichung der Jahresabschlüsse zum jeweils zuständigen Handelsregister vorsah, abgelöst. **125**

Die **Nichterfüllung der Offenlegungspflichten** stellt eine Ordnungswidrigkeit dar, die nach bisher geltendem Recht nur auf Antrag von jedermann durch das Registergericht nach § 335 a HGB a. F. i. H. v. mindestens € 2.500,– bis € 25.000,– geahndet werden konnte. Nach der ab 1. 1. 2007 geltenden Regelung des § 335 a HGB n. F. ist nun von Amts wegen ein Ordnungsgeld zu verhängen. Zuständig ist das neu errichtete Bundesamt für Justiz. **126**

Die **Feststellung des Jahresabschlusses** der GmbH & Co. KG richtet sich nach dem für die Kommanditgesellschaft geltenden Recht, d. h. die Gesellschafter stellen den Jahresabschluss durch Beschluss fest. Soweit der Gesellschaftsvertrag nicht abweichende Mehrheiten vorsieht, bedarf der Feststellungsbeschluss der **Einstimmigkeit** (§§ 161 Abs. 2, 119 HGB). Mit der Feststellung des Jahresabschlusses wird dieser durch die Gesellschafter anerkannt (vgl. §§ 780, 781 BGB). Aus dem verbindlichen Jahresabschluss ergeben sich sodann die Anteile der Gesellschafter am Gewinn oder Verlust des abgelaufenen Geschäftsjahres. **127**

§ 325 Abs. 2 a HGB verweist auf internationale Rechnungslegungsstandards und sieht für Unternehmen, die von ihrem Wahlrecht Gebrauch gemacht haben, anstelle eines HGB-Jahresabschlusses einen **IFRS-Einzelabschluss** aufzustellen, vor, dass die Standards vollständig zu befolgen sind und dieser Abschluss offenzulegen ist. Eine gesetzliche Verpflichtung zur Aufstellung eines IFRS-Jahresabschlusses für eine GmbH & Co. KG gibt es mithin nicht. **128**

II. Gewinnermittlung und -verteilung

Das Jahresergebnis der GmbH & Co. KG, welches sich aus der Bilanz ergibt, ist auf die Gesellschafter zu verteilen. Hinsichtlich der Beteiligung an Gewinn und Verlust wird auf § 168 HGB verwiesen (vgl. §§ 167 bis 169 sowie §§ 120 f. i. V. m. 161 Abs. 2 HGB; vgl. auch Rn. 50 ff.). **129**

Die GmbH & Co. KG ist als Personengesellschaft **weder körperschaftsteuer- noch einkommensteuerpflichtig**. Die gewerblichen Einkünfte der GmbH & Co. KG werden ihren Gesellschaftern als den Mitunternehmern der GmbH & Co. KG anteilig zugerechnet und von diesen versteuert. Die GmbH & Co. KG wird grundsätzlich wie die gesetzestypische Kommanditgesellschaft versteuert (vgl. hierzu Rn. 138 ff.). Zur Abgrenzung der einkommensteuerrechtlich relevanten Tatbestände von der steuerlich nicht relevanten Liebhaberei dient die Feststellung der Einkünfteerzielungsabsicht. Die Beweislast für das Vorliegen dieser Absicht trägt der Steuerpflichtige. Ohne diesen Nachweis liegt eine steuerlich unbeachtliche Liebhaberei vor mit der Folge, dass die Finanzverwaltung eine Verrechnung der Verluste mit den Gewinnen nicht anerkennt. **130**

Bei der gewerblich tätigen GmbH & Co. KG werden regelmäßig **Einkünfte aus dem Gewerbebetrieb** i. S. d. § 15 Abs. 2 EStG generiert. Die Gesellschafter als Mitunternehmer erzielen Einkünfte i. S. d. § 15 EStG, wobei die Mitunternehmereigenschaft dann anzunehmen ist, wenn **131** ein Kommanditist die gesetzestypische Position eines Kommanditisten einnimmt, d. h. ein Mitunternehmerrisiko trägt und eine Mitunternehmerinitiative entfalten kann. Eine Mitunternehmerstellung liegt dagegen nicht vor, wenn ein Kommanditist nur eine eingeschränkte mitgliedschaftliche Rechtsstellung innehat (z. B. Ausschluss des Widerspruchsrechts gem. § 164 HGB, kein Vetorecht bei Grundlagengeschäften, gesellschaftsvertragliche Vereinbarung eines Mehrheitsprinzips bei der Abstimmung in Gesellschafterversammlungen, Gleichstellung im Innenverhältnis mit einem typisch stillen Gesellschafter etc.; s. hierzu MünchHdb GesR II/*Levedag* § 57 Rn. 65 ff.; Sudhoff GmbH & Co. KG/*Düll* § 4; *Binz/Sorg* § 16; jeweils m. w. N.). Nur eine Mitunternehmensinitiative, die auch mit einem gewissen Mitunternehmerrisiko verbunden ist, führt zu der Qualifikation eines Kommanditisten als Mitunternehmer im steuerrechtlichen Sinne.

132 Für die GmbH & Co. KG gelten die allgemeinen Grundsätze der **zweistufigen Gewinnermittlung**, d. h. der Gewinn des Mitunternehmers einer Kommanditgesellschaft setzt sich zum einen aus dem Gewinnanteil an der Kommanditgesellschaft und zum anderen aus den erhaltenen Sondervergütungen zusammen (§ 15 Abs. 1 S. 1 Nr. 2 EStG). In einem ersten Schritt wird die Handelsbilanz der Personengesellschaft aufgestellt, sodann erfolgt die Aufstellung und Einbeziehung etwaiger Ergänzungsbilanzen der Gesellschafter sowie die Aufstellung der Steuerbilanz der Gesellschaft nach Maßgabe der §§ 4 bis 7 EStG; auf dieser Basis wird in einem zweiten Schritt für die Gesellschafter die jeweilige Sonderbilanz erstellt (vgl. hierzu Sudhoff GmbH & Co. KG/*Düll* § 5 m. w. N.). In der Steuerbilanz der Gesellschaft auf der ersten Stufe werden die handelsbilanziellen Bilanzansätze übernommen, soweit sich nicht steuerrechtlich eine abweichende Bewertung ergibt. Sodann wird der steuerliche Gewinnanteil dem jeweiligen Gesellschafter nach dem gesellschaftsvertraglich vereinbarten Gewinnverteilungsschlüssel zugewiesen (§ 15 Abs. 1 S. 1 Nr. 1 Hs. 1 EStG). Bei der Erstellung der Steuerbilanz auf zweiter Stufe wird das Sonderbetriebsvermögen der Gesellschafter aktiviert bzw. passiviert, insbesondere Vergütungen, die der jeweilige Gesellschafter durch eine schuldrechtliche Vereinbarung mit der Gesellschaft von dieser erhalten hat und die bei der Gesellschaft als Betriebsausgaben berücksichtigt wurden; ebenso Erträge und Aufwendungen der Wirtschaftsgüter, die Sonderbetriebsvermögen darstellen und schließlich Sonderbetriebseinnahmen und -ausgaben, die ein Gesellschafter als Mitunternehmer erzielt, insbesondere Gewinnanteile nach § 15 Abs. 1 S. 1 Nr. 2 Hs. 2 EStG.

133 **Verluste** sind gem. § 15 a EStG nutzbar. Diese Vorschrift bezieht sich auf die Stellung als Kommanditist und ist daher nicht spezifisch auf die GmbH & Co. KG anwendbar (MünchHdb GesR II/*Levedag* § 57 Rn. 194 a; zur Verlustausgleichsbeschränkung des § 15 a EStG vgl. Sudhoff GmbH & Co. KG/*Düll* § 6 m. w. N.).

134 Die **Ergebnisverteilung** in der GmbH & Co. KG folgt auch steuerlich grundsätzlich der gesellschaftsvertraglich vereinbarten Gewinnverteilung.

135 Hinsichtlich der **verdeckten Gewinnausschüttung** in Bezug auf die Komplementärin gelten zunächst die allgemeinen Regelungen (MünchHdb GesR II/*Levedag* § 57 Rn. 196 ff. m. w. N.; s. hierzu Kap. 7). Fälle der verdeckten Gewinnausschüttung liegen insbesondere vor, wenn die Beteiligung der Komplementär-GmbH am gesamten Ergebnis der Kommanditgesellschaft nicht angemessen ist (verhinderte Vermögensmehrung) oder wenn eine Vermögensminderung bei der Kommanditgesellschaft dadurch stattfindet, dass Zuwendungen an Kommanditisten vorgenommen werden und diese zugleich Gesellschafter oder nahe stehende Personen von Gesellschaftern der Komplementär-GmbH sind.

136 Ist dagegen der auf die Komplementär-GmbH entfallende Gewinnanteil zu Lasten der Kommanditisten der GmbH & Co. KG unangemessen hoch, so ist eine **verdeckte Einlage** gegeben, welche zu einer Korrektur der jeweiligen Gewinnbeteiligungen führt, d. h. der den Kommanditisten dadurch zusätzlich zustehende Gewinnanteil erhöht nachträglich deren Anschaffungskosten auf die Beteiligung der Komplementär-GmbH im Sonderbetriebsvermögen, während sich bei dieser in der Vergangenheit das EK04 entsprechend erhöhte (MünchHdb GesR II/*Levedag* § 57 Rn. 208).

Als Rechtsfolge der verdeckten Gewinnausschüttung erfolgt eine Korrektur durch Erhöhung des Gesamtgewinns der GmbH & Co. KG um die Höhe der verdeckten Gewinnausschüttung (weitere Einzelheiten s. MünchHdb GesR II/*Levedag* § 57 Rn. 209 ff. m. w. N.). **137**

III. Besteuerung der GmbH & Co. KG

1. Allgemeines

Die GmbH & Co. KG wird im Wesentlichen wie eine Kommanditgesellschaft versteuert. Diese stellt als Personengesellschaft kein eigenes Steuersubjekt dar. Nach dem sog. **Transparenzprinzip** ist nicht sie Schuldnerin der Einkommensteuer, sondern die hinter ihr stehenden Gesellschafter als Mitunternehmer (§ 1 Abs. 1 EStG). Die Einkünfte werden auf der Ebene der GmbH & Co. KG nach Höhe und Art ermittelt (vgl. hierzu Rn. 129 ff.) und auf die einzelnen Gesellschafter entsprechend der Höhe ihrer Beteiligung verteilt. Dies erfolgt in der gesonderten und einheitlichen Feststellung der Einkünfte nach §§ 179 ff., 180 Abs. 1 Nr. 2 a AO. Die GmbH & Co. KG kann dennoch alle in § 2 EStG abschließend aufgeführten Einkünfte erzielen, insbesondere gewerbliche Einkünfte und sog. Überschusseinkünfte, z. B. Einkünfte aus Kapitalvermögen oder aus Vermietung und Verpachtung. Die Besteuerung der **Komplementär-GmbH** erfolgt als **gesondertes Steuersubjekt** getrennt von der GmbH & Co. KG. **138**

2. Gewerbesteuer

Bei einer GmbH & Co. KG, bei der eine Kapitalgesellschaft die Stellung der persönlich haftenden Komplementärin einnimmt, liegt steuerlich eine **gewerblich geprägte Personengesellschaft** vor. Für diese bestimmt § 15 Abs. 3 Nr. 2 EStG unabhängig von ihrem konkreten Unternehmensgegenstand bzw. der ausgeübten Tätigkeit, dass sie stets in vollem Umfang als Gewerbebetrieb zu betrachten ist. Daraus folgt, dass die Kommanditisten der GmbH & Co. KG mit ihren Anteilen am steuerlichen Ergebnis der GmbH & Co. KG **Einkünfte aus Gewerbebetrieb** i. S. d. § 15 Abs. 1 Nr. 2 EStG erzielen und die GmbH & Co. KG selbst wegen der Anknüpfung der Gewerbesteuer an einkommenssteuerliche Gewerbebetriebe in § 2 Abs. 1 GewStG als Gewerbebetrieb kraft Rechtsform der **Gewerbesteuer** unterliegt (vgl. hierzu ausführl. Sudhoff GmbH & Co. KG/*Düll* § 5 a; Binz/*Sorg* § 17 jeweils m. w. N.). Die Kommanditisten können die Gewerbesteuer der GmbH & Co. KG in einem pauschalierten Verfahren anteilig auf ihre Einkommensteuer anrechnen, § 35 Abs. 1 Nr. 2, Abs. 3 S. 1 EStG. **139**

3. Körperschaftsteuer

Die Komplementär-GmbH ist auf Grund ihrer Rechtsform **körperschaftsteuerpflichtig** i. S. d. § 1 Abs. 1 Nr. 1 KStG. Ihre Ergebnisbeteiligung an der GmbH & Co. KG unterliegt der Körperschaftsteuer nach den allgemeinen Grundsätzen. Daneben ist der Solidaritätszuschlag zu berücksichtigen. Nicht in Betracht kommt dagegen eine anteilige Anrechnung der Gewerbesteuer der GmbH & Co. KG im Bereich der Körperschaftsteuer. **140**

4. Geschäftsführerbezüge

Besonderheiten gelten für die steuerliche Behandlung der **Geschäftsführerbezüge**: Die Vergütungen, die die GmbH & Co. KG an ihre Komplementär-GmbH für die Übernahme der Geschäftsführung entrichtet, wird im Jahresabschluss der GmbH & Co. KG als Personalaufwand dargestellt. Die handelsrechtliche Einordnung gilt auf Grund der Bestimmung des § 15 Abs. 1 Nr. 2 EStG jedoch nicht für die Besteuerung, so dass die Geschäftsführungsvergütungen als Sonderbetriebseinnahmen der Komplementär-GmbH bei der Ermittlung des steuerlichen Gewinns der GmbH & Co. KG wieder hinzuzurechnen sind. Die Aufwendungen der Komplementärin für ihre Geschäftsführer stellen dagegen Sonderbetriebsausgaben der Komplementär-GmbH dar, soweit die Tätigkeiten des Geschäftsführers der Komplementärin sich auf die Führung der Geschäfte der GmbH & Co. KG erstrecken (MünchHdb GesR II/*Levedag* § 57 Rn. 165 m. w. N.). **141**

142 Ist ein Geschäftsführer der Komplementär-GmbH zugleich Kommanditist der GmbH & Co. KG, handelt es sich bei der an den Kommanditisten gezahlten Geschäftsführervergütung um Sonderbetriebseinnahmen des Kommanditisten. Diese stellen keine Einkünfte aus nichtselbstständiger Arbeit, sondern Einkünfte aus Gewerbebetrieb dar. Ein Lohnsteuerabzug ist in diesem Fall nicht vorzunehmen ((MünchHdb GesR II/*Levedag* § 57 Rn. 166 ff. m. w. N.).

5. Umsatzsteuer

143 Die **Umsatzsteuerpflichtigkeit** der GmbH & Co. KG, ihrer Komplementär-GmbH und deren Geschäftsführer sowie der Kommanditisten folgt aus der Unternehmereigenschaft i. S. d. § 2 UStG (vgl. hierzu allgemein Sudhoff GmbH & Co. KG/*Düll* § 7, Binz/*Sorg* § 18 jeweils m. w. N.). Grundsätzlich ist ein Leistungsaustausch zwischen den Unternehmern umsatzsteuerpflichtig, etwa bei einer Vermietung eines Wirtschaftsgutes an die GmbH & Co. KG durch einen Gesellschafter, welcher die Umsatzsteuer an das Finanzamt abführen muss, während die GmbH & Co. KG die in Rechnung gestellte Umsatzsteuer als Vorsteuer abziehen kann. Die Vermietung eines Grundstückes oder von Räumen ist nach § 4 Nr. 12 a UStG grundsätzlich umsatzsteuerfrei, soweit der vermietende Gesellschafter nicht auf die Befreiung verzichtet. Umsatzsteuerbar ist ebenfalls die Gewährung eines verzinslichen Gesellschafterdarlehens, welches nach § 4 Nr. 8 a UStG umsatzsteuerfrei ist, jedoch wiederum für den Darlehensgeber die Option zum Verzicht auf die Befreiung vorsieht. Schließlich ist auch die Geschäftsführertätigkeit der Komplementär-GmbH für die GmbH & Co. KG umsatzsteuerbar, so dass die Komplementärin die ihr in Rechnung gestellte Vorsteuer in Abzug bringen kann.

6. Grunderwerbsteuer

144 Steuertatbestände des **Grunderwerbsteuergesetzes** sind Verträge, die auf die Übereignung von Grundstücken gerichtet sind (Grundtatbestand des § 1 Abs. 1 GrEStG) oder Ersatztatbestände (§ 1 Abs. 3 GrEStG), etwa bei Übertragung sämtlicher Anteile einer Grundbesitz haltenden GmbH & Co. KG oder Vereinigung in der Hand eines Gesellschafters (vgl. hierzu Sudhoff GmbH & Co. KG/*Düll* § 8; Binz/*Sorg* § 19; jeweils m. w. N.). Die Steuerpflicht i. S. d. Grunderwerbsteuergesetzes liegt bei einem mehr als 95 %-igen Gesellschafterwechsel (§ 1 Abs. 2 a GrEStG, ggf. § 1 Abs. 2 GrEStG), mit der Möglichkeit partieller Befreiungen gem. §§ 5, 6 GrEStG, vor.

7. Erbschaftsteuer

145 Wegen der gewerblichen Prägung der GmbH & Co. KG stellt diese stets Betriebsvermögen i. S. d. **Erbschaftsteuergesetzes** dar. Die §§ 13 a, 19 a ErbStG beinhalten den Betriebsvermögens-Freibetrag und -abschlag. Die Bewertung richtet sich nach den Steuerbilanzwerten (Ausnahme bei Grundstücken und Beteiligungen) gem. §§ 95 ff. BewG (vgl. hierzu Binz/*Sorg* § 20 m. w. N.).

Kapitel 9
Die Publikumsgesellschaft

Übersicht:

A. Grundlagen

I. Begriff der Publikumsgesellschaft

1. Vielzahl von Gesellschaftern

1 Bei der Publikumsgesellschaft handelt es sich um einen gesetzlich nicht normierten Typus einer Personen- oder Kapitalgesellschaft. Die Publikumsgesellschaft lässt sich allenfalls dahingehend beschreiben, dass sie darauf angelegt ist, dass sich an ihr eine **Vielzahl von Gesellschaftern** unmittelbar oder mittelbar über Treuhänder beteiligen (vgl. BGH NJW 1978, 455; *K. Schmidt* GesR, § 57 I 1 a). Ob darüber hinaus weitere Merkmale für das Vorliegen einer Publikumsgesellschaft notwendig sind, etwa dass die Gesellschafter am Kapitalmarkt geworben sein müssen, oder dass der zugrunde liegende Gesellschaftsvertrag vorformuliert sein muss, ist umstritten (s. i. E. Nachweise bei MüKo HGB/*Grunewald* § 161 Rn. 101). Praktisch ist dies jedoch ohne Erkenntniswert, da es sich bei dem Sonderrecht der Publikumsgesellschaft letztlich darum handelt, einem Schutzbedürfnis der Anleger(-gesellschafter) zu begegnen, welches sich daraus ergibt, dass die Initiatoren oder Gründer der Publikumsgesellschaft im Verhältnis zu den beitretenden (neuen) Gesellschaftern mit einem Übermaß an Herrschaftsmacht ausgestattet sind (vgl. Baumbach/Hopt/*Hopt* Anh. § 177 a Rn. 52). Diese Situation kann sich aber unabhängig davon ergeben, ob Anleger am Kapitalmarkt oder auf Grundlage eines vorformulierten Gesellschaftsvertrags geworben werden.

2. Personen- oder Kapitalgesellschaft

2 Begrifflich umfasst die Publikumsgesellschaft sowohl die Personengesellschaft als auch die Kapitalgesellschaft. Das in Rn. 1 beschriebene Schutzbedürfnis ergibt sich aber typischerweise nur bei Personengesellschaften und zwar daraus, dass sich die beitretenden Gesellschafter entgegen dem gesetzlichen Leitbild der personalistisch strukturierten Gesellschaft **rein kapitalmäßig beteiligen**. Wirtschaftlich handelt es sich demnach um Kapitalgesellschaften im Rechtskleid einer Personengesellschaft (vgl. Baumbach/Hopt/*Hopt* Anh. § 177 a Rn. 52), für die aber das Personengesellschaftsrecht des BGB und des HGB, anders als das auf ein Massenpublikum zugeschnittene Aktienrecht, keine geeigneten Schutzmechanismen bereithält. Bei der GmbH tritt das Phä-

nomen der Publikumsgesellschaft schon wegen der Formstrenge für Gründungs- und Übertragungsakte (notarielle Beurkundung) sowie wegen der eingeschränkten Fungibilität von Gesellschaftsanteilen kaum auf.

3. Sonderrecht für Publikums(personen-)gesellschaften

3 Um der kapitalistischen Struktur der Personengesellschaft einerseits Rechnung zu tragen und den Schutz der Anleger andererseits zu optimieren, hat der II. Zivilsenat des BGH seit 1972 (BGH NJW 73, 1604) im Wege der richterlichen Rechtsfortbildung ein Sonderrecht für Publikums(personen-)gesellschaften entwickelt. Sofern nachfolgend auf die Publikumsgesellschaft abgestellt wird, ist daher ausschließlich die kapitalistisch strukturierte Personengesellschaft gemeint.

4 Im Ergebnis nähert das für die die körperschaftlich strukturierte Publikumspersonengesellschaft entwickelte Sonderrecht diese der Aktiengesellschaft an. Dies gilt jedoch nur dort, wo sich aufgrund der vom gesetzlichen Leitbild abweichenden kapitalistischen Struktur der Personengesellschaft ein Schutzbedürfnis für die beigetretenen Kapitalanleger ergibt. Im Übrigen verbleibt es bei der Anwendung der für die jeweilige Form der Personengesellschaft geltenden gesetzlichen (§§ 705 ff. BGB, §§ 105 ff., 161 ff. HGB) und ggf. diese ergänzenden oder gar verdrängenden Regelungen (insbes. für die GmbH & Co. KG, vgl. hierzu Kap. 8).

II. Praktische Bedeutung von Publikumsgesellschaften

5 Publikumsgesellschaften dienen in erster Linie der Kapitalaufnahme zur Finanzierung der Anschaffung von Vermögensgegenständen. In der Vergangenheit waren diese Anschaffungen zu einem Großteil als **Steuersparmodelle** für vermögende Privatanleger motiviert. Hintergrund war, dass Anlegern die insbesondere in der Anlaufphase der Gesellschaft erzielten Verluste steuerlich zugerechnet wurden. Diese Verluste resultierten überwiegend aus Abschreibungen (bei Anschaffung materieller Vermögensgegenstände) oder aus sofort abziehbaren Aufwendungen (bei Herstellung immaterieller Vermögensgegenstände, etwa durch Medienfonds). Die dem Anleger zugerechneten Verluste konnten wiederum sofort mit sonstigen positiven Einkünften des Anlegers verrechnet werden. Gewinne wurden durch die Publikumsgesellschaft regelmäßig erst gegen Ende der Laufzeit erzielt und dem Gesellschafter zugerechnet, was im Ergebnis zu einer (fiskalisch unerwünschten) Steuerstundung beim Anleger führte. Schrittweise wurden die Möglichkeiten der Verlustverrechnung durch den Gesetzgeber eingeschränkt, zunächst durch Einführung des § 15 a EStG und zuletzt durch § 15 b EStG (eingeführt durch das »Gesetz zur Beschränkung der Verlustverrechnung im Zusammenhang mit Steuerstundungsmodellen« vom 22. 12. 2005, BGBl. I, 3683). § 15 b EStG sieht vor, dass Verluste aus Steuerstundungsmodellen nunmehr nur noch die Einkünfte, die der Steuerpflichtige in den folgenden Wirtschaftsjahren aus derselben Einkunftsquelle erzielt mindern dürfen.

6 Wenngleich die Bedeutung von Publikumsgesellschaften als Verlustzuweisungsvehikel deutlich zurückgegangen ist, hat die Finanzdienstleistungsbranche ihre Eignung als Vehikel zum **steueroptimierten Vertrieb von renditeorientierten Produkten** (z. B. Lebensversicherungen, Immobilien, Schienenfahrzeuge, Container) längst erkannt. Auch heute ergeben sich aufgrund der teilweise unterschiedlichen steuerlichen Behandlung von Personengesellschaften durch die Vertragsstaaten von Doppelbesteuerungsabkommen vielfach Vorteile bei der Nutzung von Publikumsgesellschaften.

B. Rechtsformen von Publikumsgesellschaften

7 Die Kreativität der Praxis bei der Ausgestaltung von Publikumsgesellschaften ist scheinbar grenzenlos. So sind als Publikumsgesellschaften sämtlich die BGB-Gesellschaft, die (atypisch) stille Gesellschaft, die OHG und die KG mobilisiert worden. Die größte praktische Bedeutung dürfte indessen die (bereits kapitalistisch geprägte) **GmbH & Co. KG** haben (zu den Vor- und Nachteilen der unterschiedlichen Rechtsformen von Publikumsgesellschaften s. *Schmidt/Zagel* Rn. 1606 ff.).

Man kann wohl sagen, dass sie im Hinblick auf die bei ihr auftretenden Rechtsprobleme eine gewisse **Leitbildfunktion** für andere Formen der Publikumsgesellschaft hat. Insofern lassen sich etwa die für die **Publikums-KG** von der Rechtsprechung entwickelten Lösungsansätze in Bezug auf die Kapitalsicherung auch für die atypisch stille Gesellschaft fruchtbar machen (BGH NJW 1985, 1079). Auch deshalb wird bei der nachfolgenden Darstellung die Publikums-KG in der Rechtsform der GmbH & Co. KG im Mittelpunkt stehen.

8 Rechtformen von Personengesellschaften werden mitunter auch vermengt. So wird bei Publikums-KGs zum Ausschluss der unbeschränkten Haftung für beitretende Kommanditisten nach § 176 Abs. 2 HGB häufig vereinbart, dass im Außenverhältnis der Beitritt unter der **aufschiebenden Bedingung der Eintragung** in das Handelsregister erfolgt. Dies ist nach der Rechtsprechung des BGH (BGH NJW 1982, 883) möglich. Soll der Kommanditist jedoch bereits vor Eintragung in das Handelsregister, insbesondere aus steuerlichen Gründen, beteiligt werden, wird vielfach eine atypisch stille (mitunternehmerische) Beteiligung an der Gesellschaft vorgesehen (vgl. MüKo HGB/*K. Schmidt* § 176 Rn. 30).

C. Organisation der Publikumspersonengesellschaft

9 Obwohl die Publikums-KG letztlich auf die Beteiligung einer Vielzahl von Anlegern gerichtet ist, erfolgt die **Gründung** regelmäßig nicht in einem, sondern in mehreren Schritten. In einem ersten Schritt wird üblicherweise der Gesellschaftsvertrag nur unter Beteiligung einer geringen Anzahl von Gesellschaftern, namentlich einem oder mehreren Komplementären und einem oder mehreren Kommanditisten, die aus dem Kreis der Initiatoren stammen, geschlossen. Erst im Anschluss daran werden Anleger geworben, die auf Basis eines meist bereits vorformulierten Gesellschaftsvertrages der Gesellschaft beitreten. Die Anleger haben dann regelmäßig die Möglichkeit, sich unmittelbar an der Gesellschaft durch Eintragung in das Handelsregister zu beteiligen. Im Funktionsinteresse der Gesellschaft werden jedoch häufig die Kommanditistenrechte auf einen Beirat oder Treuhänder übergeleitet (sog. **unechte Treuhand**). Sofern das rechtlich möglich und steuerlich unschädlich ist, werden Kommanditistenrechte aber auch abbedungen (vgl. Röhricht/v. Westphalen/*v. Gerkan* § 161 Rn. 89). Vielfach wird auch vorgesehen, dass sich die Anleger nur mittelbar an der Gesellschaft über einen Treuhänder beteiligen (sog. **echte Treuhand**). Im Verhältnis zur Gesellschaft und zu Dritten ist in diesem Fall nur der Treuhänder als Kommanditist anzusehen (davon zu unterscheiden ist die Frage, ob dem nur mittelbar beteiligten Anleger aufgrund des Gesellschaftsvertrags der Publikums-KG auch unmittelbar Rechte eingeräumt werden können, s. hierzu Rn. 39)

I. Gründung der Publikums-KG

10 Für die Gründung der Publikums-KG ergeben sich **keine rechtlichen Besonderheiten**. Dies bedeutet etwa, dass der Gesellschaftsvertrag **grundsätzlich formfrei** geschlossen werden kann. Das gilt allerdings nicht, soweit Vereinbarungen mit den Gründern oder ihnen nahe stehende Personen, Vorteile für diese Personen vorsehen (z. B. Tätigkeitsvergütungen). Solche Vereinbarungen sind, dem Rechtsgedanken des § 26 Abs. 3 AktG Rechnung tragend, gegenüber den Anlegern nur wirksam, wenn sie schriftlich im Gesellschaftsvertrag niedergelegt sind (BGH BB 1976, 526). Ob die Fixierung solcher Vereinbarungen in einem **Beschlussprotokoll** ausreicht ist umstritten. Der BGH hat dies in der genannten Entscheidung (BB 1976, 526) bejaht. Demgegenüber wird auch unter Hinweis auf § 26 Abs. 3 AktG die Auffassung vertreten, dass in solchen Fällen keine mit der Festsetzung im Gesellschaftsvertrag vergleichbare Offenlegung erfolge und solche Protokolle beim Beitritt auch nicht zur Kenntnis genommen werden (vgl. MüKo HGB/*Grunewald* § 161 Rn. 106). Indessen geht der Hinweis auf § 26 Abs. 3 AktG hier fehl, da das Personengesellschaftsrecht keine dem Aktienrecht vergleichbare Satzungspublizität kennt. Richtig ist allerdings, dass derartige Protokolle, wie der Gesellschaftsvertrag selbst, den beitretenden Gesellschaftern in geeigneter Form offen gelegt werden müssen. Dass die Gesellschafter auch tatsächlich von diesen Protokollen Kenntnis nehmen, kann hingegen nicht verlangt werden (so aber MüKo HGB/*Grunewald* § 161 Rn. 106).

II. Eintritt von Kommanditisten – Aufnahmevertrag

Der Beitritt in eine Personengesellschaft bedarf grundsätzlich eines **Vertragsschlusses des Beitretenden** mit allen bisherigen Gesellschaftern (BGH BB 1976, 154). Es leuchtet ohne weiteres ein, dass ein solches Verfahren bei einer Publikumsgesellschaft, die auf die sukzessive Beteiligung einer Vielzahl von Anlegern gerichtet ist, kaum praktikabel ist. Der Gesellschafsvertrag sieht daher meistens andere, effizientere Methoden der Aufnahme von neuen Gesellschaftern vor. 11

1. Vertretung der Gesellschafter durch Komplementär

Der Gesellschaftsvertrag kann die Aufnahme neuer Gesellschafter dadurch erleichtern, dass der Komplementär der Publikums-KG ermächtigt ist, die übrigen Gesellschafter beim Abschluss eines Aufnahmevertrages mit neuen Kommanditisten zu vertreten (BGH BB 1976, 154). Das erforderliche **Einverständnis** der übrigen Gesellschafter mit dem Beitritt neuer Gesellschafter kann im Voraus und damit auch im Gesellschaftsvertrag selbst erteilt werden (BGH BB 1976, 154; E/B/J/*Henze* Anh. § 177 a Rn. 11). Als (implizite) **Bevollmächtigung** des Komplementärs ist auch eine Regelung im Gesellschaftsvertrag oder in der Beitrittserklärung selbst anzusehen, wonach die Beitrittserklärung mit Annahme durch den Komplementär wirksam wird (BGH NJW 1978, 1000; MüKo HGB/*Grunewald* § 161 Rn. 132). Ob sich bei gänzlichem Fehlen einer ausdrücklichen Bevollmächtigung im Gesellschaftsvertrag oder der Beitrittserklärung eine Bevollmächtigung des Komplementärs im Wege der ergänzenden Vertragsauslegung ergeben kann (so MüKo HGB/*Grunewald* § 161 Rn. 132), erscheint zweifelhaft, zumal nicht nur der Komplementär als potentieller Adressat einer solchen Bevollmächtigung in Betracht kommt. Viel eher dürften in diesen Fällen die Grundsätze des Vertragsschlusses durch schlüssiges Verhalten zum Tragen kommen. 12

2. Vertragsschluss durch Publikums-KG

Es kann auch vorgesehen werden, dass die Publikums-KG, vertreten durch ihren persönlich haftenden Gesellschafter, im eigenen Namen ermächtigt ist, Aufnahmeverträge mit neuen Gesellschaftern mit Wirkung für alle Gesellschafter abzuschließen (BGH NJW 1978, 1000). In einem solchen Fall wird die **Gesellschaft selbst Vertragspartner** des beitretenden Gesellschafters. Die Ermächtigung erstreckt sich im Zweifel auf alle mit dem Abschluss und dem Vollzug der Beitrittserklärung unmittelbar zusammenhängenden Vereinbarungen (E/B/J/*Henze* Anh. § 177 a Rn. 12). Daher kann die durch den Komplementär vertretene Gesellschaft die Beteiligungssumme des beitretenden Kommanditisten herabsetzen, wenn die Beschaffung einer Finanzierung für die Einlage durch die Gesellschaft misslingt (E/B/J/*Henze* Anh. § 177 a Rn. 12). Sofern die Gesellschaft zum Abschluss von Beitrittsverträgen ermächtigt ist, kann sie sich auch dritter Personen bedienen, z. B. als Empfangsboten (so für den Fall eines eingeschalteten Kapitalanlagevermittlers BGH NJW 1985, 1080) oder Treuhänder (BGH NJW 1982, 877). 13

3. Mittelbare Beteiligung des Anlegers über Treuhänder

a) Erlaubnispflicht des Treuhandvertrags nach RBerG

Beteiligt sich ein Anleger nur mittelbar an der Publikumsgesellschaft, wird der Beitrittsvertrag zwischen dem Treuhänder und der Publikumsgesellschaft bzw. der dazu nach den getroffenen Absprachen berufenen Person geschlossen (*Schmidt/Zagel* Rn. 1641). Nach BGH NJW 2001, 3774 ist ein Treuhandvertrag, der den Treuhänder nicht primär zur Wahrnehmung wirtschaftlicher Belange des Treugebers verpflichtet, sondern ihm umfassende Befugnisse zur Vornahme und Änderung von Rechtsgeschäften im Zusammenhang mit dem Beitritt des Treugebers zu einem geschlossenen Immobilienfonds einräumt, auf die **Besorgung fremder Rechtsangelegenheiten i. S. d. Art. 1 § 1 Abs. 1 RBerG** gerichtet und bedarf daher grundsätzlich der behördlichen Erlaubnis. Ein ohne die erforderliche Erlaubnis geschlossener Vertrag ist nach § 134 BGB, Art. 1 § 1 Abs. 1 RBerG unwirksam. Hiervon abzugrenzen ist die erlaubnisfreie Tätigkeit eines Treu- 14 händers, der lediglich die Aufgabe hat, im eigenen Namen für den Treugeber einen in dem Treuhandvertrag festgelegten Kommanditanteil zu erwerben und zu halten (BGH NZG 2006, 540).

15 Die Unwirksamkeit nach § 1 Abs. 1 RBerG erfasst nach BGH NJW 2003, 2088 auch eine dem Treuhänder erteilte Vollmacht zur Vornahme aller Maßnahmen und Rechtshandlungen sowie zur Abgabe und Entgegennahme aller Willenserklärungen, die für die Vermögensanlage und deren Finanzierung erforderlich sind. Denn das Verbot unerlaubter Rechtsbesorgung soll die Rechtsuchenden vor unsachgemäßer Erledigung ihrer rechtlichen Angelegenheiten schützen, was insbesondere die Beratung und Vertretung umfasst. Mit dieser Zweckrichtung wäre es aber unvereinbar, den unbefugten Rechtsberater gleichwohl in den Stand zu setzen, seine gesetzlich missbilligte Tätigkeit zu Ende zu führen, indem er Rechtsgeschäfte zu Lasten des Geschützten abschließt. Gibt der Treuhänder in diesen Fällen dennoch die Beitrittserklärung des Anlegers ab, finden die Grundsätze über den fehlerhaften Gesellschafterbeitritt Anwendung (BGH NJW 2003, 1252; zu den Grundsätzen über den fehlerhaften Gesellschafterbeitritt vgl. – für die OHG – Kap. 4 § 105 Rn. 100 ff., 79 ff.). Daneben kommt eine Anwendung der Grundsätze über die Duldungshaftung, der §§ 171 Abs. 1, 172 Abs. 2 BGB sowie der Rechtsscheinhaftung in Betracht (BGH DStR 2006, 1087; Baumbach/Hopt/*Hopt* Anh. § 177 a Rn. 78 a m. w. N.). Dies wird zu Gunsten einer Kredit gebenden Bank bei einer kreditfinanzierten Immobilienbeteiligung nicht etwa dadurch ausgeschlossen, dass ein verbundenes Geschäft i. S. d. § 9 Abs. 1 VerbrKrG vorliegt (BGH DStR 2006, 1087).

b) Anwendung der Grundsätze über die fehlerhafte Gesellschaft

16 Scheitert das wirksame Zustandekommen eines Beitrittsvertrages an dem Fehlen der erforderlichen Vollmacht, sind im Verhältnis der Gesellschafter zueinander die Grundsätze über die fehlerhafte Gesellschaft anzuwenden (BGH NJW 1982, 2495) Dies gilt jedoch dann nicht, wenn das wirksame Zustandekommen des Beitrittsvertrages an der Geschäftsfähigkeit des Anlegers (§ 105 Abs. 1 BGB) scheitert (zu den sich hieraus ergebenden Folgen vgl. die ausführl. Kommentierung der Grundsätze über die fehlerhafte Gesellschaft in Kap. 4 § 105 Rn. 79 ff.).

c) Aufschiebende Bedingung

17 Zu aufschiebenden Bedingungen bei einem Beitritt von Kommanditisten s. Rn. 8.

D. Sonderrecht der Publikums-KG

18 Ausgangspunkt für das durch die Rechtsprechung entwickelte Sonderrecht der Publikumsgesellschaft ist die Feststellung, dass Publikumsgesellschaften sich strukturell sehr weit vom gesetzlichen Leitbild der personalistisch geprägten Personengesellschaft entfernt haben und sich in ihrer Organisation der **Aktiengesellschaft stark angenähert** haben. Dies hat insbesondere unter dem Gesichtspunkt des Anlegerschutzes zahlreiche Probleme aufgeworfen, für die die Rechtsprechung im Wege der richterlichen Rechtsfortbildung eigenständige, am Aktien- und GmbH-Recht orientierte Lösungsansätze entwickelt hat (E/B/J/*Henze* Anh. § 177 a Rn. 17). Diese Rechtsgrundsätze stellen im Kern das »Sonderrecht der Publikums-KG« dar (*Binz/Sorg* § 13 Rn. 9).

I. Formfragen

1. Fixierung im Gesellschaftsvertrag

19 Dazu, dass Sondervorteile wie Tätigkeitsvergütungen, Tantieme, Gründerhonorare, etc der Fixierung im Gesellschaftsvertrag oder in einem protokollierten Gesellschafterbeschluss bedürfen, s. Rn. 10. Diese Grundsätze gelten im Übrigen auch dann, wenn ein Gründer von einer Kommanditeinlageverpflichtung befreit werden soll oder wenn der Anleger nur mittelbar über einen für ihn handelnden Treuhandkommanditisten an der Gesellschaft beteiligt ist (BGH NJW 1978, 755).

2. Form für Schiedsklausel

Ob für Schiedsklauseln § 1031 ZPO (so wohl BGH NJW 1980, 1049 und die wohl h. M.; Nachweise bei MüKo HGB/*Grunewald* § 161 Rn. 108) oder aber § 1066 ZPO Anwendung findet (so vor allem MüKo HGB/*K. Schmidt* § 105 Rn. 121 ff.) ist umstritten (vgl. hierzu auch Kap. 17 Rn. 29 ff.). Richtigerweise wird man entsprechende Klauseln in Gesellschaftsverträgen von Publikums-KGs nur schwerlich anders behandeln können also solche in Satzungen von Aktiengesellschaften oder von GmbHs, für die § 1066 ZPO nach h. M. gilt (vgl. MüKo HGB/*K. Schmidt* § 105 Rn. 122). Dies zumal die kapitalistische Prägung der Publikumsgesellschaft und deren Annäherung am Organisationsrecht der Aktiengesellschaft ein wesentlicher Grund für die Entwicklung eines Sonderrechts der Publikumsgesellschaft war (nicht überzeugend insoweit E/B/J/*Henze* Anh. § 177 a Rn. 31). 20

II. Auslegung und Inhaltskontrolle des Gesellschaftsvertrags

1. Auslegung

a) Grundsatz der objektiven Auslegung

Bei personalistischen Persongesellschaften ist der Gesellschaftsvertrag grundsätzlich nach §§ 157, 133 BGB auszulegen, jedoch unter Berücksichtigung des gemeinsamen Interesses der Gesellschafter am Bestand der Gesellschaft (Baumbach/Hopt/*Hopt* § 105 Rn. 59). Im Unterschied zu dieser subjektiven Auslegung ist bei der Publikumsgesellschaft aufgrund ihrer körperschaftlichen Struktur, ähnlich wie bei der Satzung einer Kapitalgesellschaft, die **objektive Auslegungsmethode** anzuwenden (Baumbach/Hopt/*Hopt* § 105 Rn. 59). Dies bedeutet, dass subjektive Vorstellungen der Gründungsgesellschafter nur insoweit berücksichtigt werden können, als sie im schriftlichen Wortlaut des Gesellschaftsvertrages zum Ausdruck gekommen sind (BGH NJW 1979, 419). Das gilt auch dann, wenn die Berücksichtigung der subjektiven Vorstellungen der Gründungsgesellschafter für die übrigen Gesellschafter günstiger wäre (MüKo HGB/*Grunewald* § 161 Rn. 108). Der schriftlichen Fixierung im Gesellschaftsvertrag wird man den Fall gleichsetzen müssen, dass subjektive Vorstellungen der Gründungsgesellschafter in einem protokollierten und den neu beitretenden Anlegern offen gelegten Beschluss eindeutig zum Ausdruck gekommen sind (s. hierzu bereits Rn. 9). **Rein mündliche Nebenabreden** der Gründungsgesellschafter sind unbeachtlich (E/B/J/*Henze* Anh. § 177 a Rn. 20). Der für Personenhandelsgesellschaften entwickelte Grundsatz, dass die Gesellschafter den schriftlichen Gesellschaftsvertrag mit Wirkung für die Zukunft abändern können, wenn sie vorbehalt- und widerspruchslos eine von den Regelungen des Vertrages abweichende Praxis längere Zeit hinnehmen, lässt sich auf die Publikumsgesellschaft nicht übertragen (BGH NJW 1990, 2684). Wird der schriftlich vorliegende Gesellschaftsvertrag nicht förmlich abgeändert, spricht dies eher dafür dass der Vertrag nur im konkreten Einzelfall durchbrochen werden soll (BGH NJW 1990, 2684). 21

b) Beitragspflicht für Kommanditisten

An Regelungen des Gesellschaftsvertrages, die ungewöhnliche Belastungen für die Kommanditisten mit sich bringen, sind **hohe Anforderungen** zu stellen (E/B/J/*Henze* Anh. § 177 a Rn. 21) Sollen etwa die beitretenden Kommanditisten verpflichtet werden, neben der Kommanditeinlage weitere Leistungen zu erbringen, muss dies der Gesellschaftsvertrag eindeutig festlegen; denn die Gesellschafter müssen sich darauf verlassen können, nur solche Leistungen erbringen zu müssen, die dem Vertragstext unmissverständlich zu entnehmen sind (BGH NJW 1979, 2102). **Nachträgliche Beitragspflichten** können nur dann durch Mehrheitsbeschluss begründet werden, wenn neben einer entsprechenden eindeutigen Regelung im Gesellschaftsvertrag auch Ausmaß und Umfang der möglichen zusätzlichen Belastung erkennbar sind. Dies erfordert die Festlegung einer Obergrenze oder sonstiger eindeutiger Kriterien, die das Erhöhungsrisiko für den Gesellschafter erkennbar machen (BGH DStR 2005, 1579). Diesen Anforderungen genügt jedenfalls eine gesellschaftsvertragliche Regelung nicht, nach der eine Nachschusspflicht besteht, soweit eine Unterdeckung bei der laufenden Bewirtschaftung eines Grundstücks auftritt (BGH 22

DStR 2006, 624) oder soweit die laufenden Einnahmen die laufenden Ausgaben nicht decken (BGH DStR 2006, 621). Sofern einmal die im Gesellschaftsvertrag eindeutig festgelegten Kriterien für eine Nachschusspflicht gegeben sind, ist diese Vertragsklausel im Zweifel einschränkend dahingehend auszulegen, dass die Verpflichtung nur dann besteht, wenn das zusätzliche Kapital der Förderung des Gesellschaftszwecks dienen soll (BGH NJW 1979, 419).

23 Diese Auslegungsgrundsätze gelten nach OLG Hamburg NJW-RR 1996, 1436 auch für Verträge einer Publikums-KG mit einem **stillen Gesellschafter** oder zur Errichtung einer **BGB-Innengesellschaft**, wenn die Auslegung dieser Verträge von Einfluss auf die Rechtsstellung der Kommanditisten ist. Dies ist schon deshalb zu bejahen, weil zwischen Kommanditisten und stillen Gesellschaftern regelmäßig ein Konkurrenzverhältnis besteht (E/B/J/*Henze* Anh. § 177 a Rn. 22).

2. Inhaltskontrolle

a) Grundsatz von Treu und Glauben, § 242 BGB

24 Wegen § 310 Abs. 4 BGB unterliegen die von den Initiatoren den beitretenden Gesellschaftern zur Unterzeichnung vorgelegten vorformulierten Gesellschafts- und Treuhandverträge nicht der Inhaltskontrolle für allgemeine Geschäftsbedingungen (Baumbach/Hopt/*Hopt* Anh. § 177 a Rn. 68). Gleichwohl besteht in Fällen dieser Art ein Schutzbedürfnis für die beitretenden Gesellschafter, da sie kaum imstande sind, auf den Inhalt und die Gestaltung der vertraglichen Grundlagen Einfluss zu nehmen (E/B/J/*Henze* Anh. § 177 a Rn. 24). Sie können die von den Gründungsgesellschaftern vorformulierten Bedingungen in aller Regel nur im Ganzen akzeptieren oder ablehnen (*Schmidt/Zagel* Rn. 1681). Um einem Missbrauch an Gestaltungsmacht der Gründungsgesellschafter zu begegnen, findet daher eine an dem **Grundsatz von Treu und Glauben** (§ 242 BGB) ausgerichtete Kontrolle des Vertragsinhaltes (einschließlich eines damit zusammenhängenden Treuhandvertrages) durch die Gerichte statt (BGH NJW 1988, 1903; Baumbach/Hopt/*Hopt* Anh. § 177 a Rn. 68). Allerdings erfolgt eine gerichtliche Inhaltskontrolle nur dann, wenn ein befriedigendes Ergebnis sich nicht durch (ggf. ergänzende) Vertragsauslegung erzielen lässt.

25 Wegen der zwischen Gesellschaftsverträgen und reinen Austauschverträgen bestehenden Unterschiede können die für Letztere geltenden Grundsätze nur mit Vorsicht angewandt werden (BGH NJW 1975, 1318). Unter Umständen kann auch ein bestimmter Vertrauensschutz für einen Gesellschafter an einer ihn begünstigenden Regelung zu berücksichtigen sein, der an der Gestaltung und Formulierung des Vertrages nicht beteiligt war, sondern erst später der Gesellschaft beigetreten ist (BGH NJW 1975, 1318).

b) Anleger schützende Regelungen des Aktienrechts

26 Als Kontrollmaßstab für die Inhaltskontrolle dienen in erster Linie die Anleger schützenden Regelungen des Aktienrechts. Insoweit kommt den Regelungen des Kapitalgesellschaftsrechts eine **Leitbildbildfunktion** zu, als sie dem Anlegerschutz und der Funktionsfähigkeit der Gesellschaft dienen (*Schmidt/Zagel* Rn. 1682). Hierbei ist allerdings stets zu prüfen, ob eine entsprechende Anwendung dieser Regeln mit dem Typus der Publikums-KG als Personengesellschaft und mit dem konkreten Gesellschaftsverhältnis noch im Einklang zu bringen ist. So soll etwa eine am Maßstab des Kapitalgesellschaftsrecht orientierte Inhaltskontrolle nicht den im Personengesellschaftsrecht verankerten Schutz der Gläubiger aushöhlen, denn auch bei der Publikums-KG kommt dem Gläubigerschutz besondere Bedeutung zu (BGH NJW 1982 2500). Sofern im Einzelfall eine normative Wertung den gesetzlichen Regelungen nicht zu entnehmen ist, ist eine Entscheidung unter **Abwägung der Interessen** der beteiligten Gesellschafter auszurichten (E/B/J/*Henze* Anh. § 177 a Rn. 26).

c) Rechtsprechung zur Inhaltskontrolle

Die Rechtsprechung hat aufgrund einer Inhaltskontrolle nach § 242 BGB insbesondere die folgenden gesellschaftsvertraglichen Regelungen für **unwirksam** gehalten (weitere Beispiele etwa bei MüKo HGB/*Grunewald* § 161 Rn. 121): 27

- Bestimmungen im Gesellschaftsvertrag, nach denen der Gesellschafter-Geschäftsführer nur mit **qualifizierter Mehrheit** oder mit **Zustimmung aller Gesellschafter** abberufen werden kann. Es genügt hier die einfache Mehrheit (BGH NJW 1988, 969).
- Bestimmungen, die im Fall der Abberufung der Geschäftsführer oder der Wahl des den Geschäftsführer kontrollierenden Organs den Gründungsgesellschaftern eine **Sperrminorität** einräumen. Hier genügt ebenfalls eine einfache Mehrheit (BGH WM 83,1407).
- Eine gesellschaftsvertragliche Bestimmung, die den persönlich haftenden Gesellschaftern einseitig das Recht einräumt, die treuhänderisch gehaltenen **Kommanditbeteiligungen** nach freiem Ermessen zu einem bestimmten Zeitpunkt **zu übernehmen**. Dies beruht darauf, dass ein solches Recht den für die Kommanditbeteiligung kennzeichnenden Zusammenhang von Chance und Risiko einseitig zum Nachteil des Kommanditisten auflöst (BGH NJW 1988, 1903). Ohne Belang ist es dabei, ob dem ausscheidenden Kommanditisten eine angemessene Abfindung gewährt wird (so bereits für die dem gesetzlichen Regeltyp entsprechende KG BGH NJW 1981, 2565). Damit soll einer einseitigen Risikoverlagerung durch die Initiatoren auf die Kommanditisten vorgebeugt werden. Andernfalls könnten die Initiatoren bei erfolgreicher Geschäftstätigkeit die Teilhabe der Kommanditisten an diesem Erfolg beschneiden, bei Misslingen des Geschäftsvorhabens hingegen diese die Nachteile tragen lassen (E/B/J/*Henze* Anh. § 177 a Rn. 29).
- **Verkürzung der Verjährungsfrist** für Schadensersatzansprüche gegen Aufsichtsratsmitglieder eines (fakultativen) Aufsichtsrats unter fünf Jahren (analog §§ 116, 93 Abs. 6 AktG).
- **Haftungsbeschränkungen** für Gesellschaft-Geschäftsführer oder Aufsichtsrats- bzw. Beiratsmitglieder gem. § 708 BGB. Es gilt in diesen Fällen der Haftungsmaßstab der §§ 93, 116 AktG (BGH NJW 1977, 2311).
- Schlichtungsklauseln, die die Anrufung der Gerichte **unangemessen erschweren**. Wirksam ist aber eine Regelung, wonach bei Streitigkeiten aus dem Vertrag der Rechtsweg erst werden darf beschritten, nachdem der Beirat der Gesellschaft einen Schlichtungsversuch unternommen hat (BGH NJW 1977, 2263).

E. Das Innenverhältnis der Publikums-KG

I. Geschäftsführung

1. Grundsatz – Geschäftsführung durch Komplementär

Für die Geschäftsführung und Vertretung der Publikums-KG ist in aller Regel die **Komplementär-GmbH**, vertreten durch ihre Geschäftsführer, verantwortlich (vgl. hierzu auch Kap. 5 § 161 Rn. 34 f. sowie ausführl. Kap. 5 § 164) . Die als Kommanditisten beitretenden Kommanditisten sind meist von der Geschäftsführung ausgeschlossen (dies kann bei den Gründungsgesellschaftern anders sein, insbesondere dann, wenn aus steuerlichen Gründen, eine gewerbliche Prägung einer vermögensverwaltenden Publikums-KG nach § 15 Abs. 3 Nr. 2 EStG vermieden werden soll). 28

2. Geschäftsführung durch Dritte

Nicht an der Gesellschaft beteiligten **Dritten** kann nur dann Geschäftsführungsbefugnis eingeräumt werden, wenn sichergestellt ist, dass mindestens ein Gesellschafter in der Lage ist, die Geschäfte der Gesellschaft ohne Mitwirkung des Dritten zu führen kann (BGH NJW-RR 1994, 98) Der **Grundsatz der Selbstorganschaft** (vgl. hierzu ausführl. Kap. 4 § 109 Rn. 16, § 125 Rn. 2 f. für die OHG; Kap. 5 § 161 Rn. 7 für die KG) steht einer solchen Regelung nicht entgegen. Praktisch läuft der Grundsatz der Selbstorganschaft schon deshalb weitgehend leer, weil die Ge- 29 schäftsführer der Komplementär-GmbH die Geschäftsführungsaufgaben der KG wahrnehmen, diese Geschäftsführer jedoch weder Gesellschafter der Komplementär-GmbH noch der Publikums-KG sein müssen (*Schmidt/Zagel* Rn. 1686).

3. Gesellschaftsvertragliche Regelungen

30 Der Gesellschaftsvertrag kann eine **Abberufung der Geschäftsführer** aus wichtigem Grund nicht ausschließen. Regelungen, nach denen hierfür eine qualifizierte Mehrheit oder Einstimmigkeit erforderlich ist, sind unwirksam (s. Rn. 27); einer Gestaltungsklage nach § 117 HGB bedarf es zur Entziehung der Geschäftsführungsbefugnis nicht (MüKo HGB/*Grunewald*, § 161 HGB Rn. 125; zur Klage nach § 117 HGB vgl. ausführl. Kap. 16 Rn. 104 ff.). Unwirksam sind auch Regelungen, nach denen eine Minderheit der Gesellschafter (insbesondere die Gründungsgesellschafter) in die Lage versetzt wird, der Mehrheit einen **Geschäftsführer aufzuzwingen**, und die Anlagegesellschafter daran hindert, die Verwaltung ihres eingebrachten Kapitals einer Person zu übergeben, die das Vertrauen ihrer Mehrheit genießt (BGH WM 1982, 583).

31 Der **Umfang der Geschäftsführungsbefugnisse** wird im Gesellschaftsvertrag üblicherweise weit gefasst. § 116 Abs. 2 HGB, wonach die Vornahme ungewöhnlicher Handlungen der Zustimmung aller Gesellschafter bedarf (vgl. hierzu ausführl. Kap. 4 § 116 Rn. 8 ff.), wird regelmäßig zugunsten eines Zustimmungserfordernisses eines von den Gesellschaftern gewählten Gremiums (Aufsichtsrat, Beirat) ausgeschlossen (*Schmidt/Zagel* Rn. 1686; vgl. zur Disposivität des § 116 HGB auch Kap. 4 § 116 Rn. 15). Darüber hinaus werden im Gesellschaftsvertrag vielfach die Komplementär-GmbH und ihr Geschäftsführer vom Selbstkontrahierungsverbot (§ 181 BGB) befreit (krit. hierzu *v. Westphalen* DB 1983, 2745 gegen BGH NJW 1980,1463).

4. Haftung des Geschäftsführers

32 Der Geschäftsführer der Komplementär-GmbH haftet der Publikums-KG wegen pflichtwidrigen Handelns, da sich der Schutzbereich seines Dienstverhältnisses mit der GmbH hinsichtlich einer Haftung aus § 43 GmbHG auch auf die KG erstreckt (BGH NJW 1980, 589; Baumbach/Hopt/*Hopt* Anh. § 177 a Rn. 28; für die atypisch stille Gesellschaft s. BGH NJW 1995, 1353). Auf die **Haftungserleichterung gem. § 708 BGB** kann sich ein Geschäftsführer dabei nicht berufen, da dieser Maßstab mit dem Erfordernis eines erhöhten Schutzes der Anleger in einer Publikums-Gesellschaft unvereinbar ist (BGH NJW 1977, 2311). Den Kommanditisten steht eine Klage auf Unterlassung von Pflichtverletzungen der Geschäftsführergrundsätzlich nicht zu. Sie können lediglich den Ersatz von Schäden geltend machen, die durch pflichtwidriges Geschäftsführerhandeln eingetreten sind (BGH NJW 1980, 1463; a. A. etwa Baumbach/Hopt/*Hopt* Anh. § 177 a Rn. 78 m. w. N.). Ausnahmsweise hält der BGH (NJW 1980, 1463) dann eine Unterlassungsklage bei Überschreitung der Geschäftsführungsbefugnis für begründet, wenn dies wegen besonderer Umstände zur Erhaltung des gemeinsamen Vermögens erforderlich ist (Rechtsgedanke des § 744 Abs. 2 BGB).

II. Gesellschafterversammlung

33 Sofern die Anleger selbst an der Publikumsgesellschaft beteiligt sind, nehmen sie ihre Rechte unmittelbar, sofern sie über Treuhänder beteiligt sind, mittelbar in der Gesellschafterversammlung wahr.

1. Einberufung

a) Einberufungsbefugnis

34 Für die Einberufung der Gesellschafterversammlung der Publikums-KG gelten grundsätzlich die allgemeinen Regeln, d. h. sie wird grundsätzlich von den Geschäftsführern der Komplementär-GmbH einberufen. Der Gesellschaftsvertrag kann jedoch vorsehen, dass Anleger, deren Anteile – entsprechend § 50 Abs. 1 GmbHG – mindestens 10 % der übernommenen Kapitalanteile ereichen, die Einberufung von den Geschäftsführern verlangen können (BGH NJW 1988, 969;

MüKo HGB/*Grunewald* § 161 Rn. 123). Wird dem Einberufungsverlangen der Anleger nicht entsprochen, können sie die Einberufung einer Gesellschafterversammlung auch ohne entsprechender Grundlage im Gesellschaftsvertrag analog § 50 Abs. 3 GmbHG selbst bewirken (BGH NJW 1988, 969).

b) Fehlerhafte Einberufung

Ist eine Gesellschafterversammlung infolge unterbliebener oder mangelhafter Ladung nicht ordnungsgemäß einberufen worden und ist deshalb ein Gesellschafter nicht erschienen, sind die in der Versammlung gefassten **Beschlüsse** grundsätzlich **nichtig** (so für das Vereinsrecht BGH NJW 1973, 235). Aus Gründen der Rechtssicherheit gilt eine Ausnahme nach der Rechtsprechung dann, wenn feststeht, dass der Ladungsmangel auf das Abstimmungsergebnis keinen Einfluss haben konnte(BGH NJW 1973, 235). Dazu genügt aber nicht bereits eine rein rechnerische Irrelevanz der fehlenden Stimmen. Es muss vielmehr ausgeschlossen sein, dass die nicht erschienenen Gesellschafter auf die Willensbildung der anwesenden Gesellschafter entscheidend eingewirkt hätten und aufgrund dessen ein abweichender Beschluss gefasst worden wäre. Dies kann z. B. der Fall sein, wenn der eigentlichen Abstimmung durch die Gesellschafter einer Aussprache vorausgehen sollte (E/B/J/*Henze* Anh. § 177 a Rn. 80). 35

c) Ladungsfrist

Im Übrigen genügt für eine ordnungsgemäße Ladung die Absendung an die zuletzt bekannte Anschrift des Gesellschafters. Für eine ordnungsgemäße Ladung reicht allerdings die einwöchige Frist gem. § 51 Abs. 1 S. 2 GmbH nicht (Röhricht/v. Westphalen/*v. Gerkan* § 161 Rn. 123). Sofern nicht der Gesellschaftsvertrag eine kürzere (aber länger als einwöchige) Frist vorsieht, spricht die Vergleichbarkeit der Publikums-KG mit der AG dafür, von einer entsprechenden Anwendbarkeit von § 123 Abs. 1 AktG, d. h. von einer **30-tägigen Ladungsfrist** auszugehen (vgl. MünchHdb GesR II/*Gummert* § 66 Rn. 2). 36

d) Stimmrecht der Kommanditisten

Räumt der Gesellschaftsvertrag den Treugebern faktisch die Stellung von Kommanditisten ein, und zwar auch im Hinblick auf das Stimmrecht, steht das Stimmrecht nur ihnen zu. Die Treuhänderin kann nur bei Vorliegen einer wirksamen Vollmacht das Stimmrecht für die Treugeber ausüben. Für die Wirksamkeit der Vollmacht gelten die für die AG in §§ 134, 135 AktG getroffenen Regelungen entsprechend (OLG Koblenz ZIP 1989, 100). 37

2. Mehrheitserfordernisse

a) Einstimmigkeitsprinzip

Das nach § 119 Abs. 1 HGB für die Personengesellschaft grundsätzlich geltende Einstimmigkeitsprinzip wird der Struktur der Publikumsgesellschaft nicht gerecht, nachdem diese auf den Beitritt einer Vielzahl von Gesellschaftern angelegt ist. Um eine unnötige Erschwerung der Willensbildung zu vermeiden, wird daher regelmäßig im Gesellschaftsvertrag das Einstimmigkeitsprinzip zugunsten des **Mehrheitsprinzips** abbedungen. Dies dürfte grundsätzlich auch dann gelten, wenn der Gesellschaftsvertrag keinerlei Regelung über die für Vertragsänderungen erforderlichen Mehrheiten enthält oder für Vertragsänderungen gar das Einstimmigkeitsprinzip vorschreibt (MüKo HGB/*Grunewald* § 161 Rn. 112). 38

b) Beschlussfähigkeit und Beschlussfassung

Der Gesellschaftsvertrag einer Publikums-KG kann festlegen, dass die Versammlung **beschlussfähig** ist, wenn **51 % des Gesellschaftskapitals** anwesend oder vertreten ist (BGH NJW 1978, 1382). Ob die Beschlussfähigkeit in Anlehnung an § 25 Abs. 3 WEG die Anwesenheit von wenigstens mehr als der Hälfte des stimmberechtigten Kapitals stets voraussetzt, ist umstritten. Enthält der Gesellschaftsvertrag zu dieser Frage keine Regelung, spricht die strukturelle Vergleichbarkeit 39 der Publikums-KG mit der Aktiengesellschaft dafür, die für die Beschlussfähigkeit der Aktiengesellschaft oder von GmbH geltenden Grundsätze anzuwenden, d. h. Beschlüsse können ungeachtet der Anzahl der tatsächlich erschienenen oder vertretenen aber ordnungsgemäß geladenen Gesellschafter gefasst werden (MünchHdb GesR II/*Gummert* § 66 Rn. 8). Hinsichtlich der für die Beschlussfassung **erforderlichen Mehrheit** ist zu unterscheiden: Enthält der Gesellschaftsvertrag eine Regelung, wonach für die Wirksamkeit des Beschlusses die einfache Mehrheit ausreicht, ist dies grundsätzlich zulässig (BGH NJW 1976, 958). Enthält der Gesellschaftsvertrag hierzu jedoch keine ausdrückliche Regelung, wird im Schrifttum jedenfalls für Änderungen des Gesellschaftsvertrages in Anlehnung an § 179 Abs. 2 S. 1 AktG eine qualifizierte Mehrheit von drei Vierteln der abgegebenen Stimme verlangt (Baumbach/Hopt/*Hopt* Anh. § 177 a Rn. 69 a; *Binz/Sorg* § 13 Rn. 69; ähnlich MüKo HGB/*Grunewald* § 161 Rn. 112; offen insoweit die bisherige Rechtsprechung).

3. Bestimmtheitsgrundsatz und Grenzen für vertragsändernde Beschlüsse

a) Bestimmtheitsgrundsatz

40 Für die dem gesetzlichen Regeltyp entsprechende KG wird das Mehrheitsprinzip allerdings nur bei Maßnahmen der Geschäftsführung und bei Beschlüssen über laufende Angelegenheiten zugelassen (BGH NJW 1985, 2831). Für außergewöhnliche, die Rechte und Pflichten der Gesellschafter wesentlich betreffende Änderungen des Gesellschaftsvertrags muss der Gegenstand der Beschlussfassung nach dem sog. Bestimmtheitsgrundsatz ausdrücklich im Gesellschaftsvertrag bezeichnet werden (E/B/J/*Henze* Anh. § 177 a Rn. 33; vgl. zur gesetzestypischen KG Kap. 5 § 161 Rn. 21 mit Verweisen auf Kap. 4). Für die Publikumsgesellschaft hingegen **gilt der Bestimmtheitsgrundsatz nicht**, weil er insbesondere in Krisen der Publikumsgesellschaft zu einer Einschränkung oder gar völligen Blockade der Handlungsfähigkeit der Gesellschaft würde (Baumbach/Hopt/*Hopt*, Anh. § 177 a Rn. 69 a). Sieht daher der Gesellschaftsvertrag einer Publikums-KG vertragsändernde Entscheidungen durch Mehrheitsbeschluss vor, brauchen die Beschlussgegenstände nicht im Einzelnen bezeichnet zu werden (E/B/J/*Henze* Anh. § 177 a Rn. 34).

b) Grenzen für vertragsändernde Beschlüsse

41 Grenzen für vertragsändernde Beschlüsse bestehen allerdings dort, wo durch Gesellschafterbeschluss in den **Kernbereich der Mitgliedschaftsrechte** eingegriffen wird (Röhricht/v. Westphalen/*v. Gerkan* § 161 Rn. 118). Umfang und Bedeutung der Kernbereichslehre sind im Einzelnen umstritten. Mindestens können jedoch dazu gerechnet werden die Änderung des Gesellschaftsvertrags, Eingriffe in das Stimm-, Gewinn-, und Liquidationsbeteiligungsrecht (weitere Beispiele bei Baumbach/Hopt/*Hopt* Anh. § 119 Rn. 36; vgl. zur Kernbereichslehre außerdem ausführl. Kap. 4 § 109 Rn. 23, § 119 Rn. 18 f.). Ebenso unzulässig ist eine sachwidrige, **willkürliche Ungleichbehandlung** der Gesellschafter (so BGH NJW1992, 892 für die GmbH; für die Publikumsgesellschaft dürfte aufgrund der vergleichbaren Interessenlage indessen nichts anderes gelten; zu Mehrstimmrechten und zum Stimmrechtsausschluss von Gesellschaftern s. MünchHdb GesR II/*Gummert* § 66 Rn. 19 ff.). Schließlich verbieten sich Eingriffe in **unentziehbare Sonderrechte**. So darf etwa das Recht der Komplementär-GmbH zur Geschäftsführung nicht durch Weisungen beeinträchtigt werden, wenn ein solcher Mehrheitsbeschluss eine Änderung des Gesellschaftsvertrages voraussetzt, die kraft ausdrücklicher vertraglicher Regelung nur mit Zustimmung der Komplementärin wirksam werden kann (BGH NJW 1980, 1463).

42 Von der **Rechtsprechung** für wirksam gehalten wurde eine gesellschaftsvertragliche Regelung, wonach über die Erhöhung der Kapitalbeteiligungen die Mehrheit der Gesellschafter entscheiden sollte. Auch ohne eine Obergrenze ist eine solche Regelung zulässig, wenn es sich um eine Gesellschaft handelt, die auf den Beitritt weiterer Kommanditisten zugeschnitten ist, und soweit die Gesellschafter zur Teilnahme entsprechend ihrer Beteiligung nur berechtigt, nicht aber verpflichtet sind (BGH NJW 1976, 958; *K. Schmidt* GesR, § 57 II 2. c; anders die Rechtsprechung

bei entsprechender Verpflichtung, s. Rn. 22). Ebenso für zulässig gehalten wurde ein Beschluss über die Fortsetzung der Gesellschaft bei drohender Zweckverfehlung (BGH NJW 1977, 2160) oder über die Umwandlung in einer Aktiengesellschaft, einer KGaA oder einer GmbH (BGH NJW 1983, 1056). Zu weiteren Fällen s. etwa MünchHdb GesR II/*Gummert* § 66 Rn. 17.

Auch für den »nur« kapitalistisch beteiligten Anleger einer Publikums-KG kann sich im Einzelfall die Verpflichtung ergeben, Eingriffe in seine Rechtsstellung durch eine mehrheitlich beschlossene Vertragsänderung hinzunehmen, die unter Abwägung von Gesellschafts- und Gesellschafterinteresse dringend geboten und für den Gesellschafter zumutbar erscheinen. Dies folgt aus der dem Gesellschafter obliegenden Treuepflicht. Da es bei einer Publikumsgesellschaft unpraktikabel wäre, den sich pflichtwidrig verweigernden Gesellschafter zunächst auf Erteilung der Zustimmung zu verklagen, wird er bei der Stimmabgabe so behandelt, als habe er entsprechend seiner Verpflichtung abgestimmt (BGH NJW 1985, 974). Einer Zustimmungsklage der Mitgesellschafter bedarf es in diesen Fällen nicht. 43

4. Geltendmachung von Beschlussmängeln

Für die Geltendmachung von Beschlussmängeln gelten grundsätzlich die **allgemeinen Regeln**, d. h. es ist eine Feststellungsklage gem. § 256 ZPO gegen alle Mitgesellschafter zu richten (BGH NJW 1981, 2565). Eine analoge Anwendung des § 246 Abs. 2 S. 1 AktG wird bislang von der Rechtsprechung gegen Stimmen aus dem Schrifttum (s. Nachweise bei MüKo HGB/*Grunewald* § 161 Rn. 129) abgelehnt (E/B/J/*Henze* Anh. § 177 a Rn. 40). Der Gesellschaftsvertrag der Publikums-KG kann jedoch vorsehen (und tut dies in der Praxis regelmäßig), dass die Unwirksamkeit eines Gesellschafterbeschlusses gegenüber der Gesellschaft geltend zu machen und umgekehrt auch diese berechtigt ist, die Wirksamkeit eines Beschlusses gegen den bestreitenden Gesellschafter mit Wirkung für und gegen alle übrigen Gesellschafter feststellen zu lassen (BGH NJW 1983, 1056). 44

III. Vertreterregelung

1. Vertreterklausel

In Gesellschaftsverträgen finden sich häufig sog. Vertreterklauseln, die darauf abzielen, die Ausübung der Verwaltungsrechte der Kommanditisten in der Person eines Vertreters zu bündeln (MüKo HGB/*Grunewald* § 161 Rn. 129; vgl. auch Kap. 5 § 161 Rn. 24). Sie erleichtern damit die technische Abwicklung von Gesellschafterversammlungen. Solche Klauseln sind grundsätzlich wirksam, sie unterliegen jedoch gewissen Kautelen: Die Vertretungsregelung darf nicht zu einer Abspaltung der Verwaltungsrechte von der Mitgliedschaft des Anlegers führen. Um dies sicherzustellen darf etwa eine dem Vertreter erteilte Vollmacht zur Ausübung der Verwaltungsrechte des Kommanditisten nicht unwiderruflich unter gleichzeitigem Verzicht auf die persönliche Ausübung oder auf die Weisungsgebundenheit des Bevollmächtigten erteilt werden (BGH NJW 1952, 178; NJW 1965, 2147). 45

Im unverzichtbaren **Kernbereich der Gesellschafterrechte** (vgl. Rn. 41) bzw. bei Maßnahmen, die die Rechtsstellung des Gesellschafters als solche betreffen, ist eine bindende Vertretung grundsätzlich unzulässig (BGH NJW 1956, 1198; Baumbach/Hopt/*Hopt* Anh. § 119 Rn. 36, § 163 Rn. 11). Höchstpersönliche Rechte, insbesondere das Kündigungsrecht, werden ebenfalls von der Vollmacht nicht umfasst (E/B/J/*Henze* Anh. § 177 a Rn. 83). 46

2. Bestellung und Abberufung des Vertreters

Die Bestellung eines Vertreters kann bereits im Gesellschaftsvertrag erfolgen oder einem gesonderten Beschluss der Kommanditisten vorbehalten werden. Der Gesellschaftsvertrag kann für diesen Fall vorsehen, dass die Wahl des Vertreters eines einfachen oder qualifizierten Mehrheitsbeschluss oder eines einstimmigen Beschlusses der Kommanditisten bedarf (E/B/J/*Henze* Anh. § 177 a Rn. 83). 47

48 Als Vertreter der Kommanditisten können grundsätzlich **nur Mitgesellschafter** bestellt werden. Der Gesellschaftsvertrag kann jedoch auch die Wahl von Nicht-Gesellschaftern zulassen. Umstritten ist hierbei, ob das Bestellungsrecht nur den vertretenen Gesellschaftern zusteht oder auch eine Regelung zulässig ist, wonach die nicht vertretenen Gesellschafter das Bestellungsrecht haben. Im Hinblick auf das den vertretenen Gesellschaftern zustehende Weisungsrecht gem. § 665 BGB sprechen keine zwingenden Gründe gegen ein Bestellungsrecht der nicht vertretenen Gesellschafter (MüKo HGB/*Grunewald* § 161 Rn. 180).

49 Die Gesellschaft kann einen Vertreter **zurückweisen**, der für sie nicht zumutbar ist (MüKo HGB/*Grunewald* § 161 Rn. 180). Der Gesellschaftsvertrag kann vorsehen, dass die **Abberufung** des Vertreters eines mehrheitlichen oder einstimmigen Beschlusses der Vertretenen bedarf. Für die Abberufung aus wichtigem Grund genügt zum Schutz der vertretenen Kommanditisten wohl die einfache Mehrheit. (str.; vgl. zum Streitstand Heymann/*Horn* § 164 Rn. 18).

3. Weisungsrecht

50 Der Vertretung der Gesellschafter durch den Vertreter liegt regelmäßig ein Auftragsverhältnis oder Geschäftsbesorgungsverhältnis zugrunde (MüKo HGB/*Grunewald* § 161 Rn. 177). Aufgrund dieses Rechtsverhältnisses sind die vertretenen Gesellschafter gegenüber dem Vertreter grundsätzlich weisungsberechtigt. Soweit nichts anderes vereinbart ist, ist über die zu erteilenden Weisungen einstimmig zu beschließen (E/B/J/*Henze* Anh. § 177 a Rn. 86). Soweit Weisungen nicht erteilt sind, hat der Vertreter seine Entscheidung an den Interessen der Vertretenen auszurichten (Heymann/*Horn* § 164 Rn. 16).

IV. Aufsichtsorgane der Publikums-KG

51 Zur Überwachung der Geschäftsführung der Publikumsgesellschaft wird abweichend vom Normaltyp der KG häufig ein Aufsichtsorgan (Aufsichtsrat, Beirat, Verwaltungsrat, Kontrollausschuss) gebildet. Grundlage der Bildung dieses **fakultativen Gesellschaftsorgans** ist in aller Regel der Gesellschaftsvertrag. Auch ohne gesellschaftsrechtliche Grundlage kann jedoch durch Mehrheitsbeschluss der Gesellschafter ein entsprechendes Organ geschaffen werden (vgl. Röhricht/v. Westphalen/*v. Gerkan* § 161 Rn. 129). Die Mitglieder des Aufsichtsorgans werden von der Gesellschafterversammlung gewählt; sie stehen in einem unmittelbaren Rechtsverhältnis zur Gesellschaft.

1. Aufgaben

52 Grundsätzlich wird man davon ausgehen können, dass das Aufsichtsorgan im Interesse der Publikumsgesellschaft zur **Überwachung der Geschäftsführung** berechtigt und verpflichtet ist (MüKo HGB/*Grunewald* § 161 Rn. 152). Zu einer umfassenden Kontrolle der gesamten Geschäftsführung ist es zwar nicht verpflichtet, bei ungewöhnlich leichtfertigen und risikoreichen Geschäften muss das Aufsichtsorgan jedoch tätig werden und ggf. auf die Geschäftsführung einwirken, um das Vorhaben zu verhindern (BGH NJW 1977, 2311). Zur Erfüllung seiner Aufgaben, werden dem Aufsichtsorgan regelmäßig **Beratungs- und Kontrollbefugnisse** eingeräumt, die sich weitgehend an § 111 AktG anlehnen: Es hat etwa die ordnungsgemäße Aufstellung des Jahresabschlusses zu überprüfen und für dessen Prüfung Sorge zu tragen. Sofern sich hierbei Zweifelsfragen ergeben, muss das Aufsichtsorgan diesen nachgehen (BGH NJW 1978, 425). Darüber hinaus muss es die Geschäftsführung zu regelmäßiger Berichterstattung veranlassen und erforderlichenfalls eigene Nachforschungen durchführen (BGH NJW 1978, 425). Soweit im Prospekt Investitionsvorhaben dargestellt sind, muss das Aufsichtsorgan sich über deren Verwirklichung vergewissern. Die sich für das Aufsichtsorgan ergebenden Überwachungspflichten obliegen jedem einzelnen Aufsichtsratsmitglied in eigener Verantwortung (BGH DB 1980, 71).

2. Haftung der Mitglieder des Aufsichtsorgans

Die Mitglieder des Aufsichtsorgans haften für **schuldhafte Pflichtverletzungen** gem. dem in **§§ 116, 93 AktG** enthaltenen Haftungsmaßstab (BGH NJW 1977, 2311). Danach haben die Mitglieder des Aufsichtsorgans bei Erfüllung ihrer Pflichten die Sorgfalt eines ordentlichen und gewissenhaften Kaufmanns anzuwenden. Auf die Haftungserleichterung des § 708 BGB können sie sich hingegen nicht berufen. Dies gilt unabhängig davon, ob es sich bei den Mitgliedern des Aufsichtsorgans der Publikumsgesellschaft um Gesellschafter oder Gesellschaftsfremde handelt (vgl. zur insoweit abweichenden Sichtweise bei der personalistischen Personengesellschaft MüKo HGB/*Grunewald* § 161 Rn. 166). Schadenersatzansprüche gegen Mitglieder des Aufsichtsorgans verjähren entsprechend §§ 93 Abs. 6, 116 AktG und § 52 Abs. 1 GmbHG in fünf Jahren (BGH NJW 1983, 1675). Ebenfalls entsprechend anwendbar ist die Beweisregel in § 93 Abs. 2 S. 2 AktG (BGH DB 1980, 71). 53

Die Haftung ist **ausgeschlossen**, wenn das Handeln des Aufsichtsorgans auf einem Gesellschafterbeschluss beruht oder durch einen solchen Beschluss nachträglich gebilligt wird. Der Gesellschaft kann ein etwaiges Mitverschulden ihres Geschäftsführers (§ 254 BGB) nicht entgegengehalten werden, weil es gerade Aufgabe des Aufsichtsorgans ist, die Geschäftsführung zu überwachen (BGH NJW 1977, 2311). 54

Das Aufsichtsorgan steht grundsätzlich in einem unmittelbaren Rechtsverhältnis zur Gesellschaft, nicht zu den Kommanditisten. Daher kann der Schadenersatzanspruch gegen ein Mitglied des Aufsichtsorgans grundsätzlich **nur von der Gesellschaft** geltend gemacht werden (BGH NW 1985, 1900). Es ist zwar nicht ausgeschlossen, dass eine Publikumsgesellschaft das Aufsichtsorgan als ein Kontrollorgan der Kommanditisten-Gesamtheit organisiert (BGH WM 1983, 555). Dies (d. h., dass das Rechtsverhältnis zwischen den Gesellschaft und dem Aufsichtsorgan Schutzwirkung für die Kommanditisten entfaltet) muss aber im Gesellschaftsvertrag deutlich zum Ausdruck kommen. Es genügt insoweit nicht, dass dem Aufsichtsorgan im Rahmen des rechtlich Zulässigen die Kontrollrechte der Kommanditisten zustehen (BGH NJW 1985, 1900). 55

V. Repräsentationsorgan Kommanditistenausschuss

Schließlich kann als Repräsentationsorgan der Kommanditisten auch ein **Kommanditistenausschuss** gebildet werden. Er ist von etwaigen Aufsichts- und Vertretungsorganen zu unterscheiden. Der Kommanditistenausschuss ist darauf gerichtet, die Interessen der Kommanditisten gegenüber der Gesellschaft, nicht aber umgekehrt die Interessen der Gesellschaft gegenüber den Kommanditisten zu wahren. Daher handelt es sich bei dem Kommanditistenausschuss nicht um ein Gesellschaftsorgan. Mitglieder des Kommanditistenausschusses haften den Kommanditisten bei schuldhafter Verletzung ihrer Pflichten. Ein sich aus der schuldhaften Pflichtverletzung ergebender Schadenersatzanspruch steht nur den Kommanditisten zu (BGH WM 1983, 555). 56

VI. Rechtsstellung des Treuhandkommanditisten

1. Unechte Treuhand

Treten Anleger als Kommanditisten einer Publikums-KG bei, so können sie ihre Haftung durch Leistung der Kommanditeinlage in Höhe der in das Handelsregister eingetragenen Haftsumme gem. § 171 Abs. 1 Hs. 2 HGB ausschließen. Da bei einer hohen Anzahl von Kommanditisten die einzelnen Kommanditisten ihre Kontroll- und sonstigen Gesellschafterrechte nicht wirkungsvoll ausüben können, erfolgt in der Praxis vielfach eine **Übertragung der Rechte** der Kommanditisten auf einen Treuhänder. Dieser muss selbst nicht Gesellschafter sein, was zu einer zulässigen Rechtsfigur der unechten Treuhand führt (vgl. BGH NJW 1967, 827). 57

2. Echte Treuhand

Weiter verbreitet ist demgegenüber die Rechtsfigur der echten Treuhand. Im Verhältnis zur Gesellschaft und den Mitgesellschaftern ist hier grundsätzlich nur der Treuhänder Inhaber der ge- 58 sellschaftsvertraglich eingeräumten Rechte und begründeten Pflichten. Allerdings ist der Treuhänder im Innenverhältnis zu den Anlegern als Treugeber verpflichtet, diese so zu stellen, wie sie stehen würden, wenn sie unmittelbar an der Gesellschaft beteiligt wären (BGH NJW 1987, 2677). Wirtschaftlich sind mithin die Anleger-Treugeber als an der Gesellschaft beteiligte Kommanditisten anzusehen.

3. Rechte und Pflichten des Treugebers

59 Grundlage des Rechtsverhältnisses zwischen dem Treuhänder und den Anlegern ist regelmäßig ein Geschäftsbesorgungsvertrag i. S. v. § 675 BGB. Hieraus ergibt sich die grundsätzliche Berechtigung des Treugebers, dem Treuhänder **Weisungen** zu erteilen, ebenso wie sich daraus die Verpflichtung ergibt, den Treuhänder von Verbindlichkeiten freizustellen, die er pflichtgemäß für Rechnung des Treugebers begründet hat. Damit der Treuhänder die sich aus dem Treuhandverhältnis ergebenden Pflichten gegenüber den Anlegern erfüllen kann, muss er von der Geschäftsführung der Publikumgesellschaft unabhängig sein (BGH NJW 1979, 1503). Bestehen im Hinblick auf die Geschäftsbesorgung potentielle **Interessenkonflikte**, müssen diese gegenüber den Treugebern offen gelegt werden (BGH NJW BGH NJW 1980, 1162). Andernfalls ist der Treugeber unter Umständen zur Kündigung des Treuhandverhältnisses bzw. zur Geltendmachung von Schadenersatz berechtigt.

4. Rechte und Pflichten des Treuhänders

a) Aufklärungspflicht

60 Bereits vor Abschluss eines Geschäftsbesorgungsvertrages ist der Treuhandkommanditist verpflichtet, die beitrittswilligen Treugeber umfassend und zutreffend aufzuklären. Hierzu hat er sich über alle für die prospektierte Beteiligung wesentlichen Umstände zu informieren. Kommt er dieser Aufklärungspflicht nicht pflichtgemäß nach, ist er dem Anleger-Treugeber zum Ersatz des sich daraus entstehenden Schadens verpflichtet. Sofern der Treuhandkommanditist eine angemessene Prüfung und Aufklärung nicht vorzunehmen vermag bzw. ihm eine solche Prüfung unzumutbar erscheint, muss er den beitrittswilligen Anleger hierauf entweder mit der gebotenen Klarheit hinweisen oder die Übernahme des Treuhandmandats ablehnen (BGH NJW 1982, 2493).

b) Ausübung der Gesellschafterrechte im Interesse des Treugebers

61 Der Treuhandkommanditist hat sich über die rechtlichen und finanziellen Grundlagen der Gesellschaft zu informieren und seine Gesellschafterrechte allein im Interesse der Treugeber auszuüben. Verletzt er diese Pflichten nach Abschluss des Treuhandvertrages, haftet er den Anlegern aus dem Treuhandverhältnis und aus Geschäftsbesorgungsvertrag (§ 675 BGB). Der Gesellschaftsvertrag einer Publikumsgesellschaft kann die über einen Treuhandkommanditisten nur mittelbar beteiligten Anleger im Innenverhältnis unter den Gesellschaftern so stellen, als seien sie Kommanditisten (BGH NJW 1987, 2677). Im Einzelfall können an einen Treugeber Rechte übertragen werden, die von der Mitgliedschaft des Treuhänders grundsätzlich nicht abgespalten werden können. Dies ist, abweichend vom grundsätzlich geltenden Abspaltungsverbot (vgl. hierzu Kap. 4 § 109 Rn. 10) hier ausnahmsweise wirksam, weil dem alle Gesellschafter zugestimmt haben (BGH NJW 1987, 2677). Der Anleger muss die ihn betreffenden Regelungen des Gesellschaftsvertrages, auf den er bei seinem Beitritt Bezug nimmt, regelmäßig so verstehen, dass die Gesellschafter damit schlüssig den Treuhandkommanditisten, mit dem er unmittelbar abschließt, bevollmächtigt haben, ihn wie einen Kommanditisten in das Gesellschaftsverhältnis einzubeziehen, soweit seine Rechtsstellung im Gesellschaftsvertrag angesprochen ist (BGH NJW 1987, 2677).

5. Leistung und Verwendung der Einlagen

a) Vertrag zwischen Gesellschaft und Treuhänder

Wird zwischen der Publikumsgesellschaft und dem Treuhänder eine Vereinbarung geschlossen, deren Gegenstand die vertragsgemäße Verwendung der Einlagen zum Gegenstand hat, ist diese Abrede als echter Vertrag zugunsten Dritter (der Anleger) anzusehen (BGH NJW 1986, 1158). Entsteht der Gesellschaft in diesem Fall durch **Pflichtverletzungen des Treuhänders** ein Schaden, ist zwar regelmäßig auch der Anteil eines jeden (mittelbaren) Gesellschafters weniger wert, dieser ist also mittelbar ebenfalls geschädigt. Der (mittelbare) Gesellschafter kann dann jedoch nicht Leistung an sich fordern. Er kann nur verlangen, dass der Ersatz in das Gesellschaftsvermögen geleistet wird; denn der Schaden ist primär bei der Gesellschaft entstanden und daher auch aus Gründen der Gleichbehandlung aller Gesellschafter dort wieder gutzumachen (BGH NJW 1987, 3121). **62**

b) Abtretung der Einlageforderung

Sofern der Treuhänder die Einlage nach den mit dem Treugeber getroffenen Vereinbarungen erst dann an die KG weiterleiten darf, wenn bestimmte Voraussetzungen für die Freigabe erfüllt sind, ist eine Abtretung vor Eintritt der Mittelfreigabevoraussetzungen nach § 399 BGB unwirksam. Dieser Zweckbestimmung würde widersprochen und der Leistungsinhalt i. S. d. § 399 BGB verändert, wenn der Anspruch auf die Zeichnungsbeträge auf die Publikumsgesellschaft übergehen könnte, bevor die Einzahlungsvoraussetzungen vorliegen und ohne die der Treuhänder seine Kontrolltätigkeit ausüben konnte. Eine im Gesellschaftsvertrag enthaltene **Abtretungsvereinbarung** erfasst daher die Beiträge, für die die Freigabekriterien noch nicht erfüllt sind, nicht (BGH NJW 1991, 1906). Die im Treuhandvertrag niedergelegte Pflicht, Zeichnungsbeträge dem Treuhandkommanditisten vorschussweise zur Verfügung zu stellen, erlischt, sobald feststeht, dass die Mittelfreigabekriterien – etwa wegen Scheiterns des prospektierten Vorhabens – nicht mehr erfüllt werden können. Über den bis dahin dem Treuhandkommanditisten gegen den Treugeber nach dem Vertrag zustehenden **Anspruch auf Verzugszinsen** darf der Treuhänder vorab verfügen, weil sein Entstehen nicht vom Eintritt der Mittelfreigabekriterien abhängig ist (BGH DStR 1993, 365). Davon abzugrenzen ist der Fall, dass ein Treugeber einer später gescheiterten Publikums-KG unter der aufschiebenden Bedingung der Erfüllung bestimmter Freigabekriterien beitritt. Ansprüche gegen den Treugeber auf Beitragsleistungen kann der Treuhänder dann geltend machen, wenn die Mittelfreigabekriterien vor dem Scheitern der Gesellschaft erfüllt gewesen sind (BGH EWiR 1992, 891). **63**

c) Haftung für Einlage im Innen- und Außenverhältnis

Im **Außenverhältnis** haftet allein der Treuhänder als Kommanditist, schließlich wird auch nur er als Gesellschafter in das Handelsregister eingetragen. Im **Innenverhältnis** hingegen ist der Anleger-Treugeber verpflichtet, das Kommanditistenrisiko zu tragen. Dies ist Ausfluss der wirtschaftlichen Kommanditistenstellung des Treugebers. Wird daher eine Einlage durch den Treuhänder an den Anleger zurückgezahlt, haftet im Außenverhältnis der Treuhänder den Gesellschaftsgläubigern gem. § 172 Abs. 4 HGB. Im Innenverhältnis kann er jedoch bei dem Anleger aufgrund des Geschäftsbesorgungs- und Treuhandvertrages in Höhe der erstatteten Einlage Regress nehmen. Der Treuhandvertrag kann hierzu etwas anderes bestimmen. Das ist aber nicht schon der Fall, wenn der Anleger nach dem Kommandit- und Treuhandvertrag zu einem bestimmten Zeitpunkt kündigen und in diesem Falle seine Einlage voll zurückerhalten kann (BGH NJW 1980, 1163). **64**

d) Treuhandvertrag

Die Publikums-KG hat lediglich gegen den Treuhänder einen Anspruch auf Leistung der gesellschaftsvertraglich vereinbarten Einlage. Der Anleger-Treugeber ist wiederum nur gegenüber dem Treuhänder nach Maßgabe des Treuhandvertrages verpflichtet, d. h. der Treuhandvertrag **65** stellt regelmäßig keinen Vertrag zugunsten Dritter (der Publikumsgesellschaft) dar. Kündigt daher der lediglich über einen Treuhänder an einer Publikums-KG beteiligte Kommanditist, der seine Einlage noch nicht erbracht hat, den Treuhandvertrag, ist er zur Zahlung eines etwaigen negativen Kapitalanteils nicht verpflichtet. Im Verhältnis zur Gesellschaft hängt die Einlageverpflichtung des Treuhänders von der Zahlung des Anleger-Treugebers an den Treuhänder ab (OLG München WM 1984, 810; a. A. mit guten Gründen E/B/J/*Henze* Anh. § 177 a Rn. 101: die Auffassung des OLG München führt de facto zur Unverbindlichkeit der Vereinbarung zwischen Treuhänder und Anleger-Treugeber).

66 Aus der Zwischenschaltung eines Treuhänders soll der Treugeber grundsätzlich nicht schlechter gestellt werden, als wenn er sich unmittelbar an der Publikums-KG beteiligt hätte. Ebenso wenig sind jedoch Gründe erkennbar, warum der Anleger-Treugeber aufgrund einer nur mittelbaren Beteiligung besser gestellt werden soll, als wenn er sich direkt beteiligt hätte. Daraus ergibt sich, dass ein Treuhandkommanditist von dem Anleger-Treugeber empfangene Einlagen grundsätzlich auch dann an die Publikums-KG weiterleiten muss, wenn sich deren **drohende Insolvenz** abzeichnet (BGH NJW1980, 1162). Denn das Anlagerisiko hätte den Anleger bei drohender Insolvenz der Gesellschaft auch dann getroffen, wen er sich unmittelbar als Kommanditist betätigt hätte. Aus dem gleichen Grund kann der Anleger-Treugeber in der Insolvenz der Publikums-KG gegenüber der Forderung des Treuhandkommanditisten auf Leistung der vereinbarten Einlage solange nicht mit Schadenersatzansprüchen oder Prospekthaftungsansprüchen gegen den Treuhänder aufrechnen, wie die Einlage zur Befriedigung der Gesellschaftsgläubiger benötigt wird (OLG Düsseldorf ZIP 1991, 1494).

67 Sofern der Treuhänder in grober Weise gegen seine Pflichten aus dem Treuhandsverhältnis verstößt, hat der Anleger-Treugeber das Recht, das Treuhandverhältnis durch Erklärung gegenüber dem Treuhänder **fristlos zu kündigen** (BGH NJW 1979, 1503). Bei einer dem gesetzlichen Regeltyp entsprechenden KG hat die Beendigung eines Treuhandverhältnisses nicht notwendig unmittelbaren Einfluss auf die rechtliche Stellung des Treuhänders als Gesellschafter. Sofern der Gesellschaftsvertrag nichts anderes vorsieht, bleiben seine Rechte und Pflichten nach wie vor bestehen. Das Ende der schuldrechtlichen Beziehungen zwischen Treuhänder und Treugeber begründet für ersteren allerdings regelmäßig die Verpflichtung, das Treugut dem Treugeber zu übertragen (vorbehaltlich einer dazu erforderlichen Zustimmung der anderen Gesellschafter). Erwirbt er aber diese Beteiligung, so bleibt er selbstverständlich auch zur Zahlung der Einlage verpflichtet. Für die Publikums-KG gilt dies jedoch nicht uneingeschränkt. Hier kann auch eine Pflichtverletzung des Treuhänders ein wichtiger Grund sein, der den Anleger berechtigt, sich völlig von seiner »Beteiligung« zu lösen (BGH NJW 1979, 1503).

68 Regelmäßig wird gesellschaftsvertraglich vereinbart, dass bei einer **Auflösung des Treuhandverhältnisses** eine entsprechende Reduzierung der Kommanditeinlage stattfindet. Wird dem Anleger-Treugeber die Einlage zurückerstattet und der Treuhandkommanditist später von den Gesellschaftsgläubigern nach § 172 Abs. 4 HGB in Anspruch genommen, gehen die Gläubigeransprüche gegen die Gesellschaft gem. § 426 Abs. 2 BGB auf den Treuhänder über. Ein automatischer Übergang dieser Ansprüche auf den Anleger-Treugeber findet selbst dann nicht statt, wenn dieser dem Treuhänder den nach dem Geschäftsbesorgungsvertrag geschuldeten Betrag erstattet. Allerdings ist der Treuhandkommanditist in einem solchen Fall zur Abtretung der Ansprüche auf den Anleger-Treugeber verpflichtet (BGH NJW 1979, 1503).

F. Außenverhältnis der Publikums-KG

69 Für das Außenverhältnis der Publikums-KG ergeben sich gegenüber den für die OHG und KG geltenden Bestimmungen Vorschriften sowie gegenüber den für die GmbH & Co. KG entwickelten Sonderregeln keine Unterschiede, vgl. daher die entsprechenden Kommentierungen in Kap. 4 (OHG), Kap. 5 (KG) und Kap. 8 (GmbH & Co. KG).

G. Kapitalsicherung

Die Kapitalsicherung in der Publikumsgesellschaft folgt prinzipiell den allgemeinen Regeln der §§ 171 f. HGB, sofern es sich um eine KG handelt; bei einer GmbH & Co. KG zusätzlich §§ 30 ff. GmbHG, 172 a HGB (*K. Schmidt* GesR, § 57 III 1; E / B / J / *Henze* Anh. § 177 a Rn. 104; vgl. die Kommentierungen zu §§ 171 f. HGB in Kap. 5, sowie die Kommentierungen der §§ 30 ff. GmbHG in Kap. 7). **70**

1. Gesplittete Einlage

a) Begriff

In der Praxis kommt es gelegentlich vor, dass der Kommanditist nach dem Gesellschaftsvertrag einen Teil seiner Kapitaleinlage als Kommanditeinlage, einen anderen Teil hingegen als Darlehen oder als stille Einlage an die Gesellschaft erbringt (sog. gesplittete Einlage; vgl. BGH NJW 1978, 376). Nach der Rechtsprechung des BGH verbindet der einheitliche Gesellschaftsvertrag den in Form eines Darlehens oder einer stillen Einlage gekleideten zusätzlichen Kapitalbeitrag im Zweifel zu einer gesellschaftsrechtlichen Beitragsleistung (BGH NJW 1978, 376). Wichtige **Indizien** hierfür sind neben möglicherweise besonders günstigen Kreditkonditionen vor allem die Pflicht zur langfristigen Belassung oder das Fehlen einseitiger Kündigungsmöglichkeiten, die eine Rückforderung regelmäßig nur als Abfindungs- oder Liquidationsguthaben ermöglichen, sowie die mindestens nach Einschätzung der Gesellschafter gegebene Unentbehrlichkeit der Gesellschafterdarlehen für die Verwirklichung der gesellschaftsvertraglichen Ziele (BGH NJW 1988, 1841). **71**

b) Funktion als Eigenkapital

Solchen als Darlehen oder stille Beteiligung bezeichneten Beiträgen kommt materiell die Funktion als Eigenkapital zu (BGH NJW 1988, 1841). Auch soweit sie die Haftsumme des Kommanditisten übersteigen, müssen sie daher wie die ausdrücklich als Kommanditeinlage bezeichneten Beiträge den Gesellschaftsgläubigern im Insolvenzfall oder in der Liquidation der Gesellschaft als **Haftungsmasse** zur Verfügung stehen (BGH NJW 1985, 1079). Soweit diese Beiträge noch ausstehen, können sie daher vom Insolvenzverwalter oder Liquidator eingefordert werden, wenn und soweit sie zur Befriedigung der Gesellschaftsgläubiger erforderlich sind (BGH DB 1978, 1771). Den auf Zahlung rückständiger Beiträge in Anspruch genommenen Gesellschafter trifft die Darlegungs- und Beweislast dafür, dass der eingeforderte Betrag für die Durchführung der Abwicklung nicht benötigt wird. Der Liquidator hat jedoch die insoweit bedeutsamen Verhältnisse der Gesellschaft darzulegen, soweit nur er dazu imstande ist (BGH DB 1978, 1771). Eine materiell als Haftkapital zu qualifizierende Darlehensforderung des Kommanditisten kann in der Insolvenz der Gesellschaft nicht zur Insolvenztabelle angemeldet werden. Sie kann nur im Rahmen des Liquidations- und Auseinandersetzungsverfahrens berücksichtigt werden, wenn die Beiträge nicht zur Befriedigung der Gesellschaftsgläubiger benötigt werden. Ebenso wenig kann ein Kommanditist mit einem solchen Anspruch in der Insolvenz der Gesellschaft gegen eine Forderung der Gesellschaft aufrechnen (BGH NJW 1985, 1468). Die bereits vor der Abtretung begründete Eigenkapitalfunktion eines Darlehens richtet sich gegen die Durchsetzbarkeit des Rückzahlungsanspruchs und ist nicht an die Person des Abtretenden gebunden. Sie kann deshalb nach § 404 BGB auch dem Zessionar entgegengehalten werden (BGH NJW 1988, 1841). **72**

Ist in einer Publikums-KG vereinbart, dass sich die im Handelsregister einzutragende Haftsumme aus einer »Kommanditeinlage« und einem »Darlehen« zusammensetzt, sind auch Zahlungen auf das Darlehen als Einlageleistungen i. S. v. § 171 Abs. 1 HGB auf die Haftsumme anzurechnen (BGH NJW 1982, 2253). Daraus ergibt sich, dass die Rückzahlung solcher Beiträge zu einem **Wiederaufleben der Kommanditistenhaftung** gem. § 172 Abs. 4 HGB führt. **73**

Ähnlich wie GmbH-Recht kann im Verhältnis des Gesellschafters zur Gesellschaft ein materiell als Eigenkapital(-ersatz) zu wertendes Darlehen, nicht ohne weiteres wie eine »offene« Einlage behandelt werden. Daraus folgt, dass ein Verlust auf dem Gesellschaftersonderkonto nicht mit **74** einem auf dem Darlehenskonto des Gesellschafters befindlichen Guthaben ausgeglichen werden darf. Scheidet der Kommanditist aus der Gesellschaft aus, muss ihm der Darlehensbetrag, soweit er nicht zur Befriedigung von Gläubigerforderungen benötigt wird, ausgezahlt werden (E/B/J/*Henze* Anh. § 177 a Rn. 108).

75 Ist die Pflicht zur Gewährung eines Darlehens notwendiger Bestandteil der Beitrittsverpflichtung der Kommanditisten geworden, müssen diese im Zweifel den Darlehensbetrag der Gesellschaft bis zum Ablauf der festgesetzten Zeit belassen; vor diesem Zeitpunkt kann die Rückzahlung nur bei vorheriger oder gleichzeitiger Beendigung des Gesellschaftsverhältnisses und nur bei Vorliegen eines wichtigen Grundes gefordert werden (BGH NJW 1978, 376).

76 Sofern der Kommanditist der Gesellschaft ein funktional als Eigenkapital zu wertendes verzinsliches Darlehen gewährt, kann sich aus seiner Treuepflicht eine Verpflichtung ergeben, die vertraglich vereinbarten Zinsen zu stunden. Das kann etwa der Fall sein, wenn die finanzielle Situation der Gesellschaft so angespannt ist, dass Zinszahlungen auf die Kommanditistendarlehen zum Zusammenbruch der Gesellschaft zu führen drohen (OLG Koblenz WM 1984, 1051).

2. Atypische stille Gesellschafterbeteiligung

77 Die vorstehenden Grundsätze gelten auch, wenn ein Anleger sich lediglich als atypisch stiller Gesellschafter beteiligt und ihm im Innenverhältnis (insbesondere aus steuerlichen Gründen) faktisch die Stellung eines Kommanditisten eingeräumt worden ist (BGH NJW 1985, 1061).

H. Anlegerschutz

I. Haftungsgrundlagen

1. Entwicklung einer allgemeinen Prospekthaftung

78 Bei dem Vertrieb von Beteiligungen an Publikumsgesellschaften sind in der Vergangenheit Anleger immer wieder durch irreführende oder falsche Angaben in Prospekten oder durch die mit dem Vertrieb betrauten Personen verlasst worden, hohe Summen in zweifelhafte Kapitalanlagen zu investieren. Diesem Missstand konnte durch das Institut der vorvertraglichen oder deliktischen Haftung nicht vollständig Rechnung getragen werden. Die Rechtsprechung, und hier insbesondere der II. Zivilsenat des BGH (BGH NJW 1981, 1449), hat deshalb aus dem Institut des Verschuldens bei Vertragsverhandlungen und auf Basis der spezialgesetzlichen Prospekthaftungstatbestände (§§ 45, 46 BörsG, § 20 KAGG a. F., § 12 AuslInvestmG a. F.) **Grundsätze einer allgemeinen Prospekthaftung** zum Schutz von Anlegern entwickelt, die durch unzutreffende oder irreführende Angaben in Prospekten veranlasst worden waren, sich an einer Publikumsgesellschaft zu beteiligen. Anknüpfungspunkt für das Haftungssystem der Rechtsprechung ist, dass die angesprochenen Beteiligungsinteressenten sich auf die Richtigkeit und Vollständigkeit der Angaben in einem Prospekt verlassen können müssen. Sie müssen davon ausgehen können, dass die Verantwortlichen den Prospekt mit der erforderlichen Sorgfalt geprüft haben und sie über alle Umstände aufklären, die für ihren Entschluss, sich als Kommanditist zu beteiligen, von wesentlicher Bedeutung sind (BGH NJW 1978, 1625).

2. Inhalt und Umfang von Aufklärungspflichten

a) Allgemeines

79 In einer umfangreichen Kasuistik hat die Rechtsprechung Inhalt und Umfang der Aufklärungspflicht gegenüber Kapitalanlegern entwickelt. Ungeachtet dessen, dass er mit der Kapitalanlage ein Risikogeschäft eingeht und ihm das wirtschaftliche Risiko seiner Beteiligung bleiben muss, darf der Kapitalanleger nach Treu und Glauben erwarten, dass er ein zutreffendes Bild über das Beteiligungsobjekt erhält, d. h. dass ein Prospekt der Beteiligungsgesellschaft ihn über alle Umstände, die für seine Entschließung von wesentlicher Bedeutung sind oder sein können, sachlich richtig und vollständig unterrichtet, insbesondere über die Tatsachen, die den Vertragszweck vereiteln können (BGH NJW 1981, 1449).

b) Beispiele und Rechtsprechung

Auf dieser Grundlage gehören zu den nach Treu und Glauben zu offenbarenden Tatsachen etwa **wesentliche kapitalmäßige und personelle Verflechtungen** zwischen der Komplementär-GmbH, ihren Geschäftsführern und beherrschenden Gesellschaftern einerseits und den Unternehmen sowie deren Geschäftsführern und beherrschenden Gesellschaftern andererseits, in deren Hand die Publikums-KG die nach dem Emissionsprospekt durchzuführenden Vorhaben ganz oder wesentlich gelegt hat. Derartige Verflechtungen begründen die Gefahr einer Interessenkollision zum Nachteil der Gesellschaft und der beitretenden Gesellschafter. Der beitretende Anleger kann deshalb erwarten, dass er über diesen Sachverhalt aufgeklärt wird, damit er in Kenntnis des Risikos seine Entscheidung treffen und gegebenenfalls der bestehenden Gefährdung nach seinem Beitritt zusammen mit den Mitgesellschaftern begegnen kann (BGH NJW 1981, 1449). Offenzulegen ist ebenfalls eine **fehlende vertragliche Absicherung** des prospektierten Projekts (BGH NJW 1979, 1449). In wirtschaftlicher Hinsicht sind weiter zutreffende Angaben zu machen über z. B. **Renditeaussichten, Mittelverwendung, Finanzausstattung** der das prospektierte Vorhaben betreibenden Unternehmen (vgl. MüKo HGB/*Grunewald* § 161 Rn. 143 m. w. N.). In Bezug auf die **rechtlichen Rahmenbedingungen** sind insbesondere bestehende öffentlich-rechtliche Ungewissheiten bei der Verwirklichung eines Projekts, erreichbare Steuervorteile, die rechtliche Struktur der Publikumsgesellschaft richtig darzustellen (MüKo HGB/*Grunewald* § 161 Rn. 143 m. w. N.; weitere Beispiele bei *Fleischer* BKR 2004, 339, 343). Sind Prospektangaben unrichtig geworden, ist der Beitrittswillige darauf hinzuweisen (vgl. nunmehr § 11 S. 1 VerkProspG für Verkaufsprospekte über Vermögensanlagen, die nach dem 1. 7. 2005 öffentlich angeboten werden). Darüber hinaus ist der Prospekt unverzüglich zu berichtigen (BGH NJW 1981, 1449). Die auf der Unrichtigkeit eines Prospektes beruhende Haftung wird nicht allein dadurch beseitigt, dass die Verantwortlichen einen neuen Prospekt erstellen, ohne auf die Änderungen in geeigneter Weise hinzuweisen (OLG Düsseldorf NJW-RR 1994, 37 und nunmehr § 11 S. 2 VerkProspG). 80

c) Pflichten des Anlagevermittlers

Ein in den Vertrieb von Beteiligungen an einer Publikums-KG eingeschalteter Anlagevermittler muss die dem Anleger überlassenen Unterlagen über das Beteiligungsobjekt prüfen und ihm erläutern. Dabei sind von dem Anlagevermittler Widersprüche aufzudecken, falsche Angaben im Prospekt richtig zu stellen und ggf. auch Nachforschungen anzustellen (BGH NJW 1983, 1730). Eine Aufklärungspflicht des Anlagevermittlers entfällt, wenn der Kapitalanleger über dieselben Erkenntnismöglichkeiten wie er verfügt und der Anleger deshalb nicht darauf angewiesen ist, ihm besonderes Vertrauen entgegenzubringen, es also an der Rechtfertigung für eine aus dem Gesichtspunkt von Treu und Glauben hergeleiteten Vertreterhaftung fehlt (BGH NJW RR 1986, 1478). 81

II. Einzelne Haftungstatbestände

1. Prospekthaftung

a) Rechtsgrundlagen

Bis zum Inkrafttreten des Gesetzes zu Verbesserung des Anlegerschutzes (AnSVG) am 1. 7. 2005 existierte im Bereich der freiwillig erstellten Verkaufsprospekte für Kapitalanleger im Grauen Kapitalmarkt keine spezialgesetzliche Haftungsgrundlage bei falschen oder unvollständigen Prospektangaben. Ein börsengesetzlicher Prospektzwang und eine börsengesetzliche Prospekthaftung galten lediglich für das öffentliche Angebot inländischer verbriefter Wertpapiere gem. § 13 VerkProspG a. F., für den Verkauf ausländischer Investmentanteile nach § 12 AuslInvestmG a. F. sowie für Anteile an Kapitalanlagegesellschaften nach § 20 KAGG a. F. Sämtliche übrigen, nicht wertpapiermäßig verbrieften Vermögensanlagen wurden hiervon nicht erfasst. Dennoch bestand auch in diesem nicht der Marktaufsicht unterliegenden Bereich des Kapitalmarkts ein Schutzbedürfnis der Anleger vor unzutreffenden, irreführenden oder unvollständigen Prospekt- 82 angaben. Diese Lücke wurde in der Vergangenheit durch die **richterrechtliche Entwicklung** einer zivilrechtlichen **Prospekthaftung** geschlossen (vgl. BGH NJW 1992, 228; MüKo HGB/*Grunewald* § 161 Rn. 141; *K. Schmidt* GesR, § 57 IV 3; E/B/J/*Henze* Anh. § 177 a Rn. 44; MünchHdb GesR II/*Gummert* § 69 Rn. 10 ff.). Letzteres basierte auf der Rechtsfigur des **Verschuldens bei Vertragsverhandlungen** und wurde zu einem eigenständigen Rechtsinstitut für das typischerweise in Anspruch genommene Anlegervertrauen fortentwickelt.

83 Das AnSVG zielt auf eine Verbesserung des Anlegerschutzes durch eine größere Produkttransparenz und eine Stärkung der Haftungsansprüche der Anleger ab. Erstmalig wird daher auch der Graue Kapitalmarkt einer umfassenden Regelung im Verkaufsprospektgesetz (VerkProspG) unterworfen. Kernpunkte der Neuregelung sind die **Einführung einer Prospektpflicht** für nicht wertpapiermäßig verbriefte Vermögensanlagen gem. § 8 f VerkProspG sowie die **Schaffung einer spezialgesetzlichen Prospekthaftung** gem. §§ 13, 13 a VerkProspG.

b) Prospektpflicht für Publikumsgesellschaft

84 Für im Inland öffentlich angebotene nicht in Wertpapieren verbriefte Anteile, die eine Beteiligung am Ergebnis eines Unternehmens gewähren, für Anteile an einem Vermögen, das der Emittent oder ein Dritter als Treuhänder für fremde Rechnung hält oder verwaltet, oder für Anteile an sonstigen geschlossenen Fonds statuiert § 8 f Abs. 1 S. 1 VerkProspG nunmehr eine umfassende Prospektpflicht. Somit besteht auch für Anteile an einer Publikums-KG grundsätzlich ein Prospektzwang. Dieser gilt für das öffentliche Angebot, worunter jedes Anbieten oder jede Werbung fällt, die sich über ein beliebiges Medium an einen unbestimmten Personenkreis wendet und die Aufforderung enthält, ein Kaufangebot abzugeben (vgl. Begr. RegE, BT-Drs. 15/3174, 42; *Groß* § 2 WpPG Rn. 16). **Ausnahmen** vom Prospektzwang enthält § 8 f Abs. 2 VerkProspG. Von praktischer Bedeutung sind in erster Linie die Befreiungstatbestände in § 8 f Abs. 2 Nr. 3 VerkProspG (Bagatelltatbestände in Alt. 1 und 2 sowie Vermutung professioneller versierter Vermögensanlage) und § 8 f Abs. 2 Nr. 4 VerkProspG (qualifizierte Anleger; dazu *Fleischer* BKR 2004, 339, 341).

c) Prospektinhalt

85 Hinsichtlich des Prospektinhalts verlangt § 8 g Abs. 1 S. 1 VerkProspG die Angabe **aller tatsächlichen und rechtlichen Umstände**, die dem Publikum eine zutreffende Beurteilung des Emittenten und der Vermögensanlagen ermöglichen. Genauere inhaltliche Anforderungen ergeben sich §§ 2 ff. VermVerkProspV. Hiernach sind etwa Angaben zu machen über die Personen, die die Verantwortung für den Prospekt übernehmen, die Vermögensanlagen, den Emittenten, das Kapital des Emittenten, die Gründunggesellschafter, die Geschäftstätigkeit des Emittenten, Anlageziele und Anlagepolitik, die Vermögens-, Finanz- und Ertragslage des Emittenten, die Prüfung des Jahresabschlusses des Emittenten, Mitglieder der Geschäftsführung oder des Vorstands, Aufsichtsgremien und Beiräte des Emittenten, den Treuhänder und sonstige Personen sowie über den jüngsten Geschäftsgang und die Geschäftsaussichten des Emittenten.

d) Prospektprüfung

86 Gem. § 8 i Abs. 1 VerkProspG muss der Anbieter den Verkaufsprospekt vor seiner Veröffentlichung der Bundesanstalt für Finanzdienstleistungsaufsicht (BaFin) Hinterlegungsstelle übermitteln. Diese hat den Prospekt darauf durchzusehen, ob er alle Pflichtangaben nach § 8 g Abs. 1 und 2 VerkProspG enthält. Die inhaltliche Richtigkeit der Angaben ist, wie sich aus § 8 g Abs. 1 S. 3 VerkProspG ergibt, nicht Gegenstand der behördlichen Prüfung, abgesehen von offensichtlichen Unrichtigkeiten.

e) Prospekthaftung

87 Sofern der Prospekt fehlerhaft ist, greift nunmehr die spezialgesetzliche Prospekthaftung gem. §§ 13, 13 a VerkProspG. Diese führt durch den Verweis in § 13 Abs. 1 Nr. 3 VerkProspG zu einer entsprechenden Geltung der Vorschriften aus §§ 44 bis 47 BörsG. Als **unrichtig** ist ein Verkaufsprospekt gem. § 13 Abs. 1 Nr. 3 VerkProspG i. V. m. § 44 Abs. 1 S. 1 BörsG einzustufen, wenn für die Beurteilung der Vermögensanlagen wesentliche Angaben unrichtig oder unvollständig sind. Nicht geregelt ist dabei jedoch, welcher **Verständnishorizont des Anlegers** bei der Erstellung des Verkaufsprospektes vorausgesetzt werden darf. Entsprechend der bisherigen Rechtsprechung des BGH zur börsengesetzlichen Prospekthaftung erscheint es hier sachgerecht, auf einen durchschnittlichen Anleger abzustellen, der die wesentlichen Grundzüge einer Bilanz erfassen kann, ohne jedoch über Kenntnisse in der Fachsprache eines Expertenkreises zu verfügen (vgl. BGH NJW 1982, 2823). Ein Abstellen auf den Verständnishorizont professioneller Marktteilnehmer verbietet sich schon deshalb, weil diese nach dem Rechtsgedanken des § 8 f Abs. 2 Nr. 4 VerkProspG als nicht besonders schutzbedürftig erscheinen (*Fleischer* BKR 2004, 339, 343).

f) Prospektverantwortliche

aa) Allgemeine Grundsätze Nach § 13 Abs. 1 Nr. 3 VerkProspG i. V. m. § 44 Abs. 1 S. 1 BörsG haften diejenigen, die für den fehlerhaften Prospekt die Verantwortung übernommen haben und diejenigen, von denen der Erlass des Prospektes ausgeht. Zur Gruppe der Verantwortlichen zählen in erster Linie der **Anbieter** sowie Personen, die gem. § 3 VermVerkProspG im Prospekt als für den Inhalt verantwortlich aufgeführt werden. Anders als der Emittent verbriefter Anteile (hierzu *Groß* § 2 WpPG Rn. 25) wird die Publikumsgesellschaft selbst allerdings regelmäßig nicht als Anbieter anzusehen sein, da sich gegen die KG richtende Schadensersatzansprüche auch für die Gläubiger der KG nachteilig auswirken würden (str.). Folgerichtig kann mit dem Schadensersatzanspruch aus Prospekthaftung auch nicht gegen die Einlageforderung der Gesellschaft aufgerechnet werden (BGH NJW 1973, 1604; MünchHdb GesR II/*Gummert* § 69 Rn. 32; E/B/J/*Henze* Anh. § 177 a Rn. 56, 64; Baumbach/Hopt/*Hopt* Anh. § 177 a Rn. 64; MüKo HGB/*Grunewald* § 161 Rn. 144). Unter Personen, von denen der Erlass des Prospektes ausgeht (die sog. **Prospektveranlasser**), sind diejenigen zu verstehen, die zwar nicht nach außen in Erscheinung treten, jedoch hinter dem Prospekt stehen und als dessen tatsächliche Urheber anzusehen sind (vgl. BGH NJW 1981, 1449). Hierzu zählen alle Personen, die besonderen Einfluss in der Publikums-KG ausüben, Mitverantwortung tragen und mit deren Wissen und Wollen oder mit deren Initiative der Prospekt in den Verkehr gebracht worden ist (BGH NJW 1978, 1625; E/B/J/*Henze* Anh. § 177 a Rn. 56). Nach der Rechtsprechung des BGH (zusammenfassend BGH NJW 1992, 228) gehören hierzu die Initiatoren, Gründer (auch Gründungskommanditisten) und Gestalter der Gesellschaft, soweit sie das Management bilden oder beherrschen (BGH NJW 1978, 1625). Darüber hinaus haften aber auch die Personen, die hinter der Komplementär-GmbH und der Publikums-KG stehen und neben der Geschäftsleitung **besonderen Einfluss** in der Gesellschaft ausüben und deshalb Mitverantwortung tragen (BGH 1981, 1449; vgl. auch MüKo HGB/*Grunewald* § 161 Rn. 144 m. w. N.; E/B/J/*Henze* § 177 a Anh. Rn. 56, m. w. N. aus der Rspr.). 88

bb) Garanten Gewisse Unsicherheiten bestehen bezüglich der Einordnung von sog. Experten oder Garanten, d. h. Personen, denen mit Rücksicht auf ihre besondere berufliche oder wirtschaftliche Position eine Sonderstellung zukommt. Hierzu zählen etwa **Rechtsanwälte, Wirtschaftsprüfer, Steuerberater oder sonstige Sachverständige**. Bei ihnen ging der BGH im Rahmen der bisherigen allgemeinen zivilrechtlichen Prospekthaftung von einer partiellen Verantwortlichkeit für diejenigen Prospektteile aus, für die die betreffenden Personen nach außen hin in Erscheinung tretend einen Vertrauenstatbestand geschaffen hatten (vgl. BGH NJW 1980, 1840; NJW 1990, 2461; E/B/J/*Henze* Anh. § 177 a Rn. 52; MünchHdb GesR II/*Gummert* § 69 Rn. 38). Dies steht jedoch im Gegensatz zur börsengesetzlichen Prospekthaftung, die auf dem Grundsatz der Gesamtverantwortlichkeit gründet (*Fleischer* BKR 2004, 339, 344 m. w. N.). Wer nur einen Teil zur Prospektgesamtheit beisteuert, wird nach § 44 Abs. 1 S. 1 BörsG für einen dadurch verursachten Prospektmangel nicht der Haftung unterworfen (str.; vgl. *Heisterhagen* DStR 2006, 759, 763). Zwar spricht die Verweisung in § 13 Abs. 1 S. 1 VerkProspG von einer entsprechenden Anwendung des § 44 Abs. 1 S. 1 BörsG, was zunächst den Anschein erweckt, dass Raum für die Annahme einer Expertenhaftung als bereichsspezifische Besonderheit bestünde. Ob eine solche 89

Auslegung durchschlägt, ist jedoch zweifelhaft, zumal der der Gesetzgeber bislang von der Einführung eines avisierten § 44 a BörsG, der die Haftung Dritter regeln soll, abgesehen hat (vgl. *Fleischer* BKR 2004, 339, 344; *Heisterhagen* DStR 2006, 759, 763). Allein daraus, dass im Verkaufsprospekt der **Bestätigungsvermerk** eines Wirtschaftprüfers zum letzten geprüften Jahresabschluss abgedruckt worden ist, ergibt sich jedenfalls keine prospekthaftungsrechtliche Verantwortlichkeit des Wirtschaftsprüfers für die zukünftige wirtschaftliche Entwicklung des Unternehmens. Ihn trifft selbst dann keine Aktualisierungspflicht, wenn ihm nachträglich eine wesentliche Verschlechterung des Unternehmens bekannt wird, die die Vermögensinteressen der potenziellen Anleger gefährdet (BGH NJW-RR 2006, 611).

90 **cc) Kreditgeber** Zu dem Kreis der Prospektverantwortlichen können auch Kreditinstitute gehören, sofern sie Treuhandkommanditisten oder Mitherausgeber des Prospekts sind (MünchHdb GesR II/*Gummert* § 69 Rn. 49). Soweit Banken, ohne die vorgenannten Voraussetzungen zu erfüllen, sich nur den Inhalt des Prospekts zur Erfüllung vertraglicher Pflichten gegenüber dem Anleger zu eigen machen, dürfte hingegen eher eine Haftung aus Verschulden bei Vertragschluss gem. §§ 280 Abs. 1 i. V. m. 311 Abs. 2 und 3 BGB in Betracht kommen.

91 **dd) Prospektverfasser** Nach wie vor **nicht prospekthaftpflichtig** dürften die nach außen unbekannt gebliebenen Prospektverfasser sein. Ebenso wenig führt der Hinweis auf ein Gutachten ohne Benennung seines Verfassers zu dessen Prospekthaftung. Es kommt bei Unrichtigkeit des Gutachtens jedoch eine Haftung nach § 826 BGB in Betracht, wenn der Verfasser leichtfertig gehandelt und damit eine Schädigung der Anleger in Kauf genommen hat (BGH NJW 1986, 1158).

e) Anspruchsberechtigte

92 Anspruchsberechtigt sind nach § 13 Abs. 1 Nr. 3 VerkProspG i. V. m. § 44 Abs. 1 S. 1 letzter Hs. BörsG diejenigen, die die Vermögensanlage nach Veröffentlichung des Prospekts und innerhalb von sechs Monaten nach der Erstveröffentlichung erworben haben. Insoweit übereinstimmend mit der bisherigen Rechtsprechung zur allgemeinen zivilrechtlichen Prospekthaftung können hierzu auch nur mittelbar über einen Treuhandkommanditisten beteiligte Anleger gehören (BGH NJW 1987, 2677).

93 Die in § 13 Abs. 1 Nr. 3 VerkProspG i. V. m. § 44 Abs. 1 S. 1 letzter Hs. BörsG statuierte zeitliche Einschränkung existierte im Rahmen der bisherigen BGH-Rechtsprechung zur zivilrechtlichen Prospekthaftung nicht. Die **6-Monats-Frist**, innerhalb der ein Erwerb der Anteile erfolgt sein muss, beginnt mit dem Zeitpunkt des erstmaligen öffentlichen Angebots der Vermögensanlagen, wobei es unerheblich ist, ob es sich bei dem Erwerb um einen Erst-, Zweit- oder Dritterwerb handelt.

f) Kausalität

94 Zwischen dem fehlerhaften Verkaufsprospekt und dem Erwerb der Vermögensanlage muss ein ursächlicher Zusammenhang bestehen. Gem. § 45 Abs. 2 Nr. 1 BörsG trägt der Prospektverantwortliche die Darlegungs- und Beweislast für die fehlende Kausalität der **haftungsbegründenden Kausalität**. Dies steht in Einklang mit der bisherigen BGH-Rechtsprechung zur zivilrechtlichen Prospekthaftung (vgl. BGH NJW 1992, 228). Eine Abweichung ergibt sich jedoch hinsichtlich der **haftungsausfüllenden Kausalität** (vgl. *Fleischer* BKR 2004, 339, 344). Hierfür kam es nach der Rechtsprechung bislang darauf an, ob der Anleger bei Kenntnis der Unrichtigkeit des Prospekts auf die Vermögensanlage verzichtet hätte. Nicht entscheidend war hingegen, ob die Unrichtigkeit des Prospekts den Wertverlust der Anlage zur Folge hatte (BGH NJW 1993, 2865). Im Rahmen der spezialgesetzlichen Prospekthaftung eröffnet § 45 Abs. 2 Nr. 2 BörsG dem Prospektverantwortlichen jetzt die Möglichkeit des Nachweises, dass die unrichtige Prospektangabe nicht zu einer Minderung des Erwerbspreises der Vermögensanlage beigetragen hat.

g) Verschulden

Die Haftung des Prospektverantwortlichen greift nur, wenn die unrichtige oder unvollständige Angabe im Prospekt auf ein **vorsätzliches oder grob fahrlässiges Fehlverhalten** zurückgeführt werden kann. Auch hierfür trifft nach § 45 Abs. 1 BörsG den Prospektverantwortlichen die Darlegungs- und Beweislast. Auffallend ist, dass die spezialgesetzliche Prospekthaftung hinter der bisherigen allgemeinen zivilrechtlichen Prospekthaftung zurückbleibt, die ein Verschulden für eine fehlerhafte Prospekterstellung bereits bei einfacher Fahrlässigkeit annahm (vgl. MünchHdb GesR II/*Gummert* § 69 Rn. 62; MüKo BGB/*Emmerich* § 311 Rn. 172 f.; *Fleischer* BKR 2004, 339, 345). Praktisch dürfte diese Absenkung des Verschuldensmaßstabes keine erheblichen Auswirkungen haben, da die Grenzziehung zwischen einfacher und grober Fahrlässigkeit fließend ist, insbesondere bei dem Angebot von Kapitalmarktprodukten, wo die Rechtsprechung einen hohen Sorgfaltsmaßstab anwendet (vgl. *Fleischer* BKR 2004, 339, 345). 95

h) Haftungsumfang

Der Erwerber kann gem. § 13 Abs. 1 Nr. 3 VerkProspG i. V. m. § 44 Abs. 1 S. 1 BörsG von den Prospektverantwortlichen als Gesamtschuldnern die Übernahme der Vermögensanlagen gegen Erstattung des Kaufpreises und der mit dem Erwerb verbundenen üblichen Kosten verlangen. Da die Schadensersatzregelung des BörsG abschließend ist, bleibt dem Anleger entgegen der bisherigen BGH-Rechtsprechung zur allgemeinen zivilrechtlichen Prospekthaftung der Ersatz eines entgangenen Gewinns, der bei anderweitiger Anlage hätte erzielt werden können, verwehrt (vgl. BGH WM 1992, 143). 96

i) Verjährung

Für die Verjährung der Prospekthaftungsansprüche gilt gem. § 13 Abs. 1 Nr. 3 VerkProspG i. V. m. § 46 BörsG eine Frist von **einem Jahr ab Kenntnis** des Prospektmangels, spätestens jedoch drei Jahre nach der Prospektveröffentlichung. Damit wird im Wesentlichen ein Gleichlauf mit der bisherigen Verjährungsfrist für die zivilrechtlichen Prospekthaftungsansprüche gem. § 195 BGB erzielt. 97

j) Haftung bei fehlendem Prospekt

Neu im Bereich der Prospekthaftung ist die gem. § 13 a VerkProspG eingeführte Haftung bei fehlendem Prospekt. Vor Inkrafttreten des AnSVG wurden Verstöße gegen die Prospektpflicht (für wertpapiermäßig verbriefte Anteile) lediglich als bußgeldbewehrte Ordnungswidrigkeit eingestuft (§ 17 Abs. 1 Nr. 1 VerkProspG a. F.) und führten zur Untersagung des Angebots durch die BaFin (*Groß* § 13 a VerkProspG Rn. 25). Eine spezielle zivilrechtliche Anspruchsgrundlage für den Fall des Fehlens eines Verkaufsprospektes existierte nicht. Die h. L. behalf sich daher vielfach mit einer bei einfacher Fahrlässigkeit greifenden deliktischen Haftung aus § 823 Abs. 2 BGB i. V. m. § 1 VerkProspG a. F. (vgl. *Fleischer* BKR 2004, 339, 345 f.) 98

Nunmehr kann der Anleger gem. § 13 a Abs. 1 S. 1 VerkProspG vom Emittenten und dem Anbieter als Gesamtschuldner die Übernahme der Vermögensanlage gegen Erstattung des Kaufpreises verlangen, falls unter Verstoß gegen § 8 f VerkProspG kein Verkaufsprospekt veröffentlicht wurde. Nach § 13 a Abs. 1 S. 1 VerkProspG ist **jeder Erwerber anspruchsberechtigt**, sofern das Erwerbsgeschäft vor Veröffentlichung eines Prospektes und innerhalb von sechs Monaten nach dem ersten öffentlichen Angebot im Inland abgeschlossen wurde. 99

Strittig ist, welche Bedeutung dem **Verschulden** im Rahmen der Haftung für einen fehlenden Prospekt zukommt. Der Wortlaut des § 13 a VerkProspG spricht für eine verschuldensunabhängige Haftung. Hingegen spricht der systematische Zusammenhang mit § 13 VerkProspG für eine Anlehnung an das Verschuldenserfordernis bei einem fehlerhaften Verkaufsprospekt, also für das Erfordernis von Vorsatz oder grober Fahrlässigkeit (vgl. *Bohlken/Lange* DB 2005, 1259, 1261). Für die am Wortlaut orientierte Auslegung dürfte im Ergebnis der Zweck der Bestimmung spre- 100 chen, nämlich dem dem Anlegerschutz dienenden Prospektzwang in effizienter Weise zur Durchsetzung zu verhelfen (s. hierzu ausführl. *Fleischer* BKR 2004, 339, 346).

101 Vor Inkrafttreten des AnSVG musste ein Erwerber darlegen, dass ein verständiger Anleger die Anteile bei vorschriftsmäßiger Prospektveröffentlichung nicht oder nicht zu diesem Preis erworben hätte (*Fleischer* BKR 2004, 339, 346 m. w. N.). Dieses Erfordernis entfällt nach Einführung des § 13 a VerkProspG. Umgekehrt ist die Entlastung des Prospektpflichtigen durch den Nachweis, der Anspruchssteller hätte die Vermögensanlagen auch bei Prospektveröffentlichung erworben, in § 13 a VerkProspG nicht vorgesehen. § 13 a Abs. 4 VerkProspG enthält jedoch einen **Haftungsausschluss** für den Fall, dass der Erwerber die Pflicht, einen Verkaufsprospekt zu erstellen, beim Erwerb kannte und daher nicht schutzbedürftig ist.

102 Im Einzelfall kann die **Abgrenzung** zwischen der Prospekthaftung für einen fehlerhaften und einen fehlenden Prospekt zweifelhaft sein. In Fällen, in denen ein Schriftstück vorliegt, welches erkennbar zur Erfüllung der inhaltlichen Voraussetzungen des § 8 g VerkProspG erstellt worden ist, liegt ein Verkaufsprospekt i. S. d. § 13 Abs. 1 Nr. 3 VerkProspG vor. Verwendet hingegen der Prospektpflichtige eine Unterlage, die den grundlegenden Mindestanforderungen an einen Verkaufsprospekt nicht genügt, muss von einem gänzlichen Fehlen eines Verkaufsprospekt ausgegangen werden mit der Folge der strengeren Haftung aus § 13 a Abs. 1 S. 1 VerkProspG (vgl. *Fleischer* BKR 2004, 339, 347).

2. Haftung aus Verschulden bei Vertragsverhandlungen

a) Haftung von Mitgesellschaftern

103 Grundsätzlich erfolgt der Beitritt eines neuen Kommanditisten durch **Vertrag mit den bisherigen Gesellschaftern** (s. o. Rn. 12 f.). Sofern diese Gesellschafter im Zusammenhang mit den Beitrittsverhandlungen unzutreffende Angaben machen haften sie aus Verschulden bei Vertragsschluss nach §§ 280 Abs. 1 i. V. m. 311 Abs. 2 BGB. § 708 BGB gilt hier nicht (BGH NJW 1980, 589). Die Haftungsfolge ergibt sich auch, wenn dem beitretenden Anleger nicht bewusst ist, dass die für die KG auftretenden Personen ebenfalls Gesellschafter sind, da den Vertragspartner die Pflicht zum ordnungsgemäßen Verhalten bei Vertragschluss auch dann trifft, wenn er nicht als Vertragspartner in Erscheinung tritt (MüKo HGB/*Grunewald* § 161 Rn. 134).

104 Die Gesellschafter haften auch dann für unzutreffende Angaben, die sie bei Vertragsschluss gemacht haben, wenn sie sich beim Vertragsschluss selbst **vertreten** lassen. Dies gilt etwa dann, wenn die Gründungsgesellschafter für die Aufnahme von Anlegern etwa den Vertragsschluss mit der KG als Vertragspartei wählen (dazu oben Rn. 13), da dies nicht zur Folge haben kann, dass sie sich ihrer Pflichten gegenüber den neu beitretenden Anlegern entledigen (vgl. MüKo HGB/*Grunewald* § 161 Rn. 134).

105 Die Gründungsgesellschafter haften aus Verschulden bei Vertragsverhandlungen nach § 278 BGB außerdem für schuldhaftes Verhalten aller Personen, derer sie sich beim Vertragsschluss bedienen. Mitgesellschafter in Publikumsgesellschaften haften für unzutreffende Angaben bei Vertragsschluss jedoch nicht, wenn die Beitrittsverhandlungen außerhalb ihres Einfluss- und Verantwortungsbereichs erfolgen (BGH NJW1978, 1625). Davon kann aber bei solchen Gesellschaftern nicht ausgegangen werden, die eine besondere Stellung im Sinne von Garanten für das prospektierte Vorhaben haben (BGH NJW 1985, 380) oder durch ihr finanzielles Engagement über »Wohl und Wehe« der Gesellschaft entscheiden (BGH NJW 1991, 1608; krit. hierzu MüKo HGB/*Grunewald* § 161 Rn. 136).

106 Wird der Anleger nur mittelbar über einen **Treuhandkommanditisten** an der Publikums-KG beteiligt, haftet dieser – und zwar nach § 278 BGB – auch für die Personen, die er beim Vertragsschluss einsetzt (BGH NJW 1982, 2493).

b) Haftung der Publikums-KG

Die KG haftet regelmäßig nicht für ein Fehlverhalten der Initiatoren oder der Komplementär-GmbH beim Vertragsschluss (zu den Gründen s. Rn. 88). **107**

c) Haftung von Vertretern und Verhandlungsführern

Bei den Beitrittsverhandlungen mit beitrittswilligen Anlegern treten für die zur Vertragsschließung gesellschaftsvertraglich bestimmten Personen häufig Vertreter oder Verhandlungsführer (Anlagevermittler, Kapitalanlageberater etc.) auf. Sofern diese ein besonderes persönliches Vertrauen in Anspruch nehmen oder wirtschaftlich ganz in ihrem Eigeninteresse handeln, können sie auch selbst nach den Regeln des **Verschuldens bei Vertragsverhandlungen** in Anspruch genommen werden (BGH NJW-RR 1986, 1478; NJW 1986, 586). Dagegen reicht allein die Verhandlungsführung auch zusammen mit einem mittelbaren, wirtschaftlichen Interesse (etwa bei Angestellten der KG: Sicherung ihres Arbeitsplatzes, Provisionen) nicht aus (MüKo HGB/*Grunewald* § 161 Rn. 139). **108**

Nach der Rechtsprechung des BGH kommt in den vorgenannten Fällen auch eine **Haftung aus einem Geschäftsbesorgungs-, Beratungs- oder Auskunftsvertrag** in Betracht, wenn Auskünfte erteilt werden, die für den Empfänger erkennbar von erheblicher Bedeutung sind und die dieser zur Grundlage wesentlicher Entschlüsse oder Maßnahmen machen will. Das gilt insbesondere dann, wenn der Auskunftsgeber für die Erteilung der Auskunft sachkundig ist oder wenn bei ihm ein eigenes wirtschaftliches Interesse im Spiel ist (BGH NJW 1979, 1449). Die Tragfähigkeit dieser Konstruktion ist indessen fraglich, da sie lediglich mit Hilfe einer Fiktion zu einem Vertragsverhältnis gelangt (E/B/J/*Henze* Anh. § 177 a Rn. 62). **109**

d) Haftung von Kreditgebern

Für das mit der Finanzierung einer Beteiligung befasste Kreditinstitut besteht in der Regel **keine Aufklärungspflicht** (Röhricht/v. Westphalen/*v. Gerkan* § 161 Rn. 159). Etwas anderes kann sich jedoch dann ergeben, wenn die finanzierende Bank einen erkennbaren Wissensvorsprung über die mit der Beteiligung verbundenen Gefahren besitzt (BGH NJW 1978, 2145). Wird die Rechtspflicht der finanzierenden Bank gegenüber den Anlegern in diesen Fällen verletzt, kommt eine Haftung aus Verschulden bei Vertragsverhandlungen bzw. aus Auskunfts- oder Beratungsvertrag (s. Rn. 109) in Betracht (MünchHdb GesR II/*Gummert* § 69 Rn. 50). **110**

Im Hinblick auf die Rechtsstellung des Verbraucher-Anlegers gegenüber dem Kreditinstitut, das den Beitritt zu einer Publikums-KG finanziert, gilt nach nunmehr innerhalb der Senate des BGH vereinheitlichter Rechtsprechung das Folgende (vgl. BGH BB 2006, 1294; DStR 2006, 1087): Der Beitritt zur Fondsgesellschaft und der den Beitritt finanzierende Darlehensvertrag sind als ein **verbundenes Geschäft** i. S. v. § 358 Abs. 3 S. 2 BGB anzusehen (BGH BB 2006, 1294). Dies gilt jedoch nur, wenn kein Realkreditvertrag vorliegt. Ein solcher liegt aber auch dann vor, wenn nicht der Erwerber, sondern die Publikums-KG das Grundpfandrecht bestellt (BGH DStR 2006, 1087). Bei Vorliegen eines verbundenen Geschäfts zwischen Darlehensvertrag und Beitritt des Anlegers wird ein an sich wegen fehlender Gesamtbetragsangabe nichtiger Darlehensvertrag gem. § 494 Abs. 2 S. 1 BGB gültig. Dies gilt auch, wenn die Darlehensvaluta dem Kreditnehmer nicht direkt zugeflossen sind, sondern unmittelbar an einen Treuhänder zum Zwecke des Erwerbs der Fondsanteile ausgezahlt wurde (vgl. BGH DStR 2006, 1088; Abweichung von BGH NJW 2004, 2736). **111**

Der durch Verletzung der ihm geschuldeten Aufklärung zum Beitritt veranlasste Verbraucher kann bei bewiesener **arglistiger Täuschung** dem Kreditrückzahlungsverlangen des Kreditinstituts im Rahmen des Einwendungsdurchgriffs entsprechend § 359 BGB den Anspruch auf Auszahlung des Abfindungsguthabens gegen die Fondsgesellschaft entgegenhalten (BGH BB 2006, 1294). Der geschädigte Verbraucher-Anleger kann jedoch Ansprüche aus der gesetzlichen und bürgerlich-rechtlichen Prospekthaftung gegen die Prospekthaftungspflichtigen nicht mehr dem finanzierenden Kreditinstitut entgegenhalten (BGH BB 2006, 1294; Abweichung von BGH **112**

NJW 2004, 2736). Ein durch einen Vermittler arglistig getäuschter Anleger und Darlehensnehmer kann ohne weiteres auch den Darlehensvertrag im Rahmen des verbundenen Geschäfts als solchen nach § 123 BGB anfechten, wenn die Täuschung auch für dessen Abschluss kausal war. Hierbei ist der Vermittler, der sowohl mit Blick auf die Fondsbeteiligung als auch hinsichtlich des Darlehensvertrages aufgetreten ist, für die kreditgebende Bank kein Dritter i. S. v. § 123 Abs. 2 BGB (BGH BB 2006, 1294). Daneben kann der Darlehensnehmer auch einen Anspruch aus Verschulden bei Vertragsverhandlungen gegen den Vermittler gegen die Bank geltend machen.

3. Haftung aus unerlaubter Handlung

113 Der Anlegerschutz realisiert sich schließlich auch über § 823 Abs. 2 BGB i. V. m. § 264 a StGB oder §§ 263, 266 StGB sowie über § 826 BGB (vgl. E / B / J / *Henze* Anh. § 177 a Rn. 66). Nach BGH NJW 1992, 241 ist § 264 a StGB als Schutzgesetz i. S. v. § 823 Abs. 2 BGB zugunsten der Kapitalanleger anzusehen.

III. Anlegerschaden

1. Schadensumfang

114 Zum Umfang des Schadensersatzanspruchs des Anlegers aus der spezialgesetzlichen Prospekthaftung s. bereits Rn. 96.

115 Im Übrigen sind dem Anleger grundsätzlich die Vermögenseinbußen zu ersetzen, die ihm im Vertrauen auf die Richtigkeit und Vollständigkeit der gemachten Angaben und seinem erfolgten Beitritt entstanden sind, d. h. der sog. **Vertrauensschaden** (BGH NJW 1992, 228). Wird ein Anleger durch schuldhaft unrichtige Angaben bewogen, einer Publikumsgesellschaft beizutreten, so ist ihm nicht nur seine Einlage, sondern auch der Schaden zu ersetzen, der sich typischerweise daraus ergibt, dass Eigenkapital in solcher Höhe erfahrungsgemäß nicht ungenutzt geblieben, sondern zu einem allgemein üblichen Zinssatz angelegt worden wäre (BGH NJW 1992, 1223). Stehen dem Anleger noch werthaltige Ansprüche aus seiner Beteiligung zu, kann er Schadensersatz nur Zug um Zug gegen Abtretung seiner Ansprüche aus seinem Gesellschaftsanteil an den zum Schadenersatz Verpflichteten verlangen (BGH NJW 1992, 228). Nimmt der mittelbar über einen Treuhandkommanditisten an der Gesellschaft beteiligte Anleger den Treuhänder auf Schadenersatz in Anspruch, entfällt diese Einschränkung, weil ein etwa bestehender Auseinandersetzungsanspruch ohnehin nur dem Treuhänder zustehen würde (BGH NJW 1982, 2493)

2. Vorteilsanrechnung

116 Auf den Schadenersatzanspruch sind alle Vorteile aus der Beteiligung anspruchsmindernd anzurechnen (BGH NJW 19992, 228). Für die Frage, ob der Anleger sich auf seinen Schadensersatzanspruch aus Prospekthaftung **steuerliche Vorteile** anrechnen lassen muss, kommt es darauf an, wie sich die Vermögenslage des Geschädigten bei Abstandnahme von der Beteiligung entwickelt hätte. Einen allgemeinen Erfahrungssatz, dass der Geschädigte seine Geldmittel in einer anderen steuerbegünstigten Form angelegt hätte, gibt es nicht (BGH NJW 2006, 499). Daher kann allein die generelle Annahme, im Regelfall hätte der Geschädigte eine andere steuerbegünstigte Anlage getätigt, die Nichtanrechnung der Vorteile nicht rechtfertigen (BGH NJW 2006, 2042).

3. Mitverschulden

117 Für die Annahme eines Mitverschuldens (§ 254 BGB) des geschädigten Anlegers an der Schadensentstehung besteht regelmäßig kein Raum (BGH NJW 1979, 1449). Anders kann es hingegen liegen, wenn der Anleger Warnungen Dritter und besondere Hinweise des Beraters nicht beachtet oder weitere Aufklärung trotz erkennbarer unklarer Situation unterlässt (BGH NJW 1982, 1095).

IV. Verjährungsfragen

1. Prospekthaftung

Vgl. hierzu bereits Rn. 97. **118**

2. Haftung aus Verschulden bei Vertragsverhandlungen

Für Schadensersatzansprüche aus §§ 280 Abs. 1 i. V. m. 311 Abs. 2 und 3 BGB gilt die regelmäßige **3-jährige Verjährungsfrist** des § 195 BGB (zu Fragen des Übergangsrechts nach Einführung des Schuldrechtsmodernisierungsgesetzes zum 1. 1. 2002 s. *Schmidt/Zagel* Rn. 1738 ff.). Die Verjährungsfrist beginnt nach § 199 Abs. 1 BGB mit dem Schluss des Jahres, in dem der Anspruch entstanden ist und der Anleger von den anspruchsbegründenden Umständen und der Person des Schuldners Kenntnis erlangt oder ohne grobe Fahrlässigkeit erlangen musste. Ohne Rücksicht auf Kenntnis oder grob fahrlässige Unkenntnis verjährt der Schadensersatzanspruch spätestens zehn Jahre nach seiner Entstehung (§ 199 Abs. 3 BGB). **119**

V. Gerichtsstand

Prospekthaftungsansprüche gegen Gründungsgesellschafter und Initiatoren einer Publikums-KG müssen gem. § 32 b ZPO bei dem Gericht am Sitz des Anbieters der Vermögensanlagen eingeklagt werden (ausschließlicher Gerichtsstand). **120**

J. Das Ausscheiden von Kommanditisten

I. Der Austritt des Anlegers

1. Vorliegen eines wichtigen Grunds

Bei Vorliegen eines wichtigen Grundes ist der Kommanditist selbst dann berechtigt, aus der Publikumsgesellschaft auszutreten, wenn der Gesellschaftsvertrag ein entsprechendes Recht nicht ausdrücklich vorsieht (BGH NJW 1975, 1022). Der Austritt erfolgt in einem solchen Falle durch Kündigung **des Gesellschaftsvertrages** und tritt an die Stelle der Auflösungsklage gem. §§ 161 Abs. 2, 133 HGB, die in Fällen dieser Art schon im Hinblick auf das Interesse anderer Gesellschaft am Bestand der Publikumsgesellschaft nicht sachgerecht wäre (BGH NJW 1975, 1022; vgl. zur Auflösungsklage nach § 133 HGB ausführl. Kap. 16 Rn. 158 ff.). **121**

Als wichtiger Grund zur fristlosen Kündigung des zunächst wirksamen Gesellschaftsverhältnisses ist insbesondere die **arglistige Täuschung** in Zusammenhang mit dem Beitritt eines Kommanditisten oder die Unerreichbarkeit des Gesellschaftszwecks anzusehen (E/B/J/*Henze* Anh. § 177 a Rn. 114). Die Kündigungserklärung ist grundsätzlich gegenüber sämtlichen Gesellschaftern abzugeben (*Binz/Sorg* § 13 Rn. 51). Zulässig ist es jedoch auch, wenn die Kündigungserklärung gegenüber der Person abgegeben wird, die auch über den Beitritt neuer Gesellschafter entscheidet. Dies kann die Komplementärin oder die Gesellschaft selbst, vertreten durch die Komplementärin sein (E/B/J/*Henze* Anh. § 177 a Rn. 114). Mit Zugang der Kündigungserklärung des Kommanditisten endet seine Mitgliedschaft in der Publikums-KG ex nunc (BGHZ NJW 1975, 1022). **122**

2. Verbraucher-Widerrufsrecht

Im Übrigen kommt zur Beendigung der Gesellschafterbeteiligung eines Kommanditisten auch das Vorliegen eines Widerrufsrechts aus einem Beitritt in einer Verbrauchersituation nach §§ 355 Abs. 1, 312 ff., 499 ff. BGB ohne ordnungsgemäße Belehrung in Betracht (BGH NJW 2001, 2718; *Schmidt/Zagel* Rn. 1759 ff.). **123**

II. Die Auflösung der Publikums-KG

Bei der Publikums-KG kann ein Anleger die Auflösung der Gesellschaft nach § 133 HGB aus wichtigem Grund nicht betreiben, wenn der wichtige Grund durch mehrheitlichen Gesellschaf- **124** terbeschluss ausgeräumt oder seinem Interesse mit einem außerordentlichen Austrittsrecht genügt werden kann (BGH NJW 1977, 2160; zur Auflösungsklage nach § 133 HGB vgl. ausführl. Kap. 16 Rn. 158 ff.).

1. Kündigung durch Kommanditisten

125 Zu beachten ist jedoch, dass nicht jeder wichtige Grund gem. § 133 HGB dem Kommanditisten die Möglichkeit zur fristlosen Kündigung gibt. So entfällt das Kündigungsrecht eines Kommanditisten insbesondere dann, wenn zwar ein wichtiger Grund vorliegt, dieser Grund jedoch alle Gesellschafter gleichermaßen trifft, etwa die Unerreichbarkeit des Gesellschaftszwecks. Eine Erweiterung des Kündigungsrechts auf Tatbestände dieser Art würde eine allgemeine Flucht aus der Gesellschaft begünstigen und dazu führen, dass die Last und Verantwortung für die etwa notwendig werdende Liquidation der Gesellschaft und das damit verbundene Risiko den jeweils verbleibenden Gesellschaftern aufgebürdet würde. Das aber wäre unbillig und stünde in Widerspruch dazu, dass der einzelne Gesellschafter mit seinem Beitritt in die Gesellschaft mit den übrigen Gesellschaftern eine Risikogemeinschaft eingegangen ist. In diesem Falle kommt daher nur eine Auflösungsklage nach §§ 161 Abs. 2, 133 HGB in Betracht (BGH NJW 1977, 2160; vgl. zu den Voraussetzungen ausführl. Kap. 16 Rn. 158 ff.). Dem einzelnen Kommanditisten muss allerdings in Fällen dieser Art grundsätzlich ein **Recht zur fristlosen Kündigung** zugestanden werden, wenn die übrigen Gesellschafter die Auflösung der Gesellschaft ablehnen und mit der erforderlichen Mehrheit beschließen, das Gesellschaftsverhältnis mit geänderter Zweckrichtung und Beitragsverpflichtung fortzusetzen (BGH NJW 1977, 2160). Das Recht zur außerordentlichen Kündigung der Mitgliedschaft endet mit der Auflösung der Gesellschaft (E/B/J/*Henze* Anh. § 177 a Rn. 119).

2. Kündigung durch Treuhandkommanditisten

126 Ist der getäuschte Anleger nur mittelbar über einen Treuhandkommanditisten an der Publikums-KG beteiligt, müsste das Kündigungsrecht prinzipiell durch den Treuhänder geltend gemacht werden. Dem Anleger wird allerdings zugestanden, sich bei pflichtwidrigem Verhalten des Treuhänders durch Kündigung diesem gegenüber von seiner Beteiligung zu lösen (BGH NJW 1979, 1503). Einlageansprüche des Treuhandkommanditisten aus dem Treuhandverhältnis entfallen mit der Beendigung des Treuhandverhältnisses. Vor Kündigung des Treuhandverhältnisses steht der Geltendmachung der Einlageansprüche des Treuhandkommanditisten der Arglisteinwand entgegen (OLG München, WM 1984, 810)

III. Die Liquidation der Publikums-KG

127 In der Liquidation der Publikums-KG besteht eine Verpflichtung des Kommanditisten zur Zahlung einer ausstehenden Kommanditisteneinlage nur insoweit, als die Auseinandersetzungsrechnung eine Verbindlichkeit für ihn ausweist. In die Abschichtungsbilanz ist zwar die Verpflichtung zur Zahlung der bis zur Kündigung fälligen Einlagen als Rechnungsposten einzustellen. Eine Zahlungsverpflichtung besteht aber nur insoweit, als sich der Kapitalanteil des Kommanditisten als negativ erweist (BGH NJW 1979, 1503). Soweit zur Befriedigung der Gesellschaftsgläubiger nicht auf den persönlich haftenden Gesellschafter und die übrigen Kommanditanteile zugegriffen werden kann, muss der Kommanditist den als stille Einlage oder Darlehen gesellschaftsvertraglich vereinbarten Teil seiner Einlage auch in der Liquidation der Gesellschaft einzahlen (BGH NJW 1980, 1522).

Kapitel 10
Die Aktiengesellschaft (AG)

Einleitung

Übersicht:

Die AG gilt als die »grande dame« des deutschen Gesellschaftsrechts. Das deutsche Aktienrecht 1
hat die AG über mehrere Reformschritte und vor allem durch das Aktiengesetz 1965 zum Grundtypus der großen Publikumsgesellschaft geprägt. Im Zuge der Entwicklung des Aktienrechts hat sich die AG als die Rechtsform des deutschen Gesellschaftsrechts entwickelt, die im Geschäfts- und Wirtschaftsverkehr die höchste Reputation genießt. Sie ist die allein in Betracht kommende Rechtsform bei der Inanspruchnahme des Kapitalmarktes, der insbesondere der GmbH mangels Fungibilität ihrer Anteile verschlossen ist. Mit der zunehmenden Bedeutung des »going public« als Finanzierungskonzepts ist auch die Zahl der in der Rechtsform der AG organisierten Gesellschaften in Deutschland gestiegen. Sie steht allerdings in keinem auch nur annähernd vergleichbaren Verhältnis zur Verbreitung der Rechtsform der GmbH.

Im Jahr 1994 hat der Gesetzgeber das »Gesetz für kleine Aktiengesellschaften und zur Deregulie- 2
rung des Aktienrechts« (BGBl. I 1994, 1961) verabschiedet mit dem erklärten Ziel, damit dem beklagten Eigenkapitaldefizit im Mittelstand entgegen treten zu wollen und ein Signal zu geben, die AG für mittelständische Unternehmen als Alternative zur GmbH und zur Personenhandelsgesellschaft zu nutzen (RegBegr. BT-Drs. 12/6721, 5 f.). Das Gesetz hat die »kleine AG« ermöglicht. Damit ist nicht etwa eine neue Rechtsform bezeichnet; gemeint sind vielmehr die in den Vorschriften des AktG verwirklichten Erleichterungen und Änderungen insbesondere für nicht börsennotierte Aktiengesellschaften, die zur Steigerung der Attraktivität der Rechtsform der AG vor allem für mittelständische Unternehmen beitragen sollten und nach den vorliegenden empirischen Erkenntnissen (*Hölters/Buchta* DStR 2003, 79) auch tatsächlich beigetragen haben.

A. Die Rechtsform der AG

I. Kernbestimmungen

Die Rechtsform der AG wird vor allem durch die Kernbestimmungen des AktG zum Organisa- 3
tionsstatut der Gesellschaft, zur Kapitalverfassung der AG sowie zur Gestaltungsfreiheit der Aktionäre konstituiert. Diese weisen die AG als eine Rechtsform aus, die nicht dafür geschaffen und geeignet ist, etwa nach schweizerischem Muster als Organisationsform für Kleinunternehmen eingesetzt zu werden. Die AG als Körperschaft mit den drei voneinander unabhängigen **Pflichtorganen Vorstand, Aufsichtsrat und Hauptversammlung,** denen der Gesetzgeber jeweils fest umrissene Zuständigkeiten zugewiesen hat, weist ein komplexes und nicht auf Flexibilität hin angelegtes Organisationsstatut auf. Dieses Modell des AktG soll eine ausdifferenzierte Machtbalance durch Gewaltenteilung zwischen den Organen gewährleisten. Es bietet den Rahmen für die Einpassung der Mitbestimmung der Arbeitnehmer der Gesellschaft auf Unternehmensebene, vor allem auf der Ebene des den Vorstand kontrollierenden Aufsichtsrats.

4 Die Kapitalverfassung ist vor allem dadurch geprägt, dass der Kapitalschutz in der AG streng verfasst ist. Insbesondere darf **nur der Bilanzgewinn**, nicht aber freies Eigenkapital **ausgeschüttet werden**, § 57 Abs. 3 AktG. Die AG ist so konzipiert, dass sie jederzeit den Gang an die Börse beschreiten kann, um sich am Kapitalmarkt neue Mittel zu beschaffen. Unabhängig vom Börsengang stellen vor allem die Ausgabe von Vorzugsaktien oder die Schaffung genehmigten Kapitals (§§ 192 ff. AktG) geeignete Mittel dar, kurzfristig Kapital für die AG zu beschaffen.

5 Die Ausrichtung der AG am Typus der börsennotierten Publikumsgesellschaft hat schließlich auch für den in § 23 Abs. 5 AktG niedergelegten **Grundsatz der Satzungsstrenge** Pate gestanden. Auf der Grundlage standardisierter Satzungen sollen insbesondere Kapitalanleger ohne näheres Studium des Satzung darauf vertrauen dürfen, dass in der Rechtsform der AG die Koordinaten der Organisations- und Kapitalverfassung beachtet werden. Für die Eigenkapitalgewinnung über die Börse wird dies als ein zentraler Aspekt des Organisationsrechts der AG angesehen.

II. Die »kleine AG«

6 Mit der Schaffung der »kleinen AG« durch das Deregulierungsgesetz (vgl. oben Rn. 2) hat der Gesetzgeber die Kernbestimmungen des AktG nicht über Bord geworfen, wohl aber Neuerungen und Vereinfachungen eingeführt, die zur Modernisierung und Attraktivitätssteigerung der Rechtsform der AG insbesondere für Gesellschaften mit überschaubarem Aktionärskreis führen sollten.

7 Das Gesetz über die »kleine AG« schuf **keine neue Rechtsform**, sondern modifizierte und deregulierte bestimmte Vorschriften des AktG mit dem Ziel, die Eigenkapitalausstattung mittelständischer Unternehmen durch Erleichterung des Zugangs zur Aktiengesellschaft zu befördern, den Generationswechsel im Wirtschaftsleben zu befördern, indem die für die AG typische Trennung von Kapitaleignerstellung und Management vermehrt genutzt werde, um geeignete Fremd-Manager zu finden, und nicht zuletzt der weiteren Konzentration im Wirtschaftsleben dadurch vorzubeugen, dass vermehrt der Zugang zum Kapitalmarkt beschritten werde, um die Selbstständigkeit des Unternehmens zu erhalten (Begr. zum Gesetzesentwurf BT-Drs. 12/762, 5 f.).

8 Zu den seinerzeit eingeführten **wichtigsten Bestimmungen** (näher *Priester* BB 1996, 333) gehört, dass das AktG seither die **Einpersonen-Gründung** (§ 2 AktG) erlaubt bei gleichzeitigem Schutz der Gläubigerinteressen durch das Erfordernis, für ausstehende Einlagen eine Sicherung bestellen zu müssen (§ 36 Abs. 2 S. 2 AktG). Erleichterung gelten für die Einberufung und Durchführung der Hauptversammlung. Wenn alle Aktionäre der Gesellschaft namentlich bekannt sind, muss die Einberufung nicht mehr notwendig über die Gesellschaftsblätter und damit mindestens über den elektronischen Bundesanzeiger, sondern kann per eingeschriebenem Brief erfolgen, § 121 Abs. 4 AktG. Die **Beurkundung von Hauptversammlungsbeschlüssen** ist bei nicht-börsennotierten Aktiengesellschaften nur noch erforderlich, wenn Beschlüsse gefasst werden, die von Gesetzes wegen einer $^3/_4$ – oder größeren Mehrheit bedürfen, § 130 Abs. 1 S. 3 AktG. Bei anderen als den damit insbesondere erfassten satzungsändernden Beschlüssen genügt ein vom Vorsitzenden des Aufsichtsrats unterzeichnetes **privatschriftliches Protokoll**. Die **Gewinnverwendungsregeln** wurden dergestalt geändert, dass die Satzung Vorstand und Aufsichtsrat zur Einstellung eines beliebigen Teil des Jahresüberschusses in Gewinnrücklagen ermächtigen kann, § 58 Abs. 2 S. 2 AktG (die Regelung ist später allerdings auch auf börsennotierte Gesellschaften erstreckt worden).

9 Eine weitere und durchaus bedeutende Neuerung durch das Deregulierungsgesetz betrifft die **Mitbestimmung der Arbeitnehmer** auf Unternehmensebene. Gesellschaften, die weniger als 500 Arbeitnehmer beschäftigen, unterfallen nicht der Unternehmensmitbestimmung; bei ihr sind nach § 96 Abs. 1 AktG nur Aufsichtsratsmitglieder der Aktionäre, nicht aber solche der Arbeitnehmer zu wählen. Die Regelung gilt für die ab dem 10. 8. 1994 in das Handelsregister einge-

tragenen Gesellschaften bzw. für die vor diesem Stichtag eingetragenen Aktiengesellschaften dann, wenn es sich um Familiengesellschaften i. S. d. § 1 Abs. 1 Nr. 1 S. 2 DrittelbG handelt.

B. Strukturvergleich mit der GmbH

I. Gesellschaftsgründung und Gestaltungsfreiheit

Da sowohl die AG als auch die GmbH von nur einer Person gegründet werden kann, besteht der wesentliche Unterschied zwischen beiden Gesellschaftsformen bei der Gründung darin, dass bei der AG der **Aufsichtsrat** ein notwendiges Organ jeder AG ist und mit mindestens drei Personen besetzt werden muss, § 95 AktG. Für die GmbH ist der Aufsichtsrat grundsätzlich nur fakultativ vorgesehen; er ist ausnahmsweise mitbestimmungsrechtlich vorgeschrieben, wenn die GmbH in der Regel mehr als fünfhundert Arbeitnehmer hat, § 1 Abs. 1 Nr. 3 DrittelbG. Einen weiteren Unterschied bildet die **unterschiedliche Mindestkapitalausstattung**, die bei der GmbH derzeit € 25.000,–, § 5 Abs. 1 GmbHG (vgl. zu den Reformbestrebungen durch den RefE MoMiG Kap. 7 § 5 Rn. 6), und bei der AG € 50.000,– beträgt, § 7 AktG. 10

Die in § 23 Abs. 5 AktG niedergelegte **Satzungsstrenge der AG**, die im Interesse der Kapitalanleger nicht disponible gesetzliche Grundstrukturen der AG schafft, findet im Recht der GmbH keine Entsprechung. Nach § 45 GmbHG besteht die Freiheit der Gesellschafterversammlung, in der Satzung der GmbH von den gesetzlichen Vorgaben abweichende Regelungen vorsehen zu können. Damit wird es in der GmbH vor allem möglich, Sonderrechte für einzelne Gesellschafter und insbesondere ihren Einfluss auf die Unternehmensführung abzusichern. Bei der GmbH ist es möglich, auch ohne Kapitalmehrheit, also etwa nach Veräußerung von Anteilen über die dort zulässigen Mehrstimm- oder Vetorechte gegenüber Gesellschafterbeschlüssen die Herrschaft über das Unternehmen zu behalten. Bei der AG sind Sonderrechte für einzelne Aktionäre nur eingeschränkt bei der Gewinnverteilung und dadurch möglich, dass stimmrechtslose Vorzugsaktien ausgegeben werden; ihr Umfang ist auf die Hälfte des Grundkapitals beschränkt, § 139 Abs. 2 AktG. 11

II. Geschäftsführung

Zentrale Unterschiede zwischen den Gesellschaftsformen bestehen bei der Ordnung der Geschäftsführung. Das AktG sieht die grundsätzliche **Autonomie des Vorstands der AG** vor, während die **Geschäftsführung der GmbH weisungsabhängig** ist. Die Gesellschafter einer GmbH bestimmen nicht nur die Geschäftspolitik und entscheiden über außergewöhnliche Geschäftsführungsmaßnahmen, sie können den Geschäftsführern auch hinsichtlich der laufenden Geschäfte Weisungen erteilen, §§ 37 Abs. 1, 46 Nr. 6 GmbHG. Die Bestellung der Geschäftsführer der GmbH erfolgt direkt durch die Gesellschafterversammlung, § 46 Nr. 5 GmbHG; bei der AG ist dies die Aufgabe des Aufsichtsrats, § 84 Abs. 1 AktG. 12

Der Vorstand der AG leitet die Gesellschaft unter eigener Verantwortung, § 76 Abs. 1 AG; weder der Aufsichtsrat noch die Hauptversammlung sind berechtigt, Weisungen zu erteilen. Die Kontroll- und Einflussmöglichkeiten der Anteilseigner gegenüber dem Management der AG sind mediatisiert. Als **Kontrollorgan** ist der **Aufsichtsrat** vorgesehen, dessen Mitglieder in der nicht mitbestimmten Gesellschaft von der Hauptversammlung der Aktionäre bestellt werden. Dem Aufsichtsrat können keine Geschäftsführungsaufgaben übertragen werden; er bzw. die Satzung hat jedoch einen Katalog von Zustimmungsvorbehalten aufzustellen, durch den der Vorstand vor Durchführung bestimmter Maßnahmen an die Entscheidung des Aufsichtsrats gebunden wird, § 111 Abs. 4 S. 2 AktG. Unter dem Einfluss der Corporate Governance-Diskussion ist allerdings die strikte Dichotomie von Leitung und Kontrolle zugunsten einer tendenziell kooperativ angelegten Organisationsverfassung, insbesondere einer engen Fühlungnahme und gemeinsamen Beratung von Vorstand und Aufsichtsrat rechtstatsächlich und ausweislich z. B. von § 111 Abs. 4 S. 2 AktG auch normativ weiter entwickelt worden (vgl. *Säcker* BB 2006, 897; *Schwintowski* NZG 2005, 200; *Windbichler* AG 2004, 190). 13

III. Hauptversammlung/Gesellschafterversammlung

14 Wesentliche Unterschiede für die Durchführung von Gesellschafterversammlungen bzw. Hauptversammlungen bestehen nicht mehr, seitdem das AktG für »kleine Aktiengesellschaften« die Einberufungs- und Protokollierungsvorschriften vereinfacht hat (vgl. Rn. 8). Unterschiede bestehen hinsichtlich der **Feststellung des Jahresabschlusses**, mit der über die Bilanzierung und die dabei bestehenden Spielräume die Höhe des Jahresergebnisses und der zur Ausschüttung anstehende Gewinn beeinflusst wird. Bei der GmbH obliegt die Entscheidung über die Feststellung des Jahresabschlusses **den Gesellschaftern**. Sie entscheiden sowohl über die Gewinnbilanzierung als auch über die Verwendung des Gewinns, § 46 Nr. 1 GmbHG. Bei der AG entscheiden **Vorstand und Aufsichtsrat** über die Feststellung des Jahresabschlusses, § 172 AktG, und die Möglichkeit der Hauptversammlung, über die Gewinnausschüttung zu entscheiden, ist grundsätzlich dadurch beschränkt, dass Vorstand und Aufsichtsrat über bis zu fünfzig Prozent des Jahresüberschusses in Gewinnrücklagen einstellen können; durch die Satzung kann allerdings diese Rücklagenentscheidungskompetenz von Vorstand auf Aufsichtsrat beschränkt oder ganz ausgeschlossen werden, § 58 Abs. 2 S. 2 AktG.

IV. Übertragbarkeit der Anteile, Stellung der Mitglieder

15 Bei der AG ist die **Übertragung von Aktien** grundsätzlich **formfrei** möglich. Zur Gewährleistung des Schutzes gegenüber unerwünschten Veräußerungen von Aktien und Aktienpaketen, durch die Außenstehende Einfluss auf die Gesellschaft erlangen, sieht das AktG die Ausgabe vinkulierter Namensaktien vor. Die Wirksamkeit ihrer Übertragung hängt von der Zustimmung des Vorstands ab, wenn nicht die Satzung diese Kompetenz auf den Aufsichtsrat oder die Hauptversammlung übertragen hat, § 68 Abs. 2 AktG. In der Satzung können weitere Modalitäten der Übertragung von Namensaktien geregelt werden.

16 Die **GmbH-Geschäftsanteile** sind **frei veräußerlich**. Die Übertragungsrechtsgeschäfte bedürfen aber der notariellen Beurkundung, § 15 Abs. 3, 4 GmbHG. Im Gesellschaftsvertrag kann die Abtretung der Anteile an weitere Voraussetzungen, insbesondere an die Genehmigung der Gesellschaft geknüpft werden, § 15 Abs. 5 GmbHG.

17 Die Möglichkeit, **Mitglieder** der Gesellschaft **auszuschließen**, ist bei beiden Gesellschaftsformen satzungsmäßig vorgesehen, §§ 237 ff. AktG, § 34 GmbHG. Die Einziehung führt zur Vernichtung der Mitgliedsstelle. Wenn diese Konsequenz vermieden werden soll, muss eine Verpflichtung zur Übertragung der Mitgliedschaft vorgesehen werden; entsprechende schuldrechtliche Abreden sind bei beiden Gesellschaftsformen möglich, eine satzungsrechtliche Verankerung lässt sich dagegen nur bei der GmbH vorsehen.

18 **Nebenpflichten der Gesellschafter** können in der AG satzungsmäßig nur für vinkulierte Namenaktien (§ 68 Abs. 2 AktG) und inhaltlich eingeschränkt festgelegt werden, sofern es sich um wiederkehrende nicht in Geld bestehende Leistungen handelt, § 55 AktG. Bei der GmbH können dagegen nach § 3 Abs. 2 GmbHG sämtliche Nebenpflichten im Gesellschaftsvertrag verankert werden.

19 Hinsichtlich der **Informationsrechte** der Gesellschafter ist der Aktionär auf sein begrenztes Fragerecht nach § 131 AktG beschränkt, während dem GmbH-Gesellschafter das umfassende Auskunfts- und Einsichtsrecht nach § 51 a GmbHG zusteht.

V. Kapitalbeschaffung

20 Die AG bietet die Möglichkeit, **Eigenkapital über die Börse** zu beschaffen. Neben der AG kommt nur die Kommanditgesellschaft auf Aktien (KGaA) als börsenfähige Rechtsform in Betracht (§§ 30, 49, 51 BörsG, § 15 BörsZulVO). Außerhalb des Börsengangs bieten vor allem die **Ausgabe von Vorzugsaktien** oder die **Schaffung genehmigten Kapitals** zur Bedienung von Wandelschuldverschreibungen (§§ 192 ff. AktG) typische Mittel der kurzfristigen Kapitalbeschaffung für die AG dar.

Bei der GmbH sind die Möglichkeiten zur Kapitalbeschaffung geringer. Insbesondere ist der Gang zum öffentlichen Kapitalmarkt ausgeschlossen, weil die Geschäftsanteile einer GmbH (ebenso wie die Personengesellschaftsanteile) dem börsenmäßigen Handel nicht zugänglich sind. 21

C. Kriterien der Rechtsformwahl, Vor- und Nachteile der AG als Rechtsform

Die AG bietet dem Rechtsanwender Vor- und Nachteile, deren Bedeutung für die Wahl der Rechtsform nur im Einzelfall unter Berücksichtigung der jeweiligen Umstände sachgerecht ermittelt werden kann. Aus dem komplexen Geflecht von betriebswirtschaftlichen und rechtlichen Entscheidungskriterien lassen sich letztlich kaum allgemeingültige oder generalisierungsfähige Gesichtspunkte hervorheben, welche die Rechtsformwahl determinieren. Allenfalls lassen sich einzelne grundsätzliche Gesichtspunkte anführen, die bei der Entscheidung der optimalen Rechtsform für die Unternehmung typischerweise Bedeutung haben; sie machen die präzise Analyse im Einzelfall indes nicht entbehrlich. Im Vordergrund stehen dabei Fragen der steuerrechtlichen Behandlung der jeweiligen Rechtsform und Fragen der sachgerechten (zivil- bzw. gesellschaftsrechtlichen) Gestalt bzw. Gestaltbarkeit der zu wählenden Rechtsform. 22

In **steuerrechtlicher Hinsicht** hat die Körperschaftsteuerreform aus dem Jahr 2000 mit dem Inkrafttreten des StSenkG vom 23. 10. 2000 (BGBl. I, 1433) und dem StSenkErgG vom 19. 12. 2000 (BGBl. I, 1812) in Abhängigkeit von der Ertragstärke des Unternehmens und der Gewinnverwendung die **ertragsteuerliche Vorteilhaftigkeit** der Kapitalgesellschaft im Vergleich zur Personengesellschaft bewirkt (*Priester* DStR 2001, 795). Die Ausschüttungen der Kapitalgesellschaft haben zudem Einfluss auf die erbschaft- und schenkungsteuerliche Anteilsbewertung, so dass auch für die **Nachlassplanung** Kapitalgesellschaften als Rechtsform insgesamt und insbesondere die »kleine AG« eine nicht unbedeutende Rolle spielen (*Frank* ZEV 2003, 192).Wegen der dafür maßgeblichen Einzelheiten und deren Berechtigung im Einzelfall ist im vorliegenden Rahmen auf die weiterführende Spezialliteratur zu verweisen (vgl. näher *Jacobs,* Unternehmensbesteuerung und Rechtsform, 2002; *Brönner,* Die Besteuerung der Gesellschaften, 18. Aufl 2005). 23

In **zivil- und gesellschaftsrechtlicher Hinsicht** hat die Entscheidung für die Wahl einer Rechtsform mit **Haftungsbeschränkung** auf das Gesellschaftsvermögen regelmäßig eine erhebliche Bedeutung. Wenn diese Entscheidung unter Ausschluss der hier nicht näher zu behandelnden KGaA und der AG&Co zugunsten einer juristischen Person führt, stellt sich weiterhin die Frage der Wahl vor allem zwischen der Rechtsform der AG und der GmbH. Insofern sind zumindest für mittelständische Unternehmungen bei der Rechtsformwahlentscheidung differenziertere Überlegungen anzustellen, seitdem der Gesetzgeber im Interesse der Förderung der »kleinen AG« eine Vereinfachung (Deregulierung) verschiedener Bestimmungen des AktG vorgenommen hat (vgl. Rn. 6 ff.). Den oben (Rn. 10 ff.) aufgeführten Rechtsformunterschieden zwischen den beiden Gesellschaftsformen kommt regelmäßig wesentliche Bedeutung für die Auswahlentscheidung zu – auf sie ist deshalb besonders zu achten –, ohne jedoch die Entscheidung zugunsten einer Rechtsform zu präjudizieren. 24

Während die Kriterien Haftungsbeschränkung, Rechnungslegung und Publizität sowie Mitbestimmung wegen der diesbezüglichen Gleichstellung beider Gesellschaftsformen keine Bedeutung für die Wahlentscheidung haben, schafft die **strikte Organisationsverfassung der AG** mit dem aus mindestens drei Personen bestehenden Aufsichtsrat einen unvermeidbar höheren Organisations- und Kostenaufwand bei Wahl der Rechtsform der AG. Dem steht eine anders austarierte Machtbalance zwischen dem Management der Gesellschaft und den Anteilseignern in der AG gegenüber. Der Umstand, dass in der GmbH die Gesellschafterversammlung die Kontrolle und die bestehenden Weisungsbefugnisse gegenüber der Geschäftsführung ausüben und in der AG die Überwachungsaufgabe dem Aufsichtsrat zusteht, der wiederum von der Hauptversammlung gewählt wird (vgl. Rn. 13), verschafft dem eigenverantwortlich handelnden Management der AG eine exponiertere Rechtsstellung: Der Vorstand der AG kann zwar durch pflichtgemäß einzuführende Vorbehalte nach § 111 Abs. 4 S. 2 AktG bei seinen Maßnahmen an 25 die Zustimmung des Aufsichtsrat gebunden werden, ihm obliegt aber rechtlich allein die Initiative für Geschäftsführungs- und Leitungsmaßnahmen; dieses Initiativrecht kann weder auf den Aufsichtsrat noch auf die Hauptversammlung übertragen werden. Welche Rechtsform unter dem Aspekt der Unternehmensorganisation und Unternehmensführung im Einzelfall besser geeignet ist, hängt somit von der Grundentscheidung ab, ob ein weitgehend **eigenverantwortlich handelndes Management** oder eine **unmittelbare Einflussnahme** der Anteilseigner, die bis in die Maßnahmen des Tagesgeschäfts reichen kann, gewünscht oder für erforderlich gehalten wird.

26 Die **Gestaltungsfreiheit der GmbH-Satzung** verleiht den Gesellschaftern eine Flexibilität, die in der Aktiengesellschaft wegen des Grundsatzes der Satzungsstrenge nicht besteht. Signifikante Bedeutung hat diese Freiheit vor allem dann, wenn für einzelne Gesellschafter **Sonderrechte** vorgesehen werden und der **Einfluss einzelner Gesellschafter** auf die Unternehmensführung gewährleistet werden soll (vgl. oben Rn. 11). In der AG ist es begrenzt möglich, durch besondere Vorkehrungen Entsprechendes zu erreichen. Dazu gehört die **Ausgabe stimmrechtsloser Vorzugsaktien**, mit der ein Vorzug bei der Gewinnverteilung eingeräumt werden kann. Die **Ausgabe vinkulierter Namensaktien**, deren Übertragung an die Zustimmung der Hauptversammlung geknüpft werden kann, kommt in Betracht, wenn Einfluss auf die Veräußerung der Aktien genommen werden soll. Nicht zuletzt hat sich in der Rechtspraxis der Abschluss von **Pool– und Konsortialvereinbarungen** über die Besetzung des Aufsichtsrats zwischen bestimmten (Gründer-)Gesellschaftern sowie die Festlegung eines breiten Zustimmungskatalogs in der Geschäftsordnung des Aufsichtsrats bewährt, mit denen Gestaltungsmöglichkeiten geschaffen werden, die den Vorteil der Satzungsfreiheit im GmbH-Recht zumindest relativieren.

27 In verschiedenen Situationen kann es angeraten erscheinen, die in der AG verwirklichte grundsätzliche Immunisierung der Entscheidungen der Unternehmensleitung gegenüber Einwirkungsrechten der Anteilseigner zu erreichen, um zu vermeiden, dass sich Meinungsverschiedenheiten zwischen den Anteilseignern negativ auf die Unternehmensführung auswirken. Solche für die Rechtsform der AG sprechenden Entscheidungssituationen können sich insbesondere ergeben in Familienunternehmen mit verschiedenen Gesellschafterstämmen oder auch im Zusammenhang mit der Unternehmensnachfolgeregelung, bei der ein Eintritt mehrerer untereinander zerstrittener Erben erfolgen wird.

28 Die **Möglichkeiten der AG zur Kapitalbeschaffung** über den Kapitalmarkt bieten den wohl bedeutendsten Grund für die Gründung einer AG. Die GmbH bietet insofern keine vergleichbaren Möglichkeiten, zumal der Gang an die Börse im Rechtskleid der GmbH nicht realisiert werden kann (vgl. Rn. 20 f.). Das AktG schafft die besonderen Möglichkeiten der Kapitalbeschaffung auch durch die **formfreie Übertragbarkeit der Aktien**. Die damit gewährleistete Handelbarkeit der Aktie ist nicht immer gewünscht, weil nicht ausgeschlossen ist, dass Außenstehende durch Aktienerwerb Einfluss auf die AG erhalten. Das AktG ermöglicht es, durch die Ausgabe vinkulierter Namenaktien (vgl. Rn. 20, 26) die freie Handelbarkeit der Aktie zu begrenzen.

29 Für im **Konzernverbund** stehende Gesellschaften gibt es ebenfalls keine sich vorrangig aufdrängende Rechtsform. Sowohl im Bereich der privatwirtschaftlichen wie auch der öffentlichen Unternehmen finden sich unterschiedliche Gestaltungsformen, bei denen sowohl die konzernleitenden Obergesellschaften als auch die Konzernunternehmen in verschiedensten Rechtsformen geführt werden. Die AG bietet sich nicht zuletzt als **Rechtsform für Holdinggesellschaften** an. Die dabei gewollte organisatorische Trennung von Unternehmensleitung und operativem Geschäft (vgl. Kap. 14 Rn. 15) sowie die geforderten Fähigkeiten, den Konzern effektiv und von externen Zielvorgaben unabhängig zu steuern, lassen sich im Rechtsformmodell der AG in geeigneter Weise umsetzen (vgl. näher die Erl. in Kap. 14).

Kommentierung der Vorschriften des Aktiengesetzes (AktG)
Vom 6. September 1965 (BGBl. I, 1089)

zuletzt geändert durch das »Gesetz zur Umsetzung der Richtlinie 2004/109/EG des Europäischen Parlaments und des Rates vom 15. Dezember 2004 zur Harmonisierung der Transparenzanforderungen in Bezug auf Informationen über Emittenten, deren Wertpapiere zum Handel auf einem geregelten Markt zugelassen sind, und zur Änderung der Richtlinie 2001/34/EG« (Transparenzrichtlinie-Umsetzungsgesetz TUG) vom 5. 1. 2007 (BGBl. I, 10)

Erstes Buch.
Aktiengesellschaft

Erster Teil.
Allgemeine Vorschriften

§ 1 Wesen der Aktiengesellschaft

(1) [1]Die Aktiengesellschaft ist eine Gesellschaft mit eigener Rechtspersönlichkeit. [2]Für die Verbindlichkeiten der Gesellschaft haftet den Gläubigern nur das Gesellschaftsvermögen.

(2) Die Aktiengesellschaft hat ein in Aktien zerlegtes Grundkapital.

A. Die AG als Gesellschaft

I. Die AG als Körperschaft

Die AG wird durch das Gründungsrechtsgeschäft des oder der Gründer errichtet und ist bei Gründung durch mehrere Personen bzw. wegen der Möglichkeit des Hinzutretens weiterer Aktionäre bei der Einpersonengründung als **Personenverband zur gemeinsamen Zweckverfolgung** angelegt und damit eine Gesellschaft. Sie ist nach § 3 Abs. 1 AktG i. V. m. § 6 HGB eine Handelsgesellschaft und unterliegt damit notwendig den Bestimmungen des Handelsrechts. 1

Die AG entspricht ihrer Struktur nach dem **Organisationsmodell des Vereins** i. S. d. §§ 21 ff. BGB und ist deshalb als Körperschaft verfasst. Sie hat eine durch die **Satzung** geregelte, den überindividuell verselbstständigten Verband betreffende Ordnung (§§ 2, 23 AktG), handelt durch ihre Organe Vorstand, Aufsichtsrat und Hauptversammlung, denen jeweils bestimmte Kompetenzen zugewiesen sind (§§ 76 ff., 95 ff., 118 ff. AktG) und bindet die Mitglieder der Körperschaft über ein mitgliedschaftliches Rechte- und Pflichtenverhältnis (§§ 53 ff. AktG) an die Körperschaft. Die rechtliche Folge der körperschaftlichen Verfassung der AG zeigt sich insbesondere darin, dass die Vorschriften der §§ 21 ff. BGB auf die AG entsprechend anwendbar sind; insbesondere haftet die AG nach § 31 BGB für deliktisches Verhalten ihrer Vorstandsmitglieder (vgl. Erl. zu § 93 AktG Rn. 18). 2

II. Die AG als juristische Person

Nach § 1 Abs. 1 S. 2 AktG hat die AG eine **eigene Rechtspersönlichkeit** und ist damit juristische Person. Die AG ist selbst Trägerin von Rechten und Pflichten. Die AG hat eigenes, ihr zugeordnetes Gesellschaftsvermögen, das vom Vermögen der Aktionäre getrennt ist (sog. **Trennungsprinzip**; BGHZ 156, 310, 314). Die AG nimmt als real existierender Verband am Rechtsleben teil und ist als fiktive (juristische) Person durch ihre Organe handlungsfähig (*K. Schmidt* GesR, § 8 II). 3

Die AG besteht als juristische Person ab der Eintragung im Handelregister, § 41 Abs. 1 S. 1 AktG. Bis dahin besteht die juristische Person als solche nicht; es besteht eine Vor-AG (vgl. Erl. zu § 41 4

AktG). Mit der Löschung im Handelsregister endet die juristische Person, §§ 262 Abs. 1 Nr. 6, 273 Abs. 1 S. 2 AktG.

5 Die AG ist als juristische Person **parteifähig** (§ 50 ZPO) und – nach allerdings nicht unbestrittener Auffassung (vgl. *Jauernig* ZPO, § 20 II 1) – auch **prozessfähig** (§ 51 ZPO). Die AG ist ferner grundbuchfähig, Bankkonten können unter der Firma der AG errichtet werden und die juristische Person ist auch mit der Maßgabe Sachbesitzer im Sinne des § 854 BGB, dass der Vorstand der AG kraft seiner Organstellung eigenen Besitz vermittelt (BGHZ 156, 310, 316 – für GmbH). Die AG ist nach § 11 Abs. 1 S. 1, § 19 Abs. 1 InsO **insolvenzfähig** und damit Verfahrenssubjekt.

III. Die AG als Kapitalgesellschaft

6 Die Aktiengesellschaft hat nach § 1 Abs. 2 AktG ein **in Aktien zerlegtes Grundkapital**. Sie ist damit eine Kapitalgesellschaft. Der Begriff wird im AktG nicht verwendet, findet sich aber in anderen Gesetzen als Sammelbezeichnung für die AG, KGaA und die GmbH (§ 3 Abs. 1 Nr. 2 UmwG, § 1 Abs. 1 Nr. KStG) und bezeichnet die Existenz satzungsmäßig festgelegten Nennkapitals, nämlich des Grundkapitals der AG (bzw. des Stammkapitals bei der GmbH). Dabei handelt es sich um eine **rein nominelle Bilanzziffer**, für die kraft Gesetzes ein bestimmter Mindestbetrag vorgeschrieben ist (vgl. § 7 AktG: € 50.000,–). Der Begriff des Grundkapitals unterscheidet sich sowohl vom (bilanziellen) Eigenkapital als auch vom Vermögen der Kapitalgesellschaft, seine jeweilige Höhe bildet jedoch den Bezugspunkt für die Regeln der Kapitalaufbringung und Kapitalerhaltung. Diese nämlich verbieten die Rückgewähr von Einlagen (§ 57 Abs. 1 und 2 AktG), sie erlauben der werbenden AG unter den Aktionären nur den Bilanzgewinn auszuschütten (§ 57 Abs. 3 AktG) und verbieten der AG wiederum grundsätzlich, eigene Aktien zu erwerben (§§ 71 bis 71 e AktG).

7 Das Grundkapital der AG ist in Aktien zerlegt, Abs. 2. Der **Begriff »Aktie«** bezeichnet in diesem Zusammenhang die (quotale) Beteiligung des Aktionärs am Grundkapital der AG. Seine in anderen Zusammenhängen übliche Bedeutung als Bezeichnung der Mitgliedschaft bzw. als das die Mitgliedschaft verbriefende Wertpapier bleibt davon unberührt. Mit der Zerlegung des Grundkapitals fordert das AktG eine Aufteilung des Grundkapitals in mehrere Aktien. Die Zahl der Aktien ist nach § 23 Abs. 2 Nr. 4 AktG in der Satzung anzugeben. Für die Einpersonen-AG gelten insofern keine Besonderheiten. Eine nachträgliche Neuaufteilung der Stückelung ist möglich (vgl. § 8 AktG Rn. 6).

B. Die Haftung für Verbindlichkeiten

8 Für Verbindlichkeiten der Gesellschaft haftet **nur diese selbst** mit ihrem **Gesellschaftsvermögen**, Abs. 1 S. 2. Ein Haftung der Gesellschafter für Verbindlichkeiten der Gesellschaft ist damit grundsätzlich ausgeschlossen. In diesem Grundsatz findet das für die Zuordnung von Rechte und Pflichten maßgebliche Trennungsprinzip (s. Rn. 3) seine Entsprechung im Haftungsrecht.

9 Die Beschränkung der Haftung auf das Gesellschaftsvermögen ist unter bestimmten Voraussetzungen durchbrochen, mit der Folge, dass dann die Gesellschafter ausnahmsweise unmittelbar für Verbindlichkeiten der Gesellschaft haften. Die Voraussetzungen, unter denen ein solcher **Haftungsdurchgriff auf die Gesellschafter** zugelassen wird, sind im Gesetz nicht im einzelnen benannt und bedürfen wegen des damit verbundenen Eingriffs in grundlegende Strukturprinzipien des Körperschaftsrechts bei der AG nicht anders als bei der GmbH (vgl. Kap. 7 § 13 Rn. 13 ff.) besonders sorgfältiger Begründung und Rechtfertigung; dabei darf – wie die Rechtsprechung betont – nicht »leichtfertig und schrankenlos« über die juristische Person als Haftungssubjekt hinweggegangen werden (BGHZ 54, 222, 224; 78, 318, 333). Solche für enge Ausnahmesituationen entwickelten Begründungen werden im Grundsatz entweder darin gesehen, dass die Rechtsform der juristischen Person objektiv missbraucht wird (sog. **Institutsmissbrauch**) bzw. dass die Berufung auf das Trennungsprinzip **gegen Treu und Glauben** verstoßen würde. Dabei werden auch in der Rechtsprechung die Vermögens- oder Sphärenvermischung und die

materielle Unterkapitalisierung der Gesellschaft als Begründung für eine Durchgriffshaftung angeführt (vgl. die Nachweise bei § 13 GmbHG, Kap. 7 § 13 Rn. 19 ff.).

Wesentlicher Haftungstatbestand einer Durchgriffshaftung ist nach dem derzeitigen Stand der Rechtsentwicklung die für die GmbH entwickelte Haftung wegen **»existenzvernichtenden Eingriffs«** (vgl. dazu ausführl. Kap. 7 § 13 Rn. 14 ff.). Diese Rechtsprechung, die auf die Rechtslage bei der AG zu übertragen ist (*Hüffer* AktG, § 1 Rn. 25), bedeutet, dass der bzw. die Gesellschafter das Haftungsprivileg verlieren, wenn der Gesellschaft unter Missachtung der Zweckbindung des Gesellschaftsvermögens zur vorrangigen Befriedigung der Gesellschaftsgläubiger Vermögenswerte entzogen werden und dadurch die Fähigkeit der Gesellschaft, ihre Verbindlichkeiten zu erfüllen beeinträchtigt wird; dabei geht es um Maßnahmen, die nicht nur einzelne begrenzte und ausgleichsfähige Nachteilszufügungen enthalten, sondern um einen Abzug von Vermögen, Ertragschancen usw. welche die Gesellschaft in den vorhersehbaren wirtschaftlichen Zusammenbruch treiben muss und auch tatsächlich treibt (BGHZ 151, 181, 184; BGH NZG 2005, 177; näher *Emmerich/Habersack* Aktien- und GmbH-Konzernrecht, Anh. zu § 318 Rn. 33 ff.; vgl. außerdem Kap 14 Rn. 80). 10

§ 2 Gründerzahl

An der Feststellung des Gesellschaftsvertrags (der Satzung) müssen sich eine oder mehrere Personen beteiligen, welche die Aktien gegen Einlagen übernehmen.

A. Normzweck

Die Vorschrift regelt die grundsätzlichen Anforderungen an die Errichtung der AG. § 2 AktG verlangt die **Feststellung der Satzung**, sieht die Möglichkeit der Gründung durch **eine oder mehrere Personen** vor und verlangt die **Übernahme der Aktien** durch die Gründer. Der Klammerzusatz enthält die Legaldefinition, dass der Begriff des Gesellschaftsvertrages mit dem der Satzung identisch ist. Nähere Einzelheiten zum Gründungsrecht, insbesondere zur Unterscheidung der Bargründung von der Sachgründung, ergeben sich erst aus den Folgebestimmungen (vgl. § 27 AktG). Neben den Gründungsbestimmungen des AktG kann die AG auch nach den Vorschriften des UmwG entstehen. Das AktG enthält auf die danach bestehenden und häufig praktizierten Möglichkeiten, insbesondere die Entstehung durch einen **identitätswahrenden Formwechsel** nach §§ 238 ff. UmwG (Formwechsel einer GmbH in eine AG) oder nach §§ 214 ff. UmwG (Formwechsel einer Personengesellschaft in eine AG), keinen Hinweis. Zu Grundlagen und Einzelheiten dieser Entstehungstatbestände des UmwG vgl. die ausführlichen Erläuterungen in Kap. 12. 1

B. Feststellung der Satzung

Die Feststellung der Satzung kann auf verschiedene Art und Weise erfolgen. Die Feststellung **durch Vertrag** kommt in Betracht, wenn – wie im Regelfall – eine AG mit mehreren Mitgliedern errichtet werden soll; die mehreren Gründer schließen dabei den Gesellschaftsvertrag. Bei der **Ein-Personen-AG** kann die Satzung nicht durch Vertrag sondern nur durch einseitiges Rechtsgeschäft festgestellt werden. Zulässig ist überdies die sog. **Strohmanngründung**, bei der der spätere Alleinaktionär unter Mitwirkung einer oder mehrerer weiterer Personen, deren Aktien nach der Eintragung (§ 41 AktG) übernommen werden, die Satzung durch Vertrag feststellt. Die Feststellung der Satzung bedarf der **notariellen Beurkundung**, § 23 Abs. 1 AktG. 2

C. Gründerpersonen

Die Errichtung der AG kann durch **natürliche und juristische Personen** erfolgen. Gründer kann jede natürliche Person sein. Für minderjährige Personen handeln dabei die gesetzlichen Vertreter, die ihrerseits nach §§ 1822 Nr. 3, 1643 Abs. 1 BGB der Genehmigung des Vormundschaftsgerichts 3 bedürfen. Ferner kommen juristische Personen als Gründer in Betracht, solche des Privatrechts (wie die AG oder GmbH) und auch solche des öffentlichen Rechts (wie Städte und Gemeinden). Gründungsfähig sind ferner die **Personenhandelsgesellschaften** (OHG und KG, einschließlich der GmbH & Co. KG) sowie die Gesellschaft bürgerlichen Rechts, soweit diese als Außengesellschaft mit Gesamthandsvermögen nach heute anerkannter Rechtslage rechtsfähig ist (BGHZ 146, 341, 343 ff.). Noch nicht gesichert ist, dass auch **Erbengemeinschaften** und die in **Gütergemeinschaft** lebenden Ehegatten Gründer einer AG sein können (*Hüffer* AktG, § 2 Rn. 11).

D. Übernahme der Aktien

4 Jeder Gründer hat Aktien zu übernehmen und es müssen auch **alle Aktien** tatsächlich übernommen werden. Eine **Stufengründung** lässt das geltende AktG nicht mehr zu; erst mit der Übernahme aller Aktien entsteht die Vor-AG. Personen, die keine Einlageverpflichtung und damit keine Aktie übernehmen, können nicht Gründer der AG sein.

§ 3 Formkaufmann; Börsennotierung

(1) Die Aktiengesellschaft gilt als Handelsgesellschaft, auch wenn der Gegenstand des Unternehmens nicht im Betrieb eines Handelsgewerbes besteht.

(2) Börsennotiert im Sinne dieses Gesetzes sind Gesellschaften, deren Aktien zu einem Markt zugelassen sind, der von staatlich anerkannten Stellen geregelt und überwacht wird, regelmäßig stattfindet und für das Publikum mittelbar oder unmittelbar zugänglich ist.

1 Die Vorschrift ergänzt in Abs. 1 die in §§ 1 ff. HGB getroffenen Regelungen zur Kaufmannseigenschaft und fingiert die AG jedenfalls als Handelsgesellschaft. Sie ist damit – ebenso wie die GmbH nach § 13 Abs. 3 GmbHG – **Kaufmann kraft Rechtsform**. Geschäfte der AG sind daher stets **Handelsgeschäfte**, Angestellte sind stets **Handlungsgehilfen** i. S. d. §§ 59 ff. HGB.

2 Abs. 2 enthält die **Legaldefinition** für den aktienrechtlichen Begriff der **börsennotierten Gesellschaften**. Auf sie wird im AktG an verschiedenen Stellen Bezug genommen, insbesondere um für die nichtbörsennotierten Gesellschaften bestimmte Vereinfachungen und Erleichterungen vorzusehen (§ 110 Abs. 3 S. 2 AktG – Sitzungshäufigkeit, § 130 Abs. 1 S. 3 AktG – Hauptversammlungsniederschrift, § 134 Abs. 1 S. 2 AktG – Stimmrechtsbeschränkungen) oder umgekehrt bestimmte Rechtsverschärfungen für börsennotierte Gesellschaften festzulegen (§ 171 Abs. 2 S. 2 AktG – Berichtspflichten des Aufsichtsrats, § 328 Abs. 3 AktG – Stimmrechtsausschluss).

3 Die Börsennotierung hängt nach § 3 Abs. 2 AktG und in inhaltlicher Übereinstimmung mit § 21 Abs. 2 WpHG von der Zulassung der Aktien zu den erfassten Märkten ab. Gemeint sind die Zulassung der Aktien zum amtlichen Handel (§ 30 ff. BörsG) und zum geregelten Markt (§§ 49 ff. BörsG), nicht dagegen der Freiverkehr nach § 57 BörsG. Auf die Zulassung an einer deutschen Börse kommt es – auch wenn der Wortlaut der Regelung insofern nicht dem des § 21 Abs. 2 WpHG entspricht – nicht an, so dass die Notierung an einer ausländischen Börse den Anforderungen des § 3 Abs. 2 AktG genügt (*Böker* RNotZ 2002, 129, 131).

§ 4 Firma

Die Firma der Aktiengesellschaft muss, auch wenn sie nach § 22 des Handelsgesetzbuchs oder nach anderen gesetzlichen Vorschriften fortgeführt wird, die Bezeichnung »Aktiengesellschaft« oder eine allgemein verständliche Abkürzung dieser Bezeichnung enthalten.

1 Die Vorschrift schreibt vor, dass die AG unabhängig davon, ob sie neu gegründet oder fortgeführt wird, einen **Rechtsformzusatz**, nämlich die Bezeichnung »Aktiengesellschaft« führen müssen.

Eine nähere Regelung des Rechts der Firma der AG enthält § 18 HGB; das AktG beschränkt sich – wie die Parallelregelung in § 4 GmbHG auch – darauf, dass die Rechtsverhältnisse der AG durch den Rechtsformzusatz transparent werden sollen.

Das Recht der Firmenbildung geht in § 18 Abs. 1 HGB von dem heute geltenden Grundsatz aus, dass es mit dazu beitragen soll, Gestaltungsfreiheit und Wettbewerbsfähigkeit der AG zu gewährleisten. In den Grenzen des Irreführungsverbots kann die Firma sowohl **Sach- als auch Personenfirma** sowie eine **Fantasiebezeichnung** sein. Da die Firma aber eine Namensfunktion hat, muss sie eine Bezeichnung sein, die in der Lage ist, die AG als Inhaberin des Unternehmens zu individualisieren. Deswegen verlangt § 18 Abs. 1 HGB von einer zulässigen Firma, dass sie kennzeichnungsfähig ist und Unterscheidungskraft besitzt (vgl. näher *Lutter/Welp* ZIP 1999, 1073 und die Erl. zu § 4 GmbHG in Kap. 7). 2

Zur Irreführung geeignete Angaben sind nach § 18 Abs. 2 HGB verboten. Für die Irreführungseignung kommt es auf die objektive Sicht eines durchschnittlichen Adressaten an, nicht dagegen die besondere Sicht eines Teils der angesprochenen Verkehrskreise. Im Verfahren vor dem Registergericht gilt der noch liberalere Maßstab der ersichtlichen, nämlichen offenkundigen Irreführung als Eintragungshindernis, § 18 Abs. 2 S. 2 HGB. 3

Der Rechtsformzusatz kann in **abgekürzter Form** verwendet werden. Die Abkürzungsbefugnis schließt die Befugnis, Wortteile, wie z. B. »Aktien ...« nicht ein. Letztlich bleibt nur die Verwendung der Abkürzung AG. Der Standort des Rechtsformzusatzes ist weder in § 4 AktG noch in § 18 HGB reglementiert, kann also grundsätzlich frei gewählt werden. 4

§ 5 Sitz

(1) Sitz der Gesellschaft ist der Ort, den die Satzung bestimmt.

(2) Die Satzung hat als Sitz in der Regel den Ort, wo die Gesellschaft einen Betrieb hat, oder den Ort zu bestimmen, wo sich die Geschäftsleitung befindet oder die Verwaltung geführt wird.

A. Regelungszweck

Der Gesellschaftssitz hat Bedeutung vor allem im Verfahrensrecht. In der streitigen Gerichtsbarkeit begründet der Sitz der Gesellschaft ihren **allgemeinen Gerichtsstand**, § 17 Abs. 1 S. 1 ZPO, für die der freiwilligen Gerichtsbarkeit zugewiesenen **Registersachen** bestimmt sich die örtliche Zuständigkeit nach dem Gesellschaftssitz, vgl. § 14 AktG. Der Gesellschaftssitz hat ferner Bedeutung für die **Zuständigkeit des Insolvenzgerichts**, §§ 3, 4 InsO, für die Bestimmung der Hauptniederlassung nach § 13 Abs. 1 HGB sowie für den Ort der Hauptversammlung, § 121 Abs. 5 AktG. Die Bestimmung des Gesellschaftssitzes ist notwendiger Satzungsbestandteil, § 23 Abs. 3 Nr. 1 AktG. Die Regelung des § 5 AktG schränkt die freie Wahl des Gesellschaftssitzes ein. Damit soll **Missbräuchen** entgegengewirkt werden, die mit der Verschiedenheit von Satzungssitz und tatsächlichem Gesellschaftssitz einhergehen können, etwa um durch Sitzverlegung sich dem Gläubigerzugriff zu entziehen oder die Zuständigkeit eines weniger strengen Registergerichts zu erlangen. Die Regelung entspricht der inhaltsgleichen Regelung des § 4 a GmbHG für die GmbH. 1

B. Bestimmung des Gesellschaftssitzes durch die Satzung

I. Sitzwahl, Abs. 1

Abs. 1 statuiert den **Grundsatz der Maßgeblichkeit des Satzungssitzes**. Bei Vorhandensein einer wirksamen Satzungsbestimmung sind die tatsächlichen Sitzverhältnisse der Gesellschaft ohne Bedeutung. Die Bestimmung des Gesellschaftssitzes in der Satzung muss örtlich so genau 2 erfolgen, dass es möglich ist, dass jeweils zuständige Gericht eindeutig zu bestimmen. Erforderlichenfalls, etwa im Falle des Gesellschaftssitzes in einer Großstadt oder Großgemeinde mit mehreren Gerichtsbezirken, sind präzisierende Ortsangaben erforderlich (z. B. Hamburg-Altona).

II. Grenzen der Satzungsautonomie, Abs. 2

3 Abs. 2 schränkt die Satzungsautonomie dahingehend ein, dass die Satzungsgeber zwischen den dort genannten drei Anknüpfungspunkten wählen kann: dem Betriebsort, dem Geschäftsleitungsort und dem Ort der Verwaltung. Überdies muss der **Sitz im Inland** liegen, weil andernfalls keine Anmeldung zum Handelsregister nach § 36 AktG möglich wäre (BGHZ 19, 102, 105 f.; 29, 320, 328).

4 Der **Betriebsort** kann – mit Blick auf den Gedanken der Missbrauchsabwehr – nur gewählt werden, wenn dort betriebliche Tätigkeit von nicht völlig untergeordneter Bedeutung entfaltet wird. Bei einer Produktionsstätte eines Herstellerunternehmens oder der Verkaufsstelle eines Handelsunternehmen, die nicht bloßen Hilfscharakter haben, wird dies regelmäßig der Fall sein. Bei mehreren bestehenden Betrieben besteht ein freies Wahlrecht.

5 Der **Ort der Geschäftsleitung** ist derjenige Ort, wo die Zentralverwaltung ihren Sitz hat. Die **Verwaltung** wird dort geführt, wo der Vorstand tätig ist (KG AG 1996, 421, 422). Beide Orte sind gleichberechtigt geeignete Orte für die Gesellschaftssitzbestimmung in der Satzung.

6 Jede Gesellschaft hat regelmäßig nur einen Sitz. Die ausnahmsweise Zulassung eines **Doppelsitzes** ist in der Rechtsprechung gelegentlich befürwortet worden, stößt aber wegen der damit verbundenen Unklarheit – wie auch im Recht der GmbH (vgl. Baumbach/Hueck/*Hueck/Fastrich* § 4 a Rn. 7) – auf Bedenken (anders OLG Frankfurt FGPrax 2001, 86; BayObLG 1985, 1111, 1115 ff.; *König* AG 200, 18, 21 ff.).

7 Für nach den Grundsätzen des Abs. 2 **unzulässige Satzungsbestimmungen** ist die Eintragung abzulehnen. Eine dennoch erfolgende Eintragung, steht der Wirksamkeit der Entstehung der AG nicht entgegen. Es findet aber ein Amtsauflösungsverfahren nach § 262 Abs. 1 Nr. 5 AktG, § 144 a Abs. 1 S. 1 FGG statt.

C. Sitzverlegung

8 Die Sitzverlegung erfordert nach Abs. 1 eine **Satzungsänderung**. Auch insoweit muss Abs. 2 beachtet werden. Ein den Anforderungen nicht entsprechender Verlegungsbeschluss der Hauptversammlung ist nach § 241 Nr. 3 Alt. 3 AktG nichtig. Die bisherige Satzungsbestimmung gilt in diesem Fall fort.

9 Die Sitzverlegung **ins Ausland** durch Beschluss der Hauptversammlung bedeutet nach h. M. einen Auflösungsbeschluss nach § 262 Abs. 1 Nr. 2 AktG, nach a. A. ist der Beschluss nach § 241 Nr. 3 AktG nichtig. Im Zuge der Binnenmarktintegration der EU wird eine Sitzverlegung in einen Mitgliedsaat der EU zumindest rechtspolitisch gefordert, wobei eine Gleichbehandlung von Zuzugs- und Wegzugsfällen angestrebt wird (vgl. *Hüffer* AktG, § 5 Rn. 12; Baumbach/Hueck/*Hueck/Fastrich* § 4 a Rn. 10 ff.).

§ 6 Grundkapital

Das Grundkapital muß auf einen Nennbetrag in Euro lauten.

1 Das Grundkapital ist das gesetzlich notwendig vorgesehene **Mindesteigenkapital der AG**, vgl. § 1 Abs. 2 AktG. Es ist in das Handelsregister einzutragen, § 23 Abs. 3 Nr. 3 AktG, und muss nach § 6 AktG einen Nennbetrag haben, der in Euro ausgedrückt sein muss.

Da das Grundkapital einen **Nennbetrag** haben muss, ist es **in Ziffern** auszudrücken. Diese Verpflichtung betrifft nur das Grundkapital und nach geltender Rechtsalge nicht (mehr) die Aktien. Nennbetragsaktien sind nach § 8 AktG zulässig, aber nicht mehr zwingend vorgeschrieben. Das Grundkapital kann also auch in Stückaktien zerlegt werden, § 8 Abs. 3 AktG. 2

Wird das Grundkapital nicht vorschriftsgemäß beziffert, ist die Eintragung der Satzung nach § 38 Abs. 1 S. 2 AktG **abzulehnen**. Erfolgt die Eintragung trotzdem, ist die AG zwar wirksam entstanden, das Fehlen der Bezifferung ist aber **Nichtigkeitsgrund** nach § 275 Abs. 1 S. 1 Alt. 1 AktG und rechtfertigt ein Amtsauflösungsverfahren, § 262 Abs. 1 Nr. 5 AktG i. V. m. § 144 a FGG. 3

§ 7 Mindestnennbetrag des Grundkapitals

Der Mindestnennbetrag des Grundkapitals ist fünfzigtausend Euro.

Die Vorschrift verlangt vor allem aus **Gründen des Gläubigerschutzes**, dass bei der AG der Nennbetrag des Grundkapitals von mindestens € 50.000,– beträgt. Zugleich wird damit erreicht, dass Gesellschaften, die Grundkapital in dieser Höhe nicht aufbringen können oder wollen, nicht in der Rechtsform der AG gegründet werden. 1

§ 7 AktG nennt lediglich einen Mindestnennbetrag; das AktG kennt demgegenüber **keinen Höchstbetrag**. Die Höhe des Grundkapitals ist vom gesetzlichen Mindestnennbetrag abgesehen nicht vorgeschrieben und wird von den Aktionären deshalb frei festgelegt. Dabei ist zu beachten, dass ein hohes Grundkapital die Schwelle für **Nachgründungsverfahren** nach § 52 AktG erhöht, andererseits ist dann aber bei Verlusten der Gesellschaft auch eine frühere Einberufung der Hauptversammlung nach § 92 Abs. 1 AktG erforderlich. Auch wenn es wohl keine betriebswirtschaftlich zwingende Regel für die Bemessung des notwendigen oder zweckmäßigen Grundkapitals der AG gibt, erscheint es angezeigt, die Regelungen des sog. Nachgründungsrechts (§ 52 AktG) zu beachten. Die dort erfassten Erwerbspflichten der AG, die Verträge mit beteiligten Aktionären über mehr als 10 % des Grundkapitals der Gesellschaft betreffen, sollen die AG vor einer Umgehung der Kapitalschutzregeln schützen und verlangen deshalb die Beachtung der besonderen Rechtsregeln des § 52 AktG (vgl. Erl. zu § 52 AktG); andernfalls sind die erfassten Verträge unwirksam. Durch eine entsprechende Bemessung des Grundkapitals können diese Konsequenzen vermieden werden. 2

Bei der Festlegung des Nennbetrages des Grundkapitals sind die **Vorschriften des § 8 AktG** zu beachten. Da das Grundkapital in Aktien zerlegt ist, ergibt sich seine Höhe in Abhängigkeit davon, ob Nennbetrags – der Stückaktien ausgegeben werden, entweder durch die Multiplikation des Aktiennennbetrages mit der Anzahl der Aktien (§ 8 Abs. 1 und 2 AktG) bzw. – bei unterschiedlichen Nennbeträgen – aus der Addition der Teilprodukte, oder aber die Ziffer des Grundkapitals entspricht derjenigen der Aktien bzw. der auf sie entfallenden anteiligen Beträge. 3

Die Höhe des Grundkapitals ist **in der Satzung anzugeben**, § 23 Abs. 3 Nr. 3 AktG. Sie darf den Mindestbetrag des § 7 AktG nicht unterschreiten. Andersfalls ist die Eintragung der AG im Register abzulehnen, § 38 Abs. 1 S. 2 AktG. Erfolgt die Eintragung trotzdem, liegt ein Satzungsmangel vor, der die gerichtliche Auflösung nach § 262 Abs. 1 Nr. 5 AktG i. V. m. § 144 a FGG zur Folge hat. Ein Kapitalherabsetzungsbeschluss, der gegen § 7 AktG verstößt, ist – von dem Ausnahmefall des § 228 AktG abgesehen – gem. § 241 Abs. 1 Nr. 3 Alt. 2 AktG nichtig. 4

§ 8 Form und Mindestbeträge der Aktien

(1) Die Aktien können entweder als Nennbetragsaktien oder als Stückaktien begründet werden.

(2) [1]Nennbetragsaktien müssen auf mindestens einen Euro lauten. [2]Aktien über einen geringeren Nennbetrag sind nichtig. [3]Für den Schaden aus der Ausgabe sind die Ausgeber den Inhabern als Gesamtschuldner verantwortlich. [4]Höhere Aktiennennbeträge müssen auf volle Euro lauten.

(3) [1]Stückaktien lauten auf keinen Nennbetrag. [2]Die Stückaktien einer Gesellschaft sind am Grundkapital in gleichem Umfang beteiligt. [3]Der auf die einzelne Aktie entfallende anteilige Betrag des Grundkapitals darf einen Euro nicht unterschreiten. [4]Absatz 2 Satz 2 und 3 findet entsprechende Anwendung.

(4) Der Anteil am Grundkapital bestimmt sich bei Nennbetragsaktien nach dem Verhältnis ihres Nennbetrags zum Grundkapital, bei Stückaktien nach der Zahl der Aktien.

(5) Die Aktien sind unteilbar.

(6) Diese Vorschriften gelten auch für Anteilscheine, die den Aktionären vor der Ausgabe der Aktien erteilt werden (Zwischenscheine).

A. Regelungszweck

1 § 8 AktG legt fest, dass die Zerlegung des Grundkapitals (§ 1 Abs. 2 AktG) in **Nennbetrags- oder Stückaktien** zu erfolgen hat. Dabei legt die Regelung durch die Alternativ-Formulierung fest, dass erstens nicht beide Aktiensorten zugleich begründet werden können, mithin eine Entscheidung für die eine oder andere Sorte zu treffen ist, und zweitens weitere Aktiensorten (wie z. B. eine Quotenaktie) nicht zulässig sind.

B. Aktienformen, Abs. 1 bis 4

2 Die beiden allein zulässigen Aktiensorten sind die Nennbetrags- oder Stückaktie. Die **Nennbetragsaktie** lautet auf einen aus der Aktienurkunde ersichtlichen Nennbetrag. Bei der Nennbetragsaktie lässt sich somit aus der Aktie selbst das Verhältnis zum Grundkapital ableiten, vgl. Abs. 4. Der Nennbetrag muss bei neu auszugebenden Aktien auf Euro lauten (zur Rechtslage für Altfälle, die vor dem 1. 1. 1999 zur Eintragung in das Handelsregister angemeldet wurden, und weiterhin, bis zur Vornahme einer Kapitalmaßnahme auf DM lauten dürfen vgl. § 3 Abs. 5 EGAktG und *Hüffer* AktG, § 7 Rn. 4 und § 8 Rn. 13 ff.). Der **Mindestnennbetrag** beträgt nach Abs. 2 S. 1 **€ 1,–** und wird einerseits durch die scharfe Nichtigkeitssanktion für geringere Nennbeträge nach Abs. 1 S. 2 und die Schadensersatzpflicht der Ausgeber nach Abs. 2 S. 3 exerziert. Soweit ein höherer Nennbetrag ausgewiesen werden soll, hat dieser auf einen vollen Euro-Betrag zu lauten, Abs. 2 S. 4. Von dieser Möglichkeit wird insbesondere in den Fällen Gebrauch gemacht werden, in denen eine Beteiligung von Kleinanlegern oder eine breite Streuung der Aktien nicht gewünscht ist.

3 Ist das Grundkapital in **Stückaktien** zerlegt, entfällt auf jede Aktie ein anteiliger Betrag des Grundkapitals, ohne dass sie auf ein Nennbetrag lautet. Nur das, nicht aber ein mitgliedschaftliches subjektives Recht ist gemeint, wenn Abs. 3 S. 2 vom »Beteiligtsein« am Grundkapital handelt. Somit ist aus der Stückaktie selbst die Beteiligungsquote am Grundkapital nicht ersichtlich; diese ergibt sich vielmehr aus dem Verhältnis der Gesamtzahl der Stückaktien zum Grundkapital, vgl. Abs. 4. Folgerichtig bestimmt § 182 Abs. 1 S. 5 AktG für die Kapitalerhöhung einer AG mit Stückaktien, dass die Zahl der Aktien in demselben Verhältnis wie das Grundkapital erhöht werden muss, weil andernfalls der Wert der bereits bestehenden Aktien vermindert werden könnte. Stückaktien kennen keine quantitativen Unterscheidungsmerkmale, sie haben notwendig den gleichen Umfang, Abs. 3 S. 2.

4 Die Satzung muss nach § 23 Abs. 3 Nr. 4 AktG bestimmen, ob das Grundkapital in Nennbetrags- oder Stückaktien zerlegt ist. Die Satzung muss also entweder die Nennbeträge oder aber die Aktienzahl angeben.

C. Unteilbarkeit der Aktien, Abs. 5

Aus dem **Unteilbarkeitsprinzip** des Abs. 5 ergibt sich in erster Linie, dass eine Aktie nicht in mehrere Mitgliedschaftsrecht aufgespalten werden kann. Entsprechende Rechtsgeschäfte verstoßen gegen § 134 BGB und sind nichtig. Ebenso folgt aus Abs. 5 das sog. **Abspaltungsverbot**, nämlich die Abspaltung der Verwaltungsrechte (insbesondere Stimmrechte) sowie des aus der Mitgliedschaft folgenden Rechts auf Gewinnteilhabe von der Mitgliedschaft (BGH NJW 1987, 780). Zulässig ist dagegen die Abtretung des (ggf. auch künftigen) Anspruchs auf Dividendenzahlung. 5

Kein Verstoß gegen Abs. 5 liegt in der **Neustückelung** der Aktien. Mit ihr geht keine Teilung i. S. d. Vorschrift einher; vielmehr wird das Verhältnis zwischen Aktie und Grundkapital neu festgesetzt. Die Neustückelung kann somit durch satzungsändernden Beschluss der Hauptversammlung jederzeit herbeigeführt werden. 6

D. Zwischenscheine, Abs. 6

Zwischenscheine (**Interimsscheine**) sind gem. Abs. 6 Anteilsscheine, die den Aktionären vor der Ausgabe der Aktien erteilt werden. Mit ihnen erhalten die Aktionäre eine Verbriefung ihrer Mitgliedschaft in der Zeit zwischen der Eintragung der Gesellschaft in das Handelsregister und der Ausgabe der Aktienurkunden. Der Zwischenschein hat deshalb einen nur vorläufigen Charakter. Er muss gem § 10 Abs. 3 AktG auf den Namen lauten. Die Übertragung des Zwischenschein erfolgt nach denselben Grundsätzen wie die der Namensaktie, § 68 Abs. 4 AktG. Einen Anspruch auf Ausgabe von Zwischenscheinen ergibt sich aus dem AktG nicht; ein solcher Anspruch kann aber in der Satzung begründet werden. Praktische Bedeutung haben Zwischenscheine insbesondere bei der Ausgabe von Inhaberaktien, da diese erst nach der vollen Leistung des Ausgabebetrages ausgegeben werden dürfen, vgl. § 10 Abs. 2 S. 1 AktG. 7

§ 9 Ausgabebetrag der Aktien

(1) Für einen geringeren Betrag als den Nennbetrag oder den auf die einzelne Stückaktie entfallenden anteiligen Betrag des Grundkapitals dürfen Aktien nicht ausgegeben werden (geringster Ausgabebetrag).

(2) Für einen höheren Betrag ist die Ausgabe zulässig.

A. Normzweck

Die Vorschrift verbietet, Aktien für einen geringeren Betrag als den Nennbetrag (bei Nennbetragsaktien) oder den auf die einzelnen Stückaktie entfallenden anteiligen Betrag des Grundkapitals (bei Stückaktien) auszugeben. Das Verbot der Unter-pari-Emission dient dem Gläubigerschutz durch die Sicherung der Kapitalaufbringung (BGHZ 68, 191, 195). Abs. 2 gestattet es der Gesellschaft, den Ausgabebetrag oberhalb des geringsten Ausgabebetrages festzusetzen. 1

B. Verbot der Unter-pari-Emission

Das Verbot der Unter-pari-Emission orientiert sich am **sog. geringsten Ausgabebetrag**; dieser darf nicht unterschritten werden. Nach Abs. 1 bezeichnet der geringste Ausgabebetrag denjenigen Betrag, den der übernehmende (zeichnende) Aktionär auf die neue Aktie als Einlage zu leisten hat. Das Verbot der Unter-pari-Emission besteht nach Abs. 1 auch für Sachgründungen. Im Falle der **Sachgründung** entspricht der geringste Ausgabebetrag dem Wert, den eine etwaige Sacheinlage wenigstens erreichen muss, vgl. auch Rn. 4). Die Höhe des geringsten Ausgabebetrages ergibt sich aus der Übernahmeerklärung. Sie entspricht bei Nennbetragsaktien dem Nennbetrag, § 8 Abs. 2 AktG, bei Stückaktien dem auf sie entfallenden anteiligen Betrag des Grundkapitals, § 8 Abs. 3 AktG. § 9 AktG unterscheidet nicht zwischen den beiden Aktiensorten; danach unterliegen Nennbetrags- und Stückaktien denselben kapitalschützenden Regelungen. 2

3 Eine etwaige Differenz zwischen dem geringsten Ausgabebetrag und dem tatsächlichen Ausgabebetrag wird als **Agio** (Aufgeld) bezeichnet. Werden die Aktien mit einem Agio ausgegeben, so ist von den Aktionären auch dieses Aufgeld zu leisten. Das Agio wird in der Bilanz als Kapitalrücklage verbucht, § 272 Abs. 2 Nr. 1 AktG.

4 Das Verbot des Abs. 1 gilt auch bei **Sacheinlagen** (vgl. Rn. 2) und wird in § 36 a Abs. 2 S. 3 AktG bestärkt. Insofern zielt das AktG darauf ab, eine Überbewertung der Einlagegegenstände zu vermeiden. Diesem Ziel dienen insbesondere die Sondervorschriften zum Schutz gegen die Überbewertung von Sacheinlagen, §§ 27, 32 Abs. 2, 33 Abs. 2 Nr. 4, 34 Abs. 1, 37 Abs. 4 Nr. 2 und 38 Abs. 2 S. 2 AktG (BGHZ 29, 300, 305). Der Schutzzweck wird durch eine Gründerhaftung verstärkt (vgl. Rn. 6).

5 Bei **Kapitalerhöhungen** ist das Verbot des Abs. 1 gleichfalls zu beachten, § 182 Abs. 3 AktG. Daraus ergibt sich in der praktischen Konsequenz, dass dann, wenn der Börsenkurs unter den geringsten Ausgabebetrag gefallen, zunächst eine Kapitalherabsetzung erforderlich wird, um mit Aussicht auf Erfolg frisches Kapital durch Ausgabe neuer Aktien einwerben zu können.

6 Die Rechtslage bei einem **Verstoß gegen Abs. 1** ist die, dass die Eintragung der Gesellschaft abzulehnen ist, § 38 Abs. 1 S. 2 und Abs. 2 S. 2 AktG. Wird die Gesellschaft trotzdem eingetragen, hat die Eintragung heilende Wirkung, so dass die AG wirksam entstanden. Die Voraussetzungen einer Nichtigerklärung nach § 275 AktG, § 144 FGG liegen nicht vor. Deshalb sind die Aktionäre im Interesse des Schutzes Dritter an der Kapitalaufbringung kraft Gesetzes verpflichtet, ihre Einlagen bis zur Höhe der Ausgabebeträge zu erbringen (unstr.; vgl. MüKo AktG/*Heider* § 9 Rn. 30). Im Falle der Überbewertung einer Sacheinlage ist nach der Rechtsprechung des BGH eine Haftung des Aktionärs in Höhe des Fehlbetrags zu leisten (sog. **Differenzhaftung**; BGHZ 68, 191, 195). Diese Rechtslage entspricht der später in § 9 Abs. 1 GmbHG für die GmbH gesetzlich geregelten Haftung der Gesellschafter (vgl. Kap. 7 § 9).

7 Im Falle einer gegen Abs. 1 verstoßenden **Kapitalerhöhung** ist der entsprechende Beschluss der Hauptversammlung nach § 241 Nr. 3 Alt. 2 AktG nichtig (vgl. dazu auch § 182 AktG Rn. 20). Seine Eintragung darf im Handelsregister weder erfolgen, noch hat eine trotzdem erfolgende Eintragung heilende Wirkung (MüKo AktG/*Heider* § 9 Rn. 33).

C. Über-pari-Emission

8 Werden die Aktien zu einem über dem Nennbetrag oder bei Stückaktien zu einem den anteiligen Betrag des Grundkapitals übersteigenden Betrag ausgegeben, liegt eine nach Abs. 2 zulässige Über-pari-Emission vor. Die sich ergebende Differenz ist das sog. Agio (vgl. oben Rn. 3). Bei Kapitalerhöhungen muss die Über-pari-Emission bereits im Erhöhungsbeschluss vorgesehen sein, § 182 Abs. 3 AktG (vgl. BGHZ 33, 175, 178). Der Zeichnungsschein hat in diesem Fall den Einzahlungsbetrag und das Agio gesondert auszuweisen (LG Frankfurt AG 1992, 240).

§ 10 Aktien und Zwischenscheine

(1) Die Aktien können auf den Inhaber oder auf Namen lauten.

(2) [1]Sie müssen auf Namen lauten, wenn sie vor der vollen Leistung des Ausgabebetrags ausgegeben werden. [2]Der Betrag der Teilleistungen ist in der Aktie anzugeben.

(3) Zwischenscheine müssen auf Namen lauten.

(4) [1]Zwischenscheine auf den Inhaber sind nichtig. [2]Für den Schaden aus der Ausgabe sind die Ausgeber den Inhabern als Gesamtschuldner verantwortlich.

(5) In der Satzung kann der Anspruch des Aktionärs auf Verbriefung seines Anteils ausgeschlossen oder eingeschränkt werden.

A. Regelungszweck

Die Vorschrift betrifft die **wertpapiermäßige Verbriefung des Mitgliedschaftsrechts** des Aktionärs. Nach Abs. 1 stellt der Gesetzgeber den Beteiligten die Inhaber- und Namensaktien Alternativen zur Verfügung, über deren Wahl sie gemäß den jeweiligen Vorstellungen frei entscheiden können, auch im Sinne einer Kombination beider Aktienformen. Im Unterschied zur Inhaberaktie ist die Namensaktie entgegen ihrem Wortsinn ein sog. geborenes Orderpapier; mit der Innehabung der Namensaktie ist noch keine Legitimation des Inhabers gegeben. Die durch Gesetz für kleine Aktiengesellschaften und zur Deregulierung des AktG (vgl. Einl. Rn. 6 ff.) eingeführte Regelung in Abs. 5 geht von einem Anspruch des Aktionärs auf Verbriefung aus, der aber nach dieser Vorschrift beschränkt werden kann. 1

B. Inhaber- und Namensaktien, Abs. 1 und 2

I. Inhaberaktie

In der Praxis dominiert traditionell die Inhaberaktie. Sie entspricht in geeigneter Weise dem Typus des als Kapitalanleger agierenden Aktionärs. Die Inhaberaktie stellt ihrem Wortsinn entsprechend ein Wertpapier dar, für dessen Inhaber die widerlegbare Vermutung der materiellen Berechtigung spricht; es wird demgemäß gem. § 793 BGB behandelt (OLG Oldenburg AG 2000, 367 f.). Die Übertragung der Mitgliedschaft erfolgt durch Übertragung der Urkunde. Der Inhaber der Aktienurkunde ist berechtigt, Dividendenzahlungen zu beanspruchen und Bezugsrechte auszuüben. Im Bestreitensfall hat die Gesellschaft das fehlende Eigentum an der Aktienurkunde des Inhabers nachzuweisen. Umgekehrt kann die Gesellschaft schuldbefreiend an den Urkundeninhaber leisten, § 793 Abs. 1 S. 2 BGB. 2

II. Namensaktie

Auch Namensaktien sind Wertpapiere. Sie erlauben aber eine bessere Kontrolle des Aktionärskreises, zum einen, weil der Gesellschaft ihre Aktionäre durch Eintragung in das Aktienregister (§ 67 AktG) namentlich bekannt sind, und zum anderen, weil ihre Übertragung an die Zustimmung der Gesellschaft gebunden werden kann, § 68 Abs. 2 S. 1 AktG (sog. **vinkulierte Namensaktien**). Die Vinkulierung ist Voraussetzung für die Begründung von Nebenleistungspflichten nach § 55 AktG und ist in der Satzung festzustellen. Sie eignet sich deshalb vor allem für die AG mit begrenztem Aktionärskreis wie insbesondere die Familien-AG. 3

Abs. 2 S. 1 verlangt die Ausgabe von Namensaktien, wenn der **Ausgabebetrag noch nicht vollständig geleistet** ist. Damit soll gewährleistet werden, dass die AG ihren Schuldner in Anspruch nehmen kann. Ausgabe im Sinne dieser Vorschrift ist die Begebung der Urkunde, durch die der Aktionär Eigentum an der Urkunde erlangt. Ausgabebetrag ist der Nennbetrag der Aktie (§ 8 Abs. 2 AktG) oder bei Stückaktien der auf sie entfallende anteilige Betrag des Grundkapitals (§ 8 Abs. 3 S. 3 AktG), jeweils unter Berücksichtigung eines ggf. zu leistenden Agios (vgl. Erl. zu § 9 AktG Rn. 3). 4

Die in der Vorschrift genannten Leistungen sind entweder (schuldbefreiende) Zahlungen oder Sacheinlagen i. S. d. § 27 AktG gemeint, die ihre Betrag oder Wert nach den Ausgabebetrag erreichen. Der **Vermerk von Teilleistungen** auf der Namensaktie erfolgt, damit der gute Glaube eines Erwerbers an die Volleinzahlung im Weiterveräußerungsfall ausgeschlossen wird; dies wiederum ist bedeutsam, weil der gutgläubige Erwerber nach h. M. nicht für die rückständige Einlage haftet (OLG Köln AG 2002, 92 f.). 5

Davon unbenommen ist, dass auch ohne den Teilleistungseintrag die wertpapiermäßige Verbriefung gültig bleibt, Vorstand und Aufsichtsrat sich aber schadenersatzpflichtig machen, §§ 93 Abs. 3 Nr. 4, 116 AktG, insbesondere weil der gutgläubige Erwerber nicht einlagepflichtig ist. 6

III. Wahl zwischen Aktienform

7 Die Wahl der Aktienform hat **durch die Satzung** zu erfolgen, § 23 Abs. 3 Nr. 5 AktG. Die Umstellung von Inhaber auf Namensaktien und umgekehrt erfordert deshalb grundsätzlich einen satzungsändernden Beschluss der Hauptversammlung mit einer $^3/_4$-Mehrheit, § 179 Abs. 2 S. 1 AktG. § 179 Abs. 3 AktG findet keine Anwendung, weil Inhaber- und Namensaktien keine verschiedenen Aktiengattungen darstellen.

C. Zwischenscheine, Abs. 3 und 4

8 Zwischenscheine (vgl. § 8 AktG Rn. 7) müssen den Berechtigten **namentlich** bezeichnen, dürfen also nicht als Inhaberpapier ausgegeben werden. Die Ausgabe von Zwischenscheinen ist vor der Volleinzahlung möglich. Wie bei Namensaktien (vgl. oben Rn. 4) ist ein Vermerk von Teilleistungen möglich und sinnvoll.

D. Verbriefung der Aktien, Abs. 5

9 Abs. 5 bezweckt eine **Kostenersparnis** bezüglich der mit der Verbriefung von Mitgliedschaftsrechten in Aktienurkunden einhergehenden Kosten. Die Regelung wurde durch das Deregulierungsgesetz eingeführt und später im Hinblick auf die Euroumstellung und die damit einhergehenden Kosten für die Veränderung der Aktien erweitert. Die kostensparende Vereinfachung kann insbesondere dadurch erreicht werden, dass die Satzung die Verbriefung aller Mitgliedsrechte in einer **(Global-)Urkunde** und deren Hinterlegung vorschreibt. Ein weitergehender Verzicht auch auf die Verbriefung in der Globalurkunde ist nicht zulässig (OLG München NZG 2005, 756, 757). Damit behält das Effektenwesen jedenfalls seine wertpapierbezogene Grundlage (*Seibert* DB 1999, 267, 269).

§ 11 Aktien besonderer Gattung

[1]Die Aktien können verschiedene Rechte gewähren, namentlich bei der Verteilung des Gewinns und des Gesellschaftsvermögens. [2]Aktien mit gleichen Rechten bilden eine Gattung.

1 Während § 8 AktG bestimmt, dass die Zerlegung des Grundkapitals in die Aktiensorten Nennbetrags- oder Stückaktien erfolgen kann, betrifft § 11 AktG verschiedene Aktiengattungen. Die Definition des Begriffs der **Aktiengattung** hat Bedeutung für die Anwendung der § 23 Abs. 3 Nr. 4 AktG (Satzungsbestimmung), § 129 Abs. 1 S. 2 AktG (Aufstellung des Teilnehmerverzeichnisses), § 179 Abs. 3 AktG (Änderung des Verhältnisses mehrerer Gattungen zueinander), § 182 Abs. 2 AktG (Erhöhung des Grundkapitals) und § 222 Abs. 2 AktG (Kapitalherabsetzung). Eine Aktiengattung bilden alle Aktien, die **dieselben mitgliedschaftlichen Rechte und Pflichten** gewähren, § 11 S. 2 AktG. Gattungsbegründend wirken alle von der Gesellschaft eingeräumten Mitgliedschaftsrechte, einschließlich der ausdrücklich erwähnten Rechte bei der Verteilung des Gewinns und des Gesellschaftsvermögens, sowie alle auferlegten Mitgliedschaftspflichten. § 11 S. 1 AktG überlässt die inhaltliche Ausgestaltung einer Aktiengattung der Autonomie des Satzungsgebers. Nicht zu den Aktiengattungen begründenden Merkmalen gehören solche, die nicht die mit der Mitgliedschaft verbundenen Rechte und Pflichten betreffen und – wie die Verbriefung, die Ausgabe zu unterschiedlichen Nennbeträgen – lediglich einzelne Aktiengruppen bezeichnen.

Besondere Aktiengattungen bilden die nachfolgend genannten:

2 Die **Stammaktie** ist die von den Gründen geschaffene Ausgangsform. Stammaktien mit gleichen Rechten (z. B. Stimmrecht gewährende Stammaktien) bilden eine Gattung.

3 **Vorzugsaktien** sind regelmäßig dadurch gekennzeichnet, dass sie dem Berechtigten Vorzüge bei der Gewinnverteilung (§ 58 Abs. 4 AktG) oder bei der Verteilung des Abwicklungsüberschusses

(§ 271 AktG) gewähren. Der Vorzug muss in der Satzung festgelegt und objektiv bestimmbar sein, § 23 Abs. 3 Nr. 4 AktG. Vorzugsaktien können auch dadurch begründet werden, dass einem Teil der Aktionäre Nebenleistungspflichten gemäss § 55 AktG auferlegt werden, die andere (eben die Berechtigten der Vorzugsaktien) nicht treffen. Gem. § 12 Abs. 1 S. 2 AktG können Vorzugsaktien in den Grenzen des § 139 Abs. 2 AktG und nach Maßgabe des § 139 Abs. 1 AktG auch ohne Stimmrecht ausgegeben werden.

Mehrstimmrechtsaktien dürfen nach § 12 Abs. 1 S. 1 AktG nicht mehr ausgegeben werden. Für 4
nach altem Recht ausgegebene Mehrstimmrechtsaktien galt die Übergangsregelung des § 5 EGAktG bis zum 1. 6. 2003. **Höchststimmrechte** können nach § 134 Abs. 1 S. 2 AktG für den Fall vorgesehen werden, dass einem Aktionär mehrere Aktien an einer nichtbörsennotierten Gesellschaft gehören; gattungsbegründend wirkt eine solche Festlegung von Höchststimmrechten nicht.

Die **Einführung bzw. Aufhebung** einer Aktiengattung bedarf nach § 23 Abs. 3 Nr. 4 AktG eines 5
satzungsändernden Beschlusses. Der satzungsändernde Beschluss zur Veränderung des Verhältnisses mehrerer Gattungen zum Nachteil einer Gattung bedarf nach § 179 Abs. 3 AktG überdies der Zustimmung der beteiligten Aktionäre und ist in der Form eines Sonderbeschlusses nach § 179 Abs. 2 AktG zu fassen.

§ 12 Stimmrecht. Keine Mehrstimmrechte

(1) [1]Jede Aktie gewährt das Stimmrecht. [2]Vorzugsaktien können nach den Vorschriften dieses Gesetzes als Aktien ohne Stimmrecht ausgegeben werden.

(2) Mehrstimmrechte sind unzulässig.

A. Allgemeines

§ 12 AktG regelt **stimmrechtsbezogene Grundfragen** des Aktienrechts, die in den §§ 133 bis 137 1
AktG ergänzt werden. § 12 AktG sieht zunächst die Verknüpfung von Stimmrecht und Aktie mit der Folge vor, dass jede Aktie grundsätzlich ein Stimmrecht gewährt und ein Stimmrecht ohne Aktie nicht besteht, Abs. 1 S. 1. Überdies wird in Abs. 2 festgelegt, dass jede Aktie das gleiche Stimmrecht gewährt.

B. Abspaltungsverbot

Das Stimmrecht ist eines der zentralen Verwaltungsrechte des Aktionärs. Eine Abspaltung des 2
Stimmrechts von der Mitgliedschaft ist ausgeschlossen, sog. **Abspaltungsverbot** (BGH NJW 1987, 780). Mit der Ausübung des Stimmrechts wirkt der Aktionär am Zustandekommen von Hauptversammlungsbeschlüssen mit. Einzelheiten der Stimmrechtsausübung sind in Sonderbestimmungen geregelt (vgl. §§ 123 Abs. 2 bis 4, 128, 129 Abs. 3, 134 ff. AktG).

C. Entzug, Ausschluss und Beschränkung des Stimmrechts, Mehrstimmrechte

Das Stimmrecht kann dem Aktionär gegen seinen Willen **nicht entzogen** werden. Auch die Um- 3
wandlung der Aktien in stimmrechtslose Vorzugsaktien bedarf der Zustimmung des Aktionärs (BGHZ 70, 117, 122; vgl. Erl zu § 139 AktG). Der **Stimmrechtsausschluss** bei Vorzugsaktien ist zulässig (Abs. 1 S. 2), er ist aber an die besonderen Voraussetzungen der §§ 139 bis 141 AktG gebunden.

Für die Ausübung des Stimmrechts gilt, dass **jede Aktie eine Stimme** vermittelt. Deshalb ist es 4
denkbar und zulässig, dass ein Aktionär aus mehreren Aktien uneinheitlich abstimmt.

Mehrstimmrechte, nach denen eine Aktie mehr Stimmen gibt, als ihrer Beteiligungsquote ent- 5
spricht, sind nach geltendem Recht unzulässig, vgl. Abs. 2. Für die nach früherem Recht zulässi-

gerweise begründete Mehrstimmrechte galt eine Übergangsregelung nach § 5 EGAktG, deren Befristung aber am 1. 6. 2003 ausgelaufen ist.

6 Zu beachten sind zahlreiche Möglichkeiten der **Beschränkung des Stimmrechts**. So darf die Satzung der AG **Höchststimmrechte** bei nichtbörsennotierten Gesellschaften nach § 134 Abs. 1 S. 2 bis 4 AktG einführen. Gesetzliche Beschränkungen des Stimmrechts folgen aus der Nichtbeachtung bestimmter aktien- bzw. kapitalmarktrechtlicher Verpflichtungen, vgl. § 20 Abs. 7 AktG, § 28 WpHG, 59 WpÜG. Nach § 136 Abs. 1 S. 1 AktG ist die Stimmrechtsausübung in den dort geregelten Fällen der Interessenkollision nicht zulässig. Beschränkungen des Stimmrechts auf autonom geschaffener rechtsgeschäftlicher Grundlage durch **Stimmbindungs-, Konsortial- oder Poolverträge** sind grundsätzlich zulässig (BGHZ 129, 136). Grenzen für solche Verträge ergeben sich neben dem Knebelungsverbot und der Schranke der guten Sitten aus der Bindung an die gesellschaftsbezogene Treuepflicht der Aktionäre, die ein Stimmverhalten verbietet, welches gegen das Gesellschaftsinteresse verstößt (BGHZ 129, 136).

§ 13 Unterzeichnung der Aktien

[1]Zur Unterzeichnung von Aktien und Zwischenscheinen genügt eine vervielfältigte Unterschrift. [2]Die Gültigkeit der Unterzeichnung kann von der Beachtung einer besonderen Form abhängig gemacht werden. [3]Die Formvorschrift muß in der Urkunde enthalten sein.

1 Die Vorschrift regelt einen Ausschnitt des **Rechts der Aktienurkunde** bzw. des Zwischenscheins. § 13 AktG will den Vorgang der Aktienunterzeichnung technisch erleichtern, insbesondere damit die massenweise Emission von Aktienurkunden praktisch bewältigt werden kann. Aus diesem Grunde genügt für die Unterzeichnung von Aktienurkunden bzw. Zwischenscheinen abweichend von §§ 126, 127 BGB, welche die eigenhändige Namensunterschrift fordern, die **vervielfältigte Unterschrift**.

2 Die Gültigkeit der Aktienurkunde setzt ihre **Unterzeichnung** voraus, S. 1. Diese kann wirksam nur von Vorstandsmitgliedern in vertretungsberechtigter Zahl (§ 78 AktG) oder von dazu bevollmächtigten Personen erfolgen. Die Unterschrift kann eigenhändig erfolgen, sie kann aber nach S. 1 auch in vervielfältigter Form wiedergegeben werden. Erforderlich ist somit die vervielfältigende Wiedergabe der Unterschrift; eine bloße Namensangabe reicht nicht aus. Auf welche Weise die Vervielfältigung erfolgt, wird in § 13 AktG nicht vorgeschrieben. In Betracht kommen somit Wiedergaben (Faksimile) durch Stempel, Druck oder andere Vervielfältigungen der Unterschrift auf der Urkunde.

3 Nach S. 2 kann die Gültigkeit der Unterzeichnung von weiteren Erfordernissen abhängig gemacht werden. In Betracht kommen insbesondere zusätzliche Unterschriften weiterer Personen, z. B. von Aufsichtsratsmitgliedern. Derartige Erfordernisse sind in der Satzung oder durch Beschluss der Hauptversammlung zu regeln (MüKo AktG/*Heider* § 14 Rn. 27). Zum Schutz des Rechtsverkehrs verlangt S. 3, dass solche besonderen Gültigkeitserfordernisse in den Urkundentext aufgenommen werden.

§ 14 Zuständigkeit

Gericht im Sinne dieses Gesetzes ist, wenn nichts anderes bestimmt ist, das Gericht des Sitzes der Gesellschaft.

1 Die Vorschrift regelt die **örtliche Zuständigkeit** von Gerichten, sofern im **Verfahren der freiwilligen Gerichtsbarkeit** nach dem FGG zu entscheiden ist. Eine Regelung der sachlichen Zuständigkeit trifft § 14 AktG nicht. Für die streitige Gerichtsbarkeit ergibt sich die Zuständigkeit der

Gerichte grundsätzlich aus den §§ 12 ff. ZPO. Erfasst werden die Tätigkeit des Registergerichts nach §§ 125 ff. FGG und Maßnahmen nach § 145 FGG. Für Streitsachen der freiwilligen Gerichtsbarkeit sind die Zuständigkeitsregeln der §§ 98 Abs. 1, 132 Abs. 1, 260 Abs. 1 AktG zu beachten.

Maßgeblich ist der Satzungssitz der Gesellschaft, § 5 Abs. 1 AktG. Hat die Gesellschaft einen Doppelsitz (vgl. § 5 AktG Rn. 6) sind die Gerichte beider Gesellschaftssitze zuständig. 2

§ 15 Verbundene Unternehmen

Verbundene Unternehmen sind rechtlich selbständige Unternehmen, die im Verhältnis zueinander in Mehrheitsbesitz stehende Unternehmen und mit Mehrheit beteiligte Unternehmen (§ 16), abhängige und herrschende Unternehmen (§ 17), Konzernunternehmen (§ 18), wechselseitig beteiligte Unternehmen (§ 19) oder Vertragsteile eines Unternehmensvertrags (§§ 291, 292) sind.

§ 16 In Mehrheitsbesitz stehende Unternehmen und mit Mehrheit beteiligte Unternehmen

(1) Gehört die Mehrheit der Anteile eines rechtlich selbständigen Unternehmens einem anderen Unternehmen oder steht einem anderen Unternehmen die Mehrheit der Stimmrechte zu (Mehrheitsbeteiligung), so ist das Unternehmen ein in Mehrheitsbesitz stehendes Unternehmen, das andere Unternehmen ein an ihm mit Mehrheit beteiligtes Unternehmen.

(2) [1]Welcher Teil der Anteile einem Unternehmen gehört, bestimmt sich bei Kapitalgesellschaften nach dem Verhältnis des Gesamtnennbetrags der ihm gehörenden Anteile zum Nennkapital, bei Gesellschaften mit Stückaktien nach der Zahl der Aktien. [2]Eigene Anteile sind bei Kapitalgesellschaften vom Nennkapital, bei Gesellschaften mit Stückaktien von der Zahl der Aktien abzusetzen. [3]Eigenen Anteilen des Unternehmens stehen Anteile gleich, die einem anderen für Rechnung des Unternehmens gehören.

(3) [1]Welcher Teil der Stimmrechte einem Unternehmen zusteht, bestimmt sich nach dem Verhältnis der Zahl der Stimmrechte, die es aus den ihm gehörenden Anteilen ausüben kann, zur Gesamtzahl aller Stimmrechte. [2]Von der Gesamtzahl aller Stimmrechte sind die Stimmrechte aus eigenen Anteilen sowie aus Anteilen, die nach Absatz 2 Satz 3 eigenen Anteilen gleichstehen, abzusetzen.

(4) Als Anteile, die einem Unternehmen gehören, gelten auch die Anteile, die einem von ihm abhängigen Unternehmen oder einem anderen für Rechnung des Unternehmens oder eines von diesem abhängigen Unternehmens gehören und, wenn der Inhaber des Unternehmens ein Einzelkaufmann ist, auch die Anteile, die sonstiges Vermögen des Inhabers sind.

§ 17 Abhängige und herrschende Unternehmen

(1) Abhängige Unternehmen sind rechtlich selbständige Unternehmen, auf die ein anderes Unternehmen (herrschendes Unternehmen) unmittelbar oder mittelbar einen beherrschenden Einfluß ausüben kann.

(2) Von einem in Mehrheitsbesitz stehenden Unternehmen wird vermutet, daß es von dem an ihm mit Mehrheit beteiligten Unternehmen abhängig ist.

§ 18 Konzern und Konzernunternehmen

(1) [1]Sind ein herrschendes und ein oder mehrere abhängige Unternehmen unter der einheitlichen Leitung des herrschenden Unternehmens zusammengefaßt, so bilden sie einen Konzern; die einzelnen Unternehmen sind Konzernunternehmen. [2]Unternehmen, zwischen denen ein Beherrschungsvertrag (§ 291) besteht oder von denen das eine in das andere eingegliedert ist (§ 319), sind als unter einheitlicher Leitung zusammengefaßt anzusehen. [3]Von einem abhängigen Unternehmen wird vermutet, daß es mit dem herrschenden Unternehmen einen Konzern bildet.

(2) Sind rechtlich selbständige Unternehmen, ohne daß das eine Unternehmen von dem anderen abhängig ist, unter einheitlicher Leitung zusammengefaßt, so bilden sie auch einen Konzern; die einzelnen Unternehmen sind Konzernunternehmen.

§ 19 Wechselseitig beteiligte Unternehmen

(1) [1]Wechselseitig beteiligte Unternehmen sind Unternehmen mit Sitz im Inland in der Rechtsform einer Kapitalgesellschaft, die dadurch verbunden sind, daß jedem Unternehmen mehr als der vierte Teil der Anteile des anderen Unternehmens gehört. [2]Für die Feststellung, ob einem Unternehmen mehr als der vierte Teil der Anteile des anderen Unternehmens gehört, gilt § 16 Abs. 2 Satz 1, Abs. 4.

(2) Gehört einem wechselseitig beteiligten Unternehmen an dem anderen Unternehmen eine Mehrheitsbeteiligung oder kann das eine auf das andere Unternehmen unmittelbar oder mittelbar einen beherrschenden Einfluß ausüben, so ist das eine als herrschendes, das andere als abhängiges Unternehmen anzusehen.

(3) Gehört jedem der wechselseitig beteiligten Unternehmen an dem anderen Unternehmen eine Mehrheitsbeteiligung oder kann jedes auf das andere unmittelbar oder mittelbar einen beherrschenden Einfluß ausüben, so gelten beide Unternehmen als herrschend und als abhängig.

(4) § 328 ist auf Unternehmen, die nach Absatz 2 oder 3 herrschende oder abhängige Unternehmen sind, nicht anzuwenden.

§ 20 Mitteilungspflichten

(1) [1]Sobald einem Unternehmen mehr als der vierte Teil der Aktien einer Aktiengesellschaft mit Sitz im Inland gehört, hat es dies der Gesellschaft unverzüglich schriftlich mitzuteilen. [2]Für die Feststellung, ob dem Unternehmen mehr als der vierte Teil der Aktien gehört, gilt § 16 Abs. 2 Satz 1, Abs. 4.

(2) Für die Mitteilungspflicht nach Absatz 1 rechnen zu den Aktien, die dem Unternehmen gehören, auch Aktien,

1. **deren Übereignung das Unternehmen, ein von ihm abhängiges Unternehmen oder ein anderer für Rechnung des Unternehmens oder eines von diesem abhängigen Unternehmens verlangen kann;**
2. **zu deren Abnahme das Unternehmen, ein von ihm abhängiges Unternehmen oder ein anderer für Rechnung des Unternehmens oder eines von diesem abhängigen Unternehmens verpflichtet ist.**

(3) Ist das Unternehmen eine Kapitalgesellschaft, so hat es, sobald ihm ohne Hinzurechnung der Aktien nach Absatz 2 mehr als der vierte Teil der Aktien gehört, auch dies der Gesellschaft unverzüglich schriftlich mitzuteilen.

(4) Sobald dem Unternehmen eine Mehrheitsbeteiligung (§ 16 Abs. 1) gehört, hat es auch dies der Gesellschaft unverzüglich schriftlich mitzuteilen.

(5) Besteht die Beteiligung in der nach Absatz 1, 3 oder 4 mitteilungspflichtigen Höhe nicht mehr, so ist dies der Gesellschaft unverzüglich schriftlich mitzuteilen.

(6) [1]Die Gesellschaft hat das Bestehen einer Beteiligung, die ihr nach Absatz 1 oder 4 mitgeteilt worden ist, unverzüglich in den Gesellschaftsblättern bekanntzumachen; dabei ist das Unternehmen anzugeben, dem die Beteiligung gehört. [2]Wird der Gesellschaft mitgeteilt, daß die Beteiligung in der nach Absatz 1 oder 4 mitteilungspflichtigen Höhe nicht mehr besteht, so ist auch dies unverzüglich in den Gesellschaftsblättern bekanntzumachen.

(7) [1]Rechte aus Aktien, die einem nach Absatz 1 oder 4 mitteilungspflichtigen Unternehmen gehören, bestehen für die Zeit, für die das Unternehmen die Mitteilungspflicht nicht erfüllt, weder für das Unternehmen noch für ein von ihm abhängiges Unternehmen oder für einen anderen, der für Rechnung des Unternehmens oder eines von diesem abhängigen Unternehmens handelt. [2]Dies gilt nicht für Ansprüche nach § 58 Abs. 4 und § 271, wenn die Mitteilung nicht vorsätzlich unterlassen wurde und nachgeholt worden ist.

(8) Die Absätze 1 bis 7 gelten nicht für Aktien eines Emittenten im Sinne des § 21 Abs. 2 des Wertpapierhandelsgesetzes.

§ 21 Mitteilungspflichten der Gesellschaft

(1) [1]Sobald der Gesellschaft mehr als der vierte Teil der Anteile einer anderen Kapitalgesellschaft mit Sitz im Inland gehört, hat sie dies dem Unternehmen, an dem die Beteiligung besteht, unverzüglich schriftlich mitzuteilen. [2]Für die Feststellung, ob der Gesellschaft mehr als der vierte Teil der Anteile gehört, gilt § 16 Abs. 2 Satz 1, Abs. 4 sinngemäß.

(2) Sobald der Gesellschaft eine Mehrheitsbeteiligung (§ 16 Abs. 1) an einem anderen Unternehmen gehört, hat sie dies dem Unternehmen, an dem die Mehrheitsbeteiligung besteht, unverzüglich schriftlich mitzuteilen.

(3) Besteht die Beteiligung in der nach Absatz 1 oder 2 mitteilungspflichtigen Höhe nicht mehr, hat die Gesellschaft dies dem anderen Unternehmen unverzüglich schriftlich mitzuteilen.

(4) [1]Rechte aus Anteilen, die einer nach Absatz 1 oder 2 mitteilungspflichtigen Gesellschaft gehören, bestehen nicht für die Zeit, für die sie die Mitteilungspflicht nicht erfüllt. [2]§ 20 Abs. 7 Satz 2 gilt entsprechend.

(5) Die Absätze 1 bis 4 gelten nicht für Aktien eines Emittenten im Sinne des § 21 Abs. 2 des Wertpapierhandelsgesetzes.

§ 22 Nachweis mitgeteilter Beteiligungen

Ein Unternehmen, dem eine Mitteilung nach § 20 Abs. 1, 3 oder 4, § 21 Abs. 1 oder 2 gemacht worden ist, kann jederzeit verlangen, daß ihm das Bestehen der Beteiligung nachgewiesen wird.

Die Vorschriften der §§ 15 bis 22 AktG regeln die Grundbegriffe des Rechts der verbundenen Unternehmen. Dieses Rechtsgebiet umfasst die Definitionsnormen der §§ 15 bis 19 AktG, die Mitteilungspflichten der §§ 20 bis 22 AktG sowie das materielle Konzernrecht der §§ 291 bis 338 AktG. Die Erläuterung dieser Vorschriften erfolgt im Rahmen des Kap. 14; auf dieses Kapitel wird an dieser Stelle verwiesen.

Zweiter Teil. Gründung der Gesellschaft

§ 23 Feststellung der Satzung

(1) [1]Die Satzung muß durch notarielle Beurkundung festgestellt werden. [2]Bevollmächtigte bedürfen einer notariell beglaubigten Vollmacht.

(2) In der Urkunde sind anzugeben

1. die Gründer;
2. bei Nennbetragsaktien der Nennbetrag, bei Stückaktien die Zahl, der Ausgabebetrag und, wenn mehrere Gattungen bestehen, die Gattung der Aktien, die jeder Gründer übernimmt;
3. der eingezahlte Betrag des Grundkapitals.

(3) Die Satzung muß bestimmen

1. die Firma und den Sitz der Gesellschaft;
2. den Gegenstand des Unternehmens; namentlich ist bei Industrie- und Handelsunternehmen die Art der Erzeugnisse und Waren, die hergestellt und gehandelt werden sollen, näher anzugeben;
3. die Höhe des Grundkapitals;
4. die Zerlegung des Grundkapitals entweder in Nennbetragsaktien oder in Stückaktien, bei Nennbetragsaktien deren Nennbeträge und die Zahl der Aktien jeden Nennbetrags, bei Stückaktien deren Zahl, außerdem, wenn mehrere Gattungen bestehen, die Gattung der Aktien und die Zahl der Aktien jeder Gattung;
5. ob die Aktien auf den Inhaber oder auf den Namen ausgestellt werden;
6. die Zahl der Mitglieder des Vorstands oder die Regeln, nach denen diese Zahl festgelegt wird.

(4) Die Satzung muß ferner Bestimmungen über die Form der Bekanntmachungen der Gesellschaft enthalten.

(5) [1]Die Satzung kann von den Vorschriften dieses Gesetzes nur abweichen, wenn es ausdrücklich zugelassen ist. [2]Ergänzende Bestimmungen der Satzung sind zulässig, es sei denn, daß dieses Gesetz eine abschließende Regelung enthält.

Übersicht:

A. Regelungszweck

Die Vorschrift enthält verschiedene grundlegende und bezüglich des Mindestinhalts der Satzung **zwingende Regelungen** des Aktienrechts. Mit der Feststellung der Satzung gem. Abs. 1 wird der Gesellschaftsvertrag der AG abgeschlossen. Die Satzung muss den in Abs. 3 und 4 ausgewiesenen **Mindestinhalt** aufweisen sowie eine **Aktienübernahmeerklärung** der Gründer gem. Abs. 2 enthalten. Abs. 5 regelt den **Grundsatz der Satzungsstrenge**. Nach diesem Grundsatz muss die AG die gesetzlich vorgeschriebene Grundstruktur aufweisen, die im Interesse der Kapitalanleger und der Verkehrsfähigkeit der Aktien nicht disponibel ist. 1

B. Feststellung der Satzung, Abs. 1

Mit der Feststellung der Satzung bezeichnet das AktG in § 23 Abs. 1 S. 1 den **Abschluss des Gesellschaftsvertrages** bzw. im Falle der Gründung durch einen Gesellschafter das einseitige Gründungsrechtsgeschäft (vgl. § 2 AktG Rn. 2). Die Begriffe Gesellschaftsvertrag und Satzung werden vom AktG ausweislich von § 2 AktG synonym verwendet. 2

I. Begriff der Satzung

Beim aktienrechtlichen Satzungsbegriff ist zwischen förmlichem und materiellem Verständnis zu unterscheiden. Während der **förmliche Satzungsbegriff** den gesamten Inhalt der Satzungsurkunde umfasst, ist der **materielle Satzungsbegriff** enger auf diejenigen Inhalte begrenzt, die die korporativen Rechtsverhältnisse der Gesellschaft und ihre Beziehungen zu den Gründern bzw. den künftigen Aktionären umfassen. Zentrale Bedeutung hat diese Unterscheidung vor allem für die **Satzungsauslegung** (vgl. dazu Rn. 6). 3

1. Materielle Satzungsbestimmungen

Materielle Satzungsbestimmungen, also solche mit nicht nur schuldrechtlichem, sondern **korporativem Charakter**, gelten nicht nur für die derzeitigen, bei Inkrafttreten der Bestimmung vorhandenen Gesellschafter oder einzelne von ihnen, sondern für einen unbestimmten Personenkreis, zu dem sowohl gegenwärtige als auch künftige Gesellschafter gehören (BGHZ 123, 347, 350). Dazu gehören insbesondere die Regelungen zur Ausgestaltung der Einlagepflicht gem. Abs. 2 sowie die des notwendigen Satzungsinhalts gem. Abs. 3 und 4. Materiellen Charakter haben ferner die gesellschaftsrechtlichen Verpflichtungen der AG gegenüber ihren Aktionären (z. B. Sonderrechte), abweichende Regelungen gem. Abs. 5 S. 1, ergänzende Regelungen gem. Abs. 5 S. 2, Bestimmungen zur Wahl des Aufsichtsratsvorsitzenden gem. § 107 Abs. 1 S. 1 AktG und solche zur Dauer der Gesellschaft, §§ 39 Abs. 2 i. V. m. 262 Abs. 1 Nr. 1 AktG sowie entsprechende Gerichtsstandsklauseln (BGHZ 123, 350). 4

2. Formelle Satzungsbestimmungen

Neben den materiellen kann die Satzung formelle, nicht korporative Bestimmungen enthalten. Sie haben damit keinen überindividuellen, sondern regelmäßig einen **schuldrechtlichen Charakter**, entfalten also Bindungswirkung nur für die an der Vereinbarung nicht beteiligten Personen. Die Besonderheit formeller Satzungsklauseln liegt neben ihrer Auslegung nach allgemeinen Auslegungsgrundsätzen der §§ 133, 157 BGB (vgl. Rn. 6) darin, dass sie ohne Rücksicht auf das für Satzungsänderungen vorgeschriebene Verfahren (vgl. dazu die ausführl. Erl. zu § 179 AktG) geändert werden können. Formelle Satzungsbestimmungen sind solche, die wegen Abs. 5 nicht wirksam als materielle Satzungsregelung vereinbart werden können: die Bestellung der ersten Aufsichtsratsmitglieder (vgl. § 30 AktG), die Begründung über § 55 AktG hinausgehender Nebenleistungspflichten, Absprachen über Sondervorteile (vgl. § 26 Abs. 1 AktG) sowie Regelungen zur Tragung des Gründungsaufwands (vgl. § 26 Abs. 2 AktG). 5

3. Auslegung der Satzung

6 Bei der Auslegung der Satzung ist zwischen materiellen und formellen Satzungsbestimmungen (vgl. Rn. 4 f.) zu unterscheiden. **Materielle Satzungsinhalte** unterliegen einer von den allgemeinen Grundsätzen der Rechtsgeschäftsauslegung nach §§ 133, 157 BGB abweichenden **Auslegung nach dem objektiven Erklärungswert** (BGHZ 123, 347). Die Auslegung orientiert sich nicht anders als bei der Auslegung von Gesetzen am **Wortlaut** unter Berücksichtigung des üblichen Sprachgebrauchs und der Verkehrssitte sowie am erkennbar werdenden **Zweck der Bestimmung**. Auf allgemein zugängliche Unterlagen – wie die Registerakten nebst den Anmeldeunterlagen gem. § 37 Abs. 4 AktG – kann zurückgegriffen werden. Subjektive Kriterien dagegen – wie die Absichten und Erwägungen der Gründer, die Dritten nicht erkennbar geworden sind – finden bei der Auslegung materieller Satzungsklauseln keine Berücksichtigung. Die Anwendbarkeit der Grundsätze objektiver Auslegung für materielle Satzungsbestimmungen ist vor der Eintragung (vgl. *Hüffer* AktG, § 23 Rn. 40) der AG nicht unbestritten, wird aber wegen der Anerkennung der Vorgesellschaft als einer Gesellschaft, auf die das Recht der AG bereits weitgehend anzuwenden ist, zu Recht befürwortet (vgl. MüKo AktG/*Pentz* § 23 Rn. 48).

7 **Formelle Satzungsbestimmungen** unterliegen im Unterschied zu dem materiellen (korporativen) Satzungsbestimmungen den Grundsätzen der objektiven Auslegung nicht. Für sie gelten vielmehr die **allgemeinen Grundsätze** der Auslegung von Willenserklärungen nach §§ 133, 157 BGB. Insofern kommt es maßgeblich auf den **Willen der Satzungsurheber** an.

4. Mängel der Satzung

a) Vor der Eintragung

8 Gründungsmängel können in der Zeit zwischen der förmlichen Errichtung der AG (vgl. § 29 AktG) und dem Zeitpunkt des Vollzugsbeginns insbesondere durch die Entgegennahme der Kapitaleinlagen oder der Vornahme von Rechtsgeschäften der Vor-Gesellschaft mit Dritten von den Gründern nach den allgemeinen Bestimmungen über Mängel von Willenserklärungen (§§ 104 ff. BGB) geltend gemacht werden. § 139 BGB findet nach umstrittener Rechtsauffassung keine Anwendung (MüKo AktG/*Pentz* § 23 Rn. 167; *Hüffer* AktG, § 23 Rn. 41; a. A. GroßkommAktG/*Röhricht* § 23 Rn. 212).

9 Ist die **Vor-Gesellschaft in Vollzug** gesetzt, gelten für sie die Regeln der **fehlerhaften Gesellschaft** (*Paschke* ZHR 155 (1991), 1). Mängel können deshalb nicht mehr uneingeschränkt geltend gemacht werden; in Betracht kommt aber die Auflösung und Abwicklung der Vor-Gesellschaft (BGHZ 13, 320 für die Vor-GmbH). Eine Verpflichtung der Gründer, die Mängel zu heilen und die Eintragung der Gesellschaft weiter zu betreiben, besteht grundsätzlich nicht, es sei denn die Treuepflicht gebietet ausnahmsweise ein entsprechendes Verhalten (GroßkommAktG/*Röhricht* § 23 Rn. 214).

b) Nach der Eintragung

10 Das Registergericht hat die ordnungsgemäße Errichtung und Anmeldung der Gesellschaft zu prüfen und bei Vorhandensein von Mängeln die Eintragung nach Fristsetzung zum Zwecke der Behebung der Mängel (§ 26 S. 2 HRV) abzulehnen, wobei nach § 38 Abs. 3 AktG materielle Satzungsmängel nur eingeschränkt ein Eintragungshindernis bedeuten. Gelangt die Gesellschaft trotz mangelhafter Satzung zur Eintragung, entsteht die Gesellschaft als vollgültige AG, unabhängig davon, ob die Satzungsmängel nach § 38 AktG kein Eintragungshindernis darstellen oder aber das Registergericht ein bestehendes Eintragungshindernis nicht beachtet hat (BGHZ 21, 378, 382 f.). Ausnahmen ergeben sich aus § 275 AktG. Im Fall eines nach § 275 Abs. 1 S. 1 AktG erheblichen Mangels kann das Registergericht die Löschung der AG von Amts wegen vornehmen, § 144 FGG (vgl. Erl. zu § 275 AktG). Fehlende oder nichtige Bestimmungen nach § 23 Abs. 3 AktG können zur Auflösung der AG nach § 262 Abs. 1 Nr. 5 AktG, § 144 a FGG führen (vgl. dazu ausführl. § 262 AktG). Ein Verstoß gegen § 23 Abs. 4 AktG wird dagegen nicht sanktioniert. Obwohl das AktG für Gründungsmängel keine Heilung durch Zeitablauf vorsieht, können nach zutreffender Auffassung Mängel der Gründungssatzung in entsprechender Anwendung von

§ 242 Abs. 2 AktG nach der 3-Jahres-Frist seit Eintragung nicht mehr geltend gemacht werden, zumal das AktG nichtige Satzungsbestimmungen unter den Voraussetzungen des § 38 Abs. 3 AktG hinnimmt (str.; vgl. BGHZ 144, 365 ff.; a. A. *Goette* FS Röhricht 2005, 115, 123 ff.).

II. Satzungsfeststellung

Die Feststellung der Satzung hat den hybriden Charakter eines **Schuld- und Organisationsrechtsgeschäfts**. Mit seiner schuldrechtlichen Komponente werden die Vereinbarungen der Gründer über die Errichtung der AG und die damit einhergehenden Rechten und Pflichten (Einlagepflichten, ggf. Aufteilung der Anteile) erfasst, der organisationsrechtliche Teil betrifft die vom Gesetz weitgehend vorgeschriebenen Regelungen über die korporative Struktur der AG. Die Feststellung erfolgt regelmäßig durch inhaltlich übereinstimmende, aufeinander bezogenen **Willenserklärungen der Gründer** bzw. das entsprechende Rechtsgeschäft bei der Ein-Personen-Gründung (vgl. § 2 AktG Rn. 2). Die allgemeinen Regeln des Willenserklärungs- und Vertragsrechts der §§ 104 ff. BGB sind grundsätzlich anwendbar. Für die **rechtsgeschäftliche Vertretung** gelten die Vorschriften der §§ 164 ff. BGB. Die Vollmacht bedarf jedoch abweichend von § 167 Abs. 2 BGB der notariellen Beglaubigung, § 23 Abs. 1 S. 2 AktG, § 129 BGB, § 40 BeurkG; ohne diese ist die Vollmacht nichtig, § 125 BGB. Der Prokurist bedarf dagegen keiner notariell beglaubigten Vollmacht; die Vorlage des Registerauszuges reicht aus (str.; vgl. GroßkommAktG/*Röhricht* § 23 Rn. 62). 11

Die Satzungsfeststellung muss **durch notarielle Beurkundung** festgestellt werden, Abs. 1 S. 1. Die Erklärungen können in getrennten, inhaltlich aufeinander Bezug nehmenden Urkunden enthalten ein. Für die Niederschrift gelten die Vorschriften der §§ 8 ff. BeurkG. Der vollständige Wortlaut der Satzung muss nicht in jeder Niederschrift enthalten sein; er muss aber zumindest in einer Urkunde aufgeführt sein. Der vollständige Wortlaut der Satzung ist analog § 181 Abs. 1 S. 2 AktG zum Handelsregister einzureichen (OLG Frankfurt OLGZ 1981, 310, 311). 12

Erfolgt bei Verwaltungssitz der AG im Inland die **Satzungsfeststellung im Ausland** ist die Form des Abs. 1 S. 1 einzuhalten (h. M.; vgl. *Hüffer* AktG, § 23 Rn. 10; offen gelassen von BGHZ 80, 76, 78). Die **Beurkundung im Ausland** genügt unter der Voraussetzung materieller Gleichwertigkeit nach ebenfalls h. M. dem Beurkundungserfordernis des Abs. 1 S. 1. Die Gleichwertigkeit ist gegeben, wenn die ausländische Urkundsperson nach Vorbildung und Stellung im Rechtsleben eine der Tätigkeit des deutschen Notars entsprechende Funktion auszuüben und ein Verfahrensrecht zu beachten hat, das den tragenden Grundsätzen des deutschen Beurkundungsrecht entspricht (BGHZ 80, 76, 78; näher zur Gleichwertigkeit MüKo AktG/*Pentz* § 23 Rn. 33 ff.; vgl. zur Auslandsbeurkundung bzw. Gleichwertigkeit auch Kap. 7 § 15 Rn. 25 f. – in Bezug auf die Übertragung von GmbH-Geschäftsanteilen). Ein deutscher Notar kann wegen der Regelungen des KonsularG im Ausland nicht wirksam tätig werden; die so beurkundete Satzungsfeststellung wäre nach § 125 BGB formnichtig. 13

C. Aktienübernahmeerklärung, Abs. 2

Abs. 2 schreibt eine Aktienübernahmeerklärung vor. Mit ihr verpflichten sich die Gründer zur Übernahme von Aktien und in der Konsequenz zur Leistung der entsprechenden Einlage, § 54 AktG. Bei ihr handelt es sich rechtstechnisch um eine von der Feststellung der Satzung verschiedene Erklärung. Sie gehört nicht zum Satzungsinhalt gem. Abs. 3 (*Hüffer* NJW 1979, 1065, 1066). 14

Die Verpflichtung trifft die oder den **Gründer**, Abs. 2 Nr. 1. Gründer kann nur sein, wer Aktien übernimmt. Die Angabe der Gründer in der Urkunde muss die **Individualisierung** der Personen **ermöglichen**. Deshalb sind bei natürlichen Personen der Vor- und Nachname, bei juristischen Personen die Firma und der Sitz anzugeben. Auf die Vertretungsregeln findet die Formvorschrift des Abs. 1 S. 2 keine Anwendung; diese gilt nur für die Satzungsfeststellung. 15

Bei den erforderlichen Angaben unterscheidet Abs. 2 Nr. 2: Bei **Nennbetragsaktien** sind der Nennbetrag (§ 8 Abs. 2 AktG), der Ausgabebetrag (§ 9 AktG) und ggf. die Aktiengattung (§ 11 AktG) anzugeben, die der einzelne Gründer übernimmt. Bei Stückaktien lässt die Vorschrift 16 die Angabe ihrer Zahl sowie die ihres Ausgabebetrages und ggf. der Gattung genügen; eine Angabe des auf die einzelne Stückaktie entfallenden anteiligen Betrags des Grundkapitals (§ 8 Abs. 3 S. 3 AktG) ist nicht geboten. Obwohl es nach dem Wortlaut des Abs. 2 Nr. 2 auszureichend scheint, dass die Summe der Nennbeträge (bzw. bei Stückaktien die Anzahl der Aktien) und die Summe der Ausgabebeträge für jeden einzelnen Gründer angegeben werden, sind nach zutreffender Auffassung zur unmissverständlichen Festlegung der Rechte und Pflichten im Verhältnis zwischen Gründern und AG weitere Angaben erforderlich. Dieses Erfordernis besteht bei Ausgabe von Aktien mit unterschiedlichen Nenn- und/oder Ausgabebeträgen und bei Zeichnung verschiedener Gattungen durch einen Gründer; anzugeben ist, wie viele Aktien der jeweiligen Art jeder Gründer übernimmt (MüKo AktG/*Pentz* § 23 Rn. 59). Werden unterschiedliche Aktiengattungen ausgegeben, ist die Aufteilung der Nennbeträge bzw. bei Stückaktien die Aufteilung der Stückzahl nach der jeweiligen Gattungsart erforderlich. Werden **Namens- und Inhaberaktien** ausgegeben, ist anzugeben, welcher Gründer welche Anzahl übernimmt.

17 Nach Abs. 2 Nr. 3 ist ferner der **eingezahlte Betrag des Grundkapitals** anzugeben. Dabei handelt es sich um den von den Gründern im Zeitpunkt der Satzungsfeststellung tatsächlich eingezahlten Betrag. Er unterscheidet sich durch den zeitlichen Bezugspunkt und damit ggf. auch der Summe nach von dem bei der Anmeldung nach § 37 Abs. 1 S. 1 AktG anzugebenden Betrag.

D. Notwendiger Satzungsinhalt, Abs. 3 und 4

Aus den Abs. 3 und 4 ergibt sich der notwendige Satzungsinhalt:

18 – **Firma und Sitz (Abs. 3 Nr. 1):** vgl. dazu die Erl. zu §§ 4 und 5 AktG.

19 – **Gegenstand des Unternehmens (Abs. 3 Nr. 2):** Gegenstand des Unternehmens ist die Tätigkeit, welche die Gesellschaft zu betreiben beabsichtigt (BGH NJW 1992, 1824). Er ist vom **Gesellschaftszweck** zu unterscheiden, mit dem der Sinn des Verbandes (insbesondere Gewinnerzielung) bezeichnet wird. Während die Zweckänderung nach der auch für die AG geltenden Regelung in § 33 Abs. 1 S. 2 BGB der Zustimmung aller Aktionäre bedarf, genügt für die Änderung des Unternehmensgegenstandes eine Mehrheitsentscheidung, § 179 Abs. 2 AktG (vgl. § 179 AktG Rn. 12 ff.). Die Angabe des Unternehmensgegenstandes hat nach Abs. 3 Nr. 2 bei Handels- und Industrieunternehmen **individualisiert** zu erfolgen, damit nichtssagende Angaben (z. B. Betrieb eines Kaufmannsgeschäfts) unterbleiben (BayObLG NJW-RR 1996, 413, 414). Anzugeben ist deshalb insbesondere, ob Produkte erzeugt, bearbeitet oder gehandelt werden; sie sind ggf. der Art nach zu bezeichnen (z. B. Herstellung und Vertrieb von Bekleidungsgegenständen). Bei Dienstleistungen ist die Art der Tätigkeit anzugeben (z. B. Anlageberatung). Allgemeinbezeichnungen (Im- und Export von Waren aller Art) sind nur ausnahmsweise zulässig, wenn eine nähere Konkretisierung nicht möglich ist (BayObLG NZG 2003, 482). Zusätze (z. B. »und verwandte Geschäfte«, »einschließlich der Gründung von Zweigniederlassungen« oder »einschließlich des Erwerbs von Beteiligungen«) und die Angabe von Hilfsgeschäften sind zulässig. Deren Angabe kann im Hinblick auf die von § 52 Abs. 9 AktG gewährleistete Nachgründungsfreiheit, für deren Reichweite es auf den satzungsmäßigen Unternehmensgegenstand ankommt (vgl. § 52 AktG Rn. 19), angezeigt sein.

20 – **Höhe des Grundkapitals (Abs. 3 Nr. 3):** Gefordert wird eine **konkrete Angabe in Euro** (vgl. § 6 AktG). Mittelbare Angaben, etwa die Angabe der Zahl der Aktien und ihrer Ausgabebeträge, reichen nicht aus.

21 – **Zerlegung des Grundkapitals (Abs. 3 Nr. 4):** In Anknüpfung an § 1 Abs. 2 AktG soll die Angabe die Zerlegung des Grundkapitals benennen. Notwendig sind deshalb Angaben über die Aktiensorten (Nennbetrags- oder Stückaktien) und über die Einteilung des Grundkapitals (Nennbeträge bzw. Aktienzahl) sowie über die Aktiengattung und die Zahl der Aktien jeder Gattung bei mehreren Aktiengattungen (vgl. dazu insbes. § 8 AktG Rn. 2 ff. sowie zu den besonderen Gattungen § 11 AktG Rn. 2 ff.).

– Inhaber- und Namensaktien (Abs. 3 Nr. 5): Anzugeben ist, ob Inhaber- oder Namensaktien bzw. beide Aktienarten ausgegeben werden. Dabei haben die Gründer grundsätzlich die freie Wahl (dazu ausführl. § 10 AktG Rn. 2 ff.). 22

– Zahl der Vorstandsmitglieder (Abs. 3 Nr. 6): Wegen der vom Gesetz in Abs. 3 Nr. 6 zugelassenen Varianten (konkrete Zahl oder Angabe der Regel zu ihrer Festlegung) muss keine **konkrete Angabe der Zahl** erfolgen. Die Festlegung von Mindest- oder Höchstzahlen ist ebenfalls zulässig. Ebenso wird eine Angabe als zulässig angesehen, nach der die Zahl der Vorstandsmitglieder durch den Aufsichtsrat festgelegt wird (BGH NZG 2002, 817, 818). Bei den Angaben sind die stellvertretenden Mitglieder nach § 94 AktG einzubeziehen. 23

– Form der Bekanntmachung (Abs. 4): Die Regelung steht in sachlichem Zusammenhang mit derjenigen des § 25 AktG, die die sog. **Pflichtbekanntmachung** regelt. Diese sind im elektronischen Bundesanzeiger vorzunehmen; daneben kann nach § 25 S. 2 AktG die Satzung andere Blätter oder elektronische Informationsmedien als Medien der Pflichtbekanntmachung vorsehen (s. auch § 25 AktG Rn. 1). Diese Regelungen des § 25 AktG sind abschließender Art, weswegen § 23 Abs. 4 AktG nur die sog. **freiwillige Bekanntmachungen**, die Gesetz oder Satzung vorsehen, ohne dass die Gesellschaftsblätter als Publikationsmedium vorgeschrieben werden, erfasst. Für solche freiwilligen Bekanntmachungen ist in der Satzung eine Form zu bestimmen. Für die Formwahl bestehen keine gesetzlichen Vorgaben; in Betracht kommen insbesondere der elektronische Bundesanzeiger, Tageszeitungen oder (eingeschriebene) Briefe. 24

E. Grenzen der Satzungsautonomie, Abs. 5

Nach dieser Regelung sind die gesetzlichen Regelungen weitgehend zwingend; die Satzungsautonomie ist erheblich eingeschränkt. Die Rechtslage bei der AG weist damit einen fundamentalen Unterschied zur Rechtslage bei der GmbH auf (vgl. Einl. zu diesem Kapitel Rn. 26). Damit soll in der AG der für erforderlich gehaltene Schutz von Gläubigern und künftigen Aktionären gewährleistet werden. Auf diesen Schutz kann sich auch der Kapitalmarkt verlassen; dadurch wiederum soll die Fungibilität die Aktie gestärkt werden (zur rechtspolitischen Bewertung und Problematik siehe *Fleischer* ZHR 168 (2004), 673, 691 f.; *Grundmann/Möslein* ZGR 2003, 317, 363 f.). 25

I. Abweichungen

Abweichungen sind nur gestattet, wenn das Gesetz sie ausdrücklich zulässt. Eine Abweichung in diesem Sinn liegt vor, wenn die gesetzliche Regelung durch eine andere ersetzt wird. Die ausdrückliche Zulassung durch das Gesetz ist gegeben, wenn sich die Befugnis aus dem Wortlaut des Gesetzes eindeutig ergibt. Das Schweigen des Gesetzes begründet eine Abweichungsbefugnis nicht. 26

II. Ergänzungen

Eine Ergänzung des Gesetzesrechts liegt vor, wenn das Gesetz den entsprechenden Regelungsinhalt nicht enthält oder aber der Rechtsgedanke einer gesetzlichen Regelung weiterentwickelt wird. Eine **ergänzende Bestimmung** der Satzung ist grundsätzlich zulässig, es sei denn, dass das AktG eine abschließende Regelung enthält. Vereinzelt sind Ergänzungen durch die Satzung **ausdrücklich zugelassen**: §§ 8 Abs. 2, 11, 25 S. 2, 39 Abs. 2 i. V. m. 262 Abs. 1 Nr. 1, 55 Abs. 1, 63 Abs. 3, 68 Abs. 2 S. 1, 100 Abs. 4, 107 Abs. 1 S. 1, 113 Abs. 1 S. 2, 119 Abs. 1, 121 Abs. 1, Abs. 2 S. 3, 134 Abs. 4 und 237 Abs. 1 S. 2 AktG. 27

Ob eine Norm eine abschließende Regelung enthält, ist durch Auslegung zu ermitteln. **Abschließende Regelungen** enthalten: §§ 242, 275, 107 Abs. 3 S. 1 (BGHZ 83, 106, 115), 130 Abs. 4 S. 1 AktG. **Keine abschließende Regelung** enthält § 134 Abs. 3 AktG, so dass die Satzung regeln kann, dass der Stimmrechtsvertreter Aktionär sein muss. 28

Im Wege ergänzender Regelung in der Satzung sind insbesondere **zulässig**: für Vorstandsmitglieder geltende **persönliche Anforderungen** (Höchstalter, berufliche Qualifikation, Zugehörigkeit 29 zur Familie; vgl. *Hüffer* AktG, § 23 Rn. 38), für den Aufsichtsrat die **Bestellung eines Ehrenvorsitzenden**, für Aktionäre die **Erweiterung des Auskunftsrechts**, die Bildung **fakultativer Gremien** (Beirat, Verwaltungsrat) sowie **Gerichtsstandsvereinbarungen** (BGHZ 123, 347, 349 ff.).

III. Satzungsergänzende (schuldrechtliche) Nebenabreden

30 Hierbei handelt es sich um Vereinbarungen, die Aktionäre bei der Gründung oder nachträglich treffen, um ihre Rechtsverhältnisse untereinander bzw. zur AG **außerhalb der Satzungsurkunde** zu regeln. Ihre Zulässigkeit ist im Grundsatz unbestritten (BGHZ 32, 17, 29); allerdings können solche Abreden nicht bewirken, dass eine bestimmte organisationsrechtliche Regelung der Satzung geändert wird (BGHZ 123, 15, 20). Bei ihnen handelt es sich um regelmäßig schuldrechtliche Abreden, die auch den Charakter einer **Innengesellschaft bürgerlichen Rechts** zwischen den beteiligten Aktionären haben können (*Baumann/Reiß* ZGR 1989, 157, 200 f.). Ihre Verletzung kann insbesondere Schadenersatzansprüche auslösen. Da es sich um von der Satzung verschiedene, selbstständige Abreden handelt, ist zweifelhaft, ob ein Hauptversammlungsbeschluss wegen Verstoßes gegen eine Nebenabrede angefochten werden kann (so BGH NJW 1987, 1890, 1891 zur GmbH für den Fall, dass sämtliche Gesellschafter gebunden sind; dazu näher § 243 AktG Rn. 2 ff.).

31 Solche Nebenreden betreffen insbesondere **Stimmbindungsvereinbarungen** (vgl. dazu § 133 AktG Rn. 7 ff.), Abreden zur **Besetzung von Vorstand und Aufsichtsrat** sowie **Vorkaufsrechte** und **Informationspflichten** (vgl. *Baumann/Reiß* ZGR 1989, 157, 181 ff.).

§ 24 Umwandlung von Aktien

Die Satzung kann bestimmen, daß auf Verlangen eines Aktionärs seine Inhaberaktie in eine Namensaktie oder seine Namensaktie in eine Inhaberaktie umzuwandeln ist.

1 Die Vorschrift enthält die Regelung, dass die Satzung dem einzelnen Aktionär ein **Recht auf Umwandlung** von Inhaber- in Namensaktien oder umgekehrt einräumen kann. Die Regelung ist gegenständlich begrenzt auf den **Wechsel der Urkundenart**, sie gilt nicht für Aktien verschiedenen Ausgabebetrags oder unterschiedlicher Gattung.

2 Das Recht des Aktionärs wird **durch die Satzung** geschaffen. Es kann durch die Satzung näher ausgestaltet, beschränkt oder auch wieder entzogen werden. In Betracht kommen insbesondere Zustimmungsvorbehalte zugunsten des Vorstands, die Beschränkung auf bestimmte Aktiengattungen oder Aktienarten bzw. Form- und Kostentragungsregeln für das Umwandlungsbegehren.

3 Äußert ein Aktionär sein Umwandlungsverlangen, hat der Vorstand dieses durchzuführen. Dazu ist der Urkundentext abzuändern oder es sind neue Aktien gegen Rückgabe der alten auszugeben; die Neuausgabe ist im Aktienregister einzutragen, § 67 AktG.

4 Neben der Umwandlung auf Verlangen des Aktionärs kommt eine Umwandlung im Wege der **Satzungsänderung** in Betracht. In diesem Fall bedarf es eines Beschlusses der Hauptversammlung nach §§ 179 ff. AktG. Durch den satzungsändernden Beschluss sind die Aktionäre zur Mitwirkung an der Durchführung der Umwandlung verpflichtet. Die Zustimmung jedes Aktionärs ist darüber hinaus nach h. M. nicht erforderlich (OLG Hamburg AG 1970, 230; MüKo AktG/*Pentz* § 24 Rn. 12).

§ 25 Bekanntmachungen der Gesellschaft

[1]Bestimmt das Gesetz oder die Satzung, daß eine Bekanntmachung der Gesellschaft durch die Gesellschaftsblätter erfolgen soll, so ist sie in den elektronischen Bundesanzeiger einzurücken. [2]Daneben kann die Satzung andere Blätter oder elektronische Informationsmedien als Gesellschaftsblätter bezeichnen.

S. 1 bestimmt – in Übereinstimmung mit der Parallelregelung in § 12 GmbHG – den **elektronischen Bundesanzeiger als Pflichtmedium** für die sog. Pflichtbekanntmachungen der Gesellschaft und ersetzt damit die Druckausgabe des Bundesanzeigers. Die Regelung bezieht sich nur auf die sog. Pflichtbekanntmachungen der Gesellschaft, also diejenigen Bekanntmachungen, für die im Gesetz zwingend die Publikation in den Gesellschaftsblättern vorgeschrieben ist (insbesondere §§ 20 Abs. 6, 64 Abs. 2, 97 Abs. 1, 106, 121 Abs. 3 AktG) oder unter den Vorbehalt anders lautender Satzungsbestimmungen gestellt sind (§ 63 Abs. 1 AktG). In der Satzung können gem. S. 2 **weitere Medien** bestimmt werden, über die die Bekanntmachungen zu erfolgen haben. Eine Pflicht, von dieser Möglichkeit Gebrauch zu machen und neben dem elektronischen Bundesanzeiger weitere Gesellschaftsblätter zu benennen, besteht nicht und ist angesichts der Verfügbarkeit des elektronischen Bundesanzeigers über das Internet auch nicht zu empfehlen. 1

Von den sog. Pflichtbekanntmachungen sind die sog. **freiwilligen Bekanntmachungen** zu unterscheiden, die ebenfalls durch Gesetz oder Satzung vorgeschrieben sind, ohne dass aber die Gesellschaftsblätter als Publikationsmedium vorgeschrieben werden. Insofern sind die Gründer verpflichtet, die Art und Weise der Publikation in der Satzung zu regeln, § 23 Abs. 4 AktG (vgl. § 23 AktG Rn. 24). 2

§ 26 Sondervorteile. Gründungsaufwand

(1) Jeder einem einzelnen Aktionär oder einem Dritten eingeräumte besondere Vorteil muß in der Satzung unter Bezeichnung des Berechtigten festgesetzt werden.

(2) Der Gesamtaufwand, der zu Lasten der Gesellschaft an Aktionäre oder an andere Personen als Entschädigung oder als Belohnung für die Gründung oder ihre Vorbereitung gewährt wird, ist in der Satzung gesondert festzusetzen.

(3) [1]Ohne diese Festsetzung sind die Verträge und die Rechtshandlungen zu ihrer Ausführung der Gesellschaft gegenüber unwirksam. [2]Nach der Eintragung der Gesellschaft in das Handelsregister kann die Unwirksamkeit nicht durch Satzungsänderung geheilt werden.

(4) Die Festsetzungen können erst geändert werden, wenn die Gesellschaft fünf Jahre im Handelsregister eingetragen ist.

(5) Die Satzungsbestimmungen über die Festsetzungen können durch Satzungsänderung erst beseitigt werden, wenn die Gesellschaft dreißig Jahre im Handelsregister eingetragen ist und wenn die Rechtsverhältnisse, die den Festsetzungen zugrunde liegen, seit mindestens fünf Jahren abgewickelt sind.

A. Regelungszweck

Die Vorschrift bezweckt zusammen mit der Vorschrift des § 27 AktG den **Schutz von Gläubigern und Aktionären** vor den Risiken, die mit der Einführung von Sondervorteilen für bestimmte Aktionäre bzw. der Regelung von Gründerentschädigungen bei der Gründung der AG verbunden sein können. Solche Risiken bestehen darin, dass die Gründung der AG als ein Geschäft zu Lasten von Aktionären oder Gläubigern betrieben wird (*Juncker* ZHR 159 (1995) 207, 209 f.). § 26 AktG begegnet den Risiken dadurch, dass die Vorschrift Sondervorteile und Gründungsentschädi- 1 gungsregeln **publizitätspflichtig** macht; die Verletzung der Publizitätspflicht stellt einen Errichtungsmangel dar, der ein Eintragungshindernis und die zivilrechtliche Unwirksamkeit der betroffenen Rechtsgeschäfte zur Folge hat.

B. Festsetzung von Sondervorteilen, Abs. 1

2 Abs. 1 schafft ein **Transparenzerfordernis für Sondervorteile**. Diese müssen in der Satzung unter Bezeichnung des Berechtigten festgesetzt werden. Sondervorteile im Sinne dieser Regelung sind solche Rechte, die Aktionären oder Dritten aus Anlass der Gründung gewährt werden, **ohne aus der Mitgliedschaft selbst hervorzugehen**. Nicht jedes vorteilhafte Geschäft mit der AG bedeutet zugleich einen Sondervorteil. Abs. 1 verlangt die Gewährung eines Vorteils **aus Anlass der Gründung**. Dieser Anlassfall ist gegeben, wenn die Vorteilsgewährung und die Gesellschaftsgründung in einem sachlichen Zusammenhang stehen. Das Gesetz stellt nicht darauf ab, wer die entsprechende Leistung zu erbringen hat, so dass sowohl Leistungen der AG als auch solche von Aktionären erfasst werden. Ab- und auszugrenzen vom Begriff der Sondervorteile sind die aus der Mitgliedschaft folgenden Sonderrechte i. S. d. § 11 S. 1 AktG (vgl. dazu § 11 AktG Rn. 1).

3 Dem Erfordernis der Festsetzung in der Satzung ist nur dann Genüge getan, wenn die Angaben detailliert und korrekt erfolgen. Andernfalls ist die betroffene vertragliche Einigung gegenüber der Gesellschaft nach Abs. 3 unwirksam. Die **zivilrechtliche Wirksamkeit** vereinbarter Sondervorteile wird von Abs. 1 nicht abschließend geregelt; sie hängt insgesamt davon ab, dass kein Verstoß gegen Vorschriften des AktG oder andere Bestimmungen vorliegt.

4 Eine Rechtspflicht zur Aufnahme des gesamten vorteilsgewährenden Vertragstextes in die Satzung ergibt sich aus Abs. 1 nicht. Nach § 37 Abs. 4 Nr. 2 AktG sind entsprechende Verträge der Registeranmeldung lediglich beizufügen.

C. Festsetzung des Gründungsaufwands, Abs. 2

5 Nach Abs. 2 ist der Gesamtbetrag der Entschädigung- bzw. Entlohnungszahlungen aus Anlass der Gesellschaftsgründung in der Satzung festzusetzen. Überhöhte Vergütungen stellen Sondervorteile i. S. d. Abs. 1 dar. Sie sind nur wirksam, wenn der Berechtigte in der Satzung gem. Abs. 1 genau bezeichnet wird (s. Rn. 3).

D. Rechtsfolgen, Abs. 3

6 Fehlende oder unrichtige Festsetzungen in der Satzung sind **Errichtungsmängel i. S. d. § 38 Abs. 1 AktG** und führen zur Ablehnung der Eintragung, sofern der Mangel nicht – ggf. durch eine Verfügung angeregt – behoben wird. Eine **Schadenersatzpflicht** der Gründer und der Vergütungsempfänger kommt nach § 46 bzw. § 47 Nr. 1 AktG in Betracht. Abs. 3 S. 1 ordnet die **zivilrechtliche Unwirksamkeit** der gegen Abs. 1 oder 2 verstoßenden Verträge gegenüber der AG an. Die Gesellschaft muss die Leistung auf die unwirksamen Verträge verweigern bzw. hat die zu Unrecht gewährte Leistung zurückzufordern.

7 Bis zum Zeitpunkt der Eintragung der AG in das Handelsregister kann die fehlende Festsetzung durch Änderung der Satzung **nachgeholt** werden; damit wird der Mangel der Vereinbarung geheilt. Nach der Eintragung der AG ist die Heilung nach Abs. 3 S. 2 nicht mehr möglich.

E. Änderungen, Beseitigung, Abs. 4 und 5

8 Die Änderung der in der Satzung getroffenen Festsetzungen ist nach Abs. 4 erst nach einer **Frist von fünf Jahren** seit Eintragung der AG in das Handelsregister zulässig. Mit dieser Regelung, deren Frist der Verjährungsfrist nach § 51 AktG entspricht, soll verhindert werden, dass der Ersatzpflicht nach §§ 46, 47 AktG rückwirkend die Grundlage entzogen wird.

9 Die **Beseitigung von Festsetzungen** ist im Unterschied zu deren Änderung nur unter den engen Voraussetzungen des Abs. 5 möglich. Da neben der Eintragungsdauer von 30 Jahren vorausge-

setzt wird, dass die Festsetzung seit mindestens fünf Jahren abgewickelt, d. h. regelmäßig durch Erfüllung erloschen ist (§ 362 Abs. 1 BGB), führt die Regelung zu der aus Sicht des Aktionärs- und Gläubigerschutzinteresses letztlich wohl übertriebenen Konsequenz, dass das Gesetz die Publizität selbst nur noch historisch bedeutsamer Satzungsfestsetzungen verlangt.

§ 27 Sacheinlagen. Sachübernahmen

(1) [1]Sollen Aktionäre Einlagen machen, die nicht durch Einzahlung des Ausgabebetrags der Aktien zu leisten sind (Sacheinlagen), oder soll die Gesellschaft vorhandene oder herzustellende Anlagen oder andere Vermögensgegenstände übernehmen (Sachübernahmen), so müssen in der Satzung festgesetzt werden der Gegenstand der Sacheinlage oder der Sachübernahme, die Person, von der die Gesellschaft den Gegenstand erwirbt, und der Nennbetrag, bei Stückaktien die Zahl der bei der Sacheinlage zu gewährenden Aktien oder die bei der Sachübernahme zu gewährende Vergütung. [2]Soll die Gesellschaft einen Vermögensgegenstand übernehmen, für den eine Vergütung gewährt wird, die auf die Einlage eines Aktionärs angerechnet werden soll, so gilt dies als Sacheinlage.

(2) Sacheinlagen oder Sachübernahmen können nur Vermögensgegenstände sein, deren wirtschaftlicher Wert feststellbar ist; Verpflichtungen zu Dienstleistungen können nicht Sacheinlagen oder Sachübernahmen sein.

(3) [1]Ohne eine Festsetzung nach Absatz 1 sind Verträge über Sacheinlagen und Sachübernahmen und die Rechtshandlungen zu ihrer Ausführung der Gesellschaft gegenüber unwirksam. [2]Ist die Gesellschaft eingetragen, so wird die Gültigkeit der Satzung durch diese Unwirksamkeit nicht berührt. [3]Ist die Vereinbarung einer Sacheinlage unwirksam, so ist der Aktionär verpflichtet, den Ausgabebetrag der Aktie einzuzahlen.

(4) Nach Eintragung der Gesellschaft in das Handelsregister kann die Unwirksamkeit nicht durch Satzungsänderung geheilt werden.

(5) Für die Änderung rechtswirksam getroffener Festsetzungen gilt § 26 Abs. 4, für die Beseitigung der Satzungsbestimmungen § 26 Abs. 5.

Übersicht:

A. Regelungszweck

1 § 27 AktG geht von der **Zulässigkeit der Sachgründung** aus, unterstellt diese aber **besonderen Publizitätsregeln**. Die Regelung bezweckt den Schutz von Gläubigern und Aktionären vor unzureichender Aufbringung des Mindestvermögens in Höhe des Grundkapitals. Die Kapitalaufbringung bedarf gerade bei der Sachgründung besonderer Sicherungsvorkehrungen, weil die Gefahr besteht, dass die eingebrachten Gegenstände überbewertet oder gar nicht werthaltig sind. Wie in § 26 AktG auch greift der Gesetzgeber zum Instrument der **Satzungspublizität**; darüber hinaus sehen die Prüfungs- und Einlagevorschriften (§§ 31 ff. AktG) sowie die Kontrolle durch

das Registergericht nach § 38 AktG weitere Sicherungsvorkehrungen gegenüber unsoliden Sachgründungen vor.

B. Formen der Sachgründung und ihre Satzungsanforderungen, Abs. 1

2 Das Gesetz nennt in Abs. 1 zwei Varianten regelungsbedürftiger Gründungsgeschäfte: die **Sacheinlage** (dazu Rn. 3 f.) und die **Sachübernahme** (dazu Rn. 5 ff.). Abs. 1 S. 2 fingiert die Übernahme eines Vermögensgegenstandes als Sacheinlage, wenn die dafür zu leistende Vergütung auf die Einlage eines Aktionärs angerechnet werden soll (dazu Rn. 7). Besondere Bedeutung hat die im Gesetz nicht besonders erwähnte verdeckte Sacheinlage (dazu unter Rn. 10).

I. Sacheinlagen

3 Als Sacheinlage wird jede Einlage bezeichnet, die nicht durch Zahlung des Ausgabebetrages zu erbringen ist. Somit unterliegt jede Leistung, die **nicht in Geld** zu erbringen ist, den Regeln über die Sacheinlage. Die Sacheinlage erfolgt auf der Grundlage einer Sacheinlagevereinbarung, das materiell Bestandteil des Gesellschaftsvertrages ist (BGHZ 45, 338, 345 zur GmbH). Deren Vollzug erfolgt nach den für den jeweiligen Vermögensgegenstand einschlägigen Regeln für bewegliche Sachen (§§ 929 ff. BGB), Immobilien (§§ 873 ff., 925 BGB) sowie für Forderungen und Rechte (§§ 398 ff., 413 BGB).

4 Abs. 1 S. 1 verlangt eine **Festsetzung in der Satzung**, die Folgendes betrifft: den Gegenstand der Sacheinlage, die Person des Einlegers; bei Nennbetragsaktien den Nennbetrag, bei Stückaktien die Zahl der für die Sacheinlage zu gewährenden Aktien. Jeweils haben die Angaben genau und vollständig zu sein. Zunächst ist also das Objekt der Sacheinlage genau zu bezeichnen. Dabei genügt die **objektive Bestimmbarkeit** (z. B. »alle Grundstücke des Einlegers, die am Gründungstag auf seinen Namen im Grundbuch von ... eingetragen sind«). Die Person des Einlegers ist nach Name (Firma) und Anschrift zu bezeichnen. Ist das Grundkapital in Nennbetragsaktien zerlegt, ist der Nennbetrag der zu gewährenden Aktien in der Satzung festzusetzen. Bei Stückaktien lässt Abs. 1 S. 1 die zahlenmäßige Angabe der zu gewährenden Aktien genügen.

II. Sachübernahmen

5 Eine Sachübernahme ist in nach Abs. 1 S. 1 Alt. 2 jede Übernahme eines Vermögensgegenstandes, insbesondere die Übernahme von vorhandenen oder herzustellenden Anlagen durch die Gesellschaft gegen Gewährung einer Vergütung, die nicht in der Begründung von Mitgliedsrechten (Aktien) besteht. In der **Leistung der Vergütung** liegt der wesentliche Unterschied zur Sacheinlage.

6 Als Voraussetzung für die Zulässigkeit von Sacheinlagen bestimmt Abs. 1 in Parallele zu den Sacheinlagen (vgl. Rn. 4), dass **in der Satzung** folgende Angaben festgesetzt werden müssen: Der Gegenstand der Sachübernahme, die Person, von der die Gesellschaft den Gegenstand erwirbt, und die bei der Sachübernahme zu gewährende Vergütung. Vertragspartner der Sachübernahmevereinbarung kann im Aktienrecht (anders für die GmbH; vgl. § 5 Abs. 4 GmbH sowie die dortige Kommentierung in Kap. 7) auch ein Dritter sein, da kein notwendiger Bezug zu einer Einlagepflicht besteht (BGHZ 28, 314, 318 f.). Der Vollzug der Sachübernahmevereinbarung erfolgt wie bei der Sacheinlage nach den allgemeinen Regeln des bürgerlichen Rechts.

III. Abgrenzungsfragen

1. Fingierte Sacheinlage

7 Soll die Gesellschaft einen Vermögensgegenstand übernehmen, für den eine Vergütung gewährt wird, die auf die Einlage eines Gründers angerechnet werden soll, so gilt dies nach Abs. 1 S. 2 als Sacheinlage (sog. fingierte Sacheinlage). Die Verknüpfung der Bareinlage mit der Sachübernahme durch eine **Verrechnungsabrede** führt dazu, dass der Gesamtvorgang wie eine Sacheinlage zu behandeln ist. Im Hinblick darauf, dass für Bareinlagen eine Aufrechnungsverbot besteht

(§ 66 Abs. 1 S. 2 AktG), liegt die Bedeutung der Sacheinlagefiktion des Abs. 1 S. 2 in der sofortigen Fälligkeit der Einlageverpflichtung (§ 36 a Abs. 2 S. 1 AktG)

2. Gemischte Sacheinlage

Mit einer gemischten Sacheinlage wird einen Sacheinlage bezeichnet, deren Wert den Ausgabebetrag der dafür zu gewährenden Aktien übersteigt, und für die deswegen für die Wertdifferenz eine Vergütung gezahlt wird. Der Sache nach handelt es sich um eine **Mischform von Sacheinlage und Sachübernahme**. Die gemischte Sacheinlage wird nach h. M. einheitlich als Sacheinlage behandelt (*Hüffer* AktG, § 27 Rn. 8). In der Satzung ist die gemischte Sacheinlage durch Bezeichnung sowohl des einzubringenden Vermögensgegenstandes als auch der zusätzlich neben der Ausgabe von Aktien zu gewährenden Vergütung festzusetzen. 8

3. Mischeinlage

Der Fall einer Mischeinlage liegt vor, wenn ein Gründer auf jede von ihm übernommene Aktie sowohl Bareinlagen als auch Sacheinlagen zu leisten hat. Davon wiederum ist der Sachverhalt zu unterscheiden, dass ein Gründer Bar- und Sacheinlagen getrennt nach den jeweils verschiedenen Einlagefestsetzungen für die übernommenen Aktien zu leisten hat. Für Mischeinlagen wird teilweise eine Bezifferung des Wertes der Sacheinlage in der Satzung gefordert (*Hüffer* AktG, § 36 Rn. 12); ein gesetzlicher Anhaltspunkt findet sich dafür aber in § 27 AktG nicht. Deshalb ist es ausreichend, wenn in der Satzung die Sacheinlage bestimmt wird und gleichzeitig die Gründer zur Bareinzahlung einer Wertdifferenz verpflichtet werden (Hdb AG/*Zätzsch* § 3 Rn. 233). Die Wertfestsetzung für die Sacheinlage empfiehlt sich, weil andernfalls der Umfang der Bareinlage und damit der Mindesteinforderungsbetrag nach § 36 a AktG nicht zweifelsfrei feststeht. 9

4. Verdeckte Sacheinlage

Unter einer – auch von der Rechtsprechung (BGHZ 110, 47, 52 ff.) so bezeichneten – verdeckten Sacheinlage wird der Sachverhalt verstanden, dass die Kapitalaufbringung formell im Wege der Bareinlage erfolgt, im Zusammenhang damit aber ein Geschäft vereinbart wird, bei dem die Gesellschaft einen Gegenstand vom Schuldner der Bareinlage oder einem Dritten im Interesse des Bareinlegers erwerben soll, das für sich genommen als Sacheinlage festzusetzen ist. »Verdeckt« ist das Sacheinlagegeschäft also deswegen, weil der wirtschaftliche Vorgang der Sacheinlage in **rechtlich getrennte Geschäfte** aufgespalten wird, so dass zwar formell eine Bareinlage geleistet wird, der Einlagebetrag materiell aber nur der Vergütung einer Sachleistung dient und der Gesellschaft im Ergebnis wirtschaftlich **keine Barleistung zufließt** (BGHZ 132, 133, 135 zur GmbH). Verdeckte Sacheinlagesachverhalte sind insbesondere bei der Leistung auf eine Forderung aus der Veräußerung sacheinlagefähiger Gegenstände in Form des sog. Hin- und Herzahlens gegeben, aber auch jedes anderen einlageschuldbezogenen Leistungsverhaltens (BGHZ 110, 47; 118, 83). Die Rechtsprechung des BGH verzichtet heute auf den Nachweis einer Umgehungsabsicht als Tatbestandsvoraussetzung, und lässt offen, ob der Tatbestand rein objektiv zu erfassen ist. Sie sieht eine Umgehung der auf Publizität und Wertdeckungskontrolle zielenden Vorschriften des AktG (ebenso wie derjenigen des GmbHG) als gegeben an, wenn eine **Abrede** des Einlageschuldners mit den Gründern vorliegt, die den wirtschaftlichen Erfolg einer Sacheinlage umfasst. Für eine solche Abrede spricht eine tatsächliche Vermutung, wenn ein enger sachlicher und zeitlicher Zusammenhang zwischen Leistung und Rückfluss besteht (BGHZ 132, 133 ff.; 153, 107, 109 f.). 10

Die **Rechtsfolge** des Vorliegens einer verdeckten Sacheinlage bestehen darin, dass die Bareinlage von dem Schuldner in Höhe der im Erwerbsgeschäft enthaltenen Gegenleistung wiederholt werden muss, § 27 Abs. 3 S. 3 AktG; eine Aufrechnung oder Zurückbehaltung wegen seiner Gegenanspruchs auf Ersatz des Gegenstandes der verdeckten Sacheinlage ist nach § 66 Abs. 1 S. 2 AktG verwehrt. Der Anspruch der Gesellschaft **verjährt** nach der entsprechend anwendbaren Regelung des § 51 AktG in fünf Jahren (str.; vgl. *Altmeppen* DB 2002, 879). Die Möglichkeit einer »Heilung« der verdeckten Sacheinlage ist wegen § 27 Abs. 4 AktG für die AG (anders BGHZ 132, 141 11 für die GmbH) nach h. M. nicht möglich (*Hüffer* AktG, § 27 Rn. 31). In Betracht kommt aber eine **Heilung** auf der Grundlage der Nachgründungsregeln des § 52 AktG (vgl. § 52 Abs. 10 AktG).

C. Anforderungen, Abs. 2

I. Einlagefähigkeit

12 Sacheinlagen können nach Abs. 2 Hs. 1 nur Vermögensgegenstände sein, deren **wirtschaftlicher Wert feststellbar** ist. Der Begriff des Vermögensgegenstandes in diesem Sinn ist nicht identisch mit dem des Bilanzrechts (§§ 240 ff. HGB). Grundsätzlich sind zwar alle aktivierungsfähigen Gegenstände als Sacheinlage geeignet, Abs. 2 Hs. 2 nimmt aber Verpflichtungen zu **Dienstleistungen** als Sacheinlage generell aus. Auf der anderen Seite sind bestimmte, nicht aktivierungsfähige Vermögensgegenstände einlagefähig. Entscheidend ist, ob die einzubringenden Vermögensgegenstände einen feststellbaren wirtschaftlichen Wert haben und sie im Wege der Vermögensaussonderung zur realen Kapitalaufbringung geeignet sind.

13 Einlagefähig sind danach **bewegliche und unbewegliche Sachen**, sofern die Gesellschaft das Eigentum daran erwerben soll. Entsprechendes gilt für **dingliche Rechte** an Sachen (Dienstbarkeiten, Nießbrauch). **Obligatorische Nutzungsrechte** können trotz fehlender Aktivierungsfähigkeit einlagefähig sein, wenn mit ihrer Nutzungsdauer ihr wirtschaftlicher Wert feststeht (BGHZ 144, 290, 294) und die Vermögensaussonderung zugunsten der Gesellschaft stattfindet, dadurch dass sie Besitz erlangt. **Forderungen gegen Dritte**, die auf die Gesellschaft übertragen werden sollen, sind einlagefähig, ebenso wie **Forderungen gegen die AG**; insofern liegen die praktische Probleme bei der sachgerechten Bewertung (OLG Düsseldorf ZIP 1991, 161, 162 zur Kapitalerhöhung durch Umwandlung von fälligen Verbindlichkeiten in haftendes Kapital). Einlagefähig sind auch **Sachgesamtheiten**, insbesondere Unternehmen, einschließlich des Kundenstamms, des good will und gewerblicher Schutzrechte. Einlagefähig sind auch nicht entgeltlich erworbene **immaterielle Vermögensgegenstände**, selbst wenn der Einleger sie selbst nicht aktivieren durfte (§ 248 Abs. 2 HGB).

14 **Nicht einlagefähig** sind Forderungen gegen den Aktionär, solange sie nicht ausgesondert und in das Vermögen der Gesellschaft überführt werden. Nicht einlagefähig sind nach Abs. 2 auch Verpflichtungen zu Dienstleistungen; dies gilt nach dem Wortlaut der Regelung nicht nur bei Verpflichtungen von Gründern, sondern nach h. M. auch dann, wenn es sich um Ansprüche gegen Dritte handelt (vgl. *Penné* WPg 1988, 35, 39 f. a. A. *Sudhoff/Sudhoff* NJW 1982, 129, 130).

II. Bewertung

15 Neben der Einlagefähigkeit verlangt das AktG eine **sachgerechte Bewertung** der Sacheinlage. Unzulässig ist sowohl die Überbewertung (§§ 9 Abs. 1, 34 Abs. 1 Nr. 2, 36 a Abs. 2 S. 3, 38 Abs. 2 S. 2 AktG) als auch eine Unterbewertung, weil verhindert werden soll, dass verdeckte Reserven gebildet werden (*Hüffer* AktG, § 27 Rn. 27). Bei Gegenständen des Anlagevermögens kommt es auf den **Wiederbeschaffungswert** an. Gegenstände des Umlaufvermögens sind mit dem **Veräußerungswert** zu bewerten. Maßgeblich ist der Zeitpunkt der Anmeldung.

16 Im Fall der Überbewertung liegt ein **Errichtungsmangel** vor, der ein Eintragungshindernis i. S. d. § 38 Abs. 2 S. 2 AktG darstellt. Die Gesellschafter haben bis zur Eintragung die Möglichkeit, die Wertansätze zu berichtigen und die Einlage nachzubessern. Wird die AG ungeachtet der Fehlbewertung eingetragen, so entsteht die AG; die Gründer trifft eine Differenzhaftung wegen ihrer Kapitaldeckungszusage (BGHZ 68, 191, 195). Überdies kommt eine Haftung nach den §§ 46 ff. AktG in Betracht. Zur Strafbarkeit des Verhaltens vgl. § 396 Abs. 1 Nr. 1 AktG.

D. Rechtsfolgen bei fehlender Satzungspublizität, Abs. 3

17 Ohne die erforderlichen Festsetzungen in der Satzung liegt ein Errichtungsmangel nach § 38 Abs. 1 AktG vor, der die Ablehnung der Eintragung rechtfertigt, sofern der Mangel nicht beseitigt wird. Erfolgt die Eintragung trotz des bestehenden Errichtungsmangels, entsteht zwar die AG

wirksam, die Versprechen der Sacheinlage bzw. zur Sachübernahme sind jedoch **unwirksam**, Abs. 3 S. 1. Unwirksam sind nach der ausdrücklichen Regelung in Abs. 3 S. 1 auch die Vollzugsgeschäfte (BGHZ 155, 329, 338 f.). Die Unwirksamkeit von Verpflichtungs- und Erfüllungsgeschäft besteht nur gegenüber der AG, nicht aber im Verhältnis zwischen den Gründern (BGH AG 1975, 76).

E. Heilung, Änderung, Beseitigung, Abs. 4, 5

Für die Heilung bzw. die Änderung und Beseitigung von Festsetzungsmängeln gelten Grundsätze, die auch in § 26 AktG für Sondervorteile angeführt sind, so dass zwischen der Rechtslage vor und nach der Eintragung zu unterscheiden ist (vgl. § 26 AktG Rn. 6 f.). Fehler bei der Satzungsfestsetzung der Sacheinlage bzw. Sachübernahme können nach der Eintragung nur noch (vgl. BGHZ 132, 141, 150 ff.) im Wege der Nachgründung nach § 52 AktG geheilt werden (vgl. § 52 AktG Rn. 22 f.). 18

§ 28 Gründer

Die Aktionäre, die die Satzung festgestellt haben, sind die Gründer der Gesellschaft.

Die Vorschrift bestimmt den **Begriff des Gründers**; er gilt einheitlich für das gesamte AktG. Bedeutung hat die Vorschrift insbesondere für die Reichweite der zivil- und strafrechtlichen Gründerhaftung nach §§ 46, 399 Abs. 1 S. 1 und 2 AktG. 1

Gründer können **natürliche und juristische Personen** bzw. gründerfähige Personenvereinigungen (vgl. § 2 AktG Rn. 3) sein. Die Gründereigenschaft hängt von der rechtswirksamen Mitwirkung an der Feststellung der Satzung ab. Die Beteiligung nur an schuldrechtlichen Vereinbarungen in der Gründungsphase begründet die Gründereigenschaft nicht. Personen, die als Treuhänder oder Strohmann im eigenen Namen, wenn auch auf fremde Rechnung, an der Feststellung der Satzung mitwirken, sind Gründer i. S. d. § 28 AktG. 2

§ 29 Errichtung der Gesellschaft

Mit der Übernahme aller Aktien durch die Gründer ist die Gesellschaft errichtet.

Die Vorschrift stellt klar, dass im Zeitpunkt der Übernahme aller Aktien die Gesellschaft errichtet ist, ohne dass mangels Eintragung bereits die AG als juristische Peron entstanden ist. Die vor der Eintragung bestehende Vor-AG, die eine Gesamthandsgesellschaft eigener Art darstellt (vgl. § 41 AktG Rn. 2 ff.), entsteht schon mit dem Abschluss der Beurkundung der Satzungsfeststellung. Durch die Aktienübernahme wird die **Einlagepflicht begründet** (vgl. § 2 AktG Rn. 4). Aus § 29 AktG selbst ergeben sich keine Rechtsfolgen. 1

§ 30 Bestellung des Aufsichtsrats, des Vorstands und des Abschlußprüfers

(1) [1]Die Gründer haben den ersten Aufsichtsrat der Gesellschaft und den Abschlußprüfer für das erste Voll- oder Rumpfgeschäftsjahr zu bestellen. [2]Die Bestellung bedarf notarieller Beurkundung.

(2) Auf die Zusammensetzung und die Bestellung des ersten Aufsichtsrats sind die Vorschriften über die Bestellung von Aufsichtsratsmitgliedern der Arbeitnehmer nicht anzuwenden.

(3) [1]Die Mitglieder des ersten Aufsichtsrats können nicht für längere Zeit als bis zur Beendigung der Hauptversammlung bestellt werden, die über die Entlastung für das erste Voll- oder Rumpfgeschäftsjahr beschließt. [2]Der Vorstand hat rechtzeitig vor Ablauf der Amtszeit des ersten Aufsichtsrats bekanntzumachen, nach welchen gesetzlichen Vorschriften der nächste Aufsichtsrat nach seiner Ansicht zusammenzusetzen ist; §§ 96 bis 99 sind anzuwenden.

(4) Der Aufsichtsrat bestellt den ersten Vorstand.

A. Regelungszweck

1 Die Vorschrift will die Handlungsfähigkeit der **noch nicht eingetragenen Vor-AG** sicherstellen. Sie regelt deshalb die Bestellung und Rechtsverhältnisse des ersten Aufsichtsrats, des Abschlussprüfers für das erste Geschäftsjahr sowie des ersten Vorstands.

B. Erster Aufsichtsrat, Abs. 1 bis 3

2 Die **Gründer** haben im Zusammenhang mit der Errichtung der Gesellschaft nach Abs. 1 den **ersten Aufsichtsrat** der Gesellschaft zu bestellen. Aus den §§ 36, 37 AktG ergibt sich, dass ohne diese Bestellung die AG nicht in das Handelsregister eingetragen werden kann. Für diese Bestellung sind grundsätzlich alle Vorschriften heranzuziehen, die nach Eintragung der Gesellschaft für die Bestellung des Aufsichtsrats gelten. Deshalb kann insbesondere nur Aufsichtsrat werden, wer die persönlichen Voraussetzungen der §§ 100, 105 AktG erfüllt. Gründer selbst sind aufsichtsratsfähig und sind auch befugt, bei der Beschlussfassung über die eigene Bestellung mitzuwirken. Die Gründer, die anstelle der nach Eintragung zuständigen Hauptversammlung tätig werden, beschließen entsprechend § 133 AktG mit einfacher Mehrheit, sofern die Satzung keine andere Mehrheit vorsieht. Die Mehrheit berechnet sich nach den Aktiennennbeträgen der anwesenden Gründer. Eine Vertretung ist nach Maßgabe des § 134 Abs. 3 AktG zulässig.

3 Die Bestellung bedarf nach Abs. 1 S. 2 der **notariellen Beurkundung**. Die Bestellung kann mit der Feststellung der Satzung gem. § 23 Abs. 1 AktG verbunden werden. Für die Erklärung der Annahme des Aufsichtsratsmandats ist die notarielle Beurkundung nicht vorgesehen. Für die Amtsniederlegung und die Abberufung des ersten Aufsichtsrats gelten die allgemeinen gesetzlichen Aufsichtsratsregelungen. Unbeschadet anderweitiger Satzungsbestimmungen ist für die Abberufung eine **$^3/_4$-Mehrheit** der abgegebenen Stimmen der Gründer erforderlich (vgl. § 103 Abs. 1 S. 2 AktG). Der Beschluss bedarf der notariellen Beurkundung (vgl. § 130 Abs. 1 S. 1 AktG); nach der ebenfalls entsprechend anwendbaren Regelung des § 130 Abs. 1 S. 3 AktG reicht bei nicht börsennotierten Gesellschaften auch ein privatschriftliches Protokoll. Das $^3/_4$-Mehrheits-Erfordernis steht dem nicht entgegen, weil der Maßstab des § 130 AktG derjenige der Kapitalmehrheit ist, der für die Abberufung nicht gilt.

4 Die **Zahl der Aufsichtsratsmitglieder** bestimmt sich für den ersten Aufsichtsrat nach der allgemeinen gesetzlichen Regelung des § 95 AktG (vgl. § 95 AktG Rn. 2). Höhere und durch drei teilbare Zahlen können in der Satzung vorgesehen werden. Sie gelten dann auch für den ersten Aufsichtsrat, wenn nicht die Satzung eben dafür eine Sonderregelung getroffen hat. Der erste Aufsichtsrat ist nach Abs. 2 grundsätzlich mitbestimmungsfrei. Anders ist dies unter den Voraussetzungen des § 31 AktG, wenn Gegenstand einer Sacheinlage oder Sachübernahme ein Unternehmen ist (vgl. § 31 AktG Rn. 1).

5 Der erste Aufsichtsrat hat zunächst die ihm speziell **zugewiesenen Aufgaben**: Er hat den ersten Vorstand zu bestellen (Abs. 4), die Gründungsprüfung vorzunehmen (§ 33 Abs. 1 AktG) und an der Anmeldung nach § 36 Abs. 1 AktG mitzuwirken. Ferner bestehen die sich aus §§ 111, 112 AktG ergebenden allgemeinen Aufgaben bereits in der Vor-AG. Neben der Haftung nach den allgemeinen Vorschriften der §§ 116, 93 haftet der erste Aufsichtsrat für Pflichtverletzungen bei der Gründungsprüfung gesamtschuldnerisch nach § 48 AktG.

Die **Amtszeit** des ersten Aufsichtsrats endet gem. Abs. 3 S. 1 mit der Beendigung der Hauptversammlung, die nach § 120 AktG über die Entlastung für das erste Geschäftsjahr beschließt. Dies ist in der Regel die erste sog. ordentliche Hauptversammlung, die sowohl für die Entgegennahme oder Feststellung des ersten Jahresabschlusses und ggf. für den ersten Gewinnverwendungsbeschluss (§ 175 AktG) zuständig ist; sie hat spätestens acht Monate nach Ablauf des ersten Geschäftsjahres stattzufinden (vgl. §§ 120 Abs. 1 S. 1, 175 Abs. 1 S. 2 AktG). Die Amtszeit hat daher eine **Höchstdauer von 20 Monaten** ab der Eintragung. Eine Bestellung für eine längere Zeit als die Höchstdauer ist nicht unwirksam, ist aber von Gesetzes wegen auf die Höchstdauer beschränkt. 6

Einen **gesetzlichen Vergütungsanspruch** haben die Mitglieder des ersten Aufsichtsrats nicht. 7
Eine Vergütung kann aber als Gründerlohn oder Sondervorteil vereinbart werden; die Wirksamkeit einer solchen Vereinbarung zu Lasten der Gesellschaft setzt die Festsetzung in der Satzung voraus (§ 26 Abs. 1, Abs. 3 S. 1 AktG). Die Hauptversammlung der eingetragenen AG kann nachträglich über die Zuwendung einer Vergütung beschließen, § 113 Abs. 2 AktG.

C. Erster Vorstand, Abs. 4

Der erste Aufsichtsrat hat den ersten Vorstand zu bestellen. Dabei handelt es sich um eine zwingende Aufgabe, deren Durchführung Voraussetzung für die Eintragung der Gesellschaft im Handelsregister ist, Abs. 4. Kommt der Aufsichtsrat dieser Pflicht nicht nach, können die Gründer eine Auswechselung des erstens Aufsichtsrats durch Abberufung der bisherigen Mitglieder erreichen (vgl. Rn. 3); eine Ersatzbestellung durch das Gericht ist vor der Eintragung nicht vorgesehen (vgl. OLG Frankfurt NJW-RR 1996, 290). Die Bestellung erfolgt durch **Beschluss** gem. § 108 AktG mit **einfacher Mehrheit**. Der erste Aufsichtsrat ist auch zuständig für den Abschluss des Anstellungsvertrages. Nach Eintragung geht der Anstellungsvertrag von der Vor-AG auf die AG über. Für die Zusammensetzung gilt § 76 Abs. 2 AktG i. V. m. der Satzung. 8

Dem ersten Vorstand sind nach dem Gesetz **besondere Aufgaben** zugewiesen. Sie betreffen vor allem die **Herbeiführung der Eintragung** und dabei die Prüfung der Gründungsvorgänge (§ 33 AktG) und die **Anmeldung der Gesellschaft** zur Eintragung in das Handelsregister (§ 36 AktG). Hinzu kommen der Abschluss der Verträge über Sacheinlagen und Sachübernahmen, die Zahlung anfallender Steuern und Gebühren (§ 36 Abs. 2 AktG), die Einrichtung eines Bankkontos für die Entgegennahme der Geldeinlagen (§§ 36 Abs. 2, 37 Abs. 1 AktG) sowie die Bedienung der satzungsmäßigen Sondervorteile und Gründungsaufwendungen. Die Verpflichtung zur Bekanntgabe nach § 30 Abs. 3 S. 2 AktG dient der Vorbereitung der ggf. erforderlichen Beteiligung der Arbeitnehmer im Aufsichtsrat (dazu *Hüffer* AktG, § 30 Rn. 9). Ferner gelten die allgemeinen Bestimmungen über den Vorstand, soweit sich nicht aus den Sonderregeln etwas anderes ergibt. Die Sorgfaltspflichten bestimmen sich also nach § 93 Abs. 1 S. 1 AktG. Die Haftung für Maßnahmen im Rahmen der Gründung bestimmt sich nach § 48 AktG. 9

Die **Vergütung** stellt **keinen Gründungsaufwand** dar, so dass die AG aus dem Anstellungsvertrag zur Zahlung der Vergütung wirksam verpflichtet wird, ohne dass die Satzungspublizität des § 26 Abs. 2 AktG eingehalten werden muss (BGH NJW 2004, 2519, 2520). 10

Die Organstellung **endet durch Zeitablauf**; es gilt § 84 Abs. 1 S. 1 AktG. Damit gilt eine Höchstdauer von fünf Jahren, deren Lauf mit der Aufnahme der Tätigkeit unabhängig von der Eintragung der AG beginnt. 11

D. Erster Abschlussprüfer, Abs. 1

Die Gründer haben gem. Abs. 1 S. 1 den ersten Abschlussprüfer zu bestellen. Dabei sind die für den ersten Aufsichtsrat geltenden Grundsätze anzuwenden (vgl. Erl. in Rn. 3). Die Bestellung bedarf nach Abs. 1 S. 2 **der notariellen Beurkundung**. Wird die Bestellung nicht vorgenommen, ist die AG trotzdem wirksam errichtet; das Registergericht hat die Eintragung vorzunehmen, § 38 12

Abs. 1 AktG. Nach der Eintragung kann eine gerichtliche Ersatzbestellung nach § 318 Abs. 4 AktG erfolgen.

13 Neben der Bestellung sind die Gründer auch befugt, den **Prüfauftrag** zu erteilen. Nach Eintragung ist es Sache des ersten Vorstands, den Prüfauftrag zu erteilen (§§ 78 AktG, 318 Abs. 1 S. 4 HGB).

14 Abschlussprüfer können Wirtschaftsprüfer und Wirtschaftsprüfungsgesellschaften sein, § 319 HGB. Sie haben die allgemeinen Aufgaben nach den §§ 316 ff. HGB für das erste Geschäftsjahr.

§ 31 Bestellung des Aufsichtsrats bei Sachgründung

(1) [1]Ist in der Satzung als Gegenstand einer Sacheinlage oder Sachübernahme die Einbringung oder Übernahme eines Unternehmens oder eines Teils eines Unternehmens festgesetzt worden, so haben die Gründer nur so viele Aufsichtsratsmitglieder zu bestellen, wie nach den gesetzlichen Vorschriften, die nach ihrer Ansicht nach der Einbringung oder Übernahme für die Zusammensetzung des Aufsichtsrats maßgebend sind, von der Hauptversammlung ohne Bindung an Wahlvorschläge zu wählen sind. [2]Sie haben jedoch, wenn dies nur zwei Aufsichtsratsmitglieder sind, drei Aufsichtsratsmitglieder zu bestellen.

(2) Der nach Absatz 1 Satz 1 bestellte Aufsichtsrat ist, soweit die Satzung nichts anderes bestimmt, beschlußfähig, wenn die Hälfte, mindestens jedoch drei seiner Mitglieder an der Beschlußfassung teilnehmen.

(3) [1]Unverzüglich nach der Einbringung oder Übernahme des Unternehmens oder des Unternehmensteils hat der Vorstand bekanntzumachen, nach welchen gesetzlichen Vorschriften nach seiner Ansicht der Aufsichtsrat zusammengesetzt sein muß. [2]§§ 97 bis 99 gelten sinngemäß. [3]Das Amt der bisherigen Aufsichtsratsmitglieder erlischt nur, wenn der Aufsichtsrat nach anderen als den von den Gründern für maßgebend gehaltenen Vorschriften zusammenzusetzen ist oder wenn die Gründer drei Aufsichtsratsmitglieder bestellt haben, der Aufsichtsrat aber auch aus Aufsichtsratsmitgliedern der Arbeitnehmer zu bestehen hat.

(4) Absatz 3 gilt nicht, wenn das Unternehmen oder der Unternehmensteil erst nach der Bekanntmachung des Vorstands nach § 30 Abs. 3 Satz 2 eingebracht oder übernommen wird.

(5) § 30 Abs. 3 Satz 1 gilt nicht für die nach Absatz 3 bestellten Aufsichtsratsmitglieder der Arbeitnehmer.

1 Für den Fall der Sachgründung durch Einbringung oder Übernahme eines Unternehmens finden sich in § 31 AktG besondere Regeln, die eine möglichst rasche Beteiligung der Arbeitnehmer des übernommenen Unternehmens am Aufsichtsrat der aufnehmenden Gesellschaft bezwecken. Die Gründer haben gem. Abs. 1 S. 1 die Zahl von Aufsichtsratsmitgliedern zu bestellen, die bei Anwendung der gesetzlichen Mitbestimmungsregeln maßgeblich sind. Abs. 3 soll die Beteiligung der Arbeitnehmervertreter im Aufsichtsrat gewährleisten. Zu diesem Zweck hat die Bekanntmachung nach Abs. 3 S. 1 zu erfolgen; danach erfolgt die Beteiligung der Arbeitnehmervertreter am ersten Aufsichtsrat durch Ergänzung oder Neuwahl, Abs. 3 S. 3. Abs. 4 schließt die Ergänzung oder Neuwahl des Aufsichtsrats aus, wenn das Unternehmen erst nach der Bekanntmachung gem. § 30 Abs. 3 S. 2 AktG übernommen wird. Abs. 5 betrifft die Aufsichtsratsmitglieder der Arbeitnehmer; die Beschränkung ihrer Amtszeit wird durch diese Vorschrift aufgehoben, so dass die Amtsdauer der Mitglieder des Aufsichtsrats verschieden ist, je nachdem, ob es sich um Vertreter der Aktionäre handelt – deren Amtsdauer endet mit der ersten ordentlichen Hauptversammlung, § 30 Abs. 3 AktG – oder um Arbeitnehmervertreter, die eine normale Amtszeit haben, § 102 AktG.

§ 32 Gründungsbericht

(1) Die Gründer haben einen schriftlichen Bericht über den Hergang der Gründung zu erstatten (Gründungsbericht).

(2) [1]Im Gründungsbericht sind die wesentlichen Umstände darzulegen, von denen die Angemessenheit der Leistungen für Sacheinlagen oder Sachübernahmen abhängt. [2]Dabei sind anzugeben

1. die vorausgegangenen Rechtsgeschäfte, die auf den Erwerb durch die Gesellschaft hingezielt haben;
2. die Anschaffungs- und Herstellungskosten aus den letzten beiden Jahren;
3. beim Übergang eines Unternehmens auf die Gesellschaft die Betriebserträge aus den letzten beiden Geschäftsjahren.

(3) Im Gründungsbericht ist ferner anzugeben, ob und in welchem Umfang bei der Gründung für Rechnung eines Mitglieds des Vorstands oder des Aufsichtsrats Aktien übernommen worden sind und ob und in welcher Weise ein Mitglied des Vorstands oder des Aufsichtsrats sich einen besonderen Vorteil oder für die Gründung oder ihre Vorbereitung eine Entschädigung oder Belohnung ausbedungen hat.

§ 32 AktG verpflichtet die Gründer, einen **schriftlichen Gründungsbericht** zu erstatten. Die Verpflichtung besteht sowohl bei Bar- als auch bei Sachgründungen. Damit soll die gerichtliche Gründungsprüfung gem. § 38 AktG erleichtert und zugleich ein **Schutz gegen unzureichende Gründungen** erreicht werden. Dann, wenn die Gründungsprüfer erklären oder es offensichtlich ist, dass eine Unrichtigkeit oder Unvollständigkeit des Berichts oder sein Verstoß gegen gesetzliche Vorschriften vorliegt, führt dies zur Ablehnung der Eintragung, § 38 Abs. 2 S. 1 AktG. 1

Der Bericht ist **von den Gründern** zu erstatten. Eine Vertretung ist dabei nicht zulässig (*Hüffer* AktG, § 32 Rn. 2). Das Gesetz verlangt die Schriftform und damit die eigenhändige Namensunterschrift, § 126 BGB. Für die Richtigkeit und Vollständigkeit des Berichts sind die Gründer strafrechtlich nach § 399 Abs. 1 Nr. 2 AktG verantwortlich und sie haften gegenüber der AG nach § 46 AktG und gegenüber den Aktionären und Gesellschaftsgläubigern gem. § 823 Abs. 2 BGB i. V. m. § 399 Abs. 1 Nr. 2 AktG auf Schadenersatz. 2

Der **Inhalt des Gründungsberichts** erstreckt sich auf die allgemeinen Angaben über den Hergang der Gründung (§ 32 Abs. 1 AktG). Er hat Angaben darüber zu enthalten, ob und ggf. welche Sonderbeziehungen der Gesellschaft zu Vorstands- und Aufsichtsratsmitgliedern i. S. v. Abs. 3 bestehen. Angaben nach Abs. 3 sind insbesondere im Fall der Strohmanngründung und immer dann erforderlich, wenn für Mitglieder des Vorstands oder des Aufsichtsrats Sondervorteile oder Gründungsbelohnungen oder -entschädigungen i. S. d. § 26 AktG eingeräumt werden. Die Pflicht zur Offenlegung folgt aus dem Gesellschaftsvertrag und besteht auch dann, wenn die Leistung nicht von der AG sondern einem Dritten erbracht werden soll. Anzugeben sind der Name des Empfängers und der Umfang des dem einzelnen Organmitglied eingeräumten Vorteils (*Hüffer* AktG, § 32 Rn. 6). 3

Spezielle Angaben sind bei **Sacheinlagen** erforderlich, Abs. 2. Sind diese in der Satzung festgesetzt (§ 27 Abs. 1 S. 1 AktG), hat der Gründungsbericht die wesentlichen Umstände darzulegen, von denen die Angemessenheit der Leistung abhängt. Dies betrifft vor allem Angaben als Grundlage für die Überprüfung der Werthaltigkeit der Leistungen gem. Abs. 2 S. 2 Nr. 1–3. 4

Bei einer **Änderung der wesentlichen Umstände** nach Erstattung des Gründungsberichts ist in einem Nachtrag auf diese Änderungen hinzuweisen. 5

§ 33 Gründungsprüfung. Allgemeines

(1) Die Mitglieder des Vorstands und des Aufsichtsrats haben den Hergang der Gründung zu prüfen.

(2) Außerdem hat eine Prüfung durch einen oder mehrere Prüfer (Gründungsprüfer) stattzufinden, wenn

1. ein Mitglied des Vorstands oder des Aufsichtsrats zu den Gründern gehört oder
2. bei der Gründung für Rechnung eines Mitglieds des Vorstands oder des Aufsichtsrats Aktien übernommen worden sind oder
3. ein Mitglied des Vorstands oder des Aufsichtsrats sich einen besonderen Vorteil oder für die Gründung oder ihre Vorbereitung eine Entschädigung oder Belohnung ausbedungen hat oder
4. eine Gründung mit Sacheinlagen oder Sachübernahmen vorliegt.

(3) [1]In den Fällen des Absatzes 2 Nr. 1 und 2 kann der beurkundende Notar (§ 23 Abs. 1 Satz 1) anstelle eines Gründungsprüfers die Prüfung im Auftrag der Gründer vornehmen; die Bestimmungen über die Gründungsprüfung finden sinngemäße Anwendung. [2]Nimmt nicht der Notar die Prüfung vor, so bestellt das Gericht die Gründungsprüfer. [3]Gegen die Entscheidung ist die sofortige Beschwerde zulässig.

(4) Als Gründungsprüfer sollen, wenn die Prüfung keine anderen Kenntnisse fordert, nur bestellt werden
1. Personen, die in der Buchführung ausreichend vorgebildet und erfahren sind;
2. Prüfungsgesellschaften, von deren gesetzlichen Vertretern mindestens einer in der Buchführung ausreichend vorgebildet und erfahren ist.

(5) [1]Als Gründungsprüfer darf nicht bestellt werden, wer nach § 143 Abs. 2 nicht Sonderprüfer sein kann. [2]Gleiches gilt für Personen und Prüfungsgesellschaften, auf deren Geschäftsführung die Gründer oder Personen, für deren Rechnung die Gründer Aktien übernommen haben, maßgebenden Einfluß haben.

A. Regelungszweck

1 Die Vorschrift bezweckt die **Gewährleistung der ordnungsgemäßen Errichtung** der Gesellschaft. Dazu wird auf der Grundlage des Gründungsberichts der Gründer eine Prüfung des Gründungsgeschehens durch die Verwaltung der Gesellschaft oder in besonderen Fällen durch externe Prüfer, nämlich entweder den Urkundsnotar oder durch besondere Gründungsprüfer verlangt. Die Vorschrift dient dem Interesse der künftigen Gläubiger und Aktionäre. Im Hinblick auf das nach § 34 Abs. 3 S. 2 AktG bestehende Einsichtsrecht für jedermann dient die Vorschrift überdies dem **Informationsinteresse der Öffentlichkeit**. Die Gründungsprüfung nach § 33 AktG erleichtert schließlich die gerichtliche Gründungsprüfung nach § 38 AktG.

B. Gründungsprüfung durch Vorstand und Aufsichtsrat, Abs. 1

2 Jedes Vorstands- und Aufsichtsratsmitglied hat den Hergang der Gründung zu prüfen, Abs. 1. Die Gründungsprüfung ist **Eintragungsvoraussetzung** (vgl. §§ 37 Abs. 4 Nr. 4, 38 Abs. 1 S. 2 AktG). Die zu Unrecht eingetragene AG ist aber dennoch wirksam entstanden; eine Nichtigkeitsklage oder Amtslöschung ist nicht statthaft (*Hüffer* AktG, § 33 Rn. 2). Die Prüfungspflicht ist **persönlicher Natur** und erlaubt deshalb keine Stellvertretung. Bei Nichterfüllung kann die betreffende Person abberufen werden (vgl. § 30 AktG Rn. 8). Der Umfang der Gründungsprüfung wird durch § 34 AktG näher geregelt.

C. Externe Prüfung, Abs. 3

Unter den Voraussetzungen des Abs. 2 Nr. 1–4 hat **zusätzlich** zu der Prüfung des Gründungsher- 3
gangs durch die Verwaltungsmitglieder eine Prüfung durch einen oder mehrere gerichtlich zu bestellende **Gründungsprüfer** stattzufinden. Liegen nur die Bestellungsgründe des Abs. 2 Nr. 1 und 2 vor, kann anstelle des gerichtlich zu bestellenden Gründungsprüfers auch der Gründungsnotar von den Gründern mit der Prüfung beauftragt werden, Abs. 3. Mit dieser Regelung soll insbesondere die Gründung der sog. kleinen AG erleichtert werden (vgl. *Hermanns* ZIP 2002, 1785). Diese Erleichterung kommt nicht in Betracht, wenn die Voraussetzungen des Abs. 2 Nr. 3 oder 4 vorliegen; die Erleichterung wird damit nur in den Fällen der Bargründung gewährt.

Bei der **Notarprüfung** hat die Beauftragung durch die Gründer zu erfolgen. Beauftragt werden 4
kann nur der Urkundsnotar, also derjenige Notar, der die Satzung festgestellt hat (§ 23 Abs. 1 AktG). Der Notar kann nach der Regierungsbegründung zu § 33 AktG den Auftrag ablehnen (BT-Drs. 14/8769, 12); in diesem Fall hat eine Prüfung durch gerichtlich bestellte Prüfer stattzufinden. Rechte und Pflichten des Notars bei der Prüfung ergeben sich analog §§ 33, 34, 35 Abs. 1 AktG. Seine Verantwortlichkeit gibt sich aus § 19 BNotO. Die **Kosten** der Notarprüfung haben anders als bei der gerichtlichen Prüferbestellung nicht die Gesellschaft, sondern die den Auftrag erteilenden Gründer zu tragen. Entsprechend der Rechtslage zu den Gründungskosten können die Notarprüfungskosten nach Maßgabe des § 26 Abs. 2 AktG von der Gesellschaft übernommen werden (vgl. *Hermanns* ZIP 2002, 1785, 1788; vgl. auch § 26 AktG Rn. 5).

Für die **gerichtliche Bestellung der Prüfer** ist das Amtsgericht des Gesellschaftssitzes zuständig, 5
§ 145 Abs. 1 FGG. Die Bestellung erfolgt **auf Antrag**; antragsberechtigt sind sowohl die Gründer als auch der Vorstand. Das Gericht hat bei der Auswahl die sachlichen und persönlichen Bestellungsvoraussetzungen der Abs. 4 und 5 zu beachten, kann im Übrigen aber nach freiem Ermessen entscheiden. Die Antragsberechtigten können Vorschläge unterbreiten, an die das Gericht nicht gebunden ist. Die Bestellung erfolgt im Beschlusswege. Der gerichtlich bestellte Prüfer kann die Annahme des Amtes ablehnen. Schuldner der Kosten der gerichtlichen Bestellung ist die Gesellschaft (BayObLGZ 1973, 235, 240).

Die **sachliche Eignung** ist nur anhand der gesetzlichen Kriterien des Abs. 4 Nr. 1 und 2 zu prüfen. 6
§ 319 Abs. 1 HGB findet im Rahmen der Gründungsprüfung keine Anwendung. Wirtschaftsprüfer und Wirtschaftsprüfungsgesellschaften können aber zu Prüfern bestellt werden. Hinsichtlich der **persönlichen Eignung** sind die **Bestellungsverbote des Abs. 5** zu beachten. Im Interesse einer unparteiischen Prüfung sind nach Abs. 5 S. 2 auch Prüfer ausgeschlossen, auf die die Gründer oder Personen, für deren Rechnung die Gründer Aktien übernommen haben, maßgebenden Einfluss haben. Der Begriff des maßgebenden Einflusses ist unterhalb der Schwelle des beherrschenden Einflusses des § 17 Abs. 1 AktG anzusiedeln (vgl. MüKo AktG/*Pentz* § 33 Rn. 60). Erst recht sind auch Personen von der Bestellung zum Prüfer ausgeschlossen, die aufgrund einer Interessenkollision keine unparteiische Prüfung gewährleisten. Gründer, Verwaltungsmitglieder oder Angestellte der Gesellschaft sind daher nicht zum Prüfer geeignet.

§ 34 Umfang der Gründungsprüfung

(1) Die Prüfung durch die Mitglieder des Vorstands und des Aufsichtsrats sowie die Prüfung durch die Gründungsprüfer haben sich namentlich darauf zu erstrecken,

1. **ob die Angaben der Gründer über die Übernahme der Aktien, über die Einlagen auf das Grundkapital und über die Festsetzung nach §§ 26 und 27 richtig und vollständig sind;**
2. **ob der Wert der Sacheinlagen oder Sachübernahmen den geringsten Ausgabebetrag der dafür zu gewährenden Aktien oder den Wert der dafür zu gewährenden Leistungen erreicht.**

(2) [1]Über jede Prüfung ist unter Darlegung dieser Umstände schriftlich zu berichten. [2]In dem Bericht ist der Gegenstand jeder Sacheinlage oder Sachübernahme zu beschreiben sowie an-

zugeben, welche Bewertungsmethoden bei der Ermittlung des Wertes angewandt worden sind.

(3) [1]Je ein Stück des Berichts der Gründungsprüfer ist dem Gericht und dem Vorstand einzureichen. [2]Jedermann kann den Bericht bei dem Gericht einsehen.

1 Abs. 1 regelt Fragen des Prüfungsumfangs der Gründungsprüfung nach § 33 AktG. Die Regelung nennt **wesentliche Prüfungsgegenstände** in den Nr. 1 und 2, ohne diese aber abschließend (»namentlich«) festzulegen. Gemäß dem Zweck, die Ordnungsgemäßheit der Errichtung der Gesellschaft zu prüfen (vgl. § 33 AktG Rn. 1), sind grundsätzlich alle Vorgänge, die mit der Gründung zusammenhängen, zu prüfen. Geschäftsgeheimnisse sind zu wahren. Aus der Benennung der Einzelprüfungsgegenstände in den Nr. 1 und 2 wird gefolgert, dass die Zweckmäßigkeit der gewählten Rechtsform, die Liquidität der Gründer und die Lebensfähigkeit des Unternehmens nicht zu prüfen sind (*Hüffer* AktG, § 34 Rn. 2). Aus § 38 Abs. 2 S. 1 AktG ergibt sich, dass die Gründungsprüfer auch den Bericht der Verwaltungsmitglieder zu prüfen haben; deshalb ist es erforderlich, dass zunächst der Prüfbericht der Verwaltungsmitglieder erstellt wird.

2 Der Bericht hat sich auf **»jede« Prüfung** zu beziehen, Abs. 2 S. 1. Damit unterscheidet das Gericht zwischen dem Bericht der Gründungsprüfer und dem der Verwaltungsmitglieder. Letztere, also Vorstand und Aufsichtsrat, sollen aber in einer **gemeinsamen Urkunde** berichten können (MüKo AktG/*Pentz* § 34 Rn. 19). Der Bericht ist schriftlich abzufassen, also mit eigenhändiger Namensunterschrift zu versehen, Abs. 2 S. 1 i. V. m. § 126 BGB. Der Bericht hat alle Umstände darzulegen, die Gegenstand der Prüfung waren. Bei Sacheinlagen und -übernahmen sind auch die Gegenstände zu beschreiben und die zur Wertermittlung angewandten Methoden anzugeben (dazu *Schiller* AG 1991, 20, 24 ff.).

3 Der Bericht der Gründungsprüfer ist dem Gericht und dem Vorstand in je einfacher Ausfertigung einzureichen, Abs. 3 S. 1. Eine Aushändigung des Berichts an die Gründer sieht das Gesetz nicht vor, verbietet diese aber auch nicht. Der Prüfungsbericht der Verwaltungsmitglieder wird von Abs. 3 nicht erfasst. Er ist gem. § 37 Abs. 4 Nr. 4 AktG nur beim Registergericht einzureichen.

4 Den Bericht der Gründungsprüfer kann **jedermann einsehen**, Abs. 3 S. 2. Das Einsichtsrecht besteht nur bei Gericht. Es ist nicht an den Nachweis eines rechtlichen oder wirtschaftlichen Interesses gebunden.

§ 35 Meinungsverschiedenheiten zwischen Gründern und Gründungsprüfern. Vergütung und Auslagen der Gründungsprüfer

(1) Die Gründungsprüfer können von den Gründern alle Aufklärungen und Nachweise verlangen, die für eine sorgfältige Prüfung notwendig sind.

(2) [1]Bei Meinungsverschiedenheiten zwischen den Gründern und den Gründungsprüfern über den Umfang der Aufklärungen und Nachweise, die von den Gründern zu gewähren sind, entscheidet das Gericht. [2]Die Entscheidung ist unanfechtbar. [3]Solange sich die Gründer weigern, der Entscheidung nachzukommen, wird der Prüfungsbericht nicht erstattet.

(3) [1]Die Gründungsprüfer haben Anspruch auf Ersatz angemessener barer Auslagen und auf Vergütung für ihre Tätigkeit. [2]Die Auslagen und die Vergütung setzt das Gericht fest. [3]Gegen die Entscheidung ist die sofortige Beschwerde zulässig. [4]Die weitere Beschwerde ist ausgeschlossen. [5]Aus der rechtskräftigen Entscheidung findet die Zwangsvollstreckung nach der Zivilprozeßordnung statt.

Abs. 1 gibt den Gründungsprüfern ein **umfassendes Informationsrecht**. Die Regelung begründet – wie sich aus Abs. 2 S. 3 ergibt – keinen zwangsweise durchsetzbaren Rechtsanspruch, sondern eine **Obliegenheit der Gründer**. Das Informationsrecht steht allein den Gründungsprüfern, nicht dagegen den Verwaltungsmitgliedern. Bei mehreren Prüfern ist jeder einzelne berechtigt, das Informationsbegehren zu stellen. Die Aufklärung und Nachweise können von den einzelnen Gründern oder von ihnen zusammen verlangt werden. Inhalt und Umfang des Informationsrechts wird von Abs. 1 durch den Maßstab der Notwendigkeit für eine sorgfältige Prüfung beschrieben und steht damit in sachlichem Zusammenhang mit dem von § 34 AktG festgelegten Prüfungsumfang (vgl. § 34 AktG Rn. 1). 1

Abs. 2 regelt ein Verfahren, das bei **Meinungsverschiedenheiten** zwischen Gründern und Gründungsprüfern über den Umfang der zu gewährenden Informationen. Zuständig ist nach § 145 FGG das Amtsgericht, in dessen Bezirk die künftige AG ihren Sitz (§ 14 AktG) haben wird. Das Gericht entscheidet auf Antrag, den zu stellen die Gründer und die Gründungsprüfer berechtigt sind. Die gerichtliche Entscheidung ergeht durch unanfechtbaren Beschluss, Abs. 2 S. 2. 2

Der zur Abgabe weiterer Informationen tenorierende Beschluss kann nicht zwangsweise durchgesetzt werden. Verweigern die Gründer dem Beschlussinhalt zuwider die Information, wird der Prüfungsbericht nicht erstattet, Abs. 2 S. 3, mit der Folge, dass ein Eintragungshindernis entsteht (vgl. § 33 AktG Rn. 2). Erstatten die Gründungsprüfer den Bericht ungeachtet der nicht gegebenen Information, hat das Gericht besonderen Anlass zu prüfen, ob ein der Eintragung entgegenstehender offensichtlicher Mangel i. S. d. § 38 Abs. 2 S. 1 AktG vorliegt. Überdies kommt im Verweigerungsfall eine Schadenersatzpflicht nach § 49 AktG in Betracht. 3

Abs. 3 S. 1 begründet einen **Anspruch** der Gründungsprüfer auf **Auslagenersatz und Vergütung**. Die konkreten Beträge können im Interesse der Unabhängigkeit der Prüfung nicht wirksam durch Vereinbarung mit der AG festgelegt werden; sie sind vom Gericht festzusetzen, Abs. 3 S. 2. Für das Verfahren gelten die zu § 35 Abs. 2 AktG bestehenden Grundsätze (vgl. Rn. 2). Die Leistungen sind Gründungsaufwand i. S. d. § 26 Abs. 2 AktG. Leistungsschuldner sind die AG bzw. vor Eintragung die Vor-AG, nicht dagegen die Gründer (*Hüffer* AktG, § 35 Rn. 7). 4

§ 36 Anmeldung der Gesellschaft

(1) Die Gesellschaft ist bei dem Gericht von allen Gründern und Mitgliedern des Vorstands und des Aufsichtsrats zur Eintragung in das Handelsregister anzumelden.

(2) [1]Die Anmeldung darf erst erfolgen, wenn auf jede Aktie, soweit nicht Sacheinlagen vereinbart sind, der eingeforderte Betrag ordnungsgemäß eingezahlt worden ist (§ 54 Abs. 3) und, soweit er nicht bereits zur Bezahlung der bei der Gründung angefallenen Steuern und Gebühren verwandt wurde, endgültig zur freien Verfügung des Vorstands steht. [2]Wird die Gesellschaft nur durch eine Person errichtet, so hat der Gründer zusätzlich für den Teil der Geldeinlage, der den eingeforderten Betrag übersteigt, eine Sicherung zu bestellen.

A. Regelungszweck

Die Vorschrift ist Bestandteil der Regelungen des AktG zur **Verhinderung unseriöser AG-Gründungen**. Deswegen schreibt Abs. 1 vor, dass die Eintragung der Gesellschaft erst nach vorheriger Anmeldung erfolgen darf und die Anmeldung wiederum setzt bei Bareinlagen voraus, dass eine in § 36 a AktG der Höhe nach bestimmte Mindestzahlung auf die Einlagepflicht geleistet wurde. Für Sacheinlagen enthält § 36 a Abs. 2 AktG besondere Vorschriften. Der Inhalt der Anmeldung wird von § 37 AktG näher geregelt. 1

B. Anmeldung, Abs. 1

2 Die Anmeldung der AG ist nach Abs. 1 von **allen Gründern** sowie den **Mitgliedern des Vorstands und des Aufsichtsrats** vorzunehmen. Melden nicht alle dazu verpflichteten Personen an, ist die Anmeldung nicht ordnungsgemäß und die Gesellschaft ist dann nicht eintragungsfähig, § 38 Abs. 1 AktG. Dieser Fall liegt auch dann vor, wenn nicht alle von Gesetz oder Satzung geforderten Mitglieder des Vorstands und Aufsichtsrats bestellt sind und deshalb an der Anmeldung nicht mitwirken. Anmeldepflichtig sind auch die stellvertretenden Vorstandsmitglieder, § 94 AktG. Eine Anmeldung durch Bevollmächtigte ist im Hinblick auf die mit der Anmeldepflicht einhergehende persönliche Verantwortlichkeit im Straf- und Zivilrecht (§§ 46, 48, 399 AktG) entgegen der Regelung in § 12 Abs. 2 HGB nicht zulässig; die Zulässigkeit der gesetzlichen Vertretung bleibt davon unbenommen (BayObLG NJW 1987, 136).

3 Die Anmeldung hat **im Namen der Vorgesellschaft** zu erfolgen. Die Vor-AG ist bereits im Anmeldeverfahren beteiligungsfähig und wird dabei durch die Mitglieder ihres zuständigen Organs in vertretungsberechtigter Zahl vertreten (BGHZ 117, 323, 327). § 36 AktG schreibt darüber hinaus die Beteiligung der weiteren in Abs. 1 genannten Personen vor, um diese Personen zusätzlich in die Verantwortung für die Ordnungsgemäßheit und Richtigkeit der Anmeldevorgänge einzubeziehen (BGHZ 117, 328). Bei Zurückweisung der Anmeldung hat die verfahrensbeteiligte Vor-AG die **Beschwerdebefugnis**; diese wird insoweit vom Vorstand vertreten, ohne dass die Mitwirkung aller Anmelder erforderlich ist (BGHZ 117, 329). Daneben werden auch die Gründer für beschwerdebefugt gehalten, damit im Anmeldeverfahren keine Abhängigkeit vom Vorstand der Vorgesellschaft eintritt (*Hüffer* AktG, § 36 Rn. 3). Eine Beschwerdebefugnis des Aufsichtsrats besteht dagegen mangels eines neben dem Interesse der Vor-AG, die durch den Vorstand vertreten wird, bestehenden Eigeninteresses des Aufsichtsrats an der Anmeldung nicht (*Hüffer* AktG, § 36 Rn. 3).

4 **Zuständig** ist das Amtsgericht, in dessen Bezirk die angemeldete Gesellschaft ihren Sitz haben soll, §§ 14 AktG, 125 Abs. 1 FGG. Für die Anmeldung gelten die Formvorschriften des § 12 Abs. 1 HGB. Insbesondere ist die Anmeldung in **öffentlich beglaubigter Form** (§§ 129 Abs. 1 BGB, 39, 40 BeurkG) vorzunehmen, die durch notarielle Beurkundung ersetzt werden kann (§ 129 Abs. 2 BGB).

5 Für die Gründer und die Verwaltungsmitglieder besteht eine **Pflicht zur Anmeldung**. Sie folgt aus dem Gesellschaftsvertrag bzw. der Organstellung und ist deshalb auch klageweise durchsetzbar (str.) und nach § 894 ZPO vollstreckbar. Wird die Anmeldung zurückgenommen, was durch alle Anmelder oder von einzelnen erfolgen kann, liegt eine ordnungsgemäße Anmeldung nicht mehr vor; eine Eintragung der Gesellschaft darf dann nicht mehr erfolgen.

C. Kapitalaufbringung bei Bareinlagen, Abs. 2 S. 1

6 Abs. 2 S. 1 betrifft die erforderliche Kapitalaufbringung im Falle von Bareinlagen. In der Anmeldung ist nach dieser Regelung i. V. m. weiteren Vorschriften **zu erklären**: (1) der Betrag, zu dem die Aktien ausgegeben werden (§§ 37 Abs. 1 S. 1, 9 AktG), (2) der auf jede Aktie eingeforderte Betrag (§ 36 Abs. 2 S. 1 AktG), (3) dass der eingeforderte Betrag mindestens ¼ des geringsten Ausgabebetrags und bei höherem Ausgabebetrag auch den Mehrbetrag umfasst (§ 36 a Abs. 1 AktG), (4) der auf jede Aktie ordnungsgemäß eingezahlte Betrag (§§ 37 Abs. 1 S. 1 Hs. 2, 36 Abs. 2 S. 1, 54 Abs. 3 AktG) und (5) dass der Vorstand über die eingezahlten Beträge endgültig frei verfügen kann, soweit sie nicht bereits zur Bezahlung der bei der Gründung angefallenen und wegen § 26 Abs. 2 AktG in der Satzung festgesetzten Steuern und Gebühren verwandt wurden (§§ 36 Abs. 2 S. 1, 54 Abs. 3 AktG). Wegen der endgültigen freien Verfügbarkeit der eingezahlten Beträge besteht nach § 37 Abs. 1 S. 2 AktG eine Nachweispflicht, die im Regelfall der Einzahlung durch Gutschrift auf ein Konto durch eine Bestätigung des kontoführenden Instituts zu erbringen ist.

7 Die **freie Verfügbarkeit** der eingezahlten Beträge ist nicht gegeben, wenn eine Rückzahlung vereinbart wird (BGHZ 122, 180, 184 f.). Wird dem Gründer für die Einlage ein Darlehen der Vor-AG

gewährt oder verbürgt sich die Vor-AG für ein Darlehen, fehlt es ebenfalls an der freien Verfügbarkeit i. S. d. Abs. 2 S. 1 (BGHZ 28, 77, 78). Ebenso ist der Fall zu behandeln, dass die Zahlung auf ein debitorisches Konto erfolgt, so dass die Bank die Zahlung mit dem Schuldsaldo verrechnen kann (BGH NJW 1991, 226 f.), es sei denn der Vorstand kann im Rahmen einer gewährten Kreditlinie über den eingezahlten Betrag verfügen (BGH DStR 1996, 1416, 1417). Zweifelhaft ist die freie Verfügbarkeit der Einzahlung der Bareinlage, wenn sie unter Verwendungsbindungen erfolgt (*Ihrig*, Die endgültige freie Verfügung über die Einlage von Kapitalgesellschaftern, 1991, 183 ff.). Die freie Verfügbarkeit ist jedenfalls dann nicht gegeben, wenn sie dem Interesse des Einlegers an der Rückführung der Einlage dient (BGHZ 113, 335, 343 ff.).

Verfügt der Vorstand der Gesellschaft bereits vor der Anmeldung über Bareinlagen, fließen die entsprechenden Mittel von der Gesellschaft ab und stehen deshalb dem Vorstand nicht mehr zur freien Verfügung. Im Hinblick darauf, dass das AktG keine Thesaurierungspflicht des Vorstands für eingegangene Einlagezahlungen vorsieht und unter dem Vorbehalt einer wertgleichen Deckung hat der BGH Dispositionen über Einlagebeträge vor der Anmeldung als unschädlich angesehen, wenn sich der Wert im Zeitpunkt der Anmeldung noch im Vermögen der Gesellschaft befindet (BGHZ 119, 177, 187 f.). 8

D. Einmanngründung, Abs. 2 S. 2

Für Einmanngründungen schreibt Abs. 2 S. 2 in Übereinstimmung mit der Parallelvorschrift des § 7 Abs. 2 S. 3 GmbHG besondere Vorkehrungen für die Gewährleistung der realen Kapitalaufbringung vor. Diese sind deshalb veranlasst, weil eine Ausfallhaftung bzw. eine Mithaftung anderer Aktionäre für die Leistung rückständiger Einlagen nicht herangezogen werden können. Abs. 2 S. 2 begründet daher eine **besondere Sicherungspflicht**. Gegenstand der Sicherungspflicht ist der Teil des Einlageanspruchs, der nicht schon vor der Anmeldung zu erfüllen ist (§§ 36 Abs. 2, 36 a AktG). Dies ist bei Bareinlagen der über den Mindestbetrag (§ 36 a Abs. 1 AktG) hinausgehende Teil der Einlage, es sei denn dieser ist bereits durch freiwillige Mehrleistungen gedeckt. Auf Sacheinlagen ist die Vorschrift ihrem Wortlaut nach nicht anwendbar. Eine analoge Anwendung ist aber deswegen geboten (MüKo AktG/*Pentz* § 36 Rn. 93), weil der Gesetzgeber bei der Übernahme der Formulierung des § 7 Abs. 2 S. 3 GmbHG in das AktG spezifische Regelungsunterschiede übersehen hat. Bei der AG resultiert ein besonderes Sicherungsinteresse daraus, dass Sacheinlagen nur im Recht der GmbH nach § 7 Abs. 3 GmbHG stets vor der Anmeldung zu bewirken sind, während die Sacheinlage bei der AG nach § 36 a Abs. 2 AktG noch bis zu fünf Jahre nach der Eintragung bewirkt werden kann. 9

Die Art und Weise der Sicherung wird vom Gesetz nicht vorgeschrieben. In Betracht kommen insbesondere die **selbstschuldnerische Bürgschaft**, die **Schuldmitübernahme** oder die Bestellung von Grundschulden (GroßkommAktG/*Röhricht* § 36 Rn. 123). Die Bestellung der Sicherung hat vor der Anmeldung auf der Grundlage der Vorschriften des BGB zu erfolgen. Eine spezielle Nachweispflicht für die Sicherung ist im AktG nicht vorgesehen. Rechtsträger der Sicherung ist der Alleingründer als Inhaber des Sondervermögens; erst mit der Eintragung erwirbt die AG die Rechte im Wege der Gesamtrechtsnachfolge (*Hüffer* ZHR 145 (1981), 521 ff.). 10

§ 36 a Leistung der Einlagen

(1) Bei Bareinlagen muß der eingeforderte Betrag (§ 36 Abs. 2) mindestens ein Viertel des geringsten Ausgabebetrags und bei Ausgabe der Aktien für einen höheren als diesen auch den Mehrbetrag umfassen.

(2) [1]Sacheinlagen sind vollständig zu leisten. [2]Besteht die Sacheinlage in der Verpflichtung, einen Vermögensgegenstand auf die Gesellschaft zu übertragen, so muß diese Leistung innerhalb von fünf Jahren nach der Eintragung der Gesellschaft in das Handelsregister zu bewir-

ken sein. [3]Der Wert muß dem geringsten Ausgabebetrag und bei Ausgabe der Aktien für einen höheren als diesen auch dem Mehrbetrag entsprechen.

A. Zweck der Vorschrift

1 Die Vorschrift regelt die **Höhe des Mindestbetrags**, der vor der Anmeldung der Gesellschaft auf die Bareinlage einzuzahlen ist. Für Sacheinlage sieht Abs. 2 eine besondere Regelung vor.

B. Bareinlagen, Abs. 1

2 Bei **Bareinlagen** beträgt der vor der Anmeldung zu zahlende Mindestbetrag **¼ des geringsten Ausgabebetrags**, §§ 36 a Abs. 1, 36 Abs. 2 AktG. Bei der den geringsten Ausgabebetrag überschreitenden Über-pari-Emission (vgl. § 9 AktG Rn. 7) ist zudem das Agio (vgl. § 9 AktG Rn. 3) in voller Höhe einzuzahlen.

3 Zahlungen auf den gesetzlichen Mindestbetrag haben unter den Voraussetzungen der §§ 36 Abs. 2, 54 Abs. 3 AktG **schuldbefreiende Wirkung**. Freiwillige Mehrleistungen entfalten schuldbefreiende Wirkung nur dann, wenn der Gegenwert im Zeitpunkt der Eintragung noch zur Verfügung steht (BGHZ 105, 300, 303 zur GmbH unter Aufgabe seiner früheren Rechtsprechung); ist dies nicht der Fall besteht eine Unterbilanzhaftung der Gesellschafter (BGHZ 80, 120, 140 ff.; vgl. dazu § 41 AktG Rn. 7 f.). Diese zur Rechtslage bei der GmbH entwickelte Rechtsprechung ist auf die gleichartige Rechtslage bei der AG zu übertragen (*Hüffer* AktG, § 36 a Rn. 3).

4 Die Satzung kann einen höheren Betrag als den des § 36 a AktG festschreiben, § 23 Abs. 5 S. 2 AktG. Die Anmeldung setzt in diesem Fall voraus, dass der höhere Betrag ordnungsgemäß eingezahlt ist, wenn der Vorstand diesen eingefordert hat, § 36 Abs. 2 S. 1 AktG; zu der Einforderung des höheren Betrages ist der Vorstand verpflichtet. Fordert der Vorstand weniger ein, handelt er pflichtwidrig; für die Anmeldung ist dies aber unschädlich, da § 36 a Abs. 1 AktG maßgeblich auf den eingeforderten Betrag abstellt.

C. Sacheinlagen, Abs. 2

5 Die Rechtslage bei **Sacheinlagen** wird von Abs. 2 in der Weise geregelt, dass die Sacheinlage **grundsätzlich vor der Anmeldung zu leisten** ist (S. 1), dass aber die (dingliche) Erfüllung einer Sacheinlageverpflichtung später, nämlich innerhalb der Frist von fünf Jahren nach der Eintragung zu bewirken ist (S. 2). Die Verpflichtung zur Sacheinlage vor der Anmeldung nach S. 1 betrifft deshalb praktisch vor allem die schuldrechtlichen Gebrauchs- und Nutzungsrechte; der darauf bestehende Anspruch muss nach S. 1 vor der Anmeldung begründet werden. Die einen dinglichen Übertragungsakt erfordernden Einlagegeschäfte müssen dagegen nach S. 2 nicht vor der Anmeldung vollzogen werden (vgl. *Krebs/Wagner* AG 1998, 467).

6 Der **Wert der Sacheinlage** muss dem geringsten Ausgabebetrag entsprechen und auch den Mehrbetrag umfassen, wenn ein solches Agio vorgesehen ist, Abs. 2 S. 3. Die Regelung wiederholt damit das Verbot der Unter-pari-Emission der §§ 34 Abs. 1 Nr. 2, 37 Abs. 1 S. 1, 38 Abs. 2 S. 2, 9 Abs. 1 AktG. Wird die AG trotz eines Verstoßes gegen das Verbot eingetragen, so ist sie wirksam entstanden; die AG hat bei »erheblicher Überbewertung« gegen die Gründer einen Anspruch auf Zahlung des Differenzbetrages (BGHZ 64, 52, 62). Es liegt der Sache nach der Fall einer gemischten Sacheinlage vor (vgl. § 27 Rn. 8).

§ 37 Inhalt der Anmeldung [i. d. F. ab 1. 1. 2007 durch EHUG]

(1) [1]In der Anmeldung ist zu erklären, daß die Voraussetzungen des § 36 Abs. 2 und des § 36 a erfüllt sind; dabei sind der Betrag, zu dem die Aktien ausgegeben werden, und der darauf eingezahlte Betrag anzugeben. [2]Es ist nachzuweisen, daß der eingezahlte Betrag endgültig zur freien Verfügung des Vorstands steht. [3]Ist der Betrag gemäß § 54 Abs. 3 durch Gutschrift auf

ein Konto eingezahlt worden, so ist der Nachweis durch eine Bestätigung des kontoführenden Instituts zu führen. [4]Für die Richtigkeit der Bestätigung ist das Institut der Gesellschaft verantwortlich. [5]Sind von dem eingezahlten Betrag Steuern und Gebühren bezahlt worden, so ist dies nach Art und Höhe der Beträge nachzuweisen.

(2) [1]In der Anmeldung haben die Vorstandsmitglieder zu versichern, daß keine Umstände vorliegen, die ihrer Bestellung nach § 76 Abs. 3 Satz 3 und 4 entgegenstehen, und daß sie über ihre unbeschränkte Auskunftspflicht gegenüber dem Gericht belehrt worden sind. [2]Die Belehrung nach *§ 51 Abs.* 2 des Gesetzes über das Zentralregister und das Erziehungsregister *in der Fassung der Bekanntmachung vom 22. Juli 1976 (BGBl. I S. 2005)* kann auch durch einen Notar vorgenommen werden.

(3) In der Anmeldung ist ferner anzugeben, welche Vertretungsbefugnis die Vorstandsmitglieder haben.

(4) Der Anmeldung sind beizufügen

1. die Satzung und die Urkunden, in denen die Satzung festgestellt worden ist und die Aktien von den Gründern übernommen worden sind;
2. im Fall der §§ 26 und 27 die Verträge, die den Festsetzungen zugrunde liegen oder zu ihrer Ausführung geschlossen worden sind, und eine Berechnung des der Gesellschaft zur Last fallenden Gründungsaufwands; in der Berechnung sind die Vergütungen nach Art und Höhe und die Empfänger einzeln anzuführen;
3. die Urkunden über die Bestellung des Vorstands und des Aufsichtsrats;
3 a. eine Liste der Mitglieder des Aufsichtsrats, aus welcher Name, Vorname, ausgeübter Beruf und Wohnort der Mitglieder ersichtlich ist;
4. der Gründungsbericht und die Prüfungsberichte der Mitglieder des Vorstands und des Aufsichtsrats sowie der Gründungsprüfer nebst ihren urkundlichen Unterlagen;
5. wenn der Gegenstand des Unternehmens oder eine andere Satzungsbestimmung der staatlichen Genehmigung bedarf, die Genehmigungsurkunde.

(5) Für die Einreichung von Unterlagen gilt § 12 Abs. 2 des Handelsgesetzbuchs entsprechend.

(6) [aufgehoben]

§ 37 Inhalt der Anmeldung [i. d. F. bis 31. 12. 2006]

***(1) bis (3)* [identisch]**

(4) Der Anmeldung sind beizufügen

1. die Satzung und die Urkunden, in denen die Satzung festgestellt worden ist und die Aktien von den Gründern übernommen worden sind;
2. im Fall der §§ 26 und 27 die Verträge, die den Festsetzungen zugrunde liegen oder zu ihrer Ausführung geschlossen worden sind, und eine Berechnung des der Gesellschaft zur Last fallenden Gründungsaufwands; in der Berechnung sind die Vergütungen nach Art und Höhe und die Empfänger einzeln anzuführen;
3. die Urkunden über die Bestellung des Vorstands und des Aufsichtsrats;
4. der Gründungsbericht und die Prüfungsberichte der Mitglieder des Vorstands und des Aufsichtsrats sowie der Gründungsprüfer nebst ihren urkundlichen Unterlagen;
5. wenn der Gegenstand des Unternehmens oder eine andere Satzungsbestimmung der staatlichen Genehmigung bedarf, die Genehmigungsurkunde.

(5) Die Vorstandsmitglieder haben ihre Namensunterschrift zur Aufbewahrung beim Gericht zu zeichnen.

(6) Die eingereichten Schriftstücke werden beim Gericht in Urschrift, Ausfertigung oder öffentlich beglaubigter Abschrift aufbewahrt.

1 § 37 AktG ergänzt die Bestimmungen der §§ 36, 36 a AktG, indem der **notwendige Inhalt der Anmeldung** festgelegt und bestimmt wird, welche **Nachweise** gegenüber dem Register zu führen sind, und welche **Unterlagen** beizufügen sind. Die Vorschrift soll damit die effektive Durchführung der Gründungsprüfung durch das Registergericht gewährleisten.

2 Nach Abs. 1 sind die genannten Inhalte der Anmeldung (vgl. dazu i. E. Erl. zu § 36 AktG Rn. 6) »zu erklären« (Abs. 1 S. 1 Hs. 1), »zu versichern« (Abs. 2) bzw. »anzugeben« (Abs. 1 S. 1 Hs. 2). Zwischen diesen geforderten Erklärungen besteht der Sache nach kein Unterschied; jeweils geht es darum, dass die Anmeldepflichtigen (vgl. § 36 AktG Rn. 2 ff.) **Wissenserklärungen**, also bestimmte Tatsachen an das Gericht mitzuteilen haben, ohne damit eigene Willenserklärungen abzugeben. Die Anmeldepflichtigen tragen für die Richtigkeit im Zeitpunkt der Anmeldung die zivil- und strafrechtliche Verantwortung, §§ 46 ff., 399 AktG (vgl. BGHZ 117, 323, 328). Soweit die Anmeldepflichtigen etwas »nachzuweisen« (Abs. 1 S. 1 und 5) haben, haben sie zusätzlich zu den in Abs. 4 genannten Unterlagen Beweisurkunden beizufügen.

3 Inhaltlich umfasst die Anmeldung drei Komponenten, nämlich den Antrag auf Eintragung (§ 36 Abs. 1 AktG; vgl. dort Rn. 2), die Mitteilungen und Nachweise über die Kapitalaufbringung bei Bar- bzw. Sacheinlagen (Abs. 1; vgl. § 36 AktG Rn. 6 f.) und die Versicherung der Vorstandsmitglieder (Abs. 2).

4 Der Nachweis der Bareinlage durch Kontogutschrift (§ 54 Abs. 3 AktG) ist gem. Abs. 1 S. 3 durch **Bankbestätigung** zu führen. Der Inhalt der Bestätigung der Bank ist im Hinblick auf deren Haftung nach Abs. 1 S. 4 auf den begrenzten Kenntnisstand der Bank aus der Kontoführung und deswegen darauf zu konzentrieren, dass die Einzahlung erfolgt ist und der eingezahlte Betrag dem Vorstand zur freien Verfügung steht, wobei sich die Bestätigung der Verfügungsfreiheit nur darauf beziehen muss, dass der Bank keine Gegenrechte aus der Kontoführung zustehen (*Hüffer* AktG, § 37 Rn. 3 a unter kritischem Hinweis auf die eine weitergehende Verantwortlichkeit der bestätigenden Bank nicht ausschließende Formulierungen in BGHZ 113, 335, 350; 119, 177, 180 f.). Insofern unterscheiden sich der Inhalt der Erklärung der Bank von derjenigen von Vorstand, Aufsichtsrat und Gründern bei ihrer nach § 36 Abs. 2 AktG geforderten Erklärung darüber, dass die ordnungsgemäß eingezahlten Mittel endgültig zur freien Verfügung des Vorstands stehen (vgl. § 36 AktG Rn. 7 und *Butzke* ZGR 1994, 94, 97 ff.).

5 Die Vorstandsmitglieder haben je für sich die **Versicherungen nach Abs. 2** abzugeben. Hinsichtlich der Bestellungshindernisse nach § 76 Abs. 3 und 4 AktG genügen pauschale Wiederholungen des Wortlauts von § 37 Abs. 2 AktG nicht; vielmehr wird die unmittelbar auf § 76 Abs. 3 und 4 AktG bezogene Erklärung verlangt, dass keine Verurteilung wegen einer Insolvenzstraftat nach den §§ 283 bis 283 d StGB innerhalb von fünf Jahren vor der Anmeldung rechtskräftig geworden ist und keine Untersagung der Ausübung eines mit dem Unternehmensgegenstand der Gesellschaft ganz oder teilweise übereinstimmenden Berufs, Gewerbes oder Zweiges eines von beiden vorliegt, die durch im Zeitpunkt der Anmeldung zeitlich wirksame(s) und vollziehbare(s) Gerichtsurteil oder Behördenentscheidung ausgesprochen wurde; überdies haben die Vorstandsmitglieder zu versichern, dass sie durch Gericht oder Notar über ihre diesbezügliche unbeschränkte Auskunftspflicht gegenüber dem Gericht belehrt worden sind (Abs. 2 i. V. m. § 53 Abs. 2 BZRG i. d. F. der Bek. v. 21. 9. 1984 (BGBl. I, 1229, BGBl. 1985 I, 195), zuletzt geändert durch Gesetz v. 15. 6. 2005 (BGBl. I, 1626), der an die Stelle der in § 37 Abs. 2 AktG genannten Regelung getreten ist).

6 Nach Abs. 3 ist anzugeben, welche **Vertretungsbefugnis** die Vorstandsmitglieder haben. Sie ergibt sich aus dem Gesetz (§ 78 Abs. 1, 2 AktG) oder der Satzung (§ 78 Abs. 2 S. 1, Abs. 3 AktG) und ist in **abstrakter Form** anzugeben (Gesamtvertretung, Einzelvertretung usw.), ohne dass grundsätzlich eine namentliche Nennung der Vorstandsmitglieder erforderlich ist; gelten aber für ein-

zelne Vorstandsmitglieder keine besonderen Vertretungsbefugnisse – wie die Befreiung vom Verbot des § 181 BGB, Einzelvertretung bei sonst gegebener Gesamtvertretung – sind diese unter namentlicher Zuordnung anzugeben (BGHZ 87, 59, 60 f.).

Die der Anmeldung **beizufügenden Anlagen** sind in Abs. 4 anschließend aufgelistet. Die **Nr. 3 a** 7
wurde durch das »Gesetz über elektronische Handelsregister und Genossenschaftsregister sowie das Unternehmensregister« (EHUG), welches zum 1. 1. 2007 in Kraft getreten ist, eingefügt. Die Einfügung wurde notwendig aufgrund Art. 2, 3 der EU-Publizitätsrichtlinie: Danach müssen auch die Personalien derjenigen offengelegt werden, die als Mitglieder eines gesetzlich vorgesehenen Gesellschaftsorgans an der Verwaltung, Kontrolle oder Beaufsichtigung des Unternehmens teilnehmen (vgl. RegBegr. BT-Drs. 16/960, 65 zu § 37 zu Buchst. a).

Die durch das EHUG eingeführte Regelung verlangt mit dem Verweis auf § 12 Abs. 2 HGB die 8
Einreichung der Dokumente auf elektronischem Wege bzw. begnügt sich mit der Übermittlung einer elektronischen Aufzeichnung, § 12 Abs. 2 S. 2 HGB, bzw. erfordert ein mit einem einfachen elektronischen Zeugnis (§ 39 a BeurkG) versehenes Dokument, § 12 Abs. 2 S. 2 Hs. 2 HGB.

Abs. 6 wurde durch das »Gesetz über elektronische Handelsregister und Genossenschaftsregis- 9
ter sowie das Unternehmensregister« (EHUG) aufgehoben. Es handelte sich um eine Aufbewahrungsvorschrift, aus der sich ergab, dass die einzureichenden Schriftstücke in Urschrift, Ausfertigung oder in öffentlich beglaubigter Abschrift eingereicht werden konnten; die Anmeldepflichtigen hatten insoweit ein Wahlrecht. Die Aufhebung ist eine Folgeänderung aufgrund der Einführung der elektronisch geführten Handelsregister (vgl. RegBegr. BT-Drs. 16/960, 65 zu § 37 Buchst. c).

§ 38 Prüfung durch das Gericht

(1) [1]Das Gericht hat zu prüfen, ob die Gesellschaft ordnungsgemäß errichtet und angemeldet ist. [2]Ist dies nicht der Fall, so hat es die Eintragung abzulehnen.

(2) [1]Das Gericht kann die Eintragung auch ablehnen, wenn die Gründungsprüfer erklären oder es offensichtlich ist, daß der Gründungsbericht oder der Prüfungsbericht der Mitglieder des Vorstands und des Aufsichtsrats unrichtig oder unvollständig ist oder den gesetzlichen Vorschriften nicht entspricht. [2]Gleiches gilt, wenn die Gründungsprüfer erklären oder das Gericht der Auffassung ist, daß der Wert der Sacheinlagen oder Sachübernahmen nicht unwesentlich hinter dem geringsten Ausgabebetrag der dafür zu gewährenden Aktien oder dem Wert der dafür zu gewährenden Leistungen zurückbleibt.

(3) Wegen einer mangelhaften, fehlenden oder nichtigen Bestimmung der Satzung darf das Gericht die Eintragung nach Absatz 1 nur ablehnen, soweit diese Bestimmung, ihr Fehlen oder ihre Nichtigkeit

1. **Tatsachen oder Rechtsverhältnisse betrifft, die nach § 23 Abs. 3 oder auf Grund anderer zwingender gesetzlicher Vorschriften in der Satzung bestimmt sein müssen oder die in das Handelsregister einzutragen oder von dem Gericht bekanntzumachen sind,**
2. **Vorschriften verletzt, die ausschließlich oder überwiegend zum Schutze der Gläubiger der Gesellschaft oder sonst im öffentlichen Interesse gegeben sind, oder**
3. **die Nichtigkeit der Satzung zur Folge hat.**

A. Allgemeines

Das Gericht prüft nach der Anmeldung die **Eintragungsfähigkeit** der Gesellschaft. Die Prüfung 1
erstreckt sich auf folgende Umstände: Die Ordnungsgemäßheit der Errichtung und Anmeldung (Abs. 1 S. 1), die Ordnungsgemäßheit der Berichte der Gründer und der Organmitglieder (Abs. 2

S. 1), die Bewertung von Sacheinlagen oder Sachübernahmen (Abs. 2 S. 2) und die Eintragungsfähigkeit der Satzung (Abs. 3).

2 Die Prüfung erstreckt sich ihrem **Umfang** nach grundsätzlich auf **alle formellen und materiellen Eintragungsvoraussetzungen**. Insbesondere bei Sacheinlagen und Sachübernahmen erstreckt sich die Prüfung auf deren Wert (vgl. auch Rn. 6). Hinsichtlich der erforderlichen Genehmigungen (s. § 37 Abs. 4 Nr. 5 AktG) wird nur geprüft, ob die Genehmigungen vorliegen; ob sie zu Recht erteilt worden sind, gehört nicht zum Gegenstand der registergerichtlichen Prüfung. Das Gericht hat eine **Rechtsprüfung** vorzunehmen; es hat also nicht zu prüfen und darüber zu entscheiden, ob die gewählten Satzungsbestimmungen zweckmäßig und interessengerecht sind; erst recht erstreckt sich die Prüfung nicht auf die Wirtschaftlichkeit der beabsichtigten Geschäftsbetriebs oder die Markt- und Wettbewerbsfähigkeit der Gesellschaft. Die gerichtliche Prüfung kann naturgemäß nur den Sachstand zum Zeitpunkt der Anmeldung berücksichtigt. Zur freien Verfügbarkeit von Geldeinlagen vgl. § 36 AktG Rn. 7.

B. Umfang der Prüfung

3 Bei der Prüfung der **Errichtung der Gesellschaft** ist in formeller Hinsicht die die Einhaltung der Formvorschriften für die Erklärungen und Vollmachten zu überprüfen. Materiell hat das Gericht insbesondere die Vollständigkeit und Rechtmäßigkeit (Wirksamkeit) des Gesellschaftsvertrages zu prüfen. Materielle Satzungsmängel dürfen allerdings vom Gericht nach Abs. 3 nur noch eingeschränkt als Eintragungshindernis behandelt werden (vgl. dazu noch unter Rn. 8 ff.).

4 Die Prüfung der **Anmeldung der Gesellschaft** erstreckt sich in formeller Hinsicht auf die Formvorschriften, die Kontrolle der Vollständigkeit der Anmelder nebst ihrer formgerechten Bestellung sowie die Vollständigkeit der eingereichten Anlagen. In materieller Hinsicht bezieht sich die Prüfung auf die Vollständigkeit und der inhaltlichen Übereinstimmung der Erklärungen der Anmelder über die Kapitalaufbringung mit den gesetzlichen Erfordernissen und der dazu einzureichenden Nachweise sowie der Versicherungen der Vorstandsmitglieder gem. § 37 Abs. 2 AktG. Eine Überprüfung der inhaltlichen Richtigkeit der Erklärungen ist dem Gericht regelmäßig nicht möglich; sie wird aber durchgeführt, wenn es dafür begründeten Anlass gibt.

5 Die Prüfung der **Gründungs- und Prüfungsberichte** wird das Gericht zunächst an den dort ausgewiesenen Ergebnissen orientieren. Diese sind für das Gericht **nicht bindend**. Bei negativer Aussage der Berichte, kann das Gericht die Eintragung gestützt auf eben diesen Umstand ablehnen, Abs. 2 S. 1. Im Übrigen hat das Gericht zu prüfen, ob »offensichtliche« Mängel vorliegen. Damit wird kein einschränkender Prüfungsmaßstab gesetzt, sondern zum Ausdruck gebracht, dass die Ablehnung der Eintragung zu erfolgen hat, wenn nach Prüfung des Gerichts ein Mangel vorhanden und in diesem Sinn offensichtlich ist (*Hüffer* AktG, § 38 Rn. 8). Ein Ermessensspielraum steht dem Gericht unbeschadet der »kann«-Formulierung des Gesetzes nicht zu; diese bringt zum Ausdruck, dass das Gericht die Eintragung nicht ablehnen darf, wenn die Eintragungsvoraussetzungen vorliegen, umgekehrt die Eintragung aber abzulehnen hat, wenn die Voraussetzungen nicht erfüllt sind (*Hüffer* AktG, § 38 Rn. 16).

6 Hinsichtlich der **Sacheinlagen und Sachübernahmen** kann sich entweder aus dem Bericht der Gründungsprüfer oder nach eigenständiger Prüfung durch das Gericht ergeben, dass der Wert der Sacheinlagen oder Sachübernahmen hinter dem geringsten Ausgabebetrag der dafür zu gewährenden Aktien oder Gegenleistung zurückbleibt; in diesem Fall ist die Eintragung abzulehnen, wenn der Wert »nicht unwesentlich« zurückbleibt, Abs. 2 S. 2. Der vom Gesetz gewählte Maßstab reflektiert die regelmäßig bestehenden Bewertungsschwierigkeiten für Sacheinlagen oder Sachübernahmen. Damit soll gewährleistet werden, dass nicht schon jede geringfügige Differenz zu einem Eintragungshindernis gereicht (*Hüffer* AktG, § 38 Rn. 9). Bei **Sacheinlagen** muss der Grundsatz der Kapitalaufbringung gefährdet sein (MüKo AktG/*Pentz* § 38 Rn. 59 f.); bei **Sachübernahmen** muss eine eindeutige und offensichtliche Überbewertung vorliegen; dies

wird regelmäßig dann anzunehmen sein, wenn der übliche Spielraum von Bewertungsunterschieden überschritten wird (MüKo AktG/*Pentz* § 38 Rn. 60).

Ist für die Sacheinlage ein höherer Ausgabebetrag festgesetzt (§ 9 Abs. 2 AktG), hat sich die Prüfung ungeachtet des abweichenden Wortlauts von Abs. 2 S. 2 auch darauf zu beziehen, ob das Agio geleistet wurde. Auch in der Anmeldung haben sämtliche Anmeldepflichtigen die Beachtung von § 36 a AktG zu erklären (§ 37 Abs. 1 AktG), dass mithin der Wert der Sacheinlage dem festgesetzten höheren Ausgabebetrag entspricht (vgl. § 36 a AktG Rn. 6). Die nach dem Wortlaut des Abs. 2 S. 2 bestehende Begrenzung der Prüfung der Werthaltigkeit der Sacheinlage durch das Gericht auf die Deckung des geringsten Ausgabebetrages beruht auf einem Redaktionsversehen des Gesetzgebers (GroßkommAktG/*Röhricht* § 27 Rn. 100; MüKo AktG/*Pentz* § 36 a Rn. 28, anders jedoch § 38 Rn. 59). 7

Abs. 3 Nr. 1 bis 3 errichtet Schranken für die Beachtlichkeit der sich bei der Prüfung durch das Registergericht ergebenden inhaltlichen Satzungsmängel. Nach Maßgabe der in Nr. 1 bis 3 geregelten Bestimmungen darf das Registergericht inhaltliche Satzungsmängel nur eingeschränkt als Eintragungshindernis behandeln. Das Verhältnis der in den Nr. 1 bis 3 geregelten Fälle vom Gesetzgeber nicht präzise geregelt. Allgemein anerkannt ist, dass das **Fehlen zwingender Satzungsbestimmungen i. S. d. Nr. 1** schon für sich allein ein Eintragungshindernis bedeutet. 8

Das sachgerechte Verständnis der Rechtslage für die Fälle der **Gesetzeswidrigkeit von einzelnen Satzungsbestimmungen** erschließt sich aus einem Vergleich mit der Rechtslage für die materielle Beschlussnichtigkeit von Hauptversammlungsbeschlüssen nach § 241 AktG: Nicht alle dort geregelten Nichtigkeitsgründe gelten für die registergerichtliche Prüfung als Eintragungshindernis; der vom Gesetzgeber des Handelsrechtsreformgesetzgesetzes von 1998 neu gestaltete § 38 Abs. 3 AktG hat die Unterschiede der Erheblichkeit von Gesetzesverstößen als Eintragungshindernis nach § 38 AktG einerseits und als Beschlussnichtigkeitsgrund nach § 241 AktG andererseits bewusst in Kauf genommen, um die Eintragung der AG im Register zu beschleunigen (BT-Drs. 13/8444, 76 f.). Soweit **zwingende Satzungsinhalte** betroffen sind, ergibt sich, dass abgesehen von Verstößen gegen Vorschriften zum Schutz der Gläubiger oder sonstiger öffentlicher Interessen die in § 241 Nr. 3 und Nr. 4 AktG zusätzlich geregelten Fälle der Unvereinbarkeit »mit dem Wesen der Aktiengesellschaft« und des Verstoßes gegen die guten Sitten keine inhaltlichen Satzungsmängel sind, die ein Eintragungshindernis darstellen. Ebenso wenig stellen nach der gesetzlichen Wertung in § 38 Abs. 3 AktG im Vergleich zum Beschlussfassungsrecht der §§ 241 ff. AktG solche Mängel ein Hindernis für die Eintragung der AG dar, die einen Hauptversammlungsbeschluss i. S. d. § 243 AktG anfechtbar machen. 9

Die **Nichtigkeit von Satzungsinhalten**, die die Nichtigkeit der Satzung insgesamt betreffen, stellen nach Abs. 3 Nr. 3 ein Eintragungshindernis dar. Ein solcher Fall liegt insbesondere vor, wenn ein Gesetzesverstoß über § 139 BGB die Gesamtnichtigkeit der Satzung zur Folge hat. Die Regelung gilt sowohl für zwingende als auch für fakultative Satzungsbestimmungen. 10

Zuständig ist das **Amtsgericht** des Gesellschaftssitzes, §§ 125 Abs. 1 FGG, 14 AktG. Das Gericht verfügt nach Prüfung die Eintragung bzw. weist die Anmeldung durch Beschluss zurück, Abs. 1 S. 2. Bei behebbaren Eintragungshindernissen hat das Gericht nach § 26 Abs. 2 HRV durch eine sog. Zwischenverfügung Abhilfe durch die Anmelder zu ermöglichen. Gegen eine ablehnende Entscheidung des Gerichts sowie gegen Zwischenverfügungen ist die (fristlose) Beschwerde nach § 19 Abs. 1 FGG gegeben. Beschwerdeberechtigt sind die Anmelder, einschließlich der durch den Vorstand vertretenen Vor-AG (BGHZ 117, 323, 325 ff.). Die Entscheidung des Beschwerdegerichts kann, sofern die Verletzung des Gesetzes gerügt wird, mit der weiteren Beschwerde angefochten werden, § 27 FGG. Die Eintragung ist nicht rechtsmittelfähig (BGHZ 104, 61, 63). 11

§ 39 Inhalt der Eintragung

(1) [1]Bei der Eintragung der Gesellschaft sind die Firma und der Sitz der Gesellschaft, der Gegenstand des Unternehmens, die Höhe des Grundkapitals, der Tag der Feststellung der Satzung und die Vorstandsmitglieder anzugeben. [2]Ferner ist einzutragen, welche Vertretungsbefugnis die Vorstandsmitglieder haben.

(2) Enthält die Satzung Bestimmungen über die Dauer der Gesellschaft oder über das genehmigte Kapital, so sind auch diese Bestimmungen einzutragen.

1 Die Vorschrift legt verbindlich den **Inhalt der Eintragung im Handelsregister** fest. Damit wird die Publizität der wesentlichen Verhältnisse der Gesellschaft gewährleistet (*Fleischer* NZG 2006, 561). Die Eintragung, die in Abt. B des Handelsregisters erfolgt (§§ 3 Abs. 3, 43 HRV) und mit dem Datum des Eintragungstages versehen wird, § 130 Abs. 1 FGG, wird den Anmeldern (§ 36 Abs. 1 AktG) bekannt gegeben, § 130 Abs. 2 FGG. Daneben erfolgt eine Bekanntmachung nach § 30 AktG. Die Eintragung im Handelsregister kann von jedermann zu Informationszwecken eingesehen werden, § 9 Abs. 1 HGB.

§ 40 [aufgehoben zum 1. 1. 2007 durch EHUG]

§ 40 Bekanntmachung der Eintragung [i. d. F. bis 31. 12. 2006]

In die Bekanntmachung der Eintragung sind außer deren Inhalt aufzunehmen

1. ***die Festsetzungen nach § 23 Abs. 3 und 4, §§ 24, 25 Satz 2, §§ 26 und 27;***
2. ***Der Ausgabebetrag der Aktien;***
3. ***Name und Wohnort der Gründer;***
4. ***Name, Beruf und Wohnort der Mitglieder des ersten Aufsichtsrats.***

1 Die Vorschrift ergänzte die allgemeine Bekanntmachungsvorschrift des § 10 Abs. 1 S. 1 HGB. Durch § 40 AktG wurde der Inhalt der vom Handelsregister vorzunehmenden Bekanntmachung erweitert. Die über die in § 10 HGB geregelte Bekanntmachung des Inhalts der Eintragung hinausgehende Bekanntmachung nach § 40 AktG bezweckte eine weitergehende Information des Rechtsverkehrs über die in § 40 AktG genannten Gesellschaftsverhältnisse.

§ 41 Handeln im Namen der Gesellschaft vor der Eintragung. Verbotene Aktienausgabe

(1) [1]Vor der Eintragung in das Handelsregister besteht die Aktiengesellschaft als solche nicht. [2]Wer vor der Eintragung der Gesellschaft in ihrem Namen handelt, haftet persönlich; handeln mehrere, so haften sie als Gesamtschuldner.

(2) Übernimmt die Gesellschaft eine vor ihrer Eintragung in ihrem Namen eingegangene Verpflichtung durch Vertrag mit dem Schuldner in der Weise, daß sie an die Stelle des bisherigen Schuldners tritt, so bedarf es zur Wirksamkeit der Schuldübernahme der Zustimmung des Gläubigers nicht, wenn die Schuldübernahme binnen drei Monaten nach der Eintragung der Gesellschaft vereinbart und dem Gläubiger von der Gesellschaft oder dem Schuldner mitgeteilt wird.

(3) Verpflichtungen aus nicht in der Satzung festgesetzten Verträgen über Sondervorteile, Gründungsaufwand, Sacheinlagen oder Sachübernahmen kann die Gesellschaft nicht übernehmen.

(4) [1]Vor der Eintragung der Gesellschaft können Anteilsrechte nicht übertragen, Aktien oder Zwischenscheine nicht ausgegeben werden. [2]Die vorher ausgegebenen Aktien oder Zwischenscheine sind nichtig. [3]Für den Schaden aus der Ausgabe sind die Ausgeber den Inhabern als Gesamtschuldner verantwortlich.

A. Regelungszweck

1 Die Vorschrift regelt vor allem die Rechtsverhältnisse der Gesellschaft vor der Eintragung im Handelsregister und der für die nicht eingetragene Gesellschaft handelnden Personen. Die Vorschrift geht von dem Grundsatz aus, dass die AG als juristische Person erst mit der Eintragung im Handelsregister entsteht und regelt deshalb in Abs. 1, dass die AG vorher als solche nicht besteht. Nach dem Gesetzestext bleibt offen, welchen Charakter die Vor-AG hat. Das Gesetz begnügt sich mit der Festelegung einer persönlichen Haftung der für die Vor-AG Handelnden (Abs. 1 S. 2). Die Übernahme von Verpflichtungen betreffen die Regelungen des Abs. 2 und 3. Abs. 4 schließt den Gesellschafterwechsel vor der Eintragung der AG aus.

B. Rechtsverhältnisse der Vor-AG, Abs. 1 S. 1

I. Mehrpersonen-Vorgesellschaft

2 Der Gesetzgeber hat die Regelung der Rechtsverhältnisse der AG vor ihrer Eintragung bewusst (vgl. RegBegr. zum AktG 1965, abgedruckt bei *Kropff*, S. 60) offen gelassen und sich in § 41 Abs. 1 S. 1 AktG auf die nur eine negative Aussage enthaltende Regelung beschränkt, dass die AG vor der Eintragung im Handelsregister als solche, nämlich als juristische Person, nicht besteht. Im Wege richterlicher Rechtsfortbildung ist seit der Schaffung des AktG auch eine rechtliche Ordnung der Rechtsverhältnisse der Gesellschaft in der Zeit vor der Eintragung entwickelt worden. Dabei wird unterschieden zwischen der **Zeit bis zur Errichtung** der AG und der anschließenden Zeit von der **Errichtung bis zur Eintragung**. Den Zeitraum bis zur Errichtung der AG, also der Übernahme aller Aktien durch die Gründer (§ 29 AktG), regelt das AktG mittelbar dadurch, dass es in § 23 Abs. 1 S. 2 AktG die regelmäßig unverbindliche Vereinbarung der Gründer zur Errichtung der Gesellschaft voraussetzend eine notariell beglaubigte Vollmacht im Falle der Vertretung bei der Errichtung verlangt. Wenn sich die Gründer verbindlich zur Errichtung der Gesellschaft verpflichten wollen, ist hierzu ein notarieller Gründungsvorvertrag erforderlich; aus ihm heraus entsteht eine sog. **Vorgründungsgesellschaft**. Bei dieser handelt es regelmäßig um eine Gesellschaft bürgerlichen Rechts i. S. d. §§ 705 ff. BGB. Sie ist bei Beschränkung ihrer Tätigkeit auf das Ziel der Errichtung der Gesellschaft eine reine Innengesellschaft, oder aber Außengesellschaft, wenn zur Vorbereitung der Gründung Außen-Rechtsgeschäfte vorgenommen, insbesondere (Gesamthands-)Vermögen von Dritten erworben wird; handelt es sich dabei um Handelsgeschäfte entsteht die Vorgründungsgesellschaft als OHG i. S. d. § 105 HGB (MüKo AktG/*Pentz* § 41 Rn. 9 ff.).

3 Mit der Errichtung der AG (§ 29 AktG) entsteht die sog. **Vor-AG** (auch Vorgesellschaft oder Gründungsgesellschaft genannt). Bei der Vor-AG handelt es sich nach der schon früh ergangenen Rechtsprechung des BGH um eine **Gesamthandsgesellschaft eigener Art**, für die ein Sonderrecht gilt, »das aus den im Gesetz oder im Gesellschaftsvertrag gegebenen Gründungsvorschriften und dem Recht der rechtsfähigen Gesellschaft, soweit nicht die Eintragung vorausgesetzt ist, besteht« (BGHZ 21, 242, 246; zuletzt BGHZ 143, 314, 319). Die Vorgesellschaft muss bereits die Organe der AG haben, nämlich den ersten Aufsichtsrat und den ersten Vorstand (vgl. § 30 Abs. 1 bis 3 AktG); sie kann die Firma gem. der Satzung bereits führen (§§ 4, 23 Abs. 3 Nr. 1 AktG), hat aber, um Irreführungen zu vermeiden, den **Zusatz »in Gründung«** (»i. G.«) zu führen. An die Stelle der Hauptversammlung tritt die Versammlung der Gründer, die den ersten Aufsichtsrat

und den ersten Abschlussprüfer zu bestellen hat (§ 30 Abs. 1 AktG). Der **Zweck der Vor-AG** beschränkt sich nach dem vom Gesetz vorausgesetzten Regelfall auf das Bewirken der Eintragung der Gesellschaft im Handelsregister. Dazu darf der Vorstand alle Rechtsgeschäfte vornehmen, die nach Gesetz und den Festsetzungen in der Satzung notwendig oder zugelassen sind (BGHZ 80, 129, 139). Dazu gehört insbesondere der Abschluss von Verträgen und die Vornahme von Rechtshandlungen betreffend die Satzungsfestsetzungen über den Gründungsaufwand (§ 26 Abs. 2 AktG) und über die Einlagen (§ 36 a AktG) und Sachübernahmen (§ 27 Abs. 1 S. 1 AktG). Auf diesen Zweck der Vorgesellschaft beschränken sich die Geschäftsführungs- und Vertretungsbefugnis des Vorstandes (BGHZ 80, 129, 139). Allerdings anerkennt die Rechtsprechung, nachdem sie zunächst Rechtshandlungen, mit denen das Grundkapital durch Eingehen von Verbindlichkeiten über die Gründungsnotwendigkeiten hinaus für unzulässig erachtet hatte (sog. **Vorbelastungsverbot**, vgl. BGHZ 45, 338), inzwischen einen erweiterten Zweck der Vorgesellschaft und damit eine erweiterte Geschäftsführungs- und Vertretungsbefugnis des Vorstands, wenn das Einverständnis aller Gründer vorliegt. Diese Rechtsprechung ist zur GmbH entwickelt worden (vgl. Erl. zu § 11 GmbHG in Kap. 7) und gilt – auch wenn die höchstrichterliche Rechtsprechung dies bisher offen gelassen hat (vgl. BGHZ 117, 323, 326 f.; 119, 177, 186) – auch für die Vor-AG (OLG Karlsruhe ZIP 1998, 1981). An die Stelle des sog. Vorbelastungsverbots hat die Rechtsprechung die sog. **Vorbelastungs- (Unterbilanz-)haftung** gesetzt (vgl. dazu Rn. 7).

4 Im **Innenverhältnis**, also dem Verhältnis der Gesellschafter untereinander, gilt zunächst bereits für die Vor-AG das Recht der Gesellschaftsorgane. Für die Bestellung der Organe gilt grundsätzlich das Beschlussfassungsrecht der AG (§§ 118, 133 AktG). Für die Einberufung gelten die Vereinfachungen des § 121 Abs. 4 AktG. Für die Versammlungs- und Beschlussförmlichkeiten wird dagegen überwiegend das Regelungsmodell der §§ 47 ff. AktG und nicht das für die Publikums-AG geltende Recht für anwendbar gehalten (*Hüffer* AktG, § 41 Rn. 7). Für die Niederschrift ist wiederum die vereinfachende Regelung des § 130 Abs. 1 S. 3 AktG (privatschriftliches Protokoll) anwendbar. Die laufende Geschäftsführung liegt beim Vorstand. Der Vorstand kann alle zur Durchführung der Gründung erforderlichen Maßnahmen treffen, insbesondere Mindestbar- und Sacheinlagen entgegennehmen und die Gesellschaft zum Handelsregister anmelden. Darüber hinausgehende Betätigungen der Vorgesellschaft darf der Vorstand durchführen, wenn die Zustimmung aller Gesellschafter vorliegt oder wenn sich bereits aus der Satzung das entsprechende Einverständnis ergibt (BGH NJW 2004, 2519).

5 Im **Außenverhältnis** gilt, dass der Vor-AG auch ohne eigene Rechtspersönlichkeit die Teilnahme am Rechtsverkehr möglich ist (vgl. oben Rn. 3). Der als Organ handelnde Vorstand verpflichtet mithin die Vor-AG und nicht die Gründer (BGHZ 80, 129, 139). In Parallele zur Rechtslage bei der Vor-GmbH (vgl. dazu Kap. 7 § 11 Rn. 1 ff.) wird auch für die Vor-AG angenommen, dass sie **kontofähig** und **grundbuchfähig** ist (BGHZ 45, 347, 348); die Vor-AG ist **wechsel- und scheckfähig** (BGHZ 117, 323, 326 – zur GmbH), sie ist **aktiv und passiv parteifähig** (BGH NJW 1998, 1079 – zur GmbH) und sie ist **insolvenzfähig** (BGH NZG 2003, 1167 – zur GmbH). Der Umfang der Vertretungsmacht ist entgegen der früher vertretenen Auffassung nach der Aufgabe des Vorbelastungsverbots durch die Rechtsprechung (oben Rn. 3) nicht mehr notwendig auf den engen Kreis der für die Gründung notwendigen Geschäfte beschränkt. Eine unbeschränkte und unbeschränkbare Vertretungsmacht besteht wiederum nicht, weil § 82 AktG die Registereintragung voraussetzt und sie mit der im Wege richterlicher Rechtsfortbildung geschaffenen unbeschränkten (Unterbilanz-) Haftung der Gesellschafter und dem damit verbundenen Risiko schwerlich zu vereinbaren wäre (vgl. BGHZ 86, 122, 125 – zur GmbH).

6 Die **Haftungsrechtslage bei der Vor-AG** ist dadurch gekennzeichnet, dass zwischen der Haftung der Vor-AG, der Haftung ihrer Gesellschafter und der sog. Handelndenhaftung nach § 41 Abs. 1 S. 2 AktG zu unterscheiden ist. Für Verbindlichkeiten der Vor-AG ist deren Haftung mit dem Gesellschaftsvermögen Konsequenz der Teilrechtsfähigkeit und heute allgemein anerkannt (*Hüffer* AktG, § 41 Rn. 4). Die Vor-AG wird als Träger des Gesellschaftsvermögens durch das Handeln des Vorstands als Organ verpflichtet. Unerlaubte Handlungen oder andere zum Schadensersatz

führende Verhaltensweisen der Organe oder Organmitglieder muss sich die Vor-AG gem. § 31 BGB analog zurechnen lassen (MüKo AktG/*Pentz* § 41 Rn. 54).

Neben der Haftung der Vorgesellschaft hat die Rechtsprechung des BGH unter Aufgabe des sog. Vorbelastungsverbots (vgl. Rn. 3) eine **Vorbelastungshaftung** in richterlicher Rechtsfortbildung entwickelt. Sie bedeutet eine Haftung der mit dem vorzeitigen Geschäftsbeginn einverstandenen Gesellschafter gegenüber der (eingetragenen) Gesellschaft auf den Betrag, um den das tatsächliche Gesellschaftsvermögen im Zeitpunkt der Eintragung hinter dem Betrag des Nennkapitals zurückbleibt; dies kann regelmäßig nur durch eine Bilanz auf den Stichtag der Eintragung festgestellt werden und wird deshalb auch als **Unterbilanzhaftung** bezeichnet. Sie ist von BGHZ 80, 129, 140 ff. als unbeschränkte (Innen-) Haftung der Gesellschafter nicht gegenüber den Gläubigern, sondern gegenüber der Gesellschaft konzipiert und sukzessive entwickelt worden. Es handelt sich um eine **anteilige Innenhaftung**; der Differenzbetrag ist von den Gesellschaftern im Verhältnis ihrer Kapitalanteile zu tragen (BGHZ 134, 333, 339 ff. – zur GmbH; BGHZ 149, 273, 274 – zur Vor-Genossenschaft). 7

Im Falle des Scheiterns der Gründung und dem damit einhergehenden Scheitern der Eintragung besteht eine **Verlustdeckungshaftung**, nämlich eine Haftung der Gründer für die entstandenen Anlaufverluste. Die Haftung ist der Höhe nach unbegrenzt. Im Unterschied zur Vorbelastungshaftung umfasst die Verlustdeckungshaftung nicht die Pflicht, das dem Grundkapital entsprechende Vermögen wieder herzustellen; sie ist begrenzt auf die Haftung für die Verluste, die nach der erforderlichen Liquidation der Vor-AG (BGHZ 152, 290, 293 ff.) verbleiben. 8

Schuldner der Haftung sind die Gründer, die der vorzeitigen Geschäftsaufnahme zugestimmt haben. Inhaber der Anspruchs ist entsprechend der Konzeption als Innenhaftung die Vor-AG (zur Kritik an diesem Konzept vgl. *Beuthien* ZIP 1996, 305; *Ulmer* ZIP 1996, 733). **Gläubiger** der Vor-AG können einzelne Gründer grundsätzlich nur dann in Anspruch nehmen, wenn sie zuvor die Ansprüche der Vor-AG gepfändet haben. Die damit erforderliche Inanspruchnahme der Vor-AG ist in den Fällen der Vermögenslosigkeit der Vorgesellschaft aussichtslos und unzumutbar. Deshalb lässt die Rechtsprechung in diesen Fällen ausnahmsweise auch den direkten Zugriff der Gläubiger auf die Gründer zu (BGHZ 134, 333, 341). 9

II. Einpersonen-Vorgesellschaft

Bei der **Einmanngründung** (vgl. § 2 AktG Rn. 2) entsteht die besondere Situation, dass es schon aus tatsächlichen nicht möglich ist, im Zeitraum von der Errichtung bis zur Eintragung von einer **teilrechtsfähigen Gesamthandsgemeinschaft** mehrerer Personen auszugehen. Die zur Mehrpersonen-Vorgesellschaft entwickelten Grundsätze können daher auf die Einpersonen-Vorgesellschaft nicht ohne weiteres übertragen werden. Die deshalb gebotene gesetzliche Sonderregelung der Rechtsverhältnisse der Einpersonen-Vor-AG hat der Gesetzgeber weder in § 41 AktG noch an anderer Stelle getroffen. Auch für die Fälle der Spaltung zur Neugründung nach dem UmwG liegt keine diesbezügliche gesetzliche Regelung vor, obwohl diese wünschenswert wäre, will der Fall einer Einmanngründung durch den übertragenden Rechtsträger als Gründer vorliegt (dazu *Bruski* AG 1997, 17). Für das Aktienrecht ist – wie für das GmbH-Recht auch (vgl. Erl. zu § 1 GmbHG in Kap. 7) – ungeklärt und umstritten, ob die Einpersonen-Vorgesellschaft als teilrechtsfähige Wirkungseinheit oder lediglich als Sondervermögen des Alleingründers entsteht (MüKo AktG/*Pentz* § 41 Rn. 79 ff.). 10

Für die **Innenbeziehungen** der Einpersonen-Vorgesellschaft ist davon auszugehen, dass der Gründer gehalten ist, die Mindesteinlage nach § 36 Abs. 2 S. 1 AktG in das Sondervermögen in der Weise zu überführen, dass nur noch der vom ersten Aufsichtsrat bestellte Vorstand darüber verfügen kann (*Hüffer* AktG, § 41 Rn. 17 d). Bezüglich der nach § 36 Abs. 2 S. 2 AktG zu bestellenden Sicherheit ist der Vorstand für die Einpersonen-Vorgesellschaft in der Lage, den Gründer in Anspruch zu nehmen. Im Falle des Scheiterns der Eintragung, insbesondere wegen der Zurückweisung durch das Gericht oder wegen Rücknahme der Anmeldung, endet die Vermögens- 11 sonderung, wobei der Gründer als Rechtsträger der gesonderten Vermögenswerte seine Rechtsstellung behält, ohne dass eine Liquidation stattfindet. Erfolgt die Eintragung, trifft den Alleingründer eine **Unterbilanzhaftung** nach den für die Mehrpersonen-Vorgesellschaft entwickelten Grundätzen (vgl. oben Rn. 7 f. und *Hüffer* AktG, § 41 Rn. 17 d).

12 In **Außenverhältnis** wird mangels anerkannter Rechtsfähigkeit der Vor-Gesellschaft der Gründer durch das Handeln des Vorstands im Namen der Gesellschaft berechtigt und verpflichtet. Für den Gründer entstehen dabei erhebliche Haftungsrisiken, weil die Gläubiger der Vorgesellschaft für befugt gehalten werden, nicht nur auf das Sondervermögen des Gründers zuzugreifen, sondern ihn – nach allerdings nicht gesicherter Auffassung (vgl. Ulmer/*Ulmer* § 11 Rn. 84) – auch mit seinem Privatvermögen in Anspruch zu nehmen. Dies wird insbesondere deswegen befürwortet, weil es für die Gläubiger vor der Eintragung an einer hinreichenden Sicherung durch die gesonderten Vermögenswerte der Vorgesellschaft mangelt (*Hüffer* AktG, § 41 Rn. 17 f).

C. Handelndenhaftung, Abs. 1 S. 2

13 Abs. 1 S. 1 regelt in inhaltlicher Übereinstimmung mit § 11 Abs. 2 GmbHG (vgl. die Erl. zu dieser Vorschrift) und in Umsetzung von Art. 7 Kapitalschutzrichtlinie der EU die sog. Handelndenhaftung, nämlich die Haftung derjenigen, die im Namen der Gesellschaft handeln. Nach Aufgabe des Vorbelastungsverbots und richterrechtlicher Ausformung einer unbeschränkten internen Gründerhaftung als Unterbilanz bzw. Verlustdeckungshaftung (vgl. oben Rn. 7 f.) erscheint die gesetzliche Handelndenhaftung konzeptionell anachronistisches und auch praktisch als weitgehend bedeutungsloses Haftungsmodell. Die Grundidee, den Geschäftspartner der Vor-AG vor dem Risiko zu sichern, wegen des Scheiterns der Eintragung keinen Schuldner zu haben (sog. Sicherungsfunktion; vgl. BGHZ 53, 210, 214), trägt infolge der richterlichen Rechtsfortbildung die Vorschrift nicht mehr (zur rechtspolitischen Kritik *Weimar* GmbHR 1988, 289).

14 **Haftungsschuldner** ist nach dieser Regelung jeder, der vor Eintragung der AG in ihrem Namen handelt, regelmäßig sind es somit die Vorstandsmitglieder, ohne dass es auf die Zustimmung der Gründer ankommt (BGHZ 65, 378, 381). Die Gründer haften alleine aus § 41 Abs. 1 S. 2 AktG nicht, auch dann nicht, wenn sie der Aufnahme von Geschäften zugestimmt haben (BGHZ 47, 25, 28 f.). Auch die Aufsichtsratsmitglieder haften nicht, wenn sie die AG nur im Innenverhältnis, insbesondere bei der Be- und Anstellung des ersten Vorstands vertreten haben (BGH NJW 2004, 2519, 2520). Wer als Organmitglied im Rechtsverkehr handelt, haftet nach § 41 Abs. 1 S. 2 AktG (BGHZ 51, 30, 35).

15 Ein **Handeln im Namen der Gesellschaft** liegt vor, wenn entweder für die künftige AG oder für die Vor-AG gehandelt wird (BGHZ 91, 148, 149 – zur GmbH). Auf den Umstand, dass der Geschäftspartner das Nichtbestehen der AG kannte, kommt es nicht an. Die Haftung betrifft nur das rechtsgeschäftliche Handeln gegenüber Dritten (BGHZ 76, 320, 325) bzw. das rechtsgeschäftsähnliche, zu Ansprüchen aus ungerechtfertigter Bereicherung führende Handeln (OLG Karlsruhe NZG 1998, 268, 269). Die Unterlassung der Erfüllung gesetzlicher Verbindlichkeiten wie dem Abführen sozialversicherungsrechtlicher Verbindlichkeiten (BAG ZIP 1995, 1893) wird von der Vorschrift ebenso wenig erfasst wie das Begehen unerlaubter Handlungen nach §§ 823 ff. BGB. Schließlich setzt die Vorschrift voraus, dass die Handlung nach der Errichtung, aber vor der Eintragung erfolgte (BGHZ 91, 148, 150 ff. – zur GmbH).

16 **Inhalt und Umfang der Haftung** bestimmen nach der in Aussicht genommenen Verpflichtung der Gesellschaft (BGHZ 53, 210, 214). Die Haftung ist **akzessorisch**, so dass dann, wenn die Gesellschaft beispielsweise Erfüllung schuldet, auch der Handelnde Erfüllung schuldet.

17 Ein **Ausschluss** bzw. eine **Beschränkung der Haftung** nach Abs. 1 S. 2 kann durch Vertrag mit dem Geschäftspartner bewirkt werden. Die Regelung in Abs. 1 S. 2 ist dispositiv (BGHZ 53, 213). Ein (stillschweigender) Haftungsausschluss kann aber nicht schon dann angenommen werden, wenn der Geschäftspartner die Verhältnisse der Gesellschaft bei Geschäftsabschluss kennt.

D. Schuldübernahme, Abs. 2

18 Die Regelung des Abs. 2 steht im Zusammenhang mit der Handelndenhaftung nach Abs. 1 S. 2; sie will eine Vereinfachung der Enthaftung des Handelnden dadurch erreichen, dass die Vereinbarung einer befreienden Schuldübernahme zwischen der eingetragenen AG und dem für sie vor der Eintragung handelnden Vorstandsmitglied ohne Genehmigung des Geschäftspartners und damit abweichend von § 415 Abs. 1 S. 1 BGB wirksam ist. Die Vorschrift ist nur anwendbar, wenn die Verbindlichkeit im Namen der künftigen AG begründet wurde. Weiterhin kommt es tatbestandlich darauf an, dass die Schuldübernahme rechtzeitig, nämlich innerhalb von drei Monaten seit der Eintragung, vereinbart und dem Geschäftspartner mitgeteilt wird.

E. Übernahme nicht in der Satzung festgesetzter Verpflichtungen, Abs. 3

19 Die Regelung des Abs. 3 betrifft die genannten Verpflichtungen, die in Ermangelung der nach §§ 26, 27 AktG erforderlichen Satzungspublizität nicht wirksam begründet wurden. Diese kann die AG nach der Verbotsregelung des Abs. 3 nicht übernehmen, auch dann nicht, wenn der Gläubiger mitwirken sollte. Auf diese Weise wird eine Umgehung der §§ 26, 27 AktG ausgeschlossen.

F. Übertragungs- und Ausgabeverbot, Abs. 4

20 Die Regelung des Abs. 4 S. 1 schließt die Übertragung der Mitgliedschaft in der Vor-AG aus. Da Satzungsänderungen von der Regelung nicht betroffen werden, bezieht sie sich auf die Übertragung der Mitgliedschaft durch Rechtsgeschäft. Der Eintritt oder das Ausscheiden von Gründern durch (einstimmige) Satzungsänderung in der Form des § 23 Abs. 1 S. 1 AktG bleibt davon unberührt. Die schuldrechtlichen Übertragungsrechtsgeschäfte werden von Abs. 4 S. 1 nicht berührt; sie sind wirksam.

21 Abs. 4 S. 2 verbietet die Ausgabe von Aktien oder Zwischenscheinen vor Eintragung der AG. Im Interesse der Verkehrssicherheit wird damit eine wirksame wertpapierrechtliche Verbriefung der Mitgliedschaft in der Vor-AG und damit auch deren gutgläubiger Erwerb ausgeschlossen. Für den durch eine verbotene Ausgabe entstehenden Schaden haften die Ausgeber persönlich als Gesamtschuldner (Abs. 4 S. 3). Sie sind überdies nach Maßgabe des Ordnungswidrigkeitenrechts verantwortlich (§ 405 Abs. 1 Nr. 2 AktG).

§ 42 Einpersonen-Gesellschaft

Gehören alle Aktien allein oder neben der Gesellschaft einem Aktionär, ist unverzüglich eine entsprechende Mitteilung unter Angabe von Name, Vorname, Geburtsdatum und Wohnort des alleinigen Aktionärs zum Handelsregister einzureichen.

1 Die Vorschrift regelt einen Teilaspekt des Rechts der Einmann-AG. Ausgehend von der Zulässigkeit der Einmann-AG, die auch in § 2 und § 36 Abs. 2 S. 2 AktG bestätigt wird, bezweckt § 42 AktG die Publizität dieser Situation durch die Verpflichtung zur Mitteilung zum Handelsregister.

2 Die Mitteilungspflicht besteht sowohl im Fall der Einmann-AG-Gründung als auch dem, dass durch nachträgliche Vereinigung alle Anteile einer Person gehören. Erfasst wird auch der Fall, dass alle Aktien einem Aktionär und der AG selbst gehören. Der Tatbestand »gehören« stellt auf die **Inhaberschaft am Vollrecht**, also auf die Eigentümerstellung an der Aktie ab. Deshalb ist es zweifelhaft, ob auch die insbesondere über abhängige Unternehmen kraft der Fiktion des § 16 Abs. 4 AktG zuzurechnenden Aktien dem betreffenden Aktionär gehören (*Blanke* BB 1994, 1505 f.) und die Mitteilungspflicht nach § 42 AktG auslösen (so *Hoffmann-Becking* ZIP 1995, 1, 3).

3 **Zuständig** ist das Registergericht des Gesellschaftssitzes, § 14 AktG. Da keine Anmeldung sondern lediglich eine Mitteilung erforderlich ist, erfolgt keine Eintragung in das Handelsregister.

Die einzureichende (und damit schriftliche) Mitteilung wird in die Registerakten aufgenommen; in diesem kann sie von jedermann eingesehen werden, § 9 Abs. 1 HGB.

§§ 43, 44 [aufgehoben]

§ 45 Sitzverlegung [i. d. F. ab 1. 1. 2007 durch EHUG]

(1) Wird der Sitz der Gesellschaft im Inland verlegt, so ist die Verlegung beim Gericht des bisherigen Sitzes anzumelden.

(2) [1]Wird der Sitz aus dem Bezirk des Gerichts des bisherigen Sitzes verlegt, so hat dieses unverzüglich von Amts wegen die Verlegung dem Gericht des neuen Sitzes mitzuteilen. [2]Der Mitteilung sind die Eintragungen für den bisherigen Sitz sowie die bei dem bisher zuständigen Gericht aufbewahrten Urkunden beizufügen; bei elektronischer Registerführung sind die Eintragungen und die Dokumente elektronisch zu übermitteln. [3]Das Gericht des neuen Sitzes hat zu prüfen, ob die Verlegung ordnungsgemäß beschlossen und § 30 des Handelsgesetzbuchs beachtet ist. [4]Ist dies der Fall, so hat es die Sitzverlegung einzutragen und hierbei die ihm mitgeteilten Eintragungen ohne weitere Nachprüfung in sein Handelsregister zu übernehmen. [5]Mit der Eintragung wird die Sitzverlegung wirksam. [6]Die Eintragung ist dem Gericht des bisherigen Sitzes mitzuteilen. [7]Dieses hat die erforderlichen Löschungen von Amts wegen vorzunehmen.

(3) [1]Wird der Sitz an einen anderen Ort innerhalb des Bezirks des Gerichts des bisherigen Sitzes verlegt, so hat das Gericht zu prüfen, ob die Sitzverlegung ordnungsgemäß beschlossen und § 30 des Handelsgesetzbuchs beachtet ist. [2]Ist dies der Fall, so hat es die Sitzverlegung einzutragen. [3]Mit der Eintragung wird die Sitzverlegung wirksam.

§ 45 Sitzverlegung [i. d. F. bis 31. 12. 2006]

***(1)* [identisch]**

(2) [1]Wird der Sitz aus dem Bezirk des Gerichts des bisherigen Sitzes verlegt, so hat dieses unverzüglich von Amts wegen die Verlegung dem Gericht des neuen Sitzes mitzuteilen. [2]Der Mitteilung sind die Eintragungen für den bisherigen Sitz sowie die bei dem bisher zuständigen Gericht aufbewahrten Urkunden beizufügen. [3]Das Gericht des neuen Sitzes hat zu prüfen, ob die Verlegung ordnungsgemäß beschlossen und § 30 des Handelsgesetzbuchs beachtet ist. [4]Ist dies der Fall, so hat es die Sitzverlegung einzutragen und hierbei die ihm mitgeteilten Eintragungen ohne weitere Nachprüfung in sein Handelsregister zu übernehmen. [5]Mit der Eintragung wird die Sitzverlegung wirksam. [6]Die Eintragung ist dem Gericht des bisherigen Sitzes mitzuteilen. [7]Dieses hat die erforderlichen Löschungen von Amts wegen vorzunehmen.

(3) Wird in den ersten zwei Jahren nach der Eintragung der Gesellschaft in das Handelsregister des ursprünglichen Sitzes eine Sitzverlegung aus dem Bezirk des Gerichts des bisherigen Sitzes eingetragen, so sind in der Bekanntmachung der Eintragung alle Angaben nach § 40 Abs. 1 zu veröffentlichen.

(4) [1]Wird der Sitz an einen anderen Ort innerhalb des Bezirks des Gerichts des bisherigen Sitzes verlegt, so hat das Gericht zu prüfen, ob die Sitzverlegung ordnungsgemäß beschlossen und § 30 des Handelsgesetzbuchs beachtet ist. [2]Ist dies der Fall, so hat es die Sitzverlegung einzutragen. [3]Mit der Eintragung wird die Sitzverlegung wirksam.

Die Vorschrift regelt die registerrechtliche Behandlung der **Verlegung des Gesellschaftssitzes.** Die Zuständigkeiten von dem bisherigen und dem nach dem Wechsel zuständigen Registergericht und das dabei zu beachtende Verfahrensrecht werden festgelegt. Die Regelung betrifft die **Sitzverlegung im Inland**; die Sitzverlegung in das Ausland oder vom Ausland in das Inland werden von ihr nicht erfasst (vgl. auch § 5 AktG Rn. 9). 1

Abs. 1 begründet die **Pflicht zur Anmeldung** der Sitzverlegung. Anzumelden ist die Sitzverlegung elektronisch in der durch § 12 Abs. 1 HGB vorgeschriebenen öffentlich beglaubigten Form beim bisherigen Sitzgericht. Dies hat durch den Vorstand der AG zu erfolgen (§ 78 AktG) oder einen dazu vom Vorstand Bevollmächtigten. 2

Zu **Zuständigkeit und Verfahren** geht Abs. 2 zunächst davon aus, dass das Gericht des bisherigen Gesellschaftssitzes die formelle Ordnungsgemäßheit der Anmeldung prüft. Die materielle Prüfungskompetenz liegt beim Gericht des neuen Gesellschaftssitzes (Abs. 2 S. 3), das vom bisherigen Sitzgericht nach Abs. 2 S. 1 bei Vorliegen einer formell ordnungsgemäßen Anmeldung von Amts wegen eine Verlegungsmitteilung nebst den in Abs. 2 S. 2 genannten Anlagen erhält. Die Sitzverlegung, d. h. der zur Sitzverlegung erforderliche satzungsändernde Beschluss, wird gem. Abs. 2 S. 4 in das Register des neuen Sitzgerichts eingetragen; die Sitzverlegung wird damit nach Abs. 2 S. 5 wirksam. Eine Eintragung des Beschlusses in das Register des bisherigen Sitzgerichts sieht § 45 AktG nicht vor und hat nach h. M. abweichend von § 181 Abs. 3 AktG auch nicht zu erfolgen (MüKo AktG/*Pentz* § 45 Rn. 10). Das Gericht des neuen Sitzes teilt die Eintragung dem bisher zuständigen Registergericht mit, Abs. 2 S. 6. 3

Für Sitzverlegungen **innerhalb des Gerichtsbezirks** bleibt das bisherige Registergericht zuständig. In diesem Fall hat das bisherige Sitzgericht auch die materielle Prüfung der Anmeldung vorzunehmen, Abs. 3 S. 1. Die Sitzverlegung, die einzutragen ist, wenn sich keine Beanstandungen ergeben (Abs. 3 S. 2), wird mit der Eintragung wirksam, Abs. 3 S. 3. 4

§ 46 Verantwortlichkeit der Gründer

(1) [1]Die Gründer sind der Gesellschaft als Gesamtschuldner verantwortlich für die Richtigkeit und Vollständigkeit der Angaben, die zum Zwecke der Gründung der Gesellschaft über Übernahme der Aktien, Einzahlung auf die Aktien, Verwendung eingezahlter Beträge, Sondervorteile, Gründungsaufwand, Sacheinlagen und Sachübernahmen gemacht worden sind. [2]Sie sind ferner dafür verantwortlich, daß eine zur Annahme von Einzahlungen auf das Grundkapital bestimmte Stelle (§ 54 Abs. 3) hierzu geeignet ist und daß die eingezahlten Beträge zur freien Verfügung des Vorstands stehen. [3]Sie haben, unbeschadet der Verpflichtung zum Ersatz des sonst entstehenden Schadens, fehlende Einzahlungen zu leisten und eine Vergütung, die nicht unter den Gründungsaufwand aufgenommen ist, zu ersetzen.

(2) Wird die Gesellschaft von Gründern durch Einlagen, Sachübernahmen oder Gründungsaufwand vorsätzlich oder aus grober Fahrlässigkeit geschädigt, so sind ihr alle Gründer als Gesamtschuldner zum Ersatz verpflichtet.

(3) Von diesen Verpflichtungen ist ein Gründer befreit, wenn er die die Ersatzpflicht begründenden Tatsachen weder kannte noch bei Anwendung der Sorgfalt eines ordentlichen Geschäftsmannes kennen mußte.

(4) Entsteht der Gesellschaft ein Ausfall, weil ein Aktionär zahlungsunfähig oder unfähig ist, eine Sacheinlage zu leisten, so sind ihr zum Ersatz als Gesamtschuldner die Gründer verpflichtet, welche die Beteiligung des Aktionärs in Kenntnis seiner Zahlungsunfähigkeit oder Leistungsunfähigkeit angenommen haben.

(5) [1]Neben den Gründern sind in gleicher Weise Personen verantwortlich, für deren Rechnung die Gründer Aktien übernommen haben. [2]Sie können sich auf ihre eigene Unkenntnis nicht

wegen solcher Umstände berufen, die ein für ihre Rechnung handelnder Gründer kannte oder kennen mußte.

A. Regelungszweck

1 Die Vorschrift soll – wie die weitgehend identische Parallelvorschrift des § 9 a GmbHG – die **Aufbringung des dem Grundkapital entsprechenden Mindestvermögens** der AG gewährleisten, indem eine Haftung der Gründer für Unregelmäßigkeiten beim Gründungshergang geschaffen wird, die Ersatzansprüche der eingetragenen AG begründet. Aktionäre und Gläubiger der Gesellschaft können Ansprüche aus § 46 AktG nicht herleiten; die Vorschrift ist auch kein Schutzgesetzt i. S. d. § 823 Abs. 2 BGB. § 46 AktG begründet **eigenständige Anspruchsgrundlagen**, die unabhängig von möglicherweise bestehenden Ansprüchen wegen Vertragsverletzung oder unerlaubter Handlung in Betracht kommen. Die Haftung ist eine Haftung für (vermutetes) Verschulden mit einer Beweislastumkehr in Abs. 3.

B. Haftung für Angaben, Abs. 1

2 Abs. 1 begründet eine Haftung für die **Richtigkeit und Vollständigkeit** der in der Regelung abschließend genannten Angaben. Da die Angaben »zum Zweck der Gründung« gemacht worden sein müssen, sind zunächst alle gem. § 37 AktG gegenüber dem Registergericht gemachten Angaben haftungsrelevant. Die Einbeziehung der Angaben gegenüber Behörden, die eine Genehmigung erteilt haben, gehört nach § 37 Abs. 4 Nr. 5 AktG ebenfalls zu den zum Zweck der Gründung gemachten Angaben (h. M.; vgl. z. B. MüKo AktG/*Pentz* § 46 Rn. 23). Einbezogen sind überdies Angaben gegenüber Bewertungssachverständigen (*Hüffer* AktG, § 46 Rn. 6). Da Abs. 1 nicht danach differenziert, wer die Angaben macht, ist eine Einbeziehung auch solcher Angaben geboten, die nicht von Gründern sondern von Dritten gemacht wurden. Die Haftung der Gründer für Fremdangaben wird durch das Verschuldenserfordernis des Abs. 3 allerdings verbunden mit einer Beweislastverteilung zu Lasten der Gründer begrenzt.

3 Die Haftung setzt voraus, dass die Angaben **objektiv unrichtig oder unvollständig** sind. Maßgeblich dafür ist grundsätzlich der Zeitpunkt, in dem die Angaben gemacht wurden. Bei Angaben gegenüber dem Registergericht kommt es auf den Zeitpunkt des Eingangs der Anmeldung an. Nicht ordnungsgemäße Angaben können haftungsbefreiend berichtigt werden; nachträglich entstehende Tatsachen sind bis zur Eintragung nachzutragen, wenn andernfalls die bereits gemachten Angaben unrichtig oder unvollständig sind.

4 Abs. 1 S. 3 enthält eine Regelung zum **Haftungsumfang**, nach der nicht nur eine Verpflichtung zum Schadensersatz besteht, sondern zusätzlich und unabhängig vom Eintritt eines Schadens im Übrigen die fehlenden Einzahlungen zu leisten und eine Vergütung zu ersetzen ist, die entgegen § 26 Abs. 2 AktG nicht unter den Gründungsaufwand aufgenommen worden ist. Auch die Verpflichtung zur Einzahlung und zum Vergütungsersatz ist abhängig von verschuldet unzutreffend Angaben beim Gründungsgeschehen; damit wird nicht eine verschuldensunabhängige Garantiehaftung (so *Hüffer* AktG, § 46 Rn. 10) eingeführt, sondern ein gesetzlich angeordneter Mindestschaden für ersatzfähig gestellt.

C. Haftung für Schäden, Abs. 2

5 Ergänzend zur Haftung wegen falscher Angaben verpflichtet Abs. 2 zum Schadenersatz bei **Schädigung der Gesellschaft** durch Einlagen, Sachübernahmen oder Gründungsaufwand. Die insofern neben der Haftung aus Abs. 1 in Betracht kommenden Anwendungsfälle sind vor allem die Überbewertung von Sacheinlagen, oder die Einbringung von für die Gesellschaft unbrauchbaren Einlagegegenständen, mögen diese auch korrekt bewertet sein; in Betracht kommt ferner ein wegen überhöhter Vergütungen schädigender Gründungsaufwand.

6 Die Gründer haften **als Gesamtschuldner** auf Schadenersatz. Bei Überbewertung von Sacheinlagen ist deshalb nach h. M. die Differenz zwischen dem wirklichen und dem festgesetzten Wert zu

ersetzen, während bei Sachübernahmen nach ebenfalls h. M. das Recht der AG zur Rückgabe der Sache und ein Anspruch auf Zahlung des vollen Wertersatzes gegeben ist (KölnKomm AktG/*Kraft* § 46 Rn. 36). Bei Vergütungen der Gründer liegt der Schaden der Gesellschaft in der ungerechtfertigten Überhöhung.

D. Entlastungsbeweis, Abs. 3

7 Abs. 3 stellt zunächst klar, dass die Haftungsregelungen in Abs. 1 und 2 einen **Verschuldenshaftungstatbestand** begründen. Die Haftung nach Abs. 4 unterliegt eigenen Regeln (vgl. Rn. 8). Ferner ordnet die Regelung inzident eine Verschuldensvermutung mit Entlastungsmöglichkeit und damit eine **Umkehr der Beweislast** für den Exkulpationsbeweis an. Die Gründer müssen den haftungsbefreienden Nachweis führen, dass sie hinsichtlich der die Ersatzpflicht begründenden Umstände die Sorgfalt eines ordentlichen Geschäftsmannes beobachtet haben.

E. Haftung für Leistungsunfähigkeit, Abs. 4

8 Erleidet die AG einen Ausfall wegen Zahlungsunfähigkeit eines Gründungsaktionärs, so besteht ein Anspruch der AG auf Schadensersatz nach Abs. 4. Der Ausfall der Gesellschaft mit dem Zahlungsanspruch setzt keine Kaduzierung (§ 64 AktG) voraus. Der Ausfall ist schon dann gegeben, wenn die Zahlung nicht zu erlangen ist. Für den Fall der Sacheinlage ist dem Zahlungsausfall der Fall gleichgestellt, dass der Gründer nicht in der Lage ist, die geschuldete Leistung zu erbringen.

9 Die Haftung nach Abs. 4 ist als **wissensabhängige Garantiehaftung** konzipiert. Abs. 3 findet auf den nachfolgenden Haftungstatbestand keine Anwendung. Haftungsvoraussetzung ist der Umstand, dass die Gründer die Beteiligung des säumigen Aktionärs in Kenntnis seiner Zahlungs- oder Leistungsunfähigkeit angenommen haben. Die erforderliche Kenntnis ist nur bei positiver Kenntnis der Gründer gegeben (*Hüffer* AktG, § 46 Rn. 15). Die gesamtschuldnerische Haftung trifft wegen § 425 Abs. 2 BGB nur diejenigen Gründer, die über die erforderliche Kenntnis verfügt haben. Die Beweislast für das Vorliegen der Kenntnis von der Zahlungs- oder Leistungsunfähigkeit liegt bei der AG.

F. Haftungsschuldner, Abs. 5

10 Haftungsschuldner sind zunächst die Gründer; neben ihnen sind in gleicher Weise wie diese Personen verantwortlich, für deren Rechnung jemand als Gründer Aktien übernommen hat, Abs. 5. Dies gilt gleichermaßen in Fällen der den Gründungsbeteiligten bekannten offenen Treuhandschaft, sowie bei einer sog. Strohmanngründung für den nicht in Erscheinung tretenden Hintermann als Treugeber. Die haftungsrelevante verschuldete Unkenntnis oder Kenntnis des Gründers von haftungsbegründenden Umständen wird dem Treugeber nach der **Zurechnungsregel** des Abs. 5 S. 2 und damit unabhängig von zivilrechtlichen Zurechnungstatbeständen zugerechnet.

§ 47 Verantwortlichkeit anderer Personen neben den Gründern

Neben den Gründern und den Personen, für deren Rechnung die Gründer Aktien übernommen haben, ist als Gesamtschuldner der Gesellschaft zum Schadenersatz verpflichtet,

1. **wer bei Empfang einer Vergütung, die entgegen den Vorschriften nicht in den Gründungsaufwand aufgenommen ist, wußte oder nach den Umständen annehmen mußte, daß die Verheimlichung beabsichtigt oder erfolgt war, oder wer zur Verheimlichung wissentlich mitgewirkt hat;**
2. **wer im Fall einer vorsätzlichen oder grobfahrlässigen Schädigung der Gesellschaft durch Einlagen oder Sachübernahmen an der Schädigung wissentlich mitgewirkt hat;**
3. **wer vor Eintragung der Gesellschaft in das Handelsregister oder in den ersten zwei Jahren nach der Eintragung die Aktien öffentlich ankündigt, um sie in den Verkehr einzuführen,**

wenn er die Unrichtigkeit oder Unvollständigkeit der Angaben, die zum Zwecke der Gründung der Gesellschaft gemacht worden sind (§ 46 Abs. 1), oder die Schädigung der Gesellschaft durch Einlagen oder Sachübernahmen kannte oder bei Anwendung der Sorgfalt eines ordentlichen Geschäftsmannes kennen mußte.

1 Die Vorschrift **erweitert den Kreis der haftpflichtigen Personen**, um – wie bei § 46 AktG – im Interesse der Kapitalaufbringung Unregelmäßigkeiten durch Einschaltung weiterer Personen in das Gründungsgeschehen auszuschließen. Einbezogen werden die sog. **Gründungsgenossen** (Nr. 1 und 2) und die **Emittenten** (Nr. 3). Der Kreis der für die genannten Person und geregelten Haftungstatbestände ist in § 47 AktG abschließend geregelt. Gründer und die in § 46 Abs. 5 AktG genannten Personen sind ausweislich des Einleitungssatzes von der Regelung in § 47 AktG nicht erfasst.

2 Die Schadenersatzansprüche stehen auch in § 47 AktG (zu der entsprechenden Rechtslage bei § 46 vgl. dort Rn. 1) allein der eingetragenen AG zu (sog. Innenhaftung). Eine drittschützende Wirkung zugunsten von Aktionären oder Gläubigern kommt den Vorschriften nicht zu; solche Ansprüche können sich aber aus § 823 Abs. 2 BGB i. V. m. § 399 Abs. 1 Nr. 3 AktG ergeben. Weitergehende Ansprüche insbesondere von Kapitalanlegern begründet das Kapitalmarktrecht, vor allem durch die sog. Prospekthaftung aus Vertrag bzw. aus §§ 44 ff. BörsenG (dazu Schäfer/Hamann/*Hamann* §§ 44, 45 BörsenG Rn. 42 ff., 47 ff.).

3 **Nr. 1** regelt den Fall der **Verheimlichung von Gründungsaufwand**. Der Gesellschaft haftet zum einen der **Empfänger einer verheimlichten Vergütung**, die von der Gesellschaft unter Verstoß gegen § 26 Abs. 2 AktG nicht in den satzungsmäßigen Gründungsaufwand aufgenommen wurde. Subjektiv setzt die Empfängerhaftung voraus, dass der Empfänger wusste oder nach den Umständen annehmen musste, dass die Verheimlichung beabsichtigt oder erfolgt war. Die subjektiven Tatbestandsvoraussetzungen setzten zumindest voraus, dass der Haftung kennt oder kennen muss. Aber selbst in diesem Fall, kommt eine Haftung nur ausnahmsweise in Betracht, weil in der Satzung der erforderliche Gesamtaufwand nicht aufgegliedert ist. In Betracht zu ziehen sind deshalb Fälle, in denen entweder kein Gründungsaufwand festgesetzt ist, oder der festgesetzte Betrag im Hinblick auf die empfangene Vergütung offensichtlich zu niedrig ist. Darüber hinaus kommt eine Haftung für solche Personen in Betracht, welche die als Anlage zur Handelsregisteranmeldung erforderliche aufgegliederte Berechnung des Gründungsaufwands der Gesellschaft kennen oder kennen müssten. Dies sind die **Rechtsberater** der Gründer, Notare und Gründungsprüfer. Ebenso haften **unredlich Mitwirkende**, die den verheimlichten Gründungsaufwand zwar nicht selbst empfangen haben, aber bei der Verheimlichung einer solchen Vergütungsleistung an einen Dritten wissentlich mitgewirkt haben. Insofern werden Ratgeber einbezogen, die haften, wenn sie mindestens bedingt vorsätzlich (*Hüffer* AktG, § 47 Rn. 7) zur Zahlung an den Dritten geraten haben.

4 **Nr. 2** begründet ebenfalls eine **Haftung von Mitwirkenden**. Die Mitwirkung muss sich auf einen Verstoß der Gründer oder Treugeber gegen die Haftungsbestimmungen des § 46 Abs. 2 oder Abs. 5 AktG beziehen und ist tatbestandlich erheblich, sofern der Dritte »wissentlich«, also mit Vorsatz mitwirkt. Dies kommt insbesondere auch in den Fällen der Schädigung der Gesellschaft durch Übernahme von Einlagen oder Sachübernahmen in Betracht.

5 **Nr. 3** AktG regelt die **Haftung der sog. Emittenten**, nämlich solcher Personen, die vor Eintragung der Gesellschaft oder innerhalb von zwei Jahren danach die Aktien öffentlich ankündigen, um sie am Markt zu platzieren. Subjektiv setzt dieser Haftungstatbestand voraus, dass der Schädiger wusste oder bei Anwendung der Sorgfalt eines ordentlichen Kaufmanns hätte kennen müssen, dass die Gründungsangaben unrichtig oder unvollständig sind. Der Emittent haftet nur bei Vorsatz oder Fahrlässigkeit, auf ein Verschulden der Gründer oder deren Treugeber kommt es dagegen – anders als bei ihrer eigenen Haftung (vgl. § 46 Abs. 3 AktG) – nicht an. Den Emittenten trifft somit nach dieser Regelung eine **eigene Prüfungsobliegenheit**. Die Vorschrift richtet sich in ers-

ter Linie an Kreditinstitute und Anlagevermittler; betroffen sein können aber auch Mitglieder von Vorstand und Aufsichtsrat, nicht dagegen Gründer (vgl. oben Rn. 3).

§ 48 Verantwortlichkeit des Vorstands und des Aufsichtsrats

[1]Mitglieder des Vorstands und des Aufsichtsrats, die bei der Gründung ihre Pflichten verletzen, sind der Gesellschaft zum Ersatz des daraus entstehenden Schadens als Gesamtschuldner verpflichtet; sie sind namentlich dafür verantwortlich, daß eine zur Annahme von Einzahlungen auf die Aktien bestimmte Stelle (§ 54 Abs. 3) hierzu geeignet ist, und daß die eingezahlten Beträge zur freien Verfügung des Vorstands stehen. [2]Für die Sorgfaltspflicht und Verantwortlichkeit der Mitglieder des Vorstands und des Aufsichtsrats bei der Gründung gelten im übrigen §§ 93 und 116 mit Ausnahme von § 93 Abs. 4 Satz 3 und 4 und Abs. 6.

Die Vorschrift dient wie die Vorschriften der §§ 46, 47 AktG auch dem **Schutz der Kapitalaufbringung** in der AG. § 48 AktG begründete eine Haftung der Mitglieder der Verwaltung der AG für die Verletzung ihrer Pflichten bei der Gesellschaftsgründung aus vermutetem Verschulden, §§ 48 S. 2 i. V. m. 93 Abs. 1, Abs. 2 S. 2 AktG. Wie bei §§ 46, 47 AktG steht der Anspruch der eingetragenen Gesellschaft zu. Die Ansprüche können aber unter den Voraussetzungen des § 93 Abs. 5 AktG auch von den Gesellschaftsgläubigern geltend gemacht werden, § 48 S. 2 AktG. Weitere Ansprüche Dritter können sich aus § 823 Abs. 2 BGB i. V. m. § 399 Abs. 1 Nr. 1 AktG ergeben. 1

Die von § 48 AktG beispielhaft (»namentlich«) genannten Pflichtverletzungstatbestände sind die mangelhafte Auswahl einer geeigneten Kapitaleinzahlungsstelle (§ 54 Abs. 3 AktG) und falsche Angaben zur freien Verfügung des Vorstands über eingezahltes Kapital (§ 36 Abs. 2 AktG). Über diese ausdrücklich genannten Verletzungstatbestände hinaus kommen Pflichtverletzungen bei der Gründungsprüfung (§§ 33 Abs. 1, 34 AktG) in Betracht, etwa die Pflichtverletzung bei der ordnungsgemäßen Prüfung der Werthaltigkeit einer Sacheinlage. Nicht geklärt ist, ob der Betrieb eines als Sacheinlage eingebrachten Unternehmens vor der Eintragung nach § 48 AktG zu beurteilen ist; sofern es sich um werbende unternehmerische Tätigkeit handelt, sollte diese nicht als gründungsspezifische Tätigkeit angesehen und deshalb nicht der Haftung der Organe nach § 48, wohl aber der nach §§ 93, 116 AktG unterstellt werden (ebenso *Hüffer* AktG, § 48 Rn. 3; a. A. KölnKomm AktG/*Kraft* § 48 Rn. 8). 2

Durch den Verweis auf § 93 Abs. 4 S. 1 AktG in § 48 S. 2 AktG wird klargestellt, dass die **Ersatzpflicht nicht eintritt**, wenn die getroffene Maßnahme durch einen gesetzmäßigen Beschluss der Hauptversammlung gedeckt ist. Die von § 48 S. 2 AktG weiterhin angeordnete Nichtgeltung der Verweisungsregelung für die §§ 93 Abs. 4 S. 3 und 4 und Abs. 6 AktG betrifft die Rechtslage zu Verzicht, Vergleich und Verjährung betreffend die Ersatzansprüche; dafür gelten die Sondervorschriften der §§ 50, 51 AktG. Anders als die sonst inhaltsgleichen, aber eben nicht anwendbaren Vorschriften des § 93 AktG stellen die §§ 50, 51 AktG wegen der zu beachtenden Fristen nicht auf den Zeitpunkt der Entstehung des Anspruchs, sondern auf den der Eintragung der AG ab. 3

§ 49 Verantwortlichkeit der Gründungsprüfer

§ 323 Abs. 1 bis 4 des Handelsgesetzbuchs über die Verantwortlichkeit des Abschlußprüfers gilt sinngemäß.

Die Vorschrift regelt die Verantwortlichkeit der Gründungsprüfer für ihre sich aus § 33 Abs. 2 bis 5 AktG ergebenden Pflichten. Die Einzelheiten der Haftung ergeben sich aus § 323 Abs. 1 bis 4 HGB. Diese Vorschrift sieht eine nicht dispositive, **verschuldensabhängige Schadenersatzhaftung** für Pflichtverletzungen der AG oder des mit ihr verbundenen Unternehmens vor. In Abhän- 1 gigkeit vom Verschuldensmaßstab bestehen Haftungshöchstgrenze nach § 323 Abs. 2 HGB. Die Verjährung der in § 49 AktG wurzelnden Ansprüche regelt § 51 AktG.

§ 50 Verzicht und Vergleich

[1]Die Gesellschaft kann auf Ersatzansprüche gegen die Gründer, die neben diesen haftenden Personen und gegen die Mitglieder des Vorstands und des Aufsichtsrats (§§ 46 bis 48) erst drei Jahre nach der Eintragung der Gesellschaft in das Handelsregister und nur dann verzichten oder sich über sie vergleichen, wenn die Hauptversammlung zustimmt und nicht eine Minderheit, deren Anteile zusammen den zehnten Teil des Grundkapitals erreichen, zur Niederschrift Widerspruch erhebt. [2]Die zeitliche Beschränkung gilt nicht, wenn der Ersatzpflichtige zahlungsunfähig ist und sich zur Abwendung des Insolvenzverfahrens mit seinen Gläubigern vergleicht oder wenn die Ersatzpflicht in einem Insolvenzplan geregelt wird.

1 Die Vorschrift betrifft nur den **Abschluss von Verzichts- und Vergleichsverträgen** über die (sekundären) Einstandspflichten für die Kapitalaufbringung nach den §§ 46 bis 48 AktG. Sie erfasst dagegen nicht ebensolche Verträge über (primäre) Kapitaleinlagepflichten der Gründer nach den §§ 36 a, 54 Abs. 2, 63 AktG. Vergleich und Verzichtsabreden darüber sind bis zum Zeitpunkt der Verjährung zeitlich unbegrenzt unzulässig, § 66 Abs. 1 AktG. In den Fällen der sekundären Einstandspflichten sollen Verzicht und Vergleich erst möglich sein, nachdem der Einfluss der Gründer auf die AG und ihre Organe durch Zeitablauf regelmäßig nicht mehr spürbar ist und der Schadensumfang zuverlässig erkennbar ist. Deshalb soll die Gesellschaft innerhalb von drei Jahren nach ihrer Eintragung auf Ersatzansprüche weder verzichten noch sich über sie vergleichen dürfen; auch später ist ein Verzicht und Vergleich nur mit Zustimmung der Hauptversammlung wirksam und auch dies im Interesse des Minderheitenschutzes nur, wenn nicht eine Minderheit Widerspruch zu Protokoll erhebt, deren Anteile zusammen zehn Prozent des Grundkapitals erreichen. Eine Ausnahme gilt nach S. 2 bei Zahlungsunfähigkeit des Ersatzpflichtigen bei einem Vergleich mit den Gläubigern zur Abwendung des Insolvenzverfahrens oder bei einer Regelung durch Insolvenzplan. Unter Missachtung des § 50 AktG geschlossene Verträge sind grundsätzlich unwirksam, § 134 BGB. Für den Vertragsschluss ohne die nach § 50 AktG erforderliche Zustimmung der Hauptversammlung fehlt dem Vorstand die Vertretungsmacht; sie sind schwebend unwirksam, § 177 BGB; in den Fällen des Widerspruchs zu Protokoll gilt dies entsprechend (*Hüffer* AktG, § 50 Rn. 4).

2 § 50 AktG gilt ausdrücklich nicht für die Haftung der Gründungsprüfer nach § 49 AktG. Insofern ist zwar nach § 323 Abs. 4 HGB eine vertragliche vereinbarte Haftungsbeschränkung verboten. Dagegen können nach Entstehen des Anspruchs Verzichts- und Vergleichsverträge wirksam geschlossen werden; der Vorstand ist dabei an die Beachtung der Sorgfaltspflichten des § 93 Abs. 1 AktG gebunden.

§ 51 Verjährung der Ersatzansprüche

[1]Ersatzansprüche der Gesellschaft nach den §§ 46 bis 48 verjähren in fünf Jahren. [2]Die Verjährung beginnt mit der Eintragung der Gesellschaft in das Handelsregister oder, wenn die zum Ersatz verpflichtende Handlung später begangen worden ist, mit der Vornahme der Handlung.

1 § 51 AktG normiert eine **Sonderverjährung** für alle Ersatzansprüche aus §§ 46 bis 48 AktG. Die **Verjährungsfrist** beträgt fünf Jahre und beginnt abweichend von § 200 S. 1 BGB grundsätzlich mit der Eintragung der AG in das Handelsregister. Entsteht der Anspruch später, kommt es für den Verjährungsbeginn auf die Vornahme der anspruchsbegründenden Handlung an, § 51

S. 2 AktG. Konkurrierende Ansprüche aus unerlaubter Handlung unterfallen der aktienrechtlichen Sonderverjährung nach h. M. nicht (MüKo AktG/*Pentz* § 51 Rn. 6).

Nicht erfasst sind die Ansprüche gegen die Gründungsprüfer aus § 49 AktG. Für sie gilt die Regelverjährung der §§ 195, 199 BGB. Für die Ausgleichsansprüche von Gesamtschuldnern untereinander nach § 426 Abs. 1 BGB gilt die Regelung des § 51 AktG ebenfalls nicht. 2

§ 52 Nachgründung [Fassung ab 1. 1. 2007 durch EHUG]

(1) [1]Verträge der Gesellschaft mit Gründern oder mit mehr als 10 vom Hundert des Grundkapitals an der Gesellschaft beteiligten Aktionären, nach denen sie vorhandene oder herzustellende Anlagen oder andere Vermögensgegenstände für eine den zehnten Teil des Grundkapitals übersteigende Vergütung erwerben soll, und die in den ersten zwei Jahren seit der Eintragung der Gesellschaft in das Handelsregister geschlossen werden, werden nur mit Zustimmung der Hauptversammlung und durch Eintragung in das Handelsregister wirksam. [2]Ohne die Zustimmung der Hauptversammlung oder die Eintragung im Handelsregister sind auch die Rechtshandlungen zu ihrer Ausführung unwirksam.

(2) [1]Ein Vertrag nach Absatz 1 bedarf der schriftlichen Form, soweit nicht eine andere Form vorgeschrieben ist. [2]Er ist von der Einberufung der Hauptversammlung an, die über die Zustimmung beschließen soll, in dem Geschäftsraum der Gesellschaft zur Einsicht der Aktionäre auszulegen. [3]Auf Verlangen ist jedem Aktionär unverzüglich eine Abschrift zu erteilen. [4]In der Hauptversammlung ist der Vertrag auszulegen. [5]Der Vorstand hat ihn zu Beginn der Verhandlung zu erläutern. [6]Der Niederschrift ist er als Anlage beizufügen.

(3) [1]Vor der Beschlußfassung der Hauptversammlung hat der Aufsichtsrat den Vertrag zu prüfen und einen schriftlichen Bericht zu erstatten (Nachgründungsbericht). [2]Für den Nachgründungsbericht gilt sinngemäß § 32 Abs. 2 und 3 über den Gründungsbericht.

(4) [1]Außerdem hat vor der Beschlußfassung eine Prüfung durch einen oder mehrere Gründungsprüfer stattzufinden. [2]§ 33 Abs. 3 bis 5, §§ 34, 35 über die Gründungsprüfung gelten sinngemäß.

(5) [1]Der Beschluß der Hauptversammlung bedarf einer Mehrheit, die mindestens drei Viertel des bei der Beschlußfassung vertretenen Grundkapitals umfaßt. [2]Wird der Vertrag im ersten Jahre nach der Eintragung der Gesellschaft in das Handelsregister geschlossen, so müssen außerdem die Anteile der zustimmenden Mehrheit mindestens ein Viertel des gesamten Grundkapitals erreichen. [3]Die Satzung kann an Stelle dieser Mehrheiten größere Kapitalmehrheiten und weitere Erfordernisse bestimmen.

(6) [1]Nach Zustimmung der Hauptversammlung hat der Vorstand den Vertrag zur Eintragung in das Handelsregister anzumelden. [2]Der Anmeldung ist der Vertrag mit dem Nachgründungsbericht und dem Bericht der Gründungsprüfer mit den urkundlichen Unterlagen beizufügen.

(7) Bestehen gegen die Eintragung Bedenken, weil die Gründungsprüfer erklären oder weil es offensichtlich ist, daß der Nachgründungsbericht unrichtig oder unvollständig ist oder den gesetzlichen Vorschriften nicht entspricht oder daß die für die zu erwerbenden Vermögensgegenstände gewährte Vergütung unangemessen hoch ist, so kann das Gericht die Eintragung ablehnen.

(8) Einzutragen sind der Tag des Vertragsschlusses und der Zustimmung der Hauptversammlung sowie der oder die Vertragspartner der Gesellschaft.

(9) Vorstehende Vorschriften gelten nicht, wenn der Erwerb der Vermögensgegenstände im Rahmen der laufenden Geschäfte der Gesellschaft, in der Zwangsvollstreckung oder an der Börse erfolgt.

(10) Ein Vertrag nach Absatz 1 ist, gleichviel ob er vor oder nach Ablauf von zwei Jahren seit der Eintragung der Gesellschaft in das Handelsregister geschlossen ist, nicht deshalb unwirksam, weil ein Vertrag der Gründer über denselben Gegenstand nach § 27 Abs. 3 der Gesellschaft gegenüber unwirksam ist.

§ 52 Nachgründung [i. d. F. bis 31. 12. 2006]

***(1) bis (5)* [identisch]**

(6) [1]Nach Zustimmung der Hauptversammlung hat der Vorstand den Vertrag zur Eintragung in das Handelsregister anzumelden. [2]Der Anmeldung ist der Vertrag in Urschrift, Ausfertigung oder öffentlich beglaubigter Abschrift mit dem Nachgründungsbericht und dem Bericht der Gründungsprüfer mit den urkundlichen Unterlagen beizufügen.

***(7)* [identisch]**

(8) [1]Bei der Eintragung genügt die Bezugnahme auf die eingereichten Urkunden. [2]In die Bekanntmachung der Eintragung sind aufzunehmen der Tag des Vertragsabschlusses und der Zustimmung der Hauptversammlung sowie der zu erwerbende Vermögensgegenstand, die Person, von der die Gesellschaft ihn erwirbt, und die zu gewährende Vergütung.

***(9) bis (10)* [identisch]**

Übersicht:

A. Regelungszweck

1 Die Vorschrift erfasst die Fälle der sog. **Nachgründung**, nämlich Verträge der Gesellschaft, die zeitnah zum Gründungsgeschehen mit in erheblichem Umfang beteiligten Gründern oder Neuaktionären geschlossen werden und den Erwerb von Vermögensgegenständen gegen eine Vergütung in erheblicher Höhe betreffen. Für den Abschluss solcher Verträge ist die Vertretungsmacht des Vorstands an die Zustimmung der Hauptversammlung gebunden und das Gesetz unterwirft sie Anforderungen, die nach den §§ 27, 32 ff. AktG für Sachgründungen gelten. Die Vorschrift dient in erster Linie dem Schutz vor einer Umgehung der Gründungsvorschriften für die Kapitalaufbringung, weil in zeitlicher Nähe zur Gründung stehende Erwerbspflichten der AG nicht geringere Risiken für den Kapitalschutz der AG bedeuten wie die Sachgründung selbst. Neben dem Gläubiger- und Minderheitenschutz gegenüber Mehrheitsaktionären und der Verwaltung verfolgt das Nachgründungsrecht auch das Ziel des Schutzes gegenüber einer unsachgemäßen Einflussnahmen der Gründer (BGHZ 110, 47, 55).

B. Anwendungsfälle und Voraussetzungen, Abs. 1 bis 5

I. Typische Anwendungsfälle

2 Ein Nachgründungsfall i. S. d. Abs. 1 S. 1 liegt vor, wenn die eingetragene AG Verträge über den Erwerb von Vermögensgegenständen schließt, die mit einem **10 % des Grundkapitals** übersteigenden Betrag zu vergüten sind und in den ersten zwei Jahren nach der Eintragung der AG im Handelsregister geschlossen werden.

3 Abs. 1 erfasst in der geltenden Gesetzesfassung nur einen Gründer, der mit 10 % Prozent am Grundkapital beteiligter Neu-Aktionär ist. Gründer sind die Personen, die die Satzung festgestellt haben (§ 28 AktG). Nicht erforderlich ist, dass der Gründer zur Zeit des Vertragsschlusses noch Aktionär ist. Dem Gründer sind diejenigen Personen gleich zu stellen, die der Gesellschaft vor der Eintragung beigetreten sind (*Priester* DB 2001, 467 f.). Gesamtrechtsnachfolger von Gründern fallen nach dem Normzweck nicht unter § 52 AktG. Bei der Einschaltung von **Treuhändern** oder dem **Erwerb von Tochtergesellschaften** liegt nach dem Wortlaut des § 52 AktG ein Nachgründungssachverhalt nicht vor; unter dem Gesichtspunkt der Umgehung des Schutzzwecks der Norm wird aber die Erstreckung des Anwendungsbereichs der Norm auf diese Sachverhalte befürwortet (*Priester* DB 2001, 467, 469; *Reichert* ZGR 2001, 555, 572 ff.). Die **Anteile nahe stehender Personen** werden dem Aktionär bei der Berechnung seiner Beteiligungsquote zugerechnet (*Dormann/Fromholzer* AG 2001, 242, 243 ff.). **Geschäfte mit Dritten** werden seit der Neufassung des Gesetzes im Jahr 2001 nicht mehr erfasst, wobei in den Gesetzesmaterialien allerdings ausdrücklich auf die Gefahr der Umgehung nachgründungspflichtiger Geschäfte hingewiesen wurde, die von der Rechtsprechung richterrechtlich bewältigt werden solle (RegBegr. zu § 52, BT-Drs. 14/4051, 10). Zur Eingrenzung der Umgehungssachverhalte kann auf die zur verdeckten Sacheinlage und zur verbotenen Einlagenrückgewähr entwickelten Grundsätze zurückgegriffen werden (vgl. *Pentz* NZG 2001, 346, 351 sowie § 57 AktG). Verträge mit einem Gründer oder Aktionär nahe stehenden Personen können einen solchen Umgehungssachverhalt darstellen; zur Bestimmung des Kreises nahe stehenden Personen kann auf die Wertungen des § 89 Abs. 3 AktG bzw. auf die Regelungen zum Eigenkapitalersatz nach § 32 a Abs. 3 GmbHG zurückgegriffen werden (*Dormann/Fromholzer* AG 2001, 242, 243 ff.).

4 Die von § 52 AktG erfassten **Geschäftsgegenstände** sind nicht nur die in Abs. 1 beispielhaft genannten Fälle des Erwerbs vorhandener oder herzustellender Anlagen, sondern **Vermögensgegenstände aller Art**. Das Gesetz knüpft damit an die entsprechende Gründungsregelung des § 27 AktG an (vgl. § 27 AktG Rn. 3). **Dienstleistungen** und darauf gerichtete Ansprüche sind – wie bei § 27 AktG auch (vgl. § 27 AktG Rn. 12) – keine Geschäftsgegenstände, deren Einbringung h. M. eine Nachgründungspflicht auslöst (KölnKomm AktG/*Kraft* § 52 Rn. 7). Dagegen wird heute verbreitet vorgebracht, Gläubiger und Aktionäre seien davor zuschützen, dass die junge AG Leistungen vergütet, die nicht einlage- oder übernahmefähig sind oder Dienste Dritter sein sollen (*Hüffer* AktG, § 52 Rn. 4). Dem steht entgegen, dass eine Umgehung der §§ 27, 32 ff. AktG allerdings so lange in Frage steht, als danach Dienstleistungen nicht gründungsfähig sind. Keine nachgründungspflichtiger Geschäftsgegenstand liegt in den in § 52 Abs. 9 AktG erfassten Ausnahmesachverhalten vor (Erwerb im Rahmen laufender Geschäfte, in der Zwangsvollstreckung oder an der Börse; vgl. Rn. 18 ff.).

5 Die **Vergütung**, die nur erheblich ist, wenn sie 10 % des Grundkapitals übersteigt, wird an der Höhe des Grundkapitals nach der Eintragung gemessen. Der Nennbetrag ausgegebener Bezugsaktien bzw. der auf sie entfallende anteilige Betrag ist der eingetragenen Satzungsziffer hinzu zu addieren (§ 203 AktG). Unerheblich ist, ob und welcher Höhe Einzahlungen geleistet wurden. Ebenso wenig kommt es darauf an, zu welchem Betrag die Aktien ausgegeben wurden (*Zimmer* DB 2000, 1265). Nicht berücksichtigt werden Kapital- und Gewinnrücklagen. Maßgeblich ist die zu zahlende Gesamtvergütung für den Vermögensgegenstand; die Aufspaltung in Teilbeträge eines einheitlichen Geschäfts zum Zwecke der Unterschreitung der Vergütungsgrenze stellt einen unzulässigen Umgehungssachverhalt dar (MüKo AktG/*Pentz* § 52 Rn. 24). Die Vergü-

tungshöhe bezeichnet einen zahlenmäßig zu erfassenden Schwellenwert; die demgegenüber verbreitet vertretene Auffassung, die Überschreitung des Schwellenwerts sei nur beachtlich, wenn die Vergütung aus Vermögen der AG begleichen werden soll, das zur Deckung des Grundkapitals benötigt wird (so insbesondere *Hüffer* AktG, § 52 Rn. 5 a), ist mit dem Wortlaut der Vorschrift und dem weitergehenden Zweck der Regelung nicht vereinbar (vgl. MüKo AktG/*Pentz* § 52 Rn. 23; *Schmidt/Seipp* ZIP 2000, 2089, 2091 f.; *Werner* NZG 2000, 231, 232 f.).

II. Besondere Anwendungsfälle

6 Das Nachgründungsrecht ist in den Fällen einer **formwechselnden Umwandlung** in die AG über § 197 S. 1 UmwG anwendbar. Umstritten ist, ob dies auch in den Fällen gilt, in denen der formwechselnde Rechtsträger eine GmbH ist. Die ist schon angesichts des klaren Wortlauts der §§ 197 S. 1, 220 Abs. 3 S. 2, 245 Abs. 1 S. 2 UmwG zu bejahen; die Erwägung, es könnten in diesem Fall keine aktienrechtlichen Einlageverpflichtungen umgangen werden (vgl. *Martens* ZGR 1999, 548) verfängt nicht, weil der Schutzzweck des § 52 AktG weiter gefasst ist (h. M.; vgl. Lutter/*Joost* UmwG, § 20 Rn. 29; *Dieckmann* ZIP 1996, 2149; a. A. *Zimmer* DB 2000, 1265, 1268 f.).

7 Nach § 67 UmwG sind in den Fällen der **Verschmelzung durch Aufnahme** die Vorschriften der §§ 52 Abs. 3, 4, 7 bis 9 AktG sinngemäß anzuwenden.

8 Die **Kapitalerhöhung gegen Sacheinlagen** ist nach h. M. ebenfalls an die Voraussetzungen und Anforderungen des § 52 AktG gebunden, sofern sie innerhalb von zwei Jahren seit der Eintragung der AG im Handelsregister erfolgt. Dies ist zu befürworten, obwohl § 183 AktG für Sachkapitalerhöhungen ein der Nachgründung vergleichbares Prüfverfahren vorsieht. Allerdings sieht § 52 AktG strengere Maßstäbe vor (z. B. Prüfpflicht des Aufsichtsrats, Mehrheitserfordernis nach § 52 Abs. 5 AktG), deren Anwendung durch das Verfahren nach § 183 AktG nicht kompensiert wird.

9 Die **Gründung einer Tochtergesellschaft** durch die eingetragene AG im 2-Jahres-Zeitraum wird vereinzelt als weiterer Fall der Nachgründung angesehen (z. B. *Kubis* AG 1993, 118). Der h. M. entspricht dies nicht, in den Fällen der Gründung einer 100 %-Tochtergesellschaft der AG schon nach dem Wortlaut des § 52 AktG nicht, weil die Gründer und Aktionäre am Gründungsgeschäft nicht beteiligt sind. Bei Übernahme von Anteilen an der Tochtergesellschaft durch Gründer oder maßgeblich beteiligte Aktionäre der AG ist nicht anders zu entscheiden, weil es am schuldrechtlichen Geschäft mit der AG fehlt, die ihrerseits auch keine Gegenleistung schuldet; eine analoge Anwendung verbietet sich wegen des Willens des Gesetzgebers den Anwendungsbereich der Vorschrift auf die geregelten Sachverhalte zu begrenzen (*Reichert* ZGR 2001, 554, 582 ff.; *Hüffer* AktG, § 52 Rn. 12). Aus denselben Gründen scheidet auch die Anwendung von § 52 AktG auf Unternehmensverträge (MüKo AktG/*Pentz* § 52 Rn. 13) sowie bei Kapitalerhöhungen der Tochtergesellschaft (*Bröcker* ZIP 1999, 1029, 1031) aus.

10 Der **Erwerb einer Vorratsgesellschaft** stellt wirtschaftlich eine Neugründung dar (BGHZ 153, 158 – zur GmbH); deshalb läuft bei Verwertung der Vorratsgesellschaft die 2-Jahres-Frist des § 52 Abs. 1 S. 1 AktG neu an.

III. Wirksamkeitsvoraussetzungen, weitere Anforderungen

11 Die in den Anwendungsbereich von § 52 AktG fallenden Verträge sind nur unter den Voraussetzungen wirksam, dass die **Hauptversammlung** mit **qualifizierter Mehrheit** (Abs. 5) zustimmt, ihre Eintragung in das Handelsregister erfolgt und das **Schriftform** des Abs. 2 S. 1 gewahrt ist, Abs. 1 S. 1. Über die Schriftform des § 125 S. 1 BGB hinaus können sich strengere Formerfordernisse insbesondere daraus ergeben, dass Vertragsgegenstand ein Grundstück (§ 311 b BGB) oder ein GmbH-Anteil ist (§ 15 GmbHG) ist. Die Verträge werden vor dem Ablauf der 2-Jahres-Frist nur mit Zustimmung der Hauptversammlung und zusätzlich mit der Eintragung in das Handelsregister wirksam, Abs. 1 S. 1. Nach Ablauf der 2-Jahres-Frist kommt allerdings eine **Bestätigung** der nichtigen Verträge gem. § 141 BGB durch beide Vertragsteile in Betracht. Nach h. M. genügt

sogar die einseitige Genehmigung durch den Vorstand der AG gem. §§ 182 Abs. 1, 184 BGB, weil § 52 AktG nicht den Vertragspartner schützt (*Zimmer* DB 2000, 1265, 1270; *Hüffer* AktG, § 52 AktG Rn. 7; a. A. MüKo AktG/*Pentz* § 52 Rn. 61). Nach Abs. 1 S. 2 sind unter Durchbrechung des sachenrechtlichen Abstraktionsprinzips auch die Ausführungsgeschäfte ohne die Zustimmung der Hauptversammlung und die Registereintragung unwirksam. Anerkannt ist allerdings, dass die Ausführungsgeschäfte wirksam werden, wenn die genannten Erfordernisse erfüllt sind, ohne dass es einer erneuten Vornahme bedarf (*Hüffer* AktG, § 52 Rn. 9). Unter Verstoß gegen Abs. 1 S. 1 geleistete Zahlungen an Gründer oder Aktionäre sind aktienrechtswidrig und deshalb nach § 62 AktG zu behandeln.

Abs. 2 S. 2 bis 6 enthalten **weitere Erfordernisse**. Vorgeschrieben sind zunächst bestimmte Publizitätserfordernisse. Deren Verletzung hat die Anfechtbarkeit des Vertrages gem. § 243 Abs. 1 AktG zur Folge. Vorzunehmen ist die Auslegung der Verträge, die Erteilung von Abschriften und eine Erläuterung durch den Vorstand zu Beginn der Hauptversammlung, Abs. 2 S. 2 ff. Der Vertrag ist überdies dem Protokoll der Hauptversammlung als Anlage beizufügen. 12

Vor dem Beschluss der Hauptversammlung muss der Aufsichtsrat den Vertrag prüfen und einen **schriftlichen Bericht** erstatten, Abs. 3 S. 1. Für diesen sog. **Nachgründungsbericht** gelten die für die Gründungsprüfung geltenden Vorschriften der § 32 Abs. 2 und 3 AktG entsprechend. 13

Nach Abs. 4 hat eine zusätzliche Prüfung des Vertrages durch einen oder mehrere Gründungsprüfer zu erfolgen. Insofern ordnet Abs. 4 S. 2 die sinngemäße Geltung der §§ 33 Abs. 3 bis 5, 34, und 35 AktG an. 14

Der Beschluss der Hauptversammlung bedarf gem. Abs. 5 S. 1 mindestens einer **Mehrheit von ¾** des bei der Beschlussfassung vertretenen Grundkapitals. Wird der Vertrag im ersten Jahr nach der Eintragung der Gesellschaft in das Handelsregister geschlossen, müssen die Anteile der zustimmenden Mehrheit mindestens ¼ des gesamten Grundkapitals erreichen, Abs. 5 S. 2. Die Mehrheitserfordernisse können in der Satzung verschärft, nicht aber abgemildert werden, Abs. 5 S. 3. 15

C. Registerverfahren, Abs. 6 bis 8

Nach der Zustimmung der Hauptversammlung hat der **Vorstand** in vertretungsberechtigter Zahl der Mitglieder den Vertrag in der Form des § 12 HGB beim Gericht des Gesellschaftssitzes **anzumelden**. Der Anmeldung sind die in Abs. 6 S. 2 genannten Unterlagen beizufügen. 16

Das Registergericht prüft die Anmeldung in formeller und materieller Hinsicht. Für die Prüfung gelten die zu § 38 AktG entwickelten Grundsätze (vgl. § 38 AktG Rn. 3). Besteht ein in Abs. 7 genanntes Bedenken, muss das Gericht die Eintragung ablehnen; ein Ermessen des Gerichts besteht dabei nicht (*Hüffer* AktG, § 52 Rn. 17). Bestehen keine der in Abs. 7 angeführten Bedenken, trägt das Gericht den Tag des Vertragsschlusses in das Handelsregister ein; der Text des Vertrages wird nicht eingetragen, Abs. 8 S. 1; über den Inhalt der eingereichten Dokumente kann sich der Rechtsverkehr online unterrichten. 17

D. Ausnahmeregeln, Abs. 9

Gem. Abs. 9 gelten die Vorschriften des Nachgründungsrechts unter den genannten Voraussetzungen nicht. Die Regelungen setzen die Vorgaben des § 11 Abs. 2 der europäischen Kapitalrichtlinie von 1977 um (vgl. BT-Drs. 14/4051, 10). 18

Der Begriff **»laufende Geschäfte«** umfasst alle Geschäfte, die sich im Bereich des satzungsmäßig bestimmten Unternehmensgegenstandes bewegen. Daneben fällt auch der Erwerb marktgängiger Güter, deren Erwerb objektiv notwendig ist, in den nachgründungsfreien Geschäftsbereich. Hilfsgeschäfte, ohne die der Unternehmensgegenstand nicht verfolgt werden kann, sind auch befreit (näher *Krieger* FS Claussen 1997, 223, 232; *Diekmann* ZIP 1996, 2149, 2150; *Schwab* Die Nachgründung, 128). 19

20 Der **Erwerb in der Zwangsvollstreckung** ist nach Abs. 9 ebenfalls privilegiert. Die Vorschrift gilt für alle Arten der Zwangsvollstreckung und umfasst den Erwerb nach den §§ 165 f., 173 InsO. Nach h. M. ist jedoch eine einschränkende Auslegung des Inhalts vorzunehmen, dass die Vollstreckung auf Grund eines Titels der AG erfolgen muss (KölnKomm AktG/*Kraft* § 52 Rn. 57; a. A. MüKo AktG/*Pentz* § 52 Rn. 59).

21 Abs. 9 stellt ferner den Erwerb an der Börse **nachgründungsfrei**. Da der Börsenbegriff einschränkungslos verwendet wird, ist der Erwerb an jeder Börse, auch an der Warenbörse (*Hartmann/Barcaba* AG 2001, 437, 442) privilegiert.

E. Nachgründung bei unwirksamer Sachgründung, Abs. 10

22 Nach § 27 Abs. 3 AktG sind Sacheinlagen und Sachübernahmen, die nicht in die Satzung aufgenommen wurden, nichtig und auch nicht durch nachträgliche Aufnahme in die Satzung heilbar, § 27 Abs. 4 AktG. Abs. 10 regelt vor diesem Hintergrund, dass solche Geschäfte wirksam werden können, wenn für sie die Nachgründungsregeln nachträglich durchlaufen werden. Das durchgeführte Nachgründungsgeschäft heilt nur das schuldrechtliche Sacheinlagegeschäft. Die Erfüllungsgeschäfte sind deshalb erneut vorzunehmen.

23 Die Regelung gilt unmittelbar nur für Sacheinlagen und Sachübernahmen, die in den Anwendungsbereich des Abs. 1 und 9 fallen. Eine entsprechende Anwendung wird aber befürwortet für verdeckte Sacheinlagegeschäfte nach Ablauf der 2-Jahres-Frist des Abs. 1 sowie für verdeckte Sacheinlagen, die zu Hauptleistungen der in Abs. 9 verpflichten. Weitergehend wird die entsprechende Anwendung von Abs. 10 auf nach § 27 Abs. 3 AktG nichtige Sachübernahmevereinbarungen mit Dritten, trotzdem diese nicht mehr unter den neu gefassten Wortlaut des Abs. 1 fallen, zumal die Neuvornahme des Geschäfts den Verstoß gegen § 27 Abs. 3 AktG nicht beseitigt (*Pentz* NZG 2001, 346, 351; a. A. *Schwab* Die Nachgründung, 171 f.).

§ 53 Ersatzansprüche bei der Nachgründung

[1]Für die Nachgründung gelten die §§ 46, 47, 49 bis 51 über die Ersatzansprüche der Gesellschaft sinngemäß. [2]An die Stelle der Gründer treten die Mitglieder des Vorstands und des Aufsichtsrats. [3]Sie haben die Sorgfalt eines ordentlichen und gewissenhaften Geschäftsleiters anzuwenden. [4]Soweit Fristen mit der Eintragung der Gesellschaft in das Handelsregister beginnen, tritt an deren Stelle die Eintragung des Vertrags über die Nachgründung.

1 Für die **Verantwortlichkeit bei der Nachgründung** gelten nach S. 1 die Vorschriften der §§ 46, 47, 49 bis 51 AktG sinngemäß. Damit wird die Haftung in Nachgründungsfällen derjenigen in Gründungsfällen grundsätzlich gleich gestellt.

2 **Haftungsrechtliche Besonderheiten** ergeben sich daraus, dass bei der Nachgründung die AG als juristische Person tätig wird. Dem tragen die Regelungen der S. 2 und 3 Rechnung. Für die Fristbestimmungen der §§ 47 Nr. 3, 50 S. 1 und 51 AktG gilt die Regelung des S. 4.

Dritter Teil.
Rechtsverhältnisse der Gesellschaft und der Gesellschafter

§ 53 a Gleichbehandlung der Aktionäre

Aktionäre sind unter gleichen Voraussetzungen gleich zu behandeln.

Übersicht:

A. Überblick

I. Entbehrlichkeit der Norm

1 Art. 42 der EG-Kapitalschutzrichtlinie beinhaltet die Verpflichtung der Mitgliedstaaten, sicherzustellen, dass diejenigen Aktionäre gleich zu behandeln sind, die sich in denselben Verhältnissen befinden. Als Folge der Umsetzung der Richtlinie wurde im Jahr 1979 der Gleichbehandlungsgrundsatz in § 53 a AktG AktG aufgenommen. Überwiegend wird angenommen, dass die Vorschrift zwar nicht überflüssig, doch aber zumindest entbehrlich sei (*Hüffer* AktG, § 53 a Rn. 1; MüKo AktG/*Bungeroth* § 53 a Rn. 2). Die Vorschrift habe nur klarstellenden Charakter, da der Gleichbehandlungsgrundsatz als **allgemeiner Grundsatz des Gesellschaftsrechts** schon zuvor anerkannt war (GroßkommAktG/*Henze/Notz* § 53 a Rn. 3; *Hüffer* AktG, § 53 a Rn. 1; KölnKomm AktG/*Lutter/Zöllner* § 53 a Rn. 2; AnwK-AktR/*Janssen* § 53 a Rn. 1). Dieser Sichtweise kann nur eingeschränkt zugestimmt werden, da die Regelung mehr Probleme aufgeworfen als wirklich gelöst hat (vgl. dazu KölnKomm AktG/*Lutter* § 53 a Rn. 2).

II. Verhältnis Gleichbehandlungsgrundsatz und Treuepflicht

2 Die ausdrückliche Normierung des Gleichbehandlungsgrundsatzes wirft die Frage auf, ob durch die gesetzliche Verankerung im Umkehrschluss zugleich eine Aussage dazu getroffen wurde, dass im Gegensatz zu anderen Gesellschaftsformen (Personengesellschaften und GmbH) eine **zusätzliche mitgliedschaftliche Treuebindung** neben dem Gleichbehandlungsgrundsatz nicht bestehen soll (zur Treuepflicht s. ausführl. Rn. 18 ff.). Fest steht, dass der Gesetzgeber laut Gesetzesbegründung keine inhaltliche Änderung mit der Einfügung des § 53 a AktG schaffen wollte (GroßkommAktG/*Henze/Notz* § 53 a Rn. 3). Dennoch war (und ist noch immer) das Verhältnis zwischen Gleichbehandlungsgrundsatz und mitgliedschaftlicher Treuebindung im Aktienrecht **nicht abschließend geklärt** (*Hüffer* AktG, § 53 a Rn. 2; MüKo AktG/*Bungeroth* vor § 53 a Rn. 17).

3 Mit der h. M. und spätestens seit der »**Linotype**«-**Entscheidung** des BGH ist davon auszugehen, dass auch im Aktienrecht eine mitgliedschaftliche Treupflicht besteht (GroßkommAktG/*Henze/Notz* Anh. § 53 a Rn. 8; MüKo AktG/*Bungeroth* vor § 53 a Rn. 18). Resultat ist, dass sich der im AktG verankerte Gleichbehandlungsgrundsatz nur **als Ausschnitt** der daneben

bestehenden mitgliedschaftlichen Treuebindung darstellt. Dass diese Sichtweise zutreffend ist, beruht nicht zuletzt darauf, dass sich der Gleichbehandlungsgrundsatz und die Treuebindung an unterschiedliche Adressatenkreise richten. Nur durch das **Nebeneinander beider Grundsätze** ist ein vollumfänglicher Schutz der Aktionäre – Minderheits- und Mehrheitsaktionäre gleichermaßen – gewährleistet (*Hüffer* AktG, § 53 a Rn. 13; KölnKomm AktG/*Lutter* § 53 a Rn. 80).

B. Gleichbehandlungsgebot

I. Inhalt

4 Der Gleichbehandlungsgrundsatz besagt, dass Aktionäre unter gleichen Bedingungen gleich zu behandeln sind (MüKo AktG/*Bungeroth* § 53 a Rn. 3; MünchHdb GesR IV/*Wiesner* § 17 Rn. 11). *Hüffer* beschreibt in zutreffender Weise, dass § 53 a AktG nichts anderes als das Verbot enthalte, Aktionäre ohne genügende sachliche Rechtfertigung und in diesem Sinne willkürlich unterschiedlich zu behandeln (*Hüffer* AktG, § 53 a Rn. 4). § 53 a AktG enthält **kein eigenständiges subjektives Recht** des einzelnen Aktionärs – auch kein Sonderrecht nach § 35 BGB. Der Gleichbehandlungsgrundsatz ist vielmehr **Bestandteil der Mitgliedschaft** (KölnKomm AktG/*Lutter/Zöllner* § 53 a Rn. 7; AnwK-AktR/*Janssen* § 53 a Rn. 4).

II. Normadressaten

5 Normadressat des Gleichbehandlungsgrundsatzes ist **die AG**, damit Vorstand, Aufsichtsrat und Hauptversammlung. **Begünstigter** des Gleichbehandlungsgrundsatzes ist der **einzelne Aktionär** (GroßkommAktG/*Henze/Notz* § 53 a Rn. 29; MüKo AktG/*Bungeroth* § 53 a Rn. 4; KölnKomm AktG/*Lutter/Zöllner* § 53 a Rn. 25). Da nur die Hauptversammlung in ihrer Gesamtheit Schuldnerin des Gleichbehandlungsgrundsatzes ist, kann der Aktionär aus § 53 a heraus keine Gleichbehandlungsansprüche gegenüber anderen Mitaktionären geltend machen (*Hüffer* AktG, § 53 a Rn. 4; MünchHdb GesR IV/*Wiesner* § 17 Rn. 11; AnwK-AktR/*Janssen* § 53 a Rn. 21). Diese Möglichkeit wird dem Aktionär nur dadurch eröffnet, dass neben dem Gleichbehandlungsgrundsatz auch eine mitgliedschaftliche Treupflicht der Aktionäre untereinander anerkannt wird (s. Rn. 22).

III. Maßstab

6 Hinsichtlich des Maßstabes, an dem sich das Gleichbehandlungsgebot zu messen lassen hat, ist zu differenzieren. Auf der ersten Stufe ist zu klären, wann und unter welchen Voraussetzungen überhaupt gleiche Voraussetzungen anzunehmen sind. Erst auf der zweiten Stufe kann beurteilt werden, ob ein Aktionär im Verhältnis zu anderen Aktionären ungleich behandelt worden ist. Auch wenn eine **objektive Ungleichbehandlung** anzunehmen ist, liegt auf der dritten Stufe ein Verstoß gegen § 53 a AktG nur dann vor, wenn **keine sachliche Rechtfertigung** für die Ungleichbehandlung gegeben ist.

1. Haupt- und Hilfsrechte

7 § 53 a AktG bestimmt, dass die Aktionäre unter »gleichen Voraussetzungen« gleich zu behandeln sind. Dabei können »gleiche Voraussetzungen« der Aktionäre zu einer unterschiedlichen Beurteilung führen. Sind an einer AG nur zwei Aktionäre beteiligt und hat dabei einer der Aktionäre eine Kapitalmehrheit von 95 %, so ist damit nicht gesagt, dass beide Aktionäre untereinander von Anfang an nicht vergleichbar sind. Unterschieden wird vielmehr nach Haupt- und Hilfsrechten. Während sich die **Hauptrechte** des Aktionärs (wie bspw. Stimmrecht, Dividendenrecht und Bezugsrecht) nach dem Maß seiner Beteiligung am Grundkapital der AG richten (*Hüffer* AktG, § 53 a Rn. 6; KölnKomm AktG/*Lutter/Zöllner* § 53 a Rn. 22; MünchHdb GesR IV/*Wiesner* § 17 Rn. 12), richten sich die **Hilfsrechte** (wie bspw. Rederecht, Auskunftsrecht sowie Anfechtungsrecht) allein nach der Beteiligung nach Köpfen (GroßkommAktG/*Henze/Notz* § 53 a Rn. 52 f.; MüKo AktG/*Bungeroth* § 53 a Rn. 11; AnwK-AktR/*Janssen* § 53 a Rn. 10).

2. Ungleichbehandlung

8 Nach ganz h. M. ist zwischen formeller und materieller Ungleichbehandlung zu differenzieren. **Formelle Ungleichbehandlung** liegt bspw. vor, wenn lediglich der Hauptaktionär die Möglichkeit erhält, im Rahmen einer Kapitalerhöhung junge Aktien zu zeichnen, während den übrigen Aktionären diese Möglichkeit nicht eingeräumt wird (GroßkommAktG/*Henze/Notz* § 53 a Rn. 63 f.; *Hüffer* AktG, § 53 a Rn. 9; KölnKomm AktG/*Lutter/Zöllner* § 53 a Rn. 10). Es handelt sich faktisch um einen Bezugsrechtsausschluss, der nicht auf alle, sondern nur auf einzelne Aktionäre angewendet wird. Aber auch die in der Praxis häufig vorzufindende Variante, dass das Bezugsrecht für alle Aktionäre nach § 186 Abs. 3 S. 4 AktG im Wege einer 10 %-Kapitalerhöhung ausgeschlossen wird, um im Rahmen einer sog. Roadshow neue institutionelle Anleger zu gewinnen, ist unwirksam, wenn nur dem Großaktionär zugleich die Möglichkeit eingeräumt wird, die nicht von den institutionellen Anlegern gezeichneten Aktien zu übernehmen. **Materielle Ungleichbehandlungen** zeichnen sich dadurch aus, dass objektiv gesehen zunächst keine Ungleichbehandlung anzunehmen ist, sich die vorzunehmende Maßnahme bei einigen Aktionären aber schwerwiegender auswirkt als bei anderen Aktionären (KölnKomm AktG/*Lutter/Zöllner* § 53 a Rn. 11). Als immer wieder angeführtes Beispiel ist der Fall zu nennen, dass eine Kapitalherabsetzung im Verhältnis von 1:10 durchgeführt wird (KölnKomm AktG/*Lutter/Zöllner* § 53 a Rn. 10; *Hüffer* AktG, § 53 a Rn. 9). Von dieser Kapitalerhöhung sind alle Aktionäre gleichermaßen betroffen. Dennoch verliert nur derjenige Aktionär, der weniger als zehn Aktien in seinem Besitz hat, seine Mitgliedschaft.

3. Sachliche Rechtfertigung

9 Wie sich aus § 53 a AktG ergibt, ist der Gleichbehandlungsgrundsatz **zwingender Natur** (MüKo AktG/*Bungeroth* § 53 a Rn. 15; GroßkommAktG/*Henze/Notz* § 53 a Rn. 20). Dennoch ist unbestritten, dass eine Ungleichbehandlung für sich allein noch nicht zu einem Verstoß gegen § 53 a AktG führt (*Hüffer* AktG, § 53 a Rn. 8). Daher stellen eine formelle oder materielle Ungleichbehandlung für sich allein noch keinen Grund dar, dass ein Verstoß gegen § 53 a AktG anzunehmen ist. Eine Ungleichbehandlung der Aktionäre kann **gerechtfertigt sein**, weil das Gesetz bzw. die Satzung der AG die Möglichkeit einer Ungleichbehandlung ausdrücklich vorsehen. Ist dies nicht der Fall, so ist im Falle einer Ungleichbehandlung eine sachgerechte Abwägung vorzunehmen, ob die Ungleichbehandlung den relevanten Rechten und Interessen der Aktionäre nicht in ausreichendem Maße Rechnung trägt (*Hüffer* AktG, § 53 a Rn. 10). Daneben ist im Einzelfall auch denkbar, dass ein Aktionär auf seinen Gleichbehandlungsanspruch zugunsten anderer Aktionäre verzichtet.

a) Gesetzes- und Satzungsbestimmungen

10 Das AktG enthält Vorschriften, die die AG **berechtigten**, Aktionäre unter gleichen Voraussetzungen **ungleich zu behandeln**. So erlaubt das Gesetz in § 11 AktG die Ausgabe von unterschiedlichen Aktiengattungen oder nach § 60 Abs. 3 AktG eine abweichende Gewinnverteilung. Auch können die Stimmrechte einzelner Aktionäre nach § 134 Abs. 1 und 2 AktG beschränkt werden. Es ist dabei nicht in allen Fällen erforderlich, dass die im Gesetz vorgesehene Ungleichbehandlung in der Satzung der Gesellschaft übernommen wurde. Auch im Recht der verbundenen Unternehmen ist es einer AG erlaubt, Ungleichbehandlungen der Aktionäre vorzunehmen (GroßkommAktG/*Henze/Notz* § 53 a Rn. 158 ff.; MüKo AktG/*Bungeroth* § 53 a Rn. 23 f.; KölnKomm AktG/*Lutter/Zöllner* § 53 a Rn. 44 ff.).

11 Ist es der AG erlaubt, eine **Ungleichbehandlung in die Satzung** aufzunehmen, so ist der Gleichbehandlungsgrundsatz des § 53 a AktG auch bei der Aufnahme der Ungleichbehandlung in die Satzung zu beachten. Daraus folgt, dass die Aufnahme der Ungleichbehandlung nur bei der Gründung der AG problemlos möglich ist (GroßkommAktG/*Henze/Notz* § 53 a Rn. 89; MüKo AktG/*Bungeroth* § 53 a Rn. 21). Die Gründersatzung wird nach § 23 AktG nur durch einstimmigen Beschluss sämtlicher Gründer verbindlich für und gegen alle zukünftigen Aktionäre festgestellt (vgl. § 23 Rn. 11). Soll die Satzung hingegen erst später geändert werden, so stellt sich die

Frage, ob die Umsetzung einer gesetzlich zulässigen Ungleichbehandlung auch gegen die Zustimmung einzelner Aktionäre umgesetzt werden kann. Denn grundsätzlich kann nach § 179 AktG eine Satzungsänderung bereits mit einer Mehrheit von $^3/_4$ des bei Beschlussfassung vertretenen Kapitals beschlossen werden (vgl. § 179 AktG Rn. 13). Bei konsequenter Anwendung des Gleichbehandlungsgebotes des § 53 a AktG ist eine gesetzlich zulässige Satzungsänderung gegen die Stimmen einzelner Aktionäre nur möglich, wenn die Schranken des § 53 a AktG eingehalten werden (GroßkommAktG/*Henze/Notz* § 53 a Rn. 84; MüKo AktG/*Bungeroth* § 53 a Rn. 21). Aufgrund der – im Gegensatz zum GmbH-Recht – in § 23 Abs. 5 AktG normierten **Satzungsstrenge** (vgl. § 23 AktG Rn. 25 ff.), ist es der AG nicht möglich, außerhalb der im Gesetz vorgesehenen Möglichkeiten weitere Regelungen in Bezug auf Ungleichbehandlungen in die Satzung aufzunehmen (GroßkommAktG/*Henze/Notz* § 53 a Rn. 85; MüKo AktG/*Bungeroth* § 53 a Rn. 20).

b) Sachgerechte Abwägung

12 Kernpunkt einer Ungleichbehandlung ist somit die Frage, ob die von der AG vorgenommene Ungleichbehandlung sachlich nicht gerechtfertigt ist und damit willkürlich erfolgt (AnwK-AktR/*Janssen* § 53 a Rn. 19). **Willkür** ist anzunehmen, wenn die Ungleichbehandlung den relevanten Rechten und Interessen nicht angemessen Rechnung trägt (*Hüffer* AktG, § 53 a Rn. 10). Eine sachgerechte Abwägung durch die AG ist zu bejahen, wenn der durch die Ungleichbehandlung erfolgte Eingriff in die Mitgliedschaft des betroffenen Aktionärs geeignet und erforderlich ist, um bestimmte Interessen der AG zu wahren, und auch unter Berücksichtigung der Aktionärsinteressen verhältnismäßig erscheint (*Hüffer* AktG, § 53 a Rn. 10). Die Rspr. hat die von *Lutter* entwickelten Grundsätze zu den beweglichen Schranken der Stimmrechtsmacht aufgegriffen und zur sog. **materiellen Beschlusskontrolle** fortentwickelt (BGHZ 71, 40, 43 ff.; 103, 184, 189 ff.; GroßkommAktG/*Henze/Notz* § 53 a Rn. 72; *Hüffer* AktG, § 53 a Rn. 10). Welche **sachlichen Gründe** eine Ungleichbehandlung rechtfertigen können, kann nicht pauschal beantwortet werden. Wie sich aus dem zuvor Gesagten ergibt, rechtfertigt aber allein das Vorliegen eines erheblichen Interesses der AG eine Ungleichbehandlung jedenfalls nicht (KölnKomm AktG/*Lutter/Zöllner* § 53 a Rn. 15; GroßkommAktG/*Henze/Notz* § 53 a Rn. 71). Neben dem erheblichen Interesse der AG ist auch die Schwere des Eingriffs in die Mitgliedschaft abzuwägen. Zu umfangreichen Fallbeispielen vgl. die Kommentierung in KölnKomm/*Lutter/Zöllner* AktG Rn. 52 ff. sowie GroßkommAktG/*Henze/Notz* § 53 a Rn. 71.

c) Verzicht auf Gleichbehandlung

13 Liegt eine willkürliche Ungleichbehandlung vor, so stellt sich die Frage, ob der benachteiligte Aktionär auf sein Gleichbehandlungsrecht verzichten kann. Ein pauschaler Verzicht auf den Gleichbehandlungsgrundsatz wird zutreffend abgelehnt; demgegenüber soll es dem Aktionär aber möglich bleiben, im konkreten Einzelfall auf sein Gleichbehandlungsrecht zu verzichten (GroßkommAktG/*Henze/Notz* § 53 a Rn. 95 f.; *Hüffer* AktG, § 53 a Rn. 5; MüKo AktG/*Bungeroth* § 53 a Rn. 17).

IV. Rechtsfolgen

14 Die Rechtsfolgen eines Verstoßes gegen den Gleichbehandlungsgrundsatz hängen davon ab, wer den Normverstoß begangen hat.

1. Beschlüsse der Hauptversammlung

15 Wurde durch die Hauptversammlung ein Beschluss unter Verstoß gegen § 53 a AktG getroffen, so ist dieser Beschluss grundsätzlich nicht nichtig, sondern gem. § 243 Abs. 1 AktG **anfechtbar** (*Hüffer* AktG, § 53 a Rn. 12; KölnKomm AktG/*Lutter/Zöllner* § 53 a Rn. 32; MünchHdb GesR IV/*Wiesner* § 17 Rn. 13).

2. Maßnahmen der Verwaltung

Wurde von dem Vorstand eine Maßnahme unter Verstoß gegen § 53 a AktG getroffen, so ist danach zu unterscheiden, auf was sich die Ungleichbehandlung bezieht. Hat der Vorstand von einem Aktionär bspw. die ausstehende Einlage eingefordert und von einem anderem Aktionär nicht, so steht dem Aktionär ein Zurückbehaltungsrecht zu (*Hüffer* AktG, § 53 a Rn. 12). Übliche Rechtsfolge einer Ungleichbehandlung durch die Verwaltung ist allerdings, dass die Maßnahme der Verwaltung **unwirksam** bzw. sogar **nichtig** ist und die Verwaltung verpflichtet ist, die getroffene Maßnahme rückabzuwickeln (MüKo AktG/*Bungeroth* § 53 a Rn. 29; Großkomm-AktG/*Henze/Notz* § 53 a Rn. 127). 16

3. Aktive Gleichbehandlung

Die Ausnahme ist, dass dem ungleichbehandelten Aktionär ein **Recht auf aktive Gleichbehandlung** zusteht (*Hüffer* AktG, § 53 a Rn. 12; MüKo AktG/*Bungeroth* § 53 a Rn. 29; KölnKomm AktG/*Lutter/Zöllner* § 53 a Rn. 35). Der ungleichbehandelte Aktionär kann von der AG verlangen, ebenso gestellt zu werden, wie die AG den anderen Aktionär gestellt bzw. behandelt hat. Dies kommt bspw. bei der Zustimmung zur Übertragung von Namensaktien in Betracht. (Müko AktG/*Bungeroth* § 53 a Rn. 30). Die aktive Gleichbehandlung scheidet aus, wenn die AG mit ihrer Leistung gegenüber dem ungleichbehandelten Aktionär zugleich gegen das Verbot der Einlagenrückgewähr nach § 57 AktG verstoßen würde (GroßkommAktG/*Henze/Notz* § 53 a Rn. 137; KölnKomm AktG/*Lutter/Zöllner* § 53 a Rn. 38). In diesen Fällen kommt nur die Rückabwicklung der unwirksamen Maßnahme in Betracht. 17

C. Mitgliedschaftliche Treuepflicht

Der Gleichbehandlungsgrundsatz betrifft als Normadressaten nur die AG bzw. deren Organe selbst (s. o. Rn. 5). Wenn es um die Frage geht, ob auch der einzelne Aktionär auf die Belange der übrigen Aktionäre oder der AG Rücksicht zu nehmen hat, helfen die Grundsätze des Gleichbehandlungsgebotes nicht weiter. Hierfür bedarf es der Begründung einer eigenen Rechtsbeziehung zwischen den Aktionären untereinander, die sich im Gesellschaftsrecht als sog. **mitgliedschaftliche Treuepflicht** definiert. Diese ist nach *Hüffer* nicht Ausdruck des Rechtsgedanken des § 242 BGB, sondern begründet sich vielmehr in einer richterrechtlichen Generalklausel (*Hüffer* AktG, § 53 a Rn. 15 m. w. N.). Es war lange Zeit umstritten, ob aufgrund der kapitalistischen Struktur der AG eine solche mitgliedschaftliche Treuepflicht überhaupt im Aktienrecht bestehen kann (vgl. MüKo AktG/*Bungeroth* Vor § 53 a Rn. 17 m. w. N.). Spätestens mit der wegweisenden **»Linotype«-Entscheidung** des BGH ist davon auszugehen, dass mitgliedschaftliche Treuepflichten auch für das Aktienrecht umfassend bestehen (BGHZ 103, 184). 18

I. Inhalt und Umfang der Treuepflicht

Die Treuepflicht des Aktionärs besteht nicht nur gegenüber den übrigen Aktionären der AG, sondern daneben auch direkt gegenüber der AG selbst (MüKo AktG/*Bungeroth*, Vor § 53 a Rn. 18). Inhaltlich ist nach *Hüffer* jeder Aktionär verpflichtet, in Ausübung seiner im Gesellschaftsinteresse gegründeten mitgliedschaftlichen Befugnisse diejenigen Handlungen vorzunehmen, die der Förderung des Gesellschaftszweckes dienen und zuwiderlaufende Maßnahmen zu unterlassen. Dabei ist von dem Aktionär auf die Interessen anderer Aktionäre in angemessener Weise Rücksicht zu nehmen (*Hüffer* AktG, § 53 a Rn. 16; MüKo AktG/*Bungeroth* Vor § 53 a Rn. 19). Die Treuepflicht enthält eine Schranke für die Ausübung von Aktionärsrechten, wobei davon nur die Verwaltungsrechte, nicht aber die Vermögensrechte (wie Gewinnanspruch, Bezugsrecht etc.) des Aktionärs betroffen sein können (MüKo AktG/*Bungeroth* Vor § 53 a Rn. 20). Die Treuepflicht bezieht sich damit insbesondere auf die Art und Weise der Ausübung des Stimmrechtes durch den Aktionär (MüKo AktG/*Bungeroth* Vor § 53 a Rn. 22). 19

II. Schutz von Mehrheits- und Minderheitsaktionären

20 Während in der Vergangenheit der Schutz der Minderheitsaktionäre vor Maßnahmen der Mehrheitsaktionäre im Vordergrund der Diskussion stand, bezieht sich die derzeitige Diskussion zunehmend auch auf den umgekehrten Fall (MüKo AktG/*Bungeroth* Vor § 53 a Rn. 21). Insbesondere bei börsennotierten Gesellschaften ist in den letzten Jahren zu beobachten, dass Minderheitenaktionäre (teilweise mit nur einer Aktie) versuchen, ihre wirtschaftlichen Belange über die Möglichkeit der Anfechtung von Hauptversammlungsbeschlüssen, durchzusetzen (dazu *Lutter* ZHR 153 (1989), 446, 454 f.). Mit einer langwierigen Anfechtungsklage können wesentliche Maßnahmen einer AG, wie bspw. die Durchführung einer notwendigen Kapitalmaßnahme, so auf nahezu spielerische Weise blockiert werden. Auch diese Fälle unterliegen zweifelsfrei dem Grundsatz der Treuepflicht des Aktionärs (so auch MüKo AktG/*Bungeroth* Vor § 53 a Rn. 21). Dennoch ist festzustellen, dass die Gerichte bisher in nur wenigen Ausnahmefällen davon ausgegangen sind, dass solche Anfechtungsklagen wegen der Verletzung der Treuepflicht der Minderheitsaktionäre als unbegründet abzuweisen sind. Ob das im Wege des UMAG neu geschaffene und in § 246 a AktG normierte Freigabeverfahren insofern eine Veränderung in dem Verhalten von Minderheitsaktionären mit sich bringt, bleibt mit Zurückhaltung abzuwarten (so auch *Hüffer* AktG, § 246 a Rn. 1 a. E.).

III. Passive und aktive Treuepflicht

21 Unbestritten beinhaltet die Pflicht zur Rücksichtnahme, ein Gebot an die Aktionäre, bestimmte Stimmrechte nicht auszuüben, wenn damit die Interessen der AG bzw. der Mitaktionäre in pflichtwidriger Weise verletzt werden. Dem Aktionär daneben auch eine aktive Treuepflicht aufzuerlegen, das Stimmrecht unter bestimmten Umständen in einer bestimmten Art und Weise ausüben zu müssen, geht jedoch zu weit. Eine solche verstößt gegen §§ 54, 55 AktG, die ausdrücklich regeln, dass der Aktionär nur zur Leistung seiner Einlage bzw. zu bestimmten in der Satzung vereinbarten Nebenpflichten verpflichtet ist. Daraus folgt bspw., dass kein Aktionär verpflichtet ist, einer Sanierung des Unternehmens zustimmen, geschweige denn, weitere Nachschüsse in Form von Einlagen u. ä. erbringen zu müssen (BGHZ 129, 136, 151 »Girmes«; MüKo AktG/*Bungeroth* Vor § 53 a Rn. 29).

IV. Rechtsfolgen

22 Verstößt ein Aktionär gegen seine Treupflicht, so ist zu beachten, dass nicht der Beschluss der Hauptversammlung als solcher, sondern nur die **Stimmabgabe** des betreffenden Aktionärs **nichtig** ist (MüKo AktG/*Bungeroth* Vor § 53 a Rn. 32; *Hüffer* AktG, § 53 a Rn. 22). Seine Stimme darf bei der Stimmauszählung nicht mitgezählt werden. Wird sie dennoch mitgezählt, so sind die übrigen Aktionäre berechtigt, den Beschluss im Wege der Anfechtungsklage anzugreifen und mit einer positiven Beschlussfeststellungsklage zu verbinden (MüKo AktG/*Bungeroth* Vor § 53 a Rn. 32). Im Rahmen der Anfechtungsklage ist sodann zu prüfen, ob die Nichtberücksichtigung der Stimmabgabe zu einem anderen Beschlussergebnis geführt hätte.

23 Neben der Nichtigkeit der Stimmabgabe können aus einem Verstoß gegen die Treupflicht auch **Schadensersatzansprüche** der AG und der übrigen Aktionäre resultieren (GroßkommAktG/*Henze/Notz* § 53 a Rn. 145; *Hüffer* AktG, § 53 a Rn. 21). Bei Schadensersatzansprüchen der AG ist § 117 Abs. 7 AktG zu beachten, so dass eine Einstandspflicht nur bei **vorsätzlichen Pflichtverstößen** in Betracht kommt (BGHZ 129, 136, 158 »Girmes«, *Hüffer* AktG, § 53 a Rn. 21). Der BGH hat bisher nicht abschließend entschieden, ob auch andere Pflichtverstöße des Aktionärs nur dann zu einer Schadensersatzpflicht führen, wenn der Aktionär dabei vorsätzlich gehandelt hat (MüKo AktG/*Bungeroth* Vor § 53 a Rn. 33). Aufgrund der im Vordergrund stehenden Nichtigkeit der Stimmabgabe ist mit *Hüffer* davon auszugehen, dass zumindest nur grob fahrlässiges Handeln zu einer weitergehenden Schadensersatzpflicht führen kann (*Hüffer* AktG, § 53 a Rn. 21).

§ 54 Hauptverpflichtung der Aktionäre

(1) Die Verpflichtung der Aktionäre zur Leistung der Einlagen wird durch den Ausgabebetrag der Aktien begrenzt.

(2) Soweit nicht in der Satzung Sacheinlagen festgesetzt sind, haben die Aktionäre den Ausgabebetrag der Aktien einzuzahlen.

(3) [1]Der vor der Anmeldung der Gesellschaft eingeforderte Betrag kann nur in gesetzlichen Zahlungsmitteln oder durch Gutschrift auf ein bei einem Kreditinstitut oder einem nach § 53 Abs. 1 Satz 1 oder § 53 b Abs. 1 Satz 1 oder Abs. 7 des Gesetzes über das Kreditwesen tätigen Unternehmen der Gesellschaft oder des Vorstandss zu seiner freien Verfügung eingezahlt werden. [2]Forderungen des Vorstands aus diesen Einzahlungen gelten als Forderungen der Gesellschaft.

(4) [1]Der Anspruch der Gesellschaft auf Leistung der Einlagen verjährt in zehn Jahren von seiner Entstehung an. [2]Wird das Insolvenzverfahren über das Vermögen der Gesellschaft eröffnet, so tritt die Verjährung nicht vor Ablauf von sechs Monaten ab dem Zeitpunkt der Eröffnung ein.

Übersicht:

A. Überblick

1 § 54 AktG betrifft die Einlageverpflichtung des Aktionärs und stellt sich zugleich als **interne Risikobegrenzung** der Aktionäre gegenüber der AG dar (*Hüffer* AktG, § 54 Rn. 1; MüKo AktG/*Bungeroth* § 54 Rn. 1). Die Vorschrift des § 54 AktG ist im engen Zusammenhang mit den Regelungen in §§ 36, 36 a AktG einerseits und den Regelungen in §§ 63 bis 66 sowie § 188 Abs. 2 AktG andererseits zu sehen, die allesamt Bestandteil der aktienrechtlichen Kapitalaufbringungsvorschriften sind (MünchHdb Ges IV/*Wiesner* § 16 Rn. 5).

B. Begrenzung der Einlageverpflichtung, Abs. 1

2 Abs. 1 beinhaltet nicht die Frage, ob ein Aktionär zur Einlageleistung verpflichtet ist. Die Verpflichtung zur Einlageleistung resultiert vielmehr daraus, dass der Aktionär im Gründungsstadium die Aktien nach § 29 AktG übernimmt oder im Rahmen einer Kapitalerhöhung nach § 185 AktG zeichnet (*Hüffer* AktG, § 54 Rn. 2; AnwK-AktR/*Janssen* § 54 Rn. 2; MüKo AktG/*Bungeroth* § 54 Rn. 3, 4). Mit der Übernahme bzw. Zeichnung der Aktien geht die Verpflichtung des Aktionärs zur Erbringung der Einlageleistung einher. § 54 AktG bestimmt den **Umfang** der von dem Aktionär zu erbringenden Einlageleistung.

I. Bar- und Sacheinlageverpflichtungen

3 Die übernommene Einlageverpflichtung kann von dem Aktionär durch eine **Bar- oder Sacheinlage** erbracht werden, wobei auch eine Kombination aus beiden zulässig ist (MünchHdb GesR IV/*Wiesner* § 16 Rn. 3). Die Bareinlage ist dabei die Regel, die Sacheinlage die Ausnahme. Eine Sacheinlage ist im Rahmen einer Gründung nach § 27 Abs. 1 S. 1 AktG nur zulässig, wenn die Sacheinlage in der Satzung festgesetzt wurde (vgl. § 27 AktG Rn. 4). Soll eine Sacheinlage im Rahmen einer Kapitalerhöhung geleistet werden, so ist die Sacheinlage nach § 183 Abs. 1 S. 1 AktG in dem Beschluss über die Kapitalerhöhung festzusetzen. Wird die Festsetzung über eine Sacheinlage nicht wirksam vorgenommen, so tritt anstelle der Verpflichtung zur Leistung einer Sacheinlage die Verpflichtung zur Leistung einer Bareinlage (§§ 27 Abs. 3 S. 3, 183 Abs. 2 S. 3 AktG).

II. Schuldner der Einlageleistung

1. Bareinlage

4 Schuldner der Bareinlage ist der **Aktionär**. Da die Bareinlage untrennbarer Bestandteil der Mitgliedschaft ist, geht eine noch nicht erbrachte Bareinlageverpflichtung auf den Erwerber der Aktie über (*Hüffer* AktG, § 54 Rn. 4; MüKo AktG/*Bungeroth* § 54 Rn. 5, 12). Zu der Frage, ob ein gutgläubiger lastenfreier Erwerb einer Aktie bei einem Verstoß gegen § 10 Abs. 1 S. 1 AktG im Falle von Inhaberaktien oder bei einem Verstoß gegen § 10 Abs. 2 S. 2 AktG im Falle von Namensaktien einer Aktie möglich ist, vgl. ausführl. GroßkommAktG/*Henze* § 54 Rn. 19; KölnKomm AktG/*Lutter* § 54 Rn. 7 ff.; MüKo AktG/*Bungeroth* § 54 Rn. 14 ff. sowie § 63 Rn. 12.

5 Mit der **Übertragung der Aktie** enden sämtliche mitgliedschaftlichen Pflichten des Aktionärs, damit auch seine originäre Bareinlageverpflichtung (*Hüffer* AktG, § 54 Rn. 4; KölnKomm AktG/*Lutter* § 54 Rn. 6). Es ist aber zu beachten, dass der veräußernde Aktionär sowie jeder weitere Voraktionär für die Erbringung der Einlageleistung neben dem jetzigen Inhaber der Aktie weiterhin nach § 65 AktG subsidiär in Anspruch genommen werden kann (KölnKomm AktG/*Lutter* § 54 Rn. 6). § 65 AktG ist – auch wenn es der Wortlaut vermuten lassen könnte – nicht nur auf Namensaktien, sondern gleichermaßen auch auf Inhaberaktien anzuwenden (*Hüffer* AktG, § 64 Rn. 3 sowie §§ 63–65 Rn. 29). Konnte der gutgläubige Erwerber die Aktie lastenfrei erwerben, bleibt der Verkäufer der Aktie originär zur Erbringung der Einlageleistung verpflichtet (GroßkommAktG/*Henze* § 54 Rn. 24).

2. Sacheinlagen

6 Bei Sacheinlagen sind Besonderheiten zu beachten. Schuldner einer Sacheinlage kann nur der **Aktionär** bzw. sein **Gesamtrechtsnachfolger** sein, der sich zur Leistung der Sacheinlage in der Satzung verpflichtet hat (GroßkommAktG/*Henze* § 54 Rn. 31; MüKo AktG/*Bungeroth* § 54 Rn. 13). Überträgt der Aktionär seine Aktie vor der Erbringung der Sacheinlage, so geht die Sacheinlageverpflichtung nicht auf den Erwerber der Aktie über. Der bisherige Aktionär bleibt weiterhin zur Erbringung der Sacheinlage verpflichtet (*Hüffer* AktG, § 54 Rn. 4; MünchHdb GesR IV/*Wiesner* § 16 Rn. 3). Der Erwerber erwirbt die Aktie aber nicht ohne Einlageverpflichtung. Kann die Einlageleistung vom bisherigen Aktionär nicht erreicht werden, so wandelt sich die ursprüngliche Sacheinlageverpflichtung auf der Ebene des erwerbenden Aktionärs in eine Bareinlageverpflichtung um (GroßkommAktG/*Henze* § 54 Rn. 32; MüKo AktG/*Bungeroth* § 54 Rn. 13).

III. Unter – und Obergrenze

7 Die **Untergrenze** der zu erbringenden Einlageleistung ist nicht in Abs. 1 normiert (GroßkommAktG/*Henze* § 54 Rn. 44). Sie ergibt sich aus §§ 9 Abs. 1 i. V. m. 8 Abs. 2 S. 1 AktG (Nennbetragsaktien) bzw. § 8 Abs. 3 S. 3 AktG (Stückaktien). Danach ist die Untergrenze bei jeder auszugebenden Aktie in jedem Fall auf € 1,– begrenzt (vgl. § 8 AktG Rn. 2). § 54 AktG regelt lediglich die **Obergrenze** der vom Aktionär zu erbringenden Einlageleistung. Die Einlageleistung ist der Höhe nach auf den Ausgabebetrag der Aktie begrenzt. Ausgabebetrag ist im Falle von Nennbetragsaktien nicht nur der Nennbetrag der Aktie bzw. im Falle von Stückaktien nicht nur deren

anteiliger Betrag am Grundkapital. Dies ergibt sich aus § 9 Abs. 2 AktG, der bestimmt, dass ein höherer Ausgabebetrag zulässig ist. Damit ist in den Ausgabebetrag auch ein vom Aktionär zu erbringendes Aufgeld (Agio) einzubeziehen (*Hüffer* AktG, § 54 Rn. 5; KölnKomm AktG/*Lutter* § 54 Rn. 12; MüKo AktG/*Bungeroth* § 54 Rn. 7; vgl. auch § 9 AktG Rn. 2 ff.).

1. Sacheinlagen

8 Probleme ergeben sich im Zusammenhang mit der Feststellung der Höhe des Ausgabebetrages regelmäßig bei Sacheinlagen. Im Normalfall ist der Wert der von dem Aktionär einzubringenden Sacheinlage höher als der Nennbetrag der dafür gewährten Aktie. Damit stellt sich die Frage, wie die **Wertdifferenz zwischen dem Nennbetrag und dem Wert der Sacheinlage** aktienrechtlich zu behandeln ist. Da hierzu keine gesetzliche Verpflichtung besteht, empfiehlt es sich, in die Festsetzung über die Sacheinlage eine ausdrückliche Regelung aufzunehmen, ob und wenn ja, in welcher Höhe der Differenzbetrag als Aufgeld behandelt werden soll (so auch MünchHdb GesR IV/*Hoffmann-Becking* § 4 Rn. 7). Es kann in bestimmten Fällen ratsam sein, zu regeln, dass kein Aufgeld vereinbart wird und zugleich klarzustellen, dass der Differenzbetrag in die Kapitalrücklage der AG nach § 272 Abs. 2 Nr. 4 HGB einzustellen ist. So wird einerseits eine mögliche (Bar-) Differenzhaftung des Aktionärs ohne gleichzeitige Wertverschiebung unter den Aktionären verhindert. Anderseits wird deutlich gemacht, dass der Aktionär die gesamte Sacheinlage und nicht nur den Wert des Nennbetrages der von ihm übernommenen Aktien einzulegen hat (ausführl. dazu MünchHdb GesR IV/*Hoffmann-Becking* § 4 Rn. 30 sowie GroßkommAktG/*Henze* § 54 Rn. 40 f.).

9 Stellt sich heraus, dass der Wert der Sacheinlage unterhalb des Ausgabebetrages liegt, so wird die Sacheinlageverpflichtung dadurch grundsätzlich nicht unwirksam. Der Aktionär ist vielmehr verpflichtet, neben der Sacheinlage auch den **Differenzbetrag** zwischen dem Wert der Sacheinlage und dem Ausgabebetrag in Form einer zusätzlichen Bareinlage zu erbringen (BGHZ 64, 52, 62; *Hüffer* AktG, § 27 Rn. 2, 28).

2. Ausnahmen und Verstöße

10 Eine **Ausnahme** von der Obergrenze der von dem Aktionär zu erbringenden Einlageleistung ist nur im Fall der Erbringung von mitgliedschaftlichen Nebenleistungsverpflichtungen nach § 55 AktG gegeben. Jede andere abweichende Vereinbarung, mit der der Aktionär **mitgliedschaftlich** verpflichtet werden soll, eine höhere als die in § 54 AktG normierte Obergrenze erbringen zu müssen, stellt sich als Verstoß gegen die in § 23 Abs. 5 AktG normierte Satzungsstrenge (vgl. § 23 AktG Rn. 25 ff.) dar (GroßkommAktG/*Henze* § 54 Rn. 47). Dies gilt vor allem für die Verpflichtung eines Aktionärs, unter bestimmten Voraussetzungen einen Nachschuss erbringen zu müssen. Solche Verpflichtungen sind nicht nur unwirksam und damit anfechtbar, sondern nichtig (KölnKomm AktG/*Lutter* § 54 Rn. 13; *Hüffer* AktG, § 54 Rn. 9; MüKo AktG/*Bungeroth* § 54 Rn. 21).

3. Schuldrechtliche Nebenabreden

11 Unbenommen bleibt es den Aktionären und im Übrigen auch der AG, schuldrechtliche Vereinbarungen untereinander zu treffen, in welchem Umfang Nachschusspflichten etc. vereinbart werden. Solche Verpflichtungen sind aber nicht Bestandteil der Mitgliedschaft und können damit nicht mit der Aktie auf einen Erwerber übergehen (ausführl. dazu MüKo AktG/*Bungeroth* § 54 Rn. 28 ff.; KölnKomm AktG/*Lutter* § 54 Rn. 21 ff.; *Hüffer* AktG, § 54 Rn. 7 ff.). Im Zusammenhang mit schuldrechtlichen Nebenabreden bei einer börsennotierten AG stellt sich seit der Einführung des WpÜG zunehmend die Problematik des sog. »**acting in concert**« nach § 30 Abs. 2 WpÜG. Wird durch eine schuldrechtliche Nebenabrede der Tatbestand des acting in concert erfüllt, so führt dies dazu, dass Aktionäre, die durch die Zusammenrechnung ihrer Stimmrechte eine Kontrolle (mindestens 30 %) über die börsennotierte AG erlangen, verpflichtet sind, sämtlichen übrigen Aktionären ein veröffentlichungspflichtiges Angebot auf den Erwerb sämtlicher Aktien zu unterbreiten.

C. Erfüllung der Einlageverpflichtung, Abs. 2 und 3

I. Anwendungsbereich

1. Sachlicher Anwendungsbereich

12 Abs. 2 und 3 regeln die Frage, wie der Aktionär seine Einlageverpflichtung wirksam erfüllen kann. Die Regelungen der Abs. 2 und 3 beziehen sich nur auf Bar-, nicht auf Sacheinlagen. Die Erbringung von Sacheinlagen ist abschließend in § 36 a Abs. 2 bzw. § 188 Abs. 2 S. 1 AktG geregelt (AnwK-AktR/*Janssen* § 54 Rn. 20; MüKo AktG/*Bungeroth* § 54 Rn. 44). Abs. 2 enthält die Klarstellung, dass die **Einlageverpflichtung durch Einzahlung** zu erfüllen ist. Damit wird deutlich, dass die Bareinlage durch eine in der Satzung festzusetzende Sacheinlage nur überlagert, aber nicht verdrängt wird (*Hüffer* AktG, § 54 Rn. 10). Wandelt sich die Sacheinlage in eine Bareinlage ganz oder teilweise um, so folgt daraus, dass Abs. 2 und 3 nunmehr auf die Bareinlage anzuwenden sind.

2. Zeitlicher Anwendungsbereich

13 Das Gesetz spricht davon, dass Abs. 3 sich auf den Zeitraum bis zur Anmeldung der AG zur Eintragung im Handelsregister bezieht. Die h. M. geht davon aus, dass die Regelung ergänzend auszulegen ist und sich Abs. 3 auf den **Zeitraum bis zur Eintragung der AG** im Handelregister bezieht (GroßkommAktG/*Henze* § 54 Rn. 83; MünchHdb GesR IV/*Wiesner* § 16 Rn. 5; KölnKomm AktG/*Lutter* § 54 Rn. 61). Sollen Bareinlagen nach der Eintragung der AG im Handelsregister geleistet werden, so richtet sich die Frage der Wirksamkeit der Erbringung der Einlageleistung nicht nach Abs. 3, sondern nach den allgemeinen Erfüllungsvorschriften der §§ 362 ff. BGB, jedoch unter besonderer Berücksichtigung der in §§ 63 bis 66 AktG geregelten Kapitalaufbringungsvorschriften.

II. Zulässige Zahlungsarten

14 Im Grundsatz sind die Voraussetzungen für die Erfüllbarkeit einer Verpflichtung in den §§ 362 ff. BGB geregelt. Um gegenüber den Gläubigern der AG in ausreichenden Maße sicherzustellen, dass zumindest der in §§ 36, 36 a AktG geforderte Mindesteinlagebetrag zum Zeitpunkt der Eintragung der AG im Handelsregister wirksam gegenüber der AG erbracht wurde, hat der Gesetzgeber für Einlageleistungen, die vor diesem Zeitpunkt erbracht werden, angeordnet, dass die §§ 362 ff. BGB nicht zur Anwendung kommen. Abs. 3 stellt eigenständige Voraussetzungen für die wirksame Erfüllung der Einlageverpflichtung auf (GroßkommAktG/*Henze* § 54 Rn. 82).

1. Einforderung durch den Vorstand

15 Eine wirksame Erfüllung der Einlageleistung setzt voraus, dass die Einlageleistung eingefordert wurde. Es ist nicht geregelt, wer diese Einforderung gegenüber dem Aktionär geltend zu machen hat. Dies kann nur der Vorstand sein, der für die Vor-Gesellschaft handelt (GroßkommAktG/*Henze* § 54 Rn. 116; MüKo AktG/Bungeroth § 54 Rn. 46). Wurde die Einlageleistung durch den Vorstand nicht ganz oder teilweise eingefordert, so ist Einlageleistung **nicht fällig** und eine Zahlung kann damit **keine Erfüllungswirkung** haben (MüKo AktG/*Bungeroth* § 54 Rn. 9; *Hüffer* AktG, § 54 Rn. 11). Losgelöst hiervon ist die Frage zu beantworten, welche Auswirkung es hat, wenn ein Aktionär auf eine Einlageleistung nicht nur den eingeforderten, sondern ausdrücklich einen höheren Betrag gegenüber der AG erbringt. Während die **Erbringung einer Mehrleistung** nach der Eintragung der AG im Handelsregister nach ganz h. M. keine Erfüllungswirkung haben kann (s. §§ 63–65 AktG Rn. 15), ist dem Aktionär wegen der drohenden Unterbilanzhaftung das Recht zuzusprechen, vor der Eintragung auch nicht eingeforderte Mehrbeträge an die AG mit Erfüllungswirkung leisten zu dürfen (so *Hüffer* AktG, § 54 Rn. 20 und § 36 a Rn. 3; differenzierend GroßkommAktG/*Henze* § 54 Rn. 120 ff.; abl. KölnKomm AktG/*Lutter* § 54 Rn. 58 ff.).

2. Gesetzliche Zahlungsmittel (Barzahlung)

Die Erfüllungswirkung einer Einlageleistung des Aktionärs tritt nach Abs. 3 S. 1 Alt. 1 ein, wenn eine Barzahlung des Aktionärs **in gesetzlichen Zahlungsmitteln** erfolgt ist. Es gelten ausschließlich **Euro,** keine ausländischen Banknoten und Münzen. (GroßkommAktG/*Henze* § 54 Rn. 85; AnwK-AktR/*Janssen* § 54 Rn. 25). Die Banknoten oder Münzen müssen dem Vorstand nicht nur übergeben, sondern nach §§ 929 ff. BGB übereignet werden (*Hüffer* AktG, § 54 Rn. 13; MüKo AktG/*Bungeroth* § 54 Rn. 52;). 16

3. Kontogutschrift

Die Erfüllungswirkung einer Einlageleistung des Aktionärs tritt nach Abs. 3 S. 1 Alt. 2 auch ein, wenn »der eingeforderte Betrag durch Gutschrift auf ein Konto der Gesellschaft oder des Vorstandes bei einem Kreditinstitut oder einem nach § 53 Abs. 1 S. 1 oder § 53 b Abs. 1 S. 1 oder Abs. 7 KWG tätigen Unternehmen [. . .] eingezahlt worden ist«. Hierbei handelt es sich nicht um die Gesetzesformulierung, sondern um eine von *Bungeroth* gewählte Formulierung, der der Auffassung ist, dass die vom Gesetzgebern in Abs. 3 S. 1 Alt. 2 gewählte Formulierung missverständlich sei und der Gesetzgeber, wäre er der deutschen Sprache mächtig gewesen, die zuvor erwähnte Formulierung gewählt hätte (MüKo AktG/*Bungeroth* § 54 Rn. 48). 17

a) Kontoinhaber

Als Kontoinhaber kommt sowohl die **AG** in ihrer Form als **Vor-AG** als auch der **Vorstand** in Betracht. Der letztere Fall ist missverständlich, da es sich hier nicht um ein Privatkonto des Vorstandes handeln darf (GroßkommAktG/*Henze* § 54 Rn. 104; KölnKomm AktG/*Lutter* § 54 Rn. 41). Gemeint ist vielmehr, dass der Vorstand berechtigt ist, für die Vor-AG ein Konto zu eröffnen, welches mit der Eintragung der AG ohne weiteres zu einem eigenen Konto der AG wird (MüKo AktG/*Bungeroth* § 54 Rn. 54). Die gesetzliche Regelung ist als Relikt aus der Zeit übrig geblieben, in der die Vor-AG als noch nicht kontofähig angesehen worden ist (zur Kontofähigkeit der Vor-AG vgl. § 41 AktG Rn. 5). 18

b) Kreditinstitute

Um eine europarechtswidrige Diskriminierung zu vermeiden, kommen als »Kreditinstitut« sowohl inländische Kreditinstitute als auch ausländische Unternehmen in Betracht (MüKo AktG/*Bungeroth* § 54 Rn. 59; *Hüffer* AktG, § 54 Rn. 14 f.). Damit stellt sich die Frage, in welcher Währung die Einlage zu erbringen ist. Nach wohl h. M. kann nicht nur eine Überweisung des Einlagebetrages in Euro, sondern auch die Überweisung in einer anderen Währung schuldbefreiende Wirkung haben (MüKo AktG/*Bungeroth* § 54 Rn. 14; a. A. AnwK-AktR/*Janssen* § 54 Rn. 29 wegen des damit zusammenhängenden Währungsrisikos). 19

c) Kreditinstitute als Gründer

Problematisch ist der Fall, dass das ausgewählte Kreditinstitut, bei dem die AG bzw. der Vorstand das Konto unterhält, zugleich auch Gründer der AG ist. Zulässig ist unstrittig, dass ein Konto bei dem Kreditinstitut für den Empfang von Einlageleistungen unterhalten werden kann, die von anderen Gründern an die AG überwiesen werden (AnwK-AktR/*Janssen* § 54 Rn. 29; *Hüffer* AktG, § 54 Rn. 17; MüKo AktG/*Bungeroth* § 54 Rn. 62). Daneben wird es von der h. M. auch als zulässig erachtet, wenn das Kreditinstitut eine **Doppelrolle** einnimmt und sich durch die Gutschrift auf ein bei ihr selbst geführtes Konto von ihrer eigenen Einlageschuld befreit (GroßkommAktG/*Henze* § 54 Rn. 96; MünchHdb GesR IV/*Wiesner* § 16 Rn. 5). Demgegenüber geht eine gewichtige Auffassung in der Literatur zutreffend davon aus, dass diese Vorgehensweise nicht zur wirksamen Erbringung der Einlageleistung führen kann, da es auf seiten des Kreditinstitutes an dem Erfordernis der **endgültigen Aussonderung des Einlagebetrages** aus dem eigenen Vermögen fehlt (so KölnKomm AktG/*Lutter* § 54 Rn. 37 und MüKo AktG/*Bungeroth* § 54 Rn. 64). 20

III. Freie Verfügbarkeit des Vorstandes

21 Während § 36 Abs. 2 S. 1 AktG fordert, dass der eingeforderte Einlagebetrag »endgültig zur freien Verfügung des Vorstandes« stehen muss (vgl. § 36 AktG Rn. 7), spricht § 54 Abs. 3 S. 1 AktG nur davon, dass der eingeforderte Betrag »zur freien Verfügung des Vorstandes« stehen muss. Inhaltlich ist damit keine Differenzierung verbunden (MüKo AktG/*Bungeroth* § 54 Rn. 66). Freie Verfügbarkeit liegt wie bei § 36 AktG vor, wenn die Einlage der Gesellschaft **effektiv und endgültig zugeflossen ist** und der Vorstand nach eigenem pflichtgemäßen Ermessen darüber frei verfügen kann (*Hüffer* AktG, § 54 Rn. 18; MüKo AktG/*Bungeroth* § 54 Rn. 68; vgl. zu § 36 AktG Rn. 7). Einzahlungen auf ein debitorisch geführtes Bankkonto der AG erfolgen nur dann zur freien Verfügbarkeit des Vorstandes, wenn ihm die Bank einen entsprechenden Kreditrahmen zugesprochen hat (GroßkommAktG/*Henze* § 54 Rn. 112 m. w. N.). Die freie Verfügbarkeit scheidet u. a. aus, wenn der Vorstand die Mittel verwendet, um sie den Aktionären im Wege eines Kredites o. ä. wieder zeitnah zurückzugewähren oder auch im Falle einer verdeckten Sacheinlage (vgl. eingehend MüKo AktG/*Bungeroth* § 54 Rn. 67 ff. sowie KölnKomm AktG/*Lutter* § 54 Rn. 46 ff.).

D. Verjährung der Einlageforderung, Abs. 4

22 Abs. 4 bestimmt, dass der Anspruch der AG auf Leistung der Einlage in **zehn Jahren verjährt**. Die Verjährungsfrist beginnt mit der Entstehung des Anspruchs. Der Anspruch entsteht zu dem Zeitpunkt, zu dem er ausgeklagt werden kann (*Hüffer* AktG, § 54 Rn. 21). Die Einlagepflicht entsteht mit der Übernahme der Aktien bei Gründung oder durch wirksame Zeichnung der Aktien im Falle einer Kapitalerhöhung (*Hüffer* AktG, § 54 Rn. 2).

§ 55 Nebenverpflichtungen der Aktionäre

(1) [1]Ist die Übertragung der Aktien an die Zustimmung der Gesellschaft gebunden, so kann die Satzung Aktionären die Verpflichtung auferlegen, neben den Einlagen auf das Grundkapital wiederkehrende, nicht in Geld bestehende Leistungen zu erbringen. [2]Dabei hat sie zu bestimmen, ob die Leistungen entgeltlich oder unentgeltlich zu erbringen sind. [3]Die Verpflichtung und der Umfang der Leistungen sind in den Aktien und Zwischenscheinen anzugeben.

(2) Die Satzung kann Vertragsstrafen für den Fall festsetzen, daß die Verpflichtung nicht oder nicht gehörig erfüllt wird.

Übersicht:

A. Überblick

1 § 55 AktG ergänzt die Vorschrift des § 54 AktG – beide Vorschriften beinhalten Beitragspflichten des Aktionärs. Während es sich bei § 54 AktG um eine zwingende Regelung handelt, ist § 55

AktG **fakultativ** (MüKo AktG/*Bungeroth* § 55 Rn. 2). Die Regelung geht auf die genossenschaftlich organisierte Zuckerrübenindustrie zurück und soll den Aktionär verpflichten, die entsprechende Menge an Zuckerrüben an die AG liefern zu müssen (*Hüffer* AktG, § 55 Rn. 1). Die Zuckerrübenindustrie ist auch heute noch der Hauptanwendungsfall der Vorschrift, wobei die Regelung des § 55 AktG auch in sämtlichen anderen Wirtschaftsbereichen zur Anwendung gelangen kann (MüKo AktG/*Bungeroth* § 55 Rn. 3). Ob es jedoch aus gesetzgeberischer Sicht vernünftig ist, schuldrechtliche Vertragsbeziehungen auf die Ebene einer kooperativen Pflicht zu heben, wird vielfach bezweifelt (KölnKomm AktG/*Lutter* § 55 Rn. 2 m. w. N.).

B. Begründung einer Nebenleistungspflicht

I. Vinkulierte Namensaktien

Nebenleistungspflichten können nach Abs. 1 S. 1 nur bei einer AG begründet werden, die vinkulierte Namensaktien nach § 68 Abs. 2 AktG ausgegeben hat (zu anderen Möglichkeiten von vinkulierten Zwischenscheinen und vinkulierten unverbrieften Mitgliedschaftsrechten vgl. MüKo AktG/*Bungeroth* § 55 Rn. 4). 2

II. Satzungsbestimmung

Eine Nebenleistungspflicht kann einem Aktionär nur durch eine Satzungsbestimmung auferlegt werden. Eine rein vertragliche Vereinbarung zwischen dem Aktionär und der AG kann eine schuldrechtliche Beziehung zwischen diesen, nicht jedoch eine Nebenleistungspflicht nach § 55 AktG begründen (MüKo AktG/*Bungeroth* § 55 Rn. 5). Zu schuldrechtlichen Verpflichtungen und dem Verhältnis zu satzungsmäßigen Nebenleistungspflichten vgl. ausführl. MünchHdb GesR IV/*Wiesner* § 16 Rn. 41. 3

1. Regelung der Nebenleistungspflicht, Abs. 1 S. 1

Die Nebenleistungspflicht muss in der Satzung **nur dem Grunde nach** geregelt werden (GroßkommAktG/*Henze* § 55 Rn. 7). Es müssen in der Satzung nicht sämtliche Einzelheiten der Nebenleistungspflicht bestimmt sein. Soweit Einzelheiten nicht geregelt sind, greifen die gerichtlich nachprüfbaren Vorschriften der §§ 315 ff. BGB ein (MüKo AktG/*Bungeroth* § 55 Rn. 5). Nebenleistungspflichten können nicht nur in die Gründungssatzung aufgenommen werden. Auch eine spätere Aufnahme ist möglich, wobei die Satzungsänderung nach § 180 Abs. 1 AktG nur mit Zustimmung des betroffenen Aktionärs gestattet ist. 4

2. Regelung der Entgeltlichkeit, Abs. 1 S. 2

Nach Abs. 1 S. 2 muss die Satzung eine Bestimmung dazu enthalten, ob die Leistung entgeltlich oder unentgeltlich erfolgt. Auch hier ist nur das generelle »ob«, nicht aber die Festlegung der Höhe des Entgelts für die Wirksamkeit der Nebenleistungspflicht entscheidend (GroßkommAktG/*Henze* § 55 Rn. 12). Zu beachten ist auch heute noch, dass § 10 S. 1 EGAktG eine Übergangsvorschrift für eine AG enthält, die bereits vor dem 1. 1. 1966 eine Nebenleistungspflicht in ihrer Satzung aufgenommen hat, in der aber keine Aussage zur Entgeltlichkeit enthalten sind. Die Satzungsregelungen solcher Altgesellschaften bleiben wirksam. Jedoch kann nicht nur jede Änderung der Nebenleistungspflicht, sondern auch jede **Änderung des Unternehmensgegenstandes** nach § 10 S. 2 EGAktG nur vorgenommen werden, wenn zugleich auch die Frage der Entgeltlichkeit in der Satzung aufgenommen wird (GroßkommAktG/*Henze* § 55 Rn. 10; MüKo AktG/*Bungeroth* § 55 Rn. 6). Um dem Verbot der Einlagenrückgewähr nach § 57AktG gerecht zu werden, schreibt § 61 AktG vor, dass die von der AG als Gegenleistung zu zahlende Vergütung nicht den Wert der Nebenleistung übersteigen darf. 5

III. Angabe in der Aktie, Abs. 1 S. 3

Nach Abs. 1 S. 3 ist die Nebenleistungspflicht **in der Aktienurkunde gesondert** aufzunehmen. 6
Die Regelung beinhaltet hingegen nicht die Verpflichtung der AG, einzelne verbriefte Aktienur-

kunden an die Aktionäre ausgeben zu müssen. Wird von der AG nach § 10 Abs. 5 AktG nur eine Globalurkunde ausgefertigt, so ist die Regelung des Abs. 1 S. 3 gegenstandslos (GroßkommAktG/*Henze* § 55 Rn. 22; MüKo AktG/*Bungeroth* § 55 Rn. 9).

IV. Rechtsfolge von Verstößen

7 Ein Verstoß gegen Abs. 1 S. 1 und S. 2 führt zur **Unwirksamkeit der Nebenleistungspflicht**. Diese kann somit nicht entstehen. Ein Verstoß gegen Abs. 1 S. 3 führt hingegen weder zur Nichtigkeit der ausgegebenen Urkunde, noch wird die Wirksamkeit der Nebenleistungspflicht davon berührt (MüKo AktG/*Bungeroth* § 55 Rn. 8). Die Nebenleistungspflicht entsteht, wobei im Falle einer Weiterveräußerung der (fehlerhaften) Aktie ein gutgläubiger Erwerb mit dem endgültigen Untergang der Nebenleistungspflicht in Betracht kommt (näher dazu MüKo AktG/*Bungeroth* § 55 Rn. 12 und 42 ff.).

C. Inhalt und Umfang der Nebenleistungspflicht

I. Inhalt der Nebenleistungspflicht

8 Entscheidend ist, dass sich die Nebenleistungspflicht nur auf **wiederkehrende, nicht in Geld bestehende Leistungen des Aktionärs** beziehen darf. Sowohl einmalige als auch andauernde Leistungspflichten können nicht Gegenstand einer Nebenleistungspflicht nach § 55 AktG sein (GroßkommAktG/*Henze* § 55 Rn. 17; *Hüffer* AktG, § 55 Rn. 4). Damit scheiden insbesondere solche Nebenleistungspflichten aus, die auf ein Unterlassen des Aktionärs gerichtet sind (dazu ausführl. MüKo AktG/*Bungeroth* § 55 Rn. 17) oder die den Aktionär bspw. verpflichten sollen, einer bestimmten Religion, einem Verband oder einem Berufszweig anzugehören. Zudem ist es nach Abs. 1 S. 1 untersagt, dass die Nebenleistungspflicht des Aktionär – weder unmittelbar noch mittelbar – in einer Geldleistung besteht (MüKo AktG/*Bungeroth* § 55 Rn. 15 f.; *Hüffer* AktG, § 55 Rn. 4).

II. Leistungsstörungen, Besicherung

1. Leistungsstörungen

9 Zur Frage, ob bzw. in welchem Umfang die im BGB normierten Leistungsstörungsrechte auch auf die Nebenleistungspflicht des Aktionärs anzuwenden sind, vgl. die Kommentierung in MüKo AktG/*Bungeroth* § 55 Rn. 24 ff.

2. Nichterfüllung durch den Aktionär

10 Kommt der Aktionär seiner Nebenleistungspflicht ganz oder teilweise nicht nach, so ist zu fragen, welche Möglichkeiten der AG (neben den Rechten aus der Anwendung des allgemeinen Leistungsstörungsrechts) zustehen, gegen den Aktionär vorzugehen. Die AG ist **nicht berechtigt**, ein **Kaduzierungsverfahren** nach § 64 AktG einzuleiten (MüKo AktG/*Bungeroth* § 55 Rn. 29). Dieses Ausschließungsverfahren setzt voraus, dass der Aktionär seiner Einlageverpflichtung nach § 54 AktG nicht nachkommt. Auf § 55 AktG ist das **Ausschließungsverfahren nicht anzuwenden** (s. §§ 63–65 AktG Rn. 5 und 19). Auch die Zahlungspflicht der Vormänner nach § 65 AktG ist nicht auf die Nebenleistungspflicht des Aktionärs anzuwenden (MüKo AktG/*Bungeroth* § 55 Rn. 29). Die **Einziehung der Aktien** für den Fall der Nichterfüllung der Nebenleistungspflicht ist grundsätzlich zulässig, jedoch nur, wenn die Möglichkeit der Einziehung in der Satzung der AG nach § 237 AktG bereits enthalten ist (MüKo AktG/*Bungeroth* § 55 Rn. 29). Wirksamstes Mittel ist die in § 55 Abs. 2 AktG genannte Möglichkeit, eine **Vertragsstrafe** in die Satzung aufzunehmen (GroßkommAktG/*Henze* § 55 Rn. 56). Die Möglichkeit der Vertragsstrafe stellt keine mittelbare Geldleistung des Aktionärs an die AG dar, sondern dient der AG allein, um die Erfüllung der Nebenleistungspflicht durch den Aktionär sicherzustellen (MüKo AktG/*Bungeroth* § 55 Rn. 28).

D. Übertragung der Nebenleistungspflicht

Da es sich bei der Nebenleistungspflicht um eine mitgliedschaftliche Verpflichtung handelt, geht die Nebenleistungspflicht mit der Übertragung der Aktie auf den Erwerber der Aktie über (GroßkommAktG/*Henze* § 55 Rn. 32; MüKo AktG/*Bungeroth* § 55 Rn. 20; *Hüffer* AktG, § 55 Rn. 4). Zu beachten ist aus Sicht der AG, dass nach der Übertragung **nur noch der Erwerber**, nicht aber der vorherige Aktionär weiter für die Erfüllung der zukünftigen Nebenleistungspflicht einzustehen hat. Es gibt keine gesetzliche Möglichkeit, den vorherigen Aktionär in Anspruch nehmen zu können, wenn der Erwerber seiner Nebenleistungspflicht nicht nachkommt (*Hüffer* AktG, § 55 Rn. 7; MüKo AktG/*Bungeroth* § 55 Rn. 23). Daher ist es auch konsequent und folgerichtig, dass eine Nebenleistungspflicht nur bei vinkulierten Namensaktien zulässig ist. Anders wäre es der AG nicht möglich, die Übertragung der Aktie zu untersagen, wenn der Erwerber der AG nicht nachgewiesen hat, dass er die Nebenleistungspflicht in Zukunft nicht nur erfüllen will, sondern auch erfüllen kann (GroßkommAktG/*Henze* § 55 Rn. 54; MüKo AktG/*Bungeroth* § 55 Rn. 30). 11

E. Änderung und Beendigung der Nebenleistungspflicht

1. Änderungen der Nebenleistungspflicht

§ 180 Abs. 1 AktG ist auf jede Änderung der Nebenleistungspflicht anzuwenden, gleichgültig ob es sich um eine Erweiterung oder Verminderung der satzungsmäßigen Nebenleistungspflicht des betroffenen Aktionärs handelt (MüKo AktG/*Bungeroth* § 55 Rn. 8; differenzierend hingegen *Hüffer* AktG, § 180 Rn. 3; vgl. auch § 180 Rn. 2 f.). 12

2. Beendigung und Aufhebung der Nebenleistungspflicht

Wie bereits aufgezeigt wurde, endet die Nebenleistungspflicht für den betroffenen Aktionär zu dem Zeitpunkt, zu dem er seine Aktie auf einen Dritten übertragen hat (s. Rn. 11). Die Nebenleistungsverpflichtung geht dadurch nicht unter, sondern ist von dem Erwerber fortzuführen (s. Rn. 11). Einigkeit besteht darüber, dass eine **endgültige Aufhebung** der mitgliedschaftlichen Nebenleistungspflicht durch eine einzelvertragliche Vereinbarung zwischen Aktionär und AG nicht möglich ist. Satzungsbestimmungen können nur durch eine **entsprechende Satzungsänderung** aufgehoben werden (*Hüffer* AktG, § 55 Rn. 8; MüKo AktG/*Bungeroth* § 55 Rn. 33). 13

Unklar ist, ob § 180 Abs. 1 AktG nicht nur bei der Änderung, sondern auch bei der gegenstandslosen Aufhebung von Nebenleistungspflichten durch eine entsprechende Satzungsänderung anzuwenden ist. Überwiegend wird angenommen, dass die Zustimmung des betroffenen Aktionärs zur Aufhebung der Nebenleistungspflicht nur erforderlich ist, wenn es sich um eine entgeltliche Nebenleistungspflicht handelt (*Hüffer* AktG, § 55 Rn. 8; MüKo AktG/*Bungeroth* § 55 Rn. 33, KölnKomm AktG/*Lutter* § 55 Rn. 21). Dieser Auffassung kann nicht zugestimmt werden. Durch die Aufhebung wird in ein mitgliedschaftliches Recht eingegriffen, welches nur mit der Zustimmung des betroffenen Aktionärs überhaupt begründet werden kann. Daher muss die Zustimmung des Aktionärs auch für die Aufhebung – oder anders ausgedrückt für die Entziehung – von unentgeltlichen Nebenleistungspflichten erforderlich sein. 14

3. Übergang bei Umwandlungen

Daneben wird allg. angenommen, dass die Nebenleistungspflicht des Aktionärs auch dann nicht aufgehoben wird, wenn die AG nach den Regelungen des UmwG mit einer anderen Gesellschaft verschmolzen wird (*Hüffer* AktG, § 55 Rn. 9; MüKo AktG/*Bungeroth* § 55 Rn. 36). Diese Auffassung ist jedenfalls bei der Verschmelzung auf eine andere AG nur insoweit richtig, als dass die aufnehmende AG als Gegenleistung neue bzw. eigene Aktien in der Form von vinkulierten Namensaktien ausgibt. Gibt die aufnehmende AG keine (wie im Falle des up-stream-merger) oder nur nicht vinkulierte Aktien aus, so muss dies den Untergang der Nebenleistungspflicht zur Folge haben. In keinem Fall kann die aufnehmende AG verpflichtet sein, Aktien derselben Gattung an die Altaktionäre des übertragenden Rechtsträger ausgeben zu müssen. 15

4. Verzicht und Kündigung

16 Ein Verzicht oder eine ordentliche Kündigung der Nebenleistungspflicht ist **grundsätzlich nicht möglich** (*Hüffer* AktG, § 55 Rn. 9; MüKo AktG/*Bungeroth* § 55 Rn. 49). Dennoch muss dem Aktionär unter allgemeinen zivilrechtlichen Grundsätzen bei Dauerschuldverhältnissen zumindest die Möglichkeit eröffnet bleiben, seine Nebenleistungspflicht unter bestimmten Voraussetzungen außerordentlich kündigen zu können (GroßkommAktG/*Henze* § 55 Rn. 46 f.; *Hüffer* AktG, § 55 Rn. 9; MüKo AktG/*Bungeroth* § 55 Rn. 49).

§ 56 Keine Zeichnung eigener Aktien; Aktienübernahme für Rechnung der Gesellschaft oder durch ein abhängiges oder in Mehrheitsbesitz stehendes Unternehmen

(1) Die Gesellschaft darf keine eigenen Aktien zeichnen.

(2) [1]Ein abhängiges Unternehmen darf keine Aktien der herrschenden Gesellschaft, ein in Mehrheitsbesitz stehendes Unternehmen keine Aktien der an ihm mit Mehrheit beteiligten Gesellschaft als Gründer oder Zeichner oder in Ausübung eines bei einer bedingten Kapitalerhöhung eingeräumten Umtausch- oder Bezugsrechts übernehmen. [2]Ein Verstoß gegen diese Vorschrift macht die Übernahme nicht unwirksam.

(3) [1]Wer als Gründer oder Zeichner oder in Ausübung eines bei einer bedingten Kapitalerhöhung eingeräumten Umtausch- oder Bezugsrechts eine Aktie für Rechnung der Gesellschaft oder eines abhängigen oder in Mehrheitsbesitz stehenden Unternehmens übernommen hat, kann sich nicht darauf berufen, daß er die Aktie nicht für eigene Rechnung übernommen hat. [2]Er haftet ohne Rücksicht auf Vereinbarungen mit der Gesellschaft oder dem abhängigen oder in Mehrheitsbesitz stehenden Unternehmen auf die volle Einlage. [3]Bevor er die Aktie für eigene Rechnung übernommen hat, stehen ihm keine Rechte aus der Aktie zu.

(4) [1]Werden bei einer Kapitalerhöhung Aktien unter Verletzung der Absätze 1 oder 2 gezeichnet, so haftet auch jedes Vorstandsmitglied der Gesellschaft auf die volle Einlage. [2]Dies gilt nicht, wenn das Vorstandsmitglied beweist, daß es kein Verschulden trifft.

A. Überblick

1 Die Regelungen der §§ 56, 71 ff. AktG befassen sich mit **eigenen Aktien**, d. h. mit solchen Aktien, die von der AG selbst gehalten werden (MünchHdb GesR IV/*Wiesner* § 15 Rn. 1). Daneben sind die §§ 56, 71 AktG auch auf Fälle anzuwenden, in denen die Aktien nicht von der AG unmittelbar selbst, sondern mittelbar von bestimmten Tochtergesellschaften gehalten werden bzw. von Dritten, die die Aktien wiederum für Rechnung der AG oder deren Tochtergesellschaften halten. Während § 56 AktG den **originären Erwerb von eigenen Aktien** behandelt, gelten die Regelungen der §§ 71 ff. AktG für den derivativen Erwerb von eigenen Aktien (GroßkommAktG/*Henze* § 56 Rn. 7). § 56 AktG dient der Verwirklichung des Grundsatzes der realen Kapitalaufbringung und soll zugleich das in früheren Jahren bestehende Unwesen von Vorrats- und Verwertungsaktien verhindern. §§ 71 ff. dienen hingegen der Kapitalerhaltung (*Hüffer* AktG, § 56 Rn. 1; MüKo AktG/*Bungeroth* § 56 Rn. 1).

B. Übernahme eigener Aktien, Abs. 1

I. Zeichnung eigener Aktien

2 Abs. 1 verbietet der AG in wenigen Worten die Zeichnung eigener Aktien. Der im Gesetz verwendete Begriff »Zeichnung« ist untechnisch zu verstehen und wird weit ausgelegt. Zeichnung i. S. d. Abs. 1 beinhaltet jede **rechtsgeschäftliche Erklärung**, die auf den originären Erwerb eigener Aktien abzielt (GroßkommAktG/*Henze* § 56 Rn. 7; *Hüffer* AktG, § 56 Rn. 3; MüKo AktG/*Bungeroth*

§ 56 Rn. 5 ff.). Auch wenn die konkrete Durchführungsweise schwer vorstellbar ist, ist es der AG verboten, eigene Aktien bei der eigenen Gründung zu übernehmen (*Hüffer* AktG, § 56 Rn. 3; MünchHdb GesR IV/*Wiesner* § 15 Rn. 2). Daneben ist es der AG – dies sind die Hauptanwendungsfälle – verboten, eigene (junge) Aktien im Rahmen einer Kapitalerhöhung gegen Bar- oder Sacheinlagen oder im Rahmen der Durchführung einer bedingten oder einer genehmigten Kapitalerhöhung zu übernehmen (MüKo AktG/*Bungeroth* § 56 Rn. 6; KölnKomm AktG/*Lutter* § 56 Rn. 7).

Etwas anderes gilt nur in Fällen der **Kapitalerhöhung aus Gesellschaftsmitteln**, nämlich dann, wenn die AG bereits im Besitz von eigenen Aktien ist. Da die Umwandlung von Gesellschaftsmitteln keinen Fall der realen Kapitalaufbringung beinhaltet, ist es der AG nach § 215 AktG gestattet, junge Aktien zu übernehmen, die im Zuge einer Kapitalerhöhung aus Gesellschaftsmitteln ausgegeben werden, (GroßkommAktG/*Henze* § 56 Rn. 8; *Hüffer* AktG, § 56 Rn. 3; MüKo AktG/*Bungeroth* § 56 Rn. 7). 3

II. Verstoß gegen Abs. 1

1. Nichtigkeit der Zeichnung

Die Zeichnung von Aktien, die unter Verstoß gegen Abs. 1 stattfindet, ist nach § 134 BGB **nichtig** 4
(GroßkommAktG/*Henze* § 56 Rn. 9). Die vorgenommene Kapitalerhöhung darf von dem Vorstand und dem Vorsitzenden des Aufsichtsrats nicht zur Eintragung im Handelsregister angemeldet werden; das Handelsregister darf die Kapitalerhöhung nicht eintragen (MünchHdb GesR IV/*Wiesner* § 15 Rn. 3; AnwK-AktR/*Janssen* § 56 Rn. 3; KölnKomm AktG/*Lutter* § 56 Rn. 8). Etwas anders gilt auch nicht bei einer bedingten Kapitalerhöhung, da bereits die Übernahme der Aktien, die nach § 200 AktG auch ohne Handelsregistereintragung zur rechtlichen Entstehung der jungen Aktien führt, nichtig ist (*Hüffer* AktG, § 56 Rn. 4; MüKo AktG/*Bungeroth* § 56 Rn. 9; KölnKomm AktG/*Lutter* § 56 Rn. 10).

2. Heilung der Nichtigkeit

Wird entgegen des Verbotes in Abs. 1 die Kapitalerhöhung im Handelsregister eingetragen, so ist 5
aus dem Bezug von Abs. 4 auf Abs. 1 die – wenn auch teilweise als rechtspolitisch zweifelhaft angesehene – Schlussfolgerung zu ziehen, dass die **Nichtigkeit geheilt** wird, so dass die gesamte Kapitalerhöhung wirksam ist (GroßkommAktG/*Henze* § 56 Rn. 14; *Hüffer* AktG, § 56 Rn. 5; MüKo AktG/*Bungeroth* § 56 Rn. 11).

3. Rechtsfolgen einer Heilung

Aus der direkten bzw. zumindest analogen Anwendung der §§ 71 b, 71 c AktG ergibt sich, dass 6
der AG aus den eigenen Aktien einerseits **keine Rechte** – mit Ausnahme des Rechts aus § 215 AktG – zustehen und andererseits die **Verpflichtung der AG** besteht, die Aktien binnen einer Jahresfrist zu veräußern oder nach Ablauf der Jahresfrist einziehen zu müssen (MüKo AktG/*Bungeroth* § 56 Rn. 15; KölnKomm AktG/*Lutter* § 56 Rn. 11). Zusätzlich ordnet Abs. 4 an, dass der Vorstand im Falle eines von ihm zu widerlegenden **Verschuldens** (welches im Fall des Abs. 1 in der Regel vorliegen wird) für die volle Einlageleistung auf die Aktie haftet. Die AG ist damit berechtigt, die Einlageleistung von dem Vorstand zu verlangen, wobei dieser im Falle der Erbringung der Einlage im Gegenzug berechtigt ist, die Übertragung der Aktien auf ihn zu verlangen (GroßkommAktG/*Henze* § 56 Rn. 22; MüKo AktG/*Bungeroth* § 56 Rn. 14).

C. Übernahme durch abhängige Unternehmen, Abs. 2

Auch Abs. 2 dient primär dem Grundsatz der Kapitalaufbringung und will **Umgehungsversuche vorbeugen**. Nicht nur die originäre Übernahme eigener Aktien durch die AG nach Abs. 1, sondern auch die Übernahme von Aktien der AG durch bestimmte abhängige Unternehmen als Gründer oder Zeichner oder in Ausübung eines bei einer bedingten Kapitalerhöhung eingeräumten Umtausch- oder Bezugsrechts ist nach Abs. 2 S. 1 verboten. 7

I. Erfasste Unternehmen

8 Von der Vorschrift des Abs. 2 S. 1 sind solche Unternehmen betroffen, die im Verhältnis zur AG entweder als **abhängiges Unternehmen** nach § 17 AktG oder als ein **in Mehrheitsbesitz stehendes Unternehmen** nach § 16 AktG gelten (*Hüffer* AktG, § 56 Rn. 7; KölnKomm AktG/*Lutter* § 56 Rn. 14). Daneben kommt auch eine Abhängigkeit durch einen **Beherrschungs- oder Gewinnabführungsvertrag** nach § 291 Abs. 1 AktG sowie andere Unternehmensverbindungen in Betracht (ausführlich dazu MüKo AktG/*Bungeroth* § 56 Rn. 22).

II. Verbotene Handlungen

9 Auch wenn das Gesetz in Abs. 2 nicht nur die Kapitalerhöhung, sondern auch die Gründung erfasst, sind praktisch wenige Fälle denkbar, in denen ein abhängiges Unternehmen Aktien an einer noch nicht gegründeten AG übernehmen kann. Es fehlt in diesen Fällen regelmäßig an dem Tatbestandsmerkmal der Abhängigkeit (*Hüffer* AktG, § 56 Rn. 9; MüKo AktG/*Bungeroth* § 56 Rn. 26; AnwK-AktR/*Janssen* § 56 Rn. 8). Hauptanwendungsfall ist damit die **Übernahme von Aktien im Wege von Kapitalerhöhungen**, wobei auch hier nach § 215 AktG erneut kein Verbot bei der Übernahme von eigenen Aktien im Rahmen einer Kapitalerhöhung aus Gesellschaftsmitteln besteht (MüKo AktG/*Bungeroth* § 56 Rn. 27 ff.; KölnKomm AktG/*Lutter* § 56 Rn. 17,18).

III. Verstoß gegen Abs. 2

1. Wirksamkeit der Übernahme

10 Anders als im Fall von Abs. 1 ist Rechtsfolge einer verbotswidrigen Übernahme von Aktien durch ein abhängiges Unternehmen nicht die Nichtigkeit des Übernahmevertrages. Abs. 2 S. 2 bestimmt, dass ein Verstoß gegen Abs. 2 S. 1 keine Unwirksamkeit der Übernahme zur Folge hat, so dass die **Einlageverpflichtung** des Übernehmers/Zeichners **wirksam entsteht** (GroßkommAktG/*Henze* § 56 Rn. 35; *Hüffer* AktG, § 56 Rn. 10). Da es sich trotz der Wirksamkeit der Übernahme weiterhin um einen Verstoß gegen Abs. 2 handelt, ist der Vorstand nach h. M. auch in diesem Fall nicht berechtigt, die Kapitalerhöhung zum Handelsregister anzumelden; das Handelsregister ist ebenfalls verpflichtet, die Eintragung der Kapitalerhöhung abzulehnen (*Hüffer* AktG, § 56 Rn. 10; MüKo AktG/*Bungeroth* § 56 Rn. 31; KölnKomm AktG/*Lutter* § 56 Rn. 19 ff.). Im Gegensatz zu Abs. 1 ist das Handelsregister im Falle der Eintragung einer bedingten Kapitalerhöhung nicht berechtigt, die beantragte Handelsregistereintragung abzulehnen (MüKo AktG/*Bungeroth* § 56 Rn. 33; MünchHdb GesR IV/*Wiesner* § 15 Rn. 4; *Hüffer* AktG, § 56 Rn. 10). Dies resultiert daraus, dass die nach § 201 AktG jährlich vorzunehmende Handelsregistereintragung nur noch deklaratorische Wirkung hat und die gem. § 200 AktG bereits zuvor stattgefundene Übernahme der Aktien aufgrund der Bestimmung des § 56 Abs. 2 S. 2 AktG auch ohne Handelsregistereintragung wirksam geworden ist.

2. Rechtsfolgen

11 Obwohl die Übernahme der Aktie wirksam ist, geht die h. M. davon aus, dass die Parallelvorschriften der **§§ 71 a bis 71 d AktG** zum derivativen Erwerb von eigenen Aktien auch auf den originären Erwerb nach § 56 Abs. 2 AktG **anzuwenden** sind (*Hüffer* AktG, § 56 Rn. 6; MüKo AktG/*Bungeroth* § 56 Rn. 35; KölnKomm AktG/*Lutter* § 56 Rn. 25 ff.; AnwK-AktR/*Janssen* § 56 Rn. 11; MünchHdb GesR IV/*Wiesner* § 15 Rn. 5). Aus der Anwendung des §§ 71 d i. V. m. §§ 71 a bis 71 c AktG ergibt sich, dass das abhängige Unternehmen zwar sämtliche Pflichten aus der Aktie zu erfüllen hat, ihm aber nahezu keine Rechte aus der Aktie zustehen. Das abhängige Unternehmen ist verpflichtet, die Aktien innerhalb eines Jahres zu veräußern bzw. nach Ablauf der Frist von der AG einziehen zu lassen. Daneben ist die AG berechtigt, die Übertragung der Aktien an sich zu verlangen, um die Veräußerung bzw. Einziehung der Aktien selbst vorzunehmen.

12 Auch im Fall eines Verstoßes gegen Abs. 2 S. 1 ist der **Vorstand** nach Abs. 4 für die Erbringung der vollen Einlageleistung haftbar. Er tritt somit – im Falle des Verschuldens – neben dem abhängigen Unternehmen als **akzessorischer Haftungsschuldner** (GroßkommAktG/*Henze* § 56 Rn. 43) und

wird von seiner Verpflichtung frei, wenn die Tochtergesellschaft die Einlage selbst gegenüber der AG geleistet hat. Hat der Vorstand die Einlageleistung gegenüber der AG erbracht, kann er von dem abhängigen Unternehmen nicht nur die Übertragung der Aktie, sondern nach richtiger Auffassung auch wahlweise die Erstattung der erbrachten Einlage verlangen (MüKo AktG/*Bungeroth* § 56 Rn. 40). Der AG obliegt nach § 160 AktG eine Berichtspflicht in ihrem Jahresabschluss (im Anhang) über jeden Verstoß gegen Abs. 2 S. 1 (*Hüffer* AktG, § 56 Rn. 11; MüKo AktG/*Bungeroth* § 56 Rn. 45; KölnKomm AktG/*Lutter* § 56 Rn. 32).

D. Übernahme für Rechnung der AG, Abs. 3

13 Im Gegensatz zu den Regelungen in Abs. 1 und Abs. 2 stellt sich die Vorschrift des Abs. 3 nicht als eigentliche Verbotsnorm dar (MüKo AktG/*Bungeroth* § 56 Rn. 58). Abs. 3 enthält vielmehr den Eintritt bestimmter Rechtsfolgen für den Fall, dass eine Person Aktien nicht auf eigene Rechnung, sondern für Rechnung der AG oder für Rechnung eines abhängigen oder in Mehrheitsbesitz stehenden Unternehmens der AG übernimmt.

I. Tatbestand des Abs. 3

14 Auch hier ist nur der **originäre Erwerb**, nicht aber auch der derivative Erwerb von Aktien gemeint (vgl. Rn. 1); letzterer ist abschließend in § 71 c AktG geregelt (MüKo AktG/*Bungeroth* § 56 Rn. 46). Als Person des Übernehmers kommt jede juristische oder natürliche Person in Betracht, wobei es sich dabei auch um ein im Verhältnis zur AG abhängiges oder in Mehrheitsbesitz stehendes Unternehmen handeln kann (s. Rn. 8). Für Rechnung der AG bedeutet, dass die AG das **wirtschaftliche Risiko** aus der Aktienübernahme ganz oder zumindest teilweise zu tragen hat (GroßkommAktG/*Henze* § 56 Rn. 47; MüKo AktG/*Bungeroth* § 56 Rn. 51). Dies ist grundsätzlich der Fall, wenn zwischen dem Übernehmer und der AG ein Vertragsverhältnis, üblicherweise ein Treuhandverhältnis, begründet wird, aus dem dem Übernehmer ein Anspruch gegenüber der AG zusteht, die Aktien auf die AG gegen Zahlung einer Vergütung zu übertragen (MüKo AktG/*Bungeroth* § 56 Rn. 50). Insbesondere im Rahmen von Börsengängen oder Kapitalerhöhungen kommen der Vorschrift des Abs. 3 unterliegende Vertragsverhältnisse in Betracht, wenn sich eine Konsortialbank verpflichtet, die Aktien aus der Kapitalerhöhung mit der Verpflichtung zu übernehmen, diese an die Investoren weiterzugeben. Hat sich die AG im Gegenzug verpflichtet, der Konsortialbank eine etwaige Wertdifferenz zu erstatten bzw. nicht platzierte Aktien zu übernehmen, so liegt zweifelsfrei ein Fall des § 56 Abs. 3 AktG vor (GroßkommAktG/*Henze* § 56 Rn. 58 ff.; *Hüffer* AktG, § 56 Rn. 13; MüKo AktG/*Bungeroth* § 56 Rn. 52; *Winter* FS Röhricht 2005, 709, 713). Abs. 3 gilt nicht nur, wenn der Übernehmer die Aktien für Rechnung der AG selbst übernimmt, sondern auch dann, wenn die Aktien für Rechnung eines von der AG abhängigen oder in ihrem Mehrheitsbesitz stehendem Unternehmen übernommen werden.

II. Rechtsfolgen

15 Da es sich bei Abs. 3 nicht um eine Verbotsnorm handelt (s. Rn. 20), ist die Übernahme der Aktie trotz der Vereinbarung, dass die Übernahme für Rechnung der AG erfolgt, wirksam. Der Übernehmer wird Aktionär der AG (GroßkommAktG/*Henze* § 56 Rn. 64; AnwK-AktR/*Janssen* § 56 Rn. 18).

1. Pflichten des Übernehmers

16 Der Übernehmer kann sich nach Abs. 3 nicht darauf berufen, dass er die Aktie nicht für eigene Rechnung übernommen hat. Daraus folgt nicht nur, dass der Übernehmer sämtliche Pflichten zu erfüllen hat, die sich aus der Übernahme der Aktie ergeben (*Hüffer* AktG, § 56 Rn. 14; MüKo AktG/*Bungeroth* § 56 Rn. 59). Er wird auch so behandelt, als wenn es das Innenverhältnis zwischen ihm und der AG nicht geben würde (GroßkommAktG/*Henze* § 56 Rn. 69; KölnKomm AktG/*Lutter* § 56 Rn. 44). Zusätzlich bedeutet dies, dass er gegenüber der AG **keine Einwände** aus dem zwischen ihnen bestehenden Vertragsverhältnis erheben kann und insoweit weder die Einlageleistung verweigern darf, noch berechtigt ist, die Einlageleistung durch eine Finanzie-

rung der AG erbringen zu können (*Hüffer* AktG, § 56 Rn. 14; KölnKomm AktG/*Lutter* § 56 Rn. 45). Dies bedeutet nicht, dass das Rechtsverhältnis damit aufgehoben wäre. Dieses besteht unverändert fort, so dass die AG weiterhin berechtigt ist, die vertraglich vereinbarten Leistungen aus dem Rechtsverhältnis von dem Unternehmer zu verlangen (MüKo AktG/*Bungeroth* § 56 Rn. 65).

2. Rechte des Übernehmers aus der Aktie

17 Abs. 3 S. 3 ordnet an, dass dem Übernehmer aus der Aktie **keine Rechte zustehen**, jedenfalls solange nicht, solange der Übernehmer die Aktie nicht für eigene Rechnung übernommen hat. Damit sind **alle mitgliedschaftlichen Rechte** des Übernehmers als Aktionär erfasst, was nicht nur sein Stimmrecht, sondern auch sämtliche vermögensrechtlichen Rechte – bis hin zur Versagung der Teilhabe an einem Liquidationserlös – umfasst (*Hüffer* AktG, § 56 Rn. 15; MüKo AktG/*Bungeroth* § 56 Rn. 47, 61; MünchHdb GesR IV/*Wiesner* § 15 Rn. 7).

18 Die Rechte aus der Aktie leben wieder auf, wenn der Übernehmer die Aktie für eigene Rechnung übernimmt. Da er bereits rechtswirksamer Aktionär ist, bedeutet die Übernahme für eigene Rechnung nicht den Erwerb der Aktie, sondern vielmehr, dass das Vertragsverhältnis zwischen Übernehmer und AG beendet bzw. aufgelöst sein muss (GroßkommAktG/*Henze* § 56 Rn. 77; *Hüffer* AktG, § 56 Rn. 16; KölnKomm AktG/*Lutter* § 56 Rn. 49; AnwK-AktR/*Janssen* § 56 Rn. 20). Die Beendigung kommt in der Regel durch den Abschluss eines **Aufhebungsvertrages** zustande, wobei dem Übernehmer in bestimmten Fällen auch ein außerordentliches Kündigungsrecht zustehen kann (MüKo AktG/*Bungeroth* § 56 Rn. 70, 71; KölnKomm AktG/*Lutter* § 56 Rn. 49).

III. Mittelbare Übernahme für Rechnung der AG

19 Es ist allgemeine Auffassung, dass Abs. 3 über die ausdrücklich genannten Fälle hinaus auch anzuwenden ist, wenn der Übernehmer die Aktien nicht unmittelbar für die AG oder für ein von der AG beherrschtes Unternehmen übernimmt, sondern die Übernahme **für Rechnung eines Dritten** erfolgt, der seinerseits für Rechnung der AG oder für ein von der AG beherrschtes Unternehmen handelt (GroßkommAktG/*Henze* § 56 Rn. 91; KölnKomm AktG/*Lutter* § 56 Rn. 54; MüKo AktG/*Bungeroth* § 56 Rn. 74 ff.; AnwK-AktR/*Janssen* § 56 Rn. 22)

IV. Übernahme durch ein abhängiges Unternehmen

20 Besonderheiten ergeben sich bei der Anwendung des **Abs. 3**, wenn ein im Verhältnis zur AG abhängiges oder im Mehrheitsbesitz stehendes Unternehmen die Aktien an der AG nicht nur (in Anwendung des **Abs. 2**) übernimmt, sondern die Übernahme zusätzlich auch noch (in Anwendung des Abs. 3) für Rechnung der AG erfolgt. In diesen Fällen stellt sich die Frage, in welchem Verhältnis die Vorschriften der Abs. 2 und 3 zueinander stehen. Im Grundsatz ist davon auszugehen, dass **beide Vorschriften** zur Anwendung kommen, wobei das in Abs. 2 S. 1 genannte Verbot vorrangig anzuwenden ist (zu Einzelheiten vgl. GroßkommAktG/*Henze* § 56 Rn. 98 ff.; MüKo AktG/*Bungeroth* § 56 Rn. 80 ff. sowie KölnKomm AktG/*Lutter* § 56 Rn. 58).

§ 57 Keine Rückgewähr, keine Verzinsung der Einlagen

(1) [1]Den Aktionären dürfen die Einlagen nicht zurückgewährt werden. [2]Als Rückgewähr von Einlagen gilt nicht die Zahlung des Erwerbspreises beim zulässigen Erwerb eigener Aktien.

(2) Den Aktionären dürfen Zinsen weder zugesagt noch ausgezahlt werden.

(3) Vor Auflösung der Gesellschaft darf unter die Aktionäre nur der Bilanzgewinn verteilt werden.

Übersicht:

A. Überblick

I. Grundsätzliches

§ 57 AktG normiert, dass den Aktionären die Einlagen nicht zurückgewährt werden dürfen. Die Vorschrift dient der Erhaltung des Grundkapitals der AG (MüKo AktG/*Bayer* § 57 Rn. 1; KölnKomm AktG/*Lutter* § 57 Rn. 1). § 57 AktG ist nicht nur **Gläubigerschutzvorschrift**, sondern zugleich auch **Schutzvorschrift für nicht partizipierende Aktionäre**, in dem diese vor verdeckten Gewinnausschüttungen zugunsten anderer Aktionäre geschützt werden (*Hüffer* AktG, § 57 Rn. 1). § 57 AktG wahrt zugleich die Kompetenz der Hauptversammlung bezüglich der originären Entscheidungsbefugnis der Hauptversammlung, ob und in welcher Höhe ein Bilanzgewinn an die Aktionäre ausgekehrt werden soll (*Hüffer* AktG, § 57 Rn. 1; *Schön* FS Röhricht 2005, 559, 560 ff.). Die Vorschrift ist nicht nur **Verbotsgesetz** i. S. v. § 134 BGB, sondern ist gem. § 23 Abs. 5 AktG auch durch eine abweichende Satzungsregelung zuungunsten der Aktionäre **nicht abänderbar** (GroßkommAktG/*Henze* § 57 Rn. 6; 137; KölnKomm AktG/*Lutter* § 57 Rn. 11; AnwK-AktR/*Drinhausen* § 57 Rn. 3). 1

II. Kapitalerhaltung

Nicht nur die Vorschrift des § 57 Abs. 1 AktG ist missverständlich formuliert (s. Rn. 4), es wird in der Literatur auch üblicherweise der (nur im Zusammenhang mit § 30 GmbHG wirklich gerechtfertigte) Begriff der »**Kapitalerhaltung**« benutzt. Richtigerweise ist im Zusammenhang mit § 57 AktG nicht von Kapitalerhaltung, sondern vielmehr von »**Vermögensbindung**« zu sprechen (*Hüffer* AktG, § 57 Rn. 2; GroßkommAktG/*Henze* § 57 Rn. 5). Der Begriff der Vermögensbindung geht über den Begriff der Kapitalerhaltung hinaus, da er nicht nur – wie es Sinn und Zweck des § 30 GmbHG ist – die Sicherstellung der Erhaltung des Grundkapitals beinhaltet (vgl. Kap. 7 § 30 Rn. 1 ff.). 2

III. Anlegerschutz vs. Gläubigerschutz

3 § 57 AktG überschneidet sich teilweise mit **kapitalmarktrechtlichen Bestimmungen**, die zu einer Schadensersatzpflicht gegenüber den Anlegern, d. h. gegenüber den Aktionären führen. Damit stellt sich die Frage, ob die AG, die aufgrund der kapitalmarktrechtlichen Vorschriften verpflichtet ist, eine Leistung an ihre Aktionäre erbringen zu müssen, diese Leistung auch dann erbringen darf, wenn sich die Leistung zugleich als Verstoß gegen § 57 AktG darstellt (vgl. dazu ausführl. *Bayer* NZG 2005, 115 ff.; GroßkommAktG/*Henze* § 57 Rn. 18; *Hüffer* AktG, § 57 Rn. 3; MüKo AktG/*Bayer* § 57 Rn. 12 ff., 24). Im Ergebnis geht es um die Frage, ob der aus § 57 AktG resultierende Gläubigerschutz oder der aus den kapitalmarktrechtlichen Vorschriften resultierende Anlegerschutz höherwertig ist. Also, ob an die Anleger auch dann ein Schadensersatz zu leisten ist, wenn damit den Gläubigern das nach § 1 Abs. 1 S. 2 AktG zugesicherte Grundkapital entzogen wird. Mit dem Hinweis, dass der Gesetzgeber den Konflikt zwischen § 57 AktG und den kapitalmarktrechtlichen Vorschriften bei der Einführung der kapitalmarktrechtlichen Vorschriften sehr wohl erkannt habe, wird nach überwiegender Auffassung davon ausgegangen, dass ein Verstoß gegen § 57 AktG sanktionslos bleibt und so viel Vermögen an die Anleger ausgekehrt werden kann, bis nur noch das Grundkapital und die gesetzlich zu bildende Rücklage bei der AG übrig bleiben würden (so MüKo AktG/*Bayer* § 57 Rn. 24; *Schön* FS Röhricht 2005, 559, 568; sowie *Henze* NZG 2005, 115, 117; krit. *Hüffer* AktG, § 57 Rn. 3).

B. Einlagenrückgewähr, Abs. 1

I. Begriff der Einlagenrückgewähr

4 Die Formulierung des § 57 AktG ist insofern missverständlich, als dass selbstverständlich nicht die gegenständlichen, von dem betreffenden Aktionär selbst erbrachten Einlageleistungen gemeint sind, die nicht an den Aktionär zurückgewährt werden dürfen (*Hüffer* AktG, § 57 Rn. 2; AnwK-AktR/*Drinhausen* § 57 Rn. 4; MünchHdb GesR IV/*Wiesner* § 16 Rn. 42). Es kommt zudem nicht darauf an, ob der betreffende Aktionär seine Einlageleistung bereits vollständig erbracht hat oder ob er genau derjenige Aktionär ist, der die Einlage auf die von ihm gehaltene Aktie an die AG geleistet hat (KölnKomm AktG/*Lutter* § 57 Rn. 6).

II. Wertmäßige Beeinträchtigung des Gesellschaftsvermögens

5 Im Gegensatz zu § 57 AktG schützt § 30 GmbHG lediglich das Stammkapital der GmbH (*Baumbach/Hueck* § 30 Rn. 3; vgl. auch Kap. 7 § 30 Rn. 1 ff.). Es ist den Gesellschaftern einer GmbH möglich, auch außerhalb von Gewinnausschüttungen zu beschließen, dass das Vermögen der GmbH an die Gesellschafter ausgekehrt wird, wenn und soweit dadurch nicht zugleich das Stammkapital der GmbH angegriffen wird (*Baumbach/Hueck*, GmbHG § 30 Rn. 3). Dem Gesellschafter sind sogar Entnahmen, also Auskehrungen von Gesellschaftsvermögen ohne wirksamen Gewinnverwendungsbeschluss, in den Grenzen des § 30 GmbHG erlaubt (vgl. nur BGH NJW 84, 1037; *Baumbach/Hueck* § 29 Rn. 64; Scholz/*Emmerich* GmbHG, § 29 Rn. 90). Das AktG ist wesentlich strenger und verbietet solche Auskehrungen strikt.

6 Nach § 57 AktG ist der AG **jede Vermögensauskehrung verboten**, d. h. jede Leistung der AG an ihren Aktionär, wenn sich diese Leistung nicht als Auskehrung des Bilanzgewinns aufgrund eines **förmlichen und wirksamen (!) Gewinnverwendungsbeschlusses** oder als Auskehrung aufgrund einer speziellen gesetzlichen Erlaubnis darstellt (*Hüffer* AktG, § 57 Rn. 2; MüKo AktG/*Bayer* § 57 Rn. 7; MünchHdb GesR IV/*Wiesner* § 16 Rn. 42). Damit ist unter dem Verbot des § 57 AktG jede **wertmäßige Beeinträchtigung des Gesellschaftsvermögens** der AG zu verstehen (GroßkommAktG/*Henze* § 57 Rn. 11; *Hüffer* AktG, § 57 Rn. 2). Ob mit der Leistung zugleich eine nach § 30 GmbHG geforderte Unterbilanz eintritt, ist bei der AG vollkommen unerheblich (KölnKomm AktG/*Lutter* § 57 Rn. 13).

1. Offene Zuwendungen

Zunächst unterfallen sog. »offene Zuwendungen« dem Anwendungsbereich des § 57 AktG. Offene Zuwendungen sind bspw. die Zahlung einer Dividende ohne ausreichenden Bilanzgewinn (KölnKomm AktG/*Lutter* § 57 Rn. 14) oder ohne entsprechenden Gewinnverwendungsbeschluss (GroßkommAktG/*Henze* § 57 Rn. 26; MüKo AktG/*Bayer* § 57 Rn. 69), eine Vorauszahlung auf eine Dividende, soweit diese nicht von § 59 AktG gedeckt ist (GroßkommAktG/*Henze* § 57 Rn. 28; AnwK-AktR/*Drinhausen* § 57 Rn. 7), die Zahlung an einen Aktionär, damit dieser eine Anfechtungsklage gegen die AG zurücknimmt (dazu insbes. MüKo AktG/*Bayer* § 57 Rn. 88 sowie KölnKomm AktG/*Lutter* § 57 Rn. 29) oder auch die Bestellung einer Sicherheit durch die AG für eine persönliche Schuld eines Aktionärs (*Hüffer* AktG, § 57 Rn. 5). Bei offenen Zuwendungen ist zweifellos das Gesellschaftsvermögen der AG nach der Zuwendung an den Aktionär verringert. Bei der Stellung von Sicherheiten durch die AG ist zu beachten, dass eine Beeinträchtigung des Gesellschaftsvermögens nach ganz h. M. nicht erst auf den Zeitpunkt des Sicherungsfalls, sondern bereits – und losgelöst von der Frage, wie wahrscheinlich der Eintritt des Sicherungsfalls wirklich ist – auf den Zeitpunkt der Stellung der Sicherheit vorliegt (MüKo AktG/*Bayer* § 57 Rn. 84; KölnKomm AktG/*Lutter* § 57 Rn. 75). 7

2. Verdeckte Zuwendungen

Schwieriger stellt sich die Zuordnung von sog. »verdeckten Zuwendungen« dar. Hintergrund ist, dass es der AG nicht verboten und damit ohne weiteres gestattet ist, Rechtsgeschäfte mit Aktionären der AG einzugehen (GroßkommAktG/*Henze* § 57 Rn. 35; MüKo AktG/*Bayer* § 57 Rn. 26; KölnKomm AktG/*Lutter* § 57 Rn. 15). 8

a) Drittvergleich

Solche Rechtsgeschäfte unterliegen der Überprüfung des § 57 AktG und verstoßen dann gegen das Verbot der Einlagenrückgewähr, wenn der Aktionär nicht wie jeder Dritte – **»at arm‹s length«** - behandelt wird, so dass das zwischen der AG und dem Aktionär abgeschlossene Rechtsgeschäft einem Drittvergleich nicht standhalten kann (*Hüffer* AktG, § 57 Rn. 8; MüKo AktG/*Bayer* § 57 Rn. 26; KölnKomm AktG/*Lutter* § 57 Rn. 15). In Anlehnung an den in § 8 Abs. 3 S. 2 KStG normierten steuerlichen Begriff der verdeckten Gewinnausschüttung ist im Rahmen des § 57 Abs. 1 AktG die Kontrollfrage zu stellen, ob ein gewissenhaft nach kaufmännischen Grundsätzen handelnder Geschäftsleiter das Geschäft unter sonst gleichen Umständen zu gleichen Bedingungen auch mit einem Nichtaktionär abgeschlossen hätte, ob die Leistung also durch betriebliche Gründe gerechtfertigt war (MünchHdb GesR IV/*Wiesner* § 16 Rn. 43; GroßkommAktG/*Henze* § 57 Rn. 36). Ein Drittvergleich scheitert stets dann, wenn ein **objektives Missverhältnis zwischen Leistung und Gegenleistung** vorliegt (MüKo AktG/*Bayer* § 57 Rn. 32; KölnKomm AktG/*Lutter* § 57 Rn. 16; AnwK-AktR/*Drinhausen* § 57 Rn. 8). 9

b) Fallgestaltungen bei Umsatzgeschäften

Die Fallgestaltungen, unter welchen Voraussetzungen eine verdeckte Zuwendung anzunehmen ist, sind so vielfältig, dass sie nahezu nicht mehr überschaubar und systematisch kaum noch einzuordnen sind. Sie reichen von dem einfach gelagerten Fall, dass der Vorstand dem Aktionär ein unbelastetes Grundstück der Gesellschaft schenkt (so *K. Schmidt* GesR, § 29 II 2 b Bsp. Nr. 14) bis zu dem Fall, dass ein an einer Zoo-AG beteiligter Aktionär berechtigt ist, den Zoo jederzeit ohne Zahlung eines Eintrittsgeldes besuchen zu dürfen (so MüKo AktG/*Bayer* § 57 Rn. 116). *Lutter* (KölnKomm AktG/*Lutter* § 57 Rn. 28 ff.), *Bayer* (MüKo AktG/*Bayer* § 57 Rn. 25 ff. sowie 69 ff.), *Henze* (GroßkommAktG/*Henze* § 57 Rn. 48 ff.) sowie *Drinhausen* (AnwK-AktR/*Drinhausen* § 57 Rn. 15) haben in ihren Kommentierungen eine Vielzahl von Beispielfällen aufgeführt, unter welchen Voraussetzungen verdeckte Zuwendungen anzunehmen sind. 10

Zusammenfassend ist festzuhalten, dass bei Umsatzgeschäften grundsätzlich **zwei Fallgruppen** unterschieden werden können, nämlich einerseits solche, bei denen ein **Marktwert ermittelbar** 11 ist und solchen, bei denen **kein Marktwert** vorliegt. Aber auch in dem Fall, dass der Aktionär ein Geschäft mit der AG zu einem Preis abgeschlossen hat, der nachweisbar unterhalb des Marktwertes liegt, kann eine verdeckte Zuwendung ausscheiden, wenn der AG weitere Vorteile zufließen, so dass insgesamt eine angemessene Kompensation vorliegt (*Hüffer* AktG, § 57 Rn. 9; MüKo AktG/*Bayer* § 57 Rn. 33; KölnKomm AktG/*Lutter* § 57 Rn. 18). Kann kein Marktwert ermittelt werden bzw. existiert ein solcher nicht, so besteht ein Missverhältnis, wenn Leistung und Gegenleistung signifikant voneinander abweichen (MüKo AktG/*Bayer* § 57 Rn. 35; KölnKomm AktG/*Lutter* § 57 Rn. 19). Da dies in vielen Fällen jedoch schwer nachweisbar ist, ist es gerechtfertigt, dass die Beweislast dafür, dass kein Missverhältnis vorliegt, vollumfänglich dem Vorstand der AG auferlegt wird.

c) Andere Fallgestaltungen

12 Neben typischen Umsatzgeschäften ist es in der Praxis üblich, dass zwischen einer AG und Aktionären **Darlehensverträge** abgeschlossen werden, bei denen sowohl der Aktionär als Darlehensgeber (hierzu ausführl. Rn. 17 ff.) als auch die AG als Darlehensgeber auftreten können (hierzu ausführl. Rn. 14 ff.). Es kommen auch Fallgestaltungen in Betracht, bei denen objektiv keine Leistung der AG an ihren Aktionär vorliegt, die aber dennoch – zum Zwecke der Verhinderung von Umgehungstatbeständen – unter den Anwendungsbereich des § 57 AktG fallen. Dies sind Sachverhalte, in denen die AG eine Leistung nicht an den Aktionär, sondern an einen Dritten erbringt oder auch Fälle, in denen nicht die AG, sondern ein Dritter eine Leistungen an den Aktionär erbringt (s. Rn. 23 ff.).

III. Subjektive Elemente

13 Nach überwiegender Auffassung ist für das Vorliegen eines Verstoßes gegen § 57 AktG weder erforderlich, dass der Vorstand, der die Leistung an den Aktionär gewährt hat, noch der empfangene Aktionär, subjektiv davon ausgegangen sind, dass in der offenen oder verdeckten Zuwendung ein Verstoß gegen § 57 AktG liegt (GroßkommAktG/*Henze* § 57 Rn. 47; *Hüffer* AktG, § 57 Rn. 10; KölnKomm AktG/*Lutter* § 57 Rn. 23). Bei der Anwendung des § 57 AktG kann nach richtiger Auffassung allein ein **objektiv-normativer Maßstab** gelten, da anderenfalls mit »Hilfe der Torheit der Verwaltung der AG« die Schutzvorschrift unterlaufen werden könnte (so zutreffend MüKo AktG/*Bayer* § 57 Rn. 40 mit Hinweis auf KölnKomm AktG/*Lutter* § 57 Rn. 27). Dies ist systematisch richtig, da das AktG an anderer Stelle ausdrückliche Regelungen dazu enthält, unter welchen Voraussetzungen der Vorstand für eine gegen § 57 AktG verstoßende Auskehrung nicht verantwortlich ist (vgl. § 93 Abs. 3 Nr. 1 und Nr. 2 AktG) und der Aktionär nicht verpflichtet ist, die empfangene Zuwendung zurückgewähren zu müssen (vgl. § 62 Abs. 1 S. 2 AktG). Solche Regelungen wären im Grundsatz überflüssig, wenn es sich bei § 57 AktG um eine Norm handelte, die auch ein subjektives Element erfordert (so auch AnwK-AktR/*Drinhausen* § 57 Rn. 9).

IV. Darlehensgewährung an Aktionäre

1. Up-stream-loans

14 Unmittelbarer Anwendungsfall des § 57 Abs. 1 AktG sind aufsteigende Darlehen, die von der AG an ihren Aktionär gewährt werden, welche üblicherweise als sog. up-stream-loans bezeichnet werden. Die Zulässigkeit von up-stream-loans trat aufgrund des sog. **»November-Urteils« des BGH** (BGHZ 157, 72) in den Mittelpunkt der juristischen Diskussion, wobei das Urteil nicht eine AG, sondern eine GmbH als Darlehensgeberin betraf. Der BGH will die Gewährung eines Darlehens von einer GmbH an ihren Gesellschafter nach § 30 GmbHG aufgrund einer **gegenständlichen Betrachtungsweise** nur zulassen, wenn die GmbH über genügend freie Mittel (in anderen Worten über genügend Kapital- und Gewinnrücklagen sowie Gewinnvorträge) verfügt, um die Darlehensausreichung zu finanzieren. Dies stellt sich als Abkehr von der bisherigen Sichtweise dar. Bisher wurde davon ausgegangen, dass dem § 30 GmbHG eine **bilanzielle Betrachtungsweise** zugrunde liegt und eine Darlehensgewährung, die sich bilanziell als reiner Aktiv-

tausch darstellt, nicht zu einer Reduzierung des Stammkapitals führen kann, wenn und soweit der Rückzahlungsanspruch gegenüber dem Gesellschafter werthaltig, d. h. vollwertig, liquide und fällig ist (vgl. zum Meinungsstand vor BGHZ 157, 72 nur *K. Schmidt* GesR, § 37 III 1 c).

Für das Aktienrecht ist das Urteil des BGH nichts grundlegend Neues, da bei der AG nicht die tatsächliche Reduzierung des Grundkapitals, sondern allein die **wertmäßige Beeinträchtigung des Gesellschaftsvermögens** entscheidend ist (vgl. oben Rn. 5 f.). Die Beeinträchtigung des Gesellschaftsvermögens hängt nicht allein davon ab, ob der Rückforderungsanspruch gegenüber dem Aktionär werthaltig ist, sondern zusätzlich davon, ob die Bedingungen des Darlehensvertrages einem Drittvergleich (genügend liquide Mittel, angemessener Zinssatz, übliche Bestellung von Sicherheiten etc.) standhalten (vgl. *Henze* NZG 2005, 115; *Hüffer* AktG, § 57 Rn. 3 a; MüKo AktG/*Bayer* § 57 Rn. 81 ff.; AnwK-AktR/*Drinhausen* § 57 Rn. 12). 15

2. Cash-Management-Systeme

Auch sog. Cash-Management-Systeme unterfallen dem uneingeschränkten Anwendungsbereich des § 57 (*Hüffer* AktG, § 57 Rn. 3 b; MüKo AktG/*Bayer* § 57 Rn. 82). Grundsätzlich resultiert aus dem Cash-Management-System die Verpflichtung eines in das System einbezogenen Konzern-Unternehmens, jeden positiven Saldo auf seinem Konto am Ende eines jeden Tages an dasjenige Konzern-Unternehmen abzuführen, welches innerhalb des Konzerns als zentrales Finanzunternehmen im Rahmen des Cash-Management-Systems fungiert. Ist der Saldo negativ, so resultiert daraus die umgekehrte Verpflichtung des Finanzunternehmens, dem Konzern-Unternehmen am Ende des Tages so viel Liquidität zur Verfügung zu stellen, um das Konto des Konzern-Unternehmens wieder auf »Null« zu stellen (s. dazu allg. *Bayer* FS Lutter 2000, 1011 ff.). Nach richtiger und überwiegender Auffassung handelt es sich bei den Geldflüssen aus rechtlicher Sicht um Darlehensgewährungen. Handelt es sich bei dem Konzern-Unternehmen um eine AG, so kann ein Darlehen nur dann von dieser an das Finanzunternehmen gewährt werden, wenn das Darlehen nicht unter Verstoß gegen § 57 AktG ausgereicht wird. Eine Ausnahme hiervon gilt nach h. M. nur für den Fall, dass es sich bei der AG zugleich um ein abhängiges Unternehmen innerhalb eines Beherrschungsvertrages nach §§ 291 ff. AktG, handelt, da § 57 AktG per Fiktion nach § 291 Abs. 3 bei entsprechenden Weisungen nicht zur Anwendung kommt (vgl. dazu Rn. 32 sowie MüKo AktG/*Bayer* § 57 Rn. 121; *Hüffer* AktG, § 57 Rn. 3 b). 16

V. Eigenkapitalersetzende Aktionärsdarlehen

Der Fall, dass der Aktionär seiner AG ein Darlehen gewährt, hat zunächst keinen unmittelbaren Zusammenhang mit dem Verbot der Einlagerückgewähr des § 57 AktG. Es steht in der unternehmerischen Entscheidung des Aktionärs, ob er die AG über Fremd- oder Eigenmittel finanzieren will (*Hüffer* AktG, § 57 Rn. 16). 17

1. Eigenkapitalersatz im GmbH-Recht

Das GmbHG bestimmt nach §§ 32 a ff. GmbHG, dass es einer GmbH in der Krise verboten ist, die an sie gewährten Darlehen sowie Zinsen auf die Darlehen an die Gesellschafter zurückzuführen. Wird vor der Beendigung der Krise und vor dem Wegfall einer Unterbilanz dennoch eine Darlehens- oder Zinszahlung vorgenommen, so verstoßen diese Zahlungen nach st.Rspr. des BGH gegen § 30 GmbHG und sind der GmbH nach § 31 GmbHG zurückzugewähren (vgl. dazu ausführl. Kap. 7 § 30 ff.; *Hüffer* AktG, § 57 Rn. 16, der eine umfangreiche Rechtsprechungsübersicht aufgeführt hat). 18

2. Übertragbarkeit auf die AG

Es war lange Zeit fraglich, ob die Regelungen des GmbHG und die Rechtsprechungsgrundsätze des BGH auch auf die AG anzuwenden sind (vgl. KölnKomm AktG/*Lutter* § 57 Rn. 87). Spätestens mit der Entscheidung des BGH in der Sache »**WestLB/Beton- und Monierbau AG**« (BGHZ 90, 381) steht fest, dass die im GmbH-Recht bestehenden Regelungen des Eigenkapitalersatz- 19 rechts **auch bei der AG gelten** (GroßkommAktG/*Henze* § 57 Rn. 106; MüKo AktG/*Bayer* § 57 Rn. 160; KölnKomm AktG/*Lutter* § 57 Rn. 87). Aufgrund der unterschiedlichen Schutzrichtungen der §§ 30, 32 a ff. GmbHG einerseits und des § 57 AktG andererseits, besteht Einigkeit darüber, die Regelungen der §§ 32 a ff. GmbHG nicht uneingeschränkt zu übernehmen.

3. Finanzverantwortlichkeit des Aktionärs

20 Da Regelungen des Eigenkapitalersatzrecht werden bei der AG nicht auf jeden Aktionär, sondern nur auf diejenigen Aktionäre angewendet, denen in der AG eine Finanzierungsverantwortlichkeit zukommt und die damit **unternehmerisch an der AG beteiligt** sind (GroßkommAktG/*Henze* § 57 Rn. 118 f.; *Hüffer* AktG, § 57 Rn. 18; MünchHdb GesR IV/*Wiesner* § 16 Rn. 44). Eine Finanzierungsverantwortlichkeit kommt grundsätzlich nur bei Aktionären in Betracht, die mind. über eine **Sperrminorität von 25 % des Grundkapitals** verfügen (BGHZ 90, 381; MüKo AktG/*Bayer* § 57 Rn. 164, 165; KölnKomm AktG/*Lutter* § 57 Rn. 93; AnwK-AktR/*Drinhausen* § 57 Rn. 19). Die in § 32 a Abs. 3 GmbHG enthaltenen Privilegien sind ebenfalls auf die AG entsprechend anzuwenden (*Hüffer* AktG, § 57 Rn. 18 a; MüKo AktG/*Bayer* § 57 Rn. 188).

4. Veräußerung der Aktien; Abtretung der Darlehensforderung

21 **Veräußert** der Aktionär, der den Regelungen des Eigenkapitalersatzes unterliegt, seine Aktie (aber nicht zugleich auch seine Ansprüche aus dem Darlehensvertrag), so folgt daraus nicht, dass die Eigenkapitalersatzregelungen damit entfallen; diese bleiben vielmehr auch nach der Veräußerung der Aktie so lange bei dem vorherigen Aktionär unverändert bestehen, bis die Auszahlungssperre entfallen ist (GroßkommAktG/*Henze* § 57 Rn. 126; MüKo AktG/*Bayer* § 57 Rn. 196). Überträgt der Aktionär seine Ansprüche aus dem Darlehen im Wege der **Abtretung an einen Nicht-Aktionär**, so bleibt das Darlehen aufgrund des § 404 BGB weiterhin in den Eigenkapitalersatzregelungen verhaftet, so dass sich der Neugläubiger gegenüber der AG nicht darauf berufen kann, dass er nicht Aktionär der AG sei und die Regelungen des § 57 AktG daher nicht auf ihn anzuwenden seien (GroßkommAktG/*Henze* § 57 Rn. 126).

5. Reichweite der entsprechenden Anwendung

22 Ungeklärt ist bisher der **Umfang der Umqualifizierung** des betreffenden Darlehens. Überwiegend wird angenommen, dass eine Rückzahlung von Darlehensbeträgen oder Zinsen nur insoweit gegen § 57 AktG verstoßen kann, als damit zugleich das **Grundkapital** und die gesetzlichen Rücklagen angegriffen werden (so MüKo AktG/*Bayer* § 57 Rn. 208, 210; KölnKomm AktG/*Lutter* § 57 Rn. 94; AnwK-AktR/*Drinhausen* § 57 Rn. 21; a. A. insbes. *Westermann* ZIP 1982, 379, 387, der auf den gesamten Bilanzgewinn abstellt).

VI. Zuwendungen unter Beteiligung von Dritten

23 Obwohl § 57 AktG nur den Fall erfasst, dass eine Leistung unmittelbar von der AG an den Aktionär erfolgt, sind weitere Fallgestaltungen denkbar, die unstreitig ebenfalls unter die Norm fallen.

1. Zuwendungen der AG an Dritte

24 Dabei kommen Zuwendungen in Betracht, die von der AG an eine Person erbracht werden, die nicht Aktionär der AG ist, bei denen aber eine **Zurechnung des Dritten zum Aktionär** aufgrund unterschiedlicher Fallgruppen in Betracht kommt (*Hüffer* AktG, § 57 Rn. 14 f.; KölnKomm AktG/*Lutter* § 57 Rn. 41). Handelt es sich bei dem Dritten um eine Person, die wirtschaftlich als Aktionär anzusehen ist, wie bspw. bei der Leistung an einen **Treugeber**, so kann die Leistung dem Aktionär direkt zugerechnet werden (*Hüffer* AktG, § 57 Rn. 15; MüKo AktG/*Bayer* § 57 Rn. 43, 54;). Gleiches gilt für Fälle, in dem der Dritte die Leistung für Rechnung des Aktionärs erhält (KölnKomm AktG/*Lutter* § 57 Rn. 43) oder als **nahestehende Person** anzusehen ist, wie bspw. Ehegatten, Kinder oder auch verbundene Unternehmen (MüKo AktG/*Bayer* § 57 Rn. 43, 62; AnwK-AktR/*Drinhausen* § 57 Rn. 38). Eine direkte Zurechnung findet auch statt, wenn an eine Person geleistet wird,

die zeitlich früher oder später Aktionär der AG wird bzw. war. Erfolgt die Leistung in einem engen zeitlichen (sechs Monate bis max. drei Jahre) und sachlichen Zusammenhang, so ist § 57 AktG auch auf diese Fälle anzuwenden (*Hüffer* AktG, § 57 Rn. 14; MüKo AktG/*Bayer* § 57 Rn. 51; KölnKomm AktG/*Lutter* § 57 Rn. 40).

2. Zuwendungen von Dritten an die Aktionäre

Auch Zuwendungen, die von Dritten an den Aktionär geleistet werden, können § 57 AktG unterfallen, nämlich dann, wenn diese Leistung nicht auf Rechnung des Dritten, sondern von diesem vielmehr für Rechnung der AG geleistet wird (KölnKomm AktG/*Lutter* § 57 Rn. 37). Solche Fallgestaltungen finden sich oft im **Konzernverbund**, wenn nicht die AG selbst, sondern ein Tochterunternehmen eine Leistung an den Aktionär der AG erbringt (*Hüffer* AktG, § 57 Rn. 13; AnwK-AktR/*Drinhausen* § 57 Rn. 41). 25

3. Zuwendungen von Dritten an Dritte

Möglich ist auch, dass weder die AG noch der Aktionär in die Leistungsbeziehung eingebunden ist, die erbrachte Leistung aber dennoch der Regelung des § 57 AktG unterfällt, was typischerweise bei Leistungen zwischen Schwester-Tochtergesellschaften einer AG in Betracht kommt (GroßkommAktG/*Henze* § 57 Rn. 97; MüKo AktG/*Bayer* § 57 Rn. 67). 26

C. Zinsverbot, Abs. 2

Abs. 2 besitzt keine eigenständige Bedeutung, sondern konkretisiert lediglich dasjenige, was bereits in Abs. 1 normiert ist (KölnKomm AktG/*Lutter* § 57 Rn. 48; MünchHdb GesR IV/*Wiesner* § 16 Rn. 48; *Hüffer* AktG, § 57 Rn. 20). Die in Abs. 2 genannten verbotenen Zinszahlungen beziehen sich nur auf die Verzinsung der von den Aktionären **geleisteten Einlagen**. Im Umkehrschluss bedeutet dies, dass die Zahlung von Vorzugsdividenden, Abschläge auf den Bilanzgewinn nach § 59 AktG sowie Vorabdividenden nach § 60 Abs. 2 AktG **zulässig** bleiben, da diese davon abhängig sind, dass überhaupt ein verteilungsfähiger Bilanzgewinn bei der AG ausgewiesen ist (MüKo AktG/*Bayer* § 57 Rn. 100). Daneben sind auch Zahlungen von Zinsen auf Darlehen, die der AG von einem Aktionär gewährt worden sind, unter den Voraussetzungen des Abs. 1 möglich, so dass auch darin kein Verstoß gegen Abs. 2 zu sehen ist (GroßkommAktG/*Henze* § 57 Rn. 167; MüKo AktG/*Bayer* § 57 Rn. 103). 27

Neben dem Verbot, Zinsen auf die Einlagen leisten zu dürfen, umfasst Abs. 2 auch die Fälle, in denen dem Aktionär von der AG eine sog. **Garantiedividende** versprochen wird (MüKo AktG/*Bayer* § 57 Rn. 99). Garantiedividenden sind hingegen zulässig, wenn diese nicht von der AG selbst, sondern von einem Dritten versprochen werden, wobei der Dritte dieses Garantieversprechen nicht für Rechnung der AG gegenüber dem Aktionär abgeben darf (s. Rn. 25 sowie *Hüffer* AktG, § 57 Rn. 21; MünchHdb GesR IV/*Wiesner* § 16 Rn. 48). 28

D. Verbot sonstiger Vermögensverteilung, Abs. 3

Abs. 3 normiert, dass nur der Bilanzgewinn an die Aktionäre verteilt werden darf. Auch bezüglich Abs. 3 handelt es sich lediglich um eine anders gefasste Formulierung des Abs. 1 (GroßkommAktG/*Henze* § 57 Rn. 181; MüKo AktG/*Bayer* § 57 Rn. 114; AnwK-AktR/*Drinhausen* § 57 Rn. 26). Etwas ungenau ist die Formulierung des Abs. 3, wenn davon gesprochen wird, dass »vor der Auflösung« der AG nur der Bilanzgewinn unter den Aktionären verteilt werden kann. Denn es versteht sich von selbst, dass es der AG auch während der Auflösung der AG nicht erlaubt ist, mehr als den Bilanzgewinn unter den Aktionären zu verteilen (*Hüffer* AktG, § 57 Rn. 22). 29

E. Ausnahmen vom Verbot der Einlagenrückgewähr

I. Zulässiger Erwerb von eigenen Aktien, Abs. 1 S. 2

30 Bei dem Erwerb eigener Aktien handelt es sich um ein **Umsatzgeschäft zwischen AG und Aktionär**. Abs. 1 S. 2 stellt klar, dass es der AG erlaubt ist, dieses Umsatzgeschäft mit dem Aktionär einzugehen, wenn und soweit der Erwerb eigener Aktien nach dem Gesetz zulässig ist. Aber auch hier ist das Umsatzgeschäft weiterhin an Abs. 1 S. 1 zu messen, so dass trotz der gesetzlichen Zulässigkeit des Erwerbs ein Verstoß gegen § 57 AktG vorliegt, wenn der Kaufpreis nicht angemessen ist, d. h. die Aktien zu einem überhöhten Preis von der AG erworben werden (*Hüffer* AktG, § 57 Rn. 6, 20; MüKo AktG/*Bayer* § 57 Rn. 75, 117; KölnKomm AktG/*Lutter* § 57 Rn. 32; AnwK-AktR/*Drinhausen* § 57 Rn. 28; MünchHdb GesR IV/*Wiesner* § 16 Rn. 49).

II. Konzernrecht

31 Im Konzernrecht der AG ist zwischen dem **Vertragskonzern** nach § 291 ff. AktG und dem **faktischen Konzern** nach § 311 AktG zu unterscheiden (vgl. zur Unterscheidung auch Kap. 14 Rn. 9 ff.).

1. Vertragskonzern

32 Im Vertragskonzern enthalten die Bestimmungen der §§ 291 Abs. 3 sowie 292 Abs. 3 AktG eine Fiktion, dass § 57 AktG nicht zur Anwendung gelangt. Aufgrund dieser Fiktion ist es der AG gestattet, Leistungen an ihren Aktionär auch dann zu erbringen, wenn diese Leistungen einem Drittvergleich nicht standhalten (*Hüffer* AktG, § 57 Rn. 6; KölnKomm AktG/*Lutter* § 57 Rn. 76 ff.). Dabei ist zu beachten, dass es der AG im Wege eines **Gewinnabführungsvertrages** nur gestattet ist, die nach § 291 AktG angeordnete Gewinnabführung unter erlaubtem Verstoß gegen § 57 AktG vorzunehmen; alle sonstigen an den Aktionär zu erbringenden Leistungen sind nur im Rahmen des § 57 AktG zulässig (MüKo AktG/*Bayer* § 57 Rn. 123; KölnKomm AktG/*Lutter* § 57 Rn. 77). Hingegen ist das Verbot des § 57 AktG bei Bestehen eines **Beherrschungsvertrages** vollständig außer Kraft gesetzt (GroßkommAktG/*Henze* § 57 Rn. 189; MüKo AktG/*Bayer* § 57 Rn. 124; KölnKomm AktG/*Lutter* § 57 Rn. 77).

2. Faktischer Konzern

33 Im faktischen Konzern bestehen grundsätzlich **keine Ausnahmen** von dem Grundsatz des § 57 AktG. Die Verpflichtung des Aktionärs nach § 311 AktG, einen aus einer Weisung resultierenden Nachteil bei der AG ausgleichen zu müssen, erfordert aber eine entsprechende Modifikation des § 57 AktG im Zusammenhang mit dem Bestehen eines faktischen Konzerns (ausführl. dazu GroßkommAktG/*Henze* § 57 Rn. 194; MüKo AktG/*Bayer* § 57 Rn. 128 ff. sowie KölnKomm AktG/*Lutter* § 57 Rn. 80 ff.)

III. Sondervorteile nach § 26 AktG

34 Auch wenn die Satzung der AG nach § 26 AktG einen Sondervorteil ausdrücklich vorsieht, so ist die Auskehrung des satzungsmäßigen Sondervorteils nur zulässig, wenn dabei die Grundsätze des § 57 Abs. 1 AktG beachtet werden, so dass der Leistung der AG eine entsprechende und angemessene Gegenleistung des Aktionärs gegenüberzustehen hat, der Gründerlohn also einem **Drittvergleich** standhalten muss (*Hüffer* AktG, § 57 Rn. 6; MüKo AktG/*Bayer* § 57 Rn. 92; KölnKomm AktG/*Lutter* § 57 Rn. 47; AnwK-AktR/*Drinhausen* § 57 Rn. 83).

IV. Kapitalherabsetzung

35 Wurde bei der AG eine Kapitalherabsetzung nach Maßgabe der §§ 222 Abs. 3, 225 AktG beschlossen, so ist die AG zu den dort genannten Voraussetzungen berechtigt, einen Teil des Gesellschaftsvermögens, der im Rahmen der ordentlichen Kapitalherabsetzung frei geworden ist, an die Aktionäre auszuschütten. Diese Ausschüttung stellt sich nicht als Verstoß gegen § 57 AktG dar (*Hüffer* AktG, § 57 Rn. 6; MüKo AktG/*Bayer* § 57 Rn. 119; KölnKomm AktG/*Lutter* § 57 Rn. 47). Diese

Ausnahme vom Verbot des § 57 AktG gilt nicht bei einer vereinfachten Kapitalherabsetzung nach §§ 229 ff. AktG (MünchHdb GesR IV/*Wiesner* § 16 Rn. 50).

F. Rechtsfolgen

Lutter (KölnKomm AktG/*Lutter* § 57 Rn. 58) hebt zu Recht hervor, dass sich die aus einem Verstoß gegen § 57 AktG ergebenden Rechtsfolgen nur schwer systematisieren lassen. Dies nicht nur, weil es eine außerordentliche Vielschichtigkeit der Fallgestaltungen gibt, sondern vor allem auch deshalb, weil der Gesetzgeber ganz offensichtlich nur Leistungen im Auge hatte, die unmittelbar von der AG selbst an den Aktionär gewährt worden sind. Wie dargelegt (s. Rn. 23 ff.), können aber auch Leistungen gegenüber oder von Dritten unter das Regime des § 57 AktG fallen (MüKo AktG/*Bayer* § 57 Rn. 135 f.; KölnKomm AktG/*Lutter* § 57 Rn. 58). 36

I. Verbotsnorm

Da es sich bei der Vorschrift des § 57 AktG um eine Verbotsnorm i. S. v. § 134 BGB handelt, ist mit *Bayer* (MüKo AktG/*Bayer* § 57 Rn. 138) und der ganz h. M. (*Hüffer* AktG, § 57 Rn. 23; KölnKomm AktG/*Lutter* § 57 Rn. 59; MünchHdb GesR IV/*Wiesner* § 16 Rn. 52; *K. Schmidt* GesR § 29 II 2 b aa)) zunächst hervorzuheben, dass die AG ein verbotswidriges Rechtsgeschäft weder erfüllen muss (**Leistungsverweigerungsrecht**) noch erfüllen darf (**Leistungsverbot**). Problemfälle im Zusammenhang mit Rechtsfolgen können damit nur entstehen, wenn die AG diese Pflichten außer Acht gelassen hat und die Leistung dennoch erbracht worden ist. 37

II. Grundsätzliche Streitfrage

In der Literatur äußerst umstritten ist, ob aus der Erkenntnis, dass es sich bei § 57 AktG um eine Verbotsnorm nach § 134 BGB handelt, die (alleinige) Schlussfolgerung gezogen werden kann, dass sowohl das der Einlagenrückgewähr zugrundeliegende **Verpflichtungsgeschäft** als auch das **Verfügungsgeschäft** nichtig ist. 38

1. Nichtigkeit der Rechtsgeschäfte

Die als herrschend zu bezeichnende Meinung in der Literatur geht davon aus, dass in den Fällen einer offenen Zuwendung (vgl. Rn. 7) sowohl das Verpflichtungs- als auch das Verfügungsgeschäft nichtig sind (GroßkommAktG/*Henze* § 57 Rn. 211; *Hüffer* AktG, § 57 Rn. 23; KölnKomm AktG/*Lutter* § 57 Rn. 62, 63; AnwK-AktR/*Drinhausen* § 57 Rn. 43). Nur in den Fällen einer verdeckten Zuwendung (s. Rn. 8 ff.) wird teilweise argumentiert, dass zwar das Verpflichtungsgeschäft ohne causa erfolgt sei, dieses aber nicht zwangsläufig auch für das Verfügungsgeschäft zu gelten habe (offen gelassen bei *Hüffer* AktG, § 57 Rn. 23; KölnKomm AktG/*Lutter* § 57 Rn. 64 ff.; AnwK-AktR/*Drinhausen* § 57 Rn. 43; MünchHdb GesR IV/*Wiesner* § 16 Rn. 52). 39

2. Wirksamkeit der Rechtsgeschäfte

Eine im Schrifttum wohl als vordringlich zu bezeichnende Auffassung geht im Gegensatz dazu davon aus, dass es sich bei § 57 AktG zwar um eine Verbotsnorm handelt, diese aber nicht zur Nichtigkeit des Verpflichtungs- und Verfügungsgeschäfts führt. Die Rechtsfolge eines Verstoßes gegen § 57 AktG richte sich vielmehr allein nach der spezielleren Bestimmung des § 62 AktG, so dass weder das Verpflichtungsgeschäft, noch das Vollzugsgeschäft nichtig seien (so *Joost* ZHR 149 (1985), 419, 436; MüKo AktG/*Bayer* § 57 Rn. 144 ff., insbes. Rn. 148; *K. Schmidt*, GesR § 29 II 2 b aa und bb). 40

3. Konsequenzen

Die Konsequenzen, die sich aus diesen Auffassungen ergeben, liegen auf der Hand. Wird davon ausgegangen, dass das **Verfügungsgeschäft nichtig** ist, so ist die AG berechtigt, den an den Aktionär gewährten Gegenstand nach § 985 BGB herauszuverlangen, da der Aktionär nicht Eigentümer des Gegenstandes werden konnte; im Übrigen werden die Rückabwicklungsvorschriften 41 der §§ 812 ff. BGB durch die speziellere Vorschrift des § 62 AktG ersetzt. Die gleichen Grundsätze gelten auch für die Übertragung von Rechten.

42 Wird hingegen davon ausgegangen, dass das **Verfügungsgeschäft wirksam** ist, so reduziert sich die Verpflichtung des Aktionärs darauf, die Verpflichtung aus § 62 AktG zu erfüllen, was zur Konsequenz habe, dass der Aktionär nur auf Wertersatz, nicht aber auch auf die Rückgabe des Empfangenen in Anspruch genommen werden kann. Nicht überzeugen kann dabei der favorisierte Ansatz, dass der Aktionär unter bestimmten Umständen aus § 242 BGB heraus verpflichtet (oder berechtigt?) sein soll, den unter Verstoß gegen § 57 AktG erhaltenen Gegenstand an die AG zurückzugeben (*Joost* ZHR 149 (1985), 419, 436; *K. Schmidt*, GesR § 29 II 2 b bb) Bsp. Nr. 16; MüKo AktG/*Bayer* § 57 Rn. 148). Diese nicht einzusehende Sichtweise widerspräche gerade der Argumentation, dass das Verfügungsgeschäft wirksam ist. In diesem Fall kann es aber weder eine Berechtigung noch eine Verpflichtung der Vertragsparteien geben, die empfangene Leistung in Natura zurückzugeben (so auch *Bezzenberger*, Kapital der AG, 250 f. sowie KölnKomm AktG/*Lutter* § 57 Rn. 63, 67). Zu den weiteren Einzelheiten und insbes. zu der Frage, ob der Aktionär nach § 62 AktG nur die Wertdifferenz oder die gesamte empfangene Leistung an die AG zurückzugewähren hat, vgl. § 62 AktG Rn. 13 ff.

III. Rechtsfolgen bei Leistungen gegenüber oder von Dritten

43 Das AktG ist offensichtlich nur von den Fällen ausgegangen, in denen die Leistung unmittelbar von der AG direkt an den Aktionär gewährt wurde. Die Fälle, dass die Leistung von der AG an einen Dritten erbracht wurde oder ein Dritter eine Leistung an den Aktionär erbracht hat, wurden hingegen nicht gesehen und somit auch nicht geregelt (so einhellige Auffassung; vgl. nur *Hüffer* AktG, § 57 Rn. 13; MüKo AktG/*Bayer* § 57 Rn. 149 ff.; KölnKomm AktG/*Lutter* § 57 Rn. 71 ff.; MünchHdb GesR IV/*Wiesner* § 16 Rn. 53). Für diese Fälle können die vorstehenden Ausführungen nicht uneingeschränkt übernommen werden, sondern müssen modifiziert werden, wobei hinsichtlich der Einzelheiten auf die zuvor genannten Kommentierungen zu verweisen ist.

§ 58 Verwendung des Jahresüberschusses

(1) [1]Die Satzung kann nur für den Fall, daß die Hauptversammlung den Jahresabschluß feststellt, bestimmen, daß Beträge aus dem Jahresüberschuß in andere Gewinnrücklagen einzustellen sind. [2]Auf Grund einer solchen Satzungsbestimmung kann höchstens die Hälfte des Jahresüberschusses in andere Gewinnrücklagen eingestellt werden. [3]Dabei sind Beträge, die in die gesetzliche Rücklage einzustellen sind, und ein Verlustvortrag vorab vom Jahresüberschuß abzuziehen.

(2) [1]Stellen Vorstand und Aufsichtsrat den Jahresabschluß fest, so können sie einen Teil des Jahresüberschusses, höchstens jedoch die Hälfte, in andere Gewinnrücklagen einstellen. [2]Die Satzung kann Vorstand und Aufsichtsrat zur Einstellung eines größeren oder kleineren Teils des Jahresüberschusses ermächtigen. [3]Auf Grund einer solchen Satzungsbestimmung dürfen Vorstand und Aufsichtsrat keine Beträge in andere Gewinnrücklagen einstellen, wenn die anderen Gewinnrücklagen die Hälfte des Grundkapitals übersteigen oder soweit sie nach der Einstellung die Hälfte übersteigen würden. [4]Absatz 1 Satz 3 gilt sinngemäß.

(2 a) [1]Unbeschadet der Absätze 1 und 2 können Vorstand und Aufsichtsrat den Eigenkapitalanteil von Wertaufholungen bei Vermögensgegenständen des Anlage- und Umlaufvermögens und von bei der steuerrechtlichen Gewinnermittlung gebildeten Passivposten, die nicht im Sonderposten mit Rücklageanteil ausgewiesen werden dürfen, in andere Gewinnrücklagen einstellen. [2]Der Betrag dieser Rücklagen ist entweder in der Bilanz gesondert auszuweisen oder im Anhang anzugeben.

(3) [1]Die Hauptversammlung kann im Beschluß über die Verwendung des Bilanzgewinns weitere Beträge in Gewinnrücklagen einstellen oder als Gewinn vortragen. [2]Sie kann ferner, wenn die Satzung sie hierzu ermächtigt, auch eine andere Verwendung als nach Satz 1 oder als die Verteilung unter die Aktionäre beschließen.

(4) Die Aktionäre haben Anspruch auf den Bilanzgewinn, soweit er nicht nach Gesetz oder Satzung, durch Hauptversammlungsbeschluß nach Absatz 3 oder als zusätzlicher Aufwand auf Grund des Gewinnverwendungsbeschlusses von der Verteilung unter die Aktionäre ausgeschlossen ist.

(5) Sofern die Satzung dies vorsieht, kann die Hauptversammlung auch eine Sachausschüttung beschließen.

Übersicht:

A. Überblick

Erst auf den zweiten Blick erschließt sich, aus welchem Grund der Gesetzgeber die Vorschrift des 1
§ 58 AktG im dritten Teil und nicht im fünften Teil (Rechnungslegung, Gewinnverwendung) des AktG aufgenommen hat. Vordergründig beinhaltet § 58 AktG nämlich die bilanzrechtliche Frage, in welcher Art und Weise Gewinnrücklagen gebildet werden können, was auch der Inhalt der Vorschrift des § 150 AktG ist. Während Abs. 1 bis 3 die Zulässigkeit der Bildung von »anderen Gewinnrücklagen« nach § 266 Abs. 3 A III Nr. 4 HGB regeln, beinhaltet § 150 AktG die Bildung der »gesetzlichen Gewinnrücklage« nach § 266 Abs. 3 A III Nr. 1 HGB. Der Grund für die Aufnahme der Regelung in § 58 AktG in den dritten Teil des AktG liegt darin, dass es sich bei der Vorschrift primär nicht um eine bilanzrechtliche, sondern um eine **Schutzvorschrift zugunsten der Aktionäre** gegenüber der AG auf Gewinnausschüttung handelt.

B. Hintergrund der Regelung

Der Gesetzgeber hat mit der Vorschrift versucht, den Konflikt zwischen dem Interesse der Ver- 2
waltung der AG auf eine Selbstfinanzierung und damit auf eine Thesaurierungspolitik und dem Interesse der Aktionäre auf eine angemessene Verzinsung des von ihnen eingesetzten Kapitals zu minimieren (GroßkommAktG/*Henze* § 58 Rn. 11; *Hüffer* AktG, § 58 Rn. 1 f.; MüKo AktG/*Bayer* § 58 Rn. 2). Dieser Konflikt besteht, weil das AktG – anders als im GmbHG – dem Vorstand

und Aufsichtsrat eine weitreichende Kompetenz bezüglich der Auf- und Feststellung des Jahresabschlusses und damit auch der Rücklagenbildung überträgt (s. Rn. 4 ff.).

I. Ermittlung des Bilanzgewinns

3 Die Aktionäre haben nach Abs. 4 Anspruch auf den in dem Jahresabschluss ausgewiesenen **Bilanzgewinn**. Über die Verwendung des Bilanzgewinns entscheidet nach §§ 58 Abs. 3, 174 AktG ausschliesslich die Hauptversammlung. Um den Regelungsgehalt des § 58 AktG verstehen zu können, muss man verinnerlichen, dass der in dem Jahresabschluss ausgewiesene Bilanzgewinn in der Regel nicht mit dem im betreffenden Geschäftsjahr erwirtschafteten Jahresergebnis identisch ist. Der Bilanzgewinn versteht sich gem. § 268 Abs. 1 S. 2 HGB – insbesondere bei einer AG – bereits unter der (teilweisen) Verwendung des Jahresergebnisses (MüKo AktG/*Kessler/Suchan* § 268 HGB Rn. 3 ff.). Der Bilanzgewinn (also die Verwendung des Jahresergebnisses) ermittelt sich bei einer AG aus der Weiterrechnungsvorschrift des § 158 Abs. 1 AktG (GroßkommAktG/*Henze* § 58 Rn. 16; *Hüffer* AktG, § 58 Rn. 4). Aus § 158 Abs. 1 AktG ergibt sich, dass dem Jahresergebnis auch ein Gewinn- bzw. Verlustvortrag aus dem Vorjahr sowie insbesondere die Entnahmen aus und die Einstellungen in die Gewinnrücklagen hinzuzurechnen bzw. von diesem abzuziehen sind. Erst die Summe aus dieser Zusammenrechnung ergibt den in dem Jahresabschluss auszuweisenden Bilanzgewinn und damit denjenigen Betrag, der unter den Aktionären als ausschüttungsfähiger Gewinn zur Verfügung steht. Die in § 158 Abs. 1 AktG genannten Maßnahmen stellen sich als Bestandteil der Auf- und Feststellung des Jahresabschlusses dar. Aus der Vorschrift des § 158 Abs. 1 AktG kann damit der ungewöhnliche Umstand resultieren, dass die AG selbst dann einen Bilanzgewinn in ihrem Jahresabschluss ausweisen kann, wenn die AG für dieses betreffende Jahr einen Jahresfehlbetrag (also einen Verlust) erwirtschaftet hat (MünchHdb GesR IV/*Hoffmann-Becking* § 46 Rn. 1). Möglich wird dies dadurch, dass das Jahresergebnis im Rahmen der Aufstellung des Jahresabschlusses bereits durch Einstellungen in bzw. Entnahmen aus den Gewinnrücklagen teilweise zu verwenden ist, was nach § 158 Abs. 1 AktG unmittelbar zu einer Veränderung des verwendbaren Bilanzgewinns führt.

II. Auf- und Feststellung des Jahresabschlusses

1. Aufstellung des Jahresabschlusses

4 Die Aufstellung des Jahresabschlusses obliegt gem. §§ 242, 264 HGB **ausschliesslich dem Vorstand** der AG (GroßkommAktG/*Henze* § 58 Rn. 17).

2. Feststellung des Jahresabschlusses

5 Wer den Jahresabschluss festzustellen hat, beurteilt sich nach den §§ 172, 173 AktG. Die Feststellung des Jahresabschlusses kann auf zwei unterschiedlichen Wegen erfolgen. Der Regelfall ist, dass der Vorstand dem Aufsichtsrat den aufgestellten Jahresabschluss nach § 170 AktG zur Prüfung vorlegt und der Aufsichtsrat anschließend den Jahresabschluss innerhalb der in § 171 Abs. 3 AktG genannten Frist billigt. Mit der **Billigung des Jahresabschlusses** durch den **Aufsichtsrat** gilt der Jahresabschluss nach § 172 S. 1 AktG als festgestellt (vgl. ausführl. § 172 AktG Rn. 2 ff.). Die Ausnahme ist, dass der Jahresabschluss nach § 173 AktG **durch die Hauptversammlung** festgestellt wird (GroßkommAktG/*Henze* § 58 Rn. 17; MüKo AktG/*Bayer* § 58 Rn. 23; KölnKomm AktG/*Lutter* § 58 Rn. 61; *Hüffer* AktG, § 58 Rn. 6, 9). Nach § 173 AktG ist die Feststellung durch die Hauptversammlung nur dann möglich, wenn der Jahresabschluss nach § 172 S.1 Alt. 1 AktG nicht von dem Aufsichtsrat gebilligt wird oder Vorstand und Aufsichtsrat nach § 172 S. 1 Alt. 2 AktG gemeinsam beschließen, dass die Hauptversammlung über die Feststellung des Jahresabschlusses beschließen soll (vgl. § 172 AktG Rn. 6 f.; § 173 AktG Rn. 1 ff.).

3. Verwendung des Jahresergebnisses

6 Das AktG ordnet an, dass im Rahmen der Feststellung des Jahresabschlusses bestimmte Teile des Jahresergebnisses bereits verwendet werden, so dass sich durch diese Verwendung auch der Bi-

lanzgewinn verändert (s. Rn. 3). Zunächst trifft den Vorstand eine **gesetzliche Verpflichtung**, bestimmte Teile des Jahresüberschusses in **Gewinnrücklagen** einstellen zu müssen. Diese zwingenden Regelungen sind in §§ 150, 300 AktG in Bezug auf die Einstellung in die »gesetzliche Gewinnrücklage« sowie in § 272 Abs. 4 HGB in Bezug auf die Einstellung in die »Gewinnrücklage für eigene Anteile« enthalten. Neben der Verpflichtung zur Einstellung in Gewinnrücklagen, sind parallel dazu in § 58 Abs. 1 bis 3 AktG **Berechtigungen** enthalten, unter welchen Voraussetzungen und in welchem Umfang es möglich ist, dass das Jahresergebnis bereits im Rahmen der Feststellung des Jahresabschlusses in »andere Gewinnrücklagen« eingestellt werden kann. Der Umfang der Berechtigung hängt davon ab, ob Vorstand / Aufsichtsrat oder die Hauptversammlung den Jahresabschluss feststellt.

III. Sicherstellung eines Bilanzgewinns

Da die Feststellung des Jahresabschlusses regelmäßig durch die **Billigung durch den Aufsichtsrat** erfolgt (s. o. Rn. 5), besteht die Gefahr, dass der Vorstand / Aufsichtsrat ohne eine einschränkende Regelung berechtigt wären, den gesamten Jahresüberschuss in die Gewinnrücklagen mit der Folge einzustellen, dass kein Bilanzgewinn mehr vorhanden wäre und damit auch keine Gewinnausschüttung von der Hauptversammlung beschlossen werden könnte. Hinzu kommt, dass nur der Vorstand im Rahmen der Aufstellung des Jahresabschlusses nach § 152 Abs. 3 AktG berechtigt ist, Beträge aus den Gewinnrücklagen zugunsten des Bilanzgewinns zu entnehmen, um diese Beträge wieder für Gewinnausschüttungen zur Verfügung zu stellen (MünchHdb GesR IV / *Hoffmann-Becking* § 46 Rn. 1). Diese unbegrenzte Möglichkeit der Rücklagendotierung würde bedeuten, dass es allein der Vorstand bzw. Aufsichtsrat der AG in der Hand hätten, ob und in welcher Höhe überhaupt ein Bilanzgewinn zur Entstehung kommt. Vorstand bzw. Aufsichtsrat wären berechtigt, den Anspruch des Aktionärs auf den Bilanzgewinn vollständig auszuhöhlen. Mit der in § 58 AktG vorgesehenen Beschränkung, im Rahmen der Feststellung des Jahresabschlusses nur eine eingeschränkte Einstellung in »andere Gewinnrücklagen« vornehmen zu können, stellt der Gesetzgeber sicher, dass bei der Hauptversammlung ein Mindestmaß an Entscheidungskompetenz im Rahmen des Gewinnfeststellungsbeschlusses nach §§ 58 Abs. 3, 174 AktG verbleibt (s. Rn. 20 ff.). 7

C. Einstellung in andere Gewinnrücklagen, Abs. 1 bis 2 a

Abs. 1 bis 2 a beinhalten Regelungen in Bezug auf die Zulässigkeit der Bildung von anderen Gewinnrücklagen **im Rahmen der Feststellung des Jahresabschlusses**. Abs. 1 regelt die Zulässigkeit der Einstellung des Jahresüberschusses in »andere Gewinnrücklagen« für den Fall, dass die Feststellung des Jahresabschlusses durch die Hauptversammlung nach § 173 AktG beschlossen wird (s. Rn. 9). Abs. 2 und 2 a regeln die Zulässigkeit der Einstellung des Jahresüberschusses in »andere Gewinnrücklagen« für den Fall, dass der Jahresabschluss durch die Billigung des Aufsichtsrates nach § 172 AktG festgestellt wird (s. Rn. 8). 8

I. Feststellung durch die Hauptversammlung, Abs. 1

Hat ausnahmsweise die Hauptversammlung über die Feststellung des Jahresabschlusses zu beschließen, so gilt der Grundsatz, dass ein Teil des Jahresüberschusses nur dann **im Rahmen der Feststellung des Jahresabschlusses** in »andere Gewinnrücklagen« eingestellt werden darf, wenn die Satzung der AG eine solche Möglichkeit ausdrücklich vorsieht. Unberührt bleibt hiervon gem. § 173 Abs. 2 S. 2 AktG die gesetzliche Verpflichtung, Einstellungen in Gewinnrücklagen vornehmen zu müssen (s. Rn. 6). Mit der Regelung in § 173 Abs. 2 S. 2 AktG wird im Ergebnis klargestellt, dass die Befugnis zur Einstellung in und die Auflösung von Gewinnrücklagen nicht mehr vom Vorstand / Aufsichtsrat, sondern nur noch von der Hauptversammlung vorgenommen werden kann. Da der Vorstand aber weiterhin allein für die Aufstellung des Jahresabschlusses zuständig bleibt, hat er den Jahresabschluss auch in Bezug auf die Gewinnrücklagen so vorzubereiten, dass die Hauptversammlung den Jahresabschluss ohne die Vornahme eigener Handlungen feststellen kann (MüKo AktG / *Kropff* § 173 Rn. 38). Die Hauptversammlung ist an den 9

Vorschlag des Vorstandes aber nicht gebunden und kann die Bildung oder Auflösung der Gewinnrücklagen auch abweichend zugunsten oder zuungunsten des Bilanzgewinns im Rahmen der gesetzlichen oder satzungsmäßigen Vorgaben beschließen (MüKo AktG/*Kropff* § 173 Rn. 38).

1. Notwendigkeit einer Satzungsbestimmung, Abs. 1 S. 1

10 Hat die Hauptversammlung über die Feststellung des Jahresabschlusses zu beschließen, so darf die Hauptversammlung nach Abs. 1 S. 1 nur dann über eine Einstellung des Jahresüberschusses in die »anderen Gewinnrücklagen« im Rahmen der Feststellung des Jahresabschlusses beschließen, wenn die Satzung diese Rücklagenbildung ausdrücklich vorsieht (GroßkommAktG/*Henze* § 58 Rn. 25). Es darf sich bei der Satzungsbestimmung nicht um eine reine Ermächtigungsklausel handeln, da es nicht in das Ermessen der Hauptversammlung gestellt werden darf, ob und ggf. in welcher Höhe eine Einstellung in die Gewinnrücklagen erfolgen soll (GroßkommAktG/*Henze* § 58 Rn. 26; *Hüffer* AktG, § 58 Rn. 6). Es ist vielmehr eine **statutarische Zwangsklausel** erforderlich (MüKo AktG/*Bayer* § 58 Rn. 26). Die Satzungsbestimmung muss zum Zeitpunkt der Beschlussfassung über die Einstellung in die Gewinnrücklagen im Handelsregister eingetragen sein. Eine gleichzeitige Beschlussfassung über die Änderung der Satzung und der Einstellung in die Gewinnrücklagen ist nicht zulässig (MüKo AktG/*Bayer* § 58 Rn. 27).

2. Höhe der Rücklagenbildung, Abs. 1 S. 2

11 Die Hauptversammlung ist auch im Falle einer Satzungsbestimmung nicht frei in der Entscheidung, **in welcher Höhe** sie über eine Einstellung in die anderen Gewinnrücklagen beschließt. Die Hauptversammlung kann nach Abs. 1 S. 2 **höchstens die Hälfte des Jahresüberschusses** in andere Gewinnrücklagen einstellen. Nach Abs. 1 S. 3 ist bei der Berechnung der Hälfte des Jahresüberschusses nicht auf den vollen Betrag des Jahresüberschusses abzustellen. Von dem Jahresüberschuss ist vorweg der Betrag eines etwaigen Verlustvortrages sowie der Betrag abzuziehen, der in die gesetzliche Rücklage nach § 150 AktG einzustellen ist. Daneben geht die h. M. davon aus, dass auch weitere, nicht in Abs. 1 S. 3 genannte Beträge von dem Jahresüberschuss abzuziehen sind (GroßkommAktG/*Henze* § 58 Rn. 11, 30 f.; *Hüffer* AktG, § 58 Rn. 8; MüKo AktG/*Bayer* § 58 Rn. 32 ff).

12 Strittig ist, ob die Satzung auch eine Regelung zur zulässigen Höhe der Rücklagenbildung enthalten muss (vgl. dazu *Hüffer* AktG, § 58 Rn. 7; AnwK-AktR/*Drinhausen* § 58 Rn. 16). Wird der Auffassung gefolgt, dass es sich bei Abs. 1 um eine statutarische Zwangsklausel handelt (s. Rn. 20), so muss daraus nicht zwangsläufig gefolgert werden, dass die Satzung auch die exakte Höhe der Rücklagenbildung entweder in einem Prozentsatz oder alternativ in einem Festbetrag anzugeben hat (so aber GroßkommAktG/*Henze* § 58 Rn. 26; *Hüffer* AktG, § 58 Rn. 7; MüKo AktG/*Bayer* § 58 Rn. 26; KölnKomm AktG/*Lutter* § 58 Rn. 62). Wenn der Gesetzestext davon spricht, dass »aufgrund einer solchen Satzungsklausel höchstens die Hälfte des Jahresüberschusses eingestellt werden kann«, so spricht das Wort »kann« dafür, dass es sehr wohl in das Ermessen der Hauptversammlung gestellt werden kann, ob und wenn ja in welcher Höhe eine Einstellung in die anderen Gewinnrücklagen erfolgt. Die statutarische Zwangsklausel dient allein dem Zweck, der Hauptversammlung überhaupt die Möglichkeit einzuräumen, eine Einstellung vornehmen zu können. Wenn diese Möglichkeit der Hauptversammlung dem Grunde nach eröffnet ist, so spricht kein Gesichtspunkt dagegen, es der Hauptversammlung im übrigen zu überlassen, ob und in welcher Höhe eine Einstellung im Rahmen des Abs. 1 erfolgen soll.

II. Feststellung durch die Verwaltung, Abs. 2

13 Wird der Jahresabschluss – wie es die Regel ist – durch die Billigung des Aufsichtsrats festgestellt, so sind der Vorstand und der Aufsichtsrat berechtigt, im Rahmen der Feststellung des Jahresabschlusses einen Teil des Jahresüberschusses in die anderen Gewinnrücklagen einzustellen. Die zulässige Höhe der Einstellung in die anderen Gewinnrücklagen hängt davon ab, ob sich die Berechtigung der Einstellung allein aus Abs. 2 oder aus einer abweichenden Satzungsbestimmung ergibt.

1. Keine Satzungsbestimmung, Abs. 2 S. 1

Enthält die Satzung keine Bestimmung zur Zulässigkeit der Einstellung in andere Gewinnrücklagen, so sind Vorstand und Aufsichtsrat nach Abs. 2 S. 1 berechtigt, im Rahmen ihres Leitungsermessens darüber zu entscheiden, ob und wenn ja in welcher Höhe sie eine Einstellung in die anderen Gewinnrücklagen vornehmen wollen (*Hüffer* AktG, § 58 Rn. 9; MüKo AktG/*Bayer* § 58 Rn. 38). Nach Abs. 2 S. 1 sindVorstand und Aufsichtsrat dabei zwar an die gesetzliche **Höchstgrenze von 50 %** des nach Abs. 1 S. 3 berechneten Jahresüberschusses gebunden, innerhalb dieser Höchstgrenze steht es Vorstand und Aufsichtsrat aber frei, ob sie die 50 %-Grenze vollständig, teilweise oder gar nicht ausschöpfen wollen (KölnKomm AktG/*Lutter* § 58 Rn. 34). 14

2. Ermächtigung durch Satzungsbestimmung, Abs. 2 S. 2 und 3

Nach Abs. 2 S. 2 ist es zulässig, dass die Satzung eine Ermächtigung enthält, nach der der Vorstand und Aufsichtsrat berechtigt sind, auch einen größeren oder kleineren Teil als 50 % des nach Abs. 1 S. 3 berechneten Jahresüberschusses in die anderen Gewinnrücklagen einzustellen. Ermächtigung in diesem Sinn bedeutet, dass der Vorstand nicht zur Rücklagenbildung verpflichtet werden darf, sondern es weiterhin in ihrem Ermessen stehen muss, ob eine Zuführung stattfindet oder nicht. 15

a) Bestimmung von Ober- und Untergrenzen

Die Vorschrift ist missverständlich. Um eine wirkliche Ermächtigung kann es sich nur handeln, wenn der Vorstand vollkommen frei in seiner Entscheidung ist, ob er einen größeren oder kleineren Teil in die anderen Gewinnrücklagen einstellen will. Dies will die h. M. aber nicht zulassen, da auch bei Abs. 2 S. 2 gefordert wird, dass die Satzung eine exakte Ober- und/oder Untergrenze anzugeben hat (vgl. *Hüffer* AktG, § 58 Rn. 11; MüKo AktG/*Bayer* § 58 Rn. 46; AnwK-AktR/*Drinhausen* § 58 Rn. 24). Wird der h. M. gefolgt, kann es sich nur bei der **Einstellung eines größeren Teils** um eine wirkliche Ermächtigung handeln. Denn Sinn und Zweck einer Ermächtigung ist, dass der Vorstand und Aufsichtsrat selbst darüber befinden können, ob sie einen größeren (oder kleineren) als den gesetzlich zulässigen Teil in die Rücklagen einstellen wollen.Enthält die Satzung demgegenüber eine Regelung, dass bspw. nur 25 % des Jahresüberschusses in die anderen Gewinnrücklagen eingestellt werden können, so liegt keine wirkliche Ermächtigung, sondern zunächst vielmehr eine Beschränkung des Vorstandes und Aufsichtsrates vor, nicht die gesetzlich zulässigen 50 %, sondern lediglich 25 % des Jahresüberschusses in die anderen Gewinnrücklagen einstellen zu dürfen. Die Satzungsregelung überlagert in diesen Fällen die Höchstgrenze des Abs. 2 S. 1. Eine Ermächtigung kann nur insoweit gesehen werden, als dass der Vorstand und Aufsichtsrat weiterhin in ihrer Entscheidung frei sind, ob sie exakt 25 %, einen niedrigeren oder gar keinen Teil des Jahresüberschusses in die anderen Gewinnrücklagen einstellen wollen. 16

Die Satzung kann nach h. M. bestimmen, dass der **gesamte nach Abs. 1 S. 3 berechnete Jahresüberschuss** in die »anderen Gewinnrücklagen« eingestellt werden kann, was faktisch zu einer Reduzierung des Bilanzgewinns auf »Null« führen kann (GroßkommAktG/*Henze* § 58 Rn. 38; *Hüffer* AktG, § 58 Rn. 12). In umgekehrter Richtung kann die Satzung auch einen vollständigen Ausschluss der Einstellung in die anderen Gewinnrücklagen anordnen (MüKo AktG/*Bayer* § 58 Rn. 44). Rechtsfolge dieser satzungsmäßigen Anordnung wäre, dass das Recht des Vorstandes und Aufsichtsrates nach § 58 Abs. 2 S. 1 AktG vollständig entzogen wird und von einer Ermächtigung des Vorstandes und Aufsichtsrates zur Rücklagenbildung nicht weiter gesprochen werden kann. 17

b) Grenzen der Ermächtigung

Nach Abs. 2 S. 3 darf insoweit aufgrund einer Satzungsermächtigung keine Einstellung in »andere Gewinnrücklagen« erfolgen, wenn die »anderen Gewinnrücklagen« die Hälfte des Grundkapitals der AG bereits überschreiten oder soweit diese es durch die Einstellung überschreiten würden. Kann eine satzungsmäßige Einstellung aufgrund der in Abs. 2 S. 3 normierten Begren- 18 zung nicht erfolgen, so steht dem Vorstand und Aufsichtsrat aber weiterhin die Möglichkeit offen, die Einstellung in die anderen Gewinnrücklagen aufgrund und im Rahmen der gesetzlich zulässigen Möglichkeit nach Abs. 2 S. 1 vorzunehmen (vgl. *Hüffer* AktG, § 58 Rn. 13; MüKo AktG/*Bayer* § 58 Rn. 42), wenn und soweit dabei die in der Satzung vorgegebenen Grenzen nicht überschritten werden.

III. Einstellungen nach Abs. 2 a

19 Abs. 2 a gibt Vorstand und Aufsichtsrat die Möglichkeit, Teile eines Jahresergebnisses, die aus Wertaufholungen aus in der Vergangenheit vorgenommenen Teilwertabschreibungen resultieren (vgl. § 280 Abs. 1 HGB), der Gewinnausschüttung an die Aktionäre von Anfang an dadurch zu entziehen, dass diese Teile den anderen Gewinnrücklagen zugeordnet werden. Abs. 2 a steht im Ermessen des Vorstandes und Aufsichtsrates (MüKo AktG/Bayer § 58 Rn. 77). Werden diese Teile in die »anderen Gewinnrücklagen« eingestellt, so ist dies in der Bilanz oder im Anhang mit einem sog. **»Davon-Vermerk«** gesondert zu vermerken (*Hüffer* AktG, § 58 Rn. 21; MüKo AktG/*Bayer* § 58 Rn. 79).

D. Verwendung des Bilanzgewinns, Abs. 3 und 4

20 Abs. 3 und Abs. 4 beziehen sich auf die Hauptversammlung und betreffen den von ihr nach § 174 AktG zu treffenden Gewinnverwendungsbeschluss (GroßkommAktG/*Henze* § 58 Rn. 11 74; *Hüffer* AktG, § 58 Rn. 22). Abs. 4 regelt, dass die Aktionäre Anspruch auf den Bilanzgewinn haben, was grundsätzlich gleichbedeutend mit dem Anspruch auf eine Gewinnausschüttung ist (MüKo AktG/*Bayer* § 58 Rn. 82, 84 ff.). Abs. 4 macht eine **Ausnahme vom Gewinnausschüttungsanspruch**, nämlich dahingehend, dass der Bilanzgewinn auch auf andere Weise verwendet werden kann und somit nicht für eine Ausschüttung unter den Aktionären zur Verfügung stehen kann.

I. Verwendung des Bilanzgewinns, Abs. 3

21 Abs. 3 bestimmt, dass der aufgrund der Feststellung des Jahresabschlusses ausgewiesene Bilanzgewinn nicht zwangsläufig an die Aktionäre ausgeschüttet werden muss. Die Hauptversammlung kann auch abweichend zu einer Gewinnausschüttung beschließen, dass der Bilanzgewinn in einer anderen Art und Weise durch die Hauptversammlung verwendet werden soll.

1. Einstellung in andere Gewinnrücklagen, Abs. 3 S. 1 Alt. 1

22 Die Hauptversammlung ist nach Abs. 3 S. 1 Alt. 1 berechtigt, den Bilanzgewinn ganz oder teilweise in die anderen Gewinnrücklagen einzustellen. Auch wenn die Regelung des Abs. 1 die Möglichkeit der Hauptversammlung beschränkt, Einstellungen in die Gewinnrücklagen im Rahmen der Feststellung des Jahresabschlusses vorzunehmen (s. o. Rn. 10 ff.), bleibt es der Hauptversammlung unbenommen, im Rahmen des Gewinnfeststellungsbeschlusses darüber zu beschließen, dass weitere Beträge in die anderen Gewinnrücklagen einzustellen sind. Danach kann auch der gesamte Bilanzgewinn in die anderen Gewinnrücklagen eingestellt werden, so dass kein ausschüttungsfähiger Bilanzgewinn übrig bleibt.

2. Vortrag auf neue Rechnung, Abs. 3 S. 1 Alt. 2

23 Die Hauptversammlung ist nach Abs. 3 S. 1 Alt. 2 auch berechtigt, den Bilanzgewinn ganz oder teilweise auf neue Rechnung vorzutragen. Wie unter Rn. 3 dargestellt, fließt dieser Gewinnvortrag gem. § 158 Abs. 1 AktG automatisch in den nächsten Bilanzgewinn des folgenden Jahresabschlusses ein. Diese Vorgehensweise kann sich für die Aktionäre gegenüber der Einstellung in die Gewinnrücklagen als vorteilhaft darstellen. Da der Gewinnvortrag im nächsten Jahr nicht Teil des Jahresüberschusses ist, ist es dem Vorstand und dem Aufsichtsrat nach Abs. 1 und 2 im Rahmen der Feststellung des Jahresabschlusses nicht erlaubt, den Gewinnvortrag in die anderen Gewinnrücklagen einzustellen und somit einer erneuten Gewinnausschüttungsmöglichkeit dauerhaft zu entziehen.

3. Andere Verwendung, Abs. 3 S. 2

Nach Abs. 3 S. 2 kann die Satzung auch eine andere Verwendung des Bilanzgewinns vorsehen. 24
Ohne eine **ausdrückliche Satzungsregelung** ist eine andere Verwendung des Bilanzgewinns nicht möglich. Die praktische Bedeutung dieser Vorschrift ist sehr gering (KölnKomm AktG/*Lutter* § 58 Rn. 76). Neben einer Einstellung des Bilanzgewinns in die anderen Gewinnrücklagen oder einem Gewinnvortrag kommt keine weitere Thesaurierungsmöglichkeit des Bilanzgewinns in Betracht. Insbesondere kann die Hauptversammlung nicht beschließen, dass der Bilanzgewinn in die Kapitalrücklage nach § 272 Abs. 2 HGB einzustellen ist (vgl. MüKo AktG/*Bayer* § 58 Rn. 91). In Betracht kommt damit im Grundsatz nur die Zuwendung an andere Personen als die Aktionäre, was praktisch nur bei der Förderung gemeinnütziger Zwecke denkbar ist (MüKo AktG/*Bayer* § 58 Rn. 91; KölnKomm AktG/*Lutter* § 58 Rn. 74 ff.; *Hüffer* AktG, § 58 Rn. 25).

II. Anspruch des Aktionärs auf den Bilanzgewinn, Abs. 4

Abs. 4 bestimmt, dass derjenige Teil des Bilanzgewinns, der weder in die Gewinnrücklagen eingestellt, noch als Gewinn vorgetragen und auch nicht aufgrund einer Satzungsbestimmung anders verwendet wurde, als Dividende an die Aktionäre auszuschütten ist. Von der Verteilung unter die Aktionäre ausgeschlossen ist daneben der zusätzliche Aufwand aufgrund des Gewinnverwendungsbeschlusses (*Hüffer* AktG, § 58 Rn. 27). 25

1. Mitgliedschaftlicher Gewinnanspruch

Der Anspruch des Aktionärs auf den verbleibenden Bilanzgewinn wird überwiegend als das **wichtigste Vermögensrecht des Aktionärs** bezeichnet (MüKo AktG/*Bayer* § 58 Rn. 96; KölnKomm AktG/*Lutter* § 58 Rn. 79). Er ist untrennbarer Bestandteil des Mitgliedschaftsrechts des Aktionärs und beinhaltet das Recht des Aktionärs am Bilanzgewinn nach Maßgabe des Gewinnverwendungsbeschlusses, der rechtlichen Ausgestaltung der Aktie sowie etwaiger abweichender Satzungsregelungen nach § 60 Abs. 3 AktG (MünchHdb GesR IV/*Hoffmann-Becking* § 46 Rn. 22; *Hüffer* AktG, § 58 Rn. 26). 26

2. Entstehung, Bestandskraft und Fälligkeit des Zahlungsanspruchs

Der Zahlungsanspruch des Aktionärs auf Auskehrung des Bilanzgewinns in Form einer Dividendenzahlung entsteht erst zum Zeitpunkt des **Wirksamwerdens des Gewinnverwendungsbeschlusses** (*Hüffer* AktG, § 58 Rn. 28) und erfährt seine anteilsmäßige Konkretisierung ipso iure nach Maßgabe des § 60 AktG (MüKo AktG/Bayer § 58 Rn. 103). Erst zu diesem Zeitpunkt ist der **Gewinnanspruch** ohne die Aktie **übertragbar, pfändbar und verpfändbar** (*Hüffer* AktG, § 58 Rn. 28; MüKo AktG/*Bayer* § 58 Rn. 113). Der Gewinnanspruch ist sofort mit der Beschlussfassung über die Gewinnverwendung fällig (MüKo AktG/*Bayer* § 58 Rn. 114; *Hüffer* AktG, § 58 Rn. 28). Soweit der Gewinnverwendungsbeschluss wirksam gefasst worden ist, erwächst dieser in **sofortiger Bestandskraft** und ist ohne die Zustimmung des jeweils betroffenen Aktionärs nicht mehr abänderbar (MüKo AktG/Bayer § 58 Rn. 115). 27

E. Sachdividende, Abs. 5

Aufgrund eines Vorschlages der »Regierungskommission Corporate Governance« wurde mit dem Transparenz- und Publizitätsgesetz vom 19. 7. 2002 in Abs. 5 aufgenommen, dass die Satzung einer AG auch eine Ausschüttung einer Sachdividende an die Aktionäre vorsehen kann (MüKo AktG/*Bayer* § 58 Rn. 108 ff.; *Hüffer* AktG, § 58 Rn. 31 ff.; AnwK-AktR/*Drinhausen* § 58 Rn. 49 ff.). Bereits vor Inkrafttreten des Transparenz- und Publizitätsgesetzes war es h. M., dass die AG nicht nur eine Dividende in bar, sondern auch eine Sachausschüttung vornehmen kann, jedenfalls wenn dies mit der Zustimmung der Aktionäre erfolgte (KölnKomm AktG/*Lutter* § 58 Rn. 107 f.). Trotz der gesetzlichen Regelung der Zulässigkeit einer Sachdividende ist es weiterhin nicht als geklärt anzusehen, in welcher Art und Weise eine Sachdividende durchgeführt werden kann. Wesentlicher Streitpunkt ist dabei, welche Gegenstände der AG als Sachdividende in Be- 28 tracht kommen und wer (Vorstand / Aufsichtsrat oder Hauptversammlung) die Kompetenz darüber hat, welche Gegenstände an die Aktionäre ausgekehrt werden sollen (vgl. dazu MüKo AktG / *Bayer* § 58 Rn. 109 ff.; *Hüffer* AktG, § 58 Rn. 33; AnwK-AktR / *Drinhausen* § 58 Rn. 57). Daneben stellt sich das Problem der Bewertung der Sachdividende, nämlich die Frage, ob die Sachdividende mit dem Buch- oder Teilwert zu bewerten ist (vgl. dazu MüKo AktG / *Bayer* § 58 Rn. 109 ff.; *Hüffer* AktG, § 58 Rn. 33).

F. Verstöße gegen § 58 AktG

29 Bei der Frage, welche Rechtsfolgen sich aus einem Verstoß gegen die Bestimmungen des § 58 AktG ergeben, ist danach zu differenzieren, ob ein Verstoß im Zusammenhang mit der Feststellung des Jahresabschlusses (Verstoß gegen Abs. 1 bis 2 a) oder im Zusammenhang mit dem Gewinnverwendungsbeschluss (Verstoß gegen Abs. 3 bis 5) vorliegt.

I. Verstöße gegen Abs. 1 bis 2 a

30 Ein Verstoß gegen Abs. 1 oder Abs. 2 führt nach § 256 Abs. 1 Nr. 4 AktG zur **Nichtigkeit** des festgestellten Jahresabschlusses. Soweit der Jahresabschluss nichtig ist, resultiert daraus nach § 253 AktG zugleich, dass der darauf aufbauende Gewinnverwendungsbeschluss nichtig ist und damit auch der Gewinnanspruch des Aktionärs nach Abs. 4 von Anfang an nicht wirksam entstehen konnte. Auch ein Verstoß gegen Abs. 2 a führt nach § 256 Abs. 1 Nr. 4 AktG zur Nichtigkeit des Jahresabschlusses, aber nur dann, wenn der Verstoß darin besteht, dass die vorgenommene und in die anderen Gewinnrücklagen eingestellte Wertaufholung zu hoch bewertet worden ist (MüKo AktG / *Bayer* § 58 Rn. 135; AnwK-AktR / *Drinhausen* § 58 Rn. 61; *Hüffer* AktG, § 58 Rn. 35).

II. Verstöße gegen Abs. 3 bis 5

31 Wird von der Hauptversammlung beschlossen, dass ein größerer Bilanzgewinn an die Aktionäre ausgeschüttet wird, als vorhanden, so ist dieser Beschluss nach § 241 Abs. 1 Nr. 3 AktG nichtig. Im Übrigen bestimmt § 254 AktG die Anfechtbarkeit von Gewinnverwendungsbeschlüssen, wenn diese unter Verstoß gegen Abs. 3 und Abs. 4 beschlossen worden sind (AnwK-AktR / *Drinhausen* § 58 Rn. 62, 63).

§ 59 Abschlagszahlung auf den Bilanzgewinn

(1) Die Satzung kann den Vorstand ermächtigen, nach Ablauf des Geschäftsjahrs auf den voraussichtlichen Bilanzgewinn einen Abschlag an die Aktionäre zu zahlen.

(2) [1]Der Vorstand darf einen Abschlag nur zahlen, wenn ein vorläufiger Abschluß für das vergangene Geschäftsjahr einen Jahresüberschuß ergibt. [2]Als Abschlag darf höchstens die Hälfte des Betrags gezahlt werden, der von dem Jahresüberschuß nach Abzug der Beträge verbleibt, die nach Gesetz oder Satzung in Gewinnrücklagen einzustellen sind. [3]Außerdem darf der Abschlag nicht die Hälfte des vorjährigen Bilanzgewinns übersteigen.

(3) Die Zahlung eines Abschlags bedarf der Zustimmung des Aufsichtsrats.

Übersicht:

A. Überblick

Der AG ist es im Gegensatz zur GmbH nicht gestattet, Vorabausschüttungen vorzunehmen. Diese zeichnen sich dadurch aus, dass sie auf den erwarteten Gewinn eines laufenden Geschäftsjahres gezahlt werden. Daneben ist es einer AG auch nicht gestattet, auf einen erwarteten Bilanzgewinn eines bereits abgelaufenen Geschäftsjahres Ausschüttungen vorzunehmen, wenn und soweit der Jahresabschluss der Gesellschaft für das betreffende abgelaufene Geschäftsjahr noch nicht festgestellt worden ist. Von diesen Grundsätzen macht § 59 AktG allein eine Ausnahme für letzteren Fall. Durch die Regelung soll die Attraktivität der deutschen AG im Vergleich zu ausländischen Gesellschaften erhöht werden. Insbesondere bei einer amerikanischen AG ist es üblich, dass Gewinnausschüttungen nicht für das abgelaufene Geschäftsjahr, sondern für jedes abgelaufene Quartal und somit in regelmäßigen Abständen bereits unterjährig erfolgen. Durch die in § 59 AktG enthaltene Regelung wird eine Steigerung der Attraktivität jedoch nicht erreicht (*Hüffer* AktG, § 59 Rn. 5; MüKo AktG/*Bayer* § 59 Rn. 3). Denn Vorabausschüttungen und Interimsdividenden bleiben weiterhin nicht zulässig (*Siebel/Gebauer* AG 1999, 385; *Hüffer* AktG, § 59 Rn. 1). 1

B. Voraussetzungen der Abschlagzahlung

I. Satzungsregelung

Nach Abs. 1 ist eine Abschlagzahlung nur zulässig, wenn diese Möglichkeit in der Satzung der AG vorgesehen ist. Soweit die Satzung keine Möglichkeit einer Abschlagzahlung vorsieht, kann auch ein gesonderter Beschluss der Hauptversammlung der AG nicht ausreichen, um eine Abschlagzahlung zu rechtfertigen (*Hüffer* AktG, § 59 Rn. 6). Es bedarf vielmehr zunächst einer **formellen Satzungsänderung**, die zu ihrer Wirksamkeit der Eintragung im Handelsregister bedarf. Vor der Eintragung der Satzungsänderung im Handelsregister verstoßen Abschlagzahlungen gegen § 57 AktG. Es ist zu beachten, dass die Vornahme einer Abschlagzahlung nicht zur Disposition der Hauptversammlung der AG steht. Nicht die Hauptversammlung, sondern ausschließlich der **Vorstand** kann über die Vornahme einer Abschlagzahlung auf den Bilanzgewinn beschließen (*Hüffer* AktG, § 59 Rn. 2). Ein Beschluss der Hauptversammlung ist von Anfang an gegenstandslos, auch wenn § 174 AktG bestimmt, dass allein die Hauptversammlung über die Ausschüttung eines Bilanzgewinns an die Aktionäre entscheidet. 2

II. Beschluss des Vorstandes und Zustimmung des Vorstandes

1. Beschluss des Vorstandes

Die in der Satzung enthaltene Möglichkeit einer Abschlagzahlung muss als **Ermächtigung des Vorstandes** ausgestaltet sein. Daher setzt eine Abschlagzahlung einen förmlichen Beschluss des Vorstandes voraus. Eine Ermächtigung beinhaltet zugleich, dass die Entscheidung über die Vornahme zur freien Disposition des Vorstandes steht (GroßkommAktG/*Henze* § 59 Rn. 14; *Hüffer* AktG, § 59 Rn. 2; MüKo AktG/*Bayer* § 59 Rn. 5). 3

2. Beschluss des Aufsichtsrates

Daneben ist nach Abs. 3 zwingend die **Zustimmung des Aufsichtsrates** erforderlich. Die Zustimmung des Aufsichtsrates erfordert einen Beschluss des Gesamtaufsichtsrates, so dass eine Übertragung der Zustimmungserteilung auf einen Ausschuss des Aufsichtsrates unzulässig ist (*Hüffer* AktG, § 59 Rn. 2; MüKo AktG/*Bayer* § 59 Rn. 10). Wie sich bereits aus dem Terminus »Zustimmung« ergibt, kann eine Abschlagzahlung nur vorgenommen werden, wenn der Aufsichtsrat sein Einverständnis zeitlich vor der Auszahlung der Abschlagzahlung erteilt hat (GroßkommAktG/*Henze* § 59 Rn. 15; *Hüffer* AktG, § 59 Rn. 2). 4

C. Höhe der Abschlagzahlung

I. Vorläufiger Abschluss

5 Auch wenn die formellen Voraussetzungen der Ermächtigung zur Abschlagzahlung vorliegen, ist eine Abschlagzahlung gem. Abs. 2 dem Grunde und der Höhe nach beschränkt. Eine Abschlagzahlung ist zeitlich erst möglich, wenn ein **vorläufiger Abschluss** für das vergangene Geschäftsjahr vorliegt. Dies bedeutet, dass das vergangene Geschäftsjahr bereits abgelaufen sein muss (GroßkommAktG/*Henze* § 59 Rn. 4). Ein vorläufiger Abschluss liegt nur vor, wenn die Bilanz und Gewinn- und Verlustrechnung bereits von dem Vorstand aufgestellt wurden, diese aber noch nicht geprüft und festgestellt worden sind.

II. Jahresüberschuss

6 Aus dem vorläufigen Abschluss muss sich nach Abs. 2 S. 1 ein Jahresüberschuss ergeben. Diese Formulierung ist auf den ersten Blick ungenau, da ein Jahresüberschuss isoliert betrachtet nicht berücksichtigt, ob die Gesellschaft aufgrund von vorhandenen Verlustvorträgen überhaupt berechtigt ist, eine Gewinnausschüttung vorzunehmen. Dies wird erst durch die Regelung des Abs. 2 S. 3 sichergestellt. Dennoch ist der Bezug auf den Jahresabschluss gerechtfertigt, da dadurch ausgeschlossen ist, dass bei der Abschlagzahlung auch ein Gewinnvortrag und etwaige Rücklagen aus den Vorjahren verwendet werden, ohne aufgrund des endgültig festgestellten Jahresabschlusses bereits exakt zu wissen, ob diese »Reserven« weiterhin für Ausschüttungen an die Aktionäre zur Verfügung stehen (*Hüffer* AktG, § 59 Rn. 3; MüKo AktG/*Bayer* § 59 Rn. 8). Nach Abs. 2 S. 2 und 3 ist der vorhandene Jahresabschluss der Höhe nach nicht unbeschränkt für eine Abschlagzahlung nutzbar, sondern **doppelt begrenzt** (MüKo AktG/*Bayer* § 59 Rn. 12). Nach Abs. 2 S. 2 sind von dem Jahresüberschuss zunächst diejenigen Beträge abzuziehen, die nach dem Gesetz oder der Satzung zwingend in die Gewinnrücklagen der Gesellschaft einzustellen sind. Der nach der Rücklagendotierung verbleibende Betrag darf nach Abs. 2 S. 3 zudem nicht die Hälfte des vorjährigen Bilanzgewinns übersteigen.

D. Rechtsfolgen

I. Verkehrsfähiges Gläubigerrecht

7 Erfolgt eine Abschlagzahlung unter den gesetzlichen Voraussetzungen, so entsteht zu dem Zeitpunkt des Beschlusses des Vorstandes, aber nicht vor der Bekanntgabe der Zustimmungserteilung des Aufsichtsrates, ein **selbstständiges und verkehrsfähiges Gläubigerrecht** der Aktionäre (MüKo AktG/*Bayer* § 59 Rn. 11).

II. Bilanzielle Auswirkung

8 Die Abschlagzahlung erfolgt zwar vor der Feststellung des Jahresabschlusses, dennoch stellt sich die Abschlagzahlung weder als Verwendung des Jahresergebnisses i. S. v. § 268 Abs. 1 S. 2 HGB dar (*Eder* BB 1994, 1260, 1261, *Hüffer* AktG, § 59 Rn. 4), noch kann die Abschlagzahlung einen Einfluss auf die Höhe des Jahresüberschusses haben (MüKo AktG/*Bayer* § 59 Rn. 18). Die bereits erfolgte Abschlagzahlung ist lediglich **informationshalber** in dem Gewinnverwendungsbeschluss der Hauptversammlung nach § 174 AktG anzugeben (*Hüffer* AktG, § 59 Rn. 4). Daneben hat die vorgenommene Abschlagzahlung Auswirkungen auf die noch mögliche Verwendung des verbleibenden Bilanzgewinns der Gesellschaft, d. h. auf die Möglichkeit der Einstellung in die Rücklagen gem. §§ 158, 174 AktG sowie die Höhe des danach noch verbleibenden Ausschüttungsbetrages (MüKo AktG/*Bayer* § 59 Rn. 19; *Hüffer* AktG, § 59 Rn. 4).

III. Rückgewährverpflichtung

9 Stellt sich nach der endgültigen Feststellung des Jahresabschlusses heraus, dass der Bilanzgewinn der AG nicht ausreichend ist, um die Abschlagzahlung zu finanzieren, so stellt sich die Auszahlung als **Verstoß gegen § 57 AktG** dar. Die Aktionäre sind nach § 62 Abs. 1 AktG verpflichtet,

den unzulässig ausgeschütteten Differenzbetrag an die AG **zurückzugewähren** (MüKo AktG/*Bayer* § 59 Rn. 20; *Hüffer* AktG, § 59 Rn. 4). Da es sich zugleich um eine Auszahlung eines (wenn auch vermeintlichen) Gewinnanspruchs handelt, kommt ein Rückzahlungsanspruch nicht in Betracht, wenn der Aktionär nach § 62 Abs. 1 S. 2 AktG gutgläubig war (MüKo AktG/*Bayer* § 59 Rn. 20; *Hüffer* AktG, § 59 Rn. 4). Parallel dazu ist zu prüfen, ob die Verwaltung nach §§ 93, 116 a haftbar gemacht werden kann (MüKo AktG/*Bayer* § 59 Rn. 20).

§ 60 Gewinnverteilung

(1) Die Anteile der Aktionäre am Gewinn bestimmen sich nach ihren Anteilen am Grundkapital.

(2) [1]Sind die Einlagen auf das Grundkapital nicht auf alle Aktien in demselben Verhältnis geleistet, so erhalten die Aktionäre aus dem verteilbaren Gewinn vorweg einen Betrag von vier vom Hundert der geleisteten Einlagen. [2]Reicht der Gewinn dazu nicht aus, so bestimmt sich der Betrag nach einem entsprechend niedrigeren Satz. [3]Einlagen, die im Laufe des Geschäftsjahrs geleistet wurden, werden nach dem Verhältnis der Zeit berücksichtigt, die seit der Leistung verstrichen ist.

(3) Die Satzung kann eine andere Art der Gewinnverteilung bestimmen.

Übersicht:

A. Überblick

§ 60 AktG regelt ausschließlich die Frage, wie ein Bilanzgewinn unter den Aktionären zu verteilen ist. § 60 AktG ist Ausfluss des in § 53 a AktG normierten **Gleichbehandlungsgrundsatzes**. Unabdingbare Voraussetzung der Anwendung ist, dass (1) der Jahresabschluss nach §§ 172, 173 AktG festgestellt wurde, (2) im festgestellten Jahresabschluss ein Bilanzgewinn ausgewiesen ist und (3) die Hauptversammlung nach § 174 Abs. 2 Nr. 2 AktG beschlossen hat, zumindest einen Teil des Bilanzgewinns unter den Aktionären zu verteilen. 1

§ 60 AktG richtet sich allein an den Vorstand der AG. Die Hauptversammlung hat zu beschließen, ob und in welcher Höhe ein Bilanzgewinn ausgeschüttet werden soll. Die konkrete Frage, wie eine beschlossene Gewinnausschüttung unter den Aktionären zu verteilen ist, fällt nicht in den Zuständigkeitsbereich der Hauptversammlung, sondern ist Geschäftsführungsmaßnahme (BGHZ 84, 303; *Hüffer* AktG, § 60 Rn. 1; MüKo AktG/*Bayer* § 60 Rn. 1; KölnKomm AktG/*Lutter* § 60 Rn. 2; MünchHdb GesR IV/*Hoffmann-Becking* § 46 Rn. 14). Zu beachten ist, dass die **Hauptversammlung** nach Abs. 3 berechtigt ist, eine zu dem in Abs. 1 und 2 gesetzlich vorgesehenen Gewinnverteilungsschlüssel **abweichende Verteilungsregelung** zu bestimmen. Hierfür ist eine **Satzungsänderung** erforderlich, die – soweit diese Verteilungsabrede nicht bereits in der Gründungssatzung aufgenommen wurde – der Zustimmung sämtlicher Aktionäre bedarf, die von der abweichenden Satzungsregelung betroffen sind (AnwK-AktR/*Drinhausen* § 60 Rn. 10; *Hüffer* AktG, § 60 Rn. 8). 2

3 Auch der **Vorstand** ist in seiner Entscheidung nicht frei, wie er die Gewinnausschüttung unter den Aktionären verteilen will. Der Vorstand ist bei der Verteilung der beschlossenen Gewinnausschüttung strikt an den in Abs. 1 und 2 normierten Verteilungsschlüssel bzw. an die abweichende Satzungsbestimmung gebunden. Jede Gewinnverteilung, die der Vorstand in Abweichung zu den Regelungen in Abs. 1 bis 3 vornimmt, stellt sich als **verbotene Einlagenrückgewähr** nach § 57 AktG dar. Der Empfänger ist verpflichtet, die gegen das Gesetz verstoßende Gewinnausschüttung an die AG nach § 62 Abs. 1 S. 1 AktG zurückzugewähren, soweit der Empfänger des Gewinnanteils nach § 62 Abs. 1 S. 2 AktG nicht gutgläubig gewesen ist (GroßkommAktG/*Henze* § 60 Rn. 35; KölnKomm AktG/*Lutter/Lutter* § 60 Rn. 28; MüKo AktG/*Bayer* § 60 Rn. 35). Daneben kann sich der Vorstand bei einer zu § 60 AktG abweichenden Gewinnverteilung auch schadensersatzpflichtig machen (GroßkommAktG/*Henze* § 60 Rn. 35; MüKo AktG/*Bayer* § 60 Rn. 35).

B. Regelfall: Quotale Gewinnbeteiligung, Abs. 1

4 Der Regelfall der Gewinnverteilung ist in Abs. 1 enthalten. Danach richtet sich die Gewinnverteilung unter den Aktionären danach, in welchem Verhältnis jeder einzelne Aktionär am **Grundkapital der AG beteiligt** ist. Hat die AG **Nennbetragsaktien** nach § 8 Abs. 2 AktG ausgegeben, so ist das Verhältnis der Nennbeträge der von dem Aktionär an der AG gehaltenen Aktien zum Grundkapital der AG entscheidend. Bei der Ausgabe von **Stückaktien** nach § 8 Abs. 3 AktG ist die Anzahl der von dem Aktionär an der AG gehaltenen Aktien durch die Anzahl sämtlicher vorhandener Aktien zu dividieren (vgl. dazu auch *Hüffer* AktG, § 60 Rn. 2 sowie MüKo AktG/*Bayer* § 60 Rn. 7). Der sich daraus ergebende Bruchteil ist maßgeblich dafür, zu welchem Bruchteil der betreffende Aktionär an dem auszuschüttenden Bilanzgewinn beteiligt ist (*Hüffer* AktG, § 60 Rn. 2).

C. Vorabdividende, Abs. 2

5 Aus Abs. 2 S. 1 und 2 ergibt sich, dass die Grundregel des Abs. 1 nur anwendbar ist, wenn sämtliche Aktionäre ihre Einlageleistungen nach Höhe und Zeitpunkt gleichmäßig erbracht haben. Abs. 2 verdrängt die Grundregel des § 60 Abs. 1 AktG bereits dann, wenn nur ein einziger Aktionär mehr oder weniger bzw. früher oder später geleistet hat als die übrigen Aktionäre (GroßkommAktG/*Henze* § 60 Rn. 10; KölnKomm AktG/*Lutter* § 60 Rn. 10).

I. Einlageleistung

6 Unter Einlageleistung sind sowohl **Bar- als auch Sacheinlagen** zu verstehen (GroßkommAktG/*Henze* § 60 Rn. 8; MüKo AktG/*Bayer* § 60 Rn. 7; KölnKomm AktG/*Lutter* § 60 Rn. 7). Einlageleistungen sind nur dann vom Aktionär zu erbringen und nach § 60 AktG zu berücksichtigen, wenn sie fällig sind (MüKo AktG/*Bayer* § 60 Rn. 10). Die Fälligkeit setzt **Einforderung durch den Vorstand** nach § 63 AktG voraus. Haben die Aktionäre bisher nur ihren in § 36 a AktG genannten Mindestbetrag geleistet und der Vorstand den ausstehenden Differenzbetrag nach § 63 AktG noch nicht eingefordert, so kann die Einlageleistung nicht fällig sein. Dennoch bereits auf die Einlageleistung (vorfristig) erbrachte Zahlungen haben einerseits keine Tilgungswirkung, können aber auch aus Gleichbehandlungsgesichtspunkten nicht bei der Gewinnverteilung des § 60 AktG berücksichtigt werden (GroßkommAktG/*Henze* § 60 Rn. 12; MüKo AktG/*Bayer* § 60 Rn. 10; KölnKomm AktG/*Lutter* § 60 Rn. 9).

1. Höhe der Einlageleistung

7 Auch kommt es bei Nennbetragsaktien nicht auf die absolute Höhe der erbrachten Einlageleistung, sondern allein auf die **verhältnismäßig gleiche Einlageleistung** sämtlicher Aktionäre an. Hat ein Aktionär eine Nennbetragsaktie zu € 50,– und ein anderer eine Nennbetragsaktie zu € 100,–, so liegt bei der Einforderung einer Einlageleistung von 50 % eine gleiche Einlageleistung dann vor, wenn der erste Aktionär € 25,– und der zweite € 50,– geleistet hat. Bei Stückaktien stellt sich dieses Problem nicht, da die von den Aktionären auf jede Aktie zu erbringende Einlageleistung immer den gleichen Wert aufweist.

2. Berücksichtigung eines Agio

8 Ist ein Aktionär verpflichtet, neben dem Nennbetrag ein zusätzliches Agio nach § 9 Abs. 2 AktG an die AG zu erbringen, so bleibt das Agio bei der Frage der Anwendbarkeit des Abs. 2 unberücksichtigt. Ein Agio ist nach h. M. nicht Bestandteil der Einlageleistung, sondern Zusatzleistung (GroßkommAktG/*Henze* § 60 Rn. 9; *Hüffer* AktG, § 60 Rn. 2; MüKo AktG/*Bayer* § 60 Rn. 8; KölnKomm AktG/*Lutter* § 60 Rn. 8). Im oben genannten Fall wäre auch dann von einer verhältnismäßig gleichen Einlageleistung auszugehen, wenn Aktionär A neben der Einlage von € 100,– zusätzlich noch ein Agio von € 500,– zu erbringen hätte, er bisher aber nur die eingeforderten € 50,– und noch nicht das Agio an die AG geleistet hat.

3. Zeitliche Komponente

9 Neben der Einlageleistung in unterschiedlicher Höhe kommt auch der Fall in Betracht, dass Einlageleistungen zu unterschiedlichen Zeitpunkten des Geschäftsjahres geleistet werden (GroßkommAktG/*Henze* § 60 Rn. 11; *Hüffer* AktG, § 60 Rn. 5). Auch hier reicht es aus, wenn nur ein einziger Aktionär seine Einlageleistung verspätet erbringt (MüKo AktG/*Bayer* § 60 Rn. 12). Nach Abs. 2 S. 3 sind diese Leistungen nur **zeitanteilig** zu berücksichtigen, wobei es für die Berechnung nicht auf den Tag der Fälligkeit, sondern auf den Tag der Leistung ankommt (*Hüffer* AktG, § 60 Rn. 5; MüKo AktG/*Bayer* § 60 Rn. 12). Nach zutreffender Ansicht gilt die zeitliche Regelung des Abs. 2 S. 3 auch bei unterjährigen Kapitalerhöhungen (KölnKomm AktG/*Lutter* § 60 Rn. 11; MünchHdb GesR IV/*Hoffmann-Becking* § 46 Rn. 20; *Hüffer* AktG, § 60 Rn. 5).

II. Rechtsfolgen aus Abs. 2

10 Liegen die Voraussetzungen des Abs. 2 vor, so ist der Vorstand verpflichtet, zunächst jedem Aktionär eine **Vorabdividende in Höhe von 4 %** zu gewähren, gerechnet auf den Betrag der von ihm tatsächlich bereits erbrachten Einlageleistungen. Wurde die Einlageleistung im Geschäftsjahr unterjährig erbracht, so ist die Vorabdividende nur zeitanteilig zu gewähren. Reicht der zur Ausschüttung beschlossene Bilanzgewinn für die vollständige Begleichung der Vorabdividende nicht aus, so ist die Vorabdividende nach Abs. 2 S. 2 nach einem entsprechend niedrigeren Prozentsatz zu gewähren. Ist nach der vollständigen Zuteilung der Vorabdividende hingegen noch ein ausschüttungsfähiger Bilanzgewinn vorhanden, so ist dieser Rest nach Abs. 1 unter allen Aktionären gleichmäßig zu verteilen, gleich ob diese ihre fälligen Einlageleistungen bereits erbracht haben oder nicht (*Hüffer* AktG, § 60 Rn. 4; MüKo AktG/*Bayer* § 60 Rn. 12; KölnKomm AktG/*Lutter* § 60 Rn. 12; MünchHdb GesR IV/*Hoffmann-Becking* § 46 Rn. 20).

D. Abweichende Gewinnbeteiligung, Abs. 3

11 Wie unter Rn. 2 bereits aufgezeigt, stehen Abs. 1 und 2 zur Disposition der Hauptversammlung. Abs. 3 lässt es zu, dass die Hauptversammlung im Rahmen einer förmlichen Satzungsänderung eine ganz oder teilweise abweichende Gewinnverteilungsregelung implementiert.

I. Gestaltung bei Kapitalerhöhungen

12 In der Praxis wird hiervon regelmäßig bei Kapitalerhöhungen Gebrauch gemacht und bestimmt, dass die jungen Aktien in Abweichung zu der Regelung in Abs. 2 S. 3 bereits vom Beginn des Geschäftsjahres am Bilanzgewinn teilnehmen, in dem die jungen Aktien ausgegeben werden (MünchHdb GesR IV/*Hoffmann-Becking* § 46 Rn. 21). In diesem Zusammenhang stellen sich viele Zweifelsfragen. So ist es strittig, ob bzw. unter welchen Voraussetzungen diese abweichende Gewinnverteilung nur mit Zustimmung der betroffenen Aktionäre möglich ist (KölnKomm AktG/*Lutter* § 60 Rn. 17; MüKo AktG/*Bayer* § 60 Rn. 22 ff.). Ferner wird diskutiert, ob die jungen Aktien auch schon an einem Bilanzgewinn teilnehmen können, der für ein Geschäftsjahr ausgeschüttet werden soll, welches dem Geschäftsjahr vorausgegangen ist, in dem die jungen Aktien ausgegeben worden sind (MüKo AktG/*Bayer* § 60 Rn. 30; KölnKomm AktG/*Lutter* § 60 Rn. 22).

II. Sonstige Gestaltungen

13 Weiterer Hauptanwendungsfall einer abweichenden Gewinnverteilungsabrede ist die **Gewährung von Vorzugsaktien** nach §§ 11, 139 AktG (*Hüffer* AktG, § 60 Rn. 7; AnwK-AktR / *Drinhausen* § 60 Rn. 12). Die weiteren Anwendungsmöglichkeiten einer abweichenden Gewinnverteilung sind vielfältig. Erwähnenswert ist, dass es als zulässig angesehen wird, dass der **Gewinnbezug einzelner Aktionäre** ganz ausgeschlossen oder der Höhe nach begrenzt werden kann (KölnKomm AktG / *Lutter* § 60 Rn. 20; MüKo AktG / *Bayer* § 60 Rn. 21). Unzulässig ist hingegen eine Satzungsregelung, mit der der Vorstand ermächtigt wird, über die exakte Gewinnverteilung (von Fall zu Fall) selbst bestimmen zu können (vgl. KölnKomm AktG / *Lutter* § 60 Rn. 20 ff.; MüKo AktG / *Bayer* § 60 Rn. 14 ff.). Aus **steuerlicher Sicht** ist zu beachten, dass eine abweichende Gewinnverteilung nicht nur ertragsteuerliche, sondern möglicherweise auch schenkungsteuerliche Auswirkungen haben kann.

III. Exkurs: Disquotale Kapitalrücklage

14 In der Praxis finden sich Fälle, in denen die AG dringend auf Kapital angewiesen ist. Sind nicht alle Aktionäre bereit oder dazu in der Lage, der AG das erforderliche Kapital zur Verfügung zu stellen, so bietet es sich an, dass nur einzelne Aktionäre der AG einen Kapitalzuschuss in die Kapitalrücklage nach § 272 Abs. 2 Nr. 4 HGB gewähren. Dies hat den Vorteil, dass sich die Kapitalverhältnisse durch die Vermeidung einer förmlichen Kapitalerhöhung nicht ändern. Zum anderen hat dies den Vorteil, dass die Liquidität der AG geschont bleibt, da Zuzahlungen in die Kapitalrücklage von der AG nicht zu verzinsen sind. Zu beachten ist dabei, dass das eingezahlte Kapital nicht an denjenigen Aktionär zurückgewährt werden kann, der es an die AG geleistet hat. Zwar kann eine Kapitalrücklage nach § 272 Abs. 2 Nr. 4 HGB jederzeit unter Berücksichtigung von Kapitalerhaltungsvorschriften aufgelöst werden, da sie nicht der Verwendungsbeschränkung des § 158 AktG unterliegt (MünchHdb GesR IV / *Hoffmann-Becking* § 43 Rn. 5). Die Auflösung einer Kapitalrücklage erfolgt jedoch nur zugunsten der Erhöhung des Bilanzgewinns. Der Bilanzgewinn ist nach § 60 AktG wiederum quotal unter sämtlichen Aktionären zu verteilen.

15 Um die disquotale Rückführung der Kapitalrücklage an den leistenden Aktionär zu ermöglichen, ist es zulässig, eine **generelle Regelung in die Satzung** der AG aufzunehmen, dass disquotale Zuzahlungen in Abweichung zu den Regelungen in § 60 AktG im Rahmen der Bilanzgewinnverteilung nur an diejenigen Aktionäre zurückzuzahlen sind, die sie geleistet haben. Für den leistenden Aktionär ist zu bedenken, dass die Auflösung einer Kapitalrücklage nicht von der Hauptversammlung, sondern grundsätzlich nur von dem Vorstand im Rahmen der Erstellung des Jahresabschlusses beschlossen werden kann. Daneben ist zusätzlich ein **Beschluss der Hauptversammlung** nach § 174 a AktG erforderlich, dass der durch die Auflösung erhöhte Bilanzgewinn dem Grunde nach ausgeschüttet werden soll. Empfehlenswert ist diese Vorgehensweise damit nur für solche Aktionäre, die die erforderliche Kapitalmehrheit besitzen, um zumindest einen Ausschüttungsbeschluss herbeiführen zu können.

E. Dividendenverzicht des Großaktionärs

16 In der Vergangenheit gab es immer wieder Fälle, in denen ein Aktionär auf seinen Anteil am Bilanzgewinn verzichtet hat. Dieser Verzicht des Aktionärs wird in der Literatur überwiegend **als zulässig erachtet** (KölnKomm AktG / *Lutter* § 60 Rn. 27; MünchHdb GesR IV / *Hoffmann-Becking* § 46 Rn. 25; MüKo AktG / *Bayer* § 60 Rn. 38 ff.; *Hüffer* AktG, § 60 Rn. 11), wobei es oftmals an der dogmatischen Begründung für die Zulässigkeit des Dividendenverzichts mangelt (so MünchHdb GesR IV / *Hoffmann-Becking* § 46 Rn. 25).

17 Denn zunächst ist zu differenzieren, ob der Gewinnverzicht zugunsten der übrigen Aktionäre oder aber gewissermaßen zugunsten der Bildung einer (höheren) Gewinnrücklage ausgesprochen wird (so auch *Hüffer* AktG, § 174 Rn. 5; GroßkommAktG / *Henze* § 60 Rn. 38). Im letzteren Fall verbleibt der Bilanzgewinn im Unternehmen und steht für spätere Gewinnausschüttungen erneut zur Verfügung, an denen dann selbstverständlich auch der verzichtende Aktionär erneut

(entsprechend seiner Quote) teilnehmen kann. Nur im ersten Fall erfolgt ein wirklicher Liquiditätsabfluss, der ausschließlich den übrigen Aktionären zugute kommt. *Hoffmann-Becking* weist zu Recht darauf hin, dass der Aktionär vorweg auf sein abstraktes Gewinnbezugsrecht im Rahmen eines Erlassvertrages zwischen dem Aktionär und der AG verzichten müsse (MünchHdb GesR IV/*Hoffmann-Becking* § 46 Rn. 25). Wie dieses Verfahren anfechtungssicher eingehalten werden kann, ist nicht geklärt. Dem Vorstand, der die AG vertritt, dürfte regelmäßig die Kompetenz zum Abschluss des Verzichtsvertrages fehlen (MünchHdb GesR IV/*Hoffmann-Becking* § 46 Rn. 25). Daneben werden auch oft mögliche steuerliche Implikationen aus einem Dividendenverzicht vernachlässigt. Wird der Verzichtsvertrag nicht in der entsprechenden von *Hoffmann-Becking* aufgezeigten Form vereinbart, besteht die Gefahr, dass die Dividende bei dem verzichtenden Aktionär zunächst ertragsteuerlich als Kapitaleinkünfte zu erfassen und von diesem zu versteuern ist. Anschließend kann steuerlich unterstellt werden, dass die vereinnahmten Kapitaleinkünfte an die übrigen Aktionäre weitergeleitet werden. Aus der Weiterleitung können sich sodann schenkungsteuerliche Aspekte ergeben, da die übrigen Aktionäre in der Regel keine Gegenleistung für die erhöhte Dividende an den verzichteten Aktionär zu leisten haben. Damit kann eine freigiebige Zuwendung nach § 7 ErbStG nicht von Anfang an ausgeschlossen werden.

§ 61 Vergütung von Nebenleistungen

Für wiederkehrende Leistungen, zu denen Aktionäre nach der Satzung neben den Einlagen auf das Grundkapital verpflichtet sind, darf eine den Wert der Leistungen nicht übersteigende Vergütung ohne Rücksicht darauf gezahlt werden, ob ein Bilanzgewinn ausgewiesen wird.

A. Überblick

§ 61 AktG betrifft die Frage der **Vergütung von Nebenleistungspflichten**, zu deren Erbringung sich der Aktionär aufgrund einer entsprechenden Satzungsbestimmung nach § 55 AktG gegenüber der AG verpflichtet hat (GroßkommAktG/*Henze* § 61 Rn. 3). Sinn und Zweck des § 61 AktG besteht zunächst darin, eine **Ausnahme vom Verbot der Einlagenrückgewähr** nach § 57 AktG zu statuieren (*Hüffer* AktG, § 61 Rn. 1). Andererseits regelt § 61 AktG auch die Möglichkeit, die Vergütung unabhängig von dem Vorliegen eines Bilanzgewinns und abweichend zu dem in § 60 AktG enthaltenen Gewinnverteilungsschlüssel an den Aktionär auszahlen zu dürfen (GroßkommAktG/*Henze* § 61 Rn. 11; MüKo AktG/*Bayer* § 61 Rn. 1). 1

I. Vergütung von Nebenleistungspflichten

1. Höhe der Vergütung

Eine Nebenleistungspflicht darf nach § 55 AktG nur dann von der AG an ihren Aktionär vergütet werden, wenn die Entgeltlichkeit der Nebenleistungspflicht in der Satzung der AG enthalten ist (s. § 55 AktG Rn. 3 f.). § 61 AktG bestimmt, dass die in der Satzung festgelegte Höhe der Vergütung den **Wert der Nebenleistung** nicht übersteigen darf. Dies ist Ausdruck des allgemeinen Rechtsgedankens des § 57 AktG, der diese Höchstgrenze auch für schuldrechtliche Verträge zwischen AG und Aktionär im Rahmen von sog. Drittverträgen anordnet (MüKo AktG/*Bayer* § 61 Rn. 1). Ist in der Satzung nur geregelt, dass ein Entgelt zu leisten ist, so entscheidet der Vorstand unter Berücksichtigung des § 61 AktG über die Höhe der zu leistenden Vergütung an den Aktionär (*Hüffer* AktG, § 61 Rn. 2). Der Aktionär ist berechtigt, die Höhe der Vergütung gerichtlich überprüfen zu lassen (s. § 55 AktG Rn. 4). 2

2. Zeitpunkt des Marktvergleichs

Hinsichtlich der Höhe kommt es nicht auf den Zeitpunkt der Vereinbarung der Vergütung, sondern allein auf den **Zeitpunkt der konkret zu erbringenden Nebenleistung** an. Zu diesem Zeitpunkt darf die Höhe der Vergütung den marktüblichen Anschaffungswert nicht überschreiten. 3

Damit stellt sich die Frage, ob die Vereinbarung einer Mindest- oder Festvergütung von Anfang an unzulässig ist und damit zur gesamten Unwirksamkeit der Nebenleistung führt (so *Hüffer* AktG, § 61 Rn. 2; AnwK-AktR/*Drinhausen* § 61 Rn. 2; KölnKomm AktG/*Lutter* § 61 Rn. 6 m. w. N.). Nach richtiger Auffassung kann eine in der Satzung geregelte Mindest- oder Festvergütung nicht generell unzulässig sein, da damit nicht zugleich gesagt ist, dass die vereinbarte Festvergütung über dem Marktwert liegt. Es ist vielmehr auch im Falle der Festvergütung zum Zeitpunkt der Erbringung der jeweiligen Nebenleistung stets zu prüfen, ob das zu gewährende Entgelt gegen § 61 AktG verstößt (so auch MüKo AktG/*Bayer* § 61 Rn. 6 m. w. N.). Ist dies der Fall, so ist nicht die gesamte Vergütung, sondern nur der Teil der Vergütung, der über die marktübliche Vergütung hinausgeht, unter Verstoß gegen § 57 AktG an den Aktionär geleistet worden und entsprechend den Regelungen in § 62 AktG von dem Aktionär zurückzufordern, wobei sich der Aktionär nicht auf seine Gutgläubigkeit nach § 62 Abs. 1 S. 2 AktG berufen kann (MüKo AktG/*Bayer* § 61 Rn. 14).

II. Gewinnverteilung

4 § 61 AktG eröffnet der AG zunächst die Möglichkeit, die Vergütung für die Nebenleistung auch dann an den betroffenen Aktionär auszuzahlen, wenn kein Bilanzgewinn ausgewiesen ist (GroßkommAktG/*Henze* § 61 Rn. 11). Daneben ist es über die Regelung des § 60 Abs. 3 AktG und unter den dort genannten Voraussetzungen möglich, in der Satzung zu regeln, dass derjenige Teil der Vergütung, der gegen § 57 AktG verstößt, nicht über § 61 AktG an den betroffenen Aktionär auszuzahlen, sondern, dass dieser Teil über einen etwaigen Bilanzgewinn an den Aktionär vorab als Bilanzgewinn auszuzahlen ist (GroßkommAktG/*Henze* § 61 Rn. 15; MüKo AktG/*Bayer* § 61 Rn. 8; KölnKomm AktG/*Lutter* § 61 Rn. 7).

B. Vergütungsanspruch

5 Der Vergütungsanspruch des betroffenen Aktionärs beruht auf seiner Mitgliedschaft und hat damit ebenso wie der Dividendenanspruch einen **körperschaftlichen Charakter** (*Hüffer* AktG, § 61 Rn. 3; AnwK-AktR/*Drinhausen* § 61 Rn. 3; KölnKomm AktG/*Lutter* § 61 Rn. 9). Damit ist der Vergütungsanspruch des Aktionärs zunächst **weder übertragbar, pfändbar noch verpfändbar** (MüKo AktG/*Bayer* § 61 Rn. 10) und kann damit nur zusammen mit der Aktie gehandelt werden (*Hüffer* AktG, § 61 Rn. 3). Erst nach der Erbringung der Nebenleistung durch den Aktionär wandelt sich der Vergütungsanspruch in einen verkehrsfähigen schuldrechtlichen Anspruch um (*Hüffer* AktG, § 61 Rn. 3; KölnKomm AktG/*Lutter* § 61 Rn. 9).

§ 62 Haftung der Aktionäre beim Empfang verbotener Leistungen

(1) [1]Die Aktionäre haben der Gesellschaft Leistungen, die sie entgegen den Vorschriften dieses Gesetzes von ihr empfangen haben, zurückzugewähren. [2]Haben sie Beträge als Gewinnanteile bezogen, so besteht die Verpflichtung nur, wenn sie wußten oder infolge von Fahrlässigkeit nicht wußten, daß sie zum Bezug nicht berechtigt waren.

(2) [1]Der Anspruch der Gesellschaft kann auch von den Gläubigern der Gesellschaft geltend gemacht werden, soweit sie von dieser keine Befriedigung erlangen können. [2]Ist über das Vermögen der Gesellschaft das Insolvenzverfahren eröffnet, so übt während dessen Dauer der Insolvenzverwalter oder der Sachwalter das Recht der Gesellschaftsgläubiger gegen die Aktionäre aus.

(3) [1]Die Ansprüche nach diesen Vorschriften verjähren in zehn Jahren seit dem Empfang der Leistung. [2]§ 54 Abs. 4 Satz 2 findet entsprechende Anwendung.

Übersicht:

A. Überblick

§ 62 AktG beinhaltet einen **Rückgewähranspruch** gegenüber den Aktionären, der ebenfalls auf dem Grundsatz der Kapitalerhaltung beruht (GroßkommAktG/*Henze* § 62 Rn. 8; *Hüffer* AktG, § 62 Rn. 1; MüKo AktG/*Bayer* § 62 Rn. 1; KölnKomm AktG/*Lutter* § 62 Rn. 2,3) oder anders ausgedrückt, der aus der im Aktienrecht bestehenden strikten Bindung des Gesellschaftsvermögens resultiert (vgl. § 57 AktG Rn. 4). § 62 AktG greift ein, wenn die aktienrechtlichen Verbote von der AG nicht eingehalten werden und stellt sicher, dass der Aktionär die Leistungen, die er entgegen eines ausdrücklichen Verbotes von der AG empfangen hat, an die AG zurückzugewähren hat (*Hüffer* AktG, § 62 Rn. 1). 1

B. Rückgewähranspruch nach Abs. 1 S. 1

I. Rechtsnatur des Anspruchs

Abs. 1 S. 1 begründet einen spezifisch aktienrechtlichen Rückgewähranspruch, der nicht schuldrechtlicher, sondern **körperschaftlicher Art** ist (GroßkommAktG/*Henze* § 62 Rn. 11; *Hüffer* AktG, § 62 Rn. 2; MüKo AktG/*Bayer* § 62 Rn. 7; KölnKomm AktG/*Lutter* § 62 Rn. 4, 5). Der Rückgewähranspruch des Abs. 1 S. 1 verdrängt die Kondiktionsansprüche der §§ 812 ff. BGB, lässt aber gleichzeitig Vindikationsansprüche nach §§ 985 ff. BGB sowie Schadensersatzansprüche nach § 823 ff. BGB unberührt (str., vgl. unter Rn. 13 ff.). 2

II. Gläubiger des Anspruchs

Gläubiger des Anspruchs aus Abs. 1 S. 1 ist **ausschließlich die AG** (GroßkommAktG/*Henze* § 62 Rn. 19). Ein Recht der Aktionäre, die Forderung im Wege der actio pro socio geltend zu machen, besteht nicht (GroßkommAktG/*Henze* § 62 Rn. 55; MüKo AktG/*Bayer* § 62 Rn. 112; KölnKomm AktG/*Lutter* § 62 Rn. 36). Auch die in Abs. 2 normierten Gläubigerrechte führen nicht zu einem direkten Anspruch Dritter gegenüber den Aktionären, wie sie im Recht der Personengesellschaften vorgesehen sind (GroßkommAktG/*Henze* § 62 Rn. 19; *Hüffer* AktG, § 62 Rn. 3; MüKo AktG/*Bayer* § 62 Rn. 8; KölnKomm AktG/*Lutter* § 62 Rn. 6), sondern geben den Gläubigern nur ein Recht auf eine **Prozessstandschaft** (vgl. dazu unten Rn. 23). 3

III. Schuldner des Anspruchs

1. Aktionär

Schuldner des Anspruchs aus Abs. 1 S. 1 ist lediglich derjenige Aktionär, der die verbotswidrige Leistung empfangen hat (*Hüffer* AktG, § 62 Rn. 4; MüKo AktG/*Bayer* § 62 Rn. 11; MünchHdb GesR IV/*Wiesner* § 16 Rn. 58). Nur dieser ist nach Abs. 1 S. 1 verpflichtet, die empfangene Leistung zurück zu gewähren. Auch wenn ein Dritter die Leistung für den Aktionär empfangen 4 hat (wie bspw. eine Depotbank), so bleibt allein der Aktionär zur Rückzahlung verpflichtet (KölnKomm AktG/*Lutter* § 62 Rn. 7).

2. Zeitpunkt des Empfangs

5 Entscheidend ist, ob der Empfänger zum Zeitpunkt des Empfangs der Leistung, **Aktionär der AG** war (*Hüffer* AktG, § 62 Rn. 4; MüKo AktG/*Bayer* § 62 Rn. 12; KölnKomm AktG/*Lutter* § 62 Rn. 8; AnwK-AktR/*Drinhausen* § 62 Rn. 8). Ob er auch noch Aktionär zum Zeitpunkt der Inanspruchnahme durch die AG ist, spielt hingegen keine Rolle (GroßkommAktG/*Henze* § 62 Rn. 21; MüKo AktG/*Bayer* § 62 Rn. 27). Ausnahmsweise kommt auch dann ein Rückforderungsanspruch gegenüber einem **Nichtaktionär** in Betracht, wenn die Leistung an einen zukünftigen oder ehemaligen Aktionär geleistet wird und die Leistung in einem engen zeitlichen und sachlichen Zusammenhang (causa societatis) mit der Aktionärseigenschaft des Empfängers gestanden hat (vgl. § 57 AktG Rn. 24 sowie GroßkommAktG/*Henze* § 62 Rn. 25; MüKo AktG/*Bayer* § 57 Rn. 51; *Hüffer* AktG, § 62 Rn. 5; KölnKomm AktG/*Lutter* § 62 Rn. 8; AnwK-AktR/*Drinhausen* § 62 Rn. 10).

3. Haftung von Rechtsnachfolgern, Vor- und Nachmännern

6 Hat der Aktionär eine verbotene Leistung empfangen und überträgt er seine Aktie später auf einen Rechtsnachfolger, so hängt die Frage, wer für die Rückführung der empfangenen Leistung in Anspruch zu nehmen ist, davon ab, ob die Aktie im Wege der Gesamt- oder Einzelrechtsnachfolge übertragen worden ist. Nur im ersten Fall kommt eine Inanspruchnahme des neuen Aktionärs aus Abs. 1 S. 1 in Betracht, während im Falle der Einzelrechtsnachfolge allein der ehemalige Aktionär, nicht aber auch der neue Aktionär Schuldner des Anspruchs aus Abs. 1 S. 1 ist (GroßkommAktG/*Henze* § 62 Rn. 35; *Hüffer* AktG, § 62 Rn. 4; MüKo AktG/*Bayer* § 62 Rn. 24 ff.). Eine **Haftung von Vormännern**, so wie diese für die Einlageschuld in § 65 normiert ist, besteht im Falle des § 62 Abs. 1 S. 1 AktG nicht (GroßkommAktG/*Henze* § 62 Rn. 38; MüKo AktG/*Bayer* § 62 Rn. 27; KölnKomm AktG/*Lutter* § 62 Rn. 14).

4. Inanspruchnahme von Dritten

7 Es existieren Fallkonstellationen, in denen die AG eine verbotene Leistung nicht an den Aktionär direkt, sondern an einen Dritten erbringt (vgl. dazu § 57 AktG Rn. 24). In diesen Fällen stellt sich die Frage, ob und gegenüber wem die AG einen Rückgewähranspruch nach Abs. 1 S. 1 geltend zu machen hat.

a) Grundsatz

8 Im Grundsatz gilt, dass Dritte nicht Schuldner eines Anspruchs nach Abs. 1 sein können. Soweit Dritte aber wegen der Vermeidung von Umgehungstatbeständen eine Leistung empfangen, die sich nach § 57 AktG als verbotene Einlagerückgewähr darstellt (vgl. dazu § 57 AktG Rn. 24), so kann die Zuwendung von dem Dritten nicht nach Abs. 1 S. 1, sondern nur dann von ihm zurückgefordert werden, wenn der AG ein **gesonderter Rechtsgrund** als Anspruchsgrundlage für die Rückforderung zur Verfügung steht, wie insbesondere §§ 812 ff. sowie 985 ff. BGB (GroßkommAktG/*Henze* § 62 Rn. 25; *Hüffer* AktG, § 62 Rn. 4,5; MüKo AktG/*Bayer* § 62 Rn. 15 ff.; KölnKomm AktG/*Lutter* § 62 Rn. 19 ff.; AnwK-AktR/*Drinhausen* § 62 Rn. 13).

b) Zurechenbarer Drittempfänger

9 Handelt es sich bei dem Dritten, der die verbotene Leistung von der AG erhalten hat, um eine Person, die **dem Aktionär zuzurechnen** ist (wie Ehegatten und Kinder), so kann der Rückgewähranspruch nach Abs. 1 nicht nur gegenüber dem eigentlichen Aktionär, sondern auch gegenüber dem Dritten geltend gemacht werden (*Hüffer* AktG, § 62 Rn. 5; MüKo AktG/*Bayer* § 62 Rn. 20). Gleiches gilt auch in den Fällen von **Strohmanngeschäften** und **Treuhandverhältnissen** (GroßkommAktG/*Henze* § 62 Rn. 28). Dies geht sogar so weit, dass für den Fall, dass die Leistung

von der AG direkt an den Treugeber geleistet wurde, der Treuhänder aufgrund seiner Eigenschaft als Aktionär weiterhin aus § 62 AktG verpflichtet bleibt (MüKo AktG/*Bayer* § 62 Rn. 15, 18; KölnKomm AktG/*Lutter* § 62 Rn. 13; AnwK-AktR/*Drinhausen* § 62 Rn. 11; MünchHdb GesR IV/*Wiesner* § 16 Rn. 58).

Der Dritte und der Aktionär haften in diesen Fällen als **Gesamtschuldner** (GroßkommAktG/*Henze* § 62 Rn. 34; MüKo AktG/*Bayer* § 62 Rn. 29). Eine gesamtschuldnerische Haftung der Aktionäre untereinander besteht nicht (GroßkommAktG/*Henze* § 62 Rn. 33). Jeder Aktionär kann von der AG nur auf Rückführung der von ihm selbst empfangenen Leistungen in Anspruch genommen werden. Eine gesamtschuldnerische Haftung der Aktionäre – wie es § 31 GmbHG (s. Kap. 7 § 31) vorsieht – besteht im Aktienrecht nicht. Eine solche Haftung kann auch nicht aus § 65 AktG resultieren, da sich die Haftung eines (ehemaligen) Aktionärs aus § 65 AktG nur auf die säumige Einlageforderung, nicht aber auch auf säumige Rückforderungen eines anderen Aktionärs aus § 62 AktG bezieht. 10

IV. Verbotene Leistungen

Nach Abs. 1 S. 1 entsteht eine Rückgewährverpflichtung des Aktionärs, wenn er entgegen den Vorschriften des AktG eine Leistung von der AG empfangen hat. Der in Abs. 1 S. 1 verwendete Begriff der Leistung erfasst nicht nur Zahlungen, sondern **jede vermögenswerte Zuwendung**, wie Sachleistungen, die bloße Duldung der Inanspruchnahme von Gesellschaftseinrichtungen, Bereitstellung von Personal, die Stellung von Sicherheiten etc. (MüKo AktG/*Bayer* § 62 Rn. 30; *Hüffer* AktG, § 62 Rn. 6; AnwK-AktR/*Drinhausen* § 62 Rn. 2; MünchHdb GesR IV/*Wiesner* § 16 Rn. 57). 11

Die Leistung, die der Aktionär von der AG empfangen hat, muss **entgegen den Vorschriften des AktG** geleistet worden sein. Hauptanwendungsfall sind neben Verstößen gegen §§ 59, 60, 61 AktG damit Leistungen, die nach § 57 AktG als offene oder verdeckte Zuwendungen zu qualifizieren sind und sich aufgrund eines fehlenden Drittvergleichs somit als Einlagenrückgewähr darstellen (vgl. § 57 AktG Rn. 7 ff. sowie *Hüffer* AktG, § 62 Rn. 7; MüKo AktG/*Bayer* § 62 Rn. 31 ff.; KölnKomm AktG/*Lutter* § 62 Rn. 17 ff.; AnwK-AktR/*Drinhausen* § 62 Rn. 5). Daneben kann es sich bei verbotenen Leistungen i. S. v. § 62 AktG auch um solche handeln, die zwar nicht nach den Regelungen des AktG, aber nach den Bestimmungen der Satzung der AG verboten sind (AnwK-AktR/*Drinhausen* § 62 Rn. 5). Demgegenüber können sonstige Verstöße gegen andere Gesetze (seien sie auch noch so gravierend) sowie andere schuldrechtliche Unwirksamkeitsgründe nicht zu einer Anwendung des § 62 Abs. 1 S. 1 AktG führen (MüKo AktG/*Bayer* § 62 Rn. 32). 12

V. Inhalt und Umfang des Anspruchs

Schwerpunkt der aktienrechtlichen Diskussion um §§ 57, 62 AktG ist die Frage nach dem **Umfang und der Reichweite des Rückgewähranspruchs** nach Abs. 1 S. 1 (vgl. dazu bereits § 57 AktG Rn. 38 ff.). Einigkeit besteht wohl nur insoweit, als dass der Inhalt des Anspruchs nach Abs. 1 S. 1 darauf gerichtet ist, dass das Gesellschaftsvermögen grundsätzlich so herzustellen ist, wie es ohne verbotene Zuwendung besteht (*Hüffer* AktG, § 62 Rn. 9). Wie diese Herstellung zu erfolgen hat, wird jedoch unterschiedlich beurteilt. 13

1. Bisher h. M.

Die bisher h. M. geht davon aus, dass in jedem Fall das der Einlagenrückgewähr zugrunde liegende Verpflichtungsgeschäft aufgrund eines Verstoßes gegen die Verbotsnorm des § 57 AktG **nichtig** ist (vgl. § 57 AktG Rn. 39 ff.). In bestimmten Fällen, insbesondere bei offenen Zuwendungen soll zudem auch das Verfügungsgeschäft nichtig sein (vgl. § 57 AktG Rn. 39). Aufgrund der Nichtigkeit der Rechtsgeschäfte müsse es sich bei dem Rückgewähranspruch der AG um einen gegenständlichen Anspruch handeln, gleich ob nur das Verpflichtungsgeschäft oder zusätzlich 14 auch das Verfügungsgeschäft nichtig sind (KölnKomm AktG/*Lutter* § 62 Rn. 26 ff.; *Hüffer* AktG, § 62 Rn. 9; MünchHdb GesR IV/*Wiesner* § 16 Rn. 55, 57).

15 Dies bedeutet, dass der Anspruch darauf gerichtet ist, dass das **Rechtsgeschäft rückabzuwickeln** ist, d. h. die empfangenen Leistungen gegenständlich zurückzugeben sind. Soweit das Erfüllungsgeschäft nichtig ist, richtet sich der Anspruch der AG von Anfang an auf die dingliche Herausgabe des Gegenstandes nach §§ 985 ff. BGB. Ist das Erfüllungsgeschäft (vor allem bei verdeckten Zuwendungen) wirksam, so richtet sich der Anspruch auf Rückabwicklung nicht nach den §§ 812 ff. BGB, sondern ausschließlich nach der spezielleren Rückabwicklungsnorm des § 62 Abs. 1 AktG, die auf **Rückübereignung** der gewährten Zuwendungen gerichtet ist (GroßkommAktG/*Henze* § 62 Rn. 59 ff.; KölnKomm AktG/*Lutter* § 62 Rn. 26 ff.; *Hüffer* AktG, § 62 Rn. 9; MünchHdb GesR IV/*Wiesner* § 16 Rn. 55, 57; AnwK-AktR/*Drinhausen* § 62 Rn. 15 ff.).

16 Soweit die Rückgewähr des zugewendeten Gegenstandes **unmöglich ist**, sind die Rechtsfolgen der §§ 275, 280 ff. BGB mit der Konsequenz anzuwenden, dass der Aktionär von seiner Leistung frei wird, wenn ihn kein Verschulden an der Unmöglichkeit trifft (KölnKomm AktG/*Lutter* § 62 Rn. 27; *Hüffer* AktG, § 62 Rn. 9; MünchHdb GesR IV/*Wiesner* § 16 Rn. 55, 57; AnwK-AktR/*Drinhausen* § 62 Rn. 15 ff.). Nur in den Fällen, in denen eine gegenständliche Rückabwicklung dem Grunde nach ausscheidet, wie insbesondere in Fällen von Gebrauchsüberlassungen und Dienstleistungen, wird von der h. M. die Vorschrift des § 346 S. 2 BGB analog angewendet. Der Aktionär ist verpflichtet, der AG den Wert der verbotswidrigen Leistung zu erstatten (*Hüffer* AktG, § 62 Rn. 9; MünchHdb GesR IV/*Wiesner* § 16 Rn. 58; AnwK-AktR/*Drinhausen* § 62 Rn. 15)

2. Gegenansicht

17 Die Gegenansicht meint, dass der Sinn und Zweck des § 62 AktG nicht in einer Rückabwicklung der verbotenen Zuwendung liegt, sondern allein darauf gerichtet ist, dass das Gesellschaftsvermögen der AG wertmäßig erhalten bleibe (so bspw. MüKo AktG/*Bayer* § 62 Rn. 47 ff.; *K. Schmidt* GesR § 29 II 2 b aa; *Joost* ZHR 149 (1985), 419, 436; *Grunewald* GesR, S. 292 Rn. 154). Für diese Gegenansicht folgt daraus, dass die den Zuwendungen zugrunde liegenden Rechtsgeschäfte (Verpflichtungs- und Verfügungsgeschäft) nicht nichtig, sondern wirksam sind. Der Aktionär hat nach § 62 AktG nur die Vermögensschmälerung (Wertdifferenz) gegenüber der AG auszugleichen. Zweck der Verbotsnorm des § 57 AktG sei nicht die Nichtigkeit der Rechtsgeschäfte, sondern allein das Auslösen des Anspruchs aus § 62 AktG. Der Aktionär und die AG haben sich sodann darüber zu verständigen, in welcher Art und Weise ein Ausgleich der Wertdifferenz stattzufinden hat (*K. Schmidt* GesR, § 29 II 2 b aa; *Joost* ZHR 149 (1985), 419, 436; *Grunewald* GesR, S. 292 Rn. 154). Kommt eine Einigung über die Höhe der Wertdifferenz nicht zustande, so wird dafür plädiert, dass dem Aktionär die Wahlmöglichkeit zusteht, anstelle des Wertausgleiches auch den Gegenstand an die AG zurückgeben zu dürfen (so *K. Schmidt* GesR, § 29 II 2 b aa; a. A. MüKo AktG/*Bayer* § 62 Rn. 51, der nicht ein Recht des Aktionärs, sondern ein Recht der AG befürwortet).

3. Eigene Auffassung

18 Die Gegenansicht kann nicht überzeugen. Der Grundsatz der Kapitalerhaltung kann nur dann gewahrt sein, wenn das gegen § 57 AktG verstoßende Rechtsgeschäft zunächst vollumfänglich zwischen den Vertragsparteien rückabgewickelt wird. Nur so ist gewährleistet, dass das Vermögen der AG wieder so hergestellt ist, wie es vor der verbotswidrigen Zuwendung bestanden hat. Anschließend bleibt es den Vertragsparteien unbenommen, das Rechtsgeschäft erneut unter solchen Bedingungen abzuschließen, die einem Drittvergleich standhalten. Voraussetzung hierfür ist aber, dass beide Parteien an dem Geschäft weiter festhalten wollen. Das Festhalten an dem gegen § 57 AktG verstoßenden Vertrag kann keiner der Parteien aufoktroyiert werden. Dies wäre aber zwangsläufig die Konsequenz aus der Forderung, dass lediglich ein wertmäßiger Vermögensausgleich stattzufinden hat. Zudem stehen der Lösung der Gegenansicht, dass der Aktionär bzw. die AG berechtigt (oder verpflichtet?) sein sollen, die gewährten Gegenstände unter be-

stimmten Voraussetzungen zurückfordern zu dürfen, erhebliche rechtliche Bedenken entgegen. So ist eine Rechtsgrundlage für ein Rückforderungsrecht nur schwer vorstellbar, wenn zugleich die Auffassung vertreten wird, dass sowohl das ursprüngliche Verpflichtungs- als auch das Verfügungsgeschäft wirksam sind (so auch *Bezzenberger,* Kapital der AG, 250 f.).

Auch die Auffassung der h. M. ist dogmatisch nicht vollumfänglich haltbar. So widerspricht es offenkundig dem Regelungsgehalt des § 62 AktG, wenn ein nicht schuldhaft handelnder Aktionär im Falle des Untergangs des Gegenstandes von seiner Leistungsverpflichtung vollumfänglich befreit werden soll. Bei § 62 AktG handelt es sich um eine Norm, bei der es weder auf ein Verschulden noch auf die Kenntnis des Aktionärs (mit Ausnahme des Abs. 1 S. 2) ankommt (*Bezzenberger,* Kapital der AG, 254). Somit kann auch der ohne Kenntnis von der verbotswidrigen Zuwendung handelnde Aktionär nicht von seiner Verpflichtung aus § 62 AktG befreit werden, wenn der Gegenstand, der ihm von der AG zugewendet worden ist, ohne ein Verschulden seitens des Aktionärs nicht mehr vorhanden oder untergegangen ist. In diesem Fall hat der Aktionär den Wert des Gegenstandes in Geld zu ersetzen (so auch *Bezzenberger,* Kapital der AG, 2005, 252 f.). Die Bewertung der Zuwendung hat dabei auf den Zeitpunkt der Zuwendung stattzufinden, so dass spätere wertbeeinflussende Umstände außer Betracht bleiben müssen. 19

C. Gutgläubiger Dividendenbezug nach Abs. 1 S. 2

Wie bereits ausgeführt, handelt es sich bei § 62 AktG weder um eine verschuldensabhängige noch um eine wissensabhängige Norm (GroßkommAktG/*Henze* § 62 Rn. 64; MüKo AktG/*Bayer* § 62 Rn. 57). Abs. 1 S. 2 macht hiervon eine Ausnahme und bestimmt, dass derjenige Aktionär, der einen Gewinnanteil von der AG verbotswidrig bezogen hat, diesen nur dann nach Abs. 1 S. 1 zurückzugewähren hat, wenn er wusste oder infolge von Fahrlässigkeit nicht wusste, dass er zum Bezug dieses Gewinnanteils nicht berechtigt ist. 20

I. Gewinnanteile

Das Privileg des Abs. 1 S. 2 ist auf den **Bezug von Gewinnanteilen** beschränkt und erfasst damit nur solche Zuwendungen an den Aktionär, die sich auf Dividendenzahlungen beziehen (GroßkommAktG/*Henze* § 62 Rn. 65). **Hauptanwendungsfälle** sind damit eine durchgeführte Gewinnausschüttung, die auf einem nichtigen oder unwirksamen Gewinnverwendungsbeschluss nach § 174 AktG beruht sowie unwirksame Dividendenabschläge nach § 59 AktG (MüKo AktG/*Bayer* § 62 Rn. 61; KölnKomm AktG/*Lutter* § 62 Rn. 32; MünchHdb GesR IV/*Wiesner* § 16 Rn. 57). Andere Zahlungen (wie Zinszahlungen auf gewährte Darlehen u. ä.) sind von Abs. 1 S. 2 nicht erfasst, so dass auch eine analoge Anwendung des Abs. 1 S. 2 ausscheidet (MüKo AktG/*Bayer* § 62 Rn. 61; *Hüffer* AktG, § 62 Rn. 11; KölnKomm AktG/*Lutter* § 62 Rn. 31; AnwK-AktR/*Drinhausen* § 62 Rn. 21). 21

II. Gutgläubigkeit

Gutgläubigkeit bedeutet, dass der Aktionär weder positive Kenntnis noch fahrlässige Unkenntnis von dem verbotswidrigen Gewinnbezug haben durfte (MüKo AktG/*Bayer* § 62 Rn. 64). Auch leichte Fahrlässigkeit reicht aus (GroßkommAktG/*Henze* § 62 Rn. 72; KölnKomm AktG/*Lutter* § 62 Rn. 33). Dabei sind an den Sorgfaltsmaßstab der Aktionäre unterschiedliche Maßstäbe anzulegen, je nachdem, ob es sich um einen sachlich bewanderten Aktionär handelt oder nicht (*Hüffer* AktG, § 62 Rn. 11; KölnKomm AktG/*Lutter* § 62 Rn. 33; MüKo AktG/*Bayer* § 62 Rn. 69). Zur Frage, welche Kenntnis maßgeblich ist, wenn der Aktionär sein Gewinnbezugsrecht an einen Dritten abgetreten hat vgl. ausführl. GroßkommAktG/*Henze* § 62 Rn. 82 ff. sowie MüKo AktG/*Bayer* § 62 Rn. 72 ff. Der gute Glaube an den rechtmäßigen Gewinnbezug muss sich auf den **Zeitpunkt des Empfangs des Gewinnanteils** beziehen. Dem Aktionär erst später bekannt werdende Umstände können keinen Rückforderungsanspruch seitens der AG begründen (MüKo AktG/*Bayer* § 62 Rn. 70). 22

D. Geltendmachung durch Dritte, Abs. 2

I. Geltendmachung durch Gläubiger, Abs. 2 S. 1

23 Auch wenn der Anspruch aus Abs. 1 S. 1 nur der AG zusteht (s. Rn. 3), sind Gläubiger der AG im Wege der **Prozessstandschaft** berechtigt, den Anspruch gegenüber dem Aktionär im gerichtlichen Wege geltend zu machen (*Hüffer* AktG, § 62 Rn. 13). Der Gläubiger der AG wird durch die in Abs. 2 S. 1 vorgesehene Möglichkeit nicht selbst zum Inhaber des Anspruchs aus Abs. 1, sondern er wird lediglich dazu ermächtigt, einen fremden Anspruch im eigenen Namen geltend zu machen (GroßkommAktG/*Henze* § 62 Rn. 101; MüKo AktG/*Bayer* § 62 Rn. 80; *Hüffer* AktG, § 62 Rn. 13; KölnKomm AktG/*Lutter* § 62 Rn. 40). Daraus folgt nach h. M., dass der Gläubiger nicht berechtigt ist, Zahlung an sich selbst, sondern **ausschließlich an die AG** zu fordern (GroßkommAktG/*Henze* § 62 Rn. 108; KölnKomm AktG/*Lutter* § 62 Rn. 45; AnwK-AktR/*Drinhausen* § 62 Rn. 30).

24 Die Möglichkeit der Geltendmachung durch den Gläubiger besteht nur, wenn dem Gläubiger eine **eigene fällige Forderung** gegenüber der AG zusteht (*Hüffer* AktG, § 62 Rn. 14; MüKo AktG/*Bayer* § 62 Rn. 87; KölnKomm AktG/*Lutter* § 62 Rn. 42; AnwK-AktR/*Drinhausen* § 62 Rn. 28). Zusätzlich ist neben der fälligen Forderung nach § 62 Abs. 2 S. 1 AktG erforderlich, dass der Gläubiger von der AG keine Befriedigung erlangen kann, was in der Praxis bedeutet, dass die AG entweder objektiv illiquide (zahlungsunfähig) oder überschuldet sein muss bzw. die Eröffnung des Insolvenzverfahrens mangels Masse abgelehnt worden ist (GroßkommAktG/*Henze* § 62 Rn. 127; *Hüffer* AktG, § 62 Rn. 14; MüKo AktG/*Bayer* § 62 Rn. 90; MünchHdb GesR IV/*Wiesner* § 16 Rn. 59).

II. Geltendmachung in der Insolvenz, Abs. 2 S. 2

25 Ist über das Vermögen der AG das Insolvenzverfahren eröffnet, so bestimmt Abs. 2 S. 2, dass das Recht des Vorstandes (sowie der Gläubiger nach Abs. 2 S. 1) nicht weiter besteht, selbst die Ansprüche aus § 62 Abs. 1 gegenüber den Aktionären geltend zu machen. Dieses Recht steht nur noch dem Insolvenzverwalter bzw. dem Sachwalter zu (vgl. GroßkommAktG/*Henze* § 62 Rn. 136; *Hüffer* AktG, § 62 Rn. 16; MüKo AktG/*Bayer* § 62 Rn. 102 ff.; KölnKomm AktG/*Lutter* § 62 Rn. 50 ff.).

E. Verjährung, Abs. 3

26 Die in Abs. 3 enthaltene Verjährungsregelung ist dahingehend angepasst worden, dass Ansprüche gegenüber Aktionären aus Abs. 1 nunmehr nicht mehr – wie bisher – nach fünf, sondern **nach zehn Jahren** verjähren. Die Frist beginnt zu dem Zeitpunkt zu laufen, zu dem der Aktionär die verbotswidrige Zuwendung empfangen hat; das Ende der Verjährung wird nach § 188 Abs. 2 BGB berechnet (*Hüffer* AktG, § 62 Rn. 17). Wird der h. M. gefolgt (vgl. Rn. 14), dass sich neben dem Anspruch aus Abs. 1 auch Ansprüche gegenüber dem Aktionär aus § 985 BGB ergeben können, so gilt für diese Ansprüche nicht Abs. 3, sondern die in §§ 195, 199 BGB geregelte Verjährungsfrist.

§ 63 Folgen nicht rechtzeitiger Einzahlung

(1) [1]Die Aktionäre haben die Einlagen nach Aufforderung durch den Vorstand einzuzahlen. [2]Die Aufforderung ist, wenn die Satzung nichts anderes bestimmt, in den Gesellschaftsblättern bekanntzumachen.

(2) [1]Aktionäre, die den eingeforderten Betrag nicht rechtzeitig einzahlen, haben ihn vom Eintritt der Fälligkeit mit fünf vom Hundert für das Jahr zu verzinsen. [2]Die Geltendmachung eines weiteren Schadens ist nicht ausgeschlossen.

(3) Für den Fall nicht rechtzeitiger Einzahlung kann die Satzung Vertragsstrafen festsetzen.

§ 64 Ausschluß säumiger Aktionäre

(1) Aktionären, die den eingeforderten Betrag nicht rechtzeitig einzahlen, kann eine Nachfrist mit der Androhung gesetzt werden, daß sie nach Fristablauf ihrer Aktien und der geleisteten Einzahlungen für verlustig erklärt werden.

(2) [1]Die Nachfrist muß dreimal in den Gesellschaftsblättern bekanntgemacht werden. [2]Die erste Bekanntmachung muß mindestens drei Monate, die letzte mindestens einen Monat vor Fristablauf ergehen. [3]Zwischen den einzelnen Bekanntmachungen muß ein Zeitraum von mindestens drei Wochen liegen. [4]Ist die Übertragung der Aktien an die Zustimmung der Gesellschaft gebunden, so genügt an Stelle der öffentlichen Bekanntmachungen die einmalige Einzelaufforderung an die säumigen Aktionäre; dabei muß eine Nachfrist gewährt werden, die mindestens einen Monat seit dem Empfang der Aufforderung beträgt.

(3) [1]Aktionäre, die den eingeforderten Betrag trotzdem nicht zahlen, werden durch Bekanntmachung in den Gesellschaftsblättern ihrer Aktien und der geleisteten Einzahlungen zugunsten der Gesellschaft für verlustig erklärt. [2]In der Bekanntmachung sind die für verlustig erklärten Aktien mit ihren Unterscheidungsmerkmalen anzugeben.

(4) [1]An Stelle der alten Urkunden werden neue ausgegeben; diese haben außer den geleisteten Teilzahlungen den rückständigen Betrag anzugeben. [2]Für den Ausfall der Gesellschaft an diesem Betrag oder an den später eingeforderten Beträgen haftet ihr der ausgeschlossene Aktionär.

§ 65 Zahlungspflicht der Vormänner

(1) [1]Jeder im Aktienregister verzeichnete Vormann des ausgeschlossenen Aktionärs ist der Gesellschaft zur Zahlung des rückständigen Betrags verpflichtet, soweit dieser von seinen Nachmännern nicht zu erlangen ist. [2]Von der Zahlungsaufforderung an einen früheren Aktionär hat die Gesellschaft seinen unmittelbaren Vormann zu benachrichtigen. [3]Daß die Zahlung nicht zu erlangen ist, wird vermutet, wenn sie nicht innerhalb eines Monats seit der Zahlungsaufforderung und der Benachrichtigung des Vormanns eingegangen ist. [4]Gegen Zahlung des rückständigen Betrags wird die neue Urkunde ausgehändigt.

(2) [1]Jeder Vormann ist nur zur Zahlung der Beträge verpflichtet, die binnen zwei Jahren eingefordert werden. [2]Die Frist beginnt mit dem Tage, an dem die Übertragung der Aktie zum Aktienregister der Gesellschaft angemeldet wird.

(3) [1]Ist die Zahlung des rückständigen Betrags von Vormännern nicht zu erlangen, so hat die Gesellschaft die Aktie unverzüglich zum Börsenpreis und beim Fehlen eines Börsenpreises durch öffentliche Versteigerung zu verkaufen. [2]Ist von der Versteigerung am Sitz der Gesellschaft kein angemessener Erfolg zu erwarten, so ist die Aktie an einem geeigneten Ort zu verkaufen. [3]Zeit, Ort und Gegenstand der Versteigerung sind öffentlich bekanntzumachen. [4]Der ausgeschlossene Aktionär und seine Vormänner sind besonders zu benachrichtigen; die Benachrichtigung kann unterbleiben, wenn sie untunlich ist. [5]Bekanntmachung und Benachrichtigung müssen mindestens zwei Wochen vor der Versteigerung ergehen.

Übersicht:

A. Überblick zu den §§ 63 bis 65

1 Die §§ 63 bis 65 AktG sind integraler Bestandteil des **Grundsatzes der Kapitalaufbringung** und beinhalten nicht nur die Umsetzung, sondern auch die effektive Durchsetzung der aus § 54 AktG resultierenden Hauptpflicht des Aktionärs, die Einlage erbringen zu müssen (*Hüffer* AktG, § 64 Rn. 1; MüKo AktG/*Bayer* § 63 Rn. 1; KölnKomm AktG/*Lutter* § 63 Rn. 2).

2 **§ 63 Abs. 1 AktG** regelt, wie die zu erbringenden Einlageleistungen fällig gestellt werden. Insofern tritt § 63 AktG neben die Regelungen der §§ 36 Abs. 2, 36 a, 37 Abs. 1, 54 Abs. 3 sowie 188 Abs. 2 AktG, die ebenfalls die Einforderung der Einlagen zum Gegenstand haben. In § 63 Abs. 2 und 3 AktG sind Sanktionen enthalten, die sich für den Aktionär aus einer nicht rechtzeitigen Erbringung der Einlageleistung ergeben können (*Hüffer* AktG, § 63 Rn. 1; KölnKomm AktG/*Lutter* § 63 Rn. 3). Die in § 63 Abs. 2 und 3 AktG enthaltenen **Sanktionsmöglichkeiten** werden durch die Regelungen der §§ 64 bis 65 AktG ergänzt, die nur (und auch nur stufenweise) zur Anwendung gelangen, wenn die Voraussetzungen des § 63 Abs. 1 S. 1 AktG erfüllt sind, der Aktionär somit seine fällige Bareinlageverpflichtung trotz Aufforderung nicht gegenüber der AG erfüllt hat (*Hüffer* AktG, § 63 Rn. 1; KölnKomm AktG/*Lutter* § 63 Rn. 3).

3 **§ 64 AktG** sieht für den Fall, dass der Aktionär seine Einlageleistung auch nach wiederholter Aufforderung nicht erbringt, die Möglichkeit vor, die Aktien zugunsten der AG zu kaduzieren, so dass der säumige Aktionär wie im Rahmen einer entschädigungslosen Enteignung aus der AG ausscheidet (MüKo AktG/*Bayer* § 64 Rn. 2; AnwK-AktR/*Bergheim* § 64 Rn. 1). An die Stelle der Einlageverpflichtung tritt die in § 64 Abs. 4 AktG geregelte Ausfallhaftung, so dass der säumige Aktionär auch im Falle seines Ausschlusses aus der Gesellschaft nicht von seiner Zahlungsverpflichtung befreit wird.

4 **§ 65 AktG** greift erst ein, wenn ein Kaduzierungsverfahren nach § 64 AktG vollständig durchgeführt worden ist. In diesem Fall bestimmt § 65 AktG, dass die AG verpflichtet ist, die Vormänner des ausgeschlossenen Aktionärs auf Zahlung der noch ausstehenden Einlagen in Anspruch zu nehmen. Kann von den Vormännern keine Zahlung erlangt werden, so sind die neuen Aktien nach § 65 Abs. 3 AktG zu verkaufen.

B. Folgen nicht rechtzeitiger Einzahlung, § 63 AktG

I. Aufforderung zur Leistung der Einlagen, § 63 Abs. 1 AktG

1. Einlage, § 63 Abs. 1 S. 1 AktG

a) Bareinlageverpflichtung

Unter § 63 Abs. 1 S. 1 AktG sind nicht sämtliche Einlageverpflichtungen der Aktionäre, sondern nur offene Bareinlageverpflichtungen (inklusive eines Agios) zu verstehen (*Hüffer* AktG, § 63 Rn. 2; MüKo AktG/*Bayer* § 63 Rn. 4 f.; KölnKomm AktG/*Lutter* § 63 Rn. 4; MünchHdb GesR IV/*Wiesner* § 16 Rn. 10). Nebenleistungspflichten aus der Aktie (§ 55AktG) und sonstige Nebenforderungen aus der Einlageverpflichtung (wie Vertragsstrafen, Zinsen etc.) sind von § 63 AktG nicht erfasst (GroßkommAktG/*Gehrlein* § 63 Rn. 3; MüKo AktG/*Bayer* § 63 Rn. 4; *Hüffer* AktG, § 63 Rn. 2). Daher können die Rechte aus §§ 64, 65 AktG auch nicht geltend gemacht werden, wenn der Aktionär zwar seine Einlageleistung, aber nicht seine Nebenpflichten erfüllt hat. 5

Auch wenn die Lesart des § 54 AktG etwas anderes vermuten lässt, so ist § 63 AktG nicht nur auf ausstehende und nach der Eintragung der AG im Handelsregister fällig werdende Einlageleistungen anzuwenden. Vielmehr werden auch die Bareinlageleistungen erfasst, die von dem Aktionär nach §§ 36 a Abs. 1, 54 AktG bereits vor der Handelsregistereintragung zu erbringen waren, aber gesetzeswidrig nicht an die AG geleistet worden sind (GroßkommAktG/*Gehrlein* § 63 Rn. 4; *Hüffer* AktG, § 63 Rn. 2; MüKo AktG/*Bayer* § 63 Rn. 6; MünchHdb GesR IV/*Wiesner* § 16 Rn. 10). Für diesen Teil der Bareinlageleistung gilt § 63 AktG mit der Besonderheit, dass es keiner förmlichen Fälligstellung durch eine Bekanntmachung nach Abs. 1 bedarf (GroßkommAktG/*Gehrlein* § 63 Rn. 4; MüKo AktG/*Bayer* § 63 Rn. 6), so dass die Rechtsfolgen des Abs. 2 und 3 und die Möglichkeit, nach §§ 64, 65 AktG vorzugehen, damit ohne Bekanntmachung ipso iure eintreten. 6

b) Sacheinlageverpflichtung

Sacheinlageverpflichtungen unterfallen nicht der Regelung des § 63AktG, da die Bestimmung des **§ 36 a Abs. 2 AktG** insoweit eine **abschließende Fälligkeitsregelung** beinhaltet (GroßkommAktG/*Gehrlein* § 63 Rn. 5; *Hüffer* AktG, § 63 Rn. 2; MüKo AktG/*Bayer* § 63 Rn. 7; AnwK-AktR/*Bergheim* § 63 Rn. 2). Es verstößt nicht gegen § 23 Abs. 5 AktG, wenn die Satzung der AG sowohl in Bezug auf die Fälligkeit als auch in Bezug auf die Rechtsfolgen einer nicht rechtzeitigen Erbringung einer Sacheinlage (wie Vertragsstrafe, Verzugszins) eine zu § 36 a Abs. 2 AktG abweichende Regelung enthält (MüKo AktG/*Bayer* § 63 Rn. 8; KölnKomm AktG/*Lutter* § 63 Rn. 6). Wandelt sich die Sacheinlageverpflichtung ganz oder teilweise in eine **Bareinlageverpflichtung** um, so ist ausschließlich § 63 AktG anzuwenden (GroßkommAktG/*Gehrlein* § 63 Rn. 7; *Hüffer* AktG, § 63 Rn. 2; MüKo AktG/*Bayer* § 63 Rn. 9; KölnKomm AktG/*Lutter* § 63 Rn. 7). 7

2. Adressat der Aufforderung

§ 63 AktG spricht davon, dass sich die Aufforderung an die Aktionäre zu richten habe. Nach dem Gesetz kommen nur solche Aktionäre in Betracht, an die **Namensaktien** ausgegeben worden sind. Nach § 10 Abs. 2 S. 2 AktG ist es überhaupt nur bei Namensaktien möglich, Aktien bereits dann auszugeben, wenn der volle Ausgabebetrag noch nicht an die AG geleistet worden ist. Durch die Erfassung des Inhabers der Namensaktien im Aktienregister nach § 67 Abs. 2 AktG mit Namen, Anschrift und genauer Bezeichnung der Aktie ist jederzeit gewährleistet, dass die AG ihren Schuldner problemlos feststellen kann (*Hüffer* AktG, § 10 Rn. 5). Adressat des § 63 AktG ist somit der nach § 67 Abs. 2 AktG im Aktienregister eingetragene Aktionär (MüKo AktG/*Bayer* § 63 Rn. 10). 8

Gesetzestechnisch kommt § 63 AktG damit bei solchen Aktionären nicht in Betracht, die **Inhaberaktien** halten, da diese nach § 10 Abs. 2 S. 1 AktG nur dann ausgegeben werden dürfen, wenn der Ausgabebetrag vollständig geleistet worden ist (GroßkommAktG/*Gehrlein* § 63 Rn. 10; MüKo AktG/*Bayer* § 63 Rn. 11). Dennoch kann es vorkommen, dass Inhaberaktien entgegen § 10 Abs. 2 9

S. 1 AktG bereits dann ausgegeben werden, wenn der volle Ausgabebetrag noch nicht an die AG geleistet worden ist. In diesen Fällen ist § 63 AktG nach ganz h. M. auch auf Aktionäre anzuwenden, die zum Zeitpunkt der Bekanntmachung Inhaber von noch nicht vollständig eingezahlten Inhaberaktien sind (MüKo AktG/*Bayer* § 63 Rn. 11). Die gleichen Überlegungen gelten auch für die Vorschriften der §§ 64, 65 AktG, die vom Gesetzeswortlaut ebenfalls nicht auf Inhaberaktien, sondern nur auf Namensaktien anzuwenden sind (vgl. dazu auch *Hüffer* AktG, § 64 Rn. 3 sowie § 65 Rn. 2; MüKo AktG/*Bayer* § 64 Rn. 15).

10 **Adressat** ist derjenige Aktionär, der zum Zeitpunkt der Bekanntmachung der Aufforderung Aktionär der AG ist (GroßkommAktG/*Gehrlein* § 63 Rn. 11; KölnKomm AktG/*Lutter* § 63 Rn. 8), wobei der derzeitige Aktionär eine Einlageschuld auch dann gegen sich gelten lassen muss, wenn die Fälligstellung zeitlich bereits vor seiner Aktionärseigenschaft eingetreten ist (zum gutgläubigen Erwerb s. Rn. 11). Er haftet dann aber nur für die Einlageschuld, nicht auch für Nebenpflichten nach § 55 AktG oder aus § 63 Abs. 2, 3 AktG (*Hüffer* AktG, § 63 Rn. 3).

11 Eine **Haftung des Rechtsvorgängers** (Vormann) kommt nach § 63 AktG nicht in Betracht. Dieser kann nur nach § 65 AktG subsidiär in Anspruch genommen werden (MüKo AktG/*Bayer* § 63 Rn. 11; KölnKomm AktG/*Lutter* § 63 Rn. 8). Teilweise soll sich eine unmittelbare Haftung des Veräußerers einer Aktie aus § 63 AktG ergeben, wenn der Erwerber der Aktie keine Kenntnis von der offenen Einlageschuld hatte und er die Aktie gutgläubig und lastenfrei erworben hat (vgl. dazu GroßkommAktG/*Gehrlein* § 63 Rn. 16; *Hüffer* AktG, § 63 Rn. 4; MüKo AktG/*Bayer* § 63 Rn. 11 ff., 22 ff.; KölnKomm AktG/*Lutter* § 63 Rn. 10 ff.; AnwK-AktR/*Bergheim* § 63 Rn. 5).

3. Aufforderung zur Einzahlung

a) Zuständigkeit

12 Die Aufforderung nach § 63 AktG ist **Geschäftsführungsmaßnahme**, für die **ausschließlich der Vorstand** zuständig ist, der die Aufforderung in vertretungsberechtigter Zahl bekanntmachen kann (*Hüffer* AktG, § 63 Rn. 5; MüKo AktG/*Bayer* § 63 Rn. 25; AnwK-AktR/*Bergheim* § 63 Rn. 7). Im Falle der Insolvenz der AG geht das Recht auf den **Insolvenzverwalter** über (*Hüffer* AktG, § 63 Rn. 5; MüKo AktG/*Bayer* § 63 Rn. 27, 62; MünchHdb GesR IV/*Wiesner* § 16 Rn. 10). Zu welchem Zeitpunkt und in welchem Umfang die Aufforderung an die Aktionäre bekanntgemacht wird, steht im **pflichtgemäßen Ermessen** des Vorstandes. Er ist nicht gehalten, eine Aufforderung von den finanziellen Bedürfnissen der AG abhängig zu machen (*Hüffer* AktG, § 63 Rn. 5; MüKo AktG/*Bayer* § 63 Rn. 28; KölnKomm AktG/*Lutter* § 63 Rn. 12; AnwK-AktR/*Bergheim* § 63 Rn. 7; MünchHdb GesR IV/*Wiesner* § 16 Rn. 10).

b) Inhalt der Aufforderung

13 Die Aufforderung muss **eindeutig und bestimmt** sein. Der Inhalt der Aufforderung hat die Aktionäre so genau zu bezeichnen, dass diese ohne weiteres erkennen können, ob und in welcher Höhe sie aus der Aufforderung heraus verpflichtet sind, ihre offene Einlage an die AG zu erbringen (*Hüffer* AktG, § 63 Rn. 6). Daneben sind auch die Höhe der Einlageleistung, der Zahlungstermin sowie die genauen Modalitäten der Zahlung eindeutig anzugeben (*Hüffer* AktG, § 63 Rn. 6; MüKo AktG/*Bayer* § 63 Rn. 32; KölnKomm AktG/*Lutter* § 63 Rn. 14; AnwK-AktR/*Bergheim* § 63 Rn. 7; MünchHdb GesR IV/*Wiesner* § 16 Rn. 10). Den Aktionären ist ein **angemessener Zeitraum** einzuräumen, in dem sie die Einlageleistung zu erbringen haben (MünchHdb GesR IV/*Wiesner* § 16 Rn. 11). Der Hinweis, dass die Aufforderung einen genauen Zahlungstag beinhalten sollte, um einen nach § 286 Abs. 2 Nr. 2 BGB verzugsbegründenden Zahlungszeitpunkt zu erreichen (so AnwK-AktR/*Bergheim* § 63 Rn. 11), ist abzulehnen. Dem Verzugseintritt steht in aller Regel der fehlende Zugang der Mahnung beim Aktionär entgegen (so GroßkommAktG/*Gehrlein* § 63 Rn. 31; *Hüffer* AktG, § 63 Rn. 8; MüKo AktG/*Bayer* § 63 Rn. 42). Eine Bekanntmachung kann einem Zugang nach §§ 130 ff. BGB nicht gleichgestellt werden. Dass dies systemgerecht ist, zeigt sich daran, dass anderenfalls nahezu jede Aufforderung nach § 63 AktG bereits verzugsbegründend nach § 286 BGB wäre, wenn der Aktionär nicht innerhalb der ihm gesetzten Frist die Einlage

leistet. Ist dies der Fall, so wäre die AG berechtigt, von dem Aktionär direkt den höheren Verzugszins nach § 288 BGB (5 Prozentpunkte über dem Basiszinssatz) und nicht nur den gesetzlich vorgesehenen niedrigeren Verzugszins nach § 63 AktG Abs. 2 S. 1 (5 %) zu fordern.

4. Bekanntmachung, § 63 Abs. 1 S. 2 AktG

Die Bekanntmachung hat nach § 63 Abs. 1 S. 2 AktG mindestens in den **Gesellschaftsblättern** zu erfolgen. Sie ist nach § 25 S. 1 AktG in den **elektronischen Bundesanzeiger** einzurücken. Wird diese Form der Bekanntmachung gewählt, so kommt es für die Entstehung und die Fälligkeit der Einlageschuld nicht darauf an, ob die Bekanntmachung dem Aktionär zugegangen ist bzw. er von der Bekanntmachung Kenntnis erlangt hat (*Hüffer* AktG, § 63 Rn. 6; AnwK-AktR/*Bergheim* § 63 Rn. 8; MünchHdb GesR IV/*Wiesner* § 16 Rn. 11). Es ist nach § 25 S. 2 AktG zulässig, in der Satzung weitere Gesellschaftsblätter neben dem elektronischen Bundesanzeiger vorzusehen. Es ist auch zulässig, eine Satzungsregelung dahingehend vorzusehen, dass die Bekanntmachung der Einlageaufforderung nicht im elektronischen Bundesanzeiger erfolgt, sondern die Einlageaufforderung den Aktionären **mittels Brief** mitzuteilen ist (*Hüffer* AktG, § 63 Rn. 6; MüKo AktG/*Bayer* § 63 Rn. 35; KölnKomm AktG/*Lutter* § 63 Rn. 15). Wird diese Variante gewählt, so bedarf es für die Entstehung und die Fälligkeit der Einlageaufforderung eines zusätzlichen Zuganges beim betreffenden Aktionär (MüKo AktG/*Bayer* § 63 Rn. 36). 14

II. Rechtswirkungen, § 63 Abs. 2 und 3 AktG

1. Erfüllbarkeit, Fälligkeit und Zins

Die Bekanntmachung der Aufforderung nach § 63 AktG ist unabdingbare Voraussetzung dafür, dass die Einlageforderung für den Aktionär überhaupt **erfüllbar** wird (GroßkommAktG/*Gehrlein* § 63 Rn. 29; *Hüffer* AktG, § 63 Rn. 7; MüKo AktG/*Bayer* § 63 Rn. 38; KölnKomm AktG/*Lutter* § 63 Rn. 16; MünchHdb GesR IV/*Wiesner* § 16 Rn. 11). Leistet ein Aktionär auf seine Einlageschuld ohne eine vorherige Bekanntmachung der Aufforderung, so kann er seine Einlage nicht wirksam erfüllen. In der Insolvenz der AG kann dies zu der ernüchternden Konsequenz führen, dass der Aktionär seine Einlage nochmals an die AG zu erbringen hat und mit seinem Rückforderungsanspruch aus § 812 BGB, bei der es sich um eine einfache Insolvenzforderung handelt, weitestgehend ausfallen wird. 15

Der Aktionär ist berechtigt, seine Einlageschuld bereits zu dem Zeitpunkt zu erfüllen, zu dem die Aufforderung bekanntgemacht wurde (GroßkommAktG/*Gehrlein* § 63 Rn. 29). Erst zum **Fälligkeitszeitpunkt** ist der Aktionär auch verpflichtet, seine Einlageleistung gegenüber der AG zu erbringen. Kommt er der Einlageverpflichtung nicht zeitgerecht nach, so fallen nach § 63 Abs. 2 S. 1 AktG **verschuldensunabhängige Zinsen** i. H. v. 5 % p. a. auf die fällige Einlageschuld an. Es ist der AG gem. § 23 Abs. 5 AktG verboten, diese Zinshöhe zu verändern, d. h. weder zu vermindern, noch gänzlich aufzuheben (*Hüffer* AktG, § 63 Rn. 8; MüKo AktG/*Bayer* § 63 Rn. 48 ff.; AnwK-AktR/*Bergheim* § 63 Rn. 10). Eine Erhöhung der Zinsen kommt nur dadurch in Betracht, dass nach § 63 Abs. 3 AktG eine Vertragsstrafe festgesetzt wird (GroßkommAktG/*Gehrlein* § 63 Rn. 39; KölnKomm AktG/*Lutter* § 63 Rn. 24). 16

2. Weitergehender Schadensersatz, § 63 Abs. 2 S. 2 AktG

Die AG ist nach § 63 Abs. 2 S. 2 AktG berechtigt, von dem Aktionär auch einen weitergehenden Schadensersatz zu verlangen, wenn der Aktionär mit seiner fälligen Einlageleistung in Verzug kommt. Ein solcher Schaden wird regelmäßig in der Geltendmachung des höheren Verzugszinssatzes nach § 288 BGB oder in höheren Kreditzinsen liegen (MüKo AktG/*Bayer* § 63 Rn. 51). Da § 63 AktG keine eigenständige Anspruchsgrundlage darstellt, müssen die Voraussetzungen für das Vorliegen eines weitergehenden Schadensersatzanspruchs gegeben sein, was regelmäßig nicht nur den Zugang einer Mahnung nach § 286 BGB, sondern auch ein Verschulden des Aktionärs bedingt (*Hüffer* AktG, § 63 Rn. 8; MüKo AktG/*Bayer* § 63 Rn. 50; KölnKomm AktG/*Lutter* § 63 Rn. 25; MünchHdb GesR IV/*Wiesner* § 16 Rn. 12). 17

3. Vertragsstrafe, § 63 Abs. 3 AktG

18 Die nach § 63 Abs. 3 AktG zulässige Vertragsstrafe, die nur in der Satzung der AG enthalten sein kann, darf im Falle der Nichtleistung oder der nicht rechtzeitigen Leistung der Einlage nicht dazu führen, dass dem Aktionär die Wahrnehmung seiner Rechte aus der Aktie (mit Ausnahme der Einschränkung des Dividendenrechts gem. § 60 Abs. 3 AktG versagt wird oder es zu einem Verfall oder zu einer Einziehungsmöglichkeit der Aktie kommt (MüKo AktG/*Bayer* § 63 Rn. 52 ff; KölnKomm AktG/*Lutter* § 63 Rn. 28; AnwK-AktR/*Bergheim* § 63 Rn. 12; MünchHdb GesR IV/*Wiesner* § 16 Rn. 12). In erster Linie kommt eine Vertragsstrafe **in Geld** in Betracht (KölnKomm AktG/*Lutter* § 63 Rn. 28).

C. Das Kaduzierungsverfahren nach § 64 AktG

I. Voraussetzungen des Kaduzierungsverfahren

19 Wie unter Rn. 5 ausgeführt, ist § 64 AktG nur auf denjenigen Aktionär anwendbar, der der Aufforderung zur Erbringung seiner Einlageleistung nicht fristgerecht nachgekommen ist. Ohne eine ordnungsgemäße Zahlungsaufforderung kann ein Kaduzierungsverfahren nicht eingeleitet werden (GroßkommAktG/*Gehrlein* § 64 Rn. 17). Damit ist § 64 AktG nur auf noch **nicht erbrachte und fällige Bareinlageverpflichtungen** anzuwenden (*Hüffer* AktG, § 64 Rn. 3; Müko AktG/*Bayer* § 64 Rn. 10 ff.; KölnKomm AktG/*Lutter* § 64 Rn. 11 ff.). Unerheblich ist, ob es sich um Inhaber- oder Namensaktien handelt (vgl. Rn. 8 f.) und ob diese einzeln verbrieft worden sind oder nicht (MüKo AktG/*Bayer* § 64 Rn. 23; AnwK-AktR/*Bergheim* § 64 Rn. 5). Die AG muss zum Zeitpunkt der Bekanntmachung der Verlustigerklärung der Aktie (§ 64 Abs. 3 S. 2 AktG) **Inhaber der Einlageforderung** sein, was scheitert, wenn die AG die Einlageforderung zwischenzeitlich an einen Dritten abgetreten hat; allein die Pfändung oder Verpfändung der Einlageforderung führt hingegen noch nicht zum Gläubigerwechsel (MüKo AktG/*Bayer* § 64 Rn. 23 ff.; KölnKomm AktG/*Lutter* § 64 Rn. 14). Eine Satzungsbestimmung, die das Kaduzierungsverfahren zugunsten oder zuungunsten der Aktionäre verändert, ist nach § 23 Abs. 5 AktG nicht möglich (*Hüffer* AktG, § 64 Rn. 1; MünchHdb GesR IV/*Wiesner* § 16 Rn. 13).

II. Einleitung des Kaduzierungsverfahrens

1. Zuständigkeit

20 Strittig ist, ob allein der Vorstand für die zu treffende Entscheidung über die Durchführung eines Kaduzierungsverfahrens zuständig ist (bejahend GroßkommAktG/*Gehrlein* § 64 Rn. 20 sowie KölnKomm AktG/*Lutter* § 64 Rn. 9). Teilweise wird argumentiert, dass das AktG hierfür keine Regelung enthalte und die Satzung der AG damit auch eine andere Zuständigkeit regeln könne, so vor allem eine Zuständigkeit der Hauptversammlung (so MüKo AktG/*Bayer* § 64 Rn. 29 m. w. N.). Eine Hauptversammlungszuständigkeit muss vom Sinn und Zweck der Regelungen der §§ 63 bis 65AktG (s. dazu oben Rn. 1 ff.) strikt abgelehnt werden. Anderenfalls hätte es ein säumiger Mehrheitsaktionär nicht nur in der Hand, darüber zu entscheiden, ob ein Kaduzierungsverfahren gegen ihn eingeleitet wird, sondern könnte damit ohne die Einleitung eines Kaduzierungsverfahrens auch den Weg blockieren, etwaige Vormänner nach § 65 AktG für die Erbringung der Einlageleistung in Anspruch zu nehmen.

2. Ermessensentscheidung

21 Ob die AG ein Kaduzierungsverfahren durchführt, steht im **pflichtgemäßen Ermessen des Vorstandes**. Der Vorstand hat darüber zu entscheiden, ob er die ausstehende Einlage im Wege einer gewöhnlichen Leistungsklage oder aber im Wege des Kaduzierungsverfahrens geltend machen will (MüKo AktG/*Bayer* § 64 Rn. 31; KölnKomm AktG/*Lutter* § 64 Rn. 4). Er ist auch berechtigt, ein eingeleitetes Kaduzierungsverfahren wieder einzustellen (GroßkommAktG/*Gehrlein* § 64 Rn. 22; MüKo AktG/*Bayer* § 64 Rn. 32 f.). Im Rahmen der auszuübenden Ermessensentscheidung ist zwingend der **Gleichbehandlungsgrundsatz** des § 53 a AktG zu beachten (*Hüffer* AktG, § 64 Rn. 2; KölnKomm AktG/*Lutter* § 64 Rn. 5 ff.; MünchHdb GesR IV/*Wiesner* § 16 Rn. 14).

III. Durchführung des Kaduzierungsverfahrens

1. Nachfristsetzung mit Androhung, § 64 Abs. 1 AktG

Das Kaduzierungsverfahren beginnt nach § 64 Abs. 1 S. 2 AktG damit, dass dem säumigen Aktionär eine **Nachfrist** zu setzen ist. Die Nachfrist beinhaltet die Aufforderung, die ausstehende Einlage bis zu einem dort zu bestimmenden Zeitpunkt erbringen zu müssen. Der Zeitpunkt der Leistung kann im Rahmen der in § 64 Abs. 2 AktG bestimmten Frist sowohl mit einem fixen Datum als auch mit einer vom Aktionär selbst auszurechnenden Frist bestimmt werden (GroßkommAktG/*Gehrlein* § 64 Rn. 27; MüKo AktG/*Bayer* § 64 Rn. 40). Nach § 64 Abs. 1 AktG muss die Nachfrist zwingend mit der **Androhung** versehen sein, dass die Aktien des säumigen Aktionärs und die von ihm bereits erbrachten Einlagen im Falle der Nichtzahlung gegenstandslos für verlustig erklärt werden. Die Nachfrist kann nach ganz h. M. nicht mit der nach § 63 Abs. 1 S. 1 AktG vorausgehenden Aufforderung verbunden werden. Eine Nachfristsetzung ist erstmals zulässig, wenn der in der Einzahlungsaufforderung genannte Fälligkeitstermin zur Erbringung der Einlageleistung fruchtlos verstrichen ist (OLG München GmbHR 1985, 56; *Hüffer* AktG, § 64 Rn. 4; MüKo AktG/*Bayer* § 64 Rn. 39; KölnKomm AktG/*Lutter* § 64 Rn. 16; MünchHdb GesR IV/*Wiesner* § 16 Rn. 13). 22

2. Bekanntmachungen der Nachfrist, § 64 Abs. 2 AktG

Wie die Nachfrist gegenüber dem Aktionär bekanntzumachen ist, ergibt sich aus der komplexen Vorschrift des § 64 Abs. 2 AktG. Grundsätzlich ist die Nachfrist dreimal in den Gesellschaftsblättern (regelmäßig im elektronischen Bundesanzeiger) bekanntzumachen, wobei die erste Bekanntmachung mindestens drei Monate und die letzte Bekanntmachung mindestens einen Monat vor dem dort bestimmten Fristablauf zu liegen hat. Die Fristberechnung ergibt sich aus § 187 ff. BGB (GroßkommAktG/*Gehrlein* § 64 Rn. 31; MüKo AktG/*Bayer* § 64 Rn. 40). Im Falle von **vinkulierten Namensaktien** (§ 68 Abs. 2 AktG) genügt nach § 64 Abs. 2 S. 4 AktG alternativ auch eine einmalige und zeitlich auf wenigstens einen Monat verkürzte **Einzelaufforderung** an den säumigen Aktionär. Die Einzelaufforderung muss dem Aktionär – im Gegensatz zur Bekanntgabe – zugehen, um einen wirksamen Ausschluss durchführen zu können (MüKo AktG/*Bayer* § 64 Rn. 47). 23

3. Ausschlusserklärung, § 64 Abs. 3 AktG

Ist die Nachfrist nach § 64 Abs. 2 AktG wirksam bekanntgemacht worden und wurde die fällige Einlageschuld nicht innerhalb der dort genannten Frist erfüllt, so bedarf es für die tatsächliche Ausschließung des säumigen Aktionärs nach § 64 Abs. 3 AktG einer ebenfalls in den Gesellschaftsblättern der AG bekanntzumachenden **Ausschlusserklärung**. Die AG ist nicht verpflichtet, die Ausschließungserklärung überhaupt oder unmittelbar nach dem Ablauf der Nachfrist bekanntzumachen. Bei längerem Zuwarten ist der Grundgedanke der Verwirkung zu beachten (MüKo AktG/*Bayer* § 64 Rn. 50; KölnKomm AktG/*Lutter* § 64 Rn. 23; MünchHdb GesR IV/*Wiesner* § 16 Rn. 16). Mit dem Zeitpunkt der **Veröffentlichung der Ausschließungserklärung** wird der Aktionär seiner Aktie und seiner Einlage verlustig. Im Umkehrschluss hat dies zur Konsequenz, dass der Aktionär bis zu diesem Zeitpunkt berechtigt bleibt, seiner Einlageverpflichtung nachzukommen. Hat der säumige Aktionär vor dem Tag bzw. sogar noch am Tag der Bekanntmachung der Ausschließungserklärung seine fällige Einlageschuld erfüllt, so ist die Ausschließung abgewendet (GroßkommAktG/*Gehrlein* § 64 Rn. 37; *Hüffer* AktG, § 64 Rn. 6). 24

IV. Wirkungen der Ausschließung

1. Rechtstellung des betroffenen Aktionärs

§ 64 Abs. 3 S. 1 AktG bestimmt, dass der Aktionär durch die Bekanntmachung seiner Aktien und der darauf bereits geleisteten Einzahlungen zugunsten der Gesellschaft verlustig wird. Dies bedeutet, dass der Aktionär seine Mitgliedschaft und damit sämtliche Rechte und auch sämtliche Pflichten aus der Aktie (nicht nur i. S. d. Verbriefung) verliert (*Hüffer* AktG, § 64 Rn. 7; MüKo 25

AktG/*Bayer* § 64 Rn. 58; KölnKomm AktG/*Lutter* § 64 Rn. 27). Die bereits erbrachten Einlagen verbleiben ersatzlos bei der AG – ein Erstattungsanspruch ist ausgeschlossen, so dass bereits erbrachte Einlageleistungen dem zukünftigen Neuaktionär zugute kommen (MüKo AktG/*Bayer* § 64 Rn. 59; KölnKomm AktG/*Lutter* § 64 Rn. 40). Rechte Dritter, die an der Aktie bestanden haben, werden gegenstandslos und gehen unter (MüKo AktG/*Bayer* § 64 Rn. 64; MünchHdb GesR IV/*Wiesner* § 16 Rn. 17). War die Aktie verbrieft, so ist die alte Aktienurkunde nichtig; ein gutgläubiger Erwerb kommt nicht in Betracht (*Hüffer* AktG, § 64 Rn. 7; MüKo AktG/*Bayer* § 64 Rn. 73; KölnKomm AktG/*Lutter* § 64 Rn. 33).

2. Ausgabe neuer Aktien, § 64 Abs. 4 S. 1 AktG

26 Soweit einzelverbriefte Aktienurkunden ausgegeben worden sind, hat die AG anstelle der alten neue Aktien auszugeben (GroßkommAktG/*Gehrlein* § 64 Rn. 49 ff.). Entsprechend § 64 Abs. 4 S. 1 AktG ist auf der neuen Aktienurkunde nicht nur der Betrag der auf die Aktie bereits erbrachten Teilleistungen nach § 10 Abs. 2 S. 2 AktG, sondern zusätzlich auch der noch ausstehende Einlagebetrag anzugeben. Ohne auf die dogmatisch umstrittene Frage einzugehen, wem die Aktie nach der Ausschließung zusteht (vgl. dazu nur MüKo AktG/*Bayer* § 64 Rn. 69 ff.), besteht Einigkeit darüber, dass die Aktie im Ergebnis wie eine eigene Aktie nach §§ 71 ff. AktG zu behandeln ist (*Hüffer* AktG, § 64 Rn. 8; MüKo AktG/*Bayer* § 64 Rn. 70), wobei sich die Verpflichtung der Verwertung nicht aus den §§ 71 ff. AktG, sondern aus der Spezialvorschrift des § 65 AktG ergibt.

3. Ausfallhaftung des ausgeschlossenen Aktionärs

27 Mit der Ausschließung gehen sämtliche Verpflichtungen des Aktionärs aus der Aktie unter, mithin auch seine Einlageverpflichtung (KölnKomm AktG/*Lutter* § 64 Rn. 40; MüKo AktG/*Bayer* § 64 Rn. 81). Um den Aktionär weiterhin für sämtliche rückständigen Einlageleistungen in Anspruch nehmen zu können, bestimmt § 64 Abs. 4 S. 2 AktG, dass der Aktionär für den Ausfall der AG an der fälligen Einlagenforderung sowie auch für später eingeforderte Beträge haftet. Es handelt sich hierbei um eine **subsidiäre Ausfallhaftung** des ausgeschlossenen Aktionärs. Er kann nur dann von der Gesellschaft in Anspruch genommen werden, wenn und soweit (Differenzhaftung!) die Gesellschaft die fällige Einlage nicht von den Vormännern nach § 65 Abs. 1 AktG bzw. im Wege des Verkaufs nach § 65 Abs. 3 AktG vereinnahmen kann (MüKo AktG/*Bayer* § 64 Rn. 86; KölnKomm AktG/*Lutter* § 64 Rn. 42). Waren Teile der Einlage zum Zeitpunkt der Ausschließung noch nicht nach § 63 Abs. 1 AktG fällig, so kommt die subsidiäre Haftung des ausgeschlossenen Aktionärs für diese Beträge erst in Betracht, wenn zuvor gegenüber dem Neuaktionär seinerseits das Kaduzierungsverfahren durchgeführt worden ist (*Hüffer* AktG, § 64 Rn. 9; MüKo AktG/*Bayer* § 64 Rn. 87). Die in § 66 AktG enthaltenen Erlass- und Aufrechnungsverbote gelten auch für die Ausfallhaftung des § 64 Abs. 4 S. 2 AktG (MüKo AktG/*Bayer* § 64 Rn. 84). Leistet der ausgeschlossene Aktionär aufgrund seiner Haftungsverpflichtung aus § 64 Abs. 4 S. 2 AktG, so ist ihm im Gegenzug nicht die Inhaberschaft an der neuen Aktie zu gewähren; dieser kann die Aktie nur im Wege des Kaufs nach § 65 Abs. 3 AktG erneut erwerben (MüKo AktG/*Bayer* § 65 Rn. 11; MünchHdb GesR IV/*Wiesner* § 16 Rn. 19).

D. Zahlungspflicht der Vormänner, § 65 AktG

I. Verwertungsverpflichtung

28 § 65 AktG beinhaltet die Verpflichtung der AG, die Aktie des ausgeschlossenen Aktionärs zu verwerten, um dem Grundsatz der Kapitalaufbringung zu entsprechen (MüKo AktG/*Bayer* § 65 Rn. 7; *Hüffer* AktG, § 65 Rn. 1). Zweck des § 65 AktG ist, die **Zahlung der rückständigen Geldeinlage** zu erreichen (*Hüffer* AktG, § 65 Rn. 1). Die Verwertung der Aktie hat dadurch zu erfolgen, dass nach § 65 Abs. 1 AktG zunächst die Vormänner des ausgeschlossenen Aktionärs auf Zahlung der ausstehenden Einlageleistung in Anspruch zu nehmen sind. Erst wenn von keinem der Vormänner die vollständige Zahlung der ausstehenden Einlageforderung zu erlangen ist, ist die Aktie nach § 65 Abs. 3 AktG zu verkaufen. Die Durchführung der Verwertung der Aktie

nach § 65 AktG steht nicht im Ermessen des Vorstandes, er ist dazu gesetzlich verpflichtet. Um ein »Verschleudern« der Aktie zu verhindern (so GroßkommAktG/*Gehrlein* § 65 Rn. 1 sowie *Hüffer* AktG, § 65 Rn. 1), wird dem Vorstand der AG zwingend (§ 23 Abs. 5 AktG) aufgegeben, unter welchen Voraussetzungen, zu welchem Zeitpunkt und in welcher Art und Weise die Verwertung der Aktie stattzufinden hat (*Hüffer* AktG, § 65 Rn. 1; MüKo AktG/*Bayer* § 65 Rn. 6; AnwK-AktR/*Bergheim* § 65 Rn. 1). § 65 AktG ist **nicht abänderbar**, jedenfalls solange nicht, wie alle in Betracht kommenden Vor- und Nachmänner sowie der säumige Aktionär nicht eine abweichende vertragliche Vereinbarung geschlossen haben (vgl. dazu MüKo AktG/*Bayer* § 65 Rn. 10 f.).

II. Zahlungspflicht des Vormannes, § 65 Abs. 1 AktG

1. Haftung der Vormänner

Für die eingeforderte, aber bisher nicht erfüllte Einlageverpflichtung kann nach § 65 Abs. 1 S. 1 AktG jeder Vormann des ausgeschlossenen Aktionärs in Anspruch genommen werden. Die Vorschrift stellt darauf ab, dass der Vormann im Aktienregister nach § 67 Abs. 1 AktG eingetragen ist. Ob die Aktie einzeln verbrieft ist, ist unerheblich; auch für den Fall, dass entgegen der gesetzlichen Vorgabe kein Aktienregister geführt wird, bleibt § 65 AktG anwendbar (*Hüffer* AktG, § 65 Rn. 2; MüKo AktG/*Bayer* § 65 Rn. 24; AnwK-AktR/*Bergheim* § 65 Rn. 4). Unter Rn. 8 ff. wurde bereits darauf hingewiesen, dass § 65 AktG nicht nur auf Namensaktien, sondern gleichermaßen auf Inhaberaktien anzuwenden ist. Es wird bei **Inhaberaktien** jedoch in der Regel (jedenfalls, soweit der Aktionärskreis nicht bekannt ist) schwer sein, die Kette der Aktienübertragungen nachzuvollziehen. Bei Inhaberaktien spielt § 65 AktG daher eine untergeordnete Rolle (AnwK-AktR/*Bergheim* § 65 Rn. 4), zumal auch ein gutgläubiger und damit lastenfreier Erwerb der Inhaberaktie in Betracht kommt, der die Anwendung des § 63 Abs. 1 AktG und somit auch der §§ 64, 65 AktG auf den Erwerber ausschließt (s. Rn. 11). 29

2. Zahlungsunfähigkeit der Nachmänner

Ein Vormann kann nach § 65 Abs. 1 S. 1 AktG nur auf Zahlung in Anspruch genommen werden, wenn die Zahlung von seinen Nachmännern nicht erlangt werden kann. Durch diese Regelung wird zunächst klargestellt, dass eine Haftung der Vormänner nicht eintreten kann, wenn der säumige Aktionär entweder selbst Gründer oder Zeichner einer Aktie im Rahmen einer Kapitalerhöhung gewesen ist. In diesem Fall gibt es keine Vormänner. Zweitens wird damit klargestellt, dass der unmittelbare Vormann des ausgeschlossenen Aktionärs, also derjenige, der die Aktie auf den ausgeschlossenen Aktionär übertragen hat, immer nach § 65 Abs. 1 S. 1 AktG auf Zahlung in Anspruch genommen werden kann, da dieser keinen Nachmann haben kann (*Hüffer* AktG, § 65 Rn. 4; MüKo AktG/*Bayer* § 65 Rn. 27; MünchHdb GesR IV/*Wiesner* § 16 Rn. 20). 30

In allen anderen Fällen, in denen es also mindestens zwei Vormänner gegeben hat, steht der AG kein Wahlrecht im Sinne eines Sprungregresses zu, welchen der Vormänner sie als ersten auf Regress in Anspruch nehmen will. Es herrscht eine **strenge Stufen- und Staffelregressfolge** (*Hüffer* AktG, § 65 Rn. 4; MüKo AktG/*Bayer* § 65 Rn. 28; MünchHdb GesR IV/*Wiesner* § 16 Rn. 20). Nach § 65 Abs. 1 AktG ist zunächst der **unmittelbare Vormann** des ausgeschlossenen Aktionärs aufzufordern, die ausstehende Einlage zu leisten. Die AG hat auch den unmittelbaren Vormann des in Anspruch genommenen Vormanns von dieser Aufforderung nach § 65 Abs. 1 S. 2 AktG zu informieren. Diese Information ist keine Voraussetzung im Sinne einer Bedingung für die wirksame Inanspruchnahme des Vormannes (*Hüffer* AktG, § 65 Rn. 3; MüKo AktG/*Bayer* § 65 Rn. 33; Köln-Komm AktG/*Lutter* § 65 Rn. 15). Wichtig ist die Vornahme der Information aber aus folgendem Grund: Kommt der in Anspruch genommene (unmittelbare) Vormann seiner Leistungsverpflichtung nicht innerhalb eines Monats seit der Zahlungsaufforderung **und** der Benachrichtigung seines Vormannes nach, **so wird** gem. § 65 Abs. 1 S. 3 AktG **vermutet**, dass der Vormann zahlungsunfähig ist. Erst ab diesem Zeitpunkt ist die AG berechtigt, nunmehr auch den mittelbaren Vormann auf Zahlung in Anspruch zu nehmen. Auch dies hat im Wege der Zahlungsaufforderung nach § 65 Abs. 1 S. 1 AktG zu erfolgen. Zugleich ist auch ein weiterer Vormann des (nunmehr in 31

Anspruch genommenen) Vormannes nach § 65 Abs. 3 S. 2 AktG von dieser Zahlungsaufforderung zu informieren. Weder die Zahlungsaufforderung noch die Benachrichtigung können mittels Bekanntmachung in den Gesellschaftsblättern erfolgen, da damit kein Zugang bei den betreffenden Vor- und Nachmännern sichergestellt ist (MüKo AktG/*Bayer* § 65 Rn. 30).

32 Da die Zahlungsunfähigkeit von der AG nicht durch tatsächlich versuchte Vollstreckungsversuche nachzuweisen ist, sondern die Vermutungsregelung des § 65 Abs. 1 S. 3 AktG ausreichend ist, muss die AG sicherstellen, dass nicht nur die Zahlungsaufforderung, sondern auch die Benachrichtigung ordnungsgemäß zugegangen sind. Anderenfalls kann der in Anspruch genommene Vormann die Einrede erheben, dass die Zahlungsunfähigkeit seines Nachmannes nicht nachgewiesen ist (MüKo AktG/*Bayer* § 65 Rn. 33).

3. Inhalt und Umfang der Haftung des Vormannes

33 Die Haftung des Vormannes ist aufgrund der Bedingung, dass der Nachmann zahlungsunfähig ist, nur eine **subsidiäre Haftung** (*Hüffer* AktG, § 65 Rn. 5). Die Haftung resultiert aus einem gesetzlichen Schuldverhältnis, nämlich aus der früheren Stellung des Vormannes als Aktionär (GroßkommAktG/*Gehrlein* § 65 Rn. 8). Da es sich um die Aufforderung zur Erfüllung einer Einlageschuld handelt, kommt § 66 Abs. 1 AktG zur Anwendung, so dass der Vormann nicht berechtigt ist, mit eigenen Forderungen die Aufrechung zu erklären und es der AG nicht gestattet ist, auf die Zahlungsaufforderung gegenüber dem Vormann zu verzichten (*Hüffer* AktG, § 65 Rn. 5).

34 § 65 AktG ist nur anwendbar, wenn eine **wirksame Ausschließung nach § 64 AktG** stattgefunden hat. Diese darf wiederum nur durchgeführt werden, wenn die nach § 63 Abs. 1 AktG eingefordert Einlage nicht erfüllt worden ist. Damit kommt eine Haftung des Vormannes nur für die fällige Einlageverpflichtung, nicht aber auch für ausstehende Nebenpflichten nach § 55 AktG, Nebenpflichten aus § 63 Abs. 2 AktG (Zinsen, Schadensersatz) und Abs. 3 (Vertragsstrafe) sowie für Verfahrenskosten in Betracht (*Hüffer* AktG, § 65 Rn. 6; MüKo AktG/*Bayer* § 65 Rn. 42; KölnKomm AktG/*Lutter* § 65 Rn. 8).

35 Eine Haftung des Vormannes ist nach § 65 Abs. 2 AktG auf die Zahlung solcher Beträge beschränkt, die **binnen zwei Jahren** eingefordert werden. Die Frist beginnt nach § 65 Abs. 2 S. 2 AktG mit dem Tag, an dem die Übertragung der Aktie auf den betreffenden Vormann zum Aktienregister der AG angemeldet bzw. nach der neuen Formulierung des § 67 Abs. 3 AktG mitgeteilt worden ist (MüKo AktG/*Bayer* § 65 Rn. 42). Diese zeitliche Haftungsbegrenzung gilt nur für solche ausstehenden Einlageforderungen, die erst in der Zeit fällig geworden sind, in der der Vormann nicht mehr Aktionär der AG gewesen ist (GroßkommAktG/*Gehrlein* § 65 Rn. 33). War die Einlageforderung bereits zum Zeitpunkt seiner Aktionärsstellung fällig, so gilt die allgemeine Verjährungsregelung des § 54 Abs. 4 AktG (*Hüffer* AktG, § 65 Rn. 7; MüKo AktG/*Bayer* § 65 Rn. 43; KölnKomm AktG/*Lutter* § 65 Rn. 44; AnwK-AktR/*Bergheim* § 65 Rn. 13 ff.; MünchHdb GesR IV/*Wiesner* § 16 Rn. 22).

4. Rechtsfolgen der Zahlung durch den Vormann

36 Zahlt ein Vormann die ausstehende Einlageleistung an die Gesellschaft, so geht die **Mitgliedschaft kraft Gesetzes** (ipso iure, aber ex nunc) **auf den zahlenden Vormann** über (so *Hüffer* AktG, § 65 Rn. 6; MüKo AktG/*Bayer* § 65 Rn. 51, 53; KölnKomm AktG/*Lutter* § 65 Rn. 16; AnwK-AktR/*Bergheim* § 65 Rn. 4; MünchHdb GesR IV/*Wiesner* § 16 Rn. 21). Hatte die AG die Aktien des ausgeschlossenen Aktionärs einzeln verbrieft, steht auch dem erwerbenden Vormann ein Verbriefungsrecht zu, so dass er nach § 65 Abs. 1 S. 4 AktG seine Einlageleistung nur Zug um Zug gegen Übergabe der Aktienurkunden anzubieten hat (MüKo AktG/*Bayer* § 65 Rn. 60 f.; KölnKomm AktG/*Lutter* § 65 Rn. 21). Zahlt der Vormann die gesamte ausstehende Einlageverpflichtung, so resultiert daraus zugleich, dass sämtliche dem Vormann folgenden Nachmänner von ihrer Regresspflicht befreit werden. Ebenso wird auch der säumige Aktionär von seiner Ausfallhaftung nach § 64 Abs. 4 S. 2 AktG befreit, wobei eine Haftung möglicherweise noch für Verfahrenskosten etc. bestehen kann (GroßkommAktG/*Gehrlein* § 65 Rn. 49; MüKo AktG/*Bayer* § 65 Rn. 62; AnwK-AktR/*Bergheim* § 65 Rn. 11).

III. Verkauf der Aktie nach § 63 Abs. 3 AktG

1. Durchführung des Verkaufs

§ 65 Abs. 3 AktG bestimmt für den Fall (Bedingung!), dass die AG keine Zahlung von den Vormännern erlangen kann, eine **Verpflichtung zum unverzüglichen Verkauf** der Aktie. Der Verkauf hat im Falle einer börsennotierten AG (inklusive Freiverkehr) im Wege des Verkaufs über die Börse stattzufinden (*Hüffer* AktG, § 65 Rn. 8; MüKo AktG/*Bayer* § 65 Rn. 74 ff.; KölnKomm AktG/*Lutter* § 65 Rn. 32 ff.; AnwK-AktR/*Bergheim* § 65 Rn. 16 f.; MünchHdb GesR IV/*Wiesner* § 16 Rn. 23). Sind die Aktien nicht über eine Börse handelbar, so sind die Aktien zu den in § 65 Abs. 3 S. 1 bis 3 AktG genannten Bedingungen zu versteigern. Um dem säumigen Aktionär und den Vormännern die Möglichkeit zu geben, die Aktie selbst ersteigern zu können, sind sie von der Versteigerung nach § 65 Abs. 3 S. 4 AktG zu informieren. Die dort genannte Untunlichkeit ist wohl nicht auf die Frage der Zahlungsfähigkeit des ausgeschlossenen Aktionärs und seiner Vormänner, sondern eher auf die Frage der Kenntnis von deren Aufenthaltsort zu beziehen. Um sich keinem Haftungsprozess ausgesetzt zu sehen, ist dem Vorstand zu empfehlen, im Zweifel eine **öffentliche Zustellung** vorzunehmen (MüKo AktG/*Bayer* § 65 Rn. 86; AnwK-AktR/*Bergheim* § 65 Rn. 23). 37

2. Rechtswirkungen beim Erwerber der Aktie

Die Person, die die Aktie erwirbt, zahlt keinen Kaufpreis, sondern zahlt auf die Einlageschuld (so GroßkommAktG/*Gehrlein* § 65 Rn. 66; *Hüffer* AktG, § 65 Rn. 10; KölnKomm AktG/*Lutter* § 65 Rn. 41; a. A. wohl teilweise MüKo AktG/*Bayer* § 65 Rn. 95 f.), so dass auch das in § 66 AktG normierte **Aufrechnungs- und Befreiungsverbot** zur Anwendung kommt. Der Erwerber erwirbt die Aktie mit allen Rechten und Pflichten, wobei er jedoch nicht mehr für rückständige Einlagenleistungen haftet (*Hüffer* AktG, § 65 Rn. 10; MüKo AktG/*Bayer* § 65 Rn. 94; MünchHdb GesR IV/*Wiesner* § 16 Rn. 21). Die Einlageschuld gilt nämlich mit der Zahlung des Kaufpreises als erfüllt, gleich ob der Kaufpreis die Einlageschuld abdeckt oder nicht. 38

3. Rechtswirkungen bei den Vormännern

Mit der Zahlung des Erwerbers auf die Einlage werden sämtliche Vormänner **von ihrer Regresspflicht** aus § 65 AktG **befreit**, unabhängig von der Höhe des Kaufpreises (MüKo AktG/*Bayer* § 65 Rn. 90; KölnKomm AktG/*Lutter* § 65 Rn. 42). 39

4. Rechtswirkungen bei dem ausgeschlossenen Aktionär

Der ausgeschlossene Aktionär wird von seiner **Ausfallhaftung** nach § 64 Abs. 4 S. 2 AktG nur befreit, wenn der von dem Erwerber zu zahlende Kaufpreis den Wert der ausstehenden Einlage plus die Kosten des Verwertungsverfahrens erreicht. Ist der Kaufpreis niedriger, so haftet der ausgeschlossene Aktionär auf den verbleibenden Differenzbetrag weiterhin nach § 64 Abs. 4 S. 2 AktG (GroßkommAktG/*Gehrlein* § 65 Rn. 68; MüKo AktG/*Bayer* § 65 Rn. 91; KölnKomm AktG/*Lutter* § 65 Rn. 42). Kann im Rahmen des Verkaufs ein **Übererlös** erzielt werden, so besteht Einigkeit, dass dieser nur der AG, nicht aber dem ausgeschlossenen Aktionär zusteht (MüKo AktG/*Bayer* § 65 Rn. 92; KölnKomm AktG/*Lutter* § 65 Rn. 42; a. A. nur GroßkommAktG/*Gehrlein* § 65 Rn. 69). Fraglich ist nur, ob der Mehrerlös auf eine noch offene Einlageforderung des Erwerbers anzurechnen ist. Dies ist zu verneinen, wenn die offene Einlageforderung noch nicht nach § 63 Abs. 1 S. 1 zur Zahlung angefordert und somit nicht fällig ist (vgl. MüKo AktG/*Bayer* § 65 Rn. 93; KölnKomm AktG/*Lutter* § 65 Rn. 43). 40

5. Scheitern des Verkaufs

41 Kann die Aktie auch nicht im Wege des § 65 Abs. 3 AktG verkauft werden, so fällt die Aktie der AG endgültig als Vollinhaberschaft zu. Dies führt aber nicht zum Untergang der Ausfallhaftung nach § 64 Abs. 4 S. 2 AktG (MüKo AktG/*Bayer* § 65 Rn. 98; KölnKomm AktG/*Lutter* § 65 Rn. 44). Auf die Aktie sind sodann nur noch die Vorschriften über die eigenen Aktien nach §§ 71 ff. AktG anzuwenden (GroßkommAktG/*Gehrlein* § 65 Rn. 73).

§ 66 Keine Befreiung der Aktionäre von ihren Leistungspflichten

(1) [1]Die Aktionäre und ihre Vormänner können von ihren Leistungspflichten nach den §§ 54 und 65 nicht befreit werden. [2]Gegen eine Forderung der Gesellschaft nach den §§ 54 und 65 ist die Aufrechnung nicht zulässig.

(2) Absatz 1 gilt entsprechend für die Verpflichtung zur Rückgewähr von Leistungen, die entgegen den Vorschriften dieses Gesetzes empfangen sind, für die Ausfallhaftung des ausgeschlossenen Aktionärs sowie für die Schadenersatzpflicht des Aktionärs wegen nicht gehöriger Leistung einer Sacheinlage.

(3) Durch eine ordentliche Kapitalherabsetzung oder durch eine Kapitalherabsetzung durch Einziehung von Aktien können die Aktionäre von der Verpflichtung zur Leistung von Einlagen befreit werden, durch eine ordentliche Kapitalherabsetzung jedoch höchstens in Höhe des Betrags, um den das Grundkapital herabgesetzt worden ist.

Übersicht:

A. Überblick

1 § 66 AktG wird überwiegend als die **zentrale Vorschrift** im System der **Kapitalaufbringung** angesehen (KölnKomm AktG/*Lutter* § 66 Rn. 2; MüKo AktG/*Bayer* § 66 Rn. 3; MünchHdb GesR IV/*Wiesner* § 16 Rn. 24). Sie dient über § 66 Abs. 2 AktG zudem auch dem Grundsatz der **Kapitalerhaltung** (*Hüffer* AktG, § 66 Rn. 1). § 66 AktG ist **zwingend** und kann nach § 23 Abs. 5 AktG nicht durch eine abweichende Satzungsbestimmung abgedungen werden (MüKo AktG/*Bayer* § 66 Rn. 5). Jeder Verstoß gegen § 66 AktG führt zur Nichtigkeit nach § 134 BGB (*Hüffer* AktG, § 66 Rn. 12; AnwK-AktR/*Bergheim* § 66 Rn. 16; MüKo AktG/*Bayer* § 66 Rn. 5).

B. Befreiungs- und Aufrechnungsverbot, Abs. 1

I. Von Abs. 1 erfasste Leistungspflichten

2 Abs. 1 bezieht sich in Bezug auf den Aktionär auf **jede Form der Einlageschuld** nach § 54 AktG. Dabei ist es gleichgültig, ob es sich um eine Bar- oder Sacheinlage, um eine Einlage im Wege der Gründung oder der Kapitalerhöhung oder um eine Einlage handelt, die vor der Eintragung der AG im Handelsregister oder erst nach der Eintragung zu erbringen ist (GroßkommAktG/*Gehrlein* § 66 Rn. 3; KölnKomm AktG/*Lutter* § 66 Rn. 3; MüKo AktG/*Bayer* § 66 Rn. 6 f; MünchHdb GesR IV/*Wiesner* § 16 Rn. 24). § 66 AktG ist auch auf die Zahlungspflicht des Vormanns aus § 65 Abs. 1 AktG anzuwenden, wenn und soweit eine Kaduzierung einer Aktie

nach § 64 AktG stattgefunden hat. § 66 AktG bezieht sich aber weder beim Aktionär noch beim Vormann auf Nebenleistungspflichten nach § 55 AktG bzw. auf Nebenpflichten wie Verzugszinsen, Schadensersatzansprüche sowie Vertragsstrafen (*Hüffer* AktG, § 66 Rn. 2; AnwK-AktR/*Bergheim* § 66 Rn. 5; MüKo AktG/*Bayer* § 66 Rn. 9).

II. Befreiungsverbot, Abs. 1 S. 1

3 § 66 AktG spricht ausdrücklich nicht davon, dass dem Aktionär und seinen Vormännern die Leistungspflichten aus §§ 54, 65 AktG nicht »erlassen« werden können, sondern davon, dass sie von diesen Leistungspflichten **nicht befreit** werden können. Das Befreiungsverbot ist weiter als ein Erlassverbot (GroßkommAktG/*Gehrlein* § 66 Rn. 10; KölnKomm AktG/*Lutter* § 66 Rn. 4). Unter die Befreiung fällt jedes Rechtsgeschäft, welches die Ansprüche der AG aus §§ 54, 65 **nach Grund, Höhe, Inhalt oder Leistungszeitpunkt aufheben oder auch nur beeinträchtigen würde** (MüKo AktG/*Bayer* § 66 Rn. 10; *Hüffer* AktG, § 66 Rn. 3; AnwK-AktR/*Bergheim* § 66 Rn. 2; MünchHdb GesR IV/*Wiesner* § 16 Rn. 25).

4 Unter das Befreiungsverbot fallen insbesondere ein **Erlassvertrag**, ein **negatives Schuldanerkenntnis** sowie eine **Leistung an Erfüllung Statt** (vgl. nur *Hüffer* AktG, § 66 Rn. 4; AnwK-AktR/*Bergheim* § 66 Rn. 6; MüKo AktG/*Bayer* § 66 Rn. 11 ff.; KölnKomm AktG/*Lutter* § 66 Rn. 6 ff.; MünchHdb GesR IV/*Wiesner* § 16 Rn. 25).Auch eine **Stundungsabrede** unterfällt dem Befreiungsverbot des Abs. 1, da es eine Befreiung auf Zeit darstellt (*Hüffer* AktG, § 66 Rn. 4; AnwK-AktR/*Bergheim* § 66 Rn. 6; MüKo AktG/*Bayer* § 66 Rn. 21; KölnKomm AktG/*Lutter* § 66 Rn. 8; MünchHdb GesR IV/*Wiesner* § 16 Rn. 25). Von dem Stundungsverbot ist die zulässige Ermessensentscheidung des Vorstandes nach § 63 Abs. 1 AktG zu unterscheiden, zu welchem Zeitpunkt und in welcher Höhe er die Einlagen von den Aktionären einfordert (s. §§ 63–65 AktG Rn. 12). Dieses unterfällt nur dann dem Befreiungsverbot des Abs. 1, wenn sich der Vorstand gegenüber dem Aktionär zugleich in Form einer Abrede oder einseitigen Erklärung verpflichtet, die Einlage für einen bestimmten Zeitraum nicht einzufordern (GroßkommAktG/*Gehrlein* § 66 Rn. 20; KölnKomm AktG/*Lutter* § 66 Rn. 8). Auch die **Umwandlung einer Geld- in eine Sacheinlage** unterfällt dem Befreiungsverbot, da dies gegen die zwingenden Sacheinlagebestimmungen des § 27 AktG verstoßen würde (*Hüffer* AktG, § 66 Rn. 4; AnwK-AktR/*Bergheim* § 66 Rn. 6; MüKo AktG/*Bayer* § 66 Rn. 17; MünchHdb GesR IV/*Wiesner* § 16 Rn. 25; KölnKomm AktG/*Lutter* § 66 Rn. 6).

III. Aufrechungsverbot, Abs. 1 S. 2

5 Abs. 1 S. 2 enthält das sog. Aufrechnungsverbot. Sinn und Zweck des Verbotes wird grundsätzlich so umschrieben, dass das Vermögen der AG nicht durch Befreiung von Verbindlichkeiten, sondern durch versprochene Barzahlung, demnach durch Liquidität, hergestellt werden soll (*Hüffer* AktG, § 66 Rn. 5). *Lutter* (KölnKomm AktG/*Lutter* § 66 Rn. 14) und *Bayer* (MüKo AktG/*Bayer* § 66 Rn. 35) meinen, dass der Gefahr vorgebeugt werden soll, dass »zwar gleiche, aber tatsächlich ungleichwertige Forderungen zur Aufrechnung gestellt werden mit der Folge, dass damit materiell eine Teilbefreiung erreicht wird«. Das Aufrechnungsverbot gilt nicht uneingeschränkt, vielmehr ist zu unterscheiden, ob der Aktionär oder die AG die Aufrechnung erklärt.

1. Aufrechnung durch den Aktionär

6 Das Aufrechnungsverbot gilt **uneingeschränkt für den Aktionär** (und ebenso für die Vormänner). Es ist dem Aktionär versagt mit einer eigenen Forderung, die ihm gegenüber der AG zusteht, die Aufrechnung gegenüber seiner Leistungspflicht aus § 54 AktG zu erklären (*Hüffer* AktG, § 66 Rn. 5; AnwK-AktR/*Bergheim* § 66 Rn. 7; KölnKomm AktG/*Lutter* § 66 Rn. 15; MüKo AktG/*Bayer* § 66 Rn. 36; MünchHdb GesR IV/*Wiesner* § 16 Rn. 27). Hierfür steht dem Aktionär nur der förmliche Weg der Sacheinlage nach § 27 AktG zur Verfügung.

2. Aufrechnung durch die AG

7 Auf die AG ist das Aufrechnungsverbot ebenfalls anzuwenden, jedoch besteht Einigkeit, dass es der AG unter bestimmten Voraussetzungen möglich ist, ihre Einlageforderung mit einer Forderung des Aktionärs aufzurechnen (GroßkommAktG/*Gehrlein* § 66 Rn. 35; *Hüffer* AktG, § 66 Rn. 6; AnwK-AktR/*Bergheim* § 66 Rn. 8; MüKo AktG/*Bayer* § 66 Rn. 38 ff.; MünchHdb GesR IV/*Wiesner* § 16 Rn. 28 f.). Eine Aufrechnung ist für die AG ausgeschlossen, wenn mit einer **Einlageforderung** aufgerechnet werden soll, die bereits vor der Eintragung der AG im Handelsregister zu erfüllen war. § 54 Abs. 3 AktG enthält eine abschließende Aufzählung der Tilgungsmöglichkeiten (s. § 54 AktG Rn. 14) und verbietet insofern eine Aufrechung (*Hüffer* AktG, § 66 Rn. 6; MüKo AktG/*Bayer* § 66 Rn. 34; KölnKomm AktG/*Lutter* § 66 Rn. 15; MünchHdb GesR IV/*Wiesner* § 16 Rn. 29). Bezüglich Einlageforderungen, die erst nach der Eintragung der AG im Handelsregister zu erfüllen sind, soll die AG hingegen berechtigt sein, die Aufrechnung gegenüber Forderungen des Aktionärs, die diesem gegenüber der AG zustehen, zu erklären. Die Zulässigkeit der Aufrechnung soll nach ganz h. M. davon abhängig sein, ob die (Gegen-) Forderung des Aktionärs **werthaltig**, d. h. vollwertig, fällig und liquide ist (*Hüffer* AktG, § 66 Rn. 6 f.; AnwK-AktR/*Bergheim* § 66 Rn. 8; MüKo AktG/*Bayer* § 66 Rn. 38 ff., 54; KölnKomm AktG/*Lutter* § 66 Rn. 17 ff.). Voraussetzung der Aufrechnung mit einer werthaltigen Forderung ist aber, dass diese zum Zeitpunkt der Begründung der Einlageschuld noch nicht bestanden hat (MüKo AktG/*Bayer* § 66 Rn. 51; KölnKomm AktG/*Lutter* § 66 Rn. 28). Anderenfalls soll es sich um einen typischen Fall der **verdeckten Sacheinlage** handeln (vgl. nur MüKo AktG/*Bayer* § 66 Rn. 51; KölnKomm AktG/*Lutter* § 66 Rn. 28).

8 Die **Vollwertigkeit** der Forderung des Aktionärs bedeutet, dass sich die Gesellschaft nicht in Zahlungsschwierigkeiten befinden darf oder nach § 19 InsO bereits zahlungsunfähig bzw. überschuldet ist (*Hüffer* AktG, § 66 Rn. 7; MüKo AktG/*Bayer* § 66 Rn. 41; KölnKomm AktG/*Lutter* § 66 Rn. 19). Die **Fälligkeit** der Forderung des Aktionärs muss entgegen § 387 BGB bereits zum Zeitpunkt der Aufrechnungserklärung vorliegen. **Liquide** ist die Forderung des Aktionärs, wenn sie sowohl dem Grunde als auch der Höhe nach außerhalb jeder Zweifel begründet ist (*Hüffer* AktG, § 66 Rn. 7; MüKo AktG/*Bayer* § 66 Rn. 44; KölnKomm AktG/*Lutter* § 66 Rn. 19). Im Ergebnis liegt nach der h. M. eine werthaltige Forderung dann vor, wenn die AG dazu in der Lage wäre, die Forderung des Aktionärs zum Zeitpunkt der Aufrechnungserklärung zu erfüllen (MüKo AktG/*Bayer* § 66 Rn. 38).

9 Ob die Auffassung der h. M. überzeugt, hängt davon ab, ob es richtig sein kann, dass für Forderungen, die vor der Begründung der Einlageschuld bereits bestanden haben, eine Prüfung der Werthaltigkeit (also der wirtschaftlichen Situation der AG) nach §§ 33, 183 AktG durch einen unabhängigen Wirtschaftsprüfer sowie dem Handelsregister vorzunehmen ist, während die Werthaltigkeit allein von dem (möglicherweise befangenen) Vorstand zu beurteilen ist, wenn es sich um eine Forderung handelt, die erst nach der Begründung der Einlageforderung entstanden ist. Der strikte Grundsatz der Kapitalaufbringung und -erhaltung sowie der Sinn und Zweck des § 66 Abs. 1 S. 2 AktG, nämlich eine Tilgung durch die Befreiung von Verbindlichkeiten zu unterbinden (s. Rn. 3), spricht – entgegen der h. M. – für eine generelle Unzulässigkeit der Aufrechnung nicht nur durch den Aktionär, sondern auch durch die AG.

C. Entsprechende Anwendbarkeit, Abs. 2

10 Abs. 2 enthält drei Alternativen, in denen die Befreiungs- und Aufrechnungsverbote des Abs. 1 entsprechend anzuwenden sind.

I. Rückgewährverpflichtung der Aktionäre, Abs. 2 Alt. 1

11 Abs. 1 ist auch auf Leistungen anzuwenden, die der Aktionär entgegen den Vorschriften des AktG von der AG erlangt und somit an die AG zurückzugewähren hat. Dabei kommen Pflichtverletzungen nach §§ 57, 59, 60 sowie 61 AktG in Betracht (*Hüffer* AktG, § 66 Rn. 8; AnwK-AktR/*Bergheim* § 66 Rn. 9). Soweit Dritte für die Rückgewähr von empfangenen Leistungen nicht aus-

nahmsweise selbst nach den §§ 57, 59, 60 oder 61 AktG, sondern nur nach den §§ 812 ff. BGB in Anspruch genommen werden können, ist § 66 Abs. 2 AktG auf diese bereicherungsrechtlichen Ansprüche nicht anzuwenden (MüKo AktG/*Bayer* § 66 Rn. 60).

II. Ausfallhaftung des ausgeschlossenen Aktionärs, Abs. 2 Alt. 2

Nach Abs. 2 gilt das Befreiungs- und Aufrechnungsverbot des Abs. 1 auch für Ausfallhaftungsansprüche, die der AG gegenüber einem ausgeschlossenen Aktionär nach § 64 Abs. 4 S. 2 AktG zustehen. Diese Regelung ist notwendig, da die originäre Einlageverpflichtung des ausgeschlossenen Aktionärs nicht fortbesteht und durch die Ausfallhaftung ersetzt wird (vgl. § 64 AktG Rn. 27 sowie *Hüffer* AktG, § 66 Rn. 9). 12

III. Verunglückte Sacheinlage, Abs. 2 Alt. 3

Abs. 2 normiert, dass Abs. 1 auch auf **Schadensersatzansprüche** gegenüber dem Aktionär wegen nicht gehöriger Leistung (insbesondere Verzug, Unmöglichkeit und Sachmängelhaftung) einer Sacheinlage anzuwenden ist. Überwiegend wird angenommen, dass diese Regelung überflüssig sei, da sich die Sacheinlageverpflichtung in diesen Fällen zwangsläufig in eine Bareinlageverpflichtung umwandelt und § 66 Abs. 1 AktG daher bereits originär auf diese Ansprüche anzuwenden ist (*Hüffer* AktG, § 66 Rn. 10; AnwK-AktR/*Bergheim* § 66 Rn. 11; KölnKomm AktG/*Lutter* § 66 Rn. 3; a. A. MüKo AktG/*Bayer* § 66 Rn. 63). Abs. 1 bezieht sich allerdings nur auf die Einlageleistung, die der Höhe nach auf den Ausgabebetrag begrenzt ist. Soweit Abs. 2 auch die Haftung für einen Mehrwert umfassen soll, der daraus resultieren kann, dass der Ausgabebetrag mit einem niedrigeren Wert als dem wahren Wert der Sacheinlage angesetzt worden ist (sog. **unterbewertete Sacheinlage**), so wäre § 66 Abs. 2 AktG keineswegs überflüssig, da sie in diesem Fall über die Regelung in Abs. 1 hinausgeht. *Bayer* geht davon aus, dass der Aktionär über die Regelung des Abs. 2 auch für den Mehrwert einzustehen hat (MüKo AktG/*Bayer* § 66 Rn. 63; a. A. die h. M. wie GroßkommAktG/*Gehrlein* § 66 Rn. 5; *Hüffer* AktG, § 66 Rn. 10; AnwK-AktR/*Bergheim* § 66 Rn. 11; KölnKomm AktG/*Lutter* § 66 Rn. 3). 13

D. Befreiung durch Kapitalherabsetzung, Abs. 3

Im Rahmen der Ausnahmevorschrift des Abs. 3 ist zu beachten, dass eine Befreiung von der Erbringung der Einlageleistung nur in Fällen der ordentlichen Kapitalerhöhung sowie der Kapitalherabsetzung durch Einziehung von Anteilen möglich ist. Eine Befreiung bei der vereinfachten Kapitalherabsetzung scheidet bereits aufgrund der Bestimmung des § 230 AktG aus (*Hüffer* AktG, § 66 Rn. 11; AnwK-AktR/*Bergheim* § 66 Rn. 12 ff.; MüKo AktG/*Bayer* § 66 Rn. 30 ff.; MünchHdb GesR IV/*Wiesner* § 16 Rn. 31). 14

§ 67 Eintragung im Aktienregister [i. d. F. ab 1. 1. 2007 durch EHUG]

(1) Namensaktien sind unter Angabe des Namens, Geburtsdatums und der Adresse des Inhabers sowie der Stückzahl oder der Aktiennummer und bei Nennbetragsaktien des Betrags in das Aktienregister der Gesellschaft einzutragen.

(2) Im Verhältnis zur Gesellschaft gilt als Aktionär nur, wer als solcher im Aktienregister eingetragen ist.

(3) Geht die Namensaktie auf einen anderen über, so erfolgen Löschung und Neueintragung im Aktienregister auf Mitteilung und Nachweis.

(4) [1]Die bei Übertragung oder Verwahrung von Namensaktien mitwirkenden Kreditinstitute sind verpflichtet, der Gesellschaft die für die Führung des Aktienregisters erforderlichen Angaben gegen Erstattung der notwendigen Kosten zu übermitteln. [2]Wird der Inhaber von Namensaktien nicht in das Aktienregister eingetragen, so ist das depotführende Institut auf Ver-

langen der Gesellschaft verpflichtet, sich gegen Erstattung der notwendigen Kosten durch die Gesellschaft an dessen Stelle gesondert in das Aktienregister eintragen zu lassen. [3]§ 125 Abs. 5 gilt entsprechend. [4]Wird ein Kreditinstitut im Rahmen eines Übertragungsvorgangs von Namensaktien nur vorübergehend gesondert in das Aktienregister eingetragen, so löst diese Eintragung keine Pflichten infolge des Absatzes 2 und nach § 128 aus.

(5) [1]Ist jemand nach Ansicht der Gesellschaft zu Unrecht als Aktionär in das Aktienregister eingetragen worden, so kann die Gesellschaft die Eintragung nur löschen, wenn sie vorher die Beteiligten von der beabsichtigten Löschung benachrichtigt und ihnen eine angemessene Frist zur Geltendmachung eines Widerspruchs gesetzt hat. [2]Widerspricht ein Beteiligter innerhalb der Frist, so hat die Löschung zu unterbleiben.

(6) [1]Der Aktionär kann von der Gesellschaft Auskunft über die zu seiner Person in das Aktienregister eingetragenen Daten verlangen. [2]Bei nichtbörsennotierten Gesellschaften kann die Satzung Weiteres bestimmen. [3]Die Gesellschaft darf die Registerdaten für ihre Aufgaben im Verhältnis zu den Aktionären verwenden. [4]Zur Werbung für das Unternehmen darf sie die Daten nur verwenden, soweit der Aktionär nicht widerspricht. [5]Die Aktionäre sind in angemessener Weise über ihr Widerspruchsrecht zu informieren.

(7) Diese Vorschriften gelten sinngemäß für Zwischenscheine.

§ 67 Eintragung im Aktienregister [i. d. F. bis 31. 12. 2006]

***(1) bis (3)* [identisch]**

***(4)* [Sätze 1 bis 3 identisch; S. 4 nicht vorhanden]**

***(5) bis (7)* [identisch]**

Übersicht:

A. Überblick

1 Die Vorschrift beinhaltet die Verpflichtung der AG, in bestimmten Fällen ein **Aktienregister** zu führen. Der Zweck der Vorschrift liegt in der Rechtsklarheit über die Personen, die der AG gegenüber als Aktionäre gelten und denen damit – unabhängig von der wirklichen Rechtslage – die Rechte und Pflichten aus der Aktie zustehen (*Hüffer* AktG, § 67 Rn. 1; MüKo AktG/*Bayer* § 67 Rn. 1; AnwK-AktR/*Heinrich* § 67 Rn. 1). Die Vorschrift wurde grundlegend durch das im Jahr 2001 in Kraft getretene Gesetz zur Namensaktie und zur Erleichterung der Stimmrechtsausübung – Namensaktiengesetz (NaStraG) geändert (MüKo AktG/*Bayer* § 67 Rn. 2). Die Reformierung wurde nicht nur aufgrund der immer größer werdenden Beliebtheit der Namensaktie (auch bei börsennotierten Unternehmen), sondern auch durch die Einbeziehung von Namensaktien in

die Girosammelverwahrung bei der Deutsche Börse Clearing AG notwenig (AnwK-AktR/*Heinrich* § 67 Rn. 2).

B. Anwendungsbereich

Die Gründer müssen sich bei der Gründung der AG nach § 8 Abs. 1 AktG entscheiden, ob Nennbetragsaktien oder Stückaktien begründet werden sollen. Beide Formen sind parallel zueinander nicht möglich (MünchHdb GesR IV/*Wiesner* § 11 Rn. 8). Demgegenüber ist es der AG erlaubt, sowohl auf den Namen lautende als auch auf den Inhaber lautende Aktien auszugeben. Solange keine Aktienausgabe erfolgt ist, weil bspw. bei Inhaberaktien nach § 10 Abs. 1 AktG noch nicht der volle Ausgabebetrag gezahlt worden ist, kann die AG **Zwischenscheine** ausgeben, die nach § 10 Abs. 3 AktG zwangsläufig auf den Namen lauten müssen (vgl. § 10 AktG Rn. 8). Solange eine Aktienausgabe überhaupt nicht erfolgt ist, handelt es sich um sog. **unverkörperte Mitgliedschaften** (KölnKomm AktG/*Lutter* § 67 Rn. 3). § 67 AktG bezieht sich nur auf **Namensaktien** – nach § 67 Abs. 7 AktG sind die Vorschriften der § 67 Abs. 1 bis 6 AktG auch auf **Zwischenscheine** sinngemäß anzuwenden. Sind Namensaktien in einer Globalurkunde verbrieft, so unterfällt auch diese Globalurkunde dem Regelungsgehalt des § 67 AktG, da es sich bei einer Globalurkunde nicht um eine unverkörperte Mitgliedschaft handelt (*Hüffer* AktG, § 67 Rn. 10). Auf Inhaberaktien oder unverkörperte Mitgliedschaften ist § 67 AktG hingegen nicht, auch nicht entsprechend anzuwenden (*Hüffer* AktG, § 67 Rn. 6, 10; MüKo AktG/*Bayer* § 67 Rn. 17; AnwK-AktR/*Heinrich* § 67 Rn. 7). 2

C. Aktienregister, Abs. 1

Früher wurde das Aktienregister im Gesetz noch als **Aktienbuch** bezeichnet. Mit der vorgenommenen Gesetzesänderung wurde klargestellt, dass das heutige Aktienregister nicht nur in Form eines Buches, sondern auch **in elektronischer Form** geführt werden kann (*Hüffer* AktG, § 67 Rn. 4). In welcher Form die AG das Aktienregister führen kann, vgl. *Hüffer* AktG, § 67 Rn. 4 sowie AnwK-AktR/*Heinrich* § 67 Rn. 5. Die Darstellung eines einfachen Aktienregisters findet sich bei *Happ* AktienR, Rn. 4.08. 3

I. Pflicht zur Führung des Aktienregisters

Sind Namensaktien oder Zwischenscheine ausgegeben, so folgt daraus die **Verpflichtung des Vorstandes**, ein Aktienregister einzurichten und zu führen (MüKo AktG/*Bayer* § 67 Rn. 15; AnwK-AktR/*Heinrich* § 67 Rn. 6). Der Vorstand ist berechtigt, die Führung des Aktienregister auf Dritte zu delegieren, ohne jedoch dadurch aus seiner Verantwortung entlassen zu werden (*Hüffer* AktG, § 67 Rn. 5; MüKo AktG/*Bayer* § 67 Rn. 14). Von dieser Übertragungsmöglichkeit wird in der Praxis regelmäßig Gebrauch gemacht; insbesondere Banken haben sich über Tochtergesellschaften darauf spezialisiert, gewerbsmäßig Aktienregister für eine börsennotierte AG zu führen (AnwK-AktR/*Heinrich* § 67 Rn. 6 mit Nennung derartiger Unternehmen). Bei der Verpflichtung des Vorstandes handelt es sich um ein **einklagbares Recht**, welches nicht nur von Inhabern von Namensaktien, sondern auch von Inhabern von Inhaberaktien sowie von Inhabern von unverkörperten Mitgliedschaften geltend gemacht werden kann (*Hüffer* AktG, § 67 Rn. 5; MüKo AktG/*Bayer* § 67 Rn. 15; KölnKomm AktG/*Lutter* § 67 Rn. 4 AnwK-AktR/*Heinrich* § 67 Rn. 6). 4

II. Eintragung der Aktionäre

Der Vorstand hat bei der Eröffnung des Aktienregisters (von Amts wegen) **sämtliche Aktionäre** in das Aktienregister einzutragen, die die ersten Inhaber der ausgegebenen Urkunden von Namensaktien sind (*Hüffer* AktG, § 67 Rn. 8; MüKo AktG/*Bayer* § 67 Rn. 19; AnwK-AktR/*Heinrich* § 67 Rn. 9). Die gleiche Verpflichtung besteht, wenn nach der Eröffnung des Aktienregisters weitere Urkunden über Namensaktien ausgegeben werden oder Inhaberaktien in verbriefte Namensaktien nach § 24 AktG umgewandelt werden. Die Rechtsvorgänger der erstmals einzutragenden Aktionäre sind hingegen nicht im Aktienregister einzutragen. Welche Angaben zu den 5

Aktionären nach § 63 Abs. 1 AktG erforderlich sind, vgl. ausführl. MüKo AktG/*Bayer* § 67 Rn. 19 ff. sowie KölnKomm AktG/*Lutter* § 67 Rn. 8 ff.

III. Andere Eintragungen

6 Umstritten ist die Frage, ob der Vorstand berechtigt ist, **weitere fakultative Eintragungen** im Aktienregister vorzunehmen, die sich nicht unmittelbar aus § 67 AktG ergeben. Der Vorstand ist verpflichtet, Rechtsänderungen von sich aus im Aktienregister vorzunehmen, die sich auf die Aktie selbst beziehen, wie bspw. die Änderung des Nennbetrages, die Umwandlung in Inhaberaktien etc. (vgl. *Hüffer* AktG, § 67 Rn. 9; MüKo AktG/*Bayer* § 67 Rn. 72). Rechtsänderungen, die sich auf die Mitgliedschaft des Aktionärs als solche beziehen, darf der Vorstand nur unter den Voraussetzungen des Abs. 3 vornehmen (*Hüffer* AktG, § 67 Rn. 9; MüKo AktG/*Bayer* § 67 Rn. 72). Nicht eintragungspflichtig, aber nach h. M. **eintragungsfähig**, sind zusätzliche Angaben, die die Aktie konkretisieren, wie ein Nießbrauch, ein Pfandrecht oder eine Testamentsvollstreckung (*Hüffer* AktG, § 67 Rn. 9; MüKo AktG/*Bayer* § 67 Rn. 29; AnwK-AktR/*Heinrich* § 67 Rn. 11).

7 Umstritten ist, ob auch sog. **Legitimationsaktionäre** im Aktienregister einzutragen sind (dazu ausführl. MüKo AktG/*Bayer* § 67 Rn. 21). Dies wurde teilweise angezweifelt, da diese nicht rechtlicher Inhaber der Aktie sind, sondern nur von dem wirklichen Aktionär ermächtigt wurden, die Rechte aus der Aktie im eigenen Namen, aber auf fremde Rechnung auszuüben (MünchHdb GesR IV/*Wiesner* § 14 Rn. 53). Bei Legitimationsaktionären handelt es sich üblicherweise um Kreditinstitute. Mittlerweile wird die Eintragungsfähigkeit von der ganz h. M. als zulässig erachtet, was sich nunmehr auch aus dem neu eingefügten Abs. 4 S. 2 ergibt, der (mittelbar) die Eintragung von Legitimationsaktionären ausdrücklich bestimmt (s. Rn. 16). Soweit es sich um Legitimationsaktionäre handelt, wird diesen im Aktienregister zulässigerweise die übliche **Zusatzbezeichnung »Fremdbesitz«** hinzugefügt (MüKo AktG/*Bayer* § 67 Rn. 22).

D. Eintragungswirkungen, Abs. 2

I. Verhältnis AG zum Aktionär

8 Abs. 2 ist das Kernstück des § 67 AktG. Die Vorschrift legt verbindlich die Rechtsbeziehung zwischen AG und Aktionär in Bezug auf die im AktG genannten Rechte und Pflichten des Aktionärs fest, die aus der Namensaktie erwachsen können. § 67 AktG bestimmt ausdrücklich, dass im **Verhältnis zur AG** nur derjenige als Aktionär gilt, der im Aktienregister eingetragen ist. Damit wird klargestellt, dass § 67 AktG keinerlei Aussagen zum Verhältnis der Aktionäre untereinander enthält. Erst Recht trifft er keine Aussage dazu, ob der im Aktienregister eingetragene Aktionär auch der wirkliche Inhaber der Aktie ist (*Hüffer* AktG, § 67 Rn. 11; MüKo AktG/*Bayer* § 67 Rn. 37; AnwK-AktR/*Heinrich* § 67 Rn. 12). Die **materielle Rechtslage** in Bezug auf die Inhaberschaft kann durch § 67 AktG weder verändert werden (MünchHdb GesR IV/*Wiesner* § 14 Rn. 44; KölnKomm AktG/*Lutter* § 67 Rn. 16), noch ist die Eintragung Wirksamkeitsvoraussetzung für einen wirksamen Erwerb einer Namensaktie (*Hüffer* AktG, § 67 Rn. 11).

II. Legitimationswirkung

9 Nach umstrittener, wenn auch überwiegender Auffassung enthält § 67 AktG eine **unwiderlegbare Vermutung** und keine Fiktion (zum Meinungsstand vgl. MüKo AktG/*Bayer* § 67 Rn. 39 sowie *Hüffer* AktG, § 67 Rn. 13). Diese unwiderlegbare Vermutung tritt ein, wenn die Eintragung des Aktionärs in formeller Hinsicht ordnungsgemäß durch den Vorstand erfolgt ist (*Hüffer* AktG, § 67 Rn. 12; MüKo AktG/*Bayer* § 67 Rn. 69; KölnKomm AktG/*Lutter* § 67 Rn. 22). Abs. 2 ist formell zu betrachten, so dass keine ordnungsgemäße Eintragung vorliegt, wenn der Vorstand aufgrund positiver Kenntnis eine tatsächlich erfolgte Übertragung von Aktien im Aktienregister einträgt, hierfür aber keine Mitteilung nach Abs. 3 erhalten hat (MünchHdb GesR IV/*Wiesner* § 14 Rn. 46; KölnKomm AktG/*Lutter* § 67 Rn. 22). Aus Abs. 2 resultiert eine **Legitimationswirkung**, die sich auf sämtliche Rechte und Pflichten des Aktionärs erstreckt, gleich ob diese zugunsten oder zuungunsten des eingetragenen Aktionärs wirken. **Pflichten:** Nur der im Aktienregister

eingetragene Aktionär, nicht der wirkliche Inhaber der Namensaktie ist nach § 54 AktG verpflichtet, die Einlageleistung zu erbringen und nur er kann nach § 65 AktG als Vormann in Anspruch genommen werden. **Rechte:** Nur der im Aktienregister eingetragene Aktionär ist berechtigt, die Stimmrechte auszuüben, Anfechtungsklagen zu erheben, Minderheitenrechte wahrzunehmen sowie Dividenden von der AG zu beziehen (vgl. nur *Hüffer* AktG, § 67 Rn. 14; MüKo AktG/*Bayer* § 67 Rn. 40; AnwK-AktR/*Heinrich* § 67 Rn. 14). Im Falle des **Dividendenbezugs** ergibt sich eine abweichende Sichtweise, wenn die AG Gewinnanteilsscheine ausgegeben hat, die als selbstständige Inhaberaktien nicht Bestandteil der Namensaktie sind (MünchHdb GesR IV/*Wiesner* § 14 Rn. 29) und die damit auch einem Dritten, der nicht im Aktienregister eingetragen ist, einen Anspruch auf Dividendenbezug verschaffen können (MüKo AktG/*Bayer* § 67 Rn. 45; AnwK-AktR/*Heinrich* § 67 Rn. 14).

Ist der im Aktienregister eingetragene Aktionär in Wirklichkeit nicht der rechtliche Inhaber der Aktie, so hat der rechtliche Inhaber der Aktie keine unmittelbaren Ansprüche gegenüber der AG, sondern muss seine Ansprüche gegenüber dem im Aktienregister eingetragenen Aktionär geltend machen (*Hüffer* AktG, § 67 Rn. 15; MüKo AktG/*Bayer* § 67 Rn. 38). So hat der rechtliche Inhaber der Aktie bspw. bezogene Dividendenansprüche im Wege der §§ 812 ff. BGB von dem im Aktienregister zu Unrecht eingetragenen Aktionär zurückzuverlangen. Die Legitimationswirkung des § 67 AktG geht sogar so weit, dass der übernehmende Rechtsträger im Falle einer Verschmelzung erst dann berechtigt ist, die Rechte aus den von dem im Aktienregister eingetragenen übertragenden Rechtsträger übernommenen Aktien wahrzunehmen, wenn der übernehmende Rechtsträger im Aktienregister als Gesamtrechtsnachfolger eingetragen worden ist (MüKo AktG/*Bayer* § 67 Rn. 37). 10

E. Übertragung der Namensaktie, Abs. 3

Abs. 3 enthält die Verpflichtung, dass der Vorstand eine Änderung in Bezug auf die Aktionärsstellung im Aktienregister nur vornehmen darf, wenn ihm dies nach Abs. 3 nicht nur mitgeteilt, sondern die Rechtsänderung auch **nachgewiesen** worden ist. Leitgedanke des Abs. 3 ist das vollständige Aktienregister, welches eine ununterbrochene Kette der Inhaber der Namensaktien aufführen soll, in dem nach einer Aktienübertragung der bisherige Inhaber im Aktienregister gelöscht (gerötet o. ä.) und der neue Inhaber im Aktienregister eingetragen wird (*Hüffer* AktG, § 67 Rn. 16). 11

I. Erfordernis der Mitteilung

Der Vorstand darf nur auf Mitteilung tätig werden, die als **einseitige, empfangsbedürftige, geschäftsähnliche Handlung** qualifiziert wird (*Hüffer* AktG, § 67 Rn. 17; AnwK-AktR/*Heinrich* § 67 Rn. 17; MünchHdb GesR IV/*Wiesner* § 14 Rn. 42). Die Mitteilung bedarf keiner besonderen Form (MüKo AktG/*Bayer* § 67 Rn. 78). Das Gesetz spricht nicht davon, wer die Mitteilung nach Abs. 3 machen darf. Soweit die Aktienübertragung im Wege des Börsenhandels stattfindet, wird die Mitteilung in der Praxis regelmäßig von der involvierten **Bank** gemacht (AnwK-AktR/*Heinrich* § 67 Rn. 16). Bei außerbörslichen Verkäufen besteht Einigkeit, dass sowohl der **Erwerber** als auch der **Verkäufer** berechtigt sind, die Mitteilung zu machen (vgl. MüKo AktG/*Bayer* § 67 Rn. 80; AnwK-AktR/*Heinrich* § 67 Rn. 17). Beim Verkäufer ist aber fraglich, ob dieser nur seine eigene Löschung oder auch die Neueintragung des Erwerbers mit der Konsequenz mitteilen darf, dass der Erwerber in das Aktienregister – möglicherweise auch gegen seinen Willen – eingetragen wird. Wie sogleich zu sehen sein wird (s. Rn. 13), darf nur der Erwerber selbst die Mitteilung seiner Eintragung im Aktienregister vornehmen. Bei privaten Aktienübertragungen empfiehlt es sich, eine ausdrückliche Regelung zur Mitteilung nach Abs. 3 im Kaufvertrag aufzunehmen. 12

II. Freier Meldebestand

13 Die Sicherstellung des vollständigen Aktienregisters ist heutzutage praktisch nicht mehr umsetzbar, da Einigkeit besteht, dass im Falle der Aktienübertragung nur die Eintragung der Löschung, nicht aber auch die Paralleleintragung des neuen Aktionärs erforderlich ist (MüKo AktG/*Bayer* § 67 Rn. 87 f.). Den Erwerber trifft keine rechtliche Verpflichtung, sich im Aktienregister eintragen zu lassen (MüKo AktG/*Bayer* § 67 Rn. 80; a. A. *Hüffer* AktG, § 67 Rn. 17), wobei argumentiert wird, dass der Erwerber grundsätzlich ein Interesse an seiner Eintragung im Aktienregister allein schon deshalb habe, weil er anderenfalls seine Rechte aus der Aktie nicht geltend machen kann (so *Hüffer* AktG, § 67 Rn. 19). Der Aktionär ist auch im Falle eines börslichen Handels berechtigt, der involvierten Bank die Weisung zu erteilen, die Daten des Erwerbers nicht weiterzugeben. Für die Fälle dieses freien Meldebestandes sieht Abs. 4 S. 2 seit dem Inkrafttreten des Gesetzes zur Unternehmensintegrität und Modernisierung des Aktiengesetzes (UMAG) vor, dass an der Aktienübertragung beteiligte Kreditinstitute auf Aufforderung des Vorstandes der AG verpflichtet sind, diese sog. **Leerposten** des Erwerbers selbst zu besetzen (s. Rn. 16).

III. Nachweis der Übertragung

14 Den Vorstand trifft eine **formelle Überprüfungspflicht**, ob eine Übertragung der Aktien wirksam stattgefunden hat (MüKo AktG/*Bayer* § 67 Rn. 89). Erhält die AG eine Mitteilung von einem Kreditinstitut, welches an einem börslichen Handel der Aktie beteiligt gewesen ist, so darf der Vorstand darauf vertrauen, dass die Mitteilung richtig ist (*Hüffer* AktG, § 67 Rn. 18; MüKo AktG/*Bayer* § 67 Rn. 90; AnwK-AktR/*Heinrich* § 67 Rn. 18). Im Übrigen hat sich der Vorstand durch die **Vorlage geeigneter Unterlagen** (Kaufvertrag, Indossament o. ä.) darüber zu vergewissern, dass der Übergang der Aktie wirksam ist (*Hüffer* AktG, § 67 Rn. 18; AnwK-AktR/*Heinrich* § 67 Rn. 18; MünchHdb GesR IV/*Wiesner* § 14 Rn. 42).

IV. Rechtsfolgen der wirksamen Mitteilung

15 Sind die formellen Voraussetzungen der Mitteilung nach Abs. 3 erfüllt, so ist der Vorstand verpflichtet, **unverzüglich** eine **Umschreibung des Aktienregisters** vorzunehmen (MüKo AktG/*Bayer* § 67 Rn. 92), wobei insbesondere vor bevorstehenden Hauptversammlungen eine kurzfristige Aussetzung der Umschreibung für einen Zeitraum von drei bis maximal sieben Tagen zulässig ist (*Hüffer* AktG, § 67 Rn. 20; MüKo AktG/*Bayer* § 67 Rn. 93; AnwK-AktR/*Heinrich* § 67 Rn. 21). Nimmt der Vorstand die Eintragung nicht vor, so ist der Erwerber bzw. der Verkäufer berechtigt, die AG im gerichtlichen Wege auf Vornahme der Eintragung zu verklagen (*Hüffer* AktG, § 67 Rn. 20).

F. Pflichten der Kreditinstitute, Abs. 4

16 Abs. 4 S. 1 enthält die Verpflichtung der an einer Übertragung von Namensaktien mitwirkenden Kreditinstitute, die Mitteilung nach Abs. 3 an die AG gegen Kostenerstattung zu übermitteln (vgl. dazu ausführl. MüKo AktG/*Bayer* § 67 Rn. 94 ff. sowie *Hüffer* AktG, § 67 Rn. 21 f.). Der im Zuge des UMAG neu eingefügte S. 2 des Abs. 4, der erst auf Empfehlung des Rechtsausschusses in das UMAG eingefügt worden ist, betrifft den unter Rn. 13 beschriebenen freien Meldebestand. Um solche Leerposten zu vermeiden, sind Kreditinstitute auf Verlangen des Vorstandes verpflichtet, sich anstelle des (nicht eintragungswilligen) Erwerbers in das Akteinregister eintragen zu lassen. Damit übernimmt das Kreditinstitut im Verhältnis gegenüber der AG sämtliche Rechte und Pflichten aus der Aktie und trägt damit das Solvenzrisiko des wirklichen Erwerbers. Da das Kreditinstitut nach § 135 AktG das Stimmrecht aus den Aktien nicht ausüben darf, unterliegt das im Aktienregister eingetragene Kreditinstitut keiner Meldepflicht nach § 15 ff. WpHG (*Hüffer* AktG, § 67 Rn. 21) und auch keinen Verpflichtungen aus dem WpÜG wegen einer Zurechnung von Stimmrechten nach § 30 WpÜG. Dies wurde durch das zum 1. 1. 2007 in Kraft getretene »Gesetz über elektronische Handelsregister und Genossenschaftsregister sowie das Unternehmensregister« (EHUG) nunmehr durch die Einführung des S. 4 gesetzlich klargestellt.

G. Löschung von Eintragungen, Abs. 5

I. Voraussetzungen der Löschung

17 Abs. 5 enthält eine Verpflichtungs-, keine Ermessensvorschrift (MüKo AktG/*Bayer* § 67 Rn. 105), wann und unter welchen Voraussetzungen der Vorstand die Löschung eines zu Unrecht im Aktienregister eingetragenen Aktionärs (von Amts wegen) vorzunehmen hat (KölnKomm AktG/*Lutter* § 67 Rn. 38). **Einfache Berichtigungen** (Schreibfehler etc.), die der Vorstand jederzeit vornehmen darf, unterfallen nicht Abs. 5 (MüKo AktG/*Bayer* § 67 Rn. 101). Abs. 5 spricht von **formeller Unrichtigkeit**, so dass eine Löschung nach Abs. 5 zu unterbleiben hat, wenn eine zunächst ordnungsgemäße Eintragung durch eine Aktienübertragung materiell, aber nicht formell unwirksam geworden ist (*Hüffer* AktG, § 67 Rn. 23; KölnKomm AktG/*Lutter* § 67 Rn. 39). Eine Änderung kann nur durch eine entsprechende Mitteilung nach Abs. 3 erreicht werden.

II. Benachrichtigung und Widerspruch

18 Ist ein Aktionär zu Unrecht eingetragen, so hat der Vorstand ein Löschungsverfahren nach den Bestimmungen des Abs. 5 S. 1 einzuleiten. Dabei hat er alle Beteiligten ausdrücklich und unmissverständlich darüber zu benachrichtigen (kein Formerfordernis, Schriftform ist zu Beweiszwecken dennoch ratsam), dass er eine Löschung des Aktionärs vornehmen will (*Hüffer* AktG, § 67 Rn. 24). Die Benachrichtigung muss den Beteiligten eine **angemessene Frist** einräumen, um (ggf. durch Hilfe von Rechtsberatern) überprüfen zu können, ob sie Einwände gegen die Löschung haben. Die Frist sollte **einen Monat** nicht unterschreiten (so MüKo AktG/*Bayer* § 67 Rn. 10). Bestehen Einwände gegen die Löschung, so steht den Beteiligten nach Abs. 5 ein **Widerspruchsrecht** zu, welches nicht zu begründen ist (MüKo AktG/*Bayer* § 67 Rn. 112).

III. Beteiligte

19 Beteiligte sind nicht nur der **betroffene Aktionär**, sondern auch sein **unmittelbarer Vormann** sowie sämtliche übrigen **Vormänner**, soweit diese noch nach § 65 AktG in Anspruch genommen werden können. Wann Vormänner nicht mehr in Anspruch genommen werden können, ist nicht – wie es die h. M. meint – zwangsläufig nur nach der in § 65 Abs. 2 AktG enthaltenen Frist zu ermitteln (so aber *Hüffer* AktG, § 67 Rn. 24; AnwK-AktR/*Heinrich* § 67 Rn. 28; MünchHdb GesR IV/*Wiesner* § 14 Rn. 49). Allein auf § 65 Abs. 2 AktG abzustellen, ist zu kurz gedacht, da sich für jeden Vormann auch eine weitaus längere Frist für seine Inanspruchnahme ergeben kann (s. § 65 AktG Rn. 35). Nimmt der Vorstand die Löschung nicht vor oder leitet er gar kein Löschungsverfahren ein, so ist jeder Beteiligte berechtigt, die Einleitung des Löschungsverfahrens im gerichtlichen Wege gegenüber der AG geltend zu machen.

IV. Rechtsfolgen des Löschungsverfahrens

20 Erfolgt kein Widerspruch, so ist der Vorstand zur **Vornahme der Löschung verpflichtet**. Wird die Löschung nicht vorgenommen, so können die Beteiligten die AG auf Vornahme der Löschung verklagen (AnwK-AktR/*Heinrich* § 67 Rn. 32). Der Aktionär scheidet aus dem Aktienregister mit Wirkung **ex nunc** aus (*Hüffer* AktG, § 67 Rn. 26; MüKo AktG/*Bayer* § 67 Rn. 117; AnwK-AktR/*Heinrich* § 67 Rn. 32). An seine Stelle tritt sein unmittelbarer Vormann, dem nunmehr sämtliche Rechte und Pflichten aus der Namensaktie im Verhältnis zur AG zustehen, auch wenn er nicht rechtlicher Inhaber der Aktie ist (*Hüffer* AktG, § 67 Rn. 26; MüKo AktG/*Bayer* § 67 Rn. 117; AnwK-AktR/*Heinrich* § 67 Rn. 32). Wurde von einem der Beteiligten ein **Widerspruch erhoben**, so ist der Vorstand gehindert, die beabsichtigte Löschung vorzunehmen. Es steht aber im Ermessen des Vorstandes, ob er die Löschung in einem gerichtlichen Verfahren weiter betreiben will oder nicht (MüKo AktG/*Bayer* § 67 Rn. 114). Grundsätzlich ist es nicht nur der AG, sondern auch jedem der übrigen Beteiligten gestattet, den Widersprechenden auf Rücknahme des Widerspruchs im Wege der **Leistungsklage** in Anspruch zu nehmen (*Hüffer* AktG, § 67 Rn. 25; MüKo AktG/*Bayer* § 67 Rn. 114; KölnKomm AktG/*Lutter* § 67 Rn. 43). Daher kann der Vorstand die Be-

teiligten darauf verweisen, die Klage auf Rücknahme des Widerspruchs selbst zu führen (*Hüffer* AktG, § 67 Rn. 25; KölnKomm AktG/*Lutter* § 67 Rn. 43; MüKo AktG/*Bayer* § 67 Rn. 114).

H. Umgang mit den Daten des Aktienregisters, Abs. 6

21 Die Neureglung des Abs. 6 trägt dem **datenschutzrechtlichen Aspekt** Rechnung, dass die Ausgabe von Namensaktien und damit die Führung eines Aktienregisters auch bei einer AG mit einem großen Aktionärskreis in Betracht kommt (MüKo AktG/*Bayer* § 67 Rn. 126; AnwK-AktR/*Heinrich* § 67 Rn. 34). Nunmehr ist der einzelne Aktionär nicht mehr berechtigt, Einsicht in das gesamte Aktienregister, sondern nur bezüglich derjenigen Daten zu verlangen, die **über seine Person** dort enthalten sind (vgl. ausführl. MüKo AktG/*Bayer* § 67 Rn. 127 ff.; *Hüffer* AktG, § 67 Rn. 28 ff.). Zugleich wird der AG über Abs. 6 S. 2 die Möglichkeit eröffnet, die aus dem Aktienregister ersichtlichen Daten auch für eigene Zwecke (wie Investor-Relations-Maßnahmen u.ä) zu verwenden und dadurch mit ihren Aktionären – auch für Werbemaßnahmen eigener Produkte – in Verbindung zu treten (vgl. ausführl. MüKo AktG/*Bayer* § 67 Rn. 132 ff.; *Hüffer* AktG, § 67 Rn. 31).

§ 68 Übertragung von Namensaktien. Vinkulierung

(1) [1]Namensaktien können auch durch Indossament übertragen werden. [2]Für die Form des Indossaments, den Rechtsausweis des Inhabers und seine Verpflichtung zur Herausgabe gelten sinngemäß Artikel 12, 13 und 16 des Wechselgesetzes.

(2) [1]Die Satzung kann die Übertragung an die Zustimmung der Gesellschaft binden. [2]Die Zustimmung erteilt der Vorstand. [3]Die Satzung kann jedoch bestimmen, daß der Aufsichtsrat oder die Hauptversammlung über die Erteilung der Zustimmung beschließt. [4]Die Satzung kann die Gründe bestimmen, aus denen die Zustimmung verweigert werden darf.

(3) Bei Übertragung durch Indossament ist die Gesellschaft verpflichtet, die Ordnungsmäßigkeit der Reihe der Indossamente, nicht aber die Unterschriften zu prüfen.

(4) Diese Vorschriften gelten sinngemäß für Zwischenscheine.

A. Überblick

1 Wie § 67 AktG wurde auch § 68 AktG im Zuge des im Jahr 2001 in Kraft getretenen Gesetzes zur Namensaktie und zur Erleichterung der Stimmrechtsausübung – Namensaktiengesetz (NaStraG) – umfassend geändert (vgl. auch *Hüffer* AktG, § 68 Rn. 1; MüKo AktG/*Bayer* § 68 Rn. 1; AnwK-AktR/*Heinrich* § 68 Rn. 2). Bei § 68 AktG handelt es sich nicht nur um eine Ergänzungsvorschrift zu § 67AktG. Die Norm beinhaltet in Abs. 1 und Abs. 2 vielmehr eigenständige – und vom Aktienregister lösgelöste – **Regelungen zur Übertragbarkeit von Namensaktien,** wobei die Abs. 1 bis 3 über Abs. 4 auch auf Zwischenscheine sinngemäß anzuwenden sind.

B. Übertragbarkeit von Namensaktien, Abs. 1

Abs. 1 S. 1 bestimmt durch die Verwendung des Wortes »auch«, dass für die Übertragung von Namensaktien alternative Übertragungsmöglichkeiten in Betracht kommen, so dass sich die in Abs. 1 genannte Übertragung im Wege des **Indossaments** nur als eine der möglichen Übertragungsformen darstellt (*Hüffer* AktG, § 68 Rn. 3; AnwK-AktR/*Heinrich* § 68 Rn. 2 f.). Durch die Zulassung der Übertragung durch Indossament handelt es sich bei Namensaktien um sog. **geborene Orderpapiere** (*Hüffer* AktG, § 68 Rn. 2; MüKo AktG/*Bayer* § 68 Rn. 21; AnwK-AktR/*Heinrich* § 68 Rn. 1, 3). 2

I. Übertragung durch Indossament

Für die Wirksamkeit der Übertragung einer Namensaktie im Wege des Indossaments ist es nicht erforderlich, dass die Übertragung der Aktie auch im Aktienregister durch eine entsprechende Mitteilung nach Abs. 3 eingetragen worden ist (*Hüffer* AktG, § 68 Rn. 4). Die Übertragung der Aktie erfolgt durch Indossament. Nach Abs. 1 kommen die Vorschriften der Art. 12, 13 und 16 WechselG sinngemäß zur Anwendung. Daneben sind nach überzeugender Auffassung auch die Vorschriften der Art. 14, 18 und 19 WechselG sinngemäß anzuwenden (so MüKo AktG/*Bayer* § 68 Rn. 8). Nach Art. 13 Abs. 1 WechselG erfolgt die Übertragung dadurch, dass der Verkäufer (Indossant) auf der Aktienurkunde bzw. auf einem mit der Aktie verbundenen Anhang eine **schriftliche Übertragungserklärung** aufsetzt, die mit dem Namen des Erwerbers (Indossatar) versehen wird. Aus der Übertragungserklärung muss hervorgehen, dass die Inhaberschaft an der Aktie von dem Indossant auf den Indossatar übergehen soll (sog. **Vollindossament**). Zusätzlich zum Indossament ist nach h. M. auch die **formfreie Einigung** sowie die **Übergabe** (bzw. ein Übergabesurrogat nach §§ 929 ff. BGB) erforderlich (so *Hüffer* AktG, § 68 Rn. 4; MüKo AktG/*Bayer* § 68 Rn. 3; AnwK-AktR/*Heinrich* § 68 Rn. 9). Will der neue Inhaber die Namensaktie als Indossant auf einen weiteren Indossatar übertragen, so kann er die Namensaktie ebenfalls nach Art. 13 Abs. 1 WechselG übertragen. Jedem Indossant steht nach Art. 13 Abs. 2 WechselG auch die alternative Möglichkeit zur Verfügung, die Übertragung im Wege eines sog. Blankoindossaments vorzunehmen. Bei einem **Blankoindossament** wird nur der Indossant, hingegen nicht der Indossatar (zwingend auf der Rückseite) der Aktienurkunde vermerkt (*Hüffer* AktG, § 68 Rn. 3, 5; MüKo AktG/*Bayer* § 68 Rn. 10, 11; AnwK-AktR/*Heinrich* § 68 Rn. 4). 3

Liegt eine formgerechte Übertragung der Aktie im Wege des Voll- oder Blankoindossaments vor, so resultiert daraus sowohl eine Legitimationsfunktion als auch eine Transportfunktion. Die **Legitimationsfunktion** dient nach Art. 16 Abs. 1 WechselG dazu, eine widerlegbare Vermutung für die Inhaberschaft an der Aktie zu begründen, die dann vermutet wird, wenn auf der Aktie eine ununterbrochene Indossamentenkette vorhanden ist, wobei vorhandene Blankoindossamente in der Reihe nicht schädlich sind (*Hüffer* AktG, § 68 Rn. 8; MüKo AktG/*Bayer* § 68 Rn. 13 f.; AnwK-AktR/*Heinrich* § 68 Rn. 7). Die **Transportfunktion** dient nach Art. 16 Abs. 2 WechselG dem erweiterten Gutglaubensschutz des Inhabers, wenn die Aktie »irgendwie abhanden gekommenen« ist (MüKo AktG/*Bayer* § 68 Rn. 15, 23 ff.; AnwK-AktR/*Heinrich* § 68 Rn. 8). 4

Die Verwendung von Namensaktien mit einem Blankoindossament ist in der Praxis die ausschließlich zulässige Form, wenn sich die Aktien in der **Girosammelverwahrung** befinden und über die Börse gehandelt werden. Nach den Bestimmungen des DepotG sowie des BörsG müssen Aktien vertretbar sein, was nur beim Blankoindossament, nicht aber bei einer Übertragung in der Form eines Vollindossamentes gegeben ist (*Hüffer* AktG, § 68 Rn. 3; MüKo AktG/*Bayer* § 68 Rn. 6, 12; AnwK-AktR/*Heinrich* § 68 Rn. 4). 5

II. Weitere Übertragungsmöglichkeiten

Neben der Übertragung im Wege des Indossaments kommt die Übertragung der Namensaktie im Wege der **Abtretung nach §§ 413, 398 BGB** in Betracht (*Hüffer* AktG, § 68 Rn. 3; MüKo AktG/*Bayer* § 68 Rn. 31). Bei der Abtretung der Aktie ist es für die Wirksamkeit der Abtretung nicht erforderlich, dass die Aktie auch an den Erwerber zu übergeben ist (*Hüffer* AktG, § 68 Rn. 3; MüKo 6

AktG/*Bayer* § 68 Rn. 30). Dies folgt aus der analogen Anwendbarkeit des § 952 BGB, so dass das Recht an dem Papier dem Recht aus dem Papier folgt (*Hüffer* AktG, § 68 Rn. 3; MüKo AktG/*Bayer* § 68 Rn. 30; MünchHdb GesR IV/*Wiesner* § 14 Rn. 14). Die Übertragung einer verbrieften Namensaktie im Wege der Abtretung ist für den Erwerber in der Regel nachteilig, da er rechtlich nicht ein Wertpapier, sondern **ein Recht erwirbt**. Der gutgläubige Erwerb eines Rechts ist jedoch ausgeschlossen (MüKo AktG/*Bayer* § 68 Rn. 31; KölnKomm AktG/*Lutter* § 68 Rn. 17). Zugleich wird durch eine Zession die Indossamentenkette unterbrochen, so dass die zukünftige Verkehrsfähigkeit der Aktie stark herabgesetzt wird und zudem ein erweiterter gutgläubiger Erwerb nach Artikel 16 Abs. 2 nicht mehr in Betracht kommt (KölnKomm AktG/*Lutter* § 68 Rn. 17).

7 Auch wenn dies grundsätzlich nur für Inhaberaktien besprochen wird (vgl. MünchHdb GesR IV/*Wiesner* § 14 Rn. 4), so können nicht nur Inhaberaktien, sondern auch **Namensaktien** nach §§ 929 ff. BGB durch Einigung und Übergabe (aber ohne zusätzliches Indossament) übertragen werden. In diesen Fällen ist ebenfalls ein gutgläubiger Erwerb nach §§ 932 ff. BGB möglich, wobei dann die zusätzlichen Vorschriften des WechselG nicht zur Anwendung kommen.

C. Vinkulierte Namensaktien, Abs. 2

I. Hintergrund

8 In der AG ist eine Kündigung und ein Austritt aus der Gesellschaft nicht vorgesehen. Das AktG geht von der freien Übertragbarkeit von Aktien (gleich ob Namens- oder Inhaberaktien) aus (KölnKomm AktG/*Lutter* § 68 Rn. 23; MünchHdb GesR IV/*Wiesner* § 14 Rn. 16). Von diesem Grundsatz der freien Übertragbarkeit macht Abs. 2 eine Ausnahme, indem der AG durch eine entsprechende Satzungsregelung die Möglichkeit eingeräumt wird, die Übertragbarkeit der Namensaktie von der Zustimmung der AG abhängig zu machen. Es wird in diesem Fall von **vinkulierten Namensaktien** gesprochen, die nicht als besondere Aktiengattung nach § 11 AktG zu verstehen sind (*Hüffer* AktG, § 68 Rn. 10; MüKo AktG/*Bayer* § 68 Rn. 44). Es ist der AG erlaubt, sowohl vinkulierte als auch frei verfügbare Namensaktien auszugeben (*Hüffer* AktG, § 68 Rn. 10; MüKo AktG/*Bayer* § 68 Rn. 44).

9 Gründe für die Einführung von vinkulierten Namensaktien sind vielfältig. Teilweise besteht eine gesetzliche Verpflichtung zur Einführung von vinkulierten Namensaktien, teilweise beruht die Einführung aber auch darauf, dass einer Überfremdung des Aktionärskreises oder der Veränderung von Beteiligungsverhältnissen vorgebeugt werden soll (so *Hüffer* AktG, § 68 Rn. 10).

II. Rechtsgeschäftliche Übertragungen

10 Die Vinkulierung erstreckt sich nur auf **rechtsgeschäftliche Übertragungen** (*Hüffer* AktG, § 68 Rn. 11; MüKo AktG/*Bayer* § 68 Rn. 52; KölnKomm AktG/*Lutter* § 68 Rn. 27; AnwK-AktR/*Heinrich* § 68 Rn. 14; MünchHdb GesR IV/*Wiesner* § 14 Rn. 21). Eine rechtsgeschäftliche Übertragung (Kauf, Tausch, Schenkung) scheidet aus, wenn die Aktien im Wege der **Gesamtrechtsnachfolge** (Erbfolge oder auch Umwandlungen nach dem UmwG) übertragen werden (*Hüffer* AktG, § 68 Rn. 11; MüKo AktG/*Bayer* § 68 Rn. 52). Der rechtsgeschäftlichen Übertragung werden die Verpfändung und der Nießbrauch gleichgestellt, so dass diese nur mit Zustimmung der AG möglich sind. Hingegen ist die Pfändung der Aktie noch ohne Zustimmung möglich; soll die gepfändete Aktie jedoch verwertet werden, so kann die Verwertung der Aktie nur mit Zustimmung der AG erfolgen. Auch die Legitimationsübertragung (s. § 67 AktG Rn. 7) unterfällt nach h. M. der Vinkulierung, auch wenn rechtlich kein Übergang der Inhaberschaft stattfindet (MüKo AktG/*Bayer* § 68 Rn. 54; AnwK-AktR/*Heinrich* § 68 Rn. 14). Zur Umgehung von entsprechenden Vinkulierungsklauseln vgl. *Hüffer* AktG, § 68 Rn. 12; MüKo AktG/*Bayer* § 68 Rn. 116 ff; AnwK-AktR/*Heinrich* § 68 Rn. 15; MünchHdb GesR IV/*Wiesner* § 14 Rn. 34.

11 Liegt eine rechtsgeschäftliche Übertragung vor, so wird von der Vinkulierung nur das **Verfügungsgeschäft**, nicht aber auch das Verpflichtungsgeschäft umfasst (*Hüffer* AktG, § 68 Rn. 11; MüKo AktG/*Bayer* § 68 Rn. 38; AnwK-AktR/*Heinrich* § 68 Rn. 14; MünchHdb GesR IV/*Wiesner*

§ 14 Rn. 21). Daher ist seitens des Verkäufers darauf zu achten, dass auch der schuldrechtliche Kaufvertrag unter die Bedingung gestellt wird, dass die Zustimmung zur Übertragung erklärt wird. Anderenfalls geht die überwiegende Auffassung in der Literatur davon aus, dass sich der Verkäufer schadensersatzpflichtig macht, soweit man dem Käufer nicht eine Kenntnis nach § 442 BGB entgegenhalten kann (so MüKo AktG/*Bayer* § 68 Rn. 101; AnwK-AktR/*Heinrich* § 68 Rn. 19; MünchHdb GesR IV/*Wiesner* § 14 Rn. 29 f.).

III. Satzungserfordernis

Eine Vinkulierung erfordert eine entsprechende Satzungsregelung. Wird die Vinkulierung nicht bereits im Rahmen der **Gründung**, sondern erst im Zuge einer **späteren Satzungsänderung** aufgenommen, so bedarf die Satzungsänderung nach § 180 Abs. 2 AktG der Zustimmung sämtlicher betroffener Aktionäre (*Hüffer* AktG, § 68 Rn. 13; MüKo AktG/*Bayer* § 68 Rn. 45; AnwK-AktR/*Heinrich* § 68 Rn. 12; MünchHdb GesR IV/*Wiesner* § 14 Rn. 19). Besteht eine Vinkulierungsklausel und wird eine **Kapitalerhöhung** beschlossen, so muss im Kapitalerhöhungsbeschluss nur dann ausdrücklich geregelt werden, ob auch die jungen Aktien vinkuliert sind, wenn sich aus der Satzung nicht zwangsläufig ergibt, dass sämtliche Aktien der Gesellschaft der Vinkulierung unterliegen sollen (*Hüffer* AktG, § 68 Rn. 13; MüKo AktG/*Bayer* § 68 Rn. 47 ff.; AnwK-AktR/*Heinrich* § 68 Rn. 13; MünchHdb GesR IV/*Wiesner* § 14 Rn. 20). 12

IV. Ausgestaltung der Satzung

Die Satzung kann sowohl Bestimmungen über das »Ob« als auch über das »Wie« einer Vinkulierung enthalten. So kann die Vinkulierungsklausel nach Abs. 2 S. 3 auf einzelne Fälle von Übertragungen beschränkt sein (wie die Zustimmung bei der Übertragung auf einen Wettbewerber oder auf einen Familienfremden etc.); oder aber grundsätzlich jede Übertragung von der Zustimmung der AG abhängig machen (*Hüffer* AktG, § 68 Rn. 14; MüKo AktG/*Bayer* § 68 Rn. 57 ff.). Hingegen ist es nicht möglich, eine zwingende Versagung der Zustimmung in bestimmten Fällen vorzusehen. Die Satzung muss die Entscheidung über die Erteilung oder Versagung der Zustimmung bei dem betreffenden Organ belassen, welches die Zustimmung zu erteilen hat (*Hüffer* AktG, § 68 Rn. 14; MüKo AktG/*Bayer* § 68 Rn. 63; MünchHdb GesR IV/*Wiesner* § 14 Rn. 23). 13

Sonstige **dingliche Verfügungsbeschränkungen** (wie Vorkaufsrechte, Poolverträge etc.) sind nach § 23 Abs. 5 AktG **unzulässig**, da diese nicht nur die aktuellen, sondern auch alle zukünftigen Aktionäre der AG binden würden. Solche Verfügungsbeschränkungen können aber sehr wohl auf schuldrechtlicher Ebene als sog. **satzungsergänzende Nebenabreden** zwischen den Aktionären wirksam vereinbart werden, wobei die Nebenabrede den neu eintretenden Aktionär nur dann bindet, wenn dieser der Nebenabrede ausdrücklich beigetreten ist (vgl. MüKo AktG/*Bayer* § 68 Rn. 41; MünchHdb GesR IV/*Wiesner* § 14 Rn. 18). 14

V. Zustimmungserteilung

Hinsichtlich der Erteilung der Zustimmung ist zu unterscheiden, **welches Organ** die Zustimmung bzw. Versagung im Rechtsverkehr gegenüber dem betroffenen Aktionär abzugeben und welches Organ über die Frage zu entscheiden hat, ob die Zustimmung zu erteilen oder zu versagen ist. 15

1. Entscheidung über die Zustimmungserteilung

Ohne entsprechende Satzungsregelung kann **nur der Vorstand** darüber entscheiden, ob die Zustimmung zur Übertragung erteilt werden soll. Eine generelle Verlagerung der Kompetenz der Zustimmungserteilung ist nach Abs. 2 S. 2 nur mittels einer entsprechenden Satzungsbestimmung und nur in Bezug auf die Frage zulässig, ob eine Zustimmung zur Übertragung erteilt oder versagt werden soll. Die Satzung kann zulässigerweise vorsehen, dass nicht der Vorstand, sondern der **Aufsichtsrat** oder (alternativ, nicht kumulativ) die **Hauptversammlung** über die Zustimmung zur Übertragung zu entscheiden hat (AnwK-AktR/*Heinrich* § 68 Rn. 16; MünchHdb 16

GesR IV/*Wiesner* § 14 Rn. 26). Ausnahmsweise kann sich in Anwendung der »Holzmüller«- (BGHZ 83, 122 ff.) bzw. neuerdings der »Gelantine« (BGHZ 159, 30 ff.) – Grundsätze des BGH eine originäre Zuständigkeit der Hauptversammlung auch ohne ausdrückliche Satzungsbestimmung ergeben (so MüKo AktG/*Bayer* § 68 Rn. 64; vgl. zur »Holzmüller«-Entscheidung auch ausführl. § 119 AktG Rn. 9 ff.).

17 Im Rahmen der Entscheidung über die Erteilung der Zustimmung sind zunächst die **Vorgaben der Satzung** zu beachten. Im Übrigen liegt die Erteilung der Zustimmung im **pflichtgemäßen Ermessen** desjenigen Organs, welches über die Zustimmung zu entscheiden hat. Der **Gleichbehandlungsgrundsatz** des § 53 a AktG ist dabei zwingend zu beachten (*Hüffer* AktG, § 68 Rn. 15; MüKo AktG/*Bayer* § 68 Rn. 73, 75; AnwK-AktR/*Heinrich* § 68 Rn. 17; MünchHdb GesR IV/*Wiesner* § 14 Rn. 27 f.).

2. Erteilung der Zustimmungserklärung

18 Nach Abs. 2 S. 2 ist die Zustimmung ausschließlich von dem Vorstand gegenüber dem betroffenen Aktionär zu erklären. Eine abweichende Satzungsregelung ist nicht möglich, da es sich um einen Akt der Außenvertretung handelt (MüKo AktG/*Bayer* § 68 Rn. 87). Erteilt der Vorstand die Zustimmung zur Übertragung, so ist die Zustimmungserklärung auch dann wirksam, wenn sie entgegen der Entscheidung des Aufsichtsrates oder der Hauptversammlung ausgesprochen worden ist (MüKo AktG/*Bayer* § 68 Rn. 94).

VI. Rechtsfolgen

19 Solange eine Zustimmung der AG nicht vorliegt, ist das Verfügungsgeschäft über die Übertragung der Namensaktie **schwebend unwirksam**. Wird die Zustimmung verweigert, so wird das Verfügungsgeschäft endgültig unwirksam. Zu den Folgen des (möglicherweise) weiterhin gültigen Verpflichtungsgeschäft s. Rn. 11. Wird die Zustimmung erteilt, so wird die Übertragung **mit Wirkung ex tunc**, d. h. auf den Zeitpunkt des Abschlusses des entsprechenden Übertragungsvertrages wirksam (*Hüffer* AktG, § 68 Rn. 16; MüKo AktG/*Bayer* § 68 Rn. 96 ff.; AnwK-AktR/*Heinrich* § 68 Rn. 19; MünchHdb GesR IV/*Wiesner* § 14 Rn. 29 f.).

D. Prüfungspflicht der AG, Abs. 3

20 Abs. 3 ist im unmittelbaren Zusammenhang mit § 67 Abs. 3 AktG zu sehen, da beide Vorschriften dem Vorstand eine Prüfungspflicht auferlegen, ohne die er eine Eintragung der Übertragung von Namensaktien im Aktienregister nicht vornehmen darf. Abs. 3 konkretisiert die in § 67 Abs. 3 AktG allgemein gehaltene Prüfungspflicht für denjenigen Fall, dass eine Namensaktie im Wege des Indossaments übertragen wird (MüKo AktG/*Bayer* § 68 Rn. 28). Die Prüfungspflicht des Vorstandes beschränkt sich auf eine **formelle Prüfung**, d. h. der Vorstand muss prüfen, ob der äußere Nachweis geführt wurde, dass die Reihenfolge der Indossamente ordnungsgemäß ist. Nur für den Fall, dass er konkrete Anhaltspunkte dafür hat, dass zwar die Indossamente möglicherweise richtig sind, aber der ihm mitgeteilte Aktionär dennoch nicht Inhaber der Aktie ist, muss der Vorstand weitergehende Prüfungen vornehmen (*Hüffer* AktG, § 68 Rn. 17; MüKo AktG/*Bayer* § 68 Rn. 28; AnwK-AktR/*Heinrich* § 68 Rn. 20).

§ 69 Rechtsgemeinschaft an einer Aktie

(1) Steht eine Aktie mehreren Berechtigten zu, so können sie die Rechte aus der Aktie nur durch einen gemeinschaftlichen Vertreter ausüben.

(2) Für die Leistungen auf die Aktie haften sie als Gesamtschuldner.

(3) [1]Hat die Gesellschaft eine Willenserklärung dem Aktionär gegenüber abzugeben, so genügt, wenn die Berechtigten der Gesellschaft keinen gemeinschaftlichen Vertreter benannt

haben, die Abgabe der Erklärung gegenüber einem Berechtigten. [2]Bei mehreren Erben eines Aktionärs gilt dies nur für Willenserklärungen, die nach Ablauf eines Monats seit dem Anfall der Erbschaft abgegeben werden.

Übersicht:

A. Überblick zu § 69 AktG

1 Nach § 8 Abs. 3 AktG ist eine Aktie **unteilbar** (vgl. § 8 AktG Rn. 5 f.). Dies bedeutet jedoch nur, dass eine Aktie nicht real in zwei unterschiedliche Aktien geteilt werden darf (*Hüffer* AktG, § 69, Rn. 1; KölnKomm AktG/*Kraft* § 8 Rn. 48). § 69 AktG stellt klar, dass an einer unteilbaren Aktie mehrere Personen beteiligt sein können, dass diese aber ihre Rechte aus einer Aktie nur gemeinsam durch einen **gemeinschaftlichen Vertreter** ausüben können. § 69 AktG dient damit dem Schutz und den Interessen der AG (KölnKomm AktG/*Lutter* § 69 Rn. 2), indem solche Nachteile der AG vermieden werden sollen, die sich aus der Existenz mehrerer Berechtigter ergeben können (*Hüffer* AktG, § 69 Rn. 1). Auch wenn § 69 AktG im direkten Anschluss an die Regelungen zur Namensaktie aufgeführt ist, so ist die Vorschrift ist gleichermaßen auf die Inhaberaktie anwendbar, auch wenn die praktische Anwendung dort eher als gering anzusehen ist (MüKo AktG/*Bayer* § 69 Rn. 4).

B. Gemeinschaftlicher Vertreter, Abs. 1

I. Mehrere Berechtigte

2 Abs. 1 kommt nur zur Anwendung, wenn eine Aktie mehreren Berechtigten zusteht (*Hüffer* AktG, § 69 Rn. 2). Dabei kommt es ausschließlich auf die **dingliche Zuordnung** der Aktie an, es ist also zu fragen, ob mehrere Personen rechtliche Inhaber der Aktie sind (MüKo AktG/*Bayer* § 69 Rn. 5; KölnKomm AktG/*Lutter* § 69 Rn. 4).

1. Kapital- und Personengesellschaften

3 Ist eine juristische Person oder eine Personenhandelsgesellschaft Inhaber einer Aktie, so handelt es sich nicht um mehrere Berechtigte, auch wenn an der Gesellschaft mehrere Gesellschafter beteiligt sind (*Hüffer* AktG, § 69 Rn. 3; MüKo AktG/*Bayer* § 69 Rn. 7; KölnKomm AktG/*Lutter* § 69 Rn. 7). Aufgrund der neueren Rechtsprechung des BGH zur Teilrechtsfähigkeit der Gesellschaft bürgerlichen Rechts (vgl. insbes. BGH NJW 2001, 2056) muss dies nunmehr auch für diese Gesellschaftsform gelten, jedenfalls dann, wenn es sich um eine nach Außen auftretende Gesellschaft handelt (so auch AnwK-AktR/*Lohr* § 69 Rn. 4 und *Hüffer* AktG, § 69 Rn. 3; a. A. MüKo AktG/*Bayer* § 69 Rn. 8).

2. Andere Gemeinschaften

4 Damit fallen insbesondere **Bruchteilsgemeinschaft**, **Erbengemeinschaft** und **Gütergemeinschaft** unter den Anwendungsbereich des Abs. 1, nach h. M. nicht aber die Girosammelverwahrung nach §§ 5 ff. DepotG (*Hüffer* AktG, § 69 Rn. 2; MüKo AktG/*Bayer* § 69 Rn. 11; AnwK-AktR/*Lohr* § 69 Rn. 5). Soweit es bereits einen gesetzlichen Vertreter, wie bspw. einen Testamentsvollstrecker bei der Erbengemeinschaft, gibt, kommt die Regelung des Abs. 1 von Anfang an nicht in Betracht, da diese Personen bereits kraft ihres Amts Vertreter i. S. v. § 69 AktG wird (*Hüffer* AktG, § 69 Rn. 3; MüKo AktG/*Bayer* § 69 Rn. 10; KölnKomm AktG/*Lutter* § 69 Rn. 8).

II. Bestellung des Vertreters

1. Form der Bestellung

5 Es handelt sich nicht um eine gesetzliche Verpflichtung, sondern lediglich um eine Obliegenheit, einen gemeinsamen Vertreter zu bestellen (MüKo AktG/*Bayer* § 69 Rn. 19; AnwK-AktR/*Lohr* § 69 Rn. 6). Die Bestellung ist rechtstechnisch als **Bevollmächtigung nach §§ 167 ff. BGB** zu verstehen, besondere Formvorschriften sind nicht zu beachten (*Hüffer* AktG, § 69 Rn. 4; MüKo AktG/Bayer § 69 Rn. 20; KölnKomm AktG/Lutter § 69 Rn. 15). Im Ergebnis ist damit auch eine mündliche Bevollmächtigung ausreichend, von dieser Möglichkeit wird in der Praxis aufgrund der Regelung des § 134 Abs. 3 S. 2 AktG jedoch kaum Gebrauch gemacht (AnwK-AktR/*Lohr* § 69 Rn. 11; MüKo AktG/*Bayer* § 69 Rn. 20).

2. Person des Vertreters

6 Vertreter nach § 69 AktG kann **jede natürliche oder juristische Person** sein, auch ein Mitglied eines Organs der AG selbst, wobei die daraus resultierenden Nachteile des aus § 134 Abs. 3 AktG resultierenden Stimmverbotes zu beachten sind (*Hüffer* AktG, § 69 Rn. 4; AnwK-AktR/*Lohr* § 69 Rn. 8). Es ist nach h. M. zulässig, dass **mehrere Personen** als Bevollmächtigte bestellt werden. Dies jedoch nur, wenn diese **Gesamtvertretungsberechtigung** haben, da nur so gewährleistet ist, dass es nicht zu einer unterschiedlichen Ausübung der Rechte aus der Aktie kommen kann (*Hüffer* AktG, § 69 Rn. 4; KölnKomm AktG/*Lutter* § 69 Rn. 18; MüKo AktG/*Bayer* § 69 Rn. 17). Demgegenüber soll es unzulässig sein, als Vertreter mehrere Personen mit Einzelvertretungsberechtigung zu bestellen (MüKo AktG / Bayer § 69 Rn. 17). Letztere Auffassung ist dann problematisch, wenn eine juristische Person als Vertreter bestellt wird, die wiederum durch mehrere einzelvertretungsberechtigte Organmitglieder vertreten wird (vgl. dazu KölnKomm AktG/*Lutter* § 69 Rn. 9; MüKo AktG/*Bayer* § 69 Rn. 12, 24).

3. Unterlassene Bestellung

7 Teilweise wird die Auffassung vertreten, dass das Unterlassen des Bestellens eines gemeinschaftlichen Vertreters dazu führt, dass die Berechtigten ihre Rechte aus der Aktie nicht geltend machen können (so insbes. MüKo AktG/*Bayer* § 69 Rn. 19). Dies ist nur teilweise richtig, nämlich nur für den Fall, dass der AG bekannt ist, dass an der Aktie mehrere Berechtigte beteiligt sind. In Betracht kommt dies in der Regel nur bei Namensaktien, da die Berechtigten nach § 67 Abs. 2 AktG im Aktienregister einzutragen sind. Ist der AG nicht bekannt, ob die Aktie nur einem oder mehreren Berechtigten zusteht, so ist es zu weitgehend, aus § 69 AktG ein Stimmverbot aus der betreffenden Aktie zu konstruieren. Nimmt einer der Berechtigten an der Hauptversammlung teil und stimmt er ohne die Zustimmung der übrigen Berechtigten in der Hauptversammlung ab, so kann die Stimmabgabe nicht deshalb unwirksam sein, weil kein gemeinschaftlicher Vertreter bestellt worden ist. Die Wirksamkeit der Stimmabgabe muss nach der Vertretungsregelung der betreffenden Gemeinschaft beurteilt werden (so wohl auch KölnKomm AktG/*Lutter* § 69 Rn. 19).

III. Ausübung der Mitgliedschaftsrechte

8 Der gemeinschaftliche Vertreter übt **sämtliche Mitgliedschaftsrechte** aus der Aktie aus. Eine gegenständliche Beschränkung der Vollmacht ist nach h. M. nicht möglich (*Hüffer* AktG, § 69 Rn. 4; MüKo AktG/*Bayer* § 69 Rn. 21; KölnKomm AktG/*Lutter* § 69 Rn. 19). Der gemeinschaftliche Vertreter ist nicht nur zur **Stimmrechtsausübung** und zur **Entgegennahme der Dividende** befugt, dem gemeinschaftlichen Vertreter steht auch das Recht zu, **Bezugsrechte** für und gegen alle Berechtigten auszuüben. Verfügungen, die die Aktie selbst betreffen (wie bspw. die Übertragung oder Verpfändung der Aktie), fallen hingegen nicht in den Vollmachtsbereich des gemeinschaftlichen Vertreters (*Hüffer* AktG, § 69 Rn. 5; MüKo AktG/*Bayer* § 69 Rn. 24).

C. Gesamtschuldnerische Haftung, Abs. 2

Die in Abs. 2 angeordnete gesamtschuldnerische Haftung bezieht sich nicht nur auf die Gemeinschaften, die nach Abs. 1 einen gemeinschaftlichen Vertreter zu bestellen haben, sondern auf alle Gemeinschaften, also auch auf solche, die einen gesetzlichen Vertreter haben. Hingegen kommt Abs. 2 für solche Gemeinschaften nicht zur Anwendung, die selbst Inhaber der Aktie sind (s. Rn. 3), was auch für die GbR gilt (so auch AnwK-AktR/Lohr § 69 Rn. 14; a. A. *Hüffer* AktG, § 69 Rn. 7, der unter Hinweis auf eine ältere Rechtsprechung des BGH davon ausgeht, dass § 69 AktG als zwingende Anordnung der gesamtschuldnerischen Haftung der Gesellschafter einer GbR anzusehen sei). Inhaltlich ist Abs. 2 auf die Einlageverpflichtung sowie auf sämtliche übrigen Leistungsverpflichtungen des Aktionärs anzuwenden, wie solche aus §§ 55, 62, 63, 65 AktG (*Hüffer* AktG, § 69 Rn. 7; MüKo AktG/*Bayer* § 69 Rn. 30; KölnKomm AktG/*Lutter* § 69 Rn. 27; AnwK-AktR/*Lohr* § 69 Rn. 14). 9

D. Willenserklärungen der AG, Abs. 3

Abs. 3 dient dem **Schutz der AG**. Abs. 3 S. 1 beinhaltet die Wirksamkeit der von der AG gegenüber ihren Aktionären abzugebenden Willenserklärungen im Falle von mehreren Berechtigten an einer Aktie. Unter Willenserklärungen sind nur solche zu verstehen, die von der AG gegenüber dem einzelnen Aktionär abzugeben sind (*Hüffer* AktG, § 69 Rn. 8; AnwK-AktR/*Lohr* § 69 Rn. 17; MüKo AktG/*Bayer* § 69 Rn. 34). Ist ein gemeinschaftlicher Vertreter bestellt, so ist die Willenserklärung bereits dann wirksam, wenn sie gegenüber dem **gemeinschaftlichen Vertreter** abgegeben worden ist. Ist kein gemeinschaftlicher Vertreter bestellt, so ist es der AG nach Abs. 3 S. 1 möglich, die Willenserklärung gegenüber nur einem der Berechtigten mit der Konsequenz abzugeben, dass die Willenserklärung zugleich auch für und gegen alle übrigen Berechtigten gilt. Diese Möglichkeit ist der AG nicht eröffnet, wenn zwar kein gemeinschaftlicher Vertreter bestellt worden ist, sich die Vertretung aber aus dem Gesetz ergibt, wie bspw. beim Testamentsvollstrecker (MüKo AktG/*Bayer* § 69 Rn. 37). Für den Fall, dass es sich bei den Berechtigten zugleich um eine **Erbengemeinschaft** handelt, ist zum Schutz der Erbengemeinschaft die zeitliche Sonderregelung des Abs. 3 S. 2 zu beachten (vgl. dazu *Hüffer* AktG, § 69 Rn. 8; AnwK-AktR/*Lohr* § 69 Rn. 18; MüKo AktG/*Bayer* § 69 Rn. 38; KölnKomm AktG/*Lutter* § 69 Rn. 31 ff.). 10

§ 70 Berechnung der Aktienbesitzzeit

[1]Ist die Ausübung von Rechten aus der Aktie davon abhängig, dass der Aktionär während eines bestimmten Zeitraums Inhaber der Aktie gewesen ist, so steht dem Eigentum ein Anspruch auf Übereignung gegen ein Kreditinstitut, Finanzdienstleistungsinstitut oder ein nach § 53 Abs. 1 Satz 1 oder § 53 b Abs. 1 Satz 1 oder Abs. 7 des Gesetzes über das Kreditwesen tätiges Unternehmen gleich. [2]Die Eigentumszeit eines Rechtsvorgängers wird dem Aktionär zugerechnet, wenn er die Aktie unentgeltlich, von seinem Treuhänder, als Gesamtrechtsnachfolger, bei Auseinandersetzung einer Gemeinschaft oder bei einer Bestandsübertragung nach § 14 des Versicherungsaufsichtsgesetzes oder § 14 des Gesetzes über Bausparkassen erworben hat.

A. Überblick

Der Regelungsinhalt des § 70 AktG ist zunächst schwer verständlich und erschließt sich nur im Zusammenhang mit weiteren Normen des AktG (KölnKomm AktG/*Lutter* § 70 Rn. 2). Im Ergebnis sind Aktionäre in bestimmten Fällen erst dann berechtigt, Rechte aus den von ihnen gehaltenen Aktien geltend zu machen, wenn sie bereits für einen bestimmten Zeitraum Aktionär, d. h. Inhaber der Aktie waren. Es soll verhindert werden, dass ein Aktionär bereits im Zeitpunkt des Erwerbs der Aktie berechtigt ist, bestimmte Minderheitsrechte auszuüben. Diese Rechte 1 soll er erst nach dem Ablauf einer bestimmten Karenzzeit ausüben dürfen (MüKo AktG/*Bayer* § 70 Rn. 1).

B. Von § 70 AktG erfasste Karenzfristen

2 § 70 AktG kommt zur Anwendung, wenn die Ausübung von Rechten an der Aktie davon abhängt, dass der Aktionär während eines bestimmten Zeitraums Inhaber der Aktie gewesen ist. Solche Karenzfristen können sich aus Gesetz, sowie im Rahmen des § 23 Abs. 5 AktG aus der Satzung der AG ergeben (AnwK-AktR/*Lohr* § 70 Rn. 3). **Gesetzliche Karenzfristen**, die sich insbesondere auf die Ausübung von Minderheitenrechten beziehen, sind in §§ 142 Abs. 2 S. 2, 147 Abs. 1 S. 2, 258 Abs. 2 S. 4, 265 Abs. 3 S. 2, 315 S. 2 AktG sowie § 318 Abs. 3 S. 3 HGB enthalten (vgl. *Hüffer* AktG, § 70 Rn. 5).

C. Zurechnungstatbestände, S. 1 und 2

3 S. 1 und 2 beinhalten Konstellationen, in denen eine Person bisher zwar wirtschaftlicher, nicht aber rechtlicher Inhaber der Aktie war. Es gilt der Grundsatz, dass nur der rechtliche Inhaber Rechte aus der Aktie geltend machen kann (KölnKomm AktG/*Lutter* § 70 Rn. 3). Will der wirtschaftliche Eigentümer die Rechte aus der Aktie selbst geltend machen, muss er sich die Inhaberschaft an der Aktie verschaffen (KölnKomm AktG/*Lutter* § 70 Rn. 3). Da die in Rn. 2 genannten Vorschriften eine **Karenzzeit von drei Monaten** voraussetzen, bestimmen S. 1 und S. 2, dass dem aktuellen Inhaber der Aktie unter bestimmten Voraussetzungen die Vorbesitzzeiten seines Rechtsvorgängers angerechnet werden.

4 Daraus folgt, dass sowohl im Fall des S. 1 als auch des S. 2 die rechtliche Inhaberschaft an der Aktie durch die Person vorausgesetzt wird, die die Rechte aus der Aktie geltend machen will (MüKo AktG/*Bayer* § 70 Rn. 2). § 70 AktG regelt damit nicht den Fall, dass eine andere Person als der Inhaber die Rechte aus der Aktie ausüben darf, sondern allein die Frage, für welchen vergangenen Zeitraum der Inhaber als Aktionär der AG anzusehen ist. Deutlich wird diese Differenzierung anhand des in S. 2 genannten Falls der Treuhänderschaft. Solange die Treuhandschaft besteht, kann nur der Treuhänder (nicht der Treugeber als wirtschaftlicher Eigentümer der Aktie) die Rechte aus der Aktie wahrnehmen. Überträgt der Treuhänder die Aktie nach Ende des Treuhandvertrages auf den Treugeber, so kann nunmehr nur noch der ehemalige Treugeber die Rechte aus der Aktie wahrnehmen, wobei dem Treugeber die Besitzzeit des Treuhänders zwingend zuzurechnen ist (MüKo AktG/*Bayer* § 70 Rn. 4).

§ 71 Erwerb eigener Aktien

(1) [1]Die Gesellschaft darf eigene Aktien nur erwerben,

1. **wenn der Erwerb notwendig ist, um einen schweren, unmittelbar bevorstehenden Schaden von der Gesellschaft abzuwenden,**
2. **wenn die Aktien Personen, die im Arbeitsverhältnis zu der Gesellschaft oder einem mit ihr verbundenen Unternehmen stehen oder standen, zum Erwerb angeboten werden sollen,**
3. **wenn der Erwerb geschieht, um Aktionäre nach § 305 Abs. 2, § 320 b oder nach § 29 Abs. 1, § 125 Satz 1 in Verbindung mit § 29 Abs. 1, § 207 Abs. 1 Satz 1 des Umwandlungsgesetzes abzufinden,**
4. **wenn der Erwerb unentgeltlich geschieht oder ein Kreditinstitut mit dem Erwerb eine Einkaufskommission ausführt,**
5. **durch Gesamtrechtsnachfolge,**
6. **auf Grund eines Beschlusses der Hauptversammlung zur Einziehung nach den Vorschriften über die Herabsetzung des Grundkapitals,**
7. **wenn sie ein Kreditinstitut, Finanzdienstleistungsinstitut oder Finanzunternehmen ist, aufgrund eines Beschlusses der Hauptversammlung zum Zwecke des Wertpapierhandels.**

[2]Der Beschluß muß bestimmen, daß der Handelsbestand der zu diesem Zweck zu erwerbenden Aktien fünf vom Hundert des Grundkapitals am Ende jeden Tages nicht übersteigen darf; er muß den niedrigsten und höchsten Gegenwert festlegen. [3]Die Ermächtigung darf höchstens 18 Monate gelten; oder

8. aufgrund einer höchstens 18 Monate geltenden Ermächtigung der Hauptversammlung, die den niedrigsten und höchsten Gegenwert sowie den Anteil am Grundkapital, der zehn vom Hundert nicht übersteigen darf, festlegt. [4]Als Zweck ist der Handel in eigenen Aktien ausgeschlossen. [5]§ 53 a ist auf Erwerb und Veräußerung anzuwenden. [6]Erwerb und Veräußerung über die Börse genügen dem. [7]Eine andere Veräußerung kann die Hauptversammlung beschließen; § 186 Abs. 3, 4 und § 193 Abs. 2 Nr. 4 sind in diesem Fall entsprechend anzuwenden. [8]Die Hauptversammlung kann den Vorstand ermächtigen, die eigenen Aktien ohne weiteren Hauptversammlungsbeschluß einzuziehen.

(2) [1]Auf die zu den Zwecken nach Absatz 1 Nr. 1 bis 3, 7 und 8 erworbenen Aktien dürfen zusammen mit anderen Aktien der Gesellschaft, welche die Gesellschaft bereits erworben hat und noch besitzt, nicht mehr als zehn vom Hundert des Grundkapitals entfallen. [2]Dieser Erwerb ist ferner nur zulässig, wenn die Gesellschaft die nach § 272 Abs. 4 des Handelsgesetzbuchs vorgeschriebene Rücklage für eigene Aktien bilden kann, ohne das Grundkapital oder eine nach Gesetz oder Satzung zu bildende Rücklage zu mindern, die nicht zu Zahlungen an die Aktionäre verwandt werden darf. [3]In den Fällen des Absatzes 1 Nr. 1, 2, 4, 7 und 8 ist der Erwerb nur zulässig, wenn auf die Aktien der Ausgabebetrag voll geleistet ist.

(3) [1]In den Fällen des Absatzes 1 Nr. 1 und 8 hat der Vorstand die nächste Hauptversammlung über die Gründe und den Zweck des Erwerbs, über die Zahl der erworbenen Aktien und den auf sie entfallenden Betrag des Grundkapitals, über deren Anteil am Grundkapital sowie über den Gegenwert der Aktien zu unterrichten. [2]Im Falle des Absatzes 1 Nr. 2 sind die Aktien innerhalb eines Jahres nach ihrem Erwerb an die Arbeitnehmer auszugeben. [3]Im Falle des Absatzes 1 Nr. 8 hat die Gesellschaft die Bundesanstalt für Finanzdienstleistungsaufsicht unverzüglich von der Ermächtigung zu unterrichten.

(4) [1]Ein Verstoß gegen die Absätze 1 oder 2 macht den Erwerb eigener Aktien nicht unwirksam. [2]Ein schuldrechtliches Geschäft über den Erwerb eigener Aktien ist jedoch nichtig, soweit der Erwerb gegen die Absätze 1 oder 2 verstößt.

Übersicht:

A. Überblick

1 Die §§ 71 ff. AktG behandeln die Frage der **Zulässigkeit des Erwerbs eigener Aktien** durch die AG. Kritisch ist der Erwerb eigener Aktien, weil dem Erwerb ein Rechtsgeschäft zwischen AG und ihrem Aktionär zugrunde liegt, mit dem sich die AG regelmäßig verpflichtet, die (eigenen) Aktien gegen Zahlung eines Kaufpreises zu erwerben. Es handelt es sich damit um einen Fall der **Einlagenrückgewähr** nach § 57 AktG (MüKo AktG/*Oechsler* § 71 Rn. 61; *Hüffer* AktG, § 71 Rn. 1). Gem. § 57 Abs. 1 S. 2 AktG stellt ein Erwerb eigener Aktien nur dann keine Einlagenrückgewähr dar, wenn der Erwerb zulässig ist (s. § 57 AktG Rn. 30). Unter welchen Voraussetzungen ein Erwerb eigener Aktien zulässig ist, ist **abschließend** in § 71 Abs. 1 und 2 AktG geregelt. Dabei ist zu beachten, dass § 71 AktG nur die grundsätzliche Zulässigkeit des Erwerbs eigener Aktien normiert; die Frage, ob der von der AG zu zahlende Erwerbspreis angemessen ist, beurteilt sich weiterhin allein nach § 57 Abs. 1 AktG (MüKo AktG/*Oechsler* § 71 Rn. 64). Neben der Funktion als **Kapitalschutznormen** dienen die §§ 71 ff. AktG auch der **Kompetenzabgrenzung** zwischen Vorstand und Hauptversammlung, nämlich dahingehend, dass der Vorstand nicht berechtigt ist, die Rechte aus eigenen Aktien ausüben zu dürfen (*Hüffer* AktG, § 71 Rn. 1; AnwK-AktR/*Block* § 71 Rn. 3). Die Vorschriften der §§ 71 ff. AktG wurden mehrfach geändert, letztmals umfassend im Jahr 1998 durch das KonTraG – Gesetz zur Kontrolle und Transparenz im Unternehmensbereich (vgl. dazu MüKo AktG/*Oechsler* § 71 Rn. 37; *Hüffer* AktG, § 71 Rn. 2; AnwK-AktR/*Block* § 71 Rn. 2).

B. Erwerbsverbot, Abs. 1

I. Grundsatz

2 Abs. 1 enthält ein **generelles Erwerbsverbot**, nach dem ein Erwerb eigener Aktien nur in den Fällen des Abs. 1 Nr. 1 bis 8 zulässig ist (*Hüffer* AktG, § 71 Rn. 3). Soweit dies der Fall ist, so kann sich die Unzulässigkeit des Erwerbs der eigenen Aktien dennoch aus Abs. 2 sowie aus § 57 AktG ergeben (s. Rn. 34 ff.). Es handelt sich bei § 71 AktG um eine **Verbotsnorm**, welche bereits die **abstrakte Interessengefährdung** genügen lässt (*Hüffer* AktG, § 71 Rn. 3; MüKo AktG/*Oechsler* § 71 Rn. 62). Ob die Norm eng auszulegen ist, wird kontrovers diskutiert (so *Hüffer* AktG, § 71 Rn. 3; KölnKomm AktG/*Lutter* § 71 Rn. 17; abl. MüKo AktG/*Oechsler* § 71 Rn. 63; AnwK-AktR/*Block* § 71 Rn. 10).

3 § 71 AktG umfasst ausschließlich den Erwerb von **Aktien**, gleich, ob Namens- oder Inhaberaktien und ob verbrieft oder nicht verbrieft (*Hüffer* AktG, § 71 Rn. 4; MüKo AktG/*Oechsler* § 71 Rn. 86; AnwK-AktR/*Block* § 71 Rn. 4; KölnKomm AktG/*Lutter* § 71 Rn. 13). Andere Gestaltungen, in denen bspw. eigene Wandel- oder Gewinnobligationen, Schuldverschreibungen, Optionsscheine, Genussscheine o. ä. von der AG erworben werden, unterfallen nicht dem Anwendungsbereich der §§ 71 ff. AktG (*Hüffer* AktG, § 71 Rn. 5; MüKo AktG/*Oechsler* § 71 Rn. 88; MünchHdb GesR IV/*Wiesner* § 15 Rn. 9). Auch der Erwerb einer Beteiligung an einer Gesellschaft, die ihrer-

seits wiederum Aktien an der AG hält, stellt grundsätzlich keinen Fall der §§ 71 ff. AktG dar (*Hüffer* AktG, § 71 Rn. 5; MüKo AktG/*Oechsler* § 71 Rn. 89; MünchHdb GesR IV/*Wiesner* § 15 Rn. 9). Verboten ist der **Erwerb** von Aktien. Die AG muss Rechtsinhaberin der Aktie werden (MüKo AktG/*Oechsler* § 71 Rn. 69). Wird lediglich eine Verwaltungstreuhand vereinbart, fehlt es an einem Erwerb. Etwas anderes soll jedoch gelten, wenn der AG die Aktien im Wege der Legitimationsübertragung (s. § 67 AktG Rn. 7) zur Verfügung gestellt werden (*Hüffer* AktG, § 71 Rn. 6; MüKo AktG/*Oechsler* § 71 Rn. 69; AnwK-AktR/*Block* § 71 Rn. 7).

II. Notwendigkeit der Schadensabwehr, Abs. 1 Nr. 1

1. Tatbestand des Abs. 1 Nr. 1

Ein Erwerb eigener Aktien ist nach Abs. 1 Nr. 1 zulässig, wenn der Erwerb notwendig ist, um einen **schweren, unmittelbar bevorstehenden Schaden** von der Gesellschaft abzuwenden. Darunter ist jeder Schaden nach §§ 249 ff. BGB zu verstehen, so dass auch ein entgangener Gewinn in Betracht kommt (*Hüffer* AktG, § 71 Rn. 7; MüKo AktG/*Oechsler* § 71 Rn. 93; AnwK-AktR/*Block* § 71 Rn. 14). Der Schaden muss bei der AG selbst eintreten, ein Schaden beim Aktionär (bspw. ein bevorstehender Kursverlust) genügt nicht (KölnKomm AktG/*Lutter* § 71 Rn. 22; *Hüffer* AktG, § 71 Rn. 7; MüKo AktG/*Oechsler* § 71 Rn. 94). 4

Der bevorstehende Schaden muss **»schwer«**, nicht jedoch notwendigerweise existenzvernichtend sein. Es reicht aus, wenn der Schaden beachtlich ist (*Hüffer* AktG, § 71 Rn. 7; AnwK-AktR/*Block* § 71 Rn. 15). Fraglich ist, ob der Schaden ins Verhältnis zu den Risiken zu setzen ist (Relationstheorie) und demgemäß eine Abwägung stattzufinden hat (abl. KölnKomm AktG/*Lutter* § 71 Rn. 28; *Hüffer* AktG, § 71 Rn. 7; MüKo AktG/*Oechsler* § 71 Rn. 97). Der Schaden muss zudem **unmittelbar bevorstehen** und darf noch nicht eingetreten und beendet sein. Eine Schadensabwehr zum Zwecke der Verhinderung einer drohenden Überfremdung, der Abwendung eines Kursverlustes oder auch nur zur Kurspflege ist nicht zulässig, im erstgenannten Fall jedenfalls solange nicht, solange mit dem Ankauf der Aktien durch Fremde nicht allein die Schädigung der AG bezweckt ist (*Hüffer* AktG, § 71 Rn. 9; zur **feindlichen Übernahme**, vgl. MüKo AktG/*Oechsler* § 71 Rn. 103 ff.). Der Erwerb der Aktien muss zur Abwehr des Schadens objektiv notwendig sein, so dass sich der Erwerb der Aktien als **Lösung ohne vernünftige Alternative** darstellen muss (*Hüffer* AktG, § 71 Rn. 8; MüKo AktG/*Oechsler* § 71 Rn. 100; AnwK-AktR/*Block* § 71 Rn. 18). 5

2. Grenzen des Erwerbs nach Abs. 2

Nach Abs. 2 ist ein Erwerb nach Abs. 1 Nr. 1 nur zulässig, wenn die folgenden drei Voraussetzungen erfüllt sind: Zunächst ist die in Abs. 2 S. 1 genannte **10 %-Grenze** zu beachten (s. Rn. 36), sowie weiter die in Abs. 2 S. 2 genannte **Kapitalgrenze**, wonach die AG die Rücklage für eigene Anteile bilden können muss (s. Rn. 37 f.). Schließlich darf die AG nach Abs. 2 S. 3 eigene Aktien nur erwerben, wenn deren **Ausgabebetrag vollständig geleistet** worden ist (s. Rn. 38). 6

III. Belegschaftsaktien, Abs. 1 Nr. 2

1. Tatbestand des Abs. 1 Nr. 2

Der Erwerb eigener Aktien ist nach Abs. 1 Nr. 2 zulässig, wenn die Aktien Personen zum Erwerb angeboten werden sollen, die im Arbeitsverhältnis zu der Gesellschaft oder einem mit ihr verbundenen Unternehmen stehen oder standen. Abs. 1 Nr. 2 dient regelmäßig der Erfüllbarkeit von sog. **Mitarbeiterbeteiligungsmodellen (stock-options)**. Eine Vielzahl von sog. Stock-Option-Programmen sehen die Möglichkeit vor, den Mitarbeitern die Aktien alternativ aus (bedingten) Kapitalerhöhungen oder durch den Erwerb eigener Aktien zu übertragen. Dies impliziert zugleich die Zulässigkeit, eigene Aktien nach Abs. 1 Nr. 2 auch verbilligt an die Mitarbeiter auszugeben, so dass darin kein Verstoß gegen § 57 AktG zu sehen ist (*Hüffer* AktG, § 71 Rn. 12; MüKo AktG/*Oechsler* § 71 Rn. 132). 7

8 Unter den **Personenkreis** des Abs. 1 Nr. 2 fallen sämtliche Arbeitnehmer und Angestellte, auch leitende Mitarbeiter wie Prokuristen etc. (*Hüffer* AktG, § 71 Rn. 12; AnwK-AktR/*Block* § 71 Rn. 27). **Nicht erfasst** werden **Organmitglieder** (MüKo AktG/*Oechsler* § 71 Rn. 126). Unstreitig ist, dass der Kreis sowohl Personen, die derzeit im Arbeitsverhältnis zu der AG stehen, als auch solche umfasst, die bereits aus der AG ausgeschieden sind (*Hüffer* AktG, § 71 Rn. 12; MüKo AktG/*Oechsler* § 71 Rn. 125). Dies gilt gleichermaßen für Arbeitsverhältnisse zu Unternehmen, die im Verhältnis zur AG als verbundene Unternehmen i. S. v. § 15 AktG anzusehen sind (*Hüffer* AktG, § 71 Rn. 12; MüKo AktG/*Oechsler* § 71 Rn. 127).

9 Ein Erwerb eigener Aktien ist bereits dann zulässig, wenn der Vorstand die Aktien in der ernstlichen Absicht erwirbt, sie nach Abs. 1 Nr. 2 an die Belegschaft weiterzugeben, ein Optionsprogramm muss noch nicht aufgelegt worden sein. Jedoch muss sich die Wahrscheinlichkeit der Auflegung eines solchen Programms durch (vorbereitende) Beschlüsse des Vorstandes bzw. Aufsichtsrates bereits konkretisiert haben (so *Hüffer* AktG, § 71 Rn. 13; MüKo AktG/*Oechsler* § 71 Rn. 128; MünchHdb GesR IV/*Wiesner* § 15 Rn. 13). Wird die ernstliche Absicht später nicht weiterverfolgt, bleibt der Erwerb der Aktien zwar zulässig (*Hüffer* AktG, § 71 Rn. 13), es soll sich für den Vorstand aber eine Verkaufspflicht nach § 71 c Abs. 1 analog AktG ergeben (MüKo AktG/*Oechsler* § 71 Rn. 129; *Hüffer* AktG, § 71 Rn. 13, 23).

2. Grenzen des Erwerbs nach Abs. 2

10 Nach Abs. 2 ist ein Erwerb nach Abs. 1 Nr. 2 nur zulässig ist, wenn die unter Rn. 6 genannten drei Voraussetzungen (10 %-Grenze, Kapitalgrenze, vollständige Zahlung des Ausgabebetrages) erfüllt sind.

IV. Abfindungsangebote, Abs. 1 Nr. 3

1. Tatbestand des Abs. 1 Nr. 3

11 Ein Erwerb eigener Aktien ist nach Abs. 1 Nr. 3 zulässig, wenn der Erwerb zum **Zwecke der Abfindung von Aktionären** nach §§ 305 Abs. 2, 320 b oder §§ 29 Abs. 1, 125 S. 1 i. V. m. 29 Abs. 1, 207 Abs. 1 S. 1 UmwG erfolgt. Sowohl das AktG als auch das UmwG sehen in bestimmten Fällen eine gesetzliche Verpflichtung der AG vor, Aktionären entweder eine Abfindung in Form von eigenen Aktien zu gewähren oder von diesen Personen die von ihnen an der AG gehaltenen Aktien zu übernehmen. Diese Verpflichtungen treten vor allem dann auf, wenn die AG eine andere Gesellschaft in Form eines Beherrschungs- oder Gewinnabführungsvertrages (§§ 291 ff. AktG) beherrscht oder eine andere Gesellschaft in die AG eingegliedert wird (§§ 319 ff. AktG). Auch im Falle der Verschmelzung, Ab- und Aufspaltung sowie im Falle des Formwechsels nach dem UmwG können diese Fälle auftreten. In Umwandlungsfällen kann sich aber nur eine Erwerbspflicht, nicht aber auch eine Pflicht zur Ausgabe von eigenen Aktien ergeben.

12 Um die gesetzlichen Verpflichtungen erfüllen zu können, ist es im Rahmen des AktG teilweise notwendig, dass der Vorstand der AG im Vorfeld eigene Aktien erwerben kann, um diese dann auf außenstehende Aktionäre übertragen zu können, wenn und soweit diese die Übertragung von der AG verlangen. Auch in diesen Fällen reicht es – wie bei Abs. 1 Nr. 2 – für einen zulässigen Erwerb aus, wenn der Erwerb der eigenen Aktien in der **ernstlichen Absicht** erfolgt, die Aktien an die außenstehenden Aktionäre als Abfindung gewähren zu wollen (KölnKomm AktG/*Lutter* § 71 Rn. 51; MüKo AktG/*Oechsler* § 71 Rn. 146). Dabei muss der Vorgang aber bereits so konkret sein, dass mit einer Verpflichtung zur Ausgabe der Aktien ernsthaft zu rechnen ist, was grundsätzlich erst dann in Betracht kommt, wenn die entsprechenden Beschlüsse bereits getroffen wurden (AnwK-AktR/*Block* § 71 Rn. 34; MünchHdb GesR IV/*Wiesner* § 15 Rn. 14).

2. Grenzen des Erwerbs nach Abs. 2

13 Abs. 2 bestimmt, dass auch ein Erwerb nach Abs. 1 Nr. 3 nur zulässig ist, wenn die unter Rn. 6 genannten Voraussetzungen der **10 %-Grenze** sowie der **Kapitalgrenze** erfüllt sind, wobei hier

die Besonderheit gilt, dass die AG auch noch nicht vollständig eingezahlte Aktien erwerben darf. Zu Recht wird darauf hingewiesen, dass in Umwandlungsfällen ein Beschluss der Hauptversammlung gem. § 241 AktG nichtig ist, wenn sich bereits zum Zeitpunkt der Beschlussfassung konkret abzeichnet, dass die AG verpflichtet sein wird, mehr Aktien nach Abs. 1 Nr. 3 von den außenstehenden Aktionären zu erwerben, als dies nach Abs. 2 S. 1 zulässig wäre (so MüKo AktG/*Oechsler* § 71 Rn. 139).

V. Unentgeltlicher Erwerb, Kommissionsgeschäft, Abs. 1 Nr. 4

1. Tatbestand des Abs. 1 Nr. 4

Abs. 1 Nr. 4 regelt zwei Fallkonstellationen: Die erste Variante ist der **unentgeltliche Erwerb** (§ 516 Abs. 1 BGB). Wegen der fehlenden Gegenleistung besteht keine Gefahr eines Verstoßes gegen § 57 AktG (MüKo AktG/*Oechsler* § 71 Rn. 147). Dass die AG Schenkung- und Erbschaftsteuer auf den Erwerb zu zahlen hat, steht der Unentgeltlichkeit nicht entgegen (*Hüffer* AktG, § 71 Rn. 16; AnwK-AktR/*Block* § 71 Rn. 45). Hauptanwendungsfall der unentgeltlichen Übertragung ist die Absicht des Aktionärs, einen Beitrag zur Sanierung der AG zu leisten (MüKo AktG/*Oechsler* § 71 Rn. 148). 14

Die zweite Variante ist der Erwerb eigener Aktien durch ein Kreditinstitut im Wege der **Einkaufskommission**. Da es sich dabei regelmäßig um einen kurzfristigen Durchgangserwerb auf der Ebene der Aktienbank handelt, ist die Vorschrift des Abs. 1 Nr. 4 erforderlich, aber auch seit jeher als zulässig anerkannt (*Hüffer* AktG, § 71 Rn. 17; MüKo AktG/*Oechsler* § 71 Rn. 149; KölnKomm AktG/*Lutter* § 71 Rn. 60). Problematisch ist die Einkaufskommission nur in dem Fall, in denen der Kommittent die Abnahme der Aktien verweigert oder die Aktienbank gem. § 400 HGB von ihrem **Selbsteintrittsrecht** Gebrauch macht, so dass die Aktienbank dingliche Inhaberin der Aktien wird (KölnKomm AktG/*Lutter* § 71 Rn. 60; *Hüffer* AktG, § 71 Rn. 17; MüKo AktG/*Oechsler* § 71 Rn. 150; AnwK-AktR/*Block* § 71 Rn. 46). In diesen Fällen ist der Erwerb der Aktien nach der h. M. gem. § 71 Abs. 1 Nr. 4 AktG zulässig, jedenfalls dann, wenn sich die Aktienbank dabei in den Grenzen des Abs. 2 bewegt (KölnKomm AktG/*Lutter* § 71 Rn. 60; MüKo AktG/*Oechsler* § 71 Rn. 150). Auf die **Verkaufskommission** ist Abs. 1 Nr. 4 nicht anzuwenden (MüKo AktG/*Oechsler* § 71 Rn. 151; AnwK-AktR/*Block* § 71 Rn. 47). 15

2. Grenzen des Erwerbs nach Abs. 2

Nach Abs. 2 ist ein Erwerb nach Abs. 1 Nr. 4 zulässig, wenn es sich bei den Aktien um solche handelt, auf die der Ausgabebetrag vollständig eingezahlt worden ist. Damit ist weder die in Abs. 2 S. 1 genannte 10 %-Grenze noch die Kapitalgrenze gem. Abs. 2 S. 2 zu beachten, wobei nach der h. M. Ausnahmen bei dem Selbsteintritt im Falle der Einkaufskommission gelten (s. Rn. 15). Da weder die 10 %- noch die Kapitalgrenze zu beachten ist, kann sich die kuriose Situation ergeben, dass die AG in zulässiger Form sämtliche Aktien erwirbt und dadurch zur sog. **Keinmann-Gesellschaft** würde. Ob diese insbesondere für die GmbH diskutierte Konstruktion – auch vor dem Hintergrund des § 71 b AktG – zulässig ist, ist nicht geklärt (vgl. eingehend *Paulick*, Die GmbH ohne Gesellschafter, 1979, S. 48 ff.). 16

VI. Gesamtrechtsnachfolge, Abs. 1 Nr. 5

Der Erwerb eigener Aktien durch Gesamtrechtsnachfolge ist nach Abs. 1 Nr. 5 zulässig. Gesamtrechtnachfolge kann sowohl im Wege der **Erbfolge** nach §§ 1922 ff. BGB, im Wege der **Umwandlung** nach dem UmwG als auch in Fällen der **Vermögensübertragung** nach § 140 Abs. 1 S. 2 HGB eintreten. Der Erwerb im Wege der Gesamtrechtsnachfolge unterliegt keinen Grenzen nach Abs. 2. 17

VII. Einziehung der eigenen Aktien, Abs. 1 Nr. 6

Sollen Aktien erworben werden, um sie gem. Abs. 1 Nr. 6 nach den Vorschriften über die Herabsetzung des Grundkapitals einzuziehen, so darf der Erwerb frühestens zu dem Zeitpunkt erfol- 18 gen, zu dem die Hauptversammlung der AG einen entsprechenden Beschluss nach §§ 237 ff. AktG gefasst hat (*Hüffer* AktG, § 71 Rn. 19; MüKo AktG/*Oechsler* § 71 Rn. 158; AnwK-AktR/*Block* § 71 Rn. 55). Fraglich ist, ob die AG verpflichtet ist, vorrangig solche Aktien einzuziehen, die sie bereits als eigene Aktien im Bestand hält (so AnwK-AktR/*Block* § 71 Rn. 55 m. w. N.). Wie im Falle des Abs. 1 Nr. 5 AktG unterliegt auch der Erwerb eigener Aktien zum Zwecke der Einziehung keiner der in Abs. 2 normierten Grenzen.

VIII. Wertpapierhandel, Abs. 1 Nr. 7

1. Tatbestand des Abs. 1 Nr. 7

19 Abs. 1 Nr. 7 erlaubt seit dem Inkrafttreten des KonTraG im Jahr 1998 ausdrücklich, einen Handel in eigenen Aktien zu betreiben. Voraussetzung hierfür ist, dass es sich bei der AG um ein **Kreditinstitut**, ein **Finanzdienstleistungsunternehmen** oder um ein **Finanzunternehmen** i. S. d. § 1 KWG handelt.

20 Ein Handel in eigenen Aktien ist nur aufgrund einer **Ermächtigung der Hauptversammlung** zulässig. Der mit einfacher Stimmenmehrheit zu treffende Hauptversammlungsbeschluss muss die in Abs. 1 Nr. 7 genannten Voraussetzungen erfüllen, somit insbesondere die auf maximal 18 Monate begrenzte Ermächtigung beinhalten (*Hüffer* AktG, § 71 Rn. 19 a; MüKo AktG/*Oechsler* § 71 Rn. 163; AnwK-AktR/*Block* § 71 Rn. 57). Zudem muss der Beschluss bestimmen, dass der Umfang der zu erwerbenden Aktien einen Bestand von **5 % des Grundkapitals** am Ende eines jeden Tages nicht übersteigen darf. Die 5 %-Grenze bezieht sich zeitlich nur auf exakt 24:00 Uhr eines jeden Tages, so dass die AG die Grenze im Laufe des Tages in zulässiger Weise überschreiten darf (*Hüffer* AktG, § 71 Rn. 19 b; MüKo AktG/*Oechsler* § 71 Rn. 165; AnwK-AktR/*Block* § 71 Rn. 57; MünchHdb GesR IV/*Wiesner* § 15 Rn. 15). Der Beschluss hat zudem den **niedrigsten und höchsten Gegenwert** zu bestimmen. Die Festlegung des Gegenwertes hat nicht zwangsläufig in fixen Zahlen zu erfolgen, sondern kann auch durch die Bezugnahme auf den künftigen Börsenkurs innerhalb eines im Beschlusszeitpunkt festgelegten Beobachtungszeitraums bestimmbar gemacht werden (MüKo AktG/*Oechsler* § 71 Rn. 167, 177). Die von Abs. 1 Nr. 7 erfassten Unternehmen sind berechtigt, neben der Ermächtigung nach Abs. 1 Nr. 7 eine weitere Ermächtigung nach Abs. 1 Nr. 8 von der Hauptversammlung beschließen zu lassen, wobei diese nach Abs. 1 Nr. 8 S. 2 nicht den Zweck des Wertpapierhandels umfassen kann (s. Rn. 27 sowie MüKo AktG/*Oechsler* § 71 Rn. 168).

21 Die Ermächtigung darf einen **Zeitraum von 18 Monaten** nicht überschreiten. Es steht der Hauptversammlung frei, bereits vor Ablauf des Ermächtigungszeitraums erneut über eine weitere Ermächtigung nach Abs. 1 Nr. 7 zu beschließen, wobei auch dieser zweite Ermächtigungszeitraum keinen längeren Zeitraum als 18 Monate umfassen darf, gerechnet von dem Tag des Beschlusses der Hauptversammlung an. Eine Einbeziehung des noch nicht verbrauchten Ermächtigungszeitraumes der ersten Ermächtigung in den Zeitraum der zweiten Ermächtigung ist nicht möglich (*Hüffer* AktG, § 71 Rn. 19 b; AnwK-AktR/*Block* § 71 Rn. 57).

2. Grenzen des Erwerbs nach Abs. 2

22 Vgl. dazu Rn. 6.

IX. Ermächtigungsbeschluss, Abs. 1 Nr. 8

1. Überblick

23 Abs. 1 Nr. 8 stellt sich als das **Kernstück der Neuregelung** des Erwerbs eigener Aktien im Zuge des **KonTraG** dar. Abs. 1 Nr. 8 enthält für die AG nunmehr die Möglichkeit, eigene Aktien ohne spezielle Zweckvorgabe erwerben zu können (*Hüffer* AktG, § 71 Rn. 19 c). Damit kann § 71 AktG dahingehend systematisiert werden, dass ein Erwerb eigener Aktien entweder aufgrund einer gesetzlichen Ermächtigung nach Abs. 1 Nr. 1 bis Nr. 6 oder aufgrund eines Ermächtigungsbe-

schlusses der Hauptversammlung nach Abs. 1 Nr. 7 und Nr. 8 zulässig ist (MüKo AktG/*Oechsler* § 71 Rn. 171).

2. Mindestinhalt der Ermächtigung, Abs. 1 Nr. 8 S. 1

Ein zulässiger Erwerb eigener Aktien nach Abs. 1 Nr. 8 setzt einen **Hauptversammlungsbeschluss** voraus. Der Beschluss muss die Ermächtigung des Vorstandes der AG beinhalten, eigene Aktien erwerben zu dürfen. Der Beschluss ist mit **einfacher Stimmenmehrheit** zu treffen (*Hüffer* AktG, § 71 Rn. 19 d; MüKo AktG/*Oechsler* § 71 Rn. 172) und bedarf für seine Wirksamkeit keiner Eintragung im Handelsregister. Die Ermächtigung wird mit der Beschlussfassung wirksam, sie muss aber zeitlich zwingend vor dem Erwerb der eigenen Aktien beschlossen werden, da der Erwerb der eigenen Aktien ansonsten unheilbar unwirksam ist (*Hüffer* AktG, § 71 Rn. 19 d; MüKo AktG/*Oechsler* § 71 Rn. 172). Die Ermächtigung darf höchstens für einen **Zeitraum von 18 Monaten** erteilt werden, jedoch kann die Ermächtigung durch entsprechende Beschlüsse beliebig oft erneuert werden (s. Rn. 21 sowie *Hüffer* AktG, § 71 Rn. 19 e; MüKo AktG/*Oechsler* § 71 Rn. 175). Die Frist von 18 Monaten bezieht sich nur auf den Erwerb, nicht hingegen auch auf die Verpflichtung zur Veräußerung von eigenen Aktien (MüKo AktG/*Oechsler* § 71 Rn. 176). 24

Der Ermächtigungsbeschluss muss nach Abs. 1 Nr. 8 S. 1 ferner die **Festlegung des niedrigsten und des höchsten Gegenwertes** enthalten sowie den Anteil der eigenen Aktien am Grundkapital der AG bestimmen, der zehn vom Hundert des Grundkapitals nicht überschreiten darf. Auch im Rahmen des Abs. 1 Nr. 8 muss der Gegenwert nicht in einer fixen Zahl ausgedrückt werden, sondern ist eine Bezugnahme auf den künftigen Börsenkurs zulässig (MüKo AktG/*Oechsler* § 71 Rn. 177; *Hüffer* AktG, § 71 Rn. 19 e; AnwK-AktR/*Block* § 71 Rn. 61). Die in Abs. 1 Nr. 8 S. 1 enthaltene 10 %-Grenze ist nicht identisch mit der in Abs. 2 S. 1 genannten Grenze. Abs. 1 Nr. 8 S. 1 enthält **keine Freigrenze**, sondern bestimmt, dass die AG innerhalb des Ermächtigungszeitraumes insgesamt nur eigene Aktien bis zur Höhe von 10 % des Grundkapitals erwerben darf (*Hüffer* AktG, § 71 Rn. 19 e; MüKo AktG/*Oechsler* § 71 Rn. 181). Damit kann die AG nicht zunächst 10 % erwerben, diese wieder verkaufen, um sodann erneut 10 % zu erwerben (MüKo AktG/*Oechsler* § 71 Rn. 182). Sind die zuvor genannten Voraussetzungen gar nicht oder entgegen den gesetzlichen Vorgaben enthalten, so ist der Beschluss gem. § 241 Nr. 3 AktG **nichtig** (*Hüffer* AktG, § 71 Rn. 19 e; MüKo AktG/*Oechsler* § 71 Rn. 175; AnwK-AktR/*Block* § 71 Rn. 61). 24 a

3. Zulässige Zwecke des Erwerbs, Abs. 1 Nr. 8 S. 2

a) Grundsatz

Es ist unstreitig, dass die Hauptversammlung keine Verpflichtung trifft, im Hauptversammlungsbeschluss eine Regelung aufzunehmen, zu welchen Zwecken der Vorstand ermächtigt ist, eigene Aktien nach Abs. 1 Nr. 8 zu erwerben (MüKo AktG/*Oechsler* § 71 Rn. 183). Die Hauptversammlung **kann** in den Ermächtigungsbeschluss verbindlich für den Vorstand regeln, dass ein Erwerb nur zu ganz bestimmten Zwecken zulässig sein soll; macht die Hauptversammlung hiervon jedoch zulässigerweise keinen Gebrauch, so steht es im **pflichtgemäßen Ermessen des Vorstandes**, zu welchen Zwecken ein Erwerb von eigenen Aktien innerhalb des Ermächtigungszeitraumes stattfinden soll (*Hüffer* AktG, § 71 Rn. 19 f; MüKo AktG/*Oechsler* § 71 Rn. 183; AnwK-AktR/*Block* § 71 Rn. 62, 64). Daneben kann die Hauptversammlung gem. § 111 Abs. 4 AktG bestimmen, dass ein Erwerb eigener Aktien nur mit Zustimmung des Aufsichtsrates erfolgen darf. Ein Verstoß des Vorstandes gegen die Einholung der Zustimmung führt nicht zur Unwirksamkeit des Erwerbs der eigenen Aktien, sondern stellt sich als Pflichtverstoß des Vorstandes dar, der zu Schadensersatzansprüchen führen kann (*Hüffer* AktG, § 71 Rn. 19 f; MüKo AktG/*Oechsler* § 71 Rn. 184). 25

b) Zulässige Zwecke

Die Zwecke des Erwerbs eigener Aktien sind vielfältig (vgl. nur *Hüffer* AktG, § 71 Rn. 19 i; AnwK-AktR/*Block* § 71 Rn. 64). Erwähnenswert ist die Problematik in Fällen, in denen der Aktienrückkauf dazu verwendet werden soll, **Optionsprogramme gegenüber Organmitgliedern** zu bedie- 26 nen. Zweifelsfrei zulässig ist der Erwerb von eigenen Aktien, um sie an Mitglieder des Vorstandes weiterzugeben. Fraglich ist nur, ob die eigenen Aktien auch dazu benutzt werden können, um Mitglieder des Aufsichtsrates zu bedienen; dies war lange Zeit umstritten. Es bestand Uneinigkeit darüber, wie die Verweisung in Abs. 1 Nr. 8 S. 5 auf die entsprechende Anwendbarkeit des § 193 Abs. 2 Nr. 4 AktG zu verstehen ist (*Hüffer* AktG, § 71 Rn. 19 h m. w. N.). Nunmehr hat der BGH entschieden, dass es sich bei dieser Verweisung um eine inhaltliche handelt, so dass ein zulässiger Erwerb eigener Aktien nur stattfinden kann, wenn die Tatbestandsvoraussetzungen des § 193 Abs. 2 Nr. 4 AktG erfüllt sind. Der BGH folgert daraus, dass ein Erwerb eigener Aktien zum Zwecke der Weiterreichung an Mitglieder des Aufsichtsrates unzulässig ist, weil eine Gewährung von Aktien an Mitglieder des Aufsichtsrates der AG nach § 193 Abs. 2 Nr. 4 AktG nicht zulässig sei (BGHZ 158, 122, 125 ff.; krit. dazu *Hüffer* AktG, § 71 Rn. 19 h).

c) Verbot des Handels in eigenen Aktien, Abs. 1 Nr. 8 S. 2

27 Abs. 1 Nr. 8 S. 2 grenzt **nicht erlaubte Zwecke** ab: Der Erwerb eigener Aktien ist ausgeschlossen, wenn damit der Handel in eigenen Aktien (inkl. der kontinuierlichen Kurspflege) bezweckt ist (AnwK-AktR/*Block* § 71 Rn. 63). Die Regelung ist vielfach auf Kritik gestoßen, doch ist mit der h. M. davon auszugehen, dass das mit Abs. 1 Nr. 8 S. 2 verfolgte Anliegen des Gesetzgebers, **Spekulationen und Kursmanipulationen des Vorstandes** in eigenen Aktien der AG zu unterbinden, gerechtfertigt ist (so *Hüffer* AktG, § 71 Rn. 19 i). Insbesondere in Fällen, in denen die Hauptversammlung keine Zweckbindung vorgegeben hat, kann es aber schwierig sein, abzugrenzen, ob noch ein zulässiger Erwerb nach Abs. 1 Nr. 8 oder bereits ein Erwerb zum Zwecke des Handels in eigenen Aktien vorliegt. Soweit der Vorstand fortlaufend eigene Aktien an- und verkauft, kann dies ein gewichtiges Indiz dafür sein, dass ein verbotswidriger Handel in eigenen Aktien bzw. zumindest eine kontinuierliche Kurspflege anzunehmen ist (*Hüffer* AktG, § 71 Rn. 19 i; AnwK-AktR/*Block* § 71 Rn. 63).

4. Erwerb und Veräußerung, Abs. 1 Nr. 8 S. 3 bis 5

a) Grundsatz

28 Abs. 1 Nr. 8 S. 3 bis 5 enthalten Regelungen zu den Konditionen eines zulässigen Erwerbs sowie einer **freiwilligen Veräußerung** von eigenen Aktien. Zu beachten ist, dass seit der Einführung des Abs. 1 Nr. 8 die in Nr. 8 S. 3 bis 5 genannten Verfahrensvorschriften nicht nur auf die Fälle des Nr. 8, sondern auch auf alle Fälle des zulässigen Erwerbs (so Nr. 1, Nr. 2, Nr. 3, Nr. 6 und Nr. 7) sowie der Veräußerung von zulässigerweise erworbenen eigenen Aktien (so Nr. 1, Nr. 4, Nr. 5 und Nr. 7) anzuwenden sind (so auch MüKo AktG/*Oechsler* § 71 c Rn. 26). Die Verfahrensvorschriften in Bezug auf die **unfreiwillige Veräußerung** von eigenen Aktien sind hingegen abschließend in § 71 c AktG geregelt. Die dort normierte Veräußerungspflicht ist unter den Voraussetzungen des § 71 c Abs. 2 AktG auch auf Fälle des zulässigen Erwerbs eigener Aktien anzuwenden (s. § 71 c AktG Rn. 6).

b) Gleichbehandlungsgrundsatz

29 Nach Abs. 1 Nr. 8 S. 3 ist der in § 53 a AktG normierte Gleichbehandlungsgrundsatz auf den Erwerb und die Veräußerung der eigenen Aktien anzuwenden. Soweit die Aktien über die Börse erworben und veräußert werden, ist der Gleichbehandlungsgrundsatz gewahrt. Praktisch schwierig sind damit diejenigen Fälle, in denen ein Erwerb oder eine Veräußerung außerhalb der Börse stattfinden soll.

c) Erwerb eigener Aktien außerhalb der Börse

30 Soll ein **Erwerb eigener Aktien außerhalb der Börse** stattfinden, so ergibt sich bereits aus dem Gesetz, dass ein solcher Erwerb nur stattfinden kann, wenn der Gleichbehandlungsgrundsatz des § 53 a AktG eingehalten wird. Abs. 1 Nr. 8 S. 5 bestimmt, dass eine andere (also eine von § 53 a AktG abweichende!) Form nur zulässig ist, wenn es sich um eine Veräußerung von eigenen

Aktien handelt. Im Umkehrschluss bedeutet dies, dass der Erwerb von eigenen Aktien unter Abweichung vom Gleichbehandlungsgrundsatz **unzulässig** ist (*Hüffer* AktG, § 71 Rn. 19 k). Damit ist der im Schrifttum diskutierten Frage, unter welchen Voraussetzungen ein Erwerb von Aktien nur von einem oder wenigen Aktionären im Wege des **Paketerwerbs (negotiated repurchase)** in Betracht kommt, von Anfang an der Rechtsboden entzogen. Ein Paketerwerb kann unter Verletzung des § 53 a AktG nicht gerechtfertigt sein (*Hüffer* AktG, § 71 Rn. 19 k), so dass es auf eine sachliche Rechtfertigung nicht ankommt (so aber MüKo AktG/*Oechsler* § 71 Rn. 206; AnwK-AktR/*Block* § 71 Rn. 65 ff.). Es kann – anders als bei der Veräußerung – denklogisch keinen sachlichen Grund dafür geben, dass die AG die Aktien von einem bestimmten Aktionär erwerben muss. Ist ein anderer Aktionär bereit, die gleichen Erwerbskonditionen unter gleichen Voraussetzungen zu akzeptieren, so kann es für die AG vor dem Hintergrund des Gleichbehandlungsgrundsatzes keine Rolle spielen, ob sie die Aktien von Aktionär A oder B erwirbt. Daraus folgt, dass die AG an alle Aktionäre herantreten muss, wenn die AG eigene Aktien außerhalb der Börse erwerben will. Den Aktionären steht ein **mitgliedschaftliches Andienungsrecht** entsprechend ihrer Beteiligung am Grundkapital der AG zu, welches nach §§ 412, 398 BGB übertragbar ist (*Hüffer* AktG, § 71 Rn. 19 k). Ein Paketerwerb kommt damit nur in Betracht, wenn einzelne Aktionäre von ihrer Erwerbsmöglichkeit keinen Gebrauch machen oder auf dieses rechtwirksam (aber zugunsten aller übrigen Aktionäre) verzichten.

d) Veräußerung eigener Aktien außerhalb der Börse

Im Falle der **Veräußerung von eigenen Aktien außerhalb der Börse** ist zu beachten, dass den Aktionären der AG nach h. M. ein Erwerbsrecht zusteht, das mit dem Bezugsrecht im Rahmen einer Kapitalerhöhung vergleichbar ist (*Hüffer* AktG, § 71 Rn. 19 m; MüKo AktG/*Oechsler* § 71 Rn. 209). Bei der Veräußerung kann eine **zulässige Ungleichbehandlung** der Aktionäre in Betracht kommen, nämlich dann, wenn hierfür ein **sachlicher Grund** gegeben ist (MüKo AktG/*Oechsler* § 71 Rn. 217) und der Ermächtigungsbeschluss der Hauptversammlung die Möglichkeit der Ungleichbehandlung gem. Abs. 1 Nr. 8 S. 5 ausdrücklich vorsieht (so bspw. beim Verkauf an Investoren, als Gegenleistung für eine Sacheinlage, o. ä.). Da der Ausschluss von Aktionären wie ein Bezugsrechtsausschluss wirkt, ist die Bestimmung des Abs. 1 Nr. 8 S. 5, dass § 186 Abs. 3 und Abs. 4 sowie § 193 Abs. 2 Nr. 4 AktG entsprechend zur Anwendung kommen, folgerichtig. Damit muss in materieller Hinsicht nicht nur eine sachliche Rechtfertigung des Bezugsrechtsausschlusses vorliegen, sondern in formeller Hinsicht muss der Bezugsrechtsausschluss auch als Tagesordnungspunkt nach § 124 AktG bekanntgemacht werden (MüKo AktG/*Oechsler* § 71 Rn. 218). **31**

e) Exkurs: Anwendbarkeit des WpÜG

Soweit die AG beabsichtigt, eigene Aktien (über die Börse) zu erwerben, stellt sich die Frage, ob es sich hierbei um einen Fall des **öffentlichen Angebotes i. S. d. WpÜG** mit der Folge handelt, dass die AG ein freiwilliges Angebot nach § 10 WpÜG zu unterbreiten hat. Während *Hüffer* (*Hüffer* AktG, § 71 Rn. 19 l) davon spricht, dass der Erwerb von eigenen Aktien bereits aufgrund der erkennbaren Ausrichtung des WpÜG nicht dem Anwendungsbereich des WpÜG unterfallen könne, spricht *Block* (AnwK-AktR/*Block* § 71 Rn. 68) davon, dass die h. M. davon ausgehe, dass der Erwerb eigener Aktien dem Anwendungsbereich des WpÜG unterliegen würde. Die BaFin geht nicht weiter von der Anwendbarkeit des WpÜG aus (vgl. Schreiben der BaFin vom 9. 8. 2006 in Abkehr zu BaFin NZG 2002, Heft 12, Seite IX sowie Pluskat NZG 2006, 731). Daneben kann die Situation eintreten, dass ein Großaktionär durch den Rückerwerb der eigenen Aktien – und der daraus resultierenden Nichtberücksichtigung der Stimmrechte aus diesen eigenen Aktien nach § 71 b AktG – die Kontrollschwelle des § 30 WpÜG überschreitet und zur Abgabe eines Pflichtangebotes nach § 35 WpÜG gezwungen ist (vgl. hierzu nur *Fleischer/Körber* BB 2001, 2589). **32**

5. Ermächtigung zur Einziehung, Abs. 1 Nr. 8 S. 6

Die Ermächtigung nach Abs. 1 Nr. 8 kann vorsehen, dass die AG die erworbenen eigenen Aktien einziehen kann, so dass ein weiterer förmlicher Beschluss der Hauptversammlung nach §§ 222 **33**

i. V. m. 237 Abs. 2 S. 1 AktG oder nach § 237 Abs. 4 S. 1 AktG nicht erforderlich ist (*Hüffer* AktG, § 71 Rn. 19 n; ausführl. dazu MüKo AktG/*Oechsler* § 71 Rn. 231 ff.).

6. Grenzen des Erwerbs nach Abs. 2

34 Vgl. dazu bereits Rn. 6 und 10.

C. Umfang des zulässigen Erwerbs eigener Aktien, Abs. 2

35 Abs. 1 regelt die grundsätzliche Zulässigkeit des Erwerbs eigener Aktien. Abs. 2 konkretisiert Abs. 1 insoweit, als dass Abs. 2 bestimmte Schranken aufstellt, unter denen ein nach Abs. 1 zulässiger Erwerb dennoch unzulässig ist.

I. 10 %-Grenze, Abs. 2 S. 1

36 Der Erwerb eigener Aktien nach Abs. 1 Nr. 1, Nr. 2, Nr. 3, Nr. 7 und Nr. 8 ist nur zulässig, wenn diese Aktien zusammen mit den übrigen von der AG gehaltenen eigenen Aktien 10 % des Grundkapitals der AG nicht überschreiten. Grundkapital ist das zum Zeitpunkt des Erwerbs im Handelsregister eingetragene Grundkapital der AG. Nicht zu berücksichtigten sind ein bedingtes und genehmigtes Kapital sowie bereits beschlossene und durchgeführte, aber noch nicht im Handelsregister eingetragene Kapitalerhöhungen (MüKo AktG/*Oechsler* § 71 Rn. 265; KölnKomm AktG/*Lutter* § 71 Rn. 54). Bei der Zusammenrechnung der Aktien sind nicht nur sämtliche von der AG selbst gehaltenen Aktien (also auch diejenigen, die nach Nr. 4 bis Nr. 6 erworben worden sind), sondern auch solche Aktien einzurechnen, die von ihr abhängige Unternehmen oder im Mehrheitsbesitz stehende Unternehmen (§ 71 d S. 2 AktG) halten sowie solche Aktien, die von Dritten für Rechnung der AG gehalten werden (*Hüffer* AktG, § 71 Rn. 21; MüKo AktG/*Oechsler* § 71 Rn. 266; AnwK-AktR/*Block* § 71 Rn. 78).

II. Kapitalgrenze, Abs. 2 S. 2

37 Der Erwerb eigener Aktien nach Abs. 1 Nr. 1, Nr. 2, Nr. 3, Nr. 7 und Nr. 8 ist ferner nur zulässig, wenn die AG eine Rücklage für eigene Anteile nach § 272 Abs. 4 AktG bilden kann. Bei der in Abs. 2 S. 2 genannten Kapitalgrenze handelt es sich um eine **Gläubigerschutzvorschrift** und gleichzeitig um eine gesetzlich angeordnete **Ausschüttungssperre** (BilKomm/*Förschle/Kofahl* § 272 HGB Rn. 118). Sinn und Zweck der Vorschrift ist, sicherzustellen, dass eigene Aktien nur dann von der AG erworben werden können, wenn die AG über genügend freies Vermögen verfügt, um den Aktienerwerb ohne die Beeinträchtigung des Grundkapitals und der gesetzlich zu bildenden Rücklagen finanzieren zu können (BilKomm/*Förschle/Kofahl* § 272 HGB Rn. 119).

38 Hintergrund der Bildung der Rücklage für eigene Anteile ist der bilanzrechtliche Umstand, dass sich der Erwerb von eigenen Aktien grundsätzlich nur als reiner **bilanzieller Aktivtausch** darstellt. Ein Aktivtausch hat keine Auswirkung auf das bilanzielle Eigenkapital der AG. Um zu gewährleisten, dass die eigenen Aktien vom Eigenkapital der AG abgesetzt werden, schreibt § 272 Abs. 4 HGB vor, dass die AG im Falle des Erwerbs von eigenen Aktien eine Rücklage für eigene Aktien zu bilden hat. Durch die Bildung dieser Rücklage wird der reine Aktivtausch gewissermaßen ausgehebelt und führt zu einem **bilanziellen Verlust** in Höhe der Anschaffungskosten (MüKo AktG/*Oechsler* § 71 Rn. 273). Da die Rücklage nur aus vorhandenen freien Gewinnrücklagen gebildet werden darf, ist sichergestellt, dass die eigenen Aktien nur dann in zulässiger Weise erworben werden können, wenn es die bilanzielle Situation der AG gestattet.

III. Ausgabebetrag, Abs. 2 S. 3

39 Der Erwerb eigener Aktien nach Abs. 1 Nr. 1, Nr. 2, Nr. 4, Nr. 7 und Nr. 8 ist nur zulässig, wenn auf die Aktien, die von der AG erworben werden sollen, der **volle Ausgabebetrag (inklusive Agio)** nach § 8 AktG eingezahlt worden ist (*Hüffer* AktG, § 71 Rn. 20; MüKo AktG/*Oechsler* § 71 Rn. 280).

D. Pflichten aus dem zulässigen Erwerb eigener Aktien, Abs. 3

Abs. 3 betrifft die Pflichten der AG, die diese im Falle eines zulässigen Erwerbs eigener Aktien nach Abs. 1 Nr. 1 und Nr. 8 sowie Nr. 2 zu erfüllen hat. 40

I. Unterrichtungspflicht der Hauptversammlung, Abs. 3 S. 1

Nach Abs. 3 S. 1 ist der Vorstand verpflichtet, die nächste Hauptversammlung der AG über die Gründe und den Zweck jedes Erwerbs von eigenen Aktien nach Abs. 1 Nr. 1 und Nr. 8 **substantiiert zu unterrichten** (*Hüffer* AktG, § 71 Rn. 22; MüKo AktG/*Oechsler* § 71 Rn. 283, 286). Diese Unterrichtungspflicht stellt einen eigenen Tagesordnungspunkt der Hauptversammlung dar, so dass die Einberufungs- und Bekanntmachungspflichten nach §§ 123 ff. AktG einzuhalten sind (AnwK-AktR/*Block* § 71 Rn. 89). Ein Verstoß gegen Abs. 3 S. 1 führt nicht zur Unzulässigkeit des Erwerbs der eigenen Aktien (AnwK-AktR/*Block* § 71 Rn. 84, 90). Da über den Erwerb eigener Aktien nach § 160 Abs. 1 Nr. 2 AktG im **Anhang des Jahresabschlusses** zu berichten ist, entfällt eine Unterrichtungspflicht der Hauptversammlung, wenn der zu unterrichtenden Hauptversammlung nach § 175 AktG auch der Jahresabschluss vorzulegen ist und die im Anhang des Jahresabschlusses enthaltenen Angaben so substantiiert sind, dass mit ihnen zugleich die Vorgaben des Abs. 3 S. 1 eingehalten werden (*Hüffer* AktG, § 71 Rn. 22; AnwK-AktR/*Block* § 71 Rn. 85; MünchHdb GesR IV/*Wiesner* § 15 Rn. 12). 41

II. Ausgabe von Belegschaftsaktien, Abs. 3 S. 2

Belegschaftsaktien, die von dem Vorstand aufgrund Abs. 1 Nr. 2 erworben worden sind, sind nach Abs. 3 S. 2 **innerhalb eines Jahres** nach dem zulässigen Erwerb an die Arbeitnehmer auszugeben. Verstößt der Vorstand gegen diese Verpflichtung (weil bspw. ein Optionsprogramm nicht aufgelegt wurde oder die Optionsbedingungen nicht eingetreten sind), wird der Aktienerwerb zwar nicht nachträglich unwirksam (*Hüffer* AktG, § 71 Rn. 22; AnwK-AktR/*Block* § 71 Rn. 91 ff.). Der Vorstand soll aber verpflichtet sein, die Aktien in analoger Anwendung des § 71 c Abs. 1 AktG zu verwerten (MüKo AktG/*Oechsler* § 71 Rn. 289). 42

III. Information der BaFin, Abs. 3 S. 3

Der Vorstand hat die Bundesanstalt für Finanzdienstleistungsaufsicht (BaFin) über jede Ermächtigung nach Abs. 1 Nr. 8 (also sowohl über Erwerbs- als auch über Veräußerungsermächtigungen) **unverzüglich zu unterrichten** (*Hüffer* AktG, § 71 Rn. 23 a). Die Unterrichtungspflicht stellt sich als Ergänzung zu der in § 15 WpHG geregelten ad-hoc-Mitteilungspflicht dar und soll einem **Verstoß gegen das Insiderverbot** vorbeugen (ausführl. MüKo AktG/*Oechsler* § 71 Rn. 291 ff.). Die Vorschrift ist einschränkt dahingehend auszulegen, dass nicht jede AG von der Mitteilungspflicht betroffen ist, sondern nur solche, die auch den Regelungen des WpHG unterliegen (*Hüffer* AktG, § 71 Rn. 23 a; AnwK-AktR/*Block* § 71 Rn. 95). 43

E. Rechtsfolgen des unzulässigen Erwerbs eigener Aktien, Abs. 4

I. Nichtigkeit des Verpflichtungsgeschäfts

Verstößt der Erwerb eigener Aktien gegen Abs. 1 oder 2, so bestimmt Abs. 4, dass das dem Erwerb zugrunde liegende **Verpflichtungsgeschäft**, nicht hingegen auch das Verfügungsgeschäft **nichtig** ist. Probleme ergeben sich, wenn die AG Aktien erwirbt und nur ein bestimmter Teil des Aktienerwerbs unwirksam ist. Dies kann vor allem in Fällen vorkommen, in denen bei einem Paketerwerb die 10 %-Grenze des Abs. 2 S. 1 überschritten wird. Hier stellt sich die Frage, ob nur der die 10 %-Grenze überschreitende Teil oder der gesamte Erwerb nichtig sind. Die h. M. geht wohl generell von einer **Gesamtnichtigkeit des Erwerbs** aus und will eine Teilnichtigkeit nach § 139 BGB nur in den Fällen zulassen, in denen die Parteien dies ausdrücklich gewollt haben (MüKo AktG/*Oechsler* § 71 Rn. 299; KölnKomm AktG/*Lutter* § 71 Rn. 77; a. A. wohl AnwK-AktR/*Block* § 71 Rn. 101). 44

II. Rechtsfolgen aus der Nichtigkeit

45 Aus der Nichtigkeit des Verpflichtungsgeschäfts folgt, dass keine der Parteien einen Anspruch auf Erfüllung hat (KölnKomm AktG/*Lutter* § 71 Rn. 78; MüKo AktG/*Oechsler* § 71 Rn. 299; AnwK-AktR/*Block* § 71 Rn. 102). Wurde das Verfügungsgeschäft dennoch vollzogen, so resultieren die folgenden Ansprüche aus der Nichtigkeit des Verpflichtungsgeschäftes. Primäre Rechtsfolge für die AG ist, dass die AG trotz eines Verstoßes gegen Abs. 1 oder 2 **rechtliche Inhaberin** der Aktien wird. Nach § 71 c Abs. 1 AktG hat die AG die Aktien jedoch zu verwerten (KölnKomm AktG/*Lutter* § 71 Rn. 76). Hat die AG den Erwerbspreis trotz eines Verstoßes gegen Abs. 1 oder 2 an den Aktionär gezahlt, stellt sich die Zahlung als ein Verstoß gegen § 57 AktG mit der Konsequenz dar, dass der **Erwerbspreis** nach § 62 AktG **zurückzufordern** ist (*Hüffer* AktG, § 71 Rn. 24; MüKo AktG/*Oechsler* § 71 Rn. 300; KölnKomm AktG/*Lutter* § 71 Rn. 81; AnwK-AktR/*Block* § 71 Rn. 103). Nach § 66 Abs. 1 AktG besteht gegenüber dem Anspruch aus § 62 AktG ein uneingeschränktes **Aufrechnungs- und Befreiungsverbot**. Der **Aktionär** ist berechtigt, die Aktien von der AG **zurückzufordern**. Da die AG rechtliche Inhaberin der Aktien gewesen ist, kann der Aktionär nur bereicherungsrechtliche Ansprüche nach §§ 812 ff. BGB, nicht hingegen Vindikationsansprüche nach § 985 BGB gegenüber der AG geltend machen (*Hüffer* AktG, § 71 Rn. 24; MüKo AktG/*Oechsler* § 71 Rn. 300; AnwK-AktR/*Block* § 71 Rn. 103).

46 Aus der Nichtigkeit des Erwerbs der Aktien folgt damit eine Konkurrenz zwischen dem Herausgabeanspruch des Aktionärs nach §§ 812 ff. BGB einerseits sowie der Veräußerungspflicht der AG nach § 71 c Abs. 1 AktG sowie dem Rückforderungsanspruch aus § 62 AktG andererseits (AnwK-AktR/*Block* § 71 Rn. 105). Unstreitig soll die AG verpflichtet sein, die Aktien zunächst demjenigen Aktionär zum Erwerb anzubieten, der die Aktien auf die AG übertragen hatte. Dies soll keinen Verstoß gegen den in § 53 a AktG normierten Gleichbehandlungsgrundsatz darstellen (MüKo AktG/*Oechsler* § 71 c Rn. 16; AnwK-AktR/*Block* § 71 Rn. 105; *Hüffer* AktG, § 71 c Rn. 7). Aufgrund des Aufrechnungs- und Befreiungsverbotes (s. Rn. 45) kann eine Rückübertragung der Aktien im Wege der Verrechnung – wenn überhaupt – nur dann zulässig sein, wenn die Rückforderungsansprüche des Aktionärs zum Zeitpunkt der Verrechnung noch werthaltig sind (s. § 66 AktG Rn. 8).

§ 71 a Umgehungsgeschäfte

(1) [1]Ein Rechtsgeschäft, das die Gewährung eines Vorschusses oder eines Darlehens oder die Leistung einer Sicherheit durch die Gesellschaft an einen anderen zum Zweck des Erwerbs von Aktien dieser Gesellschaft zum Gegenstand hat, ist nichtig. [2]Dies gilt nicht für Rechtsgeschäfte im Rahmen der laufenden Geschäfte von Kreditinstituten oder Finanzdienstleistungsinstituten sowie für die Gewährung eines Vorschusses oder eines Darlehens oder für die Leistung einer Sicherheit zum Zweck des Erwerbs von Aktien durch Arbeitnehmer der Gesellschaft oder eines mit ihr verbundenen Unternehmens; auch in diesen Fällen ist das Rechtsgeschäft jedoch nichtig, wenn bei einem Erwerb der Aktien durch die Gesellschaft diese die nach § 272 Abs. 4 des Handelsgesetzbuchs vorgeschriebene Rücklage für eigene Aktien nicht bilden könnte, ohne das Grundkapital oder eine nach Gesetz oder Satzung zu bildende Rücklage zu mindern, die nicht zu Zahlungen an die Aktionäre verwandt werden darf.

(2) Nichtig ist ferner ein Rechtsgeschäft zwischen der Gesellschaft und einem anderen, nach dem dieser berechtigt oder verpflichtet sein soll, Aktien der Gesellschaft für Rechnung der Gesellschaft oder eines abhängigen oder eines in ihrem Mehrheitsbesitz stehenden Unternehmens zu erwerben, soweit der Erwerb durch die Gesellschaft gegen § 71 Abs. 1 oder 2 verstoßen würde.

Übersicht:

A. Überblick

§ 71 a AktG dient nicht nur – wie es die Überschrift vermuten lässt – der Vermeidung von Umgehungsgeschäften, mit denen es der AG über Umwege ermöglicht werden soll, eigene Aktien zu erwerben (*Hüffer* AktG, § 71 a Rn. 1). Die Vorschrift dient daneben insbesondere der Verhinderung sog. **Leveraged Buyouts**, in deren Rahmen Investoren beabsichtigen, Aktien an der AG mit dem Ziel zu erwerben, den Aktienerwerb ausschließlich mit Mitteln der Aktiengesellschaft zu finanzieren (MüKo AktG/*Oechsler* § 71 a Rn. 2). Letztendlich bezweckt die Regelung auch, die Überlagerung des wirtschaftlichen Risikos auf die AG zu verhindern (AnwK-AktR/*Block* § 71 a Rn. 3). 1

B. Finanzierungsabreden zum Erwerb von Aktien, Abs. 1

Abs. 1 ist in erster Linie nicht als Vorschrift im Zusammenhang mit dem Erwerb eigener Aktien zu sehen. Er setzt vielmehr voraus, dass nicht die AG, sondern ein Dritter Aktien an der AG zum alleinigen rechtlichen und wirtschaftlichen Eigentum erwerben will. Abs. 1 verbietet der AG, den Erwerb der Aktien durch den Dritten in irgendeiner Weise zu finanzieren. 2

I. Vorschuss, Darlehen, Sicherheit, Abs. 1 S. 1

Das Gesetz spricht davon, dass es der AG verboten ist, ein Rechtsgeschäft mit einem Erwerber abzuschließen, welches darauf gerichtet ist, den Aktienerwerb durch einen Vorschuss, ein Darlehen oder die Stellung einer Sicherheiten zu finanzieren. Abs. 1 S. 1 wird allgemein als **nicht abschließende Aufzählung** verstanden (*Hüffer* AktG, § 71 a Rn. 2; MüKo AktG/*Oechsler* § 71 a Rn. 14), so dass auch bspw. verlorene Zuschüsse, Break-Fee-Vereinbarungen etc. darunter fallen können (MüKo AktG/*Oechsler* § 71 a Rn. 15 ff.). 3

Das zwischen der AG und dem Dritten abgeschlossene Rechtsgeschäft muss darauf gerichtet sein, den Erwerb der Aktien zu finanzieren (*Hüffer* AktG, § 71 a Rn. 3; MüKo AktG/*Oechsler* § 71 a Rn. 26; KölnKomm AktG/*Lutter* § 71 a Rn. 6). Erforderlich, aber auch ausreichend, ist eine **ausdrückliche oder konkludente Verwendungsabrede**, dass die Mittel der AG von dem Dritten dazu verwendet werden, die Aktien an der AG zu erwerben (*Hüffer* AktG, § 71 a Rn. 3; MüKo AktG/*Oechsler* § 71 a Rn. 26; AnwK-AktR/*Block* § 71 a Rn. 6). Es muss damit nicht nur ein **Funktionszusammenhang** zwischen dem Finanzierungsgeschäft und dem Aktienerwerb bestehen, es bedarf darüber hinaus auch eines **subjektiven Willenselementes** der Vertragsparteien (MüKo AktG/*Oechsler* § 71 a Rn. 26; KölnKomm AktG/*Lutter* § 71 a Rn. 6). Da Abs. 1 nicht auf den Erwerb eigener Aktien zugeschnitten ist, ist in diesem Rahmen auch nicht die Kontrollfrage zu stellen, ob der Erwerb der Aktie nach § 71 Abs. 1 und Abs. 2 AktG zulässig gewesen wäre, wenn die AG die Aktien selbst erworben hätte (*Hüffer* AktG, § 71 a Rn. 3; MüKo AktG/*Oechsler* § 71 a Rn. 30). 4

II. Rechtsfolgen

Liegt ein Verstoß gegen Abs. 1 S. 1 vor, ist das Rechtsgeschäft zwischen der AG und dem Dritten nichtig. Die **Nichtigkeit** bezieht sich auf das **Kausalgeschäft**, nicht hingegen auch auf das Erfüllungsgeschäft (*Hüffer* AktG, § 71 a Rn. 4; MüKo AktG/*Oechsler* § 71 a Rn. 32; KölnKomm AktG/ 5

Lutter § 71 a Rn. 8; AnwK-AktR/*Block* § 71 a Rn. 11). Wurde das Erfüllungsgeschäft trotz der Nichtigkeit des Verpflichtungsgeschäfts ausgeführt, sollen sich die Rückforderungsansprüche der AG gegenüber dem Dritten nicht aus § 62 AktG, sondern aus §§ 812 BGB ergeben, wenn der Dritte nicht ausnahmsweise bereits zum Zeitpunkt des Empfangs der Leistung Aktionär der AG war (so *Hüffer* AktG, § 71 a Rn. 4; KölnKomm AktG/*Lutter* § 71 a Rn. 8; MüKo AktG/*Oechsler* § 71 a Rn. 32). Diese Auffassung kann nicht überzeugen. Denn bei dieser Konstellation handelt es sich typischerweise um einen Fall, bei dem die AG in einem engen zeitlichen und sachlichen Zusammenhang eine Leistung an einen zukünftigen Aktionär erbringt. Diese Fälle müssen aber unter den sonstigen Voraussetzungen des § 57 AktG zu einer Erstattungspflicht des Nichtaktionärs nach § 62 AktG führen (s. § 57 AktG Rn. 24 a. E. sowie § 62 AktG Rn. 5 m. w. N.).

III. Ausnahmetatbestände, Abs. 1 S. 2

6 Nichtigkeit des Rechtsgeschäfts kommt nach Abs. 1 S. 2 nicht in Betracht, wenn es sich bei der AG um ein **Kreditinstitut** oder **Finanzdienstleistungsunternehmen** handelt und die Finanzierung im Rahmen der laufenden Geschäfte der AG durchgeführt wird (s. dazu *Hüffer* AktG, § 71 a Rn. 5; MüKo AktG/*Oechsler* § 71 a Rn. 35 ff.; KölnKomm AktG/*Lutter* § 71 a Rn. 10). Zum anderen liegt kein Verstoß gegen Abs. 1 S. 1 vor, wenn einem **Arbeitnehmer** der AG (bzw. einem Arbeitnehmer eines mit der AG verbundenen Unternehmens) eine Finanzierung gewährt wird, um Aktien an der AG zu erwerben. Um Umgehungen vorzubeugen, muss es sich dabei um ein Arbeitsverhältnis handeln, welches auf eine gewisse Dauer eingegangen ist (MüKo AktG/*Oechsler* § 71 a Rn. 38). Vorstände und Aufsichtsräte der AG fallen nicht unter Abs. 1 S. 2 (*Hüffer* AktG, § 71 a Rn. 5; MüKo AktG/*Oechsler* § 71 a Rn. 38).

7 Die Ausnahmevorschrift des Abs. 1 S. 2 setzt voraus, dass es der AG möglich ist, eine **Rücklage für eigene Anteile** nach § 272 Abs. 4 HGB zu bilden (s. § 71 AktG Rn. 37 f.), ohne dabei zugleich das Grundkapital oder die gesetzlich gebundenen Rücklagen anzugreifen. Die Rücklage für eigene Anteile nach § 272 Abs. 4 HGB ist bei der AG nicht tatsächlich zu bilden, der Vorstand hat sich jedoch (hypothetisch) zu fragen, ob er eine ausreichende Rücklage bilden könnte (*Hüffer* AktG, § 71 a Rn. 6; AnwK-AktR/*Block* § 71 a Rn. 15). Die Höhe dieser (hypothetischen) Rücklage richtet sich nach h. M. nach dem Finanzierungsaufwand der AG (KölnKomm AktG/*Lutter* § 71 a Rn. 12; AnwK-AktR/*Block* § 71 a Rn. 17). Soweit weitere Finanzierungen nach Abs. 1 S. 2 gewährt werden, sind auch diese Rücklagenbeträge kumulativ in die Berechnung der Rücklagenbildung einzubeziehen (AnwK-AktR/*Block* § 71 a Rn. 17; MüKo AktG/*Oechsler* § 71 a Rn. 40). Dies muss entsprechend auch für solche Rücklagen für eigene Anteile gelten, die die AG nach anderen Vorschriften hypothetisch zu bilden hat (wie bspw. im Falle des § 71 d AktG).

C. Umgehungstatbestand, Abs. 2

I. Mittelbare Stellvertretung zur AG

8 Abs. 2 erfasst Fälle, in denen die Aktien von einem **mittelbaren Stellvertreter** erworben werden. Mittelbare Stellvertretung liegt vor, wenn ein Dritter die Aktien zwar im eigenen Namen, aber für Rechnung der AG erwirbt oder besitzt (*Hüffer* AktG, § 71 a Rn. 7; MüKo AktG/*Oechsler* § 71 a Rn. 42). Gem. Abs. 2 ist das Rechtsgeschäft zwischen der AG und dem mittelbaren Stellvertreter nur dann nichtig, wenn es der AG nicht selbst gestattet gewesen wäre, die Aktien nach § 71 Abs. 1 und Abs. 2 AktG zu erwerben. Damit wird deutlich, dass es sich nur bei § 71 Abs. 2 AktG um einen wirklichen Anwendungsfall der Frage des zulässigen Erwerbs von eigenen Aktien durch die AG handelt.

II. Mittelbare Stellvertretung zu Tochterunternehmen der AG

9 Nach Abs. 2 gilt das Umgehungsverbot auch für **Tochterunternehmen der AG**, bei denen es sich einerseits um **abhängige Unternehmen gem. § 17 AktG** sowie andererseits um Unternehmen handeln kann, die im **Mehrheitsbesitz gem. § 16 AktG** stehen (*Hüffer* AktG, § 71 a Rn. 7; MüKo AktG/*Oechsler* § 71 a Rn. 51). Die Formulierung des Abs. 2 ist redaktionell missglückt,

da Abs. 2 auch gelten soll, wenn der mittelbare Stellvertreter mit der AG eine Vereinbarung trifft, dass er die Aktien der AG für Rechnung des Tochterunternehmens erwerben soll (MüKo AktG/*Oechsler* § 71 a Rn. 51). Es besteht Einigkeit darüber, dass das Umgehungsverbot des Abs. 2 richtigerweise auch dann anzuwenden ist, wenn der mittelbare Stellvertreter nicht für Rechnung der AG, sondern für Rechnung eines Tochterunternehmens handelt und demgemäß eine Vereinbarung mit dem Tochterunternehmen abschließt (MüKo AktG/*Oechsler* § 71 a Rn. 51; KölnKomm AktG/*Lutter* § 71 a Rn. 18, 21).

Der Tatbestand des Abs. 2 ist identisch mit dem des § 71 d S. 1 und 2 AktG. Da die Rechtsfolgen beider Vorschriften unterschiedlich sind, ist nach dem Verhältnis beider Vorschriften zueinander zu fragen (KölnKomm AktG/*Lutter* § 71 a Rn. 13). Nach der h. M. kommt § 71 a Abs. 2 AktG immer dann zur (abschließenden) Anwendung, wenn es der AG nach § 71 Abs. 1 und Abs. 2 AktG nicht selbst möglich gewesen wäre, die Aktien wirksam zu erwerben. In diesen Fällen schließt § 71 a Abs. 2 AktG die gleichzeitige Anwendung des § 71 d AktG aus. § 71 d AktG kommt damit nur zur Anwendung, wenn es der AG selbst möglich gewesen wäre, die Aktien nach § 71 Abs. 1 und Abs. 2 AktG rechtmäßig zu erwerben (s. § 71 d AktG Rn. 6 m. w. N.). 10

III. Rechtsfolgen

Hätte die AG die Aktien nicht selbst nach § 71 Abs. 1 und Abs. 2 AktG erwerben können, ist nur das Rechtsgeschäft zwischen der AG und dem mittelbaren Stellvertreter nichtig (*Hüffer* AktG, § 71 a Rn. 9; MüKo AktG/*Oechsler* § 71 a Rn. 53; KölnKomm AktG/*Lutter* § 71 a Rn. 17). Bei diesem Rechtsgeschäft handelt es sich regelmäßig um ein Auftragsverhältnis, wobei § 71 a Abs. 2 AktG nach h. M. auch bei der Geschäftsführung ohne Auftrag zur Anwendung kommen soll (*Hüffer* AktG, § 71 a Rn. 8; KölnKomm AktG/*Lutter* § 71 a Rn. 20; AnwK-AktR/*Block* § 71 a Rn. 20; a. A. MüKo AktG/*Oechsler* § 71 a Rn. 48). 11

1. Innenverhältnis

Die durch Abs. 2 angeordnete Nichtigkeit bezieht sich nur auf das **Innenverhältnis zwischen der AG und dem mittelbaren Stellvertreter**. Daraus resultiert, dass der mittelbare Stellvertreter seinen aus dem (nichtigen) Auftragsverhältnis resultierenden Aufwendungserstattungsanspruch nicht gegenüber der AG geltend machen und auch keine Abnahme der Aktien verlangen kann (MüKo AktG/*Oechsler* § 71 a Rn. 53; *Hüffer* AktG, § 71 a Rn. 9; KölnKomm AktG/*Lutter* § 71 a Rn. 23). Wurde das nichtige Rechtsgeschäft dennoch zwischen der AG und dem mittelbaren Stellvertreter abgewickelt, wird die AG aufgrund der Regelung des § 71 Abs. 4 AktG rechtliche Inhaberin der Aktien. Die Rückabwicklung des durchgeführten nichtigen Rechtsgeschäfts richtet sich in diesen Fällen nach den unter § 71 AktG Rn. 45 f. dargestellten Grundsätzen. 12

2. Außenverhältnis

Trotz der Nichtigkeit des Rechtsgeschäfts zwischen der AG und dem mittelbaren Stellvertreter ist das Außenverhältnis zwischen mittelbarem Stellvertreter und dem veräußernden Aktionär wirksam (*Hüffer* AktG, § 71 a Rn. 9; MüKo AktG/*Oechsler* § 71 a Rn. 54; KölnKomm AktG/*Lutter* § 71 a Rn. 14). Der mittelbare Stellvertreter erwirbt damit die rechtliche Inhaberschaft an der Aktie, so dass er auch sämtliche Pflichten aus der Aktie zu erfüllen hat (KölnKomm AktG/*Lutter* § 71 a Rn. 15). Er kann jedoch nach zutreffender Auffassung die Rechte aus der Aktie in entsprechender Anwendung des § 71 b AktG nicht geltend machen (KölnKomm AktG/*Lutter* § 71 a Rn. 16; AnwK-AktR/*Block* § 71 a Rn. 28). 13

§ 71 b Rechte aus eigenen Aktien

Aus eigenen Aktien stehen der Gesellschaft keine Rechte zu.

A. Überblick

1 § 71 b AktG dient der **Kompetenzabgrenzung** und verhindert die Entstehung von **sog. Verwaltungsaktien**, d. h. von solchen (eigenen) Aktien, deren Verwaltungs- und Mitgliedschaftsrechte von der Verwaltung der AG selbst ausgeübt werden können (KölnKomm AktG/*Lutter* § 71 b Rn. 2; *Hüffer* AktG, § 71 b Rn. 1).

B. Anwendungsbereich

2 § 71 b AktG kommt zur Anwendung, wenn die AG Inhaberin von eigenen Aktien ist, gleich ob der Erwerb der Aktien nach § 71 AktG zulässig war (*Hüffer* AktG, § 71 b Rn. 2; MüKo AktG/*Oechsler* § 71 b Rn. 4; KölnKomm AktG/*Lutter* § 71 b Rn. 2; AnwK-AktR/*Block* § 71 b Rn. 2). Über die Verweisungsnorm des § 71 d AktG kommt § 71 b AktG auch auf Aktien zur Anwendung, die nicht von der AG selbst, sondern von bestimmten Dritten gehalten werden (s. § 71 d AktG Rn. 13). Auch wenn dies gesetzlich nicht normiert ist, ist § 71 b AktG nicht nur auf derivativ erworbene, sondern auch auf solche eigenen Aktien anzuwenden, die entweder von der AG nach § 56 Abs. 1 AktG oder von Dritten nach § 56 Abs. 2 und Abs. 3 AktG originär erworben wurden (s. § 56 AktG Rn. 11 sowie *Hüffer* AktG, § 71 b Rn. 1; KölnKomm AktG/*Lutter* § 71 b Rn. 15; AnwK-AktR/*Block* § 71 b Rn. 2).

3 Werden die Aktien auf die AG im Wege einer **Legitimationsübertragung** (s. § 67 AktG Rn. 7) übertragen, so wird die AG nicht Inhaberin der Aktien. § 71 b AktG ist auf diese Aktien nicht anzuwenden (s. § 71 AktG Rn. 3). Somit greift § 71 b AktG im Falle der Legitimationsübertragung nicht ein, was aufgrund der Wertung des § 136 Abs. 2 AktG aber nicht bedeutet, dass die AG die Stimmrechte aus der Aktie ausüben kann (*Hüffer* AktG, § 71 b Rn. 5; KölnKomm AktG/*Lutter* § 71 b Rn. 9; AnwK-AktR/*Block* § 71 b Rn. 6; a. A. MüKo AktG/*Oechsler* § 71 b Rn. 6).

C. Rechte aus eigenen Aktien

4 § 71 b AktG bestimmt, dass der AG aus eigenen Aktien **keine Rechte** zustehen. Dies bedeutet nicht, dass diese Rechte vollständig und auf Dauer entzogen werden, sondern vielmehr nur, dass die Rechte aus der Aktie so lange ruhen, wie die Aktien von der AG gehalten werden (*Hüffer* AktG, § 71 b Rn. 3; KölnKomm AktG/*Lutter* § 71 b Rn. 5). Da die Verfügungsbefugnis über die Aktien nicht von § 71 b AktG umfasst ist, leben die Rechte mit Wirkung ex nunc zu dem Zeitpunkt wieder auf, zu dem die Aktien auf einen Dritten übertragen werden (MüKo AktG/*Oechsler* § 71 b Rn. 9; KölnKomm AktG/*Lutter* § 71 b Rn. 13).

5 Von § 71 b AktG sind nicht nur die **Verwaltungsrechte** (wie Stimmrechte, Minderheitenrechte, Anfechtungsrechte etc.), sondern auch die **Vermögensrechte** (wie Dividendenrechte, Bezugsrechte (mit Ausnahme des Bezugsrechts nach § 215AktG), Recht am Erlös einer Abschlussverteilung etc.) umfasst (*Hüffer* AktG, § 71 b Rn. 4; MüKo AktG/*Oechsler* § 71 b Rn. 10 ff.; KölnKomm AktG/*Lutter* § 71 b Rn. 8 ff.). Soweit neben der Aktie auch (noch nicht fällige) Gewinnanteilsscheine ausgegeben worden sind, kann selbst ein gutgläubiger Dritter, der im Besitz der Gewinnanteilsscheine ist, aus diesen keine Rechte herleiten (MüKo AktG/*Oechsler* § 71 b Rn. 9, 11; *Hüffer* AktG, § 71 b Rn. 5; KölnKomm AktG/*Lutter* § 71 b Rn. 10).

D. Pflichten aus eigenen Aktien

6 § 71 b AktG enthält keine Aussage zu den Pflichten, die aus der Aktie resultieren. Ob die Pflichten zu erfüllen sind, hängt davon ab, ob die eigenen Aktien von der AG selbst oder von den in § 71 d AktG genannten Dritten gehalten werden. Werden die eigenen Aktien **von der AG gehalten**, so gilt der Grundsatz, dass nicht nur die Rechte, sondern auch die Pflichten aus der Aktie ruhen. Die

AG hat diese Verpflichtungen nicht zu erfüllen (*Hüffer* AktG, § 71 b Rn. 6; MüKo AktG/*Oechsler* § 71 b Rn. 17; KölnKomm AktG/*Lutter* § 71 b Rn. 21; MünchHdb GesR IV/*Wiesner* § 15 Rn. 21). Sobald die Aktie von der AG verkauft wird, leben die Pflichten wieder auf und sind von dem Erwerber zu erfüllen. Etwas anders gilt, wenn die Verpflichtung zu einem Zeitpunkt fällig wird, zu dem die Aktie von der AG gehalten wird. In diesem Fall geht die Verpflichtung im Wege der Konfusion unter (*Hüffer* AktG, § 71 b Rn. 6; MüKo AktG/*Oechsler* § 71 b Rn. 15, 17; KölnKomm AktG/*Lutter* § 71 b Rn. 21). Werden die Aktien hingegen von den in § 71 d AktG genannten **Dritten** – gleich ob rechtmäßig oder unrechtmäßig – gehalten, so ruhen zwar die Rechte aus der Aktie, die Dritten (also auch Tochtergesellschaften) haben aber weiterhin sämtliche Pflichten aus der Aktie zu erfüllen (s. § 56 AktG Rn. 16 sowie MüKo AktG/*Oechsler* § 71 b Rn. 15; KölnKomm AktG/*Lutter* § 71 b Rn. 25; AnwK-AktR/*Block* § 71 b Rn. 14).

§ 71 c Veräußerung und Einziehung eigener Aktien

(1) Hat die Gesellschaft eigene Aktien unter Verstoß gegen § 71 Abs. 1 oder 2 erworben, so müssen sie innerhalb eines Jahres nach ihrem Erwerb veräußert werden.

(2) Entfallen auf die Aktien, welche die Gesellschaft nach § 71 Abs. 1 in zulässiger Weise erworben hat und noch besitzt, mehr als zehn vom Hundert des Grundkapitals, so muß der Teil der Aktien, der diesen Satz übersteigt, innerhalb von drei Jahren nach dem Erwerb der Aktien veräußert werden.

(3) Sind eigene Aktien innerhalb der in den Absätzen 1 und 2 vorgesehenen Fristen nicht veräußert worden, so sind sie nach § 237 einzuziehen.

Übersicht:

A. Überblick

Abs. 1 beinhaltet eine **Sanktion** für Fälle, in denen Aktien entgegen § 71 Abs. 1 und Abs. 2 AktG von der AG erworben worden sind (*Hüffer* AktG, § 71 c Rn. 1; KölnKomm AktG/*Lutter* § 71 c Rn. 1). Diese unzulässig erworbenen Aktien sind von der AG binnen Jahresfrist zu veräußern. Abs. 2 beinhaltet keine Sanktion, sondern das generelle Bestreben des Gesetzgebers, den Bestand an eigenen Aktien auch dann dauerhaft auf **10 % des Grundkapitals** der AG zu begrenzen, wenn die AG die eigenen Aktien in zulässiger Weise erworben hat (*Hüffer* AktG, § 71 c Rn. 1; AnwK-AktR/*Block* § 71 c Rn. 1). Der über die Grenze von 10 % des Grundkapitals hinausgehende Bestand ist innerhalb einer 3-Jahres-Frist zu veräußern. Die relativ langen Fristen dienen dazu, das Kursrisiko der AG im Zusammenhang mit der Veräußerungsverpflichtung zu minimieren (MüKo AktG/*Oechsler* § 71 c Rn. 4). Können die Aktien nicht innerhalb der Fristen verkauft werden, so sind diese nach Abs. 3 einzuziehen. 1

Nach § 71 c AktG ist nur die AG verpflichtet, die eigenen Aktien nach § 71 c AktG zu veräußern bzw. einzuziehen. § 71 c AktG bezieht sich nicht auf die in § 71 d genannten Dritten. Zwar bestimmt § 71 d S. 4 AktG, dass § 71 c AktG singgemäß zur Anwendung kommt (MüKo AktG/ 2

Oechsler § 71 d Rn. 57 ff.), die Dritten selbst trifft jedoch keine eigenständige Verpflichtung, die von ihnen an der AG gehaltenen Aktien nach § 71 c AktG zu veräußern (s. § 71 d AktG Rn. 14 sowie AnwK-AktR/*Block* § 71 c Rn. 5).

B. Veräußerungspflicht, Abs. 1 und 2

I. Veräußerungspflicht nach Abs. 1

3 Diejenigen eigenen Aktien, die die AG entgegen § 71 Abs. 1 oder 2 AktG erworben hat, sind nach § 71 c Abs. 1 AktG innerhalb einer **Frist von einem Jahr** zu veräußern. Über die Verweisungsvorschrift des § 71 d AktG gilt diese Veräußerungspflicht auch für diejenigen Aktien, die von Dritten (zu Ausnahmen s. § 71 d AktG Rn. 14) entgegen § 71 AktG verbotswidrig erworben wurden (s. Rn. 2 sowie KölnKomm AktG/*Lutter* § 71 c Rn. 7). Nach h. M. unterfallen der Regelung des § 71 c Abs. 1 AktG auch solche eigenen Aktien, die die AG entgegen § 56 AktG originär im Rahmen der Gründung gezeichnet bzw. im Rahmen einer Kapitalerhöhung übernommen hat (s. § 56 Rn. 11 sowie *Hüffer* AktG, § 71 c Rn. 3; MüKo AktG/*Oechsler* § 71 c Rn. 6). Zudem ist § 71 c AktG entsprechend anzuwenden, wenn der Vorstand seiner Verpflichtung aus § 71 Abs. 3 S. 2 AktG in Bezug auf die Ausgabe von eigenen Aktien an Arbeitnehmer der AG nicht nachgekommen ist (s. § 71 AktG Rn. 42 a. E. sowie MüKo AktG/*Oechsler* § 71 c Rn. 7; a. A. *Hüffer* AktG, § 71 c Rn. 3).

II. Veräußerungspflicht nach Abs. 2

4 Abs. 2 setzt – trotz des unvollständigen Wortlautes – voraus, dass die AG die eigenen Aktien sowohl nach § 71 Abs. 1 **als auch nach Abs. 2** in zulässiger Weise erworben hat (MüKo AktG/*Oechsler* § 71 c Rn. 9). Dies kommt insbesondere bei einem zulässigen und unbeschränkten Rückerwerb von Aktien nach § 71 Abs. 1 Nr. 4 bis Nr. 6 AktG in Betracht (*Hüffer* AktG, § 71 c Rn. 4; MüKo AktG/*Oechsler* § 71 c Rn. 9). Auch wenn es sich um einen zulässigen Erwerb eigener Aktien handelt, besteht nach Abs. 2 eine **Veräußerungspflicht**, wenn auf die zulässig erworbenen Aktien **mehr als 10 % des Grundkapitals** der AG entfallen. In die 10 %-Grenze sind nur diejenigen Aktien einzurechnen, die von der AG in zulässiger Weise erworben worden sind, nicht hingegen die verbotswidrig erworbenen eigenen Aktien (MüKo AktG/*Oechsler* § 71 c Rn. 10; AnwK-AktR/*Block* § 71 c Rn. 13). Nach § 71 d S. 3 AktG sind auch diejenigen Aktien einzubeziehen, die von den in § 71 d AktG genannten Dritten gehalten werden (MüKo AktG/*Oechsler* § 71 c Rn. 10).

III. Fristberechnung

5 Sowohl die Jahresfrist nach Abs. 1 als auch die 3-Jahres-Frist nach Abs. 2 werden gem. §§ 187, 188 BGB berechnet (*Hüffer* AktG, § 71 c Rn. 5). Im Falle des Abs. 1 ist die Frist für jede einzelne Aktie gesondert zu berechnen. Sie beginnt jeweils mit dem Tag zu laufen, mit dem die AG die eigene Aktie verbotswidrig erworben hat (*Hüffer* AktG, § 71 c Rn. 5; MüKo AktG/*Oechsler* § 71 c Rn. 11; AnwK-AktR/*Block* § 71 c Rn. 4). Im Falle des Abs. 2 beginnt die Frist erst an dem Tag zu laufen, an dem der Aktienbestand die 10 %-Grenze erstmals überschritten hat (*Hüffer* AktG, § 71 c Rn. 5; MüKo AktG/*Oechsler* § 71 c Rn. 12).

C. Durchführung der Veräußerung

I. Anwendungsbereich

6 § 71 c AktG enthält keine Regelungen, in welcher Art und Weise eine Veräußerung zu erfolgen hat (*Hüffer* AktG, § 71 c Rn. 6). Wie bereits unter § 71 AktG Rn. 28 dargestellt, ist danach zu differenzieren, ob eine unfreiwillige Veräußerung oder eine freiwillige Veräußerung erfolgt. Seit dem Inkrafttreten des KonTraG sind in § 71 Abs. 1 Nr. 8 S. 3 bis 5 AktG Regelungen enthalten, zu welchen Bedingungen die AG eine **freiwillige Veräußerung** von eigenen Aktien durchführen kann (s. § 71 AktG Rn. 28 ff. sowie MüKo AktG/*Oechsler* § 71 c Rn. 20). Damit ist § 71 Abs. 1 Nr. 8 S. 3 bis 5 AktG die speziellere Norm für freiwillige Veräußerungen, so dass § 71 c AktG nur noch auf eine **unfreiwillige** Veräußerung anzuwenden ist (MüKo AktG/*Oechsler* § 71 c Rn. 26). **Unfreiwillig** ist eine Veräußerung immer dann, wenn die AG nach § 71 c AktG verpflich-

tet ist, die Aktien zu veräußern, gleichgültig ob diese Verpflichtung aus Abs. 1 oder aus Abs. 2 resultiert. Die Veräußerungspflicht ist eine **Geschäftsführungsmaßnahme**, so dass die Verpflichtung von dem Vorstand der AG zu erfüllen ist (KölnKomm AktG/*Lutter* § 71 c Rn. 16; *Hüffer* AktG, § 71 c Rn. 6; MüKo AktG/*Oechsler* § 71 c Rn. 15).

II. Zuständigkeit und Auswahl der Aktien

7 Die Art und Weise der Durchführung einer unfreiwilligen Veräußerung steht grundsätzlich im **Ermessen des Vorstandes** (*Hüffer* AktG, § 71 c Rn. 6; MüKo AktG/*Oechsler* § 71 c Rn. 15), wobei der Vorstand sowohl bei der Auswahl der Erwerber der Aktien als auch bei der Auswahl der zu veräußernden Aktien selbst bestimmte Voraussetzungen zu beachten hat. Hat eine Veräußerung nach Abs. 1 zu erfolgen, so ist der Vorstand verpflichtet, exakt diejenigen Aktien zu veräußern, die von der AG verbotswidrig nach § 71 Abs. 1 oder 2 AktG erworben wurden (MüKo AktG/*Oechsler* § 71 c Rn. 13; AnwK-AktR/*Block* § 71 c Rn. 13; KölnKomm AktG/*Lutter* § 71 c Rn. 18). Erfolgt eine Veräußerung hingegen nach Abs. 2 so ist es dem Vorstand freigestellt, welche eigenen Aktien veräußert werden sollen (MüKo AktG/*Oechsler* § 71 c Rn. 14; KölnKomm AktG/*Lutter* § 71 c Rn. 19).

III. Auswahl des Erwerbers

1. Veräußerung bei nichtigen Verpflichtungsgeschäften

8 Der Vorstand ist in seiner Entscheidung, an welchen Erwerber die eigenen Aktien in Erfüllung der Verpflichtung aus § 71 c AktG veräußert werden sollen, nicht frei. Handelt es sich um eigene Aktien, die von der AG entgegen § 71 Abs. 1 oder 2 AktG erworben wurden, so ist vorrangig die aus § 71 Abs. 4 AktG resultierende **Nichtigkeit des Verpflichtungsgeschäfts** zu berücksichtigen (s. § 71 AktG Rn. 46). Daraus folgt, dass der Vorstand nach h. M. verpflichtet ist, die Aktie derjenigen Person zum Erwerb anzubieten, von der die AG die Aktie verbotswidrig erworben hat (*Hüffer* AktG, § 71 c Rn. 7; MüKo AktG/*Oechsler* § 71 c Rn. 16; KölnKomm AktG/*Lutter* § 71 c Rn. 21). Verstößt der Vorstand gegen diese Andienungspflicht, so ist eine anderweitige Veräußerung zwar wirksam, die AG kann sich aber aufgrund zivilrechtlicher Ansprüche (§§ 819 Abs. 1, 818 Abs. 4, 989, 992 BGB) gegenüber dem ehemaligen Verkäufer schadensersatzpflichtig machen (*Hüffer* AktG, § 71 c Rn. 5; MüKo AktG/*Oechsler* § 71 c Rn. 16). Nur wenn der ehemalige Verkäufer nicht bereit ist, die Aktie zu erwerben oder dieser nicht ausfindig zu machen ist, ist der Vorstand berechtigt, die Aktie auch an eine andere Person zu veräußern (KölnKomm AktG/*Lutter* § 71 c Rn. 21; MüKo AktG/*Oechsler* § 71 c Rn. 17).

2. Erfüllbarkeit von Zweckbindungen

9 Sind die eigenen Aktien nicht an den vorherigen Aktionär zu veräußern, ist im zweiten Schritt zu prüfen, zu welchem Zweck die eigenen Aktien nach § 71 Abs. 1 AktG erworben wurden. Ist es dem Vorstand möglich, diesen Zweck mit der Veräußerung der Aktie zu erfüllen, so ist er verpflichtet, die Aktie entsprechend der Zweckbestimmung zu veräußern. Dies kommt in Betracht, wenn die Aktien nach § 71 Abs. 1 Nr. 2 AktG auf Arbeitnehmer, nach § 71 Abs. 1 Nr. 3 AktG als Abfindung an außenstehende Aktionäre, nach § 71 Abs. 1 Nr. 4 AktG auf den Kommittenten zur Durchführung der Einkaufskommission oder entsprechend einer Zweckermächtigung nach § 71 Abs. 1 Nr. 8 AktG zu übertragen sind (KölnKomm AktG/*Lutter* § 71 c Rn. 23 ff.; MüKo AktG/*Oechsler* § 71 c Rn. 18).

3. Freie Veräußerung

10 Erst wenn feststeht, dass weder ein nichtiges Rechtsgeschäft nach § 71 Abs. 4 AktG vorliegt, noch eine Zweckbestimmung mit der Aktie zu erfüllen ist, ist der Vorstand berechtigt und verpflichtet, die Aktie **auf Dritte** zu übertragen. Bereits vor der Einführung des § 71 Abs. 1 Nr. 8 AktG bestand Einigkeit, dass der Vorstand im Rahmen der Veräußerung nach § 71 c AktG den **Gleichbehandlungsgrundsatz** des § 53 a AktG zu beachten hat und verpflichtet ist, den höchsten realisierbaren

Kaufpreis zu erzielen (KölnKomm AktG/*Lutter* § 71 c Rn. 23). Daher ist es seit dem KonTraG sachgerecht, dass der Vorstand bei der Veräußerungspflicht der Aktien nach § 71 c AktG verpflichtet ist, die in § 71 Abs. 1 Nr. 8 S. 3 bis 5 aufgestellten Bedingungen entsprechend bzw. analog anzuwenden (so MüKo AktG/*Oechsler* § 71 c Rn. 20). Der Vorstand ist damit primär verpflichtet, die Aktien **über die Börse** zu veräußern (*Hüffer* AktG, § 71 c Rn. 7; AnwK-AktR/*Block* § 71 c Rn. 9). Kann eine Veräußerung über die Börse nicht erfolgen, so hat der Vorstand den Gleichbehandlungsgrundsatz gem. § 53 a AktG nur dann nicht zu beachten, wenn ein Ermächtigungsbeschluss nach §§ 71 Abs. 1 Nr. 8 S. 5 i. V. m. 186 Abs. 3 und Abs. 4 AktG vorliegt, nach dem unter bestimmten sachlichen Voraussetzungen ein Bezugsrechtsausschluss der Aktionäre gerechtfertigt ist (s. § 71 AktG Rn. 31 sowie MüKo AktG/*Oechsler* § 71 c Rn. 20).

D. Einziehung der Aktien, Abs. 3

11 Kann innerhalb der in Abs. 1 und Abs. 2 genannten Fristen eine Veräußerung der Aktien nicht erfolgen, so ist der Vorstand verpflichtet, die eigenen Aktien **unverzüglich** nach den Bestimmungen der §§ 237 ff. AktG einzuziehen (*Hüffer* AktG, § 71 c Rn. 8; KölnKomm AktG/*Lutter* § 71 c Rn. 32; AnwK-AktR/*Block* § 71 c Rn. 19 ff.). Die Einziehung setzt nach § 237 Abs. 2 AktG einen Hauptversammlungsbeschluss voraus. Für ein unverzügliches Handeln ist es ausreichend, wenn die Verwaltung die Einziehung als gesonderten Punkt auf die Tagesordnung der nächsten anstehenden (ordentlichen) Hauptversammlung setzt (*Hüffer* AktG, § 71 c Rn. 8; MüKo AktG/*Oechsler* § 71 c Rn. 22; KölnKomm AktG/*Lutter* § 71 c Rn. 33). Solange der Beschluss nicht getroffen wurde, ist es dem Vorstand auch nach dem Ablauf der in § 71 Abs. 1 und Abs. 2 AktG genannten Fristen weiterhin möglich, die Aktien (nunmehr unverzüglich) zu veräußern; erst der Hauptversammlungsbeschluss bindet den Vorstand, die eigenen Aktien nur noch einziehen zu dürfen (MüKo AktG/*Oechsler* § 71 c Rn. 23; KölnKomm AktG/*Lutter* § 71 c Rn. 38).

E. Verstöße gegen § 71 c AktG

12 Sowohl ein Verstoß gegen die Veräußerungspflicht als auch ein Verstoß gegen die Einziehungspflicht stellen sich als Ordnungswidrigkeiten nach § 405 Abs. 1 Nr. 4 b und Nr. 4 c AktG dar, die mit einer Geldbuße bis zu € 25.000,– geahndet werden können. Daneben können sich Verstöße gegen § 71 c AktG auch als Pflichtverletzung des Vorstandes und ggf. des Aufsichtsrates nach § 93 AktG darstellen, die zu Schadensersatzansprüchen führen können (AnwK-AktR/*Block* § 71 c Rn. 26). Ferner kann der Vorstand nach § 407 AktG zur Durchsetzung der Verpflichtungen aus § 71 c AktG durch die Festsetzung eines Zwangsgelds (bis zu € 5.000,–) angehalten werden.

§ 71 d Erwerb eigener Aktien durch Dritte

[1]Ein im eigenen Namen, jedoch für Rechnung der Gesellschaft handelnder Dritter darf Aktien der Gesellschaft nur erwerben oder besitzen, soweit dies der Gesellschaft nach § 71 Abs. 1 Nr. 1 bis 5, 7 und 8 und Abs. 2 gestattet wäre. [2]Gleiches gilt für den Erwerb oder den Besitz von Aktien der Gesellschaft durch ein abhängiges oder ein im Mehrheitsbesitz der Gesellschaft stehendes Unternehmen sowie für den Erwerb oder den Besitz durch einen Dritten, der im eigenen Namen, jedoch für Rechnung eines abhängigen oder eines im Mehrheitsbesitz der Gesellschaft stehenden Unternehmens handelt. [3]Bei der Berechnung des Anteils am Grundkapital nach § 71 Abs. 2 Satz 1 und § 71 c Abs. 2 gelten diese Aktien als Aktien der Gesellschaft. [4]Im übrigen gelten § 71 Abs. 3 und 4, §§ 71 a, 71 b und 71 c sinngemäß. [5]Der Dritte oder das Unternehmen hat der Gesellschaft auf ihr Verlangen das Eigentum an den Aktien zu verschaffen. [6]Die Gesellschaft hat den Gegenwert der Aktien zu erstatten.

Übersicht:

A. Überblick

§ 71 d AktG betrifft – wie auch § 71 a AktG – Umgehungsgeschäfte, bei denen nicht die AG, sondern einer der in § 71 d AktG genannten Dritten Aktien an der AG erwirbt (*Hüffer* AktG, § 71 d Rn. 1). § 71 d AktG ist zugleich Verbots- und Erlaubnisnorm (*Hüffer* AktG, § 71 d Rn. 2). Der Erwerb von Aktien durch Dritte ist mit den sich aus S. 3 bis 6 ergebenden Rechtsfolgen zulässig, wenn auch die AG nach § 71 Abs. 1 und 2 AktG berechtigt wäre, die eigenen Aktien wirksam zu erwerben (*Hüffer* AktG, § 71 d Rn. 2; MüKo AktG/*Oechsler* § 71 d Rn. 2). Die Rechtsfolgen der S. 3 bis 6 sind nicht nur auf eigene Aktien anzuwenden, die im Wege eines derivativen Erwerbs erworben werden, sondern auch auf solche Aktien, die im Zuge der Gründung oder einer Kapitalerhöhung entgegen der in § 56 Abs. 1 und 2 AktG enthaltenen Verbote übernommen werden (s. § 56 AktG Rn. 2, 3 und 11 sowie *Hüffer* AktG, § 71 d Rn. 18). 1

B. Tatbestandsvoraussetzungen

§ 71 d AktG enthält drei unterschiedliche Varianten, in denen eine Umgehung der Rechtsfolgen der §§ 71 ff. AktG durch den Erwerb von eigenen Aktien über die Einschaltung von Dritten in Betracht kommt. S. 1 erfasst Fälle, in denen die Aktien von einem **mittelbaren Stellvertreter** erworben werden. Mittelbare Stellvertretung liegt vor, wenn ein Dritter die Aktien zwar im eigenen Namen, aber für Rechnung der AG erwirbt oder besitzt (*Hüffer* AktG, § 71 d Rn. 2; MüKo AktG/*Oechsler* § 71 d Rn. 5). 2

Nach S. 2 Alt. 1 gilt das Umgehungsverbot auch für **Tochterunternehmen** der AG, bei denen es sich einerseits um abhängige Unternehmen gem. § 17 AktG sowie andererseits um Unternehmen handeln kann, die im Mehrheitsbesitz gem. § 16 AktG stehen (*Hüffer* AktG, § 71 d Rn. 5; MüKo AktG/*Oechsler* § 71 d Rn. 5). Das Umgehungsverbot S. 2 Alt. 2 ferner dann anzuwenden, wenn der mittelbare Stellvertreter (s. Rn. 6) nicht für Rechnung der AG, sondern für Rechnung eines Tochterunternehmens (s. Rn. 7) handelt. Hingegen besteht keine Notwendigkeit, den Tatbestand des § 71 d AktG auch auf Fälle auszudehnen, in denen das Tochterunternehmen die Aktien der AG nicht auf eigene Rechnung, sondern als mittelbare Stellvertreterin auf Rechnung der AG erwirbt (so aber AnwK-AktR/*Block* § 71 d Rn. 59). Diese Fälle werden bereits über S. 2 Alt. 1 erfasst, da es insoweit nur darauf ankommt, dass das Tochterunternehmen die Aktien an der AG hält.

Allen drei Varianten ist gemein, dass nach § 71 d AktG **hypothetisch** zu fragen ist, ob es der AG selbst gestattet gewesen wäre, die von den Dritten erworbenen Aktien nach § 71 Abs. 1 Nr. 1 bis 5, Nr. 7 und Nr. 8 sowie nach § 71 Abs. 2 AktG zu erwerben (MüKo AktG/*Oechsler* § 71 d Rn. 34). Hätte die AG die eigenen Aktien selbst erwerben dürfen, so steht fest, dass auch der Erwerb der Aktien durch den Dritten zulässig ist. 3

Unzulässig ist somit ein Erwerb der Aktien durch Dritte, wenn mit dem Erwerb entweder keiner der in § 71 Abs. 1 AktG genannten Zwecke oder der in § 71 Abs. 1 Nr. 6 AktG genannte Zweck des Erwerbs zur Einziehung der Aktien verfolgt wird (*Hüffer* AktG, § 71 d Rn. 3). Zudem ergibt sich aufgrund des Erwerbs durch einen Dritten die Besonderheit, dass im Rahmen der Tatbestände des § 71 Abs. 1 AktG danach zu fragen ist, ob die dort genannten Voraussetzungen (wie bspw. 4

der drohende Schaden im Falle des § 71 Abs. 1 Nr. 1 AktG) bei der AG oder dem Dritten erfüllt sein müssen (s. dazu ausführl. MüKo AktG/*Oechsler* § 71 d Rn. 35 ff.; KölnKomm AktG/*Lutter* § 71 d Rn. 16 ff.; AnwK-AktR/*Block* § 71 d Rn. 6 ff. sowie 24 ff.)

5 Zusätzlich darf sich der (hypothetische) Erwerb der Aktien durch die AG nicht als Verstoß gegen § 71 Abs. 2 AktG darstellen. In die in § 71 Abs. 2 S. 1 AktG enthaltene 10 %-Grenze (s. § 71 AktG Rn. 36) sind nach § 71 d S. 3 AktG nicht nur die von der AG, sondern auch die von den in § 71 d AktG genannten Dritten gehaltenen Aktien einzurechnen (*Hüffer* AktG, § 71 d Rn. 13; MüKo AktG/*Oechsler* § 71 d Rn. 47; KölnKomm AktG/*Lutter* § 71 d Rn. 22). Bei der Kapitalgrenze des § 71 Abs. 2 S. 2 AktG (s. § 71 AktG Rn. 37 f.) ist zu beachten, dass die Rücklage für eigene Anteile nicht bei dem mittelbaren Stellvertreter bzw. dem Tochterunternehmen, sondern bei der AG abgebildet werden muss, wobei es nur auf die hypothetische Möglichkeit der Rücklagenbildung ankommt, diese also nicht tatsächlich auch zu bilden ist (*Hüffer* AktG, § 71 d Rn. 4; KölnKomm AktG/*Lutter* § 71 d Rn. 23; MüKo AktG/*Oechsler* § 71 d Rn. 44). Soweit es sich nicht um einen Erwerb nach § 71 Abs. 1 Nr. 3 oder Nr. 5 AktG handelt, ist der Erwerb der Aktien durch den mittelbaren Stellvertreter oder das Tochterunternehmen nur dann gem. § 71 Abs. 2 S. 3 AktG zulässig (s. § 71 AktG Rn. 39), wenn auf die zu erwerbenden Aktien der volle Ausgabebetrag geleistet worden ist (*Hüffer* AktG, § 71 d Rn. 4; MüKo AktG/*Oechsler* § 71 d Rn. 45).

C. Rechtsfolgen, S. 3 bis 6

I. Mittelbare Stellvertretung, Verhältnis zu § 71 a Abs. 2 AktG

6 Ergibt sich, dass die AG die Aktien (hypothetisch) nicht wirksam hätte erwerben können, so liegt ein Verstoß gegen § 71 Abs. 1 und 2 AktG vor. Wird der Verstoß durch einen mittelbaren Stellvertreter der AG bzw. durch einen mittelbaren Stellvertreter eines Tochterunternehmens begangen, so **kollidieren die Rechtsfolgen** aus § 71 d AktG mit den Rechtsfolgen aus dem ebenfalls erfüllten Verbotstatbestand des § 71 a Abs. 2 AktG (s. § 71 a AktG Rn. 10 sowie *Hüffer* AktG, § 71 d Rn. 9; MüKo AktG/*Oechsler* § 71 d Rn. 3; KölnKomm AktG/*Lutter* § 71 d Rn. 62). Damit stellt sich die Frage nach dem **Verhältnis von § 71 a Abs. 2 AktG zu § 71 d AktG**. Nach der h. M. geht § 71 a Abs. 2 AktG der Regelung des § 71 d AktG vor (*Hüffer* AktG, § 71 d Rn. 8; MüKo AktG/*Oechsler* § 71 d Rn. 3; KölnKomm AktG/*Lutter* § 71 d Rn. 63). Erfolgte der Erwerb durch den mittelbaren Stellvertreter in gesetzwidriger Weise, also in Fällen, in denen auch die AG die eigenen Aktien nicht nach § 71 Abs. 1 und Abs. 2 AktG hätte erwerben dürfen, so ergeben sich die daraus resultierenden Rechtsfolgen nicht aus § 71 d S. 3 bis 6 AktG, sondern aus § 71 a Abs. 2 AktG (s. § 71 a AktG Rn. 10 sowie *Hüffer* AktG, § 71 d Rn. 9; AnwK-AktR/*Block* § 71 d Rn. 17). Die von dem mittelbaren Stellvertreter gehaltenen Aktien sind damit nicht dem Bestand der AG zum Zwecke der Berechnung der in § 71 Abs. 2 S. 1 AktG genannten 10 %-Grenze zuzurechnen (KölnKomm AktG/*Lutter* § 71 d Rn. 63). Einzige Ausnahme ist, dass § 71 b AktG – Ruhen sämtlicher Rechte aus der Aktie (insbesondere Stimm- und Dividendenrechte) – solange auf die von dem mittelbaren Stellvertreter gehaltenen Aktien anzuwenden ist, solange sich dieser nicht vollständig von dem nichtigen Rechtsgeschäft mit der AG bzw. dem Tochterunternehmen gelöst hat (s. § 56 AktG Rn. 17 f.; § 71 a AktG Rn. 13 sowie *Hüffer* AktG, § 71 d Rn. 10; MüKo AktG/*Oechsler* § 71 d Rn. 15). § 71 d AktG ist damit nur in den Fällen auf mittelbare Stellvertreter anzuwenden, in denen ein Verstoß gegen § 71 a Abs. 2 AktG nicht vorliegt.

II. Anwendbarkeit bei Tochterunternehmen

7 Wurden die eigenen Aktien nicht von einem mittelbaren Stellvertreter, sondern von einem Tochterunternehmen der AG erworben, so sind die Rechtsfolgen des S. 3 bis 6 zwingend und unabhängig von der Frage anzuwenden, ob die AG ihrerseits berechtigt gewesen wäre, die eigenen Aktien nach § 71 Abs. 1 und 2 AktG zu erwerben.

III. Zurechnung nach S. 3

S. 3 bestimmt, dass sämtliche von den Tochterunternehmen sowie den mittelbaren Stellvertretern gehaltenen Aktien wie eigene Aktien der AG zu behandeln sind und in die 10 %-Grenze des § 71 Abs. 2 S. 1 AktG einzubeziehen sind. Dies gilt nicht für Aktien, die von den mittelbaren Stellvertretern nicht für Rechnung der AG gehalten werden bzw. die von den mittelbaren Stellvertretern unter Verstoß gegen § 71 a Abs. 2 AktG erworben wurden (MüKo AktG/*Oechsler* § 71 d Rn. 7, 47). Einzubeziehen sind hingegen solche Aktien, die ein Tochterunternehmen bereits zu einem Zeitpunkt erworben hatte, zu dem das Tochterunternehmen noch nicht die Voraussetzungen des § 16 bzw. § 17 AktG erfüllt hatte (MüKo AktG/*Oechsler* § 71 d Rn. 47). 8

IV. Verweisungsnorm, S. 4

S. 4 stellt sich als komplexe Verweisungsnorm dar, mit der bestimmt wird, dass die §§ 71 Abs. 3 und 4, 71 a bis 71 c AktG sinngemäß zur Anwendung kommen. 9

1. Anwendung des § 71 Abs. 3 AktG

Aus der sinngemäßen Anwendung des § 71 Abs. 3 AktG folgt, dass die in § 71 Abs. 3 S. 1 AktG enthaltene **Berichtspflicht** im Falle des Erwerbs nach § 71 Abs. 1 Nr. 1 und Nr. 8 AktG auch in Bezug auf die von den Dritten gehaltenen Aktien zur Anwendung kommt, wobei nicht nur diese Berichtspflicht (*Hüffer* AktG, § 71 d Rn. 14; MüKo AktG/*Oechsler* § 71 d Rn. 9, 49), sondern auch die in § 71 Abs. 3 S. 3 AktG enthaltene Unterrichtungspflicht der BaFin nicht von dem Dritten, sondern von dem Vorstand der AG zu erfüllen ist (MüKo AktG/*Oechsler* § 71 d Rn. 11, 51). Die in § 71 Abs. 3 S. 2 AktG enthaltene Verpflichtung zur Ausgabe von Aktien an Arbeitnehmer innerhalb der Jahrsfrist ist ebenfalls auf Aktien anzuwenden, die von Dritten erworben wurden, wobei streitig ist, ob die **Ausgabepflicht** von der AG oder dem Dritten zu erfüllen ist (*Hüffer* AktG, § 71 d Rn. 15; MüKo AktG/*Oechsler* § 71 d Rn. 50). 10

2. Anwendung des § 71 Abs. 4 AktG

§ 71 Abs. 4 AktG ist nur auf Tochterunternehmen anzuwenden, da die Norm einen Verstoß gegen § 71 Abs. 1 und 2 AktG voraussetzt, was wiederum die Anwendbarkeit des § 71 d AktG auf mittelbare Stellvertreter ausschließt (s. Rn. 6). Die in § 71 AktG Rn. 44 ff. zu § 71 Abs. 4 AktG dargestellten Rechtsfolgen gelten entsprechend, wenn die Aktien nicht von der AG, sondern von einem Tochterunternehmen erworben werden, so dass das Tochterunternehmen zwar rechtliche Inhaberin der Aktien werden kann, sich aber einem Rückforderungsanspruch des Veräußerers nach §§ 812 ff. BGB ausgesetzt sieht. Ob der Veräußerer für die Rückzahlung des empfangenen Kaufpreises nach §§ 812 ff. BGB oder nach § 62 AktG in Anspruch zu nehmen ist, soll nach der h. M. davon abhängen, ob es sich auch bei dem Tochterunternehmen um eine AG handelt (*Hüffer* AktG, § 71 d Rn. 16; KölnKomm AktG/*Lutter* § 71 d Rn. 29). Da § 71 d AktG eine Umgehungsvorschrift darstellt, sprechen die besseren Gründe dafür, den Sachverhalt so zu unterstellen, als ob der Veräußerer die Aktien an die AG veräußert hätte und § 62 AktG somit unabhängig von der Rechtsform des Tochterunternehmens anzuwenden ist (a. A. auch MüKo AktG/*Oechsler* § 71 d Rn. 52). Ansprüche gegenüber dem Veräußerer kann aber nur das Tochterunternehmen, nicht auch die AG geltend machen (*Hüffer* AktG, § 71 d Rn. 16; MüKo AktG/*Oechsler* § 71 d Rn. 52). 11

3. Anwendung des § 71 a AktG

§ 71 a AktG ist nur in Bezug auf den Abs. 1 entsprechend anzuwenden. Abs. 2 kann bereits tatbestandlich nicht zur singgemäßen Anwendung kommen (s. Rn. 6 sowie *Hüffer* AktG, § 71 d Rn. 17; MüKo AktG/*Oechsler* § 71 d Rn. 14, 53). 12

4. Anwendung des § 71 b AktG

§ 71 b AktG ist vollumfänglich und unabhängig von der Frage anzuwenden, ob der Dritte die Aktien rechtmäßig oder rechtswidrig (d. h. unter Verstoß gegen § 71 Abs. 1 und 2) erworben hat 13

(*Hüffer* AktG, § 71 d Rn. 18). Während dem Dritten Rechte aus den Aktien (nach richtiger Auffassung auch keine Dividendenrechte) nicht zustehen (MüKo AktG/*Oechsler* § 71 d Rn. 55), muss er jedoch sämtliche Pflichten aus den Aktien erfüllen (s. § 71 b AktG Rn. 6).

5. Anwendung des § 71 c AktG

14 Die in § 71 c Abs. 1 AktG enthaltene Veräußerungspflicht innerhalb der Jahresfrist (s. § 71 c AktG Rn. 3) ist nur auf Tochterunternehmen anzuwenden, welche Aktien verbotswidrig erworben haben (MüKo AktG/*Oechsler* § 71 d Rn. 16, 57). Die in § 71 c Abs. 2 AktG enthaltene Veräußerungspflicht innerhalb der 3-Jahres-Frist (s. § 71 c AktG Rn. 1, 4) ist sowohl auf mittelbare Stellvertreter als auch auf Tochterunternehmen anzuwenden, wenn diese die Aktien der AG ohne Verstoß gegen § 71 Abs. 1 und 2 AktG erworben haben (MüKo AktG/*Oechsler* § 71 d Rn. 17, 52). Soweit der Veräußerungspflicht nach § 71 c Abs. 1 oder 2 AktG nicht fristgerecht nachgekommen wurde, ist auch die in § 71 c Abs. 3 AktG enthaltene Einziehungspflicht entsprechend anzuwenden (MüKo AktG/*Oechsler* § 71 d Rn. 18, 59). Sämtliche in § 71 c Abs. 1 bis 3 AktG enthaltenen Verpflichtungen sind aber ausschließlich von der AG zu erfüllen (*Hüffer* AktG, § 71 d Rn. 19; MüKo AktG/*Oechsler* § 71 d Rn. 16 ff., 57 ff.).

V. Herausgabe- und Erstattungsanspruch nach S. 5 und 6

15 Damit die AG ihren aus § 71 c AktG resultierenden Verpflichtungen nachkommen kann, ist der Dritte (mittelbarer Stellvertreter oder Tochterunternehmen) auf Verlangen der AG gem. S. 5 verpflichtet, der AG das **Eigentum** (bzw. die Inhaberschaft) an den Aktien **zu verschaffen**. Bei dem Verlangen handelt es sich um eine **empfangsbedürftige, einseitige Gestaltungserklärung** der AG (*Hüffer* AktG, § 71 d Rn. 21; MüKo AktG/*Oechsler* § 71 d Rn. 61). Solange dem Dritten das Verlangen der AG nicht zugegangen ist, ist er nicht daran gehindert, die Aktien anderweitig zu veräußern (MüKo AktG/*Oechsler* § 71 d Rn. 64). Das Tochterunternehmen kann sich damit sowohl einem Herausgabeverlangen der AG nach S. 5 als auch einem (vorrangig zu befriedigenden) Herausgabeverlangen des Veräußerers der Aktie nach §§ 812 ff. BGB ausgesetzt sehen (s. Rn. 11 sowie MüKo AktG/*Oechsler* § 71 d Rn. 63). Wird die Aktie aufgrund des Übertragungsverlangens auf die AG übertragen, so hat die AG dem Dritten den **Gegenwert der Aktien** gem. S. 6 zu erstatten. Streitig ist, ob sich der Gegenwert der Aktie nach dem Verkehrswert der Aktie zum Zeitpunkt des Übertragungsverlangens oder vielmehr nach den ursprünglichen Anschaffungskosten des Dritten berechnet (MüKo AktG/*Oechsler* § 71 d Rn. 66; *Hüffer* AktG, § 71 d Rn. 22).

§ 71 e Inpfandnahme eigener Aktien

(1) [1]Dem Erwerb eigener Aktien nach § 71 Abs. 1 und 2, § 71 d steht es gleich, wenn eigene Aktien als Pfand genommen werden. [2]Jedoch darf ein Kreditinstitut oder Finanzdienstleistungsinstitut im Rahmen der laufenden Geschäfte eigene Aktien bis zu dem in § 71 Abs. 2 Satz 1 bestimmten Anteil am Grundkapital als Pfand nehmen. [3]§ 71 a gilt sinngemäß.

(2) [1]Ein Verstoß gegen Absatz 1 macht die Inpfandnahme eigener Aktien unwirksam, wenn auf sie der Ausgabebetrag noch nicht voll geleistet ist. [2]Ein schuldrechtliches Geschäft über die Inpfandnahme eigener Aktien ist nichtig, soweit der Erwerb gegen Absatz 1 verstößt.

Übersicht:

A. Überblick

Nach § 71 e AktG ist die Inpfandnahme eigener Aktien durch die AG so zu behandeln, als wenn die AG die Aktien als eigene erworben hätte. Dies gilt über die Verweisung Abs. 1 S. 1 zu § 71 d AktG auch für die dort genannten Personen. Neben dem Zweck, Umgehungstatbestände auszuschließen, liegt der Hintergrund der Regelung des § 71 e AktG in der Fallkonstellation, in der der AG eine Forderung gegenüber einem Dritten zusteht und die Rückzahlung der Forderung durch die Verpfändung der Aktien an der AG abgesichert wird. Die Werthaltigkeit der Sicherheit hängt damit von der wirtschaftlichen Situation der AG ab (*Hüffer* AktG, § 71 e Rn. 1; MüKo AktG/*Oechsler* § 71 e Rn. 1; KölnKomm AktG/*Lutter* § 71 e Rn. 2). 1

B. Inpfandnahme durch AG, Abs. 1 S. 1

I. Inpfandnahme

Nach Abs. 1 S. 1 ist es der AG nicht gestattet, eigene Aktien in Pfand zu nehmen, wenn sich die Inpfandnahme als Verstoß gegen § 71 Abs. 1 und 2 AktG darstellt. Unter Inpfandnahme sind nur **rechtsgeschäftliche Verpfändungen** zu verstehen (*Hüffer* AktG, § 71 e Rn. 2; MüKo AktG/*Oechsler* § 71 e Rn. 5; KölnKomm AktG/*Lutter* § 71 e Rn. 3), was regelmäßig durch die Bestellung eines Pfandrechts an den eigenen Aktien zur Besicherung einer Forderung der AG geschieht (MüKo AktG/*Oechsler* § 71 e Rn. 5). Nicht erfasst sind hingegen gesetzliche Pfandrechte (KölnKomm AktG/*Lutter* § 71 e Rn. 4; MünchHdb GesR IV/*Wiesner* § 15 Rn. 24). 2

II. Zulässigkeit der Inpfandnahme

1. Inpfandnahme nach § 71 Abs. 1 AktG

Eine wirksame Inpfandnahme der Aktien muss zu den in § 71 Abs. 1 Nr. 1 bis 8 AktG genannten Zwecken erfolgen, was bei Nr. 2 (Belegschaftsaktien), Nr. 3 (Abfindungen) und Nr. 6 (Einziehung) von Anfang an ausscheidet (MüKo AktG/*Oechsler* § 71 e Rn. 13 ff.; *Hüffer* AktG, § 71 e Rn. 3; KölnKomm AktG/*Lutter* § 71 e Rn. 8 ff.). Ob Nr. 4 Alt. 1 in Betracht kommt, hängt davon ab, ob die Inpfandnahme der Aktien unentgeltlich erfolgt, was grundsätzlich nur dann zu bejahen ist, wenn die Inpfandnahme nach der Begründung der dem Pfandrecht zugrunde liegenden Forderung ohne ein gesondertes Entgelt vereinbart wird (MüKo AktG/*Oechsler* § 71 e Rn. 14; KölnKomm AktG/*Lutter* § 71 e Rn. 10; AnwK-AktR/*Block* § 71 e Rn. 9). Während eine Inpfandnahme nach § 71 Abs. 1 Nr. 1 (Schadensabwehr) und Nr. 5 (Gesamtrechtsnachfolge) AktG problemlos möglich ist, besteht Uneinigkeit darüber, ob auch eine Inpfandnahme zu den in Nr. 7 und Nr. 8 genannten Ermächtigungen zulässig ist. Da der Zweck des Nr. 7 im Wertpapierhandel (also im An- und Verkauf der Aktien) und der Zweck des Nr. 8 zumindest in dem Erwerb der Aktien liegt, kann eine wirksame Inpfandnahme nach § 71 e AktG bei diesen beiden Ermächtigungen nicht stattfinden. Die Inpfandnahme von Aktien führt nämlich nicht zu einer Verfügungsbefugnis der AG über die Aktien, so dass Nr. 7 und Nr. 8 tatbestandlich nicht erfüllt sein können (AnwK-AktR/*Block* § 71 e Rn. 11; a. A. MüKo AktG/*Oechsler* § 71 e Rn. 11). 3

2. Inpfandnahme nach § 71 Abs. 2 AktG

4 Neben dem zulässigen Erwerb der Aktien nach § 71 Abs. 1 AktG müssen auch die Voraussetzungen des § 71 Abs. 2 AktG erfüllt sein. Welche Voraussetzungen konkret erfüllt sein müssen, hängt wiederum davon ab, zu welchem Zweck die Aktien verpfändet wurden. Die 10 %-Grenze ist unter den dort genannten Voraussetzungen einzuhalten. Die von der AG erworbenen eigenen Aktien und die von der AG in Pfand genommenen Aktien sind zur Berechnung der 10 %-Grenze zusammenzurechnen (*Hüffer* AktG, § 71 e Rn. 4; KölnKomm AktG/*Lutter* § 71 e Rn. 13).

5 In Bezug auf die nach § 71 Abs. 2 S. 2 AktG zu bildende **Rücklage für eigene Anteile** nach § 272 Abs. 4 HGB ist zunächst streitig, ob diese tatsächlich zu bilden ist oder ob die AG nur hypothetisch dazu in der Lage sein muss. Die besseren Gründe sprechen für die hypothetische Bildung der Rücklage. Denn es ist zu berücksichtigen, dass die als Pfand genommenen Aktien in der Bilanz der AG nicht aktiviert werden. Die AG wäre damit im Falle der Inpfandnahme der Aktien und einer tatsächlichen Rücklagenbildung bilanziell schlechter gestellt, als wenn sie keine Inpfandnahme und damit eine unbesicherte Forderung mit dem Schuldner vereinbart hätte. Diese Schlechterstellung ist vor dem Hintergrund des Gläubigerschutzes nicht gerechtfertigt (*Hüffer* AktG, § 71 e Rn. 4; AnwK-AktR/*Block* § 71 e Rn. 14; a. A. MüKo AktG/*Oechsler* § 71 e Rn. 19; KölnKomm AktG/*Lutter* § 71 e Rn. 14). Die Rücklage ist nach h. M. grundsätzlich in **Höhe des Verkehrswertes der Aktie** zu bilden, wobei die Höhe der Rücklage durch die Höhe der in der Bilanz aktivierten Forderung (nebst Zinsen etc.) begrenzt ist, für die die Aktie verpfändet worden ist (KölnKomm AktG/*Lutter* § 71 e Rn. 14; AnwK-AktR/*Block* § 71 e Rn. 14; a. A. MüKo AktG/*Oechsler* § 71 e Rn. 19).

3. Ausnahme, § 71 e Abs. 1 S. 2 AktG

6 Eine Inpfandnahme ist nach der Ausnahmevorschrift des § 71 e Abs. 1 S. 2 AktG auch zulässig, wenn ein Verstoß gegen § 71 Abs. 1 und 2 AktG vorliegt. Voraussetzung ist aber, dass die Aktien von einem Kreditinstitut oder einem Finanzdienstleistungsunternehmen als Pfand genommen werden und die Inpfandnahme im Rahmen der laufenden Geschäfte erfolgt. Mit dieser Ausnahmevorschrift sollen Wettbewerbsnachteile einer Bank vermieden werden, die in der Rechtsform einer AG betrieben werden (*Hüffer* AktG, § 71 e Rn. 5; MüKo AktG/*Oechsler* § 71 e Rn. 24 ff.). Dennoch ist auch hier die 10 %-Grenze des § 71 Abs. 2 S. 1 AktG zu beachten.

4. Umgehungsgeschäfte, § 71 e Abs. 1 S. 3 AktG

7 Nach § 71 e Abs. 1 S. 3 AktG ist § 71 a AktG entsprechend anzuwenden. Vielfach wird betont, dass der praktische Anwendungsbereich des § 71 a Abs. 1 AktG im Zusammenhang mit der Inpfandnahme von eigenen Aktien nicht zu sehen ist (MüKo AktG/*Oechsler* § 71 e Rn. 27; KölnKomm AktG/*Lutter* § 71 e Rn. 25). Es soll der AG nach § 71 a Abs. 1 AktG jedenfalls nicht gestattet sein, es einem Dritten durch einen Vorschuss, ein Darlehen oder durch die Stellung einer Sicherheit zu ermöglichen, Ansprüche der Gesellschaft und deren Besicherung durch Pfandrechte zu erwerben (*Hüffer* AktG, § 71 e Rn. 6). § 71 a Abs. 2 AktG ist demgegenüber sehr wohl auch im Rahmen der Inpfandnahme von Aktien praktisch anwendbar (MüKo AktG/*Oechsler* § 71 e Rn. 28; KölnKomm AktG/*Lutter* § 71 e Rn. 27). Liegt ein Verstoß gegen § 71 a Abs. 2 AktG vor, so die Inpfandnahme bereits nach § 71 a Abs. 2 AktG unwirksam (AnwK-AktR/*Block* § 71 e Rn. 24; *Hüffer* AktG, § 71 e Rn. 6).

C. Rechtsfolgen, Abs. 2

I. Unwirksamkeit der Inpfandnahme, Abs. 2 S. 1

8 Eine Inpfandnahme der Aktien ist nichtig, wenn ein Verstoß gegen Abs. 1 vorliegt und der Ausgabebetrag (inklusive eines Agios) auf die Aktien noch nicht vollständig geleistet worden ist, die als Pfand genommen werden sollen. Aus Abs. 2 S. 1 resultiert nicht nur die **Nichtigkeit des Verpflichtungsgeschäftes**, sondern zudem auch die **Nichtigkeit des Verfügungsgeschäftes** (MüKo AktG/*Oechsler* § 71 e Rn. 29; KölnKomm AktG/*Lutter* § 71 e Rn. 20). Aktienurkunden, die an die

AG zum Zwecke der Verpfändung der Aktien übergeben worden sind, können von dem Pfandrechtsschuldner nach §§ 985 ff. BGB herausverlangt werden. Im Umkehrschluss bedeutet Abs. 2 S. 1, dass die dingliche Inpfandnahme der Aktie (mit Ausnahme im Falle des § 71 a Abs. 2 AktG) wirksam ist, wenn der Ausgabebetrag auf die Aktie vollständig geleistet worden ist. Die Rechtsfolgen für das Verpflichtungsgeschäfts ergeben sich in diesen Fällen aus Abs. 2 S. 2.

II. Nichtigkeit der Inpfandnahme, Abs. 2 S. 2

Soweit das dingliche Rechtsgeschäft über die Verpfändung der Aktien wegen der vollständigen 9
Einzahlung des Ausgabebetrages wirksam ist, hängt die Wirksamkeit des schuldrechtlichen Rechtsgeschäfts nach Abs. 2 S. 2 davon ab, ob ein Verstoß gegen Abs. 1 vorliegt. Dies ist der Fall, wenn die Inpfandnahme der Aktien gegen § 71 Abs. 1 und 2 AktG verstößt. Liegt ein solcher Verstoß vor, so ist das schuldrechtliche Rechtsgeschäft nach § 71 e Abs. 2 AktG nichtig (*Hüffer* AktG, § 71 e Rn. 7; MüKo AktG/*Oechsler* § 71 e Rn. 30; KölnKomm AktG/*Lutter* § 71 e Rn. 22). Unter dem schuldrechtlichen Rechtsgeschäft ist nicht dasjenige Rechtsgeschäft zu verstehen, welches dem Pfandrecht zugrunde liegt. Die Wirksamkeit dieses Rechtsgeschäftes bleibt von der Nichtigkeit nach Abs. 2 S. 2 unberührt (AnwK-AktR/*Block* § 71 e Rn. 36). **Nichtig** ist vielmehr die **(Sicherungs-) Abrede** zwischen der AG als Pfandgläubiger und dem Dritten als Verpfänder über die Einräumung des Pfandrechts. Der Verpfänder ist nach §§ 812 ff. BGB berechtigt, die Aufhebung der Pfandrechtsbestellung sowie die Rückgabe der Aktienurkunden von der AG zu verlangen (*Hüffer* AktG, § 71 e Rn. 7; AnwK-AktR/*Block* § 71 e Rn. 37).

III. Wirksamkeit der Inpfandnahme

Liegt kein Verstoß gegen § 71 Abs. 1 und 2 AktG vor, so ist die Inpfandnahme der Aktien wirksam. Nach § 71 e Abs. 1 S. 1 AktG sind die als Pfand genommenen Aktien so zu behandeln, als ob es sich um **eigene Aktien der AG** handelt. Auch wenn dies in § 71 e AktG nicht ausdrücklich normiert ist, sind damit die Vorschriften der §§ 71 bis 71 d AktG entsprechend anzuwenden. Daraus folgt, dass die als Pfand genommenen Aktien dem Bestand der AG nach § 71 Abs. 2 S. 1 AktG hinzuzurechnen sind (*Hüffer* AktG, § 71 e Rn. 8; MüKo AktG/*Oechsler* § 71 e Rn. 18; KölnKomm AktG/*Lutter* § 71 e Rn). Die AG ist nach § 160 Abs. 1 S. 1 Nr. 2 AktG verpflichtet, über die Inpfandnahme der Aktien im Anhang des Jahresabschlusses zu berichten (MüKo AktG/*Oechsler* § 71 e Rn. 21; AnwK-AktR/*Block* § 71 e Rn. 22). Auch die **Berichtspflicht** nach § 71 Abs. 3 S. 1 AktG ist vom Vorstand zu erfüllen, wenn der Zweck der Inpfandnahme aus § 71 Abs. 1 Nr. 1 oder Nr. 8 AktG (str., s. Rn. 3 a. E.) resultiert und die Pflicht nicht bereits durch die Angaben im Anhang erfüllt wurde (s. § 71 AktG Rn. 41 sowie MüKo AktG/*Oechsler* § 71 e Rn. 21; AnwK-AktR/*Block* § 71 e Rn. 22). § 71 Abs. 3 S. 2 und 3 AktG sind nicht entsprechend anwendbar (MüKo AktG/*Oechsler* § 71 e Rn. 21). Die Anwendbarkeit des § 71 b AktG scheidet aus, da die Rechte aus der Aktie im Falle einer Inpfandnahme nicht auf den Pfandgläubiger (AG) übergehen, sondern bei dem Verpfänder verbleiben (*Hüffer* AktG, § 71 e Rn. 8; KölnKomm AktG/*Lutter* § 71 e Rn. 28; MüKo AktG/*Oechsler* § 71 e Rn. 23). 10

§ 71 c Abs. 1 AktG ist nach h. M. nicht auf die Inpfandnahme von Aktien anzuwenden (*Hüffer* 11
AktG, § 71 e Rn. 8). Es ist aber streitig, ob § 71 c Abs. 2 AktG anzuwenden ist, wenn die dort genannte 10 %-Grenze unter Einrechnung der als Pfand genommenen Aktien überschritten wird. Die h. M. bejaht dies wegen der gesetzlichen Gleichstellung von eigenen Aktien und Aktien, die als Pfand genommen werden. § 71 c Abs. 2 AktG gilt allerdings mit der Besonderheit, dass nicht die als Pfand genommenen Aktien, sondern nur die eigenen Aktien nach § 71 c Abs. 2 und Abs. 3 AktG zu veräußern bzw. zu versteigern sind (*Hüffer* AktG, § 71 e Rn. 8; KölnKomm AktG/*Lutter* § 71 e Rn. 29; AnwK-AktR/*Block* § 71 e Rn. 19; a. A. MüKo AktG/*Oechsler* § 71 e Rn. 23).

D. Inpfandnahme durch Dritte, Abs. 1 S. 1

12 § 71 e AktG kommt auch dann zur Anwendung, wenn eine der in § 71 d AktG genannten Personen Aktien an der AG als Pfand nehmen. Dies kann entweder ein **Tochterunternehmen** der AG (s. § 71 d AktG Rn. 7) oder ein **mittelbarer Stellvertreter** (s. § 71 d AktG Rn. 6) sein, der für Rechnung der AG oder für Rechnung eines Tochterunternehmens handelt. Im Grundsatz gilt, dass es diesen Personen nur dann gestattet ist, Aktien der AG als Pfand zu nehmen, wenn die Inpfandnahme der AG auch selbst gestattet wäre (*Hüffer* AktG, § 71 e Rn. 9; MüKo AktG/*Oechsler* § 71 e Rn. 22). Auch bei der mittelbaren Stellvertretern ist die Differenzierung zwischen der Anwendbarkeit des § 71 a Abs. 2 AktG und des § 71 d AktG zu beachten (s. § 71 a AktG Rn. 10 sowie § 71 d AktG Rn. 6). Somit kommt bei der Inpfandnahme durch einen mittelbaren Stellvertreter ein Fall des § 71 d AktG nur in Betracht, wenn nicht bereits eine Nichtigkeit der Inpfandnahme nach § 71 a Abs. 2 AktG vorliegt und § 71 e AktG damit von Anfang an nicht zur Anwendung kommt (MüKo AktG/*Oechsler* § 71 e Rn. 22).

§ 72 Kraftloserklärung von Aktien im Aufgebotsverfahren

(1) [1]Ist eine Aktie oder ein Zwischenschein abhanden gekommen oder vernichtet, so kann die Urkunde im Aufgebotsverfahren nach der Zivilprozeßordnung für kraftlos erklärt werden. [2]§ 799 Abs. 2 und § 800 des Bürgerlichen Gesetzbuchs gelten sinngemäß.

(2) Sind Gewinnanteilscheine auf den Inhaber ausgegeben, so erlischt mit der Kraftloserklärung der Aktie oder des Zwischenscheins auch der Anspruch aus den noch nicht fälligen Gewinnanteilscheinen.

(3) Die Kraftloserklärung einer Aktie nach §§ 73 oder 226 steht der Kraftloserklärung der Urkunde nach Absatz 1 nicht entgegen.

§ 73 Kraftloserklärung von Aktien durch die Gesellschaft

(1) [1]Ist der Inhalt von Aktienurkunden durch eine Veränderung der rechtlichen Verhältnisse unrichtig geworden, so kann die Gesellschaft die Aktien, die trotz Aufforderung nicht zur Berichtigung oder zum Umtausch bei ihr eingereicht sind, mit Genehmigung des Gerichts für kraftlos erklären. [2]Beruht die Unrichtigkeit auf einer Änderung des Nennbetrags der Aktien, so können sie nur dann für kraftlos erklärt werden, wenn der Nennbetrag zur Herabsetzung des Grundkapitals herabgesetzt ist. [3]Namensaktien können nicht deshalb für kraftlos erklärt werden, weil die Bezeichnung des Aktionärs unrichtig geworden ist. [4]Gegen die Entscheidung des Gerichts ist die sofortige Beschwerde zulässig; eine Anfechtung der Entscheidung, durch die die Genehmigung erteilt wird, ist ausgeschlossen.

(2) [1]Die Aufforderung, die Aktien einzureichen, hat die Kraftloserklärung anzudrohen und auf die Genehmigung des Gerichts hinzuweisen. [2]Die Kraftloserklärung kann nur erfolgen, wenn die Aufforderung in der in § 64 Abs. 2 für die Nachfrist vorgeschriebenen Weise bekanntgemacht worden ist. [3]Die Kraftloserklärung geschieht durch Bekanntmachung in den Gesellschaftsblättern. [4]In der Bekanntmachung sind die für kraftlos erklärten Aktien so zu bezeichnen, daß sich aus der Bekanntmachung ohne weiteres ergibt, ob eine Aktie für kraftlos erklärt ist.

(3) [1]An Stelle der für kraftlos erklärten Aktien sind, vorbehaltlich einer Satzungsregelung nach § 10 Abs. 5, neue Aktien auszugeben und dem Berechtigten auszuhändigen oder, wenn ein Recht zur Hinterlegung besteht, zu hinterlegen. [2]Die Aushändigung oder Hinterlegung ist dem Gericht anzuzeigen.

(4) Soweit zur Herabsetzung des Grundkapitals Aktien zusammengelegt werden, gilt § 226.

Übersicht:

A. Überblick

§§ 72 und 73 AktG beinhalten Voraussetzungen, unter denen eine **Kraftloserklärung von Aktienurkunden** zulässig ist. Dabei kann eine Kraftloserklärung nach § 72 AktG nur auf **Initiative des betroffenen Aktionärs**, eine Kraftloserklärung nach § 73 AktG hingegen nur auf **Initiative der AG** selbst stattfinden. §§ 72 und 73 AktG stehen – auch wenn sie unterschiedliche Regelungsgehalte aufweisen – in einem systematischen Zusammenhang zueinander (MüKo AktG/*Oechsler* § 73 Rn. 3; a. A. KölnKomm AktG/*Lutter* § 72 Rn. 2). 1

I. Betroffene Wertpapiere

Beide Vorschriften beziehen sich sowohl auf **Aktienurkunden** (Inhaber- und Namensaktien) als auch auf **Zwischenscheine**, auch wenn § 72 AktG nur die Zwischenscheine ausdrücklich erwähnt (*Hüffer* AktG, § 72 Rn. 2 sowie § 73 Rn. 2; MüKo AktG/*Oechsler* § 72 Rn. 16 sowie § 73 Rn. 3; KölnKomm AktG/*Lutter* § 72 Rn. 5; AnwK-AktR/*van Ooy* § 72 Rn. 8 und § 73 Rn. 3). Die separate Kraftloserklärung von auf den Inhaber lautenden **Gewinnanteilsscheinen** (Kupons) kann weder nach § 72 AktG noch nach § 73 AktG durchgeführt werden. Nicht damit zu verwechseln sind die gleichwohl eintretenden Rechtsfolgen, die sich aus einer Kraftloserklärung einer Aktienurkunde auf Gewinnanteils- und Erneuerungsscheine ergeben können (s. Rn. 11). 2

II. Regelungsinhalt

Ziel des **§ 72 AktG** ist die Kraftloserklärung einer bestimmten Aktienurkunde zum Schutz desjenigen Aktionärs, dem seine Aktienurkunde **abhanden gekommen** oder die **vernichtet** worden ist (*Hüffer* AktG, § 72 Rn. 1; AnwK-AktR/*van Ooy* § 72 Rn. 2). Mit der Kraftloserklärung kann der betroffene Aktionär Rechtsnachteile verhindern, die sich für ihn aus dem Verlust oder der Vernichtung der Aktienurkunde ergeben können. Dabei ist insbesondere an das Risiko eines gutgläubigen Erwerbs sowie an Problembereiche zu denken, bei denen eine Rechtsausübung durch die Vorlage (Legitimation) der Aktienurkunde möglich ist (*Hüffer* AktG, § 72 Rn. 1; KölnKomm AktG/*Lutter* § 72 Rn. 2, AnwK-AktR/*van Ooy* § 72 Rn. 2). 3

Eigentliches Ziel des **§ 73 AktG** ist nicht die Kraftloserklärung der Aktienurkunde, sondern die **Berichtigung** oder der Umtausch einer in der Regel Vielzahl von Aktienurkunden, die durch eine Veränderung der rechtlichen Verhältnisse unrichtig geworden sind (MüKo AktG/*Oechsler* § 73 Rn. 23). Um dieses Ziel verwirklichen zu können, bedarf es nur dann der Kraftloserklärung der Aktienurkunde, wenn sich der betroffene Aktionär nicht rechtzeitig bei der AG freiwillig gemeldet hat, um seine Aktie ohne formelle Kraftloserklärung berichtigen oder umtauschen zu lassen (KölnKomm AktG/*Lutter* § 72 Rn. 3). 4

III. Einfluss auf die Mitgliedschaft

5 §§ 72 und 73 AktG haben Einfluss nur auf die **wertpapierrechtliche Verbriefung** der Mitgliedschaft, nicht jedoch auf das Mitgliedschaftsrecht selbst (*Hüffer* AktG, § 73 Rn. 6; MüKo AktG/*Oechsler* § 72 Rn. 14 sowie § 73 Rn. 31; AnwK-AktR/*van Ooy* § 72 Rn. 16 sowie § 73 Rn. 12). Dies bedeutet, dass durch die bloße Kraftloserklärung einer Aktie weder ein Wechsel in der rechtlichen Inhaberschaft stattfindet, noch das Recht des Aktionärs eingeschränkt wird, die nunmehr unverkörperte Mitgliedschaft (s. § 67 AktG Rn. 2) im Wege der Zession nach §§ 413, 398 BGB wirksam zu übertragen (KölnKomm AktG/*Lutter* § 72 Rn. 2, 7 sowie § 73 Rn. 19).

IV. Kostentragungspflicht

6 Die Kosten im Zusammenhang mit einer Kraftloserklärung (Verfahrenskosten etc.) und der damit verbundenen Neuausgabe von Aktienurkunden hat im Falle des § 72 AktG allein der Aktionär und im Falle des § 73 AktG allein die AG zu tragen (MüKo AktG/*Oechsler* § 73 Rn. 42; KölnKomm AktG/*Lutter* § 73 Rn. 24).

B. Kraftloserklärung nach § 72 AktG

I. Abhandenkommen oder Vernichtung, Abs. 1

1. Voraussetzungen des Abs. 1

7 Die Aktienurkunde oder der Zwischenschein müssen abhanden gekommen oder vernichtet worden sein. Unter **abhanden kommen** ist – anders als bei §§ 858, 935 BGB – auch der **freiwillige Verlust** des unmittelbaren Besitzes zu verstehen (*Hüffer* AktG, § 72 Rn. 3; MüKo AktG/*Oechsler* § 72 Rn. 4; KölnKomm AktG/*Lutter* § 72 Rn. 3). Die **Vernichtung** der Aktienurkunde bedeutet nicht nur deren vollständigen Substanzverlust, sondern umfasst auch eine Unidentifizierbarkeit, die aber über die nach § 74 AktG vorgesehene Beschädigung oder Verunstaltung hinausgehen muss (*Hüffer* AktG, § 72 Rn. 3; MüKo AktG/*Oechsler* § 72 Rn. 5; KölnKomm AktG/*Lutter* § 72 Rn. 3; MünchHdb GesR IV/*Wiesner* § 12 Rn. 33).

2. Gerichtliches Aufgebotsverfahren

8 Liegen die Voraussetzungen des Abs. 1 S. 1 vor, so kann der betroffene Aktionär ein gerichtliches **Aufgebotsverfahren nach § 1003 ff. ZPO** einleiten. Zuständiges Gericht ist das **Amtsgericht** am Sitz der Gesellschaft (*Hüffer* AktG, § 72 Rn. 4; MüKo AktG/*Oechsler* § 72 Rn. 6; KölnKomm AktG/*Lutter* § 72 Rn. 5). **Antragsberechtigt** ist derjenige Aktionär, der gegenüber dem Gericht – notfalls auch durch die Abgabe einer eidesstattlichen Versicherung – nach § 1004 ZPO glaubhaft machen kann, dass er im Falle von Inhaberaktien oder blanko indossierten Namensaktien (s. § 68 AktG Rn. 3) der unmittelbare Besitzer der abhanden gekommenen oder vernichteten Aktienurkunde gewesen ist; handelt es sich um eine Namensaktie mit Vollindossament, so hat sich die Berechtigung aus der Indossamentenkette oder aus Abtretungserklärungen zu ergeben (*Hüffer* AktG, § 72 Rn. 4; MüKo AktG/*Oechsler* § 72 Rn. 8; KölnKomm AktG/*Lutter* § 72 Rn. 4). Dabei ist zu beachten, dass es hinsichtlich der Antragsberechtigung nicht darauf ankommt, ob der Antragsteller gem. § 67 Abs. 2 AktG zugleich auch als Aktionär im Aktienregister eingetragen ist (*Hüffer* AktG, § 72 Rn. 4; MüKo AktG/*Oechsler* § 72 Rn. 8). Der Antrag auf Kraftloserklärung ist nach § 1007 ZPO zu begründen.

9 Kommt das Gericht zu der Auffassung, dass der Antrag zulässig und begründet ist, so hat es ein **Aufgebot zu veröffentlichen**. Nach § 1008 ZPO enthält das Aufgebot die Mitteilung an den Inhaber der Aktie, die Aktienurkunde vorzulegen und seine Berechtigung gegenüber dem Gericht darzulegen. Das Gericht hat gem. § 1008 ZPO in der Mitteilung darauf hinzuweisen, dass die Aktie für kraftlos erklärt wird, wenn die Aktie nicht innerhalb der nach § 1015 ZPO zu bestimmenden **Aufgebotsfrist** vorgelegt wird. Nach § 1015 ZPO muss die Aufgebotsfrist mindestens sechs Monate betragen. Wird die Aktie nicht innerhalb der Aufgebotsfrist vorgelegt, so endet ein zulässiges und begründetes Aufgebotsverfahren nach § 1017 ZPO mit einem **Ausschlussurteil**, mit

dem die Aktie für kraftlos erklärt wird. Das Urteil ist gem. § 1017 Abs. 2 ZPO im Bundesanzeiger bekanntzumachen. Dem Antragsteller wird das Ausschlussurteil ausgehändigt.

3. Wirkungen des Ausschlussurteils

Nach § 1018 ZPO gilt der Antragsteller gegenüber der AG als berechtigt, die Rechte aus der für kraftlos erklärten Aktie wahrzunehmen (**Legitimationsfunktion des Ausschlussurteils**). Aus der Legitimationswirkung muss auch folgen, dass der Antragsteller durch die Vorlage des Ausschlussurteils von der AG verlangen kann, in das Aktienregister eingetragen zu werden (a. A. KölnKomm AktG/*Lutter* § 72 Rn. 7). Denn auch mit einer Eintragung im Aktienregister erfolgt keine rechtliche Veränderung in Bezug auf die tatsächliche Inhaberschaft an der Aktie (s. § 67 AktG Rn. 8). Nach § 800 BGB i. V. m. § 72 Abs. 1 S. 2 AktG ist der Antragsteller berechtigt, von der AG die **Erteilung einer neuen Aktienurkunde** zu verlangen, wobei er die Kosten für die Herstellung der Urkunde selbst zu tragen hat (*Hüffer* AktG, § 72 Rn. 5; MüKo AktG/*Oechsler* § 72 Rn. 15; MünchHdb GesR IV/*Wiesner* § 12 Rn. 34). Solange neue Aktienurkunden noch nicht ausgeben worden sind, handelt es sich um eine unverkörperte Mitgliedschaft, die nach §§ 413, 398 BGB übertragen werden kann (*Hüffer* AktG, § 72 Rn. 5; MüKo AktG/*Oechsler* § 72 Rn. 15; MünchHdb GesR IV/*Wiesner* § 12 Rn. 34; AnwK-AktR/*van Ooy* § 72 Rn. 16). Da dem Ausschlussurteil nur eine Legitimationsfunktion zukommt, damit aber keine rechtliche Änderung der Inhaberschaft verbunden ist, kann ein Erwerber nach §§ 413, 398 BGB nur dann Inhaber der Mitgliedschaft werden, wenn es sich bei dem Antragsteller auch um den rechtlichen Inhaber der vorherigen Aktie gehandelt hat. Ein gutgläubiger Erwerb der Mitgliedschaft ist erst dann wieder möglich, wenn eine neue Aktienurkunde ausgegeben und diese nach sachenrechtlichen Grundsätzen übertragen worden ist (*Hüffer* AktG, § 72 Rn. 5; MüKo AktG/*Oechsler* § 72 Rn. 15). 10

II. Gewinnanteilsscheine, Abs. 2

Da ein separates Verfahren zur Kraftloserklärung von Gewinnanteilsscheinen nicht in Betracht kommt (s. Rn. 2), ordnet Abs. 2 zwingend an, dass der Anspruch aus einem ausgegebenen, aber zum Zeitpunkt der Bekanntmachung des Ausschlussurteils noch nicht fälligen Gewinnanteilsschein erlischt. Diese Regelung bezieht sich nur auf **auf den Inhaber lautende Gewinnanteilsscheine**, was aber die Regel ist (MüKo AktG/*Oechsler* § 72 Rn. 19). Daraus folgt, dass bereits fällige, auf den Inhaber lautende Gewinnanteilsscheine hiervon unberührt bleiben, so dass nur deren Verlustigerklärung nach § 804 BGB in Betracht kommt (MüKo AktG/*Oechsler* § 72 Rn. 16; KölnKomm AktG/*Lutter* § 72 Rn. 12; AnwK-AktR/*van Ooy* § 72 Rn. 18). Sind Gewinnanteilsscheine noch nicht fällig, so ist fraglich, ob Abs. 2 ein vollständiges Erlöschen des Dividendenanspruchs des Aktionärs (zugunsten der übrigen Aktionäre) bewirkt. Nach richtiger Auffassung handelt es sich bei Abs. 2 allein um die Aufhebung des verbrieften Rechts auf eine Dividendenzahlung, nicht hingegen auch um ein Erlöschen des eigentlichen Dividendenbezugsrechts, so dass der Berechtigte die Dividende auch ohne Dividendenschein beanspruchen kann (so *Hüffer* AktG, § 72 Rn. 6; MüKo AktG/*Oechsler* § 72 Rn. 17). Auch *Lutter* will dem Berechtigten das Dividendenrecht nicht vollständig absprechen, argumentiert aber, dass der Berechtigte dieses Dividendenrecht gegenüber der AG erst wieder fordern könne, wenn er im Besitz von neuen Gewinnanteilsscheinen sei, die zusammen mit der neuen Aktienurkunde ausgegeben werden (KölnKomm AktG/*Lutter* § 72 Rn. 13). 11

III. Konkurrenzen, Abs. 3

Abs. 3 dient allein der Klarstellung. Der Aktionär kann selbst dann noch nach § 72 AktG die Kraftloserklärung von Aktienurkunden betreiben, wenn die Aktienurkunden zwischenzeitlich bereits nach § 73 AktG oder § 226 AktG für kraftlos erklärt worden sind (*Hüffer* AktG, § 72 Rn. 7; MüKo AktG/*Oechsler* § 72 Rn. 21; KölnKomm AktG/*Lutter* § 72 Rn. 1; AnwK-AktR/*van Ooy* § 72 Rn. 21). 12

C. Kraftloserklärung nach § 73 AktG

I. Änderung der rechtlichen Verhältnisse, Abs. 1

13 Nach § 73 AktG ist die AG berechtigt, bestimmte Aktien (s. Rn. 2) für kraftlos zu erklären, wenn der Inhalt der Aktienurkunden durch eine Veränderung der rechtlichen Verhältnisse unrichtig geworden ist. Im Grundsatz berechtigt jede Änderung von rechtlichen Verhältnissen zur Kraftloserklärung nach Abs. 1, wenn dadurch der Aktieninhalt unrichtig geworden ist. So stellt eine Geschäftsverlegung der AG eine Änderung dar (*Hüffer* AktG, § 73 Rn. 2). § 73 AktG bestimmt, dass unter einer Änderung von rechtlichen Verhältnissen **drei Ausnahmetatbestände** nicht zu verstehen sind: (1) Eine Änderung liegt nach Abs. 1 S. 2 nicht vor, wenn der **Nennbetrag der Aktien** geändert wird, ohne dass damit zugleich auch eine Veränderung des Grundkapitals eintritt. Eine Kraftloserklärung bei der reinen Umstellung der Aktien von DM auf Euro ist durch Art. 3 § 2 Nr. 4 EGAktG ausdrücklich zugelassen (*Hüffer* AktG, § 73 Rn. 3; MüKo AktG/*Oechsler* § 73 Rn. 8; AnwK-AktR/*van Ooy* § 73 Rn. 5). (2) Eine Kraftloserklärung kommt nach Abs. 1 S. 3 auch nicht in Betracht, wenn die **Bezeichnung des Aktionärs** auf der Namensaktie unrichtig geworden ist. Solche Fälle kommen insbesondere bei der Übertragung von Namensaktien in Betracht, bei der die Indossamentenkette nicht mehr vollständig ist und der Besitzer der Aktie nicht mehr mit dem wirklichen Inhaber der Aktie übereinstimmt (*Hüffer* AktG, § 72 Rn. 3; MüKo AktG/*Oechsler* § 72 Rn. 9). (3) Die dritte Variante, in der eine Kraftloserklärung trotz Änderung rechtlicher Verhältnisse nicht in Betracht kommt, ist gem. Abs. 3 der Fall der **Kapitalherabsetzung durch Zusammenlegung von Aktien** (*Hüffer* AktG, § 72 Rn. 3; MüKo AktG/*Oechsler* § 72 Rn. 10). Hier gilt die Spezialvorschrift des § 226 AktG.

II. Verfahren der Kraftloserklärung

1. Vorüberlegungen

14 Liegt eine Änderung der rechtlichen Verhältnisse vor, die zu einer Kraftloserklärung der Aktien berechtigt, so steht es im **pflichtgemäßen Ermessen des Vorstandes** der AG, ein Verfahren zur Kraftloserklärung einzuleiten (*Hüffer* AktG, § 73 Rn. 4; MüKo AktG/*Oechsler* § 73 Rn. 12; MüKo AktG/*Oechsler* § 73 Rn. 12; AnwK-AktR/*van Ooy* § 73 Rn. 8). Da es dem Vorstand primär darum gehen wird, die Aktien an die neuen rechtlichen Verhältnisse anzupassen, wird er in aller Regel zunächst versuchen, die Aktionäre auf andere Weise darüber zu informieren, dass eine Rückgabe der Aktien erforderlich ist, um diese anzupassen bzw. neu auszugeben. Nur wenn er damit nicht zum Ziel gelangt oder ihm nicht alle Aktionäre bekannt sind, wird er ein Verfahren nach § 73 AktG einleiten.

2. Gerichtliche Genehmigung

15 Hat sich der Vorstand zu einem Vorgehen nach § 73 AktG entschlossen, so ist er an das Verfahren nach § 73 AktG strikt gebunden (AnwK-AktR/*van Ooy* § 73 Rn. 1). Damit ist die Einleitung des Verfahrens nur möglich, wenn gem. Abs. 1 S. 1 eine gerichtliche Genehmigung für die Durchführung einer Kraftloserklärung vorab vorliegt. Örtlich zuständig ist nach § 14 AktG das Gericht des Sitzes der Gesellschaft (*Hüffer* AktG, § 73 Rn. 4; MüKo AktG/*Oechsler* § 73 Rn. 12). Sachlich zuständig ist nach den Vorschriften der freiwilligen Gerichtsbarkeit grundsätzlich das Amtsgericht. Das Gericht hat die Genehmigung zu versagen, wenn die AG die formellen Voraussetzungen für die Kraftloserklärung der Aktienurkunden sowie die pflichtgemäße Ausübung der Ermessensentscheidung des Vorstandes nicht gehörig nachgewiesen hat (KölnKomm AktG/*Lutter* § 73 Rn. 10; *Hüffer* AktG, § 73 Rn. 1; MüKo AktG/*Oechsler* § 73 Rn. 12).

3. Aufforderung zur Einreichung der Aktienurkunden

16 Liegt die gerichtliche Genehmigung vor, so leitet der Vorstand das Verfahren nach Abs. 2 dadurch ein, dass die Aktionäre aufgefordert werden, ihre Aktienurkunden bei der Gesellschaft einzureichen. In der Aufforderung ist den Aktionären die Möglichkeit anzudrohen, die Aktien für kraftlos zu erklären, wenn sie nicht eingereicht werden. Zudem ist in der Aufforderung auf die ge-

richtliche Genehmigung hinzuweisen. Die Aufforderung ist in sämtlichen Gesellschaftsblättern der AG bekanntzumachen, so dass nach § 25 S. 1 AktG grundsätzlich ein Einrücken im elektronischen Bundesanzeiger erforderlich ist. Die Bekanntmachung hat in der nach § 64 Abs. 2 AktG vorgeschriebenen Weise zu erfolgen (s. § 63–65 AktG Rn. 23 f.).

4. Bekanntmachung der Kraftloserklärung

Reichen die Aktionäre auch innerhalb der ihnen gesetzten Nachfrist die Aktienurkunden nicht bei der AG ein, so hat der Vorstand der AG im Rahmen seines pflichtgemäßen Ermessens erneut darüber zu entscheiden, ob er die nicht eingereichten Aktienurkunden nunmehr für kraftlos erklärt (MüKo AktG/*Oechsler* § 73 Rn. 23). Die **Kraftloserklärung** hat innerhalb eines nicht länger als **sechs bis zwölf Monate** dauernden Zeitraums nach Ablauf der Nachfrist zu erfolgen, ansonsten kann der Grundgedanke der Verwirkung eingreifen (MüKo AktG/*Oechsler* § 73 Rn. 24; AnwK-AktR/*van Ooy* § 73 Rn. 11). Die Kraftloserklärung erfolgt nach Abs. 2 S. 3 durch eine erneute Bekanntmachung in den Gesellschaftsblättern, wobei die für kraftlos zu erklärenden Aktien in der Bekanntmachung eindeutig zu bezeichnen sind, wie bspw. durch die Angabe der betreffenden Stücknummern o. ä. (*Hüffer* AktG, § 73 Rn. 5; MüKo AktG/*Oechsler* § 73 Rn. 26). Einer Bekanntmachung in den Gesellschaftsblättern bedarf es auch bei Namensaktien, so dass eine Einzelmitteilung an den betreffenden Aktionär ausscheidet (KölnKomm AktG/*Lutter* § 73 Rn. 17). Mit der Bekanntmachung in dem letzten Gesellschaftsblatt wird die Kraftloserklärung wirksam (*Hüffer* AktG, § 73 Rn. 5; MüKo AktG/*Oechsler* § 73 Rn. 29). 17

III. Wirkungen der Kraftloserklärung

Neben den bereits unter Rn. 5 beschriebenen Rechtswirkungen der Kraftloserklärung ist zu beachten, dass eine Übertragung der Mitgliedschaft nach §§ 413, 398 BGB auch im Falle des § 73AktG auch für denjenigen Zeitraum weiterhin möglich bleibt, zu dem noch keine neuen Aktienurkunden ausgegeben worden sind (*Hüffer* AktG, § 73 Rn. 6). Der Vorstand ist aber nach Abs. 3 verpflichtet, **unverzüglich neue Aktienurkunden auszugeben** und an die Berechtigten auszuhändigen. Eine erneute Aktienausgabe kann entfallen, wenn die AG zwischenzeitlich ihre Satzung geändert und nach § 10 Abs. 5 AktG eine Einzelverbriefung ausgeschlossen hat (*Hüffer* AktG, § 73 Rn. 7; MüKo AktG/*Oechsler* § 73 Rn. 33). Soweit die AG den **Berechtigten nicht ermitteln** kann, ist sie nach Abs. 3 S. 1 unter bestimmten Voraussetzungen berechtigt, die neuen Aktienurkunden nach §§ 372 ff. BGB zu hinterlegen (*Hüffer* AktG, § 73 Rn. 8; MüKo AktG/*Oechsler* § 73 Rn. 38 f.; KölnKomm AktG/*Lutter* § 73 Rn. 22). 18

Die **alten Aktienurkunden** entfalten keinerlei Rechte mehr, so dass der Aktionär nicht verpflichtet ist, diese an die AG zurückzugeben (MüKo AktG/*Oechsler* § 73 Rn. 37). Die alten Aktienurkunden können dem Aktionär als Legitimation dafür dienen, gegenüber der AG nachzuweisen, dass er berechtigt ist, die neue Aktienurkunde in Empfang zu nehmen. Sowohl die Aushändigung als auch die Hinterlegung sind dem Gericht nach Abs. 3 S. 2 **anzuzeigen**. Geschieht diese Anzeige nicht, kann der Vorstand nach § 407 AktG mittels Zwangsgeld dazu angehalten werden. 19

§ 74 Neue Urkunden an Stelle beschädigter oder verunstalteter Aktien oder Zwischenscheine

[1]Ist eine Aktie oder ein Zwischenschein so beschädigt oder verunstaltet, daß die Urkunde zum Umlauf nicht mehr geeignet ist, so kann der Berechtigte, wenn der wesentliche Inhalt und die Unterscheidungsmerkmale der Urkunde noch sicher zu erkennen sind, von der Gesellschaft die Erteilung einer neuen Urkunde gegen Aushändigung der alten verlangen. [2]Die Kosten hat er zu tragen und vorzuschießen.

A. Überblick

1 § 74 AktG ist die Parallelvorschrift zu § 798 BGB. Im Vergleich zu § 72 AktG steht bei § 74 AktG nicht die Situation im Vordergrund, dass die Urkunde beim Aktionär nicht mehr vorhanden ist, sondern allein die Tatsache, dass die Verkehrsfähigkeit der vorhandenen Aktienurkunde aufgrund einer Beschädigung oder Verunstaltung nicht mehr gewährleistet ist (*Hüffer* AktG, § 74 Rn. 1). Der Aktionär beansprucht die Ausgabe einer neuen Aktienurkunde gegen Rückgabe der alten Aktienurkunde. Ist der Aktionär nicht zumindest im mittelbaren Besitz der Aktie, so kann er keine Rechte aus § 74 AktG, sondern nur aus § 72 AktG herleiten (*Hüffer* AktG, § 74 Rn. 2).

B. Anwendungsbereich

2 § 74 AktG gilt nicht nur für **Aktienurkunden** (Namens- und Inhaberaktien), sondern gleichermaßen für **Zwischenscheine**. Für Gewinnanteils- und Erneuerungsscheine gilt § 74 AktG nicht (MüKo AktG/*Oechsler* § 74 Rn. 3; AnwK-AktR/*van Ooy* § 74 Rn. 2), wobei im Falle von auf den Inhaber lautenden Gewinnanteilsscheinen § 798 BGB zur Anwendung gelangt (*Hüffer* AktG, § 74 Rn. 1; AnwK-AktR/*van Ooy* § 74 Rn. 2). **Typische Beschädigungen oder Verunstaltungen** liegen vor: Risse, Löcher, Fett- und Kaffeeflecken, Brandstellen, Verschmutzungen, Radierungen etc. In jedem Fall muss die Verkehrsfähigkeit der Aktienurkunde beeinträchtigt sein (MüKo AktG/*Oechsler* § 74 Rn. 5; AnwK-AktR/*van Ooy* § 74 Rn. 3). Eine Beschädigung oder Verunstaltung ist nicht mehr anzunehmen, wenn sich der Inhalt und die Identität der Aktienurkunde nicht mehr sicher erkennen lassen, so dass bereits ein Fall einer Vernichtung nach § 72 AktG vorliegt (*Hüffer* AktG, § 74 Rn. 2; AnwK-AktR/*van Ooy* § 74 Rn. 4).

C. Rechtsfolgen

3 Die neue Urkunde ist von dem Vorstand nur Zug-um-Zug gegen Herausgabe der alten Aktienurkunde an den Aktionär auszuhändigen (*Hüffer* AktG, § 74 Rn. 2; AnwK-AktR/*van Ooy* § 74 Rn. 2). Die Kosten für die Aktienausgabe (Druckkosten etc.) trägt allein der vorschusspflichtige Aktionär (MüKo AktG/*Oechsler* § 74 Rn. 9; AnwK-AktR/*van Ooy* § 74 Rn. 6).

§ 75 Neue Gewinnanteilscheine

Neue Gewinnanteilscheine dürfen an den Inhaber des Erneuerungsscheins nicht ausgegeben werden, wenn der Besitzer der Aktie oder des Zwischenscheins der Ausgabe widerspricht; sie sind dem Besitzer der Aktie oder des Zwischenscheins auszuhändigen, wenn er die Haupturkunde vorlegt.

A. Überblick

1 Aktienurkunden (**Mantel**) werden insbesondere bei einer börsennotierten AG regelmäßig zusammen mit einem Dividendenschein (**Bogen**) ausgegeben. Der Bogen setzt sich wiederum aus einzelnen Gewinnanteilsscheinen (**Kupons**) sowie einem einzelnen Erneuerungsschein (**Talon**) zusammen. Die Gewinnanteilsscheine, die regelmäßig auf den Inhaber lauten, sind weder Bestandteil noch Zubehör der Aktienurkunde (MünchHdb GesR IV/*Wiesner* § 12 Rn. 28). Daher ist der Gewinnanteilsschein verkehrsfähig und kann nicht nur ohne die Aktie übertragen werden, sondern er ist auch bereits vor der Entstehung des Dividendenrechts handelbar (MünchHdb GesR IV/*Wiesner* § 12 Rn. 28). Überträgt ein Aktionär seinen Dividendenanspruch auf einen Dritten, so kann dies dadurch geschehen, dass dem Dritten der gesamte Bogen samt Erneuerungsschein übergeben wird. Ist ein **Dividendenschein** von der AG ausgegeben worden, so kann nicht der Inhaber der Aktienurkunde, sondern der Inhaber des betreffenden Gewinnanteilsscheins die Auszahlung der Dividende von der AG beanspruchen (MünchHdb GesR IV/*Wiesner* § 12 Rn. 28). Sind die Kupons verbraucht, so dient der Talon dazu, einen neuen Bogen mit Gewinnan-

teilsscheinen von der AG beanspruchen zu können. Der **Erneuerungsschein** verkörpert – im Gegensatz zu den Gewinnanteilsscheinen – kein eigenständiges Recht, sondern ist einfaches Legitimationspapier (MüKo AktG/*Oechsler* § 75 Rn. 2; MünchHdb GesR IV/*Wiesner* § 12 Rn. 30). Auch wenn der Erneuerungsschein mit den Gewinnanteilsscheinen verbunden ist, ist er nicht in den Gewinnanteilsscheinen, sondern in der Aktienurkunde selbst verkörpert. Daraus resultiert die von § 75 AktG behandelte Frage, ob die AG die neuen Gewinnanteilsscheine an den Inhaber des Erneuerungsscheins oder an den Besitzer der Aktienurkunde auszugeben hat. Vor diesem Hintergrund bestimmt § 75 AktG eine nicht abänderbare Rangfolge. Die neuen Gewinnanteilsscheine dürfen nur dann an den Inhaber des Erneuerungsscheins ausgegeben werden, wenn der Besitzer der Aktie der Ausgabe der neuen Gewinnanteilsscheine an den Inhaber des Erneuerungsscheins nicht widerspricht bzw. nicht die Ausgabe der Gewinnanteilsscheine an sich selbst verlangt.

B. Halbsatz 1

Hs. 1 setzt voraus, dass der Inhaber des Erneuerungsscheins und der Besitzer der Aktienurkunde 2 **verschiedene Personen** sind (*Hüffer* AktG, § 75 Rn. 2). Liegt kein Widerspruch vor, so ist die AG berechtigt, die neuen Gewinnanteilsscheine an den Inhaber des Erneuerungsscheins auszugeben, auch wenn dieser nicht zugleich auch Besitzer der Aktienurkunde ist. Liegt der AG kein Widerspruch vor, so wird sie aufgrund der Liberationswirkung des Erneuerungsscheins gegenüber dem Besitzer der Aktienurkunde frei, auch wenn es sich bei dem Inhaber des Erneuerungsscheins um einen Nichtberechtigten handelt (MüKo AktG/*Oechsler* § 75 Rn. 2; AnwK-AktR/*van Ooy* § 72 Rn. 3). Liegt hingegen ein **Widerspruch** vor, so ist die Ausgabe der Gewinnanteilsscheine zu unterlassen, da dem Widerspruch insoweit eine **absolute Sperrwirkung** zukommt (*Hüffer* AktG, § 72 Rn. 3). Insoweit ist es bei Namensaktien unerheblich, ob der Widersprechende zugleich gem. § 67 Abs. 2 AktG im Aktienregister eingetragen ist. Der Widerspruch hat selbst dann Sperrwirkung, wenn der Widersprechende zwar seine Inhaberschaft an der Aktienurkunde nachgewiesen hat, aber jemand anderes im Aktienregister eingetragen ist (*Hüffer* AktG, § 72 Rn. 3; MüKo AktG/*Oechsler* § 72 Rn. 5; AnwK-AktR/*van Ooy* § 72 Rn. 2).

C. Halbsatz 2

Hs. 2 regelt den Fall, dass jemand die Aktienurkunde vorlegt und die Ausgabe der Gewinnanteilsscheine an sich verlangt, obwohl er nicht zugleich auch den Erneuerungsschein vorlegt. 3 Auch in diesem Fall ist die AG verpflichtet, an den (unmittelbaren) Besitzer der Aktienurkunde die Gewinnanteilsscheine auszugeben, gleichgültig ob dieser auch Inhaber des Erneuerungsscheins ist (*Hüffer* AktG, § 72 Rn. 2; MüKo AktG/*Oechsler* § 72 Rn. 9). Fraglich ist in diesem Fall, ob eine Ausgabe von der AG im Falle von Namensaktien nur dann vorgenommen werden darf, wenn derjenige, der die Aktienurkunde vorlegt, auch zugleich im Aktienregister eingetragen ist (so *Hüffer* AktG, § 72 Rn. 4; KölnKomm AktG/*Lutter* § 72 Rn. 7; a. A. MüKo AktG/*Oechsler* § 72 Rn. 10 der davon ausgeht, dass § 75 AktG lex specialis zu § 67 AktG sei und diesen vollumfänglich verdrängt).

Vierter Teil.
Verfassung der Aktiengesellschaft
Erster Abschnitt.
Vorstand

§ 76 Leitung der Aktiengesellschaft

(1) Der Vorstand hat unter eigener Verantwortung die Gesellschaft zu leiten.

(2) [1]Der Vorstand kann aus einer oder mehreren Personen bestehen. [2]Bei Gesellschaften mit einem Grundkapital von mehr als drei Millionen Euro hat er aus mindestens zwei Personen zu bestehen, es sei denn, die Satzung bestimmt, daß er aus einer Person besteht. [3]Die Vorschriften über die Bestellung eines Arbeitsdirektors bleiben unberührt.

(3) [1]Mitglied des Vorstands kann nur eine natürliche, unbeschränkt geschäftsfähige Person sein. [2]Ein Betreuter, der bei der Besorgung seiner Vermögensangelegenheiten ganz oder teilweise einem Einwilligungsvorbehalt (§ 1903 des Bürgerlichen Gesetzbuchs) unterliegt, kann nicht Mitglied des Vorstands sein. [3]Wer wegen einer Straftat nach den §§ 283 bis 283 d des Strafgesetzbuchs verurteilt worden ist, kann auf die Dauer von fünf Jahren seit der Rechtskraft des Urteils nicht Mitglied des Vorstands sein; in die Frist wird die Zeit nicht eingerechnet, in welcher der Täter auf behördliche Anordnung in einer Anstalt verwahrt worden ist. [4]Wem durch gerichtliches Urteil oder durch vollziehbare Entscheidung einer Verwaltungsbehörde die Ausübung eines Berufs, Berufszweiges, Gewerbes oder Gewerbezweiges untersagt worden ist, kann für die Zeit, für welche das Verbot wirksam ist, bei einer Gesellschaft, deren Unternehmensgegenstand ganz oder teilweise mit dem Gegenstand des Verbots übereinstimmt, nicht Mitglied des Vorstands sein.

Übersicht:

A. Überblick

1 Die Regelungen des Vierten Teils des AktG betreffen die Verfassung dieser Gesellschaftsform. Der Verfassungsbegriff bezeichnet in diesem Zusammenhang die Vorschriften über die Organe der Gesellschaft, nämlich den Vorstand (§§ 76 ff. AktG) und den Aufsichtsrat (§§ 95 ff. AktG) so-

wie das Recht der Hauptversammlung (§ 118 ff. AktG). Einbezogen in diesen Teil ist in § 117 AktG eine die Unternehmensverfassung nicht unmittelbar betreffende Regelung, welche die Ausübung schädlichen Einflusses auf die Gesellschaft mit einer Schadenersatzverpflichtung sanktioniert.

Die nach § 23 Abs. 5 AktG zwingende **dreigliedrige Kompetenzaufteilung** weist dem Vorstand die Führung der Geschäfte, die Leitungs- und grundsätzlich auch die Vertretungsaufgaben zu (§§ 76, 77, 78 AktG), dem Aufsichtsrat die Aufgabe der Überwachung des Vorstands (§ 111 AktG) und der Hauptversammlung die Beschlussfassung in wesentlichen Gesellschaftsangelegenheiten (§ 119 Abs. 1 AktG). Die Verwaltung der deutschen AG obliegt den beiden Organen Vorstand und Aufsichtsrat. Durch diese **dualistische Konzeption** unterscheidet sich die Verwaltung der deutschen AG wesentlich von dem monistischen Board- bzw. Verwaltungsratssystem des angelsächsischen Rechtskreises. Der Aufsichtsrat als Überwachungsorgan ist nach § 111 Abs. 4 AktG von der Geschäftsführung ausgeschlossen; ein Mitglied des Aufsichtsrats kann zudem nicht zugleich Mitglied des Vorstands sein, § 105 Abs. 1 AktG. 2

Die **Besetzung der Gesellschaftsorgane** erfolgt in der Weise, dass – sofern nicht die Bestimmungen des Mitbestimmungsrechts Besonderheiten vorsehen – die Hauptversammlung die Mitglieder des Aufsichtsrats bestellt (§§ 101, 119 Abs. 1 Nr. 1 AktG) und der Aufsichtsrat – wiederum vorbehaltlich des Mitbestimmungsrechts – die Mitglieder des Vorstands bestellt (§ 84 AktG). 3

B. Vorstand als Leitungsorgan, Abs. 1

I. Allgemeines

Der Vorstand ist das für die Handlungsfähigkeit der AG erforderliche und damit **notwendige Organ** (vgl. §§ 33, 36 Abs. 1, 37 Abs. 4, 39 AktG). Die AG muss deshalb einen Vorstand haben; sie kann ohne Vorstand nicht entstehen (KölnKomm AktG/*Mertens* § 76 Rn. 58). Im Falle des Wegfalls des Vorstands etwa wegen Abberufung ist zwar nicht der Fortbestand der AG betroffen, die Gesellschaft ist aber nicht mehr handlungsfähig. Der Aufsichtsrat ist nach § 84 AktG verpflichtet, für die Bestellung des Vorstands zu sorgen; erforderlichenfalls sind Vorstandsmitglieder nach § 85 AktG gerichtlich zu bestellen. 4

Das Leitungsorgan der AG muss **als Vorstand bezeichnet** werden. Andere Bezeichnung (wie Direktorium, Verwaltungsrat) genügen den gesetzlichen Anforderungen nicht (*Hüffer* AktG, § 76 Rn. 5); sie stellen einen Errichtungsmangel dar und führen zur Ablehnung der Eintragung der AktG durch das Registergericht, § 38 Abs. 1 AktG. 5

II. Rechtsstellung des Vorstands und seiner Mitglieder

1. Kollegialorgan

Die Vorschriften des AktG weisen in §§ 76 bis 78 AktG dem Vorstand die Leitung der AG zu. Die jeweiligen Kompetenzen sind dem Vorstands als Organ, und damit – sofern nicht der Vorstand aus nur einer Person besteht – dem **Gesamtvorstand als Kollegialorgan** zugewiesen. Sind mehrere Vorstandsmitglieder bestellt, so stehen diese gleichberechtigt nebeneinander; sie sind deshalb zur kollegialen Zusammenarbeit im Organ verpflichtet. Anerkannt ist, dass Kenntnisse, Handlungen und rechtstatsächliche Verhältnisse (z. B. Sachbesitz) in der Person eines Vorstandsmitglieds der AG zugerechnet werden. 6

2. Rechtsgrundlagen

Die Rechtsstellung des Vorstands und seiner Mitglieder wird durch zahlreiche und verschiedenartige **Rechtsgrundlagen** geordnet. Zunächst ist der Vorstand auf die **Einhaltung der gesetzlichen Vorschriften**, insbesondere diejenigen des AktG verpflichtet. Sodann hat der Vorstand die **Regelungen der Satzung** der AG zu beachten. Aus der Satzung oder auch aus Beschlüssen des Aufsichtsrats können sich insbesondere **Zustimmungsvorbehalte** nach § 111 Abs. 4 AktG er- 7 geben. In der konzerngebundenen AG kommen gegebenenfalls Regelungen in **Beherrschungs- und Gewinnabführungsverträgen** hinzu, die gesellschaftsrechtliche Organisationsverträge mit satzungsüberlagerndem Charakter darstellen (vgl. Kap. 14 Rn. 26 ff.). Die Vorstandsmitglieder haben ferner die Regelungen ihres jeweiligen **Anstellungsvertrages** mit der AG zu beachten. Sie sind an die Beschlüsse der Hauptversammlung gebunden und haben diese nach § 83 Abs. 2 AktG auszuführen. Zu beachten ist ferner der **Deutsche Corporate Governance Kodex** (vgl. dazu § 161 AktG Rn. 3 f.), der zwar kein Gesetz darstellt, der aber im Hinblick auf die Entsprechenserklärung nach § 161 AktG (s. § 161 AktG Rn. 5 ff.) und die Sorgfaltspflichten nach § 93 AktG Bedeutung erlangt.

3. Leitungsorgan mit umfassender Führungskompetenz

8 Nach dem AktG sind dem Vorstand die **Leitungskompetenz** (§ 76 AktG), die **Geschäftsführungsbefugnis** (§ 77 AktG) und die **Vertretungsmacht** (§ 78 AktG) zugewiesen. Damit bringt der Gesetzgeber zum Ausdruck, dass der AG-Vorstand das eigentliche Entscheidungs- und Handlungszentrum der AG ist. Der Vorstand wird auf eigene Initiative und auf eigene Verantwortung tätig. Der Aufsichtsrat hat nicht nur keine Leitungsaufgaben, diese dürfen ihm nach § 111 Abs. 4 S. 1 AktG auch nicht übertragen werden. Die Hauptversammlung darf über Fragen der Geschäftsführung nach § 119 Abs. 2 AktG nur entscheiden, wenn der Vorstand dies verlangt. Im Hinblick auf die von anderen Organen der AG weitgehend unbeeinflusste Stellung nimmt der Vorstand die Unternehmer- und Arbeitgeberfunktion wahr (KölnKomm AktG/*Mertens* § 76 Rn. 570).

9 Die Regelungen der §§ 76 ff. AktG überantworten dem **Vorstand** unternehmensintern, im Verhältnis zum Aufsichtsrat und zur Hauptversammlung die **Führungsfunktion** für die unternehmerischen Entscheidungen in der AG. Der Vorstand liegt auf der Grundlage des in der Satzung festgelegten Unternehmenszwecks die Unternehmenspolitik und Unternehmensziele eigenverantwortlich fest und bestimmt eigenverantwortlich die zu deren Umsetzung erforderlichen Maßnahmen. Die Führungsentscheidungen umfassen nach der gesetzlichen Regelung sowohl Leitungs-, Geschäftsführungs- und Vertretungsaufgaben. Dem Vorstand ist damit eine **umfassende Führungskompetenz** zugewiesen, die sämtliche unternehmerische Entscheidungen umfasst.

10 Der Gesetzgeber grenzt in § 76 AktG die dem Vorstand zugewiesene **Leitungsmacht** von der – ebenfalls dem Vorstand zustehenden – Geschäftsführungs- und Vertretungsmacht in §§ 77, 78 AktG ab. Erhebliche praktische Bedeutung hat diese Unterscheidung nicht, weil dem Vorstand sowohl die Leitungs- als auch die Geschäftsführungs- und Vertretungsaufgaben zugewiesen sind. Bedeutung hat die Abgrenzung der Leitungs- insbesondere von den Geschäftsführungsaufgaben für die Zulässigkeit ihrer **Delegation**: Der Vorstand ist nach § 76 AktG berechtigt und verpflichtet, die Leitungsentscheidungen selbst wahrzunehmen; es ist ihm – im Unterschied zu den sonstigen Geschäftsführungsmaßnahmen – nicht gestattet, die Leitungsaufgaben zu delegieren, nicht an einzelne Mitglieder des Vorstands als Kollegialorgan, nicht an nachgeordnete Mitarbeiter und erst recht nicht an dem Unternehmen nicht angehörende Dritte. Vertragliche Bindungen können für den Vorstand wegen der damit einhergehenden wirtschaftlichen Konsequenzen beachtliche Parameter für unternehmerische Leitungsentscheidungen darstellen; sie beseitigen aber nicht seine eigenverantwortliche Leitungsmacht. Die für die Leitung des Unternehmens erforderlichen Hilfsmaßnahmen (z. B. im IT-Bereich, dazu BGHZ 106, 54) kann der Vorstand auf ein unabhängiges Unternehmen übertragen (sog. outsourcing), wobei zu gewährleisten ist, dass dem Vorstand ein jederzeitiger Zugriff auf die Informationen, Daten und Vorgänge möglich bleibt (GroßkommAktG/*Kort* § 76 Rn. 37).

11 Das AktG weist dem Vorstand nur in einzelnen Bestimmungen **Leitungsaufgaben zwingend** zu: § 83 AktG – Vorbereitung und Ausführung von Hauptversammlungsbeschlüssen; § 90 AktG – Berichte an den Aufsichtsrat; § 91 AktG – Buchführung, Bilanzierung und Einrichtung eines Überwachungssystems; § 92 AktG – Insolvenzantragspflichten; § 110 Abs. 1 AktG – Einberufung des Aufsichtsrats; § 118 Abs. 2 AktG – Teilnahme an der Hauptversammlung; § 121 Abs. 2 AktG –

Einberufung der Hauptversammlung; § 170 AktG – Vorlage von Jahresabschluss und Lagebericht. In einem umfassenderen und verallgemeinernden Sinn ist die Leitungsmacht des Vorstandes charakterisiert als ein durch Führungsaufgaben herausgehobener und insofern qualifizierter Ausschnitt aus dem Gesamtbereich der Geschäftsführungsmaßnahmen. Die Leitungsmacht des Vorstands bezieht sich gegenständlich auf sämtliche **Kernbereiche der Unternehmenspolitik**: die Unternehmensplanung, die Unternehmenskoordination, die Unternehmenskontrolle und die Besetzung der Führungspositionen einschließlich der Fragen der Festelegung der Unternehmensstruktur.

Nicht zu den Leitungsentscheidungen gehören die einfachen Entscheidungen und Maßnahmen des laufenden Tagesgeschäfts. Die Vertretung der Gesellschaft wiederum betrifft den im Geschäftsverkehr nach außen in Erscheinung tretenden Teilbereich der Geschäftsführungstätigkeit. Für die Rechtsstellung des Vorstands ist es im Übrigen erforderlich, zwischen konzerngebundenen und konzernfreien Gesellschaften zu unterscheiden, insbesondere deswegen, weil § 76 AktG in der abhängigen oder eingegliederten AG nicht gilt (vgl. Rn. 29 ff.). 12

III. Die Leitung der konzernfreien AG

1. Eigenverantwortlichkeit des Vorstands

Nach § 76 Abs. 1 AktG hat der Vorstand die Gesellschaft »unter eigener Verantwortung« zu leiten. Das bedeutet zunächst, dass der Vorstand an **keinerlei Weisungen** anderer Gesellschaftsorgane oder einzelner Aktionäre gebunden ist. Durch die Weisungsfreiheit des Vorstands unterscheidet sich die Organisationsverfassung der AG grundsätzlich von derjenigen der GmbH, nach der GmbH-Geschäftsführer den Weisungen der Gesellschafterversammlung unterworfen sind (vgl. § 37 Abs. 1 GmbHG; dazu Kap. 7 § 37 Rn. 11, 22 ff.). Erst recht sind Weisung außenstehender Dritter (Lieferanten, Abnehmer, Banken) für den AG-Vorstand nicht rechtlich verbindlich. 13

Die eigenverantwortliche Leitungsmacht des AG-Vorstandes wird gesellschaftsintern zunächst dadurch gewährleistet, dass dem Aufsichtsrat **Maßnahmen der Geschäftsführung** nicht übertragen werden können, § 111 Abs. 4 S. 1 AktG. Daran ändert auch § 111 Abs. 4 S. 2 AktG nichts, der die Verpflichtung vorsieht, dass »bestimmte Arten« von Geschäften nach der Satzung oder durch Beschluss des Aufsichtsrats nur mit Zustimmung des Aufsichtsrats vorgenommen werden dürfen, weil die Zustimmungsvorbehalte nur der effektiven Kontrolle der Unternehmensleitung durch den Aufsichtsrat dienen (MüKo AktG/*Spindler* § 76 Rn. 21). Da der Vorstand bei Verweigerung der Zustimmung durch den Aufsichtsrat nach § 111 Abs. 4 S. 3 AktG verlangen kann, dass die Hauptversammlung über die Zustimmung beschließt, ist normativ gewährleistet, dass der Aufsichtsrat den Vorstand nicht aktiv veranlassen kann, bestimmte Geschäftsführungsmaßnahmen vorzunehmen. Die nämliche Konzeption einer strikten Absicherung der Eigenverantwortlichkeit der Vorstandsentscheidung liegt § 119 Abs. 2 AktG zugrunde, weil eine Bindung des Vorstands an Hauptversammlungsbeschlüsse nur in Betracht kommt, wenn die Hauptversammlung auf Verlangen des Vorstands entscheiden hat (vgl. § 119 AktG Rn. 6 f.). 14

Die Eigenverantwortlichkeit der Leitungsmacht gehört zu den **unverzichtbaren Kernkompetenzen** des AG-Vorstandes. Unzulässig ist es deshalb, die Besetzung von Führungspositionen oder organisatorische Strukturen im Unternehmen mit schuldrechtlich verpflichtender Wirkung zugunsten Dritter festzulegen. Ebenso wenig ist es mit § 76 Abs. 1 AktG vereinbar, dass sich der Vorstand zur Ausrichtung seiner Geschäftspolitik an den künftigen Belangen oder Entscheidungen eines Dritten verpflichtet (Hdb AG/*Liebscher* § 6 Rn. 15). Die Eigenverantwortlichkeit des Vorstands bezieht sich auch und gerade auf wirtschaftlich bedeutende oder riskante Geschäfte. Bei solchen Geschäften ist der Vorstand grundsätzlich nicht darauf angewiesen, die Zustimmung anderer Organe einzuholen. Wirtschaftlich erhebliche Investitionsentscheidungen, Diversifikationsmaßnahmen, der Erwerb von Unternehmensbeteiligungen und die Veräußerung von Unter- 15 nehmensteilen unterfallen somit der eigenverantwortlich wahrzunehmenden Leitungsmacht des Vorstandes.

16 Der Eigenverantwortlichkeitsgrundsatz verbietet es dem Vorstand nicht, bei bestimmten Leitungsmaßnahmen den Aufsichtsrat mitzubefassen. Die Kontrolle der Ausübung von Leitungsmacht fällt ohnehin in die Zuständigkeit des Aufsichtsrats. Deshalb ist es auch rechtlich möglich und wird regelmäßig auch so gehandhabt, dass der Vorstand einzelne Maßnahmen in Abstimmung mit dem Aufsichtsrat und seinem Vorsitzenden plant und durchführt; rechtlich erzwingbar geboten ist eine solche **(Vorab-)Befassung des Aufsichtsrats** nicht. Allerdings entspricht es einem entwickelten **Verständnis effektiver Corporate Governance**, dass der Vorstand den Aufsichtsrat beratend an der strategischen Unternehmensplanung zu beteiligen hat. Diesem Verständnis hat der Gesetzgeber des TransPuG in den pflichtgemäß einzuführenden Zustimmungsvorbehalten nach § 111 Abs. 4 S. 2 AktG gesetzlichen Ausdruck verliehen (vgl. Erl. zu § 111 AktG Rn. 15). Schon zuvor hat die Rechtsprechung in dem gleichen Sinne betont, dass die Tätigkeit des Aufsichtsrats nicht (mehr) auf eine vergangenheitsbezogene Analyse der Vorstandsarbeit begrenzt sei, sondern durch »ständige Diskussion mit dem Vorstand und insofern durch dessen laufende Beratung« (BGHZ 114, 127, 130) wahrzunehmen sei. Dem nämlichen Verständnis entspricht es, dass der Vorstand den Aufsichtsrat beratend an der strategischen Unternehmensplanung einzubeziehen und zu beteiligen hat. Effektive Corporate Governance in diesem Sinne erfordert enge Fühlungnahme und gemeinsame Beratung des Vorstands mit dem Aufsichtsrat (vgl. *Säcker* BB 2004, 1462; *Schwintowski* NZG 2005, 200; *v. Werder/Talaulicar* DB 2005, 841). Demgegenüber liegt die nach § 119 Abs. 2 AktG bestehende Möglichkeit, die Entscheidung über eine Geschäftsführungsmaßnahme der Hauptversammlung zur Beschlussfassung vorzulegen, schon wegen der damit verbundenen Publizitätswirkung regelmäßig nicht im Interesse des Vorstands.

2. Leitungsermessen des Vorstands

17 Die eigenverantwortliche Ausübung der Leitungsmacht eröffnet dem Vorstand die Möglichkeit, seine Leitungsentscheidungen **nach eigenem Ermessen** zu treffen (BGHZ 125, 239, 245). Bei der Wahl zwischen verschiedenen Varianten unternehmerischen Handelns steht dem Vorstand ein Ermessensspielraum zur Verfügung (BGHZ 135, 244, 253 f.). Darin liegt eine **zentrale Funktionsvoraussetzung** für unternehmerische Entscheidungen im Wettbewerb und damit eine Funktionsvoraussetzung für marktwirtschaftliche Ordnung überhaupt. Im Rahmen des weiten Ermessensspielraums hat der Vorstand sein Ermessen pflichtgemäß auszuüben; die eigenverantwortliche Leitungsmacht verschafft ihm keine ungebundene Rechtsmacht. Nach dem Organisationsrecht der AG ist der Unternehmensvorstand rechtlich an die objektive Interessenordnung der juristischen Person gebunden, die mit den unbestimmten Begriffen »Wohl der Gesellschaft« (§ 121 AktG) bzw. Gesellschafts- oder Unternehmensinteresse beschrieben wird (dazu *Lohse* Unternehmerisches Ermessen (2005), 37 ff., 117 ff., 438 ff.). Diese normative Vorgabe, die nicht nur für das oberste Managementorgan gilt (vgl. Erl. zu § 112 AktG Rn. 2), sichert die notwendige Treubindung der Organe an die AG. Das Management ist ihr wegen der Übernahme der fremdnützigen Leitungsaufgabe unterworfen; der Vorstand ist deswegen auf die Wahrung und Wahrnehmung einer gesellschaftsbezogenen Pflicht zur Förderung des Unternehmens verpflichtet, gleichermaßen im Rahmen des Verantwortungs- und Haftungsmaßstabs des § 93 AktG als auch als Maßstab für die nach § 76 AktG zu treffenden Leitungsentscheidungen. Das bedeutet vor allem, dass der Vorstand seine Leitungsentscheidungen am Unternehmensinteresse (BGHZ 64, 325, 329; OLG Hamm AG 1995, 512, 514) bzw. am Unternehmenswohl (vgl. BGHZ 135, 244, 253) auszurichten hat (vgl. KölnKomm AktG/*Mertens* § 76 Rn. 16). Die Konkretisierung des Rechtsbegriffs des Unternehmensinteresses (Unternehmenswohls) erfolgt unter Berücksichtigung der in der AG und ihrem Unternehmen zusammentreffenden Interessen der Aktionäre, der Arbeitnehmer der Gläubiger und der Öffentlichkeit (vgl. BVerfGE 14, 263, 282; 50, 290, 343). Hieraus folgt, dass der Vorstand bei seinen Leitungsentscheidungen Kapital-, Arbeitnehmer-, Gläubiger und Gemeinwohl-

interessen in Betracht zu ziehen hat, damit er seinem Recht und seiner Verpflichtung zu sachgerechter Ermessensausübung entspricht.

Der Vorstand ist weder berechtigt noch verpflichtet, sich bei seinen Leitungsentscheidungen allein von den **Interessen einzelner Gruppen** leiten zu lassen. Andererseits gibt es keine bestimmte Rangfolge der maßgeblichen Interessen, weder einen Vorrang der Aktionärs- noch einen solchen der Arbeitnehmerinteressen und – anders als in § 70 Abs. 1 AktG 1937 vorgesehen – auch keine vorrangige Verpflichtung auf das Gemeinwohl. Der Vorstand hat deshalb bei seiner durch § 76 Abs. 1 AktG gebundenen Ermessensentscheidung dafür zu sorgen, dass die verschiedenen maßgeblichen Interessen zumindest in Betracht gezogen und vor der Entscheidungsfindung gegeneinander abgewogen werden (*Hopt* ZGR 2002, 333, 360). 18

Sachgerechter Ermessensausübung entspricht es, wenn die Leitungsentscheidungen dem **Bestand des Unternehmens und damit dauerhafter Rentabilitätssicherung** dienen (OLG Hamm AG 1995, 512, 514). Im Rahmen der gebotenen Abwägung zwischen diesen nicht selten divergierenden Interessen ist es dem Vorstand gestattet, bei seinen Leitungsentscheidungen eine »**shareholder value**«-Orientierung zu berücksichtigen und dabei Aktionärsinteressen gegenüber anderen Interessen tendenziell aufzuwerten (*Hüffer* ZHR 161 (1997), 214, 217 f.). Weiter gehend wird die Auffassung vertreten, auch eine einseitige Maximierung des Marktwertes dürfe vom Vorstand als Unternehmensziel verfolgt werden (so *Mülbert* FS Röhricht 2005, 421, 424 ff.). Andererseits gibt es keine Verpflichtung des Vorstandes, seine Leitungsentscheidungen auf die Erzielung eines möglichst hohen, nachhaltig zu erwirtschaftenden Gewinns auszurichten (KölnKomm AktG/*Mertens* § 76 Rn. 11). 19

Angesichts des bestehenden Leitungsermessens unterliegen Kosten verursachende und damit **gewinnschmälernde Maßnahmen** zugunsten einzelner Interessen einem Rechtfertigungserfordernis, sind aber nicht schlechthin pflichtwidrig. Der Vorstand kann durchaus im Rahmen seines Leitungsermessens entscheiden, beispielsweise Sozialleistungen zugunsten der Belegschaft zu erbringen, Spenden an politische Parteien zu leisten, ein kulturelles Mäzenatentum zu pflegen oder freiwillige Umweltschutzmaßnahmen einzuführen, wenn er zu der sachlich begründeten Überzeugung gelangt, dass die konkret getroffene Maßnahme im Unternehmensinteresse liegt (vgl. *Fleischer* AG 2001, 171, 179 ff.). Dies ist vor allem dann der Fall, wenn die Maßnahme das Ansehen des Unternehmens fördert und seiner sozialen und gesellschaftlichen Aufgabe gerecht wird, ohne dass die Leistungsfähigkeit beeinträchtigt wird (BGH NJW 2002, 1585, 1586; vgl. a. GroßkommAktG/*Hopt* § 93 Rn. 120). Der Vorstand hat wiederum unter Abwägung der konkreten Umstände zu entscheiden, ob die Maßnahme in Ansehung der Vermögens- und Ertragslage verhältnismäßig ist; gegen pflichtgemäßes Vorstandsverhalten kann dabei sprechen, dass die Maßnahme unternehmensintern verschleiert und nach außen verheimlicht wird (BGH NJW 2002, 1586; *Gehrlein* NZG 2002, 463, 464; *Laub* AG 2002, 308, 312 f.). 20

3. Grenzen der Leitungsmacht des Vorstands

a) Gesetzliche Grenzen, Wahrung des Unternehmensinteresses

Sie ergeben sich zunächst in **inhaltlicher Hinsicht**. Die Verpflichtung des Vorstands zu rechtmäßigem Verhalten bedeutet eine auch und gerade im Rahmen des Vorstandsermessens nicht überschreitbare Schranke der Vorstandstätigkeit. **Grenzen für die Rechtmäßigkeit** der Vorstandsentscheidungen ergeben sich aus sämtlichen Normen des Zivil- und öffentlichen Rechts, des nationalen, europäischen und internationalen Rechts (*Hauschka* NJW 2004, 257). Eine weitere inhaltliche Grenze wird durch die Verpflichtung des Vorstands zur **Wahrung des Unternehmensinteresses** gezogen. Der Vorstand verfehlt sein Leitungsermessen, wenn er sich bei seinen Entscheidungen nicht am Unternehmensinteresse (Unternehmenswohl) orientiert (vgl. oben Rn. 17). 21

b) Zuständigkeitsgrenzen, insbes. ungeschriebene Hauptversammlungskompetenz

22 Grenzen der eigenverantwortlichen Leitungsmacht der Vorstands folgen sodann aus Zuständigkeitsgesichtspunkten. Nach § 111 Abs. 4 AktG hat der Vorstand **Zustimmungsvorbehalte** zugunsten des Aufsichtsrats zu beachten (vgl. § 111 AktG Rn. 15 ff.). Darüber hinaus sind **ungeschriebene Zuständigkeiten der Hauptversammlung** und eine Pflicht des Vorstands zur Vorlage an die Hauptversammlung zu beachten. Nach der sog. »Holzmüller-Entscheidung« des BGH aus dem Jahr 1982 (BGHZ 83, 122) kommt eine Hauptversammlungszuständigkeit in Betracht, wenn eine Maßnahme in schwerwiegender Weise in die Mitgliedschaftsrechte der Aktionäre eingreift (vgl. dazu auch ausführl. § 119 AktG Rn. 9 ff.). In solchen Fällen könne der Vorstand nicht nur berechtigt, sondern ausnahmsweise auch verpflichtet sein, die Entscheidung der Hauptversammlung herbeizuführen. Der BGH hat diese Rechtsprechung ursprünglich auf § 119 Abs. 2 AktG gestützt und angenommen, dass das nach dieser Vorschrift bestehende Vorlageermessen in bestimmten Fällen so sehr verdichten könne, dass eine **Pflicht zur Vorlage an die Hauptversammlung** entstehe (BGHZ 83, 122). In Reaktion auf die Kritik des Schrifttums, der Gesetzgeber habe in § 119 Abs. 2 AktG keine auch nur indirekte Verpflichtung des Vorstands schaffen wollen, rechtfertigt die neuere Rechtsprechung das nämliche Ergebnis der Beschränkung der eigenverantwortlichen Leitungsmacht des Vorstandes durch eine Beschlusszuständigkeit der Hauptversammlung nunmehr als Ergebnis richterlicher Rechtsfortbildung (grundlegend BGHZ 159, 39, 42 f.; vgl. auch BGHZ 153, 47, 54; s. auch § 119 AktG Rn. 9 ff.). Diese Mitwirkungszuständigkeit der Hauptversammlung besteht nur »in engen Grenzen«, nämlich dann, wenn die vom Vorstand beabsichtigte Maßnahme an die Kernkompetenz der Hauptversammlung, über die Verfassung der Gesellschaft zu bestimmen, rührt und in ihren Auswirkungen einer Satzungsänderung nahe kommt. Ein solcher, der eigenverantwortlichen Leitungskompetenz des Vorstands ausnahmsweise Grenzen setzender, Sachverhalt kommt dann in Betracht, wenn der Vorstand wesentliche strukturverändernde Maßnahmen durchführen möchte und damit eine Beeinträchtigung der Mitgliedschaftsrechte der Aktionäre und der verkörperten Vermögenswerte (sog. Mediatisierungseffekt; vgl. BGHZ 153, 47, 54) zu besorgen ist (BGHZ 159, 37 ff., 41; *Hüffer* FS Ulmer 2003, 279; Emmerich/Habersack/*Habersack* Aktien- und GmbH-Konzernrecht, vor § 311 Rn. 34).

23 Wann im Einzelnen ein solcher Ausnahmesachverhalt vorliegt, ist noch nicht endgültig geklärt. Ursprünglich ist eine ungeschriebene Hauptversammlungszuständigkeit von der Rechtsprechung für die **Fälle der Konzernbildung** entwickelt worden: Übertragung des den wertvollsten Teil des Gesellschaftsvermögens ausmachenden Betriebes auf eine zu diesem Zweck errichtete Tochtergesellschaft (BGHZ 83, 122). Da die Rechtsfortbildung auf die Gewährleistung des Individualschutzes der Aktionäre vor einer Mediatisierung ihrer Mitgliedschafts- und Vermögensposition abzielt, ist es gerechtfertigt und anerkannt, eine Mitwirkung der Hauptversammlung über die Fälle der Konzernbildung hinaus immer dann anzunehmen, wenn bei wertender Betrachtung ein Aktionärsschutz wegen wesentlicher Eingriffe in Aktionärsrechte geboten ist.

24 Die bisher vorhandene **Rechtsprechung** erfasst der Art der Maßnahmen nach folgende Fälle: Die **Ausgliederung von Unternehmensteilen** über die dem Umwandlungsgesetz unterfallenden Fällen hinaus fällt auch dann in die Zuständigkeit der Hauptversammlung (vgl. §§ 123 Abs. 3, 123, 13, 65 UmwG), wenn die Ausgliederung durch Veräußerung im Wege der Einzelrechtsnachfolge erfolgt (vgl. BGH NZG 2004, 571, 573). Eine Hauptversammlungszuständigkeit besteht überdies in Fällen der **Veräußerung des Vermögens** der den einzigen Beteiligungsbesitz des Unternehmens ausmachenden eingegliederten Gesellschaft (OLG Celle AG 2001, 357, 358; LG Hannover AG 2001, 150, 151), im Falle der **Veräußerung aller wesentlichen Beteiligung** bis auf einen minimalen Restbeteiligungsbesitz (LG Frankfurt AG 2001, 431, 433) sowie bei der **Weggabe des einzigen werthaltigen Vermögensgegenstandes** (Grundbesitz) der Gesellschaft (OLG München AG 1995, 232, 233). Die Beteiligungsveräußerung ist allerdings deshalb ein zweifelhafter Anwendungsfall der Hauptversammlungszuständigkeit, weil anstelle des veräußerten Beteiligungsvermögens der Kaufpreis im Vermögen der Gesellschaft vorhanden ist und deshalb eine Haupt-

versammlungszuständigkeit für die Veräußerungsmaßnahme allenfalls dann gerechtfertigt erscheint, wenn der Vorstand infolge der Veräußerung den satzungsgemäßen Unternehmensgegenstand nicht mehr ausfüllen kann (vgl. *Habersack* AG 2005, 137, 144 ff. unter Berufung auf die Grundsätze der »Gelatine-Entscheidungen« BGHZ 159, 30; ebenso *Joost* ZHR 163 (1999), 164, 185 f.; a. A. OLG München AG 1995, 232, 233; LG Stuttgart ZIP 2004, 76). Der **Beteiligungserwerb** dagegen kann wegen seiner mediatisierenden Wirkungen dieselben Gefahren für den Aktionär mit sich bringen wie die Ausgliederung von Gesellschaftsvermögen und wird deshalb ebenfalls als ein die Hauptversammlungszuständigkeit begründender Ausnahmefall angesehen (*Liebscher* ZGR 2005, 1, 23 f.). Der **Rückzug der Gesellschaft aus dem amtlichen Börsenhandel** oder vom geregelten Markt wird ebenfalls als ein der Zustimmung der Hauptversammlung unterfallender Sachverhalt angesehen, insbesondere weil dem Aktionär die Möglichkeit genommen wird, den Wert seiner Aktie jederzeit durch Veräußerung über die Börse zu realisieren (BGHZ 153, 47, 54).

Nur **wesentliche Maßnahmen** können die ungeschriebene Hauptversammlungskompetenz begründen. Insofern hat es die Rechtsprechung abgelehnt, die Wesentlichkeit nach bestimmten quantitativen Schwellenwerten (Prozentsätze des Umsatzes oder Vermögens der Gesellschaft) zu bestimmen, sondern orientiert sich daran, ob die vorgesehene Maßnahme bei wertender Betrachtung »in seiner Bedeutung für die Gesellschaft« die Ausmaße der im »Holzmüller-Fall« aufgezeigten Grundsätze erreicht (BGHZ 159, 30, 45). Die damit erforderliche wertende Beurteilung im Einzelfall geht mit einem Verlust an Rechtssicherheit einher, da jedenfalls nicht allein wirtschaftliche Kriterien ausschlaggebend sind. Wenn allerdings – wie im »Holzmüller-Fall« (BGHZ 83, 122) – etwa 80 % des Vermögens der Gesellschaft von der geplanten Vorstands-Maßnahmen betroffen sind, spricht alles für das Bestehen einer ungeschriebenen Hauptversammlungszuständigkeit. Darüber hinaus kommt aber unabhängig von den betroffenen Umsatz- und Ertragszahlen auch in Betracht, die Wesentlichkeit der Maßnahme danach zu beurteilen, ob sie das Kerngeschäft der Gesellschaft betrifft und von grundsätzlicher Bedeutung für die Strategie oder das Image des Unternehmens ist (ebenso *Priester* ZHR 163 (1999), 187, 196; Emmerich / Habersack / *Habersack*, Aktien- und GmbH-Konzernrecht, vor § 311 Rn. 47). 25

Auf der **Rechtsfolgenseite** geht mit der Befürwortung einer ungeschriebenen Hauptversammlungskompetenz in erster Linie einher, dass ein Beschluss über die Maßnahme durch die Hauptversammlung herbeizuführen ist. Der BGH verlangt nach anfangs abweichenden Quoren nunmehr eine **Mehrheit von 3/4 des vertretenen Grundkapitals** (BGHZ 159, 30, 45 f.). Dieses Erfordernis besteht unbeschadet entgegenstehender Satzungsbestimmungen für Beschlussfassungsmehrheiten bzw. den durch Konzernklauseln festgelegten Umfang der Vorstandstätigkeit (BGHZ 159, 46). Für zulässig erachtet wird ein Vorab-Ermächtigungsbeschluss der Hauptversammlung für bestimmte, nur in konzeptioneller Hinsicht konkretisierte, nicht aber im Detail festgelegte Maßnahmen (Emmerich / Habersack / *Habersack*, Aktien- und GmbH-Konzernrecht, vor § 311 Rn. 51 unter Hinweis auf die durch BGHZ 136, 133, 138 ff. entsprechend geordnete Rechtslage zum genehmigten Kapital). Dieser Beschluss löst eine **Berichtspflicht des Vorstands** auf der nächstfolgenden Hauptversammlung aus (BGHZ 153, 47, 60 – zum Delisting). Ferner hat der Vorstand bei Bestehen einer Hauptversammlungskompetenz den mitwirkungsberechtigten Aktionären bestimmte Informationen über die bevorstehende Maßnahme zu erteilen; die Rechtsgrundlage wird in der entsprechenden Anwendung von § 124 Abs. 2 S. 2 AktG gesehen. Deshalb hat der Vorstand in der Bekanntmachung der Tagesordnung über den wesentlichen Inhalt der geplanten Maßnahme zu unterrichten (OLG München ZIP 2002, 1353), ohne dass die Einzelheiten der Reichweite der Informationspflichten und des geschützten Geheimhaltungsbereichs geklärt sind (vgl. in Emmerich / Habersack / *Habersack*, Aktien- und GmbH-Konzernrecht, vor § 311 Rn. 52). 26

Die Vertretungsmacht des Vorstands bleibt von der Zuständigkeit der Hauptversammlung unberührt. Die **Missachtung der Hauptversammlungszuständigkeit** berührt lediglich das Innenverhältnis der Organe zur Gesellschaft mit der Folge, dass die Wirksamkeit etwaiger vom Vorstand abgeschlossener Rechtsgeschäfte nicht beeinträchtigt ist (BGHZ 159, 30, 43; 83, 122, 132). Damit 27 wird nicht ausgeschlossen, dass im Einzelfall die nach § 82 AktG grundsätzlich unbeschränkbare Rechtsmacht des Vorstands wegen Missbrauchs der Vertretungsmacht infolge der Missachtung der Hauptversammlungszuständigkeit auch im Außenverhältnis nicht wirksam ausgeübt wurde (vgl. dazu die Erl. zu § 82 AktG).

28 Die Nichtbeachtung der Zuständigkeit der Hauptversammlung kann von jedem Aktionär geltend gemacht werden und löst **Abwehr- und Beseitigungsansprüche** aus. Die Ansprüche sind innerhalb einer Frist geltend zu machen, die »nicht außer Verhältnis« zur Monatsfrist des § 246 Abs. 1 AktG stehen darf (vgl. BGHZ 83, 122, 136). **Schadenersatzansprüche** der Gesellschaft können sich aus §§ 93, 116, 117 AktG ergeben (vgl. die Erl. zu diesen Vorschriften).

IV. Die Leitung der AG im Konzernverbund

1. Überblick

29 Besondere Fragen der Leitungsmacht des Vorstands stellen sich für Gesellschaften im Konzernverbund (zu Begriff und Erscheinungsformen des Konzernverbundes vgl. Erl. in Kap. 14). AG-Vorstände, die bestimmte unternehmerische Aktivitäten auf Tochtergesellschaften verlagern oder erstmalig Beteiligungen an anderen Unternehmen erwerben, haben bei diesen Maßnahmen der Konzernbildung die vorstehend (Rn. 21 ff.) beschriebenen Grenzen eigenverantwortlicher Leitungsmacht des Vorstands zu beachten. Im Rahmen bestehender Konzernbeziehungen stellt sich zum einen die Frage nach dem Umfang der Leitungsmacht des Vorstands einer Konzernobergesellschaft (dazu unter Rn. 30 ff.). Andererseits können die Konzernbindungen Bedeutung für die Leitungsmacht des Vorstands der abhängigen bzw. eingegliederten Gesellschaft haben (vgl. unter Rn. 33). Schließlich stellt sich die Frage nach der Beurteilung von Mehrfachmandaten in verschiedenen Konzernunternehmen (dazu Rn. 34).

2. Umfang und Reichweite der Leitungsmacht im Konzern

30 Den Vorstand einer Konzernobergesellschaft trifft nach überwiegender Auffassung **keine Konzernleitungspflicht**. Damit ist gemeint, dass der Vorstand der herrschenden AG nach § 76 AktG nicht verpflichtet ist, neben dieser auch Tochtergesellschaften eigenverantwortlich zu leiten. Der Vorstand der herrschenden Gesellschaft entscheidet **nach eigenem Ermessen** über die konzerndimensionale Weite und Intensität seiner Leitungstätigkeit; er entscheidet im Rahmen seines in der Obergesellschaften ausgeübten Leitungsermessens nach § 76, inwieweit er die anderen Konzernunternehmen in seine Leitungstätigkeit einbezieht oder selbständig operieren lässt (*Hüffer* AktG, § 76 Rn. 17; MüKo AktG/*Hefermehl/Spindler* § 76 Rn. 39; KölnKomm AktG/*Mertens* § 76 Rn. 54). Dementsprechend findet sich rechtstatsächlich eine breite Palette unterschiedlicher Konzernführungsformen. Sie reicht von der bloßen Vermögensverwaltungstätigkeit ohne eigenes unternehmerisches Engagement der Obergesellschaft bei der Tochtergesellschaft im losen Konzernverbund bis hin zum strikten »Durchregieren« des Vorstands der Obergesellschaft in sämtliche Bereiche aller Konzernunternehmen.

31 Das nach § 76 AktG bestehende **Konzernleitungsermessen** entbindet den Vorstand der Konzernobergesellschaft nicht von der **Verpflichtung zur Verwaltung** des in den Konzernbeteiligungen gebundenen Vermögens. Diese Beteiligungsverwaltung über Konzernunternehmen ist ungeachtet der ausgeübten Leitungsintensität originäre Aufgabe des Vorstands der Obergesellschaft und erfordert in diesem Rahmen eine **Überwachung der Geschäftsführung der Konzernunternehmen**. Dabei handelt es sich dann um keine konzerndimensionale Leitungsverpflichtung sondern um eine gesellschaftsbezogene Vermögensverwaltungspflicht (*Hüffer* AktG, § 76 Rn. 17 a). Eine konzernweite Leitungspflicht gegenüber Konzernunternehmen kommt schon deswegen nicht in Betracht, weil angesichts der Vielgestaltigkeit der Erscheinungsformen von Konzernen für den Konzernvorstand keine rechtlich gesicherte Durchsetzungsmöglichkeit bestünde. Bei bloßen Minderheitsbeteiligungen oder Abhängigkeitsbeziehungen wäre der Vorstand nicht in der Lage, einer solchen Leitungspflicht nachzukommen.

Im Konzernverbund verfügt der Vorstand jedes Konzernunternehmens somit grundsätzlich (zu den Ausnahmen sogleich in Rn. 33) über die nach § 76 AktG bestehende Rechtsmacht zu eigenverantwortlicher Unternehmensleitung. Das bedeutet vor allem, dass sich der Vorstand konzerngebundener Aktiengesellschaften seine Leitungsentscheidungen an dem Unternehmensinteresse »seiner« Gesellschaft auszurichten hat, auch wenn dieses nicht mit dem »Konzerninteresse« übereinstimmt. 32

3. Leitungsmacht des Vorstands der eingegliederten oder abhängigen AG

In der eingegliederten Gesellschaft hat der Vorstand **keine eigenverantwortliche Leitungsmacht**. Vielmehr ist die Hauptgesellschaft nach § 323 Abs. 1 AktG berechtigt, dem Vorstand der eingegliederten Gesellschaft **Weisungen** zu erteilen. Ebenso verhält es sich, wenn ein Beherrschungsvertrag i. S. d. § 291 Abs. 1 S. 1 AktG geschlossen ist. Auch hier sind rechtmäßige Weisungen des Vorstands des herrschenden Unternehmens nach § 308 Abs. 1 AktG für den Vorstand des abhängigen Unternehmens verbindlich. Die Folgepflicht des Vorstands besteht auch dann, wenn die Weisungen für die abhängige AG nachteilig sind, sofern sie den Belangen des herrschenden Unternehmens oder des Konzerns entsprechen. Dem Schutz der abhängigen AG, ihrer Aktionäre und Gläubiger dienen die Vorschriften der §§ 302 ff. AktG (vgl. die Erl. zu diesen Vorschriften in Kap 14 Rn. 35 ff.). 33

4. Mehrfachmandate

Zur Ausübung des nach § 76 AktG bestehenden Leitungsermessens gehört es auch, dass darüber entschieden wird, ob ein Vorstandsmitglied im Konzernverbund mehrere Mandate ausübt. Personelle Verflechtungen über Mehrfachmandate können sowohl auf Vorstandsebene als auch auf Aufsichtsratsebene oder in gemischter Form entstehen. Nach § 88 Abs. 1 S. 2 AktG ist die Zustimmung des Aufsichtrats aller beteiligten Unternehmen einzuholen. Mehrfachmandate sind nach geltendem Recht nicht unzulässig (vgl. *Dreher* FS Lorenz 1994, 175, 183 ff.), aber auch wegen der damit bestehenden Gefahr von Interessenkollisionen in der Person des Mandatsträgers nicht unproblematisch. Derzeit ist noch nicht geklärt, ob aus die Mehrfachmandatierung im Konzern zu Stimmrechtsausschlüssen etwa in entsprechender Anwendung von § 34 BGB (so *Hoffmann-Becking* ZHR 150 (1986), 570, 580) oder konzernrechtliche Konsequenzen auslöst (vgl. *Aschenbeck* NZG 2000, 1015 ff.). 34

V. Rechte- und Pflichtenstellung des Vorstands

1. Übersicht

Bei seiner unternehmensleitenden Tätigkeit sind dem Vorstand von Gesetzes wegen umfängliche Pflichten auferlegt, deren Beachtung zur eigenverantwortlichen Unternehmensleitung nach § 76 Abs. 1 AktG gehört. Systematisch lassen sich spezifisch gesellschafts- und kapitalmarktrechtlichen Pflichten von den allgemeinen gesetzlichen Pflichten und den besonderen gesellschaftsbezogenen Treuepflichten unterschieden. Die Nichtbeachtung dieser Pflichten wird insbesondere durch die Verantwortlichkeit der Vorstandsmitglieder nach § 93 AktG sanktioniert (vgl. dazu die Erl. zu dieser Vorschrift). Die wesentliche Rechte der Vorstandsmitglieder ergeben sich nicht aus dem Gesetz, sondern aus dem Anstellungsvertrag (vgl. § 84 AktG Rn. 35 ff.). 35

2. Gesellschaftsrechtliche Pflichten

Zu den gesellschaftsrechtlichen Pflichten des Vorstands gehören **umfangreiche Berichtspflichten** einerseits gegenüber dem Aufsichtsrat nach § 90 AktG (vgl. die ausführl. Erl. zu § 90 AktG) andererseits gem. § 131 AktG gegenüber der Hauptversammlung (vgl. ausführl. § 131 AktG). Gegenüber der Hauptversammlung bestehen überdies die **Vorlagepflichten** betreffend den Jahresabschluss, den Lagebericht, den Bericht des Aufsichtsrats und den Vorschlag für die Verwendung des Bilanzgewinns (§ 176 Abs. 1 S. 1 AktG). Die Vorlagen sind zudem vom Vorstand gem. § 176 Abs. 1 S. 2 AktG zu erläutern. **Besondere Berichtspflichten** des Vorstands bestehen im Zusam- 36 menhang mit Strukturmaßnahmen. Bei einer Kapitalerhöhung gegen Einlage mit Bezugsrechtsausschluss ist über den Grund für den Bezugsrechtsausschluss zu berichten (vgl. § 186 Abs. 4 S. 2 AktG, s. § 186 AktG Rn. 28 ff.). Nach § 293 a AktG ist bei Abschluss eines Unternehmensvertrages ein ausführlicher schriftlicher Bericht zu erstatten. Im Falle der Eingliederung obliegt dem Vorstand die Berichtspflicht nach § 319 Abs. 3 S. 3 AktG. Das **Umwandlungsrecht** verlangt für die Maßnahmen der Verschmelzung, der Spaltung und des Rechtsformwechsels die Einhaltung der Berichtspflichten der §§ 108, 127, 192 UmwG. Weiterhin ist anerkannt, dass bei sämtlichen in die Zuständigkeit der Hauptversammlung fallenden Leitungsmaßnahmen des Vorstands eine Berichtspflicht gegenüber der Hauptversammlung besteht (vgl. § 119 AktG Rn. 15). Nach § 91 Abs. 2 AktG ist der Vorstand verpflichtet, ein Risikomanagementsystem einzurichten (vgl. § 91 AktG Rn. 4 f.). Für Vorstände von Unternehmen im Konzernverbund trifft den Vorstand der Obergesellschaft eine Pflicht zur Konzernkontrolle, nicht aber eine Konzernleitungspflicht (vgl. Kap 14 Rn. 22 ff.).

37 Die **Vorstandsmitglieder** eines mehrgliedrigen Vorstands sind **untereinander gleichberechtigt**. Sie sind zur **kollegialen Zusammenarbeit** verpflichtet und tragen eine **Gesamtverantwortung** für die Erfüllung der ihnen obliegenden Verpflichtungen. Die Pflicht zur kollegialen Zusammenarbeit und zur Tätigkeit als Kollegialorgan steht einer ressortbezogenen Geschäftsaufteilung zwischen den Vorstandsmitgliedern nicht entgegen; die arbeitsteilige Bewältigung der Leitungsaufgaben entbindet aber nicht davon, dass jedes einzelne Vorstandsmitglied eine Gesamtverantwortung trägt. Daraus wird in Übereinstimmung mit der Rechtslage bei der GmbH (vgl. BGH DB 1996, 2483) eine Verpflichtung jedes Vorstandsmitglieds zur **gegenseitigen Kontrolle** abgeleitet (*Hüffer* AktG, § 77 Rn. 17). In der Konsequenz dieser Verantwortungslage wird – ohne gesetzliche Verpflichtung und typischerweise durch entsprechende Geschäftsordnungsregeln – die Geschäftsverteilungsorganisation der Vorstandsarbeit mit einem regelmäßigen Berichtswesen jedes Vorstandsmitglieds gegenüber den anderen Vorstandsmitglieder verbunden. Dabei hat jedes Vorstandsmitglied als Ausfluss der Gesamtverantwortung die Befugnis, Leitungsfragen auch außerhalb des eigenen Ressorts initiativ bzw. durch Ausübung von Widerspruchsrechten behandeln zu lassen und zu beeinflussen (vgl. ausführl. Erl. zu § 77 AktG).

3. Kapitalmarktrechtliche Pflichten

38 Das Kapitalmarktrecht auferlegt dem Vorstand teils in Parallele zu bestehenden gesellschaftsrechtlichen Verpflichtungen – wie bei der Pflicht zur Offenlegung der Überschreitung bestimmter Beteiligungsschwellenwerte nach §§ 20 ff. AktG einerseits und den inhaltlich anders gestalteten Mitteilungspflichten nach §§ 21 ff. WpHG andererseits – teils nach eigenständigen Regelungsansätzen umfängliche Verpflichtungen. Nach § 44 b BörsenG i. V. m. §§ 53 ff. BörsZulVO ist der Vorstand einer börsennotierten AG verpflichtet, innerhalb des Geschäftsjahres regelmäßig mindestens einen **Zwischenbericht** zu veröffentlichen, mit dem der Öffentlichkeit ein den tatsächlichen Verhältnissen entsprechendes Bild der Finanzlage und des allgemeinen Geschäftsganges der Gesellschaft zu vermitteln ist. Die sog. **Dividendenbekanntmachung** meint die Pflicht des Vorstand einer börsennotierten AG nach § 63 Abs. 1 BörsZulVO betreffend insbesondere den Aktienbestand der Gesellschaft und ihre Ausschüttungspolitik. Ferner besteht für den Vorstand der börsennotierten AG nach § 15 Abs. 1 S. 1 WpHG die **Pflicht zur Publikation nicht-öffentlich bekannter neuer Tatsachen**, wenn diese wegen der Auswirkungen auf die Vermögens- und Finanzlage oder den allgemeinen Geschäftsverlauf geeignet sind, den Börsenpreis der Aktie erheblich zu beeinflussen. **Persönlich mitteilungspflichtig** sind die Vorstandsmitglieder bei Überschreiten der Bagatellgrenze des § 15 a WpHG hinsichtlich des Erwerbs bzw. der Veräußerung von Aktien der Gesellschaft oder einer Tochtergesellschaft oder von auf den Aktien basierenden Derivaten (dazu näher Assmann/Schneider/*Sethe* WpHG § 15 a Rn. 20 ff.).

39 Bei **Übernahmeangeboten** ist nach dem Aktienrecht umstritten, ob der Vorstand der Zielgesellschaft einer Pflicht zur Neutralität unterliegt (dafür KölnKomm AktG/*Mertens* § 76 Rn. 26; *Hopt* in GroßkommAktG § 93 Rn. 122 ff.; KölnKomm WpÜG/*Hirte* § 33 Rn. 27) oder aber sein nach

§ 76 allgemein bestehendes Leitungsermessen ausüben darf (so Geibel/Süßmann/*Schwennicke* WpÜG § 33 Rn. 13 f.; *Hüffer* AktG, § 76 Rn. 15 d). Das WpÜG gestaltet die Rechtslage kapitalmarktrechtlich in besonderer Weise und beseitigt in seinem Anwendungsbereich das Leitungsermessen des Vorstands nach § 76 Abs. 1 AktG: Nach § 33 Abs. 1 S. 1 WpÜG unterliegt der Vorstand bei Übernahmeangeboten dem grundsätzlichen Verbot Handlungen vorzunehmen, durch die der Erfolg des Angebots verhindert werden könnte (zur Konkretisierung erfolgsverhindernder Maßnahmen näher *Krieger* RWS-Forum 20 2001, 289, 309 ff.). Es findet in § 33 Abs. 1 S. 2 Ausnahmen, deren Auslegung im Schrifttum umstritten ist (vgl. *Winter/Harbarth* ZIP 2002, 1, 6). Ferner dürfen Vorstands- (und Aufsichtsrats-)Mitglieder bei Übernahmeangeboten weder ihnen vom Bieter angebotene ungerechtfertigte Geldleistungen noch entsprechend geldwerte Vorteile annehmen.

4. Gesellschaftsbezogene Treuepflichten

Vorstandsmitglieder unterliegen einer **organschaftlichen Treuebindung** gegenüber der Gesellschaft. Die Treuepflichten stellen das Korrelat zu dem prinzipiell weiten Leitungsermessen des Vorstands dar. Sie knüpfen an die Bestellung der Vorstandsmitglieder nach § 84 AktG an und sind damit rechtsgeschäftlich begründet. Materiell sind sie aus einer Reihe von Gründen legitimiert: Den Vorständen ist fremdes Vermögen treuhänderisch anvertraut; in ihren Händen liegt es, sich bietende Geschäftschancen für die Gesellschaft zu nutzen und im mehrgliedrigen Vorstand erfordert die gebotene vertrauensvolle Zusammenarbeit eine Treubindung der Gesellschaft. Wegen dieser komplexen Rechtfertigung ist es berechtigt anzunehmen, dass der Umfang und die Intensität der Treupflichten über die allgemeine rechtsgeschäftliche Standards der Bindung an Treu und Glauben nach § 242 BGB hinausgehen (vgl. BGHZ 49, 30, 31; 20, 239, 246; 13, 188, 192). 40

Der **Inhalt der Treuepflichten** lässt sich kaum allgemeingültig beschreiben. Die wichtigste (gesetzliche) Ausprägung haben Treupflichten der Vorstände im **Wettbewerbsverbot** des § 88 AktG (vgl. ausführl. die Erl. zu § 88 AktG) und in der **Verschwiegenheitspflicht** des § 93 Abs. 1 S. 2 AktG (vgl. § 93 AktG Rn. 10 ff.) gefunden. Jenseits dieser Regelungen ist anerkannt, dass sich aus Treubindungen insbesondere **Schutz- und Rücksichtnahmeverpflichtungen** des Vorstands ergeben können, die auch über die Beendigung der Organstellung hinaus wirken. Insofern ergeben sich Parallelen zur Treupflicht geschäftsführender Gesellschafter im Personengesellschaftsrecht (vgl. – für die OHG – ausführl. Kap. 4 § 109 Rn. 18 ff.; *Fleischer* WM 2003, 1045, 1046). Aus der Treupflicht der Vorstandsmitglieder ergibt sich ihre Verpflichtung, in den Geschäftskreis der Gesellschaft fallende **Geschäftschancen zum Wohl der Gesellschaft** wahrnehmen zu müssen und insbesondere nicht für sich selbst nutzen zu dürfen. Dementsprechend anerkennt die Rechtsprechung, dass »Vorstandsmitglieder, soweit die Interessen der Gesellschaft berührt sind, nicht zum eigenen Vorteil handeln dürfen« (BGH WM 1985, 1443). Insofern verstärkte die Treubindung die Verpflichtung des Vorstands, sein Leitungsermessen am Unternehmensinteresse auszurichten, zu dem Verbot, Geschäftschancen der Gesellschaft für sich selbst bzw. für Dritte zu nutzen, sofern daraus Konflikte mit den vom Vorstand wahrzunehmenden Geschäften der Gesellschaft resultieren. Dieses Verbot ist jedenfalls im Bereich des durch die Satzung festgelegten Unternehmensgegenstandes anzuerkennen, auch wenn dieser nicht vollumfänglich ausgenutzt wird. Wegen der umfassenden Treubindung des Vorstands an das Unternehmenswohl sind aber auch Geschäftschancen in einem über die Satzung hinausgehenden tatsächlich ausgefüllten Geschäftsbereich zugunsten der Gesellschaft zu nutzen (Hdb AG/*Liebscher* § 6 Rn. 127). Selbst bei Geschäften, die ihrem Gegenstand nach als neutral einzuordnen sind (z. B. der Erwerb von Grundstücken), ist der Vorstand gehalten zu prüfen, ob der Geschäftsabschluss im Unternehmensinteresse geboten; gegebenenfalls ist die Wahrnehmung auch der sich daraus ergebenden Geschäftschance für das Unternehmen unter Zurücksetzung eigennütziger Interessen des Vorstandsmitglieds geboten. **Verstöße gegen die Treubindungen** bei der Wahrnehmung von Geschäftschancen für die Gesellschaft lösen **Schadensersatzpflichten** nach § 93 AktG aus (vgl. Kommentierung dort) 41 und können die Kündigung des Anstellungsvertrages und die Abberufung aus wichtigem Grund rechfertigen (*Jäger* NZG 2001, 97, 98).

5. Einfluss des Corporate Governance Kodex

42 Die im Deutschen Corporate Governance Kodex (DCGK) vorgesehenen **Führungsgrundsätze** haben für den Vorstand keine unmittelbar rechtsverbindliche Wirkung (vgl. zum Deutschen Corporate Governance Kodex § 161 AktG Rn. 3 ff.). Nach § 161 AktG müssen Vorstand (und Aufsichtsrat) börsennotierter Gesellschaften jährlich erklären, dass den Kodex-Empfehlungen entsprochen wurde und wird oder welche Empfehlungen nicht angewendet wurden und werden (vgl. § 161 AktG Rn. 5 ff. mit Beispielen in Rn. 9 ff.). Abgesehen von der gesetzlichen Verpflichtung zur Abgabe der Entsprechenserklärung gem. § 161 S. 1 AktG kommt den Kodex-Empfehlungen selbst **keine Rechtsverbindlichkeit** (vgl. auch § 161 AktG Rn. 4) zu. Die Organe sind danach verpflichtet, Unterschreitungen der empfohlenen Verhaltensstandards bzw. deren Nichtanwendung anzugeben und dies den Aktionären dauerhaft zugänglich zu machen, § 161 S. 2 AktG. Der Kodex selbst geht mit seinen Empfehlungen in Ziff. 3.10 über die gesetzliche Regelung hinaus. In der geltenden Fassung dieser Empfehlung ist vorgesehen, dass in der Corporate Governance-Erklärung im Geschäftsbericht Abweichungen von den Kodexempfehlungen zu begründen sind. Mit dieser Begründungspflicht unterstreicht der Kodex das Anliegen der Corporate Governance-Publizität. Eine Veränderung der kraft Gesetzes bestehenden Führungspflichten des Vorstands geht damit nicht einher (vgl. Ringleb / Kremer / Lutter / v.Werder / *Kremer/v.Werder* Deutscher Corporate Governance Kodex, Rn. 50, 534. ff.).

6. Allgemeine gesetzliche Pflichten

43 Neben den gesellschafts- und kapitalmarktrechtlichen Verpflichten trägt der Vorstand die Verpflichtung zur Einhaltung der allgemeinen gesetzlichen Verpflichtungen. Deren Umfang kann an dieser Stelle weder vollständig noch im Einzelnen dargestellt werden. Von hervorzuhebender Bedeutung ist die **Pflicht zur Rechnungslegung**. Der Vorstand ist zur ordnungsgemäßen Buchführung und zur Aufstellung des Jahresabschlusses verpflichtet, § 238 HGB, § 91 AktG und § 264 Abs. 1 HGB, § 170 Abs. 1 AktG. Damit einher geht die Verpflichtung, eine Organisation vorzusehen, die auch jenseits der Maßnahmen zur Aufstellung des Jahresabschlusses jederzeit die Übersicht über die wirtschaftliche und finanzielle Lage des Unternehmens gewährleistet. Dem Vorstand obliegt überdies die Verpflichtung, sich fortlaufend **über die Ertrags- und Vermögenslage der Gesellschaft zu informieren**. Der Vorstand hat **Steuern und Sozialversicherungsbeiträge** für das Unternehmen abzuführen. Er hat für die Einhaltung der arbeitsrechtlichen, wirtschaftsrechtlichen und umweltrechtlichen Vorschriften zu sorgen.

44 Besondere Verpflichtungen treffen den Vorstand in der **Krise der Gesellschaft**. Nach § 92 Abs. 1 AktG ist der Vorstand bei einem Verlust in Höhe der Hälfte des Grundkapitals der Gesellschaft verpflichtet, unverzüglich eine außerordentliche Hauptversammlung einzuberufen. Bei Eintritt der Zahlungsunfähigkeit oder Überschuldung trifft den Vorstand die Verpflichtung zur Einleitung des Insolvenzverfahrens, §§ 17 ff. InsO. Der Insolvenzantrag ist unverzüglich nach Eintritt des Insolvenzgrundes, spätestens jedoch drei Wochen nach dessen Eintritt zu stellen, § 92 Abs. 2 AktG (vgl. dazu Erl. zu § 92 AktG).

45 In Bezug auf zahlreiche gesellschaftsrechtliche Vorgänge besteht eine **Pflicht zur Anmeldung im Handelsregister**; die erforderlichen Anmeldungen sind vom Vorstand vorzunehmen. Neben der Anmeldung der neu gegründeten Gesellschaft (§ 36 AktG) und der Verpflichtung zur Bekanntmachung eines Wechsels der Aufsichtsratsmitglieder (§ 106 AktG) bestehen Anmeldepflichten insbesondere bei Satzungsänderungen (§ 181 AktG), Kapitalmaßnamen (§§ 188 Abs. 4, 227 Abs. 2 AktG) und weiteren für die Unternehmensstruktur bedeutsamen Maßnahmen, z. B. beim Abschluss von Unternehmensverträgen (§ 294 AktG) sowie bei Umstrukturierungen nach dem UmwG. Ferner bestehen zahlreiche **Pflichten zur Einreichung bestimmter Unterlagen**, wie insbesondere dem Protokoll der Hauptversammlung (§ 130 Abs. 5 AktG), dem Jahres-

abschluss, dem Lagebericht, dem Bericht des Aufsichtsrats sowie dem Ergebnisverwendungsvorschlag und -beschluss (§ 325 Abs. 1 S. 1 HGB). Für große Gesellschaften i. S. d. § 267 Abs. 3 HGB besteht die Verpflichtung zur vorhergehenden Bekanntmachung der Unterlagen im Bundesanzeiger (§ 325 Abs. 2 HGB); für konzernabschlusspflichtige Gesellschaften gelten die Bekanntmachungs- und Einreichungspflichten des § 325 Abs. 3 HGB.

C. Zahl der Vorstandsmitglieder, Abs. 2

Zulässig ist nach Abs. 2 S. 1 sowohl ein **Alleinvorstand** als auch ein **mehrköpfiger Vorstand**. 46
Nach § 23 Abs. 3 Nr. 6 AktG hat die Satzung Näheres festzulegen. Üblich ist eine Satzungsklausel, die vorsieht, dass der Vorstand aus einer oder mehreren Personen besteht und die Anzahl durch den Aufsichtsrat festgelegt wird. Diese Klausel steht in Übereinstimmung mit den Anforderungen des § 23 Abs. 3 Nr. 6 AktG, weil zwar nicht die Zahl der Vorstandsmitglieder, aber doch die Regeln, nach denen diese Zahl festgelegt wird, in der Satzung festgelegt sind (BGH NZG 2002, 817, 818 f.). Als hinreichend wird auch eine **Festlegung der Mindest- bzw. Höchstzahl** der Vorstandsmitglieder angesehen; bei einer solchen Klausel hat wiederum der Aufsichtsrat über die Anzahl der Vorstandsmitglieder in dem von der Satzung festgelegten Rahmen zu entscheiden (KGJ 24, A 194, 197).

Hat eine AG ein **Grundkapital** von **mehr als € 3,0 Mio.**, wird in Abs. 2 S. 2 eine Mindestzahl von 47
zwei Vorstandsmitgliedern gefordert. Die Regelung ist aber nach dem Gesetzeswortlaut ausdrücklich zur Disposition des Satzungsgebers gestellt. Auch für solche Gesellschaften kann mithin ein Alleinvorstand in der Satzung vorgesehen werden; ebenso kann für diesen Fall vorgesehen werden, dass der Aufsichtsrat die Zahl der Vorstandsmitglieder festlegt (LG Köln AG 1999, 137 f.).

Für die dem **MitbestG 1976** unterfallenden Gesellschaften gilt Abs. 2 S. 3. Danach hat der Vor- 48
stand wenigstens aus zwei Personen zu bestehen, von denen einer nach § 33 Abs. 1 S. 1 MitbestG zum Arbeitsdirektor bestellt wird.

Die **Staatsangehörigkeit** hat keinen Einfluss auf die Vorstandsfähigkeit. Ebenso wenig spielt der 49
Wohnsitz des Vorstands eine Rolle. Erforderlich ist allerdings, dass das Vorstandsmitglied jederzeit berechtigt ist, in die Bundesrepublik Deutschland einzureisen, um den Vorstandsgeschäften nachkommen zu können (OLG Frankfurt FGPraxis 2001, 124 f.; a. A. OLG Dresden NZG 2003, 628, 629; vgl. *Ermann* NZG 2002, 503; vgl. für die GmbH auch Kap. 7 § 6 Rn. 10).

Anders als bei Personengesellschaften (vgl. für die OHG Kap. 4 § 114 Rn. 8, § 125 Rn. 2 f.) gilt im 50
Recht der AG – ebenso wie im Recht der GmbH (vgl. Kap. 7 § 6 Rn. 14) – das **Prinzip der Fremdorganschaft**. Vorstandsmitglied kann also auch werden, wer nicht Aktionär ist. Die Innehabung von Aktien steht andererseits der Bestellung zum Vorstand nicht entgegen.

Die **Rechtsfolgen** einer **Fehlbesetzung** (Unterbesetzung) des Vorstands sind vom Gesetz nicht 51
ausdrücklich geregelt. Grundsätzlich ist aber anzunehmen, dass der nicht vorschriftsgemäß besetzte Vorstand handlungsunfähig ist bzw. im Falle nachträglicher Fehlbesetzung etwa infolge des Ausscheidens eines Mitglieds handlungsunfähig wird (BGHZ 149, 158, 161). Nur ausnahmsweise bleibt die Handlungsfähigkeit des Vorstands trotzdem erhalten. Das ist der Fall, sofern Vorstandsmaßnahmen betroffen sind, die keinen rechtsgeschäftlichen Charakter haben. Dies ist z. B. gegeben, beim Berichtswesen nach § 90 AktG, bei der Führung der Handelsbücher (§ 91 AktG), der Einberufung der Hauptversammlung (§ 121 Abs. 2 AktG) und der Vorlage von Jahresabschluss und Lagebericht (§ 170 Abs. 1 AktG). Demgegenüber ist der unterbesetzte Vorstand nicht in der Lage, ordnungsgemäße Beschlüsse zu treffen. Die ordnungsgemäße Bearbeitung und Bekanntmachung von Beschlussvorschlägen für die Hauptversammlung kann ebenfalls durch einen vorschriftswidrig besetzten Vorstand nicht erfolgen (BGHZ 149, 158, 160 f.). Entsprechendes gilt für die Feststellung des Jahresabschlusses, § 172 AktG (*Hüffer* AktG, § 76 Rn. 23; a. A. *Priester* FS Kropff 1997, 591, 597 f.).

52 Den **Aufsichtsrat** trifft im Falle der Fehlbesetzung des Vorstand die **Pflicht**, baldmöglichst für eine korrekte Besetzung zu sorgen und insbesondere die erforderliche Zahl von Vorstandsmitgliedern zu bestellen (BGHZ 149, 158, 162). Nach § 85 Abs. 1 AktG kommt überdies eine gerichtliche Bestellung auf Antrag eines Beteiligten in Betracht (vgl. dazu § 85 AktG Rn. 2 ff.).

D. Persönliche Anforderungen und Bestellungshindernisse, Abs. 3

53 Abs. 3 nennt die nach dem AktG bestehenden persönlichen Anforderungen an Vorstandsmitglieder. Danach können nur **natürliche, unbeschränkt geschäftsfähige** und nicht unter Betreuung stehende Personen Vorstandsmitglied sein. Nicht Vorstandsmitglied kann in Übereinstimmung mit der Rechtslage zu § 6 Abs. 2 GmbHG (vgl. Kap. 7 § 6 Rn. 9) sein, wer wegen einer **Insolvenzstraftat** nach den §§ 283 bis 283 d StGB verurteilt wurde. Der Betroffene verliert durch eine solche Verurteilung die Fähigkeit zum Vorstand bestellt zu werden für die Dauer von fünf Jahren ab dem Zeitpunkt der Rechtskraft des Urteils. Die Vorschrift differenziert nicht zwischen Erst- und Wiederholungstätern; ihre Verfassungsmäßigkeit wird allerdings gerade deswegen angezweifelt (vgl. *Fleischer* WM 2004, 157; *Stein* AG 1987, 165). Eine entsprechende Anwendung der Vorschrift auf andere Delikte ist de lata nicht zulässig. Die Verhängung eines **Berufsverbots** durch Urteil oder Verwaltungsakt kann ebenfalls – und wiederum in Übereinstimmung mit der Regelung des § 6 Abs. 2 GmbHG (vgl. Kap. 7 § 6 Rn. 9) – ein Bestellungshindernis darstellen. Vorausgesetzt ist dabei, dass der Gegenstand des Berufsverbots und der Unternehmensgegenstand ganz oder teilweise übereinstimmen. Eine Frist für die Beachtlichkeit des Berufsverbots ist nicht geregelt, so dass das Bestellungshindernis endet, sobald das Berufsverbot entfällt.

54 Neben den aktienrechtlichen Bestellungshindernissen können berufsrechtliche Verbote der Bestellung zum Vorstand entgegenstehen (BGH AG 1996, 366 f.). Ferner sind **in der Satzung geregelte Eignungsvoraussetzungen** zu beachten, solange sie dem Aufsichtsrat das unentziehbare Auswahlermessen erhalten (MüKo AktG/*Hefermehl/Spindler*, § 84 Rn. 23; für die GmbH vgl. Kap. 7 § 6 Rn. 13). Die Auffassung, dass sich der Aufsichtsrat über solche Satzungsbestimmungen nach pflichtgemäßem Ermessen hinwegsetzen dürfe (so KölnKomm AktG/*Mertens* § 76 Rn. 117), steht nicht im Einklang mit § 23 Abs. 5 S. 2 AktG.

55 Die gesetzlichen Anforderungen an Vorstandsmitglieder stellen **bindende Voraussetzungen** für den Bestellungsakt dar. Deswegen ist die Bestellung unter Missachtung der Bestimmungen nicht nur rechtswidrig sondern wegen Gesetzesverstoß nach § 134 BGB **nichtig** (OLG Naumburg FGPraxis 2000, 121). Bei Nichtbeachtung einer statutarischen Voraussetzung verstößt der Bestellungsakt gegen kein gesetzliches Verbot und ist wirksam; in diesem Fall wird allerdings angenommen, dass der Aufsichtsrat nach § 84 Abs. 3 S. 1 verpflichtet ist, die Bestellung aus wichtigem Grund zu widerrufen (MünchHdb GesR IV/*Wiesner* § 20 Rn. 8 f.; a. A. KölnKomm AktG/*Mertens* § 76 Rn. 115 ff., 118).

§ 77 Geschäftsführung

(1) [1]Besteht der Vorstand aus mehreren Personen, so sind sämtliche Vorstandsmitglieder nur gemeinschaftlich zur Geschäftsführung befugt. [2]Die Satzung oder die Geschäftsordnung des Vorstands kann Abweichendes bestimmen; es kann jedoch nicht bestimmt werden, daß ein oder mehrere Vorstandsmitglieder Meinungsverschiedenheiten im Vorstand gegen die Mehrheit seiner Mitglieder entscheiden.

(2) [1]Der Vorstand kann sich eine Geschäftsordnung geben, wenn nicht die Satzung den Erlaß der Geschäftsordnung dem Aufsichtsrat übertragen hat oder der Aufsichtsrat eine Geschäftsordnung für den Vorstand erläßt. [2]Die Satzung kann Einzelfragen der Geschäftsordnung bindend regeln. [3]Beschlüsse des Vorstands über die Geschäftsordnung müssen einstimmig gefaßt werden.

Übersicht:

A. Regelungszweck

Die Regelung betrifft die Geschäftsführung des Vorstands und grenzt diese von der in § 78 geregelten Vertretung der Gesellschaft ab. § 77 AktG geht vom sog. **Kollegialprinzip** aus und sieht für den mehrgliedrigen Vorstand den **Grundsatz der gemeinschaftlichen Geschäftsführung** sämtlicher Vorstandsmitglieder vor. Die Vorschrift hat damit nicht nur das Alleinentscheidungsrecht des Vorstandsvorsitzenden nach § 70 Abs. 2 S. 2 AktG 1937 abgeschafft, sondern sie stellt zugleich den Grundsatz auf, dass Geschäftsführungsfragen im mehrgliedrigen Vorsand nicht durch Mehrheitsbeschluss entschieden werden; abweichende Regelungen werden allerdings ausdrücklich für zulässig erachtet. Abs. 2 sieht entsprechend allgemeinen verbandsrechtlichen Grundsätzen vor, dass sich der Vorstand selbst eine Geschäftsordnung geben kann. Diese Regelungsmacht des Vorstands ist allerdings nur in den durch Abs. 2 bestimmten Grenzen gewährleistet. 1

B. Geschäftsführung

I. Begriff

Geschäftsführung stellt jede für die Gesellschaft ausgeführte tatsächliche oder rechtsgeschäftliche Tätigkeit dar. Sie umfasst die Leitung der AG als besonderen Teilbereich (vgl. § 76 AktG Rn. 4 ff., insbes. 8 ff.). Die Geschäftsführungsregeln unterscheiden sich von den Vertretungsregeln dadurch, dass letztere die Frage regeln, in welchen Fällen und unter welchen Voraussetzungen der Vorstand mit Wirkung für die Gesellschaft (im Außenverhältnis) handeln kann, während die Geschäftsführungsregeln vorsehen, unter welchen Voraussetzungen der Vorstand **(im Innenverhältnis) die Geschäfte führen** darf. Der aktienrechtliche Begriff der Geschäftsführung wird in einem umfassenden Sinn verstanden. Er schließt nicht nur die Leitung der AG (vgl. § 76 AktG Rn. 4 ff.) ein, sondern bezieht sich auch auf sog. **Grundlagengeschäfte**. Davon zu unterscheiden, ist die Frage, welche Geschäfte der Vorstand zu führen befugt ist. Dies ist die Frage nach der Geschäftsführungsbefugnis. 2

II. Geschäftsführungsbefugnis

1. Grundsatz: Vorstand

Die Befugnis zur Geschäftsführung in der AG liegt grundsätzlich beim **Vorstand**. Dies ist in § 77 AktG nicht ausdrücklich geregelt, wird aber von dieser Regelung und den Regelungen der §§ 76, 78, 82 und 119 AktG implizit vorausgesetzt. **Ausnahmen** bestehen für die der **Hauptversammlung** in § 119 Abs. 1 AktG vorbehaltenen Maßnahmen sowie für die Geschäftsführungsmaßnahmen, die der (ungeschriebenen) Zuständigkeit der Hauptversammlung unterliegen (vgl. § 76 AktG Rn. 22 ff.). Bestimmte Gegenstände der Geschäftsführung unterliegen dem Zustimmungsvorbehalt des Aufsichtsrat nach § 111 Abs. 4 S. 2 AktG (vgl. § 111 AktG Rn. 15 ff.). Zu Beschränkungen der Geschäftsführungsbefugnis vgl. § 82 AktG Rn. 10 ff. 3

2. Gesamtgeschäftsführungsbefugnis, Zustimmung

4 Die Geschäftsführungsbefugnis besteht im mehrgliederigen Vorstand nach Abs. 1 S. 1 als Gesamtgeschäftsführungsbefugnis. Die Vorstandsmitglieder sind danach grundsätzlich gemeinschaftlich zur Geschäftsführung befugt. Nach diesem Grundsatz darf der Vorstand Geschäfte nur führen, wenn sämtliche Mitglieder der Maßnahme **zugestimmt** haben. Damit unterliegt die Geschäftsführung einem Einstimmigkeitserfordernis. Die Willensbildung dazu erfolgt im **Beschlusswege**. Bestimmte Formvorschriften bestehen von Gesetzes wegen nicht. Regelmäßig werden die Beschlüsse in Vorstandssitzungen gefasst. Die Zustimmung ist Willenerklärung und kann mündliche oder fernmündlich in Telefonkonferenzen, per Telefax per E-Mail oder in Videokonferenzen, schriftlich und im Umlaufverfahren abgegeben werden. Die Zustimmung kann auch **konkludent** durch schlüssiges Verhalten (OLG Frankfurt AG 1986, 233) abgegeben werden. Eine konkludente Zustimmung zu nach Gegenstand und Bedeutung gewöhnlichen Geschäftsführungsmaßnahmen kann insbesondere bei urlaubs- oder krankheitsbedingter Abwesenheit von Vorstandsmitgliedern in Betracht kommen (*Hüffer* AktG, § 77 Rn. 7). Vorausgesetzt ist jeweils eine an alle Vorstandsmitglieder ergangene Einladung, an der Beschlussfassung teilzunehmen. Von Gesetzes wegen bestehen keine besonderen Ladungsformalitäten; sie sind aber regelmäßig in der Geschäftsordnung vorgesehen.

5 Die Zustimmung zu einer Geschäftsführungsmaßnahme kann **im Voraus** nur für bestimmte Maßnahmen erteilt werden. Eine Zustimmung zu einem nicht beschränkten Kreis von Geschäften verstößt gegen das Prinzip der Gesamtgeschäftsführung und kann nicht wirksam erteilt werden (MüKo AktG/*Hefermehl/Spindler* § 77 Rn. 4).

3. Stimmverbote

6 Zu beachten sind die Stimmverbote des § 34 BGB, die auf den mehrgliedrigen Vorstand (s. § 28 Abs. 1 BGB) der AG entsprechend anwendbar sind. Das Verbot des § 34 BGB wird strikt verstanden und erfasst nur Rechtsgeschäfte und Rechtsstreitigkeiten zwischen Vorstandsmitgliedern und der AG; es ist nicht als umfassenderes Stimmrechtsverbot bei Interessenkollision verfasst. Deswegen ist es im Ergebnis auch nicht gerechtfertigt, Vorstände mit weiteren Mandaten in anderen Gesellschaften bei Interessenkollisionen von der Stimmabgabe auszuschließen (so aber *Hoffmann-Becking* ZHR 150 (1986), 570 ff.; dagegen KölnKomm AktG/*Mertens* § 77 Rn. 31 ff.).

4. Widerspruch, Gefahr im Verzug

7 Bei nicht vorliegender Zustimmung aller bzw. im Falle des Widerspruchs eines oder einzelner Vorstandsmitglieder zu einer geplanten Maßnahme muss die Geschäftsführung unterbleiben. Wegen des Einstimmigkeitserfordernisses kann eine Geschäftsführungsmaßnahme auch verhindert werden, ohne dass ein Vorstandsmitglied der Maßnahme ausdrücklich widerspricht (vgl. *Erle* AG 1987, 7). Geschäftsführungsmaßnahmen, die wegen **Gefahr im Verzug** keinen Aufschub dulden, können ausnahmsweise beschlossen werden, ohne dass die Zustimmung aller Vorstandsmitglieder vorliegt. Diese Befugnis kann sich nicht auf eine Regelung des AktG stützen, folgt aber aus der entsprechenden Anwendung von §§ 115 Abs. 1 HGB, 744 Abs. 2 BGB (KölnKomm AktG/*Mertens* § 77 Rn. 7). In diesem Fall sind die nicht an der Beschlussfassung beteiligten Vorstandsmitglieder umgehend zu unterrichten; sie haben das Recht, der Maßnahme zu **widersprechen**, solange sie noch nicht ausgeführt ist (vgl. Kap. 4 § 115 Rn. 2 ff.).

III. Abweichende Bestimmungen durch Satzung oder Geschäftsordnung

1. Regelungsmacht

8 Der gesetzliche Grundsatz der Gesamtgeschäftsführung kann nach Abs. 1 S. 2 abgewandelt werden. Dies ist nur im Wege einer entsprechenden Satzungsbestimmung oder einer Geschäftsordnungsregelung möglich. Wegen der vom Gesetz vorgenommenen Differenzierung von Geschäftsführungs- und Vertretungsregeln gelten Regelungen für die Vertretung der Gesellschaft nicht auch für die Geschäftsführung. Ohne entsprechende Rechtsgrundlage in der Satzung

oder Geschäftsordnung sind Mehrheitsbeschlüsse unwirksam. Im Einzelfall ist aber eine konkludente Zustimmung des dem Mehrheitsbeschluss nicht widersprechenden Vorstands in Betracht zu ziehen.

2. Regelungsinhalt

Abweichende Regelung in der Satzung oder Geschäftsordnung können insbesondere vorsehen: **Gesamtgeschäftsführungsbefugnis** mit Mehrheitsbeschlussfassung bzw. **Einzelgeschäftsführungsbefugnis** mit bestimmter Geschäftsverteilung. Regelungen zur **mehrheitlichen Beschlussfassung** sind in zahlreichen Variationen möglich. Die Mehrheitsmacht kann generell oder nur für einzelne Gegenstandsbereiche vorgesehen werden; sie kann an einfache oder qualifizierte Mehrheiten gebunden sein; sie kann auch nach Beschlussfassungsgegenständen abgestuft werden. Bei Stimmengleichheit ist der Beschlussfassungsvorschlag mangels Mehrheitsfindung abgelehnt; für diesen Fall kann grds. ein **Recht zum Stichentscheid** eines Vorstandsmitglieds vorgesehen werden (BGHZ 89, 48, 59). Im zweigliedrigen Vorstand liefe eine solche Regelung auf ein Alleinentscheidungsrecht des berechtigten Vorstandsmitglieds hinaus und ist deswegen nicht zulässig (OLG Karlsruhe AG 2001, 93, 94; OLG Hamburg AG 1985, 251). 9

Zulässig ist es grundsätzlich nach allerdings umstrittener Rechtsauffassung, einzelnen Vorstandsmitgliedern ein uneingeschränktes oder konditioniertes **Vetorecht** einzuräumen (so OLG Karlsruhe AG 2001, 93, 94; KölnKomm AktG/*Mertens* § 77 Rn. 11; dagegen *Bezzenberger* ZGR 1996, 661, 665 ff.; offen gelassen von BGHZ 89, 48, 58). In mitbestimmten Gesellschaften sind Vetorechte einzelner Vorstandsmitglieder mit der von § 33 MitbestG geschützten gleichberechtigten Stellung des Arbeitsdirektors unvereinbar (BGHZ 89, 48, 59). 10

Die eine Einzelgeschäftsführung vorsehenden Geschäftsverteilungsregeln in der Satzung oder Geschäftsordnung können funktionsbezogene, spartenbezogene, lokale oder auch regionale Beschränkungen enthalten. Möglich sind auch Regelungen, die einzelnen Vorstandsmitgliedern allein oder gemeinsam mit einem anderen Mitglied oder einem Prokuristen die Befugnis zur Geschäftsführung zuweisen. 11

3. Regelungsgrenzen

Abs. 1 S. 2 Hs. 2 bestimmt ausdrücklich, dass weder in der Satzung noch in der Geschäftsordnung geregelt werden kann, dass ein oder mehrere Vorstandsmitglieder Meinungsverschiedenheiten im Vorstand gegen die Mehrheit entscheiden. Damit ist insbesondere das **Alleinentscheidungsrecht** des Vorsitzenden abgeschafft (vgl. Rn. 1). Ferner ist zu beachten, dass der Vorstand die ihm nach § 76 Abs. 1 AktG zustehende Aufgabe der **Unternehmensleitung** nicht auf einzelne Mitglieder delegieren darf (vgl. § 76 AktG Rn. 10). Eine unterschiedliche Ausgestaltung der Befugnisse der Vorstandsmitglieder ist im Rahmen der Geschäftsverteilung möglich, bleibt aber ohne Einfluss auf die gemeinsame Verantwortung für die eigenverantwortliche Leitung des Gesamtvorstands der AG. Soweit dem Vorstand gesetzlich einzelne Leitungsaufgaben zugewiesen sind (§§ 83, 90, 91, 92, 110 Abs. 1, 118 Abs. 2, 121 Abs. 2, 170 AktG; vgl. oben Rn. 3), handelt es sich um Aufgaben, die vom Gesamtvorstand zu erledigen sind und in seine kraft Gesetzes bestehende Gesamtverantwortung als Kollegialorgan fallen; sie sind – von vorbereitenden Maßnahmen abgesehen – **nicht delegierbar**; dies gilt auch für die Befugnisse, die dem Vorstand gegenüber anderen Gesellschaftsorganen zugewiesen sind (gegenüber dem Aufsichtsrat vgl. §§ 97, 98, 104 Abs. 1 und 2, 106 AktG; gegenüber der Hauptversammlung vgl. §§ 119 Abs. 2, 121 Abs. 2 AktG). Wegen der Gesamtverantwortung des Vorstands als Kollegialorgan für jedes einzelne Vorstandsmitglied ist die Pflicht zur regelmäßigen Überwachung und Kontrolle der jeweiligen Ressortvorstände nicht abdingbar (BGHZ 133, 370). 12

C. Geschäftsordnung des Vorstands

Abs. 2 trifft Regelung zur Geschäftsordnung des Vorstands. Für eine sachgerechte Organisation der Vorstandsarbeit wird üblicherweise und unabhängig von der Größe der Gesellschaft eine Ge- 13 schäftsordnung erlassen, für die sich die Fragen nach der Zuständigkeit zum Erlass, nach Form und Inhalt sowie der Geltungsdauer stellen. Eine Pflicht zur Aufstellung einer Geschäftsordnung sieht das Gesetz nicht vor.

I. Zuständigkeit

14 Zuständig zum Erlass der Geschäftsordnung des Vorstands ist nach Abs. 2 S. 1 in erster Linie der **Aufsichtsrat**. Der Vorstand kann zwar gemäß dem Prinzip der Selbstorganisation selbst die für ihn verbindliche Geschäftsordnung erlassen; bei der entsprechenden Beschlussfassung handelt der Vorstand als Kollegialorgan und muss nach Abs. 2 S. 3 **einstimmig** beschließen. Die Zuständigkeit des Vorstands ist gegenüber derjenigen des Aufsichtsrats allerdings **nur subsidiär** und dann nicht gegeben, wenn entweder die Satzung den Erlass der Geschäftsordnung dem Aufsichtsrat zuweist oder aber der Aufsichtsrat von sich aus – ohne satzungsrechtliche Aufgabenzuweisung – eine Geschäftsordnung für den Vorstand erlassen hat, Abs. 2 S. 1. Nach der gesetzlichen Regelung kann der Satzungsgeber nicht vorsehen, dass der Vorstand anstelle des Aufsichtsrats die Geschäftsordnung erlässt (MüKo AktG/*Hefermehl/Spindler* § 77 Rn. 42). Mit § 77 AktG vereinbar wird die Satzungsregelung gehalten, die den Erlass der Geschäftsordnung alternativ entweder durch den Vorstand (ggf. unter Zustimmung des Aufsichtsrats) oder durch den Aufsichtsrat vorsieht. Durch Abs. 2 S. 2, nach dem die Satzung »Einzelfragen« der Geschäftsordnung bindend regeln kann, ist klar gestellt, dass Aufsichtsrat bzw. Vorstand ein satzungsfester Kernbereich von Geschäftsordnungsregeln nicht genommen werden darf (h. M.; vgl. *Hoffmann-Becking* ZGR 1998, 497, 505).

II. Form

15 Die Geschäftsordnung wird regelmäßig **schriftlich** abgefasst und ist auch entsprechend niederzulegen (*Hüffer* AktG, § 77 Rn. 21). Erlässt der Aufsichtsrat die Geschäftsordnung ist sie nach § 107 Abs. 2 AktG in das **Sitzungsprotokoll** aufzunehmen.

III. Inhalt

16 Spezielle gesetzliche Vorgaben für den Inhalt der Geschäftsordnung bestehen nicht. Der Geschäftsordnungsgeber ist deshalb bei deren Gestaltung frei. Üblicherweise werden Regelungen getroffen über die Zusammenarbeit im Vorstand und über das Zusammenwirken von Vorstand und Aufsichtsrat. Muster einer Geschäftsordnung finden sich bei *Happ* AktienR, 8.01. In nach dem MitbestG mitbestimmten Gesellschaften ist die zwingende Zuständigkeit des Arbeitsdirektors zu beachten (vgl. *Hoffmann-Becking* ZGR 1998, 497, 505 f.)

IV. Geltungsdauer

17 Die Geschäftsordnung bleibt bis zum Zeitpunkt ihrer **wirksamen Änderung** oder **Aufhebung** in Kraft. Eine förmliche Aufhebung der bisherigen Ordnung ist nicht erforderlich, wenn Vorstand oder Aufsichtsrat eine neue Geschäftsordnung erlassen. Um klare Kompetenzabgrenzungen zu gewährleisten, wird eine bloße Änderung der vom Vorstand erlassenen Geschäftsordnung durch den Aufsichtsrat überwiegend nicht für zulässig erachtet; vielmehr soll der Aufsichtsrat eine neue Geschäftsordnung verabschieden, wobei ihm nicht verwehrt ist, Inhalte der bisher geltenden Vorstandsordnung zu übernehmen.

18 Veränderungen der personellen Zusammensetzung des Vorstands haben nach zutreffender Auffassung keinen Einfluss auf die fortdauernde Wirksamkeit der Geschäftsordnung. Dies gilt ohne weiteres für vom Vorstand nicht erlassene Geschäftsordnungen. Im Hinblick auf die Kontinuität des Gesellschaftsorgans gilt dies aber auch dann, wenn sich der Vorstand selbst eine Geschäftsordnung gegeben hat; Abs. 2 S. 3 steht dem nicht entgegen, weil das Einstimmigkeitserfordernis im Zeitpunkt der Beschlussfassung erfüllt sein muss (näher *Hoffmann-Becking* ZGR 1998, 497, 500). Eine in der Geschäftsordnung getroffene **Ressortaufteilung** ist für das neue Mitglied dadurch verbindlich, dass es sein Einverständnis mit der ressortbezogenen Bestellung erklärt;

dies kann ausdrücklich oder auch konkludent erfolgen; ein erneuter Geschäftsordnungsbeschluss durch den Vorstand ist nicht erforderlich (teilweise abweichend *Hoffmann-Becking* ZGR 1998, 500).

§ 78 Vertretung

(1) Der Vorstand vertritt die Gesellschaft gerichtlich und außergerichtlich.

(2) [1]Besteht der Vorstand aus mehreren Personen, so sind, wenn die Satzung nichts anderes bestimmt, sämtliche Vorstandsmitglieder nur gemeinschaftlich zur Vertretung der Gesellschaft befugt. [2]Ist eine Willenserklärung gegenüber der Gesellschaft abzugeben, so genügt die Abgabe gegenüber einem Vorstandsmitglied.

(3) [1]Die Satzung kann auch bestimmen, daß einzelne Vorstandsmitglieder allein oder in Gemeinschaft mit einem Prokuristen zur Vertretung der Gesellschaft befugt sind. [2]Dasselbe kann der Aufsichtsrat bestimmen, wenn die Satzung ihn hierzu ermächtigt hat. [3]Absatz 2 Satz 2 gilt in diesen Fällen sinngemäß.

(4) [1]Zur Gesamtvertretung befugte Vorstandsmitglieder können einzelne von ihnen zur Vornahme bestimmter Geschäfte oder bestimmter Arten von Geschäften ermächtigen. [2]Dies gilt sinngemäß, wenn ein einzelnes Vorstandsmitglied in Gemeinschaft mit einem Prokuristen zur Vertretung der Gesellschaft befugt ist.

Übersicht:

A. Regelungszweck

§ 78 AktG regelt die **Zurechnung des rechtsgeschäftlichen Handelns** des Vorstands für die AG. 1
Neben dem Tätigwerden des Vorstands kann die AG auch von anderen Personen bei der Vornahme von Rechtsgeschäften vertreten werden. Diese nicht-organschaftliche Vertretung etwa durch Prokuristen oder Handlungsbevollmächtigte richtet sich nach den allgemeinen Regeln des Zivil- und Handelsrechts. Gesetzliches Vertretungsorgan ist nach Abs. 1 allein der Vorstand der AG. Dessen Vertretungsmacht wird in Abs. 2 gesetzlich geregelt; sie ist nach § 82 Abs. 1 AktG nicht beschränkt und kann nach dieser Vorschrift auch nicht beschränkt werden (vgl. § 82 AktG Rn. 2 ff.). Abweichende Bestimmungen sind nach Maßgabe von Abs. 3 zulässig. Eine Einzelermächtigung ist nach Abs. 4 im Rahmen der Gesamtvertretung möglich.

B. Vorstand als gesetzliches Vertretungsorgan

Der Vorstand hat die Stellung eines gesetzlichen Vertreters der AG (§ 26 Abs. 2 S. 1 Hs. 1 BGB). 2
Durch die gesetzlich angeordnete Zurechnung des Organhandelns für die Gesellschaft wird die AG selbst handlungsfähig. Die sog. **organschaftliche Vertretungsmacht** ist von Abs. 1 gegenständlich grundsätzlich umfassend geregelt. Sie betrifft sowohl den gerichtlichen und als auch den außergerichtlichen Bereich und erstreckt sich damit auf die Vornahme von Prozesshandlungen für die Gesellschaft als auch auf das nach außen gerichtete rechtsgeschäftliche Handeln des Vorstands.

3 Ausnahmsweise ist der Vorstand nicht befugt, die AG zu vertreten. Die organschaftliche Vertretungsmacht des Vorstands **besteht nicht** bei der Vertretung der AG **gegenüber Vorstandsmitgliedern,** § 112 AktG, sowie bei der Bestellung besonderer Vertreter zur Geltendmachung von Ersatzansprüchen der Gesellschaft nach § 147 Abs. 3 AktG. Dennoch vorgenommene Rechtsgeschäfte verstoßen gegen das Verbot des § 134 BGB und sind unheilbar **nichtig**.

4 Bei **Anfechtungs- und Nichtigkeitsklagen**, die nach § 246 AktG gegen die Gesellschaft zu richten sind, statuiert § 246 Abs. 2 S. 2 AktG ein **Doppelvertretungserfordernis** durch Vorstand und Aufsichtsrat (vgl. § 246 AktG Rn. 9 f.). Die nämlichen Vertretungserfordernisse gelten für Nichtigkeits- und Anfechtungsklagen betreffend die Wahl der Aufsichtsratsmitglieder (§§ 250 Abs. 3, 251 Abs. 3 AktG; vgl. § 250 AktG Rn. 23), die Beschlüsse zur Verwendung des Bilanzgewinns (§§ 253 Abs. 2, 254 Abs. 1 AktG; vgl. § 254 AktG Rn. 8), Kapitalerhöhungsbeschlüsse (§ 255 Abs. 3 AktG) und betreffend die Feststellung des Jahresabschlusses (§§ 256 Abs. 7, 257 Abs. 2 AktG).

5 In bestimmten Fällen ist die **Zustimmung anderer Organe** erforderlich, damit die AG durch den Vorstand wirksam vertreten werden kann. Die **Aufsichtsratszustimmung** ist erforderlich bei der Kreditgewährung an Vorstandsmitglieder (§ 89 AktG) und zur Wirksamkeit des Abschlusses von Beratungsverträgen mit Aufsichtsräten (§ 114 Abs. 1 AktG). Eine **Zustimmung der Hauptversammlung** ist in folgenden Fällen erforderlich: Verzicht auf bzw. Vergleichsverträge über Ersatzansprüche der Gesellschaft gegen die Gründer (§ 50 AktG), für bestimmte Nachgründungsverträge (§ 52 AktG) und Ersatzansprüche in Nachgründungsfällen (§ 53 AktG), Verzicht auf bzw. Vergleichsverträge über Ersatzansprüche der Gesellschaft gegen Vorstandsmitglieder (§ 93 Abs. 4 S. 3 AktG), Aufsichtsräte (§ 116 AktG) und Einflussträger (§ 117 AktG) sowie im Zusammenhang mit der Verantwortlichkeit herrschender Unternehmen und seiner Verwaltungsmitglieder im Vertragskonzern bzw. faktischen Konzern (§§ 309 Abs. 3, 310 Abs. 4, 317 Abs. 4, 318 Abs. 4 AktG), zum Abschluss von Vermögensübertragungsverträgen (§ 179 a Abs. 1 AktG) und zum Abschluss und zur Änderung von Unternehmensverträgen (§§ 293 Abs. 1, 295 AktG). In nach dem MitbestG mitbestimmten Unternehmen sind die Regeln des § 32 MitbestG zu beachten.

6 Soweit nach den vorgenannten Regelungen dem Vorstand die Alleinvertretungsbefugnis fehlt, bestimmen sich die Rechtsfolgen nach den **§§ 177 ff. BGB**. Das zuständige Organ kann durch seine Genehmigung die Wirksamkeit des Geschäfts herbeiführen, § 177 Abs. 2 BGB. Im Falle der Verweigerung der Genehmigung ist das Geschäft endgültig unwirksam. Die Vorstandsmitglieder haften dann nach § 179 BGB, wenn nicht – wie regelmäßig – dem Geschäftspartner die Kenntnis von dem Mitwirkungserfordernis anderer Organe entgegengehalten werden kann, § 179 Abs. 3 BGB (vgl. MüKo AktG/*Hefermehl/Spindler* § 82 Rn. 20).

C. Gesetzliche Vertretungsregelung, Abs. 2

I. Organschaftliche Einzel- oder Gesamtvertretung

7 Die organschaftliche Vertretungsmacht steht – wie die Geschäftsführungsbefugnis nach § 77 AktG – dem **Vorstand als Organ** zu. Besteht dieser aus nur einer Person, hat diese notwendig Einzelvertretungsbefugnis. Besteht der Vorstand aus mehreren Mitgliedern steht diesen die organschaftliche Vertretungsmacht nach Abs. 2 S. 1 den Vorstandsmitgliedern nur gemeinschaftlich zu (sog. **Gesamtvertretung**). Im Falle der vorübergehenden Verhinderung einzelner Mitglieder kann die AG nicht wirksam vertreten werden (BGHZ 34, 27, 29). U. a. diese Konsequenz lässt abweichende Bestimmung angeraten erscheinen, die nach Abs. 3 zulässig sind, zumal eine gerichtliche Ersatzbestellung bei nur vorübergehender Verhinderung nicht in Betracht kommt (vgl. § 85 AktG Rn. 2).

8 **Ausnahmen** vom Grundsatz der organschaftlichen Gesamtvertretung sieht das Gesetz in Abs. 2 S. 2 vor, sofern Willenserklärungen gegenüber der AG abzugeben sind (sog. **Passivvertretung**); in diesem Fall genügt die Abgabe **gegenüber einem Vorstandsmitglied**. Das gleiche gilt für die Zustellungen im gerichtlichen Verfahren, § 170 Abs. 3 ZPO. Die nämliche Rechtslage gilt für die Passivvertretung der AG bei geschäftsähnlichen Handlungen wie der Erklärung von

Mängelrügen, Abmahnungen oder Mahnungen, die wirksam gegenüber einem Vorstandsmitglied abgegeben werden können (MüKo AktG/*Hefermehl/Spindler* § 78 Rn. 76 f.). Eine gesetzlich besonders geregelte Einzelvertretungsmacht besteht überdies bei der **Stellung des Insolvenzantrags** für die Gesellschaft, § 15 Abs. 1 InsO (vgl. § 92 AktG Rn. 1).

II. Voraussetzungen und Ausübung

Die Wirksamkeitsvoraussetzungen der organschaftlichen Vertretung bestimmen sich nach den **allgemeinen Vorschriften**, insbesondere den §§ 116 ff., 164 ff. BGB. Die Zurechnung rechtsgeschäftlicher Erklärungen setzt deshalb zunächst voraus, dass der Vorstand im Namen der AG handelt. Das Handeln im fremden Namen liegt nicht nur vor, wenn dies ausdrücklich erklärt wird; es kann sich auch konkludent aus den obwaltenden Umständen ergeben (BGHZ 125, 174, 178) und bindet bei erkennbar unternehmensbezogenen Rechtsgeschäften im Zweifel das bezogene Unternehmen (BGH NJW 2000, 2985). Überdies setzt die organschaftliche Vertretung voraus, dass der Vorstand innerhalb seiner Vertretungsmacht handelt. Neben den oben genannten Grenzen der Alleinvertretung durch den Vorstand (vgl. Rn. 5) sind die ungeachtet der in § 82 Abs. 1 AktG angeordneten Unbeschränkbarkeit der Organsvertretungsmacht die sich aus allgemeinen Grundsätzen des Vertretungsrechts ergebenden Grenzen der Vertretungsmacht zu beachten (vgl. dazu § 82 AktG Rn. 7). 9

Für die **Zurechnung von Willenmängeln** zu Lasten der AG reicht nach der **Organtheorie** aus, wenn sie nur bei einem Organmitglied vorhanden sind; die AG kann also bereits dann anfechten, wenn nur ein von mehreren Vorstandsmitgliedern einem Irrtum erlegen war. Die Kenntnis, der böse Glaube oder die Arglist eines am Geschäft beteiligten Organmitglieds wird dem Organ und damit der Gesellschaft insgesamt zugerechnet (vgl. BGHZ 132, 30, 35 – zur GmbH & Co. KG). Das gilt auch dann, wenn das Organmitglied an dem betreffenden Rechtsgeschäft nicht selbst mitgewirkt hat (BGHZ 109, 327, 331). Außerdem wird selbst das Wissen von ausgeschiedenen Organmitgliedern berücksichtigt (BGHZ 109, 331). Die **Wissenszurechnung** wird weitergehend auf »Wissensvertreter« ausgedehnt, die nicht notwendig Organmitglieder zu sein haben, sondern als Repräsentant der juristischen Person bestimmte Aufgaben zu erledigen haben und dabei organisationsgemäß Informationen und Kenntnisse erlangen. Voraussetzung für eine solche Wissenszurechnung ist, dass bei wertender Betrachtung eine Pflicht zur Organisation eines Informationsaustauschs begründet werden kann; sie kommt insbesondere bei Wissen in Betracht, das typischerweise aktenmäßig festgehalten wird (BGHZ 135, 202, 205 ff.; vgl. näher *Fassbender/Neuhaus* WM 2002, 1253; *Altmeppen* BB 12999, 749). 10

Auf welche Weise die Gesamtvertretungsmacht ausgeübt werden kann, wird vom Gesetz nicht geregelt. In Betracht kommen verschiedene Modalitäten: Sämtliche Vorstandsmitglieder können die Willenserklärung gemeinsam abgeben; sie können die Erklärung auch je gesondert, aber inhaltlich übereinstimmend abgeben, bei nachträglicher Zustimmung durch alle anderen reicht auch die Abgabe der Erklärung durch nur ein Vorstandsmitglied (RGZ 81, 325, 329). 11

D. Abweichende Regelungen, Abs. 3

I. Satzungsregelungen, Satzungsermächtigungen

Vom Grundsatz der Gesamtvertretung abweichende Regelungen sind möglich, wenn die kompetenziellen und inhaltlichen Vorgaben des Abs. 3 beachtet werden. Die Zuständigkeit zum Erlass abweichender Regelungen liegt primär beim Satzungsgeber. Die Satzung muss die abweichende Regelung entweder **selbst enthalten** oder aber den Aufsichtsrat zum Erlass einer solchen Regelung **ermächtigen**. Eine ohne Satzungsermächtigung getroffene Vertretungsregelung des Aufsichtsrats ist unwirksam. An den Inhalt der Satzungsermächtigung zugunsten des Aufsichtsrats stellt Abs. 3 keine Anforderungen, so dass dieser pauschal zu einer Vertretungsregelung oder zu einer Regelung nach bestimmten von der Satzung gesetzten Vorgaben ermächtigt werden kann. Der Aufsichtsrat kann die Regelung einem Ausschuss überantworten, § 107 Abs. 3 AktG. 12

13 Eine Regelung der Vertretungsmacht des Vorstands durch die Hauptversammlung kann im Hinblick auf § 23 Abs. 5 S. 1 AktG nicht erfolgen. Die Hauptversammlung kann durch die Satzung auch nicht ermächtigt werden, eine Änderung der gesetzlichen Vertretungsregelung zu beschließen. Zulässig ist es aber, dass die Hauptversammlung durch satzungsändernden Beschluss eine vom gesetzlichen Modell abweichende Regelung der Vertretungsbefugnis des Vorstands trifft.

II. Regelungsinhalt

14 Die Zulässigkeit von Satzungsregelung betrifft inhaltlich nur die **Aktivvertretung** der AG mit der sogleich darzustellenden Maßgabe; Regelungen zur **Passivvertretung** sind nicht möglich; für die Entgegennahme von Erklärungen bleibt es nach Abs. 3 S. 2 jedenfalls bei der Einzelvertretung des Abs. 2 S. 2.

1. Einzelermächtigung

15 Inhaltlich kann zunächst Einzelvertretungsmacht vorgesehen werden. Obwohl in Abs. 3 S. 1 an prominenter Stelle erwähnt, findet diese Variante tatsächlich nur selten Verwendung. Die Einzelvertretungsbefugnis kann entweder **jedem** oder aber nur **einzelnen Vorstandsmitgliedern** eingeräumt werden. Im Falle der Einzelvertretung durch einen oder einzelne Vorstandsmitglieder bleibt es für die übrigen bei dem gesetzlichen Modell der Gesamtvertretung der AG durch sämtliche Vorstandsmitglieder. Nicht zulässig ist es, die Einzelvertretungsmacht auf bestimmte Gegenstände oder für bestimmte Situationen vorzusehen; eine solche Regelung ist als Beschränkung der (Einzel-)Vertretungsmacht mit § 82 Abs. 1 AktG unvereinbar.

2. Unechte Gesamtvertretung

16 Ausdrücklich zugelassen wird von Abs. 3 S. 1 auch eine Regelung der Vertretung der AG durch einen oder einzelne Vorstandsmitglieder **zusammen mit einem Prokuristen**. Diese Regelung gilt nicht, wenn dem Vorstandsmitglied Einzelvertretungsmacht zusteht (BGHZ 26, 330, 333; 13, 61, 65); in diesem Fall würde die Einzelvertretungsmacht des Vorstandsmitglieder entgegen § 82 Abs. 1 AktG und damit unwirksam beschränkt. Dementsprechend kann die Vertretung durch den Alleinvorstand nicht an die Mitwirkung durch einen Prokuristen gebunden werden. Ebenso unwirksam ist eine Regelung, die sämtliche Mitglieder eines mehrgliedrigen Vorstands an die Mitwirkung eines Prokuristen bindet.

17 Der Umfang der **Vertretungsmacht des Prokuristen** richtet sich im Fall der unechten Gesamtvertretung nicht nach dem Umfang der Prokura, sondern nach der Vertretungsmacht des Vorstandsmitglieds; dem Vorstand soll die Mitwirkung des Prokuristen eine organschaftliche Vertretungsmacht im Umfang der ohnehin bestehenden Gesamtvertretungsmacht verschaffen (BGHZ 13, 61, 64; 62, 166, 170). Dies hat vor allem zur Folge, dass Anmeldungen zum Handelsregister grundsätzlich im Wege unechter Gesamtvertretung von Vorstand und Prokurist vorgenommen werden können (RGZ 134, 303, 307) und bei der Passivvertretung die Abgabe der Erklärung gegenüber dem Prokuristen genügt (*Hüffer* AktG, § 78 Rn. 17).

3. Gemeinschaftliche Vertretung durch mehrere Vorstandsmitglieder

18 Diese Variante der eingeschränkten Gesamtvertretung der AG durch zwei oder mehr Vorstandsmitglieder wird in Abs. 3 S. 1 nicht ausdrücklich erwähnt; dennoch wird sie allgemein als zulässiger Inhalt von Satzungs- oder Aufsichtsratsregeln angesehen (*Hüffer* AktG, § 78 Rn. 18).

E. Einzelermächtigung, Abs. 4

19 Die zur Gesamtvertretung befugten Vorstandsmitglieder können einzelne von ihnen zur **Vornahme bestimmter Geschäfte** oder **bestimmter Arten von Geschäften** ermächtigen. Damit wird im Wege der Einzelermächtigung nach Abs. 4 eine Erweiterung der nach Abs. 1 bis 3 bestehenden Gesamtvertretungsmacht zur Einzelvertretungsmacht ermöglicht. Die Einzelermächtigung muss ich auf bestimmte Geschäfte oder Geschäftsarten beziehen, weil andernfalls das Prin-

zip der Gesamtvertretung der AG durch den Vorstand ausgehöhlt werden könnte. An die Bestimmtheit der Einzelermächtigung werden deshalb strenge Anforderungen gestellt (BGHZ 34, 27, 30; KölnKomm AktG/*Mertens* § 78 Rn. 55).

§ 79 Zeichnung durch Vorstandsmitglieder

Vorstandsmitglieder zeichnen für die Gesellschaft, indem sie der Firma der Gesellschaft oder der Benennung des Vorstands ihre Namensunterschrift hinzufügen.

A. Regelungszweck

1 Die Vorschrift regelt, wie die **Zeichnung der Vorstandsmitglieder** für die AG zu erfolgen hat. Sie will dadurch, dass deutlich gemacht werden muss, ob das Vorstandsmitglied für die AG oder für sich selbst handelt, im Rechtsverkehr für Klarheit und Rechtssicherheit sorgen; dagegen enthält § 79 AktG **keine Wirksamkeitsvoraussetzungen** für die Vertretung der AG. Bei der Vorschrift handelt es sich – wie bei der Parallelvorschrift für die GmbH in § 35 Abs. 3 GmbH – um eine Ordnungsvorschrift (RGZ 119, 114, 115 zur GmbH; vgl. auch Kap. 7 § 35 Rn. 14).

B. Regelungsinhalt

2 § 79 AktG regelt die **Modalitäten der Zeichnung** von schriftlichen Erklärungen des Vorstands für die AG. Für mündliche oder elektronische Erklärungen gilt die Vorschrift nach ihrem Gegenstandsbereich nicht.

3 Die Zeichnung soll die beiden in § 79 AktG genannten Elemente enthalten: Die Angabe der **Firma** und die **Namenunterschrift**. Die Angabe der Firma ist nicht spezifiziert, Sie kann durch Stempelaufdruck, in Druckform (Briefbogen) oder durch Niederschrift erfolgen. Anstelle der Firmenangabe kann auch der Vorstand genannt werden.

4 Die **Namensunterschrift** durch den Vorstand hat **eigenhändig** zu erfolgen. Faksimilierte Unterschriften sind nur ausnahmsweise hinreichend, wenn dies vom Gesetz vorgesehen ist, insbesondere um die Unterschrift bei massenhaft abzugebenden Erklärungen zu erleichtern. Dies ist insbesondere vorgesehen bei der Unterzeichnung von Aktien und Zwischenscheinen nach § 13 S. 1 AktG und der Unterzeichnung von Inhaberschuldverschreibungen nach § 793 Abs. 2 S. 2 BGB. Die geforderte Namensunterschrift soll die Person des Erklärenden **erkennbar** machen; auf die Lesbarkeit kommt es nicht an; ausreichend ist es, dass der Schriftzug die Identität des Unterschreibenden etwa aufgrund seiner charakteristischen Merkmale erkennen lässt und sich als Wiedergabe eines Namens darstellt (BGH NJW 1994, 55). Sofern die Zeichnung den Anforderungen des § 79 AktG entspricht, werden zugleich die Anforderungen an die Schriftform des § 126 BGB eingehalten.

5 Die Wirksamkeit der Stellvertretung bemisst sich ausschließlich an den Anforderungen der §§ 164 ff. BGB. § 79 beeinflusst AktG diese Anforderungen als bloße Ordnungsvorschrift (vgl. Rn. 1) nicht. Bei Einhaltung der Zeichnungsregeln des § 79 AktG ist gewährleistet, dass die Voraussetzungen für die nach § 164 BGB erforderliche Offenkundigkeit des Vertreterhandelns vorliegen.

§ 80 Angaben auf Geschäftsbriefen [i. d. F. ab 1. 1. 2007 durch EHUG]

(1) [1]Auf allen Geschäftsbriefen gleichviel welcher Form, die an einen bestimmten Empfänger gerichtet werden, müssen die Rechtsform und der Sitz der Gesellschaft, das Registergericht des Sitzes der Gesellschaft und die Nummer, unter der die Gesellschaft in das Handelsregister eingetragen ist, sowie alle Vorstandsmitglieder und der Vorsitzende des Aufsichtsrats mit

dem Familiennamen und mindestens einem ausgeschriebenen Vornamen angegeben werden. [2]Der Vorsitzende des Vorstands ist als solcher zu bezeichnen. [3]Werden Angaben über das Kapital der Gesellschaft gemacht, so müssen in jedem Falle das Grundkapital sowie, wenn auf die Aktien der Ausgabebetrag nicht vollständig eingezahlt ist, der Gesamtbetrag der ausstehenden Einlagen angegeben werden.

(2) Der Angaben nach Absatz 1 Satz 1 und 2 bedarf es nicht bei Mitteilungen oder Berichten, die im Rahmen einer bestehenden Geschäftsverbindung ergehen und für die üblicherweise Vordrucke verwendet werden, in denen lediglich die im Einzelfall erforderlichen besonderen Angaben eingefügt zu werden brauchen.

(3) [1]Bestellscheine gelten als Geschäftsbriefe im Sinne des Absatzes 1. [2]Absatz 2 ist auf sie nicht anzuwenden.

(4) [1]Auf allen Geschäftsbriefen und Bestellscheinen, die von einer Zweigniederlassung einer Aktiengesellschaft mit Sitz im Ausland verwendet werden, müssen das Register, bei dem die Zweigniederlassung geführt wird, und die Nummer des Registereintrags angegeben werden; im übrigen gelten die Vorschriften der Absätze 1 bis 3, soweit nicht das ausländische Recht Abweichungen nötig macht. [2]Befindet sich die ausländische Gesellschaft in Abwicklung, so sind auch diese Tatsache sowie alle Abwickler anzugeben.

§ 80 Angaben auf Geschäftsbriefen [i. d. F. bis 31. 12. 2006]

(1) [1]Auf allen Geschäftsbriefen, die an einen bestimmten Empfänger gerichtet werden, müssen die Rechtsform und der Sitz der Gesellschaft, das Registergericht des Sitzes der Gesellschaft und die Nummer, unter der die Gesellschaft in das Handelsregister eingetragen ist, sowie alle Vorstandsmitglieder und der Vorsitzende des Aufsichtsrats mit dem Familiennamen und mindestens einem ausgeschriebenen Vornamen angegeben werden. **[Sätze 2 bis 4 identisch]**

(2) bis (4) **[identisch]**

1 Die Regelung bezweckt die **Publizität wesentlicher Gesellschaftsverhältnisse**. Sie will gemäß ihrer Grundlegung in der europäischen Publizitätsrichtlinie aus dem Jahr 1969 (ABl. Nr. L 65/8) insbesondere gewährleisten, dass Geschäftspartner aus dem Ausland über wesentliche Verhältnisse der AG unterrichtet werden.

2 Die im Rechtsverkehr erforderlichen Angaben sind in § 80 AktG abschließend aufgeführt.

3 Bei der Vorschrift handelt es sich um eine **Ordnungsvorschrift**, sie schafft keine Formerfordernisse für die Gültigkeit von Erklärungen der AG. Die Einhaltung der Vorschrift kann vom Registergericht durch Festsetzung von Zwangsgeld durchgesetzt werden, § 407 Abs. 1 AktG.

§ 81 Änderung des Vorstands und der Vertretungsbefugnis seiner Mitglieder [i. d. F. ab 1. 1. 2007 durch EHUG]

(1) Jede Änderung des Vorstands oder der Vertretungsbefugnis eines Vorstandsmitglieds hat der Vorstand zur Eintragung in das Handelsregister anzumelden.

(2) Der Anmeldung sind die Urkunden über die Änderung in Urschrift oder öffentlich beglaubigter Abschrift beizufügen.

(3) [1]Die neuen Vorstandsmitglieder haben in der Anmeldung zu versichern, daß keine Umstände vorliegen, die ihrer Bestellung nach § 76 Abs. 3 Satz 3 und 4 entgegenstehen, und

daß sie über ihre unbeschränkte Auskunftspflicht gegenüber dem Gericht belehrt worden sind. [2]§ 37 Abs. 2 Satz 2 ist anzuwenden.

(4) [aufgehoben]

§ 81 Änderung des Vorstands und der Vertretungsbefugnis seiner Mitglieder [i. d. F. bis 31. 12. 2006]

(1) [identisch]

(2) Der Anmeldung sind die Urkunden über die Änderung in Urschrift oder öffentlich beglaubigter Abschrift für das Gericht des Sitzes der Gesellschaft beizufügen.

(3) [identisch]

(4) Die neuen Vorstandsmitglieder haben ihre Namensunterschrift zur Aufbewahrung beim Gericht zu zeichnen.

A. Regelungszweck

1 § 81 AktG bezweckt vor allem die **Publizität** der jeweiligen **Vertretungsverhältnisse** in der AG. Die Vorschrift ergänzt die Publizitätsregelungen der §§ 37 Abs. 3, 39 AktG für die Gründungsanmeldung und -eintragung. Außerdem soll die Durchsetzung bestimmter Hindernisse für die Bestellung zum Vorstandsmitglied erleichtert werden. Zu diesem Zweck sieht Abs. 1 die Pflicht des Vorstands zur Anmeldung von Änderungen des Vorstands bzw. der Vertretungsbefugnis zur Eintragung in das Handelsregister vor. Neue Vorstandsmitglieder haben dabei insbesondere die Abwesenheit von Bestellungshindernissen zu versichern.

B. Regelungsinhalt

I. Gegenstand und Inhalt der Anmeldepflicht

2 **Anmeldepflichtig** sind Änderungen des Vorstand sowie Änderungen der Vertretungsbefugnis einzelner Vorstandsmitglieder sowie – vom Gesetz nicht ausdrücklich geregelt – bestimmte Änderungen der persönlichen Verhältnisse der Vorstandsmitglieder. Änderungen der Zusammensetzung des Vorstands ergeben sich beim Ausscheiden eines bisherigen Mitglied sowie beim Eintritt eines neuen Vorstandsmitglieds. Für das Ausscheiden bzw. den Neueintritt von stellvertretenden Mitglieder gilt die Anmeldepflicht nach § 94 AktG entsprechend (vgl. § 94 AktG Rn. 2). Änderungen der Vorstandsposition oder der Ressortverteilung bewirken keine Änderung der Zusammensetzung des Vorstands und sind deshalb nicht anmeldepflichtig.

3 Die anmeldepflichtigen Änderungen der Vertretungsbefugnis umfassen den Wechsel von der Gesamt- zur Einzelvertretung bzw.- den von der Einzel- zur Gesamtvertretung. **Keine Änderung** der Vertretungsbefugnis stellt die Erteilung der Einzelermächtigung nach § 78 Abs. 4 AktG dar, weil damit die Gesamtvertretungsbefugnis der Vorstandsmitglieder nicht geändert wird (s. § 78 AktG Rn. 18); deshalb sind weder die Erteilung noch der Widerruf der Einzelermächtigung nach § 78 Abs. 4 AktG anmeldepflichtig. Wird die Änderung der Vertretungsbefugnis im Wege der Satzungsänderung vorgenommen, so wird diese gem. § 181 AktG angemeldet; einer gesonderten Anmeldung nach § 81 AktG bedarf es in diesem Fall nicht.

4 Zur Durchsetzung der von § 81 AktG bezweckten Publizität der Vorstandsverhältnisse ist es gerechtfertigt und erforderlich, auch die Veränderung bestimmter **persönlicher Verhältnisse** in entsprechender Anwendung von § 81 AktG als anmeldepflichtig anzusehen. Dies betrifft in erster Linie Namensänderung beim Vorstandsmitglied, weil andernfalls keine Klarheit über die organschaftliche Vertretungsbefugnis der Vorstandsmitglieder besteht.

II. Durchführung der Anmeldung

5 Die Anmeldung ist gem. Abs. 1 **vom Vorstand** (nicht von der AG) vorzunehmen. Der Vorstand muss mit der vertretungsberechtigten Zahl seiner Mitglieder tätig werden. Die Anmeldung ist keine höchstpersönliche Verpflichtung, sie kann deshalb auch durch einen Bevollmächtigten vorgenommen, wenn dieser seine Rechtsmacht vom Vorstand und nicht von der AG erlangt.

6 Die Anmeldung ist bei dem **Gericht des Geschäftssitzes** vorzunehmen, § 14 AktG. Inhaltlich gilt: Bei der Änderung der Vertretungsbefugnis sind dieselben Grundsätze zu beachten, die bei der Erstanmeldung einzuhalten sind (vgl. die Erl. zu § 37 AktG). Grundsätzlich ist es ausreichend, wenn die geänderte Vertretungsbefugnis **abstrakt beschrieben** wird; eine konkrete Bennennung der Vertretungsbefugnis namentlich genannter Vorstandsmitglieder ist nur erforderlich, wenn bei einzelnen Vorstandsmitgliedern Besonderheiten gegeben sind (z. B. Einzelvertretungsbefugnis). Die Anmeldungen sind in **öffentlich beglaubigter Form** einzureichen, § 12 Abs. 1 HGB; nach § 129 Abs. 2 BGB ist ersatzweise auch die Einreichung einer notariell beurkundeten Erklärung möglich; diese wiederum wird nach § 127 a BGB durch einen gerichtlich protokollierten Vergleich ersetzt.

7 Nach Abs. 2 sind zu der Anmeldung alle diejenigen **Urkunden beizufügen**, die dem Registergericht die materielle Prüfung der veränderte Besetzungs- bzw. Vertretungslage ermöglichen. In Betracht kommen insbesondere Beschlussprotokolle des Aufsichtsrats, schriftliche Amtsverzichtserklärungen oder Sterbeurkunden. Nach Abs. 2 reicht es aus, wenn die Dokumente in öffentlich beglaubigter Abschrift eingereicht werden.

8 Die gem. Abs. 3 S. 1 erforderlichen **Versicherungen der neuen Vorstandsmitglieder** betreffen zum einen das Fehlen von Bestellungshindernissen nach § 76 Abs. 3 S. 3 AktG (Verurteilung wegen einer Insolvenzstraftat nach § 283 bis 283 d StGB; vgl. § 76 AktG Rn. 53) und S. 4 (Berufsverbot; vgl. § 76 AktG Rn. 53). Zum anderen ist von ihnen zu versichern, dass sie gem. § 53 Abs. 2 BZRG über ihre unbeschränkte Auskunftspflicht gegenüber der Gesellschaft belehrt worden sind; die Belehrung kann durch das Registergericht oder den Notar erfolgen (§§ 81 Abs. 3 S. 2 i. V. m. 37 Abs. 2 S. 2 AktG). Bei dieser Versicherung handelt es sich wegen in § 399 Abs. 1 Nr. 6 AktG vorgesehenen Strafsanktion um eine höchstpersönliche Erklärung.

III. Nichtbeachtung der Anmeldepflicht

9 Im Falle der Nichtbeachtung der Anmeldepflicht gilt: Die **zivilrechtliche Wirksamkeit** der Rechtsänderungen ergibt sich grundsätzlich ohne die der Anmeldung folgenden Registereintragung. Diese hat regelmäßig nur deklaratorische Bedeutung. Eine Ausnahme ergibt sich für die durch Satzungsänderungen erfolgende Veränderung der Vorstandsbesetzung oder Vertretungsbefugnis; die **Satzungsänderung** wird nach § 181 Abs. 3 AktG erst **durch Eintragung** im Register wirksam. Nicht eingetragene Rechtsänderungen können von der AG aber Dritten nach den handelsrechtlichen Publizitätsregeln des § 15 Abs. 1 HGB nur entgegengehalten werden, wenn die Änderung dem Dritten bekannt war. Das Registergericht hat im Falle der Nichtbeachtung der Anmeldepflicht die Befugnisse der § 14 HGB, §§ 132 ff. FGG. Die Abgabe falscher Versicherungen ist nach § 399 Abs. 1 Nr. 6 AktG strafbar.

§ 82 Beschränkungen der Vertretungs- und Geschäftsführungsbefugnis

(1) Die Vertretungsbefugnis des Vorstands kann nicht beschränkt werden.

(2) Im Verhältnis der Vorstandsmitglieder zur Gesellschaft sind diese verpflichtet, die Beschränkungen einzuhalten, die im Rahmen der Vorschriften über die Aktiengesellschaft die Satzung, der Aufsichtsrat, die Hauptversammlung und die Geschäftsordnungen des Vorstands und des Aufsichtsrats für die Geschäftsführungsbefugnis getroffen haben.

Übersicht:

A. Regelungszweck

1 Die Regelung dient in ihrem die Vertretungsbefugnis betreffenden Teil dem Schutz des Rechtsverkehrs. Der Rechtsverkehr soll sich nach § 82 Abs. 1 AktG auf die grundsätzlich unbeschränkte und unbeschränkbare Vertretungsmacht des Vorstands verlassen dürfen. Demgegenüber sind im Innerverhältnis zur AG die in § 82 Abs. 2 AktG genannten Beschränkungen der Geschäftsführungsbefugnis des Vorstands zu beachten. Die Rechtsmacht des Vorstands ist somit im Außenverhältnis unbeschränkt, im Innenverhältnis kann sie dagegen Beschränkungen unterworfen werden. Dies wird in dem Rechtssatz zum Ausdruck gebracht, dass das rechtlichen Können weiter reichen kann als das rechtliche Dürfen des Vorstands.

B. Unbeschränkbarkeit der Vertretungsbefugnis, Abs. 1

I. Grundsatz

2 Entsprechend dem Verkehrsschutzgedanken des Abs. 1 (vgl. Rn. 1) zielt die Unbeschränkbarkeit der Vertretungsbefugnis vor allem auf Rechtsgeschäfte mit Dritten. Eine Begrenzung auf diesen Rechtskreis sieht die Regelung aber nicht vor, so dass alle Rechtshandlungen vom dem Grundsatz der Unbeschränkbarkeit der Vertretungsmacht erfasst werden. Mangels gegenständlicher Anwendungsgrenzen betrifft der Unbeschränkbarkeitsgrundsatz Rechtsgeschäfte mit Dritten Prozesshandlungen und innerkorporative Rechtshandlungen, wie die Zustimmung zur Übertragung vinkulierter Namensaktien, § 68 Abs. 2 S. 1 AktG.

3 Der Unbeschränkbarkeitsgrundsatz hat zur Folge, dass die vom Vorstand getroffenen Maßnahmen auch dann für die AG verbindlich sind, wenn der Vorstand im Innenverhältnis zur Gesellschaft bestehenden Geschäftsführungsbefugnisse überschritten hat.

II. Ausnahmen

1. Aktienrecht

4 Die Vertretungsmacht des Vorstands ist zwar unbeschränkbar, aber dennoch nicht unbeschränkt. Der Gesetzgeber des AktG selbst hat eine Reihe von Regelungen getroffen, aus denen sich **kraft Gesetzes bestehende Beschränkungen** ergeben. Diese sind so angelegt, dass der Vorstand ausnahmsweise nicht als das (allein) berechtigte Vertretungsorgan der Gesellschaft tätig werden kann. Die entsprechenden Fälle sind in den Erläuterungen zu § 78 AktG Rn. 5 dargestellt.

5 Nach der sog. »Holzmüller-Doktrin« hat der Vorstand zu bestimmten satzungsänderungsnahen Maßnahmen die **Zustimmung der Hauptversammlung** einzuholen (vgl. § 76 AktG Rn. 22). Das Zustimmungserfordernis hat nach allgemeiner Meinung keine vertretungsrechtliche Wirkung und berührt die Wirksamkeit der vom Vorstand abgeschlossenen Rechtsgeschäfte nicht (vgl. BGHZ 83, 122, 132; 159, 30, 43; ferner § 76 AktG Rn. 27). Allenfalls ausnahmsweise kann wegen **Missbrauchs der Vertretungsmacht** eine andere Rechtsfolge geboten sein (vgl. dazu Rn. 7 ff.).

2. Verbot des Selbstkontrahierens bzw. der Mehrfachvertretung nach § 181 BGB

6 Gesetzliche Beschränkungen der Vertretungsmacht des Vorstand folgen weiterhin aus § 181 BGB (BGHZ 56, 97, 101). Da die Vertretung der AG gegenüber Vorstandsmitgliedern im Aktienrecht selbst, nämlich in § 112 AktG geregelt ist, findet das nämliche **Verbot des sog. Selbstkontrahierens** in § 181 BGB keine Anwendung. Bedeutung für die AG hat aber die in § 181 BGB weiterhin geregelte Variante des **Verbots der Mehrfachvertretung**. Ein und dieselbe Person ist danach nicht in der Lage als Vorstandsmitglied die AG und als Vertreter eines Dritten diesen zu vertreten. Die Rechtsprechung hat es zugelassen, dass ein zur Gesamtvertretung befugtes Vorstandsmitglied das andere gem. § 78 Abs. 4 S. 1 AktG zur Einzelvertretung ermächtigt und sieht darin keinen Verstoß gegen § 181 BGB (BGHZ 64, 72, 75; dagegen KölnKomm AktG/*Mertens* § 87 Rn. 70). § 181 BGB begrenzt insbesondere die Vertretungsmacht der Alleinvorstands und dies auch dann, wenn er zugleich Alleinaktionär ist. Für die GmbH ist diese Rechtslage vom Gesetzgeber gegen eine zuvor abweichende Rechtsprechung des BGH (vgl. BGHZ 56, 97) in § 35 Abs. 4 GmbHG ausdrücklich festgeschrieben worden (vgl. Kap. 7 § 35 Rn. 15 f., für den geschäftsführenden Alleingesellschafter Rn. 20 f.); für die AG gilt diese Wertung entsprechend (*Hüffer* AktG, § 78 Rn. 6). Die vom Verbot des § 181 BGB befreiende **Gestattung** kann in der **Satzung** vorgesehen werden (§ 78 Abs. 3 AktG in entsprechender Anwendung; vgl. auch – für die GmbH – Kap. 7 § 35 Rn. 17 ff.). Soll die Befreiung vom Aufsichtsrat erteilt werden, so bedarf dieser dafür entsprechend § 78 Abs. 3 S. 2 AktG einer Satzungsermächtigung (wie hier *Hüffer* AktG, § 78 Rn. 7; a. A. *Ekkenga* AG 1985, 40, 42).

3. Missbrauch der Vertretungsmacht

7 Beschränkungen der Vertretungsmacht ergeben sich überdies aus der zumindest im Grundsatz allgemein anerkannten (BGH NZG 2004, 139 f.; KölnKomm AktG/*Mertens* § 82 Rn. 16) Anwendung der bürgerlich-rechtlichen Grundsätze des Missbrauchs der Vertretungsmacht auf die organschaftliche Vertretungsmacht des Vorstands der AG (vgl. zur Anwendung der Grundsätze auf den Geschäftsführer der GmbH Kap. 7 § 37 Rn. 18 ff.). Ein Missbrauchsfall wird zunächst angenommen in den Fällen **bewussten Zusammenwirkens** von Vorstand und Geschäftspartner zu Lasten der AG (BGHZ 50, 112, 114). Dieses Verhalten wird zu Recht als Missbrauch der Vertretungsmacht eingestuft, weil die Unbeschränktheit der Vertretungsmacht in diesen Fällen von beiden am Rechtsgeschäft beteiligten Parteien genutzt wird, um der Gesellschaft Nachteile zuzufügen; dies ist eine sittenwidrige Verhaltensweise, deren Wirksamkeit wegen Verstoßes gegen § 138 BGB zu Recht nicht anerkannt wird.

8 Eine andere Frage ist, ob die organschaftliche Vertretungsmacht auch in den Fällen eine Beschränkung wegen missbräuchlicher Ausnutzung erfahren kann, in denen der Vertreter seine im Innenverhältnis begrenzten **Befugnisse überschreitet** und dies dem **Geschäftspartner bekannt** ist (vgl. auch Darstellung des Streits – bei der GmbH – in Kap. 7 § 37 Rn. 20). Für die handelsrechtlichen Vollmachten hat die Rspr. in solchen Fällen eine Missbrauchskonstellation dann angenommen, wenn der auf Seiten des Vertreters bewusst zum Nachteil des Geschäftsinhabers gehandelt wird und der Geschäftspartner das nachteilige Handeln erkennen musste (so BGHZ 50, 112, 114 f.) oder es sich ihm zumindest hätte aufdrängen müssen (so BGH NJW 1990, 384; 1999, 2883). Für das Vorstandshandeln finden diese Grundsätze zu Recht keine uneingeschränkte Anwendung, weil es im Hinblick auf das Verkehrsschutzanliegen des § 82 AktG zugunsten der Geschäftspartner der AG nicht sachgerecht und zumutbar erscheint, bei Verhandlungen mit den höchsten Repräsentanten der AG auf deren Befugnisse im Innenverhältnis zur Gesellschaft achten zu müssen, zumal es keine dem Vorstand übergeordnete Instanz gibt, bei der die entsprechende Information eingeholt werden kann. Ein Missbrauchsfall wird deshalb abgesehen von den Fällen der Kollusion bei der Tätigkeit des Vorstands juristischer Personen erst angenommen, wenn der Geschäftspartner die Überschreitung der Beschränkungen der Geschäftsführungsbefugnis entweder positiv kennt oder wenn sie nach den Umständen für ihn evident ist (BGH NJW-RR 2004, 247; WM 1984, 305), etwa deswegen weil es massive Anhaltspunkte für ein Über-

schreitung der internen Befugnisgrenzen gibt (BGH NJW 1994, 2082, 2083; zu uneinheitlichen Schrifttum vgl. die Darstellung bei Baumbach / Hueck / *Zöllner/Noack* § 37 Rn. 39 f.).

Die Rechtsfolgen des Missbrauchs der Vertretungsmacht werden nicht einheitlich beurteilt. Die 9
angeführte Rechtsprechung geht unter Hinweis auf § 242 BGB von der Unwirksamkeit des missbräuchlichen Vertreterhandeln aus. Im Schrifttum wird für eine Anwendung der Regeln über die Vertretung ohne Vertretungsmacht (§§ 177 ff. BGB) plädiert (*K. Schmidt* GesR, § 10 II 2 b).

C. Beschränkungen der Geschäftführungsbefugnis, Abs. 2

Unbeschadet der grundsätzlichen Unbeschränktheit der Vertretungsmacht (im Außenverhältnis; 9
vgl. Rn. 2) sind die Vorstandsmitglieder verpflichtet, die im Innenverhältnis zur AG bestehenden Beschränkungen der Geschäftsführungsbefugnis einzuhalten. Die Beschränkungen sind dann beachtlich, wenn sie den Anforderungen des Abs. 2 entsprechen.

I. Beschränkungen durch die Satzung

Der Vorstand muss sich zunächst an den in der Satzung festgelegten Unternehmensgegenstand 10
halten. Regelmäßig ist dieser weit gefasst, so dass sich daraus nur wenige Beschränkungen für die Geschäftsführung ergeben. In solchen Fällen wird bei Fortführung des Unternehmens im angestammten Markt die Geschäftsführungsbefugnis auch dann nicht verlassen, wenn neue Geschäfts- und Marketingmethoden eingeführt werden oder wenn die Produktpalette erweitert und Innovationen eingeführt werden. Solange lediglich neue Hilfsgeschäfte aufgenommen werden, die sich im Rahmen des bisherigen Unternehmensgegenstandes bewegen (BGHZ 144, 290, 292 f. – Lizenzerwerb an fremden Namen und Logos zum Zwecke der Absatzsteigerung der eigenen Produkte), kann der Vorstand die Geschäfte eigenmächtig entscheiden und durchführen. Eine andere Beurteilung ist veranlasst, wenn der angestammte Geschäftsbetrieb zugunsten neuer Aktivitäten aufgegeben wird, mögen diese aus der Sicht des Vorstands auch noch so aussichtsreich erscheinen. Der Aufbau neuer Aktivitäten, die Erschließung neuer sachlicher, vom satzungsmäßigen Unternehmensgegenstand nicht mitumfasster Märkte wird auch dann nicht von der Geschäftsführungsbefugnis des Vorstands gedeckt, wenn die bisherigen Geschäfte fortgeführt werden. Zulässig ist dagegen der Erwerb von Beteiligungen an fremden Unternehmen innerhalb des satzungsmäßigen Unternehmensgegenstandes; insofern kommt allerdings eine Zuständigkeit der Hauptversammlung wegen der mit dem Erwerb der Beteiligung an der Zielgesellschaft einhergehenden mediatisierenden Wirkung zu Lasten der Aktionäre der erwerbenden Gesellschaft in Betracht (vgl. § 76 AktG Rn. 23 ff.).

Die Geschäftsführungsbefugnis ist überdies an den Zweck der Gesellschaft gebunden. Die An- 11
gabe des Unternehmenszwecks gehört nicht zu den Pflichtangaben in der Satzung nach § 23 Abs. 3 AktG. Sein Inhalt ist mangels entsprechender Angaben in der Satzung nicht konkretisiert feststellbar; er wird in diesem Fall auf den bloßen Zweck, Gewinne zu erzielen, reduziert sein. Daran zumindest ist der Vorstand aber gebunden. Geschäfte, die dauerhafte Verluste generieren, liegen außerhalb der Befugnis des Vorstands. Die Aufgabe werbender Geschäftstätigkeit oder die Entfaltung gemeinnütziger Aktivitäten liegen ebenso außerhalb der Geschäftsführungsbefugnis des Vorstands.

II. Beschränkungen durch Vorschriften anderer Organe

Der Aufsichtsrat kann Beschränkungen der Geschäftsführungsbefugnis des Vorstands über den 12
Weg des § 111 Abs. 4 S. 2 AktG erreichen; dazu hat der Aufsichtsrat zu beschließen, dass bestimmte Arten von Geschäften nur mit seiner Zustimmung vorgenommen werden dürfen (vgl. Erl. zu § 111 Abs. 4 AktG und § 76 AktG Rn. 14 ff.). In weiteren Fällen ist der Vorstand kraft Gesetzes, nämlich aufgrund besonderer Bestimmungen des AktG an die Zustimmung des Aufsichtsrats gebunden bzw. der Gesetzgeber verlangt die Doppelvertretung durch Vorstand und Aufsichtsrat (vgl. dazu § 78 AktG Rn. 3 ff.).

13 Die Hauptversammlung hat nach dem AktG nur begrenzte Möglichkeiten, die Geschäftsführungsbefugnis des Vorstands zu beschränken. Die Zustimmung der Hauptversammlung ist kraft Gesetzes nur bei bestimmten Einzelmaßnahmen erforderlich, hat dann aber Bedeutung für die Wirksamkeit der Maßnahme; vgl. die in §§ 50, 52 Abs. 1, 93 Abs. 3 S. 3, 179 a Abs. 1 AktG und zu strukturrelevanten Verträgen nach §§ 293, 295 AktG bestehenden Zustimmungserfordernisse (vgl. die jeweiligen Erl. zu den Einzelvorschriften sowie § 78 AktG Rn. 5). Im Übrigen hat es der Vorstand nach § 119 Abs. 2 AktG selbst in der Hand, eine Entscheidung der Hauptversammlung über Fragen der Geschäftsführung herbeizuführen, deren Vorliegen er abzuwarten und deren Inhalt er dann nach § 83 Abs. 2 AktG auszuführen hat. Zur Vorlagepflicht des Vorstands an die Hauptversammlung bei wesentlichen Geschäftsführungsmaßnahmen von gleichsam satzungsändernder Qualität nach der sog. »Holzmüller-Doktrin« vgl. § 76 AktG Rn. 22 ff.).

III. Beschränkungen durch die Geschäftsordnung

14 Schließlich sind nach Abs. 2 Beschränkungen nach der Geschäftsordnung zu beachten. Die in der gesetzlichen Formulierung getroffene Bezugnahme auf »die Geschäftsordnungen des Vorstands und des Aufsichtsrats« erklärt sich aus der doppelten Zuständigkeit beider Organe zum Erlass einer Vorstandsgeschäftsordnung (vgl. § 77 AktG Abs. 2 AktG) und ist so zu verstehen, dass die Beschränkungen in der Geschäftsordnung zu beachten ist, die vom Vorstand oder vom Aufsichtsrat erlassen worden ist. Von praktischer Bedeutung sind insofern vor allem die durch Ressort- oder Spartenbildung geprägte funktional gegliederte Unternehmensorganisation und deren Auswirkungen auf die Geschäftsordnung, durch die vom Prinzip der Gesamtgeschäftsführung des § 77 AktG abweichende Grenzen der Geschäftsführungsbefugnis einzelner Vorstandsmitglieder (vgl. § 77 AktG Rn. 8 ff.) gezogen werden. Die danach zulässige Verlagerung von Geschäftsführungsaufgaben auf die einzelnen Vorstandsmitglieder kontrastiert mit der Gesamtverantwortung aller Mitglieder des Kollegialorgans bei der Leitung der AG i. S. d. § 76 Abs. 1 AktG (vgl. schon § 76 AktG Rn. 10).

IV. Rechtsfolgen bei Verletzung

15 Im Falle der Verletzung von Beschränkungen der Geschäftsführungsbefugnis durch Vorstandsmitglieder kann dieser Pflichtenverstoß unter den Voraussetzungen des § 93 Abs. 2 AktG zu Schadensersatzansprüchen der AG führen. In Betracht kommt ferner ein Widerruf der Bestellung oder die Kündigung des Anstellungsvertrages aus wichtigem Grund, § 84 Abs. 3 AktG. Über diese das Innverhältnis von Vorstand und Gesellschaft betreffenden Folgen hinaus hat der Verstoß grundsätzlich keinen Einfluss auf das Außenrechtsverhältnis, also die Wirksamkeit der Vertretung der Gesellschaft durch die handelnden Vorstandsmitglieder. Allenfalls ausnahmsweise kommt ein auf die Verletzung der Geschäftsführungsbefugnisgrenzen abstellender Missbrauch der Vertretungsmacht mit der Folge der Unwirksamkeit der Vertretung der Gesellschaft nach §§ 138, 242 BGB in Betracht (vgl. Rn. 7 ff.).

§ 83 Vorbereitung und Ausführung von Hauptversammlungsbeschlüssen

(1) [1]Der Vorstand ist auf Verlangen der Hauptversammlung verpflichtet, Maßnahmen, die in die Zuständigkeit der Hauptversammlung fallen, vorzubereiten. [2]Das gleiche gilt für die Vorbereitung und den Abschluß von Verträgen, die nur mit Zustimmung der Hauptversammlung wirksam werden. [3]Der Beschluß der Hauptversammlung bedarf der Mehrheiten, die für die Maßnahmen oder für die Zustimmung zu dem Vertrag erforderlich sind.

(2) Der Vorstand ist verpflichtet, die von der Hauptversammlung im Rahmen ihrer Zuständigkeit beschlossenen Maßnahmen auszuführen.

A. Regelungszweck

Die Vorschrift soll die effektive Wahrnehmung der in anderen Vorschriften begründeten Hauptversammlungszuständigkeiten gewährleisten (vgl. RegBegr. zum AktG 1965, abgedruckt bei *Kropff* AktG, S. 104). Da die Hauptversammlung keine eigene institutionelle Geschäftsführung hat, bestünde die Gefahr, dass sie ihre Rechte mangels geeigneter Vorbereitung und Ausführung von Beschlussfassungen nicht effektiv wahrnehmen kann. Nach der Organisationsverfassung der Aktiengesellschaft hat der Vorstand eben diese Aufgaben der Vorbereitung von Maßnamen der Hauptversammlung und ihrer Ausführung zu übernehmen. 1

B. Pflicht zur Vorbereitung von Hauptversammlungsbeschlüssen, Abs. 1

I. Vorbereitung von Maßnahmen

Die Vorbereitungspflichten des Vorstands beziehen sich zunächst auf Maßnahmen, zu deren Beschluss die Hauptversammlung zuständig, Abs. 1 S. 1. Die Vorbereitungspflicht besteht erst, wenn der entsprechende **Maßnahmenbeschluss** mit der erforderlichen Mehrheit (Abs. 1 S. 3) ergangen ist. Um unnötige Vorstandsarbeit zu vermeiden, besteht eine Pflicht zur Vorbereitung der Maßnahme nicht, bevor der Maßnahmenbeschluss von der Hauptversammlung getroffen wurde. 2

Welche Zuständigkeiten die Hauptversammlung hat, ergibt sich in erster Linie aus § 119 Abs. 1 AktG. In Übereinstimmung mit § 23 Abs. 5 AktG können weitere Zuständigkeiten in der Satzung vorgesehen werden. In Fragen der Geschäftsführung trifft den Vorstand nur dann eine Pflicht, Hauptversammlungsbeschlüsse vorzubereiten, wenn er selbst nach § 119 Abs. 2 AktG die Entscheidung der Hauptversammlung verlangt. 3

II. Vorbereitung zustimmungsbedürftiger Verträge

Beschließt die Hauptversammlung den Abschluss eines in ihre Zuständigkeit fallenden Vertrags, so hat der Vorstand diesen Vertrag vorzubereiten. Mit umfasst von der Vorbereitungspflicht ist auch die Pflicht des Vorstands, die Beschlussfassung über solche Verträge vorzubereiten. Die in Betracht kommenden Verträge sind zum einen solche, die einen **Verzicht oder Vergleich** in Bezug auf Ersatzforderungen zum Gegenstand haben (vgl. §§ 50, 53 S. 1, 93 Abs. 4 S. 3, 116, 117 Abs. 4, 309 Abs. 3, 310 Abs. 4, 317 Abs. 4, 318 Abs. 4, 323 Abs. 1 S. 2 AktG), zum anderen solche, die nur mit Zustimmung der Hauptversammlung geschlossen werden können, insbesondere **Grundlagenverträge** wie die von § 293 Abs. 1 AktG erfassten Unternehmensverträge (vgl. BGHZ 122, 211, 217) sowie Verschmelzungsverträge nach dem UmwG (vgl. §§ 13, 65, 73 UmwG). 4

C. Pflicht zur Ausführung von Hauptversammlungsbeschlüssen, Abs. 2

Den Vorstand trifft nach Abs. 2 die **Pflicht zur Ausführung** von Hauptversammlungsbeschlüssen. Die Vorschrift setzt inzident voraus, dass der Beschluss der Hauptversammlung einen ausführungsbedürftigen Inhalt hat, was nicht durchweg der Fall ist, etwa dann, wenn die Hauptversammlung bloße Zustimmungsrechte ausübt. Auszuführen sind vor allem die aufgrund der Beschlussfassung in der Hauptversammlung erforderlich werdenden Anmeldungen zum Handelsregister (vgl. insbes. § 181 AktG – Satzungsänderungen, § 184 AktG – Kapitalerhöhungen, §§ 293, 294 AktG – Unternehmensverträge). 5

D. Rechtsfolgen bei Pflichtverletzung

Im Falle der Verletzung der Vorbereitungs- bzw. Ausführungspflichten durch Vorstandsmitglieder kommen unter den Voraussetzungen des § 93 Abs. 2 AktG **Schadensersatzansprüche** der AG in Betracht. Daneben kommt der **Widerruf der Bestellung** oder die Kündigung des Anstellungsvertrages aus wichtigem Grund, § 84 Abs. 3 AktG, in Betracht. Nach überwiegender, wenn auch bestrittener Auffassung kann die AG, vertreten durch den Aufsichtsrat, Klage gegen den Vorstand auf Erfüllung seiner Pflichten nach § 83 AktG erheben (MüKo AktG/*Hefermehl*/*Spindler* 6

§ 83 Rn. 15; *Stodolkowitz* ZHR 154 (1990), 1, 9 f.; a. A. *Mertens* ZHR 154 (1990), 24, 34 f., der für eine Gesellschafterklage eintritt).

§ 84 Bestellung und Abberufung des Vorstands

(1) [1]Vorstandsmitglieder bestellt der Aufsichtsrat auf höchstens fünf Jahre. [2]Eine wiederholte Bestellung oder Verlängerung der Amtszeit, jeweils für höchstens fünf Jahre, ist zulässig. [3]Sie bedarf eines erneuten Aufsichtsratsbeschlusses, der frühestens ein Jahr vor Ablauf der bisherigen Amtszeit gefaßt werden kann. [4]Nur bei einer Bestellung auf weniger als fünf Jahre kann eine Verlängerung der Amtszeit ohne neuen Aufsichtsratsbeschluß vorgesehen werden, sofern dadurch die gesamte Amtszeit nicht mehr als fünf Jahre beträgt. [5]Dies gilt sinngemäß für den Anstellungsvertrag; er kann jedoch vorsehen, daß er für den Fall einer Verlängerung der Amtszeit bis zu deren Ablauf weitergilt.

(2) Werden mehrere Personen zu Vorstandsmitgliedern bestellt, so kann der Aufsichtsrat ein Mitglied zum Vorsitzenden des Vorstands ernennen.

(3) [1]Der Aufsichtsrat kann die Bestellung zum Vorstandsmitglied und die Ernennung zum Vorsitzenden des Vorstands widerrufen, wenn ein wichtiger Grund vorliegt. [2]Ein solcher Grund ist namentlich grobe Pflichtverletzung, Unfähigkeit zur ordnungsmäßigen Geschäftsführung oder Vertrauensentzug durch die Hauptversammlung, es sei denn, daß das Vertrauen aus offenbar unsachlichen Gründen entzogen worden ist. [3]Dies gilt auch für den vom ersten Aufsichtsrat bestellten Vorstand. [4]Der Widerruf ist wirksam, bis seine Unwirksamkeit rechtskräftig festgestellt ist. [5]Für die Ansprüche aus dem Anstellungsvertrag gelten die allgemeinen Vorschriften.

(4) Die Vorschriften des Gesetzes über die Mitbestimmung der Arbeitnehmer in den Aufsichtsräten und Vorständen der Unternehmen des Bergbaus und der Eisen und Stahl erzeugenden Industrie vom 21. Mai 1951 (Bundesgesetzbl. I S. 347) – Montan-Mitbestimmungsgesetz – über die besonderen Mehrheitserfordernisse für einen Aufsichtsratsbeschluß über die Bestellung eines Arbeitsdirektors oder den Widerruf seiner Bestellung bleiben unberührt.

Übersicht:

A. Regelungszweck

Die Vorschrift regelt die **Personalkompetenz** in Bezug auf den Unternehmensvorstand und weist diese nach Abs. 2 und 3 ausschließlich und nach § 23 Abs. 5 AktG zwingend dem **Aufsichtsrat** zu. Zur Gewährleistung der Personalkompetenz des Aufsichtsrats ist die Amtszeit des Aufsichtsrats auf höchstens fünf Jahre begrenzt, Abs. 1. Zudem ist in § 84 AktG die Unterscheidung der organschaftlichen Stellung von der dienstrechtlichen angelegt. Während die organschaftliche Stellung durch die Bestellung zum Vorstand begründet (vgl. Rn. 2) und durch den Widerruf der Bestellung (vgl. Rn. 13) beendet wird, wird die dienstrechtliche Rechtsstellung des Vorstands durch den Abschluss des Anstellungsvertrages begründet (Rn. 35) und durch seine Beendigung beendet. Beide Rechtsverhältnisse bedingen sich nicht wechselseitig und können ein voneinander unabhängiges rechtliches Schicksal erfahren. So ist die Bestellung ohne Begründung des Anstellungsvertrages wirksam; der Widerruf der Bestellung berührt die Wirksamkeit des Anstellungsvertrages grundsätzlich nicht. Tatsächlich (und rechtlich) haben aber beide Rechtsverhältnisses erhebliche Auswirkungen aufeinander (BGHZ 89, 48, 52 f.); insbesondere können bei der Vertragsgestaltung Verknüpfungen durch sog. Gleichlaufklauseln hergestellt werden hergestellt (vgl. dazu Rn. 45). 1

B. Bestellung von Vorstandsmitgliedern, Abs. 1

I. Begriff und Bedeutung

Durch die Bestellung wird die betroffene Person Mitglied des Vorstands; sie wird damit zum Vorstandsmitglied berufen. Im Unterschied zum schuldrechtlichen Anstellungsvertrag (vgl. Rn. 35) verleiht die Bestellung dem Betroffenen die **organschaftliche Rechtsstellung**, die einem Vorstandsmitglied zusteht. Der Rechtsbegriff der Bestellung bezeichnet demgemäß die Gesamtheit der Vorgänge, die zur Einräumung der organschaftlichen Rechtsstellung des Vorstandsmitglieds erforderlich sind. Der Bestellungsakt ist mehrgliedrig; er umfasst den Beschluss des Aufsichtsrats (§ 108 AktG), dessen Kundgabe an die betreffende Person sowie deren Einverständniserklärung. Der Organisationsakt der Bestellung hängt in seiner Wirksamkeit von den ihn ausmachenden **zwei rechtsgeschäftlichen Elementen** ab: dem Bestellungsbeschluss und der Einverständniserklärung. Deren Wirksamkeit wird nach den Grundsätzen der allgemeinen Rechtsgeschäftslehre (§§ 104 ff. BGB) beurteilt (vgl. BGHZ 52, 316, 321 – zum Bestellungsbeschluss). Das Einverständnis der bestellten Person ist eine (dem Aufsichtsrat gegenüber abzugebende; vgl. § 112 Rn. 1) zugangsbedürftige Willenerklärung. 2

II. Zuständigkeit und Verfahren

Zuständig zur Beschlussfassung über die Bestellung ist ausschließlich der **Aufsichtsrat als Kollegialorgan**. Eine Übertragung der Beschlussfassung über die Bestellung auf einen Aufsichtsrats-Ausschuss ist nach § 107 Abs. 3 S. 2 AktG – anders als die von dieser Vorschrift nicht erfasste Beschlussfassung über den Anstellungsvertrag (vgl. noch Rn. 36) – nicht zulässig. Die verbreitete Praxis, die Vorbereitung des Bestellungsaktes einschließlich der Auswahl geeigneter Kandidaten durch einen Ausschuss (**Findungsausschuss**) vornehmen zu lassen, ist solange rechtlich unproblematisch, als die Kompetenz des Aufsichtsrats als Kollegialorgan dadurch (etwa durch eine Bindung an Vorschläge des Ausschusses) nicht eingeschränkt wird. Der Aufsichtsrat hat nach der gesetzlichen Konzeption des Abs. 1 **frei und autonom** zu entscheiden. Jedwede, die Entschließungsfreiheit des Aufsichtsrats einengende Bindung ist unbeachtlich bzw. nach § 134 BGB nichtig. Unwirksam sind deshalb regelmäßig auch Zusagen oder vergleichbare Vereinbarungen zwischen einem Vorstandsmitglied und Aktionären betreffend die Wiederbestellung nach Ablauf der vereinbarten Amtszeit (vgl. *Niewarra* BB 1998, 1961, 1963 f.). Ebenso wenig kann der Aufsichtsrat einem Vorstandsmitglied die Wiederbestellung bindend zusagen, es sei denn die Amtsdauer des Vorstandsmitglied überschreitet dann insgesamt die Dauer von fünf Jahren nicht, für die der Aufsichtsrat den Vorstand sogleich hätte bestellen können. 3

4 Das **Wahlverfahren** regelt das AktG nicht. Anerkannt ist, dass die Beschlussfassung durch den Aufsichtsrat ausdrücklich erfolgen muss; eine Vorstandsbestellung durch Duldung des Handelns als Vorstand genügt nicht (BGHZ 41, 282, 286). Dabei sind **Stimmverbote** insbesondere wegen Interessenkollision bei eigener Kandidatur eines Aufsichtsratsmitglieds zu beachten (vgl. Erl. zu § 108 AktG). Die Beschlussfassung bedarf, vorbehaltlich der Anwendbarkeit mitbestimmungsrechtlicher Regeln (§ 31 Abs. 2 bis 4 MitbestG), der **einfachen Mehrheit**. Satzungsrechtliche Erhöhungen der erforderlichen Quoren sind mit § 23 Abs. 5 AktG ebenso unvereinbar wie die Zuerkennung eines Einflusses der Hauptversammlung auf die Beschlussfassung.

5 Die Kompetenz nach Abs. 1 bezieht sich gegenständlich allein auf die Bestellung zum Vorstandsmitglied. Zusätzliche inhaltliche Beschlussfassungsgegenstände (etwa die Zuweisung eines bestimmen Ressorts) können mit dem Bestellungsbeschluss – abgesehen vor Bestellung zum Vorstandsvorsitzenden nach Abs. 2 – nicht verbunden werden. Insofern ist der Aufsichtsrat auf seine Zuständigkeit zum Erlass einer Geschäftsordnung beschränkt (vgl. § 77 AktG Rn. 14).

III. Dauer

6 Gem. Abs. 1 S. 1 kann die Bestellung eines Vorstandsmitgliedes für die **Höchstdauer von fünf Jahren** erfolgen. Bei Bestellung für einen längeren Zeitraum wird sie nach Ablauf der 5-Jahres-Frist von Gesetzes wegen unwirksam (BGHZ 10, 187, 194 f.). Eine Bestellung für eine nicht bestimmte Dauer oder auf unbestimmte Zeit ist im Zweifel als eine Bestellung für fünf Jahre anzusehen (*Hüffer* AktG, § 84 Rn. 7). Eine Mindestdauer sieht das Gesetz nicht vor. Dennoch kann die Dauer der Bestellung innerhalb der 5-Jahres-Frist nicht beliebig gewählt werden, weil andernfalls die vom der gesetzlichen Konzeption gewollte Unabhängigkeit des Vorstands vom Aufsichtsrat durch allzu kurze Bestellungszeiträume beeinträchtigt und der Rechtsgedanke des Abs. 3 S. 1 missachtet würde, wonach die Bestellung nur aus wichtigem Grund widerruf werden kann. Zur Vermeidung einer sorgfaltspflichtenwidrig getroffenen Bestellung wird in der Literatur eine Mindestdauer der Bestellung von einem Jahr empfohlen (KölnKomm AktG/*Mertens* § 84 Rn. 17).

7 Nach Abs. 1 S. 2 ist eine einmal oder mehrmals **wiederholte Bestellung** von Vorstandsmitgliedern zulässig, wiederum allerdings jeweils für höchstens fünf Jahre. Für die Wiederbestellung gelten die Regeln der Erstbestellung entsprechend. Nicht zulässig ist es, eine automatische Verlängerung der Bestellung nach Ablauf der vorhergehenden Amtsperiode vorzusehen, weil nach den Grundsätzen der dem Aufsichtsrat zustehenden Personalkompetenz verlangt wird, dass sich das Gremium stets neu und frei darüber entscheiden kann, ob das betreffende Vorstandsmitglied die erforderliche Eignung für das Vorstandsamt hat (BGHZ 10, 187, 194 f.). Nicht berührt wird die Entscheidungsfreiheit des Aufsichtsrats bei automatisch wirkenden Wiederbestellungs- oder Verlängerungsklauseln innerhalb der 5-Jahres-Frist, da dieser die Bestellung von vornherein für die entsprechende Dauer hätte vornehmen können; deshalb bedarf es nach Abs. 1 S. 3 innerhalb der 5-Jahres-Frist nicht notwendig einer erneuten Beschlussfassung durch den Aufsichtsrat.

8 Die **Neufestsetzung der Amtszeit** bzw. die **Erneuerung der Bestellung** während der laufenden Amtszeit wird vom Wortlaut des Abs. 1 S. 3 nicht erfasst und deshalb für zulässig erachtet (*Hölters/Weber* AG 2005, 629, 631 ff.). Da auf diese Weise eine Verlängerung der Bestellperiode über fünf Jahre hinaus erreicht werden kann, ist aber die Vereinbarkeit mit dem Rechtsgedanken des Abs. 1 S. 3 zu prüfen und umstritten (vgl. *Götz* AG 2002, 305). Unproblematisch ist eine solche Maßnahme also nur, wenn die Zeitdauer der gesamten Bestelldauer fünf Jahre nicht überschreitet. Zweifelhaft ist dagegen insbesondere, ob der Vorstand mehr als ein Jahr vor Ablauf seiner Amtszeit sein Amt im Einvernehmen mit dem Aufsichtsrat niederlegen und sich sogleich für volle fünf Jahre erneut bestellt werden kann. In diesem Fall kann die Niederlegung des laufenden Amtes und die Neubestellung zu einer Umgehung des Abs. 1 S. 3 führen. Ziff. 5.1.2 Abs. 2 S. 2 des DCGK für **börsennotierte Gesellschaften** empfiehlt deshalb, von dieser Möglichkeit nur in Ausnahmefällen, nämlich bei Vorliegen »besonderer Umstände« Gebrauch zu machen. **Beispiele** sind: Ein Vorstandsmitglied wird während der laufenden Bestellperiode zum Vorsitzenden

des Vorstands bestellt; von Dritter Seite wird ein Angebot unterbreitet und das Vorstandsmitglied wünscht bei seinen »Bleibeverhandlungen« eine Auffüllung seiner Amtszeit auf fünf Jahre (*Ringleb/Kremer/Lutter/v.Werder* Rn. 950); ein besonderer Umstand kann auch in der Änderung der Ressortzuständigkeit liegen (MAH AktR/*Tomat/Nehls* § 22 Rn. 42). Nach Maßgabe dieser Grundsätze wird auch für nicht börsennotierte Gesellschaften eine Neufestsetzung der Amtszeit bzw. die Erneuerung der Bestellung während der noch laufenden Amtszeit nicht zu beanstanden sein (*Hüffer* AktG, § 84 Rn. 7; vgl. ferner *Leuchten* NZG 2005, 909).

IV. Mängel der Bestellung

Bei Nichtbeachtung der gesetzlichen Voraussetzungen weist die Bestellung zum Vorstandsmitglied Mängel auf. Sie führen trotz des rechtsgeschäftlichen Charakters der Bestellung nicht notwendig zur Unwirksamkeit der Bestellung. Nach allgemeiner Auffassung ist die fehlerhaft begründete und tatsächlich in Vollzug gesetzte Bestellung **vorläufig wirksam**, bis sie durch Widerruf nach Abs. 3 oder durch Amtsniederlegung endet. Angewendet werden insofern Rechtsgrundsätze, die auch für die Behandlung fehlerhafter Gesellschafts- oder Dienstverhältnisse gelten (MüKo AktG/*Hefermehl/Spindler* § 84 Rn. 196 ff.; vgl. ferner die Erl. in Rn. 40). Das fehlerhaft bestellte Vorstandsmitglied ist damit nicht nur Mitglied des Kollegialorgans, sondern es hat auch die dem Organmitglied zustehenden Rechte und Verantwortlichkeiten; das Handeln des fehlerhaft bestellten Organmitglieds wird der Gesellschaft zugerechnet. Die vorläufig wirksame Bestellung kann nur mit Wirkung für die Zukunft aufgehoben werden. 9

C. Ernennung des Vorsitzenden, Abs. 2

I. Zuständigkeit

Gem. Abs. 2 kann der Aufsichtsrat ein Mitglied zum Vorsitzenden des Vorstands ernennen, wenn das Gremium aus mehreren Personen besteht. Die Beschlusszuständigkeit liegt beim **Aufsichtsrat als Gesamtgremium**; eine Übertragung der Entscheidung auf einen Ausschuss ist nicht zulässig, § 107 Abs. 3 S. 2 AktG (vgl. oben Rn. 3). Die Voraussetzungen für den Bestellungsakt entsprechen denen für die Bestellung zum einfachen Vorstandsmitglied (vgl. Rn. 3 ff.). Auch in der mitbestimmten AG beschließt der Aufsichtsrat mit einfacher Mehrheit, § 29 MitbestG; die besonderen Regeln des § 31 MitbestG gelten für die Ernennung zum Vorsitzenden nicht (vgl. *Hanau/Ulmer* MitbestG, § 30 Rn. 8). 10

II. Rechtsstellung des Vorsitzenden

Der Vorstandsvorsitzende **repräsentiert** den Vorstand als Kollegialorgan. Er ist der **Sitzungsleiter** und koordiniert die Vorstandsarbeit. Dem Vorstandsvorsitzenden kann in der Satzung oder Geschäftsordnung das Recht zum Stichentscheid oder ein Vetorecht eingeräumt werden (str.; vgl. § 77 AktG Rn. 9 f.). 11

Wird vom Aufsichtsrat ein Vorsitzender nicht ernannt, kann der Vorstand aus seiner Mitte ein Mitglied zum Sprecher ernennen; dabei macht der Vorstand von seiner Geschäftsführungskompetenz nach § 77 Abs. 2 S. 1 AktG Gebrauch. Bei börsennotierten Gesellschaften soll er dies gem. Ziff. 4.2.1 DCGK tun. Die Rechtsstellung des **Vorstandssprechers** ist gesetzlich nicht geregelt. Vom Vorstandsvorsitzenden unterscheidet sich der Sprecher dadurch, dass es wegen des für die Vorstandsarbeit geltenden **Kollegialitätsprinzips** (vgl. § 77 AktG Rn. 1) nicht erlaubt ist, dem Sprecher die sachliche Leitung der Vorstandsarbeit zu übertragen (vgl. *Hoffmann-Becking* ZGR 1998, 497, 517). Die typischen Sprecheraufgaben liegen in der Sitzungsleitung und der Organisation der Kommunikation mit dem Aufsichtsrat. 12

D. Widerruf der Bestellung, Abs. 3

I. Begriff und Bedeutung, Abgrenzung zu anderen Maßnahmen

13 Der Widerruf der Bestellung ist der **actus contrarius der Bestellung** und ist mithin auf die Beseitigung der organschaftlichen Stellung des Vorstandsmitglieds gerichtet. Mit ihr wird der Betroffene als Vorstandsmitglied abberufen. Der Widerruf der Bestellung betrifft nur das **organschaftliche Rechtsverhältnis** des Vorstandsmitglieds zur Gesellschaft. Das nach der gesetzlichen Trennungskonzeption davon zu unterscheidende Anstellungsverhältnis (vgl. oben Rn. 2; s. für den GmbH-Geschäftsführer auch Kap. 7 § 38 Rn. 24 ff.) wird durch den Widerruf nicht berührt. Soll auch dieses beendet werden, so muss die Beendigung des Anstellungsverhältnisses grundsätzlich gesondert herbeigeführt werden. Regelmäßig wird allerdings im Widerruf der Bestellung **konkludent** die Erklärung der außerordentlichen Kündigung des Anstellungsvertrages liegen (BGHZ 12, 337, 340), insbesondere wenn der Widerruf einem Vertrauensverlust zum Vorstandsmitglied Ausdruck verleiht, der das Rechtsverhältnis der AG zum Vorstandsmitglied insgesamt belastet (BGHZ 18, 334). In der Literatur wird im Widerruf der Bestellung die konkludente Kündigung des Anstellungsvertrages gesehen, wenn die AG hinsichtlich des Anstellungsvertrages nicht etwas anderes erklärt (KölnKomm AktG/*Mertens* § 84 Rn. 94; *Hüffer* AktG, § 84 Rn. 24).

14 Die **Suspendierung** unterscheidet sich von der Abberufung durch ihren Charakter als **vorläufige, befristete Amtsenthebung** des Vorstandsmitglieds. Ihre Zulässigkeit ist wegen Zweifel an ihrer Vereinbarkeit mit Abs. 3 umstritten. Solche Zweifel werden ausgeräumt, wenn an die Zulässigkeit der Suspendierung die gleichen sachlichen und verfahrensrechtlichen Erfordernisse wie an eine Abberufung gestellt werden (so LG München I AG 1986, 142); dann allerdings hat die Suspendierung auch keine eigenständige rechtliche Bedeutung. Für die Zulässigkeit der Suspendierung ohne Vorliegen eines wichtigen Grundes wird angeführt, dass bisweilen eine Abberufung mangels hinreichender Aufklärung des Sachverhalts noch nicht in Betracht kommt, aber dennoch ein billigenswertes Interesse für eine vorläufige Amtsenthebung besteht und ein Widerruf i. S. d. Abs. 3 deswegen weder vorliegt, noch die Suspendierung mit ihm gleichgesetzt werden könne (KölnKomm AktG/*Mertens* § 84 Rn. 152; MünchHdb GesR IV/*Wiesner* § 20 Rn. 60). Ein praktisches Bedürfnis für eine Suspendierung wird kaum in Abrede zu stellen sein, die rechtliche Zulässigkeit ist aber gerade deswegen zweifelhaft, weil eine Amtsenthebung ohne wichtigen Grund mit der Wertentscheidung in Abs. 3 S. 1 unvereinbar ist (ebenso *Hüffer* AktG, § 84 Rn. 35). Die praktische Bedeutung der Suspendierung wird dadurch eingeschränkt, dass das betroffenen Vorstandsmitglied – anders als beim Widerruf (vgl. Rn. 34) – **einstweiligen Rechtsschutz** gegen die Maßnahme beantragen kann (*Lücke* Vorstand der AG, § 2 Rn. 27).

15 Die **einvernehmliche Beendigung** der Organstellung bzw. das einverständliche Ausscheiden eines Vorstandsmitglied aus der Organstellung ist jederzeit möglich; eines wichtigen Grundes bedarf es dafür nicht. Die Vereinbarkeit mit Abs. 3 steht nicht in Frage, weil das betroffene Vorstandsmitglied selbst einwilligt und deswegen weder die von Abs. 3 geschützte Unabhängigkeit seiner Willensbildung noch die Eigenverantwortlichkeit bei der Ausübung von Leitungsmacht beeinträchtigt wird (OLG Karlsruhe AG 1996, 224, 227). Auf Seiten der AG ist ein Beschluss des Gesamtaufsichtsrats nach § 108 AktG erforderlich.

16 Die **einseitige Amtsniederlegung** durch das Vorstandsmitglied ist zulässig, wenn sie aus wichtigem Grund erklärt wird (BGHZ 78, 82). Die Rspr. wendet Abs. 3 S. 4 auf die Amtsniederlegung entsprechend an, wenn das Vorliegen eines wichtigen Grundes streitig ist (BGHZ 78, 82, 84). Die aus vermeintlich wichtigem Grund erklärte Amtsniederlegung wird damit sofort wirksam. Dies gilt jedenfalls dann, wenn sich der Vorstand auf einen wichtigen Grund beruft. Nach einer für den GmbH-Geschäftsführer ergangenen Rspr. soll die sofortige Wirkung der Beendigung des Amtes auch eintreten, wenn die Berufung auf einen wichtigen Grund nicht erfolgt bzw. er das Amt begründungslos niederlegt (BGHZ 121, 257, 261 f. – offen gelassen für die mit dem AG-Vorstand vergleichbare Situation des § 38 Abs. 2 GmbHG; für eine Übertragung dieser Rspr. auf die AG

Grobys/Littger BB 2002, 2292; *Hüffer* AktG, § 84 Rn. 36). Der Streit hat keine erhebliche praktische Bedeutung, weil es regelmäßig wenig angeraten ist, einen Vorstand gegen seinen Willen im Amt zu halten (ebenso Hdb AG/*Liebscher* § 6 Rn. 53). Die Erklärung der Amtsniederlegung ist an die durch den Aufsichtsrat vertretene AG zu richten, § 112 AktG. Einer gleichzeitigen Kündigung des Anstellungsvertrages bedarf es dabei nicht (*Hüffer* AktG, § 84 Rn. 36).

II. Zuständigkeit und Verfahren

Das Recht zum Widerruf steht nach Abs. 3 S. 1 **ausschließlich** dem Aufsichtsrat zu. Es kann auch durch die Satzung nicht einem anderen Gesellschaftsorgan und erst recht nicht einem Dritten übertragen werden. Die Zuständigkeit liegt beim Gesamt-Aufsichtsrat; die Übertragung auf einen Ausschuss ist nach § 107 Abs. 3 S. 2 AktG ebenfalls ausgeschlossen. 17

Der Aufsichtsrat hat über den Widerruf im Wege der **Beschlussfassung gem. § 108 AktG** zu befinden. Der Beschluss wird mit dem Zugang der Erklärung des Beschlussinhalts gegenüber dem betroffenen Vorstandsmitglied wirksam, § 130 Abs. 1 S. BGB. Regelmäßig wird im Abberufungsbeschluss der Aufsichtsratsvorsitzende zur Abgabe der Erklärung bevollmächtigt. Weniger üblich ist es, den Vorstandsvorsitzenden als Erklärungsboten zu beauftragen; diese Möglichkeit ist aber rechtlich nicht zu beanstanden, weil die Entscheidungszuständigkeit des Aufsichtsrats nicht beeinträchtigt wird. In mitbestimmten Gesellschaften ist das Verfahren nach § 31 MitbestG einzuhalten, § 31 Abs. 5 MitbestG. 18

Die Beschlussfassung liegt nach Abs. 3 S. 1 (»kann«) im **Ermessen** des Aufsichtsrats. Das Ermessen umfasst ein Auswahlermessen in den Fällen, in denen das Vorliegen des wichtigen Grundes in der Person mehrerer Vorstandsmitglieder vorliegt (OLG Stuttgart NZG 2002, 971). Die Entscheidung über das Vorliegen eines wichtigen Grundes zur Abberufung ist nicht in vollem Umfang gerichtlich überprüfbar; dem Aufsichtsrat steht **ein** gerichtlich nicht nachprüfbarer **Ermessens- oder Beurteilungsspielraum** zu (BGHZ 135, 244, 254 f.). 19

Eine **Verpflichtung zur Abberufung** eines Vorstandsmitglieds wegen Vorliegens eines wichtigen Grundes besteht nach überwiegender Rechtsauffassung nicht (vgl. OLG Stuttgart NZG 2002, 971; MüKo AktG/*Hefermehl/Spindler* § 84 Rn. 94). Diese auf die Ermessensregelung des Abs. 3 gestützte Auffassung überzeugt nicht, weil das Ermessen des Aufsichtsrats pflichtgemäß ausgeübt werden muss und keine beliebige Entscheidung rechtfertigt. Das Abberufungsermessen kann im Einzelfall auf Null reduziert sein, so dass bei ordnungsgemäßer Interessenabwägung – etwa bei Vorliegen schwerwiegender Pflichtverletzungen und bestehender Wiederholungsgefahr – durchaus eine Pflicht des Aufsichtsrats zur Abberufung des Vorstandsmitglieds bestehen kann (Hdb AG/*Liebscher* § 6 Rn. 52). Die Abberufungsentscheidung hat der Aufsichtsrat in eigener Entscheidungsverantwortung und damit ohne Rücksicht auf Druck von Aktionären, Gläubigern oder sonstigen Dritten zu treffen (*Fleischer* DAR 2006, 1507). 20

III. Voraussetzungen

1. Allgemeines – Vorliegen eines wichtigen Grundes

Die Abberufung ist – anders als bei der GmbH (vgl. Erl. zu § 38 GmbHG in Kap. 7, insbes. Rn. 6 ff.) – an das Vorliegen eines **wichtigen Grundes** gebunden; sie liegt somit nicht im freien Belieben des Aufsichtsrats. Diese Voraussetzung des Abs. 3 S. 1 ist satzungsfest und kann auch nicht durch den Bestellungsbeschluss oder den Anstellungsvertrag ausgeschlossen oder geändert werden (BGHZ 8, 348, 360 f.). Das Erfordernis des wichtigen Grundes soll die Unabhängigkeit des Vorstands, die Eigenverantwortlichkeit seiner Führungsentscheidungen und die alleinige Bindung an das Unternehmensinteresse gewährleisten (vgl. Begr. zum RegE AktG 1965, abgedruckt bei *Kropff* S. 106 ff.). 21

Die Voraussetzung eines wichtigen Grundes zur Beendigung der Organstellung ist gegeben, wenn es der AG **unzumutbar** ist, ein Verbleiben des Vorstands in seiner Funktion bis zum regulären Auslaufen der Amtszeit abzuwarten (OLG Stuttgart AG 2003, 211, 212). Dabei ist das Ab- 22 berufungsinteresse der AG und das Interesse des Vorstands an der Beibehaltung seiner Organstellung gegeneinander abzuwägen (BGH NJW-RR 1988, 352, 353). Es kommt damit nicht nur auf die Schwere der Verfehlungen an (so eine Mindermeinung in der Literatur, vgl. MüKo AktG/*Hefermehl/Spindler* § 84 Rn. 95), sondern darauf, ob sich feststellen lässt, dass die dem Vorstandsmitglied angelasteten Verfehlungen unter Berücksichtigung seiner Leistungen und Verdienste ausreichen, die sofortige Abberufung zu rechtfertigen. Nicht zuletzt sind die Dauer der verbleibenden Amtszeit und die Bedeutung des Abberufungsgrundes in die Abwägung einzustellen. Der Rechtsbegriff des wichtigen Grundes i. S. d. § 84 Abs. 3 AktG unterscheidet sich von demjenigen des § 626 Abs. 1 BGB für die außerordentliche Kündigung des Anstellungsvertrages. Dabei wird die Schwelle des § 84 Abs. 3 AktG als die niedrigere angesehen: Der wichtige Grund nach § 626 Abs. 1 BGB stellt einen solchen des § 84 Abs. 3 AktG dar, während dies umgekehrt nicht gilt (BGH NJW-RR 1996, 156). Der Schutz des Vorstandsmitglieds bei der Kündigung des Anstellungsverhältnisses kann in die bei § 84 Abs. 3 AktG zu treffende Abwägung eingestellt werden, mit der Folge, dass ein danach gegebener Schutz zu einer vorrangigen Berücksichtigung der Interessen der AG bei der Abberufung führt (vgl. KölnKomm AktG/*Mertens* § 84 Rn. 103; *Säcker* FS Müller 1981, S. 745; dagegen *Lücke* Vorstand der AG, § 2 Rn. 35 f.).

23 Die Entscheidung darüber, ob die Fortsetzung des Organverhältnisses unzumutbar ist, verlangt eine auf Tatsachen der Vergangenheit gestützte **Prognose** über die künftige Arbeit des Vorstands für die Gesellschaft. Deshalb ist es nicht zulässig, im Voraus – etwa in Satzung oder Anstellungsvertrag – das Vorliegen eines wichtigen Grunde rechtsverbindlich festzulegen (MüKo AktG/*Hefermehl/Spindler* § 84 Rn. 93). Der wichtige Grund muss nicht in der Person des Vorstandsmitglieds vorliegen; ebenso wenig ist ein Verschulden des Vorstandsmitglieds erforderlich (BGH ZIP 1992, 760, 761; AG 1975, 242, 244). Der wichtige Grund kann in dem Verhalten des Vorstandsmitglieds außerhalb seiner Vorstandstätigkeit liegen (BGH WM 1956, 865); in Betracht zu ziehen ist auch das Verhalten vor der Bestellung (BGHZ 15, 71, 76).

2. Regelbeispiele, Abs. 3 S. 2

24 Das Vorliegen eines wichtigen Grund zum Widerruf der Vorstandsbestellung ist in jedem Einzelfall gesondert zu prüfen. Nach Abs. 3 S. 2 kommt ein wichtiger Grund zur Abberufung insbesondere dann in Betracht, wenn dem Vorstandsmitglied eine grobe Pflichtverletzung oder Unfähigkeit zur ordnungsgemäßen Geschäftsführung vorzuwerfen ist oder die Hauptversammlung dem Vorstandsmitglied das Vertrauen aus nicht offenbar unsachlichen Gründen entzieht.

25 Eine **grobe Pflichtverletzung** ist in der Rspr. bei den nachfolgend angeführten Sachverhalten angenommen worden, die sich nach verschiedenen Ebenen unterscheiden lassen. **(1) Verhältnis Vorstand zu anderen Gesellschaftsorganen**: Unüberbrückbare Differenzen zwischen Vorstand und Aufsichtsrat über grundsätzliche Fragen der Unternehmenspolitik (BGH AG 1998, 519, 520; ZIP 1992, 760, 761; a. A. *Hüffer* AktG, § 84, Rn. 28); Verletzung von Informationspflichten bzw. mangelnde Offenheit gegenüber dem Aufsichtsrat (BGHZ 20, 239, 246); Missachtung von Zustimmungsvorbehalten nach § 111 Abs. 4 AktG (BGH AG 1988, 519); wiederholte Übergriffe in das Ressort anderer Vorstandsmitglieder sowie die Missachtung geschriebener oder ungeschriebener Hauptversammlungszuständigkeiten (BGH AG 1988, 519, 520; WM 1984, 29; OLG Düsseldorf WM 1992, 14, 19). **(2) Verfehlungen zu Lasten der Gesellschaft**, ihres Vermögens und ihrer Interessen: Teilnahme an unehrenhaften oder riskanten Geschäften (BGH WM 1956, 865); Nichteinrichtung eines Risikofrüherkennungssystems nach § 91 Abs. 2 AktG (LG Berlin AG 2002, 682, 683 f.); Ausnutzung einer Geschäftschance (BGH ZIP 1985, 1484, 1485 – zur GmbH); Manipulation der Bilanz (OLG Düsseldorf WM 1992, 14, 19); Aneignung von Gesellschaftsvermögen (BGH WM 1984, 29 f. – zur GmbH). **(3) Fehlverhalten im privaten Bereich**: hohe Verschuldung des Vorstandsmitglieds (OLG Hamburg BB 1954, 978); Beteiligung an strafbaren Handlungen (BGH WM 1967, 251); Bestechlichkeit (BGH WM 1967, 679).

26 **Unfähigkeit zur ordnungsgemäßen Geschäftsführung** kommt in Betracht, wenn dem Vorstandsmitglied die erforderlichen Kenntnisse fehlen (OLG Stuttgart GmbHR 1957, 59 f. – zur

GmbH), und bei einer die kollegiale Zusammenarbeit im Vorstand gefährdenden Unverträglichkeit (BGH WM 1984, 29 f.).

Der Abberufungsgrund »**Vertrauensentzug durch die Hauptversammlung**« trägt dem Umstand Rechnung, dass die dem Vorstand verliehenen Machtbefugnisse einer inneren Legitimation entbehren, wenn der Vorstand nicht mehr über das Vertrauen der Eigentümer und Satzungsgeber der AG verfügt (vgl. BGHZ 13, 188, 192 f.). Die Regelung steht in einem Spannungsverhältnis zur ausschließlichen Personalkompetenz des Aufsichtsrats, welches rechtstechnisch dadurch bewältigt wird, dass die Bedeutung des Vertrauensentzugs durch die Hauptversammlung für die Abberufungsentscheidung durch den Aufsichtsrat in Abs. 3 S. 2 unter den Vorbehalt des Vorliegens »offenbar unsachlicher Gründe« gestellt ist. Diese sind gegeben, wenn der Vertrauensentzug unter bloßen Vorwänden, willkürlich oder offenbar treuwidrig erfolgt (vgl. KG ZIP 2003, 1042, 1046 f.). Eine Pflicht zur Abberufung wegen Vertrauensentzugs durch die Hauptversammlung besteht nur dann, wenn das Abberufungsermessen angesichts der den Vertrauensentzug rechtfertigenden Umstände ausnahmsweise auf Null geschrumpft ist (vgl. oben Rn. 20). Andererseits bedarf es einer zusätzlichen Rechtfertigung und Begründung der Abberufungsentscheidung des Aufsichtsrats nicht mehr, wenn die Hauptversammlung dem Vorstandsmitglied das Vertrauen entzogen hat (*Hüffer* AktG, § 84 Rn. 29). Die Beschlussfassung der Hauptversammlung hat der Abberufungsentscheidung des Aufsichtsrats vorauszugehen; sie kann nicht nachträglich durch einen Genehmigungsbeschluss erfolgen (*Hüffer* AktG, § 84 Rn. 309). Die (vergangenheitsbezogene) Verweigerung der Entlastung des Vorstands stellt keinen (zukunftsgerichteten) Vertrauensentzug durch die Hauptversammlung dar (str.; vgl. KölnKomm AktG/*Mertens* § 84 Rn. 105). 27

IV. Rechtswirkungen und Rechtsschutz

1. Wirksamkeit des Widerrufs

Im Interesse der Vermeidung von Rechtsunsicherheit über das Bestehen des Organverhältnisses hat der Gesetzgeber in **§ 84 Abs. 3 S. 4 AktG** vorgesehen, dass der Widerruf bis zur rechtskräftigen Feststellung seiner Unwirksamkeit wirksam ist. Der Wortlaut der Regelung geht über die Zielsetzung der Vorschrift hinaus und ist deshalb teleologisch **einschränkend** dahingehend **auszulegen**, dass er sich nur auf die Frage des Vorliegens bzw. Nichtvorliegens eines wichtigen Grundes bezieht (OLG Stuttgart, AG 1985, 193). Nur beim Streit um das Vorliegen eines wichtigen Abberufungsgrundes führt erst die rechtskräftige Feststellung des Fehlens eines wichtigen Grundes zur Abberufung nach Abs. 3 zur Unwirksamkeit des Widerrufs und zum Wiederaufleben der Organstellung. Anders gewendet bedeutet dies, dass die Bestellung zum Vorstandsmitglied endet, wenn ein Aufsichtsratsbeschluss vorliegt und dem abberufenen Vorstandsmitglied zugegangen ist, unabhängig davon, ob ein wichtiger Grund vorliegt. Hingegen endet die Organstellung des abberufenen Vorstandsmitglieds nicht, wenn ein Beschluss des Aufsichtsrats über die Abberufung nicht gefasst wurde oder wenn Verfahrensmängel vorliegen (OLG Stuttgart, AG 1985, 193; *Hüffer* AktG, § 84 Rn. 31). 28

2. Klage gegen Widerruf

a) Klageart

Das Vorstandsmitglied kann gegen den Widerruf seiner Bestellung bei dem örtlich zuständigen Landgericht Klage erheben. Bei alleiniger Geltendmachung des Fehlens oder der Ungültigkeit des Abberufungsbeschlusses handelt es sich in Ansehung der in diesem Fall nicht einschlägigen (vgl. Rn. 28) Regelung des Abs. 3 S. 4 um eine schlichte **Feststellungsklage**. Holt der Aufsichtsrat den Beschluss nach, entbehrt die Klage in entsprechender Anwendung des Grundsatzes von § 244 AktG einer Grundlage und es tritt Erledigung der Hauptsache ein (OLG Stuttgart AG 2003, 211, 213). Macht das abberufene Vorstandsmitglied dagegen das Fehlen eines wichtigen Grundes geltend, handelt es sich um eine **Gestaltungsklage**, bei deren Erfolg die Bestellung rückwirkend (Abs. 3 S. 4) wieder hergestellt wird. Dem Vorstandsmitglied wird angesichts dieser Rechtslage 29 im Interesse einer umfassenden Überprüfung der Abberufungsentscheidung angeraten, im Zweifel in der Hauptsache auf Feststellung der Nichtigkeit der Abberufung mangels Vorliegens eines Abberufungsbeschlusses und hilfsweise auf Unwirksamkeitserklärung der Abberufung mangels Vorliegens eines wichtigen Abberufungsgrundes zu klagen (Hdb AG/*Liebscher* § 6 Rn. 56).

b) Klagegegner, Streitwert

30 Die Klage ist jeweils **gegen die AG** zu richten. Diese wird nach heutiger Auffassung in beiden Fällen (vgl. Rn. 29) durch den Aufsichtsrat vertreten, § 112 AktG analog (BGH WM 1984, 532; NJW 1981, 2748, 2749). Die unrichtige Angabe der Vertretung in der Klageschrift, macht die Klage unzulässig (BGH AG 1991, 269 f.; WM 1990, 630). Der **Streitwert** richtet sich nach dem Interesse, die Gesellschaft weiter zu leiten, nicht dagegen nach der Höhe der Vergütung oder den wirtschaftlichen Folgen der Abberufung (BGH WM 1995, 1316).

c) Nachschieben von Gründen

31 Die auf das Fehlen von beachtlichen Widerrufsgründen gestützte Klage betrifft zunächst die Gründe, auf die der Aufsichtsratbeschluss gestützt wurde. Das **Nachschieben von Widerrufsgründen** im Prozess ist nicht uneingeschränkt zulässig. Die Gründe, die dem Aufsichtsrat im Zeitpunkt der Beschlussfassung über die Abberufung bekannt waren, aber bei der Beschlussfassung nicht berücksichtigt wurden, können wegen Verwirkung nachträglich nicht mehr nachgeschoben werden (BGHZ 13, 188, 194 f.). Anders verhält es sich dagegen mit Widerrufsgründen, die im Zeitpunkt der Abberufung schon gegeben, aber dem Aufsichtsrat **nicht bekannt** waren; sie können nach entsprechender Beschlussfassung durch den Aufsichtsrat in den Prozess eingebracht werden (*Hüffer* AktG, § 84 Rn. 34). Neue Widerrufsgründe, die das Vorstandsmitglied durch sein Verhalten nach der Abberufung setzt, können zum Gegenstand einer erneuten Abberufungsentscheidung gemacht werden, die dann wiederum in den anhängigen Rechtsstreit eingebracht werden kann (BGH WM 1966, 968, 970). Die Beweislast für das Vorliegen eines wichtigen Grundes trägt die AG. Das abberufene Vorstandsmitglied trifft die Beweislast dafür, dass der Vertrauensentzug durch die Hauptversammlung aus offenbar unsachlichen Gründen erfolgte (BGH WM 1962, 201 f.).

32 Der Abberufungsstreit ist nach h. M. **nicht schiedsfähig** (KölnKomm AktG/*Mertens* § 84 Rn. 86; a. A. *Vollmer* ZGR 1982, 15, 26 ff.).

d) Wirkung der Klageerhebung

33 Die Klageerhebung hat **keinen Suspensiveffekt**. Der Kläger ist nicht berechtigt, die Vorstandsgeschäfte einstweilen fortzuführen (MüKo AktG/*Hefermehl/Spindler* § 84 Rn. 110). Obsiegt der Kläger damit, dass die Abberufung durch rechtskräftige Entscheidung für unwirksam erklärt wird, so tritt das Abberufene Vorstandsmitglied ins eine bisherige Position wieder ein, wenn die Entscheidung innerhalb der Amtsperiode rechtskräftig geworden ist. Ein zwischenzeitlich neu berufenes Vorstandsmitglied kann in diesem Fall aus wichtigem Grund nach § 84 Abs. 3 AktG abberufen werden (KölnKomm AktG/*Mertens* § 84 Rn. 123).

e) Einstweiliger Rechtsschutz

34 Die Zulässigkeit **einstweiligen Rechtsschutzes** wird durch Abs. 3 S. 4 eingeschränkt. Im Eilverfahren kann geltend gemacht werden, der Abberufung liege kein ordnungsgemäß zustande gekommener Beschluss des Aufsichtsrats zugrunde. Dagegen ist im Hinblick auf den Regelungszweck des Abs. 3 S. 4 (vgl. Rn. 28) ein auf das Fehlen eines wichtigen Grundes gestütztes Verfügungsverfahren unzulässig (OLG Stuttgart AG 1985, 193).

E. Der Anstellungsvertrag mit Vorstandsmitgliedern

I. Allgemeines

Vorstandsmitglieder werden nicht nur in das organschaftliche Rechtsverhältnis zur Gesellschaft berufen, sie stehen darüber hinaus regelmäßig in einem davon zu trennenden (vgl. Rn. 2) schuldrechtlichen Rechtsverhältnis zur AG (zu Drittanstellungsverträgen vgl. unten Rn. 37), in dem sog. **Anstellungsvertrag** (vgl. § 84 Abs. 2 S. 5 AktG). Bei diesem Vertrag handelt es sich um einen **Dienstvertrag**, der eine Geschäftsbesorgung zum Gegenstand hat (§§ 611 ff., 675 BGB; vgl. BGH NJW 1962, 340). Er verpflichtet das Vorstandsmitglied der AG gegenüber zur Leistung von Diensten und begründet dessen Vergütungsanspruch. Der Anstellungsvertrag begründet wegen der in § 76 Abs. 1 AktG verankerten Eigenverantwortlichkeit des Vorstands bei Leitungsentscheidungen **kein Arbeitsverhältnis** (BAG AP Nr. 137 zu § 1 TVG). Arbeitnehmerschutzvorschriften sind deshalb auf die Vorstandsmitglieder grundsätzlich nicht anwendbar (BGHZ 10, 187, 191). Ausnahmen sind nur in Einzelfällen im Hinblick auf die wirtschaftliche Abhängigkeit der Vorstandsmitglieder von der Gesellschaft und ihre dienstvertragliche Treuepflicht gegenüber der Gesellschaft anerkannt worden (z. B. Kündigungsfristen gem. § 622 Abs. 2 BGB, Pfändungsschutz gem. §§ 850 ff. ZPO, Urlaubsanspruch; vgl. MAH AktR/*Nehls* § 22 Rn. 78). Eine Versicherungspflicht in der Sozialversicherung besteht nicht (vgl. § 1 S. 4 SGB VI, § 27 Abs. 1 Nr. 5 SGB III). 35

II. Begründung

Zuständig für den Abschluss des Anstellungsvertrages ist nach Abs. 1 S. 5 i. V. m. Abs. 1 S. 1 der **Aufsichtsrat**. Anders als die Entscheidung über die Bestellung kann die Entscheidung über den Anstellungsvertrag auf einen **Aufsichtsrats-Ausschuss** delegiert werden, weil § 107 Abs. 3 S. 2 AktG nicht auch auf § 84 Abs. 1 S. 5 AktG verweist (vgl. BGHZ 41, 282, 285). Eine Delegation auf den Aufsichtsratsvorsitzenden oder ein von diesem mit dem Stellvertreter gebildetes Gremium kommt nicht in Betracht, weil § 108 Abs. 2 S. 3 AktG eine Ausschussbesetzung mit mindestens drei Personen verlangt (BGHZ 65, 190, 192 f.). Durch die Delegation auf den Ausschuss darf die dem Gesamt-Aufsichtsrat allein zustehende Entscheidung über die Bestellung nicht beeinträchtigt werden (BGHZ 79, 38, 41); insbesondere darf nicht durch den Abschluss des Anstellungsvertrages eine noch nicht erfolgte Bestellung faktisch präjudiziert werden (BGHZ 83, 144, 150). Der zur Nichtigkeit des Anstellungsvertrages nach § 134 BGB führende Kompetenzverstoß wird durch Einhaltung einer entsprechenden zeitlichen Abfolge oder durch den Abschluss des Anstellungsvertrages unter der aufschiebenden Bedingung der Bestellung oder Genehmigung durch den Gesamt-Aufsichtsrat vermieden. 36

Der Anstellungsvertrag wird regelmäßig mit der AG geschlossen, die der Vorstand zu leiten hat. Die Möglichkeit, den Anstellungsvertrag mit einem Dritten, insbesondere mit einer Gesellschaft aus dem Konzernverbund zu schließen (sog. **Drittanstellungs- bzw. Konzernanstellungsvertrag**), ist im Aktienrecht – anders als im GmbH-Recht (vgl. BGHZ 75, 209) – nicht unumstritten (vgl. KölnKomm AktG/*Mertens* § 84 Rn. 51). Die Zulässigkeit ist im Ergebnis abzulehnen, wenn durch einen Drittanstellungsvertrag mit einer Konzernobergesellschaft in die Personalkompetenz des Aufsichtsrats einer abhängigen Gesellschaft und das von § 76 Abs. 1 AktG zwingend geschützte Leitungsermessen des Vorstands (vgl. § 76 AktG Rn. 17) eingegriffen wird (vgl. KölnKomm AktG/*Mertens* § 84 Rn. 51). Bedenken werden aber auch dann geäußert, wenn § 76 Abs. 1 AktG wie beim Vorliegen eines Beherrschungsvertrages oder im Falle der Eingliederung nicht anwendbar ist (vgl. *Theobald* FS Raiser 2005, 421, 435 ff.). Vom Abschluss von Drittanstellungsverträgen wird deshalb insgesamt abgeraten (*Lutter/Krieger* § 7 Rn. 411). 37

Der Abschluss des Vertrages erfordert einen ausdrücklichen **Beschluss**, §§ 108, 112 AktG. Nicht abschließend geklärt ist, welchen Konkretisierungsgrad der Beschluss aufweisen muss. Würde der Aufsichtsrat im Plenum nur über die wesentlichen Vertragsinhalte beschließen, verbliebe ein gestaltungserheblicher Spielraum in außerhalb des Gesamt-Aufsichtsrats liegender Kompetenz. Ein solcher Spielraum besteht aber nach § 84 Abs. 1 S. 5 AktG gerade nicht. Deshalb ist dem 38

Gesamt-Aufsichtsrat bzw. dem berufenen Ausschuss nach der aktienrechtlichen Kompetenzverteilung der Anstellungsvertrag in sämtlichen Details zur Beschlussfassung vorzulegen (großzügiger *Lücke* Vorstand der AG, § 2 Rn. 101, der »Bandbreitenbeschlüsse« für zulässig erachtet, die dann vom Aufsichtsratsvorsitzenden ausgefüllt werden).

39 Der Vertrag wird aus Gründen der Rechtsklarheit und Rechtssicherheit regelmäßig **schriftlich** geschlossen, auch wenn das AktG **Formvorschriften** nicht vorsieht. Der Vertrag ist für eine Höchstdauer von fünf Jahren zu befristen, § 84 Abs. 1 S. 5 Hs. 1 AktG. Verträge von gesetzeswidriger Dauer sind nicht nichtig, sondern werden im Wege geltungserhaltender Reduktion als auf die zulässige Höchstdauer von fünf Jahren abgeschlossen angesehen (Hdb AG/*Lücke* § 2 Rn. 113). Eine Klausel, mit der für den Fall der Wiederbestellung des Vorstandsmitglieds eine **automatische Verlängerung** des Anstellungsvertrages vereinbart wird, ist zulässig (*Hüffer* AktG, § 84 Rn. 15).

III. Mängel

40 Fehlerhaft abgeschlossene Anstellungsverträge unterliegen wie die fehlerhafte Bestellung (vgl. oben Rn. 9) dann einem **Bestandsschutz**, wenn sie durch Aufnahme der Tätigkeit tatsächlich in Vollzug gesetzt worden sind (grundlegend BGHZ 65, 190, 194 f.). Danach sind solche Verträge wirksam, bis sie (mit Wirkung für die Zukunft – ex nunc) durch Kündigung oder Aufhebung beendet werden (BGH NJW 2000, 2983).

F. Beendigung des Anstellungsvertrages

41 Wegen der von Gesetzes wegen bestehenden Trennung von Organstellung und Anstellungsverhältnis ist die Beendigung des Anstellungsvertrages grundsätzlich unabhängig von der Bestellung zum Vorstandsmitglied zu beurteilen (vgl. – in Bezug auf den GmbH-Geschäftsführer – auch Kap. 7 § 38 Rn. 24 ff.). Dieser **Trennungsgrundsatz** wirkt sich verschiedentlich aus. Insbesondere geht mit der Abberufung nach § 84 Abs. 1 AktG nicht automatisch eine Beendigung des Anstellungsverhältnisses einher, und der zum Widerruf der Bestellung berechtigende wichtige Grund i. S. d. § 84 Abs. 3 AktG berechtigt nicht ohne weiteres zur Beendigung des Anstellungsvertrages. Die Beendigung des Anstellungsvertrages ist vielmehr nach den für die geltenden eigenen rechtlichen Maßstäben zu beurteilen.

I. Zuständigkeit

42 Bei der Beendigung des Anstellungsvertrages wird die AG ebenso wie bei seiner Begründung zwingend durch den **Aufsichtsrat** vertreten, der diese Kompetenz seinerseits auf einen **Ausschuss** delegieren kann (BGHZ 65, 190, 193; insofern gelten die Ausführung zur Begründung des Anstellungsvertrages entsprechend (vgl. oben Rn. 36 ff.). Insbesondere ist ein entsprechender **Beschluss des Aufsichtsrats** erforderlich. Nach der regelmäßig vorhandenen Interessenlage wird angenommen, dass die Kündigung des Anstellungsvertrages konkludent in dem Widerruf der Bestellung enthalten ist (KölnKomm AktG/*Mertens* § 84 Rn. 128).

II. Kündigung des Anstellungsvertrages

43 Aufgrund der zwingend vorgeschriebenen (Abs. 1 S. 5 Hs. 1 i. V. m. Abs. 1 S. 1) Befristung kommt eine **ordentliche Kündigung** des Anstellungsvertrages nur in Betracht, wenn sie ausdrücklich im Vertrag zugelassen ist, § 620 Abs. 1 und 2 BGB. Dann allerdings richten sich die Kündigungsfristen nach § 622 Abs. 2 BGB und nicht nach § 621 (BGHZ 79, 291, 293 f. – zur GmbH).

44 Die **außerordentlich Kündigung** des Anstellungsvertrages richtet sich nach § 626 BGB. Der danach erforderliche »wichtige Grund« wird in § 626 Abs. 1 BGB konkretisiert und unterscheidet sich von dem für die Abberufung erforderlichen wichtigen Grund i. S. d. Abs. 3 (vgl. Rn. 21 ff.). Ferner muss die Kündigung innerhalb von zwei Wochen ausgesprochen werden (s. u. Rn. 47). Zu beachten ist überdies, dass nach § 314 Abs. 3 BGB der außerordentlichen Kündigung wegen

Verletzung vertraglicher Pflichten möglicherweise eine erfolglose Abmahnung vorauszugehen hat (dazu Rn. 48).

Ein wichtiger Grund i. S. d. § 626 Abs. 1 BGB liegt vor, wenn nach Abwägung der berührten Interessen beider Seiten die Fortsetzung des Anstellungsvertrages und insbesondere die Bezahlung des abgerufenen Vorstandsmitglieds bis zum planmäßigen Ende des Anstellungszeitraums **nicht zumutbar** ist. Die Kündigungsmöglichkeit nach § 626 BGB ist zwingender Natur und kann vertraglich weder abbedungen noch zugunsten der Gesellschaft geändert werden (OLG Jena NZG 1999, 1069). Der Rechtsbegriff des wichtigen Grundes ist ein Gesetzesbegriff, der vertraglicher Regelung entzogen ist; insbesondere können im Anstellungsvertrag die außerordentlichen Kündigungsgründe nicht erweitert werden (KölnKomm AktG/*Mertens* § 84 Rn. 138). Die Wirksamkeit sog. **Koppelungsklauseln**, nach denen der Widerruf der Bestellung das Anstellungsverhältnis automatisch beendet, ist deshalb zweifelhaft (*Bauer/Diller* GmbHR 1998, 809). Ebenso wenig ist ein »Herabzonen« des wichtigen Grundes i. S. d. § 626 Abs. 1 BGB auf die Anforderungen des wichtigen Grundes i. S. d. § 84 Abs. 3 AktG zulässig (str. wie hier *Lücke* Vorstand der AG, § 2 Rn. 240; a. A. MüKo AktG/*Hefermehl/Spindler* § 84 Rn. 144). 45

Die Prüfung des wichtigen Grundes erfolgt **zweistufig**: In einem ersten Schritt wird geprüft, ob der vorliegende Sachverhalt überhaupt geeignet ist, einen wichtigen Grund abzugeben; in einem zweiten Schritt erfolgt eine umfassende Interessenabwägung (BGH WM 1995 2064, 2065). Bei der Interessenabwägung ist auf die Umstände des Einzelfalles abzustellen, wobei insbesondere die Schwere der dem Abberufenen vorgeworfenen Verfehlungen, das Ausmaß seines Verschuldens, eine etwaige Wiederholungsgefahr und die Folgen für die Gesellschaft einerseits und andererseits die vom Vorstandsmitglied um das Wohl des Unternehmens erworbenen Verdienste, die mit der Kündigung verbundenen Folgen, die Dauer seiner Tätigkeit sowie sein Lebensalter zu berücksichtigen sind (BGH NJW-RR 1996, 156; KölnKomm AktG/*Mertens* § 84 Rn. 129). Die Belange des Abberufenen sind im Vergleich zur Abberufungsentscheidung verstärkt zu berücksichtigen (*Hüffer* AktG, § 84 Rn. 40). Wegen der erforderlichen Einzelfallbetrachtung gibt es **keinen Katalog** der zur außerordentlichen Kündigung berechtigenden Gründe. Die häufigsten Anwendungsfälle sind die **schwere Pflichtverletzung**, die **Ausnutzung von Geschäftschancen** der Gesellschaft für eigene Zwecke, die **Aufstellung falscher Bilanzen**, Bestechlichkeit sowie **Straftaten zu Lasten der Gesellschaft**. Der Vertrauensentzug durch die Hauptversammlung rechtfertigt für sich die Abberufung aus wichtigem Grund (vgl. Rn. 21 ff.); im Zusammenhang mit der Kündigung des Anstellungsvertrages ist zusätzlich zu prüfen, aus welchem Grund der Vertrauensentzug erfolgte und ob diese Gründe einen wichtigen Kündigungsgrund darstellen (BGHZ 15, 71, 75). Eine unberechtigte Amtsniederlegung rechtfertigt stets eine außerordentliche Kündigung des Anstellungsvertrages (BGHZ 87, 82, 85). 46

Die Kündigung hat innerhalb der **Ausschlussfrist des § 626 Abs. 2 BGB** von zwei Wochen zu erfolgen. Für die Fristberechnung gelten die Regeln der §§ 187 ff. BGB. Die Frist beginnt ab Kenntnis des Kündigungsberechtigten von den Kündigungsgründen. Dies ist der Aufsichtsrat als Gesamtgremium, wenn nicht ausnahmsweise die Zuständigkeit auf einen Aufsichtsrats-Ausschuss delegiert wurde. Deshalb reicht die Kenntnis einzelner Aufsichtsratsmitglieder oder die des Aufsichtsratsvorsitzenden grundsätzlich nicht (str.; vgl. BGH NZG 1998, 634 f.). Die außerhalb einer Aufsichtsratssitzung erlangte Kenntnis von Aufsichtsratsmitgliedern führt nicht zum Anlaufen der Frist (BGHZ 139, 89, 92 f. – zur GmbH). Daraus folgt, dass der Vorsitzende des Aufsichtsrats unverzüglich eine Gremiensitzung anzuberaumen hat, auf der über den Kündigungssachverhalt zu beraten und die Kündigungserklärung zu beschließen ist. Erfolgt die Einberufung nicht oder nicht unverzüglich, so beginnt die Frist in dem Zeitpunkt zu laufen, in dem die Aufsichtsratssitzung bei pflichtgemäßem Verhalten hätte stattfinden müssen. Die Mitglieder des Aufsichtsrats, die von kündigungserheblichen Sachverhalten Kenntnis erhalten, haben den Vorsitzenden hierüber zu unterrichten. Während der ordnungsgemäßen und innerhalb angemessener Zeitdauer erfolgenden Sachverhaltsermittlung, also während der Dauer der mit angemessener Beschleuni- 47 gung erfolgenden Herbeiführung eines Beschlusses, ist die Frist gehemmt (BGH ZIP 1996, 636 – zur GmbH).

48 Eine Abmahnung ist nach der Rechtsprechung im Hinblick auf die herausgehobene Rechtsstellung der Vorstandsmitglieder grundsätzlich nicht erforderlich (BGH NZG 2002, 46, 47). Nach zutreffender Ansicht ist diese auch nach dem Inkrafttreten von § 314 Abs. 2 BGB nicht erforderlich (*Koch* ZIP 2005, 1621, 1625 ff.; *Hüffer* AktG, § 84 Rn. 39).

III. Einvernehmliche Aufhebung des Anstellungsvertrages

49 Die Beendigung des Anstellungsvertrages durch Aufhebungsvertrag ist jederzeit möglich. Auch für diese Form der einvernehmlichen Aufhebung ist allein der Aufsichtsrat zuständig. Bei der aus diesem Anlass nicht selten erfolgenden Vereinbarung über die Erledigung aller wechselseitigen Ansprüche (sog. **Generalquittung**) ist zu beachten, dass § 93 Abs. 4 S. 3 AktG bestimmte Anforderungen an einen Rechtsverzicht stellt (vgl. dazu § 93 AktG Rn. 25). Bei Vereinbarung einer Generalquittung kann zweifelhaft sein, ob damit auch **Ansprüche auf Karenzentschädigung** wegen eines Wettbewerbsverbots abgegolten sind; nach der Rspr. des BAG soll dies grundsätzlich der Fall sein (BAG NZA 2003, 100, 102).

§ 85 Bestellung durch das Gericht

(1) [1]Fehlt ein erforderliches Vorstandsmitglied, so hat in dringenden Fällen das Gericht auf Antrag eines Beteiligten das Mitglied zu bestellen. [2]Gegen die Entscheidung ist die sofortige Beschwerde zulässig.

(2) Das Amt des gerichtlich bestellten Vorstandsmitglieds erlischt in jedem Fall, sobald der Mangel behoben ist.

(3) [1]Das gerichtlich bestellte Vorstandsmitglied hat Anspruch auf Ersatz angemessener barer Auslagen und auf Vergütung für seine Tätigkeit. [2]Einigen sich das gerichtlich bestellte Vorstandsmitglied und die Gesellschaft nicht, so setzt das Gericht die Auslagen und die Vergütung fest. [3]Gegen die Entscheidung ist die sofortige Beschwerde zulässig. [4]Die weitere Beschwerde ist ausgeschlossen. [5]Aus der rechtskräftigen Entscheidung findet die Zwangsvollstreckung nach der Zivilprozeßordnung statt.

A. Regelungszweck

1 Fehlen Vorstandsmitglieder, kann die Handlungsfähigkeit der AG beeinträchtigt sein, weil die AG nur durch ihre Organe und insbesondere durch den Vorstand handeln kann. Der Beeinträchtigung der Handlungsfähigkeit der Gesellschaft kann nach § 85 AktG durch eine gerichtliche Bestellung eines fehlenden Vorstandsmitglieds entgegen gewirkt werden. Die gerichtliche Bestellung von Vorstandsmitgliedern ist in Übereinstimmung mit dem Rechtsgedanken des § 29 BGB für die Vorstandsbestellung im Vereinsrecht als **Notbestellungsrecht** konzipiert. Sie ist nur ausnahmsweise möglich, wenn ein Vorstandsmitglied fehlt und ein dringender Fall gegeben ist (vgl. Rn. 4). In diesem die Handlungsfähigkeit der AG bedrohenden Fall ist der Eingriff in die grundsätzlich dem Aufsichtsrat zugewiesene Bestellkompetenz zulässig.

B. Voraussetzungen

2 Die gerichtliche Bestellung setzt das Fehlen eines erforderlichen Vorstandsmitglieds voraus. Das Fehlen eines Vorstandsmitglieds ist – wie sich aus § 105 Abs. 2 AktG ergibt – von dem **Fall der Verhinderung** zu unterscheiden. Während verhindert – § 105 Abs. 2 AktG spricht von »behindert« – ist, wer das Amt des Vorstands (vorübergehend) etwa wegen Krankheit, urlaubsbedingter oder sonstiger Abwesenheit nicht ausüben kann (vgl. Erl. zu § 105 AktG), erfasst § 85 AktG die Situation, dass eine Vorstandsmitglied fehlt und damit die Fälle, in denen das Vorstandsamt dau-

erhaft nicht wahrgenommen werden kann. Dies ist der Fall, wenn ein Vorstandsmitglied verstorben ist, das Amt niedergelegt hat oder sein Amt durch Widerruf der Bestellung verloren hat.

Erforderlich ist das Vorstandsmitglied, wenn ohne das fehlende Mitglied die Handlungsfähigkeit der AG beeinträchtigt ist. Das ist zunächst der Fall, wenn die AG ohne das Vorstandsmitglied nicht vertreten werden kann; insofern kommt es auf die Vertretungsregeln der jeweiligen AG an (vgl. § 78 AktG Rn. 7). Ebenso liegt es, wenn die Zahl der vorhandenen Vorstandsmitglieder Maßnahmen der Geschäftsführung in Ansehung der geltenden Geschäftsführungsregeln für die betroffenen Gesellschaft (vgl. § 77 AktG Rn. 4) nicht mehr beschließen können. 3

Weiterhin muss es **dringlich** sein, das fehlende erforderliche Vorstandsmitglied zu ersetzen. Ein solcher Fall ist gegeben, wenn der Aufsichtsrat nicht oder nicht schnell genug tätig wird und der AG bzw. ihren Aktionären, Gläubigern oder Mitarbeitern erhebliche Nachteile wegen der Handlungsunfähigkeit drohen. Ein solcher Dringlichkeitsfall wird nur ausnahmsweise gegeben sein, weil bei Fehlen eines Vorstandsmitglieds regelmäßig der Aufsichtsrat tätig werden kann. Häufigster Anwendungsfall sind deshalb die etwa infolge der Teilung Deutschlands entstanden sog. **Spaltgesellschaften** (vgl. *Brandes* WM 1984, 289). Bei ihnen wurde die gerichtliche Bestellung eines Vorstandsmitglied erforderlich, um eine Hauptversammlung zur Beschlussfassung über die Wahl von Aufsichtsratsmitgliedern einberufen zu können, § 121 Abs. 2 AktG (BayObLG AG 1987, 210). Ein weiterer Dringlichkeitsfall wird im **Fehlen eines Arbeitsdirektors** in nach dem MitbestG mitbestimmten Gesellschaften gesehen (str.; wie hier *Hanau/Ulmer* MitbestG, § 37 Rn. 20). 4

C. Verfahren

Das Bestellungsverfahren richtet sich nach den §§ 1 bis 34, 145 f. FGG. Es wird vor dem örtlich zuständigen Amtsgericht des Gesellschaftssitzes geführt. **Antragsberechtigt** sind alle Beteiligten: Neben Vorstands- und Aufsichtsratsmitgliedern können dies auch Aktionäre und Dritte, die ein dringendes Interesse an der Bestellung haben, sein (KölnKomm AktG/*Mertens* § 85 Rn. 4). Der Antrag ist schriftlich oder gem. § 11 FGG zur Protokoll der Geschäftsstelle des Amtsgerichts einzureichen. Der Richter entscheidet nach § 17 Nr. 2 a RPflG **durch Beschluss**. Dieser wird mit Bekanntmachung an das gerichtlich bestellte Vorstandsmitglied wirksam (BGHZ 6, 232, 235 zur GmbH). 5

Nach § 85 Abs. 1 S. 2 AktG kann der Beschluss mit dem Rechtsmittel der **sofortigen Beschwerde** (§ 22 FGG) nach Maßgabe des § 20 FGG angegriffen werden. 6

D. Rechtsstellung der bestellten Vorstandsmitglieder

Das bestellte Vorstandsmitglied hat die Rechte und Pflichten eines Vorstandsmitglieds. Seine Vertretungsmacht richtet sich nach derjenigen des fehlenden Mitglieds. Das bestellende Gericht kann diese im Bestellungsbeschluss nicht beschränken, wohl aber die Geschäftsführungsbefugnis des Notvorstands (BayObLG ZIP 1986, 93, 95). 7

Das Amt des gerichtlich bestellten Vorstands endet, sobald der Mangel **behoben** ist, § 85 Abs. 2 AktG, sobald also der Aufsichtsrat ein neues Mitglied bestellt und dieses das Amt angenommen hat. 8

Nach § 85 Abs. 3 AktG hat das gerichtlich bestellte Vorstandsmitglied Anspruch auf **Ersatz angemessener Auslagen** und auf Vergütung. Diese werden mangels Einigung mit der durch den Aufsichtsrat vertretenen (§ 112 AktG) Gesellschaft durch das Gericht festgesetzt. Einen Anspruch auf Abschluss eines Anstellungsvertrages hat das gerichtlich bestellte Vorstandsmitglied somit nicht. 9

§ 86 [aufgehoben]

§ 87 Grundsätze für die Bezüge der Vorstandsmitglieder

(1) [1]Der Aufsichtsrat hat bei der Festsetzung der Gesamtbezüge des einzelnen Vorstandsmitglieds (Gehalt, Gewinnbeteiligungen, Aufwandsentschädigungen, Versicherungsentgelte, Provisionen und Nebenleistungen jeder Art) dafür zu sorgen, daß die Gesamtbezüge in einem angemessenen Verhältnis zu den Aufgaben des Vorstandsmitglieds und zur Lage der Gesellschaft stehen. [2]Dies gilt sinngemäß für Ruhegehalt, Hinterbliebenenbezüge und Leistungen verwandter Art.

(2) [1]Tritt nach der Festsetzung eine so wesentliche Verschlechterung in den Verhältnissen der Gesellschaft ein, daß die Weitergewährung der in Absatz 1 Satz 1 aufgeführten Bezüge eine schwere Unbilligkeit für die Gesellschaft sein würde, so ist der Aufsichtsrat, im Fall des § 85 Abs. 3 das Gericht auf Antrag des Aufsichtsrats, zu einer angemessenen Herabsetzung berechtigt. [2]Durch eine Herabsetzung wird der Anstellungsvertrag im übrigen nicht berührt. [3]Das Vorstandsmitglied kann jedoch seinen Anstellungsvertrag für den Schluß des nächsten Kalendervierteljahrs mit einer Kündigungsfrist von sechs Wochen kündigen.

(3) Wird über das Vermögen der Gesellschaft das Insolvenzverfahren eröffnet und kündigt der Insolvenzverwalter den Anstellungsvertrag eines Vorstandsmitglieds, so kann es Ersatz für den Schaden, der ihm durch die Aufhebung des Dienstverhältnisses entsteht, nur für zwei Jahre seit dem Ablauf des Dienstverhältnisses verlangen.

A. Regelungszweck

1 Die Regelung bezweckt gemäß ihrem historischen Ursprung im AktG 1937 vor allem, eine spezifische Rechtsgrundlage für eine **Herabsetzung von Vorstandsbezügen in der Krise** des Unternehmens zu schaffen. Damit wird die Herabsetzung von Bezügen unabhängig von den Voraussetzungen allgemeiner zivilrechtlicher Rechtsinstitute wie dem Wegfall der Geschäftsgrundlage möglich. Abs. 1 führt ergänzend das **Gebot der Angemessenheit der Gesamtbezüge** des einzelnen Vorstandsmitglieds bei der Vereinbarung der verschiedenen vom Gesetzgeber genannten Vergütungselemente an. Zusammen mit der Begrenzung des Schadenersatzanspruchs des Vorstandsmitglieds in der Insolvenz der Gesellschaft dient die Regelung insgesamt dem Schutz insbesondere der Gesellschaft, aber auch ihrer Aktionäre, Gläubiger und ihrer Mitarbeiter vor übermäßigen Belastungen durch Vorstandsbezügen. Die Transparenzregeln zu Vorstandsbezügen nach dem Gesetz über die Offenlegung von Vorstandsvergütungen ist im Handelsgesetzbuch und damit außerhalb des § 87 AktG geregelt worden (vgl. Rn. 10).

B. Angemessenheit der Vorstandsbezüge, Abs. 1

2 Das in Abs. 1 geregelte Gebot der Angemessenheit der Vorstandsbezüge bezieht sich gegenständlich in S. 1 auf die **Gesamtbezüge** des einzelnen Vorstandsmitglieds. Sie müssen in einem angemessenen Verhältnis zu dessen Aufgabe und zur Lage der Gesellschaft stehen. Dieses Gebot gilt nach S. 2 der Regelung sinngemäß auch für Ruhegehaltsansprüche, etwa Hinterbliebenenversorgungsansprüche und ähnliche Leistungen. Der Begriff der Gesamtbezüge erfasst die **Bezüge im engeren Sinn**, nämlich das Gehalt, Gewinnbeteiligungen, Aufwandsentschädigungen und Provisionen, sowie die sonstige Bezüge in Gestalt von Nebenleistungen (insbesondere Dienstfahrzeuge, Wohnrechte, Sachbezüge, Stock Options; bei der Zahlung von Prämien einer D&O-Versicherung handelt es sich um Fürsorgeaufwendungen und nicht um Vergütungen – so *Kort* DStR 2006, 799; a. A. *Hüffer* AktG, § 87 Rn. 16). Ebenso werden für den Fall des Kontrollwechsels im Unternehmen zugesagte Leistungen berücksichtigt (*Dreher* AG 2002, 214, 216 f.).

3 Das Gesetz nennt mit den **Aufgaben des Vorstandsmitglieds** und der **Lage der Gesellschaft** die beiden zentralen Maßstäbe für die Beurteilung der Angemessenheit der Vorstandsbezüge. In der Rechtsprechung ist anerkannt, dass die Angemessenheitsprüfung unbeschadet dieser Maßstäbe eine umfassende Würdigung aller Umstände erfordert. Zu ihnen gehören die Art, Größe und

Leistungsfähigkeit des Betriebes sowie das Alter, die Ausbildung, die Berufserfahrung und die Fähigkeiten der Person (BGHZ 111, 224, 228 – zur GmbH). Nicht geklärt ist, ob in der Satzung Vorgaben für die Angemessenheit der Vorstandsbezüge geregelt werden dürfen. Solche laufen Gefahr, die Personalhoheit des Aufsichtsrats (vgl. § 84 AktG Rn. 1) zu beschränken und sind dann – etwa bei der Fixierung von Vergütungsobergrenzen – mit dem Grundsatz der Satzungsstrenge des § 23 Abs. 5 AktG unvereinbar (Henze / Hoffmann-Becking / *Dreher* Rn. 203, 214; vgl. auch *Körner* NJW 2004, 2697, 2701).

Das Gesetz schreibt keine Mindestvergütung und auch keine Obergrenze für Vorstandsvergütungen vor. Durch das Angemessenheitspostulat ist die Regelung der Vergütungshöhe aber auch nicht dem freien Belieben des Aufsichtsrats überantwortet. Wegen der Maßgeblichkeit der Einzelfallumstände zwingt auch eine schlechte wirtschaftliche Lage der Gesellschaft nicht notwendig zur Vereinbarung niedriger Bezüge, wenn eine zur Unternehmenssanierung geeignete Person nur zu höheren Bezügen gefunden werden kann (*Hoffmann-Becking* NZG 1999, 797). 4

Allgemein gültige Konkretisierungen des Angemessenheitsgebots sind kaum möglich. Als rechtsverbindlicher genereller Maßstab taugen insbesondere die Festlegung objektiver Bemessungselemente, Prüfraster oder erst recht absolute Obergrenzen nicht (*Fleischer* DStR 2005, 1279, 1281 ff.). Das Gesetz sieht in Abs. 1 durchaus planvoll keine Regelung vor, mit der das Gesetz die absolute Höhe der Vergütung regelt; vielmehr setzt das Angemessenheitspostulat einen Verhältnismaßstab, nach dem die angemessene Vergütung nicht absolut vorgegeben ist, sondern im Wege einer wertenden Beurteilung im Einzelfall gefunden werden muss. In der Vergangenheit hatte das Angemessenheitskriterium des § 87 Abs. 1 S. 2 AktG wenig Bedeutung erlangt. Der in freien Verhandlungen zwischen dem Vorstandsmitglied und dem Aufsichtsrat nach § 112 AktG geschlossenen Anstellungsvertrag wurde als ein auf ausgewogener Äquivalenzgrundlage geschlossener Vertrag angesehen, der die privatautonome Richtigkeitsgewähr bilateral entfalteter Privatautonomie für sich beanspruchen konnte; gerichtliche Konkretisierungen des Angemessenheitsmaßstabs wurden für nicht erforderlich angesehen (vgl. nur *Thüsing* ZGR 2003, 457, 505; *Körner* NJW 2004, 2697). Im Zuge der gerichtlichen Auseinandersetzung um die Beurteilung von nachträglich gewährten Sonderprämien (sog. **kompensationslose Anerkennungsprämien** oder »appreciation awards«) im Mannesverfahren und der dazu ergangenen Rechtsprechung des BGH (AG 2006, 110) hat das Angemessenheitskriterium zentrale Aufmerksamkeit erfahren. Der BGH hat entschieden, dass der Aufsichtsrat beim Abschluss des Anstellungsvertrages mit den Mitgliedern des Vorstands nicht über eine unbegrenzte autonome Entscheidungsfreiheit verfügt; er agiert als treuhänderisch gebundener Verwalter des Vermögens der Aktionäre und ist deshalb verpflichtet (§§ 116, 93 AktG), mit dem unternehmerisch gebundenen Vermögen der Gesellschaft wie ein gewissenhaft handelnder, unabhängiger Geschäftsleiter umzugehen. Bei der Gewährung von Sonderzahlungen differenziert der BGH zwischen Vergütungen, die auf einer dienstvertraglichen Vereinbarung beruhen, und solchen, die ohne vertragliche Grundlage im Nachhinein gewährt werden. Während der Aufsichtsrat im ersten Fall einen Ermessensspielraum hat, der durch das Angemessenheitskriterium des § 87 AktG begrenzt wird, kann im zweiten Fall eine nachträgliche Gewährung zusätzlicher Vergütung, auf die kein Rechtsanspruch besteht, allenfalls unter zwei Voraussetzungen in Betracht kommen: (1) Dem Unternehmen müssen durch die zusätzliche Zahlung Vorteile zufließen und (2) die Zahlung muss in einem angemessenen Verhältnis zu der damit verbundenen Minderung des Gesellschaftsvermögens stehen (BGH AG 2006, 110, 111 f.). Eine **dienstvertraglich nicht begründete Sonderzahlung**, die ausschließlich belohnenden Charakter hat, ohne dem Unternehmen einen »zukunftsbezogenen Nutzen« zu bringen, stellt danach eine unzulässige Verschwendung fremden Vermögens dar. Das Urteil basiert auf dem Kerngedanken, dass ein gesellschaftsbezogener Grund, eine angemessene vertragliche Vergütungsvereinbarung im Nachhinein zum Nachteil des Unternehmens aufzustocken, nicht zu erkennen sei (zustimmend *Säcker* BB 2006, 897, 901; *Fleischer* DB 2006, 542; krit. *Hoffmann-Becking* NZG 2006, 127, 129; *Kort* NZG 2006, 131; *Rasiek* NJW 2006, 814). Für über das vertragliche Entgelt hinausgehende erfolgsorientierte Zahlungen werden nach dieser Rechtsprechung anstellungsvertragliche Öffnungsklauseln von Bedeutung sein (vgl. *Bauer/Arnold* DB 2006, 546). Auch 5 solche Öffnungsklauseln unterliegen allerdings der Angemessenheitskontrolle mit der Folge, dass sie nur dann ohne weiteres einem Angemessenheitstest standhalten, wenn die vertragliche Vergütungsabrede im Übrigen keine am Unternehmenserfolg oder an bestimmten Zielvereinbarungen ausgerichtete variable Vergütungsbestandteile enthält; bei Vorhandensein erfolgsorientierter Vergütungsregelungen können nachbessernde Sonderzahlungen regelmäßig nicht als angemessen angesehen werden (*Säcker* BB 2006, 897, 903 ff.).

6 Das Gesetz enthält keine geschlossene oder gar abschließende Regelung für einzelne Vergütungsbestandteile und insbesondere nicht für variable Vergütungen, wohl aber finden sich vereinzelte Vorgaben für einzelne **Vergütungselemente**. Ausdrücklich erwähnt in Abs. 1 S. 1 werden **Gewinntantiemen**, deren Zulässigkeit wegen der Erwähnung im Gesetz nicht in Zweifel steht. Während in der früheren Gesetzesfassung an den »Jahresgewinn« angeknüpft wurde und dieser sich wiederum auf den Jahresüberschuss beziehen sollte, sieht die geltende Fassung diese nicht selten missverstandene Regelung nicht mehr vor und ermöglicht die Anknüpfung an andere Ergebnisgrößen (z. B. EBITDA). Andere Arten von Tantiemenzahlungen werden in Abs. 1 nicht genannt. Deswegen gibt es für die Zulässigkeit etwa von Umsatz-, Mindest- oder Garantietantiemen keinen rechtlichen Beleg im AktG; die Vereinbarung solcher Vergütungsbestandteile wird deshalb verschiedentlich als Verstoß gegen die am Angemessenheitspostulat zu messende Sorgfaltspflicht des Aufsichtsrat angesehen (MünchHdb GesR IV / *Wiesner* § 21 Rn. 39; offen gelassen von BGH WM 1976, 1226, 1227).

7 Anerkannt zulässig und in aller Regel auch tatsächlich gewährt sind die in Abs. 1 S. 2 ausdrücklich erwähnten **Ruhegeldzusagen**. Die damit gewährte Leistung soll erbrachte und künftig erwartete Betriebstreue abgelten und hat der Sache Entgeltcharakter (BGHZ 108, 330, 335 ff.). Für sie gelten nach § 17 Abs. 1 S. 2 BetrAVG grundsätzlich die Regeln des im BetrAVG geregelten Unverfallbarkeitsschutzes, des Insolvenzschutzes und der Anpassungsverpflichtung. Ihre Anwendbarkeit ist nach dem auch für Vorstandsmitglieder zwingenden § 17 Abs. 3 S. 3 BetrAVG vertraglich nicht disponibel. Keine Anwendung finden die Regeln aber auf Mehrheitsaktionäre sowie auf nicht unbedeutend beteiligte Minderheitsaktionäre, die zusammen mit anderen Gesellschaftern aufgrund besonderer Umstände über eine Mehrheitsmacht verfügen (MünchHdb GesR IV / *Wiesner* § 21 Rn. 44).

8 Allgemein anerkannter und verbreitet eingesetzter Bestandteil der Vorstandsvergütung sind als Optionen gestaltete Bezugsrechte von Vorstandsmitgliedern, die zum Erwerb einer Aktie des Unternehmens zu einem bestimmten Preis zu einem bestimmten Zeitpunkt berechtigen (sog. **stock options**). Während die Hauptversammlung darüber zu beschließen hat, ob ein Aktienoptionsprogramm aufgelegt und welche Teile des Programms für Vorstandsmitglieder zur Verfügung stehen (§§ 193 Abs. 2 Nr. 4 AktG), hat der Aufsichtsrat darüber zu beschließen, ob und in welchem Umfang Bezugsrechte zum Bestandteil der Vorstandsvergütung gemacht werden; ebenso obliegt dem Aufsichtsrat die Auswahl der Vorstandsmitglieder (OLG München AG 2003, 164, 165; *Hüffer* ZHR 161 (1997), 214, 232). Die Rechtsgrundlage eines Optionsrechts für ein Vorstandsmitglied bildet ein zwischen dem Vorstandsmitglied und der Gesellschaft geschlossener Vertrag (vgl. *Kallmeyer* AG 1999, 97, 98 f.). Dabei sind die Schranken des § 87 Abs. 1 AktG zu beachten (*Spindler* DStR 2004, 36, 43).

9 **Verstöße gegen Abs. 1** haben nicht die (Teil-)Nichtigkeit des Anstellungsvertrages zur Folge. Der Anstellungsvertrag ist vielmehr grundsätzlich auch hinsichtlich der unangemessen hohen Vergütungsleitungen wirksam. Allenfalls unter besonderen Umständen kommt ein Verstoßt gegen § 138 BGB und damit die Unwirksamkeit in Betracht. Sanktioniert ist die Vereinbarung unangemessen hoher Vergütungsleistungen an den Vorstand durch eine Schadenersatzpflicht des Aufsichtsrats nach § 116 AktG (*Spindler* DStR 2004, 36, 42).

10 **Transparenzpflichten** bestehen nach Maßgabe des durch das »Gesetz über die Offenlegung von Vorstandsvergütungen« vom 3. 8. 2005 eingeführten Regelungen des §§ 285 S. 1 Nr. 9 lit. a, 314 Abs. 1 Nr. 6 lit. a HGB. Danach ist die AG grundsätzlich zur individuellen Offenlegung der Vor-

standsvergütungen verpflichtet. Dies gilt in erster Linie für börsennotierte Gesellschaften (§ 3 Abs. 2 AktG); nach S. 4 der genannten Vorschriften besteht allerdings auch für nicht börsennotierte Gesellschaften die Verpflichtung zur Angabe aktienbasierter Vergütungen (Bezugsrechte) nach ihrer Anzahl und dem Zeitwert (*Fleischer* DB 2005, 1611). Das Auskunftsrecht der Aktionäre nach § 131 AktG wird dadurch ausgeweitet (*Wandt* DStR 2006, 1460).

C. Herabsetzung der Vorstandsbezüge, Abs. 2

Die AG ist nach Abs. 2 S. 1 berechtigt, die Gesamtbezüge einzelner Vorstandsmitglieder herabzusetzen. Dafür müssen zwei Voraussetzungen vorliegen: Erstens eine **wesentliche Verschlechterung** in den Verhältnissen der Gesellschaft und zweitens eine in der **Weitergewährung** der bisherigen Bezüge liegende schwere Unbilligkeit für die Gesellschaft. Andere Gründe sieht die Sonderregelung des Abs. 2 nicht vor. Insbesondere sind die Leistungen des Vorstandsmitglieds kein Grund für die Herabsetzung. 11

Die Herabsetzung erfolgt durch **einseitige Erklärung** durch den Aufsichtsrat für die AG. Für die Beschlussfassung ist grundsätzlich das Gesamtgremium zuständig; eine Delegation auf einen Ausschuss ist nach der Fassung des § 107 Abs. 3 S. 2 AktG nicht ausgeschlossen. 12

Der Bestand des Anstellungsvertrages wird durch die rechtsgestaltende Erklärung des Aufsichtsrats im Übrigen nicht berührt, Abs. 2 S. 2. Allerdings hat das betroffene Vorstandsmitglied ein Recht zur außerordentlichen Kündigung des Anstellungsvertrages nach Maßgabe des Abs. 2 S. 3. 13

D. Vergütungsanspruch und Insolvenz der AG, Abs. 3

Im Falle einer insolvenzbedingten Kündigung des Vorstandsmitglieds (§ 103 S. 1 InsO) hat dieses einen Schadenersatzanspruch gegenüber der Gesellschaft wegen der Aufhebung des Anstellungsverhältnisses durch den Insolvenzverwalter. Abs. 3 begrenzt diesen Schadenersatzanspruch in Umsetzung der Zielsetzung der Regelung auf den Schaden, der bis zum Ablauf von zwei Jahren seit Ende des Anstellungsverhältnisses entsteht. 14

§ 88 Wettbewerbsverbot

(1) [1]Die Vorstandsmitglieder dürfen ohne Einwilligung des Aufsichtsrats weder ein Handelsgewerbe betreiben noch im Geschäftszweig der Gesellschaft für eigene oder fremde Rechnung Geschäfte machen. [2]Sie dürfen ohne Einwilligung auch nicht Mitglied des Vorstands oder Geschäftsführer oder persönlich haftender Gesellschafter einer anderen Handelsgesellschaft sein. [3]Die Einwilligung des Aufsichtsrats kann nur für bestimmte Handelsgewerbe oder Handelsgesellschaften oder für bestimmte Arten von Geschäften erteilt werden.

(2) [1]Verstößt ein Vorstandsmitglied gegen dieses Verbot, so kann die Gesellschaft Schadenersatz fordern. [2]Sie kann statt dessen von dem Mitglied verlangen, daß es die für eigene Rechnung gemachten Geschäfte als für Rechnung der Gesellschaft eingegangen gelten läßt und die aus Geschäften für fremde Rechnung bezogene Vergütung herausgibt oder seinen Anspruch auf die Vergütung abtritt.

(3) [1]Die Ansprüche der Gesellschaft verjähren in drei Monaten seit dem Zeitpunkt, in dem die übrigen Vorstandsmitglieder und die Aufsichtsratsmitglieder von der zum Schadensersatz verpflichtenden Handlung Kenntnis erlangen oder ohne grobe Fahrlässigkeit erlangen müssten. [2]Sie verjähren ohne Rücksicht auf diese Kenntnis oder grob fahrlässige Unkenntnis in fünf Jahren von ihrer Entstehung an.

A. Regelungszweck

1 Die Vorschrift bezweckt mit dem an die Vorstandsmitglieder gerichteten Verbot von Geschäftstätigkeiten den **Schutz der AG** vor einem Einsatz der Arbeitskraft der Vorstandsmitglieder außerhalb der Gesellschaft. Das Verbot erstreckt sich – entgegen der engeren Gesetzesüberschrift – nicht nur auf die Entfaltung von Wettbewerbstätigkeiten zu Lasten der AG; verboten wird grundsätzlich der Betrieb eines Handelsgewerbes und das Geschäftemachen im Geschäftszweig der AG.

B. Tätigkeitsverbot, Abs. 2

I. Verbotsadressat

2 Die Verbote des § 88 AktG richten sich an die im Amt befindlichen **Vorstandsmitglieder**. Auf die Vorstandsmitglieder, deren Bestellung widerrufen wurde, findet § 88 AktG dann noch Anwendung, wenn das Anstellungsverhältnis fortbesteht. Das Tätigkeitsverbot wird in diesem Fall für gerechtfertigt gehalten, weil die AG die Bezüge weiter zu zahlen hat (str., vgl. MüKo AktG/*Hefermehl/Spindler* § 88 Rn. 7). Legt das Vorstandsmitglied sein Amt nieder, hängt die Beachtlichkeit des Tätigkeitsverbots davon ab, ob die Amtsiederlegung berechtigterweise erfolgte (*Armbrüster* ZIP 1997, 1269, 1271).

3 Für aus dem Amt **ausgeschiedene Vorstandsmitglieder** sieht § 88 AktG kein gesetzliches Tätigkeitsverbot vor; es kann aber vertraglich vereinbart werden. Die Beschränkungen der §§ 74 ff. HGB gelten für Vorstandsmitglieder nicht, auch nicht entsprechend, weil die von diesen Vorschriften vorausgesetzte Schutzbedürftigkeit mit der Organstellung der Vorstandsmitglieder unvereinbar ist (BGHZ 91, 1, 3 – zum GmbH-Geschäftsführer). Dennoch sind **nachvertragliche Wettbewerbsverbote** nicht frei vereinbar; sie unterliegen den Beschränkungen aus § 138 BGB und § 1 GWB. Das Kartellverbot kann wegen der vorausgesetzten Unternehmenseigenschaft nur berührt sein, wenn das vertragliche Tätigkeitsverbot die selbstständige geschäftliche Tätigkeit des Vorstandsmitglieds betrifft. Die Regelungen verlangen, dass das Verbot einem berechtigten Interesse der Gesellschaft dient und sich in angemessenen Grenzen hält. Zentrale Anforderung ist danach das Erfordernis einer **angemessenen Entschädigung** zum Ausgleich des nachvertraglichen Tätigkeitsverbots (BGH NZG 2002, 475 – zum GmbH-Fremdgeschäftsführer). Die Angemessenheit der Entschädigung setzt in der Regel eine Zahlung von mindestens der Hälfte der zuletzt bezogenen Vergütung voraus (vgl. OLG Düsseldorf GmbHR 1998, 180 – zur GmbH). In zeitlicher Hinsicht wird eine **Verbotsdauer von zwei Jahren** regelmäßig nicht zu beanstanden sein (BGH NJW 1994, 384 f.). In sachlicher Hinsicht wird eine enge Bindung an den Aufgabenbereich des Vorstandsmitglieds in der Gesellschaft und in räumlicher Hinsicht wird verlangt, dass es sich auf den **räumlichen Schwerpunkt der Gesellschaft** konzentriert (*Hoffmann-Becking* FS Quack 1991, 273, 278).

II. Verbotsumfang

4 Abs. 1 S. 1 Alt. 1 verbietet zunächst den **Betrieb eines Handelsgewerbes**. Der Verbotsbereich erstreckt sich insofern auf alle handelsgewerblichen Tätigkeiten i. S. d. § 1 ff. HGB; eine Beschränkung auf den Geschäftskreis der AG ist nicht vorgesehen.

5 Abs. 1 S. 1 Alt. 2 betrifft alle Geschäfte, die das Vorstandsmitglied für eigene oder fremde Rechnung tätigt; insoweit verlangt § 88 AktG, dass sie zum **Geschäftszweig der AG** gehören. Maßgeblich ist der tatsächliche, nicht der satzungsmäßige Geschäftszweig der AG (BGHZ 89, 162, 170 – zu § 112 HGB). Der Geschäftsbegriff wird weit verstanden und umfasst jede Teilnahme am geschäftlichen Verkehr zum Zwecke der Gewinnerzielung; deshalb sind dem Vorstandsmitglied letztlich nur persönliche Geschäfte wie die Anlage eigenen Vermögens gestattet (BGH NJW 1997, 2055).

6 Das Verbot der Geschäftstätigkeit für eigene oder fremde Rechnung ist die Kehrseite des aus der organschaftlichen Treubindung abgeleiteten Gebots für Vorstandsmitglieder, sich für die Gesell-

schaft bietende Geschäftschancen in deren Geschäftszweig wahrnehmen zu müssen. Die Vorstandsmitglieder dürfen solche Geschäftschancen nicht auf sich überleiten und zum eigenen Vorteil wahrnehmen. Sie sind auf das Wohl der AG verpflichtet (BGH WM 1985, 1443; vgl. *Fleischer* NZG 2003, 985 sowie § 76 AktG Rn. 17 ff.).

Abs. 1 S. 2 verbietet, dass Vorstandsmitglieder Mitglied des Vorstands, Geschäftsführer oder geschäftsführender Gesellschafter einer anderen Handelsgesellschaft werden. Die Regelung verbietet somit grundsätzlich **Vorstandsdoppelmandate**. Dieses Verbot besteht ohne Einschränkung auf den Geschäftszweig der AG. Es ist inhaltlich auf die geschäftsführende Tätigkeit beschränkt. Die Betätigung als Aufsichtsrat fällt ebenso wenig darunter wie beratende oder Tätigkeit unterhalb der Geschäftsführungsebene. 7

III. Einwilligung des Aufsichtsrats

Der Aufsichtsrat kann dem Vorstandsmitglied durch seine Einwilligung i. S. d. Abs. 1 S. 3 eine Betätigung in dem von Abs. 1 S. 1 und 2 erfassten Verbotsbereich ermöglichen. Die Einwilligung kann nicht pauschal, sondern nur für bestimmte Handelsgewerbe und für bestimmte Geschäftsarten erteilt werden; die Einwilligung für eine Vorstandsdoppelmandat muss ebenfalls für bestimmte Handelsgesellschaften erteilt werden. 8

Die Einwilligung verlangt nach § 183 BGB eine **vorherige Zustimmung des Aufsichtsrats**. Eine nachträgliche Zustimmung (Genehmigung) ist nicht geeignet, die dann bereits eingetretene Rechtswidrigkeit der Tätigkeit des Vorstandsmitglieds rückwirkend zu beseitigen. Etwaige Schadenersatzansprüche der Gesellschaft bleiben deshalb unbenommen, § 93 Abs. 4 S. 2 AktG. Die Einwilligung erfolgt durch Beschluss nach § 108 AktG. Die Delegation des Beschlusses auf einen Ausschuss des Aufsichtsrats ist nach § 107 Abs. 3 AktG möglich. 9

C. Rechtsfolgen, Abs. 3

Der Schadenersatzanspruch der Gesellschaft besteht – obwohl im Wortlaut nicht erwähnt – nach allgemeinen Grundsätzen nur bei **Verschulden** des Vorstandsmitglieds (MüKo AktG/*Hefermehl/Spindler* § 88 Rn. 23). Dabei hat nach der Beweislastregel des § 93 Abs. 2 S. 2 AktG, die entsprechend anwendbar ist, das Vorstandsmitglied fehlendes Verschulden zu beweisen (MüKo AktG/*Hefermehl/Spindler* § 88 Rn. 23). 10

Die Gesellschaft hat nach Abs. 2 S. 2 ein **Wahlrecht**, ob sie anstelle des **Schadenersatzanspruchs** von dem nach dieser Regelung bestehenden **Eintrittsrecht** Gebrauch macht. Das Eintrittsrecht ermöglicht der Gesellschaft insbesondere, den aus der verbotenen Tätigkeit der Vorstandsmitglieder erzielten Vorteil (Geschäftsgewinn) geltend zu machen, ohne dass dies einen Schaden im Gesellschaftsvermögen voraussetzt. Ein Verschulden der Vorstandsmitglieder ist insofern nicht vorausgesetzt und folgt – anders als beim Schadenersatzanspruch – auch nicht aus allgemeinen Grundsätzen (str.; wie hier *Hüffer* AktG, § 88 Rn. 7). Einschränkend wird in Analogie zur Rechtslage nach §§ 112, 113 HGB gefordert, dass sich das Eintrittsrecht auf verbotene Wettbewerbstätigkeiten bezieht; die Geltendmachung von Gewinnen aus anderer, nicht verbotener wettbewerblicher Tätigkeit von Vorstandsmitgliedern unterfällt der Regelung Abs. 2 S. 2 danach nicht (str.; vgl. BGHZ 89, 162, 171 – zur KG; MüKo AktG/*Hefermehl/Spindler* § 88 Rn. 29). Das bedeutet insbesondere, dass wohl Tantiemen aus verbotener Wettbewerbstätigkeit, nicht aber bloße Tätigkeitsvergütungen über das Eintrittsrecht von der AG abgeschöpft werden können. 11

Der Beginn der **kurzen Verjährung** des Abs. 3 S. 1 setzt voraus, dass alle übrigen Vorstandsmitglieder, einschließlich der Stellvertreter (§ 94 AktG) sowie sämtliche Aufsichtsratsmitglieder von der Tätigkeit Kenntnis erlangt haben. Dem ist gleichgestellt der Sachverhalt, dass alle oder einzelne Mitglieder beider Organe keine Kenntnis erlangt haben, aber diese ohne grobe Fahrlässigkeit hätten erlangen müssen. Ohne Rücksicht auf die im Einzelfall nicht leicht nachzuweisenden subjektiven Voraussetzungen verjähren die Ansprüchen nach Ablauf von fünf Jahren seit der Anspruchsentstehung, Abs. 3 S. 2. 12

§ 89 Kreditgewährung an Vorstandsmitglieder

(1) [1]Die Gesellschaft darf ihren Vorstandsmitgliedern Kredit nur auf Grund eines Beschlusses des Aufsichtsrats gewähren. [2]Der Beschluß kann nur für bestimmte Kreditgeschäfte oder Arten von Kreditgeschäften und nicht für länger als drei Monate im voraus gefaßt werden. [3]Er hat die Verzinsung und Rückzahlung des Kredits zu regeln. [4]Der Gewährung eines Kredits steht die Gestattung einer Entnahme gleich, die über die dem Vorstandsmitglied zustehenden Bezüge hinausgeht, namentlich auch die Gestattung der Entnahme von Vorschüssen auf Bezüge. [5]Dies gilt nicht für Kredite, die ein Monatsgehalt nicht übersteigen.

(2) [1]Die Gesellschaft darf ihren Prokuristen und zum gesamten Geschäftsbetrieb ermächtigten Handlungsbevollmächtigten Kredit nur mit Einwilligung des Aufsichtsrats gewähren. [2]Eine herrschende Gesellschaft darf Kredite an gesetzliche Vertreter, Prokuristen oder zum gesamten Geschäftsbetrieb ermächtigte Handlungsbevollmächtigte eines abhängigen Unternehmens nur mit Einwilligung ihres Aufsichtsrats, eine abhängige Gesellschaft darf Kredite an gesetzliche Vertreter, Prokuristen oder zum gesamten Geschäftsbetrieb ermächtigte Handlungsbevollmächtigte des herrschenden Unternehmens nur mit Einwilligung des Aufsichtsrats des herrschenden Unternehmens gewähren. [3]Absatz 1 Satz 2 bis 5 gilt sinngemäß.

(3) [1]Absatz 2 gilt auch für Kredite an den Ehegatten, Lebenspartner oder an ein minderjähriges Kind eines Vorstandsmitglieds, eines anderen gesetzlichen Vertreters, eines Prokuristen oder eines zum gesamten Geschäftsbetrieb ermächtigten Handlungsbevollmächtigten. [2]Er gilt ferner für Kredite an einen Dritten, der für Rechnung dieser Personen oder für Rechnung eines Vorstandsmitglieds, eines anderen gesetzlichen Vertreters, eines Prokuristen oder eines zum gesamten Geschäftsbetrieb ermächtigten Handlungsbevollmächtigten handelt.

(4) [1]Ist ein Vorstandsmitglied, ein Prokurist oder ein zum gesamten Geschäftsbetrieb ermächtigter Handlungsbevollmächtigter zugleich gesetzlicher Vertreter oder Mitglied des Aufsichtsrats einer anderen juristischen Person oder Gesellschafter einer Personenhandelsgesellschaft, so darf die Gesellschaft der juristischen Person oder der Personenhandelsgesellschaft Kredit nur mit Einwilligung des Aufsichtsrats gewähren; Absatz 1 Satz 2 und 3 gilt sinngemäß. [2]Dies gilt nicht, wenn die juristische Person oder die Personenhandelsgesellschaft mit der Gesellschaft verbunden ist oder wenn der Kredit für die Bezahlung von Waren gewährt wird, welche die Gesellschaft der juristischen Person oder der Personenhandelsgesellschaft liefert.

(5) Wird entgegen den Absätzen 1 bis 4 Kredit gewährt, so ist der Kredit ohne Rücksicht auf entgegenstehende Vereinbarungen sofort zurückzugewähren, wenn nicht der Aufsichtsrat nachträglich zustimmt.

(6) Ist die Gesellschaft ein Kreditinstitut oder Finanzdienstleistungsinstitut, auf das § 15 des Gesetzes über das Kreditwesen anzuwenden ist, gelten anstelle der Absätze 1 bis 5 die Vorschriften des Gesetzes über das Kreditwesen.

A. Regelungszweck

1 Die Vorschrift will **Missbräuchen bei der Kreditvergabe** der Gesellschaft an Vorstandsmitglieder und bestimmte leitenden Angestellte vorbeugen. Der Rechtsgedanke des Missbrauchsschutzes wird durch das Erfordernis der Einwilligung des Aufsichtsrats umgesetzt. Der Gesetzgeber setzt damit insbesondere auf die mit der Einschaltung des Aufsichtsrats verbundene Publizität der in Aussicht genommenen Kreditvergabe.

B. Kredite an Vorstandsmitglieder, Abs. 1

Abs. 1 bindet die Kreditvergabe der Gesellschaft an Vorstandsmitglieder und ihre Stellvertreter an einen **Bewilligungsbeschluss** des Aufsichtsrats. Die Geschäftsführungsbefugnis des Vorstands ist dadurch kraft Gesetzes eingeschränkt. 2

Der **Kreditbegriff** wird gem. der Zielsetzung der Regelung **weit** verstanden. Er umfasst nicht nur das Gelddarlehen, sondern auch die Stellung von Sicherheiten für die Kreditvergabe durch Dritte und die in Abs. 1 S. 4 besonders erwähnten Vorschüsse und Entnahmen. Der Begriff der »Entnahme« bezeichnet eine vor ihrer Fälligkeit erfolgende Inanspruchnahme einer vom Vorstand zu beanspruchenden Leistung. Stundungen von Zahlungspflichten des Vorstandsmitglieds an die Gesellschaft können ebenfalls dem Kreditbegriff unterfallen. Die Anzahlung auf noch zu erbringende Leistungen oder Lieferungen des Vorstands können ebenfalls Kredite darstellen, wenn sie dem Grunde oder der Höhe nach außerhalb üblicher Geschäftsgepflogenheiten erfolgt. Nicht erfasst werden Kleinkredite; ein solcher ist gegeben, wenn der Kredit ein Monatsgehalt nicht übersteigt. Bemessungsgrundlage sind die Gesamtjahresbezüge des Vorstandsmitglieds i. S. d. § 87 Abs. 1 S. 1 AktG, die auf den Monatszeitraum herunterzurechnen sind. 3

Die erforderliche Beschlussfassung des Aufsichtsrats hat **vor der Kreditvergabe** zu erfolgen, da der Kredit nach Abs. 1 S. nur »auf Grund« eines Beschlusses gewährt werden darf. Der Beschluss muss für bestimmte Kreditgeschäfte gefasst werden, kann also keine Blankoeinwilligung enthalten. Vorratsbeschlüsse sind nur für drei Monate im Voraus zulässig, Abs. 1 S. 2. Überdies muss der Beschluss die Verzinsung und Rückzahlungsregeln umfassen (Abs. 1 S. 3), ohne dass das Gesetz das Aufsichtsratsermessen inhaltlich beschränkt. 4

C. Kredite an andere Kreditnehmer, Abs. 2 bis 4

Die Abs. 2 bis 4 stellen Kredite an bestimmte leitende Angestellte der Kreditvergabe an Vorstandsmitglieder gleich. Erfasst werden Kredite an **Prokuristen** (§§ 48 ff. HGB) und **Generalhandlungsbevollmächtigte** (§ 54 Abs. 1 Alt. 1 HGB). Ferner wird die Kreditvergabe an das Leitungspersonal von Unternehmen in Abhängigkeitssituationen geregelt, Abs. 2 S. 2. Erfolgt die Kreditgewährung durch die herrschende AG, ist dazu die Beschlussfassung des Aufsichtsrats dieser Gesellschaft erforderlich, wenn der Kredit entweder an ein Vorstandsmitglied (Geschäftsführer), einen Prokuristen oder einen Generalhandlungsbevollmächtigten der abhängigen Gesellschaft erfolgt (Abs. 2 S. 2 Alt. 1). Wird der Kredit durch eine abhängige AG an den gesetzlichen Vertreter, Prokuristen oder Generalhandlungsbevollmächtigten des herrschenden Unternehmens gewährt, so bedarf es der Einwilligung des Aufsichtsrats des herrschenden Unternehmens (Abs. 2 S. 2 Alt. 2); ein Einwilligungsbeschluss des Aufsichtsrats der abhängigen Gesellschaft ist demgegenüber nicht erforderlich. 5

Das Einwilligungserfordernis wird gegen Umgehungen dadurch gesichert, dass nach Abs. 3 auch Kredite an **Ehegatten, Lebenspartner** (§ 1 LPartG) bzw. an **minderjährige Kinder** dem Einwilligungserfordernis unterworfen werden. Unter Umgehungsgesichtspunkten werden auch Kredite an mittelbare Stellvertreter nach Abs. 3 S. 2 dem Einwilligungserfordernis unterstellt. 6

Abs. 4 regelt die Kreditgewährung der AG an **juristische Personen oder Personenhandelsgesellschaften**. Danach gilt das Einwilligungserfordernis des Aufsichtsrats der kreditvergebenden AG in den Fällen, in denen der Kreditnehmer mit der AG personell verflochten ist. Erfasst werden personelle Verflechtungen, die sich daraus ergeben, dass der gesetzliche Vertreter der kreditnehmenden Gesellschaft zugleich Vorstandsmitglied, Prokurist oder Generalhandlungsbevollmächtigter der AG ist. Ausgenommen sind Kredite an i. S. d. § 15 AktG verbundene Unternehmen, Abs. 4 S. 2. 7

D. Rechtsfolgen unzulässig gewährter Kredite, Abs. 5

Aus der Verpflichtung des Abs. 5 ergibt sich, dass § 89 AktG kein Verbotsgesetz darstellt. Der ohne die erforderliche Einwilligung gewährte Kredit ist nicht nichtig, sondern ist **sofort zurück-** 8

zugewähren. Diese Verpflichtung, aber auch nur die Rückgewährverpflichtung entfällt im Falle der nachträglichen Kreditgenehmigung durch den Aufsichtsrat. Ersatzansprüche der AG nach § 93 Abs. 3 Nr. 8 AktG bleiben bestehen, § 93 Abs. 4 S. 2 und 3 AktG.

E. Sonderregeln für Kreditinstitute, Abs. 6

9 Für Kreditinstitute (§§ 1 Abs. 1, 2 Abs. 1 KWG) oder Finanzdienstleistungsinstitute (§§ 1 Abs. 1 a, 2 Abs. 6 KWG), auf die § 15 KWG anzuwenden ist, werden die Regelungen des § 89 AktG durch die Sonderbestimmungen der §§ 15, 17 KWG verdrängt (vgl. dazu *Riebell* ZKW 1986, 1081).

§ 90 Berichte an den Aufsichtsrat

(1) [1]Der Vorstand hat dem Aufsichtsrat zu berichten über

1. **die beabsichtigte Geschäftspolitik und andere grundsätzliche Fragen der Unternehmensplanung (insbesondere die Finanz-, Investitions- und Personalplanung), wobei auf Abweichungen der tatsächlichen Entwicklung von früher berichteten Zielen unter Angabe von Gründen einzugehen ist;**
2. **Die Rentabilität der Gesellschaft, insbesondere die Rentabilität des Eigenkapitals;**
3. **den Gang der Geschäfte, insbesondere den Umsatz, und die Lage der Gesellschaft;**
4. **Geschäfte, die für die Rentabilität oder Liquidität der Gesellschaft von erheblicher Bedeutung sein können.**

[2]Ist die Gesellschaft Mutterunternehmen (§ 290 Abs. 1, 2 des Handelsgesetzbuchs), so hat der Bericht auch auf Tochterunternehmen und auf Gemeinschaftsunternehmen (§ 310 Abs. 1 des Handelsgesetzbuchs) einzugehen. [3]Außerdem ist dem Vorsitzenden des Aufsichtsrats aus sonstigen wichtigen Anlässen zu berichten; als wichtiger Anlaß ist auch ein dem Vorstand bekannt gewordener geschäftlicher Vorgang bei einem verbundenen Unternehmen anzusehen, der auf die Lage der Gesellschaft von erheblichem Einfluß sein kann.

(2) Die Berichte nach Absatz 1 Satz 1 Nr. 1 bis 4 sind wie folgt zu erstatten:

1. **die Berichte nach Nummer 1 mindestens einmal jährlich, wenn nicht Änderungen der Lage oder neue Fragen eine unverzügliche Berichterstattung gebieten;**
2. **die Berichte nach Nummer 2 in der Sitzung des Aufsichtsrats, in der über den Jahresabschluß verhandelt wird;**
3. **die Berichte nach Nummer 3 regelmäßig, mindestens vierteljährlich;**
4. **die Berichte nach Nummer 4 möglichst so rechtzeitig, daß der Aufsichtsrat vor Vornahme der Geschäfte Gelegenheit hat, zu ihnen Stellung zu nehmen.**

(3) [1]Der Aufsichtsrat kann vom Vorstand jederzeit einen Bericht verlangen über Angelegenheiten der Gesellschaft, über ihre rechtlichen und geschäftlichen Beziehungen zu verbundenen Unternehmen sowie über geschäftliche Vorgänge bei diesen Unternehmen, die auf die Lage der Gesellschaft von erheblichem Einfluß sein können. [2]Auch ein einzelnes Mitglied kann einen Bericht, jedoch nur an den Aufsichtsrat, verlangen.

(4) [1]Die Berichte haben den Grundsätzen einer gewissenhaften und getreuen Rechenschaft zu entsprechen. [2]Sie sind möglichst rechtzeitig und, mit Ausnahme des Berichts nach Absatz 1 Satz 3, in der Regel in Textform zu erstatten.

(5) [1]Jedes Aufsichtsratsmitglied hat das Recht, von den Berichten Kenntnis zu nehmen. [2]Soweit die Berichte in Textform erstattet worden sind, sind sie auch jedem Aufsichtsratsmitglied auf Verlangen zu übermitteln, soweit der Aufsichtsrat nichts anderes beschlossen hat. [3]Der Vorsitzende des Aufsichtsrats hat die Aufsichtsratsmitglieder über die Berichte nach Absatz 1 Satz 2 spätestens in der nächsten Aufsichtsratssitzung zu unterrichten.

Übersicht:

A. Regelungszweck

Die Regelungen zu den Berichtspflichten in § 90 AktG verfolgen eine doppelten Zweck: Zum einen dienen die Vorschriften der ordnungsgemäßen Durchführung der Überwachungsaufgabe des Aufsichtsrats, zum anderen soll den Mitgliedern des Aufsichtsrats der Einwand mangelnder Kenntnis bei der Inanspruchnahme auf Schadenersatz nach §§ 93, 116 AktG genommen werden. Deswegen unterliegt der Vorstand gegenüber dem Aufsichtsrat einer **regelmäßigen Berichtspflicht**, Abs. 1 S. 1 Nr. 1 bis 3, die in dem von Abs. 2 geregelten zeitlichen Rahmen vorzunehmen ist. Die Regelberichtspflicht wird durch die **Pflicht zu Sonder- und Anlassberichten** ergänzt, Abs. 1 S. 1 Nr. 4, S. 3; überdies kann der Aufsichtsrat vom Vorstand jederzeit weitere Berichte verlangen, Abs. 3 (sog. **Anforderungsberichte**). Grundsätze über den Inhalt der Berichtspflicht werden in Abs. 4 geregelt. 1

B. Berichtspflichten, Abs. 1

I. Regelberichte, Abs. 1 S. 1

Mit den vorzulegenden Regelberichten hat der Vorstand dem Aufsichtsrat über die in Abs. 1 Nr. 1 bis 3 genannten Inhalte zu berichten. Die Berichtspflicht betrifft nach dem Gesetzeswortlaut die »beabsichtigte« **Geschäftspolitik und Unternehmensplanung** (Nr. 1). Die Berichtspflicht bezieht sich somit auf vorliegende Planungen, ohne selbst eine Pflicht zur Unternehmensplanung zu begründen. Die Unternehmensplanung liegt im Leitungsermessen des Vorstands, ohne dass bis heute Grundsätze ordnungsgemäßer Unternehmensführung und -planung entwickelt sind, auf die eine in gegenständlicher oder zeitlicher Hinsicht konkretisierte Rechtspflicht gestützt werden könnte (vgl. *Albach* ZGR 1997, 32; *Kallmeyer* ZGR 1993, 104). Davon unbenommen gehört es zu den nicht in Zweifel gezogenen Aufgaben des Vorstands, zumindest eine Budget- und mittelfristige Finanzplanung zu entwickeln, über die dann dem Aufsichtsrat zu berichten ist. Der Umfang der Regelberichtspflicht wird durch die nunmehr in das Gesetz aufgenommene Wendung der Berichtspflicht über **»grundsätzliche« Fragen** von Gesetzes wegen limitiert (*Kropff* NZG 1998, 613). Abweichungen von früheren Vorstandsberichten sind nach der geltenden Gesetzesfassung ausdrücklich berichtspflichtig (sog. **follow-up-Berichtspflicht**). 2

Die Berichtspflicht zur Rentabilität (Nr. 2) betrifft nicht nur die Rentabilität der Gesellschaft insgesamt, sondern auch die des eingesetzten Eigenkapitals. 3

Die Berichtspflicht über den Gang der Geschäfte (Nr. 3), sog. **Quartalsberichte** (vgl. unten Rn. 12), soll dem Aufsichtsrat einen Einblick in den gesamten operativen Tätigkeitsbereich der Gesellschaft ermöglichen. 4

Die Berichtspflicht erstreckt sich nach Abs. 1 S. 2 bei einer im Unternehmensverbund stehenden Gesellschaft auch auf »grundsätzliche« Fragen bei Tochterunternehmen und Gemeinschaftsunternehmen. Diese Berichtspflicht wird nicht durch ein entsprechendes Informationsrecht des Vorstands begleitet; der Vorstand der Muttergesellschaft wird aber dennoch im Interesse der Erfüllung der Berichtspflicht für verpflichtet gehalten, sich die notwendigen Information im Rahmen des Zumutbaren zu beschaffen (*Schwark* ZHR-Beiheft 71 (2001), 75). 5

II. Sonderberichte

1. Geschäfte von erheblicher Bedeutung

6 Berichtspflichtig ist der Vorstand über solche Geschäfte, die für die **Rentabilität oder Liquidität** der AG von erheblicher Bedeutung sein können (Abs. 1 S. 1 Nr. 4). Darunter können insbesondere der Erwerb oder die Veräußerung von Unternehmen oder Unternehmensteilen, der Beteiligungserwerb und die Übernahme größerer Aufträge fallen. Die Berichterstattung hat so rechtzeitig vor Abschluss des Geschäfts zu erfolgen (Abs. 2 Nr. 4), dass der Aufsichtsrat »möglichst« eine Gelegenheit zur Stellungnahme hat. Der Vorstand hat deshalb vor Ausführung des Geschäfts grundsätzlich die Stellungnahme des Aufsichtsrats abzuwarten. Im Einzelfall kann sie mit den pflichtgemäßen Leitungsaufgaben des Vorstands kollidieren; ausnahmsweise kann dann die Maßnahme ohne die vorhergehende Stellungnahme des Aufsichtsrats vom Vorstand beschlossen und erforderlichenfalls auch ausgeführt werden.

2. Anlassberichte

7 Neben den Regelberichten trifft den Vorstand nach Abs. 1 S. 3 eine Pflicht zur Erstattung von Sonderberichten aus wichtigem Anlass. Damit sind vor allem solche Vorgänge gemeint, die sich **nachteilig auf die AG auswirken** können. Berichtspflichtig können danach insbesondere sein der Beginn von Arbeitskampfmaßnahmen, besondere Geschäftsvorfälle, erhebliche Betriebsstörungen, Verwicklung der Gesellschaft in bedeutende Rechtsstreitigkeiten und Liquiditätsengpässe. Wichtiger Berichtsanlass kann sowohl ein Vorfall bei der Gesellschaft selbst als auch ein Vorfall bei einem verbundenen Unternehmen sein, Abs. 1 S. 2.

8 Die Berichterstattung hat in diesem Fall nur an den **Vorsitzenden des Aufsichtsrats** zu erfolgen. Auf diese Weise trägt der Gesetzgeber dem in solchen Fällen regelmäßig gegebenen Eilbedürfnis Rechnung. Der Vorsitzende hat sodann nach pflichtgemäßem Ermessen über das weitere Vorgehen zu befinden. Die anderen Mitglieder des Aufsichtsrats sind über Anlassberichte nach § 93 Abs. 1 S. 3 AktG spätestens in der nächsten regelmäßigen Sitzung des Gremiums vom Vorsitzenden zu unterrichten, Abs. 5 S. 3 (bei dem dortigen Hinweis auf Abs. 1 S. 2 handelt es sich um ein gesetzgeberisches Redaktionsversehen).

III. Anforderungsberichte

9 Abs. 3 S. 1 gibt dem Aufsichtsrat als Gesamtgremium das Recht, Berichte über Angelegenheiten der Gesellschaft anzufordern. Die inhaltliche Überschneidung mit den Regelberichten nach Abs. 1 ist vom Gesetzgeber gewollt, um dem Aufsichtsrat einen eigenständig einforderbaren Informationsanspruch gegenüber dem Vorstand zu geben, mit dem der Aufsichtsrat seine Überwachungsaufgabe effektivieren kann. Die Berichtspflicht des Vorstands ist durch die Gesetzesfassung thematisch breit angelegt; sie setzt ein vom Aufsichtsrat **hinreichend präzisiertes Berichtsthema** voraus. Außerdem setzt das Anforderungsrecht des Gesamtaufsichtsrats im Unterschied zum Anforderungsrecht des einzelnen Aufsichtsratsmitglieds einen **Beschluss des Aufsichtsrats** voraus; eine förmliche Pflicht zum Nachweis eines solchen Beschlusses verlangt § 90 AktG nicht.

10 Nach Abs. 3 S. 2 hat auch das einzelne Mitglied des Aufsichtsrats ein Recht, Vorstandsberichte anzufordern. Dafür bedarf es keiner vorhergehenden Beschlussfassung durch das Gesamtgremium; auf diese Weise ist das Recht, Anforderungsberichte zu verlangen, unabhängig von den Mehrheitsverhältnissen im Aufsichtsrat. Thematische Einschränkungen sieht das Gesetz insofern nicht vor. Der Vorstand ist verpflichtet, den vom einzelnen Mitglied des Aufsichtsrats angeforderten Bericht nur dem Gesamtgremium zu erstatten.

IV. Vorlageberichte

11 Neben den Berichtspflichten des § 90 AktG sieht das AktG in besonderen Zusammenhängen spezifische Berichtspflichten vor. Sie betreffen insbesondere die Vorlage des Jahresabschlusses (§ 170

AktG), den Gewinnverwendungsvorschlag (§ 176 AktG) und Sonderprüfungsberichte (§ 142 AktG) sowie Berichtspflichten zur Vorbereitung der Beschlussfassung des Aufsichtsrats über zustimmungspflichtige Geschäfte nach § 111 Abs. 4 S. 2 AktG.

C. Zeitpunkt der Berichterstattung, Abs. 2

Über den Zeitpunkt der Berichterstattung an den Aufsichtsrat enthält das Gesetz nur wenig präzise Regelungen. Der Regelbericht zur Geschäftspolitik nach Abs. 1 Nr. 1 ist mindestens **einmal jährlich** vorzulegen, Abs. 2 Nr. 1. Der Zeitpunkt innerhalb des Jahres wird nicht näher bestimmt. Der Aufsichtsrat kann dem Vorstand in einer Informationsordnung nähere Vorgaben machen. Der Rentabilitätsbericht ist in der Sitzung des Aufsichtsrats über den Jahresabschluss zu erstatten, Abs. 2 Nr. 2. Die sog. **Quartalsberichte** i. S. d. Abs. 1 S. 1 Nr. 3 sind mindestens **vierteljährlich** vorzulegen, Abs. 2 Nr. 3; auch insofern enthält das Gesetz keine konkretisierende Zeitangabe. Zum Sondergeschäftsbericht nach Abs. 1 S. 1 Nr. 4 vgl. oben Rn. 6. 12

D. Inhalt und Form der Berichterstattung, Abs. 4

Dass die Berichte des Vorstands einer »gewissenhaften und getreuen Rechenschaft« zu entsprechen haben, bedeutet vor allem, dass diese **vollständig und wahr** zu sein haben. Nähere Angaben zu Aufbau und Inhalt der Berichte sieht das Gesetz angesichts der Vielgestaltigkeit der Sachverhalte aus gutem Grund nicht vor. Der DCGK sieht in Ziff. 4.3. S. 3 vor, dass der Aufsichtsrat nähere Festlegungen für den Vorstand treffen soll. Zu fordern ist, dass die im Bericht angeführten Umstände und Daten erläutert werden; dies ist eine jedenfalls grundsätzlich an einen Bericht zu stellende Anforderung. Konkrete Einzelheiten sind wiederum von Gesetzes wegen nicht festgelegt. 13

Grenzen für den Inhalt und Umfang der Berichtspflicht sind vom Gesetzgeber nicht explizit angesprochen. Sie ergeben sich aus der dem Aufsichtsrat funktionell zugewiesenen Aufgaben der Überwachung, Beratung und Mitwirkung. Enge Grenzen werden damit erkennbar nicht gezogen. Deshalb entspricht es allgemeiner Auffassung, dass die Verweigerung von Berichtsinhalten nur in Fällen offensichtlichen Missbrauchs berechtigt ist (Lücke/*Klose* Vorstand der AG, § 4 Rn. 93). 14

Die Berichte sind in der Regel **in Textform** zu erstatten. Die Erklärung ist deshalb nach § 126 b BGB in einer Urkunde oder in einer anderen zur dauerhaften Wiedergabe in Schriftzeichen geeigneten Weise abzugeben; die Person des Erklärenden muss genannt und der Abschluss der Erklärung durch Nachbildung der Namensunterschrift oder anders erkennbar gemacht werden. Die Berichterstattung kann danach insbesondere auch durch **E-Mail** erfolgen, wenn die Mitglieder des Aufsichtsrats damit ihr Einverständnis erklärt haben; dieses Einverständnis liegt regelmäßig bereits in der Mitteilung der E-Mail-Anschrift. 15

Der Bericht aus wichtigem Anlass nach Abs. 3 ist vom Schriftformerfordernis nach Abs. 4 S. 2 ausgenommen. Die Regelung nimmt auf die regelmäßig gegeben besondere Eilbedürftigkeit Rücksicht. 16

E. Information innerhalb des Aufsichtsrats, Abs. 5

Da die Berichte dem Vorstand zu erstatten sind, genügt der Vorstand im Regelfall der textförmigen Berichterstattung seinen Pflichten, wenn die Berichte dem Vorsitzenden des Aufsichtsrats zugeleitet werden. Das einzelne Mitglied des Aufsichtsrats hat ein Recht auf Kenntnisnahme des Berichts (Abs. 5 S. 1) und es kann mangels anderweitiger Beschlusslage im Aufsichtsrat verlangen, dass ihm der Bericht zugeleitet wird (Abs. 5 S. 2). Zur Rechtslage bei Anlassberichten vgl. schon oben Rn. 7 f. 17

§ 91 Organisation; Buchführung

(1) Der Vorstand hat dafür zu sorgen, daß die erforderlichen Handelsbücher geführt werden.

(2) Der Vorstand hat geeignete Maßnahmen zu treffen, insbesondere ein Überwachungssystem einzurichten, damit den Fortbestand der Gesellschaft gefährdende Entwicklungen früh erkannt werden.

A. Regelungszweck

1 Die Vorschrift konkretisiert zwei unterschiedliche Elemente der in § 76 Abs. 1 AktG geregelten Leitungsaufgaben des Gesamtvorstands. Sie betrifft in Abs. 1 die handelsrechtliche Buchführungspflicht. In Abs. 2 werden Anforderungen an die durch den Vorstand zu verantwortenden Unternehmensorganisation gestellt. Mit der Verpflichtung zur Einrichtung eines Überwachungssystems werden Standards der Unternehmensorganisation gefordert, die eine **Früherkennung bestandsgefährdender Entwicklungen** für die AG ermöglichen soll (RegBegr. zu § 91 Abs. 2, BT-Drs. 13/9712, 15).

B. Verantwortung für die Buchführung

2 Die Pflicht zur Führung von Handelsbüchern ergibt sich aus §§ 238 Abs. 1, 6 Abs. 1 HGB, § 3 Abs. 1 AktG. Es ist dies eine Pflicht der AG, für die der Vorstand nach der klarstellenden Regelung in § 91 Abs. 1 AktG die Gesamtverantwortung trägt. Diese Gesamtverantwortung besteht im mehrgliedrigen Vorstand auch dann, wenn die Geschäftsverteilung die Buchführung dem Finanzvorstand als Führungsaufgabe zuweist. Die rechtliche Gesamtverantwortung des Vorstands für die Buchführung ist – anders als ihre technische Durchführung – nach § 91 Abs. 1 AktG nicht delegierbar.

3 Die **schuldhafte Verletzung** der Buchführungspflicht kann eine Schadenersatzpflicht des Vorstands nach § 93 AktG gegenüber der AG und ggf. auch gegenüber Dritten auslösen (vgl. § 93 AktG Rn. 27). Ferner können strafrechtliche Sanktionen für die Verletzung von Buchführungspflichten ausgelöst werden, § 331 HGB, § 400 AktG, §§ 283 Abs. 1 Ziff. 5 bis 7, 283 b StGB.

C. Einrichtung eines Überwachungssystems

4 Die durch das »Gesetz zur Kontrolle und Transparenz im Unternehmensbereich« vom 27. 4. 1998 eingeführte Regelung des § 91 Abs. 2 AktG verpflichtet den Vorstand der AG zur Einrichtung eines Frühwarn- und Überwachungssystems. Inhalt und Reichweite der Verpflichtung werden mit der Formulierung, »geeignete Maßnahmen zu treffen, insbesondere ein Überwachungssystem einzurichten, damit den Fortbestand der Gesellschaft gefährdende Entwicklungen früh erkannt werden«, nur sehr vage umschrieben. Deshalb ist sorgfältig zu differenzieren zwischen einem betriebswirtschaftlich wünschenswerten, möglichst umfassenden Risikomanagementsystem und dem was nach § 91 Abs. 2 AktG rechtlich zwingend geboten ist.

5 Der Gesetzgeber verlangt vom Vorstand Maßnahmen zur Früherkennung existenzgefährdender Entwicklungen und die Schaffung eines entsprechenden Überwachungssystems. Welche Maßnahmen der Vorstand ergreift, unterliegt seinem pflichtgemäß auszuübenden Leitungsermessen. Dabei werden die zu ergreifenden Maßnahmen im Bereich des Controlling und der internen bzw. externen Revision anzusiedeln sein, wobei die konkreten Maßnahmen in Abhängigkeit von der Größe und Struktur des jeweiligen Unternehmens und damit kaum verallgemeinerungsfähig sind (näher Hdb CorpGov Rn. 571 ff.). Im Konzern besteht die Verpflichtung des Vorstands der herrschenden AG zur Einrichtung eines **konzernweiten Frühwarn- und Überwachungssystems** (auch dazu näher Hdb CorpGov Rn. 571 ff.). Für börsennotierte Aktiengesellschaften hat der Abschlussprüfer nach § 317 Abs. 4 HGB im Rahmen der Abschlussprüfung zu beurteilen, ob der Vorstand seinen Verpflichtungen nach § 91 Abs. 2 AktG nachgekommen ist; Mängel sind ggf. in einem besonderen Teil des Prüfungsberichts darzustellen, § 312 Abs. 4 HGB.

§ 92 Vorstandspflichten bei Verlust, Überschuldung oder Zahlungsunfähigkeit

(1) Ergibt sich bei Aufstellung der Jahresbilanz oder einer Zwischenbilanz oder ist bei pflichtmäßigem Ermessen anzunehmen, daß ein Verlust in Höhe der Hälfte des Grundkapitals besteht, so hat der Vorstand unverzüglich die Hauptversammlung einzuberufen und ihr dies anzuzeigen.

(2) [1]Wird die Gesellschaft zahlungsunfähig, so hat der Vorstand ohne schuldhaftes Zögern, spätestens aber drei Wochen nach Eintritt der Zahlungsunfähigkeit, die Eröffnung des Insolvenzverfahrens zu beantragen. [2]Dies gilt sinngemäß, wenn sich eine Überschuldung der Gesellschaft ergibt.

(3) [1]Nachdem die Zahlungsunfähigkeit der Gesellschaft eingetreten ist oder sich ihre Überschuldung ergeben hat, darf der Vorstand keine Zahlungen leisten. [2]Dies gilt nicht von Zahlungen, die auch nach diesem Zeitpunkt mit der Sorgfalt eines ordentlichen und gewissenhaften Geschäftsleiters vereinbar sind.

Für die Situation der sich in der Krise befindlichen AG sieht das AktG verschiedene Regelungen 1
vor. Im weiteren Sinn gehört dazu zunächst die Regelung des § 91 Abs. 2 AktG, mit der eine Pflicht des Vorstands zur Einrichtung eines Systems der Risikofrüherkennung geschaffen wurde (vgl. § 91 Abs. 2 AktG, dort Rn. 4). § 92 AktG sieht Regelungen vor, die im Falle des Verlusts in Höhe der Hälfte des Eigenkapitals die Pflicht vorsieht, die Hauptversammlung einzuberufen und dieser den Verlust anzuzeigen. Der Sinn dieser **Pflicht zur Information und Einberufung der Aktionäre** besteht darin, dass die Aktionäre in die Lage versetzt werden, geeignete Krisenreaktionsmaßnahmen, insbesondere Maßnahmen der Kapitalveränderung (§§ 182 ff., 229 ff. AktG) zu beschließen. Die nach Abs. 2 bestehende Pflicht, einen **Insolvenzantrag** zu stellen, besteht im Schutzinteresse insbesondere der Gläubiger an einer geordneten Verwertung des Unternehmensvermögens. Entsprechendes gilt für das Zahlungsverbot des Abs. 3.

Die Regelung entspricht den Parallelvorschriften des GmbHG; auf diese Vorschriften wird zur 2
Vermeidung von Wiederholungen verwiesen. Zu § 92 Abs. 1 AktG findet sich die Parallelvorschrift in § 49 Abs. 3 GmbHG (vgl. Kap. 7 § 49 Rn. 10 f.). Zu § 92 Abs. 2 und Abs. 3 findet sich die Parallelvorschrift in § 64 GmbHG (vgl. die ausführl. Erl. Kap. 7 § 64).

Neben den aktienrechtlichen Verpflichtungen des § 92 AktG sind ggf. **kapitalmarktrechtliche** 3
Verpflichtungen zu beachten. Sind die Aktien der AG oder sonstige von ihr ausgegebene Wertpapiere zum Handel an einer inländischen Börse zugelassen, so ist der Verlust in Höhe der Hälfte des Grundkapitals nach der sog. **ad-hoc-Publizitätsregel** des § 15 Abs. 1 S. 1 WpHG unverzüglich zu veröffentlich (dazu *Assmann/Schneider* WpHG § 15 Rn. 51 ff., § 13 Rn. 67 f.). Die nämliche Verpflichtung nach § 15 Abs. 1 S. 1 WpHG besteht im Falle der Zahlungsunfähigkeit und dem der Überschuldung. Eine Befreiung von der Veröffentlichungspflicht nachdem WpHG kann nach § 15 Abs. 1 S. 2 WpHG gestellt werden. Die Pflicht zur Einberufung der Hauptversammlung nach dem AktG bleibt davon unberührt.

§ 93 Sorgfaltspflicht und Verantwortlichkeit der Vorstandsmitglieder [i. d. F. ab 1. 1. 2007 durch EHUG]

(1) [1]Die Vorstandsmitglieder haben bei ihrer Geschäftsführung die Sorgfalt eines ordentlichen und gewissenhaften Geschäftsleiters anzuwenden. [2]Eine Pflichtverletzung liegt nicht vor, wenn das Vorstandsmitglied bei einer unternehmerischen Entscheidung vernünftigerweise annehmen durfte, auf der Grundlage angemessener Information zum Wohle der Gesellschaft zu handeln. [3]Über vertrauliche Angaben und Geheimnisse der Gesellschaft, nament-

lich Betriebs- oder Geschäftsgeheimnisse, die den Vorstandsmitgliedern durch ihre Tätigkeit im Vorstand bekanntgeworden sind, haben sie Stillschweigen zu bewahren. [4]Die Pflicht des Satzes 3 gilt nicht gegenüber einer nach § 342 b des Handelsgesetzbuchs anerkannten Prüfstelle im Rahmen einer von dieser durchgeführten Prüfung.

(2) [1]Vorstandsmitglieder, die ihre Pflichten verletzen, sind der Gesellschaft zum Ersatz des daraus entstehenden Schadens als Gesamtschuldner verpflichtet. [2]Ist streitig, ob sie die Sorgfalt eines ordentlichen und gewissenhaften Geschäftsleiters angewandt haben, so trifft sie die Beweislast.

(3) Die Vorstandsmitglieder sind namentlich zum Ersatz verpflichtet, wenn entgegen diesem Gesetz

1. **Einlagen an die Aktionäre zurückgewährt werden,**
2. **den Aktionären Zinsen oder Gewinnanteile gezahlt werden,**
3. **eigene Aktien der Gesellschaft oder einer anderen Gesellschaft gezeichnet, erworben, als Pfand genommen oder eingezogen werden,**
4. **Aktien vor der vollen Leistung des Ausgabebetrags ausgegeben werden,**
5. **Gesellschaftsvermögen verteilt wird,**
6. **Zahlungen geleistet werden, nachdem die Zahlungsunfähigkeit der Gesellschaft eingetreten ist oder sich ihre Überschuldung ergeben hat,**
7. **Vergütungen an Aufsichtsratsmitglieder gewährt werden,**
8. **Kredit gewährt wird,**
9. **bei der bedingten Kapitalerhöhung außerhalb des festgesetzten Zwecks oder vor der vollen Leistung des Gegenwerts Bezugsaktien ausgegeben werden.**

(4) [1]Der Gesellschaft gegenüber tritt die Ersatzpflicht nicht ein, wenn die Handlung auf einem gesetzmäßigen Beschluß der Hauptversammlung beruht. [2]Dadurch, daß der Aufsichtsrat die Handlung gebilligt hat, wird die Ersatzpflicht nicht ausgeschlossen. [3]Die Gesellschaft kann erst drei Jahre nach der Entstehung des Anspruchs und nur dann auf Ersatzansprüche verzichten oder sich über sie vergleichen, wenn die Hauptversammlung zustimmt und nicht eine Minderheit, deren Anteile zusammen den zehnten Teil des Grundkapitals erreichen, zur Niederschrift Widerspruch erhebt. [4]Die zeitliche Beschränkung gilt nicht, wenn der Ersatzpflichtige zahlungsunfähig ist und sich zur Abwendung des Insolvenzverfahrens mit seinen Gläubigern vergleicht oder wenn die Ersatzpflicht in einem Insolvenzplan geregelt wird.

(5) [1]Der Ersatzanspruch der Gesellschaft kann auch von den Gläubigern der Gesellschaft geltend gemacht werden, soweit sie von dieser keine Befriedigung erlangen können. [2]Dies gilt jedoch in anderen Fällen als denen des Absatzes 3 nur dann, wenn die Vorstandsmitglieder die Sorgfalt eines ordentlichen und gewissenhaften Geschäftsleiters gröblich verletzt haben; Absatz 2 Satz 2 gilt sinngemäß. [3]Den Gläubigern gegenüber wird die Ersatzpflicht weder durch einen Verzicht oder Vergleich der Gesellschaft noch dadurch aufgehoben, daß die Handlung auf einem Beschluß der Hauptversammlung beruht. [4]Ist über das Vermögen der Gesellschaft das Insolvenzverfahren eröffnet, so übt während dessen Dauer der Insolvenzverwalter oder der Sachwalter das Recht der Gläubiger gegen die Vorstandsmitglieder aus.

(6) Die Ansprüche aus diesen Vorschriften verjähren in fünf Jahren.

§ 93 Sorgfaltspflicht und Verantwortlichkeit der Vorstandsmitglieder [i. d. F. ab 31. 12. 2006]

(1)* [Sätze 1 bis 3 identisch] *[4]Die Pflicht des Satzes 2 gilt nicht gegenüber einer nach § 342 b des Handelsgesetzbuchs anerkannten Prüfstelle im Rahmen einer von dieser durchgeführten Prüfung.

***(2) bis (6)* [identisch]**

Übersicht:

A. Übersicht

1 § 93 AktG enthält die Regelungen zur **Sorgfaltspflicht** und zur **Verantwortlichkeit der Vorstandsmitglieder** der AG. Die Regelung gilt unmittelbar für die konzernfreie AG. Für die AG im Konzernverbund sind die Sonderregeln für den Vertragskonzern (vgl. Kap. 14 Rn. 26 ff., 35 ff.), für die Eingliederung (Kap. 14 Rn. 9) und für den faktischen Konzern (Kap. 14 Rn. 56 ff.) zu beachten. Für die Sorgfaltspflicht und Verantwortlichkeit der Aufsichtsratsmitglieder gilt die Vorschrift nach § 116 AktG sinngemäß. Für die Sorgfaltspflicht und Haftung des GmbH-Geschäftsführers besteht in § 43 GmbHG eine Parallelvorschrift (vgl. ausführl. Kap. 7 § 43).

2 Die Regelung bezweckt aus haftungsrechtlicher Sicht – wie andere Haftungsnormen auch – **Schadensausgleich und Schadensprävention**. Die Sorgfaltspflichtenregelung bezieht sich auf die Leitungs- und Geschäftsführungsmaßnahmen des Vorstands und konkretisiert in Abs. 1 S. 1 die allgemeinen zivilrechtlichen Sorgfaltsstandards der § 276 Abs. 2 BGB, § 347 Abs. 1 HGB, sieht dann aber mit der durch das »Gesetz zur Unternehmensintegrität und Modernisierung des Anfechtungsrechts« (UMAG) vom 22. 9. 2005 (BGBl. I 2802) eingeführten sog. **Business Judgement Rule** des Abs. 1 S. 2 eine beachtliche Stärkung des Beurteilungs- und Handlungsspielraums des Vorstandes vor. Mit ihr werden Haftungsrisiken, die mit unternehmerischen Entscheidungen des Vorstands einhergehen, gemindert. Seit dem Inkrafttreten des UMAG gibt es in Fortführung der ohne spezielle Rechtsgrundlage entwickelten Rechtsprechung des BGH (BGHZ 135, 244) einen gesetzlich gesicherten Freiraum für unternehmerische Führungsentscheidungen des AG-Vorstands. Die Neuregelung kompensiert die ebenfalls mit dem UMAG eingeführten erweiterten Durchsetzungsmöglichkeiten für Ersatzansprüche der Aktionäre in § 148 AktG n. F. (*Ulmer* DB 2004, 859) und dient damit der inneren Balance der die Verantwortlichkeit des Vorstands betreffenden Gesamtregelung des AktG (*Schäfer* NZG 2005, 1253, 1254).

B. Verhaltens- und Sorgfaltsmaßstab, Abs. 1

I. Grundlagen

3 Der in Abs. 1 S. 1 enthaltene Maßstab der Sorgfalt eines ordentlichen und gewissenhaften Geschäftsleiters regelt die aktienrechtlichen Standards für die Sorgfalt und Verantwortlichkeit des Vorstands. Sein Inhalt erschließt sich dem Rechtsanwender wegen der generalklauselartigen Weite und Unbestimmtheit des Maßstabs erst durch **Konkretisierung im Einzelfall** unter Berücksichtigung der jeweiligen Umstände. Die Regelung hat einen zweifachen Inhalt: Sie ist sowohl als **objektive Pflichtenregelung** als auch als **Regelung des Verschuldensmaßstabs** konzipiert. Die objektive Pflicht des Vorstands zur ordnungsgemäßen Unternehmensleitung besteht zwar bereits nach der grundsätzlichen Regelung des § 76 Abs. 1 AktG (vgl. § 76 AktG Rn. 13 ff.), den gesellschaftsbezogenen Treuebindungen und den insbesondere vom Aktien- und Kapitalmarktrecht statuierten Vorstandspflichten. Die Geschäftsleiterpflichten i. S. d. § 93 AktG erfahren aber durch die Business Judgement Rule des Abs. 1 S. 2 eine beachtliche Variation, die deutlich macht, dass der (objektive) unternehmerische Handlungsspielraum des Vorstands auch die Bereitschaft umfasst, geschäftliche Risiken bewusst einzugehen. Zu Recht wird die Norm auch

so verstanden, dass die Sorgfaltsstandards des § 93 AktG festlegen, welche Fehlbeurteilungen oder Fehleinschätzungen dem Vorstand (subjektiv) vorgeworfen werden können.

4 Im haftungsrechtlichen Kontext bilden die Bestimmung der objektiven Verhaltensstandards und des subjektiven Verschuldensmaßstabs zwei Elemente eines einheitlichen Haftungstatbestandes. Der gesamte Haftungstatbestand umfasst die in Abs. 1 geregelten subjektiven und objektiven Voraussetzungen und die in Abs. 2 geregelte Rechtsgrundlage der Vorstandshaftung für verschuldete Pflichtenverstöße. Nach § 93 AktG haftet der Vorstand nur für objektive Pflichtwidrigkeiten, die ihm subjektiv vorzuwerfen sind.

II. Sorgfaltspflichten

5 Die Arten und der Umfang der Pflichten des Vorstands sind bereits bei § 76 AktG Rn. 35 ff. näher dargestellt worden. Darauf wird hier Bezug genommen.

III. Ausschluss der Sorgfaltspflichten, Abs. 1 S. 2

6 Nach Abs. 1 S. 2 liegt eine Pflichtverletzung nicht vor, wenn folgende **Voraussetzungen** gegeben sind: (1) der Vorstand muss eine unternehmerische Entscheidung getroffen haben, (2) er muss zum Wohle der Gesellschaft gehandelt haben, (3) darf sich nicht von Sonderinteressen oder sachfremden Einflüssen haben leiten lassen, (4) die Entscheidung muss auf angemessener Information des Vorstands beruhen und (5) der Vorstand muss gutgläubig gehandelt haben.

6 a Mit dem Erfordernis der **unternehmerischen Entscheidung** begrenzt der Gesetzgeber die Business Judgement Rule auf die Fälle, in denen der Vorstand in Ausübung seines Leitungsermessens geschäftliche Risiken eingeht, bei denen die Gefahr von Fehlbeurteilungen auch dann besteht, wenn er noch so sorgfältig und gewissenhaft handelt. Das ist vor allem dann der Fall, wenn vom Vorstand **Prognoseentscheidungen** über die Wirtschaftlichkeit einer Maßnahme zu treffen sind, die von der künftigen Entwicklung der Marktverhältnisse, der Wettbewerbssituation oder der Konjunkturentwicklung abhängig sind. Nach den von BGHZ 135, 244, 253 schon vor Inkrafttreten des Abs. 1 S. 2 aufgestellten und in die gesetzliche Neuregelung aufgenommenen Grundsätzen kann auch die Geltendmachung von Schadenersatzansprüchen gegen Organmitglieder eine solche unternehmerische Entscheidung darstellen. Der Bereich der dem Vorstand obliegenden gesetzlichen Pflichtaufgaben (z. B. §§ 83, 90, 91 Abs. 1 und 2, 92 Abs. 1 und 2 AktG), bei deren Erfüllung der vorausgesetzte Ermessensspielraum nicht besteht, unterfällt Abs. 1 S. 2 nicht.

7 Die Bindung an das **Unternehmenswohl** entspricht der schon in § 76 Abs. 1 AktG verankerten Verpflichtung zur Gewährleistung von Bestand und dauerhafter Rentabilität des Unternehmens (vgl. § 76 AktG Rn. 17, 19), aus der sich zugleich die Verpflichtung des Vorstands ergibt, sich nicht von **Sonderinteressen** einzelner Gruppen oder **sachfremden Einflüssen** leiten zu lassen (Begr. zum RegE BT-Drs. 3/05, 20).

8 Das Erfordernis, **angemessene Informationen** einholen zu müssen, bedarf der Konkretisierung im Einzelfall. Die dabei zu beachtenden Anforderungen variieren je nach Art und Bedeutung der zu treffenden Entscheidung. Maßgeblich ist die Sicht in der jeweiligen Entscheidungssituation (ex ante-Betrachtung), wobei darauf abzustellen ist, ob die vom Vorstand getroffene Entscheidung aus neutraler Sicht objektiv nachvollziehbar und plausibel begründet erscheint (vgl. *Grundei/v.Werder* AG 2005, 825, 829 ff.). Insofern setzt eine erfolgreiche Berufung auf § 93 Abs. 1 S. 2 AktG regelmäßig organisatorische Vorkehrungen zur Vermeidung von Haftungsfällen des Vorstands voraus (sog. Corporate Compliance durch stetige Risikoanalyse, Information, Organisation und Dokumentation; vgl. *Rodewald/Unger* BB 2006, 113). Dass der Vorstand externe Beratung in Anspruch, wird von Abs. 1 S. 2 nicht ausgeschlossen, andererseits aber auch nicht notwendig gefordert.

9 Schließlich verlangt das **Gutgläubigkeitspostulat**, dass der Vorstand annehmen durfte, im Interesse des Unternehmenswohls zu handeln. Maßgeblich ist eine objektive Sicht eines **»vernünftigerweise«** handelnden Vorstands. Wiederum ist bei der Nachprüfung der Entscheidung die ex

ante-Sicht des Vorstands zugrunde zu legen. Der Gesetzgeber hat im Laufe des Gesetzgebungsverfahrens von der zunächst vorgesehenen gesetzlichen Regelung einer Beurteilungsprärogative des Vorstands bis zur Grenze der groben Fahrlässigkeit abgesehen; nach der geltenden Gesetzesfassung kommt es auf den subjektiven Vorwurf, das Unternehmenswohl grob fahrlässig missachtet zu haben, bei der Anwendung der Business Judgement Rule nicht an (*Schäfer* ZIP 2005, 1253, 1258).

IV. Pflicht zur Verschwiegenheit, Abs. 1 S. 3, 4

Abs. 1 S. 3 verpflichtet die Vorstandsmitglieder zur Verschwiegenheit über **vertrauliche Angaben** und Geheimnisse der AG. Für die Feststellung der Vertraulichkeit einer Angabe kommt es auf eine aus objektiver Sicht vorzunehmende Beurteilung an, ob die Weitergabe der betreffenden Information für das Unternehmen nachteilig ist (BGHZ 135, 48, 57). Vertraulich können nur solche Informationen sein, die der Vorstand in seiner Organfunktion erlangt. Die Kennzeichnung einer Information als vertraulich ist nicht erforderlich. Informationen über Personalangelegenheiten sowie Meinungsäußerungen in Vorstands- oder Aufsichtsratssitzungen sind typischerweise als vertraulich einzustufen (BGHZ 64, 325, 332). 10

Geheimnis der AG ist eine nicht offenkundige Tatsache, die nach dem erklärten oder mutmaßlichen Willen der AG nicht offenkundig werden soll und hinsichtlich der ein anerkennenswertes Geheimhaltungsinteresse besteht (BGHZ 64, 325, 329). Anzulegen ist ein objektiver, den Anforderungen ordnungsgemäßer Unternehmensführung entsprechender Maßstab. Typische **Beispiele** sind Produktionsverfahren, Entwicklungsvorhaben, bevorstehende zentrale Personalentscheidungen, Kundenbeziehungen, Finanzpläne. 11

Einschränkungen der Verschwiegenheitspflicht bestehen kraft Gesetzes gegenüber der BaFin (§ 37 o Abs. 4 WpHG) und gegenüber der Prüfstelle für Rechnungslegung (§ 342 b Abs. 4 HGB), Abs. 1 S. 4. Innerhalb des Vorstands und in der Kommunikation zwischen dem Vorstand und dem Aufsichtsrat (BGHZ 135, 48, 56 f.) besteht ebenfalls die Verschwiegenheitspflicht nicht. Gegenüber dem Abschlussprüfer ist die Verschwiegenheitspflicht im Rahmen und im Umfang des von § 320 Abs. 2 HGB anerkannten Informationsrechts begrenzt. Zur Vorbereitung eines Unternehmensverkaufs (insbesondere im Rahmen von **due-diligence-Prüfungen**) ist die Weitergabe auch vertraulicher Informationen nicht vollständig unzulässig; der gebotene Schutz wird durch den Abschluss von Vertraulichkeitsvereinbarungen mit dem Erwerbsinteressenten gewährleistet (dazu *Körber* NZG 2002, 263). 12

C. Schadenersatzpflicht nach der Generalklausel des Abs. 2

I. Voraussetzungen

Die kraft Gesetzes geltende Schadenersatzpflicht der Vorstandsmitglieder setzt nach Abs. 2 eine Verletzung ihrer Pflichten, ein Verschulden der Vorstandsmitglieder (Abs. 2 S. 2) und ein der Gesellschaft daraus entsehenden Schaden voraus. 13

Die Schadenersatzverpflichtung betrifft die Vorstandsmitglieder vom Zeitpunkt der Bestellung (vgl. § 84 AktG Rn. 2) bis zum Ende der Organstellung (vgl. § 84 AktG Rn. 13). Ebenso haften fehlerhaft bestellte Vorstandsmitglieder, sofern sie für die AG tatsächlich tätig geworden sind (BGHZ 41, 282, 287). 14

Die Haftung besteht für **jede Pflichtverletzung**. Sanktioniert wird jede Art von Pflichten des Vorstandsmitglieds, die organschaftliche Leitungsaufgabe nach § 76 Abs. 1 AktG (vgl. § 76 AktG Rn. 13) ebenso wie die aus der gesellschaftsbezogenen Treuebindung folgenden Pflichten (vgl. § 76 AktG Rn. 40). Die Verletzung gesellschafts-, kapitalmarkt- und sonstiger rechtlicher Pflichten kommt ebenso als Haftungsursache in Betracht wie die Verletzung von Pflichten aus dem Anstellungsvertrag des Vorstandsmitglieds (vgl. § 84 AktG Rn. 35). 15

16 Die Vorstandshaftung ist ausweislich von Abs. 2 S. 2 eine Haftung für Verschulden. § 93 AktG begründet eine Haftung des Vorstandsmitglieds für jeweils **eigenes Verschulden**. Eine Zurechnung von Fremdverschulden für Mitarbeiter des Unternehmens erfolgt nicht, auch wenn die Mitarbeiter dem Vorstandsmitglied im Rahmen der Ressortzuständigkeit untergeben sind. § 278 BGB findet keine Anwendung, weil nicht das Vorstandsmitglied sondern die AG Geschäftsherr und damit Adressat der Zurechnung ist (BGHZ 62, 166, 171 f.). Das einzelne Vorstandsmitglied haftet jedoch dafür, dass die Auswahl und Kontrolle der Mitarbeiter ordnungsgemäß erfolgt. Die Haftung für eigenes Verschulden schließt die Haftung für unzureichende Anleitung, Organisation und Beaufsichtigung der Mitarbeiter sowie eine Haftung für eine wegen der Bedeutung der Angelegenheit unzulässige Delegation ein.

17 Der anzuwendende Verschuldensmaßstab ist ein typisierender, objektiv-durchschnittlicher. Individuelle Unfähigkeit entlastet das Vorstandsmitglied nicht.

18 Aus der Pflichtverletzung muss ein **Schaden der Gesellschaft** entstanden sein. Der Schaden wird nach allgemeinen schadenersatzrechtlichen Grundsätzen der §§ 249 ff. BGB bemessen. Danach kommt jede Vermögensminderung als Schaden in Betracht, der adäquat kausal auf die schuldhafte Pflichtverletzung zurückzuführen ist. Eine **Schädigung der Aktionäre** wird von § 93 AktG nicht erfasst. Die Norm ist auch kein Schutzgesetz zu ihren Gunsten, so dass auch kein auf die Verletzung von § 93 AktG gestützter Schadenersatzanspruch der Aktionäre nach § 823 Abs. 2 BGB in Betracht kommt; eine solcher deliktischer Schadenersatzanspruch der Aktionäre kommt bei Verletzung anderer aktienrechtlicher Bestimmungen zugunsten des Schutzes von Aktionären in Betracht (BGHZ 105, 121). **Geschädigte Gläubiger** der AG können einen Ersatzanspruch wegen des ihnen entstandenen Schadens ebenfalls nicht auf § 93 AktG stützen; sie können aber nach Maßgabe des Abs. 5 den Ersatzanspruch der Gläubiger geltend machen (vgl. Rn. 26). Bei deliktischem Handeln der Vorstandsmitglieder kann eine Ersatzpflicht der AG nach § 31 BGB bestehen. Daneben befürwortet die Rspr. bei deliktischem Verhalten einen Schadenersatzanspruch geschädigter Dritter gegen das verantwortliche Vorstandsmitglied, der durch den Anspruch gegen die Gesellschaft nach § 31 BGB nicht ausgeschlossen ist (BGHZ 133, 370, 374 ff.; 109, 297, 302)

19 Die **Darlegungs- und Beweislast** im Schadensfall bestimmt sich nach Abs. 2 S. 2 wie folgt: Nach zutreffender, wenn auch nicht ganz unbestrittener Auffassung hat die Gesellschaft bei der Inanspruchnahme eines Vorstandsmitglieds den Eintritt eins Schadens sowie die Ursächlichkeit einer Pflichtverletzung des Vorstandsmitglieds darzulegen und erforderlichenfalls – unter Berücksichtigung der Beweiserleichterung des § 287 ZPO – zu beweisen (BGHZ 152, 280, 284). Gelingt dieser Anfangsbeweis, hat das Vorstandsmitglied zur Abwendung einer Schadenersatzpflicht dazulegen und zu beweisen, dass entweder sein Verhalten nicht pflichtwidrig war oder dass es kein Verschulden trifft oder aber der Schaden auch bei pflichtgemäßem Alternativverhalten eingetreten wäre (BGHZ 152, 280, 284). Dies schließt den Nachweis durch das in Anspruch genommene Vorstandsmitglied ein, seinen unternehmerischen Ermessenspielraum eingehalten zu haben (BGHZ 152, 284; *Fleischer* ZIP 2004, 685, 688). Dieser Entlastungsbeweis wird den Vorstandsmitgliedern in der Regel nur gelingen, wenn sie die haftungsrelevanten Vorgänge hinreichend dokumentieren, obwohl es eine Pflicht zur Dokumentation nicht gibt. Ausgeschiedene Vorstandsmitglieder haben nach Maßgabe von § 810 BGB ein Recht auf Einsicht in die Bücher, Akten und Protokolle der AG (OLG Frankfurt DB 1979, 2476).

II. Solidarische Haftung der Vorstandsmitglieder

20 Diejenigen Vorstandsmitglieder, die ein solches Verschulden trifft, haften **als Gesamtschuldner**, Abs. 2 S. 1. Mit dieser Maßgabe ordnet die Regelung eine solidarische Gesamtverantwortung der Vorstandsmitglieder an. Ist einem Vorstandsmitglied ein bestimmter Aufgabenbereich insbesondere im Wege der Geschäftsverteilung (vgl. § 77 AktG Rn. 9 ff.) zugewiesen, führt dies zu einer Haftungsbeschränkung der nicht ressortverantwortlichen Vorstandsmitglieder (BGHZ 133, 370, 377). Neben der Verantwortlichkeit des ressortzuständigen Vorstandsmitglieds bleiben aller-

dings alle Vorstandsmitglieder für die Gesetz- und Zweckmäßigkeit des gesamten Geschäftsbetriebs verantwortlich; diese haften inhaltlich allerdings nur noch für ihr Verschulden bei der Aufsicht über den zuständigen Ressortvorstand (BGHZ 133, 370, 377 f.).

D. Schadenersatzpflicht nach den Sondertatbeständen des Abs. 3

Abs. 3 normiert haftungsrechtliche Sondertatbestände. Sie zeichnen sich dadurch aus, dass die Ersatzpflicht ohne Rücksicht auf den Eintritt eines im Einzelfall nachzuweisenden Vermögensschadens i. S. d. §§ 249 ff. BGB besteht. Der zum Ersatz verpflichtende Schaden besteht in diesen Fällen im Abfluss von Mitteln aus dem Vermögen der AG bzw. in der Nichtgeltendmachung von Ansprüchen der AG (Abs. 3 Nr. 4). Die Ersatzpflicht bezieht sich auf den jeweiligen Fehlbetrag als Mindestschaden sowie einen etwaigen weitergehenden Vermögensschaden. 21

E. Haftungsausschluss, Abs. 4

Die persönliche Haftung der Vorstandsmitglieder besteht kraft Gesetzes und ist zwingend ausgestaltet; sie kann durch Vertrag oder Satzung **nicht ausgeschlossen** werden. Haftungsbegrenzungsvereinbarungen, mit denen die abweichende Sorgfaltsmaßstäbe oder Haftungshöchstsummen vertraglich vereinbart werden, sind wegen Verstoßes gegen § 93 Abs. 4 AktG, § 134 BGB unwirksam (MüKo AktG/*Hefermehl/Spindler* § 93 Rn. 134 f.; a. A. Lücke/*Schnabel/Lücke* Vorstand der AG, § 6 Rn. 222; vgl. auch *Bauer/Krets* DB 2003, 811). 22

Nach Abs. 4 S. 1 **entfällt** die persönliche Haftung des Vorstands gegenüber der AG, wenn die schadensstiftende Maßnahme auf einem **Hauptversammlungsbeschluss** beruht. Die haftungsausschließende Wirkung tritt nur ein, wenn der Beschluss der Hauptversammlung der Geschäftsführungsmaßnahme des Vorstands vorausgegangen und der Beschluss weder nichtig noch anfechtbar war. Dies ist deshalb bedeutsam, weil die Hauptversammlung in Fragen der Geschäftsführung nur beschließen kann, wenn der Vorstand dies verlangt hat, § 119 Abs. 2 AktG. 23

Die **Billigung** einer Geschäftsführungsmaßnahme **durch den Aufsichtsrat** hat in Übereinstimmung mit dem Rechtsgedanken des § 111 AktG keine haftungsausschließende Wirkung, Abs. 4 S. 2. 24

Zum Schutz der Vermögensinteressen der AG enthält Abs. 4 S. 3 und 4 Einschränkungen für die Wirksamkeit von **Verzichts- und Vergleichsregelungen** zwischen dem Vorstand und der durch den Aufsichtsrat vertretenen AG. Solche Regelungen sind nur zulässig (1) nach Ablauf von drei Jahren nach Entstehen des Schadenersatzanspruchs, (2) mit Zustimmung durch Beschluss der Hauptversammlung und (3) bei fehlendem Widerspruch zur Niederschrift von Aktionären, die mindestens 10 % des Grundkapitals vertreten. Diese Frist gilt gem. S. 4 nicht, wenn das Vorstandsmitglied zahlungsunfähig ist und sich mit seinen Gläubigern vergleicht, um ein Insolvenzverfahren abzuwenden. 25

F. Rechte der Gesellschaftsgläubiger, Abs. 5

Abs. 5 regelt einen speziellen Aspekt der Geltendmachung von Ersatzansprüchen gegen den Vorstand durch Gläubiger der AG; diese können nach Maßgabe der Regelung des Abs. 5 Ersatzansprüche der Gesellschaft gegen Vorstandsmitglieder geltend machen. 26

Unmittelbare Ansprüche der Gesellschaftsgläubiger gegen Vorstandsmitglieder bestehen nach Abs. 5 nicht. Solche Ansprüche können aber auf andere Anspruchsgrundlagen gestützt werden. Eine deliktische Haftung kann nach § 823 Abs. 1 BGB entstehen, wenn ein Vorstandsmitglied die dort geschützten Rechtsgüter verletzt, oder aber nach § 823 Abs. 2 BGB, wenn der Vorstand Schutzgesetze verletzt, die den Gesellschaftsgläubiger schützen (BGHZ 133, 370, 374 ff.). In Betracht kommt in Ausnahmefällen auch eine quasi-vertragliche Haftung wegen Verletzung berechtigter Vertrauenserwartungen des Gläubigers (dazu näher *Müller* ZIP 1993, 1531). Eine persönliche Haftung der Vorstandsmitglieder für Steuerschulden begründet § 69 AO. 27

28 Aktionäre können aus Abs. 5 keine Ansprüche herleiten. Sie sind auf Ansprüche nach allgemeinen deliktischen Rechtsgrundlagen verwiesen (BGHZ 105, 121, 124 f.; *Hüffer* AktG, § 93 Rn. 19).

G. Verjährung, Abs. 6

30 Für die in Abs. 1 bis 5 geregelten Ansprüche sieht Abs. 6 eine spezielle Verjährungsfrist vor. Die Ansprüche verjähren in **fünf Jahren**. Die Frist beginnt mit der Entstehung des Anspruchs, § 200 BGB (*Schmitt-Rolfes/Bergewitz* NZG 2006, 535). Ansprüche aus anderen Rechtsgrundlagen als denen des § 93 AktG verjähren selbstständig nach den insofern einschlägigen Regelungen, insbesondere nach §§ 195 ff. BGB, und damit innerhalb von drei Jahren ab Kenntnis der haftungsbegründenden Umstände. Dies kann nach Lage der Dinge zu einer späteren Verjährung der Ansprüche führen.

§ 94 Stellvertreter von Vorstandsmitgliedern

Die Vorschriften für die Vorstandsmitglieder gelten auch für ihre Stellvertreter.

1 Die Regelung des § 94 AktG, die § 44 GmbHG für stellvertretende Geschäftsführer entspricht (vgl. Kap. 7 § 44), stellt klar, dass die sog. stellvertretenden Vorstandsmitglieder **ordentliche Organmitglieder** mit vollen Rechten und Pflichten sind. Auf sie finden deshalb die Regeln der §§ 76 ff. AktG unterschiedslos Anwendung. Die Bezeichnung als Vertreter ist insofern ungenau, als das stellvertretende Vorstandsmitglied nicht die Rechtsstellung eines Vertreters hat, der für ein anderes Vorstandsmitglied handelt. Das stellvertretende Vorstandsmitglied ist Vorstandsmitglied, das lediglich nach Maßgabe der Geschäftsordnung hinter anderen Vorstandsmitgliedern zu agieren hat. Als Mitglied mit allen Rechten und Pflichten rückt es – im Unterschied zum stellvertretenden Aufsichtsratsvorsitzenden nach § 107 Abs. 1 S. 3 AktG – auch nicht erst im Falle der Verhinderung eines anderen Vorstandsmitglieds in den Vorstand nach.

2 Da das stellvertretende Vorstandsmitglied ordentliches Vorstandsmitglied ist, hat sich die Auffassung durchgesetzt, dass die Stellvertretereigenschaft nicht nur nicht eintragungspflichtig, sondern auch nicht eintragungsfähig ist (BGH NJW 1998, 1071, 1072). Bei den nach § 80 AktG erforderlichen Angaben auf Geschäftsbriefen gilt dies entsprechend, der Vertreterzusatz ist also auf Geschäftsbriefen nicht anzugeben.

Zweiter Abschnitt.
Aufsichtsrat

§ 95 Zahl der Aufsichtsratsmitglieder

[1]Der Aufsichtsrat besteht aus drei Mitgliedern. [2]Die Satzung kann eine bestimmte höhere Zahl festsetzen. [3]Die Zahl muß durch drei teilbar sein. [4]Die Höchstzahl der Aufsichtsratsmitglieder beträgt bei Gesellschaften mit einem Grundkapital

bis zu	**1 500 000 Euro neun,**
von mehr als	**1 500 000 Euro fünfzehn,**
von mehr als	**10 000 000 Euro einundzwanzig.**

[5]Durch die vorstehenden Vorschriften werden hiervon abweichende Vorschriften des Gesetzes über die Mitbestimmung der Arbeitnehmer vom 4. Mai 1976 (Bundesgesetzbl. I S. 1153), des Montan-Mitbestimmungsgesetzes und des Gesetzes zur Ergänzung des Gesetzes über die Mitbestimmung der Arbeitnehmer in den Aufsichtsräten und Vorständen der Unterneh-

men des Bergbaus und der Eisen und Stahl erzeugenden Industrie vom 7. August 1956 (Bundesgesetzbl. I S. 707) – Mitbestimmungsergänzungsgesetz – nicht berührt.

A. Regelungszweck

Die Vorschrift betrifft die **Größe** und zusammen mit § 96 AktG die **Zusammensetzung des Aufsichtsrats**. Die Größe richtet sich nach dem Grundkapital der AG, der Zahl der beschäftigten Arbeitnehmer und danach, ob der überwiegende Betriebszweck im Montanbereich liegt. Den aktienrechtlichen Vorschriften gehen bei Vorliegen der Voraussetzung für eine Mitbestimmung der Arbeitnehmer die einschlägigen mitbestimmungsrechtlichen Vorschriften vor. 1

§ 95 AktG regelt die Zahl der Aufsichtsratsmitglieder. Die Vorschrift eröffnet Spielraum für satzungsrechtliche Festsetzungen; dieser Spielraum wird zugleich aber auch durch § 95 AktG begrenzt. Vorgeschrieben werden **Höchstzahlen** der Aufsichtsratsmitglieder, damit die Effektivität des Gremiums gewährleistet bleibt. Die Vorschrift verbietet überdies die Festlegung einer variablen Zahl an Aufsichtsratmitgliedern in der Satzung, um damit den Einfluss der Hauptversammlung zu begrenzen, damit diese im mitbestimmungsrechtlichen Zusammenhang nicht genutzt werden kann, um durch eine Verminderung der Mitgliederzahl zu verhindern, dass unerwünschte Mitglieder dem Organ angehören. 2

B. Zahl der Aufsichtsratsmitglieder

§ 95 AktG regelt die gesetzliche Grundform des Aufsichtsrats. Dieser besteht nach S. 1 aus **mindestens drei Mitgliedern**. Die Satzung kann eine höhere, nicht aber eine niedrigere Zahl festsetzen, S. 2. Setzt die Satzung eine solche höhere Zahl an Aufsichtratsmitgliedern fest, so muss diese in der Satzung bestimmt und **durch drei teilbar** sein. Eine variable Regelung der Mitgliederzahl, etwa die Festlegung einer Unter- oder Obergrenze, ist unzulässig. 3

Die Zahl der Mitglieder des Aufsichtsrats ist abhängig von der Höhe des Grundkapitals der Gesellschaft. In S. 4 werden gestuft nach der Höhe des Grundkapitals die gesetzlich zulässigen Höchstzahlen an Aufsichtsratsmitgliedern festgelegt. Bei dieser der Satzungsautonomie Grenzen setzenden Regelung sind alle Mitglieder des Organs zu berücksichtigen, ohne Unterscheidung nach der Art und Weise ihrer Bestellung. Ersatzmitglieder werden bei der Höchstzahlberechnung nicht berücksichtigt; deren Mitgliedschaft im Aufsichtsrat beginnt nach § 101 Abs. 3 S. 2 AktG trotz vorliegender Bestellung erst, wenn das Aufsichtsratsmitglied, für das ein Ersatzmitglied bestellt ist, vor Ablauf der seiner Amtszeit vorzeitig wegfällt. 4

Verstöße gegen die Regelungen der S. 1 und 3 haben die **Nichtigkeit** der Satzungsbestimmung zur Folge. Legt die Satzung die Zahl der Aufsichtsratsmitglieder unter Verstoß gegen S. 2 oder S. 4 fest, gilt statt der nichtigen Satzungsbestimmung die gesetzliche Regelung. Wahlbeschlüsse sind nach § 250 Abs. 1 Nr. 3 AktG nur dann nichtig, wenn die nach § 95 AktG zulässige Höchstzahl der Aufsichtsratsmitglieder überschritten wird (vgl. § 250 AktG Rn. 10 f.). Andere Wahlbeschlussmängel führen zur Anfechtbarkeit nach §§ 243 Abs. 1, 253 AktG (zur Beschlussfähigkeit des Aufsichtsrats bei gesetzeswidriger Mitgliederzahl vgl. § 108 Abs. 2 AktG.) 5

Für Änderungen der Zahl der Aufsichtsratsmitglieder während der laufenden Amtsperiode gelten folgende Grundsätze: Eine **Erhöhung der Zahl der Aufsichtsratsmitglieder** ist durch entsprechende Satzungsänderung jederzeit zulässig. Die Zuwahl der neuen Aufsichtsratsmitglieder kann mit dem satzungsändernden Beschluss verbunden werden. Die Amtszeit der neu gewählten Mitglieder kann nicht vor der Eintragung des satzungsändernden Beschlusses im Handelsregister beginnen (§ 181 Abs. 3 AktG). 6

Die **Herabsetzung der Zahl der Aufsichtsratsmitglieder** ist ebenfalls durch Satzungsänderung möglich. Sie wird erforderlich, wenn das Grundkapital der Gesellschaft durch Kapitalherabsetzung unter den zuvor maßgeblichen Schwellenwert herabsinkt. Das Wirksamwerden durch Eintragung der Satzungsänderung bewirkt nicht ein automatisches Ende der Amtszeit der bestellten 7

Mitglieder; deren Rechtsstellung beruht auf der organschaftlichen Bestellung und nicht auf der Satzung (vgl. Erl. zu § 101 AktG). Die infolge der Satzungsänderung überzähligen Mitglieder können nach Maßgabe des § 103 AktG abberufen werden; die Abberufung nach dieser Vorschrift ist nicht an das Vorliegen eines Grundes gebunden (*Hüffer* AktG, § 95 Rn. 5; a. A. *Oetker* ZHR 149 (1985), 575, 586). Besonderheiten gelten in mitbestimmten Aufsichtsräten: Die Satzungsänderung wird in diesen Fällen erst mit Ablauf der Amtsperiode wirksam (str.; vgl. OLG Dresden ZIP 1997, 589, 591; OLG Hamburg 1989, 64, 66; ebenso wohl BAG WM 1990, 633, 635). Im Falle des Unterschreitens des für die bisherige Zahl der Aufsichtsratsmitglieder maßgeblichen Schwellenwerts ist das Statusverfahren nach den §§ 97 ff. AktG einzuleiten; bis zu dessen Abschluss bleiben die bisherigen Aufsichtsratsmitglieder im Amt (*Oetker* ZHR 149 (1985), 575, 577 ff.). Wird ein Schwellenwert nicht unterschritten, bleiben alle Mitglieder des Aufsichtsrats im Amt; streitig ist, ob eine vorzeitige Abberufung möglich ist (zustimmend *Hüffer* AktG, § 95 Rn. 5; a. A. *Oetker* ZHR 149 (1985), 580 ff.).

C. Mitbestimmte Aufsichtsräte

8 Für die Zahl der Aufsichträte in Unternehmen, die dem MitbestG, dem MontanMitbestG bzw. dem MontanMitbestErgG unterliegen, ist die Zahl der Aufsichtsratsmitglieder abweichend von § 95 AktG bestimmt. Die mitbestimmungsrechtlichen Sonderregeln gehen den aktienrechtlichen Regeln vor, § 95 S. 5 AktG.

§ 96 Zusammensetzung des Aufsichtsrats

(1) Der Aufsichtsrat setzt sich zusammen

bei Gesellschaften, für die das Mitbestimmungsgesetz gilt, aus Aufsichtsratsmitgliedern der Aktionäre und der Arbeitnehmer,

bei Gesellschaften, für die das Montan-Mitbestimmungsgesetz gilt, aus Aufsichtsratsmitgliedern der Aktionäre und der Arbeitnehmer und aus weiteren Mitgliedern,

bei Gesellschaften, für die die §§ 5 bis 13 des Mitbestimmungsergänzungsgesetzes gelten, aus Aufsichtsratsmitgliedern der Aktionäre und der Arbeitnehmer und aus einem weiteren Mitglied,

bei Gesellschaften, für die das Drittelbeteiligungsgesetz gilt, aus Aufsichtsratsmitgliedern der Aktionäre und der Arbeitnehmer,

bei den übrigen Gesellschaften nur aus Aufsichtsratsmitgliedern der Aktionäre.

(2) Nach anderen als den zuletzt angewandten gesetzlichen Vorschriften kann der Aufsichtsrat nur zusammengesetzt werden, wenn nach § 97 oder nach § 98 die in der Bekanntmachung des Vorstands oder in der gerichtlichen Entscheidung angegebenen gesetzlichen Vorschriften anzuwenden sind.

1 Die Vorschrift regelt in Abs. 1 die **aktienrechtliche Grundform der Zusammensetzung des Aufsichtsrats** der AG. Sie greift allerdings nur dann ein, wenn sich nicht aus den genannten mitbestimmungsrechtlichen Vorschriften vorrangig zu beachtende Besetzungsregeln ergeben. Abs. 2 regelt, dass Streitigkeiten hinsichtlich der Zusammensetzung des Aufsichtsrats wegen des Mitbestimmungsstatuts der AG nur in den Statusverfahren der §§ 97 ff. AktG ausgetragen werden können. Die Vorschrift dient der Rechtssicherheit, indem die Zusammensetzung des Aufsichtsrats bis zum Abschluss des Statusverfahrens zunächst fortgilt; bei der Neugründung der AG findet das Statusverfahren keine Anwendung.

2 Die Zusammensetzung des Aufsichtsrats nach mitbestimmungsrechtlichen Regeln ist je nach den einschlägigen gesetzlichen Grundlagen verschieden. Die Zusammensetzung des Aufsichts-

rats nach dem **Mitbestimmungsgesetz 1976 (MitbestG)** erfolgt in Unternehmen, die in der Regel mehr als 2.000 Arbeitnehmer beschäftigen, § 1 Abs. 1 MitbestG. Ausgenommen davon sind Unternehmen, die der Montanmitbestimmung unterliegen, § 1 Abs. 2 MitbestG. Das MitbestG 1976 gilt ferner nicht für sog. Tendenzunternehmen und für Unternehmen, die zumindest überwiegend konfessionellen oder karitativen Bestimmungen dienen, § 1 Abs. 4 MitbestG. Gem. § 5 Abs. 1 MitbestG sind Arbeitnehmer der Konzernunternehmen grundsätzlich und von den in § 5 Abs. 3 AktG genannten Ausnahmen abgesehen der herrschenden AG zuzurechnen (vgl. dazu die Erl. in *Hanau/Ulmer* MitbestG, §§ 1 und 5). Die Zusammensetzung des Aufsichtsrats nach dem **MontanMitbestG 1951** gilt vor allem für Unternehmen in der Rechtsform der AG, deren überwiegender Betriebszweck in der Förderung von Steinkohle, Braunkohle oder Eisenerz liegt, § 1 MontanMitbestG (vgl. die Erl. zum MontanMitbestG; GroßkommAktG/*Oetker* MitbestG, S. 313 ff.). Nach dem **MontanMitbestErgG** unterliegen herrschende Unternehmen in der Rechtsform der AG, die den Voraussetzungen der Montanmitbestimmung selbst nicht entsprechen, den Regelungen der §§ 5 bis 13 MontanMitbestErgG, wenn der Unternehmenszweck des Konzerns durch Unternehmen gekennzeichnet ist, die ihrerseits unter die Montanmitbestimmung fallen (vgl. dazu GroßkommAktG/*Oetker* MitbestG, S. 313 ff.).

Nach dem **Drittelbeteiligungsgesetz** (DrittelbG) ist der Aufsichtsrat von Aktiengesellschaften mit i. d. R. mehr als 500 Arbeitnehmern zusammenzusetzen (§ 1 Abs. 1 Nr. 1 DrittelbG). Dies gilt nach § 1 Abs. 2 DrittelbG nicht für Unternehmen, die nach den oben genannten Regeln der Mitbestimmung unterliegen, also insbesondere i. d. R. mehr als 2000 Arbeitnehmer beschäftigen, dem MontanMitbestG unterliegen, sog. Tendenzunternehmen sowie konfessionelle bzw. karitative Unternehmen. Ferner ist der Aufsichtsrat von Unternehmen in der Rechtsform der AG mit i. d. R. weniger als 500 Arbeitnehmern, die vor dem 10. 8. 1994 eingetragen wurden und keine Familiengesellschaft sind, nach dem DrittelbG zusammenzusetzen, § 1 Abs. 1 Nr. 1 DrittelbG. Gem. § 4 DrittelbG muss der Aufsichtsrat zu 1/3 aus Vertretern der Arbeitnehmer bestehen. Die Wahl der Vertreter der Arbeitnehmer im Aufsichtsrat erfolgt nach §§ 5 ff. DrittelbG; unter Berücksichtigung der einschlägigen Wahlordnung vom 23. 6. 2004 (BGBl. I 2004, 1393) findet dabei grundsätzlich eine Wahl durch alle wahlberechtigten Arbeitnehmer der Betriebe des Unternehmens statt. Die Aktionärsvertreter werden gem. § 101 AktG bestellt. 3

Mitbestimmungsfrei und damit der aktienrechtlichen Zusammensetzungsregel des § 96 Abs. 1 AktG unterworfen sind somit die Aktiengesellschaften, die am Stichtag des 10. 8. 1994 oder später eingetragen wurden und i. d. R. weniger als 500 Arbeitnehmer beschäftigen (vgl. § 1 Abs. 1 Nr. 1 S. 1 DrittelbG). Ist die Gesellschaft vor dem genannten Stichtag eingetragen worden, ist sie nur mitbestimmungsfrei, wenn sie zusätzlich eine Familiengesellschaft ist, § 1 Abs. 1 Nr. 1 S. 2 DrittelbG. **Familiengesellschaften** definiert das DrittelbG als AG, deren Aktionäre eine einzelne natürliche Person ist (Einmann-AG) oder deren Aktionäre untereinander i. S. d. § 15 Abs. 1 Nr. 2 bis 8, Abs. 2 AO verwandt oder verschwägert sind. 4

§ 96 Abs. 1 AktG regelt die aktienrechtliche Grundform der Zusammensetzung des Aufsichtsrats der mitbestimmungsfreien AG dahingehend, dass dieser nur aus Aufsichtsratsmitgliedern der Aktionäre besteht. Ihre Bestellung erfolgt nach § 101 AktG. 5

§ 96 Abs. 2 AktG regelt die im Fall des Wechsels des Mitbestimmungsstatuts bestehende Rechtslage. Im Hinblick auf die verschiedenen mitbestimmungsrechtlichen Systeme und auf das aktienrechtliche System der Zusammensetzung des Aufsichtsrats hat der Gesetzgeber in den §§ 97 ff. AktG Verfahren geschaffen, mit denen die gesetzesmäßige Zusammensetzung des Aufsichtsrats verbindlich festgestellt werden kann (sog. Statusverfahren). Abs. 2 sieht nun vor, dass der bestehende Status der Aufsichtsratszusammensetzung solange fortgilt, bis er nach den §§ 97, 98 AktG geändert ist. Die Vorschrift führt zur Perpetuierung eines den gesetzlichen Regelungen möglicherweise nicht entsprechenden Aufsichtsratssystems. Sie stiftet damit Rechtssicherheit. Aus diesem Grund bleibt der Vorstand rechtmäßig im Amt, sog. **status quo-Prinzip** (*Oetker* ZGR 2000, 19, 21), und die von ihm ausgeübte Amtstätigkeit erfolgt ebenfalls rechtmäßig (vgl. OLG Düsseldorf AG 1996, 87). Das Statusverfahren kommt zur Anwendung, wenn es zu einem Wechsel bei 6 den bisher angewandten gesetzlichen Regeln über die Zusammensetzung des Aufsichtsrats kommt (z. B. infolge der Änderung der Arbeitnehmerzahl, auch durch Zurechnung wegen Maßnahmen der Konzernbildung oder infolge einer mitbestimmungsrechtlich erheblichen Umwandlung der Gesellschaft). Für den Fall der Neugründung gilt § 96 Abs. 2 AktG nicht; es gelten die Sonderregeln der § 30 Abs. 3 S. 2 bzw. § 31 Abs. 3, 4 AktG.

§ 97 Bekanntmachung über die Zusammensetzung des Aufsichtsrats

(1) [1]Ist der Vorstand der Ansicht, daß der Aufsichtsrat nicht nach den für ihn maßgebenden gesetzlichen Vorschriften zusammengesetzt ist, so hat er dies unverzüglich in den Gesellschaftsblättern und gleichzeitig durch Aushang in sämtlichen Betrieben der Gesellschaft und ihrer Konzernunternehmen bekanntzumachen. [2]In der Bekanntmachung sind die nach Ansicht des Vorstands maßgebenden gesetzlichen Vorschriften anzugeben. [3]Es ist darauf hinzuweisen, daß der Aufsichtsrat nach diesen Vorschriften zusammengesetzt wird, wenn nicht Antragsberechtigte nach § 98 Abs. 2 innerhalb eines Monats nach der Bekanntmachung im elektronischen Bundesanzeiger das nach § 98 Abs. 1 zuständige Gericht anrufen.

(2) [1]Wird das nach § 98 Abs. 1 zuständige Gericht nicht innerhalb eines Monats nach der Bekanntmachung im elektronischen Bundesanzeiger angerufen, so ist der neue Aufsichtsrat nach den in der Bekanntmachung des Vorstands angegebenen gesetzlichen Vorschriften zusammenzusetzen. [2]Die Bestimmungen der Satzung über die Zusammensetzung des Aufsichtsrats, über die Zahl der Aufsichtsratsmitglieder sowie über die Wahl, Abberufung und Entsendung von Aufsichtsratsmitgliedern treten mit der Beendigung der ersten Hauptversammlung, die nach Ablauf der Anrufungsfrist einberufen wird, spätestens sechs Monate nach Ablauf dieser Frist insoweit außer Kraft, als sie den nunmehr anzuwendenden gesetzlichen Vorschriften widersprechen. [3]Mit demselben Zeitpunkt erlischt das Amt der bisherigen Aufsichtsratsmitglieder. [4]Eine Hauptversammlung, die innerhalb der Frist von sechs Monaten stattfindet, kann an Stelle der außer Kraft tretenden Satzungsbestimmungen mit einfacher Stimmenmehrheit neue Satzungsbestimmungen beschließen.

(3) Solange ein gerichtliches Verfahren nach §§ 98, 99 anhängig ist, kann eine Bekanntmachung über die Zusammensetzung des Aufsichtsrats nicht erfolgen.

A. Regelungszweck

1 Die Vorschrift regelt zusammen mit den Vorschriften der §§ 98, 99 AktG das sog. **Statusverfahren** zur Zusammensetzung des Aufsichtsrats. Die Vorschrift ist vor dem Hintergrund zu verstehen, dass dem Gesetzgeber angesichts der in den verschiedenen Aufsichtsratssystemen geregelten Besetzungsregeln daran gelegen war, ein Verfahren vorzusehen, nach dem die gesetzmäßige Zusammensetzung des Aufsichtsrats für die Beteiligten verbindlich festgestellt wird, sog. Status- oder Überleitungsverfahren. Die gesetzliche Regelung sieht vor, dass der Vorstand dieses Verfahren einzuleiten hat (§ 97 Abs. 1 AktG), indem er seine Auffassung über das anzuwendende Recht für die Zusammensetzung des Aufsichtsrats bekannt zu geben hat. Bleibt die Bekanntmachung aus oder wird die Bekanntmachung fristgerecht angegriffen, kommt es zur gerichtlichen Entscheidung über das anzuwendende Recht nach § 98 AktG. Andernfalls, wenn also die Bekanntmachung erfolgt und nicht angegriffen wird, legt die Vorstandsbekanntmachung selbst den Status des Aufsichtsrat verbindlich fest (vgl. § 97 Abs. 1 S. 3 AktG). Ist das Aufsichtsratssystem auf diese Weise festgestellt, wird der neue Aufsichtsrat nach den einschlägigen gesetzlichen Bestimmungen zusammengesetzt, § 97 Abs. 2 AktG. Bis zu dieser Überleitung verbleibt es nach § 96 Abs. 2 AktG im Interesse der Rechtssicherheit bei der Zusammensetzung nach den bisher zu Grunde gelegten Rechtsgrundlagen (vgl. Erl. zu § 96 AktG Rn. 6).

B. Pflicht zur Bekanntmachung durch den Vorstand

Die Pflicht zur Bekanntmachung trifft den **Vorstand**. Sie entsteht, wenn der Aufsichtsrat nach Ansicht des Vorstands gesetzeswidrig zusammengesetzt ist. Zu dieser Ansicht wird der Vorstand insbesondere kommen, wenn Veränderungen eingetreten sind, die eine Änderung des Aufsichtsratssystems zur Folge haben (vgl. § 96 AktG Rn. 6); in Betracht kommt auch eine nachträglich durch den Vorstand entdeckte rechtliche Fehlbeurteilung hinsichtlich der anzuwenden Zusammensetzungsregeln. Ob der Vorstand dieser Ansicht ist, wird durch Vorstandsbeschluss festgestellt. 2

Die Bekanntmachungspflicht besteht nur im Falle einer **gesetzeswidrigen Zusammensetzung** des Aufsichtsrats, Abs. 1 S. 1. Satzungsänderungen sind deshalb nicht geeignet, ein Statusverfahren in Gang zu setzen (OLG Hamburg AG 1989, 64, 65; *Rosendahl* AG 1985, 325, 329; *Hüffer* AktG, § 897 Rn. 3 und die h. M.; a. A. BAG WM 1990, 633, 636 und *Oetker* ZGR 2000, 19, 21 f.). 3

Der Vorstand hat die Bekanntmachung **unverzüglich**, also ohne schuldhaftes Zögern (§ 121 BGB) vorzunehmen. Die Bekanntmachung hat in den Gesellschaftsblättern (§ 25 AktG) und damit zumindest im elektronischen Bundesanzeiger zu erfolgen; gleichzeitig muss die Bekanntmachung in sämtlichen Betrieben der AG und ihrer Konzernunternehmen ausgehangen werden. Der Inhalt der Bekanntmachung ist in Abs. 1 S. 2 und 3 vorgeschrieben. 4

C. Wirkungen der Bekanntmachung

Die Wirkungen der Vorstandsbekanntmachung sind abhängig von der weiteren Geschehensentwicklung. Wird die Vorstandsbekanntmachung **nicht angegriffen**, wird also das zuständige Gericht nicht oder nicht fristgerecht angerufen, ist die Bekanntmachung **unangreifbar**. Dann muss ein neuer Aufsichtsrat nach den in der Bekanntmachung genannten Vorschriften bestellt werden (Abs. 2 S. 1) und widersprechende Bestimmungen der Satzung treten außer Kraft (Abs. 2 S. 2); jeweils ist vorgesehen, dass die Wirkungen mit der Beendigung der ersten Hauptversammlung, die nach dem Ablauf der mit Bekanntmachung im elektronischen Bundesanzeiger einsetzenden Monatsfrist einberufen wird, eintreten, spätestens aber **sechs Monate nach Ablauf** der genannten Frist (Abs. 2 S. 2). Da in demselben Zeitpunkt das Amt der bisherigen Aufsichtsratsmitglieder erlischt (Abs. 2 S. 3), sind die Aufsichtsratsmitglieder auch dann zu bestellen, wenn die bisherigen Mitglieder im Amt bleiben sollen. Die einzuberufende Hauptversammlung ist innerhalb von sechs Monaten seit der Bekanntmachung einzuberufen; geschieht dies, genügt auf dieser Hauptversammlung zur Erleichterung der Satzungsänderung die einfache Mehrheit für die Beschlussfassung über die Satzungsänderung (Abs. 2 S. 4). 5

Wird der **Antrag auf gerichtliche Entscheidung** gestellt und damit die Vorstandsbekanntmachung **angegriffen**, tritt die ergehende gerichtliche Entscheidung an die Stelle der Vorstandsbekanntmachung. Die Vorstandsbekanntmachung selbst entfaltet wegen der Rechtskraft der gerichtlichen Entscheidung keine rechtliche Wirkung; die bisherige Zusammensetzung des Aufsichtsrats bleibt bis zur gerichtlichen Entscheidung unverändert. Solange das gerichtliche Verfahren nach den §§ 98, 99 AktG anhängig ist, kann der Vorstand keine (neue) Bekanntmachung über die Zusammensetzung des Aufsichtsrats vornehmen. Die Beteiligten haben den Ausgang des gerichtlichen Verfahrens abzuwarten. Anschließend ist der Aufsichtsrat gem. der gerichtlichen Entscheidung zusammenzusetzen (§ 98 Abs. 4 AktG). Eine erneute Vorstandsbekanntmachung ist nur bei Änderungen des Sachverhalts zulässig (str.; wie hier MüKo AktG/*Semler* § 97 Rn. 83 f.; a. A. *Hüffer* AktG, § 97 Rn. 7). 6

§ 98 Gerichtliche Entscheidung über die Zusammensetzung des Aufsichtsrats

(1) [1]Ist streitig oder ungewiß, nach welchen gesetzlichen Vorschriften der Aufsichtsrat zusammenzusetzen ist, so entscheidet darüber auf Antrag ausschließlich das Landgericht, in dessen Bezirk die Gesellschaft ihren Sitz hat; ist bei dem Landgericht eine Kammer für Handelssachen gebildet, so entscheidet diese an Stelle der Zivilkammer. [2]Die Landesregierung kann die Entscheidung durch Rechtsverordnung für die Bezirke mehrerer Landgerichte einem der Landgerichte übertragen, wenn dies der Sicherung einer einheitlichen Rechtsprechung dient. [3]Die Landesregierung kann die Ermächtigung auf die Landesjustizverwaltung übertragen.

(2) [1]Antragsberechtigt sind

1. **der Vorstand,**
2. **jedes Aufsichtsratsmitglied,**
3. **jeder Aktionär,**
4. **der Gesamtbetriebsrat der Gesellschaft oder, wenn in der Gesellschaft nur ein Betriebsrat besteht, der Betriebsrat,**
5. **der Gesamt- oder Unternehmenssprecherausschuss der Gesellschaft oder, wenn in der Gesellschaft nur ein Sprecherausschuss besteht, der Sprecherausschuss,**
6. **der Gesamtbetriebsrat eines anderen Unternehmens, dessen Arbeitnehmer nach den gesetzlichen Vorschriften, deren Anwendung streitig oder ungewiß ist, selbst oder durch Delegierte an der Wahl von Aufsichtsratsmitgliedern der Gesellschaft teilnehmen, oder, wenn in dem anderen Unternehmen nur ein Betriebsrat besteht, der Betriebsrat,**
7. **der Gesamt- oder Unternehmenssprecherausschuss eines anderen Unternehmens, dessen Arbeitnehmer nach den gesetzlichen Vorschriften, deren Anwendung streitig oder ungewiss ist, selbst oder durch Delegierte an der Wahl von Aufsichtsratsmitgliedern der Gesellschaft teilnehmen, oder, wenn in dem anderen Unternehmen nur ein Sprecherausschuss besteht, der Sprecherausschuss,**
8. **mindestens ein Zehntel oder einhundert der Arbeitnehmer, die nach den gesetzlichen Vorschriften, deren Anwendung streitig oder ungewiß ist, selbst oder durch Delegierte an der Wahl von Aufsichtsratsmitgliedern der Gesellschaft teilnehmen,**
9. **Spitzenorganisationen der Gewerkschaften, die nach den gesetzlichen Vorschriften, deren Anwendung streitig oder ungewiß ist, ein Vorschlagsrecht hätten,**
10. **Gewerkschaften, die nach den gesetzlichen Vorschriften, deren Anwendung streitig oder ungewiß ist, ein Vorschlagsrecht hätten.**

[2]Ist die Anwendung des Mitbestimmungsgesetzes oder die Anwendung von Vorschriften des Mitbestimmungsgesetzes streitig oder ungewiß, so sind außer den nach Satz 1 Antragsberechtigten auch je ein Zehntel der wahlberechtigten in § 3 Abs. 1 Nr. 1 des Mitbestimmungsgesetzes bezeichneten Arbeitnehmer oder der wahlberechtigten leitenden Angestellten im Sinne des Mitbestimmungsgesetzes antragsberechtigt.

(3) Die Absätze 1 und 2 gelten sinngemäß, wenn streitig ist, ob der Abschlußprüfer das nach § 3 oder § 16 des Mitbestimmungsergänzungsgesetzes maßgebliche Umsatzverhältnis richtig ermittelt hat.

(4) [1]Entspricht die Zusammensetzung des Aufsichtsrats nicht der gerichtlichen Entscheidung, so ist der neue Aufsichtsrat nach den in der Entscheidung angegebenen gesetzlichen Vorschriften zusammenzusetzen. [2]§ 97 Abs. 2 gilt sinngemäß mit der Maßgabe, daß die Frist von sechs Monaten mit dem Eintritt der Rechtskraft beginnt.

1 Die Vorschrift regelt die Voraussetzungen, die Antragsberechtigung und die Zuständigkeit der Gerichte für die **gerichtliche Entscheidung über die Zusammensetzung des Aufsichtsrats.**

Das gerichtliche Verfahren ist zulässig, wenn »ungewiß oder streitig« ist, nach welchen gesetzlichen Vorschriften der Aufsichtsrat zusammenzusetzen ist, Abs. 1 S. 1. Durch den Ungewissheitstatbestand ist die Anrufung des Gerichts nicht nur bei bereits aufgetretenen Streitigkeiten zulässig, sondern auch dann, wenn diese in der Zukunft auftreten können und deshalb die Zusammensetzung ungewiss ist. Im Übrigen setzt die Anrufung des Gerichts nicht voraus, dass eine Bekanntmachung des Vorstands vorliegt. Die gerichtliche Entscheidung kann auch ohne vorherige Vorstandsbekanntmachung beantragt werden.

Örtlich und sachlich zuständig ist nach Abs. 1 S. 1 das Landgericht. Sofern eine Kammer für Handelssachen beim Landgericht gebildet ist, ist diese funktional zuständig. Abs. 1 S. 2 und 3 ermöglicht die **Verfahrenskonzentration** bei einem Landgericht für mehrere Bezirke; davon ist vereinzelt Gebrauch gemacht worden (näher in MüKo AktG/*Semler* § 96 Rn. 22). 2

Die **Antragsberechtigung** ist in Abs. 2 geregelt. Die Regelung ist abschließend. Bei dem zu stellenden Antrag handelt es sich um einen Feststellungsantrag. 3

Nach Abs. 3 gelten die Abs. 1 und 2 sinngemäß nur für die besondere Rechtslage in der Montanindustrie. 4

Hinsichtlich der **Rechtsfolgen der gerichtlichen Entscheidung** ist wie folgt zu unterscheiden: Weist das Gericht den Antrag ab, bleibt der im Amt befindliche Aufsichtsrat in seiner vorhandenen Zusammensetzung. Entscheidet das Gericht, dass der Aufsichtsrat nach anderen, in der Entscheidung angegebenen gesetzlichen Vorschriften zusammenzusetzen ist, muss der Aufsichtsrat nach entsprechender Satzungsänderung neu zusammengesetzt werden, Abs. 4 S. 1. Dabei ist nach Abs. 4 S. 2 die Regelung des § 97 Abs. 2 AktG sinngemäß mit der Maßgabe anzuwenden, dass die darin vorgesehene Frist von sechs Monaten mit der Rechtskraft der Entscheidung zu laufen beginnt. Der Vorstand ist verpflichtet, die Hauptversammlung rechtzeitig einzuberufen und die Satzungsänderung vorschlagen. 5

§ 99 Verfahren

(1) Auf das Verfahren ist das Gesetz über die Angelegenheiten der freiwilligen Gerichtsbarkeit anzuwenden, soweit in den Absätzen 2 bis 5 nichts anderes bestimmt ist.

(2) [1]Das Landgericht hat den Antrag in den Gesellschaftsblättern bekanntzumachen. [2]Der Vorstand und jedes Aufsichtsratsmitglied sowie die nach § 98 Abs. 2 antragsberechtigten Betriebsräte, Sprecherausschüsse, Spitzenorganisationen und Gewerkschaften sind zu hören.

(3) [1]Das Landgericht entscheidet durch einen mit Gründen versehenen Beschluß. [2]Gegen die Entscheidung findet die sofortige Beschwerde statt. [3]Sie kann nur auf eine Verletzung des Rechts gestützt werden; die §§ 546, 547, 559, 561 der Zivilprozessordnung gelten sinngemäß. [4]Die Beschwerde kann nur durch Einreichung einer von einem Rechtsanwalt unterzeichneten Beschwerdeschrift eingelegt werden. [5]Über sie entscheidet das Oberlandesgericht. [6]§ 28 Abs. 2 und 3 des Gesetzes über die Angelegenheiten der freiwilligen Gerichtsbarkeit gilt entsprechend. [7]Die weitere Beschwerde ist ausgeschlossen. [8]Die Landesregierung kann durch Rechtsverordnung die Entscheidung über die Beschwerde für die Bezirke mehrerer Oberlandesgerichte einem der Oberlandesgerichte oder dem Obersten Landesgericht übertragen, wenn dies der Sicherung einer einheitlichen Rechtsprechung dient. [9]Die Landesregierung kann die Ermächtigung auf die Landesjustizverwaltung übertragen.

(4) [1]Das Gericht hat seine Entscheidung dem Antragsteller und der Gesellschaft zuzustellen. [2]Es hat sie ferner ohne Gründe in den Gesellschaftsblättern bekanntzumachen. [3]Die Beschwerde steht jedem nach § 98 Abs. 2 Antragsberechtigten zu. [4]Die Beschwerdefrist beginnt mit der Bekanntmachung der Entscheidung im elektronischen Bundesanzeiger, für den Antragsteller und die Gesellschaft jedoch nicht vor der Zustellung der Entscheidung.

(5) [1]Die Entscheidung wird erst mit der Rechtskraft wirksam. [2]Sie wirkt für und gegen alle. [3]Der Vorstand hat die rechtskräftige Entscheidung unverzüglich zum Handelsregister einzureichen.

(6) [1]Für die Kosten des Verfahrens gilt die Kostenordnung. [2]Für das Verfahren des ersten Rechtszugs wird das Vierfache der vollen Gebühr erhoben. [3]Für den zweiten Rechtszug wird die gleiche Gebühr erhoben; dies gilt auch dann, wenn die Beschwerde Erfolg hat. [4]Wird der Antrag oder die Beschwerde zurückgenommen, bevor es zu einer Entscheidung kommt, so ermäßigt sich die Gebühr auf die Hälfte. [5]Der Geschäftswert ist von Amts wegen festzusetzen. [6]Er bestimmt sich nach § 30 Abs. 2 der Kostenordnung mit der Maßgabe, dass der Wert regelmäßig auf 50 000 Euro anzunehmen ist. [7]Schuldner der Kosten ist die Gesellschaft. [8]Die Kosten können jedoch ganz oder zum Teil dem Antragsteller auferlegt werden, wenn dies der Billigkeit entspricht. [9]Kosten der Beteiligten werden nicht erstattet.

1 Die Vorschrift regelt das **Verfahren**, in dem die gerichtliche Entscheidung über die Zusammensetzung des Aufsichtsrats ergeht. Anzuwenden sind für dieses Verfahren die Bestimmungen des FGG und die in den Abs. 2 bis 5 vorgesehenen besonderen Verfahrensregeln. Grundsätzlich gilt somit der **Amtsermittlungsgrundsatz** des § 12 FGG. Ein Anwaltszwang besteht nicht; dieser gilt aber für das Beschwerdeverfahren, Abs. 3 S. 4. Allerdings findet das Verfahren nur **auf Antrag** statt, § 98 Abs. 1 S. 1 AktG. Die Rücknahme des Antrags ist bis zur Rechtskraft der Entscheidung zulässig, ohne dass es einer Einwilligung der AG selbst nach Einlassung in der Sache (vgl. § 269 Abs. 1 ZPO) bedarf (str.; wie hier BayObLGZ 1973, 106, 108 ff.; *v. Falckenhausen* AG 1967, 309, 314 f.; a. A. OLG Düsseldorf NJW 1980, 349). Die vom allgemeinen FGG-Verfahren abweichenden besonderen Verfahrensregeln sind in Abs. 2 bis 5 abschließend aufgezählt.

2 Gem. Abs. 5 S. 1 wird die Entscheidung **mit der Rechtskraft wirksam**. Sie tritt bei der Entscheidung durch das Landgericht nach § 22 FGG mit Ablauf der 2-Wochen-Frist ein, bei Beschwerdeentscheidungen des OLG (Abs. 3 S. 5) mit dem Erlass der Entscheidung. Wegen Abs. 5 S. 2 ist jedermann an die rechtskräftige gerichtliche Entscheidung gebunden. Nach Eintritt der Rechtskraft hat der Vorstand die Entscheidung unverzüglich zum Handelsregister anzumelden, Abs. 2 S. 3, § 121 BGB.

3 Die **Verfahrenskosten** werden nach der KostO ermittelt; die Maßgaben des Abs. 6 sind zu berücksichtigen. Deshalb bemisst sich der regelmäßige Geschäftswert auf € 50.000,– und die Kosten der Beteiligten werden nicht erstattet (Abs. 6 S. 9). Die Auferlegung der Kosten zu Lasten des Antragsstellers aus Billigkeitsgesichtspunkten (Abs. 6 S. 8) kommt vor allem bei offensichtlich unbegründeten oder unzulässigen Anträgen in Betracht.

4 Die Verfahrensregeln des § 99 AktG sind gem. § 30 Abs. 3 S. 2 AktG auch bei Streitigkeiten über die Besetzung des Aufsichtsrats in der **Nachgründungsphase** anzuwenden. Sie gelten nach § 31 Abs. 3 AktG ferner bei Streitigkeiten über die Zusammensetzung des Aufsichtsrats in Fällen der **Sachgründung** durch Einbringung oder Übernahme eines Unternehmens bzw. von Unternehmensteilen.

§ 100 Persönliche Voraussetzungen für Aufsichtsratsmitglieder

(1) [1]Mitglied des Aufsichtsrats kann nur eine natürliche, unbeschränkt geschäftsfähige Person sein. [2]Ein Betreuter, der bei der Besorgung seiner Vermögensangelegenheiten ganz oder teilweise einem Einwilligungsvorbehalt (§ 1903 des Bürgerlichen Gesetzbuchs) unterliegt, kann nicht Mitglied des Aufsichtsrats sein.

(2) [1]Mitglied des Aufsichtsrats kann nicht sein, wer

1. **bereits in zehn Handelsgesellschaften, die gesetzlich einen Aufsichtsrat zu bilden haben, Aufsichtsratsmitglied ist,**
2. **gesetzlicher Vertreter eines von der Gesellschaft abhängigen Unternehmens ist, oder**
3. **gesetzlicher Vertreter einer anderen Kapitalgesellschaft ist, deren Aufsichtsrat ein Vorstandsmitglied der Gesellschaft angehört.**

[2]Auf die Höchstzahl nach Satz 1 Nr. 1 sind bis zu fünf Aufsichtsratssitze nicht anzurechnen, die ein gesetzlicher Vertreter (beim Einzelkaufmann der Inhaber) des herrschenden Unternehmens eines Konzerns in zum Konzern gehörenden Handelsgesellschaften, die gesetzlich einen Aufsichtsrat zu bilden haben, inne hat. [3]Auf die Höchstzahl nach Satz 1 Nr. 1 sind Aufsichtsratsämter im Sinne der Nummer 1 doppelt anzurechnen, für die das Mitglied zum Vorsitzenden gewählt worden ist.

(3) Die anderen persönlichen Voraussetzungen der Aufsichtsratsmitglieder der Arbeitnehmer sowie der weiteren Mitglieder bestimmen sich nach dem Mitbestimmungsgesetz, dem Montan-Mitbestimmungsgesetz, dem Mitbestimmungsergänzungsgesetz und dem Drittelbeteiligungsgesetz.

(4) Die Satzung kann persönliche Voraussetzungen nur für Aufsichtsratsmitglieder fordern, die von der Hauptversammlung ohne Bindung an Wahlvorschläge gewählt oder auf Grund der Satzung in den Aufsichtsrat entsandt werden.

A. Überblick

Die Vorschrift regelt die **persönlichen Voraussetzungen der Mitgliedschaft** im Aufsichtsrat. Neben den wenig bedeutenden Anforderungen nach Abs. 1 benennt Abs. 2 Gründe, die einer Mitgliedschaft im Aufsichtsrat entgegenstehen; diese Regelung ist nach § 23 Abs. 5 AktG **zwingender Natur**. Die Satzung kann nur nach Maßgabe von Abs. 4 besondere persönliche Anforderungen benennen. Für mitbestimmte Gesellschaften stellt Abs. 3 klar, dass sich für die Aufsichtsratsmitglieder der Arbeitnehmer (sowie der weiteren Mitglieder, die die Mitbestimmungsgesetze fordern) neben den Anforderungen der Abs. 1 und 2 zusätzliche Anforderungen aus den mitbestimmungsrechtlichen Sondervorschriften ergeben. Dabei handelt es sich um die Wählbarkeitsvoraussetzungen der §§ 7 Abs. 2 bis 4 MitbestG, §§ 4 Abs. 2, 6 Abs. 1 MontanMitbestG, §§ 5, 6 MontanMitbestErgG, § 4 Abs. 2 bis 4 DrittelbG, auf die an dieser Stelle nur hingewiesen werden soll. Nach § 105 AktG ist die Doppelmitgliedschaft in Aufsichtsrat und Vorstand ausgeschlossen. 1

B. Persönliche gesetzliche Anforderungen, Abs. 1

Abs. 1 legt fest, dass nur **natürliche, unbeschränkt geschäftsfähige Personen** Mitglied des Aufsichtsrats werden können. Der Regelungsgehalt dieser Bestimmung liegt vor allem darin, juristische Personen von der Mitgliedschaft im Aufsichtsrat auszuschließen, in dem nach der gesetzlichen Wertung nur persönlich verantwortliche Personen sitzen sollen. Die Forderung nach unbeschränkter Geschäftsfähigkeit verlangt die Volljährigkeit (§ 2 BGB) des Aufsichtsratsmitglieds und schließt auch unter Einwilligungsvorbehalt nach § 1903 BGB stehende Betreute aus, Abs. 1 S. 2. 2

Weitere Anforderungen, insbesondere ein **Sachkundeerfordernis** stellt das Gesetz nicht auf (zu über § 100 AktG hinausgehenden satzungsrechtlichen Anforderungen vgl. unten Rn. 7). Im Zusammenhang mit der Prüfung von Jahresabschlüssen hat die Rechtsprechung ausgeführt, dass ein Aufsichtsratsmitglied diejenigen Mindestkenntnisse und -fähigkeiten besitzen muss, die es braucht, um alle normalerweise anfallenden Geschäftsvorgänge auch ohne fremde Hilfe verstehen und sachgerecht beurteilen zu können; eine persönliche Anforderung wird darin aber nicht gesehen, weil sich das Aufsichtsratsmitglied die notwendigen Kenntnisse auch »aneignen« kann (BGHZ 85, 293, 295 f.; vgl. auch *Altmeppen* ZGR 2004, 390, 398 ff.). Dies gilt auch für die **Unabhängigkeit** von Aufsichtsratsmitgliedern. Die Unabhängigkeitsmaxime wird verschiedentlich im DCGK angesprochen, hat darin aber nach § 161 AktG nur empfehlenden Charakter; überdies be- 3 zieht sie sich nur auf eine »ausreichende Anzahl« und damit nicht notwendig auf die Mehrheit der Mitglieder und jedenfalls nicht auf jedes einzelne Mitglied des Aufsichtsrats. Ziff 5.4.2. S. 2 DCGK legt fest, wann ein Aufsichtsratsmitglied als unabhängig anzusehen ist (»in keiner geschäftlichen oder persönlichen Beziehung zu der Gesellschaft oder deren Vorstand«), ohne positiv festzulegen, wann eine Abhängigkeit die Inhabilität zur Folge hat. Die entsprechende Feststellung ist an den Kriterien zu orientieren, die in der Empfehlung der EU-Kommission vom 15. 2. 2005 (ABl. Nr. L 52 vom 25. 2. 2005) als Anlage II niedergelegt sind und der geltenden Fassung des DCGK zugrunde gelegt wurden (dazu *Spindler* ZIP 2005, 2033). Nach Ziff. 5.4.4. DCGK soll der Wechsel eines Vorstandsmitglieds in den Aufsichtsrat »nicht die Regel« sein; eine Karenzperiode ist nach geltendem Recht nicht vorgeschrieben (krit. *Rode* BB 2006, 341).

C. Gesetzliche Hinderungsgründe, Abs. 2

4 **Abs. 2 S. 1 Nr. 1** sieht eine **Höchstzahl** für die Innehabung von Aufsichtsrats-Mandaten vor und legt diese bei **zehn** fest. Die zehn Mandate müssen in Handelsgesellschaften bestehen, die gesetzlich einen Aufsichtsrat zu bilden haben. Nicht zu berücksichtigen sind deshalb Mandate in Genossenschaften, Stiftungen und VVaG. Da der Aufsichtsrat nach dem Gesetz vorgeschrieben sein muss, werden Mandate in der GmbH nur gezählt, sofern diese nach den Mitbestimmungsgesetzen einen Aufsichtsrat zu bilden haben. Mandate in Gesellschaften mit **Sitz im Ausland** werden nicht berücksichtigt (KölnKomm AktG/*Mertens* § 100 Rn. 4; a. A. *Schütze* AG 1967, 342). **Konzernaufsichtsratsmandate** sind nach Abs. 2 S. 2 von der Höchstzahl nicht uneingeschränkt erfasst, damit die gesetzlichen Vertreter des herrschenden Unternehmens ihre üblichen Pflichten zur Wahrnehmung von Aufsichtsratsmandaten bei Konzerntöchtern persönlich erfüllen können (RegBegr. zum »Gesetz zur Kontrolle und Transparenz im Unternehmensbereich« (KonTraG) BT-Drs. 13/9712, 16). Nicht anrechnungspflichtig sind bis zu fünf Mandate, die gesetzliche Vertreter des herrschenden Unternehmens in zum Konzern gehörenden Handelsgesellschaften innehaben, wenn diese kraft Gesetzes aufsichtsratspflichtig sind (sog. **Konzernprivileg**). Gesetzliche Vertreter in diesem Sinn sind nur Vorstandsmitglieder und Geschäftsführer, nicht aber Aufsichtsratsmitglieder des herrschenden Unternehmens. Abs. 2 S. 3 schreibt für die Zählung der Aufsichtsratsmandate (außerhalb des Konzerns) eine Verdoppelung derjenigen Mandate vor, bei denen der Mandatsträger zum Aufsichtsratsvorsitzenden gewählt worden ist (und die Wahl auch angenommen hat; *Hüffer* AktG, § 100 Rn. 4 a). Konzernaufsichtsratsmandate sind bei dieser Doppelzählung nicht zu berücksichtigen, da sie schon bei der einfachen Zählung nicht angerechnet werden (BT-Drs. 13/9712, 16).

5 **Abs. 2 S. 1 Nr. 2** verbietet die Übernahme von Aufsichtsratsmandaten durch **gesetzliche Vertreter nachgeordneter Konzernunternehmen**. Gesetzliche Vertreter sind die Vorstände und Geschäftsführer des abhängigen Unternehmens. Die gesetzlichen Vertreter ausländischer Gesellschaften werden mit Rücksicht auf das auch hier bestehende »natürliche Organisationsgefälle« in die Regelung einbezogen (*Engert/Herschlein* NZG 2004, 459). Die Konstellation, dass Vorstandsmitglieder der Konzernobergesellschaft Aufsichtratsmandate bei Konzerntöchtern innehaben, wird von dieser Regelung nicht erfasst und ist unter Beachtung der Maßgaben aus den anderen Regelungen des § 100 AktG zugelassen.

6 Nach **Abs. 2 S. 1 Nr. 3** ist die **Überkreuzverflechtung** unzulässig. Dieser Hinderungsgrund für die Bestellung zum Aufsichtsratsmitglied liegt vor, wenn Aufsichtsratsmitglied werden soll, wer zugleich gesetzlicher Vertreter einer Gesellschaft ist, deren Aufsichtsrat ein Vorstandsmitglied der AG angehört, bei der nunmehr der Aufsichtsrat zu bilden ist (»Kontrolle durch Kontrollierte«). Da in dieser Regelung nicht auf den obligatorisch zu bildenden Aufsichtsrat abgehoben wird, findet sie auch für den fakultativen Anwendung (MünchHdb GesR IV/*Hoffmann-Becking* § 30 Rn. 11; str.). Nach § 52 Abs. 1 GmbHG ist allerdings das Überkreuzverflechtungsverbot für den fakultativen Aufsichtsrat der GmbH nicht anwendbar.

D. Satzungsrechtliche Regelungen, Abs. 4

Nach Maßgabe des Abs. 4 können persönliche Voraussetzungen für die Mitgliedschaft im Aufsichtsrat in der Satzung festgelegt werden. Diese Möglichkeit besteht nur für die Aufsichtratsmitglieder, die durch die Hauptversammlung – und ohne Bindung an Wahlvorschläge nach dem MontanMitbestG – gewählt oder entsandt werden. Die Festsetzung persönlicher Anforderungen an die Aufsichtsratsmitglieder der Arbeitnehmer in mitbestimmten Gesellschaften ist damit der Satzungsregelung entzogen. Zulässig ist es insbesondere, die **Aktionärseigenschaft**, **geordnete Vermögensverhältnisse** oder die **deutsche Staatsangehörigkeit** als Wählbarkeitsvoraussetzung festzulegen. Nicht zulässig wird dagegen sein, eine bestimmte Familienzugehörigkeit festzulegen, weil damit regelmäßig das Recht der Hauptversammlung auf freie Auswahl zwischen geeigneten Personen unzulässig beschränkt sein wird (*Hüffer* AktG, § 100 Rn. 9). 7

E. Rechtsfolgen

Der Verstoß gegen die gesetzlichen Anforderungen des Abs. 1 oder 2 hat die **Nichtigkeit** des Wahlbeschlusses gem. § 250 Abs. 1 Nr. 4 AktG zur Folge. Da es sich bei § 100 AktG nicht um Wählbarkeitsvoraussetzungen, sondern um **Hinderungsgründe für die Amtsübernahme** handelt, sind auch nach der Wahl eintretende Hinderungsgründe beachtlich; sie führen zum Verlust der Mitgliedschaft von Gesetzes wegen (*Hüffer* AktG, § 100 Rn. 11). Verstöße gegen Anforderungen der Satzung begründen die **Anfechtbarkeit** nach § 251 Abs. 1 AktG, wenn sie im Zeitpunkt der Bestellung nicht erfüllt wurden; der nachträgliche Wegfall der ursprünglich vorhandenen Voraussetzungen kann nur im Rahmen von § 103 AktG berücksichtigt werden (MüKoAktG/*Semler* § 100 Rn. 98). 8

§ 101 Bestellung der Aufsichtsratsmitglieder

(1) [1]Die Mitglieder des Aufsichtsrats werden von der Hauptversammlung gewählt, soweit sie nicht in den Aufsichtsrat zu entsenden oder als Aufsichtsratsmitglieder der Arbeitnehmer nach dem Mitbestimmungsgesetz, dem Mitbestimmungsergänzungsgesetz oder dem Drittelbeteiligungsgesetz zu wählen sind. [2]An Wahlvorschläge ist die Hauptversammlung nur gemäß §§ 6 und 8 des Montan-Mitbestimmungsgesetzes gebunden.

(2) [1]Ein Recht, Mitglieder in den Aufsichtsrat zu entsenden, kann nur durch die Satzung und nur für bestimmte Aktionäre oder für die jeweiligen Inhaber bestimmter Aktien begründet werden. [2]Inhabern bestimmter Aktien kann das Entsendungsrecht nur eingeräumt werden, wenn die Aktien auf Namen lauten und ihre Übertragung an die Zustimmung der Gesellschaft gebunden ist. [3]Die Aktien der Entsendungsberechtigten gelten nicht als eine besondere Gattung. [4]Die Entsendungsrechte können insgesamt höchstens für ein Drittel der sich aus dem Gesetz oder der Satzung ergebenden Zahl der Aufsichtsratsmitglieder der Aktionäre eingeräumt werden. [5]§ 4 Abs. 1 des Gesetzes über die Überführung der Anteilsrechte an der Volkswagenwerk Gesellschaft mit beschränkter Haftung in private Hand vom 21. Juli 1960 (Bundesgesetzbl. I S. 585), zuletzt geändert durch das Zweite Gesetz zur Änderung des Gesetzes über die Überführung der Anteilsrechte an der Volkswagenwerk Gesellschaft mit beschränkter Haftung in private Hand vom 31. Juli 1970 (Bundesgesetzbl. I S. 1149), bleibt unberührt.

(3) [1]Stellvertreter von Aufsichtsratsmitgliedern können nicht bestellt werden. [2]Jedoch kann für jedes Aufsichtsratsmitglied mit Ausnahme des weiteren Mitglieds, das nach dem Montan-Mitbestimmungsgesetz oder dem Mitbestimmungsergänzungsgesetz auf Vorschlag der übrigen Aufsichtsratsmitglieder gewählt wird, ein Ersatzmitglied bestellt werden, das Mitglied des Aufsichtsrats wird, wenn das Aufsichtsratsmitglied vor Ablauf seiner Amtszeit wegfällt. [3]Das Ersatzmitglied kann nur gleichzeitig mit dem Aufsichtsratsmitglied bestellt werden.

[4]Auf seine Bestellung sowie die Nichtigkeit und Anfechtung seiner Bestellung sind die für das Aufsichtsratsmitglied geltenden Vorschriften anzuwenden.

A. Allgemeines

1 Die Vorschrift regelt die **Bestellung der Aufsichtsratsmitglieder**. Diese erfolgt durch **Wahl** der Hauptversammlung (Abs. 1) oder durch **Entsendung** (Abs. 2). Nähere Regelungen des Rechtsverhältnisses der Aufsichtsratsmitglieder enthält das AktG nicht; insbesondere ist anders als für den Vorstand (vgl. Erl. zu § 84 AktG Rn. 35 ff.) im Gesetz nicht vorgesehen, dass neben dem korporationsrechtlichen Organschaftsverhältnis ein vertragliches Anstellungsverhältnis zur AG begründet werden muss. Ein solcher **Anstellungsvertrag** kann aber ausdrücklich abgeschlossen werden. Ist dies der Fall, werden in ihm die die schuldrechtlichen Rechtsbeziehungen des Aufsichtsratsmitglieds zur AG betreffenden Regelungen (z. B. der Vergütungsanspruch) getroffen. Wird ein Anstellungsvertrag nicht ausdrücklich abgeschlossen, wird von der heute h. M. angenommen, dass mit der Bestellung des Aufsichtsratsmitglieds ein Organschaftsverhältnis begründet wird, das eine doppelte Rechtsnatur aufweist: Es enthält neben den korporationsrechtlichen Inhalten auch schuldrechtliche Elemente (*Hüffer* AktG, § 101 Rn. 2).

B. Bestellung von Aufsichtsratsmitgliedern, Abs. 1

2 Die Bestellung von Aufsichtsratsmitgliedern der Aktionäre durch **Wahlbeschluss der Hauptversammlung** ist der von Abs. 1 geregelte Regelfall der Begründung des Aufsichtsratsmandats. Die Regelung betrifft nicht die Wahl von Aufsichtsratsmitgliedern der Arbeitnehmer in mitbestimmten Gesellschaften (Abs. 1 S. 1 und 2); deren Wahl richtet sich nach den einschlägigen Vorschriften des Mitbestimmungsrechts, auf die an dieser Stelle nur hingewiesen werden kann: §§ 9 ff. MitbestG (Delegierten- oder Urwahl), § 6 MontanMitbestG (Wahl durch Hauptversammlung auf der Grundlage bindender Wahlvorschläge), §§ 7 ff. MontanMitbestErgG (Delegierten- oder Urwahl), § 5 DrittelbG (Urwahl). Soweit in der Satzung Entsendungsrechte begründet sind, gilt allein die Regelung § 101 Abs. 2 AktG.

3 Die Wahl der Aufsichtsratsmitglieder durch die Hauptversammlung ist als **Gegenstand der Tagesordnung** bekannt zu machen (§ 124 Abs. 1 S. 1 AktG); der Inhalt der Bekanntmachung ist in § 124 Abs. 2 AktG vorgeschrieben (vgl. die Erl. zu dieser Vorschrift). Das Wahlverfahren folgt dem **Mehrheitsprinzip** (§ 133 AktG; vgl. Erl. zu dieser Vorschrift). Sind mehrere Mitglieder des Aufsichtsrats zu wählen, kann die Wahl nach der Bestimmung des Leiters der Hauptversammlung nach h. M. als Einzelwahl oder als **Block- bzw. Listenwahl** durchgeführt werden (KölnKomm AktG/*Mertens* § 101 Rn. 16; MünchHdb GesR IV/*Hoffmann-Becking* § 30 Rn. 16; a. A. GroßkommAktG/*Meyer-Landrut* § 101 Rn. 4). Gegen die Zulässigkeit der Block- bzw. Listenwahl bestehen dann keine durchgreifenden Bedenken, wenn keiner der erschienenen Aktionäre dieser Vorgehensweise widerspricht und der Versammlungsleiter vor der Abstimmung darauf hinweist, dass die Aktionäre, die auch nur einen Personalvorschlag des Vorstands ablehnen wollen, die Liste insgesamt ablehnen müssen (BAG AG 2003, 625, 626). Die verfahrensleitende Anordnung des Versammlungsleiters über das Wahlverfahren kann nur durch Hauptversammlungsbeschluss geändert werden; der Widerspruch eines Aktionärs muss deshalb nicht zum Anlass genommen werden, zur Einzelabstimmung überzugehen; er wird aber in der Regel die Bedeutung haben, dass eine gesonderte Abstimmung über das Wahlverfahren zu erfolgen hat (vgl. LG München I AG 2004, 330, 331; *Mutter* AG 2004, 305; *Fuhrmann* ZIP 2004, 2081). Zulässig ist es, dass der Versammlungsleiter durch entsprechende verfahrensleitende Anordnung, die der Versammlung bekannt zu machen ist, mehrere Abstimmungsvorgänge auf die Weise verbindet, dass ihre Annahme zugleich die Ablehnung der Einzelwahl bedeutet (*Dietz* BB 2004, 452, 455; a. A. *Henze* BB 2005, 165, 171).

4 Wirksam wird die Wahl eines Aufsichtsratsmitglieds erst durch die **Annahme des Mandats**. Die Annahmeerklärung kann in der Hauptversammlung gegenüber dem Versammlungsleiter oder nachträglich, dann durch entsprechende Erklärung gegenüber dem Vorstand abgegeben werden.

Zulässig ist auch die verbreitete Praxis, nach der sich der Kandidat vorab mit der Übernahme des Mandats für den Fall seiner Wahl einverstanden erklärt. Die Empfangszuständigkeit für diese Erklärung liegt beim Vorstand der AG. Auch die bloße Aufnahme der Aufsichtsratstätigkeit gilt als konkludente Annahme der Wahl.

C. Entsendungsrechte, Abs. 2

Die Mitgliedschaft im Aufsichtsrat kann durch Entsendung begründet werden. Entsendungsrechte sind Sonderrechte i. S. d. § 35 BGB, die nur durch die Satzung verliehen werden können. Sie können als **höchstpersönliche, nicht übertragbare Entsendungsrechte** (Abs. 2 S. 1 Alt. 1) oder als übertragbare, an bestimmte Aktien gebundene **Inhaberentsendungsrechte** (Abs. 2 S. 1 Alt. 2) ausgestaltet werden; Inhaberentsendungsrechte müssen an vinkulierte Namensaktien (vgl. § 68 Rn. 11 ff.) gebunden sein (Abs. 2 S. 2). Die Aktien der Entsendungsberechtigten gelten gem. Abs. 2 S. 3 nicht als besondere Gattung. Mit dieser Ausnahmeregelung von § 11 AktG werden vor allem die sonst erforderlichen Sonderabstimmungen bei Kapitalerhöhungen (§ 182 Abs. 2 AktG) vermieden. Die Anzahl der im Wege der Entsendung bestellten Aufsichtsratsmitglieder ist nach Abs. 2 S. 4 auf 1/3 der Mitglieder begrenzt. 5

Wirksam wird die Bestellung im Wege der Entsendung durch die **Benennung** des zu Entsendenden gegenüber der AG und die Erklärung der **Annahme** des Mandats durch den Benannten gegenüber der AG, die beide Male durch den Vorstand vertreten wird. Das entsandte Aufsichtsratsmitglied hat keine von der eines gewählten Mitglieds verschiedene Rechtsstellung; er unterliegt keinen Weisungen des Entsendungsberechtigten (BGHZ 36, 296, 306). Die Abberufung des Entsandten ist jederzeit möglich, § 103 Abs. 2 AktG. 6

D. Ersatzmitglieder, Abs. 3

Abs. 3 regelt, dass für ein Aufsichtsratsmitglied **keine Stellvertreter**, wohl aber Ersatzmitglieder bestellt werden können. Der Unterschied liegt darin, dass ein Stellvertreter bei vorübergehender Verhinderung tätig werden könnte, das Ersatzmitglied aber nur, wenn ein Aufsichtsratsmitglied »wegfällt«. Damit wird ein Umstand bezeichnet, der das Aufsichtsratmitglied für den Rest der Amtszeit an der Ausübung seines Amtes hindert (z. B. durch Tod oder Amtsniederlegung). Dementsprechend rückt das Ersatzmitglied an Stelle des wegfallenden Mitglieds für den Rest von dessen Amtszeit in den Aufsichtsrat ein, Abs. 3 S. 2. 7

Die Bestellung von Ersatzmitgliedern kann nur »**gleichzeitig**« mit der Bestellung des Aufsichtsratsmitglieds erfolgen, für das es nachrücken soll (Abs. 3 S. 3); damit ist gemeint, dass die Bestellung durch Wahl auf derselben Hauptversammlung beschlossen werden muss. 8

Die Modalitäten der Bestellung müssen nach Abs. 3 S. 4 denjenigen für das Aufsichtsratsmitglied entsprechen. Aufsichtsratsmitglieder der Aktionäre müssen also entweder von der Hauptversammlung gewählt oder im Wege der Entsendung bestellt worden sein. Für ein gewähltes Mitglied kann kein Ersatzmitglied entsandt werden und umgekehrt. 9

Die Bestellung zum Ersatzmitglied bedarf der **Annahme** durch das Ersatzmitglied. Wird die Annahme erklärt, wird sie mit dem Zugang der Annahmeerklärung wirksam. 10

Das Ersatzmitglied kann **für ein bestimmtes Aufsichtsratsmitglied** bestellt werden; zulässig ist es auch, dass ein Ersatzmitglied als Nachrücker **für mehrere bestimmte Aufsichtsratsmitglieder** bestellt wird. Ebenso können mehrere Ersatzmitglieder für ein Aufsichtsratsmitglied bestellt werden, sofern die Reihenfolge des Nachrückens festgelegt wird (BGHZ 99, 211, 214). 11

Das Amt des Ersatzmitglieds endet von Gesetzes wegen mit dem **Ende der Amtszeit** des wegfallenden Aufsichtsratsmitglieds. Die Satzung kann ein früheres Ende der Amtszeit bestimmen. Dies kann insbesondere in der Weise festgelegt werden, dass das Mandat des Ersatzmitglieds erlischt, sobald ein Nachfolger für das weggefallene Mitglied wirksam bestellt ist (BGHZ 99, 211, 214 f.). Diese Beendigung der Amtsdauer des Ersatzmitglieds kann auch in dem Bestellungsbe- 12 schluss der Hauptversammlung enthalten sein (BGH NJW 1988, 1214). Ein Ersatzmitglied kann deshalb auch mehrfach nachrücken, wenn der bestellte Nachfolger seinerseits wegfällt und das Ersatzmitglied nach der entsprechenden Satzungsklausel (bzw. dem Hauptversammlungsbeschluss) erneut nachrückt (BGHZ 99, 211, 220).

E. Mängel der Bestellung

13 Zur **Nichtigkeit und Anfechtung der Wahlbeschlüsse** wegen Mängeln der Bestellung vgl. die Erläuterung zu den Sonderbestimmungen der §§ 250 ff. AktG. Das fehlerhaft bestellte Mitglied ist nach der Doktrin vom **fehlerhaften Organmitglied** (vgl. zum Vorstandsrecht § 84 AktG Rn. 9) wie ein rechtmäßig bestelltes Organ verantwortlich, wenn es seine Tätigkeit tatsächlich ausgeübt hat (str.; vgl. BGHZ 47, 341, 343). Beschlüsse des Aufsichtsrats sind auf der anderen Seite ungeachtet des Fehlers bei der Bestellung wirksam, sofern unter Nichtberücksichtigung der fehlerhaft bestellten Mitglieder die Beschlussfähigkeit des Aufsichtsrats gegeben war und trotz Nichtberücksichtigung der Stimmabgabe des fehlerhaft bestellten Organmitglieds eine Stimmenmehrheit zustande gekommen wäre (BGHZ 47, 341, 345 f.); anders ist entschieden worden, wenn der Aufsichtsrat insgesamt nichtig bestellt worden ist (BGHZ 11, 231, 246).

§ 102 Amtszeit der Aufsichtsratsmitglieder

(1) [1]Aufsichtsratsmitglieder können nicht für längere Zeit als bis zur Beendigung der Hauptversammlung bestellt werden, die über die Entlastung für das vierte Geschäftsjahr nach dem Beginn der Amtszeit beschließt. [2]Das Geschäftsjahr, in dem die Amtszeit beginnt, wird nicht mitgerechnet.

(2) Das Amt des Ersatzmitglieds erlischt spätestens mit Ablauf der Amtszeit des weggefallenen Aufsichtsratsmitglieds.

1 § 102 AktG regelt die **Höchstdauer der Amtszeit** der einzelnen Aufsichtsratsmitglieder. Die Regelung der Höchstdauer gilt unterschiedslos für alle Aufsichtsratsmitglieder unabhängig davon, wie die Bestellung erfolgte, für gewählte und entsandte Mitglieder ebenso wie für die Aufsichtsratsmitglieder der Arbeitnehmer sowie für Ersatzmitglieder (Abs. 2). Eine Ausnahme gilt für die Mitglieder des ersten Aufsichtsrats: Deren Amtszeit endet gem. § 30 Abs. 3 AktG, während § 102 AktG keine Anwendung findet.

2 Die Höchstdauerregelung in § 102 AktG schließt ein **vorzeitiges Ende der Amtszeit** nicht aus. Sie kommt in Betracht durch Amtsniederlegung, durch Verschmelzung der AG, im Falle des Formwechsels, sofern nicht die Voraussetzungen des § 203 UmwG vorliegen, durch Abberufung nach § 103 AktG sowie durch den Eintritt von gesetzlichen Hinderungsgründen nach § 100 AktG. Im Falle der **Insolvenz** der AG bleiben bis zur vollständigen Abwicklung der Gesellschaft die Organmitglieder im Amt (OLG München AG 1995, 232), ebenso liegt es im Falle der **Auflösung** der Gesellschaft (BGHZ 32, 114, 117 zur Genossenschaft).

3 **Maßgeblicher Zeitpunkt** für das Ende der Amtszeit ist die Beendigung der Hauptversammlung, die über die Entlastung für das vierte Geschäftsjahr nach Beginn der Amtszeit beschließt. Da das Geschäftsjahr, in dem die Amtszeit beginnt, nicht mitzurechnen ist (Abs. 1 S. 2), ergibt sich eine Höchstdauer von regelmäßig **etwa fünf Jahren**. Allerdings kann sich der Zeitraum verlängern, wenn die Beschlussfassung über die Entlastung nicht rechtzeitig nach § 120 Abs. 1 AktG erfolgt (MünchHdb GesR IV/*Hoffmann-Becking* § 30 Rn. 37; dagegen MüKoAktG/*Semler* § 102 Rn. 32). Noch nicht abschließend geklärt ist, wann die Amtsdauer endet, wenn eine Beschlussfassung über die Entlastung andauernd nicht herbeigeführt wird; in Missbrauchsfällen entspricht es dem Sinn der gesetzlichen Regelung, dass eine beliebige Fortdauer der Amtszeit nicht in Betracht kommt und diese spätestens nach einer Frist von fünf Jahren endet (so *Hüffer* AktG, § 102 Rn. 3).

Grundsätzlich **zulässig** ist es, die Amtsdauer gegenüber der gesetzlichen Regelung zu **verkürzen**. Dies kann sowohl in der Satzung als auch im Bestellungsbeschluss erfolgen. Dabei ist es grundsätzlich auch zulässig, die Mandate der Aufsichtsräte zeitlich verschieden zu begrenzen (BGHZ 99, 211, 215). Damit ist es insbesondere möglich, die Amtsdauer eines Ersatzmitglieds an die Nachwahl eines Mitglieds zu **koppeln**. Zugleich muss jedoch dem Grundsatz Rechnung getragen werden, dass die Rechtsstellung aller Aufsichtsratsmitglieder gleichwertig ist (BGHZ 99, 215). Deshalb verbieten sich etwa solche Sonderregeln, die einseitig zu Lasten der Aufsichtsratsmitglieder der Arbeitnehmer oder zugunsten von entsandten Mitgliedern erlassen werden. 4

Die **Wiederbestellung** von Aufsichtsratsmitgliedern ist möglich. Eine vorzeitige Wiederwahl wird aber nach h. M. nur für zulässig erachtet, wenn der Rest der noch laufenden Amtszeit auf die Höchstdauer des Abs. 1 angerechnet wird (*Hüffer* AktG, § 102 Rn. 6). Überzeugender erscheint es, § 84 Abs. 1 S. 3 AktG analog anzuwenden und eine Wiederwahl bis zur Höchstdauer ohne Anrechnung der Restamtszeit zuzulassen, die Wiederwahl aber frühestens ein Jahr vor dem Ablauf der bisherigen Amtszeit zu gestatten (so MünchHdb GesR IV/*Hoffmann-Becking* § 30 Rn. 40). 5

§ 103 Abberufung der Aufsichtsratsmitglieder

(1) [1]Aufsichtsratsmitglieder, die von der Hauptversammlung ohne Bindung an einen Wahlvorschlag gewählt worden sind, können von ihr vor Ablauf der Amtszeit abberufen werden. [2]Der Beschluß bedarf einer Mehrheit, die mindestens drei Viertel der abgegebenen Stimmen umfaßt. [3]Die Satzung kann eine andere Mehrheit und weitere Erfordernisse bestimmen.

(2) [1]Ein Aufsichtsratsmitglied, das auf Grund der Satzung in den Aufsichtsrat entsandt ist, kann von dem Entsendungsberechtigten jederzeit abberufen und durch ein anderes ersetzt werden. [2]Sind die in der Satzung bestimmten Voraussetzungen des Entsendungsrechts weggefallen, so kann die Hauptversammlung das entsandte Mitglied mit einfacher Stimmenmehrheit abberufen.

(3) [1]Das Gericht hat auf Antrag des Aufsichtsrats ein Aufsichtsratsmitglied abzuberufen, wenn in dessen Person ein wichtiger Grund vorliegt. [2]Der Aufsichtsrat beschließt über die Antragstellung mit einfacher Mehrheit. [3]Ist das Aufsichtsratsmitglied auf Grund der Satzung in den Aufsichtsrat entsandt worden, so können auch Aktionäre, deren Anteile zusammen den zehnten Teil des Grundkapitals oder den anteiligen Betrag von einer Million Euro erreichen, den Antrag stellen. [4]Gegen die Entscheidung ist die sofortige Beschwerde zulässig.

(4) Für die Abberufung der Aufsichtsratsmitglieder, die weder von der Hauptversammlung ohne Bindung an einen Wahlvorschlag gewählt worden sind noch auf Grund der Satzung in den Aufsichtsrat entsandt sind, gelten außer Absatz 3 das Mitbestimmungsgesetz, das Montan-Mitbestimmungsgesetz, das Mitbestimmungsergänzungsgesetz und das Drittelbeteiligungsgesetz.

(5) Für die Abberufung eines Ersatzmitglieds gelten die Vorschriften über die Abberufung des Aufsichtsratsmitglieds, für das es bestellt ist.

A. Abberufung und andere Fälle der Amtsbeendigung

Das Amt eines Aufsichtratsmitglieds kann auf verschiedene Weise enden: Nach § 102 AktG erlischt das Amt mit dem **Ende der Amtszeit**. § 103 AktG regelt den Fall der **Abberufung**, nämlich den Fall der einseitigen Beendigung des Amtes durch einen rechtsgestaltenden Akt, der das Gegenstück zur Bestellung bildet. Weitere Beendigungsfälle kommen hinzu, wobei zu unterscheiden ist zwischen personenbezogenen und gesellschaftsbezogenen Gründen. **Personenbezogene Beendigungsfälle** bilden der Eintritt eines gesetzlichen Hinderungsgrundes i. S. d. § 100 Abs. 1 1 oder 2 AktG (vgl. Erl. zu § 100 AktG Rn. 2 ff.), die erfolgreiche Anfechtungsklage wegen anfänglichen Fehlens der in der Satzung festgelegten Amtsvoraussetzungen nach § 251 AktG (vgl. § 100 AktG Rn. 7), der Tod des Aufsichtsratsmitglieds, weil das höchstpersönliche Amt (§ 101 Abs. 3 S. 1 AktG) nicht vererblich ist, und nicht zuletzt die Amtsniederlegung (dazu sogleich in Rn. 3)

2 **Gesellschaftsbezogene Beendigungsfälle** stellen dar die Verschmelzung der AG, der Fall des Formwechsels (*Hoffmann-Becking* AG 1980, 269 f.; a. A. *Köstler* BB 1993, 81 f.), sofern nicht die Voraussetzungen des § 203 UmwG vorliegen. Im Falle der Insolvenz der AG bleiben bis zur vollständigen Abwicklung der Gesellschaft die Organe bestehen und die Organmitglieder im Amt (OLG München AG 1995, 232), ebenso liegt es im Falle der Auflösung der Gesellschaft (BGHZ 32, 114, 117 zur Genossenschaft).

3 Die **Amtsniederlegung** ist ein Fall der Beendigung der Mitgliedschaft im Aufsichtsrat durch einseitige zugangsbedürftige Erklärung des Mitglieds selbst. Eine gesetzliche Regelung der Amtsniederlegung besteht nicht; die Zulässigkeit der Amtsniederlegung ist aber im Grundsatz unbestritten. Ihre Wirksamkeit ist nach h. M. nicht vom Vorliegen eines wichtigen Grundes abhängig; dieser umstrittenen Auffassung ist beizupflichten, da die Aufrechterhaltung des Amtes gegen den Willen des Aufsichtsratsmitglieds mit dem Amtsverständnis unvereinbar ist (dazu *Deilmannn,* Amtsniederlegung durch Gesellschaftsorgane, S. 55 ff.; *Wardenbach* AG 1999, 74, 75 f.; *Singhof* AG 1998, 318, 321 f.).

B. Abberufung der von der Hauptversammlung gewählten Mitglieder, Abs. 1

4 Nach Abs. 1 kann die Hauptversammlung die von ihr gewählten Aufsichtsratsmitglieder abberufen. Die Regelung gilt nur für die Mitglieder des Aufsichtsrats, die von der Hauptversammlung ohne Bindung an Wahlvorschläge, also außerhalb des MontanMitbestG (vgl. Erl. zu § 101 AktG Rn. 2 ff.), gewählt worden sind. Für die Abberufung bedarf es lediglich eines entsprechenden Beschlusses, der eine **Mehrheit von mindestens ³/₄** der abgegebenen Stimmen gefunden haben muss, Abs. 1 S. 2. Ein **Abberufungsgrund** muss nach Abs. 1 nicht vorliegen. Der Beschluss muss die Abberufung zum Gegenstand haben; der Beschluss über den Entzug des Vertrauens allein führt nicht zur Abberufung.

5 Die **Satzung** kann vom Gesetz abweichende Mehrheitserfordernisse festlegen. Nach Abs. 1 S. 3 ist jedenfalls erforderlich, dass der Abberufungsbeschluss eine Mehrheit in der Hauptversammlung gefunden hat. Zulässig ist es daher allein, in der Satzung höhere als einfache Mehrheitserfordernisse und weitere Erfordernisse zu bestimmen. Das **Prinzip der gleichwertigen Amtsstellung** verlangt überdies, dass die Satzung für die Abberufung aller von der Hauptversammlung gewählten Aufsichtsratsmitglieder die gleiche Mehrheit und die gleichen weiteren Erfordernisse vorsieht (BGHZ 99, 211, 215 f.). Differenzierungen nach dem Anlass für die Abberufung (z. B. Vorliegen eines wichtigen Grundes oder nicht) sind nach h. M. ebenfalls unzulässig (MünchHandb GesR IV/*Hoffmann-Becking* § 30 Rn. 51).

6 Die Abberufung wird erst **wirksam** mit **Zugang** der Abberufungserklärung beim betroffenen Mitglied des Aufsichtsrats. Dieser Zugang ist nach den Grundsätzen des Zugangs von Willenserklärungen unter Anwesenden bewirkt, wenn das Aufsichtsratsmitglied bei der Beschlussverkündung auf der Hauptversammlung zugegen ist. Andernfalls bedarf es einer (formlosen) Mitteilung des Abberufungsbeschlusses an das betroffene Mitglied, für die der Vorstand oder der Vorsitzende des Aufsichtsrats, sofern dieser nicht selbst betroffen ist, zuständig ist (MünchHandb GesR IV/*Hoffmann-Becking* § 30 Rn. 52). Mit der wirksamen Abberufung endet die Rechtsstellung als Mitglied im Aufsichtsrat. Die Abberufung beendet die organschaftliche und die schuldrechtliche Rechtsstellung. Dies gilt auch für die Ansprüche (etwa auf Vergütung), die auf einem gesondert abgeschlossenen Anstellungsvertrag beruhen (vgl. Erl zu § 101 AktG Rn. 1), weil dieser ebenfalls mit der Abberufung endet (*Hüffer* AktG, § 103 Rn. 6).

C. Abberufung entsandter Mitglieder, Abs. 2

Die **Abberufungskompetenz** für entsandte Mitglieder liegt nach Abs. 2 S. 1 grundsätzlich bei dem **entsendungsberechtigten Aktionär**. Ist das Entsendungsrecht an die Innehabung vinkulierter Namensaktion gebunden (§ 101 Abs. 2 S. 2 AktG), liegt die Befugnis zur Abberufung nach Übertragung der Aktie beim Erwerber; Entsendungs- und Abberufungsrecht liegen in diesem Fall in den Händen verschiedener Personen. Die Abberufung bedarf nach § 103 Abs. 2 AktG keiner Angabe von Gründen. Sind der Entsendungsberechtigte und das entsandte Aufsichtsratsmitglied durch (schuldrechtliche) Abreden an die Entsendung gebunden (z. B. Ausschluss der Abberufung auf Zeit, Bindung der Abberufung an das Vorliegen eines wichtigen Grundes), steht die Nichtbeachtung dieser Abreden der Wirksamkeit der Abberufung nicht entgegen. Die Abberufung ist auch nach Abs. 2 erst nach **Zugang** der Abberufungserklärung wirksam (vgl. oben Rn. 6); die **Abberufungserklärung** erfolgt wie die Entsendung (vgl. Erl. zu § 101 AktG Rn. 6) durch Erklärung gegenüber dem Vorstand (MünchHandb GesR IV/*Hoffmann-Becking* § 30 Rn. 53). 7

Nach Abs. 2 S. 2 steht die **Abberufungskompetenz** ausnahmsweise der Hauptversammlung zu. Dies ist nur dann der Fall, wenn die satzungsmäßigen Voraussetzungen des Entsendungsrechts weggefallen sind. Dieser Fall ist insbesondere dann gegeben, wenn der Entsendungsberechtigte seine Aktien veräußert hat oder das Sonderrecht durch Satzungsänderung (mit Zustimmung des Berechtigten) beseitigt worden ist. In diesen Fällen kann die Hauptversammlung die Abberufung mit einfacher Mehrheit ohne Angabe von Gründen beschließen. Für die Ausführung dieses Beschlusses gelten wiederum die allgemeinen Zugangsregeln. 8

D. Abberufung aus wichtigem Grund, Abs. 3

Jedes Mitglied des Aufsichtsrats, unabhängig von der Art und Weise der Bestellung, also auch ein von den Arbeitnehmern gewähltes Mitglied, kann durch auf Antrag ergehende **gerichtliche Entscheidung** abberufen werden. Nach Abs. 3 bedarf es dafür eines wichtigen Grundes. Nach heute h. M. wird das Vorliegen eines wichtigen Grundes in Anlehnung an § 84 Abs. 3 S. 2 AktG beurteilt (vgl. Erl. zu § 84 AktG Rn. 21 ff.). Anders als nach früherer, vor dem AktG 1965 vertretener Auffassung setzt dies nicht voraus, dass ein krass gesellschaftswidriges Verhalten oder ein Sachverhalt vorliegt, bei dem das Verbleiben im Amt als schlechthin untragbar anzusehen ist (so zur Rechtslage nach dem AktG 1937 BGHZ 39, 116, 123; vgl. auch RegE Begr. AktG 1965, *Kropff* Aktiengesetz, S. 142 f.). Nach geltender Rechtslage kommt es darauf an, ob im Einzelfall unter Würdigung aller Umstände das Verbleiben des Mitglieds im Amt für die Gesellschaft unzumutbar ist (LG Frankfurt NJW 1987, 505; OLG Hamburg WM 1980, 311, 314; MünchHdb GesR IV/*Hoffmann-Becking* § 30 Rn. 56). 9

In der Entscheidungspraxis ist das **Vorliegen eines wichtigen Grundes** in folgenden **Fällen** angenommen worden: Informationsbeschaffung durch Mitglieder des Aufsichtsrats bei Repräsentanten der Muttergesellschaft ohne Einschaltung des Vorstands (OLG Zweibrücken AG 1991, 70); nicht offengelegtes Schreiben an das Bundeskartellamt mit negativer Stellungnahme zu angemeldetem Fusionsvorhaben (LG Frankfurt NJW 1987, 505); dauerhafte Pflichtenkollision infolge angestrebter Änderung des Unternehmensgegenstandes, die ein Aufsichtsratsmitglied, das zugleich Repräsentant der Aufsichtsbehörde ist, auf politischem Wege anstrebt (OLG Hamburg AG 1990, 218; LG Hamburg WM 1989, 1934). Die Verletzung der Schweigepflicht durch Bekanntgabe einer geplanten Dividendenerhöhung und des Abstimmungsverhaltens von Mitgliedern des Aufsichtsrats wurde nicht als wichtiger Grund angesehen (AG München WM 1986, 974). 10

Die **Antragsberechtigung** liegt nach Abs. 3 S. 1 beim **Aufsichtsrat**. Dieser hat über den Antrag mit einfacher Mehrheit zu entscheiden, Abs. 3 S. 2. Dabei darf das betroffene Aufsichtsratsmitglied nicht mitstimmen (BayObLGZ 2003, 89, 92; a. A. *Hoffmann/Kirchhoff* FS Beusch 1993, 377, 380 f.). Ist das Mitglied aufgrund der Satzung entsandt worden, steht das Antragsrecht auch einer Minderheit von Aktionären zu, wenn diese mindestens 10 % des Grundkapitals oder den anteiligen Betrag von € 1,0 Mio erreichen, Abs. 3 S. 3. Der Vorstand hat keine Antragsberechtigung. 11

12 Für das Verfahren ist das **Amtsgericht des Gesellschaftssitzes** (§ 14 AktG) zuständig, § 145 Abs. 1 FGG. Die Entscheidung ergeht durch Beschluss. Gegen diesen Beschluss kann mit dem Rechtsmittel der Beschwerde vorgegangen werden (Abs. 3 S. 4). Die Beschwerde hat nach § 24 Abs. 1 FGG keine aufschiebende Wirkung. Der Abberufene verliert damit seine Rechte mit der Verkündung des erstinstanzlichen Beschlusses; diese können im Wege der Rechtsmittelentscheidung wiederhergestellt werden (BayObLGZ 2003, 89, 90; näher *Hoffmann/Kirchhoff* FS Beusch 1993, 377, 386 ff.).

E. Mitbestimmungsrechtliche Sonderregeln, Abs. 4

13 In mitbestimmten Aufsichtsräten können Aufsichtsratsmitglieder, die weder von der Hauptversammlung frei gewählt noch aufgrund der Satzung in den Aufsichtsrat entsandt wurden, nach Abs. 3 S. 1 aus wichtigem Grund im Wege gerichtlicher Entscheidung abberufen werden. Ferner gelten nach Abs. 4 die bestehenden mitbestimmungsrechtlichen Sonderregeln. Dies sind § 23 MitbestG, § 11 MontanMitbestG, § 10 m MontanMitbestErgG und § 12 DrittelbG.

F. Abberufung von Ersatzmitgliedern, Abs. 5

14 Für Ersatzmitglieder gilt: Ist ein Ersatzmitglied bereits in den Aufsichtsrat nachgerückt, gelten für dieses Mitglied die allgemeinen Regeln der Abs. 1 bis 4 unmittelbar. Ist das Ersatzmitglied noch nicht nachgerückt, kann es trotzdem abberufen werden. Für diese vor dem Nachrücken erfolgende Abberufung des Ersatzmitglieds sind nach Abs. 5 die Vorschriften anzuwenden, die für das Hauptmitglied gelten, also Abs. 1 für die von der Hauptversammlung frei gewählten Mitglieder, Abs. 2 für die entsandten Mitglieder und Abs. 3 für die gerichtliche Abberufung aus wichtigem Grund.

§ 104 Bestellung durch das Gericht

(1) [1]Gehört dem Aufsichtsrat die zur Beschlußfähigkeit nötige Zahl von Mitgliedern nicht an, so hat ihn das Gericht auf Antrag des Vorstands, eines Aufsichtsratsmitglieds oder eines Aktionärs auf diese Zahl zu ergänzen. [2]Der Vorstand ist verpflichtet, den Antrag unverzüglich zu stellen, es sei denn, daß die rechtzeitige Ergänzung vor der nächsten Aufsichtsratssitzung zu erwarten ist. [3]Hat der Aufsichtsrat auch aus Aufsichtsratsmitgliedern der Arbeitnehmer zu bestehen, so können auch den Antrag stellen

1. **der Gesamtbetriebsrat der Gesellschaft oder, wenn in der Gesellschaft nur ein Betriebsrat besteht, der Betriebsrat, sowie, wenn die Gesellschaft herrschendes Unternehmen eines Konzerns ist, der Konzernbetriebsrat,**
2. **der Gesamt- oder Unternehmenssprecherausschuss der Gesellschaft oder, wenn in der Gesellschaft nur ein Sprecherausschuss besteht, der Sprecherausschuss sowie, wenn die Gesellschaft herrschendes Unternehmen eines Konzerns ist, der Konzernsprecherausschuss,**
3. **der Gesamtbetriebsrat eines anderen Unternehmens, dessen Arbeitnehmer selbst oder durch Delegierte an der Wahl teilnehmen, oder, wenn in dem anderen Unternehmen nur ein Betriebsrat besteht, der Betriebsrat,**
4. **der Gesamt- oder Unternehmenssprecherausschuss eines anderen Unternehmens, dessen Arbeitnehmer selbst oder durch Delegierte an der Wahl teilnehmen, oder, wenn in dem anderen Unternehmen nur ein Sprecherausschuss besteht, der Sprecherausschuss,**
5. **mindestens ein Zehntel oder einhundert der Arbeitnehmer, die selbst oder durch Delegierte an der Wahl teilnehmen,**
6. **Spitzenorganisationen der Gewerkschaften, die das Recht haben, Aufsichtsratsmitglieder der Arbeitnehmer vorzuschlagen,**
7. **Gewerkschaften, die das Recht haben, Aufsichtsratsmitglieder der Arbeitnehmer vorzuschlagen.**

[4]Hat der Aufsichtsrat nach dem Mitbestimmungsgesetz auch aus Aufsichtsratsmitgliedem der Arbeitnehmer zu bestehen, so sind außer den nach Satz 3 Antragsberechtigten auch je ein Zehntel der wahlberechtigten in § 3 Abs. 1 Nr. 1 des Mitbestimmungsgesetzes bezeichneten Arbeitnehmer oder der wahlberechtigten leitenden Angestellten im Sinne des Mitbestimmungsgesetzes antragsberechtigt. [5]Gegen die Entscheidung ist die sofortige Beschwerde zulässig.

(2) [1]Gehören dem Aufsichtsrat länger als drei Monate weniger Mitglieder als die durch Gesetz oder Satzung festgesetzte Zahl an, so hat ihn das Gericht auf Antrag auf diese Zahl zu ergänzen. [2]In dringenden Fällen hat das Gericht auf Antrag den Aufsichtsrat auch vor Ablauf der Frist zu ergänzen. [3]Das Antragsrecht bestimmt sich nach Absatz 1. [4]Gegen die Entscheidung ist die sofortige Beschwerde zulässig.

(3) Absatz 2 ist auf einen Aufsichtsrat, in dem die Arbeitnehmer ein Mitbestimmungsrecht nach dem Mitbestimmungsgesetz, dem Montan-Mitbestimmungsgesetz oder dem Mitbestimmungsergänzungsgesetz haben, mit der Maßgabe anzuwenden,

1. **daß das Gericht den Aufsichtsrat hinsichtlich des weiteren Mitglieds, das nach dem Montan-Mitbestimmungsgesetz oder dem Mitbestimmungsergänzungsgesetz auf Vorschlag der übrigen Aufsichtsratsmitglieder gewählt wird, nicht ergänzen kann,**
2. **daß es stets ein dringender Fall ist, wenn dem Aufsichtsrat, abgesehen von dem in Nummer 1 genannten weiteren Mitglied, nicht alle Mitglieder angehören, aus denen er nach Gesetz oder Satzung zu bestehen hat.**

(4) [1]Hat der Aufsichtsrat auch aus Aufsichtsratsmitgliedern der Arbeitnehmer zu bestehen, so hat das Gericht ihn so zu ergänzen, daß das für seine Zusammensetzung maßgebende zahlenmäßige Verhältnis hergestellt wird. [2]Wenn der Aufsichtsrat zur Herstellung seiner Beschlußfähigkeit ergänzt wird, gilt dies nur, soweit die zur Beschlußfähigkeit nötige Zahl der Aufsichtsratsmitglieder die Wahrung dieses Verhältnisses möglich macht. [3]Ist ein Aufsichtsratsmitglied zu ersetzen, das nach Gesetz oder Satzung in persönlicher Hinsicht besonderen Voraussetzungen entsprechen muß, so muß auch das vom Gericht bestellte Aufsichtsratsmitglied diesen Voraussetzungen entsprechen. [4]Ist ein Aufsichtsratsmitglied zu ersetzen, bei dessen Wahl eine Spitzenorganisation der Gewerkschaften, eine Gewerkschaft oder die Betriebsräte ein Vorschlagsrecht hätten, so soll das Gericht Vorschläge dieser Stellen berücksichtigen, soweit nicht überwiegende Belange der Gesellschaft oder der Allgemeinheit der Bestellung des Vorgeschlagenen entgegenstehen; das gleiche gilt, wenn das Aufsichtsratsmitglied durch Delegierte zu wählen wäre, für gemeinsame Vorschläge der Betriebsräte der Unternehmen, in denen Delegierte zu wählen sind.

(5) Das Amt des gerichtlich bestellten Aufsichtsratsmitglieds erlischt in jedem Fall, sobald der Mangel behoben ist.

(6) [1]Das gerichtlich bestellte Aufsichtsratsmitglied hat Anspruch auf Ersatz angemessener barer Auslagen und, wenn den Aufsichtsratsmitgliedern der Gesellschaft eine Vergütung gewährt wird, auf Vergütung für seine Tätigkeit. [2]Auf Antrag des Aufsichtsratsmitglieds setzt das Gericht die Auslagen und die Vergütung fest. [3]Gegen die Entscheidung ist die sofortige Beschwerde zulässig. [4]Die weitere Beschwerde ist ausgeschlossen. [5]Aus der rechtskräftigen Entscheidung findet die Zwangsvollstreckung nach der Zivilprozeßordnung statt.

A. Regelungszweck

Die Vorschrift will die **Beschlussfähigkeit des Aufsichtsrats** gewährleisten und sieht deshalb die auf Antrag erfolgende **gerichtliche Bestellung** von Aufsichtsratsmitgliedern für den Fall der Unterbesetzung des Gremiums vor. Von größerer praktischer Bedeutung ist die gerichtliche Bestellung vor allem in den Fällen der Unterbesetzung von Aufsichtsräten, die der Mitbestimmung unterliegen. Die dann eintretende Störung der Parität bei der Besetzung der Aufsichtsratssitze wird 1 vom Gesetzgeber als ein dringender Fall angesehen, der die rasche Ergänzung des Aufsichtsrats vor Ablauf der sonst einzuhaltenden Vakanzzeit rechtfertigt. Im Übrigen unterscheidet das Gesetz zwischen verschiedenen Gründen, die eine gerichtliche Bestellung rechtfertigen.

B. Ergänzung wegen Beschlussunfähigkeit, Abs. 1

2 Ist der Aufsichtsrat beschlussunfähig, weil ihm die zur Beschlussfähigkeit nötige Zahl von Mitgliedern nicht (mehr) angehört, kann er nach Abs. 1 ergänzt werden. Der Mangel der erforderlichen Zahl der Mitglieder bemisst sich nach dem Gesetz oder der Satzung (vgl. die Erl. zu § 108 Abs. 2 AktG). Praktisch bedeutsam ist vor allem das Unterschreiten der von der Satzung aufgestellten Anforderungen an die Beschlussfähigkeit, während die gesetzliche Regelung erst eingreift, wenn dem Aufsichtsrat weniger als die Hälfte der nach Gesetz oder Satzung erforderlichen Mitgliederzahl oder aber weniger als drei Mitglieder angehören, § 108 Abs. 2 S. 2 AktG. Das Kriterium des Unterschreitens der Hälfte der kraft Gesetzes erforderlichen Mitglieder gilt auch für mitbestimmte Aufsichtsräte nach den Sonderregeln der § 28 MitbestG, § 10 MontanMitbestG bzw. § 11 MontanMitbestErgG.

3 Das Gericht entscheidet nur **auf Antrag.** Die **Antragsbefugnis** haben der Vorstand, jedes einzelne Mitglied des Aufsichtsrats und jeder Aktionär sowie in mitbestimmten Gesellschaften die weiteren in Abs. 1 S. 3 Genannten. Der Vorstand ist nach Abs. 1 S. 2 verpflichtet, den Antrag unverzüglich (§ 121 Abs. 1 S. 1 BGB) zu stellen; eine Ausnahme besteht nur, wenn die rechtzeitige Ergänzung des Aufsichtsrats vor der nächsten Hauptversammlung zu erwarten ist. Der Vorstand hat den Antrag im eigenen Namen zu stellen (KG OLGZ 1966, 596, 597 f.).

4 Das Gericht, nämlich das nach dem Gesellschaftssitz (§ 14 AktG) zuständige Amtsgericht, entscheidet gem. dem Verfahren der freiwilligen Gerichtsbarkeit im Beschlusswege, § 145 FGG.

C. Ergänzung wegen Unterschreitens der Mitgliederzahl, Abs. 2 und 3

5 Die Regelung betrifft die **Ergänzung des Aufsichtsrats** in mitbestimmungsfreien Gesellschaften, wenn die durch Gesetz oder Satzung festgelegte Mitgliederzahl unterschritten wird und dieser Zustand länger als drei Monate andauert, Abs. 2 S. 1. Der Grund für das Unterschreiten der Mitgliederzahl ist unerheblich. Das Gericht wird wie nach Abs. 1 **nur auf Antrag** tätig; die **Antragsberechtigung** bestimmt sich gem. Abs. 2 S. 3 nach Abs. 1.

6 In **dringenden Fällen** darf das Gericht die Bestellung vor Ablauf der Frist vornehmen, § 104 Abs. 2 S. 2 AktG. Dringlich ist die Ergänzung immer dann, wenn Entscheidungen zu treffen sind, die für den Bestand oder die Struktur der Gesellschaft von wesentlicher Bedeutung sind (z. B. in Krisensituationen und bei Übernahmeversuchen). Von wesentlicher Bedeutung sind auch Entscheidungen, welche die Führungsorganisation der Gesellschaft betreffen; deshalb wird zu Recht auch die Bestellung oder Abberufung von Vorstandsmitgliedern als dringender Fall angesehen, wenn aufgrund der Zusammensetzung des Aufsichtsrats eine einseitige Durchsetzungschance einer Interessengruppe oder Zufallsergebnisse zu erwarten sind (*Hüffer* AktG, § 104 Rn. 7; abl. *Niewarra/Servatius* FS Semler 1993, 217, 220 ff.).

7 Für **mitbestimmte Gesellschaften** trifft Abs. 3 Sonderregelungen.

D. Personalauswahl durch das Gericht, Abs. 4

8 Die Person des Aufsichtsratsmitglieds wird vom Gericht frei ausgewählt; es ist an Vorschläge des Antragstellers nicht gebunden (BayObLGZ 1997, 262, 264), ungeachtet des Umstands, dass solche Vorschläge üblich und zweckmäßig sind und vom Gericht durchaus aufgegriffen werden. Für mitbestimmte Gesellschaften sieht Abs. 4 Einschränkungen der Wahlfreiheit des Gerichts vor. Nach Abs. 4 S. 3 hat das Gericht überdies die besonderen Voraussetzungen zu beachten, denen das Aufsichtsratsmitglied nach Gesetz oder Satzung entsprechen muss. Auch diese Regelung hat vornehmlich Bedeutung für mitbestimmte Gesellschaften, insofern als die Wählbarkeitsvoraussetzungen des § 7 Abs. 2 MitbestG vorliegen müssen.

E. Amtsdauer, Abs. 5

Die die Amtsdauer betreffende Regelung des Abs. 5 geht davon aus, dass das Gericht in seinem Bestellungsbeschluss eine **bestimmte Dauer der Amtszeit** festlegen und diese etwa bis zur Beendigung der nächsten ordentlichen Hauptversammlung befristen kann. Das Gericht muss allerdings eine solche Festlegung nicht treffen. Vor allem für diesen Fall bestimmt Abs. 5, dass die Amtszeit der gerichtlich bestellten Aufsichtsratsmitglieder **automatisch endet**, sobald der Mangel behoben ist. Der Mangel ist behoben, wenn der zur Bestellung Berechtigte die Bestellung vornimmt und der Betroffene das Amt annimmt (OLG Frankfurt AG 1987, 159). In Betracht kommt ferner die im Wege der Satzungsänderung erfolgende Herabsetzung der für die Beschlussfähigkeit erforderlichen Mitgliederzahl des Aufsichtsrats bzw. die ebenfalls satzungsändernde Herabsetzung der Mitgliederzahl überhaupt. 9

F. Auslagenersatz und Vergütung, Abs. 6

Das im Amt befindliche gerichtlich bestellte Mitglied hat **dieselben Rechte und Pflichten** wie jedes andere Aufsichtsratsmitglied. Unbeschadet der nach der inneren Ordnung des Aufsichtsrats geltenden Regelungen bestimmt Abs. 6, dass dem gerichtlich bestellten Mitglied jedenfalls ein **Anspruch auf Ersatz angemessener barer Auslagen** zusteht. Ein Vergütungsanspruch besteht nur, wenn sie den anderen Mitgliedern des Aufsichtsrats ebenfalls gewährt wird. Die Ansprüche bestehen gegenüber der AG. Die Festsetzung der Höhe des Auslagenersatzes und der Vergütung erfolgt auf Antrag des Aufsichtsratsmitglieds durch das Gericht. Die Vergütung ist gem. § 113 Abs. 1 S. 3 AktG festzusetzen und hat grundsätzlich der Vergütung der anderen Aufsichtsratsmitglieder zu entsprechen. 10

§ 105 Unvereinbarkeit der Zugehörigkeit zum Vorstand und zum Aufsichtsrat

(1) Ein Aufsichtsratsmitglied kann nicht zugleich Vorstandsmitglied, dauernd Stellvertreter von Vorstandsmitgliedern, Prokurist oder zum gesamten Geschäftsbetrieb ermächtigter Handlungsbevollmächtigter der Gesellschaft sein.

(2) [1]Nur für einen im voraus begrenzten Zeitraum, höchstens für ein Jahr, kann der Aufsichtsrat einzelne seiner Mitglieder zu Stellvertretern von fehlenden oder behinderten Vorstandsmitgliedern bestellen. [2]Eine wiederholte Bestellung oder Verlängerung der Amtszeit ist zulässig, wenn dadurch die Amtszeit insgesamt ein Jahr nicht übersteigt. [3]Während ihrer Amtszeit als Stellvertreter von Vorstandsmitgliedern können die Aufsichtsratsmitglieder keine Tätigkeit als Aufsichtsratsmitglied ausüben. [4]Das Wettbewerbsverbot des § 88 gilt für sie nicht.

Gem. Abs. 1 kann ein **Aufsichtsratsmitglied nicht zugleich Vorstandsmitglied** derselben Gesellschaft sein. Auf die Reihenfolge des Erwerbs der Mitgliedschaft im jeweiligen Organ kommt es nicht an; unzulässig ist sowohl, dass ein Aufsichtsratsmitglied nachträglich zum Vorstand bestellt wird, als auch dass ein Vorstandsmitglied in den Aufsichtsrat einzieht (BGH NJW 1975, 1657, 1658). Dagegen kann das Aufsichtsratsmitglied dem Vorstand einer anderen AG angehören. Bei bestehenden Konzernbeziehungen ist allerdings zu differenzieren: Eine Inkompatibilität besteht nicht, wenn die betreffende Person Vorstand der herrschenden und Aufsichtsrat in der abhängigen AG ist; dagegen ist nach § 100 Abs. 2 S. 1 Nr. 2 AktG die umgekehrte Situation unzulässig, dass die Person Vorstand der des abhängigen Unternehmens und zugleich Aufsichtsrat in der herrschenden AG wird (vgl. Erl. zu § 100 AktG Rn. 5). 1

Abs. 1 erstreckt die Funktionstrennung auf die **gleichzeitige Innehabung** von Aufsichtsratsmandat und Prokuristenstellung in derselben AG einerseits und die Stellung eines Handlungsbevollmächtigten in derselben AG andererseits. Auch in diesen Konstellationen sieht der Gesetzgeber den Grundsatz verletzt, dass Geschäftsführung und Überwachung nicht in denselben Händen 2 liegen können. Die Inkompatibilität bezieht sich dabei auf die **Prokura** i. S. d. §§ 48 ff. HGB und die **Generalhandlungsvollmacht** i. S. d. § 54 Abs. 1 Alt. 1 HGB. Die rechtstechnischen Begriffe sind bewusst gewählt worden, um Abgrenzungsschwierigkeiten zu anderen leitenden Angestellten auszuschließen (dazu *Kropff* Aktiengesetz 1965, S. 146). Zu beachten ist allerdings, dass die Generalvollmacht die Generalhandlungsvollmacht einschließt und deshalb mit dem Aufsichtsratsmandat unvereinbar ist (*Hüffer* AktG, § 105 Rn. 5).

3 Hinsichtlich der **Rechtsfolgen** des Abs. 1 ergibt sich, dass die Bestellung des Aufsichtsratsmitglieds zu einem der in Abs. 1 genannten Funktionsträger bis zur Niederlegung des Aufsichtsratsmandats **schwebend unwirksam** ist. Legt die betreffende Person das Aufsichtsratsmandat vor Antritt der neuen Position nieder, steht der Übernahme der neuen Position § 105 AktG nicht im Wege; tritt das Aufsichtsratsmitglied die neue inkompatible Position an, wird die Funktionsübernahme endgültig unwirksam.

4 Abs. 2 S. 1 erlaubt eine **Durchbrechung** des Grundsatzes der Funktionstrennung: Ein Aufsichtsratsmitglied kann ausnahmsweise zum Stellvertreter von einem Vorstandsmitglied bestellt werden unter der doppelten Voraussetzung, dass das vertretene Vorstandsmitglied **fehlt oder »behindert«** ist und die Bestellung **zeitlich begrenzt** wird. Das erforderliche Fehlen eines Vorstandsmitglieds ist gegeben, wenn die vorgeschriebene Anzahl von Vorstandsmitgliedern nicht im Amt ist; stellvertretende Vorstandsmitglieder sind dabei nach § 94 AktG zu berücksichtigen. »Behindert« ist ein Vorstandsmitglied, wenn es sein Vorstandsamt (vorübergehend, z. B. wegen Erkrankung) nicht ausüben kann. Die zeitliche Begrenzung muss im Voraus festgelegt sein; sie darf nach Abs. 2 S. 2 die Frist von einem Jahr nicht überschreiten. Andernfalls ist die Bestellung dieses Aufsichtsratsmitglieds zum Stellvertreter des Vorstands unwirksam; die Bestellung eines anderen Aufsichtsratsmitglieds wird dadurch nicht berührt (MüKoAktG/*Semler* § 105 Rn. 78; a. A. *Hüffer* AktG, § 105 Rn. 7). Die Bestellung erfolgt durch Beschluss des Aufsichtsrats und die Annahme des Amtes durch den Bestellten. Dieser behält seine Mitgliedschaft im Aufsichtsrat; die Tätigkeit darf aber während der Dauer der Bestellung zum Stellvertreter des Vorstands nicht ausgeübt werden, Abs. 2 S. 3.

§ 106 Bekanntmachung der Änderungen im Aufsichtsrat [i. d. F. ab 1. 1. 2007 durch EHUG]

Der Vorstand hat bei jeder Änderung in den Personen der Aufsichtsratsmitglieder unverzüglich eine Liste der Mitglieder des Aufsichtsrats, aus welcher Name, Vorname, ausgeübter Beruf und Wohnort der Mitglieder ersichtlich ist, zum Handelsregister einzureichen; das Gericht hat nach § 10 des Handelsgesetzbuchs einen Hinweis darauf bekannt zu machen, dass die Liste zum Handelsregister eingereicht worden ist.

§ 106 Bekanntmachung der Änderungen im Aufsichtsrat [i. d. F. bis 31. 12. 2006]

Der Vorstand hat jeden Wechsel der Aufsichtsratsmitglieder unverzüglich in den Gesellschaftsblättern bekanntzumachen und die Bekanntmachung zum Handelsregister einzureichen.

1 Nach dieser Vorschrift ist jede Änderung der Aufsichtsratsmitglieder unverzüglich bekannt zu machen. Mit dem Begriff »Änderung« bezeichnet der Gesetzgeber – wie mit dem vor dem 1. 1. 2007 verwendeten Begriff des »Wechsels« – **alle Fälle des Ausscheidens und des Eintritts**, einschließlich des Nachrückens eines Ersatzmitglieds.

Es handelt sich bei der Änderung durch das zum 1. 1. 2007 in Kraft getretene »Gesetz über elektronische Handelsregister und Genossenschaftsregister sowie das Unternehmensregister« (EHUG) vom 10. 11. 2006 (BGBl. I, 2553) um eine Folgeänderung des § 37 AktG: Nach dem neu eingefügten § 37 Abs. 4 Nr. 3 a AktG ist der Anmeldung eine Liste der Mitglieder des Aufsichtsrats beizufügen (vgl. § 37 AktG Rn. 7). 2

§ 107 Innere Ordnung des Aufsichtsrats

(1) [1]Der Aufsichtsrat hat nach näherer Bestimmung der Satzung aus seiner Mitte einen Vorsitzenden und mindestens einen Stellvertreter zu wählen. [2]Der Vorstand hat zum Handelsregister anzumelden, wer gewählt ist. [3]Der Stellvertreter hat nur dann die Rechte und Pflichten des Vorsitzenden, wenn dieser behindert ist.

(2) [1]Über die Sitzungen des Aufsichtsrats ist eine Niederschrift anzufertigen, die der Vorsitzende zu unterzeichnen hat. [2]In der Niederschrift sind der Ort und der Tag der Sitzung, die Teilnehmer, die Gegenstände der Tagesordnung, der wesentliche Inhalt der Verhandlungen und die Beschlüsse des Aufsichtsrats anzugeben. [3]Ein Verstoß gegen Satz 1 oder Satz 2 macht einen Beschluß nicht unwirksam. [4]Jedem Mitglied des Aufsichtsrats ist auf Verlangen eine Abschrift der Sitzungsniederschrift auszuhändigen.

(3) [1]Der Aufsichtsrat kann aus seiner Mitte einen oder mehrere Ausschüsse bestellen, namentlich, um seine Verhandlungen und Beschlüsse vorzubereiten oder die Ausführung seiner Beschlüsse zu überwachen. [2]Die Aufgaben nach Absatz 1 Satz 1, § 59 Abs. 3, § 77 Abs. 2 Satz 1, § 84 Abs. 1 Satz 1 und 3, Abs. 2 und Abs. 3 Satz 1, § 111 Abs. 3, §§ 171, 314 Abs. 2 und 3 sowie Beschlüsse, daß bestimmte Arten von Geschäften nur mit Zustimmung des Aufsichtsrats vorgenommen werden dürfen, können einem Ausschuß nicht an Stelle des Aufsichtsrats zur Beschlußfassung überwiesen werden. [3]Dem Aufsichtsrat ist regelmäßig über die Arbeit der Ausschüsse zu berichten.

Übersicht:

A. Regelungszweck

Die Vorschrift betrifft die **innere Ordnung des Aufsichtsrats**. § 107 AktG regelt nur einen Teil der regelungsbedürftigen Fragen, nämlich solche, die den Vorsitzenden des Aufsichtsrats (Abs. 1), solche, die die Sitzungsniederschriften (Abs. 2) und solche, die Aufsichtsratsausschüsse (Abs. 3) betreffen. Hinsichtlich dieser geregelten Gegenstände ist die Vorschrift **zwingend**, § 23 Abs. 5 AktG. Daneben sind die Vorschriften des § 108 AktG zur Beschlussfassung, des § 109 AktG zur Sitzungsteilnahme und des § 110 AktG zur Einberufung des Gremiums zu beachten. Die **Satzung** kann weitere Regelungen treffen und der Aufsichtsrat ist überdies befugt, sich selbst eine Geschäftsordnung zu geben, die weitere Regeln betreffend die innere Ordnung des Aufsichtsrats enthält (s. dazu Rn. 16). In mitbestimmten Gesellschaften sind die vorrangigen (§ 25 Abs. 1 S. 1 MitbestG) Vorschriften der §§ 27–29, 31, 32 MitbestG zu beachten. Der DCGK enthält zahlreiche Empfehlungen (vgl. § 161 AktG Rn. 3 f.) zur Tätigkeit des Aufsichtsrats (vgl. dazu die Kommentierung von Kodex-Ziffer 5 durch Ringleb / Kremer / Lutter / v. Werder / *Kremer* Rn. 900). 1

B. Der Vorsitzende und der Stellvertreter des Aufsichtsrats, Abs. 1

2 Gem. Abs. 1 S. 1 hat der Aufsichtsrat einen Vorsitzenden und mindestens einen Stellvertreter zu wählen. Die Wahl hat zwingend (§ 23 Abs. 5 AktG) durch den Aufsichtsrat zu erfolgen; auch in der Satzung kann keine abweichende Regelung getroffen werden. Die Satzung kann aber das Verfahren und die Mehrheitserfordernisse regeln, Abs. 1 S. 1. **Wählbar** ist jedes Aufsichtsratsmitglied; auch daran kann die Satzung nichts ändern. Satzungs- oder Geschäftsordnungsbestimmungen, die die Wählbarkeit auf bestimmte Mitglieder beschränken (z. B. Familienmitglieder), sind nichtig. Die mit der Formulierung »aus seiner Mitte« in § 107 AktG gemeinte freie Wählbarkeit darf auch nicht durch ein begrenztes **Vorschlagsrecht** eingeschränkt werden. Ist in der Satzung keine Regelung getroffen, ist die einfache Mehrheit der abgegebenen Stimmen erforderlich und ausreichend. Kandidaten sind dabei nicht vom Stimmrecht ausgeschlossen (allgemeine Ansicht). Die **geheime Abstimmung** ist nach h. M. zulässig (vgl. Erl. zu § 108 AktG Rn. 2), auch wenn diese die persönliche Verantwortung der Aufsichtsratsmitglieder für ihre Amtsführung verdunkelt (so noch MünchHdb GesR IV/*Hoffmann-Becking* § 31 Rn. 9).

3 Für nach dem MitbestG **mitbestimmte Gesellschaften** gelten die besonderen Regelungen des § 27 Abs. 1 und 2 MitbestG.

4 Kommt der Aufsichtsrat seiner Verpflichtung zur Wahl des Vorsitzenden nicht nach, sieht § 107 AktG kein Ersatzverfahren zur Wahl eines Vorsitzenden vor. Nach h. M. findet in diesem Fall die **gerichtliche Ersatzbestellung** des Vorsitzenden nach § 104 Abs. 2 AktG entsprechende Anwendung; dies gilt gleichermaßen für mitbestimmte und mitbestimmungsfreie Gesellschaften (*Hüffer* AktG, § 107 Rn. 3b).

5 Die **Amtszeit** des Vorsitzenden kann durch die Satzung oder die Geschäftsordnung geregelt werden. Finden sich keine besonderen Bestimmungen, so ergibt regelmäßig die **Auslegung des Beschlusses**, dass die Wahl für die Dauer der Mitgliedschaft im Aufsichtsrat erfolgt. Mit der Wiederbestellung zum Aufsichtsratsmitglied ist nicht zugleich die Wiederwahl zum Vorsitzenden verbunden (str.), weil andernfalls die Wahlbefugnis für den Vorsitz faktisch auf die Hauptversammlung übergehen würde (*Hüffer* AktG, § 107 Rn. 4). Deshalb hat immer dann, wenn die Amtszeit des Vorsitzenden endet, eine Neuwahl des Vorsitzenden zu erfolgen.

6 Die **Aufgaben und Befugnisse** des Vorsitzenden sind im Gesetz nicht umfassend und zusammenhängend geregelt. In einzelnen Vorschriften ist insbesondere die Mitwirkung des Vorsitzenden bei der **Anmeldung zum Handelsregister** vorgesehen (§§ 184 Abs. 1, 188 Abs. 1, 195 Abs. 1, 207 Abs. 2, 223, 229 Abs. 3, 237 Abs. 2 AktG). Der Vorsitzende ist kein besonderes Organ der AG, sondern ein **mit besonderen Aufgaben und Befugnissen ausgestattetes Mitglied des Aufsichtsrats**. Er hat vor allem aufsichtsratsinterne Aufgaben und Befugnisse, die die Verfahrensleitung und Organisation betreffen: Er hat die Sitzungen einzuberufen, sie vorzubereiten und zu leiten; er hat die Arbeit der bestehenden Ausschüsse zu koordinieren und deren Ergebnisse dem Plenum des Aufsichtsrats vorzustellen. Zulässig ist es, dem Vorsitzenden in der Satzung ein Recht zum Stichentscheid bei Stimmengleichheit im Aufsichtsrat zuzuweisen (vgl. Erl. zu § 108 AktG Rn. 3). Nach außen repräsentiert er den Aufsichtsrat. Er ist gem. § 80 AktG auf allen Geschäftsbriefen der Gesellschaft mit Vor- und Nachname anzugeben. Gegenüber dem Vorstand ist er ständiger Ansprechpartner und Berater; im Berichtswesen steht ihm eine Sonderstellung zu (vgl. § 90 AktG Rn. 8, 17). Im Verhältnis zur Hauptversammlung hat er in der Regel die besondere Stellung, dass ihm nach der Satzung die Leitung der Hauptversammlung zugewiesen ist. Kraft Gesetzes hat er den Bericht des Aufsichtsrats über den Jahresabschluss, den Lagebericht und den Gewinnverwendungsvorschlag zu erläutern (§§ 176 Abs. 1 S. 2, 171 AktG).

7 Neben dem Vorsitzenden muss der Aufsichtsrat **mindestens einen Stellvertreter** wählen, Abs. 1 S. 1. Die Zahl der Stellvertreter ist nach dem Gesetz nicht beschränkt, sie kann aber in der Satzung geregelt werden. Für die Wahl und die Amtszeit des Stellvertreters gelten die Regeln für den Vorsitzenden entsprechend (vgl. Rn. 2, 4). Der Stellvertreter darf nach Abs. 1 S. 3 nur dann tätig werden, wenn der **Vorsitzende »behindert«** ist. Dieser Vertretungsfall ist in jeder auch vorüberge-

henden Situation gegeben, in der der Vorsitzende sein Amt nicht ausüben kann (Krankheit, Abwesenheit). Der Umstand, dass der Vorsitzende eine Aufgabe tatsächlich nicht wahrnimmt oder nicht wahrnehmen will, stellt keinen Vertretungsfall dar (MünchHdb GesR IV / *Hoffmann-Becking* § 31 Rn. 19). Der Vorsitzende kann die ihm obliegenden Aufgaben deshalb auch nicht auf den Stellvertreter delegieren. Liegt ein Vertretungsfall vor, hat der Stellvertreter für dessen Dauer die Recht und Pflichten des Vorsitzenden, Abs. 1 S. 3.

Abs. 1 S. 2 begründet die Pflicht zur **Anmeldung zum Handelsregister**; der Vorstand hat zum Handelsregister anzumelden, wer zum Vorsitzenden und zum Stellvertreter gewählt ist. Die Anmeldung kann in Schriftform erfolgen; eine notarielle Beglaubigung darf nicht gefordert werden, da keine Anmeldung »zur Eintragung« i. S. d. § 12 HGB vorliegt. Anzumelden sind die Namen und Anschriften von Vorsitzendem und Stellvertreter. 8

C. Sitzungsniederschriften, Abs. 2

Abs. 2 S. 1 regelt, dass Sitzungen des Aufsichtsrats zu protokollieren sind. Das Protokoll muss nicht vom Vorsitzenden gefertigt, es muss von ihm aber unterzeichnet werden. Der **Mindestinhalt** der Niederschrift wird in Abs. 2 S. 2 genau geregelt. Zur Angabe der Beschlüsse gehört die vollständige Wiedergabe der Beschlussvorschläge, die Mitteilung der Art der Beschlussfassung und des Ergebnisses der Abstimmung mit der Zahl der Ja- und Nein-Stimmen sowie der Enthaltungen. Eine Angabe des namentlichen Abstimmungsergebnisses ist nicht erforderlich. Ein Wortprotokoll ist nicht gefordert; der **Beratungsverlauf** ist nicht im Detail, wohl aber seinem »wesentlichen Inhalt« nach anzugeben, wobei wesentlich ist, was für das Verständnis des Beschlussinhalts unverzichtbar ist. Das einzelne Aufsichtsratsmitglied kann grundsätzlich nicht verlangen, dass sein Redebeitrag wörtlich protokolliert wird. Ein solcher Anspruch besteht aber dann, wenn das einzelne Mitglied wegen der persönlichen Haftung nach § 116 AktG ein schutzwürdiges Interesse an einer Wortlautprotokollierung hat (MünchHdb GesR IV / *Hoffmann-Becking* § 31 Rn. 91). Eine Genehmigung des Protokolls ist von Gesetzes wegen nicht erforderlich (MünchHdb GesR IV / *Hoffmann-Becking* § 31 Rn. 94); andererseits ist nicht ausgeschlossen und praktisch häufig, dass ein Genehmigungsbeschluss in der nächsten Sitzung gefasst wird. Über den Wunsch zur **Berichtigung des Protokolls** entscheidet der Vorsitzende als Sitzungsleiter; eine Protokollberichtigung im Beschlusswege kann nicht erzwungen werden (MünchHdb GesR IV / *Hoffmann-Becking* § 31 Rn. 94). Das einzelne Mitglied kann **Widerspruch** gegen die Niederschrift erheben; der Widerspruch ist auf Verlangen des Aufsichtsratsmitglieds zu protokollieren. Der Widerspruch ist unzulässig, wenn er nicht innerhalb angemessener Frist, spätestens in der nächsten Sitzung erhoben wird. Die Geschäftsordnung kann bestimmen, dass das Protokoll als genehmigt gilt, wenn kein Mitglied innerhalb einer bestimmten Frist seit Absendung der Niederschrift schriftlich beim Vorsitzenden widersprochen hat (MünchHdb GesR IV / *Hoffmann-Becking* § 31 Rn. 94). 9

Die ordnungsgemäße Protokollierung ist **keine Wirksamkeitsvoraussetzung** für Beschlüsse des Aufsichtsrats, Abs. 2 S. 3. Die Niederschrift hat den Charakter einer Beweisurkunde; sie begründet die tatsächliche Vermutung, dass die Beschlüsse des Aufsichtsrats gem. dem Inhalt des Protokolls gefasst wurden (*Hüffer* AktG, § 107 Rn. 13). 10

Das vom Vorsitzenden unterzeichnete Protokoll ist allen Mitgliedern des Aufsichtsrats in einfacher Abschrift zu übermitteln. Der Anspruch ist – auch wenn die Einzelheiten wenig geklärt sind – durch **Klageerhebung** gegen die AG gerichtlich durchsetzbar (*Peus* ZGR 1987, 545); er kann nicht auf ein Einsichtsrecht reduziert werden. 11

D. Aufsichtsratsausschüsse, Abs. 3

Abs. 3 S. 1 betrifft die in der Praxis häufig gebildeten Ausschüsse des Aufsichtsrats. Der Aufsichtsrat entscheidet über die **Einrichtung von Ausschüssen** grundsätzlich (Ausnahme: § 27 Abs. 3 MitbestG) autonom; seine Entscheidungsfreiheit kann durch die Satzung oder durch Beschlüsse der Hauptversammlung nicht eingeschränkt werden (BGHZ 122, 341, 355). Die Einrichtung von Ausschüssen kann zum Ziel haben, Aufsichtsratsbeschlüsse vorzubereiten oder 12 auszuführen; sie kann auch zu dem in Abs. 3 S. 2 grundsätzlich zugelassenen Zweck erfolgen, Aufgaben des Plenums auf einen Ausschuss zu delegieren. Verbreitet sind insbesondere der **Personalausschuss** zur Regelung der Vertragsangelegenheiten der Vorstandsmitglieder und das Präsidium des Aufsichtsrats, das in der Regel zugleich die Aufgaben eines Personalausschusses wahrnimmt (*Krieger* ZGR 1985, 338), der **Finanzausschuss** mit der zentralen Aufgabe der Vorprüfung des Jahresabschlusses und der Überwachung der Finanzplanung sowie der **Investitionsausschuss**, der über zustimmungspflichtige Investitionen entscheidet. Nach Ziffer 5.3.2 DCGK wird die Einrichtung eines **Prüfungsausschusses** (sog. Audit Committee) empfohlen, der Aufgaben im Bereich der Rechnungslegung und -prüfung sowie der Risikoprüfung hat (vgl. *Altmeppen* ZGR 2004, 390; *Kirsten* BB 2004, 173, 174).

13 Die **Besetzung des Ausschusses** steht ebenfalls im pflichtgemäßen Ermessen des Aufsichtsratsplenums. Dieses entscheidet über die **Anzahl und die konkreten Mitglieder** des Ausschusses. Das Gesetz verlangt mit der verwendeten Begrifflichkeit die Einrichtung eines Gremiums, weshalb ein Ausschuss mindestens aus zwei Personen bestehen muss. Für beschließende Ausschüsse wird im Hinblick auf § 108 Abs. 2 S. 3 AktG eine Mindestbesetzung mit drei Mitgliedern verlangt (BGHZ 65, 190, 192 f.; BGH AG 1991, 398, 399). Bei der Auswahl der Mitglieder des Ausschusses ist zu beachten, dass alle Aufsichtsratsmitglieder die gleichen Rechte und Pflichten haben (Ausnahme: § 27 Abs. 3 MitbestG); dazu gehört auch das gleiche passive Wahlrecht, nämlich ohne Rücksicht auf eine eventuelle Gruppenzugehörigkeit in einen Ausschuss gewählt werden zu können (BGHZ 83, 106, 113; 122, 342, 358). Die Satzung kann deshalb eine besondere personelle Zusammensetzung des Ausschusses nicht vorschreiben (BGHZ 83, 06, 112). Zulässig ist es dagegen, dass etwa die Geschäftsordnung die Zusammensetzung abstrakt festlegt, indem angeordnet wird, dass z. B. der Vorsitzende des Aufsichtsrats, sein Stellvertreter und – in mitbestimmten Gesellschaften – je ein Vertreter der Anteilseigner und der Arbeitnehmer dem Ausschuss angehören.

14 Die **Delegation von Entscheidungsbefugnissen** vom Plenum auf einen Ausschuss ist in den von § 107 Abs. 3 S. 2 AktG gezogenen Grenzen zulässig. Die in der Regelung aufgezählten, nicht delegierbaren Entscheidungsbefugnisse sind **zwingend und abschließend geregelt**. Alle dort nicht genannten Entscheidungsbefugnisse können mit anderen Worten auf einen Ausschuss delegiert werden; allerdings kann das Plenum des Aufsichtsrats delegierte Aufgaben durch entsprechenden Beschluss jederzeit wieder an sich ziehen (BGHZ 89, 48, 55 f.). In Entsprechung zu der dem Plenum vorbehaltenen Wahl des Vorsitzenden und mindestens eines Stellvertreters ist auch deren Abberufung dem Plenum vorbehalten. Der Vorbehalt zugunsten des Gesamtplenums bei Entscheidungen im Zusammenhang mit der Vorstandsbestellung bezieht sich nicht auf den Anstellungsvertrag von Vorstandsmitgliedern; dessen Abschluss, die Festlegung seines Inhalts, seine Änderung oder Kündigung kann einem Personalausschuss übertragen werden (MünchHdb GesR IV / *Hoffmann-Becking* § 32 Rn. 6). Der Ausschuss darf aber die Entscheidung des Plenums über das Vorstandsmitglied nicht präjudizieren, indem im Vorfeld dieser Entscheidungen über den Abschluss oder die Beendigung des Anstellungsvertrages im Ausschuss Beschluss gefasst wird (BGHZ 79, 38, 40 ff.; *Meier/Pech* DStR 1995, 1195, 1196). Die Begründung eines **Zustimmungsvorbehalts** für bestimmte Arten von Geschäften (§ 111 Abs. 4 S. 2 AktG) ist nach § 107 Abs. 3 S. 2 AktG ebenfalls dem Plenum vorbehalten; die Geschäftsordnung kann aber vorsehen, dass der zuständige Ausschuss über die Erteilung einer Einzelzustimmung entscheidet (BGH AG 1991, 398; OLG Hamburg AG 1996, 84 f.).

15 Die **innere Ordnung** und **Arbeitsweise** des Ausschusses ist im Gesetz nicht geregelt. Anerkannt ist, dass beschließende Ausschüsse in entsprechender Anwendung von § 108 Abs. 2 S. 3 AktG in Anwesenheit von wenigstens drei Mitgliedern beschließen müssen (BGHZ 65, 190, 192). Auch die **Beschlussfassung** erfolgt wie im Plenum; sie kann nicht stillschweigend erfolgen (NJW 1989, 1928, 1929). Der Ausschuss muss nicht notwendig einen Vorsitzenden haben. Die Entscheidung, ob ein Vorsitzender und ggf. welche Person gewählt werden soll, liegt beim Plenum des Aufsichtsrats; die Satzung kann insoweit keine Festlegungen enthalten (MünchHdb GesR IV / *Hoffmann-Be-*

cking § 32 Rn. 24). Über die Sitzungen des Ausschusses ist entsprechend § 107 Abs. 2 AktG ein **Protokoll** anzufertigen. Nach Abs. 3 S. 3 ist dem Plenum regelmäßig über die Arbeit der Ausschüsse zu berichten. Verfahrensbezogene Einzelregelungen dazu sieht das Gesetz nicht vor.

Für nach dem MitbestG 1976 **mitbestimmte Aufsichtsräte** schreibt § 27 Abs. 3 AktG zwingend 16
den sog. **Vermittlungsausschuss** vor. Seine Aufgaben sind in §§ 31 Abs. 3 S. 1 und Abs. 5 MitbestG festgelegt (näher in MünchHdb GesR IV/*Hoffmann-Becking* § 32 Rn. 10 ff.).

E. Geschäftsordnung des Aufsichtsrats

Die **Zulässigkeit** von Geschäftsordnungen des Aufsichtsrats wird in § 82 Abs. 2 AktG grundsätz- 17
lich anerkannt; ihr Inhalt wird vom Gesetz nicht näher geregelt und liegt deshalb in der Zuständigkeit des Gremiums zur Selbstorganisation. Die Satzung kann Einzelfragen der Geschäftsordnung regeln und geht dann der Geschäftsordnung vor (BGHZ 64, 325, 327 f.), sie kann aber die Befugnis des Aufsichtsrats zur Selbstorganisation nicht durch eine umfassende Regelung außer Kraft setzen (MünchHdb GesR IV/*Hoffmann-Becking* § 31 Rn. 2).

Die **zeitliche Geltung** der Geschäftsordnung ist nicht auf die jeweilige Amtsperiode der Auf- 18
sichtsratsmitglieder begrenzt (OLG Hamburg WM 1982, 109, 1092; a. A. *Säcker* DB 1977, 2031, 2035 f.). Sie bleibt in Kraft, bis der Aufsichtsrat sie durch jederzeit zulässigen Beschluss ändert oder aufhebt (MünchHdb GesR IV/*Hoffmann-Becking* § 31 Rn. 5). Eine Bestätigung der vorliegenden Geschäftsordnung durch einen neu bestellten Aufsichtsrat ist nicht erforderlich (*Hüffer* AktG, § 107 Rn. 24).

§ 108 Beschlußfassung des Aufsichtsrats

(1) Der Aufsichtsrat entscheidet durch Beschluß.

(2) [1]Die Beschlußfähigkeit des Aufsichtsrats kann, soweit sie nicht gesetzlich geregelt ist, durch die Satzung bestimmt werden. [2]Ist sie weder gesetzlich noch durch die Satzung geregelt, so ist der Aufsichtsrat nur beschlußfähig, wenn mindestens die Hälfte der Mitglieder, aus denen er nach Gesetz oder Satzung insgesamt zu bestehen hat, an der Beschlußfassung teilnimmt. [3]In jedem Fall müssen mindestens drei Mitglieder an der Beschlußfassung teilnehmen. [4]Der Beschlußfähigkeit steht nicht entgegen, daß dem Aufsichtsrat weniger Mitglieder als die durch Gesetz oder Satzung festgesetzte Zahl angehören, auch wenn das für seine Zusammensetzung maßgebende zahlenmäßige Verhältnis nicht gewahrt ist.

(3) [1]Abwesende Aufsichtsratsmitglieder können dadurch an der Beschlußfassung des Aufsichtsrats und seiner Ausschüsse teilnehmen, daß sie schriftliche Stimmabgaben überreichen lassen. [2]Die schriftlichen Stimmabgaben können durch andere Aufsichtsratsmitglieder überreicht werden. [3]Sie können auch durch Personen, die nicht dem Aufsichtsrat angehören, übergeben werden, wenn diese nach § 109 Abs. 3 zur Teilnahme an der Sitzung berechtigt sind.

(4) Schriftliche, fernmündliche oder andere vergleichbare Formen der Beschlussfassung des Aufsichtsrats und seiner Ausschüsse sind vorbehaltlich einer näheren Regelung durch die Satzung oder eine Geschäftsordnung des Aufsichtsrats nur zulässig, wenn kein Mitglied diesem Verfahren widerspricht.

Übersicht:

A. Überblick

1 Die Vorschrift regelt die Beschlussfassung durch den Aufsichtsrat. Der Aufsichtsrat entscheidet durch Beschluss (Abs. 1); seine Beschlussfähigkeit wird in Abs. 2 geregelt. Abwesende Mitglieder können durch schriftliche Stimmabgaben an der Beschlussfassung teilnehmen (Abs. 3) und Abs. 4 regelt den Einsatz moderner Fernkommunikationsmittel.

B. Entscheidung durch Beschluss, Abs. 1

2 Die Regelung in Abs. 1, dass der Aufsichtsrat durch Beschluss entscheidet, bedeutet nach allgemeiner Auffassung, dass eine **ausdrückliche Beschlussfassung** erforderlich ist. Stillschweigende oder konkludente Beschlüsse sind danach nicht möglich (BGH NJW 1989, 1928, 1929). Zur Beschlussfassung in **geheimer Abstimmung** besteht keine gesetzliche Regelung; sie ist nach heute h. M. zulässig. Dem Gegenargument, das Abstimmungsverhalten der Person müsse wegen der persönlichen Verantwortung für die Amtsführung (§§ 93, 116 AktG) offen gelegt werden (MünchHdb GesR IV/*Hoffmann-Becking* § 31 Rn. 49), wird zu Recht entgegen gehalten, dass es für die Qualität der Entscheidungsfindung im Aufsichtsrat von vorrangiger Bedeutung ist, dass das Mitglied sein Abstimmungsverhalten nicht transparent machen müsse (*Peuss* DStR 1996, 1656; *Ulmer* AG 1982, 300, 301 ff.; *Happ* AktienR, 9.01 Rn. 17). Der Antrag auf geheime Abstimmung kann von jedem Mitglied des Aufsichtsrats gestellt werden (str.; wie hier *Peuss* DStR 1996, 1656 f.); über einen solchen Antrag bzw. von Amts wegen kraft seiner Leitungsbefugnis (vgl. Erl. zu § 107 AktG Rn. 5) entscheidet der Vorsitzende nach pflichtgemäßem Ermessen unter Beachtung des Gesellschaftsinteresses. Im Wege eines Verfahrensantrags kann die Mehrheit des Aufsichtsrats geheime Abstimmung erzwingen (*Hüffer* AktG, § 108 Rn. 5 a).

3 Zum **Zustandekommen des Beschlusses** finden sich – abgesehen vom Erfordernis der Beschlussfähigkeit (vgl. dazu Rn. 5 ff.) – keine besonderen Regelungen. Anerkannt ist, dass der Beschluss **auf Antrag nach Abstimmung** mit Mehrheit gefasst werden muss. Grundsätzlich genügt die **einfache Mehrheit** (Mehrheit der abgegebenen Stimmen). Die einfache Mehrheit ist erreicht, wenn mehr gültige Ja- als Nein-Stimmen abgegeben werden. Dabei werden Stimmenthaltungen nicht mitgezählt, sie gelten daher nicht als Nein-Stimmen (MünchHdb GesR IV/*Hoffmann-Becking* § 31 Rn. 55); abweichende Regelungen in der Satzung werden für zulässig erachtet (str.; vgl. *Hüffer* AktG, § 108 Rn. 8). Gesetz oder Satzung können andere Mehrheitserfordernisse vorsehen. Das AktG sieht in § 124 Abs. 3 S. 4 für mitbestimmte Aufsichtsräte vor, dass Beschlüsse über Vorschläge des Aufsichtsrats zur Wahl von Aufsichtsratsmitgliedern durch die Hauptversammlung nur der Mehrheit der Stimmen der Aufsichtsratsmitglieder der Aktionäre bedürfen. Weitere **besondere gesetzliche Mehrheitserfordernisse** bestehen nach den einschlägigen Mitbestimmungsgesetzen: §§ 27 Abs. 1, 27 Abs. 2 und 3, 31 Abs. 2 bis 4, 32 MitbestG, §§ 8 Abs. 1, 13 Abs. 1 MontanMitbestG, § 5 Abs. 3 MontanMitbestErgG. Die **Satzung** kann regeln, dass der Vorsitzende des Aufsichtsrats oder sein Stellvertreter das Recht zum Stichentscheid bei Stimmengleichstand hat (allg. Ansicht; MünchHdb GesR IV/*Hoffmann-Becking* § 31 Rn. 57); in der Geschäftsordnung kann ein Stichentscheidsrecht nicht vorgesehen werden (MünchHdb GesR IV/*Hoffmann-Becking* § 31 Rn. 57; a. A. *Lutter/Krieger* Rechte und Pflichten des Aufsichtsrats, § 6 Rn. 249). Ein **Vetorecht** des Aufsichtsratsvorsitzenden kann weder in der Satzung noch in der Geschäftsordnung vorgesehen werden (allgemeine Ansicht).

4 Das **Stimmrecht** und der **Stimmrechtsausschluss** bei der Beschlussfassung unterliegen keiner spezifisch aktienrechtlichen Regelung. Jedes Aufsichtsratsmitglied hat deshalb das gleiche Stimmrecht und insbesondere gibt es kein allgemeines Stimmverbot wegen Interessenkollision (*Hoffmann-Becking* ZHR 150 (1986), 570, 580). Nach h. M. ist allerdings in Analogie zu §§ 34 BGB, 47 Abs. 4 GmbHG das Aufsichtsratsmitglied vom Stimmrecht ausgeschlossen (BayObLGZ 2003, 89, 92; MünchHdb GesR IV/*Hoffmann-Becking* § 31 Rn. 59). Das bedeutet, dass ein Stimmrechtsausschluss besteht, wenn die Beschlussfassung der Vornahme eines Rechtsgeschäfts mit dem Aufsichtsratsmitglied oder der Einleitung eines Rechtsstreits zwischen diesem und der Gesellschaft zum Gegenstand hat. Bei Akten der körperschaftlichen Willensbildung steht dem Auf-

sichtsratsmitglied das Stimmrecht zu. Es kann daher bei der organinternen Abstimmung über seine Wahl zum Aufsichtsratsvorsitzenden oder zum Ausschussmitglied mit abstimmen (MünchHdb GesR IV/*Hoffmann-Becking* § 31 Rn. 59), wie auch bei der Beschlussfassung über seine Bestellung zum Vorstandsmitglied (*Wilhelm* NJW 1983, 912, 915; a. A. *Ulmer* NJW 1982, 2288, 2293).

C. Beschlussfähigkeit, Abs. 2

Die Anforderungen an die Beschlussfähigkeit des Aufsichtsrats können nach Abs. 2 S. 1 grundsätzlich durch die Satzung festgelegt werden. Die **Grenze der Satzungsautonomie** bilden gesetzliche Vorschriften. Sie finden sich in Abs. 2 S. 3 und 4 sowie in den Regelungen des Mitbestimmungsrechts (§ 28 S. 1 MitbestG, § 10 MontanMitbestG, § 11 MontanMitbestErgG; dazu MünchHdb GesR IV/*Hoffmann-Becking* § 31 Rn. 52). Nach Abs. 2 S. 3 müssen jedenfalls mindestens drei Mitglieder an der Beschlussfassung teilnehmen. Das **Stimmverbot** zu Lasten eines Mitglieds des Aufsichtsrats führt dazu, dass es bei der Feststellung der Beschlussfähigkeit nicht mitgezählt wird (BayObLGZ 2003, 89, 92 ff.; a. A. KölnKomm AktG/*Mertens* § 108 Rn. 57); ein dreiköpfiger Aufsichtsrat ist in dieser Situation nicht beschlussfähig (BayObLGZ 2003, 92; *Keusch/Rotter* NZG 2003, 671, 672 f.; a. A. *Stadler/Berner* NZG 2003, 49, 51 f.). Da nach Abs. 2 S. 4 der Beschlussfähigkeit nicht entgegensteht, dass der Aufsichtsrat nicht entsprechend seiner Sollstärke vollständig besetzt ist, kann die Satzung nicht vorschreiben, dass an der Beschlussfassung alle Mitglieder des Aufsichtsrats teilnehmen müssen. Wird in mitbestimmten Aufsichtsräten die Gruppenparität nicht gewahrt, steht dies der Beschlussfähigkeit ebenfalls nicht im Wege. 5

Wenn die Satzung keine zulässige abweichende Regelung enthält, ist der Aufsichtsrat nach Abs. 2 S. 2 beschlussfähig, wenn mindestens die Hälfte seiner Mitglieder, aus denen er nach Gesetz oder Satzung insgesamt zu bestehen hat, an der Abstimmung teilnehmen (50 % der Sollstärke). Abwesende Mitglieder nehmen an der Abstimmung teil, wenn sie schriftlich abstimmen (vgl. dazu Rn. 7). Hinsichtlich der **Stimmenthaltungen** gilt: Aufsichtsratsmitglieder, die sich der Stimme enthalten, nehmen ebenfalls an der Abstimmung teil (MünchHdb GesR IV/*Hoffmann-Becking* § 31 Rn. 51); demgegenüber werden Stimmenthaltungen bei der Feststellung der Mehrheiten nicht berücksichtigt (vgl. Erl. in Rn. 3). Aufsichtsratsmitglieder, die vor der Abstimmung erklären, nicht an der Beschlussfassung teilzunehmen, sind bei der Feststellung der Beschlussfähigkeit nicht zu berücksichtigen (MünchHdb GesR IV/*Hoffmann-Becking* § 31 Rn. 51). 6

D. Schriftliche Stimmabgabe, Abs. 3

Abs. 3 erlaubt **abwesenden Mitgliedern** des Aufsichtsrats die Teilnahme an der Beschlussfassung dadurch, dass diese einen **Stimmboten** einschalten. Der Stimmbote muss die schriftliche Stimmabgabe überreichen, Abs. 3 S. 1. Die Stimmboteneigenschaft steht grundsätzlich nur Aufsichtsratsmitgliedern zu, anderen Personen nur dann, wenn ihre Teilnahme an der Sitzung durch die Satzung zugelassen ist, Abs. 3 S. 3. Stimmbotenschaft setzt weiter voraus, dass eine **vollständig ausgefüllte und unterschriebene Abstimmungserklärung** übergeben wird; eine Wahrnehmung des Stimmrechts durch den nach exakten Weisungen des Mitglieds handelnden Boten während der Sitzung selbst ist in Abs. 3 nicht zugelassen (*Hüffer* AktG, § 108 Rn. 14; a. A. MünchHdb GesR IV/*Hoffmann-Becking* § 31 Rn. 79). Abs. 3 S. 1 fordert die Schriftform und damit die eigenhändige Namensunterschrift des Aufsichtsratsmitglieds. Die Regelung ist nach der mit Abs. 4 eingeführten Möglichkeit, moderne Fernkommunikationsmittel für die Abhaltung der Sitzung einzusetzen, weder zeitgemäß noch rechtssystematisch befriedigend; nach im Vordringen befindlicher Auffassung wird daher die Stimmabgabe durch moderne Fernkommunikationsmittel in entsprechender Anwendung von Abs. 4 für wirksam erachtet (*Hüffer* AktG, § 108 Rn. 15). 7

E. Besondere Formen der Beschlussfassung, Abs. 4

Die im Jahr 2001 eingeführte Regelung des Abs. 4 betrifft die Beschlussfassung unter Verwendung **moderner Fernkommunikationsmittel**. Danach ist die Beschlussfassung mittels moderner 8

Fernkommunikationsmittel, ohne dass eine herkömmliche Präsenzsitzung stattfindet, kraft Gesetzes grundsätzlich zulässig. Die Zulässigkeit ist nicht gegeben, wenn ein Aufsichtsratsmitglied diesem Verfahren widerspricht. Dieser **Widerspruch** wiederum ist unbeachtlich, die Beschlussfassung im Wege der Fernkommunikation also zulässig, wenn die Satzung oder die Geschäftsordnung die anstehende Beschlussfassung vorsieht (*Kindel* ZHR 166, 335, 338 ff.). Die Satzung oder die Geschäftsordnung können die Beschlussfassung ohne Präsenzsitzung des Aufsichtsrats aber auch einschränken oder ganz ausschließen. Sofern keine Mitglied widerspricht, ist nach h. M. auch eine **kombinierte Beschlussfassung** in einer Präsenzsitzung unter Einbeziehung von Stimmabgaben durch Mitglieder mittels Fernkommunikationsmittel zulässig (*Kindel* ZHR 166, 335, 342 ff.; zweifelnd *Hüffer* AktG, § 108 Rn. 16). Durch die Satzung oder die Geschäftsordnung kann auch die kombinierte Beschlussfassung zugelassen werden.

9 Die einsetzbaren Fernkommunikationsmittel sind in Abs. 4 nicht abschließend aufgezählt. Schriftliche oder fernmündliche (**Telefonkonferenz**) Beschlussfassung werden vom Gesetz ausdrücklich erwähnt. Zu den anderen vergleichbaren Formen gehört insbesondere die **Videokonferenz** (vgl. BT-Drs. 14/4051, 12).

F. Rechtsfolgen fehlerhafter Beschlüsse

10 Beschlüsse, die unter einem Verfahrensmangel leiden oder ihrem Inhalt nach gegen das Gesetz oder die Satzung verstoßen, sind ungeachtet eines umstrittenen Meinungsstandes in der Literatur nach der höchstrichterlichen Rechtsprechung grundsätzlich **nichtig** (BGHZ 135, 244, 247; 124, 11, 125; 122, 342, 347 ff.). Die Nichtigkeit kann durch die **allgemeine Feststellungsklage** gegen die AG geltend gemacht werden; zu ihr sind die Mitglieder des Aufsichtsrats kraft ihrer Organstellung legitimiert, ohne dass ein spezifisches rechtliches Interesse an der Feststellung dargetan werden muss (BGHZ 135, 244, 247 ff.). Die Rechtsprechung anerkennt ein Bedürfnis, in weniger schweren Fällen die Nichtigkeitsfolge zu vermeiden und will dabei eine sachgerechte Eingrenzung des erforderlichen Rechtsschutzbedürfnisses vornehmen oder das Rechtsinstitut der Verwirkung einzelfallbezogen anwenden (BGHZ 122, 342, 351). Danach ergibt sich folgende Differenzierung: **Absolute Verfahrensmängel** mit der Folge der Nichtigkeit des Beschlusses liegen vor, wenn die Sitzung durch einen Nichtberechtigten einberufen wurde, die Beschlussfähigkeit gefehlt hat, die erforderlichen Mehrheiten nicht erreicht wurden, ein Mitglied zu Unrecht vom Stimmrecht ausgeschlossen wurde. **Keine Nichtigkeit** tritt ein, wenn zwar ein Verfahrensverstoß vorliegt, dieser aber weniger gravierend ist: unzulässige Sitzungsteilnahme Dritter, Verletzung der Einberufungsfrist. In vollem Umfang gültig ist ein Beschluss, wenn gegen weniger bedeutsame Ordnungsvorschriften verstoßen wurde, so z. B. in dem von § 107 Abs. 2 S. 3 AktG ausdrücklich geregelten Fall der fehlenden Protokollierung.

§ 109 Teilnahme an Sitzungen des Aufsichtsrats und seiner Ausschüsse

(1) [1]An den Sitzungen des Aufsichtsrats und seiner Ausschüsse sollen Personen, die weder dem Aufsichtsrat noch dem Vorstand angehören, nicht teilnehmen. [2]Sachverständige und Auskunftspersonen können zur Beratung über einzelne Gegenstände zugezogen werden.

(2) Aufsichtsratsmitglieder, die dem Ausschuß nicht angehören, können an den Ausschußsitzungen teilnehmen, wenn der Vorsitzende des Aufsichtsrats nichts anderes bestimmt.

(3) Die Satzung kann zulassen, daß an den Sitzungen des Aufsichtsrats und seiner Ausschüsse Personen, die dem Aufsichtsrat nicht angehören, an Stelle von verhinderten Aufsichtsratsmitgliedern teilnehmen können, wenn diese sie hierzu in Textform ermächtigt haben.

(4) Abweichende gesetzliche Vorschriften bleiben unberührt.

Die Vorschrift regelt das **Recht auf Teilnahme an den Sitzungen des Aufsichtsrats** und seiner Ausschüsse und begrenzt das Recht auf Teilnahme grundsätzlich auf die Organmitglieder. Damit soll ein Fremdeinfluss auf den Aufsichtsrat vermieden und ein Gleichlauf von Einfluss und Verantwortung gewährleistet werden. Die Norm ist abgesehen vom Satzungsvorbehalt in Abs. 3 und vorbehaltlich der Öffnung in Abs. 4 für abweichende gesetzliche Vorschriften **zwingend** (§ 23 Abs. 5 AktG). 1

Organmitglieder haben ein für die Dauer der Organstellung grundsätzliches **unentziehbares Teilnahmerecht**. Es kann allenfalls in besonderen Ausnahmesituationen entfallen, wenn eine schwerwiegende Beeinträchtigung von Gesellschaftsinteressen durch Beschluss des Aufsichtsrats festgestellt wird. Im Rahmen der Sitzungsleitungsaufgaben kann der Vorsitzende das Recht zur Teilnahme nur versagen, wenn eine Störung des ordnungsgemäßen Sitzungsverlaufs konkret zu befürchten ist und nicht auf andere Weise abgestellt werden kann (*Hüffer* AktG, § 109 Rn. 2). 2

Vorstandsmitglieder unterliegen dem Teilnahmeverbot nach Abs. 1 S. 1 nicht, sie haben aber andererseits kein Recht auf Teilnahme an den Sitzungen des Aufsichtsrats und seiner Sitzungen. Die Satzung kann eine Teilnahmebefugnis des Vorstands bzw. seiner Mitglieder daher nur mit der Maßgabe schaffen, dass ihr Entzug durch Gremienbeschluss und durch sitzungsleitende Entscheidung des Vorsitzenden des Aufsichtsrats im Einzelfall möglich bleibt. Umgekehrt besteht eine grundsätzliche Teilnahmepflicht des Vorstands, wenn der Aufsichtsrat die Teilnahme verlangt (MünchHdb GesR IV/*Hoffmann-Becking* § 31 Rn. 44). 3

Sachverständige und Auskunftspersonen können nach entsprechender sitzungsleitender Entscheidung des Vorsitzenden des Aufsichtsrats bzw. des Ausschusses zu der Sitzung hinzugezogen werden. Abs. 1 S. 2 ermöglicht dies aber nur zur Beratung über einzelne Gegenstände der Tagesordnung. Dem Plenum des Aufsichtsrats bleibt es vorbehalten, auf Antrag eines Mitglieds eine gegenteilige Mehrheitsentscheidung zu treffen (MünchHdb GesR IV/*Hoffmann-Becking* § 31 Rn. 42). Der als Sachverständige und Auskunftspersonen bezeichnete Personenkreis ist grundsätzlich weit zu verstehen, er schließt deshalb auch **Hilfspersonen und Dolmetscher** ein (MünchHdb GesR IV/*Hoffmann-Becking* § 31 Rn. 42); damit ist aber eine regelmäßige Teilnahme von Beratern oder Gästen nicht gestattet. 4

Die Satzung kann zulassen, dass ein verhindertes Mitglied ein Nichtmitglied des Aufsichtsrats zur Teilnahme an der Sitzung an seiner Stelle ermächtigt (sog. **Sitzungsvertreter**). Vorausgesetzt ist nach Abs. 3 in seiner jetzt geltenden Fassung, dass die Satzung selbst die Teilnahme Dritter gestattet und die Ermächtigung in Textform vorliegt; der Textform können nach § 126 b BGB unterschriftlose Erklärungen per E-Mail oder Telefax genügen. Ein eigenes Antrags- und Rederecht hat der Sitzungsvertreter nicht. Ebenso wenig hat er ein eigenes Stimmrecht; er kann aber die schriftliche Stimmabgabe des verhinderten Mitglieds überreichen. 5

Sonstige Dritte haben kein Teilnahmerecht, Abs. 1 S. 1. Ihnen kann ein Teilnahmerecht auch durch die Satzung nicht zuerkannt werden. Zu den Folgen für die Beschlusswirksamkeit vgl. § 108 Rn. 10. 6

Abs. 4 betrifft Sondervorschriften aufsichtsrechtlicher Art. Diese erlauben Vertretern von Aufsichtsbehörden die Teilnahme an Aufsichtsratssitzungen (z. B. § 44 Abs. 1 Nr. 2 KWG). 7

§ 110 Einberufung des Aufsichtsrats

(1) [1]Jedes Aufsichtsratsmitglied oder der Vorstand kann unter Angabe des Zwecks und der Gründe verlangen, daß der Vorsitzende des Aufsichtsrats unverzüglich den Aufsichtsrat einberuft. [2]Die Sitzung muß binnen zwei Wochen nach der Einberufung stattfinden.

(2) Wird dem Verlangen nicht entsprochen, so kann das Aufsichtsratsmitglied oder der Vorstand unter Mitteilung des Sachverhalts und der Angabe einer Tagesordnung selbst den Aufsichtsrat einberufen.

(3) [1]Der Aufsichtsrat muss zwei Sitzungen im Kalenderhalbjahr abhalten. [2]In nichtbörsennotierten Gesellschaften kann der Aufsichtsrat beschließen, dass eine Sitzung im Kalenderhalbjahr abzuhalten ist.

A. Überblick

1 Die Vorschrift regelt Fragen der **Einberufung des Aufsichtsrats**. Sie erfolgt regelmäßig durch den Aufsichtsratsvorsitzenden. Das Recht, die Einberufung zu verlangen, steht jedem Mitglied des Aufsichtsrats oder dem Vorstand zu, Abs. 1 S. 1. Die Ausführung der Einberufung hat durch den **Vorsitzenden des Aufsichtsrats** zu erfolgen. Unter den Voraussetzungen des Abs. 2 kann ausnahmsweise jedes Aufsichtsratsmitglied oder der Vorstand die Einberufung selbst vornehmen. Abs. 3 legt fest, wie häufig der Aufsichtsrat mindestens Sitzungen abzuhalten hat. Die **Satzung** kann die Anforderungen an die Einberufung nicht erschweren und die Mindesthäufigkeit der Sitzungen nicht herabsetzen, wohl aber häufigere Sitzungen und besondere Modalitäten der Einberufung festlegen (*Hüffer* AktG, § 110 Rn. 1).

B. Einberufung durch den Aufsichtsratsvorsitzenden

2 Der Gesetzgeber geht von der dem Abs. 1 zugrunde liegenden Prämisse aus, dass der Aufsichtsratsvorsitzende regelmäßig den Aufsichtsrat einberuft. Liegt ein **ordnungsgemäßes Einberufungsverlangen** vor, ist der Aufsichtsratsvorsitzende nach Abs. 1 S. 1 verpflichtet, dem Verlangen zu entsprechen und die Sitzung einzuberufen. Nur in dem (seltenen und eng zu handhabenden) Ausnahmefall, dass sich das Einberufungsverlangen im Hinblick auf Zweck und Gründe als rechtsmissbräuchlich herausstellt, besteht keine Pflicht zur Einberufung. Die Sitzung muss **unverzüglich** (§ 121 Abs. 1 S. 1 BGB) einberufen werden. Der Zeitraum für die Durchführung der Sitzung beträgt nach Abs. 1 S. 2 bis zu zwei Wochen nach der Einberufung. Ist der Vorsitzende vorübergehend verhindert, hat sein Stellvertreter die Sitzung einzuberufen (§ 107 Abs. 1 S. 3 AktG).

2 Die **Modalitäten der Einberufung** sind vom Gesetz nur rudimentär geregelt. Der Vorsitzende hat die Sitzung im eigenen Namen einzuberufen; er handelt bei dieser rein innergesellschaftlichen Verfahrenshandlung (BGHZ 100, 264, 267) nicht als Vertreter der AG. Mangels weiterer Regeln kann die Einberufung **formlos** erfolgen. Die **Ladungsfrist** muss innerhalb der 2-Wochen-Frist des Abs. 1 S. 2 angemessen sein (*Hüffer* AktG, § 110 Rn. 3). Die Einberufung muss erkennen lassen, wer die Sitzung einberuft und muss die AG bezeichnen. **Tag, Tageszeit und Ort der Sitzung** sind mitzuteilen. Nach h. M. muss die Tagesordnung mit der Einberufung mitgeteilt werden (MünchHdb GesR IV/*Hoffmann-Becking* § 31 Rn. 35; a. A. *Hüffer* AktG, § 110 Rn. 4). Die Mitteilung von **konkreten Beschlussvorschlägen** ist keine Voraussetzung für die Ordnungsgemäßheit der Einberufung (*Baums* ZGR 1983, 300, 316); sie sind aber rechtzeitig vor der Sitzung mitzuteilen, auch damit von der Möglichkeit der schriftlichen Stimmabgabe (vgl. § 108 Abs. 3 AktG) Gebrauch gemacht werden kann (MünchHdb GesR IV/*Hoffmann-Becking* § 31 Rn. 36). Bei der **Rechtzeitigkeit** der Ladung kommt es wie bei der Einladung zur Gesellschafterversammlung der GmbH nicht auf den tatsächlichen Zugang beim Adressaten, sondern darauf an, wann der Zugang der Einberufungsmitteilung unter normalen Umständen zu erwarten ist (BGHZ 100, 264, 267 f.).

3 **Satzung und Geschäftsordnung** können die Modalitäten der Einberufung festlegen. Zulässig sind Regelungen zur Form der Einberufung und zur Einberufungsfrist, wobei eine Bindung an die 2-Wochen-Frist des Abs. 1 S. 2 nur in den Fällen eines ordnungsgemäßen Einberufungsverlangens besteht (*Hüffer* AktG § 110 Rn. 3).

C. Verlangen nach Einberufung

Das Recht, die Einberufung des Aufsichtsrats zu verlangen, steht **jedem einzelnen Mitglied des Aufsichtsrats** zu. Dasselbe Recht hat der **Vorstand als Organ** der AG. Ein Einberufungsverlangen von Vorstandsmitgliedern in vertretungsberechtigter Zahl genügt deshalb nicht den Anforderungen des Abs. 1 S. 1. Nach derselben Vorschrift sind für ein ordnungsgemäßes Einberufungsverlangen der Zweck und die **Gründe des Verlangens** anzugeben. Eine hinreichende Zweckangabe erfolgt durch die Benennung von Sitzungsgegenständen. Der Entwurf einer Tagesordnung muss nicht, er kann aber vorgelegt werden. Die erforderliche Angabe der Gründe verlangt Darlegungen zur Notwendigkeit und zum Zeitpunkt der Sitzung. Das Einberufungsverlangen kann formlos gestellt werden. Es ist an den Vorsitzenden des Aufsichtsrats zu richten. 4

D. Einberufung durch Aufsichtsratsmitglieder oder Vorstand, Abs. 2

Nach Maßgabe von Abs. 2 steht jedem einzelnen Aufsichtsratsmitglied das Recht zu, selbst den Aufsichtsrat einzuberufen. Das **Selbsthilferecht** soll der Schwächung der Rechtsstellung der Aufsichtsratsmitglieder entgegenwirken (BT-Drs. 14/8769, 16).Voraussetzung ist, dass das Einberufungsverlangen **vergeblich gestellt** wurde. Das Verlangen ist dann vergeblich, wenn die Sitzung entweder nicht oder zu einem anderen als in dem Verlangen benannten Zweck einberufen wurde. Eine vom Verlangenden gesetzte Frist ist abzuwarten (BGHZ 87, 1, 3). Ferner setzt Abs. 2 die **Identität des Verlangenden und des Einberufenden** voraus; die Vergeblichkeit des Einberufungsverlangens eines anderen Aufsichtsratsmitglieds kann sich der Einberufende nicht zu eigen machen. Die Einberufung muss überdies den Sachverhalt mitteilen, also insbesondere die Vergeblichkeit des Einberufungsverlangens, den Inhalt und den Zugang des Einberufungsverlangens sowie die Untätigkeit des Vorsitzenden enthalten. Mit der Einberufung ist nach Abs. 2 die **Tagesordnung** anzugeben. 5

Dem **Vorstand** steht das nämliche Selbsthilferecht zu. Es handelt sich dabei um eine **Organbefugnis**, die von den Vorstandsmitgliedern auch in vertretungsberechtigter Zahl allein nicht ausgeübt werden kann. Die Modalitäten der Einberufung entsprechen denen des Aufsichtsratsmitglieds. 6

E. Sitzungshäufigkeit, Abs. 3

Abs. 3 regelt die Häufigkeit der Sitzungen im Kalenderhalbjahr. Die Regelung ist für börsennotierte Gesellschaften zwingend (§ 23 Abs. 5 AktG), bei nichtbörsennotierten Gesellschaften kann der Aufsichtsrat den Beschluss fassen, nur eine Sitzung im Kalenderhalbjahr abzuhalten. Auf welche Weise die Sitzungen abzuhalten sind, schreibt Abs. 3 nicht vor. Neben **Präsenzsitzungen** sind somit auch **Telefonkonferenzen** oder **Videokonferenzen** geeignet. Die Vorschrift des § 108 Abs. 4 AktG bleibt jedoch von diesen Möglichkeiten unberührt; der Widerspruch eines Aufsichtsratsmitglied steht deshalb etwa einer Telefonkonferenz entgegen, wenn nicht die Satzung oder die Geschäftsordnung das Abhalten der Konferenz ohne Präsenzsitzung regelt (vgl. Erl. zu § 108 AktG Rn. 8 f.). 7

§ 111 Aufgaben und Rechte des Aufsichtsrats

(1) Der Aufsichtsrat hat die Geschäftsführung zu überwachen.

(2) [1]Der Aufsichtsrat kann die Bücher und Schriften der Gesellschaft sowie die Vermögensgegenstände, namentlich die Gesellschaftskasse und die Bestände an Wertpapieren und Waren, einsehen und prüfen. [2]Er kann damit auch einzelne Mitglieder oder für bestimmte Aufgaben besondere Sachverständige beauftragen. [3]Er erteilt dem Abschlußprüfer den Prüfungsauftrag für den Jahres- und den Konzernabschluß gemäß § 290 des Handelsgesetzbuchs.

(3) [1]Der Aufsichtsrat hat eine Hauptversammlung einzuberufen, wenn das Wohl der Gesellschaft es fordert. [2]Für den Beschluß genügt die einfache Mehrheit.

(4) [1]Maßnahmen der Geschäftsführung können dem Aufsichtsrat nicht übertragen werden. [2]Die Satzung oder der Aufsichtsrat hat jedoch zu bestimmen, daß bestimmte Arten von Geschäften nur mit seiner Zustimmung vorgenommen werden dürfen. [3]Verweigert der Aufsichtsrat seine Zustimmung, so kann der Vorstand verlangen, daß die Hauptversammlung über die Zustimmung beschließt. [4]Der Beschluß, durch den die Hauptversammlung zustimmt, bedarf einer Mehrheit, die mindestens drei Viertel der abgegebenen Stimmen umfaßt. [5]Die Satzung kann weder eine andere Mehrheit noch weitere Erfordernisse bestimmen.

(5) Die Aufsichtsratsmitglieder können ihre Aufgaben nicht durch andere wahrnehmen lassen.

Übersicht:

A. Regelungszweck

1 Die Vorschrift enthält Regelungen zu den **Aufgaben des Aufsichtsrats** und den ihm dabei zur Verfügung stehenden Rechten. § 111 AktG stellt die nach der organisationsrechtlichen Konzeption der AG **zentrale Überwachungsaufgabe des Aufsichtsrats** in den Vordergrund mit der Folge, dass sonstige Aufgaben des Aufsichtsrats verstreut in anderen Vorschriften des AktG geregelt werden. Mit der Hervorhebung der Überwachungsaufgabe grenzt der Gesetzgeber die Aufgaben und die Funktion des Aufsichtsrats vor allem von den Aufgaben und der Funktion der anderen Organe der AG ab. Insofern hat die Vorschrift einen fundamentalen, durch die Satzung nicht abänderbaren, **zwingenden Inhalt** (§ 23 Abs. 5 AktG).

B. Die Überwachungsaufgabe des Aufsichtsrats, Abs. 1

I. Die Überwachungsaufgabe als charakteristischer Teil der Gesamtaufgaben und -befugnisse

2 Die Überwachungsaufgabe des Aufsichtsrats kennzeichnet nur einen Teil der dem Aufsichtsrat insgesamt obliegenden Aufgaben und Befugnisse, die sich verstreut **in verschiedenen Vorschriften** finden. Zu diesen gehören: der Erlass einer Geschäftsordnung für den Vorstand, § 77 Abs. 2 S. 1 AktG; die Bestellung und Abberufung des Vorstands sowie der Abschluss und die Beendigung der Anstellungsverträge, § 84 AktG; die Entgegennahme und Anforderung von Vorstandsberichten, § 90 AktG; die Vertretung der AG gegenüber Vorstandsmitgliedern, § 112 AktG; die Teilnahme an der Hauptversammlung, § 118 AktG; die Prüfung von Jahresabschluss, Lagebericht und Gewinnverwendungsvorschlag (ggf. auch den Konzernabschluss und den Konzernlagebericht), § 171 AktG; die Mitwirkung bei der Feststellung des Jahresabschlusses, § 172 AktG; die Änderung der Satzungsfassung, § 179 Abs. 1 S. 2 AktG; die Mitwirkung bei der Nutzung genehmigten Kapitals und die Festlegung der Bedingungen einer Aktienausgabe und des Bezugsrechtsausschlusses bei genehmigtem Kapital, §§ 202 Abs. 3 S. 2, 204 Abs. 1 S. 2 AktG; die Anfechtung von Hauptversammlungsbeschlüssen, § 245 Nr. 5 AktG; die Prüfung des Abhängigkeitsberichts, § 314 Abs. 2 AktG.

3 Die Überwachungsaufgabe des Aufsichtsrats ist die für die **duale Verfassung der Verwaltung der AG** nach dem deutschen AktG **charakteristische Aufgabe und Befugnis**. Der Vorstand führt die Geschäfte und leitet die Gesellschaft unter eigener Verantwortung, § 76 Abs. 1 AktG. Der Aufsichtsrat überwacht die Führung der Geschäfte durch den Vorstand; er hat selbst keine Geschäfts-

führungsbefugnis. Dementsprechend hat der Aufsichtsrat selbst dann, wenn er aufgrund von Zustimmungsvorbehalten nach § 111 Abs. 4 S. 2 AktG an bestimmten Geschäften mitwirkt, kein Initiativrecht und keine Weisungsbefugnis gegenüber dem Vorstand (vgl. Erl in Rn. 9).

II. Überwachung als Aufgabe des Organs

Abs. 1 verpflichtet den Aufsichtsrat **als Organ** der Gesellschaft. Damit ist einerseits gesagt, dass eine Gesamtverantwortung des Organs für die ordnungsgemäße Durchführung der Überwachungsaufgabe besteht, die sich in der haftungsrechtlichen Verantwortung sämtlicher Mitglieder des Aufsichtsrats nach § 116 AktG niederschlägt (vgl. dazu ausführl. Erl. zu § 116 AktG). Andererseits besagt die Ausweisung der Überwachungsaufgabe als Organaufgabe, dass eine **Delegation der Aufgaben nicht möglich** ist. Damit ist zwar die Einschaltung von Ausschüssen oder einzelner Mitglieder bzw. die Hinzuziehung von Dritten nicht grundsätzlich ausgeschlossen (vgl. Rn. 11); solche Maßnahmen ändern aber nichts an der Gesamtverantwortung des Organs und der haftungsrechtlichen Verantwortung jedes einzelnen Mitglieds. Dem Aufsichtsratsplenum obliegt jedenfalls eine Pflicht zur Überprüfung der Hilfstätigkeit von einzelnen Aufsichtsratsmitgliedern, Ausschüssen oder Dritten bei der gebotenen Überwachungstätigkeit. 4

III. Gegenstand der Überwachung

Der Aufsichtsrat hat nach Abs. 1 die »Geschäftsführung« zu überwachen. Der Rechtsbegriff der Geschäftsführung in § 111 AktG ist nicht identisch mit dem in § 77 AktG (vgl. § 77 AktG Rn. 2). Die Regelung ist – anders als ihre Vorläuferbestimmungen – nicht so angelegt, dass die Maßnahmen der Geschäftsführung im Einzelnen zu verfolgen sind und die gesamte Geschäftsführung in allen Einzelheiten zu überwachen ist (MünchHdb GesR IV/*Hoffmann-Becking* § 29 Rn. 23). Die Überwachung beschränkt sich vielmehr auf die **Leitungsmaßnahmen des Vorstands**. Insofern besteht eine Übereinstimmung des Geschäftsführungsbegriffs in § 111 AktG mit dem der Leitung in § 76 AktG (vgl. zu Begriff und Umfang der Leitung § 76 AktG Rn. 13 ff.); zur Konkretisierung des durch den Begriff der Leitungsmaßnahme beschriebenen Gegenstands der Überwachungsaufgabe des Aufsichtsrats wird überdies auf die Themen, über die der Vorstand nach § 90 Abs. 1 AktG dem Aufsichtsrat zu berichten hat, zurückgegriffen (*Henze* NJW 1998, 613 ff.; *ders.* BB 2005, 165; MünchHdb GesR IV/*Hoffmann-Becking* § 29 Rn. 23; *Hüffer* AktG, § 111 Rn. 3). Die Kontrolle bezieht sich nicht nur auf abgeschlossene Sachverhalte, sondern hat auch die berichtspflichtigen (vgl. § 90 Abs. 1 Nr. 1 AktG) grundsätzlichen Fragen der künftigen Geschäftspolitik einzubeziehen (BGHZ 114, 127, 129 f.). Im Sinne des seit dieser Rechtsprechung geltenden Verständnisses effektiver Corporate Governance (vgl. *Säcker* BB 2004, 1462; *Schwintowski* NZG 2005, 200; *v. Werder/Talaulicar* DB 2005, 841), das durch das TransPuG in den pflichtgemäß einzuführenden Zustimmungsvorbehalten nach § 111 Abs. 4 S. 2 AktG gesetzlichen Ausdruck erlangt hat (vgl. Rn. 15), beschränkt sich die Tätigkeit des Aufsichtsrats nicht (mehr) auf eine vergangenheitsbezogene Analyse der Vorstandsarbeit, sondern umfasst auch eine beratende Beteiligung an der strategischen Unternehmensplanung durch den Vorstand; der Aufsichtsrat hat seine Kontrollaufgaben durch enge Fühlungnahme und gemeinsame Beratung mit dem Vorstand, durch »ständige Diskussion mit dem Vorstand und insofern durch dessen laufende Beratung« (BGHZ 114, 127, 130) wahrzunehmen. 5

Zum Gegenstand der Überwachung gehören nur Maßnahmen der Geschäftsführung. Da diese in der AG in den Händen des Vorstands liegt, ist gefolgert worden, dass **Führungsmaßnahmen leitender Angestellter** auf nachgeordneten Ebenen nicht der Überwachung des Aufsichtsrats unterliegen (MünchHdb GesR IV/*Hoffmann-Becking* § 29 Rn. 24). Allerdings wird in § 111 AktG nicht explizit angeführt, dass die zu überwachende Geschäftsführungsmaßnahme vom Vorstand ergriffen worden sein muss; nach Sinn und Zweck des § 111 AktG, wesentliche Leitungsentscheidungen im Unternehmen der Kontrolle durch den Aufsichtsrat zu unterwerfen, ist es vielmehr gerechtfertigt und geboten, Leitungsentscheidungen auf nachgeordneten Ebenen des Unternehmens in den Kreis der überwachungspflichtigen Geschäftsführungsmaßnahmen einzubeziehen (*Hüffer* AktG, § 111 Rn. 3; MüKo AktG/*Semler* § 111 Rn. 107 ff.). Andernfalls würde der Kreis der 6 überwachungspflichtigen Geschäfte von der Unternehmensorganisation abhängen, so dass bei spartengeführten Unternehmen die jeweiligen Spartenleiter vom Aufsichtsrat unkontrollierte wesentliche Führungsentscheidungen treffen würden, wenn sie nicht dem Vorstand angehören. Mit dem vom Gesetzgeber des KonTraG vom 27. 4. 1998 (BGBl. I, 786) und des TransPuG vom 19. 7. 2002 (BGBl. I, 2681) verfolgten Anliegen einer Verbesserung der Überwachungstätigkeit des Aufsichtsrats harmoniert diese Auslegung des Geschäftsführungsbegriffs besser als eine restriktive Interpretation.

7 Handelt es sich bei dem Aufsichtsrat der AG um das Organ einer Konzernobergesellschaft, gehören zu dem Gegenstand der Überwachung dieses Aufsichtsrats auch die **Konzernleitungsmaßnahmen** des Vorstands; diese sind Teil der Geschäftsführung des Vorstands der Konzernobergesellschaft (vgl. § 76 AktG Rn. 29 ff.). Dementsprechend hat der Aufsichtsrat des herrschenden Unternehmens auch den Konzernabschluss und den Konzernlagebericht zu prüfen, § 171 Abs. 1 S. 1 AktG. Eine weitere Frage ist, ob der Aufsichtsrat seine Überwachungstätigkeit konzernspezifisch auszurichten, nämlich am Konzerninteresse zu orientieren hat. Sie hängt wesentlich mit der Frage zusammen, ob es einen entsprechenden Gegenstand der Überwachung gibt, ob also den Vorstand eine **konzerndimensionale Leitungspflicht** trifft. Nach h. M. trifft den Vorstand eine solche Pflicht, auch Tochtergesellschaften eigenverantwortlich zu leiten, nicht (vgl. Erl. zu § 76 AktG Rn. 29 ff.). Deswegen entspricht es konsequenter Auffassung, dass den Aufsichtsrat der Konzernobergesellschaft weder die Pflicht trifft, die geschäftsführenden Organe der Konzerngesellschaften zu überwachen, noch die Pflicht, seine Überwachungstätigkeit an einem zu definierenden spezifischen Konzerninteresse auszurichten. Da andererseits die nachgeordneten Unternehmen zum Vermögen der Obergesellschaft gehören, hat der Aufsichtsrat jedenfalls aus diesem Grund die konzernleitenden Einflussnahmen des Vorstands und auch unterlassene Leitungsmaßnahmen in seine Überwachungstätigkeit einzubeziehen (vgl. *Hoffmann-Becking* ZHR 1995, 325, 331 ff.; *Hommelhoff* ZGR 1996, 144, 150; *Kropff* FS Claussen 1997, 659 ff.; *Schneider* FS Kropff 1997, 271 ff.).

IV. Inhalt der Überwachungspflicht

8 Die Überwachung ist nicht auf eine reine **Rechtmäßigkeitskontrolle** beschränkt, sie umfasst auch die **Zweckmäßigkeit** und die **Wirtschaftlichkeit** der Leitungsentscheidungen des Vorstands (BGHZ 114, 127, 129 f.). Dabei bezieht sich die Überwachung nicht nur auf abgeschlossene Vorgänge, sondern beinhaltet auch eine zukunftsgerichtete Perspektive. Die Beratung des Vorstands und mit dem Vorstand ist wesentlicher Inhalt der Überwachungsaufgabe des Aufsichtsrats; sie ist das »vorrangige Mittel« (BGHZ 114, 127, 130) der in die Zukunft gerichteten Kontrolle des Aufsichtsrats (*Henze* BB 2005, 165; MünchHdb GesR IV / *Hoffmann-Becking* § 29 Rn. 32). Weniger in der vergangenheitsbezogenen Überwachungsaufgabe, wohl aber in der zukunftsgerichteten Beratungs- und Planungsdimension (sowie bei den Zustimmungsvorbehalten nach Abs. 4) kommt der Aufsichtsratstätigkeit eine unternehmerische Funktion zu, die haftungsrechtlich in den Anwendungsbereich der sog. business judgement rule der §§ 116, 93 Abs. 1 S. 2 AktG fällt.

9 Gegen rechtswidrige, zweckwidrige oder unwirtschaftliche Maßnahmen muss der Aufsichtsrat vorgehen: Ihm steht dabei **kein eigenes Klagerecht** gegen den Vorstand zur Verhinderung einer Maßnahme zu (BGHZ 106, 54, 60 ff.); ebenso wenig kann ein einzelnes Aufsichtsratsmitglied gegen den Vorstand klageweise vorgehen (BGHZ 106, 54, 62 ff.). Er hat aber Bedenken in der laufenden Diskussion mit dem Vorstand vorzubringen. Der Aufsichtsrat hat insbesondere Ersatzansprüche gegen Vorstandsmitglieder zu prüfen und gegebenenfalls über eine Durchsetzung von **Ersatzansprüchen** gegenüber dem Vorstand zu entscheiden (BGHZ 135, 244; vgl. dazu *Henze* NJW 1998, 3309; *ders.* BB 2005, 165). Insofern muss sich der Aufsichtsrat zunächst ein Urteil über den Bestand und die Durchsetzbarkeit von Ersatzansprüchen bilden; insoweit hat der Aufsichtsrat zwar die dem Vorstand zustehenden Handlungsspielräume des Vorstands (vgl. dazu § 76 AktG Rn. 17 ff.) zu berücksichtigen, eine eigene, gerichtlich nicht nachprüfbare **Entscheidungsprärogative** steht dem Aufsichtsrat aber bei der Beurteilung über den Bestand und die Durchsetz-

barkeit von Ersatzansprüchen nicht zur Verfügung (BGHZ 135, 244, 254). Nach durchgeführter **Prozessrisikoanalyse** hat der Aufsichtsrat darüber zu entscheiden, ob bestehende Ansprüche verfolgt werden sollen. Auch dabei steht ihm kein Ermessensspielraum zur Verfügung. Die Wiederherstellung des geschädigten Gesellschaftsvermögens verlangt grundsätzlich, dass begründete Ersatzansprüche gegen den Vorstand auch tatsächlich durchgesetzt werden; allenfalls ausnahmsweise kann der Aufsichtsrat von der Geltendmachung von Ersatzansprüchen gegen den pflichtwidrig handelnden Vorstand absehen, wenn eben dies im Unternehmensinteresse liegt (BGHZ 135, 244, 255). Im Interesse des Unternehmenswohls können dabei Gesichtpunkte wie beispielsweise negative Auswirkungen auf Geschäftstätigkeit und Ansehen der Gesellschaft, Behinderung der Vorstandsarbeit und Beeinträchtigung des Betriebsklimas berücksichtigt werden und im Einzelfall einer Rechtsverfolgung begründeter Ansprüche ausnahmsweise entgegen stehen (BGHZ 135, 244, 255 f.). Beschlüsse des Aufsichtsrats, die gegen die vorgenannten Grundsätze verstoßen, können mit der Klage auf Feststellung der Nichtigkeit des Aufsichtsratsbeschlusses angegriffen werden (BGHZ 135, 244, 247; vgl. dazu GroßkommAktG/*Hopt* § 111 Rn. 17).

Die **Intensität der Überwachung** ist abhängig von der Lage der Gesellschaft. Bei normalem Ge- 10
schäftsverlauf kann sich der Aufsichtsrat regelmäßig darauf beschränken, die Vorstandsberichte zu prüfen, erforderlichenfalls ergänzende Berichte anzufordern und im kritischen Dialog mit dem Vorstand sich von der Rechtmäßigkeit, Zweckmäßigkeit und Wirtschaftlichkeit der Leitungsmaßnahmen zu überzeugen. Bei angespannter oder gar krisenhaft zugespitzter Lage des Unternehmens hat der Aufsichtsrat seine Überwachungstätigkeit quantitativ und qualitativ zu verstärken. Es bleibt auch in dieser Situation dabei, dass dem Aufsichtsrat kein Initiativrecht in Bezug auf Leitungsmaßnahmen zusteht; über seine Personalkompetenz kann und muss er indes mittelbar Einfluss auf die Vorstandstätigkeit ausüben; ggf. hat er Vorstandsmitglieder, die in der Situation des Unternehmens nicht angemessen agieren und reagieren, aus dem Amt zu entfernen (*Hüffer* AktG, § 111 Rn. 7).

C. Befugnisse des Aufsichtrats, Abs. 2

Dem Aufsichtsrat stehen die in Abs. 2 genannten Befugnisse zur Durchführung seiner Überwa- 11
chungstätigkeit zu. Das **Einsichts- und Prüfungsrecht** bezieht sich auf die in S. 1 nur exemplarisch (»namentlich«) aufgeführten Gegenstände; dabei muss es sich um Gegenstände der AG handeln; Unterlagen von Tochtergesellschaften werden von Abs. 2 S. 1 nicht erfasst (*Hüffer* AktG, § 111 Rn. 11); der Aufsichtsrat kann aber die vom Vorstand beschafften Unterlagen von Tochtergesellschaften einsehen. Die Einsichts- und Prüfungsrechte stehen dem Aufsichtsrat **als Organ** und nicht dem einzelnen Aufsichtsratsmitglied zu. Nach Abs. 2 S. 2 kann der Aufsichtsrat aber einzelne seiner Mitglieder oder einen Ausschuss mit der Ausübung des Prüfungsrechts beauftragen; der Beauftragung hat ein entsprechender Beschluss vorauszugehen. Für »bestimmte Aufgaben«, nämlich sachlich und zeitlich begrenzte Einzelangelegenheiten (BGHZ 85, 93, 296), kann der Aufsichtsrat auch besondere Sachverständige beauftragen, Abs. 2 S. 2. Nicht selten handelt es sich dabei um entgeltliche Aufträge an Wirtschaftsprüfer oder Unternehmensberater, die der Aufsichtsrat für die AG in Auftrag geben kann (MünchHdb GesR IV/*Hoffmann-Becking* § 29 Rn. 35).

Die **Beauftragung der Abschlussprüfer** erfolgt nach Abs. 2 S. 3 nach geltender Rechtslage eben- 12
falls durch den Aufsichtsrat. Die Bestellung erfolgt durch **Beschluss der Hauptversammlung,** § 119 Abs. 1 Nr. 4 AktG; die Begründung des vertraglichen Prüfungsauftrags für den Jahresabschluss sowie ggf. den Konzernabschluss darf durch den Vorstand nicht erfolgen; die Zuständigkeit dafür liegt nach der durch das KonTraG eingeführten Regelung allein beim Aufsichtsrat. Der Auftragserteilung hat ein entsprechender Beschluss des Gremiums (oder des zuständigen Ausschusses, § 107 Abs. 3 S. 2 AktG) vorauszugehen. Der Vertragsabschluss selbst kann durch Abgabe der entsprechenden Willenserklärung des Vorsitzenden erfolgen, der dazu allerdings nach der Satzung oder Geschäftsordnung bzw. nach dem Beauftragungsbeschluss gesondert legitimiert werden muss. Der Aufsichtsratsvorsitzende führt dabei kraft seiner Amtsstellung die

Gespräche und Verhandlungen über die Honorarvereinbarung, sofern ihm nicht ohnehin eine Spezialvollmacht erteilt ist (*Hüffer* AktG, § 111 Rn. 12 d).

D. Einberufung einer Hauptversammlung, Abs. 3

13 Die Einberufung der Hauptversammlung ist ein **Recht des Aufsichtsrats**, von dem dieser nur **ausnahmsweise** Gebrauch machen kann, wenn dies zum Wohl der Gesellschaft erforderlich ist. Die Konkretisierung der Generalklausel erfolgt dadurch, dass das Einberufungsrecht an den Kompetenzen der Hauptversammlung orientiert wird. Es setzt somit nicht nur voraus, dass der Beschluss den Interessen der AG dient, sondern dass zusätzlich die Hauptversammlung auch zuständig ist, in der Angelegenheit Beschluss zu fassen. In Fragen der Geschäftsführung ist dies grundsätzlich nicht der Fall. Anders verhält es sich, wenn die Hauptversammlung Gelegenheit erhalten soll, über den Entzug des Vertrauens nach § 84 Abs. 3 S. 2 AktG abzustimmen.

14 Der Einberufung der Hauptversammlung hat ein entsprechender **Beschluss des Aufsichtsrats** vorauszugehen. Die Modalitäten der Einladung ergeben sich aus §§ 121 Abs. 3 und 4, 123 AktG.

E. Zustimmungsvorbehalte, Abs. 4

15 Nach der Kompetenzordnung in der AG ist der Aufsichtsrat von der Geschäftsführung ausgeschlossen. § 111 Abs. 4 S. 1 AktG regelt diesen Grundsatz verbindlich. In S. 2 wird dieser Grundsatz dahingehend relativiert, dass bestimmte Arten von Geschäften der **Zustimmung des Aufsichtsrats** unterworfen werden müssen. Zustimmungsvorbehalte sind entweder in der Satzung zu verankern oder vom Aufsichtsrat anzuordnen. In Betracht kommen somit Vorbehaltsregeln in der Satzung, in der Geschäftsordnung des Aufsichtsrats, in einer vom Aufsichtsrat beschlossenen Geschäftsordnung für den Vorstand und in einem vom Aufsichtsratsplenum gefassten gesonderten Beschluss; Ausschüsse können einen solchen Beschluss nicht fassen, § 107 Abs. 3 S. 2 AktG. Die Einführung von Zustimmungsvorbehalten durch den Aufsichtsrat steht nicht mehr in seinem Ermessen. Nachdem die Rechtsprechung entschieden hatte, dass im Einzelfall, z. B. bei Bekanntwerden der Planung einer rechtswidrigen Vorstandsmaßnahme, das Ermessen zu einer Verpflichtung des Aufsichtsrats schrumpfen kann, die geplante Maßnahme durch Einführung eines Zustimmungsvorbehalts zu verhindern (BGHZ 124, 111, 127; *Lieder* DB 2004, 2251; *Boujong* AG 1995, 203, 206), hat der Gesetzgeber des TransPuG Abs. 4 S. 2 zu einer Pflichtnorm weiter entwickelt. Der Gesetzgeber verfolgte dabei – die Ergebnisse der Arbeit der Corporate Governance Kommission (vgl. *Baums* (Hrsg.) Bericht (2001), Tz. 34) aufgreifend – den Zweck, den Aufsichtsrat bei wesentlichen Maßnahmen in den Prozess der Willensbildung der Gesellschaft einzubeziehen (BT-Drs. 14/8769, 17). Im Hinblick auf die unterschiedlichen branchenspezifischen Unternehmensgegenstände sowie mit Rücksicht auf die unterschiedlichen Gegebenheiten hinsichtlich der Größe, der Selbstständigkeit und der Eigentümerstruktur verzichtete der Gesetzgeber aber zu Recht darauf, inhaltliche Vorgaben und verbindliche Gegenstände für einen Katalog zustimmungsbedürftiger Geschäfte vorzusehen. Insofern steht die Einführung von Zustimmungsvorbehalten letztlich doch im nunmehr allerdings pflichtgemäßen Ermessen des Aufsichtsrats, wenn nicht schon die Satzung entsprechende Vorbehalte vorsieht (vgl. *Lieder* DB 2004, 2251, 2252 f.; *Götz* NZG 2002, 599). Die damit einhergehende Einbindung des Aufsichtsrats in die unternehmerischen Planungs- und Leitungsentscheidungen wird begleitet von der ausdrücklichen Einbeziehung des Aufsichtsrats in die haftungsentlastende Regelung der §§ 116, 93 Abs. 2 S. 1 AktG; sie kompensiert die andernfalls bestehende Besorgnis wachsender Haftungsgefahren des Aufsichtsrat für vom Vorstand induzierte Planungs- und Leitungsentscheidungen.

16 Das Zustimmungserfordernis muss sich auf **bestimmte Arten von Geschäften** beziehen. »Geschäft« i. S. d. Vorschrift sind nicht nur Rechtsgeschäfte, sondern können grundsätzlich alle Maßnahmen der Geschäftsführung und Unternehmensplanung sein. Da der Aufsichtsrat aber weder Geschäftsführungsorgan der AG ist noch über Abs. 4 werden darf, muss es sich um **Maßnahmen außerhalb des gewöhnlichen Geschäftsbetriebs**, also um Maßnahmen, die nach Umfang und Risiko von besonderer Bedeutung sind, handeln. Das Erfordernis, dass nur Arten von Geschäften

zustimmungspflichtig gemacht werden können, verlangt einen bestimmten Konkretisierungsgrad; eine Festlegung durch eine unbestimmte Generalklausel, etwa der Art, dass alle wesentlichen Geschäfte dem Zustimmungsvorbehalt unterliegen, genügt diesen Anforderungen nicht (*Hüffer* AktG, § 111 Rn. 18). Andererseits können auch gewichtige Einzelmaßnahmen einem Zustimmungsvorbehalt unterworfen werden (MünchHdb GesR IV/*Hoffmann-Becking* § 29 Rn. 39); dies kann auch durch einen ad hoc-Beschluss erfolgen (BGHZ 124, 111, 127). **Typische Vorbehaltsklauseln** betreffen den Erwerb von Beteiligungen, die Errichtung neuer Betriebsstätten, Grundstücksgeschäfte und Kreditaufnahmen bzw. -vergaben ab einem festgelegten Volumen; ebenso kann die jährliche Budgetplanung unter Zustimmungsvorbehalt gestellt werden, während solche Vorbehalte für Mehrjahresplanungen als unzulässig angesehen werden (KölnKomm AktG/*Mertens* § 111 Rn. 68; a. A. *Kropff* NZG 1998, 613, 615 ff.).

Die Erteilung oder Verweigerung der Zustimmung liegt im **pflichtgemäßen Ermessen des Aufsichtsrats**. Verweigert der Aufsichtsrat seine Zustimmung, kann der Vorstand eine Beschlussfassung durch die Hauptversammlung herbeiführen, Abs. 4 S. 3. 17

F. Delegationsverbot, Abs. 5

Das Aufsichtsratsamt ist ein **höchstpersönliches**. Abs. 5 schließt Dritte in Übereinstimmung mit der Regelung in § 101 Abs. 3 S. 1 AktG von der Wahrnehmung der Amtsaufgaben der Aufsichtsratsmitglieder aus. Zulässig sind deshalb nur Stimmboten (vgl. § 108 Abs. 3 AktG, dort Rn. 7) und die Sitzungsteilnahme durch Dritte nach Maßgabe des § 109 Abs. 3 AktG. Deshalb besteht auch kein generelles Recht, Sachverständige zur Wahrnehmung der Amtsaufgaben hinzuzuziehen (BGHZ 85, 293, 295 ff.). Die Beschäftigung von Hilfspersonal zur Vorbereitung der Aufgabenwahrnehmung bleibt dem Aufsichtsratsmitglied unbenommen (*Lutter/Krieger* DB 1995, 257, 259). 18

§ 112 Vertretung der Gesellschaft gegenüber Vorstandsmitgliedern

Vorstandsmitgliedern gegenüber vertritt der Aufsichtsrat die Gesellschaft gerichtlich und außergerichtlich.

Nach § 112 AktG vertritt der Aufsichtsrat die AG gegenüber Vorstandsmitgliedern, damit die unbefangene Vertretung der Gesellschaft, die von sachfremden Erwägungen unbeeinflusst ist und sachdienliche Gesellschaftsbelange wahrt, auch bei Geschäften sichergestellt ist, an denen Mitglieder des regelmäßigen Vertretungsorgans beteiligt sind (BGHZ 103, 213, 216). Der **persönliche Anwendungsbereich** erstreckt sich auf alle Vorstandsmitglieder, die amtierenden genau so wie die bereits ausgeschiedenen (BGHZ 130, 108, 111 f.; 157, 151, 153 f.), auch im Liquidationsstadium (*Schwab* ZIP 2006, 1478). Die **Zuständigkeit des Aufsichtsrats** bezieht sich im Hinblick auf den Interessenkonflikte ausschließenden Normzweck der Regelung auf sämtliche Rechtsbeziehungen des Vorstandsmitglieds zur AG, auf die organschaftlichen und die schuldrechtlichen (z. B. Begründung und Kündigung des Anstellungsvertrages), sowie selbst solche vor Perfektionierung der Bestellung (BGHZ 26, 236, 238). Darauf, dass eine Interessengefährdung im Einzelfall besteht, kommt es nicht an; § 112 AktG legt einen typisierenden Maßstab zugrunde (BGH NJW 1997, 2324). 1

Der Aufsichtsrat handelt, soweit er an der Beschlussfassung über unternehmerische Entscheidungen durch die nach § 111 Abs. 4 Satz 2 AktG gebotenen Zustimmungsvorbehalte beteiligt ist (vgl. Erl. zu § 111 AktG Rn. 15) und insbesondere soweit er für das von ihm repräsentierte Unternehmen Verträge mit den Mitgliedern des Vorstands nach § 112 AktG schließt, als treuhänderischer Vermögensverwalter für die Aktionäre. Er darf dabei im Sinne der gebotenen Corporate Governance nicht selbstherrlich über das ihm anvertraute fremde Vermögen verfügen (BGH AG 2006, 110). Der Gesetzgeber hat ihm keine ungebundene Inhaltsfreiheit bei der Gestaltung der von ihm abzuschließenden Verträge gegeben; vielmehr ist der Aufsichtsrat – insofern nicht an- 2 ders als der Vorstand der AG (vgl. Erl. zu § 76 AktG Rn. 21) – rechtlich an die Beachtung der objektiven Interessenlage der AG, nämlich an das Wohl der Gesellschaft (§ 121 AktG) bzw. das Gesellschafts- und Unternehmensinteresse gebunden (grundlegend *Lohse* Unternehmerisches Ermessen (2005), 37 ff., 117 ff., 438 ff.). Insbesondere bei der Gestaltung der Anstellungsverträge der Vorstandsmitglieder gibt das AktG dem Aufsichtsrat keine beliebige Inhaltsfreiheit (BGHZ AG 2006, 110). Die normative Vorgabe der Bindung an das Unternehmensinteresse ist Ausdruck der Treubindung aller Organe der juristischen Person (*Säcker* BB 2006, 897, 898); sie verpflichtet auch den Aufsichtsrat mit dem unternehmerisch gebundenen Vermögen der Aktionäre wie ein gewissenhaft handelnder, unabhängiger Geschäftsleiter umzugehen (§§ 93, 116 AktG) und insbesondere bei der Vereinbarung der Höhe der Bezüge der Vorstandsmitglieder unter Beachtung des Angemessenheitsmaßstabs (§ 87 Abs. 1 AktG) zu entscheiden (vgl. Erl. zu § 87 AktG Rn. 2 ff.).

3 Die **Vertretungsmacht** steht nach dem Wortlaut des § 112 AktG dem **Aufsichtsrat als Gremium** zu. Bei der Aktivvertretung muss der Aufsichtsrat über die Vornahme des Rechtsgeschäfts Beschluss fassen (§ 108 Abs. 1 AktG). Die Erklärungshandlung kann dann im Beschluss einem einzelnen Aufsichtsratsmitglied übertragen werden (BGHZ 12, 327, 334 ff.). Eine Delegation der Willensbildung auf einen Ausschuss ist zulässig (§ 107 Abs. 3 AktG), die auf ein einzelnes Aufsichtsratsmitglied dagegen nicht (OLG Düsseldorf AG 2004, 321, 322). Ohne besondere Beauftragung im Beschluss ist der Aufsichtsratsvorsitzende kraft Amtes zur Vornahme der Erklärungshandlung befugt (a. A. *Hüffer* AktG § 112 Rn. 4). § 174 S. 1 BGB ist auf das Vertreterhandeln entsprechend anzuwenden; ohne Vorlage einer Ermächtigungsurkunde (Beschlussprotokoll, Geschäftsordnung) kann die Vertretung durch ein Aufsichtsratsmitglied nach Maßgabe des § 174 BGB daher unwirksam sein (OLG Düsseldorf AG 2004, 321, 323 f.; a. A. *Bauer/Krieger* ZIP 2004, 1247, 1248 f.). Handelt der Aufsichtsrat als Gesamt-Gremium, bedarf es dieses Nachweises nicht (*Leuering* NZG 2004, 120, 123).

4 **Verstöße** gegen § 112 AktG haben nicht zur Folge, dass das betroffene Geschäft wegen §§ 177 ff. BGB genehmigungsfähig ist (so *Werner* ZGR 1989, 369, 392 ff.), sondern führen nach h. M. zur **Nichtigkeit des betroffenen Rechtsgeschäfts** (OLG Stuttgart AG 1993, 85, 86; offen gelassen von BGH AG 1994, 35). Der Vertretungsmangel hat prozessual die Unzulässigkeit der Klage zur Folge (BGHZ 130, 108, 111 f.), es sei denn der Vertretungsmangel tritt erst nachträglich auf (BGHZ 157, 151, 154 ff.). Nach h. M. kann jedoch der Aufsichtsrat in den Prozess eintreten und die Prozessführung des Vorstands genehmigen (BGH NJW 1999, 3263 f.).

§ 113 Vergütung der Aufsichtsratsmitglieder

(1) [1]Den Aufsichtsratsmitgliedern kann für ihre Tätigkeit eine Vergütung gewährt werden. [2]Sie kann in der Satzung festgesetzt oder von der Hauptversammlung bewilligt werden. [3]Sie soll in einem angemessenen Verhältnis zu den Aufgaben der Aufsichtsratsmitglieder und zur Lage der Gesellschaft stehen. [4]Ist die Vergütung in der Satzung festgesetzt, so kann die Hauptversammlung eine Satzungsänderung, durch welche die Vergütung herabgesetzt wird, mit einfacher Stimmenmehrheit beschließen.

(2) [1]Den Mitgliedern des ersten Aufsichtsrats kann nur die Hauptversammlung eine Vergütung für ihre Tätigkeit bewilligen. [2]Der Beschluß kann erst in der Hauptversammlung gefaßt werden, die über die Entlastung der Mitglieder des ersten Aufsichtsrats beschließt.

(3) [1]Wird den Aufsichtsratsmitgliedern ein Anteil am Jahresgewinn der Gesellschaft gewährt, so berechnet sich der Anteil nach dem Bilanzgewinn, vermindert um einen Betrag von mindestens vier vom Hundert der auf den geringsten Ausgabebetrag der Aktien geleisteten Einlagen. [2]Entgegenstehende Festsetzungen sind nichtig.

Den Mitgliedern des Aufsichtsrats kann nach der klarstellenden Regelung in Abs. 1 S. 1 eine Vergütung gewährt werden. Ein **Vergütungsanspruch** besteht aber nur, wenn dafür eine entsprechende **Regelung in der Satzung** getroffen oder ein entsprechender **Hauptversammlungsbeschluss** gefasst wurde, Abs. 1 S. 2. Ohne diese Rechtsgrundlage besteht ein Vergütungsanspruch deshalb nicht; § 612 BGB ist unanwendbar (*Hüffer* AktG, § 113 Rn. 2). Für Nebenleistungen gilt entsprechendes, weil diese Bestandteil der Vergütung sind. Deshalb besteht ein Anspruch auf Übernahme der Versicherungsprämien für eine D&O-Versicherung durch die AG ebenfalls nur unter den Voraussetzungen des Abs. 1 S. 2, also bei Regelung in der Satzung oder durch Hauptversammlungsbeschluss (*Henssler* RWS-Forum 20 2001, 131, 144 ff.; *Kästner* AG 2001, 195; a. A. *Notthoff* NJW 2003, 1350, 1354; *Mertens* AG 2000, 447, 2451). Kein Bestandteil der Vergütung ist der Anspruch auf **Auslagenersatz**; er kann in entsprechender Anwendung von § 670 BGB und damit ohne satzungsrechtliche Grundlage bzw. ohne Bewilligungsbeschluss der Hauptversammlung gegenüber der AG geltend gemacht werden (MünchHdb GesR IV/*Hoffmann-Becking* § 33 Rn. 12). Zu den erstattungsfähigen erforderlichen Auslagen gehören insbesondere Reise-, Übernachtungs- und Verpflegungskosten. Dagegen sind Personalkosten für Mitarbeiter wegen der Höchstpersönlichkeit der Amtsausübung grundsätzlich nicht ersatzfähig; anders verhält es sich bei Kosten für Hilfstätigkeiten, z. B. Schreibarbeiten, Übersetzungskosten (zu den streitigen Einzelheiten *Semler* FS Claussen 1997, 381, 388). Der Anspruch kann pauschaliert werden (»Sitzungspauschale«); dabei ist jedoch zu beachten, dass § 113 Abs. 1 AktG anwendbar wird, wenn die Höhe der Pauschalsumme über den Betrag der erforderlichen Aufwendungen hinausgeht und damit Vergütungscharakter erhält. 1

Hinsichtlich der **Art der Vergütung** sieht § 113 AktG keine gesetzlichen Vorgaben vor. Die Vergütung kann sowohl als festes Gehalt oder als Gewinnbeteiligung gewährt werden; Festbetrag und Tantieme können alternativ oder auch kumulativ vorgesehen werden. Abs. 3 geht von der **Zulässigkeit erfolgsbezogener Vergütungen** aus und sieht zwingend (§ 23 Abs. 5 AktG) bestimmte Berechnungsregeln für den Fall vor, dass die Vergütung ganz oder teilweise in einem Anteil am Jahresgewinn besteht. Für die Berechnung bildet der Bilanzgewinn (§ 158 Abs. 1 S. 1 Nr. 5 AktG), der um mindestens vier vom Hundert der auf den geringsten Ausgabebetrag der Aktien (§ 9 Abs. 1 AktG) geleisteten Einlagen zu kürzen ist. Die Regelung in Abs. 3 S. 2, wonach »entgegenstehende Festsetzungen« nichtig sind, wird zutreffend als Teilnichtigkeitsanordnung verstanden, so dass nur der fehlerhaft berechnete Teil der gewinnabhängigen Vergütung betroffen ist, während der korrekt berechnete Vergütungsanspruch wirksam begründet ist (*Hüffer* AktG, § 113 Rn. 9; MüKo AktG/*Semler* § 113 Rn. 58). Für andere Formen der erfolgsabhängigen Vergütung (z. B. Anknüpfung an die Dividende oder performanceorientierte Tantiemen) gilt Abs. 3 nicht. Ihre Zulässigkeit steht nicht grundsätzlich in Zweifel (zur Problematik von sog. stock options für Mitglieder des Aufsichtsrats vgl. *Habersack* ZGR 2004, 721, 728 ff.; *Vetter* AG 2004, 234; *Marsch-Barner* FS Röhricht 2005, 401, 417). Ziff. 5.4.5. DCGK regt an, erfolgsorientierte Vergütungen am langfristigen Unternehmenserfolg zu orientieren (näher Ringleb/Kremer/Lutter/v. Werder/*Kremer* Rn. 1073; *Hoffmann-Becking* ZHR 169, 155, 176 f.; *Krieger* FS Röhricht 2005, 349, 358 f.). 2

Sondervergütungen für bestimmte Sonderleistungen im Rahmen der Überwachungsaufgabe des Aufsichtsrats (zur Abgrenzung zu Tätigkeiten außerhalb des Aufsichtsrats vgl. Erl. zu § 114 AktG Rn. 2) stellen ebenfalls eine Vergütung i. S. d. § 113 AktG dar; deren vertragliche Grundlage ist daher ohne Hauptversammlungsbeschluss **nichtig** (BGHZ 114, 127, 133). Mit der Bestellung zum Aufsichtsratsmitglied bleibt für den Abschluss oder den Fortbestand von Beratungsverträgen mit Aufsichtsratsmitgliedern, die vom Vorstand oder vom Aufsichtsrat geschlossen wurden, kein Raum mehr (BGHZ 114, 127, 134). 3

Die **Höhe der Vergütung** soll nach Abs. 1 S. 3 **angemessen** sein. Beurteilungsmaßstab sind die Aufgaben der Aufsichtsratsmitglieder und zusätzlich die Lage der Gesellschaft. Eine Differenzierung zwischen den Aufsichtsratsmitgliedern und den Aufgaben ist mit dieser Maßgabe grundsätzlich zulässig. Für den Vorsitzenden und seinen Stellvertreter können ebenso höhere Vergü- 4 tungen festgelegt werden wie für die Mitglieder von Ausschüssen. Die Festlegung in der Satzung oder im Hauptversammlungsbeschluss muss sich auf die Höhe der Vergütung beziehen und damit beziffert sein. Die Angabe eines **Gesamtbetrages** für sämtliche Vergütungen wird als hinreichend angesehen, wenn dem Aufsichtsrat in der Satzung (bzw. im Hauptversammlungsbeschluss) die Aufteilung des Betrages übertragen wird (KölnKomm AktG/*Mertens* § 113 Rn. 30). Die **Herabsetzung** einer in der Satzung festgelegten Vergütung kann nach Abs. 1 S. 4 durch (satzungsändernden) Beschluss mit einfacher Stimmenmehrheit erfolgen.

5 Den **Mitgliedern des ersten Aufsichtsrats** kann erst am Ende ihrer Amtszeit eine Vergütung zuerkannt werden: Diese nämlich kann nur die Hauptversammlung bewilligen (Abs. 2 S. 1), wobei nach Abs. 2 S. 2 ausschließlich die Hauptversammlung zuständig ist, die über die Entlastung der Mitglieder des ersten Aufsichtsrats entscheidet.

§ 114 Verträge mit Aufsichtsratsmitgliedern

(1) Verpflichtet sich ein Aufsichtsratsmitglied außerhalb seiner Tätigkeit im Aufsichtsrat durch einen Dienstvertrag, durch den ein Arbeitsverhältnis nicht begründet wird, oder durch einen Werkvertrag gegenüber der Gesellschaft zu einer Tätigkeit höherer Art, so hängt die Wirksamkeit des Vertrags von der Zustimmung des Aufsichtsrats ab.

(2) [1]Gewährt die Gesellschaft auf Grund eines solchen Vertrags dem Aufsichtsratsmitglied eine Vergütung, ohne daß der Aufsichtsrat dem Vertrag zugestimmt hat, so hat das Aufsichtsratsmitglied die Vergütung zurückzugewähren, es sei denn, daß der Aufsichtsrat den Vertrag genehmigt. [2]Ein Anspruch des Aufsichtsratsmitglieds gegen die Gesellschaft auf Herausgabe der durch die geleistete Tätigkeit erlangten Bereicherung bleibt unberührt; der Anspruch kann jedoch nicht gegen den Rückgewähranspruch aufgerechnet werden.

1 Die Vorschrift regelt den Fragenkreis der **Beratungsverträge mit Aufsichtsratsmitgliedern**. Sie bezweckt, die unsachliche Beeinflussung von Aufsichtsratsmitgliedern durch den vertragschließenden Vorstand zu verhindern (vgl. *Kropff* AktG 1965, 158). Insbesondere soll ein Aufsichtsrat keine verdeckten Sonderzuwendungen erhalten (BGHZ 126, 340, 344). Dienst- oder Werkverträge mit Aufsichtsratsmitgliedern unterliegen deshalb dem **spezifischen Zustimmungserfordernis** des § 114 AktG. Für Kreditverträge gilt die Regelung des § 115 AktG.

2 Der **sachliche Anwendungsbereich** der Vorschrift beschränkt sich auf Leistungen des Aufsichtsratsmitglieds »außerhalb seiner Tätigkeit im Aufsichtsrat«. Tätigkeit im Rahmen der Aufsichtsratstätigkeit unterfallen der zwingenden (Vergütungs-)Regelung des § 113 AktG (vgl. § 113 AktG Rn. 1). Bei der **Abgrenzung** beider Tätigkeitsbereiche ist insbesondere zu berücksichtigen, dass der Aufsichtsrat im Rahmen seiner Überwachungstätigkeit auch Beratung schuldet (vgl. § 111 Rn. 8). Die schwierige Abgrenzung der bereits organschaftlich geschuldeten von der vertraglich vereinbarten und gesondert zu vergütenden Beratungstätigkeit ist schwierig und kann nur im Einzelfall nach dem Gegenstand der konkret vorzunehmenden Tätigkeit getroffen werden (BGHZ 126, 340, 344; näher *Deckert* AG 1997, 109, 114; *Boujong* AG 1995, 203, 204 f.; *Mertens* FS Steindorff 1990, 173, 180 ff.). Der BGH will vor allem danach differenzieren, ob die zu leistenden Dienste »Fragen eines besonderen Fachgebietes« und nicht »allgemeine Bereiche der Unternehmensführung« betreffen (BGHZ 114, 127, 132; 126, 340, 344 ff.).

3 **Zustimmungspflichtig** sind nach § 114 AktG **Dienst- oder Werkverträge**, die das Aufsichtsratsmitglied mit der AG schließt. Dienste höherer Art sind wie in § 627 BGB solche, die aus dem Alltäglichen herausfallen und insbesondere solche, die besondere Kenntnisse voraussetzen bzw. mit einer Vertrauensstellung verbunden sind. Bei Beratungsverträgen mit Aufsichtsratsmitgliedern liegt diese Voraussetzung regelmäßig vor (*Hüffer* AktG, § 114 Rn. 5). Verträge mit nachgeordneten Konzerngesellschaften unterfallen nach dem Wortlaut der Regelung dem Zustimmungserforder-

nis nicht; unter Umgehungsgesichtspunkten wird eine entsprechende Anwendung in Betracht zu ziehen sein, wenn der Vertrag in gleicher Weise mit der Muttergesellschaft hätte geschlossen werden können (MünchHdb GesR IV/*Hoffmann-Becking* § 33 Rn. 29; *Rellermeyer* ZGR 1992, 77, 87 f.). Abs. 1 erfasst nicht nur die nach Amtsbeginn abgeschlossenen Verträge, sondern auch solche, die vor Amtsbeginn begründet wurden und sodann weitergeführt werden (BGHZ 126, 340, 346 ff.). Erfasst werden auch Beratungsverträge mit einer Gesellschaft, deren alleiniger Gesellschafter oder Geschäftsführer das Aufsichtsratsmitglied ist (BGH NZG 2006, 712).

Die notwendige **Zustimmung des Aufsichtsrats** erfolgt durch Beschluss gem. § 108 AktG. Das betroffene Mitglied ist von der Teilnahme an der Abstimmung ausgeschlossen (OLG Frankfurt DB 2006, 942). Besteht der Aufsichtsrat nur aus der gesetzlichen Mindestzahl von drei Mitgliedern, ist die Genehmigung mangels Beschlussfähigkeit des Aufsichtsrats nicht möglich (*Werner* DB 2006, 935). Die wirksame Beschlussfassung setzt voraus, dass das Gremium zumindest den wesentlichen Inhalt des Vertrages kennt und in seine Willensbildung aufnimmt (OLG Köln AG 1995, 90, 91 f.). Wird die Zustimmung versagt, besteht kein Ersatzanspruch nach allgemeinen Vorschriften, z. B. §§ 280, 311 Abs. 2 BGB (*Hüffer* AktG, § 114 Rn. 6). 4

In den Fällen nicht konsentierter und deshalb unwirksamer Verträge ist nach Abs. 2 S. 1 die bereits gezahlte Vergütung zurückzugewähren. Es handelt sich um einen eigenständigen aktienrechtlichen Anspruch der AG, für den das allgemeine Zivilrecht (§§ 812 ff. BGB) nicht gilt. Der Anspruch entfällt, wenn der Aufsichtsrat den **Vertragsschluss genehmigt**. Hat das Aufsichtsratsmitglied seine Leistung erbracht, hat es lediglich einen Wertersatzanspruch gegenüber der AG nach Maßgabe des allgemeinen Bereicherungsrechts (§ 818 Abs. 2 BGB); der Anspruch kann insbesondere nach § 814 BGB entfallen. Mit dem Rückzahlungsanspruch der AG kann der Wertersatzanspruch des Aufsichtsratsmitglieds nicht aufgerechnet werden (Abs. 2 S. 2). 5

§ 115 Kreditgewährung an Aufsichtsratsmitglieder

(1) [1]Die Gesellschaft darf ihren Aufsichtsratsmitgliedern Kredit nur mit Einwilligung des Aufsichtsrats gewähren. [2]Eine herrschende Gesellschaft darf Kredite an Aufsichtsratsmitglieder eines abhängigen Unternehmens nur mit Einwilligung ihres Aufsichtsrats, eine abhängige Gesellschaft darf Kredite an Aufsichtsratsmitglieder des herrschenden Unternehmens nur mit Einwilligung des Aufsichtsrats des herrschenden Unternehmens gewähren. [3]Die Einwilligung kann nur für bestimmte Kreditgeschäfte oder Arten von Kreditgeschäften und nicht für länger als drei Monate im voraus erteilt werden. [4]Der Beschluß über die Einwilligung hat die Verzinsung und Rückzahlung des Kredits zu regeln. [5]Betreibt das Aufsichtsratsmitglied ein Handelsgewerbe als Einzelkaufmann, so ist die Einwilligung nicht erforderlich, wenn der Kredit für die Bezahlung von Waren gewährt wird, welche die Gesellschaft seinem Handelsgeschäft liefert.

(2) Absatz 1 gilt auch für Kredite an den Ehegatten, Lebenspartner oder an ein minderjähriges Kind eines Aufsichtsratsmitglieds und für Kredite an einen Dritten, der für Rechnung dieser Personen oder für Rechnung eines Aufsichtsratsmitglieds handelt.

(3) [1]Ist ein Aufsichtsratsmitglied zugleich gesetzlicher Vertreter einer anderen juristischen Person oder Gesellschafter einer Personenhandelsgesellschaft, so darf die Gesellschaft der juristischen Person oder der Personenhandelsgesellschaft Kredit nur mit Einwilligung des Aufsichtsrats gewähren; Absatz 1 Satz 3 und 4 gilt sinngemäß. [2]Dies gilt nicht, wenn die juristische Person oder die Personenhandelsgesellschaft mit der Gesellschaft verbunden ist oder wenn der Kredit für die Bezahlung von Waren gewährt wird, welche die Gesellschaft der juristischen Person oder der Personenhandelsgesellschaft liefert.

(4) Wird entgegen den Absätzen 1 bis 3 Kredit gewährt, so ist der Kredit ohne Rücksicht auf entgegenstehende Vereinbarungen sofort zurückzugewähren, wenn nicht der Aufsichtsrat nachträglich zustimmt.

(5) Ist die Gesellschaft ein Kreditinstitut oder Finanzdienstleistungsinstitut, auf das § 15 des Gesetzes über das Kreditwesen anzuwenden ist, gelten anstelle der Absätze 1 bis 4 die Vorschriften des Gesetzes über das Kreditwesen.

1 Die Vorschrift betrifft die Vergabe von **Krediten der AG an Aufsichtsratsmitglieder** und nahe Angehörige des Aufsichtsratsmitglieds; sie will dem darin liegenden Missbrauchspotential vorbeugen und entgegenwirken. Wie die Parallelvorschrift des § 89 AktG zur Kreditvergabe an Vorstandsmitglieder setzt der Gesetzgeber auf die **Publizität** der erforderlichen Einwilligung des Aufsichtsrats als Kontrollinstrument. Die Regelungen sind auch inhaltlich mit denjenigen des § 89 AktG weitgehend identisch; auf diese wird zum Verständnis des § 115 AktG verwiesen.

2 Im Unterschied zur Regelung für Vorstandsmitglieder in § 89 Abs. 1 S. 4 AktG werden den Aufsichtsratsmitgliedern in § 115 AktG **sog. Entnahmen** nicht ermöglicht. Ebenso wenig findet sich in § 115 AktG die für Vorstandsmitglieder vorgesehene Ausnahme für Kleinkredite (vgl. § 89 Abs. 1 S. 5 AktG). Dagegen sind sog. **Warenkredite**, welche die AG einem Aufsichtsratsmitglied für dessen einzelkaufmännisch geführtes Handelsgewerbe gewährt, ohne Einwilligung des Aufsichtsrats zulässig.

3 Im Unterschied zu § 114 AktG erfasst § 115 Abs. 1 S. 2 AktG die Fälle des Kreditvertragschlusses mit einem **verbundenen Unternehmen** (vgl. Kap. 14 Rn. 8 ff.). Die Kreditgewährung des herrschenden Unternehmens an das Aufsichtsratsmitglied eines abhängigen Unternehmens bedarf ebenso wie die Kreditvergabe des abhängigen Unternehmens an das Aufsichtsratsmitglied des herrschenden Unternehmens der Einwilligung des Aufsichtsrats des herrschenden Unternehmens.

§ 116 Sorgfaltspflicht und Verantwortlichkeit der Aufsichtsratsmitglieder

[1]Für die Sorgfaltspflicht und Verantwortlichkeit der Aufsichtsratsmitglieder gilt § 93 über die Sorgfaltspflicht und Verantwortlichkeit der Vorstandsmitglieder sinngemäß. [2]Die Aufsichtsratsmitglieder sind insbesondere zur Verschwiegenheit über erhaltene vertrauliche Berichte und vertrauliche Beratungen verpflichtet.

Übersicht:

A. Regelungszweck

1 Die Vorschrift verweist hinsichtlich der Sorgfaltspflicht und Verantwortlichkeit der Aufsichtsratsmitglieder auf die Vorschriften für den Vorstand in **§ 93 AktG**, die für sinngemäß anwendbar erklärt werden. Die Anordnung sinngemäßer Geltung der Regeln für den Vorstand macht deutlich, dass die im Vergleich zum Aufsichtsrat bestehenden Unterschiede wegen der Konzeption der Organstellung und des Inhalts der Organaufgaben zu berücksichtigen sind.

B. Pflichtenbindung der Aufsichtsratsmitglieder

Durch den Verweis auf die Regelung des § 93 AktG verpflichtet § 116 AktG die Aufsichtsratsmitglieder sinngemäß auf den **gesamten für Vorstandsmitglieder geltenden Pflichtenkanon**. Das betrifft neben den in § 116 S. 1 AktG ausdrücklich erwähnten Sorgfaltspflichten die in § 116 S. 2 AktG angesprochene Verschwiegenheitspflicht sowie die Treuepflichten. Auf die Erläuterung dieser Pflichten in § 93 AktG wird an dieser Stelle grundsätzlich Bezug genommen. 2

I. Sorgfaltspflicht

Die Sorgfaltspflicht umschreibt wie in § 93 AktG sowohl einen **objektiven Pflichtenstandard** als auch einen **Verschuldensmaßstab**. Der Inhalt der nach § 116 AktG bestehenden Sorgfaltspflichten ist in sinngemäßer Anwendung des § 93 AktG durch die Standards eines »ordentlichen und gewissenhaften Aufsichtsratsmitglieds« bei der Wahrnehmung der Überwachungsaufgabe des Aufsichtsratsmitglieds festgelegt. In **persönlicher Hinsicht** gilt nicht für alle Aufsichtsratsmitglieder der gleiche Pflichteninhalt. Aufsichtsratsmitglieder, die besondere Funktionen übernehmen, tragen auch besondere Pflichten. Insbesondere der Vorsitzende des Aufsichtsrats, sein Stellvertreter und die Mitglieder in Ausschüssen des Aufsichtsrats tragen die mit dem jeweiligen besonderen Amt verbundenen Pflichten. In **sachlicher Hinsicht** variiert der Pflichteninhalt mit der Art und Größe des Unternehmens und der sich den Aufsichtsratsmitgliedern im jeweiligen Unternehmen stellenden Anforderungen. Anzulegen ist ein objektiv durchschnittlicher Maßstab. Individuelle Spezialkenntnisse und -fähigkeiten wirken deshalb nicht pflichtensteigernd, individuelle Befähigungsdefizite aber auch nicht pflichtenmindernd (*Dreher* FS Boujong 1996, 71, 78 ff.; *Lutter* ZHR 145, 224, 228). 3

Die Sorgfaltspflicht eines »ordentlichen und gewissenhaften Aufsichtsratsmitglieds« als **Verschuldensmaßstab** definiert einen für sämtliche Aufsichtsratsmitglieder gleichermaßen geltenden Standard. Von einem Aufsichtsratsmitglied wird gefordert, dass es diejenigen **Mindestkenntnisse und -fähigkeiten** hat oder sich aneignet, die benötigt werden, um die anfallenden Geschäftsvorgänge pflichtgemäß beurteilen zu können (BGHZ 85, 293, 295 f.). Aufsichtsratsmitglieder – und zwar sowohl die der Arbeitnehmer als auch die der Anteilseigner (BGHZ 95, 296) – können sich grundsätzlich nicht verschuldensmindernd auf die mangelnde Beurteilungsfähigkeit im Bereich der gesetzlichen Überwachungsaufgaben berufen. Die Zuziehung von Sachverständigen ist nach §§ 109 Abs. 1 S. 2, 111 Abs. 2 S. 2 AktG deshalb nur für »einzelne« Gegenstände bzw. »bestimmte« Prüfungsgegenstände zugelassen, weil auch vom Gesetzgeber nicht erwartet wird, dass jedes Aufsichtsratsmitglied in sämtlichen Tätigkeitsgebieten des Aufsichtsrats umfassende Expertise besitzt (BGHZ 85, 293, 296). 4

II. Verschwiegenheitspflicht

Wegen der Verweisung auch auf § 93 Abs. 1 S. 3 AktG sind die Aufsichtsratsmitglieder zur Verschwiegenheit verpflichtet; § 116 Abs. 1 S. 2 AktG regelt deklaratorisch einen Teilaspekt, mit dem der Gesetzgeber des TransPuG deutlich machen wollte, worauf sich die Verschwiegenheitspflicht vor allem bezieht (RegBegr. zum TransPuG BT-Drs. 14/8769, 18). Die Verschwiegenheitspflicht bezieht sich nach § 93 Abs. 1 S. 2 AktG auf **alle vertraulichen Angaben und Geheimnisse** der Gesellschaft, insbesondere Betriebs- und Geschäftsgeheimnisse, die den Aufsichtsratsmitgliedern durch ihre Tätigkeit im Aufsichtsrat bekannt geworden sind (vgl. dazu singgemäß auch die Erl. zu § 93 AktG Rn. 10 ff.). Hierunter fallen vor allem der Gang der Beratungen des Aufsichtsrats, die Abstimmungsergebnisse, die Stellungnahmen der einzelnen Mitglieder und ihr Abstimmungsverhalten. Allenfalls in begrenzten Ausnahmefällen kann es gerechtfertigt sein, die Vertraulichkeit der Aufsichtsratsberatungen zu durchbrechen. Maßgeblicher Gesichtspunkt für die Beurteilung der Vertraulichkeit der Information ist allein das objektive Bedürfnis an Geheimhaltung im Unternehmensinteresse (BGHZ 64, 325, 331). Bei der Beurteilung der Frage, ob eine im Unternehmensinteresse als vertraulich zu behandelnde Information gegeben ist, steht 5 den Aufsichtsratsmitgliedern kein Beurteilungsspielraum zur Verfügung (MünchHdb GesR IV / *Hoffmann-Becking* § 33 Rn. 37).

6 Die Verpflichtung gilt **für alle Aufsichtsratsmitglieder** gleichermaßen. Für die Aufsichtsratsmitglieder in mitbestimmten Gesellschaften ebenso wie in mitbestimmungsfreien, für Aufsichtsratsmitglieder der Arbeitnehmer ebenso wie für solche der Anteilseigner (*Edenfeld/Neufang* AG 1999, 49, 52).

7 Das Gesetz regelt die Verschwiegenheitsverpflichtungen **abschließend**; sie kann deshalb weder durch die Satzung noch durch die Geschäftsordnung abgeschwächt oder verschärft werden (§ 23 Abs. 5 AktG). Möglich sind nur erläuternde Richtlinien zum Inhalt der Schweigepflicht sowie zu dem ggf. einzuhaltenden Verfahren vor Weitergabe einer Information (BGHZ 64, 325, 328). Zulässig ist danach die Festlegung eines Katalogs von Informationen, die vertraulich zu behandeln sind, wobei unter Berücksichtigung des Unternehmensinteresses im Einzelfall nicht auszuschließen ist, dass eine Weitergabe der Information keinen Verstoß gegen die Verschwiegenheitsverpflichtung bedeutet (MünchHdb GesR IV / *Hoffmann-Becking* § 33 Rn. 40 f.).

III. Treuepflicht

8 In der Konsequenz der organschaftlichen Stellung im Unternehmen unterliegen die Aufsichtsratsmitglieder einer Treubindung gegenüber der AG. Die Konkretisierung ist schwierig; ein Rückgriff auf die Treubindungen der Vorstandsmitglieder (vgl. Erl. zu § 93 AktG Rn. 3 ff.) ist wegen der Verschiedenheit der Aufgaben der Organe und ihrer Mitglieder nicht ohne weiteres möglich. Auch insoweit ist der allein verbindliche, wenn auch nicht konturenscharfe Maßstab der des **Unternehmensinteresses**, den ein Mitglied des Aufsichtsrats in seiner Tätigkeit vorrangig zu beachten hat (MünchHdb GesR IV / *Hoffmann-Becking* § 33 Rn. 48). Die Treubindung gegenüber der AG besteht insbesondere auch und gerade in Fällen der **Interessenkollision**. Diese können sich ergeben, wenn das Aufsichtsratsmitglied ihr Amt im Nebenamt ausübt und im Hauptamt in einer anderen Gesellschaft oder Unternehmung tätig ist; die Interessenkollision ist kein Rechtfertigungstatbestand für ein dem Unternehmenswohl abträgliches Aufsichtsratsverhalten (*Ulmer* NJW 1980, 1603, 1605). Die Interessenkonflikte, die sich aus konkurrierenden Organfunktionen des Aufsichtsratsmitglieds bei Kunden, Lieferanten, Kreditgebern und sonstigen Geschäftspartnern ergeben können, sind als Regelungsproblem erkannt; der DCGK empfiehlt in Ziff 5.5.2 die **Offenlegung solcher Konflikte**. Zu ihrer Lösung gibt es keine Patentrezepte; auch der DCGK sieht keine empfohlenen Lösungen vor. Im Einzelfall kommt in Betracht, dass das betroffene Aufsichtsratsmitglied durch den Aufsichtsratsvorsitzenden als Sitzungsleiter vom Stimmrecht wegen Interessenkollision ausgeschlossen wird (Ringleb / Kremer / Lutter / v. Werder / *Kremer* Rn. 1110); bei andauernden Interessenkollisionen wird auch eine Verpflichtung zur Niederlegung des Amtes in Betracht zu ziehen sein (*Lutter/Krieger* Rechte und Pflichten des Aufsichtsrats, § 10 Rn. 772 ff.).

C. Verantwortlichkeit der Aufsichtsratsmitglieder

9 Nach Maßgabe der §§ 116, 93 Abs. 2 AktG sind Aufsichtsratsmitglieder für Pflichtverletzungen der AG gegenüber **schadensersatzpflichtig**. Die Verantwortlichkeit auch der Aufsichtsratsmitglieder ist nach der sog. **business judgement rule** des § 93 Abs. 1 S. 2 AktG ausgeschlossen. Dieser Verantwortungsausschluss greift zugunsten der Aufsichtsratsmitglieder aber nur ein, wenn sie ausnahmsweise in unternehmerische Entscheidungen eingebunden sind (vgl. § 111 AktG Rn. 5).

10 Die Haftung nach den gesetzlichen Regeln ist **zwingend** (§ 23 Abs. 5 AktG) ausgestaltet; ihre Änderung durch Satzungs- oder Geschäftsordnungsregeln ist deshalb unzulässig. Möglich und zulässig sind aber im Innenverhältnis zur AG wirkende **Freistellungsklauseln** (*Hüffer* AktG, § 116 Rn. 8). Die Sondertatbestände des § 93 Abs. 3 AktG sowie die der Enthaftung nach § 93 Abs. 4 AktG (hier mit Ausnahme des nicht passenden S. 2) gelten sinngemäß auch für die Mitglieder des Aufsichtsrats (vgl. § 93 AktG Rn. 21 ff.). Ebenso gilt § 93 Abs. 5 AktG, so dass die Ansprüche

gegen Aufsichtsratsmitglieder auch von den Gläubigern durchgesetzt werden können (vgl. § 93 AktG Rn. 26 ff.). Es gilt die fünfjährige Verjährung des § 93 Abs. 6 AktG (vgl. dort Rn. 30).

Die Haftung wegen Pflichtverletzung nach §§ 116, 93 Abs. 2 AktG setzt ein **Verschulden** des in Anspruch genommenen Aufsichtsratsmitglieds voraus. Es gilt der Sorgfaltsmaßstab eines ordentlichen und gewissenhaften Aufsichtsratsmitglieds (vgl. Rn. 4). Für die **Beweislast** gilt § 93 Abs. 2 S. 2 AktG (vgl. § 93 AktG Rn. 19). Wegen der Gesamtverantwortung des Aufsichtsrats als Gremium kann das einzelne Aufsichtsratsmitglied seine Verantwortlichkeit nicht durch eine Aufgabendelegation ausschließen. 11

Dritter Abschnitt. Benutzung des Einflusses auf die Gesellschaft

§ 117 Schadenersatzpflicht

(1) [1]Wer vorsätzlich unter Benutzung seines Einflusses auf die Gesellschaft ein Mitglied des Vorstands oder des Aufsichtsrats, einen Prokuristen oder einen Handlungsbevollmächtigten dazu bestimmt, zum Schaden der Gesellschaft oder ihrer Aktionäre zu handeln, ist der Gesellschaft zum Ersatz des ihr daraus entstehenden Schadens verpflichtet. [2]Er ist auch den Aktionären zum Ersatz des ihnen daraus entstehenden Schadens verpflichtet, soweit sie, abgesehen von einem Schaden, der ihnen durch Schädigung der Gesellschaft zugefügt worden ist, geschädigt worden sind.

(2) [1]Neben ihm haften als Gesamtschuldner die Mitglieder des Vorstands und des Aufsichtsrats, wenn sie unter Verletzung ihrer Pflichten gehandelt haben. [2]Ist streitig, ob sie die Sorgfalt eines ordentlichen und gewissenhaften Geschäftsleiters angewandt haben, so trifft sie die Beweislast. [3]Der Gesellschaft und auch den Aktionären gegenüber tritt die Ersatzpflicht der Mitglieder des Vorstands und des Aufsichtsrats nicht ein, wenn die Handlung auf einem gesetzmäßigen Beschluß der Hauptversammlung beruht. [4]Dadurch, daß der Aufsichtsrat die Handlung gebilligt hat, wird die Ersatzpflicht nicht ausgeschlossen.

(3) Neben ihm haftet ferner als Gesamtschuldner, wer durch die schädigende Handlung einen Vorteil erlangt hat, sofern er die Beeinflussung vorsätzlich veranlaßt hat.

(4) Für die Aufhebung der Ersatzpflicht gegenüber der Gesellschaft gilt sinngemäß § 93 Abs. 4 Satz 3 und 4.

(5) [1]Der Ersatzanspruch der Gesellschaft kann auch von den Gläubigern der Gesellschaft geltend gemacht werden, soweit sie von dieser keine Befriedigung erlangen können. [2]Den Gläubigern gegenüber wird die Ersatzpflicht weder durch einen Verzicht oder Vergleich der Gesellschaft noch dadurch aufgehoben, daß die Handlung auf einem Beschluß der Hauptversammlung beruht. [3]Ist über das Vermögen der Gesellschaft das Insolvenzverfahren eröffnet, so übt während dessen Dauer der Insolvenzverwalter oder der Sachwalter das Recht der Gläubiger aus.

(6) Die Ansprüche aus diesen Vorschriften verjähren in fünf Jahren.

(7) Diese Vorschriften gelten nicht, wenn das Mitglied des Vorstands oder des Aufsichtsrats, der Prokurist oder der Handlungsbevollmächtigte durch Ausübung

1. der Leitungsmacht auf Grund eines Beherrschungsvertrags oder
2. der Leitungsmacht einer Hauptgesellschaft (§ 319), in die die Gesellschaft eingegliedert ist,

zu der schädigenden Handlung bestimmt worden ist.

A. Regelungszweck

1 Einflussnahmen auf die AG, welche das Führungspersonal der Gesellschaft zu schädlichem Verhalten veranlasst, können das Vermögen der AG und der Aktionäre beeinträchtigen und führen nach § 117 AktG zu Recht zu einer **Schadenersatzverpflichtung**. Sofern der schädigende Einfluss von Aktionären ausgeht, kann dies aus heutiger Sicht eine Verletzung der Treuebindungen des Aktionärs darstellen. § 117 AktG behandelt die schädigende Einflussnahme als **besonderen Deliktstatbestand** (BGH NJW 1992, 3167, 3172), der den Ersatz reiner Vermögensschäden regeln soll; wegen des deliktsrechtlichen Charakters der Norm kann der Adressatenkreis der Norm im Interesse eines umfassenden Schutzes des Gesellschafts- und Aktionärsvermögens auf jeden beliebigen Schädiger erstreckt werden.

B. Haftungstatbestand, Abs. 1

2 Abs. 1 verlangt in objektiver Hinsicht zunächst die von einer natürlichen oder juristischen Person ausgehende **Einflussnahme auf die AG**. Auf welche Weise bzw. auf welcher Grundlage der Einfluss erfolgt, ist für den Tatbestand des § 117 AktG ohne Belang. Insofern kommt jede Art von Einflussnahme in Betracht, unabhängig davon, ob sie als Mitglied eines Verwaltungsorgans, als Außenstehender, als Aktionär, als Familienangehöriger bzw. als Vertrags- oder Geschäftspartner ausgeübt wird.

3 Die Einflussnahme muss genutzt werden, um eine der in Abs. 1 S. 1 genannten Führungspersonen der AG zu einem **schädigenden Handeln** zu bestimmen. Damit wird zum Ausdruck gebracht, dass die Einflussnahme schon immer nur tatbestandlich ist, wenn sie kausal für das Handeln der betroffenen Person war (*Brüggemeier* AG 1988, 93, 96). Der Kreis der beeinflussten Personen ist in Abs. 1 S. 1 bewusst formal festgelegt worden, so dass das Tätigwerden von anderen als den im Tatbestand genannten Führungspersonen auch dann nicht tatbestandlich erheblich ist, wenn diese die gleichen oder sogar weiterreichende rechtliche Befugnisse haben (MünchHdb GesR IV/*Wiesner* § 27 Rn. 3).

4 Das so beeinflusste Handeln des Führungspersonals der Gesellschaft muss einen **Schaden der AG bzw. der Aktionäre** bewirken. Der Schaden ist danach tatbestandlich erheblich, wenn er kausal auf das beeinflusste Handeln des Führungspersonals zurückzuführen ist. Schaden im Sinne der Vorschrift sind nur Vermögensschäden (*Brüggemeier* AG 1988, 93, 96). Als Schaden des Aktionärs wird nur der ihm **unmittelbar** entstandene Vermögensschaden angesehen; der durch die Wertminderung seiner Aktien als Folge der Einflussnahme auf die AG entstehende mittelbare Schaden wird somit nicht erfasst (BGHZ 105, 121, 130 f.; BGH NJW 1992, 2167, 2171 f.). Der Aktionär soll aus Gründen der Kapitalerhaltung und der Zweckbindung des Gesellschaftsvermögens nicht mit der AG um Schadenersatzansprüche konkurrieren (BGHZ 94, 55, 58 f.).

5 In subjektiver Hinsicht verlangt die Vorschrift **vorsätzliches Handeln** der Einfluss ausübenden Person. Während bedingter Vorsatz genügt, ist fahrlässiges Handeln nicht ausreichend (*Kropff* AktG 1965, 162). Der Vorsatz muss sich insbesondere auf den Schadenseintritt beziehen. Deshalb fehlt es an der Vorsätzlichkeit, wenn die beeinflussende Person in der Absicht handelt, das Unternehmen in der Krise zu retten oder einen Insolvenzantrag zu verhindern (vgl. BGH NJW 1982, 2823, 2827).

6 Die **Rechtsfolge** besteht darin, dass unter den genannten Tatbestandsvoraussetzungen ein **Schadenersatzanspruch der AG** entsteht. Der Anspruch wird regelmäßig durch den Vorstand geltend gemacht (vgl. § 78 Abs. 1 AktG). Die Geltendmachung von Ersatzansprüchen der AG kann aber von der Hauptversammlung im Beschlusswege erzwungen werden (§ 147 Abs. 1 S. 1 AktG). Gesellschaftsgläubiger haben die Möglichkeit, den Ersatzanspruch nach Abs. 5 geltend zu machen. Dabei handelt es sich um eine Parallelvorschrift zu § 93 Abs. 5 AktG, mit der Besonderheit, dass es auf eine gröbliche Pflichtverletzung der Organmitglieder (§ 93 Abs. 5 S. 2 AktG) bei der Anwendung des § 117 Abs. 5 AktG nicht ankommt. Die geschädigten Aktionäre können den Ersatzanspruch nicht geltend machen (OLG Bremen AG 2002, 620). Die Aktio-

näre sind aber nach Abs. 1 S. 2 ersatzberechtigt, wenn ihnen ein über den Schaden der AG hinausgehender Schaden zugefügt worden ist. Als Konsequenz der dem Gebot der Kapitalerhaltung geschuldeten Nichtberechtigung der Aktionäre, ihren nur mittelbaren Schaden der einflussbedingten Minderung des Werts der Aktie geltend zu machen, kann ein Aktionär nach Abs. 1 S. 2 nur Ersatz für diejenigen Schäden beanspruchen, die nicht in der Wertminderung der Aktie bestehen. Der BGH hat einen solchen Schaden im Ausfallen des Aktionärs in der Insolvenz der AG gesehen, nachdem der Aktionär der AG ein Darlehen als Überbrückungshilfe gewährt hatte und der Aufsichtsratsvorsitzende den Vorstand dazu bestimmt hatte, ungerechtfertigte Zahlungen aus dem Gesellschaftsvermögen zu leisten (BGHZ 94, 55).

C. Mithaftung weiterer Personen, Abs. 2 und 3

Nach Abs. 2 haften auch die **Mitglieder von Vorstand und Aufsichtsrat**, wenn sie pflichtwidrig gehandelt haben. Die Haftung hängt davon ab, dass die Voraussetzungen des Abs. 1 vorliegen und die Organmitglieder nach § 93 AktG bzw. §§ 116, 93 AktG verantwortlich sind. Abs. 2 geht dabei über die allgemeine Haftung der Organhaftung nach §§ 93, 116 AktG hinaus, als die Organmitglieder danach auch den Aktionären für deren unmittelbaren Schaden ersatzpflichtig sind. Wie in § 93 Abs. 2 S. 2 AktG auch, trifft die Verwaltungsorganmitglieder die **Beweislast** dafür, dass sie nicht pflichtwidrig gehandelt haben, Abs. 2 S. 2. Die Mitglieder von Vorstand und Verwaltungsrat haften neben der Einfluss ausübenden Person als Gesamtschuldner (§§ 421 ff. BGB). 7

Als weitere Gesamtschuldner haften die **Nutznießer einer schädigenden Einflussnahme** auf die AG, Abs. 3. Voraussetzung der Haftung ist, dass der Mithaftende die Beeinflussung **vorsätzlich** (weiter) beeinflusst und er durch die schädigende Handlung einen Vorteil erlangt hat. Soweit es sich bei dem Nutznießer der schädigenden Handlung um einen Aktionär handelt, erfüllt die Veranlassung der Beeinflussung regelmäßig bereits den Tatbestand des Treupflichtverstoßes (vgl. BGH NJW 1995, 1739, 1745); Bedeutung hat die Vorschrift vor allem als spezieller Deliktstatbestand für außenstehende Veranlasser einer schädigenden Einflussnahme. 8

D. Haftungsausnahmen und -modalitäten, Abs. 2 S. 3, Abs. 3 bis 7

Die Haftung nach § 117 AktG steht unter dem Vorbehalt einer Reihe besonderer Tatbestände. **Abs. 2 S. 3** schließt die Haftung der Mitglieder der Verwaltung nach § 117 AktG aus, wenn Vorstand oder Aufsichtsrat auf der Grundlage eines **gesetzmäßigen Beschlusses** der Hauptversammlung handeln; die Haftung entfällt in diesem Fall wegen des für die Verwaltung der AG verbindlich beschlossenen Willens der Hauptversammlung, die insoweit als »oberstes Organ« der Gesellschaft verstanden wird (vgl. aber Erl. zu § 118 AktG Rn. 1). Einem Beschluss allein des Aufsichtsrats kommt diese entlastende Wirkung deshalb nicht zu, Abs. 2 S. 4. Die **Aufhebung der Ersatzansprüche der Gesellschaft** ist wegen des Verweises in Abs. 4 auf die Regeln des § 93 Abs. 4 S. 3 und 4 AktG grundsätzlich nur nach Ablauf der dort genannten **Frist** und mit Zustimmung der Hauptversammlung möglich (vgl. § 93 AktG Rn. 25). Für die Ersatzansprüche der Aktionäre gibt es eine solche Beschränkung nicht. 9

Ausnahmen von der Haftung regelt Abs. 7 für **konzernrechtliche Sachverhalte**. Die Haftung der Führungspersonen nach Abs. 1–3 besteht nicht, wenn die Einflussnahme durch Ausübung der Leitungsmacht aufgrund eines Beherrschungsvertrages (§ 308 AktG) oder kraft Eingliederung (§ 323 AktG) erfolgt. Für diese konzernrechtlichen Sachverhalte bestehen spezifische konzernrechtliche Sondertatbestände der Verantwortlichkeit wegen schädlicher Einflussnahme (§§ 300 ff., 324 AktG; vgl. dazu auch Kap. 14 Rn. 35 ff.); deshalb bedarf es der Haftung nach den gesellschaftsrechtlichen Regeln des § 117 AktG nicht. 10

Vierter Abschnitt.
Hauptversammlung
Erster Unterabschnitt.
Rechte der Hauptversammlung

§ 118 Allgemeines

(1) Die Aktionäre üben ihre Rechte in den Angelegenheiten der Gesellschaft in der Hauptversammlung aus, soweit das Gesetz nichts anderes bestimmt.

(2) [1]Die Mitglieder des Vorstands und des Aufsichtsrats sollen an der Hauptversammlung teilnehmen. [2]Die Satzung kann jedoch bestimmte Fälle vorsehen, in denen die Teilnahme von Mitgliedern des Aufsichtsrats im Wege der Bild- und Tonübertragung erfolgen darf.

(3) Die Satzung oder die Geschäftsordnung gemäß § 129 Abs. 1 kann bestimmen, dass die Hauptversammlung in Ton und Bild übertragen werden darf.

A. Regelungsübersicht

1 Die Vorschrift ist als **Grundlagennorm zum Recht der Hauptversammlung** der AG konzipiert. Sie beruht auf der Vorstellung des Gesetzgebers, welche die Hauptversammlung sowohl als Versammlung der Aktionäre als auch als Organ der AG verfasst. Als **Versammlung der Aktionäre** ist die Hauptversammlung die Einrichtung, mittels derer die Aktionäre durch Ausübung ihrer Mitgliedschaftsrechte in erster Linie ihren Willen bilden (Abs. 1). Das **Organ Hauptversammlung** ist kein ständiges Organ; es tritt ad hoc durch Einberufung (§ 121 AktG) zur ordentlichen und zu außerordentliche Versammlungen zusammen. Die organschaftlichen Befugnisse der Hauptversammlung sind durch die vom Gesetz geregelten Aufgaben und Befugnisse festgelegt (vgl. v. a. § 119 AktG). Sie stehen zu den Kompetenzen der beiden anderen Organe in einem vom Gesetzgeber weitgehend zwingend (§ 23 Abs. 5 AktG) vorgeschriebenen Verhältnis, das nicht durch hierarchische Über- und Unterordnung, sondern durch die **Idee der Machtbalance** zwischen den Organen geprägt ist (KölnKomm AktG/*Zöllner* § 119 Rn. 2 f.). Die Vorschrift regelt die Pflicht der Mitglieder der beiden anderen Organe, an der Hauptversammlung teilzunehmen (Abs. 2), und sieht in Abs. 3 eine Regelung vor, nach der die Übertragung der Hauptversammlung in Ton und Bild zugelassen werden kann.

B. Ausübung der Aktionärsrechte, Abs. 1

2 Nach Abs. 1 sind die Aktionäre grundsätzlich gehalten, ihre Rechte in Angelegenheiten der Gesellschaft in der Hauptversammlung auszuüben. Insofern sind ihre Rechte doppelt mediatisiert: Die Aktionäre können ihre Rechte nur ausüben, sofern die Hauptversammlung zuständig ist, und die Ausübung der Rechte erfolgt im Wege der Beschlussfassung der Hauptversammlung, sofern sich dafür die erforderlichen Mehrheiten finden. Die **versammlungsgebundenen Aktionärsrechte** sind: das Teilnahmerecht, das Auskunftsrecht (§ 131 AktG), das Stimmrecht (§§ 12, 133 ff. AktG) und das Recht zur Erklärung des Widerspruchs zur Niederschrift (§ 245 Nr. 1 AktG); nach § 147 Abs. 1 S. 1 AktG können die Aktionäre über die Geltendmachung von Ersatzansprüchen der Gesellschaft beschließen; ferner stehen ihnen weitere, an das Vorliegen qualifizierter Aktionärsminderheiten gebundene Befugnisse (vgl. §§ 93 Abs. 4 S. 3, 116, 309 Abs. 3 S. 1, 310 Abs. 4, 317 Abs. 4, 318 Abs. 4 AktG) zu (vgl. *Henn* BB 1982, 1185).

3 Abs. 1 erwähnt überdies, dass den Aktionären kraft Gesetzes auch **nicht versammlungsgebundene Rechte** zustehen (vgl. *Henn* BB 1982, 1185, 1190 ff.). Dies betrifft zunächst die **Vermögensrechte**, nämlich den Anspruch auf Zahlung der von der Hauptversammlung beschlossenen Dividende (§§ 174, 58 Abs. 4 AktG) sowie das Bezugsrecht auf neue Aktien im Falle der Kapitaler-

höhung (§ 186 AktG). Ferner bestehen **Kontrollrechte**, nämlich das Recht auf Einberufung des Statusverfahrens (§ 98 Abs. 2 Nr. 3 AktG), die Anfechtungsbefugnis nach § 245 AktG, die Befugnis zur Geltendmachung der Nichtigkeitsklage nach § 249 AktG, sowie zahlreiche **Informationsrechte** (§§ 125 Abs. 2 und 4, 175 Abs. 2, 293 f., 295 Abs. 1 S. 2 AktG). An das Vorliegen einer qualifizierten Minderheit sind die Rechte auf Einberufung der Hauptversammlung und auf Bekanntgabe der Tagesordnung (§ 122 Abs. 1 und 2 AktG) sowie Rechte auf Sonderprüfung und daran anknüpfende Hilfsbefugnisse (§§ 142 Abs. 2 und 4, 147 Abs. 2 S. 2, 258 Abs. 2 S. 3 AktG) gebunden.

C. Teilnahme an der Hauptversammlung, Abs. 2

Die Hauptversammlung der AG ist keine öffentliche Veranstaltung, der Teilnehmerkreis ist von Gesetzes wegen beschränkt. Abs. 2 enthält dazu gesetzliche Regeln; sie sind **nicht abschließend** und betreffen nur einzelne Aspekte des Teilnahmerechts, insbesondere die Teilnahme der Mitglieder der Verwaltung der AG, während z. B. das Recht der Aktionäre auf Teilnahme der Hauptversammlung in Abs. 1 und 2 vorausgesetzt wird. 4

I. Teilnahmerecht der Aktionäre

Das Recht auf Teilnahme an der Hauptversammlung ist das **fundamentale Recht des Aktionärs**, ohne das es dem Aktionär nicht möglich ist, seine Rechte in den Angelegenheiten der Gesellschaft entsprechend der Regelung des Abs. 1 in der Hauptversammlung auszuüben. Das Recht auf Teilnahme an der Hauptversammlung ist Ausfluss des Mitgliedschaftsrechts, es entsteht mit dem Erwerb der Gesellschafterstellung und steht deshalb als im Kern **unentziehbares**, von der Mitgliedschaft **nicht abspaltbares** und **nicht veräußerliches** Recht jedem Aktionär zu. Teilnahmeberechtigt an der Hauptversammlung sind auch die Inhaber stimmrechtsloser Vorzugsaktien (§ 140 Abs. 1 AktG) und die Inhaber nicht voll eingezahlter Aktien. Das Teilnamerecht ist vom Stimmrecht verschieden, so dass Bestehen eines Stimmverbots (z. B. nach § 136 Abs. 1 S. 1 AktG) bzw. das Nichtbestehen des Stimmrechts nach § 134 Abs. 2 S. 1 AktG keinen Einfluss auf das Teilnahmerecht hat. Das Teilnahmerecht des Aktionärs besteht dann nicht, wenn der Aktionär seine Rechte aus der Aktie ausnahmsweise nicht ausüben darf (vgl. §§ 20 Abs. 7, 71 b, 328 Abs. 1 S. 1 AktG, § 28 WpHG, § 59 WpÜG). Zu den Besonderheiten für die Teilnahme an gesonderten Versammlungen i. S. d. § 138 AktG vgl. Erl. zu § 138 AktG. Zu Beschränkungen des Teilnahmerechts durch die Satzung vgl. Erl. zu § 123 AktG. 5

Das Teilnahmerecht ist **kein höchstpersönliches Recht**, es kann durch **Vertreter** des Aktionärs ausgeübt werden, der dann gem. § 134 Abs. 3 S. 1 AktG auch zur **Ausübung des Stimmrechts** befugt ist. Berater des Aktionärs oder Beistände sind durch diese Funktion allein nicht teilnahmeberechtigt. In Treuhandfällen ist der **Treuhänder** und nicht der Treugeber teilnahmeberechtigt. Dagegen ist der Pfandgläubiger, da er die Aktie nicht erwirbt, nicht teilnahmeberechtigt. Neben einem gesetzlichen Vertreter hat der Aktionär kein Teilnahmerecht. **Insolvenz- oder Nachlassverwalter** sind wie die gesetzlichen Vertreter allein teilnahmeberechtigt. Bei juristischen Personen als Aktionär sind alle Mitglieder des vertretungsberechtigten Organs teilnahmeberechtigt. Für **Personengesellschaften**, die als teilrechtsfähige Personengesamtheiten gelten (für die BGB-Gesellschaft anerkannt durch BGHZ 146, 341), sind nach Maßgabe der gesetzlichen Vertretungsregeln alle Vertreter teilnahmeberechtigt. Steht die Aktie mehreren Berechtigten gemeinsam zu (z. B. Erbengemeinschaften), so können sie die Rechte aus der Aktie nur durch einen gemeinschaftlichen Vertreter ausüben (§ 69 Abs. 1 AktG); dieser allein ist dann auch zur Teilnahme an der Hauptversammlung berechtigt. 6

II. Teilnahme der Mitglieder der Verwaltung

Die Mitglieder von Vorstand und Aufsichtsrat haben nach Abs. 2 nicht nur ein Teilnahmerecht; sie »sollen« an der Hauptversammlung teilnehmen. Der Gesetzgeber ordnet somit ein **Teilnahmepflicht** an, wenn nicht ausnahmsweise ein wichtiger Grund zum Fernbleiben besteht. Die Teil- 7 nahmepflicht des Vorstands ist eine Konsequenz des Umstandes, dass er den Aktionären Auskünfte erteilen und den Jahresabschluss, den Lagebericht und den Vorschlag für die Verwendung des Bilanzgewinns erläutern muss (vgl. §§ 131, 176 Abs. 1 AktG). Der Aufsichtsrat hat seinerseits seinen Bericht in der Hauptversammlung zu erläutern (§ 176 Abs. 1 S. 2 AktG). Die Verletzung der Teilnahmepflicht ist nicht spezifisch sanktioniert. In Betracht kommt aber die Geltendmachung von Schadenersatzansprüchen (§§ 93, 116 AktG) sowie die Abberufung aus wichtigem Grund (§§ 84 Abs. 3, 103 Abs. 3 AktG). Die Mitglieder der Verwaltung der AG sind persönlich zur Teilnahme berechtigt und verpflichtet; eine Stellvertretung ist nicht möglich.

8 Die Regelung bezieht wegen des Sachzusammenhangs mit der Berichtspflicht nur auf **gegenwärtige Mitglieder** der Verwaltung. **Ausgeschiedene** haben aus dem ehemaligen Organverhältnis heraus kein Recht zur Teilnahme an der Hauptversammlung. Möglich ist aber, dass sich eine Teilnahmepflicht aus der nachwirkenden organschaftlichen Treuepflicht ergeben; dies kann insbesondere dann der Fall sein, wenn die Teilnahme ausgeschiedener Mitglieder für die sachgerechte Auskunftserteilung gegenüber Aktionären (§ 131 AktG) unabdingbar ist (*Vetter* AG 1991, 171).

9 Abs. 2 S. 2 lässt eine **Ausnahme von der Präsenzpflicht** der Aufsichtsratsmitglieder durch entsprechende **Satzungsregelung** zu. Mit dieser vom Gesetzgeber des TransPuG eingeführten Regelung sollte die Zuschaltung per Video insbesondere ausländischer Aufsichtsratsmitglieder nicht börsennotierter Gesellschaften ermöglicht werden (BT-Drs. 14/8769, 19). Das Gesetz hat aber den Anwendungsbereich der Norm nicht auf diese Personen begrenzt (*Noack* DB 2002, 620, 624). Die Regelung setzt eine entsprechende Satzungsregelung voraus, die im Voraus bestimmte Fallgruppen festlegen muss, und verlangt eine beiderseitige Übertragung der Hauptversammlung in Wort und Bild (dazu *Mutter* AG 2003, R 34; krit. dazu *Hüffer* AktG, § 118 Rn. 10 a).

III. Teilnahme Dritter

10 Ein Teilnahmerecht steht neben den im Gesetz Genannten dem **Notar** zu, der gem. § 130 Abs. 1 AktG die Beschlüsse der Hauptversammlung notariell beurkundet.

11 Der **Abschlussprüfer** hat ein Teilnahmerecht und eine Teilnahmepflicht zu den entsprechenden Tagesordnungspunkten, wenn die Feststellung des Jahresabschlusses der Hauptversammlung überlassen ist (§ 173 AktG). Im Übrigen fehlt es an einer gesetzlichen Regelung, weshalb ein gesetzliches Teilnahmerecht abgelehnt wird. Der Leiter der Hauptversammlung wird allerdings als befugt angesehen, die Teilnahme des Abschlussprüfers zu gestatten (*Hüffer* AktG, § 118 Rn. 11).

12 **Vertretern von Aufsichtsbehörden** steht nach spezialgesetzlichen Rechtsgrundlagen ein Teilnahmerecht zu. Hervorzuheben ist insbesondere das Recht der Bundesanstalt für Finanzdienstleistungsaufsicht (BaFin), nach § 44 Abs. 4 KWG einen oder mehrere Vertreter zu den Hauptversammlungen von Kreditinstituten und Finanzdienstleistungsunternehmen zu entsenden.

13 **Medienvertreter und andere Gäste** haben kein Teilnahmerecht und keinen Anspruch auf Gestattung der Teilnahme. Ihnen kann aber vom Versammlungsleiter ein entsprechendes Recht durch Vergabe von Gästekarten eingeräumt werden. Der Ausschluss zugelassener Gäste soll nach h. M. nur durch Beschluss der Hauptversammlung möglich sein (*Hüffer* AktG, § 118 Rn. 16).

D. Ton- und Bildübertragung der Hauptversammlung, Abs. 3

14 Abs. 3 ermöglicht die Übertragung von Hauptversammlungen in Bild und Ton. Damit können insbesondere Bilder von der Hauptversammlung in das Internet gestellt werden. Die Vorschrift ermöglicht die Übertragung einer Präsenzversammlung, erlaubt aber **nicht die virtuelle Hauptversammlung**. Die Übertragung ist überdies nur zulässig, wenn die Satzung oder die Geschäftsordnung dies vorsehen. Die entsprechenden Regeln können das Recht zur Übertragung persönlich und sachlich begrenzen (*Noack* DB 2002, 620, 623).

§ 119 Rechte der Hauptversammlung

(1) Die Hauptversammlung beschließt in den im Gesetz und in der Satzung ausdrücklich bestimmten Fällen, namentlich über

1. **die Bestellung der Mitglieder des Aufsichtsrats, soweit sie nicht in den Aufsichtsrat zu entsenden oder als Aufsichtsratsmitglieder der Arbeitnehmer nach dem Mitbestimmungsgesetz, dem Mitbestimmungsergänzungsgesetz oder dem Drittelbeteiligungsgesetz zu wählen sind;**
2. **die Verwendung des Bilanzgewinns**
3. **die Entlastung der Mitglieder des Vorstands und des Aufsichtsrats**
4. **die Bestellung des Abschlußprüfers;**
5. **Satzungsänderungen;**
6. **Maßnahmen der Kapitalbeschaffung und der Kapitalherabsetzung;**
7. **die Bestellung von Prüfern zur Prüfung von Vorgängen bei der Gründung oder der Geschäftsführung;**
8. **die Auflösung der Gesellschaft.**

(2) Über Fragen der Geschäftsführung kann die Hauptversammlung nur entscheiden, wenn der Vorstand es verlangt.

Übersicht:

A. Regelungszweck

1 § 119 AktG legt die **Zuständigkeiten der Hauptversammlung** fest, indem die Vorschrift diese nur für die im Gesetz und in der Satzung zulässigerweise geregelten Fragen vorsieht. Die Hauptversammlung hat danach nur eine **begrenzte Zuständigkeit**, die auch nicht durch autonome Entscheidung erweitert werden kann. § 119 AktG ist insofern zwingend (§ 23 Abs. 5 AktG) als die geregelten Befugnisse nicht auf ein anderes Organ übertragen werden können. Dazu gehört auch, dass die Hauptversammlung in Fragen der Geschäftsführung nur durch den Vorstand selbst zuständig gemacht werden kann, indem dieser eine Entscheidung der Hauptversammlung verlangt (Abs. 2). Mit dieser Konzeption erweist sich die Regelung des § 119 AktG als eine für die Organisation der AG **zentrale Vorschrift**; sie konstituiert die vom Gesetzgeber mit dem Ziel einer Machtbalance austarierte Kompetenzordnung für die Organe der AG. Die Regelung ist im Wege richterlicher Rechtsfortbildung inzwischen dahingehend weiterentwickelt worden, dass es im Verhältnis der Organe zueinander eine ungeschriebene ausnahmsweise Sonderzuständigkeit der Hauptversammlung für einzelne »satzungsänderungsähnliche« Ausnahmesachverhalte gibt (vgl. dazu die Erl in Rn. 9).

B. Gesetzliche Zuständigkeiten der Hauptversammlung, Abs. 1

2 Die in Abs. 1 aufgeführten Zuständigkeiten lassen sich in die **regelmäßig wiederkehrenden Maßnahmen** der Nr. 1 bis 4, die Zuständigkeit für **Struktur- oder Grundlagenentscheidungen** i. S. d. Nr. 5, 6 und 8 sowie die Zuständigkeit für die **Sonderfälle** der Nr. 7 unterteilen. Insofern von einem nach dem Enumerationsprinzip geordneten Zuständigkeitskatalog zu sprechen (vgl. MünchHdb GesR IV/*Semler* § 34 Rn. 9), ist deshalb bedenklich, weil das Gesetz außerhalb des

Katalogs des § 119 AktG zahlreiche weitere Regelungen enthält, welche die Beschlusszuständigkeit erweitern.

3 Weitere Zuständigkeiten der Hauptversammlung zur **Entscheidung von strukturell bedeutsamen Maßnahmen** finden sich zunächst im AktG und betreffen Fortsetzungsbeschlüsse nach § 274 AktG, den Abschluss und die Änderung von Unternehmensverträgen nach §§ 293 Abs. 1 und 2, 295 AktG sowie Eingliederungsbeschlüsse nach § 319 Abs. 1 AktG. Nach dem Umwandlungsrecht ist eine Zuständigkeit der Hauptversammlung begründet in Fällen der Verschmelzung (§§ 65, 73 UmwG), der Spaltung oder Ausgliederung (§§ 125, 65, 73 UmwG), der Vermögensübertragung im Wege der Gesamtrechtsnachfolge (§§ 176, 65, 73 UmwG) und des Formwechsels (§§ 233, 240 UmwG).

4 **Außerhalb des § 119 AktG geregelte Fälle von Sonderzuständigkeiten** nach dem AktG betreffen den Verzicht bzw. Vergleich über Ersatzansprüche (§§ 50, 93 Abs. 4, 116 AktG), Nachgründungsverträge (§ 52 AktG), Beschlüsse über die Hauptversammlung betreffende Vorbereitungsmaßnahmen (§ 83 AktG), den Vertrauensentzug nach § 84 Abs. 3 AktG, die Abberufung von Aufsichtsratsmitgliedern (§ 103 Abs. 1 AktG), die Zustimmung in Vorbehaltsfällen nach § 111 Abs. 4 AktG, die Festsetzung der Aufsichtsratsvergütung nach § 113 Abs. 1 S. 2 und Abs. 2 AktG, die Geltendmachung von Ersatzansprüchen nach § 147 AktG, die (ausnahmsweise) Feststellung des Jahresabschlusses (§§ 173 Abs. 1, 234 Abs. 2), die Verwendung des Ertrags aufgrund höherer Bewertung nach Sonderprüfung (§ 261 Abs. 3 S. 2 AktG), die Bestellung besonderer Abwickler (§ 265 Abs. 2 AktG), die Abberufung von Abwicklern (§ 265 Abs. 5 AktG) und die Regelung ihrer Vertretungsmacht (§ 269 Abs. 2 und 3 AktG) sowie die Feststellung der Liquidationseröffnungsbilanz, der Liquidationsjahresabschlüsse und der Entlastung von Abwicklern und Aufsichtsratsmitgliedern (§ 270 Abs. 2 S. 1 AktG).

C. Satzungsgemäße Zuständigkeiten, Abs. 1

5 Nach Abs. 1 kann die Satzung Beschlusszuständigkeiten der Hauptversammlung festlegen. Der von dieser Regelung eröffnete Regelungsspielraum für die Satzung ist allerdings sehr begrenzt, weil die Satzung nach § 23 Abs. 5 AktG nur in den durch das Gesetz zugelassenen Fällen von den Zuständigkeitsregeln des Gesetzes abweichen kann. Die gesetzliche **Zuständigkeitsverteilung zwischen Vorstand und Aufsichtsrat** ist danach **satzungsfest**. So bleibt der zentrale Fall für die Begründung satzungsgemäßer Zuständigkeiten der Hauptversammlung die Einrichtung zusätzlicher Gremien der AG, insbesondere eines Beirats oder eines Aktionärsausschusses, nebst der Auswahl der Mitglieder dieser Gremien; diese Zuständigkeit kann aber nur dann wirksam satzungsgemäß begründet werden, wenn die Gremien keine Aufgaben wahrnehmen sollen, die gesetzlich zwingend den Organen der AG zugewiesen sind. Die von der Satzung geschaffene Zuständigkeit der Hauptversammlung ist deswegen grundsätzlich auf die Einrichtung von Gremien mit beratender Funktion begrenzt (GroßkommAktG/*Mülbert* § 119 Rn. 36). Das Gesetz erlaubt ferner, die Zustimmung zur Veräußerung vinkulierter Namenaktien der Hauptversammlung oder dem Aufsichtsrat zu übertragen (s. § 68 Abs. 2 S. 3 AktG).

D. Zuständigkeit in Fragen der Geschäftsführung, Abs. 2

6 In Fragen der Geschäftsführung hat die Hauptversammlung grundsätzlich **keine Entscheidungszuständigkeit**. Die Leitung der Gesellschaft liegt nach § 76 Abs. 1 AktG beim Vorstand unter dessen eigener Verantwortung. Der Vorstand hat aber die Möglichkeit, in bestimmten Fällen die Hauptversammlung in die Geschäftsleitung einzubinden: Dazu gehört zunächst das Recht, die Hauptversammlung anzurufen, wenn der Aufsichtsrat die nach § 111 Abs. 4 AktG erforderliche Zustimmung zu einer Maßnahme der Geschäftsführung nicht erteilt (§ 111 Abs. 4 S. 3 AktG). Nach § 119 Abs. 2 AktG besteht eine Entscheidungszuständigkeit in Fragen der Geschäftsführung, »wenn der Vorstand es verlangt.« Mit einem solchen Verlangen will der Vorstand regelmäßig von der in § 93 Abs. 4 S. 1 AktG eingeräumten Möglichkeit Gebrauch machen, sein Haftungsrisiko zu vermindern. Damit einher geht allerdings die nach § 83 Abs. 2 AktG bestehende

Verpflichtung des Vorstands, sich nach der Entscheidung der Hauptversammlung zu richten und die Maßnahme entsprechend durchzuführen oder zu unterlassen. Die Hauptversammlung ist ihrerseits allerdings nicht verpflichtet, sich mit einem Verlangen des Vorstands nach § 119 Abs. 2 AktG zu befassen und dieses zu entscheiden.

Das Entscheidungsverlangen muss **vom Vorstand als Kollegialorgan** ausgehen; das Verlangen 7 eines einzelnen Vorstandsmitglieds genügt nicht. Der Vorstand hat über das Verlangen als dem eigenem Ermessen unterfallende Geschäftsführungsmaßnahme zu beschließen und zwar nach Maßgabe des § 77 AktG durch **einstimmigen Beschluss**, wenn Satzung oder Geschäftsordnung nichts Abweichendes vorsehen (vgl. § 77 AktG Rn. 8 ff.). Das Entscheidungsverlangen muss in der Form eines **Antrags** vorgebracht werden, damit dieser als entsprechender Tagesordnungspunkt nach § 124 AktG bekannt gemacht und von Vorstand und Aufsichtsrat mit einem Beschlussvorschlag versehen werden kann. Vorausgesetzt wird von § 119 Abs. 2 AktG, dass der Vorstand für die Maßnahme zuständig – und sie nicht etwa dem Aufsichtsrat zugewiesen – ist. Dem Verlangen hat der Vorstand die Informationen beizufügen, die für eine sachgerechte Willensbildung der Hauptversammlung benötigt werden (BGHZ 146, 288, 294). Werden Verträge zur Zustimmung vorgelegt, ist entsprechend § 124 Abs. 2 S. 2 AktG zumindest ihr wesentlicher Inhalt bekannt zu machen, im Einzelfall aber sogar in Analogie zu 179 a Abs. 2 AktG der Vertrag zur Einsicht der Aktionäre auszulegen bzw. auf Verlangen der Aktionäre in Abschrift zu übersenden (BGHZ 146, 288, 294 f.; abl. *Tröger* ZHR 2001, 593, 600 ff.). Soll der Beschluss haftungsausschließende Wirkung nach § 93 Abs. 4 S. 1 AktG haben, müssen Antrag und Beschluss so bestimmt sein, dass ihnen zu entnehmen ist, welche Maßnahmen der Vorstand nach § 83 Abs. 2 AktG auszuführen hat (GroßkommAktG/*Hopt* § 93 Rn. 310).

Hat die Hauptversammlung einer Geschäftsführungsmaßnahme nach § 119 Abs. 2 AktG mit ein- 8 facher Mehrheit zugestimmt und ist der Beschluss unanfechtbar geworden, so hat der Vorstand die Maßnahme auszuführen, § 83 Abs. 2 AktG. Diese Verpflichtung besteht auch dann, wenn die Maßnahme mit qualifizierter Mehrheit hätte entschieden werden müssen, weil ein Fall von »satzungsänderungsähnlicher« Bedeutung vorlag (vgl. Erl. in Rn. 9). Insoweit wird geltend gemacht, dass aus Gründen der Rechtssicherheit der unanfechtbar gewordene Beschluss nach Abs. 2 als für den Vorstand verbindliche Entscheidung angesehen muss (KölnKomm AktG/*Zöllner* § 181 Rn. 36).

E. Ungeschriebene Zuständigkeiten

I. Gegenstände der Hauptversammlungszuständigkeit

Zu der **aktienrechtlichen Interessenbalance** zwischen den Organen der AG gehört nach gelten- 9 der Rechtslage, dass die Kompetenz des Vorstands, das Unternehmen unter der von § 76 Abs. 1 AktG eingeräumten eigenen Verantwortung zu leiten, nicht ausnahmslos gilt und die Hauptversammlung über das ausdrückliche Gesetzesrecht hinaus ungeschriebene Zuständigkeiten hat. Der BGH hat diese – inzwischen von einer breiten Rechtsprechung geprägten – ungeschriebenen Hauptversammlungszuständigkeiten erstmals in der sog. **»Holzmüller«-Entscheidung** aus dem Jahr 1982 entwickelt. Seinerzeit führte der BGH an, es gäbe »grundlegende Entscheidungen, die durch die Außenvertretungsmacht des Vorstands, seine gemäß § 82 Abs. 2 AktG begrenzte Geschäftsführungsbefugnis wie auch durch den Wortlaut der Satzung formal noch gedeckt sind, gleichwohl aber so tief in die Mitgliedsrechte der Aktionäre und deren im Anteilseigentum verkörpertes Vermögensinteresse eingreifen, dass der Vorstand vernünftigerweise nicht annehmen kann, er dürfe sie in ausschließlich eigener Verantwortung treffen, ohne die Hauptversammlung zu beteiligen« (BGHZ 122, 131).

Nachdem der BGH seine Rechtsprechung ursprünglich auf § 119 Abs. 2 AktG gestützt hatte, 10 rechtfertigt die neue Rechtsprechung in Reaktion auf die Kritik des Schrifttums, der Gesetzgeber habe in § 119 Abs. 2 AktG keine auch nur indirekte Verpflichtung des Vorstands schaffen wollen, das nämliche Ergebnis der Beschränkung der eigenverantwortlichen Leitungsmacht des Vorstandes durch eine Beschlusszuständigkeit der Hauptversammlung nunmehr als **Ergebnis richterlicher Rechtsfortbildung** (grundlegend BGHZ 159, 39, 42 f.; vgl. auch BGHZ 153, 47, 54; BGH NZG 2004, 571; NZG 2004, 575). Diese Mitwirkungszuständigkeit der Hauptversammlung bei Geschäftsführungsmaßnahmen des Vorstands kann nur »in engen Grenzen, nämlich dann in Betracht kommen, wenn sie an die Kernkompetenz der Hauptversammlung, über die Verfassung der Gesellschaft zu bestimmen, rühren und in ihren Auswirkungen einem Zustand nahezu entsprechen, der allein durch eine Satzungsänderung herbeigeführt werden kann« (BGHZ 159, 39, 44 f.).

11 Ein solcher, der eigenverantwortlichen Leitungskompetenz des Vorstands ausnahmsweise Grenzen setzender Sachverhalt kommt dann in Betracht, wenn der Vorstand **wesentliche strukturverändernde Maßnahmen** durchführen möchte und damit eine Beeinträchtigung der Mitgliedschaftsrechte der Aktionäre und der verkörperten Vermögenswerte (sog. **Mediatisierungseffekt**; vgl. BGHZ 153, 47, 54) zu besorgen ist (BGHZ 159, 38; *Hüffer* FS Ulmer 2003, 279; Emmerich/Habersack/*Habersack* Aktien- und GmbH-Konzernrecht, Vor § 311 Rn. 34).

12 Wann im Einzelnen ein solcher Ausnahmesachverhalt nach der sog. »Holzmüller«-Doktrin vorliegt, ist noch nicht endgültig geklärt. Ursprünglich ist eine ungeschriebene Hauptversammlungszuständigkeit von der Rechtsprechung für die Fälle der **Konzernbildung** entwickelt worden: Übertragung des den wertvollsten Teil des Gesellschaftsvermögens ausmachenden Betriebes auf eine zu diesem Zweck errichtete Tochtergesellschaft (BGHZ 83, 122). Da die Rechtsfortbildung auf die Gewährleistung des Individualschutzes der Aktionäre vor einer Mediatisierung ihrer Mitgliedschafts- und Vermögensposition abzielt, ist es gerechtfertigt und anerkannt, eine Mitwirkung der Hauptversammlung über die Fälle der Konzernbildung hinaus immer dann anzunehmen, wenn bei wertender Betrachtung ein Aktionärsschutz wegen wesentlicher Eingriffe in Aktionärsrechte geboten ist. Dies kann der Fall sein in Fragen, welche die rechtliche Struktur der Gesellschaft betreffen, bei Maßnahmen mit erheblichen wirtschaftlichen Auswirkungen auf die Gesellschaft und bei Verwässerung der Einfluss- und Vermögensrechte der Aktionäre (*Zimmer/Pentz* FS W. Müller 2001, 151, 166 f.).

13 Nach der **Rechtsprechung** werden der Art der Maßnahmen nach **folgende Fälle** erfasst: Die Ausgliederung von Unternehmensteilen fällt über die dem UmwG unterfallenden Fälle hinaus auch dann in die Zuständigkeit der Hauptversammlung (vgl. §§ 123 Abs. 3, 123, 13, 65 UmwG), wenn die Ausgliederung durch Veräußerung im Wege der **Einzelrechtsnachfolge** erfolgt (vgl. BGH NZG 2004, 571, 573). Eine Hauptversammlungszuständigkeit besteht überdies in Fällen der Veräußerung des Vermögens der den **einzigen Beteiligungsbesitz** des Unternehmens ausmachenden eingegliederten Gesellschaft (OLG Celle AG 2001, 357, 358; LG Hannover AG 2001, 150, 151), im Falle der **Veräußerung aller wesentlichen Beteiligungen** bis auf einen minimalen Restbeteiligungsbesitz (LG Frankfurt AG 2001, 431, 433) sowie bei der **Weggabe des einzigen werthaltigen Vermögensgegenstandes** (Grundbesitz) der Gesellschaft (OLG München AG 1995, 232, 233). Der Rückzug der Gesellschaft aus dem amtlichen Börsenhandel oder vom geregelten Markt (sog. **Delisting**) wird ebenfalls als ein der Zustimmung der Hauptversammlung unterfallender Sachverhalt angesehen, insbesondere weil dem Aktionär die Möglichkeit genommen wird, den Wert seiner Aktie jederzeit durch Veräußerung über die Börse zu realisieren (BGHZ 153, 47, 54).

14 **Weitere Fälle** ungeschriebener Hauptversammlungszuständigkeiten werden in Anlehnung an diese Rechtsprechung genannt: Der Erwerb und die Veräußerung wesentlicher Beteiligungen (*Renner* NZG 2002, 1091 ff.; *Lutter /Leinekugel* ZIP 1992, 225, 230). Die Veräußerung von Beteiligungen ist allerdings deshalb ein zweifelhafter Anwendungsfall ungeschriebener Hauptversammlungszuständigkeit, weil anstelle des veräußerten Beteiligungsvermögens der Kaufpreis im Vermögen der Gesellschaft vorhanden ist und deshalb eine Hauptversammlungszuständigkeit allenfalls dann gerechtfertigt erscheint, wenn der Vorstand infolge der Veräußerung den satzungsgemäßen Unternehmensgegenstand nicht mehr ausfüllen kann (vgl. *Habersack* AG 2005, 137, 144 ff. unter Berufung auf die Grundsätze der »Gelatine«-Entscheidungen BGH NZG 2004, 571 und NZG 2005, 575; ebenso *Joost* ZHR 163 (1999), 164, 185 f.; a. A. OLG München AG 1995, 232,

233; LG Stuttgart ZIP 2004, 76). Der Beteiligungserwerb dagegen kann wegen seiner mediatisierenden Wirkungen dieselben Gefahren für den Aktionär mit sich bringen wie die Ausgliederung von Gesellschaftsvermögen und wird deshalb ebenfalls als ein die Hauptversammlungszuständigkeit begründender Ausnahmefall angesehen (*Liebscher* ZGR 2005, 1, 23 f.). Als Hauptversammlungspflichtig wird angesehen die **wesentliche Änderung der Kapitalstruktur** durch Aufnahme von Fremdkapital (*Vollmer* AG 1991, 94, 100 f.), die **Teilfusion** (*Groß* AG 1994, 267), die **Aufnahme Dritter** in eine Tochtergesellschaft (*Kort* AG 2002, 369, 378 ff.), der **Börsengang der Tochtergesellschaft** (*Becker/Fett* WM 2001, 549; *Busch/Groß* AG 2000, 503) und der Abschluss von Betriebspacht- und Überlassungsverträgen einer Tochtergesellschaft (*Mecke*, Konzernstruktur und Aktionärsentscheid, 276).

Nur **wesentliche Maßnahmen** dieser Art können die ungeschriebene Hauptversammlungskompetenz begründen. Insofern hat es die Rechtsprechung abgelehnt, die Wesentlichkeit nach bestimmten quantitativen Schwellenwerten (Prozentsätze des Umsatzes oder Vermögens der Gesellschaft) zu bestimmen, sondern orientiert sich daran, ob die vorgesehene Maßnahme bei wertender Betrachtung »in seiner Bedeutung für die Gesellschaft« die Ausmaße der im »Holzmüller«-Fall aufgezeigten Grundsätze erreicht (BGHZ 159, 30, 45). Die damit erforderliche **wertende Beurteilung im Einzelfall** geht mit einem Verlust an Rechtssicherheit einher, da jedenfalls nicht allein wirtschaftliche Kriterien ausschlaggebend sind. Wenn allerdings – wie im »Holzmüller«-Fall (BGHZ 83, 122) – etwa 80 % des Vermögens der Gesellschaft von der geplanten Vorstands-Maßnahmen betroffen sind, spricht alles für das Bestehen einer ungeschriebenen Hauptversammlungszuständigkeit. Darüber hinaus kommt aber unabhängig von den betroffenen Umsatz- und Ertragszahlen auch in Betracht, die Wesentlichkeit der Maßnahme danach zu beurteilen, ob sie das **Kerngeschäft der Gesellschaft** betrifft und von grundsätzlicher Bedeutung für die Strategie oder das Image des Unternehmens ist (ebenso *Priester* ZHR 163 (1999), 187, 196; Emmerich / Habersack / *Habersack*, Aktien- und GmbH-Konzernrecht, Vor § 311 Rn. 47). 15

Für weitere, von ihrem wirtschaftlichen Umfang unabhängige Maßnahmen werden gleichfalls ungeschriebene Hauptversammlungszuständigkeiten eingefordert: Dazu gehören die **Entscheidung für den Börsengang** (sog. going public; vgl. *Picot/Land* DB 1999, 570, 571; *Lutter/Leinekugel* ZIP 1998, 805, 806; a. A. *Halasz/Kloster* ZBB 2001, 474, 478 ff.) und die **Einführung von Aktienoptionsplänen** (GroßkommAktG / *Mülbert* § 119 Rn. 30; a. A. OLG Stuttgart AG 2001, 540, 541; *Hüffer* ZHR 1997, 214, 224). 16

II. Verfahren

Mit der Befürwortung einer ungeschriebenen Hauptversammlungskompetenz gehen besondere Verfahrensanforderungen einher, deren Inhalt allerdings noch nicht abschließend geklärt ist. Zunächst bestehen **besondere Informationspflichten** des Vorstands gegenüber der Hauptversammlung. Damit sind gemeint die erweiterte Bekanntmachungspflicht nach § 124 Abs. 2 S. 2 AktG (BGHZ 146, 288, 294), nach umstrittener Rechtslage die **Pflicht des Vorstands zur Berichterstattung** über die Gründe für die zustimmungspflichtige Maßnahme, sog. »Holzmüller-Bericht« (OLG Frankfurt AG 1999, 378, 379 f., MünchHdb GesR IV / *Krieger* § 69 Rn. 11; a. A. LG Hamburg AG 1997, 238; *Hüffe*r FS Ulmer 2003, 279, 300), die Auslegung des Berichts in den Geschäftsräumen der Gesellschaft ab dem Zeitpunkt der Einberufung der Hauptversammlung und im Versammlungslokal während der Durchführung der Hauptversammlung und gegebenenfalls die Auslegung (bzw. auf Verlangen die Übersendung einer Abschrift) von Verträgen (BGHZ 146, 288, 293 f.). Die Einzelheiten der Reichweite der Informationspflichten und des geschützten Geheimhaltungsbereichs sind noch nicht endgültig geklärt (vgl. Emmerich / Habersack / *Habersack*, Aktien- und GmbH-Konzernrecht, Vor § 311 Rn. 52). 17

In der Hauptversammlung ist ein **Beschluss über die Maßnahme** durch die Hauptversammlung herbeizuführen. Dabei gelten wie zum Entscheidungsverlangen nach Abs. 2 die allgemeinen Beschlussfassungsregeln (vgl. Rn. 7 f.). Vom Vorstand ist deshalb zunächst zu verlangen, dass er den Gegenstand der Beschlussfassung antragsförmig beschreibt. Zu den Mehrheiten verlangt 18 der BGH nach anfangs abweichenden Quoren nunmehr eine **Mehrheit von 3/4** des vertretenen Grundkapitals (BGHZ 159, 30, 45 f.; ebenso *Zimmermann/Pentz* FS W. Müller 2001, 151, 170; *Joost* ZHR 1999, 164, 171 f.; a. A. für einfache Mehrheit *Hüffer* FS Ulmer 2003, 279, 298; *Groß* AG 1996, 111, 118). Dieses Erfordernis besteht unbeschadet entgegenstehender Satzungsbestimmungen für Beschlussfassungsmehrheiten bzw. den durch Konzernklauseln festegelegten Umfang der Vorstandstätigkeit (BGHZ 159, 46). Für zulässig erachtet wird ein **Vorab-Ermächtigungsbeschluss** der Hauptversammlung für bestimmte, nur in konzeptioneller Hinsicht konkretisierte, nicht aber im Detail festgelegte Maßnahmen (Emmerich/Habersack/*Habersack,* Aktien- und GmbH-Konzernrecht, Vor § 311 Rn. 51 unter Hinweis auf die durch BGHZ 136, 133, 138 ff. entsprechend geordnete Rechtslage zum genehmigten Kapital). Dieser Beschluss löst eine **Berichtspflicht des Vorstands** auf der nächstfolgenden Hauptversammlung aus (BGHZ 153, 47, 60 zum Delisting).

III. Rechtsfolgen

19 **Ergeht** der Beschluss der Hauptversammlung und wird dieser unanfechtbar, muss der Vorstand die Maßnahme durchführen, § 83 Abs. 2 AktG.

20 **Verweigert** die Hauptversammlung die Zustimmung, darf der Vorstand die Maßnahme nicht durchführen. Nimmt der Vorstand eine zustimmungspflichtige Geschäftsführungsmaßnahme ohne Zustimmung der Hauptversammlung vor, ist die Maßnahme im Außenverhältnis ungeachtet der fehlenden Zustimmung wirksam (BGHZ 146, 288, 294 f.). Die ungeschriebenen Zustimmungsregeln berühren nämlich die unbeschränkte Außenvertretungsmacht des Vorstands nicht, sie haben eine **auf das Innenverhältnis beschränkte Wirkung** (BGHZ 159, 30, 42 f.); die Erteilung der Zustimmung stellt kein Wirksamkeitserfordernis für die Maßnahme dar.

21 Der gewollte Individualschutz der Aktionäre vor Eingriffen in ihre Mitgliedsrechte und die darin verkörperten Vermögensinteressen werden auf folgende Weise realisiert: Wird die Hauptversammlung gar nicht mit der Maßnahme befasst, kann der Aktionär **Unterlassungsansprüche** – ggf. auch im einstweiligen Rechtsschutzverfahren – geltend machen. Ist die Maßnahme bereits durchgeführt, kann der Aktionär auf **Beseitigung der rechtswidrig durchgeführten Maßnahme** klagen (*Krieger* ZHR 1999, 343, 354 f.). Wird die Zustimmung durch die Hauptversammlung erteilt, kann der einzelne Aktionär **Anfechtungsklage** gegen die Beschlussfassung erheben (*Adolff* ZHR 2005, 310, 315 f.).

22 Überdies kommen bei fehlender Zustimmung der Hauptversammlung **Schadenersatzansprüche** der Gesellschaft gegen die Vorstandsmitglieder in Betracht. Diese hängen nach § 93 Abs. 2 AktG vom **Verschulden des Vorstands** ab. Hält der Vorstand die Maßnahme nicht für hauptversammlungspflichtig, kommt es darauf an, ob sich der Vorstand entsprechend der Verpflichtung eines »ordentlichen und gewissenhaften Geschäftsleiters« bei der Beurteilung dieser Frage hinreichender Fachkunde bedient hat.

§ 120 Entlastung

(1) [1]Die Hauptversammlung beschließt alljährlich in den ersten acht Monaten des Geschäftsjahrs über die Entlastung der Mitglieder des Vorstands und über die Entlastung der Mitglieder des Aufsichtsrats. [2]Über die Entlastung eines einzelnen Mitglieds ist gesondert abzustimmen, wenn die Hauptversammlung es beschließt oder eine Minderheit es verlangt, deren Anteile zusammen den zehnten Teil des Grundkapitals oder den anteiligen Betrag von einer Million Euro erreichen.

(2) [1]Durch die Entlastung billigt die Hauptversammlung die Verwaltung der Gesellschaft durch die Mitglieder des Vorstands und des Aufsichtsrats. [2]Die Entlastung enthält keinen Verzicht auf Ersatzansprüche.

(3) [1]Die Verhandlung über die Entlastung soll mit der Verhandlung über die Verwendung des Bilanzgewinns verbunden werden. [2]Der Vorstand hat den Jahresabschluß, den Lagebericht und den Bericht des Aufsichtsrats der Hauptversammlung vorzulegen. [3]Für die Auslegung dieser Vorlagen und für die Erteilung von Abschriften gilt § 175 Abs. 2 sinngemäß.

A. Übersicht

1 Die Vorschrift betrifft die Entlastung der Mitglieder der Verwaltungsorgane. Bei der Entlastung handelt es sich um ein besonderes gesellschaftsrechtliches Instrument, mit dem die **Billigung der Amtsführung** der Mitglieder der Verwaltungsorgane der AG für die Dauer der zurückliegenden Entlastungsperiode ausgesprochen und ihnen regelmäßig gleichzeitig für die künftige Amtsperiode das **Vertrauen zugesprochen** wird (BGHZ 94, 324, 326 zur GmbH). Die Vorschrift des § 120 AktG regelt Fragen der Beschlussfassung über die Entlastung (Abs. 1), ihre begrenzte, einen Verzicht auf Ersatzansprüche nicht zum Ausdruck bringende Wirkung (Abs. 2), die sich von der Wirkung des Entlastungsbeschlusses im GmbH-Recht unterscheidet, und bestimmte in der Hauptversammlung zu beachtende Verfahrensfragen (Abs. 3).

B. Beschlussfassung über die Entlastung, Abs. 1

2 Die Entlastung der Mitglieder des Vorstands und des Aufsichtsrats erfolgt durch Beschluss. Die **Zuständigkeit** für den Entlastungsbeschluss liegt nach Abs. 1 bei der **Hauptversammlung**. Diese Regelung ist nach § 23 Abs. 5 AktG zwingend.

3 Nach Abs. 1 hat die Hauptversammlung über die Entlastung in den **ersten acht Monaten** des Geschäftsjahres zu beschließen. Diese Frist entspricht der Frist des § 175 Abs. 1 S. 2 AktG zur Entgegennahme des festgestellten Jahresabschlusses, des Lageberichts sowie des Gewinnverwendungsbeschlusses (vgl. § 175 AktG Rn. 3). Dies gewährleistet die von § 120 Abs. 3 AktG vorgesehene Verbindung der Verhandlung dieser Tagesordnungspunkte. Bei Nichteinhaltung der Frist des Abs. 1 können sich die Vorstandsmitglieder wie bei der Versäumnis der Frist des § 175 Abs. 1 S. 2 AktG **schadenersatzpflichtig** machen, während die Wirksamkeit des Entlastungsbeschlusses im Falle der Fristüberschreitung beide Male nicht berührt wird (vgl. § 175 AktG Rn. 5).

4 Die Beschlussfassung über die Entlastung hat **in getrennten Verfahren** für die Mitglieder des Vorstands einerseits und die des Aufsichtsrats andererseits zu erfolgen. Die Zusammenfassung der Abstimmungsvorgänge zu einem Vorstands- und Aufsichtsratsmitglieder erfassenden Gesamtbeschluss verstößt gegen Abs. 1 (MünchHdb GesR IV/*Semler* § 34 Rn. 23). Organmitglieder, die zugleich Aktionäre sind, sind von der Abstimmung ausgeschlossen, wenn deren eigene Entlastung zur Abstimmung ansteht (§ 136 Abs. 1 AktG). Ein **Stimmverbot** sollte auch anerkannt werden, sofern es um die Beschlussfassung über die Entlastung der anderen Organmitglieder geht, weil die Billigung oder Missbilligung der Organtätigkeit der anderen Organmitglieder wegen der Gesamtverantwortung aller Organmitglieder (vgl. Erl. zu § 76 AktG Rn. 6 ff., 37) die Interessenkollision schafft, die durch § 136 AktG vermieden werden soll (so BGHZ 97, 28, 33 f. zur GmbH unter Hinweis auf die Situation des Vorwurfs gemeinsam begangener Pflichtverletzungen). Aktionäre, die ein Aufsichtsratsmitglied gem. § 101 Abs. 2 AktG entsandt haben, sind bei dessen Entlastung stimmberechtigt (BGHZ 36, 296, 306 ff.). Bei der **Einmann-AG** kann eine Entlastung insoweit nicht stattfinden, als der alleinige Aktionär zugleich Vorstands- oder Aufsichtsratsmitglied ist (MünchHdb GesR IV/*Semler* § 34 Rn. 25).

5 Über die Entlastung der Mitglieder des jeweiligen Organs wird nach der Wertung des Abs. 1 S. 2 grundsätzlich in einem Abstimmungsvorgang entschieden (sog. **Gesamtentlastung**). Die Abstimmung über die personenbezogene Entlastung jedes Einzelnen oder zumindest einzelner Organmitglieder (sog. **Einzelentlastung**) ist möglich. Nach Abs. 1 S. 2 hat eine Einzelentlastung zu erfolgen, wenn die Hauptversammlung dies mit einfacher Mehrheit beschließt. Das Antragsrecht für diese gesonderte Abstimmung steht jedem Aktionär ohne Ansehen des Umfangs seines Aktienbesitzes sowie jedem Mitglied des Vorstands- und des Aufsichtsrats zu (OLG München AG

1995, 381, 382) zu. In diesen Fällen ist zunächst über das Abstimmungsverfahren Beschluss zu fassen, bevor über den Entlastungsantrag entschieden wird. Über die Einzelentlastung ist ferner zu beschließen, wenn dies von einer Minderheit verlangt wird, deren Anteile zumindest 10 % des Grundkapitals oder den anteiligen Betrag von € 1,0 Mio erreichen, Abs. 1 S. 2. Schließlich kann der Versammlungsleiter nach h. M. von sich aus die Beschlussfassung über die Einzelentlastung anordnen (*Hüffer* AktG, § 120 Rn. 10; a. A. MünchHdb GesR IV/*Semler* § 34 Rn. 24).

C. Umfang und Wirkung der Entlastung, Abs. 2

6 Abs. 2 legt die Wirkung des Entlastungsbeschlusses dahingehend fest, dass die Verwaltung der Aktiengesellschaft »**gebilligt**« wird. Mit dem Entlastungsbeschluss wird festgestellt, dass die Verwaltung der AG durch die Organmitglieder im zurückliegenden Zeitraum **gesetzes- und satzungsmäßig** erfolgt ist, während die Entlastung andererseits keinen Verzicht auf Ersatzansprüche enthält. Ein solcher Verzicht ist gem. § 93 Abs. 4 S. 3 AktG nur durch gesonderten Beschluss und unter Wahrung der danach grundsätzlich zu beachtenden 3-Jahres-Frist möglich. Der Entlastungsbeschluss bezieht sich auf die Verwaltungstätigkeit insgesamt. Eine Entlastung für einzelne Vorgänge der Organtätigkeit ist nicht zulässig (OLG Stuttgart AG 1995, 233, 234). Eine **Teilentlastung** des Inhalts, dass die Hauptversammlung bestimmte Maßnahmen missbilligt und im Übrigen die Entlastung erteilt, wird für zulässig erachtet (*Sethe* ZIP 1996, 1321, 1322 ff.). Der Umfang der Entlastung bezieht sich regelmäßig auf das **gesamte abgelaufene Geschäftsjahr**. Eine Entlastung für einen kürzeren Zeitraum, etwa durch Beschlussfassung einer außerordentlichen Hauptversammlung, wird für zulässig erachtet (MünchHdb GesRIV/*Semler* § 34 Rn. 27).

7 Da mit einem **Entlastungsbeschluss** der Hauptversammlung der AG eine **Präklusion von Ersatzansprüchen** nach der zwingenden Regelung des Abs. 2 S. 2 nicht verbunden ist, hat die Entlastung vor allem die rechtliche Bedeutung, dass ein Vertrauensentzug nach § 84 Abs. 3 S. 4 AktG auf die Vorgänge, die vom Entlastungsbeschluss umfasst waren, nicht mehr gestützt werden kann. Der Entlastungsbeschluss entfaltet insofern rechtserhebliche Bedeutung. Deshalb kann ein Entlastungsbeschluss nach heute anerkannter Auffassung mit der Begründung **angefochten** werden, es handele sich um einen inhaltlich unzutreffenden Entlastungsbeschluss, weil Gegenstand der Entlastung ein Verhalten ist, das »eindeutig einen schwerwiegenden Gesetzes- oder Satzungsverstoß« darstellt (BGHZ 153, 47, 50 ff.). Damit wird verhindert, dass eine zur Billigung rechtswidrigen Verhaltens entschlossene Hauptversammlungsmehrheit eine Entlastung der Verwaltung gegen den Widerstand einer (gesetzestreuen) Minderheit durchsetzen kann.

8 Die **Verweigerung der Entlastung** hat umgekehrt keine unmittelbare rechtliche Wirkung. Sie bedeutet nicht notwendig einen Vertrauensentzug durch die Hauptversammlung. Dieser Inhalt kann ausdrücklich mit der Verweigerung der Entlastung beschlossen werden oder sich im Wege der Auslegung aus dem die Entlastung ablehnenden Beschluss ergeben (MünchHdb GesRIV/*Semler* § 34 Rn. 29). Zu dem Tagesordnungspunkt »Entlastung der Mitglieder des Vorstands« kann ein **Antrag auf Vertrauensentzug** gestellt werden (MünchHdb GesRIV/*Semler* § 34 Rn. 29). Die Entscheidung über den Vertrauensentzug kann, sie muss aber nicht, die Abberufung des betroffenen Vorstandsmitglieds durch den Aufsichtsrat aus wichtigem Grund nach § 84 Abs. 3 AktG zur Folge haben (vgl. Erl. zu § 84 AktG Rn. 27). Einen wichtigen Grund für die Amtsniederlegung (vgl. Erl. zu § 84 AktG Rn. 17) kommt der Verweigerung der Entlastung nur zu, wenn diese zu Unrecht erfolgte (*Hüffer* AktG, § 120 Rn. 16).

D. Verfahren der Hauptversammlung, Abs. 3

9 Die Verhandlung über die Entlastung soll nach Abs. 3 mit derjenigen über die Gewinnverwendung (§ 174 AktG) verbunden werden. Diese Regelung steht im Zusammenhang mit der Verpflichtung des Vorstands, der Hauptversammlung zur Information der Aktionäre den Jahresabschluss, den Lagebericht und den Bericht des Aufsichtsrats vorzulegen; diese Rechenschaftslegung ist materiell die Grundlage für die Entscheidung über die Entlastung. Deshalb ist der Entlastungsbeschluss bei Verletzung der Informationspflichten **anfechtbar** (BGHZ 62, 193, 194 f.;

KG AG 2001, 355, 356). Die Verbindung erfolgt dadurch, dass beide Tagesordnungspunkte im zeitlichen Zusammenhang in derselben Hauptversammlung behandelt werden.

Zweiter Unterabschnitt. Einberufung der Hauptversammlung

§ 121 Allgemeines

(1) Die Hauptversammlung ist in den durch Gesetz oder Satzung bestimmten Fällen sowie dann einzuberufen, wenn das Wohl der Gesellschaft es fordert.

(2) [1]Die Hauptversammlung wird durch den Vorstand einberufen, der darüber mit einfacher Mehrheit beschließt. [2]Personen, die in das Handelsregister als Vorstand eingetragen sind, gelten als befugt. [3]Das auf Gesetz oder Satzung beruhende Recht anderer Personen, die Hauptversammlung einzuberufen, bleibt unberührt.

(3) [1]Die Einberufung ist in den Gesellschaftsblättern bekanntzumachen. [2]Sie muß die Firma, den Sitz der Gesellschaft, Zeit und Ort der Hauptversammlung und die Bedingungen angeben, von denen die Teilnahme an der Hauptversammlung und die Ausübung des Stimmrechts abhängen.

(4) [1]Sind die Aktionäre der Gesellschaft namentlich bekannt, so kann die Hauptversammlung mit eingeschriebenem Brief einberufen werden, wenn die Satzung nichts anderes bestimmt; der Tag der Absendung gilt als Tag der Bekanntmachung. [2]Die §§ 125 bis 127 gelten sinngemäß.

(5) [1]Wenn die Satzung nichts anderes bestimmt, soll die Hauptversammlung am Sitz der Gesellschaft stattfinden. [2]Sind die Aktien der Gesellschaft an einer deutschen Börse zum amtlichen Markt zugelassen, so kann, wenn die Satzung nichts anderes bestimmt, die Hauptversammlung auch am Sitz der Börse stattfinden.

(6) Sind alle Aktionäre erschienen oder vertreten, kann die Hauptversammlung Beschlüsse ohne Einhaltung der Bestimmungen dieses Unterabschnitts fassen, soweit kein Aktionär der Beschlußfassung widerspricht.

A. Übersicht

Die Vorschriften der §§ 121 bis 128 AktG regeln Fragen der Einberufung der Hauptversammlung. 1
Die Vorschrift des § 121 AktG betrifft dabei die Grundfragen nach dem **Einberufungsgrund**, der **Einberufungszuständigkeit** und einzelnen **Einberufungsmodalitäten**. Durch das Gesetz für die kleine AG von 1994 hat der Gesetzgeber für bestimmte Gesellschaften Förmlichkeiten dadurch abgeschafft, dass die Möglichkeit der Einberufung durch eingeschriebenen Brief in Abs. 4 zugelassen wurde. Dieselbe Gesetzgebung hat mit der Regelung des Abs. 6 für Vollversammlungen aller Aktionäre die Förmlichkeiten weitgehend aufgehoben.

B. Einberufungsgründe, Abs. 1

Das AktG führt eine Reihe spezieller Gründe für die Einberufung einer Hauptversammlung an. 2
Die **jährlich einzuberufende Hauptversammlung** hat folgende **Gegenstände** zu behandeln: Entgegennahme des festgestellten Jahresabschlusses, Beschlussfassung über die Verwendung des Bilanzgewinns (§ 175 Abs. 1 AktG), Entlastung der Verwaltung (§ 120 AktG), Wahl der Abschlussprüfer (§ 318 Abs. 1 AktG) und gegebenenfalls Feststellung des Jahresabschlusses (§§ 173, 175 Abs. 3, 234 Abs. 2 AktG). Eine **Verpflichtung zur Einberufung** einer Hauptversammlung besteht, wenn ein Verlust in Höhe von mehr als der Hälfte des Grundkapitals angefallen ist (§ 92

Abs. 1 AktG), wenn eine qualifizierte Minderheit von Aktionären die Einberufung verlangt (§ 122 AktG) und wenn die Hauptversammlung selbst die Einberufung einer neuen Hauptversammlung beschlossen hat (vgl. § 124 Abs. 4 S. 2 AktG); zur Einberufungspflicht bei entsprechendem Verlangen von Aufsichtsbehörden, vgl. z. B. § 44 Abs. 1 Nr. 3 KWG, § 83 Abs. 1 S. 1 Nr. 6 VAG.

3 Überdies ist die Hauptversammlung immer dann einzuberufen, wenn Maßnahmen durchgeführt werden sollen, die in die Zuständigkeit der Hauptversammlung fallen oder der **Zustimmung der Hauptversammlung bedürfen**. Dies sind vor allem die in § 119 Abs. 1 und 2 AktG geregelten Fälle sowie die Maßnahmen, die im Wege richterlicher Rechtsfortbildung hauptversammlungspflichtig sind (vgl. zur sog. »Holzmüller-Doktrin« ausführl. § 119 AktG Rn. 9 ff.).

4 Für das **Satzungsrecht** besteht ungeachtet der Formulierung in § 120 Abs. 1 AktG wegen der gesetzlich zwingend (§ 23 Abs. 5 AktG) ausgestalteten Organkompetenzen nur ein **geringer Regelungsspielraum**. So kann das Quorum für die Einberufung einer Hauptversammlung durch eine Aktionärsminderheit in der Satzung auf unter 5 % gesenkt werden (§ 122 Abs. 1 S. 2 AktG). Ist die Zustimmung zur Übertragung vinkulierter Namensaktien der Hauptversammlung zugewiesen (§ 68 Abs. 2 S. 3 AktG), kann die Satzung festlegen, dass die Hauptversammlung innerhalb bestimmter Frist einzuberufen ist (MünchHdb GesRIV/*Semler* § 35 Rn. 2).

5 Das **»Wohl der Gesellschaft«** als weiterer Einberufungsgrund nach Abs. 1 verschafft dem Einberufungsberechtigten (vgl. sogleich in Rn. 6) keine beliebige Einberufungsbefugnis. Dieser hat vielmehr nach pflichtgemäßem Ermessen zu entscheiden, ob eine Einberufung zu erfolgen hat, weil Maßnahmen in der Zuständigkeit der Hauptversammlung anstehen. Umstritten ist, ob auch »beschlusslose« Hauptversammlungen einberufen werden können, mit denen der Vorstand die Hauptversammlung informieren oder sich von ihr ein Meinungsbild einholen möchte. Regelmäßig gehört es zu den pflichtgemäßen Aufgaben des Vorstands auch und gerade in schwierigen Entscheidungssituationen durch eigene Beschlussanträge seiner Leitungsaufgabe gerecht zu werden; die Einberufung und Befassung einer Hauptversammlung als Informationsgremium ist in aller Regel zum Wohl der Gesellschaft nicht gerechtfertigt (vgl. aber *Huber* ZIP 1995, 1740, 1743).

C. Einberufungszuständigkeit, Abs. 2

6 Die Zuständigkeit zur Einberufung der Hauptversammlung liegt in erster Linie **beim Vorstand** (Abs. 3 S. 1). Der Vorstand entscheidet über die Einberufung durch **Beschluss des Gesamtvorstands**, für den keine Einstimmigkeit (vgl. § 77 AktG), sondern eine **einfache Mehrheit** erforderlich und ausreichend ist. Für die Beschlussfassung gelten alle Personen als befugt, die im Handelsregister als Vorstandsmitglieder eingetragen sind, Abs. 2 S. 2, mögen sie wirksam bestellt sein oder nicht. Zur Teilnahme an der Beschlussfassung sind auch diejenigen Vorstandsmitglieder berechtigt, die wirksam bestellt, aber im Handelsregister noch nicht eingetragen sind (MünchHdb GesRIV/*Semler* § 35 Rn. 8).

7 Der **Aufsichtsrat** ist berechtigt und verpflichtet, die Hauptversammlung einzuberufen, wenn das Wohl der Gesellschaft dies erfordert (vgl. § 111 Abs. 3 AktG, vgl. § 111 AktG Rn. 13 f.). Ein solcher Fall kann insbesondere vorliegen, wenn der Vorstand die Hauptversammlung nicht einberuft, obwohl er dazu rechtlich verpflichtet ist. Von Gesetzes wegen haben Vorstand und Aufsichtsrat eine **konkurrierende Einberufungszuständigkeit**. Meinungsverschiedenheiten über die Einberufungspflicht etwa wegen der Hauptversammlungspflichtigkeit einer Maßnahme müssen deswegen nicht in einem Vorab-Verfahren geklärt werden. Der Aufsichtsrat hat – wie der Vorstand – über die Einberufung einen Gremienbeschluss mit einfacher Mehrheit herbeizuführen. Erst danach darf die Einberufung erfolgen.

8 Weitere Einberufungszuständigkeiten können durch die Satzung begründet werden (Abs. 2 S. 3). Diese kann insbesondere **einzelnen Vorstandsmitgliedern** oder **einzelnen Aufsichtsratsmitgliedern** das Recht zur Einberufung der Hauptversammlung verschaffen. Ebenso können einzelne Aktionäre oder Dritte durch die Satzung ein Einberufungsrecht erhalten. Einzelne Aktio-

näre können ferner unter den Voraussetzungen des § 122 Abs. 3 AktG gerichtlich zur Einberufung ermächtigt werden. Eine qualifizierte Minderheit von Aktionären kann vom Vorstand die Einberufung der Hauptversammlung verlangen, § 122 Abs. 1 S. 2 AktG (vgl. die Erl. zu diesen Vorschriften).

D. Einberufungsmodalitäten, Abs. 3

Die Einberufung der Hauptversammlung erfolgt regelmäßig durch **Bekanntmachung** in den Gesellschaftsblättern, Abs. 3 S. 1. Sie ist deshalb zumindest in den elektronischen Bundesanzeiger einzurücken, § 25 AktG. Hat die AG mehrere Gesellschaftsblätter, so ist die Bekanntmachung erst mit dem Erscheinen des letzten Blattes erfolgt (*Hüffer* AktG, § 121 Rn. 9), was insbesondere für die Wahrung der **Einberufungsfrist** nach § 123 AktG von Bedeutung ist (vgl. § 123 AktG Rn. 2 f.). 9

Die Bekanntmachung muss die in Abs. 3 aufgeführten **Mindestangaben** enthalten. Hinsichtlich der Zeit der Hauptversammlung sind **Tag und Stunde des Beginns** bekannt zu machen. Das Gesetz gibt dem Einberufenden insofern einen weiten Ermessenspielraum. Die Zeit muss lediglich so gewählt werden, dass den Aktionären die Teilnahme **zumutbar** ist. An Sonn- und Feiertagen ist dies nicht der Fall; der Samstag kann als Sitzungstag bestimmt werden (MünchHdb GesR IV/*Semler* § 35 Rn. 30). Die voraussichtliche Dauer ist nicht anzugeben. Soll die Hauptversammlung über mehr als einen Tag andauern können, so ist darauf in der Bekanntmachung z. B. in der Weise hinzuweisen, dass die Möglichkeit besteht, die Hauptversammlung bei Bedarf am Folgetag zu bestimmter Zeit und an bestimmtem Ort fortzusetzen. Andernfalls ist eine Fortsetzung der nicht abgearbeiteten Tagesordnung der Versammlung über den Tag der Einberufung hinaus nicht rechtmäßig (MünchHdb GesR IV/*Semler* § 36 Rn. 47; weitergehend wollen *Happ/Freitag* (AG 1998, 493) eine Fortsetzung der Hauptversammlung nach 24.00 Uhr ermöglichen). Die Bezeichnung des **Orts der Hauptversammlung** verlangt die Bekanntgabe der Anschrift des Versammlungsraumes (vgl. ferner Erl. in Rn. 16 ff.). Mit der Bekanntgabe der **Bedingungen für die Teilnahme** meint der Gesetzgeber, dass in der Einberufung bekannt zu machen ist, welche Bestimmungen der Satzung über Hinterlegungs- oder Anmeldungserfordernisse zu beachten sind (§ 123 Abs. 2 AktG). Weitere Angaben – wie insbesondere die Pflicht zur Bekanntgabe der Tagesordnung – ergeben sich aus § 124 AktG (vgl. dazu die Erl. zu § 124 AktG). 10

Die **Rechtsfolge der Nichtbeachtung** der Einberufungsformalitäten hat die **Nichtigkeit** der auf der Hauptversammlung gefassten Beschlüsse zur Folge (§ 241 Nr. 1 AktG). Davon ist nur dann eine Ausnahme anerkannt, wenn die Voraussetzungen einer Vollversammlung der Aktionäre vorliegen (Abs. 6). 11

E. Besondere Einberufung durch eingeschriebenen Brief, Abs. 4

Nach Maßgabe des Abs. 4 kann die Einberufung anstelle der Bekanntgabe in den Gesellschaftsblättern durch eingeschriebenen Brief erfolgen. Vorausgesetzt ist, dass der Einladungsberechtigte die Namen und Anschriften der Aktionäre kennt und die Satzung nichts anderes vorschreibt. Diese speziell für die »kleine AG« gedachte Regelung ist in ihrem Anwendungsbereich nicht auf Gesellschaften von bestimmter Größe begrenzt. 12

Bei **Namensaktien** ist die erforderliche Kenntnis stets gegeben; im Verhältnis zur Gesellschaft sind nämlich kraft Gesetzes nur die im Aktienregister eingetragenen Aktionäre berechtigt (vgl. § 67 Abs. 2 AktG). 13

Bei **Inhaberaktien**, bei denen eine Veräußerung nicht ausgeschlossen ist, hängt die Zulässigkeit der Einberufung per eingeschriebenem Brief von der konkreten **Kenntnis der Aktionärspersonen** ab. Vertragliche Anmeldevereinbarungen oder gesellschaftsinterne Informationssysteme, wenn sie denn überhaupt bestehen, helfen dem Einberufungsberechtigten dabei nicht, weil er sich nicht auf diese letztlich nicht zuverlässigen Instrumente zur Übersicht über den tatsächlichen Personenkreis der Aktionäre berufen kann (*Hüffer* AktG, § 121 Rn. 11 c). Der BGH hat bis- 14 her offen gelassen (BGH AG 2004, 670, 672 ff.), ob es gerechtfertigt ist, nur zu vertretende Irrtümer über die Person des Aktionärs als Einberufungsmangel gelten zu lassen (so *Lutter* AG 1994, 429, 438). Insofern ist die Einberufung per eingeschriebenem Brief keine durchweg empfehlenswerte Alternative zu der Einberufung nach Abs. 3 (*Hoffmann-Becking* ZIP 1995, 1, 6). Die bei der brieflichen Einberufung übergangenen Aktionäre haben die Möglichkeit, die gefassten Hauptversammlungsbeschlüsse zu genehmigen, § 242 Abs. 2 S. 4 AktG.

15 Die vorgeschriebene **Briefform** fordert notwendig eine **schriftliche**, nach h. M. aber nicht notwendig eine unterschriebene Erklärung (*Hüffer* AktG, § 121 Rn. 11 e). Der Satzungsvorbehalt soll weitere Vereinfachungen der Einberufung ermöglichen (BT-Drs. 14/4987, 30). Die Satzung kann deshalb rechtswirksam die Einberufung per Telefax oder E-Mail vorsehen. Der **Inhalt** der Einberufungserklärung hat wiederum dem der Einberufung durch Bekanntmachung in den Gesellschaftsblättern zu entsprechen. Lediglich hinsichtlich des **Tags der Bekanntmachung** bestimmt Abs. 4 S. 1 Hs. 2 den Tag der Absendung; darunter ist der Tag der Einlieferung des letzten Briefes zur Versendung gemeint (*Hüffer* AktG, § 121 Rn. 11 f.). Der Verweis in Abs. 4 S. 2 auf die sinngemäße Anwendung der §§ 125 bis 127 AktG stellt vor allem einen Verweis auf die dort geregelten Mitteilungspflichten dar; sie gelten auch für die Briefeinladung. Soweit für den Beginn von Fristen auf die Bekanntmachung im elektronischen Bundesanzeiger abgestellt wird (§§ 125 Abs. 1, 126 Abs. 1 AktG), ist für die Briefeinladung auf den Tag der Absendung abzustellen.

F. Ort der Hauptversammlung, Abs. 5

16 Die **Sollvorschrift** zum Versammlungsort bedeutet, dass der Gesellschaftssitz vom Gesetzgeber regelmäßig als Versammlungsort anzusehen ist. Somit sind Abweichungen im Einzelfall zulässig, wenn diese sachlich gerechtfertigt sind, also etwa ein geeigneter Versammlungsraum nicht zur Verfügung steht.

17 Die Satzung kann nach Abs. 5 einen **anderen Ort als den Gesellschaftssitz** als Versammlungsort bestimmen. Sie muss dabei keinen konkreten Versammlungsraum benennen; vielmehr wird eine begrenzte geographische Vorgabe für hinreichend erachtet, sofern diese nicht so weit formuliert ist, dass dem Einberufungsberechtigten ein freies Auswahlermessen eingeräumt wird, weil dann berechtigte Belange der Aktionäre möglicherweise unberücksichtigt bleiben (*Hüffer* AktG, § 121 Rn. 13).

18 Nicht ausgeschlossen ist, dass der Versammlungsort **im Ausland** liegt. Die Festlegung eines Versammlungsorts im Ausland setzt bei der AG aber wegen Abs. 5 eine entsprechende und **konkrete Festlegung in der Satzung** voraus. Andernfalls kann die Hauptversammlung im Ausland nach derzeitigem Meinungsstand nur als Vollversammlung i. S. d. Abs. 6 durchgeführt werden (zum kontroversen Meinungsstand vgl. *Bungert* AG 1995, 26).

19 Besonderheiten gelten für Hauptversammlungen, die nach § 16 Abs. 3 WpÜG einberufen werden. Bei der Wahl des Ortes der Hauptversammlung der von einem Übernahmeangebot betroffenen Zielgesellschaft ist die Gesellschaft nach § 16 Abs. 4 WpÜG frei (vgl. Haarmann/Schüppen/*Scholz* § 16 Rn. 27 ff.).

G. Vollversammlung aller Aktionäre, Abs. 6

20 Nach Abs. 6 ist eine Vollversammlung aller Aktionäre von der Einhaltung sämtlicher Vorschriften der §§ 121 bis 129 AktG **befreit**. Das Gesetz erwähnt den Begriff »Vollversammlung« nicht und bezieht die Regelung auf Hauptversammlungen, bei denen alle Aktionäre der Gesellschaft erschienen oder vertreten sind und bei denen kein Aktionär der Beschlussfassung widerspricht. Die Regelung entspricht dem zur Parallelregelung für die GmbH in § 51 Abs. 3 GmbHG anerkannten Erfordernis des **Einvernehmens aller Gesellschafter** mit der Abhaltung der Gesellschafterversammlung zum Zwecke der Beschlussfassung, das dort auch **konkludent** erklärt werden kann (vgl. BGHZ 100, 264, 269 ff. sowie – für die GmbH – Kap. 7 § 51 Rn. 11 f.).

Die Befreiung von den in Bezug genommenen Vorschriften des AktG hat die Bedeutung, dass sämtliche **Einberufungsmängel unbeachtlich** sind. Die Einhaltung bestimmter Formalitäten ist somit entbehrlich, die Einberufung durch Unbefugte ist unschädlich, die Ankündigung einer Tagesordnung ist entbehrlich und die hinreichende Information der Aktionäre nicht erforderlich. Der notwendige Schutz der Aktionäre wird dabei allein und umfassend durch ihr nicht konditioniertes Widerspruchsrecht gewahrt. 21

§ 122 Einberufung auf Verlangen einer Minderheit

(1) [1]Die Hauptversammlung ist einzuberufen, wenn Aktionäre, deren Anteile zusammen den zwanzigsten Teil des Grundkapitals erreichen, die Einberufung schriftlich unter Angabe des Zwecks und der Gründe verlangen; das Verlangen ist an den Vorstand zu richten. [2]Die Satzung kann das Recht, die Einberufung der Hauptversammlung zu verlangen, an eine andere Form und an den Besitz eines geringeren Anteils am Grundkapital knüpfen. [3]§ 142 Abs. 2 Satz 2 gilt entsprechend.

(2) In gleicher Weise können Aktionäre, deren Anteile zusammen den zwanzigsten Teil des Grundkapitals oder den anteiligen Betrag von 500.000 Euro erreichen, verlangen, daß Gegenstände zur Beschlußfassung einer Hauptversammlung bekanntgemacht werden.

(3) [1]Wird dem Verlangen nicht entsprochen, so kann das Gericht die Aktionäre, die das Verlangen gestellt haben, ermächtigen, die Hauptversammlung einzuberufen oder den Gegenstand bekanntzumachen. [2]Zugleich kann das Gericht den Vorsitzenden der Versammlung bestimmen. [3]Auf die Ermächtigung muß bei der Einberufung oder Bekanntmachung hingewiesen werden. [4]Gegen die Entscheidung ist die sofortige Beschwerde zulässig.

(4) Die Gesellschaft trägt die Kosten der Hauptversammlung und im Fall des Absatzes 3 auch die Gerichtskosten, wenn das Gericht dem Antrag stattgegeben hat.

Übersicht:

A. Überblick

Die Vorschrift gibt Aktionären, die eine bestimmte Mindestbeteiligungsquote erreichen, das Recht, die Einberufung der Hauptversammlung und die Bekanntmachung von Tagesordnungspunkten zur Beschlussfassung zu verlangen und erforderlichenfalls zu erzwingen. Die Vorschrift ist eine **Regelung des aktienrechtlichen Minderheitenschutzes**, ohne nur Minderheitsaktionären zuzustehen; sie findet eine Parallele in der Vorschrift des § 50 GmbHG (vgl. Kap. 7 § 50). Ihre Regelungen sind nach § 23 Abs. 5 AktG und zum Schutz der Aktionärsminderheit grundsätzlich **zwingend**; die Satzung kann aber nach Abs. 1 S. 2 den Minderheitenschutz verstärken. 1

B. Recht auf Einberufung, Abs. 1

I. Voraussetzungen

Die Regelung des Abs. 1 eröffnet Aktionären, deren Aktien zusammen **5 % des Grundkapitals** betragen, das Recht, die Einberufung der Hauptversammlung zu verlangen. Das Verlangen kann von allen Aktionären gestellt werden, die die vorgeschriebene Mindestbeteiligung erreichen und denen das **Teilnahmerecht** an der Hauptversammlung zukommt (vgl. Erl. zu § 118 2

AktG Rn. 5 f., dort auch zu Treuhand- und Pfandrechtskonstellationen); es besteht damit unabhängig von der Aktiengattung auch für Aktionäre mit stimmrechtslosen Vorzugsaktien.

3 Das Recht besteht nur für die Aktionäre, die die Mindestbeteiligungsquote von 5 % des Grundkapitals erreichen. Die **Quote** wird nicht nur von einem entsprechend hoch beteiligten Minderheitsaktionär erreicht, sondern auch von einem Aktionär, der über eine Mehrheitsbeteiligung verfügt. Für die Zwecke der Berechnung des Quorums gehören zum Grundkapital auch eigene Aktien der Gesellschaft. Aktien aus einer Kapitalerhöhung sind zu berücksichtigen, sobald diese im Handelsregister eingetragen ist. Ein Abzug für Aktien, auf die nur ein Teil der Einlage geleistet wurde, ist nicht vorzunehmen. Bei bedingtem Kapital sind diejenigen Aktien zu berücksichtigen, die während des Geschäftsjahres (und vor dem Zugang des Einberufungsverlangens) ausgegeben wurden. Aktien, aus denen nach dem Gesetzesrecht (vgl. z. B. § 20 Abs. 7 AktG, § 28 WpHG, § 59 WpÜG) vorübergehend keine Rechte ausgeübt werden können, sind aus dem Grundkapital herauszurechnen.

4 Die antragstellenden Aktionäre müssen seit **mindestens drei Monaten** vor dem Termin der Hauptversammlung **Inhaber der Aktien** sein. Sie haben dies mit dem Verlangen »nachzuweisen«, Abs. 1 S. 3, § 142 Abs. 2 S. 2 AktG (zu den Anforderungen an die Nachweise vgl. § 142 Rn. 10) und nach der geltenden Gesetzesfassung durch den Verweis auf § 142 Abs. 2 S. 2 AktG auch nachzuweisen, dass sie die Aktien bis zur Entscheidung über den Antrag halten (an diesen rechtstechnisch verunglückten Nachweis »künftiger Tatsachen« werden nur geringe Anforderungen gestellt, vgl. Erl. zu § 142 AktG Rn. 10).

5 Das Verlangen ist grundsätzlich in **Schriftform** an den Vorstand zu richten. Die Erklärung sollte ausdrücklich **als »Verlangen« bezeichnet** werden, sie muss aber mindestens den unzweideutigen Willen der Aktionäre zur Einberufung einer Hauptversammlung zum Ausdruck bringen. Das Schriftformerfordernis bezieht sich auf § 126 BGB und somit auch auf die elektronische Form, § 126 Abs. 3 BGB. Die erforderlichen **Unterschriften** müssen in hinreichender, also mindestens das Quorum erreichender Zahl vorliegen. Stellvertretung ist zulässig, wobei die Vollmachtsurkunden im Hinblick auf § 174 BGB dem Verlangen beigefügt werden sollten. Mit der Adressierung an den Vorstand ist gemeint, dass das Verlangen an die durch den Vorstand vertretene AG zu richten ist. Es genügt, wenn das Verlangen einem Vorstandsmitglied zugeht (vgl. § 78 Abs. 2 S. 2 AktG).

6 In dem Verlangen sind der **Zweck und die Gründe** für die Hauptversammlung anzugeben. Damit ist einerseits die **Angabe der Beschlussgegenstände** gemeint, ohne dass die Angabe einer vollständigen Tagesordnung gefordert ist (*Hüffer* AktG, § 122 Rn. 4). Bei den Gründen für das Einberufungsverlangen ist anzugeben, warum die Hauptversammlung überhaupt und zusätzlich zu dem gewünschten Zeitpunkt einberufen werden soll. Dargelegt werden muss überdies, weswegen eine **Eilbedürftigkeit** gegeben ist, die ein Zuwarten bis zur nächsten ordentlichen Versammlung nicht verträgt. Die Angaben zu Zweck und Gründen sind Gegenstand der Missbrauchskontrolle des Vorstands (vgl. Erl. in Rn. 8).

7 In der **Satzung** können nach Abs. 1 S. 2 Modifikationen der Schriftform des Einberufungsverlangens festgelegt werden. Ferner kann das Recht auf Einberufung Aktionären mit einem geringeren Quorum als 5 % des Grundkapitals eingeräumt werden. Eine verschärfende Satzungsbestimmung zu den Einberufungsvoraussetzungen ist nach § 23 Abs. 5 AktG nichtig.

II. Missbrauchskontrolle

8 Das Recht aus Abs. 1, die Einberufung der Hauptversammlung zu verlangen, ist ein **mitgliedschaftliches Recht**. Es wird nicht schrankenlos gewährt, sondern unterliegt der **Treubindung** und damit der Missbrauchskontrolle (*Hüffer* AktG, § 122 Rn. 6). Die Konkretisierung kann nur im Einzelfall erfolgen (vgl. *Halberkamp/Gierke* NZG 2004, 494, 497 ff.). Die Missbrauchskontrolle darf nur zurückhaltend erfolgen, damit der Minderheitenschutzcharakter des Rechts gewährleistet bleibt. Missbrauchsschranken kommen in Betracht, wenn die Eilbedürftigkeit der verlangten

außerordentlichen Hauptversammlung objektiv nicht gegeben ist; ebenso ist es regelmäßig missbräuchlich, die Einberufung der Hauptversammlung zu einem Gegenstand zu verlangen, der auf der letzten Hauptversammlung abschließend behandelt wurde, ohne dass seither eine neue Sachlage entstanden ist. Missbräuchlich ist das Einberufungsverlangen, wenn das angestrebte Ziel mit der einzuberufenden Versammlung nicht erreicht werden kann (OLG Hamburg AG 2003, 643). Die Missbrauchskontrolle hat der Vorstand **nach pflichtgemäßem Ermessen** durchzuführen. Entspricht der Vorstand dem Einberufungsverlangen wegen Missbräuchlichkeit nicht, bleibt den Aktionären die Möglichkeit des gerichtlichen Verfahrens nach Abs. 3.

III. Folgepflicht des Vorstands

Der Vorstand hat die Förmlichkeiten des Einberufungsverlangens zu prüfen. Eine Ablehnung des formell ordnungsgemäß gestellten Verlangens kommt nur in Missbrauchsfällen in Betracht (s. o. Rn. 8). Der Vorstand hat deshalb einem ordnungsgemäß gestellten und nicht missbräuchlichen Einberufungsverlangen zu entsprechen. Er hat die Hauptversammlung **unverzüglich** und mit dem verlangten Gegenstand **einzuberufen**. 9

Dabei hat der Vorstand verschiedene **zeitliche Vorgaben** zu beachten. Zunächst ist das Einberufungsverlangen **unverzüglich** (§ 121 Abs. 1 S. 1 BGB) **zu prüfen** und durch Beschluss des Vorstands zu bescheiden. Dabei muss der Zeitpunkt der Hauptversammlung noch nicht festgelegt werden, sondern zunächst nur generell auf das Einberufungsverlangen reagiert werden. Sodann hat der Vorstand die **Einberufung unverzüglich** i. S. d. § 121 Abs. 1 S. 1 BGB vorzunehmen (BGH WM 1985, 188). Der dabei zur Verfügung stehende Zeitrahmen richtet sich nach den Umständen des Einzelfalles unter Berücksichtigung der Dringlichkeit des Anliegens. Schließlich ist der Zeitpunkt der Hauptversammlung zu bestimmen; hierfür wird die Einhaltung eines angemessenen Zeitraums gefordert, der durch die Mindestfrist des § 123 Abs. 1 AktG als frühestem Termin bestimmt wird und im Übrigen nicht ohne sachlichen Grund hinausgezögert werden darf (vgl. KG GmbHR 1997, 1001 zur GmbH). 10

Dem Einberufungsverlangen hat der Vorstand **einschränkungslos** zu entsprechen. Das bedeutet vor allem, dass sämtliche Gegenstände der Beschlussfassung, zu denen das Einberufungsverlangen gestellt wird, berücksichtigt werden müssen (OLG Frankfurt WM 1986, 642). Die Ergänzung um weitere Tagesordnungspunkte durch den Vorstand ist zulässig. Die Einberufung erfolgt gem. den Regelungen der §§ 121 Abs. 2 bis 4, 123, 124 AktG. 11

C. Recht auf Bekanntmachung zur Beschlussfassung, Abs. 2

Nach Abs. 2 steht Aktionären das Recht zu, die Bekanntmachung von Gegenständen zur Beschlussfassung auf einer Hauptversammlung zu verlangen. Diese Regelung dient ebenfalls dem Minderheitenschutz, betrifft aber nicht das weitergehende Recht zur Einberufung einer Hauptversammlung, sondern ein **Recht zur Ergänzung der Tagesordnung** einer ohnehin stattfindenden Hauptversammlung. Auch dieses Recht ist abhängig vom Erreichen eines bestimmten Quorums, das entweder die Mindestbeteiligung von 5 % des Grundkapitals (vgl. dazu die Erl. in Rn. 2 ff.) oder den anteiligen Betrag von € 500.000,– erreichen muss. 12

Hinsichtlich der **Formalia des Bekanntmachungsverlangens** gelten die zum Einberufungsverlangen genannten Voraussetzungen (vgl. Rn. 5 f.) entsprechend (»in gleicher Weise«). Insbesondere gelten das Begründungserfordernis und die Nachweisanforderungen des § 142 Abs. 2 S. 2 AktG auch für das Bekanntmachungsverlangen des § 122 Abs. 2 AktG (näher *Mertens* AG 1997, 481). 13

Das Bekanntmachungsverlangen kann gestellt werden, wenn eine Hauptversammlung bereits einberufen wurde oder auch, wenn dies – insbesondere die Einberufung der nächsten ordentlichen Hauptversammlung – erwartet wird. Liegt die Einberufung bereits vor, ist die Frist des § 124 Abs. 1 S. 2 AktG zu beachten. 14

D. Rechtsdurchsetzung, Abs. 3

15 Nach Maßgabe des Abs. 3 kann das **zuständige Gericht** die Aktionäre ermächtigen, die Hauptversammlung selbst einzuberufen. Zuständig ist das Amtsgericht (§ 145 FGG) des Gesellschaftssitzes (§ 14 AktG). Es entscheidet im Verfahren der freiwilligen Gerichtsbarkeit und wird nur **auf Antrag** tätig. Der Antrag ist von den Aktionären zu stellen, die das erfolglose Verlangen gestellt haben. Dabei muss im Zeitpunkt der Antragstellung das notwendige Beteiligungsquorum von 5 % bzw. € 500.000,– (s. Rn. 12) erfüllt sein. Aktionäre, die das Verlangen gestellt haben, dieses aber nicht mit dem gerichtlichen Antrag weiterverfolgen, sind bei der Berechnung des Quorums in Abzug zu bringen. Das Auffüllen des Quorums für den gerichtlichen Antrag durch bisher nicht beteiligte Aktionäre ist unzulässig; in deinem solchen Fall muss zunächst das Verlangen an den Vorstand neu gestellt werden (OLG Düsseldorf FGPrax 2004, 87, 88).

16 Der gerichtliche Antrag ist **nur zulässig**, wenn dem Verlangen der Aktionäre »nicht entsprochen« wird. Dies erfasst sämtliche Fälle, bei denen der Vorstand einem ordnungsgemäßen Einberufungs- oder Bekanntmachungsverlangen nicht, nicht rechtzeitig oder nicht vollständig entspricht.

17 Die **stattgebende gerichtliche Entscheidung** ermächtigt die Aktionäre zur Einberufung der Hauptversammlung oder zur Bekanntmachung von Gegenständen zur Beschlussfassung. Im Gerichtsbeschluss zur Einberufungsermächtigung kann auch der **Versammlungsleiter** bestimmt werden (Abs. 3 S. 2). Diese Entscheidung ergeht von Amts wegen; ohne gerichtliche Bestimmung erfolgt die Leitung der Hauptversammlung den nach allgemeinen Regeln, insbesondere durch die Satzung festgelegten Grundsätzen und liegt damit regelmäßig beim Vorsitzenden des Aufsichtsrats. Das Gericht kann von dieser Regel abweichen, wird dies auch ausnahmsweise tun, wenn es die Überzeugung gewinnt, dass dem Anliegen der die Hauptversammlung begehrenden Aktionäre unter der Leitung des satzungsmäßig berufenen Versammlungsleiters nicht angemessen Rechnung getragen wird.

18 Die Aktionäre haben bei der Einberufung der Hauptversammlung auf die gerichtliche Ermächtigung **hinzuweisen**, Abs. 3 S. 3. Dabei genügt ein allgemeiner Hinweis (z. B. »kraft gerichtlicher Ermächtigung«), ohne dass die zugrunde liegende gerichtliche Entscheidung im Einzelnen zu benennen ist (RGZ 170, 83, 95 f. zur Genossenschaft). Die Regelungen der §§ 121, 123, 124 AktG sind auch bei der Einberufung durch die Aktionäre zu beachten. Ohne den Hinweis in der Einberufung und ohne Beachtung der Einberufungsformalitäten gefasste Beschlüsse der Hauptversammlung sind nach § 243 Abs. 1 AktG **anfechtbar**.

E. Kosten

19 Die Kosten der Hauptversammlung sowie die Gerichtskosten in den Fällen des Abs. 3 trägt **die Gesellschaft**. Darunter fallen auch die Kosten der Einberufung. Die Regelung verschafft den Aktionären einen **Freistellungs- bzw. Erstattungsanspruch**; sie sind nicht berechtigt, erforderlich werdende Verträge im Namen der AG abzuschließen (*Halberkamp/Gierke* NZG 2004, 494, 501).

§ 123 Frist, Anmeldung zur Hauptversammlung, Nachweis

(1) Die Hauptversammlung ist mindestens dreißig Tage vor dem Tage der Versammlung einzuberufen.

(2) [1]Die Satzung kann die Teilnahme an der Hauptversammlung oder die Ausübung des Stimmrechts davon abhängig machen, dass die Aktionäre sich vor der Versammlung anmelden. [2]Sieht die Satzung eine Anmeldung vor, so tritt für die Berechnung der Einberufungsfrist an die Stelle des Tages der Versammlung der Tag, bis zu dessen Ablauf sich die Aktionäre vor der Versammlung anzumelden haben. [3]Die Anmeldung muss der Gesellschaft unter der in

der Einberufung hierfür mitgeteilten Adresse bis spätestens am siebten Tage vor der Versammlung zugehen, soweit die Satzung keine kürzere Frist vorsieht.

(3) [1]Bei Inhaberaktien kann die Satzung bestimmen, wie die Berechtigung zur Teilnahme an der Hauptversammlung oder zur Ausübung des Stimmrechts nachzuweisen ist; Absatz 2 Satz 2 gilt in diesem Fall entsprechend. [2]Bei börsennotierten Gesellschaften reicht ein in Textform erstellter besonderer Nachweis des Anteilsbesitzes durch das depotführende Institut aus. [3]Der Nachweis hat sich bei börsennotierten Gesellschaften auf den Beginn des einundzwanzigsten Tages vor der Versammlung zu beziehen und muss der Gesellschaft unter der in der Einberufung hierfür mitgeteilten Adresse bis spätestens am siebten Tage vor der Versammlung zugehen, soweit die Satzung keine kürzere Frist vorsieht. [4]Im Verhältnis zur Gesellschaft gilt für die Teilnahme an der Hauptversammlung oder die Ausübung des Stimmrechts als Aktionär nur, wer den Nachweis erbracht hat.

(4) Fristen, die von der Hauptversammlung zurückrechnen, sind jeweils vom nicht mitzählenden Tage der Versammlung zurückzurechnen; fällt das Ende der Frist auf einen Sonntag, einen am Sitz der Gesellschaft gesetzlich anerkannten Feiertag oder einen Sonnabend, so tritt an die Stelle dieses Tages der zeitlich vorhergehende Werktag.

A. Überblick

Die Vorschrift regelt verschiedene Fragen der Vorbereitung und Durchführung der Hauptversammlung. Im Gesetz wird die **Einberufungsfrist** für die Hauptversammlung festgelegt (Abs. 1). Hinsichtlich der **Modalitäten für die Teilnahme** an der Hauptversammlung und der **Ausübung des Stimmrechts** eröffnen Abs. 2 und 3 Spielraum für Festlegungen in der Satzung. Schließlich werden in Abs. 4 besondere Fristberechungsregeln getroffen. 1

B. Einberufungsfrist, Abs. 1

Die Einberufungsfrist von **30 Tagen** bezeichnet die Zeitspanne, die zwischen der Einberufung und dem Beginn der Hauptversammlung liegen muss. Der Zeitpunkt der Bekanntmachung ist derjenige der Bekanntmachung in den Gesellschaftsblättern (§ 121 Abs. 3 S. 1 AktG). Das ist nach § 25 S. 1 AktG grundsätzlich der Tag, an dem die Bekanntmachung in den elektronischen Bundesanzeiger eingerückt wird. Bestimmt die Satzung ein Printmedium als Gesellschaftsblatt (§ 25 S. 2 AktG), ist das Erscheinungsdatum dieses Mediums maßgeblich, bei mehreren Blättern das Erscheinungsdatum des letzten Blattes (vgl. § 121 AktG Rn. 9). Bei Bekanntmachung mittels eingeschriebenen Briefs ist der Tag der Absendung maßgeblich (§ 121 Abs. 4 S. 1 Hs. 2 AktG, dort Rn. 15). 2

Die **Fristberechnung** erfolgt nach Abs. 4 (vgl. dazu Rn. 9). 3

C. Satzungsmäßige Erfordernisse für Teilnahme und Stimmrechtsausübung, Abs. 2

Das Recht zur Teilnahme an der Hauptversammlung steht jedem Aktionär zu (vgl. § 118 AktG Rn. 5 f.). Nach Abs. 2 kann die Satzung ein **Anmeldeerfordernis** als Voraussetzung für die Teilnahme an der Hauptversammlung und für die Ausübung des Stimmrechts festlegen. Das nach alter Rechtslage zugelassene Satzungserfordernis der Hinterlegung der Aktien ist nach geltender Rechtslage nicht mehr zulässig. 4

Sieht die Satzung ein Anmeldeerfordernis vor, gilt für die Berechnung der Einberufungsfrist des Abs. 1 die spezielle Regelung des Abs. 2 S. 2. Mit ihr wird die Einberufungsfrist der Sache nach um die Anmeldefrist verlängert. Aus S. 3 der Regelung folgt, dass von Gesetzes wegen eine **Anmeldefrist von sieben Tagen** besteht. Die Satzung kann eine kürzere Frist festlegen, Abs. 2 S. 3. Für die Wahrung dieser Frist ist der Zugang bei der AG unter der hierfür in der Einberufung mitgeteilten Adresse maßgeblich. Wird in der Einberufung keine Anmeldeadresse angeben, kann 5 der Aktionär bei Wahrung der Frist die Anmeldung am Ort der Hauptverwaltung oder der Geschäftsleitung vornehmen (*Hüffer* AktG, § 123 Rn. 7).

D. Legitimationsanforderungen, Abs. 3

6 Nach Abs. 3 kann die Satzung für Inhaberaktien Anforderungen an den **Nachweis der Berechtigung** zur Teilnahme und zur Stimmrechtsausübung stellen. Für Namensaktien – ebenso wie für die sachlich gleich zu behandelnden Zwischenscheine (vgl. § 67 Abs. 4 AktG) – gilt die Regelung nicht; insofern bleibt es bei der Regelung des § 67 Abs. 2 AktG, welche die Aktionärseigenschaft zugunsten des im Aktienregister Eingetragenen unwiderlegbar vermutet. Enthält die Satzung keine besonderen Legitimationsanforderungen, folgen solche aus allgemeinen Regeln. Nur derjenige kann Mitgliedschaftsrechte aus einer Aktie in Anspruch nehmen und ausüben, der nachweist, dass ihm die Rechte zustehen. Bei Inhaberaktien kann sich der Berechtigte dadurch legitimieren, dass er die Aktienurkunde vorlegt. Für die Zwecke der Legitimation wird auch die Vorlage der Bescheinigung des depotführenden Instituts als ausreichend erachtet (*Hüffer* AktG, § 123 Rn. 5).

7 Für **Gesellschaften ohne Börsennotierung** besteht nach Abs. 3 S. 1 weitgehende Satzungsfreiheit für die Festlegung von Legitimationsanforderungen. Insbesondere kann die Satzung die **Hinterlegung der Aktien** als Legitimationsanforderung vorsehen. In einem solchen Fall werden in der Satzung regelmäßig auch die Modalitäten der Hinterlegung mitgeregelt. Ohne Einhaltung der danach bestehenden satzungsmäßigen Anforderungen hat der Aktionär kein Recht zur Teilnahme an der Hauptversammlung.

8 Handelt es sich um eine **börsennotierte AG** (§ Abs. 2 AktG), regelt Abs. 3 S. 2 die Rechtslage dahingehend, dass die in der Regelung genannte **Bescheinigung des depotführenden Kreditinstituts** jedenfalls zur Legitimation ausreicht. Die Satzung kann andere, ebenfalls geeignete Varianten des Legitimationsnachweises einführen. Der Legitimationsnachweis durch die Depotbescheinigung reicht auch dann aus, wenn die Satzung keine Regelung vorsieht. Abs. 3 S. 3 hat in diesem Zusammenhang eine praktisch bedeutende Regelung eingeführt, welche den Legitimationsnachweis auf einen Stichtag konzentriert (sog. **record date**): Derjenige, der für den Beginn des Stichtages den Legitimationsnachweis für seine Aktionärseigenschaft erbringt, bleibt auch dann legitimiert, wenn er seine Aktien vor der Hauptversammlung veräußert. Diese durch das »Gesetz zur Unternehmensintegrität und Modernisierung des Anfechtungsrechts« (UMAG) vom 22. 8. 2005 (BGBl. I, 2802) eingeführte Regelung, hält gleichsam den Ist-Bestand an Aktionären zum Stichtag als Legitimationsbasis fest, um für die Vorbereitung der Hauptversammlung eine verlässliche, durch nachträgliche Veräußerungs- und Erwerbsfälle nicht mehr veränderbare Planungsgrundlage zu haben (vgl. RegBegr. BT-Drs. 3/05, 24; *Simon/Zetzsche* NZG 2005, 369, 372). Der Stichtag (record date), nämlich der 21. Tag vor der Hauptversammlung ist vom Gesetzgeber satzungsfest festgelegt. Die Zugangsfrist für den Stichtagsnachweis (7.Tag vor der Hauptversammlung) kann in der Satzung verkürzt werden. Veränderungen im Aktienbestand nach dem Stichtag sind für die Legitimation unerheblich; Aktionäre, die nach dem Stichtag Aktien erwerben, haben kein Teilnahmerecht an der Hauptversammlung und auch keine Stimmrecht. Möglich sind aber schuldrechtliche Abreden des Inhalts, dass der Erwerber als Bevollmächtigter des Veräußerers an der Versammlung teilnimmt oder dass der Veräußerer sein Stimmrecht im Interesse des Erwerbers auszuüben hat (RegBegr. BT-Drs. 3/05, 26). Die Stichtagsregelung für den Legitimationsnachweis ist nur für börsennotierte Gesellschaften anzuwenden; dabei kommt es nach der Gesetzesfassung nicht darauf an, auf welche Weise der Legitimationsnachweis zu führen ist (*Hüffer* AktG, § 123 Rn. 12). Für die **Stichtagsberechnung** ist § 121 Abs. 4 AktG zu beachten. Der Legitimationsnachweis muss der AG zugehen (Abs. 3 S. 3); insofern gelten die Erwägungen zu Abs. 2 S. 3 entsprechend (vgl. Rn. 5).

E. Fristberechnung, Abs. 4

Abs. 4 enthält eine ausdrückliche Regelung zur Fristberechnung. Sie bestimmt zunächst, dass die von der Hauptversammlung zurückzurechnenden Fristen so zu berechnen sind, dass der Tag der Hauptversammlung nicht mitzählt. Die nämliche Konsequenz ergibt sich aus § 187 Abs. 1 BGB; insoweit hat die aktienrechtliche Regelung nur klarstellende Bedeutung. Darüber hinaus lässt sich aus der Regelung entnehmen, dass der Tag der Einberufung bei der Fristberechnung mitzählt, also nicht etwa wie der allein erwähnte Tag der Hauptversammlung, bei der Berechnung unberücksichtigt bleibt. Ausdrücklich wird geregelt, dass bei einem Fristende an Sonn- und Feiertagen sowie an Sonnabenden die Einberufungsfrist früher endet, nämlich am Werktag davor; diese Regelung verdrängt § 193 BGB. Schließlich legt Abs. 4 fest, dass der **Feiertagsbegriff** nach dem am Sitz der Gesellschaft geltenden Landesrecht zu bestimmen ist. Bei Gesellschaften mit Doppelsitz soll das für den Aktionär günstigere Recht gelten (*Mimberg* AG 2005, 716, 720). 9

§ 124 Bekanntmachung der Tagesordnung

(1) [1]Die Tagesordnung der Hauptversammlung ist bei der Einberufung in den Gesellschaftsblättern bekanntzumachen. [2]Hat die Minderheit nach der Einberufung der Hauptversammlung die Bekanntmachung von Gegenständen zur Beschlußfassung der Hauptversammlung verlangt, so genügt es, wenn diese Gegenstände binnen zehn Tagen nach der Einberufung der Hauptversammlung bekanntgemacht werden. [3]§ 121 Abs. 4 gilt sinngemäß.

(2) [1]Steht die Wahl von Aufsichtsratsmitgliedern auf der Tagesordnung, so ist in der Bekanntmachung anzugeben, nach welchen gesetzlichen Vorschriften sich der Aufsichtsrat zusammensetzt, und ob die Hauptversammlung an Wahlvorschläge gebunden ist. [2]Soll die Hauptversammlung über eine Satzungsänderung oder über einen Vertrag beschließen, der nur mit Zustimmung der Hauptversammlung wirksam wird, so ist auch der Wortlaut der vorgeschlagenen Satzungsänderung oder der wesentliche Inhalt des Vertrags bekanntzumachen.

(3) [1]Zu jedem Gegenstand der Tagesordnung, über den die Hauptversammlung beschließen soll, haben der Vorstand und der Aufsichtsrat, zur Wahl von Aufsichtsratsmitgliedern und Prüfern nur der Aufsichtsrat, in der Bekanntmachung der Tagesordnung Vorschläge zur Beschlußfassung zu machen. [2]Dies gilt nicht, wenn die Hauptversammlung bei der Wahl von Aufsichtsratsmitgliedern nach § 6 des Montan-Mitbestimmungsgesetzes an Wahlvorschläge gebunden ist, oder wenn der Gegenstand der Beschlußfassung auf Verlangen einer Minderheit auf die Tagesordnung gesetzt worden ist. [3]Der Vorschlag zur Wahl von Aufsichtsratsmitgliedern oder Prüfern hat deren Namen, ausgeübten Beruf und Wohnort anzugeben. [4]Hat der Aufsichtsrat auch aus Aufsichtsratsmitgliedern der Arbeitnehmer zu bestehen, so bedürfen Beschlüsse des Aufsichtsrats über Vorschläge zur Wahl von Aufsichtsratsmitgliedern nur der Mehrheit der Stimmen der Aufsichtsratsmitglieder der Aktionäre; § 8 des Montan-Mitbestimmungsgesetzes bleibt unberührt.

(4) [1]Über Gegenstände der Tagesordnung, die nicht ordnungsgemäß bekanntgemacht sind, dürfen keine Beschlüsse gefaßt werden. [2]Zur Beschlußfassung über den in der Versammlung gestellten Antrag auf Einberufung einer Hauptversammlung, zu Anträgen, die zu Gegenständen der Tagesordnung gestellt werden, und zu Verhandlungen ohne Beschlußfassung bedarf es keiner Bekanntmachung.

Übersicht:

A. Überblick

1 Die Vorschrift betrifft die **Bekanntmachung der Tagesordnung** der Hauptversammlung sowie die Bekanntmachung von Vorschlägen der Verwaltung zur Beschlussfassung. Die Bekanntgabe der Tagesordnung ist eines der **zentralen Rechte der Aktionäre**. Nur die rechtzeitige Information der Aktionäre über die Tagesordnung und die zur Beschlussfassung anstehenden Vorschläge der Verwaltung erlaubt einen sachgerechten Entschluss über die Teilnahme an der Hauptversammlung, die sachgerechte Vorbereitung und den Schutz vor Überrumpelung. Dadurch, dass die Aktionäre und nicht zuletzt auch die Aktionärsvereinigungen in die Lage versetzt, sich mit den einzelnen Tagesordnungspunkten vor der Durchführung der Hauptversammlung zu befassen, wird zugleich die sachgerechte Durchführung der Hauptversammlung und die **innergesellschaftliche Aktionärsdemokratie** gestärkt.

B. Bekanntmachungspflicht, Abs. 1

2 Nach Abs. 1 S. 1 ist bereits bei der Einberufung die Tagesordnung in den Gesellschaftsblättern bekannt zu machen. Mit dem Begriff der **Tagesordnung** wird die Zusammenstellung der Versammlungs- und insbesondere der Beschlussgegenstände in der Reihenfolge ihrer Behandlung bezeichnet (MüKo AktG/*Kubis* 123 Rn. 3). Die Tagesordnung muss so konkret formuliert werden, dass der durchschnittliche Aktionär sich ein Bild davon machen kann, welcher Gegenstand behandelt und worüber beschlossen werden soll. Formalangaben reichen nach dem Schutzzweck der Vorschrift (vgl. Erl. in Rn. 1) dann nicht aus, wenn diese dem Aktionär keine inhaltliche Vorstellung über den Gegenstand vermitteln. Insbesondere ist im Interesse einer ordnungsgemäßen Beschlussfassung (Abs. 4 S. 1) zu vermeiden, dass ein Tagesordnungspunkt missverständlich formuliert wird. Verharmlosende oder irreführende Formulierungen begründen die Gefahr eines Bekanntmachungsfehlers und damit die Anfechtbarkeit gefasster Beschlüsse (§ 243 Abs. 1 AktG).

3 Diese Grundsätze werden von Rechtsprechung und Rechtspraxis – nicht selten in erheblicher Abweichung vom GmbH-Recht (vgl. die Erl. zu § 51 GmbHG in Kap. 7) – zunehmend konkretisiert. Für die **typischen Gegenstände** der ordentlichen Hauptversammlung (Entgegennahme des Jahresabschlusses, Gewinnverwendung, Entlastung von Vorstand und Aufsichtsrat, Wahl des Abschlussprüfers) sind über die förmliche Angabe dieser Gegenstände hinaus wegen der schon damit verbundenen klaren typischen Inhalte nähere Präzisierungen nicht erforderlich (*Hüffer* AktG, § 124 Rn. 3).

4 Bei vorgeschlagener **Kapitalerhöhung** ist anzugeben, auf welche Art diese erfolgen soll, ob eine Erhöhung mit Bar- oder Sacheinlagen bzw. ein Kapitalerhöhung aus Gesellschaftsmitteln vorgesehen ist. Der Ausschluss des Bezugsrechts muss nach § 186 Abs. 4 AktG ausdrücklich mit der Einberufung bekannt gemacht werden. Der nach § 186 Abs. 4 AktG zu erstattende Bericht ist nach seinem wesentlichen Inhalt bekannt zu machen (BGHZ 120, 141 ff.).

5 Hinsichtlich der **Form** schreibt Abs. 1 die Bekanntmachung in den Gesellschaftsblättern vor. Die Tagesordnung ist danach ebenso wie die Einberufung (§ 121 Abs. 3 AktG) bekannt zu machen, nämlich zumindest im elektronischen Bundesanzeiger (vgl. § 121 AktG Rn. 9 f.). Üblich und zweckmäßig, wenn auch nicht notwendig, ist es, die Einberufung und die Tagesordnung in einem zusammenhängenden Text bekannt zu machen.

Abs. 1 verlangt die Bekanntmachung »**bei der Einberufung**«. Damit wird geregelt, dass Einberufung und Tagesordnung **gleichzeitig** bekannt zu machen sind. Eine spätere Bekanntmachung der Tagesordnung genügt den unverzichtbaren förmlichen Anforderungen nicht. Nur für den Sonderfall des nachträglich gestellten Minderheitsverlangens nach § 122 Abs. 2 AktG wird in Abs. 1 S. 2 eine Ausnahme vom Gleichzeitigkeitserfordernis zugelassen. 6

In den von § 121 Abs. 4 AktG ermöglichten Fällen der **Einberufung durch eingeschriebenen Brief** (vgl. § 121 AktG Rn. 12 ff.), folgt aus § 124 Abs. 1 S. 3 AktG, dass auch die Tagesordnung durch eingeschriebenen Brief bekannt gemacht werden kann. Nicht geregelt und wohl auch nicht geklärt ist, ob die Mischung der Publikationsmedien für die Einberufung der Hauptversammlung und die Bekanntgabe der Tagesordnung einen Bekanntmachungsfehler darstellt (*Hüffer* AktG, § 124 Rn. 7 a). 7

C. Bekanntmachungspflichten bei besonderen Beschlussgegenständen, Abs. 2

Besondere Bekanntmachungspflichten bestehen bei den von Abs. 2 erfassten besonderen Beschlussgegenständen. Bei **Aufsichtsratswahlen** (Abs. 2 S. 1) ist in der Bekanntmachung anzugeben, nach welchen gesetzlichen Vorschriften sich der Aufsichtsrat zusammensetzt und ob die Hauptversammlung an Wahlvorschläge gebunden ist. Die Regelung nimmt hinsichtlich der Besetzungsregeln sachlich Bezug auf die Vorschriften über die Zusammensetzung des Aufsichtsrats (vgl. §§ 96 ff. AktG und insbesondere das status quo-Prinzip des § 96 Abs. 2 AktG; vgl. Erl. zu § 96 AktG Rn. 6) und hinsichtlich der Bindung an Wahlvorschläge auf die Regelungen der §§ 6, 8 MontanMitbestG, nach denen allein bindende Wahlvorschläge in Betracht kommen. 8

Bei **Satzungsänderungen** (Abs. 2 S. 2 Alt. 1), ist die vorgeschlagene Änderung im Wortlaut bekannt zu machen. Verträge, zu deren Wirksamkeit die Zustimmung der Hauptversammlung erforderlich ist, müssen ihrem wesentlichen Inhalt nach bekannt gemacht werden, Abs. 2 S. 2 Alt. 2. Für die **Änderung zustimmungspflichtiger Verträge** gilt dies gleichfalls (BGHZ 119, 1). Die Regelung betrifft vor allem Unternehmensverträge (§§ 293 Abs. 1 und 2, 295 Abs. 1 AktG), Vermögensübertragungsverträge nach dem UmwG (§ 179 a AktG, §§ 174 f. UmwG) sowie Verschmelzungsverträge (§§ 13, 60 ff. UmwG). Erfasst werden überdies Verzichts- oder Vergleichsverträge betreffend Ersatzansprüche der Gesellschaft (§§ 50 S. 1, 53, 93 Abs. 4, 116, 117 Abs. 4, 309 Abs. 3, 310 Abs. 4, 317 Abs. 4, 318 Abs. 4 AktG). Unternehmensverträge und Verschmelzungsverträge sind ab Einberufung der Hauptversammlung **auszulegen** und den Aktionären auf Verlangen in Abschrift mitzuteilen (§§ 293 f, 293 g Abs. 1 und 2 AktG, § 63 Abs. 1 und 4 UmwG); deswegen ist es gerechtfertigt, die Bekanntmachungspflicht dahingehend einzuschränken, dass nicht das ganze Vertragswerk bekannt gemacht werden muss (BGHZ 119, 1, 11 f.) und den Aktionären lediglich der **wesentliche Regelungsinhalt** mitzuteilen ist, der es den Aktionären erlaubt, ihre Rechte sinnvoll auszuüben (OLG Stuttgart AG 1997, 138, 139). 9

Sind Geschäftsführungsmaßnahmen nach der sog. »Holzmüller-Doktrin« hauptversammlungspflichtig (vgl. Erl. zu § 119 AktG Rn. 9 ff.), sind analog Abs. 2 S. 2 mit deren Bekanntmachung in der Tagesordnung die zur sachgemäßen Entscheidungsvorbereitung erforderlichen Informationen mitzuteilen, insbesondere das damit verbundene unternehmerische Konzept und die wesentlichen Einzelmaßnahmen zur Verwirklichung (BGHZ 146, 288, 294 f.; OLG München AG 1995, 232). 10

D. Pflicht zur Unterbreitung von Vorschlägen zur Beschlussfassung, Abs. 3

Nach Abs. 3 S. 1 hat die Verwaltung grundsätzlich zu jedem Beschlussgegenstand der Tagesordnung Vorschläge zur Beschlussfassung zu unterbreiten. Dabei haben der **Vorstand** und der **Aufsichtsrat je einen Vorschlag** zu machen, auch dann, wenn diese Vorschläge inhaltlich übereinstimmen. Diese Verpflichtung trifft den Vorstand und den Aufsichtsrat als eine dem Gesamtorgan anvertraute Leitungsaufgabe. Vorstand und Aufsichtsrat entscheiden über den Vorschlag im Beschlusswege. Das nicht beschlussfähig besetzte Organ kann einen Vorschlag nicht wirksam beschließen (BGHZ 149, 158, 161; a. A. *Götz* ZIP 2002, 1745, 1748 ff.). In mitbestimmten Gesell- 11 schaften bedürfen nach Abs. 3 S. 4 Hs. 1 Aufsichtsratsbeschlüsse über Vorschläge zur Wahl von Aufsichtsratsmitgliedern in Abweichung von § 108 AktG nur der Stimmenmehrheit der Aufsichtsratsmitglieder der Aktionäre.

12 Ein Vorschlag in dem von Abs. 3 S. 1 geforderten Sinn setzt voraus, dass die Vorstellungen der Verwaltung **antragsförmig formuliert** und in die Tagesordnung aufgenommen werden (*Hüffer* AktG, § 124 Rn. 12). **Alternativ- oder Eventualvorschläge** insbesondere für Wahlen sind zulässig (MünchHdb GesR IV/*Semler* § 35 Rn. 53). Bei dem Vorschlag zum Gewinnverwendungsbeschluss sind die Besonderheiten des § 170 Abs. 2 S. 2 AktG zu beachten; er kann erst bekannt gemacht werden, nachdem er dem Aufsichtsrat zusammen mit dem Jahresabschluss, dem Lagebericht und dem Prüfbericht vorgelegen hat (§ 170 Abs. 2 S. 1 AktG) und der Aufsichtsrat seinen Bericht erstattet hat (§ 171 Abs. 2 S. 1 AktG).

13 Eine **rechtliche Bindung** an die bekannt gemachten Vorschläge besteht zumindest nicht in dem Sinne, dass die Verwaltung die Vorschläge zur Abstimmung stellen muss; Vorstand und Aufsichtsrat können die vorgeschlagenen Anträge fallen lassen (MünchHdb GesR IV/*Semler* § 35 Rn. 53). Umstritten ist dagegen, ob die angekündigten Anträge **mit geändertem Inhalt** gestellt werden können. Dies wird dann bejaht, wenn sich seit der Bekanntmachung neue Gesichtspunkte ergeben haben, die den geänderten Antrag rechtfertigen; andernfalls besteht die Gefahr einer nicht ordnungsgemäßen Bekanntmachung (*Hüffer* AktG, § 124 Rn. 12; weitergehend im Interesse einer inhaltlich sachgerechten Hauptversammlung MünchHdb GesR IV/*Semler* § 35 Rn. 53).

14 Zur **Wahl von Aufsichtsratsmitgliedern und Prüfern** ist nur der Aufsichtsrat vorschlagspflichtig (und -berechtigt), weil der Vorstand keinen Einfluss auf das Überwachungsorgan haben soll, Abs. 3 S. 1 Alt. 2. Wird dennoch ein Wahlvorschlag des Vorstands unterbreitet, ist die Wahl selbst dann **anfechtbar**, wenn dieser nicht zur Abstimmung gestellt worden ist (BGH NJW 2003, 970, 971). Der Wahlvorschlag muss gem. Abs. 3 S. 3 den Namen, den ausgeübten Beruf und den Wohnort des Vorgeschlagenen enthalten. Auf weitere Mandate des Vorgeschlagenen ist auch bei börsennotierten Gesellschaften nicht hinzuweisen (anders bei der Mitteilung nach § 125 AktG; vgl. die Erl. zu § 125 AktG Rn. 5). Bei Wirtschaftsprüfungsgesellschaften sind die Firma und ihr Sitz anzugeben.

15 Eine **Vorschlagspflicht besteht nicht**, wenn die Hauptversammlung bei der Wahl von Aufsichtsratsmitgliedern an Wahlvorschläge gebunden ist, Abs. 3 S. 2 Alt. 1. Diese Regelung bezieht sich allein auf die Rechtslage nach § 6 Abs. 6 MontanMitbestG, weil die Hauptversammlung danach keinen Entscheidungsspielraum hat, der eine Vorschlagspflicht rechtfertigen könnte. Ebenso wenig besteht eine Vorschlagspflicht, wenn der Gegenstand der Beschlussfassung im Wege des Minderheitsverlangens (§ 122 Abs. 2 AktG) auf die Tagesordnung gesetzt worden ist, Abs. 3 S. 2 Alt. 2.

E. Bedeutung der Bekanntmachung der Tagesordnung und von Bekanntmachungsmängeln, Abs. 4 S. 1

16 Die Hauptversammlung darf grundsätzlich nur zu solchen Gegenständen Beschluss fassen, die ordnungsgemäß bekannt gemacht worden sind, Abs. 4 S. 1. Verstöße gegen Abs. 1 bis 3 führen grundsätzlich zur **Anfechtbarkeit** der trotzdem gefassten Beschlüsse (§ 243 Abs. 1 AktG). Dies gilt im Interesse des Schutzes der abwesenden Aktionäre selbst dann, wenn der Beschluss die Zustimmung aller erschienenen Aktionäre gefunden hat.

17 Der Versammlungsleiter hat das Recht und die Pflicht, nicht ordnungsgemäß bekannt gemachte Gegenstände **nicht zur Abstimmung** zu stellen. Ausnahmsweise wird angenommen, dass der Versammlungsleiter, der nicht ordnungsgemäß bekannt gemachte Gegenstände zur Abstimmung stellt, nicht pflichtwidrig handelt, wenn ein geringfügiger Bekanntmachungsmangel vorliegt und er die Nachteile einer unterbliebenen Beschlussfassung im Vergleich zu dem Anfechtungsrisiko höher erachtet (MünchHdb GesR IV/*Semler* § 35 Rn. 57). **Unbedeutende Bekannt-**

machungsmängel sind gem. dem minima non curat praetor-Grundsatz unbeachtlich (*Hüffer* AktG, § 124 Rn. 18 – Verwechselung von Wohnort und Dienstsitz bei den Angaben im Wahlvorschlag).

Ausnahmen vom Bekanntmachungserfordernis bestehen für die Beschlussfassung in einer Vollversammlung nach § 121 Abs. 6 AktG. Abs. 4 S. 2 nennt weitere drei Fallgruppen, bei denen es keiner Bekanntmachung bedarf. Von Bedeutung ist dabei insbesondere, dass als Anträge zu Gegenständen der Tagesordnung auch solche zur Geschäftsordnung und Gegenanträge zu den Verwaltungsvorschlägen angesehen werden. Ebenso sind ergänzende Anträge im Rahmen des bekannt gemachten Tagesordnungspunkten bekanntmachungsfrei zulässig (OLG Brandenburg AG 2003, 328, 329 – Bestellung von Sonderprüfern im Rahmen des Entlastungsantrags; unzutreffend daher die den Antrag auf Vertrauensentzug im Rahmen des Entlastungsantrags nicht zulassenden Entscheidung des LG München I NZG 2005, 818). 18

§ 125 Mitteilungen für die Aktionäre und an Aufsichtsratsmitglieder

(1) [1]Der Vorstand hat binnen zwölf Tagen nach der Bekanntmachung der Einberufung der Hauptversammlung im elektronischen Bundesanzeiger den Kreditinstituten und den Vereinigungen von Aktionären, die in der letzten Hauptversammlung Stimmrechte für Aktionäre ausgeübt oder die die Mitteilung verlangt haben, die Einberufung der Hauptversammlung und die Bekanntmachung der Tagesordnung mitzuteilen. [2]In der Mitteilung ist auf die Möglichkeiten der Ausübung des Stimmrechts durch einen Bevollmächtigten, auch durch eine Vereinigung von Aktionären, hinzuweisen. [3]Bei börsennotierten Gesellschaften sind einem Vorschlag zur Wahl von Aufsichtsratsmitgliedern Angaben zu deren Mitgliedschaft in anderen gesetzlich zu bildenden Aufsichtsräten beizufügen; Angaben zu ihrer Mitgliedschaft in vergleichbaren in- und ausländischen Kontrollgremien von Wirtschaftsunternehmen sollen beigefügt werden.

(2) Die gleiche Mitteilung hat der Vorstand den Aktionären zu machen, die es verlangen oder spätestens zwei Wochen vor dem Tage der Hauptversammlung als Aktionär im Aktienregister der Gesellschaft eingetragen sind.

(3) Jedes Aufsichtsratsmitglied kann verlangen, daß ihm der Vorstand die gleichen Mitteilungen übersendet.

(4) Jedem Aufsichtsratmitglied und jedem Aktionär sind auf Verlangen die in der Hauptversammlung gefassten Beschlüsse mitzuteilen.

(5) Finanzdienstleistungsinstitute und die nach § 53 Abs. 1 Satz 1 oder § 53 b Abs. 1 Satz 1 oder Abs. 7 des Gesetzes über das Kreditwesen tätigen Unternehmen sind den Kreditinstituten nach Maßgabe der vorstehenden Absätze gleichgestellt.

Die Vorschrift verpflichtet den Vorstand, im Vorfeld der **Hauptversammlung bestimmte Mitteilungen an institutionelle Aktionärsvertreter** und gleichgestellte Intermediäre sowie an Aktionäre, die ihr Stimmrecht selbst ausüben wollen, zu machen. Da die Aktionärsvertreter die Mitteilungen nach § 128 Abs. 1 AktG an die Aktionäre weiterzuleiten haben, zielt die Regelung insgesamt auf eine möglichst **sachgerechte Information der Aktionäre** vor der Hauptversammlung. Besonderheiten gelten bei Übernahmesachverhalten nach § 16 Abs. 4 S. 6 WpÜG. 1

Mitteilungspflichtig ist die AG; sie wird durch ihren Vorstand vertreten. **Adressat der Mitteilungspflicht** sind in erster Linie Kreditinstitute (§§ 1 Abs. 1, 2 Abs. 2 KWG) und Aktionärsvereinigungen sowie die nach § 125 Abs. 5 AktG gleichgestellten **Intermediäre**. Aktionärsvereinigungen sind nur solche auf Dauer angelegte Personenzusammenschlüsse, die den Hauptzweck verfolgen, Aktionärsrechte in organisierter Form auszuüben (z. B. Schutzvereinigung für Wertpa- 2 pierbesitz e. V.). Abs. 5 stellt Finanzdienstleistungsinstitute und Unternehmen, die nach § 53 Abs. 1 S. 1 KWG oder nach § 53 b Abs. 1 S. 1, Abs. 7 KWG tätig sind, den Kreditinstituten gleich. Den im Gesetz genanten Adressaten gegenüber besteht eine Mitteilungspflicht nur, wenn sie in der letzten Hauptversammlung Stimmrechte ausgeübt haben oder die Mitteilung verlangt haben. Das Verlangen ist für jede Hauptversammlung neu erforderlich; es kann in beliebiger Form gestellt werden.

3 Nach Abs. 2 besteht auch eine **Mitteilungspflicht gegenüber bestimmten Aktionären**. Voraussetzung ist ein entsprechendes individuelles, auch in elektronischer Form übermitteltes, Verlangen des Aktionärs. Ferner hat der Vorstand die Mitteilung unverlangt den Namensaktionären zukommen zu lassen, die seit zwei Wochen vor dem Tag der Hauptversammlung im Aktienregister eingetragen sind. Die **2-Wochen-Frist** begrenzt die Mitteilungspflicht der Gesellschaft und damit das Anfechtungsrisiko, hindert den später eingetragenen Aktionär aber nicht an der Teilnahme an der Hauptversammlung. Die Fristberechnung erfolgt wie bei der Einberufungsfrist des § 123 Abs. 4 AktG durch Rückwärtsrechnung vom Tag der Hauptversammlung an; der Tag der Hauptversammlung selbst zählt nach § 187 Abs. 1 BGB nicht mit. Nach Abs. 4 kann jeder Aktionär verlangen, dass ihm die in der Hauptversammlung gefassten Beschlüsse mitgeteilt werden. Formerfordernisse bestehen für diese Mitteilung nicht. Die Mitteilung hat **unverzüglich** (§ 121 BGB) zu erfolgen, weil sie dem Aktionär u. a. die Prüfung der Anfechtungsbefugnis ermöglichen soll (*Hüffer* AktG, § 126 Rn. 8).

4 **Mitteilungen an Aufsichtsratsmitglieder** erfolgen nach Maßgabe von Abs. 3 und 4. Danach kann ein Aufsichtsratsmitglied verlangen, dass ihm die Gesellschaft die in Abs. 1 genannten Mitteilungen und die in der Hauptversammlung gefassten Beschlüsse übermittelt.

5 Der **Inhalt der Mitteilung** muss sich nach Abs. 1 auf die Einberufung der Hauptversammlung und die Bekanntmachung der Tagesordnung beziehen. Diese Inhalte sind so mitzuteilen, wie sie in den Gesellschaftsblättern bekannt gemacht sind. Der Vorstand muss in die Mitteilung den Hinweis nach Abs. 1 S. 2 aufnehmen. Abs. 1 S. 3 verpflichtet die börsennotierte AG bezüglich des Vorschlags zur Wahl von Aufsichtsratsmitgliedern zu ergänzenden Informationen über andere Mandate der Vorgeschlagenen. Die Regelung des Abs. 1 S. 3 Hs. 2, nach der **»vergleichbare« Mandate offen zu legen** sind, bezieht sich auf andere Kontrollgremien, auch solche von Unternehmen im Ausland, soweit es sich um Wirtschaftsunternehmen handelt (dazu *Mülbert/Bux* WM 2000, 1665, 1670 ff.). Ein gesonderter Ausweis von Mandaten in Konzernunternehmen und von Vorsitzämtern ist nicht vorgeschrieben, wird aber zur Vermeidung von Missverständnissen empfohlen (*Hüffer* AktG, § 125 Rn. 4). Zur Mitteilungspflicht in Bezug auf Gegenanträge vgl. §§ 126, 127 AktG.

6 Eine besondere **Form** der Mitteilung ist nicht vorgeschrieben. Deshalb kommt auch die Übermittlung in elektronischer Form in Betracht. Die Mitteilung muss grundsätzlich (Ausnahme: § 16 Abs. 4 S. 3 WpÜG für Übernahmesachverhalte) innerhalb der **Frist von zwölf Tagen** seit der Bekanntmachung der Einberufung im elektronischen Bundesanzeiger erfolgen, Abs. 1 S. 1. Weil es sich nicht um eine Willenserklärung handelt (vgl. BGHZ 143, 339, 341 zu § 126 AktG), kommt es nur auf die rechtzeitige Absendung an (*Hüffer* AktG, § 125 Rn. 5 a).

7 Die **Rechtsfolge** bei Verstößen gegen § 125 AktG besteht darin, dass Hauptversammlungsbeschlüsse **anfechtbar** sind (§ 243 Abs. 1 AktG). Dies soll nicht für die Verletzung der Sollvorschrift des Abs. 1 S. 3 Hs. 2 (Angaben zu vergleichbaren Mandaten bei börsennotierten Gesellschaften) gelten, weil zu Recht geltend gemacht wird, dass der Gesetzgeber das mit diesen Mitteilungen verbundene Anfechtungsrisiko wegen der häufigen Abgrenzungsschwierigkeiten der Gesellschaft nicht aufbürden wollte (*Hüffer* AktG, § 125 Rn. 10).

§ 126 Anträge von Aktionären

(1) [1]Anträge von Aktionären einschließlich des Namens des Aktionärs, der Begründung und einer etwaigen Stellungnahme der Verwaltung sind den in § 125 Abs. 1 bis 3 genannten Berechtigten unter den dortigen Voraussetzungen zugänglich zu machen, wenn der Aktionär spätestens zwei Wochen vor dem Tage der Hauptversammlung der Gesellschaft einen Gegenantrag gegen einen Vorschlag von Vorstand und Aufsichtsrat zu einem bestimmten Punkt der Tagesordnung mit Begründung an die in der Einberufung hierfür mitgeteilte Adresse übersandt hat. [2]§ 125 Abs. 3 gilt entsprechend.

(2) [1]Ein Gegenantrag und dessen Begründung brauchen nicht zugänglich gemacht zu werden,

1. **soweit sich der Vorstand durch das Zugänglichmachen strafbar machen würde,**
2. **wenn der Gegenantrag zu einem gesetz- oder satzungswidrigen Beschluß der Hauptversammlung führen würde,**
3. **wenn die Begründung in wesentlichen Punkten offensichtlich falsche oder irreführende Angaben oder wenn sie Beleidigungen enthält,**
4. **wenn ein auf denselben Sachverhalt gestützter Gegenantrag des Aktionärs bereits zu einer Hauptversammlung der Gesellschaft nach § 125 zugänglich gemacht worden ist,**
5. **wenn derselbe Gegenantrag des Aktionärs mit wesentlich gleicher Begründung in den letzten fünf Jahren bereits zu mindestens zwei Hauptversammlungen der Gesellschaft nach § 125 zugänglich gemacht worden ist und in der Hauptversammlung weniger als der zwanzigste Teil des vertretenen Grundkapitals für ihn gestimmt hat,**
6. **wenn der Aktionär zu erkennen gibt, daß er an der Hauptversammlung nicht teilnehmen und sich nicht vertreten lassen wird, oder**
7. **wenn der Aktionär in den letzten zwei Jahren in zwei Hauptversammlungen einen von ihm mitgeteilten Gegenantrag nicht gestellt hat oder nicht hat stellen lassen.**

[2]Die Begründung braucht nicht zugänglich gemacht zu werden, wenn sie insgesamt mehr als 5 000 Zeichen beträgt.

(3) Stellen mehrere Aktionäre zu demselben Gegenstand der Beschlußfassung Gegenanträge, so kann der Vorstand die Gegenanträge und ihre Begründungen zusammenfassen.

A. Regelungszweck

Die Vorschrift betrifft nicht das Recht des Aktionärs, Gegenanträge zu den Gegenständen der Tagesordnung zu stellen. Diese Möglichkeit besteht prinzipiell, ohne dass eine vorherige Bekanntmachung vorausgesetzt ist (vgl. § 124 Abs. 4 S. 2 AktG). Die Vorschrift des § 126 AktG bezweckt zusammen mit den Vorschriften der §§ 127 und 128 AktG eine **frühzeitige Information der Aktionäre über Gegenanträge**. Gegenanträge, die rechtzeitig und ordnungsgemäß gestellt werden, müssen insbesondere den berechtigten Kreditinstituten und Aktionärsvereinigungen zugänglich gemacht werden; diese wiederum haben die mitgeteilten Informationen an die Aktionäre weiter zu geben, § 128 Abs. 1 und 5 AktG. Von der Verpflichtung zur Mitteilung von Gegenanträgen nimmt § 126 Abs. 2 AktG **unzulässige und rechtsmissbräuchliche Gegenanträge** aus. Bei Übernahmesachverhalten darf nach Maßgabe des § 16 Abs. 4 S. 6 WpÜG die Zusendung von Gegenanträgen unterbleiben. 1

B. Pflicht der AG zur Zugänglichmachung, Abs. 1

Abs. 1 bezieht sich nur auf Gegenanträge. Ein **Gegenantrag** ist ein vom Vorschlag der Verwaltung materiell abweichender Antrag eines Aktionärs, mit dem dieser einen abweichenden Beschluss der Hauptversammlung herbeiführen oder der Beschlussfassung zu einem Gegenstand überhaupt entgegentreten will. Die bloße Ankündigung eines Aktionärs, gegen den Vorschlag der Verwaltung stimmen zu wollen, stellt keinen Gegenantrag dar und ist nicht mitteilungspflichtig (*Hüffer* AktG, § 126 Rn. 2). 2

3 Gegenanträge sind nur dann zugänglich zu machen, wenn sie mit einer **Begründung** versehen wurden. Die Begründung muss dem Gegenantrag selbst beigefügt werden; der Verweis auf gesonderte Erklärungen genügt nicht (*Stehle* ZIP 2003, 980). Die Begründung setzt die Angabe von sachlichen Argumenten voraus; Allgemeinplätze und Pauschalhinweise genügen dem Begründungserfordernis nicht (*Hüffer* AktG, § 126 Rn. 3).

4 Hinsichtlich der **Form** stellt § 126 AktG keine ausdrücklichen Anforderungen. Dass der Gegenantrag der AG »übersandt« werden muss, bedeutet nicht, dass der Gegenantrag notwendig in schriftlicher Form vorliegen muss. Gegenanträge können auch ordnungsgemäß als Telefax oder in elektronischer Form »übersandt« werden (*Lehmann* FS Quack 1991, 287, 291).

5 Die Übersendung des Gegenantrags muss die **2-Wochen-Frist** wahren. Zwischen dem Zugang des Gegenantrags und dem Tag der Hauptversammlung muss ein Zeitraum von zwei Wochen liegen. Der fristgerechte Zugang kann abweichend von der nicht anwendbaren Vorschrift des § 130 BGB bis 24.00 Uhr bewirkt werden (BGHZ 43, 339, 341 ff.) und zwar bei der Adresse, die die AG in der Einberufung »hierfür«, nämlich für die Übersendung von Gegenanträgen mitgeteilt hat; dies können auch Fax- oder E-Mail-Adressen sein (RegBegr. BT-Drs. 14/8769, 20).

6 Die Zugänglichmachung der eingegangenen, ordnungsgemäßen Gegenanträge hat gem. Abs. 1 an die in § 125 Abs. 1 bis 3 AktG genannten Berechtigten unter den in dieser Vorschrift geregelten Voraussetzungen zu erfolgen. Dafür genügt die **Veröffentlichung auf der Website** der AG (RegBegr. BT-Drs. 14/8769, 20). Alternativ steht die Veröffentlichung im elektronischen Bundesanzeiger zur Verfügung (*Mimberg* ZGR 2003, 21, 25 f.). Dem Inhalt nach muss zugänglich gemacht werden der Name des Aktionärs, die Begründung sowie eine etwaige Stellungnahme der Verwaltung. Aufsichtsratsmitglieder haben Anspruch auf Übersendung der Informationen, §§ 126 Abs. 1 S. 2, 135 Abs. 3 AktG.

7 Die **Ausnahmen** einer im Übrigen begründeten Verpflichtung der AG zur Zugänglichmachung sind in Abs. 2 S. 1 abschließend aufgezählt.

8 Dagegen besteht im Falle einer 5.000 Zeichen übersteigenden Begründung keine Verpflichtung, diese im i. S. d. § Abs. 2 S. 2 **überlange Begründung** zu publizieren; die Pflicht zur Zugänglichmachung des Gegenantrags bleibt bestehen. Nicht geklärt ist, ob der Begriff »Zeichen« im wörtlichen Sinne zu verstehen ist (so *Noack*, NZG 2003, 241, 243), oder ob auch Leerzeichen mitzuzählen sind (so *Seibert* AG 2006, 16, 21).

9 Nach **Abs. 3** ist der Vorstand berechtigt, Gegenanträge und Begründungen **zusammenzufassen**, wenn mehrere Aktionäre zu identischen Beschlussgegenständen Gegenanträge stellen. Damit ist auch das Recht verbunden, Wiederholungen wegzulassen und Überflüssiges zu streichen; eine sachliche Änderung darf damit nicht einhergehen (*Hüffer* AktG, § 126 Rn. 10).

§ 127 Wahlvorschläge von Aktionären

[1]Für den Vorschlag eines Aktionärs zur Wahl von Aufsichtsratsmitgliedern oder von Abschlussprüfern gilt § 126 sinngemäß. [2]Der Wahlvorschlag braucht nicht begründet zu werden. [3]Der Vorstand braucht den Wahlvorschlag auch dann nicht zugänglich zu machen, wenn der Vorschlag nicht die Angaben nach § 124 Abs. 3 Satz 3 und § 125 Abs. 1 Satz 3 enthält.

1 § 127 AktG regelt die Pflicht der AG, Wahlvorschläge von Aktionären zugänglich zu machen. Die Regelung ergänzt die Vorschrift des § 126 AktG, welche im Anwendungsbereich der Wahlvorschlagsregelung sinngemäß gilt. Abweichend von § 126 AktG ist auch der nicht begründete Wahlvorschlag zugänglich zu machen, § 127 S. 2 AktG. Die **Pflicht zur Zugänglichmachung von Wahlvorschlägen** besteht über § 126 Abs. 2 AktG hinaus auch dann nicht, wenn der Wahlvorschlag nicht die Angaben nach § 124 Abs. 3 S. 2 AktG enthält; ebenso besteht beim Fehlen

der Angaben nach § 125 Abs. 1 S. 3 AktG (Angaben zu weiteren Mandaten) keine Pflicht der AG zur Zugänglichmachung von Wahlvorschlägen für den Aufsichtsrat von börsennotierten Gesellschaften (§ 3 Abs. 2 AktG).

§ 127 a Aktionärsforum

(1) Aktionäre oder Aktionärsvereinigungen können im Aktionärsforum des elektronischen Bundesanzeigers andere Aktionäre auffordern, gemeinsam oder in Vertretung einen Antrag oder ein Verlangen nach diesem Gesetz zu stellen oder in einer Hauptversammlung das Stimmrecht auszuüben.

(2) Die Aufforderung hat folgende Angaben zu enthalten:

1. den Namen und eine Anschrift des Aktionärs oder der Aktionärsvereinigung,
2. die Firma der Gesellschaft,
3. den Antrag, das Verlangen oder einen Vorschlag für die Ausübung des Stimmrechts zu einem Tagesordnungspunkt,
4. den Tag der betroffenen Hauptversammlung.

(3) Die Aufforderung kann auf eine Begründung auf der Internetseite des Auffordernden und dessen elektronische Adresse hinweisen.

(4) Die Gesellschaft kann im elektronischen Bundesanzeiger auf eine Stellungnahme zu der Aufforderung auf ihrer Internetseite hinweisen.

(5) Das Bundesministerium der Justiz wird ermächtigt, durch Rechtsverordnung die äußere Gestaltung des Aktionärsforums und weitere Einzelheiten insbesondere zu der Aufforderung, dem Hinweis, den Entgelten, zu Löschungsfristen, Löschungsanspruch, zu Missbrauchsfällen und zur Einsichtnahme zu regeln.

Die durch das »Gesetz zur Unternehmensintegrität und Modernisierung des Anfechtungsrechts« (UMAG) vom 22. 8. 2005 (BGBl. I, 2802) eingeführte Vorschrift schafft das **Aktionärsforum** als eine besondere Einrichtung des elektronischen Bundesanzeigers. Dieses Forum soll nach dem Willen der Gesetzesverfasser die Effizienz der Verwaltungsrechte der Aktionäre steigern, indem ihnen ein Instrument gegeben wird, andere Aktionäre aufzufordern, gemeinsam einen Antrag (§§ 126, 127 AktG) oder ein Minderheitsverlangen (§§ 120 Abs. 1 S. 2, 122 Abs. 1 und 2, 142 Abs. 2 S. 1, Abs. 4 S. 1, 148 Abs. 1 S. 1 und 258 Abs. 2 S. 3 AktG) zu stellen. Die Modalitäten des Aktionärsforums beim elektronischen Bundesanzeiger regelt die Rechtsverordnung vom 22. 11. 2005 (BGBl. I, 3193). Vgl. dazu näher *Seibert* AG 2006, 16. 1

§ 128 Abstimmungsvorschlag im Aktionärsinteresse; Weitergabe von Mitteilungen

(1) Nimmt ein Kreditinstitut spätestens einundzwanzig Tage vor dem Tage der Hauptversammlung für Aktionäre Inhaberaktien der Gesellschaft in Verwahrung oder wird es für Namensaktien, die ihm nicht gehören, im Aktienregister eingetragen, so hat es die Mitteilungen nach § 125 Abs. 1 unverzüglich an die Aktionäre weiterzugeben.

(2) [1]Beabsichtigt das Kreditinstitut, in der Hauptversammlung das Stimmrecht für Aktionäre auszuüben, so hat es im Fall des Absatzes 1 dem Aktionär außerdem eigene Vorschläge für die Ausübung des Stimmrechts zu den einzelnen Gegenständen der Tagesordnung mitzuteilen. [2]Verwahrt ein Kreditinstitut für Aktionäre Namensaktien der Gesellschaft, für die es nicht im Aktienregister eingetragen ist, hat es die Vorschläge zugänglich zu machen und nur

dann mitzuteilen, wenn es von den nach § 124 Abs. 3 Satz 1 bekannt gemachten Vorschlägen des Vorstandes oder des Aufsichtsrates abweichen möchte; die Aktionäre sind über dieses Verfahren jährlich zu informieren. [3]Bei den Vorschlägen hat sich das Kreditinstitut vom Interesse des Aktionärs leiten zu lassen und organisatorische Vorkehrungen dafür zu treffen, dass Eigeninteressen aus anderen Geschäftsbereichen nicht einfließen; es hat ein Mitglied der Geschäftsleitung zu benennen, das die Einhaltung dieser Pflichten sowie die ordnungsgemäße Ausübung des Stimmrechts und deren Dokumentation zu überwachen hat. [4]Zusammen mit seinen Vorschlägen hat das Kreditinstitut den Aktionär um Erteilung von Weisungen für die Ausübung des Stimmrechts zu bitten und darauf hinzuweisen, dass es, wenn der Aktionär nicht rechtzeitig eine andere Weisung erteilt, das Stimmrecht entsprechend den eigenen Vorschlägen ausüben werde. [5]Die Erteilung von Weisungen zu den einzelnen Gegenständen der Tagesordnung ist dem Aktionär zu erleichtern, etwa durch ein Formblatt oder Bildschirmformular. [6]Gehört ein Vorstandsmitglied oder ein Mitarbeiter des Kreditinstituts dem Aufsichtsrat der Gesellschaft oder ein Vorstandsmitglied oder ein Mitarbeiter der Gesellschaft dem Aufsichtsrat des Kreditinstituts an, so hat das Kreditinstitut auch dies mitzuteilen. [7]Hält das Kreditinstitut an der Gesellschaft eine Beteiligung, die nach § 21 des Wertpapierhandelsgesetzes meldepflichtig ist, oder gehörte es einem Konsortium an, das die innerhalb von fünf Jahren zeitlich letzte Emission von Wertpapieren der Gesellschaft übernommen hat, so ist auch dies mitzuteilen. [8]Hat das Kreditinstitut seine Vorschläge nach Satz 2 nur zugänglich zu machen, obliegen die Mitteilungspflichten nach den Sätzen 6 und 7 der Gesellschaft.

(3) Soweit ein Aktionär nach Einberufung der Hauptversammlung dem Kreditinstitut zu den einzelnen Gegenständen der Tagesordnung Weisungen für die Ausübung des Stimmrechts erteilt hat, braucht das Kreditinstitut keine eigenen Vorschläge nach Absatz 2 mitzuteilen und den Aktionär nicht um Erteilung von Weisungen zu bitten.

(4) Die Verpflichtung des Kreditinstituts zum Ersatz eines aus der Verletzung der Absätze 1 oder 2 entstehenden Schadens kann im voraus weder ausgeschlossen noch beschränkt werden.

(5) [1]Gehören einer Vereinigung von Aktionären Inhaberaktionäre der Gesellschaft als Mitglieder an oder ist sie für Namensaktien, die ihr nicht gehören, im Aktienregister eingetragen, so hat die Vereinigung die Mitteilungen nach § 125 Abs. 1 an diese Mitglieder auf deren Verlangen unverzüglich weiterzugeben. [2]Im Übrigen gelten die Absätze 2 bis 4 für Vereinigungen von Aktionären entsprechend. [3]Der Aktionär kann auf die Mitteilungen nach Absatz 2 Satz 1, 2 und 4 verzichten, wenn ihm diese anderweitig zugänglich gemacht werden.

(6) [1]Das Bundesministerium der Justiz wird ermächtigt, im Einvernehmen mit dem Bundesministerium für Wirtschaft und Technologie und dem Bundesministerium der Finanzen durch Rechtsverordnung vorzuschreiben, dass die Gesellschaft den Kreditinstituten und den Vereinigungen von Aktionären die Aufwendungen für

1. die Übermittlung der Angaben gemäß § 67 Abs. 4 und
2. die Vervielfältigung der Mitteilungen und für ihre Übersendung an die Aktionäre oder an ihre Mitglieder

zu ersetzen hat. [2]Es können Pauschbeträge festgesetzt werden. [3]Die Rechtsverordnung bedarf nicht der Zustimmung des Bundesrates.

(7) § 125 Abs. 5 gilt entsprechend.

Übersicht:

A. Regelungszweck und -übersicht

Die Vorschrift gehört neben §§ 121, 124 und 125 bis 127 AktG zu den **Kernregeln gesetzlicher Informationspflichten** zugunsten der Aktionäre über hauptversammlungsrelevante Mitteilungen. Sie betrifft die Pflichten von Kreditinstituten, Aktionärsvereinigungen und ihnen gleichgestellten Intermediären. Diese sind zur Weitergabe der ihnen von der AG mitgeteilten Information an die von ihnen betreuten Aktionäre gebunden (Abs. 1, 5 und 7) und unterliegen bei beabsichtigter Stimmrechtsausübung für die Aktionäre besonderen Pflichten, nach denen sie insbesondere um Weisungen für die Stimmrechtsauübung bitten müssen (Abs. 2 und 3). 1

B. Weitergabe von Mitteilungen durch Kreditinstitute, Abs. 1

Abs. 1 regelt die Pflicht von Kreditinstituten zur Weitergabe von Mittelungen i. S. d. § 125 Abs. 1 AktG. Die Pflicht besteht zunächst gegenüber Aktionären, die dem Kreditinstitut Inhaberaktien in Verwahrung gegeben haben, wenn die Verwahrung dieser Aktien spätestens 21 Tage vor dem Tag der Hauptversammlung begonnen hat. Bei Namensaktien besteht eine Mitteilungspflicht nur, wenn das Kreditinstitut in das Aktienregister für solche Aktien eingetragen ist, obwohl sie ihm nicht gehören; dazu gehören nicht nur Legitimationsaktien (vgl. § 129 Abs. 3 AktG), sondern auch treuhänderisch gehaltene Aktien (RegBegr BT-Drs. 14/4051, 13). 2

Die Weitergabepflicht trifft **Kreditinstitute i. S. d. §§ 1, 2 KWG**. Die Pflicht besteht auch, wenn die Aktien einer Wertpapiersammelbank anvertraut sind, dann wegen der Zwischenverwahrereigenschaft nach § 3 Abs. 2 DepotG. 3

Die Weitergabepflicht entsteht **kraft Gesetzes** unter der alleinigen Voraussetzung, dass das Kreditinstitut Mitteilungen i. S. d. § 125 Abs. 1 für Aktionäre erhalten hat. Nach h. M. ist das Kreditinstitut verpflichtet, die entsprechenden Mitteilungen anzufordern (vgl. *Hüffer* AktG, § 128 Rn. 6). 4

C. Pflichten bei beabsichtigter Stimmrechtsausübung, Abs. 2

In den von Abs. 1 erfassten Verwahrungsfällen ist das Kreditinstitut zusätzlich verpflichtet, dem Aktionär eigene **Vorschläge für die Stimmrechtsausübung** mitzuteilen, wenn es beabsichtigt, das Stimmrecht für den Aktionär auszuüben; mangels besonderer Umstände ist von einer solchen Absicht für ihren Depotkunden auszugehen; auf die Absicht kann jedenfalls im Falle späterer tatsächlicher Stimmrechtsausübung rückgeschlossen werden (*Hüffer* AktG, § 128 Rn. 7). 5

Die Miteilung kann grundsätzlich **formlos** in jeder Weise geschehen. Praktisch bedeutsam ist allein die **Zusendung von formularmäßig vorbereiteten Erklärungen**. Bei Übernahmesachverhalten sind die Besonderheiten des § 16 Abs. 4 S. 6 und 7 WpÜG zu beachten. Für Namensaktien, die das Kreditinstitut verwahrt, ohne im Aktienregister eingetragen zu sein, gilt die Erleichterung der Zugänglichmachung nach Abs. 2 S. 2; die Vorschläge müssen dann nicht mitgeteilt, sondern nur zugänglich gemacht werden; dies kann auch in elektronischer Form (insbesondere durch Einstellen in die Homepage des Kreditinstituts) erfolgen, solange das Kreditinstitut von den bekannt gemachten Vorschlägen der Verwaltung (§ 124 Abs. 3 S. 1 AktG) nicht abweichen möchte; 6

andernfalls sind die eigenen Vorschläge wie gegenüber den Aktionären von Inhaberaktien mitzuteilen.

7 Die **inhaltlichen Anforderungen** an den Abstimmungsvorschlag ergeben sich aus Abs. 2 S. 3. Das Kreditinstitut muss sich bei seinem Vorschlag vom **Interesse des Aktionärs** leiten lassen. Das Gesetz fordert dabei, dass Eigeninteressen des Kreditinstituts aus anderen Geschäftsbereichen (insbesondere aus den Bereichen Kreditgeschäft, Emissionsgeschäft und Beteiligungsverwaltung) nicht einfließen dürfen und dies durch organisatorische Vorkehrungen sichergestellt wird. Insofern besteht die Verpflichtung, einer in Abs. 2 S. 3 ausdrücklich geforderten **Benennung eines zuständigen Mitglieds der Geschäftsleitung**, der die Einhaltung der Pflichten zu überwachen und zu dokumentieren hat. Außerdem wird gefordert, dass die intern zuständigen Mitarbeiter des Kreditinstituts, den anderen Geschäftsbereichen weder angehören noch ihnen gegenüber weisungsgebunden sein dürfen (*Marsch-Barner* FS Peltzer 2001, 261, 266 f.).

8 Weiterhin hat das Kreditinstitut den **Aktionär um Weisungen zu bitten** und den **Hinweis nach Abs. 2 S. 4** vorzunehmen. Dies soll »zusammen mit seinen Vorschlägen« erfolgen; damit ist gemeint, dass die Weisungsbitte und der Abstimmungsvorschlag auf demselben Mitteilungsweg (und richtigerweise auch zeitgleich) zu kommunizieren sind (RegBegr. BT-Drs. 14/4051, 14).

9 Nach Abs. 2 S. 6 hat das Kreditinstitut den Depotkunden auch auf **personelle Verflechtungen** zwischen ihm und der Gesellschaft, auf deren Hauptversammlung das Stimmrecht ausgeübt werden soll, hinzuweisen. Die entsprechende Mitteilung ist geboten, wenn ein Vorstandsmitglied oder ein aktuell beschäftigter Mitarbeiter des Kreditinstituts dem Aufsichtsrat der Gesellschaft angehört oder der umgekehrte Fall gegeben ist, dass ein Vorstandsmitglied oder Mitarbeiter der Gesellschaft dem Aufsichtsrat des Kreditinstituts angehört.

10 Weitere Hinweispflichten ergeben sich aus Abs. 2 S. 7. Zunächst ist ein Hinweis zu geben, wenn das Kreditinstitut an der Gesellschaft eine nach § 21 WpHG **meldepflichtige Beteiligung** hält. Die Meldepflicht nach § 21 WpHG setzt bei 5 % der Stimmrechte ein, die an einer börsennotierten Gesellschaft i. S. d. § 21 Abs. 2 WpHG gehalten werden. Weiterhin ist mitzuteilen, wenn das Kreditinstitut einem Konsortium angehörte, das innerhalb von fünf Jahren die **zeitlich letzte Emission von Wertpapieren** übernommen hat.

11 Nach der rechtspolitisch wenig überzeugenden (vgl. auch *Hüffer* AktG, § 128 Rn. 13 c) Regelung des Abs. 2 S. 8 trifft die Pflicht zu Hinweisen über personelle Verflechtungen, Beteiligungsbesitz und Emissionstätigkeit ausnahmsweise die Gesellschaft und nicht das Kreditinstitut, wenn das Kreditinstitut seine Abstimmungsvorschläge nur zugänglich zu machen und damit nicht mitteilen muss (vgl. Rn. 6).

12 Macht der Aktionär von dem **Weisungsrecht** Gebrauch, so ist der Inhalt darauf beschränkt, den Vorschlägen der Verwaltung bzw. den Aktionärsanträgen zustimmen, sie abzulehnen oder sich der Stimme zu enthalten. Abs. 2 S. 4 hat nicht die Bedeutung, dass Depotkunden über ein Weisungsrecht das Kreditinstitut zu bestimmter Antragstellung im Namen des Aktionärs verpflichten können (str.; vgl. *Hüffer* AktG, § 128 Rn. 10). Die erteilte Weisung ist **verbindlich**, wenn sie nach dem ordentlichen Geschäftsgang des Kreditinstituts noch rechtzeitig bei der Abstimmung in der Hauptversammlung berücksichtigt werden kann. Das Kreditinstitut ist verpflichtet, dem Depotkunden die Erteilung von Weisungen zu erleichtern, Abs. 2 S. 5. Dafür kommen in erster Linie die Zurverfügungstellung von Formblättern und die Möglichkeit elektronischer Übermittlung der Weisung in Betracht (RegBegr. BT-Drs. 14/4051, 14).

D. Erteilte Weisungen zur Stimmrechtsausübung, Abs. 3

13 Die Pflichten nach Abs. 2 S. 1 bis 5 bestehen nach Abs. 3 nicht, soweit der Aktionär dem Kreditinstitut bereits Weisungen zur Ausübung des Stimmrechts erteilt hat. Beachtlich sind nur solche Weisungen, die nach Einberufung der Hauptversammlung erteilt wurden; vorher erteilte Weisungen lassen die Pflichten des Kreditinstituts unberührt. Die »soweit«-Formulierung des Abs. 3

besagt, dass Weisungen zu einzelnen Gegenständen der Tagesordnung die Pflichten des Kreditinstituts bezüglich der anderen Gegenstände der Tagesordnung nicht berühren. Vom Wortlaut des Abs. 3 werden die Pflichten nach Abs. 2 S. 6 und 7 nicht erfasst; deshalb besteht die Hinweispflicht auf personelle Verflechtungen, Anteilsbesitz und Emissionstätigkeit auch, wenn der Aktionär bereits Weisungen erteilt hat; er wird dadurch in die Lage versetzt, diese zu widerrufen.

E. Schadenersatz bei Pflichtverletzungen, Abs. 4

Zu den Rechtsfolgen der Verletzung von Mitteilungspflichten trifft Abs. 4 nur eine Regelung zur Schadenersatzverpflichtung des Kreditinstituts. Dies erfolgt vor dem Hintergrund, dass nach § 243 Abs. 3 AktG ein Grund für die Anfechtung der Hauptversammlungsbeschlüsse in der Verletzung der Pflichten des § 128 AktG zu Recht nicht liegt, weil die Gesellschaft auf die Pflichterfüllung durch das Kreditinstitut keinen Einfluss hat. Schadenersatzansprüche der Aktionäre gegen das Kreditinstitut können sowohl auf die **Verletzung des Depotvertrages** (§ 280 Abs. 1 BGB) oder aus **Delikt** (§ 823 Abs. 2 BGB i. V. m. § 128 AktG) gestützt werden, wobei der Aktionär den **Kausalitätsnachweis** zu erbringen hat. Abs. 4 regelt insofern, dass die Schadenersatzverpflichtung des Kreditinstituts im Voraus weder ausgeschlossen noch beschränkt werden darf. 14

F. Weitergabe von Mitteilungen durch Aktionärsvereinigungen, Abs. 5

Abs. 5 S. 1 **erweitert** den **persönlichen Anwendungsbereich** der Weitergabeverpflichtung nach Abs. 1 auf Aktionärsvereinigungen (vgl. § 125 AktG Rn. 2). Ihnen obliegt die Weitergabepflicht, wenn (Inhaber-)Aktionäre der Gesellschaft Mitglieder der Vereinigung sind und die Weitergabe von den Aktionären verlangt wurde. Für Namensaktien, die dem Kreditinstitut nicht gehören, für die sie aber im Aktienregister eingetragen ist (vgl. bereits die Erl. in Rn. 2), gilt die Weitergabeverpflichtung ebenso. 15

Nach Abs. 5 S. 2 gelten die Pflichten des Kreditinstituts nach Abs. 2 bis 4 für die Aktionärsvereinigung sinngemäß. Anders als S. 1 stellt S. 2 auf ein entsprechendes Verlangen der Aktionäre nicht ab. Auf Mitteilungen nach Abs. 2 S. 1 und 2 kann der Aktionär durch entsprechende Erklärung gegenüber dem Kreditinstitut verzichten. Voraussetzung für den **Verzicht** ist, dass ihm die Abstimmungsvorschläge und Weisungsbitten auf andere Weise zugänglich gemacht werden; dies kommt insbesondere in Betracht durch die Website der Aktionärsvereinigung oder Mitgliederzeitschriften (RegBegr. BT-Drs. 14/4051, 14). 16

G. Rechtsverordnungen, Abs. 6

Von den Verordnungsermächtigungen nach Abs. 6 ist Gebrauch gemacht worden. Die »Verordnung über den Ersatz von Aufwendungen der Kreditinstitute« vom 17. 6. 2003 (BGBl. I, 885) regelt, dass das Kreditinstitut von der Gesellschaft **Postentgelte** und bestimmte **Pauschbeträge** für die Kosten der Weitergabe nach Abs. 1 fordern kann und betrifft die Kosten der Übermittlung nach § 67 Abs. 4 AktG (vgl. *Seibert* ZIP 2003, 1270). 17

H. Gleichgestellte Intermediäre, Abs. 7

Wegen der nach Abs. 7 entsprechenden Geltung des § 125 Abs. 5 AktG werden den Kreditinstituten auch in diesem Zusammenhang die Finanzdienstleistungsunternehmen und die weiteren genannten Unternehmen **gleichgestellt** (vgl. Erl. zu § 125 AktG Rn. 2). Die Gleichstellung begründet hier die Pflicht des Instituts bzw. Unternehmens nach § 128 AktG. Der Aufwendungsersatzanspruch nach der gem. Abs. 6 ergangenen Verordnung (s. o. Rn. 17) steht den gleichgestellten Intermediären ebenfalls zu. 18

Dritter Unterabschnitt. Verhandlungsniederschrift. Auskunftsrecht

§ 129 Geschäftsordnung; Verzeichnis der Teilnehmer

(1) [1]Die Hauptversammlung kann sich mit einer Mehrheit, die mindestens drei Viertel des bei der Beschlußfassung vertretenen Grundkapitals umfaßt, eine Geschäftsordnung mit Regeln für die Vorbereitung und Durchführung der Hauptversammlung geben. [2]In der Hauptversammlung ist ein Verzeichnis der erschienenen oder vertretenen Aktionäre und der Vertreter von Aktionären mit Angabe ihres Namens und Wohnorts sowie bei Nennbetragsaktien des Betrags, bei Stückaktien der Zahl der von jedem vertretenen Aktien unter Angabe ihrer Gattung aufzustellen.

(2) [1]Sind einem Kreditinstitut oder einer in § 135 Abs. 9 bezeichneten Person Vollmachten zur Ausübung des Stimmrechts erteilt worden und übt der Bevollmächtigte das Stimmrecht im Namen dessen, den es angeht, aus, so sind bei Nennbetragsaktien der Betrag, bei Stückaktien die Zahl und die Gattung der Aktien, für die ihm Vollmachten erteilt worden sind, zur Aufnahme in das Verzeichnis gesondert anzugeben. [2]Die Namen der Aktionäre, welche Vollmachten erteilt haben, brauchen nicht angegeben zu werden.

(3) [1]Wer von einem Aktionär ermächtigt ist, im eigenen Namen das Stimmrecht für Aktien auszuüben, die ihm nicht gehören, hat bei Nennbetragsaktien den Betrag, bei Stückaktien die Zahl und die Gattung dieser Aktien zur Aufnahme in das Verzeichnis gesondert anzugeben. [2]Dies gilt auch für Namensaktien, als deren Aktionär der Ermächtigte im Aktienregister eingetragen ist.

(4) [1]Das Verzeichnis ist vor der ersten Abstimmung allen Teilnehmern zugänglich zu machen. [2]Jedem Aktionär ist auf Verlangen bis zu zwei Jahren nach der Hauptversammlung Einsicht in das Teilnehmerverzeichnis zu gewähren.

(5) § 125 Abs. 5 gilt entsprechend.

Übersicht:

A. Überblick

1 Die Vorschriften des Dritten Unterabschnitts enthalten Regelungen zur Durchführung der Hauptversammlung. Sie regeln jedoch nur bestimmte Teilaspekte, nämlich Fragen der Geschäftsordnung und des Teilnehmerverzeichnisses (§ 129 AktG), der Protokollierung (§ 130 AktG) und zum Auskunftsrecht der Aktionäre (§ 131 AktG) unter Einbeziehung von Fragen des gerichtlichen Verfahrens bei Auskunftsstreitigkeiten (§ 132 AktG). Darüber hinaus sind in Rechtsprechung und Literatur allgemeine Rechtsgrundsätze zur Durchführung von Hauptversammlun-

gen entwickelt worden, die eine Darstellung und Kommentierung im Zusammenhang mit den einleitenden Vorschriften des Unterabschnitts im Anhang der Kommentierung zu § 129 AktG finden (vgl. die Erl. in Rn. 17).

B. Geschäftsordnung der Hauptversammlung, Abs. 1

Nach dem 1998 durch das KonTraG (BGBl. I, 786) eingeführten Abs. 1 S. 1 kann sich die Hauptversammlung eine eigenverantwortlich geschaffene Geschäftsordnung geben. Die Rechtfertigung für den Erlass einer solchen Geschäftsordnung liegt darin (vgl. BT-Drs. 13/9712, 19), dass sie detaillierte Rechtsgrundlagen für das bei der Durchführung der Hauptversammlung einzuhaltende Verfahren schaffen kann; ihre Verbreitung in der Praxis und der empfundene Nutzen ist bisher gering (vgl. *Bezzenberger* ZGR 1998, 352; *Dietrich* NZG 1998, 921). 2

Die Geschäftsordnung hat **keine Satzungsqualität** und steht der Satzung im Rang nach (GroßkommAktG/*Mülbert* vor §§ 118–147 Rn. 181). Sie führt deshalb lediglich zu einer **Selbstbindung der Hauptversammlung** hinsichtlich der geregelten (Verfahrens-) Fragen. Die Einführung einer Geschäftsordnung ist Gegenstand der Tagesordnung und bedarf daher der vorherigen Bekanntmachung nach § 124 AktG. Dabei wird es trotz zweifelhafter Rechtsgrundlage für ausreichend erachtet, dass nicht der gesamte Text der Geschäftsordnung, sondern gem. § 124 Abs. 2 S. 2 Alt. 2 AktG nur ihr wesentlicher Inhalt bekannt gemacht wird (*Hüffer* AktG, § 124 Rn. 1 d). Ferner bedarf die Einführung einer Geschäftsordnung eines Beschlusses der Hauptversammlung, der eine einfache Mehrheit nach § 133 Abs. 1 AktG und überdies die Mehrheit von $^{3}/_{4}$ des vertretenen Kapitals finden muss, § 129 Abs. 1 S. 1 AktG. Im Hinblick auf diese Mehrheitserfordernisse ist eine notarielle Beurkundung des Beschlusses auch bei nichtbörsennotierten Gesellschaften erforderlich, § 130 Abs. 1 S. 1 AktG. 3

Die **Änderung** der beschlossenen Geschäftsordnung erfolgt durch **Beschluss der Hauptversammlung**. Der entsprechende Tagesordnungspunkt ist vorab bekannt zu machen (§ 124 AktG). Die Mehrheitserfordernisse entsprechen denen des § 129 Abs. 1 S. 1 AktG für die Einführung. Die Aufhebung der bestehenden Ordnung ist als **actus contrarius** an dieselbe Mehrheit wie die Einführung gebunden (a. A. *Hüffer* AktG, § 124 Rn. 1 e). 4

Verstöße gegen die bestehende Geschäftsordnung berechtigen nicht ohne weiteres zur Anfechtung des Beschlusses nach § 243 AktG, weil ein Satzungsverstoß gerade nicht vorliegt. Möglich ist aber, dass der Geschäftsordnungsverstoß im Einzelfall zugleich einen Gesetzesverstoß darstellt, der die Anfechtbarkeit nach sich zieht (z. B. wegen Verletzung der gesetzlichen Mitgliedschaftsrechte; ebenso *Hüffer* AktG, § 129 Rn. 1 g). 5

C. Regeln zum Teilnehmerverzeichnis, Abs. 1 bis 4

Nach Abs. 1 S. 2 ist ein Teilnehmerverzeichnis der erschienenen und vertretenen Aktionäre aufzustellen. Im Teilnehmerverzeichnis soll festgehalten werden, **welche Personen** an der Hauptversammlung teilnehmen. Auf diese Weise werden vor allem die Feststellung der Beschlussfähigkeit der Versammlung und die Feststellung des Beschlussergebnisses erleichtert; das Teilnehmerverzeichnis kann außerdem zur Überprüfung der Rechtmäßigkeit der Hauptversammlungsbeschlüsse herangezogen werden. 6

I. Aufstellung

In Ermangelung einer ausdrücklichen gesetzlichen Regelung wird davon ausgegangen, dass die Gesellschaft das Verzeichnis aufzustellen hat. Dies ist sachlich gerechtfertigt, weil nur die AG infolge der Anmeldung bzw. aus dem Aktienregister die Informationen hat, die für die Aufstellung des Verzeichnisses erforderlich sind. Der Leiter der Hauptversammlung hat die Pflicht, dafür Sorge zu tragen, dass das Verzeichnis von der Gesellschaft ordnungsgemäß aufgestellt und fortlaufend aktualisiert wird (*Hüffer* AktG, § 129 Rn. 6 f.). 7

II. Inhalt, Abs. 1 bis 3

8 Nach Abs. 1 S. 2 hat das Teilnehmerverzeichnis **folgende Angaben** zu enthalten: Die erschienenen oder vertretenen Aktionäre mit Angabe des Namens und des Wohnorts, die Vertreter mit Angabe des Namens und des Wohnorts, ferner den Betrag bzw. bei Stückaktien die Anzahl und Gattung der durch die erschienenen Aktionäre oder die Vertreter vertretenen Aktien (sog. **Eigenbesitz**). Nach Abs. 2 ist der Betrag bzw. bei Stückaktien die Anzahl und Gattung der in verdeckter Stellvertretung durch Kreditinstitute und gleichgestellte Personen (Abs. 5) repräsentierten Aktien (sog. **Vollmachtsbesitz**) anzugeben. Die verdeckte Vertretung, also ein Handeln für den, den es angeht, ist nach § 135 Abs. 4 S. 2 und Abs. 9 AktG nur Kreditinstituten und ihnen gleichgestellten Intermediären gestattet und setzt eine entsprechende Gestaltung der Vollmacht voraus. Abs. 3 verpflichtet überdies, den Betrag bzw. bei Stückaktien die Anzahl und Gattung von Aktien anzugeben, für die ein Legitimationsaktionär die Aktionärsrechte kraft Ermächtigung im eigenen Namen ausübt (sog. **Fremdbesitz**). Einzutragen sind die so ermächtigten Legitimationsaktionäre und nicht die Aktionäre selbst. Diese Regelung gilt auch für Namensaktien, so dass sich diese Legitimationsaktionäre – was Abs. 3 S. 2 ausdrücklich klarstellt – auf die Eintragung im Aktienregister nicht berufen können.

9 Die **Angabe der Stimmenzahl** im Teilnehmerverzeichnis ist vom Gesetz nicht vorgeschrieben. Damit das Teilnehmerverzeichnis seine Funktion als Hilfsmittel für die Feststellung von Abstimmungsergebnissen erfüllen kann, werden Angaben zur Stimmenzahl aber üblicherweise in das Verzeichnis aufgenommen; die gesetzliche Regelung steht dem nicht entgegen. Entsprechendes gilt für **Angaben zur Leistung der Einlage**; deren Aufnahme in das Teilnehmerverzeichnis ist sachgerecht, soweit der Umfang des Stimmrechts davon abhängig ist (§ 134 Abs. 2 AktG). Die **Angabe eigener Aktien der Gesellschaft** im Teilnehmerverzeichnis wird ebenfalls empfohlen, obwohl der Gesellschaft aus eigenen Aktien keine Rechte zustehen (§ 71 b AktG). Insbesondere bei Vollversammlungen aller Aktionäre ergäbe sich andernfalls eine aus dem Teilnehmerverzeichnis nicht aufklärbare Differenz von auf der Hauptversammlung vertretenem zu dem im Register eingetragenen Grundkapital (MAH AktR/*Bohnet* § 27 Rn. 45).

10 Das Teilnehmerverzeichnis ist **in der Hauptversammlung** (Abs. 1 S. 2) und spätestens vor der ersten Abstimmung (Abs. 4 S. 1) aufzustellen, um sodann allen Teilnehmern zugänglich gemacht zu werden. **Änderungen der Anwesenheit** bei der Hauptversammlung durch verspätetes Erscheinen oder vorzeitiges Verlassen der Versammlung von Aktionären sind im Teilnehmerverzeichnis zu vermerken, damit das Verzeichnis den tatsächlichen Teilnehmerstand wiedergibt. Daraus folgt, dass Zu- und Abgänge in der Hauptversammlung **fortlaufend zu kontrollieren** sind. Die Ergebnisse dieser Kontrollen sind sukzessive und jedenfalls zu den Abstimmungsvorgängen in das Teilnehmerverzeichnis aufzunehmen (MünchHdb GesR IV/*Semler* § 36 Rn. 30).

III. Publizität, Abs. 4

11 Das Teilnehmerverzeichnis ist nach Abs. 4 S. 1 allen Teilnehmern der Hauptversammlung **zugänglich zu machen**. Eine Konkretisierung dieser Pflicht findet sich im Gesetz nicht. Die früher vorgeschriebene Auslegung zur Einsichtnahme ist in der geltenden Gesetzesfassung nicht mehr enthalten; sie genügt aber nach wie vor den Anforderungen. Die durch das Namenaktiengesetz (NaStraG) vom 18. 1. 2001 (BGBl. I, 123) eingeführte geltende Gesetzesfassung soll es ermöglichen, anstelle eines Verzeichnisses in Papierform ein elektronisches Verzeichnis zu erstellen und dieses auf Bildschirmen sichtbar zu machen (RegBegr. BT-Drs. 14/4051, 14 f.).

12 Die Zugänglichmachung muss **»vor der ersten Abstimmung«** erfolgen. Das ist jede Abstimmung, auch eine solche über Geschäftsordnungsfragen (h. M.; MünchHdb GesR IV/*Semler* § 36 Rn. 29; a. A. KölnKomm AktG/*Zöllner* § 29 Rn. 26 unter Beschränkung auf Sachanträge). Ist das Teilnehmerverzeichnis mit den sich ergebenden Nachträgen noch nicht erstellt, ist deshalb die Sitzung zu unterbrechen. **Teilnehmer** sind nur die teilnahmeberechtigten Aktionäre oder deren Vertreter. Gästen und Medienvertretern ist deshalb das Verzeichnis nicht zugänglich zu machen (*Hüffer* AktG, § 129 Rn. 13; a. A. *v. Falckenhausen* BB 1966, 337, 340).

Nach Beendigung der Hauptversammlung ist jedem Aktionär auf Verlangen **Einsicht** in das Teilnehmerverzeichnis zu gewähren; das Recht erlischt nach zwei Jahren, Abs. 4 S. 2. Auch die Wahrnehmung des nachträglichen Einsichtsrechts kann durch Bereitstellen des elektronischen Registers gewährt werden (RegBegr. BT-Drs. 14/4051, 15). Einen **Anspruch auf Abschrift** oder auf Ausdruck sieht das Gesetz nicht ausdrücklich vor; er ist aber der Sache nach anzuerkennen, weil der Gesetzgeber das früher nach § 9 Abs. 2 S. 1 HGB bestehende Recht nicht beseitigen wollte (RegBegr. BT-Drs. 14/4051, 15). Die nach vormaliger Rechtslage bestehende Pflicht, das Teilnehmerverzeichnis der Urkunde über die Hauptversammlung beizuheften und zum Register einzureichen, besteht nach der geltenden Rechtslage nicht mehr. 13

IV. Rechtsfolgen bei Verstößen

Wird das Teilnehmerverzeichnis nicht ordnungsgemäß erstellt, liegt eine Gesetzesverletzung vor, die grundsätzlich **nach § 243 AktG zur Anfechtung** von Beschlüssen der Hauptversammlung berechtigt. Das Anfechtungsrecht besteht nicht, wenn die Gesellschaft nachweisen kann, dass der Gesetzesverstoß für das Beschlussergebnis nicht ausschlaggebend war (OLG Hamburg, NJW 1990, 1120, 1121). Dies ist vor allem dann der Fall, wenn der Fehler des Teilnehmerverzeichnisses sich nach der Stimmenzahl nicht ausgewirkt hat. Fehlende oder unzutreffende Angaben im Verzeichnis begründen ein Anfechtungsrecht, können aber als Ordnungswidrigkeit nach § 405 Abs. 2 AktG geahndet werden. Schadenersatzansprüche von Hauptversammlungsteilnehmern kommen wegen Schutzgesetzverletzung in Betracht (§ 823 Abs. 2 BGB, § 129 AktG). 14

D. Erweiterung des Anwendungsbereichs, Abs. 5

Die Verweisungsnorm des Abs. 5 soll den persönlichen Anwendungsbereich der Regelung des Abs. 2 für **Vollmachtsbesitz** erweitern. Einbezogen werden sollen über die dort genannten Kreditinstitute hinaus alle von § 125 Abs. 5 AktG erfassten Intermediäre (vgl. Erl. zu § 125 AktG Rn. 2), die Rechte der Aktionäre in der Hauptversammlung wahrnehmen. 15

E. Anhang: Rechtsgrundsätze betreffend die Durchführung der Hauptversammlung

I. Allgemeines

Die gesetzlichen Vorschriften zur Durchführung der Hauptversammlung regeln die sich stellenden Fragen nur teilweise (vgl. oben Rn. 1). Zusätzliche Regeln können sich in der Satzung finden und in einer von der Hauptversammlung gem. Abs. 1 S. 1 beschlossenen Geschäftsordnung. Im Übrigen kann auf anerkannte Grundsätze für die Durchführung der Hauptversammlung zurückgegriffen werden, deren zentrale Elemente nachfolgend dargestellt werden (näher *Martens* Leitfaden für die Leitung der Hauptversammlung einer Aktiengesellschaft, 3. Aufl 2003; MüKo AktG/*Kubis* § 119 Rn. 100 ff.). 16

II. Leitung der Hauptversammlung

1. Person des Vorsitzenden

Aus §§ 122 Abs. 3 S. 2, 130 Abs. 2 AktG ergibt sich, dass die Hauptversammlung einen Vorsitzenden (Leiter) haben muss. Die Person des Vorsitzenden ist von Gesetzes wegen nicht festgelegt; in der Satzung wird häufig der Vorsitzende des Aufsichtsrats zum Leiter der Hauptversammlung bestimmt. Liegt eine solche Regelung nicht vor, wählt die Hauptversammlung den Versammlungsleiter mit einfacher Mehrheit. Bis die Hauptversammlung den Vorsitzenden gewählt hat, hat der Vorstandsvorsitzende die Leitung der Hauptversammlung inne. Der Vorsitzende der Hauptversammlung muss nicht notwendig der deutschen Sprache mächtig sein; er kann einen Simultandolmetscher einschalten (OLG Hamburg AG 2001, 359, 363). 17

2. Versammlungsleitung

Zu den zentralen Aufgaben des Versammlungsleiters gehören zunächst die **versammlungsleitenden Aufgaben** von der Eröffnung bis zur Beendigung der Hauptversammlung. 18

a) Eröffnung der Hauptversammlung

19 Die Versammlung beginnt mit der Eröffnung durch den Vorsitzenden. Dabei muss der Vorsitzende unter Bezugnahme auf die Bekanntmachung im elektronischen Bundesanzeiger und gegebenenfalls in sonstigen Gesellschaftsblättern feststellen, dass die Hauptversammlung ordnungsgemäß einberufen wurde (§ 130 Abs. 3 AktG). Regelmäßig erläutert der Vorsitzende das Verfahren bei Wortmeldungen und Abstimmungen.

b) Verfahrensleitung

20 Der Vorsitzende hat für eine ordnungsgemäße Durchführung der Hauptversammlung zu sorgen. Ihm stehen dabei die Maßnahmen zur Verfügung, die es ermöglichen, die Tagesordnungspunkte in einem geordneten Verfahren zu erörtern und gegebenenfalls zur Beschlussfassung zu bringen. Er kann nur solche verfahrensleitenden Maßnahmen treffen, die zur Durchführung der Hauptversammlung geeignet und erforderlich sind. Der Grundsatz der gleichmäßigen Behandlung der Aktionäre ist zu beachten (BGHZ 44, 245, 255).

21 Bei der **Behandlung der Tagesordnung** ist er grundsätzlich befugt, von der mit der Einberufung bekannt gegebenen Reihenfolge abzuweichen, wenn dies sachlich gerechtfertigt ist. Die Hauptversammlung wiederum ist in der Lage, den Vorsitzenden durch Geschäftsordnungsbeschluss zu verpflichten, die Tagesordnung nach einer von ihr bestimmten Reihenfolge abzuhandeln. Regelmäßig unbedenklich ist die verfahrensleitende Maßnahme des Vorsitzenden, mehrere Tagesordnungspunkte zusammen aufzurufen und die Aussprache dazu ebenfalls zusammen durchzuführen.

22 Der Versammlungsleiter erteilt das Wort, an die Reihenfolge der **Wortmeldungen** ist er dabei nicht gebunden, sondern kann diese nach sachlichen Kriterien ordnen. Vertretern der Aktionärsvereinigungen und Depotbanken kann im Interesse einer straffen Durchführung der Hauptversammlung das Wort vor den Einzelaktionären erteilt werden. Eine Benachteiligung kritischer Aktionäre ist nicht erlaubt. Bereits erledigte Tagesordnungspunkte können durch den Vorsitzenden eine **Wiederaufnahme** erfahren. Nicht bekannt gemachte Tagesordnungspunkte kann er zur Erörterung zulassen; eine Beschlussfassung darüber kann jedoch wegen § 124 Abs. 4 S. 1 AktG nicht stattfinden.

c) Redezeit

23 Eine **Beschränkung der Redezeit** der Teilnehmer der Hauptversammlung ist zulässig, wenn dies zur Gewährleistung eines ordnungsgemäßen Ablaufs der Hauptversammlung erforderlich ist. Diese Möglichkeit besteht unabhängig von der nach § 131 Abs. 2 S. 2 AktG eröffneten Möglichkeit, Beschränkungen des Frage- und Rederechts in der Satzung oder der Geschäftsordnung zu verankern. Bei dieser Regelung handelt es sich um eine die Satzungs- bzw. Geschäftsordnungsautonomie erweiternde Vorschrift, die keine verdrängende Wirkung in dem Sinne entfaltet, dass im Interesse des ordnungsgemäßen Ablaufs der Hauptversammlung der Versammlungsleiter an Rederechtsbeschränkungen im jeweiligen Hauptversammlungszusammenhang aufgrund seiner Sitzungsleitungsverantwortung und damit ohne satzungs- oder geschäftsordnungsmäßige Grundlage entscheiden kann (*Hüffer* AktG, § 131 Rn. 22 b).

24 Beschränkungen sind zunächst als **generelle Redezeitbeschränkung** zulässig (BVerfG NJW 2000, 349, 351). Eine solche Maßnahme kommt allerdings regelmäßig nicht schon zu Beginn der Sitzung in Betracht; anders ist dies, wenn nach einer längeren Dauer der Aussprache der Versammlung, eine rechtzeitige Beendigung der Hauptversammlung wegen Zeitablaufs gefährdet ist. Die Beschränkung wird regelmäßig in Schritten eingeführt und von einem größeren auf einen erforderlichenfalls kleineren Zeitraum beschränkt (typischerweise von zunächst 10 auf später 5 Minuten pro Redner). Beschränkungen auf noch kürzere Zeiträume scheiden regelmäßig aus, weil der Aktionär dann seinen Beitrag nicht mehr sachgerecht begründen kann. **Individuelle Redezeitbeschränkungen** kann der Vorsitzende anordnen, wenn dies im Einzelfall sachlich ge-

rechtfertigt ist, insbesondere wenn nicht zum Gegenstand der Tagesordnung gesprochen wird (BGHZ 44, 245). Eine vorherige Ankündigung der Redezeitbeschränkung ist aus Gründen der Verhältnismäßigkeit geboten (*Siepelt* AG 1995, 254) geboten. Kommt der Redner der Beaschränkung nicht nach, kann ihm der Vorsitzende das Wort entziehen; diese Maßnahme setzt regelmäßig eine Abmahnung voraus.

Bietet die Redezeitbeschränkung nicht die Gewähr, dass die Hauptversammlung zeitgerecht zu Ende gebracht werden kann, kann der Vorsitzende die **Schließung der Rednerliste** anordnen. Weitere Wortmeldungen werden anschließend nicht mehr berücksichtigt. Ferner kommt in Betracht, dass der Vorsitzende den **Schluss der Debatte** anordnet. Diese Maßnahme ist nur ausnahmsweise zulässig, wenn anders die zeitgerechte Abwicklung der Hauptversammlung nicht mehr gewährleistet ist. Redebeiträge werden dann ab sofort nicht mehr zugelassen, selbst dann, wenn noch Wortmeldungen vorliegen. Diese gravierende Maßnahme kommt nur **ausnahmsweise**, nach vorheriger Ankündigung, nach Ausschöpfung der anderen Redezeit begrenzenden Maßnahmen und in den späten Abendstunden in Betracht, wenn die Durchführung der Versammlung bis zum Ende des Versammlungstages um 24.00 Uhr gefährdet ist. 25

Das **Frage- und Auskunftsrecht** des Aktionärs auf der Hauptversammlung wird in § 131 AktG geregelt. Zu den Beschränkungen des Frage- und Auskunftsrechts vgl. die Erläuterung zu dieser Vorschrift. 26

d) Ordnungsmaßnahmen

Neben den genannten verfahrensleitenden Maßnahmen stehen dem Vorsitzenden Ordnungsbefugnisse gegen einzelne Teilnehmer zu, damit der ordnungsgemäße Ablauf der Hauptversammlung gewährleistet werden kann. Die **Verweisung aus dem Saal** der Versammlung, erforderlichenfalls auch deren Durchsetzung durch Saalordner oder die Polizei (zur Rechtmäßigkeit vgl. BVerfG NJW 2000, 349, 351) ist die äußerste Maßnahme; sie ist aus Verhältnismäßigkeitsgründen nur zulässig, wenn zuvor mildere Ordnungsmaßnahmen gegebenenfalls auch in mehreren Stufen (Ordnungsruf, Beschränkung der Redezeit, Entzug der Wortes, Verweisung vom Rednerpult) erfolglos angeordnet wurden. Dem Aktionär ist in diesem Fall Gelegenheit zu geben, vor allem sein Stimmrecht durch einen Vertreter ausüben zu lassen. 27

e) Sonstige Maßnahmen

Die **Vertagung und Absetzung** von Gegenständen der Tagesordnung ist keine bloß verfahrensleitende Maßnahme; sie betrifft den Gegenstand der Tagesordnung selbst und kann nur von der Hauptversammlung beschlossen werden. Für die Vertagung der Hauptversammlung als solcher gilt dies erst recht. 28

Anträge kommen nur dann zur Abstimmung, wenn diese vom Vorsitzenden zugelassen werden. Die **Zulassung** kann von ihm versagt werden, wenn sie zu nicht bekannt gemachten Gegenständen gestellt werden. Im Übrigen kann die Abstimmung nur in Ausnahmefällen versagt werden, etwa wenn es sich um schikanöse Anträge handelt. Über die Reihenfolge der Abstimmung über die Anträge entscheidet der Vorsitzende nach pflichtgemäßem Ermessen; die Reihenfolge ist nach Gesichtspunkten der Sachdienlichkeit festzulegen. Werden mehrere Anträge gestellt, kann die Reihenfolge so gewählt werden, dass zunächst der zur Abstimmung gestellt wird, für den eine Mehrheit am ehesten erwartet werden kann. Im Übrigen sind nach den üblichen Regeln der Antrag zur Geschäftsordnung vor den Sachanträgen und der weitergehende vor dem engeren Antrag zur Abstimmung zu stellen. 29

3. Abstimmungsleitung

Der Vorsitzende der Versammlung trifft die erforderlichen Anordnungen über Art und Weise der Abstimmungen im Rahmen seiner Verfahrensleitungsmacht nach **pflichtgemäßem Ermessen**, sofern weder die Satzung noch die Geschäftsordnung entsprechende Regelungen vorsehen. 30

Die Hauptversammlung kann ihn durch entsprechenden Beschluss an ein **bestimmtes Verfahren** binden; in der Satzung kann wiederum festgelegt werden, dass der Hauptversammlung eben diese Zuständigkeit nicht zusteht. Sieht die Satzung vor, dass der Vorsitzende der Versammlung die Art der Abstimmung festlegt, ist die Hauptversammlung an dessen Festlegung gebunden, ohne dass ein abweichender Hauptversammlungsbeschluss gefasst werden kann (vgl. Erl. zu § 134 AktG Rn. 15). Hinsichtlich der Reihenfolge der Abstimmung über Wahlvorschläge ist § 137 AktG zu beachten.

31 Das **Abstimmungsverfahren** ist nach der Maxime einer möglichst verlässlichen Feststellung des Abstimmungsergebnisses bei möglichst zügiger Behandlung des Abstimmungsvorgangs festzulegen. Bei kleinen Hauptversammlungen kann der Vorsitzende Abstimmung **per Handzeichen** oder Akklamation vorsehen. Regelmäßig wird die Abstimmung unter Verwendung von **Stimmkarten** zu erfolgen haben. Diese sind regelmäßig in mehrere Stimmabschnitte unterteilt, so dass der Vorsitzende die Gegenstände der Tagesordnung, zu denen eine Abstimmung erfolgt, nacheinander aufrufen kann und für jeden Gegenstand die Verwendung einer eigenen einfach zu identifizierenden Stimmabgabe vorsehen kann. Die Stimmenkarten sind so auszugestalten, dass sich die auf sie entfallende jeweilige Stimmenzahl ermitteln lässt.

32 Als zweckmäßig hat es sich herausgestellt, die Abstimmungen nach der Aussprache über die Gegenstände der Tagesordnung **in einem zusammenhängenden Abstimmungsvorgang** durchzuführen. Dabei wird jeder Gegenstand gesondert zur Abstimmung aufgerufen und über jeden Gegenstand gesondert abgestimmt. Die Einsammlung und Auszählung der Stimmkarten erfolgt in einem Vorgang.

33 Die **Auszählung der Stimmen** erfolgt nach einem vom Vorsitzenden festzusetzenden Verfahren. Praktische Bedeutung haben vor allem zwei Verfahren. Beim **Additionsverfahren** werden die Ja- und Nein-Stimmen getrennt ausgezählt. Aus der Addition dieser Stimmen errechnet sich die Zahl der abgegebenen Stimmen. Stimmenthaltungen werden nicht ermittelt und damit als Nichtabgabe einer Stimme behandelt. Beim häufig verwendeten **Subtraktionsverfahren** wird neben den Stimmenthaltungen nur die voraussichtlich kleinste Gruppe der abgegebenen Stimmen gezählt; das so ausgezählte Stimmergebnis nebst der Enthaltungen ist dann die Grundlage für das durch Subtraktion von der Gesamtzahl der vertretenen Stimmen zu ermittelnde Gesamtergebnis. Dies hat zur Konsequenz, dass Teilnehmer, die sich weder der Stimme enthalten noch mit Nein gestimmt haben, so behandelt werden, als hätten sie eine Ja-Stimme abgegeben. Das Verfahren wird für rechtlich zulässig erachtet (OLG Frankfurt NZG 1999, 119). Es setzt voraus, dass die Teilnehmerliste gesetzliche oder satzungsmäßige Stimmrechtsverbote oder -beschränkungen berücksichtigt und vor der Abstimmung auf den neuesten Stand gebracht wurde. Findet die Hauptversammlung in mehreren Räumen statt, so ist sicherzustellen, dass die Stimmabgabe in sämtliche Räumen möglich ist. Der Vorsitzende kann auch anordnen, dass die Stimmabgabe nur im Hauptversammlungsraum möglich ist; unterbleibt diese Anordnung, dürfen die Stimmen von Aktionären, die sich nicht an der Abstimmung beteiligen konnten, im Subtraktionsverfahren nicht als Ja-Stimmen gewertet werden (OLG Karlsruhe ZIP 1991, 101, 107).

34 Das Abstimmungsergebnis wird vom Vorsitzenden nach Abschluss der Auszählung **verkündet**. Der Vorsitzende verkündet das zahlenmäßige Ergebnis und hat festzustellen, ob und gegebenenfalls dass der Beschluss angenommen ist (§ 130 Abs. 2 AktG). Damit ist der Beschluss wirksam, sofern nicht das Gesetz zusätzlich die Eintragung ins Handelsregister voraussetzt (§§ 181 Abs. 3, 159 AktG). Fehlerhafte Feststellungen des Abstimmungsergebnisses – etwa wegen Berücksichtigung nicht stimmberechtigter Aktionäre (BGHZ 104, 66, 69 f.) oder wegen fehlerhafter Präsenzfeststellung – sind nach § 243 AktG anfechtbar, wenn sich der Mangel ursächlich auf das Abstimmungsergebnis ausgewirkt hat (BGHZ 104, 66, 69).

4. Beendigung der Hauptversammlung

Der Vorsitzende hat die Aufgabe, die Hauptversammlung **zu schließen**. Dies erfolgt, nachdem sämtliche Gegenstände der Tagesordnung ordnungsgemäß abgehandelt wurden. Vor der Erledigung der Tagesordnung ist die Hauptversammlung zu schließen, wenn die Einberufung fehlerhaft erfolgte oder die erforderliche Präsenz für die Beschlussfähigkeit nicht erreicht wird. 35

§ 130 Niederschrift

(1) [1]Jeder Beschluß der Hauptversammlung ist durch eine über die Verhandlung notariell aufgenommene Niederschrift zu beurkunden. [2]Gleiches gilt für jedes Verlangen einer Minderheit nach § 120 Abs. 1 Satz 2, § 137. [3]Bei nichtbörsennotierten Gesellschaften reicht eine vom Vorsitzenden des Aufsichtsrats zu unterzeichnende Niederschrift aus, soweit keine Beschlüsse gefaßt werden, für die das Gesetz eine Dreiviertel- oder größere Mehrheit bestimmt.

(2) In der Niederschrift sind der Ort und der Tag der Verhandlung, der Name des Notars sowie die Art und das Ergebnis der Abstimmung und die Feststellung des Vorsitzenden über die Beschlußfassung anzugeben.

(3) Die Belege über die Einberufung der Versammlung sind der Niederschrift als Anlage beizufügen, wenn sie nicht unter Angabe ihres Inhalts in der Niederschrift aufgeführt sind.

(4) [1]Die Niederschrift ist von dem Notar zu unterschreiben. [2]Die Zuziehung von Zeugen ist nicht nötig.

(5) Unverzüglich nach der Versammlung hat der Vorstand eine öffentlich beglaubigte, im Falle des Absatzes 1 Satz 3 eine vom Vorsitzenden des Aufsichtsrats unterzeichnete Abschrift der Niederschrift und ihrer Anlagen zum Handelsregister einzureichen.

Übersicht:

A. Überblick

Die Vorschrift regelt Rechtsfragen zur Niederschrift von Beschlüssen der Hauptversammlung und bestimmten Minderheitsverlangen. Der Vorstand hat die Pflicht, die Niederschrift nebst den erforderlichen Anlagen zum Handelregister einzureichen, Abs. 5. Neben der notariellen Niederschrift hat das »Gesetz für kleine Aktiengesellschaften und zur Deregulierung des Aktienrechts« von 1994 (BGBl. I, 1961) für nichtbörsennotierte Gesellschaften in Abs. 1 S. 3 grundsätzlich die Möglichkeit eines privatschriftlichen Protokolls geschaffen. 1

B. Beurkundungspflicht, Abs. 1

Abs. 1 S. 1 statuiert den Grundsatz, dass über die Hauptversammlung eine **notarielle Niederschrift** anzufertigen ist. Dazu wird der Notar vom Vorstand der Gesellschaft beauftragt. Dabei sind die Regeln über den Ausschluss von der Beurkundungstätigkeit nach § 3 BeurkG zu beachten (dazu *Wilhelmi* BB 1987, 1331, 1332). Findet die Versammlung im Ausland statt (vgl. § 121 AktG Rn. 18), kann die Niederschrift auch durch einen **ausländischen Notar** erfolgen, wenn dessen Niederschrift der Inlandsbeurkundung gleichwertig ist (vgl. *Schulte* AG 1985, 33, 37). 2

Die Verpflichtung zur Niederschrift verlangt, dass in der Versammlung tatsächlich geschrieben wird. Eine Vorbereitung der Niederschrift auch in formularmäßiger Form kann verwendet wer- 3 den (*Hüffer* AktG, § 130 Rn. 11). **Tonbandaufzeichnungen** sind nicht genügend; sie können ebenso wir **Bildaufzeichnungen** nur als Form der zusätzlichen Protokollierung erfolgen. Auf eine Tonbandprotokollierung hat der Vorsitzende der Versammlung vor Beginn der Aufzeichnung hinzuweisen und er hat die Einwilligung der Versammlungsteilnehmer dazu einzuholen. Einen Anspruch auf Aushändigung der Ton- oder Bildaufzeichnung haben die Aktionäre nicht (BGH NJW 1994, 3094).

4 Die **Beurkundungspflicht** nach Abs. 1 S. 1 bezieht sich zunächst auf Beschlüsse und insofern auf sämtliche **Beschlüsse der Hauptversammlung**, auch auf Verfahrensbeschlüsse und abgelehnte Beschlüsse. Gem. Abs. 1 S. 2 sind die dort angeführten Minderheitsverlangen zur Entlastung (§ 120 Abs. 1 S. 2 AktG) und zur Reihenfolge der Abstimmung über Wahlvorschläge (§ 137 AktG) in die Niederschrift aufzunehmen. Insofern kommt es nicht darauf an, ob sie zu einem Beschlussantrag oder gar zu einer Beschlussfassung geführt haben.

5 Weitere **beurkundungspflichtige Vorgänge** sind: im Falle der Auskunftsverweigerung und auf Verlangen des Aktionärs die Frage und der Verweigerungsgrund (§ 131 Abs. 5 AktG); der Widerspruch gem. § 245 Nr. 1 AktG bzw. gegen Verzicht oder Vergleich über bestimmte Ersatzansprüche gem. §§ 50 S. 1, 93 Abs. 4 S. 3, 116 AktG bzw. über Ausgleichs- oder Ersatzansprüche im Konzernverbund (§§ 302 Abs. 3 S. 3, 309 Abs. 3, 310 Abs. 4, 317 Abs. 4, 318 Abs. 4, 323 Abs. 1 S. 2 AktG); der Widerspruch gegen die Wahl von Abschlussprüfern (§ 318 Abs. 3 S. 2 HGB). Zum Inhalt der Beurkundung vgl. noch Rn. 10.

C. Privatschriftliches Protokoll, Abs. 1 S. 3

6 Bei nichtbörsennotierten Gesellschaften (§ 3 Abs. 2 AktG) reicht eine vom Vorsitzenden des Aufsichtsrats zu unterzeichnende Niederschrift aus, wenn die Hauptversammlung keine **Grundlagenbeschlüsse** gefasst hat (Abs. 1 S. 3). Grundlagenbeschlüsse sind solche, die einer Mehrheit von $^3/_4$ des vertretenen Grundkapitals bedürfen. Nach h. M. sind die sog. »Holzmüller-Beschlüsse« (vgl. dazu ausführl. § 119 AktG Rn. 9 ff.) damit nicht gemeint; ihre notarielle Beurkundung ist deshalb nicht erforderlich, ihre Aufnahme in das privatschriftliche Protokoll nach Abs. 1 S. 3 ist somit ausreichend (*Kindler* NJW 1994, 3041, 3045).

7 Die Person des **Protokollführers** wird vom Gesetz nicht festgelegt und kann deshalb vom Vorsitzenden der Versammlung festgelegt werden.

8 Der **Inhalt** des privatschriftlichen Protokolls richtet sich nach Abs. 1 und 2.

9 Die **Unterzeichnung** hat durch den Aufsichtsratsvorsitzenden zu erfolgen, Abs. 1 S. 3. Ist der Vorsitzende des Aufsichtsrats entgegen dem Regelfall nicht der Vorsitzende der Versammlung, hat der Versammlungsleiter das privatschriftliche Protokoll zu unterzeichnen; dem Vorsitzenden des Aufsichtsrats wird in diesem Ausnahmesachverhalt nicht zugemutet, die Verantwortung für das Versammlungsprotokoll zu übernehmen (*Hüffer* AktG, § 130 Rn. 14 e).

D. Inhalt der Niederschrift, Abs. 2

10 Der Inhalt der Niederschrift ergibt sich aus Abs. 2. Bei den zu protokollierenden Angaben über die **Art der Abstimmung** ist anzugeben, in welchem Verfahren abgestimmt wurde (Subtraktions- oder Additionsverfahren, s. § 129 AktG Rn. 31), welche Stimmen (Ja-, Nein-Stimmen, Enthaltungen) abgegeben wurden, wie die Stimmen abgegeben wurden (z. B. durch Stimmkarten) und wie die Stimmen ausgezählt wurden (manuell oder maschinell). Da es nicht darauf ankommt, wie viele Aktionäre abgestimmt haben, sondern auf die Zahl der abgegebenen Stimmen, hat das Protokoll ferner Angaben darüber zu enthalten, wie die Stimmenzahl des einzelnen Aktionärs ermittelt wurde (*Hüffer* AktG, § 130 Rn. 18). Ferner ist anzugeben, welche Maßnahmen zur Einhaltung von Stimmverboten oder Stimmrechtsbeschränkungen ergriffen wurden.

11 Zum **Ergebnis der Abstimmung** hat die Niederschrift jedenfalls die Zahl der Ja- und Nein-Stimmen zu enthalten. Stimmenthaltungen sollten ebenfalls angegeben werden. Beim Subtraktions-

verfahren haben sie Bedeutung als Berechnungsgröße und auch im Übrigen haben sie einen beachtlichen Informationswert, dessen Protokollierung im Rahmen des Abstimmungsergebnisses gerechtfertigt und erforderlich ist (str.; vgl. *Hüffer* AktG, § 130 Rn. 19). Maßgeblich ist die Feststellung des Notars, die sich auf die Bekanntgabe durch den Vorsitzenden der Hauptversammlung stützt, ohne dass der Notar eigene Maßnahmen bei der Auszählung der Stimmen zu treffen hat (OLG Düsseldorf AG 2003, 510, 511). Die zu protokollierende Feststellung des Notars betrifft auch die rechtlichen Folgen aus der Zahl der ausgezählten Stimmen für die Annahme oder Ablehnung des Antrags. Die Feststellung wird vom Vorsitzenden getroffen und ist vom Notar zu protokollieren (für eine Befugnis des Notars, eigene, von denen des Versammlungsleiters abweichende Schlussfolgerungen zu ziehen *Schulte* AG 1985, 33, 38; *Hüffer* AktG, § 130 Rn. 21).

Nach Abs. 2 ist schließlich die **Feststellung des Vorsitzenden über die Beschlussfassung** in die Niederschrift aufzunehmen. Es ist also die Feststellung des Vorsitzenden zur Annahme oder Ablehnung des Antrags zu protokollieren. Die protokollierte Feststellung hat **konstitutive Bedeutung** und kann bei Feststellungsfehlern nur durch Anfechtungsklage angegriffen werden (BGHZ 104, 66, 69 – zur GmbH; vgl. auch § 129 AktG Rn. 13). 12

E. Anlagen, Abs. 3

Gem. Abs. 3 sind der Niederschrift die **Belege über die Einberufung** (§ 121 Abs. 3 AktG) als Anlagen beizufügen. Das Teilnehmerverzeichnis ist nach geltender Rechtslage nicht mehr als Anlage beizufügen. Anstelle der Beifügung als Anlage kann auch deren Aufnahme in den Text der Niederschrift erfolgen. 13

Weitere Regelungen zu beizufügenden Dokumenten enthalten Vorschriften zu Einzelfragen: § 52 Abs. 2 S. 6 AktG (Nachgründungsverträge), § 293 g Abs. 2 S. 2 AktG (Unternehmensverträge), §§ 17 Abs. 1, 176 Abs. 1 UmwG (Verschmelzungs- und Vermögensübertragungsverträge). 14

F. Unterschrift des Notars, Abs. 4

Der Notar hat die Niederschrift eigenhändig zu unterschrieben, Abs. 4 S. 1. Die Unterschrift muss nicht in der Hauptversammlung erfolgen; sie kann auch nachträglich erfolgen. Ist das Protokoll unterschrieben, können Fehler nicht mehr ohne weiteres korrigiert werden. Bei der **Korrektur inhaltlicher Fehler** ist grundsätzlich § 44 a Abs. 2 S. 3 BeurkG zu beachten (dazu Krieger NZG 2003, 366, 369 ff.). Nur **offensichtliche Unrichtigkeiten** (vgl. § 319 ZPO) können jederzeit korrigiert werden (§ 44 a Abs. 2 BeurkG). 15

G. Einreichung zum Handelsregister, Abs. 5

Gem. Abs. 5 ist der Vorstand verpflichtet, eine öffentlich beglaubigte Abschrift der Niederschrift und ihrer Anlagen **unverzüglich** (§ 121 Abs. 1 S. 1 BGB) nach der Hauptversammlung zum Handelsregister einzureichen. Soweit an Stelle der notariellen Niederschrift ein privatschriftliches Protokoll ausreicht (vgl. Abs. 1 S. 3), hat der Vorstand eine vom Vorsitzenden des Aufsichtsrats unterschriebene Abschrift dieses Protokolls beim Handelsregister einzureichen. 16

§ 131 Auskunftsrecht des Aktionärs

(1) [1]Jedem Aktionär ist auf Verlangen in der Hauptversammlung vom Vorstand Auskunft über Angelegenheiten der Gesellschaft zu geben, soweit sie zur sachgemäßen Beurteilung des Gegenstands der Tagesordnung erforderlich ist. [2]Die Auskunftspflicht erstreckt sich auch auf die rechtlichen und geschäftlichen Beziehungen der Gesellschaft zu einem verbundenen Unternehmen. [3]Macht eine Gesellschaft von den Erleichterungen nach § 266 Abs. 1 Satz 3, § 276 oder § 288 des Handelsgesetzbuchs Gebrauch, so kann jeder Aktionär verlangen, daß ihm in der Hauptversammlung über den Jahresabschluß der Jahresabschluß in der Form vorgelegt wird, die er ohne Anwendung dieser Vorschriften hätte. [4]Die Auskunftspflicht des Vorstands

eines Mutterunternehmens (§ 290 Abs. 1, 2 des Handelsgesetzbuchs) in der Hauptversammlung, der der Konzernabschluss und der Konzernlagebericht vorgelegt werden, erstreckt sich auch auf die Lage des Konzerns und der in den Konzernabschluss einbezogenen Unternehmen.

(2) [1]Die Auskunft hat den Grundsätzen einer gewissenhaften und getreuen Rechenschaft zu entsprechen. [2]Die Satzung oder die Geschäftsordnung gemäß § 129 kann den Versammlungsleiter ermächtigen, das Frage- und Rederecht des Aktionärs zeitlich angemessen zu beschränken, und Näheres dazu bestimmen.

(3) [1]Der Vorstand darf die Auskunft verweigern,

1. **soweit die Erteilung der Auskunft nach vernünftiger kaufmännischer Beurteilung geeignet ist, der Gesellschaft oder einem verbundenen Unternehmen einen nicht unerheblichen Nachteil zuzufügen;**
2. **soweit sie sich auf steuerliche Wertansätze oder die Höhe einzelner Steuern bezieht;**
3. **über den Unterschied zwischen dem Wert, mit dem Gegenstände in der Jahresbilanz angesetzt worden sind, und einem höheren Wert dieser Gegenstände, es sei denn, daß die Hauptversammlung den Jahresabschluß feststellt;**
4. **über die Bilanzierungs- und Bewertungsmethoden, soweit die Angabe dieser Methoden im Anhang ausreicht, um ein den tatsächlichen Verhältnissen entsprechendes Bild der Vermögens-, Finanz- und Ertragslage der Gesellschaft im Sinne des § 264 Abs. 2 des Handelsgesetzbuchs zu vermitteln; dies gilt nicht, wenn die Hauptversammlung den Jahresabschluß feststellt;**
5. **soweit sich der Vorstand durch die Erteilung der Auskunft strafbar machen würde;**
6. **soweit bei einem Kreditinstitut oder Finanzdienstleistungsinstitut Angaben über angewandte Bilanzierungs- und Bewertungsmethoden sowie vorgenommene Verrechnungen im Jahresabschluß, Lagebericht, Konzernabschluß oder Konzernlagebericht nicht gemacht zu werden brauchen;**
7. **soweit die Auskunft auf der Internetseite der Gesellschaft über mindestens sieben Tage vor Beginn und in der Hauptversammlung durchgängig zugänglich ist.**

[2]Aus anderen Gründen darf die Auskunft nicht verweigert werden.

(4) [1]Ist einem Aktionär wegen seiner Eigenschaft als Aktionär eine Auskunft außerhalb der Hauptversammlung gegeben worden, so ist sie jedem anderen Aktionär auf dessen Verlangen in der Hauptversammlung zu geben, auch wenn sie zur sachgemäßen Beurteilung des Gegenstands der Tagesordnung nicht erforderlich ist. [2]Der Vorstand darf die Auskunft nicht nach Absatz 3 Satz 1 Nr. 1 bis 4 verweigern. [3]Sätze 1 und 2 gelten nicht, wenn ein Tochterunternehmen (§ 290 Abs. 1, 2 des Handelsgesetzbuchs), ein Gemeinschaftsunternehmen (§ 310 Abs. 1 des Handelsgesetzbuchs) oder ein assoziiertes Unternehmen (§ 311 Abs. 1 des Handelsgesetzbuchs) die Auskunft einem Mutterunternehmen (§ 290 Abs. 1, 2 des Handelsgesetzbuchs) zum Zwecke der Einbeziehung der Gesellschaft in den Konzernabschluß des Mutterunternehmens erteilt und die Auskunft für diesen Zweck benötigt wird.

(5) Wird einem Aktionär eine Auskunft verweigert, so kann er verlangen, daß seine Frage und der Grund, aus dem die Auskunft verweigert worden ist, in die Niederschrift über die Verhandlung aufgenommen werden.

Übersicht:

A. Übersicht

1 Die Vorschrift regelt das **Auskunftsrecht des Aktionärs in der Hauptversammlung**. Durch die Gewährung des Auskunftsrechts soll es dem Aktionär ermöglicht werden, die Gegenstände der Tagesordnung beurteilen zu können. Insofern steht das Auskunftsrecht im sachlichen Zusammenhang mit dem Recht auf Teilnahme an der Hauptversammlung nach § 118 AktG und dem Stimmrecht sowie sonstigen Mitgliedschaftsrechten des Aktionärs, deren sachgerechten und sinnvollen Gebrauch das Auskunftsrecht gewährleisten soll. Das Auskunftsrecht ist nach § 23 Abs. 5 AktG **zwingend** ausgestaltet. Erst das »Gesetz zur Unternehmensintegrität und Modernisierung des Anfechtungsrechts« (UMAG) vom 22. 9. 2005 (BGBl. I, 2802) hat insbesondere einen Spielraum für den Satzungsgeber (bzw. die Geschäftsordnung) eröffnet, das Frage- und Rederecht des Aktionärs angemessen zu beschränken und Modalitäten festzulegen (Abs. 2 S. 2). Die Vorschrift ist vor dem Hintergrund der Erfahrung entstanden und zu verstehen, dass das Auskunftsrecht von Aktionären in einer den ordnungsgemäßen Ablauf von Hauptversammlungen beeinträchtigenden und missbrauchsverdächtigen Art und Weise ausgeübt werden kann und insofern sachgerechter Reglementierungen bedarf (*Witt* AG 2000, 257, 267; *Zöllner* AG 2000, 145, 153).

B. Voraussetzungen des Auskunftsrechts, Abs. 1

I. Auskunftsberechtigter und -verpflichteter

2 **Auskunftsberechtigt** ist nach Abs. 1 S. 1 jeder an der Hauptversammlung teilnehmende Aktionär. Die Regelung sieht keine Begrenzung des Auskunftsrechts auf stimmberechtigte oder solche Aktionäre vor, die ihre Einlage geleistet haben. Das Auskunftsrecht kann auch **durch Dritte** ausgeübt werden, die für den Aktionär an der Hauptversammlung teilnehmen. Insbesondere die Personen, die aufgrund einer Stimmrechtsvollvollmacht oder einer Legitimationsübertragung an der Hauptversammlung teilnehmen, sind zur Ausübung des Auskunftsrechts berechtigt.

3 **Auskunftspflichtig** ist nach Abs. 1 S. 1 die **Gesellschaft**, für die der Vorstand tätig wird. Auskünfte durch den Vorsitzenden der Hauptversammlung oder andere Personen stellen keine Auskünfte i. S. d. § 131 AktG dar. Der Aktionär hat deshalb auch keinen Anspruch darauf, dass andere Personen als der Vorstand Auskunft erteilen. Für den Abschlussprüfer bestätigt § 176 Abs. 2 S. 3 AktG diese Rechtslage.

II. Ordnungsgemäßes Auskunftsverlangen

4 Die Auskunftspflicht setzt nach § 131 AktG ein ordnungsgemäßes **Auskunftsverlangen** voraus. Das Auskunftsverlangen wird durch eine in der Hauptversammlung an den Vorstand gerichtete Frage erklärt. Unschädlich ist, dass die Frage an den Vorsitzenden der Hauptversammlung gestellt wird; dieser repräsentiert die Gesellschaft und hat die Frage an den Vorstand weiterzuleiten. Die Frage ist **mündlich zu stellen**, eine schriftliche Fragestellung ist kein ordnungsgemäßes Auskunftsverlangen (*Kubis* FS Kropff 1997, 171, 187). Die **Schriftform** kann jedenfalls seit der Einführung von Abs. 2 S. 2 weder durch die Satzung noch die Geschäftsordnung vorgeschrieben werden, weil der vom Gesetzgeber eröffnete Regelungsspielraum zur Beschränkung des Frage- und Rederechts an die mündliche Fragestellung gebunden ist (*Hüffer* AktG, § 131 Rn. 8). Das

Auskunftsverlangen muss grundsätzlich **nicht begründet** werden; die Begründung kann aber verlangt werden, wenn nicht ersichtlich ist, dass die begehrte Auskunft zur Beurteilung eines Tagesordnungspunktes erforderlich ist (OLG Hamburg AG 1970, 50). Das Auskunftsverlangen muss im Regelfall auch nicht angekündigt werden, weil vom Vorstand erwartet werden darf, dass er auf die Hauptversammlung so vorbereitet ist, dass er zu allen Gegenständen der Tagesordnung Auskunft geben kann. Der Vorstand muss sich dabei auch auf Fragen einstellen, die nur mit Unterstützung der Gesellschaft beantwortet werden können, und hat deshalb in der Hauptversammlung Personal und Sachmittel vorzuhalten, die dem Vorstand bei der Beantwortung solcher Auskünfte behilflich sein können (BGHZ 32, 159, 166).

III. Verletzung der Auskunftspflicht

5 Eine Verletzung der Auskunftspflicht ist nicht in allen Fällen gegeben, in denen der Vorstand ein Auskunftsverlangen nicht beantworten kann. Vorausgesetzt ist dabei, dass der Vorstand die Auskunft trotz angemessener Vorbereitung nicht erteilen kann, und dass eine Auskunft verlangt wird, die nach den gegebenen Umständen nicht erwartet werden konnte. Bei dieser Sachlage verletzt der Vorstand seine Auskunftspflicht nicht, wenn der Vorstand in der Hauptversammlung die ihm möglichen Auskünfte erteilt (BGHZ 32, 159, 165 f.; OLG Hamburg AG 2002, 460, 462).

IV. Gegenstand und Umfang des Auskunftsrechts

6 Der Gegenstand und Umfang des Auskunftsrechts wird in Abs. 1 zunächst dadurch begrenzt, dass es sich bei der verlangten Auskunft um »**Angelegenheiten der Gesellschaft**« handeln muss. Der Begriff wird weit verstanden. Er umfasst nicht nur die Umstände, die sich auf die AG selbst und ihre Tätigkeiten beziehen; mit abgedeckt werden auch die Beziehungen zu Geschäftspartnern, Kunden und Lieferanten (*Hüffer* AktG, § 131 Rn. 11). Nicht zu den Gesellschaftsangelegenheiten gehören die **Interna des Aufsichtsrats** und Angelegenheiten seiner Mitglieder (BVerfG NJW 2000, 349, 351), Strafverfolgungsmaßnahmen gegen einzelne Organmitglieder, die ohne Bezug zum Organhandeln und damit ohne Bezug zum Entlastungsantrag stehen (LG Frankfurt AG 2005, 891, 892) und die Abstimmungsempfehlung eines Kreditinstituts an seine Depotkunden (BayObLGZ 1996, 234, 242).

7 Dass die Auskunft »**zur sachgemäßen Beurteilung des Gegenstands der Tagesordnung erforderlich**« ist, wird aus der Sicht eines Durchschnittsaktionärs beurteilt; damit ist ein objektiver Aktionär gemeint, der die Gesellschaftsverhältnisse nur aufgrund allgemein bekannter Tatsachen kennt (BGH NZG 2005, 77, 78). Ob dies der Fall ist, unterliegt der richterlichen Kontrolle, ohne dass dem Vorstand ein Beurteilungsspielraum eingeräumt wird (KG NJW 1972, 2307; MünchHdb GesR IV/*Semler* § 37 Rn. 8). Die dazu ergangene Judikatur ist umfänglich (vgl. näher MünchHdb GesR IV/*Semler* § 37 Rn. 11 ff.); sie belegt einerseits die Streitanfälligkeit des Erforderlichkeitsmaßstabs in diesem Zusammenhang und lässt andererseits erkennen, dass die Erforderlichkeit der Auskunft vielfach befürwortet wird. Nicht erforderlich sind Auskünfte auf Fragen, deren Antwort sich ohne weiteres aus dem Jahresabschluss nebst Anhängen ergibt (vgl. BGHZ 93, 327, 329). Zur individualisierten Offenlegung von Vorstandsbezügen vgl. Erl. zu § 87 AktG Rn. 10. Hinsichtlich des Beteiligungsbesitzes der Gesellschaft fehlt es an der Erforderlichkeit der Auskunft, soweit die Gesellschaft ihrer Veröffentlichungspflicht nach § 25 WpHG nachgekommen ist. Angaben zu Beteiligungen, die nicht in den Anwendungsbereich des WpHG fallen, sind nach Maßgabe des Erforderlichkeitsmaßstabs im konkreten Einzelfall auskunftspflichtig (MünchHdb GesR IV/*Semler* § 37 Rn. 17). Hinsichtlich der Aufteilung des Beteiligungsbesitzes auf Banken und Versicherungen sowie andere Gesellschaften ist eine Auskunftspflicht grundsätzlich bejaht worden (BayObLG AG 1996, 180, 181).

8 Nach Abs. 1 S. 2 erstreckt sich die Auskunftspflicht auch auf **rechtliche und geschäftliche Beziehungen** der AG zu **verbundenen Unternehmen**. Die Vorschrift tritt neben die Sonderregelungen der §§ 293 g Abs. 3 AktG und der §§ 319 Abs. 3 S. 4, 320 Abs. 4 S. 3, 326 AktG, § 64 Abs. 2 UmwG. Da es eine Einschränkung auf Konzern- oder Abhängigkeitsverhältnisse nicht (mehr) gibt, ist

auch über Beziehungen zu Beteiligungsunternehmen Auskunft zu erteilen, die für die Gesellschaft von erheblicher Bedeutung sind (*Hüffer* AktG, § 131 Rn. 14). Der Begriff des »verbundenen Unternehmens« ist nach § 15 AktG zu bestimmen, so dass nur mittelbare Beziehungen (zu Enkelgesellschaften) der Auskunftspflicht ebenso wenig unterliegen wie auf bloßen schuldrechtlichen Verhältnissen beruhende Beziehungen (*Spitze/Diekmann* ZHR 1994, 447, 451 f.).

Gem. Abs. 1 S. 3 kann jeder Aktionär die **Vorlage des vollständigen Jahresabschlusses** verlangen, wenn eine kleine oder mittelgroße AG von der Erleichterungen des abgekürzten Jahresabschlusses nach den §§ 266 Abs. 1 S. 3, 276, 288 HGB Gebrauch gemacht hat, um den Aktionären eine vom Jahresabschluss dann gerade nicht gewährleistete Information über die Verhältnisse der Gesellschaft zu ermöglichen; auf die Erforderlichkeit der Vorlage kommt es im Unterschied zu den vorausgehenden Regelungen nach Abs. 1 S. 3 nicht an. Über die **Lage des Konzerns und der in den Konzernabschluss einbezogenen Unternehmen** ist nach Abs. 1 S. 4 Auskunft zu erteilen. Insofern kommt es jedoch auf die weiteren Voraussetzungen des § 131 AktG an, so dass die verlangte Auskunft zur sachgerechten Beurteilung des Gegenstands der Tagesordnung erforderlich sein muss und kein Ausschlussgrund nach Abs. 3 vorliegen darf (*Arnold/Wasmann* AG 2003 R 226 f.). 9

C. Modalitäten und Schranken des Auskunftsrechts, Abs. 2

Die Auskunft muss nach Abs. 2 den **Grundsätzen einer gewissenhaften und getreuen Rechenschaft** entsprechen; sie muss also sachlich zutreffend und vollständig sein. Die Erteilung unwahrer und unvollständiger Auskünfte ist auch dann pflichtwidrig, wenn ein Auskunftsverweigerungsrecht nach Abs. 3 besteht (*Hüffer* AktG, § 131 Rn. 21). 10

Die Auskunft ist **grundsätzlich mündlich** zu erteilen (BGHZ 101, 1, 15). Ausnahmsweise kann die Auskunft dem Aktionär in der Weise gewährt werden, dass ihm Gelegenheit geboten wird, in vorbereitete Dokumente **Einsicht** zu nehmen. Diese Möglichkeit ist vor allem dann gegeben, wenn sich der Aktionäre anhand der Unterlagen schneller und zuverlässiger unterrichten kann als es eine mündliche Information vermag (BGHZ 101, 1, 16). Der Grundsatz der Mündlichkeit der Auskunft ist überdies durch Abs. 3 Nr. 7 beschränkt. Einen Anspruch auf schriftliche Auskunft oder auf Einsichtnahme in Unterlagen der Gesellschaft haben die Aktionäre nicht (BGHZ 122, 211, 236 f.). 11

Nach Abs. 2 S. 2 kann die Satzung oder Geschäftsordnung den Versammlungsleiter ermächtigen, das **Frage- und Rederecht** des Aktionärs zu begrenzen (vgl. bereits Erl. zu § 129 AktG Rn. 22 f.). Satzung und Geschäftsordnung können dazu auch Details festlegen (vgl. *Weißhaupt* ZIP 2005, 1766, 1769 mit Formulierungsvorschlag). Die Regelung ermächtigt nur, Beschränkungen, die beide Bereiche zusammen betreffen, zu schaffen; allein auf das Fragerecht bezogene Begrenzungen sind danach nicht zulässig (RegBegr. BT-Drs. 3/03, 32). 12

D. Auskunftsverweigerung, Abs. 3

Der Vorstand kann die Auskunft auf ein nach Abs. 1 begründetes Auskunftsverlangen unter den Voraussetzungen des Abs. 3 verweigern. Die in Abs. 3 S. 1 aufgeführten Gründen sind **abschließend** genannt (Abs. 2 S. 2); sie können durch die Satzung und die Geschäftsordnung nicht erweitert werden. Nicht abschließend geklärt ist, ob ein Recht des Vorstands verbleibt, die Auskunft auf ein entsprechendes Verlangen ungeachtet der Voraussetzungen des Abs. 1 S. 2 etwa wegen Rechtsmissbrauchs zu verweigern. Die Rechtsprechung hat einen **Missbrauch des Auskunftsverlangens** vereinzelt angenommen (OLG Frankfurt AG 1984, 25; BayObLG 1974, 208, 213). Nach zutreffender, wenn auch umstrittener Auffassung (vgl. *Hüffer* AktG, § 131 Rn. 23, 33 ff. m. w. N.) sind die Grenzen des Auskunftsrechts innerhalb der Tatbestandsvoraussetzungen des Voraussetzungsnorm des Abs. 1 und der Begrenzungsnorm des Abs. 3 zu suchen. Weitergehende Schranken ergeben sich aus der Befugnis des Versammlungsleiters, das Frage- und Rederecht im Einzelfall zu begrenzen (vgl. § 129 AktG Rn. 22 f.). Für weitergehende Befugnisse dürfte 13 kein anerkennenswertes Bedürfnis und im Hinblick auf Abs. 3 S. 2 auch keine tragfähige Rechtsgrundlage bestehen.

14 Die Verweigerung der Auskunft ist **Geschäftsführungsmaßnahme**, der Vorstand hat also nach § 77 AktG einen Beschluss herbeizuführen. Der grundsätzlich notwendige **einstimmige Vorstandsbeschluss** kann konkludent gefasst werden, insbesondere, indem sich der Vorstand die Ablehnung des Versammlungsleiters zu Eigen macht (BGHZ 101, 1, 5 f.). Das Gesetz geht davon aus, dass die Entscheidung für die Auskunftsverweigerung **begründet** wird (Abs. 5); eine Verpflichtung dazu ist im Gesetz nicht vorgesehen und deswegen abzulehnen (OLG Hamburg AG 1969, 150, 151; offen gelassen von BGHZ 101, 1, 8 f.).

15 Zu den **Einzeltatbeständen des Abs. 3** vgl. die Erl. bei MünchHdb GesR IV / *Semler* § 37 Rn. 29 ff. Von Bedeutung ist nicht zuletzt der durch das UMAG eingeführte Tatbestand des Abs. 3 S. 1 Nr. 7. Die Zugänglichmachung der in der Hauptversammlung verlangten Auskunft rechtzeitig vor Beginn der Versammlung und während ihrer gesamten Dauer ermöglicht dem Vorstand, durch die Vorabinformation das Auskunftswesen in der Hauptversammlung zu beschränken. Zwar müssen vertiefende oder vorab noch nicht mitgeteilte Informationen zu den Vorabinformationen in der Hauptversammlung weiterhin gegeben werden (*Weißhaupt* ZIP 2005, 1766, 1770), aber eine die Effizienz der Hauptversammlung stärkende Wirkung kann mit der breit einsetzbaren Möglichkeit der Information über die Website des Unternehmens erreicht werden. In der Hauptversammlung können die Aktionäre eine mündliche Auskunft über die vorab bekannt gemachten Tatsachen nicht mehr verlangen.

E. Besondere Auskunftspflicht, Abs. 4

16 Abs. 4 bildet die Grundlage dafür, dass die einem Aktionär außerhalb der Hauptversammlung in seiner Eigenschaft als Aktionär gegebene Auskunft in der Hauptversammlung auf Verlangen eines Aktionärs erteilt und damit wiederholt werden muss. Von besonderer Bedeutung scheint die Regelung im Kontext von i. S. d. §§ 15 ff. AktG verbundenen Unternehmen. Auskünfte, die das eine Unternehmen dem anderen gibt, lösen aber nach allgemeiner Auffassung keine Auskunftsverpflichtung nach Abs. 4 aus, weil diese Auskünfte jedenfalls im faktischen und im Vertragskonzern leitungsbezogene Maßnahmen darstellen und damit nicht durch die Aktionärseigenschaft veranlasst sind (*Hüffer* AktG, § 131 Rn. 38). In bloßen Abhängigkeitsbeziehungen ist das erweiterte Auskunftsrecht des Abs. 4 dagegen anwendbar (BayObLGZ 2002, 227, 229; *Habersack/Verse* AG 2003, 300, 307).

F. Aufnahme in die Niederschrift, Abs. 5

17 Nach §Abs. 5 kann der Aktionär verlangen, dass seine Frage und der Grund der Auskunftsverweigerung in die Niederschrift (§ 130 AktG) aufgenommen werden. Die Regelung dient **Beweiszecken**. Gibt der Vorstand keine Begründung für die Auskunftsverweigerung, so ist eben dies zu protokollieren.

G. Rechtsfolgen

18 Die zu Unrecht verweigerte Auskunft zu einem Beschlussgegenstand stellt einen **Anfechtungsgrund nach § 243 Abs. 1 AktG** dar, der zur Anfechtung des betroffenen Tagesordnungspunktes berechtigt (BGHZ 119, 1, 13 ff.). Bei der Verweigerung einer nach Abs. 1 gebotenen Auskunft ist der nach § 243 Abs. 4 AktG prinzipiell mögliche Gegenbeweis mangelnder Kausalität nicht zulässig (vgl. dazu ausführl. § 243 AktG Rn. 6 ff.).

19 Der Aktionär kann bei verweigerter, nicht aber bei unrichtiger Auskunft (vgl. § 132 AktG Rn. 2) das **Auskunftserzwingungsverfahren** nach § 132 AktG einleiten. Das Verfahren kann unabhängig von einem Anfechtungsverfahren und neben diesem betrieben werden (BGHZ 86, 1, 3 ff.).

20 **Schadenersatzansprüche** der Gesellschaft gegen den Vorstand kommen unter den Voraussetzungen des § 93 AktG in Betracht. Individuelle Schadensersatzansprüche des Fragestellers wer-

den über § 823 Abs. 2 BGB i. V. m. § 131 AktG erwogen; sie sind aber im Ergebnis nicht anzuerkennen (*Werner* FS Heinsius 1991, 911, 927).

Strafrechtlich Sanktionen können nach § 400 Abs. 1 Nr. 1 AktG bei unrichtigen oder verschleiernden Auskünften ausgelöst werden. 21

§ 132 Gerichtliche Entscheidung über das Auskunftsrecht

(1) [1]Ob der Vorstand die Auskunft zu geben hat, entscheidet auf Antrag ausschließlich das Landgericht, in dessen Bezirk die Gesellschaft ihren Sitz hat. [2]Ist bei dem Landgericht eine Kammer für Handelssachen gebildet, so entscheidet diese an Stelle der Zivilkammer. [3]Die Landesregierung kann die Entscheidung durch Rechtsverordnung für die Bezirke mehrerer Landgerichte einem der Landgerichte übertragen, wenn dies der Sicherung einer einheitlichen Rechtsprechung dient. [4]Die Landesregierung kann die Ermächtigung auf die Landesjustizverwaltung übertragen.

(2) [1]Antragsberechtigt ist jeder Aktionär, dem die verlangte Auskunft nicht gegeben worden ist, und, wenn über den Gegenstand der Tagesordnung, auf den sich die Auskunft bezog, Beschluß gefaßt worden ist, jeder in der Hauptversammlung erschienene Aktionär, der in der Hauptversammlung Widerspruch zur Niederschrift erklärt hat. [2]Der Antrag ist binnen zwei Wochen nach der Hauptversammlung zu stellen, in der die Auskunft abgelehnt worden ist.

(3) [1]§ 99 Abs. 1, Abs. 3 Satz 1, 2, 4 bis 9 und Abs. 5 Satz 1 und 3 gilt sinngemäß. [2]Die sofortige Beschwerde findet nur statt, wenn das Landgericht sie in der Entscheidung für zulässig erklärt. [3]Es soll sie nur zulassen, wenn dadurch die Klärung einer Rechtsfrage von grundsätzlicher Bedeutung zu erwarten ist.

(4) [1]Wird dem Antrag stattgegeben, so ist die Auskunft auch außerhalb der Hauptversammlung zu geben. [2]Aus der Entscheidung findet die Zwangsvollstreckung nach den Vorschriften der Zivilprozeßordnung statt.

(5) [1]Für die Kosten des Verfahrens gilt die Kostenordnung. [2]Für das Verfahren des ersten Rechtszugs wird das Doppelte der vollen Gebühr erhoben. [3]Für den zweiten Rechtszug wird die gleiche Gebühr erhoben; dies gilt auch dann, wenn die Beschwerde Erfolg hat. [4]Wird der Antrag oder die Beschwerde zurückgenommen, bevor es zu einer Entscheidung oder einer vom Gericht vermittelten Einigung kommt, so ermäßigt sich die Gebühr auf die Hälfte. [5]Der Geschäftswert ist von Amts wegen festzusetzen. [6]Er bestimmt sich nach § 30 Abs. 2 der Kostenordnung mit der Maßgabe, daß der Wert regelmäßig auf 5 000 Euro anzunehmen ist. [7]Das mit dem Verfahren befaßte Gericht bestimmt nach billigem Ermessen, welchem Beteiligten die Kosten des Verfahrens aufzuerlegen sind.

Die Vorschrift will die **Durchsetzung des Auskunftsanspruchs nach § 131 AktG** gewährleisten. 1
Dies soll im Verfahren der freiwilligen Gerichtsbarkeit erfolgen (Abs. 3 i. V. m. § 99 AktG). Ausschließlich zuständig für das Verfahren ist nach Abs. 1 S. 1 das Landgericht des Gesellschaftssitzes (§ 14 AktG); dieses entscheidet gegebenenfalls durch die Kammer für Handelssachen, Abs. 1 S. 2. Von der Möglichkeit, die örtliche Zuständigkeit für Bezirke mehrerer Landgerichte auf ein LG zu übertragen, ist in manchen Bundesländern Gebrauch gemacht worden (vgl. dazu i. E. MünchHdb GesR IV/*Semler* § 37 Rn. 49).

Das Gericht entscheidet auf **Antrag**. Dieser kann formlos gestellt werden; ein Anwaltszwang be- 2
steht nicht (§ 13 S. 2 FGG). Es ist ein konkreter Antrag mit Begründung zu stellen, für den bestimmte inhaltliche Vorgaben vom Gesetzgeber nicht vorgesehen sind. **Antragsberechtigt** ist jeder Aktionär, auf dessen Verlangen die Auskunft verweigert wurde, Abs. 2 S. 1 Alt. 1 AktG. Ferner ist jeder in der Hauptversammlung erschienene Aktionär antragsbefugt, der Widerspruch

zur Niederschrift (§ 130 AktG) über den gefassten Beschluss zu einem Tagesordnungspunkt erklärt hat, auf den sich die Frage bezog, Abs. 2 S. 1 Alt. 2 AktG. Wurde die Auskunft zwar nicht verweigert, sondern **unrichtig erteilt**, kann das Verfahren nach § 132 AktG nicht beantragt werden; statt dessen ist die Anfechtungsklage nach § 142 AktG zu erheben (str.; vgl. *Hüffer* AktG, § 131 Rn. 4 a; offen gelassen von BayObLGZ 2002, 227, 230). Der Vertreter des Aktionärs und der Legitimationsaktionär bedürfen für die Beantragung des Auskunftserzwingungsverfahrens einer dementsprechenden besonderen Vollmacht bzw. Ermächtigung (OLG Hamburg AG 1970, 51). Die **Antragsfrist** beträgt nach Abs. 2 S. 2 zwei Wochen, beginnend mit dem Tag der Hauptversammlung; der rechtzeitige Eingang beim unzuständigen Gericht ist fristwahrend (BayObLG NZG 2001, 608, 609).

3 Das **Verfahren** wird nach Abs. 3 S. 1 nach den Regeln über die freiwillige Gerichtsbarkeit abgewickelt. Insbesondere gilt somit das Prinzip der **Amtsermittlung** (§ 12 FGG). Das Landgericht entscheidet durch Kammerbeschluss, der mit Gründen versehen sein muss, §§ 99 Abs. 3 S. 1, 132 AktG. Gegen den Beschluss findet die **sofortige Beschwerde** statt, wenn sie vom Landgericht wegen grundsätzlicher Bedeutung der Angelegenheit für zulässig erachtet wird, Abs. 3 S. 2 und 3.

4 Wird ein stattgebender **Beschluss rechtskräftig**, ist die Auskunft zu erteilen; dies kann auch außerhalb der Hauptversammlung geschehen, Abs. 4 S. 1. Der Vorstand hat den Beschluss unverzüglich zum Handelsregister einzureichen, Abs. 3 S. 1 i. V. m. § 99 Abs. 5 S. 3 AktG. Der in Rechtskraft erwachsene Beschluss ist nach § 888 ZPO vollstreckbar.

5 Hinsichtlich der **Verfahrenskosten** gilt die KostenO mit der in Abs. 5 geregelten Maßgabe.

Vierter Unterabschnitt. Stimmrecht

§ 133 Grundsatz der einfachen Stimmenmehrheit

(1) Die Beschlüsse der Hauptversammlung bedürfen der Mehrheit der abgegebenen Stimmen (einfache Stimmenmehrheit), soweit nicht Gesetz oder Satzung eine größere Mehrheit oder weitere Erfordernisse bestimmen.

(2) Für Wahlen kann die Satzung andere Bestimmungen treffen.

Übersicht:

A. Überblick

1 Die Vorschrift betrifft das **Recht der Hauptversammlungsbeschlüsse**. Sie regelt grundsätzliche **Mehrheitserfordernisse** und den Spielraum für abweichende Satzungsbestimmungen. Die Regelung verlangt zumindest die Mehrheit der abgegebenen Stimmen und setzt dabei das Stimmrecht der Aktionäre und die ordnungsgemäße Stimmabgabe voraus, ohne hierzu nähere Bestimmungen vorzusehen. Besondere Regelungen können in der Satzung für Wahlen in der Hauptversammlung getroffen werden.

B. Beschlussfassung durch die Hauptversammlung

Abs. 1 betrifft **Beschlüsse der Hauptversammlung**. Beschluss ist der Vorgang, bei dem die Hauptversammlung mittels Abstimmung ihren Willen bildet und äußert. Zu unterscheiden sind positive und negative Beschlüsse. Durch **positive Beschlüsse** wird der zur Abstimmung stehende Antrag angenommen, bei **negativen** wird er abgelehnt. Abs. 1 betrifft nur den positiven Beschluss, für den die Regelung die mindestens erforderliche Mehrheit zwingend (§ 23 Abs. 5 AktG) vorschreibt. Negative Beschlüsse unterliegen den Anforderungen des Abs. 1 nicht; ein Antrag ist auch dann abgelehnt, wenn er nicht mehrheitlich abgelehnt wird, insbesondere wegen Stimmengleichheit von Ja- und Nein-Stimmen. Beschlüsse, sowohl die positiven als auch die negativen unterliegen der Anfechtung gem. §§ 241 ff. AktG. 2

Nicht zu den von § 133 AktG erfassten Beschlüssen gehören die **sog. Sonderbeschlüsse**; dabei handelt es sich um Beschlüsse von Aktionärsgruppen außerhalb der Hauptversammlung (vgl. die Erl. zu § 138 AktG Rn. 1). Die sog. **Minderheitsverlangen** i. S. d. §§ 120 Abs. 1 S. 2, 137, 147 Abs. 1 AktG sind auch dann keine Beschlüsse der Hauptversammlung, sondern gehen der Beschlussfassung der Hauptversammlung voraus. Übergeht die Hauptversammlung einen Antrag, liegt ebenfalls kein Beschluss der Hauptversammlung vor, in Ermangelung einer Willensbildung des Organs auch kein negativer. 3

Das Beschlussverfahren der Hauptversammlung verlangt die **ordnungsgemäße Einberufung** der Hauptversammlung (vgl. dazu ausführl. §§ 121 ff. AktG), die **Beschlussfähigkeit** der Hauptversammlung, die **Zulassung** des Beschlussantrags zur Abstimmung (vgl. § 129 AktG Rn. 27) sowie das Erreichen der nach § 133 Abs. 1 AktG erforderlichen **Mehrheit**. Für die Beschlussfähigkeit sieht das AktG keine Regelungen vor; wenn die Satzung keine besondere Mindestpräsenz vorschreibt, genügt auch ein einzelner erschienener Aktionär (RGZ 82, 386, 388). 4

C. Beschlussfassungsmehrheit

Nach der gesetzlichen Grundregel des Abs. 1 ist für einen Beschluss der Hauptversammlung die Mehrheit der abgegebenen Stimmen erforderlich und genügend. Das Gesetz setzt darin voraus, dass die an der Abstimmung teilnehmenden Aktionäre stimmberechtigt sind (Rn. 6), dass sie ihr Stimmrecht ordnungsgemäß ausüben (Rn. 10) und dass das Stimmgewicht ordnungsgemäß berücksichtigt wird (vgl. Erl. zu § 134 AktG Rn. 2 ff.). 5

I. Stimmrecht

Das Stimmrecht, nämlich die Befugnis durch Stimmabgabe an der Willenbildung der Hauptversammlung mitzuwirken, steht grundsätzlich jedem Aktionär zu (§ 12 Abs. 1 S. 1 AktG). Aktien ohne Stimmrecht können als Vorzugsaktien ausgegeben werden (§§ 12 Abs. 1 S. 2, 139 AktG). Ein Stimmrecht ohne Mitgliedschaft ist nicht zulässig; das Stimmrecht kann insbesondere auch nicht von der Mitgliedschaft abgespalten und (isoliert) übertragen werden (vgl. § 8 AktG Rn. 5). Die Ausübung des Stimmrechts durch Dritte ist zulässig (§§ 129 Abs. 2 und 3, 134 Abs. 3 AktG). Zum Stimmrecht bei Treuhandverhältnissen, Verpfändung und Nießbrauch vgl. § 118 AktG Rn. 6. 6

II. Stimmbindung

Durch **Stimmbindungsverträge** verpflichten sich die Vertragsteile, das ihnen jeweils zustehende Stimmrecht in bestimmter Weise auszuüben. Die Stimmbindung wird vor allem als **Instrument der Einflussmehrung** und -sicherung eingesetzt, insbesondere in Familiengesellschaften und zur Durchsetzung gleichgerichteter wirtschaftlicher Interessen. Die Stimmbindung kann für eine einzelne Abstimmung verabredet werden oder weitergehende Bindungen zum Gegenstand haben. Zwischen mehreren Aktionären kann vereinbart werden, dass sie sich gegenseitig verpflichten, ihr Stimmrecht in bestimmter Weise auszuüben. In Konsortial- oder Poolverträgen wird der Inhalt der Stimmrechtsausübung häufig durch Mehrheitsentscheidung der Konsortial- oder Poolmitglieder festgelegt. 7

8 Die **Zulässigkeit** von Stimmbindungsverträgen ist grundsätzlich anerkannt, jedenfalls wenn sie zwischen Aktionären verabredet werden (BGHZ 48, 163, 166 ff.; BGH NJW 1987, 1890, 1892). Zulässig sind insbesondere auch **Wahlabsprachen** zwischen Aktionären (vgl. § 136 AktG Rn. 1). Nicht zulässig ist es nach § 136 Abs. 2 AktG, einen Einfluss der Verwaltung der AG auf die Hauptversammlung durch Stimmbindungsverträge zu vereinbaren (vgl. § 136 AktG Rn. 9). Der sog. **Stimmenkauf** ist nach § 405 Abs. 3 Nr. 6 und 7 AktG verboten (§ 134 BGB) und wird als Ordnungswidrigkeit verfolgt. Stimmbindungsvereinbarungen mit Nichtaktionären sind unzulässig, wenn sie klagbare Erfüllungsansprüche begründen (*Hüffer* AktG, § 133 Rn. 27); sie kollidieren in diesem Fall mit dem sog. Abspaltungsverbot (vgl. § 8 AktG Rn. 5).

9 Stimmbindungsverträge begründen grundsätzlich einen **klagbaren Anspruch auf Erfüllung** der eingegangenen Verpflichtung zur Ausübung des Stimmrechts (BGHZ 48, 163, 169 ff.). Die **Durchsetzung** erforderlichenfalls im Wege der Zwangsvollstreckung erfolgt gem. § 894 ZPO (BGHZ 48, 163, 173 f.). Über § 894 ZPO wird die zu vollziehende Stimmabgabe fingiert; die weiteren Umstände und Voraussetzungen einer ordnungsgemäßen Beschlussfassung, insbesondere die Durchführung einer die Abstimmung herbeiführenden Hauptversammlung müssen hinzutreten (vgl. MünchHdb GesR IV/*Semler* § 38 Rn. 47). Die Erlangung **vorläufigen Rechtsschutzes** im Wege einstweiliger Verfügungen zur Durchsetzung wirksamer Stimmbindungen wird, wenn auch angesichts der Besorgnis, damit endgültige, kaum wieder zu beseitigende Zustände zu schaffen, nur mit Zurückhaltung und unter Abwägung der Umstände des Einzelfalles für möglich erachtet (OLG Hamburg NJW 1992, 186; OLG Koblenz NJW 1986, 1693; MünchHdb GesR IV/*Semler* § 38 Rn. 48; krit. *Hüffer* AktG, § 133 Rn. 31).

III. Stimmabgabe

10 Die Ausübung des Stimmrechts erfolgt durch die Stimmabgabe. Das Gesetz enthält keine Vorschriften über die Modalitäten der Stimmabgabe; es ermöglicht, entsprechende Regeln in der Satzung festzulegen (§ 134 Abs. 4 AktG; vgl. dazu die Erl. in § 134 AktG Rn. 15). Als Willenserklärung unterliegt die Stimmabgabe den allgemeine Regeln der Rechtsgeschäftslehre (§§ 104 ff., 119 ff. BGB). Die Stimmabgabe wird durch Zugang beim Vorsitzenden der Hauptversammlung wirksam und ist damit für den Aktionär verbindlich, § 130 Abs. 1 BGB. Der Zugang ist bei Abstimmung mit Stimmkarten bewirkt, sobald die Stimmkarte in den Machtbereich des Vorsitzenden gelangt ist, insbesondere durch Übergabe von Stimmkarten an einen vom Vorsitzenden beauftragten Stimmzähler. Nicht verkörperte Stimmabgaben (Handheben, Akklamation) werden gem. der in der Satzung oder Geschäftsordnung vorgeschriebene Weise abgegeben und gehen mit der Verlautbarung der entsprechenden Erklärung zu.

11 Aktionäre, die über mehrere Stimmen verfügen, können von dem Stimmrecht durch **uneinheitliche Stimmabgabe** Gebrauch machen (h. M.; *Hüffer* AktG, § 133 Rn. 20 f.). Diese Möglichkeit ist nicht eröffnet, um mehrere Stimmen aus einer Aktie (Mehrstimmrechte) uneinheitlich auszuüben (h. M.; KölnKomm AktG/*Zöllner* § 133 Rn. 50).

IV. Gesetzliche Mehrheitserfordernisse

12 Nach der gesetzlichen Regelung genügt für Beschlüsse der Hauptversammlung grundsätzlich die **einfache Mehrheit**; das ist nach der Legaldefinition in Abs. 1 die Mehrheit der abgegebenen Stimmen; auf die Kapitalmehrheit kommt es dabei nicht an. Die Mehrheit ist gegeben, wenn die Zahl der gültigen Ja-Stimmen die der gültigen Nein-Stimmen übertrifft. Stimmenthaltungen zählen dabei nicht (BGHZ 129, 136, 153); sie sind deswegen auch nicht den Nein-Stimmen zuzurechnen (BGHZ 83, 35, 36 f. – zum Verein). Bei Stimmengleichheit ist der Antrag abgelehnt; dabei handelt es sich dann um einen negativen Beschluss (vgl. oben Rn. 2).

13 Die einfache Mehrheit der abgegebenen Stimmen ist mit Ausnahme von Wahlen (vgl. Rn. 19) bei allen Beschlüssen erforderlich. Verschiedentlich verlangt das Gesetz **größere Mehrheiten**. Nach § 103 Abs. 1 S. 2 AktG ist für die Abberufung von Mitgliedern des Aufsichtsrats eine Mehrheit von $^3/_4$ der abgegebenen Stimmen erforderlich. Dieselbe Mehrheit ist nach § 111 Abs. 4 S. 4

AktG erforderlich für einen Beschluss, durch den die Hauptversammlung eine vom Aufsichtsrat verweigerte Zustimmung zu einer zustimmungsbedürftigen Maßnahme des Vorstands ersetzt.

Vereinzelt verlangt das Gesetz neben der Stimmenmehrheit der Hauptversammlung noch weitere Erfordernisse. Die **Zustimmung der betroffenen Aktionäre** ist erforderlich, wenn Nebenverpflichtungen begründet oder Namensaktien vinkuliert werden sollen (§ 180 Abs. 1 und 2 AktG). Ebenso ist der Eingriff in Sonderrechte von der Zustimmung des Betroffenen abhängig (MünchHdb GesR IV/*Semler* § 39 Rn. 22). Eine Durchbrechung des einfachen Mehrheitserfordernisses liegt auch darin, dass eine Minderheit von 10 % des gesamten Grundkapitals den Verzicht auf bestimmte Ersatzansprüche verhindern kann (§§ 50, 93 Abs. 4 S. 3, 116, 117 Abs. 4, 309 Abs. 3, 317 Abs. 4 AktG). 14

Für eine Reihe von Beschlüssen von besonderem Gewicht verlangt das Gesetzt ein **doppeltes Mehrheitserfordernis**, nämlich neben der **Mehrheit der abgegebenen Stimmen** zusätzlich eine **Kapitalmehrheit**. In der Regel ist dies dann eine Mehrheit von $^3/_4$ des bei der Beschlussfassung vertretenen Grundkapitals. Die Fälle betreffen Beschlüsse in **folgenden Angelegenheiten**: Die Nachgründung (§ 52 Abs. 5 AktG), die Geschäftsordnung der Hauptversammlung (§ 129 Abs. 1 S. 1 AktG), die Satzungsänderung (§ 179 Abs. 2 AktG), die Vermögensübertragung (§ 179 a AktG), die ordentliche Kapitalerhöhung (§ 182 Abs. 1 AktG), den Bezugsrechtsausschluss (§ 186 Abs. 3 AktG), die bedingte Kapitalerhöhung (§ 193 Abs. 1 AktG), das genehmigte Kapital (§ 202 Abs. 2 AktG), die Kapitalerhöhung aus Gesellschaftsmitteln (§ 207 Abs. 2 AktG), die Ausgabe von Wandelschuldverschreibungen und Gewinnschuldverschreibungen (§ 221 Abs. 1 AktG), die Gewährung von Genussrechten (§ 221 Abs. 3 AktG), die Kapitalherabsetzung (§§ 222 Abs. 1, 229 Abs. 3 AktG), die Auflösung (§ 262 Abs. 1 Nr. 2 AktG), die Fortsetzung der aufgelösten Gesellschaft (§ 274 Abs. 1 AktG), den Abschluss und die Änderung von Unternehmensverträgen (§§ 293 Abs. 1, 295 Abs. 1 AktG), die Aufhebung von Unternehmensverträgen (§ 296 Abs. 2 AktG), die Eingliederung (§§ 319 Abs. 1, 320 Abs. 1 S. 3 AktG) sowie die in §§ 65, 73, 125, 233 Abs. 2, 240 UmwG geregelten Umwandlungsfälle. Das auf stimmrechtslose Vorzugsaktien entfallende Kapital bleibt bei der Berechnung der Kapitalmehrheit unberücksichtigt (vgl. Erl. zu § 140 AktG Rn. 2). 15

V. Satzungsregeln

In der Satzung kann das Erfordernis der **einfachen Mehrheit** grundsätzlich **nur verschärft**, nicht hingegen gemildert werden, Abs. 1. Das Maß der Verschärfung ist nicht begrenzt, so dass die Satzung selbst ein **Einstimmigkeitserfordernis** einführen kann. Der Spielraum für die Satzung besteht nicht, wenn das Gesetz ausdrücklich auf die einfache Mehrheit abstellt, so in Entsendungsfällen (§ 103 Abs. 2 AktG), bei der Herabsetzung der Vergütung der Aufsichtsratsmitglieder (§ 113 Abs. 1 S. 4 AktG), bei der Sonderprüferbestellung (§ 142 Abs. 1 S. 1 AktG) und bei der Geltendmachung von Ersatzansprüchen (§ 147 Abs. 1 S. 1 AktG). Diese Befugnisse der Hauptversammlung dürfen in der Satzung nicht erschwert werden (MünchHdb GesR IV/*Semler* § 39 Rn. 29). 16

Beschlusserleichterungen durch die Satzung sind in einzelnen Fällen dahingehend zulässig, dass das Erfordernis qualifizierter Mehrheit des vertretenen Grundkapitals abgeschwächt wird. In folgenden Fällen lässt das Gesetz dies zu: Satzungsänderungen ohne Änderungen des Unternehmensgegenstandes (§ 179 Abs. 2 AktG), bestimmte Kapitalerhöhungen (§§ 182 Abs. 1, 207 Abs. 2 AktG) und bei der Ausgabe von Wandel- und Gewinnschuldverschreibungen (§ 221 Abs. 1 AktG). 17

Als »**weitere Erfordernisse**« für das Zustandekommen eines Beschlusses in der Satzung kommen in Betracht: Das Erfordernis einer Mindestpräsenz als Beschlussfähigkeitsvoraussetzung und das Erfordernis einer mehrmaligen Abstimmung. Dagegen sind Zustimmungsvorbehalte zugunsten bestimmter Personen unzulässig (MünchHdb GesR IV/*Semler* § 98 Rn. 33 f.). 18

D. Wahlbeschlüsse, Abs. 2

19 Für Wahlbeschlüsse gilt nach Abs. 1 der Grundsatz der einfachen Stimmenmehrheit. Abs. 2 ermöglicht jedoch abweichende Festlegungen. Dabei ist anerkannt, dass der Satzungsgeber das Mehrheitserfordernis verschärfen aber auch abmildern kann (*Hüffer* AktG, § 133 Rn. 32). Insbesondere ist es zulässig, für Wahlentscheidungen das Erfordernis einer nur **relativen Mehrheit** einzuführen. Umstritten ist, ob dem Leiter der Hauptversammlung ein Stichentscheid im Falle von Stimmengleichheit eingeräumt werden kann (so KölnKomm AktG/*Zöllner* § 134 Rn. 92; a. A. *Hüffer* AktG, § 134 Rn. 32). Nicht geklärt ist die Frage der Zulässigkeit einer **Verhältniswahl**, über die insbesondere nicht der Mehrheit zuzurechnende Aktionäre eine Vertretung im Aufsichtsrat erreichen könnten (dafür MünchHdb GesR IV/*Semler* § 39 Rn. 86; dagegen MüKo AktG/*J. Semler* § 101 Rn. 55).

§ 134 Stimmrecht

(1) [1]Das Stimmrecht wird nach Aktiennennbeträgen, bei Stückaktien nach deren Zahl ausgeübt. [2]Für den Fall, daß einem Aktionär mehrere Aktien gehören, kann bei einer nichtbörsennotierten Gesellschaft die Satzung das Stimmrecht durch Festsetzung eines Höchstbetrags oder von Abstufungen beschränken. [3]Die Satzung kann außerdem bestimmen, daß zu den Aktien, die dem Aktionär gehören, auch die Aktien rechnen, die einem anderen für seine Rechnung gehören. [4]Für den Fall, daß der Aktionär ein Unternehmen ist, kann sie ferner bestimmen, daß zu den Aktien, die ihm gehören, auch die Aktien rechnen, die einem von ihm abhängigen oder ihn beherrschenden oder einem mit ihm konzernverbundenen Unternehmen oder für Rechnung solcher Unternehmen einem Dritten gehören. [5]Die Beschränkungen können nicht für einzelne Aktionäre angeordnet werden. [6]Bei der Berechnung einer nach Gesetz oder Satzung erforderlichen Kapitalmehrheit bleiben die Beschränkungen außer Betracht.

(2) [1]Das Stimmrecht beginnt mit der vollständigen Leistung der Einlage. [2]Die Satzung kann bestimmen, daß das Stimmrecht beginnt, wenn auf die Aktie die gesetzliche oder höhere satzungsmäßige Mindesteinlage geleistet ist. [3]In diesem Fall gewährt die Leistung der Mindesteinlage eine Stimme; bei höheren Einlagen richtet sich das Stimmenverhältnis nach der Höhe der geleisteten Einlagen. [4]Bestimmt die Satzung nicht, daß das Stimmrecht vor der vollständigen Leistung der Einlage beginnt, und ist noch auf keine Aktie die Einlage vollständig geleistet, so richtet sich das Stimmenverhältnis nach der Höhe der geleisteten Einlagen; dabei gewährt die Leistung der Mindesteinlage eine Stimme. [5]Bruchteile von Stimmen werden in diesen Fällen nur berücksichtigt, soweit sie für den stimmberechtigten Aktionär volle Stimmen ergeben. [6]Die Satzung kann Bestimmungen nach diesem Absatz nicht für einzelne Aktionäre oder für einzelne Aktiengattungen treffen.

(3) [1]Das Stimmrecht kann durch einen Bevollmächtigten ausgeübt werden. [2]Für die Vollmacht gilt die schriftliche Form, wenn die Satzung keine Erleichterung bestimmt. [3]Werden von der Gesellschaft benannte Stimmrechtsvertreter bevollmächtigt, so ist die Vollmachtserklärung von der Gesellschaft drei Jahre nachprüfbar festzuhalten; § 135 Abs. 4 Satz 1 bis 3 gilt entsprechend.

(4) Die Form der Ausübung des Stimmrechts richtet sich nach der Satzung.

Übersicht:

A. Überblick

1 Die Vorschrift enthält Regelungen zum Stimmrecht der Aktionäre. Sie betreffen zunächst die mit den Aktien verbundene **Stimmkraft** und statuieren den Grundsatz, dass das Stimmrecht direkt proportional zum Anteil des Aktionärs am Grundkapital der Gesellschaft ist, Abs. 1. Nach geltendem Recht ist es möglich, die Stimmkraft von Aktien an nichtbörsennotierten Gesellschaften durch Einführung von **Höchststimmrechten** zu begrenzen, Abs. 1 S. 2, während **Mehrstimmrechte** mit dem »Gesetz zur Kontrolle und Transparenz im Unternehmensbereich« (KonTraG) von 1998 (BGBl. I, 786) abgeschafft wurden und nach Ablauf einer Übergangszeit seit dem 1. 6. 2003 nicht mehr zulässig sind. Ein **Stimmrechtsausschluss** kann für (stimmrechtslose) Vorzugsaktien nach § 139 AktG vorgesehen werden (vgl. Erl. zu § 139 AktG). Besonderheiten für die Stimmkraft der Aktien gelten bei nicht vollständig eingezahlten Einlagen, Abs. 2. Weitere Regelungen betreffen die Stimmrechtsausübung durch Dritte; die diesbezügliche Regelung in Abs. 3 wird durch § 135 AktG ergänzt. Hinsichtlich der Form bzw. der Art und Weise der Stimmrechtsausübung eröffnet Abs. 4 umfänglichen Satzungsfreiraum.

B. Stimmkraft bei vollständig geleisteter Einlage, Abs. 1

I. Grundsatz

2 Nach dem Grundsatz des Abs. 1 S. 1 steht die Stimmkraft von Aktien **direkt proportional** zu dem **Anteil des Aktionärs am Grundkapital** der Gesellschaft. Dieser Grundsatz gilt, wie sich aus Abs. 2 S. 1 ergibt, wenn die Einlage vollständig erbracht ist. Ist dies der Fall, bestimmt sich die Stimmkraft bei Nennbetragsaktien nach dem Nennbetrag, bei Stückaktien nach ihrer Zahl. Dies bedeutet, dass jede Aktie grundsätzlich eine Stimme gewährt, wenn das Grundkapital bei Ausgabe von Nennbetragsaktien in Aktien von gleichen Nennbeträgen aufgeteilt ist; auch bei Ausgabe von Stückaktien gibt eine Aktie grundsätzlich eine Stimme, weil Stückaktien nach § 8 Abs. 3 S. 2 AktG gleichmäßig am Grundkapital beteiligt sind (vgl. auch § 8 AktG Rn. 3).

II. Höchststimmrechte

3 In Durchbrechung des Grundsatzes »eine Aktie eine Stimme« lässt Abs. 1 S. 2 die Einführung von Höchststimmrechten zu. Wird von dieser Möglichkeit Gebrauch gemacht, ist das Stimmrecht des Aktionärs auf eine bestimmte Anzahl von Stimmen begrenzt, auch wenn seine Kapitalbeteiligung höher sein sollte. Diese Möglichkeit besteht nur für nichtbörsennotierte Gesellschaften i. S. d. § 3 Abs. 2 AktG. Die Festsetzung des Höchstbetrages in der Satzung kann in der Weise erfolgen, dass bestimmte **Höchstbeträge** (z. B. 5 % oder 10 % des Grundkapitals) festgelegt werden, oder auch bestimmt wird, dass Aktionäre stets nur eine Stimme haben, so dass im Ergebnis eine **Abstimmung nach Köpfen** erfolgt (MünchHdb GesR IV/*Semler* § 38 Rn. 8). Möglich sind auch abgestufte Höchststimmrechtsfestlegungen, bei denen bis zu einer bestimmten Kapitalbeteiligung eine feste Stimmkraft festgelegt wird und für die darüber hinausgehende Beteiligung eine weitere Begrenzung vorgesehen ist (MünchHdb GesR IV/*Semler* § 38 Rn. 8). Zulässig ist auch die Kombination der Beschränkungsformen.

4 Die Satzung kann die Höchststimmrechtsfestlegungen auf **bestimmte Beschlussgegenstände** begrenzen, beispielsweise für Satzungsänderungen oder Aufsichtsratswahlen. Sie kann auch

für verschiedene Gegenstände der Beschlussfassung unterschiedliche Stimmrechtsbegrenzungen vorsehen.

5 Damit Umgehungen von Stimmrechtsbeschränkungen möglichst vermieden werden, kann die Satzung anordnen, dass zu den Aktien, die einem Aktionär gehören, auch diejenigen zu rechnen sind, die Dritte für dessen Rechnung halten; Entsprechendes kann für solche Aktien angeordnet werden, die von Unternehmen im Abhängigkeits- oder Konzernverbund gehalten werden, Abs. 1 S. 3 und 4. Die entsprechenden Verbundbeziehungen sind nach §§ 15 ff. AktG zu bestimmen (vgl. Erl. in Kap. 14 Rn. 12 ff.). Gleichwohl vorkommende Übertretungen sind nach § 405 Abs. 3 Nr. 5 AktG als Ordnungswidrigkeit mit Geldbuße sanktioniert. Andere als die von den Abs. 1 S. 3 und 4 erfassten Sachverhalte stellen keine Umgehung des Höchststimmrechts dar, so dass insbesondere die von Stimmrechtsbindungen betroffenen Stimmrechte nicht der Höchststimmrechtsanordnung der Satzung unterfallen (*Martens* AG 1993, 495, 497 ff.), sofern nicht die Satzung selbst deren Einbeziehung anordnet.

6 Stimmrechtsbeschränkungen für **einzelne Aktionäre** können in der Satzung nicht angeordnet werden, Abs. 1 S. 5. Damit wird nicht ausgeschlossen, dass Höchststimmrecht für einzelne Aktiengattungen vorgesehen werden, auch wenn sich dies für einzelne Aktionäre unterschiedlich auswirkt. Bevollmächtigte oder Legitimationsaktionäre, die mehrere Aktionäre vertreten, sind von Höchststimmrechten nur insofern betroffen, als ihr jeweiliger Auftraggeber von dem Höchststimmrecht betroffen ist (MünchHdb GesR IV/*Semler* § 38 Rn. 13 f.).

7 Höchststimmrechte wirken sich nur bei der Berechnung der Stimmenmehrheiten aus, bleiben aber bei der **Berechnung der Kapitalmehrheit** außer Betracht, Abs. 1 S. 6. Diese Einschränkung ist in allen Fällen von Bedeutung, bei denen für die Annahme eines Beschlussantrags neben der Stimmenmehrheit eine Kapitalmehrheit erforderlich ist (dazu Erl. in Rn. 15).

8 Die Einführung von Höchststimmrechten in der Satzung ist sowohl bei der Gründung als auch nachträglich zulässig. Anerkannt ist, dass die **nachträgliche Einführung** durch Satzungsänderung ohne die Zustimmung der betroffenen Aktionäre erfolgen kann, wenn nur die erforderliche satzungsändernde Mehrheit erreicht wird (BGHZ 70, 117, 122 ff.). Umgekehrt bedarf es auch bei der Beseitigung bestehender Höchststimmrechte keiner Zustimmung der Kleinaktionäre für die entsprechende Satzungsänderung, obwohl deren relatives Stimmengewicht zu ihren Lasten verändert wird (MünchHdb GesR IV/*Semler* § 38 Rn. 17).

C. Stimmkraft bei unvollständig geleisteter Einlage, Abs. 2

9 Das Stimmrecht beginnt erst mit der **vollständigen Leistung der Einlage**, Abs. 2 S. 1. Ist noch auf keine Aktie die Einlage vollständig geleistet, so gewähren ausnahmsweise auch Aktien, auf die nur die Mindesteinlage erbracht ist, ein Stimmrecht, Abs. 2 S. 4 und 5. Dieses Stimmrecht erlischt folglich, wenn nur auf eine einzige Aktie die volle Einlage geleistet ist; der Gesetzgeber will damit einen Anreiz zur Erbringung der Einlagen schaffen.

10 Das Gesetz ermöglicht **Abweichungen** von der gesetzlichen Regelung **in der Satzung** dahingehend, dass bereits ab Erbringung der gesetzlichen (oder einer von der Satzung festegelegten höheren) Mindesteinlage das Stimmrecht entsteht, Abs. 2 S. 2. Damit kann das Stimmrecht unabhängig davon, ob auf andere Aktien die Einlage voll geleistet ist, entstehen. Die Höhe des Stimmrechts richtet sich in diesem Fall nach der Höhe der geleisteten Teileinlage, Abs. 2 S. 3. Die Satzung muss alle Aktionäre hinsichtlich des Stimmrechts aus nicht voll eingezahlten Aktien gleich behandeln, Abs. 2 S. 6.

D. Stimmrechtsausübung durch Bevollmächtigte, Abs. 3

11 Abs. 3 regelt die Stimmrechtsausübung durch einen Bevollmächtigten. Die Regelung wird ergänzt durch die Regelungen des § 135 AktG für die Stimmrechtsausübung durch Kreditinstitute, das sog. **Bankenstimmrecht** (früher sog. Depotstimmrecht). Weitere, in § 134 AktG nicht geregelte Fälle der Stimmrechtsausübung durch Dritte bilden die **Legitimationsübertragung** und die Stimmrechtsausübung durch gesetzliche Vertreter und Amtswalter. **Gesetzliche Vertreter** dürfen das Stimmrecht für den Vertretenen in der Hauptversammlung ausüben, nachdem sie sich durch die entsprechenden Personenstandsunterlagen oder Bestellungsurkunden legitimiert haben. Dies gilt für die Eltern nach § 1629 BGB, den Vormund nach § 1793 BGB, den Betreuer nach § 1896 und den Pfleger nach § 1909 BGB sowie für den Vorstand oder den Geschäftsführer von Kapital- oder Personengesellschaften. Sind mehrere Personen gesamtvertretungsbefugt, sind alle diese Personen zur Ausübung des Stimmrechts aus der Aktie zur Hauptversammlung zuzulassen (*Hüffer* AktG, § 134 Rn. 30). Die als Amtswalter für die von ihnen verwaltete Vermögensmasse tätigen **Insolvenzverwalter** (§ 80 InsO), **Nachlassverwalter** (§ 1985) und **Testamentsvollstrecker** (§ 2205 BGB) legitimieren sich durch die Dokumentation des jeweiligen Bestellungsakts. Die Rechtsgrundlage für die Stimmrechtsausübung im Falle der Legitimationsübertragung bildet die Ermächtigung i. S. d. § 185 BGB; zum Schutz der Anonymität des Aktionärs ist die Ermächtigungsurkunde zur Stimmrechtsausübung in der Hauptversammlung nicht vorzulegen (*Hüffer* AktG, § 134 Rn. 32).

Die **Person des Bevollmächtigten** kann der Aktionär grundsätzlich frei bestimmen. Die Satzung 12
kann nach h. M. besondere Festlegungen vorsehen; insbesondere ist es zulässig, dass sie anordnet, dass nur Aktionäre bevollmächtigt werden können (*Hüffer* AktG, § 134 Rn. 25). Nach der durch das Namensaktiengesetz (NaStraG) vom 18. 1. 2001 (BGBl I, 123) neu gestalteten Rechtslage kann der Aktionär auch die von der AG benannten Stimmrechtsvertreter bevollmächtigen, Abs. 3 S. 3. Nach h. M. ist diese dem sog. **proxy-voting** des US-amerikanischen Gesellschaftsrechts angenäherte Möglichkeit nur unter einschränkenden Voraussetzung eröffnet: Erstens darf die Person des von Gesellschaft benannten Stimmrechtsvertreters nach dem Rechtsgedanken des § 136 Abs. 2 AktG kein Organmitglied der AG sein (*Hüffer* AktG, § 134 Rn. 26 b; a. A. *Bunke* AG 2002, 57, 59 ff.); zweitens muss der Aktionär dem von der Gesellschaft benannten Stimmrechtsvertreter Weisungen für die Gegenstände der Tagesordnung erteilen (*Habersack* ZHR 2001, 172, 187 f.; *Pikó/Preissler* AG 2002, 223, 227; a. A. *Wiebe* ZHR 2002, 182, 190 ff.). Mehrere Aktionäre können einen gemeinsamen Bevollmächtigten bestellen. Im Anwendungsbereich des § 69 Abs. 1 AktG (insbesondere bei der Bruchteils-, der Erben- und der Gütergemeinschaft) ist dies gesetzlich vorgeschrieben; im Übrigen beruht dies vor allem auf dem Gedanken der gemeinsamen Vertretung von Familienstämmen oder der gemeinsamen Stimmrechtsausübung der Stimmrechte mehrerer im Konzernverbund stehender Unternehmen.

Für die **Erteilung der Vollmacht** ist nach Abs. 3 S. 2 die Einhaltung der Schriftform (§ 126 BGB) 13
erforderlich. Die Satzung kann nach der durch das Namensaktiengesetz (NaStraG) vom 18. 1. 2001 (BGBl I, 123) gestalteten Rechtslage Formerleichterungen einführen, welche die Vollmachtserteilung z. B. per Fax oder E-Mail vorsehen können, Abs. 3 S. 2 Hs. 2. Demgegenüber soll die Satzung nach dem Willen des Gesetzgebers Erschwerungen der Vollmachtserteilung nicht einführen dürfen (RegBegr. BT-Drs. 14/4051, 15).

Der **nicht legitimierte Vertreter** kann von der Teilnahme in der Hauptversammlung und damit 14
auch von der Stimmrechtsausübung ausgeschlossen werden. Insofern darf zu Recht verlangt werden, dass der Vertreter nicht nur über eine Vollmacht verfügen muss, sondern dass er die Vollmacht zu seiner Legitimation auch nachweisen muss, insbesondere also eine Vollmachtsurkunde vorzulegen hat *Hüffer* AktG, § 134 Rn. 24). Die Aushändigung der Vollmachtsurkunde zur Verwahrung in der Hauptversammlung ist nach dem Wegfall der entsprechenden Regel in Abs. 3 nicht mehr zulässig.

E. Art und Weise der Stimmrechtsausübung, Abs. 4

Zur Art und Weise der Stimmrechtsausübung und damit auch der Abstimmungsart enthält das 15
Gesetz keine eigenständige Regelung, vielmehr überlässt es in Abs. 5 die »Form« der Stimmrechtsausübung der **Festlegung in der Satzung**. Enthält die Satzung eine solche Festlegung, sind die Hauptversammlung und der Vorsitzende der Versammlung daran gebunden. Delegiert die Satzung die Festlegung auf den Vorsitzenden der Hauptversammlung, so legt dieser die Mo-

dalitäten fest; die Hauptversammlung kann auch dann keine abweichenden Beschlüsse fassen (*Hüffer* AktG, § 134 Rn. 34). Bestehen keine Festlegungen in der Satzung, entscheidet der Vorsitzende der Hauptversammlung nach pflichtgemäßem Ermessen (vgl. Erl. zu § 129 AktG Rn. 30).

§ 135 Ausübung des Stimmrechts durch Kreditinstitute und geschäftsmäßig Handelnde

(1) [1]Ein Kreditinstitut darf das Stimmrecht für Aktien, die ihm nicht gehören und als deren Inhaber es nicht im Aktienregister eingetragen ist, nur ausüben, wenn es bevollmächtigt ist. [2]In der eigenen Hauptversammlung darf das bevollmächtigte Kreditinstitut das Stimmrecht auf Grund der Vollmacht nur ausüben, soweit der Aktionär eine ausdrückliche Weisung zu den einzelnen Gegenständen der Tagesordnung erteilt hat. [3]In der Hauptversammlung einer Gesellschaft, an der es mit mehr als fünf vom Hundert des Grundkapitals unmittelbar oder über eine Mehrheitsbeteiligung mittelbar beteiligt ist, darf es das Stimmrecht nur ausüben oder ausüben lassen, soweit der Aktionär eine ausdrückliche Weisung zu den einzelnen Gegenständen der Tagesordnung erteilt hat; dies gilt nicht, wenn es eigene Stimmrechte weder ausübt noch ausüben läßt.

(2) [1]Die Vollmacht darf nur einem bestimmten Kreditinstitut erteilt werden. [2]Das Kreditinstitut hat den Aktionär jährlich und deutlich hervorgehoben auf die jederzeitige Möglichkeit des Widerrufs und auf andere Vertretungsmöglichkeiten (§ 125 Abs. 1 Satz 2) hinzuweisen. [3]Die Vollmachtserklärung muss vollständig sein und darf nur mit der Stimmrechtsausübung verbundene Erklärungen enthalten. [4]Sie ist vom Kreditinstitut nachprüfbar festzuhalten. [5]Erbietet sich das Kreditinstitut zur Übernahme einer Vollmacht, so hat es auf andere Vertretungsmöglichkeiten (§ 125 Abs. 1 Satz 2) hinzuweisen.

(3) [1]Das bevollmächtigte Kreditinstitut darf Personen, die nicht seine Angestellten sind, nur unterbevollmächtigen, wenn die Vollmacht eine Unterbevollmächtigung ausdrücklich gestattet. [2]Gleiches gilt für eine Übertragung der Vollmacht durch das bevollmächtigte Kreditinstitut.

(4) [1]Auf Grund der Vollmacht kann das Kreditinstitut das Stimmrecht unter Benennung des Aktionärs in dessen Namen ausüben. [2]Wenn es die Vollmacht bestimmt, kann das Kreditinstitut das Stimmrecht auch im Namen dessen, den es angeht, ausüben. [3]In beiden Fällen genügt zum Nachweis seiner Stimmberechtigung gegenüber der Gesellschaft die Erfüllung der in der Satzung für die Ausübung des Stimmrechts vorgesehenen Erfordernisse; enthält die Satzung darüber keine Bestimmungen, genügt die Vorlegung eines Berechtigungsnachweises gemäß § 123 Abs. 3.

(5) Hat der Aktionär dem Kreditinstitut keine Weisung für die Ausübung des Stimmrechts erteilt, so hat das Kreditinstitut das Stimmrecht entsprechend seinen eigenen, den Aktionären nach § 128 Abs. 2 mitgeteilten Vorschlägen auszuüben, es sei denn, daß das Kreditinstitut den Umständen nach annehmen darf, daß der Aktionär bei Kenntnis der Sachlage die abweichende Ausübung des Stimmrechts billigen würde.

(6) Die Wirksamkeit der Stimmabgabe wird durch einen Verstoß gegen Absatz 1 Satz 2, Absätze 2, 3 und 5 nicht beeinträchtigt.

(7) [1]Ein Kreditinstitut darf das Stimmrecht für Namensaktien, die ihm nicht gehören, als deren Inhaber es aber im Aktienregister eingetragen ist, nur auf Grund einer Ermächtigung ausüben. [2]Auf die Ermächtigung sind Absatz 1 Satz 2 und 3 sowie die Absätze 2, 3 und 5 anzuwenden. [3]Im übrigen gilt Absatz 6.

(8) Ist das Kreditinstitut bei der Ausübung des Stimmrechts von einer Weisung des Aktionärs oder, wenn der Aktionär keine Weisung erteilt hat, von seinem eigenen, dem Aktionär nach

§ 128 Abs. 2 mitgeteilten Vorschlag abgewichen, so hat es dies dem Aktionär mitzuteilen und die Gründe anzugeben.

(9) [1]Die Absätze 1 bis 8 gelten sinngemäß für die Ausübung des Stimmrechts durch

1. Vereinigungen von Aktionären,
2. Geschäftsleiter und Angestellte eines Kreditinstituts, wenn die ihnen nicht gehörenden Aktien dem Kreditinstitut zur Verwahrung anvertraut sind,
3. Personen, die sich geschäftsmäßig gegenüber Aktionären zur Ausübung des Stimmrechts in der Hauptversammlung erbieten.

[2]Dies gilt nicht, wenn derjenige, der das Stimmrecht ausüben will, gesetzlicher Vertreter, Ehegatte oder Lebenspartner des Aktionärs oder mit ihm bis zum vierten Grade verwandt oder verschwägert ist.

(10) [1]Ein Kreditinstitut ist verpflichtet, den Auftrag eines Aktionärs zur Ausübung des Stimmrechts in einer Hauptversammlung anzunehmen, wenn es für den Aktionär Aktien der Gesellschaft verwahrt oder es an seiner Stelle im Aktienregister eingetragen ist und sich gegenüber Aktionären der Gesellschaft zur Ausübung des Stimmrechts in derselben Hauptversammlung erboten hat. [2]Die Verpflichtung besteht nicht, wenn das Kreditinstitut am Ort der Hauptversammlung keine Niederlassung hat und der Aktionär die Übertragung der Vollmacht auf oder die Unterbevollmächtigung von Personen, die nicht Angestellte des Kreditinstituts sind, nicht gestattet hat.

(11) Die Verpflichtung des Kreditinstituts zum Ersatz eines aus der Verletzung der Absätze 1 bis 3, 5, 7, 8 oder 10 entstehenden Schadens kann im voraus weder ausgeschlossen noch beschränkt werden.

(12) § 125 Abs. 5 gilt entsprechend.

Übersicht:

A. Überblick und Regelungszweck

Die Vorschrift betrifft das sog. **Bankenstimmrecht**. Die Vorschrift betrifft und ordnet die sich dadurch ergebende Situation, dass zahlreiche Aktionäre ihr Stimmrecht durch Intermediäre, insbesondere durch Banken und Aktionärsvereinigungen ausüben lassen, und sich bei diesen Intermediären eine beträchtliche Stimmrechtsmacht ansammeln kann. Das sog. Bankenstimmrecht wird vom Gesetz als **Vollmachtsstimmrecht** ausgestaltet und unterscheidet sich von dem früher sog. Depotstimmrecht der Banken vor allem dadurch, dass die betroffenen Kreditinstitute gem. den gesetzlichen Vorkehrungen auf die Wahrung der Eigeninteressen der Aktionäre verpflichtet sind. Die Vorschrift bezweckt den **Schutz der Eigeninteressen der Aktionäre**, indem die bevollmächtigten Kreditinstitute bei der Stimmrechtsausübung aus fremden Aktien an den Willen der Aktionäre gebunden werden. Die Vorschrift steht im sachlichen Zusammenhang mit §§ 125 und 128 AktG, nach denen das betroffene Kreditinstitut für die Ausübung des Stimmrechts in der Hauptversammlung Vorschläge zu unterbreiten und um Weisungen des Aktionärs hinsichtlich der Stimmrechtsausübung zu bitten hat (vgl. die Erl. zu diesen Vorschriften). Im Interesse der Effektivierung des Schutzzwecks hat der Gesetzgeber den Anwendungsbereich der Regelungen auf geschäftsmäßig handelnde Aktionärsvertreter und andere Intermediäre erstreckt. 1

B. Bevollmächtigung, Abs. 1 und 2

2 Das Stimmrecht aus fremden Aktien darf durch Kreditinstitute (und ihnen gleichgestellte Intermediäre; vgl. Rn. 15) nur aufgrund einer **Vollmacht** ausgeübt werden. Daraus ergibt sich zunächst, dass die Legitimationsübertragung zur Stimmrechtsausübung durch Kreditinstitute unzulässig ist (MünchHdb GesR IV/*Semler* § 38 Rn. 58).

3 **Formvorschriften** für die Vollmachtserteilung sieht § 135 AktG nicht vor. Nach Abs. 2 S. 4 ist die Vollmachtserteilung vom Kreditinstitut **nachprüfbar** festzuhalten. Insofern bietet sich eine schriftliche Vollmachtserteilung an; die Erteilung mittels Fax oder E-Mail oder auch telefonisch ist aber ebenfalls hinreichend (vgl. näher MüKoAKG/*Schröer*, § 135 Rn. 15 ff.).

4 Die Bevollmächtigung allein erlaubt die Ausübung des Stimmrechts **in der eigenen Hauptversammlung des Kreditinstituts** nicht; überdies muss der Aktionär eine ausdrückliche Weisung zu den einzelnen Gegenständen der Tagesordnung erteilt haben, Abs. 1 S. 2. Solche Weisungen sind erst möglich, nachdem die Hauptversammlung einberufen wurde (§ 124 Abs. 1 S. 1 AktG).

5 **Grenzen der Vollmacht** bestehen nach Abs. 1 S. 3 bei einer **Eigenbeteiligung des Kreditinstituts** mit mehr als 5 % am Kapital der AG. In dieser Konstellation befürchtet der Gesetzgeber Interessenkonflikte (RegBegr. zum KonTraG BT-Drs. 13/9712, 20) und unterbindet diese dadurch, dass die Vollmacht das Kreditinstitut nur befugt, das Stimmrecht des Aktionärs auszuüben, soweit dieser ausdrücklich Weisung zu den Gegenständen der Tagesordnung erteilt hat. Die Ausübung der Vollmacht ist nach derselben Regelung allerdings auch zulässig, wenn das Kreditinstitut das Stimmrecht aus eigenen Aktien nicht ausübt. Hat das Kreditinstitut keine Aktionärsweisung erhalten, kann es das Stimmrecht entweder nur aus der Vollmacht oder allein aus eigenen Aktien ausüben; die Kombination der Stimmrechtsausübung aus fremden Aktien kraft Bevollmächtigung und aus eigenen Aktien ist dann unzulässig. Die **»soweit«**-Formulierung ist dahingehend zu verstehen, dass das Kreditinstitut Aktionärs- und eigene Stimmrechte ausüben kann, »soweit« Weisungen der Aktionäre vorliegen; bei Gegenständen der Tagesordnung, zu denen keine Aktionärsweisungen vorliegen, ist das Kreditinstitut vor die Alternative gestellt, die Stimmrechte aus eigenen oder aus fremden Aktien auszuüben (*Hüffer* AktG, § 134 Rn. 9 d). Für die Berechnung des Schwellenwertes kommt es auf die am Tag der Hauptversammlung in das Handelsregister eingetragene Kapitalziffer an; dabei sind alle Aktie zu berücksichtigen, auch die stimmrechtslosen Vorzugsaktien. Neben der unmittelbaren eigenen Beteiligung sind dem Kreditinstitut auch die Beteiligungen von solchen Unternehmen zuzurechnen, an denen das Kreditinstitut eine Mehrheitsbeteiligung hält; ob dies der Fall ist, beurteilt sich nach § 16 AktG.

6 Das Gesetz führt zahlreiche **Modalitäten der Vollmachtserteilung** an. Die Vollmacht darf nach Abs. 2 S. 1 nur einem bestimmten Kreditinstitut erteilt werden. Das Kreditinstitut muss deshalb in der Vollmacht namentlich **benannt** werden. Die Vollmacht kann unbefristet erteilt werden, ist aber nach Abs. 2 S. 2 **jederzeit widerruflich**. Auf die Widerrufsmöglichkeit hat das Kreditinstitut den Aktionär jährlich hinzuweisen. Dieser Hinweis muss »deutlich hervorgehoben« erfolgen und andere Vertretungsmöglichkeiten benennen, Abs. 2 S. 2. Die Verbindung der Bevollmächtigung mit anderen Erklärungen ist nach Abs. 2 S. 3 verboten. Abs. 2 S. 4 verpflichtet die Kreditinstitute zur Dokumentation der Vollmacht. Vorschriften dazu, wie diese Dokumentation zu erfolgen hat, finden sich im Gesetz nicht; deshalb sind auch Dokumentationen in elektronischer Form zulässig und genügend. Schließlich hat das Kreditinstitut bei seinen Angeboten zur Übernahme einer Vollmacht auf andere Vertretungsmöglichkeiten, insbesondere durch Aktionärsvereinigungen (vgl. § 125 Abs. 1 S. 2 AktG), hinzuweisen.

C. Unterbevollmächtigung, Abs. 3

7 Das Kreditinstitut darf die Vollmacht ohne weiteres in der Weise ausüben, dass es seine eigenen Angestellten unterbevollmächtigt. Die Wirksamkeit der Unterbevollmächtigung von Personen, die nicht Angestellte des Kreditinstituts sind, ist nach Abs. 3 S. 1 davon abhängig, dass diese

in der Vollmacht ausdrücklich gestattet wird. Gestaltungen zur Umgehung der Unterbevollmächtigungserfordernisse werden durch Abs. 3 S. 2 verboten.

D. Stimmrechtsausübung, Abs. 4 bis 6, Abs. 8

Das Kreditinstitut kann nach Abs. 4 das Stimmrecht entweder **im Namen des Aktionärs** ausüben 8
(S. 1); dabei ist der Name des Aktionärs offen zu legen (§ 164 Abs. 1 BGB); oder die Vollmachtsausübung erfolgt nach Abs. 4 S. 2 im Namen dessen, den es angeht. Diese, vom allgemeinen Stellvertretungsrecht nicht ermöglichte Variante, ist nach Abs. 4 S. 2 nur dann zulässig, wenn sie in der Vollmacht vorgesehen ist; in diesem Fall bleibt der bevollmächtigende Aktionär **anonym**, zumal der Aktionär auch im Teilnehmerverzeichnis nicht benannt werden muss (§ 129 Abs. 2 AktG).

Bei der **Legitimation** für die Ausübung des Stimmrechts aus fremden Aktien muss das Kreditin- 9
stitut die Anforderungen der Satzung erfüllen (vgl. Erl. zu § 123 AktG Rn. 4 ff.). Fehlt es an entsprechenden Satzungsbestimmungen, lässt § 145 Abs. 4 S. 3 AktG für Inhaberaktien den Nachweis durch eine vom depotführenden Kreditinstitut ausgestellte Berechtigungsbescheinigung zu; sie kann von dem börsennotierten Kreditinstitut auch in Textform (§ 126 b BGB) erstellt werden. Die Vorlegung der Aktien oder die Vorlage einer Hinterlegungsbescheinigung ist nach geltendem Recht nicht (mehr) erforderlich.

Bei der Stimmrechtsausübung hat das Kreditinstitut die Weisungen des Aktionärs zu beachten. 10
In § 135 AktG wird die **Weisungsgebundenheit**, die sich aus dem der Vollmacht zugrunde liegenden Auftrag ergibt, vorausgesetzt. Abweichungen davon sind nach allgemeinem Auftragsrecht (§ 665 S. 1 BGB) nur ausnahmsweise zugelassen, wenn die Durchführung der erteilten Weisung nach den im Einzelfall vorliegenden Umständen erkennbar interessenwidrig wäre (*Henssler* ZHR 1993, 91, 103 ff.). Liegen keine Weisungen des Aktionärs vor, ist das Kreditinstitut nach Abs. 5 grundsätzlich an seine eigenen mitgeteilten Vorschläge zu den Gegenständen der Tagesordnung (§ 128 Abs. 2 AktG) gebunden. Die in derselben Regelung vorgesehen Ausnahmen entsprechen wiederum denen des allgemeinen Auftragsrechts (§ 665 S. 1 BGB). Weicht das Kreditinstitut von den Weisungen des Aktionärs oder seinen eigenen Vorschlägen ausnahmsweise ab, hat es gem. Abs. 8 dem Aktionär dies und die dafür maßgeblichen Gründe mitzuteilen.

Zu den **Rechtsfolgen von Verstößen** gegen die Vollmachtsregeln geht die Regelung in Abs. 6 da- 11
von aus, dass die **Stimmabgabe** grundsätzlich **unwirksam** ist. Der auf der Grundlage einer unwirksamen Stimmabgabe gefasste Beschluss ist nach § 243 Abs. 1 AktG anfechtbar. Nach den von Abs. 6 vorgesehenen Ausnahmen bleibt die Stimmabgabe trotz Rechtsverstoßes ausnahmsweise wirksam. Die Regelung betrifft die Stimmabgabe in der Hauptversammlung der eigenen Gesellschaft (Abs. 1 S. 2), die Stimmabgabe aufgrund einer das Kreditinstitut nicht benennenden Vollmacht (Abs. 2), die Stimmabgabe bei nicht gestatteter Unterbevollmächtigung (§ 345 Abs. 3 AktG) und die Stimmabgabe unter Verstoß gegen Aktionärsweisungen oder die eigenen Vorschläge (Abs. 5).

E. Stimmrechtsausübung bei Namensaktien, Abs. 7

Die Stimmrechtsausübung aus fremden Namensaktien durch Kreditinstitute ist nach geltendem 12
Recht nur noch zulässig, wenn das Kreditinstitut als Inhaber der Aktien im Aktienregister eingetragen ist und zusätzlich eine **Ermächtigung** zur Stimmrechtsausübung durch den wirklichen Aktionär vorliegt, Abs. 7 S. 1. Für die Erteilung dieser Ermächtigung gelten die in S. 2 in Bezug genommenen Vorschriften des Vollmachtsrechts. Der Legitimationsnachweis und die Ausübung der Ermächtigung können mangels anderweitiger gesetzlicher Regelung auf der Grundlage der Regeln des Abs. 4 S. 3 erfolgen und damit die Anonymität des wirklichen Aktionärs wahren (*Marsch-Barner* FS Peltzer 2001, 261, 274; *Hüffer* AktG, § 135 Rn. 24).

13 Ist das Kreditinstitut im Aktienregister nicht eingetragen, kann es sich nur durch Vollmacht legitimieren. Dabei kann die Anonymität des Aktionärs nicht gewahrt werden; eine Abstimmung im Namen dessen, den es angeht, wäre mit § 67 Abs. 2 AktG unvereinbar.

F. Erweiterung des Anwendungsbereichs, Abs. 9 und 12

14 Abs. 9 erweitert den Anwendungsbereich der Vorschrift auf die genannten Vereinigungen und Personen aus der Erwägung, dass die Wahrung der Aktionärsinteressen durch die Stimmrechtsausübung von Aktionärsvereinigungen, Geschäftsleitern und Angestellten des Kreditinstitut und Personen, die sich geschäftsmäßig (nämlich mit Wiederholungsabsicht; BGHZ 129, 136, 157) zur Ausübung des Stimmrechts erbieten, nicht ohne weiteres gewährleistet ist. In Abs. 9 S. 2 werden daher konsequent Angehörige des Aktionärs vom erweiterten Anwendungsbereich der Vorschrift ausgenommen, weil bei ihnen die Interessengefährdungslage gerade nicht als gegeben angesehen wird.

15 **Finanzdienstleistungsinstitute** und die anderen über Abs. 12, § 125 Abs. 5 AktG erfassten Intermediäre unterliegen den für Kreditinstitute geltenden Regelungen des § 135 AktG gleichfalls. Zum Adressatenkreis vgl. die Erl. zu § 125 AktG Rn. 2.

G. Kontrahierungszwang, Abs. 10

16 Kreditinstitute sind nach näherer Maßgabe des Abs. 10 verpflichtet, Stimmrechtsvollmachtsaufträge der Aktionäre anzunehmen, deren Aktien sie verwahren. Vorausgesetzt ist insbesondere, dass sich das Kreditinstitut zur Ausübung des Stimmrechts erbietet. Diese Voraussetzung verlangt eine **Initiative des Kreditinstituts**; sie ist regelmäßig in der Übersendung des Vollmachtsformulars an Depotkunden mit der Bitte um Unterzeichnung und Rücksendung verbunden (MünchHdb GesR IV/*Semler* § 38 Rn. 55; a. A. *Hüffer* AktG, § 134 Rn. 33 mit nicht überzeugendem Hinweis auf die nunmehr bestehende Möglichkeit unbefristeter Bevollmächtigung).

17 Für **Aktionärsvereinigungen** und die in Abs. 9 erfassten Personen gilt der Kontrahierungszwang des Abs. 10 nicht. Dagegen unterliegen die in Abs. 12, § 125 Abs. 5 AktG erfassten Finanzdienstleister und sonstigen Intermediäre unter denselben Voraussetzungen wie Kreditinstitute einem Kontrahierungszwang.

H. Ausschluss von Schadenersatzpflichten, Abs. 11

18 Abs. 11 verbietet den vorherigen Ausschluss oder die vorherige Beschränkung von Schadensersatzansprüchen der Aktionäre. Die Regelung setzt einen **bestehenden Schadensersatzanspruch** voraus; dieser kann sich aus der Verletzung des Depotvertrages (§ 280 Abs. 1 BGB) oder aus Delikt (§ 823 Abs. 2 BGB i. V. m. § 135 AktG) ergeben; vorausgesetzt ist dann ein wegen der Verletzung der nach § 135 AktG bestehenden Pflichten kausal verursachter Schaden. Die Regelung gilt für Finanzdienstleistungsinstitute und die weiteren Intermediäre i. S. d. § 125 Abs. 5 AktG nach Abs. 12 ebenfalls. Für Aktionärsvereinigungen und die sonstigen in Abs. 9 genannten Personen gilt die Regelung nach ihrer systematischen Stellung im Gesetz nicht; eine entsprechende Anwendung wird aber zu Recht gefordert, weil eine sachliche Rechtfertigung für deren Sonderbehandlung nicht erkennbar ist (*Hüffer* AktG, § 135 Rn. 36).

§ 136 Ausschluß des Stimmrechts

(1) [1]Niemand kann für sich oder für einen anderen das Stimmrecht ausüben, wenn darüber Beschluß gefaßt wird, ob er zu entlasten oder von einer Verbindlichkeit zu befreien ist oder ob die Gesellschaft gegen ihn einen Anspruch geltend machen soll. [2]Für Aktien, aus denen der Aktionär nach Satz 1 das Stimmrecht nicht ausüben kann, kann das Stimmrecht auch nicht durch einen anderen ausgeübt werden.

(2) [1]Ein Vertrag, durch den sich ein Aktionär verpflichtet, nach Weisung der Gesellschaft, des Vorstands oder des Aufsichtsrats der Gesellschaft oder nach Weisung eines abhängigen Unternehmens das Stimmrecht auszuüben, ist nichtig. [2]Ebenso ist ein Vertrag nichtig, durch den sich ein Aktionär verpflichtet, für die jeweiligen Vorschläge des Vorstands oder des Aufsichtsrats der Gesellschaft zu stimmen.

Übersicht:

A. Regelungszweck

1 Die Vorschrift enthält in Abs. 1 für bestimmte Fälle einen **gesetzlichen Stimmrechtsausschluss**, mit dem der Gesetzgeber von vornherein Interessenkollisionen vermeiden will. Dabei kommt es nicht darauf an, ob im Einzelfall tatsächlich eine Interessenkollision besteht; vielmehr soll in den vom Gesetzgeber angeführten Fällen ein unter dem Eindruck von Sonderinteressen stehender Aktionär generell schon wegen der **(abstrakten) Gefahr**, dass er sich bei seinem Abstimmungsverhalten nicht ausschließlich von Gesellschaftsinteressen leiten lässt, vom Stimmrecht ausgeschlossen sein. Insofern deckt sich die Vorschrift mit der Parallelregelung in § 47 Abs. 4 GmbHG (vgl. Kap. 7 § 47 Rn. 30 ff.). Der Vorschrift ist kein allgemeines Prinzip des Inhalts zu entnehmen, dass das Vorliegen eines Interessenkonflikts einen Stimmrechtsausschluss zur Folge hat. Die Regelungen des § 181 BGB werden in Fällen von Interessenkollisionen zwischen Aktionären und Gesellschaft durch die spezielle Regelung des § 136 Abs. 1 AktG verdrängt (str.; vgl. *Hüffer* AktG, § 136 Rn. 18). Sie sind neben der aktienrechtlichen Regelung auch nicht ergänzend anwendbar, zumal nicht belegt ist, dass § 136 Abs. 1 AktG auf dem § 181 BGB tragenden Rechtsgedanken des Verbots von Insichgeschäften beruht. In der Rechtsprechung wird der Gedanke des **Verbots, Richter in eigener Sache** zu sein, als Grundgedanke der Regelung angeführt (so BGHZ 97, 28, 33 zur GmbH; zum Zweck der Stimmverbote grundlegend *Zöllner* Schranken mitgliedschaftlicher Stimmrechtsmacht, 146 ff.). Das Stimmrechtsverbot bei der Vornahme von Rechtsgeschäften mit einem Aktionär befindet sich nach der bewussten Streichung aus dem AktG nur noch in § 47 Abs. 4 S. 2 GmbHG (vgl. Kap. 7 § 47 Rn. 35 f.); es kann interpretativ im AktG nicht wiederbelebt werden (*Hüffer* AktG, § 136 Rn. 17, 18). Abs. 2 soll gewährleisten, dass Sonderinteressen der Verwaltung die Verbandswillensbildung in der Hauptversammlung nicht beeinflussen. Stimmbindungsverträge, die einen Aktionär, der Mitglied des Vorstands oder des Aufsichtsrats der AG ist, in seiner Stimmabgabe an Weisungen oder Vorschläge der Verwaltung bindet, sind unwirksam. Die Vorschrift ist nach § 23 Abs. 5 AktG zwingend.

B. Stimmrechtsausschluss, Abs. 1

I. Personenkreis

2 Der Stimmrechtsausschluss trifft **nur Aktionäre**. Ein Aktionär, der sein Stimmrecht aus der Aktie nicht ausüben darf, ist nach Abs. 1 S. 1 nicht befugt, für einen anderen Aktionär abzustimmen, mag in dessen Personen ein Ausschlussgrund gegeben sein oder nicht (BGHZ 56, 47, 53). Der Ausschluss betrifft die Person des **Vertreters** unabhängig davon, ob dieser als Aktionär, als Vertreter, als Treuhänder oder als Legitimationsaktionär agiert (BGHZ 108, 21, 25 zur GmbH). Nach Abs. 1 S. 2 ist es unzulässig, dass ein vom Stimmrecht ausgeschlossener Aktionär sein Stimmrecht durch einen anderen ausüben lässt. Das Verbot betrifft die Person des Aktionärs und verbietet ihm, durch Vertreterbestellung oder vergleichbare Maßnahmen das Stimmrechtsverbot zu umgehen (BGHZ 56, 47, 53).

3 Ist der Aktionär eine **Gesellschaft**, so gilt: Trifft das Stimmverbot die Gesellschaft als Aktionär oder AG, betrifft das Stimmverbot grundsätzlich nur die beteiligte Gesellschaft; auf deren Gesellschafter und ihren Aktienbesitz an der AG kann das Stimmverbot allenfalls dann erstreckt werden, wenn die Gefahr besteht, dass sie sich bei ihrem Stimmverhalten mehr von den Interessen der beteiligten Gesellschaft als von denen der AG leiten lassen werden. Deshalb ist ein Stimmrechtsausschluss für den Alleingesellschafter der beteiligten Gesellschaft (BGHZ 56, 47, 53), den nach § 17 AktG herrschenden Gesellschafter (OLG Hamburg AG 2001, 91, 92) und die haftenden Gesellschafter einer OHG oder KG (BGH NJW 1973, 1039, 1040) anerkannt worden. Präzise Abgrenzungskriterien sind bisher allerdings nicht entwickelt (*Hüffer* AktG, § 136 Rn. 12). Trifft das Stimmverbot einzelne Mitglieder der an der AG beteiligten Gesellschaften, so sind grundsätzlich nur diese vom Stimmrechtsausschluss nach Abs. 1 betroffen. Können aber die Mitglieder einen maßgeblichen Einfluss auf die beteiligte Gesellschaft ausüben, unterliegt auch die beteiligte Gesellschaft dem Stimmrechtsausschluss (BGHZ 68, 107, 110 bei Betroffenheit aller Gesellschafter; OLG Brandenburg NZG 2001, 129, 130 für Alleingesellschafter).

4 **Nahe Angehörige** des vom Stimmrechtsausschluss betroffenen Aktionärs sind dem Verbot des Abs. 1 grundsätzlich nicht unterworfen (BGHZ 80, 69, 71 für GmbH). Im Einzelfall kommt eine Anwendung des Stimmrechtssausschlusses auch auf nahe Angehörige in Betracht, wenn ein Umgehungssachverhalt gegeben ist (OLG Hamm GmbHR 1989, 79 zur GmbH).

II. Verbotsbereich

1. Entlastung

5 Der Fall der Entlastung betrifft jede Beschlussfassung, mit der die Tätigkeit eines Organs der AG gebilligt wird, ohne Rücksicht darauf, ob eine entsprechende Bezeichnung in der Tagesordnung vorherging. Mit dem Beschluss über die Abberufung eines Aufsichtsratsmitglieds geht kein (negativer) Entlastungsbeschluss einher; das betroffene Aufsichtsratsmitglied, das zugleich Aktionär ist, kann deshalb mitstimmen (*Zimmermann* FS Rowedder 1994, 593, 604). Für den Vertrauensentzug bei Vorstandsmitgliedern durch die Hauptversammlung gilt dies gleichfalls (*Hüffer* AktG, § 136 Rn. 19).

6 Im Falle des **Gesamtentlastungsbeschlusses** sind alle Mitglieder des jeweiligen Verwaltungsorgans von der Beschlussfassung ausgeschlossen (BGHZ 108, 21, 25 f.). Bei dem Beschluss über die Entlastung eines einzelnen Organmitglieds (§ 120 Abs. 1 S. 2 AktG) wird nach h. M. grundsätzlich nur das betroffene Organmitglied vom Stimmrechtsausschluss erfasst. Ausnahmsweise erfasst der Stimmrechtsausschluss alle Aktionäre bzw. Organmitglieder, bei denen die konkrete Möglichkeit besteht, die entlastungserhebliche Pflichtverletzung gemeinsam begangen zu haben; die Beurteilung gemeinsamer Verfehlung ist dann auch eine eigene Angelegenheit jedes einzelnen Organmitglieds bzw. Aktionärs, die den Stimmrechtsausschluss beim Entlastungsbeschluss rechtfertigt (BGHZ 97, 28, 33 f.). Der Stimmrechtsausschluss setzt voraus, dass Tatsachen und nicht nur vage Verdächtigungen behauptet werden, aus denen sich die Mitwirkung ergibt (*Hüffer* § 136 AktG Rn. 20).

2. Befreiung von einer Verbindlichkeit

7 Das Stimmverbot wegen Befreiung von einer Verbindlichkeit differenziert nicht nach der Art der Verbindlichkeit. Es gilt sowohl für Verbindlichkeiten aus dem Gesellschafts- oder Organverhältnis als auch aus einem sonstigen Schuldverhältnis, es erfasst Verpflichtungen zum Unterlassen sowie Verpflichtungen zum positiven Tun. Auf die Art der Befreiung kommt es ebenfalls nicht an; einbezogen sind insbesondere **Erlassverträge, Verzichtsverträge**, (negative) **Schuldanerkenntnisverträge** sowie **Stundungsvereinbarungen** als vorübergehende Maßnahme. Wiederum sind – wie beim Entlastungsbeschluss (vgl. Erl. in Rn. 5) – ausgeschlossen alle Personen, die aus derselben, gemeinsam begangenen Pflichtverletzung mithaften können (BGHZ 97, 28, 33 f.).

3. Anspruchsgeltendmachung

Der Stimmrechtsausschluss besteht auch, wenn die Hauptversammlung über die Geltendmachung eines gegen den Betroffenen gerichteten Anspruchs beschließt. Differenzierungen nach der Art des Anspruchs werden vom Gesetz nicht getroffen. Mit dem Begriff der »Geltendmachung« wird insbesondere die gerichtliche Verfolgung eines Anspruchs erfasst. Anerkannt ist, dass sich die Regelung – ungeachtet ihrer missverständlichen Formulierung – nicht nur für Aktivprozesse der Gesellschaft sondern auch dann gilt, wenn die AG verklagt wurde und die Hauptversammlung über verfahrensbeendende Maßnahmen (z. B. Vergleiche) zu beschließen hat; der klagende Aktionär ist von einer solchen Beschlussfassung ausgeschlossen (*Hüffer* AktG, § 136 Rn. 23). 8

C. Stimmbindungsvereinbarungen mit Gesellschaft oder Verwaltung, Abs. 2

Die Regelung betrifft einen Sonderaspekt von Stimmbindungsverträgen. Sie geht von deren grundsätzlicher Zulässigkeit aus (vgl. § 133 AktG Rn. 8), erklärt aber solche Stimmbindungsvereinbarungen für nichtig, durch die sich ein Aktionär verpflichtet, nach Weisung der AG oder deren Verwaltung zu stimmen. Nach Abs. 2 S. 1 sind auch Vereinbarungen nichtig, nach denen Aktionäre an Weisungen eines von der Gesellschaft abhängigen Unternehmens gebunden werden sollen. Auf die Bindung an Verwaltungsvorschläge gerichtete Vereinbarungen sind ebenso nichtig wie die auf die Bindung an Weisungen gerichtete, Abs. 2 S. 2. 9

Die Stimmabgabe aufgrund eines nach Abs. 2 nichtigen Vertrages ist nicht deshalb ungültig, weil sich der Aktionär inhaltlich an die Absprache gehalten hat (str.; vgl. OLG Nürnberg AG 1996, 228, 229). Sie kann aber zum Gegenstand einer **Anfechtungsklage** gemacht werden (*Hüffer* AktG, § 136 Rn. 29). 10

§ 137 Abstimmung über Wahlvorschläge von Aktionären

Hat ein Aktionär einen Vorschlag zur Wahl von Aufsichtsratsmitgliedern nach § 127 gemacht und beantragt er in der Hauptversammlung die Wahl des von ihm Vorgeschlagenen, so ist über seinen Antrag vor dem Vorschlag des Aufsichtsrats zu beschließen, wenn es eine Minderheit der Aktionäre verlangt, deren Anteile zusammen den zehnten Teil des vertretenen Grundkapitals erreichen.

Die Vorschrift erlaubt es einer qualifizierten Aktionärsminderheit, eigene Vorschläge zur Wahl von Aufsichtsratsmitgliedern vor den Vorschlägen des Aufsichtsrats zur Abstimmung zu bringen. Vorausgesetzt ist, dass ein Vorschlag nach § 127 AktG gemacht wird. Dabei handelt es sich um einen i. S. d. § 126 AktG mitteilungspflichtigen, nicht notwendig zu begründenden, aber den Widerspruch zum Aufsichtsratsvorschlag zum Ausdruck bringenden Vorschlag, der **binnen Wochenfrist** unterbreitet werden muss, §§ 127, 126 Abs. 1 AktG (vgl. die Erl. zu diesen Vorschriften). 1

Ferner ist erforderlich ein **Verlangen nach vorzeitiger Abstimmung**. Dieses muss durch eine Minderheit von Aktionären, die wenigstens 10 % des auf der Hauptversammlung vertretenen Grundkapitals zu umfassen hat, gestellt werden. Der Versammlungsleiter ist gehalten, die Hauptversammlung nach Unterstützung eines vorgebrachten Minderheitsverlangens zu fragen, auch wenn im Zeitpunkt der Stellung des Verlangens dieses Quorum noch nicht erreicht ist (*Hüffer* AktG, § 137 Rn. 3). 2

Der Vorsitzende der Hauptversammlung ist bei der Festlegung der Abstimmungsreihenfolge an die **Priorität des Minderheitsverlangens** gebunden. Eine Beschlussfassung unter Verletzung von § 137 AktG ist anfechtbar (§§ 243, 251 Abs. 1 S. 1 AktG). Die Abstimmungsreihenfolge unterschiedlicher Vorschläge mehrerer Aktionäre ist vom Gesetz nicht geregelt; sie kann vom Vorsitzenden nach eigenem Ermessen bestimmt werden. 3

Fünfter Unterabschnitt. Sonderbeschluß

§ 138 Gesonderte Versammlung. Gesonderte Abstimmung

[1]In diesem Gesetz oder in der Satzung vorgeschriebene Sonderbeschlüsse gewisser Aktionäre sind entweder in einer gesonderten Versammlung dieser Aktionäre oder in einer gesonderten Abstimmung zu fassen, soweit das Gesetz nichts anderes bestimmt. [2]Für die Einberufung der gesonderten Versammlung und die Teilnahme an ihr sowie für das Auskunftsrecht gelten die Bestimmungen über die Hauptversammlung, für die Sonderbeschlüsse die Bestimmungen über Hauptversammlungsbeschlüsse sinngemäß. [3]Verlangen Aktionäre, die an der Abstimmung über den Sonderbeschluß teilnehmen können, die Einberufung einer gesonderten Versammlung oder die Bekanntmachung eines Gegenstands zur gesonderten Abstimmung, so genügt es, wenn ihre Anteile, mit denen sie an der Abstimmung über den Sonderbeschluß teilnehmen können, zusammen den zehnten Teil der Anteile erreichen, aus denen bei der Abstimmung über den Sonderbeschluß das Stimmrecht ausgeübt werden kann.

1 Die Vorschrift regelt das Recht der sog. **Sonderbeschlüsse**. Sie betrifft die Situation, dass bestimmte Aktionärsgruppen von Beschlüssen der Hauptversammlung und Maßnahmen der Verwaltung unterschiedlich betroffen werden und deshalb eine Mehrheitsbeschlussfassung in der Hauptversammlung allein die Beachtung der Interessen der verschiedenen Aktionärsgruppen nicht gewährleisten kann. Deshalb schreibt das AktG an verschiedenen Stellen vor, dass bestimmte Maßnahmen nur beschlossen werden können, wenn bestimmte Gruppen von Aktionären zustimmen, bzw. dass einzelne Maßnahmen der Verwaltung der Zustimmung bestimmter Aktionärsgruppen bedürfen. Die in Betracht kommenden Fälle **sind im Gesetz aufgeführt** (vgl. Rn. 2 f.). S. 1 ermöglicht zwar, durch die Satzung weitere Sonderbeschlüsse einzuführen; der Spielraum für satzungsautonome Festlegungen ist aber wegen § 23 Abs. 5 AktG praktisch bedeutungslos, weil die vom AktG errichtete Kompetenzordnung nicht durch Sonderbeschlusserfordernisse beeinträchtigt werden kann. Insbesondere kann bestimmten Aktionärsgruppen über ein satzungsrechtliches Sonderbeschlusserfordernis ein Vetorecht gegen Beschlüsse der Hauptversammlung eingeräumt werden (MünchHdb GesR IV/*Semler* § 39 Rn. 49).

2 Das gesetzlich geregelte Erfordernis der **Zustimmung bestimmter Aktionärsgruppen zu Hauptversammlungsbeschlüssen** findet sich im Zusammenhang mit Vorzugsaktien, bei der Aufhebung oder Beschränkung von Vorzügen (§ 141 Abs. 1 AktG) bzw. bei der Ausgabe neuer Vorzugsaktien mit besserer oder gleicher Ausstattung (§ 141 Abs. 2 AktG). Sonderbeschlüsse der Inhaber stimmberechtigter Aktien unterschiedlicher Gattungen sind ferner erforderlich für die Änderung der Kapitalstruktur nebst Kapitalerhöhungen und -herabsetzungen (§§ 179 Abs. 3, 182 Abs. 2, 193 Abs. 1 S. 3, 202 Abs. 2 S. 4, 221 Abs. 1 S. 4, 222 Abs. 2, 229 Abs. 3, 237 Abs. 2 S. 1).

3 Das Erfordernis der **Zustimmung zu Maßnahmen der Verwaltung** durch außenstehende Aktionäre findet sich im Recht der (konzern-) verbundenen Unternehmen, insbesondere im Zusammenhang mit der Beschlussfassung über Unternehmensverträge bzw. über Ausgleichs- und Schadenersatzansprüche in Abhängigkeitssituationen (§§ 295 Abs. 2, 296 Abs. 2, 297 Abs. 2, 302 Abs. 3 S. 3, 309 Abs. 3 S. 1, 310 Abs. 4, 317 Abs. 4, 318 Abs. 4 AktG).

4 Zum **Verfahren** des Sonderbeschlusses regelt S. 1, dass dieser entweder in einer gesonderten Versammlung oder in einer gesonderten Abstimmung in der Hauptversammlung gefasst wird. Die Entscheidung über die Wahl des Verfahrens trifft derjenige, der die Versammlung einberuft (S. 2, § 121 Abs. 2 S. 1 AktG), in der Regel somit der **Vorstand**. Die Entscheidung liegt im Ermessen des Einberufenden und wird aus Kostengründen regelmäßig zugunsten der gesonderten Abstimmung in der Hauptversammlung getroffen. Eine **gesonderte Versammlung** ist zwingend vorgeschrieben für die Sonderbeschlussfassung durch die Vorzugsaktionäre, § 141 Abs. 3 S. 1 AktG.

Nach S. 2, § 122 Abs. 1 AktG kann eine Minderheit von 5 % des Grundkapitals die Einberufung einer gesonderten Versammlung oder die Ankündigung von Gegenständen zur gesonderten Abstimmung verlangen. Dieselben Rechte stehen nach S. 3 auch einer Minderheit von 10 % der sonderbeschlussberechtigten Aktionäre zu.

Für die **Durchführung** der Sonderbeschlussfassung gelten die **allgemeinen Regeln** sinngemäß, S. 2. Anzuwenden sind die Regeln der §§ 121 ff. AktG für die Einberufung der gesonderten Versammlung und der §§ 131 f. AktG für die Auskunftserteilung. Das Teilnahmerecht beurteilt sich nach § 118 AktG, wobei nur die für den Sonderbeschluss abstimmungsberechtigten Aktionäre teilnahmeberechtigt sind (str.; vgl. *Hüffer* AktG, § 139 Rn. 4). Den Vorsitz in der gesonderten Versammlung hat der Vorsitzende des Aufsichtsrats, wenn er – wie regelmäßig (vgl. Erl. zu § 129 AktG Rn. 17) – den Vorsitz in der Hauptversammlung hat. Für das Teilnehmerverzeichnis und die Protokollierung gelten die Regelungen der §§ 129, 130 AktG sinngemäß. Wenn der Sonderbeschluss durch gesonderte Abstimmung in der Hauptversammlung gefasst werden soll, handelt es sich dabei um einen eignen Gegenstand der Tagesordnung, der als solcher angekündigt werden muss (S. 2, § 124 Abs. 1 S. 1 AktG). 5

Sechster Unterabschnitt. Vorzugsaktien ohne Stimmrecht

§ 139 Wesen

(1) Für Aktien, die mit einem nachzuzahlenden Vorzug bei der Verteilung des Gewinns ausgestattet sind, kann das Stimmrecht ausgeschlossen werden (Vorzugsaktien ohne Stimmrecht).

(2) Vorzugsaktien ohne Stimmrecht dürfen nur bis zur Hälfte des Grundkapitals ausgegeben werden.

A. Überblick und Regelungszweck

1 Die Vorschriften der §§ 139 bis 141 AktG regeln das **Recht der Vorzugsaktien**. Dabei handelt es sich um eine besondere Aktiengattung (§ 11 AktG), die mit einem Vorzugsrecht bei der Gewinnverteilung ausgestattet sind, andererseits aber **kein Stimmrecht** gewähren. Die Regelung des § 139 AktG legt die Voraussetzungen für den Stimmrechtsausschluss bei Vorzugsaktien fest und begrenzt deren Umfang am Grundkapital. Durch die Ausgabe von stimmrechtslosen Vorzugsaktien werden dem Unternehmen neue Mittel durch Aufnahme neuer Aktionäre zugeführt, ohne dass das Stimmrecht der bisherigen Aktionäre beeinträchtigt wird. Der Vorzug besteht in der Regel darin, dass die Vorzugsaktionäre eine Vorabdividende erhalten, dass also bei einer Ausschüttung des erwirtschafteten Bilanzgewinns die Stammaktionäre erst bedient werden, nachdem die Vorzugsaktionäre ihren festgelegten Vorzug erhalten haben. Kapitalanleger werden insbesondere dann stimmrechtslose Vorzugsaktien erwerben, wenn das Stimmrecht für sie als Minderheitsaktionäre ohnehin keine erhebliche Bedeutung hat. Die Schaffung stimmrechtsloser Vorzugsaktien wird vor allem bei der Börseneinführung von Familienunternehmen, bei der Ausgabe von Belegschaftsaktien und als Instrument im Zusammenhang mit der Abwehr feindlicher Übernahmeversuche in Erwägung gezogen (*Bezzenberger* Vorzugsaktien, 36 ff.).

B. Voraussetzungen für die Einführung von stimmrechtslosen Vorzugsaktien, Abs. 1

2 Voraussetzung für die Zulässigkeit des Stimmrechtsausschlusses ist nach Abs. 1, dass die Aktien mit einem Vorzug bei der Verteilung des Gewinns ausgestattet werden. Aktionäre, denen kein ordnungsgemäßer Gewinnvorzug i. S. d. Abs. 1 eingeräumt wurde, behalten ihr Stimmrecht. Der Vorzug muss in der **Priorität** bei der Ausschüttung des Bilanzgewinns vor den Stammaktio-

nären liegen. Die Vorzugsaktionäre haben keinen Anspruch darauf, dass eine Ausschüttung erfolgt; wenn aber ein Bilanzgewinn erwirtschaftet wurde und eine Ausschüttung erfolgt, sind die Vorzugsaktionäre vorrangig vor den Stammaktionären zu bedienen. Ein **Stimmrechtsausschluss** für Aktien mit Dividendenvorzug ohne Priorität ist unzulässig; der Einräumung von Zusatzdividenden auf stimmrechtslose Vorzugsaktien, die zusätzlich zu priorisierten Dividenden ausgeschüttet werden, steht § 139 AktG nicht entgegen (*Bezzenberger* Vorzugsaktien, 41 ff.).

3 Die **Höhe des Vorzugs** muss **objektiv bestimmbar** sein. Regelmäßig erfolgt dies in der Weise, dass die Dividende der Vorzugsaktionäre auf einen bestimmten Prozentsatz des Nennbetrags der Aktien festgelegt wird; zulässig ist es, den Dividendenvorzug nicht auf den Nennbetrag der Aktien, sondern auf einen bestimmten Teil des Grundkapitals zu beziehen (*Ihrig/Streit* NZG 1998, 201, 206). Die Festlegung eines Festbetrags in der Satzung ist ebenfalls zulässig (*Hüffer* AktG, § 139 Rn. 7). Vorschriften zur Mindesthöhe des Vorzugs enthält das Gesetz nicht.

4 Der Gewinnvorzug muss nach Abs. 1 **nachzahlbar** sein, wenn damit ein Stimmrechtsausschluss für den betroffenen Aktionär einhergehen soll (BGHZ 9, 279, 283 f.). Damit ist gemeint, dass die Vorzugsdividende, die in einem Jahr nicht gezahlt wird, in den folgenden Jahren zu bedienen ist, und der Vorrang im Verhältnis zu den übrigen Aktionären auch für die nachzuzahlenden Beträge besteht. Auch das nachzahlbare Recht ist grundsätzlich ein an die Aktie gebundenes Mitgliedschaftsrecht; die Satzung kann aber nach § 140 Abs. 3 AktG festlegen, dass das Recht auf Nachzahlung als Gläubigerrecht ausgestaltet und damit selbstständig übertragbar wird (vgl. § 140 AktG Rn. 3). Das Recht auf Nachzahlung muss solange bestehen, bis die rückständige Dividende vollständig gezahlt wurde. Einschränkend kann vorgesehen werden, dass das Nachzahlungsrecht nach einer bestimmten Frist erlischt, wenn zugleich der Ausschluss des Stimmrechts erlischt und die Aktionäre stimmberechtigt werden (*Hüffer* AktG, § 139 Rn. 10).

5 Die **Einführung stimmrechtsloser Vorzugsaktien** kann wegen der damit verbundenen Eingriffe in das Mitgliedschaftsrecht der Vorzugs- und der Stammaktionäre **nur durch die Satzung** erfolgen. Den erforderlichen Satzungsspielraum eröffnen §§ 12 Abs. 1 S. 2, 60 Abs. 3 AktG. Die nachträgliche Einführung stimmrechtsloser Vorzugsaktien setzt eine entsprechende Satzungsänderung voraus (§§ 179 ff. AktG). Diese kann entweder die Umwandlung vorhandener Aktien oder eine Kapitalerhöhung unter Ausgabe von Vorzugsaktien zum Gegenstand haben. Erforderlich ist überdies die Zustimmung der Aktionäre, in deren Stimmrecht eingegriffen wird (BGHZ 70, 117, 122). Nach h. M. ist bei der Umwandlung von stimmberechtigten in stimmrechtslose Aktien auch die Zustimmung der nicht betroffenen Aktionäre erforderlich, weil durch die Einführung des Vorzugs auch in ihr Mitgliedschaftsrecht auf gleichmäßige Gewinnbeteiligung eingegriffen wird (*Hüffer* AktG, § 139 Rn. 12). Beschlüsse zur Einführung von stimmrechtslosen Vorzugsaktien ohne ordnungsgemäße Vorzugsdividende sind nach § 143 Nr. 3 AktG nichtig.

C. Höchstgrenze für Vorzugsaktien, Abs. 2

6 Die Höchstgrenze für die Ausgabe von Vorzugsaktien ist nach Abs. 2 AktG auf die **Hälfte des Grundkapitals** festgelegt. Damit wird gewährleistet, dass die Mehrheit von Kapitalgebern nicht durch die Stimmrechtsmacht einer Minderheit majorisiert werden kann (*Hüffer* AktG, § 139 Rn. 17). Der für die Berechnung maßgebliche Zeitpunkt ist nach Abs. 2 der **Zeitpunkt der Ausgabe** der Vorzugsaktien. Auf den Fall der nachträglichen Herabsetzung stimmberechtigten Kapitals findet die Vorschrift nach h. M. entsprechende Anwendung (*Hüffer* AktG, § 139 Rn. 18).

§ 140 Rechte der Vorzugsaktionäre

(1) Die Vorzugsaktien ohne Stimmrecht gewähren mit Ausnahme des Stimmrechts die jedem Aktionär aus der Aktie zustehenden Rechte.

(2) [1]Wird der Vorzugsbetrag in einem Jahr nicht oder nicht vollständig gezahlt und der Rückstand im nächsten Jahr nicht neben dem vollen Vorzug dieses Jahres nachgezahlt, so haben die Vorzugsaktionäre das Stimmrecht, bis die Rückstände nachgezahlt sind. [2]In diesem Fall sind die Vorzugsaktien auch bei der Berechnung einer nach Gesetz oder Satzung erforderlichen Kapitalmehrheit zu berücksichtigen.

(3) Soweit die Satzung nichts anderes bestimmt, entsteht dadurch, daß der Vorzugsbetrag in einem Jahr nicht oder nicht vollständig gezahlt wird, noch kein durch spätere Beschlüsse über die Gewinnverteilung bedingter Anspruch auf den rückständigen Vorzugsbetrag.

Da § 139 AktG nur den Ausschluss des Stimmrechts ermöglicht, bleiben alle übrigen Aktionärsrechte dem Vorzugsaktionär nach § 140 Abs. 1 AktG erhalten. Sie sind insbesondere zur Teilnahme an der Hauptversammlung berechtigt und haben die Hauptversammlungsbezogenen Rechte (Auskunftsrecht, Antrags- und Vorschlagsrecht). Die **Gewinnvereilung** erfolgt unter vorrangiger Berücksichtigung der Vorzugsaktien (sog. Priorität der Vorzugsaktien; vgl. Erl. zu § 139 AktG Rn. 2). Vorzugsaktien untereinander sind grundsätzlich gleichberechtigt. Aus § 141 Abs. 2 AktG ergibt sich, dass die Satzung Gruppen von Vorzugaktien schaffen kann, die vor anderen Vorzugsaktien zu bedienen sind. Insgesamt gilt, dass nachzuzahlende Dividenden vor aktuellen Vorzugsdividenden zu bedienen sind; diese haben wiederum Vorrang vor der Dividendenausschüttung an Stammaktionäre. Nach dem Prioritätsgrundsatz haben ältere Rückstände Vorrang vor jüngeren (*Hüffer* AktG, § 139 Rn. 14). Sie haben auch das Bezugsrecht aus einer Kapitalerhöhung (§ 186 Abs. 1 AktG). 1

Unter den Voraussetzungen des Abs. 2 S. 1 sind stimmrechtslose Vorzugsrechte ausnahmsweise doch stimmberechtigt. Mit diesem kraft Gesetzes angeordneten **Aufleben des Stimmrechts** soll die Effizienz des Gewinnvorzugs gestärkt werden (*Hüffer* AktG, § 140 Rn. 1). Das Stimmrecht lebt auf, wenn die Vorzugsdividende in einem Jahr zumindest nicht vollständig gezahlt wurde und im nächsten Jahr der Rückstand nicht vollständig nachgezahlt oder die Vorzugsdividende erneut nicht vollständig geleistet wird. Das Stimmrecht besteht auch dann, wenn im Ausgangs- oder im Folgejahr kein Bilanzgewinn erzielt wurde oder ein verteilungsfähiger Gewinn anderweitig genutzt wurde (*Hüffer* AktG, § 140 Rn. 4). Das Stimmrecht **entsteht kraft Gesetzes**. Maßgeblich ist derjenige Zeitpunkt, zu dem feststeht, dass die AG die Vorzüge unter Verletzung von Abs. 2 nicht bedienen wird. Das ist vor allem dann der Fall, wenn im Jahresabschluss ein hinreichender Bilanzgewinn nicht ausgewiesen und dieser Jahresabschluss festgestellt wird; dieses geschieht regelmäßig mit der Billigung des Jahresabschlusses durch den Aufsichtsrat (§ 172 AktG) und damit so rechtzeitig vor der Hauptversammlung, dass in der Einberufung auf das Aufleben des Stimmrechts hinzuweisen ist (*Bezzenberger* Vorzugsaktien, 99 f.). Wird ein Bilanzgewinn ausgewiesen und schlägt der Vorstand vor, den Bilanzgewinn nicht oder nicht vollständig für die Vorzugsaktien zu verwenden, entsteht das Stimmrecht nach h. M. mit der Feststellung des Beschlussergebnisses durch den Vorsitzenden der Hauptversammlung (*Hüffer* AktG, § 140 Rn. 5). Die Auffassung, nach der es auf die Vorlage der beurkundeten Niederschrift der Hauptversammlung (so MüKo AktG/*Volhard* § 140 Rn. 10) ankommen soll, trägt dem Regelungszweck des Abs. 2 nicht Rechnung, weil die Effizienz der Vorzugsrechte durch das Zuwarten bis zur nächsten Versammlung gerade nicht gefördert wird. Diesem Zweck entspricht es vielmehr, dass die Vorzugsaktionäre schon in der laufenden Hauptversammlung stimmberechtigt sind (*Hüffer* AktG, § 140 Rn. 5). Das **Stimmrecht erlischt**, sobald die Rückstände vollständig nachgezahlt sind. Bei der Berechnung der Kapitalmehrheit werden die auflebenden Stimmrechte nach Abs. 2 S. 2 mitgezählt. Die Regelung enthält eine Ausnahme zu dem Grundsatz, dass das auf (stimmrechtslose) Vorzugsaktien entfallende Grundkapital für die Berechnung des bei der Beschlussfassung vertretenen Kapitals (vgl. Erl. zu § 133 AktG Rn. 15) nicht mitgezählt wird. 2

Das **Recht auf Nachzahlung** der Vorzugsdividende ist nach dem gesetzlichen Regelfall des Abs. 3 ein mit der Aktie verbundenes Mitgliedschaftsrecht und als solches nicht isoliert übertragbar. Der Anspruch steht danach demjenigen zu, der im Zeitpunkt des Verteilungsbeschlusses Ak- 3 tionär ist; die Übertragung der Vorzugsaktie lässt den Anspruch grundsätzlich nicht übergehen (MünchHdb GesR IV / *Semler* § 38 Rn. 23). Die Satzung kann das Nachzahlungsrecht aus Vorzugsdividenden als von der Mitgliedschaft gelöstes und damit auch selbstständiges übertragbares Recht ausweisen, Abs. 3. Der Nachzahlungsanspruch steht unter der aufschiebenden Bedingung eines Gewinnverteilungsbeschlusses, der den Nachzahlungsbetrag freigibt.

§ 141 Aufhebung oder Beschränkung des Vorzugs

(1) Ein Beschluß, durch den der Vorzug aufgehoben oder beschränkt wird, bedarf zu seiner Wirksamkeit der Zustimmung der Vorzugsaktionäre.

(2) [1]Ein Beschluß über die Ausgabe von Vorzugsaktien, die bei der Verteilung des Gewinns oder des Gesellschaftsvermögens den Vorzugsaktien ohne Stimmrecht vorgehen oder gleichstehen, bedarf gleichfalls der Zustimmung der Vorzugsaktionäre. [2]Der Zustimmung bedarf es nicht, wenn die Ausgabe bei Einräumung des Vorzugs oder, falls das Stimmrecht später ausgeschlossen wurde, bei der Ausschließung ausdrücklich vorbehalten worden war und das Bezugsrecht der Vorzugsaktionäre nicht ausgeschlossen wird.

(3) [1]Über die Zustimmung haben die Vorzugsaktionäre in einer gesonderten Versammlung einen Sonderbeschluß zu fassen. [2]Er bedarf einer Mehrheit, die mindestens drei Viertel der abgegebenen Stimmen umfaßt. [3]Die Satzung kann weder eine andere Mehrheit noch weitere Erfordernisse bestimmen. [4]Wird in dem Beschluß über die Ausgabe von Vorzugsaktien, die bei der Verteilung des Gewinns oder des Gesellschaftsvermögens den Vorzugsaktien ohne Stimmrecht vorgehen oder gleichstehen, das Bezugsrecht der Vorzugsaktionäre auf den Bezug solcher Aktien ganz oder zum Teil ausgeschlossen, so gilt für den Sonderbeschluß § 186 Abs. 3 bis 5 sinngemäß.

(4) Ist der Vorzug aufgehoben, so gewähren die Aktien das Stimmrecht.

A. Überblick

1 Die Vorschrift bezweckt mit ihren nach § 23 Abs. 5 AktG zwingenden Regelungen den **Schutz der Vorzugsaktionäre** gegen Maßnahmen, die ihre Vorzüge beeinträchtigen. Solche Maßnahmen bedürfen der Zustimmung der Vorzugsaktionäre (Abs. 1 und 2), die im Wege eines mit qualifizierter Mehrheit zu fassenden Sonderbeschlusses einzuholen ist (Abs. 3).

B. Aufhebung oder Beschränkung der Vorzugsrechte, Abs. 1 und 4

2 Gegenstand des für die Aufhebung oder Beschränkung von Vorzugsrechten erforderlichen Zustimmungs-Sonderbeschlusses können nach Abs. 1 nur Hauptversammlungsbeschlüsse sein, die Vorzugsrechte der Aktionäre aufheben oder beschränken, und damit als **satzungsändernde Beschlüsse** gefasst worden sind. Durch den Beschluss muss entweder der Gewinnvorzug oder das Nachzahlungsrecht betroffen worden sein, wobei die h. M. eine **unmittelbare Beeinträchtigung** von Vorzügen verlangt. Darunter fallen die Aufhebung des Gewinnvorzugs oder des Nachzahlungsrechts, die nachträgliche Einführung von Bedingungen oder Vorbehalten sowie die Umwandlung eines selbstständigen in ein unselbstständiges Nachzahlungsrecht. Nur mittelbare Beeinträchtigungen durch Satzungsänderungen werden nicht erfasst. Deshalb bedürfen der Abschluss eines Gewinnabführungsvertrages oder eines Vertrages nach dem UmwG nicht der Zustimmung der Vorzugsaktionäre (*Hüffer* AktG, § 141 Rn. 6; teilweise abweichend *Kiem* ZIP 1997, 1627, 1628 ff.). Die Kapitalerhöhung aus Gesellschaftsmitteln (§§ 207 ff. AktG) ist kein Anwendungsfall des § 141 AktG, weil wegen § 216 Abs. 1 S. 1 AktG die Rechte der Vorzugsaktionäre untereinander und insgesamt nicht beeinträchtigt werden (OLG Stuttgart AG 1993, 94 f.). Die Kapitalherabsetzung führt nach h. M. nur zu einer mittelbaren Beeinträchtigung der Vorzüge und be-

darf deshalb nicht der Zustimmung der Vorzugsaktionäre nach Abs. 1 (vgl. *Hüffer* AktG, § 141 Rn. 8 f.).

Solange der Zustimmungsbeschluss der Vorzugsaktionäre nach Abs. 1, 4 nicht vorliegt, ist der Hauptversammlungsbeschluss **schwebend unwirksam**. Eine Eintragung der Satzungsänderung im Handelsregister darf erst erfolgen, wenn der Zustimmungs-Sonderbeschluss nach Abs. 3 vorliegt. Versagen die Vorzugsaktionäre die Zustimmung ist der Hauptversammlungsbeschluss endgültig unwirksam. 3

Wird der Vorzug ordnungsgemäß aufgehoben, gewähren die Aktien nach Abs. 4 das Stimmrecht. Eines besonderen Beschlusses der Hauptversammlung über das Aufleben des Stimmrechts bedarf es nicht. 4

C. Ausgabe neuer Vorzugsaktien, Abs. 2

Abs. 2 betrifft die Ausgabe neuer Vorzugsaktien und verlangt wegen der damit einhergehenden (mittelbaren) Beeinträchtigung der bestehenden Vorzüge die **Zustimmung der betroffenen Vorzugsaktionäre**. Erfasst wird nur die Ausgabe neuer Vorzugsaktien; die Ausgabe neuer Stammaktien beeinträchtigt die Vorzugsaktionäre nach der gesetzlichen Wertung nicht. Wegen der Beeinträchtigung bestehender Vorzüge durch die Umwandlung von Stamm- in Vorzugsaktien fällt diese Maßnahme dagegen in den Anwendungsbereich des Abs. 2. Zustimmungspflichtig ist danach die **Ausgabe gleich- oder gar vorrangiger Vorzugsaktien**. Dagegen unterliegt die Wirksamkeit der Schaffung gegenüber vorhandenen Vorzugsaktien nachrangig zu bedienender Vorzüge nicht der Zustimmung der bisherigen Vorzugsaktionäre, die durch diese nur nachrangig wirkende Maßnahme in ihren Rechten nicht beeinträchtigt werden (*Hüffer* AktG, § 141 Rn. 15). 5

Unter den Voraussetzungen des Abs. 2 S. 2 kann das Zustimmungserfordernis bei der Ausgabe neuer Vorzugsaktien durch die Satzung ausgeschlossen werden. Dazu ist erstens ein ausdrücklicher Satzungsvorbehalt für die Ausgabe neuer Vorzugsaktien bei deren Entstehung erforderlich und zweitens vorausgesetzt, dass das Bezugsrecht der alten Vorzugsaktionäre (§ 186 Abs. 1 AktG) nicht ausgeschlossen ist. 6

D. Erfordernis eines Sonderbeschlusses, Abs. 3

Die nach Abs. 1 und 2 erforderliche Zustimmung der Vorzugsaktionäre erfolgt nicht im Wege der Einzelzustimmung, sondern durch Beschlussfassung über einen entsprechenden Sonderbeschluss, Abs. 3. Dieser kann nicht in gesonderter Abstimmung innerhalb der Hauptversammlung gefasst werden, Abs. 3 S. 1. Für die Einberufung der notwendig gesonderten Versammlung gelten nach § 138 S. 2 AktG die Regelungen der §§ 121 ff. AktG entsprechend. Das Recht zur Teilnahme haben nur die betroffenen Vorzugsaktionäre. 7

Der Sonderbeschluss bedarf der **qualifizierten Mehrheit** nach Abs. 3 S. 2. Das Mehrheitserfordernis bezieht sich auf die abgegebenen Stimmen und nicht auf eine Kapitalmehrheit. Das Erfordernis einer qualifizierten Kapitalmehrheit darf auch nicht durch die Satzung eingeführt werden. Die Regelung ist nach Abs. 3 S. 3 ausnahmslos zwingend. 8

Hinsichtlich des Bezugsrechts der bisherigen Vorzugsaktionäre ergibt sich aus Abs. 3 S. 4 zunächst, dass dieses überhaupt ausgeschlossen werden kann. Der Ausschluss ist aber an die Voraussetzungen des § 186 Abs. 3 bis 5 AktG gebunden. Insofern bedarf es neben der erforderlichen Stimmenmehrheit der Kapitalmehrheit des § 186 Abs. 3 S. 2 AktG. 9

Siebenter Unterabschnitt. Sonderprüfung. Geltendmachung von Ersatzansprüchen

§ 142 Bestellung der Sonderprüfer

(1) [1]Zur Prüfung von Vorgängen bei der Gründung oder der Geschäftsführung, namentlich auch bei Maßnahmen der Kapitalbeschaffung und Kapitalherabsetzung, kann die Hauptversammlung mit einfacher Stimmenmehrheit Prüfer (Sonderprüfer) bestellen. [2]Bei der Beschlußfassung kann ein Mitglied des Vorstands oder des Aufsichtsrats weder für sich noch für einen anderen mitstimmen, wenn die Prüfung sich auf Vorgänge erstrecken soll, die mit der Entlastung eines Mitglieds des Vorstands oder des Aufsichtsrats oder der Einleitung eines Rechtsstreits zwischen der Gesellschaft und einem Mitglied des Vorstands oder des Aufsichtsrats zusammenhängen. [3]Für ein Mitglied des Vorstands oder des Aufsichtsrats, das nach Satz 2 nicht mitstimmen kann, kann das Stimmrecht auch nicht durch einen anderen ausgeübt werden.

(2) [1]Lehnt die Hauptversammlung einen Antrag auf Bestellung von Sonderprüfern zur Prüfung eines Vorgangs bei der Gründung oder eines nicht über fünf Jahre zurückliegenden Vorgangs bei der Geschäftsführung ab, so hat das Gericht auf Antrag von Aktionären, deren Anteile bei Antragstellung zusammen den hundertsten Teil des Grundkapitals oder einen anteiligen Betrag von 100 000 Euro erreichen, Sonderprüfer zu bestellen, wenn Tatsachen vorliegen, die den Verdacht rechtfertigen, dass bei dem Vorgang Unredlichkeiten oder grobe Verletzungen des Gesetzes oder der Satzung vorgekommen sind. [2]Die Antragsteller haben nachzuweisen, dass sie seit mindestens drei Monaten vor dem Tag der Hauptversammlung Inhaber der Aktien sind und dass sie die Aktien bis zur Entscheidung über den Antrag halten. [3]Für eine Vereinbarung zur Vermeidung einer solchen Sonderprüfung gilt § 149 entsprechend.

(3) Die Absätze 1 und 2 gelten nicht für Vorgänge, die Gegenstand einer Sonderprüfung nach § 258 sein können.

(4) [1]Hat die Hauptversammlung Sonderprüfer bestellt, so hat das Gericht auf Antrag von Aktionären, deren Anteile bei Antragstellung zusammen den hundertsten Teil des Grundkapitals oder einen anteiligen Betrag von 100 000 Euro erreichen, einen anderen Sonderprüfer zu bestellen, wenn dies aus einem in der Person des bestellten Sonderprüfers liegenden Grund geboten erscheint, insbesondere, wenn der bestellte Sonderprüfer nicht die für den Gegenstand der Sonderprüfung erforderlichen Kenntnisse hat, seine Befangenheit zu besorgen ist oder Bedenken wegen seiner Zuverlässigkeit bestehen. [2]Der Antrag ist binnen zwei Wochen seit dem Tage der Hauptversammlung zu stellen.

(5) [1]Das Gericht hat außer den Beteiligten auch den Aufsichtsrat und im Fall des Absatzes 4 den von der Hauptversammlung bestellten Sonderprüfer zu hören. [2]Gegen die Entscheidung ist die sofortige Beschwerde zulässig. [3]Über den Antrag gemäß den Absätzen 2 und 4 entscheidet das Landgericht, in dessen Bezirk die Gesellschaft ihren Sitz hat. [4]Ist bei dem Landgericht eine Kammer für Handelssachen gebildet, so entscheidet diese an Stelle der Zivilkammer. [5]Die Landesregierung kann die Entscheidung durch Rechtsverordnung für die Bezirke mehrerer Landgerichte einem der Landgerichte übertragen, wenn dies der Sicherung einer einheitlichen Rechtsprechung dient. [6]Die Landesregierung kann die Ermächtigung auf die Landesjustizverwaltung übertragen.

(6) [1]Die vom Gericht bestellten Sonderprüfer haben Anspruch auf Ersatz angemessener barer Auslagen und auf Vergütung für ihre Tätigkeit. [2]Die Auslagen und die Vergütung setzt das Gericht fest. [3]Gegen die Entscheidung ist die sofortige Beschwerde zulässig. [4]Die weitere Beschwerde ist ausgeschlossen. [5]Aus der rechtskräftigen Entscheidung findet die Zwangsvollstreckung nach der Zivilprozeßordnung statt.

(7) Hat die Gesellschaft Wertpapiere im Sinne des § 2 Abs. 1 Satz 1 des Wertpapierhandelsgesetzes ausgegeben, die an einer inländischen Börse zum Handel im amtlichen oder geregelten Markt zugelassen sind, so hat im Falle des Absatzes 1 Satz 1 der Vorstand und im Falle des Absatzes 2 Satz 1 das Gericht der Bundesanstalt für Finanzdienstleistungsaufsicht die Bestellung des Sonderprüfers und dessen Prüfungsbericht mitzuteilen; darüber hinaus hat das Gericht den Eingang eines Antrags auf Bestellung eines Sonderprüfers mitzuteilen.

(8) Auf das gerichtliche Verfahren nach den Absätzen 2 bis 6 sind die Vorschriften des Gesetzes über die Angelegenheiten der freiwilligen Gerichtsbarkeit anzuwenden, soweit in diesem Gesetz nichts anderes bestimmt ist.

Übersicht:

A. Überblick und Regelungszweck

1 Gem. den §§ 316 ff. HGB sind der Jahresabschluss und der Lagebericht von Kapitalgesellschaften zu prüfen, sofern es sich nicht um kleine Gesellschaften i. S. d. § 267 HGB handelt. Das Aktienrecht kennt darüber hinaus **Sonderprüfungen**. Sie betreffen Vorgänge bei der Gründung oder der Geschäftsführung nach den §§ 142 ff. AktG, bestimmte Posten des Jahresabschlusses wegen unzulässiger Unterbewertung und des Anhangs zum Jahresabschluss wegen unvollständiger Berichterstattung gem. § 258 AktG sowie die Prüfung der geschäftlichen Beziehungen der Gesellschaft zum herrschenden oder einem mit diesem verbundenen Unternehmen gem. § 315 AktG.

2 Die Sonderprüfung nach § 142 AktG soll es den Aktionären ermöglichen, die **Geltendmachung eventueller Ersatzansprüche** der AG gegen ihre Gründer und Mitglieder der Verwaltung vorzubereiten. Sie ist ausweislich der Antragsbefugnis einer qualifizierten Aktionärsminderheit auch ein **Instrument des Minderheitenschutzes** in der AG. § 142 AktG regelt das Verfahren der Bestellung von Prüfern für die Sonderprüfung bestimmter Vorgänge der Geschäftsführung oder der Gesellschaftsgründung. Die Prüfer können entweder von der Hauptversammlung (Abs. 1) oder hilfsweise auf Antrag gerichtlich bestellt werden (Abs. 2). Ein von der Hauptversammlung bestellter Sonderprüfer kann unter den Voraussetzungen des Abs. 4 vom Gericht ersetzt werden. In Abs. 5 bis 8 enthält die Vorschrift besondere materiell- und verfahrensrechtliche Regeln zur Sonderprüfung nach § 142 AktG.

B. Bestellung von Sonderprüfern durch die Hauptversammlung, Abs. 1

3 **Gegenstand der Sonderprüfung** nach § 142 AktG können zunächst »Vorgänge« der Gründung oder Geschäftsführung sein. Damit ist gemeint, dass sich die Sonderprüfung auf **bestimmte, gegenständlich beschränkte Sachverhalte** beziehen muss. Die Hauptversammlung ist durchaus auch befugt, eine Prüfung zu beschließen, die sich auf einen ganzen Zeitabschnitt bezieht; dann aber handelt es sich nicht um eine Sonderprüfung i. S. d. § 142 AktG mit den dafür geltenden besonderen Regeln. Vorgänge der Gründung sind alle Maßnahmen von der Errichtung bis zur Eintragung der Gesellschaft, einschließlich der Nachgründungsvorgänge (§ 52 AktG). Der Geschäftsführungsbegriff umfasst nicht nur den gesamten Tätigkeitsbereich des Vorstands der AG sondern auch die Tätigkeit des Aufsichtsrats, die sich auf Vorstandsangelegenheiten bezieht und damit insbesondere die im Anstellungsvertrag geregelten Angelegenheiten. Der Jahresabschluss als solcher kann nicht Gegenstand einer Sonderprüfung sein, wohl aber die Prüfung ein-

zelner Posten des Jahresabschlusses, die mit bestimmten prüfungsgegenständlichen Vorgängen im Zusammenhang stehen (näher *Habersack* FS Wiedemann 2002, 889, 901). Mit der ausdrücklichen Erwähnung von Maßnahmen der Kapitalbeschaffung und Kapitalherabsetzung in Abs. 1 S. 1 macht der Gesetzgeber deutlich, dass auch diese von der Hauptversammlung zu beschließenden Maßnahmen in den sachlichen Sonderprüfungsbereich fallen. Eine Sonderprüfung ist deswegen und insoweit gerechtfertigt, als der Vorstand die entsprechenden Maßnahmen vorzubereiten und durchzuführen hat; allerdings wird es für ausreichend erachtet, dass als Prüfungsthema die Gesamtmaßnahme (z. B. Kapitalerhöhung gegen Sacheinlage) bezeichnet wird, wenn diese in den Entlastungszeitraum fällt (MünchHdb GesR IV/*Semler* § 42 Rn. 3).

4 Die Bestellung von Sonderprüfern erfolgt nach Abs. 1 S. 1 durch **Beschluss der Hauptversammlung.** Er wird mit der **einfachen Mehrheit** gefasst (§§ 142, 133 Abs. 1 AktG). Die Satzung kann keine anderen Mehrheitserfordernisse anordnen (§ 23 Abs. 5 AktG). Anerkannt ist, dass der »Antrag auf Sonderprüfung« im Rahmen des Tagesordnungspunktes »Entlastung« gestellt werden kann und damit ohne notwendig vorherige ausdrückliche Bekanntmachung mit der Einberufung (§ 124 Abs. 4 S. 2 AktG) behandelt werden muss (OLG Brandenburg AG 2003, 328, 329). Da der Beschluss nach Abs. 1 auf die Bestellung von Sonderprüfern gerichtet sein muss, sind diese im Antrag namentlich zu benennen (ADS §§ 142–146 AktG Rn. 12). Der **Prüfungsauftrag** selbst ist in entsprechender Anwendung von § 111 Abs. 2 S. 3 AktG vom Aufsichtsrat zu erteilen; die früher befürwortete Zuständigkeit des Vorstands (vgl. *Hüffer* AktG, § 141 Rn. 11) hat sich mit der Einführung der Sonderzuständigkeit des Aufsichtsrats durch das KonTraG in den Kreis der Aufsichtsratsaufgaben nach § 111 AktG erledigt. Die **Kosten** der Sonderprüfung hat die bei der Auftragserteilung durch den Aufsichtsrat vertretene Gesellschaft zu tragen.

5 **Mitglieder des Vorstands** oder des **Aufsichtsrats** unterliegen bei der Beschlussfassung einem **Stimmverbot**, wenn die Sonderprüfung mit ihrer eigenen Entlastung oder der Entlastung eines andern Mitglieds der Verwaltung oder der Einleitung eines Rechtsstreits gegen diese zusammenhängt, Abs. 1 S. 2. Nach derselben Regelung können sie auch nicht für andere Aktionäre abstimmen. Eine Umgehung dieses Stimmverbots wird in S. 3 dadurch verhindert, dass die Überlassung der eigenen oder fremden Aktien an einen Dritten zum Zwecke der Ausübung des Stimmrechts verboten und gem. § 405 Abs. 3 Nr. 5 AktG als Ordnungswidrigkeit sanktioniert ist. Die Vorschriften erweitern das Stimmverbot des § 136 AktG (zur Rechtslage hinsichtlich des Stimmrechts aus Aktien, die nicht Mitgliedern der Verwaltung der AG, sondern Gemeinschaften oder juristischen Personen gehören, an denen wiederum das Mitglied der Verwaltung beteiligt ist, vgl. Erl. zu § 136 AktG Rn. 3). Wird das Stimmrecht unter Verstoß gegen Abs. 1 ausgeübt, ist der Hauptversammlungsbeschluss gem. § 243 Abs. 1 AktG **anfechtbar**, wenn der Beschluss ohne die unzulässige Stimmabgabe nicht zustande gekommen wäre.

C. Gerichtliche Bestellung von Sonderprüfern, Abs. 2

6 Wird ein Hauptversammlungsbeschluss über die Bestellung von Sonderprüfern abgelehnt, besteht unter den weiteren Voraussetzungen des Abs. 2 die Möglichkeit, Sonderprüfer **auf Antrag** gerichtlich bestellen zu lassen. Der Ablehnung des Hauptversammlungsbeschlusses ist die Vertagung eines entsprechenden Beschlusses oder die Absetzung des Gegenstandes von der Tagesordnung gleich zu achten (*Hüffer* AktG, § 142 Rn. 18).

7 Ebenso wie bei der Bestellung durch die Hauptversammlung ist auch für die gerichtliche Prüferbestellung die **Angabe eines prüfungsfähigen Vorgangs** i. S. d. Abs. 1 erforderlich (vgl. oben Rn. 3). Dabei ist für Vorgänge der Geschäftsführung zu beachten, dass diese nicht länger als fünf Jahre – gerechnet vom Zeitpunkt des ablehnenden Beschlusses der Hauptversammlung – zurück liegen dürfen.

8 Ferner sind Tatsachen vorzutragen, die einen **Verdacht auf Unredlichkeit oder grobe Pflichtverletzung** begründen; die Regelung findet eine Parallele in § 148 Abs. 1 S. 2 Nr. 3 AktG (vgl. noch Erl. zu § 148 AktG Rn. 5). Die Tatsachen müssen »vorliegen«; damit ist gemeint, dass die Antrag-

steller auf Tatsachen gestützte Verdachtsmomente vortragen müssen, die zur Überzeugung des Gerichts vom Vorliegen des Verdachts gereichen, ohne dass deren Glaubhaftmachung oder Beweis verlangt wird (vgl. MüKo AktG/*Kronstein/Zöllner* § 142 Rn. 32). Das Gericht hat nicht zu prüfen, ob der Verdacht begründet ist; dies ist Aufgabe der Prüfer im Rahmen der Sonderprüfung. Das Gericht hat zu prüfen, ob der gestellte Antrag im Einzelfall rechtsmissbräuchlich und deswegen als unbegründet (so *Hirte* ZIP 1988, 953, 956 gegen AG Düsseldorf ZIP 1988, 970 – unzulässig) zurückzuweisen ist. Dabei ist insbesondere der aus dem sog. Abkauf von Anfechtungsklagen bekannte Umstand erheblich, dass die Antragsteller mit dem Sonderprüfungsantrag einen »Lästigkeitswert« generieren, den sie durch das Verlangen unberechtigter Zahlungen an sich selbst missbräuchlich zum eigenen Vorteil nutzen wollen (*Hüffer* AktG, § 142 Rn. 21).

Der **Antrag** muss von einer **qualifizierten Minderheit** gestellt werden, deren Größe in der gel- 9
tenden Gesetzesfassung auf die (niedrige) Schwelle des Klagezulassungsverfahrens nach § 148 Abs. 1 AktG festgelegt ist. Antragsbefugt sind auch Aktionäre stimmrechtsloser Vorzüge; das auf stimmrechtslose Vorzüge entfallende Kapital ist deswegen auch bei der Berechnung der Schwellenwerte zu berücksichtigen.

Gefordert wird in Abs. 2 S. 2, dass die Antragsteller die dort bestimmte Mindestdauer ihres Ak- 10
tienbesitzes und dessen Fortdauer bis zur Entscheidung über den Antrag nachweisen. Die **Vorbesitzzeit** von drei Monaten ist beginnend mit dem Tag vor der Hauptversammlung, welche die Bestellung der Sonderprüfer abgelehnt hat, rückwärts zu rechnen. Der erforderliche Nachweis der Vorbesitzzeit kann – wie in § 123 Abs. 3 S. 2 AktG – durch eine Bestätigung des depotführenden Kreditinstituts erbracht werden; eine Glaubhaftmachung oder gar einen Strengbeweis wollte der Gesetzgeber nicht verlangen (vgl. BT-Drs. 3/05, 36 und § 123 AktG Rn. 6 ff.). Der Nachweis der **Fortdauer des Aktienbesitzes** kann durch die Vorlage einer Verpflichtungserklärung des depotführenden Kreditinstituts erbracht werden, nach der das Kreditinstituts das Gericht über Veränderungen des Aktienbestandes unterrichten wird (BayObLGZ 2004, 260, 265).

Nach Abs. 2 S. 3 gilt § 149 AktG für eine »Vereinbarung zur Vermeidung einer solchen Sonderprü- 11
fung« entsprechend. Damit soll möglichen Praktiken des »Abkaufs von Sonderprüfungsverlangen« dadurch begegnet werden, dass nach §§ 142 Abs. 2 S. 2, 149 Abs. 2 AktG die erfassten Vereinbarungen im vollständigen Wortlaut und unter Angabe der Namen der Beteiligten in den Gesellschaftsblättern bekannt zu machen sind. Die Prüfung der Rechtsmissbräuchlichkeit eines unter solchen Umständen gestellten Sonderprüfungsantrags im Einzelfall bleibt von dieser Regelung unberührt (vgl. oben Rn. 8).

D. Verhältnis zur Sonderprüfung nach § 258 Abs. 3 AktG

Sonderprüfungen nach § 258 AktG haben **Vorrang** vor derjenigen nach § 142 AktG. Besteht der 12
Verdacht, dass Sachverhalte vorliegen, die von dieser Vorschrift erfasst werden, nämlich die unzulässige Unterbewertung bestimmter Posten des festgestellten Jahresabschlusses (§ 258 Abs. 1 S. 1 Nr. 1 AktG) oder die nicht ordnungsgemäße Berichterstattung im Anhang zum Jahresabschluss (§ 258 Abs. 1 S. 1 Nr. 2 AktG), müssen die Aktionäre den Weg der Beantragung einer Sonderprüfung nach § 258 AktG gehen, der in der kurzen Frist des § 258 Abs. 2 AktG gestellt werden muss. Der Sonderprüfungsantrag nach § 142 AktG ist wegen der Subsidiaritätsanordnung auch dann nicht zulässig, wenn die Sonderprüfung nach § 258 AktG tatsächlich nicht erfolgt, der Verdachtssachverhalt aber in den Anwendungsbereich der Vorschrift fällt (*Hüffer* AktG, § 142 Rn. 26; a. A. *Wilsing/Neumann* DB 2006, 31).

E. Gerichtliche Bestellung anderer Sonderprüfer, Abs. 4

Abs. 4 räumt einer Minderheit das Recht ein, bei Gericht die Bestellung eines anderen Sonderprü- 13
fers zu verlangen, wenn gegen den von der Hauptversammlung bestellten Sonderprüfer die nach der Regelung erheblichen Bedenken bestehen. Solche Bedenken betreffen ausweislich des Abs. 4 S. 1 die Qualifikation, die Unbefangenheit und die Zuverlässigkeit des Sonderprüfers. Dabei sind

auch die Anforderungen des § 143 Abs. 1 AktG und die nach § 143 Abs. 2 AktG bestehenden Bestellungshindernisse zu beachten.

14 **Antragsberechtigt** ist nur eine **qualifizierte Aktionärsminderheit**, deren Höhe derjenigen für die gerichtliche Bestellung nach Abs. 2 AktG entspricht. Die **Antragsfrist** beträgt **zwei Wochen**; sie ist nach §§ 187, 188 BGB zu berechnen und beginnt mit dem Tag der Bestellung des Prüfers, regelmäßig somit am Tag nach der Beschlussfassung in der Hauptversammlung.

F. Ergänzende materiell- und verfahrensrechtliche Regeln für die gerichtliche Sonderprüferbestellung, Abs. 5 bis 8

15 Abs. 8 trifft die klarstellende Regelung, dass das gerichtliche Verfahren der Sonderprüferbestellung grundsätzlich den **Bestimmungen des FGG** unterfällt. Besondere Regelungen enthält Abs. 5. Nach Abs. 5 S. 3 entscheidet das am Gesellschaftssitz zuständige Landgericht, gegebenenfalls durch die Kammer für Handelssachen, Abs. 5 S. 4. Es hat die in Abs. 5 S. 1 genannten Personen anzuhören. Beteiligte im Sinne dieser Vorschrift sind die Antragsteller und die Gesellschaft, gegen die sich der Antrag richtet; die Gesellschaft wird durch den Vorstand vertreten.

16 Das Gericht entscheidet im Hinblick auf Abs. 5 S. 2 durch zu begründenden **Beschluss**. Darin sind nicht nur die Sonderprüfer zu bestellen, was ihre namentliche Nennung erfordert (OLG Frankfurt AG 2004, 104, 105); das Gericht hat auch den Prüfungsauftrag festzulegen, es hat somit die zu prüfenden Vorgänge zu spezifizieren. Auf entsprechenden Antrag hat das Gericht gegebenenfalls den Widerruf der Bestellung der von der Hauptversammlung benannten Prüfer in seinem Beschluss mit auszusprechen (*Hüffer* AktG, § 142 Rn. 34).

17 Die vom Gericht bestellten Sonderprüfer haben nach Abs. 6 **Anspruch auf Auslagenersatz und Vergütung**. Schuldnerin dieser Ansprüche der gerichtlich bestellten Sonderprüfer ist die AG; sie wird durch ein Schuldverhältnis verpflichtet, das durch die gerichtliche Entscheidung zur Prüferbestellung und die Annahme der Bestellung durch den Prüfer zustande kommt. Der Prüfer kann die Annahme der Bestellung von der Zahlung eines Vorschusses durch die Gesellschaft abhängig machen. Eine vertragliche Regelung der Prüfungsmodalitäten im Rahmen des gerichtlich festgelegten Prüfungsauftrags wird vom Gesetz nicht ausgeschlossen. Wenn keine Vereinbarung zustande kommt, setzt das Gericht die Auslagen und die Vergütung in Höhe der i. S. d. § 632 Abs. 2 BGB üblichen Vergütung fest, Abs. 6 S. 2 (vgl. dazu WP-Handb 2000 Bd. I A, 508 ff., 530).

18 Abs. 7 begründet bestimmte **Mitteilungspflichten des Vorstands** oder des Gerichts **gegenüber der BaFin**. Diese bestehen nur, wenn die AG Aktien oder andere Wertpapiere i. S. d. § 2 Abs. 1 S. 1 WpHG ausgegeben hat, die im Inland zum Handel in den Börsensegmenten des Amtlichen Markts oder des Geregelten Markts zugelassen sind.

§ 143 Auswahl der Sonderprüfer

(1) Als Sonderprüfer sollen, wenn der Gegenstand der Sonderprüfung keine anderen Kenntnisse fordert, nur bestellt werden

1. Personen, die in der Buchführung ausreichend vorgebildet und erfahren sind;
2. Prüfungsgesellschaften, von deren gesetzlichen Vertretern mindestens einer in der Buchführung ausreichend vorgebildet und erfahren ist.

(2) [1]Sonderprüfer darf nicht sein, wer nach § 319 Abs. 2, 3, § 319 a Abs. 1 des Handelsgesetzbuchs nicht Abschlußprüfer sein darf oder während der Zeit, in der sich der zu prüfende Vorgang ereignet hat, hätte sein dürfen. [2]Eine Prüfungsgesellschaft darf nicht Sonderprüfer sein, wenn sie nach § 319 Abs. 2, 4, § 319 a Abs. 1 des Handelsgesetzbuchs nicht Abschlußprüfer sein darf oder während der Zeit, in der sich der zu prüfende Vorgang ereignet hat, hätte sein dürfen.

Die Vorschrift betrifft die Anforderungen an die Person der nach § 142 AktG zu bestellenden Sonderprüfer. Die Regelung gilt sowohl für die durch die Hauptversammlung als auch die gerichtlich zu bestellenden Sonderprüfer. Sie bezweckt, dass nur solche Personen ausgewählt werden, die über die erforderliche **Sachkunde und Unbefangenheit** verfügen, welche die Erreichung des Zwecks der Sonderprüfung (vgl. § 142 AktG Rn. 2) gewährleisten. Die Regelungen des § 143 Abs. 1 AktG finden eine Parallele in § 33 Abs. 4 AktG für die Qualifikation der Gründungsprüfer; auf die Kommentierung zu dieser Vorschrift wird hier verwiesen. 1

In Abs. 2 werden **Bestellungsverbote** differenziert nach natürlichen Personen und Prüfungsgesellschaften geregelt: Natürliche Personen können nach Abs. 2 S. 1 zu Sonderprüfern nicht bestellt werden, wenn die Voraussetzungen der §§ 319 Abs. 2 und 3, 319 a Abs. 1 HGB vorliegen. Für Prüfungsgesellschaften ordnet die Verweisung in Abs. 2 S. 2 an, dass die in §§ 319 Abs. 2 und 4, 319 a Abs. 1 AktG geregelten Ausschlussgründe für die Bestellung zum Abschlussprüfer als Bestellungshindernisse für Sonderprüfer gelten. 2

Die Regelungen des § 143 AktG sind **zwingend** (§ 23 Abs. 5 AktG). Verstößt der Beschluss der Hauptversammlung gegen Abs. 1 ist dieser gem. § 243 Abs. 1 AktG **anfechtbar** (str.; vgl. *Hüffer* AktG, § 143 Rn. 5). Die Verletzung von Abs. 2 hat die **Nichtigkeit** des Hauptversammlungsbeschlusses zur Folge, § 241 Nr. 3 AktG. Ergeht der gerichtliche Bestellungsbeschluss unter Verstoß gegen Abs. 1 oder 2, berührt diese Gesetzesverletzung der Gerichte die Gültigkeit der gerichtlichen Entscheidung grundsätzlich nicht; gegen die Entscheidung ist aber das Rechtsmittel der (sofortigen) Beschwerde gegeben (str.; vgl. *Hüffer* AktG, § 143 Rn. 6). 3

§ 144 Verantwortlichkeit der Sonderprüfer

§ 323 des Handelsgesetzbuchs über die Verantwortlichkeit des Abschlußprüfers gilt sinngemäß.

Hinsichtlich der **Verantwortlichkeit der Sonderprüfer** sieht das AktG keine spezifische Regelung vor, sondern verweist auf die maßgebliche Regelung für Abschlussprüfer in § 323 HGB, die sinngemäß auf Sonderprüfer anzuwenden und ebenso wie dort zwingend (§ 323 Abs. 4 AktG) ist. Durch den Verweis werden die Sonderprüfer an die für Abschlussprüfer geltenden und im Rahmen dieser Kommentierung nicht näher zu erläuternden Rechtsregeln der **Unparteilichkeit**, der **Gewissenhaftigkeit** und **Verschwiegenheit**, der **Verwertungsverbote** für Insiderinformationen in § 323 HGB gebunden. Pflichtverletzungen sind durch einen verschuldensabhängigen Schadensersatzanspruch und die Strafvorschriften des §§ 403, 404 AktG sanktioniert. 1

§ 145 Rechte der Sonderprüfer. Prüfungsbericht

(1) Der Vorstand hat den Sonderprüfern zu gestatten, die Bücher und Schriften der Gesellschaft sowie die Vermögensgegenstände, namentlich die Gesellschaftskasse und die Bestände an Wertpapieren und Waren, zu prüfen.

(2) Die Sonderprüfer können von den Mitgliedern des Vorstands und des Aufsichtsrats alle Aufklärungen und Nachweise verlangen, welche die sorgfältige Prüfung der Vorgänge notwendig macht.

(3) Die Sonderprüfer haben die Rechte nach Absatz 2 auch gegenüber einem Konzernunternehmen sowie gegenüber einem abhängigen oder herrschenden Unternehmen.

(4) Auf Antrag des Vorstands hat das Gericht zu gestatten, dass bestimmte Tatsachen nicht in den Bericht aufgenommen werden, wenn überwiegende Belange der Gesellschaft dies gebie-

ten und sie zur Darlegung der Unredlichkeiten oder groben Verletzungen gemäß § 142 Abs. 2 nicht unerlässlich sind.

(5) [1]Über den Antrag gemäß Absatz 4 entscheidet das Landgericht, in dessen Bezirk die Gesellschaft ihren Sitz hat. [2]Ist bei dem Landgericht eine Kammer für Handelssachen gebildet, so entscheidet diese an Stelle der Zivilkammer. [3]§ 142 Abs. 5 Satz 5 und 6, Abs. 8 gilt entsprechend.

(6) [1]Die Sonderprüfer haben über das Ergebnis der Prüfung schriftlich zu berichten. [2]Auch Tatsachen, deren Bekanntwerden geeignet ist, der Gesellschaft oder einem verbundenen Unternehmen einen nicht unerheblichen Nachteil zuzufügen, müssen in den Prüfungsbericht aufgenommen werden, wenn ihre Kenntnis zur Beurteilung des zu prüfenden Vorgangs durch die Hauptversammlung erforderlich ist. [3]Die Sonderprüfer haben den Bericht zu unterzeichnen und unverzüglich dem Vorstand und zum Handelsregister des Sitzes der Gesellschaft einzureichen. [4]Auf Verlangen hat der Vorstand jedem Aktionär eine Abschrift des Prüfungsberichts zu erteilen. [5]Der Vorstand hat den Bericht dem Aufsichtsrat vorzulegen und bei der Einberufung der nächsten Hauptversammlung als Gegenstand der Tagesordnung bekanntzumachen.

A. Überblick

1 Die Vorschrift betrifft die **Durchführung der Sonderprüfung**. Sie regelt die Rechte der Sonderprüfer im Rahmen der Sonderprüfung (Abs. 1 bis 3) und die Pflicht der Sonderprüfer, einen Prüfbericht vorzulegen (Abs. 4 bis 6). Durch die den Sonderprüfern zustehenden weitgehenden Rechte sollen die Prüfer in die Lage versetzt werden, dem Zweck der Sonderprüfung entsprechend (vgl. § 142 AktG Rn. 1), die tatsächlichen Grundlagen für Ersatzansprüche der AG gegen ihre Gründer und Verwaltungsmitglieder effektiv zu ermitteln. Der **Prüfbericht** sorgt für die Publizität der Ergebnisse der Sonderprüfung, die grundsätzlich auch für die Gesellschaft nachteilige Tatsachen bekannt machen soll, damit die Hauptversammlung über die zu ziehenden Schlussfolgerungen beschließen kann.

B. Rechte der Sonderprüfer, Abs. 1 bis 3

2 Das zentrale Recht der Sonderprüfer bildet das für die Effektivität der Sonderprüfung ausschlaggebende **Prüfungsrecht** nach Abs. 1. Dabei handelt es sich um das Recht, die für die vergangenheitsbezogene Kontrolle der Gründung und der Geschäftsführung erforderlichen Prüfungshandlungen vorzunehmen; der Vorstand ist verpflichtet, diese Maßnahmen zu gestatten. Er hat danach nicht nur die Prüfungshandlungen zu dulden, sondern er muss den Sonderprüfern auch die für eine ordnungsgemäße Prüfung erforderliche Unterstützung gewähren. Beispielsweise ist der Vorstand verpflichtet, den Sonderprüfern Akten vorzulegen, technische Hilfsmittel für die Prüfung bereit zu stellen sowie Unterlagen und Daten des Unternehmens zugänglich zu machen, auch wenn diese außerhalb des Unternehmens verwahrt werden. Der **Umfang des Prüfungsrechts** ist durch den Prüfungsauftrag, im Übrigen aber nicht begrenzt. Die aus dem Prüfungsauftrag abzuleitenden zeitlichen und gegenständlichen Grenzen des Prüfungsrechts dürfen nicht eng gezogen werden, damit die Effektivität der Prüfung nicht beeinträchtigt wird. Eine Beschränkung auf »notwendige« Maßnahmen sieht Abs. 1 für das Prüfungsrecht im Unterschied zum Auskunftsrecht nach Abs. 2 nicht vor.

3 Abs. 2 gibt den Sonderprüfern das Recht, Auskünfte und Nachweise zu verlangen. Dieses **Auskunftsrecht** richtet sich nicht gegen die Verwaltungsorgane, sondern gegen deren Mitglieder persönlich. Schuldner des Auskunftsanspruchs nach Abs. 2 sind die Mitglieder des aktuellen Vorstands und Aufsichtsrats im Zeitpunkt der Sonderprüfung. Andere Mitarbeiter der Gesellschaft unterliegen der Auskunftsverpflichtung des Abs. 2 nicht; die Regelung bietet auch keine Grundlage für eine Rechtspflicht des Vorstands, die Mitarbeiter zur Auskunftserteilung gegenüber den Sonderprüfern anzuweisen (a. A. *Hüffer* AktG, § 145 Rn. 3; MünchHdb GesR IV/*Semler* § 42

Rn. 15). Der Auskunftsanspruch ist thematisch auf Aufklärungen und Nachweise begrenzt, die für eine sorgfältige Prüfung »notwendig« sind. Im Vergleich zum Prüfungsrecht nach Abs. 1 ist das Auskunftsrecht somit enger gefasst. Diese Beschränkung ist im Hinblick auf die mit der persönlichen Inanspruchnahme verbundenen Lasten für die auskunftspflichtigen Personen gerechtfertigt und erlaubt regelmäßig **keine »Umfeldaufklärung«** außerhalb des eigentlichen Prüfungsthemas. Mit dieser Maßgabe erstreckt sich das Auskunftsrecht auch auf i. S. d. §§ 17, 18 AktG verbundene Unternehmen, Abs. 3. Ein Auskunftsverweigerungsrecht in Parallele zu § 131 Abs. 3 AktG besteht nicht.

C. Prüfungsbericht, Abs. 4 bis 6

Die Verpflichtung zur **Vorlage eines schriftlichen Prüfberichts** ergibt sich aus Abs. 6 S. 1. Vorgaben zum Inhalt des Prüfberichts enthält das Gesetz nicht. Im Hinblick auf den Zweck der Sonderprüfung wird den Berichtserfordernissen durch einen bloßen Ergebnisbericht nicht Genüge getan. Insbesondere sind die tatsächlichen Grundlagen der ausgewiesenen Ergebnisse darzulegen. Dabei sind nach Abs. 6 S. 2 auch für die Gesellschaft oder verbundene Unternehmen nachteilige Tatsachen zu berichten, wenn die Hauptversammlung davon Kenntnis haben muss, um den Vorgang beurteilen zu können. Einschränkungen des Berichtsinhalts können nach Maßgabe des Abs. 4 und damit auf vom Vorstand beantragte gerichtliche Anordnung gestattet werden. Das dazu einzuhaltende Verfahren bestimmt sich nach §§ 145 Abs. 5 S. 3, 142 Abs. 8 AktG nach dem FGG mit der Zuständigkeit des Landgerichts nach der Regelung des § 145 Abs. 5 AktG, die § 142 Abs. 5 AktG entspricht (vgl. § 142 AktG Rn. 15). Der Sache nach hat das Gericht auf **Antrag des Vorstands** darüber zu entscheiden, ob es unter Abwägung der berührten Belange im überwiegenden Gesellschaftsinteresse geboten ist, bestimmte Tatsachen nicht in den Bericht aufzunehmen. Schlussfolgerungen und Bewertungen aus den im Rahmen der Sonderprüfung ermittelten Tatsachen muss der Bericht nicht notwendig treffen. Vom Zweck der Sonderprüfung, Tatsachen für eventuelle Ersatzansprüche der Gesellschaft gegen ihre Gründer oder Verwaltungsmitglieder zu ermitteln, ist dies nicht geboten, allerdings ist dies damit auch nicht unvereinbar. Letztlich ist es allein Sache der Hauptversammlung, über Konsequenzen aus dem Tatsachenbericht zu beschließen. 4

Der Bericht über die Sonderprüfung ist von den Sonderprüfern **zu unterzeichnen** (Abs. 6 S. 3). Er ist **unverzüglich** (§ 121 Abs. 1 S. 1 BGB) dem Vorstand und dem Handelsregister einzureichen (Abs. 6 S. 3). Der Vorstand hat auf Verlangen jedem Aktionär (kostenlos) eine **Abschrift** zu erteilen (Abs. 6 S. 4) sowie den Bericht dem **Aufsichtsrat vorzulegen** und bei der nächsten Hauptversammlung als Gegenstand der Tagesordnung bekannt zu machen (§ 45 Abs. 6 S. 5 AktG). Das Registergericht gewährt jedem zu Informationszwecken Einsicht in den Bericht und erteilt auf Anforderung (kostenpflichtige) Abschriften (§ 9 Abs. 1, 2 HGB). 5

§ 146 Kosten

[1]Bestellt das Gericht Sonderprüfer, so trägt die Gesellschaft die Gerichtskosten und die Kosten der Prüfung. [2]Hat der Antragsteller die Bestellung durch vorsätzlich oder grob fahrlässig unrichtigen Vortrag erwirkt, so hat der Antragsteller der Gesellschaft die Kosten zu erstatten.

Die Vorschrift regelt die **Kostentragung der Gesellschaft** für vom Gericht bestellte Sonderprüfer (§ 142 Abs. 2 und 4 AktG), nicht die der Sonderprüfung durch von der Hauptversammlung bestellte Sonderprüfer (zur Kostentragung in diesem Fall vgl. § 142 AktG Rn. 4). Die Minderheitsaktionäre können den Antrag auf gerichtliche Sonderprüfung grundsätzlich ohne Rücksicht auf ein Kostenrisiko stellen. Unter den im Jahr 2005 durch das »Gesetz zur Unternehmensintegrität und Modernisierung des Anfechtungsrechts« (UMAG – BGBl. I, 2802) geschaffenen Voraussetzungen des § 146 S. 2 AktG besteht allerdings ein **Kostenerstattungsanspruch** der Gesellschaft gegen die den Antrag stellenden Aktionäre. Diese Regelung soll Missbräuchen des Antragsrechts 1 begegnen, indem sie bei von der Gesellschaft nachzuweisender vorsätzlich oder grob fahrlässig unrichtiger Antragstellung den Antragstellern die Kostentragungslast im Innenverhältnis zur Gesellschaft auferlegt. Schadenersatzansprüche nach § 826 BGB bzw. aus schuldhafter Verletzung der Treupflicht zur AG bleiben davon unberührt.

2 Die von der Gesellschaft zu tragenden Kosten umfassen die Kosten der Sonderprüfung. Das sind nach § 142 Abs. 6 AktG der **Auslagenersatz und die Vergütung**. Ferner hat die Gesellschaft die **Gerichtskosten** zu tragen. Die außergerichtlichen Verfahrenskosten gehören nicht zu den nach § 146 S. 1 AktG von der Gesellschaft zu tragenden Kosten. Sie hat grundsätzlich jeder Beteiligte selbst zu tragen. Nach § 13 a FGG entspricht es regelmäßig der Billigkeit, bei begründetem Antrag die außergerichtlichen Verfahrenskosten der Antragsteller ebenfalls der Gesellschaft aufzuerlegen.

§ 147 Geltendmachung von Ersatzansprüchen

(1) [1]Die Ersatzansprüche der Gesellschaft aus der Gründung gegen die nach den §§ 46 bis 48, 53 verpflichteten Personen oder aus der Geschäftsführung gegen die Mitglieder des Vorstands und des Aufsichtsrats oder aus § 117 müssen geltend gemacht werden, wenn es die Hauptversammlung mit einfacher Stimmenmehrheit beschließt. [2]Der Ersatzanspruch soll binnen sechs Monaten seit dem Tage der Hauptversammlung geltend gemacht werden.

(2) [1]Zur Geltendmachung des Ersatzanspruchs kann die Hauptversammlung besondere Vertreter bestellen. [2]Das Gericht (§ 14) hat auf Antrag von Aktionären, deren Anteile zusammen den zehnten Teil des Grundkapitals oder den anteiligen Betrag von einer Million Euro erreichen, als Vertreter der Gesellschaft zur Geltendmachung des Ersatzanspruchs andere als die nach den §§ 78, 112 oder nach Satz 1 zur Vertretung der Gesellschaft berufenen Personen zu bestellen, wenn ihm dies für eine gehörige Geltendmachung zweckmäßig erscheint. [3]Gibt das Gericht dem Antrag statt, so trägt die Gesellschaft die Gerichtskosten. [4]Gegen die Entscheidung ist die sofortige Beschwerde zulässig. [5]Die gerichtlich bestellten Vertreter können von der Gesellschaft den Ersatz angemessener barer Auslagen und eine Vergütung für ihre Tätigkeit verlangen. [6]Die Auslagen und die Vergütung setzt das Gericht fest. [7]Gegen die Entscheidung ist die sofortige Beschwerde zulässig. [8]Die weitere Beschwerde ist ausgeschlossen. [9]Aus der rechtskräftigen Entscheidung findet die Zwangsvollstreckung nach der Zivilprozeßordnung statt.

1 Die Vorschrift betrifft die **Geltendmachung von Ersatzansprüchen der AG** gegen Mitglieder der Verwaltung und an der Gründung beteiligte Personen. Die Regelung soll die bei der Geltendmachung möglichen Interessenkonflikte vermeiden, die sich aus der Vermengung von Gründer-, Verwaltungs- und Mehrheitsinteressen bei der Geltendmachung von Ersatzansprüchen gegen Mitglieder dieses Personenkreises durch Mitglieder eben dieses Personenkreises ergeben können. Die Wahrnehmung von Gesellschaftsinteressen durch den Vorstand bzw. Aufsichtsrat, dem die Geltendmachung der Ansprüche der Gesellschaft grundsätzlich obliegt, ist im Falle eigener Betroffenheit bei der Geltendmachung von Ersatzansprüchen besonders gegen die Verwaltung nicht durchweg gewährleistet. § 147 AktG sieht deshalb zwingend (§ 23 Abs. 5 AktG) eine Verpflichtung zur Geltendmachung von Ersatzansprüchen vor, wenn die Hauptversammlung dies beschließt (Abs. 1), und sie ermöglicht ferner die Anspruchsverfolgung durch besondere Vertreter (Abs. 2). Die Vorschrift steht im Regelungszusammenhang des Sonderprüfungsrechts, weil die Sonderprüfung ihrem Zweck nach der Vorbereitung der Geltendmachung von Ersatzansprüchen gegen die Verwaltung dient; die Vorschrift des § 147 AktG ist aber so gefasst, dass die Durchführung einer Sonderprüfung keine Voraussetzung für die Anwendung von § 147 AktG darstellt.

2 Bei den von der Norm erfassten **Ersatzansprüchen** handelt es sich um alle Ansprüche der Gesellschaft aus **Pflichtverstößen bei der Gründung der Gesellschaft**, der **Geschäftsführung** und der in § 147 AktG ausdrücklich miterwähnten schädlichen Einflussnahme nach § 117 AktG; auf die

Art der Anspruchsgrundlage kommt es nicht an. Erfasst sind vor allem **Schadensersatz- und Ausgleichsansprüche** sowie die darauf bezogenen Nebenansprüche auf Auskunft und Rechnungslegung (*Hüffer* AktG, § 147 Rn. 2). In erweiternder Auslegung wird die Vorschrift auch auf **Unterlassungsansprüche** erstreckt, soweit diese gegen die Verletzung von Geschäftsführungspflichten der Verwaltungsmitglieder gerichtet sind (BGHZ 97, 382, 385 f.). Ansprüche gegen ausgeschiedene Mitglieder der Verwaltung unterfallen § 147 AktG ebenfalls (BGH AG 1991, 269).

Die AG ist verpflichtet, die erfassten Ersatzansprüche geltend zu machen, wenn ein entsprechender **Beschluss der Hauptversammlung** ergeht, Abs. 1 S. 1. Die Beschlussfassung setzt nach § 124 Abs. 1 AktG die Bekanntgabe des Gegenstandes in der Tagesordnung voraus, wenn er nicht nach § 124 Abs. 2 S. 2 AktG ausnahmsweise bekanntmachungsfrei zu Abstimmung gestellt werden kann (vgl. Erl. zu § 124 AktG Rn. 9), weil ein Sonderprüfungsbericht als Gegenstand der Hauptversammlung bekannt gemacht wurde, aus dessen Inhalt sich Ersatzansprüche ergeben. Der Beschluss bedarf der **einfachen Stimmenmehrheit** (§ 133 Abs. 1 AktG); das Stimmverbot des § 136 Abs. 1 S. 1 AktG ist zu beachten. 3

Die **Geltendmachung** der Ersatzansprüche obliegt nach der gesetzlichen Zuständigkeitsordnung – abgesehen von den Besonderheiten des Abs. 2 – dem Vorstand (§ 78 AktG) bzw. dem Aufsichtsrat, wenn der Vorstand Anspruchsgegner ist (§ 112 AktG). Der Ersatzanspruch soll binnen der nach §§ 187, 188 BGB zu berechnenden **Frist von sechs Monaten** seit dem Tag der Hauptversammlung geltend gemacht werden, Abs. 1 S. 2. 4

Abweichend von der gesetzlichen Zuständigkeitsordnung können zur Vermeidung von Interessenkonflikten die Ersatzansprüche der Gesellschaft durch **von der Hauptversammlung bestellte besondere Vertreter** geltend gemacht werden, Abs. 2 S. 1. Für die Bestellung bedarf es eines entsprechenden Beschlusses der Hauptversammlung. Für diesen Beschluss gelten die oben in Rn. 3 genannten Grundsätze entsprechend. Der besondere Vertreter muss nicht notwendig Aktionär sein. Seine Bestellung wird mit der Annahme der festgestellten Wahl wirksam. Nach der wirksamen Bestellung sind nur die besonderen Vertreter zur Geltendmachung der Ansprüche im Namen der AG befugt. 5

Gem. Abs. 2 S. 2 können auf Antrag für die (beschlossene) Geltendmachung von Ersatzansprüche der AG **besondere Vertreter vom Gericht bestellt** werden. Der Antrag kann von einer qualifizieren Minderheit i. S. d. Abs. 2 S. 2 gestellt werden. Zuständig ist nach § 145 FGG das Amtsgericht des Gesellschaftssitzes (§ 14 AktG), das im Verfahren der freiwilligen Gerichtsbarkeit entscheidet. Die Entscheidung des Gerichts zugunsten der Bestellung besonderer Vertreter erfolgt, wenn ihm dies »zweckmäßig erscheint«, Abs. 2 S. 2. Die Gerichtskosten sind bei stattgebendem Beschluss der Gesellschaft aufzuerlegen, Abs. 2 S. 3. Auslagenerstattung und Vergütung können die besonderen Vertreter nach Abs. 2 S. 5 bis 9 AktG beanspruchen; die Regeln entsprechen denen des § 142 Abs. 6 AktG (vgl. § 142 AktG Rn. 17). 6

§ 148 Klagezulassungsverfahren

(1) [1]Aktionäre, deren Anteile im Zeitpunkt der Antragstellung zusammen den einhundertsten Teil des Grundkapitals oder einen anteiligen Betrag von 100 000 Euro erreichen, können die Zulassung beantragen, im eigenen Namen die in § 147 Abs. 1 Satz 1 bezeichneten Ersatzansprüche der Gesellschaft geltend zu machen. [2]Das Gericht lässt die Klage zu, wenn

1. **die Aktionäre nachweisen, dass sie die Aktien vor dem Zeitpunkt erworben haben, in dem sie oder im Falle der Gesamtrechtsnachfolge ihre Rechtsvorgänger von den behaupteten Pflichtverstößen oder dem behaupteten Schaden auf Grund einer Veröffentlichung Kenntnis erlangen mussten,**
2. **die Aktionäre nachweisen, dass sie die Gesellschaft unter Setzung einer angemessenen Frist vergeblich aufgefordert haben, selbst Klage zu erheben,**

3. Tatsachen vorliegen, die den Verdacht rechtfertigen, dass der Gesellschaft durch Unredlichkeit oder grobe Verletzung des Gesetzes oder der Satzung ein Schaden entstanden ist, und
4. der Geltendmachung des Ersatzanspruchs keine überwiegenden Gründe des Gesellschaftswohls entgegenstehen.

(2) [1]Über den Antrag auf Klagezulassung entscheidet das Landgericht, in dessen Bezirk die Gesellschaft ihren Sitz hat, durch Beschluss. [2]Ist bei dem Landgericht eine Kammer für Handelssachen gebildet, so entscheidet diese an Stelle der Zivilkammer; § 142 Abs. 5 Satz 5 und 6 gilt entsprechend. [3]Die Antragstellung hemmt die Verjährung des streitgegenständlichen Anspruchs bis zur rechtskräftigen Antragsabweisung oder bis zum Ablauf der Frist für die Klageerhebung. [4]Vor der Entscheidung hat das Gericht dem Antragsgegner Gelegenheit zur Stellungnahme zu geben. [5]Gegen die Entscheidung findet die sofortige Beschwerde statt. [6]Die Rechtsbeschwerde ist ausgeschlossen. [7]Die Gesellschaft ist im Zulassungsverfahren und im Klageverfahren beizuladen.

(3) [1]Die Gesellschaft ist jederzeit berechtigt, ihren Ersatzanspruch selbst gerichtlich geltend zu machen; mit Klageerhebung durch die Gesellschaft wird ein anhängiges Zulassungs- oder Klageverfahren von Aktionären über diesen Ersatzanspruch unzulässig. [2]Die Gesellschaft ist nach ihrer Wahl berechtigt, ein anhängiges Klageverfahren über ihren Ersatzanspruch in der Lage zu übernehmen, in der sich das Verfahren zur Zeit der Übernahme befindet. [3]Die bisherigen Antragsteller oder Kläger sind in den Fällen der Sätze 1 und 2 beizuladen.

(4) [1]Hat das Gericht dem Antrag stattgegeben, kann die Klage nur binnen drei Monaten nach Eintritt der Rechtskraft der Entscheidung und sofern die Aktionäre die Gesellschaft nochmals unter Setzung einer angemessenen Frist vergeblich aufgefordert haben, selbst Klage zu erheben, vor dem nach Absatz 2 zuständigen Gericht erhoben werden. [2]Sie ist gegen die in § 147 Abs. 1 Satz 1 genannten Personen und auf Leistung an die Gesellschaft zu richten. [3]Eine Nebenintervention durch Aktionäre ist nach Zulassung der Klage nicht mehr möglich. [4]Mehrere Klagen sind zur gleichzeitigen Verhandlung und Entscheidung zu verbinden.

(5) [1]Das Urteil wirkt, auch wenn es auf Klageabweisung lautet, für und gegen die Gesellschaft und die übrigen Aktionäre. [2]Entsprechendes gilt für einen nach § 149 bekannt zu machenden Vergleich; für und gegen die Gesellschaft wirkt dieser aber nur nach Klagezulassung.

(6) [1]Die Kosten des Zulassungsverfahrens hat der Antragsteller zu tragen, soweit sein Antrag abgewiesen wird. [2]Beruht die Abweisung auf entgegenstehenden Gründen des Gesellschaftswohls, die die Gesellschaft vor Antragstellung hätte mitteilen können, aber nicht mitgeteilt hat, so hat sie dem Antragsteller die Kosten zu erstatten. [3]Im Übrigen ist über die Kostentragung im Endurteil zu entscheiden. [4]Erhebt die Gesellschaft selbst Klage oder übernimmt sie ein anhängiges Klageverfahren von Aktionären, so trägt sie etwaige bis zum Zeitpunkt ihrer Klageerhebung oder Übernahme des Verfahrens entstandene Kosten des Antragstellers und kann die Klage nur unter den Voraussetzungen des § 93 Abs. 4 Satz 3 und 4 mit Ausnahme der Sperrfrist zurücknehmen. [5]Wird die Klage ganz oder teilweise abgewiesen, hat die Gesellschaft den Klägern die von diesen zu tragenden Kosten zu erstatten, sofern nicht die Kläger die Zulassung durch vorsätzlich oder grob fahrlässig unrichtigen Vortrag erwirkt haben. [6]Gemeinsam als Antragsteller oder als Streitgenossen handelnde Aktionäre erhalten insgesamt nur die Kosten eines Bevollmächtigten erstattet, soweit nicht ein weiterer Bevollmächtigter zur Rechtsverfolgung unerlässlich war.

Übersicht:

A. Überblick und Regelungszweck

Die durch das »Gesetz zur Unternehmensintegrität und Modernisierung des Anfechtungsrechts« (UMAG) aus dem Jahr 2005 (BGBl. I, 2802) eingeführte Vorschrift bezweckt eine verbesserte Durchsetzung insbesondere von Ersatzansprüchen der Gesellschaft gegen die Verwaltung (RegBegr. BT-Drs. 15/5092, 19 f.; *K. Schmidt* NZG 2005, 796). Sie eröffnet für eine qualifizierte Aktionärsminderheit das Recht, Ersatzansprüche der Gesellschaft im eignen Namen klageweise geltend zu machen. Die **Aktionärsklage** hat in einem zweistufigen Verfahren zu erfolgen: Zunächst ist ein besonderes **Klagezulassungsverfahren** zu bestreiten; nur wenn dieses zum Erfolg führt, sind die Aktionäre berechtigt, die **Klage im Hauptverfahren** auf Geltendmachung der Ersatzansprüche an die Gesellschaft zu erheben, Abs. 1 und 2. Das Zulassungsverfahren und die Aktionärsklage im Hauptverfahren sind subsidiär gegenüber der Geltendmachung der Ersatzansprüche durch die Gesellschaft, Abs. 3 und 4. Die Gesellschaft ist in jeder Lage des Verfahrens berechtigt, die ihr zustehenden Ersatzansprüche selbst geltend zu machen. Dem auf die Aktionärsklage im Hauptverfahren ergehenden Urteil kommt eine besondere Rechtskraftwirkung zu, Abs. 5. Abs. 6 regelt die Kostentragung beim Klagezulassungsverfahren. 1

B. Geltendmachung von Ersatzansprüchen durch Aktionäre, Abs. 1

I. Klagebefugnis

Die klageweise Geltendmachung von Ersatzansprüchen der Gesellschaft durch Aktionäre kann nur erfolgen, wenn sie dazu vom Gericht zugelassen wurden. Die Zulassung im Klagezulassungsverfahren hängt von den in § 148 AktG geregelten Voraussetzungen ab. Danach steht die Berechtigung nicht dem einzelnen Aktionär, sondern nur einer **Aktionärsminderheit** zu. Das nach Abs. 1 S. 1 erforderliche Quorum ist identisch mit dem des § 142 Abs. 2 S. 1 AktG für die gerichtliche Bestellung von Sonderprüfern (vgl. Erl. zu § 142 AktG Rn. 9). Bei den geltend gemachten Ansprüchen muss es sich um **Ersatzansprüche** i. S. d. § 147 Abs. 1 S. 1 AktG handeln (vgl. Erl. zu § 147 AktG Rn. 2); sie müssen gegen die in § 147 Abs. 1 S. 1 AktG genannten Personen, die Gründer oder die Mitglieder Verwaltung (vgl. § 147 AktG Rn. 1) gerichtet sein. 2

II. Kenntnis der Aktionäre und Nachweis, Abs. 1 S. 2 Nr. 1

Weitere Voraussetzungen der gerichtlichen Klagezulassung ergeben sich aus Abs. 1 S. 2. Die Aktien müssen erworben worden sein, bevor die Aktionäre von den behaupteten Pflichtverstößen oder dem behaupteten Schaden **Kenntnis** erlangen mussten, Abs. 1 S. 2 Nr. 1. Damit soll dem dadurch möglichen Missbrauch des Aktionärsklageverfahrens vorgebeugt werden, dass Aktien überhaupt erst zum Zwecke der Klageerhebung erworben werden. Hinsichtlich des Kennenmüssens wird alternativ auf den Pflichtenverstoß oder den Schaden abgestellt. Das Kennenmüssen »auf Grund einer Veröffentlichung« bezieht sich auf Berichte in Breitenmedien wie Radio oder Fernsehen, in der Wirtschaftspresse oder von weit verbreiteten Online-Diensten (RegBegr. BT-Drs. 15/5092, 21). Der **Nachweis**, die Aktien vor diesem Zeitpunkt erworben zu haben oder aber keine Kenntnis von der Veröffentlichung bekommen haben zu können, obliegt den Aktionären. Dabei kommt es auf jeden einzelnen quorumsrelevanten Aktionär an (RegBegr. BT-Drs. 3

15/5092, 21). Der Nachweis des Aktienerwerbs kann durch Depotauszüge oder durch Kaufunterlagen erfolgen (RegBegr. BT-Drs. 15/5092, 21). Der Nachweis ist objektive Voraussetzung des Klagezulassungsverfahrens und bereits bei der Antragstellung zu erbringen, ohne dass es auf ein Bestreiten des Antragsgegners ankommt (*Hüffer* AktG, § 148 Rn. 5).

III. Aufforderung mit Fristsetzung, Abs. 1 S. 2 Nr. 1

4 Weitere Voraussetzung ist nach Abs. 1 S. 2 Nr. 2, dass die Aktionäre der Gesellschaft unter Setzung einer angemessenen Frist vergeblich eine Aufforderung gegeben haben müssen, selbst Klage zu erheben. Diese Regelung macht den **subsidiären Charakter** des Verfolgungsrechts der Minderheitsaktionäre deutlich, der in Abs. 3 S. 1 weiter unterstrichen wird. Die Regelung fordert nicht, dass die fristsetzenden und die antragstellenden Aktionäre identisch sind, sie verlangt aber, dass das nach S. 1 erforderliche Quorum von Aktionären bereits die fristsetzende Aufforderung an die AG richtet (*Hüffer* AktG, § 148 Rn. 6). Der Zugang der Aufforderung kann bei dem Organ bewirkt werden, das die Anspruchsverfolgung bewirkt; bei Ansprüchen gegen die Mitglieder des Vorstands genügt der Zugang beim Aufsichtsrat (*Paschos/Neumann* DB 2005, 1780). Im Übrigen gilt § 78 Abs. 2 S. 2 AktG. Hinsichtlich der Angemessenheit der Frist wird in den Gesetzesmaterialien ein **Zeitraum von zwei Monaten** genannt (RegBegr. BT-Drs. 15/5092, 22). Gesetzeskraft hat diese Fristangabe nicht; angesichts der Sitzungsfrequenz vor allem des Aufsichtsrats bietet die so bemessene Frist aber einen Anhaltspunkt für die vom Gericht zutreffende Zulassungsentscheidung, auf den die Angemessenheitsprüfung regelmäßig bezogen werden kann. Auch hinsichtlich der vergeblichen Aufforderung der AG trifft die Aktionäre eine Nachweispflicht; sie betrifft den Zugang einer Aufforderungserklärung bei der Gesellschaft, die nicht formgebunden ist, aber mit Rücksicht auf die Nachweispflicht, regelmäßig schriftlich abgefasst werden wird.

IV. Unredlichkeits- oder Gesetzesverletzungsverdacht, Abs. 1 S. 2 Nr. 3

5 Mit der weiteren Voraussetzung des Abs. 1 S. 2 Nr. 3, nach der Tatsachen vorliegen müssen, die einen Unredlichkeits- oder Gesetzesverletzungsverdacht belegen müssen, wollte der Gesetzgeber zum Ausdruck bringen, dass das Gericht einem Antrag auf Klagezulassung nur stattgeben darf, wenn die Klage eine hinreichende Erfolgsaussicht hat (BT-Drs. 15/5092, 22). **»Unredlichkeit«** sind nach der Gesetzesbegründung stets »ins Kriminelle reichende Treuepflichtverstöße« (BT-Drs. 15/5092, 22). Der geforderte Verdacht einer **»groben Verletzung von Gesetz oder Satzung«** wird nach der Gesetzesbegründung gleichfalls als ein **Ausnahmesachverhalt** verstanden; er soll vorliegen, wenn »wegen der besonderen Schwere der Verstöße, die nicht im Bereich unternehmerischer Fehlentscheidungen liegen, sondern regelmäßig im Bereich der Treuepflichtverletzung, eine Nichtverfolgung unerträglich wäre« (BT-Drs. 15/5092, 22). Das Gesetz fordert die Darlegung, nicht aber den Nachweis solcher Tatsachen; die Darlegungslast tragen die Aktionäre.

V. Keine überwiegenden Gründe des Gesellschaftswohls, Abs. 1 S. 2 Nr. 4

6 Schließlich dürfen der Geltendmachung des Ersatzanspruchs keine überwiegenden Gründe des Gesellschaftswohls entgegenstehen, Abs. 1 S. 2 Nr. 4. Die Formulierung ist der Entscheidungsbegründung des BGH in der »ARAG/Garmenbeck-Entscheidung« (BGHZ 135, 244, 255) nachgebildet. Im Unterschied zu dieser verlangt das Gesetz allerdings nicht nur gewichtige, sondern »überwiegende« Gründe des Gesellschaftswohls; damit wollte der Gesetzgeber zum Ausdruck bringen, dass bei Vorliegen der Voraussetzungen der Nr. 1 bis 3 und damit bei Vorliegen von Verdachtstatsachen, die auf eine Unredlichkeit oder Gesetzesverletzung schließen lassen, die Zulassung der Klage die Regel, deren Nichtzulassung dagegen eine nur selten im Rahmen der Abwägung zu begründende Ausnahme darstellen soll (BT-Drs. 15/5092, 22). Das Abwägungserfordernis erlaubt dem Gericht, von einer detailgenauen Analyse der dargelegten Umstände abzusehen (*K. Schmidt* NZG 2005, 796, 800). In den Gesetzesmaterialen werden beispielhaft die Fälle **sehr geringer Schadenssummen** und **Mehrfachklagen** angeführt (BT-Drs. 15/5092, 22). Der in Abs. 4 S. 4 vorausgesetzte Fall, dass mehrere Klagen im Hauptverfahren anhängig und dann zu verbin-

den sind, wird deshalb der Ausnahmefall sein. Ferner wird in den Gesetzesmaterialen die Verfolgung von wegen ihrer Höhe nicht beitreibbar erscheinender Forderungen als weiterer Anwendungsfall des überwiegenden Gesellschaftswohls angeführt (BT-Drs. 15/5092, 22).

C. Klagezulassungsverfahren, Abs. 2

Abs. 2 regelt Details des Zulassungsverfahrens. Das Zulassungsverfahren wird durch einen **Antrag der antragsberechtigten Aktionäre** bei dem Landgericht des Gesellschaftssitzes (Abs. 2 S. 1) eröffnet; beim Landgericht entscheidet gegebenenfalls die Kammer für Handelssachen (Abs. 2 S. 2). Die Antragstellung **hemmt die Verjährung** des streitgegenständlichen Anspruchs (Abs. 2 S. 3). Das Gericht hat dem Antragsgegner Gelegenheit zur **Stellungnahme** zu geben (Abs. 2 S. 4). Ungeregelt und unklar ist, wer Antragsgegner im Klagezulassungsverfahren ist. Die AG kommt als Antragsgegner nicht in Betracht, weil sie gem. Abs. 2 S. 7 beizuladen ist (*Hüffer* AktG, § 148 Rn. 119). Deshalb sind **Antragsgegner** des Klagezulassungsverfahrens die Mitglieder der Gesellschaftsorgane, die als Haftungsschuldner im Klageverfahren in Anspruch genommen werden sollen (*Hüffer* AktG, § 148 Rn. 11). Die Vorschrift des § 148 AktG enthält keine allgemeinen Regelungen zum Verfahren; ein Verweis auf das Verfahrensrecht der freiwilligen Gerichtsbarkeit wie für die Sonderprüferbestellung in § 142 Abs. 8 AktG findet sich in § 148 AktG nicht. Insofern wird angenommen, dass es sich um ein Verfahren eigner Art handelt, das nach der ZPO und nicht nach dem FGG abzuwickeln ist, soweit das AktG selbst keine besonderen Regelungen trifft (*Hüffer* AktG, § 148 Rn. 10). Daraus folgt insbesondere, dass der Amtsermittlungsgrundsatz des § 12 FGG nicht gilt. 7

D. Vorrangige Rechtsverfolgung durch die Gesellschaft, Abs. 3

Aus Abs. 3 S. 1 ergibt sich die **Subsidiarität** des Klagezulassungsverfahrens sowie des Hauptklageverfahrens. Der Zulassungsantrag gem. Abs. 1 und 2 – und ebenso die zugelassene Klage von Aktionären – wird mit der Klageerhebung der Gesellschaft gem. Abs. 3 S. 1 Hs. 2 unzulässig; die Unzulässigkeitsanordnung ist erforderlich, damit die Klage der Gesellschaft zulässig erhoben werden kann; andernfalls wäre dies im Hinblick auf die die Gesellschaft nach Abs. 5 S. 1 erfassende Rechtshängigkeit des Klagezulassungs- oder Hauptverfahrens der Minderheitsaktionäre nicht möglich (*Bork* ZIP 2005, 66). Zu dem nunmehr rechtshängigen Verfahren sind die Aktionäre beizuladen, Abs. 3 S. 3. Der Klagezulassungsantrag bzw. die Klage der Minderheitsaktionäre sind, wenn keine Rücknahme erfolgen sollte, als unzulässig abzuweisen. Die (gerichtlichen und außergerichtlichen) **Kosten** der Aktionäre sind in jedem Fall von der Gesellschaft zu tragen, Abs. 6 S. 4. 8

Die AG ist nach Abs. 3 S. 2 ausnahmsweise ohne Zustimmung des Beklagten befugt, die anhängige Klage in der jeweiligen Verfahrenslage zu übernehmen. Der **gesetzliche Parteiwechsel** ist zulässig, ohne dass eine Zustimmung des Beklagten oder der Aktionäre erforderlich ist. Die Aktionäre sind wiederum gem. Abs. 3 S. 3 beizuladen. Die AG hat das Wahlrecht, die Aktionärsklage zu übernehmen oder selbst neu zu klagen (*Paschos/Neumann* DB 2005, 1779, 1783). 9

E. Rechtsverfolgung durch die Aktionäre im Hauptverfahren, Abs. 4

Wird die Klage der Minderheitsaktionäre zugelassen, können sie den Ersatzanspruch der Gesellschaft im Hauptverfahren einklagen. Die Klage der Aktionäre ist in ihrem **eigenen Namen** auf Leistung an die Gesellschaft und damit als **gesetzlicher Prozessstandschafter** einzuklagen, Abs. 4 S. 2. Nur die im Klagezulassungsverfahren erfolgreichen Minderheitsaktionäre sind zur Klageerhebung im Hauptverfahren legitimiert. Eine **Nebenintervention** durch Aktionäre nach Klagezulassung wird durch Abs. 4 S. 3 ausgeschlossen. Das Minderheitsquorum des Zulassungsverfahrens gilt für die Klage im Hauptverfahren nicht (*Seibt* WM 2004, 2137, 2142). Die Klage im Hauptverfahren ist aber im Hinblick auf die vom Gesetzgeber auch in diesem Stadium des Verfahrens noch bestehende Subsidiarität der Aktionärsklage nur zulässig, nachdem eine nochmals unter angemessener Fristsetzung ergangene Aufforderung an die Gesellschaft vergeb- 10 lich geblieben ist, Abs. 4 S. 1. Überdies ist eine **Frist von drei Monaten** nach Eintritt der Rechtskraft des Zulassungsbeschlusses für die Klageerhebung einzuhalten.

11 Die Klage ist nach Abs. 4 S. 2 gegen die in § 147 Abs. 1 AktG genannten Personen zu richten, also entweder gegen Mitglieder der Verwaltung, gegen die Einflussnehmer i. S. d. § 117 AktG oder gegen die Gründungs- oder Nachgründungsverantwortlichen. Zuständig für die Klage ist unabhängig davon, wer nach der jeweiligen Sachlage verklagt wird, und damit abweichend von allgemeinen Grundsätzen das Landgericht des Gesellschaftssitzes.

F. Rechtskraftwirkung, Abs. 5

12 Das Urteil wirkt gem. Abs. 5 S. 1 für und gegen die AG und die am Verfahren nicht beteiligten anderen Aktionäre. Diese **Rechtskrafterstreckung** betrifft das auf die nach erfolgreichem Zulassungsverfahren erhobene Klage im Hauptverfahren ergehende Urteil. Dabei kommt es weder darauf an, ob das Urteil der Klage stattgegeben hat oder nicht (so ausdrücklich Abs. 5 S. 1), noch darauf, ob das Urteil auf Klage der Aktionärsminderheit oder der Gesellschaft ergangen ist (*Hüffer* AktG, § 148 Rn. 19). Dies hat insbesondere zur Konsequenz, dass, soweit die Rechtskraft reicht, weitere Aktionärsminderheiten nicht nochmals in Prozessstandschaft Klagezulassung beantragen können (BT-Drs. 15/5092, 23).

13 Die Grundsätze der Rechtskrafterstreckung gelten nach Abs. 5 S. 2 auch für einen nach § 149 AktG bekannt zu machenden und damit auf Verfahrensbeendigung gerichteten **Vergleich**. Das bedeutet, dass der Vergleich über den von der Aktionärsminderheit geltend gemachten Anspruch der Gesellschaft für und gegen die Mitaktionäre wirkt (Abs. 5 S. 2 Hs. 1). Hinsichtlich der Rechtskraft des Urteils für die Gesellschaft hat der Gesetzgeber zu Recht klar gestellt, dass die Gesellschaft durch das Urteil nur gebunden ist, wenn die Klage zugelassen war (Abs. 5 S. 2 Hs. 2). Die Gesellschaft kann deshalb weiterhin klagen, wenn im Zulassungsverfahren ein Vergleich mit den Minderheitsaktionären geschlossen wird. Dies ist konsequent, weil es sich bei dem Klagezulassungsverfahren um ein Verfahren zwischen Minderheitsaktionären und Organmitgliedern handelt und es nicht gerechtfertigt erscheint, dass diese Verfahrensbeteiligten über Ansprüche der Gesellschaft durch Vergleich disponieren können. Ein Vergleich im (zugelassenen) Hauptverfahren, der dann auch die Gesellschaft bindet, ist nur unter den Voraussetzungen des § 93 Abs. 4 S. 3 AktG möglich, setzt also einen zustimmenden Hauptversammlungsbeschluss und weiterhin voraus, dass dagegen kein Widerspruch von der qualifizierten Aktionärsminderheit erhoben wird; auf die Einhaltung der 3-Jahres-Frist kommt es dagegen nach § 148 Abs. 6 S. 4 AktG nicht an (*Paschos/Neumann* DB 2005, 1779, 1784).

G. Verfahrenskosten, Abs. 6

14 Hinsichtlich der Verfahrenskosten trifft Abs. 6 S. 1 bis 4 zunächst Regelungen zur gerichtlichen Kostenentscheidung. Eine Kostenentscheidung im Verfahren um die Klagezulassung ergeht nur dann, wenn der Zulassungsantrag abgewiesen wird. In diesem Fall sind die Kosten den Antragstellern aufzuerlegen, Abs. 6 S. 1. Anders ist nach Abs. 6 S. 2 zu entscheiden, wenn die Gesellschaft durch unterlassene Mitteilung der der Klagezulassung entgegenstehenden Gründe des Gesellschaftswohls (§ 149 Abs. 1 S. 2 Nr. 4 AktG) die Antragstellung verursacht hat. Im Übrigen ist in der Kostenentscheidung des Endurteils über die zugelassene Klage auch über die Kosten des Zulassungsverfahrens zu entscheiden, Abs. 6 S. 3. Maßgeblich sind die §§ 91 ff. ZPO.

15 Abs. 6 S. 5 verschafft den Minderheitsaktionären einen **gesetzlichen Erstattungsanspruch** gegen die AG für den Fall, dass ihre Klage zugelassen, aber im Hauptverfahren ganz oder teilweise abgewiesen wurde, sofern sie die Zulassung der Klage nicht durch vorsätzlich oder grob fahrlässig unrichtigen Vortrag erwirkt haben. Der Gefahr von Fehlanreizen durch Kostenerstattungsansprüche der Bevollmächtigten mehrerer Antragsteller oder Kläger wird durch die Begrenzung der Kostenerstattung in Abs. 6 S. 6 vorgebeugt.

§ 149 Bekanntmachungen zur Haftungsklage

(1) Nach rechtskräftiger Zulassung der Klage gemäß § 148 sind der Antrag auf Zulassung und die Verfahrensbeendigung von der börsennotierten Gesellschaft unverzüglich in den Gesellschaftsblättern bekannt zu machen.

(2) [1]Die Bekanntmachung der Verfahrensbeendigung hat deren Art, alle mit ihr im Zusammenhang stehenden Vereinbarungen einschließlich Nebenabreden im vollständigen Wortlaut sowie die Namen der Beteiligten zu enthalten. [2]Etwaige Leistungen der Gesellschaft und ihr zurechenbare Leistungen Dritter sind gesondert zu beschreiben und hervorzuheben. [3]Die vollständige Bekanntmachung ist Wirksamkeitsvoraussetzung für alle Leistungspflichten. [4]Die Wirksamkeit von verfahrensbeendigenden Prozesshandlungen bleibt hiervon unberührt. [5]Trotz Unwirksamkeit bewirkte Leistungen können zurückgefordert werden.

(3) Die vorstehenden Bestimmungen gelten entsprechend für Vereinbarungen, die zur Vermeidung eines Prozesses geschlossen werden.

Die Vorschrift schreibt die Bekanntmachung der Zulassung der Aktionärsklage und der Einzelheiten der Verfahrensbeendigung vor. Damit bezweckt der Gesetzgeber vor allem, **missbräuchliche Zulassungsanträge** für Haftungsklagen und unzulässige Leistungen an die das Klageverfahren betreibenden Minderheitsaktionäre im Zusammenhang mit der Verfahrensbeendigung zu unterbinden (RegBegr. BT-Drs. 15/5092, 24). Die Einhaltung der Publizitätspflichten wird durch die Unwirksamkeit der im Zusammenhang mit der Beendigung anhängiger Verfahren vereinbarten Leistungspflichten zivilrechtlich sanktioniert. Die Vorschrift gilt nur für **börsennotierte Gesellschaften** (§ 3 Abs. 2 AktG). 1

Die **Bekanntmachungspflicht** setzt erst mit Rechtskraft der Zulassungsentscheidung ein, Abs. 1. 2
Jedenfalls ist also die Frist für die sofortige Beschwerde gegen die Zulassungsentscheidung von zwei Wochen (§ 148 Abs. 2 S. 5 AktG) bzw. der Abschluss des Rechtsmittelverfahrens abzuwarten. Die Bekanntmachungspflicht betrifft zunächst den Antrag auf Zulassung der Haftungsklage; ferner ist die Verfahrensbeendigung im Zulassungsverfahren und im Hauptverfahren bekannt zu machen. Die Bekanntmachung hat **unverzüglich** und in den Gesellschaftsblättern, also jedenfalls im elektronischen Bundesanzeiger (§ 25 S. 1 AktG) zu erfolgen. Bekannt zu machen ist zunächst die Art der Verfahrensbeendigung (insbesondere Urteil, Vergleich, Klagerücknahme, Erledigungserklärung), Abs. 2 S. 1. Weiterhin sind alle getroffenen Vereinbarungen und Nebenabreden bekannt zu machen und dies im vollständigen Wortlaut sowie unter Angabe des Namens der Beteiligten. Leistungen der Gesellschaft und ihr zurechenbare Leistungen Dritter sind gesondert zu beschreiben und hervorzuheben, Abs. 2 S. 2. In den Gesetzesmaterialien werden **beispielhaft** angeführt: Prozess- und Aufwandserstattungen, einvernehmliche Ansetzung des Vergleichswerts, Schadenersatzzahlungen, Honorare für Beraterleistungen, Gutachten, wissenschaftliche Ausarbeitungen aller Art sowie sonstige Zuwendungen, gleich welcher Form (BT-Drs. 15/5092, 24). Ebenso sollen damit Vereinbarungen über Beratungsaufträge mit Aktionären oder ihnen nahe stehenden Dritten erfasst werden, die im Zusammenhang mit der Verfahrensbeendigung abgeschlossen werden. Unerheblich ist, ob die vermögenswerte Leistung den verfahrensbeteiligten Aktionären mittelbar oder unmittelbar zukommt (BT-Drs. 15/5092, 24 f.).

Die in Abs. 2 S. 3 angeordnete **Unwirksamkeit** betrifft die Rechtsgeschäfte über Leistungspflichten. Die verfahrensbeendende Prozesshandlung wird davon nicht betroffen; es bleibt somit trotz der Verletzung der Bekanntmachungspflichten bei der Verfahrensbeendigung, Abs. 2 S. 4. Dagegen »können« erbrachte Leistungen nach Abs. 2 S. 5 zurückgefordert werden. Die Geltendmachung dieses Rückforderungsanspruchs gehört zur Sorgfaltspflicht der Organe und ist für die Gesellschaft verpflichtend. Die Regelung schafft einen Sonderfall der bürgerlich-rechtlichen Leistungskondiktion; § 814 BGB findet keine Anwendung (BT-Drs. 15/5092, 25). 3

4 Nach Abs. 3 gelten die Bekanntmachungspflichten und ihre Sanktionen auch für **prozessvermeidende Vereinbarungen**. Damit sind missbräuchliche Vereinbarungen gemeint, nach denen Aktionäre Zulassungsanträge nach § 148 Abs. 1 AktG nicht weiterverfolgen, nachdem sie sich den »Lästigkeitswert« des beantragten Verfahrens gleichsam haben abkaufen lassen.

Fünfter Teil.
Rechnungslegung. Gewinnverwendung

Erster Abschnitt.
Jahresabschluss und Lagebericht. Entsprechenserklärung

Vorbemerkung

1 Die §§ 148 bis 160 AktG enthielten ursprünglich umfassende Regelungen zur Rechnungslegung der AG. Nachdem auf europäischer Ebene mit der Vierten, Siebenten und Achten Richtlinie des Rates der Europäischen Gemeinschaften zur Koordinierung des Gesellschaftsrechts die Grundlagen für ein einheitliches Rechnungslegungsrecht in den Mitgliedstaaten der EG gelegt worden waren (KölnKomm AktG/*Claussen/Korth* Vorb. § 238 HGB Rn. 2), hat der deutsche Gesetzgeber mit dem Bilanzrichtlinien-Gesetz (BiRiLiG) vom 19. 12. 1985 (BGBl. I 1985, 2335) durch die Umsetzung dieser Richtlinien in das deutsche Recht in den §§ 238 ff. HGB eine Art **Grundgesetz der Bilanzierung** für das deutsche Bilanzrecht geschaffen (Baumbach/Hopt/*Merkt* Einf. vor § 238 Rn. 2). Das neue Bilanzrecht gilt seither für alle Kaufleute. Für Kapitalgesellschaften enthält es Sondervorschriften in den §§ 264 bis 335 b HGB. Dementsprechend wurden im Rahmen des BiLiRiG die Regelungen zur Bilanzierung im AktG weitgehend aufgehoben. Das AktG enthält lediglich noch einzelne – nur auf die Rechtsform der AG bezogene – Rechnungslegungsvorschriften.

2 Die in § 148 AktG ursprünglich geregelte **Pflicht zur Aufstellung** des Jahresabschlusses und des Geschäftsberichts durch den Vorstand binnen drei Monate nach Ende des Geschäftsjahres ist im Rahmen des BiRiLiG vom 19. 12. 1985 (BGBl. I, 2355) in die für alle Kapitalgesellschaften geltenden Regelungen der §§ 242, 264 Abs. 1 HGB überführt worden.

3 § 149 AktG enthielt mit einem Verweis auf die GoB und auf die subsidiäre Geltung der zu der Zeit in §§ 38 ff. HGB geregelten handelsrechtlichen Bilanzierung die grundlegende Weichenstellung für die Rechnungslegungsvorschriften der AG. Nach den Änderungen durch das BiRiLiG vom 19. 12. 1985 (BGBl. I, 2355) gelten auch für die AG die diesbezüglichen Vorschriften des HGB, insbesondere §§ 243, 264 Abs. 2 HGB.

§ 150 Gesetzliche Rücklage. Kapitalrücklage

(1) In der Bilanz des nach den §§ 242, 264 des Handelsgesetzbuchs aufzustellenden Jahresabschlusses ist eine gesetzliche Rücklage zu bilden.

(2) In diese ist der zwanzigste Teil des um einen Verlustvortrag aus dem Vorjahr geminderten Jahresüberschusses einzustellen, bis die gesetzliche Rücklage und die Kapitalrücklagen nach § 272 Abs. 2 Nr. 1 bis 3 des Handelsgesetzbuchs zusammen den zehnten oder den in der Satzung bestimmten höheren Teil des Grundkapitals erreichen.

(3) Übersteigen die gesetzliche Rücklage und die Kapitalrücklagen nach § 272 Abs. 2 Nr. 1 bis 3 des Handelsgesetzbuchs zusammen nicht den zehnten oder den in der Satzung bestimmten höheren Teil des Grundkapitals, so dürfen sie nur verwandt werden

1. zum Ausgleich eines Jahresfehlbetrags, soweit er nicht durch einen Gewinnvortrag aus dem Vorjahr gedeckt ist und nicht durch Auflösung anderer Gewinnrücklagen ausgeglichen werden kann.
2. zum Ausgleich eines Verlustvortrags aus dem Vorjahr, soweit er nicht durch einen Jahresüberschuss gedeckt ist und nicht durch Auflösung anderer Gewinnrücklagen ausgeglichen werden kann.

(4) [1]Übersteigen die gesetzliche Rücklage und die Kapitalrücklagen nach § 272 Abs. 2 Nr. 1 bis 3 des Handelsgesetzbuchs zusammen den zehnten oder den in der Satzung bestimmten höheren Teil des Grundkapitals, so darf der übersteigende Betrag verwandt werden
1. zum Ausgleich eines Jahresfehlbetrags, soweit er nicht durch einen Gewinnvortrag aus dem Vorjahr gedeckt ist;
2. zum Ausgleich eines Verlustvortrags aus dem Vorjahr, soweit er nicht durch einen Jahresüberschuss gedeckt ist;
3. zur Kapitalerhöhung aus Gesellschaftsmitteln nach den §§ 207 bis 220.

[2]Die Verwendung nach den Nummern 1 und 2 ist nicht zulässig, wenn gleichzeitig Gewinnrücklagen zur Gewinnausschüttung aufgelöst werden.

Übersicht:

A. Begriff

Die in § 150 AktG geregelte Rücklagenbildung der AG setzt den **bilanziellen Begriff** der Rücklage voraus. Gem. § 266 Abs. 3 A III. und II. HGB sind Rücklagen in der Form der Gewinn- und der Kapitalrücklagen als Bilanzpositionen der Passivseite Teil des Eigenkapitals einer AG. Sie sind insoweit zu unterscheiden von dem gezeichneten Kapital, dem Gewinn-/Verlustvortrag und dem Jahresüberschuss/-fehlbetrag und dürfen keinesfalls mit den zum Fremdkapital gehörenden Rückstellungen gem. § 266 Abs. 3 B HGB verwechselt werden (*Hüffer* AktG, § 150 Rn. 2; ADS § 150 AktG Rn. 7). 1

B. Rücklagenbildung, Abs. 1

Abs. 1 schreibt die **Verpflichtung** zur Bildung einer gesetzlichen Rücklage vor. Da die Rücklage aus den von der AG zu erwirtschaftenden Gewinnen gebildet werden muss, ist sie gem. § 266 Abs. 3 A III. 1 HGB eine Unterart der Gewinnrücklage (*Hüffer* AktG, § 150 Rn. 2). Die Rücklagenbildung erfolgt zur Stärkung der Eigenkapitalausstattung der AG. Sie führt zur Bildung eines dem gezeichneten Kapital vorgelagerten gesetzlichen Reservefonds zum Schutz der Gläubiger der AG, der den Ausgleich von zukünftigen Verlusten ohne sofortigen Zugriff auf das gezeichnete Kapital ermöglicht (KölnKomm AktG/*Claussen/Korth* § 150 Rn. 7; *Hüffer* AktG, § 150 Rn. 1; ADS § 150 AktG Rn. 2, 16). 2

Die Bildung der gesetzlichen Rücklage ist **zwingend**; eine Abweichung von der Vorschrift ist nicht – auch nicht durch Satzungsregelung (vgl. § 23 Abs. 5 AktG) – möglich (KölnKomm AktG/*Claussen/Korth* § 150 AktG Rn. 8; *Hüffer* AktG, § 150 Rn. 4). Ein Verstoß gegen die Verpflichtung zur Bildung der gesetzlichen Rücklage führt zur **Nichtigkeit** des Jahresabschlusses gem. § 256 Abs. 1 Nr. 4 AktG (KölnKomm AktG/*Claussen/Korth*, § 150 AktG Rn. 8; vgl. dazu auch § 256 AktG Rn. 11). 3

4 Eine gesetzliche (oder ggf. höhere satzungsmäßige) Dotierung der Rücklage ist bei der Aufstellung des Jahresabschlusses vorzunehmen. Es handelt sich demzufolge um eine Aufgabe des Vorstands der AG (*Hüffer* AktG, § 150 Rn. 4; ADS § 150 AktG Rn. 42). Da es der Hauptversammlung gem. § 58 Abs. 3 AktG gestattet ist, weitere Beträge des Bilanzgewinns im Rahmen des Gewinnverwendungsbeschlusses in die Gewinnrücklagen einzustellen, darf sie im Rahmen des Beschlusses über die Gewinnverwendung (ADS § 150 AktG Rn. 43; *Hüffer* AktG, § 150 Rn. 7) und nach einer Meinung in der Literatur auch bei einem (ihr satzungsmäßig zugewiesenen) Beschluss über die Feststellung des Jahresabschlusses (KölnKomm AktG/*Claussen/Korth* § 150 AktG, Rn. 10) die gesetzliche Rücklage mit weiteren, über das gesetzliche Mindestmaß hinausgehenden Teilen des Bilanzgewinns dotieren. Für einen derartigen Beschluss reicht gem. § 133 Abs. 1 AktG grundsätzlich eine einfache Stimmenmehrheit aus. Zu beachten ist insoweit aber die Grenze des § 254 Abs. 1 AktG, die den (gegen einen entsprechenden Verwendungsbeschluss stimmenden) Aktionären ein Anfechtungsrecht für den Fall gewährt, dass der zur Ausschüttung an die Aktionäre verbleibende Gewinn ohne ausreichende wirtschaftliche Begründung weniger als 4 % des Grundkapitals beträgt (ADS § 150 AktG, Rn. 45). Um Anfechtungsrisiken zu vermeiden, sollte eine noch weitergehende Dotierung der gesetzlichen Rücklage ggf. nur einstimmig beschlossen werden.

C. Dotierung der Rücklage, Abs. 2

5 Abs. 2 regelt den Umfang der Dotierung der Rücklage. Zu unterscheiden ist dabei zwischen der gesetzlich vorgeschriebenen Höhe der Dotierung, ausgedrückt durch einen Prozentsatz des Jahresüberschusses, und einer (durch Satzungsregelung erweiterbaren) gesetzlichen Obergrenze, bestehend aus einem Prozentsatz vom Grundkapital der AG. Demnach sind jeweils **5 % des Jahresüberschusses** einer AG bis zum Erreichen der gesetzlich (oder satzungsmäßig) geregelten Obergrenze in die gesetzliche Rücklage einzustellen. Der für die Berechnung relevante Betrag des Jahresüberschusses ist Posten 20 der GuV-Rechnung der AG (Gesamtkostenverfahren) bzw. Posten 19 der GuV-Rechnung (Umsatzkostenverfahren) zu entnehmen (ADS § 150 AktG Rn. 22). Hiervon abzuziehen ist ein etwa bestehender Verlustvortrag aus dem Vorjahr gem. § 158 Abs. 1 Nr. 1 AktG (*Hüffer* AktG, § 150 Rn. 5). Die Berücksichtigung eines etwaigen Gewinnvortrages ist ebenso wenig erforderlich wie die Einbeziehung einer Rücklage gem. § 58 Abs. 2 a AktG (ADS § 150 AktG Rn. 22, 24).

6 Der sich hieraus ergebende Rückstellungsbetrag zuzüglich der Beträge der Kapitalrücklagen der AG gem. § 272 Abs. 2 Nr. 1 bis 3 AktG darf nicht die in Abs. 2 geregelte **absolute Obergrenze** überschreiten. Diese beträgt nach der gesetzlichen Regelung **10 % des Grundkapitals** der AG. Allerdings lässt es das Gesetz zu, dass die Satzung der AG einen höheren (nicht aber einen niedrigeren) Prozentsatz als absolute Obergrenze vorsieht. Aus dem Wortlaut des Gesetzes schließt die h. M., dass auch durch Satzungsregelung stets nur ein Teil des Grundkapitals zurückgestellt werden kann und muss. Nicht zulässig ist es daher, die Rückstellungsbildung auf Gewinne bis zum Doppelten oder Mehrfachen des Grundkapitals zu erweitern (*Hüffer* AktG, § 150 Rn. 7; ADS § 150 AktG Rn. 31; KölnKomm AktG/*Claussen/Kropf* § 150 Rn. 11; a. A. *Barz* AG 1966, 39; *Schäfer* ZfK 1966, 276, 278). Eine Satzungsregelung, die diese Begrenzung der absoluten Obergrenze nicht berücksichtigt und eine über das Grundkapital hinausgehende Dotierung der Rücklage vorsieht, ist nach h. M. gem. § 241 Nr. 3 AktG nichtig (OLG Düsseldorf AG 1968, 19; *Hüffer* AktG, § 150 Rn. 7; ADS § 150 AktG Rn. 32), zumindest aber anfechtbar (*Werner* AG 1968, 181, 182).

7 Nach dem Wortlaut des Abs. 2 sind in die Berechnung des Höchstbetrages der zu bildenden Rücklage neben der gesetzlichen Rücklage nur die in den Nummern 1 bis 3 des § 272 Abs. 2 HGB genannten Teile der Kapitalrücklage einzubeziehen. Dementsprechend sind andere Zuzahlungen von Gesellschaftern in das Eigenkapital i. S. v. § 272 Abs. 2 Nr. 4 HGB bei der Berechnung der Rücklage nicht zu berücksichtigen. Anders als dies der Wortlaut von § 150 Abs. 2 AktG nahe legt, sind aber auch Kapitalrücklagen, die bei einfachen Kapitalherabsetzungen und bei der Kapitalherabsetzung durch Einziehung von Aktien gebildet werden, in die Berechnung einzubeziehen (ADS § 150 AktG Rn. 38; *Hüffer* AktG, § 150 Rn. 6).

D. Verwendungsmöglichkeiten des Mindestbetrages, Abs. 3

Die gem. Abs. 1 und Abs. 2 gebildeten Rücklagen dürfen dem Sinn der Vorschrift entsprechend nicht für Gewinnausschüttungen verwendet werden (*Hüffer* AktG, § 150 Rn. 8). Abs. 3 regelt daher entsprechend **eingeschränkte Verwendungsmöglichkeiten** für den Mindestbetrag der gesetzlichen Rücklage zuzüglich der Kapitalrücklagen gem. § 272 Abs. 2 Nr. 1 bis 3 HGB. Dieser Mindestbetrag darf nur eingesetzt werden, um einen Jahresfehlbetrag oder einen Verlustvortrag auszugleichen. Ein Einsatz dieser Kapitalrücklagen zur Deckung von Verlusten aus einzelnen Geschäften oder zum Ausgleich einzelner Wertminderungen ist nicht zulässig (ADS § 150 AktG Rn. 52). Abzustellen ist jeweils nur auf das Gesamtergebnis der Geschäftstätigkeit der AG. 8

Unter Jahresfehlbetrag ist dabei der in der Bilanz entsprechend ausgewiesene Posten gem. § 266 Abs. 3 A. V HGB bzw. die entsprechende Position der GuV-Rechnung gem. § 266 Abs. 2 Nr. 20 (Gesamtkostenverfahren) oder Abs. 3 Nr. 19 (Umsatzkostenverfahren) HGB zu verstehen (*Hüffer* AktG, § 150 Rn. 8). Der Einsatz des Mindestbetrages der Kapitalrücklagen zum Ausgleich eines Jahresfehlbetrages ist gem. Abs. 2 aber nur dann zulässig, wenn der Jahresfehlbetrag nicht durch einen Gewinnvortrag aus dem Vorjahr oder durch die Auflösung anderer Gewinnrücklagen ausgeglichen werden kann. Bei dem **Gewinnvortrag** handelt es sich um keine Rücklage, sondern um eine um mehrere Jahre hinausgeschobene Gewinnverwendung (ADS § 150 AktG Rn. 53). Er ist in der Bilanz gem. § 266 Abs. 3 A.IV HGB und in der GuV-Rechnung gem. § 158 Abs. 1 Nr. 1 AktG auszuweisen. Bei den »**anderen Gewinnrücklagen**«, die gem. Abs. 3 vorrangig zum Ausgleich eines Jahresfehlbetrag heranzuziehen sind, handelt es sich nach h. M. über den Wortlaut des Gesetzes hinaus nicht nur um Rücklagen i. S. v. § 266 Abs. 3 A.III 4 HGB. Der in Abs. 3 verwendete Begriff bezieht sich vielmehr auf alle sonstigen, auflösbaren Gewinnrücklagen (ADS § 150 AktG Rn. 55). Danach sind zur Deckung des Jahresfehlbetrages auch satzungsmäßige Rücklagen und Rücklagen nach § 58 Abs. 2 a AktG heranzuziehen; nach h. M. aber nicht die Rücklage für eigene Anteile, da der mit dieser Rücklage verfolgte Zweck der bilanziellen Neutralisierung eigener Anteile Vorrang vor dem mit der gesetzlichen Rücklage geschaffenen Reservefonds hat (*Hüffer* AktG, § 150 Rn. 9; MüKo AktG/*Kropff* § 150 AktG Rn. 30; KölnKomm AktG/*Claussen/Korth* § 150 Rn. 20; a. A. ADS § 150 AktG Rn. 55; *Haller* DB 1987, 646, 647). 9

Der Mindestbetrag der gesetzlichen Rücklage zuzüglich der Kapitalrücklagen gem. § 272 Abs. 2 Nr. 1 bis 3 HGB darf gem. Abs. 3 ferner zum Ausgleich eines Verlustvortrags aus dem Vorjahr verwandt werden. Der Verlustvortrag ergibt sich gem. § 266 Abs. 3 A.IV HGB aus der Bilanz und gem. § 158 Abs. 1 S. 1 Nr. 1 AktG aus der GuV-Rechnung der AG. Der Mindestbetrag der Kapitalrücklagen ist aber nur dann zum Ausgleich eines Verlustvortrages verwenden, wenn der Ausgleich nicht durch die Verwendung eines Jahresüberschusses gem. § 266 Abs. 2 Nr. 20 oder Abs. 3 Nr. 19 HGB bzw. durch die Verwendung anderer Gewinnrücklagen möglich ist. Der Begriff der zu berücksichtigenden Gewinnrücklagen geht dabei, entsprechend den vorstehenden Ausführungen in Rn. 9, über den Wortlaut von § 266 Abs. 3 A.III 4 HGB hinaus. 10

E. Erweiterte Verwendungsmöglichkeiten, Abs. 4

Auch wenn die gesetzlichen Rücklage zuzüglich der Kapitalrücklagen gem. § 272 Abs. 2 Nr. 1 bis 3 HGB den gesetzlich oder satzungsmäßig vorgeschriebenen Mindestbetrag übersteigt, bleibt die Ausschüttungssperre grundsätzlich bestehen (*Hüffer* AktG, § 150 Rn. 11). Gem. Abs. 4 ergeben sich aber über die in Abs. 3 für den Mindestbetrag genannten Verwendungsmöglichkeiten hinaus, weitergehende Verwendungsmöglichkeiten. So können ein Jahresfehlbetrag und ein Verlustvortrag gem. Abs. 4 auch dann durch Beträge aus der gesetzlichen Rücklage und den Kapitalrücklagen gem. § 272 Abs. 2 Nr. 1 bis 3 HGB ausgeglichen werden, wenn die AG noch über andere Gewinnrücklagen i. S. v. Abs. 3 verfügt. Danach ist vor dem den Mindestbetrag der Kapitalrücklagen überschreitenden Rücklagenbetrag nur der Gewinnvortrag i. S. v. § 158 Abs. 1 S. 1 Nr. 1 AktG (im Falle eines Jahresfehlbetrages) bzw. ein Jahresüberschuss i. S. v. § 266 Abs. 2 Nr. 20 oder Abs. 3 Nr. 19 HGB (im Falle eines Verlustvortrages) vorrangig einzusetzen. Die gesetzliche Rücklage und die Kapitalrücklagen gem. § 272 Abs. 2 Nr. 1 bis 3 HGB dürfen allerdings 11 gem. Abs. 4 S. 3 nicht zum Ausgleich eines Jahresfehlbetrages oder Verlustvortrages herangezogen werden, wenn die AG gleichzeitig nicht gebundene Gewinnrücklagen zum Zwecke einer Gewinnausschüttung auflöst (*Hüffer* AktG, § 150 Rn. 11).

12 Gem. Abs. 4 Nr. 3 darf der den Mindestbetrag der Kapitalrücklagen überschreitende Betrag darüber hinaus für eine Kapitalerhöhung aus Gesellschaftsmitteln i. S. v. §§ 207 bis 220 AktG verwandt werden. Da die Kapitalerhöhung aus Gesellschaftsmitteln dazu führt, dass das eingesetzte Kapital als neues Grundkapital einer noch strengeren Kapitalbindung unterliegt, ist die Regelung folgerichtig (*Hüffer* AktG, § 150 Rn. 12). In diesem Fall ist auch eine parallele Verwendung freier Gewinnrücklagen für Gewinnausschüttungen unschädlich (ADS § 150 AktG Rn. 65).

F. Verstoßfolgen

13 Ein Verstoß gegen die Bestimmungen des § 150 AktG führt zu einer Nichtigkeit des entsprechenden Jahresabschlusses. Die Nichtigkeit ergibt sich aus § 256 Abs. 1 Nr. 1 AktG, wenn eine notwendige Dotierung der Rücklage unterbleibt oder eine Rücklagenauflösung entgegen Abs. 3 und Abs. 4 vorgenommen wird. Soweit die Rücklagenhöhe durch die Satzung bestimmt ist, führt ein Verstoß zu einer Nichtigkeit gem. § 256 Abs. 1 Nr. 4 AktG (*Hüffer* AktG, § 150 Rn. 13). Auf § 256 Abs. 1 Nr. 4 AktG beruht schließlich auch die Nichtigkeit des Jahresabschlusses wegen der Überschreitung der jährlichen Einstellung oder der Überdotierung insgesamt (*Hüffer* AktG, § 150 Rn. 13). Soweit eine Pflichtverletzung von Vorstands- und Aufsichtsratsmitgliedern i. S. v. §§ 93, 116 AktG vorliegt, sind diese Organe darüber hinaus wegen einer Verletzung der Bestimmungen des § 150 AktG schadensersatzpflichtig.

§ 150 a [aufgehoben]

§ 150 a AktG regelte die **Pflicht zur Bildung einer Rücklage für eigene Aktien** i. S. v. § 71 AktG. Die dieser Regelung entsprechende Verpflichtung findet sich jetzt in § 272 Abs. 4 HGB.

§ 151 [aufgehoben]

Die an dieser Stelle geregelten Vorschriften zur **Gliederung der Bilanz** der AG finden sich jetzt – wie für alle Kapitalgesellschaften – in § 266 HGB.

§ 152 Vorschriften zur Bilanz

(1) [1]Das Grundkapital ist in der Bilanz als gezeichnetes Kapital auszuweisen. [2]Dabei ist der auf jede Aktiengattung entfallende Betrag des Grundkapitals gesondert anzugeben. [3]Bedingtes Kapital ist mit dem Nennbetrag zu vermerken. [4]Bestehen Mehrstimmrechtsaktien, so sind beim gezeichneten Kapital die Gesamtstimmenzahl der Mehrstimmrechtsaktien und die der übrigen Aktien zu vermerken.

(2) Zu dem Posten »Kapitalrücklage« sind in der Bilanz oder im Anhang gesondert anzugeben

1. der Betrag, der während des Geschäftsjahrs eingestellt wurde;
2. der Betrag, der für das Geschäftsjahr entnommen wird.

(3) Zu den einzelnen Posten der Gewinnrücklagen sind in der Bilanz oder im Anhang jeweils gesondert anzugeben

1. die Beträge, die die Hauptversammlung aus dem Bilanzgewinn des Vorjahrs eingestellt hat;
2. die Beträge, die aus dem Jahresüberschuss des Geschäftsjahrs eingestellt werden;
3. die Beträge, die für das Geschäftsjahr entnommen werden.

§ 152 AktG enthält rechtsformspezifische **Regelungen zum Ausweis des Eigenkapitals** einer AG (mit Ausnahme von Gewinnvortrag und Jahresüberschuss) in der Bilanz. Die Bezeichnung des Grundkapitals als gezeichnetes Kapital gem. Abs. 1 S. 1 entspricht der Regelung in § 272 Abs. 1 S. 1 HGB und dient der **internationalen Verständlichkeit** der Bilanz (*Hüffer* § 152 Rn. 1; MüKo AktG/*Kessler/Suchan* § 266 HGB § 152 AktG Rn. 137). Die Bezeichnung stellt weiter sicher, dass darunter nicht nur die Summe der von den Aktionären tatsächlich geleisteten Einlagen, sondern die gesamte Grundkapitalziffer verstanden wird (KölnKomm AktG/*Claussen/Korth* § 266 HGB Rn. 135). Das Grundkapital ist gem. § 23 Abs. 3 Nr. 3 AktG in der Satzung festgelegt und muss gem. § 6 AktG auf Euro lauten. Gem. § 1 Abs. 2 EGAktG sind AG, die vor dem 1. 1. 2002 in das Handelsregister eingetragen wurden, berechtigt, ihr Grundkapital weiterhin in DM auszuweisen. Eine Anpassung auf Euro erfolgt für diese Gesellschaften gem. § 1 Abs. 2 S. 3 EGAktG erst, wenn die betreffende AG Kapitalmaßnahmen vornimmt. 1

Eine **Saldierung** mit ausstehenden Einlagen ist **nicht zulässig**. Ausstehende Einlagen können entweder gem. § 272 Abs. 1 S. 2 HGB auf der Aktivseite der Bilanz ausgewiesen (sog. **Bruttomethode**) oder – soweit noch nicht eingefordert – gem. § 272 Abs. 1 S. 3 HGB von dem Posten »Gezeichnetes Kapital« der Passivseite der Bilanz offen abgesetzt werden (sog. **Nettomethode**) Die Wahl der Methode steht im Ermessen der AG (MüKo AktG/*Kropff* § 272 HGB Rn. 19). 2

Die auf einzelne Aktiengattungen entfallenden Grundkapitalbeträge sind gem. Abs. 1 S. 2 bis 4 in der Bilanz **gesondert auszuweisen**. Gem. § 11 S. 2 AktG bilden alle Aktien, die mit gleichen Rechten ausgestattet sind, eine Gattung. Den Hauptfall bilden dabei Stammaktien mit Stimmrecht und stimmrechtslose Vorzugsaktien (*Hüffer* AktG, § 152 Rn. 3; MüKo AktG/*Kessler/Suchan* § 152 AktG Rn. 143; ADS § 152 AktG Rn. 4). In gleicher Weise ist gem. Abs. 1 S. 3 bedingtes Kapital i. S. v. § 192 AktG gesondert unter der Bilanzposition des gezeichneten Kapitals auszuweisen. Wegen des Verbots (neu geschaffener) Mehrstimmrechte gem. § 12 Abs. 2 AktG ist die Verpflichtung zum gesonderten Ausweis von Mehrstimmrechtsaktien von geringerer praktischer Bedeutung. Nur soweit einzelne AG von der Möglichkeit gem. § 5 Abs. 1 EGAktG Gebrauch gemacht und die Fortgeltung von Mehrstimmrechten über den 30. 6. 2003 hinaus beschlossen haben, sind die mit derartigen Sonderrechten versehenen Aktien weiterhin gem. Abs. 1 S. 4 in der Bilanz gesondert auszuweisen. Der Adressat der Bilanz soll in die Lage versetzt werden, aus der Bilanz das verbliebene Stimmrecht des Grundkapital zu entnehmen (*Hüffer* AktG, § 152 Rn. 5; MüKo AktG/*Kessler/Suchan* § 152 AktG Rn. 147; ADS, § 152 AktG, Rn. 14). Nach h. M. sind noch bestehende Mehrstimmrechte in der Bilanz anzugeben (*Hüffer* AktG, § 152 Rn. 5; MüKo AktG/*Kessler/Suchan* § 152 AktG Rn. 147; ADS § 152 AktG Rn. 14). Wie sich aus dem Vergleich mit den Abs. 2 und 3 ergibt, genügt in diesem Fall ein Ausweis im Anhang nicht (a. A. KölnKomm AktG/*Claussen/Korth* § 152 Rn. 7). 3

Hinsichtlich des **Ausweises der Kapitalrücklage** schreibt Abs. 2 eine lückenlose Darstellung der Bewegungen der Rücklage in dem betreffenden Geschäftsjahr vor (MüKo AktG/*Kessler/Suchan* § 152 AktG Rn. 148). Maßgeblich ist der Zeitraum von der Aufstellung der Bilanz des Vorjahres bis zur Aufstellung der aktuellen Bilanz (*Hüffer* AktG, § 152 Rn. 6). Zu berücksichtigen sind insbesondere Erhöhungen der Rücklage durch die Vereinnahmung von Aufgeldern bei der Ausgabe neuer Aktien (§ 272 Abs. 2 Nr. 1 HGB), bei der Ausübung von Wandlungs- oder Optionsrechten (§ 272 Abs. 2 Nr. 2 HGB) oder durch die Vereinnahmung von Zuzahlungen im Rahmen der Gewährung von Vorzügen (§ 272 Abs. 2 Nr. 3 HGB). Ebenso sind andere Zuzahlungen der Aktionäre i. S. v. § 272 Abs. 2 Nr. 4 AktG sowie Beträge aus einfachen Kapitalherabsetzungen (§§ 229, 232 AktG) oder aus der Einziehung von Aktien gem. § 237 Abs. 3 Nr. 1, 2 AktG) an dieser Stelle zu berücksichtigen (MüKo AktG/*Kessler/Suchan* § 152 AktG Rn. 149). 4

Gesondert auszuweisen ist auch der Betrag, der im Laufe eines Geschäftsjahres aus der Kapitalrücklage entnommen wurde. Hierzu zählt grundsätzlich jede **Entnahme aus der Kapitalrücklage**, insbesondere die Verwendung der Kapitalrücklage zur Durchführung einer Kapitalerhöhung aus Gesellschaftsmitteln (*Hüffer* AktG, § 152 Rn. 6). 5

6 Gem. Abs. 2 kann die Gesellschaft wählen, ob sie die Veränderungen der Kapitalrücklage in der Bilanz selbst oder im Anhang ausweist. Das Wahlrecht muss allerdings einheitlich (auch für den Ausweis der Gewinnrücklagen) ausgeübt werden. Ein Ausweis der Veränderungen teilweise in der Bilanz und teilweise im Anhang ist nicht zulässig (MüKo AktG/*Kessler/Suchan* § 152 AktG Rn. 156; KölnKomm AktG/*Claussen/Korth* § 152 Rn. 15). Die teilweise Überschneidung der Angaben zu den Veränderungen der Kapital- und Gewinnrücklagen in Bilanz und GuV-Rechnung (vgl. dazu § 158 AktG) ist gesetzgeberisch gewollt und dient der Übersichtlichkeit der Bilanz. Die sich daraus ergebende doppelte Darstellung der Rücklagenveränderungen ist daher hinzunehmen und nicht verzichtbar (*Hüffer* AktG, § 152 Rn. 6).

7 Entsprechend den Vorschriften zur Kapitalrücklage gem. Abs. 2 sind gem. Abs. 3 auch **Veränderungen der Gewinnrücklage** gesondert auszuweisen. Insoweit sieht Abs. 3 Nr. 1 einen Ausweis der Dotierungen der Gewinnrücklage durch einen Beschluss der Hauptversammlung über die Verwendung des Bilanzgewinns i. S. v. §§ 58 Abs. 1 S. 1 Fall 1, 174 Abs. 2 Nr. 3 AktG vor. Gesondert aufzuführen sind gem. Abs. 3 Nr. 2 Einstellungen in die Gewinnrücklage aus dem Jahresüberschuss. Diese Regelung betrifft die Rücklagendotierung durch Vorstand oder Aufsichtsrat i. S. v. § 58 Abs. 2 und Abs. 2 a AktG sowie die satzungsmäßige Rücklagendotierung i. S. v. § 58 Abs. 1 AktG.

8 Gem. Abs. 3 Nr. 3 sind schließlich die **Entnahmen aus der Gewinnrücklage** gesondert aufzuführen. Hierzu zählt insbesondere die Verwendung von Rücklagen für die Deckung eines Jahresfehlbetrages, zum Ausgleich eines Bilanzverlustes, zum Zwecke von Gewinnausschüttungen oder zur Kapitalerhöhung aus Gesellschaftsmitteln (*Hüffer* AktG, § 152 Rn. 7; KölnKomm AktG/*Claussen/Korth* § 152 Rn. 12). Die Verwendung von freien Gewinnrücklagen zur Dotierung der gesetzlichen Rücklage oder der Rücklage für eigene Aktien ist von Abs. 3 nicht erfasst. Ein gesonderter Ausweis erfolgt insoweit lediglich im Rahmen von § 158 AktG in der GuV-Rechnung (KölnKomm AktG/*Claussen/Korth* § 152 Rn. 13).

9 Im Übrigen gelten für den Ausweis der Gewinnrücklagen hinsichtlich des auch hier bestehenden Wahlrechts zwischen dem Ausweis in Bilanz oder Anhang sowie zur Erforderlichkeit eines doppelten Ausweises der Rücklagenbewegungen in Bilanz (bzw. Anhang) und GuV-Rechnung die gleichen Anforderungen wie für den vorstehend unter Rn. 6 dargestellten Ausweis von Bewegungen der Kapitalrücklage (*Hüffer* AktG, § 152 Rn. 7).

§ 153 [aufgehoben]

Die an dieser Stelle geregelten Vorschriften für die **Wertansätze des Anlagevermögens** der AG finden sich jetzt – wie für alle Kapitalgesellschaften – in §§ 248, 253 Abs. 1, 269, 279 ff. HGB.

§ 154 [aufgehoben]

Die an dieser Stelle geregelten Vorschriften hinsichtlich der **Abschreibungen und Wertberichtigungen bei Gegenständen des Anlagevermögens** der AG finden sich jetzt – wie für alle Kapitalgesellschaften – in §§ 253 Abs. 2, Abs. 4, Abs. 5, 254, 279 ff. HGB.

§ 155 [aufgehoben]

Die an dieser Stelle geregelten Vorschriften für die **Wertansätze der Gegenstände des Umlaufvermögens** der AG finden sich jetzt – wie für alle Kapitalgesellschaften – in §§ 253 Abs. 3, Abs. 4, Abs. 5, 254, 255, 279 ff HGB.

§ 156 [aufgehoben]

Die an dieser Stelle geregelten Vorschriften für die **Ansätze der Passivposten** in der Bilanz der AG finden sich jetzt – wie für alle Kapitalgesellschaften – in §§ 253 Abs. 1 S. 2, 283 HGB.

§ 157 [aufgehoben]

Die an dieser Stelle ursprünglich geregelte **Gliederung der GuV-Rechnung** einer AG ist jetzt – wie für alle Kapitalgesellschaften – in § 275 HGB geregelt. Eine Sondervorschrift hinsichtlich der Fortsetzung der GuV-Rechnung nach dem Posten »Jahresüberschuss / Jahresfehlbetrag« findet sich im nachfolgenden § 158 AktG.

§ 158 Vorschriften zur Gewinn- und Verlustrechnung

(1) ¹Die GuV-Rechnung ist nach dem Posten »Jahresüberschuss/Jahresfehlbetrag« in Fortführung der Nummerierung um die folgenden Posten zu ergänzen:

1. Gewinnvortrag/Verlustvortrag aus dem Vorjahr
2. Entnahmen aus der Kapitalrücklage
3. Entnahmen aus Gewinnrücklagen
   a) aus der gesetzlichen Rücklage
   b) aus der Rücklage für eigene Aktien
   c) aus satzungsmäßigen Rücklagen
   d) aus anderen Gewinnrücklagen
4. Einstellungen in Gewinnrücklagen
   a) in die gesetzliche Rücklage
   b) in die Rücklage für eigene Aktien
   c) in satzungsmäßige Rücklagen
   d) in andere Gewinnrücklagen
5. Bilanzgewinn/Bilanzverlust

²Die Angaben nach Satz 1 können auch im Anhang gemacht werden.

(2) ¹Von dem Ertrag aus einem Gewinnabführungs- oder Teilgewinnabführungsvertrag ist ein vertraglich zu leistender Ausgleich für außenstehende Gesellschafter abzusetzen; übersteigt dieser den Ertrag, so ist der übersteigende Betrag unter den Aufwendungen aus Verlustübernahme auszuweisen. ²Andere Beträge dürfen nicht abgesetzt werden.

Übersicht:

A. Allgemeines

1 § 158 AktG enthält eine **Ergänzung** zu den handelsrechtlichen **Vorschriften über die GuV-Rechnung in § 275 HGB**. Die in § 275 HGB vorgesehene Gliederung der GuV-Rechnung endet mit der Position »Jahresüberschuss/ Jahresfehlbetrag«. Damit fehlen in dieser Gliederung Angaben über die Ergebnisverwendung. Für die Bilanz der AG lässt allerdings bereits § 268 Abs. 1 S. 2 HGB An-

gaben zur Ergebnisverwendung ausdrücklich zu. § 158 AktG ist daher als Ergänzung dieser auf die Bilanz bezogenen Vorschrift für den Bereich der GuV-Rechnung zu sehen (*Hüffer* AktG, § 158 Rn. 1; ADS § 158 AktG Rn. 1). Abhängig von der Art des gewählten Kostenverfahrens sind die ergänzenden Posten hinter Nr. 21 (Gesamtkostenverfahren) oder Nr. 20 (Umsatzkostenverfahren) an die GuV-Rechnung anzuhängen. Gem. § 265 Abs. 8 HGB sind Leerposten nur dann auszuweisen, wenn im Vorjahr unter diesem Posten ein Betrag ausgewiesen wurde (*Hüffer* AktG, § 158, Rn. 2; MüKo AktG/*Kessler/Freisleben* §§ 275–277 HGB § 158 AktG Rn. 218).

B. Zu ergänzende Posten, Abs. 1

2 Gem. Abs. 1 ist die GuV-Rechnung der AG um **folgende Posten** zu ergänzen:

I. Gewinnvortrag/Verlustvortrag

3 Wenn der Vorjahresabschluss der AG mit einem Bilanzgewinn abschloss, so kann die Hauptversammlung gem. § 174 Abs. 2 Nr. 4 AktG beschließen, einen Teil des Bilanzgewinns auf neue Rechnung vorzutragen (und beispielsweise nicht auszuschütten oder in die Rücklagen einzustellen). Dies kommt insbesondere bei Gewinnüberhängen vor, die vom Bilanzgewinn nach der Festlegung einer bestimmten Dividende verbleiben (ADS § 158 AktG Rn. 7). Schloss der Vorjahresabschluss der AG mit einem Bilanzverlust ab, so ist an dieser Stelle der GuV-Rechnung ein Verlustvortrag auszuweisen. Dies gilt auch dann, wenn zwischenzeitlich Gesellschafterzuschüsse zur Verlustabdeckung geleistet wurden (MüKo AktG/*Kessler/Freisleben* §§ 275–277 HGB § 158 AktG Rn. 218; WP-Hdb 2006 Bd. 1 F Rn. 514).

II. Entnahmen aus der Kapitalrücklage

4 Die an dieser Stelle auszuweisenden Entnahmen aus den Kapitalrücklagen, die gem. § 272 Abs. 2 Nr. 1 bis 3 HGB oder gem. §§ 231, 232 AktG gebildet wurden, sind nur in den gesetzlich geregelten Fällen (§§ 150 Abs. 3 und 4, 229 Abs. 2 AktG) zulässig (ADS § 158 AktG Rn. 9). Sie dienen insbesondere der Verlustabdeckung, also dem Ausgleich eines Jahresfehlbetrages oder Verlustvortrages, sowie zum Ausgleich von Wertminderungen oder sonstigen Verlusten im Zusammenhang mit einer vereinfachten Kapitalherabsetzung i. S. v. § 229 Abs. 2 AktG (WP-Hdb 2006 Bd. 1 F Rn. 515). Dagegen ist eine Verwendung der Kapitalrücklage für eine Kapitalerhöhung aus Gesellschaftsmitteln nicht in der GuV-Rechnung auszuweisen, da es sich nicht um eine Ergebnisverwendung, sondern um einen einlagenähnlichen Vorgang handelt (*Hüffer* AktG, § 158 Rn. 3; ADS § 158 AktG Rn. 10).

III. Entnahmen aus Gewinnrücklagen

5 Die Aufzählung der Gewinnrücklagen in Nr. 3, aus denen an dieser Stelle auszuweisende Entnahmen möglich sind, entspricht der Regelung in § 272 Abs. 3 HGB. Hinzu kommt vorliegend allerdings noch die Rücklage für eigene Aktien i. S. v. § 272 Abs. 4 S. 2 AktG. Entnahmen aus der in § 150 AktG geregelten **gesetzlichen Rücklage** (Nr. 3 lit. a) sind nur in den in § 150 Abs. 3 und 4 AktG geregelten Fällen zulässig. Auf die entsprechenden Ausführungen zu § 150 AktG wird verwiesen (s. § 150 Rn. 8 ff.). Nicht aufzuführen ist an dieser Stelle die Verwendung der gesetzlichen Rücklage für eine Kapitalerhöhung aus Gesellschaftsmitteln (*Hüffer* AktG, § 158 Rn. 4; ADS § 158 AktG Rn. 12). Die Entnahme aus der **Rücklage für eigene Aktien** (Nr. 3 lit. b) richtet sich nach § 272 Abs. 4 S. 2 AktG und ist nur in den dort geregelten Fällen der Ausgabe, Veräußerung oder Einziehung der eigenen Aktien bzw. des Ausweises eines niedrigeren Betrages auf der Aktivseite zulässig. Ein Ausweis des entnommenen Betrages ist auch dann erforderlich, wenn sich Aufwand (z. B. Abschreibung des Aktivwertes der eigenen Aktien) und Ertrag (Auflösung der Rücklage) ausgleichen. (ADS § 158 AktG Rn. 13). **Satzungsmäßige Rücklagen** sind nur dann gegeben, wenn die Satzung die Bildung einer Rücklage zwingend vorschreibt. Bei einer bloßen Satzungsermächtigung zur Rücklagenbildung handelt es sich um eine **andere Rücklage** i. S. v. Nr. 3 lit. d) (*Hüffer* AktG, § 158 Rn. 4). Entnahmen aus den erstgenannten Rücklagen sind unter Nr. 3 lit. c) auszuweisen. Entnahmen aus anderen Gewinnrücklagen sind unter Nr. 3 lit. d) aus-

zuweisen, soweit sie nicht für eine Kapitalerhöhung aus Gesellschaftsmitteln verwandt wurden (*Hüffer* AktG, § 158 Rn. 4; ADS § 158 AktG Rn. 16).

IV. Einstellungen in die Gewinnrücklage

Einstellungen in die Gewinnrücklage sind nur in den Fällen des § 58 Abs. 1 bis 2 a AktG zu berücksichtigen. In erster Linie betrifft dies Einstellungen in die Gewinnrücklage durch den Vorstand oder den Aufsichtsrat (*Hüffer* AktG, § 158 Rn. 5). Einstellungen, die auf einem Gewinnverwendungsbeschluss der Hauptversammlung beruhen (z. B. § 58 Abs. 3 AktG) und nicht bereits bei der Aufstellung oder Feststellung des Jahresabschlusses berücksichtigt wurden, bleiben außer Betracht (ADS § 158 AktG Rn. 17). Bei den Einstellungen in die gesetzliche Rücklage sind hauptsächlich die aufgrund der Bestimmungen des § 150 Abs. 2 AktG vorzunehmenden Dotierungen sowie außerdem Einstellungen im Zusammenhang mit einer vereinfachten Kapitalherabsetzung gem. § 231 S. 1 AktG zu berücksichtigen (WP-Hdb 2006 Bd. 1 F Rn. 525). Die Erforderlichkeit von Zuführungen zur Rücklage für eigene Aktien ergibt sich aus § 272 Abs. 1 S. 1, 3 und 4 HGB. Offene Umbuchungen in die Rücklage für eigene Aktien aus frei verfügbaren Gewinnrücklagen i. S. v. § 272 Abs. 4 S. 3 HGB sind nach h. M. an dieser Stelle nicht (nochmals) auszuweisen (ADS § 158 AktG Rn. 19; WP-Hdb 2006 Bd. 1 F Rn. 527). Aus dem Gesichtspunkt der Klarheit und Übersichtlichkeit sind derartige Einstellungen aber dann zu berücksichtigen, wenn wegen anderweitiger Einstellungen oder Entnahmen bzw. eines Gewinn- oder Verlustvortrages aus dem Vorjahr ohnehin die Gliederung nach Abs. 1 auszuweisen ist (ADS § 158 AktG Rn. 19). Im Übrigen sind Dotierungen der in der Satzung zwingend vorgeschriebenen Rücklage in Nr. 4 lit. c) und der freien Gewinnrücklagen in Nr. 4 lit. d) auszuweisen. 6

V. Bilanzgewinn

Der letzte Posten in der Gliederung nach Abs. 1 ergibt sich aus dem Saldo von Jahresüberschuss und den in den Posten Nr. 1 bis 4 etwa ausgewiesenen Beträgen. Dieser Saldo muss mit dem in der Bilanz auszuweisenden Betrag gem. § 268 Abs. 1 S. 2 HGB übereinstimmen und ist dem vom Vorstand gem. § 170 Abs. 2 AktG vorzulegenden Vorschlag über die Gewinnverwendung zugrunde zu legen (ADS § 158 AktG Rn. 22). 7

VI. Wahlrecht, weitere Posten

Abs. 1 S. 2 lässt der AG das **Wahlrecht**, die ergänzenden Angaben zur GuV-Rechnung anstelle in der GuV-Rechnung im Anhang zu machen. Dabei ist zu beachten, dass das Wahlrecht nur einheitlich ausgeübt werden kann. Weist die AG die ergänzenden Angaben im Anhang aus, so sind sie dort vollständig und in der Gliederung des Abs. 1 anzugeben. Ein Ausweis teilweise in der GuV-Rechnung und teilweise im Anhang ist nicht zulässig (*Hüffer* AktG, § 158 Rn. 7; ADS § 158 AktG Rn. 28). 8

Die Aufzählung in Abs. 1 ist **nicht abschließend**. So ist gem. § 240 S. 1 AktG ein Buchgewinn aus einer Kapitalherabsetzung als »Ertrag aus der Kapitalherabsetzung« hinter Nr. 3 lit. a) gesondert auszuweisen. Dabei sind Erträge aus allen Formen der Kapitalherabsetzung (auch im Falle des § 237 Abs. 5 AktG) zu berücksichtigen (*Hüffer* AktG, § 158 Rn. 8). Streitig ist, ob die Erträge aus einer Kapitalherabsetzung in entsprechender Anwendung des Wahlrechts aus Abs. 1 S. 2 alternativ im Anhang ausgewiesen werden können. § 240 AktG sieht ein solches Wahlrecht nicht vor. Unter Verweis auf den Wortlaut des Vorschrift lehnt eine Literaturmeinung das Bestehen eines solchen Wahlrechts daher ab (*Hüffer* AktG, § 158 Rn. 8 und § 240 Rn. 3). Da sich § 240 AktG aber auf die in Abs. 1 vorgesehene Gliederung bezieht, sprechen mit der wohl überwiegenden Meinung gute Argumente dafür, dass – um eine Verkürzung des Wahlrechts zu vermeiden – ein Ausweis des Ertrags aus der Kapitalherabsetzung auch im Anhang möglich ist, wenn die AG von diesem Wahlrecht Gebrauch macht (ADS § 158 AktG Rn. 28; GroßkommAktG/*Brönner* § 158 Rn. 21). 9

C. Gewinnabführungsvertrag, Abs. 2

10 Abs. 2 regelt – bezogen auf das herrschende Unternehmen – bilanzielle Auswirkungen des Abschlusses eines Gewinnabführungsvertrages i. S. v. § 292 Abs. 1 S. 1 AktG und § 292 Abs. 1 Nr. 2 AktG. Ausgangspunkt ist dabei § 277 Abs. 3 S. 2 HGB, demzufolge Erträge und Aufwendungen aus Verlustübernahme und aufgrund eines Gewinnabführungs- oder eines Teilgewinnabführungsvertrags erhaltene oder abgeführte Gewinne gesondert und unter einer entsprechenden Bezeichnung auszuweisen sind. In diesen Fällen gestattet es Abs. 2 S. 1 ausnahmsweise, die Erträge aus einem Gewinnabführungsvertrag mit den Aufwendungen aufgrund von Leistungen an außenstehende Gesellschafter zu saldieren. Hauptanwendungsfall sind Leistungen i. S. v. § 304 Abs. 1 AktG (*Hüffer* AktG, § 158 Rn. 9). Eine offene Absetzung ist dabei wohl nicht zulässig, da dies zu einer Veränderung des Gliederungsschemas gem. § 275 Abs. 2 und 3 HGB führen würde (ADS § 158 AktG Rn. 31).

11 Gem. Abs. 2 S. 2 ist die nach Abs. 2 ausnahmsweise zugelassene Saldierungsmöglichkeit ausdrücklich auf die in S. 1 genannten Fälle beschränkt.

§ 159 [aufgehoben]

§ 159 AktG enthielt eine Verpflichtung, im Jahresabschluss die **Pensionszahlungen der AG zu vermerken**. Die Vorschrift wurde ebenfalls im Rahmen des BiRiLiG vom 19. 12. 1985 (BGBl. I 1985, 2355) aufgehoben. Gem. § 249 Abs. 1 S. 1 HGB besteht für derartige Verpflichtungen nunmehr eine Passivierungspflicht. Für Altfälle aus der Zeit vor dem Inkrafttreten des BiLiRiG sieht Art. 28 eine Übergangsregelung vor, mit der das nach Auffassung des Gesetzgebers bis dahin bestehende Passivierungswahlrecht für diese Fälle aufrechterhalten bleiben soll. (Baumbach/Hopt/*Merkt* § 249 Rn. 7 f).

§ 160 Vorschriften zum Anhang

(1) In jedem Anhang sind auch Angaben zu machen über

1. **den Bestand und den Zugang an Aktien, die ein Aktionär für Rechnung der Gesellschaft oder eines abhängigen oder eines im Mehrheitsbesitz der Gesellschaft stehenden Unternehmens oder ein abhängiges oder im Mehrheitsbesitz der Gesellschaft stehendes Unternehmen als Gründer oder Zeichner oder in Ausübung eines bei einer bedingten Kapitalerhöhung eingeräumten Umtausch- oder Bezugsrechts übernommen hat; sind solche Aktien im Geschäftsjahr verwertet worden, so ist auch über die Verwertung unter Angabe des Erlöses und die Verwendung des Erlöses zu berichten;**
2. **den Bestand an eigenen Aktien der Gesellschaft, die sie, ein abhängiges oder im Mehrheitsbesitz der Gesellschaft stehendes Unternehmen oder ein anderer für Rechnung der Gesellschaft oder eines abhängigen oder eines im Mehrheitsbesitz der Gesellschaft stehenden Unternehmens erworben oder als Pfand genommen hat; dabei sind die Zahl dieser Aktien und der auf sie entfallende Betrag des Grundkapitals sowie deren Anteil am Grundkapital, für erworbene Aktien ferner der Zeitpunkt des Erwerbs und die Gründe für den Erwerb anzugeben. Sind solche Aktien im Geschäftsjahr erworben oder veräußert worden, so ist auch über den Erwerb oder die Veräußerung unter Angabe der Zahl dieser Aktien, des auf sie entfallenden Betrags des Grundkapitals, des Anteils am Grundkapital und des Erwerbs- oder Veräußerungspreises, sowie über die Verwendung des Erlöses zu berichten;**
3. **die Zahl und bei Nennbetragsaktien den Nennbetrag der Aktien jeder Gattung, sofern sich diese Angaben nicht aus der Bilanz ergeben; davon sind Aktien, die bei einer bedingten Kapitalerhöhung oder einem genehmigten Kapital im Geschäftsjahr gezeichnet wurden, jeweils gesondert anzugeben;**

4. das genehmigte Kapital;
5. die Zahl der Bezugsrechte gemäß § 192 Abs. 2 Nr. 3, der Wandelschuldverschreibungen und vergleichbaren Wertpapiere unter Angabe der Rechte, die sie verbriefen;
6. Genussrechte, Rechte aus Besserungsscheinen und ähnliche Rechte unter Angabe der Art und Zahl der jeweiligen Rechte sowie der im Geschäftsjahr neu entstandenen Rechte;
7. das Bestehen einer wechselseitigen Beteiligung unter Angabe des Unternehmens;
8. das Bestehen einer Beteiligung, die nach § 20 Abs. 1 oder Abs. 4 dieses Gesetzes oder nach § 21 Abs. 1 oder Abs. 1 a des Wertpapierhandelsgesetzes mitgeteilt worden ist; dabei ist der nach § 20 Abs. 6 dieses Gesetzes oder der nach § 26 Abs. 1 des Wertpapierhandelsgesetzes veröffentlichte Inhalt der Mitteilung anzugeben.

(2) Die Berichterstattung hat insoweit zu unterbleiben, als es für das Wohl der Bundesrepublik Deutschland oder eines ihrer Länder erforderlich ist.

Übersicht:

A. Allgemeines

1 Die Vorschrift ergänzt die handelsrechtlichen Vorschriften zum Anhang und dessen notwendigem, sich vor allem aus §§ 284, 285 HGB ergebenden Inhalt. Die Verpflichtung zur Erweiterung des Jahresabschlusses um einen Anhang ergibt sich für die AG, wie für alle Kapitalgesellschaften, aus § 264 Abs. 1 S. 1 HGB. Neben den in §§ 284, 285 HGB geregelten allgemeinen und den in § 160 Abs. 1 AktG genannten besonderen Berichtsgegenständen können sich weitere Angaben im Anhang aus § 240 S. 3 AktG (Kapitalherabsetzung) und § 261 Abs. 1 S. 3 und 4 AktG (Sonderprüfung wegen unzulässiger Unterbewertung) ergeben. Darüber hinaus bestehen mit §§ 58 Abs. 2 a, 152 Abs. 2, 3 und 158 Abs. 1 S. 2 AktG Wahlrechte für bestimmte Angaben (*Hüffer* AktG, § 160 Rn. 1).

B. Einzelne Pflichtangaben, Abs. 1

2 Bei den in Abs. 1 genannten Gegenständen handelt es sich um Pflichtangaben, deren Fehlen als Prüfungsmangel durch den Abschlussprüfer in dessen Bericht zu vermerken ist (MüKo AktG/*Kessler* § 160 AktG § 285 HGB Rn. 236). Wie die einzelnen Pflichtangaben im Anhang dargestellt, insbesondere zu gliedern sind, ergibt sich aus §§ 243, 264 Abs. 2 HGB (*Hüffer* AktG, § 160 Rn. 3). Danach muss der Anhang klar und übersichtlich, vollständig und richtig sein. Die Angaben müssen den Grundsätzen ordnungsgemäßer Buchführung entsprechen. Eine bestimmte Gliederung des Anhangs ist nicht vorgeschrieben. Den Anforderungen der §§ 243, 264 Abs. 2 HGB kann in verschiedener Weise Rechnung getragen werden (*Hüffer* AktG, § 160 Rn. 3; *Döbel* BB 1987, 412; *Forster* DB 1982, 1577 und 1631). Allerdings empfiehlt es sich, soweit möglich, der gesetzlich vorgegebenen Gliederung zu folgen, die einen sicheren Rahmen für einen den Anforderungen der §§ 243, 264 Abs. 2 HGB genügenden Anhang vorgibt (MüKo AktG/*Kessler* § 160 AktG § 285 HGB Rn. 235). Die Darstellung muss weiter formell und materiell stetig sein. Ein Wechsel (auch der Gliederung) ohne sachlichen Grund von einem Jahresabschluss zum anderen ist nicht zulässig (*Hüffer* AktG, § 160 Rn. 3). Aus dem Vollständigkeitsgebot resultiert ferner die Notwendigkeit, in jedem Jahresabschluss alle Pflichtangaben aufzuführen. Der bloße Verweis auf Angaben aus dem Vorjahr ist nicht zulässig (MüKo AktG/*Kessler* § 160 AktG § 285 HGB Rn. 237; ADS § 160 Rn. 4).

Im Einzelnen beziehen sich die Pflichtangaben gem. Abs. 1 auf **folgende Gegenstände**:

I. Vorratsaktien, Abs. 1 Nr. 1

3 Ausgangspunkt für die Berichtspflicht über den Erwerb eigener Aktien an der AG ist § 56 Abs. 1 AktG, welcher den Erwerb eigener Aktien durch die AG selbst grundsätzlich verbietet. Erwerbsgeschäfte unter Verstoß gegen diese Vorschrift sind grundsätzlich nichtig. Dagegen ist der Erwerb von Aktien an der AG durch einen Aktionär für Rechnung der Gesellschaft oder eines von der AG abhängigen oder in ihrem Mehrheitsbesitz stehenden Unternehmens gem. § 56 Abs. 3 AktG und der Erwerb von Aktien an der AG durch ein abhängiges oder im Mehrheitsbesitz stehendes Unternehmen gem. § 56 Abs. 2 AktG zwar verboten, aber rechtlich wirksam (*Hüffer* AktG, § 160 Rn. 4). Allerdings ruhen gem. §§ 56 Abs. 3 i. V. m. 71 b AktG die Rechte aus diesen sog. Vorratsaktien. Die Angaben zu Vorratsaktien im Anhang sollen die Aktionäre über den Umfang der von dieser Sanktion betroffenen Aktien informieren (MüKo AktG/*Kessler* § 160 AktG § 285 HGB Rn. 237).

4 Betroffen ist gem. Abs. 1 Nr. 1 der **Erwerb von Vorratsaktien durch einen Aktionär** der AG (1) bei der Gründung, (2) bei einer Kapitalerhöhung oder (3) in Ausübung eines bei einer bedingten Kapitalerhöhung eingeräumten Umtausch- oder Bezugsrechts (nach Ausgabe einer Wandel- oder Optionsanleihe), wenn der Aktionär dabei für Rechnung der AG oder eines von der AG abhängigen oder in deren Mehrheitsbesitz stehenden Unternehmens gehandelt hat. Dem gleichgestellt ist der Erwerb von Vorratsaktien im Rahmen eines der drei genannten Erwerbsfälle durch ein abhängiges oder im Mehrheitsbesitz der AG stehendes Unternehmen. Zu informieren ist im Anhang über den Bestand der Vorratsaktien sowie über den Zugang im Berichtszeitraum. Anzugeben ist in der Regel der Bestand und der Zugang bei den jeweiligen Übernehmern der Vorratsaktien, da die AG selbst die Aktien nicht bilanzieren kann (MüKo AktG/*Kessler* § 160 AktG § 285 HGB Rn. 247). Zu- und Abgänge in einem Geschäftsjahr dürfen nicht miteinander saldiert werden (MüKo AktG/*Kessler* § 160 AktG § 285 HGB Rn. 248). Die Angaben haben durch Nennung der Zahl und bei Nennbetragsaktien durch Nennung des Gesamtnennbetrags, bei Stückaktien durch den ihnen entsprechenden Betrag des Grundkapitals zu erfolgen (*Hüffer* AktG, § 160 Rn. 5; MüKo AktG/*Kessler* § 160 AktG § 285 HGB Rn. 248).

5 Darüber hinaus hat die AG **im Anhang** über die **Verwertung von Vorratsaktien** im Geschäftsjahr zu berichten. Verwertung ist dabei jede (entgeltliche und unentgeltliche) Verfügung über die Aktien, auch der Erwerb als eigene Aktien durch die AG selbst (*Hüffer* AktG, § 160 Rn. 6), sowie die Übernahme auf eigene Rechnung des Gründers oder Zeichners (WP-Hdb 2006 Bd. 1 F Rn. 818). Anzugeben ist der aus der Verwertung erzielte Erlös (*Hüffer* AktG, § 160 Rn. 6; ADS § 160 AktG Rn. 21). Dies ist nach h. M. der dem Veräußerer zugeflossene Erlös aus der Verwertung der Aktien (*Hüffer* AktG, § 160 Rn. 6; GroßkommAktG/*Brönner* § 160 Rn. 10). Nach einer Mindermeinung ist nur der der AG selbst zufließende Erlös mitzuteilen (ADS § 160 AktG Rn. 21). Zur Verwendung sind zum einen die tatsächliche Verwendung der der Gesellschaft zugeflossenen Mittel (*Hüffer* AktG, § 160 Rn. 6; ADS § 160 Rn. 21) und zum anderen deren bilanzielle Behandlung mitzuteilen. Letztere wird sich in der Regel auf die Mitteilung über die gebotene Zuführung zur Kapitalrücklage beschränken (ADS § 160 AktG Rn. 21).

II. Eigene Aktien, Abs. 1 Nr. 2

6 Nr. 2 knüpft an §§ 71 ff. AktG an und bezieht sich auf eigene Aktien, welche (1) die AG selbst, (2) ein von der AG abhängiges Unternehmen, (3) ein in Mehrheitsbesitz der AG oder (4) ein Dritter für Rechnung der AG, eines von der AG abhängigen oder in deren Mehrheitsbesitz stehenden Unternehmens erworben oder in Pfand genommen hat. Auf die Frage, ob der Erwerb rechtlich erlaubt war, kommt es nicht an. Solange der Erwerb der eigenen Aktien nicht unwirksam ist, besteht die Berichtspflicht gem. Nr. 2 (*Hüffer* AktG, § 160 Rn. 7). Ist der Erwerb wegen § 71 a Abs. 2 AktG nichtig, so besteht auch keine Berichtspflicht (*Hüffer* AktG, § 160 Rn. 7; ADS § 160 AktG Rn. 31).

Gem. Nr. 2 ist zunächst der **Bestand** an erworbenen oder in Pfand genommenen Aktien aufzuführen. Dabei sind Angaben zur Zahl dieser Aktien (Angabe der Stücke), des auf sie entfallenden Betrags des Grundkapitals (Gesamtnennbetrag bzw. Gesamtbetrag des Grundkapitals, der auf eigene Stückaktien entfällt), deren Anteil am Grundkapital in Prozent und zur Aktiengattung erforderlich. Bei erworbenen Aktien ist ferner der **Zeitpunkt des Erwerbs** und die **Gründe für den Erwerb** anzugeben (BGH NJW 1987, 3186; MüKo AktG/*Kessler* § 160 AktG § 285 HGB Rn. 259). 7

Wurden eigene Aktien während des Geschäftsjahrs erworben oder veräußert, sind gem. Nr. 2 S. 2 weitere Angaben hinsichtlich der Zahl der erworbenen oder veräußerten Aktien, des auf sie entfallenden Betrags des Grundkapitals, des Anteils am Grundkapital, des Erwerbs- oder Veräußerungspreises und die Verwendung des Veräußerungserlöses erforderlich (MüKo AktG/*Kessler* § 160 AktG § 285 HGB Rn. 260). Bei umfangreicherem Handel mit eigenen Aktien wird eine **monatliche Zusammenfassung** der im Laufe des Geschäftsjahres getätigten Erwerbs- und Veräußerungsgeschäften gestattet (OLG Frankfurt AG 1984, 25, 26; *Hüffer* AktG, § 160 Rn. 9; MüKo AktG/*Kessler* § 160 AktG § 285 HGB Fn. 336; ADS § 160 AktG Rn. 32; WP-Hdb 2006 Bd. 1 F Rn. 820). Der BGH hat in einem Urteil zumindest eine **wochenweise Zusammenfassung** akzeptiert (BGH NJW 1987, 3186). 8

III. Aktiengattungen, Abs. 1 Nr. 3

Gem. Nr. 3 sind im Anhang Angaben zu der **Zahl** und bei Nennbetragsaktien zum **Nennbetrag** der Aktien jeder Gattung zu machen, soweit sich diese Angaben nicht bereits aus der Bilanz selbst ergeben (MüKo AktG/*Kessler* § 160 AktG § 285 HGB Rn. 268; WP-Hdb 2006 Bd. 1 F Rn. 822). Welche Aktien zu einer **Gattung** gehören, ist den Regelungen von § 11 S. 2 AktG zu entnehmen, nach denen diejenigen Aktien zu einer Gattung gehören, die mit gleichen Rechten ausgestattet sind. Die Gesamtnennbeträge der einzelnen Gattungen können, müssen aber im Anhang nicht wiederholt werden (ADS § 160 AktG Rn. 40; WP-Hdb 2006 Bd. 1 F Rn. 822) Gem. § 152 Abs. 1 S. 2 AktG sind in der Bilanz zumindest die Beträge des Grundkapitals angegeben, die auf die einzelnen Aktiengattungen entfallen. Wurde dabei von der gem. Nr. 3 Hs. 1 vorausgesetzten Möglichkeit der Angabe von Zahl und Einzelnennbeträgen der zu den einzelnen Gattungen gehörenden Aktien Gebrauch gemacht, ist im Anhang zu § 160 Abs. 1 Nr. 3 nichts weiter zu berichten (*Hüffer* AktG, § 160 Rn. 10). 9

Nicht empfehlenswert ist der – teilweise geforderte (ADS § 160 AktG Rn. 41; KölnKomm AktG/*Claussen/Korth* §§ 284–288 HGB § 160 AktG Rn. 152) – Ausweis aller Angaben zu Aktiengattungen im Anhang (und nicht in der Bilanz). Für ein solches faktisches Ausweiswahlrecht ergeben sich aus dem Wortlaut des Gesetzes keine Anhaltspunkte. Soweit die AG die Angaben einheitlich an einer Stelle der Rechnungslegung zusammenfassen möchte, sollte sie dies daher in der Bilanz unternehmen, da – wie in Rn. 9 dargelegt – in diesem Fall ein weiterer Ausweis im Anhang obsolet ist (*Hüffer* AktG, § 160 Rn. 10). 10

IV. Genehmigtes Kapital, Abs. 1 Nr. 4

Anzugeben sind insoweit der Nennbetrag des genehmigten Kapitals sowie der Inhalt des Ermächtigungsbeschlusses (*Hüffer* AktG, § 160 Rn. 11; ADS § 160 AktG Rn. 50; MüKo AktG/*Kessler* § 160 AktG § 285 HGB Rn. 278). Die Angaben sollen belegen, dass sich der Vorstand im Rahmen der ihm gem. § 202 AktG erteilten Ermächtigung gehalten hat (*Hüffer* AktG, § 160 Rn. 11; ADS § 160 AktG Rn. 49). 11

V. Bezugsrechte/ Wandelschuldverschreibungen, Abs. 1 Nr. 5

Gem. Nr. 5 sind anzugeben die Zahl der im Umlauf befindlichen Bezugsrechte gem. § 192 Abs. 2 Nr. 3 AktG, der Wandelschuldverschreibungen, Optionsanleihen, Gewinnschuldverschreibungen, soweit mit einem eigenem Umtausch- oder Bezugsrecht ausgestattet, und vergleichbarer Wertpapiere (MüKo AktG/*Kessler* § 160 AktG § 285 HGB Rn. 278). Aufzunehmen sind auch Angaben über Anleihen, die von einer Tochtergesellschaft ausgegeben werden, wenn sich das Um- 12 tauschrecht oder eine Option auf die Aktien der Muttergesellschaft beziehen (*Hüffer* AktG, § 160 Rn. 12; ADS § 160 AktG Rn. 12). Anzugeben sind jeweils die Gattung der Schuldverschreibung, für jede Gattung die Zahl und die Nennbeträge oder die anteiligen Beträge des Grundkapitals. Bei verbrieften Rechten sind die Art der Verbriefung und der Inhalt des jeweiligen Rechts sowie die wesentlichen Anleihebedingungen und die Bezeichnung der Schuldnerin (falls von der AG abweichend) aufzuführen (*Hüffer* AktG, § 160 Rn. 13; ADS § 160 AktG Rn. 53)

VI. Genussrechte/Besserungsscheine, Abs. 1 Nr. 6

13 Gem. Nr. 6 sind in den Anhang Angaben über Genussrechte i. S. v. § 221 Abs. 3 und 4 AktG, Rechte aus Besserungsscheinen, Rechte Dritter am Gewinn der AG (z. B. stille Beteiligungen) und ähnliche Rechte aufzunehmen (MüKo AktG/*Kessler* § 160 AktG § 285 HGB Rn. 284). Bei Genussrechten handelt es sich nicht um Mitgliedschaftsrechte, sondern um Gläubigerrechte, die allerdings in ihrer inhaltlichen Ausgestaltung Aktionärsrechten angenähert sein können (*Hüffer* AktG, § 160 Rn. 14). Besserungsscheine enthalten aufschiebend bedingte Forderungen, die zu einer bilanziellen Stützung des jeweiligen Schuldners führen, da dieser die Forderung ausbuchen kann (BGH NJW 1984, 2762, 2763; ADS § 160 AktG Rn. 56; *Casper* WPg 1983, 146; *Künne* KTS 1968, 201, 202). Anzugeben ist jeweils die Art und die Zahl der jeweiligen Rechte (MüKo AktG/*Kessler* § 160 AktG § 285 HGB Rn. 284). Außerdem sind die Art und die Zahl der in einem Geschäftsjahr neu entstandenen Rechte gesondert auszuweisen (*Hüffer* AktG, § 160 Rn. 16).

VII. Wechselseitige Beteiligung, Abs. 1 Nr. 7

14 Anzugeben ist weiter gem. Nr. 7 das Bestehen einer wechselseitigen Beteiligung. Eine solche liegt gem. § 19 AktG dann vor, wenn den beteiligten Unternehmen jeweils mehr als 25 % der Anteile an dem anderen Unternehmen zustehen. Durch die wechselseitige Beteiligung kommt es zu einer Verwässerung des kumulierten Eigenkapitals der beteiligten Unternehmen und besteht die Gefahr der wechselseitigen Einflussnahme (MüKo AktG/*Kessler* § 160 AktG § 285 HGB Rn. 292). Die Information muss die bestehende Beteiligung enthalten sowie das andere Unternehmen jeweils solange nennen, wie die wechselseitige Beteiligung besteht (*Hüffer* AktG, § 160 Rn. 17). Nach h. M. sind andere Angaben, z. B. zur Höhe der beiderseitigen Beteiligungen nicht erforderlich (ADS § 160 AktG Rn. 64; MüKo AktG/*Kessler* § 160 AktG § 285 HGB Rn. 295; *Hüffer* AktG, § 160 Rn. 17; KölnKomm AktG/*Claussen/Korth* §§ 284–288 HGB § 160 AktG Rn. 165).

VIII. Beteiligung an der AG, Abs. 1 Nr. 8

15 Schließlich sind im Anhang Beteiligungen an der AG selbst aufzuführen, die dieser gem. § 20 Abs. 1, 4 AktG oder § 21 Abs. 1, 1 a WpHG mitgeteilt worden sind (MüKo AktG/*Kessler* § 160 AktG § 285 HGB Rn. 297). In den Anhang aufzunehmen ist der sich aus § 20 Abs. 6 AktG oder § 26 Abs. 1 WpHG ergebende Inhalt der Mitteilung (*Hüffer* AktG, § 160 Rn. 18). Hat die Gesellschaft keine formelle Mitteilung nach den vorgenannten Vorschriften erhalten, muss sie auch dann keine Angaben in den Anhang aufnehmen, wenn sie auf andere Weise Kenntnis von der mitteilungspflichtigen Beteiligung besitzt (*Hüffer* AktG, § 160 Rn. 18; MüKo AktG/*Kessler* § 160 AktG § 285 HGB Rn. 302; ADS § 160 Rn. 69; KölnKomm AktG/*Claussen/Korth* §§ 284–288 HGB § 160 AktG Rn. 167). Etwas anderes gilt nur, wenn sich hieraus eine Mitteilungspflicht gem. Nr. 7 ergibt (*Hüffer* AktG, § 160 Rn. 18). Angaben nach Nr. 7 und Nr. 8 können zusammengefasst werden (*Hüffer* AktG, § 160 Rn. 18; ADS § 160 AktG Rn. 66, 71).

C. Schutzklausel, Abs. 2

16 Abs. 2 enthält eine sog. Schutzklausel, die identisch mit der handelsrechtlichen Schutzklausel gem. § 286 Abs. 1 HGB ist. Abs. 2 bezieht sich nur auf die Berichtserstattung i. S. v. Abs. 1 (*Hüffer* AktG, § 160, Rn. 19) und enthält – anders als § 286 HGB für bestimmte Angaben – keinen weitergehenden Schutz vor befürchteten Nachteilen für die AG oder verbundene Unternehmen (*Hüffer* AktG, § 160 Rn. 19; ADS § 160 AktG Rn. 73; zur Vorgängerregelung *Ertner* WPg 1968, 509). Insoweit gelten für die AG die allgemeinen Schutzregeln in § 286 HGB; allerdings auch mit den darin

geregelten Einschränkungen (z. B. die Beschränkung der Erleichterung in § 286 Abs. 4 HGB auf nicht börsennotierte Gesellschaften).

Bei dem Begriff des durch Abs. 2 geschützten »öffentlichen Wohls« handelt es sich um einen unbestimmten Rechtsbegriff, der am ehesten mit den entsprechenden Begrifflichkeiten der §§ 93 ff. StGB zu vergleichen ist (*Hüffer* AktG, § 160 Rn. 19; MüKo AktG/*Kessler* § 286 HGB Rn. 3). Zu denken ist beispielsweise daran, dass die Angaben im Anhang Einzelheiten über öffentliche Aufträge enthalten könnten, welche die innere oder äußere Sicherheit des Bundes oder der Länder tangieren (MüKo AktG/*Kessler* § 286 HGB Rn. 3). Geschützt sind nur hoheitliche Belange des Bundes oder der Länder. Lediglich allgemein wirtschaftliche Interessen der öffentlichen Hand können den Schutz des Abs. 2 nicht beanspruchen (MüKo AktG/*Kessler* § 286 HGB Rn. 3; KölnKomm AktG/*Claussen/Korth* §§ 284–288 HGB § 160 HGB Rn. 175). Darüber hinaus dürfen keine milderen Mittel als die Unterlassung der Angaben im Anhang zu Gebote stehen, um den Schutzzweck von Abs. 2 zu erfüllen (*Hüffer* AktG, § 160 Rn. 19). 17

§ 161 Erklärung zum Corporate Governance Kodex

[1]Vorstand und Aufsichtsrat der börsennotierten Gesellschaft erklären jährlich, dass den vom Bundesministerium der Justiz im amtlichen Teil des elektronischen Bundesanzeigers bekannt gemachten Empfehlungen der »Regierungskommission Deutscher Corporate Governance Kodex« entsprochen wurde und wird oder welche Empfehlungen nicht angewendet wurden oder werden. [2]Die Erklärung ist den Aktionären dauerhaft zugänglich zu machen.

Übersicht:

A. Grundsätzliches

1 Gegenstand der Rechnungslegung und Berichterstattung einer AG ist außerdem die durch das Gesetz zur weiteren Reform des Aktien- und Bilanzrechts, zu Transparenz und Publizität (Transparenz- und Publizitätsgesetz – TransPuG – vom 25. 7. 2002, BGBl. I 2002, 2681) eingeführte **Entsprechenserklärung** von Vorstand und Aufsichtsrat hinsichtlich des **Deutschen Corporate Governance Kodex (»Kodex«)**. Vorstand und Aufsichtsrat einer AG haben gem. § 161 S. 1 AktG zu erklären, ob die Gesellschaftsorgane der AG die empfehlenden Teile des Kodex, die gem. Abs. 6 der Präambel des Kodex mit dem Wort »soll« gekennzeichnet sind, eingehalten haben und einhalten werden (*Hüffer* AktG, § 161 Rn. 1).

2 Die Verpflichtung zur Abgabe einer Entsprechenserklärung richtet sich an i. S. v. § 3 Abs. 2 AktG **börsennotierte Aktiengesellschaften** (*Hüffer* AktG, § 161 Rn. 6). Erforderlich ist demnach eine Notierung im amtlichen Handel oder am geregelten Markt; im Freiverkehr gehandelte Aktiengesellschaften unterliegen nicht dem Begriff der Börsennotierung i. S. v. § 3 Abs. 2 AktG und damit auch nicht der Erklärungspflicht gem. § 161 AktG (*Hüffer* AktG, § 3 Rn. 6; s. auch § 161 AktG Rn. 6). Darüber hinaus sollen nach einer Meinung Gesellschaften ausländischen Rechts mit einer Börsennotierung im Inland der Erklärungspflicht gem. § 161 AktG nicht unterliegen (*Hüffer* AktG, § 161 Rn. 6; a. A. *Claussen* DB 2002, 1199, 1204). Vor dem Hintergrund der Urteile des EuGH in den Rechtssachen »Überseering« (NJW 2002, 3614) und »Inspire Art« (BB 2003, 2195) ist diese Wertung für Gesellschaften ausländischen Rechts fraglich, die nach den vorgenannten Urteilen des EuGH ihren Sitz im Inland haben und an einer inländischen Börse notiert sind.

Der Ansicht von *Hüffer* (AktG, § 161 Rn. 6) ist allerdings zuzugeben, dass derartige Gesellschaften grundsätzlich nicht dem AktG und daher auch nicht der Verpflichtung gem. § 161 AktG unterliegen. Um dem kapitalmarktrechtlichen Kontext der Erklärungspflicht Genüge zu leisten, sollten entsprechende Erklärungspflichten evtl. zum Gegenstand der mit der Börsennotierung verbundenen Pflichten gemacht werden, so dass zuverlässig alle in Deutschland ansässigen und börsennotierten Gesellschaften entsprechenden Erklärungspflichten unterliegen.

B. Deutscher Corporate Governance Codex

3 Die Erklärungspflicht beruht auf dem bereits erwähnten Kodex, der von der Regierungskommission Deutscher Corporate Governance Kodex erstellt wurde und fortlaufend überarbeitet wird. Der Kodex liegt gegenwärtig in der durch das Bundesministerium der Justiz im elektronischen Bundesanzeiger (www.bundesanzeiger.de) veröffentlichten Fassung vom 12. 6. 2006 vor (dazu *Strieder/Kuhn* DB 2006, 2247). Mit dem Begriff »Corporate Governance« sind Führungsgrundsätze angesprochen. Der Kodex richtet sich daher in erster Linie **an den Vorstand** und soll der **Qualitätssicherung** im Bereich der Unternehmensleitung im Interesse einer nachhaltigen Wertschöpfung dienen (*Hüffer* AktG, § 161 Rn. 2).

4 Bei den empfehlenden Teilen des Kodex, die durch § 161 AktG angesprochen werden, handelt es sich rechtlich um Wohlverhaltensnormen, die in der deutschen Rechtslandschaft ein »Novum« darstellen (MüKo AktG/*Semler*, § 161 AktG Rn. 28; *Ulmer* ZHR 2002, 150, 152). Dementsprechend wird der **Rechtscharakter der Empfehlungen** höchst unterschiedlich beurteilt. Die Ansichten reichen von staatlichen Maßnahmen ohne Regelungscharakter (*Heintzen* ZIP 2004, 1933, 1936) über Handelsbräuche i. S. v. § 346 HGB (*Peltzer* NZG 2002, 10, 11) bis hin zur staatlicher Rechtssetzung (*Seidel* ZIP 2004, 285, 289). Mangels der für staatliche Rechtssetzung unverzichtbaren demokratischen Legitimation ist für die Beurteilung der Empfehlungen des Kodex die Definition von *Semler* vorzugswürdig, nach der es sich um allgemeine, sachverständige Aussagen der Mitglieder der Regierungskommission Deutscher Corporate Governance Kodex handelt, die sämtlich ausgewiesene Sachverständige auf diesem Gebiet sind (MüKo AktG/*Semler* § 161 AktG Rn. 39). Dies bedeutet auch, dass im konkreten Fall ein von den Empfehlungen des Kodex abweichendes Verhalten im Sinne einer sachverständigen Beurteilung der Unternehmensführung der betroffenen AG sinnvoll sein kann (MüKo AktG/*Semler* § 161 AktG Rn. 39; *Berg/Stöcker* WM 2002, 1569, 1576). Auf diese Weise können die verfassungsrechtlichen Bedenken (vgl. *Hüffer* AktG, § 161 Rn. 4; *Wolf* ZRP 2002, 59) gegen den Kodex und die darauf basierende Erklärungspflicht gem. § 161 AktG ausgeräumt werden. So besteht bei diesem Verständnis der Rechtsnatur des Kodex keinerlei rechtliche Bindung an dessen Empfehlungen. Jedes Unternehmen kann in eigenem freien Ermessen entscheiden, ob und in welchem Umfang es den Empfehlungen des Kodex folgt oder ob es einen eigenen **»Code of Best Practice«** aufstellt. Rechtliche Konsequenzen hat die Nichtbeachtung des Kodex nicht. Es bleibt vielmehr dem Kapitalmarkt überlassen, ob und ggf. wie er den Umgang einer börsennotierten Gesellschaft mit dem Kodex oder einem eigenen »Code of Best Practice« honoriert. Diese wirtschaftlichen Aspekte vermögen aber ein verfassungsrechtlich relevantes Legitimationsdefizit des Kodex und der darauf beruhenden Erklärungspflicht gem. § 161 AktG nicht zu begründen (so überzeugend MüKo AktG/*Semler* § 161 AktG Rn. 44 f).

C. Entsprechenserklärung, S. 1

I. Grundsätzliches

5 § 161 S. 1 AktG fordert eine von Vorstand und Aufsichtsrat abzugebende Entsprechenserklärung. Dabei handelt es sich zum einen um eine in die Vergangenheit gerichtete Auskunft, also eine **Wissenserklärung**, sowie zum anderen um eine in die Zukunft gerichtete **Absichtserklärung**, die jederzeit abänderbar ist (MüKo AktG/*Semler* § 161 AktG Rn. 50 f.; *Hüffer* AktG, § 161 Rn. 14, 20; *Borges* ZGR 2003, 508, 528; *Semler/Wagner* NZG 2003, 553, 554; *Vetter* DNotZ 2003, 748, 755). Die Erklärung ist einmal im Jahr abzugeben und sinnvoller Weise auf ein Geschäftsjahr zu beziehen

(*Hüffer* AktG, § 161 Rn. 15; a. A. *Kiethe* NZG 2003, 559, 560 und *Seibert* BB 2002, 581, 584, die auf das Kalenderjahr abstellen). Da §§ 285 Nr. 16, 314 Abs. 1 Nr. 8, 325 Abs. 1 S. 1 HGB die Entsprechenserklärung mit der Rechnungslegung verknüpfen, ist es empfehlenswert, die Erklärung auf den jeweiligen **Bilanzstichtag** zu beziehen und innerhalb der Aufstellungsfrist abzugeben (*Hüffer* AktG, § 161 Rn. 15; *Lutter* ZHR 2002, 523, 528). Die Erklärung ist auf die bei Abgabe der Erklärung geltende Fassung des Kodex abzustellen (*Hüffer* AktG, § 161 Rn. 16; *IdW* PS 345 WPg 2003, 1002, 1003). Es empfiehlt sich, die der Erklärung zugrunde liegende Fassung des Kodex anzugeben (MüKo AktG/*Semler* § 161 AktG Rn. 63).

Für die Abgabe der Erklärung sind gem. S. 1 **Vorstand und Aufsichtsrat** zuständig. Aufgrund 6
des Gesetzeswortlauts sind nicht die einzelnen Mitglieder von Vorstand und Aufsichtsrat angesprochen, sondern Vorstand und Aufsichtsrat der AG als deren Organe, die insoweit nicht als unabhängige Gremien, sondern als vertretungsberechtigte Organe der AG handeln (MüKo AktG/*Semler* § 161 AktG Rn. 73; a. A. *Peltzer* NZG 2002, 593, 595; *Seibt* AG 2002, 249, 252). Bei der für die Erklärung erforderlichen Beschlussfassung handeln Vorstand und Aufsichtsrat nach h. M. aber nicht als ein einheitliches Organ, sondern – dem gesetzlichen Leitbild entsprechend – als eigenständige Gremien in ihrem eigenen Kompetenzbereich (MüKo AktG/*Semler* § 161 AktG Rn. 28; *Hüffer* AktG, § 161 Rn. 11; *Borges* ZGR 2003, 508, 527; *Pfitzer/Oser/Wader* DB 2002, 1120, 1121; *Schüppen* ZIP 2002, 1269, 1271; *Seibt* AG 2002, 249, 253; *Semler* NZG 2003, 553, 554; *Ulmer* ZHR 2002, 150, 173; *Vetter* DNotZ 2003, 748, 755). Allerdings sind Vorstand und Aufsichtsrat nicht gehindert, den Willen ihres jeweiligen Gremiums in gemeinsamer Sitzung zu bilden und – entsprechendes Einvernehmen vorausgesetzt – eine gemeinsame Erklärung abzugeben (*Hüffer* AktG, § 161 Rn. 11; *Peltzer* NZG 2002, 593, 595; *Vetter* DNotZ 2003, 748, 755).

II. Beschluss des Vorstands

Die Entscheidung des Vorstands über die Erklärung erfolgt im Beschlussweg und hat grundsätz- 7
lich, soweit Satzung oder Geschäftsordnung nichts anderes vorsehen, **einstimmig** zu erfolgen (*Hüffer* AktG, § 161 Rn. 12). Mehrheitsentscheidungen können – abweichend von der gesetzlichen Regelung – nur insoweit vorgesehen werden, als Empfehlungen den Vorstand insgesamt betreffen, nicht jedoch, wenn die Empfehlungen an einzelne Mitglieder des Vorstands gerichtet sind (*Hüffer* AktG, § 161 Rn. 12). Da es sich bei der Entscheidung des Vorstands um eine seiner Kompetenz unentziehbare Leitungsentscheidung handelt, kann die Entsprechenserklärung durch den Vorstand nicht insgesamt einem Zustimmungsvorbehalt des Aufsichtsrats unterworfen werden (MüKo AktG/*Semler* § 161 AktG Rn. 91; *Hüffer* AktG, § 161 Rn. 12; a. A. *Seibt* AG 2002, 249, 253). Möglich ist allerdings ein **Zustimmungsvorbehalt** hinsichtlich einzelner Empfehlungen, insbesondere auch die Aufnahme einzelner Empfehlungen des Kodex in eine durch den Aufsichtsrat erlassene Geschäftsordnung für den Vorstand (MüKo AktG/*Semler* § 161 AktG Rn. 91 f.; *Ihrig/Wagner* BB 2002, 789, 790).

III. Beschluss des Aufsichtsrats

Auch der Aufsichtsrat entscheidet durch Beschluss über die Entsprechenserklärung. Nach h. M. 8
ist wegen der Bedeutung der Entscheidung die **Beschlussfassung durch das Plenum** erforderlich. Die Zuweisung der Beschlussfassung an einen Ausschuss ist danach nicht möglich (*Hüffer* AktG, § 161 Rn. 13; MüKo AktG/*Semler* § 161 AktG Rn. 93; *Seibt* AG 2002, 249, 253).

IV. Beschlussinhalt

Fassen Vorstand und Aufsichtsrat einstimmig Beschlüsse, nach denen die Gesellschaft den Emp- 9
fehlungen des Kodex **entsprochen hat**, kann sich die gem. § 161 AktG abzugebende Erklärung auf einen Satz i. S. v.

»Den im amtlichen Teil des elektronischen Bundesanzeigers bekannt gemachten Empfehlungen der Regierungskommission Deutscher Corporate Governance Kodex wurde im Geschäftsjahr X entsprochen«

beschränken (*Hüffer* AktG, § 161 Rn. 16). Dabei können unbedeutende Abweichungen von den Empfehlungen außer Betracht bleiben (*Hüffer* AktG, § 161 Rn. 16; *Seibt* AG 2002, 249, 252). Für die auf die Zukunft gerichtete Erklärung, ob dem Kodex auch weiterhin entsprochen werden soll, kann der vorstehende Satz, soweit Vorstand und Aufsichtsrat übereinstimmend diese Absicht bekunden, durch den **Zusatz** *»und sollen auch zukünftig befolgt werden«* ergänzt werden (MüKo AktG/*Semler* § 161 AktG Rn. 133).

10 Bei einer von Vorstand und Aufsichtsrat einhellig beschlossenen **gänzlichen Ablehnung des Kodex** kann formuliert werden (vgl. MüKo AktG/*Semler* § 161 AktG Rn. 133):

»Die im amtlichen Teil des elektronischen Bundesanzeigers bekannt gemachten Empfehlungen der Regierungskommission Deutscher Corporate Governance Kodex wurden im Geschäftsjahr X nicht befolgt und sollen auch zukünftig nicht befolgt werden«.

Dies gilt selbst dann, wenn die Gesellschaft einzelnen Empfehlungen folgt, weil sie diese selbst – und nicht aufgrund ihrer Aufnahme in den Kodex – für richtig hält (*Hüffer* AktG, § 161 Rn. 18; MüKo AktG/*Semler* § 161 AktG Rn. 134).

11 Einhellig von Vorstand und Aufsichtsrat **festgestellte teilweise Abweichungen** von den Empfehlungen des Kodex können in der Form erklärt werden, dass die Entsprechenserklärung gem. § 161 AktG wie folgt gefasst wird (*Hüffer* AktG, § 161 Rn. 17; strenger MüKo AktG/*Semler* § 161 AktG Rn. 136):

»Den im amtlichen Teil des elektronischen Bundesanzeigers bekannt gemachten Empfehlungen der Regierungskommission Deutscher Corporate Governance Kodex wurde im Geschäftsjahr X mit der Ausnahme entsprochen, dass Tz. xx des Kodex nicht angewandt wurde«

Einer Begründung der Nichtbeachtung einer Empfehlung bedarf es nicht (*Hüffer* AktG, § 161 Rn. 17; *Seibt* AG 2002, 249, 252).Es empfiehlt sich aber zum besseren Verständnis der Erklärung für unbefangene Leser, die jeweilige Empfehlung, von der abgewichen wird, im Klartext (und nicht nur durch Bezugnahme auf die entsprechende Textziffer des Kodex) zu benennen (MüKo AktG/*Semler* § 161 AktG Rn. 136).

12 In der Regel wird eine AG, deren Vorstand und Aufsichtsrat die Empfehlungen des Kodex (teilweise) ablehnen, neben der (teilweisen) Ablehnung des Kodex eine **Alternativlösung** zur Corporate Governance anbieten (*Hüffer* AktG, § 161 Rn. 18; MüKo AktG/*Semler* § 161 AktG Rn. 138). Anderenfalls müsste die Gesellschaft negative Reaktionen des Kapitalmarkts befürchten (MüKo AktG/*Semler* § 161 AktG Rn. 138). Die in der Praxis vorkommenden Alternativlösungen sind dabei vielfältig. So kann sich eine AG auf einen eigenen, teilweise schon vor der erstmaligen Verabschiedung des Kodex umgesetzten **»Code of Best Practice«** berufen (*Hüffer* AktG, § 161 Rn. 18; MüKo AktG/*Semler* § 161 AktG Rn. 139). Denkbar ist aber auch die qualifizierte Vorstellung einzelner Abweichungen oder die Darstellung einer Übererfüllung des Kodex (MüKo AktG/*Semler* § 161 AktG Rn. 143, 144).

D. Offenlegung, S. 2

13 Gem. S. 2 ist die Erklärung von Vorstand und Aufsichtsrat den Aktionären dauerhaft zugänglich zu machen. Ein Mitteilungserfordernis besteht nicht. Vielmehr reicht es aus, wenn die Gesellschaft die Erklärung auf ihrer **Homepage** veröffentlicht oder – mangels eines eigenen Internetauftritts – die Erklärung in ihrer Hauptverwaltung verfügbar hält (*Hüffer* AktG, § 161 Rn. 23).

E. Innen- oder Außenhaftung

14 Geben Vorstand und Aufsichtsrat entgegen § 161 AktG die Entsprechenserklärung nicht oder nicht richtig ab, so handeln sie pflichtwidrig. Ein durch die Pflichtwidrigkeit verursachter Schaden der Gesellschaft wird in der Regel kaum auftreten oder nachweisbar sein; die Innenhaftung von Vorstand oder Aufsichtsrat sollte aus diesem Grund wenig praxisrelevant werden (*Hüffer* AktG, § 161 Rn. 25; *Claussen/Bröcker* DB 2002, 1199, 1205; *Kiethe* NZG 2003, 559, 564). Nach richti-

ger Ansicht führt auch die Nichtbeachtung einer Empfehlung des Kodex aufgrund dessen unverbindlichen Charakters nicht per se zu einem Verstoß gegen Sorgfaltspflichten des betroffenen Organs (*Hüffer* AktG, § 161 Rn. 27; *Bachmann* WM 2002, 2137, 2138; *Berg/Stöcker* WM 2002, 1569, 1575; *Ettinger/Grützdiek* AG 2003, 353, 354; a. A. *Lutter* ZHR 2002, 523, 540; *Schüppen* ZIP 2002, 1269, 1271; *Ulmer* ZHR 2002, 150, 166).

Eine Außenhaftung der AG kommt nach h. M. weder aus dem Gesichtspunkt von § 823 Abs. 1 oder Abs. 2 BGB noch aus dem von § 826 BGB in Betracht (*Hüffer* AktG, § 161 Rn. 28 f; *Abram* ZBB 2003, 41, 44; *Berg/Stöcker* WM 2002, 1569, 1578; *Kiethe* NZG 2003, 559, 565; *Reinert/Weller* ZRP 2002, 49, 52; *Ulmer* ZHR 2002, 150, 168; *Vetter* DNotZ 2003, 748, 762). Dies gilt auch für eine unmittelbare Haftung von Organmitgliedern gegenüber Aktionären. Insbesondere sind keine Schutzpflichten von Vorstandsmitgliedern i. S. v. § 241 Abs. 2 BGB denkbar, zumal eine Prospekthaftung ohne Prospekt ohnehin nicht gegeben ist (*Hüffer* AktG, § 161 Rn. 30; *Berg/Stöcker* WM 2002, 1569, 1580). Allerdings können bei fehlender oder unrichtiger Entsprechenserklärung bereits gefasste Entlastungsbeschlüsse angefochten werden (*Hüffer* AktG, § 161 Rn. 31; *Kiethe* NZG 2003, 559, 567; *Seibt* AG 2002, 249, 254; *Ulmer* ZHR 2002, 150, 165). 15

Zweiter Abschnitt.
Prüfung des Jahresabschlusses

Erster Unterabschnitt.
Prüfung durch Abschlussprüfer

§§ 162–169 [aufgehoben]

Die Regelungen zur **Prüfung des Jahresabschlusses** finden sich seit dem BiRiLiG vom 19. 12. 1985 (BGBl. I, 2335) in den §§ 316 bis 324 HGB, die für Kreditinstitute und Versicherungsunternehmen durch die §§ 340 k, 341 k HGB ergänzt werden.

Zweiter Unterabschnitt.
Prüfung durch den Aufsichtsrat

§ 170 Vorlage an den Aufsichtsrat

(1) [1]Der Vorstand hat den Jahresabschluss und den Lagebericht unverzüglich nach ihrer Aufstellung dem Aufsichtsrat vorzulegen. [2]Satz 1 gilt entsprechend für einen Einzelabschluss nach § 325 Abs. 2 a des Handelsgesetzbuchs sowie bei Mutterunternehmen (§ 290 Abs. 1, 2 des Handelsgesetzbuchs) für den Konzernabschluss und den Konzernlagebericht.

(2) [1]Zugleich hat der Vorstand dem Aufsichtsrat den Vorschlag vorzulegen, den er der Hauptversammlung für die Verwendung des Bilanzgewinns machen will. [2]Der Vorschlag ist, sofern er keine abweichende Gliederung bedingt, wie folgt zu gliedern:

1. Verteilung an die Aktionäre
2. Einstellung in Gewinnrücklagen
3. Gewinnvortrag
4. Bilanzgewinn

(3) [1]Jedes Aufsichtsratsmitglied hat das Recht, von den Vorlagen und Prüfungsberichten Kenntnis zu nehmen. [2]Die Vorlagen und Prüfungsberichte sind auch jedem Aufsichtsratsmit-

glied oder, soweit der Aufsichtsrat dies beschlossen hat, den Mitgliedern eines Ausschusses zu übermitteln.

A. Allgemeines

1 Der Zweite Unterabschnitt befasst sich mit der für die AG **spezifischen Prüfung** des Jahresabschlusses, des Lageberichts und ggf. des Gewinnverwendungsvorschlags durch den Aufsichtsrat. Diese Prüfung ist ein wesentlicher Bestandteil der Erfüllung der dem Aufsichtsrat obliegenden Aufgaben in der AG. So wird der Aufsichtsrat durch die vom Vorstand vorzulegenden Jahresabschluss und Lagebericht über die wirtschaftliche Lage der AG und den Gang von deren Geschäften informiert. Darüber hinaus prüft er die den Aktionären vorzulegenden Unterlagen auf ihre Übereinstimmung mit Gesetz und Satzung und stellt schließlich gem. § 172 AktG den Jahresabschluss fest (MüKo AktG/*Kropff* § 170 AktG Rn. 1).

B. Vorlage von Jahresabschluss und Lagebericht, Abs. 1

2 Der erste Schritt dieses Prüfungs- und Feststellungsverfahrens besteht in der Vorlage von Jahresabschluss, Lagebericht und ggf. Gewinnverwendungsvorschlag durch den Vorstand gem. Abs. 1. Dieser Schritt dient der Vorbereitung der gem. § 171 AktG durch den Aufsichtsrat durchzuführenden Prüfung dieser Unterlagen (*Hüffer* AktG, § 170 Rn. 1). Vorzulegen sind dem Aufsichtsrat gem. Abs. 1 zunächst der **Jahresabschluss** in der Form, in der er durch den Vorstand aufgestellt und durch die Abschlussprüfer geprüft worden ist (MüKo AktG/*Kropff* § 170 AktG Rn. 11). Er umfasst **Bilanz, GuV-Rechnung** sowie den **Anhang** gem. § 264 Abs. 1 HGB (*Hüffer* AktG, § 170 Rn. 2). Soweit die Vorschriften über den Anhang gem. § 264 Abs. 3 HGB auf abhängige Konzerngesellschaften nicht anzuwenden sind, sind diese Gesellschaften auch von der Vorlagepflicht hinsichtlich des Anhangs ausgenommen (MüKo AktG/*Kropff* § 170 AktG Rn. 12). Vorzulegen ist ggf. auch ein gem. § 314 Abs. 1 S. 1 HGB durch den Vorstand aufgestellter Abhängigkeitsbericht (*Hüffer* AktG, § 170 Rn. 2; MüKo AktG/*Kropff* § 170 AktG Rn. 21). Hat die AG als große Kapitalgesellschaft i. S. v. § 267 Abs. 3 HGB von ihrem Recht gem. § 325 Abs. 2 a HGB Gebrauch gemacht und beabsichtigt, einen nach den IAS aufgestellten Jahresabschluss zu veröffentlichen, unterliegt auch dieser Jahresabschluss gem. Abs. 1 S. 2 der Vorlagepflicht (*Hüffer* AktG, § 170 Rn. 2 a). Handelt es sich bei der AG um ein Mutterunternehmen i. S. v. § 290 Abs. 1 und 2 AktG, das zur Aufstellung eines Konzernabschlusses verpflichtet ist, ist auch dieser Abschluss gem. Abs. 1 S. 2 dem Aufsichtsrat zu Prüfung vorzulegen.

3 Von der Vorlagepflicht umfasst ist gem. Abs. 1 S. 1 schließlich der **Lagebericht des Vorstands**. Bei dem Lagebericht handelt es sich um einen Wortbericht, der den Geschäftsverlauf und die Lage der Gesellschaft wiedergibt (*Hüffer* AktG, § 170 Rn. 2) und dessen Inhalt sich aus § 289 HGB ergibt. Von der Erstellung (und damit der Vorlage eines Lageberichts) sind gem. § 264 Abs. 1 HGB kleine Kapitalgesellschaften i. S. v. § 267 Abs. 1 HGB und unter den weiteren Voraussetzungen von § 264 Abs. 3 HGB auch abhängige Konzerngesellschaften befreit (MüKo AktG/*Kropff* § 170 AktG Rn. 16).

4 Auch wenn dies in Abs. 1 nicht ausdrücklich erwähnt wird, ist es sinnvoll, dass der Vorstand dem Aufsichtsrat zugleich mit dem Jahresabschluss den von ihm gem. § 90 Abs. 1 Nr. 2 AktG zu erstellenden **Bericht über die Rentabilität der AG**, insbesondere über die Rentabilität des Eigenkapitals vorlegt (MüKo AktG/*Kropff* § 170 AktG Rn. 19). Nicht vorzulegen ist dagegen – entgegen der früheren Rechtslage – der Prüfungsbericht der Abschlussprüfer. Insoweit geht die heutige Rechtslage davon aus, dass die Abschlussprüfer durch den Aufsichtsrat als Vertreter der Gesellschaft unmittelbar beauftragt werden. Dementsprechend haben die Abschlussprüfer über das Ergebnis ihrer Prüfung direkt an den Aufsichtsrat zu berichten (*Hüffer* AktG, § 170 Rn. 2). Eine Vorlagepflicht seitens des Vorstands besteht aus diesem Grund nicht mehr.

5 Zur Vorlage ist der **Vorstand als Organ** zuständig. Es ist allerdings ausreichend, wenn die Vorlage durch den Vorstandsvorsitzenden oder das nach der Geschäftsordnung zuständige Vor-

standsmitglied vorgenommen wird (ADS § 170 AktG Rn. 10). Die Unterlagen sind dem Aufsichtsrat **unverzüglich** vorzulegen, wenn sie insgesamt unterschriftsreif erstellt worden sind (*Hüffer* AktG, § 170 Rn. 3). Eine Pflicht zur sukzessiven Vorlage der einzelnen Unterlagen in der Reihenfolge ihrer Fertigstellung besteht nicht (ADS § 170 AktG Rn. 9). Vorzulegen sind die Unterlagen **dem Aufsichtsrat als Organ**. Allerdings ist eine Übersendung zu Händen des Aufsichtsratsvorsitzenden ausreichend (*Hüffer* AktG, § 170 Rn. 4; MüKo AktG/*Kropff* § 170 AktG Rn. 25; ADS § 170 AktG Rn. 8). Eine Versendung der Unterlagen durch den Vorstand an alle Aufsichtsratsmitglieder ist zwar nicht erforderlich aber – soweit dem keine anderen Bestimmungen durch den Aufsichtsrat entgegenstehen – unbedenklich (*Hüffer* AktG, § 170 Rn. 4).

Die Verpflichtung des Vorstands zur Vorlage ist im Falle eines Pflichtverstoßes im **Zwangsgeldverfahren** gem. § 407 Abs. 1 AktG durchzusetzen. Einzelne Vorstandsmitglieder können sich darüber hinaus gem. § 93 Abs. 2 AktG **schadensersatzpflichtig** machen. Auch eine Abberufung säumiger Vorstandsmitglieder gem. § 84 Abs. 3 AktG ist denkbar (MüKo AktG/*Kropff* § 170 AktG Rn. 28; *Hüffer* AktG, § 170 Rn. 3). 6

C. Vorlage des Gewinnverwendungsvorschlags, Abs. 2

Gem. Abs. 2 S. 1 ist dem Aufsichtsrat gleichzeitig mit dem Jahresabschluss und dem Lagebericht vom Vorstand auch der **Vorschlag über die Verwendung des Bilanzgewinns** vorzulegen, den der Vorstand der Hauptversammlung unterbreiten will. Da sich die Prüfungspflicht des Aufsichtsrats gem. § 171 Abs. 1 S. 1 AktG auf den Gewinnverwendungsvorschlag erstreckt, dient die diesbezügliche Vorlagepflicht ebenfalls der Ermöglichung und der Vorbereitung des von dem Aufsichtsrat einzuhaltenden Prüfungsverfahrens (*Hüffer* AktG, § 170 Rn. 5). Vorlagepflicht und -verfahren sind deckungsgleich mit den durch den Vorstand gem. Abs. 1 zu befolgenden Schritten (*Hüffer* AktG, § 170 Rn. 5). 7

Für den Gewinnverwendungsvorschlag sieht das Gesetz in Abs. 2 S. 2 eine **bestimmte Gliederung** vor, soweit nicht von den in den Nr. 1 bis 3 vorgesehenen Verwendungsmöglichkeiten abgewichen werden soll. Voraussetzung für eine Abweichung ist eine entsprechende Satzungsermächtigung, derzufolge die Hauptversammlung eine andere als die in den Nr. 1 bis 3 genannten Verwendungsmöglichkeit (z. B. Ausschüttung an eine Stiftung) beschließen kann (MüKo AktG/*Kropff* § 170 AktG Rn. 63). 8

Im Rahmen der gesetzlichen Gliederung ist in dem Gewinnverwendungsvorschlag zunächst der für die Verteilung an die Aktionäre vorgesehene Betrag auszuweisen. Anzugeben ist neben dem auszuschüttenden **Gesamtbetrag** auch der **Gewinnverteilungsschlüssel**, beispielsweise durch den Ausweis des auf die einzelne Aktie entfallenden Dividendenbetrages (MüKo AktG/*Kropff* § 170 AktG Rn. 49). Darüber hinaus ist – bei Vorhandensein mehrerer Aktiengattungen – eine **Aufschlüsselung** in die verschiedenen Gattungen vorzunehmen (*Hüffer* AktG, § 170 Rn. 7). Gegebenenfalls empfiehlt es sich, bei dem Ausweis des Gewinnverteilungsschlüssels mit Vorspalten zu arbeiten (vgl. die Beispiele bei ADS § 170 AktG Rn. 7). Sachdividenden sind als besondere Form der Gewinnverteilung ebenfalls gesondert auszuweisen und darzustellen (*Hüffer* AktG, § 170 Rn. 7; MüKo AktG/*Kropff* § 170 AktG Rn. 54). 9

Bei der gem. Abs. 2 S. 2 Nr. 2 auszuweisenden **Einstellung in die Gewinnrücklagen** sind ausschließlich die in § 58 Abs. 3 S. 1 AktG geregelten weiteren Beträge angesprochen (*Hüffer* AktG, § 170 Rn. 8; ADS § 170 AktG Rn. 38). Der für die Einstellung in die Gewinnrücklagen vorgesehene Betrag ist nach den jeweiligen Gewinnrücklagen (z. B. gesetzliche Rücklage oder andere Gewinnrücklagen) aufzuschlüsseln (*Hüffer* AktG, § 170 Rn. 8). Soweit aus seiner Sicht erforderlich oder sinnvoll, kann der Vorstand seinen Gewinnverwendungsvorschlag, insbesondere die von ihm vorgesehene Rücklagendotierung, begründen. Die **Begründung** ist aber der Übersichtlichkeit halber nicht im Gewinnverwendungsvorschlag selbst sondern im Lagebericht anzubringen (MüKo AktG/*Kropff* § 170 AktG Rn. 48; ADS § 170 AktG Rn. 41). 10

11 Darüber hinaus kann der Vorstand den Vortrag (eines Teils) des Gewinns auf neue Rechnung vorschlagen. Auch dieser Betrag ist dann gem. Abs. 2 S. 2 Nr. 3 in dem Verwendungsvorschlag gesondert auszuweisen. Dies betrifft insbesondere nicht verteilbare Spitzenbeträge (*Hüffer* AktG, § 170 AktG Rn. 9).

12 Schließlich ist in dem Gewinnverwendungsvorschlag gem. Abs. 2 S. 2 Nr. 4 der **Bilanzgewinn** gesondert aufzuführen. Der Betrag ist Nr. 5 der gem. § 158 Abs. 1 S. 1 AktG erweiterten GuV-Rechnung zu entnehmen und muss der Summe der in den Nr. 1 bis 3 ausgewiesenen Beträge entsprechen. Liegt die Summe der Posten 1 bis 3 unter dem Bilanzgewinn, so ist der Verwendungsvorschlag unvollständig; liegt sie darüber, so ist der Gewinnverwendungsvorschlag gesetzwidrig (*Hüffer* AktG, § 170 Rn. 10).

D. Kenntnisnahmerecht der Aufsichtsratsmitglieder, Abs. 3

13 Abs. 3 gewährt jedem Aufsichtsratsmitglied ein Recht, von den Vorlagen des Vorstands Kenntnis zu nehmen. Dies betrifft neben den in Abs. 1 und 2 genannten Vorlagen auch den an dieser Stelle ausdrücklich erwähnten Prüfungsbericht der Abschlussprüfer, der – wie oben Rn. 4 ausgeführt – dem Aufsichtsrat unmittelbar (und nicht über den Vorstand) zuzuleiten ist. Darüber hinaus umfasst das Kenntnisnahmerecht auch besondere Prüfungsberichte, etwa gem. § 91 Abs. 2 AktG und § 317 Abs. 4 HGB, und Prüfungsberichte zu Konzernabschlüssen. Für Abhängigkeitsberichte enthält § 314 Abs. 1 S. 2 AktG eine Sondervorschrift (*Hüffer* AktG, § 170 Rn. 12).

14 Bei dem den einzelnen Aufsichtsratsmitgliedern gem. Abs. 3 gewährten Recht handelt es sich um einen **Individualanspruch**, der durch Satzungsregelung weder einschränkbar noch entziehbar ist (*Hüffer* AktG, § 170 Rn. 12; MüKo AktG/*Kropff* § 170 AktG Rn. 69, 91; ADS § 170 AktG, Rn. 12; *Hommelhoff* ZGR 1983, 551, 579). Soweit die Aufsichtsratsmitglieder nicht gem. Abs. 3 S. 2 Abschriften der Unterlagen ausgehändigt bekommen, ist ihnen in den Geschäftsräumen der Gesellschaft umfassende Einsicht und die Gelegenheit zu gewähren, die Unterlagen eingehend zu untersuchen (*Hüffer* AktG, § 170 AktG Rn. 12). Dagegen besteht kein Recht der Aufsichtsratsmitglieder, sich bei der Untersuchung der Unterlagen durch (sachverständige) Nichtmitglieder des Aufsichtsrats beraten zu lassen (BGH NJW 1983, 991). Im Übrigen darf der Anspruch auf Kenntnisnahme nicht missbräuchlich ausgeübt werden (*Hüffer* AktG, § 170 Rn. 12).

15 Soweit der Aufsichtsrat nicht beschließt, die zu prüfenden Unterlagen nur an die Mitglieder eines Ausschusses zu übermitteln, hat jedes Aufsichtsratsmitglied gem. Abs. 3 S. 2 weiter das Recht, die Übermittlung der Vorlagen und des Prüfungsberichts zu verlangen. Mit der Ersetzung des ursprünglichen Begriffs »Aushändigung« durch »Übermittlung« ist klargestellt, dass auch eine Übermittlung in elektronischer Form möglich sein soll (*Hüffer* AktG, § 170 Rn. 13). Die Beschränkung der Übermittlung auf Mitglieder eines Aufsichtsratsausschusses ist im Schrifttum vereinzelt auf Kritik gestoßen (*Strieder/Graf* BB 1997, 1943, 1945). Sie ist aber vor dem Hintergrund hinzunehmen, dass sie tatsächlich zu einer Arbeitserleichterung in großen Aufsichtsräten führen kann (*Hüffer* AktG, § 170 Rn. 13). Darüber hinaus kann die Beschränkung als Gegenstand der Selbstorganisation nur durch den Aufsichtsrat (ggf. im Rahmen einer Geschäftsordnung) beschlossen werden (*Hüffer* AktG, § 170 Rn. 14), so dass eine Beschränkung der Übermittlungsrechte ohnehin stets auf einer autonomen Entscheidung des gesamten Aufsichtsrats beruht.

16 Das **Recht auf Übermittlung** der Vorlagen ist ein **klagbares Individualrecht** des einzelnen Aufsichtsratsmitglieds (BGH NJW 1983, 991). Die Klage ist – entgegen einer früheren Meinung im Schrifttum – gegen die AG, vertreten durch den Vorstand, und nicht gegen den Aufsichtsratsvorsitzenden zu richten (BGH NJW 1983, 991; *Hüffer* AktG, § 170 Rn. 15; MünchHdb GesR IV/*Hoffmann-Becking* § 44 Rn. 12).

§ 171 Prüfung durch den Aufsichtsrat

(1) [1]Der Aufsichtsrat hat den Jahresabschluss, den Lagebericht und den Vorschlag für die Verwendung des Bilanzgewinns zu prüfen, bei Mutterunternehmen (§ 290 Abs. 1, 2 des Handelsgesetzbuchs) auch den Konzernabschluss und den Konzernlagebericht. [2]Ist der Jahresabschluss oder der Konzernabschluss durch einen Abschlussprüfer zu prüfen, so hat dieser an den Verhandlungen des Aufsichtsrats oder eines Ausschusses über diese Vorlagen teilzunehmen und über die wesentlichen Ergebnisse seiner Prüfung zu berichten.

(2) [1]Der Aufsichtsrat hat über das Ergebnis der Prüfung schriftlich an die Hauptversammlung zu berichten. [2]In dem Bericht hat der Aufsichtsrat auch mitzuteilen, in welcher Art und in welchem Umfang er die Geschäftsführung der Gesellschaft während des Geschäftsjahrs geprüft hat; bei börsennotierten Gesellschaften hat er insbesondere anzugeben, welche Ausschüsse gebildet worden sind, sowie die Zahl seiner Sitzungen und die der Ausschüsse mitzuteilen und auch die Angaben nach § 289 Abs. 4, § 315 Abs. 4 des Handelsgesetzbuchs zu erläutern. [3]Ist der Jahresabschluss durch einen Abschlussprüfer zu prüfen, so hat der Aufsichtsrat ferner zu dem Ergebnis der Prüfung des Jahresabschlusses durch den Abschlussprüfer Stellung zu nehmen. [4]Am Schluss des Berichts hat der Aufsichtsrat zu erklären, ob nach dem abschließenden Ergebnis seiner Prüfung Einwendungen zu erheben sind und ob er den vom Vorstand aufgestellten Jahresabschluss billigt. [5]Bei Mutterunternehmen (§ 290 Abs. 1, 2 des Handelsgesetzbuchs) finden die Sätze 3 und 4 entsprechende Anwendung auf den Konzernabschluss.

(3) [1]Der Aufsichtsrat hat seinen Bericht innerhalb eines Monats, nachdem ihm die Vorlagen zugegangen sind, dem Vorstand zuzuleiten. [2]Wird der Bericht dem Vorstand nicht innerhalb der Frist zugeleitet, hat der Vorstand dem Aufsichtsrat unverzüglich eine weitere Frist von nicht mehr als einem Monat zu setzen. [3]Wird der Bericht dem Vorstand nicht vor Ablauf der weiteren Frist zugeleitet, gilt der Jahresabschluss als vom Aufsichtsrat nicht gebilligt; bei Mutterunternehmen (§ 290 Abs. 1, 2 des Handelsgesetzbuchs) gilt das Gleiche hinsichtlich des Konzernabschlusses.

(4) [1]Die Absätze 1 bis 3 gelten auch hinsichtlich eines Einzelabschlusses nach § 325 Abs. 2 a des Handelsgesetzbuchs. [2]Der Vorstand darf den in Satz 1 genannten Abschluss erst nach dessen Billigung durch den Aufsichtsrat offen legen.

Übersicht:

A. Prüfung des Aufsichtsrats, Abs. 1

I. Allgemeines

Durch das in § 171 AktG geregelte Recht und die Pflicht des Aufsichtsrats zur Prüfung und Billigung des Jahresabschlusses einschließlich der weiteren ihm vom Vorstand vorzulegenden Unterlagen (Lagebericht, Gewinnverwendungsvorschlag sowie ggf. Konzernabschluss und -lagebericht), erhält der Aufsichtsrat Gelegenheit (1) zur Mitwirkung an unternehmerischen Entscheidungen durch die Mitgestaltung der Bilanzpolitik, (2) zur Ausübung eines Schwerpunkts seiner Überwachungstätigkeit durch die umfassende Information über und die Prüfung der geschäftlichen Entwicklung der Gesellschaft sowie (3) zur Beteiligung an der Publizität der AG aufgrund der Veröffentlichung des von ihm gem. Abs. 2 S. 1 zu erstattenden Berichts (MüKo AktG/*Kropff* § 171 AktG Rn. 5 bis 12). Die Vorschrift ist daher eine der **Kernelemente für die Tätigkeit des Aufsichtsrats** einer AG. Für die Rechnungslegung der AG regelt sie den Abschluss der zweiten 1

Stufe der Aufstellung, Prüfung und Verabschiedung von Jahresabschluss, Lagebericht und Gewinnverwendungsbeschluss. In dieser Stufe werden die Weichen dafür gestellt, ob der Jahresabschluss durch Vorstand und Aufsichtsrat oder durch die Hauptversammlung festgestellt wird.

II. Umfang der Prüfungspflicht, Abs. 1 S. 1

2 Gem. Abs. 1 S. 1 ist dafür der dem Aufsichtsrat vom Vorstand vorgelegte **Jahresabschluss**, der **Lagebericht**, der **Vorschlag für die Verwendung des Bilanzgewinns** sowie – wenn es sich um ein Mutterunternehmen i. S. v. § 290 Abs. 1 und 2 HGB handelt – auch der **Konzernabschluss** und der **Konzernlagebericht** durch den Aufsichtsrat zu prüfen. Darüber hinaus erstreckt sich die Prüfung des Aufsichtsrats auf den durch den Vorstand gem. § 90 Abs. 1 Nr. 2 AktG erstellten Rentabilitätsbericht (MüKo AktG/*Kropff* § 171 AktG Rn. 1). Für seine Prüfung kann der Aufsichtsrat neben den ihm vom Vorstand unterbreiteten Vorlagen von seinem Einsichts- und Prüfungsrecht gem. § 111 Abs. 2 AktG Gebrauch machen und – beispielsweise bei einem Verdacht auf Unregelmäßigkeiten – Einsicht in sämtliche Unterlagen (z. B. Buchhaltungsunterlagen) der AG nehmen (*Hüffer* AktG, § 171 Rn. 2).

3 Im Rahmen der Prüfung hat der Aufsichtsrat festzustellen, ob die Rechnungslegung des Vorstands **rechtmäßig, ordnungsmäßig und zweckmäßig** ist (*Hüffer* AktG, § 171 Rn. 3; ADS § 171 AktG Rn. 21; MünchHdb GesR IV/*Hoffmann-Becking* § 44 Rn. 14; *Clemm* ZGR 1980, 455, 457). Rechtmäßig ist die Rechnungslegung des Vorstands insbesondere dann, wenn sie den Vorschriften des Gesetzes, also vor allem den §§ 238 ff. HGB, aber auch den GoB sowie der Satzung entspricht. Der Vorschlag des Vorstands über die Verwendung des Bilanzgewinns ist dann rechtmäßig, wenn die vorgesehene Verwendung des Gewinns den aktienrechtlichen Vorschriften, namentlich den §§ 58, 60, 72 b, 150 AktG sowie etwaigen Satzungsregelungen entspricht (*Hüffer* AktG, § 171 Rn. 4).

4 Darüber hinaus ist der Aufsichtsrat berechtigt und verpflichtet, seine Prüfung auf die **Zweckmäßigkeit der Vorschläge** des Vorstands zu erstrecken. So hat er – jeweils ausgerichtet am Interesse des Unternehmens – die Zweckmäßigkeit der bilanzpolitischen Entscheidungen des Vorstands (z. B. die Ausübung von Wahlrechten oder die Auflösung stiller Reserven) und die Zweckmäßigkeit der Ausschüttungs- bzw. Thesaurierungspolitik des Vorstands (z. B. durch die Dotierung oder Auflösung von freien Gewinnrücklagen) zu prüfen (*Hüffer* AktG, § 171 Rn. 7 f; MüKo AktG/*Kropff* § 171 AktG Rn. 24; *Forster* ZfB 1988, 789, 792).

5 Die Prüfung der Vorstandsvorlagen ist eine **Organpflicht des Aufsichtsrats** und trifft jedes einzelne Aufsichtsratsmitglied. Allerdings handelt es sich bei der Prüfung der Rechnungslegung durch den Aufsichtsrat nicht um eine zweite Abschlussprüfung; die Aufsichtsratsmitglieder müssen daher nicht über die Sachkunde von Abschlussprüfern verfügen und bei ihrer Prüfung auch nicht entsprechende Sorgfaltsmaßstäbe anlegen (*Hüffer* AktG, § 171 Rn. 9; MüKo AktG/*Kropff* § 171 AktG Rn. 27; ADS § 171 AktG Rn. 19; MünchHdb GesR IV/*Hoffmann-Becking* § 44 Rn. 16; *Clemm* ZGR 1980, 455, 457; *Hüffer* ZGR 1980, 320, 334). Die Aufsichtsratsmitglieder sind nicht verpflichtet, eine eigene sachverständige Bilanzanalyse vorzunehmen (BGH NJW 1983, 991; *Hommelhoff* ZGR 1983, 551, 556). Der Aufsichtsrat hat vielmehr anhand des Berichts des Abschlussprüfers die Vorstandsvorlagen durchzugehen und sich ein Urteil über deren **innere Plausibilität** zu bilden (*Hüffer* AktG, § 171 Rn. 9). Soweit der Aufsichtsrat dabei auf Unregelmäßigkeiten stößt oder aus anderen Gründen Bedenken gegen die Vorstandsvorlagen hat, muss er diesen im Rahmen des Einsichts- und Prüfungsrechts gem. § 111 Abs. 2 AktG weiter nachgehen und versuchen, diese auszuräumen (BGH NJW 1978, 425; *Hüffer* AktG, § 171 Rn. 9; *Hüffer* ZGR 1980, 320, 337). Dabei kann sich der Aufsichtsrat auf die Vorprüfung und den Bericht eines etwa vorhandenen Bilanzausschusses stützen (BGH NJW 1984, 1038 – zur bergrechtlichen Gewerkschaft –; *Hüffer* AktG, § 171 Rn. 10; *Hommelhoff* ZGR 1983, 551, 577). Dieser Bericht ist aber durch das Plenum des Aufsichtsrats seinerseits zu prüfen; eine vorbehaltlose Übernahme der Ergebnisse des Bilanzausschusses ist nicht zulässig (RGZ 93, 338, 340).

III. Teilnahme des Abschlussprüfers, Abs. 1 S. 2

Gem. Abs. 1 S. 2 ist die **Teilnahme des Abschlussprüfers** an den Verhandlungen des Aufsichtsrats über die Vorlagen des Vorstands mittlerweile gesetzlich vorgeschrieben. Betroffen sind sowohl Verhandlungen des Aufsichtsratsplenums als auch eines etwa gebildeten Bilanzausschusses. Die Regelung bezieht sich auf eine gesetzliche Pflichtprüfung und verlangt eine Teilnahme des Abschlussprüfers auch dann, wenn der Aufsichtsrat einer im Übrigen nicht prüfungspflichtigen AG über einen Konzernabschluss verhandelt, der seinerseits prüfungspflichtig ist (*Hüffer* AktG, § 171 Rn. 11; *Bischof/Oser* WPg 1998, 539, 540). 6

Die Teilnahme des Abschlussprüfers ist **zwingend**. Verletzt der Abschlussprüfer seine Teilnahmepflicht, so macht er sich wegen der Verletzung seines Prüfungsvertrages gem. § 280 Abs. 1 BGB schadensersatzpflichtig (*Hüffer* AktG, § 171 Rn. 11 a; ADS § 171 AktG Rn. 52 ff). Ausreichend ist die Anwesenheit des jeweiligen verantwortlichen Prüfungsleiters (*Hüffer* AktG, § 171 Rn. 11 a; MüKo AktG/*Kropff* § 171 AktG Rn. 104; ADS § 171 AktG Rn. 55). Der Aufsichtsrat handelt seinerseits pflichtwidrig, wenn er den Abschlussprüfer von der Teilnahme an den entsprechenden Verhandlungen ausschließt (*Hüffer* AktG, § 171 Rn. 11 a; *Baums* AG 1997, Sonderheft August, 26, 32; *Bischof/Oser* WPg 1998, 539; *Forster* WPg 1998, 41, 55; a. A. *Gelhausen* AG 1997, Sonderheft August, 73, 79). Allerdings kann der Aufsichtsrat entscheiden, dass die Teilnahme des Abschlussprüfers auf die Verhandlungen eines Bilanzausschusses beschränkt wird, auch wenn der Ausschluss des Abschlussprüfers von der Plenarsitzung des Aufsichtsrats nicht glücklich ist (so *Hüffer* AktG, § 171 Rn. 11 a). 7

Neben der Teilnahmepflicht ist der Abschlussprüfer weiter verpflichtet, über die Ergebnisse seiner Prüfung (mündlich) zu berichten. Allerdings ist es ihm zu gestatten, seine mündlichen Erläuterungen erforderlichenfalls durch nachträgliche schriftliche Ausführungen zu ergänzen, da von dem teilnehmenden Prüfungsleiter nicht verlangt werden kann, sämtliche Einzelheiten der Prüfungsergebnisse präsent zu haben (*Hüffer* AktG, § 171 Rn. 11 b; *Scheffler* WPg 2002, 1289). 8

B. Bericht des Aufsichtsrats, Abs. 2

I. Allgemeines

Gem. Abs. 2 ist der Aufsichtsrat verpflichtet, der Hauptversammlung über das Ergebnis seiner Prüfung zu berichten. Der Bericht hat dabei neben den **Prüfungsergebnissen** eine **Darstellung der eigenen Tätigkeit** des Aufsichtsrats zu enthalten, da sich das Informationsrecht der Hauptversammlung auch auf diesen Punkt erstreckt (*Hüffer* AktG, § 171 Rn. 12; MüKo AktG/*Kropff*, § 171 Rn. 146). Der Bericht ist durch den gesamten Aufsichtsrat **schriftlich** zu erstatten. Es genügt die Unterschrift des Aufsichtsratsvorsitzenden als Vertreter des Gesamtorgans (*Hüffer* AktG, § 171 Rn. 12; *Mutze* AG 1966, 173, 174). Ein Verstoß des Aufsichtsrats oder Vorstands gegen die Berichtspflichten sowie die Pflichten zu dessen Vorlage bei der Hauptversammlung und Hinterlegung beim Handelsregister kann gem. §§ 93, 116 AktG **Schadensersatzpflichten** auslösen (*Mutze* AG 1966, 173, 174). Bei vorsätzlicher unrichtiger Darstellung oder Verschleierung der Verhältnisse der Gesellschaft kann sich der Aufsichtsrat gem. § 400 Abs. 1 Nr. 1 AktG **strafbar** machen (*Hüffer* AktG, § 171 Rn. 12). 9

II. Inhalt des Berichts

In dem Bericht hat der Aufsichtsrat zunächst über die **Ergebnisse seiner Prüfung** der Rechnungslegung des Vorstands zu berichten. Bestehen insoweit Einwände, hat der Aufsichtsrat seine Bedenken so darzulegen, dass die Hauptversammlung in der Lage ist, sich ein eigenes Urteil zu bilden (ADS § 171 AktG Rn. 64). Hegt der Aufsichtsrat keine Bedenken gegen die Rechnungslegung, fällt sein Bericht über die Prüfungsergebnisse mit der gem. Abs. 2 S. 4 abzugebenden Schlusserklärung (s. u. Rn. 13) zusammen (*Hüffer* AktG, § 171 Rn. 13). Darüber hinaus hat der Aufsichtsrat hinsichtlich der Prüfung der Geschäftsführung des Vorstands zu **versichern**, dass er die laufende Geschäftsführung aufgrund der Vorstandsberichte und der gemeinsamen 10

Sitzungen mit dem Vorstand laufend überwacht hat (*Hüffer* AktG, § 171 Rn. 13; ADS § 171 AktG Rn. 13; KölnKomm AktG/*Claussen/Korth* § 171 AktG Rn. 14). Bei wirtschaftlichen Schwierigkeiten der AG wird der Aufsichtsrat aber über allgemeine Wendungen hinaus genauer darlegen müssen, ob und ggf. wie er die Überwachung der Geschäftsführung aufgrund der Lage der Gesellschaft verändert und intensiviert hat (OLG Hamburg AG 2001, 359, 362; MüKo AktG/*Kropff* § 171 AktG Rn. 156; vgl. auch *Theisen/Salzberger* DB 1997, 105, 106).

11 Bei börsennotierten AG ist gem. Abs. 2 S. 2 Hs. 2 darüber hinaus über die durch den Aufsichtsrat gebildeten **Ausschüsse** und die Zahl der durch die Ausschüsse und das Aufsichtsratsplenum abgehaltenen Sitzungen zu berichten. Aufzuführen sind die im Berichtszeitraum bestehenden (nicht nur neu gebildeten) Ausschüsse einschließlich von Sonderausschüssen oder nur zeitweise eingerichteten Ausschüssen. Die Zahl der Sitzungen sind für das Plenum und jeden Ausschuss gesondert anzugeben (*Hüffer* AktG, § 171 Rn. 13 a).

12 Im Hinblick auf die gem. Abs. 2 S. 3 vorgeschriebene **Stellungnahme zum Bericht des Abschlussprüfers** beschränken sich die Berichte der Aufsichtsräte in der Praxis regelmäßig auf die zustimmende Kenntnisnahme der Prüfungsberichte (ADS § 171 AktG Rn. 71; KölnKomm AktG/*Claussen/Korth* § 171 AktG Rn. 16). Soweit sich der Aufsichtsrat in der Sache auf eine Zustimmung zu dem Prüfungsbericht beschränken kann, erscheint eine weitergehende Berichtspflicht auch nicht erforderlich (*Hüffer* AktG, § 171 Rn. 13 b, a. A. *Theisen* BB 1988, 705, 709), die im Übrigen zu einer Aufblähung des Aufsichtsratsberichts führen würde.

13 Gem. Abs. 2 S. 4 hat der Aufsichtsrat als **Schlusserklärung** am Ende seines Berichts ausdrücklich mitzuteilen, ob er den ihm vorgelegten Jahresabschluss billigt. Ist dies der Fall, so genügt, wie bereits oben ausgeführt, diese Feststellung (ADS § 171 AktG Rn. 74). Hat der Aufsichtsrat Einwände gegen die Rechnungslegung, so sind diese einzeln aufzuführen. Dabei muss es sich um Mängel handeln, die nach Ansicht des Aufsichtsrats zu einer Einschränkung oder Versagung des Prüftestats führen müssten; kleinere Mängel sind hingegen keine an dieser Stelle aufzuführenden Einwendungen (*Hüffer* AktG, § 171 Rn. 14; MüKo AktG/*Kropff* § 171 AktG Rn. 152).

14 Handelt es sich bei der Gesellschaft um ein Mutterunternehmen i. S. v. § 290 Abs. 1 und 2 HGB, muss der Aufsichtsrat in seinen Bericht auch Stellung zum Ergebnis der **Prüfung des Konzernabschlusses** nehmen und in seiner Schlusserklärung mitteilen, ob er den Konzernabschluss billigt oder nicht. Insoweit schreibt Abs. 2 S. 5 die entsprechende Anwendung von Abs. 2 S. 3 und 4 auf den Konzernabschluss vor.

C. Fristen, Abs. 3

15 Abs. 3 regelt die für das Verfahren der Prüfung und Billigung einzuhaltenden Fristen. Gem. S. 1 steht dem Aufsichtsrat für die Prüfung und Billigung des Jahresabschlusses grundsätzlich **ein Monat** nach der Zuleitung der Vorlagen durch den Vorstand zur Verfügung. Versäumt der Aufsichtsrat diese Frist, ist ihm durch den Vorstand eine **Nachfrist** zu setzten, die einen weiteren Monat nicht überschreiten darf. Kommt der Vorstand dieser der Verpflichtung zur Nachfristsetzung nicht unverzüglich nach, kann er dazu unter Festsetzung von Zwangsgeld i. S. v. § 407 Abs. 1 AktG angehalten werden (*Hüffer* AktG, § 171 Rn. 15). Lässt der Aufsichtsrat auch diese weitere Frist fruchtlos verstreichen, gilt der Jahresabschluss als nicht gebilligt. Diese Regelung gewährleistet, dass der Jahresabschluss vom Vorstand unter dem Vorwand nicht der Hauptversammlung vorgelegt wird, der Aufsichtsrat sei seiner Stellungnahmepflicht nicht rechtzeitig nachgekommen (*Hüffer* AktG, § 171 Rn. 15). Gem. Abs. 3 S. 3 Hs. 2 gelten die Fristenregelungen einschließlich der für den Fall der Fristversäumnis vorgesehenen Verweigerungsfiktion auch für den von einem Mutterunternehmen i. S. v. § 290 Abs. 1 und 2 HGB aufgestellten Konzernabschluss.

16 Macht die AG von der nach § 325 Abs. 2 a HGB eingeräumten Möglichkeit Gebrauch und erfüllt ihre Offenlegungspflichten durch einen nach den IAS aufgestellten Jahresabschluss, erstreckt sich gem. Abs. 4 die Prüfungs- und Berichtspflicht sowie die Pflicht zur Abgabe einer Schlusserklärung gem. den Absätzen 1 bis 3 auch auf den **Jahresabschluss nach IAS**. Die Offenlegung des Jahresabschlusses nach IAS ist dem Vorstand erst gestattet, wenn der Aufsichtsrat diesen gem. Abs. 4 S. 1 i. V. m. Abs. 2 S. 4 gebilligt hat. Da mit dem IAS-Jahresabschluss keine weiteren Rechtswirkungen verbunden sind, ist dessen Billigung ausreichend; einer weitergehenden förmlichen Feststellung des IAS-Jahresabschlusses i. S. v. § 171 AktG bedarf es nicht (*Hüffer* AktG, § 171 Rn. 16).

Dritter Abschnitt. Feststellung des Jahresabschlusses. Gewinnverwendung

Erster Unterabschnitt. Feststellung des Jahresabschlusses

§ 172 Feststellung durch Vorstand und Aufsichtsrat

[1]Billigt der Aufsichtsrat den Jahresabschluss, so ist dieser festgestellt, sofern nicht Vorstand und Aufsichtsrat beschließen, die Feststellung des Jahresabschlusses der Hauptversammlung zu überlassen. [2]Die Beschlüsse des Vorstands und des Aufsichtsrats sind in den Bericht des Aufsichtsrats an die Hauptversammlung aufzunehmen.

A. Allgemeines

1 Der erste Unterabschnitt regelt die **Feststellung** des durch den Aufsichtsrat geprüften Jahresabschlusses. Gem. § 172 AktG liegt die Kompetenz für die Feststellung des Jahresabschlusses grundsätzlich bei **Vorstand und Aufsichtsrat** (MüKo AktG/*Kropff* § 172 AktG Rn. 1; *Hüffer* AktG, § 172 Rn. 1). Die Hauptversammlung ist für die Feststellung des Jahresabschlusses erst in zweiter Linie und zwar dann zuständig, wenn (1) gem. § 173 Abs. 1 S. 1 Alt. 2 AktG der Aufsichtsrat den Jahresabschluss nicht billigt, (2) der Aufsichtsrat seiner Berichtspflicht auch innerhalb der gem. § 171 Abs. 3 S. 3 AktG gesetzten Nachfrist nicht nachgekommen ist und der Jahresabschluss daher als nicht gebilligt gilt oder (3) Vorstand und Aufsichtsrat beschließen, die Feststellung des gebilligten Jahresabschlusses gem. § 172 S. 1 AktG der Hauptversammlung zu überlassen.

B. Feststellung durch Aufsichtsrat, S. 1 Alt. 1

2 Die Feststellung des Jahresabschlusses enthält die **formelle Erklärung**, dass der Jahresabschluss in der vorgelegten Form die gesetzlich vorgeschriebene und gesellschaftsrechtlich maßgebliche Rechnungslegung der AG für die betreffende Periode ist (MüKo AktG/*Kropff* § 172 AktG Rn. 9). Nach der Feststellung ist der Jahresabschluss für die Organe der AG, deren Aktionäre sowie die Inhaber weiterer gewinnabhängiger Rechte verbindlich (MüKo AktG/*Kropff* § 172 AktG Rn. 9; *Hüffer* AktG, § 172 Rn. 2). Insbesondere werden durch die Feststellung des Jahresabschlusses die von dem Vorstand bei der Aufstellung des Jahresabschlusses entwickelten bilanzpolitischen Entscheidungen (z. B. bei der Ausübung von Abschreibungsmethoden und Bewertungswahlrechten) sowie die durch Vorstand sowie Aufsichtsrat im Rahmen von Gesetz und Satzung vorgenommene Rücklagenbildung und -auflösung bestätigt (MüKo AktG/*Kropff* § 172 AktG Rn. 13 f).

3 Die Feststellung erfolgt gem. S. 1 Hs. 1 durch die **Billigung des Aufsichtsrats**. Dabei ist die Billigung im Zusammenhang mit der Vorlage des Jahresabschlusses durch den Vorstand gem. § 170 AktG zu sehen. Gemeinsam bilden Vorlage und Billigung ein **korporationsrechtliches Rechtsgeschäft eigener Art** (BGHZ 124, 111, 116; *Hüffer* AktG, § 170 Rn. 3; MüKo AktG/*Kropff* § 172 AktG Rn. 18; ADS § 172 AktG Rn. 13). Elemente dieses Rechtsgeschäfts sind die vom Vorstand und vom Aufsichtsrat zu fassenden Beschlüsse sowie die wechselseitigen Mitteilungen

dieser Beschlüsse (*Hüffer* AktG, § 170 Rn. 3; MüKo AktG/*Kropff* § 172 AktG Rn. 18). Die Beschlussfassung allein genügt nicht, da § 171 Abs. 2 S. 4 und Abs. 3 AktG an die Mitteilung weitere Rechtsfolgen knüpfen (*Hüffer* AktG, § 170 Rn. 3; MüKo AktG/*Kropff* § 172 AktG Rn. 18; a. A. *Mutze* AG 1966, 173, 175). Nach h. M. sind die Erklärungen von Vorstand und Aufsichtsrat gem. §§ 119, 123 BGB bis zum Eintritt der Bindungswirkung gem. § 175 Abs. 4 AktG **anfechtbar** (*Hüffer* AktG, § 170 Rn. 3; MüKo AktG/*Kropff* § 172 AktG Rn. 18; ADS § 172 AktG Rn. 8). Im Übrigen können die Mitglieder von Aufsichtsrat und Vorstand aber auch über die Anfechtung ihrer individuellen Stimmabgabe im Rahmen der Organbeschlüsse, die gem. §§ 119, 123 BGB zulässig ist, ein der Anfechtung der Organerklärungen entsprechendes Ergebnis, allerdings jeweils nur bis zum Eintritt der Bindungswirkung, erreichen (MüKo AktG/*Kropff* § 172 AktG Rn. 19).

4 Der Billigungsbeschluss des Aufsichtsrats ist gem. § 108 AktG **durch das Gesamtorgan** zu fassen. Eine Verweisung des Beschlusses an einen Aufsichtsratsausschuss ist wegen der ausdrücklichen Regelung in § 107 Abs. 3 S. 2 AktG nicht möglich (*Hüffer* AktG, § 170 Rn. 4; ADS § 172 AktG Rn. 5). Der Beschluss bedarf der **einfachen Mehrheit**. Eine **Protokollierung** ist gem. § 107 Abs. 2 S. 2 AktG zwar nicht Wirksamkeitsvoraussetzung (MüKo AktG/*Kropff* § 172 AktG Rn. 22). Die – entgegen § 107 Abs. 2 AktG – unterlassene Protokollierung kann aber im Einzelfall zu durchaus praxisrelevanten Beweisproblemen führen (AG Ingolstadt DB 2001, 1356). Eine Billigung des Aufsichtsrats **unter Auflagen** ist nach h. M. nur dann zulässig, wenn auch ungeübte Bilanzleser in der Lage sind zu prüfen, ob die durch den Aufsichtsrats im Rahmen der Auflage geforderten Änderungen des Jahresabschlusses von dem Vorstand erfüllt worden sind (*Hüffer* AktG, § 170 Rn. 4; ADS § 172 AktG Rn. 18; KölnKomm AktG/*Claussen/Korth* § 172 AktG Rn. 12).

5 Neben der Festschreibung der vorstehend angesprochenen bilanzpolitischen Entscheidungen und der durchgeführten Rücklagenbildung und -auflösung führt die Feststellung des Jahresabschlusses durch den Aufsichtsrat ferner dazu, dass die Hauptversammlung bei einem zu fassenden Gewinnverwendungsbeschluss gem. § 174 Abs. 1 S. 2 AktG an den Jahresabschluss in der vom Aufsichtsrat gebilligten Form gebunden ist. Darüber hinaus ist der Jahresabschluss in dieser Form aufgrund des Grundsatzes der Bilanzkontinuität gem. § 252 Abs. 1 Nr. 1 und 6 HGB auch für die Bilanzierung zukünftiger Jahre entscheidend (*Hüffer* AktG, § 172 AktG Rn. 5).

C. Feststellung durch Hauptversammlung, S. 1 Alt. 2

6 **Verweigert** der Aufsichtsrat die Billigung des Jahresabschlusses, geht die Kompetenz zu dessen Billigung kraft Gesetzes gem. § 173 Abs. 1 AktG **auf die Hauptversammlung** über. Bis zur Einberufung der Hauptversammlung kann der Aufsichtsrat die Billigung des Jahresabschlusses aber noch nachholen, da die Bindungswirkung gem. § 175 Abs. 4 AktG erst zu diesem Zeitpunkt eintritt (ADS § 172 AktG Rn. 24).

7 Dagegen erfordert die gem. § 172 S. 1 Alt. 2 AktG vorgesehene Option, den Jahresabschluss der Hauptversammlung zur Feststellung zu überlassen, übereinstimmende Beschlüsse des Aufsichtsrats und des Vorstands. Jeweils isoliert können Vorstand oder Aufsichtsrat die Feststellung nicht der Hauptversammlung zuweisen (*Hüffer* AktG, § 172 Rn. 7; ADS § 172 AktG Rn. 20).

D. Bericht des Aufsichtsrats, S. 2

8 Die gem. S. 2 vorgeschriebene Aufnahme der Beschlüsse des Vorstands und des Aufsichtsrats in den Bericht an die Hauptversammlung dienen einer **frühzeitigen Information der Aktionäre** und sollen sicherstellen, dass die gem. § 175 Abs. 4 AktG gebundenen Erklärungen des Vorstands und des Aufsichtsrats nicht (unbemerkt) geändert werden (*Hüffer* AktG, § 172 AktG Rn. 1). Die Regelung bezieht sich ausschließlich auf Beschlüsse, mit denen Vorstand und Aufsichtsrat gem. S. 1 Alt. 2 die Feststellung des Jahresabschlusses der Hauptversammlung überlassen (*Hüffer* AktG, § 172 Rn. 8; ADS § 172 AktG Rn. 25). Die Billigung bzw. deren Verweigerung durch den Aufsichtsrat ist hingegen bereits gem. § 171 Abs. 2 S. 4 AktG zwingender Bestandteil des Berichts (*Hüffer* AktG, § 172 Rn. 8; ADS § 172 AktG Rn. 25 f).

E. Änderung des Jahresabschlusses

Nach h. M. können Vorstand und Aufsichtsrat bis zum Eintritt der Bindungswirkung gem. § 175 Abs. 4 AktG den Jahresabschluss **einvernehmlich ändern** (*Hüffer* AktG, § 172 Rn. 9; ADS § 172 AktG Rn. 47). Nach Eintritt der Bindungswirkung hängt die Zulässigkeit von Änderungen von deren Beweggrund und deren wirtschaftlichen Auswirkungen ab. Rein willkürliche Änderungen ohne triftigen Grund sind keinesfalls zulässig (BGH NJW 1957, 588; *Hüffer* AktG, § 172 Rn. 9; ADS § 172 AktG Rn. 51). Dagegen ist die Beseitigung inhaltlicher Fehler, die nicht zu einer Nichtigkeit i. S. v. § 256 AktG führen, ebenso zulässig (*Hüffer* AktG, § 172 Rn. 9) wie eine Änderung, die aus wirtschaftlichen Gründen notwendig ist und deren Bedeutung das Interesse der Öffentlichkeit und der Aktionäre an der Beibehaltung des Jahresabschlusses zurücktreten lässt (ADS § 172 AktG Rn. 47; KölnKomm AktG/*Claussen/Korth* § 172 AktG Rn. 19; *Hüffer* AktG, § 172 Rn. 9). Wird durch eine Änderung aber in die Rechte der Aktionäre (z. B. durch eine Verringerung der Dividende) oder Dritter eingegriffen, so ist eine Änderung auch bei Vorliegen wichtiger Gründe nicht mehr zulässig (*Hüffer* AktG, § 172 Rn. 9; *Ludewig* DB 1986, 133, 136; *Weirich* WPg 1976, 625, 628). 9

§ 173 Feststellung durch die Hauptversammlung

(1) ¹Haben Vorstand und Aufsichtsrat beschlossen, die Feststellung des Jahresabschlusses der Hauptversammlung zu überlassen, oder hat der Aufsichtsrat den Jahresabschluss nicht gebilligt, so stellt die Hauptversammlung den Jahresabschluss fest. ²Hat der Aufsichtsrat eines Mutterunternehmens (§ 290 Abs. 1, 2 des Handelsgesetzbuchs) den Konzernabschluss nicht gebilligt, so entscheidet die Hauptversammlung über die Billigung.

(2) ¹Auf den Jahresabschluss sind bei der Feststellung die für seine Aufstellung geltenden Vorschriften anzuwenden. ²Die Hauptversammlung darf bei der Feststellung des Jahresabschlusses nur die Beträge in Gewinnrücklagen einstellen, die nach Gesetz oder Satzung einzustellen sind.

(3) ¹Ändert die Hauptversammlung einen von einem Abschlussprüfer auf Grund gesetzlicher Verpflichtung geprüften Jahresabschluss, so werden vor der erneuten Prüfung nach § 316 Abs. 3 des Handelsgesetzbuchs von der Hauptversammlung gefasste Beschlüsse über die Feststellung des Jahresabschlusses und die Gewinnverwendung erst wirksam, wenn auf Grund der erneuten Prüfung ein hinsichtlich der Änderungen uneingeschränkter Bestätigungsvermerk erteilt worden ist. ²Sie werden nichtig, wenn nicht binnen zwei Wochen seit der Beschlussfassung ein hinsichtlich der Änderungen uneingeschränkter Bestätigungsvermerk erteilt wird.

A. Allgemeines

Die Vorschrift regelt den Rahmen einer Feststellung des Jahresabschlusses durch die Hauptversammlung. Gem. Abs. 1 S. 1 kann es zu einer **Feststellung durch die Hauptversammlung** dann kommen, wenn entweder Vorstand und Aufsichtsrat gem. § 172 S. 1 Alt. 2 AktG beschließen, die Feststellung des Jahresabschlusses der Hauptversammlung zu überlassen (s. § 172 AktG Rn. 7), oder wenn der Aufsichtsrat den Jahresabschluss nicht gebilligt hat (s. § 172 AktG Rn. 6). Hierzu gehört ebenfalls der Fall des § 171 Abs. 3 S. 3 AktG, demzufolge der Jahresabschluss als nicht gebilligt gilt, wenn der Aufsichtsrat auch nicht innerhalb einer ihm gesetzten Nachfrist zu dem Jahresabschluss Stellung nimmt (vgl. dazu § 171 AktG Rn. 15 ff.; MüKo AktG/*Kropff* § 173 AktG Rn. 21; *Hüffer* AktG, § 173 Rn. 2). Darüber hinaus besitzt die Hauptversammlung im Rahmen einer vereinfachten Kapitalherabsetzung gem. § 243 Abs. 2 S. 1 AktG eine **Sonderkompetenz** zur Feststellung des für die Kapitalherabsetzung maßgeblichen Jahresabschlusses (*Hüffer* AktG, § 173 Rn. 2). Ergibt sich nach den vorstehend genannten Vorschriften keine Kompetenz der 1

Hauptversammlung zur Feststellung des Jahresabschlusses, ist ein gleichwohl gefasster Feststellungsbeschluss nichtig (MüKo AktG/*Kropff* § 173 AktG Rn. 22).

B. Beschluss durch die Hauptversammlung

2 Gem. § 175 Abs. 3 AktG obliegt die Feststellung des Jahresabschlusses der ordentlichen Hauptversammlung, die darüber mit **einfacher Stimmenmehrheit** i. S. v. § 133 Abs. 1 AktG entscheidet, wenn nicht die Satzung ein abweichendes Mehrheitserfordernis vorsieht (*Hüffer* AktG, § 173 Rn. 3). Eine Nichtigkeit des Beschlusses kann sich nur aus § 256 AktG ergeben. Eine – grundsätzlich mögliche – Anfechtungsklage kann wegen § 257 Abs. 1 S. 2 AktG nicht auf inhaltliche Mängel gestützt werden, so dass in erster Linie nur Verfahrensfehler als Anfechtungsgrund in Betracht kommen (*Hüffer* AktG, § 173 Rn. 6).

3 Der durch das Transparenz- und Publizitätsgesetz (TransPuG) vom 25. 7. 2002 (BGBl. I 2002, 2681) eingefügte Abs. 1 S. 2 ist im Zusammenhang mit der Regelung in § 171 Abs. 1 Hs. 2 AktG zu sehen, derzufolge ein **Konzernabschluss** ebenfalls durch den Aufsichtsrat zu prüfen und zu billigen ist. Eine Feststellung des Konzernabschlusses durch den Aufsichtsrat hat der Gesetzgeber hingegen nicht vorgesehen, da der Konzernabschluss nicht für die Gewinnverteilung maßgeblich ist und daher nicht in Rechte der Adressaten des Jahresabschlusses eingreift (MüKo AktG/*Kropff* § 172 AktG Rn. 85). Konsequenterweise ist die Hauptversammlung gem. Abs. 1 S. 2 auch nur für die Billigung des Konzernabschlusses – und nicht für dessen Feststellung – zuständig, wenn der Aufsichtsrat dessen Billigung verweigert bzw. sich nicht innerhalb einer ihm gesetzten Nachfrist zu dem Konzernabschluss geäußert hat. Im Schrifttum stößt die Beschränkung der Hauptversammlungsentscheidung auf eine reine Billigung oder Nichtbilligung auf Kritik (MüKo AktG/*Kropff* § 173 AktG Rn. 11, 70). Die Hauptversammlung wird sich im Zweifel eher dem ablehnenden Votum des Aufsichtsrats anschließen. In der Folge würde die AG nicht über einen verbindlichen Jahresabschluss verfügen und es käme zu einer erheblichen Verzögerung der Aufstellung eines endgültigen Jahresabschlusses (MüKo AktG/*Kropff* § 173 AktG Rn. 70). Da der Wortlaut der Vorschrift eine weitergehende Kompetenz der Hauptversammlung nicht anerkennt, sind etwa auftretende Differenzen zwischen Aufsichtsrat und Vorstand bei der Billigung des Konzernabschlusses nur dadurch zu lösen, dass der Jahresabschluss der Hauptversammlung in zwei alternativen Fassung, nämlich der des Vorstands und der des Aufsichtsrats vorgelegt wird. Die Hauptversammlung ist dann in der Lage, eine der beiden Versionen zu billigen (MüKo AktG/*Kropff* § 173 AktG Rn. 72).

4 Gem. Abs. 2 S. 1 ist die Hauptversammlung bei der Feststellung des Jahresabschlusses **an das materielle Bilanzrecht**, also an die §§ 242 bis 256 und 264 bis 288 HGB, **gebunden**. Eine darüber hinausgehende Bindung der Hauptversammlung besteht nicht (*Hüffer* AktG, § 173 Rn. 4; ADS § 173 AktG Rn. 15). Die Hauptversammlung kann daher im Rahmen des materiellen Bilanzrechts jede beliebige Änderung des von dem Vorstand aufgestellten und vorgelegten Jahresabschlusses vornehmen (ADS § 173 AktG Rn. 15). Insbesondere die im Ermessen des Bilanzierenden stehenden bilanzpolitischen Entscheidungen, z. B. die Ausübung von Ansatz- und Bewertungswahlrechten, können von der Hauptversammlung anders getroffen werden als von dem Vorstand (*Hüffer* AktG, § 173 Rn. 4). Teilweise wird gefordert, diese weitgehenden Kompetenzen der Hauptversammlung aus bilanzrechtlichen Gesichtspunkten einzuschränken (ADS § 173 AktG Rn. 16–18). Dies erscheint vor dem Hintergrund aber weder erforderlich noch erstrebenswert, dass zum einen die Zuständigkeit der Hauptversammlung nur im Ausnahmefall eintritt und zum anderen eine Schwächung der Hauptversammlungskompetenz auf ein Letztentscheidungsrecht des Vorstands hinausliefe, das mit der Mitverantwortung des Aufsichtsrats wiederum nur schwer zu vereinbaren wäre (*Hüffer* AktG, § 173 Rn. 4).

5 Gem. Abs. 2 S. 2 darf die Hauptversammlung im Rahmen ihres Feststellungsbeschlusses **nur Einstellungen in gesetzliche oder satzungsmäßige Rücklagen** vornehmen. Dementsprechend können von der Hauptversammlung die gesetzlichen Rücklagen gem. § 150 Abs. 1 und Abs. 2 AktG sowie ggf. die Rücklage für eigene Aktien gem. § 272 Abs. 4 HGB bedient werden. **Gewinn-**

rücklagen können nur dann dotiert werden, wenn die Satzung gem. § 58 Abs. 1 AktG eine zwingende Rücklagendotierung vorsieht. Enthält die Satzung hingegen lediglich eine Ermächtigung zur Rücklagenbildung i. S. v. § 58 Abs. 2 AktG, so darf die Hauptversammlung im Rahmen der Feststellung des Jahresabschlusses eine Dotierung derartiger Rücklagen nicht vorsehen (*Hüffer* AktG, § 173 Rn. 5; ADS § 173 AktG Rn. 23; MüKo AktG/*Kropff* § 173 AktG Rn. 31). Hatte der Vorstand bei der Aufstellung des Jahresabschlusses im Hinblick auf dessen angestrebte Feststellung durch den Aufsichtsrat Rücklagen auch gem. § 58 Abs. 2 AktG gebildet, sind diese im Falle einer Feststellung des Jahresabschlusses durch die Hauptversammlung wieder aufzulösen (ADS § 173 AktG Rn. 26). Im Übrigen unterliegt die Hauptversammlung bei der Auflösung von Rücklagen den gleichen materiellrechtlichen Regelungen wie Vorstand und Aufsichtsrat. Dies gilt sowohl für die Entnahme aus anderen Gewinnrücklagen als auch für eine Herabsetzung der gesetzlichen Rücklage oder der Kapitalrücklage (MüKo AktG/*Kropff* § 173 AktG Rn. 32).

C. Prüfungspflichtige AG

Für eine gem. § 316 Abs. 1 S. 1 HGB **prüfungspflichtige AG** regelt Abs. 3 das Erfordernis einer **Nachtragsprüfung** für den Fall, dass die Hauptversammlung bei der Feststellung des Jahresabschlusses Änderungen vornimmt. Ohne die Nachtragsprüfung würde die AG nicht über einen geprüften Jahresabschluss verfügen, da der festgestellte Jahresabschluss nicht mit dem Abschluss übereinstimmt, für den der Bestätigungsvermerk erteilt wurde (*Hüffer* AktG, § 173 Rn. 7). Daher macht jede Änderung der Bilanz, der GuV-Rechnung oder des Anhangs, welche die Hauptversammlung beschließt, eine Nachtragsprüfung gem. Abs. 3 erforderlich (MüKo AktG/*Kropff* § 173 AktG Rn. 44). Die Nachtragsprüfung beschränkt sich aber auf die vorgenommenen Änderungen des Jahresabschlusses (*Hüffer* AktG, § 173 Rn. 7; MüKo AktG/*Kropff*, § 173 AktG Rn. 45), so dass die Nachtragsprüfung weniger aufwendig ist als die Vollprüfung des gesamten Jahresabschlusses. Das Ergebnis der Nachtragsprüfung muss ein uneingeschränktes Testat des Abschlussprüfers gem. § 322 Abs. 1 HGB sein, gegen das keine Einwendungen i. S. v. § 322 Abs. 3 HGB erhoben sein dürfen (*Hüffer* AktG, § 173 Rn. 8). Wird das Testat nicht oder nur eingeschränkt erteilt bzw. äußert sich der Abschlussprüfer nicht innerhalb der in Abs. 3 S. 2 geregelten 2-Wochen-Frist, so sind sowohl der Beschluss über die Feststellung des Jahresabschlusses als auch ein Gewinnverwendungsbeschluss unheilbar – auch nicht nach § 256 Abs. 6 AktG heilbar – nichtig (*Hüffer* AktG, § 173 Rn. 8; ADS § 173 AktG Rn. 37; KölnKomm AktG/*Claussen/Korth* § 173 AktG Rn. 17). 6

Zweiter Unterabschnitt.
Gewinnverwendung

§ 174 [Beschluss über Gewinnverwendung]

(1) [1]Die Hauptversammlung beschließt über die Verwendung des Bilanzgewinns. [2]Sie ist hierbei an den festgestellten Jahresabschluss gebunden.

(2) In dem Beschluss ist die Verwendung des Bilanzgewinns im Einzelnen darzulegen, namentlich sind anzugeben

1. **der Bilanzgewinn;**
2. **der an die Aktionäre auszuschüttende Betrag oder Sachwert;**
3. **die in Gewinnrücklagen einzustellenden Beträge;**
4. **ein Gewinnvortrag;**
5. **der zusätzliche Aufwand auf Grund des Beschlusses.**

(3) Der Beschluss führt nicht zu einer Änderung des festgestellten Jahresabschlusses.

A. Allgemeines

1 § 174 AktG regelt die **Kompetenz** und das **Verfahren** zur Entscheidung über die Verwendung des Bilanzgewinns. Anders als die Feststellung des Jahresabschlusses, von der der Gewinnverwendungsbeschluss streng unterschieden werden muss, liegt die Gewinnverwendung in der **alleinigen Kompetenz der Hauptversammlung**.

B. Beschluss über Gewinnverwendung

2 **Gegenstand** der Verwendungsentscheidung ist gem. Abs. 1 S. 1 der in dem festgestellten Jahresabschluss **ausgewiesene Bilanzgewinn**. Abs. 1 S. 2 stellt klar, dass die Hauptversammlung an den festgestellten Jahresabschluss gebunden ist und den darin ausgewiesenen Bilanzgewinn weder erhöhen noch vermindern kann (*Hüffer* AktG, § 174 Rn. 3). Dabei kommt es nicht darauf an, ob der Jahresabschluss durch den Aufsichtsrat oder durch die Hauptversammlung festgestellt wurde. Auch wenn die Feststellung durch die Hauptversammlung selbst erfolgte, ist diese bei dem anschließenden Gewinnverwendungsbeschluss an die Feststellung gebunden (MüKo AktG/*Kropff* § 174 AktG Rn. 9).

3 Über die Gewinnverwendung entscheidet die Hauptversammlung grundsätzlich mit **einfacher Mehrheit**. Der Beschluss wird üblicherweise in der ordentlichen Hauptversammlung gefasst. Möglich ist aber auch eine Beschlussfassung in jeder beliebigen anderen Hauptversammlung (MüKo AktG/*Kropff* § 174 AktG Rn. 17). Der Beschluss kann nichtig sein, insbesondere aufgrund der Nichtigkeit des ihm zugrunde liegenden Jahresabschlusses gem. § 256 AktG. Eine Anfechtbarkeit des Beschlusses kann insbesondere auf einer übermäßigen Bildung von Gewinnrücklagen oder der übermäßigen Dotierung des Gewinnvortrags (§ 254 Abs. 1 AktG) beruhen (*Hüffer* AktG, § 174 Rn. 7).

4 Entsprechend seinem möglichen Inhalt sieht Abs. 2 eine **Gliederung** des zu fassenden Gewinnverwendungsbeschlusses vor. So kann die AG den Bilanzgewinn entweder an die Aktionäre ausschütten, in die Gewinnrücklagen einstellen oder als Gewinn vortragen (MüKo AktG/*Kropff* § 174 AktG Rn. 10). Dementsprechend sind die jeweiligen Beträge in dem Gewinnverwendungsbeschluss einzeln aufzuführen. Zusätzlicher Aufwand i. S. v. Nr. 5 entsteht dann, wenn der Gewinnverwendungsbeschluss vom Vorschlag des Vorstands insbesondere durch eine höhere Thesaurierung abweicht (*Hüffer* AktG, § 174 Rn. 6; ADS § 174 AktG Rn. 41). Entspricht die Hauptversammlung dem Vorschlag des Vorstands, so entsteht kein zusätzlicher, in Nr. 5 auszuweisender Aufwand. Inhalt und Gliederung des Gewinnverwendungsbeschlusses werden sich dann mit dem Vorschlag des Vorstands decken (*Hüffer* AktG, § 174 Rn. 6; ADS § 174 AktG Rn. 41).

5 Abs. 3 stellt klar, dass die Gewinnverwendung und der dazu gefasste Beschluss **keine Änderung des festgestellten Jahresabschlusses** bewirken. Bilanziell werden die von der Hauptversammlung im Rahmen des Gewinnverwendungsbeschlusses getroffenen Entscheidungen erst in dem Geschäftsjahre wirksam, in welchem der Beschluss gefasst wurde. Sie sind daher auch erst in der für dieses Geschäftsjahr aufzustellenden Bilanz zu berücksichtigen (*Hüffer* AktG, § 174 Rn. 8; ADS § 175 AktG Rn. 55).

C. Anspruch des Aktionärs auf Auszahlung

6 Mit der Beschlussfassung entsteht der Anspruch des Aktionärs auf Auszahlung der beschlossenen Dividende als reines Gläubigerrecht (BGH DB 1957, 160, 161; DB 1976, 38, 40; ADS § 175 AktG Rn. 55). Darüber hinaus wird der Auszahlungsanspruch auch zu diesem Zeitpunkt zur Zahlung **fällig** (*Hüffer* AktG, § 175 Rn. 4; ADS § 175 AktG Rn. 57). Allerdings wird es allgemein als zulässig erachtet, dass die Zahlung solange aufgeschoben werden kann, wie dies für deren ordnungsgemäße Durchführung erforderlich ist (ADS § 175 AktG Rn. 57; MünchHdb GesR IV/*Hoffmann-Becking* § 42 Rn. 22). Der **Gewinnverzicht** eines (Haupt-)Aktionärs bezieht sich ohne weiter Regelung jeweils nur auf den Gewinn des betreffenden Geschäftsjahres und besitzt somit keine Dauerwirkung (*Hüffer* AktG, § 174 Rn. 5). Ist ein dauerhafter Gewinnverzicht in der Form ge-

wünscht, dass der Dividendenanspruch von vornherein nicht entsteht, ist eine entsprechende Vorausverfügung vorzunehmen, die vor dem Gewinnverwendungsbeschluss bzw. den Gewinnverwendungsbeschlüssen vereinbart werden muss, auf die sie sich beziehen soll (*Horbach* AG 2001, 78, 82 ff.).

Dritter Unterabschnitt.
Ordentliche Hauptversammlung

§ 175 Einberufung [i. d. F. ab 1. 1. 2007 durch EHUG]

(1) [1]Unverzüglich nach Eingang des Berichts des Aufsichtsrats hat der Vorstand die Hauptversammlung zur Entgegennahme des festgestellten Jahresabschlusses und des Lageberichts, eines vom Aufsichtsrat gebilligten Einzelabschlusses nach § 325 Abs. 2 a des Handelsgesetzbuchs sowie zur Beschlussfassung über die Verwendung eines Bilanzgewinns, bei einem Mutterunternehmen (§ 290 Abs. 1, 2 des Handelsgesetzbuchs) auch zur Entgegennahme des vom Aufsichtsrat gebilligten Konzernabschlusses und des Konzernlageberichts, einzuberufen. [2]Die Hauptversammlung hat in den ersten acht Monaten des Geschäftsjahrs stattzufinden.

(2) [1]Der Jahresabschluss, ein vom Aufsichtsrat gebilligter Einzelabschluss nach § 325 Abs. 2 a des Handelsgesetzbuchs, der Lagebericht, der Bericht des Aufsichtsrats und der Vorschlag des Vorstands für die Verwendung des Bilanzgewinns sind von der Einberufung an in dem Geschäftsraum der Gesellschaft zur Einsicht der Aktionäre auszulegen. [2]Auf Verlangen ist jedem Aktionär unverzüglich eine Abschrift der Vorlagen zu erteilen. [3]Bei einem Mutterunternehmen (§ 290 Abs. 1, 2 des Handelsgesetzbuchs) gelten die Sätze 1 und 2 auch für den Konzernabschluss, den Konzernlagebericht und den Bericht des Aufsichtsrats hierüber. [4]Die Verpflichtungen nach den Sätzen 1 bis 3 entfallen, wenn die dort bezeichneten Dokumente für denselben Zeitraum über die Internetseite der Gesellschaft zugänglich sind.

(3) [1]Hat die Hauptversammlung den Jahresabschluss festzustellen oder hat sie über die Billigung des Konzernabschlusses zu entscheiden, so gelten für die Einberufung der Hauptversammlung zur Feststellung des Jahresabschlusses oder zur Billigung des Konzernabschlusses und für die Auslegung der Vorlagen und die Erteilung von Abschriften die Absätze 1 und 2 sinngemäß. [2]Hat die Hauptversammlung den Jahresabschluss festzustellen, so gelten für die Einberufung der Hauptversammlung zur Feststellung des Jahresabschlusses und für die Auslegung der Vorlagen und die Erteilung von Abschriften die Absätze 1 und 2 sinngemäß. [3]Die Verhandlungen über die Feststellung des Jahresabschlusses und über die Verwendung des Bilanzgewinns sollen verbunden werden.

(4) [1]Mit der Einberufung der Hauptversammlung zur Entgegennahme des festgestellten Jahresabschlusses oder, wenn die Hauptversammlung den Jahresabschluss festzustellen hat, der Hauptversammlung zur Feststellung des Jahresabschlusses sind Vorstand und Aufsichtsrat an die in dem Bericht des Aufsichtsrats enthaltenen Erklärungen über den Jahresabschluss (§§ 172, 173 Abs. 1) gebunden. [2]Bei einem Mutterunternehmen (§ 290 Abs. 1, 2 des Handelsgesetzbuchs) gilt Satz 1 für die Erklärung des Aufsichtsrats über die Billigung des Konzernabschlusses entsprechend.

§ 175 Einberufung [i. d. F. bis 31. 12. 2006]

***(1)* [identisch]**

***(2)* [Sätze 1 bis 3 identisch; S. 4 nicht vorhanden]**

***(3) bis (4)* [identisch]**

A. Allgemeines

1 Für die von den Aktionären gem. §§ 173, 174 AktG gegebenenfalls zu treffenden Entscheidungen sieht § 175 AktG die Abhaltung einer Hauptversammlung vor, die der Überschrift des Unterabschnitts entsprechend als »**ordentliche Hauptversammlung**« bezeichnet wird. Darunter ist die zwingend einmal jährlich abzuhaltende Hauptversammlung zu verstehen, die häufig auch die einzige bleiben wird. Sie befasst sich mit den sog. Regularien, d. h. neben der Entgegennahme oder Feststellung des Jahresabschlusses und der Gewinnverwendung auch mit der Entlastung der Mitglieder von Vorstand und Aufsichtsrat (§ 120 Abs. 1 AktG), der Wahl des Abschlussprüfers bei prüfungspflichtigen AG (§ 318 Abs. 1 HGB) sowie bei zur Aufstellung eines Konzernabschlusses verpflichteten Muttergesellschaften auch mit der Entgegennahme bzw. Billigung des Konzernabschlusses (§ 173 S. 2 AktG; MüKo AktG/*Kropff* § 175 AktG Rn. 5).

B. Zeitlicher Rahmen für die Einberufung, Abs. 1

2 Abs. 1 gibt zunächst die beiden im Rahmen der in diesem Abschnitt behandelten Rechnungslegung und Gewinnverwendung anfallenden **Tagesordnungspunkte**, Entgegennahme des festgestellten Jahresabschlusses und Gewinnverwendung, für die abzuhaltenden Hauptversammlung vor. Durch das Transparenz- und Publizitätsgesetz (TransPuG) vom 25. 7. 2002 (BGBl. I 2002, 2681) wurde die Aufzählung für AG, die als Muttergesellschaft eines Konzerns zur Aufstellung eines Konzernabschlusses verpflichtet sind, um die Entgegennahme des Konzernabschlusses erweitert.

3 Abs. 1 regelt darüber hinaus den **zeitlichen Rahmen** für die Einberufung und Abhaltung Hauptversammlung, indem der Vorstand zunächst verpflichtet wird, die Hauptversammlung **unverzüglich** nach Eingang des Berichts des Aufsichtsrats einzuberufen. Entsprechend der Legaldefinition in § 121 Abs. 1 BGB hat die Einberufung ohne schuldhaftes Zögern zu erfolgen (MüKo AktG/*Kropff* § 175 AktG Rn. 9; KölnKomm AktG/*Claussen/Korth* § 175 AktG Rn. 7). In der Praxis wird – zumindest bei großen AG – häufig erst der Termin der Hauptversammlung festgelegt und von diesem ausgehend die Fristen für die vorher abzuarbeitenden Schritte festgelegt (MüKo AktG/*Kropff* § 175 AktG Rn. 9). Von größerer Bedeutung ist daher der in Abs. 1 S. 2 festgelegte Endtermin, demzufolge die Hauptversammlung in den **ersten acht Monaten eines Geschäftsjahres** stattzufinden hat. Nach einhelliger Meinung kann die Frist nicht durch Satzungsbestimmung verlängert werden (*Hüffer* AktG, § 175 Rn. 4; MüKo AktG/*Kropff* § 175 AktG Rn. 12; ADS § 175 AktG Rn. 9; KölnKomm AktG/*Claussen/Korth* § 175 AktG Rn. 7 a). Dagegen wird die Verkürzung der Frist unterschiedlich beurteilt. Unter Hinweis auf den abschließenden Charakters der Vorschrift lehnt eine Meinung eine Verkürzungsmöglichkeit durch Satzungsregelung ab (*Hüffer* AktG, § 175 Rn. 4). Eine als überwiegend zu bezeichnende Meinung lässt die Verkürzung hingegen zu (ADS § 175 AktG Rn. 9; KölnKomm AktG/*Claussen/Korth* § 175 AktG Rn. 7 a; MünchHdb GesR IV/*Semler* § 34 Rn. 46; *Eckhardt* NJW 1967, 369, 371). Die Vertreter dieser Meinung halten eine Verkürzung aber unabhängig von ihrer Zulässigkeit für nicht empfehlenswert (so ADS § 175 AktG Rn. 9; KölnKomm AktG/*Claussen/Korth* § 175 AktG Rn. 7 a). Da der Deutsche Corporate Governance Kodex mittlerweile vorsieht, dass der Jahresabschluss börsennotierter Gesellschaften binnen 90 Tagen nach Ende des Geschäftsjahres zugänglich sein soll und diese Empfehlung gem. § 161 AktG in der Entsprechenserklärung (s. § 161 AktG Rn. 5 ff.) zu berücksichtigen ist, sprechen gute Argumente dafür, dass die Gründe des Gesetzgebers von 1965 gegen eine Verkürzungsmöglichkeit der Frist an Bedeutung verloren haben (MüKo AktG/*Kropff* § 175

AktG Rn. 12). Von daher erscheint eine Verkürzung der Frist durch die Satzung auf der Grundlage des gegenwärtigen Rechtsstands vertretbar.

Auf den Ablauf der **8-Monats-Frist** sind die erforderlichen vorbereitenden Maßnahmen abzustimmen. So sind der Jahresabschluss aufzustellen und zu prüfen, muss der Aufsichtsrat Gelegenheit erhalten, den Jahresabschluss zuvor in der Monatsfrist des § 171 Abs. 3 S. 1 AktG zu prüfen, und sind anschließend die Ladungsfristen für die Hauptversammlung gem. § 123 Abs. 1 oder Abs. 2 AktG zu beachten (*Hüffer* AktG, § 175 Rn. 4). 4

Beruft der Vorstand die Hauptversammlung nicht unverzüglich nach Eingang des Berichts des Aufsichtsrates ein oder versäumt er die 8-Monats-Frist gem. Abs. 1 S. 2, hat das Registergericht den Vorstand gem. §§ 407 Abs. 1 i. V. m. 175 Abs. 1 AktG unter **Androhung von Zwangsgeld** zur Einberufung der Hauptversammlung anzuhalten, wobei das Registergericht von Amts wegen oder auf Antrag eines Aktionärs tätig werden kann (MüKo AktG/*Kropff* § 175 AktG Rn. 13). Im Übrigen hat die Fristversäumnis keine weiteren Konsequenzen (MüKo AktG/*Kropff* § 175 AktG Rn. 16; ADS § 175 AktG Rn. 10). Eine verspätete Hauptversammlung ist kein Anfechtungsgrund. Die Hauptversammlung kann vielmehr auch noch nach Ablauf der 8-Monats-Frist wirksam über die Billigung/Feststellung des Jahresabschlusses und die Gewinnverwendung entscheiden (MüKo AktG/*Kropff* § 175 AktG Rn. 16). 5

C. Einsichtnahme, Abschriften, Abs. 2

Gem. Abs. 2 sind der Jahresabschluss, der Lagebericht, der Bericht des Aufsichtsrats und der Vorschlag zur Gewinnverwendung mit der Einberufung der Hauptversammlung in den Geschäftsräumen der AG **zur Einsichtnahme auszulegen**, um den Aktionären eine Vorbereitung auf die Hauptversammlung zu ermöglichen. Nicht auszulegen ist der Bericht des Abschlussprüfers (*Hüffer* AktG, § 175 Rn. 5). Nach h. M. sind die Unterlagen in Kopie in einem Raum im Gebäude der Hauptverwaltung der AG auszulegen (MüKo AktG/*Kropff* § 175 AktG Rn. 25; *Hüffer* AktG, § 175 Rn. 5; ADS § 175 AktG Rn. 17). Verfügt die AG über mehrere größere Verwaltungen an verschiedenen Orten, sollten die Unterlagen in jeder dieser Verwaltungen ausgelegt werden, um Anfechtungsrisiken zu vermeiden (MüKo AktG/*Kropff* § 175 AktG Rn. 26). Das Einsichtnahmerecht steht grundsätzlich jedem Aktionär zu. Die AG kann allerdings verlangen, dass sich der Aktionär ausweist, z. B. durch die Vorlage der Hinterlegungsbescheinigung, um sich hinsichtlich seines Einsichtnahmerechts zu legitimieren (LG Hagen AG 1965, 82; ADS § 175 AktG Rn. 19; *Hüffer* AktG, § 175 Rn. 5). 6

Gem. Abs. 2 S. 2 kann jeder Aktionär die **Erteilung von Abschriften** der auszulegenden Unterlagen verlangen. Dieses Recht steht jedem Aktionär, auch stimmrechtslosen Vorzugsaktionäre zu (*Hüffer* AktG, § 175 Rn. 6). Das Verlangen ist an keine besondere Form gebunden (*Hüffer* AktG, § 175 Rn. 6; ADS § 175 AktG Rn. 20; MüKo AktG/*Kropff* § 175 AktG Rn. 29). Häufig werden die Unterlagen, zumindest in zusammenfassender Form bereits mit der Einladung zur Hauptversammlung versandt, so dass eine Anforderung der Unterlagen durch einen Aktionär nicht mehr erforderlich ist (MüKo AktG/*Kropff* § 175 AktG Rn. 29). Das Verlangen kann grundsätzlich bereits vor der Einberufung der Hauptversammlung geäußert werden. Aber auch in diesem Fall bleibt die AG zur Versendung der Unterlagen erst nach der Einberufung der Hauptversammlung verpflichtet (*Hüffer* AktG, § 175 Rn. 6; MüKo AktG/*Kropff* § 175 AktG Rn. 30; differenzierend ADS § 175 AktG Rn. 20, wonach die AG in diesem Fall zur Übersendung zwar berechtigt, nicht aber verpflichtet ist). Die Zusendung der Unterlagen kann als Abschrift in jeder beliebigen Form erfolgen. Die Zusendung elektronischer Dateien oder einer E-Mail bedarf aber wohl der Zustimmung des betroffenen Aktionärs, da die Lesbarkeit der entsprechenden Dateien bestimmte technische Einrichtungen erfordert, die nicht bei jedem Aktionär vorausgesetzt werden können (MüKo AktG/*Kropff* § 175 AktG Rn. 28). Die **Kosten der Vervielfältigung** trägt nach h. M. die Gesellschaft (*Hüffer* AktG, § 175 Rn. 6; ADS § 175 AktG Rn. 21; MüKo AktG/*Kropff* § 175 AktG Rn. 32). Nach h. M. gilt dies auch für die **Kosten der Versendung** (*Hüffer* AktG, § 175 Rn. 6; 7

ADS § 175 AktG Rn. 21; MüKo AktG/*Kropff* § 175 AktG Rn. 32; KölnKomm AktG/*Claussen/Korth* § 175 AktG Rn. 13).

8 Durch den mit Art. 9 Nr. 8 a EHUG an Abs. 2 angefügten S. 4 können AGs die Verpflichtung zur Auslegung und ggf. Erteilung von Abschriften durch die Einstellung der entsprechenden Unterlagen in ihre Internetseite erfüllen. Insbesondere für große Publikumsgesellschaften bedeutet diese, der technologischen Entwicklung Rechnung tragende, Möglichkeit eine erhebliche Erleichterung. Ob darüber hinaus auch kleinere AGs von der Neuregelung Gebrauch machen werden, bleibt abzuwarten. Immerhin ist auch der mit der Schaffung eines auf Aktionäre beschränkten Bereichs der Internetseite verbundene Aufwand nicht zu unterschätzen.

9 Kommt die AG ihren Verpflichtungen zur Auslegung und Erteilung von Abschriften nicht nach, können diese über ein **Zwangsgeldverfahren** gem. § 407 Abs. 1 AktG, über eine Leistungsklage und auch eine einstweilige Verfügung erzwungen werden (*Hüffer* AktG, § 175 Rn. 5). Soweit der Verstoß der AG ausreichend relevant ist, führt er zur **Anfechtbarkeit** des Hauptversammlungsbeschlusses gem. § 243 Abs. 1 AktG (LG Hagen AG 1965, 82; s. auch § 243 Rn. 9, 11). Insbesondere bei einer fehlerhaften Auslegung wird regelmäßig ein relevanter Verstoß vorliegen, da dann potenziell alle Aktionäre betroffen sind (*Hüffer* AktG, § 175 Rn. 5).

D. Verfahren bei Feststellung des Jahresabschlusses durch Hauptversammlung, Abs. 3

10 Da die Abs. 1 und 2 von dem Regelfall ausgehen, dass die Hauptversammlung den bereits festgestellten Jahresabschluss und – bei AG, die als Muttergesellschaft zur Aufstellung eines Konzernabschlusses verpflichtet sind – den gebilligten Konzernabschluss nur noch entgegennehmen muss, verweist Abs. 3 für den Fall einer Feststellung und einer Billigung des Jahresabschlusses durch die Hauptversammlung auf die Regelungen der Abs. 1 und 2. Das Informationsrecht der Aktionäre bezieht sich in diesem Fall auf die Beschlussvorlage des Vorstands (*Hüffer* AktG, § 175 Rn. 7). Gem. Abs. 3 S. 2 sollen dabei die Verhandlungen über die Feststellung des Jahresabschlusses und der Gewinnverwendung in derselben Hauptversammlung miteinander verbunden werden. Da im Rahmen des Konzernabschlusses nicht über eine Gewinnverwendung entschieden wird, ist eine entsprechende Regelung für die Billigung eines Konzernabschlusses nicht erforderlich (MüKo AktG/*Kropff* § 175 AktG Rn. 17).

E. Bindung an Bericht, Abs. 4

11 Gem. Abs. 4 sind Vorstand und Aufsichtsrat mit der Einberufung der Hauptversammlung an die Erklärungen im Bericht des Aufsichtsrats über den Jahresabschluss und zu einer Billigung des Konzernabschlusses gebunden. Die Bindung bezieht sich dabei entweder auf die Billigung des Jahresabschlusses, auf die Verweigerung der Billigung oder die übereinstimmenden Beschlüsse von Vorstand und Aufsichtsrat, die Billigung der Hauptversammlung zu überlassen (MüKo AktG/*Kropff* § 175 AktG Rn. 39). Mit der Einberufung endet außerdem die Möglichkeit des Vorstands und des Aufsichtsrats, ihre den Jahresabschluss betreffenden Erklärungen gem. §§ 119, 123 BGB anfechten zu können (*Hüffer* AktG, § 175 Rn. 8). Möglich ist aber weiterhin eine inhaltliche Änderung des Jahresabschlusses in den vorstehend unter § 172 AktG Rn. 3 dargestellten Grenzen (*Hüffer* AktG, § 175 Rn. 8; MüKo AktG/*Kropff* § 175 AktG Rn. 48; ADS § 175 AktG Rn. 24).

§ 176 Vorlagen. Anwesenheit des Abschlussprüfers

(1) [1]Der Vorstand hat der Hauptversammlung die in § 175 Abs. 2 angegebenen Vorlagen vorzulegen. [2]Zu Beginn der Verhandlung soll der Vorstand seine Vorlagen, der Vorsitzende des Aufsichtsrats den Bericht des Aufsichtsrats erläutern [3]Der Vorstand soll dabei auch zu einem Jahresfehlbetrag oder einem Verlust Stellung nehmen, der das Jahresergebnis wesentlich beeinträchtigt hat. [4]Satz 3 ist auf Kreditinstitute nicht anzuwenden.

(2) [1]Ist der Jahresabschluss von einem Abschlussprüfer zu prüfen, so hat der Abschlussprüfer an den Verhandlungen über die Feststellung des Jahresabschlusses teilzunehmen. [2]Satz 1 gilt entsprechend für die Verhandlungen über die Billigung eines Konzernabschlusses. [3]Der Abschlussprüfer ist nicht verpflichtet, einem Aktionär Auskunft zu erteilen.

A. Allgemeines

Die Vorschrift strukturiert die Abhandlung der Erörterung und der Beschlüsse über den Jahresabschluss und die Gewinnverwendung (*Hüffer* AktG, § 176 Rn. 1). Der in Abs. 1 skizzierte Ablauf ist unabhängig davon, ob der Jahresabschluss und ggf. der Konzernabschluss von der Hauptversammlung nur entgegenzunehmen oder festzustellen (Jahresabschluss) bzw. zu billigen (Konzernabschluss) sind (MüKo AktG/*Kropff* § 176 AktG Rn. 1). 1

B. Vorlage und Erläuterung in Hauptversammlung, Abs. 1

Gem. Abs. 1 S. 1 sind zunächst die in § 175 Abs. 2 AktG vorgesehenen Unterlagen, also Jahresabschluss, Lagebericht, Bericht des Aufsichtsrats und der Vorschlag des Vorstands zur Gewinnverwendung sowie ggf. der Konzernabschluss, der Konzernlagebericht sowie der Bericht des Aufsichtsrats hierzu vorzulegen. Dabei ist die Vorlage von Abschriften der Unterlagen, ggf. in mehreren Ausfertigungen ausreichend (*Hüffer* AktG, § 176 Rn. 2; MüKo AktG/*Kropff* § 176 AktG Rn. 5). Die Vorlage in der Hauptversammlung hat in der Weise zu erfolgen, dass die (mehreren) Ausfertigung(en) im Raum der Hauptversammlung oder einem für die Teilnehmer der Hauptversammlung ohne weiteres zugänglichen Nebenraum **zur Einsicht ausgelegt** werden (MüKo AktG/*Kropff* § 176 AktG Rn. 8). Eine Verlesung der Unterlagen ist weder erforderlich noch empfehlenswert (*Hüffer* AktG, § 176 Rn. 2; ADS § 176 AktG Rn. 6). Eine Vorlage ist auch dann erforderlich, wenn alle Aktionäre bereits vor der Hauptversammlung gem. § 175 Abs. 2 oder Abs. 3 AktG Gebrauch von ihrem Recht zur Einsichtnahme oder zur Zusendung der Unterlagen gemacht haben (ADS § 176 AktG Rn. 5). Die Unterlagen müssen **während der gesamten Dauer**, in der die Hauptversammlung die Tagesordnungspunkte »Entgegennahme bzw. Feststellung des Jahresabschlusses« und ggf. des Konzernabschlusses behandelt, ausliegen. Sind diese Verhandlungen mit den Verhandlungen über die Gewinnverwendung und evtl. über die Entlastung von Vorstand und Aufsichtsrat verbunden, erstreckt sich die zeitliche Dauer der Vorlagepflicht auch auf diese Tagesordnungspunkte (MüKo AktG/*Kropff* § 176 AktG Rn. 9). 2

Die Unterlagen sind ferner gem. Abs. 1 S. 2 durch den Vorstand und den Aufsichtsrat **zu erläutern**. Dabei hat zunächst der Vorstand den Jahresabschluss, den Lagebericht und den Gewinnverwendungsvorschlag, soweit es sich um eine Konzernmuttergesellschaft handelt, auch den Konzernabschluss und den Konzernlagebericht zu erläutern (MüKo AktG/*Kropff* § 176 AktG Rn. 10). Schuldner der Berichtspflicht ist der Vorstand als Organ, der bei Meinungsverschiedenheiten über den Inhalt des Berichts gem. § 77 Abs. 1 AktG zu beschließen hat. Die Erläuterung kann der Vorsitzende des Vorstands, aber auch ein anderes, nach der Geschäftsordnung dafür zuständiges Vorstandsmitglied vornehmen (*Hüffer* AktG, § 176 Rn. 3). Unter Erläuterung ist nach allgemeiner Meinung der zusammenhängende **mündliche Vortrag der wesentlichen Aussagen** der Vorlagen unter Bildung entsprechender Schwerpunkte zu verstehen (*Hüffer* AktG, § 176 Rn. 3; MüKo AktG/*Kropff* § 176 AktG Rn. 10; ADS § 176 AktG Rn. 12). Dabei sind aktuelle Entwicklungen seit Erstellung der schriftlichen Vorlagen ebenso zu berücksichtigen wie bereits bekannt gewordene Fragen der Aktionäre (*Hüffer* AktG, § 176 Rn. 3; MüKo AktG/*Kropff* § 176 AktG Rn. 10). Weist der Jahresabschluss einen Fehlbetrag aus, soll der Vorstand gem. Abs. 1 S. 3 dazu gesondert Stellung nehmen, da der **Jahresfehlbetrag** als Alarmsignal für die wirtschaftliche Situation der AG ein besonderes Informationsbedürfnis der Gesellschaft auslöst (MüKo AktG/*Kropff* § 176 AktG Rn. 11). Gleiches gilt nach Abs. 1 S. 3 für den Fall eines **Verlustes**, der nicht notwendigerweise zu einem Jahresfehlbetrag führen muss, weil er anderweitig – z. B. durch die Verwendung von Rücklagen – ausgeglichen wurde. Auch hier haben die Aktionäre ein Informationsbedürfnis hinsichtlich der durch den Verlust möglicherweise indizierten problematischen wirtschaftlichen 3

Situation der AG (*Hüffer* AktG, § 176 Rn. 5; ADS § 176 AktG Rn. 18 f). Abs. 1 S. 4 enthält in dieser Hinsicht eine **Privilegierung von Kreditinstituten**, deren Vertrauensstellung nicht durch die Notwendigkeit der ausführlichen Begründung einer Verlustsituation gefährdet werden soll (MüKo AktG/*Kropff* § 176 AktG Rn. 15).

4 Abs. 1 S. 2 enthält schließlich eine der Verpflichtung des Vorstands entsprechende Verpflichtung des Aufsichtsrats zur Erläuterung von dessen Bericht. Auch diese hat in zusammenhängender Form unter Zusammenfassung der wesentlichen Inhalte des Berichts zu erfolgen (MüKo AktG/*Kropff* § 176 AktG Rn. 18). Aufgrund der ausdrücklichen gesetzlichen Regelung obliegt der Bericht des Aufsichtsrats dessen Vorsitzenden.

5 Ein **Verstoß gegen die Vorlagepflicht** gem. Abs. 1 S. 1 führt zu einer **Anfechtbarkeit** der Beschlüsse gem. § 243 Abs. 1 AktG (*Hüffer* AktG, § 176 Rn. 6; ADS § 176 AktG Rn. 24). Durch eine Verletzung der Erläuterungspflicht werden die Beschlüsse nach h. M. nicht anfechtbar (*Hüffer* AktG, § 176 Rn. 6; MüKo AktG/*Kropff* § 176 AktG Rn. 21; ADS § 176 AktG Rn. 24; a. A. KölnKomm AktG/*Zöllner* § 257 AktG Rn. 10). Die Aktionäre sind bei einer unzureichenden Erläuterung durch Vorstand oder Aufsichtsrat durch ihre Möglichkeit ausreichend geschützt, dem Vorschlag des Vorstands ihre Zustimmung zu verweigern (*Hüffer* AktG, § 176 Rn. 6; MüKo AktG/*Kropff* § 176 AktG Rn. 21).

C. Teilnahme des Abschlussprüfers, Abs. 2

6 Gem. Abs. 2 S. 1 ist der Abschlussprüfer, d. h. der oder die verantwortlichen Prüfungsleiter, verpflichtet, an einer Hauptversammlung teilzunehmen, die – ausnahmsweise – über die Feststellung des Jahresabschlusses entscheidet und diesen nicht nur entgegennimmt (*Hüffer* AktG, § 176 Rn. 7). Gleiches gilt durch die entsprechende Einfügung von Abs. 2 S. 2 durch das Transparenz- und Publizitätsgesetz (TransPuG) vom 25. 7. 2002 (BGBl. I 2002, 2681) für die – ausnahmsweise – Billigung des Konzernabschlusses einer Konzernmuttergesellschaft. Die Teilnahmepflicht des Abschlussprüfers beschränkt sich auf die Tagesordnungspunkte der Feststellung des Jahresabschlusses und ggf. der Billigung des Konzernabschlusses (*Hüffer* AktG, § 176 Rn. 7; ADS § 176 AktG Rn. 29 f.). Wird die Feststellung des Jahresabschlusses mit der Entscheidung über die Gewinnverwendung und ggf. diese mit der Entscheidung über die Entlastung des Vorstands und Aufsichtsrats verbunden, soll sich nach einer Meinung die Anwesenheitspflicht des Abschlussprüfers auch auf diese Tagesordnungspunkte erstrecken (MüKo AktG/*Kropff* § 176 AktG Rn. 23). Nach a. A. findet sich für diese erweiterte Anwesenheitspflicht keine Rechtfertigung in der gesetzlichen Regelung (*Hüffer* AktG, § 176 Rn. 7; ADS § 176 AktG Rn. 30 zumindest für die Entlastung). Da es nach allgemeiner Meinung aber üblich und sinnvoll ist, dass der Abschlussprüfer auch weitergehend und auch dann an der Hauptversammlung teilnimmt, wenn diese den Jahresabschluss und den Konzernabschluss lediglich entgegennimmt (*Hüffer* AktG, § 176 Rn. 8; ADS § 176 AktG Rn. 32; MüKo AktG/*Kropff* § 176 AktG Rn. 27), wird es regelmäßig auf die Frage nicht ankommen, ob die Teilnahme des Abschlussprüfers verbindlich oder freiwillig ist.

7 Gem. Abs. 2 S. 3 ist der Abschlussprüfer in der Hauptversammlung nicht verpflichtet, einzelnen Aktionären Auskünfte zu erteilen. Er ist vielmehr gehalten, Fragen des Vorstands zu beantworten, die sich auf die Prüfung des Jahresabschlusses und des Lageberichts beziehen (*Hüffer* AktG, § 176 Rn. 9; ADS § 176 AktG Rn. 39). Darüber hinaus kann der Abschlussprüfer auf Fragen von Aktionären antworten, wenn der Vorstand ihn dazu ermächtigt hat. Rechtlich verpflichtet ist der Abschlussprüfer hierzu nicht (*Hüffer* AktG, § 176 Rn. 9; ADS § 176 AktG Rn. 39). Nach zutreffender, aber nicht unbestrittener Meinung führt ein Verstoß gegen die Verpflichtungen des Abschlussprüfers gem. Abs. 2 zu einer Anfechtbarkeit des Feststellungsbeschlusses, da der Hauptversammlung auf diese Weise wesentliche Informationsgrundlagen entzogen werden (*Hüffer* AktG, § 176 Rn. 10; ADS § 176 AktG Rn. 34; differenzierend MüKo AktG/*Kropff* § 176 AktG Rn. 42).

Vierter Abschnitt. Bekanntmachung des Jahresabschlusses

§§ 177, 178 [aufgehoben]

Die an dieser Stelle ursprünglich geregelte **Pflicht zur Einreichung** des Jahresabschlusses und des Geschäftsberichts sowie deren **Bekanntmachung** sind seit dem BiLiRiG vom 19.12.1985 (BGBl. I, 2335) auch für die AG in den §§ 325 bis 329 HRB geregelt.

Sechster Teil. Satzungsänderung. Maßnahmen der Kapitalbeschaffung und Kapitalherabsetzung

Erster Abschnitt. Satzungsänderung

§ 179 Beschluß der Hauptversammlung

(1) [1]Jede Satzungsänderung bedarf eines Beschlusses der Hauptversammlung. [2]Die Befugnis zu Änderungen, die nur die Fassung betreffen, kann die Hauptversammlung dem Aufsichtsrat übertragen.

(2) [1]Der Beschluß der Hauptversammlung bedarf einer Mehrheit, die mindestens drei Viertel des bei der Beschlußfassung vertretenen Grundkapitals umfaßt. [2]Die Satzung kann eine andere Kapitalmehrheit, für eine Änderung des Gegenstands des Unternehmens jedoch nur eine größere Kapitalmehrheit bestimmen. [3]Sie kann weitere Erfordernisse aufstellen.

(3) [1]Soll das bisherige Verhältnis mehrerer Gattungen von Aktien zum Nachteil einer Gattung geändert werden, so bedarf der Beschluss der Hauptversammlung zu seiner Wirksamkeit der Zustimmung der benachteiligten Aktionäre. [2]Über die Zustimmung haben die benachteiligten Aktionäre einen Sonderbeschluß zu fassen. [3]Für diesen gilt Abs. 2.

Übersicht:

A. Allgemeines

§ 179 AktG ist die **zentrale Regelung** zum **Verfahren der Satzungsänderung**. Er wird für den Fall 1
der Übertragung des gesamten Vermögens der AG außerhalb des UmwG durch § 179 a AktG und für die Begründung von Nebenverpflichtungen sowie Vinkulierung von Namensaktien oder

Zwischenscheinen durch § 180 AktG ergänzt. Gem. § 181 AktG werden Satzungsänderungen erst mit ihrer Eintragung in das Handelsregister wirksam. Daneben enthält das Gesetz Sonderregelungen für Kapitalerhöhung (§§ 182 ff. AktG) und Kapitalherabsetzung (§§ 222 ff. AktG), die § 179 AktG modifizieren.

2 § 179 AktG gilt ab dem Zeitpunkt der Eintragung der AG in das Handelsregister. Vor der Eintragung können Satzungsänderungen nur durch einstimmigen Beschluss und mit Zustimmung aller Gründer erfolgen. Während der **Liquidation** gilt hingegen § 179 AktG (§ 164 Abs. 3 AktG), ebenso im **Insolvenzverfahren** (*Hüffer* AktG, § 179 Rn. 2; MüKo AktG/*Stein* § 179 Rn. 74 f.).

B. Satzungsänderung

I. Begriff

3 Zum Begriff der **Satzung** vgl. § 23 AktG. Satzungsänderung **im weiteren Sinne** ist jedes Einwirken auf den Text der Satzungsurkunde durch Einfügen oder Aufheben von Bestimmungen sowie deren inhaltliche oder formale Veränderung (MüKo AktG/*Stein* § 179 Rn. 22). **Im engeren Sinne** ist zwischen materiellen und formellen Satzungsbestandteilen zu unterscheiden (vgl. hierzu § 24 f. Rn. 3 AktG). Die Änderung materieller Satzungsbestandteile wirkt rechtsgestaltend und ist nach dem Verfahren gem. §§ 179 ff. AktG durchzuführen. Dies gilt auch für bloß formale, namentlich redaktionelle Änderungen (arg. § 179 Abs. 1 S. 2 AktG). Strittig ist das Verfahren für die Änderung formeller Satzungsbestandteile, die keine Rechtswirkung mehr entfalten. Nach zutr. Ansicht gelten auch hierfür die §§ 179 ff. AktG uneingeschränkt (MüKo AktG/*Stein* § 179 Rn. 31; *Hüffer* AktG, § 179 Rn. 6; *Priester* ZHR 151 (1987), 40, 41 f.). Die Gegenmeinung will die Vorschriften über die Satzungsänderung nur eingeschränkt anwenden, wobei jedoch Uneinigkeit über den Umfang der Einschränkungen besteht (KölnKomm AktG/*Zöllner* § 179 Rn. 84: einfache Mehrheit genügend; zur GmbH: LG Dortmund GmbHR 1978, 235: keine Handelsregistereintragung erforderlich; *Lutter/Hommelhoff* GmbHG § 53 Rn. 29: einfache Mehrheit genügend). Eine Pflicht der Gesellschaft zur Beseitigung überholter formeller Satzungsbestandteile besteht nicht (OLG Köln Rpfleger 1972, 257, 258 zur GmbH).

II. Satzungsdurchbrechung

4 Fasst die Hauptversammlung einen **Einzelbeschluss**, dem eine materielle Satzungsbestimmung entgegensteht, die eine entsprechende Ausnahme nicht zulässt, so handelt es sich um eine Satzungsdurchbrechung. Die zustandsbegründende Satzungsdurchbrechung, die Dauerwirkung entfaltet, ist nur dann rechtlich fehlerfrei, wenn sie als förmliche Satzungsänderung beschlossen und gem. § 181 Abs. 3 AktG in das Handelsregister eingetragen wird (BGHZ 123, 19; OLG Köln NJW-RR 1996, 1440 f.; OLG Köln AG 2001, 427; KölnKomm AktG/*Zöllner* § 179 Rn. 92 ff.; *Hüffer* AktG, § 179 Rn. 8 m. w. N.). Nach zutr. Auffassung bedarf auch die punktuelle Satzungsdurchbrechung, deren Wirkung sich in einer Einzelmaßnahme erschöpft, welche die Hauptversammlung durch Abweichung von der fortbestehenden Verbandsordnung für den Einzelfall als satzungskonform will, notarieller Beurkundung gem. § 130 Abs. 2 S. 1 AktG (so zutr. *Hüffer* AktG, § 179 Rn. 8; MüKo AktG/*Stein* § 179 Rn. 40; a. A. zur GmbH BGHZ 32, 17, 29 = NJW 1960, 866; BGH WM 1981, 1218, 1219). Die Frage der Erforderlichkeit einer Handelsregistereintragung kann entgegen der h. M. nicht davon abhängen, ob die Satzungsdurchbrechung bewusst gewollt war, sondern ist danach zu beurteilen, ob die betreffende Regelung ihrem Inhalt nach eine Satzungsänderung erfordert (so zutr. MüKo AktG/*Stein* § 179 Rn. 41 f.; weitergehend *Hüffer* AktG, § 179 Rn. 8; KölnKomm AktG/*Zöllner* § 179 Rn. 98; offenlassend BGHZ 123, 15, 19 f.).

III. Faktische Satzungsänderung

5 In der Praxis kann es vorkommen, dass die Organe der Gesellschaft, insbes. der Vorstand, Maßnahmen über die Satzung hinaus veranlassen. Faktisch handelt es sich hier um einen **Satzungsverstoß**; man spricht jedoch von einer faktischen Satzungsänderung. Rechtlich führt selbst eine lang dauernde Übung nicht zu einer Satzungsänderung. Der Satzungsverstoß kann vielmehr ein

Grund für die Abberufung sowie **Schadensersatzansprüche** nach §§ 93, 116 AktG darstellen, in engen zeitlichen Grenzen haben Aktionäre u. U. sogar einen Anspruch auf Rückgängigmachung (vgl. BGHZ 83, 122, 133 ff. – »Holzmüller«; *Hüffer* AktG, § 179 Rn. 9; MünchHdb GesR IV/*Semler* § 39 Rn. 59; vgl. zur »Holzmüller«-Entscheidung ausführl. auch § 119 AktG Rn. 9 ff.). Gegen die Satzung verstoßende Rechtsgeschäfte bleiben aus Gründen der Rechtssicherheit wegen der umfassenden gesetzlichen Vertretungsmacht des Vorstands im Außenverhältnis wirksam.

IV. Zulässigkeitsschranken

Satzungsänderungen dürfen nicht gegen gesetzliche Vorschriften verstoßen; anderenfalls ist der Beschluss der Hauptversammlung gem. § 243 Abs. 1 AktG **anfechtbar** oder **nichtig** i. S. d. § 241 Nr. 3 und 4 AktG. Darüber hinaus ist der Grundsatz der Satzungsstrenge aus § 23 Abs. 5 AktG zu beachten, so dass in Konsequenz nur solche Bestimmungen beschlossen werden können, die auch in der Gründungssatzung hätten vereinbart werden dürfen. Darüber hinaus dürfen notwendige Satzungsbestandteile i. S. d. §§ 23 Abs. 3 und 4 AktG nicht gestrichen werden; Änderungen müssen den gesetzlichen Vorgaben entsprechen (MüKo AktG/*Stein* § 179 Rn. 60; *Hüffer* AktG, § 179 Rn. 24). 6

V. Befristung und Bedingung

Die Satzungsänderung kann **befristet** werden, so dass sie nur ab und/oder bis zu einem bestimmten Zeitpunkt gelten kann; Voraussetzung ist, dass die Frist **für Dritte objektiv feststellbar** ist (MüKo AktG/*Stein* § 179 Rn. 47; KölnKomm AktG/*Zöllner* § 179 Rn. 197; *Hüffer* AktG, § 179 Rn. 25 m. w. N.). Zulässig sind auch **bedingte** Hauptversammlungsbeschlüsse, deren Wirksamkeit unter eine Bedingung gestellt wird, bis zu deren Eintritt der Beschluss schwebend unwirksam ist. Während der Schwebezeit kann der Hauptversammlungsbeschluss nicht zum Handelsregister angemeldet werden (LG Duisburg BB 1989, 257; *Hüffer* AktG, § 179 Rn. 26). Alternativ kann die Hauptversammlung den Vorstand anweisen, den Änderungsbeschluss nur bei Eintritt eines bestimmten Umstands anzumelden (unechte Bedingung), sofern die Bedingung dem Vorstand keinen eigenen Entscheidungsspielraum einräumt (LG Frankfurt AG 1990, 169, 170; MüKo AktG/*Stein* § 179 Rn. 49; KölnKomm AktG/*Zöllner* § 179 Rn. 196; *Hüffer* AktG, § 179 Rn. 26). Eine **Rückwirkung** der Satzungsänderung ist, sofern nicht konkret verboten (bspw. für einzelne Fälle der Kapitalerhöhung und -herabsetzung, §§ 189, 200, 203 Abs. 1 S. 1, 211 Abs. 1, 224, 238 S. 1 AktG, und bestimmte Fälle des Formwechsels, § 202 Abs. 2 UmwG) nicht generell ausgeschlossen. Über die Zulässigkeit ist vielmehr nach den allgemeinen Grundsätzen zu entscheiden (*Kropff* RegBegr., 291). Maßgeblicher Gesichtspunkt ist, ob Dritte, die Allgemeinheit oder Aktionäre auf den Bestand der Satzungsbestimmung vertrauen dürfen (MünchHdb GesR IV/*Semler* § 39 Rn. 61; umfassende Bsp. bei *Hüffer* AktG, § 179 Rn. 28, dort auch m. w. N.). 7

C. Zuständigkeit, Abs. 1

I. Hauptversammlung

Soweit keine gesetzlichen Ausnahmen eingreifen, ist die Hauptversammlung **zwingend zuständig**. Sie kann auch nicht den Vorstand darüber entscheiden lassen, ob er die nach § 181 AktG erforderliche Anmeldung zum Handelsregister vornimmt oder nicht (*Hüffer* AktG, § 179 Rn. 10; GroßkommAktG/*Wiedemann* § 179 Rn. 105; weiter KölnKomm AktG/*Zöllner* § 179 Rn. 145). Die beabsichtigte Satzungsänderung ist gem. § 124 AktG ebenso wie der Wortlaut der vorgeschlagenen Satzungsänderung als Gegenstand der Tagesordnung bekannt zu machen. Die Willensbildung erfolgt durch Beschluss, der notariell zu beurkunden ist (vgl. § 130 Abs. 1 S. 1 AktG). 8

II. Aufsichtsrat

Reine **Fassungsänderungen** können auf den Aufsichtsrat übertragen werden. Gemeint sind Satzungsänderungen, die die sprachliche Form der Satzung, nicht deren Inhalt betreffen (Österreichischer OGH AG 2002, 584). Im Zweifel ist die Befugnis zur Ermächtigung des Aufsichtsrats zu 9 verneinen (LG Stuttgart VerBAV 1968, 167; *Hüffer* AktG, § 179 Rn. 11 m. w. N.). Erfasst ist allerdings der Fall, dass die Hauptversammlung eine Satzungsänderung dem Inhalt nach beschließt und die Formulierung des Satzungstextes dem Aufsichtsrat überlässt (MüKo AktG/*Stein* § 179 Rn. 161; KölnKomm AktG/*Zöllner* § 179 Rn. 147; *Hüffer* AktG, § 179 Rn. 11). Nach h. M. darf die Hauptversammlung nicht nur für den konkreten Einzelfall delegieren, sondern den Aufsichtsrat auch **generell ermächtigen** (*Hüffer* AktG, § 179 Rn. 11 m. w. N.; a. A. KölnKomm AktG/*Zöllner* § 179 Rn. 148; *Fritzsche* WM 1984, 1244). Die Ermächtigung in der Gründungssatzung ist genügend. Im Übrigen bedarf es eines bloßen Hauptversammlungsbeschlusses mit der Mehrheit des § 179 Abs. 2 AktG (str.; vgl. etwa MüKo AktG/*Stein* § 179 Rn. 167; *Hüffer* AktG, § 179 Rn. 11).

10 Für Satzungsänderungen, die nur die Fassung betreffen, kann der Aufsichtsrat lediglich **als Gesamtorgan** ermächtigt werden, nicht hingegen einzelne Aufsichtsratsmitglieder oder ein Aufsichtsratsausschuss (*Hüffer* AktG, § 179 Rn. 11; MüKo AktG/*Stein* § 179 Rn. 170; KölnKomm AktG/*Zöllner* § 179 Rn. 149; a. A. für den Aufsichtsratsausschuss *Baumbach/Hueck* § 179 Rn. 5; GroßkommAktG/*Wiedemann* § 179 Rn. 109). Der Aufsichtsrat kann jedoch seinerseits an einen Ausschuss **weiterdelegieren** (arg. § 107 Abs. 2 S. 2 AktG; MüKo AktG/*Stein* § 179 Rn. 173; *Hüffer* AktG, § 179 Rn. 11).

11 Für die **Beschlussfassung** des Aufsichtsrats gelten die allgemeinen Grundsätze der §§ 107, 108 AktG. Der Aufsichtsrat beschließt mit **einfacher Mehrheit**. Notarielle Form ist nicht erforderlich, allerdings ist der Beschluss in die Niederschrift gem. § 107 Abs. 2 AktG aufzunehmen. Lag ein wirksamer Ermächtigungsbeschluss der Hauptversammlung nicht vor, wird er überschritten oder wird die Satzung inhaltlich geändert, ist der Aufsichtsratsbeschluss nichtig (*Hüffer* AktG, § 179 Rn. 12; MüKo AktG/*Stein* § 179 Rn. 174 ff.).

D. Mehrheitserfordernisse, Abs. 2

12 Abs. 2 regelt die Mehrheitserfordernisse, allerdings nicht vollständig. Das Gesetz enthält an anderer Stelle Ergänzungen oder Abweichungen für bestimmte Beschlussgegenstände (z. B. §§ 97 Abs. 2, 98 Abs. 4, 113 Abs. 1, 193 Abs. 1, 202 Abs. 2, 222 Abs. 1, 237 Abs. 4 AktG).

I. Gesetzliche Mehrheitserfordernisse

13 Gem. Abs. 2 S. 1 bedürfen satzungsändernde Beschlüsse der Hauptversammlung einer **Mehrheit von mindestens ³/₄** des bei der Beschlussfassung vertretenen Grundkapitals. Abzustellen ist auf alle Aktien, für die bei der Abstimmung eine gültige Stimme abgegeben wird. Stimmenthaltungen zählen nicht mit (*Hüffer* AktG, § 179 Rn. 14; KölnKomm AktG/*Zöllner* § 179 Rn. 151; MüKo AktG/*Stein* § 179 Rn. 82; a. A. zur Enthaltung *v. Godin/Wilhelmi* § 133 Anm. 4). Auch stimmrechtslose Vorzugsaktien sind nicht zu berücksichtigen (arg. § 140 Abs. 2 S. 2 AktG). Gleiches gilt für Aktien, aus denen keine Rechte ausgeübt werden können oder deren Stimmrechte ruhen (*Hüffer* AktG, § 179 Rn. 14; GroßkommAktG/*Wiedemann* § 179 Rn. 113; MüKo AktG/*Stein* § 179 Rn. 83).

14 Neben der in § 179 Abs. 2 S. 1 AktG angeordneten Kapitalmehrheit ist gem. § 133 Abs. 1 AktG **einfache Stimmenmehrheit** (§ 133 AktG Rn. 12 ff.) erforderlich (allg. Meinung; vgl. RGZ 125, 359; BGH NJW 1975, 212). Praktische Bedeutung hat die Kumulation von Kapitalmehrheit und Stimmenmehrheit insbes. bei Aktien, deren Stimmgewicht nicht ihrem Nennbetrag oder bei Stückaktien ihrer Zahl entsprechen (vgl. die Fälle der § 5 EGAktG, §§ 134 Abs. 1 und Abs. 2 AktG).

II. Abweichende Satzungsbestimmungen

15 Durch Satzungsregelung kann gem. Abs. 2 S. 2 die Kapitalmehrheit anders bestimmt werden. Grds. kann die Satzung **größere oder geringere Kapitalmehrheiten** vorsehen oder auch die Bezugsgröße abweichend (z. B. gesamtes stimmberechtigtes Grundkapital) festlegen (KölnKomm AktG/*Zöllner* § 179 Rn. 153; *Hüffer* AktG, § 179 Rn. 17; MüKo AktG/*Stein* § 179 Rn. 89). Die Satzungsautonomie gilt allerdings nur, soweit das Gesetz nicht zwingend andere Mehrheiten vorschreibt (*Hüffer* AktG, § 179 Rn. 17 m. w. N.). Für eine Änderung des Unternehmensgegenstands kann die Satzung nur eine größere Kapitalmehrheit bestimmen.

1. Geringere Kapitalmehrheit

Abs. 2 S. 2 erlaubt nicht, auf das Erfordernis einer Kapitalmehrheit gänzlich zu verzichten (allg. 16
Meinung, vgl. BGH AG 1975, 18; *Hüffer* AktG, § 179 Rn. 16; KölnKomm AktG/*Zöllner* § 179 Rn. 153; MüKo AktG/*Stein* § 179 Rn. 90). Neben der Stimmenmehrheit ist immer **mindestens** auch **einfache Kapitalmehrheit**, also Zustimmung von mehr als 50 % des bei der Beschlussfassung vertretenen Grundkapitals, erforderlich (vgl. BGH NJW 1975, 212 f.; *Hüffer* AktG, § 179 Rn. 19; MüKo AktG/*Stein* § 179 Rn. 90). Die Satzung muss hinreichend deutlich zum Ausdruck bringen, dass für Satzungsänderungen eine geringere als die gesetzlich vorgesehene Kapitalmehrheit genügt. Zwar ist eine objektive Auslegung möglich; bei Zweifeln gilt jedoch die gesetzliche Regelung (BGH NJW 1975, 212 f.; 1988, 261; *Hüffer* AktG, § 179 Rn. 18; MüKo AktG/*Stein* § 179 Rn. 91). Bei der Auslegung entsprechender Satzungsbestimmungen ist immer zu prüfen, ob die Kapitalmehrheit oder nur die Stimmenmehrheit betroffen ist (vgl. die Bsp. bei MüKo AktG/*Stein* § 179 Rn. 91).

2. Größere Kapitalmehrheit

Durch die Satzung kann auch eine größere Kapitalmehrheit festgelegt werden. Auch **Einstim-** 17
migkeit der abgegebenen Stimmen kann grds. gefordert werden; ein solches Einstimmigkeitserfordernis darf jedoch nicht zur faktischen Unmöglichkeit von Satzungsänderungen führen, was bei Publikumsgesellschaften jedenfalls problematisch ist (MüKo AktG/*Stein* § 179 Rn. 95 ff.; *Hüffer* AktG, § 179 Rn. 20). Bestimmt die Satzung Einstimmigkeit aller Aktionäre, auch der nicht erschienenen, so handelt es sich um ein weiteres Erfordernis i. S. d. § 179 Abs. 2 S. 3 AktG.

3. Weitere Erfordernisse

Weitere Erfordernisse können **generell** oder nur für **einzelne Beschlussgegenstände** bestimmt 18
werden. Dies gilt jedoch nicht für solche Beschlussgegenstände, für die das Gesetz zwingend geringere Mehrheiten ausreichen lässt (MüKo AktG/*Stein* § 179 Rn. 138; *Hüffer* AktG, § 179 Rn. 22). Zulässig ist die Bestimmung eines **Quorums**, womit als Wirksamkeitsvoraussetzung für die Satzungsänderung verlangt wird, dass ein bestimmter Teil des Grundkapitals in der Hauptversammlung vertreten ist oder an der Abstimmung teilnimmt; die Höhe des Quorums (so z. B. bei 100 %-Quorum) darf jedoch eine Satzungsänderung nicht faktisch unmöglich machen (MüKo AktG/*Stein* § 179 Rn. 139 ff.; *Hüffer* AktG, § 179 Rn. 23). Denkbar sind daneben die Zustimmung bestimmter Aktionäre oder der Inhaber bestimmter Aktien oder Aktiengattungen (*Hüffer* AktG, § 179 Rn. 23; MüKo AktG/*Stein* § 179 Rn. 142 ff.; KölnKomm AktG/*Zöllner* § 179 Rn. 169). **Unzulässig** sind hingegen Satzungsregelungen, aufgrund derer die Zustimmung Dritter, zu denen auch Organe der Gesellschaft gehören, verlangt werden, da solche Erfordernisse gegen die Satzungsautonomie der Hauptversammlung verstoßen (RGZ 169, 80 f zur GmbH; KG JW 1930, 1412 f.; *Hüffer* AktG, § 179 Rn. 23 m. w. N.; MüKo AktG/*Stein* § 179 Rn. 147 ff.). Nach Ansicht des OLG Stuttgart sind jedoch Regelungen zulässig, die nur die einfache Kapitalmehrheit verlangen, wenn die Satzungsänderung vom Aufsichtsrat oder mit dessen Zustimmung beantragt wurde (OLG Stuttgart AG 1967, 266; MüKo AktG/*Stein* § 179 Rn. 148; *Hüffer* AktG, § 179 Rn. 23).

E. Sonderbeschlüsse, Abs. 3

I. Allgemeines

Wenn Satzungsänderungen **nachteilig in die Rechte einer Gattung** eingreifen, verlangt § 179 19
Abs. 3 AktG einen Sonderbeschluss, und zwar auch bei Einstimmigkeit (RGZ 148, 181 f.). Die Vorschrift soll Veränderungen zu Lasten einer Gattung zu erleichtern, indem an die Stelle der Zustimmung aller betroffenen Aktionäre die Möglichkeit eines Sonderbeschlusses tritt. Bei Kapital-

erhöhung und Kapitalherabsetzung gelten die Sondervorschriften der §§ 182 Abs. 2 bzw. 222 Abs. 2 AktG, bei der Aufhebung oder Beschränkung von Vorzügen aus stimmrechtslosen Vorzugsaktien § 141 Abs. 1 AktG, bei Ausgabe neuer Vorzugsaktien, die bei der Gewinn- oder Vermögensverteilung den Vorzugsaktien ohne Stimmrecht vorgehen oder gleichstehen, § 141 Abs. 2 AktG (OLG Köln NZG 2002, 967; KölnKomm AktG/*Zöllner* § 179 Rn. 178; MüKo AktG/*Stein* § 179 Rn. 180 f.; *Hüffer* AktG, § 179 Rn. 42).

20 Der Sonderbeschluss ist nicht Teil des Hauptversammlungsbeschlusses, sondern ein **weiteres Wirksamkeitserfordernis**. Bis er gefasst ist, ist der Satzungsänderungsbeschluss nach zutr. Auffassung schwebend unwirksam, nicht aber nichtig oder anfechtbar (RGZ 148, 184 ff.; LG Mannheim AG 1967, 84; *Hüffer* AktG, § 179 Rn. 49 m. w. N.; str.). Bei fälschlicher Eintragung im Handelsregister kann der Mangel analog § 242 Abs. 2 AktG geheilt werden (*Hüffer* AktG, § 179 Rn. 49; MüKo AktG/*Stein* § 179 Rn. 209; GroßkommAktG/*Wiedemann* § 179 Rn. 153; KölnKomm AktG/*Zöllner* § 179 Rn. 192). Kommt der Sonderbeschluss nicht zustande, so wird der Satzungsänderungsbeschluss endgültig unwirksam und darf das Registergericht die Satzungsänderung nicht eintragen (RGZ 148, 187; MüKo AktG/*Stein* § 179 Rn. 207; *Hüffer* AktG, § 179 Rn. 49).

II. Aktiengattung

21 Zum Begriff der Aktiengattung vgl. § 11 Rn. 1 f. Der Beschluss muss das bisherige Verhältnis mehrerer Aktiengattungen zum Nachteil einer Gattung ändern, d. h. gattungsspezifische Rechte beseitigen oder beschränken oder entsprechende Rechte einer anderen Gattung verstärken oder erweitern (OLG Köln NZG 2002, 967 f.; *Hüffer* AktG, § 179 Rn. 44). Ob zur Benachteiligung parallel auch Vorteile gewährt werden, ist nach zutr. Auffassung unerheblich, da Vor- und Nachteile schon wegen der unterschiedlichen Perspektiven nicht saldiert werden (so *Hüffer* AktG, § 179 Rn. 45; MüKo AktG/*Stein* § 179 Rn. 191; a. A. LG Berlin JW 1937, 2835). Wirkt eine Satzungsänderung nachteilig für mehrere Aktiengattungen, so ist ein Sonderbeschluss der Aktionäre jeder betroffenen Gattung erforderlich (MüKo AktG/*Stein* § 179 Rn. 192; *Hüffer* AktG, § 179 Rn. 45).

III. Beschlussfassung

22 Zum Begriff des Sonderbeschlusses vgl. § 138 AktG. Der Sonderbeschluss kann sowohl vor als auch nach dem satzungsändernden Hauptversammlungsbeschluss gefasst werden. Er muss jedoch in **angemessenem zeitlichen Zusammenhang** hiermit stehen. Allerdings kann die Satzung als weiteres Erfordernis i. S. d. § 179 Abs. 3 S. 3, Abs. 2 S. 3 AktG eine bestimmte Frist zur Fassung des Sonderbeschlusses vorgeben (*Hüffer* AktG, § 179 Rn. 46; MüKo AktG/*Stein* § 179 Rn. 198 ff.; KölnKomm AktG/*Zöllner* § 179 Rn. 194).

23 Für den Sonderbeschluss ist sowohl eine **Kapitalmehrheit von $^3/_4$** gem. § 179 Abs. 3 S. 3 i. V. m. Abs. 2 S. 1 AktG erforderlich als auch die **einfache Stimmenmehrheit** gem. §§ 138 S. 2, 133 Abs. 1 AktG. Die Satzung kann gem. § 179 Abs. 3 S. 3 i. V. m. Abs. 2 S. 2 und 3 AktG eine andere Mehrheit oder weitere Erfordernisse festsetzen, wobei die Gestaltungsgrenzen des § 179 Abs. 2 S. 2 und 3 AktG zu beachten sind. Die Satzung kann für Satzungsänderungen und Sonderbeschlüsse unterschiedliche Mehrheiten bestimmen. Soweit die Satzung für Satzungsänderungen abweichende Mehrheitserfordernisse enthält, gelten diese nach allg. Meinung i.Zw. auch für Sonderbeschlüsse (*Hüffer* AktG, § 179 Rn. 47; MüKo AktG/*Stein* § 179 Rn. 202 ff.; KölnKomm AktG/*Zöllner* § 179 Rn. 47; a. A. *v. Godin/Wilhelmi* § 179 Rn. 10). Ein Satzungsänderungsbeschluss, der die Mehrheitserfordernisse oder weitere Erfordernisse für Sonderbeschlüsse ändert, setzt wiederum selbst einen Sonderbeschluss aller Aktiengattungen voraus (*Hüffer* AktG, § 179 Rn. 47).

§ 179 a Verpflichtung zur Übertragung des ganzen Gesellschaftsvermögens

(1) [1]Ein Vertrag, durch den sich eine Aktiengesellschaft zur Übertragung des ganzen Gesellschaftsvermögens verpflichtet, ohne daß die Übertragung unter die Vorschriften des Umwandlungsgesetzes fällt, bedarf auch dann eines Beschlusses der Hauptversammlung nach § 179, wenn damit nicht eine Änderung des Unternehmensgegenstandes verbunden ist. [2]Die Satzung kann nur eine größere Kapitalmehrheit bestimmen.

(2) [1]Der Vertrag ist von der Einberufung der Hauptversammlung an, die über die Zustimmung beschließen soll, in dem Geschäftsraum der Gesellschaft zur Einsicht der Aktionäre auszulegen. [2]Auf Verlangen ist jedem Aktionär unverzüglich eine Abschrift zu erteilen. [3]In der Hauptversammlung ist der Vertrag auszulegen. [4]Der Vorstand hat ihn zu Beginn der Verhandlung zu erläutern. [5]Der Niederschrift ist er als Anlage beizufügen.

(3) Wird aus Anlaß der Übertragung des Gesellschaftsvermögens die Gesellschaft aufgelöst, so ist der Anmeldung der Auflösung der Vertrag in Ausfertigung oder öffentlich beglaubigter Abschrift beizufügen.

A. Allgemeines

§ 179 a AktG betrifft Verträge der AG, die die **Verpflichtung zur Übertragung ihres gesamten Vermögens** begründet, soweit diese nicht unter das UmwG fällt. Gesetzeszweck ist der Schutz der Aktionäre vor unangemessener Vertragsgestaltung, insbes. im Falle der Übertragung an einen Mehrheitsaktionär (*Henze* FS Boujong 1996, 233, 247 f.; *Hüffer* AktG, § 179 a Rn. 1). § 179 a AktG begründet nicht nur die Mitwirkungskompetenz der Hauptversammlung, sondern beschränkt gleichzeitig die Vertretungsmacht des Vorstands, der die Gesellschaft ohne zustimmenden Hauptversammlungsbeschluss nicht wirksam verpflichten kann. Gleichzeitig ergibt sich aus Abs. 3, dass ein zustimmender Hauptversammlungsbeschluss nicht die Auflösung der Gesellschaft bewirkt. 1

B. Zustimmungsbeschluss, Abs. 1

I. Übertragungsvertrag

Verträge, durch die sich die Gesellschaft zur Übertragung ihres ganzen Vermögens verpflichtet, sind zustimmungsbedürftig. Das **Zustimmungserfordernis** bezieht sich auf das **Verpflichtungsgeschäft**, nicht auf die zu seiner Durchführung erforderlichen weiteren, insbes. dinglichen Rechtsgeschäfte. Der Vertrag muss die Pflicht zur Übertragung des ganzen Vermögens der Gesellschaft begründen (MüKo AktG/*Stein* § 179 a Rn. 16). Über den engen Wortlaut hinaus ist § 179 a Abs. 1 AktG aber auch bereits dann zu beachten, wenn nur unwesentliches Vermögen bei der Gesellschaft zurückbleibt (RG JW 1929, 1371; RGZ 124, 279, 294 f.; BGHZ 83, 122, 128 – »Holzmüller«; *Hüffer* AktG, § 179 a Rn. 5). Entscheidend ist, ob die Gesellschaft mit dem zurückbehaltenen Vermögen – zumindest in eingeschränktem Umfang – ihren in der Satzung festgelegten bisherigen Unternehmensgegenstand weiterverfolgen kann (BGHZ 83, 122, 128 – »Holzmüller«; Österreichischer OGH AG 1996, 382 f.; OLG München AG 1995, 232; *Henze* FS Boujong 1996, 233, 244 f.; *Hüffer* AktG, § 179 a Rn. 5; teilw. a. A. OLG Düsseldorf WM 1994, 337, 343 f. – neuer Unternehmensgegenstand bei Satzungsänderung). Selbst bei einem Verbleib wertmäßig wesentlichen Vermögens (z. B. Grundbesitz) ist § 179 a AktG damit anwendbar, wenn die bisherigen Unternehmensziele nicht weiterverfolgt werden können (*Hüffer* AktG, § 179 a Rn. 5; MüKo AktG/*Stein* § 179 a Rn. 19). 2

Die Vermögensübertragung darf **nicht unter die Vorschriften des UmwG** fallen (MüKo AktG/*Stein* § 179 a Rn. 22). Die Übertragung des Vermögens auf den Mehrheitsaktionär unter Auflösung der Gesellschaft stellt hingegen keine unzulässige Umgehung der §§ 327 a ff. AktG sowie der §§ 293 a ff. AktG und der entsprechenden umwandlungsrechtlichen Vorschriften dar; aller- 3 dings ist nach zutr. Auffassung der Weg einer gerichtlichen Kontrolle der Angemessenheit des Kaufpreises entspr. den Spruchverfahrensregelungen geboten (MüKo AktG/*Stein* § 179 a Rn. 71 ff.; insbes. 81 ff.; wohl auch *Hüffer* AktG, § 179 a Rn. 6; a. A. (entspr. Anwendung der §§ 293 a ff. AktG) *Lutter/Drygalla* FS Kropff 1997, 195 ff.; 208).

II. Beschlussfassung

4 Die erforderliche Zustimmung der Hauptversammlung kann nach h. M. als **Einwilligung vor Abschluss** des Übertragungsvertrages wie auch als **Genehmigung nach Abschluss** des Übertragungsvertrages erfolgen (BGHZ 82, 188, 193 f.; LG Hamburg AG 1996, 233, 234; *Hüffer* AktG, § 179 a Rn. 7 m. w. N.). Im Falle der vorherigen Zustimmung muss mindestens ein vollständiger schriftlicher Vertragsentwurf vorliegen (arg. § 179 a Abs. 2 AktG; vgl. BGHZ 82, 194 f.; *Windbichler* AG 1981, 169, 174 f.).

5 Auch wenn § 179 a Abs. 1 AktG einen Beschluss der Hauptversammlung »nach § 179« verlangt, hat dieser **keine Satzungsänderung** zum Gegenstand. Die Verweisung zielt auf die erforderliche Beschlussmehrheit ab. Der Beschlussinhalt ist auf Zustimmung der Hauptversammlung zum gesamten Inhalt des Vertragswerkes gerichtet, auch wenn dieses in mehrere Teile aufgeteilt ist (BGHZ 82, 188, 196 ff.). Einer sachlichen Rechtfertigung bedarf es nach zutr. Auffassung nicht (zur Argumentation zutr. *Hüffer* AktG, § 179 a Rn. 10; vgl. auch BGHZ 103, 191 f. m. w. N.; *Lutter/Drygala* FS Kropff 1997, 191, 215 f.). Geht mit der Vermögensübertragung eine Änderung des Unternehmensgegenstandes einher, ist ein weitergehender Beschluss nach § 179 a Abs. 1 AktG nur dann entbehrlich, wenn der satzungsändernde Beschluss den Übertragungsvertrag oder seinen Entwurf als Anlass der Änderung in seinen Inhalt aufnimmt und überdies den Erfordernissen des § 179 a Abs. 2 AktG Rechnung getragen ist (*Hüffer* AktG, § 179 a Rn. 9; *Reichert* ZHR Beiheft 68, 1999, 25, 42; teilw. abw. MüKo AktG/*Stein* § 179 a Rn. 47 f.).

6 Für die Beschlussfassung bedarf es der in § 179 Abs. 2 S. 1 AktG vorgesehenen **Kapitalmehrheit** und darüber hinaus der **einfachen Stimmenmehrheit** gem. § 133 Abs. 1 AktG. Anders als bei § 179 AktG kann die Satzung gem. § 179 a Abs. 1 S. 2 AktG nur eine größere Kapitalmehrheit bestimmen. Auch wenn nicht explizit das Aufstellen weiterer Erfordernisse erwähnt ist, sollte dies möglich sein; § 179 a Abs. 1 S. 2 AktG soll nur Beschlusserleichterungen verhindern, so dass § 179 Abs. 1 S. 3 AktG vom Verweis in § 179 a Abs. 1 S. 1 AktG umfasst ist (so zutr. MüKo AktG/*Stein* § 179 a Rn. 52; *Hüffer* AktG, § 179 a Rn. 11).

7 **Stimmberechtigt** ist jeder Aktionär, insbes. auch dann, wenn er Vertragspartner ist (MüKo AktG/*Stein* § 179 a Rn. 53; *Hüffer* AktG, § 179 a Rn. 12).

C. Informationspflichten, Abs. 2

8 Gem. § 179 a Abs. 2 AktG ist (1) der Vertrag von der Einberufung der Hauptversammlung an in den Geschäftsräumen zur Einsicht der Aktionäre **auszulegen**, (2) Aktionären auf Verlangen eine **Abschrift** zu erteilen und (3) der Vertrag in der Hauptversammlung selbst in ausreichender Stückzahl auszulegen. Der Vorstand hat den Vertrag zu Beginn der Verhandlung in der Hauptversammlung zu erläutern, was über das bloße Verlesen hinausgeht. Der Hauptversammlungsniederschrift ist er als Anlage beizufügen. Insoweit ist er gem. § 130 Abs. 5 AktG in öffentlich-beglaubigter Form zum Handelsregister einzureichen. Die Regelung des Abs. 2 gilt dann, wenn die Hauptversammlung über einen bloßen Vertragsentwurf beschließt, der später erst abgeschlossen werden soll, entsprechend für den Vertragsentwurf. Zu Unrecht wird davon ausgegangen, dass § 179 a Abs. 2 AktG auch dann zu beachten ist, wenn es sich tatsächlich nicht um eine Vermögensübertragung i. S. d. § 179 a AktG handelt, sofern die Verwaltung der Hauptversammlung eine Zustimmung gem. § 179 a Abs. 1 AktG vorschlägt (so aber OLG Dresden AG 2003, 433, 434).

D. Auflösung der Gesellschaft, Abs. 3

§ 179 a Abs. 1 AktG geht von dem **Grundgedanken** aus, dass die Gesellschaft durch die Übertragung ihres ganzen Gesellschaftsvermögens **nicht aufgelöst** wird. Allerdings kann mit der Übertragung bei Vorliegen eines Auflösungsgrundes i. S. v. § 262 AktG die Auflösung einhergehen. Ein Auflösungsbeschluss gem. § 262 Abs. 1 Nr. 2 AktG ist allerdings zusätzlich zum Zustimmungsbeschluss gem. § 179 a Abs. 1 AktG zu fassen. Wird die Gesellschaft aus Anlass der Vermögensübertragung aufgelöst, so ist der Anmeldung der Auflösung zum Handelsregister gem. § 179 a Abs. 3 AktG der Übertragungsvertrag in Ausfertigung oder öffentlich-beglaubigter Abschrift beizufügen. 9

Schließt die Gesellschaft erst **während der Auflösung** einen Vertrag über die Übertragung ihres ganzen Vermögens, so bedürfen die Abwickler eines Zustimmungsbeschlusses gem. § 179 a AktG (*Hüffer* AktG, § 179 a Rn. 21; MüKo AktG/*Hüffer* AktG, § 238 Rn. 14). 10

§ 180 Zustimmung der betroffenen Aktionäre

(1) Ein Beschluß, der Aktionären Nebenverpflichtungen auferlegt, bedarf zu seiner Wirksamkeit der Zustimmung aller betroffenen Aktionäre.

(2) Gleiches gilt für einen Beschluß, durch den die Übertragung von Namensaktien oder Zwischenscheinen an die Zustimmung der Gesellschaft gebunden wird.

A. Regelungsgegenstand und -zweck

§ 180 AktG ergänzt § 179 AktG und soll die Aktionäre vor nachträglicher Vermehrung ihrer Pflichten und nachträglicher stärkerer Bindung an die Gesellschaft schützen. 1

B. Auferlegung von Nebenverpflichtungen, Abs. 1

I. Nebenverpflichtungen

Nebenverpflichtungen sind solche i. S. d. § 55 AktG (vgl. dort Rn. 8). Solche Nebenverpflichtungen sind nur bei vinkulierten Namensaktien möglich. Unerheblich ist, ob sämtliche oder nur einzelne Aktionäre betroffen sind. § 180 Abs. 1 AktG erfasst aber nur solche Nebenverpflichtungen, die nachträglich durch satzungsändernden Beschluss auferlegt werden; nicht erfasst werden Pflichten aus satzungsergänzenden schuldrechtlichen Nebenabreden (*Hüffer* AktG, § 180 Rn. 2; MüKo AktG/*Stein* § 180 Rn. 5 ff.). 2

Mit »**Auferlegen**« ist die Neubegründung gemeint. Gleichgestellt sind aber Änderungen bestehender Nebenverpflichtungen, die sich für die verpflichteten Aktionäre nachteilig auswirken, bspw. Erweiterung nach Art oder Umfang (RGZ 91, 166, 169; 121, 238, 241 f.; 136, 313, 317), Einführung oder Verschärfung von Vertragsstrafen gem. § 55 Abs. 2 AktG (RGZ 121, 238, 242), Herabsetzung der satzungsmäßigen Gegenleistung oder Aufhebung einer zeitlichen Begrenzung (allg. Meinung, vgl. *Hüffer* AktG, § 180 Rn. 3; MüKo AktG/*Stein* § 180 Rn. 8 f.). 3

Abw. vom Wortlaut bedürfen Hauptversammlungsbeschlüsse, die aufgrund eines Satzungsvorbehaltes die Nebenverpflichtungen im Rahmen von Satzungsvorgaben nach Maßgabe der §§ 315 ff. AktG konkretisieren, keines Zustimmungsbeschlusses der betroffenen Aktionäre (RGZ 87, 261, 265 f (zur GmbH); KölnKomm AktG/*Zöllner* § 180 Rn. 7 f.; *Hüffer* AktG, § 180 Rn. 4). Damit bedarf selbstverständlich die Aufnahme eines entsprechenden Satzungsvorbehaltes im Wege der Satzungsänderung eines Zustimmungsbeschlusses (KölnKomm AktG/*Zöllner* § 180 Rn. 7; *Hüffer* AktG, § 180 Rn. 4). 4

II. Zustimmung

5 Die Zustimmung aller betroffenen Aktionäre ist als **Willenserklärung gegenüber der Gesellschaft** zu erteilen, und zwar vor, während oder nach der Hauptversammlung (allg. Meinung, vgl. *Hüffer* AktG, § 180 Rn. 8). Da sie **keiner Form** unterliegt, kann sie auch **konkludent** abgegeben werden (RGZ 68, 263, 266; 121, 238, 244). Nach allg. Meinung genügt die Ja-Stimme zum Antrag auf Satzungsänderung. Es genügt jedoch nicht, dass der Aktionär lediglich die Anfechtungsfrist verstreichen lässt, da § 180 AktG ansonsten leer liefe (so auch *Hüffer* AktG, § 180 Rn. 8; a. A. zur eG: RGZ 140, 231, 247). Die Zustimmung ist ein zusätzliches Wirksamkeitserfordernis. Ein Sonderbeschluss i. S. v. § 179 Abs. 3 ist daneben auch dann nicht erforderlich, wenn alle Betroffenen Inhaber einer Aktiengattung sind (MüKo AktG/*Stein* § 180 Rn. 29; KölnKomm AktG/*Zöllner* § 180 Rn. 4; *Hüffer* AktG, § 180 Rn. 8). Solange sich die Betroffenen noch nicht vollständig erklärt haben, ist der Beschluss **schwebend unwirksam**. Verweigert nur ein Betroffener seine Zustimmung, so wird der Beschluss endgültig unwirksam (allg. Meinung, vgl. RGZ 121, 238, 244; *Hüffer* AktG, § 180 Rn. 9). Die Zustimmung kann nicht durch Eintragung in das Handelsregister ersetzt werden. Möglich ist allerdings eine Satzungsbestimmung, nach der die Nebenverpflichtungen nur für die zustimmenden Aktionäre wirksam werden (allg. Meinung, vgl. *Hüffer* AktG, § 180 Rn. 9).

C. Vinkulierung, Abs. 2

6 Eine Vinkulierung, die die Übertragung an die Zustimmung der Gesellschaft bindet, ist nur bei Namensaktien (vgl. § 10 AktG Rn. 3 f.) und Zwischenscheinen (s. § 8 AktG Rn. 7) zulässig. § 180 Abs. 2 AktG betrifft nur die **nachträgliche Vinkulierung**. Ihrem Sinn und Zweck nach gilt die Vorschrift aber auch für den Fall einer **Verschärfung** einer bereits bestehenden Vinkulierung, bspw. durch Streichung eines Zusatzes, wonach das Einverständnis der Gesellschaft nur aus wichtigem Grund verweigert werden darf (MüKo AktG/*Stein* § 180 Rn. 17 f.; GroßkommAktG/*Wiedemann* § 180 Rn. 12; KölnKomm AktG/*Zöllner* § 180 Rn. 11; *Hüffer* AktG, § 180 Rn. 6). Nicht zustimmungsbedürftig sind Beschlüsse, die die Vinkulierung aufheben oder lockern (MüKo AktG/*Stein* § 180 Rn. 22; KölnKomm AktG/*Lutter* § 68 Rn. 25; KölnKomm AktG/*Zöllner* § 180 Rn. 15; *Hüffer* AktG, § 180 Rn. 6). Bei **Kapitalerhöhungen** ist § 180 Abs. 2 AktG zu beachten, wenn die Satzung bis dato keine Vinkulierungsklausel enthält, die neuen Aktien oder Zwischenscheine aber vinkuliert werden sollen; in diesem Falle bedarf es der Zustimmung aller Aktionäre, die aufgrund ihrer Bezugsrechte aus nicht vinkulierten Altaktien neue vinkulierte Aktien erhalten. Die Zustimmung ist indes nicht erforderlich, wenn das Bezugsrecht der Aktionäre ausgeschlossen ist (MüKo AktG/*Stein* § 180 Rn. 23 ff.; *Lutter/Schneider* ZGR 1975, 182, 185 f.; *Hüffer* AktG, § 180 Rn. 7).

7 Zur Natur der Zustimmung vgl. Rn. 5. Auch bei der Vinkulierung ist eine Satzungsbestimmung zulässig, nach welcher die Vinkulierung nur für die zustimmenden Aktionäre wirksam wird (allg. Meinung, vgl. *Hüffer* AktG, § 180 Rn. 9).

§ 181 Eintragung der Satzungsänderung

(1) [1]Der Vorstand hat die Satzungsänderung zur Eintragung in das Handelsregister anzumelden. [2]Der Anmeldung ist der vollständige Wortlaut der Satzung beizufügen; er muß mit der Bescheinigung eines Notars versehen sein, daß die geänderten Bestimmungen der Satzung mit dem Beschluß über die Satzungsänderung und die unveränderten Bestimmungen mit dem zuletzt zum Handelsregister eingereichten vollständigen Wortlaut der Satzung übereinstimmen. [3]Bedarf die Satzungsänderung staatlicher Genehmigung, so ist der Anmeldung die Genehmigungsurkunde beizufügen.

(2) [1]Soweit nicht die Änderung Angaben nach § 39 betrifft, genügt bei der Eintragung die Bezugnahme auf die beim Gericht eingereichten Urkunden. [2]Betrifft eine Änderung Bestim-

mungen, die ihrem Inhalt nach bekanntzumachen sind, so ist auch die Änderung ihrem Inhalt nach bekanntzumachen.

(3) Die Änderung wird erst wirksam, wenn sie in das Handelsregister des Sitzes der Gesellschaft eingetragen worden ist.

Übersicht:

A. Allgemeines

§ 181 AktG regelt die Anmeldung der Satzungsänderung zum Handelsregister sowie ihre Eintragung und Bekanntmachung. Mit der Bestimmung, dass Satzungsänderungen erst mit ihrer Eintragung im Handelsregister wirksam werden, werden die Handelsregister-Kontrolle sowie die Publizität bei Satzungsänderungen sichergestellt. Für bestimmte Fälle der Satzungsänderungen wird § 181 AktG durch weitere Vorschriften ergänzt, so bei Sitzverlegung, Kapitalerhöhungen und Kapitalherabsetzungen. 1

B. Handelsregisteranmeldung, Abs. 1

I. Anmelder

Sämtliche Satzungsänderungen, auch bloße Änderung der Fassung durch den Aufsichtsrat gem. § 179 Abs. 1 S. 2 AktG, bedürfen der Anmeldung zur Eintragung in das Handelsregister. Die Anmeldung obliegt grds. dem **Vorstand**, der im Namen der Gesellschaft handelt (BGHZ 105, 324, 327 f = NJW 1989, 295 zur GmbH; a. A. KGJ 41, 134, 135), aber nicht mit der Firma, sondern mit dem eigenen Namen zeichnet (MüKo AktG/*Stein* § 181 Rn. 9; KölnKomm AktG/*Zöllner* § 181 Rn. 3). Bei **Kapitalerhöhungen oder -herabsetzungen** hat darüber hinaus der **Vorsitzende des Aufsichtsrats** anzumelden (§§ 184 Abs. 1 S. 1, 223 AktG). Die Anmeldung kann durch den Vorstand in vertretungsberechtigter Zahl vorgenommen werden; unechte Gesamtvertretung (§ 78 Abs. 3 S. 1 Alt. 1 AktG) ist möglich (*Hüffer* AktG, § 181 Rn. 4; MüKo AktG/*Stein* § 181 Rn. 11; a. A. *Henn* HdB des AktR, Rn. 478 Fn. 48). Die erforderlichen Erklärungen müssen nicht gleichzeitig, sondern können auch nacheinander abgegeben werden (*Hüffer* AktG, § 181 Rn. 4). Eine **Bevollmächtigung** ist nur möglich, soweit die Anmeldung keine Erklärungen zu enthalten hat, für deren Richtigkeit der Anmelder zivilrechtlich (§§ 46, 48 AktG) oder strafrechtlich (§ 399 AktG) verantwortlich ist (BayObLGZ 1986, 203, 205 f.). Eine Vollmacht bedarf öffentlich-beglaubigter Form (§ 12 Abs. 2 HGB). 2

II. Form und Inhalt der Anmeldung

Gem. § 12 Abs. 1 HGB muss die Anmeldung in öffentlich-beglaubigter Form erfolgen. Grds. genügt zur Anmeldung der beschlossenen Satzungsänderung eine **Bezugnahme auf beigefügte Unterlagen**, insbes. die notarielle Niederschrift des satzungsändernden Hauptversammlungsbeschlusses (allg. Meinung, vgl. *Hüffer* AktG, § 181 Rn. 6). Ob der geänderte Satzungsparagraph angegeben werden muss, ist str. (dagegen h. M., vgl. *Hüffer* AktG, § 181 Rn. 6; dafür OLG Schleswig DNotZ 1973, 482, 483). Soweit Gegenstände des § 39 AktG betroffen sind, muss die Anmeldung 3 den Inhalt der Änderung konkret bezeichnen, ohne dass allerdings die Satzungsänderung wortgetreu wiederzugeben ist (*Hüffer* AktG, § 181 Rn. 6; MüKo AktG/*Stein* § 181 Rn. 21; Münch HdB AG/*Semler* § 39 Rn. 69; vgl. zur GmbH BGH NJW 1987, 3191 f.; a. A. KölnKomm AktG/*Zöllner* § 181 Rn. 9).

III. Urkunden und Nachweise

4 Abs. 1 S. 2 bestimmt, welche Urkunden und Nachweise der Anmeldung beizufügen sind. Die Beifügung des **vollständigen Wortlautes der Satzung** mit Bescheinigung des Notars ist auch bei einer vollständigen Neufassung der Satzung erforderlich (OLG Schleswig DNotZ 1973, 482, 483 zur GmbH; KölnKomm AktG/*Zöllner* § 181 Rn. 16; *Hüffer* AktG, § 181 Rn. 9; a. A. OLG Zweibrücken Rpfleger 1984, 104 f.; OLG Zweibrücken FGPrax 2002, 34).

5 Gem. § 130 Abs. 1 AktG ist weiter die **notarielle Niederschrift über den Hauptversammlungsbeschluss** beizufügen. Ein nur die Satzungsänderung betreffender Auszug genügt nicht. Soweit die Niederschrift bereits zuvor gem. § 130 Abs. 5 AktG eingereicht worden ist, ist eine erneute Beifügung entbehrlich (KölnKomm AktG/*Zöllner* § 181 Rn. 11; MüKo AktG/*Stein* § 181 Rn. 32; *Hüffer* AktG, § 181 Rn. 11). Bei vom Aufsichtsrat beschlossenen **Fassungsänderungen** (§ 179 Abs. 1 S. 2 AktG, vgl. § 179 AktG Rn. 9) ist die Niederschrift der Sitzung, in welcher der Beschluss gefasst wurde, in der nach § 107 Abs. 2 AktG maßgeblichen Form beizufügen und darüber hinaus die Niederschrift des Hauptversammlungsbeschlusses, der den Aufsichtsrat zur Fassungsänderung ermächtigt hat (MüKo AktG/*Stein* § 181 Rn. 33; *Hüffer* AktG, § 181 Rn. 11).

6 Auch etwa erforderliche **Sonderbeschlüsse** gem. §§ 141, 179 Abs. 3 AktG sind in Niederschrift beizufügen, sofern diese nicht schon vorliegt. Erforderliche Zustimmungserklärungen der Aktionäre (vgl. etwa § 180 AktG) sind nachzuweisen, im Falle fehlender Formbedürftikgeit jedoch nicht unbedingt durch Vorlage von Urkunden, insbes. nicht in der Form des § 12 Abs. 1 HGB (*Hüffer* AktG, § 181 Rn. 11; MüKo AktG/*Stein* § 181 Rn. 34 f.; KölnKomm AktG/*Zöllner* § 181 Rn. 14; a. A. RGZ 136, 185, 192 zur GmbH).

7 Bei einer Anmeldung durch Bevollmächtigte ist auch die **Vollmachtsurkunde** in der Form des § 12 Abs. 1 HGB beizufügen (MüKo AktG/*Stein* § 181 Rn. 36).

IV. Zuständiges Gericht

8 Sachlich zuständig für die Handelsregistereintragung ist das Amtsgericht (§ 8 HGB, § 125 Abs. 1 FGG) des satzungsmäßigen Sitzes (§ 14 AktG) der Gesellschaft. Auch eine Sitzverlegung ist beim Gericht des alten Sitzes anzumelden (§ 45 Abs. 1 AktG). Bestehen Zweigniederlassungen, ist die Satzungsänderung dennoch nur beim Gericht des Satzungssitzes anzumelden.

V. Rücknahme der Anmeldung

9 Eine Rücknahme der Anmeldung ist durch den Vorstand bis zur Eintragung jederzeit ohne Angabe von Gründen möglich (MüKo AktG/*Stein* § 181 Rn. 37; *Hüffer* AktG, § 181 Rn. 2).

VI. Anmeldungspflicht

10 Abs. 1 begründet **keine erzwingbare Pflicht** zur Anmeldung von Satzungsänderungen. Allerdings ist der Vorstand aus dem Organverhältnis zur Gesellschaft heraus zur **unverzüglichen** (§ 121 BGB) Anmeldung verpflichtet. Unterlassene oder verspätete Anmeldungen können eine Schadensersatzpflicht nach § 93 AktG sowie u. U. auch die Abberufung nach § 84 Abs. 3 AktG begründen (*Hüffer* AktG, § 181 Rn. 5; MüKo AktG/*Stein* § 181 Rn. 13 f.; GroßkommAktG/*Wiedemann* § 181 Rn. 9; KölnKomm AktG/*Zöllner* § 181 Rn. 25). Die Hauptversammlung kann den Vorstand anweisen, den Beschluss erst zu einem späteren Zeitpunkt anzumelden; dabei darf dem Vorstand kein Ermessen eingeräumt werden (LG Frankfurt/Main AG 1990, 169, 170; *Hüffer* AktG, § 181 Rn. 5). Auch angefochtene Beschlüsse sind anzumelden, wobei der Vorstand das Ge-

richt auf Zweifel an der Rechtmäßigkeit der angemeldeten Beschlüsse hinweisen und mitteilen sollte, ob Klage erhoben worden ist.

C. Eintragung und Bekanntmachung

I. Registerverfahren

Das Registergericht hat die Anmeldung in **formeller und materieller Hinsicht** zu **prüfen** (OLG Karlsruhe EWiR 2002, 739; *Hüffer* AktG, § 181 Rn. 12). Nur bei Satzungsbestimmungen mit Außenwirkung (z. B. Vertretungsmacht der Vorstandsmitglieder) ist die Eintragung unklarer, unrichtiger oder widersprüchlicher Beschlüsse von einer Berichtigung abhängig zu machen (BayObLG WM 1985, 573 zur GmbH; *Baums*, Eintragung und Löschung von Gesellschafterbeschlüssen, 1981, S. 103; *Hüffer* AktG, § 181 Rn. 12). Der **Umfang der materiellen Prüfung** ist strittig. Nach h. M. prüft das Registergericht auf Unwirksamkeit (z. B. aufgrund fehlender Zustimmung, § 180 AktG, fehlenden Sonderbeschlusses, § 179 Abs. 3 AktG, oder fehlender staatlicher Genehmigung) sowie auf Nichtigkeit gem. § 241 AktG (zur Unwirksamkeit vgl. RGZ 136, 185, 192; KGJ 35, A162, 166; zur Nichtigkeit vgl. BayObLGZ 1972, 126, 128 f.; KG JW 1936, 334, 335; OLG Hamburg OLGZ 1984, 307, 310; OLG Köln BB 1982, 579). Ob darüber hinaus auch eine Anfechtbarkeit zu prüfen ist, ist str. (verneinend für die GmbH BayObLGZ 1972, 126, 128 f.; KG JW 1936, 334, 335; OLG Hamburg OLGZ 1984, 307, 310 f.; OLG Köln BB 1982, 579). Nach zutr. Ansicht sind solche Gesetzesverletzungen zu berücksichtigen, durch die Drittinteressen betroffen werden (grundlegend *Lutter* NJW 1969, 1873; GroßkommAktG/*Wiedemann* § 181 Rn. 25; *Hüffer* AktG, § 181 Rn. 14). 11

Die rechtskräftige **Feststellung der Nichtigkeit** (§ 249 Abs. 1 AktG) und die **Nichtigerklärung aufgrund Anfechtungsklage** (§ 248 Abs. 1 S. 1 AktG) entfalten für das Registergericht **Bindungswirkung**. Im Falle einer Klageabweisung gibt es indes keine Bindungswirkung (G/H/E/K/*Hefermehl/Bungeroth* § 181 Rn. 41; *Hüffer* AktG, § 181 Rn. 15). Bei rechtzeitig erhobener Anfechtungs- oder Nichtigkeitsklage setzt das Registergericht nach pflichtgemäßem Ermessen gem. § 127 S. 1 FGG das Eintragungsverfahren aus, wobei die Erfolgsaussichten der Klage und das Interesse der Gesellschaft an einer baldigen Eintragung abzuwägen sind (allg. Meinung, vgl. MüKo AktG/*Hüffer* AktG, § 143 Rn. 126; KölnKomm AktG/*Zöllner* § 181 Rn. 37). Bei Kapitalveränderungsbeschlüssen gibt es darüber hinaus die Möglichkeit des **Freigabeverfahrens** gem. § 246 a AktG (vgl. ausführl. Kommentierung zu § 246 a AktG). 12

Wurde keine Anfechtungs- oder Nichtigkeitsklage erhoben, hat das Registergericht ohne pflichtwidrige Verzögerung über die Anmeldung zu entscheiden. Die Gesellschaft hat bei Ordnungsmäßigkeit und fehlerfreiem Satzungsänderungsbeschluss einen **Anspruch auf Eintragung** (*Hüffer* AktG, § 181 Rn. 16). Liegt ein Teilmangel vor, so ist über die Eintragung des mangelfreien Teils entsprechend § 139 BGB zu entscheiden, wobei i.Zw. die Eintragung insgesamt abzulehnen ist (RGZ 118, 221; 140, 177, jeweils zur Genossenschaft; OLG Hamburg AG 1970, 231). Bei behebbaren Eintragungshindernissen hat das Gericht vor einer Ablehnung durch Zwischenverfügung gem. § 26 S. 2 HRV Abhilfe zu ermöglichen (OLG Hamm NJW 1963, 1554; KGJ 50, 3). 13

Gegen ablehnende Entscheidungen des Registergerichtes sowie gegen Zwischenverfügungen ist die **einfache Beschwerde** nach § 19 Abs. 1 FGG gegeben. Beschwerdeberechtigt ist nach zutr. Auffassung die Gesellschaft, vertreten durch den Vorstand (str.). Die Entscheidung des Beschwerdegerichtes kann mit der **weiteren Beschwerde** gem. § 27 FGG angefochten werden, sofern eine Verletzung des Gesetzes gerügt wird. Gegen ablehnende Entscheidungen des Rechtspflegers ist die **Erinnerung** gem. § 11 RPflG das richtige Rechtsmittel. Die Eintragung selbst ist nicht rechtsmittelfähig (BGHZ 104, 63). 14

II. Inhalt der Eintragung

Bei Satzungsänderungen, die die Angaben nach § 39 AktG betreffen, ist die Satzungsänderung ihrem Inhalt nach einzutragen. Bei allen anderen Änderungen genügt die Eintragung der Sat- 15 zungsänderung unter Bezugnahme auf die bei Gericht eingereichten Unterlagen, ohne dass es einer Nennung des Beschlussgegenstandes bedarf (OLG Celle AG 1989, 205, 211). Allerdings verlangt § 43 Nr. 6 lit. f HRV allgemein die Bezeichnung des Gegenstands der Änderung.

D. Wirkung der Eintragung, Abs. 3

I. Konstitutive Wirkung

16 Die Handelsregister-Eintragung wirkt **konstitutiv**, und zwar sowohl für das Innenrecht der Gesellschaft als auch im Außenverhältnis zu Dritten (BFHE 194, 354, 356; *Hüffer* AktG, § 181 Rn. 24). Für Zweigniederlassungen ist ausschließlich die Eintragung im Handelsregister des Sitzes der Gesellschaft maßgeblich (MüKo AktG/*Stein* § 181 Rn. 70; *Hüffer* AktG, § 181 Rn. 24). Nach ihrer Eintragung im Handelsregister kann eine Satzungsänderung nur durch erneute Satzungsänderung aufgehoben oder abgeändert werden.

II. Rechtslage vor Eintragung

17 Auch schon vor der Eintragung hat der satzungsändernde Beschluss **rechtliche Wirkungen**: Er ist auch gegenüber Aktionären verbindlich, die nach Beschlussfassung, aber vor Eintragung Aktien erwerben. Soweit die Satzungsänderung eine Grundlage für entsprechende Ausführungsbeschlüsse bildet, so werden diese, soweit bereits vor Eintragung gefasst, erst mit der Eintragung der Satzungsänderung wirksam (MüKo AktG/*Stein* § 181 Rn. 71 f m. w. N.; *Hüffer* AktG, § 181 Rn. 25).

III. Fehlerhafte Eintragung

1. Wirkung von Mängeln

a) Mängel des Satzungsänderungsbeschlusses

18 Die Eintragung im Handelsregister **heilt** nach h. M. gem. § 242 AktG Beurkundungsmängel des Satzungsänderungsbeschlusses unmittelbar und Einberufungs- sowie Inhaltsmängel nach Ablauf einer Frist von drei Jahren (*Hüffer* AktG, § 181 Rn. 27; a. A. *Säcker* FS Stimpel 1985, 884; vgl. auch BGHZ 99, 216 f.). Für die in § 242 Abs. 2 S. 1 AktG genannten Nichtigkeitsgründe bleibt dennoch die Möglichkeit einer Amtslöschung nach § 144 Abs. 2 FGG (vgl. § 242 AktG Rn. 3 ff.). Auch auf unwirksame Beschlüsse ist § 242 AktG entsprechend anwendbar (OLG Hamburg AG 1970, 231; *Hüffer* AktG, § 181 Rn. 27).

b) Mängel des Eintragungsverfahrens

19 Ein **Fehlen der Anmeldung** kann nicht durch Eintragung geheilt werden (h. M., vgl. RGZ 132, 22, 25 zur Genossenschaft; MüKo AktG/*Stein* § 181 Rn. 80; *Hüffer* AktG, § 181 Rn. 28; a. A. *Baums*, Eintragung und Löschung von Gesellschafterbeschlüssen, 1981, S. 33 f.). Trägt das Registergericht **etwas anderes** ein als angemeldet, wird die Satzungsänderung ebenfalls nicht wirksam (*Hüffer* AktG, § 181 Rn. 28; a. A. MüKo AktG/*Stein* § 181 Rn. 90). Ist die Eintragung nur teilweise richtig, so wird der Beschluss insoweit wirksam, wenn der richtig eingetragene Beschlussteil getrennt anmeldefähig ist und anzunehmen ist, dass Teilwirksamkeit von der Gesellschaft gewollt und rechtlich möglich ist (*Hüffer* AktG, § 181 Rn. 28; vgl. auch RGZ 132, 26). Fehlt der Anmeldung lediglich der Wortlaut der Satzung oder ist dieser unrichtig oder fehlt die Notarbescheinigung nach Abs. 1 S. 2, so wird der satzungsändernde Hauptversammlungsbeschluss dennoch gem. Abs. 3 mit Eintragung wirksam. **Formmängel** der Anmeldung (§ 12 HGB) oder der Vollmacht zur Anmeldung berühren die Wirkung des Abs. 3 nicht (MüKo AktG/*Stein* § 181 Rn. 91; *Hüffer* AktG, § 181 Rn. 28; *Baums*, Eintragung und Löschung von Gesellschafterbeschlüssen, 1981, 231).

2. Löschung

20 Eine fehlerhafte Eintragung der Satzungsänderung kann nur unter den eingeschränkten Voraussetzungen der §§ 142 Abs. 1, 144 Abs. 2 FGG gelöscht werden. Die Löschung erfolgt von Amts

wegen (*Hüffer* AktG, § 181 Rn. 29). Schreibfehler und ähnliche offenbare Unrichtigkeiten können gem. § 17 Abs. 2 HRV berichtigt werden. Sofern ein Gericht trotz erhobener Nichtigkeits- oder Anfechtungsklage die Satzungsänderung eingetragen hat (vgl. insbes. die Fälle des § 246 a AktG) und durch Urteil die Nichtigkeit oder Unwirksamkeit festgesellt wird, so wird die Eintragung der Satzungsänderung nicht gelöscht, sondern ergänzend gem. §§ 248 Abs. 1 S. 3, 249 Abs. 1 S. 1 AktG das Urteil in das Handelsregister eingetragen.

Gem. § 144 Abs. 2 FGG können nichtige Satzungsänderungen gelöscht werden, wenn sie durch ihren Inhalt zwingende gesetzliche Vorschriften verletzen und ihre Beseitigung im öffentlichen Interesse erforderlich erscheint. Diese Regelung bezieht sich auf den Inhalt der Satzungsbestimmung; bloße Verfahrensverstöße genügen nicht (OLG Hamm OLGZ 1979, 313, 317). Strittig ist, ob das Gericht einen Ermessenspielraum hat (MüKo AktG/*Hüffer* AktG, § 241 Rn. 80; *Hüffer* AktG, § 181 Rn. 30; ablehnend: *Baums*, Eintragung und Löschung von Gesellschafterbeschlüssen, 116 f.). Soweit § 144 Abs. 2 FGG als lex specialis nicht anwendbar ist, kommt eine Löschung gem. § 142 Abs. 1 FGG in Betracht (MüKo AktG/*Hüffer* AktG, § 141 Rn. 38 m. w. N.; *Hüffer* AktG, § 181 Rn. 31). § 142 Abs. 1 FGG ist damit bei Mängeln des Registerverfahrens anwendbar, und zwar bei Verstoß gegen wesentliche Verfahrenserfordernisse (i. E. str.). **21**

Zweiter Abschnitt.
Maßnahmen der Kapitalbeschaffung

Erster Unterabschnitt.
Kapitalerhöhung gegen Einlagen

§ 182 Voraussetzungen

(1) [1]Eine Erhöhung des Grundkapitals gegen Einlagen kann nur mit einer Mehrheit beschlossen werden, die mindestens drei Viertel des bei der Beschlußfassung vertretenen Grundkapitals umfaßt. Die Satzung kann eine andere Kapitalmehrheit, für die Ausgabe von Vorzugsaktien ohne Stimmrecht jedoch nur eine größere Kapitalmehrheit bestimmen. [2]Sie kann weitere Erfordernisse aufstellen. [3]Die Kapitalerhöhung kann nur durch Ausgabe neuer Aktien ausgeführt werden. [4]Bei Gesellschaften mit Stückaktien muß sich die Zahl der Aktien in demselben Verhältnis wie das Grundkapital erhöhen.

(2) [1]Sind mehrere Gattungen von stimmberechtigten Aktien vorhanden, so bedarf der Beschluß der Hauptversammlung zu seiner Wirksamkeit der Zustimmung der Aktionäre jeder Gattung. [2]Über die Zustimmung haben die Aktionäre jeder Gattung einen Sonderbeschluß zu fassen. [3]Für diesen gilt Absatz 1.

(3) Sollen die neuen Aktien für einen höheren Betrag als den geringsten Ausgabebetrag ausgegeben werden, so ist der Mindestbetrag, unter dem sie nicht ausgegeben werden sollen, im Beschluß über die Erhöhung des Grundkapitals festzusetzen.

(4) [1]Das Grundkapital soll nicht erhöht werden, solange ausstehende Einlagen auf das bisherige Grundkapital noch erlangt werden können. [2]Für Versicherungsgesellschaften kann die Satzung etwas anderes bestimmen. [3]Stehen Einlagen in verhältnismäßig unerheblichem Umfang aus, so hindert dies die Erhöhung des Grundkapitals nicht.

Übersicht:

A. Regelungsgegenstand und -zweck

1 § 182 AktG bestimmt die grds. Voraussetzungen der **Kapitalerhöhung gegen Einlagen**. Das AktG regelt daneben drei weitere Formen der Kapitalerhöhung, nämlich die bedingte Kapitalerhöhung (§ 192 ff. AktG), die Kapitalerhöhung aus genehmigtem Kapital (§ 202 ff. AktG) und die Kapitalerhöhung aus Gesellschaftsmitteln (§ 207 ff. AktG), von denen allerdings die bedingte Kapitalerhöhung und die Kapitalerhöhung aus genehmigtem Kapital auch mit einem Mittelzufluss einhergeht, so dass der Begriff der Kapitalerhöhung gegen Einlagen in seiner Abgrenzung teilweise irreführend ist.

2 Die Kapitalerhöhung gegen Einlagen stellt eine **Satzungsänderung** dar und bedarf daher eines Beschlusses der Hauptversammlung gem. § 179 Abs. 1 S. 1 AktG. §§ 179 bis 181 AktG sind anwendbar, soweit sich nicht aus §§ 182 ff. AktG abweichende Regelungen ergeben. Nicht anwendbar ist damit insbes. § 179 Abs. 2 AktG, der von § 182 Abs. 1 S. 1 bis 3 AktG verdrängt wird (MüKo AktG/*Peifer* § 182 Rn. 6; *Hüffer* AktG, § 182 Rn. 3). Für das Verfahren der Kapitalerhöhung ist zwischen dem **Kapitalerhöhungsbeschluss** (§§ 182 ff. AktG) und seiner **Durchführung** (§ 185 ff. AktG) zu unterscheiden. Die mit der Kapitalerhöhung verbundene Satzungsänderung wird erst mit Durchführung des Kapitalerhöhungsbeschlusses wirksam (§ 189 AktG).

B. Kapitalerhöhungsbeschluss, Abs. 1

I. Vorbereitung

3 Der Kapitalerhöhungsbeschluss ist gem. § 124 Abs. 2 AktG in der Tagesordnung in seinem **vollen Wortlaut bekannt zu machen**. Im Falle der Kapitalerhöhung gegen Sacheinlagen sind weitergehende Angaben erforderlich (§ 183 Abs. 1 S. 2 AktG). Auch ein beabsichtigter Bezugsrechtsausschluss ist in der Tagesordnung bekannt zu machen (§ 186 Abs. 4 S. 1 AktG) und zu begründen (§ 186 Abs. 4 S. 2 AktG).

II. Mehrheitserfordernisse

4 Der Kapitalerhöhungsbeschluss bedarf einer **Kapitalmehrheit von $^3/_4$** des bei der Beschlussfassung vertretenen Grundkapitals. Daneben ist auch die einfache Stimmenmehrheit des § 133 Abs. 1 AktG erforderlich (*Hüffer* AktG, § 182 Rn. 7; KölnKomm AktG/*Lutter* § 182 Rn. 4 ff.; MüKo AktG/*Peifer* § 182 Rn. 15). Für die Berechnung der Kapitalmehrheit gelten die gleichen Grundsätze wie für § 179 Abs. 2 S. 1 AktG (vgl. § 179 AktG Rn. 13).

5 Die Satzung kann gem. ausdrücklicher Regelung in Abs. 1 S. 2 eine **andere Kapitalmehrheit** bestimmen, nicht jedoch auf die einfache Stimmenmehrheit des § 133 Abs. 1 AktG verzichten. Mit Ausnahme der Ausgabe von Vorzugsaktien, für die nur eine größere Kapitalmehrheit zulässig ist, kann sowohl eine größere als auch eine geringere Kapitalmehrheit festgesetzt werden. Umfang und Grenzen der Satzungsautonomie bestimmen sich nach denselben Grundsätzen wie zu § 179 Abs. 2 S. 2 AktG (vgl. § 179 AktG Rn. 15 ff.).

Daneben kann die Wirksamkeit des Kapitalerhöhungsbeschlusses von weiteren Erfordernissen abhängen. Diese können sich aus dem Gesetz ergeben (z. B. § 182 Abs. 2 AktG), aber auch durch die Satzung bestimmt sein (vgl. hierzu § 179 AktG Rn. 18). 6

1. Kapitalerhöhungsbetrag

Aus § 23 Abs. 3 Nr. 3 AktG folgt, dass die Kapitalerhöhung bei Anmeldung ihrer Durchführung (§ 188 Abs. 1 AktG) auf einen **bestimmten Betrag** lauten muss. Im Kapitalerhöhungsbeschluss selbst genügt indes die Angabe eines **Mindest- und Höchstbetrages** oder die Angabe nur eines Höchstbetrages (RGZ 55, 68; 85, 207 (zur GmbH); OLG Hamburg AG 2000, 327; LG Hamburg AG 1995, 93; 1999, 239 f.; *Hüffer* AktG, § 182 Rn. 12; MüKo AktG/*Peifer* § 182 Rn. 36; MünchHdb GesR IV/*Krieger* § 56 Rn. 23). Ist sicher, dass sämtliche neuen Aktien gezeichnet werden, so kommt auch die Festsetzung eines bestimmten Kapitalerhöhungsbetrages in Betracht. Zu beachten ist, dass die Durchführung der Kapitalerhöhung nur eingetragen wird, wenn das Zeichnungsergebnis sich mit dem im Beschluss angegebenen Betrag deckt (RGZ 55, 67 f.) oder in die Bandbreite fällt (*Hüffer* AktG, § 182 Rn. 12). Lautet der Beschluss auf einen bestimmten Kapitalerhöhungsbetrag, ist dies i.Zw. bindend und nicht als Höchstbetrag auszulegen (KGJ 14, 23 f.; KGJ 29, A 103 zur GmbH). Bei Festsetzung eines Mindest- oder Höchstbetrages durch die Hauptversammlung ist im Erhöhungsbeschluss ein genau bestimmter und eng zu begrenzender **Zeitraum festzulegen**, in dem die Zeichnungen vorgenommen werden können (KGJ 14, 19, 25 f.; LG Hamburg AG 1995, 92, 93; *Hüffer* AktG, § 182 Rn. 12; KölnKomm AktG/*Lutter* § 182 Rn. 17; MüKo AktG/*Peifer* § 182 Rn. 37; GroßkommAktG/*Wiedemann* § 182 Rn. 56). Ist die Durchführungsfrist so großzügig bemessen, dass die Grenze zum genehmigten Kapital überschritten wird, ist der Beschluss nach § 241 Nr. 3 AktG **nichtig** (KölnKomm AktG/*Lutter* § 182 Rn. 17; MüKo AktG/*Peifer* § 182 Rn. 38; *Netter* JW 1930, 3692, 3695; vgl. auch § 241 AktG Rn. 15 ff.). Ist die Frist lediglich zu lang, kann der Beschluss angefochten werden (RGZ 143, 20, 23 ff.; 144, 138, 143). 7

2. Form, Art und Gattung der Aktien

Die Kapitalerhöhung gegen Einlagen kann nur durch **Ausgabe neuer Aktien** ausgeführt werden. Auch bei Nennbetragsaktien kann eine Kapitalerhöhung damit nicht durch Erhöhung der Nennbeträge erfolgen (*Hüffer* AktG, § 182 Rn. 6). Bei Stückaktien sind so viele Aktien auszugeben, dass der rechnerische Nennwert unverändert bleibt. Ein Verstoß gegen § 182 Abs. 1 S. 4, 5 AktG führt zur Anfechtbarkeit des Kapitalerhöhungsbeschlusses (*Hüffer* AktG, § 182 Rn. 17; KölnKomm AktG/*Lutter* § 182 Rn. 18; MüKo AktG/*Peifer* § 182 Rn. 39). 8

Der Kapitalerhöhungsbeschluss hat des Weiteren **Angaben zu Form, Art und Gattung** der Aktien zu enthalten. Sieht die Satzung Nennbetragsaktien vor, sind auch junge Aktien notwendig Nennbetragsaktien, da Nennbetrags- und Stückaktien nur alternativ denkbar sind (vgl. § 8 AktG Rn. 1). Im Erhöhungsbeschluss muss daher grds. nichts hierzu bestimmt werden; festzulegen ist indes im Falle von Nennbetragsaktien der Betrag der neuen Aktien, sofern die Satzung nicht auch ihren Nennbetrag bereits bestimmt (*Hüffer* AktG, § 182 Rn. 13; MüKo AktG/*Peifer* § 182 Rn. 39; MünchHdb GesR IV/*Krieger* § 56 Rn. 24). Im Falle von Stückaktien muss der auf die einzelne Aktie entfallende anteilige Betrag des Grundkapitals nicht ausgewiesen werden; anzugeben ist jedoch wegen § 182 Abs. 1 S. 5 AktG die Zahl der neuen Aktien (*Hüffer* AktG, § 182 Rn. 13 a). Im Beschluss ist des Weiteren festzulegen, ob die neuen Aktien auf den Inhaber oder den Namen (§ 10 Abs. 1, 2 AktG; zur Abgrenzung vgl. § 10 AktG Rn. 2 ff.) lauten, wenn nicht bereits die Satzung die Art der neuen Aktien regelt (*Hüffer* AktG, § 182 Rn. 13; MüKo AktG/*Peifer* § 182 Rn. 42; MünchHdb GesR IV/*Krieger* § 56 Rn. 24). Bei Vorhandensein verschiedener Aktiengattungen muss der Kapitalerhöhungsbeschluss die neuen Aktien den Gattungen zuordnen, und zwar unter Angabe von Zahl und Nennbetrag. Bei Begründung einer neuen Gattung müssen auch die gattungsbestimmenden Rechte und Pflichten beschrieben werden (*Hüffer* AktG, § 182 Rn. 13; MüKo AktG/*Peifer* § 182 Rn. 43; MünchHdb GesR IV/*Krieger* § 56 Rn. 24). 9

3. Weiterer Inhalt

10 Weiterer **zwingender** Inhalt des Kapitalerhöhungsbeschlusses ergibt sich aus § 182 Abs. 3 AktG (Festsetzung des Mindestbetrages bei Über-pari-Emission), § 183 Abs. 1 S. 1 AktG (Kapitalerhöhung gegen Sacheinlagen), § 186 Abs. 3 S. 1 AktG (Ausschluss des Bezugsrechts) und § 186 Abs. 5 S. 1 AktG (Ersetzung des Bezugsrechts durch ein mittelbares Bezugsrecht).

4. Fakultativer Inhalt

11 Die Hauptversammlung kann im Kapitalerhöhungsbeschluss weitere Einzelheiten der Durchführung der Kapitalerhöhung bestimmen, z. B. eine **Frist zur Durchführung** der Kapitalerhöhung, ohne die die Kapitalerhöhung unverzüglich i. S. v. § 121 Abs. 1 S. 1 BGB durchzuführen ist (RGZ 144, 138, 141 f.), die in § 185 Abs. 1 Nr. 4 AktG vorgeschriebene **Verfallfrist** (MünchHdb GesR IV/*Krieger* § 56 Rn. 31), den Zeitpunkt, zu dem der Teil der **Einlage fällig** wird, der nicht gem. § 188 Abs. 2 S. 1 AktG vor Anmeldung zum Handelsregister zu zahlen ist (MünchHdb GesR IV/*Krieger* § 56 Rn. 32; KölnKomm AktG/*Lutter* § 182 Rn. 30; a. A. *Hüffer* AktG, § 182 Rn. 14), oder einen höheren Einzahlungsbetrag als den gesetzlichen Mindestbetrag (§§ 188 Abs. 2 S. 1, 36 Abs. 2, 36 a Abs. 1 AktG).

12 Ferner kann der **Beginn der Gewinnberechtigung** vorgezogen werden, und zwar auf den Beginn des laufenden Geschäftsjahres (KölnKomm AktG/*Lutter* § 182 Rn. 31; MüKo AktG/*Peifer* § 182 Rn. 57; *Hüffer* AktG, § 182 Rn. 15; MünchHdb GesR IV/*Krieger* § 56 Rn. 29) sowie auch auf den **Beginn einer früheren Periode**, solange noch nicht über die Gewinnverwendung gem. § 174 AktG beschlossen ist (str.; vgl. *Hüffer* AktG, § 182 Rn. 15). Ohne entsprechende Angabe werden die neuen Aktien anlog § 60 Abs. 2 S. 3 AktG zeitanteilig am Gewinn beteiligt (*Hüffer* AktG, § 182 Rn. 15).

13 Zur Vereinfachung der Durchführung kann der Aufsichtsrat im Erhöhungsbeschluss zur Änderung der Fassung der Satzung gem. § 179 Abs. 1 S. 2 AktG ermächtigt werden. Ohne entsprechende Ermächtigung hat die Hauptversammlung die Satzung durch Beschluss gem. § 179 AktG anzupassen (*Hüffer* AktG, § 182 Rn. 15; a. A. MünchHdb GesR IV/*Krieger* § 56 Rn. 33).

III. Aufhebung und Änderung

14 Der Kapitalerhöhungsbeschluss kann bis zu seinem Wirksamwerden (§ 184 AktG) durch einfachen **Mehrheitsbeschluss** aufgehoben werden. Nach zutr. Auffassung kann er auch danach bis zur Eintragung der Durchführung (§ 189 AktG) durch einfachen Mehrheitsbeschluss aufgehoben werden (MüKo AktG/*Peifer* § 182 Rn. 30; wohl auch *Baumbach/Hueck* § 182 Rn. 4; a. A. (Mehrheit entspr. § 222 Abs. 1 AktG): *Hüffer* AktG, § 182 Rn. 16; KölnKomm AktG/*Lutter* § 184 Rn. 4 und § 189 Rn. 3; MünchHdb GesR IV/*Krieger* § 56 Rn. 56). Der spätere Beschluss gegenläufiger Kapitalmaßnahmen sowie Beschlüsse, die die Grundlagen der Gesellschaft ändern (z. B. Auflösung, Verschmelzung) beinhaltet i.Zw. eine konkludente Aufhebung des Erhöhungsbeschlusses (*Hüffer* AktG, § 182 Rn. 16 m. w. N.). **Nach Wirksamwerden** der Kapitalerhöhung (§ 189 AktG) ist eine Änderung des Beschlusses nicht mehr möglich. Aufhebungs- und Änderungsbeschlüsse können gegenüber Zeichnern eine Schadensersatzpflicht entsprechend § 122 BGB begründen (MüKo AktG/*Peifer* § 182 Rn. 33; *Hüffer* AktG, § 182 Rn. 16).

IV. Fehlerhaftigkeit

15 Nichtigkeit (§ 241 AktG) und Anfechtbarkeit (§§ 255 Abs. 1, 243 AktG) des Kapitalerhöhungsbeschlusses bei Verstößen gegen Gesetz oder Satzung regeln sich nach den gesetzlichen Vorschriften (vgl. ausführl. Kommentierung zu § 241 AktG bzw. §§ 255, 243 AktG).

C. Sonderbeschluss, Abs. 2

16 Sind verschiedene Gattungen von Aktien (§ 11 AktG, vgl. dort Rn. 2 ff.) vorhanden, so bedarf der Kapitalerhöhungsbeschluss der Hauptversammlung zu seiner Wirksamkeit gem. Abs. 2 – auch

im Falle der Einstimmigkeit – der **Zustimmung der Aktionäre** jeder Gattung in Form jeweils eines Sonderbeschlusses (MüKo AktG/*Peifer* § 182 Rn. 22; KölnKomm AktG/*Lutter* § 182 Rn. 10; MünchHdb GesR IV/*Krieger* § 56 Rn. 15; *Hüffer* AktG, § 182 Rn. 18; vgl. auch RGZ 148, 175, 179 f.; zweifelnd *Werner* AG 1971, 69, 74 Fn. 34). Auf Vorzugsaktien ohne Stimmrecht i. S. d. §§ 139 ff. AktG ist § 182 Abs. 2 AktG nicht anwendbar, da der Sonderbeschluss nur für den Fall des Vorhandenseins mehrerer Gattungen stimmberechtigter Aktien vorgesehen ist (vgl. auch FraktionsBegr. BT-Drs. 12/6721, 10; vgl. zum früheren Recht OLG Frankfurt DB 1993, 272, 273; LG Frankfurt/Main AG 1991, 405, 406). Das Erfordernis einer Sonderbeschlussfassung ergibt sich i. d. R. jedoch aus § 141 AktG.

Das **Verfahren für den Sonderbeschluss** ergibt sich aus § 138 AktG. Der Sonderbeschluss bedarf gem. § 182 Abs. 2 S. 3 i. V. m. Abs. 1 S. 1 AktG einer **Kapitalmehrheit von ¾** und zusätzlich gem. §§ 138 S. 2 i. V. m. 133 Abs. 1 AktG der **(einfachen) Mehrheit** der abgegebenen Stimmen. Die Satzung kann nach § 182 Abs. 2 S. 3 i. V. m. Abs. 1 S. 2 auch für den Sonderbeschluss eine andere Mehrheit oder weitere Erfordernisse festsetzen; diese können auch von den Erfordernissen für den eigentlichen Kapitalerhöhungsbeschluss abweichen. Bestimmt die Satzung nur für den Kapitalerhöhungsbeschluss eine von § 182 Abs. 1 S. 1 AktG abweichende Mehrheit oder weitere Erfordernisse, so gelten diese Bestimmungen i.Zw. auch für den Sonderbeschluss (MüKo AktG/*Peifer* § 182 Rn. 26; KölnKomm AktG/*Lutter* § 182 Rn. 10; *Hüffer* AktG, § 182 Rn. 20). 17

Der Sonderbeschluss ist ein **zusätzliches Wirksamkeitserfordernis** (RGZ 148, 175, 186 f.). Ohne Sonderbeschluss ist der Kapitalerhöhungsbeschluss schwebend unwirksam (allg. Meinung, vgl. *Hüffer* AktG, § 182 Rn. 21). Trägt das Registergericht den Kapitalerhöhungsbeschluss dennoch ein, so kann der Sonderbeschluss nachgeholt werden. Auch kommt eine Heilung anlog § 242 Abs. 2 AktG in Betracht (MüKo AktG/*Peifer* § 182 Rn. 27; *Hüffer* AktG, § 182 Rn. 21). Ein Sonderbeschluss, der die Zustimmung verweigert, führt zur endgültigen Unwirksamkeit des Erhöhungsbeschlusses. Auf einen fehlerhaften Sonderbeschluss finden über § 138 S. 2 AktG die §§ 241 ff. AktG entsprechende Anwendung, so dass er selbstständiger Gegenstand einer Nichtigkeits- oder Anfechtungsklage ist (*Hüffer* AktG, § 182 Rn. 21). 18

D. Ausgabebetrag, Abs. 3

I. Bestimmung des Ausgabebetrages durch die Hauptversammlung

Abs. 3 verlangt für die **Über-pari-Emission** (vgl. § 9 AktG Rn. 7) die Angabe des Mindestausgabebetrages. Wird der Ausgabebetrag, was ebenfalls zulässig ist, konkret bestimmt, so ist die Verwaltung hieran gebunden (allg. Meinung, vgl. RG JW 1929, 1745; KölnKomm AktG/*Lutter* § 182 Rn. 23 m. w. N.; *Hüffer* AktG, § 182 Rn. 22). Nach allg. Meinung kann die Vorgabe eines Mindestbetrages auch mit der Vorgabe eines Höchstbetrages verbunden werden. Unzulässig ist lediglich, die Verwaltung ohne Angabe eines Mindestbetrages zur Über-pari-Emission zu verpflichten; ein entsprechender Beschluss führt zur Anfechtbarkeit nach § 255 Abs. 1 AktG (RGZ 143, 23 f.; 144, 142 f.; *Hüffer* AktG, § 182 Rn. 22; *Klette* DB 1968, 2264; a. A. MüKo AktG/*Peifer* § 182 Rn. 51 ff.). 19

Die Hauptversammlung ist in der Bestimmung der Höhe des Ausgabebetrages grds. frei (zu den maßgeblichen Bestimmungsfaktoren vgl. *Sommerschuh* AG 1966, 354 ff.). Junge Aktien dürfen jedoch nicht für weniger als den geringsten Ausgabebetrag i. S. d. § 9 Abs. 1 AktG ausgegeben werden (OLG Hamburg AG 2000, 326, 327). Ein Verstoß gegen das Verbot der Unter-pari-Emission führt zur Nichtigkeit des Kapitalerhöhungsbeschlusses nach § 243 Nr. 3 AktG (allg. Meinung, vgl. *Hüffer* AktG, § 182 Rn. 23; s. auch § 9 AktG Rn. 2 ff., insbes. Rn. 6). Ist der Ausgabebetrag unangemessen niedrig, so führt dies im Zusammenhang mit einem Ausschluss des Bezugsrechts (§ 186 Abs. 2 AktG) jedoch zur Anfechtbarkeit nach § 255 Abs. 2 AktG. Daraus ergibt sich, dass bei einem Ausschluss des Bezugsrechts die Aktien nicht unter Wert ausgegeben werden dürfen (BGHZ 71, 40, 51; *Zöllner* ZGR 1986, 288, 303). 20

II. Konkretisierung durch die Verwaltung

21 Hat die Hauptversammlung nur einen **Mindestausgabebetrag** (ggf. begrenzt durch einen Höchstausgabebetrag) festgesetzt, so bestimmt die Verwaltung in den vorgegebenen Grenzen den konkreten Ausgabebetrag nach pflichtgemäßem Ermessen, arg. §§ 188 Abs. 2, 36 Abs. 2, 36 a Abs. 1 AktG (G/H/E/K/*Hefermehl/Bungeroth* § 182 Rn. 71; KölnKomm AktG/*Lutter* § 182 Rn. 24; MünchHdb GesR IV/*Krieger* § 56 Rn. 25; *Klette* DB 1968, 2206; *Hüffer* AktG, § 182 Rn. 24). Die Zuständigkeit liegt grds. beim **Vorstand**, soweit nicht die Hauptversammlung die Befugnis auf den Aufsichtsrat oder auf Vorstand und Aufsichtsrat überträgt (RGZ 144, 143; KölnKomm AktG/*Lutter* § 182 Rn. 24; *Hüffer* AktG, § 182 Rn. 24; MüKo AktG/*Peifer* § 182 Rn. 48, der allerdings die Übertragung allein auf den Aufsichtsrat für unzulässig hält). Spätestens mit Beginn der Zeichnungsfrist muss der konkrete Ausgabebetrag feststehen (arg. § 185 Abs. 1 S. 3 Nr. 2 AktG).

22 Sieht der Kapitalerhöhungsbeschluss überhaupt keinen Ausgabebetrag vor, so ist entgegen der Rechtsprechung danach zu differenzieren, ob den Aktionären ein (unmittelbares oder mittelbares) **Bezugsrecht zusteht** oder dieses ausgeschlossen ist: Steht den Aktionären ein Bezugsrecht zu, so muss die Verwaltung die neuen Aktien zum Nennbetrag bzw. zum anteiligen Betrag des Grundkapitals ausgeben; ist das Bezugsrecht ausgeschlossen, so ist sie, um die Aktionäre vor Verwässerung zu schützen, verpflichtet, zum tatsächlichen Wert der Aktie auszugeben und damit – wo möglich – über pari (so zutr. *Hüffer* AktG, § 182 Rn. 25; GroßkommAktG/*Wiedemann* § 182 Rn. 68 f.; KölnKomm AktG/*Zöllner* § 255 Rn. 12; MünchHdb GesR IV/*Krieger* § 56 Rn. 25; vgl. zur Rechtsfolge der Schadensersatzpflicht bei Ausgabe zu pari, obwohl Über-pari-Emission zulässig und möglich wäre, KölnKomm AktG/*Lutter* § 182 Rn. 27; *Klette* BB 1968, 1101, 1103 ff.). Die Rechtsprechung und Teile der Literatur nehmen demgegenüber an, die Verwaltung sei generell verpflichtet, junge Aktien zu pari auszugeben, wenn der Hauptversammlungsbeschluss keinen Ausgabebetrag vorgibt (RGZ 143, 23; 144, 142 f.; BGHZ 33, 178). Nach a. A. soll die Verwaltung berechtigt und verpflichtet sein, neue Aktien über pari auszugeben (*Klette* DB 1968, 2207 und 2261 ff.; MüKo AktG/*Peifer* § 182 Rn. 54).

E. Ausschluss der Kapitalerhöhung bei ausstehenden Einlagen, Abs. 4

23 Gem. Abs. 4 soll das Grundkapital nicht erhöht werden, solange ausstehende Einlagen auf das bisherige Grundkapital noch erreicht werden können. Denn in diesem Fall besteht kein Bedürfnis für eine Kapitalerhöhung. Der Begriff der Einlagen bezieht sich sowohl auf Bar- als auch auf Sacheinlagen (*Hüffer* AktG, § 182 Rn. 26; MüKo AktG/*Peifer* § 182 Rn. 59). Die Einlagen müssen **noch erlangt werden** können. Dabei ist der Versuch der Zwangsvollstreckung entbehrlich, wenn bereits feststeht, das die Zwangsvollstreckung zwecklos wäre (KölnKomm AktG/*Lutter* § 182 Rn. 37; *Hüffer* AktG, § 182 Rn. 27). Die Voraussetzung muss bei kaduzierten Aktien auch bei sämtlichen Vormännern i. S. d. § 65 AktG vorliegen (*Hüffer* AktG, § 182 Rn. 27). Sacheinlagen können nicht erlangt werden, wenn sie untergegangen sind und ein Ersatzanspruch nicht besteht oder ebenfalls nicht realisierbar ist (allg. Meinung, vgl. auch *Hüffer* AktG, § 182 Rn. 27). Nach h. M. können aber solche Einlagen i. S. d. Abs. 4 S. 1 »erlangt« werden, die noch nicht fällig sind (h. M., vgl. KölnKomm AktG/*Lutter* § 182 Rn. 37; *Hüffer* AktG, § 182 Rn. 27; a. A. MünchHdb GesR IV/*Krieger* § 56 Rn. 4). Aus eigenen Aktien steht der Gesellschaft zwar kein Einlagenanspruch zu (§ 71 b AktG); doch ist Abs. 4 entsprechend anwendbar, weil die Gesellschaft ihre eigenen Aktien veräußern und damit Eigenmittel erwerben kann (G/H/E/K/*Hefermehl/Bungeroth* § 182 Rn. 87; KölnKomm AktG/*Lutter* § 182 Rn. 35; *Hüffer* AktG, § 182 Rn. 27).

24 Es handelt sich jedoch um eine bloße **Sollvorschrift**, so dass der Verstoß nicht zur Nichtigkeit des Kapitalerhöhungsbeschlusses führt. Nach h. M. führt ein Verstoß auch nicht zur Anfechtbarkeit (KölnKomm AktG/*Lutter* § 182 Rn. 40; KölnKomm AktG/*Zöllner* § 243 Rn. 63; MünchHdb GesR IV/*Krieger* § 56 Rn. 6; a. A. *Hüffer* AktG, § 182 Rn. 29; MüKo AktG/*Peifer* § 182 Rn. 59). Im Übrigen hat das Registergericht im Falle eines Verstoßes gegen Abs. 4 S. 1 die Eintragung des Kapitalerhöhungsbeschlusses nach § 184 AktG **abzulehnen**. Maßgeblich für die Prüfung ist der Zeit-

punkt der Eintragung, so dass nach Anmeldung geleistete Einlagen zu berücksichtigen sind (*Hüffer* AktG, § 182 Rn. 30; *Lutter* NJW 1969, 1878). Wird der Erhöhungsbeschluss entgegen § 182 Abs. 4 S. 1 AktG eingetragen und stellt sich danach ein Verstoß heraus, so ist die Eintragung der Durchführung der Kapitalerhöhung gem. § 188 AktG abzulehnen. Erfolgt die Eintragung gleichwohl, ist die Kapitalerhöhung aber wirksam (allg. Meinung, vgl. *Hüffer* AktG, § 182 Rn. 30; einschränkend KölnKomm AktG/*Lutter* § 182 Rn. 42).

Stehen Aktien nur in verhältnismäßig **unerheblichem Umfang** aus, so kann ausnahmsweise dennoch eine Kapitalerhöhung beschlossen werden (Abs. 4 S. 3). Ob das Verhältnis der außenstehenden Einlagen zum satzungsmäßigen Grundkapital oder zur Summe der bis dato auf das Grundkapital geleisteten Einlagen maßgeblich ist, ist strittig (für Maßgeblichkeit des satzungsmäßigen Grundkapitals: MüKo AktG/*Peifer* § 182 Rn. 65; MünchHdb GesR IV/*Krieger* § 56 Rn. 5; für Maßgeblichkeit der geleisteten Einlagen: *Hüffer* AktG, § 182 Rn. 28; KölnKomm AktG/*Lutter* § 182 Rn. 38). Richtig ist die erstgenannte Auffassung, da sich die Frage, in welchem Umfange Einlagen ausstehen, grds. nach den vorhanden Kapital bemisst, nicht aber nach den tatsächlich bereits erbrachten Einlagen. Die Literatur nennt **folgende Schwellen**, bis zu deren Erreichen von einem verhältnismäßig unerheblichen Umfang außenstehender Einlagen ausgegangen werden kann: Grundkapital bis € 250.000,–: ca. 5 %; bei höheren Grundkapital. ca 1 % (*Hüffer* AktG, § 182 Rn. 28; MüKo AktG/*Peifer* § 182 Rn. 66; MünchHdb GesR IV/*Krieger* § 56 Rn. 5). 25

§ 183 Kapitalerhöhung mit Sacheinlagen

(1) [1]Wird eine Sacheinlage (§ 27 Abs. 1 und 2) gemacht, so müssen ihr Gegenstand, die Person, von der die Gesellschaft den Gegenstand erwirbt, und der Nennbetrag, bei Stückaktien die Zahl der bei der Sacheinlage zu gewährenden Aktien im Beschluß über die Erhöhung des Grundkapitals festgesetzt werden. [2]Der Beschluß darf nur gefaßt werden, wenn die Einbringung von Sacheinlagen und die Festsetzungen nach Satz 1 ausdrücklich und ordnungsgemäß (§ 124 Abs. 1) bekanntgemacht worden sind.

(2) [1]Ohne diese Festsetzung sind Verträge über Sacheinlagen und die Rechtshandlungen zu ihrer Ausführung der Gesellschaft gegenüber unwirksam. [2]Ist die Durchführung der Erhöhung des Grundkapitals eingetragen, so wird die Gültigkeit der Kapitalerhöhung durch diese Unwirksamkeit nicht berührt. [3]Der Aktionär ist verpflichtet, den Ausgabebetrag der Aktien einzuzahlen. [4]Die Unwirksamkeit kann durch Satzungsänderung nicht geheilt werden, nachdem die Durchführung der Erhöhung des Grundkapitals in das Handelsregister eingetragen worden ist.

(3) [1]Bei der Kapitalerhöhung mit Sacheinlagen hat eine Prüfung durch einen oder mehrere Prüfer stattzufinden. [2]§ 33 Abs. 3 bis 5, § 34 Abs. 2 und 3, § 35 gelten sinngemäß. [3]Das Gericht kann die Eintragung ablehnen, wenn der Wert der Sacheinlage nicht unwesentlich hinter dem geringsten Ausgabebetrag der dafür zu gewährenden Aktien zurückbleibt.

Übersicht:

A. Allgemeines

I. Regelungsgegenstand und -zweck

1 § 183 AktG ergänzt § 182 AktG durch Vorgabe weiteren Inhalts des Kapitalerhöhungsbeschlusses bei Sacheinlagen und bezweckt den Schutz der Gläubiger und Aktionäre vor unzureichender Kapitalaufbringung (BGH NJW 1992, 3167, 3169).

II. Sacheinlage

1. Begriff

2 Eine Legaldefinition des Begriffs Sacheinlage findet sich in § 27 Abs. 1 S. 1 AktG. Anders als § 27 AktG erfasst § 183 AktG aber nicht die Sachübernahme, da sie eine gründungsspezifische Besonderheit ist (*Hüffer* AktG, § 183 Rn. 2).

2. Verdeckte Sacheinlage

3 Auch die verdeckte Sacheinlage (zum Begriff vgl. § 27 AktG Rn. 10) ist Sacheinlage und führt zur Anwendbarkeit von § 183 Abs. 2 AktG. Eine Besonderheit ist das sog. **»Schütt-aus-hol-zurück-Verfahren«**, bei welchem eine Dividende ausgeschüttet wird, um sie als Einlage im Rahmen einer nachfolgenden Kapitalerhöhung zu verwenden. Alternativ zu den Vorschriften über die Sachkapitalerhöhung (BGHZ 113, 335) kann dieses Verfahren auch den Vorschriften über die Kapitalerhöhung aus Gesellschaftsmitteln folgen, weil zwar keine Rücklagen, aber zumindest ein Gewinnvortrag oder Jahresüberschuss zur Kapitalerhöhung verwandt werden (BGHZ 135, 381, 384 ff. zur GmbH; vgl. auch MüKo AktG/*Peifer* § 183 Rn. 22; *Lutter/Zöllner* ZGR 1996, 164, 178 ff.).

III. Sacheinlagevereinbarung

4 Neben dem Kapitalerhöhungsbeschluss (Abs. 1) sind Rechtsgeschäfte zwischen der AG und dem Einleger erforderlich, die auf die Einbringung der Sacheinlage gerichtet sind. Durch **schuldrechtlichen Vertrag**, der mit dem Zeichnungsvertrag zusammenfallen kann (*Kley* DNotZ 2003, 17, 20 ff.), verpflichtet sich der Einleger gegenüber der AG, einen bestimmten Gegenstand als Einlage einzubringen und dafür neue Aktien zu zeichnen. Aus § 188 Abs. 3 Nr. 2 AktG ergibt sich, dass **Schriftform** erforderlich ist, soweit nicht eine strengere Form (z. B. § 311 b BGB) gilt (MüKo AktG/*Peifer* § 183 Rn. 47; *Hüffer* AktG, § 183 Rn. 6; a. A. GroßkommAktG/*Wiedemann* § 183 Rn. 71). Wird der Einbringungsvertrag vor der Beschlussfassung über die Kapitalerhöhung gefasst, steht er unter der aufschiebenden Bedingung, dass die Kapitalerhöhung mit der entsprechenden Sacheinlage beschlossen wird (LG Heidelberg DB 2001, 1607, 1609; MüKo AktG/*Peifer* § 183 Rn. 46). Die Einlagepflicht selbst wird als dann durch entsprechende dingliche Verfügungsgeschäfte nach den Regelungen des BGB erfüllt, wobei § 188 Abs. 2 AktG zu beachten ist (*Hüffer* AktG, § 183 Rn. 6).

5 Im Falle der **Unwirksamkeit des Einbringungsvertrages** hat der Einleger nach Eintragung der Durchführung der Kapitalerhöhung statt der Sacheinlage den Ausgabebetrag der Aktien gem. Abs. 2 S. 3 **in bar** zu leisten. Nach zutr. Auffassung gilt dies auch im Falle der Formnichtigkeit (*Hüffer* AktG, § 183 Rn. 7, KölnKomm AktG/*Lutter* § 183 Rn. 63; a. A. MüKo AktG/*Peifer* § 183 Rn. 50; *Henze*, Die treuhänderische und haftungsrechtliche Stellung des Sacheinlegers, 1970, 133 f., die von einem Wahlrecht zwischen Einlage und Bareinlage ausgehen).

IV. Verhältnis zur Nachgründung

6 Erfolgt eine Kapitalerhöhung mit Sacheinlagen innerhalb des zeitlichen und umfänglichen Rahmens von § 52 AktG, so sind die Nachgründungsvorschriften (§§ 52, 53 AktG) neben § 183 AktG entsprechend anzuwenden. Die 10 %-Grenze aus § 52 Abs. 1 S. 1 AktG richtet sich analog § 67 UmwG nach dem erhöhten Grundkapital sowie dem Nennbetrag der neu ausgegebenen Aktien bzw. dem auf die Stückaktien entfallenden anteiligen Betrag des Grundkapitals (*Hüffer* AktG,

§ 183 Rn. 5; MünchHdb GesR IV/*Hoffmann-Becking* § 4 Rn. 34; *Holzapfel/Roschmann* FS Bezzenberger 2000, 163; *Krieger* FS Claussen 1997, 223, 228; *Kubis* AG 1993, 118, 122).

B. Kapitalerhöhungsbeschluss, Abs. 1

Abs. 1 ergänzt § 182 AktG für den Fall, dass im Rahmen der Kapitalerhöhung Sacheinlagen geleistet werden sollen. Insoweit müssen die Voraussetzungen von § 182 AktG ebenfalls erfüllt sein. 7

I. Besonderer Inhalt

Abs. 1 S. 1 bestimmt den **besonderen Inhalt** der Kapitalerhöhung mit Sacheinlagen. Die erforderlichen Festsetzungen im Beschluss decken sich mit denen des § 27 Abs. 1 AktG (vgl. § 27 AktG Rn. 4), allerdings bezogen auf den Erhöhungszeitpunkt (§ 189 AktG). Die Angaben müssen vollständig und genau sein. Sofern ein Geschäftsbesorger (bspw. eine Emissionsbank) als Abwicklungsstelle fungiert und zeichnet, ist diese zu benennen (*Hüffer* AktG, § 183 Rn. 9). Nach h. M. ist über die Anforderungen des Abs. 1 S. 1 hinaus nicht der Ausgabebetrag (§ 9 AktG) festzusetzen (BGHZ 71, 40, 50 f.; MüKo AktG/*Peifer* § 183 Rn. 35; *Maier-Reimer* FS Bezzenberger 2000, 253, 260 ff.; a. A. GroßkommAktG/*Wiedemann* § 183 Rn. 51). Entsprechend der Natur der Sache geht die Kapitalerhöhung mit Sacheinlagen üblicherweise mit einem **Bezugsrechtsausschluss** einher; insoweit ist auch § 186 AktG zu beachten. 8

Fehlen die Festsetzungen oder sind sie unrichtig, so ist der Kapitalerhöhungsbeschluss gem. §§ 255 Abs. 1, 243 Abs. 1 AktG **anfechtbar** (vgl. auch § 255 AktG Rn. 7). Der Sacheinleger ist jedoch unter Berücksichtigung von § 245 Nr. 1, 2 AktG nur dann anfechtungsbefugt, wenn er bereits zuvor Aktionär der Gesellschaft war (*Hüffer* AktG, § 183 Rn. 11; a. A. *v. Godin/Wilhelmi* § 183 Rn. 6). Im Falle des Bezugsrechtsausschlusses ist § 255 Abs. 2 AktG analog anwendbar (BGHZ 71, 40, 50 ff.; vgl. auch *Martens* FS Bezzenberger 2000, 267, 268 ff.). 9

II. Bekanntmachung

Die Einbringung von Sacheinlagen und die Festsetzungen nach Abs. 1 S. 1 sind mit der Tagesordnung der Hauptversammlung gem. § 124 Abs. 1 AktG bekannt zu machen. § 121 Abs. 6 AktG ist anwendbar. Ein Verstoß führt zur Anfechtbarkeit des Kapitalerhöhungsbeschlusses gem. §§ 255, 243 Abs. 1 AktG (*Hüffer* AktG, § 121 Rn. 23; KölnKomm AktG/*Lutter* § 183 Rn. 10; MüKo AktG/*Peifer* § 183 Rn. 43; *Hoffmann-Becking* ZIP 1995, 1, 7). 10

C. Rechtsfolgen des Verstoßes, Abs. 2

I. Bareinlageverpflichtung

Die Kapitalerhöhung gegen Einlagen begründet grds. eine Pflicht zur Bareinlage. § 183 AktG erlaubt eine Ersetzung durch eine **Sacheinlage an Erfüllung Statt** (§ 364 Abs. 1 BGB), so dass die Bareinlagepflicht nicht beseitigt, sondern nur verdrängt wird (*Lutter* FS Stiefel 1987, 505, 510). 11

Fehlen alle oder einzelne Feststellungen gem. § 183 Abs. 1 S. 1 AktG oder werden tatsächlich andere Sacheinlagen geleistet, so wird die Kapitalerhöhung im Falle fehlerhafter Eintragung als Barkapitalerhöhung wirksam. Der Aktionär hat den Ausgabebetrag der Aktien in Geld einzuzahlen. Es ist geboten, von einer Verjährung des Zahlungsanspruches analog § 9 Abs. 2 GmbHG auszugehen, da die gegenteilige Rechtsprechung des BGH (BGHZ 118, 83, 111 ff.) noch von der Regelverjährung vor dem Schuldrechtsmodernisierungsgesetz von 30 Jahren ausgegangen ist (so zutr. *Hüffer* AktG, § 183 Rn. 14). 12

Im Falle einer **fehlerhaften Bewertung der Sacheinlage** greift Abs. 2 nicht (OLG Frankfurt AG 1976, 202 f.). Es gelten in diesem Falle Abs. 3 S. 3 sowie die aus §§ 188 Abs. 2 S. 1, 36 a Abs. 2 S. 3 AktG folgende Differenzhaftung. 13

II. Unwirksamkeit von Verträgen und Rechtshandlungen

14 Ein Verstoß gegen Abs. 1 S. 1 hat des Weiteren die **Unwirksamkeit der Verträge** über Sacheinlagen und der Rechtshandlungen zu ihrer Ausführung zur Folge. Betroffen sind sowohl **Verpflichtungs- als auch Verfügungsgeschäfte** (RGZ 130, 248, 252). Die Unwirksamkeit wirkt nur zwischen der AG und dem Sacheinleger und kann nur von ihnen geltend gemacht werden; gegenüber Dritten sind die Rechtsgeschäfte wirksam (RGZ 130, 248, 251; BGH AG 1975, 76, 77). Die relative Unwirksamkeit kann nach Eintragung der Durchführung der Kapitalerhöhung im Handelsregister nicht mehr geheilt werden (vgl. *Hüffer* AktG, § 183 Rn. 15; MüKo AktG/*Peifer* § 183 Rn. 57).

D. Prüfung, Abs. 3

15 Kapitalerhöhungen mit Sacheinlagen sind analog den Vorschriften über die Sachgründung danach zu prüfen, ob der Wert der Sacheinlagen den geringsten Ausgabebetrag (§ 9 Abs. 1 AktG) der im Gegenzug gewährten Aktien erreicht (OLG Frankfurt AG 1976, 303; MüKo AktG/*Peifer* § 183 Rn. 64; *Hüffer* AktG, § 183 Rn. 16; a. A. *Priester* FS Lutter 2000, 617, 623 f: Prüfungsmaßstab ist höherer Ausgabebetrag). Die Prüfer haften entsprechend § 49 AktG (*Hüffer* AktG, § 183 Rn. 16; MüKo AktG/*Peifer* § 183 Rn. 78).

16 Die Prüfung hat **vor der Anmeldung** des Kapitalerhöhungsbeschlusses zum Handelsregister zu erfolgen (arg. § 184 Abs. 1 S. 2 AktG). Bleibt der Wert der Sacheinlage nicht unwesentlich hinter dem Nennbetrag der dafür zu gewährenden Aktien zurück, so kann das Registergericht die Eintragung ablehnen. Das Registergericht hat ein eigenes Prüfungsrecht und ist nicht an die Feststellungen des Prüfers gebunden (§§ 183 Abs. 3 S. 2, 34 Abs. 2 AktG). Maßgeblich ist die Bewertung des Einlagegegenstandes zum Zeitpunkt der eigenen Prüfung durch das Registergericht (*Hüffer* AktG, § 183 Rn. 18).

17 Bleibt der Wert der Sacheinlage hinter dem geringsten Ausgabebetrag zurück, liegt eine **Unterpari-Emission** vor (vgl. dazu auch § 9 AktG Rn. 2 ff.). Diese kann jedoch nicht zur Nichtigkeit des Kapitalerhöhungsbeschlusses nach § 241 Nr. 3 AktG führen (vgl. zur Sachgründung BGHZ 29, 300, 307; a. A. *Hüffer* AktG, § 183 Rn. 20; MüKo AktG/*Peifer* § 183 Rn. 70; *Henze*, Die treuhänderische und haftungsrechtliche Stellung des Sacheinlegers, 1970, 123). Die Einleger haften verschuldensabhängig auf die Wertdifferenz in Geld. Maßgeblich ist der Zeitpunkt der Anmeldung nach § 188 AktG (*Hüffer* AktG, § 183 Rn. 21; KölnKomm AktG/*Lutter* § 183 Rn. 66; MünchHdb GesR IV/*Krieger* § 56 Rn. 46). Nach h. M. bezieht sich die Differenzhaftung nur auf den geringsten Ausgabebetrag, nicht auch auf ein Agio, wenn nicht eine schuldrechtliche Wertdeckungszusage anzunehmen ist (*Hüffer* AktG, § 183 Rn. 21; KölnKomm AktG/*Lutter* § 183 Rn. 66; MüKo AktG/*Peifer* § 183 Rn. 72; a. A. MünchHdb GesR IV/*Krieger* § 56 Rn. 46).

§ 184 Anmeldung des Beschlusses

(1) [1]Der Vorstand und der Vorsitzende des Aufsichtsrats haben den Beschluß über die Erhöhung des Grundkapitals zur Eintragung in das Handelsregister anzumelden. [2]Der Bericht über die Prüfung von Sacheinlagen (§ 183 Abs. 3) ist der Anmeldung beizufügen.

(2) In der Anmeldung ist anzugeben, welche Einlagen auf das bisherige Grundkapital noch nicht geleistet sind und warum sie nicht erlangt werden können.

A. Anmeldung

1 § 184 AktG betrifft allein die Anmeldung des Kapitalerhöhungsbeschlusses. Die Kapitalerhöhung wird nicht bereits mit dieser Eintragung, sondern erst mit Eintragung ihrer Durchführung in das Handelsregister wirksam. Die Anmeldung des Kapitalerhöhungsbeschlusses kann jedoch

mit der Anmeldung der Durchführung der Kapitalerhöhung verbunden werden (§ 188 Abs. 4 AktG).

Die Anmeldung ist vom **Vorstand in vertretungsberechtigter Zahl** in Gemeinschaft mit dem **Aufsichtsratsvorsitzenden** vorzunehmen (*Hüffer* AktG, § 184 Rn. 3). Die Anmelder handeln im Namen der AG. Wegen der strafrechtlichen Sanktionierung fehlerhafter Versicherungen (§§ 399 Abs. 1 Nr. 4, 184 Abs. 2 AktG) ist eine Anmeldung durch Bevollmächtigte ausgeschlossen (MüKo AktG/*Peifer* § 184 Rn. 7; *Hüffer* AktG, § 184 Rn. 3; MünchHdb GesR IV/*Krieger* § 56 Rn. 53). **Unechte Gesamtvertretung** (§ 78 Abs. 3 AktG, vgl. § 78 AktG Rn. 15 f.) ist nach zutr. Auffassung zulässig (KG JW 1938, 31, 21; MüKo AktG/*Peifer* § 184 Rn. 7; *Hüffer* AktG, § 184 Rn. 3; a. A. GroßkommAktG/*Wiedemann* § 184 Rn. 11). Der verhinderte Aufsichtsratsvorsitzende kann sich durch seinen **Stellvertreter** vertreten lassen (§ 107 Abs. 1 S. 3 AktG; vgl. auch *Kropff* RegBegr., 253). Die Anmeldung richtet sich an das Amtsgericht des Satzungssitzes. Die Anmeldung bedarf öffentlich-beglaubigter Form (§ 12 Abs. 1 HGB). 2

B. Beizufügende Unterlagen

Der Anmeldung ist der **Bericht über die Prüfung** von Sacheinlagen (§ 183 Abs. 3 AktG) beizufügen. Des Weiteren sind alle Unterlagen beizufügen, die das Gericht zur Prüfung der Wirksamkeit des Kapitalerhöhungsbeschlusses benötigt. 3

C. Inhalt der Anmeldung

Neben dem eigentlichen Inhalt des Kapitalerhöhungsbeschlusses ist dem Registergericht gegenüber anzugeben, welche Einlagen auf das bisherige Grundkapital noch nicht geleistet sind und warum sie nicht erlangt werden können. Dies ermöglicht eine Prüfung nach § 182 Abs. 4 AktG. 4

D. Registerverfahren

Das Gericht nimmt eine **formelle und materielle Prüfung** vor. Die formelle Prüfung bezieht sich auf die eigene Zuständigkeit, die Vertretungsbefugnis der Anmelder, die Form der Anmeldung und die Vollständigkeit und Ordnungsmäßigkeit der beizufügenden Unterlagen. In materieller Hinsicht wird die Rechtsmäßigkeit des Zustandekommens und Inhalts des Kapitalerhöhungsbeschlusses geprüft (*Hüffer* AktG, § 184 Rn. 6). Zu den Rechtsmitteln gegen registergerichtliche Entscheidungen vgl. § 181 AktG Rn. 14. 5

§ 185 Zeichnung der neuen Aktien

(1) [1]Die Zeichnung der neuen Aktien geschieht durch schriftliche Erklärung (Zeichnungsschein), aus der die Beteiligung nach der Zahl und bei Nennbetragsaktien dem Nennbetrag und, wenn mehrere Gattungen ausgegeben werden, der Gattung der Aktien hervorgehen muß. [2]Der Zeichnungsschein soll doppelt ausgestellt werden. [3]Er hat zu enthalten

1. den Tag, an dem die Erhöhung des Grundkapitals beschlossen worden ist;

2. den Ausgabebetrag der Aktien, den Betrag der festgesetzten Einzahlungen sowie den Umfang von Nebenverpflichtungen;

3. die bei einer Kapitalerhöhung mit Sacheinlagen vorgesehenen Festsetzungen und, wenn mehrere Gattungen ausgegeben werden, den auf jede Aktiengattung entfallenden Betrag des Grundkapitals;

4. den Zeitpunkt, an dem die Zeichnung unverbindlich wird, wenn nicht bis dahin die Durchführung der Erhöhung des Grundkapitals eingetragen ist.

(2) Zeichnungsscheine, die diese Angaben nicht vollständig oder die außer dem Vorbehalt in Absatz 1 Nr. 4 Beschränkungen der Verpflichtung des Zeichners enthalten, sind nichtig.

(3) Ist die Durchführung der Erhöhung des Grundkapitals eingetragen, so kann sich der Zeichner auf die Nichtigkeit oder Unverbindlichkeit des Zeichnungsscheins nicht berufen, wenn er auf Grund des Zeichnungsscheins als Aktionär Rechte ausgeübt oder Verpflichtungen erfüllt hat.

(4) Jede nicht im Zeichnungsschein enthaltene Beschränkung ist der Gesellschaft gegenüber unwirksam.

Übersicht:

A. Allgemeines

I. Regelungsgegenstand

1 § 185 AktG regelt **Inhalt und Form neuer Aktien** sowie die Rechtsfolgen im Falle der Nichteinhaltung der gesetzlichen Anforderungen. Die Vorschrift gilt für Barkapitalerhöhungen wie für Sachkapitalerhöhungen, insbes. wird die Zeichnung nicht durch die Sacheinlagevereinbarung ersetzt. Eine Zeichnung ist generell erforderlich, auch im Falle eines gesetzlichen oder vertraglichen Bezugsrechts oder bei Nutzung eines genehmigten Kapitals. Für die bedingte Kapitalerhöhung gilt hingegen § 198 Abs. 2 AktG. Auch bei der Kapitalerhöhung zur Durchführung einer Verschmelzung gilt § 185 AktG wegen § 69 Abs. 1 S. 1 UmwG nicht (vgl. insgesamt *Hüffer* AktG, § 185 Rn. 2).

II. Zeichnungsvertrag

1. Zustandekommen und Rechtsnatur

2 Die Zeichnung, die durch den Zeichnungsschein als schriftliche Erklärung erfolgt, ist eine **empfangsbedürftige Willenserklärung**. Mit der korrespondierenden Willenserklärung der AG, die gem. § 151 S. 1 BGB dem Zeichner gegenüber nicht erklärt zu werden braucht, kommt ein Zeichnungsvertrag zustande. Dieser ist kein gegenseitiger Vertrag i. S. d. §§ 320 ff. BGB, sondern ein **unvollkommen zweiseitig verpflichtender Vertrag**, mit dem die AG sich verpflichtet, dem Zeichner im festgelegten Umfang Mitgliedsrechte zuzuteilen, wenn die Kapitalerhöhung durchgeführt wird. Eine Verpflichtung zur Durchführung der Kapitalerhöhung wird nicht begründet. Der Zeichner verpflichtet sich seinerseits, Aktien im festgelegten Umfang anzunehmen und die vor Anmeldung fällige Mindesteinlage zu zahlen oder Sacheinlage zu erbringen. Der Zeichner wird nicht bereits mit Zustandekommen des Zeichnungsvertrages Aktionär, sondern erst mit Eintragung der Durchführung der Kapitalerhöhung im Handelsregister, da gem. § 189 AktG erst dann das Mitgliedsrecht entsteht (RGZ 55, 65, 67; 79, 174, 177; *Hüffer* AktG, § 185 Rn. 4; KölnKomm AktG/*Lutter* § 185 Rn. 19, 34; *Lutter* FS Schilling 1973, 207, 217, 228 f.; zum Teil abw. MüKo AktG/*Peifer* § 185 Rn. 32 ff.; *Schleyer* AG 1957, 145).

3 Wurden mehr Aktien gezeichnet, als die AG auf Basis des Kapitalerhöhungsbeschlusses ausgeben kann (**Überzeichnung**) sind zunächst Zeichner, denen ein Bezugsrecht (§§ 186, 187 AktG) zusteht, zu bedienen, im Übrigen ist die AG unter Berücksichtigung des Gleichbehandlungsgebots

von Aktionären (§ 53 a AktG) in der Zuteilung grds. frei (*Hüffer* AktG, § 185 Rn. 25; MüKo AktG/*Peifer* § 185 Rn. 31; a. A. *Lutter* § 185 Rn. 26). Sind mehr Zeichnungsverträge abgeschlossen als Aktien ausgegeben werden können, so sind ebenfalls zunächst Zeichner zu bedienen, denen einen Bezugsrecht zusteht. Im Übrigen sind nach Erreichen des Erhöhungsbetrages abgeschlossene Zeichnungsverträge zwar gem. § 311 a Abs. 1 BGB gültig, eine Erfüllungspflicht entsteht jedoch gem. § 275 Abs. 1 BGB nicht. Die betroffenen Zeichner können lediglich Schadens- oder Aufwendungsersatzansprüche nach § 311 a Abs. 2 BGB oder Bereicherungsansprüche geltend machen.

Vom Zeichnungsvertrag abzugrenzen ist ein **Vorvertrag zur Zeichnung von Aktien**, mit dem 4
sich der Anleger zur späteren Zeichnung verpflichtet. Entsprechend § 185 Abs. 1 S. 1 AktG gilt auch für diesen Schriftform, das Erfordernis der Angabe von Zahl, ggf. Aktiengattung und im Falle von Nennbetragsaktien – Nennbetrag. Des Weiteren sind die Angaben nach § 185 Abs. 3 Nr. 2 und 3 AktG erforderlich. Die Laufzeit ist entsprechend § 185 Abs. 1 S. 3 Nr. 4 AktG zu begrenzen, auch wenn der Zeitpunkt des Kapitalerhöhungsbeschlusses noch nicht feststeht (OLG Frankfurt NZG 2001, 758; *Blaurock* FS Rittner 1991, 33; *Hergeth/Eberl* NZG 2003, 205).

2. Fehlerhafte Zeichnungsverträge

Zeichnungen und Zeichnungsverträge, die auf nichtigen oder nach Anfechtung für nichtig er- 5
klärten Kapitalerhöhungsbeschlüssen beruhen, sind gem. § 158 Abs. 2 BGB unwirksam. Die Zeichner werden auch dann nicht Aktionär, wenn eine Eintragung im Handelsregister erfolgt, können aber entsprechend § 277 Abs. 2 AktG zur Leistung der Einlage verpflichtet sein (RGZ 143, 394, 399; 144, 138, 141; KölnKomm AktG/*Lutter* § 185 Rn. 36; MüKo AktG/*Peifer* § 185 Rn. 62; MünchHdb GesR IV/*Krieger* § 56 Rn. 106; teilw. abw. *Schleyer* AG 1957, 145, 146).

Auf einen fehlerhaften Zeichnungsvertrag und die ihn begründenden Willenserklärungen fin- 6
den bis zur Eintragung der Durchführung der Kapitalerhöhung die **allg. Vorschriften über fehlerhafte Rechtsgeschäfte** Anwendung, insbes. §§ 104 ff., 117 ff., 123, 134 und 138 BGB. Nach Eintragung können aus der Fehlerhaftigkeit keinerlei Rechte mehr hergeleitet werden (RGZ 88, 187, 188 zur GmbH; 124, 279, 287 f.; 147, 257, 270 zur Genossenschaft; KölnKomm AktG/*Lutter* § 185 Rn. 15 und 18; *Hüffer* AktG, § 185 Rn. 28; MüKo AktG/*Peifer* § 185 Rn. 61 und 188). Verlangt werden kann nur die Vermittlung der entgeltlichen Übernahme der Aktien durch Dritte über die AG oder die Herabsetzung des Kapitals. Leistet der Zeichner die Mindesteinlage nicht, so kann die AG dennoch vor Eintragung der Durchführung der Kapitalerhöhung Ansprüche aus § 281 BGB geltend machen, nach Eintragung hingegen nur noch aus §§ 63 ff. AktG. Der Zeichner hat seinerseits gegen die AG keine Rechte aus § 281 BGB und kann sich auch nicht auf § 320 BGB berufen (OLG Schleswig AG 2003, 524, 525; MüKo AktG/*Peifer* § 185 Rn. 70). §§ 275 ff., 322 BGB können allenfalls bei der Kapitalerhöhung mit Sacheinlagen anwendbar sein, allerdings mit der Folge einer Verpflichtung zur Leistung der Einlage in Geld (KölnKomm AktG/*Lutter* § 185 Rn. 22; MüKo AktG/*Peifer* § 185 Rn. 70; *Hüffer* AktG, § 185 Rn. 30).

B. Zeichnung

I. Zeichner

Zeichner kann nur sein, wer auch **gründerfähig** (§ 2 AktG Rn. 3) ist. Stellvertretung, auch mittel- 7
bare, ist zulässig (BGHZ 21, 378, 381; RGZ 63, 96, 97 f.). Die Vollmacht bedarf ebenso wie eine Genehmigung keiner besonderen Form (*Hüffer* AktG, § 185 Rn. 5). Die AG selbst kann keine eigenen Aktien zeichnen (§ 56 AktG).

II. Zeitpunkt

Die Zeichnung kann **ab der Beschlussfassung** der Hauptversammlung über die Kapitalerhö- 8
hung und **bis zur Anmeldung der Durchführung** der Kapitalerhöhung erfolgen. Eine Zeichnung kann trotz der Angaben gem. Abs. 1 S. 3 Nr. 1 auch bereits erfolgen, wenn der Kapitalerhöhungsbeschluss noch nicht vorliegt; in diesem Fall darf die AG das Angebot auf Abschluss eines

Zeichnungsvertrages aber erst nach Beschlussfassung annehmen (*Hüffer* AktG, § 185 Rn. 6; MüKo AktG/*Peifer* § 185 Rn. 29; *Blaurock* FS Rittner 1991, 33, 36; *Kley* DNotZ 2003, 17, 30; a. A. KGJ 19, 5, 9; GroßkommAktG/*Wiedemann* § 185 Rn. 2).

III. Form

9 Abs. 1 S. 1 verlangt für die Zeichnung **Schriftform**, d. h. gem. § 126 BGB schriftliche Fixierung des Inhalts sowie Unterzeichnung durch eigenhändige Unterschrift. Eine Heilung der formnichtigen Erklärung ist nicht möglich, allerdings kommt nach h. M. in Betracht, dass sich der Zeichner wegen widersprüchlichen Verhaltens nicht auf den Formmangel berufen darf, wenn die Voraussetzungen des § 185 Abs. 3 AktG im Übrigen vorliegen (MüKo AktG/*Peifer* § 185 Rn. 54; *Hüffer* AktG, § 185 Rn. 21; a. A. MünchHdb GesR IV/*Krieger* § 56 Rn. 105). Die Schriftform betrifft nur die Erklärung des Zeichners; die korrespondierende Willenserklärung der AG ist formfrei (*Hüffer* AktG, § 185 Rn. 7).

10 Der **Zeichnungsschein** soll **doppelt ausgestellt** werden, wobei die Zweitschrift wegen § 188 Abs. 3 Nr. 1 AktG spätestens bei Anmeldung der Durchführung der Kapitalerhöhung zum Handelsregister vorliegen muss. Es handelt sich bei Abs. 1 S. 2 um eine **Sollvorschrift**, so dass die Wirksamkeit der Zeichnungserklärung im Falle der Nichtbeachtung unberührt bleibt (*Hüffer* AktG, § 185 Rn. 8; MüKo AktG/*Peifer* § 185 Rn. 12; KölnKomm AktG/*Lutter* § 185 Rn. 47). Stimmen die beiden Ausfertigungen des Zeichnungsscheins inhaltlich nicht überein, so ist der Inhalt durch Auslegung zu ermitteln (MüKo AktG/*Peifer* § 185 Rn. 55).

IV. Inhalt

1. Individuelle Angaben

11 Der Inhalt der Zeichnungserklärung ergibt sich aus Abs. 1 S. 1 und 3. Die Angaben nach S. 1 sind der subjektiven Auslegung gem. §§ 133, 157 BGB zugänglich, bei der als Auslegungshilfe insbes. der Text des Kapitalerhöhungsbeschlusses herangezogen werden kann (RGZ 85, 284, 287 f.; 118, 269, 272 f.). Neben den dort explizit aufgeführten Angaben ist zum individuellen Inhalt des Zeichnungsscheins auch die **Person des Zeichners** in individualisierbarer Weise zu bezeichnen (*Hüffer* AktG, § 185 Rn. 10).

12 Die **künftige Beteiligung** ist nach Zahl und ggf. Aktiengattung, bei Nennbetragsaktien auch nach Nennbetrag anzugeben. Gemeint ist der Nennbetrag der einzelnen Aktie, nicht der gesamte Nennbetrag aller gezeichneten Aktien. Es genügt, wenn die Zahl der Aktien jeden Nennbetrags durch Auslegung bestimmt werden kann (RGZ 85, 284, 288; 118, 269, 272 f.; *Hüffer* AktG, § 185 Rn. 11, MüKo AktG/*Peifer* § 185 Rn. 15; a. A. KölnKomm AktG/*Lutter* § 185 Rn. 38). Die Angabe des anteiligen Betrages am Grundkapital ist für Stückaktien nicht erforderlich.

2. Allgemeine Angaben

13 Abs. 1 S. 3 verlangt zum Inhalt der Zeichnungserklärung weitere allgemeine Angaben, die überwiegend den Inhalt des Kapitalerhöhungsbeschlusses wiedergeben. Im Falle des Fehlens oder der Unvollständigkeit dieser Angaben bestimmen sich die Rechtsfolgen nach Abs. 2. Über die im Einzelnen aufgeführten Punkte hinaus ist zunächst die AG als Adressat der Zeichnungserklärung zu bezeichnen (RGZ 85, 284, 287; vgl. auch *Hüffer* AktG, § 185 Rn. 12).

14 Nr. 1 verlangt die Angabe des **Datums der Beschlussfassung** über die Kapitalerhöhung, nicht das Datum etwaiger nachträglicher Sonderbeschlüsse (MüKo AktG/*Peifer* § 185 Rn. 19; KölnKomm AktG/*Lutter* § 185 Rn. 39; *Hüffer* AktG, § 185 Rn. 12; a. A. *v. Godin/Wilhelmi* § 185 Rn. 8).

15 Gem. Nr. 2 sind der **Ausgabebetrag der Aktien** (vgl. zur Begriffsverwendung OLG Hamm BB 1982, 964; LG Frankfurt/Main AG 1992, 240), der **Betrag der festgesetzten Einzahlungen** und der **Umfang von Nebenverpflichtungen** anzugeben. Zum Ausgabebetrag vgl. § 182 AktG Rn. 19 ff. Der Betrag der festgesetzten Einzahlungen ist der nach §§ 188 Abs. 2, 36 Abs. 2 AktG

vor Anmeldung der Durchführung der Kapitalerhöhung einzuzahlende Betrag (gesetzlicher Mindestbetrag oder höherer Ausgabebetrag). Die entsprechende Angabe entfällt bei der Sachkapitalerhöhung. An ihrer Stelle ist die **Sacheinlage** zu bezeichnen (MüKo AktG/*Peifer* § 185 Rn. 17; *Hüffer* AktG, § 185 Rn. 10). Nebenverpflichtungen sind solche i. S. d. § 55 AktG.

Nach Nr. 3 sind im Falle der Kapitalerhöhung mit Sacheinlagen die Festsetzungen nach § 183 Abs. 1 S. 1 AktG zu wiederholen. Bei einer **gemischten Einlage** (vgl. § 27 AktG Rn. 8) sind die Angaben auch im Zeichnungsschein der Barzeichner aufzunehmen (*Hüffer* AktG, § 185 Rn. 13; KölnKomm AktG/*Lutter* § 185 Rn. 41). Im Falle der Ausgabe **mehrer Aktiengattungen** (§ 11 AktG) ist außerdem der Betrag des Grundkapitals, der auf die Aktiengattungen jeweils entfällt, anzugeben. 16

Gem. Nr. 4 muss der Zeichnungsschein schließlich den **Zeitpunkt** bestimmen, zu dem die Zeichnung unverbindlich wird, wenn nicht bis dahin die Durchführung der Kapitalerhöhung im Handelsregister eingetragen ist. Der Zeitpunkt muss für alle Zeichner gleich bestimmt und so gewählt werden, dass eine unangemessene lange Bindung ausgeschlossen ist. Anzugeben sind ein **konkretes Datum** oder Vorgaben, die dieses Datum kalendermäßig bestimmbar sein lassen (*Hüffer* AktG, § 185 Rn. 14). Rechtlich handelt es sich um eine Verknüpfung einer auflösenden Rechtsbedingung mit einer Zeitbestimmung. Bei nicht rechtzeitiger Eintragung gilt § 185 Abs. 2 BGB analog (BGH NJW 1999, 1252, 1253; OLG Hamm AG 1981, 53). Die Rechte und Pflichten aus dem Zeichnungsvertrag gehen unter (vgl. dazu i. E. RGZ 55, 65, 68). 17

C. Fehlerhafte Zeichnung, Abs. 2

I. Nichtigkeit

Für Zeichnungsscheine, die die in Abs. 1 vorgegebenen **Angaben nicht vollständig** enthalten, bestimmt Abs. 2 Alt. 1 als Rechtsfolge die Nichtigkeit. Die Vorschrift betrifft in erster Linie das Fehlen allgemeiner Angaben, das Fehlen individueller nur, wenn sie sich nicht im Wege der Auslegung ermitteln lassen (RGZ 85, 284, 287 f.). Von einer Unvollständigkeit ist auszugehen, wenn die Angaben ganz oder teilweise fehlen oder inhaltlich den Anforderungen des Abs. 1 nicht genügen (MüKo AktG/*Peifer* § 185 Rn. 41; *Hüffer* AktG, § 185 Rn. 15). 18

Nichtigkeit ist auch für den Fall vorgesehen, dass der Zeichnungsschein **Beschränkungen der Verpflichtung** des Zeichners enthält, die über die Verbindlichkeitsfrist des Abs. 1 Nr. 4 hinausgehen. Erfasst sind auch Befristungen und Bedingungen, nicht aber die Vorgabe einer Annahmefrist nach § 148 BGB oder ein von der AG gewährtes befristetes Widerrufsrecht (LG Frankfurt/Main AG 1999, 472; *Hüffer* AktG, § 185 Rn. 15; MüKo AktG/*Peifer* § 185 Rn. 44; *Lutter* FS Schilling 1973, 207, 217; vgl. zur GmbH auch RGZ 83, 256, 258). 19

II. Rechtsfolgen

Im Falle der Nichtigkeit kann der Zeichner eine etwa bereits **geleistete Einlage** nach § 812 Abs. 1 S. 1 BGB **zurückverlangen** (*Hüffer* AktG, § 185 Rn. 16). Trägt das Gericht trotz eines nichtigen Zeichnungsscheines ein, wird die Kapitalerhöhung wirksam, die fehlerhafte Zeichnung aber nur unter den Voraussetzungen des § 183 Abs. 3 AktG geheilt. Mangels Heilung stehen die betroffenen Aktien der AG selbst zu, die entsprechend § 71 c Abs. 1 und 3 AktG zur Verwertung oder Einziehung (§ 237 AktG) verpflichtet ist (KölnKomm AktG/*Lutter* § 185 Rn. 53; MüKo AktG/*Peifer* § 185 Rn. 46; *Hüffer* AktG, § 185 Rn. 16). 20

D. Heilung, Abs. 3

I. Voraussetzungen

Die Heilungsvorschrift des Abs. 3 bezieht sich sowohl auf den nichtigen Zeichnungsschein i. S. v. Abs. 2 als auch auf seine Unverbindlichkeit wegen Fristablaufs i. S. v. Abs. 1 S. 3 Nr. 4 (*Hüffer* AktG, § 185 Rn. 17). In beiden Fällen kommt es trotz fehlender Wirksamkeit des Zeichnungs- 21 scheins zu einer Heilung, wenn die Durchführung der Kapitalerhöhung **im Handelsregister eingetragen** ist (§ 189 AktG) und der Zeichner aufgrund des Zeichnungsscheins als Aktionär **Rechte ausgeübt** oder **Verpflichtungen erfüllt** hat.

22 Nach wohl h. M. übt der Zeichner als Aktionär seine Rechte aufgrund des Zeichnungsscheins bereits dann aus, wenn er die **Aktienurkunde annimmt**. Weitere **Tatbestände der Rechtsausübung** sind bspw. der Bezug von Dividenden, die Ausübung des Bezugsrechts nach § 186 AktG, die Teilnahme an der Hauptversammlung, ein Antrag gem. § 122 AktG, die Ausübung der Rechte aus § 175 Abs. 2 S. 2 AktG oder der Abschluss von Rechtsgeschäften über die Aktien. Unzureichend sind Anfragen an den Vorstand außerhalb der Hauptversammlung (*Hüffer* AktG, § 185 Rn. 18; MüKo AktG/*Peifer* § 185 Rn. 50; KölnKomm AktG/*Lutter* § 185 Rn. 57).

23 Von einer **Erfüllung von Verpflichtungen** ist auszugehen, wenn der Zeichner nach Eintragung der Durchführung der Kapitalerhöhung auf eine etwaige Resteinlage leistet (OLG Düsseldorf LZ 1916, 1059 f.). Ob eine Leistung auf die Einlage vor Eintragung ebenfalls zu einer Heilung führt, ist streitig (bejahend OLG Düsseldorf LZ 1916, 1059 f.; *v. Godin/Wilhelmi* § 185 Rn. 13; dagegen *Hüffer* AktG, § 185 Rn. 19; MüKo AktG/*Peifer* § 185 Rn. 51; KölnKomm AktG/*Lutter* § 185 Rn. 57; GroßkommAktG/*Wiedemann* § 185 Rn. 56; MünchHdb GesR IV/*Krieger* § 56 Rn. 105). Zu denken ist daneben an die Erfüllung von Nebenverpflichtungen i. S. v. § 55 AktG aufgrund des Zeichnungsscheins (MüKo AktG/*Peifer* § 185 Rn. 51).

II. Rechtsfolgen

24 Im Falle einer Heilung können sich der Zeichner und über den Wortlaut von Abs. 3 hinaus auch die AG nicht auf die Nichtigkeit oder Unverbindlichkeit des Zeichnungsscheins berufen. Der Zeichner wird bezogen auf den Tag der Eintragung der Durchführung der Kapitalerhöhung im Handelsregister mit allen Rechten und Pflichten Aktionär und der Inhalt des Zeichnungsscheins wird – ggf. nach entsprechender Ergänzung der fehlenden Festsetzungen auf Grundlage des Kapitalerhöhungsbeschlusses – wirksam, mit Ausnahme unzulässiger Beschränkungen i. S. v. Abs. 2 Alt. 2 (MüKo AktG/*Peifer* § 185 Rn. 52; KölnKomm AktG/*Lutter* § 185 Rn. 63; *Hüffer* AktG, § 185 Rn. 20).

E. Beschränkungen, Abs. 4

25 Beschränkungen, die nicht im Zeichnungsschein enthalten sind, sind gem. Abs. 4 der Gesellschaft gegenüber **unwirksam** und gelten als von Anfang an nicht getroffen. Die Wirksamkeit der Zeichnung im Übrigen wird hierdurch nicht berührt (*Hüffer* AktG, § 185 Rn. 22).

§ 186 Bezugsrecht

(1) [1]Jedem Aktionär muß auf sein Verlangen ein seinem Anteil an dem bisherigen Grundkapital entsprechender Teil der neuen Aktien zugeteilt werden. [2]Für die Ausübung des Bezugsrechts ist eine Frist von mindestens zwei Wochen zu bestimmen.

(2) [1]Der Vorstand hat den Ausgabebetrag oder die Grundlagen für seine Festlegung und zugleich eine Bezugsfrist gemäß Absatz 1 in den Gesellschaftsblättern bekannt zu machen. [2]Sind nur die Grundlagen der Festlegung angegeben, so hat er spätestens drei Tage vor Ablauf der Bezugsfrist den Ausgabebetrag in den Gesellschaftsblättern und über ein elektronisches Informationsmedium bekannt zu machen.

(3) [1]Das Bezugsrecht kann ganz oder zum Teil nur im Beschluß über die Erhöhung des Grundkapitals ausgeschlossen werden. [2]In diesem Fall bedarf der Beschluß neben den in Gesetz oder Satzung für die Kapitalerhöhung aufgestellten Erfordernissen einer Mehrheit, die mindestens drei Viertel des bei der Beschlußfassung vertretenen Grundkapitals umfaßt. [3]Die Satzung kann eine größere Kapitalmehrheit und weitere Erfordernisse bestimmen. [4]Ein Aus-

schluß des Bezugsrechts ist insbesondere dann zulässig, wenn die Kapitalerhöhung gegen Bareinlagen zehn vom Hundert des Grundkapitals nicht übersteigt und der Ausgabebetrag den Börsenpreis nicht wesentlich unterschreitet.

(4) [1]Ein Beschluß, durch den das Bezugsrecht ganz oder zum Teil ausgeschlossen wird, darf nur gefaßt werden, wenn die Ausschließung ausdrücklich und ordnungsgemäß (§ 124 Abs. 1) bekanntgemacht worden ist. [2]Der Vorstand hat der Hauptversammlung einen schriftlichen Bericht über den Grund für den teilweisen oder vollständigen Ausschluß des Bezugsrechts vorzulegen; in dem Bericht ist der vorgeschlagene Ausgabebetrag zu begründen.

(5) [1]Als Ausschluß des Bezugsrechts ist es nicht anzusehen, wenn nach dem Beschluß die neuen Aktien von einem Kreditinstitut oder einem nach § 53 Abs. 1 Satz 1 oder § 53b Abs. 1 Satz 1 oder Abs. 7 des Gesetzes über das Kreditwesen tätigen Unternehmen mit der Verpflichtung übernommen werden sollen, sie den Aktionären zum Bezug anzubieten. [2]Der Vorstand hat dieses Bezugsangebot mit den Angaben gemäß Absatz 2 Satz 1 und einen endgültigen Ausgabebetrag gemäß Absatz 2 Satz 2 bekannt zu machen; gleiches gilt, wenn die neuen Aktien von einem anderen als einem Kreditinstitut oder Unternehmen im Sinne des Satzes 1 mit der Verpflichtung übernommen werden sollen, sie den Aktionären zum Bezug anzubieten.

Übersicht:

A. Regelungsgegenstand und -zweck

§ 186 AktG gewährt Aktionären einer AG ein **Bezugsrecht auf quotale Zuteilung** neuer Aktien im Rahmen von Kapitalerhöhungen und bestimmt die Art und Weise der Ausübung. Des Weiteren sind Voraussetzungen für den Ausschluss dieses Bezugsrechts geregelt. Zweck der Regelung ist der **Schutz der Aktionäre vor einer Verwässerung,** insbes. ihrer Stimmkraft und ihrer Gewinn- und Liquidationsverteilung (vgl. ausführl. *Zöllner* AG 2002, 585). 1

§ 186 AktG betrifft originär die Kapitalerhöhung gegen Einlagen (§§ 182 ff. AktG). über § 203 Abs. 1 S. 1 AktG gilt die Vorschrift auch für die Ausnutzung eines genehmigten Kapitals. Die bedingte Kapitalerhöhung ist hingegen ebenso wenig erfasst wie die Kapitalerhöhung aus Gesellschaftsmitteln. Für den Fall der Verschmelzung wird die Anwendbarkeit in § 69 Abs. 1 S. 1 UmwG explizit ausgeschlossen (vgl. zum Ganzen *Hüffer* AktG, § 186 Rn. 3). 2

B. Gesetzliches Bezugsrecht, Abs. 1

I. Gegenstand

3 Abs. 1 S. 1 begründet ein **Recht jedes Aktionärs** auf Zuteilung eines seinem Anteil am bisherigen Grundkapital entsprechen Teils neuer Aktien im Rahmen von Kapitalerhöhungen. Mit Ausübung des Bezugsrechts und Abgabe eines wirksamen Zeichnungsscheins entsteht ein konkreter Anspruch auf Abschluss eines Zeichnungsvertrages zu den Bedingungen des Kapitalerhöhungsbeschlusses. Der davon abzugrenzende **konkrete Bezugsanspruch** entsteht mit Wirksamwerden des Kapitalerhöhungsbeschlusses und steht unter der Bedingung, dass die Kapitalerhöhung tatsächlich durchgeführt wird. Er kann nach §§ 413, 398 BGB **übertragen** werden, ist **erblich und pfändbar** (RGZ 65, 21, 22; 97, 239, 240; *Hüffer* AktG, § 186 Rn. 6 f.). Kann ein Bezugsanspruch nur unter Vorlage des Dividendenscheins ausgeübt werden, sind §§ 929 ff. BGB für die Übertragung maßgeblich (KölnKomm AktG/*Lutter* § 186 Rn. 11; MüKo AktG/*Peifer* § 186 Rn. 23).

4 Das Bezugsrecht gewährt keinen Anspruch auf Zuteilung von Aktien zum geringsten Ausgabebetrag oder auf Zuteilung der bisherigen Aktienart oder -gattung entsprechender Aktien (RGZ 68, 235, 240; 76, 138, 141). Bei Ausgabe verschiedener Gattungen entsteht das Bezugsrecht an einem entsprechenden Teil jeder Gattung, ungeachtet dessen, ob der Aktionär Inhaber von Stammaktien oder Vorzugsaktien ist (*Hüffer* AktG, § 186 Rn. 4; KölnKomm AktG/*Lutter* § 186 Rn. 17; a. A. *Frey/Hirte* DB 1989, 2265, 2266 f.). Die Hauptversammlung kann aber im Kapitalerhöhungsbeschluss unter den Voraussetzungen der Abs. 3 und 4 bestimmen, dass Aktionäre nur zum Bezug solcher Aktien berechtigt sind, die der von ihnen gehaltenen Gattung entsprechen; zu beachten ist, dass hiermit ein (teilweiser) Bezugsrechtausschluss einhergeht (*Hüffer* AktG, § 186 Rn. 4, 30; a. A. *Bezzenberger* FS Quack 1991, 153, 161). Der Bezugsrechtausschluss ist sachlich gerechtfertigt, wenn das Verhältnis der Gattungen zueinander gewahrt bleibt (sog. »gekreuzter Bezugsrechtsausschluss«), arg. § 216 Abs. 1 AktG (*Hüffer* AktG, § 186 Rn. 30, MüKo AktG/*Peifer* § 186 Rn. 27; *Scheiffele* BB 1990, 497, 499; *Werner* AG 1971, 69, 73; enger LG Tübingen, AG 1994, 406, 407 f.).

5 Das Bezugsrecht bezieht sich auf den **Prozentsatz am Erhöhungsbetrag**, mit dem der Bezugsberechtigte Aktionär am bisherigen Grundkapital beteiligt ist. Abs. 1 S. 1 ist durch die Satzung **nicht abdingbar** (*Hüffer* AktG, § 186 Rn. 5). Entstehen Bruchteilsrechte, so kann der Berechtigte seine Bruchteilsrechte veräußern, weitere Bruchteilsrechte im erforderlichen Umfang hinzuerwerben oder mit anderen Bruchteilsberechtigten das Recht an einer Aktie nach Maßgabe von § 69 AktG gemeinsam ausüben (*Hüffer* AktG, § 186 Rn. 5).

II. Bezugsberechtigte

6 Bezugsberechtigt sind **sämtliche Aktionäre**, insbes. auch Aktionäre mit Vorzugsaktien ohne Stimmrecht (h. M. vgl. *Reckinger* AG 1983, 216, 219; *Wirth/Arnold* ZGR 2002, 859, 864 f.; a. A. GroßkommAktG/*Wiedemann* § 186 Rn. 5 b). Maßgeblich für die Aktionärseigenschaft ist der Zeitpunkt des Wirksamwerdens des Kapitalerhöhungsbeschlusses (MüKo AktG/*Peifer* § 186 Rn. 26; *Hüffer* AktG, § 186 Rn. 8). Besteht an einer Aktie eine Rechtsgemeinschaft, greift § 69 AktG. Hat die AG eigene Aktien, so steht ihr hieraus gem. § 71 b AktG kein Bezugsrecht zu.

7 Im Falle des **Nießbrauchs** bleibt das Bezugsrecht i. d. R. beim Aktionär, da der Bezugsanspruch keine Nutzung i. S. d. §§ 1030 Abs. 1, 1068 Abs. 2, 100 BGB darstellt (BGHZ 58, 316, 319 zur KG; OLG Bremen AG 1970, 335). Auch im Falle der Belastung mit einem **Pfandrecht** gem. §§ 1273, 1293 BGB verbleibt das Bezugsrecht beim Aktionär, der ohne Zustimmung des Pfandgläubigers über die Veräußerung oder Ausübung des Bezugsanspruches entscheidet; § 1276 Abs. 2 BGB ist nicht einschlägig (*Hüffer* AktG, § 186 Rn. 11). Sowohl der Nießbrauch als auch das Pfandrecht erstrecken sich nicht automatisch auf die neuen Aktien im Falle der Ausübung des Bezugsrechts; der Berechtigte hat jedoch einen Anspruch auf Bestellung eines Nießbrauchs am Veräußerungserlös oder an den jungen Aktien in einem Umfang, der dem Verhältnis des Werts des Bezugsrechts zum Gesamtwert der neuen Aktien entspricht, bzw. zur Bestellung eines Pfandrechts

am Veräußerungserlös bzw. an einem dem Wertverhältnis entsprechenden Teil der neuen Aktien (BGH WM 1982, 1433 f. zur KG; MüKo AktG/*Peifer* § 186 Rn. 33 f.). Im Falle des **Sicherungseigentums** ist der Sicherungseigentümer als Aktionär bezugsberechtigt; die neuen Aktien werden jedenfalls entsprechend der Wertrelation Treugut (MüKo AktG/*Peifer* § 186 Rn. 35; MünchHdb GesR IV/*Krieger* § 56 Rn. 64; weitergehend *Hüffer* AktG, § 186 Rn. 12).

III. Bezugserklärung

Das Bezugsrecht wird durch **formfreie Bezugserklärung** gegenüber der AG ausgeübt (*Hüffer* AktG, § 186 Rn. 14). Ob mit der Abgabe der Bezugserklärung eine Verpflichtung zur Abgabe einer Zeichnungserklärung entsteht, ist streitig, nach zutr. Auffassung aber wegen der Formbedürftigkeit (§ 185 AktG) zu verneinen (so *Hüffer* AktG, § 186 Rn. 14; MüKo AktG/*Peifer* § 186 Rn. 40; MünchHdb GesR IV/*Krieger* § 56 Rn. 65; a. A. *v. Godin/Wilhelmi* § 186 Rn. 2; *Baumbach/Hueck* § 186 Rn. 10). 8

Gem. Abs. 1 S. 2 hat entweder die Hauptversammlung im Kapitalerhöhungsbeschluss oder ansonsten der Vorstand eine **Frist von mindestens zwei Wochen** zu bestimmen, innerhalb derer das Bezugsrecht auszuüben ist. Eine solche Frist kann auch generell in der Satzung bestimmt werden (*Hüffer* AktG, § 186 Rn. 15). Übersteigt die Frist die Mindestdauer, ist § 185 Abs. 1 S. 3 Nr. 4 AktG zu beachten. Die Frist beginnt mangels abweichender Bestimmungen mit der Bekanntgabe nach Abs. 2 und berechnet sich nach §§ 187 Abs. 1, 188 Abs. 2 BGB. Für die **Fristwahrung** ist der Zugang der Bezugserklärung maßgeblich. Fehlt eine Fristbestimmung, so können die Aktionäre ihr Bezugsrecht solange ausüben, bis die Durchführung der Kapitalerhöhung im Hinblick auf § 185 Abs. 1 S. 3 Nr. 4 AktG angemeldet werden muss (*Hüffer* AktG, § 186 Rn. 15). 9

Die Ausübungsfrist ist eine **Ausschlussfrist**, deren Ablauf zum Verlust des Bezugsanspruchs führt. Die AG kann dann über die nicht bezogenen Aktien frei verfügen, muss allerdings zum besten Kurs abgeben (MüKo AktG/*Peifer* § 186 Rn. 44; KölnKomm AktG/*Lutter* § 186 Rn. 25; *Hüffer* AktG, § 186 Rn. 16). 10

IV. Verstoß

Wird das gesetzliche Bezugsrecht eines Aktionärs nicht beachtet, so ist eine dennoch erfolgte Eintragung der Durchführung der Kapitalerhöhung gem. § 188 AktG wirksam, ohne dass der übergangene Aktionär an der Kapitalerhöhung beteiligt würde. Er kann seinen Bezugsanspruch nur vor Eintragung (§§ 188, 189 AktG) – ggf. im Wege der einstweiligen Verfügung, vgl. aber § 945 ZPO, auf Untersagung des Abschlusses von Zeichnungsverträgen mit nachrangigen Zeichnern – durchsetzen. Ggf. kommt ein Vorgehen nach § 16 Abs. 2 HGB in Betracht (*Hüffer* AktG, § 186 Rn. 17). Nach Eintragung besteht ein Schadensersatzanspruch aus §§ 280 Abs. 1 und 3, 283 BGB sowie § 823 Abs. 2 BGB i. V. m. § 186 AktG (KölnKomm AktG/*Lutter* § 186 Rn. 41; zweifelnd *Hüffer* AktG, § 186 Rn. 18). 11

C. Bekanntmachung, Abs. 2

Im Falle des unmittelbaren Bezugsrechts sind die Bekanntmachungspflichten nach Abs. 2 zu beachten. Steht der Ausgabebetrag noch nicht fest, so sind die Grundlagen für seine Festlegung bekannt zu machen und ist der Ausgabebetrag gem. Abs. 2 S. 2 spätestens drei Tage vor Ablauf der Bezugsfrist gesondert bekannt zu machen. Über die Angaben, die die Norm explizit verlangt, ist weiter bekannt zu machen, dass die Kapitalerhöhung beschlossen wurde, und sind Erhöhungsbetrag und Bezugsverhältnis anzugeben (MüKo AktG/*Peifer* § 186 Rn. 50; KölnKomm AktG/*Lutter* § 186 Rn. 48; *Hüffer* AktG, § 186 Rn. 19; MünchHdb GesR IV/*Krieger* § 56 Rn. 67). Die Bekanntmachung erfolgt in den Gesellschaftsblättern (§ 25 AktG), im Falle des Abs. 2 S. 2 zusätzlich aber über ein elektronisches Informationsmedium. 12

D. Ausschluss des Bezugsrechts, Abs. 3 und 4

I. Formalia

13 Das Bezugsrecht kann nur im Beschluss über die Erhöhung des Grundkapitals ausgeschlossen werden und ist damit **untrennbarer Bestandteil**. Zuständig ist folglich die Hauptversammlung. Neben den sonstigen Beschlusserfordernissen für die Kapitalerhöhung bedarf der Bezugsrechtsausschluss einer **Kapitalmehrheit von mindestens ³/₄** des bei der Beschlussfassung vertretenen Grundkapitals. Die Satzung kann nur eine größere Kapitalmehrheit bestimmen oder weitere Erfordernisse aufstellen. Auch für gem. § 182 Abs. 2 AktG erforderliche Sonderbeschlüsse (vgl. § 182 AktG Rn. 16 ff.) gelten die Erfordernisse des Abs. 3 (MüKo AktG/*Peifer* § 186 Rn. 63; *Hüffer* AktG, § 186 Rn. 21; KölnKomm AktG/*Lutter* § 186 Rn. 54).

14 Die Kapitalerhöhung unter Ausschluss des Bezugsrechts darf nur beschlossen werden, wenn der Bezugsrechtsausschluss gem. § 124 Abs. 1 AktG in den Gesellschaftsblättern **bekannt gemacht** wurde. Sowohl der Bezugsrechtsausschluss als auch seine Bekanntmachung können **konkludent** erfolgen, etwa durch abschließende Aufzählung der zur Zeichnung zugelassenen Personen. Tatsache und Umfang des Bezugsrechtsausschlusses müssen aber klar sein, so dass der Hinweis, es solle »über das Bezugsrecht« beschlossen werden, nicht ausreichend ist (MüKo AktG/*Peifer* § 186 Rn. 64; *Hüffer* AktG, § 186 Rn. 20, 22; vgl. auch die Bsp. bei KölnKomm AktG/*Lutter* § 186 Rn. 55). Im Fall der Vollversammlung gilt § 121 Abs. 6 AktG. Ein Verstoß gegen das Bekanntmachungserfordernis führt zur **Anfechtbarkeit** des Beschlusses (*Hüffer* AktG, § 186 Rn. 22).

II. Materielle Voraussetzungen

15 Nach allg. Meinung bedarf es für einen Bezugsrechtsausschluss – auch für einen teilweisen (vgl. BGHZ 33, 175, 18; LG Kassel WM 1989, 789) – einer **sachlichen Rechtfertigung** (BGHZ 71, 40, 43 ff.; vgl. auch BGHZ 83, 319, 325; LG Frankfurt/Main AG 1984, 296, 299; *Rodloff* ZIP 2003, 1076, 1079 ff.; einschränkend *Bezzenberger* ZIP 2002, 1917, 1924 ff.; a. A. *Kindler* ZHR 158 (1994), 339, 358 ff.). Sachlich gerechtfertigt ist der Bezugsrechtsausschluss, wenn er im Interesse der Gesellschaft liegt und zur Erreichung des beabsichtigten Zwecks geeignet, erforderlich und verhältnismäßig ist (BGHZ 71, 40, 46; 83, 319, 321; 120, 141, 145 f.; 125, 239, 241; OLG Braunschweig AG 1999, 84, 86; OLG Stuttgart AG 1998, 529, 531). Einer sachlichen Rechtfertigung bedarf es ausnahmsweise nicht, wenn sämtliche Aktionäre dem Bezugsrechtsausschluss zustimmen (*Hüffer* AktG, § 186 Rn. 25; *Lutter/Schneider* ZGR 1975, 182, 198).

1. Gesellschaftsinteresse

16 Der Bezugsrechtsausschluss liegt im Interesse der Gesellschaft, wenn er im Rahmen des Unternehmensgegenstandes den **Gesellschaftszweck fördert** (*Hüffer* AktG, § 186 Rn. 26; MüKo AktG/*Peifer* § 186 Rn. 75; teilw. a. A. *Schockenhoff*, Gesellschaftsinteresse und Gleichbehandlung beim Bezugsrechtsausschluß, 1988, 23 ff.; *Hirte*, Bezugsrechtsausschluß und Konzernbildung, 1986, 27 ff.). Grds. kommt jedes, nicht nur ein überragendes Interesse in Betracht. Konzerninteressen genügen nicht (BGHZ 71, 40, 50; MüKo AktG/*Peifer* § 186 Rn. 75; *Hüffer* AktG, § 186 Rn. 26).

2. Geeignetheit und Erforderlichkeit

17 Nach allg. Meinung ist der Bezugsrechtsausschluss geeignet, wenn der **angestrebte Zweck** mit ihm **erreicht** werden kann. Erforderlich ist er, wenn entweder keine Alternative besteht oder der Bezugsrechtsausschluss unter mehreren Möglichkeiten den Zweck am besten zu fördern vermag. Dabei ist insbes. abzugrenzen, ob der Zweck nicht auch durch eine Kapitalerhöhung mit gesetzlichem Bezugsrecht verfolgt werden kann (BGHZ 83, 319, 321; 125, 239, 244; *Hüffer* AktG, § 186 Rn. 27; MüKo AktG/*Peifer* § 186 Rn. 76; KölnKomm AktG/*Lutter* § 186 Rn. 27).

3. Verhältnismäßigkeit

Im Rahmen der Verhältnismäßigkeitsprüfung ist eine **Abwägung** zwischen dem Gesellschaftsinteresse einerseits und dem Interesse der Aktionäre am Erhalt ihrer Rechtsposition andererseits vorzunehmen (BGHZ 71, 40, 46; 83, 319, 321). Aktionärsinteressen sind insbes. der Schutz vor Kursverwässerung und Beeinträchtigung der Stimmkraft (MüKo AktG/*Peifer* § 186 Rn. 28; GroßkommAktG/*Wiedemann* § 186 Rn. 147; *Hüffer* AktG, § 186 Rn. 28). Verhältnismäßigkeit kann dadurch erreicht werden, dass Nachteile der Aktionäre durch begleitende Maßnahmen (z. B. mit der Sachkapitalerhöhung verbundene Barkapitalerhöhung mit gesetzlichem Bezugsrecht) ausgeglichen werden können (*Hüffer* AktG, § 186 Rn. 28; KölnKomm AktG/*Lutter* § 186 Rn. 63 f.). 18

4. Einzelfälle

a) Barkapitalerhöhung

Zulässig: teilweiser Bezugsrechtsausschluss zum Zweck der Vermeidung freier Spitzen (BGHZ 83, 319, 323; OLG Frankfurt AG 1986, 233, 234); Ausgabe von Belegschaftsaktien (BGHZ 83, 319, 323; BGH NJW 2000, 2356; vgl. differenzierend *Hüffer* AktG, § 186 Rn. 29); Bedienung von Wandlungs- und Optionsrechten aus Schuldverschreibungen gem. § 221 AktG (BGHZ 83, 319, 323; LG Frankfurt/Main AG 1984, 296, 299); gekreuzter Bezugsrechtsausschluss (vgl. Rn. 4); Sanierung, wenn der Investor sein Engagement von einer Mehrheitsbeteiligung abhängig macht (BGHZ 83, 319, 323; LG Heidelberg ZIP 1988, 1257, 1258); Börseneinführung, wenn die erforderliche Aktienzahl nur so zur Verfügung gestellt werden kann und überwiegende Gründe für eine Börsennotierung bestehen (MüKo AktG/*Peifer* § 186 Rn. 96; *Hüffer* AktG, § 186 Rn. 31; MünchHdb GesR IV/*Krieger* § 56 Rn. 72; a. A. *Hirte*, Bezugsrechtsausschluß, S. 66); Einführung der Aktien einer größeren AG an ausländischer Börse (BGHZ 125, 239, 242 f.; vgl. auch LG München I AG 1991, 73, 74 für Optionsanleihen); Kooperation mit einem anderen Unternehmen, wenn der Partner eine Beteiligung verlangt (BGHZ 83, 319, 323). **Unzureichend**: höher erzielbarer Ausgabekurs allein (*Hüffer* AktG, § 186 Rn. 33; KölnKomm AktG/*Lutter* § 186 Rn. 76; MüKo AktG/*Peifer* § 186 Rn. 95); vermutete fehlende Übernahmebereitschaft der Altaktionäre (OLG Celle AG 2002, 292); schwierige Kapitalmarktsituation (*Hüffer* AktG, § 186 Rn. 33; KölnKomm AktG/*Lutter* § 186 Rn. 77; a. A. wohl *Timm* DB 1982, 211, 215). 19

b) Sachkapitalerhöhung

Auch wenn die Kapitalerhöhung mit Sacheinlage regelmäßig mit einem Bezugsrechtsausschluss einhergeht, ist die bloße Tatsache der Sacheinlage keine Rechtfertigung für den Bezugsrechtsausschluss, sondern muss die AG ein **hinreichendes Interesse am Erwerb** des Einlagegegenstandes haben (BGHZ 71, 40, 46). Erforderlich ist der Bezugsrechtsausschluss nur, wenn die Sacheinlage nicht unter Einsatz von Barmitteln, ggf. nach Beschaffung durch Barkapitalerhöhung, durch einfachen Kaufvertrag zu vergleichbaren Konditionen erworben werden kann (MüKo AktG/*Peifer* § 186 Rn. 90; *Hüffer* AktG, § 186 Rn. 34). Nichts anderes gilt, wenn Gegenstand der Sacheinlage ein Unternehmen oder eine Beteiligung ist (BGHZ 71, 40, 46; LG Aachen AG 1995, 45 f.). Für die Umwandlung von Schulden in Kapital ist der Bezugsrechtsauschluss i. d. R. nicht erforderlich, wenn die zur Tilgung erforderlichen Mittel auch durch Barkapitalerhöhung ohne Bezugsrechtsausschluss beschafft werden können (MüKo AktG/*Peifer* § 183 Rn. 39; *Hüffer* AktG, § 186 Rn. 35; *Füchsel* BB 1972, 1533, 1538). 20

5. Gerichtliche Kontrolle

Die sachliche Rechtfertigung des Bezugsrechtsausschlusses unterliegt gerichtlicher Kontrolle. Allerdings ist der Verwaltung ein **unternehmerisches Beurteilungsermessen** einzuräumen. Es genügt, dass »die an der Entscheidung beteiligten Organe nach dem tatsächlichen Bild, wie es sich zur Zeit der Beschlussfassung darbot, aufgrund sorgfältiger, von gesellschaftsfremden Erwägungen freier Abwägung davon ausgehen durften«, der Bezugsrechtsausschluss sei gerechtfertigt (BGHZ 71, 40, 50; vgl. auch OLG Braunschweig AG 1999, 84, 86; OLG Stuttgart AG 1998, 21

529, 531; LG Heidelberg ZIP 1988, 1257, 1258; LG Kassel AG 1975, 163, 164; LG München I AG 1991, 73, 74). Bei Wertungen oder Prognosen kann das Gericht nur prüfen, ob die Organe von zutreffenden und vollständigen Tatsachen ausgegangen sind und dass keine gesellschaftsfremden Erwägungen eingeflossen sind (BGHZ 125, 239, 247 ff.; 71, 40, 50). Die gerichtliche Kontrolle bezieht sich auf den Zeitpunkt der Beschlussfassung; nachträglich bekannt gewordene Umstände bleiben unberücksichtigt (BGHZ 71, 40, 50; 83, 319, 320 f.). Grundlage der Prüfung ist der Bericht des Vorstands (vgl. Rn. 35).

22 Nach zutr. Auffassung hat im Anfechtungsprozess die AG die sachliche Rechtfertigung des Bezugsrechtsausschlusses **darzulegen und zu beweisen** (MüKo AktG/*Hüffer* AktG, § 243 Rn. 140; *Hüffer* AktG, § 186 Rn. 38; *Hüffer* FS Fleck 1988, 151, 166 f.; MüKo AktG/*Peifer* § 186 Rn. 81; MünchHdb GesR IV/*Krieger* § 56 Rn. 86; a. A. OLG Frankfurt AG 1976, 298, 301 f.).

6. Barkapitalerhöhung zum Börsenpreis

23 Einen **besonderen Rechtfertigungstatbestand** für den Bezugsrechtsausschluss enthält Abs. 3 S. 4. Bei Vorliegen der Voraussetzungen des Abs. 3 S. 4 ist der Bezugsrechtsausschluss sachlich gerechtfertigt und kann nicht wegen Verletzung mitgliedschaftlicher Treuepflichten gem. § 243 Abs. 1 AktG angefochten werden. Die Kontrollmöglichkeit nach § 255 Abs. 2 AktG bleibt indes nach zutr. Auffassung (*Hüffer* AktG, § 186 Rn. 39 e m. w. N.; *Mühlbert* S. 267 f.; a. A. *Seibert/Köster/Kiem* § 186 Rn. 219; *Martens* FS Bezzenberger 2000, 267, 277 f.).

24 Voraussetzung ist eine **Barkapitalerhöhung**. Eine gleichzeitige Kapitalerhöhung mit Sacheinlagen ist zulässig, aber nicht nach Abs. 3 S. 4 zu beurteilen (*Hüffer* AktG, § 186 Rn. 39 c; *Lutter* AG 1994, 429, 441; *Groß* DB 1994, 2431, 2432; zur Barkapitalerhöhung vgl. auch OLG München NJW 1995, 1972 = AG 1995, 231).

25 Für die Berechnung der **Grenze von 10 %** ist die **Grundkapitalziffer** gem. Satzung zum Zeitpunkt der Beschlussfassung über den Bezugsrechtsausschluss maßgeblich (*Hüffer* AktG, § 186 Rn. 39 c; *Groß* DB 1994, 2431, 2432 f.; *Ihrig/Wagner* NZG 2002, 657, 660; *Marsch-Barner* AG 1994, 532, 534). Bei der Ausgabe von Bezugsaktien ist auf das dadurch erhöhte Grundkapital (§ 200 AktG) abzustellen (*Trapp* AG 1997, 115, 116). Die Erhöhungsgrenze gilt für das vorhandene genehmigte Kapital insgesamt. Unzulässig sind Vorratsbeschlüsse, die den Vorstand ermächtigen, von einem die Kapitalgrenze übersteigenden genehmigten Kapital Gebrauch zu machen, wenn die einzelnen Erhöhungstranchen jeweils 10 % nicht übersteigen (OLG München AG 1996, 518; Vorinstanz: LG München I AG 1996, 138, 139 f.).

26 Der **Ausgabebetrag** darf schließlich den **Börsenpreis nicht wesentlich unterschreiten**. Vorausgesetzt ist damit die Zulassung der Aktien zum amtlichen oder geregelten Markt einer Wertpapierbörse oder die Einbeziehung in den Freiverkehr (vgl. §§ 30 ff., 49 ff., 57 BörsG). Strittig ist, ob eine **Inlandsnotierung** erforderlich ist oder auch ein im Ausland festgestellter Börsenpreis herangezogen werden kann (für Inlandsnotierung: *Hüffer* AktG, § 186 Rn. 39 c; GroßkommAktG/*Wiedemann* § 186 Rn. 153; *Lutter* AG 1994, 429, 441 f.; auch für Auslandsnotiz: *Hölters/Deilmann/Buchta* S. 17; *Marsch-Barner* AG 1994, 532, 533; *Seibert/Köster/Kiem* § 186 Rn. 227). Zur Bemessung des Börsenpreises ist nach zutr. Auffassung auf einen Durchschnittskurs abzustellen, wobei die Länge der Referenzperiode unklar ist. In der Literatur wird eine Referenzperiode von fünf Börsentagen vor der Ausgabe genannt (*Hüffer* AktG, § 186 Rn. 39 d; *Lutter* AG 1994, 429, 442; a. A. (Stichtagskurs) *Marsch-Barner* AG 1994, 532, 536 f.; *Trapp* AG 1997, 115, 120). Die **Wesentlichkeitsgrenze** im Falle einer Unterschreitung des Börsenpreises liegt bei **15 %** (AusschussBegr. BT-Drs. 12/7848, 9; vgl. auch *Seibert/Köster/Kiem* § 186 Rn. 230; *Marsch-Barner* AG 1994, 532, 537; *Martens* ZIP 1992, 1677, 1687; abw. *Zöllner* AG 2002, 585, 592; KölnKomm AktG/*Lutter* § 186 Nachtrag 15 (3 %); starre Grenze ablehnend *Schwark* FS Claussen 1997, 357, 372 f.).

III. Faktischer Bezugsrechtsausschluss

Auch wenn das Bezugsrecht der Aktionäre nicht ausdrücklich ausgeschlossen ist, kann bspw. durch Festsetzung eines überhöhten Ausgabebetrages oder ungewöhnlich hohe Festsetzung des geringsten Ausgabebetrages die Ausübung des gesetzlichen Bezugsrechts derart erschwert werden, dass das Bezugsrecht faktisch ausgeschlossen ist. Entsprechende Festsetzungen beurteilen sich in ihrer Zulässigkeit nach den formellen und materiellen Voraussetzungen des Bezugsrechtsausschlusses. Werden diese nicht eingehalten, ist der Erhöhungsbeschluss anfechtbar (*Hüffer* AktG, § 186 Rn. 43; MüKo AktG/*Peifer* § 186 Rn. 100; MünchHdb GesR IV/*Krieger* § 56 Rn. 85). 27

IV. Bericht des Vorstands

Der Vorstand hat der Hauptversammlung einen **schriftlichen Bericht** vorzulegen, in dem der Grund für den Ausschluss des Bezugsrechts darzulegen und der Ausgabebetrag zu begründen ist. Der Bericht ist Grundlage der gerichtlichen Prüfung im Falle eines Anfechtungsprozesses; er kann nicht durch mündliche Erläuterungen in der Hauptversammlung ergänzt werden, da anderenfalls von einer Unvollständigkeit auszugehen ist (BGHZ 83, 319, 326; OLG Celle AG 2002, 292; OLG München AG 1991, 210, 211; MüKo AktG/*Peifer* § 186 Rn. 65, 68, 104; *Hüffer* AktG, § 186 Rn. 23, 42; *Lutter* ZGR 1979, 401, 415; *Sethe* AG 1994, 342, 356 ff.). Auch in den Fällen des § 186 Abs. 3 S. 4 AktG ist der Bericht des Vorstands zum Bezugsrechtsausschluss **unverzichtbar** (*Hüffer* AktG, § 186 Rn. 39 f). 28

1. Vorlage

Der Vorstandsbericht muss nach ganz h. M. entsprechend § 175 Abs. 2 S. 1 AktG von der Einberufung der Hauptversammlung an in den Geschäftsräumen der AG **ausgelegt** werden. Auf Verlangen ist jedem Aktionär gem. § 175 Abs. 2 S. 2 AktG eine **Abschrift** zu übersenden (vgl. dazu ausführl. § 175 AktG Rn. 6 f.; MüKo AktG/*Peifer* § 186 Rn. 69; *Hüffer* AktG, § 186 Rn. 23; KölnKomm AktG/*Lutter* § 186 Rn. 57; *Kort* ZIP 2002, 685, 688; vgl. auch LG Heidelberg ZIP 1988, 1257, 1258; a. A. *Becker* BB 1981, 394, 395; *Marsch* AG 1981, 211, 213 f.). Darüber hinaus muss der Bericht während der Hauptversammlung ausliegen. 29

Eine vollständige Bekanntmachung des Berichtes entsprechend § 124 Abs. 2 S. 2 AktG ist nicht erforderlich. Es genügt die **Bekanntmachung des wesentlichen Inhalts** (BGHZ 120, 141, 155; OLG Celle AG 2002, 292). Ob eine Mitteilung entsprechend §§ 125, 128 AktG erforderlich ist, ist strittig (so KölnKomm AktG/*Lutter* § 186 Rn. 57; *Timm* DB 1982, 211, 217; a. A. *Hüffer* AktG, § 186 Rn. 23). 30

2. Inhalt

Der Bericht hat **umfassend und konkret** die Tatsachen zu enthalten, die für die materielle Rechtfertigung des Bezugsrechtsausschlusses erforderlich sind (BGHZ 83, 319, 326; OLG Hamm AG 1989, 31, 32 f.; OLG Schleswig AG 2004, 155, 158; LG Frankfurt/Main AG 1984, 296, 299). Insoweit ist auch auf die für die Abwägung relevanten Interessen der Aktionäre einzugehen, u. U. auch darauf, ob das angestrebte Ziel mit milderen Mitteln erreicht werden kann (OLG München AG 1991, 210, 211). Darüber hinaus ist der Ausgabebetrag unter Darlegung der Berechnungsgrundlagen und Bewertungskriterien zu begründen. Soll die Hauptversammlung keinen Ausgabebetrag oder nur einen Mindestbetrag oder eine Betragsspanne festsetzen, so hat der Vorstand in den vorgegebenen Grenzen den Ausgabekurs unter Beachtung von § 255 Abs. 2 AktG zu bestimmen und in seinem Bericht zu begründen (*Hüffer* AktG, § 186 Rn. 24, 41). 31

Im Fall des Abs. 3 S. 4 genügt ein **verminderter Vorstandsbericht**. Jedenfalls aber muss dargelegt werden, dass der Bezugsrechtsausschluss dem Interesse der Gesellschaft an optimalen Erlösen dient (LG München I AG 1996, 138, 139; FraktionsBegr. BT-Drs. 12/6721, 10; AusschussBegr. BT-Drs. 12/7848, 9; *Seibert/Köster/Kiem* § 186 Rn. 214; *Marsch-Barner* AG 1994, 532, 538; krit. *Hüffer* AktG, § 186 Rn. 39 f.). 32

V. Beschlussmängel

33 Der Bezugsrechtsausschluss ist **unwirksam**, wenn über ihn nicht im Kapitalerhöhungsbeschluss entschieden wurde (Abs. 3 S. 1). Im Falle eines Verstoßes gegen § 241 Nr. 4 AktG ergibt sich **Nichtigkeit** (vgl. § 241 AktG Rn. 18; RGZ 107, 72, 74). Die Literatur geht davon aus, dass auch ein Verstoß gegen § 241 Nr. 3 AktG denkbar ist (MüKo AktG/*Peifer* § 186 Rn. 103, *Hüffer* AktG, § 186 Rn. 42). **Anfechtbarkeit** ist nur anzunehmen, wenn der Bezugsrechtsausschluss nicht ausdrücklich oder ordnungsgemäß bekannt gemacht wurde (Abs. 4 S. 1) oder der Bericht des Vorstands nicht oder nicht ordnungsgemäß vorlag. Im letzten Fall ist strittig, ob der Verstoß gegen die Anforderungen nach Abs. 4 S. 2 für den Bezugsrechtsausschluss ursächlich sein muss (so OLG München AG 1991, 210, 211; *Becker* BB 1981, 394, 396; *Bischoff* BB 1987, 1055, 1060; a. A. MüKo AktG/*Peifer* § 186 Rn. 104; *Hüffer* AktG, § 186 Rn. 42; MünchHdb GesR IV/*Krieger* § 56 Rn. 86). Anfechtbarkeit kommt schließlich nach §§ 243 Abs. 1, 255 Abs. 2 AktG in Betracht (vgl. § 255 AktG Rn. 2 ff.). Die Fehlerhaftigkeit des Bezugsrechtsausschlusses führt zur Nichtigkeit oder Anfechtbarkeit des gesamten Erhöhungsbeschlusses (RGZ 118, 67, 70 f.; einschränkend OLG Frankfurt AG 1993, 281, 283; LG Braunschweig AG 1993, 194 f.; LG München I AG 1996, 138, 140).

E. Mittelbares Bezugsrecht, Abs. 5

34 Aus Gründen der Praktikabilität werden bei großen Publikumsgesellschaften i. d. R. **Emissionsunternehmen** zwischengeschaltet, um neue Aktien aus Kapitalerhöhung bei den Aktionären zu platzieren. Obwohl in diesem Falle nur das Emissionsunternehmen die neuen Aktien zeichnet, liegt bei wirtschaftlicher Betrachtung kein Ausschluss des Bezugsrechts vor, wenn die Aktien mit der Verpflichtung übernommen werden, sie den Aktionären entsprechend Abs. 1 S. 1 anzubieten. Gem. Abs. 5 müssen in diesem Falle daher die formellen und materiellen Voraussetzungen des Bezugsrechtsausschlusses (Abs. 3 und 4, vgl. Rn. 13 ff.) nicht beachtet werden.

I. Inhalt des Erhöhungsbeschlusses

35 Bereits im Kapitalerhöhungsbeschluss muss festgesetzt werden, dass die neuen Aktien von einem Emissionsunternehmen mit der Verpflichtung übernommen werden sollen, sie den Aktionären zum Bezug anzubieten (OLG Hamburg AG 2000, 326, 328; MüKo AktG/*Peifer* § 186 Rn. 106). Sofern das Emissionsunternehmen bereits bekannt ist, kann es, muss es aber nicht im Beschluss namentlich genannt werden. Mangels konkreter Benennung obliegt die Auswahl dem Vorstand (MüKo AktG/*Peifer* § 186 Rn. 107; *Hüffer* AktG, § 186 Rn. 49). Die Hauptversammlung kann darüber hinaus den Ausgabebetrag und den Bezugskurs festsetzen, sofern diese Festsetzungen nicht dem Vorstand überlassen bleiben sollen (KölnKomm AktG/*Lutter* § 186 Rn. 107; MüKo AktG/*Peifer* § 186 Rn. 109; *Schlitt/Seiler* WM 2003, 2175, 2177).

II. Emissionsunternehmen

1. Begriff

36 Abs. 5 S. 1 bestimmt, dass sowohl **Kreditinstitute** als auch die in §§ 53 Abs. 1 S. 1, 53 b Abs. 1 S. 1 oder Abs. 7 KWG bezeichneten Unternehmen eingesetzt werden dürfen. Mehrere dieser Emissionsunternehmen können **unverbunden** oder **als Konsortium** handeln, wobei im Falle von Konsortien sämtliche Mitglieder des Konsortiums Emissionsunternehmen sein müssen. Werden anstelle eines Kreditinstitutes einzelne Aktionäre oder sonstige Dritte als Mittler eingesetzt, so liegt ein Ausschluss des Bezugsrechts vor, bei dem die materiellen und formellen Voraussetzungen aus Abs. 3 und 4 beachtet werden müssen (OLG Düsseldorf AG 2001, 51, 53) oder ist der Beschluss anfechtbar (OLG Koblenz NZG 1998, 552, 553).

2. Verpflichtung zum Angebot

37 Die Verpflichtung, die Aktien den Aktionären zum Bezug anzubieten, erfolgt durch **Vertrag zu Gunsten Dritter** (§ 328 BGB) mit der AG (BGHZ 114, 203, 208; 118, 83, 96; 122, 180, 186; OLG Düsseldorf AG 2001, 51, 52 f.). Die Verpflichtung muss sich auf alle neuen Aktien erstrecken, für die

kein Direktbezug vorgesehen ist. Jeder Aktionär muss neue Aktien entsprechend seinem gesetzlichen Bezugsrecht aus § 186 Abs. 1 S. 1 AktG erwerben können. Schließlich müssen die Aktien **unverzüglich** angeboten werden, da im Falle einer zeitlichen Verzögerung, die nicht durch den Abwicklungsmodus bedingt ist, ein teilweiser Bezugsrechtsausschluss anzunehmen ist (*Hüffer* AktG, § 186 Rn. 47).

Im Vertrag mit dem Emissionsunternehmen ist der **Bezugskurs** festzulegen, den die Aktionäre an das Emissionsunternehmen zu zahlen haben. Dieser ist vom Vorstand festzusetzen, wenn er nicht bereits im Kapitalerhöhungsbeschluss (insoweit bindend) vorgegeben ist. Der Bezugskurs kann über dem vom Emissionsunternehmen an die AG zu zahlenden Ausgabebetrag liegen (hierzu sowie zum Gestaltungsspielraum insoweit vgl. *Hüffer* AktG, § 186 Rn. 48). 38

III. Durchführung der Kapitalerhöhung

Das Emissionsunternehmen zeichnet die neuen Aktien i. S. d. § 185 AktG und schuldet die Einlagen. § 188 AktG ist mit der Maßgabe zu beachten, dass sich die Höhe der Mindesteinzahlungen gem. Abs. 2 nach dem Ausgabebetrag, nicht dem Bezugskurs bestimmt (KölnKomm AktG/*Lutter* § 186 Rn. 110; *Hüffer* AktG, § 186 Rn. 50; a. A. *Immenga* FS Beusch 1993, 413, 420 f.). Mit der Eintragung im Handelsregister wird die Kapitalerhöhung wirksam (§ 189 AktG) und das Emissionsunternehmen Aktionär. Die mitgliedschaftliche Position geht mit **Weiterveräußerung an die Aktionäre** im Rahmen des mittelbaren Bezugsrechts über. Mit der Eintragung der Durchführung der Kapitalerhöhung gem. § 189 AktG haben die Aktionäre einen klagbaren Anspruch auf das mittelbare Bezugsangebot. Das Angebot wird spätestens mit Bekanntgabe nach § 186 Abs. 5 S. 2 AktG wirksam und ist durch die Aktionäre gegenüber dem Emissionsunternehmen unter Beachtung der Bezugsbedingungen anzunehmen. Mit wirksamer Annahmeerklärung kommt ein Kaufvertrag i. S. d. § 433 BGB zustande (*Hüffer* AktG, § 186 Rn. 51). 39

Zur Information der Altaktionäre hat die AG gem. Abs. 5 S. 2 das Bezugsangebot des Emissionsunternehmens **bekannt zu machen**. Anzugeben ist der **Bezugskurs**. Steht der Bezugskurs bei der Bekanntmachung noch nicht fest, so ist seine Bekanntmachung spätestens drei Kalendertage vor Ablauf der Annahmefrist nachzuholen (vgl. *Schlitt/Seiler* WM 2003, 2175, 2181). In diesem Falle bedarf es auch einer Zusatzveröffentlichung auf der eigenen Website der AG (*Hüffer* AktG, § 186 Rn. 52). Darüber hinaus ist die **Annahmefrist** bekannt zu machen, und zwar in den Gesellschaftsblättern (§ 25 AktG). Die Annahmefrist ist fakultativ, muss im Falle einer Bestimmung aber **mindestens zwei Wochen** betragen (OLG Karlsruhe AG 2002, 91; MüKo AktG/*Peifer* § 186 Rn. 114; *Hüffer* AktG, § 186 Rn. 52). 40

Nicht ausgeübte Bezugsrechte sind bestmöglich zu verwerten. Der Aktionär kann seinen schuldrechtlichen Anspruch auf Abgabe eines Angebotes übertragen, verpfänden oder vererben. Gleiches gilt auch für die aus der erklärten Offerte des Emissionsunternehmens erlangte Rechtsposition (vgl. RGZ 111, 46, 47; *Hüffer* AktG, § 186 Rn. 54). 41

§ 187 Zusicherung von Rechten auf den Bezug neuer Aktien

(1) Rechte auf den Bezug neuer Aktien können nur unter Vorbehalt des Bezugsrechts der Aktionäre zugesichert werden.

(2) Zusicherungen vor dem Beschluß über die Erhöhung des Grundkapitals sind der Gesellschaft gegenüber unwirksam.

Aus § 187 AktG ergibt sich die **Zulässigkeit rechtsgeschäftlich vereinbarter Bezugsrechte**. Zum Schutz des gesetzlichen Bezugsrechts der Aktionäre verbietet § 187 AktG die Zusicherung von Bezugsrechten ohne Beachtung dieses Bezugsrechts der Aktionäre und bestimmt die Unwirk- 1 samkeit von Zusicherungen vor dem Beschluss über die Erhöhung des Grundkapitals (*Hüffer* AktG, § 187 Rn. 1, 3).

2 Der Begriff der **Zusicherung** umfasst sämtliche Rechtsgeschäfte, aus denen ein Bezugsrecht folgt. Umfasst sind sowohl Verträge als auch Satzungsregelungen und ähnliches. Geht man von der Zulässigkeit des Abschlusses eines Zeichnungsvertrages vor Beschlussfassung über die Kapitalerhöhung aus (vgl. hierzu § 185 AktG Rn. 8), so erfasst § 187 AktG auch solche Zeichnungsverträge. **Nicht erfasst** sind hingegen Bezugsrechte aus Schuldverschreibungen i. S. v. § 221 AktG. Analoge Anwendung ist aber entsprechend § 221 Abs. 4 S. 2 AktG hinsichtlich des Bezuges der Anleihen oder Genussrechte selbst geboten (vgl. insgesamt *Hüffer* AktG, § 187 Rn. 2; KölnKomm AktG/*Lutter* § 187 Rn. 5; MüKo AktG/*Peifer* § 187 Rn. 5).

3 Entsprechend dem Gesetzeszweck steht die Zusicherung von Bezugsrechten unter dem **Vorbehalt des Abs. 1**. Soweit Bezugsrechte nicht oder nur teilweise ausgeübt werden, kann die AG die zugesicherten Bezugsrechte bedienen. Anderenfalls besteht entsprechend dem Gesetzeszweck keine Verpflichtung und bestehen auch keine Schadensersatzverpflichtungen (*Hüffer* AktG, § 187 Rn. 3 f.; KölnKomm AktG/*Lutter* § 187 Rn. 3 und 14; MüKo AktG/*Peifer* § 187 Rn. 10 f.; *Jacobi*, Beiträge zum Wirtschaftsrecht, Bd. II, 1931, S. 970 ff.; *Fuchs* AG 1995, 433 Fn. 91).

4 **Zusicherungen** vor dem Beschluss über die Erhöhung des Grundkapitals sind ebenfalls möglich, verpflichten die AG jedoch gem. Abs. 2 AktG nicht. Die AG ist insbes. auch nicht gehindert, anderweitig über neue Aktien zu verfügen (*Hüffer* AktG, § 187 Rn. 5; MünchHdb GesR IV/*Krieger* § 56 Rn. 97; *Fuchs* AG 1995, 433 Fn. 93).

§ 188 Anmeldung und Eintragung der Durchführung [i. d. F. ab 1. 1. 2007 durch EHUG]

(1) Der Vorstand und der Vorsitzende des Aufsichtsrats haben die Durchführung der Erhöhung des Grundkapitals zur Eintragung in das Handelsregister anzumelden.

(2) [1]Für die Anmeldung gelten sinngemäß § 36 Abs. 2, § 36 a und § 37 Abs. 1. [2]Durch Gutschrift auf ein Konto des Vorstands kann die Einzahlung nicht geleistet werden.

(3) Der Anmeldung sind beizufügen

1. **die Zweitschriften der Zeichnungsscheine und ein vom Vorstand unterschriebenes Verzeichnis der Zeichner, das die auf jeden entfallenden Aktien und die auf sie geleisteten Einzahlungen angibt;**
2. **bei einer Kapitalerhöhung mit Sacheinlagen die Verträge, die den Festsetzungen nach § 183 zugrunde liegen oder zu ihrer Ausführung geschlossen worden sind;**
3. **eine Berechnung der Kosten, die für die Gesellschaft durch die Ausgabe der neuen Aktien entstehen werden;**
4. **wenn die Erhöhung des Grundkapitals der staatlichen Genehmigung bedarf, die Genehmigungsurkunde.**

(4) Anmeldung und Eintragung der Durchführung der Erhöhung des Grundkapitals können mit Anmeldung und Eintragung des Beschlusses über die Erhöhung verbunden werden.

(5) [aufgehoben]

§ 188 Anmeldung und Eintragung der Durchführung [i. d. F. bis 31. 12. 2006]

***(1) bis (2)* [identisch]**

(3) Der Anmeldung sind für das Gericht des Sitzes der Gesellschaft beizufügen

1. ***die Zweitschriften der Zeichnungsscheine und ein vom Vorstand unterschriebenes Verzeichnis der Zeichner, das die auf jeden entfallenden Aktien und die auf sie geleisteten Einzahlungen angibt;***
2. ***bei einer Kapitalerhöhung mit Sacheinlagen die Verträge, die den Festsetzungen nach § 183 zugrunde liegen oder zu ihrer Ausführung geschlossen worden sind;***
3. ***eine Berechnung der Kosten, die für die Gesellschaft durch die Ausgabe der neuen Aktien entstehen werden;***
4. ***wenn die Erhöhung des Grundkapitals der staatlichen Genehmigung bedarf, die Genehmigungsurkunde.***

***(4)* [identisch]**

(5) Die eingereichten Schriftstücke werden beim Gericht in Urschrift, Ausfertigung oder öffentlich beglaubigter Abschrift aufbewahrt.

Übersicht:

A. Allgemeines

§ 188 AktG bezweckt die **reale Aufbringung des erhöhten Grundkapitals**. Erreicht wird das Ziel durch die entsprechende Anwendung von Gründungsvorschriften und die Pflicht zur Beifühführung von Unterlagen, die dem Registergericht eine Sachprüfung erlauben. Die Eintragung im Handelsregister wirkt gem. § 189 AktG **konstitutiv**. Das Verfahren nach § 188 AktG ist von der Anmeldung und Eintragung des Kapitalerhöhungsbeschlusses nach § 184 AktG zu unterscheiden, mit dem die Kapitalerhöhung lediglich vorbereitet wird (OLG Karlsruhe OLGZ 1986, 155, 157 f.), auch wenn beide Verfahren gem. § 188 Abs. 4 AktG miteinander verbunden werden können. 1

B. Formalia und Inhalt der Anmeldung

I. Form

Die Anmeldung, also der Antrag auf Eintragung der Durchführung der Kapitalerhöhung im Handelsregister, ist an das AG des Satzungssitzes zu richten und muss in **öffentlich beglaubigter Form** erfolgen (§ 12 Abs. 1 HGB). Seit dem 1. 1. 2007 hat die Anmeldung elektronisch zu erfolgen. Bei Zweigniederlassungen war bis zum In-Kraft-Treten des EHUG § 13 c HGB a. F. zu beachten. Die Anmeldung obliegt dem Vorstand und dem Vorsitzenden des Aufsichtsrat gemeinsam (*Hüffer* AktG, § 188 Rn. 2). Insoweit gelten die Ausführungen zu § 184 Abs. 1 AktG (dort Rn. 2). 2

II. Inhalt

In der Anmeldung ist auf den Kapitalerhöhungsbeschluss Bezug zu nehmen und anzugeben, dass und in welcher Höhe er durchgeführt ist. Im Übrigen gelten sowohl bei Bar- als auch bei Sachkapitalerhöhungen die inhaltlichen Vorgaben des § 37 AktG. 3

III. Anmeldung der Satzungsänderung

4 Mit Wirksamwerden der Kapitalerhöhung wird die Satzung hinsichtlich ihres Inhalts nach § 23 Abs. 3 Nr. 3, 4 AktG unrichtig und es bedarf einer **formellen Satzungsänderung** nach §§ 179 ff. AktG. Nach zutr. Ansicht ist die Anmeldung der Änderung des Satzungstextes zwingend mit der Anmeldung der Durchführung zu verbinden (*Hüffer* AktG, § 188 Rn. 11; MüKo AktG/*Peifer* § 188 Rn. 41; *Happ* AktienR 12.01 Rn. 32; MünchHdb GesR IV/*Krieger* § 56 Rn. 111).

IV. Beizufügende Unterlagen

5 Die der Anmeldung beizufügenden Unterlagen ergeben sich weitgehend aus Abs. 3. Die dortige Auflistung versteht sich aber nicht als abschließend (BayObLG AG 2002, 397, 398; AG 2002, 510). Die Übermittlung der beizufügenden Dokumente hat seit dem 1. 1. 2007 elektronisch in der in § 12 Abs. 2 HGB bestimmten Form zu erfolgen.

6 Nach **Nr. 1** sind der Anmeldung **alle Zweitschriften der Zeichnungsscheine** beizufügen. Ebenso ist ein Verzeichnis der Zeichner beizufügen, in dem alle Zeichner namentlich zu benennen sind und anzugeben ist, wie viele Aktien jeweils gezeichnet und – bei Bareinlagen – welche Zahlungen geleistet sind. Nach zutr. Auffassung muss das Verzeichnis auch geleistete Sacheinlagen individuell nach Zeichnern ausweisen. Das Verzeichnis ist vom Vorstand in vertretungsberechtigter Zahl – wegen § 399 Abs. 1 Nr. 4 AktG mit dem eigenen Namen – zu unterzeichnen, ohne dass es öffentlicher Beglaubigung bedürfte (MüKo AktG/*Peifer* § 188 Rn. 35; *Hüffer* AktG, § 188 Rn. 13).

7 Bei der Kapitalerhöhung mit Sacheinlagen sind gem. **Nr. 2 alle Verträge**, also die schuldrechtlichen Sacheinlagevereinbarungen und Erfüllungsvereinbarungen beizufügen, die den Festsetzungen nach § 183 AktG zugrunde liegen oder zu ihrer Ausführung geschlossen worden sind (*Hüffer* AktG, § 188 Rn. 14).

8 Gem. **Nr. 3** wird eine umfassende **Zusammenstellung der Kosten** der Kapitalerhöhung gefordert, die nicht nur die Notarkosten für die Fertigung der Sitzungsniederschrift gem. § 130 AktG, die Kosten der Prüferbestellung bei Sacheinlagen, die Notarkosten der Handelsregisteranmeldung, der Eintragung und der Bekanntmachung umfasst, sondern auch bspw. Druckkosten für Aktienurkunden, Kosten der Börseneinführung und Kosten für die Tätigkeit einer eingeschalteten Emissionsbank sowie schließlich Beratungshonorare. Steht die Höhe einer Position noch nicht fest, ist zu schätzen. Belege sind nicht beizufügen (*Hüffer* AktG, § 188 Rn. 15).

9 Der erforderliche **Nachweis der Einzahlung** einer Bareinlage nach § 37 Abs. 1 S. 3 AktG kann durch schriftliche Bankbestätigung geführt werden.

C. Voraussetzung

I. Vollständige Zeichnung

10 Der im Kapitalerhöhungsbeschluss festgesetzte Erhöhungsbetrag muss vollständig gezeichnet sein (§ 185 AktG). Wurde lediglich ein Mindest- und/oder Höchstbetrag festgesetzt, so muss ein Betrag gezeichnet sein, der im Rahmen der jeweiligen Vorgabe liegt. Die Frist nach § 185 Abs. 1 S. 3 Nr. 4 AktG darf nicht verstrichen sein (*Hüffer* AktG, § 188 Rn. 4).

II. Kapitalaufbringung

1. Bareinlage

11 Bei Barkapitalerhöhungen ist gem. §§ 188 Abs. 2 S. 1, 36 a Abs. 1 AktG auf jede Aktie mindestens **1/4 des geringsten Ausgabebetrages** und bei Über-pari-Emission außerdem der **Mehrbetrag** einzuzahlen. Bei der Ein-Mann-AG muss der Aktionär darüber hinaus wie ein Alleingründer gem. § 36 Abs. 2 S. 2 AktG eine Sicherung für noch offene Resteinlagen leisten (*Hüffer* AktG, § 188 Rn. 5; KölnKomm AktG/*Lutter* § 188 Nachtrag Rn. 42 ff.; a. A. *Priester* BB 1996, 333, 334). Die Einlage muss **ordnungsgemäß eingezahlt** und – abzgl. höchstens der bei der Kapitalerhöhung an-

gefallenen Steuern und Gebühren – **endgültig zur freien Verfügung** des Vorstands stehen. Entgegen dem Wortlaut und der früheren Rspr. (BGHZ 119, 177, 187 f.) muss der eingeforderte und eingezahlte Betrag nicht mehr bis zum Zeitpunkt der Anmeldung vorhanden sein und zur freien Verfügung des Vorstands stehen. Vielmehr hat der Vorstand nur noch zu versichern, dass der Betrag zu seiner freien Verfügung für Zwecke der AG eingezahlt und nicht an Inferenten zurückgeflossen ist (BGHZ 150, 197, 198 ff.; vgl. auch BGH NZG 2002, 524, 526; NZG 2002, 636, 638; NZG 2002, 639, 640). Voraussetzung ist jedoch, dass auf die Einlageforderung bezahlt wird, die schon entstanden ist, so dass vorherige Beschlussfassung erforderlich ist (BGHZ 145, 150, 154 f.; vgl. auch *Hüffer* AktG, § 188 Rn. 6). Ob die Leistung auf eine beabsichtigte, also noch nicht beschlossene Barkapitalerhöhung schuldbefreiend wirken kann, wenn die Voreinzahlung zu Sanierungszwecken erforderlich ist, ist strittig (für Zulässigkeit OLG Düsseldorf ZIP 1981, 847 f.; WM 1981, 960, 963; OLG Hamm WM 1987, 17 f.; GmbHR 1991, 198, 199; OLG Stuttgart ZIP 1994, 1532, 1534 f.; MüKo AktG/*Peifer* § 188 Rn. 17 ff. m. w. N.; *Hüffer* AktG, § 188 Rn. 8; a. A. LG Düsseldorf WM 1986, 792; *Schneider/Verhoeven* ZIP 1982, 644, 645 ff.; *Wiedemann* ZIP 1991, 1257, 1266 f.).

An einer freien Verfügung fehlt es wegen des Rückflusses an den Inferenten, wenn die konzerngebundene Gesellschaft in einen **Cashpool** einbezogen ist und der Einlagebetrag vom herrschenden Unternehmen auf ein Konto gezahlt wird, das zu Gunsten des von ihm geführten Zielkontos »auf Null gestellt« wird (OLG Hamm GmbHR 1997, 213, 217; OLG Köln GmbHR 2000, 720). Eine unzulässige Umgehungskonstruktion ist in diesem Zusammenhang auch die Einzahlung auf ein zu diesem Zwecke eröffnetes Kapitalerhöhungskonto, das unmittelbar nach Eintragung der Kapitalerhöhung in den Cash-pool einbezogen wird (vgl. zur GmbH BGHZ 157, 72 ff. = NZG 2006, 195). 12

2. Sacheinlage

Die erforderliche Leistung der Sacheinlage bei Kapitalerhöhungen mit Sacheinlagen ergibt sich aus §§ 188 Abs. 2 S. 1, 36 a Abs. 2 AktG. 13

D. Registerverfahren

Die Anmeldung des Kapitalerhöhungsbeschlusses gem. § 184 AktG kann mit der Anmeldung der Durchführung der Kapitalerhöhung (§ 188 AktG) **verbunden** werden. Das Gericht kann die Eintragungen auch dann miteinander verbinden, wenn die Anmeldungen getrennt erfolgt sind (*Hüffer* AktG, § 188 Rn. 18). 14

Das Registergericht prüft in formeller und materieller Hinsicht. Es genügt eine **Prüfung auf Plausibilität**, wenn nicht Anlass zu Zweifeln bestehen. Die formelle Prüfung betrifft die Ordnungsmäßigkeit der Anmeldung, insbes. die örtliche und sachliche Zuständigkeit und die Befugnis der als Anmelder auftretenden Personen sowie Form und Inhalt der Anmeldung und Vollständigkeit der beizufügenden Unterlagen (*Hüffer* AktG, § 188 Rn. 20). In materieller Hinsicht prüft das Gericht, ob der gesamte Vorgang der Kapitalerhöhung mit Gesetz und Satzung vereinbar ist (BayObLG AG 2002, 397, 398; AG 2002, 510), und bei Sacheinlagen des Weiteren, ob der Wert der Sacheinlage nicht unwesentlich hinter dem geringsten Ausgabebetrag der dafür zu gewährenden Aktien zurückbleibt (§ 183 Abs. 3 S. 3 AktG). Ein bereits angemeldeter und eingetragener Kapitalerhöhungsbeschluss ist nochmals zu prüfen (*Hüffer* AktG, § 188 Rn. 21; MüKo AktG/*Peifer* § 188 Rn. 46, 50). Zur registergerichtlichen Entscheidung und Rechtsmitteln hiergegen vgl. § 181 AktG Rn. 13 f.) 15

§ 189 Wirksamwerden der Kapitalerhöhung

Mit der Eintragung der Durchführung der Erhöhung des Grundkapitals ist das Grundkapital erhöht.

A. Rechtsfolgen der Eintragung

1 Die Eintragung der Durchführung der Kapitalerhöhung wirkt **konstitutiv**. Damit führt auch erst die Eintragung zur Entstehung der Mitgliedsrechte. Ist die Zeichnung unwirksam, so stehen die auf sie entfallenden Aktien der Gesellschaft selbst zu. Eine Verbriefung des Anteilsrechts durch Aktienurkunden oder Zwischenscheine ist weder erforderlich noch ausreichend (*Hüffer* AktG, § 189 Rn. 3). Bis zur Ausgabe von Aktienurkunden ist das Mitgliedsrecht gem. §§ 398, 413 BGB übertragbar (BGH AG 1977, 295, 296).

B. Mängel der Kapitalerhöhung

I. Wirkung der Eintragung

2 Bei Mängeln der Kapitalerhöhung selbst hat die Eintragung der Durchführung grds. **keine heilende Wirkung**. § 189 AktG bestimmt nur, wann eine fehlerfreie Kapitalerhöhung wirksam wird (*Hüffer* AktG, § 189 Rn. 4). Dies gilt insbes. für einen fehlenden Erhöhungsbeschluss oder die fehlende Übereinstimmung der durchgeführten Kapitalerhöhung mit seinem Inhalt (RGZ 85, 205, 206 ff. zur GmbH; G/H/E/K/*Hefermehl/Bungeroth* § 189 Rn. 28), Nichtigkeit des Erhöhungsbeschlusses (RGZ 144, 138, 141), fehlendem oder unwirksamem Sonderbeschluss (G/H/E/K/*Hefermehl/Bungeroth* § 189 Rn. 29 f.). Nichtigkeit kann nur nach § 242 AktG geheilt werden.

3 Der Kapitalerhöhungsbeschluss ist grds. auch dann noch **anfechtbar**, wenn die Durchführung der Kapitalerhöhung im Handelsregister eingetragen ist (RGZ 124, 279, 288 f.). Nur der Verstoß gegen § 183 Abs. 1 S. 1 AktG wird durch Eintragung der Durchführung geheilt (§ 183 Abs. 2 S. 2 AktG). Im Falle der erfolgreichen Anfechtung ist die durchgeführte Kapitalerhöhung nach den Grundsätzen über die fehlerhafte Gesellschaft zu behandeln (*Hüffer* AktG, § 189 Rn. 5). **Fehlerhafte Zeichnungsverträge** hindern die Wirksamkeit der durchgeführten und eingetragenen Kapitalerhöhung nicht. Ebenfalls hindert ein Verstoß gegen §§ 188 Abs. 2 i. V. m. 66 Abs. 2, 36 a Abs. 1 AktG über die Mindesteinlagen das Wirksamwerden der Kapitalerhöhung mit der Eintragung nicht (KG DJZ 1903, 33; *Lutter/Friedewald* ZIP 1986, 691, 694). Bei einer Überbewertung der Sacheinlage bleibt die Eintragung der Durchführung der Kapitalerhöhung in den Fällen, in denen der Kapitalerhöhungsbeschluss nichtig ist (vgl. § 183 AktG Rn. 17) ohne Wirkung. Bleibt der Wert der Sacheinlage hinter dem Ausgabebetrag zurück, ohne dass Nichtigkeit anzunehmen ist, wird die Kapitalerhöhung mit der Eintragung wirksam und trifft den Sacheinleger eine Differenzhaftung. Sonstige Mängel lassen die Rechtsfolgen der Eintragung unberührt, bspw. Verstöße gegen § 182 Abs. 4 AktG, fehlende formelle Satzungsänderungen oder fehlende vorhergehende Eintragung des Kapitalerhöhungsbeschlusses (*Hüffer* AktG, § 189 Rn. 5).

II. Rechtsstellung des Zeichners

4 Im Falle der Nichtigkeit oder Unwirksamkeit der Kapitalerhöhung entstehen keine neuen Mitgliedsrechte und die Zeichner werden nicht Aktionäre, selbst wenn Aktienurkunden ausgegeben wurden (*Hüffer* AktG, § 189 Rn. 6; MüKo AktG/*Peifer* § 189 Rn. 22; *Schleyer* AG 1957, 145, 146). Die Zeichner können allerdings entsprechend § 277 Abs. 3 AktG zur Leistung der Einlage verpflichtet sein (RGZ 120, 363, 369 f.; 143, 394, 399; 144, 138, 141).

III. Löschung

6 Nichtige und fehlerhafte Beschlüsse können gem. § 144 Abs. 2 FGG **von Amts wegen gelöscht** werden (OLG Karlsruhe OLGZ 1986, 155, 157 f.; *Lutter/Friedewald* ZIP 1986, 691, 693). Eine analoge Anwendung von § 144 Abs. 2 FGG ist auf die Eintragung der Durchführung der Kapitaler-

höhung geboten (OLG Frankfurt FGPrax 2002, 35, 36; OLG Karlsruhe OLGZ 1986, 155, 157 f.; *Lutter/Friedewald* ZIP 1986, 691, 693; *Hüffer* AktG, § 189 Rn. 7; a. A. *Baumbach/Hueck* § 188 Rn. 4; *v. Godin/Wilhelmi* § 188 Anm. 7). Im Übrigen, etwa bei Fehlen einer wesentlichen Eintragungsvoraussetzung, gelten die Grundregeln der §§ 142, 143 FGG (KGJ 28, A228, 231; RGZ 85, 205, 208; a. A. OLG Karlsruhe OLGZ 1986, 155, 159; vgl. auch OLG Frankfurt FGPrax 2002, 35, 36; OLG Hamm OLGZ 1979, 313, 316 f.).

§ 190 [aufgehoben zum 1. 1. 2007 durch EHUG]

§ 190 Bekanntmachung [i. d. F. bis 31. 12. 2006]

[1]In die Bekanntmachung der Eintragung (§ 188) sind außer deren Inhalt der Ausgabebetrag der Aktien, die bei einer Kapitalerhöhung mit Sacheinlagen vorgesehenen Festsetzungen und ein Hinweis auf den Bericht über die Prüfung von Sacheinlagen (§ 183 Abs. 3) aufzunehmen. [2]Bei der Bekanntmachung dieser Festsetzungen genügt die Bezugnahme auf die beim Gericht eingereichten Urkunden.

§ 190 AktG a. F. bezweckte eine umfassende Unterrichtung der beteiligten Verkehrskreise. Sie ergänzte § 10 HGB. Die Bekanntmachung hatte **keine Bedeutung für die Wirksamkeit** der Kapitalerhöhung. Rechtliche Wirkung konnte die Bekanntgabe aber im Rahmen des § 15 HGB entfalten. Sie entfällt mit dem EHUG aufgrund des Verzichts von Zusatzbekanntmachungen. 1

§ 191 Verbotene Ausgabe von Aktien und Zwischenscheinen

[1]Vor der Eintragung der Durchführung der Erhöhung des Grundkapitals können die neuen Anteilsrechte nicht übertragen, neue Aktien und Zwischenscheine nicht ausgegeben werden. [2]Die vorher ausgegebenen neuen Aktien und Zwischenscheine sind nichtig. [3]Für den Schaden aus der Ausgabe sind die Ausgeber den Inhabern als Gesamtschuldner verantwortlich.

A. Regelungsgegenstand und -zweck

Das in S. 1 enthaltene Verfügungsverbot bezweckt die **Überschaubarkeit** des an der Kapitalerhöhung beteiligten Personenkreises (MüKo AktG/*Peifer* § 191 Rn. 1; *Hüffer* AktG, § 191 Rn. 1). Das daneben vorgesehene Ausgabeverbot soll den Aktienerwerber vor Schwindelemissionen schützen (BGH AG 1988, 76, 78). 1

B. Verfügungsverbot

Gem. dem Normzweck erfasst das in S. 1 enthaltene Verfügungsverbot über seinen Wortlaut hinaus **alle Verfügungen über die Anteilsrechte** (z. B. Verpfändungen), die vor Eintragung der Durchführung der Kapitalerhöhung (§ 189 AktG) vorgenommen werden. Unzulässig sind auch Verfügungen unter der aufschiebenden Bedingung der späteren Eintragung. Die mangelnde Übertragbarkeit schließt auch eine Pfändung nach §§ 851 Abs. 1 i. V. m. 857 Abs. 1 ZPO aus (MüKo AktG/*Peifer* § 191 Rn. 4; KölnKomm AktG/*Lutter* § 191 Rn. 2; GroßkommAktG/*Wiedemann* § 191 Rn. 3; *Hüffer* AktG, § 191 Rn. 2). Reine Verpflichtungsgeschäfte werden von § 191 S. 1 AktG nicht erfasst, sind allerdings gem. § 275 Abs. 1 BGB bis zur Eintragung nicht erfüllbar. I.Zw. sind sie dahingehend auszulegen, dass die Leistung erst nach Eintragung vereinbart und fällig ist (MüKo AktG/*Peifer* § 191 Rn. 6; KölnKomm AktG/*Lutter* § 191 Rn. 3; *Hüffer* AktG, § 191 Rn. 2). Ein **Verstoß** führt zur **Unwirksamkeit der Verfügung** gegenüber jedermann (RGZ 85, 327, 333 f.). Die Unwirksamkeit wird nicht durch spätere Eintragung nach § 189 AktG geheilt (*Hüffer* AktG, § 191 Rn. 2). Gesamtrechtsnachfolge in die durch Zeichnung erlangte Rechtsposition ist indes möglich (MüKo AktG/*Peifer* § 191 Rn. 4). 2

C. Ausgabeverbot

3 Gem. S. 1 Alt. 2 AktG ist die Ausgabe neuer Aktien und Zwischenscheine vor Eintragung der Durchführung der Kapitalerhöhung gem. § 188 AktG verboten. Zum Begriff der Zwischenscheine vgl. § 8 Abs. 6 AktG (§ 8 AktG Rn. 7).

I. Ausgabe

4 Eine Ausgabe liegt vor, wenn durch Handlungen oder Unterlassungen der Verantwortungsträger der Gesellschaft Urkunden **bestimmungsgemäß** in den Verkehr, nicht zwingend an den Aktionär, gelangen (BGH AG 1977, 295, 296; OLG Frankfurt AG 1976, 77, 78). Bloße Vorbereitungshandlungen, wie die Festlegung der künftigen Stückelung, das Herstellen der Urkunden und deren Unterzeichnung, sind vom Verbot nicht umfasst (BGH AG 1977, 295, 296; LG Mannheim BB 1953, 128; *Hüffer* AktG, § 191 Rn. 3).

II. Rechtsfolgen verbotener Ausgabe

5 Der Verstoß gegen das Ausgabeverbot aus § 191 AktG stellt gem. § 405 Abs. 1 Nr. 2 AktG eine **Ordnungswidrigkeit** dar. Daneben bestimmt § 191 AktG auch zivilrechtliche Folgen verbotener frühzeitiger Ausgabe von Aktien und Zwischenscheinen.

1. Nichtigkeit

6 Unter Verstoß gegen § 191 S. 1 Alt. 2 AktG frühzeitig ausgegebene Aktien und Zwischenscheine sind gem. S. 2 nichtig. Ein **gutgläubiger Erwerb** durch Übertragung der Urkunden ist **ausgeschlossen** (*Hüffer* AktG, § 191 Rn. 4). Die Nichtigkeit wird nicht durch spätere Eintragung gem. §§ 188, 189 AktG geheilt (BGH AG 1988, 76, 78). Dennoch müssen die Urkunden nicht neu ausgestellt werden, sondern es genügt der Abschluss eines **neuen Begebungsvertrages** zwischen der Gesellschafter und dem Inhaber des Rechts (vgl. BGH AG 1977, 295, 296; OLG Frankfurt AG 1976, 77, 78, das sogar eine einseitige Gültigerklärung durch die Gesellschaft genügen lässt; *Hüffer* AktG, § 191 Rn. 4).

7 Von der Nichtigkeit sind die Anteilsrechte als solche nicht erfasst, die als unverbriefte Rechte nach §§ 398, 413 BGB übertragen werden können (*Hüffer* AktG, § 191 Rn. 4).

2. Ausgeberhaftung

8 Neben der Nichtigkeit ergibt sich aus S. 3 ein **Schadensersatzanspruch der Inhaber** nichtiger Aktien und Zwischenscheine gegenüber den Ausgebern. Inhaber ist nicht der Besitzer i. S. v. § 854 BGB, sondern der **hypothetisch Berechtigte**, also derjenige, der zum Zeitpunkt der Geltendmachung aus der Urkunde, unter der Prämisse ihrer Gültigkeit, berechtigt wäre (MüKo AktG/*Peifer* § 191 Rn. 11; *Hüffer* AktG, § 191 Rn. 5).

9 **Ausgeber** sind die für die Gesellschaft selbstständig und verantwortlich Handelnden persönlich, insbes. deren Vorstandsmitglieder (BGH AG 1977, 295, 296; OLG Frankfurt AG 1976, 77, 78), u. U. auch Prokuristen (MüKo AktG/*Peifer* § 191 Rn. 10; KölnKomm AktG/*Lutter* § 191 Rn. 7). Mitarbeiter, die die Urkunden nur auf Weisung ihrer Vorgesetzten ausgeben, sind keine Ausgeber (*Hüffer* AktG, § 191 Rn. 5). Mehrere Ausgeber haften als **Gesamtschuldner** nach §§ 421 ff. BGB.

10 Die Haftung aus S. 3 ist **verschuldensunabhängig** (OLG Frankfurt AG 1976, 77, 78; MüKo AktG/*Peifer* § 191 Rn. 12; KölnKomm AktG/*Lutter* § 191 Rn. 8; MünchHdb GesR IV/*Krieger* § 56 Rn. 115; *Hüffer* AktG, § 191 Rn. 6; offengelassen BGH AG 1977, 295, 296). Gehaftet wird für den Schaden, den die Inhaber nichtiger Aktien oder Zwischenscheine im Vertrauen auf die Gültigkeit der Urkunden erlitten haben, einschließlich entgangenem Gewinn (MüKo AktG/*Peifer* § 191 Rn. 13; *Hüffer* AktG, § 191 Rn. 6). Mit § 823 Abs. 2 BGB i. V. m. §§ 405 Abs. 1 Nr. 2, 91 S. 1 AktG besteht **Anspruchskonkurrenz**.

3. Ausgabe aufgrund nichtigen Erhöhungsbeschlusses

11 Werden Aktien aufgrund eines nichtigen oder unwirksamen Kapitalerhöhungsbeschlusses ausgegeben, gilt § 191 S. 1 und 2 AktG analog. Nach h. M. besteht auch insoweit auf Seiten der Inhaber nichtiger Urkunden analog § 191 S. 3 AktG ein **Schadensersatzanspruch** (MüKo AktG/*Peifer* § 191 Rn. 15; KölnKomm AktG/*Lutter* § 191 Rn. 5; *Schleyer* AG 1957, 145, 148). Nach zutr. Auffassung tritt eine Haftung der Ausgeber jedoch nur nach allgemeinen Grundsätzen (insbes. gem. §§ 241 Abs. 2, 280 Abs. 1, 311 Abs. 2 BGB) und damit nur **verschuldensabhängig** ein (*Zöllner* AG 1993, 68, 76 f.; *Zöllner/Winter* ZHR 158 (1994), 59, 76; *Schockenhoff* DB 1994, 2327 ff.; *Hüffer* AktG, § 191 Rn. 7; wohl auch MüKo AktG/*Peifer* § 191 Rn. 15).

Zweiter Unterabschnitt.
Bedingte Kapitalerhöhung

§ 192 Voraussetzungen

(1) Die Hauptversammlung kann eine Erhöhung des Grundkapitals beschließen, die nur so weit durchgeführt werden soll, wie von einem Umtausch- oder Bezugsrecht Gebrauch gemacht wird, das die Gesellschaft auf die neuen Aktien (Bezugsaktien) einräumt (bedingte Kapitalerhöhung).

(2) Die bedingte Kapitalerhöhung soll nur zu folgenden Zwecken beschlossen werden:

1. **zur Gewährung vom Umtausch- oder Bezugsrechten an Gläubiger von Wandelschuldverschreibungen;**
2. **zur Vorbereitung des Zusammenschlusses mehrerer Unternehmen;**
3. **zur Gewährung von Bezugsrechten an Arbeitnehmer und Mitglieder der Geschäftsführung der Gesellschaft oder eines verbundenen Unternehmens im Wege des Zustimmungs- oder Ermächtigungsbeschlusses.**

(3) [1]Der Nennbetrag des bedingten Kapitals darf die Hälfte und der Nennbetrag des nach Absatz 2 Nr. 3 beschlossenen Kapitals den zehnten Teil des Grundkapitals, das zur Zeit der Beschlußfassung über die bedingte Kapitalerhöhung vorhanden ist, nicht übersteigen. [2] § 182 Abs. 1 Satz 5 gilt sinngemäß.

(4) Ein Beschluß der Hauptversammlung, der dem Beschluß über die bedingte Kapitalerhöhung entgegensteht, ist nichtig.

(5) Die folgenden Vorschriften über das Bezugsrecht gelten sinngemäß für das Umtauschrecht.

Übersicht:

A. Bedingte Kapitalerhöhung, Abs. 1

I. Allgemeines

1 § 192 Abs. 1 AktG enthält eine **Legaldefinition** der Begriffe »**Bezugsaktien**« und »**Bedingte Kapitalerhöhung**«. Die bedingte Kapitalerhöhung wird nur insoweit durchgeführt, als von Umtausch- oder Bezugsrechten auf neue Aktien Gebrauch gemacht wird. Der Hauptversammlungsbeschluss über die Kapitalerhöhung selbst ist unbedingt und bestimmt den Höchstbetrag der Kapitalmaßnahme.

2 **Bezugsaktien** sind die neuen Aktien, auf die sich die Umtausch- und Bezugsrechte richten. Ein Umtauschrecht berechtigt den Gläubiger, einen Zahlungsanspruch in einen Anspruch auf Aktien umzuwandeln. Ein **Bezugsrecht** beinhaltet neben einem Zahlungsanspruch das Recht zum Erwerb neuer Aktien. Solche Umtausch- und Bezugsrechte werden nicht bereits durch den Kapitalerhöhungsbeschluss begründet, sondern entstehen durch besonderes Rechtsgeschäft zwischen der Gesellschaft und den Gläubigern (str., vgl. *Hüffer* AktG, § 192 Rn. 3; MüKo AktG/*Fuchs* § 192 Rn. 25; KölnKomm AktG/*Lutter* § 192 Rn. 28).

II. Abgrenzung

3 Die Ausgabe der Bezugsaktien führt gem. § 200 AktG zu einer **Erhöhung des Grundkapitals**, wodurch der Wortlaut der Satzung unrichtig wird. Die Berichtigung ist **formelle Satzungsänderung**, so dass §§ 179 bis 181 AktG Anwendung finden. Das bedingte Kapital selbst kann, muss aber nicht in die Satzungsurkunde aufgenommen werden; auch dies beinhaltet eine Satzungsänderung gem. §§ 179 bis 181 AktG (*Hüffer* AktG, § 192 Rn. 5; MünchHdb GesR IV/*Krieger* § 57 Rn. 26).

4 §§ 182 ff. AktG sind nicht generell anwendbar. Über den Verweis in § 193 Abs. 1 S. 3 AktG gelten aber §§ 182 Abs. 2, 187 Abs. 2 AktG.

B. Zwecke, Abs. 2

5 Abs. 2 enthält eine grds. **abschließende Aufzählung** der zulässigen Zwecke bedingter Kapitalerhöhung. Abweichungen von den zugelassenen Zwecken führen zur Anfechtbarkeit des Beschlusses gem. § 243 Abs. 1 AktG (*Baumbach/Hueck* § 192 Rn. 5; KölnKomm AktG/*Lutter* § 192 Rn. 18; *Hüffer* AktG, § 192 Rn. 8; MüKo AktG/*Fuchs* § 192 Rn. 36; MünchHdb GesR IV/*Krieger* § 57 Rn. 7; a. A. *Hoffmann* AG 1973, 47, 56 f.; *Werner* AG 1972, 137, 142). Im Übrigen hat das Registergericht eine **materielle Prüfungskompetenz**. Trägt es fehlerhaft ein, kann die Eintragung allerdings nicht gem. § 144 Abs. 2 FGG gelöscht werden. Ob in diesem Fall eine Ausführungspflicht des Vorstands besteht, ist strittig (dafür *Hüffer* AktG, § 192 Rn. 8; KölnKomm AktG/*Lutter* § 192 Rn. 20).

I. Bedienung von Wandelschuldverschreibungen

6 Abs. 2 Nr. 1 erlaubt die Schaffung eines bedingten Kapitals »zur Gewährung von Umtausch- oder Bezugsrechten« an Gläubiger von Wandelschuldverschreibungen. Der Wortlaut ist schief, da dem Sinn und Zweck nach nicht die effektive Gewährung von Umtausch- oder Bezugsrechten gemeint ist, sondern deren Bedienung.

1. Begriff der Wandelschuldverschreibungen

7 Der Begriff der Wandelschuldverschreibungen umfasst **Wandelanleihen im engeren Sinn** (vgl. § 221 Rn. 3) und **Optionsanleihen** (vgl. § 221 Rn. 4). Gleichgestellt werden entsprechend ausgestellte **Gewinnschuldverschreibungen** (*Hüffer* AktG, § 192 Rn. 9; KölnKomm AktG/*Lutter* § 192 Rn. 4; GroßkommAktG/*Schilling* § 192 Rn. 4; MünchHdb GesR IV/*Krieger* § 57 Rn. 4; vgl. auch § 221 Abs. 1 S. 1 AktG). Solche Anleihen können auch zur Schaffung eines bedingten Kapitals zwecks Bedienung von Stock Options für Führungskräfte ausgegeben werden, auch wenn § 192 Abs. 2 Nr. 3 AktG dafür einen unmittelbaren Weg eröffnet (OLG Braunschweig AG 1999,

84; OLG Stuttgart AG 1998, 529; LG Braunschweig AG 1988, 289, 290; LG Frankfurt/Main AG 1997, 185; LG Stuttgart AG 1998, 41, 43; *Baums* FS Claussen 1997, 3, 36 f.; vgl. auch RegBegr. BT-Drs. 13/9712, 23). § 192 Abs. 2 Nr. 1 AktG erfasst schließlich **Genussrechte** (vgl. § 221 AktG Rn. 21), sofern sie ihren Inhabern ein Umtausch- oder Bezugsrecht gewähren, arg. § 221 AktG Abs. 3 AktG (*Hüffer* AktG, § 192 Rn. 9; MünchHdb GesR IV/*Krieger* § 57 Rn. 4; *Feddersen/Knauth* S. 99).

Die Schaffung eines bedingten Kapitals zur Bedienung von **Warrant-Anleihen** ist nach zutr. Auffassung nur zuzulassen, wenn eine Vergleichbarkeit mit der Emission einer eigenen Anleihe besteht (OLG Stuttgart ZIP 2002, 1807, 1808; für generelle Unzulässigkeit hingegen: *Gustavus* BB 1970, 694, 695; für generelle Zulässigkeit: *Silcher* FS Geßler 1971, 185, 188 f.; *Schaub* AG 1972, 340, 342; *Hoffmann* AG 1973, 47, 56 f.). Bei Warrant-Anleihen ist nicht die AG selbst, sondern eine ausländische Tochtergesellschaft Emittentin der Anleihe, Umtausch- oder Bezugsrechte richten sich aber auf Aktien der (Mutter-) Gesellschaft. Da ihre Ausgabe dem Konzernfinanzierungsinteresse dient, ist die bedingte Kapitalerhöhung bei Bestehen eines Konzernverhältnisses sowie eines eigenen Finanzierungsinteresses der Muttergesellschaft zuzulassen (*Hüffer* AktG, § 192 Rn. 12; MüKo AktG/*Fuchs* § 192 Rn. 55; KölnKomm AktG/*Lutter* § 192 Rn. 7 f.; MünchHdb GesR IV/*Krieger* § 63 Rn. 41; *Martens* FS Stimpel 1985, 621, 627 ff.). 8

2. Ausgabe- und Erhöhungsbeschluss

Der Beschluss über die bedingte Kapitalerhöhung i. S. v. § 193 AktG und der Beschluss über die Ausgabe von Wandelschuldverschreibungen gem. § 221 AktG sind zu differenzieren. Die Reihenfolge der Beschlussfassung ist unerheblich. Wegen der Zweckbindung des bedingten Kapitals ist der Beschluss über die Schaffung des bedingten Kapitals i. S. v. § 192 Abs. 2 Nr. 1 AktG, aber nur unter der aufschiebenden Bedingung des Beschlusses zur Ausgabe von Wandelschuldverschreibungen zulässig; die Anmeldung zum Handelsregister kann erst nach Begründung der zu bedienenden Rechte vorgenommen werden (*Hüffer* AktG, § 192 Rn. 13). Die Beschlussanträge können aber verbunden und einheitlich zur Abstimmung gestellt werden. 9

II. Unternehmenszusammenschluss

Ein bedingtes Kapital darf gem. Abs. 2 Nr. 2 auch zur Vorbereitung eines Unternehmenszusammenschlusses geschaffen werden. Das Zusammenschlussvorhaben muss sich auf ein **bestimmtes Unternehmen** beziehen, arg. Abs. 2 Nr. 2. Der Begriff des Unternehmens ist **rechtsformneutral**, erfasst werden auch Einzelkaufleute. **Zusammenschluss** ist jede Verbindung ohne Rücksicht darauf, ob die rechtliche Selbstständigkeit verloren geht oder erhalten bleibt, sofern Aktien zur Durchführung benötigt werden. Umfasst sind auch Beherrschungs- und/oder Gewinnabführungsverträge, Mehrheitseingliederungen und der Erwerb fremder Anteile im Austausch gegen eigene Aktien (*Hüffer* AktG, § 192 Rn. 14; KölnKomm AktG/*Lutter* § 192 Rn. 14; MünchHdb GesR IV/*Krieger* § 57 Rn. 5). 10

III. Bezugsrechte für Arbeitnehmer und Geschäftsführungsmitglieder (Stock Options)

Abs. 2 Nr. 3 erlaubt die bedingte Kapitalerhöhung zur Gewährung von **Bezugsrechten an Arbeitnehmer** oder **Mitglieder der Geschäftsführung**. Durch das KonTraG wurde klargestellt, dass auch Arbeitnehmer und Geschäftsführungsmitglieder verbundener Unternehmen einbezogen sind. Neu zugelassen wurden Stock Options als Vergütungsbestandteil, ohne dass eine andere Form erfolgsabhängiger Vergütung zwischengestaltet werden müsste. Neu aufgenommen wurde weiter, dass die bedingte Kapitalerhöhung auch zur Bedienung von Stock Options der Vorstandsmitglieder zulässig ist, ohne dass für diese der Umweg über § 192 Abs. 2 Nr. 1 AktG gegangen werden muss. Anerkannt werden Optionen ohne Anleihe (»Naked Warrants«) für den geregelten Sonderfall. Das Bezugsrecht der Aktionäre ist ausgeschlossen (RegBegr. BT-Drs. 13/9712, 24; LG Stuttgart AG 2001, 152, 153; *Hüffer* AktG, § 192 Rn. 15 f.; vgl. auch *Hüffer* AktG, ZHR 161 (1997), 214, 239; MüKo AktG/*Fuchs* § 192 Rn. 63; *Martens* AG 1996, 337, 346). 11

1. Begünstigter Personenkreis

a) Arbeitnehmer und Vorstandsmitglieder der AG

12 Bedingtes Kapital kann geschaffen werden, um Arbeitnehmern und Vorstandsmitgliedern der Gesellschaft Bezugsrechte zu gewähren. Erfasst sind alle Personen, die in einem **Arbeitsverhältnis** zur Gesellschaft stehen, ohne dass eine hierarchische Abstufung vorgesehen wäre (RegBegr. BT-Drs. 13/9712, 24). Ehemalige Arbeitnehmer (Betriebsrentner) sind hingegen nicht begünstigt, wie ein Vergleich mit § 71 Abs. 1 Nr. 2 AktG ergibt (*Hüffer* AktG, § 192 Rn. 19).

b) Arbeitnehmer und Geschäftsführungsmitglieder verbundener Unternehmen

13 Ausdrücklich zugelassen ist auch die Gewährung von Bezugsrechten an Arbeitnehmer und Mitglieder der Geschäftsführung von verbundenen Unternehmen. Nicht hingegen dürfen Aktien verbundener Unternehmen für Optionen von Arbeitnehmern oder Vorstandsmitgliedern der Obergesellschaft geschaffen werden (RegBegr. BT-Drs. 13/9712, 24).

14 Zum **Arbeitnehmerbegriff** vgl. Rn. 12. Mitglieder der Geschäftsführung sind je nach Rechtsform des verbundenen Unternehmens Vorstandsmitglieder (§§ 76 ff. AktG) oder Geschäftsführer (§§ 35 ff. GmbHG), nicht aber Mitglieder von Beiräten und Verwaltungsräten, selbst wenn diese nach Satzung oder Gesellschaftsvertrag geschäftsführende Funktionen übernehmen (*Hüffer* AktG, § 192 Rn. 20). Der **Begriff des verbundenen Unternehmens** ist nach § 15 AktG zu bestimmen. Im Falle einer Veräußerung des verbundenen Unternehmens gehen die Verpflichtungen aus der Optionszusage nicht gem. § 613 a BGB auf den Erwerber über, da sie nicht das verbundene, sondern das die Zusage erteilende herrschende Unternehmen treffen und daher nicht im Arbeitsverhältnis begründet sind (BAGE 104, 324, 331 ff.). Doppelbezüge sind zu vermeiden (RegBegr. BT-Drs. 13/9712, 23).

15 Unproblematisch ist die Einbeziehung verbundener Unternehmen nur bei Nichtvorhandensein außenstehender Gesellschafter oder Bestehen eines Beherrschungsvertrages. Im Übrigen ist schwer zu rechtfertigen, allein die Wertentwicklung der Aktien der Obergesellschaft als Erfolgsparameter (vgl. § 193 Rn. 13) einzusetzen (etwas enger: RegBegr. BT-Drs. 13/9712, 23; vgl. auch *Hüffer* AktG, § 192 Rn. 20; *Baums* AG 1997, August-Sonderheft, 26, 35 f.; *Spindler* DStR 204, 36, 44 ff.).

c) Aufsichtsratsmitglieder

16 Von Abs. 2 Nr. 3 nicht umfasst sind Mitglieder des Aufsichtsrats. Unbedenklich ist allerdings die Gewährung von Stock Options für Vorstandsmitglieder, die für eine Tochtergesellschaft Aufsichtsratsfunktion wahrnehmen (*Hüffer* AktG, § 192 Rn. 21). Im Übrigen können Mitglieder des Aufsichtsrats im Rahmen von Optionsanleihen berücksichtigt werden (LG München I AG 2001, 376, 377).

2. Zustimmungs- oder Ermächtigungsbeschluss

17 Zuständig für die Schaffung des bedingten Kapitals bleibt auch bei Gewährung von Bezugsrechten im Rahmen von Abs. 2 Nr. 3 die Hauptversammlung. Sie kann den Vorstand zur Ausführung verpflichten (**Zustimmungsbeschluss**) oder die Durchführung eines Aktienoptionsprogramms dem pflichtgemäßen Ermessen des Vorstands überantworten (**Ermächtigungsbeschluss**). Im letztgenannten Fall kann der Vorstand nicht nur über den Zeitpunkt entscheiden, sondern auch von der Durchführung des Optionsprogramms insgesamt absehen (*Hüffer* AktG, § 192 Rn. 22 m. w. N.; MüKo AktG/*Fuchs* § 192 Rn. 99 ff.).

C. Umfang der bedingten Kapitalerhöhung, Abs. 3

18 Abs. 3 enthält eine **Beschränkung des Umfangs** der bedingten Kapitalerhöhung. Ohne Rücksicht auf den Verwendungszweck darf der Nennbetrag des bedingten Kapitals die Hälfte **des Grundkapitals nicht übersteigen**. Der Nennbetrag des bedingten Kapitals ist der im Erhöhungsbe-

schluss bezifferte Erhöhungsbetrag. Zu berücksichtigen sind außerdem Nennbeträge aus früheren bedingten Kapitalerhöhungen, die noch nicht ausgeschöpft sind (*Hüffer* AktG, § 192 Rn. 23; KölnKomm AktG/*Lutter* § 192 Rn. 30). Vergleichend ist das (wirksam gewordene) Grundkapital heranzuziehen. Kapitalerhöhungen gegen Einlagen (§ 182 AktG) und genehmigtes Kapital (§ 202 AktG) sowie Kapitalherabsetzungen (§ 222 AktG) sind erst mit Eintragung der Durchführung im Handelsregister zu berücksichtigen (§§ 189, 203 Abs. 1 AktG), bedingtes Kapital mit der Aktienausgabe (§ 200 AktG). Maßgeblich ist die Höhe des Nennbetrages und des Grundkapitals **im Zeitpunkt der Beschlussfassung** über die bedingte Kapitalerhöhung. Ein Verstoß führt zur **Nichtigkeit** des Kapitalerhöhungsbeschlusses gem. § 241 Nr. 3 AktG. Eine Heilung nach § 242 Abs. 2 AktG ist möglich; mit ihr werden etwa ausgegebene Aktien wirksam (*Hüffer* AktG, § 192 Rn. 23; MüKo AktG/*Fuchs* § 192 Rn. 153; MünchHdb GesR IV/*Krieger* § 57 Rn. 10).

Dient das bedingte Kapital der **Gewährung von Bezugsrechten** (Abs. 2 Nr. 3) ist kumulativ zu der generellen Beschränkung des Erhöhungsbetrages außerdem eine **Grenze von 10 % des Grundkapitals** zu beachten (*Hüffer* AktG, § 192 Rn. 24; MüKo AktG/*Fuchs* § 192 Rn. 144). Werden weitere Aktien zur Bedienung von Bezugsrechten benötigt, muss von der Möglichkeit des Rückerwerbs nach § 71 Nr. 8 AktG Gebrauch gemacht werden. Sofern neben dem bedingten Kapital ein Ermächtigungsbeschluss nach § 71 Abs. 1 Nr. 8 AktG besteht und beide der Bedienung von Bezugsrechten dienen, findet allerdings eine wechselseitige Anrechnung statt (GroßkommAktG/*Frey* § 192 Rn. 140; MünchHdb GesR IV/*Krieger* § 63 Rn. 30; *Keul/Semmer* DB 2002, 2255, 2256 f.; *Knoll* ZIP 2002, 1382, 1383 f.; a. A. *Hüffer* AktG, § 192 Rn. 24; *Mutter* ZIP 2002, 295, 296 f.). Zur Berechnung der 10 %-Grenze gelten die allgemeinen Grundsätze (*Ihrig/Wagner* NZG 2002, 657, 663). 19

Bei **Stückaktien** darf darüber hinaus die Beteiligungsquote der Altaktien auch durch ein bedingtes Kapital nicht überproportional verschlechtert werden. Bezugsaktien müssen daher so gestückelt sein, dass nach ihrer vollständigen Ausgabe (§ 199 AktG) die Erhöhung der Aktienzahl der Erhöhung des Grundkapitals entspricht (*Hüffer* AktG, § 192 Rn. 25). 20

D. Entgegenstehender Hauptversammlungsbeschluss, Abs. 4

Dem Beschluss über die bedingte Kapitalerhöhung entgegenstehende Hauptversammlungsbeschlüsse sind **nichtig**. Ein Beschluss steht der bedingten Kapitalerhöhung entgegen, wenn er die Durchsetzung von Umtausch- oder Bezugsrechten erschwert oder verhindert. Beispiele sind insbes. Beschlüsse, die den eingetragenen Erhöhungsbeschluss aufheben oder den Erhöhungsbetrag herabsetzen. Beschlüsse, die lediglich den Wert des Bezugs- oder Umtauschrechtes mindern (z. B. weitere Kapitalerhöhungsbeschlüsse) stehen der bedingten Kapitalerhöhung nicht entgegen (KölnKomm AktG/*Lutter* § 192 Rn. 27, 34; MüKo AktG/*Fuchs* § 192 Rn. 127; *Hueck* DB 1963, 1347). Entgegen der h. M. kann dies jedoch nicht gelten, wenn durch den Beschluss der Aktienkurs unter den Bezugskurs sinkt und dadurch das Umtausch- oder Bezugsrecht faktisch beseitigt wird (ebenso KölnKomm AktG/*Lutter* § 192 Rn. 35; a. A. etwa *Hüffer* AktG, § 192 Rn. 27). Eine Verwässerung der Bezugsrechte durch weitere Kapitalerhöhungen kann eine **Vertragsanpassung** erfordern (MünchHdb GesR IV/*Krieger* § 57 Rn. 29). Auch die Auflösung (§ 262 AktG) und die Verschmelzung oder Umwandlung hindern das bedingte Kapital nicht (*Hüffer* AktG, § 192 Rn. 27; MünchHdb GesR IV/*Krieger* § 57 Rn. 30; *Loos* DB 1960, 513, 543, 544; zur Auflösung vgl. auch BGHZ 24, 279, 286). Gleiches gilt für die Eingliederung (*Martens* AG 1992, 209, 210). Jedoch hat bei der Verschmelzung die neue bzw. übernehmende Gesellschaft eine vergleichbare Rechtsposition zu schaffen (*Hüffer* AktG, § 192 Rn. 27). 21

Ein gem. § 192 Abs. 4 AktG trotz Nichtigkeit in das Handelsregister eingetragener Beschluss wird nicht entsprechend § 242 AktG **geheilt** (*Hüffer* AktG, § 192 Rn. 28; MüKo AktG/*Fuchs* § 192 Rn. 168). 22

E. Anwendung der Vorschriften über das Bezugsrecht, Abs. 5

23 Abs. 5 bestimmt die entsprechende Anwendung der Vorschriften über das Bezugsrecht, nicht das Umtauschrecht, weshalb lediglich eine sinngemäße Anwendung der §§ 193 bis 201 AktG angeordnet ist.

§ 193 Erfordernisse des Beschlusses

(1) [1]Der Beschluß über die bedingte Kapitalerhöhung bedarf einer Mehrheit, die mindestens drei Viertel des bei der Beschlußfassung vertretenen Grundkapitals umfaßt. [2]Die Satzung kann eine größere Kapitalmehrheit und weitere Erfordernisse bestimmen. [3]§ 182 Abs. 2 und § 187 Abs. 2 gelten.

(2) Im Beschluß müssen auch festgestellt werden

1. **der Zweck der bedingten Kapitalerhöhung;**
2. **der Kreis der Bezugsberechtigten;**
3. **der Ausgabebetrag oder die Grundlagen, nach denen dieser Betrag errechnet wird; sowie**
4. **bei Beschlüssen nach § 192 Abs. 2 Nr. 3 auch die Aufteilung der Bezugsrechte auf Mitglieder der Geschäftsführungen und Arbeitnehmer, Erfolgsziele, Erwerbs- und Ausübungszeiträume und Wartezeit für die erstmalige Ausübung (mindestens zwei Jahre).**

Übersicht:

A. Beschlusserfordernisse, Abs. 1

1 Abs. 1 setzt für die Schaffung eines bedingten Kapitals einen Hauptversammlungsbeschluss voraus, der einer **Mehrheit von 3/4** des bei der Beschlussfassung vertretenen Grundkapitals bedarf. Neben dieser Kapitalmehrheit ist die **einfache Stimmenmehrheit** nach § 133 Abs. 1 AktG erforderlich (*Hüffer* AktG, § 193 Rn. 2). Die Satzung kann eine größere Kapitalmehrheit und weitere Erfordernisse bestimmen. Sind mehre Aktiengattung vorhanden, so wird der Erhöhungsbeschluss über die Verweisungsvorschrift in Abs. 1 S. 3 nur wirksam, wenn die Aktionäre jeder Gattung in Form eines Sonderbeschlusses zustimmen.

2 Da der Beschluss über die Schaffung eines bedingten Kapitals mit Ausgabe der Bezugsaktien automatisch zu einer **Satzungsänderung** führt, ist die Beschlussvorlage gem. § 124 Abs. 2 S. 2 AktG dem Wortlaut nach **bekannt zu machen**. Grundlage eines bedingten Kapitals ist stets ein Hauptversammlungsbeschluss. Nach h. M. darf das bedingte Kapital nicht bereits in der Gründungssatzung enthalten sein, arg. § 202 Abs. 1 und 2 AktG (MüKo AktG/*Fuchs* § 192 Rn. 22; KölnKomm AktG/*Lutter* § 192 Rn. 2; *v. Godin/Wilhelmi* § 192 Rn. 2; einschränkend *Hüffer* AktG, § 192 Rn. 7; a. A. GroßkommAktG/*Frey* § 192 Rn. 24).

3 **Bezugsrechte** können bereits vor Beschlussfassung wirksam begründet werden. Entsprechende Zusicherungen des Vorstands (§ 78 AktG) begründen jedoch gem. §§ 193 Abs. 1 S. 3, 187 Abs. 2 AktG keine Verpflichtung der Hauptversammlung, eine bedingte Kapitalerhöhung zu beschließen. Hieraus folgt auch, dass die Gesellschaft keinen Schadensersatz leisten muss, wenn der Erhöhungsbeschluss nicht gefasst wird (*Hüffer* AktG, § 193 Rn. 3; GroßkommAktG/*Frey* § 193

Rn. 13; KölnKomm AktG/*Lutter* § 193 Rn. 19; MünchHdb GesR IV/*Krieger* § 57 Rn. 27; a. A. *Baumbach/Hueck* § 193 Rn. 2).

B. Beschlussinhalt, Abs. 2

I. Allgemeiner Inhalt

Neben den besonderen Inhalten, die sich aus Abs. 2 ergeben, muss der Beschluss über die Schaffung des bedingten Kapitals den **allg. Anforderungen** entsprechen. Er muss erkennen lassen, dass eine bedingte Kapitalerhöhung gewollt ist, und dieserhalb den Vorstand anweisen oder ermächtigen, Umtausch- oder Bezugsrechte an den gem. Abs. 2 Nr. 2 festzusetzenden Personenkreis zu gewähren (*Hüffer* AktG, § 193 Rn. 4; KölnKomm AktG/*Lutter* § 192 Rn. 23). Festzusetzen ist außerdem der Erhöhungsbetrag, der wegen der Bedingtheit der Kapitalerhöhung ein Höchstbetrag ist. Die Angabe eines Mindestbetrages ist unzulässig (MüKo AktG/*Fuchs* § 193 Rn. 2; KölnKomm AktG/*Lutter* § 193 Rn. 6; *Hüffer* AktG, § 193 Rn. 4; a. A. zur Angabe eines Mindestbetrags MünchHdb GesR IV/*Krieger* § 57 Rn. 14). Bei Nennbetragsaktien (§ 8 Abs. 2 AktG) ist der Nennbetrag, bei Stückaktien (§ 8 Abs. 3 AktG) deren Zahl festzulegen, des Weiteren Art und Gattung der Aktien, sofern sich dies nicht bereits aus der Satzung ergibt (*Hüffer* AktG, § 193 Rn. 4). Bei Kapitalerhöhung gegen Sacheinlagen sind schließlich die inhaltlichen Vorgaben aus § 194 Abs. 1 S. 1 AktG zu beachten. 4

Neben dem zwingenden Inhalt kann der **Erhöhungsbeschluss** die Bezugs- und Umtauschrechte **inhaltlich ausgestalten**, z. B. durch Befristung der Ausübung der Rechte durch Angabe eines frühesten und/oder spätesten Zeitpunkts oder die Bedingung der Rechte (BGHZ 24, 279, 289; MüKo AktG/*Fuchs* § 193 Rn. 8; KölnKomm AktG/*Lutter* § 193 Rn. 25; *Hüffer* AktG, § 193 Rn. 4; MünchHdb GesR IV/*Krieger* § 57 Rn. 19). Eine Ermächtigung des Aufsichtsrats gem. § 179 Abs. 1 S. 2 AktG zur Fassung der Satzung entsprechend der durchgeführten Erhöhung sowie ggf. zur Aufnahme des bedingten Kapitals in die Satzung ist zulässig (*Hüffer* AktG, § 193 Rn. 4). Üblicherweise wird der Vorstand ausdrücklich ermächtigt, weitere Einzelheiten festzusetzen; eine solche Ermächtigung hat rein deklaratorische Bedeutung (*Hüffer* AktG, § 193 Rn. 4; MüKo AktG/*Fuchs* § 193 Rn. 8). 5

II. Besonderer Inhalt

1. Zweck der bedingten Kapitalerhöhung, Nr. 1

Gem. Abs. 2 Nr. 1 ist der Zweck der bedingten Kapitalerhöhung zu nennen. Die **zulässigen Zwecke** ergeben sich abschließend aus § 192 Abs. 2 AktG. Dabei sind konkrete Angaben erforderlich, insbes. ist im Fall des § 192 Abs. 2 Nr. 2 AktG das konkrete Unternehmen, mit dem ein Zusammenschluss geplant ist, sowie die Art des Zusammenschlusses anzugeben (MüKo AktG/*Fuchs* § 193 Rn. 10; *Hüffer* AktG, § 193 Rn. 5; MünchHdb GesR IV/*Krieger* § 57 Rn. 15). 6

2. Kreis der Bezugsberechtigten, Nr. 2

Der Kreis der Bezugsberechtigten, der gem. Abs. 2 Nr. 2 anzugeben ist, muss zwar nicht notwendigerweise namentlich genannt werden, aber **eindeutig bestimmbar** sein. Genügend ist die genaue Bezeichnung der Schuldverschreibungen, deren Inhaber Bezugs- oder Umtauschrechte wahrnehmen können, die Bezeichnung des Unternehmens, dessen Gesellschafter Bezugsrechte erhalten, oder der Hinweis, dass den gewinnbeteiligten Arbeitnehmern ein Bezugsrecht zusteht. Die Festsetzung im Hauptversammlungsbeschluss begründet selbst noch kein Bezugs- oder Umtauschrecht, bindet aber den Vorstand im Innenverhältnis bei der Durchführung der Erhöhung (*Hüffer* AktG, § 193 Rn. 5; MüKo AktG/*Fuchs* § 193 Rn. 11). 7

3. Ausgabebetrag der Bezugsaktien, Nr. 3

Gem. Abs. 2 Nr. 3 ist der Ausgabebetrag der Bezugsaktien festzusetzen. Der Ausgabebetrag darf den Nennbetrag, bei Stückaktien den anteiligen Betrag am Grundkapital nicht unterschreiten (§ 9 8

Abs. 1 AktG). Bei Umtauschrechten ist anzugeben, in welchem Verhältnis die Schuldverschreibungen in Aktien getauscht werden, und sind ggf. Zuzahlungen festzusetzen. Im Falle einer Ausgabe von Wandelanleihen unter pari ist bei der Aktienausgabe § 199 Abs. 2 AktG zu beachten. Bei Bezugsrechten ist die betragsmäßige Angabe möglich, das Bezugsverhältnis ist aber auch hier anzugeben (MüKo AktG/Fuchs § 193 Rn. 12; KölnKomm AktG/*Lutter* § 193 Rn. 12; *Hüffer* AktG, § 193 Rn. 6; MünchHdb GesR IV/*Krieger* § 57 Rn. 17).

9 Alternativ zur Angabe des konkreten Ausgabebetrages können bei **Umtausch- und Bezugsrechten** lediglich die Grundlagen festgesetzt werden, nach denen sich der Ausgabekurs berechnet. Bei **Unternehmenszusammenschlüssen** wird insoweit das Umtauschverhältnis angegeben. Zulässig ist auch, den Ausgabekurs nach dem Börsenpreis zu einem bestimmten Stichtag zu berechnen oder durch Sachverständige nach bestimmten Vorgaben errechnen zu lassen (*Hüffer* AktG, § 193 Rn. 6).

10 Soweit die bedingte Kapitalerhöhung mit einem Bezugsrechtsausschluss einhergeht, darf der Ausgabebetrag gem. § 255 Abs. 2 AktG **nicht unangemessen niedrig** sein. Lediglich bei Arbeitnehmeraktien kann der Ausgabekurs in einem angemessenen Rahmen unter Wert angesetzt werden, arg. § 204 Abs. 3 AktG (KölnKomm AktG/*Lutter* § 193 Rn. 14; *Hüffer* AktG, § 193 Rn. 6).

4. Ergänzende Festsetzungen bei Stock Options, Nr. 4

11 Wird das bedingte Kapital zur Gewährung von Bezugsrechten an Arbeitnehmer und Geschäftsführungsmitglieder geschaffen (vgl. § 192 AktG Rn. 11 ff.), muss der Beschluss die ergänzenden Festsetzungen nach § 192 Abs. 2 Nr. 4 AktG enthalten. Dies sind die Eckpunkte von Aktienoptionsprogrammen, so dass die gesetzliche Vorschrift die Zuständigkeit der Hauptversammlung für die inhaltliche Ausgestaltung begründet. Die Aufzählung in § 193 Abs. 2 Nr. 4 AktG ist enumerativ in dem Sinn, dass der Hauptversammlungsbeschluss zwar weitere Einzelheiten regeln kann, nicht aber muss (*Hüffer* AktG, § 193 Rn. 8; MüKo AktG/*Fuchs* § 193 Rn. 19).

12 Erforderlich ist eine **gruppenmäßige Aufteilung der Bezugsrechte**. Je eine Gruppe bilden die Vorstandsmitglieder der AG, die Geschäftsführungsmitglieder verbundener Unternehmen sowie die Arbeitnehmer der AG und der mit ihr verbundenen Unternehmen (RegBegr. BT-Drs. 13/9712, 23; teilw. a. A. OLG Koblenz AG 2003, 453 f.).

13 Des Weiteren sind **Erfolgsziele** festzusetzen. Die Verknüpfung von Erfolgszielen und Bezugsrecht kann rechtlich (Bedingung) oder wirtschaftlich (Preisgestaltung) erfolgen (vgl. dazu *v. Einem/Götze* AG 2002, 72, 75 f.). Der Begriff des Erfolgsziels ist unspezifisch und deckt auch andere Ziele als Kursziele ab (*Hüffer* AktG, § 193 Rn. 9 m. w. N.). Es genügt allerdings die Anknüpfung an den Börsenpreis ohne zusätzlichen Erfolgsmaßstab (OLG Stuttgart AG 1998, 529, 532; AG 2001, 540, 541; LG Stuttgart AG 2001, 152, 153). Der Empfehlung in Ziffer 4.2.3 II. 2 DCGK entspricht das sog. **Benchmarking** (*Baums* FS Claussen 1997, 3, 12 ff.). Zum Teil wird sogar ein begrenzter Misserfolg (relativ günstiges Abschneiden trotz Kursverlustes in fallenden Märkten) als taugliches Erfolgsziel anerkannt (OLG Koblenz NZG 2003, 182, 183).

14 Des Weiteren ist eine **Frist** vorzugeben, innerhalb derer Bezugsrechte begründet und ausgeübt werden können. In diesen Zusammenhang gehört die Vorgabe einer Wartezeit, also der Zeit zwischen Begründung des Bezugsrechts und erstmaliger Ausübungsmöglichkeit. Diese Wartezeit kann ggf. nach Tranchen getrennt werden (RegBegr. BT-Drs. 13/9712, 24). Sie darf entsprechend dem Klammerzusatz in Abs. 2 Nr. 4 **nicht kürzer als zwei Jahre** sein. Allg. für angemessen wird eine 3-Jahres-Frist gehalten (RegBegr. BT-Drs. 13/9712, 24; AusschussBegr. BT-Drs. 13/10038, 9, 26; *Baums* FS Claussen 1997, 18).

C. Beschlussmängel

15 Ist der Erhöhungsbeschluss fehlerhaft, so gelten die allgemeinen Vorschriften über Nichtigkeit und Anfechtbarkeit einschließlich § 255 AktG. Von **Nichtigkeit** ist gem. § 241 Nr. 3 AktG auszugehen, wenn die Anweisung an den Vorstand fehlt, Bezugs- und Umtauschrechte einzuräumen

(KölnKomm AktG/*Lutter* § 193 Rn. 26), oder wenn die Festsetzungen nach § 193 Abs. 2 Nr. 1 bis 3 AktG fehlen (*Hüffer* AktG, § 193 Rn. 10). Eine **Heilung** nach § 242 Abs. 2 AktG ist möglich. Andere Gesetzes- und Satzungsverstöße können zur Anfechtbarkeit führen, insbes. die Verletzung von Abs. 2 Nr. 4 (K. Schmidt/Rieger/*Hirte*, GesR 1999, 2000, 211, 226 ff.; *Vogel* DB 2000, 937, 939).

§ 194 Bedingte Kapitalerhöhungen mit Sacheinlagen

(1) [1]Wird eine Sacheinlage gemacht, so müssen ihr Gegenstand, die Person, von der die Gesellschaft den Gegenstand erwirbt, und der Nennbetrag, bei Stückaktien die Zahl der bei der Sacheinlage zu gewährenden Aktien im Beschluß über die bedingte Kapitalerhöhung festgesetzt werden. [2]Als Sacheinlage gilt nicht die Hingabe von Schuldverschreibungen im Umtausch gegen Bezugsaktien. [3]Der Beschluß darf nur gefaßt werden, wenn die Einbringung von Sacheinlagen ausdrücklich und ordnungsgemäß (§ 124 Abs. 1) bekanntgemacht worden ist.

(2) [1]Ohne diese Festsetzung sind Verträge über Sacheinlagen und die Rechtshandlungen zu ihrer Ausführung der Gesellschaft gegenüber unwirksam. [2]Sind die Bezugsaktien ausgegeben, so wird die Gültigkeit der bedingten Kapitalerhöhung durch diese Unwirksamkeit nicht berührt. [3]Der Aktionär ist verpflichtet, den Ausgabebetrag der Bezugsaktien einzuzahlen. [4]Die Unwirksamkeit kann durch Satzungsänderung nicht geheilt werden, nachdem die Bezugsaktien ausgegeben worden sind.

(3) Die Absätze 1 und 2 gelten nicht für die Einlage von Geldforderungen, die Arbeitnehmern der Gesellschaft aus einer ihnen von der Gesellschaft eingeräumten Gewinnbeteiligung zustehen.

(4) [1]Bei der Kapitalerhöhung mit Sacheinlagen hat eine Prüfung durch einen oder mehrere Prüfer stattzufinden. [2]§ 33 Abs. 3 bis 5, § 34 Abs. 2 und 3, § 35 gelten sinngemäß. [3]Das Gericht kann die Eintragung ablehnen, wenn der Wert der Sacheinlage nicht unwesentlich hinter dem geringsten Ausgabebetrag der dafür zu gewährenden Aktien zurückbleibt.

A. Kapitalerhöhungsbeschluss und Sacheinlage, Abs. 1 und Abs. 3

§ 194 AktG **entspricht** im Wesentlichen **§ 183 AktG**. Insoweit gelten abgesehen von den nachfolgend beschriebenen Ausnahmen die Ausführungen zu § 183 Abs. 1 AktG. Soweit § 194 Abs. 1 S. 3 AktG anders als § 183 Abs. 1 S. 2 AktG Festsetzungen nach § 194 Abs. 1 S. 1 AktG nicht erwähnt, ist von einem Redaktionsversehen auszugehen, so dass die Festsetzungen nach § 194 Abs. 1 S. 1 AktG ebenfalls bekannt zu machen sind (*Hüffer* AktG, § 194 Rn. 7; MüKo AktG/*Fuchs* § 194 Rn. 19; GroßkommAktG/*Frey* § 194 Rn. 98). 1

I. Sacheinlagen

Abs. 1 S. 2 nimmt die Hingabe von Schuldverschreibungen im Umtausch gegen Bezugsaktien ausdrücklich vom Begriff der Sacheinlage aus. Wegen der in § 192 Abs. 2 AktG aufgezählten beschränkten Zwecke bedingter Kapitalerhöhung (vgl. § 192 AktG Rn. 5 ff.) kommt im Übrigen nicht jeder Gegenstand als Sacheinlage in Betracht. Im Wesentlichen zielt § 194 AktG auf die **bedingte Kapitalerhöhung zum Zweck des Unternehmenszusammenschlusses** (§ 192 Abs. 2 Nr. 2 AktG) ab, die grds. Sacherhöhung ist; die Sacheinlage besteht im Unternehmen als Vermögensgesamtheit oder an Anteilen hieran. Bei Optionsanleihen (§ 192 Abs. 2 Nr. 1 AktG) hängt die Anwendbarkeit von § 194 AktG davon ab, ob die Bezugsaktien gegen Geld (Normalfall) oder Sachleistung erworben werden; nur im letztgenannten Fall liegt eine bedingte Kapitalerhöhung mit Sacheinlagen vor (*Hüffer* AktG, § 194 Rn. 3; KölnKomm AktG/*Lutter* § 194 Rn. 3 f.). Dass die Hingabe der Wandelanleihe selbst nicht als Sacheinlage gewertet werden kann, da sonst grds. bei dieser Gestaltung eine Sachkapitalerhöhung vorläge und aufgrund der Gefährdung des Rück- 2 zahlungsanspruches durch Verlustbeteiligung die Werthaltigkeit generell gefährdet wäre, bestimmt Abs. 1 S. 2 ausdrücklich.

3 An § 192 Abs. 2 Nr. 3 AktG knüpft § 194 Abs. 3 AktG an. Werden Arbeitnehmeraktien nicht gegen Geld, sondern gegen Forderungen aus Gewinnbeteiligungen gewährt, so liegt zwar eine Sacheinlage vor. Die Anwendbarkeit von Abs. 1 und 2 wird jedoch ausdrücklich ausgeschlossen, um die Ausgabe von Bezugsaktien an Arbeitnehmer zu erleichtern (*Kropff* RegBegr., 300). Auf die Prüfung (Abs. 4) wird indes nicht verzichtet (MüKo AktG/*Fuchs* § 194 Rn. 15; MünchHdb GesR IV/*Krieger* § 57 Rn. 21). Über den Wortlaut von Abs. 3 hinaus stehen den Arbeitnehmern der Gesellschaft analog § 192 Abs. 2 Nr. AktG die Arbeitnehmer mit ihr verbundener Unternehmen gleich. Nicht erfasst sind aber Vorstandsmitglieder der AG und Mitglieder der Geschäftsführung verbundener Unternehmen (MüKo AktG/*Fuchs* § 194 Rn. 17; *Hüffer* AktG, § 194 Rn. 5; a. A. zur Erstreckung auf die Führungsebene MünchHdb GesR IV/*Krieger* § 57 Rn. 21).

II. Inhalt des Kapitalerhöhungsbeschlusses

4 Neben dem in Abs. 1 S. 1 ausdrücklich ausgewiesenen Inhalt (vgl. hierzu § 183 AktG Rn. 11 f.) muss der Beschluss über die bedingte Kapitalerhöhung mit Sacheinlagen außerdem den allgemeinen und besonderen Inhalt nach § 193 Abs. 2 AktG haben (vgl. dazu § 193 AktG Rn. 7 ff.). Besonderheiten bei der Angabe der Person des Sacheinlegers ergeben sich, wenn diese nicht namentlich feststehen. In diesem Fall genügen wie bei § 193 Abs. 2 AktG Angaben, nach denen die Einleger eindeutig bestimmbar sind (*Hüffer* AktG, § 194 Rn. 6; MüKo AktG/*Fuchs* § 194 Rn. 18; KölnKomm AktG/*Lutter* § 194 Rn. 14).

III. Bekanntmachung

5 Zur Bekanntmachung vgl. Rn. 1 und § 183 AktG Rn. 10.

B. Rechtsfolgen fehlerhafter Festsetzungen, Abs. 2

6 Abs. 2 entspricht § 183 Abs. 2 AktG mit der Maßgabe, dass anstelle der Durchführung der regulären Kapitalerhöhung auf die Ausgabe von Bezugsaktien abgestellt wird, mit der das Kapital automatisch erhöht wird (§ 200 AktG).

C. Prüfung der Sacheinlage, Abs. 4

7 Wie bei der regulären Kapitalerhöhung (§ 183 Abs. 3 AktG) hat bei der bedingten Kapitalerhöhung eine Prüfung durch unabhängige Prüfer und durch das Registergericht zu erfolgen. Wegen der Einzelheiten vgl. die Anmerkungen zu § 183 Abs. 3 AktG (dort. Rn. 15 ff.).

§ 195 Anmeldung des Beschlusses [i. d. F. ab 1. 1. 2007 durch EHUG]

(1) Der Vorstand und der Vorsitzende des Aufsichtsrats haben den Beschluß über die bedingte Kapitalerhöhung zur Eintragung in das Handelsregister anzumelden.

(2) Der Anmeldung sind beizufügen

1. bei einer bedingten Kapitalerhöhung mit Sacheinlagen die Verträge, die den Festsetzungen nach § 194 zugrunde liegen oder zu ihrer Ausführung geschlossen worden sind, und der Bericht über die Prüfung von Sacheinlagen (§ 194 Abs. 4);

2. eine Berechnung der Kosten, die für die Gesellschaft durch die Ausgabe der Bezugsaktien entstehen werden;

3. wenn die Kapitalerhöhung der staatlichen Genehmigung bedarf, die Genehmigungsurkunde.

(3) [aufgehoben]

§ 195 Anmeldung des Beschlusses [i. d. F. bis 31. 12. 2006]

(1) [identisch]

(2) Der Anmeldung sind für das Gericht des Sitzes der Gesellschaft beizufügen

1. bei einer bedingten Kapitalerhöhung mit Sacheinlagen die Verträge, die den Festsetzungen nach § 194 zugrunde liegen oder zu ihrer Ausführung geschlossen worden sind, und der Bericht über die Prüfung von Sacheinlagen (§ 194 Abs. 4);

2. eine Berechnung der Kosten, die für die Gesellschaft durch die Ausgabe der Bezugsaktien entstehen werden;

3. wenn die Kapitalerhöhung der staatlichen Genehmigung bedarf, die Genehmigungsurkunde.

(3) Die eingereichten Schriftstücke werden beim Gericht in Urschrift, Ausfertigung oder öffentlich beglaubigter Abschrift aufbewahrt.

A. Allgemeines

§ 195 AktG betrifft die Anmeldung des Beschlusses über die bedingte Kapitalerhöhung zur Eintragung in das Handelsregister. Diese ist abzugrenzen von der Anmeldung der Ausgabe von Bezugsaktien und der damit verbundenen Kapitalerhöhung nach § 201 AktG. Eine Verbindung der beiden Anmeldungen ist anders als bei der regulären Kapitalerhöhung nicht möglich (*Hüffer* AktG, § 195 Rn. 1). Weiter abzugrenzen ist die Anmeldung der Satzungsänderung, nachdem der Satzungswortlaut mit Ausgabe der Bezugsaktien unrichtig geworden ist. 1

B. Handelsregisteranmeldung, Abs. 1

I Verfahren

Der Beschluss über die bedingte Kapitalerhöhung ist zur **Eintragung in das Handelsregister** anzumelden. Adressat ist das Amtsgericht des Satzungssitzes. Bei Zweigniederlassung ist darüber hinaus § 13 c Abs. 1 HGB zu beachten. Die Anmeldung hat in **öffentlich-beglaubigter Form** zu erfolgen (§ 12 Abs. 1 HGB), und zwar seit dem 1. 1. 2007 elektronisch. 2

Die Anmeldung ist **vom Vorstand in vertretungsberechtigter Zahl** gemeinsam mit dem Vorsitzenden des Aufsichtsrat vorzunehmen. Diese handeln im Namen der AG, zeichnen aber (auch wegen § 399 Abs. 1 und 4 AktG) im eigenen Namen. Unechte Gesamtvertretung (§ 78 Abs. 3 AktG, vgl. § 78 AktG Rn. 15 f.) ist zulässig (*Hüffer* AktG, § 195 Rn. 3; MüKo AktG/*Fuchs* § 193 Rn. 6 ff.). 3

Inhaltlich genügt in der Anmeldung eine Bezugnahme auf die gem. § 195 Abs. 2 AktG beizufügenden Unterlagen (*Hüffer* AktG, § 195 Rn. 2). 4

II. Eintragung des Erhöhungsbeschlusses

Die Eintragung des Kapitalerhöhungsbeschlusses im Handelsregister ist **zwingende Voraussetzung** für die Ausgabe von Bezugsaktien (§ 197 S. 1, 3 AktG). Bereits vor Eintragung begründete Bezugsrechte entstehen mit der Eintragung (§ 197 S. 2 AktG). 5

Dem **Registergericht** obliegt eine formelle (Ordnungsgemäßheit der Anmeldung) und materielle (gesetzliche und satzungsmäßige Voraussetzungen der bedingten Kapitalerhöhung) **Prüfung des Beschlusses**. Bei bedingter Kapitalerhöhung mit Sacheinlagen sind auch die Voraussetzungen des § 194 Abs. 4 S. 2 AktG zu prüfen. Wegen der Rechtsmittel gegen eine registergerichtliche Entscheidung vgl. § 181 AktG Rn. 14; zu beachten ist, dass Vorstand und Aufsichtsratsvorsitzender als Anmelder nur gemeinsam Beschwerde für die Gesellschaft einlegen können. 6

C. Beizufügende Unterlagen, Abs. 2

7 Die der Anmeldung beizufügenden Unterlagen sind in Abs. 2 aufgeführt. Auch vor Inkrafttreten des EHUG genügte bei Vorhandensein von Zweigniederlassungen entgegen § 13 c Abs. 1 und 5 HGB a. F. jeweils ein Exemplar (*Kropff* RegBegr. S. 297). Seit dem 1. 1. 2007 sind die erforderlichen Dokumente elektronisch in der in § 12 Abs. 2 HGB bestimmten Form einzureichen.

8 Im Falle der **bedingten Kapitalerhöhung** mit Sacheinlagen (§ 194 AktG) sind die in Abs. 2 Nr. 1 aufgeführten Unterlagen beizufügen. Soweit Sacheinlagevereinbarungen bei Anmeldung des Erhöhungsbeschlusses noch nicht vollständig vorhanden sind, sind die restlichen Unterlagen der Anmeldung gem. § 201 Abs. 2 AktG beizufügen (MüKo AktG/*Fuchs* § 195 Rn. 13; *Hüffer* AktG, § 195 Rn. 5; KölnKomm AktG/*Lutter* § 195 Rn. 7). In diesem Fall genügt die Vorlage eines insoweit nur unvollständigen Prüfungsberichtes (*Hüffer* AktG, § 195 Rn. 5).

9 Die gem. Abs. 2 Nr. 2 beizufügende Berechnung meint eine umfassende **Zusammenstellung der Kosten** der Kapitalerhöhung, z. B. Gerichts- und Notargebühren, Steuern, Druckkosten. Nicht erfasst sind Kosten für die Ausgabe der Schuldverschreibungen im Rahmen des § 221 AktG oder des Unternehmenszusammenschlusses. Soweit die Höhe einzelner Positionen nicht feststeht, ist eine Schätzung vorzunehmen. Ein Nachweis in Form von Belegen ist nicht erforderlich (*Hüffer* AktG, § 195 Rn. 6; MüKo AktG/*Fuchs* § 195 Rn. 15).

10 Über die in Abs. 2 genannten Unterlagen hinaus sind die Niederschrift über die Hauptversammlung, in der das bedingte Kapital beschlossen wurde, sowie evtl. Niederschriften über erforderliche Sonderbeschlüsse einzureichen. Wird das Bestehen des bedingten Kapitals in den Satzungstext aufgenommen und soll die Anmeldung der Satzungsänderung mit der Anmeldung des Beschlusses über die bedingte Kapitalerhöhung verbunden werden, ist gem. § 181 Abs. 1 S. 2 AktG auch eine **Neufassung der Satzung** beizufügen (*Hüffer* AktG, § 195 Rn. 4; MüKo AktG/*Fuchs* § 195 Rn. 17; MünchHdb GesR IV/*Krieger* § 57 Rn. 24, 26).

§ 196 [aufgehoben zum 1. 1. 2007 durch EHUG]

§ 196 Bekanntmachung der Eintragung [i. d. F. bis 31. 12. 2006]

In die Bekanntmachung der Eintragung des Beschlusses über die bedingte Kapitalerhöhung sind außer deren Inhalt die nach § 194 bei der Einbringung von Sacheinlagen vorgesehenen Festsetzungen und ein Hinweis auf den Bericht über die Prüfung von Sacheinlagen (§ 194 Abs. 4) aufzunehmen. Für die Festsetzungen nach § 194 genügt die Bezugnahme auf die beim Gericht eingereichten Urkunden.

1 § 196 AktG a. F. betraf die Bekanntmachung der Eintragung des Beschlusses über die bedingte Kapitalerhöhung und bezweckte die **Unterrichtung der beteiligten Verkehrskreise**. Die Vorschrift war § 190 AktG a. F. nachgebildet und ergänzte § 10 HGB (*Hüffer* AktG, § 196 Rn. 1). Die Bekanntmachung war keine Wirksamkeitsvoraussetzung für die bedingte Kapitalerhöhung. Insoweit kam es ausschließlich auf die Ausgabe der Bezugsaktien gem. § 200 AktG an. Rechtliche Wirkung ergab sich u. U. aus § 15 HGB (*Hüffer* AktG, § 196 Rn. 4). Mit Inkrafttreten des EHUG wurde auf diese Zusatzbekanntmachung verzichtet.

§ 197 Verbotene Aktienausgabe

Vor der Eintragung des Beschlusses über die bedingte Kapitalerhöhung können die Bezugsaktien nicht ausgegeben werden. Ein Anspruch des Bezugsberechtigten entsteht vor diesem

Zeitpunkt nicht. Die vorher ausgegebenen Bezugsaktien sind nichtig. Für den Schaden aus der Ausgabe sind die Ausgeber den Inhabern als Gesamtschuldner verantwortlich.

A. Regelungsgegenstand und -zweck

§ 197 AktG bezweckt den **Schutz der Anleger vor Schwindelemissionen**. Dieserhalb dürfen Bezugsaktien vor Eintragung des Beschlusses über die bedingte Kapitalerhöhung nicht ausgegeben werden und entstehen Rechte aus Aktienurkunden vorher nicht. Die Ausgeber sind den Aktieninhabern im Falle verbotener vorzeitiger Aktienausgabe schadensersatzpflichtig. Die Vorschrift ist §§ 41 Abs. 4, 191 AktG nachgebildet (*Hüffer* AktG, § 197 Rn. 1). 1

B. Verbot der Aktienausgabe

S. 1 verbietet die Ausgabe neuer Aktien vor Eintragung des Erhöhungsbeschlusses im Handelsregister gem. § 195 AktG. Eine Ausgabe liegt vor, wenn durch Handlungen oder Unterlassungen Aktienurkunden in den Verkehr gelangen. Insoweit gelten die Ausführungen zu § 191 AktG Rn. 4. 2

Bezugsaktien, die vor Eintragung des Erhöhungsbeschlusses ausgegeben wurden, sind gem. S. 3 **nichtig**, so dass keine gültige wertpapierrechtliche Verbriefung des Mitgliedsrechts vorliegt. Eine Heilung durch nachträgliche Eintragung gem. § 195 AktG erfolgt nicht (*Hüffer* AktG, § 197 Rn. 3; KölnKomm AktG/*Lutter* § 197 Rn. 13; MüKo AktG/*Fuchs* § 197 Rn. 9; vgl. auch BGH AG 1988, 76, 78). Allerdings können vorhandene Urkunden weiter genutzt werden, indem mit den Berechtigten ein neuer Begebungsvertrag geschlossen wird; eine einseitige Gültigerklärung durch die Gesellschaft genügt nicht (str., vgl. *Hüffer* AktG, § 197 Rn. 3; MüKo AktG/*Fuchs* § 197 Rn. 9; GroßkommAktG/*Frey* § 197 Rn. 41). 3

C. Anspruch des Bezugsberechtigten

Bis zur Eintragung des Beschlusses über die bedingte Kapitalerhöhung gem. § 195 AktG besteht kein Anspruch des Bezugsberechtigten. S. 2 setzt insoweit aber nur eine **zeitliche Schranke**, vor der das Bezugsrecht nicht entstehen kann. Das Bezugsrecht selbst gründet auf einem Rechtsgeschäft zwischen der AG und dem Bezugsberechtigten, nicht auf dem eingetragenen Kapitalerhöhungsbeschluss (*Hüffer* AktG, § 197 Rn. 5; KölnKomm AktG/*Lutter* § 197 Rn. 3 f.; MüKo AktG/*Fuchs* § 197 Rn. 18; MünchHdb GesR IV/*Krieger* § 97 Rn. 27). Wird das Rechtsgeschäft vor Eintragung geschlossen, ist das Bezugsrecht **aufschiebend bedingt** durch die Eintragung und entsteht mit ihr (MüKo AktG/*Fuchs* § 197 Rn. 20; KölnKomm AktG/*Lutter* § 197 Rn. 9; *Hüffer* AktG, § 197 Rn. 5; MünchHdb GesR IV/*Krieger* § 57 Rn. 27). Wird das Rechtsgeschäft bereits vor dem Kapitalerhöhungsbeschluss geschlossen, steht es nach h. M. unter dem **Vorbehalt des Erhöhungsbeschlusses** und der aufschiebenden Bedingung seiner Eintragung (*Hüffer* AktG, § 197 Rn. 5; KölnKomm AktG/*Lutter* § 197 Rn. 10; MünchHdb GesR IV/*Krieger* § 57 Rn. 27; a. A. (Unwirksamkeit): *Baumbach/Hueck* § 193 Rn. 2). 4

§ 198 Bezugserklärung

(1) [1]Das Bezugsrecht wird durch schriftliche Erklärung ausgeübt. [2]Die Erklärung (Bezugserklärung) soll doppelt ausgestellt werden. [3]Sie hat die Beteiligung nach der Zahl und bei Nennbetragsaktien dem Nennbetrag und, wenn mehrere Gattungen ausgegeben werden, der Gattung der Aktien, die Feststellungen nach § 193 Abs. 2, die nach § 194 bei der Einbringung von Sacheinlagen vorgesehenen Festsetzungen sowie den Tag anzugeben, an dem der Beschluß über die bedingte Kapitalerhöhung gefaßt worden ist.

(2) [1]Die Bezugserklärung hat die gleiche Wirkung wie eine Zeichnungserklärung. [2]Bezugserklärungen, deren Inhalt nicht dem Absatz 1 entspricht oder die Beschränkungen der Verpflichtung des Erklärenden enthalten, sind nichtig.

(3) Werden Bezugsaktien ungeachtet der Nichtigkeit einer Bezugserklärung ausgegeben, so kann sich der Erklärende auf die Nichtigkeit nicht berufen, wenn er auf Grund der Bezugserklärung als Aktionär Rechte ausgeübt oder Verpflichtungen erfüllt hat.

(4) Jede nicht in der Bezugserklärung enthaltene Beschränkung ist der Gesellschaft gegenüber unwirksam.

A. Allgemeines

1 § 198 AktG ist § 185 AktG nachgebildet und bestimmt **Form, Inhalt und Rechtsfolgen** der Ausübung des Bezugsrechts. Gem. § 192 Abs. 5 AktG gelten die Regelungen auch für das Umtauschrecht. Die Wandlungserklärung in Ausübung des Umtauschrechtes stellt rechtlich eine Willenserklärung zum Abschluss eines Zeichnungsvertrages dar. Je nach Detaillierungsgrad der Anleihebedingungen wird sie bereits als Vertragsannahme zu qualifizieren sein (*Hüffer* AktG, § 198 Rn. 3; KölnKomm AktG/*Lutter* § 198 Rn. 4).

B. Bezugsrecht

2 Das Bezugsrecht gewährt gegen die AG einen **Anspruch auf Abschluss eines Zeichnungsvertrages**, der die Gesellschaft verpflichtet, dem Berechtigten Mitgliedsrechte im vereinbarten Umfang zuzuteilen (*Hüffer* AktG, § 198 Rn. 2, 4; KölnKomm AktG/*Lutter* § 198 Rn. 5).

3 Das Bezugsrecht wird nach zutr. Auffassung durch **Vertrag zwischen der Gesellschaft und dem Bezugsberechtigten** begründet (vgl. § 197 AktG Rn. 4). Die Gesellschaft wird bei Abschluss des Rechtsgeschäftes durch den Vorstand vertreten, der im Innenverhältnis allerdings an die **Vorgaben des Kapitalerhöhungsbeschlusses** gebunden ist. Insbesondere darf er als Vertragspartner nur die im Kapitalerhöhungsbeschluss bestimmten Personen wählen (*Hüffer* AktG, § 198 Rn. 4 f.). Von den Beschlussvorgaben abweichende Vereinbarungen sind grds. wegen § 78 AktG wirksam, wenn nicht ausnahmsweise von einem Missbrauch der Vertretungsmacht ausgegangen werden kann, da die Bezugsberechtigten sich wegen der Pflicht zur Eintragung im Handelsregister über den Erhöhungsbeschluss informieren können (*Hüffer* AktG, § 198 Rn. 5; KölnKomm AktG/*Lutter* § 197 Rn. 8; vgl. auch Palandt/*Heinrichs* § 164 Rn. 14). Begründet der Vorstand Bezugsrechte in einem Umfang, dass diese nicht mehr aus dem bedingten Kapital bedient werden können, so sind diese grds. wirksam, jedoch entsteht gem. § 275 Abs. 1 BGB keine Erfüllungspflicht (*Hüffer* AktG, § 198 Rn. 5).

4 Bezugsrechte werden **gem. §§ 398, 413 BGB übertragen**, wenn nicht die Übertragbarkeit nach § 399 BGB eingeschränkt oder ausgeschlossen wird. Im Falle der Verbriefung, bspw. in Inhaberschuldverschreibungen (§ 793 Abs. 1 S. 1 BGB), werden Bezugsrechte nach §§ 929 ff. BGB übertragen (*Hüffer* AktG, § 198 Rn. 6).

C. Bezugserklärung

5 Die Bezugserklärung ist eine auf Abschluss eines Zeichnungsvertrages gerichtete **Willenserklärung**. Die allgemeinen Vorschriften des BGB sind anwendbar, nach Entstehung des Mitgliedsrechts jedoch eingeschränkt in Bezug auf die Regelungen über fehlerhafte Rechtsgeschäfte (*Hüffer* AktG, § 198 Rn. 7). **Stellvertretung** gem. § 164 ff. BGB ist bei der Abgabe der Bezugserklärung zulässig. Wandelanleihen können nur insgesamt ausgeübt werden; demgegenüber könne Rechte aus Optionsanleihen, sofern sie zum Bezug mehrerer Aktien berechtigen, auch teilweise ausgeübt werden, wenn nichts Abweichendes vereinbart ist oder sich aus dem Zweck der Kapitalerhöhung ergibt (*Hüffer* AktG, § 198 Rn. 7; KölnKomm AktG/*Lutter* § 198 Rn. 8).

I. Form

Die Bezugserklärung bedarf der **Schriftform** gem. § 126 BGB. Fehlende Schriftform führt gem. § 125 BGB zur Nichtigkeit, die nach h. M. aber nach § 198 Abs. 3 AktG geheilt werden kann (MüKo AktG/*Fuchs* § 198 Rn. 34; KölnKomm AktG/*Lutter* § 198 Rn. 12; GroßkommAktG/*Frey* § 198 Rn. 56; a. A. *Hüffer* AktG, § 198 Rn. 13). Die Formbedürftigkeit gilt ausschließlich für die Bezugserklärung, nicht hingegen für den Zeichnungsvertrag (*Hüffer* AktG, § 198 Rn. 8). Die Bezugserklärung soll doppelt ausgefertigt werden; einfache Ausfertigung hindert die Wirksamkeit aber nicht (MüKo AktG/*Fuchs* § 198 Rn. 7). Die Zweitschrift ist der Anmeldung von Bezugsaktien zum Handelsregister gem. § 201 Abs. 2 S. 1 AktG beizufügen. 6

II. Inhalt

Der Inhalt der Bezugserklärung ergibt sich aus Abs. 1 S. 3. Entsprechend § 185 Abs. 1 S. 1 AktG sind **Zahl**, bei Nennbetragsaktien der **Nennbetrag** sowie ggf. die **Aktiengattung** anzugeben. Der Verweis auf die Feststellungen nach § 193 Abs. 2 AktG bezieht sich nur auf Nr. 1 bis 3. Nach zutr. Auffassung sind bei teleologischer Reduktion die Feststellungen nach § 193 Abs. 1 Nr. 4 AktG nicht gemeint (*Hüffer* AktG, § 198 Rn. 9; MüKo AktG/*Fuchs* § 198 Rn. 13; *Vogel* BB 2000, 937, 940). Im Falle von **Sacheinlagen** sind entsprechend § 194 Abs. 1 S. 1 AktG der Gegenstand der Sacheinlage, die Person des Einlegers und der Nennbetrag (bei Nennbetragsaktien) bzw. die Zahl der Aktien (bei Stückaktien) zu bezeichnen (*Hüffer* AktG, § 198 Rn. 9). Schließlich ist das **Datum der Beschlussfassung** über die bedingte Kapitalerhöhung zu nennen. Entspricht die Bezugserklärung inhaltlich nicht den Vorgaben des Abs. 1 S. 3, so ist sie nichtig (Abs. 2 S. 2). Heilung der Nichtigkeit tritt ein, wenn dennoch auf die nichtige Erklärung Bezugsaktien ausgegeben wurden und der Berechtigte als Aktionär Rechte ausgeübt oder Verpflichtungen erfüllt hat (Abs. 3). 7

Zum Begriff der **Rechtsausübung** oder **Erfüllung von Verpflichtungen** vgl. § 185 AktG Rn. 21 f. Strittig, aber nach zutr. Auffassung zu verneinen ist, ob der Aktionär bereits mit Entgegennahme der Aktienurkunde Aktionärrechte ausübt (ebenso MüKo AktG/*Fuchs* § 198 Rn. 37; *Hüffer* AktG, § 198 Rn. 12; MünchHdb GesR IV/*Krieger* § 57 Rn. 34; a. A. KölnKomm AktG/*Lutter* § 198 Rn. 13; GroßkommAktG/*Frey* § 198 Rn. 51). Mit der **Heilung** werden Bezugserklärungen und Zeichnungsvertrag rückwirkend wirksam. Über den Wortlaut des Abs. 3 hinaus kann auch die AG sich nicht mehr auf die Nichtigkeit berufen. 8

III. Wirkung der Bezugserklärung

Die Bezugserklärung wirkt gem. Abs. 2 S. 1 wie eine Zeichnungserklärung, bindet also den Erklärenden. Abweichend von § 185 Abs. 1 S. 3 Nr. 4 AktG ist die Bindung jedoch **nicht zeitlich beschränkt**, sondern endgültig (*Hüffer* AktG, § 198 Rn. 10; MüKo AktG/*Fuchs* § 198 Rn. 23 f.). Durch die Bezugserklärung und eine korrespondierende Willenserklärung der AG kommt ein **Zeichnungsvertrag** zustande. Dieser verpflichtet die AG, dem Berechtigten Mitgliedsrechte in entsprechendem Umfang zuzuteilen. Der Berechtigte wird seinerseits verpflichtet, den Gegenwert zu leisten. 9

D. Beschränkungen der Bezugserklärung

Bezugserklärungen dürfen gem. Abs. 2 S. 2 **keine Beschränkungen** der Verpflichtung des Erklärenden enthalten. Anderenfalls sind sie **nichtig**. Eine Heilung gem. Abs. 3 erstreckt sich nicht auf die in der Bezugserklärung enthaltenen Beschränkungen, die im Falle der Heilung als gegenüber der AG nicht geschrieben gelten (KölnKomm AktG/*Lutter* § 198 Rn. 14; *Hüffer* AktG, § 198 Rn. 12). 10

Auch jede nicht in der Bezugserklärung enthaltene Beschränkung ist der AG gegenüber **unwirksam** (§ 198 Abs. 4 AktG). Solche Beschränkungen berühren die Wirksamkeit der Bezugserklärung und des Zeichnungsvertrages nicht, sondern gelten schlicht als von Anfang an nicht getroffen (MüKo AktG/*Fuchs* § 198 Rn. 42; KölnKomm AktG/*Lutter* § 198 Rn. 14; *Hüffer* AktG, § 198 Rn. 14). 11

§ 199 Ausgabe der Bezugsaktien

(1) Der Vorstand darf die Bezugsaktien nur in Erfüllung des im Beschluß über die bedingte Kapitalerhöhung festgesetzten Zwecks und nicht vor der vollen Leistung des Gegenwerts ausgeben, der sich aus dem Beschluß ergibt.

(2) [1]Der Vorstand darf Bezugsaktien gegen Wandelschuldverschreibungen nur ausgeben, wenn der Unterschied zwischen dem Ausgabebetrag der zum Umtausch eingereichten Schuldverschreibungen und dem geringsten Ausgabebetrag der für sie zu gewährenden Bezugsaktien aus einer anderen Gewinnrücklage, soweit sie zu diesem Zweck verwandt werden kann, oder durch Zuzahlung des Umtauschberechtigten gedeckt ist. [2]Dies gilt nicht, wenn der Gesamtbetrag, zu dem die Schuldverschreibungen ausgegeben sind, den geringsten Ausgabebetrag der Bezugsaktien insgesamt erreicht oder übersteigt.

Übersicht:

A. Regelungsgegenstand und -zweck

1 § 199 AktG bestimmt die Voraussetzungen für die Ausgabe der neuen Aktien. Die Vorschrift gilt für Bezugs- und für Umtauschrechte. Bezweckt ist der Schutz der Aktionäre wegen des Bezugsrechtsausschlusses sowie die Sicherung der Kapitalaufbringung (*Hüffer* AktG, § 199 Rn. 1).

B. Aktienausgabe, Abs. 1

I. Begriff

2 Abweichend vom allgemeinen Grundsatz, wonach die Mitgliedschaft unverkörpert entstehen kann, umfasst der Begriff der Aktienausgabe i. S. d. § 199 AktG die **Ausstellung der Aktienurkunde** und den **Abschluss des sachenrechtlichen Begebungsvertrages,** der die gegenständliche Übergabe der Aktienurkunde beinhaltet. Die Ausstellung der Urkunde stellt eine **einseitige, nicht empfangsbedürftige Willenserklärung** dar. Der Begebungsvertrag hat sachenrechtlichen Charakter und ist auf Übereignung der Aktienurkunde gerichtet (MüKo AktG/*Fuchs* § 199 Rn. 41; *Hüffer* AktG, § 199 Rn. 2 f.; KölnKomm AktG/*Lutter* § 199 Rn. 3 f.; enger *Viertel* BB 1974, 1328; zweifelnd MünchHdb GesR IV/*Krieger* § 57 Rn. 35). Die AG wird bei Ausstellung der Urkunde und Abschluss des Begebungsvertrages durch den Vorstand in vertretungsberechtigter Zahl vertreten. Auf den Aktienurkunden genügt die (vervielfältigte) Unterschrift des zur Zeit des Drucks amtierenden Vorstands, auch wenn er zum Zeitpunkt der Übergabe der Aktienurkunde nicht mehr Vorstand ist (*Hüffer* AktG, § 199 Rn. 3; MünchHdb GesR IV/*Krieger* § 57 Rn. 35; *Kümpel* FS Werner 1984, 449, 464 ff.; *Viertel* BB 1974, 1328 f.).

3 Die Ausgabe von **Zwischenscheinen** (vgl. § 8 AktG Rn. 7) steht der Aktienausgabe gleich (*Hüffer* AktG, § 199 Rn. 4; KölnKomm AktG/*Lutter* § 199 Rn. 3; MünchHdb GesR IV/*Krieger* § 57 Rn. 35).

II. Voraussetzungen der Aktienausgabe

1. Zweckerfüllung

4 Bezugsaktien dürfen nur in Erfüllung des im Beschluss über die bedingte Kapitalerhöhung festgesetzten Zwecks ausgegeben werden. Zu den zulässigen Zwecken vgl. § 192 Abs. 2 AktG (dort

Rn. 5 ff.). In Konsequenz dürfen Bezugsaktien auch nur an den im Erhöhungsbeschluss festgesetzten Personenkreis (§ 193 Abs. 2 Nr. 2 AktG) ausgegeben werden (MüKo AktG/*Fuchs* § 199 Rn. 7; *Hüffer* AktG, § 199 Rn. 6; KölnKomm AktG/*Lutter* § 199 Rn. 7).

2. Leistung des Gegenwertes

Erforderlich ist weiterhin eine **vollständige Leistung** der Einlage. Nicht Voraussetzung ist die Leistung auf evtl. bestehende Nebenverpflichtungen gem. § 55 AktG. Eine Zug-um-Zug-Leistung ist zulässig (MüKo AktG/*Fuchs* § 199 Rn. 11; *Hüffer* AktG, § 199 Rn. 7; KölnKomm AktG/*Lutter* § 199 Rn. 12). Die Leistung der Mindesteinlage genügt ebenso wenig wie die Leistung der Sacheinlage innerhalb der Frist des § 36 a Abs. 2 AktG (*Hüffer* AktG, § 199 Rn. 7; MünchHdb GesR IV/*Krieger* § 57 Rn. 39). Eine Geldeinlage ist in voller Höhe einschließlich Aufgeld einzuzahlen; §§ 188 Abs. 2 S. 2, 54 Abs. 2 und 3, 36 Abs. 2 AktG gelten analog (MüKo AktG/*Fuchs* § 199 Rn. 14; *Hüffer* AktG, § 199 Rn. 7; MünchHdb GesR IV/*Krieger* § 57 Rn. 39; a. A. GroßkommAktG/*Frey* § 199 Rn. 36 f.). Über **Sacheinlagen** sind die dinglichen Verfügungsgeschäfte abzuschließen (*Hüffer* AktG, § 199 Rn. 7 m. w. N.). 5

3. Sonstige Voraussetzungen

Neben den in Abs. 1 genannten Voraussetzungen ist § 197 S. 1 AktG zu beachten. Darüber hinaus ist ein wirksamer Zeichnungsvertrag erforderlich (*Hüffer* AktG, § 199 Rn. 5). 6

III. Rechtsfolgen bei Verstoß

Bezugsaktien, die zu einem anderen als dem im Erhöhungsbeschluss festgesetzten Zweck, an nicht bezugsberechtigte Personen oder vor vollständiger Leistung des Gegenwertes ausgegeben wurden, sind wirksam. § 199 Abs. 1 AktG betrifft nur die Geschäftsführungs-, nicht aber die Vertretungsbefugnis des Vorstands (*Hüffer* AktG, § 199 Rn. 8; MüKo AktG/*Fuchs* § 199 Rn. 32; MünchHdb GesR IV/*Krieger* § 57 Rn. 38 f.). Verstößt der Vorstand gegen Abs. 1, so macht er sich gem. § 93 AktG **schadensersatzpflichtig**. Darüber hinaus kommt eine Haftung der Mitglieder des Aufsichtsrats nach § 116 AktG in Betracht. Wird die Ausgabe von Bezugsaktien unmöglich, weil der Vorstand Aktien an Dritte ausgegeben hat und die Hauptversammlung keine neue Kapitalerhöhung zur Bedienung der Bezugsrechte beschließt, haben die Berechtigten Anspruch auf Schadensersatz gem. §§ 280 Abs. 1 und 3, 283 BGB (*Hüffer* AktG, § 199 Rn. 9). 7

C. Besondere Voraussetzungen bei Umtauschrechten, Abs. 2

I. Verbot der Unter-pari-Emission

Abs. 2 modifiziert das auch bei der bedingten Kapitalerhöhung geltende Verbot der Unter-pari-Emission (§ 9 Abs. 1 AktG, vgl. dort Rn. 2 ff.). Betroffen ist der Fall, dass der Ausgabebetrag der zum Umtausch eingereichten Schuldverschreibungen unter dem Ausgabebetrag der im Umtausch für sie zu gewährenden Bezugsaktien liegt. Der Ausgabebetrag der Wandelschuldverschreibung bestimmt sich nach dem tatsächlich geleisteten, nicht dem u. U. höher festgesetzten Betrag. Die einem Berechtigten eingeräumten Vorteile (z. B. Skonti) sind also zu berücksichtigen. Nicht zu berücksichtigen sind hingegen Kosten, Steuern u. ä. (MüKo AktG/*Fuchs* § 199 Rn. 20; *Hüffer* AktG, § 199 Rn. 11; MünchHdb GesR IV/*Krieger* § 70 Rn. 40). Zum Ausgabebetrag der Bezugsaktie vgl. § 193 Rn. 8. 8

Ein Differenzbetrag ist entweder aus einer anderen Gewinnrücklage oder durch Zuzahlung zu decken. Die anderen Gewinnrücklagen sind solche i. S. d. § 266 Abs. 3 A III Nr. 4 HGB. Voraussetzung für ihre Verwendung ist, dass sie nicht anderweitig gebunden sind. Strittig ist, ob auch ein Gewinnvortrag zur Deckung genutzt werden kann (bejahend: *Hüffer* AktG, § 199 Rn. 12; verneinend: MüKo AktG/*Fuchs* § 199 Rn. 24). Für Zuzahlungen gilt Abs. 1 entsprechend (*Hüffer* AktG, § 199 Rn. 12; MüKo AktG/*Fuchs* § 199 Rn. 21). 9

II. Ausnahmen

10 Abs. 1 stellt auf den **Ausgabebetrag** der einzelnen Wandelschuldverschreibung ab (MüKo AktG/*Fuchs* § 199 Rn. 15). Die Pflicht zur Deckung einer Differenz zwischen Ausgabebetrag der Wandelschuldverschreibung und Ausgabebetrag der Bezugsaktien besteht nicht, wenn der **Gesamtbetrag**, zu dem die Wandelschuldverschreibungen ausgegeben sind, den geringsten Ausgabebetrag der Bezugsaktien insgesamt erreicht oder übersteigt. Maßgeblich ist bei Nennbetragsaktien der Gesamtnennbetrag (§ 8 Abs. 2 AktG) und bei Stückaktien das Produkt aus den anteiligen Beträgen am Grundkapital und der Aktienzahl (§ 8 Abs. 3 AktG). Abzustellen ist auf den Durchschnitt der geplanten, nicht der bereits vereinnahmten Ausgabebeträge (MüKo AktG/*Fuchs* § 199 Rn. 30).

III. Rechtsfolgen bei Verstoß

11 Entgegen Abs. 2 ausgegebene Bezugsaktien lassen die **Mitgliedsrechte entstehen**. Der Umtauschberechtigte bleibt aber gem. § 54 AktG **zur Nachzahlung verpflichtet** (*Hüffer* AktG, § 199 Rn. 14; KölnKomm AktG/*Lutter* § 199 Rn. 25). Erwirbt ein Dritter die Aktie, haftet er nicht, wenn er im Hinblick auf die Einlageleistung gutgläubig war (RGZ 144, 138, 145). Eine Haftung der Vorstandsmitglieder auf den Differenzbetrag ergibt sich aus § 93 Abs. 3 Nr. 9 AktG. Aufsichtsratsmitglieder können gem. § 116 AktG schadensersatzpflichtig sein.

§ 200 Wirksamwerden der bedingten Kapitalerhöhung

Mit der Ausgabe der Bezugsaktien ist das Grundkapital erhöht.

A. Wirkung der Aktienausgabe

1 § 200 AktG bestimmt den **Zeitpunkt**, in dem die bedingte Kapitalerhöhung wirksam wird. Dies ist die Ausgabe der einzelnen Bezugsaktien entsprechend der jeweiligen Ausübung der Bezugsrechte. Zum Begriff der Ausgabe vgl. § 199 AktG Rn. 2. Der Betrag des Grundkapitals erhöht sich dementsprechend üblicherweise sukzessive. Die **neue Grundkapitalziffer** ist in den Büchern der AG jeweils neu zu vermerken; gleichzeitig ist der Betrag des bedingten Kapitals entsprechend zu kürzen (MüKo AktG/*Fuchs* § 200 Rn. 9; KölnKomm AktG/*Lutter* § 200 Rn. 11; *Hüffer* AktG, § 200 Rn. 3; MünchHdb GesR IV/*Krieger* § 57 Rn. 46). Die spätere Handelsregistereintragung gem. § 201 AktG hat nur deklaratorische Wirkung.

B. Fehlerhafte Ausgabe

2 Auf Basis eines fehlenden, nichtigen, angefochtenen oder unwirksamen Beschlusses über die bedingte Kapitalerhöhung entstehen durch die Aktienausgabe **keine Mitgliedschaftsrechte** (*Hüffer* AktG, § 200 Rn. 4). Nach Eintragung gem. § 201 AktG kommt allerdings eine Haftung der Scheinaktionäre entsprechend § 277 Abs. 3 AktG in Betracht (*Hüffer* AktG, § 200 Rn. 4; KölnKomm AktG/*Lutter* § 200 Rn. 8; a. A. MünchHdb GesR IV/*Krieger* § 57 Rn. 47: fehlerhafte Gesellschaft). Bei Mängeln der Aktienausgabe als solcher gelten die allgemeinen Grundsätze (MüKo AktG/*Fuchs* § 200 Rn. 17; KölnKomm AktG/*Lutter* § 200 Rn. 4 ff.).

§ 201 Anmeldung der Ausgabe von Bezugsaktien [i. d. F. ab 1. 1. 2007 durch EHUG]

(1) Der Vorstand hat innerhalb eines Monats nach Ablauf des Geschäftsjahrs zur Eintragung in das Handelsregister anzumelden, in welchem Umfang im abgelaufenen Geschäftsjahr Bezugsaktien ausgegeben worden sind.

(2) [1]Der Anmeldung sind die Zweitschriften der Bezugserklärungen und ein vom Vorstand unterschriebenes Verzeichnis der Personen, die das Bezugsrecht ausgeübt haben, beizufügen. [2]Das Verzeichnis hat die auf jeden Aktionär entfallenden Aktien und die auf sie gemachten Einlagen anzugeben.

(3) In der Anmeldung hat der Vorstand zu erklären, daß die Bezugsaktien nur in Erfüllung des im Beschluß über die bedingte Kapitalerhöhung festgesetzten Zwecks und nicht vor der vollen Leistung des Gegenwerts ausgegeben worden sind, der sich aus dem Beschluß ergibt.

(4) [aufgehoben]

§ 201 Anmeldung der Ausgabe von Bezugsaktien [i. d. F. bis 31. 12. 2006]

***(1)* [identisch]**

***(2) [1]Der Anmeldung sind für das Gericht des Sitzes der Gesellschaft die Zweitschriften der Bezugserklärungen und ein vom Vorstand unterschriebenes Verzeichnis der Personen, die das Bezugsrecht ausgeübt haben, beizufügen.* [S. 2 identisch]**

***(3)* [identisch]**

(4) Die eingereichten Schriftstücke werden beim Gericht in Urschrift, Ausfertigung oder öffentlich beglaubigter Abschrift aufbewahrt.

A. Allgemeines

§ 201 AktG regelt die Anmeldung der Ausgabe der Bezugsaktien und die Aufbewahrung der eingereichten Schriftstücke. Die Eintragung im Handelsregister hat rein **deklaratorischen** Charakter, da die bedingte Kapitalerhöhung gem. § 200 AktG bereits mit Ausgabe der Bezugsaktien wirksam wird. 1

B. Anmeldung

I. Formalia und Frist, Abs. 1

Der Umfang der Ausgabe von Bezugsaktien im abgelaufenen Geschäftsjahr ist **innerhalb eines Monats** nach Ablauf des Geschäftsjahres zur Eintragung in das Handelsregister anzumelden. Die Anmeldung bedarf öffentlich-beglaubigter Form (§ 12 HGB) und ist seit dem 1. 1. 2007 elektronisch vorzunehmen. Sie ist an das AG des Satzungssitzes zu richten. Bei Bestehen von Zweigniederlassungen war bis zum Inkrafttreten des EHUG § 13 c Abs. 1 HGB zu beachten. Die Anmeldung obliegt **allein dem Vorstand**; eine Mitwirkungspflicht des Aufsichtsratsvorsitzenden besteht nicht. Der Vorstand handelt in vertretungsberechtigter Zahl im Namen der AG (MüKo AktG/*Fuchs* § 201 Rn. 7; KölnKomm AktG/*Lutter* § 201 Rn. 3; *Hüffer* AktG, § 201 Rn. 3). Die Anmeldung muss innerhalb eines Monats nach Ablauf des Geschäftsjahres erfolgen. Nach zutr. Auffassung ist eine Anmeldung der einzelnen Aktienausgaben im Geschäftsjahr unzulässig (MüKo AktG/*Fuchs* § 201 Rn. 3; *Hüffer* AktG, § 201 Rn. 3; a. A. *v. Godin/Wilhelmi* § 201 Rn. 2). Nach Ablauf der Frist kann die Anmeldung gem. § 14 HGB erzwungen werden (*Hüffer* AktG, § 201 Rn. 3). 2

II. Inhalt und Anlagen, Abs. 1, 2

In der Anmeldung sind die **Zahl der ausgegebenen Aktien** sowie bei Nennbetragsaktien außerdem deren **Nennbetrag** anzugeben. Die der Anmeldung – in der Form des § 12 Abs. 2 HGB – beizufügenden **Unterlagen** ergeben sich aus Abs. 2. In das Verzeichnis der Personen, die Bezugs- oder Umtauschrechte ausgeübt haben, sind alle Personen namentlich und unter Angabe der auf sie entfallenden Stückzahl zu benennen. Des Weiteren sind die auf die Aktien gemachten **Einlagen** anzugeben, d. h. geleistete Barzahlungen oder Sacheinlagen, bei Umtauschrechten die Zahl 3 und der Nennbetrag der eingereichten Urkunden. Das Verzeichnis ist vom Vorstand zu unterschreiben (*Hüffer* AktG, § 201 Rn. 4).

4 Soweit bei der Sacherhöhung Unterlagen gem. § 195 Abs. 2 Nr. 1 AktG nicht bereits mit der Anmeldung des Erhöhungsbeschlusses zum Handelsregister eingereicht werden konnten, ist dies mit der Anmeldung der Ausgabe der Bezugsaktien nachzuholen. Eine im Hinblick auf die Grundkapitalziffer und die Aktienaufteilung angepasste Satzung muss nach h. M. nicht beigefügt werden, da die Satzungsänderung erst mit Ablauf der Bezugsfrist oder mit Ausübung aller Bezugsrechte vorzunehmen und auch erst dann anzumelden ist (*Hüffer* AktG, § 201 Rn. 5; KölnKomm AktG/*Lutter* § 201 Rn. 5; MünchHdb GesR IV/*Krieger* § 57 Rn. 49; *Meyer* BB 1955, 549, 551; a. A. *v. Godin/Wilhelmi* § 201 Rn. 2).

III. Erklärung des Vorstands, Abs. 3

5 Der Vorstand hat in der Anmeldung die in Abs. 3 beschriebene Erklärung abzugeben. Anmeldung und Erklärung müssen nicht in einer Urkunde erfolgen. Es ist genügend, dass die Erklärung in der Form der Anmeldung von den Anmeldern abgegeben wird (MüKo AktG/*Fuchs* § 201 Rn. 16). Die Einhaltung der Vorschrift ist gem. § 399 Abs. 1 Nr. 4 AktG strafbewehrt.

C. Registerverfahren

6 Der Registergericht prüft die Anmeldung in formeller (Ordnungsmäßigkeit der Anmeldung) und materieller Hinsicht. Die materielle Prüfung betrifft im Wesentlichen die Voraussetzungen des § 199 AktG sowie ggf. nachträglich vorgelegte Sacheinlagevereinbarungen (*Hüffer* AktG, § 201 Rn. 7).

Dritter Unterabschnitt.
Genehmigtes Kapital

§ 202 Voraussetzungen

(1) Die Satzung kann den Vorstand für höchstens fünf Jahre nach Eintragung der Gesellschaft ermächtigen, das Grundkapital bis zu einem bestimmten Nennbetrag (genehmigtes Kapital) durch Ausgabe neuer Aktien gegen Einlagen zu erhöhen.

(2) [1]Die Ermächtigung kann auch durch Satzungsänderung für höchstens fünf Jahre nach Eintragung der Satzungsänderung erteilt werden. [2]Der Beschluß der Hauptversammlung bedarf einer Mehrheit, die mindestens drei Viertel des bei der Beschlußfassung vertretenen Grundkapitals umfaßt. [3]Die Satzung kann eine größere Kapitalmehrheit und weitere Erfordernisse bestimmen. § 182 Abs. 2 gilt.

(3) [1]Der Nennbetrag des genehmigten Kapitals darf die Hälfte des Grundkapitals, das zur Zeit der Ermächtigung vorhanden ist, nicht übersteigen. [2]Die neuen Aktien sollen nur mit Zustimmung des Aufsichtsrats ausgegeben werden. [3]§ 182 Abs. 1 Satz 5 gilt singgemäß.

(4) Die Satzung kann auch vorsehen, daß die neuen Aktien an Arbeitnehmer der Gesellschaft ausgegeben werden.

Übersicht:

A. Allgemeines

Mit Rücksicht auf die Unzulässigkeit von Vorratsaktien bezweckt § 202 AktG die **Erleichterung der Kapitalbeschaffung** durch die Möglichkeit, die Kompetenz des Vorstands zur Ausgabe neuer Aktien zu begründen. 1

Das genehmigte Kapital kann entweder bereits **Inhalt der Gründungssatzung** sein (Abs. 1) oder später durch **Satzungsänderung** beschlossen werden (Abs. 2). Im Falle der späteren Satzungsänderung ist der Änderungsbeschluss zur Eintragung in das Handelsregister anzumelden und wird erst mit Eintragung wirksam (§ 181 AktG). Erst mit der Wirksamkeit kann der Vorstand beschließen, neue Aktien durch Ausnutzung des genehmigten Kapitals auszugeben. Die Durchführung erfolgt dann wie bei der regulären Kapitalerhöhung, wie sich aus der Verweisungsnorm des § 203 Abs. 1 S. 1 AktG ergibt. Die Entscheidung des Vorstands über die Ausübung des genehmigten Kapitals sowie Umfang und Einzelheiten der Ausgabe sind Maßnahmen der Geschäftsführung. 2

Soweit die Grenzen des Abs. 3 insgesamt beachtet sind, können auch **mehrere genehmigte Kapitalia** (z. B. Genehmigtes Kapital I und II) in die Satzung aufgenommen werden. Dies empfiehlt sich, wenn sie unterschiedlich ausgestaltet sind (z. B. zur Nutzung zur Barkapitalerhöhung mit Bezugsrecht oder zum Ausschluss des Bezugsrechts und zur Sachkapitalerhöhung). Als getrennte Tagesordnungspunkte kann der anfechtungsgefährdete Bezugsrechtsausschluss auf diese Weise vom weiteren genehmigten Kapital getrennt werden. 3

B. Ermächtigung des Vorstands, Abs. 1

I. Allgemeines

Grds. fallen Maßnahmen der Kapitalbeschaffung gem. § 119 Abs. 1 Nr. 6 AktG in die Kompetenz der Hauptversammlung. Mit der Schaffung eines genehmigten Kapitals kann diese den Vorstand zur Erhöhung des Grundkapitals durch Ausgabe neuer Aktien gegen Einlage ermächtigen, ohne dass es einer weiteren Mitwirkung der Hauptversammlung bedarf. Das genehmigte Kapital ermächtigt den Vorstand nicht zu einer bedingten Kapitalerhöhung oder einer Kapitalerhöhung aus Gesellschaftsmitteln (KölnKomm AktG/*Lutter* § 202 Rn. 2, 10; MünchHdb GesR IV/*Krieger* § 58 Rn. 6). 4

Im Rahmen der Gründungssatzung ist das genehmigte Kapital eine **fakultative materielle Satzungsbestimmung**. Diese unterliegt den Anforderungen des § 23 AktG und ist gem. § 39 Abs. 2 AktG in das Handelsregister einzutragen (*Hüffer* AktG, § 202 Rn. 7). 5

II. Ermächtigungsgegenstand

1. Frist

Der Vorstand kann **höchstens für fünf Jahre** ermächtigt werden, das Grundkapital zu erhöhen. Insoweit hat der Ermächtigungsbeschluss die Dauer der Ermächtigung durch ein **konkretes** 6

Enddatum oder durch Bezeichnung der Berechnungsgrundlagen anzugeben. Die Wiederholung des Gesetzeswortlauts genügt ebenso wenig wie eine Verweisung auf § 202 AktG (OLG Celle AG 1962, 347 f.). Die maximale Frist beginnt mit der Eintragung der Gründungssatzung (§§ 41 Abs. 1 S. 1, 37 ff. AktG). Mangels Bestimmung einer Frist ist der Ermächtigungsbeschluss gem. § 241 Nr. 3 AktG nichtig (*Hüffer* AktG, § 202 Rn. 11; KölnKomm AktG/*Lutter* § 202 Rn. 13 f.; MünchHdb GesR IV/*Krieger* § 58 Rn. 14; vgl. auch OLG Celle AG 1962, 347 f: unwirksam; LG Mannheim BB 1957, 689 f: gesetzeswidrig). Es kann in diesem Falle auch nicht im Wege der Auslegung auf die gesetzliche Frist zurückgegriffen werden (LG Mannheim BB 1957, 689 f.). Strittig ist, ob eine **Heilung** nach § 242 Abs. 2 AktG möglich ist mit der Folge, dass die gesetzliche Höchstfrist von fünf Jahren gilt (so *Baumbach/Hueck* § 202 Rn. 4; *v. Godin/Wilhelmi* § 202 Rn. 2; MünchHdb GesR IV/*Krieger* § 58 Rn. 14; einschränkend: *Hüffer* AktG, § 202 Rn. 11; a. A. GroßkommAktG/*Hirte* § 202 Rn. 134; KölnKomm AktG/*Lutter* § 202 Rn. 13 f.).

7 Mit Ablauf der bestimmten Frist endet die Ermächtigung automatisch. Bei der Berechnung der Frist wird, wenn kein konkretes Enddatum festgesetzt ist, gem. § 187 Abs. 1 BGB der Tag der Eintragung nicht mitgerechnet. Das Fristende bestimmt sich nach § 188 Abs. 2 BGB (*Hüffer* AktG, § 202 Rn. 17). Zur **Wahrung der Frist** muss die Durchführung der Kapitalerhöhung (§§ 203 Abs. 1, 189 AktG) im Handelsregister **eingetragen** sein. Die neuen Aktien können auch noch nach Fristablauf ausgegeben werden (MüKo AktG/*Bayer* § 202 Rn. 62; KölnKomm AktG/*Lutter* § 202 Rn. 17; *Hüffer* AktG, § 202 Rn. 17).

2. Nennbetrag

8 In der Ermächtigung muss ein Nennbetrag festgesetzt werden, bis zu dem der Vorstand die Grundkapitalziffer erhöhen darf. Nach zutr. Auffassung ist der Nennbetrag **konkret zu beziffern** (*Hüffer* AktG, § 202 Rn. 12; abw. KölnKomm AktG/*Lutter* § 202 Rn. 11). Zur Kapitalgrenze vgl. Rn. 14. Ist der Nennbetrag der Ermächtigung nicht festgesetzt, so ist der Hauptversammlungsbeschluss gem. § 241 Nr. 3 AktG **nichtig** (*Hüffer* AktG, § 202 Rn. 12; GroßkommAktG/*Hirte* § 202 Rn. 133, 154; KölnKomm AktG/*Lutter* § 202 Rn. 11; MünchHdb GesR IV/*Krieger* § 58 Rn. 7). Ob **Heilung** nach § 242 Abs. 2 AktG mit der Folge möglich ist, dass die zulässige Höchstgrenze des Abs. 3 S. 1 gilt, ist strittig (dafür: MünchHdb GesR IV/*Krieger* § 58 Rn. 7; a. A. *Hüffer* AktG, § 202 Rn. 12; GroßkommAktG/*Hirte* § 202 Rn. 134).

3. Weiterer Inhalt

9 Die Hauptversammlung kann in der Ermächtigung **weitere Festsetzungen** treffen. Bspw. kann vorgesehen werden, dass die neuen Aktien nur gegen Sacheinlage ausgegeben werden. Auch kann das Bezugsrecht der Aktionäre ausgeschlossen oder der Vorstand zum Bezugsrechtsausschluss ermächtigt werden (*Hüffer* AktG, § 202 Rn. 15). Die Hauptversammlung ist schließlich berechtigt, in der Ermächtigung weitere Bestimmungen über den Inhalt der Aktienrechte und die Bedingungen der Aktienausgabe zu treffen, etwa durch Festsetzung des geringsten Ausgabebetrages (§ 9 Abs. 1 AktG), der Aktiengattung (§ 11 AktG), Bestimmung von Inhaber- oder Namensaktien (§ 10 AktG), Festsetzung eines höheren Ausgabebetrages (vgl. insgesamt *Hüffer* AktG, § 202 Rn. 16; MünchHdb GesR IV/Krieger § 58 Rn. 12, jeweils m. w. N.).

4. Aufhebung und Änderung der Ermächtigung

10 Ist das genehmigte Kapital im Handelsregister eingetragen, so kann die Ermächtigung durch Satzungsänderung gem. §§ 179 ff. AktG ohne Einhaltung der §§ 182 Abs. 2, 202 Abs. 2 S. 4 AktG aufgehoben werden. Für eine Änderung gelten neben §§ 179 ff. AktG auch §§ 202 ff. AktG (*Hüffer* AktG, § 202 Rn. 18; KölnKomm AktG/*Lutter* § 202 Rn. 7; MünchHdb GesR IV/*Krieger* § 58 Rn. 5). Als Änderung ist auch die Verlängerung der Frist im Rahmen der gesetzlichen Höchstfrist zulässig (OLG Hamm WM 1985, 197, 198); darüber hinaus ist das genehmigte Kapital ggf. aufzuheben und ein neues zu beschließen.

C. Ermächtigung durch Satzungsänderung, Abs. 2

I. Allgemeines

Nach Gründung der AG kann das genehmigte Kapital auch durch Satzungsänderung geschaffen werden. Es gelten §§ 179 bis 181 AktG, sofern sich nicht aus §§ 202 ff. AktG etwas anderes ergibt. Dies betrifft § 202 Abs. 2 S. 2 und 3 AktG, der § 179 Abs. 2 AktG verdrängt und §§ 202 Abs. 2 S. 4 i. V. m. 182 Abs. 2 AktG, der § 179 Abs. 3 AktG vorgeht. Inhaltlich gelten für den Ermächtigungsbeschluss die gleichen Voraussetzungen und Grenzen wie bei der Schaffung eines genehmigten Kapitals im Rahmen der Gründungssatzung. 11

II. Mehrheitserfordernisse

Der Beschluss über die Schaffung eines genehmigten Kapitals durch Satzungsänderung bedarf einer **Mehrheit von 3/4** des bei der Beschlussfassung vertretenen Grundkapitals. Zusätzlich ist die **einfache Stimmenmehrheit** des § 133 Abs. 1 AktG erforderlich. Die Berechnung der Kapitalmehrheit erfolgt nach den gleichen Grundsätzen wie die i. S. v. § 179 Abs. 2 S. 1 AktG (vgl. § 179 AktG Rn. 13). Die Satzung kann nur eine größere Kapitalmehrheit bestimmen. Mehrheitsregelnde Satzungsklauseln müssen deutlich erkennen lassen, dass sie auch den Beschluss über das genehmigte Kapital umfassen; Satzungsbestimmungen, die allgemein für Satzungsänderungen andere Mehrheiten vorsehen, reichen i.Zw. nicht (*Hüffer* AktG, § 202 Rn. 9). 12

Darüber hinaus kann die Satzung weitere Erfordernisse bestimmen; Abs. 2 S. 3 entspricht insoweit § 179 Abs. 2 S. 3 AktG (*Hüffer* AktG, § 202 Rn. 10; vgl. § 179 AktG Rn. 15 ff.). Sind mehrere Aktiengattungen vorhanden, so müssen die Aktionäre jeder Gattung in Form eines Sonderbeschlusses (§ 138 AktG) zustimmen. 13

D. Kapitalgrenze und Ausübung der Ermächtigung, Abs. 3

I. Kapitalgrenze

Der Nennbetrag des genehmigten Kapitals darf die **Hälfte des Grundkapitals**, das zur Zeit der Ermächtigung vorhanden ist, nicht übersteigen. Grundkapital (§ 6 AktG, vgl. dort Rn. 1 ff.) ist die im Handelsregister eingetragene Ziffer. Darüber hinaus ist ein bedingtes Kapital zu berücksichtigen, soweit es durch Ausgabe der Aktien nach § 200 AktG bereits wirksam geworden ist (KölnKomm AktG/*Lutter* § 202 Rn. 13). **Nennbetrag** ist der im Ermächtigungsbeschluss bezifferte Betrag des genehmigten Kapitals. Sofern mehrere genehmigte Kapitalia geschaffen werden oder noch bestehen, sind diese insgesamt zu berücksichtigen (MüKo AktG/*Bayer* § 202 Rn. 69; MünchHdb GesR IV/*Krieger* § 58 Rn. 7). 14

Maßgeblicher Zeitpunkt für die Berechnung ist das Wirksamwerden der Ermächtigung und damit die **Eintragung** der Gründungssatzung oder der Satzungsänderung in das Handelsregister. Änderungen des Grundkapitals, die zeitgleich mit dem genehmigten Kapital eingetragen werden, sind daher im Rahmen des Abs. 3 S. 1 zu berücksichtigen (*Hüffer* AktG, § 202 Rn. 14; GroßkommAktG/*Hirte* § 202 Rn. 148; KölnKomm AktG/*Lutter* § 202 Rn. 12). Ein Verstoß gegen die Grenze des Abs. 3 S. 1 führt zur **Nichtigkeit** des Ermächtigungsbeschlusses gem. § 241 Nr. 3 AktG. Ob eine **Heilung** nach § 242 Abs. 2 AktG in dem Sinne möglich ist, dass der zulässige Höchstbetrag gilt, ist strittig (vgl. *Hüffer* AktG, § 202 Rn. 14; KölnKomm AktG/*Lutter* § 202 Rn. 12; MünchHdb GesR IV/*Krieger* § 58 Rn. 7). 15

II. Ausübung der Ermächtigung

Aufgrund des genehmigten Kapitals **entscheidet der Vorstand** über die Ausgabe neuer Aktien und damit über die Durchführung der Kapitalerhöhung. Es handelt sich um eine Maßnahme der Geschäftsführung i. S. v. § 77 AktG (KölnKomm AktG/*Lutter* § 204 Rn. 17; *Hüffer* AktG, § 202 Rn. 20; MünchHdb GesR IV/*Krieger* § 58 Rn. 24). Eine Bindung des Vorstands in dem Sinne, dass er zur Durchführung der Erhöhung angewiesen wird, ist im Rahmen des genehmigten Kapitals nicht möglich, sondern nur durch Beschluss einer regulären Kapitalerhöhung (MüKo 16

AktG/*Bayer* § 202 Rn. 34; *Hüffer* AktG, § 202 Rn. 6). Die Hauptversammlung kann insbes. auch nicht vorgeben, in welcher Höhe die Ermächtigung ausgenutzt wird. Der Vorstand ist berechtigt, das genehmigte Kapital in mehreren Tranchen auszuüben (*Hüffer* AktG, § 202 Rn. 20).

17 Die neuen Aktien sollen **nur mit Zustimmung des AR** ausgegeben werden. Abs. 3 S. 2 zielt nicht auf die tatsächliche Übergabe der Aktienurkunden ab, sondern meint den Beschluss des Vorstands und seine Durchführung (GroßkommAktG/*Hirte* § 202 Rn. 167; *Hüffer* AktG, § 202 Rn. 21; MünchHdb GesR IV/*Krieger* § 58 Rn. 25). Die Zustimmung ist **einzelfallbezogen** und kann nicht allgemein für alle oder eine Vielzahl künftiger Ausgaben erteilt werden (MüKo AktG/*Bayer* § 202 Rn. 92; *Hüffer* AktG, § 202 Rn. 21). Auch wenn es sich bei Abs. 3 S. 2 dem Wortlaut nach um eine **Sollvorschrift** handelt, hat der Registerrichter bei fehlender Zustimmung des Aufsichtsrats die Eintragung der Durchführung abzulehnen. Trägt er dennoch ein, berührt die fehlende Zustimmung die Wirksamkeit der Kapitalerhöhung nicht (KölnKomm AktG/*Lutter* § 202 Rn. 24; *Hüffer* AktG, § 202 Rn. 22; MünchHdb GesR IV/*Krieger* § 58 Rn. 25).

E. Arbeitnehmeraktien, Abs. 4

18 Die Satzung kann vorsehen, dass die neuen Aktien an Arbeitnehmer der Gesellschaft ausgegeben werden. Abs. 4 rechtfertigt insoweit den **erforderlichen Bezugsrechtsausschluss** mit der Folge, dass eine konkrete Interessenabwägung nicht mehr erforderlich ist (*Hüffer* AktG, § 202 Rn. 23, MüKo AktG/*Bayer* § 202 Rn. 102). Der Begriff der Arbeitnehmer umfasst in erster Linie die Arbeitnehmer der kapitalerhöhenden AG, ist aber entsprechend auch auf Arbeitnehmer verbundener Unternehmen anwendbar (MüKo AktG/*Bayer* § 202 Rn. 104; *Hüffer* AktG, § 202 Rn. 24; *Lutter* ZGR-Sonderheft 5, 1985, 85, 98).

19 Soweit die Arbeitnehmer begünstigt werden sollen, ist dies **zwingender Inhalt der Ermächtigung**, so dass die Ausgabe von Arbeitnehmeraktien stets ein bedingtes genehmigtes Kapital betrifft. Es kann vorgesehen werden, dass der Vorsand neue Aktien ganz oder teilweise an die Arbeitnehmer der Gesellschaft auszugeben hat. Alternativ kann bestimmt werden, dass der Vorstand nur berechtigt ist, die neuen Aktien ganz oder teilweise an Arbeitnehmer der Gesellschaft auszugeben. Zur Durchführung der Kapitalerhöhung ist der Vorstand in beiden Fällen nicht verpflichtet. Ebenso wenig erhalten die Arbeitnehmer ein Bezugsrecht (*Hüffer* AktG, § 202 Rn. 26).

20 Wird die Ausgabe der neuen Aktien an Arbeitnehmer im Rahmen eines satzungsändernden Beschlusses (Abs. 2) vorgesehen, so sind neben den allgemeinen Beschlussvoraussetzungen die formellen Voraussetzungen des Bezugsrechtsausschlusses (§§ 186, 203 Abs. 1 S. 1 AktG) einzuhalten, ohne dass es aber einer materiellen Rechtfertigung bedarf, die aus Abs. 4 selbst folgt. Es darf gem. § 204 Abs. 4 AktG ein günstiger Ausgabekurs festgesetzt werden, der jedoch nicht unangemessen niedrig i. S. v. § 255 Abs. 2 AktG sein darf. Darüber hinaus muss sich der Bezugsrechtsausschluss gem. § 204 Abs. 4 AktG in angemessenen Grenzen halten. Zu weiteren Besonderheiten vgl. §§ 203 Abs. 3 und 4, 204 Abs. 3 und 4 AktG.

§ 203 Ausgabe der neuen Aktien

(1) [1]Für die Ausgabe der neuen Aktien gelten sinngemäß, soweit sich aus den folgenden Vorschriften nichts anderes ergibt, §§ 185 bis 191 über die Kapitalerhöhung gegen Einlagen. [2]An die Stelle des Beschlusses über die Erhöhung des Grundkapitals tritt die Ermächtigung der Satzung zur Ausgabe neuer Aktien.

(2) [1]Die Ermächtigung kann vorsehen, daß der Vorstand über den Ausschluß des Bezugsrechts entscheidet. [2]Wird eine Ermächtigung, die dies vorsieht, durch Satzungsänderung erteilt, so gilt § 186 Abs. 4 sinngemäß.

(3) [1]Die neuen Aktien sollen nicht ausgegeben werden, solange ausstehende Einlagen auf das bisherige Grundkapital noch erlangt werden können. [2]Für Versicherungsgesellschaften kann

die Satzung etwas anderes bestimmen. [3]Stehen Einlagen in verhältnismäßig unerheblichem Umfang aus, so hindert dies die Ausgabe der neuen Aktien nicht. [4]In der ersten Anmeldung der Durchführung der Erhöhung des Grundkapitals ist anzugeben, welche Einlagen auf das bisherige Grundkapital noch nicht geleistet sind und warum sie nicht erlangt werden können.

(4) Absatz 3 Satz 1 und 4 gilt nicht, wenn die Aktien an Arbeitnehmer der Gesellschaft ausgegeben werden.

Übersicht:

A. Anwendbarkeit der Vorschriften für die reguläre Kapitalerhöhung, Abs. 1

1 Die Ausgabe neuer Aktien aus genehmigtem Kapital erfolgt kraft Verweises in Abs. 1 S. 1 entsprechend §§ 185 bis 191 AktG, soweit sich nicht aus §§ 203 ff. AktG etwas anderes ergibt. Dort, wo §§ 185 bis 191 AktG auf den Erhöhungsbeschluss abstellen (§§ 185 Abs. 1 S. 3 Nr. 1, 186 Abs. 3 S. 1, 187 Abs. 1 AktG), ist gem. S. 2 stattdessen die Ermächtigung der Satzung maßgeblich. Aus Abs. 1 S. 2 folgt auch, dass die Kapitalerhöhung nicht vor Eintragung der Ermächtigung im Handelsregister durchgeführt werden kann, da die Ermächtigung erst mit Eintragung wirksam wird (MüKo AktG/*Bayer* § 203 Rn. 9; *Hüffer* AktG, § 203 Rn. 2).

I. Zeichnung der neuen Aktien, § 185 AktG

2 Wie bei der regulären Kapitalerhöhung sind die neuen Aktien durch **schriftliche Erklärung** zu zeichnen. Für den Inhalt des Zeichnungsscheines ergeben sich keine Besonderheiten. Mit der korrespondierenden Willenserklärung der AG kommt ein **Zeichnungsvertrag** zustande.

II. Bezugsrecht der Aktionäre, § 186 AktG

1. Allgemeines

3 Auch bei der Ausnutzung des genehmigten Kapitals haben die Aktionäre **Anspruch auf Zuteilung** eines ihrem Anteil am bisherigen Grundkapital entsprechenden Teils der neuen Aktien. Der konkrete Bezugsanspruch entsteht mit der Beschlussfassung des Vorstands über die Durchführung der Kapitalerhöhung und – sofern gem. § 204 Abs. 1 S. 2 AktG erforderlich – der Zustimmung des Aufsichtsrats zum Aktieninhalt und den Bedingungen der Aktienausgabe. Die Zustimmung des Aufsichtsrats nach § 202 Abs. 3 S. 2 AktG ist für die Entstehung des Bezugsanspruchs nur dann erforderlich, wenn der Vorstand entsprechend verfährt (*Hüffer* AktG, § 203 Rn. 7; KölnKomm AktG/*Lutter* § 203 Rn. 8). Für die Ausübungsfrist und die Bekanntmachung gilt § 186 AktG ohne Besonderheiten.

2. Ausschluss des Bezugsrechts in der Ermächtigung

4 Über Abs. 2 hinaus kann das Bezugsrecht der Aktionäre gem. §§ 203 Abs. 1 S. 1, 186 Abs. 3 und 4 AktG bereits im Ermächtigungsbeschluss **verbindlich ausgeschlossen** werden. Dem Vorstand

bleibt damit die Entscheidung, ob und in welchem Umfang er das genehmigte Kapital ausnutzt; das Bezugsrecht der Aktionäre ist jedoch zwingend ausgeschlossen.

5 Wird das genehmigte Kapitals **in der Gründungssatzung geschaffen** und das Bezugsrecht ausgeschlossen, so ist § 186 Abs. 3 und 4 AktG nicht anwendbar, weil dort an einen Erhöhungsbeschluss angeknüpft wird. Bei der Gründung liegt jedoch keine Mehrheitsentscheidung, sondern eine inhaltliche übereinstimmende Willenserklärung aller Gründer vor, so dass die Notwendigkeit einer sachlichen Rechtfertigung des Bezugsrechtsausschlusses entfällt (*Hüffer* AktG, § 203 Rn. 9).

6 Wird das genehmigte Kapital **durch Ermächtigungsbeschluss** geschaffen, so gilt für den Bezugsrechtsausschluss § 186 Abs. 3 S. 4 AktG sinngemäß. Der Bezugsrechtsausschluss ist – sofern nicht der Vorstand gem. § 203 Abs. 2 S. 1 AktG zur Entscheidung über den Bezugsrechtsausschluss ermächtigt wird – notwendiger Bestandteil des Ermächtigungsbeschlusses, der neben den Erfordernissen nach Abs. 2 S. 2 bis 4 einer **Mehrheit von ³/₄** des bei der Beschlussfassung vertretenen Grundkapitals bedarf (§ 186 Abs. 3 S. 2 AktG), wenn nicht die Satzung eine größere Kapitalmehrheit oder weitere Erfordernisse bestimmt. Anwendbar ist auch § 186 Abs. 3 S. 4 AktG. Für die Kapitalgrenze von 10 % ist das bei Eintragung des genehmigten Kapitals in das Handelsregister bestehende Kapital maßgeblich, in zwar i. S. einer Obergrenze; eine Verringerung des Kapitals bis zur Ausübung der Ermächtigung ist zu berücksichtigen (*Groß* DB 1994, 2431, 2432; *Ihrig/Wagner* NZG 2002, 657, 660; *Marsch-Barner* AG 1994, 532, 534; *Reichert/Harbarth* ZIP 2001, 1441, 1443).

7 Sieht der Ermächtigungsbeschluss vor, dass die neuen Aktien im Wege des mittelbaren Bezugsrechts gem. § 186 Abs. 5 AktG mit der Verpflichtung übernommen werden, sie den Aktionären zum Bezug anzubieten, so ist dies nicht als Ausschluss des Bezugsrechts anzusehen.

8 Nach § 186 Abs. 4 S. 2 AktG hat der Vorstand der Hauptversammlung schriftlich über den Grund des Bezugsrechtsausschlusses zu berichten und dabei auch den Ausgabebetrag zu begründen, wenn dieser im Beschluss festgesetzt werden soll. Die inhaltlichen Anforderungen an den Vorstandsbericht beschränken sich jedoch darauf, dass die Kapitalmaßnahme mit Bezugsrechtsausschluss im Gesellschaftsinteresse liegt. Nicht erforderlich ist, dass schon im Zeitpunkt des Ermächtigungsbeschlusses Eignung, Erforderlichkeit und Verhältnismäßigkeit feststehen (BGHZ 136, 133, 138 ff.). Zu achten ist allerdings darauf, dass die Interessen der Gesellschaft zwar an geeigneten Einzelfällen festgemacht werden dürfen, die Hinweise jedoch nicht allzu unsubstantiiert bleiben dürfen (vgl. etwa OLG München AG 2003, 451, 452; LG München I AG 2001, 319, 320).

III. Zusicherung von Rechten auf den Bezug neuer Aktien, § 187 AktG

9 Auch im Rahmen des genehmigten Kapitals können Rechte auf den Bezug neuer Aktien nur unter dem Vorbehalt des gesetzlichen Bezugsrechts der Aktionäre zugesichert werden. Im Falle der Ermächtigung des Vorstands zum Bezugsrechtsausschluss stehen Zusicherungen unter dem gesetzlichen Vorbehalt des § 187 Abs. 1 AktG. Vor Eintragung des genehmigten Kapitals sind Zusicherungen gem. §§ 203 Abs. 1 S. 2, 187 Abs. 2 AktG der AG gegenüber unwirksam (*Hüffer* AktG, § 203 Rn. 13; KölnKomm AktG/*Lutter* § 203 Rn. 50).

IV. Anmeldung und Eintragung der Durchführung, § 188 AktG

10 Für die Anmeldung und Eintragung der Durchführung der Kapitalerhöhung im Rahmen der Ausnutzung des genehmigten Kapitals gilt § 188 AktG einschließlich der Kapitalaufbringungsvorschriften der §§ 36, 36 a AktG, auf die dort verwiesen wird (zu den Einzelheiten vgl. *Hüffer* AktG, § 203 Rn. 14). Über die in § 188 Abs. 3 AktG genannten Schriftstücke hinaus ist der Anmeldung auch ein **berichtigter und vollständiger Wortlaut der Satzung** beizufügen, da mit der Eintragung der Durchführung der Satzungsinhalt nach § 23 Abs. 3, 4 AktG unrichtig wird (*Hüffer* AktG, § 203 Rn. 15; MünchHdb GesR IV/*Krieger* § 58 Rn. 51; a. A. KölnKomm AktG/*Lutter* § 203 Rn. 51, 56). Darüber hinaus wird zweckmäßigerweise die Zustimmungserklärung des Auf-

sichtsrats (§§ 202 Abs. 3 S. 2, 204 Abs. 1 S. 2, 205 Abs. 2 S. 1 AktG) beigefügt (*Hüffer* AktG, § 203 Rn. 15; MünchHdb GesR IV/*Krieger* § 58 Rn. 53). Der Registerrichter prüft die Anmeldung der Durchführung in formeller und materieller Hinsicht. Er prüft insbesondere auch die Einhaltung der Befristung und des Höchstbetrages des genehmigten Kapitals. Prüfungsgegenstand ist auch die Zustimmung des Aufsichtsrats nach §§ 202 Abs. 3 S. 2 und 205 Abs. 2 S. 2 AktG. Ob darüber hinaus die Zustimmung nach § 204 Abs. 1 S. 2 AktG zu prüfen ist, ist strittig (vgl. *Hüffer* AktG, § 203 Rn. 16 m. w. N.).

V. Wirksamwerden der Kapitalerhöhung, § 189 AktG

Mit der **Eintragung** der Durchführung der Kapitalerhöhung ist das Grundkapital erhöht. Die Eintragung wirkt **konstitutiv**. Die Zeichner werden Aktionäre. 11

VI. Bekanntmachung, § 190 AktG

Die bekannt zu machenden Festsetzungen bei Sachkapitalerhöhungen ergeben sich aus § 205 Abs. 2 AktG. 12

VII. Verbotene Ausgabe von Aktien und Zwischenscheinen, § 191 AktG

Auch die Verbote des § 191 AktG gelten beim genehmigten Kapital sinngemäß, namentlich das **Verfügungsverbot** und das **Ausgabeverbot** (*Hüffer* AktG, § 203 Rn. 20; vgl. außerdem Kommentierung zu § 191 AktG). 13

B. Ermächtigung des Vorstands zum Bezugsrechtsausschluss, Abs. 2

Schließt die Hauptversammlung das Bezugsrecht nicht unmittelbar in der Ermächtigung aus, so eröffnet Abs. 2 die Möglichkeit, den Vorstand zu ermächtigen, das gesetzliche Bezugsrecht der Aktionäre durch eigene Entscheidung auszuschließen. Diese Befugnis muss **ausdrücklich** eingeräumt werden, soll es nicht beim gesetzlichen Bezugsrecht verbleiben (OLG Stuttgart AG 2001, 200). Die Ermächtigung kann auch für nur einen Teil des genehmigten Kapitals gelten. 14

I. Ermächtigung in der Gründungssatzung

Wird der Vorstand bereits in der Gründungssatzung zum Ausschluss des Bezugsrechts ermächtigt, verbleibt es bei den gewöhnlichen Voraussetzungen der Satzungsfeststellung. Ein weitergehender Schutz ist nicht erforderlich, da die Satzung durch inhaltlich übereinstimmende Willenserklärung der Gründer festgestellt wird (*Hüffer* AktG, § 203 Rn. 22). 15

II. Ermächtigung durch Satzungsänderung

Wird der Vorstand nach der Gründung durch die Hauptversammlung ermächtigt, so gilt § 186 Abs. 4 AktG über § 203 Abs. 2 S. 2 AktG sinngemäß, um den Schutz der Aktionäre vor einen unzulässigen Eingriff in ihr gesetzliches Bezugsrecht zu gewährleisten. Bei der Beschlussfassung sind damit **besondere formelle Voraussetzungen** zu beachten, insbes. die Pflicht zur Bekanntmachung und zur Vorlage eines Vorstandsberichts (vgl. BGHZ 83, 319, 325; LG Frankfurt AG 1984, 296, 299). Die **Anforderungen an den Vorstandsbericht** sind ähnlich den Anforderungen, wenn das Bezugsrecht unmittelbar im Ermächtigungsbeschluss ausgeschlossen wird: Die Hauptversammlung muss erkennen können, dass und warum die Ermächtigung des Vorstands zum Bezugsrechtsausschluss im Gesellschaftsinteresse liegt (für Beispiele vgl. BGHZ 144, 290, 295; OLG Nürnberg AG 1999, 381 f.; OLG Schleswig AG 2004, 155, 157; 2005, 48, 50 f.). Die frühere Rechtsprechung, nach der allgemeine Formulierungen und die abstrakte Auflistung von Rechtfertigungsgründen ohne tatsächlichen Bezug nicht genügen sollten (BGHZ 83, 319, 326 f.; OLG München NJW 1995, 1972 = AG 1995, 231), ist überholt. Vielmehr wird die sog. **Vorratsermächtigung** heute als zulässig erachtet (BGHZ 136, 133, 139; *Hüffer* AktG, § 203 Rn. 29). Es verbleibt, dass die Ermächtigung unter Bezugsrechtsausschluss bei generell-abstrakter Beurteilung im Gesellschaftsinteresse liegen muss (*Hüffer* AktG, § 203 Rn. 27). 16

17 Im Rahmen der Ermächtigung nach Abs. 2 S. 1 ist auch zulässig, eine **kürzere Frist** für die Ermächtigung zum Bezugsrechtsausschluss zu bestimmen, als für die Ausnutzung des genehmigten Kapitals generell (*Simon* AG 1985, 237, 238).

18 Im Rahmen eines **bereits bestehenden genehmigten Kapitals** kann die Hauptversammlung den Vorstand nachträglich ermächtigen, das gesetzliche Bezugsrecht der Aktionäre auszuschließen. Es handelt sich hierbei um einen satzungsändernden Beschluss, der nur unter Beachtung der §§ 202 Abs. 2 S. 2 bis 4, 203 Abs. 2 S. 1, 186 Abs. 3 S. 2 und 3 und Abs. 4 AktG zulässig ist (*Hüffer* AktG, § 203 Rn. 40; KölnKomm AktG/*Lutter* § 203 Rn. 17).

19 Nach überwiegender Auffassung ist unter den Voraussetzungen des § 139 BGB jedenfalls bei komplexen Beschlüssen eine **Teilanfechtung** nur der Ermächtigung zum Bezugsrechtsausschluss möglich mit der Folge, dass das genehmigte Kapital mit dem gesetzlichen Bezugsrecht der Aktionäre bestehen bleibt (LG Tübingen AG 1991, 406, 408; LG München I AG 1993, 195; vgl. auch OLG München AG 1989, 212; a. A. LG Bochum AG 1991, 213; nicht eindeutig BGHZ 83, 319, 320).

III. Ausübung der Ermächtigung

20 Die Entscheidung des Vorstands über den Ausschluss des Bezugsrechts ist eine **Maßnahme der Geschäftsführung** i. S. v. § 77 AktG (*Hüffer* AktG, § 203 Rn. 33; *Kindler* ZGR 1998, 35, 52 m. w. N.). Der Vorstand hat bei der Beschlussfassung zunächst die materiellen Voraussetzungen des Bezugsrechtsausschlusses zu beachten, also das Vorhandensein einer gültigen und durch Handelsregistereintragung wirksamen Ermächtigung nach Abs. 2 S. 1 (*Hüffer* AktG, § 203 Rn. 34). Daneben bedarf der Ausschluss des Bezugsrechts durch den Vorstand **sachlicher Rechtfertigung**, muss also einem Zweck dienen, der im Interesse der AG liegt, dafür geeignet und überdies erforderlich und verhältnismäßig ist (BGHZ 136, 133; LG Darmstadt NJW-RR 1999, 1122, 1123). Maßgeblich ist der Zeitpunkt der Vorstandsentscheidung (*Hüffer* AktG, § 203 Rn. 35).

21 Nach h. M. muss der Vorstand die Aktionäre nicht vor Durchführung der Kapitalerhöhung schriftlich über den Bezugsrechtsausschluss und seine Gründe unterrichten (BGH AG 2006, 36, 37 f, OLG Frankfurt AG 2003, 438, 439 f.; LG Frankfurt/Main AG 2001, 3430 f.; *Krieger* FS Wiedemann 2002, 1081, 1087 f.; *Natterer* S. 155 ff.; a. A. MüKo AktG/*Bayer* § 203 Rn. 161; GroßkommAktG/*Hirte* § 203 Rn. 84 ff.; *Meilicke/Heidel* DB 2000, 2358, 2359 f.).

22 Ist der beabsichtigte Ausschluss des Bezugsrechts **sachlich nicht gerechtfertigt**, so bestehen **Schadensersatzansprüche** gegen Vorstand und Aufsichtsrat aus §§ 93, 116 AktG (BGHZ 136, 133, 140 f.). Auf Ebene des Aktionärs kommt vor Durchführung der Kapitalerhöhung eine **Unterlassungsklage** in Betracht (vgl. BGHZ 136, 133, 141; *Hüffer* AktG, § 203 Rn. 39; *Lutter* BB 1981, 861, 864; *Timm* DB 1982, 211, 216). Nach Durchführung der Kapitalerhöhung bleibt die Feststellungsklage gem. § 256 ZPO; es wird angenommen, dass die Aktionäre nicht nur im Hinblick auf die Ersatzpflicht der AG, sondern auch im Hinblick auf künftige Entlastungsbeschlüsse sowie die Wiederwahl von Aufsichtsratsmitgliedern ein andauerndes rechtliches Interesse daran haben, die Rechtswidrigkeit der Verwaltungsmaßnahme zu klären (*Hüffer* AktG, § 203 Rn. 39; teilw. krit. *Bungert* BB 2005, 2257, 2258 f.).

C. Ausstehende Einlagen, Abs. 3

23 Neue Aktien sollen, wenn nicht die in Abs. 3 S. 2 und 3 bezeichneten Ausnahmen vorliegen, nicht ausgegeben werden, solange ausstehende Einlagen auf das bisherige Grundkapital noch erlangt werden können, unerheblich, ob es sich um Bar- oder Sachkapitalerhöhungen handelt. Abs. 3 entspricht § 182 Abs. 4 AktG und ist entsprechend auszulegen (vgl. § 182 AktG Rn. 23). Bei Verstoß gegen die Norm hat das Registergericht die Eintragung der Durchführung nach §§ 203 Abs. 1 S. 1, 188 AktG abzulehnen; dabei ist die Sachlage zum Zeitpunkt der registergerichtlichen Prüfung maßgeblich. Eine Aktionärsklage auf Unterlassung der Kapitalerhöhung ist nicht gegeben (*Hüffer* AktG, § 203 Rn. 43; KölnKomm AktG/*Lutter* § 203 Rn. 63).

In der ersten Anmeldung der Durchführung der Erhöhung des Grundkapitals ist anzugeben, welche Einlagen auf das bisherige Grundkapital noch nicht geleistet sind und warum sie nicht erlangt werden können. Diese Regelung ergänzt Abs. 1 S. 1. Sie entfällt gem. Abs. 4 bei der Ausgabe von Arbeitnehmeraktien. 24

D. Arbeitnehmeraktien, Abs. 4

An Arbeitnehmer können Aktien auch dann ausgegeben werden, wenn noch Einlagen ausstehen, da hier nicht die Kapitalbeschaffung, sondern die Beteiligung der Arbeitnehmer im Vordergrund steht (*Kropff* RegBegr., 305). 25

§ 204 Bedingungen der Aktienausgabe

(1) [1]Über den Inhalt der Aktienrechte und die Bedingungen der Aktienausgabe entscheidet der Vorstand, soweit die Ermächtigung keine Bestimmungen enthält. [2]Die Entscheidung des Vorstands bedarf der Zustimmung des Aufsichtsrats; gleiches gilt für die Entscheidung des Vorstands nach § 203 Abs. 2 über den Ausschluß des Bezugsrechts.

(2) Sind Vorzugsaktien ohne Stimmrecht vorhanden, so können Vorzugsaktien, die bei der Verteilung des Gewinns oder des Gesellschaftsvermögens ihnen vorgehen oder gleichstehen, nur ausgegeben werden, wenn die Ermächtigung es vorsieht.

(3) [1]Weist ein Jahresabschluß, der mit einem uneingeschränkten Bestätigungsvermerk versehen ist, einen Jahresüberschuß aus, so können Aktien an Arbeitnehmer der Gesellschaft auch in der Weise ausgegeben werden, daß die auf sie zu leistende Einlage aus dem Teil des Jahresüberschusses gedeckt wird, den nach § 58 Abs. 2 Vorstand und Aufsichtsrat in andere Gewinnrücklagen einstellen können. [2]Für die Ausgabe der neuen Aktien gelten die Vorschriften über eine Kapitalerhöhung gegen Bareinlagen, ausgenommen § 188 Abs. 2. [3]Der Anmeldung der Durchführung der Erhöhung des Grundkapitals ist außerdem der festgestellte Jahresabschluß mit Bestätigungsvermerk beizufügen. [4]Die Anmeldenden haben ferner die Erklärung nach § 210 Abs. 1 Satz 2 abzugeben.

Übersicht:

A. Aktieninhalt und Bedingungen der Aktienausgabe, Abs. 1

I. Entscheidung des Vorstands

Die Befugnis des Vorstands, über den Inhalt der Aktienrechte und die Bedingung der Aktienausgabe zu entscheiden, ergibt sich aus Abs. 1 S. 1 nur, soweit die Ermächtigung keine Bestimmungen enthält, also die Gründer (§ 202 Abs. 1 AktG) oder die Hauptversammlung (§ 202 Abs. 2 S. 1 AktG) ihrerseits keine Regelungen getroffen haben. Die Entscheidung nach Abs. 1 S. 1 ist von dem Vorstandsbeschluss zu unterscheiden, ob und in welchem Umfang das genehmigte Kapital ausgenutzt wird. Ebenso ist sie aber eine **Maßnahme der Geschäftsführung** i. S. v. § 77 AktG (*Hüffer* AktG, § 204 Rn. 2; KölnKomm AktG/*Lutter* § 204 Rn. 6, 17). Bei seiner Entscheidung hat der Vorstand die Vorgaben der Ermächtigung ebenso zu beachten wie Bestimmungen des Gesetzes oder der Satzung, soweit sie verbindliche Regelungen oder Vorgaben zum Aktieninhalt 1 oder zur Aktienausgabe enthalten (*Hüffer* AktG, § 204 Rn. 3; KölnKomm AktG/*Lutter* § 204 Rn. 22). Im Übrigen entscheidet der Vorstand nach **pflichtgemäßem Ermessen** und darf sich nicht von sachfremden Erwägungen leiten lassen. Im Falle des Verstoßes kommen Schadensersatzansprüche gem. § 93 AktG in Betracht (BGHZ 21, 354, 357).

II. Inhalt der Aktienrechte und Bedingungen der Aktienausgabe

2 Zum Inhalt der Aktienrechte zählen insbesondere die Begründung als Nennbetragsaktien (einschließlich Festlegung der Nennbeträge) oder Stückaktien, die Bestimmung der Aktienart und der Aktiengattung einschließlich der Stimmrechtsausstattung gem. § 134 AktG (BGHZ 33, 175, 188; OLG München AG 1993, 283, 284). Festgelegt werden kann auch der Zeitpunkt der Gewinnberechtigung, wobei die **rückwirkende Gewinnbeteiligung** für ein abgelaufenes Geschäftsjahr nur möglich ist, wenn das gesetzliche Bezugsrecht der Altaktionäre unangetastet bleibt (*Hüffer* AktG, § 204 Rn. 4; KölnKomm AktG/*Lutter* § 204 Rn. 7; a. A. MüKo AktG/*Bayer* § 60 Rn. 29). Ob die rückwirkende Gewinnbeteiligung möglich ist, wenn die Hauptversammlung bereits gem. § 174 AktG über die Verteilung des Bilanzgewinns beschlossen hat, ist strittig (dafür: MünchHdb GesR IV/*Krieger* § 58 Rn. 31; a. A. *Hüffer* AktG, § 204 Rn. 4, KölnKomm AktG/*Lutter* § 204 Rn. 7; *Simon* AG 1960, 148, 149 f.).

3 Die **Bedingungen der Aktienausgabe** betreffen den Zeitpunkt der Aktienausgabe, die Fälligkeit der Einlageverpflichtung und die Höhe des Ausgabebetrages (BGHZ 21, 354, 357). Dabei hat der Vorstand die Grundsätze zu beachten, die auch für die Hauptversammlung gelten, insbes. sind bei der Bestimmung des Ausgabebetrages §§ 9 Abs. 1, 255 Abs. 2 AktG zu berücksichtigen (BGHZ 136, 133, 141).

III. Zustimmung des Aufsichtsrates

4 Die Entscheidung des Vorstands über den Inhalt der Aktienrechte und die Bedingungen der Aktienausgabe bedarf der Zustimmung des Aufsichtsrats. Diese ist **Wirksamkeitserfordernis** (MüKo AktG/*Bayer* § 204 Rn. 25; *Hüffer* AktG, § 204 Rn. 6; KölnKomm AktG/*Lutter* § 204 Rn. 16; MünchHdb GesR IV/*Krieger* § 58 Rn. 27; a. A. *Baumbach/Hueck* § 204 Rn. 3). Das Zustimmungserfordernis erstreckt sich auch auf die Entscheidung des Vorstands über den Ausschluss des Bezugsrechts der Aktionäre aufgrund einer entsprechenden Ermächtigung nach § 203 Abs. 2 AktG (KölnKomm AktG/*Lutter* § 204 Rn. 16; *Hüffer* AktG, § 204 Rn. 7; MünchHdb GesR IV/*Krieger* § 58 Rn. 45). Auch die Zustimmung des Aufsichtsrats ist von der Zustimmung zur Aktienausgabe nach § 202 Abs. 3 S. 2 AktG zu unterscheiden (*Hüffer* AktG, § 204 Rn. 6).

IV. Rechtsfolgen bei Verstoß

5 Wird der Vorstandsbeschluss unter Missachtung von § 77 AktG oder einer Geschäftsordnung gefasst, verstößt er gegen Vorgaben der Hauptversammlung, des Gesetzes oder der Satzung oder fehlt die Zustimmung des Aufsichtsrats, so ist der Vorstandsbeschluss **ungültig** oder **unwirksam** und darf die Kapitalerhöhung nicht durchgeführt werden. Wird sie dennoch durchgeführt, sind die Maßnahmen im Außenverhältnis, insbesondere die abgeschlossenen Zeichnungsverträge, wirksam (*Hüffer* AktG, § 204 Rn. 8; KölnKomm AktG/*Lutter* § 204 Rn. 18; MünchHdb GesR IV/*Krieger* § 58 Rn. 57; *Klette* BB 1968, 1101 f.). Strittig ist, ob das Registergericht in diesen Fällen die Durchführung der Kapitalerhöhung einzutragen hat. Zum Teil wird danach unterschieden, ob der Fehler ausschließlich die Interessen der Aktionäre in ihrem Verhältnis zueinander oder zur AG berührt oder ob der Fehler die Interessen künftiger Aktionäre oder der öffentlichen Ordnung des Aktienwesens auch nur mitberühren (*Hüffer* AktG, § 204 Rn. 9 m. w. N. zu den verschiedenen Rechtsauffassungen).

B. Ausgabe von Vorzugsaktien, Abs. 2

6 Gibt es bereits Vorzugsaktien ohne Stimmrecht (§ 139 AktG), so kann der Vorstand neue Vorzugsaktien, die bei der Verteilung des Gewinns oder des Gesellschaftsvermögens den bereits beste-

henden Vorzugsaktien vorgehen oder gleichstehen, nur ausgeben, wenn die Ermächtigung dies vorsieht. Vermieden werden soll eine Umgehung des § 141 Abs. 2 S. 1 AktG (*Hüffer* AktG, § 204 Rn. 10; MüKo AktG/*Bayer* § 204 Rn. 32). Daher kann der Vorstand ohne weiteres zur Ausgabe von Vorzugsaktien ermächtigt werden, wenn die AG noch keine solchen hat (OLG Schleswig AG 2005, 48, 49).

Abs. 2 betrifft **nur stimmrechtslose Vorzugsaktien**. Auf andere Vorzugsaktien ist die Vorschrift 7 nicht anwendbar (*Hüffer* AktG, § 204 Rn. 11; MünchHdb GesR IV/*Krieger* § 58 Rn. 30). Der Vorstand ist durch die gesetzliche Regelung nicht eingeschränkt, wenn er nachrangige Vorzugsaktien ausgeben möchte. Abs. 2 greift des Weiteren nicht, wenn das genehmigte Kapital bereits in der Gründungssatzung enthalten war (§ 202 Abs. 1 AktG) oder stimmrechtslose Vorzugsaktien erst nach Schaffung des genehmigten Kapitals ausgegeben worden sind, sofern nicht das Bezugsrecht der Vorzugsaktionäre ausgeschlossen ist (KölnKomm AktG/*Lutter* § 204 Rn. 32; *Hüffer* AktG, § 204 Rn. 11; MünchHdb GesR IV/*Krieger* § 58 Rn. 30).

C. Arbeitnehmeraktien, Abs. 3

Sollen die neuen Aktien an Arbeitnehmer der Gesellschaft ausgegeben werden, so kann der Vor- 8 stand mit Zustimmung des Aufsichtsrates bestimmen, dass die von den Arbeitnehmern zu leistenden Einlagen statt durch Leistung eigener Mittel aus einem Teil des Jahresüberschusses gedeckt werden. Der Sache nach handelt es sich insoweit um eine **Kapitalerhöhung aus Gesellschaftsmitteln**; dennoch finden §§ 207 bis 220 AktG keine Anwendung, sondern verweist Abs. 3 S. 2 auf die Vorschriften über die reguläre Kapitalerhöhung gegen Bareinlage (KölnKomm AktG/*Lutter* § 204 Rn. 34; *Hüffer* AktG, § 204 Rn. 12; MünchHdb GesR IV/*Krieger* § 58 Rn. 62).

I. Voraussetzungen

Abs. 3 betrifft die Ausgabe der neuen Aktien an Arbeitnehmer der Gesellschaft. Maßgeblich ist, 9 ob die begünstigten Personen zum Zeitpunkt der Kapitalerhöhung mit der AG **durch ein Dienstverhältnis verbunden** sind. Umfasst sind auch leitende Angestellte und Prokuristen, nicht aber Verwaltungsmitglieder und Betriebsrentner (*Hüffer* AktG, § 204 Rn. 13; MüKo AktG/*Bayer* § 204 Rn. 42; KölnKomm AktG/*Lutter* § 204 Rn. 39). Die Vorschrift erstreckt sich nach zutr. Auffassung auch auf **Arbeitnehmer verbundener Unternehmen** (*Hüffer* AktG, § 204 Rn. 13; a. A. KölnKomm AktG/*Lutter* § 204 Rn. 40).

Als weitere Voraussetzung muss der Hauptversammlungsbeschluss über das genehmigte Kapi- 10 tal oder die Gründungssatzung gem. § 202 Abs. 4 AktG **vorsehen**, dass die neuen Aktien an Arbeitnehmer ausgegeben werden können. Eine zusätzliche Bestimmung, dass die von den Arbeitnehmern zu leistende Einlage aus einem Teil des Jahresüberschusses gedeckt werden kann, ist entbehrlich (*Hüffer* AktG, § 204 Rn. 14; KölnKomm AktG/*Lutter* § 204 Rn. 35; MünchHdb GesR IV/*Krieger* § 58 Rn. 62).

Letzte Voraussetzung ist das Vorhandensein eines **testierten Jahresabschlusses**, der einen **Jah-** 11 **resüberschuss** i. S. v. § 58 AktG ausweist. Die Leistung der Einlagen aus dem Jahresüberschuss erfolgt durch Umbuchung einer zuvor gebildeten Sonderrücklage. Dies setzt voraus, dass Vorstand und Aufsichtsrat gem. § 58 Abs. 2 AktG berechtigt sind, über den für die Sonderrücklage erforderlichen Betrag stattdessen auch zu Gunsten anderer Gewinnrücklagen zu verfügen, so dass die Zuständigkeit für die Feststellung des Jahresabschlusses bei ihnen (§ 172 AktG), nicht bei der Hauptversammlung (§ 173 AktG) liegen muss (*Hüffer* AktG, § 204 Rn. 15; MüKo AktG/*Bayer* § 204 Rn. 43; KölnKomm AktG/*Lutter* § 204 Rn. 37; MünchHdb GesR IV/*Krieger* § 58 Rn. 62). Aus §§ 204 Abs. 3 S. 4, 210 Abs. 1 S. 2 AktG ergibt sich schließlich, dass der erforderliche Betrag nicht durch zwischenzeitliche Verluste aufgezehrt sein darf (MüKo AktG/*Bayer* § 204 Rn. 43; KölnKomm AktG/*Lutter* § 204 Rn. 37).

II. Durchführung

12 Die Ausgabe der neuen Aktien bestimmt sich über die Verweisungsnorm in Abs. 3 S. 2 nach den **Vorschriften über die Kapitalerhöhung mit Bareinlage**, also §§ 185 bis 191 AktG, mit Ausnahme des § 188 Abs. 2 AktG. Wegen § 185 Abs. 4 AktG ist im Zeichnungsschein zu vermerken, dass die Einlage gem. § 204 Abs. 3 AktG aus dem Jahresüberschuss erbracht wird, will nicht der Zeichner zur Einlageleistung verpflichtet sein (*Hüffer* AktG, § 204 Rn. 16; KölnKomm AktG/*Lutter* § 204 Rn. 39). Abs. 3 S. 3 ergänzt § 188 Abs. 3 AktG und verlangt die **Beifügung des festgestellten Jahresabschlusses mit Bestätigungsvermerk** zur Anmeldung der Durchführung der Kapitalerhöhung. § 188 Abs. 3 Nr. 2 AktG greift nicht, da die Kapitalerhöhung als Barerhöhung gilt (*Hüffer* AktG, § 204 Rn. 16; KölnKomm AktG/*Lutter* § 204 Rn. 42).

13 Die Anmelder haben dem Gericht gegenüber zu **erklären**, dass nach ihrer Kenntnis seit dem Bilanzstichtag bis zum Tag der Anmeldung **keine Vermögensverminderung** eingetreten ist, die der Kapitalerhöhung entgegenstände, wenn sie am Tag der Anmeldung beschlossen worden wäre. Die Erklärung nach § 210 Abs. 1 S. 2 AktG ersetzt die bei der regulären Kapitalerhöhung nach §§ 188 Abs. 2, 37 Abs. 1 AktG abzugebenden Erklärungen (*Hüffer* AktG, § 204 Rn. 17).

14 Das Registergericht prüft neben den allgemeinen Voraussetzungen auch die besonderen des Abs. 3. Die Eintragung der Durchführung ist abzulehnen, wenn Jahresabschluss oder Erklärung nach § 210 Abs. 1 S. 2 AktG fehlen, unrichtig oder unvollständig sind, oder wenn die Erklärung Einschränkungen enthält (*Hüffer* AktG, § 204 Rn. 18; KölnKomm AktG/*Lutter* § 204 Rn. 42; MünchHdb GesR IV/*Krieger* § 58 Rn. 63).

§ 205 Ausgabe gegen Sacheinlagen

(1) Gegen Sacheinlagen dürfen Aktien nur ausgegeben werden, wenn die Ermächtigung es vorsieht.

(2) [1]Der Gegenstand der Sacheinlage, die Person, von der die Gesellschaft den Gegenstand erwirbt, und der Nennbetrag, bei Stückaktien die Zahl der bei der Sacheinlage zu gewährenden Aktien sind, wenn sie nicht in der Ermächtigung festgesetzt sind, vom Vorstand festzusetzen und in den Zeichnungsschein aufzunehmen. [2]Der Vorstand soll die Entscheidung nur mit Zustimmung des Aufsichtsrats treffen.

(3) [1]Bei Ausgabe der Aktien gegen Sacheinlagen hat eine Prüfung durch einen oder mehrere Prüfer stattzufinden. § 33 Abs. 3 bis 5, § 34 Abs. 2 und 3, § 35 gelten sinngemäß. [2]Das Gericht kann die Eintragung ablehnen, wenn der Wert der Sacheinlage nicht unwesentlich hinter dem geringsten Ausgabebetrag der dafür zu gewährenden Aktien zurückbleibt.

(4) [1]Ohne die vorgeschriebene Festsetzung sind Verträge über Sacheinlagen und die Rechtshandlungen zu ihrer Ausführung der Gesellschaft gegenüber unwirksam. [2]Gleiches gilt, wenn die Festsetzung des Vorstands nicht in den Zeichnungsschein aufgenommen ist. [3]Ist die Durchführung der Erhöhung des Grundkapitals eingetragen, so wird die Gültigkeit der Kapitalerhöhung durch diese Unwirksamkeit nicht berührt. [4]Der Aktionär ist verpflichtet, den Ausgabebetrag der Aktien einzuzahlen. [5]Die Unwirksamkeit kann durch Satzungsänderung nicht geheilt werden, nachdem die Durchführung der Erhöhung des Grundkapitals in das Handelsregister eingetragen worden ist.

(5) Die Absätze 2 und 3 gelten nicht für die Einlage von Geldforderungen, die Arbeitnehmern der Gesellschaft aus einer ihnen von der Gesellschaft eingeräumten Gewinnbeteiligung zustehen.

A. Ermächtigung, Abs. 1

Ein genehmigtes Kapital darf zur Kapitalerhöhung mit Sacheinlagen nur genutzt werden, wenn dies in der Ermächtigung **ausdrücklich vorgesehen** ist. Zum Begriff der **Sacheinlage** vgl. § 27 AktG Rn. 3 f. Die Vorschrift ist auch für die fingierte und die gemischte Sacheinlage anwendbar. Bei der verdeckten Sacheinlage gilt Abs. 4 (*Hüffer* AktG, § 205 Rn. 2). 1

Zur Ausgabe von Aktien gegen Sacheinlagen bedarf es einer **ausdrücklichen Ermächtigung**. Es genügt, dass die Sachkapitalerhöhung allgemein gestattet wird; Beschränkungen (z. B. auf eine bestimmte Sacheinlage oder einen Teilbetrag des genehmigten Kapitals) sind aber zulässig. Zulässig ist auch die Festsetzung, dass Aktien ausschließlich gegen Sacheinlagen ausgegeben werden (KölnKomm AktG/*Lutter* § 205 Rn. 4; MüKo AktG/*Bayer* § 205 Rn. 9; *Hüffer* AktG, § 205 Rn. 3). Im Rahmen der Vorgaben entscheidet der Vorstand gem. § 77 AktG nach pflichtgemäßem Ermessen (*Hüffer* AktG, § 205 Rn. 3). 2

B. Festsetzungen, Abs. 2

Die für die Kapitalerhöhung mit Sacheinlagen gem. § 202 Abs. 2 AktG erforderlichen Festsetzungen entsprechen den Anforderungen der §§ 183 Abs. 1, 194 Abs. 1 AktG. Insoweit bestimmt § 206 S. 1 AktG, dass sie in der Satzung enthalten sein müssen, wenn Verträge über Sacheinlagen bereits vor Eintragung der AG (§ 41 AktG) geschlossen werden. Im Übrigen steht es den Gründern bzw. der Hauptversammlung frei, die Festsetzungen ganz oder teilweise zu treffen. Soweit die Ermächtigung Festsetzungen nicht enthält, obliegen diese dem Vorstand als **Maßnahme der Geschäftsführung** (KölnKomm AktG/*Lutter* § 205 Rn. 6, 8; *Hüffer* AktG, § 205 Rn. 4; MünchHdb GesR IV/*Krieger* § 58 Rn. 33). Der Vorstand soll die Festsetzungen nur mit **Zustimmung des Aufsichtsrats** treffen. Holt er die Zustimmung nicht ein, so handelt er pflichtwidrig, wenn auch die Wirksamkeit der Festsetzungen nicht berührt wird (*Hüffer* AktG, § 205 Rn. 4; KölnKomm AktG/*Lutter* § 205 Rn. 9; MünchHdb GesR IV/*Krieger* § 58 Rn. 34). Im Falle der Bestimmung durch den Vorstand sind die Festsetzungen in den **Zeichnungsschein** aufzunehmen, und zwar nach h. M. in alle Zeichnungsscheine, also auch diejenigen von evtl. Bareinlegern (MüKo AktG/*Bayer* § 205 Rn. 17; *v. Godin/Wilhelmi* § 205 Rn. 4; MünchHdb GesR IV/*Krieger* § 205 Rn. 33; a. A. KölnKomm AktG/*Lutter* § 205 Rn. 8, 13). 3

C. Prüfung der Sacheinlage, Abs. 3

Entsprechend den Regelungen in §§ 183 Abs. 3, 194 Abs. 4 AktG hat eine **Prüfung durch unabhängige Prüfer** stattzufinden (vgl. § 183 AktG Rn. 15 ff.). Die Prüfungspflicht entfällt, wenn Geldforderungen eingelegt werden, die Arbeitnehmern der Gesellschaft aus einer ihnen von der Gesellschaft eingeräumten Gewinnbeteiligung zustehen (§ 205 Abs. 5 AktG). 4

D. Rechtsfolgen bei fehlerhaften Festsetzungen, Abs. 4

Rechtsfolge eines Fehlens der Festsetzungen nach Abs. 2 S. 1 ist die **relative Unwirksamkeit** sowohl der Verpflichtungs- als auch der Verfügungsgeschäfte über Sacheinlagen und Rechtshandlungen zu ihrer Ausführung (OLG Köln ZIP 1992, 1478, 1480). Diese Rechtsfolge entspricht § 183 Abs. 2 AktG (vgl. dort. Rn. 14). Die Festsetzungen fehlen nicht nur, wenn die Gründer bzw. die Hauptversammlung die Festsetzungen nicht in die Ermächtigung aufgenommen haben und auch der Vorstands sie nicht nachgeholt, sondern auch dann, wenn sie nicht in den Zeichnungsschein aufgenommen wurden (Abs. 4 S. 2). Die Unwirksamkeit der Rechtsgeschäfte berührt die Gültigkeit der Kapitalerhöhung, wenn ihre Durchführung zu Unrecht eingetragen wurde, ebenso wenig wie im Falle der regulären Kapitalerhöhung mit Sacheinlagen. Auch insoweit entspricht die Vorschrift § 183 Abs. 2 AktG. Hierzu sowie zu den Heilungsmöglichkeiten vgl. § 183 AktG Rn. 11 ff. 5

E. Arbeitnehmeraktien, Abs. 5

6 Auch wenn die Einbringung von Forderungen aus Gewinnbeteiligungen der Sache nach eine Sacheinlage darstellen, entfallen gem. Abs. 5 die Festsetzungen gem. Abs. 2 und die Prüfung der Sacheinlage gem. Abs. 3, wenn Aktien an Arbeitnehmer der Gesellschaft ausgegeben werden. Die Vorschrift umfasst ihrem Sinn und Zweck nach nicht nur **Arbeitnehmer der Gesellschaft**, sondern auch solche **verbundener Unternehmen** (*Hüffer* AktG, § 205 Rn. 9; MünchHdb GesR IV/*Krieger* § 58 Rn. 58, 64; a. A. KölnKomm AktG/*Lutter* § 205 Rn. 20). Mit dem Begriff der **Gewinnbeteiligung** ist der konkrete Anspruch auf Geldleistung gemeint, nicht das Recht auf Gewinnbeteiligung. Erfasst sind auch Umsatzbeteiligungen, Gratifikation und Leistungsprämien (*Hüffer* AktG, § 206 Rn. 10; MüKo AktG/*Bayer* § 205 Rn. 45).

§ 206 Verträge über Sacheinlagen vor Eintragung der Gesellschaft

[1]Sind vor Eintragung der Gesellschaft Verträge geschlossen worden, nach denen auf das genehmigte Kapital eine Sacheinlage zu leisten ist, so muß die Satzung die Festsetzungen enthalten, die für eine Ausgabe gegen Sacheinlagen vorgeschrieben sind. [2]Dabei gelten sinngemäß § 27 Abs. 3, 5, §§ 32 bis 35, 37 Abs. 4 Nr. 2, 4 und 5, § 38 Abs. 2, § 49 über die Gründung der Gesellschaft. [3]An die Stelle der Gründer tritt der Vorstand und an die Stelle der Anmeldung und Eintragung der Gesellschaft die Anmeldung und Eintragung der Durchführung der Erhöhung des Grundkapitals.

1 Sind bereits vor Eintragung der AG Verträge geschlossen worden, nach denen auf das genehmigte Kapital eine Sacheinlage zu leisten ist, so muss die Satzung bereits die Festsetzungen nach § 205 Abs. 2 S. 1 AktG enthalten. Sachübernahmen sind nicht erfasst; für sie gilt § 27 AktG unmittelbar (*Hüffer* AktG, § 206 Rn. 1). Erfasst werden sowohl schuldrechtliche als auch dingliche Verträge zwischen der in Gründung befindlichen AG und den Gründern oder Dritten, die sich auf die Erbringung einer Sacheinlage beziehen (KölnKomm AktG/*Lutter* § 206 Rn. 3; *Hüffer* AktG, § 206 Rn. 2; MünchHdb GesR IV/*Krieger* § 58 Rn. 39). Der Verweis auf das genehmigte Kapital setzt voraus, dass bereits die **Gründungssatzung** die Ermächtigung nach § 202 Abs. 1 AktG enthält, die eine Sacherhöhung nach § 205 Abs. 1 AktG vorsieht oder zumindest zulässt. Anders als nach § 205 Abs. 2 AktG kann der Vorstand Festsetzungen, die in der Satzung nicht getroffen sind, nicht nachholen, sondern liegt ein Gründungsmangel vor, der zur Ablehnung der Eintragung nach § 38 Abs. 1 AktG führt (*Hüffer* AktG, § 206 Rn. 2; KölnKomm AktG/*Lutter* § 206 Rn. 3; a. A. zum Gründungsmangel GroßkommAktG/*Hirte* § 206 Rn. 9).

2 **Weitere Rechtsfolgen** fehlender oder fehlerhafter Festsetzungen ergeben sich aus den Gründungsvorschriften, auf die § 206 S. 2 AktG verweist, insbes. aus § 27 Abs. 3 AktG. Modifiziert werden die Gründungsvorschriften durch S. 3, wonach sie so zu lesen sind, dass anstelle der Gründer durchgehend der Vorstand und an die Stelle der Anmeldung und Eintragung der Gesellschaft diejenige der Durchführung der Erhöhung des Grundkapitals tritt (*Hüffer* AktG, § 206 Rn. 3). Im Rahmen der Ausnutzung des genehmigten Kapitals hat der Vorstand damit insbes. einen dem Gründungsbericht entsprechenden Bericht anzufertigen (§ 32 AktG) und ist die Sachkapitalerhöhung entsprechend§§ 33 bis 35 AktG zu prüfen. Die Anmeldung der Durchführung der Kapitalerhöhung bestimmt sich nach §§ 203 Abs. 1 S. 1, 188 Abs. 1 AktG, allerdings sind ihr die Unterlagen gem. § 37 Abs. 4 Nr. 2, 4 und 5 AktG beizufügen und damit alle Verträge, die den Festsetzungen zugrunde liegen oder zu ihrer Ausführung geschlossen wurden, der Bericht des Vorstands, der Bericht des Aufsichtsrat und der Bericht der externen Prüfer.

3 § 52 AktG wird durch § 206 AktG verdrängt (*Hüffer* AktG, § 206 Rn. 7).

Vierter Unterabschnitt.
Kapitalerhöhung aus Gesellschaftsmitteln

§ 207 Voraussetzungen

(1) Die Hauptversammlung kann eine Erhöhung des Grundkapitals durch Umwandlung der Kapitalrücklage und von Gewinnrücklagen in Grundkapital beschließen.

(2) [1]Für den Beschluß und für die Anmeldung des Beschlusses gelten § 182 Abs. 1, § 184 Abs. 1 sinngemäß. [2]Gesellschaften mit Stückaktien können ihr Grundkapital auch ohne Ausgabe neuer Aktien erhöhen; der Beschluß über die Kapitalerhöhung muß die Art der Erhöhung angeben.

(3) Dem Beschluß ist eine Bilanz zugrunde zu legen.

Übersicht:

A. Allgemeines

1 Die Kapitalerhöhung aus Gesellschaftsmitteln wurde ursprünglich von der Rechtsprechung als Form der regulären Kapitalerhöhung verstanden (RGZ 107, 161, 168; 108, 29, 31; BGHZ 15, 391, 392 f.). Heute regelt § 207 AktG die Kapitalerhöhung aus Gesellschaftsmitteln als **eigenständige Form der Kapitalerhöhung** und stellt klar, dass sie durch einen einheitlichen Vorgang, nämlich **Umwandlung von Rücklagen in Grundkapital** erfolgt (*Hüffer* AktG, § 207 Rn. 1 f.). Die Kapitalerhöhung aus Gesellschaftsmitteln ist gleichwohl nicht nur eine Eigenkapitalumschichtung oder Kapitalberichtigung, sondern eine echte Kapitalerhöhung, da Vermögen den für das Grundkapital geltenden Bindungen unterstellt wird und neue Mitgliedsrechte entstehen. Dennoch handelt es sich nicht um eine Maßnahme der Kapitalbeschaffung (LG Bonn AG 1970, 18, 19; *Hüffer* AktG, § 207 Rn. 3; GroßkommAktG/*Hirte* § 207 Rn. 32; KölnKomm AktG/*Lutter* § 207 Rn. 7; MüKo AktG/*Volhard* § 207 Rn. 1; *Than* WM-Sonderheft 1991, 54, 55).

B. Erhöhungsbeschluss

I. Allgemeines

2 Die Kapitalerhöhung aus Gesellschaftsmitteln erfordert einen **Hauptversammlungsbeschluss**, für den über die Verweisungsvorschrift in Abs. 2 die Erfordernisse des § 182 Abs. 1 AktG zu beachten sind. Dem Beschluss ist gem. Abs. 3 eine Bilanz zugrunde zu legen. Er ist gem. Abs. 2, § 184 Abs. 1 AktG durch den Vorstand und den Aufsichtsratsvorsitzenden innerhalb einer **Frist von acht Monaten** (§ 209 Abs. 1 und 2 AktG) zur Eintragung in das Handelsregister **anzumelden** und wird mit Eintragung wirksam (§ 211 AktG).

3 Nach h. M. kann die Kapitalerhöhung aus Gesellschaftsmitteln nicht in einem einheitlichen Beschluss mit einer regulären Kapitalerhöhung dergestalt verbunden werden, dass der Erhöhungsbetrag zum Teil aus der Umwandlung von Kapitalrücklagen oder Gewinnrücklagen und zum anderen Teil aus Einlagen aufzubringen ist. Zulässig ist allerdings, in derselben Hauptversammlung über eine Kapitalerhöhung aus Gesellschaftsmitteln und eine reguläre Kapitalerhöhung in zeitlich aufeinanderfolgenden, aber getrennten Beschlüssen zu entscheiden (KölnKomm AktG/*Lutter* Vorb. § 207 Rn. 13 ff.; *Hüffer* AktG, § 207 Rn. 6 f.; MüKo AktG/*Volhard* § 207 Rn. 34,

36; MünchHdb GesR IV/*Krieger* § 59 Rn. 3; *Börner* DB 1988, 1254 f.; *Geßler* DNotZ 1960, 619, 627 f.; a. A. GroßkommAktG/*Hirte* § 207 Rn. 145 ff.; *Beitzke* FS Hueck 1959, 295, 298 f.). Zulässig ist auch eine Anweisung an den Vorstand i. S. einer unechten Bedingung, die Kapitalerhöhung aus Gesellschaftsmitteln nur dann zur Eintragung anzumelden, wenn die Aktien aus der regulären Kapitalerhöhung vollständig gezeichnet sind (*Hüffer* AktG, § 207 Rn. 7; GroßkommAktG/*Hirte* § 207 Rn. 149; KölnKomm AktG/*Lutter* § 207 Rn. 13; MüKo AktG/*Volhard* § 207 Rn. 37; *Geßler* DNotZ 1960, 619, 628). Entsprechendes gilt für eine Verbindung mit einer ordentlichen Kapitalherabsetzung, nicht aber mit einer vereinfachten Kapitalherabsetzung (KölnKomm AktG/*Lutter* § 207 Rn. 18 ff.).

II. Beschlusserfordernisse

4 Der Hauptversammlungsbeschluss ist auf eine **Satzungsänderung** gerichtet. Damit sind §§ 179 ff. AktG anwendbar, soweit sich nicht aus §§ 207 ff. AktG etwas Abweichendes ergibt (*Hüffer* AktG, § 207 Rn. 8; MüKo AktG/*Volhard* § 207 Rn. 5; KölnKomm AktG/*Lutter* § 207 Rn. 4).

5 Die Beschlusserfordernisse ergeben sich im Übrigen **aus § 182 Abs. 1 AktG**, auf den Abs. 2 S. 1 verweist. Dies betrifft die erforderliche Beschlussmehrheit, die Festsetzung einer größeren Kapitalmehrheit und das Aufstellen weiterer Erfordernisse durch die Satzung. Gibt die Satzung für Satzungsänderungen jeglicher Art oder Kapitalerhöhungen generell andere Kapitalmehrheiten oder weitere Erfordernisse vor, gelten diese auch für den Beschluss über die Kapitalerhöhung aus Gesellschaftsmitteln (*Hüffer* AktG, § 207 Rn. 10; MünchHdb GesR IV/*Krieger* § 59 Rn. 7; *Geßler* DNotZ 1960, 619, 623). Der Verweis auf § 182 Abs. 1 S. 4 AktG bewirkt, dass bei Gesellschaften mit **Nennbetragsaktien** (§ 8 Abs. 2 AktG) die Kapitalerhöhung aus Gesellschaftsmitteln grds. durch Ausgabe neuer Aktien durchgeführt werden muss. Ausnahmen ergeben sich aus § 215 Abs. 2 S. 2 und 3 AktG. Hat die Gesellschaft Stückaktien (§ 8 Abs. 3 AktG), so kann die Kapitalerhöhung aus Gesellschaftsmitteln abweichend von § 182 Abs. 1 S. 4 und 5 AktG auch ohne Ausgabe neuer Aktien, nämlich durch bloße rechnerische Anteilsaufstockung erfolgen (Abs. 2 S. 2; vgl. auch LG Heidelberg AG 2002, 563; AG Heidelberg AG 2002, 527, 528), weil die Beteiligungsquote unverändert bleibt und sich der auf die **Stückaktien** entfallende anteilige Betrag des Grundkapitals mit seiner Anhebung automatisch erhöht (RegBegr. BT-Drs. 13/9573, 17).

III. Beschlussinhalt

6 Der Beschlussinhalt ergibt sich aus dem Gesetz nicht. Anzugeben ist der **Betrag**, um den das Grundkapital erhöht werden soll. Dieser Betrag ist **genau zu beziffern**, wobei seine Höhe so festzusetzen ist, dass er unter Beachtung von § 8 AktG vollständig auf die Aktien verteilt werden kann (*Hüffer* AktG, § 207 Rn. 12; *Than* WM-Sonderheft 1991, 54, 56). Sofern kein handhabbares Kapitalerhöhungsverhältnis erreicht werden kann, entstehen Teilrechte nach § 213 AktG.

7 Des Weiteren ist im Beschluss anzugeben, dass die Kapitalerhöhung durch **Umwandlung von Kapitalrücklagen oder Gewinnrücklagen** erfolgen soll. Es ist festzusetzen, welche konkrete Rücklage umgewandelt werden soll; dabei ist die Verteilung des Erhöhungsbetrages auf mehrere Rücklagenpositionen zulässig. Selbstverständlich ist, dass diese auch in entsprechender Höhe verfügbar sein müssen (*Hüffer* AktG, § 207 Rn. 12; MüKo AktG/*Volhard* § 207 Rn. 19; KölnKomm AktG/*Lutter* § 207 Rn. 12). Schließlich ist anzugeben, **auf welcher Bilanz** der Beschluss i. S. v. § 207 Abs. 3 AktG beruht (*Hüffer* AktG, § 207 Rn. 12; vgl. insoweit § 209 Abs. 1 und 2 AktG).

8 Bei **Nennbetragsaktien** ist schließlich festzusetzen, ob eine Ausgabe neuer Aktien oder eine Erhöhung des Nennbetrags alter Aktien erfolgt; festgesetzt werden können insoweit auch die Nennbeträge der neuen Aktien unter Beachtung von § 8 Abs. 2 AktG und entsprechender Satzungsregeln (KölnKomm AktG/*Lutter* § 207 Rn. 13; MünchHdb GesR IV/*Krieger* § 57 Rn. 11, 14). Gleiches gilt bei **Stückaktien** im Hinblick auf § 207 Abs. 2 S. 2 AktG (*Hüffer* AktG, § 207 Rn. 13). Zur **Gewinnberechtigung**, die ebenfalls festgesetzt werden kann, vgl. § 217 AktG. Der Inhalt der neuen Aktien wird durch § 216 Abs. 1 AktG bestimmt und kann durch klarstellende Regelungen im Hauptversammlungsbeschluss ergänzt werden.

IV. Aufhebung und Änderung

Bis zur Eintragung im Handelsregister kann der Kapitalerhöhungsbeschluss unter den Beschlussvoraussetzungen des Kapitalerhöhungsbeschlusses geändert oder aufgehoben werden, nach Eintragung nur durch ordentliche Kapitalherabsetzung (§ 222 AktG) wirtschaftlich rückgängig gemacht werden (*Hüffer* AktG, § 207 Rn. 18; a. A. zu den Mehrheitserfordernissen KölnKomm AktG/*Lutter* § 211 Rn. 4). 9

V. Beschlussmängel

Verstößt der Kapitalerhöhungsbeschluss gegen Gesetz oder Satzung, so ist er gem. §§ 241, 243 AktG **nichtig** oder **anfechtbar**. Weist er nicht den Mindestinhalt auf, ist er regelmäßig nichtig (*Hüffer* AktG, § 207 Rn. 17). 10

C. Zugrunde zu legende Bilanz, Abs. 3

Dem Kapitalerhöhungsbeschluss ist eine Bilanz zugrunde zu legen, die im Beschluss konkret zu bezeichnen ist. Dies bedeutet nicht, dass der Jahresabschluss für das letzte vor der Beschlussfassung abgelaufene Geschäftsjahr bereits fertiggestellt sein muss. Bei der zugrunde zu legenden Bilanz handelt es sich entweder um die **letzte Jahresbilanz** (§ 209 Abs. 1 AktG) oder um eine **besondere Erhöhungsbilanz** (§ 209 Abs. 2 AktG). Die Anforderungen an die Bilanz ergeben sich aus § 209 AktG. Ein Verstoß gegen Abs. 3 führt zur Nichtigkeit des Erhöhungsbeschlusses gem. § 241 Nr. 3 AktG (*Hüffer* AktG, § 207 Rn. 15, 17). 11

D. Anmeldung zum Handelsregister

Hinsichtlich der Anmeldung zum Handelsregister verweist Abs. 2 S. 1 auf § 184 Abs. 1 AktG. Allerdings ist § 184 Abs. 1 S. 2 AktG bei der Kapitalerhöhung aus Gesellschaftsmitteln nicht anwendbar, weil keine Einlagen geleistet werden (*Hüffer* AktG, § 207 Rn. 19). Ergänzend ist § 210 AktG zu beachten. 12

§ 208 Umwandlungsfähigkeit von Kapital- und Gewinnrücklagen

(1) [1]Die Kapitalrücklage und die Gewinnrücklagen, die in Grundkapital umgewandelt werden sollen, müssen in der letzten Jahresbilanz und, wenn dem Beschluß eine andere Bilanz zugrunde gelegt wird, auch in dieser Bilanz unter »Kapitalrücklage« oder »Gewinnrücklagen« oder im letzten Beschluß über die Verwendung des Jahresüberschusses oder des Bilanzgewinns als Zuführung zu diesen Rücklagen ausgewiesen sein. [2]Vorbehaltlich des Absatzes 2 können andere Gewinnrücklagen und deren Zuführungen in voller Höhe, die Kapitalrücklage und die gesetzliche Rücklage sowie deren Zuführungen nur, soweit sie zusammen den zehnten oder den in der Satzung bestimmten höheren Teil des bisherigen Grundkapitals übersteigen, in Grundkapital umgewandelt werden.

(2) [1]Die Kapitalrücklage und die Gewinnrücklagen sowie deren Zuführungen können nicht umgewandelt werden, soweit in der zugrunde gelegten Bilanz ein Verlust einschließlich eines Verlustvortrags ausgewiesen ist. [2]Gewinnrücklagen und deren Zuführungen, die für einen bestimmten Zweck bestimmt sind, dürfen nur umgewandelt werden, soweit dies mit ihrer Zweckbestimmung vereinbar ist.

Übersicht:

A. Regelungsgegenstand und -zweck

1 § 208 AktG ergänzt § 207 Abs. 1 AktG durch Bestimmung, welche Rücklagen in Grundkapital umgewandelt werden können, und Nennung der dafür notwendigen Voraussetzungen. Er bezweckt die Aufbringung des Grundkapitals durch Umbuchung von Passivposten, die die frühere Vermögensbildung zum Ausdruck bringen, und dient gleichzeitig dadurch dem Gesellschaftsinteresse, dass die Hauptversammlung nach § 58 Abs. 2 AktG gebildete andere Rücklagen nicht den für sie vorgesehenen Zwecken entziehen kann (*Hüffer* AktG, § 208 Rn. 1; KölnKomm AktG/*Lutter* § 208 Rn. 2).

B. Umwandlungsfähige Rücklagen, Abs. 1

I. Kapitalrücklage

2 Umwandlungsfähig sind zunächst Kapitalrücklagen i. S. v. § 266 Abs. 3 A II HGB. Voraussetzung ist, dass sie in der letzten Jahresbilanz (§ 209 Abs. 1 AktG) ausgewiesen sind und, wenn dem Beschluss nicht die letzte Jahresbilanz zugrunde liegt, an gleicher Stelle in der besonderen Erhöhungsbilanz enthalten sind (MüKo AktG/*Volhard* § 208 Rn. 3 f.; *Hüffer* AktG, § 208 Rn. 2 f.). **Grenzen** ergeben sich aus Abs. 1 S. 2 dahingehend, dass die Kapitalrücklage der Höhe nach nur umwandelbar ist, soweit sie zusammen mit der gesetzlichen Rücklage (§ 266 Abs. 3 A III Nr. 1 HGB) den zehnten oder den in der Satzung bestimmten höheren Teil des bisherigen Grundkapitals nicht übersteigt.

II. Gewinnrücklagen

3 Umwandlungsfähig sind alsdann Gewinnrücklagen i. S. v. § 266 Abs. 3 A III HGB. Trotz des Wortlauts ist allerdings die Rücklage für eigene Anteile i. S. v. § 266 Abs. 3 A III Nr. 2 HGB nicht umwandlungsfähig, da sie nach § 277 Abs. 4 HGB zweckgebunden ist und nur unter den dort genannten Voraussetzungen aufgelöst werden kann. Allerdings kann die rechtsmäßig aufgelöste Rücklage über den Zwischenschritt der Einstellung in andere Bilanzposten ebenfalls in Grundkapital umgewandelt werden (MüKo AktG/*Volhard* § 208 Rn. 17; *Hüffer* AktG, § 208 Rn. 4; KölnKomm AktG/*Lutter* § 208 Rn. 12). Auch Gewinnrücklagen müssen in umzuwandelnder Höhe in der letzten Jahresbilanz (§ 209 Abs. 1 AktG) ausgewiesen sein und, wenn dem Beschluss diese nicht zugrunde liegt, zusätzlich in der besonderen Erhöhungsbilanz (§ 209 Abs. 2 AktG). Zur Beschränkung der Umwandlungsfähigkeit der gesetzliche Rücklage gem. § 208 Abs. 1 S. 2 AktG vgl. Rn. 2.

III. Zuführungen aus Jahresüberschuss oder Bilanzgewinn

4 Auch Zuführungen zur Kapitalrücklage oder den Gewinnrücklagen aus dem Jahresüberschuss oder Bilanzgewinn können umgewandelt werden, sofern jedenfalls der zur Umwandlung vorgesehene Teil des Jahresüberschusses oder Bilanzgewinns im letzten Beschluss über die Verwendung des Jahresüberschusses (§§ 58 Abs. 1, 173 AktG) bzw. des Bilanzgewinns (§§ 58 Abs. 3, 174 Abs. 2 Nr. 3 AktG) als Zuführung zur Kapitalrücklage bzw. zu den Gewinnrücklagen ausgewiesen ist. Der Jahresüberschuss ist Position 20 bzw. 19 der Gewinn- und Verlustrechnung (§ 275 HGB). Der Bilanzgewinn ist der Jahresüberschuss zzgl Gewinnvortrag und Entnahmen aus Gewinnrücklagen und abzgl Verlustvortrag und Einstellungen in die Gewinnrücklagen (§ 158

AktG). Liegt dem Erhöhungsbeschluss nicht der letzte Jahresabschluss, sondern eine besondere Erhöhungsbilanz (§ 209 Abs. 2 AktG) zugrunde, so muss die Zuweisung zu den entsprechenden Bilanzposten hierin bereits vollzogen sein (*Hüffer* AktG, § 208 Rn. 5).

Abs. 1 S. 2 enthält für die Umwandlung von Zuführungen in die Kapitalrücklage und die gesetzliche Rücklage eine vertragsmäßige Beschränkung auf maximal 10 % des Grundkapitals. 5

IV. Rechtsfolgen bei Verstoß

Abs. 1 ist **zwingend**. Ein Verstoß führt zur **Nichtigkeit** des Kapitalerhöhungsbeschlusses gem. § 241 Nr. 3 AktG (*Hüffer* AktG, § 208 Rn. 11; MüKo AktG/*Volhard* § 208 Rn. 38; MünchHdb GesR IV/*Krieger* § 59 Rn. 31; *Geßler* BB 1960, 6, 8; a. A. *Forster/Müller* AG 1960, 55, 85). 6

C. Umwandlungsschranken, Abs. 2

I. Verlust oder Verlustvortrag

Ist in der zugrunde gelegten Bilanz ein Verlust einschließlich eines Verlustvortrages i. S. v. § 266 Abs. 3 A IV und V HGB ausgewiesen, so dürfen die Kapitalrücklage und die Gewinnrücklagen sowie die entsprechenden Zuführungen nicht in Grundkapital umgewandelt werden. Gem. Abs. 1 sind umwandlungsfähige Posten um den ausgewiesenen Verlust und Verlustvortrag zu kürzen; der dann verbleibende Betrag kann umgewandelt werden. Die vorherige Verrechnung mit anderen, nicht umwandlungsfähigen Rücklagen ist unzulässig (*Hüffer* AktG, § 208 Rn. 7; MüKo AktG/*Volhard* § 208 Rn. 33; *Schippel* DNotZ 1960, 353, 361). 7

II. Zweckbestimmte Gewinnrücklagen und -zuführungen

Gewinnrücklagen, die für einen bestimmten Zweck bestimmt sind, und entsprechende Zuführungen dürfen nur umgewandelt werden, soweit dies mit der Zweckbestimmung vereinbar ist. Welche Zweckbestimmung vorliegt, bestimmt sich bei satzungsmäßigen Rücklagen nach der Satzung, ansonsten nach der Entscheidung der Hauptversammlung bzw. Verwaltung, mit der die Rücklage gebildet wurde. Ist die Zweckbestimmung nicht unmittelbar aus der Bilanz ersichtlich, sind zum Verständnis Hauptversammlungsbeschlüsse und Erklärungen der Verwaltung heranzuziehen (MüKo AktG/*Volhard* § 208 Rn. 35; *Hüffer* AktG, § 208 Rn. 9; *Forster/Müller* AG 1960, 55, 56 f.; a. A. *v. Burchard* BB 1961, 1186, 1187). Erfasst sind sowohl satzungsmäßige Rücklagen als auch andere Gewinnrücklagen i. S. v. § 266 Abs. 3 A III Nr. 3 und 4 HGB (*Hüffer* AktG, § 208 Rn. 8). 8

Mit der Zweckbestimmung **vereinbar** sind Umwandlungen, wenn die Mittel für aktivierungsfähige Aufwendungen verwendet werden. Sind die Aufwendungen vermögensmindernd, so ist die Umwandlung ausgeschlossen (RegBegr. zu § 2 KapErhG BT-Drs. 3/416, 10; *Hüffer* AktG, § 208 Rn. 8; MüKo AktG/*Volhard* § 208 Rn. 36; MünchHdb GesR IV/*Krieger* § 59 Rn. 29; ADS § 272 HGB Rn. 33; *Geßler* BB 1960, 6, 8). Sonderrücklagen zur Deckung einer Differenz zwischen Ausgabebetrag und Gesamtnennbetrag einer Wandelanleihe nach § 218 S. 2 AktG sowie Gewinnrücklagen nach § 199 Abs. 2 AktG für Wandelanleihen sind nicht umwandlungsfähig (*Hüffer* AktG, § 208 Rn. 10; KölnKomm AktG/*Lutter* § 208 Rn. 23; MünchHdb GesR IV/*Krieger* § 59 Rn. 30). 9

III. Rechtsfolgen bei Verstoß

Abs. 2 S. 1 ist **zwingend**, so dass ein Verstoß gem. § 241 Nr. 3 AktG zur **Nichtigkeit** des Kapitalerhöhungsbeschlusses führt. Ein Verstoß gegen **Abs. 2 S. 2** führt hingegen nur zur **Anfechtbarkeit** (*Hüffer* AktG, § 208 Rn. 11; MüKo AktG/*Volhard* § 208 Rn. 38; KölnKomm AktG/*Lutter* § 208 Rn. 25; *Geßler* BB 1960, 6, 8; a. A. zu Abs. 2 S. 1 *Forster/Müller* AG 1960, 55, 85). 10

§ 209 Zugrunde gelegte Bilanz

(1) Dem Beschluß kann die letzte Jahresbilanz zugrunde gelegt werden, wenn die Jahresbilanz geprüft und die festgestellte Jahresbilanz mit dem uneingeschränkten Bestätigungsvermerk des Abschlußprüfers versehen ist und wenn ihr Stichtag höchstens acht Monate vor der Anmeldung des Beschlusses zur Eintragung in das Handelsregister liegt.

(2) [1]Wird dem Beschluß nicht die letzte Jahresbilanz zugrunde gelegt, so muß die Bilanz den §§ 150, 152 dieses Gesetzes, §§ 242 bis 256, 264 bis 274, 279 bis 283 des Handelsgesetzbuchs entsprechen. [2]Der Stichtag der Bilanz darf höchstens acht Monate vor der Anmeldung des Beschlusses zur Eintragung in das Handelsregister liegen.

(3) [1]Die Bilanz muß durch einen Abschlußprüfer darauf geprüft werden, ob sie §§ 150, 152 dieses Gesetzes, §§ 242 bis 256, 264 bis 274, 279 bis 283 des Handelsgesetzbuchs entspricht. [2]Sie muß mit einem uneingeschränkten Bestätigungsvermerk versehen sein.

(4) [1]Wenn die Hauptversammlung keinen anderen Prüfer wählt, gilt der Prüfer als gewählt, der für die Prüfung des letzten Jahresabschlusses von der Hauptversammlung gewählt oder vom Gericht bestellt worden ist. [2]Soweit sich aus der Besonderheit des Prüfungsauftrags nichts anderes ergibt, sind auf die Prüfung § 318 Abs. 1 Satz 3, § 319 Abs. 1 bis 4, § 319 a Abs. 1, § 320 Abs. 1, 2, §§ 321, 322 Abs. 7 und § 323 des Handelsgesetzbuchs entsprechend anzuwenden.

(5) [1]Bei Versicherungsgesellschaften wird der Prüfer vom Aufsichtsrat bestimmt; Absatz 4 Satz 1 gilt sinngemäß. [2]Soweit sich aus der Besonderheit des Prüfungsauftrags nichts anderes ergibt, ist auf die Prüfung § 341 k des Handelsgesetzbuchs anzuwenden.

(6) Im Fall der Absätze 2 bis 5 gilt für die Auslegung der Bilanz und für die Erteilung von Abschriften § 175 Abs. 2 sinngemäß.

Übersicht:

A. Letzte Jahresbilanz

1 Üblicherweise wird – nicht zuletzt aus Kostengründen – dem Erhöhungsbeschluss die letzte Jahresbilanz zugrunde gelegt. Für deren Aufstellung gelten die allgemeinen Bilanzierungsgrundsätze. Voraussetzung dafür, dass sie der Kapitalerhöhung aus Gesellschaftsmitteln zugrunde gelegt werden kann, ist, dass sie gem. §§ 316 ff. HGB **geprüft** ist. Die Prüfungspflicht besteht auch dann, wenn die AG nach § 316 Abs. 1 S. 1 HGB grds. nicht prüfungspflichtig ist; die Hauptversammlung hat in diesem Falle einen **Abschlussprüfer** zu wählen (*Hüffer* AktG, § 209 Rn. 3; MüKo AktG/*Volhard* § 209 Rn. 10; MünchHdb GesR IV/*Krieger* § 59 Rn. 15). Aus § 208 Abs. 1 AktG ergibt sich, dass der Prüfung eine unverkürzte Bilanz zugrunde zu legen ist und die Erleichterungen des § 266 Abs. 1 S. 3 HGB nicht greifen (*Hüffer* AktG, § 209 Rn. 3; KölnKomm AktG/*Lutter* § 209 Rn. 4; a. A. MüKo AktG/*Volhard* § 209 Rn. 7). Die weiteren Prüfungsvorschriften in § 209 Abs. 3 bis 5 AktG beziehen sich ausschließlich auf die besondere Erhöhungsbilanz (§ 209 Abs. 2 AktG, vgl. *Hüffer* AktG, § 209 Rn. 3).

2 Die Bilanz muss des Weiteren mit einem **uneingeschränkten Bestätigungsvermerk** (§ 322 Abs. 1 HGB) versehen sein. Darüber hinaus muss sie durch Billigung des Aufsichtsrats (§ 172 AktG) oder Beschluss der Hauptversammlung (§ 173 AktG) **festgestellt** sein.

Der **Stichtag der Bilanz** darf höchstens acht Monate vor der Anmeldung des Beschlusses zur Eintragung in das Handelsregister (§ 210 AktG) liegen. Bilanzstichtag ist der letzte Tag des Geschäftsjahres, nicht der Tag, an dem der Jahresabschluss aufgestellt oder festgestellt wird. Die Frist berechnet sich nach §§ 186 ff. BGB. Maßgeblich ist der Eingang der Anmeldung beim Registergericht (*Hüffer* AktG, § 209 Rn. 5). 3

B. Besondere Erhöhungsbilanz, Abs. 2 bis 6

I. Aufstellung, Abs. 2

Anstelle der letzten Jahresbilanz kann dem Kapitalerhöhungsbeschluss auch eine besondere Erhöhungsbilanz zugrunde gelegt werden. Diese ist aus der letzten Jahresbilanz zu entwickeln und vom Vorstand aufzustellen. Abschreibungen, Rücklagen und Rückstellungen sind entsprechend dem Zeitablauf nur teilweise anzusetzen (*Hüffer* AktG, § 209 Rn. 6; GroßkommAktG/*Hirte* § 209 Rn. 35; MünchHdb GesR IV/*Krieger* § 59 Rn. 19; KölnKomm AktG/*Lutter* § 209 Rn. 12; MüKo AktG/*Volhard* § 209 Rn. 29). Durch den Verweis auf die Vorschriften des HGB wird sichergestellt, dass die besondere Erhöhungsbilanz den gleichen Anforderungen genügt wie die Jahresbilanz. Sie hat auch den Posten Bilanzgewinn/Bilanzverlust zu enthalten (KölnKomm AktG/*Lutter* § 209 Rn. 12; MünchHdb GesR IV/*Krieger* § 59 Rn. 19). Der Stichtag darf höchstens acht Monate vor der Anmeldung des Beschlusses zur Eintragung in das Handelsregister liegen (vgl. zur Berechnung Rn. 3). Nicht erforderlich ist ein vollständiger Jahresabschluss; Gewinn- und Verlustrechnung, Anhang, Lagebericht und Vorschlag für die Gewinnverwendung sind damit entbehrlich (*Hüffer* AktG, § 209 Rn. 7). 4

Weichen die Kapital- und Gewinnrücklagen in der letzten Jahresbilanz und der besonderen Erhöhungsbilanz voneinander ab, so ist nur der jeweils niedrigere Wert umwandlungsfähig (KölnKomm AktG/*Lutter* § 209 Rn. 11; *Hüffer* AktG, § 209 Rn. 6). Ob die Umwandlung wegen eines Verlustes einschließlich eines Verlustvortrags scheitert, bestimmt sich hingegen nur nach der besonderen Erhöhungsbilanz. 5

II. Prüfung, Abs. 2 und 3

Die besondere Erhöhungsbilanz ist darauf zu prüfen, ob sie den Voraussetzungen des Abs. 2 S. 1 entspricht. Die Hauptversammlung wählt hierzu gem. §§ 318 ff. AktG einen **Abschlussprüfer**. Mangels Wahl gilt der Prüfer als gewählt, der für die Prüfung des letzten Jahresabschlusses gewählt bzw. bestellt wurde. Für die Prüfung gelten § 320 ff. HGB (*Hüffer* AktG, § 209 Rn. 9). 6

Auch die besondere Erhöhungsbilanz muss mit einem **uneingeschränkten Bestätigungsvermerk** versehen sein. Allerdings findet § 322 Abs. 1 HGB keine Anwendung, da die Prüfung sich nur auf die Übereinstimmung der Erhöhungsbilanz mit den Erfordernissen des § 209 Abs. 2 S. 1 AktG bezieht. Der Vermerk ist stattdessen an Abs. 2 zu orientieren (*Hüffer* AktG, § 209 Rn. 10; MüKo AktG/*Volhard* § 209 Rn. 37). 7

III. Feststellung

Ob die besondere Erhöhungsbilanz der Feststellung nach §§ 172 oder 173 AktG bedarf, ist strittig. Da sie dem Kapitalerhöhungsbeschluss zugrunde gelegt wird, dürfte eine Feststellung entbehrlich sein und eine Billigung insbesondere mit Blick auf die Einstellung der umwandlungsfähigen Rücklagen konkludent im Erhöhungsbeschluss liegen (so zutr. *Hüffer* AktG, § 209 Rn. 11; a. A. MünchHdb GesR IV/*Krieger* § 59 Rn. 23). 8

IV. Publizität, Abs. 6

Die besondere Erhöhungsbilanz ist den Aktionären entsprechend § 175 Abs. 2 AktG **bekannt zu geben** und von der Einberufung der Hauptversammlung an in den Geschäftsräumen der AG **auszulegen**. Die ausgelegte Erhöhungsbilanz muss noch nicht geprüft und testiert sein. Allerdings muss sie mit der später in der Hauptversammlung vorgelegten geprüften und testierten 9

Bilanz übereinstimmen (KölnKomm AktG/*Lutter* § 209 Rn. 17; *Hüffer* AktG, § 209 Rn. 13; MünchHdb GesR IV/*Krieger* § 59 Rn. 22). Aktionären ist auf Verlangen eine **Abschrift** der besonderen Erhöhungsbilanz zu erteilen und ggf. zuzusenden (§ 175 Abs. 2 S. 2 AktG, vgl. ausführl. § 175 AktG Rn. 6 ff.).

C. Rechtsfolgen bei Verstoß

10 Der Kapitalerhöhungsbeschluss ist nach § 241 Nr. 3 AktG **nichtig**, wenn ihm eine nicht geprüfte, nicht festgestellte oder nicht mit uneingeschränktem Bestätigungsvermerk versehene Bilanz zugrunde liegt. Trägt der Registerrichter gleichwohl ein, kann **Heilung** nach § 242 Abs. 2 AktG eintreten. Ein Verstoß gegen die Bekanntgabepflicht aus § 175 Abs. 2 AktG führt zur **Anfechtbarkeit** (vgl. auch § 175 AktG Rn. 8). Die Nichteinhaltung der 8-Monats-Frist ist ein **formelles Eintragungshindernis** (§ 210 Abs. 2 AktG); wird gleichwohl eingetragen, so wird die Kapitalerhöhung dennoch wirksam (*Hüffer* AktG, § 209 Rn. 14; KölnKomm AktG/*Lutter* § 209 Rn. 21; MünchHdb GesR IV/*Krieger* § 59 Rn. 24; MüKo AktG/*Volhard* § 209 Rn. 43 ff.).

§ 210 Anmeldung und Eintragung des Beschlusses [i. d. F. ab 1. 1. 2007 durch EHUG]

(1) [1]Der Anmeldung des Beschlusses zur Eintragung in das Handelsregister ist die der Kapitalerhöhung zugrunde gelegte Bilanz mit Bestätigungsvermerk, im Fall des § 209 Abs. 2 bis 6 außerdem die letzte Jahresbilanz, sofern sie noch nicht nach § 325 Abs. 1 des Handelsgesetzbuchs eingereicht ist, beizufügen. [2]Die Anmeldenden haben dem Gericht gegenüber zu erklären, daß nach ihrer Kenntnis seit dem Stichtag der zugrunde gelegten Bilanz bis zum Tag der Anmeldung keine Vermögensminderung eingetreten ist, die der Kapitalerhöhung entgegenstünde, wenn sie am Tag der Anmeldung beschlossen worden wäre.

(2) Das Gericht darf den Beschluß nur eintragen, wenn die der Kapitalerhöhung zugrunde gelegte Bilanz auf einen höchstens achte Monate vor der Anmeldung liegenden Stichtag aufgestellt und eine Erklärung nach Absatz 1 Satz 2 abgegeben worden ist.

(3) Das Gericht braucht nicht zu prüfen, ob die Bilanzen den gesetzlichen Vorschriften entsprechen.

(4) Bei der Eintragung des Beschlusses ist anzugeben, daß es sich um eine Kapitalerhöhung aus Gesellschaftsmitteln handelt.

(5) [aufgehoben]

§ 210 Anmeldung und Eintragung des Beschlusses [i. d. F. bis 31. 12. 2006]

***(1) [1]Der Anmeldung des Beschlusses zur Eintragung in das Handelsregister ist für das Gericht des Sitzes der Gesellschaft die der Kapitalerhöhung zugrunde gelegte Bilanz mit Bestätigungsvermerk, im Fall des § 209 Abs. 2 bis 6 außerdem die letzte Jahresbilanz, sofern sie noch nicht eingereicht ist, beizufügen.* [S. 2 identisch].**

***(2) bis (4)* [identisch]**

(5) Die eingereichten Schriftstücke werden beim Gericht in Urschrift, Ausfertigung oder öffentlich beglaubigter Abschrift aufbewahrt.

A. Anmeldung, Abs. 1

I. Allgemeines

1 Der Beschluss über die Kapitalerhöhung aus Gesellschaftsmitteln ist zur Eintragung in das Handelsregister anzumelden. Die Zuständigkeit ergibt sich aus §§ 207 Abs. 2 S. 1, 184 Abs. 1 AktG. Die Anmeldung ist an das Amtsgericht des Satzungssitzes zu richten. Bei Zweigniederlassungen war bis zum Inkrafttreten des EHUG § 13 c Abs. 1 a. F. HGB zu beachten.

II. Beizufügende Unterlagen

2 Abs. 1 S. 1 bestimmt, dass der Anmeldung die dem Beschluss zugrunde liegende **Bilanz mit Bestätigungsvermerk** beizufügen ist. Handelt es sich um eine besondere Erhöhungsbilanz, so ist zusätzlich die **Jahresbilanz** beizufügen. Ist diese gem. § 325 HGB bereits eingereicht, ist die erneute Vorlage sowohl im Fall des § 209 Abs. 1 AktG als auch im Fall des § 209 Abs. 2 AktG entbehrlich (*Hüffer* AktG, § 210 Rn. 3; KölnKomm AktG/*Lutter* § 210 Rn. 7; a. A. für den Fall des § 209 Abs. 1 AktG: *Geßler* DNotZ 1960, 619, 634). Des Weiteren ist eine Ausfertigung der Niederschrift über die Beschluss fassende Hauptversammlung nebst Anlagen beizufügen sowie eine Neufassung des Satzungstextes nebst Notarbescheinigung gem. § 181 Abs. 1 S. 2 AktG (*Hüffer* AktG, § 210 Rn. 3; KölnKomm AktG/*Lutter* § 210 Rn. 6, 10; Happ/*Tielmann* AktienR, 12.07 Rn. 17). Die Beifügung erfolgt seit dem 1.12007 in der Form des § 12 Abs. 2 HGB.

III. Erklärung der Anmelder

3 Die Anmelder haben gegenüber dem Registergericht die Erklärung gem. Abs. 1 S. 2 abzugeben. Damit dürfen zwischen Bilanzstichtag und Tag der Anmeldung **keine Fehlbeträge** entstanden sein, die der Umwandlung von Rücklagen in Kapital entgegenstehen, weil zur Umwandlung vorgesehene Rücklagen ganz oder teilweise zur Verlustdeckung benötigt werden. Der Erklärung stehen hingegen Verluste nicht entgegen, die bereits durch andere Rücklagen gedeckt sind. Nicht ausreichend ist die Versicherung, dass keine vermögensmindernden Umstände bekannt sind (*Hüffer* AktG, § 210 Rn. 4; KölnKomm AktG/*Lutter* § 210 Rn. 9; MünchHdb GesR IV/*Krieger* § 59 Rn. 32). Die Erklärung kann in der Anmeldung oder in der Form des § 12 Abs. 1 HGB in gesonderter Urkunde abgegeben werden. Die Richtigkeit ist gem. § 399 Abs. 2 AktG strafsanktioniert; Unrichtigkeit führt darüber hinaus zu Schadensersatzansprüchen der AG aus §§ 93, 116 AktG und gegenüber Gesellschaftsgläubigern aus § 823 Abs. 2 BGB i. V. m. § 399 Abs. 2 AktG (*Hüffer* AktG, § 210 Rn. 4 m. w. N.).

B. Registerverfahren, Abs. 2 bis 4

I. Prüfung

4 Das Registergericht prüft die Anmeldung **in formeller Hinsicht** auf Ordnungsmäßigkeit, insbesondere Zuständigkeit, Form, Legitimation der Anmelder, Vollständigkeit der Unterlagen und Vorliegen eines berichtigten Satzungstextes, darüber hinaus die Erklärung nach Abs. 1 S. 2 und die Einhaltung der 8-Monats-Frist aus § 209 Abs. 1 und Abs. 2 S. 2 AktG. **In materieller Hinsicht** prüft das Gericht, ob die gesetzlichen und satzungsmäßigen Voraussetzungen der Kapitalerhöhung aus Gesellschaftsmitteln eingehalten sind. Darüber hinaus wird geprüft, ob die zugrunde liegende Bilanz den Anforderungen des § 209 AktG genügt und die zur Umwandlung vorgesehene Kapital- oder Gewinnrücklage gem. § 208 AktG umwandlungsfähig ist. Darunter fällt auch eine etwaige Zweckbindung nach § 208 Abs. 2 S. 2 AktG (MüKo AktG/*Volhard* § 210 .Rn. 22; KölnKomm AktG/*Lutter* § 210 Rn. 27; a. A. *Hüffer* AktG, § 210 Rn. 5 f.). **Nicht zu prüfen** ist gem. Abs. 3, ob die Bilanz inhaltlich richtig ist. Bei begründeten Zweifeln an der Richtigkeit der Prüfung und des uneingeschränkten Bestätigungsvermerks ist das Gericht jedoch zur eigenen Prüfung berechtigt (KölnKomm AktG/*Lutter* § 210 Rn. 13; MünchHdb GesR IV/*Krieger* § 59 Rn. 33).

5 Liegt keine ordnungsgemäße Anmeldung vor oder ist der Erhöhungsbeschluss nichtig, ist die **Eintragung abzulehnen** (*Hüffer* AktG, § 210 Rn. 7). Gem. Abs. 2 darf der Erhöhungsbeschluss auch dann nicht eingetragen werden, wenn die der Kapitalerhöhung zugrunde gelegte Bilanz auf einen Stichtag aufgestellt ist, der nur wenig früher als acht Monate vor der Anmeldung liegt (OLG Frankfurt OLGZ 1981, 412, 413 f.; LG Essen BB 1982, 1901, jeweils zu § 7 KapErhG). Wird die Anmeldung zu Unrecht zurückgewiesen, ist der Weg der **einfachen Beschwerde** gem. § 19 Abs. 1 FGG eröffnet. **Beschwerdeberechtigt** ist die AG als Antragstellerin (BGHZ 105, 324, 327 f.).

II. Eintragung

6 Bei der Eintragung im Handelsregister ist anzugeben, dass es sich um eine Kapitalerhöhung aus Gesellschaftsmitteln handelt. Ein Verstoß gegen Abs. 4 bleibt ohne Rechtsfolgen; die Eintragung ist nach § 17 Abs. 2 HRV zu berichtigen (LG Essen BB 1982, 1821 zu § 7 KapErhG; str.).

§ 211 Wirksamwerden der Kapitalerhöhung

Mit der Eintragung des Beschlusses über die Erhöhung des Grundkapitals ist das Grundkapital erhöht.

A. Rechtsfolgen der Eintragung

1 Die Eintragung des Beschlusses über die Erhöhung des Grundkapitals aus Gesellschaftsmitteln in das Handelsregister wirkt – weil die Kapitalerhöhung aus Gesellschaftsmitteln keiner Ausführungshandlungen mehr bedarf – **konstitutiv**. § 211 Abs. 1 AktG ist insoweit § 181 Abs. 3 AktG nachgebildet. Mit der Eintragung entstehen die neuen Mitgliedsrechte und werden die Aktionäre entsprechend ihrem Verhältnis am bisherigen Grundkapital (§ 212 AktG) Inhaber der neuen Aktien bzw. der im (anteiligen) Nennbetrag erhöhten Aktien (KölnKomm AktG/*Lutter* § 211 Rn. 5; *Hüffer* AktG, § 211 Rn. 3; MünchHdb GesR IV/*Krieger* § 59 Rn. 36).

B. Fehlende Einlagepflicht

2 Einlagen werden bei der Kapitalerhöhung aus Gesellschaftsmitteln nicht geschuldet. Sollte sich nachträglich herausstellen, dass die umgewandelte Kapitalrücklage oder Gewinnrücklagen wegen Unrichtigkeit der zugrunde liegenden Bilanz oder wegen nach dem Bilanzstichtag aufgetretener Verluste nicht voll durch Aktiva gedeckt waren, so können die Aktionäre ebenfalls nicht in Anspruch genommen werden. Es können sich aber Schadensersatzansprüche gegen den Abschlussprüfer (§ 323 HGB) oder die Anmelder ergeben. Ansonsten ist die Unterbilanz durch Kapitalherabsetzung, insbesondere gem. §§ 229 ff. AktG, oder Stehenlassen künftiger Jahresüberschüsse (str.) auszugleichen (MüKo AktG/*Volhard* § 211 Rn. 10; KölnKomm AktG/*Lutter* § 211 Rn. 8; *Hüffer* AktG, § 211 Rn. 5; MünchHdb GesR IV/*Krieger* § 59 Rn. 36; *Veith* DB 1960, 109, 111). Vor der Kapitalerhöhung ausstehende Einlagen werden hingegen auch bei der Aufstockung des Nennbetrags oder des anteiligen Betrags am Grundkapital weiter geschuldet (*Hüffer* AktG, § 211 Rn. 6; *Geßler* BB 1960, 6, 8).

§ 212 Aus der Kapitalerhöhung Berechtigte

[1]Neue Aktien stehen den Aktionären im Verhältnis ihrer Anteile am bisherigen Grundkapital zu. [2]Ein entgegenstehender Beschluß der Hauptversammlung ist nichtig.

1 Werden im Rahmen der Kapitalerhöhung aus Gesellschaftsmitteln neue Aktien ausgegeben (vgl. dazu § 207 Abs. 2 AktG), werden sie den Aktionären im Verhältnis ihrer Anteile am bisherigen Grundkapital zugerechnet. § 212 S. 1 AktG begründet **kein Bezugsrecht**, sondern führt ohne

Rücksicht auf Wissen und Wollen der Aktionäre zu ihrer **Inhaberschaft**. Insoweit bedarf es – vorbehaltlich § 213 AktG – auch keiner Bezugserklärung oder Zeichnung (*Hüffer* AktG, § 212 Rn. 2; KölnKomm AktG/*Lutter* § 212 Rn. 3; MünchHdb GesR IV/*Krieger* § 59 Rn. 38; a. A. *Steiner* DB 2001, 585, 586). Auch die AG selbst nimmt, wenn sie eigene Aktien hält, mit diesen an der Erhöhung teil und erwirbt die neuen Aktien unmittelbar (§ 215 Abs. 1 AktG). Rechte Dritter an den Altaktien (z. B. Pfandrechte) erstrecken sich unmittelbar auch auf die neuen Aktien (MüKo AktG/*Volhard* § 212 Rn. 6; KölnKomm AktG/*Lutter* § 212 Rn. 4; *Hüffer* AktG, § 212 Rn. 2; *Geßler* DNotZ 1960, 619, 639).

Die **Zuordnung der Aktien** gem. S. 1 ist gem. S. 2 **zwingend** und führt zur Nichtigkeit eines entgegenstehenden Hauptversammlungsbeschlusses, selbst wenn einem solchen Beschluss die betroffenen oder sogar alle Aktionäre zugestimmt haben oder es sich lediglich um kleine Abweichungen ohne Veränderung der Gesellschaftsstruktur handelt (OLG Dresden AG 2001, 532, a. A. LG Mannheim BB 1961, 303 zur Vermeidung freier Spitzen bei der GmbH). S. 2 erfasst auch mittelbare Beeinträchtigungen und Erschwernisse der Teilnahme an der Kapitalerhöhung (*Hüffer* AktG, § 212 Rn. 3; MüKo AktG/*Volhard* § 212 Rn. 13; KölnKomm AktG/*Lutter* § 212 Rn. 10; MünchHdb GesR IV/*Krieger* § 59 Rn. 39). Ob ausnahmsweise nur Teilnichtigkeit anzunehmen ist, bestimmt sich nach h. M. nach § 139 BGB. Bei Zweifeln ist der Erhöhungsbeschluss **insgesamt nichtig** (KölnKomm AktG/*Lutter* § 212 Rn. 11; MüKo AktG/*Volhard* § 212 Rn. 15; *Hüffer* AktG, § 212 Rn. 4; MünchHdb GesR IV/*Krieger* § 59 Rn. 39; *Fett/Spiring* NZG 2002, 358, 359). 2

§ 213 Teilrechte

(1) Führt die Kapitalerhöhung dazu, daß auf einen Anteil am bisherigen Grundkapital nur ein Teil einer neuen Aktie entfällt, so ist dieses Teilrecht selbständig veräußerlich und vererblich.

(2) Die Rechte aus einer neuen Aktie einschließlich des Anspruchs auf Ausstellung einer Aktienurkunde können nur ausgeübt werden, wenn Teilrechte, die zusammen eine volle Aktie ergeben, in einer Hand vereinigt sind oder wenn sich mehrere Berechtigte, deren Teilrechte zusammen eine volle Aktie ergeben, zur Ausübung der Rechte zusammenschließen.

Mit Blick auf die von § 212 AktG zwingend vorgegebene quotale Zuordnung der neuen Aktien aus Kapitalerhöhung aus Gesellschaftsmitteln entstehen **Teilrechte**, wenn es nicht möglich ist, den Erhöhungsbetrag und den Aktiennennbetrag oder den anteiligen Betrag am Grundkapital so zu wählen, dass nur ganze Aktien neu entstehen (*Hüffer* AktG, § 213 Rn. 1; zur Vermeidung *Than* WM-Sonderheft 1991, 54, 56 ff.). Ob die Aktionäre Anspruch darauf haben, dass der Erhöhungsbetrag oder die Stückelung der neuen Aktien so gewählt wird, dass nicht mehr Teilrechte als notwendig entstehen, ist strittig (dafür *Hüffer* AktG, § 213 Rn. 1; dagegen MünchHdb GesR IV/*Krieger* § 59 Rn. 43). Als Mitgliedsrechte entstehen die Teilrechte mit Wirksamwerden der Kapitalerhöhung (§ 211 Abs. 1 AktG) in der Person des berechtigten Aktionärs und sind selbstständiger Teil des Mitgliedsrechts (GroßkommAktG/*Hirte* § 213 Rn. 7; KölnKomm AktG/*Lutter* § 213 Rn. 3; *Hüffer* AktG, § 213 Rn. 2; *Schippel* DNotZ 1960, 353, 370). 1

Abs. 1 begründet die **Verkehrsfähigkeit der Teilrechte**. Die Übertragung erfolgt formlos gem. §§ 398, 413 BGB (*Hüffer* AktG, § 213 Rn. 3; *Schippel* DNotZ 1960, 352, 370; vgl. auch RGZ 86, 154, 155). Die Übertragbarkeit kann nur entsprechend § 68 Abs. 2 AktG eingeschränkt werden. Teilrechte aufgrund vinkulierter Namensaktien sind in gleicher Weise beschränkt übertragbar, arg. § 216 AktG (MüKo AktG/*Volhard* § 213 Rn. 9; *Hüffer* AktG, § 213 Rn. 3). 2

Mitgliedsrechte aus den Teilrechten können nur ausgeübt werden, wenn diese zusammen eine volle Aktie ergeben. Hierzu können sich mehrere Aktionäre zu einer Gesellschaft bürgerlichen Rechts (§ 705 BGB) zwecks Ausübung von Mitgliedsrechten zusammenschließen (KölnKomm AktG/*Lutter* § 213 Rn. 5; *Hüffer* AktG, § 213 Rn. 4; MüKo AktG/*Volhard* § 213 Rn. 21). 3

§ 214 Aufforderung an die Aktionäre

(1) [1]Nach der Eintragung des Beschlusses über die Erhöhung des Grundkapitals durch Ausgabe neuer Aktien hat der Vorstand unverzüglich die Aktionäre aufzufordern, die neuen Aktien abzuholen. [2]Die Aufforderung ist in den Gesellschaftsblättern bekanntzumachen. [3]In der Bekanntmachung ist anzugeben,

1. um welchen Betrag das Grundkapital erhöht worden ist,
2. in welchem Verhältnis auf die alten Aktien neue Aktien entfallen.

[4]In der Bekanntmachung ist ferner darauf hinzuweisen, daß die Gesellschaft berechtigt ist, Aktien, die nicht innerhalb eines Jahres seit der Bekanntmachung der Aufforderung abgeholt werden, nach dreimaliger Androhung für Rechnung der Beteiligten zu verkaufen.

(2) [1]Nach Ablauf eines Jahres seit der Bekanntmachung der Aufforderung hat die Gesellschaft den Verkauf der nicht abgeholten Aktien anzudrohen. [2]Die Androhung ist dreimal in Abständen von mindestens einem Monat in den Gesellschaftsblättern bekanntzumachen. [3]Die letzte Bekanntmachung muß vor dem Ablauf von achtzehn Monaten seit der Bekanntmachung der Aufforderung ergehen.

(3) [1]Nach Ablauf eines Jahres seit der letzten Bekanntmachung der Androhung hat die Gesellschaft die nicht abgeholten Aktien für Rechnung der Beteiligten zum Börsenpreis und beim Fehlen eines Börsenpreises durch öffentliche Versteigerung zu verkaufen. [2]§ 226 Abs. 3 Satz 2 bis 6 gilt sinngemäß.

(4) [1]Die Absätze 1 bis 3 gelten sinngemäß für Gesellschaften, die keine Aktienurkunden ausgegeben haben. [2]Die Gesellschaften haben die Aktionäre aufzufordern, sich die neuen Aktien zuteilen zu lassen.

A. Aufforderung zur Abholung, Abs. 1

1 Erfolgt die Kapitalerhöhung aus Gesellschaftsmitteln durch Ausgabe neuer Aktien (nicht im Fall des § 207 Abs. 2 S. 2 AktG, wohl aber bei Ausgabe neuer Stückaktien), ist der Vorstand verpflichtet, die Aktionäre aufzufordern, die neuen Aktien abzuholen. Der Vorstand hat hierzu **alle erforderlichen Vorbereitungsmaßnahmen** zu treffen, insbesondere die Herstellung und Ausfertigung der Aktienurkunden. Zur Ausgabe unverbriefter Aktien vgl. Rn. 7. Für Teilrechte gilt § 214 AktG analog (KölnKomm AktG/*Lutter* § 214 Rn. 25; *Hüffer* AktG, § 214 Rn. 13; MünchHdb GesR IV/*Krieger* § 59 Rn. 74). Verstöße können zur Schadensersatzpflicht gem. § 93 AktG führen (*Hüffer* AktG, § 214 Rn. 3).

I. Bekanntmachung

2 Die Aufforderung an die Aktionäre ist in den **Gesellschaftsblättern** (§ 25 AktG) bekannt zu machen. Die einmalige Bekanntmachung ist genügend (*Hüffer* AktG, § 214 Rn. 4; MüKo AktG/*Volhard* § 214 Rn. 7; KölnKomm AktG/*Lutter* § 214 Rn. 7). Inhaltlich handelt es sich um eine **Aufforderung an alle Aktionäre**, die neuen Aktienurkunden abzuholen. Sie umfasst Angabe von Ort, Zeit und erforderlicher Legitimation. Dabei muss die Aktienausgabe nicht zwingend in den Geschäftsräumen der AG vorgenommen werden, sondern kann auch einem Bankenkonsortium zur Durchführung in dessen Geschäftsräumen übertragen werden (*Hüffer* AktG, § 214 Rn. 4; MünchHdb GesR IV/*Krieger* § 59 Rn. 69). Zum Betrag, um den das Grundkapital erhöht worden ist, vgl. § 207 AktG Rn. 6. Das Verhältnis, in welchem auf die alten Aktien neue entfallen, ergibt sich aus dem Verhältnis von altem Grundkapital im Zeitpunkt der Eintragung (§ 211 Abs. 1 AktG) zum Erhöhungsbetrag. Schließlich ist der Hinweis gem. Abs. 1 S. 4 aufzunehmen.

II. Durchführung

Der Vorstand hat vor Abholung die Aktienurkunden durch eine vertretungsberechtigte Zahl seiner Mitglieder auszustellen und zu unterzeichnen; ausreichend ist eine vervielfältigte Unterschrift. Die **Aushändigung der Urkunde** als eigentliche Aktienausgabe darf erst nach Eintragung erfolgen (§ 219 AktG). **Abholung** i. S. v. Abs. 1 meint damit den dinglichen Begebungsvertrag (*Hüffer* AktG, § 214 Rn. 6). Die Aktionäre haben ihre Berechtigung nachzuweisen, z. B. durch Vorlage des Gewinnanteilscheins, können sich aber durch Bevollmächtigte vertreten lassen. Depotführende Banken sind i. d. R. zur Abholung berechtigt und verpflichtet (*Hüffer* AktG, § 214 Rn. 6; KölnKomm AktG/*Lutter* § 214 Rn. 2). 3

B. Verkauf nicht abgeholter Aktien, Abs. 2 und 3

I. Verkaufsandrohung

Nicht abgeholte Aktien sind von der AG zu verkaufen. Voraussetzung ist, dass die Aktionäre ordnungsgemäß, insbesondere unter Hinweis gem. Abs. 1 S. 4, zur Abholung aufgefordert wurden (GroßkommAktG/*Lutter* § 214 Rn. 8; KölnKomm AktG/*Lutter* § 214 Rn. 12; *Hüffer* AktG, § 214 Rn. 8). Darüber hinaus ist der Verkauf gem. Abs. 2 nach Ablauf eines Jahres seit Bekanntmachung der Aufforderung in den Gesellschaftsblättern (§ 25 AktG) mindestens dreimal bekannt zu machen. Zwischen den einzelnen Androhungen ist ein zeitlicher Abstand von mindestens einem Monat einzuhalten. Die dritte und letzte Aufforderung muss aber vor Ablauf von 18 Monaten seit Bekanntmachung der Aufforderung nach § 214 Abs. 1 AktG ergehen. 4

II. Verkauf

Der Verkauf darf erst erfolgen, wenn seit der letzten Bekanntmachung der Androhung gem. Abs. 2 **ein Jahr** abgelaufen ist. Der Verkauf erfolgt durch die AG, vertreten durch den Vorstand, den eine entsprechende Verkaufsverpflichtung trifft (GroßkommAktG/*Hirte* § 214 Rn. 26; KölnKomm AktG/*Lutter* § 214 Rn. 10; MünchHdb GesR IV/*Krieger* § 59 Rn. 72). Die AG verkauft im eigenen Namen, aber für Rechnung der betroffenen Aktionäre. Besteht ein **Börsenpreis**, so sind die Aktien zu diesem zu verkaufen, ansonsten durch **öffentliche Versteigerung** i. S. v. § 383 Abs. 3 S. 1 BGB. § 226 Abs. 3 S. 2 bis 6 AktG gilt sinngemäß, und zwar für beide Arten des Verkaufs (*Hüffer* AktG, § 214 Rn. 9; MünchHdb GesR IV/*Krieger* § 59 Rn. 72; a. A. KölnKomm AktG/*Lutter* § 214 Rn. 18). Mit der Veräußerung verliert der Aktionär sein Mitgliedsrecht und erlangt stattdessen einen Anspruch auf Auszahlung des Veräußerungserlöses entsprechend § 667 BGB (*Hüffer* AktG, § 214 Rn. 9). 5

War der Verkauf nicht abgeholter Aktien wegen Verstoßes gegen die Regelungen in § 214 Abs. 1 bis 3 AktG **unzulässig**, entscheidet sich die Frage, ob das Mitgliedsrecht durch die Veräußerung wirksam auf den Erwerber übertragen und damit dem Aktionär entzogen wird, nach den Vorschriften über den gutgläubigen Erwerb (§§ 932 ff. BGB, Art. 16 WG i. V. m. § 68 Abs. 1 S. 2 AktG). Bei wirksamer Übertragung stehen dem Aktionär Ansprüche aus § 816 Abs. 1 S. 1 BGB, ggf. auch aus §§ 823 Abs. 1, 31 BGB zu (MüKo AktG/*Volhard* § 214 Rn. 32 f.; KölnKomm AktG/*Lutter* § 214 Rn. 20; *Hüffer* AktG, § 214 Rn. 10). 6

C. Unverbriefte Aktien, Abs. 4

Gibt die AG keine Aktienurkunden aus, gilt § 214 Abs. 1 bis 3 AktG sinngemäß mit der Maßgabe, dass die Aktionäre aufzufordern sind, sich die neuen Aktien zuteilen zu lassen. Gleichzeitig ist der Verkauf gem. Abs. 1 S. 4 anzudrohen. Verlangen die Aktionäre aufgrund der Aufforderung nicht Zuteilung, die durch schriftliche Bestätigung der AG erfolgt (KölnKomm AktG/*Lutter* § 214 Rn. 22), werden die nicht zugeteilten Aktien nach Androhung gem. Abs. 2 entsprechend Abs. 3 verkauft (KölnKomm AktG/*Lutter* § 214 Rn. 23; *Hüffer* AktG, § 214 Rn. 12; MünchHdb GesR IV/*Krieger* § 59 Rn. 73; a. A. *v. Godin/Wilhelmi* § 214 Rn. 12, die § 214 Abs. 4 AktG nur klarstellende, aber keinerlei rechtliche Bedeutung beimessen). 7

§ 215 Eigene Aktien. Teileingezahlte Aktien

(1) Eigene Aktien nehmen an der Erhöhung des Grundkapitals teil.

(2) [1]Teileingezahlte Aktien nehmen entsprechend ihrem Anteil am Grundkapital an der Erhöhung des Grundkapitals teil. [2]Bei ihnen kann die Kapitalerhöhung nicht durch Ausgabe neuer Aktien ausgeführt werden, bei Nennbetragsaktien wird deren Nennbetrag erhöht. [3]Sind neben teileingezahlten Aktien volleingezahlte Aktien vorhanden, so kann bei volleingezahlten Nennbetragsaktien die Kapitalerhöhung durch Erhöhung des Nennbetrags der Aktien und durch Ausgabe neuer Aktien ausgeführt werden; der Beschluß über die Erhöhung des Grundkapitals muß die Art der Erhöhung angeben. [4]Soweit die Kapitalerhöhung durch Erhöhung des Nennbetrags der Aktien ausgeführt wird, ist sie so zu bemessen, daß durch sie auf keine Aktie Beträge entfallen, die durch eine Erhöhung des Nennbetrags der Aktien nicht gedeckt werden können.

A. Eigene Aktien, Abs. 1

1 Auch eigene Aktien der AG nehmen an der Kapitalerhöhung aus Gesellschaftsmitteln teil, so dass die AG für eigene Aktien neue, eigene Mitgliedsrechte erhält. Gleiches gilt damit erst recht für Aktien, die ein Dritter für Rechnung der AG hält (KölnKomm AktG/*Lutter* § 215 Rn. 3; *Hüffer* AktG, § 215 Rn. 2). § 56 Abs. 1 AktG gilt nicht.

B. Teileingezahlte Aktien, Abs. 2

2 Abs. 2 S. 1 stellt klar, dass auch nur teileingezahlte Aktien an der Kapitalerhöhung teilnehmen. Wie bei volleingezahlten Aktien bestimmt sich der Umfang der Teilnahme nach der Beteiligungsquote, nicht nach der geleisteten Einlage. § 182 Abs. 4 S. 1 AktG gilt nicht (*Hüffer* AktG, § 215 Rn. 3; *Geßler* WM 1960, Beil. 1, 20).

I. Stückaktien

3 Sind ausschließlich teileingezahlte Aktien vorhanden, so ist die Ausgabe neuer Aktien abweichend von §§ 207 Abs. 2 S. 1, 182 Abs. 1 S. 4 AktG **verboten**. Bei Stückaktien erhöht sich damit der anteilige Betrag des Grundkapitals. Möglich ist ein Aktiensplit durch satzungsändernden Beschluss, in dem keine unzulässige Ausgabe neuer Aktien zu sehen ist, sondern eine bloße Neustückelung (LG Heidelberg AG 2002, 563; AG Heidelberg AG 2002, 527, 528).

II. Nennbetragsaktien

4 Bei Nennbetragsaktien sind die **Nennbeträge zu erhöhen** mit der Folge, dass den Inhabern teileingezahlter Aktien ein erhöhtes Stimmrecht und ein erhöhter Gewinnanspruch zustehen. Soweit sich die Rechte nach der geleisteten Einlage bestimmen, bestehen sie jedoch nur in Höhe der geleisteten Einlage und des verhältnismäßigen Erhöhungsbetrages (*Hüffer* AktG, § 215 Rn. 4). Abs. 2 S. 2 ist **zwingend**, so dass abweichende Festsetzungen im Erhöhungsbeschluss aus Gläubigerschutzgesichtspunkten zur Nichtigkeit nach § 241 Nr. 3 AktG führen (*Hüffer* AktG, § 215 Rn. 4; KölnKomm AktG/*Lutter* § 215 Rn. 9; MünchHdb GesR IV/*Krieger* § 59 Rn. 45). Auch bei Nennbetragsaktien ist ein Aktiensplit zulässig (*Hüffer* AktG, § 215 Rn. 4).

5 Sind neben teileingezahlten Aktien auch volleingezahlte Aktien vorhanden, besteht für Nennbetragsaktien ein **Wahlrecht**, ob bei den volleingezahlten Aktien die Kapitalerhöhung durch Ausgabe neuer Aktien oder durch Erhöhung des Nennbetrags der bisherigen Aktien ausgeführt wird. Die Entscheidung obliegt der Hauptversammlung nach freiem Ermessen (*Hüffer* AktG, § 215 Rn. 5; KölnKomm AktG/*Lutter* § 215 Rn. 11). Der Erhöhungsbeschluss muss angeben, in welcher Art die volleingezahlten Aktien an der Erhöhung teilnehmen. Fehlen diese Festsetzungen, ist der Beschluss nach zutr. Auffassung nichtig (*Hüffer* AktG, § 215 Rn. 5; MünchHdb GesR IV/*Krieger* § 59 Rn. 48; *Schippel* DNotZ 1960, 353, 358; a. A. (bloß anfechtbar) GroßkommAktG/

Hirte § 215 Rn. 53; KölnKomm AktG/*Lutter* § 215 Rn. 12). Für die teileingezahlten Aktien bleibt es bei der zwingenden Erhöhung der Nennbeträge gem. Abs. 2 S. 2 (*Hüffer* AktG, § 215 Rn. 5; KölnKomm AktG/*Lutter* § 215 Rn. 11; MünchHdb GesR IV/*Krieger* § 59 Rn. 46).

Wird die Kapitalerhöhung bei Nennbetragsaktien durch Erhöhung des Nennbetrages ausgeführt, ist der Erhöhungsbetrag so zu bemessen, dass sich keine freien Spitzen ergeben. Unter Berücksichtigung der Regelungen in § 212 S. 1 AktG führt dies zu einer deutlichen Erschwerung der Kapitalerhöhung aus Gesellschaftsmitteln. Ein **Verstoß** gegen Abs. 2 S. 4 führt zur Nichtigkeit des Erhöhungsbeschlusses (so im Ergebnis mit unterschiedlicher Begr. *Hüffer* AktG, § 215 Rn. 6; KölnKomm AktG/*Lutter* § 215 Rn. 14; *v. Godin/Wilhelmi* § 215 Rn. 5; MünchHdb GesR IV/*Krieger* § 59 Rn. 48). 6

§ 216 Wahrung der Rechte der Aktionäre und Dritter

(1) [1]Das Verhältnis der mit den Aktien verbundenen Rechte zueinander wird durch die Kapitalerhöhung nicht berührt. [2]Die Ausgabe neuer Mehrstimmrechtsaktien und die Erhöhung des Stimmrechts von Mehrstimmrechtsaktien auf Grund des Satzes 1 bedürfen keiner Zulassung nach § 12 Abs. 2 Satz 2.

(2) [1]Soweit sich einzelne Rechte teileingezahlter Aktien, insbesondere die Beteiligung am Gewinn oder das Stimmrecht, nach der auf die Aktie geleisteten Einlage bestimmen, stehen diese Rechte den Aktionären bis zur Leistung der noch ausstehenden Einlagen nur nach der Höhe der geleisteten Einlage, erhöht um den auf den Nennbetrag des Grundkapitals berechneten Hundertsatz der Erhöhung des Grundkapitals, zu. [2]Werden weitere Einzahlungen geleistet, so erweitern sich diese Rechte entsprechend. [3]Im Fall des § 271 Abs. 3 gelten die Erhöhungsbeträge als voll eingezahlt.

(3) [1]Der wirtschaftliche Inhalt vertraglicher Beziehungen der Gesellschaft zu Dritten, die von der Gewinnausschüttung der Gesellschaft, dem Nennbetrag oder Wert ihrer Aktien oder ihres Grundkapitals oder sonst von den bisherigen Kapital- oder Gewinnverhältnissen abhängen, wird durch die Kapitalerhöhung nicht berührt. [2]Gleiches gilt für Nebenverpflichtungen der Aktionäre.

Übersicht:

A. Regelungsgegenstand und -zweck

§ 216 AktG betrifft zunächst die aus der Mitgliedschaft folgenden Einzelrechte. Diese sollen im Falle der Kapitalerhöhung aus Gesellschaftsmitteln relativ unverändert bleiben. Darüber hinaus soll auch das Rechtsverhältnis zwischen AG und Dritten im Falle der Kapitalerhöhung aus Gesellschaftsmitteln in seinem wirtschaftlichen Inhalt nicht verändert werden, und zwar insbes. nicht durch Kürzung des Dividendensatzes (*Hüffer* AktG, § 216 Rn. 1; *Hüffer* FS Bezzenberger 2000, 191, 193 ff.). Da die **Anpassungen** nach § 216 AktG **kraft Gesetz** erfolgen, ist das Schweigen 1 des Erhöhungsbeschlusses zu solchen Anpassungen kein Mangel. Werden die Anpassungen abweichend von § 216 AktG geregelt, ist der Erhöhungsbeschluss anfechtbar (KölnKomm AktG/*Lutter* § 216 Rn. 8; *Hüffer* AktG, § 216 Rn. 18; a. A. MüKo AktG/*Volhard* § 216 Rn. 21).

B. Verhältnis der Mitgliedsrechte zueinander, Abs. 1

I. Grundsätzliches

2 Gem. Abs. 1 S. 1 wird das Verhältnis der mit den Aktien verbundenen Rechte zueinander durch die Kapitalerhöhung aus Gesellschaftsmitteln nicht berührt. Gleiches gilt für die Pflichten der Aktionäre. Zu Nebenverpflichtungen vgl. Rn. 15. Die Regelung erfasst alle Aktien, auch die teileingezahlten, für die zusätzlich Abs. 2 gilt (*Hüffer* AktG, § 216 Rn. 2). Die Wahrung des Verhältnisses der Mitgliedsrechte zueinander wird dadurch erreicht, dass die neuen Aktien i. d. R. so ausgestattet sind wie die alten Aktien. Insbesondere darf an Aktionäre keine andere als die von ihnen gehaltene Aktiengattung ausgegeben werden (*Hüffer* AktG, § 216 Rn. 2; KölnKomm AktG/*Lutter* § 216 Rn. 5; MüKo AktG/*Volhard* § 216 Rn. 5; a. A. MünchHdb GesR IV/*Krieger* § 59 Rn. 53). Verschiedene Aktiengattungen werden proportional erhöht, und Aktionäre erhalten im Verhältnis ihrer bisherigen Beteiligung jeweils Aktien ihrer Gattung (*Hüffer* AktG, § 216 Rn. 2; MüKo AktG/*Volhard* § 216 Rn. 8; MünchHdb GesR IV/*Krieger* § 59 Rn. 55; *Geßler* DNotZ 1960, 619, 635).

II. Ausnahmen

3 Bei **Bestehen mehrer Aktiengattungen** kann Abs. 1 S. 1 zu einer inhaltlichen Änderung der aus ihnen folgenden Rechte führen, wenn sich diese nicht nur nach dem Verhältnis der geringsten Ausgabebeträge (§ 9 Abs. 1 AktG) zueinander, sondern auch nach einer durch die Kapitalerhöhung geänderten Größe (z. B. Grundkapitalziffer, Gesamtnennbetrag oder Gesamtzahl einer Gattung bei Stückaktien) bestimmen. Relevant ist dies insbes. für **Vorzugsaktien**: Gem. Abs. 1 S. 1 erhalten Vorzugsaktionäre wiederum Vorzugsaktien mit Gewinnvorrecht. Gleichzeitig darf sich aber wegen Abs. 1 S. 1 die Rechtsstellung der Gattungsaktionäre nicht verändern, so dass das Gewinnvorrecht auf alte und neue Vorzugsaktien so zu verteilen ist, dass der Betrag der Vorabdividende unverändert bleibt (OLG Stuttgart AG 1993, 94 f.; vgl. auch MüKo AktG/*Volhard* § 216 Rn. 13 f.; *Hüffer* AktG, § 216 Rn. 3 mit Beispielsrechnung; *Geßler* DNotZ 1960, 619, 635 f.; a. A. MünchHdb GesR IV/*Krieger* § 59 Rn. 56).

4 Strittig ist, ob solche Anpassungen nach Abs. 1 S. 1 kraft Gesetzes mit Wirksamwerden der Kapitalerhöhung (§ 211 Abs. 1 AktG) eintreten (*Hüffer* AktG, § 216 Rn. 4; KölnKomm AktG/*Lutter* § 216 Rn. 7; GroßkommAktG/*Hirte* § 216 Rn. 26; MünchHdb GesR IV/*Krieger* § 59 Rn. 59; *Boesebeck* DB 1960, 404) oder ob entsprechende Festsetzungen im Kapitalerhöhungsbeschluss erforderlich sind (*v. Godin/Wilhelmi* § 216 Rn. 3; *Geßler* BB 1960, 6, 10). Nach der ersten Ansicht liegt eine formelle Satzungsänderung vor, die im Kapitalerhöhungsbeschluss berücksichtigt sein oder gem. § 179 Abs. 1 S. 2 AktG dem Aufsichtsrat übertragen werden muss.

C. Teileingezahlte Aktien, Abs. 2

5 Abs. 2 ergänzt Abs. 1 für den Fall, dass sich bei teileingezahlten Aktien einzelne Rechte nach der auf die Aktie geleisteten Einlage bestimmen. Als **einlagenabhängige Rechte** nennt Abs. 2 S. 1 exemplarisch die Beteiligung am Gewinn oder das Stimmrecht. Das Beispiel des Dividendenrechtes greift nur, wenn sich dieses nicht nach Anteilen am Grundkapital (§ 60 Abs. 1 AktG), sondern nach geleisteten Einlagen (§ 60 Abs. 2 und 3 AktG) bestimmt (*Hüffer* AktG, § 216 Rn. 7). Im Falle des Stimmrechtes gelten die gleichen Grundsätze; Abs. 1 S. 1 ist jedoch nur relevant, wenn abweichend vom Grundsatz des § 234 Abs. 2 S. 1 AktG das Stimmrecht nicht erst mit vollständiger Einlageleistung beginnt, da es sich ansonsten auch nach der Kapitalerhöhung um teileingezahlte Aktien ohne Stimmrecht handeln würde (*Hüffer* AktG, § 216 Rn. 8; KölnKomm AktG/*Lutter* § 216 Rn. 12).

Die aus den teileingezahlten Aktien bestehenden Rechte erhöhen sich damit um den Prozentsatz, um den sich auch das Grundkapital erhöht hat, so dass eine Verschiebung der Rechte im Verhältnis zueinander verhindert wird. Die Anpassung erfolgt **kraft Gesetzes** mit Wirksamwerden der Kapitalerhöhung. Mit weiterer Einzahlung auf die Einlage erweitern sich die Rechte entsprechend, also nicht nur in Höhe des Einzahlungsbetrages, sondern zusätzlich in Höhe des Prozentsatzes, um den sich das Grundkapital erhöht hat (MüKo AktG/*Volhard* § 216 Rn. 24; *Hüffer* AktG, § 216 Rn. 6 m. w. N.). 6

Der Verweis auf § 271 Abs. 3 AktG stellt klar, dass auch im Falle einer Kapitalerhöhung aus Gesellschaftsmitteln bei Auflösung der AG für den Fall, dass nicht auf alle Aktien die Einlagen in demselben Verhältnis geleistet worden sind, zunächst die geleisteten Einlagen zu erstatten und ein verbleibender Überschuss nach den Anteilen am Grundkapital zu verteilen ist. Der Erhöhungsbetrag ist damit wie eine geleistete Einlage zu behandeln und vorweg zu erstatten (*Hüffer* AktG, § 216 Rn. 9; KölnKomm AktG/*Lutter* § 216 Rn. 17). 7

D. Rechtsbeziehungen zu Dritten und Nebenverpflichtungen der Aktionäre, Abs. 3

I. Rechtsbeziehungen zu Dritten

1. Grundsätzliches

Rechtsbeziehungen zwischen der AG und Dritten, die kapital- oder gewinnabhängige Leistungspflichten zum Inhalt haben, sollen von der Kapitalerhöhung aus Gesellschaftsmitteln nicht beeinträchtigt werden. **Dritte** können nicht nur Außenstehende sein, sondern auch Aktionäre oder Verwaltungsmitglieder, wenn neben der Mitgliedschaft eine rechtsgeschäftlich begründete Beziehung zur AG besteht (MüKo AktG/*Volhard* § 216 Rn. 46; *Hüffer* AktG, § 216 Rn. 10; *Boesebeck* DB 1960, 139). Unerheblich ist, ob die AG Schuldner oder Gläubiger einer Leistungspflicht ist (KölnKomm AktG/*Lutter* § 216 Rn. 18; MünchHdb GesR IV/*Krieger* § 59 Rn. 66). Die Rechtsbeziehung muss zum Zeitpunkt des Wirksamwerdens der Kapitalerhöhung bestehen (MüKo AktG/*Volhard* § 216 Rn. 49; *Hüffer* AktG, § 216 Rn. 10). Erfasst werden insbesondere **Gewinnbeteiligungen**, **Genussrechte** sowie **Gewinn- und Wandelschuldverschreibungen**. 8

2. Anpassung der Leistungspflicht

Abs. 3 S. 1 führt zu einer Anpassung der Leistungspflicht kraft Gesetzes mit Wirksamwerden der Kapitalerhöhung, ohne dass es einer Vertragsänderung durch die Parteien bedarf (MüKo AktG/*Volhard* § 216 Rn. 41; *Hüffer* AktG, § 216 Rn. 11; *Köhler* AG 1984, 197, 198; *Zöllner* ZGR 1986, 288, 290; *Than* WM-Sonderheft 1991, 54, 60; a. A. *Koppensteiner* ZHR 139 (1975), 191, 196). Geschützt werden sollen die Dritten vor einer Schmälerung ihres Vermögens durch Kürzung des Dividendensatzes als Folge der nominellen Kapitalerhöhung, aber auch vor einen bloßen Verwässerung des Dividendensatzes (*Hüffer* AktG, FS Bezzenberger 2000, 191, 192, 197 f.). 9

Abs. 3 S. 1 kann nicht durch Satzung abbedungen werden. Möglich sind aber abweichende Vereinbarungen zwischen der AG und dem betroffenen Dritten (MüKo AktG/*Volhard* § 216 Rn. 43 f.; *Hüffer* AktG, § 216 Rn. 11; *Köhler* AG 1984, 197 f.). 10

3. Einzelfälle

a) Tantiemen

Werden Vorstands- oder Aufsichtsratsmitgliedern oder leitenden Angestellten Gewinnbeteiligungen in Abhängigkeit vom Jahresgewinn gewährt, findet Abs. 3 S. 1 **keine Anwendung**, da der Jahresgewinn durch die Kapitalerhöhung nicht beeinflusst wird. Abweichendes ergibt sich auch nicht aus § 113 Abs. 3 AktG. Als speziellere Norm verdrängt § 113 Abs. 3 AktG nach h. M. § 216 Abs. 3 S. 1 AktG (*Hüffer* AktG, § 216 Rn. 12; MünchHdb GesR IV/*Krieger* § 59 Rn. 65; *Boesebeck* DB 1960, 139; a. A. MüKo AktG/*Volhard* § 216 Rn. 59; KölnKomm AktG/*Lutter* § 216 Rn. 22). Abs. 3 S. 1 ist aber anwendbar, wenn eine Gewinnbeteiligung vereinbart ist, die sich nach der Höhe der Dividende berechnet (*Hüffer* AktG, § 216 Rn. 13 mit Bsp.). 11

b) Anleihen und Genussrechte

12 Auch der wirtschaftliche Inhalt von Wandel- und Optionsanleihen, die den Inhabern das Recht zum Erwerb einer bestimmten Anzahl von Aktien gewähren, wird durch die Kapitalerhöhung aus Gesellschaftsmitteln tangiert, nämlich indem ein unverändertes Erwerbsrecht eine geringere Beteiligungsquote verschaffen würde. Die Anleihebedingungen werden durch Abs. 3 S. 1 dahingehend angepasst, dass sie zum Erwerb weiterer Aktien berechtigen, ohne dass sich der Bezugspreis oder der Anleihebetrag erhöht (MüKo AktG/*Volhard* § 216 Rn. 60; *Hüffer* AktG, § 216 Rn. 14; *Than* WM-Sonderheft 1991, 54, 58). Auch bei Gewinnschuldverschreibungen, die sich nach der Höhe des Dividendensatzes verzinsen, führt Abs. 3 S. 1 zu einer Anpassung der Anleihebedingungen, indem die Verzinsung um den Kapitalerhöhungsfaktor angehoben wird. Gleiches gilt für Genussrechte, sofern ihre Rechte auf den Dividendensatz bezogen sind (*Hüffer* AktG, § 216 Rn. 14; MüKo AktG/*Volhard* § 216 Rn. 67).

c) Sonstiges

13 Abs. 3 S. 1 erfasst auch **Ausgleichszahlungen** nach § 304 AktG, sofern diese sich nach der Dividende berechnen. Auch **partiarische Verträge**, bspw. dividendenabhängige Entgeltvereinbarungen und stille Gesellschaften, werden durch Abs. 3 S. 1 angepasst (*Hüffer* AktG, § 216 Rn. 15; KölnKomm AktG/*Lutter* § 216 Rn. 27).

4. Rechtsbeziehungen zwischen Aktionären und Dritten

14 Die Kapitalerhöhung aus Gesellschaftsmitteln kann auch den wirtschaftlichen Inhalt vertraglicher Beziehungen zwischen Aktionären und Dritten berühren. § 216 Abs. 2 S. 1 AktG ist insoweit nicht anwendbar, da er voraussetzt, dass die AG an der konkreten Rechtsbeziehung beteiligt ist. Mangels ausdrücklicher Vereinbarung für den Fall der Kapitalerhöhung aus Gesellschaftsmitteln ist der Vertrag zwischen Aktionären und Dritten gem. §§ 133, 197 BGB auszulegen, ggf. ist eine Vertragsanpassung gem. § 242 BGB vorzunehmen (MüKo AktG/*Volhard* § 216 Rn. 72; *Hüffer* AktG, § 216 Rn. 16; ähnlich *Geßler* DNotZ 1960, 619, 638).

II. Nebenverpflichtungen

15 Nebenverpflichtungen der Aktionäre (§ 55 AktG) werden gem. Abs. 3 S. 2 in ihrem wirtschaftlichen Inhalt durch die Kapitalerhöhung nicht berührt. Der Gesamtumfang der Nebenverpflichtungen des einzelnen Aktionärs verteilt sich entsprechend anteilig auf seine alten und neuen Aktien (KölnKomm AktG/*Lutter* § 216 Rn. 28; MüKo AktG/*Volhard* § 216 Rn. 75; *Hüffer* AktG, § 216 Rn. 17).

§ 217 Beginn der Gewinnbeteiligung

(1) Neue Aktien nehmen, wenn nichts anderes bestimmt ist, am Gewinn des ganzen Geschäftsjahrs teil, in dem die Erhöhung des Grundkapitals beschlossen worden ist.

(2) [1]Im Beschluß über die Erhöhung des Grundkapitals kann bestimmt werden, daß die neuen Aktien bereits am Gewinn des letzten vor der Beschlußfassung über die Kapitalerhöhung abgelaufenen Geschäftsjahrs teilnehmen. [2]In diesem Fall ist die Erhöhung des Grundkapitals zu beschließen, bevor über die Verwendung des Bilanzgewinns des letzten vor der Beschlußfassung abgelaufenen Geschäftsjahrs Beschluß gefaßt ist. [3]Der Beschluß über die Verwendung des Bilanzgewinns des letzten vor der Beschlußfassung über die Kapitalerhöhung abgelaufenen Geschäftsjahrs wird erst wirksam, wenn das Grundkapital erhöht ist. [4]Der Beschluß über die Erhöhung des Grundkapitals und der Beschluß über die Verwendung des Bilanzgewinns des letzten vor der Beschlußfassung über die Kapitalerhöhung abgelaufenen Geschäftsjahrs sind nichtig, wenn der Beschluß über die Kapitalerhöhung nicht binnen drei Monaten nach der Beschlußfassung in das Handelsregister eingetragen worden ist. [5]Der Lauf der Frist ist ge-

hemmt, solange eine Anfechtungs- oder Nichtigkeitsklage rechtshängig ist oder eine zur Kapitalerhöhung beantragte staatliche Genehmigung noch nicht erteilt ist.

A. Regelfall

§ 217 AktG betrifft den **Zeitpunkt**, ab dem die neuen Aktien am Gewinn der Gesellschaft teilnehmen. Regelt der Kapitalerhöhungsbeschluss nichts, nehmen die neuen Aktien am Gewinn des ganzen Geschäftsjahrs teil, in dem die Erhöhung des Grundkapitals beschlossen worden ist. Unerheblich ist der Zeitpunkt der Eintragung in das Handelsregister (*Hüffer* AktG, § 217 Rn. 2; MüKo AktG/*Volhard* § 217 Rn. 4). 1

B. Spätere Gewinnbeteiligung

Über den Wortlaut von § 217 AktG hinaus kann die Gewinnbeteiligung auf einen späteren Zeitpunkt, als in Abs. 1 bestimmt, verschoben werden, bspw. den Tag der Eintragung des Erhöhungsbeschlusses (§ 211 Abs. 1 AktG) oder den Beginn des folgenden Geschäftsjahres (*Hüffer* AktG, § 217 Rn. 3; MüKo AktG/*Volhard* § 217 Rn. 8 f.). 2

C. Rückwirkende Gewinnberechtigung

Abs. 2 regelt explizit die Festsetzung einer rückwirkenden Gewinnberechtigung. Es kann bestimmt werden, dass die neuen Aktien bereits am Gewinn des letzten vor der Beschlussfassung über die Kapitalerhöhung abgelaufenen Geschäftsjahrs teilnehmen. Voraussetzung ist zwingend, dass der entsprechende Erhöhungsbeschluss dem Hauptversammlungsbeschluss über die Verwendung des Bilanzgewinns (§ 174 AktG) des letzten vor der Beschlussfassung abgelaufenen Geschäftsjahrs vorangeht, so dass bei einer Beschlussfassung in derselben Hauptversammlung die Tagesordnung entsprechend zu gestalten ist. Ein vorhandener Beschluss über die Gewinnverwendung kann nicht aufgehoben oder geändert werden. Ein Verstoß gegen Abs. 2 S. 2 führt i.Zw. nur zur Teilnichtigkeit des Kapitalerhöhungsbeschlusses (*Hüffer* AktG, § 217 Rn. 4; KölnKomm AktG/*Lutter* § 217 Rn. 5, MünchHdb GesR IV/*Krieger* § 59 Rn. 51). Wird nach dem Kapitalerhöhungsbeschluss, aber vor seiner Eintragung ein Beschluss über die Gewinnverwendung gefasst, so hat er die Dividendenzahlung an die neuen Mitgliedsrechte zu berücksichtigen, auch wenn diese erst mit Eintragung des Kapitalerhöhungsbeschlusses entstehen; folglich wird gem. Abs. 2 S. 3 auch der Gewinnverwendungsbeschluss erst mit Eintragung des Kapitalerhöhungsbeschlusses wirksam. 3

Der Kapitalerhöhungsbeschluss muss **innerhalb von drei Monaten** nach Beschlussfassung in das Handelsregister **eingetragen** sein, da ansonsten er und der Beschluss über die Verwendung des Bilanzgewinns des letzten vor der Beschlussfassung abgelaufenen Geschäftsjahrs nichtig sind. Maßgeblich ist der Zeitpunkt der Eintragung des Kapitalerhöhungsbeschlusses, nicht der Anmeldung. Die 3-Monats-Frist berechnet sich gem. §§ 187 Abs. 1, 188 BGB. Sie ist für die Dauer einer gegen die Kapitalerhöhung gerichteten Anfechtungs- oder Nichtigkeitsklage sowie bis zur Erteilung einer zur Kapitalerhöhung beantragten staatlichen Genehmigung i. S. v. § 209 BGB gehemmt (*Hüffer* AktG, § 217 Rn. 5, 6; MüKo AktG/*Volhard* § 217 Rn. 18, 21). Trägt das Registergericht fehlerhafterweise nach Fristablauf ein, ist Heilung gem. § 242 Abs. 3 AktG möglich. Im Falle der Rechtswirkung des Abs. 2 S. 4 hat die Hauptversammlung erneut über die Gewinnverwendung für das letzte Geschäftsjahr zu beschließen (*Hüffer* AktG, § 217 Rn. 6; KölnKomm AktG/*Lutter* § 217 Rn. 9). 4

§ 218 Bedingtes Kapital

[1]Bedingtes Kapital erhöht sich im gleichen Verhältnis wie das Grundkapital. [2]Ist das bedingte Kapital zur Gewährung von Umtauschrechten an Gläubiger von Wandelschuldverschreibungen beschlossen worden, so ist zur Deckung des Unterschieds zwischen dem Ausgabebetrag

der Schuldverschreibungen und dem höheren geringsten Ausgabebetrag der für sie zu gewährenden Bezugsaktien insgesamt eine Sonderrücklage zu bilden, soweit nicht Zuzahlungen der Umtauschberechtigten vereinbart sind.

A. Erhöhung des bedingten Kapitals

1 S. 1 bestimmt, dass sich ein bedingtes Kapital (§ 192 AktG) in Folge der Kapitalerhöhung aus Gesellschaftsmitteln **kraft Gesetzes** ebenfalls erhöht, ohne dass es entsprechender Festsetzungen im Kapitalerhöhungsbeschluss bedarf (*Hüffer* AktG, § 218 Rn. 1 f.; KölnKomm AktG/*Lutter* § 218 Rn. 2; MünchHdb GesR IV/*Krieger* § 59 Rn. 67). Es erhöht sich **im gleichen Verhältnis** wie das Grundkapital. Maßgeblich ist das bedingte Kapital, das zum Zeitpunkt des Wirksamwerdens der Kapitalerhöhung (§ 211 Abs. 1 AktG) besteht, also abzgl bereits ausgeübter Umtausch- oder Bezugsrechte (*Hüffer* AktG, § 218 Rn. 2; KölnKomm AktG/*Lutter* § 218 Rn. 3). Entstehende Teilrechte sind gem. § 213 AktG zu behandeln (ausführl. KölnKomm AktG/*Lutter* § 218 Rn. 3; MüKo AktG/*Volhard* § 218 Rn. 6).

2 Mit der Anpassung des bedingten Kapitals werden der **Satzungstext** und das **Handelsregister unrichtig** und sind zu berichtigen. Der Berichtigungsantrag ist unter Beachtung der Form des § 12 HGB gleichzeitig mit der Anmeldung des Kapitalerhöhungsbeschlusses zu stellen, und zwar durch den Vorstand in vertretungsberechtigter Zahl (*Hüffer* AktG, § 218 Rn. 3; KölnKomm AktG/*Lutter* § 218 Rn. 4).

3 Eine analoge Anwendung von § 218 AktG auf das genehmigte Kapital ist nicht geboten. Die Hauptversammlung kann aber im Zuge der Kapitalerhöhung aus Gesellschaftsmitteln durch satzungsändernden Beschluss auch das genehmigte Kapital erhöhen (*Hüffer* AktG, § 218 Rn. 8).

B. Sonderrücklage bei Wandelschuldverschreibungen

4 Wurde das bedingte Kapital beschlossen, um Gläubigern von Wandelschuldverschreibungen Umtausch- oder Bezugsrechte zu gewähren (§ 192 Abs. 2 Nr. 1 AktG), kann sich eine **Pflicht zur Bildung einer Sonderrücklage** gem. § 218 S. 2 AktG ergeben.

5 Der Begriff der **Wandelschuldverschreibung** erfasst die Wandelanleihe i. S. v. §§ 221 Abs. 1 S. 1, 192 Abs. 2 Nr. 1 AktG und seinem Sinn und Zweck nach auch andere Anleihen, die ein Umtauschrecht gewähren. Eine analoge Anwendung ist aber auch auf Optionsanleihen geboten, wenn der auf die Bezugsaktien vereinbarungsgemäß zu zahlende Betrag unter dem Gesamtnennbetrag der nach Durchführung der Kapitalerhöhung aus Gesellschaftsmitteln zu gewährenden Bezugsaktien liegt, da in diesem Fall ebenfalls eine nach § 9 Abs. 1 AktG verbotene Unter-pari-Emission droht (*Hüffer* AktG, § 218 Rn. 7; KölnKomm AktG/*Lutter* § 218 Rn. 7).

6 Die Sonderrücklage ist zu bilden, wenn die Ausgabe der Bezugsaktien eine **Unter-pari-Emission** darstellt, weil der insgesamt auf sie entfallende geringste Ausgabebetrag höher ist als der Ausgabebetrag der Schuldverschreibungen. Durch die Sonderrücklage sollen die **Kapitalgrundlagen gesichert** werden. Zu vergleichen ist der maßgebliche Gesamtnennbetrag (§ 8 Abs. 2 AktG) oder das maßgebliche Produkt aus anteiligen Beträgen und Aktienzahl (§ 8 Abs. 3 AktG) mit dem Betrag, zu dem die Schuldverschreibungen tatsächlich ausgegeben worden sind oder werden sollen. Soweit sich eine Differenz zu Lasten der Aktien ergibt, die gerade durch die Kapitalerhöhung aus Gesellschaftsmitteln verursacht ist, greift § 218 S. 2 AktG (*Hüffer* AktG, § 218 Rn. 5 mit Bsp.; MünchHdb GesR IV/*Krieger* § 59 Rn. 68). Die Bildung einer Sonderrücklage ist hingegen dann nicht geboten, wenn der geringste Ausgabebetrag der Bezugsaktien insgesamt trotz Vertragsanpassungen gem. § 216 Abs. 3 S. 1 AktG das betragsmäßige Volumen der Anleihe deckt (MüKo AktG/*Volhard* § 218 Rn. 12; KölnKomm AktG/*Lutter* § 218 Rn. 5; *Hüffer* AktG, § 218 Rn. 5).

7 Die Sonderrücklage ist nicht bereits in der Bilanz, die der Kapitalerhöhung zugrunde liegt (§ 207 AktG), zu bilden, sondern im Zeitpunkt der Beschlussfassung zu buchen mit Ausweis in der Bi-

lanz des nächsten Jahresabschlusses (*Hüffer* AktG, § 218 Rn. 6; MüKo AktG/*Volhard* § 218 Rn. 19; MünchHdb GesR IV/*Krieger* § 59 Rn. 68).

§ 219 Verbotene Ausgabe von Aktien und Zwischenscheinen

Vor der Eintragung des Beschlusses über die Erhöhung des Grundkapitals in das Handelsregister dürfen neue Aktien und Zwischenscheine nicht ausgegeben werden.

A. Verbotene Ausgabe

§ 219 AktG verbietet zum **Schutz der Aktienerwerber vor Schwindelemissionen** die Ausgabe von neuen Aktien und Zwischenscheinen vor Eintragung des Erhöhungsbeschlusses im Handelsregister, da erst mit der Eintragung die Mitgliedsrechte entstehen (*Hüffer* AktG, § 219 Rn. 1 f.). Vor der Eintragung ausgegebene Aktienurkunden können damit kein Mitgliedsrecht verbriefen (KölnKomm AktG/*Lutter* § 219 Rn. 3; MüKo AktG/*Volhard* § 219 Rn. 7; a. A. *Geßler* BB 1960, 6, 9). Die nachfolgende Eintragung hat aber nach h. M. abweichend von §§ 191, 197, 203 Abs. 1 S. 1 AktG **heilende Wirkung**, weil bei der Kapitalerhöhung aus Gesellschaftsmitteln der Gegenwert der Aktien sich bereits im Gesellschaftsvermögen befindet (*Hüffer* AktG, § 219 Rn. 2; KölnKomm AktG/*Lutter* § 219 Rn. 2; MüKo AktG/*Volhard* § 219 Rn. 6 f.). 1

B. Übertragung von Mitgliedsrechten

Anders als §§ 191 S. 1, 203 Abs. 1 S. 1 AktG verbietet § 219 AktG nicht die Übertragung des künftigen Mitgliedsrechts vor Eintragung. Die Eintragung des Mitgliedsrechts, das unter Bezugnahme auf den beabsichtigten oder erfolgten Erhöhungsbeschluss konkretisiert wird, **erfolgt gem. §§ 398, 413 BGB**. Mit der Eintragung des Erhöhungsbeschlusses entsteht das Mitgliedsrecht in der Person des Erwerbers (*Hüffer* AktG, § 219 Rn. 3; KölnKomm AktG/*Lutter* § 219 Rn. 5; MünchHdb GesR IV/*Krieger* § 59 Rn. 70). Ein gutgläubiger Erwerb scheidet jedoch aus (*Hüffer* AktG, § 219 Rn. 3). 2

C. Rechtsfolgen bei Verstoß

Anders als §§ 191 S. 3, 197 S. 4 AktG ordnet § 219 AktG nicht ausdrücklich die Schadensausgleichspflicht bei Verstößen an. **Schadensersatzansprüche** können sich aber aus § 823 Abs. 2 BGB (MüKo AktG/*Volhard* § 219 Rn. 13; nach a. A. analog §§ 191 S. 3, 197 S. 4, 203 Abs. 1 S. 1 AktG, vgl. *Hüffer* AktG, § 219 Rn. 4) ergeben. Zum Teil wird auch angenommen, es bestehe ein Schadensersatzanspruch gegen die AG, die ihrerseits Rückgriff bei den Verwaltungsmitgliedern gem. §§ 93, 116 AktG nehmen kann (KölnKomm AktG/*Lutter* § 219 Rn. 7). 3

§ 220 Wertansätze

[1]Als Anschaffungskosten der vor der Erhöhung des Grundkapitals erworbenen Aktien und der auf sie entfallenen neuen Aktien gelten die Beträge, die sich für die einzelnen Aktien ergeben, wenn die Anschaffungskosten der vor der Erhöhung des Grundkapitals erworbenen Aktien auf diese und auf die auf sie entfallenen neuen Aktien nach dem Verhältnis der Anteile am Grundkapital verteilt werden. [2]Der Zuwachs an Aktien ist nicht als Zugang auszuweisen.

A. Regelungsgegenstand und -zweck

§ 220 AktG regelt in Ergänzung der §§ 252 ff. HGB die **bilanzielle Behandlung** der durch Kapitalerhöhung aus Gesellschaftsmitteln neu entstandenen Mitgliedsrechte und richtet sich an den Aktieninhaber, der die Aktien als Betriebsvermögen hält und gem. § 242 Abs. 1 HGB zur Aufstel- 1 lung eines Jahresabschlusses verpflicht ist (*Hüffer* AktG, § 220 Rn. 1). § 220 AktG setzt voraus, dass die Kapitalerhöhung durch Ausgabe neuer Aktien erfolgt. Werden keine neuen Aktien ausgegeben (§§ 207 Abs. 2 S. 1, 215 Abs. 2 S. 2 und 3 AktG), geht die Vorschrift ins Leere, da ohnehin die bisherige von den Anschaffungskosten ausgehende Aktivierung beizubehalten ist (KölnKomm AktG/*Lutter* § 220 Rn. 3; *Hüffer* AktG, § 220 Rn. 5).

B. Bilanzierung der neuen Aktien

2 Aktien sind in der Bilanz des Aktionärs **als Anlagevermögen** (§ 266 Abs. 2 A HGB) zu aktivieren und gem. §§ 253 Abs. 1 S. 1, 255 Abs. 1 HGB mit den **Anschaffungskosten** anzusetzen. Die neuen Aktien aus Kapitalerhöhung aus Gesellschaftsmitteln sind zu bilanzieren, indem die Anschaffungskosten der alten Aktien verhältnismäßig auf alte und neue Aktien verteilt werden, wobei sich das Verhältnis nach den Anteilen bestimmt, die alte und neue Aktien am Grundkapital haben (*Hüffer* AktG, § 220 Rn. 2). Maßgeblich ist der in der Bilanz ausgewiesene Betrag, so dass auch Minderungen durch außerplanmäßige Abschreibungen der tatsächlichen Anschaffungskosten zu berücksichtigen sind (KölnKomm AktG/*Lutter* § 220 Rn. 2; MüKo AktG/*Volhard* § 220 Rn. 5; *Börnstein* DB 1960, 216, 217). Wurden die alten Aktien mit unterschiedlichen Anschaffungskosten bilanziert, werden die neuen Aktien anteilig umgelegt (*Hüffer* AktG, § 220 Rn. 2).

3 Für **Teilrechte** gelten diese Bilanzierungsgrundsätze entsprechend. Verkauft der Aktionär Teilrechte, sinkt der Bilanzwert entsprechend. Beim Hinzukauf sind die Erwerbskosten als Anschaffungskosten der betroffenen (erhöhten) Aktie zu verbuchen (MüKo AktG/*Volhard* § 220 Rn. 11; *Hüffer* AktG, § 220 Rn. 3; KölnKomm AktG/*Lutter* § 220 Rn. 5; *Geßler* WM 1960, Beilage 1, 11, 22).

4 Gem. S. 2 sind die neuen Aktien aus Kapitalerhöhung aus Gesellschaftsmitteln nicht als Zugang auszuweisen. Die Vorschrift bezieht sich auf § 268 Abs. 2 S. 1 HGB (*Hüffer* AktG, § 220 Rn. 4).

Fünfter Unterabschnitt.
Wandelschuldverschreibungen. Gewinnschuldverschreibungen

§ 221

(1) [1]Schuldverschreibungen, bei denen den Gläubigern ein Umtausch- oder Bezugsrecht auf Aktien eingeräumt wird (Wandelschuldverschreibungen), und Schuldverschreibungen, bei denen die Rechte der Gläubiger mit Gewinnanteilen von Aktionären in Verbindung gebracht werden (Gewinnschuldverschreibungen), dürfen nur auf Grund eines Beschlusses der Hauptversammlung ausgegeben werden. [2]Der Beschluß bedarf einer Mehrheit, die mindestens drei Viertel des bei der Beschlußfassung vertretenen Grundkapitals umfaßt. [3]Die Satzung kann eine andere Kapitalmehrheit und weitere Erfordernisse bestimmen. § 182 Abs. 2 gilt.

(2) [1]Eine Ermächtigung des Vorstandes zur Ausgabe von Wandelschuldverschreibungen kann höchstens für fünf Jahre erteilt werden. [2]Der Vorstand und der Vorsitzende des Aufsichtsrats haben den Beschluß über die Ausgabe der Wandelschuldverschreibungen sowie eine Erklärung über deren Ausgabe beim Handelsregister zu hinterlegen. [3]Ein Hinweis auf den Beschluß und die Erklärung ist in den Gesellschaftsblättern bekanntzumachen.

(3) Absatz 1 gilt sinngemäß für die Gewährung von Genußrechten.

(4) [1]Auf Wandelschuldverschreibungen, Gewinnschuldverschreibungen und Genußrechte haben die Aktionäre ein Bezugsrecht. [2]Die §§ 186 und 193 Abs. 2 Nr. 4 gelten sinngemäß.

Übersicht:

A. Wandel- und Gewinnschuldverschreibungen, Abs. 1 und 2

I. Anwendungsbereich

Abs. 1 und 2 AktG betreffen die Ausgabe von Schuldverschreibungen i. S. v. § 793 Abs. 1 BGB, erfassen ihrem Wortlaut nach aber nur Wandel- und Gewinnschuldverschreibungen. 1

1. Wandelschuldverschreibungen

Die Wandelschuldverschreibung wird von Abs. 1 S. 1 **legaldefiniert** als Schuldverschreibung, bei der den Gläubigern ein Umtausch- oder Bezugsrecht auf Aktien eingeräumt wird. Umfasst sind damit **Wandelanleihen** im engeren Sinne, die ein Umtauschrecht gewähren, sowie **Optionsanleihen**, die ein Bezugsrecht gewähren (*Hüffer* AktG, § 221 Rn. 3; MüKo AktG/*Habersack* § 221 Rn. 24; MünchHdb GesR IV/*Krieger* § 63 Rn. 4; *Schlitt/Seiler/Singhof* AG 2003, 254 f.). Schuldverschreibungen, die kein Umtausch- oder Bezugsrecht einräumen (sog. **Industrieobligationen**) werden von Abs. 1 nicht erfasst und können vom Vorstand ohne Zustimmung der Hauptversammlung nach Maßgabe der §§ 793 ff. BGB ausgegeben werden (KölnKomm AktG/*Lutter* § 221 Rn. 5; *Hüffer* AktG, § 221 Rn. 3). 2

a) Wandelanleihen

Wandelanleihen im engeren Sinne sind Schuldverschreibungen, die dem Gläubiger das Recht gewähren, seinen Anspruch auf Rückzahlung des Nennbetrags gegen eine bestimmte Zahl Aktien einzutauschen. Es handelt sich hierbei um eine **Ersetzungsbefugnis** (MüKo AktG/*Habersack* § 221 Rn. 30; *Hüffer* AktG, § 221 Rn. 4; *Meyer* BB 1955, 549; zum Begriff der Ersetzungsbefugnis Palandt/*Heinrichs* § 262 Rn. 7 ff.). Die Ersetzungsbefugnis wird durch **einseitige empfangsbedürftige Willenserklärung** ausgeübt, wodurch ein Anspruch auf Abschluss eines Zeichnungs- 3 vertrages entsteht. Die Gestaltungserklärung enthält gleichzeitig die Umtauscherklärung sowie häufig auch die Annahme des Zeichnungsvertrages (MüKo AktG/*Habersack* § 221 Rn. 225; *Hüffer* AktG, § 221 Rn. 5). Das Rechtsverhältnis zwischen Gläubiger und AG wird regelmäßig durch Anleihebedingungen näher ausgestaltet (vgl. hierzu MünchHdb GesR IV/*Krieger* § 63 Rn. 4 mit Bsp.).

b) Optionsanleihen

4 Bei Optionsanleihen handelt es sich ebenfalls um Schuldverschreibungen, die aber dem Gläubiger neben dem Recht auf Rückzahlung des Nennbetrags nach Ablauf der Laufzeit sowie auf Verzinsung das Recht einräumen, innerhalb eines bestimmten Zeitraums zu einem festgelegten Entgelt eine bestimmte Anzahl von Aktien zu erwerben (MüKo AktG/*Habersack* § 221 Rn. 31; *Hüffer* AktG, § 221 Rn. 6; KölnKomm AktG/*Lutter* § 221 Rn. 148). Üblicherweise berechtigt die Option zum **Erwerb von Stammaktien**, möglich ist aber auch das Recht zum Bezug besonderer Aktiengattungen (*Hüffer* AktG, § 221 Rn. 6; MünchHdb GesR IV/*Krieger* § 63 Rn. 4). Auch das Rechtsverhältnis aus den Optionsanleihen ist regelmäßig näher in den Anleihebedingungen ausgestaltet (MünchHdb GesR IV/*Krieger* § 63 Rn. 4 mit Bsp; *Schumann*, Optionsanleihen, 1990, 51 ff.). Das Bezugsrecht wird i. d. R. in **besonderen Optionsscheinen** verbrieft.

5 Das Bezugsrecht gewährt einen **Anspruch gegen die AG** auf Abschluss eines Zeichnungsvertrages, der durch Bezugserklärung und korrespondierende Willenserklärung der AG zustande kommt. I. d. R. sind die Anleihebedingungen bereits derart ausgestaltet, dass sie als befristetes Angebot ausgelegt werden können, so dass in der Ausübung der Option die **Annahme des Zeichnungsvertrages** liegt (MüKo AktG/*Habersack* § 221 Rn. 223; MünchHdb GesR IV/*Krieger* § 57 Rn. 32; *Schumann*, Optionsanleihen, 21 f.; abw. *Martens* FS Stimpel 1985, 621).

2. Gewinnschuldverschreibungen

6 Bei Gewinnschuldverschreibungen handelt es sich um Schuldverschreibungen, die zusätzlich zum Rückzahlungsanspruch Rechte verbriefen, die mit Gewinnanteilen von Aktionären in Verbindung gebracht werden, bspw. indem die Höhe der Verzinsung des Nennbetrages sich nach der Höhe des Dividendensatzes bemisst (*Hüffer* AktG, § 221 Rn. 8). Weitere Beispiele sind die Verknüpfung mit Dividendensätzen einer oder mehrerer anderer Konzerngesellschaften (RGZ 118, 152, 155; vgl. auch MüKo AktG/*Habersack* § 221 Rn. 56; *Hüffer* AktG, § 221 Rn. 8). Zulässig ist auch eine Gewinnschuldverschreibung mit einer Zusatzverzinsung, bei der neben einer festen Verzinsung eine dividendenabhängige Zusatzzahlung erfolgt (*Hüffer* AktG, § 221 Rn. 8). Zur Zulässigkeit bloß gewinnabhängiger Gewinnschuldverschreibungen vgl. Rn. 27 ff. Gewinnschuldverschreibungen können mit Umtausch- oder Bezugsrechten kombiniert werden (*Hüffer* AktG, § 221 Rn. 8).

II. Hauptversammlungsbeschluss

7 Wandel- und Optionsanleihen sowie Gewinnschuldverschreibungen dürfen nur aufgrund eines Hauptversammlungsbeschlusses ausgegeben werden. Dieser ist als **Billigung einer Geschäftsführungsmaßnahme** zu verstehen und nicht auf Änderung der Satzung gerichtet (MüKo AktG/*Habersack* § 221 Rn. 132; KölnKomm AktG/*Lutter* § 221 Rn. 38; *Hüffer* AktG, § 221 Rn. 9). Die Hauptversammlung kann den Vorstand sowohl ermächtigen als auch verpflichten, Wandelanleihen, Optionsanleihen oder Gewinnschuldverschreibungen auszugeben. Im Falle der Ermächtigung handelt der Vorstand **nach pflichtgemäßem Ermessen** (MüKo AktG/*Habersack* § 221 Rn. 133 ff.; *Hüffer* AktG, § 221 Rn. 9; MünchHdb GesR IV/*Krieger* § 63 Rn. 8; *Georgakopoulos* ZHR 120 (1957), 84, 146).

1. Mehrheit

8 Gem. Abs. 1 S. 2 bedarf der Beschluss über die Ausgabe der Wandel- und Optionsanleihen einer **Mehrheit von mindestens 3/4** des bei der Beschlussfassung vertretenen Grundkapitals. Für die

Berechnung gelten die gleichen Grundsätze wie bei § 179 Abs. 2 S. 1 AktG (vgl. § 179 AktG Rn. 13). Daneben ist die **einfache Stimmenmehrheit** des § 133 Abs. 1 AktG erforderlich (*Hüffer* AktG, § 221 Rn. 14).

Die Satzung kann sowohl eine größere als auch eine geringere Kapitalmehrheit bestimmen. Die **Grenzen der Satzungsautonomie** bestimmen sich nach den gleichen Grundsätzen wie bei § 179 Abs. 2 S. 2 AktG (vgl. § 179 AktG Rn. 15 ff.). Eine entsprechende Satzungsklausel muss deutlich erkennen lassen, dass sie Beschlüsse nach § 221 Abs. 1 AktG erfasst; Satzungsbestimmungen, die sich auf die reguläre Kapitalerhöhung beziehen, sind i. d. R. nicht anwendbar (MüKo AktG/*Habersack* § 221 Rn. 144; *Hüffer* AktG, § 221 Rn. 15; KölnKomm AktG/*Lutter* § 221 Rn. 40). Neben einer anderen Kapitalmehrheit kann die Satzung auch weitere Erfordernisse bestimmen (vgl. hierzu § 179 AktG Rn. 18). 9

Über die Verweisungsnorm in Abs. 1 S. 4 ist darüber hinaus § 182 Abs. 2 AktG anwendbar, so dass bei Vorhandensein mehrerer Aktiengattungen Sonderbeschlüsse (§ 138 AktG) zu fassen sind. 10

2. Bekanntmachung

Der beabsichtigte Hauptversammlungsbeschluss ist gem. § 124 AktG **seinem wesentlichen Inhalt nach**, nicht mit seinem Wortlaut, in der Tagesordnung der Hauptversammlung bekannt zu machen. § 224 Abs. 2 S. 2 AktG gilt nicht, da der Hauptversammlungsbeschluss keine Satzungsänderung ist (KölnKomm AktG/*Lutter* § 221 Rn. 42; *Hüffer* AktG, § 221 Rn. 16). 11

3. Inhalt

Das Gesetz enthält **keine ausdrücklichen Vorgaben** zum Inhalt des Hauptversammlungsbeschlusses. Insoweit ist die Hauptversammlung in ihrer Entscheidung über die Ausgabe von Wandel- und Gewinnschuldverschreibungen an keine inhaltlichen Beschränkungen gebunden. Erforderlich ist nur, dass die Begründung von Wandel- oder Gewinnschuldverschreibungen gewollt ist, ohne dass der Finanzierungsaspekt oder die Begründung von Umtausch- oder Bezugsrechten im Vordergrund stehen muss. Auch die Person der Gläubiger ist beliebig bestimmbar. Schuldverschreibungen können auch zur Bedienung von Stock Options für Vorstandsmitglieder und Arbeitnehmer bereitgestellt werden (OLG Braunschweig AG 1999, 84; OLG Stuttgart AG 1998, 529 f m. w. N.; *Hüffer* AktG, § 221 Rn. 18). Aus dem erforderlichen Regelungsgehalt ergibt sich für den Inhalt des Hauptversammlungsbeschlusses ansonsten Folgendes: 12

a) Notwendiger Inhalt

Anzugeben ist zunächst die **Art der Anleihe** (Wandelanleihe, Optionsanleihe oder Gewinnschuldverschreibung). Darüber hinaus muss der Beschluss festsetzen, ob der **Vorstand zur Durchführung ermächtigt oder verpflichtet** wird. Im Falle der Ermächtigung ist diese unter Beachtung von Abs. 2 S. 1 zu befristen. Auch wenn Abs. 3 für die Gewinnschuldverschreibung nicht ausdrücklich auf Abs. 2 verweist, kann für die Gewinnschuldverschreibung nichts anderes gelten (*Hüffer* AktG, § 221 Rn. 13; MünchHdb GesR IV/*Krieger* § 63 Rn. 45). Die **Frist** ist im Beschluss **konkret zu bestimmen** und beginnt mit der Beschlussfassung (*Hüffer* AktG, § 221 Rn. 13; MünchHdb GesR IV/*Krieger* § 63 Rn. 9). Mangels Fristbestimmung oder im Fall der Überschreitung der gesetzlichen Höchstfrist ist der Beschluss gem. § 241 Nr. 3 AktG nichtig (MüKo AktG/*Habersack* § 221 Rn. 158; *Hüffer* AktG, § 221 Rn. 13; MünchHdb GesR IV/*Krieger* § 63 Rn. 9; abw. KölnKomm AktG/*Lutter* § 221 Rn. 80). Darüber hinaus ist der **Gesamtnennbetrag** der auszugebenden Anleihe – zumindest als Höchstbetrag – festzusetzen (MüKo AktG/*Habersack* § 221 Rn. 155; *Hüffer* AktG, § 221 Rn. 10; *ders.* ZHR 161 (1997), 214, 225). Bei Gewinnschuldverschreibungen muss schließlich die **Gewinnabhängigkeit der Verzinsung** präzisiert werden (s. Rn. 16; *Hüffer* AktG, § 221 Rn. 10). 13

b) Fakultativer Inhalt

14 Die Hauptversammlung kann gem. Abs. 4 S. 1 das **Bezugsrecht** der Aktionäre **ausschließen** (vgl. dazu Rn. 33 ff.). In diesem Fall ist der Bezugsrechtsausschluss gem. Abs. 4 S. 2, § 186 Abs. 3 S. 1 AktG zwingender Beschlussinhalt (str., vgl. *Hüffer* AktG, § 221 Rn. 10). Darüber hinaus ist die Hauptversammlung berechtigt, den konkreten Inhalt der Anleihen, auch Anleihebedingungen, bindend festzusetzen. Mangels Festsetzung hat der Vorstand gem. § 83 Abs. 2 AktG Ergänzungen vorzunehmen (*Hüffer* AktG, § 221 Rn. 10; MüKo AktG/*Habersack*, § 221 Rn. 141). Die Hauptversammlung kann auch die **Ermächtigung des Vorstands** näher ausgestalten, z. B. den Vorstand nur unter dem Vorbehalt der Zustimmung des Aufsichtsrat zur Ausgabe von Anleihen ermächtigen (*Hüffer* AktG, § 221 Rn. 13).

c) Besonderheiten bei Wandel- und Optionsanleihen

15 Die Hauptversammlung ist berechtigt, den Optionspreis unter Beachtung von §§ 9 Abs. 1, 255 Abs. 2 AktG festzusetzen. Sie kann auch das Umtauschverhältnis vorgeben; bei diesem muss der Ausgabebetrag der Wandelanleihe nicht unbedingt den Aktiennennbetrag erreichen, da § 199 Abs. 2 AktG für den notwendigen Ausgleich sorgt (*Hüffer* AktG, § 221 Rn. 11; a. A. MünchHdb GesR IV/*Krieger* § 63 Rn. 9). Darüber hinaus kann die Hauptversammlung den Ausgabebetrag der Anleihe, ihre Laufzeit sowie die Höhe der Zinsen festsetzen. Sie kann die Anleihebedingungen auch vollständig ausgestalten (*Hüffer* AktG, § 221 Rn. 11; MünchHdb GesR IV/*Krieger* § 63 Rn. 9, jeweils mit Bsp.).

d) Besonderheiten bei Gewinnschuldverschreibungen

16 Bei der Ausgabe von Gewinnschuldverschreibungen muss der Beschluss die **Gewinnabhängigkeit des Zinsanspruches konkretisieren**. Die Verzinsung kann sich ausschließlich an der Dividende orientieren oder einen Festzins und einen variablen, dividendengebunden Zusatzzins vorsehen. Denkbar ist die Zusage eines bestimmten Teils des an die Aktionäre ausgeschütteten Dividendenbetrages oder die Bezugnahme auf das Konzernergebnis. Die Hauptversammlung ist ebenfalls berechtigt, den Nennbetrag der Anleihe sowie den Ausgabebetrag festzusetzen. Sie kann die Anleihebedingungen auch teilweise oder insgesamt ausgestalten (*Hüffer* AktG, § 221 Rn. 12).

4. Fehlerhafter Hauptversammlungsbeschluss

17 Die Frage der **Nichtigkeit und Anfechtbarkeit** des Hauptversammlungsbeschlusses richtet sich nach den allgemeinen Vorschriften (§§ 241 ff. AktG). Eine Heilung nach § 242 AktG scheidet mangels Eintragung des Beschlusses in das Handelsregister aus. Ein fehlerhafter Beschluss berührt die Wirksamkeit der ansonsten ordnungsgemäß ausgegebenen Schuldverschreibungen nicht (GroßkommAktG/*Schilling* § 221 Rn. 17; *Hüffer* AktG, § 221 Rn. 19).

5. Hinterlegung und Bekanntmachung

18 Vorstand und Vorsitzender des Aufsichtsrats haben den Hauptversammlungsbeschluss über die Ausgabe der Wandelschuldverschreibungen sowie eine Erklärung über deren Ausgabe beim Handelsregister zu hinterlegen. Der Vorstand muss in vertretungsberechtigter Zahl handeln; unechte Gesamtvertretung (§ 78 Abs. 3 AktG; vgl. dazu auch § 78 Rn. 15 ff.) reicht aus (*Hüffer* AktG, § 221 Rn. 20; MünchHdb GesR IV/*Krieger* § 63 Rn. 12). Der Hauptversammlungsbeschluss ist in notarieller Form gem. § 12 Abs. 2 HGB einzureichen. Die Erklärung über die Ausgabe erfolgt in Schriftform i. S. v. § 126 BGB und kann nicht durch Bevollmächtigte abgegeben werden (MünchHdb GesR IV/*Krieger* § 63 Rn. 12; *Hüffer* AktG, NJW 1979, 1065, 1070). Abs. 2 S. 2 erfasst insoweit nicht auch Gewinnschuldverschreibungen und Genussscheine.

19 Eine **Eintragung** des Beschlusses im Handelsregister **erfolgt nicht** (BT-Drs. 8/1678, 19). Dieserhalb ist der Hinweis auf den Beschluss und die Erklärung in den Gesellschaftsblättern (§ 25 AktG) bekannt zu machen.

B. Genussrechte, Abs. 3

I. Begriff und Rechtsnatur

Der Begriff des Genussrechtes wird im AktG **nicht definiert**. Auch im KWG sowie in den einschlägigen Steuergesetzen findet sich keine Definition. Dieserhalb ist der Begriff anhand des jeweiligen Normzwecks auszulegen (vgl. dazu *Busch* AG 1994, 93, 95 f.; *Gehling* WM 1992, 1093, 1095; *Lutter* ZGR 1993, 291, 307; *Sethe* AG 1993, 293, 298 f.). 20

1. Begriff

§ 221 AktG bezweckt den Schutz der Aktionäre vor wesentlicher Beeinträchtigung ihrer Rechte. Da der Gesetzgeber den Begriff des Genussrechts nicht präzisiert hat, ist die Frage einer Beeinträchtigung nicht ohne weiteres greifbar, so dass die einzelnen Rechtsfolgen (Beschlusserfordernis gem. § 221 Abs. 1 und 3 AktG, Bezugsrecht nach § 221 Abs. 4 AktG) zur vorausgesetzten Beeinträchtigung in Bezug gesetzt werden müssen (BGHZ 120, 141, 145 ff.; *Hüffer* AktG, § 221 Rn. 24). Genussrechte i. S. v. Abs. 3 liegen jedenfalls dann vor, wenn der Berechtigte **vermögensrechtliche Ansprüche gegen die AG** hat, die nach ihrem Inhalt **typische Gesellschafterrechte** sind, also insbesondere Teilnahme am Gewinn und am Liquidationserlös (Genussrechte mit aktienähnlichem Inhalt). Es ist nicht erforderlich, dass das Genussrecht vermögensmäßig wie eine Aktie ausgestaltet wird, sondern es genügt die Verzinsung in Abhängigkeit vom Gewinn oder der Dividende, auch wenn daneben ein Festzins vereinbart ist. Als typische Gesellschafterrechte kommen daneben Rechte in Betracht, die andere vermögenswerte Leistungen zum Inhalt haben, z. B. das Recht, Einrichtungen der AG zu benutzen (*Hüffer* AktG, § 221 Rn. 25; MünchHdb GesR IV/*Krieger* § 63 Rn. 47; *Feddersen/Knauth* S. 17; *Gehling* WM 1992, 1093, 1094; *Hirte* ZIP 1988, 477). Davon zu differenzieren sind Genussrechte mit anderem aktienrechtlich relevanten Gefährdungspotential, insbesondere mit bloß gewinnabhängiger (nicht gewinnorientierter) Verzinsung. Gemeint ist hiermit ein Festzins, der entfällt, soweit bspw. ein Bilanzverlust besteht oder durch Zinszahlung entstehen würde. Auch bei diesen Fallgestaltungen ist ein Genussrecht i. S. v. Abs. 3 anzunehmen (BGHZ 120, 141, 145 ff.; OLG Bremen AG 1992, 268; OLG Düsseldorf AG 1991, 438; MüKo AktG/*Habersack* § 221 Rn. 100; *Hüffer* AktG, § 221 Rn. 25 a; *Busch* AG 1994, 93, 95 f.; *Sethe* AG 1993, 293, 298 f.; a. A. *Lutter* ZGR 1993, 291, 303 ff.; *Gehling* WM 1992, 1093, 1094 f.). 21

2. Rechtsnatur

Genussrechte begründen **keine Mitgliedschaft**, sondern sind **schuldrechtlicher Natur** (RGZ 83, 295, 298; 115, 227, 230; BGH AG 1959, 138, 139; BGHZ 119, 305, 309 f.; 120, 141, 146 f.; 156, 38, 43). Dieserhalb können den Genussberechtigten auch keine Verwaltungsrechte, insbesondere keine Stimmrechte und Anfechtungsbefugnisse, eingeräumt werden. Zulässig ist lediglich die **Einräumung von Informationsrechten** einschließlich des Rechts zur Teilnahme an der Hauptversammlung ohne Rede- und Antragsrecht (MüKo AktG/*Habersack* § 221 Rn. 119 ff.; *Hüffer* AktG, § 221 Rn. 26; *Lutter* ZGR 1993, 291, 295). 22

Wegen ihrer vertraglichen Natur können Genussrechtsbedingungen nur durch Vertrag zwischen der AG und dem Genussrechtsinhaber geändert werden (RGZ 49, 10, 16; 117, 379, 384 f.; 132, 199, 205 f.; BGHZ 119, 205, 215 f.). Ist Teil der rechtsgeschäftlichen Abrede mit dem Erwerber ein entsprechender Änderungsvorbehalt, so ist auch die Änderung durch Hauptversammlungsbeschluss möglich (RGZ 132, 199, 205 f.; BGHZ 119, 305, 315 f.). Für die Aufhebung von Genussrechten gilt dies entsprechend (*Hüffer* AktG, § 221 Rn. 37). 23

3. Begründung

Nach h. M. handelt es sich bei dem Rechtsgeschäft zur Begründung von Genussrechten um einen **Vertrag sui generis**, der ein **Dauerschuldverhältnis** entstehen lässt (BGHZ 119, 305, 330; OLG Düsseldorf AG 1991, 438, 440). Strittig ist dies allerdings für Genussrechte mit Verlustteilnahme, 24 für die von einem Teil der Literatur eine stille Gesellschaft (§§ 230 ff. HGB) angenommen wird (MüKo AktG/*Habersack* § 221 Rn. 88 ff.; a. A. BGHZ 156, 38, 42 ff.).

25 Genussrechte können in **Genussscheinen** verbrieft werden, die als **Inhaber-, Order- oder Namenspapiere** ausgestaltet werden, aber auch bloße Beweisurkunden sein können. Die Verbriefung ist kein Wirksamkeitserfordernis (MüKo AktG/*Habersack* § 221 Rn. 204; KölnKomm AktG/*Lutter* § 221 Rn. 248 ff.; *Hüffer* AktG, § 221 Rn. 28; *Pougin* FS Oppenhoff 1985, 275, 278).

II. Inhalt

1. Inhaltliche Ausgestaltung

26 Die konkrete Ausgestaltung des Genussrechts ist davon abhängig, welches Recht den Genussrechtsinhabern gewährt werden soll. Geregelt werden können Laufzeit, Kündigung, wertpapierrechtliche Gestaltung und Auskunftsrecht des Genussrechtsinhabers. Bei Einräumung eines Gewinnrechts sind dessen Modalitäten, insbes. die Fälligkeit des Gewinnanspruchs, regelungsbedürftig (*Hüffer* AktG, § 221 Rn. 29; vgl. zu verschiedenen Gestaltungsmöglichkeiten auch *Meilicke* BB 1987, 1609 ff.; *Frantzen*, Genußscheine, 295 ff.).

27 Im Falle der Ausgabe von Genussrechten zur Kapitalbeschaffung sind des Weiteren die Rückzahlungsmodalitäten, eine etwaige Nachzahlungspflicht, eine mögliche Beteiligung am Verlust, die Berechtigung der AG zur Herabsetzung des Genusskapitals bei Herabsetzung des Grundkapitals, Beteiligung am Liquidationserlös, Nachrangigkeit des Anspruchs auf Abfindung bei Liquidation gegenüber anderen Gläubigern und ähnliches zu regeln (*Hüffer* AktG, § 221 Rn. 30; GroßkommAktG/*Schilling* § 221 Rn. 11; MünchHdb GesR IV/*Krieger* § 63 Rn. 52; vgl. auch OLG Düsseldorf AG 1991, 438 f.).

2. Genussrechte mit Eigenkapitalcharakter

28 Die Zulässigkeit von Genussrechten, bei denen das Genusskapital eigenkapitalähnlich ausgestaltet ist, ist strittig. Insoweit ist zunächst problematisch, ob Genussscheine, die aufgrund schuldrechtlicher Ausgestaltung Vorzugsaktien vergleichbar sind, mit §§ 139 ff. AktG vereinbar sind. Diese Frage wird bereits im Grundsatz höchst unterschiedlich beantwortet (**zulässig**: *Hüffer* AktG, § 221 Rn. 34; *Feddersen/Knauth*, 2. Aufl 1992, S. 21 ff.; *Claussen* AG 1985, 77, 78 f.; *Ernst* AG 1967, 75; *Hammen* DB 1988, 2549, 2553; *U. H. Schneider* FS Goerdeler 1987, 511, 513 f.; *Sethe* AG 1993, 293, 307; *Vollmer/Lorch* ZBB 1992, 44, 45; wohl auch OLG Düsseldorf AG 1991, 438, 441; **unzulässig**: MüKo AktG/*Habersack* § 221 Rn. 123 ff., 127 f.; *Habersack* ZHR 155 (1991), 378, 385 f.; *Hirte* ZIP 1988, 477, 478; *Reuter* AG 1985, 104 f.; *Schäfer* WM 1991, 1941).

29 Soweit von einer grundsätzlichen Unzulässigkeit ausgegangen wird, stellt sich die Frage nach der **Grenze zwischen zulässiger und unzulässiger Gestaltung**. Auch insoweit besteht Uneinigkeit. Der BGH verneint eine Sperrwirkung der §§ 139 ff. AktG jedenfalls dann, wenn die Genussrechte nach Ablauf von 20 Jahren kündbar sind und der Ausgabebetrag in der Liquidation den Ansprüchen der Aktionäre aus § 271 AktG vorgeht (BGHZ 119, 305, 311 f.). Im Übrigen ist strittig, ob Genussrechte erst dann der Vorzugsaktie gleichgestellt sind, wenn sie eine ausschließliche dividendenabhängige Teilnahme am Gewinn gewähren, die Rückzahlung der Geldleistung ausgeschlossen und eine Beteiligung am Liquidationserlös vorgesehen ist (so MünchHdb GesR IV/*Krieger* § 63 Rn. 53; *Schäfer* WM 1991, 1941, 1943; vgl. auch OLG Bremen AG 1992, 268), oder ob die Sperrwirkung der §§ 139 ff. AktG bereits dann eingreift, wenn durch Ausgestaltung der Genussrechtsbedingungen das Genusskapital vor Fremdkapital von Verlusten getroffen und als Haftungsmasse zumindest nicht nach freier Entscheidung entzogen werden kann (*Habersack* ZHR 155 (1991), 378, 382; *Hirte* ZIP 1988, 477, 478; dagegen OLG Düsseldorf AG 1991, 438, 439), wobei für Letzteres ausreichen soll, dass das Genusskapital zumindest für einen längeren Zeitraum nicht gekündigt werden kann (*Hirte* ZIP 1988, 477, 478; dagegen OLG Bremen AG 1992, 268). Folgt man der erstgenannten Ansicht, so kann der Eigenkapitalcharakter von Genussrechten dadurch vermieden werden, dass die Genussrechtsinhaber gegenüber den Vorzugsaktionä-

ren besser gestellt werden, bspw. durch Vereinbarung einer – wenn auch nachrangigen – Gläubigerposition (OLG Bremen AG 1992, 268; MünchHdb GesR IV/*Krieger* § 63 Rn. 53).

3. Inhaltskontrolle

Grenzen für die Ausgestaltung von Genussrechtsbedingungen ergeben sich aus §§ 134, 138 BGB. 30
Da Genussrechtsbedingungen nur ausnahmsweise zwischen den Vertragsparteien ausgehandelt werden, sondern i. d. R. von der AG vorformuliert vorgegeben werden und für eine Vielzahl von Verträgen verwendet werden, findet darüber hinaus üblicherweise eine AGB-Kontrolle nach §§ 305 ff. BGB statt (BGHZ 119, 305, 312 ff.; OLG Düsseldorf AG 1991, 438, 439 f.; *Hopt* FS Steindorff 1990, 341, 364 ff.; vgl. auch BT-Drs. 7/3919, 18; a. A. Bundschuh/Hadding/Schneider/*Reusch* S. 21, 24; *Vollmer/Lorch* ZBB 1992, 44, 48).

III. Hauptversammlungsbeschluss

Der Verweis in Abs. 3 führt zur Erforderlichkeit eines Hauptversammlungsbeschlusses für die 31
Gewährung von Genussrechten. Insoweit gelten die oben dargestellten Grundsätze (Rn. 7 ff.).

C. Bezugsrecht der Aktionäre, Abs. 4

I. Gesetzliches Bezugsrecht

Bei der Ausgabe von Wandel- und Gewinnschuldverschreibungen sowie Genussrechten haben 32
die Aktionäre gem. Abs. 4 S. 1 ein gesetzliches Bezugsrecht, das sie gegen Beeinträchtigungen ihrer Rechte schützt. Das Bezugsrecht steht nicht den Inhabern zuvor ausgegebener Wandel- oder Gewinnschuldverschreibungen oder Genussrechtsinhabern zu. Maßgeblich ist die **Mitgliedschaft im Zeitpunkt der Beschlussfassung**. Auf die Aktiengattung kommt es nicht an (MüKo AktG/*Habersack* § 221 Rn. 164). Der AG steht aus eigenen Aktien gem. § 71 b AktG kein Bezugsrecht zu (*Hüffer* AktG, § 221 Rn. 38). Ein hiervon zu unterscheidender konkreter Bezugsanspruch entsteht mit dem Hauptversammlungsbeschluss, wenn der Vorstand zur Ausgabe verpflichtet ist, ansonsten mit dem Vorstandsbeschluss über die Ausgabe.

II. Bezugsrechtsausschluss

1. Formalia

a) Hauptversammlungsbeschluss

Der Verweis in Abs. 4 S. 2 auf § 136 Abs. 3 AktG ermöglicht, das Bezugsrecht der Aktionäre **ganz** 33
oder teilweise auszuschließen. Über den Bezugsrechtsausschluss entscheidet die Hauptversammlung entweder selbst im Beschluss, gleich ob sie den Vorstand zur Ausgabe der Anleihen berechtigt oder verpflichtet; oder sie ermächtigt den Vorstand zum Bezugsrechtsausschluss (OLG München AG 1991, 210, 211; AG 1994, 372, 373; LG Frankfurt WM 1990, 1745 f.; LG München I AG 1991, 73). Abs. 4 S. 2 erklärt § 186 AktG insgesamt für sinngemäß anwendbar, so dass die formellen Voraussetzungen des § 186 Abs. 3 und 4 AktG zu beachten sind. Entsprechend muss der Bezugsrechtsausschluss Bestandteil des Beschlusses oder der entsprechenden Ermächtigung des Vorstands sein (OLG Schleswig AG 2003, 48, 49; MüKo AktG/*Habersack* § 221 Rn. 40; a. A. für Optionsanleihen *Groß* AG 1991, 201, 204 f.).

b) Vorstandsbericht

Darüber hinaus hat der Vorstand einen Bericht über den Grund des Bezugsrechtsausschlusses 34
gem. § 186 Abs. 4 S. 2 AktG vorzulegen, in dem bei Ausgabe von Wandel- oder Optionsanleihen **umfassend und konkret** die Tatsachen mitgeteilt werden müssen, die für die materielle Rechtfertigung des Bezugsrechtsausschlusses (Rn. 41 ff.) entscheidend sind, und müssen die Wertungen und Abwägungen des Vorstands enthalten sein (OLG Frankfurt AG 1992, 271; OLG München AG 1991, 210, 211; AG 1994, 372, 374; LG Frankfurt/Main WM 1990, 1745, 1747 f.; LG München I AG 1991, 73 f.). Ob dies auch für Gewinnschuldverschreibungen und Genussrechte

gilt, hängt davon ab, welche materiellen Anforderungen bei ihnen an den Bezugsrechtsausschluss gestellt werden (Rn. 44). Nach zutr. Auffassung genügt es, wenn im Bericht »das Ziel der Ausgabe und der Rahmen für die Festsetzung des Ausgabekurses abgesteckt« werden (OLG Bremen AG 1992, 268, 270; LG Bremen AG 1992, 37). Darüber hinaus hat der Bericht den vorgeschlagenen Ausgabebetrag zu begründen, so dass die wesentlichen Konditionen darzulegen sind, zu denen die Wandel- und Optionsanleihen, Gewinnschuldverschreibungen und Genussrechte ausgegeben werden sollen.

35 Wird der Vorstand **lediglich zur Ausgabe ermächtigt**, muss der Bericht wie beim genehmigten Kapital nur Angaben dazu enthalten, wenn der Ermächtigungsbeschluss bereits die Ausgabekonditionen regelt (LG Bremen AG 1992, 37; vgl. auch *Hüffer* AktG, § 221 Rn. 41). Sollen **Stock Options** für Vorstandsmitglieder gem. § 192 Abs. 2 Nr. 1 AktG ausgegeben werden, muss der Bericht auch erläutern, weshalb das Programm in seiner konkreten Ausformung die angestrebte Steigerung des Unternehmenswertes erwarten lässt (*Baums* FS Claussen 1997, 3, 42; *Hüffer* AktG, ZHR 161 (1997), 214, 229 f.).

36 Der Bericht muss während der Hauptversammlung ausliegen und ist darüber hinaus entsprechend § 175 Abs. 2 AktG von der Einberufung der Hauptversammlung an in den Geschäftsräumen **auszulegen**; ist jedem Aktionär auf Verlangen eine **Abschrift** zu übersenden (vgl. dazu ausführl. § 175 Rn. 6 ff.). Ob dies auch bei der Ausgabe von Genussrechten gilt, ist strittig (so *Hüffer* AktG, § 221 Rn. 41; a. A. OLG Bremen AG 1992, 268, 270).

37 Genügt der Bericht den Anforderungen nicht, so ist der Beschluss **anfechtbar**. Eine Nachbesserung durch mündliche Erläuterung in der Hauptversammlung ist wegen des Schriftformerfordernisses nicht möglich (LG Frankfurt WM 1990, 1745, 1747 f.).

c) Weitere anwendbare Vorschriften

38 Über den Verweis in Abs. 4 S. 2 hinaus ist zum Schutz des gesetzlichen Bezugsrechts auch **§ 187 AktG** entsprechend anwendbar (MüKo AktG/*Habersack* § 221 Rn. 168; *Hüffer* AktG, § 221 Rn. 46; MünchHdb GesR IV/*Krieger* § 63 Rn. 13). Darüber hinaus erklärt Abs. 4 S. 2 für den Fall von Stock Options auch **§ 193 Abs. 2 Nr. 4 AktG** für sinngemäß anwendbar, so dass die Hauptversammlung auch mit den Eckpunkten von Optionsprogrammen zu befassen ist, wenn solche Programme an Wandelschuldverschreibungen oder ähnliche Finanzinstrumente geknüpft werden; des Weiteren scheiden Aufsichtsratsmitglieder als Bezugsberechtigte aus (RegBegr. BT-Drs. 3/05, 52).

d) Beschlussmängel

39 Eine Teilanfechtung des Bezugsrechtsausschlusses scheidet aus, wenn der Vorstand die Ausgabe nach der Beschlusslage entweder unter Bezugsrechtsausschluss vorzunehmen oder das Ganze zu lassen hat oder wenn sich eine ihm erteilte Ermächtigung auf die Emission, nicht aber auf den Ausschluss des Bezugsrechts bezieht (LG Braunschweig AG 1993, 194; vgl. auch *Hüffer* AktG, § 221 Rn. 44; MüKo AktG/*Habersack* § 221 Rn. 195). Enthält der Hauptversammlungsbeschluss lediglich eine Ermächtigung zum Bezugsrechtsausschluss, kommt Teilanfechtung nach den Grundsätzen in § 139 BGB in Betracht (OLG München AG 1991, 210, 212; OLG München AG 1994, 372, 374 f.; LG Frankfurt WM 1990, 1745, 1748; vgl. auch § 203 AktG Rn. 19).

e) Mittelbares Bezugsrecht

40 Da Abs. 4 S. 2 auch auf § 186 Abs. 5 AktG verweist, handelt es sich nicht um einen Fall des Bezugsrechts, wenn den Aktionären die Anleihen oder Genussrechte im Wege des mittelbaren Bezugsrechts angeboten werden. Das mittelbare Bezugsrecht muss bereits im Ausgabebeschluss festgesetzt sein. Zum Inhalt des Ausgabebeschlusses und zur Durchführung des mittelbaren Bezugsrechts gelten die Erläuterungen zu § 186 Abs. 5 AktG entsprechend (vgl. § 186 AktG Rn. 34 ff.).

2. Materielle Rechtfertigung

a) Wandel- und Optionsanleihen

Für den Ausschluss des Bezugsrechts im Rahmen der Ausgabe von Wandel- und Optionsanleihen bedarf es einer **sachlichen Rechtfertigung** wie bei der Kapitalerhöhung (OLG München AG 1991, 210, 211; LG München I AG 1191, 73, 74 f.; vgl. auch § 186 AktG Rn. 15 ff.), weil diese Anleihen auch das Recht zum Erwerb von Mitgliedsrechten gewähren und damit (mittelbar) wie neue Aktien in die bestehenden Aktionärsrechte eingreifen. Bei der Ausgabe von **Stock Options** gem. § 192 Abs. 2 Nr. 1 AktG ist das Gesellschaftsinteresse zu bejahen, desgleichen Eignung, Erforderlichkeit und Verhältnismäßigkeit, wenn die Zielsetzung erreicht werden kann und das Emissionsvolumen keine unnötige Verwässerung befürchten lässt (OLG Braunschweig AG 1999, 84, 86 ff.; OLG Stuttgart AG 1998, 529, 530 ff.; LG Frankfurt/Main AG 197, 185, 186 f.; LG Stuttgart AG 1998, 41, 43; teilw. weitergehend *Baums* FS Claussen 1997, 3, 40 ff.). 41

Bei einem **Ausgabebetrag** in der Nähe des **Börsenpreises** ist § 186 Abs. 3 S. 4 AktG über die Verweisungsvorschrift des Abs. 4 S. 2 jedenfalls im Ansatz zu bejahen (*Baums*, Bericht der RegKomm Corp. Gov., Rn. 21; *Groß* DB 1994, 2431, 2435). Die Voraussetzungen werden jedoch i. d. R. bei Wandel- und Optionsanleihen oder Genussrechten nicht erfüllt sein, so dass die Rechtfertigung durch das Preisargument ausscheidet (AusschussBegr. BT-Drs. 12/7848, 17; vgl. aber auch OLG Braunschweig AG 1999, 84, 85; *Busch* AG 1999, 58, 59 ff.). 42

Ob der Bezugsrechtsausschluss sachlich gerechtfertigt ist, unterliegt **eingeschränkter richterlicher Prüfung** (vgl. auch LG Bremen AG 1992, 37 f.). 43

b) Gewinnschuldverschreibungen und Genussrechte

Bei der Ausgabe von Genussrechten ist das Erfordernis sachlicher Rechtfertigung und der Umfang einer solchen strittig, weil wegen des Inhalts der Genussrechte ein Eingriff in die mitgliedschaftliche Stellung der Altaktionäre, insbes. das Stimmrecht, ausscheidet. Da dennoch, je nach Ausgestaltung des Genussrechts, Aktionärsrechte betroffen sein können, sollte das Erfordernis und der Umfang sachlicher Rechtfertigung vom jeweiligen Inhalt des Genussrechts abhängig gemacht werden (BGHZ 120, 141, 146 ff.; ähnlich OLG Bremen AG 1992, 268, 269 f.; MüKo AktG/*Habersack* § 221 Rn. 186 f.; *Hüffer* AktG, § 221 Rn. 43; MünchHdb GesR IV/*Krieger* § 63 Rn. 55; a. A. LG Bremen AG 1992, 37 f.; *Hirte* ZIP 1988, 477, 486). Für Gewinnschuldverschreibungen gilt dies entsprechend(MüKo AktG/*Habersack* § 221 Rn. 186 f.; *Hüffer* AktG, § 221 Rn. 43). Der Bezugsrechtsausschluss darf in keinem Fall gegen § 53 a AktG verstoßen (BGHZ 120, 141, 150 ff.; OLG Bremen AG 1992, 268, 269). 44

D. Ausgabe und Wandlung

I. Ausgabe von Anleihen und Gewährung von Genussrechten

1. Ausgabe

Durch den Hauptversammlungsbeschluss wird der Vorstand legitimiert, Wandelanleihen, Optionsanleihen und Gewinnschuldverschreibungen auszugeben bzw. Genussrechte zu gewähren. Begründet werden die Rechte durch **Rechtsgeschäfte zwischen der AG und Dritten**. Auch Genussrechte werden durch Vertrag zwischen der AG und Dritten vereinbart (RGZ 132, 199, 206). Vertreten wird die AG durch den Vorstand (§ 78 AktG). Die Rechte werden üblicherweise in **Inhaberschuldverschreibungen** (§ 793 AktG) verbrieft. Bei der Wandelanleihe werden der Zahlungsanspruch und das Umtauschrecht notwendig in einer Urkunde verbrieft (MüKo AktG/*Habersack* § 221 Rn. 203; *Hüffer* AktG, § 221 Rn. 108). Die Verbriefung der Optionsanleihe ist von ihrer Ausgestaltung abhängig: Soll das Bezugsrecht nur zusammen mit der Schuldverschreibung ausgeübt werden können, so sind Zahlungsanspruch und Bezugsrecht ebenfalls untrennbar in einer Urkunde zu verbriefen (*Hüffer* AktG, § 221 Rn. 48). 45

46 Gibt der Vorstand Wandelanleihen, Optionsanleihen, Gewinnschuldverschreibungen oder Genussrechte aus, ohne dass er durch Hauptversammlungsbeschluss hierzu legitimiert wäre, so berührt dies die Wirksamkeit der Rechte nicht. Diese sind gültig und verpflichten die AG. Der Vorstand handelt jedoch pflichtwidrig und macht sich nach § 93 AktG schadensersatzpflichtig (*Hüffer* AktG, § 221 Rn. 52; MüKo AktG/*Habersack* § 221 Rn. 150; *Georgakopoulos* ZHR 120 (1957), 84, 143; *Hüffer* AktG, ZHR 161 (1997), 214, 227 f.).

2. Übertragbarkeit

47 Wandel- und Gewinnschuldverschreibungen sowie Genussrechte sind **übertragbar**. Unverbriefte Rechte werden nach §§ 398, 413 BGB abgetreten. Bei Inhaberpapieren wird die Abtretung nach sachenrechtlichen Grundsätzen (§§ 929 ff. BGB) durchgeführt (*Hüffer* AktG, § 221 Rn. 53).

48 Die AG kann von ihr selbst ausgestellte Wandel- oder Gewinnschuldverschreibungen **derivativ erwerben**. § 71 AktG ist nicht einschlägig. Wegen § 56 Abs. 1 AktG können jedoch Umtausch- oder Bezugsrechte nicht ausgeübt werden. Gleiches gilt wegen § 56 Abs. 2 AktG für abhängige oder im Mehrheitsbesitz stehende Unternehmen, die Anleihen der sie beherrschenden AG halten (MüKo AktG/*Habersack* § 221 Rn. 208; *Hüffer* AktG, § 221 Rn. 54; abw. MünchHdb GesR IV/*Krieger* § 63 Rn. 17). Die AG kann grds. auch eigene Genussrechte erwerben; Kreditinstitute haben allerdings die Vorschriften des KWG zu beachten (vgl. i. E. *Hüffer* AktG, § 221 Rn. 54).

II. Wandlung

49 Wandel- und Optionsanleihen begründen einen **schuldrechtlichen Anspruch auf Erwerb von Mitgliedsrechten**. Der Gläubiger hat die Ersetzungsbefugnis, unter Aufgabe seines Gläubigerrechts – ggf. gegen zusätzliche Leistung – Aktionär zu werden. Auch Gewinnschuldverschreibungen und Genussrechte können mit Umtausch- oder Bezugsrechten verbunden werden.

50 Zweckmäßigerweise wird die Erfüllbarkeit der Umtausch- und Bezugsrechte **durch bedingte Kapitalerhöhung gesichert**. Daneben ist es aber auch möglich, die neuen Mitgliedsrechte durch reguläre Kapitalerhöhung (§ 182 AktG) oder genehmigtes Kapital (§ 202 AktG) unter Ausschluss des Bezugsrechts der Aktionäre zur Verfügung zu stellen (BGHZ 83, 319, 323; LG Frankfurt AG 1984, 296, 299; MüKo AktG/*Habersack* § 221 Rn. 220 f.; *Hüffer* AktG, § 221 Rn. 59; MünchHdb GesR IV/*Krieger* § 63 Rn. 18).

51 Stammen die neuen Mitgliedsrechte aus bedingtem Kapital, so wird das Bezugsrecht durch **Bezugserklärung** ausgeübt (§ 198 Abs. 1 AktG), durch die gemeinsam mit der korrespondierenden Willenserklärung der AG ein **Zeichnungsvertrag** zustande kommt (*Hüffer* AktG, § 221 Rn. 57). Im Falle der regulären Kapitalerhöhung oder Schaffung der Aktien aus genehmigtem Kapital (§§ 182, 203 Abs. 1 S. 1 AktG) wird das Bezugs- oder Umtauschrecht durch Zeichnung (§ 185 AktG) ausgeübt, die eine auf Vertragsabschluss gerichtete Willenserklärung darstellt und zum Abschluss des Zeichnungsvertrages führt.

III. Eingriff in die Rechtsposition

52 Durch zulässige Maßnahmen kann die AG die Rechte von Anleihegläubigern und Genussrechtsinhabern beeinträchtigen oder stärken. Beeinträchtigungen von Anleihen erfolgen insbesondere. durch Kapitalerhöhung oder Ausgabe weiterer Wandel- oder Optionsanleihen. Rechte aus Gewinnschuldverschreibungen oder Genussrechte können durch Feststellung der maßgeblichen Gewinngröße oder durch Verwendungsbeschlüsse beeinträchtigt werden.

1. Wandel- und Optionsanleihen

53 Üblicherweise enthalten Anleihebedingungen Regelungen, die die Anleihegläubiger gegen Verwässerung ihrer Ansprüche durch Kapitalerhöhung oder Ausgabe neuer Wandelschuldverschreibungen schützen (*Zöllner* ZGR 1986, 288, 296 mit Bsp). Solche vertraglichen Vereinbarungen sind zulässig und gehen § 216 Abs. 3 AktG vor (*Hüffer* AktG, § 221 Rn. 62). § 216 Abs. 3

AktG sieht Anpassungen nur bei der Kapitalerhöhung aus Gesellschaftsmitteln vor. Im Übrigen ist strittig, ob und wie eine Vertragsanpassung zu erfolgen hat. Eine Analogie von § 216 Abs. 3 AktG (so MüKo AktG/*Habersack* § 221 Rn. 289 f.; MünchHdb GesR IV/*Krieger* § 63 Rn. 19; *Kallrath* S. 164 ff., 169 f.) ist jedoch abzulehnen. Vielmehr kann eine Anpassung lediglich nach den Grundsätzen ergänzender Vertragsauslegung erfolgen (*Hüffer* AktG, § 221 Rn. 63; *Zöllner* ZGR 1986, 288, 304 f.).

2. Gewinnschuldverschreibungen und Genussrechte

Nach h. M. ist den Inhabern von Gewinnschuldverschreibungen und Genussrechten der Weg der **Zahlungsklage** gegen die AG eröffnet, wenn diese eine Gewinnausschüttung missbräuchlich i. S. v. § 242 BGB vereitelt. Die Klage ist mit einem **Schadensersatzanspruch** aus § 280 Abs. 1 BGB, ggf. auch aus § 826 BGB zu unterlegen. Als Bewertungsmaßstab ist § 254 Abs. 1 AktG heranzuziehen (*Hüffer* AktG, § 221 Rn. 65; MüKo AktG/*Habersack* § 221 Rn. 280 ff.; *Frantzen*, Genußscheine, 205 ff, 220 ff.; *Hammen* BB 1990, 1917, 1919). Im Falle bloßer Sorgfaltsverstöße der Geschäftsführung hat das RG eine Haftung der AG verneint (RGZ 105, 236, 240 f.); auch hier ist für den Ausnahmefall satzungswidriger oder kaufmännisch schlechthin unseriöser Geschäfte aber ein Anspruch aus §§ 280 Abs. 1, 31 BGB zu bejahen (BGHZ 119, 305, 330 ff.). 54

Anpassungsregelungen in den Genussrechtsbedingungen über die Rechtsfolgen bei Verwässerung durch Kapitalerhöhung und ähnliches sind grds. **zulässig** und gehen den gesetzlichen Bestimmungen vor. Für den Fall der Kapitalerhöhung aus Gesellschaftsmitteln bestimmt im Übrigen § 216 Abs. 3 AktG, dass das Genussrecht den veränderten Umständen anzupassen ist. Ansonsten verneint die Rechtsprechung bisher einen Verwässerungsschutz (RGZ 83, 295, 298; BGHZ 28, 259, 277). Nach neuerer Auffassung in der Literatur ist hingegen der Rechtsgedanke der §§ 216 Abs. 3, 347 a a. F. AktG anzuwenden und der Vertrag an die neue Situation anzupassen (MüKo AktG/*Habersack* § 221 Rn. 306; *Hüffer* AktG, § 221 Rn. 67; MünchHdb GesR IV/*Krieger* § 63 Rn. 56; *Hirte* ZIP 1988, 477, 487; *Koppensteiner* ZHR 139 (1975), 191, 197 ff.). 55

3. Auflösung, Verschmelzung, Umwandlung

Im Falle der Auflösung (§ 262 AktG) bleiben Umtausch- und Optionsrechte **bestehen** und können bis zum Schluss der Abwicklung ausgeübt werden (BGHZ 24, 279, 286). Bei der Verschmelzung durch Aufnahme oder zur Neugründung hat die übernehmende bzw. neu gegründete Gesellschaft den Anleihegläubigern gleichwertige Rechte zu gewähren (§§ 23, 36 Abs. 1 S. 1 UmwG). Für die übertragende Umwandlung (Formwechsel) gilt § 23 UmwG über § 204 UmwG entsprechend. Gleiches gilt für Gewinnschuldverschreibungen und Genussrechte (MüKo AktG/*Habersack* § 221 Rn. 314; *Hüffer* AktG, § 221 Rn. 69; MünchHdb GesR IV/*Krieger* § 63 Rn. 45, 21). 56

Dritter Abschnitt. Maßnahmen der Kapitalherabsetzung

Erster Unterabschnitt. Ordentliche Kapitalherabsetzung

§ 222 Voraussetzungen

(1) [1]Eine Herabsetzung des Grundkapitals kann nur mit einer Mehrheit beschlossen werden, die mindestens drei Viertel des bei der Beschlußfassung vertretenen Grundkapitals umfaßt. [2]Die Satzung kann eine größere Kapitalmehrheit und weitere Erfordernisse bestimmen.

(2) [1]Sind mehrere Gattungen von stimmberechtigten Aktien vorhanden, so bedarf der Beschluß der Hauptversammlung zu seiner Wirksamkeit der Zustimmung der Aktionäre jeder Gattung. [2]Über die Zustimmung haben die Aktionäre jeder Gattung einen Sonderbeschluß zu fassen. [3]Für diesen gilt Absatz 1.

(3) In dem Beschluß ist festzusetzen, zu welchem Zweck die Herabsetzung stattfindet, namentlich, ob Teile des Grundkapitals zurückgezahlt werden sollen.

(4) [1]Die Herabsetzung des Grundkapitals erfordert bei Gesellschaften mit Nennbetragsaktien die Herabsetzung des Nennbetrags der Aktien. [2]Soweit der auf die einzelne Aktie entfallende anteilige Betrag des herabgesetzten Grundkapitals den Mindestbetrag nach § 8 Abs. 2 Satz 1 oder Abs. 3 Satz 3 unterschreiten würde, erfolgt die Herabsetzung durch Zusammenlegung der Aktien. [3]Der Beschluß muß die Art der Herabsetzung angeben.

Übersicht:

A. Allgemeines

1 Das AktG kennt verschieden Formen der Kapitalherabsetzung. § 222 AktG bestimmt die grundlegenden Anforderungen der **ordentlichen Kapitalherabsetzung**. Daneben gibt es die vereinfachte Kapitalherabsetzung (§ 229 AktG) und die Kapitalherabsetzung durch Entziehung von Aktien (§ 237 AktG). Kraft Verweisung findet § 222 AktG bei der Kapitalherabsetzung durch Einziehung von Aktien ebenfalls Anwendung (§ 237 Abs. 2 S. 1 AktG); auf die vereinfachte Kapitalherabsetzung ist § 222 AktG teilweise anwendbar (§ 229 Abs. 3 AktG). Die Kapitalherabsetzung – gleich in welcher Erscheinungsform – beinhaltet immer auch eine **Satzungsänderung** (vgl. § 23 Abs. 3 Nr. 3 und 4 AktG). §§ 179 bis 181 AktG gelten daher subsidiär (*Hüffer* AktG, § 222 Rn. 6; KölnKomm AktG/*Lutter* Vorb. § 222 Rn. 3). Mit der wirksam gewordenen Kapitalherabsetzung ist der bisherige Satzungstext unrichtig und wird durch formelle Satzungsänderung berichtigt. Diese ist vom Kapitalherabsetzungsbeschluss zu unterscheiden und bestimmt sich ausschließlich nach §§ 179 ff. AktG (*Hüffer* AktG, § 222 Rn. 6; GroßkommAktG/*Schilling* § 222 Rn. 6; *Terbrack*, RNotZ 2003, 89, 91; a. A. jedoch die h. M. zur GmbH).

B. Kapitalherabsetzungsbeschluss, Abs. 1

I. Mehrheitserfordernisse

2 Die **Zuständigkeit** für die Kapitalherabsetzung liegt **ausschließlich bei der Hauptversammlung** (KGJ 14 A 19, 25; *Hüffer* AktG, § 222 Rn. 8 m. w. N.). Diese entscheidet durch **Beschluss**, der mit einer **Mehrheit von mindestens $^3/_4$** des bei der Beschlussfassung vertretenen Grundkapitals zu fassen ist. Daneben ist die **einfache Stimmenmehrheit** des § 133 AktG erforderlich. Die Berechnung der Kapitalmehrheit bestimmt sich nach den zu § 179 Abs. 2 S. 1 AktG dargelegten Grundsätzen (vgl. hierzu § 179 AktG Rn. 13). Die **Satzung** kann eine größere Kapitalmehrheit festsetzen. Vorgesehen werden kann auch Einstimmigkeit, soweit die Kapitalherabsetzung damit nicht faktisch ausgeschlossen wird (*Hüffer* AktG, § 222 Rn. 10; GroßkommAktG/*Schilling* § 222 Rn. 6). Eine mehrheitsregelnde Satzungsklausel muss allerdings deutlich erkennen lassen, dass sie den Kapitalherabsetzungsbeschluss erfasst; Satzungsbestimmungen, die allgemein für Satzungsän-

derungen andere Mehrheiten vorsehen, reichen i.Zw. nicht (*Hüffer* AktG, § 222 Rn. 10; MüKo AktG/*Oechsler* § 222 Rn. 16; a. A. wohl KölnKomm AktG/*Lutter* § 222 Rn. 3). Der Kapitalherabsetzungsbeschluss kann durch Satzung auch von weiteren Erfordernissen abhängig gemacht werden (z. B. Beschlussfassung in zweiter Hauptversammlung). Das Gesetz bestimmt weitere Erfordernisse, wenn mehrere Aktiengattungen bestehen (Abs. 2).

II. Publizität

Der Beschlussvorschlag über die Kapitalherabsetzung ist bei der Einberufung der Hauptversammlung gem. § 124 Abs. 2 S. 2 AktG **im Wortlaut** bekannt zu machen. Der Beschlussinhalt ergibt sich nicht ohne weiteres aus dem Gesetzeswortlaut. 3

III. Inhalt

1. Herabsetzungsbetrag

Der Betrag, um den das Grundkapital herabgesetzt werden soll (Herabsetzungsbetrag) ist **konkret zu beziffern** und kann nicht in das Ermessen des Vorstands gestellt werden; ein Ermächtigungsbeschluss wäre gem. § 241 Nr. 3 AktG nichtig. Zulässig ist allerdings die **Vorgabe eines Höchstbetrages**, wenn gleichzeitig der Verwaltung so konkrete Vorgaben gemacht werden, dass der Herabsetzungsbetrag bestimmbar ist, und ihr insoweit kein eigenes Ermessen eingeräumt wird (RGZ 26, 132, 134; KGJ 16 A 14, 22; *Hüffer* AktG, § 222 Rn. 12; KölnKomm AktG/*Lutter* § 222 Rn. 13; MüKo AktG/*Oechsler* § 222 Rn. 20; MünchHdb GesR IV/*Krieger* § 60 Rn. 20). Mit Wirksamwerden der Kapitalherabsetzung darf der Mindestnennbetrag des Grundkapitals (§ 7 AktG) nicht unterschritten werden, wenn nicht im Rahmen einer Kapitalherabsetzung unter gleichzeitiger Barkapitalerhöhung die Voraussetzungen des § 228 AktG vorliegen. 4

2. Zweck

Gem. Abs. 3 ist im Beschluss außerdem der Zweck der Herabsetzung festzusetzen (vgl. Rn. 14). 5

3. Art der Herabsetzung

Gem. Abs. 4 S. 3 muss der Beschluss die Art der Herabsetzung angeben. Nicht notwendig, wenn auch zweckmäßig, ist bei einer Nennbetragsherabsetzung die **Bezifferung des Betrages je Aktie** und bei einer Zusammenlegung von Aktien die **Angabe des Verhältnisses**, in dem Aktien zusammengelegt werden sollen (KölnKomm AktG/*Lutter* § 222 Rn. 4; GroßkommAktG/*Schilling* § 222 Rn. 8, a. A. *v. Godin/Wilhelmi* § 222 Rn. 4). Zu bestimmen ist, ob die Kapitalherabsetzung durch Herabsetzung von Nennbeträgen i. S. v. Abs. 4 S. 1 oder durch Zusammenlegung von Aktien i. S. v. Abs. 4 S. 2 oder auf beide Arten durchgeführt wird. 6

4. Sonstige Festsetzungen

Darüber hinaus können im Kapitalherabsetzungsbeschluss **Einzelheiten der Durchführung** der Kapitalherabsetzung bestimmt werden, z. B. Umtausch oder Berichtigung der Aktienurkunden, Vernichtung der alten Aktienurkunden, Fristen (vgl. *Hüffer* AktG, § 222 Rn. 13). Die Festsetzungen sind für den Vorstand bindend. Mangels Festsetzungen entscheidet der Vorstand (RGZ 80, 81, 84), so dass eine Durchführungsermächtigung zwar üblich, aber entbehrlich ist (*Hüffer* AktG, § 222 Rn. 13, Happ/*Tielmann* AktienR, 14.01 Rn. 8). 7

IV. Sachliche Rechtfertigung

Einer sachlichen Rechtfertigung bedarf es zur Kapitalherabsetzung nach h. M. nicht (BGHZ 138, 71, 76 f.; OLG Schleswig AG 2004, 155, 156 f.; *Hüffer* AktG, § 222 Rn. 14; MüKo AktG/*Oechsler* § 222 Rn. 25; *Gleich* NJW 1998, 2054; a. A. etwa *Lutter* ZGR 1991, 171, 180; *Wiedemann* ZGR 1980, 147, 157). Im Falle der Herabsetzung des Nennbetrages wird nicht in die Mitgliedschaft der Aktionäre eingegriffen, bei einer Zusammenlegung von Aktien, die zu einem Verlust von Spitzenbeträgen führen kann, sind Aktionäre durch die Subsidiarität dieser Art der Herabsetzung ge- 8 schützt und steht die spezielle Regelung einer materiellen Beschlusskontrolle entgegen. Anderes gilt indes für die isolierte vereinfachte Kapitalherabsetzung, die die Überschuldung nicht vollständig beseitigen kann. Hier ist zu rechtfertigen, weshalb nicht zugleich eine Kapitalerhöhung erfolgt, damit nicht im Ergebnis das Bezugsrecht der ganz oder teilweise aus ihrer Mitgliedschaft verdrängten Aktionäre verloren geht, soweit die sanierende Kapitalerhöhung unter Mitwirkung der Aktionäre auch wirtschaftlich realistisch ist (offenlassend BGH Z 138, 71, 77 f.; Vorinstanzen: OLG Dresden AG 1996, 565, 567 ff.; LG Dresden ZIP 1995, 1596, 1600; vgl. auch LG Dresden AG 1996, 36, und als Vorinstanz AG Dresden AG 1995, 192; *Geißler* NZG 2000, 719, 724; *Hüffer* AktG, § 222 Rn. 14; krit, *Wirth* DB 1996, 867, 871 f.).

9 Der Kapitalerhöhungsbeschluss darf indes **nicht willkürlich** sein und damit insbesondere nicht gegen das **Gebot der Gleichbehandlung** aus § 53 a AktG verstoßen, soweit nicht im Einzelfall die Zustimmung des benachteiligten Aktionärs vorliegt. Eine unzulässige Ungleichbehandlung liegt insbesondere auch darin, wenn bestimmte Aktiengattungen von der Kapitalherabsetzung nicht betroffen werden oder durch die letzte Kapitalerhöhung ausgegebener Aktien zuerst erfasst werden (MüKo AktG/*Oechsler* § 222 Rn. 26; *Hüffer* AktG, § 222 Rn. 15; a. A. GroßkommAktG/*Schilling* § 222 Rn. 19).

V. Aufhebung und Änderung

10 Der Kapitalherabsetzungsbeschluss kann bis zu seinem Wirksamwerden durch Eintragung im Handelsregister durch Hauptversammlungsbeschluss, der den Voraussetzungen der §§ 22 ff. AktG unterliegt, geändert werden (KölnKomm AktG/*Lutter* § 222 Rn. 55; MünchHdb GesR IV/*Krieger* § 60 Rn. 32; Happ/*Tielmann* AktienR, 14.01 Rn. 10). Die Aufhebung des Kapitalherabsetzungsbeschlusses ist hingegen durch Hauptversammlungsbeschluss, der mit einfacher Mehrheit zu fassen ist, möglich (KölnKomm AktG/*Lutter* § 222 Rn. 55; MünchHdb GesR IV/*Krieger* § 60 Rn. 32; a. A. *Hüffer* AktG, § 222 Rn. 16, der eine qualifizierte Mehrheit gem. § 222 Abs. 2 AktG verlangt).

VI. Fehlerhaftigkeit des Beschlusses

11 Fehler des Kapitalherabsetzungsbeschlusses führen je nach Qualität zur Nichtigkeit oder Anfechtbarkeit. Fehlergründe, die zur **Nichtigkeit** führen, sind Unterschreitung des Mindestnennbetrages des Grundkapitals (§ 7 AktG), sofern nicht die Voraussetzungen des § 228 AktG vorliegen (*Hüffer* AktG, § 222 Rn. 17; KölnKomm AktG/*Lutter* § 222 Rn. 34; MünchHdb GesR IV/*Krieger* § 60 Rn. 25); Verstoß gegen § 8 Abs. 2 S. 1 AktG, nicht aber Verstoß gegen § 8 Abs. 2 S. 4 AktG (BGH AG 1992, 27). **Anfechtbarkeit** ist gegeben bei fehlender Angabe des Zwecks der Kapitalherabsetzung (KG JFG 10, 112, 115 f.); Unerreichbarkeit des angegebenen Zweckes (LG Hannover AG 1995, 285 f.); fehlende Angabe der Art der Kapitalherabsetzung (MüKo AktG/*Oechsler* § 222 Rn. 17; a. A. GroßkommAktG/*Schilling* § 222 Rn. 21); Verstoß gegen das Gleichbehandlungsgebot.

C. Sonderbeschluss, Abs. 2

12 Existieren **mehrere Gattungen** von stimmberechtigten Aktien, so müssen die Aktionäre jeder Gattung in Form eines Sonderbeschlusses i. S. v. § 138 AktG zustimmen, und zwar unabhängig von der Frage einer Benachteiligung einzelner Aktiengattungen. Der Sonderbeschluss ist auch notwendig, wenn die Kapitalherabsetzung einstimmig beschlossen wurde (RGZ 148, 175, 178 ff.; KGJ 35 A 162, 164; MüKo AktG/*Oechsler* § 222 Rn. 32; a. A. KGJW 1934, 174). **Vorzugsaktien ohne Stimmrecht** sind nicht durch Sonderbeschluss zu berücksichtigen, da Abs. 2 S. 1 lediglich auf stimmberechtigte Aktien abstellt (zur früheren Rechtslage OLG Frankfurt DB 1993, 272 f.; LG Frankfurt AG 1991, 405, 406). Entsprechend dem Verweis in Abs. 2 S. 3 auf Abs. 1 kann die Satzung für den Sonderbeschluss eine größere Kapitalmehrheit und weitere Erfordernisse bestimmen; diese können vom eigentlichen Kapitalherabsetzungsbeschluss abweichen (*Hüffer* AktG, § 222 Rn. 18).

Der Sonderbeschluss ist ein **zusätzliches Wirksamkeitserfordernis**. Solange er fehlt, ist der Kapitalherabsetzungsbeschluss **schwebend unwirksam** (RGZ 148, 175, 186 f.). Wird er dennoch in das Handelsregister eingetragen, kann der Sonderbeschluss noch nachgeholt werden. Der Sonderbeschluss, der die Zustimmung verweigert, führt zur **endgültigen Unwirksamkeit** des Kapitalherabsetzungsbeschlusses. Bei seiner Fehlerhaftigkeit finden über § 138 S. 2 AktG die §§ 241 ff. AktG entsprechende Anwendung; mit der Maßgabe, dass der Sonderbeschluss selbstständiger Gegenstand einer Nichtigkeits- oder Anfechtungsklage ist. 13

D. Zweck der Kapitalherabsetzung, Abs. 3

Die Kapitalherabsetzung muss einem **bestimmten Zweck** dienen, der im Herabsetzungsbeschluss gem. Abs. 3 anzugeben ist. Dieser Beschlussbestandteil bindet den Vorstand hinsichtlich der Verwendung des Buchertrags. **Zulässig** ist grds. **jeder Zweck**, z. B. die Rückzahlung von Grundkapital an die Aktionäre (einschließlich Sachausschüttung), die Befreiung der Aktionäre von der Verpflichtung zur Leistung von Einlagen, die Einstellung in Rücklagen, die Abrundung des Grundkapitals (h. M. so KGJW 26, 2930, 2931) oder die Beseitigung einer Unterbilanz (vgl. insgesamt *Hüffer* AktG, § 222 Rn. 20 m. w. N.). Die Rückzahlung von Grundkapital im Rahmen einer Kapitalherabsetzung an die Aktionäre stellt keine verbotene Einlagenrückgewähr i. S. v. § 57 Abs. 1 S. 1 oder Abs. 3 AktG dar (MüKo AktG/*Oechsler* § 222 Rn. 37; *Hüffer* AktG, § 222 Rn. 20). Die Befreiung von einer Einlageverbindlichkeit erfolgt nicht bereits durch den Kapitalherabsetzungsbeschluss, sondern wird durch zusätzlichen Erlassvertrag zwischen der Gesellschaft und dem Aktionär vereinbart (KölnKomm AktG/*Lutter* § 225 Rn. 42; MüKo AktG/*Oechsler* § 222 Rn. 37). Der Buchertrag kann auch dann zur Rücklagenbildung oder Auszahlung an Aktionäre verwandt werden, wenn ein Verlustvortrag vorhanden ist. Mehrere Zwecke können gleichzeitig verfolgt werden, wobei die Angabe einer Priorität möglich ist (*Hüffer* AktG, § 222 Rn. 20; MüKo AktG/*Oechsler* § 222 Rn. 38; MünchHdb GesR IV/*Krieger* § 60 Rn. 21). 14

E. Arten der Kapitalherabsetzung, Abs. 4

Gem. Abs. 4 muss der Kapitalherabsetzungsbeschluss die Art der Herabsetzung angeben. Die Vorschrift betrifft das Verhältnis zwischen der angestrebten Grundkapitalziffer und der Anzahl von Aktien. Sie regelt, ob Aktien an das herabgesetzte Grundkapital anzupassen sind, wie ggf. die Anpassung zu erfolgen hat (Abs. 4 S. 1) und wie sich die Anpassung der Aktie zu den bei Stückelung des Grundkapitals bestehenden Grenzen verhält (Mindestbetrag; Abs. 4 S. 2). 15

Nur bei **Nennbetragsaktien** (§ 8 Abs. 3 AktG) besteht die Notwendigkeit einer Anpassung der Mitgliedsrechte, weil ansonsten die Summe der Nennbeträge nicht mehr der Grundkapitalziffer entspräche. Dagegen ist eine Anpassung von **Stückaktien** (§ 8 Abs. 3 AktG) an die herabgesetzte Kapitalziffer weder möglich noch erforderlich (RegBegr. BT-Drs. 13/9573, 18). Als **Anpassungsarten** kommen für Nennbetragsaktien die Herabsetzung des Nennbetrages (Abs. 4 S. 1) und die Zusammenlegung von Aktien (Abs. 4 S. 2) in Betracht. Eine Zusammenlegung darf indes nur erfolgen, wenn der Mindestnennbetrag der Aktie (§ 8 Abs. 2 S. 1 AktG) durch eine Anpassung unterschritten würde (BGHZ 138, 71, 76 f.; BGHZ 142, 176, 170). Bei Nennbetragsaktien ist außerdem zu beachten, dass diese auf volle Euro lauten müssen (§ 8 Abs. 2 S. 4 AktG). Mit Wirksamwerden der Kapitalherabsetzung weisen etwa vorhandene Aktienurkunden den richtigen Nennbetrag aus und sind zu berichtigen oder durch neue Aktienurkunden zu ersetzen. Urkunden, die trotz Aufforderung nicht eingereicht werden, können gem. §§ 73, 64 Abs. 2 AktG für kraftlos erklärt werden, § 226 AktG gilt insoweit nicht (*Hüffer* AktG, § 222 Rn. 21 b). 16

Sowohl im Falle von Nennbetragsaktien, als auch im Falle von Stückaktien sind die **Mindestbeträge** (Mindestnennbetrag gem. § 8 Abs. 2 S. 1 AktG bzw. anteiliger Betrag des Grundkapitals gem. § 8 Abs. 3 S. 3 AktG) **zwingend zu beachten** (RegBegr. BT-Drs. 13/9573, 18). Insoweit muss die Herabsetzung des Grundkapitals zwingend durch Zusammenlegung von Aktien gem. Abs. 2 S. 2 erfolgen, soweit es ansonsten zu einer Unterschreitung des Mindestbetrages käme. Die Zusammenlegung erfolgt durch Zusammenfassung der bisherigen Aktien zu einer gerin- 17 geren Zahl neuer Aktien. Die Mitgliedschaftsrechte werden hierbei nicht vernichtet, aber ihre rechtliche Selbstständigkeit geht verloren (*Hüffer* AktG, § 222 Rn. 22). Bei der Zusammenlegung von Aktien ist die Bildung von Spitzenbeträgen (Teilrechte, die Aktionäre gegen Zuzahlung zu ergänzen oder unter Verzicht auf Mitgliedschaft zu veräußern haben, vgl. RGZ 111, 26, 29) möglichst zu vermeiden (KölnKomm AktG/*Lutter* § 222 Rn. 26 ff.; MüKo AktG/*Oechsler* § 222 Rn. 44; MünchHdb GesR IV/*Krieger* § 60 Rn. 5).

F. Kapitalherabsetzung und Auflösung

18 Auch im **Auflösungsstadium** der Gesellschaft (§ 262 AktG) ist nach h. M. eine Kapitalherabsetzung zulässig (*Hüffer* AktG, § 222 Rn. 24; MüKo AktG/*Hüffer* AktG, § 264 Rn. 30; MünchHdb GesR IV/*Krieger* § 60 Rn. 13; zur GmbH: OLG Frankfurt OLGZ 1974, 129, 130 f.). In der **Insolvenz** wird die Kapitalherabsetzung zugelassen, wenn sie in Verbindung mit einer Kapitalerhöhung zur Sanierung der Gesellschaft führen soll oder – isoliert – eine Buchsanierung bezweckt (BGHZ 138, 71, 78 ff.; MüKo AktG/*Oechsler* § 229 Rn. 31; *Terbrack* RNotZ 2003, 89, 91; *Wirth* DB 1996, 867, 870).

§ 223 Anmeldung des Beschlusses

Der Vorstand und der Vorsitzende des Aufsichtsrats haben den Beschluss über die Herabsetzung des Grundkapitals vor Eintragung in das Handelsregister anzumelden.

A. Regelungsgegenstand und -zweck

1 § 222 AktG bezweckt eine dem Wirksamwerden des Kapitalherabsetzungsbeschlusses mit Eintragung vorgeschaltete **Registerkontrolle**. Die Anmeldung kann mit der Anmeldung der Durchführung der Kapitalherabsetzung (§ 227 AktG) verbunden werden. Neben der Anmeldung des Kapitalherabsetzungsbeschlusses und seiner Durchführung ist des Weiteren die Anmeldung und Eintragung der formellen Satzungsänderung erforderlich, die mit der Anmeldung nach § 223 AktG zu verbinden ist, da die konstitutive Wirkung der Beschlusseintragung die Vorlage einer berichtigten Satzung erfordert (*Hüffer* AktG, § 223 Rn. 1; KölnKomm AktG/*Lutter* § 223 Rn. 6; a. A. wohl GroßkommAktG/*Schilling* § 222 Rn. 16).

B. Zuständigkeit

2 Die Anmeldung des Kapitalherabsetzungsbeschlusses obliegt dem Vorstand und dem Aufsichtsratsvorsitzenden. Sie handeln im Namen der Gesellschaft, nicht im eigenen Namen. Für den Vorstand genügt die Mitwirkung einer vertretungsberechtigten Zahl seiner Mitglieder (KG KGJ 41 A 134, 135). Unechte Gesamtvertretung i. S. v. § 78 Abs. 3 AktG ist zulässig (KG JW 1938, 3121; vgl. zur unechten Gesamtvertretung § 78 AktG Rn. 15 ff.). Zulässig ist – anders als bei der Kapitalerhöhung – eine besondere Bevollmächtigung Dritter unter Beachtung der Formvorschrift des § 12 Abs. 1 S. 1 HGB (MüKo AktG/*Oechsler* § 223 Rn. 2; *Hüffer* AktG, § 223 Rn. 3; *Terbrack* RNotZ 2003, 89, 96).

3 Die Anmeldung ist an das Amtsgericht des Satzungssitzes zu richten. Bei Zweigniederlassungen ist eine gesonderte Anmeldung am Niederlassungssitz nicht erforderlich (*Hüffer* AktG, § 223 Rn. 2). Dem Gericht obliegt eine formelle und materielle Prüfung.

C. Form und Inhalt

4 Die Anmeldung zum Handelsregister muss in **öffentlich-beglaubigter Form** erfolgen (§ 12 Abs. 1 HGB). Ist der Herabsetzungsbetrag durch den Hauptversammlungsbeschluss nicht konkret bestimmt, muss der Vorstand diesen vor der Anmeldung beziffern, da nur ein konkret bezeichneter Herabsetzungsbetrag eintragungsfähig ist (*Hüffer* AktG, § 223 Rn. 2; KölnKomm AktG/*Lutter* § 223 Rn. 13; MüKo AktG/*Oechsler* § 223 Rn. 9; a. A. GroßkommAktG/*Schilling*

§ 222 Rn. 8). Mit der Anmeldung sind alle zur Prüfung des Herabsetzungsbeschlusses **erforderlichen Unterlagen** in der Form des § 12 Abs. 2 HGB einzureichen; dies sind insbesondere die notarielle Niederschrift über die Hauptversammlung, die die Kapitalherabsetzung beschlossen hat, sowie Niederschriften über Sonderbeschlüsse gem. § 222 Abs. 2 AktG (KölnKomm AktG/*Lutter* § 223 Rn. 6; MüKo AktG/*Oechsler* § 223 Rn. 5; MünchHdb GesR IV/*Krieger* § 60 Rn. 26). Bedarf die Kapitalherabsetzung einer staatlichen Genehmigung, ist analog § 188 Abs. 3 Nr. 4 AktG die Genehmigungsurkunde beizufügen.

§ 224 Wirksamwerden der Kapitalherabsetzung

Mit der Eintragung des Beschlusses über die Herabsetzung des Grundkapitals ist das Grundkapital herabgesetzt.

A. Wirkung der Eintragung

§ 224 AktG bestimmt, dass die Kapitalherabsetzung bereits mit Eintragung des Herabsetzungsbeschlusses in das Handelsregister wirksam wird. Die Regelung verhält sich damit anders als die Regelungen der Kapitalerhöhung, gemäß welchen die Eintragung des Erhöhungsbeschlusses rein deklaratorisch und die Eintragung der Durchführung der Kapitalerhöhung erst konstitutiv wirkt (§§ 184, 189 AktG, vgl. § 184 AktG Rn. 1, § 189 AktG Rn. 1). Mit der Eintragung des Beschlusses über die Herabsetzung des Grundkapitals hat die Gesellschaft damit eine **neue Grundkapitalziffer**, die maßgeblich ist, soweit auf die Höhe des Grundkapitals abzustellen ist. 1

Der hierdurch entstehende Buchertrag ist ebenso wie die neue Grundkapitalziffer **unverzüglich** und nicht erst zum nächsten Bilanzstichtag auf den jeweiligen Konten **zu verbuchen** (RGZ 101, 199, 201; MüKo AktG/*Oechsler* § 224 Rn. 13). Bei der Buchung ist die für die Verwaltung bindende Zweckangabe der Kapitalherabsetzung (§ 222 Abs. 3 AktG) zu beachten. Ergibt sich nach der Eintragung, dass die Kapitalherabsetzung zum Verlustausgleich nicht oder nicht in vollem Umfange erforderlich war, so ist ein nicht ausgeschöpfter Buchertrag in die Kapitalrücklage einzustellen (BGHZ 119, 305, 322 f.; *Hüffer* AktG, § 224 Rn. 3). Die neue Kapitalziffer und der Buchertrag sind **im nächstfolgenden Jahresabschluss auszuweisen**; darüber hinaus ist in der Gewinn- und Verlustrechnung der Buchungsertrag als solcher aus Kapitalherabsetzung gesondert auszuweisen (§ 240 AktG). 2

Nach der Eintragung des Kapitalherabsetzungsbeschlusses kann die Kapitalherabsetzung nicht mehr rückgängig gemacht werden, sondern lediglich wirtschaftlich durch separate Kapitalerhöhung »kompensiert« werden. Die Änderung des Zwecks der Kapitalherabsetzung ist hingegen auch nach der Eintragung noch möglich; sie erfolgt durch Hauptversammlungsbeschluss unter Beachtung der Voraussetzungen der §§ 222 ff. AktG (KölnKomm AktG/*Lutter* § 224 Rn. 7; GroßkommAktG/*Schilling* § 224 Rn. 4; MünchHdb GesR IV/*Krieger* § 60 Rn. 33; *Hüffer* AktG, § 224 Rn. 3). 3

Im Falle der Kapitalherabsetzung **durch Herabsetzung der Aktiennennbeträge** (§ 222 Abs. 4 S. 1 AktG) haben die Mitgliedsrechte mit Eintragung des Beschlusses den neuen herabgesetzten Nennbetrag, nach dem sich insbesondere Stimmrecht, Bezugsrecht und Gewinnanspruch bestimmen. Etwa ausgegebene Aktienurkunden werden unwirksam und sind zu berichtigen oder auszutauschen (*Hüffer* AktG, § 224 Rn. 4; KölnKomm AktG/*Lutter* § 224 Rn. 10; MüKo AktG/*Oechsler* § 224 Rn. 16; MünchHdb GesR IV/*Krieger* § 60 Rn. 29; *Siebel* NJW 1952, 330). Im Falle der Kapitalherabsetzung **durch Zusammenlegung von Aktien** (§ 222 Abs. 4 S. 2 AktG) gilt dies entsprechend; insbesondere können Einzelbefugnisse aus der Mitgliedschaft schon ausgeübt werden, bevor die Mitgliedsrechte bestimmt werden, durch deren Zusammenlegung das neue Mitgliedsrecht entsteht (BGH AG 1992, 27, 28), d. h. es ist die entsprechende Anzahl von Mitgliedschaftsrechten nachzuweisen, um die sich aus dem Umtauschverhältnis ergebende 4

Zahl neuer Mitgliedsrechte auszuüben (vgl. zum Fall der Aktienurkunden *Hüffer* AktG, § 224 Rn. 5). Nach h. M. können sogar aus Bruchteilsrechten Befugnisse wie das Stimmrecht hergeleitet werden (OLG Hamburg AG 1991, 242, 243; *Hüffer* AktG, § 224 Rn. 6; GroßkommAktG/*Schilling* § 226 Rn. 10; MünchHdb GesR IV/*Krieger* § 60 Rn. 30; *Siebel* NJW 1952, 330, 331; offen BGH AG 1992, 27, 29; a. A. KölnKomm AktG/*Lutter* § 224 Rn. 12).

5 Ist Zweck der Kapitalherabsetzung die Rückzahlung der Mittel an Aktionäre (§ 222 Abs. 3 AktG), so entsteht – ohne weitere Beschlussfassung – mit der Eintragung des Herabsetzungsbeschlusses in das Handelsregister ein befristeter und bedingter Zahlungsanspruch der Aktionäre gegen die Gesellschaft (KölnKomm AktG/*Lutter* § 224 Rn. 15; *Hüffer* AktG, § 224 Rn. 7). Dieser ist durch den Ablauf des Sperrhalbjahres befristet und durch Befriedigung bzw. Sicherstellung der Gesellschaftsgläubiger bedingt.

B. Fehlerhafte Kapitalherabsetzung

6 **Formale oder inhaltliche Mängel** des Anmeldeverfahrens haben auf die Rechtsfolgen der Eintragung **keine Auswirkungen**. Eine Ausnahme gilt nur dann, wenn der Kapitalherabsetzungsbeschluss ohne Anmeldung der dazu Befugten oder nach Rücknahme der Anmeldung eingetragen wurde; der Fehler ist durch nachträgliche Anmeldung zu heilen (KGJ 28 A 228, 239; *Hüffer* AktG, § 224 Rn. 9). Die Eintragung der Kapitalherabsetzung ist ohne Rechtsfolge, wenn der Kapitalherabsetzungsbeschluss fehlt, nichtig ist (RGZ 144, 138, 141) oder unwirksam ist, weil ein Sonderbeschluss fehlt oder seinerseits nichtig ist. Die Nichtigkeit kann gem. § 242 AktG geheilt werden (*Hüffer* AktG, § 224 Rn. 9).

§ 225 Gläubigerschutz

(1) [1]Den Gläubigern, deren Forderungen begründet worden sind, bevor die Eintragung des Beschlusses bekanntgemacht worden ist, ist, wenn sie sich binnen sechs Monaten nach der Bekanntmachung zu diesem Zweck melden, Sicherheit zu leisten, soweit sie nicht Befriedigung verlangen können. [2]Die Gläubiger sind in der Bekanntmachung der Eintragung auf dieses Recht hinzuweisen. [3]Das Recht, Sicherheitsleistung zu verlangen, steht Gläubigern nicht zu, die im Fall des Insolvenzverfahrens ein Recht auf vorzugsweise Befriedigung aus einer Deckungsmasse haben, die nach gesetzlicher Vorschrift zu ihrem Schutz errichtet und staatlich überwacht ist.

(2) [1]Zahlungen an die Aktionäre dürfen auf Grund der Herabsetzung des Grundkapitals erst geleistet werden, nachdem seit der Bekanntmachung der Eintragung sechs Monate verstrichen sind und nachdem den Gläubigern, die sich rechtzeitig gemeldet haben, Befriedigung oder Sicherheit gewährt worden ist. [2]Auch eine Befreiung der Aktionäre von der Verpflichtung zur Leistung von Einlagen wird nicht vor dem bezeichneten Zeitpunkt und nicht vor Befriedigung oder Sicherstellung der Gläubiger wirksam, die sich rechtzeitig gemeldet haben.

(3) Das Recht der Gläubiger, Sicherheitsleistung zu verlangen, ist unabhängig davon, ob Zahlungen an die Aktionäre auf Grund der Herabsetzung des Grundkapitals geleistet werden.

Übersicht:

A. Allgemeines

§ 225 AktG bezweckt den **Schutz der Gesellschaftsgläubiger** bei der Kapitalherabsetzung, indem unter bestimmten Voraussetzungen ein Anspruch auf Sicherheitsleistung gewährt und angeordnet wird, dass Rückzahlungen an Aktionäre erst nach Ablauf einer Sperrfrist und nach Befriedigung der Gläubiger oder Leistung einer Sicherheit erfolgen dürfen. § 225 AktG ist **zwingend**. Bei Kapitalherabsetzungen durch Einziehung von Aktien (§ 237 Abs. 2 AktG) gilt die Vorschrift analog. Im Falle der vereinfachten Kapitalherabsetzung wird hingegen der Gläubigerschutz durch §§ 230 bis 233 AktG gewährleistet. 1

B. Anspruch auf Sicherheitsleistung, Abs. 1

I. Voraussetzungen

Gläubiger haben **Anspruch auf Sicherheitsleistung** für Forderungen, die vor Bekanntmachung der Eintragung des Kapitalherabsetzungsbeschlusses im Handelsregister begründet wurden, wenn sie sich innerhalb von sechs Monaten nach der Bekanntmachung bei der Gesellschaft melden. 2

1. Forderungen

Der Begriff der Forderung umfasst **schuldrechtliche Ansprüche jeder Art**, gleich ob sie durch Vertrag oder Gesetz begründet wurden, gleich ob es sich um Einzelansprüche oder Forderungen aus Dauerschuldverhältnissen handelt. Erfasst werden neben Geldforderungen auch Ansprüche auf Überlassung, Eigentumsverschaffung und Dividendenzahlung. **Keine Forderungen** i. S. d. Abs. 1 S. 1 sind hingegen dingliche Rechte (*Hüffer* AktG, § 225 Rn. 2; KölnKomm AktG/*Lutter* § 225 Rn. 6; MüKo AktG/*Oechsler* § 225 Rn. 5; MünchHdb GesR IV/*Krieger* § 60 Rn. 36). 3

Grds. sind auch **bestrittene Forderungen** sicherzustellen. Die Pflicht zur Sicherheitsleistung besteht nur ausnahmsweise dann nicht, wenn die Forderung offensichtlich unbegründet ist oder der Vorstand nach sorgfältiger Prüfung zu dem Ergebnis kommt, dass sie nicht oder nur teilweise besteht. Diese Entscheidung des Vorstands steht allerdings nicht in seinem pflichtgemäßen Ermessen (*Hüffer* AktG, § 225 Rn. 5; ähnlich MüKo AktG/*Oechsler* § 225 Rn. 12; a. A. zum Ermessen des Vorstands: MünchHdb GesR IV/*Krieger* § 60 Rn. 41). 4

Sicherheitsleistung kann nur für solche Forderungen verlangt werden, die **vor Bekanntmachung** der Eintragung des Kapitalherabsetzungsbeschlusses im Handelsregister (§ 223 AktG) **begründet** wurden. Gem. § 10 Abs. 2 HGB gilt die Bekanntmachung mit Ablauf des Tages als erfolgt, an welchem das letzte der die Bekanntmachung enthaltenen Blätter erschienen ist. Erfasst werden damit auch Forderungen, die erst nach Beschlussfassung über die Kapitalherabsetzung oder sogar nach Handelsregistereintragung dieses Beschlusses begründet wurden. 5

Die Forderung ist begründet, wenn ihr **Rechtsgrund gelegt** ist, bei vertraglichen Ansprüchen also regelmäßig **mit Vertragsschluss**. Nach h. M. sind auflösende oder aufschiebende Bedingungen sowie Befristungen unschädlich (*Hüffer* AktG, § 225 Rn. 3; KölnKomm AktG/*Lutter* § 225 Rn. 10; MüKo AktG/*Oechsler* § 225 Rn. 8; MünchHdb GesR IV/*Krieger* § 60 Rn. 36; *Wiedemann/Küpper* FS Pleyer 1986, 445, 451; a. A. zur aufschiebenden Bedingung GroßkommAktG/*Schilling* § 225 Rn. 3). Im Falle gesetzlicher Schuldverhältnisse müssen alle Entstehungstatsachen vor dem Stichtag vorliegen; bei unerlaubter Handlung muss also das schadensbegründende Ereignis eingetreten sein, wenngleich die Schadenshöhe nicht bereits konkretisiert sein muss (*Hüffer* AktG, § 225 Rn. 3 m. w. N.). 6

Auch bei **Dauerschuldverhältnissen** kommt es nur darauf an, ob der Rechtsgrund für die Forderung gelegt ist. Entscheidend ist damit der Zeitpunkt des Vertragsschlusses, so dass auch künftige Einzelansprüche zu berücksichtigen sind, wenn sie konkretisiert sind, also ohne weiteres Zutun der Parteien in vorbestimmter Höhe entstehen wie etwa fortlaufende Mietzinszahlungen. Nicht erfasst sind hingegen auf Basis eines Dauerschuldverhältnisses noch ungewisse Zahlungs- 7 pflichten, bspw. Vergütungsforderungen aus künftigen Einzelaufträgen bei Rahmenverträgen (MüKo AktG/*Oechsler* § 225 Rn. 9; *Hüffer* AktG, § 225 Rn. 4; KölnKomm AktG/*Lutter* § 225 Rn. 13; MünchHdb GesR IV/*Krieger* § 60 Rn. 36).

2. Gläubigerversammlung

8 Die Gläubiger müssen sich innerhalb von **sechs Monaten nach Bekanntmachung** der Eintragung des Herabsetzungsbeschlusses mit dem Begehren auf Sicherheitsleistung bei der Gesellschaft melden. Es handelt sich bei der Frist des Abs. 1 S. 1 um eine **materiell-rechtliche Ausschlussfrist**, nach deren Ablauf der Anspruch auf Sicherheitsleistung auch dann verloren geht, wenn der Gläubiger keine Kenntnis von der Kapitalherabsetzung oder dem Fristlauf hatte oder die Frist nicht einhalten konnte (*Hüffer* AktG, § 225 Rn. 6; KölnKomm AktG/*Lutter* § 225 Rn. 15; MüKo AktG/*Oechsler* § 225 Rn. 16); die Forderung selbst bleibt jedoch bestehen. In der Meldung haben die Gläubiger gegenüber der Gesellschaft deutlich zu machen, dass und in welcher Höhe sie Sicherheit begehren. Eine besondere Form ist nicht vorgeschrieben (*Hüffer* AktG, § 225 Rn. 6). Für die Fristwahrung gilt § 130 Abs. 1 BGB entsprechend(*Hüffer* AktG, § 225 Rn. 7).

9 Die Ausschlussfrist berechnet sich nach §§ 187 ff. BGB. Ihr Beginn richtet sich nach § 10 Abs. 2 HGB, ihr Ende nach § 188 Abs. 2 BGB. Der Fristablauf kann nicht gehemmt oder unterbrochen werden. Im Kapitalherabsetzungsbeschluss kann die gesetzliche Frist verlängert, nicht aber verkürzt werden (*Hüffer* AktG, § 225 Rn. 7; KölnKomm AktG/*Lutter* § 225 Rn. 16; MüKo AktG/*Oechsler* § 225 Rn. 16; MünchHdb GesR IV/*Krieger* § 60 Rn. 42; a. A. GroßkommAktG/*Schilling* § 225 Rn. 9).

II. Ausnahmen

1. Befriedigungsanspruch

10 Ein Anspruch auf Sicherheitsleistung besteht zum einen nicht, soweit Gläubiger Erfüllung verlangen können. Der Schutz dieser Gläubiger ist durch das Rückzahlungsverbot in Abs. 2 gewährleistet. Maßgeblich für die Frage, ob Befriedigung verlangt werden kann, ist insbesondere die Fälligkeit der Forderung i. S. v. § 271 BGB, wobei rechtshemmende Einreden zu berücksichtigen sind. Wird die Forderung während der 6-Monats-Frist fällig, besteht bis zum Fälligkeitszeitpunkt Anspruch auf Sicherheitsleistung. Ab Fälligkeit entfällt der Anspruch auf Sicherheitsleistung, wenn die Sicherheit bis dahin noch nicht bestellt ist. Eine bereits geleistete Sicherheit kann hingegen nicht zurückgefordert werden, sondern erlischt erst mit Erfüllung der gesicherten Forderung (KölnKomm AktG/*Lutter* § 225 Rn. 22; MüKo AktG/*Oechsler* § 225 Rn. 23 f.; *Hüffer* AktG, § 225 Rn. 9; MünchHdb GesR IV/*Krieger* § 60 Rn. 37).

2. Anderweitige Sicherheit

11 Nach allg. Meinung besteht auch dann kein Anspruch auf Sicherheit, wenn die Forderung bereits gem. §§ 232 ff. BGB gesichert ist (*Hüffer* AktG, § 225 Rn. 11; MüKo AktG/*Oechsler* § 2225 Rn. 26; MünchHdb GesR IV/*Krieger* § 60 Rn. 40; *Rittner* FS Oppenhoff 1985, 317, 322, 324 ff.; *Wiedemann/Küpper* FS Pleyer 1986, 445, 452 f.). Umstritten ist, ob dies auch dann gilt, wenn die Forderung zwar voll gesichert ist, die Sicherheit aber nicht den Anforderungen der §§ 232 ff. BGB genügt. Nach zutr. Auffassung muss in diesem Falle jedenfalls dann ein Anspruch auf eine §§ 232 ff. BGB genügende Sicherheit bejaht werden, wenn der Gläubiger im Gegenzug die alte Sicherheit zurückgibt (*Hüffer* AktG, § 225 Rn. 11; weitergehend *Rittner* FS Oppenhoff 1985, 317, 326 ff.; a. A. MüKo AktG/*Oechsler* § 225 Rn. 26; KölnKomm AktG/*Lutter* § 225 Rn. 29, MünchHdb GesR IV/*Krieger* § 60 Rn. 40).

3. Vorzugsweise Befriedigung bei Insolvenz

12 Gläubiger, die im Fall der Insolvenz ein Recht auf vorzugsweise Befriedigung aus einer Deckungsmasse haben, die nach gesetzlichen Vorschriften zu ihrem Schutz errichtet und staatlich überwacht ist, haben ebenfalls keinen Anspruch auf Sicherheit.

4. Altersversorgung

Nach h. M. gilt Abs. 1 S. 3 entsprechend für Ansprüche aus einer laufenden betrieblichen Altersversorgung sowie auf unverfallbare Anwartschaften aus betrieblicher Altersversorgung nach § 1 BetrAVG (BAGE 83, 356, 367; OLG Zweibrücken AG 2004, 568, 569; MüKo AktG/*Oechsler* § 225 Rn. 28; *Krieger* FS Nirk 1992, 551, 558 f.; *Gotthardt* BB 1990, 2419, 2421 ff.; a. A. *Wiedemann/Küpper* FS Pleyer 1986, 445, 453 f.; *Rittner* FS Oppenhoff 1985, 317, 328; zweifelnd *Hüffer* AktG, § 225 Rn. 10 m. w. N.). 13

III. Art und Umfang der Sicherheitsleistung

Die zu gewährende Sicherheit richtet sich nach §§ 252 ff. BGB (zur Begr. vgl. *Hüffer* AktG, § 225 Rn. 13; *Rittner* FS Oppenhoff 1985, 317, 319 ff.). Die Sicherheit hat die **volle Forderung** zu erfassen. Bei befristeten oder bedingten Forderungen kann nach den Umständen des Einzelfalls ein angemessener Bewertungsabschlag angezeigt sein (*Hüffer* AktG, § 225 Rn. 12; GroßkommAktG/*Schilling* § 225 Rn. 14). Bei **Dauerschuldverhältnissen** ist dem Problem einer Endloshaftung durch eine angemessene Begrenzung der Sicherheitsleistung im Interesse der Gesellschaft zu begegnen; maßgeblich ist nicht ohne weiteres der Gesamtbetrag der künftig fällig werdenden Forderungen, sondern ein im Einzelfall konkret zu bestimmendes Sicherungsinteresses des Gläubigers, i. d. R. maximal der 5-Jahres-Betrag entsprechend § 160 HGB (BGH NJW 1996, 1539, 1540; *Hüffer* AktG, § 225 Rn. 4; *Jaeger* DB 1996, 1069, 1070 f.). 14

IV. Hinweis in der Bekanntmachung

In der Bekanntmachung der Eintragung der Kapitalherabsetzung im Handelsregister sind Gläubiger auf ihr Recht, Sicherheit zu verlangen, hinzuweisen. Bei Verstoß beginnt die 6-Monats-Frist des Abs. 1 S. 1 dennoch (*Hüffer* AktG, § 225 Rn. 14). Theoretisch sind Ansprüche aus Amtshaftung gem. Art. 34 GG, § 839 BGB denkbar. 15

C. Rückzahlungsverbot und Sperrfrist, Abs. 2

Abs. 2 ordnet eine **Sperrfrist von sechs Monaten** seit der Bekanntmachung der Eintragung der Kapitalherabsetzung im Handelsregister an, innerhalb derer aufgrund der Herabsetzung des Grundkapitals keinerlei Zahlungen an die Aktionäre geleistet werden dürfen. Die Fristberechnung richtet sich nach §§ 187 ff. BGB. 16

Die Regelung zielt auf ein **Verbot der Nutzung des Buchertrages** aus der Kapitalherabsetzung **zu Zahlungen an die Aktionäre** ab (KölnKomm AktG/*Lutter* § 225 Rn. 37; MüKo AktG/*Oechsler* § 225 Rn. 31 f.; *Hüffer* AktG, § 225 Rn. 15; MünchHdb GesR IV/*Krieger* § 60 Rn. 43). Verboten sind damit nur Zahlungen aufgrund der Herabsetzung des Grundkapitals und damit die Ausschüttung von Mitteln, die ohne Kapitalherabsetzung nicht verfügbar geworden wären. Umfasst sind neben Rückzahlungen unmittelbar aus dem Buchertrag auch Zahlungen aus Rücklagen, die aus Mitteln der Kapitalherabsetzung gebildet worden sind, oder die Ausschüttung von Dividenden, soweit ihre Zahlung wegen Beseitigung einer Unterbilanz erst durch Kapitalherabsetzung ermöglicht wird (KölnKomm AktG/*Lutter* § 225 Rn. 39). Über den engen Wortlaut der Zahlung hinaus sind auch Sachleistungen umfasst. Nach Ablauf der Sperrfrist dürfen Zahlungen an die Aktionäre aufgrund der Kapitalherabsetzung erst erfolgen, nachdem Gläubigern, die sich rechtzeitig gemeldet haben, Befriedigung oder Sicherheit für ihre Forderungen gewährt worden ist. 17

Im Fall des **Verstoßes gegen Abs. 2** haften Verwaltungsmitglieder gem. § 93 Abs. 3 AktG bzw. § 116 AktG (*Hüffer* AktG, § 225 Rn. 15; *Baumbach/Hueck* § 225 Rn. 8). Der begünstigte Aktionär muss darüber hinaus gem. § 62 AktG die empfangene Leistung an die Gesellschafter **zurückgewähren**. Die Gläubiger selbst können im Falle vorzeitiger Auszahlung ggf. **Schadensersatz** gem. § 823 Abs. 2 BGB i. V. m. § 225 Abs. 1 S. 1, Abs. 2 S. 1 AktG verlangen (zum Schutzgesetzcharakter vgl. KölnKomm AktG/*Lutter* § 225 Rn. 40; MüKo AktG/*Oechsler* § 225 Rn. 30; GroßkommAktG/*Schilling* § 225 Rn. 12, 16; *Hüffer* AktG, § 225 Rn. 18). Daneben haftet die Gesellschaft selbst nach § 31 BGB; sie kann die Verwaltungsmitglieder aus Organhaftung in Regress nehmen (*Hüffer* 18

AktG, § 225 Rn. 18). Die Gläubiger haben darüber hinaus einen einklagbaren Anspruch auf Unterlassung der Auszahlungen (KölnKomm AktG/*Lutter* § 225 Rn. 40; *Hüffer* AktG, § 225 Rn. 15).

19 Um den effektiven Gläubigerschutz zu gewährleisten wird dann, wenn die Kapitalherabsetzung dazu dient, Aktionäre von ihrer Einlagepflicht zu befreien, der hierzu notwendige Erlassvertrag erst zu dem Zeitpunkt wirksam, zu dem Zahlungen an Aktionäre erfolgen dürften, also nach Ablauf der Sperrfrist und Befriedigung oder Sicherstellung der Gläubiger, die sich rechtzeitig gemeldet haben. Abs. 2 S. 2 beinhaltet insoweit kein Verbot, sondern bestimmt **Wirksamkeitsvoraussetzungen** (*Hüffer* AktG, § 225 Rn. 16; KölnKomm AktG/*Lutter* § 225 Rn. 41; GroßkommAktG/*Schilling* § 225 Rn. 17). Ein bereits geschlossener Erlassvertrag ist bis zu diesem Zeitpunkt schwebend unwirksam und die Aktionäre sind wegen § 66 Abs. 1 S. 1 AktG noch zur Einlageleistung verpflichtet.

D. Sicherheitsleistung ohne Gefährdungslage, Abs. 3

20 Abs. 3 stellt ausdrücklich klar, dass trotz des Regelungszwecks von Abs. 1 die Gläubiger auch dann Anspruch auf Gestellung einer Sicherheit haben, wenn aufgrund der Kapitalherabsetzung keine Zahlungen an Aktionäre geleistet werden. Der Zweck der Kapitalherabsetzung ist damit für den Gläubigerschutz unbeachtlich. Will die Gesellschaft in Sanierungsfällen die Pflicht zur Sicherheitsleistung vermeiden, muss sie die vereinfachte Kapitalherabsetzung gem. §§ 229 ff. AktG wählen (MüKo AktG/*Oechsler* § 225 Rn. 22; *Hüffer* AktG, § 225 Rn. 17; KölnKomm AktG/*Lutter* § 225 Rn. 19).

§ 226 Kraftloserklärung von Aktien

(1) [1]Sollen zur Durchführung der Herabsetzung des Grundkapitals Aktien durch Umtausch, Abstempelung oder durch ein ähnliches Verfahren zusammengelegt werden, so kann die Gesellschaft die Aktien für kraftlos erklären, die trotz Aufforderung nicht bei ihr eingereicht worden sind. [2]Gleiches gilt für eingereichte Aktien, welche die zum Ersatz durch neue Aktien nötige Zahl nicht erreichen und der Gesellschaft nicht zur Verwertung für Rechnung der Beteiligten zur Verfügung gestellt sind.

(2) [1]Die Aufforderung, die Aktien einzureichen, hat die Kraftloserklärung anzudrohen. [2]Die Kraftloserklärung kann nur erfolgen, wenn die Aufforderung in der in § 64 Abs. 2 für die Nachfrist vorgeschriebenen Weise bekanntgemacht worden ist. [3]Die Kraftloserklärung geschieht durch Bekanntmachung in den Gesellschaftsblättern. [4]In der Bekanntmachung sind die für kraftlos erklärten Aktien so zu bezeichnen, daß sich aus der Bekanntmachung ohne weiteres ergibt, ob eine Aktie für kraftlos erklärt ist.

(3) [1]Die neuen Aktien, die an Stelle der für kraftlos erklärten Aktien auszugeben sind, hat die Gesellschaft unverzüglich für Rechnung der Beteiligten zum Börsenpreis und beim Fehlen eines Börsenpreises durch öffentliche Versteigerung zu verkaufen. [2]Ist von der Versteigerung am Sitz der Gesellschaft kein angemessener Erfolg zu erwarten, so sind die Aktien an einem geeigneten Ort zu verkaufen. [3]Zeit, Ort und Gegenstand der Versteigerung sind öffentlich bekanntzumachen. [4]Die Beteiligten sind besonders zu benachrichtigen; die Benachrichtigung kann unterbleiben, wenn sie untunlich ist. [5]Bekanntmachung und Benachrichtigung müssen mindestens zwei Wochen vor der Versteigerung ergehen. [6]Der Erlös ist den Beteiligten auszuzahlen oder, wenn ein Recht zur Hinterlegung besteht, zu hinterlegen.

Übersicht:

A. Allgemeines

1 § 226 AktG betrifft die Kraftloserklärung von Aktienurkunden im Falle der Kapitalherabsetzung durch Zusammenlegung. Verhindert werden soll, dass die Zusammenlegung der Aktien mangels Mitwirkung der Aktionäre nicht beendet werden kann (BGH AG 1992, 27, 28). Auf die Kapitalherabsetzung durch Herabsetzung des Nennbetrags der Aktien findet die Vorschrift damit keine Anwendung; durch die Herabsetzung des Nennbetrages unrichtig gewordene Aktienurkunden sind schlicht zu berichtigen oder, sofern sie trotz Aufforderung nicht zum Umtausch oder zur Berichtigung vorgelegt werden, gem. § 73 AktG für kraftlos zu erklären (*Hüffer* AktG, § 226 Rn. 2; KölnKomm AktG/*Lutter* § 226 Rn. 5).

2 § 226 AktG ist **zwingend**. Die Satzung kann die Kraftloserklärung weder erleichtern noch durch zusätzliche Voraussetzungen erschweren oder gar verbieten (*Hüffer* AktG, § 226 Rn. 7; a. A. KölnKomm AktG/*Lutter* § 226 Rn. 18; GroßkommAktG/*Schilling* § 226 Rn. 14). Auch können weder Satzung noch Hauptversammlungsbeschluss ein anderes Mittel festlegen, wie z. B. die entschädigungslose Einziehung oder Entziehung des Dividenden- oder Stimmrechts (RGZ 37, 131; 38, 95, 99).

B. Kraftloserklärung von Aktien, Abs. 2

I. Verfahren zur Zusammenlegung von Aktien

3 Die Kraftloserklärung erfolgt im Falle der Zusammenlegung von Aktien zur Durchführung der Kapitalherabsetzung. Der Zusammenlegungsvorgang als solcher ist gesetzlich nicht geregelt. **Zuständig** ist gem. § 83 Abs. 2 AktG der **Vorstand**, der Vorgaben zur Durchführung der Kapitalherabsetzung im Kapitalherabsetzungsbeschluss zu beachten hat und im Übrigen nach pflichtgemäßem Ermessen entscheidet (RGZ 80, 81, 83 f.; *Hüffer* AktG, § 226 Rn. 3 m. w. N.). Die Zusammenlegung beginnt mit der **Aufforderung an die Aktionäre**, die alten Aktienurkunden einzureichen (vgl. Abs. 2 S. 1). Kommen alle Aktionäre der Aufforderung nach und bestimmen sie, sofern erforderlich, dass eingereichte Aktien, welche die zum Ersatz durch neue Aktien nötige Zahl nicht erreichen, der Gesellschaft zur Verwertung zur Verfügung gestellt werden, ist eine Kraftloserklärung nicht erforderlich (*Hüffer* AktG, § 226 Rn. 3). Die Zusammenlegung selbst erfolgt durch **Entscheidung des Vorstands**, dass und welche konkreten Aktien zu einem einheitlichen Mitgliedsrecht vereinigt werden (*Hüffer* AktG, § 226 Rn. 4; KölnKomm AktG/*Lutter* § 226 Rn. 7; MünchHdb GesR IV/*Krieger* § 60 Rn. 48). Bei der Zusammenlegungsentscheidung handelt es sich nach h. M. um ein **einseitiges Rechtsgeschäft**; sie erfolgt durch nicht empfangsbedürftige Willenserklärung, die durch bloße Kundgabe (z. B. Berichtigung, Verwertung, Aktenvermerk, Eintragung im Beschlussbuch) wirksam wird (*Hüffer* AktG, § 226 Rn. 4; MüKo AktG/*Oechsler* § 226 Rn. 5; *Bork* FS Claussen 1997, 49, 52; a. A. GroßkommAktG/*Schilling* § 226 Rn. 11).

4 Nach Kundgabe der Vorstandsentscheidung werden die **alten Aktienurkunden berichtigt** oder durch neue Aktienurkunden **ersetzt**; andere Verfahren sind zulässig, soweit sie denselben Zweck erreichen und für Rechtsklarheit sorgen (GroßkommAktG/*Schilling* § 226 Rn. 12; *Hüffer* AktG, § 226 Rn. 5). Sind die Mitgliedsrechte nicht verbrieft, hat die Gesellschaft entsprechende Umbuchungen vorzunehmen und die Aktionäre in Kenntnis zu setzen, welchen Nennbetrag ihre Mitgliedsrechte nunmehr haben oder – bei Stückaktien – welcher Kapitalbetrag (§ 8 Abs. 3 S. 3 AktG) jetzt auf sie entfällt (*Hüffer* AktG, § 226 Rn. 5).

5 Reicht ein Aktionär Aktien ein, deren Zahl nicht mit dem Zusammenlegungsverhältnis korrespondiert, so ist eine Zusammenlegung mit anderen, fremden Mitgliedsrechten erforderlich, da der Vorstand nicht selbstständig Bruchteilsrechte verwerten kann. Die aus der Zusammenlegung entstandene ganze Aktie ist für Rechnung der am Mitgliedsrecht als Miteigentümer beteiligten Aktionäre zu verwerten, und zwar zu ideellen Bruchteilen im Verhältnis ihrer eingebrachten Bruchteilsrechte gem. §§ 741 ff. BGB (MüKo AktG/*Oechsler* § 226 Rn. 13; *Hüffer* AktG, § 226 Rn. 5). Die Verwertung erfolgt durch freihändigen Verkauf (*Hüffer* AktG, § 226 Rn. 5; MünchHdb GesR IV/*Krieger* § 60 Rn. 49).

II. Kraftloserklärung

1. Voraussetzungen

6 Abs. 1 bestimmt zwei Fälle, in denen Aktienurkunden für kraftlos erklärt werden können. Zunächst kann die Kraftloserklärung erfolgen, wenn Aktienurkunden trotz Aufforderung nicht innerhalb der bestimmten Frist eingereicht wurden (Abs. 1 S. 1). Unerheblich ist, aus welchem Grund die Einreichung unterblieben ist (*Hüffer* AktG, § 226 Rn. 8). Die Kraftloserklärung ist nur nach Aufforderung, Aktienurkunden einzureichen, zulässig. Die Aufforderung hat eine Frist zur Einreichung zu setzen und ausdrücklich anzudrohen, dass **nicht fristgerecht eingereichte Aktien** für kraftlos erklärt werden können (Abs. 2 S. 1). Sofern der Kapitalherabsetzungsbeschluss keine Vorgabe enthält, bestimmt der Vorstand die Frist (*Hüffer* AktG, § 226 Rn. 9). Entsprechend dem Verweis auf § 64 Abs. 2 AktG ist die Aufforderung dreimal in den Gesellschaftsblättern bekannt zu machen, und zwar die erste Bekanntmachung mindestens drei Monate und die letzte Bekanntmachung mindestens einen Monat vor Fristablauf, wobei zwischen den Bekanntmachungen ein Zeitraum von mindestens drei Wochen liegen muss. Für vinkulierte Namensaktien gilt die Sonderregel des § 64 Abs. 2 S. 4 AktG (*Hüffer* AktG, § 226 Rn. 10; MünchHdb GesR IV/*Krieger* § 60 Rn. 51).

7 Der zweite Fall der Kraftloserklärung betrifft **eingereichte Bruchtteilsrechte**, die nicht zu einer neuen Aktie zusammengelegt werden können und die der Gesellschaft nicht zur Verwertung für Rechnung der Beteiligten zur Verfügung gestellt sind (Abs. 1 S. 2).

2. Rechtsnatur und Wirkung

8 Die Kraftloserklärung ist **einseitiges Rechtsgeschäft**, das durch nicht empfangsbedürftige Willenserklärung vorgenommen wird (KölnKomm AktG/*Lutter* § 226 Rn. 16; GroßkommAktG/*Schilling* § 226 Rn. 20; *Hüffer* AktG, § 226 Rn. 11; MüKo AktG/*Oechsler* § 226 Rn. 17). Sie erfolgt durch **Bekanntmachung**, in der die für kraftlos erklärten Aktien identifizierbar zu bezeichnen sind (z. B. durch Angabe der Seriennummer). Eine schriftliche Mitteilung an die Aktionäre ist weder erforderlich noch ausreichend (KölnKomm AktG/*Lutter* § 226 Rn. 21; *Hüffer* AktG, § 226 Rn. 11; GroßkommAktG/*Schilling* § 226 Rn. 20; a. A. *Kralik* DJ 1941, 245, 248 f.). Die Kraftloserklärung bewirkt das **Ende der wertpapiermäßigen Verbriefung** des im Übrigen fortbestehenden Mitgliedsrechts (KölnKomm AktG/*Lutter* § 226 Rn. 16; MüKo AktG/*Oechsler* § 226 Rn. 17; MünchHdb GesR IV/*Krieger* § 60 Rn. 51; *Bork* FS Claussen 1997, 49, 52). Gutgläubiger Erwerb ist mangels Verbriefung nicht mehr möglich (*Hüffer* AktG, § 226 Rn. 12 unter Hinweis auf BGH AG 1992, 27, 28; MüKo AktG/*Oechsler* § 226 Rn. 17).

3. Mängel

9 Werden wesentliche Voraussetzungen oder Verfahrensvorschriften der Kraftloserklärung nicht erfüllt, so ist die Kraftloserklärung **unwirksam** (vgl. die Bsp. bei *Hüffer* AktG, § 226 Rn. 17; KölnKomm AktG/*Lutter* § 226 Rn. 24; GroßkommAktG/*Schilling* § 226 Rn. 31; MünchHdb GesR IV/*Krieger* § 60 Rn. 52). Fälschlich für kraftlos erklärte Aktien verbriefen weiterhin das Mitgliedsrecht. Betroffene Aktionäre können eine auf entsprechende **Feststellung** gerichtete Klage erheben oder auf **Unterlassung der Verwertung** klagen (RGZ 27, 50, 51 f.; *Hüffer* AktG, § 226 Rn. 17). Einstweiliger Rechtsschutz ist möglich. Etwa bereits neu ausgegebene Aktienurkunden

verbriefen keine Rechte; ein gutgläubiger Erwerb ist nicht möglich (BGH AG 1992, 27, 28; *Hüffer* AktG, § 226 Rn. 17 m. w. N.; a. A. RGZ 27, 50, 52). Gutgläubigen Dritten gegenüber haften die Ausgeber (und ggf. die Gesellschaft) entsprechend §§ 8 Abs. 1 S. 3, 10 Abs. 4 S. 2, 41 Abs. 4 S. 3, 191 S. 3 AktG (i. V. m. § 31 BGB) (*Hüffer* AktG, § 226 Rn. 17; KölnKomm AktG/*Lutter* § 226 Rn. 24).

C. Verwertung, Abs. 3

Gem. Abs. 3 besteht eine **Pflicht der Gesellschaft**, die anstelle der für kraftlos erklärten Aktien ausgegebenen neuen Aktien zu verwerten. Dieser Pflicht ist **unverzüglich** nachzukommen (BGH AG 1992, 27, 28). Eine verspätete Verwertung kann zu einer Haftung gem. §§ 823 Abs. 2, 31 BGB führen, insbesondere bei aufgrund der Verzögerung eintretenden Kursverlusten (*Hüffer* AktG, § 226 Rn. 14; KölnKomm AktG/*Lutter* § 226 Rn. 26; GroßkommAktG/*Schilling* § 226 Rn. 24). Die Regelung gilt indes nicht für Aktien, die der Berechtigte der Gesellschaft freiwillig zu Verwertung überlassen hat; solche Aktien können freihändig veräußert oder nach § 226 AktG verwertet werden. Abs. 3 bestimmt die weiteren Einzelheiten der Verwertung. Es gilt **Auftragsrecht** (§§ 626 ff. BGB; KölnKomm AktG/*Lutter* § 226 Rn. 25 f.; MünchHdb GesR IV/*Krieger* § 60 Rn. 53). Die Gesellschaft ist nach Verwertung verpflichtet, den **Erlös** an die Berechtigten **auszuzahlen**. Bei der Auskehrung des Erlöses sind Gläubigerschutzvorschriften nicht zu beachten, auch nicht die Sperrfrist des § 225 Abs. 2 S. 1 AktG, da es sich um gebundenes Vermögen handelt (*Hüffer* AktG, § 226 Rn. 16; KölnKomm AktG/*Lutter* § 226 Rn. 25). Für unverwertbare Spitzen ist eine Barabfindung zu leisten (*Hüffer* AktG, § 226 Rn. 15). 10

§ 227 Anmeldung der Durchführung

(1) Der Vorstand hat die Durchführung der Herabsetzung des Grundkapitals zur Eintragung in das Handelsregister anzumelden.

(2) Anmeldung und Eintragung der Durchführung der Herabsetzung des Grundkapitals können mit Anmeldung und Eintragung des Beschlusses über die Herabsetzung verbunden werden.

A. Allgemeines

Die Eintragung der Durchführung der Kapitalherabsetzung hat nur **deklaratorischen Charakter** (vgl. auch § 224 AktG Rn. 1). Die Anmeldung erfolgt anders als die des Herabsetzungsbeschlusses nur durch den Vorstand. Von diesem Anmeldeverfahren zu unterscheiden ist die Anmeldung und Eintragung der formellen Satzungsänderung (vgl. § 223 AktG Rn. 1). 1

B. Begriff der Durchführung

Die Kapitalherabsetzung ist durchgeführt, wenn die Höhe des neuen Grundkapitals und die Summe der geringsten Ausgabebeträge einander angepasst sind (*Hüffer* AktG, § 227 Rn. 2; MüKo AktG/*Oechsler* § 227 Rn. 2). Eine Kapitalherabsetzung durch Änderung der Aktiennennbeträge (§ 222 Abs. 4 S. 1 AktG) bedarf keiner Durchführung, vielmehr gilt mit Eintragung des Herabsetzungsbeschlusses der neue Nennbetrag (vgl. § 224 AktG Rn. 4). Bei der Kapitalherabsetzung durch Zusammenlegung von Aktien ist hingegen die **förmliche Zusammenlegungsentscheidung** sowie ggf. die **Kraftloserklärung alter Aktien** nach § 226 AktG erforderlich (*Hüffer* AktG, § 227 Rn. 2; KölnKomm AktG/*Lutter* § 227 Rn. 3; GroßkommAktG/*Schilling* § 227 Rn. 4; KG KGJ 34 A, 145, 148 genügt wohl Kraftloserklärung). Nicht zur Durchführung gehören hingegen die Ausgabe neuer oder die Berichtigung alter Aktienurkunden (KG KGJ 34 A 145, 148; MüKo AktG/*Oechsler* § 227 Rn. 3; a. A. *Kralik* DJ 1941, 245, 249) sowie die Verwertung gem. § 226 Abs. 3 AktG (*Hüffer* AktG, § 227 Rn. 3; KölnKomm AktG/*Lutter* § 227 Rn. 4) oder die Beachtung der Gläubigerschutzvorschrift des § 225 AktG (KG KGJ 34 A 145, 148; *Hüffer* AktG, § 227 Rn. 3 m. w. N.). 2

C. Anmeldung

3 Die Anmeldung ist an das Amtsgericht des Satzungssitzes zu richten und hat in **öffentlich-beglaubigter Form** (§ 12 Abs. 1 HGB) zu erfolgen. Urkunden sind nicht beizufügen (*Hüffer* AktG, § 227 Rn. 4 m. w. N.).

4 Der Vorstand handelt im Namen der Gesellschaft. Ausreichend ist, die Mitwirkung einer vertretungsberechtigten Zahl von Vorstandsmitgliedern (*Hüffer* AktG, § 227 Rn. 5; KG KGJ 41 A, 134, 135). Auch unechte Gesamtvertretung i. S. v. § 78 Abs. 3 AktG ist zulässig (vgl. zur unechten Gesamtvertretung § 78 Rn. 15 ff.; KG JW 1938, 3121; KölnKomm AktG/*Lutter* § 227 Rn. 5), ebenso die Anmeldung durch bevollmächtigte Dritte unter Beachtung der Formvorschrift des § 12 Abs. 2 S. 1 HGB (*Hüffer* AktG, § 227 Rn. 5).

5 Das Gericht ist zur **formellen und materiellen Prüfung** der Anmeldung berechtigt und verpflichtet. Die materielle Prüfung betrifft die Frage, ob die Kapitalherabsetzung ordnungsgemäß durchgeführt wurde (KG JW 1926, 29, 30; MünchHdb GesR IV/*Krieger* § 60 Rn. 58).

6 Die Anmeldung der Durchführung der Kapitalherabsetzung darf mit der Anmeldung des Herabsetzungsbeschlusses **verbunden** werden. Wegen der erforderlichen Durchführungshandlungen ist dies allerdings nur bei der Kapitalherabsetzung durch Herabsetzung der Aktiennennbeträge möglich, da die Kapitalherabsetzung durch Zusammenlegung von Aktien weitere Durchführungsmaßnahmen erfordert, die die Wirksamkeit der Kapitalherabsetzung voraussetzen (*Hüffer* AktG, § 227 Rn. 8; MünchHdb GesR IV/*Krieger* § 60 Rn. 57; a. A. Keidel/Krafka/Willer/*Schmatz/Stöber* RegisterR 1991 Rn. 462 i. V. m. Fn. 136).

§ 228 Herabsetzung unter den Mindestnennbetrag

(1) Das Grundkapital kann unter den in § 7 bestimmten Mindestnennbetrag herabgesetzt werden, wenn dieser durch eine Kapitalerhöhung wieder erreicht wird, die zugleich mit der Kapitalherabsetzung beschlossen ist und bei der Sacheinlagen nicht festgesetzt sind.

(2) [1]Die Beschlüsse sind nichtig, wenn sie und die Durchführung der Erhöhung nicht binnen sechs Monaten nach der Beschlussfassung in das Handelsregister eingetragen worden sind. [2]Der Lauf der Frist ist gehemmt, solange eine Anfechtungs- oder Nichtigkeitsklage rechthängig ist oder eine zur Kapitalherabsetzung oder Kapitalerhöhung beantragte staatliche Genehmigung noch nicht erteilt ist. [3]Die Beschlüsse und die Durchführung der Erhöhung des Grundkapitals sollen nur zusammen in das Handelsregister eingetragen werden.

A. Regelungsgegenstand und -zweck

1 § 228 AktG bestimmt eine **Ausnahme von § 7 AktG**, der grds. auch bei der Kapitalherabsetzung zu beachten ist. Es soll die Sanierung erleichtert werden, indem mit der Kapitalherabsetzung unter den Mindestnennbetrag erlaubt wird, eine Unterbilanz in voller Höhe zu beseitigen. Der Anwendungsbereich beschränkt sich allerdings nicht auf Sanierungsfälle, sondern gilt kraft Verweisung in § 229 Abs. 3 AktG auch für die vereinfachte Kapitalherabsetzung (*Hüffer* AktG, § 228 Rn. 1; GroßkommAktG/*Schilling* § 228 Rn. 3).

2 § 228 AktG ergänzt die allgemeinen Vorschriften über die Kapitalherabsetzung und Kapitalerhöhung, so dass §§ 222 ff., 182 ff. AktG ergänzend gelten.

B. Unterschreiten des Mindestnennbetrages, Abs. 1

3 Unter den Voraussetzungen des Abs. 1 kann das Grundkapital für eine logische Sekunde unter den Mindestnennbetrag (§ 7 AktG) herabgesetzt werden. Die Kapitalherabsetzung ist bis auf Null möglich, d. h. es muss **kein Restkapital** übrigbleiben (BGHZ 119, 305, 319 f., 142, 167, 169 f.; LG Koblenz AG 1996, 282).

Ein Unterschreiten des Mindestnennbetrages gem. § 7 AktG durch Kapitalherabsetzung darf **nur gleichzeitig mit einer Kapitalerhöhung** beschlossen werden, mit welcher der Mindestnennbetrag wieder erreicht oder überschritten wird. Zwei separate Beschlüsse sind zulässig, sofern sie in derselben Hauptversammlung gefasst werden (MüKo AktG/*Oechsler* § 228 Rn. 4; *Hüffer* AktG, § 228 Rn. 2; MünchHdb GesR IV/*Krieger* § 60 Rn. 9). 4

Die Kapitalerhöhung muss **unbedingt und unbefristet** sein und **gegen Bareinlagen** erfolgen. In Betracht kommt ausschließlich die reguläre Kapitalerhöhung gem. § 182 AktG (*Hüffer* AktG, § 228 Rn. 2 f.). Sobald der zum Erreichen des Mindestnennbetrages erforderliche Liquiditätszufluss sichergestellt ist, kann im Erhöhungsbeschluss darüber hinaus auch eine Sacheinlage festgesetzt werden (KölnKomm AktG/*Lutter* § 228 Rn. 7; GroßkommAktG/*Schilling* § 228 Rn. 6; *Hüffer* AktG, § 228 Rn. 3; MünchHdb GesR IV/*Krieger* § 60 Rn. 9). 5

Ein **Verstoß gegen Abs. 1** beinhaltet gleichzeitig einen Verstoß gegen § 7 AktG und führt zur **Nichtigkeit** des Kapitalherabsetzungsbeschlusses gem. § 241 Nr. 3 AktG. Erfolgt die Eintragung im Handelsregister dennoch, ist Heilung nach § 242 Abs. 2 AktG möglich. Die Nichtigkeit des Kapitalherabsetzungsbeschlusses begründet über § 139 BGB gleichzeitig auch die Nichtigkeit des Kapitalerhöhungsbeschlusses. Mit einer Heilung des Herabsetzungsbeschlusses wird auch der Kapitalerhöhungsbeschluss geheilt. Bis dahin muss das Registergericht eine Löschung nach §§ 144 Abs. 2, 142, 143 FGG von Amts wegen vornehmen (*Hüffer* AktG, § 228 Rn. 4; KölnKomm AktG/*Lutter* § 228 Rn. 13; MüKo AktG/*Oechsler* § 228 Rn. 9). 6

C. Eintragungsverfahren, Abs. 2

Der Kapitalherabsetzungsbeschluss und der Kapitalerhöhungsbeschluss sind **nichtig**, wenn sie und die Durchführung der Erhöhung nicht **innerhalb von sechs Monaten** nach der Beschlussfassung in das Handelsregister eingetragen worden sind. Erfolgt eine der drei Eintragungen (§§ 224, 184, 188 AktG) nicht rechtzeitig, so sind beide Beschlüsse nichtig oder unwirksam. Etwaige Durchführungsmaßnahmen haben keinen Bestand. Einlageleistungen können nach §§ 812 ff. BGB zurückverlangt werden (*Hüffer* AktG, § 228 Rn. 5; KölnKomm AktG/*Lutter* § 228 Rn. 14). Für die Fristberechnung gelten §§ 187 Abs. 1, 188 BGB, wobei die 6-Monats-Frist mit dem Tag der Beschlussfassung beginnt. Die Frist wird nur durch Eintragung gewahrt; die rechtzeitige Anmeldung genügt nicht. Trägt das Registergericht dennoch ein, ist Heilung gem. § 242 Abs. 3 AktG entsprechend § 242 Abs. 2 AktG möglich (*Hüffer* AktG, § 228 Rn. 5; MüKo AktG/*Oechsler* § 228 Rn. 11). Abs. 2 S. 2 enthält Tatbestände, die denen die 6-Monats-Frist gehemmt ist. Die Rechtswirkungen der Hemmung bestimmen sich nach § 209 BGB. Zum Zeitpunkt der Rechtshängigkeit einer Anfechtungs- oder Nichtigkeitsklage vgl. §§ 261, 253 ZPO. 7

Kapitalherabsetzungsbeschluss, Kapitalerhöhungsbeschluss und Durchführung der Kapitalerhöhung sollen **nur zusammen** in das Handelsregister **eingetragen werden**. Ein Verstoß gegen die Vorschrift des § 228 Abs. 2 S. 3 AktG berührt indes die Wirksamkeit nicht (*Hüffer* AktG, § 229 Rn. 8; MüKo AktG/*Oechsler* § 228 Rn. 15; MünchHdb GesR IV/*Krieger* § 60 Rn. 9). Liegen nicht alle drei Anmeldungen vor oder sind sie (teilweise) nicht ordnungsgemäß, ist nach Zwischenverfügung die Eintragung abzulehnen. 8

Zweiter Unterabschnitt. Vereinfachte Kapitalherabsetzung

§ 229 Voraussetzungen

(1) [1]Eine Herabsetzung des Grundkapitals, die dazu dienen soll, Wertminderungen auszugleichen, sonstige Verluste zu decken oder Beträge in die Kapitalrücklage einzustellen, kann in vereinfachter Form vorgenommen werden. [2]Im Beschluß ist festzusetzen, daß die Herabsetzung zu diesen Zwecken stattfindet.

(2) [1]Die vereinfachte Kapitalherabsetzung ist nur zulässig, nachdem der Teil der gesetzlichen Rücklage und der Kapitalrücklage, um den diese zusammen über zehn vom Hundert des nach der Herabsetzung verbleibenden Grundkapitals hinausgehen, sowie die Gewinnrücklagen vorweg aufgelöst sind. [2]Sie ist nicht zulässig, solange ein Gewinnvortrag vorhanden ist.

(3) § 222 Abs. 1, 2 und 4, §§ 223, 224, 226 bis 228 über die ordentliche Kapitalherabsetzung gelten sinngemäß.

Übersicht:

A. Allgemeines

I. Regelungsgegenstand und -zweck

1 Die vereinfachte Kapitalherabsetzung ist lediglich **zu Sanierungszwecken** zulässig. I. d. R. wird sie dieserhalb mit einer Kapitalerhöhung verbunden, um der Gesellschaft neue Mittel zuzuführen. Die vereinfachte Kapitalerhöhung bewirkt eine **bloße Buchsanierung**, also die Beseitigung einer Unterbilanz (*K. Schmidt* ZGR 1982, 519, 520 m. w. N.). Insoweit hat sie den größeren praktischen Anwendungsbereich als die ordentliche Kapitalherabsetzung gem. §§ 222 ff. AktG, da der Gläubigerschutz stark abgeschwächt ist, insbesondere § 225 AktG nicht greift. Zum Schutz der Gläubiger ist lediglich die Auszahlung der durch die Kapitalherabsetzung frei gewordenen Mittel an die Aktionäre verboten, ebenso eine Erleichterung der Einlagepflicht. Des Weiteren gelten Einschränkungen für die Gewinnverteilung (*Hüffer* AktG, § 229 Rn. 2 f.).

II. Verfahren mit Kapitalerhöhung verbundener einfacher Kapitalherabsetzung

2 Um die Vorteile der §§ 234, 235 AktG zu nutzen, wird die vereinfachte Kapitalherabsetzung i. d. R. mit einer **ordentlichen Kapitalerhöhung** (§ 182 AktG) **verbunden**. Das Verfahren beginnt mit der Zeichnung der neuen Aktien gegen Bareinlagen (§ 185 AktG) sowie die Einzahlung des gesetzlichen Mindestbetrages gem. §§ 36 Abs. 2, 36 a, 188 Abs. 2 AktG (§ 235 Abs. 1 S. 2 und 3 AktG). Erst danach kann über die vereinfachte Kapitalherabsetzung, die ordentliche Kapitalerhöhung, die Feststellung des Jahresabschlusses sowie eine ergänzende Satzungsänderung Beschluss gefasst werden. Kapitalherabsetzungsbeschluss, Kapitalerhöhungsbeschluss sowie Durchführung der Kapitalerhöhung sind alsdann gleichzeitig und gemeinsam von Vorstand und Aufsichtsratsvorsitzendem innerhalb von drei Monaten zur Eintragung in das Handelsregister anzumelden. Mit der Eintragung im Handelsregister werden die vereinfachte Kapitalhe-

rabsetzung und die ordentliche Kapitalerhöhung wirksam. Kapital und Rücklagen werden bereits im Jahresabschluss für das letzte vor der Beschlussfassung abgelaufene Geschäftsjahr in neuer Höhe ausgewiesen (§§ 234 Abs. 1, 235 Abs. 1 AktG). Soweit Durchführungsmaßnahmen erforderlich sind, hat der Vorstand diese vorzunehmen und die Durchführung alsdann zur Eintragung in das Handelsregister anzumelden (§§ 227 Abs. 1, 229 Abs. 3 AktG).

B. Zulässige Zwecke, Abs. 1

Die vereinfachte Kapitalherabsetzung ist nur zu den in Abs. 1 S. 1 genannten Zwecken zulässig. 3
Die Zwecke können auch nebeneinander verfolgt werden (MüKo AktG/*Oechsler* § 229 Rn. 13; *Hüffer* AktG, § 229 Rn. 6; MünchHdb GesR IV/*Krieger* § 61 Rn. 5). Der Hauptversammlungsbeschluss muss bestimmen oder zumindest bestimmbar festsetzen, welcher Teil des Herabsetzungsbetrages auf welchen Zweck entfällt (*Terbrack* RNotZ 2003, 89, 100 f.; *Happ/Tielmann* AktienR, Ziff. 14.02 Rn. 5). Der Zweck kann nur von der Hauptversammlung bestimmt werden; eine Ermächtigung des Vorstands zur Zweckbestimmung ist unzulässig (KölnKomm AktG/*Lutter* § 229 Rn. 22, MüKo AktG/*Oechsler* § 229 Rn. 13; *Hüffer* AktG, § 229 Rn. 10).

I. Wertminderungsausgleich und Verlustdeckung

Zweck der vereinfachten Kapitalherabsetzung kann der **Ausgleich von Verlusten** sein. Der Be- 4
griff der Wertminderung ist vom Oberbegriff des Verlustes erfasst (*Hüffer* AktG, § 229 Rn. 7). Unerheblich ist die Ursache, auf der der Verlust beruht (MüKo AktG/*Oechsler* § 229 Rn. 21; *Hüffer* AktG, § 229 Rn. 7; *Geißler* NZG 2000, 719, 721). Eine Unterbilanz ist nicht erforderlich (GroßkommAktG/*Schilling* § 229 Rn. 2; *Hüffer* AktG, § 229 Rn. 7). Unstreitig muss der Verlust nicht einmal durch eine besondere Bilanz festgestellt werden; erforderlich ist ein **bilanzieller Verlust** in dem Sinne, dass er sich nach den für die Jahresbilanz geltenden Grundsätzen ergibt, so dass eine vom Vorstand in eigener Verantwortung aufgestellte Zwischenbilanz zur Feststellung genügt (*Hirte* FS Claussen 1997, 115, 118; *Lutter/Hommelhoff/Timm* BB 1980, 737, 740). Der bilanzielle Verlust muss grds. im Zeitpunkt der Beschlussfassung bestehen. Über § 249 Abs. 1 HGB werden aber auch drohende Verluste erfasst, die sich noch nicht realisiert haben (BGHZ 119, 305, 321; MüKo AktG/*Oechsler* § 229 Rn. 20; MünchHdb GesR IV/*Krieger* § 61 Rn. 26). Voraussetzung ist weiter eine **Nachhaltigkeit der Verluste**, so dass nach kaufmännischen Grundsätzen bei gewissenhafter Prognose eine dauernde Herabsetzung des Grundkapitals angezeigt ist (OLG Frankfurt AG 1989, 207, 208; GroßkommAktG/*Schilling* § 229 Rn. 2; *Hüffer* AktG, § 229 Rn. 8). Liegt kein Verlust i. S. d. § 229 Abs. 1 S. 1 AktG vor, ist der Kapitalherabsetzungsbeschluss anfechtbar (*Hüffer* AktG, § 229 Rn. 8).

Aus dem Zweck der Verlustdeckung ergibt sich entsprechend der maximale Herabsetzungsbe- 5
trag, wobei bei der Berechnung des zur Verlustdeckung erforderlichen Betrages die Pflicht zur vorherigen Auflösung der Rücklagen und ein Gewinnvortrag gem. § 229 Abs. 2 AktG zu berücksichtigen sind (*Hüffer* AktG, § 229 Rn. 16; KölnKomm AktG/*Lutter* § 229 Rn. 16).

II. Einstellung in die Kapitalrücklage

Die vereinfachte Kapitalherabsetzung kann auch zur Einstellung von Beträgen in die Kapital- 6
rücklage dienen. Kapitalrücklage meint den Bilanzposten i. S. v. § 266 Abs. 3 A II HGB, so dass eine Umbuchung auf der Passivseite erfolgt. Bei dieser Variante müssen Verluste nicht bestehen oder konkret erwartet werden, da sie der Vorsorge vor Verlusten dient (KölnKomm AktG/*Lutter* § 229 Rn. 18; MünchHdb GesR IV/*Krieger* § 61 Rn. 7; *Geißler* NZG 2000, 719, 721). Die Rücklagenbildung ist nur in den Grenzen des § 231 AktG zulässig (*Hüffer* AktG, § 229 Rn. 9).

C. Eigenkapitalvoraussetzungen, Abs. 2

Abs. 2 bestimmt, dass die vereinfachte Kapitalherabsetzung nur **nach Erschöpfung** anderer, die 7
Mindestreserve übersteigender Eigenkapitalposten zulässig ist, und dokumentiert damit den **Sanierungscharakter** der vereinfachten Kapitalherabsetzung. Die vereinfachte Kapitalherabset-

zung zur Verlustdeckung ist entsprechend erst dann zulässig, wenn zuvor die gesetzliche Rücklage, die Kapitalrücklage und die Gewinnrücklagen zumindest teilweise aufgelöst sind und dadurch verfügbar werdende Mittel eingesetzt werden. Die Kapitalherabsetzung zur Einstellung von Beträgen in die Kapitalrücklage ist nicht möglich, solange Mittel durch Auflösung anderer Gewinnrücklagen freigesetzt werden können. Nicht aufgelöst werden müssen stille Reserven, Sonderposten mit Rücklagenanteil gem. §§ 247 Abs. 3, 273 HGB und Rückstellungen i. S. v. § 266 Abs. 3 B HGB (OLG Frankfurt AG 1989, 207, 208). Die Auflösung der Rücklagen erfolgt grds. durch entsprechende Umbuchungen; ein Hauptversammlungsbeschluss ist nur erforderlich, wenn die Auflösung der Rücklagen der Hauptversammlung vorbehalten ist (z. B. satzungsmäßige Rücklagen, Gewinnvortrag); in diesem Falle ist der Auflösungsbeschluss in der gleichen Hauptversammlung vor dem Beschluss über die vereinfachte Kapitalherabsetzung zu fassen (*Hüffer* AktG, § 229 Rn. 12; MünchHdb GesR IV/*Krieger* § 61 Rn. 12). Ein Verstoß gegen § 229 Abs. 2 AktG führt zur Anfechtbarkeit des Beschlusses (*Hüffer* AktG, § 229 Rn. 12).

I. Gesetzliche Rücklage und Kapitalrücklage

8 Mit gesetzlicher Rücklage und Kapitalrücklage sind die **Bilanzposten** i. S. v. § 266 Abs. 3 A II und III Nr. 1 HGB gemeint. Diese müssen nicht in voller Höhe aufgelöst werden, sondern dürfen in Höhe von bis zu 10 % des Grundkapitals, das nach beabsichtigter Kapitalherabsetzung bestehen wird, bestehen bleiben. Unberücksichtigt bleibt bei der Berechnung eine evtl. mit der Kapitalherabsetzung verbundene Kapitalerhöhung (MüKo AktG/*Oechsler* § 229 Rn. 36; *Hüffer* AktG, § 229 Rn. 13). Eine Ausnahme gilt, wenn beabsichtigt ist, den Mindestnennbetrag des Grundkapitals gem. § 7 AktG zu unterschreiten; nach wohl h. M. ist in diesem Falle entsprechend § 231 S. 2 AktG von dem in § 7 AktG bestimmten gesetzlichen Mindestnennbetrag auszugehen, nicht von der den Mindestnennbetrag unterschreitenden Grundkapitalziffer (*Hüffer* AktG, § 229 Rn. 13; MüKo AktG/*Oechsler* § 229 Rn. 36; MünchHdb GesR IV/*Krieger* § 61 Rn. 9).

9 Für die Auflösung der gesetzlichen Rücklage und der Kapitalrücklage bedarf es keines förmlich festgestellten Jahresabschlusses, der den Verlustvortrag oder Jahresfehlbetrag ausweist (MünchHdb GesR IV/*Krieger* § 229 Rn. 11; *Lutter/Hommelhoff/Timm* BB 1980, 737, 740 f.; a. A. *v. Godin/Wilhelmi* § 229 Rn. 5).

II. Gewinnrücklagen

10 Der Begriff der Gewinnrücklagen erfasst die sog. **anderen Gewinnrücklagen** i. S. d. § 266 Abs. 3 A III Nr. 4 HGB und nach wohl h. M. auch die satzungsmäßigen Rücklagen i. S. v. Nr. 3 (KölnKomm AktG/*Lutter* § 229 Rn. 27; *Hüffer* AktG, § 229 Rn. 14; MünchHdb GesR IV/*Krieger* § 61 Rn. 10). Da die gesetzliche Rücklage und die Rücklage für eigene Anteile i. S. v. § 266 Abs. 3 A III Nr. 1 und 2 HGB nur unter engen Voraussetzungen aufgelöst werden können, sind sie vom Wortlaut des Abs. 2 S. 1 nicht erfasst (*Hüffer* AktG, § 229 Rn. 14; MüKo AktG/*Oechsler* § 229 Rn. 38 f.).

III. Gewinnvortrag

11 Die vereinfachte Kapitalherabsetzung ist nicht zulässig, solange ein Gewinnvortrag i. S. d. § 266 Abs. 3 A IV HGB vorhanden ist. Ggf. ist ein Verwendungsbeschluss durch die Hauptversammlung vor dem Kapitalherabsetzungsbeschluss zu fassen (*Hüffer* AktG, § 229 Rn. 15).

D. Anwendbarkeit der Vorschriften über die ordentliche Kapitalherabsetzung, Abs. 3

12 Über den Verweis in Abs. 3 gelten die Vorschriften über die ordentliche Kapitalherabsetzung für die vereinfachte Kapitalherabsetzung sinngemäß, mit Ausnahme von § 222 Abs. 3 AktG, für den Abs. 1 eine Spezialregelung enthält, sowie mit Ausnahme der Gläubigervorschrift des § 225 AktG, die durch §§ 229 Abs. 2, 230 ff. AktG, insbesondere § 233 AktG ersetzt wird (*Hüffer* AktG, § 229 Rn. 17). Wichtig ist insbesondere die Anwendbarkeit von § 222 Abs. 1 AktG, wonach die Kapitalherabsetzung eine von der Hauptversammlung zu beschließende Satzungsänderung dar-

stellt, so dass der Beschluss einer **Kapitalmehrheit von 3/4** des bei der Beschlussfassung vertretenen Grundkapitals und der **einfachen Stimmenmehrheit** des § 133 Abs. 1 AktG bedarf. Darüber hinaus kann gem. § 222 Abs. 2 AktG ein Sonderbeschluss der Gattungsaktionäre erforderlich werden. Entsprechend § 222 Abs. 4 AktG kann das Grundkapital nur durch Herabsetzung des Nennbetrags der Aktien oder, wenn das nicht möglich ist, durch Zusammenlegung der Aktien herabgesetzt werden. Der Kapitalherabsetzungsbeschluss ist gem. § 223 AktG zur Eintragung in das Handelsregister anzumelden. Die Kapitalherabsetzung wird gem. § 224 AktG mit Eintragung in das Handelsregister wirksam.

§ 230 Verbot von Zahlungen an die Aktionäre

[1]Die Beträge, die aus der Auflösung der Kapital- oder Gewinnrücklagen und aus der Kapitalherabsetzung gewonnen werden, dürfen nicht zu Zahlungen an die Aktionäre und nicht dazu verwandt werden, die Aktionäre von der Verpflichtung zur Leistung von Einlagen zu befreien. [2]Sie dürfen nur verwandt werden, um Wertminderungen auszugleichen, sonstige Verluste zu decken und Beträge in die Kapitalrücklage oder in die gesetzliche Rücklage einzustellen. [3]Auch eine Verwendung zu einem dieser Zwecke ist nur zulässig, soweit sie im Beschluß als Zweck der Herabsetzung angegeben ist.

A. Zahlungsverbot

Das Zahlungsverbot in S. 1 dient dem **Schutz der Gesellschaftsgläubiger** und erfasst in erster Linie die aus der Kapitalherabsetzung gewonnen Beträge, darüber hinaus aber auch die durch Auflösung der Kapital- oder Gewinnrücklagen gewonnenen Beträge (§ 229 Abs. 2 AktG). Nach zutr. Meinung ist auch der nicht explizit genannte Gewinnvortrag erfasst (*Hüffer* AktG, § 230 Rn. 2; KölnKomm AktG/*Lutter* § 230 Rn. 10; MünchHdb GesR IV/*Krieger* § 61 Rn. 20). 1

Die von § 230 AktG erfassten Beträge dürfen weder zu Zahlungen an die Aktionäre noch dazu verwandt werden, die Aktionäre von der Verpflichtung zur Leistung der Einlagen zu befreien. Das Verbot ist **zeitlich unbeschränkt** und ohne jede Ausnahme. Die Ausschüttung ist in jeder, insbes. auch in verdeckter Form oder in Form der Zahlung einer Dividende aus gebundenen Beträgen verboten. Auszahlungen dürfen nur aus regulär erwirtschaftetem Gewinn erfolgen; insoweit ist jedoch § 233 AktG zu beachten (*Hüffer* AktG, § 230 Rn. 3; MüKo AktG/*Oechlser* § 230 Rn. 8; KölnKomm AktG/*Lutter* § 230 Rn. 18). Erlaubt sind allerdings Zahlungen aufgrund eines anderen Rechtsverhältnisses, soweit darin keine verdeckte Einlagenrückgewähr i. S. d. § 57 AktG zu sehen ist (*Hüffer* AktG, § 230 Rn. 3). 2

B. Verwendungsbindung

Die in S. 2 enthaltene **Zweckbindung** dient dem **Schutz der Aktionäre** und erlaubt keinen Ermessenspielraum für die Verwaltung zur Verwendung der durch die Kapitalherabsetzung frei gewordenen Beträge. Kann der Vorstand den Herabsetzungsbetrag nicht in vollem Umfang zweckgerichtet verwenden, etwa weil ein Verlust nicht in der angenommenen Höhe eingetreten ist, so ist der Unterschiedsbetrag gem. § 232 AktG in die Kapitalrücklage einzustellen (*Hüffer* AktG, § 230 Rn. 6). 3

C. Rechtsfolgen des Verstoßes

Aktionäre, die § 230 AktG zuwider Zahlungen empfangen haben, haften nach § 62 AktG. Ein Einlagenerlass ist nach § 134 BGB i. V. m. § 230 S. 1 AktG nichtig. Auch ein Jahresabschluss, der Beträge entgegen § 230 S. 1 AktG als Gewinn ausweist, ist gem. § 256 Abs. 1 Nr. 1 AktG nichtig; gleiches gilt für einen darauf aufbauenden Gewinnverwendungsbeschluss gem. §§ 241 Nr. 3, 253 Abs. 1 S. 1 AktG (*Hüffer* AktG, § 230 Rn. 4). 4

5 Eine **zweckwidrige Einstellung** in die Bilanz macht den Jahresabschluss zwar fehlerhaft, jedoch weder nichtig noch anfechtbar i. S. d. §§ 256, 257 AktG (*Hüffer* AktG, § 230 Rn. 7).

6 Im Falle eines **Verstoßes** gegen § 230 AktG haften die Verwaltungsmitglieder nach §§ 93, 116 AktG.

§ 231 Beschränkte Einstellung in die Kapitalrücklage und in die gesetzliche Rücklage

[1]Die Einstellung der Beträge, die aus der Auflösung von anderen Gewinnrücklagen gewonnen werden, in die gesetzliche Rücklage und der Beträge, die aus der Kapitalherabsetzung gewonnen werden, in die Kapitalrücklage ist nur zulässig, soweit die Kapitalrücklage und die gesetzliche Rücklage zusammen zehn vom Hundert des Grundkapitals nicht übersteigen. [2]Als Grundkapital gilt dabei der Nennbetrag, der sich durch die Herabsetzung ergibt, mindestens aber der in § 7 bestimmte Mindestnennbetrag. [3]Bei der Bemessung der zulässigen Höhe bleiben Beträge, die in der Zeit nach der Beschlußfassung über die Kapitalherabsetzung in die Kapitalrücklage einzustellen sind, auch dann außer Betracht, wenn ihre Zahlung auf einem Beschluß beruht, der zugleich mit dem Beschluß über die Kapitalherabsetzung gefaßt wird.

A. Beschränkung der Rücklagendotierung

1 § 231 AktG beschränkt die Dotierung der Kapitalrücklage als Zweck der vereinfachten Kapitalherabsetzung auf maximal 10 % des Grundkapitals. Die Vorschrift bezweckt in erster Linie den **Schutz der Aktionäre** vor einem Eingriff in ihre Mitgliedschaft. Nicht betroffen ist die vereinfachte Kapitalherabsetzung zum Zwecke der Verlustdeckung, wenn die Verluste zu hoch angenommen wurden; für diesen Fall verbleibt es bei § 232 AktG (*Hüffer* AktG, § 231 Rn. 1). § 231 AktG betrifft vielmehr die **Umbuchung zwischen den Eigenkapitalkonten**, und zwar von den anderen Gewinnrücklagen i. S. v. § 266 Abs. 3 A III Nr. 4 HGB in die gesetzliche Rücklage i. S. v. § 266 Abs. 3 A III Nr. 1 HGB (1. Alt.) sowie vom gezeichneten oder Grundkapital i. S. d. § 266 Abs. 3 A I HGB in die Kapitalrücklage i. S. v. § 266 Abs. 3 A II HGB (2. Alt.). Eine solche Umbuchung darf nur erfolgen, wenn sie zwischen den Rücklagekonten erfolgt und soweit die Summe aus gesetzlicher Rücklage und Kapitalrücklage 10 % des Grundkapitals nicht übersteigt.

2 Auch wenn der Wortlaut des S. 1 nur die anderen Gewinnrücklagen (§ 266 Abs. 3 A III Nr. 4 HGB) umfasst, sind die satzungsmäßigen Rücklagen (§ 266 Abs. 3 A III Nr. 3 HGB) ebenso zu behandeln, also zu Gunsten der gesetzlichen Rücklage aufzulösen und damit bei der Berechnung des maximalen Kapitalherabsetzungsbetrages zu beachten.

3 S. 2 bestimmt, dass maßgeblich für die Bestimmung der Grundkapitalziffer diejenige ist, die sich durch die beabsichtigte Kapitalherabsetzung ergibt. Die **10 %-Grenze** ist also anhand des **künftig herabgesetzten Kapitals** zu berechnen. Soweit durch die beabsichtigte Kapitalherabsetzung der Mindestnennbetrag gem. § 7 AktG unterschritten wird, gilt allerdings ausnahmsweise der Mindestnennbetrag von € 50.000,–. Unberücksichtigt bleibt eine evtl. mit der Kapitalherabsetzung verbundene Kapitalerhöhung (*Hüffer* AktG, § 231 Rn. 5; MüKo AktG/*Oechsler* § 231 Rn. 7; KölnKomm AktG/*Lutter* § 231 Rn. 5; MünchHdb GesR IV/*Krieger* § 60 Rn. 15).

4 Unberücksichtigt bleiben Beträge, die nach der Beschlussfassung der Hauptversammlung über die Kapitalherabsetzung in die Kapitalrücklage einzubuchen sind, und zwar selbst dann, wenn sie durch einen gleichzeitig gefassten Beschluss veranlasst sind. Beispiel ist ein etwa im Zusammenhang mit einer gleichzeitig mit der Kapitalherabsetzung beschlossenen Kapitalerhöhung zu zahlendes Agio (*Hüffer* AktG, § 231 Rn. 6).

B. Rechtsfolgen des Verstoßes

Ein Verstoß gegen § 231 AktG führt zur **Anfechtbarkeit** des Kapitalherabsetzungsbeschlusses. 5
Da Dritte nicht betroffen sind, darf das Registergericht den Kapitalherabsetzungsbeschluss auch im Falle eines Verstoßes gegen § 231 AktG eintragen, wenn eine Anfechtung nicht erfolgt. Überschießende Beträge sind wegen Verstoßes nicht gem. § 231 S. 1 AktG, aber analog § 232 AktG in die Kapitalrücklage einzustellen; eine Auszahlung an die Aktionäre ist gem. § 230 S. 1 AktG nicht möglich (*Hüffer* AktG, § 231 Rn. 7 m. w. N.).

§ 232 Einstellung von Beträgen in die Kapitalrücklage bei zu hoch angenommenen Verlusten

Ergibt sich bei Aufstellung der Jahresbilanz für das Geschäftsjahr, in dem der Beschluß über die Kapitalherabsetzung gefaßt wurde, oder für eines der beiden folgenden Geschäftsjahre, daß Wertminderungen und sonstige Verluste in der bei der Beschlussfassung angenommenen Höhe tatsächlich nicht eingetreten oder ausgeglichen waren, so ist der Unterschiedsbetrag in die Kapitalrücklage einzustellen.

A. Zu hoch angenommene Verluste

Ist im Rahmen der vereinfachten Kapitalherabsetzung ein die tatsächlichen Verluste übersteigen- 1
der Herabsetzungsbetrag festgesetzt worden, so ist der Differenzbetrag in die Kapitalrücklage einzustellen. § 232 AktG dient dem **Gläubigerschutz** (BGHZ 119, 305, 322 m. w. N.). Die Regelung betrifft nur die vereinfachte Kapitalherabsetzung zur Verlustdeckung einschließlich des Ausgleichs von Wertminderungen, nicht aber die Kapitalherabsetzung zum Zweck der Dotierung der Kapitalrücklage. Allerdings ist eine analoge Anwendung geboten, wenn der Kapitalherabsetzungsbetrag zwecks Dotierung der Kapitalrücklage höher festgesetzt wurde, als nach § 231 AktG zulässig (KölnKomm AktG/*Lutter* § 232 Rn. 12 und § 231 Rn. 7; GroßkommAktG/*Schilling* § 231 Rn. 5; *Hüffer* AktG, § 232 Rn. 8; MünchHdb GesR IV/*Krieger* § 61 Rn. 27).

Ob ein in die Kapitalrücklage einzustellender **Unterschiedsbetrag** besteht, wird auf Basis einer 2
nachträglich aufzustellenden (fiktiven) Jahresbilanz bezogen auf den Stichtag der Beschlussfassung beurteilt, die anlässlich der Aufstellung der Jahresbilanz zu erstellen ist. Zu betrachten ist das **Gesamtbilanzergebnis**, nicht hingegen die einzelnen Bilanzpositionen (*Hüffer* AktG, § 232 Rn. 3; KölnKomm AktG/*Lutter* § 232 Rn. 5; GroßkommAktG/*Schilling* § 232 Rn. 2; MünchHdb GesR IV/*Krieger* § 61 Rn. 23). Unberücksichtigt bleiben nach dem Kapitalherabsetzungsbeschluss erwirtschaftete Erträge. Gleiches gilt für nach der Beschlussfassung entstandene Verluste, die nicht aus der Kapitalherabsetzung gedeckt werden dürfen (*Hüffer* AktG, § 232 Rn. 4; KölnKomm AktG/*Lutter* § 232 Rn. 6; MünchHdb GesR IV/*Krieger* § 61 Rn. 24).

§ 232 AktG ist für einen Zeitraum von **drei Geschäftsjahren** zu beachten, nämlich dem Ge- 3
schäftsjahr, in dem der Kapitalherabsetzungsbeschluss gefasst wurde, sowie den beiden folgenden Geschäftsjahren. Ergibt sich erst im zweiten oder dritten Geschäftsjahr ein Unterschiedsbetrag, so ist er in die jeweilige Jahresbilanz einzustellen; die vorausgegangenen Jahresabschlüsse bleiben unverändert (*Hüffer* AktG, § 232 Rn. 5; GroßkommAktG/*Schilling* § 232 Rn. 3).

Der Unterschiedsbetrag ist in die Kapitalrücklage i. S. v. § 266 Abs. 3 A II HGB einzustellen und 4
als außerordentlicher Ertrag (Überschuss nach Verlustdeckung) aus vereinfachter Kapitalherabsetzung auszuweisen (*Hüffer* AktG, § 232 Rn. 6). Die Einstellungshöchstgrenze des § 231 AktG ist nicht zu beachten (*Kropff* RegBegr., 321).

B. Rechtsfolgen des Verstoßes

Im Falle eines Verstoßes gegen § 232 AktG ist der Jahresabschluss nach § 256 Abs. 1 Nr. 1 und 5
Nr. 4 AktG **nichtig**; allerdings ist eine **Heilung** gem. § 256 Abs. 6 AktG möglich. Ein auf dem nich-

tigen Jahresabschluss beruhender Gewinnverwendungsbeschluss ist ebenfalls nichtig, § 253 Abs. 1 S. 1 AktG. Zahlungen an Aktionäre begründen ihre Haftung nach § 52 AktG. Die Verwaltungsmitglieder haften für Schäden nach §§ 93, 116 AktG (*Hüffer* AktG, § 232 Rn. 7). Zur Überschreitung des zur Verlustdeckung erforderlichen Betrages vgl. § 229 AktG Rn. 4.

§ 233 Gewinnausschüttung, Gläubigerschutz [i. d. F. ab 1. 1. 2007 durch EHUG]

(1) [1]Gewinn darf nicht ausgeschüttet werden, bevor die gesetzliche Rücklage und die Kapitalrücklage zusammen zehn vom Hundert des Grundkapitals erreicht haben. [2]Als Grundkapital gilt dabei der Nennbetrag, der sich durch die Herabsetzung ergibt, mindestens aber der in § 7 bestimmte Mindestnennbetrag.

(2) [1]Die Zahlung eines Gewinnanteils von mehr als vier vom Hundert ist erst für ein Geschäftsjahr zulässig, das später als zwei Jahre nach der Beschlußfassung über die Kapitalherabsetzung beginnt. [2]Dies gilt nicht, wenn die Gläubiger, deren Forderungen vor der Bekanntmachung der Eintragung des Beschlusses begründet worden waren, befriedigt oder sichergestellt sind, soweit sie sich binnen sechs Monaten nach der Bekanntmachung des Jahresabschlusses, aufgrund dessen die Gewinnverteilung beschlossen ist, zu diesem Zweck gemeldet haben. [3]Einer Sicherstellung der Gläubiger bedarf es nicht, die im Fall des Insolvenzverfahrens ein Recht auf vorzugsweise Befriedigung aus einer Deckungsmasse haben, die nach gesetzlicher Vorschrift zu ihrem Schutz errichtet und staatlich überwacht ist. [4]Die Gläubiger sind in der Bekanntmachung nach § 325 Abs. 2 des Handelsgesetzbuchs auf die Befriedigung oder Sicherstellung hinzuweisen.

(3) Die Beträge, die aus der Auflösung von Kapital- und Gewinnrücklagen und aus der Kapitalherabsetzung gewonnen sind, dürfen auch nach diesen Vorschriften nicht als Gewinn ausgeschüttet werden.

§ 233 Gewinnausschüttung, Gläubigerschutz [i. d. F. bis 31. 12. 2006]

***(1)* [identisch]**

(2) [Sätze 1 bis 3 identisch] [4]*Die Gläubiger sind in der Bekanntmachung nach § 325 Abs. 1 Satz 2 oder Abs. 2 Satz 1 des Handelsgesetzbuchs auf die Befriedigung oder Sicherstellung hinzuweisen.*

***(3)* [identisch]**

A. Gewinnausschüttungsverbot, Abs. 1

1 Im Interesse der Gläubiger darf die Gesellschaft gem. § 233 Abs. 1 S. 1 AktG Gewinn erst dann ausschütten, wenn der gesetzliche Reservefonds, das sind die gesetzliche Rücklage und die Kapitalrücklage zusammengenommen, die Mindesthöhe nach § 150 Abs. 2 AktG erreicht hat. Die Vorschrift gebietet indes nicht die Einstellung von Gewinn in die gesetzliche Rücklage, bis 10 % des Grundkapitals erreicht sind; insoweit gilt ausschließlich § 150 Abs. 2 AktG. Gewinne können also auch vorher zu jedem anderen zulässigen Zweck verwandt werden; z. B. zur Einstellung in die anderen Gewinnrücklagen, zum Vortrag auf neue Rechnung oder zur Kapitalerhöhung aus Gesellschaftsmitteln (*Hüffer* AktG, § 233 Rn. 2; KölnKomm AktG/*Lutter* § 233 Rn. 6; MüKo AktG/*Oechsler* § 233 Rn. 9; MünchHdb GesR IV/*Krieger* § 61 Rn. 29). Die **Ausschüttungssperre** ist **zwingend** und wird auch nicht durch Sicherheitsleistung beseitigt (*Hüffer* AktG, § 233 Rn. 2; KölnKomm AG/*Lutter* § 233 Rn. 10).

Im Rahmen der Gewinnausschüttung ist auch die Gewinnabführung **aufgrund eines Gewinnabführungsvertrages** verboten. Zulässig sollen dagegen Zahlungen **aufgrund von Teilgewinnabführungsverträgen** und Gewinngemeinschaften (§ 292 Abs. 1 Nr. 1 und 2 AktG) sein (*Hüffer* AktG, § 233 Rn. 3; MüKo AktG/*Oechsler* § 233 Rn. 5; MünchHdb GesR IV/*Krieger* § 61 Rn. 30). Dies überzeugt indes jedenfalls für die Teilgewinnabführungsverträge nicht. Zulässig sind des Weiteren **gewinnabhängige Zahlungen** an Dritte und Aktionäre, wenn sie der Gesellschaft wie Dritte gegenüberstehen, z. B. als Inhaber von Gewinnschuldverschreibungen oder Genussrechten (*Hüffer* AktG, § 233 Rn. 3; KölnKomm AktG/*Lutter* § 233 Rn. 3; MünchHdb GesR IV/*Krieger* § 61 Rn. 30; teilw. a. A. GroßkommAktG/*Schilling* § 233 Rn. 4); allerdings ist im Einzelfall zu prüfen, ob sich der Anspruch nach dem erzielten oder dem ausgeschütteten Gewinn richtet; im zweiten Fall entfällt kraft Vertrages der Zahlungsanspruch. **Nicht verboten** sind Zahlungen aufgrund einer **Dividendengarantie** (insbes. nach § 304 Abs. 2 S. 2 AktG; *Hüffer* AktG, § 233 Rn. 3; MüKo AktG/*Oechsler* § 232 Rn. 5). 2

Zur **Berechnung der Quote** sind die gesetzliche Rücklage und die Kapitalrücklage i. S. d. § 233 Abs. 3 A II und III Nr. 1 HGB zu saldieren. Der Begriff der Kapitalrücklage umfasst zwar nach dem Wortlaut alle vier in § 272 Abs. 2 HGB genannten Untergliederungen; Zuzahlungen in die Kapitalrücklage i. S. v. § 272 Abs. 2 Nr. 4 HGB dürften jedoch dem Sinn und Zweck nach nicht umfasst sein, weil die gesetzliche Rücklage in § 232 Abs. 1 AktG a. F. durch den gesetzlichen Reservefonds i. S. d. § 150 Abs. 2 AktG abgelöst wurde. Für das Grundkapital ist der Nennbetrag maßgeblich, der sich nach der Herabsetzung ergibt (*Hüffer* AktG, § 233 Rn. 4). Mindestens gilt allerdings der in § 7 AktG bestimmte Mindestnennbetrag von € 50.000,–. Eine Unterschreitung ist nur im Zusammenhang mit einer gleichzeitigen Kapitalerhöhung zulässig. Dabei ist der Erhöhungsbetrag bei der Berechnung der Quote ebenso wie nachfolgende Kapitalerhöhungen außer Acht zu lassen (*Hüffer* AktG, § 233 Rn. 4; MüKo AktG/*Oechsler* § 233 Rn. 8; GroßkommAktG/*Schilling* § 233 Rn. 5). Die **Quote von 10 % ist zwingend**; Satzungsbestimmungen, die gem. § 150 Abs. 2 AktG auf einen höheren Teil des Grundkapitals abstellen, sind unbeachtlich (*Hüffer* AktG, § 233 Rn. 4). 3

Das Ausschüttungsverbot **beginnt** mit dem Wirksamwerden der Kapitalherabsetzung durch Eintragung des Beschlusses (§§ 224, 229 Abs. 3 AktG). Zuvor beschlossene, aber noch nicht durchgeführte Gewinnausschüttungen bleiben zulässig (*Hüffer* AktG, § 233 Rn. 5; KölnKomm AktG/*Lutter* § 233 Rn. 7; MünchHdb GesR IV/*Krieger* § 61 Rn. 31). Das Ausschüttungsverbot **endet** mit Erreichen der Quote und lebt auch nicht bei einem späteren Unterschreiten wieder auf (*Hüffer* AktG, § 233 Rn. 5; KölnKomm AktG/*Lutter* § 233 Rn. 5; MünchHdb GesR IV/*Krieger* § 61 Rn. 29). 4

B. Beschränkung der Höhe der Gewinnausschüttung, Abs. 2

Unbeschadet Abs. 1 darf ein **höherer Gewinnanteil als 4 %** des Grundkapitals erst für ein Geschäftsjahr gezahlt werden, das später als zwei Jahre nach der Beschlussfassung über die Kapitalherabsetzung beginnt. Zum Begriff der Gewinnausschüttung vgl. Rn. 1 ff. Der prozentuale Gewinnanteil bestimmt sich anders als bei Abs. 1 nach der zum Zeitpunkt des Gewinnverwendungsbeschlusses jeweils bestehenden Grundkapitalziffer. Dabei ist der Höchstbetrag von 4 % ein Durchschnittswert; wie er sich auf die einzelnen Aktien verteilt, ist unerheblich (*Hüffer* AktG, § 233 Rn. 6; GroßkommAktG/*Schilling* § 233 Rn. 6; KölnKomm AktG/*Lutter* § 233 Rn. 11; MünchHdb GesR IV/*Krieger* § 61 Rn. 32). 5

Wirksam wird die Gewinnausschüttungsbeschränkung mit Wirksamwerden der Kapitalherabsetzung durch Eintragung des Herabsetzungsbeschlusses (§§ 223, 224 AktG). Die Ausschüttung höherer Gewinne aufgrund eines zuvor gefassten Gewinnverwendungsbeschlusses ist zulässig. Wird der Gewinnverwendungsbeschluss zugleich mit dem Beschluss über die vereinfachte Kapitalherabsetzung oder zwischen Beschlussfassung und Wirksamwerden der Kapitalherabsetzung gefasst, so dürfen bis zum Wirksamwerden der Kapitalherabsetzung auch mehr als 4 % ausgezahlt werden, nach Wirksamwerden jedoch nicht mehr (*Hüffer* AktG, § 233 Rn. 7; Köln- 6

Komm AktG/*Lutter* § 233 Rn. 13; MünchHdb GesR IV/*Krieger* § 61 Rn. 33; a. A. GroßkommAktG/*Schilling* § 233 Rn. 7).

7 Die Beschränkung des Abs. 2 S. 1 gilt nicht, wenn Gläubiger, deren Forderungen vor der Bekanntmachung der Eintragung des Kapitalherabsetzungsbeschlusses begründet waren, befriedigt oder sichergestellt sind, soweit sie sich innerhalb von sechs Monaten nach der Bekanntmachung des Jahresabschlusses, aufgrund dessen die Gewinnverteilung beschlossen ist, zu diesem Zweck gemeldet haben. Die Vorschrift ist § 225 AktG nachgebildet. Die Meldefrist beginnt mit Bekanntgabe des Jahresabschlusses, der dem Gewinnverwendungsbeschluss zugrunde liegt, und berechnet sich nach §§ 187 ff. BGB (*Hüffer* AktG, § 233 Rn. 8).

C. Ausschüttungsverbot des Buchertrags, Abs. 3

8 Beträge, die aus der Auflösung von Kapital- und Gewinnrücklagen und aus der Kapitalherabsetzung gewonnen sind, dürfen gem. Abs. 3 nicht als Gewinn ausgeschüttet werden. Es handelt sich bei dieser Regelung um eine **Klarstellung**, dass das Ausschüttungsverbot des § 230 S. 1 AktG uneingeschränkt gilt (*Hüffer* AktG, § 233 Rn. 9).

D. Rechtsfolgen des Verstoßes

9 Verstößt ein Gewinnverwendungsbeschluss gegen § 233 AktG, ist er gem. §§ 253 Abs. 1, 241 Nr. 3 AktG **nichtig**. Für entgegen § 233 AktG geleistete Zahlungen haften die Aktionäre nach § 62 AktG. Die Mitglieder der Verwaltung haften nach §§ 93, 116 AktG für etwa entstandenen Schaden (*Hüffer* AktG, § 233 Rn. 10).

§ 234 Rückwirkung der Kapitalherabsetzung

(1) Im Jahresabschluß für das letzte vor der Beschlußfassung über die Kapitalherabsetzung abgelaufene Geschäftsjahr können das gezeichnete Kapital sowie die Kapital- und Gewinnrücklagen in der Höhe ausgewiesen werden, in der sie nach der Kapitalherabsetzung bestehen sollen.

(2) [1]In diesem Fall beschließt die Hauptversammlung über die Feststellung des Jahresabschlusses. [2]Der Beschluß soll zugleich mit dem Beschluß über die Kapitalherabsetzung gefaßt werden.

(3) [1]Die Beschlüsse sind nichtig, wenn der Beschluß über die Kapitalherabsetzung nicht binnen drei Monaten nach der Beschlußfassung in das Handelsregister eingetragen worden ist. [2]Der Lauf der Frist ist gehemmt, solange eine Anfechtungs- oder Nichtigkeitsklage rechtshängig ist oder eine zur Kapitalherabsetzung beantragte staatliche Genehmigung noch nicht erteilt ist.

A. Rückwirkung, Abs. 1

1 Ungeachtet des Wirksamwerdens der vereinfachten Kapitalherabsetzung mit Eintragung des Beschlusses nach §§ 224, 229 Abs. 3 AktG enthält § 234 Abs. 1 AktG zur Erleichterung von Sanierungsbemühungen (vgl. OLG Düsseldorf ZIP 1981, 847) eine **Ausnahme vom Stichtagsprinzip** und lässt eine insoweit **modifizierte Jahresbilanz** zu (*K. Schmidt* AG 1985, 150, 156 f.; *Hüffer* AktG, § 234 Rn. 2). Eine Verpflichtung, entsprechend zu verfahren, enthält die Vorschrift nicht. Die Entscheidung obliegt den Organen (*Hüffer* AktG, § 234 Rn. 2; MüKo AktG/*Oechsler* § 234 Rn. 6). Die Vorschrift ist nur bei der vereinfachten Kapitalherabsetzung anwendbar, nicht hingegen bei der ordentlichen Kapitalherabsetzung oder bei der Kapitalherabsetzung durch Einziehung von Aktien (*Hüffer* AktG, § 234 Rn. 2).

Erlaubt ist die Rückwirkung nur für den Jahresabschluss des Geschäftsjahrs, das der Beschlussfassung über die Kapitalherabsetzung vorausgegangen ist, nicht aber für weiter zurückliegende Geschäftsjahre. Betroffen sind ausschließlich die Bilanzposten Gezeichnetes Kapital (Grundkapital) gem. § 266 Abs. 3 A I HGB und Kapital- und Gewinnrücklagen gem. § 266 Abs. 3 A II und III HGB (*Hüffer* AktG, § 234 Rn. 3). 2

B. Feststellung des Jahresabschlusses, Abs. 2

Im Fall einer Rückwirkung gem. § 234 Abs. 1 HGB hat **zwingend die HV** über die Feststellung des Jahresabschlusses zu beschließen. Damit wird die Zuständigkeit von Vorstand und Aufsichtsrat zur Feststellung des Jahresabschlusses gem. §§ 172, 173 AktG durchbrochen. Die Verwaltung entscheidet jedoch über die Vorfrage, ob von der Befugnis des § 234 Abs. 1 AktG überhaupt Gebrauch gemacht wird, so dass sie nach wie vor den Jahresabschluss ohne Rückwirkung der Kapitalherabsetzung nach § 172 AktG feststellen kann (*Hüffer* AktG, § 234 Rn. 4; KölnKomm AktG/*Lutter* § 234 Rn. 7 ff.; MünchHdb GesR IV/*Krieger* § 61 Rn. 37). 3

Beschließen Vorstand und Aufsichtsrat gem. § 173 Abs. 1 AktG, die Feststellung des Jahresabschlusses der Hauptversammlung zu überlassen, so ist diese in der Entscheidung über die Rückwirkung frei. Bei Abweichungen vom vorgelegten Jahresabschlussentwurf ist gem. § 173 Abs. 3 AktG eine Nachtragsprüfung erforderlich. Legt der Vorstand ohne Vorlagebeschluss den Entwurf eines Jahresabschlusses allein wegen der beabsichtigten Rückwirkung nach § 234 AktG der Hauptversammlung vor, so kann die Hauptversammlung den Jahresabschluss nur mit Rückwirkung beschließen; folgt sie dem Beschluss nicht, so kann sie den Jahresabschluss nicht feststellen (*Hüffer* AktG, § 234 Rn. 3; KölnKomm AktG/*Lutter* § 234 Rn. 10). Die Hauptversammlung ist befugt, die Verwaltung zur Vorlage des Jahresabschlusses und zur Feststellung gem. § 234 AktG anzuweisen; eine Feststellung nach § 172 AktG ist in diesem Falle ein Pflichtverstoß i. S. d. §§ 93, 116 AktG (*Hüffer* AktG, § 234 Rn. 5). Die Feststellung des Jahresabschlusses durch die Hauptversammlung soll zugleich, d. h. in derselben Hauptversammlung, mit der Beschlussfassung über die Kapitalherabsetzung erfolgen. Eine abweichende Handhabung führt weder zur Anfechtbarkeit der Feststellung des Jahresabschlusses nach §§ 234 Abs. 1, 257 Abs. 1 S. 1 AktG noch zur Anfechtbarkeit des Kapitalherabsetzungsbeschlusses (h. M.: KölnKomm AktG/*Lutter* § 234 Rn. 6; MüKo AktG/*Oechsler* § 234 Rn. 13; GroßkommAktG/*Schilling* § 234 Rn. 7; MünchHdb GesR IV/*Krieger* § 61 Rn. 38; a. A. *Hüffer* AktG, § 234 Rn. 6: Anfechtbarkeit des Jahresabschlusses). 4

C. Eintragungsfrist, Abs. 3

Der Beschluss über die vereinfachte Kapitalherabsetzung sowie über die Feststellung des Jahresabschluss ist nichtig, wenn der Beschluss über die Kapitalherabsetzung nicht **innerhalb von drei Monaten** nach Beschlussfassung in das Handelsregister **eingetragen** worden ist. Die Eintragung der Durchführung der Kapitalherabsetzung hat hingegen nur deklaratorische Bedeutung und muss nicht innerhalb der Frist erfolgen. Die Frist beginnt mit dem Tag der Beschlussfassung über die Kapitalherabsetzung und berechnet sich nach §§ 187 Abs. 1, 188 Abs. 2 BGB. Zur Wahrung der Frist ist die rechtzeitige Eintragung erforderlich; die Anmeldung zum Handelsregister genügt nicht. 5

Solange eine Anfechtungs- oder Nichtigkeitsklage rechtshängig oder eine zur Kapitalerhöhung beantragte staatliche Genehmigung noch nicht erteilt ist, ist die 3-Monats-Frist **gehemmt**. Erfasst werden Klagen gegen den Kapitalherabsetzungsbeschluss (§§ 246, 249 AktG) sowie auch gegen den Jahresabschluss (§§ 256, 257 AktG). Eine gewöhnliche Feststellungsklage hemmt die Frist nicht. Die Rechtswirkung der Hemmung bestimmt sich nach § 209 BGB (*Hüffer* AktG, § 234 Rn. 8). 6

Der **Fristablauf** führt zur **Nichtigkeit** des Kapitalherabsetzungsbeschlusses und des Jahresabschlusses von Anfang an. Diese Rechtsfolge ist für den Jahreabschluss zwingend. Für den Kapitalherabsetzungsbeschluss ist strittig, ob die Hauptversammlung durch Beschluss bestimmen kann, dass die Kapitalherabsetzung unabhängig von der Rückwirkung wirksam werden soll 7 (vgl. *Hüffer* AktG, § 234 Rn. 9; KölnKomm AktG/*Lutter* § 234 Rn. 19; MünchHdb GesR IV/*Krieger* § 61 Rn. 39; GroßkommAktG/*Schilling* § 234 Rn. 9).

8 Trägt das Registergericht den Kapitalherabsetzungsbeschluss trotz Fristablaufes in das Handelsregister ein, ist gem. § 242 Abs. 3 AktG in entsprechender Anwendung des § 242 Abs. 2 AktG eine **Heilung** möglich. Mit der Heilung wird nach allg. Meinung auch der Jahresabschluss geheilt (*Hüffer* AktG, § 234 Rn. 10; KölnKomm AktG/*Lutter* § 234 Rn. 20; MüKo AktG/*Oechsler* § 234 Rn. 18; MünchHdb GesR IV/*Krieger* § 61 Rn. 39).

§ 235 Rückwirkung einer gleichzeitigen Kapitalerhöhung

(1) [1]Wird im Fall des § 234 zugleich mit der Kapitalherabsetzung eine Erhöhung des Grundkapitals beschlossen, so kann auch die Kapitalerhöhung in dem Jahresabschluß als vollzogen berücksichtigt werden. [2]Die Beschlußfassung ist nur zulässig, wenn die neuen Aktien gezeichnet, keine Sacheinlagen festgesetzt sind und wenn auf jede Aktie die Einzahlung geleistet ist, die nach § 188 Abs. 2 zur Zeit der Anmeldung der Durchführung der Kapitalerhöhung bewirkt sein muß. [3]Die Zeichnung und die Einzahlung sind dem Notar nachzuweisen, der den Beschluß über die Erhöhung des Grundkapitals beurkundet.

(2) [1]Sämtliche Beschlüsse sind nichtig, wenn die Beschlüsse über die Kapitalherabsetzung und die Kapitalerhöhung und die Durchführung der Erhöhung nicht binnen drei Monaten nach der Beschlußfassung in das Handelsregister eingetragen worden sind. [2]Der Lauf der Frist ist gehemmt, solange eine Anfechtungs- oder Nichtigkeitsklage rechtshängig ist oder eine zur Kapitalherabsetzung oder Kapitalerhöhung beantragte staatliche Genehmigung noch nicht erteilt ist. [3]Die Beschlüsse und die Durchführung der Erhöhung des Grundkapitals sollen nur zusammen in das Handelsregister eingetragen werden.

A. Rückwirkung der Kapitalerhöhung, Abs. 1

1 Ungeachtet des Wirksamwerdens der Kapitalerhöhung erst mit der Eintragung ihrer Durchführung im Handelsregister (§ 189 AktG) lässt § 235 Abs. 1 AktG als **Ausnahme vom Stichtagsprinzip** eine **modifizierte Jahresbilanz** zu: In dem Jahresabschluss, in dem bereits die Kapitalherabsetzung berücksichtigt ist, dürfen auf der Passivseite der Bilanz auch das gezeichnete Kapital (§ 266 Abs. 3 A I HGB) und – im Falle eines Agio – die Kapitalrücklage so beziffert werden, als sei die Kapitalerhöhung schon wirksam (§§ 266 Abs. 3 A II, 272 Abs. 2 Nr. 1 HGB). Eine Verpflichtung zur Rückwirkung besteht nicht, und zwar auch dann nicht, wenn die Kapitalherabsetzung nach § 234 AktG zurückwirken soll. Über die Rückwirkung der Kapitalerhöhung entscheidet die Hauptversammlung durch entsprechendeAufstellung des Jahresabschlusses (*Hüffer* AktG, § 235 Rn. 3; MünchHdb GesR IV/*Krieger* § 61 Rn. 41).

2 Die rückwirkende Kapitalerhöhung ist nur zur **Ergänzung der vereinfachten Kapitalherabsetzung** möglich. Sie ist gem. Abs. 1 S. 1 in derselben Hauptversammlung wie die Kapitalherabsetzung zu beschließen (*Hüffer* AktG, § 235 Rn. 4; KölnKomm AktG/*Lutter* § 235 Rn. 7; MünchHdb GesR IV/*Krieger* § 61 Rn. 41). Eine Rückwirkung ist nur dann zulässig, wenn auch die zugleich beschlossene Kapitalherabsetzung nach § 234 AktG zurückwirkt (*Hüffer* AktG, § 235 Rn. 4; *Lutter/Hommelhoff/Thimm* BB 1980, 737, 744). Der Rückwirkungsbeschluss setzt voraus, dass die Zeichnungsverträge für sämtliche neuen Aktien vorliegen; die Zeichnung erfolgt dieserhalb unter der Bedingung, dass die Kapitalerhöhung wirksam beschlossen wird (*Hüffer* AktG, § 235 Rn. 5; KölnKomm AktG/*Lutter* § 235 Rn. 6; GroßkommAktG/*Schilling* § 235 Rn. 3). Darüber hinaus muss es sich um eine **Kapitalerhöhung gegen Geldeinlage** handeln (OLG Düsseldorf ZIP 1981, 847; *Hüffer* AktG, § 235 Rn. 5). Der Beschluss ist schließlich nur zulässig, wenn auf jede Aktie die Einzahlung geleistet ist, die nach § 188 Abs. 2 AktG vor Anmeldung der Durchführung bewirkt sein muss. In singgemäßer Anwendung der §§ 36 Abs. 2, 36 a, 37 Abs. 1 AktG sind

damit mindestens 25 % des geringsten Ausgabebetrages zzgl. Agio auf jede Aktie einzuzahlen. Hat der Vorstand den Restbetrag ganz oder teilweise geltend gemacht, umfasst die Einzahlungspflicht auch diesen Betrag. Der Betrag muss **ordnungsgemäß eingezahlt** worden sein und endgültig zur freien Verfügung des Vorstands stehen (BGHZ 118, 83, 88; OLG Düsseldorf ZIP 1981, 847; *Hüffer* AktG, § 235 Rn. 6; *Lutter/Hommelhoff/Thimm* BB 1980, 737, 744). Kommt der Kapitalerhöhungsbeschluss nicht zustande, sind Leistungen nach §§ 812 ff. BGB rückabzuwickeln (*Hüffer* AktG, § 235 Rn. 5).

Liegen die Voraussetzungen des Abs. 1 S. 1 oder 2 nicht vor, ist ein die Kapitalerhöhung ausweisender Jahresabschluss nach § 256 Abs. 1 Nr. 1 AktG **nichtig** (*Hüffer* AktG, § 235 Rn. 9 m. w. N.). 3

B. Handelsregistereintragung, Abs. 2

Werden der Kapitalherabsetzungsbeschluss und der Beschluss über die Kapitalerhöhung sowie die Durchführung der Kapitalerhöhung (§§ 188, 189 AktG) nicht **innerhalb von drei Monaten** in das Handelsregister eingetragen, so sind sämtliche Beschlüsse von Anfang an nichtig. Die Ausführungen zu § 234 Rn. 5 ff. gelten entsprechend. Die Beschlüsse über die Kapitalherabsetzung und die Kapitalerhöhung und die Durchführung der Kapitalerhöhung sollen nur zusammen in das Handelsregister eingetragen werden. Abs. 2 S. 3 ist **reine Ordnungsvorschrift**, so dass ein Verstoß die Wirksamkeit nicht berührt (*Hüffer* AktG, § 235 Rn. 13; KölnKomm AktG/*Lutter* § 235 Rn. 16; MünchHdb GesR IV/*Krieger* § 61 Rn. 42). 4

§ 236 Offenlegung

Die Offenlegung des Jahresabschlusses nach § 325 des Handelsgesetzbuchs darf im Fall des § 234 erst nach Eintragung des Beschlusses über die Kapitalherabsetzung, im Fall des § 235 erst ergehen, nachdem die Beschlüsse über die Kapitalherabsetzung und Kapitalerhöhung und die Durchführung der Kapitalerhöhung eingetragen worden sind.

§ 236 AktG bezweckt den **Schutz der Gläubiger** und der **künftigen Aktionäre**, indem eine verfrühte Offenlegung des Jahresabschlusses untersagt wird. Modifiziert wird damit § 325 HGB. Bis zu den in § 236 AktG vorausgesetzten Eintragungen darf der Jahresabschluss nicht offengelegt werden, nach Eintragung ist unverzüglich i. S. v. § 121 Abs. 1 S. 1 BGB gem. § 325 HGB zu verfahren. § 236 AktG ist **Schutzgesetz** i. S. d. § 823 Abs. 2 BGB (*Hüffer* AktG, § 236 Rn. 3; KölnKomm AktG/*Lutter* § 236 Rn. 3; MünchHdb GesR IV/*Krieger* § 61 Rn. 43). 1

Dritter Unterabschnitt. Kapitalherabsetzung durch Einziehung von Aktien. Ausnahme für Stückaktien

§ 237 Voraussetzungen

(1) [1]Aktien können zwangsweise oder nach Erwerb durch die Gesellschaft eingezogen werden. [2]Eine Zwangseinziehung ist nur zulässig, wenn sie in der ursprünglichen Satzung oder durch eine Satzungsänderung vor Übernahme oder Zeichnung der Aktien angeordnet oder gestattet war.

(2) [1]Bei der Einziehung sind die Vorschriften über die ordentliche Kapitalherabsetzung zu befolgen. [2]In der Satzung oder in dem Beschluß der Hauptversammlung sind die Voraussetzungen für eine Zwangseinziehung und die Einzelheiten ihrer Durchführung festzulegen. [3]Für die Zahlung des Entgelts, das Aktionären bei einer Zwangseinziehung oder bei einem Erwerb

von Aktien zum Zwecke der Einziehung gewährt wird, und für die Befreiung dieser Aktionäre von der Verpflichtung zur Leistung von Einlagen gilt § 225 Abs. 2 singgemäß.

(3) Die Vorschriften über die ordentliche Kapitalherabsetzung brauchen nicht befolgt zu werden, wenn Aktien, auf die der Ausgabebetrag voll geleistet ist,

1. **der Gesellschaft unentgeltlich zur Verfügung gestellt oder**
2. **zu Lasten des Bilanzgewinns oder einer anderen Gewinnrücklage, soweit sie zu diesem Zweck verwandt werden können, eingezogen werden oder**
3. **Stückaktien sind und der Beschluss der Hauptversammlung bestimmt, daß sich durch die Einziehung der Anteil der übrigen Aktien am Grundkapital gemäß § 8 Abs. 3 erhöht; wird der Vorstand zur Einziehung ermächtigt, so kann er auch zur Anpassung der Angabe der Zahl in der Satzung ermächtigt werden.**

(4) [1]Auch in den Fällen des Absatzes 3 kann die Kapitalherabsetzung durch Einziehung nur von der Hauptversammlung beschlossen werden. [2]Für den Beschluß genügt die einfache Stimmenmehrheit. [3]Die Satzung kann eine größere Mehrheit und weitere Erfordernisse bestimmen. [4]Im Beschluß ist der Zweck der Kapitalherabsetzung festzusetzen. [5]Der Vorstand und der Vorsitzende des Aufsichtsrats haben den Beschluß zur Eintragung in das Handelsregister anzumelden.

(5) In den Fällen des Absatzes 3 Nr. 1 und 2 ist in die Kapitalrücklage ein Betrag einzustellen, der dem auf die eingezogenen Aktien entfallenden Betrag des Grundkapitals gleichkommt.

(6) [1]Soweit es sich um eine durch die Satzung angeordnete Zwangseinziehung handelt, bedarf es eines Beschlusses der Hauptversammlung nicht. [2]In diesem Fall tritt für die Anwendung der Vorschriften über die ordentliche Kapitalherabsetzung an die Stelle des Hauptversammlungsbeschlusses die Entscheidung des Vorstands über die Einziehung.

Übersicht:

A. Allgemeines

1 Abs. 1 regelt die Einziehung von Aktien als **dritte Form der Kapitalherabsetzung** und stellt damit sowohl den Schutz der betroffenen Aktionäre vor unberechtigter Zwangseinziehung sowie den Schutz der Gläubiger über die Anwendbarkeit von § 225 AktG gem. Abs. 2 S. 1 sicher (*Hüffer* AktG, § 237 Rn. 1). **Abzugrenzen** ist die Einziehung von der **Kaduzierung** (§ 64 AktG), die zum Ausschluss des säumigen Aktionärs führt, bei der das Mitgliedsrecht als solches aber bestehen bleibt, und der **Kraftloserklärung** von Aktien (§§ 72, 73, 226 AktG), die bewirkt, dass die Urkunde das Mitgliedsrecht nicht mehr verbrieft, dieses als solches aber fortbesteht. Weiter abzugrenzen ist die sog. **Auslosung** von Aktien, bei der der Aktionär durch Satzungsbestimmung ver-

pflichtet wird, sein Mitgliedsrecht unter bestimmten Umständen auf einen Dritten, auch die AG, zu übertragen. Die Zulässigkeit einer solchen Satzungsklausel ist wegen §§ 23 Abs. 5, 54 Abs. 1 AktG strittig, wird von der h. M. aber unter den Voraussetzungen des § 237 AktG bejaht (RGZ 120, 177, 180 f.; *Hüffer* AktG, § 237 Rn. 2; GroßkommAktG/*Schilling* § 237 Rn. 3; a. A. KölnKomm AktG/*Lutter* § 237 Rn. 10; MünchHdb GesR IV/*Krieger* § 62 Rn. 1).

Die Kapitalherabsetzung durch Einziehung von Aktien ist wegen § 23 Abs. 3 Nr. 3, 4 AktG immer auch eine **Satzungsänderung**, so dass §§ 179, 180 f. AktG ergänzend Anwendung finden. Mit Wirksamwerden der Kapitalherabsetzung (§ 138 AktG) wird der Satzungstext unrichtig und ist im Rahmen einer formellen Satzungsänderung anzupassen (*Hüffer* AktG, § 237 Rn. 3; MüKo AktG/*Oechsler* § 237 Rn. 6). 2

B. Zwangseinziehung und Einziehung nach Erwerb, Abs. 1

Abs. 1 S. 1 erlaubt die Einziehung von Aktien nach Erwerb und unter bestimmten Umständen auch die zwangsweise Einziehung. Die Einziehung führt zur **Vernichtung der betroffenen Mitgliedsrechte**. Der Anwendungsbereich wird durch das Gesetz nicht eingeschränkt, so dass die Kapitalherabsetzung durch Einziehung konkurrierend neben die anderen Formen der Kapitalherabsetzung tritt und jedem Zweck dienen kann, z. B. der Sanierung, der Rückzahlung an die Aktionäre, der Einstellung in die Kapitalrücklage oder der Beseitigung des konkret betroffenen Mitgliedsrechts (*Hüffer* AktG, § 237 Rn. 4; KölnKomm AktG/*Lutter* § 237 Rn. 13). 3

I. Zwangseinziehung

Eine Zwangseinziehung liegt vor, wenn sie Mitgliedsrechte betrifft, die nicht der AG selbst gehören. Entgegen dem Wortsinn kommt es nicht darauf an, ob die Einziehung gegen den Willen des betroffenen Aktionärs oder mit dessen Einverständnis erfolgt (*Hüffer* AktG, § 237 Rn. 5). 4

1. Satzungsermächtigung

Die Zwangseinziehung von Aktien ist nur zulässig, wenn sie in der ursprünglichen Satzung oder durch Satzungsänderung vor Übernahme oder Zeichnung der betroffenen Aktien angeordnet oder zugelassen war. Damit setzt Abs. 1 S. 2 voraus, dass Zeichnung oder Übernahme der Aktien nach Wirksamwerden einer etwaigen Satzungsänderung erfolgen. Maßgeblich ist die Eintragung in das Handelsregister (§ 181 Abs. 3 AktG). Der Begriff der Zeichnung meint die Erklärung nach § 185 AktG, bei Options- und Wandelanleihen die der Zeichnung gleichstehende Bezugs- bzw. Wandelungserklärung (vgl. § 198 AktG Rn. 5 ff.). Der Begriff der Übernahme betrifft ebenfalls den originären Erwerb von Aktien, wenn dieser nicht durch Zeichnung erfolgt (z. B. bei der Kapitalerhöhung aus Gesellschaftsmitteln). Es sollen nur solche Aktien von der Einziehungsmöglichkeit erfasst werden, die von Beginn des Aktienerwerbs an mit der Einziehungsmöglichkeit belastet waren (*Hüffer* AktG, § 237 Rn. 6 f.; MüKo AktG/*Oechsler* § 237 Rn. 19, 21). 5

Wird eine entsprechende Satzungsermächtigung gem. § 179 ff. AktG geändert, wirken Beschwerungen der Aktionäre gem. Abs. 1 S. 2 nur auf später übernommene oder gezeichnete Aktien. Wird die Zwangseinziehung erschwert, so wirkt die neue Satzungsklausel hingegen auch für alle vorher begründeten Mitgliedsrechte, sofern nichts anderes bestimmt ist (KölnKomm AktG/*Lutter* § 237 Rn. 31; *Hüffer* AktG, § 237 Rn. 9). 6

Nach h. M. können aber auch Mitgliedsrechte aufgrund einer nach Übernahme oder Zeichnung eingefügten **Ermächtigungsklausel** eingezogen werden. Voraussetzung ist, dass alle betroffenen Aktionäre dem zustimmen (*Hüffer* AktG, § 237 Rn. 8; KölnKomm AktG/*Lutter* § 237 Rn. 30; GroßkommAktG/*Schilling* § 237 Rn. 10; unter dem Vorbehalt von Rechten Dritter MüKo AktG/*Oechsler* § 237 Rn. 24; vgl. auch KGJ 31 A 170; a. A. MünchHdb GesR IV/*Krieger* § 62 Rn. 6). 7

2. Verfahren

a) Angeordnete Zwangseinziehung

8 Die Zwangseinziehung ist angeordnet, wenn die Satzung vorgibt, dass unter bestimmten Voraussetzungen die Aktien eingezogen werden müssen. Die Voraussetzungen sind so genau zu bestimmen, dass der Verwaltung **kein Ermessen** eingeräumt ist, sondern sie sich objektiv feststellen lassen (KGJ 45 A 172, 174; *Hüffer* AktG, § 237 Rn. 10; MünchHdb GesR IV/*Krieger* § 62 Rn. 7; *Terbrack* RNotZ 2003, 89, 110). Im Rahmen der Gründungssatzung sind die Gründer in der Ausgestaltung der Einziehungsgründe weitgehend frei. Im Falle der Satzungsänderung gelten die **allgemeinen Schranken**, insbesondere das Gleichbehandlungsgebot nach § 53 a AktG (*Hüffer* AktG, § 237 Rn. 11 mit Beispiel in Rn. 12). Die Nichtleistung der Einlage kann allerdings nur die Folgen der §§ 36 ff. AktG nach sich ziehen, nicht aber als Einziehungsgrund festgesetzt werden (MüKo AktG/*Oechsler* § 237 Rn. 37; *Hüffer* AktG, § 237 Rn. 13). Demgegenüber kann als Einziehungsgrund vorgesehen werden, wenn der Aktionär eine Nebenverpflichtung i. S. v. § 55 AktG nicht erfüllt, vorausgesetzt diese Nebenverpflichtungen sind von §§ 54, 55 AktG gedeckt (RG JW 1928, 2622, 2624 f.; OLG Karlsruhe OLGR 43, 309 f.; MüKo AktG/*Oechsler* § 237 Rn. 38; MünchHdb GesR IV/*Krieger* § 62 Rn. 8; *Terbrack* RNotZ 2003, 89, 110; a. A. *v. Godin/Wilhelmi* § 237 Rn. 12).

9 Liegt ein **Einziehungsgrund** vor, so ist die AG zur Einziehung **verpflichtet**. Eines Hauptversammlungsbeschlusses bedarf es nicht. Vielmehr entscheidet der Vorstand (§ 237 Abs. 6 AktG).

b) Gestattete Zwangseinziehung

10 Die Zwangseinziehung ist gestattet, wenn die Satzung sie vorsieht, ohne das Verfahren bei Vorliegen bestimmter Voraussetzungen anzuordnen. Der Nennung von Einziehungsgründen in der Satzung bedarf es nicht; entsprechende Festsetzungen sind aber zulässig (*Hüffer* AktG, § 237 Rn. 15; KölnKomm AktG/*Lutter* § 237 Rn. 44; MünchHdb GesR IV/*Krieger* § 62 Rn. 10; zweifelnd MüKo AktG/*Oechsler* § 237 Rn. 42).

11 Im Falle der gestatteten Zwangseinziehung bedarf es eines **Hauptversammlungsbeschlusses**. Die Hauptversammlung darf jedoch nicht nach Belieben entscheiden. Vielmehr muss die Einziehung **willkürfrei i. S. v. § 53 a AktG** sein. Darüber hinaus ist die Vernichtung der Mitgliedschaft, die nicht der Teilliquidation dient, nur zulässig, wenn sie als der intensivste, denkbare Eingriff den Maßstäben der **Erforderlichkeit** und der **Verhältnismäßigkeit** entspricht. Ein Verstoß gegen diese Grundsätze führt zur Anfechtbarkeit (*Hüffer* AktG, § 237 Rn. 16; KölnKomm AktG/*Lutter* § 237 Rn. 47; MünchHdb GesR IV/*Krieger* § 62 Rn. 11; *Reinisch* S. 23). Im Übrigen dürfen keine Ziele verfolgt werden, die im Rahmen einer angeordneten Zwangseinziehung einen unzulässigen Einziehungsgrund darstellen (*Hüffer* AktG, § 237 Rn. 16; vgl. dazu auch Rn. 8).

3. Einziehungsentgelt

12 Im Gesetz ist nicht geregelt, ob und in welcher Höhe den betroffenen Aktionären ein Einziehungsentgelt zu zahlen ist. Bei der **angeordneten Zwangseinziehung** ist diese Frage zwingend in der Satzung zu regeln (KGJ 31 A 164, 170; 145 A 172, 175; *Hüffer* AktG, § 237 Rn. 17). Das Einziehungsentgelt muss nicht dem wirklichen Wert der Aktie entsprechen. Ein höheres Entgelt ist grds. zulässig, da die Gesellschaftsgläubiger durch §§ 237 Abs. 2 S. 1, 225, 237 Abs. 3 AktG geschützt sind (*Hüffer* AktG, § 237 Rn. 17; KölnKomm AktG/*Lutter* § 237 Rn. 61, 63; MünchHdb GesR IV/*Krieger* § 62 Rn. 12; a. A. GroßkommAktG/*Schilling* § 237 Rn. 15). Auch unter dem wirklichen Wert liegende Entgelte sind zulässig. Nach zutr. Auffassung darf die Entgeltlichkeit jedoch nicht gänzlich ausgeschlossen werden (*Hüffer* AktG, § 237 Rn. 17; differenzierend MüKo AktG/*Oechsler* § 237 Rn. 65, 67 ff.; KölnKomm AktG/*Lutter* § 237 Rn. 64 ff, 67 f.; a. A. *Baumbach/Hueck* § 237 Rn. 4; *Terbrack* RNotZ 2003, 89, 111).

13 Bei der **gestatteten Zwangseinziehung** sind Regelungen in der Satzung entsprechend den Grundsätzen zur angeordneten Zwangseinziehung möglich. Die Regelung des Entgelts darf hin-

gegen nicht in das freie Ermessen der Hauptversammlung gestellt werden. Zulässig ist allerdings eine Satzungsregelung, nach der ein angemessenes Entgelt zu zahlen ist. Mangels Regelung ist die AG ebenfalls zur Zahlung eines angemessenen Entgelts verpflichtet, das dann im Hauptversammlungsbeschluss zu konkretisieren ist. Die Angemessenheit richtet sich nach den zu § 305 Abs. 3 S. 2 AktG geltenden Grundsätzen (vgl. *Hüffer* AktG, § 237 Rn. 18; KölnKomm AktG/*Lutter* § 237 Rn. 71; MünchHdb GesR IV/*Krieger* § 62 Rn. 12; *Zöllner/Winter* ZHR 158 (1994), 56, 64).

II. Einziehung von Aktien nach Erwerb

Ohne dass es einer Ermächtigung in der Satzung bedarf, kann die AG eigene Aktien ohne weiteres im Beschlussverfahren einziehen. Voraussetzung ist, dass die AG Inhaberin der einzuziehenden Aktien ist. Dabei ist die **dingliche Rechtslage maßgeblich**. Der Rechtsgrund des Erwerbs ist ebenso unerheblich wie die Frage, ob das Verpflichtungsgeschäft wirksam ist oder ein Anspruch auf Rückübertragung besteht oder entstehen kann. § 71 d AktG ist nicht anzuwenden, so dass keine Aktien eingezogen werden können, die von einer abhängigen Gesellschaft oder von Dritten für Rechnung der AG gehalten werden (*Hüffer* AktG, § 237 Rn. 20). Ob die AG die eigenen Aktien zulässigerweise besitzt, ist unerheblich. Ein Verstoß gegen § 71 AktG führt nicht zur Unzulässigkeit der Einziehung (*Hüffer* AktG, § 237 Rn. 21; MüKo AktG/*Oechsler* § 237 Rn. 73). Im Übrigen erlaubt § 71 Abs. 1 Nr. 6 AktG den Erwerb zwecks Einziehung. 14

Durch **Satzungsregelung** kann die Einziehung eigener Aktien **beschränkt** (§§ 237 Abs. 2 S. 1, 222 Abs. 1 S. 2 AktG), nicht aber ausgeschlossen werden (KölnKomm AktG/*Lutter* § 237 Rn. 75; *Hüffer* AktG, § 237 Rn. 19; MünchHdb GesR IV/*Krieger* § 62 Rn. 13). 15

Die Einziehung nach Erwerb setzt immer einen **Hauptversammlungsbeschluss** voraus; § 237 Abs. 6 AktG ist nicht einschlägig, sondern betrifft nur die Zwangseinziehung (*Hüffer* AktG, § 237 Rn. 19). In den Fällen des § 71 c Abs. 3 AktG kann die AG auch zur Einziehung verpflichtet sein. 16

C. Ordentliches Einziehungsverfahren, Abs. 2

I. Stimmrechtsausübung

Das ordentliche Einziehungsverfahren bestimmt sich im Wesentlichen nach den Vorschriften über die ordentliche Kapitalherabsetzung (§§ 222 ff. AktG). Erforderlich ist ein Hauptversammlungsbeschluss, der gem. §§ 237 Abs. 2 S. 1, 222 Abs. 1 S. 1 AktG einer **Kapitalmehrheit von mindestens ³/₄** des bei der Beschlussfassung vertretenen Grundkapitals sowie darüber hinaus der **einfachen Stimmenmehrheit** des § 133 Abs. 1 AktG bedarf. Die Satzung kann eine größere Kapitalmehrheit bestimmen. Bei Existenz mehrerer Aktiengattungen sind **Sonderbeschlüsse** jeder Gattung erforderlich (§§ 237 Abs. 2 S. 1; 222 Abs. 2 AktG). 17

Die von der Einziehung betroffenen Aktionäre sind grds. **stimmberechtigt**. Ausnahmen gelten auch dann nicht, wenn die Hauptversammlung über die Zwangseinziehung aus wichtigem Grund in der Person des Aktionärs beschließt. In diesem Fall bleibt nur eine Anfechtungsklage wegen treuwidriger Stimmrechtsausübung verbunden mit positiver Beschlussfeststellungsklage (§§ 243, 246 AktG; vgl. *Hüffer* AktG, § 237 Rn. 23 a; MüKo AktG/*Oechsler* § 237 Rn. 79; a. A. KölnKomm AktG/*Lutter* § 237 Rn. 83). 18

II. Beschlussinhalt

Der Beschluss muss bestimmen, dass das Grundkapital durch Einziehung von Aktien **herabgesetzt** werden soll. Des Weiteren muss klargestellt werden, ob es sich um eine **Zwangseinziehung** oder um eine **Einziehung nach Erwerb** handelt. Im Übrigen muss der Beschlussinhalt den Anforderungen an einen Beschluss zur ordentlichen Kapitalherabsetzung entsprechen und damit **Zweck der Einziehung** und **Höhe des Herabsetzungsbetrages** festsetzen (MüKo AktG/*Oechsler* § 237 Rn. 80, 82; *Hüffer* AktG, § 237 Rn. 24 m. w. N.). Darüber hinaus muss der Hauptversammlungsbeschluss die **Voraussetzungen** der Zwangseinziehung und die **Einzelheiten ihrer Durch-** 19

führung festsetzen, sofern dies nicht bereits in der Satzung geschehen ist (§ 237 Abs. 2 S. 2 AktG). Der Hauptversammlungsbeschluss muss schließlich konkret bestimmen, welche Mitgliedsrechte von der Einziehung betroffen sind. Eine Ausnahme gilt nur für Aktien, die nach Erwerb durch die Gesellschaft eingezogen werden (*Hüffer* AktG, § 237 Rn. 25).

III. Anmeldung und Eintragung

20 Der Hauptversammlungsbeschluss ist gem. §§ 237 Abs. 2 S. 1, 23 AktG zur Eintragung in das Handelsregister **anzumelden**. § 224 AktG wird durch § 238 AktG verdrängt. Die Bekanntmachung muss aber einen Hinweis an die Gläubiger nach § 225 Abs. 1 S. 2 AktG enthalten. Die Anmeldung und Eintragung des Kapitalherabsetzungsbeschlusses können mit der Anmeldung und Eintragung der Durchführung verbunden werden (§ 239 Abs. 2 AktG). Die Berichtigung des Satzungstextes ist zwingend mit der Anmeldung des Beschlusses zu verbinden (*Hüffer* AktG, § 237 Rn. 26).

IV. Gläubigerschutz

21 Über Abs. 2 S. 1 findet auch die Gläubigerschutzvorschrift des § 225 AktG Anwendung, und zwar einschließlich des dortigen Abs. 3. Die Gläubiger haben damit einen **klagbaren Anspruch auf Sicherheitsleistung** gem. §§ 232 ff. BGB. Zudem dürfen Zahlungen an die Aktionäre aufgrund der Herabsetzung des Grundkapitals erst nach Ablauf von sechs Monaten und Befriedigung oder Sicherheitsleistung an Gläubiger erfolgen. Für die Zahlung des Entgelts, das Aktionären bei einer Zwangseinziehung oder bei einem Erwerb von Aktien zum Zweck der Einziehung gezahlt wird, gilt darüber hinaus das **Auszahlungsverbot** des § 225 Abs. 2 AktG gem. § 237 Abs. 2 S. 3 AktG sinngemäß.

D. Vereinfachtes Einziehungsverfahren, Abs. 3 bis 5

22 Das vereinfachte Einziehungsverfahren ist nur unter den in § 237 Abs. 3 AktG genannten Voraussetzungen zulässig. Bei ihm brauchen die Vorschriften über die ordentliche Kapitalherabsetzung nicht befolgt zu werden. Abzugrenzen ist das Verfahren von der vereinfachten Kapitalherabsetzung nach §§ 229 ff. AktG (*Hüffer* AktG, § 237 Rn. 30).

I. Voraussetzungen

1. Volleingezahlte Aktien

23 In allen Fällen der vereinfachten Kapitalherabsetzung können nur volleingezahlte Aktien eingezogen werden. Auf jede Aktie muss daher der Ausgabebetrag einschließlich des Agio **vollständig eingezahlt** sein. Maßgeblich ist der Zeitpunkt des Wirksamwerdens der Kapitalherabsetzung (*Hüffer* AktG, § 237 Rn. 31; MüKo AktG/*Oechsler* § 237 Rn. 92). Ein Verstoß führt zur **Nichtigkeit** des Hauptversammlungsbeschlusses gem. § 241 Nr. 3 AktG. Genügt der Beschluss den Voraussetzungen des Abs. 2 S. 1, so kann er in einen Beschluss zur ordentlichen Einziehung umgedeutet werden (*Hüffer* AktG, § 237 Rn. 31; MüKo AktG/*Oechsler* § 237 Rn. 101; KölnKomm AktG/*Lutter* § 237 Rn. 94 f.; MünchHdb GesR IV/*Krieger* § 62 Rn. 19).

2. Unentgeltlichkeit

24 Aktien sind der AG i. S. v. Abs. 3 Nr. 1 unentgeltlich zur Verfügung gestellt, wenn die AG **keine Gegenleistung** erbracht hat oder erbringen muss. Gemeint sind nicht nur Geldzahlungen, sondern auch sonstige Leistungen mit wirtschaftlichem Gegenwert. Auch der Begriff des Zurverfügungstellens ist umfassend auszulegen; er erfasst nicht nur Fälle, in denen die AG Inhaberin des Mitgliedsrechts wird, sondern auch die Überlassung von Aktien durch den Inhaber ohne Aufgabe seiner Berechtigung zum Zweck der Einziehung (*Hüffer* AktG, § 237 Rn. 32; KölnKomm AktG/*Lutter* § 237 Rn. 96). Maßgeblich ist der Zeitpunkt des Wirksamwerdens der Einziehung (*Hüffer* AktG, § 237 Rn. 33; *Zöllner* FS Doralt 2004, 751, 754).

3. Einziehung zu Lasten des Bilanzgewinns oder einer anderen Gewinnrücklage

Das vereinfachte Einziehungsverfahren ist auch durch Einziehung von Aktien zu Lasten des Bilanzgewinns oder einer anderen Gewinnrücklage möglich, soweit diese dafür verwendbar sind. Die Erwerbskosten werden in diesem Falle aus Gesellschaftsmitteln aufgebracht. Voraussetzung ist, dass der Bilanzgewinn (§ 158 Abs. 1 Nr. 5 AktG bzw. § 266 Abs. 3 A V HGB) oder die anderen Gewinnrücklagen (§ 266 Abs. 3 A III Nr. 4 HGB) einen Betrag ausweisen, der die Erwerbskosten oder die Zahlung des Einziehungsentgelts deckt, und dass dieser Betrag nicht durch Verlustvorträge gemindert ist. 25

4. Einziehung von Stückaktien ohne Herabsetzung des Kapitals

Die Vorschriften über die ordentlichen Kapitalherabsetzung brauchen auch nicht befolgt zu werden, wenn Stückaktien (§ 8 Abs. 3 AktG) eingezogen werden und die Hauptversammlung im Einziehungsbeschluss bestimmt, dass auf die verbleibenden Aktien ein entsprechend erhöhter Anteil am Grundkapital entfällt. Denn in diesem Falle dient der Einziehungsbeschluss nicht der Kapitalherabsetzung (RegBegr. BT-Drs. 14/8769, 24). 26

II. Einziehungsbeschluss

Die vereinfachte Kapitalherabsetzung kann nur von der Hauptversammlung beschlossen werden (Abs. 4 S. 1). Es genügt die **einfache Stimmenmehrheit** des § 133 Abs. 1 AktG (Abs. 4 S. 2), auch wenn formal eine Satzungsänderung vorliegt. Sonderbeschlüsse bei Vorliegen mehrerer Aktiengattungen entsprechend § 222 Abs. 2 AktG sind nicht erforderlich (*Hüffer* AktG, § 237 Rn. 35; GroßkommAktG/*Schilling* § 237 Rn. 35; MünchHdb GesR IV/*Krieger* § 62 Rn. 22; Happ/*Tielmann* AktienR, 14.05 Rn. 8; a. A. KölnKomm AktG/*Lutter* § 237 Rn. 108 f.; *Zöllner* FS Doralt 2004, 751, 762). Allerdings verbleibt es beim **Zustimmungserfordernis** nach § 141 Abs. 1 AktG, wenn Vorzugsaktien eingezogen werden sollen (*Hüffer* AktG, § 237 Rn. 35; MüKo AktG/*Oechsler* § 237 Rn. 104). **Sonderbeschlüsse** können auch nach § 179 Abs. 3 AktG notwendig werden (*Hüffer* AktG, § 237 Rn. 35; Happ/*Tielmann* AktienR 14.05 Rn. 8). Die Satzung kann eine größere Stimmenmehrheit und weitere Erfordernisse (Kapitalmehrheit, Zustimmung der Gattungsaktionäre) bestimmen (Abs. 4 S. 3). Erleichterungen sind unzulässig (*Hüffer* AktG, § 237 Rn. 35). 27

Hinsichtlich des **Beschlussinhaltes** gelten die Anforderungen an den Beschluss im Rahmen des ordentlichen Einziehungsverfahrens (vgl. Rn. 19). Der Beschluss muss darüber hinaus erkennen lassen, dass die Kapitalherabsetzung durch Einziehung von Aktien in vereinfachter Form erfolgt (*Hüffer* AktG, § 237 Rn. 36; GroßkommAktG/*Schilling* § 237 Rn. 36). Die in Abs. 5 angeordnete Einstellung ist nicht im Herabsetzungsbeschluss, sondern im nächsten Jahresabschluss vorzunehmen (MünchHdb GesR IV/*Krieger* § 62 Rn. 23). 28

Der Beschluss ist vom Vorstand und vom Aufsichtsratsvorsitzenden gemeinsam zur Eintragung in das Handelsregister **anzumelden**. Im Rahmen der Registerkontrolle wird auch geprüft, ob das vereinfachte Einziehungsverfahren zulässig ist (*Hüffer* AktG, § 237 Rn. 37). 29

III. Gläubigerschutz

Im vereinfachten Einziehungsverfahren nach Abs. 3 Nr. 1 und 2 ist zum Schutz der Gläubiger ein Betrag in die Kapitalrücklage einzustellen, der dem Betrag des Grundkapitals gleichkommt, welcher auf die eingezogenen Aktien entfällt (Abs. 5). Im Falle des Nr. 3 bedarf es hingegen keines Gläubigerschutzes, weil das Grundkapital nicht herabgesetzt wird (*Terbrack* DNotZ 2003, 734, 743). Der Begriff der Kapitalrücklage ergibt sich aus § 266 Abs. 3 A II HGB und § 272 Abs. 2 HGB. Die Einstellung erfolgt aus dem Grundkapital (§ 266 Abs. 3 A I HGB). Die Einstellung ist zum Zeitpunkt des Wirksamwerdens der Kapitalherabsetzung vorzunehmen, so dass die Kapitalrücklage in dem Jahresabschluss dotiert sein muss, der auf die Kapitalherabsetzung folgt. Anderenfalls ist der Abschluss nach § 256 Abs. 1 Nr. 1, 4 AktG nichtig (*Hüffer* AktG, § 37 Rn. 38; MünchHdb GesR IV/*Krieger* § 62 Rn. 23). Die Verwendung der Kapitalrücklage bestimmt sich nach § 150 Abs. 3 und 4 AktG (ausführl. *Hüffer* AktG, § 237 Rn. 39). 30

E. Einziehung durch den Vorstand, Abs. 6

31 Im Falle der in der Satzung angeordneten Zwangseinziehung bedarf es keines Hauptversammlungsbeschlusses. An seine Stelle tritt die **»Entscheidung« des Vorstands** über die Einziehung. Allerdings kann anstelle des Vorstands die Hauptversammlung beschließen, wenn der Vorstand es gem. § 119 Abs. 2 AktG verlangt (*Hüffer* AktG, § 237 Rn. 40; GroßkommAktG/*Schilling* § 237 Rn. 39; MüKo AktG/*Oechsler* § 237 Rn. 112).

32 Die »Entscheidung« des Vorstands ist **Geschäftsführungsmaßnahme i. S. d. § 83 AktG**. Sie ist identisch mit der Einziehungshandlung gem. § 238 S. 3 AktG. Strittig ist, ob die Vorstandsentscheidung nach §§ 237 Abs. 2 S. 1 bzw. 237 Abs. 4 S. 5, 223 AktG zur Eintragung in das Handelsregister anzumelden und einzutragen ist (dagegen *Hüffer* AktG, § 237 Rn. 41 unter Hinweis auf §§ 238 S. 2, 239 Abs. 1 S. 2 AktG; KölnKomm AktG/*Lutter* § 237 Rn. 116; MüKo AktG/*Oechsler* § 237 Rn. 115; MünchHdb GesR IV/*Krieger* § 62 Rn. 18, 24; a. A. GroßkommAktG/*Schilling* § 237 Rn. 40; *Baumbach/Hueck* § 237 Rn. 13).

F. Beschlussmängel

33 Ist der Einziehungsbeschluss fehlerhaft, so bestimmen sich die Rechtsfolgen nach den allgemeinen Vorschriften (§§ 241 ff. AktG). Beschließt die Hauptversammlung die Zwangseinziehung ohne Ermächtigung, ist der Beschluss gem. § 241 Nr. 3 AktG **nichtig**. Deckt die Ermächtigung die Zwangseinziehung nicht, ist der Beschluss **anfechtbar** (*Hüffer* AktG, § 237 Rn. 42; MüKo AktG/*Oechsler* § 237 Rn. 25; MünchHdb GesR IV/*Krieger* § 62 Rn. 17; a. A. (generelle Anfechtbarkeit) KölnKomm AktG/*Lutter* § 237 Rn. 54; GroßkommAktG/*Schilling* § 237 Rn. 42; a. A. (generelle Nichtigkeit) *Baumbach/Hueck* § 237 Rn. 5). Bedarf der Hauptversammlungsbeschluss sachlicher Rechtfertigung und fehlt diese, so ist der Beschluss ebenfalls anfechtbar (*Hüffer* AktG, § 237 Rn. 43).

34 Der Hauptversammlungsbeschluss ist nach § 241 Nr. 3 AktG im vereinfachten Beschlussverfahren nichtig, wenn nicht volleingezahlte Aktien eingezogen werden. Gleiches gilt, wenn die Voraussetzungen des § 237 Abs. 3 Nr. 1 AktG nicht vorliegen oder der Herabsetzungsbetrag nicht durch den Bilanzgewinn oder eine andere Gewinnrücklage gedeckt ist (§ 237 Abs. 3 Nr. 2 AktG), da in beiden Fällen schwerpunktmäßig Interessen der Gläubiger betroffen sind. Ein Verstoß gegen die Zweckbindung oder ein Eingriff in bereits entstandene Dividendenansprüche machen den Hauptversammlungsbeschluss anfechtbar (*Hüffer* AktG, § 237 Rn. 34; MüKo AktG/*Oechsler* § 237 Rn. 102; MünchHdb GesR IV/*Krieger* § 62 Rn. 21; a. A. zur Anfechtbarkeit *Zöllner* FS Doralt 2004, 751, 760 f.).

35 Entscheidet der Vorstand gem. Abs. 6 über die angeordnete Zwangseinziehung, so ist die Vorstandsentscheidung ohne Wirkung, wenn die Voraussetzungen der angeordneten Zwangseinziehung nicht vorlagen (*Hüffer* AktG, § 237 Rn. 43; ähnlich MünchHdb GesR IV/*Krieger* § 62 Rn. 17).

§ 238 Wirksamwerden der Kapitalherabsetzung

[1]Mit der Eintragung des Beschlusses oder, wenn die Einziehung nachfolgt, mit der Einziehung ist das Grundkapital um den auf die eingezogenen Aktien entfallenden Betrag herabgesetzt. [2]Handelt es sich um eine durch die Satzung angeordnete Zwangseinziehung, so ist, wenn die Hauptversammlung nicht über die Kapitalherabsetzung beschließt, das Grundkapital mit der Zwangseinziehung herabgesetzt. [3]Zur Einziehung bedarf es einer Handlung der Gesellschaft, die auf Vernichtung der Rechte aus bestimmten Aktien gerichtet ist.

A. Wirksamwerden der Kapitalherabsetzung

1 Das Wirksamwerden der Kapitalherabsetzung und der Einziehung ist von **zwei Voraussetzungen** abhängig, nämlich der **Eintragung des Kapitalherabsetzungsbeschlusses** in das Handels-

register und der **Vornahme der Einziehungshandlung**. Die Reihenfolge ist unerheblich (*Hüffer* AktG, § 238 Rn. 2). Sind zur Durchführung der Kapitalherabsetzung mehre Einziehungshandlungen notwendig, so müssen sämtliche Handlungen vorliegen, bevor die Kapitalmaßnahme wirksam wird (*Hüffer* AktG, § 238 Rn. 3; MüKo AktG/*Oechsler* § 238 Rn. 3). Die Einziehungshandlungen können auch teils vor und teils nach der Beschlusseintragung vorgenommen werden (*Hüffer* AktG, § 238 Rn. 3; KölnKomm AktG/*Lutter* § 238 Rn. 3).

S. 1 ist generell bei der Kapitalherabsetzung durch Einziehung anwendbar, unabhängig davon, 2
ob es sich um eine ordentliche Kapitalherabsetzung (§ 237 Abs. 2 S. 1 AktG) oder eine Kapitalherabsetzung im vereinfachten Verfahren (§ 237 Abs. 3 bis 5 AktG) handelt (*Hüffer* AktG, § 238 Rn. 3).

Im Falle der durch Satzung angeordneten Zwangseinziehung, in dem die Hauptversammlung 3
nicht beschließt, ist das Grundkapital bereits mit der Zwangseinziehung herabgesetzt (§§ 238 S. 2, 237 Abs. 6 AktG). Macht der Vorstand allerdings von seiner Entscheidungsbefugnis nach § 237 Abs. 6 AktG keinen Gebrauch und lässt die Hauptversammlung über die Zwangseinziehung beschließen, so gilt § 238 S. 1 AktG (KölnKomm AktG/*Lutter* § 238 Rn. 3; MüKo AktG/*Oechsler* § 238 Rn. 4; *Hüffer* AktG, § 238 Rn. 4). S. 2 stellt für das Wirksamwerden der Kapitalherabsetzung auf die Vornahme der Einziehungshandlung ab, da die Entscheidung des Vorstands nach zutr. Auffassung nicht eintragungsfähig ist (str., vgl. *Hüffer* AktG, § 238 Rn. 4).

Ungeachtet der Frage der Wirksamkeit der Kapitalherabsetzung sieht das Gesetz auch eine Rück- 4
wirkung i. S. eines Ausweises des herabgesetzten Grundkapitals im Jahresabschluss für das letzte Jahr vor der Beschlussfassung analog §§ 234, 235 AktG nicht vor (*Hüffer* AktG, § 239 Rn. 6; KölnKomm AktG/*Lutter* § 239 Rn. 5; GroßkommAktG/*Schilling* § 239 Rn. 8; MünchHdb GesR IV/*Krieger* § 62 Rn. 26; *Risse* BB 1968, 1012 f.; a. A. *Wiese* SozPraxis 1940, 502, 504 f.).

B. Rechtsfolgen

Mit Wirksamwerden der Kapitalherabsetzung hat die Gesellschaft eine **neue Grundkapitalziffer**. Die von der Einziehung betroffenen Mitgliedsrechte gehen unter, so dass zwischen der Ge- 5
sellschaft und dem bisherigen Aktionär **keine mitgliedschaftlichen Rechte und Pflichten** mehr bestehen (*Hüffer* AktG, § 238 Rn. 5). Nur vor Einziehung entstandene Gewinnansprüche können als Gläubigerrechte weiterhin geltend gemacht werden; hinsichtlich nach Einziehung gefasster Gewinnverwendungsbeschlüsse besteht kein Dividendenzahlungsanspruch (vgl. zur GmbH BGH NJW 1998, 3646, 3647). Die Aktienurkunden verkörpern nach Einziehung den obligatorischen Anspruch auf Zahlung des Einziehungsentgelts; die Gesellschaft muss analog § 797 S. 1 BGB nur Zug um Zug gegen Aushändigung der Urkunde zahlen. Sie hat jedoch keinen klagbaren Anspruch auf Einreichung der Urkunde; hier bleibt ihr der Weg der Kraftloserklärung nach § 73 AktG (*Hüffer* AktG, § 238 Rn. 5; KölnKomm AktG/*Lutter* § 238 Rn. 9; MünchHdb GesR IV/*Krieger* § 62 Rn. 26).

C. Einziehungshandlung

Zur Einziehung bedarf es einer auf **Vernichtung der Rechte** aus bestimmten Aktien gerichteten 6
Handlung der Gesellschaft. Die Zuständigkeit liegt beim Vorstand, auch wenn die Hauptversammlung die Einziehung beschlossen hat. Entscheidet der Vorstand über die Einziehung, so ist seine Entscheidung gleichzeitig auch der Einziehungsakt, so dass es keiner weiteren Maßnahmen bedarf (*Hüffer* AktG, § 238 Rn. 7; KölnKomm AktG/*Lutter* § 238 Rn. 8).

Die **Einziehungserklärung** ist eine **empfangsbedürftige Willenserklärung**. Erklärungsgegner 7
ist der Inhaber des Mitgliedsrecht (KölnKomm AktG/*Lutter* § 238 Rn. 8; MüKo AktG/*Oechsler* § 238 Rn. 5; *Hüffer* AktG, § 238 Rn. 8; MünchHdb GesR IV/*Krieger* § 62 Rn. 25). Der Zugang bestimmt sich nach den allgemeinen Vorschriften, insbes. § 130 BGB, ist aber auch mit Veröffentlichung der Erklärung in den Gesellschaftsblättern bewirkt, sofern die Satzung nichts anderes bestimmt und sich die Einziehung der Aktien nicht gegen namentlich bekannte Aktionäre richtet.

Der Zugang entfällt bei der Einziehung eigener Aktien der Gesellschaft; in diesem Fall genügt jede Handlung, die die Einziehung zum Ausdruck bringt, z. B. die Abbuchung (*Hüffer* AktG, § 238 Rn. 9; *Baumbach/Hueck* § 238 Rn. 3). Die Einziehungserklärung kann auch **konkludent** erfolgen. Sie muss allerdings das betroffene Mitgliedsrecht bestimmt bezeichnen, bspw. durch Serie und Nummer der betroffenen Aktie oder durch die Person ihres Inhabers. Die Vernichtung der Aktienurkunde ist als Einziehungshandlung weder erforderlich noch ausreichend; in ihr kann indes eine konkludente Einziehungserklärung liegen (*Hüffer* AktG, § 238 Rn. 9; KölnKomm AktG/*Lutter* § 238 Rn. 7).

8 Fehlt es an einer wirksamen Ermächtigung für die Einziehungshandlung, bspw. aufgrund Unwirksamkeit oder Nichtigkeit des Hauptversammlungsbeschlusses oder bei fehlerhafter Entscheidung des Vorstands, so ist die Einziehungshandlung ohne Wirkung und das Mitgliedschaftsrecht besteht ungeachtet einer Eintragung des Kapitalherabsetzungsbeschlusses oder seiner Durchführung im Handelsregister fort. In diesem Falle ist das Handelsregister nach § 142 FGG zu berichtigen (*Hüffer* AktG, § 238 Rn. 10; MüKo AktG/*Oechsler* § 238 Rn. 6; KölnKomm AktG/*Lutter* § 238 Rn. 10).

§ 239 Anmeldung der Durchführung

(1) [1]Der Vorstand hat die Durchführung der Herabsetzung des Grundkapitals zur Eintragung in das Handelsregister anzumelden. [2]Dies gilt auch dann, wenn es sich um eine durch die Satzung angeordnete Zwangseinziehung handelt.

(2) Anmeldung und Eintragung der Durchführung der Herabsetzung können mit Anmeldung und Eintragung des Beschlusses über die Herabsetzung verbunden werden.

A. Regelungsgegenstand und -zweck

1 § 239 AktG bezweckt die **Publizität der Durchführung** der Kapitalherabsetzung. Die Eintragung hat rein deklaratorische Bedeutung (*Hüffer* AktG, § 239 Rn. 1; KölnKomm AktG/*Lutter* § 239 Rn. 2; MüKo AktG/*Oechsler* § 239 Rn. 1). Die Anmeldung der Durchführung der Kapitalherabsetzung ist von der Anmeldung des Kapitalherabsetzungsbeschlusses selbst gem. §§ 223, 237 Abs. 2 S. 1 oder § 237 Abs. 4 S. 5 AktG zu unterscheiden, auch wenn beide Anmeldungen miteinander verbunden werden können. Neben dieses Registerverfahren treten formal die Anmeldung und Eintragung der formellen Satzungsänderung, die mit der Anmeldung der Durchführung zu verbinden sind, wenn sie nicht schon mit der Anmeldung des Kapitalherabsetzungsbeschlusses vorgenommen wurden (*Hüffer* AktG, § 239 Rn. 1).

B. Anmeldung der Durchführung

I. Begriff der Durchführung

2 Die Kapitalherabsetzung durch Einziehung von Aktien ist durchgeführt, wenn **alle notwendigen Einziehungshandlungen** vorgenommen sind (vgl. § 238 AktG Rn. 6 ff.). Sie wird sofort wirksam, wenn der Herabsetzungsbeschluss bereits in das Handelsregister eingetragen ist, ansonsten mit seiner Eintragung. Die Einreichung oder Kraftloserklärung der betroffenen Aktienurkunden ist nicht erforderlich (*Hüffer* AktG, § 239 Rn. 2).

II. Handelsregisteranmeldung

3 Die Anmeldung ist an das Amtsgericht des Satzungssitzes zu richten (§ 125 Abs. 1 FGG, § 14 AktG) und muss in **öffentlich-beglaubigter Form** (§ 12 Abs. 1 HGB) erfolgen. Sie ist **unverzüglich** i. S. v. § 121 Abs. 1 S. 1 BGB nach beendeter Durchführung vorzunehmen. **Unterlagen** sind nicht beizufügen (*Hüffer* AktG, § 239 Rn. 3). Die Anmeldung obliegt dem Vorstand; der Aufsichtsratsvorsitzende muss nicht mitwirken (vgl. *Kropff* RegBegr., 325). Der Vorstand handelt

im Namen der Gesellschaft. Ausreichend ist die Mitwirkung einer vertretungsberechtigten Zahl von Vorstandsmitgliedern. Unechte Gesamtvertretung (vgl. § 78 AktG Rn. 15 ff.) ist ebenso zulässig wie die Anmeldung durch einen bevollmächtigten Dritten (KG JW 1938, 3121; MüKo AktG/*Oechsler* § 239 Rn. 32; *Hüffer* AktG, § 239 Rn. 4).

Abs. 1 S. 2 dehnt die Anmeldepflicht auf den Fall des § 237 Abs. 6 AktG aus (MüKo AktG/*Oechsler* § 239 Rn. 4; a. A. *Hüffer* AktG, § 239 Rn. 5: rein klarstellende Bedeutung). 4

Für die Eintragung im Handelsregister ist der **Rechtspfleger** zuständig, § 3 Nr. 2 d RPflG. Er prüft die Ordnungsmäßigkeit der Anmeldung und ist auch zur materiellen Prüfung, ob die Kapitalherabsetzung durch Einziehung ordnungsgemäß durchgeführt wurde und ob die Summe der geringsten Ausgabebeträge dem herabgesetzten Grundkapital entspricht, berechtigt (*Hüffer* AktG, § 239 Rn. 6). 5

III. Gemeinsame Anmeldung von Herabsetzungsbeschluss und Durchführung der Herabsetzung

Die Anmeldung und Eintragung der Durchführung der Herabsetzung des Grundkapitals darf mit der Anmeldung und Eintragung des Beschlusses über die Herabsetzung **verbunden** werden. In diesem Falle sind die für das jeweilige Registerverfahren geltenden Anmelde- und Eintragungsvoraussetzungen zu beachten, insbes. auch die Mitwirkungspflicht des Aufsichtsratsvorsitzenden bei der Beschlussanmeldung (vgl. § 223 AktG). Auch bei verbundener Anmeldung kann der Registerrichter über beide Anträge getrennt entscheiden und zunächst nur den Herabsetzungsbeschluss eintragen. Soll dies ausgeschlossen werden, ist ein gesonderter **Antrag** erforderlich. Nach zutr. Ansicht ist die Entscheidung des Vorstands über die Einziehung gem. § 237 Abs. 6 AktG nicht anmelde- und eintragungsfähig (*Hüffer* AktG, § 239 Rn. 8, dort auch m. w. N. zur Gegenmeinung). 6

Es ist strittig, ob die beiden Registerverfahren miteinander verbunden werden können, wenn der Kapitalherabsetzungsbeschluss die Einziehung künftig zu erwerbender eigener Aktien vorsieht (vgl. *Hüffer* AktG, § 239 Rn. 9 zum Streitstand). 7

Vierter Unterabschnitt.
Ausweis der Kapitalherabsetzung

§ 240

[1]Der aus der Kapitalherabsetzung gewonnene Betrag ist in der Gewinn- und Verlustrechnung als »Ertrag aus der Kapitalherabsetzung« gesondert, und zwar hinter dem Posten »Entnahmen aus Gewinnrücklagen«, auszuweisen. [2]Eine Einstellung in die Kapitalrücklage nach § 229 Abs. 1 und § 232 ist als »Einstellung in die Kapitalrücklage nach den Vorschriften über die vereinfachte Kapitalherabsetzung« gesondert auszuweisen. [3]Im Anhang ist zu erläutern, ob und in welcher Höhe die aus der Kapitalherabsetzung und aus der Auflösung von Gewinnrücklagen gewonnenen Beträge

1. **zum Ausgleich von Wertminderungen**
2. **zur Deckung von sonstigen Verlusten oder**
3. **zur Einstellung in die Kapitalrücklage verwandt werden.**

A. Regelungsgegenstand und -zweck

Mit der Regelung über den Ausweis der Kapitalherabsetzung in Gewinn- und Verlustrechnung und Anhang dient § 240 AktG der **Information der Gläubiger und der Aktionäre** über die **wirk-** 1

liche Ertragslage der Gesellschaft und die Verwendung des Buchertrags (*Kropff* RegBegr., 326; KölnKomm AktG/*Lutter* § 240 Rn. 1; *Hüffer* AktG, § 240 Rn. 1).

2 § 240 AktG betrifft den **Buchertrag** aus der Kapitalherabsetzung und gilt für alle drei Formen der Kapitalherabsetzung, also die ordentliche Kapitalherabsetzung, die Kapitalherabsetzung durch Einziehung von Aktien und die vereinfachte Kapitalherabsetzung (*Kropff* RegBegr., 326). Der Buchertrag entspricht der Differenz zwischen alter und neuer Grundkapitalziffer. Für Beträge, die aus einer nach § 229 Abs. 2 AktG notwendigen Auflösung von Gewinn- und Kapitalrücklagen stammen, gilt hingegen § 240 AktG nicht, sondern § 158 Abs. 1 S. 1 Nr. 2, 3 S. 2 AktG (*Kropff* RegBegr., 326; KölnKomm AktG/*Lutter* § 240 Rn. 4; *Hüffer* AktG, § 240 Rn. 1).

B. Ausweis im Jahresabschluss

3 Der Buchertrag aus der Kapitalherabsetzung ist in der Gewinn- und Verlustrechnung **gesondert** wie in § 240 S. 1 AktG **bestimmt auszuweisen**. Das Wahlrecht des § 158 Abs. 1 S. 2 AktG findet keine Anwendung (MüKo AktG/*Oechsler* § 240 Rn. 3). Ausweis- und Erläuterungspflichten bestehen für den Jahresabschluss des Geschäftsjahres, in dem die Buchungen vorzunehmen sind. Grds. ist dies das Geschäftsjahr, in dem die Kapitalherabsetzung wirksam wird; im Falle einer Rückwirkung gem. § 234 AktG ist § 240 AktG bereits für den Jahresabschluss des vorhergehenden Geschäftsjahres zu beachten (*Hüffer* AktG, § 240 Rn. 2; KölnKomm AktG/*Lutter* § 240 Rn. 9; GroßkommAktG/*Schilling* § 240 Rn. 1).

4 Bei der **vereinfachten Kapitalherabsetzung** können der **Buchgewinn** gem. § 229 Abs. 1 S. 1 AktG und Beträge nach § 232 AktG in die Kapitalrücklage eingestellt werden. In diesem Fall erfolgt der Ausweis nach § 240 S. 2 AktG, der S. 1 ergänzt. Der Herabsetzungsbetrag ist nach wie vor gem. S. 1 als »Ertrag aus der Kapitalherabsetzung« auszuweisen. S. 2 betrifft den Gegenposten in der Gewinn- und Verlustrechnung, der notwendig wird, wenn der Herabsetzungsbetrag ganz oder teilweise in die Kapitalrücklage einzustellen ist, da Einstellungen in die Kapitalrücklage gem. § 272 Abs. 2 HGB grds. erfolgsneutral erfolgen. Nach wohl allg. Meinung gilt § 240 S. 2 AktG entsprechend, wenn im Rahmen einer Kapitalherabsetzung durch Einziehung von Aktien ein dem Kapitalherabsetzungsbetrag entsprechender Betrag nach § 237 Abs. 5 AktG in die Kapitalrücklage einzustellen ist; der Posten muss jedoch abweichend benannt werden, z. B. »Einstellung in die Kapitalrücklage nach § 237 Abs. 5 AktG« (*Hüffer* AktG, § 240 Rn. 5; KölnKomm AktG/*Lutter* § 240 Rn. 7; MüKo AktG/*Oechsler* § 240 Rn. 6; a. A. ADS § 158 AktG Rn. 27; GroßkommAktG/*Schilling* § 240 Rn. 3).

5 Über die **Verwendung des Buchertrages** ist im Anhang zum Jahresabschluss gem. § 240 S. 3 AktG zu berichten, der insoweit § 160 AktG ergänzt. Trotz der Anlehnung an die in § 229 Abs. 1 S. 1 AktG bestimmten Zwecke der vereinfachten Kapitalerhöhung gilt die Regelung auch für die ordentliche Kapitalherabsetzung und die Kapitalherabsetzung durch Einziehung von Aktien (*Hüffer* AktG, § 240 Rn. 6). Ob die Verluste im Berichtsjahr oder davor entstanden oder ausgewiesen wurden, ist unerheblich. Es ist auch über die Herkunft der Verluste und der Wertminderungen zu berichten. Zu erläutern sind außerdem die Beträge, die im Zusammenhang mit der Kapitalherabsetzung aus der Auflösung von Gewinnrücklagen gewonnen werden (*Hüffer* AktG, § 240 Rn. 6; GroßkommAktG/*Schilling* § 240 Rn. 4; MünchHdb GesR IV/*Krieger* § 60 Rn. 2).

C. Rechtsfolgen bei Verstoß

6 Ein Verstoß gegen § 240 AktG führt nicht generell zur Nichtigkeit des Jahresabschlusses. Nichtigkeit ist nur anzunehmen, wenn unter Verstoß gegen materielle Gläubigerschutzbestimmungen (§§ 232, 237 Abs. 5 AktG) Beträge gar nicht ausgewiesen werden (Nichtigkeit gem. § 256 Abs. 1 Nr. 4 AktG) oder ein falscher Ausweis der Beträge die Klarheit und Übersichtlichkeit wesentlich beeinträchtigt (Nichtigkeit gem. § 256 Abs. 4 AktG) (*Hüffer* AktG, § 240 Rn. 7 m. w. N.; MüKo AktG/*Oechsler* § 240 Rn. 8).

Siebenter Teil.
Nichtigkeit von Hauptversammlungsbeschlüssen und des festgestellten Jahresabschlusses.
Sonderprüfung wegen unzulässiger Unterbewertung

Erster Abschnitt.
Nichtigkeit von Hauptversammlungsbeschlüssen

Erster Unterabschnitt.
Allgemeines

§ 241 Nichtigkeitsgründe

Ein Beschluß der Hauptversammlung ist außer in den Fällen des § 192 Abs. 4, §§ 212, 217 Abs. 2, § 228 Abs. 2, § 234 Abs. 3 und § 235 Abs. 2 nur dann nichtig, wenn er

1. in einer Hauptversammlung gefaßt worden ist, die unter Verstoß gegen § 121 Abs. 2 und 3 oder 4 einberufen war,
2. nicht nach § 130 Abs. 1, 2 und 4 beurkundet ist,
3. mit dem Wesen der Aktiengesellschaft nicht zu vereinbaren ist oder durch seinen Inhalt Vorschriften verletzt, die ausschließlich oder überwiegend zum Schutze der Gläubiger der Gesellschaft oder sonst im öffentlichen Interesse gegeben sind,
4. durch seinen Inhalt gegen die guten Sitten verstößt,
5. auf Anfechtungsklage durch Urteil rechtskräftig für nichtig erklärt worden ist,
6. nach § 144 Abs. 2 des Gesetzes über die Angelegenheiten der freiwilligen Gerichtsbarkeit auf Grund rechtskräftiger Entscheidung als nichtig gelöscht worden ist.

Übersicht:

A. Überblick

Der erste Abschnitt des siebten Teils des AktG regelt die Nichtigkeit von Hauptversammlungsbeschlüssen ex lege und durch Anfechtung. 1

I. Regelungszweck

2 Die Regelung des § 241 AktG dient der Abgrenzung zwischen schweren Mängeln mit der weit reichenden Nichtigkeitsfolge und leichteren Beschlussmängeln, die lediglich zur Anfechtbarkeit des Hauptversammlungsbeschlusses führen. Im Falle der bloßen Anfechtbarkeit besteht ein höheres Maß an Rechtssicherheit, da die Beschlüsse mit Ablauf der Anfechtungsfrist von einem Monat bestandskräftig werden. Die Nichtigkeit kann hingegen, außer in den Fällen der Heilung (§ 242 AktG), zeitlich unbegrenzt geltend gemacht werden. Zu unterscheiden sind die Fälle der Nichtigkeit ex lege (Nr. 1 bis 4) und die Fälle der Nichtigkeit aufgrund richterlichen Gestaltungsakts (Nr. 5 und 6).

II. Unterscheidung zwischen Nichtigkeit, Anfechtbarkeit und Unwirksamkeit

3 Bei fehlerhaften Hauptversammlungsbeschlüssen ist zwischen Nichtigkeit, zu deren Feststellung Nichtigkeitsklage erhoben werden kann, Anfechtbarkeit, die mittels Anfechtungsklage geltend gemacht wird und sonstiger Unwirksamkeit, die im Wege der allgemeinen Feststellungsklage festgestellt wird, zu unterscheiden.

1. Nichtigkeit

4 Ein Hauptversammlungsbeschluss kann aufgrund eines besonders gravierenden formellen oder materiellen Fehlers bei der Beschlussfassung (Nr. 1 bis 4), sowie aufgrund gerichtlichen Gestaltungsakts durch Anfechtungsurteil oder Amtslöschung (Nr. 5 und 6) nichtig sein. Im Streitfall ist Nichtigkeitsklage gem. § 249 AktG zu erheben, aufgrund derer das Gericht deklaratorisch die Nichtigkeit feststellt. Auch ohne gerichtliche Feststellung kann sich jedermann auf die Nichtigkeit des Hauptversammlungsbeschlusses berufen. Leidet der Beschluss lediglich an einem formellen Mangel, so hilft über die Nichtigkeit ein erneuter, formell ordnungsgemäßer Beschluss hinweg. Ein nichtiger Beschluss kann hingegen nicht durch bloßen Bestätigungsbeschluss gem. § 244 AktG wirksam werden (BGH DStR 2004, 1970; *Hüffer* AktG, § 244 Rn. 2).

2. Anfechtbarkeit

5 Im Falle der bloßen Anfechtbarkeit ist der Mangel nach der Wertung des Gesetzgebers nicht so gravierend, dass der Hauptversammlungsbeschluss ex lege keine Wirkung entfalten soll. Der Rechtssicherheit wird hier Vorrang eingeräumt. Die Nichtigkeit des anfechtbaren Hauptversammlungsbeschlusses muss durch rechtskräftiges Urteil im Anfechtungsprozess gem. Nr. 5, § 246 AktG erstritten werden. Ist die Anfechtungsklage erfolgreich, so tritt Nichtigkeit mit Wirkung ex tunc ein.

3. Unwirksamkeit

6 Nach der ganz h. M. ist außerdem die Unwirksamkeit von Hauptversammlungsbeschlüssen zu unterscheiden (BGHZ 15, 177; 48, 141; *Hüffer* AktG, § 241 Rn. 6; a. A. lediglich *Baums* ZHR 142 (1978), 582). Unwirksamkeit ist gegeben, wenn zwar keine Fehler bei der Beschlussfassung aufgetreten sind, der Hauptversammlungsbeschluss aber noch nicht seine volle rechtliche Wirkung entfalten kann, weil **nicht alle Wirksamkeitsvoraussetzungen erfüllt** wurden. Im Unterschied zu nichtigen und anfechtbaren Beschlüssen sind lediglich unwirksame Beschlüsse nicht in den §§ 241 ff. AktG geregelt. Für sie gelten daher im Grundsatz die allgemeinen Normen, insbesondere kann eine allgemeine Feststellungsklage gem. § 256 ZPO ohne die zeitlichen und sonstigen Einschränkungen der §§ 246, 249 AktG erhoben werden (OLG Dresden NJOZ 2001, 2297; MüKo AktG/*Hüffer* § 241 Rn. 16). **Hauptbeispiele** unwirksamer Hauptversammlungsbeschlüsse sind der fehlende Sonderbeschluss anderer Aktiengattungen (§ 179 Abs. 3 AktG), die nicht erfolgte Zustimmung der Aktionäre zu einer Nebenverpflichtung (§ 180 Abs. 1 AktG), sowie die nicht erfolgte Eintragung eines satzungsändernden (§ 181 Abs. 3 AktG) oder das Kapital ändernden (§§ 184 Abs. 1, 195 Abs. 1, 210 Abs. 1, 223 AktG) Beschlusses. Diese Hauptversammlungsbeschlüsse sind so lange **schwebend unwirksam**, wie die fehlende Voraussetzung noch nachgeholt

werden kann. Lehnt das zuständige Gericht die Eintragung rechtskräftig ab oder kommt der erforderliche Sonderbeschluss nicht zustande, wird der Hauptversammlungsbeschluss endgültig unwirksam (h. M., s. MüKo AktG/*Hüffer* § 241 Rn. 18; nach a. A. tritt Nichtigkeit ein: GroßkommAktG/*K. Schmidt* § 241 Rn. 18).

III. Hauptversammlungsbeschluss

Der Begriff »Hauptversammlungsbeschluss« ist gesetzlich nicht definiert. Nach der gängigen Definition stellt ein Hauptversammlungsbeschluss eine Abstimmung über einen Antrag zur Bildung und Äußerung eines gemeinsamen Willens der Hauptversammlung dar, der der AG als eigene Willensbildung und Willensäußerung zugerechnet wird (MüKo AktG/*Hüffer* § 241 Rn. 8). Die Ablehnung eines Antrags ist ein negativer Hauptversammlungsbeschluss. Dagegen stellen Sonderbeschlüsse und das Verlangen einer Minderheit, wie in §§ 120 Abs. 1 S. 2, 137, 147 Abs. 1 bis Abs. 3 AktG vorgesehen, keine Hauptversammlungsbeschlüsse dar. Auch das bloße Übergehen eines Antrags ist nicht als Hauptversammlungsbeschluss zu qualifizieren (*Hüffer* AktG, § 241 Rn. 2). 7

B. Nichtigkeit ex lege

Die allgemeinen Nichtigkeitsgründe sind in Nr. 1 bis 4 abschließend geregelt. 8

I. Formelle Mängel

1. Einberufungsmängel, Nr. 1

a) Keine Einberufungszuständigkeit

Sämtliche Beschlüsse einer unter Verstoß gegen § 121 Abs. 2, Abs. 3 und Abs. 4 AktG einberufenen Hauptversammlung sind **nichtig**. Gem. § 121 Abs. 2 AktG muss jede Hauptversammlung, vorbehaltlich einer anderweitigen gesetzlichen oder satzungsmäßigen Regelung, vom **Vorstand als Gesamtorgan** einberufen werden. Der Vorstand muss wirksam bestellt oder zumindest in das Handelsregister eingetragen sein, § 121 Abs. 2 S. 2 AktG. Ist dagegen nur ein Vorstandsmitglied nicht wirksam bestellt oder fällt ein Vorstandsmitglied nachträglich weg, so ändert dies nichts an der Einberufungszuständigkeit des Gesamtvorstands. Die Beschlussfassung über die Einberufung erfolgt in Abweichung von § 77 Abs. 1 AktG mit einfacher Mehrheit, § 121 Abs. 2 S. 1 AktG. Erfolgt die Einberufung ohne Beschluss des Gesamtvorstands auf Initiative eines einzelnen Vorstands, sind sämtliche Hauptversammlungsbeschlüsse nichtig (*Hüffer* AktG, § 241 Rn. 10). Allerdings sollen Hauptversammlungsbeschlüsse lediglich anfechtbar und nicht ex lege nichtig sein, wenn der Vorstand zwar beschlossen hat, dieser Beschluss aber seinerseits nichtig ist, z. B. weil ein Mitglied des Vorstands nichtig bestellt war (s. MüKo AktG/*Hüffer* § 241 Rn. 28; KölnKomm AktG/*Zöllner* § 241 Rn. 77). 9

Die Einberufung der Hauptversammlung obliegt ausnahmsweise dem **Aufsichtsrat**, wenn dies zum Wohle der Gesellschaft notwendig ist, § 111 Abs. 3 AktG (s. § 111 AktG Rn. 13 f.) und ausnahmsweise einer gerichtlich ermächtigten Aktionärsminderheit, § 122 Abs. 3 AktG (s. § 122 AktG Rn. 15 ff.). 10

b) Bekanntmachungsfehler

Bei Bekanntmachungsfehlern gem. § 121 Abs. 3 und 4 AktG sind sämtliche Hauptversammlungsbeschlüsse nichtig, es sei denn der im Falle des § 121 Abs. 4 AktG übergangene Aktionär genehmigt sie gem. § 242 Abs. 2 S. 4 AktG (s. im Übrigen § 121 AktG Rn. 12 ff.). 11

c) Bei Vollversammlung Fehler unbeachtlich

Entbehrlich ist die Einhaltung der Vorschriften des § 121 AktG, wenn sämtliche Aktionäre erschienen oder vertreten sind, soweit kein Aktionär der Beschlussfassung widerspricht (s. im Übrigen § 121 AktG Rn. 20 f.). 12

2. Beurkundungsmängel, Nr. 2

13 Hauptversammlungsbeschlüsse sind nichtig, wenn gegen die zwingenden Beurkundungsvorschriften des § 130 Abs. 1, Abs. 3 oder Abs. 4 AktG verstoßen wurde, insbesondere keine Beurkundung stattgefunden hat, diese den notwendigen Inhalt vermissen lässt oder nicht durch einen Notar bzw. den Aufsichtsratsvorsitzenden unterschrieben wird (s. im Übrigen § 130 AktG Rn. 6, 15).

II. Materielle Mängel

1. Außerhalb des § 241 AktG liegende Nichtigkeitsgründe

14 Zu den außerhalb des Katalogs des § 241 AktG liegenden Nichtigkeitsgründen siehe die jeweiligen Kommentierungen zu §§ 192, 212, 217, 228, 234 und 235 AktG.

2. Verstoß gegen Wesen der AG oder Schutzvorschriften, Nr. 3

15 Das Verhältnis zwischen beiden Tatbestandsvarianten ist streitig. In der Praxis kommt diesem Streit aber kaum Bedeutung zu, da die Rechtsfolge Nichtigkeit für beide Varianten identisch ist. Bei Verstößen gegen das **Wesen der AG** können die Mängel sowohl im Zustandekommen, als auch im Inhalt des Beschlusses liegen, bei Verstößen gegen Vorschriften, die zum **Schutze von Gläubigern oder im öffentlichen Interesse** gegeben sind, muss der Mangel inhaltlicher Art sein (str.; offen gelassen durch BGH NJW-RR 1990, 166; zustimmend AnwK-AktR/*Heidel* § 241 Rn. 8; a. A. GroßkommAktG/*K. Schmidt* § 241 Rn. 55).

16 Beschlüsse, die § 23 Abs. 5 AktG widersprechen, verstoßen gegen den Wesensgehalt der AG (*Hüffer* AktG, § 241 Rn. 19; GroßkommAktG/*K. Schmidt* § 241 Rn. 56). Kompetenzüberschreitende Beschlüsse, etwa wenn die Hauptversammlung dem Vorstand unberechtigt Weisungen erteilt oder dem Vorstand Kompetenzen zugewiesen werden, die zwingend bei der Hauptversammlung liegen, sind gem. Nr. 3 ohne weiteres nichtig (OLG München NZG 2002, 677; *Hüffer* AktG, § 241 Rn. 20). Die Rechtsprechung zählt außerdem die freie Übertragbarkeit von Namensaktien, falls diese nicht vinkuliert sind, § 68 AktG (BGHZ 160, 253), zum Wesensgehalt der AG (weiterführend s. GroßkommAktG/*K. Schmidt* § 241 Rn. 58).

17 Die Vorschriften zum Schutze der Gläubiger und des öffentlichen Interesses müssen die Nichtigkeit des Beschlusses **zwingend gebieten** (GroßkommAktG/*K. Schmidt* § 241 Rn. 59). Darunter fallen die Kapitalerhaltungsvorschriften §§ 57, 58, 71 AktG und die explizit Gläubiger schützenden Vorschriften wie §§ 225, 233, 272, 303, 321 AktG. Von den außerhalb des AktG liegenden Vorschriften wurden von der Rechtsprechung vor allem die §§ 25 ff. MitbestG als zum Schutze des öffentlichen Interesses gegebene Normen qualifiziert (BGHZ 83, 106; 83, 151; 89, 48; OLG Karlsruhe NJW 1980, 2137). Die Missachtung des Gleichbehandlungsgrundsatzes, Stimmrechtsmissbräuche und Verstöße gegen sonstige Satzungsvorschriften fallen nicht unter Nr. 3 sondern führen lediglich zur Anfechtbarkeit der Beschlüsse.

3. Verstoß gegen die guten Sitten, Nr. 4

18 Wann ein Verstoß gegen die guten Sitten gegeben ist, bemisst sich nach der allgemeinen Regelung in § 138 Abs. 1 BGB. Es muss allerdings ein **inhaltlicher Verstoß** vorliegen. Motive, Zweck und das Zustandekommen sind irrelevant. Die praktische Bedeutung der Vorschrift ist gering, da das Gesetz gegenüber sittenwidrigem Handeln ausreichenden Aktionärsschutz durch die Anfechtungsregeln gewährleistet und Dritte, die nicht anfechtungsberechtigt sind, meist unter die Gläubigerschutzvorschriften i. S. d. Nr. 3 fallen (GroßkommAktG/*K. Schmidt* § 241 Rn. 67).

C. Nichtigkeit aufgrund richterlichen Gestaltungsaktes

I. Rechtskräftiges Anfechtungsurteil, Nr. 5

Folge erfolgreicher Anfechtungsklagen ist die Nichtigerklärung des Hauptversammlungsbeschlusses, § 248 Abs. 1 S. 1 AktG. Konsequenterweise wurde dieser Nichtigkeitstatbestand auch in Nr. 5 aufgenommen, ohne dass der Vorschrift eine eigene Bedeutung zukommt. 19

II. Rechtskräftige Amtslöschung, Nr. 6

Hauptversammlungsbeschlüsse sind nichtig, wenn sie aufgrund rechtskräftiger Entscheidung des Registergerichts gem. § 144 Abs. 2 AktG gelöscht wurden. Für die Nichtigkeit des Beschlusses kommt es allein auf das Vorliegen der rechtskräftigen registergerichtlichen Entscheidung an, die inhaltliche Richtigkeit der Entscheidung ist, wie in Nr. 5, irrelevant. 20

Nr. 6 gilt für alle in das Handelsregister eingetragenen Beschlüsse, hat seine wesentliche Bedeutung aber bei eintragungspflichtigen Hauptversammlungsbeschlüssen, vor allem **Satzungsänderungsbeschlüssen**, § 181 AktG. Der speziellere § 144 Abs. 2 FGG schränkt mit seinen engeren Voraussetzungen die allgemeinere Amtslöschungsvorschrift des § 142 Abs. 1 FGG ein. Die Amtslöschung ist nur zulässig, wenn der Beschlussinhalt (nicht Verfahrensverstöße, formelle Mängel i. S. v. Nr. 1 und 2) zwingende Vorschriften verletzt (OLG Frankfurt FGPrax 2002, 35). Darunter fallen sämtliche Normen, die auch nach Nr. 3 und 4 zur Nichtigkeit führen, auch solche außerhalb des AktG (MüKo AktG/*Hüffer* § 241 Rn. 76). Darüber hinaus muss die Beseitigung im öffentlichen Interesse geboten erscheinen (OLG Frankfurt FGPrax 2002, 35). Die Verstöße müssen zwingend bereits zur Nichtigkeit des Beschlusses führen, bloße Anfechtbarkeit reicht nicht (OLG Karlsruhe FGPrax 2001, 161). Die **Heilung** der Nichtigkeit ändert an der Möglichkeit der Amtslöschung nichts, § 242 Abs. 2 S. 3 AktG. 21

D. Rechtsfolge

Nichtigkeit des Hauptversammlungsbeschlusses bedeutet, dass der Beschluss zu keiner Zeit Rechtswirkungen entfaltet. Auf die Nichtigkeit darf sich jedermann berufen. Besteht Streit hinsichtlich der Wirksamkeit eines Hauptversammlungsbeschlusses, so ist **Nichtigkeitsklage** gem. § 249 AktG zu erheben. Nichtige Hauptversammlungsbeschlüsse dürfen nicht in das Handelsregister eingetragen werden. Dem Registergericht kommt eine formelle und materielle Prüfungskompetenz zu (MüKo AktG/*Hüffer* § 241 Rn. 95). Allerdings muss der Vorstand auch Beschlüsse, die nichtig sein könnten, zum Handelsregister anmelden, auf den seiner Meinung nach vorhandenen Missstand hinweisen und ggf. Nichtigkeitsklage erheben. Ihm selbst kommt **keine Prüfungskompetenz** bzgl. der Hauptversammlungsbeschlüsse zu. Anderes gilt nur bei evident nichtigen Beschlüssen (s. *Hüffer* AktG, § 181 Rn. 5). 22

Auf **einheitlich gefasste Hauptversammlungsbeschlüsse** kommen die **Grundsätze der Teilnichtigkeit** zur Anwendung, § 139 BGB (RGZ 118, 218; BGHZ 124, 111). Keine Teilnichtigkeit liegt aber bei Einfluss eines nichtigen Beschlusses auf einen weiteren, inhaltlich verbundenen Beschluss, über den gesondert abgestimmt wird, vor. 23

Die Nichtigkeit kann durch die Hauptversammlung **nicht geheilt** werden, ein Bestätigungsbeschluss wie für anfechtbare Beschlüsse ist nicht vorgesehen (BGH DStR 2004, 1970). Möglich ist allerdings die Neuvornahme des Beschlusses, was ohne inhaltliche Änderungen nur bei formellen, nicht aber bei inhaltlichen Fehlern sinnvoll ist. Möglich ist eine Heilung des nichtigen Beschlusses nach § 242 AktG. 24

E. Anwendbarkeit von § 241 ff. AktG auf sonstige Beschlüsse

Für Beschlüsse in **anderen Gesellschaftsorganen** (Vorstand, Aufsichtsrat) sowie bei **anderen Gesellschaftsformen** (GmbH, Personengesellschaften, für die KGaA gelten die Normen kraft Verweisung unmittelbar, § 278 Abs. 3 AktG) fehlen §§ 241 ff. AktG entsprechende Regelungen. Die Rechtsprechung wendet die Normen für die GmbH und Genossenschaft zwar nicht analog 25 an, bedient sich dieser aber als **Leitbild** und passt sie im Einzelfall entsprechend an, insbesondere im Hinblick auf die Klagefrist gem. § 246 AktG (für die GmbH: BGHZ 104, 66; OLG Rostock OLG-NL 2004, 127; für die Genossenschaft: BGHZ 70, 384). Die Unterscheidung zwischen Nichtigkeit, Anfechtbarkeit und Unwirksamkeit wird für die GmbH analog § 241 AktG vorgenommen (OLG Rostock NZG 2004, 191; OLG Dresden NJOZ 2001, 2297). Für Vorstands- und Aufsichtsratsbeschlüsse hat die Rechtsprechung eine analoge Anwendung hingegen explizit abgelehnt (BGHZ 122, 342; BGH NJW 1994, 520; OLG Frankfurt NZG 2003, 331). Hier gelten die allgemeinen Regelungen, insbesondere die allgemeine Feststellungsklage gem. § 256 ZPO. Bei Personengesellschaften muss sich zumindest die Frist zur gerichtlichen Geltendmachung von Beschlussmängeln am Leitbild des § 249 AktG orientieren (BGH NJW 1995, 1218).

F. Prozessuales

I. Streitgegenstand

26 Die frühere Rechtsprechung ging aufgrund des zweigliedrigen Streitgegenstandsbegriffs von einem Alternativverhältnis zwischen Anfechtungs- und Nichtigkeitsklage aus. Der BGH hat diese Meinung mit den Urteilen BGHZ 134, 364 und BGH DStR 1999, 643 explizit aufgegeben (außerdem BGHZ 152, 1; BGH DStR 2004, 1970; OLG Rostock OLG-NL 2004, 127) und sich einer Meinung in der Literatur (KölnKomm AktG/*Zöllner* § 246 Rn. 84) angeschlossen, die einen **einheitlichen Streitgegenstand der Anfechtungs- und Nichtigkeitsklage** bejaht. Das Gericht hat stets den gesamten vorgetragenen Sachverhalt auf Nichtigkeits- und Anfechtungsgründe zu überprüfen. Der Austausch von Anfechtungs- und Nichtigkeitsgründen soll nach einer Meinung keine Klageänderung mehr darstellen (AnwK-AktR/*Heidel* § 246 Rn. 30; *Steinmeyer* DStR 1999, 2077). Der BGH hat aber klargestellt, dass er in Bezug auf das Vorbringen von Klagegründen von seiner bisherigen Meinung durch die geänderte Rechtsprechung nicht abgewichen sei (BGH DStR 2005, 798; DStR 2005, 1539; DStR 2006, 526).

II. Kumulierte Fehler

27 Die verschiedenen Mängel von Hauptversammlungsbeschlüssen können auch nebeneinander auftreten. Die Rechtsfolgen von Nichtigkeit, Anfechtbarkeit und Unwirksamkeit treten dann kumulativ ein. Die Folgen unterschiedlicher Fehler sind für das prozessuale Vorgehen von Bedeutung. Die Unwirksamkeit muss nach den allgemeinen Regeln geltend gemacht werden, während für Nichtigkeit und Anfechtbarkeit die Sonderregeln gem. §§ 246, 249 AktG gelten.

28 Treffen Nichtigkeit und Anfechtbarkeit eines Beschlusses zusammen, so ist **einheitliche Klage** auf Feststellung der Nichtigkeit zu erheben. Auch bei Zusammentreffen von Nichtigkeit/Anfechtbarkeit und Unwirksamkeit können beide Fehler gleichzeitig verfolgt werden. Wird der Nichtigkeits-/Anfechtungsgrund geheilt, so bleibt der Unwirksamkeitsgrund bestehen und kann weiterhin gerichtlich verfolgt werden.

III. Amtslöschung und Nichtigkeitsklage

29 Amtslöschung und Nichtigkeitsklage sind **voneinander unabhängig** und können daher auch zeitlich zusammen treffen. Ist bereits Nichtigkeitsklage anhängig, wird das Registergericht in den meisten Fällen das Verfahren gem. § 127 S. 1 FGG bis zur Entscheidung des Streitgerichts aussetzen. Die Entscheidung darüber liegt in seinem Ermessen. Weist das Prozessgericht die Klage ab, so ist das Registergericht an die Entscheidung nicht gebunden, wird diese aber in seiner eigenen Entscheidung berücksichtigen. Gibt das Prozessgericht der Klage statt, erfolgt keine Amtslöschung mehr, da diese gegenstandslos wäre. Das Registergericht hat das Urteil des Prozessgerichts einzutragen, § 248 Abs. 1 S. 3 AktG (MüKo AktG/*Hüffer* § 241 Rn. 103 ff.).

30 Das Prozessgericht könnte ebenfalls nach § 148 ZPO das Streitverfahren bis zur Entscheidung über die Amtslöschung aussetzen, wird dies aufgrund des meist weiteren Streitgegenstands aber selten tun. Kommt die Amtslöschung der Entscheidung im Streitverfahren zuvor, so erledigt

sich der Streit über die Nichtigkeit des Beschlusses. Eine Ablehnung der Amtslöschung hat keinerlei Einfluss auf das Streitverfahren (MüKo AktG/*Hüffer* § 241 Rn. 105).

§ 242 Heilung der Nichtigkeit

(1) Die Nichtigkeit eines Hauptversammlungsbeschlusses, der entgegen § 130 Abs. 1, 2 und 4 nicht oder nicht gehörig beurkundet worden ist, kann nicht mehr geltend gemacht werden, wenn der Beschluß in das Handelsregister eingetragen worden ist.

(2) [1]Ist ein Hauptversammlungsbeschluß nach § 241 Nr. 1, 3 oder 4 nichtig, so kann die Nichtigkeit nicht mehr geltend gemacht werden, wenn der Beschluß in das Handelsregister eingetragen worden ist und seitdem drei Jahre verstrichen sind. [2]Ist bei Ablauf der Frist eine Klage auf Feststellung der Nichtigkeit des Hauptversammlungsbeschlusses rechtshängig, so verlängert sich die Frist, bis über die Klage rechtskräftig entschieden ist oder sie sich auf andere Weise endgültig erledigt hat. [3]Eine Löschung des Beschlusses von Amts wegen nach § 144 Abs. 2 des Gesetzes über die Angelegenheiten der freiwilligen Gerichtsbarkeit wird durch den Zeitablauf nicht ausgeschlossen. [4]Ist ein Hauptversammlungsbeschluß wegen Verstoßes gegen § 121 Abs. 4 nach § 241 Nr. 1 nichtig, so kann die Nichtigkeit auch dann nicht mehr geltend gemacht werden, wenn der nicht geladene Aktionär den Beschluß genehmigt. [5]Ist ein Hauptversammlungsbeschluss nach § 241 Nr. 5 oder § 249 nichtig, so kann das Urteil nach § 248 Abs. 1 Satz 3 nicht mehr eingetragen werden, wenn gemäß § 246 a Abs. 1 rechtskräftig festgestellt wurde, dass Mängel des Hauptversammlungsbeschlusses die Wirkung der Eintragung unberührt lassen; § 144 Abs. 2 des Gesetzes über die Angelegenheiten der freiwilligen Gerichtsbarkeit findet keine Anwendung.

(3) Absatz 2 gilt entsprechend, wenn in den Fällen des § 217 Abs. 2, § 228 Abs. 2, § 234 Abs. 3 und § 235 Abs. 2 die erforderlichen Eintragungen nicht fristgemäß vorgenommen worden sind.

Übersicht:

A. Überblick

Die Norm regelt die **Heilung der Nichtigkeit** aufgrund § 241 Nr. 1 bis 4 AktG, sowie der **Unwirksamkeit** gem. Abs. 3. Nichtigkeit aus anderen Gründen kann nicht geheilt werden. Für die GmbH gilt die Vorschrift entsprechend (BGHZ 80, 212; 144, 365). Auch nichtige Bestimmungen der Ursprungssatzung können geheilt werden (BGHZ 144, 365). 1

B. Die Heilungstatbestände im Einzelnen

I. Beurkundungsmängel, Abs. 1

Sämtliche Beurkundungsmängel, die gem. § 241 Nr. 2 AktG zur Nichtigkeit des Hauptversammlungsbeschlusses führen, werden geheilt, wenn der Beschluss in das **Handelsregister eingetragen** worden ist. Auf die Bekanntmachung der Eintragung kommt es nicht an. Rechtshängigkeit 2 einer Nichtigkeitsklage kann die Heilung nicht verhindern. Heilung durch Eintragung ist nicht nur bei eintragungspflichtigen, sondern auch bei sonstigen eintragungsfähigen Beschlüssen möglich (MüKo AktG/*Hüffer* § 242 Rn. 4; a. A. KölnKomm AktG/*Zöllner* § 242 Rn. 6). Die Eintragung muss durch das gem. §§ 5, 14 AktG **zuständige Registergericht** erfolgen, bei Zweigniederlassungen kommt es auf die Eintragung ins Handelsregister der Hauptniederlassung an, § 13 c Abs. 1 HGB. Eine später erfolgende Amtslöschung gem. § 144 Abs. 2 FGG ist ausgeschlossen, da kein Inhaltsmangel vorliegt.

II. Einberufungsmängel, Inhaltsmängel, Abs. 2 S. 1

1. Heilung der Nichtigkeit

3 Ist der Hauptversammlungsbeschluss unter Verstoß gegen die Einberufungsvorschriften zustande gekommen oder leidet er an einem Inhaltsmangel, § 241 Nr. 1, Nr. 3 und Nr. 4 AktG, so reicht die bloße Eintragung in das Handelsregister nicht. Die Heilung tritt erst **drei Jahre nach der Handelsregistereintragung** ein.

4 Die Heilung wird **gehemmt**, falls bei Ablauf der 3-Jahres-Frist eine Klage auf Feststellung der Nichtigkeit des Beschlusses anhängig ist. Nach dem nun geltenden einheitlichen Streitgegenstandsbegriff für Anfechtungs- und Nichtigkeitsklage reicht auch die Rechtshängigkeit einer Anfechtungsklage (s. § 241 Rn. 26). Fristverlängerung durch allgemeine Feststellungsklage ist hingegen nicht möglich (GroßkommAktG/*K. Schmidt* § 242 Rn. 12; *Hüffer* AktG, § 242 Rn. 4; a. A. KölnKomm AktG/*Zöllner* § 242 Rn. 37). Es besteht nur die Möglichkeit, eine Amtslöschung gem. § 144 Abs. 2 FGG anzuregen.

5 Die 3-Jahres-Frist stellt eine **materiell-rechtliche Ausschlussfrist** dar, auf die die Vorschriften der ZPO nicht anwendbar sind. Auch § 193 BGB ist nicht einschlägig. Die Frist dient nicht dazu, dem Klageberechtigten bestimmte Prozesshandlungen zu ermöglichen, sondern einzig der Änderung der materiellen Rechtslage (OLG Düsseldorf NZG 2001, 1036; *Hüffer* AktG, § 242 Rn. 3). Die Klage muss rechtshängig sein, §§ 253 Abs. 1, 261 Abs. 1 ZPO. Anhängigkeit reicht, wenn die Zustellung demnächst erfolgt, § 167 ZPO (BGH NJW 1989, 904).

6 Die Heilung tritt sofort im Zeitpunkt der rechtskräftigen oder sonstigen endgültigen Erledigung des Rechtsstreits ein, also auch mit Rücknahme der Klage, zweiseitiger Erledigungserklärung und Prozessvergleich (MüKo AktG/*Hüffer* § 242 Rn. 12).

2. Dennoch Amtslöschung möglich, Abs. 2 S. 3

7 Auch nach eingetretener Heilung kann der Beschluss im Wege der Amtslöschung aus dem Register gelöscht werden, Abs. 2 S. 3, was wiederum die Folge der **Nichtigkeit** hat, § 241 Nr. 6 AktG. Nach der Wertung des Gesetzgebers setzt sich das öffentliche Interesse an einer Amtslöschung gegen die materielle Rechtslage durch (MüKo AktG/*Hüffer* § 242 Rn. 23).

III. Genehmigung von Beschlüssen durch übergangenen Aktionär, Abs. 2 S. 4

8 Wird ein Aktionär bei Einberufung der Hauptversammlung durch eingeschriebenen Brief, § 121 Abs. 4 AktG, übergangen, kann er gefasste Beschlüsse auch durch Genehmigung heilen. Wird die Genehmigung erteilt, scheidet auch eine Amtslöschung gem. § 144 Abs. 2 FGG aus (MüKo AktG/*Hüffer* § 242 Rn. 17). Die Genehmigung muss gegenüber dem Vorstand erklärt werden, § 78 Abs. 2 S. 2 AktG.

IV. Bestandskraft der Eintragung aufgrund eines Freigabeverfahrens, Abs. 2 S. 5

9 Die durch das UMAG eingefügte Vorschrift bezweckt, der Eintragung des Beschlusses nach erfolgreichem Freigabeverfahren gem. § 246 a AktG (zu den Voraussetzungen des Freigabeverfahrens s. § 246 a Rn. 4) Bestandskraft zu verleihen (Gesetzesbegründung der Bundesregierung, BT-Drs. 15/5092, 28). Trotz erfolgreicher Anfechtungs- und Nichtigkeitsklage kann das Urteil nicht mittels Vermerk gem. § 44 HRV in das Handelsregister eingetragen werden. Nach erfolgreichem

Freigabeverfahren ist auch das Amtslöschungsverfahren gem. § 144 Abs. 2 FGG ausgeschlossen. Der nichtige Beschluss bleibt also wirksam, echte Heilung tritt aber nicht ein. Der klagende Aktionär ist auf Schadensersatzansprüche beschränkt, § 246 a Abs. 4 AktG.

V. Heilung von Kapitalveränderungsbeschlüssen, Abs. 3

10 Die §§ 217 Abs. 2, 228 Abs. 2, 234 Abs. 3 und 235 Abs. 2 AktG ordnen die Nichtigkeit der Hauptversammlungsbeschlüsse an, deren Eintragung nicht binnen drei bzw. sechs Monaten vorgenommen wird. Diese Nichtigkeit (eigentlich handelt es sich um Fälle der Unwirksamkeit) wird geheilt, wenn nach dennoch erfolgter Eintragung drei Jahre vergangen sind, ohne dass Nichtigkeitsklage erhoben wurde (MüKo AktG/*Hüffer* § 242 Rn. 26). Die Amtslöschung bleibt aber möglich (AnwK-AktR/*Heidel* § 242 Rn. 7). Nach h. M. ist Abs. 3 auf sonstige Fälle der Unwirksamkeit analog anzuwenden (GroßkommAktG/*K. Schmidt* § 242 Rn. 16). Auch auf sog. Nicht-Beschlüsse, z. B. wenn ein Nicht-Gesellschafter eine Kapitalmaßnahme mitbeschlossen hat, wird Abs. 3 analog angewendet (OLG Stuttgart DStR 2000, 1704).

C. Rechtsfolge

11 Obwohl die Norm rein prozessual formuliert, der Fehler könne »nicht mehr geltend gemacht werden«, geht die h. M. davon aus, dass **materielle Heilung eintritt** und nicht lediglich die Geltendmachung der Nichtigkeit ausgeschlossen wird (MüKo AktG/*Hüffer* § 242 Rn. 3, 19; KölnKomm AktG/*Zöllner* § 242 Rn. 46). Der Beschluss wird rückwirkend von Anfang an gültig. Hiervon betroffene zusammenhängende Beschlüsse werden ebenfalls gültig, z. B. bei nichtigem Jahresabschluss der dadurch betroffene Gewinnverwendungsbeschluss. Aufgrund der materiellrechtlichen Wirkung der Heilung ist der Vorstand konsequenterweise zur Umsetzung des Beschlusses verpflichtet, § 83 Abs. 2 AktG, wird aber auch von einer Haftung gegenüber der Gesellschaft befreit, § 93 Abs. 4 S. 1 AktG (h. M., MüKo AktG/*Hüffer* § 242 Rn. 21; GroßkommAktG/*K. Schmidt* § 242 Rn. 13). Allerdings kann auch das Unterlassen, den nichtigen Beschluss beseitigen zu lassen, pflichtwidrig sein (*Hüffer* AktG, § 242 Rn. 7 m. w. N.).

§ 243 Anfechtungsgründe

(1) Ein Beschluß der Hauptversammlung kann wegen Verletzung des Gesetzes oder der Satzung durch Klage angefochten werden.

(2) [1]Die Anfechtung kann auch darauf gestützt werden, daß ein Aktionär mit der Ausübung des Stimmrechts für sich oder einen Dritten Sondervorteile zum Schaden der Gesellschaft oder der anderen Aktionäre zu erlangen suchte und der Beschluß geeignet ist, diesem Zweck zu dienen. [2]Dies gilt nicht, wenn der Abschluß den anderen Aktionären einen angemessenen Ausgleich für ihren Schaden gewährt.

(3) Die Anfechtung kann nicht gestützt werden:

1. auf eine Verletzung des § 128,
2. auf Gründe, die ein Verfahren nach § 318 Abs. 3 des Handelsgesetzbuchs rechtfertigen.

(4) [1]Wegen unrichtiger, unvollständiger oder verweigerter Erteilung von Informationen kann nur angefochten werden, wenn ein objektiv urteilender Aktionär die Erteilung der Information als wesentliche Voraussetzung für die sachgerechte Wahrnehmung seiner Teilnahme- und Mitgliedschaftsrechte angesehen hätte. [2]Auf unrichtige, unvollständige oder unzureichende Informationen in der Hauptversammlung über die Ermittlung, Höhe oder Angemessenheit von Ausgleich, Abfindung, Zuzahlung oder über sonstige Kompensationen kann eine Anfechtungsklage nicht gestützt werden, wenn das Gesetz für Bewertungsrügen ein Spruchverfahren vorsieht.

Übersicht:

A. Überblick

1 § 243 AktG dient der **Kontrolle der Mehrheitsmacht** durch Anfechtungsklage. Bloße Anfechtbarkeit stellt den Normalfall dar, Nichtigkeit ex lege den Ausnahmefall. Durch erfolgreiche Anfechtungsklage gem. § 246 AktG wird der Hauptversammlungsbeschluss nichtig, § 242 Nr. 5 AktG. Solange keine Anfechtung erfolgt, ist der Beschluss wirksam. Nach Ablauf der Anfechtungsfrist kann die Rechtswidrigkeit nicht mehr zur Vernichtung des Beschlusses führen, gleichwohl bleibt er materiell rechtswidrig (*Hüffer* AktG, § 243 Rn. 48). Teilanfechtung bei zusammengesetzten Beschlüssen kommt in Betracht (zur Teilnichtigkeit s. § 241 AktG Rn. 23). Im Grundsatz berechtigt jeder Verstoß gegen Gesetz oder Satzung zur Anfechtung, Abs. 1. Diese sehr weiten Anfechtungsgründe werden gem. Abs. 3, Abs. 4 eingeschränkt. Außerdem soll der Missbrauch des Anfechtungsrechts in Zukunft durch das neue Freigabeverfahren gem. § 246 a AktG unterbunden werden. Anfechtbaren Hauptversammlungsbeschlüssen gleichgestellt sind Sonderbeschlüsse gem. § 138 S. 2 AktG, dagegen nicht Aufsichtsrats- und Vorstandsbeschlüsse (s. § 241 AktG Rn. 25). Für Gesellschafterversammlungen der GmbH gilt die Vorschrift analog (BGHZ 97, 28; *Hüffer* AktG, § 243 Rn. 2; GroßkommAktG/*K. Schmidt* § 241 Rn. 38).

B. Die Anfechtungsgründe im Einzelnen

I. Verletzung des Gesetzes oder der Satzung, Abs. 1, Abs. 4

2 Gesetzesverletzung ist die **Verletzung jeder Rechtsnorm** i. S. d. Art. 2 EGBGB. Sie berechtigt zur Anfechtung, insoweit sie für die AG Wirkung entfaltet. Hauptversammlungsbeschlüsse können sowohl an Verfahrens-, als auch an Inhaltsmängeln leiden. Auch Nichtigkeitsgründe können zur Anfechtung berechtigen, genauso wie die Verletzung von Generalklauseln (GroßkommAktG/*K. Schmidt* § 243 Rn. 9). Bloße Vertragsverletzungen, insbesondere die Verletzung von Stimmbindungsvereinbarungen (soweit diese nicht in die Satzung aufgenommen wurden), stellen hingegen keine Gesetzesverletzung dar (OLG Stuttgart NZG 2001, 416; *Hüffer* AktG § 243 Rn. 6; KölnKomm AktG/*Zöllner* § 243 Rn. 67).

3 **Satzungsverletzungen** führen in gleicher Weise wie Gesetzesverletzungen zur Anfechtbarkeit des Hauptversammlungsbeschlusses. Fehler treten in diesem Bereich häufig auf, wenn die Satzung strengere Voraussetzungen für eine Beschlussfassung vorsieht, diese tatsächlich nicht vorlagen, der Hauptversammlungsleiter aber dennoch die Beschlussfassung feststellte. Bei Satzungsbestimmungen muss durch Auslegung ermittelt werden, ob es sich nicht um eine nachgiebige Ordnungsvorschrift handelt, deren Verletzung nicht zur Nichtigkeit führt (*Hüffer* AktG § 243 Rn. 7).

1. Verfahrensmängel

a) Bei der Vorbereitung der Hauptversammlung

Typische Verfahrensfehler bei der Vorbereitung der Hauptversammlung sind: Unterlassener Hinweis auf die gerichtliche Ermächtigung zur Einberufung (§ 122 Abs. 3 AktG), Nichteinhaltung der Einberufungsfrist (§ 123 Abs. 1 AktG), fehlerhafte Bekanntmachung (§ 121 Abs. 3 AktG), fehlerhafte Mitteilungen für die Aktionäre und an Aufsichtsratsmitglieder (§ 125 AktG). 4

b) Bei der Durchführung der Hauptversammlung

Typische Verfahrensfehler bei der Durchführung sind vor allem unberechtigte Beschränkungen des Teilnahmerechts gem. § 118 Abs. 1 AktG, insbesondere der unberechtigte Ausschluss stimmberechtigter Aktionäre (BGHZ 44, 245), die unberechtigte Beschränkung von Rede- und Stimmrechten (BGHZ 44, 245), die Ungleichbehandlung bei der Zumessung von Redezeit (LG Stuttgart NJW-RR 1994, 936; LG München I AG 2000, 139), die unberechtigte Verweigerung von Auskünften (s. Rn. 6) und die gesetzes- oder satzungswidrige Entlastung von Vorstand oder Aufsichtsrat (BGHZ 153, 47). 5

aa) Auskunftspflichtverletzungen Die meisten Anfechtungsklagen wurden in der Vergangenheit auf die Verletzung des Auskunftsanspruchs gem. § 131 AktG gestützt (zu den Voraussetzungen s. § 131 AktG Rn. 2 ff.). Diese Anfechtungsmöglichkeit, die oft aus finanziellem Interesse einzelner Aktionäre am Abkauf ihres Klagerechts missbraucht wurde, wird mit dem UMAG eingeschränkt. Einerseits kann nun die Satzung oder Geschäftsordnung der Hauptversammlung den Versammlungsleiter zur zeitlichen Beschränkung des Frage- und Rederechts ermächtigen, § 131 Abs. 2 S. 2 AktG. Zum anderen sieht Abs. 4 n. F. eine **Einschränkung der Anfechtbarkeit** wegen Informationspflichtverletzungen vor. Gem. Abs. 4 S. 1 hängt die Anfechtbarkeit von der Relevanz der unrichtigen, unvollständigen oder verweigerten Information für die sachgerechte Wahrnehmung der Teilnahme- und Mitgliedschaftsrechte eines objektiv urteilenden Aktionärs ab. Der Gesetzgeber hat die Rechtsprechung des BGH zur **Relevanz von Verfahrensfehlern** positivrechtlich umgesetzt und verstärkt (z. B. BGHZ 160, 385). Der fragliche Umstand muss für die Meinungsbildung eines objektiv urteilenden Aktionärs ein wesentliches Element darstellen, so dass der Aktionär ohne vorherige Information dem Beschlussvorschlag nicht zugestimmt hätte (Gesetzesbegründung der Bundesregierung, BT-Drs. 15/5092, 26). Ein in diesem Sinne relevanter Umstand ist wohl immer »wesentlich«, so dass dem Merkmal der Wesentlichkeit keine eigene Bedeutung zukommt (*Hüffer* AktG § 243 Rn. 46 b). 6

Ausgeschlossen ist die Anfechtung wegen unrichtiger, unvollständiger oder unzureichender Information über die Ermittlung, Höhe oder Angemessenheit von Kompensationen, für die das Gesetz ein Spruchverfahren vorsieht, Abs. 4 S. 2 i. V. m. § 1 Nr. 1 bis 5 SpruchG (die Aufzählung in § 1 Nr. 1 bis 5 SpruchG ist allerdings nicht abschließend; die Gesetzesbegründung nennt darüber hinaus §§ 14 Abs. 2, 29, 32, 125, 207 und 210 UmwG). Die durch das UMAG neu eingeführte Regelung ist auf Klagen, die bereits vor dem 1. 11. 2005 (d. h. vor dem Inkrafttreten des UMAG) anhängig waren, gleichfalls anzuwenden (*Leuering/Simon* NJW-Spezial 2005, Heft 7, 315). 7

Bei vollkommener Verweigerung von Bewertungsinformationen bleibt eine Anfechtung hingegen grundsätzlich möglich. Das Auskunftserzwingungsverfahren gem. § 132 AktG hat keinen Vorrang vor einer Anfechtungsklage (KG NZG 2001, 803). 8

bb) Sonstige Informationspflichtverletzungen Die Verletzung sonstiger Informationspflichten berechtigt ebenfalls zur Anfechtung, z. B. bei Verletzung der Auslegungspflicht gem. § 175 Abs. 2 AktG (s. § 175 AktG Rn. 6 ff.) oder der Berichtspflicht gem. § 186 Abs. 4 S. 2 AktG (zu dessen Anforderungen s. § 186 AktG Rn. 28 ff.), sowie bei Mängeln des Verschmelzungsberichts gem. § 8 UmwG (*Hüffer* AktG § 243 Rn. 17). 9

c) Bei der Feststellung des Beschlussergebnisses

10 Der Hauptversammlungsbeschluss ist anfechtbar, wenn das Beschlussergebnis **falsch festgestellt** wurde. Maßgeblich ist allein das Beschlussergebnis, nicht hingegen, ob beim Beschlussfeststellungsverfahren Fehler unterlaufen sind. Werden Stimmrechtsverbote missachtet, so ist der Beschluss nur fehlerhaft, wenn die Stimmen für das Ergebnis ausschlaggebend waren (GroßkommAktG/*K. Schmidt* § 243 Rn. 38).

d) Relevanz des Verfahrensfehlers für den Beschluss

11 Während das Gesetz die bloße Verletzung von Gesetz oder Satzung ausreichen lässt, fordert die h. M. in der Literatur, wie nun für Informationspflichtverletzungen gesetzlich festgelegt, eine Relevanz des Verfahrensfehlers für den Beschluss; das frühere Erfordernis der Kausalität wurde auch von der Rechtsprechung, jedenfalls bei Informationspflichtverletzungen, ausdrücklich aufgegeben (BGHZ 160, 385; MüKo AktG/*Hüffer* § 243 Rn. 27). Maßgeblich ist, ob der Verfahrensfehler auf die sachgerechte Beurteilung des Beschlussgegenstands durch einen objektiv urteilenden Aktionär Auswirkungen hatte und nicht, ob der Aktionär ohne den Verfahrensfehler tatsächlich anders gestimmt hätte (BGHZ 160, 385). Nach der Rechtsprechung liegt die **Darlegungs- und Beweislast** dafür, dass der Verfahrensfehler ohne Relevanz für die Beschlussfassung war – abweichend vom allgemeinen Grundsatz – bei der Gesellschaft (BGHZ 59, 369; BayObLG NZG 2004, 1017; *Hüffer* AktG § 243 Rn. 61).

2. Inhaltsmängel

12 Sämtliche Inhaltsmängel wegen Gesetzes- oder Satzungsverstoßes führen zur Anfechtbarkeit des Hauptversammlungsbeschlusses. Die Relevanz des Verstoßes spielt bei Inhaltsmängeln keine Rolle (AnwK-AktR/*Heidel* § 243 Rn. 21). In der Praxis wichtig sind Verstöße gegen Generalklauseln, insbesondere gegen den **Gleichbehandlungsgrundsatz** und die **Treuepflicht**. Aus ihnen leitet die Rechtsprechung die Befugnis zur materiellen Beschlusskontrolle ab (BGHZ 71, 40 – »Kali + Salz«; BGHZ 103, 184 – »Linotype«). Bei den Verstößen gegen Einzelbestimmungen spielt in der Praxis der **Bezugsrechtsausschluss** gem. § 186 Abs. 3 AktG die größte Rolle (MüKo AktG/*K. Schmidt* § 243 Rn. 43; ausführl. s. § 186 AktG Rn. 13 ff.).

a) Verstoß gegen den Gleichbehandlungsgrundsatz, § 53 a AktG

13 Jede Ungleichbehandlung von Aktionären, die nicht sachlich gerechtfertigt und damit willkürlich ist, begründet die Anfechtbarkeit von Hauptversammlungsbeschlüssen (BGHZ 120, 141). **Sachlich gerechtfertigt** ist die Ungleichbehandlung, wenn sie geeignet und erforderlich ist, bestimmte Interessen der AG zu wahren und auch unter Berücksichtigung der Aktionärsinteressen verhältnismäßig erscheint (*Hüffer* AktG § 53 a Rn. 29; vgl. außerdem § 53 a AktG Rn. 6 ff.).

b) Verstoß gegen die Treuepflicht

14 Nach der Rechtsprechung findet eine sachliche Inhaltskontrolle von Hauptversammlungsbeschlüssen anhand der gesellschaftsrechtlichen Treuepflicht statt (BGHZ 103, 184). Die Treuepflicht ist verletzt, wenn der Beschluss die **Mitgliedschaftsrechte von Minderheitsaktionären** beschneidet, ohne dass der Eingriff erforderlich und nach Abwägung der Gesellschafts- und Aktionärsinteressen verhältnismäßig ist (*Hüffer* AktG, § 243 Rn. 24). Die Befugnisse der Machtmehrheit dürfen nicht unter unangemessener Benachteiligung von Minderheitsinteressen umgesetzt werden. Ein Beschluss ist nicht treuwidrig, wenn das Gesetz den Eingriff in das Mitgliedschaftsrecht gestattet, ohne eine Rechtfertigung zu fordern (BGHZ 103, 184; MüKo AktG/*Hüffer* § 243 Rn. 57). Die Treuepflicht besteht sowohl zwischen den Aktionären, insbesondere im Verhältnis von Großaktionären zu Kleinaktionären (BGHZ 103, 184), als auch zur Gesellschaft. Beim Beschluss über den Bezugsrechtsausschluss bei der Schaffung von genehmigtem Kapital hat der BGH die Inhaltskontrolle im Hinblick auf das Erfordernis von Flexibilität gelockert (BGHZ 136, 133 – »Siemens/Nold«; MüKo AktG/*Hüffer* § 243 Rn. 61).

Ob eine Inhaltskontrolle auch bei **Grundlagenbeschlüssen**, insbesondere Auflösungsbeschlüssen, Unternehmensverträgen, Verschmelzungen und Mehrheitseingliederungen stattfindet, ist nicht abschließend geklärt. Die Rechtsprechung stellt meist darauf ab, dass bei gesetzlich zugelassenen Maßnahmen keine Rechtfertigung über das Gesetz hinaus notwendig sei (BGHZ 76, 352; 103, 184; 138, 71) oder nur eine Kontrolle hinsichtlich Ermessensmissbrauch und Ungleichbehandlung stattfinden soll (OLG Stuttgart AG 2000, 229; OLG Düsseldorf AG 2003, 578; OLG München DStR 2001, 950). In der Literatur hat sich noch keine h. M. etabliert (ausführl. s. *Hüffer* AktG § 243 Rn. 26). 15

II. Verfolgung von Sondervorteilen, Abs. 2

Hauptversammlungsbeschlüsse, mit denen einzelne Aktionäre versuchen, Sondervorteile für sich oder Dritte zu erlangen, sind anfechtbar. Abs. 2 hat in der Praxis keine besondere Bedeutung erlangt, da Ungleichbehandlungen schon im Rahmen von § 53 a AktG zur Anfechtung berechtigen und dort kein Vorsatznachweis wie bei Abs. 2 erforderlich ist. 16

Sondervorteil ist jeder Vorteil, der bei Gesamtwürdigung eine **Bevorzugung ohne sachlichen Grund** darstellt (BGHZ 138, 71). Der Vorteil kann auf jedwede Weise erworben werden, z. B. durch Zuwendung an den Vorteilsempfänger, Abschluss günstiger Geschäfte mit dem Vorteilsempfänger oder durch Verzicht auf Ansprüche (OLG Dresden VIZ 2003, 455). Sachwidrig ist die Bevorzugung, wenn der Vorteil nicht allen zufließt, die sich in vergleichbarer Lage gegenüber der AG befinden (Vergleichsmarktkonzept). Die Vorteile müssten im regulären Geschäftsverkehr nicht gleichermaßen geflossen sein (MüKo AktG/*Hüffer* § 243 Rn. 79). 17

Mit dem Sondervorteil muss die **Schädigung der Gesellschaft** oder anderer Aktionäre erstrebt werden. Der Schaden müsste demnach kausal auf den Sondervorteil zurückzuführen sein (*Hüffer* AktG, § 243 Rn. 33). Der Beschluss muss grundsätzlich geeignet sein, der Erlangung des Sondervorteils zu dienen. Der Aktionär muss zur Erlangung des Sondervorteils sein Stimmrecht ausgeübt, also vorsätzlich gehandelt haben. 18

Die Anfechtung ist allerdings **ausgeschlossen**, wenn der Beschluss für die anderen Aktionäre eine angemessene Kompensation des Schadens vorsieht, Abs. 2 S. 2 (*Hüffer* AktG, § 243 Rn. 37). 19

C. Anfechtungsausschluss, Abs. 3

Ausdrücklich ausgeschlossen von der Anfechtung sind Fehler bei den Mitteilungspflichten von Kreditinstituten gem. § 128 AktG, weil solche Fehler nicht im Einflussbereich der Gesellschaft liegen. Die Gesellschaft soll daher auch hierfür nicht zur Verantwortung gezogen werden können (AnwK-AktR/*Heidel* § 243 Rn. 36). Darüber hinaus ist die Anfechtung bei Befangenheit des gewählten Abschlussprüfers ausgeschlossen, da hier das Ersetzungsverfahren gem. § 318 Abs. 3 HGB Platz greift. Der Ausschluss der Anfechtung wurde nach der Erweiterung der Befangenheitsgründe notwendig, um eine Flut von Anfechtungsklagen zu vermeiden (Gesetzesbegründung der Bundesregierung, BT-Drs. 15/3419, 55). 20

D. Prozessuales

I. Einstweilige Verfügung zur Vermeidung der Umsetzung des Beschlusses

Anfechtbare Beschlüsse sind dennoch wirksam und können durch den Vorstand umgesetzt werden. Allerdings darf der Vorstand evident rechtswidrige Beschlüsse nicht umsetzen, solange eine Anfechtungsklage möglich ist. Um sicherzustellen, dass der Beschluss nicht umgesetzt wird, kann Antrag auf **Erlass einer einstweiligen Verfügung** gestellt werden, falls dies zur Abwendung erheblicher Nachteile für die Gesellschaft geboten erscheint (MüKo AktG/*Hüffer* § 243 Rn. 71). 21

II. Eintragung ins Handelsregister

22 Das Registergericht kann anfechtbare Beschlüsse **ins Handelsregister eintragen**. Das Registergericht wird gem. § 127 FGG das Eintragungsverfahren nur aussetzen, wenn es Anzeichen für eine Anfechtung des Beschlusses hat. Nach Erhebung der Anfechtungsklage muss das Registergericht nach pflichtgemäßem Ermessen eine Verfahrensaussetzung erwägen (GroßkommAktG/*K. Schmidt* § 243 Rn. 72). Zur Vermeidung der Eintragung kann auch hier eine einstweilige Verfügung mit dem Antrag, dem Vorstand die Anmeldung des Beschlusses zu verbieten, erlangt werden. Die rechtskräftige Nichtigerklärung von Beschlüssen bindet das Registergericht, § 248 Abs. 1 S. 3 AktG. Bei Beschlüssen, die ohne Negativerklärung des Vorstands, dass eine Anfechtungsklage nicht erhoben oder rechtskräftig abgewiesen wurde, nicht eingetragen werden dürfen (z. B. § 319 Abs. 5 AktG, § 16 Abs. 2 UmwG), besteht eine **Registersperre**. Die Registersperre kann durch das Freigabeverfahren gem. § 19 Abs. 6 AktG, § 16 Abs. 3 UmwG überwunden werden.

§ 244 Bestätigung anfechtbarer Hauptversammlungsbeschlüsse

[1]Die Anfechtung kann nicht mehr geltend gemacht werden, wenn die Hauptversammlung den anfechtbaren Beschluß durch einen neuen Beschluß bestätigt hat und dieser Beschluß innerhalb der Anfechtungsfrist nicht angefochten oder die Anfechtung rechtskräftig zurückgewiesen worden ist. [2]Hat der Kläger ein rechtliches Interesse, daß der anfechtbare Beschluß für die Zeit bis zum Bestätigungsbeschluß für nichtig erklärt wird, so kann er die Anfechtung weiterhin mit dem Ziel geltend machen, den anfechtbaren Beschluß für diese Zeit für nichtig zu erklären.

A. Überblick

1 Auch § 244 AktG dient der Rechtssicherheit, indem Zweifel über die Wirksamkeit eines Beschlusses vor Abschluss des Anfechtungsprozesses beseitigt werden. Die Möglichkeit, einen anfechtbaren Beschluss zu bestätigen, ist vor allem für die Fälle wichtig, in denen eine mangelfreie Wiederholung des anfechtbaren Beschlusses nicht möglich ist, etwa bei Kapitalmaßnahmen (GroßkommAktG/*K. Schmidt* § 244 Rn. 1). Durch gültigen und wirksamen Bestätigungsbeschluss werden etwaige Fehler des angefochtenen Erstbeschlusses geheilt (*Hüffer* AktG, § 244 Rn. 5).

B. Beschlussbestätigung, S. 1

I. Voraussetzungen

2 Mit dem Bestätigungsbeschluss bringt die Hauptversammlung den Willen zum Ausdruck, den ursprünglichen Beschluss gelten zu lassen. Er muss inhaltlich **mit dem Erstbeschluss übereinstimmen** (OLG München AG 2003, 645). In Abgrenzung dazu wird bei der Neuvornahme ein neuer Beschluss gefasst, der an die Stelle des anfechtbaren treten soll (AnwK-AktR/*Heidel* § 244 Rn. 2). Ob Bestätigungsbeschluss oder Neuvornahme gewollt ist, muss ggf. durch Auslegung ermittelt werden (GroßkommAktG/*K. Schmidt* § 244 Rn. 6). Nur einem **anfechtbaren**, nicht hingegen einem nichtigen Hauptversammlungsbeschluss kann durch Bestätigung zur Wirksamkeit verholfen werden. Die Fassung eines Bestätigungsbeschlusses bietet sich nur bei Verfahrensfehlern, nicht hingegen bei Inhaltsfehlern an, da der Bestätigungsbeschluss am gleichen Inhaltsfehler leiden würde (allerdings mit der Möglichkeit der Heilung, falls keine Anfechtung des doch ergangenen Bestätigungsbeschlusses erfolgt, str. – ausführl. s. *Kocher* NZG 2006, 1). Die fehlerhafte Feststellung des Abstimmungsergebnisses führt, auch wenn es auf die zu Unrecht mitgezählten Stimmen beim Abstimmungsergebnis ankommt, nicht zu einem über den Verfahrensfehler hinausgehenden Inhaltsmangel. Auch in diesem Falle kommt deshalb ein Bestätigungsbeschluss in Betracht (BGH NZG 2006, 191).

Zur Fassung des Bestätigungsbeschlusses müssen weder evtl. notwendige Berichte aktualisiert werden (OLG München ZIP 1997, 1743; OLG Karlsruhe AG 1999, 470; *Hüffer* AktG, § 244 Rn. 2), noch bereits erteilte Auskünfte erneut erteilt werden (*Kocher* NZG 2006, 1; a. A. AnwK-AktR/*Heidel* § 244 Rn. 5). Auch sonstige materielle Voraussetzungen des Beschlusses müssen **nur im Zeitpunkt des Ausgangsbeschlusses**, aber nicht im Moment des Bestätigungsbeschlusses vorliegen (BGHZ 157, 206 – »Sachsenmilch«; *Kocher* NZG 2006, 1). 3

Der Bestätigungsbeschluss muss **gültig und wirksam** sein, ein nichtiger Bestätigungsbeschluss kann keine Heilung herbeiführen, ein lediglich anfechtbarer Bestätigungsbeschluss hingegen schon (GroßkommAktG/*K. Schmidt* § 244 Rn. 9). Liegen die Voraussetzungen vor, so tritt die **Heilung mit Ablauf der Anfechtungsfrist** gem. § 246 AktG ein, soweit keine Anfechtungsklage gegen den Bestätigungsbeschluss erhoben wurde. Wird hingegen auch gegen den Bestätigungsbeschluss Anfechtungsklage erhoben, kann er sein Ziel nicht mehr erreichen, es sei denn die Anfechtungsklage wird rechtskräftig abgewiesen. 4

Zeitlich ist ein anfechtbarer Hauptversammlungsbeschluss so lange einer Bestätigung zugänglich, wie nicht rechtskräftig über die Anfechtung des Ausgangsbeschlusses entschieden wurde. Gerade bei langer Verfahrensdauer steigt das Interesse, einen Bestätigungsbeschluss zu fassen (*Kocher* NZG 2006, 1). 5

II. Bestätigungswirkung

Der Erstbeschluss gilt mit Eintritt der Rechtskraft des Bestätigungsbeschlusses – **ex nunc** – als materiell geheilt (BGHZ 157, 206; GroßkommAktG/*K. Schmidt* § 244 Rn. 12, 16). 6

III. Prozessuales

Um die Heilungswirkung zu vermeiden, muss auch gegen den Bestätigungsbeschluss **Anfechtungsklage** erhoben werden. Dies gilt nach der nun h. M. auch bei Identität der Anfechtungsgründe bei beiden Beschlüssen (*Hüffer*, § 244 Rn. 4; GroßkommAktG/*K. Schmidt* § 244 Rn. 17). 7

Für den Anfechtungsprozess gegen den Erstbeschluss bedeutet die Heilung, dass **Erledigung in der Hauptsache** eintritt. Der Kläger muss seinen Antrag auf Feststellung der ursprünglichen Zulässigkeit und Begründetheit der Klage umstellen, um eine Klageabweisung zu vermeiden, falls sich der Beklagte der Erledigungserklärung gem. § 91 a ZPO nicht anschließt (GroßkommAktG/*K. Schmidt* § 244 Rn. 19). 8

Für den Bestätigungsbeschluss kann **kein eigenes Freigabeverfahren** gem. § 246 a AktG durchgeführt werden. Das Freigabeverfahren bezieht sich immer auf den Ausgangsbeschluss, da nur dieser ins Handelsregister eingetragen wird. In ein anhängiges Freigabeverfahren kann der Bestätigungsbeschluss als Argument für die Wirksamkeit des Ausgangsbeschlusses eingeführt werden (*Kocher* NZG 2006, 1). 9

C. Fortsetzungsantrag, S. 2

Da die Heilungswirkung nur ex nunc eintritt, kann es Fälle geben, in denen der Kläger ein rechtliches Interesse daran hat, den Beschluss wenigstens bis zum Eintritt der Heilung für nichtig zu erklären, z. B. wenn das Dividendenvorrecht von Vorzugsaktionären durch anfechtbaren Beschluss herabgesetzt, dieser Beschluss aber später wirksam bestätigt wird (GroßkommAktG/*K. Schmidt* § 244 Rn. 21) oder wenn durch einen Beschluss Mitgliedschaftsrechte beschnitten und bis zum Eintritt der Heilung auf dieser Grundlage weitere Beschlüsse gefasst wurden (*Hüffer* AktG, § 244 Rn. 7). Die erforderliche Klageänderung ist eine Beschränkung des Klageantrags gem. § 264 Nr. 2 ZPO und daher immer zulässig. 10

§ 245 Anfechtungsbefugnis

Zur Anfechtung ist befugt

1. **jeder in der Hauptversammlung erschienene Aktionär, wenn er die Aktien schon vor der Bekanntmachung der Tagesordnung erworben hatte und gegen den Beschluß Widerspruch zur Niederschrift erklärt hat;**
2. **jeder in der Hauptversammlung nicht erschienene Aktionär, wenn er zu der Hauptversammlung zu Unrecht nicht zugelassen worden ist oder die Versammlung nicht ordnungsgemäß einberufen oder der Gegenstand der Beschlußfassung nicht ordnungsgemäß bekanntgemacht worden ist;**
3. **im Fall des § 243 Abs. 2 jeder Aktionär, wenn er die Aktien schon vor der Bekanntmachung der Tagesordnung erworben hatte;**
4. **der Vorstand;**
5. **jedes Mitglied des Vorstands und des Aufsichtsrats, wenn durch die Ausführung des Beschlusses Mitglieder des Vorstands oder des Aufsichtsrats eine strafbare Handlung oder eine Ordnungswidrigkeit begehen oder wenn sie ersatzpflichtig werden würden.**

Übersicht:

A. Überblick

1 Die Norm regelt, wem das **subjektive Recht auf Anfechtung** von Hauptversammlungsbeschlüssen zusteht. Das Anfechtungsrecht der Aktionäre dient der eigennützigen Kontrolle von Hauptversammlungsbeschlüssen. Es unterliegt keiner besonderen Treuebindung, ist aber in Extremfällen durch das Verbot der rechtsmissbräuchlichen Verwendung eingeschränkt. Der Vorstand muss seine Anfechtungsbefugnis gem. Nr. 4 hingegen im Gesellschaftsinteresse wahrnehmen. Die Anfechtungsbefugnis der einzelnen Verwaltungsmitglieder gem. Nr. 5 dient wiederum der Wahrung bestimmter Individualinteressen, insbesondere um nicht straffällig zu werden, sowie Schadensersatzverpflichtungen zu vermeiden.

2 Die Anfechtungsbefugnis ist **materielle Voraussetzung** der Anfechtung. Fehlt sie, ist die Klage zwingend unbegründet und nicht lediglich unzulässig (*Hüffer* AktG, § 245 Rn. 2).

B. Anfechtungsbefugnis von Aktionären

I. Anfechtungsbefugnis des erschienenen Aktionärs, Nr. 1

1. Aktionärseigenschaft

3 Der Anfechtende muss Aktionär der Gesellschaft sein. Das **Eigentum an jeder Aktie**, auch stimmrechtsloser Vorzugsaktien, legitimiert zur Anfechtung. Auch der von der Ausübung des Stimmrechts ausgeschlossene Aktionär ist anfechtungsbefugt (GroßkommAktG/*K. Schmidt* § 245 Rn. 13). Nachweis über die Aktionärseigenschaft wird durch Vorlage der Aktie oder des Hinterlegungsscheines erbracht, bei Namensaktien ist die Eintragung im Aktienregister gem. § 67 Abs. 2 AktG maßgeblich. Wenn die Aktie im Eigentum mehrerer steht, müssen diese einen

gemeinsamen Vertreter gem. § 69 Abs. 1 AktG bestellen. Die Verwahrung der Aktie im Sammeldepot fällt allerdings nicht unter § 69 AktG (GroßkommAktG/*K. Schmidt* § 245 Rn. 14). Ist die Aktie Gegenstand eines Pfand- oder Nießbrauchrechts, so bleibt der rechtliche Eigentümer anfechtungsberechtigt. Gleiches gilt für den Treuhänder (AnwK-AktR/*Heidel* § 245 Rn. 6).

Der Streit, ob die Aktionärseigenschaft schon im Moment der Hauptversammlung bestanden haben muss, oder ausreichend ist, dass sie bei Klageerhebung besteht, dürfte sich vor dem Hintergrund der neuen gesetzlichen Einschränkung der Anfechtungsbefugnis erledigt haben (s. zum früheren Streit MüKo AktG/*Hüffer* § 245 Rn. 23). Zur weiteren Einschränkung sog. **»räuberischer« Anfechtungen** brachte das UMAG die Anfechtungsvoraussetzung, dass das Eigentum an den Aktien schon vor Bekanntgabe der Tagesordnung bestanden haben muss. Wer danach Aktien erwirbt, weiß, welche Beschlüsse zu erwarten sind und ist daher weniger schutzbedürftig (Gesetzesbegründung der Bundesregierung, BT-Drs. 15/5092, 27). Die Möglichkeit, sich aufgrund der zu erwartenden Beschlüsse ein Klagerecht zu erkaufen, soll ausgeschlossen werden. 4

Der **Fortfall der Aktionärseigenschaft** während des Anfechtungsprozesses soll nach der h. M. entsprechend § 265 ZPO unerheblich sein, solange weiterhin ein Anfechtungsinteresse besteht (h. M., GroßkommAktG/*K. Schmidt* § 245 Rn. 17; MüKo AktG/*Hüffer* § 245 Rn. 24). 5

2. Erscheinen zur Hauptversammlung

Nur zur Hauptversammlung erschienene Aktionäre sind gem. Nr. 1 zur Anfechtung berechtigt. Nicht zwingend notwendig ist ein persönliches Erscheinen des Aktionärs, **offene und verdeckte Stellvertretung** sind ebenfalls ausreichend. Allein maßgeblich ist, dass die Aktie in der Hauptversammlung vertreten war (GroßkommAktG/*K. Schmidt* § 245 Rn. 18). 6

3. Widerspruch zur Niederschrift

Der Aktionär muss Widerspruch zur Niederschrift gem. § 130 Abs. 1 AktG eingelegt haben. Nur im Ausnahmefall, wenn der Beschlussmangel nicht erkennbar war, soll der Widerspruch entbehrlich sein (GroßkommAktG/*K. Schmidt* § 245 Rn. 19). Wird kein Widerspruch eingelegt, so ist die Klage unbegründet. 7

Der Widerspruch muss sich **gegen den Beschluss als solchen** richten, nicht nur gegen einzelne Verfahrensmaßnahmen des Vorsitzenden. Hingegen ist keine Begründung erforderlich, es muss nur der Unwille, den Beschluss gelten zu lassen, erkennbar werden. Möglich ist Widerspruch gegen alle bereits gefassten und in der Folge zu fassenden Beschlüsse (GroßkommAktG/*K. Schmidt* § 245 Rn. 20). Der Widerspruch kann bis zum Ende der Hauptversammlung eingelegt werden (AnwK-AktR/*Heidel* § 245 Rn. 12). 8

II. Anfechtungsbefugnis des nicht erschienenen Aktionärs, Nr. 2

Die Anfechtungsbefugnis besteht auch, wenn der Aktionär weder persönlich noch durch einen Vertreter bei der Hauptversammlung anwesend war und entweder **zu Unrecht nicht zugelassen** wurde, die Hauptversammlung **nicht ordnungsgemäß einberufen** war oder ein **Beschlussgegenstand nicht ordnungsgemäß bekannt** gemacht worden ist. Aktionäre, die an der Erklärung eines Widerspruchs gehindert wurden, sollen dennoch anfechtungsbefugt sein. Nr. 2 regelt nur, wann aufgrund der genannten Verfahrensfehler eine Anfechtungsbefugnis besteht. Davon getrennt ist die Frage zu betrachten, aufgrund welcher Fehler der Beschluss anfechtbar ist. Dies ist einzig anhand von § 243 AktG zu beurteilen (AnwK-AktR/*Heidel* § 245 Rn. 14). 9

Die Hauptversammlung wird als ein Ganzes betrachtet. Der erst später erschienene muss genauso wie der früher aufbrechende Aktionär gem. Nr. 1 Widerspruch gegen die bereits gefassten oder später zu fassenden Beschlüsse einlegen, wenn er sich seine Anfechtungsbefugnis bewahren möchte. Etwas anderes soll nur dann gelten, wenn der später gefasste Beschluss nicht ordnungsgemäß bekannt gemacht wurde, da sich in diesem Falle der Aktionär nicht vorher über 10 den Beschluss informieren konnte (GroßkommAktG/*K. Schmidt* § 245 Rn. 24). Dann soll eine Anfechtung ohne Widerspruch möglich sein. Das gleiche soll für den zu Unrecht aus dem Saal verwiesenen Aktionär gelten (GroßkommAktG/*K. Schmidt* § 245 Rn. 24; *Hüffer* AktG, § 245 Rn. 18).

11 Gem. der 1. Variante ist das Anfechtungsrecht gegeben, wenn der Aktionär **unberechtigt nicht zugelassen** wurde, die Teilnahmebedingungen also erfüllt wurden, aber dennoch die Teilnahme an der Hauptversammlung verwehrt wurde.

12 Der Aktionär ist auch ohne Widerspruch anfechtungsbefugt, wenn ein **Einberufungsfehler** gem. §§ 121 bis 123 oder 125 bis 127 AktG vorliegt, wobei Verstöße gegen § 121 Abs. 2 bis 4 AktG sogar zur Nichtigkeit führen (s. § 241 AktG Rn. 9 f).

13 Daneben führen **Bekanntmachungsfehler** gem. § 124 Abs. 1 bis 3 AktG zu einer Anfechtungsbefugnis ohne Widerspruchseinlegung.

14 Bei Nr. 2 ist es nicht erforderlich, dass der Aktionär die Aktien schon vor Bekanntmachung der Tagesordnung erworben hat, da die Anfechtungsbefugnis auf dem Fehlverhalten Dritter beruht und daher ohnehin nicht missbräuchlich erlangt werden kann.

III. Anfechtungsbefugnis bei der Verfolgung von Sondervorteilen, § 243 Abs. 2 AktG

15 Wenn Aktionäre unzulässige Sondervorteile verfolgen und der Hauptversammlungsbeschluss aus diesem Grunde anfechtbar ist, sind **alle Aktionäre** unabhängig von ihrer Anwesenheit bei der Hauptversammlung anfechtungsbefugt. Da die Verfolgung von Sondervorteilen nicht ohne weiteres in der Hauptversammlung zu erkennen ist, bedarf es keiner Widerspruchseinlegung. Nach h. M. bedarf es auch bei sonstigen **nicht erkennbaren Beschlussmängeln** keines Widerspruchs (MüKo AktG/*Hüffer* § 245 Rn. 46; GroßkommAktG/*K. Schmidt* § 245 Rn. 30). Eine starke Meinung möchte darüber hinaus Nr. 3 auf sämtliche Fälle von Inhaltsverstößen gegen den Gleichbehandlungsgrundsatz und die Treuepflicht analog anwenden, so dass bei diesen Fehlern auch nicht anwesende Aktionäre anfechtungsbefugt wären (GroßkommAktG/*K. Schmidt* § 245 Rn. 30; KölnKomm AktG/*Zöllner* § 245 Rn. 57; a. A. MüKo AktG/*Hüffer* § 245 Rn. 46).

16 Eine Anfechtungsbefugnis besteht auch bei der Verfolgung von Sondervorteilen nur, wenn die Aktien schon vor Bekanntgabe der Tagesordnung erworben wurden, da Aktionäre, die ihre Aktien später erworben haben, weniger schutzwürdig sind, da sie schon vor dem Erwerb Kenntnis vom bevorstehenden Beschluss haben konnten.

IV. Verlust der Anfechtungsbefugnis durch Rechtsmissbrauch, § 242 BGB

17 Das Recht auf Anfechtung von Hauptversammlungsbeschlüssen ist eines der wichtigsten Rechte des Einzelaktionärs zur Kontrolle der Mehrheit. Dennoch kann die Anfechtungsbefugnis in krassen Fällen des Missbrauchs gem. § 242 BGB ausgeschlossen sein, was zur Abweisung der Klage als unbegründet führt. Von Missbrauch kann in Fällen ausgegangen werden, in denen das Anfechtungsrecht **zweckentfremdet** wird, wenn also eigentliches Motiv der Anfechtungsklage nicht die Beschlusskontrolle, sondern illoyale, grob eigennützige Interessen sind, etwa sich die Klage aufgrund ihres Lästigkeitswerts abkaufen zu lassen und so eine Geldzahlung zu erhalten, auf die der Kläger keinen Anspruch hat (BGHZ 107, 296; BGH NJW 1990, 322).

18 Das Vorliegen eines illoyalen, grob eigennützigen Motivs muss die Gesellschaft darlegen und beweisen, da sie die grundsätzlich bestehende Anfechtungsbefugnis vernichten möchte (BGHZ 107, 296; MüKo AktG/*Hüffer* § 245 Rn. 57).

C. Anfechtungsbefugnis des Vorstands, Nr. 4

19 Der Vorstand ist **als Kollegialorgan** anfechtungsbefugt. Der Klageerhebung muss ein wirksamer **Vorstandsbeschluss** zugrunde liegen. Bei Beschlüssen, die für die Gesellschaft schädlich sind, besteht eine Anfechtungspflicht des Vorstands. Im Insolvenzverfahren sollen sowohl der Vor-

stand, als auch der Insolvenzverwalter anfechtungsbefugt sein (GroßkommAktG/*K. Schmidt* § 245 Rn. 37).

D. Anfechtungsbefugnis einzelner Verwaltungsmitglieder, Nr. 5

Einzelne Vorstands- oder Aufsichtsratsmitglieder können, ohne dass es eines Beschlusses über die Anfechtung bedarf, allein anfechtungsbefugt sein, wenn Mitglieder der Verwaltungsorgane bei der Ausführung des Beschlusses eine Straftat oder Ordnungswidrigkeit begehen oder schadensersatzpflichtig würden. Die Vorschrift dient vor allem dem **Individualschutz der Verwaltungsmitglieder**, um diese vor selbstschädigenden Handlungen zu schützen. Außerdem soll die Möglichkeit der Individualanfechtung ohne Kollegialbeschluss möglich sein (MüKo AktG/*Hüffer* § 245 Rn. 67). 20

Der angefochtene Beschluss muss **ausführungsbedürftig** sein; er muss also entweder im Handelsregister einzutragen sein oder ein sonstiges Tätigwerden des Vorstands erfordern. Außerdem muss durch die Ausführung des Beschlusses ein Konflikt eines Vorstands oder Aufsichtsrats, nicht zwingend des Anfechtenden, mit Strafvorschriften oder Ordnungswidrigkeitstatbeständen oder eine Schadensersatzverpflichtung drohen (GroßkommAktG/*K. Schmidt* § 245 Rn. 43). 21

§ 246 Anfechtungsklage

(1) Die Klage muß innerhalb eines Monats nach der Beschlußfassung erhoben werden.

(2) [1]Die Klage ist gegen die Gesellschaft zu richten. [2]Die Gesellschaft wird durch Vorstand und Aufsichtsrat vertreten. [3]Klagt der Vorstand oder ein Vorstandsmitglied, wird die Gesellschaft durch den Aufsichtsrat, klagt ein Aufsichtsratsmitglied, wird sie durch den Vorstand vertreten.

(3) [1]Zuständig für die Klage ist ausschließlich das Landgericht, in dessen Bezirk die Gesellschaft ihren Sitz hat. [2]Die mündliche Verhandlung findet nicht vor Ablauf der Monatsfrist des Absatzes 1 statt. [3]Mehrere Anfechtungsprozesse sind zur gleichzeitigen Verhandlung und Entscheidung zu verbinden. [4]Ist bei dem Landgericht eine Kammer für Handelssachen gebildet, so entscheidet diese an Stelle der Zivilkammer. [5]§ 142 Abs. 5 Satz 5 und 6 gilt entsprechend.

(4) [1]Der Vorstand hat die Erhebung der Klage und den Termin zur mündlichen Verhandlung unverzüglich in den Gesellschaftsblättern bekanntzumachen. [2]Ein Aktionär kann sich als Nebenintervenient nur innerhalb eines Monats nach der Bekanntmachung an der Klage beteiligen.

Übersicht:

A. Überblick

1 Die Norm dient durch ihre Ausschlussfrist der Rechtssicherheit. Außerdem sollen widersprüchliche Entscheidungen durch gleichzeitige Verhandlung und Entscheidung vermieden werden. Darüber hinaus dient die Bekanntmachungspflicht der Herstellung von Öffentlichkeit und der Information möglicher Nebenintervenienten.

Vgl. zur Anfechtungsklage (analoge Anwendung auf die GmbH) auch ausführl. Kap. 16 Rn. 329 ff.

B. Allgemeines

I. Parteien

2 **Kläger** können nur die nach § 245 AktG Anfechtungsbefugten sein. Mehrere Kläger sind prozessual **notwendige Streitgenossen**, da das Urteil gem. § 248 Abs. 1 AktG für und gegen alle Aktionäre wirkt. Nach Verstreichen der Anfechtungsfrist ist nur noch eine Beteiligung am Rechtsstreit durch Nebenintervention möglich. Andere Aktionäre haben stets ein rechtliches Interesse am Ausgang des Rechtsstreits gem. § 66 Abs. 1 ZPO, da die Entscheidung auch für sie Rechtskraft entfaltet, § 248 Abs. 1 AktG (AnwK-AktR/*Heidel* § 246 Rn. 7). Die Nebenintervention kann in jeder Lage des Rechtsstreits erfolgen, insbesondere auch zur Einlegung von Rechtsmitteln.

II. Streitgegenstand

3 Der BGH (BGHZ 152, 1) hat sich nun explizit für einen **einheitlichen Streitgegenstand** von Anfechtungs- und Nichtigkeitsklage entschieden (s. hierzu § 241 AktG Rn. 26). Das Gericht kann also bei Erhebung von Anfechtungsklage auch Nichtigkeitsgründe prüfen und umgekehrt (*Hüffer* AktG, § 246 Rn. 14). Damit steht einer späteren Nichtigkeitsklage die Rechtskraft einer erfolgreichen Anfechtungsklage entgegen. Bei abweisendem Sachurteil ist strittig, ob erneut Klage unter Berufung auf einen anderen Sachverhalt erhoben werden kann (zustimmend: *Hüffer* AktG, § 246 Rn. 15; a. A. BGHZ 152, 1).

III. Parteiherrschaft

4 Den Parteien bleibt es unbenommen, nach ihrem Belieben über den Streitgegenstand zu verfügen, insbesondere die Klage nach den allgemeinen Regeln **zurückzunehmen**, **Klageverzicht** zu erklären oder ein **Versäumnisurteil** ergehen zu lassen (AnwK-AktR/*Heidel* § 246 Rn. 33). Die Gesellschaft soll nach h. M. die Klage auch **anerkennen** dürfen (*Hüffer* AktG, § 246 Rn. 17; KölnKomm AktG/*Zöllner* § 246 Rn. 72; AnwK-AktR/*Heidel* § 246 Rn. 35; a. A. GroßkommAktG/*K. Schmidt* § 246 Rn. 78). Für die h. M. spricht, dass § 246 AktG keinen Anknüpfungspunkt enthält, um die Dispositionsbefugnis der Gesellschaft zu beschneiden. Anfechtungsbefugte, die sicher gehen wollen, müssen daher als Nebenintervenient der Klage beitreten (*Hüffer* AktG, § 246 Rn. 17). Die Parteien können nicht in einem Vergleich Regelungen über die Beschlussnichtigkeit treffen (GroßkommAktG/*K. Schmidt* § 246 Rn. 74; *Hüffer* AktG, § 246 Rn. 18). Allerdings sollen die Parteien in einem Vergleich die Vereinbarung, dass die Klage zurückgenommen werde, treffen dürfen (GroßkommAktG/*K. Schmidt* § 246 Rn. 74).

IV. Darlegungs- und Beweislast

5 Für die Darlegungs- und Beweislast gilt mangels abweichender Regelung, dass der **Kläger** sämtliche klagebegründenden Tatsachen darzulegen und im Streitfall zu beweisen hat (AnwK-AktR/*Heidel* § 246 Rn. 38). Die **AG** hat hingegen die mangelnde Relevanz des Verstoßes für den Beschluss zu beweisen (*Hüffer* AktG, § 243 Rn. 61).

C. Anfechtungsfrist, Abs. 1

6 Die **einmonatige Anfechtungsfrist** ist **zwingend**, sie kann nicht durch Parteivereinbarung oder Satzung verlängert werden. Nach Ablauf der Frist ist die Klage nicht unzulässig, sondern unbe-

gründet (*Hüffer* AktG, § 246 Rn. 20). Sie kann allerdings bei Vorliegen von Nichtigkeitsgründen als Nichtigkeitsklage dennoch erfolgreich sein. Da es sich um eine materiell rechtliche Ausschlussfrist und nicht um eine Prozessfrist handelt, kommen die verfahrensrechtlichen Vorschriften über Fristen, insbesondere über die Wiedereinsetzung in den vorigen Stand, nicht zur Anwendung (MüKo AktG/*Hüffer* § 246 Rn. 33). Es handelt sich um eine **Ereignisfrist** gem. § 187 Abs. 1 BGB, so dass die Frist am Tag nach der Hauptversammlung zu laufen beginnt. Das Fristende bestimmt sich nach § 188 Abs. 2 BGB. Die Klagefrist ist mit rechtzeitiger Erhebung der Klage gem. § 253 Abs. 1 ZPO gewahrt. Ausreichend ist nach § 167 ZPO die Einreichung der Klageschrift, wenn die Zustellung demnächst erfolgt. Nach umstrittener, aber rechtspolitisch begrüßenswerter Ansicht ist für die rechtzeitige Klageerhebung auch ein **PKH-Antrag** ausreichend, wenn mit PKH-Antrag die Zustellung der Klageschrift für den Fall der Bewilligung von PKH beantragt wird (GroßkommAktG/*K. Schmidt* § 246 Rn. 39; *Hüffer* AktG, § 246 Rn. 25). Bei Versagen der PKH muss nach dieser Meinung die Klage innerhalb der 2-Wochen-Frist des § 234 Abs. 1 ZPO erfolgen.

Bislang mussten die Anfechtungsgründe mit ihrem wesentlichen Tatsachenkern bereits mit der 7
Klageerhebung geltend gemacht werden. Das **Nachschieben von Anfechtungsgründen** war nicht möglich, es konnten nur Ergänzungen des Tatsachenvortrags bis zur Grenze der Klageänderung vorgenommen werden. Nach der nun geänderten Rspr. des BGH (BGHZ 152, 1; s. § 241 AktG Rn. 26) zum Streitgegenstand der Anfechtungsklage stellen nachträglich in den Prozess eingebrachte Tatsachenbehauptungen keine Klageänderung dar, so dass das Nachschieben von Anfechtungsgründen möglich sein müsste (AnwK-AktR/*Heidel* § 246 Rn. 21). Der BGH hat aber in der Folge klargestellt, dass er weiterhin am Erfordernis einer Geltendmachung sämtlicher Anfechtungsgründe innerhalb der Anfechtungsfrist festhalte. Er habe dieses Erfordernis nicht mit seiner neuen Rechtsprechung zum Streitgegenstand von Anfechtungs- und Nichtigkeitsklage (BGHZ 152, 1) aufgegeben (BGH DStR 2005, 798; DStR 2005, 1539; DStR 2006, 526).

D. Gesellschaft als Beklagte, Vertretung, Abs. 2

I. Richtige Beklagte

Die Anfechtungsklage ist stets **gegen die Gesellschaft** zu richten. Nach Eröffnung des Insolvenz- 8
verfahrens ist strittig, ob die Gesellschaft oder der **Insolvenzverwalter** richtiger Beklagter ist. Teilweise wird vertreten, dass die Klage immer gegen die Gesellschaft gerichtet werden muss (AnwK-AktR/*Heidel* § 246 Rn. 44), teilweise wird differenziert, welche Masse betroffen ist (*Hüffer* AktG, § 246 Rn. 29). Auch gegen eine **gelöschte Gesellschaft** kann Anfechtungsklage erhoben werden, wenn der Kläger das Fortbestehen der Gesellschaft geltend macht (AnwK-AktR/*Heidel* § 246 Rn. 44). Schwieriger zu beurteilen ist die Frage der Passivlegitimation bei **Verschmelzung und Umwandlung** der Gesellschaft, die je nach angefochtenem Beschluss, Maßnahme und Stadium der Umwandlung differenziert betrachtet werden muss (s. hierzu MüKo AktG/*Hüffer* § 246 Rn. 47 ff.).

II. Vertretung

Wird die Anfechtungsklage durch Aktionäre erhoben, so wird die Gesellschaft sowohl durch den 9
Vorstand, als auch durch den Aufsichtsrat vertreten (**Doppelvertretung**). Alle Prozesshandlungen müssen von beiden Organen getragen werden. Materiellrechtlich bleibt die Dispositionsbefugnis in Bezug auf Rechtsgeschäfte, die mit dem Streit zusammenhängen, insbesondere bzgl. des Abkaufs des Klagerechts, allein beim Vorstand (GroßkommAktG/*K. Schmidt* § 246 Rn. 39). Im Abwicklungsstadium treten die Abwickler an die Stelle des Vorstands, § 269 Abs. 1 AktG. Die Klage muss **beiden Organen zugestellt** werden, bei Abwicklung dem Abwickler anstelle des Vorstands (*Hüffer* AktG, § 246 Rn. 32). Gem. § 170 Abs. 3 ZPO reicht aber die Zustellung an jeweils ein Mitglied jedes Organs.

Wenn der Vorstand als Organ oder ein einzelnes Vorstandsmitglied gegen einen Hauptversamm- 10
lungsbeschluss klagt, wird die Gesellschaft durch den Aufsichtsrat vertreten. Wenn einzelne Mit-

glieder des Aufsichtsrats klagen, wird die Gesellschaft durch den Vorstand alleine vertreten. Die Regelungen gelten auch, wenn die Vorstands- oder Aufsichtsratsklage mit einer Aktionärsklage zusammentrifft (MüKo AktG/*Hüffer* § 246 Rn. 62). Treffen Vorstands- und Aufsichtratsklage zusammen, so hat die Gesellschaft keinen gesetzlichen Vertreter. Es muss daher ein Prozesspfleger gem. § 57 Abs. 1 ZPO bestellt werden (GroßkommAktG/*K. Schmidt* § 246 Rn. 38).

E. Zuständigkeit des Landgerichts, Prozessverbindung, Abs. 3

11 **Ausschließlich zuständig** für sämtliche Anfechtungsklagen ist das LG, an dem die Gesellschaft ihren **Sitz** hat. Bei einem Doppelsitz soll nach überwiegender Meinung der tatsächliche **inländische Verwaltungssitz** maßgeblich sein, um eine Doppelzuständigkeit zu vermeiden (GroßkommAktG/*K. Schmidt* § 246 Rn. 63; AnwK-AktR/*Heidel* § 246 Rn. 50; a. A. LG Berlin AG 1995, 41). Durch die Zuständigkeit der Handelskammer und die durch das UMAG neu eingeführte Ermächtigung der Landesregierungen, Anfechtungsklagen bei einem LG innerhalb jedes OLG-Bezirks zu konzentrieren, wollte der Gesetzgeber sicherstellen, dass auch für komplexe aktienrechtliche, umwandlungsrechtliche und betriebswirtschaftliche Fragestellungen ausreichend Sachverstand bei dem Gericht vorhanden ist. Außerdem soll durch diese Regelung eine einheitliche Rechtsprechung gewährleistet werden (Gesetzesbegründung der Bundesregierung, BT-Drs. 15/5092, 27).

12 **Mündliche Verhandlung** über die Anfechtungsklage soll erst nach Ablauf der Anfechtungsfrist stattfinden. Das gleiche soll für den frühen ersten Termin und das schriftliche Vorverfahren gelten. Sinn der Vorschrift ist, sämtliche Anfechtungsprozesse von Anfang an zu verbinden (*Hüffer* AktG, § 246 Rn. 39).

13 Die **Verbindung sämtlicher Anfechtungsprozesse** ist für das Gericht zwingend, es hat keinen Ermessensspielraum. So soll verhindert werden, dass über ein und denselben Beschluss widersprüchliche Entscheidungen gefällt werden. Fakultativ bleibt die Verbindung gem. § 147 ZPO, wenn verschiedene Beschlüsse angegriffen werden (AnwK-AktR/*Heidel* § 246 Rn. 54).

F. Bekanntmachung der Klage, Nebenintervention, Abs. 4

14 Der Vorstand muss die Erhebung der Klage und den ersten Termin zur mündlichen Verhandlung unverzüglich in den Gesellschaftsblättern, also auf jeden Fall im elektronischen Bundesanzeiger, § 25 AktG, bekanntmachen. Anzugeben sind auch die angefochtenen Beschlüsse. Durch die Bekanntmachung soll die Öffentlichkeit informiert werden, dass die genannten Beschlüsse evtl. in Zukunft ihre Wirkung verlieren werden. Auch andere Aktionäre sollen informiert werden, damit sie einen Beitritt zum Rechtsstreit als Nebenintervenient berücksichtigen können (AnwK-AktR/*Heidel* § 246 Rn. 55). Die Nebenintervention muss allerdings innerhalb eines Monats nach der Bekanntmachung erfolgen.

G. Anfechtungsklage gegen ablehnende Beschlüsse – positive Beschlussfeststellungsklage

15 Gegen zu Unrecht ergangene ablehnende Beschlüsse – etwa weil das Abstimmungsergebnis nicht richtig festgestellt wurde – ist Anfechtungsklage allein nicht zielführend, da nur der Beschluss, der die Ablehnung feststellt, für nichtig erklärt wird. Damit ist zwar der Weg für neue Abstimmungen über den Beschlussgegenstand frei, ob aber eine nochmalige Mehrheit für den eigentlich schon gefassten Beschluss zustande kommt, bleibt fraglich. Deshalb lässt die einhellige Meinung bei ablehnenden Beschlüssen eine positive Beschlussfeststellungsklage mit dem Inhalt, dass der Beschluss tatsächlich doch zustande gekommen ist, zu (BGHZ 76, 191; 88, 320; BGH NZG 2006, 191; *Hüffer* AktG, § 246 Rn. 42; GroßkommAktG/*K. Schmidt* § 246 Rn. 101). Die positive Beschlussfeststellungsklage ist eine **Gestaltungsklage** (GroßkommAktG/*K. Schmidt* § 246 Rn. 101). Die positive Beschlussfeststellungsklage kann sowohl zusammen mit der Anfechtungs- als auch mit der Nichtigkeitsklage erhoben werden. Isoliert, ohne eine Klage mit dem Ziel den Beschluss zu beseitigen, kann sie nicht erhoben werden (BGHZ 88, 320). Für die positive Be-

schlussfeststellungsklage gelten die gleichen Regeln wie für die mit ihr verbundene Anfechtungs- oder Nichtigkeitsklage, also insbesondere die Anfechtungsfrist und Anfechtungsbefugnis (GroßkommAktG/*K. Schmidt* § 246 Rn. 108).

§ 246 a Freigabeverfahren

(1) Wird gegen einen Hauptversammlungsbeschluss über eine Maßnahme der Kapitalbeschaffung, der Kapitalherabsetzung (§§ 182 bis 240) oder einen Unternehmensvertrag (§§ 291 bis 307) Klage erhoben, so kann das Prozessgericht auf Antrag der Gesellschaft durch Beschluss feststellen, dass die Erhebung der Klage der Eintragung nicht entgegensteht und Mängel des Hauptversammlungsbeschlusses die Wirkung der Eintragung unberührt lassen.

(2) Ein Beschluss nach Absatz 1 darf nur ergehen, wenn die Klage unzulässig oder offensichtlich unbegründet ist oder wenn das alsbaldige Wirksamwerden des Hauptversammlungsbeschlusses nach freier Überzeugung des Gerichts unter Berücksichtigung der Schwere der mit der Klage geltend gemachten Rechtsverletzungen zur Abwendung der vom Antragsteller dargelegten wesentlichen Nachteile für die Gesellschaft und ihre Aktionäre vorrangig erscheint.

(3) [1]In dringenden Fällen kann auf eine mündliche Verhandlung verzichtet werden. [2]Die vorgebrachten Tatsachen, auf Grund deren der Beschluss ergehen kann, sind glaubhaft zu machen. [3]Gegen den Beschluss findet die sofortige Beschwerde statt. [4]Der rechtskräftige Beschluss ist für das Registergericht bindend; die Feststellung der Bestandskraft der Eintragung wirkt für und gegen jedermann. [5]Der Beschluss soll spätestens drei Monate nach Antragstellung ergehen; Verzögerungen der Entscheidung sind durch unanfechtbaren Beschluss zu begründen.

(4) [1]Erweist sich die Klage als begründet, so ist die Gesellschaft, die den Beschluss erwirkt hat, verpflichtet, dem Antragsgegner den Schaden zu ersetzen, der ihm aus einer auf dem Beschluss beruhenden Eintragung des Hauptversammlungsbeschlusses entstanden ist. [2]Nach der Eintragung lassen Mängel des Beschlusses seine Durchführung unberührt; die Beseitigung dieser Wirkung der Eintragung kann auch nicht als Schadensersatz verlangt werden.

A. Überblick

Der durch das UMAG neu eingeführte § 246 a AktG führt nach dem Vorbild von § 319 Abs. 6 AktG und § 16 Abs. 3 UmwG ein allgemeines Freigabeverfahren für strukturändernde Hauptversammlungsbeschlüsse ein. Die speziellen Freigabeverfahren nach § 319 Abs. 6 AktG und § 16 Abs. 3 UmwG bleiben aber vorrangig (BT-Drs. 15/5092, 27). Durch die Einführung soll der misslichen Lage abgeholfen werden, dass Anfechtungsklagen bei Strukturmaßnahmen eine faktische Blockadewirkung zukommt und so die Umsetzung oft über Jahre vermieden wird. 1

B. Die Regelungen im Einzelnen

I. Antrag auf Freigabe, Abs. 1

Die Gesellschaft kann nach Erhebung von Anfechtungs- oder Nichtigkeitsklage einen **Antrag auf Freigabe** bei dem für die Anfechtungsklage zuständigen Gericht stellen. Dabei wird die Gesellschaft durch ihren Vorstand vertreten, § 78 Abs. 1 AktG. In Betracht kommt ein solcher Freigabeantrag gem. Abs. 1 nur bei den genannten Beschlüssen (Kapitalbeschaffung, Kapitalherabsetzung, Unternehmensvertrag). Gemeint sind sämtliche Beschlüsse, die gem. §§ 182 bis 240 AktG für eine Kapitalerhöhung oder Kapitalherabsetzung notwendig sind, und sämtliche Zustimmungsbeschlüsse der Hauptversammlung zu Unternehmensverträgen (*Hüffer* AktG, § 246 a Rn. 2). Mit dem **Freigabebeschluss** stellt das Gericht fest, dass der Eintragung des Hauptversammlungsbeschlusses in das Handelsregister die Anfechtungsklage nicht entgegensteht und et- 2 waige Mängel des Hauptversammlungsbeschlusses die Wirkung der Eintragung unberührt lassen.

3 Das Freigabeverfahren kann auch für Beschlüsse, die vor In-Kraft-Treten des UMAG (1. 11. 2005) gefasst wurden (*Ihrig/Erwin* BB 2005, 1973) und für solche, die bereits eingetragen wurden (BT-Drs. 15/5092, 27; *Hüffer* AktG, § 246 a Rn. 2; *Ihrig/Erwin* BB 2005, 1973; a. A. *Schütz* NZG 2005, 5), durchgeführt werden. Generell sollen die Regelungen des UMAG auch auf Anfechtungsklagen, die im Zeitpunkt des Inkrafttretens des UMAG bereits erhoben waren, anwendbar sein (OLG Hamm BB 2005, 2259; *Leuering* NZG 2005, 999).

II. Voraussetzungen des Freigabebeschlusses, Abs. 2

4 Der Beschluss darf nur ergehen, wenn die **Anfechtungsklage unzulässig oder offensichtlich unbegründet** ist oder wenn die Interessenabwägung des Gerichts ergibt, dass das Wirksamwerden des Beschlusses wegen der Nachteile für Aktionäre und Gesellschaft vorrangig gegenüber dem Aufschubinteresse des Klägers ist. Die Voraussetzungen entsprechen denen von § 16 Abs. 3 UmwG und § 319 Abs. 6 AktG. Nach h. M. ist die Anfechtungsklage offensichtlich unbegründet, wenn die Sach- und Rechtslage eindeutig ist. Das Gericht darf sich nicht mit einer bloß kursorischen Prüfung zufrieden geben, sondern muss ggf. eingehend prüfen, die rechtliche Würdigung ist voll durchzuführen (OLG Stuttgart AG 2004, 207; OLG Köln BB 2003, 2307; OLG Hamburg AG 2003, 441; OLG Frankfurt AG 1998, 428; *Hüffer* AktG, § 319 Rn. 18; a. A. OLG Stuttgart AG 1997, 138). »Offensichtlich« bedeutet lediglich, dass sich die Unbegründetheit der Klage mit hoher Sicherheit vorhersagen lässt (BT-Drs. 15/5092, 29).

5 Für die **Abwägung** des **Aufschubinteresses** des Klägers mit dem **Vollzugsinteresse** der Gesellschaft hat diese die für sie und ihre Aktionäre zu erwartenden Nachteile darzulegen (*Hüffer* AktG, § 319 Rn. 19). Die Schwere der mit der Klage geltend gemachten Rechtsverletzungen ist in die Abwägung einzubeziehen, insbesondere eine mögliche Heilung durch Bestätigungsbeschluss (OLG Stuttgart AG 1997, 138). Der Abwägung zu Grunde zu legen sind nicht nur die Nachteile für die Gesellschaft aufgrund der Verzögerung der Eintragung sondern auch jene, die sich ergeben, wenn die Anfechtungsklage begründet ist und eine Eintragung nicht erfolgen kann (BT-Drs. 15/5092, 29).

III. Verfahren, Abs. 3

6 Die Gesellschaft hat die den Antrag stützenden **Tatsachen glaubhaft zu machen**, insbesondere durch eidesstattliche Versicherung, § 294 Abs. 1 ZPO. Nur in dringenden Fällen kann das Gericht auf mündliche Verhandlung verzichten. Ein solch dringender Fall kann vorliegen, wenn die Verzögerung, die durch die mündliche Verhandlung eintritt, den Gesellschaftern erhebliche Nachteile zufügen würde (MüKo AktG/*Grunewald* § 319 Rn. 33). Das Gericht entscheidet **durch Beschluss**. Diesen hat das Gericht innerhalb von drei Monaten nach Antragstellung zu fällen. Verzögerungen der Entscheidung muss das Gericht begründen. Zulässiges Rechtsmittel gegen den Freigabebeschluss ist die sofortige Beschwerde, §§ 567 ff. ZPO. Mit Ablauf der Notfrist wird der Beschluss rechtskräftig.

7 Da keine Registersperre für die Eintragung von anfechtbaren Beschlüssen besteht, sieht das Gesetz eine explizite **Bindung des Registergerichts** an die Entscheidung vor. Diese Bindungswirkung tritt mit Rechtskraft des Freigabebeschlusses ein. Die Bindungswirkung geht aber nur so weit, wie im Freigabeverfahren über den Beschluss entschieden wurde. Andere Gründe können das Registergericht weiterhin von einer Eintragung des Beschlusses abhalten (BT-Drs. 15/5092, 27). Auch bei Freigabe des Beschlusses wegen unzulässiger Anfechtungsklage bleibt dem Registergericht die volle Prüfungskompetenz erhalten.

8 Die **Bestandskraft der Eintragung** des Beschlusses wirkt für und gegen jedermann. Daher kann auch ein Anfechtungs- oder Nichtigkeitsurteil nicht mehr eingetragen werden, wenn ein Freiga-

bebeschluss rechtskräftig ergangen ist, § 242 Abs. 2 S. 5 AktG. Der Beschluss ist dann zwar nichtig, seine Wirkungen haben aber Bestand (BT-Drs. 15/5092, 28).

IV. Verweisung auf Schadensersatz, Abs. 4

Anstelle der Rückabwicklung wird der Kläger auf die Geltendmachung von Schadensersatz verwiesen, wenn die Anfechtungsklage trotz positivem Freigabebeschluss erfolgreich ist. Der Kläger kann den Schaden ersetzt verlangen, der ihm aus der Eintragung des eigentlich rechtswidrigen Beschlusses entstanden ist. Auf ein Verschulden kommt es nicht an. Dies sind meist die nutzlos aufgewendeten Prozesskosten sowie bei fehlerhaften Kapitalerhöhungen evtl. ein Verwässerungsschaden (BT-Drs. 15/5092, 28). Die Rückgängigmachung des Beschlusses kann auch nicht als Schadensersatz im Wege der Naturalrestitution gefordert werden. Der Anspruch richtet sich gegen die Gesellschaft, die den Freigabebeschluss bewirkt hat. 9

§ 247 Streitwert

(1) [1]Den Streitwert bestimmt das Prozeßgericht unter Berücksichtigung aller Umstände des einzelnen Falles, insbesondere der Bedeutung der Sache für die Parteien, nach billigem Ermessen. [2]Er darf jedoch ein Zehntel des Grundkapitals oder, wenn dieses Zehntel mehr als 500 000 Euro beträgt, 500 000 Euro nur insoweit übersteigen, als die Bedeutung der Sache für den Kläger höher zu bewerten ist.

(2) [1]Macht eine Partei glaubhaft, daß die Belastung mit den Prozeßkosten nach dem gemäß Absatz 1 bestimmten Streitwert ihre wirtschaftliche Lage erheblich gefährden würde, so kann das Prozeßgericht auf ihren Antrag anordnen, daß ihre Verpflichtung zur Zahlung von Gerichtskosten sich nach einem ihrer Wirtschaftslage angepaßten Teil des Streitwerts bemißt. [2]Die Anordnung hat zur Folge, daß die begünstigte Partei die Gebühren ihres Rechtsanwalts ebenfalls nur nach diesem Teil des Streitwerts zu entrichten hat. [3]Soweit ihr Kosten des Rechtsstreits auferlegt werden oder soweit sie diese übernimmt, hat sie die von dem Gegner entrichteten Gerichtsgebühren und die Gebühren seines Rechtsanwalts nur nach dem Teil des Streitwerts zu erstatten. [4]Soweit die außergerichtlichen Kosten dem Gegner auferlegt oder von ihm übernommen werden, kann der Rechtsanwalt der begünstigten Partei seine Gebühren von dem Gegner nach dem für diesen geltenden Streitwert beitreiben.

(3) [1]Der Antrag nach Absatz 2 kann vor der Geschäftsstelle des Prozeßgerichts zur Niederschrift erklärt werden. [2]Er ist vor der Verhandlung zur Hauptsache anzubringen. Später ist er nur zulässig, wenn der angenommene oder festgesetzte Streitwert durch das Prozeßgericht heraufgesetzt wird. [3]Vor der Entscheidung über den Antrag ist der Gegner zu hören.

A. Überblick

Die Vorschrift bezweckt eine **sachgerechte Ermittlung des Streitwerts**, insbesondere seine wertmäßige Beschränkung zum Schutze der wirtschaftlich schwächeren Partei, damit auch Kleinaktionären die Erhebung der Anfechtungsklage möglich ist. Diesem Ziel dient insbesondere die Streitwertspaltung gem. Abs. 2. Die Norm gilt sowohl für Anfechtungs- und Nichtigkeitsklagen als auch für positive Beschlussfeststellungsklagen (AnwK-AktR/*Heidel* § 247 Rn. 4). Analog wird die Vorschrift auf Anfechtungs- und Nichtigkeitsklagen gegen Gesellschafterbeschlüsse der GmbH angewandt, wobei die Anwendung von Abs. 1 S. 2 noch nicht abschließend geklärt ist (GroßkommAktG/*K. Schmidt* § 247 Rn. 5). 1

B. Regelstreitwert, Abs. 1

Das Gericht bestimmt den Streitwert nach billigem Ermessen anhand des Werts des Streitgegenstands (§ 11 Abs. 2 GKG), also der Nichtigerklärung des angegriffenen Beschlusses mit Wirkung 2 für und gegen jedermann. Zu berücksichtigen hat das Gericht das Interesse beider Parteien, also das Interesse des Klägers an der Vernichtung des Beschlusses sowie das Interesse der Beklagten an der Aufrechterhaltung. In der Regel wird ein Mittelwert daraus festgesetzt (zur Kasuistik und Berechnung s. GroßkommAktG/*K. Schmidt* § 247 Rn. 17 f.). Regelstreitwert ist der **Vollstreitwert** gem. Abs. 1. Der Regelstreitwert ist maßgeblich für die Berechnung der Gerichtsgebühren, der Anwaltsgebühren und der Beschwer gem. § 511 Abs. 2 Nr. 1 ZPO. Etwas anderes gilt bei Festsetzung eines Teilstreitwertes gem. Abs. 2. Um das Kostenrisiko bei großen Aktiengesellschaften überschaubar zu halten, ist der Regelstreitwert **in zweierlei Hinsicht begrenzt**. Zum einen darf er ein Zehntel des Grundkapitals, zum anderen den Wert von € 500.000,– nur übersteigen, wenn die Bedeutung für den Kläger höher zu bewerten ist. Nur im Interesse des Klägers kann die starre Grenze überschritten werden.

3 Werden **mehrere Beschlüsse** angefochten, so wird für jeden Antrag ein **eigener Streitwert** festgesetzt. Aus den einzelnen Streitwerten wird ein **Gesamtstreitwert** gem. § 5 ZPO errechnet. Der Festsetzung einzelner Streitwerte bedarf es nicht, wenn ein Beschluss zugleich mit Anfechtungs- und mit Nichtigkeitsklage angegriffen wird oder wenn mehrere Anfechtungsgründe gegen den gleichen Beschluss vorgebracht werden, da nur ein Antrag vorliegt (*Hüffer* AktG, § 247 Rn. 6).

C. Streitwertspaltung, Abs. 2

4 Das Gericht kann – es liegt in seinem pflichtgemäßen Ermessen – nach Abs. 2 einen **Teilstreitwert** festsetzen, um der wirtschaftlich schwächeren Partei die Führung des Prozesses zu ermöglichen. Die Festsetzung begünstigt nur die schwächere Partei. Sie hat die Gerichts- und Anwaltskosten nur nach dem ermäßigten Streitwert zu entrichten. Für den Klagegegner werden die Kosten dagegen aus dem Regelstreitwert errechnet. Die Regelung gilt nur für die Gerichts- und Anwaltskosten, nicht hingegen für die Ermittlung der Beschwer gem. § 511 Abs. 2 Nr. 1 ZPO. Die Kostenerstattungspflicht des Gegners richtet sich nach dem für diesen geltenden Streitwert, in der Regel also nach dem Vollstreitwert (AnwK-AktR/*Heidel* § 247 Rn. 16).

5 Die wirtschaftlich schwächere Partei muss **glaubhaft machen** (§ 294 ZPO), dass die Berechnung der Kosten aus dem Vollstreitwert ihre wirtschaftliche Lage erheblich gefährden würde. Nicht zumutbar soll der Einsatz eines so großen Teils des eigenen Vermögens sein, dass dies nicht mehr in vernünftigem Verhältnis zum Prozessziel steht (MüKo AktG/*Hüffer* § 247 Rn. 24). Die wirtschaftliche Lage wäre bereits beeinträchtigt, wenn der Vermögensstamm unzumutbar eingesetzt werden müsste (MüKo AktG/*Hüffer* § 247 Rn. 24). Die Erfolgschancen der Anfechtungsklage spielen anders als bei einem Antrag auf Prozesskostenhilfe keine Rolle. Prozesskostenhilfeantrag kann neben dem Antrag nach § 247 Abs. 2 AktG gestellt werden. Die verschiedenen Anträge schließen sich gegenseitig nicht aus, allerdings müsste die endgültige Entlastung von Prozesskosten durch Prozesskostenhilfe im Rahmen des Abs. 2 Berücksichtigung finden (*Hüffer* AktG, § 247 Rn. 16).

D. Antragstellung, Abs. 3

6 Die Streitwertspaltung muss beantragt werden. Da der Antrag auch zur Niederschrift der Geschäftsstelle erhoben werden kann, besteht für ihn kein Anwaltszwang, § 78 Abs. 3 ZPO. Der Antrag kann bei der Geschäftsstelle jedes Amtsgerichts gestellt werden, § 129 a Abs. 1 ZPO. Er muss vor der Verhandlung zur Hauptsache gestellt werden, außer das Gericht setzt den Regelstreitwert nachträglich höher fest. Die Entscheidung ergeht durch Beschluss ohne mündliche Verhandlung, aber nach Anhörung des Gegners.

7 Streitig ist, ob der Antrag auf Streitwertspaltung nur für jeweils eine Instanz und daher in der Berufung zu wiederholen ist, oder für alle Instanzen gilt. Die ganz h. M. (BGH AG 1993, 85; *Hüffer* AktG, § 247 Rn. 18; GroßkommAktG/*K. Schmidt* § 247 Rn. 26; a. A. KölnKomm AktG/*Zöllner* § 247 Rn. 31) misst dem Antrag nur Bedeutung für eine Instanz zu.

§ 248 Urteilswirkung

(1) [1]Soweit der Beschluß durch rechtskräftiges Urteil für nichtig erklärt ist, wirkt das Urteil für und gegen alle Aktionäre sowie die Mitglieder des Vorstands und des Aufsichtsrats, auch wenn sie nicht Partei sind. [2]Der Vorstand hat das Urteil unverzüglich zum Handelsregister einzureichen. [3]War der Beschluß in das Handelsregister eingetragen, so ist auch das Urteil einzutragen. [4]Die Eintragung des Urteils ist in gleicher Weise wie die des Beschlusses bekanntzumachen.

(2) Hatte der Beschluß eine Satzungsänderung zum Inhalt, so ist mit dem Urteil der vollständige Wortlaut der Satzung, wie er sich unter Berücksichtigung des Urteils und aller bisherigen Satzungsänderungen ergibt, mit der Bescheinigung eines Notars über diese Tatsache zum Handelsregister einzureichen.

A. Überblick

Auch § 248 AktG dient in erster Linie der Rechtssicherheit. Die Urteilswirkung eines stattgebenden Urteils wirkt nicht nur inter partes, sondern **gegenüber jedermann**. Ein nur im Verhältnis zu den Klägern nichtiger Hauptversammlungsbeschluss wäre in der Praxis nicht zu handhaben. Aufgrund dieser weiten Wirkung muss auch sichergestellt werden, dass die Öffentlichkeit über das Urteil informiert wird. 1

B. Gestaltungswirkung, Rechtskraftwirkung, Abs. 1 S. 1

Wenn ein Urteil den Hauptversammlungsbeschluss für nichtig erklärt, wirkt es für und gegen jedermann, sog. Gestaltungswirkung (*Hüffer* AktG, § 248 Rn. 5). Die Gestaltungswirkung beruht auf § 241 Nr. 5 AktG. Ob das Urteil ggf. auf Anerkenntnis oder Säumnis beruht, ist irrelevant (GroßkommAktG/*K. Schmidt* § 248 Rn. 3). Das Urteil muss allerdings **formell rechtskräftig** sein. Die Rechtswirkungen des Beschlusses entfallen rückwirkend. Die Rückwirkung gilt nach h. M. auch **gegenüber Dritten** (GroßkommAktG/*K. Schmidt* § 248 Rn. 6; *Hüffer* AktG, § 248 Rn. 7; AnwK-AktR/*Heidel* § 248 Rn. 4). Etwas anderes ergibt sich auch nicht aus Vertrauensschutzerwägungen, da sich der Vertrauensschutz auf das Ausführungsgeschäft und nicht auf den Beschluss selbst bezieht. Im Übrigen muss die Wirksamkeit von Durchführungsgeschäften unabhängig vom zu Grunde liegenden Beschluss differenziert betrachtet werden (s. ausführl. zu den einzelnen Fallgruppen MüKo AktG/*Hüffer* § 248 Rn. 17 ff.). **Ausführungsgeschäfte**, zu welchen der Vorstand durch Hauptversammlungsbeschluss legitimiert wurde, bleiben wirksam (MüKo AktG/*Hüffer* § 248 Rn. 23). Den Aktionären kann aber ein Anspruch auf Rückgängigmachung zustehen (AnwK-AktR/*Heidel* § 248 Rn. 7). Gem. §§ 20 Abs. 2, 131 Abs. 2 und 202 Abs. 3 UmwG berühren Mängel bei der Verschmelzung, Spaltung und beim Formwechsel die Wirkungen der Eintragungen nicht. Die **Umwandlungsvorgänge** haben in der Regel auch für die Zukunft Bestandskraft (OLG Frankfurt AG 2003, 641; ausführl. s. *Kort* DStR 2004, 185). Wiederum andere Durchführungsmaßnahmen sind mangels Legitimation ex tunc nichtig, z. B. bei erforderlicher Nachgründung eines Kaufvertrags gem. § 52 Abs. 1 AktG. 2

Darüber hinaus entfaltet das Urteil **materielle Rechtskraft** gegenüber den in S. 1 genannten Personen, d. h. auf diese erstrecken sich die Urteilswirkungen. Diese können ein Gericht nicht mehr mit der Wirksamkeit des Beschlusses befassen. Jede erneut erhobene Klage ist unzulässig (MüKo AktG/*Hüffer* § 248 Rn. 26). 3

Für die **positive Beschlussfeststellungsklage** (s. § 246 AktG Rn. 15) gilt § 248 Abs. 1 AktG analog (BGHZ 76, 191; *Hüffer* AktG, § 248 Rn. 9). 4

C. Einreichung, Eintragung, Bekanntmachung, Abs. 1 S. 2 bis 4, Abs. 2

Wird der Beschluss zumindest teilweise für nichtig erklärt, so muss der Vorstand das Urteil nach Eintritt der Rechtskraft **unverzüglich beim Handelsregister einreichen**. Die Pflicht kann mittels 5

Zwangsgeld gem. § 14 HGB durchgesetzt werden. Falls der nichtig erklärte Hauptversammlungsbeschluss in das Handelsregister eingetragen war, muss auch das Urteil eingetragen und die Eintragung in gleicher Weise bekannt gemacht werden wie der Beschluss. Hatte der angefochtene Beschluss eine Satzungsänderung zum Gegenstand, so musste der geänderte Satzungstext gem. § 181 Abs. 1 AktG beim Handelsregister eingereicht werden und befindet sich bei den Registerakten. Wird dieser Beschluss wieder vernichtet, so muss konsequenterweise der dann unter Berücksichtigung des Urteils aktuelle Satzungstext eingereicht werden. So soll sichergestellt werden, dass der gültige Satzungstext stets leicht zu ermitteln ist.

§ 248 a Bekanntmachungen zur Anfechtungsklage

[1]Wird der Anfechtungsprozess beendet, hat die börsennotierte Gesellschaft die Verfahrensbeendigung unverzüglich in den Gesellschaftsblättern bekannt zu machen. [2]§ 149 Abs. 2 und 3 ist entsprechend anzuwenden.

1 Die durch das UMAG neu eingeführte Regelung sorgt für **Publizität sämtlicher Vereinbarungen**, die im Zusammenhang mit der Beendigung des Anfechtungsprozesses geschlossen werden. Nicht nur die Verfahrensbeendigung ist in den Gesellschaftsblättern, also zumindest im elektronischen Bundesanzeiger, § 25 AktG, bekannt zu machen, sondern auch der volle Inhalt mit allen Einzelheiten sämtlicher streitbeendender Vereinbarungen samt aller Zusatzvereinbarungen zwischen der Gesellschaft, den Anfechtungsklägern und Dritten, die im Interesse der Gesellschaft oder der Kläger handeln (Gesetzesbegründung der Bundesregierung, BT-Drs. 15/5092, 24). Die **Leistungspflichten**, die sich aus solchen Vereinbarungen ergeben, sind erst nach der Bekanntmachung wirksam. **Art und Höhe** der zu erbringenden Leistung und deren Begünstigter sind zu bezeichnen. Von der Vorschrift werden Zuwendungen beliebiger Form erfasst, z. B. Prozesskostenaufteilungen, Aufwandsentschädigungen, Schadensersatzzahlungen, einvernehmliche Ansetzung eines Vergleichswerts, Honorare für Gutachten oder Beratungsleistungen. Ohne Belang ist, ob die Leistung dem Kläger unmittelbar oder mittelbar zukommt.

2 Ohne Bekanntmachung erbrachte Leistungen können als **ungerechtfertigte Bereicherung** zurückgefordert werden. Unberührt von der Unwirksamkeit bleibt aus Rechtssicherheitsgründen die verfahrensbeendigende Wirkung der jeweiligen Vereinbarung, § 149 Abs. 2 S. 4 AktG.

3 Um sich die Leistung zu sichern, steht daher den Klägern ein **Anspruch auf vollständige Bekanntmachung** zu (Gesetzesbegründung der Bundesregierung, BT-Drs. 15/5092, 25). Im Übrigen wird auf die Kommentierung zu § 149 AktG verwiesen.

§ 249 Nichtigkeitsklage

(1) [1]Erhebt ein Aktionär, der Vorstand oder ein Mitglied des Vorstands oder des Aufsichtsrats Klage auf Feststellung der Nichtigkeit eines Hauptversammlungsbeschlusses gegen die Gesellschaft, so finden § 246 Abs. 2, Abs. 3 Satz 1 bis 4, Abs. 4, §§ 246 a, 247, 248 und 248 a entsprechende Anwendung. [2]Es ist nicht ausgeschlossen, die Nichtigkeit auf andere Weise als durch Erhebung der Klage geltend zu machen. [3]Schafft der Hauptversammlungsbeschluss Voraussetzungen für eine Umwandlung nach § 1 des Umwandlungsgesetzes und ist der Umwandlungsbeschluss eingetragen, so gilt § 20 Abs. 2 des Umwandlungsgesetzes für den Hauptversammlungsbeschluss entsprechend.

(2) [1]Mehrere Nichtigkeitsprozesse sind zur gleichzeitigen Verhandlung und Entscheidung zu verbinden. [2]Nichtigkeits- und Anfechtungsprozesse können verbunden werden.

Übersicht:

A. Überblick

Wird Nichtigkeitsklage von einem Aktionär, dem Vorstand oder einem Mitglied von Vorstand oder Aufsichtsrat erhoben, so unterliegt sie weitgehend den gleichen Voraussetzungen wie die Anfechtungsklage und hat auch die gleichen weitgehenden Wirkungen. Auch die Nichtigkeitsklage bezweckt die Beseitigung eines Hauptversammlungsbeschlusses mit Wirkung für und gegen jedermann. Der **Streitgegenstand** von Anfechtungs- und Nichtigkeitsklage ist gleich (s. § 241 AktG Rn. 26). Der Beschluss wird aufgrund des dargelegten Sachverhalts umfassend durch das Gericht auf Anfechtungs- und Nichtigkeitsgründe untersucht. Anders als bei Anfechtungsgründen können Nichtigkeitsgründe nicht nur durch Nichtigkeitsklage, sondern auch auf andere Weise geltend gemacht werden. 1

Vgl. zur Nichtigkeitsklage (analoge Anwendung auf die GmbH) auch ausführl. Kap. 16 Rn. 380 ff.

Andere als die genannten Personen können nicht die weitgehende Wirkung der Nichtigkeitsklage nach § 249 AktG herbeiführen, unterliegen aber auch nicht den sonstigen Voraussetzungen. Sie können allgemeine Feststellungsklage gem. § 256 ZPO erheben. 2

B. Regelungen im Einzelnen

I. Klagevoraussetzungen

Wenn ein Aktionär, Vorstand oder Mitglied des Vorstands oder Aufsichtsrats Klage auf Feststellung der Nichtigkeit eines Hauptversammlungsbeschlusses erhebt, gelten die §§ 246 Abs. 2, Abs. 3 S. 1 bis 4, Abs. 4, 246 a bis 248 a AktG entsprechend. 3

Ob die Klage eine **Feststellungs-** (so die h. M., s. MüKo AktG/*Hüffer* § 4) oder **Gestaltungsklage** (GroßkommAktG/*K. Schmidt* § 249 Rn. 4) ist, bleibt im Ergebnis ohne Relevanz. Einigkeit besteht darüber, dass die genannten Personen die Nichtigkeit eines Hauptversammlungsbeschlusses nur durch Nichtigkeitsklage gem. § 249 AktG geltend machen können, allgemeine Feststellungsklage können sie nicht erheben (BGHZ 70, 384; OLG Koblenz NZG 2006, 270; AnwK-AktR/*Heidel* § 249 Rn. 4; MüKo AktG/*Hüffer* § 249 Rn. 7; GroßkommAktG/*K. Schmidt* § 249 Rn. 36). Ob der Kläger befugt ist, Nichtigkeitsklage zu erheben, muss das Gericht von Amts wegen prüfen, auch in der Revisionsinstanz (GroßkommAktG/*K. Schmidt* § 249 Rn. 12). 4

Die **Aktionärseigenschaft** muss zumindest im Moment der letzten mündlichen Verhandlung vorliegen (AnwK-AktR/*Heidel* § 249 Rn. 5). Ist der Kläger bereits bei Klageerhebung Aktionär, so ist die Klage erst mit Zustellung an Vorstand und Aufsichtsrat zulässig, § 246 Abs. 2 S. 2 AktG (*Hüffer* AktG, § 249 Rn. 13). Wird der Kläger erst während des Verfahrens Aktionär, so muss die Zustellung der Klage an den Aufsichtsrat nachgeholt werden (*Hüffer* AktG, § 249 Rn. 6; a. A. GroßkommAktG/*K. Schmidt* § 249 Rn. 14, der eine Klageänderung für notwendig erachtet). Endet die Aktionärseigenschaft während des Verfahrens, so kann die Klage als gewöhnliche Feststellungsklage fortgeführt werden (BGH AG 1999, 180; *Hüffer* AktG, § 249 Rn. 6; a. A. BGHZ 43, 261). 5

II. Verweisungen im Einzelnen, Abs. 1 S. 1

6 **Richtiger Beklagter** der Nichtigkeitsklage ist die **Gesellschaft**, Abs. 1 S. 1. Sie wird bei einer Klage von Aktionären durch Vorstand und Aufsichtsrat vertreten, Abs. 1 i. V. m. § 246 Abs. 2 S. 2 AktG. Zustellung an ein Organmitglied ist aber ausreichend, § 170 Abs. 3 ZPO.

7 Auch für die Nichtigkeitsklage ist **ausschließlich das Landgericht**, in dessen Bezirk die Gesellschaft ihren Sitz hat, ggf. die Handelskammer zuständig, es sei denn die Landesregierung hat gem. § 142 Abs. 5 S. 5 AktG die Sonderzuständigkeit bei einem Landgericht innerhalb des OLG-Bezirks begründet (vgl. auch § 246 AktG Rn. 11).

8 Die Erhebung der Klage und der Termin der mündlichen Verhandlung sind in den Gesellschaftsblättern **bekanntzumachen**. **Nebenintervention** eines Klägers kann nur innerhalb eines Monats nach dieser Bekanntmachung erfolgen, Abs. 1 S. 1 i. V. m. § 246 Abs. 4 AktG.

9 Das **Freigabeverfahren** gilt durch Verweis auf § 246 a AktG in gleicher Weise wie für die Anfechtungsklage auch für die Nichtigkeitsklage (vgl. Kommentierung zu § 246 a AktG).

10 Auch bei der Nichtigkeitsklage wird der **Regelstreitwert** gem. § 247 Abs. 1 AktG begrenzt und kann auf Antrag für die wirtschaftlich schwächere Partei nach § 247 Abs. 2 AktG gespalten werden (vgl. § 247 AktG Rn. 4 f.).

11 Die **Urteilswirkungen** entsprechen denen der Anfechtungsklage, § 248 AktG (s. die Kommentierung dort). Das Urteil ist mit Rechtskraft nicht lediglich für die Prozessparteien sondern darüber hinaus **für alle Aktionäre** sowie die Mitglieder von Vorstand und Aufsichtsrat bindend. Wie ein Anfechtungsurteil stellt das Urteil die Nichtigkeit für und gegen jedermann fest. Eine relative Nichtigkeitswirkung ist abzulehnen (*Hüffer* AktG, § 249 Rn. 17).

12 Das Urteil muss **zum Handelsregister eingereicht** und ggf. eingetragen werden, § 248 AktG. Wird der Nichtigkeitsprozess anders als durch Urteil beendet, so sind die Verfahrensbeendigung und sämtliche damit getroffenen Abreden in den Gesellschaftsblättern bekannt zu machen, Abs. 1 S. 1 i. V. m. § 248 a AktG (s. im Übrigen jeweils die Kommentierung zu den genannten Paragrafen).

III. Geltendmachung auf andere Weise, Abs. 1 S. 2

13 Die Nichtigkeit kann auf jede andere Weise geltend gemacht werden, insbesondere **einredeweise** als Rechtsverteidigung gegen die Verpflichtung aus einem nichtigen Beschluss (*Hüffer* AktG, § 249 Rn. 19).

IV. Geltung von § 20 Abs. 2 UmwG für die Verschmelzung vorbereitende Hauptversammlungsbeschlüsse

14 Gem. § 16 Abs. 2 UmwG ändern Mängel bei der Verschmelzung nichts an der dinglichen Wirksamkeit des Verschmelzungsvorgangs. Gleiches gilt für Spaltung, § 131 Abs. 2 UmwG und Formwechsel, § 202 Abs. 3 UmwG. Die Ausschlussfrist des § 14 Abs. 1 UmwG für Klagen gegen Umwandlungsbeschlüsse gilt nicht für Hauptversammlungsbeschlüsse, die die Umwandlung lediglich vorbereiten, insbesondere also Kapitalmaßnahmen. Daher bestand die Gefahr, dass diese nach Ablauf der Frist mit Nichtigkeitsklage angegriffen werden. Die h. M. wandte daher schon früher § 20 Abs. 2 UmwG analog auch auf solche vorbereitenden Beschlüsse an (Lutter/*Grunewald* UmwG, § 20 Rn. 77). Diese h. M. hat der Gesetzgeber mit dem UMAG aufgegriffen und gesetzlich festgeschrieben (Gesetzesbegründung der Bundesregierung, BT-Drs. 15/5092, 30).

V. Klageverbindung, Abs. 2

15 **Mehrere Nichtigkeitsklagen**, die sich gegen den gleichen Beschluss richten, sind zwingend zur gemeinsamen Verhandlung und Entscheidung zu verbinden. Nach dem Wortlaut des Gesetzes ist die Verbindung von **Anfechtungs- und Nichtigkeitsklage** hingegen fakultativ. Aufgrund des nun einheitlichen Streitgegenstands von Anfechtungs- und Nichtigkeitsklage (s. § 241

AktG Rn. 26) spricht vieles dafür, auch hier eine Pflicht, die Verfahren zu verbinden, anzunehmen (GroßkommAktG/*K. Schmidt* § 249 Rn. 27; AnwK-AktR/*Heidel* § 249 Rn. 18).

C. Allgemeine Feststellungsklage

Die in § 249 AktG genannten Personen müssen **zwingend Nichtigkeitsklage** erheben. Andere als die genannten können hingegen nicht Nichtigkeitsklage sondern müssen allgemeine Feststellungsklage nach § 256 ZPO erheben, falls sie ein Feststellungsinteresse gem. § 256 ZPO haben (BGH NJW 1966, 1458; *Hüffer* AktG, § 249 Rn. 12). Die Vorschriften über die Nichtigkeitsklage gelten für die allgemeine Feststellungsklage nicht (h. M.: *Hüffer* AktG, § 249 Rn. 21; MüKo AktG/*Hüffer* § 249 Rn. 30; GroßkommAktG/*K. Schmidt* § 249 Rn. 34 ff.); a. A. KölnKomm AktG/*Zöllner* § 249 Rn. 51). Der Vorstand ist gem. § 78 Abs. 1 AktG allein vertretungsberechtigt, die Klage muss nur ihm zugestellt werden. Die Zuständigkeit des Gerichts richtet sich nach den allgemeinen Vorschriften und das Urteil hat nicht die weite Wirkung des § 248 Abs. 1 AktG, es wirkt **nur inter partes**. Das Urteil muss nicht zum Handelsregister eingereicht oder eingetragen werden. 16

Zweiter Unterabschnitt. Nichtigkeit bestimmter Hauptversammlungsbeschlüsse

§ 250 Nichtigkeit der Wahl von Aufsichtsratsmitgliedern

(1) Die Wahl eines Aufsichtsratsmitglieds durch die Hauptversammlung ist außer im Falle des § 241 Nr. 1, 2 und 5 nur dann nichtig, wenn

1. **der Aufsichtsrat unter Verstoß gegen § 96 Abs. 2, § 97 Abs. 2 Satz 1 oder § 98 Abs. 4 zusammengesetzt wird;**
2. **die Hauptversammlung, obwohl sie an Wahlvorschläge gebunden ist (§§ 6 und 8 des Montan-Mitbestimmungsgesetzes), eine nicht vorgeschlagene Person wählt;**
3. **durch die Wahl die gesetzliche Höchstzahl der Aufsichtsratsmitglieder überschritten wird (§ 95);**
4. **die gewählte Person nach § 100 Abs. 1 und 2 bei Beginn ihrer Amtszeit nicht Aufsichtsratsmitglied sein kann.**

(2) Für die Klage auf Feststellung, daß die Wahl eines Aufsichtsratsmitglieds nichtig ist, sind parteifähig

1. **der Gesamtbetriebsrat der Gesellschaft oder, wenn in der Gesellschaft nur ein Betriebsrat besteht, der Betriebsrat, sowie, wenn die Gesellschaft herrschendes Unternehmen eines Konzerns ist, der Konzernbetriebsrat,**
2. **der Gesamt- oder Unternehmenssprecherausschuss der Gesellschaft oder, wenn in der Gesellschaft nur ein Sprecherausschuss besteht, der Sprecherausschuss sowie, wenn die Gesellschaft herrschendes Unternehmen eines Konzerns ist, der Konzernsprecherausschuss,**
3. **der Gesamtbetriebsrat eines anderen Unternehmens, dessen Arbeitnehmer selbst oder durch Delegierte an der Wahl von Aufsichtsratsmitgliedern der Gesellschaft teilnehmen, oder, wenn in dem anderen Unternehmen nur ein Betriebsrat besteht, der Betriebsrat,**
4. **der Gesamt- oder Unternehmenssprecherausschuss eines anderen Unternehmens, dessen Arbeitnehmer selbst oder durch Delegierte an der Wahl von Aufsichtsratsmitgliedern der Gesellschaft teilnehmen, oder, wenn in dem anderen Unternehmen nur ein Sprecherausschuss besteht, der Sprecherausschuss,**
5. **jede in der Gesellschaft oder in einem Unternehmen, dessen Arbeitnehmer selbst oder durch Delegierte an der Wahl von Aufsichtsratsmitgliedern der Gesellschaft teilnehmen, vertretene Gewerkschaft sowie deren Spitzenorganisation.**

(3) [1]Erhebt ein Aktionär, der Vorstand, ein Mitglied des Vorstands oder des Aufsichtsrats oder eine in Absatz 2 bezeichnete Organisation oder Vertretung der Arbeitnehmer gegen die Gesellschaft Klage auf Feststellung, dass die Wahl eines Aufsichtsratsmitglieds nichtig ist, so gelten § 246 Abs. 2, Abs. 3 Satz 1 bis 4, Abs. 4, §§ 247, 248 Abs. 1 Satz 2, §§ 248 a und 249 Abs. 2 sinngemäß. [2]Es ist nicht ausgeschlossen, die Nichtigkeit auf andere Weise als durch Erhebung der Klage geltend zu machen.

Übersicht:

A. Überblick

1 § 250 AktG regelt den **Sonderfall der Nichtigkeit** eines Beschlusses der Hauptversammlung, durch den Aufsichtratsmitglieder gewählt werden. Die Norm hat abschließenden Charakter. Sie dient der Rechtssicherheit hinsichtlich der Nichtigkeitsgründe (Abs. 1) und dem Rechtsschutz der Arbeitnehmerseite vor Verletzung der Mitbestimmungsrechte (Abs. 2).

B. Nichtigkeit des Wahlbeschlusses

I. Voraussetzungen der Nichtigkeit

2 § 250 AktG betrifft die **Nichtigkeit der Wahl von Aufsichtsratsmitgliedern** durch Hauptversammlungsbeschluss (§ 101 AktG), auch bei einer Bindung an Wahlvorschläge (§§ 6, 8 Montan-MitbestG). Die Vorschrift gilt nicht bei Entsendung der Aufsichtsratsmitglieder oder wenn die Wahl durch ein anderes Wahlorgan als die Hauptversammlung erfolgt (so: unmittelbare Wahl durch Arbeitnehmer, § 76 Abs. 2 BetrVG 1952 i. V. m. § 129 Abs. 2 BetrVG und Regelfall der §§ 9 Abs. 2, 18 MitbestG; durch Wahlmänner: § 6 Abs. 2 Montan-MitbestG und Regelfall der §§ 9 Abs. 1, 10 ff. MitbestG; Entsendung durch Aktionäre: § 101 Abs. 2 AktG).

II. Nichtigkeitsgründe, Abs. 1

3 Nicht jeder Fehler führt zur Nichtigkeit des Beschlusses, sondern nur besonders **schwere Rechtsverstöße** (sonst bloße Anfechtbarkeit nach § 251 AktG). Zur Rechtsklarheit regelt § 250 AktG die Gründe für die Nichtigkeit der Wahl abschließend.

1. Allgemeine Nichtigkeitsgründe, Abs. 1 Hs. 1

4 Der Hauptversammlungsbeschluss über die Mitgliedschaft im Aufsichtsrat ist nichtig, wenn einer der **allgemeinen Nichtigkeitsgründe** des § 241 Nr. 1, 2 oder 5 AktG vorliegt:

– ein in § 241 Nr. 1 AktG ausdrücklich genannter **Einberufungsmangel**; andere Einberufungs- und Verfahrensfehler begründen nur die Anfechtbarkeit;

- ein **Beurkundungsfehler** (§ 241 Nr. 2 AktG) entgegen der Beurkundungsvorschriften des § 130 Abs. 1, 2 und 4 AktG;
- **Nichtigkeit** durch rechtskräftiges Anfechtungsurteil (§ 241 Nr. 3 AktG).

Diese Bestimmung wirkt **abschließend**: Alle anderen Nichtigkeitsgründe des § 241 AktG finden auf die Wahlen zum Aufsichtsrat keine Anwendung und begründen nicht die Nichtigkeit, sondern nur die Anfechtbarkeit.

2. Besondere Nichtigkeitsgründe

a) Fehlerhafte Feststellung der Zusammensetzung des Aufsichtsrates, Nr. 1

Der Wahlbeschluss ist nach Nr. 1 nichtig, wenn gegen das Verfahren zur Feststellung der Zusammensetzung des Aufsichtrates gem. §§ 96 Abs. 2, 97 Abs. 2, S. 1 oder 98 Abs. 4 AktG verstoßen wird. Das Gesetz schützt das **Statusverfahren** (§§ 96, 97 AktG), durch das das maßgebliche System des Aufsichtsrates ermittelt wird und gewährleistet die rechtzeitige Publizierung bei einer Änderung der Zusammensetzung des Aufsichtsrates. Sanktioniert werden Verfahrensfehler bei der Feststellung der Zusammensetzung im Vorfeld der Wahl – unabhängig davon, ob der Aufsichtsrat materiell ordnungsgemäß zusammengesetzt wird. 5

Im Einzelnen folgt die Nichtigkeit aus: 6

- **Verletzung des Kontinuitätsgrundsatzes** (des sog. Status-Quo-Prinzips, § 96 Abs. 2 AktG): Der Aufsichtsrat wird nach anderen als den bisherigen Vorschriften zusammengesetzt, ohne dass dies gem. § 97 AktG vom Vorstand bekannt gemacht oder gem. § 98 AktG gerichtlich festgelegt worden wäre. Nach der richtigen Auffassung ist nach dieser Vorschrift auch der vorgezogene Wahlbeschluss bei einer (noch nicht erfolgten) **Verschmelzung** mehrerer Unternehmen nichtig, weil das Statusverfahren in solchen Fällen regelmäßig nicht durchgeführt wurde, der Aufsichtsrat aber bereits nach den zukünftig gültigen Vorschriften gewählt wird (anders MünchHdb GesR IV/*Hoffmann-Becking* § 28 Rn. 50). Um die Nichtigkeit zu vermeiden, sollte daher der Wahlbeschluss **aufschiebend bedingt** gefasst werden bis das Statusverfahren erfolgreich durchgeführt wurde (vgl. *Kiem/Uhrig* NZG 2001, 680, 684).
- **Verstoß gegen eine Bekanntmachung des Vorstandes** (§ 97 Abs. 2 S. 1 AktG): Der Aufsichtsrat wurde entgegen den vom Vorstand bekannt gemachten Vorschriften zusammengesetzt. 7
- **Verstoß gegen eine gerichtliche Entscheidung** (§ 98 Abs. 4 AktG): Trotz einer gerichtlichen Entscheidung erfolgt die Zusammensetzung des Aufsichtsrates nach anderen als den durch das Gericht bestimmten gesetzlichen Vorschriften. 8

b) Missachtung von mitbestimmungsrechtlich bindenden Wahlvorschlägen, Nr. 2

Wählt die Hauptversammlung eine Person entgegen eines gesetzlich bindenden Wahlvorschlags, ist der Beschluss nichtig. Dies gilt für alle Wahlvorschläge nach §§ 6, 8 MontanMitbestG, sowie für das neutrale Aufsichtsratsmitglied einer sog. Montanholding gem. § 5 Abs. 3 S. 2 MontanMitbestErgG (vgl. § 101 AktG). 9

c) Überschreitung der Höchstzahl, Nr. 3

Die Wahl eines Aufsichtsratsmitglieds durch die Hauptversammlung ist nichtig, wenn dadurch die **gesetzlich normierte Höchstzahl** von Aufsichtsratsmitgliedern überschritten wird – nicht bereits bei Überschreiten der gesetzlichen Regelzahl. Die Höchstzahl bestimmt sich grundsätzlich nach § 95 S. 4 AktG und für Gesellschaften, die der Mitbestimmung unterliegen nach den in § 95 S. 5 AktG genannten spezielleren einschlägigen Vorschriften. Die Nichtigkeit tritt unabhängig vom Inhalt der Satzung ein (vgl. MüKo AktG/*Hüffer* § 250 Rn. 10; GroßkommAktG/*K. Schmidt* § 250 Rn. 17; anders KölnKomm AktG/*Zöllner* § 250 Rn. 29). 10

11 Die **Nichtigkeitsfolge** richtet sich nach dem angewandten Wahlverfahren:

- **Einheitlicher Wahlvorgang** (Block- oder Gesamtwahl): Die Wahl des gesamten Aufsichtsrates ist nichtig, weil nicht erkennbar ist, wer bei Einhaltung der Höchstgrenze gewählt worden wäre (anders wenn im Hauptversammlungsbeschluss eine Prioritätenliste enthalten ist; vgl. GroßkommAktG/*K. Schmidt* § 250 Rn. 18).
- **Einzelwahl**: Die Wahlbeschlüsse bleiben bis zum Erreichen der gesetzlichen Höchstzahl gültig; erst die darüber hinausgehenden sind nichtig.
- Sonderfall **mitbestimmte Unternehmen**: Die Nichtigkeit tritt bereits dann ein, wenn die Aktionärsseite mehr Mitglieder wählt, als ihr gesetzlich zustehen.

d) Personenbezogene Nichtigkeitsgründe, Nr. 4

12 Liegen bei Beginn der Amtszeit des Gewählten Gründe vor, weshalb dieser nach § 100 Abs. 1, Abs. 2 AktG nicht Mitglied des Aufsichtsrates werden kann, ist seine Wahl nichtig. Maßgeblich ist dabei nicht der Tag des Hauptversammlungsbeschlusses, sondern der **Amtsbeginn**. Bis zu diesem Zeitpunkt können bestehende Hinderungsgründe beseitigt werden. Umstritten ist, ob die Heilung auch nach Amtsantritt noch möglich ist (so *J. Schröder,* Mängel und Heilung der Wählbarkeit, 1979, 31). Mangels einer gesetzlichen Regelung ist dies aber abzulehnen (vgl. MüKo AktG/*Hüffer* § 250 Rn. 14; *Hüffer* AktG, § 250 Rn. 10).

13 **aa) Persönliche Voraussetzungen** Der Gewählte muss eine natürliche, unbeschränkt geschäftsfähige Person sein (§ 100 Abs. 1 AktG).

14 **bb) Persönliche Bestellungshindernisse** Als persönliche Bestellungshindernisse i. S. d. Nr. 4 gelten:

- Überschreitung der höchstzulässigen Mandatszahl (§ 100 Abs. 2, S. 1 Nr. 1 AktG);
- Stellung als gesetzlicher Vertreter eines von der Gesellschaft bestimmten Unternehmens (§ 100 Abs. 2 S. 1 Nr. 2 AktG);
- Verbot der Überkreuzverflechtung (§ 100 Abs. 2, S. 1 Nr. 3 AktG): Ein gesetzlicher Vertreter der AG darf nicht in den Aufsichtsrat einer anderen Kapitalgesellschaft gewählt werden, wenn ein gesetzlicher Vertreter dieser Kapitalgesellschaft bereits dem Aufsichtsrat der AG angehört.

15 **Ausländische Kapitalgesellschaften** sind vom Verbot der Überkreuzverflechtung ausgenommen (vgl. MüKo AktG/*Hüffer* § 250 Rn. 16; ablehnend GroßkommAktG/*K. Schmidt* § 250 Rn. 24). Streitig ist, ob das Verbot der Überkreuzverflechtung einen obligatorischen Aufsichtsrat der Kapitalgesellschaft voraussetzt. Nach der h. M. im Aktienrecht gilt das Verbot auch, wenn die andere Kapitalgesellschaft nur über einen fakultativen Aufsichtsrat verfügt (vgl. KölnKomm AktG/*Zöllner* § 250 Rn. 36; GroßkommAktG/*K. Schmidt* § 250 Rn. 24). Nach der im GmbH-Recht vorherrschenden Meinung gilt das Verbot zumindest nicht für den gesetzlichen Vertreter der GmbH, weil § 52 Abs. 1 GmbHG den § 100 Abs. 2 S. 1 Nr. 3 AktG nicht für anwendbar erklärt (vgl. Baumbach / Hueck/*Zöllner/Noack* § 52 Rn. 31; MüKo AktG/*Hüffer* § 250 Rn. 16; *Hüffer* AktG, § 100 Rn. 6 f.).

16 **cc) Unzulässige Funktionsverknüpfung** Gem. § 105 Abs. 1 AktG darf ein Aufsichtsratsmitglied nicht zugleich Vorstandsmitglied derselben AG sein und in ihr auch keine anderen leitenden Funktionen ausüben. Diese Vorschrift über eine weitere persönliche Voraussetzung fehlt im abschließend gedachten Katalog des Abs. 1. Es liegt folglich eine **Regelungslücke** vor, die im Wege der analogen Anwendung des Abs. 1 auf die Fälle des § 105 Abs. 1 AktG geschlossen werden muss (vgl. GroßkommAktG/*K. Schmidt* § 250 Rn. 25; KölnKomm AktG/*Zöllner* § 250 Rn. 37; MüKo AktG/*Hüffer* § 250 Rn. 17). Der Wahlbeschluss ist somit auch nichtig, wenn der Gewählte in derselben AG eine in § 105 Abs. 1 AktG genannte Funktion ausübt.

Besteht ein **dauerhafter Widerstreit** zwischen den Interessen eines Aufsichtsratsmitgliedes und der Gesellschaft, ist das kein Hinderungsgrund zur Ausübung des Mandates analog § 100 Abs. 1 und 2 AktG. Deshalb sind Wahlbeschlüsse in solchen Fällen auch nicht in analoger Anwendung der Rechtsfolge nach Abs. 1 Nr. 4 von Anfang an nichtig oder anfechtbar. Vielmehr kann ein Aufsichtsratsmitglied nur gerichtlich abberufen werden, wenn der vorhandene Interessenswiderstreit zu einem Konflikt oder einem sonstigen Amtshindernis wird (s. auch *Semler/Stengel* NZG 2003, 1, 4 ff.). 17

III. Rechtsfolge

1. Unmittelbare Rechtsfolge

Die Nichtigkeit des Hauptversammlungsbeschlusses hat zur Folge, dass der Gewählte unabhängig von der Annahme der Wahl **nicht Mitglied des Aufsichtsrates** geworden ist. Wenn er trotz nichtiger Bestellung tätig wird, liegt ein fehlerhaftes Rechtsverhältnis mit aktienrechtlicher und strafrechtlicher Verantwortlichkeit des Betroffenen vor (vgl. § 101 AktG). Für die Zeit der Tätigkeit besteht ein Vergütungsanspruch. 18

2. Mittelbare Rechtsfolge

Die Beschlüsse des Aufsichtsrates sind **nichtig**, soweit sie auf der Stimmabgabe nichtig gewählter Mitglieder beruhen: Ist der **gesamte Aufsichtsrat** fehlerhaft bestellt, sind alle Beschlüsse nichtig. Sind nur die Wahlen **einzelner Mitglieder** nichtig, so kommt es für die Wirksamkeit der gefassten Beschlüsse darauf an, ob die beteiligten wirksam bestellten Mitglieder allein beschlussfähig (§ 108 AktG) waren und ob durch ihre Stimmabgabe die für den Beschluss erforderliche Mehrheit erreicht wurde. Andernfalls ist der fragliche Beschluss nichtig. 19

C. Nichtigkeitsklage

Wie die Nichtigkeit anderer Hauptversammlungsbeschlüsse kann auch die Nichtigkeit des Wahlbeschlusses durch Nichtigkeitsklage als besondere Form der Feststellungsklage geltend gemacht werden. 20

I. Parteifähigkeit, Abs. 2

Die Parteifähigkeit ist **Sachurteilsvoraussetzung**. Neben Aktionären, dem Vorstand und einzelnen Mitgliedern des Vorstands sowie des Aufsichtsrates, die gem. § 50 Abs. 1 ZPO i. V. m. § 252 Abs. 1 AktG parteifähig sind, gewährleistet Abs. 2 auch der Arbeitnehmerseite den notwendigen Rechtsschutz, indem er Betriebsräte, Gewerkschaften und deren Spitzenorganisationen für parteifähig erklärt. Da die Parteifähigkeit der Gewerkschaften nach heutiger Auffassung bereits aus allgemeinen Grundsätzen herzuleiten ist, hat Abs. 2 insoweit nur noch **deklaratorischen Charakter**. Die Parteifähigkeit gilt ohne Einschränkung. Sie beinhaltet auch die Fähigkeit zur Nebenintervention. 21

II. Feststellungsinteresse

Zulässigkeitsvoraussetzung der Nichtigkeitsklage ist das Feststellungsinteresse des Klägers (§ 256 ZPO). Für Klagen eines Aktionärs, des Vorstands oder eines Mitglieds des Vorstands oder des Aufsichtsrates folgt das Feststellungsinteresse bereits aus der Stellung als Anteilseigner bzw. aus der organschaftlichen Stellung. 22

Umstritten ist das Feststellungsinteresse bei **Vertretern der Arbeitnehmer.** Nach einer Auffassung ist es nur dann gegeben, wenn die Feststellung der Nichtigkeit der Wahl eines Arbeitnehmervertreters begehrt wird (*Rummel*, Die Mangelhaftigkeit von Aufsichtsratswahlen, 1969). Eine a. A. bejaht das Vorliegen des Feststellungsinteresses grundsätzlich und beruft sich dabei auf die Regelung des Abs. 2, der Arbeitnehmer- und Aktionärsseite gleichstellt (so KölnKomm AktG/*Zöllner* § 250 Rn. 52; AnwK-AktR/*Heidel* § 250 Rn. 12). Nach einer dritten, i. E. vermitteln- 23 den und vorzugswürdigen Meinung ist darauf abzustellen, ob es sich um eine mitbestimmte AG handelt: Nur wenn auch Arbeitnehmervertreter dem Aufsichtsrat angehören, hat die Arbeitnehmerseite ein offensichtlich berechtigtes Interesse an der ordnungsgemäßen Zusammensetzung des Aufsichtsrates und braucht daher kein besonderes Feststellungsinteresse nach § 256 ZPO nachzuweisen (so MüKo AktG/*Hüffer* § 250 Rn. 26; *Hüffer* AktG, § 250 Rn. 15; GroßkommAktG/*K. Schmidt* § 250 Rn. 37; MünchHdb GesR IV/*Semler* § 41 Rn. 118).

III. Anwendbare Vorschriften, Abs. 3

24 Die in Abs. 3 angeführten Vorschriften über die Anfechtungsklage gelten für die Nichtigkeitsklage entsprechend, auch für den Fall der Klage eines in Abs. 2 genannten Gremiums (vgl. *Hüffer* AktG, § 250 Rn. 14).

25 Ausdrücklich gilt auch das Prinzip der Doppelvertretung nach § 246 Abs. 2 S. 2 AktG (vgl. § 246 AktG Rn. 9). Dies kann zu merkwürdigen Konstellationen führen: Fraglich sind die wirksame Zustellung der Klage an ein von Anfang an nichtig bestelltes Aufsichtsratsmitglied sowie die wirksame Vertretung der AG durch ein solches vor Gericht. Problematisch wird dies in zunehmendem Maße, wenn die Gültigkeit der Wahlbeschlüsse des gesamten Aufsichtsrates zur Disposition steht. Das Gesetz sieht darin jedoch keinen Mangel, so dass diese Absonderlichkeit der Vorschrift ohne weitere Beachtung hinzunehmen ist (vgl. GroßkommAktG/*K. Schmidt* § 250 Rn. 39; KölnKomm AktG/*Zöllner* § 250 Rn. 55; i. E. MüKo AktG/*Hüffer* § 250 Rn. 27).

IV. Schlussbestimmungen

26 Die Wirkung des Urteils bestimmt sich nach den Vorschriften des § 252 AktG. Die Nichtigkeit der Wahl von Aufsichtsratsmitgliedern kann auch auf andere Weise als durch Erhebung der Klage geltend gemacht werden (Abs. 3 S. 2; vgl. § 249 Abs. 1 S. 2 AktG).

§ 251 Anfechtung der Wahl von Aufsichtsratsmitgliedern

(1) [1]Die Wahl eines Aufsichtsratsmitglieds durch die Hauptversammlung kann wegen Verletzung des Gesetzes oder der Satzung durch Klage angefochten werden. [2]Ist die Hauptversammlung an Wahlvorschläge gebunden, so kann die Anfechtung auch darauf gestützt werden, daß der Wahlvorschlag gesetzwidrig zustande gekommen ist. [3]§ 243 Abs. 4 und § 244 gelten.

(2) [1]Für die Anfechtungsbefugnis gilt § 245 Nr. 1, 2 und 4. [2]Die Wahl eines Aufsichtsratsmitglieds, das nach dem Montan-Mitbestimmungsgesetz auf Vorschlag der Betriebsräte gewählt worden ist, kann auch von jedem Betriebsrat eines Betriebs der Gesellschaft, jeder in den Betrieben der Gesellschaft vertretenen Gewerkschaft oder deren Spitzenorganisation angefochten werden. [3]Die Wahl eines weiteren Mitglieds, das nach dem Montan-Mitbestimmungsgesetz oder dem Mitbestimmungsergänzungsgesetz auf Vorschlag der übrigen Aufsichtsratsmitglieder gewählt worden ist, kann auch von jedem Aufsichtsratsmitglied angefochten werden.

(3) Für das Anfechtungsverfahren gelten die §§ 246, 247 und 248 Abs. 1 Satz 2 und § 248 a.

Übersicht:

A. Überblick

§ 251 AktG regelt die Anfechtung des Hauptversammlungsbeschlusses, durch den Aufsichtsratsmitglieder gewählt worden sind. **Gegenstand der Anfechtung** nach § 251 AktG ist der Wahlbeschluss der Hauptversammlung. Von § 251 AktG nicht erfasst sind andere Formen der Wahl – insbesondere durch die Arbeitnehmer – oder eine Entsendung von Aufsichtsratsmitgliedern. Die Vorschrift stellt eine abschließende Sondernorm dar, die den allgemeinen Anfechtungsbestimmungen (§§ 243 ff. AktG) vorgeht (GroßkommAktG/*K. Schmidt* § 251 Rn. 1). Neben der Anpassung der allgemeinen Anfechtungsbestimmungen an die Eigenart des Wahlbeschlusses liegt der Normzweck des § 251 AktG vor allem darin, eine **besondere Anfechtungsmöglichkeit** für den Fall zu schaffen, dass die Hauptversammlung kraft mitbestimmungsrechtlicher Vorschriften an Wahlvorschläge gebunden ist (*Hüffer* AktG, § 251 Rn. 1). 1

B. Die Anfechtungsgründe im Einzelnen

I. Verletzung von Gesetz oder Satzung, Abs. 1 S. 1

In Abs. 1 S. 1 wird die Generalklausel zur Anfechtung in § 243 Abs. 1 AktG ausdrücklich wiederholt. Wie andere Hauptversammlungsbeschlüsse sind daher auch Wahlen zum Aufsichtsrat unter Gesetzesverletzung oder Satzungsverstoß anfechtbar. Eine **Gesetzesverletzung** liegt insbesondere vor, wenn Wahlvorschläge von Aktionären nicht nach §§ 126, 127 AktG bekannt gemacht werden (*Hüffer* AktG, § 251 Rn. 2) oder wenn die Abstimmungsreihenfolge des § 137 AktG nicht eingehalten wird (GroßkommAktG/*K. Schmidt* § 251 Rn. 5). Eine Verletzung der Inkompatibilitätsregel des § 105 AktG berechtigt nicht zur Anfechtung, sondern führt nach h. M. zur Nichtigkeit des Beschlusses (GroßkommAktG/*K. Schmidt* § 251 Rn. 5). Nach h. M. begründet auch die Wahl von Interessenvertretern einer herrschenden Gesellschaft in den Aufsichtsrat eines abhängigen Unternehmens kein Anfechtungsrecht (MüKo AktG/*Hüffer* § 251 Rn. 4). Werden mehr Arbeitnehmer in den Aufsichtsrat gewählt, als es die Drittelgrenze des § 76 Abs. 1 BetrVG 1952 vorgibt, so ist dieser Wahlbeschluss nach h. M. gültig und nicht anfechtbar (BGH NJW 1975, 1657, 1658; *Hüffer* AktG, § 251 Rn. 2 m. w. N.). Ein **Satzungsverstoß** liegt unter anderem dann vor, wenn der Gewählte die von der Satzung geforderten persönlichen Voraussetzungen (vgl. § 100 Abs. 4 AktG) nicht erfüllt (*Hüffer* AktG, § 251 Rn. 2). Auch wenn Aufsichtsratsmitglieder für eine kürzere als die in der Satzung vorgegebene Amtsdauer bestellt werden, ist der Beschluss anfechtbar (OLG Frankfurt AG 1987, 159, 160; GroßkommAktG/*K. Schmidt* § 251 Rn. 6). 2

II. Gesetzeswidrig zustande gekommener Wahlvorschlag, Abs. 1 S. 2

Nach der Bestimmung in Abs. 1 S. 2 kann ein Wahlbeschluss auch dann angefochten werden, wenn ein Wahlvorschlag, an den die Hauptversammlung gebunden ist, gesetzeswidrig zustande kommt. Die Bindung der Hauptversammlung an einen Wahlvorschlag besteht gem. §§ 6, 8 MontanMitbestG, § 5 Abs. 3 S. 2 MontanMitbestErgG im Fall der Wahl der Arbeitnehmervertreter und des neutralen Aufsichtsratsmitglieds (MüKo AktG/*Hüffer* § 251 Rn. 6). **Ungeschriebene Voraussetzung** ist nach ganz h. M., dass es sich um einen **Verstoß gegen wesentliche Vorschriften** handeln muss, §§ 19 BetrVG 1952, 8 Abs. 2 Montan-MitbestErgG, 22 Abs. 1 MitbestG 1976 analog (GroßkommAktG/*K. Schmidt* § 251 Rn. 9). Nicht vorausgesetzt ist, dass der Gesetzesverstoß kausal für den Wahlvorschlag war, denn sonst würde entgegen dem Zweck der Vorschrift nicht jeder Verstoß gegen Mitwirkungsrechte sanktioniert (GroßkommAktG/*K. Schmidt* § 251 Rn. 9). Wird 3 ein nicht Vorgeschlagener gewählt, so führt das nicht zur Anfechtbarkeit, sondern zur Nichtigkeit der Wahl gem. § 250 AktG (*Hüffer* AktG, § 251 Rn. 3).

III. Auskunftsverweigerung, Abs. 1 S. 3 i. V. m. § 243 Abs. 4 AktG

4 Ein Verstoß gegen das gesetzliche Auskunftsrecht des Aktionärs in § 131 AktG führt ebenfalls zur Anfechtbarkeit des Wahlbeschlusses. Aus § 243 Abs. 4 AktG ergibt sich, dass weder die Hauptversammlung noch der einzelne Aktionär die Vermutung widerlegen können, dass die Auskunftsverweigerung für das Zustandekommen des angefochtenen Wahlbeschlusses relevant war (GroßkommAktG/*K. Schmidt* § 251 Rn. 10).

IV. Keine Anfechtung bei Verfolgung von Sondervorteilen

5 Umstritten ist, ob die Verfolgung von Sondervorteilen (§ 243 Abs. 2 AktG) zu den genannten Anfechtungsgründen hinzugenommen werden sollte. Die h. M. akzeptiert die gesetzliche Entscheidung in Abs. 1 S. 3, die nicht auf § 243 Abs. 2 AktG verweist, da Treuepflichtverletzungen und sonstige Missbräuche als Gesetzesverletzung erfasst werden könnten (OLG Hamburg AG 1972, 183, 187; *Hüffer* AktG, § 251 Rn. 5 m. w. N.; a. A. KölnKomm AktG/*Zöllner* § 251 Rn. 2, 8).

V. Anfechtung bei Verletzung der Weitergabepflicht

6 Nach h. M. begründen Fehler bei den Mitteilungspflichten von Kreditinstituten gem. § 128 AktG keinen Anfechtungsgrund (MüKo AktG/*Hüffer* § 251 Rn. 9). Der fehlende Verweis in Abs. 1 S. 3 auf § 243 Abs. 3 AktG beruhe auf einem **Redaktionsfehler**. Außerdem greife auch hier derselbe tragende Gesichtspunkt, dass Verstöße gegen die Weitergabepflicht nicht der Gesellschaft zugerechnet werden könnten.

VI. Keine Anfechtung nach Bestätigung

7 Gem. Abs. 1 S. 3 i. V. m. § 244 AktG ist ab dem Zeitpunkt, in dem ein Beschluss, der den anfechtbaren Wahlbeschluss bestätigt, unangreifbar geworden ist, eine Anfechtung ausgeschlossen. Ein **Bestätigungsbeschluss** ist auch dann möglich, wenn Streit hinsichtlich der richtigen Beschlussfeststellung durch den Versammlungsleiter besteht (OLG Stuttgart ZIP 2004, 1456, 1458). Eine Nichtigerklärung für die Vergangenheit bleibt möglich, sofern der Anfechtungskläger daran ein rechtliches Interesse hat, § 244 S. 2 AktG.

C. Anfechtungsbefugnis

I. Anfechtung durch Aktionäre und Vorstand nach allgemeinen Regelungen, Abs. 2 S. 1

8 In Abs. 2 S. 1 wird auf die allgemeinen Regelungen zur Anfechtungsbefugnis in § 245 Nr. 1, 2 und 4 AktG verwiesen. Demnach sind anfechtungsberechtigt die **Aktionäre** unter den zusätzlichen Voraussetzungen des § 245 Nr. 1 und Nr. 2 AktG sowie der **Vorstand als Kollegialorgan** (§ 245 Nr. 4 AktG). Keine Anfechtungsbefugnis besteht in den Fällen des § 245 Nr. 3 und 5 AktG. Nach h. M. ergibt sich das neben dem eindeutigen Wortlaut des Abs. 2 S. 1 auch aus dem Umstand, dass eine Anfechtungsklage gegen die Verfolgung von Sondervorteilen im Falle von § 251 nicht möglich sein soll (*Hüffer* AktG, § 251 Rn. 8).

II. Erweiterte Anfechtungsbefugnis bei der Wahl von Arbeitnehmervertretern, Abs. 2 S. 2

9 Die Wahl eines Aufsichtsratsmitglieds, das nach dem MontanMitbestG auf Vorschlag der Betriebsräte gewählt worden ist, kann gem. Abs. 2 S. 2 auch von jedem Betriebsrat eines Betriebs der Gesellschaft, jeder in den Betrieben der Gesellschaft vertretenen Gewerkschaft oder deren Spitzenorganisationen angefochten werden. Daneben soll auch der Gesamtbetriebsrat anfechtungsbefugt sein, §§ 250 Abs. 2 AktG, 22 Abs. 2 MitbestG 1976 analog (GroßkommAktG/*K. Schmidt* § 251 Rn. 17). Dem Arbeitnehmer schützenden Zweck der Norm entsprechend bezieht sich die Anfechtungsbefugnis nur auf die Wahl der Arbeitnehmervertreter nach § 4 Abs. 1 S. 2

lit. b MontanMitbestG und nicht auch auf die Wahl der Aktionärsvertreter nach § 4 Abs. 1 S. 2 lit. a MontanMitbestG (*Hüffer* AktG, § 251 Rn. 9).

III. Erweiterte Anfechtungsbefugnis bei der Wahl eines neutralen Aufsichtsratsmitglieds, Abs. 2 S. 3

Abs. 2 S. 3 bezieht sich auf die Wahl eines weiteren (neutralen) Aufsichtsratsmitglieds i. S. v. § 4 Abs. 1 S. 2 lit. c MontanMitbestG. Die Anfechtungsbefugnis wird in diesem Fall auf jedes Aufsichtsratsmitglied erweitert. Umstritten ist, ob sich das »auch« in Abs. 2 S. 3 neben Abs. 2 S. 1 auch auf Abs. 2 S. 2 bezieht (*Hüffer* AktG, § 251 Rn. 9 m. w. N.). Langsam dürfte sich eine weite Auslegung durchsetzen, so dass auch bei Abs. 2 S. 3 die Anfechtungsberechtigten des Abs. 2 S. 2 – d. h. Betriebsräte etc. – als anfechtungsbefugt anzusehen sind (GroßkommAktG/*K. Schmidt* § 251 Rn. 18). 10

D. Anfechtungsverfahren

Im Wesentlichen gelten für das Anfechtungsverfahren die allgemeinen Regeln, vgl. Abs. 3 i. V. m. §§ 246, 247, 248 Abs. 1 S. 2 AktG. Die nach Abs. 2 zur Anfechtung Befugten besitzen auch dann Parteifähigkeit, wenn diese nach dem Zivilprozessrecht (§ 50 ZPO) nicht gegeben wäre (*Hüffer* AktG, § 251 Rn. 10). Wenn die Gesellschaft im Anfechtungsprozess durch den Aufsichtsrat vertreten wird (vgl. § 246 Abs. 2 AktG), bleiben die Rechtshandlungen desjenigen Aufsichtsratsmitglieds, dessen Wahl angefochten wird, bis zur rechtskräftigen Entscheidung wirksam (GroßkommAktG/*K. Schmidt* § 251 Rn. 21). Für die Urteilswirkung gilt nicht die allgemeine Regel des § 248 Abs. 1 S. 1 AktG, sondern die besondere Regelung des § 252 AktG. Im Übrigen sind die allgemeinen Verfahrensregelungen des § 248 Abs. 1 S. 3 und 4 sowie Abs. 2 AktG nicht anwendbar, zumal sie auch schon tatbestandlich nicht einschlägig wären (MüKo AktG/*Hüffer* § 251 Rn. 18). 11

§ 252 Urteilswirkung

(1) Erhebt ein Aktionär, der Vorstand, ein Mitglied des Vorstands oder des Aufsichtsrats oder eine in § 250 Abs. 2 bezeichnete Organisation oder Vertretung der Arbeitnehmer gegen die Gesellschaft Klage auf Feststellung, daß die Wahl eines Aufsichtsratsmitglieds durch die Hauptversammlung nichtig ist, so wirkt ein Urteil, das die Nichtigkeit der Wahl rechtskräftig feststellt, für und gegen alle Aktionäre und Arbeitnehmer der Gesellschaft, alle Arbeitnehmer von anderen Unternehmen, deren Arbeitnehmer selbst oder durch Delegierte an der Wahl von Aufsichtsratsmitgliedern der Gesellschaft teilnehmen, die Mitglieder des Vorstands und des Aufsichtsrats sowie die in § 250 Abs. 2 bezeichneten Organisationen und Vertretungen der Arbeitnehmer, auch wenn sie nicht Partei sind.

(2) [1]Wird die Wahl eines Aufsichtsratsmitglieds durch die Hauptversammlung durch rechtskräftiges Urteil für nichtig erklärt, so wirkt das Urteil für und gegen alle Aktionäre sowie die Mitglieder des Vorstands und Aufsichtsrats, auch wenn sie nicht Partei sind. [2]Im Fall des § 251 Abs. 2 Satz 2 wirkt das Urteil auch für und gegen die nach dieser Vorschrift anfechtungsberechtigten Betriebsräte, Gewerkschaften und Spitzenorganisationen, auch wenn sie nicht Partei sind.

§ 252 AktG bezweckt, durch die angeordnete Drittwirkung des rechtskräftigen Nichtigkeits- bzw. Anfechtungsurteils Rechtsklarheit und Rechtssicherheit zu schaffen (MüKo AktG/*Hüffer* § 252 Rn. 2). Die eigentliche Bedeutung der Vorschrift liegt in der Einbeziehung der Arbeitnehmerseite (GroßkommAktG/*K. Schmidt* § 252 Rn. 1). 1

A. Nichtigkeitsklage- und -urteil, Abs. 1

I. Allgemeines

2 Abs. 1 behandelt den Fall, dass eine nach § 250 AktG eintretende Nichtigkeit der Wahl von Aufsichtsratsmitgliedern gerichtlich geltend gemacht wird. Nach h. M. handelt es sich hierbei nicht um eine Gestaltungsklage (so aber GroßkommAktG/*K. Schmidt* § 252 Rn. 6) sondern um eine **Feststellungsklage** mit **erweiterter Rechtskraftwirkung** (MüKo AktG/*Hüffer* § 252 Rn. 3).

II. Drittwirkung des Nichtigkeitsurteils

3 Die erweiterte Rechtskraftwirkung tritt ausschließlich dann ein, wenn eine der in Abs. 1 bezeichneten Personen oder Stellen klagt (Aktionär, Vorstand etc.). In diesem Falle entfaltet das die Nichtigkeit feststellende Urteil Wirkung für und gegen die Prozessparteien, sowie für sämtliche in Abs. 1 genannte Dritte. Darüber hinaus entspricht es der allgemeinen Auffassung, dass die Feststellungswirkung auch für und gegen jedermann gelten soll (*Hüffer* AktG, § 252 Rn. 3). Demnach können sich also auch Dritte, die nicht in Abs. 1 genannt sind, auf die Nichtigkeit der Wahl eines Aufsichtsratsmitglieds berufen und sie kann ihnen entgegen gehalten werden.

B. Anfechtungsklage- und -urteil, Abs. 2

I. Allgemeines

4 Die Anfechtungsklage gem. Abs. 2 stellt unstreitig wie die Anfechtungsklage gem. §§ 246, 248 AktG eine **Gestaltungsklage** dar. Das ihr stattgebende Urteil entfaltet deshalb Wirkung **inter omnes** (für und gegen jedermann) und verändert die materielle Rechtslage. Gleichzeitig bindet das Urteil den in Abs. 2 genannten Personenkreis (d. h. Aktionäre, Mitglieder des Vorstands und Aufsichtsrats).

II. Drittwirkung des Anfechtungsurteils

5 Abs. 2 zieht seine Bedeutung nicht daraus, dass das Urteil für und gegen jedermann wirkt (denn dies ist bei Gestaltungsklagen i. d. R. der Fall), sondern wie § 248 Abs. 1 S. 1 AktG daraus, dass es die **materielle Rechtskraft auf Dritte** erstreckt (*Hüffer* AktG, § 252 Rn. 6). Diese können dann nicht erneut Klage erheben. Die materielle Rechtskraft tritt zunächst für sämtliche Aktionäre und Verwaltungsmitglieder (Abs. 2 S. 1) sowie im Falle des § 251 Abs. 2 S. 2 AktG für Betriebsräte, Gewerkschaften und Spitzenorganisationen ein (Abs. 2 S. 2), nicht jedoch für Arbeitnehmer der Gesellschaft oder von ihr abhängiger Unternehmen. Im Falle des § 251 Abs. 2 S. 3 AktG, d. h. im Falle der Anfechtung der Wahl eines neutralen Aufsichtsratsmitglieds, sind nach dem Gesetzeswortlaut nur die in Abs. 2 S. 1 Genannten an die materielle Rechtskraft gebunden. Da nach vordringender Auffassung im Falle des § 251 Abs. 2 S. 3 AktG auch Betriebsräte, Gewerkschaften und Spitzenorganisationen anfechtungsbefugt sind (s. § 251 AktG Rn. 10), ist Abs. 2 S. 2 in diesem Fall analog anzuwenden (*Hüffer* AktG, § 252 Rn. 7).

III. Rückwirkung des Anfechtungsurteils

6 Auch bei der Anfechtung eines Wahlbeschlusses bleibt es bei der generell bei Anfechtungsurteilen eintretenden Rückwirkung (GroßkommAktG/*K. Schmidt* § 252 Rn. 12). Demnach gilt der erfolgreich angefochtene Hauptversammlungsbeschluss als **von Anfang an nichtig**. Praktischen Probleme, die sich daraus ergeben, dass die Aufsichtsratstätigkeit bereits tatsächlich aufgenommen wurde, kann mit dem Institut des sog. »faktischen Organs« (GroßkommAktG/*K. Schmidt* § 252 Rn. 12) und im Falle von unwirksamen Rechtshandlungen gegenüber Dritten durch Rechtsscheinsgrundsätze abgeholfen werden (*Hüffer* AktG, § 252 Rn. 8).

§ 253 Nichtigkeit des Beschlusses über die Verwendung des Bilanzgewinns

(1) [1]Der Beschluß über die Verwendung des Bilanzgewinns ist außer in den Fällen des § 173 Abs. 3, des § 217 Abs. 2 und des § 241 nur dann nichtig, wenn die Feststellung des Jahresabschlusses, auf dem er beruht, nichtig ist. [2]Die Nichtigkeit des Beschlusses aus diesem Grunde kann nicht mehr geltend gemacht werden, wenn die Nichtigkeit der Feststellung des Jahresabschlusses nicht mehr geltend gemacht werden kann.

(2) Für die Klage auf Feststellung der Nichtigkeit gegen die Gesellschaft gilt § 249.

Übersicht:

A. Überblick

1 § 253 AktG regelt **abschließend** die Nichtigkeitsgründe für den Beschluss der Hauptversammlung über die Gewinnverwendung (MüKo AktG/*Hüffer* § 253 Rn. 2). Die Vorschrift beruht auf dem allgemeinen Rechtsgedanken der Kontinuität und gilt deshalb im Recht der GmbH für den Gewinnverwendungsbeschluss der Gesellschafterversammlung (§ 29 GmbHG) analog (vgl. MüKo AktG/*Hüffer* § 253 Rn. 1; GroßkommAktG/*K. Schmidt* § 253 Rn. 1; Baumbach/Hueck/*Zöllner* Anh. § 47 Rn. 62). Wichtigster Zweck der Norm ist, die Nichtigkeit des Jahresabschlusses als besonderen Nichtigkeitsgrund des Gewinnverwendungsbeschlusses anzuordnen (vgl. KölnKomm AktG/*Zöllner* § 253 Rn. 3). Ein Gewinnverwendungsbeschluss ist auch dann gegeben, wenn der verwendete Gewinn höher oder niedriger ist als der im Jahresabschluss ausgewiesene Gewinn (vgl. MüKo AktG/*Hüffer* § 253 Rn. 3; GroßkommAktG/*K. Schmidt* § 253 Rn. 2; anders: KölnKomm AktG/*Zöllner* § 253 Rn. 4).

B. Nichtigkeitsgründe, Abs. 1 S. 1

I. Allgemeine Nichtigkeitsgründe

2 Für den Gewinnverwendungsbeschluss gelten die allgemeinen Nichtigkeitsgründe für Hauptversammlungsbeschlüsse. Da §§ 173 Abs. 3 und 217 Abs. 2 AktG nur besondere Wirksamkeitsvoraussetzungen für Beschlüsse der Hauptversammlung darstellen, bei deren Nichterfüllung der Beschluss zwar fehlerfrei gefasst, aber nicht wirksam ist, begründet § 253 AktG insoweit dogmatisch eigentlich nicht die Nichtigkeit des Beschlusses sondern seine **endgültige Unwirksamkeit** (vgl. KölnKomm AktG/*Zöllner* § 253 Rn. 14 f.; MüKo AktG/*Hüffer* § 253 Rn. 4 f.; GroßkommAktG/*K. Schmidt* § 253 Rn. 4 f.). § 173 Abs. 3 AktG und § 217 Abs. 2 AktG sind als allgemeine Nichtigkeitsgründe auch schon in § 241 AktG aufgeführt. Ihre ausdrückliche Nennung wäre somit entbehrlich und hat nur klarstellenden Charakter (vgl. GroßkommAktG/*K. Schmidt* § 253 Rn. 5).

1. § 173 Abs. 3 AktG

3 Der Gewinnverwendungsbeschluss ist nichtig (besser endgültig unwirksam), wenn die Hauptversammlung den Jahresabschluss einer prüfungspflichtigen Gesellschaft feststellt (§ 173 Abs. 1 AktG), der geprüfte Jahresabschluss geändert, nicht innerhalb von zwei Wochen eine erneute

Prüfung durchgeführt und ein uneingeschränkter schriftlicher Bestätigungsvermerk ins Handelsregister eingetragen wird. Dieser Nichtigkeitsgrund findet bei kleinen AGs (§§ 267 Abs. 1, 316 Abs. 1 S. 1 AktG) mangels Prüfungspflichtigkeit und auch bei freiwilliger Prüfung des Jahresabschlusses keine Anwendung (vgl. MüKo AktG/*Hüffer* § 253 Rn. 4).

2. § 217 Abs. 2 AktG

4 Ebenso wird nach § 217 Abs. 2 AktG der Beschluss über rückwirkende Gewinnbeteiligung neu ausgegebener Aktien bei Kapitalerhöhungen endgültig unwirksam, wenn er nicht innerhalb von drei Monaten ins Handelsregister eingetragen wird.

3. § 241 AktG

5 Daneben gelten alle in § 241 AktG genannten, **allgemeinen Nichtigkeitsgründe** auch im Falle des Hauptversammlungsbeschlusses über die Gewinnverwendung (zu den einzelnen Nichtigkeitsgründen s. Kommentierung zu § 241 AktG). Besondere Bedeutung für den Gewinnverwendungsbeschluss haben:

- §§ 241 Nr. 3 Alt. 3 i. V. m. 174 Abs. 1 S. 2 AktG: Nichtigkeit des Gewinnverwendungsbeschlusses bei Verstoß gegen die Bindung an den ausgewiesenen Gewinn im festgestellten Jahresabschluss. Dies gilt auch im Ausnahmefall der Feststellung des Jahresabschlusses durch die Hauptversammlung nach § 173 AktG (MüKo AktG/*Hüffer* § 253 Rn. 7).
- §§ 241 Nr. 5 i. V. m. 254 AktG: Nichtigkeit des Beschlusses aufgrund erfolgreicher Anfechtung wegen übermäßiger Rücklagenbildung (MüKo AktG/*Hüffer* § 253 Rn. 7; GroßkommAktG/*K. Schmidt* § 253 Rn. 6; AnwK-AktR/*Heidel* § 253 Rn. 2).

6 Dagegen führen **Verstöße gegen § 174 Abs. 2 AktG** nicht zur Nichtigkeit sondern nur zur **Anfechtbarkeit** des Gewinnverwendungsbeschlusses. Dies gilt selbst dann, wenn die Hauptversammlung vom Vorschlag der Verwaltung abweicht, zusätzlicher (steuerlicher) Aufwand entsteht und dieser im Beschluss zu niedrig angegeben worden ist (so: Münch Hdb GesR IV/*Semler* § 41 Rn. 123; MüKo AktG/*Hüffer* § 253 Rn. 7; AnwK-AktR/*Heidel* § 253 Rn. 3; *Hüffer* AktG, § 253 Rn. 3; KölnKomm AktG/*K. Schmidt* § 253 Rn. 10; dagegen *Geßler* AktG, § 168 Rn. 24: Nichtigkeit bei »wesentlichen Beträgen«).

II. Besonderer Nichtigkeitsgrund: Nichtigkeit des Jahresabschlusses

7 Als einzigen besonderen Nichtigkeitsgrund normiert § 253 AktG, dass der Beschluss über die Gewinnverwendung auch nichtig ist, wenn er auf einem nichtig festgestellten Jahresabschluss beruht. Der Jahresabschluss ist nichtig, wenn einer der in § 256 AktG genannten Nichtigkeitsgründe vorliegt (wegen einzelner Gründe s. Kommentierung zu § 256 AktG) oder der Jahresabschluss erfolgreich angefochten wurde (s. § 257 AktG). Der Gewinnverwendungsbeschluss beruht auf dem Jahresabschluss, wenn er von dem dort ausgewiesenen Gewinn ausgeht. Dabei ist unerheblich, ob bei erneuter Prüfung des Jahresabschlusses derselbe oder ein anderer Betrag festgestellt wird (vgl. KölnKomm AktG/*Zöllner* § 253 Rn. 16 ff.; MüKo AktG/*Hüffer* § 253 Rn. 8; GroßkommAktG/*K. Schmidt* § 253 Rn. 7; AnwK-AktR/ *Heidel* § 253 Rn. 4; *Hüffer* AktG, § 253 Rn. 4).

C. Heilung, Abs. 1 S. 2

8 Bei Nichtigkeit wegen Beruhens auf einem nichtig festgestellten Jahresabschluss tritt eine Heilung des Gewinnverwendungsbeschlusses **mit der Heilung des Jahresabschlusses** ein (s. insoweit Kommentierung zu § 256 Abs. 6 AktG). Die **Heilungsfrist** wird nur bei einer Klage gegen den Jahresabschluss verlängert. Eine Klage gegen den Gewinnverwendungsbeschluss hindert dagegen die Heilungswirkung nicht (vgl. KölnKomm AktG/*Zöllner* § 253 Rn. 20; MüKo AktG/*Hüffer* § 253 Rn. 10; GroßkommAktG/*K. Schmidt* § 253 Rn. 9; AnwK-AktR/*Heidel* § 253 Rn. 5; *Hüffer* AktG, § 253 Rn. 5).

Eine Heilung sonstiger Nichtigkeitsgründe nach § 242 AktG scheidet aus, weil sie die **Eintragung ins Handelsregister** voraussetzen, der Gewinnverwendungsbeschluss aber nicht eintragungsfähig ist. Ausnahme: Im Falle des § 217 Abs. 2 AktG wird der Beschluss wirksam, wenn nach verspäteter Eintragung der Kapitalerhöhung ins Handelsregister die 3-Jahres-Frist nach § 242 Abs. 2 AktG verstrichen ist (vgl. MüKo AktG/*Hüffer* § 253 Rn. 9; GroßkommAktG/*K. Schmidt* § 253 Rn. 8; AnwK-AktR/*Heidel* § 253 Rn. 6; *Hüffer* AktG, § 253 Rn. 5). 9

D. Geltendmachung und Rechtsfolge

I. Geltendmachung der Nichtigkeit

Die Nichtigkeit des Gewinnverwendungsbeschlusses kann in jeder beliebigen Weise geltend gemacht werden. Der Wortlaut des Abs. 2 ist insoweit zu eng (ganz h. M.: KölnKomm AktG/*Zöllner* § 253 Rn. 23; MüKo AktG/*Hüffer* § 253 Rn. 12; GroßkommAktG/*K. Schmidt* § 253 Rn. 11). Wird eine **Nichtigkeitsklage** angestrengt, so sind gem. Abs. 2 die Vorschriften des § 249 AktG sinngemäß anzuwenden. Es gelten insbesondere auch die Vorschriften über die Prozessverbindung, § 249 Abs. 1 AktG (vgl. MüKo AktG/*Hüffer* § 253 Rn. 12; GroßkommAktG/*K. Schmidt* § 253 Rn. 11; AnwK-AktR/*Heidel* § 253 Rn. 7; *Hüffer* AktG, § 253 Rn. 6). Ein zur Nebenintervention berechtigendes rechtliches Interesse gem. § 66 Abs. 1 ZPO eines Aktionärs gegen einen Mitaktionär, der gegen die Gesellschaft auf Nichtigkeit des Gewinnverwendungsbeschlusses klagt, folgt bereits aus der Rechtskrafterstreckung des Urteils auf die Mitaktionäre (gem. Abs. 2, §§ 249, 248 Abs. 1 AktG, vgl. OLG Frankfurt BB 2001, 2392). 10

II. Rechtsfolge der Nichtigkeit

1. Keine Rechtswirkung des Gewinnverwendungsbeschlusses

Ein nichtiger Gewinnverwendungsbeschluss entfaltet keine Rechtswirkung. Die Aktionäre haben keinen Anspruch auf Zahlung der Dividende, weil dieser gem. § 58 Abs. 4 AktG erst in Verbindung mit einem wirksamen Gewinnverwendungsbeschluss entsteht. Die AG darf und muss die Auszahlung der Dividende verweigern. Dennoch ausgezahlte Dividenden sind rechtsgrundlos erfolgt und unterliegen dem Rückgewähranspruch gem. § 62 AktG (vgl. KölnKomm AktG/*Zöllner* § 253 Rn. 22; GroßkommAktG/*K. Schmidt* § 253 Rn. 10; AnwK-AktR/*Heidel* § 253 Rn. 7; *Hüffer* AktG, § 253 Rn. 7). Die Rückzahlung ist bei Gutgläubigkeit der Aktionäre gem. § 62 Abs. 1 S. 2 AktG ausgeschlossen (s. hierzu Kommentierung zu § 62 AktG). 11

2. Schadensersatzanspruch gegen Abschlussprüfer

Ein Schadensersatzanspruch gegen einen Abschlussprüfer wegen einer Pflichtverletzung nach § 323 HGB, die zu einer fehlerhaften Ausweisung des Gewinns im Jahresabschluss und zur Verwendung eines Gewinns in falscher Höhe geführt hat, entsteht mit dem Gewinnverwendungsbeschluss. Gleichzeitig beginnt die **Verjährung** (BGH NJW 1994, 323; Baumbach/Hopt/*Hopt/Merkt* § 323 Rn. 12). 12

Strittig ist, ob insoweit auch ein **nichtiger Gewinnverwendungsbeschluss** ausreicht (so MüKo AktG/*Hüffer* § 253 Rn. 11, der auf den Entschließungsakt abstellt und die scheinbare Schaffung der Gewinnausschüttungsvoraussetzungen genügen lässt). Nach st.Rspr. beginnt die Verjährung mit Entstehen des Anspruchs, sobald alle Anspruchsvoraussetzungen erfüllt sind, grundsätzlich mit Eintritt eines (kausalen) Schadens, sonst mit der unabwendbaren Ingangsetzung der Kausalkette – also mit dem Unabwendbarwerden des (zukünftigen) Schadenseintritts (so u. a. BGH NJW 1987, 1887). Lediglich die Risikobegründung eines Schadenseintritts reicht insoweit nicht aus. Daher muss auch für den Beginn des Schadensersatzanspruches gegen den Abschlussprüfer ein **unabwendbarer Vermögensschaden** der AG **eingetreten sein**. Ein solcher liegt vor, wenn der Vermögensstand der AG abgenommen hat. Tatsächlich ist dies erst mit dem Dividendenzahlungsanspruch der Aktionäre der Fall, nicht aber bereits mit einem nichtigen Gewinnverwendungsbeschluss, der keinen Ausschüttungsanspruch begründet. Bis zur Auszahlung haben 13 die Vertreter der AG daher noch die Möglichkeit, die Fehler zu bemerken und die Auszahlung zu verweigern. Bis zur Ausschüttung besteht folglich nur die **Gefahr eines Vermögensschadens**. Und selbst nach Auszahlung ist ein Vermögensschaden nur entstanden, soweit der Rückgewähranspruch nach § 62 AktG aufgrund Gutgläubigkeit gem. § 62 Abs. 1 S. 2 AktG ausscheidet (GroßkommHGB/*Zimmer* § 323 Rn. 31). Somit beginnt nach richtiger Ansicht die **Verjährung** des Schadensersatzanspruchs gegen den Abschlussprüfer bei einem nichtigen Gewinnverwendungsbeschluss erst mit der **endgültigen Unabwendbarkeit** des Schadenseintrittes, also mit der Auszahlung gem. § 62 Abs. 1 S. 2 AktG nicht rückforderbarer Dividenden an die Aktionäre.

14 Ist der Gewinnverwendungsbeschluss eines Jahres nichtig, ohne geheilt oder behoben worden zu sein, und wird er in der Bilanz des Folgejahres falsch behandelt – weil der rechtsgrundlos ausgeschüttete Gewinn noch immer zum Vermögen der AG gehört und nicht passiviert ist –, so führt dies zur objektiven Unrichtigkeit und Fehlerhaftigkeit dieses Jahresabschlusses gem. § 246 HGB (vgl. *Grumann/Gillmann* NZG 2004, 839).

§ 254 Anfechtung des Beschlusses über die Verwendung des Bilanzgewinns

(1) Der Beschluß über die Verwendung des Bilanzgewinns kann außer nach § 243 auch angefochten werden, wenn die Hauptversammlung aus dem Bilanzgewinn Beträge in Gewinnrücklagen einstellt oder als Gewinn vorträgt, die nicht nach Gesetz oder Satzung von der Verteilung unter die Aktionäre ausgeschlossen sind, obwohl die Einstellung oder der Gewinnvortrag bei vernünftiger kaufmännischer Beurteilung nicht notwendig ist, um die Lebens- und Widerstandsfähigkeit der Gesellschaft für einen hinsichtlich der wirtschaftlichen und finanziellen Notwendigkeiten übersehbaren Zeitraum zu sichern und dadurch unter die Aktionäre kein Gewinn in Höhe von mindestens vier vom Hundert des Grundkapitals abzüglich von noch nicht eingeforderten Einlagen verteilt werden kann.

(2) [1]Für die Anfechtung gelten die §§ 244 bis 246, 247 bis 248 a. [2]Die Anfechtungsfrist beginnt auch dann mit der Beschlußfassung, wenn der Jahresabschluß nach § 316 Abs. 3 des Handelsgesetzbuchs erneut zu prüfen ist. [3]Zu einer Anfechtung nach Absatz 1 sind Aktionäre nur befugt, wenn ihre Anteile zusammen den zwanzigsten Teil des Grundkapitals oder den anteiligen Betrag von 500 000 Euro erreichen.

Übersicht:

A. Überblick

1 Mit § 254 AktG steht ein **spezifischer Anfechtungsgrund** für den Gewinnverwendungsbeschluss (§ 174 AktG) zur Verfügung. Er ergänzt die allgemeinen Anfechtungsgründe des § 253 AktG und greift bei übermäßiger Rücklagenbildung durch die Hauptversammlung. Der Regelungszweck des § 254 AktG wird im **Schutz der Minderheit** vor Aushungerungspolitik der Mehrheit gesehen (*Hüffer* AktG, § 254 Rn. 1; GroßkommAktG/*K. Schmidt* § 254 Rn. 1). Darüber hinaus wird teilweise angenommen, dass die Vorschrift dem Individualschutz des Minderheitsaktionärs dient (so GroßkommAktG/*K. Schmidt* § 254 Rn. 1).

Von § 254 AktG wird ausschließlich die **Dotierung von Gewinnrücklagen** oder der **Gewinnvortrag im Verwendungsbeschluss** – d. h. der Fall des § 58 Abs. 3 AktG – abgedeckt (MüKo AktG/*Hüffer* § 254 Rn. 2). Der Fall des § 58 Abs. 2 AktG wird nicht von § 254 AktG erfasst (BGHZ 55, 359, 364 f.; GroßkommAktG/*K. Schmidt* § 254 Rn. 4). Wenn demnach der Vorstand und der Aufsichtsrat gegen § 58 Abs. 2 AktG verstoßen, indem sie unerlaubt Gewinnrücklagen einstellen, so ist die Feststellung des Jahresabschlusses gem. § 256 Abs. 1 Nr. 4 AktG nichtig (MüKo AktG/*Hüffer* § 254 Rn. 5). 2

§ 254 AktG lässt eine Anfechtung des Gewinnverwendungsbeschlusses nach den allgemeinen Vorschriften des § 243 AktG ausdrücklich zu. Eine Anfechtung wegen Gesetzesverletzung ist insbesondere möglich, wenn der Bilanzgewinn entgegen § 58 Abs. 3 S. 2 AktG ohne eine entsprechende Satzungsermächtigung anderweitig verwandt oder der nach § 174 Abs. 2 AktG vorgeschriebene Beschlussinhalt missachtet wird (*Hüffer* AktG, § 254 Rn. 2). Aber auch Satzungsverstöße können zur Anfechtbarkeit des Gewinnverwendungsbeschlusses führen (OLG Düsseldorf NJW 1982, 2200 [LS] = WM 1982, 649 zur GmbH). Auch eine unzulässige Verfolgung von Sondervorteilen (§ 243 Abs. 2 AktG) wird von Teilen der Lehre als denkbar angesehen, beispielsweise, wenn die Mehrheit die Absicht hat, durch ein »Aushungern« der Minderheit deren Aktien günstig zu übernehmen (GroßkommAktG/*K. Schmidt* § 254 Rn. 5). 3

B. Anfechtungsvoraussetzungen, Abs. 1

I. Gewinnverteilung unter 4 %-Grenze

Die Anfechtung des Gewinnverwendungsbeschlusses gem. Abs. 1 setzt voraus, dass die Gewinnverteilung unter die Aktionäre **4 % des durch Einlagen belegten Grundkapitals unterschreitet**. Nicht eingeforderte Einlagen (vgl. §§ 54, 63 AktG) sind vom Grundkapital abzuziehen (*Hüffer* AktG, § 254 Rn. 3). Bei der Berechnung der Mindestdividende ist nicht auf die Gesamtausschüttung sondern auf den Betrag abzustellen, der dem einzelnen Aktionär zufließt (GroßkommAktG/*K. Schmidt* § 254 Rn. 7; KölnKomm AktG/*Zöllner* § 254 Rn. 13; a. A. *Hüffer* AktG, § 254 Rn. 3 m. w. N.), denn Abs. 1 soll seinem Zweck nach dem einzelnen Aktionär eine Mindestdividende von vier Prozent sichern (BGHZ 84, 303, 305). Wenn demnach die Gesamtausschüttung die 4 % -Grenze nicht erreicht, einige Aktionäre aber aufgrund ungleicher Gewinnverteilung (z. B. bei Vorzugsaktien) eine Dividende von vier Prozent oder mehr erhalten, so steht diesen Aktionären kein Anfechtungsrecht zu (GroßkommAktG/*K. Schmidt* § 254 Rn. 7). 4

II. Überhöhte Dotierung der Rücklagen bzw. des Gewinnvortrags

Ursache für die verfehlte Mindestausschüttung muss eine überhöhte Dotierung der Rücklagen oder des Gewinnvortrags sein. Kommt es zu einer Schmälerung der Gewinnausschüttung aufgrund anderer Ursachen – beispielsweise einen Verstoß gegen § 58 Abs. 3 S. 2 AktG –, so berechtigt dies nicht zur Anfechtung nach Abs. 1 (ggf. aber nach § 243 AktG). 5

III. Ausschluss der Anfechtung

Eine Anfechtung ist ausgeschlossen, wenn Beträge in Rücklagen eingestellt oder als Gewinn vorgetragen werden, die kraft Gesetzes oder Satzung von der Verteilung an die Aktionäre ausgeschlossen sind. **Gesetzliche Ausschüttungsverbote** haben kaum praktische Bedeutung, da die gesetzliche Rücklage bereits in der Bilanz zu bilden ist (§§ 150 Abs. 1 und 2 AktG; § 270 HGB) und damit der entsprechende Betrag nicht mehr in den Bilanzgewinn eingeht (MüKo AktG/*Hüffer* § 254 Rn. 13). Hinsichtlich des Gewinnvortrags ist für den unverteilbaren Spitzenbetrag anzunehmen, dass dieser unter den Ausnahmetatbestand fällt (siehe auch BGHZ 23, 150, 155; *Hüffer* AktG, § 254 Rn. 5). Satzungsmäßige Ausschüttungsverbote bzw. -beschränkungen sind nach h. M. zulässig (MüKo AktG/*Hüffer* § 254 Rn. 13 m. w. N.). Mit ihnen hatte die Rechtsprechung bislang im Gemeinnützigkeitsbereich zu tun (s. zum gemeinnützigen Wohnungsbau BGHZ 84, 303, 305 ff.). 6

7 Die Anfechtung nach § 254 AktG ist auch dann ausgeschlossen, wenn die Rücklagenbildung oder der Gewinnvortrag erforderlich ist, um die Lebens- und Widerstandsfähigkeit der Gesellschaft für einen hinsichtlich der wirtschaftlichen und finanziellen Notwendigkeiten übersehbaren Zeitraum zu sichern. Mit anderen Worten ist die Anfechtung ausgeschlossen, wenn die **Gewinnthesaurierung wirtschaftlich notwendig** ist (*Hüffer* AktG, § 254 Rn. 7). Eine Maßnahme sichert die Lebens- und Widerstandsfähigkeit der Gesellschaft (zum Begriff siehe schon RGZ 116, 119) jedenfalls dann, wenn sie der Erhaltung der Substanz und des relativen Standes der AG dient (MüKo AktG/*Hüffer* § 254 Rn. 15). Beurteilungsmaßstab ist die vernünftige kaufmännische Auffassung. Der zu beurteilende Zeitraum wird mittlerweile von der h. M. bei fünf Jahren angesiedelt (GroßkommAktG/*K. Schmidt* § 254 Rn. 10; KölnKomm AktG/*Zöllner* § 254 Rn. 20).

C. Anfechtungsverfahren, Abs. 2

I. Allgemeines

8 In Abs. 2 S. 1 wird auf die allgemeinen Vorschriften (§§ 244 bis 246, 247 bis 248 a AktG) für das Anfechtungsverfahren verwiesen. § 246 a AktG gilt daher nicht, § 248 a AktG findet dagegen Anwendung. In Abs. 2 S. 2 wird klargestellt, dass eine Nachtragsprüfung i. S. v. § 316 Abs. 3 HGB den Fristbeginn – der auf die Hauptversammlung folgende Tag – nicht hinausschiebt. Entsprechendes soll für Nachtragsprüfungen gem. § 173 Abs. 3 AktG gelten (*Hüffer* AktG, § 254 Rn. 8).

II. Anfechtungsbefugnis, Abs. 2 S. 3

9 Zur Anfechtung nach Abs. 1 sind Aktionäre nur dann befugt, wenn sie 5 % des Grundkapitals oder den anteiligen Betrag von € 500.000,– erreichen (Abs. 2 S. 3). Nach der wohl h. M. hat die Minderheit **kumulativ** die Voraussetzungen des § 245 Nr. 1 und Nr. 2 AktG zu erfüllen (GroßkommAktG/*K. Schmidt* § 254 Rn. 12; KölnKomm AktG/*Zöllner* § 254 Rn. 23; a. A. *Hüffer* AktG, § 254 Rn. 9: § 245 Nr. 1 und Nr. 2 nur bei einem Aktionär und Quorum bis zur Klageerhebung erreicht). Außerdem muss dass Quorum während der gesamten Dauer des Rechtsstreits bis zur letzten Tatsachenverhandlung bestehen bleiben (GroßkommAktG/*K. Schmidt* § 254 Rn. 13; KölnKomm AktG/*Zöllner* § 254 Rn. 23). Nicht ausreichend ist es daher, wenn das Quorum nur bei Klageerhebung besteht (so aber *Hüffer* AktG, § 254 Rn. 9). Wenn durch Klagerücknahme das Quorum unterschritten wird, so entfällt die Anfechtungsbefugnis nach Abs. 2 S. 3 (GroßkommAktG/*K. Schmidt* § 254 Rn. 13).

§ 255 Anfechtung der Kapitalerhöhung gegen Einlagen

(1) Der Beschluß über eine Kapitalerhöhung gegen Einlagen kann nach § 243 angefochten werden.

(2) [1]Die Anfechtung kann, wenn das Bezugsrecht der Aktionäre ganz oder zum Teil ausgeschlossen worden ist, auch darauf gestützt werden, daß der sich aus dem Erhöhungsbeschluß ergebende Ausgabebetrag oder der Mindestbetrag, unter dem die neuen Aktien nicht ausgegeben werden sollen, unangemessen niedrig ist. [2]Dies gilt nicht, wenn die neuen Aktien von einem Dritten mit der Verpflichtung übernommen werden sollen, sie den Aktionären zum Bezug anzubieten.

(3) Für die Anfechtung gelten §§ 244 bis 248 a.

Übersicht:

A. Überblick

§ 255 AktG stellt eine **Spezialregelung** für die Anfechtung von **Beschlüssen über effektive Kapitalerhöhungen** dar. Die Regelung betrifft daher Beschlüsse über eine Kapitalerhöhung gegen Einlagen (§§ 182 ff. AktG), über die bedingte Kapitalerhöhung (§§ 192 ff. AktG) sowie über die Schaffung eines genehmigten Kapitals (§§ 202 ff. AktG). Dagegen gilt § 255 AktG nicht für Kapitalerhöhungen aus Gesellschaftsmitteln (§§ 207 ff. AktG). Die Vorschrift – vor allem Abs. 2 – dient dem Verwässerungsschutz: Die vom Bezugsrecht (§ 186 Abs. 1 AktG) ausgeschlossenen Aktionäre (gem. § 186 Abs. 3 oder 4 AktG) sollen davor geschützt werden, dass sich ihre Beteiligungen entwerten, wenn zusätzliche Aktien geschaffen werden, ohne dass die dafür geleisteten Einlagen ihrem Wert entsprechen (MüKo AktG/*Hüffer* § 255 Rn. 2). 1

B. Anfechtung nach den allgemeinen Vorschriften, Abs. 1 i. V. m. § 243 AktG

I. Anfechtung wegen Verletzung des Gesetzes oder der Satzung, § 243 Abs. 1 AktG

Nach Abs. 1 bleibt eine Anfechtung des Kapitalerhöhungsbeschlusses nach den allgemeinen Regelungen (§ 243 AktG) uneingeschränkt möglich. Eine Anfechtung nach § 243 Abs. 1 AktG setzt eine Verletzung des Gesetzes oder der Satzung voraus. Eine Gesetzesverletzung i. S. v. § 243 Abs. 1 AktG ist insbesondere dann anzunehmen, wenn der Ausschluss des Bezugsrechts schlechthin zu beanstanden ist (*Hüffer* AktG, § 255 Rn. 3). Das ist unter anderem der Fall, wenn Aktionären das Bezugsrecht genommen wird, ohne dass dafür sachliche Gründe aus Gesellschaftsinteresse bestehen (BGHZ 71, 40, 43 ff.; 83, 319, 321; *Hüffer* AktG, § 255 Rn. 3). 2

II. Anfechtung wegen Verfolgung von Sondervorteilen, § 243 Abs. 2 AktG

Ein Kapitalerhöhungsbeschluss kann gem. § 243 Abs. 2 i. V. m. Abs. 1 AktG auch darauf gestützt werden, dass mit der Stimmrechtsausübung in unzulässiger Weise Sondervorteile verfolgt worden sind. Da im Falle des Vorliegens der Voraussetzungen des Abs. 2 (Ausschluss des Bezugsrechts, unangemessen niedriger Ausgabekurs) Sondervorteile für die bezugsberechtigten Aktionäre bzw. Dritte entstehen, können die beiden Anfechtungsgründe kumulativ vorliegen (MüKo AktG/*Hüffer* § 255 Rn. 6). Abs. 2 enthält demnach keine verdrängende Regelung (MüKo AktG/*Hüffer* § 255 Rn. 6). Die Anfechtungen gem. § 243 Abs. 2 AktG und § 255 Abs. 2 AktG unterscheiden sich lediglich darin, dass Abs. 2 auf subjektive Erfordernisse verzichtet (GroßkommAktG/*K. Schmidt* § 255 Rn. 1; MüKo AktG/*Hüffer* § 255 Rn. 2). 3

C. Anfechtung wegen vermögensmäßiger Entwertung, Abs. 2

I. Direkte Anwendung des Abs. 2

Der dem Verwässerungsschutz für Minderheitsaktionäre dienende Abs. 2 setzt zunächst voraus, dass das **Bezugsrecht** der Aktionäre **ganz oder teilweise ausgeschlossen** ist. Bei bedingten Kapitalerhöhungen ergibt sich die Beschränkung bereits aus dem Zweck der nur bedingten Kapitalzuführung (GroßkommAktG/*K. Schmidt* § 255 Rn. 10). 4

Weiter setzt der besondere Anfechtungsgrund des Abs. 2 voraus, dass der im Erhöhungsbeschluss festgesetzte **Ausgabe- oder Mindestbetrag unangemessen niedrig** ist. Als Ausgangs- 5 punkt der Beurteilung dieser Frage soll nach h. M. der sogenannte wirkliche Unternehmenswert unter Einschluss der stillen Reserven und des inneren Geschäftswerts herangezogen werden (OLG Frankfurt AG 1999, 231, 232 f; *Hüffer* AktG, § 255 Rn. 5; GroßkommAktG/*K. Schmidt* § 255 Rn. 12). Die Unternehmensbewertung ist jedoch nicht allein maßgebend; vielmehr kommt es auf den Einzelfall an (GroßkommAktG/*K. Schmidt* § 255 Rn. 12). Wenn ein Börsenkurs besteht, so gilt gem. § 186 Abs. 3 S. 4 AktG, sofern dessen Voraussetzungen erfüllt sind, die (widerlegbare) Vermutung, dass der Börsenkurs dem inneren Wert entspricht (*Hüffer* AktG, § 255 Rn. 5). Wenn eine Wertermittlung schlechthin fehlt, dann kommt der Erhöhungsbeschluss zumindest in der Regel treuwidrig zustande, weil der Minderheit damit angesonnen wird, sich mit dem bloßen Willen der Mehrheit abzufinden (OLG Stuttgart NZG 2000, 156, 157 f.). Das Interesse des neuen Aktionärs am Erwerb der Mitgliedschaft sowie das Interesse der Gesellschaft an seiner Beteiligung und seiner Einlage sind ebenfalls in Rechnung zu stellen (*Hüffer* AktG, § 255 Rn. 5; GroßkommAktG/*K. Schmidt* § 255 Rn. 12; KölnKomm AktG/*Zöllner* § 255 Rn. 10; offen gelassen: BGHZ 71, 40, 51).

6 Sofern der Kapitalerhöhungsbeschluss selbst noch keinen Ausgabebetrag festlegt sondern lediglich einen Mindestbetrag nennt, unter dem die neuen Aktien nicht ausgegeben werden sollen, so entscheidet der Vorstand nach pflichtgemäßem Ermessen über den Ausgabebetrag (§ 186 Abs. 2 AktG). Ist der Mindestbetrag bereits unangemessen niedrig angesetzt, so reicht das für eine Anfechtung aus (GroßkommAktG/*K. Schmidt* § 255 Rn. 13). Für die Beurteilung der Angemessenheit gelten die genannten Kriterien. Sollte der Vorstand trotz unangemessenen Mindestbetrags später einen angemessenen Ausgabebetrag festlegen, so ist eine Anfechtung ausgeschlossen, sobald der Vorstand die Festsetzung nicht mehr ändern kann (GroßkommAktG/*K. Schmidt* § 255 Rn. 13).

II. Analoge Anwendung des Abs. 2

7 Nach ganz h. M. ist Abs. 2 auf **Kapitalerhöhungen gegen Sacheinlagen** (§ 183 AktG; vgl. § 183 Rn. 9) entsprechend anzuwenden (BGHZ 71, 40, 50 ff.; *Hüffer* AktG, § 255 Rn. 7). An die Stelle des Ausgabebetrages tritt der Wert der Sacheinlage (BGHZ 71, 40, 50; GroßkommAktG/*K. Schmidt* § 255 Rn. 5).

III. Sonderfälle des Abs. 2

8 Obwohl Abs. 2 S. 1 voraussetzt, dass sich der Ausgabe- bzw. Mindestbetrag aus dem Erhöhungsbeschluss selbst ergibt, kann es bei Kapitalerhöhungen gegen Bareinlagen Fälle geben, bei denen die Kursfestsetzung nicht im Hauptversammlungsbeschluss erfolgt. Die Rechtsprechung geht in diesen Fällen überwiegend davon aus, dass die neuen Aktien zu pari auszugeben sind (RGZ 143, 20, 23; 144, 138, 143; BGHZ 33, 175, 178; KG OLGR 43, 316). Die überwiegende Ansicht in der Literatur fordert hingegen, dass die jungen Aktien nicht zum Nennwert sondern zum bestmöglichen Kurs auszugeben sind, wenn der Hauptversammlungsbeschluss keine Aussage zum Ausgabebetrag macht und das Bezugsrecht ausgeschlossen ist (*Hüffer* AktG, § 255 Rn. 8; GroßkommAktG/*K. Schmidt* § 255 Rn. 4). Letzterem ist zuzustimmen, da die vom Bezugsrecht ausgeschlossenen Aktionäre sonst in unvertretbarem Maße benachteiligt würden (vgl. GroßkommAktG/*K. Schmidt* § 255 Rn. 4). Es kann daher nur noch um eine Anfechtung wegen eines zu niedrigen Mindestbetrags gehen und nicht um eine Anfechtung wegen eines zu niedrigen Ausgabebetrages, da es an diesem gerade fehlt (GroßkommAktG/*K. Schmidt* § 255 Rn. 4). Bei einem Schweigen des Beschlusses stellt der Nennwert den Mindestbetrag dar (*Hüffer* AktG, § 255 Rn. 8).

9 Auch im Falle von **bedingten Kapitalerhöhungen** gem. § 193 Abs. 2 Nr. 3 Alt. 2 AktG muss der Beschluss lediglich die Berechnungsgrundlagen für den Ausgabebetrag nennen. Nach h. M. wird Abs. 2 dann analog angewendet, wenn sich auf Basis der im Beschluss festgelegten Berechnungsgrundlagen ein unangemessen niedriger Ausgabebetrag errechnet (*Hüffer* AktG, § 255 Rn. 8; GroßkommAktG/*K. Schmidt* § 255 Rn. 4; KölnKomm AktG/*Zöllner* § 255 Rn. 7).

Bei **genehmigtem Kapital** gem. § 202 AktG muss differenziert werden. Ist im Ermächtigungsbeschluss für den Vorstand ein bestimmter Ausgabe- oder Mindestbetrag für junge Aktien vorgegeben, so gilt Abs. 2 analog (GroßkommAktG/*K. Schmidt* § 255 Rn. 4). Ist das nicht der Fall, so kann er hingegen zumindest grundsätzlich nicht angefochten werden (OLG Karlsruhe AG 2003, 444, 447; *Hüffer* AktG, § 255 Rn. 8; GroßkommAktG/*K. Schmidt* § 255 Rn. 4; a. A. KG AG 2002, 243, 244). 10

IV. Ausnahme mittelbares Bezugsrecht, Abs. 2 S. 2

Gemäß Abs. 2 S. 2 gilt der besondere Anfechtungsgrund des Abs. 2 S. 1 nicht, wenn der Kapitalerhöhungsbeschluss vorsieht, dass die jungen Aktien zwar von Dritten übernommen werden, diese aber verpflichtet sind, sie den Aktionären zum Bezug anzubieten. Die Vorschrift ergänzt damit den Fall des § 186 Abs. 5 S. 1 AktG, nach dem bereits kein Bezugsrechtsausschluss vorliegt, wenn ein Kreditinstitut oder ein anderes Emissionsunternehmen verpflichtet ist, die zunächst übernommenen Aktien den bisherigen Aktionären anzubieten. 11

D. Anwendbare Vorschriften, Abs. 3

Für die Durchführung der Anfechtung wird in Abs. 3 auf die allgemeinen Vorschriften (§§ 244 bis 248 a AktG) verwiesen. Für die Urteilswirkung gilt demnach auch § 248 AktG, so dass auch durchgeführte und eingetragene Kapitalerhöhungen von der Rückwirkung des rechtskräftigen Anfechtungsurteils erfasst werden (BGHZ 139, 225, 231; MüKo AktG/*Hüffer* § 255 Rn. 23). 12

Zweiter Abschnitt.
Nichtigkeit des festgestellten Jahresabschlusses

§ 256 Nichtigkeit [i. d. F. ab 1.1.2007 durch EHUG]

(1) Ein festgestellter Jahresabschluß ist außer in den Fällen des § 173 Abs. 3, § 234 Abs. 3 und § 235 Abs. 2 nichtig, wenn

1. er durch seinen Inhalt Vorschriften verletzt, die ausschließlich oder überwiegend zum Schutze der Gläubiger der Gesellschaft gegeben sind,
2. er im Falle einer gesetzlichen Prüfungspflicht nicht nach § 316 Abs. 1 und 3 des Handelsgesetzbuchs geprüft worden ist,
3. er im Falle einer gesetzlichen Prüfungspflicht von Personen geprüft worden ist, die nach § 319 Abs. 1 des Handelsgesetzbuchs oder nach Artikel 25 des Einführungsgesetzes zum Handelsgesetzbuch nicht Abschlussprüfer sind oder aus anderen Gründen als einem Verstoß gegen § 319 Abs. 2, 3 oder Abs. 4 oder § 319 a Abs. 1 des Handelsgesetzbuchs nicht zum Abschlussprüfer bestellt sind,
4. bei seiner Feststellung die Bestimmungen des Gesetzes oder der Satzung über die Einstellung von Beträgen in Kapital- oder Gewinnrücklagen oder über die Entnahme von Beträgen aus Kapital- oder Gewinnrücklagen verletzt worden sind.

(2) Ein von Vorstand und Aufsichtsrat festgestellter Jahresabschluß ist außer nach Absatz 1 nur nichtig, wenn der Vorstand oder der Aufsichtsrat bei seiner Feststellung nicht ordnungsgemäß mitgewirkt hat.

(3) Ein von der Hauptversammlung festgestellter Jahresabschluß ist außer nach Absatz 1 nur nichtig, wenn die Feststellung

1. in einer Hauptversammlung beschlossen worden ist, die unter Verstoß gegen § 121 Abs. 2 und 3 oder 4 einberufen war,
2. nicht nach § 130 Abs. 1, 2 und 4 beurkundet ist,

3. auf Anfechtungsklage durch Urteil rechtskräftig für nichtig erklärt worden ist.

(4) Wegen Verstoßes gegen die Vorschriften über die Gliederung des Jahresabschlusses sowie wegen der Nichtbeachtung von Formblättern, nach denen der Jahresabschluß zu gliedern ist, ist der Jahresabschluß nur nichtig, wenn seine Klarheit und Übersichtlichkeit dadurch wesentlich beeinträchtigt sind.

(5) [1]Wegen Verstoßes gegen die Bewertungsvorschriften ist der Jahresabschluß nur nichtig, wenn

1. Posten überbewertet oder
2. Posten unterbewertet sind und dadurch die Vermögens- und Ertragslage der Gesellschaft vorsätzlich unrichtig wiedergegeben oder verschleiert wird.

[2]Überbewertet sind Aktivposten, wenn sie mit einem höheren Wert, Passivposten, wenn sie mit einem niedrigeren Betrag angesetzt sind, als nach §§ 253 bis 256 des Handelsgesetzbuchs in Verbindung mit §§ 279 bis 283 des Handelsgesetzbuchs zulässig ist. [3]Unterbewertet sind Aktivposten, wenn sie mit einem niedrigeren Wert, Passivposten, wenn sie mit einem höheren Betrag angesetzt sind, als nach §§ 253 bis 256 des Handelsgesetzbuchs in Verbindung mit §§ 279 bis 283 des Handelsgesetzbuchs zulässig ist. [4]Bei Kreditinstituten oder Finanzdienstleistungsinstituten liegt ein Verstoß gegen die Bewertungsvorschriften nicht vor, soweit die Abweichung nach den für sie geltenden Vorschriften, insbesondere den §§ 340 e bis 340 g des Handelsgesetzbuchs, zulässig ist; dies gilt entsprechend für Versicherungsunternehmen nach Maßgabe der für sie geltenden Vorschriften, insbesondere der §§ 341 b bis 341 h des Handelsgesetzbuchs.

(6) [1]Die Nichtigkeit nach Absatz 1 Nr. 1, 3 und 4, Absatz 2, Absatz 3 Nr. 1 und 2, Absatz 4 und 5 kann nicht mehr geltend gemacht werden, wenn seit der Bekanntmachung nach § 325 Abs. 2 des Handelsgesetzbuchs in den Fällen des Absatzes 1 Nr. 3 und 4, des Absatzes 2 und des Absatzes 3 Nr. 1 und 2 sechs Monate, in den anderen Fällen drei Jahre verstrichen sind. [2]Ist bei Ablauf der Frist eine Klage auf Feststellung der Nichtigkeit des Jahresabschlusses rechtshängig, so verlängert sich die Frist bis über die Klage rechtskräftig entschieden ist oder sie sich auf andere Weise endgültig erledigt hat.

(7) [1]Für die Klage auf Feststellung der Nichtigkeit gegen die Gesellschaft gilt § 249 sinngemäß. [2]Hat die Gesellschaft Wertpapiere im Sinne des § 2 Abs. 1 Satz 1 des Wertpapierhandelsgesetzes ausgegeben, die an einer inländischen Börse zum Handel im amtlichen oder geregelten Markt zugelassen sind, so hat das Gericht der Bundesanstalt für Finanzdienstleistungsaufsicht den Eingang einer Klage auf Feststellung der Nichtigkeit sowie jede rechtskräftige Entscheidung über diese Klage mitzuteilen.

§ 256 Nichtigkeit [i. d. F. bis 31. 12. 2006]

***(1) bis (5)* [identisch]**

***(6) [1]Die Nichtigkeit nach Absatz 1 Nr. 1, 3 und 4, Absatz 2, Absatz 3 Nr. 1 und 2, Absatz 4 und 5 kann nicht mehr geltend gemacht werden, wenn seit der Bekanntmachung nach § 325 Abs. 1 Satz 2 oder Abs. 2 Satz 1 des Handelsgesetzbuchs im Bundesanzeiger in den Fällen des Absatzes 1 Nr. 3 und 4, des Absatzes 2 und des Absatzes 3 Nr. 1 und 2 sechs Monate, in den anderen Fällen drei Jahre verstrichen sind.* [S. 2 identisch]**

***(7)* [identisch]**

Übersicht:

A. Überblick

I. Regelungszweck

1 Der zweite Abschnitt des siebten Teils des AktG regelt die Nichtigkeit von festgestellten Jahresabschlüssen. § 256 AktG zählt die Gründe für die Nichtigkeit von festgestellten Jahresabschlüssen abschließend auf. Andere Gründe sind nicht denkbar, die Nichtigkeit ist auf die in § 256 AktG genannten Alternativen begrenzt. So wird die Rechtssicherheit im Interesse der Gesellschaft, ihrer Gläubiger und Aktionäre gewahrt. Jahresabschlüsse, die nicht unter einem in § 256 AktG genannten Mangel leiden, sind zweifelsfrei gültig.

II. Gegenstand der Nichtigkeit: festgestellter Jahresabschluss

1. Feststellung

2 Nur der festgestellte Jahresabschluss kann nach § 256 AktG von der Nichtigkeit betroffen sein. Unter der Feststellung des Jahresabschlusses ist ein korporationsrechtliches Rechtsgeschäft eigener Art gemeint. Es kommt im Regelfall nach §§ 170, 172 AktG mit Vorlage des aufgestellten Jahresabschlusses durch den Vorstand und dessen Billigung durch den Aufsichtsrat zustande (*Hüffer* AktG, § 256 Rn. 3), sowie ausnahmsweise durch Feststellung durch die Hauptversammlung, § 173 AktG.

2. Jahresabschluss

3 Die Nichtigkeit nach § 256 AktG betrifft nur Jahresabschlüsse als solche, da sie eine rechtsgeschäftliche Basis haben. § 256 ist nicht anwendbar auf sonstige Bilanzen (z. B. Zwischenbilanzen, Überschuldungsbilanz i. S. v. § 92 Abs. 2 AktG, andere Vermögensbilanzen), auch nicht auf Konzernabschlüsse, weil diese nicht feststellungsfähig sind. (*Hüffer* AktG, § 256 Rn. 3). Bei Auflösung und Abwicklung nach §§ 262 ff. AktG ist entscheidend, was der Feststellung unterliegt, so beispielsweise die abschließende Rechnungslegung über die werbende Tätigkeit und die Abwick-

lungsjahresabschlüsse, da sie nach §§ 242 Abs. 3, 264 HGB Jahresabschlüsse sind. Eröffnungsbilanz ist zwar kein Jahresabschluss, sie wird aber von der Hauptversammlung festgestellt. Sie unterliegt damit der entsprechenden Anwendung der Vorschriften über den Jahresabschluss und kann daher auch nach § 256 nichtig sein (MüKo AktG/*Hüffer* § 256 Rn. 11).

III. Normaufbau

4 Wie bereits in Rn. 1 dargelegt, zählt § 256 AktG die Nichtigkeitsgründe **abschließend** auf. Dabei ist der Wortlaut unübersichtlich. Von der eigentlichen Regelungssystematik ausgenommen sind die im Eingangssatz vorangestellten Nichtigkeitsgründe der §§ 173 Abs. 3, 234 Abs. 3 und 235 Abs. 2 AktG (s. Rn. 5 ff.). Anschließend folgen die Nichtigkeitsgründe des § 256 AktG, genannt in Abs. 1 bis 5 (Rn. 8 ff.). Abs. 6 lässt in bestimmten Fällen eine Heilung der Nichtigkeit zu (Rn. 29 f.) Abs. 7 regelt die Nichtigkeitsklage (Rn. 31 ff.).

B. Nichtigkeitsgründe außerhalb § 256 AktG

I. Systematik

5 Die eingangs aufgeführten Nichtigkeitsgründe sind aus dem Rest der Norm herausgenommen, da sie einer anderen Systematik folgen. Die §§ 173 Abs. 3, 234 Abs. 3 und 235 Abs. 2 AktG bestimmen, streng genommen, **weitere Wirksamkeitsvoraussetzungen** für den Jahresabschluss, deren Nichtvorliegen eher zur endgültigen Unwirksamkeit führt als zu einer Nichtigkeit i. S. v. § 256 AktG, die als Folge von Normwidrigkeit eintritt (*Hüffer* AktG, § 256 Rn. 6). Daher fallen die aus § 256 AktG ausgegliederten Nichtigkeitstatbestände auch nicht unter die Heilbarkeit nach Abs. 6. Im Falle von §§ 234 Abs. 3 und 235 Abs. 2 AktG ist jedoch eine Heilung nach § 242 Abs. 3 AktG möglich, nicht aber bei § 173 Abs. 3 AktG.

II. Tatbestände

1. Änderung des Jahresabschlusses durch die Hauptversammlung ohne rechtzeitige Erteilung des Nachtragstestats, § 173 Abs. 3 AktG

6 Nach § 173 Abs. 3 AktG werden Änderungen an einem Jahresabschluss, die von der Hauptversammlung vorgenommen wurden, nichtig, wenn nicht binnen zwei Wochen ein Bestätigungsvermerk über die Änderungen erteilt wird. Damit soll einerseits die zügige Handlungsfähigkeit der Hauptversammlung ohne wiederholte Prüfung vor nochmaliger Feststellung gewährleistet, andererseits der Zeitraum der Rechtsunsicherheit aufgrund des geänderten Jahrsabschlusses möglichst kurz gehalten werden (MüKo AktG/*Hüffer* § 256 Rn. 12).

2. Keine rechtzeitige Eintragung der Kapitalveränderung, §§ 234 Abs. 3, 235 Abs. 2 AktG

7 § 234 Abs. 3 AktG regelt den Fall der vereinfachten Kapitalherabsetzung mit Rückwirkung. Hierbei kann der Beschluss über die Feststellung des Jahresabschlusses zusammen mit dem Beschluss über die Kapitalherabsetzung selbst nur durch die Hauptversammlung erfolgen. Die Beschlüsse sind nichtig, wenn sie nicht binnen drei Monaten ins Handelsregister eingetragen werden. § 235 Abs. 2 AktG trifft die § 234 Abs. 3 AktG entsprechende Regelung für eine rückwirkende Kapitalerhöhung.

C. Nichtigkeitsgründe des § 256 AktG

I. Übersicht

8 Die in § 256 AktG abschließend aufgeführten Nichtigkeitsgründe lassen sich in materielle und formelle Mängel des festgestellten Jahresabschlusses einteilen. Die **materiellen Mängel** sind in Abs. 1 Nr. 1 und Nr. 4 sowie Abs. 4 und 5 aufgeführt. Dabei stellt Abs. 1 Nr. 1 eine **Generalklausel** für die Verletzung von gläubigerschützenden Vorschriften gerade durch den Inhalt des Jahresabschlusses dar. Abs. 1 Nr. 4 schließt sich gedanklich an Abs. 1 Nr. 1 an. Abs. 5 und 6 stellen eine begrenzende normative Auslegung von Abs. 1 Nr. 1 dar (so *Hüffer* AktG, § 256 Rn. 6, 22;

a. A. GroßkommAktG/*Schilling* § 256 Rn. 13, 15, der von einer Spezialität der Abs. 4 und 5 ausgeht). **Prüfungsfehler** sind in Abs. 1 Nr. 2 und 3, **Fehler im Feststellungsverfahren** durch Vorstand und Aufsichtsrat oder Hauptversammlung in Abs. 2 und 3 aufgeführt. Maßgeblicher Zeitpunkt für die Frage der Nichtigkeit ist die Feststellung des Jahresabschlusses.

II. Materielle Mängel des festgestellten Jahresabschlusses

1. Inhaltsfehler (Generalklausel), Abs. 1 Nr. 1

Die Vorschrift entspricht § 241 Nr. 3 Alt. 2 AktG, mit dem Unterschied, dass es auf die Vorschriften zum Schutz des öffentlichen Interesses nicht ankommt (vgl. § 241 Rn. 15 f.). Nichtigkeit nach Nr. 1 fordert zunächst, dass der Jahresabschluss **Vorschriften** verletzt. Hierunter fallen nur Gesetzes- oder Verordnungsverstöße, Satzungswidrigkeiten hingegen nicht. Die Vorschriften müssen weiterhin **durch den Inhalt** des Jahresabschlusses verletzt werden. Solche Arten von Verletzungen treten zumeist durch Gliederungs- oder Bewertungsfehler auf, die in Abs. 4 und 5 ausführlich geregelt sind. Daher ist die Bedeutung der Generalklausel in Nr. 1 eher gering (Abs. 4 und 5 interpretieren Abs. 1 Nr. 1 einschränkend, vgl. Rn. 12). Darüber hinaus gehört auch ein fehlerhafter Ansatz (Aktivierung oder Passivierung) zu den materiellen Fehlern nach Nr. 1. 9

Die durch den Inhalt verletzten Vorschriften müssen außerdem **ganz oder zumindest hauptsächlich dem Gläubigerschutz** dienen (gleiche Auslegung wie in § 241 Nr. 3 AktG, vgl. § 241 AktG Rn. 17). Schließlich führen nur Verstöße, die die Darstellung der Vermögens- oder Ertragslage **wesentlich beeinträchtigen**, zur Nichtigkeit des festgestellten Jahresabschlusses. Dies ist dem Rechtsgedanken des Abs. 4 zu entnehmen und gilt auch hier. Es ist also auf die gesamten Bilanzverhältnisse der Gesellschaft abzustellen. Auch das Fehlen oder die Unvollständigkeit des Anhangs führt zu einer Nichtigkeit nach Abs. 1 Nr. 1, da er Teil des Jahresabschlusses (gilt analog auch für die GmbH, vgl. OLG Stuttgart NZG 2004, 675), nicht jedoch des Lageberichts, da er eigenständiger Teil der Rechnungslegung ist. 10

2. Verletzung der Bestimmungen über Rücklagen, Abs. 1 Nr. 4

Ein weiterer materieller Mangel, der zur Nichtigkeit eines festgestellten Jahresabschlusses führt, findet sich in Abs. 1 Nr. 4. Er knüpft an Nr. 1 an, da es sich wiederum um inhaltliche Fehler handelt. Danach ist der festgestellte Jahresabschluss dann nichtig, wenn bei der Feststellung die Bestimmungen des Gesetzes oder der Satzung über die Einstellung von Beträgen in Kapital- oder Gewinnrücklagen oder über entsprechende Entnahmen verletzt worden sind. Dies ist nicht auf Bestimmungen des AktG beschränkt. Zu den Begriffen der gesetzlichen Rücklage und Kapitalrücklage, vgl. § 150 AktG. Allerdings betrifft Abs. 1 Nr. 4 nur Verstöße gegen solche Vorschriften, die die Einstellung oder die Entnahme aus Rücklagen materiell regeln, nicht hingegen solche, die nur den Ausweis in der Bilanz oder in der GuV betreffen (*Hüffer* AktG, § 256 Rn. 32). Abs. 1 Nr. 4 ist gegenüber Abs. 1 Nr. 1 vorrangig (lex specialis), da neben dem Gläubigerschutz auch das Aktionärsinteresse abgedeckt wird (Geßler/*Käpplinger* AktG, §§ 256, 257 Rn. 12). Ansonsten würden auch die unterschiedlichen Heilungsfristen keinen Sinn ergeben (Nr. 4 sechs Monate, Nr. 1 drei Jahre). 11

3. Gliederungsmängel, Abs. 4

Bei dem materiellen Mangel in Abs. 4 handelt es sich, wie bereits oben (Rn. 8) erläutert, um eine einschränkende normative Auslegung des Abs. 1 Nr. 1 (BGH NJW 1994, 520; *Hüffer* AktG, § 256 Rn. 22). Danach tritt Nichtigkeit dann ein, wenn durch Gliederungsfehler beim Jahresabschluss dessen Klarheit und Übersichtlichkeit wesentlich beeinträchtigt wird, also ein Verstoß gegen den Aufstellungsgrundsatz nach § 243 Abs. 2 HGB vorliegt. Dabei kommt es nicht auf die Schwere des Fehlers an sondern auf die Bedeutung des Verstoßes für das Bild der Vermögens-, Finanz- und Ertragslage der Gesellschaft (Geßler/*Käpplinger* AktG, §§ 256, 257 Rn. 16).Vorschriften über die Gliederung des Jahresabschlusses finden sich in §§ 265, 266, 268 bis 277 HGB, §§ 152, 12

158, 240, 261 Abs. 1, 268 Abs. 2 AktG. Die ebenfalls aufgeführten Formblätter zur Gliederung des Jahresabschlusses werden gem. § 330 HGB durch Rechtsverordnung vorgegeben.

13 Ein **Gliederungsverstoß** ist gegeben, wenn Bilanz oder GuV des Jahresabschlusses nicht detailliert genug gegliedert sind, wenn Vermögensgegenstand, Kapital oder Verbindlichkeit an falscher Stelle aufgeführt sind oder wenn gegen das Saldierungsverbot (§ 246 Abs. 2 HGB) verstoßen wurde (BGH NJW 1983, 878). Gleichermaßen wie oben bei Abs. 1 Nr. 1 ist auch hier eine **wesentliche Beeinträchtigung** der Klarheit und Übersichtlichkeit des Jahresabschlusses für die Annahme der Nichtigkeit erforderlich. Wann eine solche wesentliche Beeinträchtigung vorliegt, muss im Einzelfall entschieden werden. Zu berücksichtigen ist jedenfalls die Höhe des Betrags, der Gegenstand des Gliederungsmangels ist. Nur geringfügige Fehler können nicht zur Annahme einer Nichtigkeit führen (*Hüffer* AktG, § 256 Rn. 24).

4. Bewertungsfehler, Abs. 5

14 Nach Abs. 5 führen wesentliche Bewertungsfehler zur Nichtigkeit des Jahresabschlusses. Abs. 5 umfasst sowohl die Überbewertung als auch die Unterbewertung. Beide Begriffe sind in Abs. 5 S. 2 und 3 legaldefiniert.

a) Überbewertung, Abs. 5 S. 1 Nr. 1

15 Eine Überbewertung, die zu wesentlich falschen Gewinnen führt, ist ohne das Vorliegen weiterer Voraussetzungen nichtig, wenn sie sich auf Posten des Jahresabschlusses bezieht. Dazu gehört auch unzulässige Aktivierung (*Hüffer* AktG, § 256 Rn. 25, z. B. LG Düsseldorf AG 1989, 140, 141 f.; LG Stuttgart DB 2001, 1025 f.), unterbliebene aber erforderliche Passivierung einschließlich nach § 249 HGB gebotener Rückstellungen, da diese Fälle zur selben Folge wie die Überbewertung führen. Erheblich für die Nichtigkeit ist nur, dass sich die Überbewertung auf die Bilanzposten entsprechend § 266 HGB bezieht. Die Darstellung muss aufgrund der Bewertungsfehler wesentlich beeinträchtigt sein. Abzustellen ist dabei auf die gesamten Bilanzverhältnisse der Gesellschaft (vgl. hierzu z. B. LG Frankfurt / Main AG 2002, 297 f.).

b) Unterbewertung, Abs. 5 S. 1 Nr. 2

16 Unterbewertung, wie legaldefiniert in Abs. 5 S. 3, führt nur dann zur Nichtigkeit, wenn dadurch die Vermögens- und Ertragslage der AG **unrichtig wiedergegeben** oder verschleiert und dies vorsätzlich herbeigeführt wird. Auch hierunter fallen unterbliebene, aber gebotene Aktivierung oder unzulässige Passivierung, da sie die gleiche Folge wie die Unterbewertung mit sich bringen. Auch hier kommt es auf die Bilanzposten selbst an, nicht auf einzelne Gegenstände oder Verbindlichkeiten. Außerdem muss die Unterbilanzierung zur unrichtigen Wiedergabe oder Verschleierung der Vermögens- und Ertragslage führen, um Nichtigkeit auszulösen. Dabei ist ausreichend, wenn sich der Darstellungsmangel auf die Vermögens- oder Ertragslage bezieht, der Gesetzeswortlaut ist insoweit ungenau (allg. Meinung, *Hüffer* AktG, § 256 Rn. 26 a; MüKo AktG/*Hüffer* § 256 Rn. 61). Im Fall der Alternative »unrichtige Wiedergabe« sind greifbar falsche Angaben erforderlich, wohingegen es bei der »Verschleierung« ausreicht, wenn Dritte sich kein klares Bild von der tatsächlichen Lage der Gesellschaft machen können.

17 Dies muss außerdem **vorsätzlich** geschehen. Dabei ist auf die verantwortlichen und maßgeblich beteiligten Organmitglieder abzustellen, die die Falschbilanzierung als tatbestandsmäßigen Erfolg gekannt und gewollt haben müssen. Bedingter Vorsatz genügt (BGH NJW 1994, 520). Die Beweislast hierfür trägt der Nichtigkeitskläger. Abs. 5 S. 4 enthält eine klarstellende Erklärung für die Besonderheiten bei Kreditinstituten und Finanzdienstleistungsinstituten.

III. Formelle Mängel des festgestellten Jahresabschlusses

1. Prüfungsmängel, Abs. 1 Nr. 2 und 3

a) Fehlende oder unvollständige Prüfung, Nr. 2

Nr. 2 deckt zunächst die **vollständig unterbliebene Abschlussprüfung** ab. Dieser Fall ist in der 18
Praxis selten, da das Registergericht den Jahresabschluss bei Einreichung nach § 325 HGB auf das Vorliegen von offensichtlicher Nichtigkeit prüft. Ein komplettes Fehlen der Prüfung wird dadurch praktisch vermieden. Eher wahrscheinlich ist das Ausbleiben einer erneuten Prüfung infolge von Änderungen des Jahresabschlusses nach Vorlage des Prüfberichts gem. § 316 Abs. 3 HGB.

Entgegen dem Wortlaut der Vorschrift fällt auch eine stattgefundene, aber **gravierend unvoll-** 19
ständige Abschlussprüfung unter den Prüfungsmangel gem. Abs. 1 Nr. 2, nämlich dann, wenn die Prüfung nicht den Mindestanforderungen genügt. Die Mindestanforderungen sind: (1) Bestimmung eines Abschlussprüfers, (2) Vornahme hinreichender Prüfungshandlungen durch den Abschlussprüfer und (3) Erstellen eines Prüfungsberichts und Erteilung bzw. Versagung eines Bestätigungsvermerks nach § 322 HGB (*Hüffer* AktG, § 256 Rn. 10). Dabei liegen schlechthin **unzureichende Prüfungshandlungen** vor, wenn sie »unter Verstoß gegen grundlegende, die zwingende, öffentlich-rechtliche Bedeutung der Pflichtprüfung berührende Bestimmungen« (RG WPg 1970, 421, 423, *Hüffer* AktG, § 256 Rn. 11) vorgenommen werden. Hiervon zu unterscheiden sind sonstige Fehler bei der Abschlussprüfung, die jedoch nicht zwangsläufig zur Nichtigkeit des Jahresabschlusses führen (MüKo AktG/*Hüffer* § 256 Rn. 21). Entscheidend für die Abgrenzung ist die **objektive Evidenz** eines nicht mehr hinzunehmenden Prüfungsmangels, wobei damit nicht die Offenkundigkeit des Mangels gemeint ist sondern die rückblickende Erkenntnis, dass die Prüfungshandlungen nicht ausreichen und der Prüfungsbericht für das Gesamturteil keine Basis abgibt.

Auch das **Fehlen des Bestätigungsvermerks** oder der Vermerk über dessen Versagung als unver- 20
zichtbare Bestandteile der Abschlussprüfung führen zur Nichtigkeit nach § 256 AktG (heute h. M.; *Hüffer* AktG, § 256 Rn. 12, a. A. GroßkommAktG/*Schilling* § 256 Rn. 5). Einschränkungen auf den jeweiligen Vermerken führen nicht zur Nichtigkeit, da vollständige Prüfung ja stattgefunden hat.

b) Fehlende Prüfereigenschaft, Nr. 3

Nr. 3 beinhaltet zwei Varianten: Zum einen die fehlende Prüferbefähigung und zum anderen die 21
fehlerhafte Prüferbestellung. Die fehlende Prüferbestellung führt nur dann zur Nichtigkeit, wenn sie nicht nur auf Befangenheit oder andere Ausschlussgründe zurückzuführen ist, wie in Nr. 3 klargestellt wird. Befangenheitssachverhalte führen dagegen weder zur Anfechtbarkeit noch zur Nichtigkeit. Demnach sind Verstöße gegen § 319 Abs. 1 HGB und Art. 25 EGHGB relevant. Die gesetzliche Prüfpflicht nach § 316 Abs. 1 HGB wird in § 256 Abs. 1 Nr. 3 AktG vorausgesetzt.

Der Jahresabschluss ist nichtig, wenn der wirksam bestellte Prüfer (vgl. unten Rn. 23) keine **Prü-** 22
fungsbefähigung hat. Eine solche Befähigung kommt nur Wirtschaftsprüfern oder Wirtschaftsprüfergesellschaften zu, nicht vereidigten Buchprüfern oder Buchprüfergesellschaften. Nach Art. 25 EGHGB, Sonderregelung vor allem für den Genossenschaftsbereich und für gemeinnützige Wohnungsunternehmen, sind auch die jeweiligen Prüfungsverbände als Abschlussprüfer zugelassen, soweit sie bestimmte Voraussetzungen erfüllen. Keine Auswirkung nach Abs. 1 Nr. 3 haben Verstöße gegen Tätigkeitsverbote. Solche Verstöße können zwar zur Nichtigkeit des Prüfungsauftrags führen. Eine Nichtigkeit des zivilrechtlichen Prüfungsauftrags lässt die Wirksamkeit der Bestellung aber unberührt.

Die ordnungsgemäße **Bestellung eines Abschlussprüfers** findet grundsätzlich durch Wahlbe- 23
schluss der Hauptversammlung und Bekanntgabe dieses Beschlusses statt, §§ 119 Abs. 1 Nr. 4

AktG, 318 Abs. 1 HGB (s. hierzu *Habersack* NZG 2003, 659; zu den Folgen von nichtigen Hauptversammlungsbeschlüssen aufgrund formaler Mängel für Bestellung des Abschlussprüfers s. z. B. *Grumann/Gillmann* NZG 2004, 839). Hiervon zu unterscheiden ist die vertragliche Beauftragung des Abschlussprüfers. Eine eventuelle Unwirksamkeit oder Nichtigkeit dieses Verhältnisses hat keine Auswirkungen auf die Bestellung, § 139 BGB findet hierbei keine Anwendung (s. o. Rn. 20).

2. Mängel bei Feststellung durch Vorstand und Aufsichtsrat, Abs. 2

24 Auch die Mängel im Feststellungsverfahren durch Vorstand und Aufsichtsrat stellen formelle Fehler dar. Sie können in zwei Varianten vorkommen: (1) Entweder eines der beiden Organe hat überhaupt nicht oder in ungültiger Weise bei der Feststellung mitgewirkt oder (2) die Feststellung ist unter Ordnungsmängeln im Verfahren zustande gekommen. Die Unterscheidung ist deswegen entscheidend, weil im Fall der vollständig unterbliebenen Mitwirkung eines der Organe der rechtsgeschäftliche Tatbestand der Feststellung schon nicht gegeben ist. Dies führt dazu, dass auch keine Heilung nach Abs. 6 möglich ist. Im Gegensatz dazu ist die Heilung eines Ordnungsmangels sehr wohl denkbar. Streitig ist, ob eine Feststellung dann zustande kommt, wenn anstelle des Gesamtaufsichtsrates nur der Bilanzausschuss den Jahresabschluss billigt (gegen Zustandekommen einer Feststellung, daher keine Heilungsmöglichkeit: MüKo/*Hüffer* § 256 Rn. 45, a. A. KölnKomm AktG/*Zöllner* § 256 Rn. 80).

a) Keine Feststellung mangels Mitwirkung oder mangels gültiger Mitwirkung eines der Organe

25 Streitig ist, wozu die Mitwirkung eines unzuständigen Organs führt, z. B. Billigung des Jahresabschlusses durch den Aufsichtsrat, obwohl ausnahmsweise die Hauptversammlung zuständig ist. Nach einer Ansicht führt dies zur Nichtigkeit nach Abs. 2 (so KölnKomm AktG/*Zöllner* § 256 Rn. 84). Nach a. A. hat in dem Fall schon keine Feststellung stattgefunden (*Hüffer* AktG, § 256 Rn. 17), da die Erklärung eines unzuständigen Aufsichtsrats nichtig ist und deswegen auch kein Rechtsgeschäft der Feststellung zustande kommt. Das hätte zur Folge, dass keine Heilung nach Abs. 6 möglich ist.

b) Feststellung des Jahresabschlusses unter Ordnungsmängeln im Verfahren des Vorstands oder des Aufsichtsrats

26 Fehler bei der Mitwirkung des einen oder anderen Organs führen zur Nichtigkeit nach Abs. 2 und sind nach Abs. 6 **heilbar** (s. u. Rn. 29). Die **Mitwirkung des Vorstands** besteht in der Aufstellung des Jahresabschlusses (§ 264 Abs. 1 HGB) und der Vorlage an den Aufsichtsrat (§ 170 Abs. 1 AktG). Da der Vorstand bei der Aufstellung und der Vorlage des Jahresabschlusses als Kollegialorgan und nicht als Vertretungsorgan handelt, muss der Beschluss durch den Gesamtvorstand mit der jeweils erforderlichen Mehrheit erfolgen. Der Vorstand muss also ordnungsgemäß besetzt sein i. S. v. § 76 Abs. 2 AktG oder der Satzung (MüKo AktG/*Hüffer* § 256 Rn. 38). Bei nichtiger Bestellung von Vorstandsmitgliedern liegt nur dann eine Nichtigkeit nach Abs. 2 vor, wenn der gesamte Vorstand nichtig bestellt ist. Fraglich ist die Rechtsfolge, wenn der Vorstand infolge der nichtigen Bestellung unterbesetzt ist oder der Beschluss auf den Stimmen der nichtig bestellten Mitglieder beruht. Nach einer älteren Ansicht führt dies zur Nichtigkeit (KölnKomm AktG/*Zöllner* § 256 Rn. 82), nach der Lehre vom fehlerhaften Bestellungsverhältnis besteht die organschaftliche Rechtsstellung des Vorstands dennoch, wenn der Aufsichtsrat die Bestellung tatsächlich gewollt hat und das Rechtsverhältnis auch tatsächlich in Vollzug gesetzt ist (MüKo AktG/*Hüffer* § 256 Rn. 39). Die Vorlage an den Aufsichtsrat erfolgt hingegen in der Regel durch den Vorsitzenden, kann aber von jedem beliebigen Vorstandsmitglied vorgenommen werden.

27 Die **Mitwirkung des Aufsichtsrats** besteht im Beschluss über die Billigung und deren Erklärung, § 172 AktG. Auch hier liegt ein Ordnungsmangel dann vor, wenn der Beschluss nicht wirksam zustande kommt, d. h. bei Beschlussunfähigkeit, bei Einberufungsfehlern, bei Beschlussfassung

ohne Sitzung, sofern auch nur ein Mitglied der Beschlussfassung widersprochen hat (§ 108 Abs. 4 AktG). Nichtige Bestellung von Aufsichtsratsmitgliedern ist dann relevant, wenn der gesamte Aufsichtsrat nichtig bestellt oder die Beschlussfähigkeit nicht mehr gegeben ist. Die Grundsätze des fehlerhaften Bestellungsverhältnisses gelten für den Aufsichtsrat nicht (MüKo AktG/*Hüffer* § 256 Rn. 44).

3. Mängel bei Feststellung durch die Hauptversammlung, Abs. 3

Abs. 3 betrifft Verfahrensfehler bei Feststellung durch die Hauptversammlung. Auch Abs. 3 Nr. 3 bezieht sich ausschließlich auf **Verfahrensfehler**, da Inhaltsfehler gem. § 257 Abs. 1 S. 2 AktG nicht Gegenstand der Anfechtung sein können. Der Verweis nach Abs. 1 bezieht die §§ 173 Abs. 3, 234 Abs. 3 und 235 Abs. 2 AktG thematisch mit ein. Handelt die Hauptversammlung, obwohl sie nicht zuständig ist, liegt nach mittlerweile überwiegender Ansicht Nichtigkeit nach Abs. 1 Nr. 1 vor (*Hüffer* AktG, § 256 Rn. 20). Fehlende Zuständigkeit resultiert aus dem Inhalt des Beschlusses und betrifft darüber hinaus das Gläubigerinteresse. Die Einzeltatbestände folgen der Systematik des § 241 AktG, vgl. Rn. 9 ff. Nichtigkeit ist bei Abs. 3 Nr. 1 und 2 nach Abs. 6 heilbar, § 242 AktG findet keine Anwendung. 28

D. Heilung, Abs. 6

Heilung ist der nachträgliche fristgebundene Wegfall der Nichtigkeit (h. M.; *Hüffer* AktG, § 256 Rn. 28, GroßkommAktG/*Schilling* § 256 Rn. 19, KölnKomm AktG/*Zöllner* § 256 Rn. 131). Sie tritt nach Abs. 6 nur in den dort genannten Fällen ein. Nichtigkeitsgründe, die in Abs. 6 nicht genannt sind, sind demnach nicht heilbar. Endgültig nichtig ist der Jahresabschluss damit bei fehlender oder unvollständiger Abschlussprüfung, Abs. 1 Nr. 2, vgl. Rn. 18 ff., und bei entsprechendem rechtskräftigem. Urteil nach Anfechtungsklage, Abs. 3 Nr. 3, vgl. Rn. 28. Auch die im Eingangssatz von Abs. 1 S. 1 genannten Nichtigkeitsgründe fallen nicht unter diese Regelung, vgl. Rn. 5. Ansonsten kommt es auch dann nicht zur Heilung, wenn schon die Feststellung fehlt, vgl. Rn. 24 ff. 29

Abs. 6 nennt **verschiedene Fristen**. Nach **drei Jahren** tritt Heilung in den Fällen des Abs. 1 Nr. 1, Abs. 4 und 5 ein, also bei Verletzung gläubigerschützender Vorschriften, insbesondere bei Gliederungs- und Bewertungsfehlern. Für alle anderen Fälle gilt die **6-Monats-Frist**. Beginn ist die Bekanntmachung des Jahresabschlusses im elektronischen Bundesanzeiger, Abs. 6 S. 1, § 325 Abs. 2 HGB. Das Fristende bestimmt sich nach § 188 Abs. 2 BGB. Die Vorschriften der Verjährung finden keine Anwendung (*Hüffer* AktG, § 256 Rn. 30). Die Frist verlängert sich, wenn bei Ablauf der Frist eine Nichtigkeitsklage rechtshängig oder auch nur anhängig ist, Abs. 7, § 249 AktG. Bei Stattgabe der Nichtigkeitsklage ist Heilung ausgeschlossen, bei Abweisung ist wiederum Ablauf der Frist zur Heilung relevant. 30

E. Nichtigkeitsklage, Abs. 7

Über Abs. 7 kommt § 249 AktG zur uneingeschränkten Anwendung, auch die dort aufgeführten Grundsätze, vgl. § 249 AktG Rn. 3 ff., lassen sich vollständig übertragen. **Klagebefugt** sind demnach die in § 249 Abs. 1 AktG aufgeführten Parteien. Das rechtskräftig erstrittene Urteil wirkt für und gegen jedermann. Auch andere können Klage in Form der einfachen **Feststellungsklage** erheben, sofern sie ein Feststellungsinteresse nach § 256 ZPO haben, dann allerdings nur mit Wirkung inter partes. Das Verfahren der Sonderprüfung wegen unzulässiger Unterbewertung nach §§ 258 ff. AktG kann neben der Nichtigkeitsklage geführt werden, solange die Nichtigkeit nicht rechtskräftig festgestellt ist. Zu beachten sind die gegebenenfalls entstehenden Mitteilungspflichten des Gerichts nach Abs. 7 S. 2, neu eingefügt durch das Bilanzkontrollgesetz vom 15. 12. 2004 (Einzelheiten hierzu: *Heinrichs* ZHR 168 (2004), 383; *Müller* ZHR 168 (2004), 414; *Mock* DB 2005, 987). 31

F. Rechtsfolgen

32 Die Nichtigkeit nach § 256 AktG führt dazu, dass die **Feststellungswirkung nicht eintritt** und damit der Pflicht zur Rechnungslegung nicht nachgekommen ist. Daher gehören die Nichtigkeitstatbestände zwingend zum Prüfungsumfang des Abschlussprüfers (str.; so *Hüffer* AktG, § 256 Rn. 32, a. A. A/D/S § 322 HGB Rn. 77 ff.). Wenn der Abschlussprüfer einen Nichtigkeitsgrund feststellt, muss er das **Testat verweigern**, ein Ermessensspielraum steht ihm nicht zu. Eine Einschränkung des Testats darf er allerdings erteilen, wenn berechtigte Zweifel an der Nichtigkeit bestehen bleiben, beispielsweise im Falle der unentschiedenen Frage der Wesentlichkeit der aufgetretenen Mängel.

33 Möglich ist nur noch die **Neuvornahme der Feststellung** durch Vorstand und Aufsichtsrat, auch wenn die Hauptversammlung ursprünglich zuständig war. Dabei muss der Vorstand auch dann ordnungsgemäß mitwirken, wenn Fehler bei der Mitwirkung des Aufsichtsrats zur Nichtigkeit geführt hatten (str.; so aber *Hüffer* AktG, § 256 Rn. 33). Ausnahmsweise können bei nur geringfügigen Fehlern Korrekturen im Folgeabschluss vorgenommen werden. Auch der Gewinnverwendungsbeschluss muss neu gefasst werden.

34 Nichtigkeit des Vorjahresabschlusses führt nicht zwingend zur Nichtigkeit des nachfolgenden Abschlusses, da dieser Fall nicht in § 256 AktG aufgeführt ist. Dennoch ist die Folge der Nichtigkeit für den nachfolgenden Jahresabschluss ungeklärt. Der Folgeabschluss ist jedenfalls dann erneut nichtig, wenn er Fehler des vorherigen Abschlusses wiederholt.

§ 257 Anfechtung der Feststellung des Jahresabschlusses durch die Hauptversammlung

(1) [1]Die Feststellung des Jahresabschlusses durch die Hauptversammlung kann nach § 243 angefochten werden. [2]Die Anfechtung kann jedoch nicht darauf gestützt werden, daß der Inhalt des Jahresabschlusses gegen Gesetz oder Satzung verstößt.

(2) Für die Anfechtung gelten die §§ 244 bis 246, 247 bis 248 a. Die Anfechtungsfrist beginnt auch dann mit der Beschlußfassung, wenn der Jahresabschluß nach § 316 Abs. 3 des Handelsgesetzbuchs erneut zu prüfen ist.

Übersicht:

A. Überblick über Regelungsgehalt und Normzweck

1 § 257 AktG regelt die Anfechtbarkeit von festgestellten Jahresabschlüssen durch die Hauptversammlung. Dabei verfolgt § 257 AktG zwei Ziele: Zum einen dient die Vorschrift der **Rechtssicherheit**, indem vorgegeben wird, inwieweit die allgemeinen Voraussetzungen der Anfechtbarkeit bei festgestellten Jahresabschlüssen Anwendung finden. Auch der Beginn der Anfechtungsfrist wird durch Abs. 2 S. 2 klargestellt. Zum anderen dient die Regelung, insbesondere Abs. 1 S. 2, der **Sicherung des rechtlichen Bestands** des festgestellten Jahresabschlusses. Danach ist die Anfechtbarkeit von Jahresabschlüssen aufgrund von inhaltlichen Mängeln ausgeschlossen. Dies entspricht § 256 AktG, wonach die Anfechtung eines von Vorstand und Aufsichtsrat festgestellten Jahresabschlusses ausgeschlossen ist, und inhaltliche Mängel nur unter den engen Vo-

raussetzungen des § 256 Abs. 1 Nr. 1 und 4 AktG zur Nichtigkeit führen. § 257 AktG vervollständigt diesen Gedanken für die Feststellung durch die Hauptversammlung. Ohne diese Regelung wären inhaltliche Mängel bei der Feststellung durch die Hauptversammlung unbeschränkt anfechtbar (so auch MüKo AktG/*Hüffer* § 257 Rn. 2). § 257 Abs. 2 S. 1 AktG wurde durch Art. 1 Nr. 30 UMAG vom 22. 9. 2005 neu gefasst.

B. Voraussetzungen der Anfechtbarkeit

I. Anfechtungsgegenstand

Gegenstand der Anfechtung nach § 257 AktG können nur Feststellungsbeschlüsse der Hauptversammlung in den Fällen der §§ 173 Abs. 1, 234 Abs. 2, 235 und 270 Abs. 2 AktG sein. Die Feststellung des Jahresabschlusses durch Vorstand und Aufsichtsrat ist keinesfalls anfechtbar, Nichtigkeit kann dort nur unter den Voraussetzungen des § 256 AktG eintreten. Unabhängig davon ist die Sonderprüfung wegen unzulässiger Unterbewertung nach §§ 258 ff. AktG denkbar. 2

II. Anfechtungsgründe

1. Verfahrensfehler

Alle Verfahrensfehler beim Feststellungsbeschluss, die nicht schon nach § 256 Abs. 3 Nr. 1 und 2 AktG zur Nichtigkeit führen, können im Rahmen von § 257 AktG angefochten werden. Dazu gehören z. B. unrichtige Feststellung des Abstimmungsergebnisses oder Mängel bei der Einberufung der Hauptversammlung aber auch unberechtigte Auskunftsverweigerung, § 131 AktG. Weitere ungeschriebene Voraussetzung ist die **Relevanz des Verfahrungsmangels**, strikte Kausalität ist nicht erforderlich (str.; so aber *Hüffer* AktG, § 257 Rn. 3). 3

2. Nichtbeachtung der besonderen Anforderungen bei Feststellung des Jahresabschlusses durch die Hauptversammlung

Die Nichtbeachtung der besonderen Anforderungen, die an die Feststellung durch die Hauptversammlung gestellt werden, führt ebenfalls zur Anfechtbarkeit nach § 257 AktG. Dabei handelt es sich insbesondere um die Pflichten zur Auslegung der Beschlussvorlage des Vorstands, des Lageberichts, des Aufsichtsratsberichts, des Gewinnverwendungsvorschlags, und zur Erteilung von verlangten Abschriften (§ 175 Abs. 2, Abs. 3 S. 1 AktG) sowie die Vorlage- und Erläuterungspflicht gegenüber der Hauptversammlung (§ 176 Abs. 1 AktG) und die Teilnahmepflicht des Abschlussprüfers. Sind diese Anforderungen verletzt und eine solche Verletzung für das Beschlussergebnis relevant, ist ein Anfechtungsgrund nach § 257 AktG gegeben. 4

3. Rechtswidrige Zielsetzung

Anfechtbar ist ein Jahresabschluss auch dann, wenn der mit dem Feststellungsbeschluss verfolgte Zweck rechtswidrig ist und so gegen § 243 Abs. 1 und 2 AktG verstoßen wird. Der verfolgte Zweck ist beispielsweise rechtswidrig, wenn die Mehrheitsherrschaft treuwidrig missbraucht wird oder Sondervorteile unzulässig verfolgt werden, ohne dass sich dies notwendigerweise im Inhalt des einzelnen Beschlusses widerspiegelt. Dies ist trotz der Nichtanfechtbarkeit von inhaltlichen Fehlern möglich (h. M.; *Hüffer* AktG, § 257 Rn. 5 m. w. N., a. A. *v. Godin/Wilhelmi* AktG, § 257 Rn. 1). 5

4. Anhang und Lagebericht

Der Anhang ist **Bestandteil des Jahresabschlusses**. Daher stellen dort aufgetretene Mängel Inhaltsfehler des Jahresabschlusses dar und sind nach Abs. 1 S. 2 nicht anfechtbar. Der Lagebericht hingegen besteht als Informationsquelle selbstständig neben dem Jahresabschluss. Deshalb stellen hier aufgetretene Mängel einen Anfechtungsgrund nach § 257 AktG dar, wenn den Aktionären bei verständiger Betrachtung wesentliche Informationen vorenthalten oder gravierende Fehlinformationen gegeben werden (*Hüffer* AktG, § 257 Rn. 6). 6

C. Anwendbare Normen

7 Abs. 2 S. 1 stellt klar, welche allgemeinen Normen zur Anfechtbarkeit von Hauptversammlungsbeschlüssen im Fall von festgestellten Jahresabschlüssen Anwendung finden. Nicht zur Anwendung kommt mangels Registereintragung also nur § 246 a AktG. Gem. § 246 Abs. 3 S. 3 i. V. m. Abs. 2 S. 1 AktG sind mehrere Anfechtungsklagen oder auch Anfechtungs- und Nichtigkeitsklagen (§§ 249 Abs. 2 S. 2 i. V. m. 256 Abs. 7 AktG) miteinander zu verbinden.

D. Anfechtungsfrist bei Nachtragsprüfung

8 Anfechtungsfrist beginnt mit Beschlussfassung zu laufen, selbst für den Fall, dass Jahresabschluss nach § 316 Abs. 3 HGB erneut zu prüfen ist, insofern hat Abs. 2 S. 2 eine klarstellende Funktion.

Dritter Abschnitt. Sonderprüfung wegen unzulässiger Unterbewertung

§ 258 Bestellung der Sonderprüfer

(1) [1]Besteht Anlaß für die Annahme, daß

1. in einem festgestellten Jahresabschluß bestimmte Posten nicht unwesentlich unterbewertet sind (§ 256 Abs. 5 Satz 3) oder

2. der Anhang die vorgeschriebenen Angaben nicht oder nicht vollständig enthält und der Vorstand in der Hauptversammlung die fehlenden Angaben, obwohl nach ihnen gefragt worden ist, nicht gemacht hat und die Aufnahme der Frage in die Niederschrift verlangt worden ist,

so hat das Gericht auf Antrag Sonderprüfer zu bestellen. [2]Die Sonderprüfer haben die bemängelten Posten darauf zu prüfen, ob sie nicht unwesentlich unterbewertet sind. [3]Sie haben den Anhang darauf zu prüfen, ob die vorgeschriebenen Angaben nicht oder nicht vollständig gemacht worden sind und der Vorstand in der Hauptversammlung die fehlenden Angaben, obwohl nach ihnen gefragt worden ist, nicht gemacht hat und die Aufnahme der Frage in die Niederschrift verlangt worden ist.

(1 a) Bei Kreditinstituten oder Finanzdienstleistungsinstituten kann ein Sonderprüfer nach Absatz 1 nicht bestellt werden, soweit die Unterbewertung oder die fehlenden Angaben im Anhang auf der Anwendung des § 340 f des Handelsgesetzbuchs beruhen.

(2) [1]Der Antrag muß innerhalb eines Monats nach der Hauptversammlung über den Jahresabschluß gestellt werden. [2]Dies gilt auch, wenn der Jahresabschluß nach § 316 Abs. 3 des Handelsgesetzbuchs erneut zu prüfen ist. [3]Er kann nur von Aktionären gestellt werden, deren Anteile zusammen den Schwellenwert des § 142 Abs. 2 erreichen. [4]Die Antragsteller haben die Aktien bis zur Entscheidung über den Antrag zu hinterlegen oder eine Versicherung des depotführenden Instituts vorzulegen, dass die Aktien so lange nicht veräußert werden, und glaubhaft zu machen, daß sie seit mindestens drei Monaten vor dem Tage der Hauptversammlung Inhaber der Aktien sind. [5]Zur Glaubhaftmachung genügt eine eidesstattliche Versicherung vor einem Notar.

(3) [1]Vor der Bestellung hat das Gericht den Vorstand, den Aufsichtsrat und den Abschlußprüfer zu hören. [2]Gegen die Entscheidung ist die sofortige Beschwerde zulässig.

(4) [1]Sonderprüfer nach Absatz 1 können nur Wirtschaftsprüfer und Wirtschaftsprüfungsgesellschaften sein. [2]Für die Auswahl gelten§ 319 Abs. 2 bis 4 und § 319 a Abs. 1 des Handelsgesetzbuchs sinngemäß. [3]Der Abschlußprüfer der Gesellschaft und Personen, die in den letzten

drei Jahren vor der Bestellung Abschlußprüfer der Gesellschaft waren, können nicht Sonderprüfer nach Absatz 1 sein.

(5) [1]§ 142 Abs. 6 über den Ersatz angemessener barer Auslagen und die Vergütung gerichtlich bestellter Sonderprüfer, § 145 Abs. 1 bis 3 über die Rechte der Sonderprüfer, § 146 über die Kosten der Sonderprüfung und § 323 des Handelsgesetzbuchs über die Verantwortlichkeit des Abschlußprüfers gelten sinngemäß. [2]Die Sonderprüfer nach Absatz 1 haben die Rechte nach § 145 Abs. 2 auch gegenüber dem Abschlußprüfer der Gesellschaft.

Übersicht:

A. Überblick

§ 258 AktG richtet sich gegen unzulässige Unterbewertungen und ergänzt damit die Regelungen der §§ 252 ff., 279 ff. HGB, soweit sie eine Unterbewertung verbieten (MüKo AktG/*Hüffer* § 258 Rn. 2). Daneben sollen das mitgliedschaftliche Dividendenrecht und die ihm entsprechende, von § 58 AktG begrenzte Kompetenz der Hauptversammlung geschützt werden (*Hüffer* AktG, § 258 Rn. 1). Ferner dient § 258 AktG auch der Durchsetzung einer vollständigen Berichterstattung im Anhang des Jahresabschlusses (*Hüffer* AktG, § 258 Rn. 1). Nicht unter den Schutzzweck der Vorschrift fällt das Individualinteresse von Aktionären an einer höheren Dividende, was aus der Beschlusszuständigkeit der Hauptversammlung nach § 261 Abs. 3 AktG hervorgeht (MüKo AktG/*Hüffer* § 258 Rn. 3). 1

B. Voraussetzungen der Sonderprüfung, Abs. 1, Abs. 1 a

Nach Abs. 1 setzt die Bestellung von Sonderprüfern voraus, dass Anlass für die Annahme einer Unterbewertung oder für das Fehlen bzw. die Unvollständigkeit der Berichterstattung besteht. Ein solcher Anlass besteht bereits, wenn der die Bestellung Beantragende konkrete Tatsachen vorträgt, die für einen verständigen und objektiven Beobachter den Schluss auf eine Unterbewertung oder eine lückenhafte Berichterstattung im Anhang nachvollziehbar machen (*Hüffer* AktG, § 258 Rn. 3). Ist der Antrag in diesem Sinne hinreichend begründet, hat das Gericht von Amts wegen zu ermitteln (§ 12 FGG). 2

I. Nicht unwesentliche Unterbewertung, Abs. 1 Nr. 1

Gem. Abs. 1 Nr. 1 muss Anlass für die Annahme bestehen, dass im festgestellten Jahresabschluss bestimmte Posten nicht unwesentlich unterbewertet sind. Durch wen die Feststellung des Jahresabschlusses erfolgt – Verwaltung (§ 172 AktG) oder ausnahmsweise durch die Hauptversammlung (§ 172 AktG) – ist irrelevant (*Hüffer* AktG, § 258 Rn. 4). Zwar spielt das Ergebnis der Abschlussprüfung für die Sonderprüfung keine Rolle, aus § 316 Abs. 1 S. 2 HGB ergibt sich aber, dass letztere grundsätzlich erst nach Durchführung der Abschlussprüfung erfolgen kann. Unter Posten sind die Gliederungspositionen des § 266 HGB zu verstehen (*Hüffer* AktG, § 258 Rn. 5). 3

4 Die Unterbewertung darf nicht unwesentlich sein. Für die Begriffsbestimmung der Unterbewertung wird auf die Legaldefinition in § 256 Abs. 5 S. 3 AktG verwiesen. Wie dort gilt auch hier, dass eine gebotene, aber unterbliebene Aktivierung oder eine unzulässige, aber erfolgte Passivierung (sog. Ansatzfehler) den Bewertungsfehlern gleichzusetzen sind (MüKo AktG/*Hüffer* § 258 Rn. 17). Als Vergleichsgröße für die Beurteilung der Unterbewertung ist entgegen der h. M. nicht auf die Gesamtverhältnisse der Gesellschaft und ihres Unternehmens abzustellen, d. h. auf das ausgewiesene Jahresergebnis und auf das Grundkapital, sondern auf den einzelnen Bilanzposten (*Hüffer* AktG, § 258 Rn. 7, GroßkommAktG/*Barz* § 258 Rn. 4; a. A. KölnKomm AktG/*Claussen* § 258 Rn. 14). Daher können auch die zum Teil geforderten festen Betragsgrenzen für das Vorliegen einer nicht unwesentlichen Unterbewertung (ab 10 % des Jahresüberschusses und über 0,5 % des Grundkapitals) nicht zur Beurteilung herangezogen werden; es verbleibt vielmehr bei einem je nach Einzelfall durch sachverständige und billige Erwägungen auszufüllenden Entscheidungsspielraum (*Hüffer* AktG, § 258 Rn. 8).

II. Fehlende oder unvollständige Angaben im Anhang, Abs. 1 Nr. 2

5 Gem. Abs. 1 Nr. 2 sind Sonderprüfer auch dann zu bestellen, wenn der Anhang des Jahresabschlusses die vorgeschriebenen Angaben (s. hierzu § 160 AktG, §§ 284 ff. HGB) nicht oder nicht vollständig enthält und sie auch nicht in der Hauptversammlung nachgeholt worden sind. Da bei unrichtigen Sachangaben die richtige Angabe fehlt, fallen diese unter die Regelung (KölnKomm AktG/*Claussen* § 258 Rn. 19). Wenn fälschlicherweise eine Fehlanzeige erstattet wird, dann ist der Anhang unvollständig (GroßkommAktG/*Barz* § 258 Rn. 5).

6 Der Vorstand hat das Recht, seine Berichterstattung in der Hauptversammlung um fehlende Angaben zu ergänzen. Ist der Anhang danach vollständig, so ist eine Sonderprüfung ausgeschlossen. Aufgrund wessen Veranlassung die Ergänzung erfolgte – d. h. auf Frage der Aktionäre hin oder von sich aus – spielt insofern keine Rolle (GroßkommAktG/*Barz* § 258 Rn. 6). Wird die lückenhafte Berichterstattung im Anhang vom Vorstand auch nicht auf der Hauptversammlung behoben, so kommt es darauf an, ob nach den betreffenden Informationen gefragt und die Aufnahme der Frage in die Niederschrift (§ 130 AktG) verlangt worden ist. Es reicht die Erklärung des Fragestellers, der nicht mit dem späteren Antragsteller identisch sein muss, aus, dass Angaben nach §§ 284 ff., 160 HGB vermisst werden (*Hüffer* AktG, § 258 Rn. 10).

III. Sonderregelung des Abs. 1 a

7 Nach der Sonderregelung des Abs. 1 a gilt, dass ein Sonderprüfer trotz Vorliegens der Voraussetzungen des Abs. 1 (Unterbewertung, Berichtslücken) nicht bestellt werden kann, soweit die Unterbewertung bzw. die Beweislücken auf der in § 340 f HGB zugelassenen Vorsorge für Bankrisiken beruhen (vgl. *Hüffer* AktG, § 258 Rn. 3). Auf Finanzdienstleistungsinstitute ist § 340 f HGB gem. § 340 Abs. 4 S. 1 HGB anzuwenden.

C. Durchführung der Sonderprüfung

I. Sonderprüfung wegen Unterbewertung

8 Die Aufgaben der Sonderprüfer ergeben sich aus Abs. 1 S. 2 und 3 i. V. m. dem gerichtlichen Prüfungsauftrag (*Hüffer* AktG, § 258 Rn. 11). Die Prüfung beschränkt sich auf die bemängelten Posten, bei denen das Gericht das Vorliegen der Voraussetzungen einer Sonderprüfung bejaht hat, § 258 Abs. 1 S. 2 AktG. Zuerst ist zu prüfen, ob eine Unterbewertung vorliegt, im zweiten Prüfungsschritt ob Unwesentlichkeit gegeben ist und aus § 259 Abs. 2 AktG folgt, dass drittens zu prüfen ist, mit welchem Mindestwert die einzelnen Aktivposten bzw. mit welchem Höchstwert die einzelnen Passivposten anzusetzen waren (MüKo AktG/*Hüffer* § 258 Rn. 31).

II. Sonderprüfung wegen fehlender oder unvollständiger Angaben im Anhang

9 Die Aufgaben des Sonderprüfers ergeben sich aus Abs. 1 S. 3 i. V. m. dem gerichtlichen Prüfungsauftrag (*Hüffer* AktG, § 258 Rn. 12). Es wird allgemein als zulässig angesehen, dass die in Abs. 1

S. 3 vorgesehene Prüfungsabfolge (Fehlen von Angaben, vergebliche Frage, Beurkundungsverlangen) umgekehrt wird, da sie eine Lücke im Bericht voraussetzt, diese aber durch die Prüfung erst nachgewiesen werden soll (KölnKomm AktG/*Claussen* § 258 Rn. 38).

D. Verfahren zur Bestellung von Sonderprüfern

I. Antrag auf Bestellung von Sonderprüfern, Abs. 2

1. Form und Frist

Maßgeblich ist das Verfahrensrecht der freiwilligen Gerichtsbarkeit (vgl. § 145 Abs. 1 FGG). Daher besteht weder Anwaltszwang, noch ist eine bestimmte Antragsform vorgeschrieben. Ausreichend ist ein Antrag zu Protokoll der Geschäftsstelle, § 11 FGG. Da eine Unterschrift nicht erforderlich ist, sofern nur die Person des Antragstellers klar hervorgeht, ist es auch zulässig, den Antrag durch Telefax o. Ä. zu stellen (*Hüffer* AktG, § 258 Rn. 13). 10

Abs. 2 S. 1 verlangt, dass der Antrag innerhalb eines Monats nach der Hauptversammlung gestellt wird. Die Monatsfrist ist eine **zwingende materiell-rechtliche Ausschlussfrist** ohne Verlängerungsmöglichkeit (*Hüffer* AktG, § 258 Rn. 14). Fristbeginn ist das Datum der Hauptversammlung über den Jahresabschluss (MüKo AktG/*Hüffer* § 258 Rn. 41). Für die Fristberechnung gelten § 187 Abs. 1 und § 188 Abs. 2 BGB (*Hüffer* AktG § 258 Rn. 15). Ein Antrag zu Protokoll des unzuständigen Gerichts wahrt nur die Form, nicht die Frist (*Hüffer* AktG § 258 Rn. 15). Wie bei der Anfechtungsklage können auch hier keine Prüfungsgründe nachgeschoben werden (MüKo AktG/*Hüffer* § 258 Rn. 43). 11

2. Antragsberechtigung

Aufgrund des Verweises in Abs. 2 S. 3 auf § 142 Abs. 2 AktG ist erforderlich, dass antragstellende Aktionäre **1 % des Grundkapitals** oder einen anteiligen Betrag von **€ 100.000,–** auf sich vereinigen. Ob diese qualifizierte Mehrheit von einem oder von mehreren Aktionären erreicht wird, ist irrelevant (*Hüffer* AktG, § 258 Rn. 16). Nach allgemeiner Meinung werden stimmrechtslose Vorzüge mitgerechnet, darüber hinaus auch Aktien, für die nach § 134 Abs. 1 oder Abs. 2 AktG das Stimmrecht nicht ausgeübt werden darf (MüKo AktG/*Hüffer* § 258 Rn. 44). 12

Die Antragsteller müssen gem. Abs. 2 S. 4 ihre Aktien bis zur Entscheidung über den Antrag hinterlegen oder eine Versicherung des depotführenden Klägers vorlegen, dass die Aktien bis dahin nicht veräußert werden. Es soll dadurch gewährleistet werden, dass die Antragsberechtigung für die Dauer des Gerichtsverfahrens erhalten bleibt (*Hüffer* AktG, § 258 Rn. 17). Die Hinterlegung kann beim Amtsgericht oder bei der AG selbst erfolgen (KG JW 1930, 3777; KölnKomm AktG/*Claussen* § 258 Rn. 25). Die Antragsteller müssen ferner glaubhaft machen, dass sie seit mindestens drei Monaten vor dem Tag der Hauptversammlung Inhaber der Aktien sind. 13

II. Gerichtliches Verfahren und Entscheidung, Abs. 3

1. Zuständigkeit

Sachlich zuständig ist das Amtsgericht (§ 145 FGG), das durch den Richter und nicht durch den Rechtspfleger entscheidet (§ 17 Nr. 2 a RPflG). Die **örtliche** Zuständigkeit richtet sich nach dem Sitz der AG (§ 14 AktG). 14

2. Prüfung und Anhörung

Das Gericht prüft den Antrag in förmlicher und sachlicher Hinsicht. Die **förmliche Prüfung** umfasst die Zuständigkeit, die Antragsform sowie die Antragsberechtigung. Die **sachliche Prüfung** bezieht sich auf die Einhaltung der Antragsfrist und die Antragsgründe (*Hüffer* AktG, § 258 Rn. 19). Das Gericht hat gem. § 12 FGG die Beweise aufzunehmen, die es für die Feststellung der Tatsachen geeignet hält. Nach h. M. fällt darunter jedoch nicht die Beiziehung von Sachverständigen (KölnKomm AktG/*Claussen* § 258 Rn. 28, GroßkommAktG/*Barz* § 258 Rn. 12 a. E.; 15

a. A. *Hüffer* AktG, § 258 Rn. 19). Das Gericht kann die Vorlage des Prüfungsberichts des Abschlussprüfers (§ 321 HGB) verlangen, nicht jedoch die Vorlage weiterer Unterlagen, insbesondere interne Arbeitsanweisungen etc. (*Hüffer* AktG, § 258 Rn. 21).

16 Gem. Abs. 3 S. 1 ist eine **Anhörung** des Vorstandes, des Aufsichtsrates und des Abschlussprüfers vor der Bestellung der Sonderprüfer zwingend vorgeschrieben. Sie kann schriftlich oder mündlich erfolgen und kann nur unterbleiben, wenn das Gericht ohnehin den Antrag als unzulässig oder unbegründet abweisen möchte (*Hüffer* AktG, § 258 Rn. 20).

17 Das Gericht entscheidet **durch Beschluss**, Abs. 3 S. 2. Wenn der Antrag zulässig und begründet ist, dann bestellt das Gericht gem. Abs. 1 S. 1 den Sonderprüfer. Das Gericht kann einen oder mehrere Prüfer bestellen, hat aber die Personen (oder Prüfungsgesellschaften) zu bezeichnen. Ferner gehört zum Inhalt des Beschlusses auch die Formulierung des Prüfungsauftrages (*Hüffer* AktG, § 258 Rn. 22).

18 Im Falle der Bestellung eines Sonderprüfers trägt die Aktiengesellschaft die Gerichtskosten (§ 146 AktG i. V. m. Abs. 5 S. 1). Bleibt der Antrag ohne Erfolg, dann müssen die Antragsteller gem. §§ 2, 5 KostO die Gerichtskosten tragen. Von den Gerichtskosten müssen die Kosten für die Sonderprüfung selbst unterschieden werden (siehe Rn. 21). Rechtsmittel gegen die Entscheidung ist die sofortige Beschwerde gem. § 258 Abs. 3 S. 2 AktG.

E. Sonderprüfer

I. Auswahl der Sonderprüfer, Abs. 4

19 Nach Abs. 4 S. 1 können ausschließlich Wirtschaftsprüfer und Wirtschaftsprüfungsgesellschaften zum Sonderprüfer bestellt werden. Die diesbezügliche Auswahl obliegt dem Gericht (*Hüffer* AktG, § 258 Rn. 24). Bei der Auswahl der Sonderprüfer muss darauf geachtet werden, dass die Prüfer von der Aktiengesellschaft **unabhängig** sind und nicht in der Gefahr der Befangenheit stehen (Abs. 4 S. 2 i. V. m. §§ 319 Abs. 2 bis 4, 319 a Abs. 1 HGB). Gem. Abs. 4 S. 3 können Abschlussprüfer nicht Sonderprüfer sein. Davon erfasst sind diejenigen Abschlussprüfer, die den nach § 258 AktG angegriffenen Jahresabschluss geprüft haben, sowie diejenigen, die für das laufende oder ein späteres Geschäftsjahr für die Prüfung vorgesehen sind (*Hüffer* AktG, § 258 Rn. 26). Außerdem kann nach Abs. 4 S. 3 2. Fall nicht Sonderprüfer werden, wer in den letzten drei Jahren vor der Bestellung Abschlussprüfer war. Für die Berechnung der Frist ist vom Tag der Bestellung als Sonderprüfer an drei Kalenderjahre zurückzurechnen (h. M. GroßkommAktG/*Barz* § 258 Rn. 15).

II. Rechte und Verantwortlichkeit des Sonderprüfers, Abs. 5

20 Der Sonderprüfer handelt **als Organ der Gesellschaft** und steht zugleich in einem **schuldrechtlichen Verhältnis** zur Gesellschaft, auf das die Regelungen über den Geschäftsbesorgungsvertrag (§ 675 BGB) anwendbar sind (MüKo AktG/*Hüffer* § 258 Rn. 62). Grundlage der Rechtsbeziehungen ist der Gerichtsbeschluss.

21 Die einzelnen Rechte der Sonderprüfer ergeben sich aus Abs. 5. Sie haben Anspruch auf Auslagenersatz und Vergütung (§§ 142 Abs. 4 i. V. m. 258 Abs. 5 S. 1 AktG). Diese werden von der Gesellschaft zusammen mit den sonstigen Kosten der Sonderprüfung geschuldet (§§ 146 i. V. m. 258 Abs. 5 S. 1 AktG). Den Sonderprüfern steht ein Auskunfts- und Einsichtsrecht zu (§ 145 Abs. 1 bis 3 i. V. m. 258 Abs. 5 AktG). Sie sind gem. § 323 HGB i. V. m. Abs. 5 S. 1 verantwortlich und dabei insbesondere zur Verschwiegenheit verpflichtet. Eine Verletzung der Verschwiegenheitspflicht führt neben einer Schadensersatzpflicht (§ 323 Abs. 1 S. 3 HGB) auch zur Strafbarkeit (§ 404 Abs. 1 Nr. 2 AktG).

F. Konkurrenzen

Unter den Voraussetzungen des § 256 Abs. 5 S. 1 Nr. 2 AktG kann auch eine Unterbewertung zur Nichtigkeit des Jahresabschlusses führen. Die §§ 258 ff. AktG betreffen jedoch den Fall, dass der Jahresabschluss trotz einer nicht unwesentlichen Unterbewertung gültig ist (MüKo AktG/*Hüffer* § 258 Rn. 65). Dennoch ist das Gericht dazu verpflichtet, den Sonderprüfer zu bestellen, auch wenn es den Jahresabschluss für nichtig hält (GroßkommAktG/*Barz* § 258 Rn. 21). Die Feststellung der Nichtigkeit gehört auch nicht zum Aufgabenkreis des Sonderprüfers (*Hüffer* AktG, § 258 Rn. 65). 22

Aus der **Subsidiaritätsregel** des § 142 Abs. 3 AktG folgt, dass wenn die Voraussetzungen des Abs. 1 vorliegen und unabhängig davon, ob das Verfahren letztlich durchgeführt wird oder nicht, das Prüfungsverfahren gem. §§ 142 ff. AktG ausgeschlossen ist (MüKo AktG/*Hüffer* § 258 Rn. 66). Sonst würde die Monatsfrist des Abs. 2 S. 1 umgangen. 23

§ 259 Prüfungsbericht. Abschließende Feststellungen

(1) [1]Die Sonderprüfer haben über das Ergebnis der Prüfung schriftlich zu berichten. [2]Stellen die Sonderprüfer bei Wahrnehmung ihrer Aufgaben fest, daß Posten überbewertet sind (§ 256 Abs. 5 Satz 2), oder daß gegen die Vorschriften über die Gliederung des Jahresabschlusses verstoßen ist oder Formblätter nicht beachtet sind, so haben sie auch darüber zu berichten. [3]Für den Bericht gilt § 145 Abs. 4 bis 6 sinngemäß.

(2) [1]Sind nach dem Ergebnis der Prüfung die bemängelten Posten nicht unwesentlich unterbewertet (§ 256 Abs. 5 Satz 3), so haben die Sonderprüfer am Schluß ihres Berichts in einer abschließenden Feststellung zu erklären,

1. **zu welchem Wert die einzelnen Aktivposten mindestens und mit welchem Betrag die einzelnen Passivposten höchstens anzusetzen waren;**
2. **um welchen Betrag der Jahresüberschuß sich beim Ansatz dieser Werte oder Beträge erhöht oder der Jahresfehlbetrag sich ermäßigt hätte.**

[2]Die Sonderprüfer haben ihrer Beurteilung die Verhältnisse am Stichtag des Jahresabschlusses zugrunde zu legen. [3]Sie haben für den Ansatz der Werte und Beträge nach Nummer 1 diejenige Bewertungs- und Abschreibungsmethode zugrunde zu legen, nach der die Gesellschaft die zu bewertenden Gegenstände oder vergleichbare Gegenstände zuletzt in zulässiger Weise bewertet hat.

(3) Sind nach dem Ergebnis der Prüfung die bemängelten Posten nicht oder nur unwesentlich unterbewertet (§ 256 Abs. 5 Satz 3), so haben die Sonderprüfer am Schluß ihres Berichts in einer abschließenden Feststellung zu erklären, daß nach ihrer pflichtmäßigen Prüfung und Beurteilung die bemängelten Posten nicht unzulässig unterbewertet sind.

(4) [1]Hat nach dem Ergebnis der Prüfung der Anhang die vorgeschriebenen Angaben nicht oder nicht vollständig enthalten und der Vorstand in der Hauptversammlung die fehlenden Angaben, obwohl nach ihnen gefragt worden ist, nicht gemacht und ist die Aufnahme der Frage in die Niederschrift verlangt worden, so haben die Sonderprüfer am Schluß ihres Berichts in einer abschließenden Feststellung die fehlenden Angaben zu machen. [2]Ist die Angabe von Abweichungen von Bewertungs- oder Abschreibungsmethoden unterlassen worden, so ist in der abschließenden Feststellung auch der Betrag anzugeben, um den der Jahresüberschuß oder Jahresfehlbetrag ohne die Abweichung, deren Angabe unterlassen wurde, höher oder niedriger gewesen wäre. [3]Sind nach dem Ergebnis der Prüfung keine Angaben nach Satz 1 unterlassen worden, so haben die Sonderprüfer in einer abschließenden Feststellung zu erklären, daß nach ihrer pflichtmäßigen Prüfung und Beurteilung im Anhang keine der vorgeschriebenen Angaben unterlassen worden ist.

(5) Der Vorstand hat die abschließenden Feststellungen der Sonderprüfer nach den Absätzen 2 bis 4 unverzüglich in den Gesellschaftsblättern bekanntzumachen.

Übersicht:

A. Überblick

1 § 259 AktG hat den Bericht über das Prüfungsergebnis der Sonderprüfung i. S. v. § 258 AktG und die abschließenden Feststellungen, in die der Prüfungsbericht einzumünden hat, zum Gegenstand. Hinsichtlich des Normzwecks muss differenziert werden: Bei der Sonderprüfung wegen Unterbewertung (Abs. 2 und 3) ist es Aufgabe der Sonderprüfer die betragsmäßigen Grundlagen für das weitere Verfahren – gesonderter Ertragsausweis im nächsten Jahresabschluss (§ 261 Abs. 1 AktG) oder Gerichtsverfahren (§ 260 Abs. 1 AktG) – zu schaffen (*Hüffer* AktG, § 259 Rn. 1). Bei der Sonderprüfung wegen fehlender oder unvollständiger Angaben im Anhang (Abs. 4) dient die abschließende Feststellung dem Ersatz der fehlenden Angaben, da insoweit ein gerichtliches Verfahren nach § 260 Abs. 1 AktG nicht vorgesehen ist (MüKo AktG/*Hüffer* § 259 Rn. 2).

B. Prüfungsbericht, Abs. 1

I. Inhalt und Form

2 Gem. Abs. 1 S. 1 ist über das Ergebnis der Sonderprüfung schriftlich zu berichten. Dem Zweck der Sonderprüfung entsprechend soll gewährleistet werden, dass die antragstellenden Aktionäre umfassend, klar und aus sich heraus verständlich unterrichtet werden (GroßkommAktG/*Barz* § 259 Rn. 2; MüKo AktG/*Hüffer* § 259 Rn. 2; KölnKomm AktG/*Claussen* § 259 Rn. 6). Daher ist die gesetzliche Aufzählung der Feststellungen, die der Prüfungsbericht zu enthalten hat (Abs. 1 S. 2, Abs. 2 S. 1, Abs. 3 und Abs. 4) auch **nicht abschließend**. Es muss auch grundsätzlich über nachteilige Tatsachen berichtet werden, da keine entsprechende Schutzklausel (wie z. B. § 286 Abs. 2 oder Abs. 3 Nr. 2 HGB) existiert (MüKo AktG/*Hüffer* § 259 Rn. 4). Wegen des Verweises des Abs. 1 S. 3 auf § 145 Abs. 4 bis 6 AktG kann sich jedoch durch gerichtliche Entscheidung etwas Anderes ergeben. Der Bericht muss durch den Sonderprüfer unterzeichnet werden (§§ 145 Abs. 6 S. 3 i. V. m. 259 Abs. 1 S. 3 AktG). Außerdem müssen die Sonderprüfer den Bericht unverzüglich dem Vorstand vorlegen und zum Handelsregister des Gesellschaftssitzes einreichen (§§ 145 Abs. 6 S. 3 i. V. m. 259 Abs. 1 S. 3 AktG). Der Vorstand ist verpflichtet, jedem Aktionär auf Verlangen eine Abschrift zu erteilen (§§ 145 Abs. 6 S. 4 i. V. m. 259 Abs. 1 S. 3 AktG). Ferner muss der Bericht dem Aufsichtsrat vorgelegt und bei Einberufung der Hauptversammlung als Gegenstand der Tagesordnung bekannt gemacht werden (§§ 145 Abs. 6 S. 5 i. V. m. 259 Abs. 1 S. 3 AktG).

II. Erweiterte Berichtspflicht

3 Gem. der Regelung in Abs. 1 S. 2 ist auch über Gliederungsfehler, Verstöße gegen Formblattzwang und Überbewertung von Bilanzposten – d. h. über potentielle Nichtigkeitsgründe i. S. v. § 256 Abs. 6 und Abs. 5 Nr. 1 AktG – zu berichten (vgl. *Hüffer* AktG, § 259 Rn. 3). Dadurch wird der Prüfungsauftrag jedoch nicht gesetzlich erweitert, da die Berichtspflicht nur besteht,

wenn die Prüfer die betreffenden Mängel bei Wahrnehmung ihrer Aufgaben feststellen. Die Sonderprüfer müssen zwar kein Urteil über die Nichtigkeit des Jahresabschlusses aufgrund derartiger Mängel abgeben, jedoch wird es als zweckmäßig erachtet, wenn sie auf eine diesbezüglich eingetretene Heilung (§ 256 Abs. 6 AktG) hinweisen (*Hüffer* AktG, § 259 Rn. 3). Die genannten Berichtspunkte (Überbewertungen etc.) sind in die abschließenden Feststellungen zwar nicht generell, jedoch dann aufzunehmen, wenn ohne den Hinweis auf Überbewertungen der unzutreffende Eindruck entsteht, es sei ausschüttungsfähiger Gewinn vorhanden (*Hüffer* AktG, § 259 Rn. 3; KölnKomm AktG/*Claussen* § 259 Rn. 10).

C. Abschließende Feststellungen bei Prüfung wegen Unterbewertung, Abs. 2 und 3

I. Beurteilungsgrundlagen

Maßstäbe für die gesamte Prüfung und nicht nur für die abschließenden Feststellungen sind in Abs. 2 S. 2 und 3 niedergelegt. Maßgeblich ist der **Stichtag des Jahresabschlusses** (Abs. 2 S. 2), jedoch nur mit den Einschränkungen des § 252 Abs. 1 S. 4 HGB. Der Stichtag des Jahresabschlusses gilt insbesondere auch für Prognoseentscheidungen, auch wenn sich mittlerweile eine andere tatsächliche Entwicklung ergeben hat (MüKo AktG/*Hüffer* § 259 Rn. 10). Zu berücksichtigen sind allerdings wertaufhellende Entwicklungen, d. h. solche die zwar nachträglich, aber vor Feststellung des Jahresabschlusses eingetreten sind (KölnKomm AktG/*Claussen* § 259 Rn. 3). Gem. Abs. 2 S. 3 haben die Sonderprüfer diejenigen Bewertungsmethoden zu Grunde zu legen, die von der AG zuletzt in zulässiger Weise angewandt worden sind. Das gilt auch dann, wenn die letzte zulässige Bewertung bereits mehrere Jahre zurückliegt (*Hüffer* AktG, § 259 Rn. 4). 4

II. Abschließende Feststellungen

1. Nicht unwesentliche Unterbewertung

Ergibt die Prüfung eine nicht unwesentliche Unterbewertung der bemängelten Posten, müssen die Sonderprüfer gem. Abs. 2 S. 1 Nr. 1 zunächst den Mindestansatz von Aktivposten bzw. den Höchstansatz von Passivposten angeben. Nach h. M. ist mit »mindestens« und »höchstens« i. S. v. Abs. 2 S. 1 Nr. 1 gemeint, dass die von den Abschlussprüfern oder Gesellschaftsorganen bereits vorgenommene Bewertung nur im Umfang des schlechthin Unvermeidlichen berichtigt werden soll (MüKo AktG/*Hüffer* § 259 Rn. 12; a. A. KölnKomm AktG/*Claussen* § 259 Rn. 15). 5

Außerdem müssen die Sonderprüfer gem. Abs. 2 S. 1 Nr. 2 erklären, um welchen Betrag sich der Jahresüberschuss erhöht oder sich der Jahresfehlbetrag ermäßigt hätte, wenn die von den Prüfern angenommenen Mindest- bzw. Höchstwerte eingesetzt worden wären. Damit ist der Unterbewertungsbetrag gemeint, der sich aus der Addition der einzelnen Unterbewertungen in den gerügten Bilanzposten ergibt (MüKo AktG/*Hüffer* § 259 Rn. 13). Überbewertungen, die bei der Prüfung festgestellt wurden (vgl. Abs. 1 S. 2), bleiben hierbei genauso wie Steuern, die auf einen Betrag aus höherer Bewertung anfallen, unberücksichtigt (MüKo AktG/*Hüffer* § 259 Rn. 13). 6

2. Keine oder unwesentliche Unterbewertung

Wird bei der Sonderprüfung festgestellt, dass keine oder nur eine unwesentliche Unterbewertung vorliegt, dann muss ein Negativattest in der Form des Abs. 3 abgegeben werden. Eine genaue Bezeichnung der jeweiligen Posten ist nicht erforderlich, aber zulässig (*Hüffer* AktG, § 259 Rn. 6) 7

D. Abschließende Feststellungen bei fehlenden oder unvollständigen Angaben im Anhang, Abs. 4

I. Fehlende oder unvollständige Angaben im Anhang

Wenn die Sonderprüfung ergibt, dass der Anhang die vorgeschriebenen Angaben nicht oder nicht vollständig enthält, dann müssen die Prüfer die fehlenden Angaben gem. Abs. 4 in ihrer abschließenden Feststellung **nachholen**. Diese Ergänzungen des Anhangs können nicht gerichtlich 8 angefochten werden (vgl. § 260 Abs. 1 S. 1 AktG). Wenn sich in der Prüfung herausstellt, dass in der Hauptversammlung nicht nach den Angaben gefragt wurde oder die Frage beantwortet worden ist, müssen die Prüfer bei Gericht die Aufhebung des Beschlusses anregen. Geht das Gericht nicht darauf ein, ist eine abschließende Erklärung mit dem Inhalt abzugeben, dass die Information in der Hauptversammlung nicht begehrt oder bereits gegeben wurde (*Hüffer* AktG, § 259 Rn. 7).

9 Gem. Abs. 4 S. 2 müssen die abschließenden Feststellungen die Angabe des Unterschiedsbetrags, der sich aus der Abweichung von Bewertungs- oder Abschreibungsmethoden ergibt, enthalten. Das bedeutet, dass eine Vergleichsrechnung zu erfolgen hat, in der die Ergebnisse der bisherigen Bewertung denjenigen der neuen Bewertung gegenübergestellt werden. Auch geringe Beträge sind anzugeben (*Hüffer* AktG, § 259 Rn. 8).

II. Keine fehlenden oder unvollständigen Angaben

10 Wird festgestellt, dass keine Angaben fehlen oder die Angaben im Anhang nicht unvollständig sind, dann ist gem. und in der Form des Abs. 4 S. 3 ein **Negativattest** auszustellen. Die Sonderprüfer sind nach allgemeiner Meinung jedoch nicht verpflichtet, die Vollständigkeit des gesamten Anhangs zu bestätigen, obwohl ihre Prüfung entsprechend dem gerichtlichen Prüfungsauftrag eingeschränkt war (*Hüffer* AktG, § 259 Rn. 9). Die abschließenden Feststellungen sollten daher entsprechende einschränkende Erklärungen enthalten.

E. Bekanntmachungspflicht, Abs. 5

11 Die abschließenden Feststellungen der Sonderprüfer müssen in den Gesellschaftsblättern bekannt gemacht werden, Abs. 5. Die Bekanntmachung ist vom Vorstand **unverzüglich** (vgl. § 121 Abs. 1 S. 1 BGB) zu veranlassen (MüKo AktG/*Hüffer* § 259 Rn. 19). Die Verpflichtung des Vorstandes ist gem. § 407 Abs. 1 S. 1 Hs. 1 AktG zwangsgeldbewehrt. Der Vorstand ist verpflichtet, darauf hinzuweisen, dass es sich um das Ergebnis einer Sonderprüfung nach § 258 AktG handelt (MüKo AktG/*Hüffer* § 259 Rn. 19). Nach der Veröffentlichung im Bundesanzeiger beginnt die Monatsfrist des § 260 Abs. 1 S. 1 AktG zu laufen (MüKo AktG/*Hüffer* § 259 Rn. 19).

§ 260 Gerichtliche Entscheidung über die abschließenden Feststellungen der Sonderprüfer

(1) [1]Gegen abschließende Feststellungen der Sonderprüfer nach § 259 Abs. 2 und 3 können die Gesellschaft oder Aktionäre, deren Anteile zusammen den zwanzigsten Teil des Grundkapitals oder den anteiligen Betrag von 500 000 Euro erreichen, innerhalb eines Monats nach der Veröffentlichung im elektronischen Bundesanzeiger den Antrag auf Entscheidung durch das nach § 132 Abs. 1 zuständige Gericht stellen. [2]§ 258 Abs. 2 Satz 4 und 5 gilt sinngemäß. [3]Der Antrag muß auf Feststellung des Betrags gerichtet sein, mit dem die im Antrag zu bezeichnenden Aktivposten mindestens oder die im Antrag zu bezeichnenden Passivposten höchstens anzusetzen waren. [4]Der Antrag der Gesellschaft kann auch auf Feststellung gerichtet sein, daß der Jahresabschluß die in der abschließenden Feststellung der Sonderprüfer festgestellten Unterbewertungen nicht enthielt.

(2) [1]Über den Antrag entscheidet das Gericht unter Würdigung aller Umstände nach freier Überzeugung. [2]§ 259 Abs. 2 Satz 2 und 3 ist anzuwenden. [3]Soweit die volle Aufklärung aller maßgebenden Umstände mit erheblichen Schwierigkeiten verbunden ist, hat das Gericht die anzusetzenden Werte oder Beträge zu schätzen.

(3) [1]§ 99 Abs. 1, Abs. 2 Satz 1, Abs. 3 und 5 gilt sinngemäß. [2]Das Gericht hat seine Entscheidung der Gesellschaft und, wenn Aktionäre den Antrag nach Absatz 1 gestellt haben, auch diesen zuzustellen. [3]Es hat sie ferner ohne Gründe in den Gesellschaftsblättern bekanntzumachen. [4]Die Beschwerde steht der Gesellschaft und Aktionären zu, deren Anteile zusammen

den zwanzigsten Teil des Grundkapitals oder den anteiligen Betrag von 500 000 Euro erreichen. [5]§ 258 Abs. 2 Satz 4 und 5 gilt sinngemäß. [6]Die Beschwerdefrist beginnt mit der Bekanntmachung der Entscheidung im elektronischen Bundesanzeiger, jedoch für die Gesellschaft und, wenn Aktionäre den Antrag nach Absatz 1 gestellt haben, auch für diese nicht vor der Zustellung der Entscheidung.

(4) [1]Für die Kosten des Verfahrens gilt die Kostenordnung. [2]Für das Verfahren des ersten Rechtszugs wird das Doppelte der vollen Gebühr erhoben. [3]Für den zweiten Rechtszug wird die gleiche Gebühr erhoben; dies gilt auch dann, wenn die Beschwerde Erfolg hat. [4]Wird der Antrag oder die Beschwerde zurückgenommen, bevor es zu einer Entscheidung kommt, so ermäßigt sich die Gebühr auf die Hälfte. [5]Der Geschäftswert ist von Amts wegen festzusetzen. [6]Die Kosten sind, wenn dem Antrag stattgegeben wird, der Gesellschaft, sonst dem Antragsteller aufzuerlegen. [7]§ 247 gilt sinngemäß.

Übersicht:

A. Überblick

§ 260 AktG bezweckt die abschließende Streitentscheidung, wenn die Feststellungen der Sonderprüfer zur Unterbewertung noch nicht befriedend gewirkt haben (*Hüffer* AktG, § 260 Rn. 1). Aus einem Gegenschluss aus § 260 AktG ergibt sich, dass die von den Sonderprüfern getroffenen Feststellungen hinsichtlich fehlender oder unvollständiger Angaben im Anhang nicht gerichtlich angegriffen werden können. Das Verfahren erfolgt im Streitverfahren der **freiwilligen Gerichtsbarkeit** (§§ 99 Abs. 1 i. V. m. 260 Abs. 3 S. 1 AktG). 1

B. Antrag auf gerichtliche Entscheidung, Abs. 1

I. Antragsberechtigung

1. Gesellschaft, Abs. 1 S. 1 Alt. 1

Antragsberechtigt ist die Gesellschaft (Abs. 1 S. 1 Alt. 1). Der Vorstand benötigt diesbezüglich nicht jeweils die Zustimmung des Aufsichtsrats, der Aufsichtsrat kann aber die Antragstellung als wesentliches Einzelgeschäft gem. § 111 Abs. 4 AktG von seiner Zustimmung abhängig machen (*Hüffer* AktG, § 260 Rn. 2; a. A. KölnKomm AktG/*Claussen* § 260 Rn. 2 a. E.; Großkomm-AktG/*Barz* § 260 Rn. 3). 2

2. Aktionäre, Abs. 1 S. 1 Alt. 2

Auch die Aktionäre sind antragsberechtigt, sofern sie ein Quorum von **5 % des Grundkapitals** oder einen Aktienbesitz erreichen, der einen anteiligen Betrag von € 500.000,– ausmacht, Abs. 1 S. 1 Alt. 2. Es ist aber nicht erforderlich, dass der Antrag auf die gerichtliche Entscheidung von denjenigen Aktionären gestellt wird, die bereits den Antrag auf Sonderprüfung gem. § 258 AktG gestellt haben (MüKo AktG/*Hüffer* § 260 Rn. 5). Die antragstellenden Aktionäre sind gem. §§ 258 Abs. 2 S. 4 i. V. m. 260 Abs. 1 S. 2 AktG verpflichtet, ihre Aktien bis zur gerichtlichen Entscheidung der ersten Instanz (KölnKomm AktG/*Claussen* § 260 Rn. 5) zu hinterlegen. Für die Hinterlegung gilt das zu § 258 AktG Gesagte (vgl. § 258 Rn. 14). 3

II. Zuständigkeit, Frist und Form

4 Der Antrag muss beim **ausschließlich zuständigen Landgericht** des Gesellschaftssitzes, §§ 132 Abs. 1 i. V. m. 260 Abs. 1 S. 1 AktG eingebracht werden. Die Antragsfrist beträgt **einen Monat** und beginnt mit der Veröffentlichung im elektronischen Bundesanzeiger, Abs. 1 S. 1. Für die Fristberechnung gelten §§ 187 Abs. 1, 188 Abs. 2 BGB (*Hüffer* AktG, § 260 Rn. 4). Hinsichtlich der Form des Antrags ist nichts vorgeschrieben.

III. Antragsinhalt

5 Der Antrag muss **inhaltlich bestimmt** i. S. v. Abs. 1 S. 3 und 4 sein. Die Aktionärsminderheit kann nach h. M. nur die Feststellung einer höheren Unterbewertung und die Gesellschaft dagegen nur die Feststellung einer niedrigeren Unterbewertung oder ihr gänzliches Fehlen beantragen (GroßkommAktG/*Barz* § 260 Rn. 4; MüKo AktG/*Hüffer* § 260 Rn. 9). Gem. Abs. 1 S. 3 müssen die Antragsteller den Aktiv- oder Passivposten, der eine Unterbewertung beinhalten soll, genau bezeichnen. Darüber hinaus ist nach h. M. keine genaue Bezifferung des Feststellungsbegehrens erforderlich (KölnKomm AktG/*Claussen* § 260 Rn. 7; a. A. MüKo AktG/*Hüffer* § 260 Rn. 10).

C. Beurteilungsgrundlagen, Abs. 2

6 Das Gericht ermittelt den Sachverhalt gem. § 12 FGG. Danach entscheidet es gem. Abs. 2 S. 1 nach freier Überzeugung. Dies bedeutet nicht, dass das Gericht über den gestellten Antrag hinausgehen darf und auch nicht, dass dem Gericht ein Ermessensspielraum zusteht (so aber KölnKomm AktG/*Claussen* § 260 Rn. 12), sondern lediglich, dass das Gericht **nicht an Beweisregeln** gebunden ist (*Hüffer* AktG, § 260 Rn. 7). Gem. Abs. 2 S. 2 hat das Gericht § 259 Abs. 2 S. 2 und 3 AktG anzuwenden. Sofern sich erhebliche Schwierigkeiten bei der vollen Aufklärung aller maßgeblichen Umstände ergeben, darf das Gericht eine Schätzung durchführen, Abs. 2 S. 3.

D. Gerichtliches Verfahren und Entscheidung, Abs. 3

7 Nach Abs. 3 S. 1 sind § 99 Abs. 1, Abs. 2 S. 1, Abs. 3 und Abs. 4 AktG anzuwenden. Demnach kommt es mit Eintritt der Rechtskraft (§ 99 Abs. 5 S. 1 AktG) zur **Wirkung für und gegen jedermann** (§ 99 Abs. 5 S. 2 AktG). Will das Gericht dem Antrag stattgeben, so hat es den Beschlusstenor entsprechend den Vorgaben in Abs. 1 S. 3 und 4 zu fassen. Neben der Aktiengesellschaft ist auch den Aktionären die Entscheidung insoweit zuzustellen, als sie den Antrag nach Abs. 1 gestellt haben, Abs. 3 S. 2. Das Gericht veröffentlicht die Entscheidung in den Gesellschaftsblättern, Abs. 3 S. 3.

8 Gegen die Entscheidung kann im Wege der **sofortigen Beschwerde** vorgegangen werden (§§ 99 Abs. 3 S. 2 i. V. m. 260 Abs. 3 S. 1 AktG). Neben der Aktiengesellschaft sind die Aktionäre gem. Abs. 3 S. 4 nur insoweit (förmlich) beschwerdeberechtigt, als sie das Quorum von 5 % des Grundkapitals oder den Aktienbesitzes erreichen, der den anteiligen Betrag von € 500.000,– ausmacht. Auch hier müssen die beschwerdeführenden Aktionäre nicht mit den Antragstellern identisch sein (*Hüffer* AktG, § 260 Rn. 9). Für die Hinterlegung und Glaubhaftmachung gilt §§ 258 Abs. 2 S. 4 und 5 i. V. m. 260 Abs. 3 S. 5 AktG. Ferner ist für das Vorliegen der Beschwerdeberechtigung eine materielle Beschwer erforderlich, die dann gegeben ist, wenn die Sachentscheidung des Gerichts hinter dem gestellten Antrag zurückgeblieben ist (MüKo AktG/*Hüffer* § 260 Rn. 22). Als Beschwerdefrist gilt die 2-Wochen-Frist des § 22 Abs. 1 S. 1 FGG. Nach der besonderen Regelung in Abs. 3 S. 3 ist für den Fristbeginn die Bekanntmachung im Bundesanzeiger maßgeblich.

E. Verfahrenskosten, Abs. 4

9 Es gilt die Kostenordnung mit der Maßgabe, dass für jede Instanz das Doppelte der vollen Gebühr erhoben wird, wenn es zur Entscheidung kommt (Abs. 4 S. 1 bis 3). Werden Antrag oder Beschwerde vor der Entscheidung zurückgenommen, wird die halbe Gebühr erhoben, Abs. 4 S. 4). Den Geschäftswert setzt das Gericht unter sinngemäßer Anwendung des § 247 AktG von Amts wegen fest (Abs. 4 S. 5 und 7).

§ 261 Entscheidung über den Ertrag auf Grund höherer Bewertung

(1) [1]Haben die Sonderprüfer in ihrer abschließenden Feststellung erklärt, daß Posten unterbewertet sind, und ist gegen diese Feststellung nicht innerhalb der in § 260 Abs. 1 bestimmten Frist der Antrag auf gerichtliche Entscheidung gestellt worden, so sind die Posten in dem ersten Jahresabschluß, der nach Ablauf dieser Frist aufgestellt wird, mit den von den Sonderprüfern festgestellten Werten oder Beträgen anzusetzen. [2]Dies gilt nicht, soweit auf Grund veränderter Verhältnisse, namentlich bei Gegenständen, die der Abnutzung unterliegen, auf Grund der Abnutzung, nach §§ 253 bis 256 des Handelsgesetzbuchs in Verbindung mit §§ 279 bis 283 des Handelsgesetzbuchs oder nach den Grundsätzen ordnungsmäßiger Buchführung für Aktivposten ein niedrigerer Wert oder für Passivposten ein höherer Betrag anzusetzen ist. [3]In diesem Fall sind im Anhang die Gründe anzugeben und in einer Sonderrechnung die Entwicklung des von den Sonderprüfern festgestellten Wertes oder Betrags auf den nach Satz 2 angesetzten Wert oder Betrag darzustellen. [4]Sind die Gegenstände nicht mehr vorhanden, so ist darüber und über die Verwendung des Ertrags aus dem Abgang der Gegenstände im Anhang zu berichten. [5]Bei den einzelnen Posten der Jahresbilanz sind die Unterschiedsbeträge zu vermerken, um die auf Grund von Satz 1 und 2 Aktivposten zu einem höheren Wert oder Passivposten mit einem niedrigeren Betrag angesetzt worden sind. [6]Die Summe der Unterschiedsbeträge ist auf der Passivseite der Bilanz und in der Gewinn- und Verlustrechnung als »Ertrag auf Grund höherer Bewertung gemäß dem Ergebnis der Sonderprüfung« gesondert auszuweisen.

(2) [1]Hat das gemäß § 260 angerufene Gericht festgestellt, daß Posten unterbewertet sind, so gilt für den Ansatz der Posten in dem ersten Jahresabschluß, der nach Rechtskraft der gerichtlichen Entscheidung aufgestellt wird, Absatz 1 sinngemäß. [2]Die Summe der Unterschiedsbeträge ist als »Ertrag auf Grund höherer Bewertung gemäß gerichtlicher Entscheidung« gesondert auszuweisen.

(3) [1]Der Ertrag aus höherer Bewertung nach Absätzen 1 und 2 rechnet für die Anwendung der §§ 58 und 86 Abs. 2 nicht zum Jahresüberschuß. [2]Über die Verwendung des Ertrags abzüglich der auf ihn zu entrichtenden Steuern entscheidet die Hauptversammlung, soweit nicht in dem Jahresabschluß ein Bilanzverlust ausgewiesen wird, der nicht durch Kapital- oder Gewinnrücklagen gedeckt ist.

Übersicht:

A. Überblick

1 Mit § 261 AktG sollen die Bewertungsfehler, die durch die Sonderprüfung (§§ 258 ff. AktG) aufgedeckt worden sind, sanktioniert werden (MüKo AktG/*Hüffer* § 261 Rn. 2). Als Sanktion gilt hierbei die Beschlusszuständigkeit der Hauptversammlung in Bezug auf die Ertragsverwendung. In Abs. 1 und Abs. 2 ist zunächst die Auflösung unzulässiger stiller Reserven geregelt, in Abs. 3 dann die Beschlussfassung der Hauptversammlung.

B. Auflösung stiller Reserven, Abs. 1 und Abs. 2

I. Grundsätzlich Übernahme der Prüfungsergebnisse

2 Der Vorstand ist gem. Abs. 1 S. 1 verpflichtet, unzulässig gebildete stille Reserven aufzulösen. Voraussetzung hierfür ist, dass die Monatsfrist des Abs. 1 abgelaufen ist, ohne dass ein Antrag auf gerichtliche Entscheidung gestellt wurde, und der Sonderprüfer eine nicht unwesentliche Unterbewertung aufgedeckt hat. Der Vorstand ist dann verpflichtet, die unterbewerteten Posten mit den von den Sonderprüfern festgestellten Werten oder Beträgen anzusetzen und zwar bei Aufstellung des ersten Jahresabschlusses nach Ablauf der Antragsfrist. Damit ist der Jahresabschluss gemeint, bei dessen Aufstellung die Prüfungsergebnisse erstmals noch verwendet werden können (*Hüffer* AktG, § 261 Rn. 2). Soweit nicht aus Abs. 1 S. 2 oder 4 etwas anderes folgt, muss der Vorstand die Zahlen übernehmen, die in der abschließenden Feststellung des Sonderprüfers gem. § 259 Abs. 2 S. 1 AktG enthalten sind (*Hüffer* AktG, § 261 Rn. 2).

II. Ausnahmen

1. Veränderte Verhältnisse, Abs. 1 S. 2

3 Mit Abs. 1 S. 2 soll dem Umstand Rechnung getragen werden, dass zwischen dem Stichtag, auf den sich die Sonderprüfung bezieht, und dem Stichtag, zu dem ihre Ergebnisse übernommen werden sollen, u. U. mehrere Geschäftsjahre liegen können (*Hüffer* AktG, § 261 Rn. 3). Nachträglichen Veränderungen wird daher mit der Regelung in Abs. 1 S. 2 Rechnung getragen. Danach kann vom Grundsatz des Abs. 1 S. 1 abgewichen werden m Fall der Abnutzung, wenn die Anwendung der Bewertungsvorschriften (§§ 253 bis 256, 279 bis 283 HGB) oder die Grundsätze einer ordnungsgemäßen Buchführung dies rechtfertigen. Wie in diesen Fällen positiv zu verfahren ist, sagt Abs. 1 S. 2 nicht. Fest steht, dass die von den Sonderprüfern gem. § 259 Abs. 2 S. 1 AktG festgestellten Wertansätze den Ausgangspunkt bilden (*Hüffer* AktG, § 261 Rn. 4). Auch eine über den Ausgangswert hinausgehende Entwicklung kann berücksichtigt werden. Die maßgeblichen Gründe für die Abweichung von den abschließenden Feststellungen der Sonderprüfer müssen gem. Abs. 1 S. 3 im Anhang dargelegt werden.

2. Abgang von Gegenständen, Abs. 1 S. 4

4 In Abs. 1 S. 4 ist eine weitere Ausnahme vom Grundsatz des Abs. 1 S. 1 vorgesehen. Die Regelung setzt voraus, dass nicht mehr vorhandene Vermögensgegenstände (wegen Verschleiß, sonstigem Untergang oder Veräußerung) **nicht mehr aktiviert** werden (*Hüffer* AktG, § 261 Rn. 5). Daher ist davon nur noch im Anhang zu berichten, erstens über den Abgang selbst, zweitens über den erzielten Ertrag und drittens über die Ertragsverwendung. In der Regel ist es für letzteres ausreichend, wenn dargelegt wird, dass der Ertrag in den Bilanzgewinn eingegangen ist (*Hüffer* AktG, § 261 Rn. 5).

III. Vermerk der Unterschiedsbeträge, Abs. 1 S. 5

5 Nach Abs. 5 muss bei den einzelnen Bilanzposten der Unterschiedsbetrag vermerkt werden, um den aufgrund der Anforderungen der Abs. 1 und Abs. 2 die betreffenden Aktivposten höher bzw. Passivposten niedriger angesetzt worden sind. Der Vermerk kann in Form einer Fußnote oder eines Klammerzusatzes erfolgen, er muss nur Bestandteil der Bilanz sein (*Hüffer* AktG, § 261 Rn. 6).

IV. Gesonderter Ertragsausweis, Abs. 1 S. 6

6 Die Summe der Unterschiedsbeträge ergibt den »Ertrag aufgrund höherer Bewertung gemäß dem Ergebnis der Sonderprüfung«, Abs. 1 S. 6, der unter dieser Bezeichnung gem. Abs. 1 S. 6 gesondert in der Bilanz und in der GuV auszuweisen ist. Es ist der Bruttoertrag – d. h. ohne eine Kürzung um die etwa geschuldete Körperschaftsteuer – auszuweisen (MüKo AktG/*Hüffer* § 261 Rn. 14).

V. Entsprechende Anwendung bei gerichtlicher Entscheidung, Abs. 2

7 Gem. Abs. 2 ist die Regelung des Abs. 1 entsprechend für den Fall anzuwenden, dass das gem. § 260 AktG angerufene Gericht eine Unterbewertung feststellt. Die Einbuchung erfolgt im ersten Jahresabschluss nach Eintritt der Rechtskraft. Es gilt i. Ü. gem. Abs. 2 S. 2 nur eine andere Bezeichnung des Sonderpostens: »Ertrag auf Grund höherer Bewertung gem. gerichtlicher Entscheidung«.

C. Verwendung des Ertrags aus höherer Bewertung, Abs. 3

I. Keine Zurechnung zum Jahresüberschuss, Abs. 3 S. 1

8 Ein Ertrag aus höherer Bewertung rechnet gem. Abs. 3 S. 1 nicht zum Jahresüberschuss, soweit es um die Anwendung der §§ 58, 86 Abs. 2 AktG geht. Es können demnach weder kraft Satzungsbestimmung (§ 58 Abs. 1 AktG) noch durch den Vorstand und den Aufsichtsrat bei Feststellung des Jahresabschlusses (§ 58 Abs. 2 AktG) aus dem Ertrag freie Gewinnrücklagen gebildet werden (vgl. MüKo AktG/*Hüffer* § 261 Rn. 16). Außerdem führt die Aufdeckung der stillen Reserven auch nicht zur Gewinnbeteiligung der Vorstandsmitglieder, da der Ertrag auch insoweit gem. §§ 86 Abs. 2 i. V. m. 261 Abs. 3 S. 1 AktG nicht zum Jahresüberschuss gerechnet wird. Nach ganz h. M. gilt dasselbe auch für die Gewinnbeteiligung der Aufsichtsratsmitglieder (*Hüffer* AktG, § 261 Rn. 9)

II. Entscheidung der Hauptversammlung, Abs. 3 S. 2

9 Die Hauptversammlung entscheidet gem. Abs. 3 S. 2 über die Verwendung des Betrags aus höherer Bewertung. Die Entscheidungsfreiheit der Hauptversammlung wird durch den erforderlichen Steuerabzug und durch den Ausgleich eines Bilanzverlustes eingeschränkt (vgl. *Hüffer* AktG, § 261 Rn. 10). Nach h. M. ist der Bilanzverlust vorrangig zu decken (KölnKomm AktG/*Claussen* § 261 Rn. 11; GroßkommAktG/*Barz* § 261 Rn. 13; MüKo AktG/*Hüffer* § 261 Rn. 20). Ein Verlustvortrag und die Einstellung des Sonderertrags in die Gewinnrücklagen sind demnach nicht zulässig.

§ 261 a Mitteilungen an die Bundesanstalt für Finanzdienstleistungsaufsicht

Das Gericht hat der Bundesanstalt für Finanzdienstleistungsaufsicht den Eingang eines Antrags auf Bestellung eines Sonderprüfers, jede rechtskräftige Entscheidung über die Bestellung von Sonderprüfern, den Prüfungsbericht sowie eine rechtskräftige gerichtliche Entscheidung über abschließende Feststellungen der Sonderprüfer nach § 260 mitzuteilen, wenn die Gesellschaft Wertpapiere im Sinne des § 2 Abs. 1 Satz 1 des Wertpapierhandelsgesetzes ausgegeben hat, die an einer inländischen Börse zum Handel im amtlichen oder geregelten Markt zugelassen sind.

1 § 261 a AktG regelt die Mitteilungspflichten des Gerichts gegenüber der Bundesanstalt für Finanzdienstleistungsaufsicht (BaFin). Die Mitteilungspflicht entsteht dann, wenn die Aktiengesellschaft Aktien oder andere Wertpapiere i. S. d. § 2 Abs. 1 S. 1 WpHG ausgegeben hat, die zum Handel oder zum geregelten Markt zugelassen sind. Die Mitteilungspflicht erstreckt sich auf den Antragseingang (§ 258 Abs. 2 AktG), die Bestellung von Sonderprüfern (§ 258 Abs. 3 AktG), den Prüfungsbericht (§ 259 AktG) und die gerichtliche Entscheidung über die abschließenden Feststellungen (§ 260 AktG).

Achter Teil. Auflösung und Nichtigerklärung der Gesellschaft

Erster Abschnitt. Auflösung

Erster Unterabschnitt. Auflösungsgründe und Anmeldung

§ 262 Auflösungsgründe

(1) Die Aktiengesellschaft wird aufgelöst

1. durch Ablauf der in der Satzung bestimmten Zeit;
2. durch Beschluß der Hauptversammlung; dieser bedarf einer Mehrheit, die mindestens drei Viertel des bei der Beschlußfassung vertretenen Grundkapitals umfaßt; die Satzung kann eine größere Kapitalmehrheit und weitere Erfordernisse bestimmen;
3. durch die Eröffnung des Insolvenzverfahrens über das Vermögen der Gesellschaft;
4. mit der Rechtskraft des Beschlusses, durch den die Eröffnung des Insolvenzverfahrens mangels Masse abgelehnt wird;
5. mit der Rechtskraft einer Verfügung des Registergerichts, durch welche nach § 144 a des Gesetzes über die Angelegenheiten der freiwilligen Gerichtsbarkeit ein Mangel der Satzung festgestellt worden ist;
6. durch Löschung der Gesellschaft wegen Vermögenslosigkeit nach § 141 a des Gesetzes über die Angelegenheiten der freiwilligen Gerichtsbarkeit.

(2) Dieser Abschnitt gilt auch, wenn die Aktiengesellschaft aus anderen Gründen aufgelöst wird.

A. Überblick

1 Die Vorschrift ist die **Leitvorschrift** für das **Recht der Beendigung der AG**. Die Beendigung der AG vollzieht sich notwendig in einem gestuften Verfahren, das mit der Auflösung der AG beginnt, mit der Abwicklung der aufgelösten AG fortgesetzt und durch die Löschung der AG im Handelsregister zum Abschluss gebracht wird. § 262 AktG regelt, welche Gründe die Auflösung der AG zur Folge haben. Die Auflösungsgründe sind von den Gründen für die Nichtigerklärung i. S. d. § 275 AktG zu unterscheiden, bei deren Vorliegen Klage auf Nichtigerklärung erhoben werden kann, deren Erfolg wiederum die Abwicklung der Gesellschaft nach dem Recht der aufgelösten Gesellschaft nach sich zieht (§ 277 AktG). Die Vorschrift ist nach § 23 Abs. 5 AktG **zwingend** (*Hüffer* AktG, § 262 Rn. 7). Insbesondere ist durch Abs. 2 nicht die Einführung von weiteren Auflösungsgründen durch die Satzung, insbesondere Kündigung der AG durch Aktionäre erlaubt; die in dieser Vorschrift angezogenen »anderen Gründe« betreffen nur andere gesetzliche Gründe und schaffen keinen Spielraum für Satzungsdispositionen (MünchHdb GesR IV/*Hoffmann-Becking* § 65 Rn. 3; a. A. GroßkommAktG/*Wiedemann* § 262 Rn. 39).

B. Auflösungsgründe des Abs. 1

2 Die AG wird aufgelöst durch **Ablauf der in der Satzung bestimmten Zeit**, Abs. 1 Nr. 1. Da eine von Anfang an verabredete Befristung der werbenden Tätigkeit der Gesellschaft ungewöhnlich ist, liegt die Bedeutung der Regelung in der nachträglichen Einführung eines **Auflösungstermins** durch Satzungsänderung. Diese Satzungsänderung bedarf, da sie einen zeitlich hinausgeschobenen Auflösungsbeschluss i. S. d. § 262 Abs. 1 Nr. 2 AktG enthält, eines mit einer Mehrheit von mindestens drei Vierteln des bei der Beschlussfassung vertretenen Grundkapitals gefassten Beschlusses (MünchHdb GesR IV/*Hoffmann-Becking* § 65 Rn. 2; vgl. noch Rn. 3).

Gem. Abs. 1 Nr. 2 kann die AG durch **Beschluss der Hauptversammlung** aufgelöst werden. Der Beschluss bedarf nicht nur der in der Regelung genannten Mehrheit von mindestens $^3/_4$ des bei der Beschlussfassung vertretenen Grundkapitals, sondern – entsprechend den allgemeinen Beschlussfassungsregeln zur sog. doppelten Mehrheit bei der gesetzlich geforderten Kapitalmehrheit (vgl. Erl. zu § 133 AktG Rn. 15 und § 179 AktG Rn. 12 ff.) – zusätzlich auch der einfachen Mehrheit des § 133 AktG (*Hüffer* AktG, § 262 Rn. 11). Der Auflösungsbeschluss bedarf keiner sachlichen Rechtfertigung und unterliegt keiner gerichtlichen Inhaltskontrolle etwa im Hinblick auf seine Verhältnismäßigkeit oder Erforderlichkeit (BGHZ 103, 184, 189 ff.). Die qualifizierte Mehrheit darf ihr Auflösungsrecht aber nicht dazu missbrauchen, Sondervorteile zum Schaden der Minderheitsaktionäre zu erzielen; nur in solchen Ausnahmefällen kommt die Anfechtbarkeit des Auflösungsbeschlusses gem. § 243 Abs. 2 AktG in Betracht (BGHZ 103, 184, 193 ff.). 3

Mit der **Eröffnung des Insolvenzverfahrens** über das Vermögen der AG (§ 27 InsO) ist die Gesellschaft aufgelöst, Abs. 1 Nr. 3. Die Abwicklung erfolgt allerdings nicht nach den Regeln des AktG, sondern nach denen der InsO, § 264 Abs. 1 AktG. Ist die Eröffnung des Insolvenzverfahrens durch Beschluss nach § 26 Abs. 1 InsO **rechtskräftig abgelehnt**, ist die AG kraft Gesetzes gem. Abs. 1 Nr. 4 aufgelöst. Die Abwicklung erfolgt in diesem Fall über §§ 264 ff. AktG. 4

Nach Abs. 1 Nr. 5 findet die sog. **Amtsauflösung** statt, wenn das Registergericht nach § 144 a FGG das Fehlen oder die Nichtigkeit wesentlicher Satzungsbestimmungen rechtskräftig festgestellt hat. Zuständig ist das Amtsgericht des Gesellschaftssitzes (§ 125 FGG). 5

Hat das Registergericht die **Löschung der AG wegen Vermögenslosigkeit** nach § 141 a FGG vorgenommen, hat dies nach der (terminologisch wenig geglückten) Regelung des Abs. 1 Nr. 6 die Auflösung zur Folge. Die Löschung führt regelmäßig zur abwicklungsfreien Vollbeendigung der AG, wenn nicht ausnahmsweise eine Abwicklung nach § 264 Abs. 2 AktG folgt, weil nach der Löschung verteilbares Vermögen vorhanden ist. 6

C. Sonstige Auflösungsgründe gem. Abs. 2

Die Auflösung aus anderen Gründen bezieht sich nach nicht unumstrittener Auffassung auf andere gesetzliche Auflösungsgründe. Solche Gründe sind geregelt in § 396 AktG (gerichtliche Auflösung wegen Gefährdung des Gemeinwohls), § 3 Abs. 1 S. 1 VereinsG (Verbot der AG durch Verwaltungsakt der obersten Landesbehörde) und in §§ 38 KWG, 87 VAG (Rücknahme einer Geschäftserlaubnis einer Bank- oder bzw. Versicherungs-AG. Die Festlegung von Auflösungsgründen in der Satzung wird von Abs. 2 nicht ermöglicht (vgl. oben Rn. 1). 7

§ 263 Anmeldung und Eintragung der Auflösung

[1]Der Vorstand hat die Auflösung der Gesellschaft zur Eintragung in das Handelsregister anzumelden. [2]Dies gilt nicht in den Fällen der Eröffnung und der Ablehnung der Eröffnung des Insolvenzverfahrens (§ 262 Abs. 1 Nr. 3 und 4) sowie im Falle der gerichtlichen Feststellung eines Mangels der Satzung (§ 262 Abs. 1 Nr. 5). [3]In diesen Fällen hat das Gericht die Auflösung und ihren Grund von Amts wegen einzutragen. [4]Im Falle der Löschung der Gesellschaft (§ 262 Abs. 1 Nr. 6) entfällt die Eintragung der Auflösung.

Die Vorschrift bezweckt die **Publizität der Auflösung der Gesellschaft**; sie ist im Handelsregister einzutragen. Auf die Eintragung und Bekanntmachung im Handelsregister beziehen sich die Publizitätswirkungen des § 15 HGB. Die entsprechende Eintragung ist durch den Vorstand der aufgelösten AG anzumelden (S. 1), wenn nicht – wie in den Fällen der Auflösung nach § 262 Abs. 1 Nr. 2, 4 und 5 AktG – die Eintragung von Amts wegen erfolgt (S. 2). Im Falle der Löschung der AG wegen Vermögenslosigkeit (§ 262 Abs. 1 Nr. 6 AktG) entfällt die Eintragung, da im Handelsregister ohnehin ein Löschungsvermerk steht. 1

2 Zur Anmeldung verpflichtet ist der Vorstand der aufgelösten AG – nicht etwa die Abwickler. Zuständig ist das Amtsgericht des Gesellschaftssitzes (§§ 125 FGG, 14 AktG). Die Anmeldung hat in der Form des § 12 HGB zu erfolgen.

Zweiter Unterabschnitt. Abwicklung

§ 264 Notwendigkeit der Abwicklung

(1) Nach der Auflösung der Gesellschaft findet die Abwicklung statt, wenn nicht über das Vermögen der Gesellschaft das Insolvenzverfahren eröffnet worden ist.

(2) [1]Ist die Gesellschaft durch Löschung wegen Vermögenslosigkeit aufgelöst, so findet eine Abwicklung nur statt, wenn sich nach der Löschung herausstellt, daß Vermögen vorhanden ist, das der Verteilung unterliegt. [2]Die Abwickler sind auf Antrag eines Beteiligten durch das Gericht zu ernennen.

(3) Soweit sich aus diesem Unterabschnitt oder aus dem Zweck der Abwicklung nichts anderes ergibt, sind auf die Gesellschaft bis zum Schluß der Abwicklung die Vorschriften weiterhin anzuwenden, die für nicht aufgelöste Gesellschaften gelten.

A. Überblick und Normzweck

1 Die Vorschrift betrifft die zweite Stufe (vgl. § 262 AktG Rn. 1) des Verfahrens der Beendigung der AG, nämlich die **Abwicklung (Liquidation)** der aufgelösten AG. Die »Abwicklung« bezeichnet in erster Linie das in den §§ 265 ff. AktG geregelte Verfahren, das nach dem gesetzlichen Modell vor allem in der Aufgabe besteht, das Gesellschaftsvermögen in Geld umzusetzen, die Gläubiger der Gesellschaft zu befriedigen und das verbleibende Vermögen zwischen den Aktionären zu verteilen (§ 268 Abs. 1 AktG) und die Abwicklung in das Handelsregister anzumelden, damit diese gelöscht und damit vollbeendet wird (§ 273 AktG). Die Modalitäten der Abwicklung sind in den Vorschriften der §§ 265 ff. AktG geregelt ist; § 264 AktG regelt bestimmte **Grundsatzfragen der Abwicklung**, nämlich den Vorrang des Insolvenzverfahrens (Abs. 1), die Nachtragsabwicklung nach Löschung der Gesellschaft (Abs. 2) und die grundsätzliche Fortgeltung des Rechts der werbenden AG im Liquidationsstadium, soweit sich nicht aus den §§ 265 ff. AktG oder dem Zweck der Abwicklung Besonderheiten ergeben (Abs. 3).

B. Notwendige Abwicklung im Verfahren der §§ 265 ff. AktG, Abs. 1

2 Die Abwicklung findet in dem durch die Regelungen der §§ 265 ff. AktG geordneten Verfahren statt. Die Abwicklung (Liquidation) ist eine von Gesetzes wegen eintretende, notwendige Folge der Auflösung. Ausnahmen gelten nur für das Insolvenzverfahren (Abs. 1) und das Nachtragsliquidationsverfahren nach Abs. 2. Das Liquidationsverfahren der §§ 265 ff. AktG dient vor allem dem Schutz der Gesellschaftsgläubiger und der Aktionäre; es steht deshalb zu Recht nach § 23 Abs. 5 AktG nicht zur Disposition des Satzungsgebers.

C. Abwicklung nach der InsO, Abs. 1

3 In den Fällen der Eröffnung des Insolvenzverfahrens über das Vermögen der AG ist die AG nach § 262 Abs. 1 Nr. 3 AktG aufgelöst; die Abwicklung erfolgt in diesem Fall allein nach den Regeln der InsO. Vgl. dazu ausführl. z. B. *Braun/Uhlenbruck* Unternehmensinsolvenz, 1997; *K. Schmidt* ZGR 1998, 633.

D. Abwicklung nach Abs. 2

Die Löschung der Gesellschaft im Handelsregister gem. § 141 a FGG führt zur **Vollbeendigung der AG**. Stellt sich anschließend heraus, dass noch Restvermögen der gelöschten AG vorhanden ist, so kann dieses nicht mehr in das Abwicklungsverfahren nach den §§ 265 ff. AktG einbezogen werden, weil der Zweck dieses Verfahrens, die Vollbeendigung der AG, bereits erreicht ist. Abs. 2 ordnet an, dass auch in diesem Fall eine Abwicklung, die sog. **Nachtragsabwicklung**, erfolgen kann und erfolgen muss. 4

Voraussetzung des Abs. 2 ist die **Löschung der AG wegen Vermögenslosigkeit**. Dieser Tatbestand ist in den beiden von § 141 a FGG geregelten Fällen, der Löschung wegen Vermögenslosigkeit (§ 141 a Abs. 1 S. 1 AktG) und der **Löschung nach Durchführung des Insolvenzverfahrens** (§ 141 a Abs. 1 S. 2 AktG) erfüllt; nach Durchführung des Insolvenzverfahrens ist die Verteilung nach aktienrechtlichen Regeln allerdings subsidiär zu der im insolvenzrechtlichen Nachtragsverteilungsverfahren der §§ 203 ff. InsO. Ferner muss in beiden Fällen noch **verteilungsfähiges Vermögen** vorhanden sein. Dies ist der Fall, wenn noch realisierbare Ansprüche etwa gegen ehemalige Organmitglieder oder gegen Aktionäre bestehen. 5

Die **Modalitäten der sog. Nachtragsabwicklung** werden in Abs. 2 nur rudimentär geregelt. Nach Abs. 2 S. 2 werden Abwickler durch das Gericht benannt. Erforderlich ist dafür ein entsprechender Antrag eines beteiligten Aktionärs der Gläubiger. Das eigentliche Verfahren der Nachtragsabwicklung wird vom Gesetz nicht geregelt. Deswegen wird eine sinngemäße Anwendung der Regeln der §§ 265 ff. AktG befürwortet (*Hüffer* AktG, § 264 Rn. 15). Da die gelöschte AG nicht mehr existiert und nach überwiegender Auffassung auch im Nachtragsliquidationsverfahren nicht wiederauflebt und fortsetzungsfähig ist (RGZ 156, 23, 26 f.; offen gelassen von BayObLGZ 1993, 341, 345; a. A. KölnKomm AktG/*Kraft* § 274 Rn. 7), steht das verteilungsfähige Restvermögen den ehemaligen Aktionären in gesamthänderischer Verbundenheit zu (*Hüffer* AktG, § 264 Rn. 12). 6

E. Anwendbares Recht, Abs. 3

Im Abwicklungsverfahren nach den §§ 265 ff. AktG gelten die Vorschriften über die werbende AG grundsätzlich fort, soweit sich aus den §§ 265 ff. AktG oder dem Zweck der Abwicklung etwas anderes ergibt. Die AG in der Abwicklung ist insbesondere partei- und insolvenzfähig (vgl. § 11 Abs. 3 InsO). Die Organe, wie der Aufsichtsrat (BGHZ 32, 114,117 – zur Genossenschaft) und der Vorstand mit der Maßgabe des § 265 AktG bleiben im Amt. **Vergütungsansprüche** der Organmitglieder bestehen deshalb grundsätzlich fort (*Hüffer* AktG, § 264 Rn. 17). Die Hauptversammlung darf Satzungsänderungen und insbesondere Kapitalerhöhungen gegen Einlagen (BGHZ 24, 279, 288) und Kapitalherabsetzungen (BGHZ 138, 71, 78 ff.) beschließen. 7

§ 265 Abwickler

(1) Die Abwicklung besorgen die Vorstandsmitglieder als Abwickler.

(2) [1]Die Satzung oder ein Beschluß der Hauptversammlung kann andere Personen als Abwickler bestellen. [2]Für die Auswahl der Abwickler gilt § 76 Abs. 3 Satz 3 und 4 sinngemäß. [3]Auch eine juristische Person kann Abwickler sein.

(3) [1]Auf Antrag des Aufsichtsrats oder einer Minderheit von Aktionären, deren Anteile zusammen den zwanzigsten Teil des Grundkapitals oder den anteiligen Betrag von 500 000 Euro erreichen, hat das Gericht bei Vorliegen eines wichtigen Grundes die Abwickler zu bestellen und abzuberufen. [2]Die Aktionäre haben glaubhaft zu machen, daß sie seit mindestens drei Monaten Inhaber der Aktien sind. [3]Zur Glaubhaftmachung genügt eine eidesstattliche Versicherung vor einem Gericht oder Notar. [4]Gegen die Entscheidung ist die sofortige Beschwerde zulässig.

(4) [1]Die gerichtlich bestellten Abwickler haben Anspruch auf Ersatz angemessener barer Auslagen und auf Vergütung für ihre Tätigkeit. [2]Einigen sich der gerichtlich bestellte Abwickler und die Gesellschaft nicht, so setzt das Gericht die Auslagen und die Vergütung fest. [3]Gegen die Entscheidung ist die sofortige Beschwerde zulässig. [4]Die weitere Beschwerde ist ausgeschlossen. [5]Aus der rechtskräftigen Entscheidung findet die Zwangsvollstreckung nach der Zivilprozeßordnung statt.

(5) [1]Abwickler, die nicht vom Gericht bestellt sind, kann die Hauptversammlung jederzeit abberufen. [2]Für die Ansprüche aus dem Anstellungsvertrag gelten die allgemeinen Vorschriften.

(6) Die Absätze 2 bis 5 gelten nicht für den Arbeitsdirektor, soweit sich seine Bestellung und Abberufung nach den Vorschriften des Montan-Mitbestimmungsgesetzes bestimmen.

A. Überblick

1 Die Vorschrift regelt die **Bestellung und Abberufung der Abwickler**. Sie sichert die Handlungsfähigkeit der Gesellschaft nach dem Auflösungsbeschluss, indem die Mitglieder des Vorstands der aufgelösten Gesellschaft kraft Gesetzes zu Abwicklern werden, Abs. 1, und stärkt zugleich die Rechte der Hauptversammlung, die durch entsprechende Beschluss andere Personen zum Abwickler bestellen kann. Dabei werden Minderaktionäre durch das Recht zur Beantragung einer gerichtlichen Bestellung nach Abs. 3 geschützt. Für die Abberufung der Abwickler enthält Abs. 5 eine besondere Kompetenz der Hauptversammlung.

2 Der Anwendungsbereich der Vorschrift erstreckt sich auch auf **mitbestimmte Gesellschaften**. Für dem MontanMitbestG unterfallende Gesellschaften wird in Abs. 6 eine Sonderregelung für den Arbeitsdirektor getroffen. Für die Abwicklung der **Vor-AG** gilt die Regelung nicht; vielmehr sind die Abwicklungsregeln der Gesellschaft bürgerlichen Rechts anzuwenden (str.; vgl. BGHZ 86, 122, 127 – zur GmbH). Besonderheiten gelten nach § 38 Abs. 2 S. 2 KWG, § 81 Abs. 2 S. 1 VAG für die Unternehmen der Kredit- und Versicherungswirtschaft.

B. Vorstandsmitglieder als Abwickler, Abs. 1

3 Die Mitglieder des im Zeitpunkt des Auflösungsbeschlusses amtierenden Vorstands sind nach § 265 AktG die sog. **geborenen Abwickler**. Sie üben ihr Abwicklungsmandat nicht als Vorstand aus, da dieses Mandat erlischt; sie üben das Mandat vielmehr als auf gesetzlicher Grundlage tätige Abwickler aus. Einen besonderen Bestellungsakt verlangt das Gesetz nicht; ebenso wenig ist eine Annahmeerklärung der betreffenden Vorstandsmitglieder erforderlich. Eine Verpflichtung zur Wahrnehmung des Abwicklungsmandats besteht nicht kraft Gesetzes; sie kann sich aber aus dem Anstellungsvertrag ergeben.

4 Das **Rechtsverhältnis** zwischen den Abwicklern und der aufgelösten Gesellschaft wird durch das Anstellungsverhältnis geregelt. Dessen Wirksamkeit wird durch den Auflösungsbeschluss nicht berührt. Überschreitet die Dauer der Abwicklung die Dauer des Anstellungsvertrages, kann die fortdauernde Ausübung der Abwicklungstätigkeit als konkludente Verlängerung des Anstellungsvertrages angesehen werden (*Hüffer* AktG, § 265 Rn. 3). Den Abwicklern stehen die **Vergütungsansprüche** nach dem Anstellungsvertrag zu; in Betracht kommt eine Herabsetzung nach § 87 Abs. 2 AktG. Das Abwicklungsmandat endet mit der Löschung der AG im Handelsregister (§ 273 Abs. 1 S. 2 AktG); regelmäßig endet auch erst dann das Amt der Abwickler (vgl. unten Rn. 10).

C. Durch Satzung oder Hauptversammlung bestellte Abwickler, Abs. 2

5 Abs. 2 S. 1 ermöglicht es, dass die Satzung oder Hauptversammlung andere Personen als die Mitglieder des bisherigen Vorstands zu Abwicklern (sog. **gekorene Abwickler**) bestellt. Die zu bestellenden Personen sind in der Satzung namentlich zu bezeichnen, weil die Ausübung des Bestellungsrechts Dritten nicht überlassen werden darf (§ 23 Abs. 5 AktG). Sowohl in der Satzung

als auch im Bestellungsbeschluss der Hauptversammlung sind die persönlichen Bestellungshindernisse des § 76 Abs. 3 S. 3 und 4 AktG zu beachten, Abs. 2 S. 2; Verstöße dagegen führen zur Nichtigkeit der Satzungsbestimmung bzw. des Bestellungsbeschlusses. Die Bestellung der gekorenen Abwickler wird erst wirksam, nachdem die betreffende Person das Amt angenommen hat (MüKo AktG/*Hüffer* § 265 Rn. 12). Nach Abs. 2 S. 3 können auch **juristische Personen** zum Abwickler bestellt werden; für Personenhandelsgesellschaften gilt diese Regelung ebenfalls (MüKo AktG/*Hüffer* § 265 Rn. 11).

Über die Anstellungsverträge entscheidet nach h. M. die Hauptversammlung; sie kann dem Aufsichtsrat die Entscheidung über deren Gestaltung überlassen (MünchHdb GesR IV/*Hoffmann-Becking* § 66 Rn. 4; a. A. MüKo AktG/*Hüffer* § 265 Rn. 12). Bei Abschluss des Anstellungsvertrages mit den Abwicklern wird die AG durch den Aufsichtsrat vertreten. 6

D. Gerichtlich bestellte Abwickler, Abs. 3 und 4

Abs. 3 ermöglicht die **gerichtliche Bestellung** von Abwicklern. Die gerichtliche Bestellung setzt einen entsprechenden **Antrag** und das Vorliegen eines wichtigen Grundes voraus. Antragsberechtigt ist der Aufsichtsrat, der darüber als Organ der AG durch Beschluss gem. § 108 AktG zu entscheiden hat. Ferner ist antragsberechtigt die qualifizierte Aktionärsminderheit i. S. d. Abs. 3 S. 1; die antragstellenden Aktionäre müssen seit mindestens drei Monaten Inhaber der Aktien sein, Abs. 3 S. 2; die geforderte Glaubhaftmachung kann durch eidesstattliche Versicherung vor dem Registergericht (§ 15 Abs. 2 FGG) sowie durch Vorlage eines Depotauszugs erfolgen (MüKo AktG/*Hüffer* § 265 Rn. 15). Der **wichtige Grund** liegt vor, wenn dauerhaft Abwickler fehlen oder wenn ihr Verbleib im Amt für die Minderheit unzumutbar ist, insbesondere weil der Minderheit aus der weiteren Amtsführung Nachteile drohen, die den Abwicklungszweck gefährden; dies ist z. B. der Fall bei Interessenkollisionen bzw. bei Unfähigkeit zur ordnungsgemäßen Abwicklung (BayObLG NJW-RR 1996, 1384). 7

Zuständig ist das Amtsgericht des Gesellschaftssitzes, das gem. § 145 Abs. 1 FGG im Verfahren der freiwilligen Gerichtsbarkeit zu entscheiden hat. Die im Beschlusswege zu erlassenden Entscheidung ist im Hinblick auf Abs. 3 S. 4 mit Gründen zu versehen. 8

Die gerichtlich bestellten Abwickler haben nach Abs. 4 S. 1 Anspruch auf **Vergütung und Auslagenersatz**. Der Umfang der Ansprüche kann und soll in erster Linie vertraglich festgelegt werden. Dieser hat sich in den Grenzen der §§ 134, 138 BGB zu bewegen; ein Rechtsanwalt darf sich ein Erfolgshonorar nicht versprechen lassen (BGHZ 133, 90, 94 ff.). Kommt eine Einigung nicht zustande, entscheidet das Gericht nach Abs. 4 S. 2 (vgl. BGHZ 133, 90, 96 f.). 9

E. Beendigung des Rechtsverhältnisses mit Abwicklern. Abs. 5

Die Abwickler bleiben grundsätzlich so lange im Amt, bis die Abwicklung beendet und die Gesellschaft im Handelsregister gelöscht ist. Vor diesem Zeitpunkt können sie durch das Gericht oder die Hauptversammlung abberufen werden. Die **Abberufung durch die Hauptversammlung** ist nach Abs. 5 S. 1 und damit satzungsfest (§ 23 Abs. 5 AktG) jederzeit möglich; die Angabe von Gründen ist dazu nicht erforderlich. Der Anstellungsvertrag wird durch die Abberufung nicht beendet; dazu bedarf es einer nach allgemeinen Regeln vorzunehmenden gesonderten Beendigung, Abs. 5 S. 2. Sie erfolgt durch Kündigung aus wichtigem Grund (vgl. § 84 Abs. § S. 5 AktG) der gem. § 112 AktG durch den Aufsichtsrat vertretenen AG (vgl. dazu § 84 AktG Rn. 44 ff.). 10

Das **Registergericht** kann die Abwickler unter den gleichen Voraussetzungen **abberufen**, unter den es zu deren Bestellung befugt ist, Abs. 3 S. 1 (vgl. oben Rn. 7 ff.). Die gerichtliche bestellten Abwickler verlieren ihren kraft Gesetzes begründeten Vergürtungsanspruch mit der Abberufung; der gesonderten Beendigung eines Anstellungsverhältnisses bedarf es nicht (*Hüffer* AktG, § 165 Rn. 12). 11

12 Jeder im Amt befindliche Abwickler hat das **Recht zur Amtniederlegung**. Gerichtlich bestellte Abwickler haben die Niederlegung gegenüber dem Gericht zu erklären, alle anderen Abwickler gegenüber der durch den Aufsichtsrat vertretenen AG. Der Angabe eines wichtigen Grundes bedarf es dafür nach umstrittener Auffassung nicht (*Hüffer* AktG, § 265 Rn. 13 unter Hinweis auf die Rechtslage zur GmbH; vgl. dazu Erl. zu § 84 AktG Rn. 16).

§ 266 Anmeldung der Abwickler [i. d. F. ab 1. 1. 2007 durch EHUG]

(1) Die ersten Abwickler sowie ihre Vertretungsbefugnis hat der Vorstand, jeden Wechsel der Abwickler und jede Änderung ihrer Vertretungsbefugnis haben die Abwickler zur Eintragung in das Handelsregister anzumelden.

(2) Der Anmeldung sind die Urkunden über die Bestellung oder Abberufung sowie über die Vertretungsbefugnis in Urschrift oder öffentlich beglaubigter Abschrift beizufügen.

(3) [1]In der Anmeldung haben die Abwickler zu versichern, daß keine Umstände vorliegen, die ihrer Bestellung nach § 265 Abs. 2 Satz 2 entgegenstehen, und daß sie über ihre unbeschränkte Auskunftspflicht gegenüber dem Gericht belehrt worden sind. [2]§ 37 Abs. 2 Satz 2 ist anzuwenden.

(4) Die Bestellung oder Abberufung von Abwicklern durch das Gericht wird von Amts wegen eingetragen.

(5) [aufgehoben]

§ 266 Anmeldung der Abwickler [i. d. F. bis 31. 12. 2006]

***(1)* [identisch]**

(2) Der Anmeldung sind die Urkunden über die Bestellung oder Abberufung sowie über die Vertretungsbefugnis in Urschrift oder öffentlich beglaubigter Abschrift für das Gericht des Sitzes der Gesellschaft beizufügen.

***(3) bis (4)* [identisch]**

(5) Die Abwickler haben ihre Namensunterschrift zur Aufbewahrung beim Gericht zu zeichnen, wenn sie dies nicht schon als Vorstandsmitglieder getan haben.

1 Die Vorschrift betrifft die **Vertretungsverhältnisse der AG** in Abwicklung und ordnet ihre Eintragung in das Handelsregister an. Die damit erreichte Publizität führt über § 15 HGB zum Schutz des Rechtsverkehrs. **Anmeldepflichtig** ist gem. § 266 Abs. 1 AktG für die ersten Abwickler der Vorstand, der im Zeitpunkt der Auflösung im Amt war. Alle anderen Anmeldungen obliegen sodann den Abwicklern selbst.

2 Zum Handelsregister **anzumelden sind** gem. Abs. 1 zunächst die ersten Abwickler; sie sind gem. § 43 Nr. 4 HRV mit Vor- und Nachnamen unter Angabe von Geburtsnamen und Wohnort zu bezeichnen. Anzumelden sind ferner – wie in § 37 Abs. 3 AktG – die Vertretungsverhältnisse, gegebenenfalls unter Angabe besonderer Vertretungsbefugnisse einzelner Abwickler (vgl. Erl. zu § 37 AktG Rn. 6). Der Anmeldung sind gem. § 266 Abs. 2 AktG Urkunden über die Bestellung oder Abberufung der Abwickler beizufügen; anerkannt ist, dass eine Bezugnahme auf das dem Registergericht vorliegende Exemplar der Satzung oder des Hauptversammlungsprotokolls genügt, wenn sich daraus die Vertretungsverhältnisse ergeben (MüKo AktG/*Hüffer* § 266 Rn. 10 f.). Weitere Formalien ergeben sich aus Abs. 3 und 5.

Die **Eintragung** der gerichtlich bestellten Abwickler (Abs. 3) erfolgt von Amts wegen, Abs. 4. Die Regelung gilt nach ihrem Wortlaut auch für die Abberufung; für die Vertretungsverhältnisse und ihre Änderung findet die Regelung nach dem Zweck des § 266 AktG entsprechende Anwendung (*Hüffer* AktG, § 266 Rn. 5). 3

§ 267 Aufruf der Gläubiger

[1]Die Abwickler haben unter Hinweis auf die Auflösung der Gesellschaft die Gläubiger der Gesellschaft aufzufordern, ihre Ansprüche anzumelden. [2]Die Aufforderung ist dreimal in den Gesellschaftsblättern bekanntzumachen.

Die Vorschrift regelt die Verpflichtung der Abwickler, die Gläubiger zur Anmeldung ihrer Ansprüche aufzufordern. Sie steht im Zusammenhang mit der Sperrfrist des § 272 AktG und dient der **Ermittlung und dem Schutz der Gläubiger**. Die Verpflichtung trifft die Abwickler, die gem. § 269 AktG zur Vertretung der Gesellschaft befugt sind. Der Inhalt der Erklärung hat aus der Aufforderung zur Anmeldung der Ansprüche und dem Hinweis auf die Auflösung der Gesellschaft zu bestehen. Die Aufforderung ist drei Mal in den Gesellschaftsblättern (§ 25 AktG) und damit zumindest im elektronischen Bundesanzeiger (§ 25 S. 1 AktG) bekannt zu machen, § 267 S. 2 AktG. Nach dem Sinn der Regelung ist eine Bekanntmachung an verschiedenen Tagen erforderlich. 1

Die Bekanntmachung setzt die **Sperrfrist des § 272 Abs. 1 AktG** für die Vermögensverteilung in Gang. Die Verletzung der Bekanntmachungspflicht verzögert den Beginn der Sperrfrist. Eine rechtswidrig erfolgende Vermögensverteilung hat die Anwendung von § 62 AktG und möglicherweise Schadenersatzverpflichtungen der Abwickler gem. §§ 268 Abs. 2, 93 AktG zur Folge, die gegebenenfalls gem. § 264 Abs. 2 AktG geltend zu machen sind. 2

§ 268 Pflichten der Abwickler

(1) [1]Die Abwickler haben die laufenden Geschäfte zu beenden, die Forderungen einzuziehen, das übrige Vermögen in Geld umzusetzen und die Gläubiger zu befriedigen. [2]Soweit es die Abwicklung erfordert, dürfen sie auch neue Geschäfte eingehen.

(2) [1]Im übrigen haben die Abwickler innerhalb ihres Geschäftskreises die Rechte und Pflichten des Vorstands. [2]Sie unterliegen wie dieser der Überwachung durch den Aufsichtsrat.

(3) Das Wettbewerbsverbot des § 88 gilt für sie nicht.

(4) [1]Auf allen Geschäftsbriefen, die an einen bestimmten Empfänger gerichtet werden, müssen die Rechtsform und der Sitz der Gesellschaft, die Tatsache, daß die Gesellschaft sich in Abwicklung befindet, das Registergericht des Sitzes der Gesellschaft und die Nummer, unter der die Gesellschaft in das Handelsregister eingetragen ist, sowie alle Abwickler und der Vorsitzende des Aufsichtsrats mit dem Familiennamen und mindestens einem ausgeschriebenen Vornamen angegeben werden. [2]Werden Angaben über das Kapital der Gesellschaft gemacht, so müssen in jedem Falle das Grundkapital sowie, wenn auf die Aktien der Ausgabebetrag nicht vollständig eingezahlt ist, der Gesamtbetrag der ausstehenden Einlagen angegeben werden. [3]Der Angaben nach Satz 1 bedarf es nicht bei Mitteilungen oder Berichten, die im Rahmen einer bestehenden Geschäftsverbindung ergehen und für die üblicherweise Vordrucke verwendet werden, in denen lediglich die im Einzelfall erforderlichen besonderen Angaben eingefügt zu werden brauchen. [4]Bestellscheine gelten als Geschäftsbriefe im Sinne des Satzes 1; Satz 3 ist auf sie nicht anzuwenden.

1 Die Vorschrift regelt die **Rechte und Pflichten der Abwickler**. Die Vorschrift legt die Abwickler auf kein bestimmtes Abwicklungskonzept fest; es lässt sowohl der Einzelveräußerung der Gegenstände des Unternehmensvermögens als auch die Gesamtveräußerung des Unternehmens zu. Die Abwickler leiten die Gesellschaft mit der Maßgabe ihrer Abwicklung und den dadurch gesetzten Zweck in eigener Verantwortung, §§ 268 Abs. 2 S. 1, 76 AktG. Sie haben die **bestmögliche Verwertung des Gesellschaftsvermögens** im Interesse der Gesellschaftsgläubiger und Aktionäre durchzuführen und verteilungsfähiges Geldvermögen zu schaffen; dafür können sie erforderlichenfalls auch neue Geschäfte eingehen, Abs. 1 S. 2.

2 Abs. 1 S. 1 nennt die den Abwicklern pflichtgemäß obliegenden **Abwicklungsgeschäfte**: Die Beendigung laufender Geschäfte wird vor allem durch Erfüllung oder im Wege der Kündigung erfolgen. Die Forderungseinziehung bezieht sich nicht nur auf die Geltendmachung aller Ansprüche der AG, sondern verlangt auch deren Durchsetzung mit den zur Verfügung stehenden Rechtsbehelfen. Die Umsetzung der Vermögensgegenstände in Geld verlangt regelmäßig deren Veräußerung. Die Befriedigung der Gläubiger hat gem. den zivilrechtlichen Regeln insbesondere der Erfüllung und unter Beachtung der abwicklungsrechtlichen Sonderregeln des § 272 Abs. 2 und 3 AktG zu erfolgen.

3 Die **Veräußerung des Unternehmens als Vermögensgesamtheit** ist von § 268 AktG nicht nur nicht ausgeschlossen, sondern wird von dieser Regelung insofern geradezu gefordert, als der Erlös einer Gesamtveräußerung des Unternehmens regelmäßig den einer Veräußerung von einzelnen Vermögensgegenständen übertreffen wird. Deshalb ist es gerechtfertigt und erforderlich, dass die Abwickler das Unternehmen so lange fortführen, als im Rahmen einer pflichtgemäß zu treffenden Prognoseentscheidung der Abwickler eine Gesamtveräußerung realistischerweise möglich ist; eine Pflicht zur Ausführung der in § 268 Abs. 1 S. 1 AktG genannten Maßnahmen besteht solange nicht (MünchHdb GesR IV/*Hoffmann-Becking* § 66 Rn. 7). Die Fortführung schließt die Befugnis ein, das Unternehmen umzugestalten, wenn dies im Hinblick auf den Abwicklungszweck gerechtfertigt ist. Grundlegende Umgestaltungen durch Umwandlungsmaßnahmen, Gründung oder Hinzuerwerb neuer Gesellschaften, Vermögensübertragungen und Ausgliederungen sind dabei eingeschlossen. Dabei ist noch nicht abschließend geklärt, ob in der Abwicklung für strukturverändernde Grundlagenentscheidungen die **Zustimmung der Hauptversammlung** zu der von den Abwicklern geplanten Maßnahme in Parallele zu den erforderlichen sog. Holzmüller-Beschlüssen der Hauptversammlung bei werbenden Gesellschaften (vgl. dazu ausführl. § 119 AktG Rn. 9 ff.) erforderlich ist (vgl. *Hüffer* MüKo AktG/ § 268 Rn. 12). Im Hinblick auf das durch den Auflösungsbeschluss der Hauptversammlung dokumentierte Desinvestitionsinteresse ist tendenziell die Hauptversammlungszuständigkeit weniger weitreichend anzuerkennen. Bei Abwicklungsentscheidungen handeln der Abwickler zumindest tendenziell eben in dem auf die Desinvestition gerichteten Interesse der Aktionäre, so dass diese regelmäßig weniger tief in die Mitgliedsrechte eingreifen als dies bei einer entsprechenden Entscheidung des Vorstands einer werbenden Gesellschaft der Fall ist.

4 Bei den zu treffenden Abwicklungsmaßnahmen hat haben die Abwickler eine **vorstandsähnliche Rechtsstellung**, Abs. 2 S. 1. Insbesondere gelten für die Abwickler die §§ 77, 82 Abs. 2 AktG. Zu den Vergütungsansprüchen vgl. § 264 AktG Rn. 9.

Gem. Abs. 2 S. 2 unterliegen die Abwickler der **Überwachung durch den Aufsichtsrat**. Die Rechtslage entspricht derjenigen des § 111 AktG für die werbende AG. Der Vorstand ist deshalb auch berichtspflichtig nach §§ 268 Abs. 2, 90 AktG. Die Feststellung des Jahresabschlusses liegt allerdings nach § 270 Abs. 2 AktG in der besonderen Zuständigkeit der Hauptversammlung. Das Wettbewerbsverbot des § 88 AktG gilt für Abwickler nicht, Abs. 3. Abs. 4 orientiert sich wegen der Angaben auf den Geschäftsbriefen an der Regelung des § 80 Abs. 1 bis 3 AktG.

§ 269 Vertretung durch die Abwickler

(1) Die Abwickler vertreten die Gesellschaft gerichtlich und außergerichtlich.

(2) [1]Sind mehrere Abwickler bestellt, so sind, wenn die Satzung oder die sonst zuständige Stelle nichts anderes bestimmt, sämtliche Abwickler nur gemeinschaftlich zur Vertretung der Gesellschaft befugt. [2]Ist eine Willenserklärung gegenüber der Gesellschaft abzugeben, so genügt die Abgabe gegenüber einem Abwickler.

(3) [1]Die Satzung oder die sonst zuständige Stelle kann auch bestimmen, daß einzelne Abwickler allein oder in Gemeinschaft mit einem Prokuristen zur Vertretung der Gesellschaft befugt sind. [2]Dasselbe kann der Aufsichtsrat bestimmen, wenn die Satzung oder ein Beschluß der Hauptversammlung ihn hierzu ermächtigt hat. [3]Absatz 2 Satz 2 gilt in diesen Fällen sinngemäß.

(4) [1]Zur Gesamtvertretung befugte Abwickler können einzelne von ihnen zur Vornahme bestimmter Geschäfte oder bestimmter Arten von Geschäften ermächtigen. [2]Dies gilt sinngemäß, wenn ein einzelner Abwickler in Gemeinschaft mit einem Prokuristen zur Vertretung der Gesellschaft befugt ist.

(5) Die Vertretungsbefugnis der Abwickler kann nicht beschränkt werden.

(6) Abwickler zeichnen für die Gesellschaft, indem sie der Firma einen die Abwicklung andeutenden Zusatz und ihre Namensunterschrift hinzufügen.

Die Vorschrift regelt die **Vertretung der AG im Abwicklungsstadium**. Sie schützt den Rechtsver- 1
kehr durch die Einräumung einer unbeschränkten und unbeschränkbaren (vgl. Abs. 5) Vertretungsmacht der Abwickler. Das AktG sieht auch keine Beschränkung der Vertretungsmacht auf Abwicklungsgeschäfte vor. Insofern deckt sich die Regelung mit derjenigen des § 78 AktG für den Vorstand der werbenden AG (vgl. Erl. zu § 78 AktG).

Sind mehrere Abwickler bestellt, verfügen diese über eine **Gesamtvertretungsmacht**, Abs. 2 S. 1. 2
Hinsichtlich der **Passivvertretung** besteht aber nach Abs. 2 S. 2 **Einzelvertretungsbefugnis**. Die Regelungen gelten nicht, wenn nur ein Liquidator bestellt ist. Bleibt nur ein Abwickler infolge des Ausscheidens der anderen bestellten Abwickler übrig, erstarkt dessen Gesamtvertretungsmacht nicht zur Einzelvertretungsmacht (BGHZ 121, 263, 264f. – zur GmbH). Abweichende Vertretungsregelungen sind durch Abs. 3 zugelassen. Sie können in der Satzung oder durch die sonst zuständigen Stellen getroffen werden; mit letzteren meint der Gesetzgeber die Hauptversammlung oder das die Abwickler bestellende Gericht. Der Aufsichtsrat hat eine solche Kompetenz nur im Falle der Einräumung durch die Satzung oder durch Hauptversammlungsbeschluss, Abs. 3 S. 2. Die Zulassung der Ermächtigung einzelner gesamtvertretungsberechtigter Abwickler in Abs. 4 entspricht der Regelung in § 78 Abs. 4 AktG (vgl. § 78 AktG Rn. 18).

Die Zeichnungserfordernisse regelt Abs. 6. Da der Abwicklungszusatz nur angedeutet werden 3
muss, steht die Verwendung der in der Praxis üblichen Abkürzungen (»i. L.« für »in Liquidation«) in Übereinstimmung mit den gesetzlichen Zeichnungserfordernissen.

§ 270 Eröffnungsbilanz. Jahresabschluß und Lagebericht

(1) Die Abwickler haben für den Beginn der Abwicklung eine Bilanz (Eröffnungsbilanz) und einen die Eröffnungsbilanz erläuternden Bericht sowie für den Schluß eines jeden Jahres einen Jahresabschluß und einen Lagebericht aufzustellen.

(2) [1]Die Hauptversammlung beschließt über die Feststellung der Eröffnungsbilanz und des Jahresabschlusses sowie über die Entlastung der Abwickler und der Mitglieder des Aufsichts-

rats. [2]Auf die Eröffnungsbilanz und den erläuternden Bericht sind die Vorschriften über den Jahresabschluß entsprechend anzuwenden. [3]Vermögensgegenstände des Anlagevermögens sind jedoch wie Umlaufvermögen zu bewerten, soweit ihre Veräußerung innerhalb eines übersehbaren Zeitraums beabsichtigt ist oder diese Vermögensgegenstände nicht mehr dem Geschäftsbetrieb dienen; dies gilt auch für den Jahresabschluß.

(3) [1]Das Gericht kann von der Prüfung des Jahresabschlusses und des Lageberichts durch einen Abschlußprüfer befreien, wenn die Verhältnisse der Gesellschaft so überschaubar sind, daß eine Prüfung im Interesse der Gläubiger und Aktionäre nicht geboten erscheint. [2]Gegen die Entscheidung ist die sofortige Beschwerde zulässig.

1 Die Vorschrift betrifft die **Rechnungslegung der Abwicklungsgesellschaft**. Der Regelungszweck besteht darin, die allgemeinen Vorschriften über den Jahresabschluss an die besondere Situation der Abwicklung anzupassen. Das Gesetz verlangt zunächst die Erstellung einer **Eröffnungsbilanz** der abzuwickelnden AG mit einem erläuternden Bericht; diese wiederum hat die abschließende Rechnungslegung der werbenden AG auf den Stichtag der Auflösung und unter Berücksichtigung des mit der Auflösung zu verfolgenden Abwicklungszwecks zu enthalten. Auf die Eröffnungsbilanz und den erläuternden Bericht sind die Vorschriften über den Jahresabschluss der werbenden AG entsprechend anzuwenden, Abs. 2 S. 2 (vgl. dazu ausführl. Erl. zu §§ 150, 152 AktG). Zahlreiche Detailfragen bestehen bei der Handhabung der dem Abwicklungszweck entsprechenden Bewertungsfragen; Abs. 2 S. 3 regelt Besonderheiten für die Bewertung des Anlagevermögens (vgl. dazu MüKo AktG/*Hüffer* § 270 Rn. 22 ff.).

2 Für den Schluss eines jeden Jahres der Abwicklung ist ein **Jahresbericht** und ein **Lagebericht** aufzustellen. Für den Jahresabschluss gilt die besondere Bewertungsregel des Abs. 2 S. 3. Jeweils ist wiederum der **Abwicklungszweck** der aufgelösten AG zu berücksichtigen (dazu MüKo AktG/*Hüffer* § 270 Rn. 53 ff.).

3 Die Eröffnungsbilanz und der erläuternde Bericht, die Jahresabschlüsse und die Lageberichte sind von den Abwicklern aufzustellen, Abs. 1. Deren **Feststellung** liegt – abweichend von § 172 AktG – in der alleinigen **Zuständigkeit der Hauptversammlung**. Der Feststellung hat eine Pflichtprüfung vorauszugehen (§§ 316 Abs. 1 S. 2 HGB i. V. m. § 270 Abs. 2 S. 2 AktG), wenn nicht das Gericht davon gem. § 270 Abs. 3 AktG befreit hat. Gem. den §§ 325 ff. HGB i. V. m. § 270 Abs. 2 S. 2 AktG besteht die **Verpflichtung zur Offenlegung**.

§ 271 Verteilung des Vermögens

(1) Das nach der Berichtigung der Verbindlichkeiten verbleibende Vermögen der Gesellschaft wird unter die Aktionäre verteilt.

(2) Das Vermögen ist nach den Anteilen am Grundkapital zu verteilen, wenn nicht Aktien mit verschiedenen Rechten bei der Verteilung des Gesellschaftsvermögens vorhanden sind.

(3) [1]Sind die Einlagen auf das Grundkapital nicht auf alle Aktien in demselben Verhältnis geleistet, so werden die geleisteten Einlagen erstattet und ein Überschuß nach den Anteilen am Grundkapital verteilt. [2]Reicht das Vermögen zur Erstattung der Einlagen nicht aus, so haben die Aktionäre den Verlust nach ihren Anteilen am Grundkapital zu tragen; die noch ausstehenden Einlagen sind, soweit nötig, einzuziehen.

1 Die Vorschrift regelt die **Verteilung des Restvermögens** der abzuwickelnden Gesellschaft unter die Aktionäre. Sie hebt das Verbot der Einlagenrückgewähr (§ 57 AktG) auf und begründet einen **Anspruch der Aktionäre auf den Abwicklungsüberschuss**. Die Verteilung erfolgt durch die Abwickler in dem von dieser Vorschrift geregelten Verfahren und unter Berücksichtigung der Sperrfrist des § 272 AktG. Anerkannt ist, dass die Gründungssatzung das Mitgliedschaftsrecht auf den

anteiligen Liquidationserlös ausschließen kann; nach h. M. ist dies im Hinblick auf § 23 Abs. 5 AktG aber nur zulässig, wenn dafür ein unabweisbares Bedürfnis besteht. Dieses kann sich in erster Linie aus dem Grundsatz der Vermögensbindung des Abgabenrechts ergeben (§§ 51 ff. AO); insofern kann die Satzung den Liquidationserlös unter Ausschluss individualrechtlicher Ansprüche der Aktionäre gemeinnützigen Zwecken zuführen (*Sethe* ZHR 1998, 474, 483 ff.; *Hüffer* AktG, § 271 Rn. 2 mit Differenzen im Detail). Der nachträgliche Ausschluss im Wege der Satzungsänderung ist nur mit Zustimmung aller Aktionäre wirksam (*Hüffer* AktG, § 271 Rn. 2).

Der zu verteilende **Abwicklungsüberschuss** ist dasjenige Vermögen, das nach der Berichtigung der Verbindlichkeiten verbleibt. Berichtigt sind die Verbindlichkeiten, wenn sämtliche bekannten Gläubigeransprüche erfüllt oder durch Hinterlegung bzw. Sicherheitsleitung gesichert wurden (Abs. 2 und 3). Regelmäßig haben die Abwickler die im Gesetz nicht ausdrücklich geregelte, aber aus der allgemeinen Rechnungslegungspflicht der AG folgende Pflicht, eine **Schlussbilanz** zu erstellen, aus der sich der zur Verteilung anstehende Abwicklungsüberschuss ergibt (*Hüffer* AktG, § 271 Rn. 3; zur entsprechenden Rechtslage bei der GmbH vgl. Erl. zu § 71 GmbHG in Kap. 7 und *Rodewald* GmbHR 1994, 454 ff.). Sie unterliegt gem. §§ 316 ff. HGB der Prüfung, soweit nicht Befreiung nach § 270 Abs. 3 AktG erteilt wurde; ihre Offenlegung ist nach §§ 325 ff. HGB geboten. Die Schlussbilanz ist der Hauptversammlung zur Feststellung vorzulegen (MAH AktR/*Schmidt-Hern* § 17 Rn. 57; a. A. *Hüffer* AktG, § 271 Rn. 3); mit dem Beschluss ist zugleich die Schlussrechnung i. S. d. § 273 gelegt (AktR/*Schmidt-Hern* § 17 Rn. 57). Die Schlussbilanz erfüllt zugleich die Anforderungen der in § 273 Abs. 1 AktG zur Voraussetzung der Anmeldung erklärten Schlussrechnung (str.; zu den insbesondere GmbH-Recht diskutierten Einzelheiten vgl. Baumbach/Hueck/*Schulze-Osterloh* § 71 Rn. 29). 2

Zum Verteilungsmaßstab trifft Abs. 2 die Regelung, dass sich die **Höhe des Anspruchs** auf den jeweiligen Liquidationsüberschuss grundsätzlich nach dem **Anteil des jeweiligen Aktionärs am Grundkapital** bemisst. Verzugsrechte bei der Vermögensverteilung nach § 11 AktG sind vorab zu befriedigen. Wurden die Einlagen nicht auf alle Aktien im gleichen Verhältnis geleistet, sieht Abs. 3 ein besonderes Verteilungsverfahren vor. Zunächst werden die (unterschiedlich hohen) Einlagen zurückgewährt, wenn der Überschuss dafür ausreicht, erstattet wird dabei nur der Nennwert der Einlagen, nicht aber etwaige Aufgelder. Ein danach verbleibender Überschuss wird sodann im Verhältnis der Anteile am Grundkapital verteilt. Wiederum sind Vorzugsrechte vorab zu bedienen. Reicht der Abwicklungsüberschuss dagegen zur Erstattung der Einlagen nicht aus, tragen die Aktionäre den Verlust nach ihrem Anteil am Grundkapital, Abs. 3 S. 2. Dazu ist der auf jede einzelne Aktie entfallende Fehlbetrag mit dem Anspruch auf Einlagenrückgewähr zu verrechnen; übersteigt der anteilige Fehlbetrag den Rückgewährsbetrag, muss der Aktionär seine noch ausstehende Einlage leisten (*Hüffer* AktG, § 271 Rn. 7). 3

Zum **Verteilungsverfahren** enthält das Gesetz nur wenige Vorgaben. § 272 Abs. 1 AktG regelt, dass mit der Verteilung frühestens nach Ablauf des Sperrjahres begonnen werden darf (vgl. § 272 AktG Rn. 1, 2). In § 273 AktG ist die Erstellung einer Schlussrechnung vorgesehen, die mit der Schlussbilanz vorgelegt wird (vgl. oben Rn. 2). Nicht geregelt, aber empfehlenswert ist die Unterrichtung der Aktionäre über die vorgesehene Verteilung, damit eine fehlerhafte Verteilung und die damit einhergehenden Ersatzansprüche gegen die Abwickler (vgl. Erl. zu § 272 AktG Rn. 5) vermieden werden. Die Abwickler haben auf eine ordnungsgemäße Legitimation der Aktionäre bei der Verteilung zu achten. Inhaberaktien sind vorzulegen, aber auch bei voller Zahlung nicht auszuhändigen, weil diese von den Aktionären für die Geltendmachung verbleibender Aktionärsrechte benötigt werden können (KölnKomm AktG/*Kraft* § 271 Rn. 20; a. A. MüKo AktG/*Hüffer* § 271 Rn. 15). Auszahlungen können auf der vorzulegenden Urkunde vermerkt werden, um Mehrfachzahlungen zu vermeiden. Bei Inhaberaktien sind Namen und Adressen der jeweiligen Zahlungsempfänger zu dokumentieren, um die Durchsetzung etwaiger Rückforderungsansprüche gem. §§ 264 Abs. 3, 62 AktG zu ermöglichen. 4

§ 272 Gläubigerschutz

(1) Das Vermögen darf nur verteilt werden, wenn ein Jahr seit dem Tage verstrichen ist, an dem der Aufruf der Gläubiger zum drittenmal bekanntgemacht worden ist.

(2) Meldet sich ein bekannter Gläubiger nicht, so ist der geschuldete Betrag für ihn zu hinterlegen, wenn ein Recht zur Hinterlegung besteht.

(3) Kann eine Verbindlichkeit zur Zeit nicht berichtigt werden oder ist sie streitig, so darf das Vermögen nur verteilt werden, wenn dem Gläubiger Sicherheit geleistet ist.

1 Die Vorschrift dient dem **Gläubigerschutz** im Verteilungsverfahren. Sie ordnet ein **Sperrjahr** an, vor dessen Ablauf die Verteilung des Abwicklungsüberschusses an die Aktionäre nicht erfolgen darf. In der Jahreszeitspanne sind vorrangig die Gläubiger zu befriedigen. Die Vorschrift ist nach § 23 Abs. 5 AktG zwingend.

2 Die Berechnung des Sperrjahres erfolgt nach §§ 187, 188 BGB. Das für den Beginn der Frist maßgebliche Ereignis ist die dritte Bekanntmachung des Gläubigeraufrufs i. S. d. § 267 AktG.

3 Verboten ist gem. Abs. 1 jede Vermögensverteilung an die Aktionäre vor Ablauf des Sperrjahres. Dies ist jede Maßnahme zugunsten der Aktionäre, die eine Verkürzung des liquiden Gesellschaftsvermögens bewirkt. Erfasst werden auch Darlehen, die gegen den Anspruch auf Auszahlung des Abwicklungserlöses verrechnet werden (*K. Schmidt* DB 1994, 2013). Nicht betroffen sind Ansprüche von Aktionären, die diese gegen die AG aus vom Gesellschaftsverhältnis gesonderten Rechtsverhältnissen (z. B. Kauf- oder Werkvertrag) herleiten. Zahlungsansprüche des Aktionärs aus dem Gesellschaftsverhältnis unterfallen dann nicht der Sperre des § 272 Abs. 1 AktG, wenn sie bereits vor der Auflösung entstanden sind (z. B. Anspruch aus vor dem Auflösungsbeschluss gefassten Gewinnverwendungsbeschluss) und wenn dadurch das zur Erhaltung des Grundkapitals erforderliche Vermögen nicht berührt wird (h. M.; *K. Schmidt* ZIP 1981, 1, 2).

4 Vor der Verteilung sind zunächst die **Verbindlichkeiten der Gesellschaft** zu berichtigen; die Gesellschaftsgläubiger sind zu befriedeigen (§ 268 AktG). Unter den besonderen Voraussetzungen des § 272 Abs. 2 AktG ist die Pflicht zur **Hinterlegung des geschuldeten Betrags** vorgeschrieben, bevor die Verteilung erfolgen darf. Vorausgesetzt ist, dass sich ein der Gesellschaft bekannter Gläubiger nicht meldet und ein Recht zur Hinterlegung nach allgemeinen Vorschriften (§§ 372, 293, 283 ff. BGB, 373 HGB) besteht. Unter den Voraussetzungen des § 273 Abs. 3 AktG besteht eine Verpflichtung zur Sicherheitsleistung zugunsten der Gläubiger, ohne die wiederum die Verteilung nicht erfolgen darf. Die Voraussetzung, dass die Berichtigung nicht möglich ist, ist bei bedingten oder befristeten Ansprüchen gegeben. Der weitere Fall, dass eine Verbindlichkeit streitig ist, liegt immer dann vor, wenn die Abwickler den geltend gemachten Anspruch nach Art oder Höhe nicht anerkennen; auf eine gerichtliche Geltendmachung stellt die Regelung dabei nicht ab. Einen Rechtsanspruch auf Sicherheitsleistung gewährt die Regelung den Gläubigern nicht. Die Sicherheitsleistung erfolgt nach den allgemeinen dispositiven Regeln der §§ 232 ff. BGB.

5 Die **Verletzung der Verteilungsregeln** führt nicht zur Unwirksamkeit der Verteilungsgeschäfte; §§ 271, 272 AktG begründen keine zivilrechtliche Unwirksamkeits- oder Nichtigkeitsfolge. Unter den Voraussetzungen der §§ 264 Abs. 3, 62 AktG bestehen **Rückgewähransprüche** der AG gegen die Aktionäre, die unter Verstoß gegen die Verteilungsregeln der §§ 271, 272 AktG erbrachte Leistungen erhalten haben. Bereicherungsrechtliche Ansprüche bestehen neben diesen speziellen aktienrechtlichen Regelung nicht (*K. Schmidt* ZIP 1981, 1, 6). Gläubiger der AG haben Anspruch auf Unterlassung verbotswidriger Verteilungsmaßnahmen. Dieser Anspruch kann im Verfahren der einstweiligen Verfügung gesichert werden. Das Verfahren richtet sich gegen die Abwickler; ein Verfahren gegen die AG ist ausgeschlossen, wenn der Anspruch bereits durch Arrest gesichert ist (*K. Schmidt* ZIP 1981, 1, 5). Der AG stehen gegen die Abwickler und die Mitglieder des Aufsichtsrats Schadenersatzansprüche zu (§§ 93, 268 Abs. 2 AktG bzw. §§ 93, 116, 164 Abs. 3 AktG).

Die Gläubiger können diese Ersatzansprüche nur geltend machen, wenn von der AG keine Befriedigung zu erlangen ist (§§ 62 Abs. 2, 93 Abs. 5, 116 AktG).

§ 273 Schluß der Abwicklung

(1) [1]Ist die Abwicklung beendet und die Schlußrechnung gelegt, so haben die Abwickler den Schluß der Abwicklung zur Eintragung in das Handelsregister anzumelden. [2]Die Gesellschaft ist zu löschen.

(2) Die Bücher und Schriften der Gesellschaft sind an einen vom Gericht bestimmten sicheren Ort zur Aufbewahrung auf zehn Jahre zu hinterlegen.

(3) Das Gericht kann den Aktionären und den Gläubigern die Einsicht der Bücher und Schriften gestatten.

(4) [1]Stellt sich nachträglich heraus, daß weitere Abwicklungsmaßnahmen nötig sind, so hat auf Antrag eines Beteiligten das Gericht die bisherigen Abwickler neu zu bestellen oder andere Abwickler zu berufen. [2]§ 265 Abs. 4 gilt.

(5) Gegen die Entscheidungen nach den Absätzen 2, 3 und 4 Satz 1 ist die sofortige Beschwerde zulässig.

Die Vorschrift regelt die Pflichten der Abwickler gegenüber dem Registergericht und die register- 1
gerichtlichen Maßnahmen bei der Beendigung der AG sowie den Zeitpunkt der Löschung der Gesellschaft im Handelsregister. Die Vorschrift findet eine Parallele in § 74 GmbHG (vgl. Kap. 7 § 74 GmbHG).

Die Abwickler haben die Pflicht, den **Schluss der Abwicklung beim Registergericht anzumel-** 2
den, Abs. 1. Der Inhalt der Anmeldung ist somit nicht das Erlöschen der Gesellschaft. Die Pflicht besteht, sobald die Abwicklung beendet und die Schlussrechnung gelegt ist. Die **Abwicklung ist beendet**, sobald der Abwicklungsüberschuss gem. § 271 AktG unter die Aktionäre verteilt worden ist. Da diese Verteilung nach §§ 272, 267 AktG nicht vor Ablauf des Sperrjahres erfolgen darf, erfolgt auch die Beendigung erst zu diesem Zeitpunkt. Im Hinblick auf den zwingenden Charakter der Regelung (§ 23 Abs. 5 AktG) erscheint es nicht möglich, die zum GmbHG vertretene Auffassung, vom Ablauf des Sperrjahres abzusehen, wenn das Vermögen der Gesellschaft vollständig aufgebraucht ist und eine Verteilung von Restvermögen nicht in Betracht kommt (OLG Köln NZG 2005, 83, 84; Baumbach / Hueck / *Schulze-Osterloh* § 74 Rn. 2), auf die AG zu übertragen (so aber *Hüffer* AktG, § 273 Rn. 2). Die **Schlussrechnung** ist dann gelegt, wenn die Hauptversammlung die Vorlage der Abwickler bzw. – was dem gleich zu achten ist (vgl. Erl. zu § 271 AktG Rn. 2) – die Schlussbilanz festgestellt hat.

Das **Registergericht prüft** die Anmeldung in formeller und materieller Hinsicht. In formeller 3
Hinsicht ist auf die ordnungsgemäße Anmeldung durch die Abwickler in vertretungsberechtigter Zahl, in materieller Hinsicht auf die Voraussetzungen der Beendigung der Abwicklung, einschließlich der Einhaltung des Sperrjahres gem. § 272 Abs. 1 AktG und der Vorlage der Schlussrechnung (bzw. der Schlussbilanz) zu achten. Nach Durchführung der beanstandungsfreien Prüfung verfügt das Registergericht die beantragte Eintragung des Abwicklungsbeschlusses sowie von Amts wegen die Löschung der Gesellschaft, § 273 Abs. 1 S. 2 AktG.

Mit der **Löschung im Register** erlischt die AG als Rechtsträgerin. Damit erlöschen eventuell be- 4
stehende Ansprüche gegen die gelöschte AG (BGHZ 74, 212, 215 – zum eingetragenen Verein). Der Fortbestand von Sicherungsrechten bleibt davon, auch der akzessorischer Sicherheiten (z. B. Bürgschaft, Hypothek), weil der Sicherungszweck gerade in diesem Fall des Zahlungsunvermögens und Untergangs des Schuldners zum Tragen kommen solle (BGHZ 82, 323, 326 ff.). Klagen, die nach der Löschung gegen die AG erhoben werden, sind unzulässig. Erfolgt die Löschung

während des Rechtsstreits, wird die Klage gegen die AG ebenfalls unzulässig, weil die Beklagte als Partei nicht mehr existiert (BGHZ 74, 212, 213), es sei denn die Klage betrifft den Fortbestand der Gesellschaft (BGHZ 74, 212, 215). Für Aktivprozesse gelten die zu § 273 Abs. 4 AktG entwickelten Grundsätze (vgl. unten Rn. 6).

5 Nach Abs. 2 sind die **Bücher und Schriften der AG** zu hinterlegen. Die Hinterlegung erfolgt durch die Abwickler nach Maßgabe der Festlegung durch das Registergericht. Zu hinterlegen sind die Unterlagen i. S. d. § 257 HGB, das Aktienregister (§ 67 AktG) und die Abwicklungsunterlagen. Der **Ort der Aufbewahrung** wird vom Gericht bestimmt. Die Kosten der Aufbewahrung trägt die AG; dafür sind bereits im Abwicklungsverfahren Beträge bereitzustellen und der Hinterlegungsstelle vorab zu entrichten. Nach Abs. 3 besteht ein Einsichtsrecht. Einsichtsberechtigt sind Aktionäre und Gläubiger, die ein berechtigtes Interesse glaubhaft machen.

6 Unter den Voraussetzungen und nach Maßgabe des Abs. 4 findet eine **Nachtragsabwicklung** statt. Sie kommt in den Fällen in Betracht, in denen sich nach Löschung der AG im Handelsregister herausstellt, dass weitere Abwicklungsmaßnahmen erforderlich sind. Dies ist der Fall, wenn noch verteilungsfähiges Vermögen entdeckt wird (BayObLG FGPrax 2004, 297, 298) sowie wenn noch Erklärungen abzugeben (z. B. Freigabeerklärung im Hinterlegungsverfahren) oder Zustellungen für die AG (Löschungsbewilligungen, Steuerbescheide) vorzunehmen sind (vgl. BFH NJW 1993, 2133 – zur GmbH). Das Bekanntwerden weiterer Verbindlichkeiten der AG löst keine Nachtragsliquidation aus, weil die Verbindlichkeiten mit der Löschung der AG untergehen (vgl. oben Rn. 4). Das Registergericht hat auf Antrag eines Beteiligten Nachtragsabwickler zu bestellen. Für die Beteiligteneigenschaft kommt es auf den Zeitpunkt der Löschung an; Beteiligte sind die zu diesem Zeitpunkt beteiligten früheren Aktionäre, die Gläubiger, frühere Organmitglieder und die Abwickler. Zuständig ist das Amtsgericht, § 145 FGG. Die mit dem Antrag vorgebrachten Tatsachen sind glaubhaft zu machen.

7 Für die Durchführung der Nachtragsabwicklung hat das Gericht **Nachtragsabwickler** zu bestellen, Abs. 4 S. 1. Dies können nach der im pflichtgemäßen Ermessen des Gerichts zu treffenden Entscheidung die bisherigen Abwickler oder neue Personen sein (BGHZ 53, 264, 269). Eine Pflicht zur Übernahme des Amtes besteht nicht. Gem. §§ 273 Abs. 4 S. 2, 265 Abs. 4 AktG haben die neu bestellten Abwickler Anspruch auf eine Vergütung und auf Auslagenersatz; die Kosten sind von der Abwicklungsgesellschaft zu tragen. Die Rechte und Pflichten der Abwickler haben keine besondere gesetzliche Regelung erfahren; sie sind nach §§ 264 ff. AktG vom Registergericht zu konkretisieren und haben den mit der Nachtragsabwicklung zu verfolgenden Aufgaben zu entsprechen. Die Regelungen der §§ 267, 270, 272 AktG sind unanwendbar; die Vertretungsmacht bestimmt sich nicht nach § 269 AktG, sondern ist auf den im Bestellungsbeschluss festgelegten Rechtskreis beschränkt (KG AG 1999, 123, 125 f.). Die AG ist im Nachtragsliquidationsverfahren nicht beteiligt; sie ist und bleibt erloschen; die Einzelheiten der Partei- und Prozessfähigkeit im Nachtragsabwicklungsverfahren sind nicht vollends geklärt (vgl. MüKo AktG/*Hüffer* § 273 Rn. 46).

§ 274 Fortsetzung einer aufgelösten Gesellschaft

(1) [1]Ist eine Aktiengesellschaft durch Zeitablauf oder durch Beschluß der Hauptversammlung aufgelöst worden, so kann die Hauptversammlung, solange noch nicht mit der Verteilung des Vermögens unter die Aktionäre begonnen ist, die Fortsetzung der Gesellschaft beschließen. [2]Der Beschluß bedarf einer Mehrheit, die mindestens drei Viertel des bei der Beschlußfassung vertretenen Grundkapitals umfaßt. [3]Die Satzung kann eine größere Kapitalmehrheit und weitere Erfordernisse bestimmen.

(2) Gleiches gilt, wenn die Gesellschaft

1. **durch die Eröffnung des Insolvenzverfahrens aufgelöst, das Verfahren aber auf Antrag des Schuldners eingestellt oder nach der Bestätigung eines Insolvenzplans, der den Fortbestand der Gesellschaft vorsieht, aufgehoben worden ist;**
2. **durch die gerichtliche Feststellung eines Mangels der Satzung nach § 262 Abs. 1 Nr. 5 aufgelöst worden ist, eine den Mangel behebende Satzungsänderung aber spätestens zugleich mit der Fortsetzung der Gesellschaft beschlossen wird.**

(3) [1]Die Abwickler haben die Fortsetzung der Gesellschaft zur Eintragung in das Handelsregister anzumelden. [2]Sie haben bei der Anmeldung nachzuweisen, daß noch nicht mit der Verteilung des Vermögens der Gesellschaft unter die Aktionäre begonnen worden ist.

(4) [1]Der Fortsetzungsbeschluß wird erst wirksam, wenn er in das Handelsregister des Sitzes der Gesellschaft eingetragen worden ist. [2]Im Falle des Absatzes 2 Nr. 2 hat der Fortsetzungsbeschluß keine Wirkung, solange er und der Beschluß über die Satzungsänderung nicht in das Handelsregister des Sitzes der Gesellschaft eingetragen worden sind; die beiden Beschlüsse sollen nur zusammen in das Handelsregister eingetragen werden.

Die Vorschrift ermöglicht unter bestimmten Voraussetzungen die **Fortsetzung einer aufgelösten AG**. Sie bezweckt zugleich einen Schutz von Gläubigern und Aktionären im Zusammenhang mit Fortsetzungsentscheidungen. In den Fällen der Auflösung nach § 262 Abs. 1 Nr. 1 und 2 AktG kann die Fortsetzung nach § 274 Abs. 1 AktG beschlossen werden. Die Fortsetzung erfordert einen **Beschluss der Hauptversammlung**, der eine doppelte Mehrheit erreicht haben muss: Die einfache Mehrheit des § 133 AktG und die Mehrheit von $^3/_4$ des vertretenen Grundkapitals, Abs. 1 S. 2 bzw. die strengeren satzungsrechtlichen Mehrheitsanforderungen, die nach Abs. 1 S. 3 in der Satzung allein (§ 23 Abs. 5 AktG) geregelt werden können. Diese Beschlussfassung ist zur Verhinderung der Umgehung des Verbots der Einlagenrückgewähr (§ 57 AktG) nur zulässig, solange mit der Vermögensverteilung noch nicht begonnen wurde. Nach Abs. 2 ist die Fortsetzung der aufgelösten AG auch in den Fällen zulässig, in denen die Auflösung durch Eröffnung des Insolvenzverfahrens erfolgte (§ 262 Abs. 1 Nr. 3 AktG). Die Fortsetzung setzt in diesem Fall die Einstellung des Insolvenzverfahrens auf Antrag der AG gem. § 213 InsO unter Zustimmung der Gläubiger voraus oder aber, dass das Insolvenzgericht das Insolvenzverfahren nach rechtskräftiger Bestätigung des Insolvenzplanes gem. § 258 InsO aufgehoben hat. Ferner ist ein Fortsetzungsbeschluss der Hauptversammlung mit der in § 274 Abs. 1 geregelten doppelten Mehrheit erforderlich. Schließlich ist die Fortsetzung der nach § 262 Abs. 1 Nr. 4 AktG (gerichtlich festgestellter Satzungsmangel) aufgelösten Gesellschaft zulässig, wenn der Mangel durch wirksame Satzungsänderung behoben wurde. 1

Ein weiterer, außerhalb von § 274 AktG geregelter **Fortführungsfall** betrifft die wegen eines heilbaren Satzungsmangels gerichtlich festgestellte Nichtigkeit der Gesellschaft, die gem. § 277 Abs. 1 AktG zur Auflösung der Gesellschaft nach den §§ 264 ff. AktG führt. Wird der Nichtigkeitsgrund beseitigt, kann die Gesellschaft fortgesetzt werden; Voraussetzung ist ein entsprechender Beschluss der Hauptversammlung, der mit dem Satzungsänderungsbeschluss verbunden werden kann (*Hüffer* AktG, § 274 Rn. 5). Wurde die Gesellschaft wegen behördlicher Untersagung aufgelöst (§ 262 Abs. 2 AktG), kann die Gesellschaft grundsätzlich nur fortgesetzt werden, wenn die Behörde die Untersagung zurücknimmt bzw. widerruft; entfällt der Auflösungsgrund im Widerspruchsverfahren (§ 72 VwGO) oder nach erfolgreicher Anfechtungsklage (§§ 42 Abs. 2, 113 VwGO), ist ein Hauptversammlungsbeschluss über die Fortsetzung der Gesellschaft nicht erforderlich. 2

Die Fortsetzung setzt voraus, dass die Abwickler die Fortsetzung der Gesellschaft und wegen § 274 Abs. 4 AktG auch den Fortsetzungsbeschluss zur Eintragung in das Handelsregister **anmelden**, Abs. 3 S. 1. Sie haben die Nachweise des Abs. 3 S. 2 zu erbringen; dafür ist nach h. M. eine 3 entsprechende Bescheinigung oder Auskunft eines Wirtschaftsprüfers geboten (MüKo AktG/*Hüffer* § 274 Rn. 30).

4 Mit der Eintragung der Fortsetzung (und des Fortsetzungsbeschlusses) wandelt sich die Abwicklungsgesellschaft in eine werbende AG um. Das Amt der Abwickler erlischt. Für die Organe der AG ergeben sich folgende Konsequenzen: Der Aufsichtsrat und die Hauptversammlung erlangen mit der Eintragung wiederum die für die werbende Gesellschaft geltenden Kompetenzen. Das Amt des früheren Vorstands ist mit der Bestellung der Abwickler erloschen (vgl. Erl. zu § 265 AktG Rn. 3). Deshalb ist der Vorstand neu zu bestellen; er tritt nicht automatisch in das (frühere) Vorstandsamt wieder ein (a. A. *Hüffer* AktG, § 274 Rn. 9 für den Fall der Personenidentität zwischen Abwicklern und früherem Vorstand).

Zweiter Abschnitt. Nichtigerklärung der Gesellschaft

§ 275 Klage auf Nichtigerklärung

(1) [1]Enthält die Satzung keine Bestimmungen über die Höhe des Grundkapitals oder über den Gegenstand des Unternehmens oder sind die Bestimmungen der Satzung über den Gegenstand des Unternehmens nichtig, so kann jeder Aktionär und jedes Mitglied des Vorstands und des Aufsichtsrats darauf klagen, daß die Gesellschaft für nichtig erklärt werde. [2]Auf andere Gründe kann die Klage nicht gestützt werden.

(2) Kann der Mangel nach § 276 geheilt werden, so kann die Klage erst erhoben werden, nachdem ein Klageberechtigter die Gesellschaft aufgefordert hat, den Mangel zu beseitigen, und sie binnen drei Monaten dieser Aufforderung nicht nachgekommen ist.

(3) [1]Die Klage muß binnen drei Jahren nach Eintragung der Gesellschaft erhoben werden. [2]Eine Löschung der Gesellschaft von Amts wegen nach § 144 Abs. 1 des Gesetzes über die Angelegenheiten der freiwilligen Gerichtsbarkeit wird durch den Zeitablauf nicht ausgeschlossen.

(4) [1]Für die Anfechtung gelten § 246 Abs. 2 bis 4, §§ 247, 248 Abs. 1 Satz 1, §§ 248 a, 249 Abs. 2 sinngemäß. [2]Der Vorstand hat eine beglaubigte Abschrift der Klage und das rechtskräftige Urteil zum Handelsregister einzureichen. [3]Die Nichtigkeit der Gesellschaft auf Grund rechtskräftigen Urteils ist einzutragen.

A. Überblick und Regelungszweck

1 Die Vorschrift betrifft die (praktisch wenig bedeutsame) Konstellation, dass Gründungsmängel der AG nach der Registereintragung festgestellt werden, die dem Registergericht bei der Prüfung des Eintragungsantrags entgangen sind. Während Gründungsmängel bis zur Eintragung grundsätzlich beachtlich sind und zur Auflösung der Vor-AG oder zur Ablehnung der Eintragung durch das Registergericht führen, gilt dies nach § 275 AktG nach der Eintragung der AG im Handelsregister nicht mehr: Die AG ist dann vielmehr, wenn auch als fehlerhafte Gesellschaft, wirksam entstanden und deshalb kann sie auch in den in § 275 Abs. 1 AktG genannten Fällen nur noch durch Nichtigkeitsklage mit Wirkung für die Zukunft aufgelöst bzw. in anderen Fällen durch Amtslöschung nach § 144 a FGG beseitigt werden; in bestimmten Fällen können die vorhandenen Mängel geheilt werden. Die Vorschrift bringt die konzeptionell bedeutende Wertung des Gesetzgebers zum Ausdruck, dass die eingetragene AG ungeachtet bestehender Gründungsmängel entstanden ist und dass sich die Eintragung im Interesse des **Bestands- und Verkehrsschutzes** über alle Gründungsmängel hinwegsetzt. Insofern ist die Vorschrift ein **gesetzlich geregelter Anwendungsfall der sog. fehlerhaften Gesellschaft**, mit der in Abs. 1 geregelten Besonderheit,

dass den Aktionären und Verwaltungsmitgliedern der fehlerhaften AG die Beendigung der Gesellschaft selbst für die Zukunft nur in den von der Vorschriften geregelten Ausnahmefällen möglich ist. Auf diese Weise erreicht das AktG eine hohes Maß an Rechtssicherheit, das sich insbesondere zugunsten der Rechtsbeständigkeit von im Namen der AG geschlossenen Rechtsgeschäfte auswirkt (vgl. § 277 Abs. 2 AktG).

Dass die AG trotz Registereintragung nicht entsteht, kann nach dem gesetzlichen Regelungsmodell allenfalls in den extremen Ausnahmesachverhalten der Nichtigkeit aller Gründererklärungen, der fehlenden Übernahme der Aktien durch die Gründer und der fehlenden Feststellung der Satzung vorkommen (vgl. KölnKomm AktG/*Kraft* § 275 Rn. 8). § 275 AktG regelt in seinem Abs. 1 die Voraussetzungen der Nichtigerklärung der Gesellschaft und in den Folgeabsätzen 2 bis 4 Einzelheiten der Nichtigkeitsklage. 2

B. Nichtigkeitsgründe

Abs. 1 führt die Gründe für eine Klage auf Nichtigerklärung der eingetragenen AG auf. Die Gründe sind in Abs. 1 S. 1 **abschließend** aufgezählt; auf andere Gründe kann eine solche Klage nicht gestützt werden, Abs. 1 S. 2. Die Auflösung der Gesellschaft nach Maßgabe des § 144 a FGG bei anderen als den in § 275 Abs. 1 AktG genannten Satzungsmängeln bleibt davon unberührt. 3

Das Tatbestandsmerkmal **»keine Bestimmungen über die Höhe des Grundkapitals«** wird vor dem Hintergrund seiner Herkunft aus der sog. EG-Publizitätsrichtlinie (ABl. EG vom 14. 3. 1968 Nr. L 65, 8) eng ausgelegt. Es ist nur erfüllt, wenn die Satzung entgegen § 23 Abs. 3 Nr. 3 AktG tatsächlich keinerlei Angaben zur Höhe des Grundkapitals enthält, während falsche oder unvollständige Angaben nicht darunter fallen (*Hüffer* AktG, § 275 Rn. 9; vgl. a. EuGH Slg. 1990-I, 4135, 4159 f.). Das Tatbestandsmerkmal der **fehlenden Bestimmung über den Unternehmensgegenstand** (§ 23 Abs. 3 Nr. 2 AktG) wird seiner gleichfalls aus der sog. Publizitätsrichtlinie stammenden Herkunft wegen ebenfalls in dem Sinne eng verstanden, dass der Nichtigkeitsgrund nur vorliegt, wenn die Satzung keine Angaben zum Unternehmensgegenstand enthält; unvollständige, unklare oder unbestimmte Angaben fallen nicht hierunter (*Hüffer* AktG, § 275 Rn. 10). Der in § 275 Abs. 1 AktG geregelte dritte Fall der Nichtigkeit der Bestimmungen über den Unternehmensgegenstand setzt die Gesetzes- oder Sittenwidrigkeit der entsprechenden Satzungsbestimmung nach § 241 Nr. 3 oder 4 AktG voraus und orientiert sich damit nicht allein der zivilrechtlichen Prüfung nach §§ 134, 138 BGB, sondern erfordert eine Verletzung der zumindest im überwiegenden Interesse der Gläubiger der Gesellschaft oder sonst dem öffentlichen Interesse dienenden Vorschriften (*Hüffer* AktG, § 275 Rn. 11). Insoweit kommt es nur auf den Wortlaut der Satzungsbestimmung, nicht aber auf die tatsächliche anfängliche oder nachträgliche Tätigkeitsbild der Gesellschaft an, so dass selbst Falschangaben keinen Grund für eine Nichtigkeitsklage nach § 275 Abs. 1 AktG darstellen (vgl. EuGH Slg. 1990-I, 4135, 4159 f.; *Hüffer* AktG, § 275, Rn. 12 ff.). Letztlich hat damit § 275 Abs. 1 S. 1 AktG auch in seiner dritten Varianten nur begrenzte praktische Bedeutung insofern, als vor allem Tätigkeiten, die gegen strafrechtliche Vorschriften oder gegen das Kartellrecht verstoßen, einen Nichtigkeitsgrund darstellen (*Hüffer* AktG, § 275 Rn. 15). Die Gründung von Mantel- oder Vorratsgesellschaften stellt nach heute anerkannter Rechtsauffassung nicht als solche einen Nichtigkeitsfall dar, wenn nur überhaupt wirksame Angaben zum Unternehmenszweck vorliegen (BGHZ 153, 158, 161; 117, 323, 325 f.; vgl. auch *Mayer* NJW 2000, 175). 4

C. Nichtigkeitsklage

Die Nichtigerklärung der AG kann nur über ein **Klageverfahren** erfolgen. Hierin liegt ein wegen § 23 Abs. 5 AktG nicht disponibler Grundsatz des Aktienrechts. Die Nichtigkeit der Gesellschaft kann also weder als Einrede erhoben, noch schiedsgerichtlich festgestellt werden (*Hüffer* AktG, § 275 Rn. 19). **Kläger** kann jeder Aktionär sein, auch ein Aktionär ohne Stimmrecht. Nach Abs. 1 S. 1 steht das auch den einzelnen Mitgliedern der Verwaltungsorgane der AG zu. Die Klage ist **gegen die AG** zu richten (§§ 275 Abs. 4, 246 Abs. 2 AktG). 5

6 Ist der Satzungsmangel nach § 276 AktG heilbar, kann die Nichtigkeitsklage erst erhoben werden, wenn die AG von einem Klagebefugten zur Mängelbeseitigung aufgefordert wurde und die **3-Monats-Frist** des Abs. 2 verstrichen ist. Ferner ist die Klage innerhalb der **3-Jahres-Frist** des Abs. 3 zu erheben (§§ 253 Abs. 1, 167 ZPO); maßgeblich für den Fristbeginn ist die Eintragung der AG in das Handelsregister. Die weiteren Einzelheiten des Verfahrens ergeben sich nach Abs. 4 S. 1 aus den darin genannten Bezugsvorschriften (vgl. dazu die jeweiligen Erläuterungen).

7 Das stattgebende Urteil ergeht als **Gestaltungsurteil**; es erklärt die eingetragene AG für **nichtig**. Das Urteil bewirkt die Auflösung der AG, welche die Abwicklung zur Folge hat, § 277 AktG. Das Urteil entfaltet materielle Rechtskraft für und gegen alle Aktionäre und sämtliche Verwaltungsmitglieder, §§ 275 Abs. 4 S. 1, 248 AktG. Abs. 4 S. 2 begründet eine **Einreichungspflicht** des Vorstands; sie gilt auch für die klageabweisende Entscheidung. Das Registergericht verfügt die Eintragung der Nichtigkeit von Amts wegen, Abs. 4 S. 3. Die Eintragung wird gem. § 10 HGB bekannt gemacht.

§ 276 Heilung von Mängeln

Ein Mangel, der die Bestimmungen über den Gegenstand des Unternehmens betrifft, kann unter Beachtung der Bestimmungen des Gesetzes und der Satzung über Satzungsänderungen geheilt werden.

1 In den Fällen, in denen der Mangel der Satzung die Bestimmungen über den Gegenstand des Unternehmens (§ 23 Abs. 3 Nr. 2 AktG) betrifft, kommt eine Heilung in Betracht. Andere als die in § 276 AktG angeführten Mängel sind auch nicht in entsprechender Anwendung der Regelung nicht heilbar. Sofern eine Heilung des Satzungsmangels in Betracht kommt, kann die Nichtigkeitsklage nach § 275 AktG nicht erhoben werden, § 275 Abs. 2 AktG.

2 Die Heilung erfolgt durch **Änderung der Satzung**. Erforderlich ist ein Beschluss der Hauptversammlung mit der grundsätzlich erforderlichen $^3/_4$-Mehrheit des § 179 Abs. 2 S. 1 AktG bzw. den ggf. nach der Satzung bestehenden (verschärften) Mehrheitserfordernissen (§ 179 Abs. 2 S. 2 AktG). Der **Heilungsbeschluss der Hauptversammlung** ist durch den Vorstand unter Beifügung der erforderliche Urkunden (vgl. § 181 Abs. 1 S. 2 und 3 AktG) zur Eintragung in das Handelsregister anzumelden (§§ 276, 181 AktG). Zuständig ist das Amtsgericht des Gesellschaftssitzes. Nach beanstandungsfreier Prüfung durch das Registergericht verfügt dieses die Eintragung, von der ab die heilende Satzungsänderung wirksam wird, §§ 276, 181 Abs. 3 AktG.

3 Die heilende Satzungsänderung hat zur Folge, dass der zunächst vorliegende Nichtigkeitsgrund nicht mehr vorhanden ist und die AG nicht mehr aufgelöst werden kann. Die bereits aufgelöste Gesellschaft kann zur werbenden Tätigkeit zurückkehren; dafür ist ein Fortsetzungsbeschluss nach § 274 AktG erforderlich.

§ 277 Wirkung der Eintragung der Nichtigkeit

(1) Ist die Nichtigkeit einer Gesellschaft auf Grund rechtskräftigen Urteils oder einer Entscheidung des Registergerichts in das Handelsregister eingetragen, so findet die Abwicklung nach den Vorschriften über die Abwicklung bei Auflösung statt.

(2) Die Wirksamkeit der im Namen der Gesellschaft vorgenommenen Rechtsgeschäfte wird durch die Nichtigkeit nicht berührt.

(3) Die Gesellschafter haben die Einlagen zu leisten, soweit es zur Erfüllung der eingegangenen Verbindlichkeiten nötig ist.

Die gerichtliche Feststellung der Nichtigkeit hat nach der gesetzlichen Konzeption der §§ 275 ff. AktG (vgl. Erl. zu § 275 AktG Rn. 1) die Bedeutung eines Auflösungsgrundes; sie ändert nichts an der durch die Registereintragung dokumentierten Existenz der Gesellschaft, sondern hat zur Folge, dass die Abwicklung der Gesellschaft erfolgen muss. 1

Für die Abwicklung gelten mangels besonderer Regelungen die Vorschriften der § 264 ff. AktG. Die AG bleibt somit bis zur Vollbeendigung als juristische Person bestehen. Vor diesem Hintergrund trifft § 277 Abs. 2 AktG die (deklaratorische) Regelung, dass die Wirksamkeit von Rechtsgeschäften, die im Namen der AG geschlossen wurden, durch die Nichtigkeit der AG nicht berührt wird. 2

Für die Erbringung offener Einlageverbindlichkeiten der Aktionäre trifft § 277 Abs. 3 AktG die Regelung, dass diese nur noch insoweit zu leisten sind, als dies zur Befriedigung der Gläubiger erforderlich ist. Die Regelung korrespondiert mit der Regelung zur Einlagenerstattung im Abwicklungsverfahren nach § 271 Abs. 3 AktG (vgl. Erl. zu § 271 AktG Rn. 3). 3

Zweites Buch.
Kommanditgesellschaft auf Aktien

§§ 278 bis 290 [nicht kommentiert]

Drittes Buch.
Verbundene Unternehmen

§§ 291 bis 337 [nicht kommentiert; vgl. zu den Grundzügen des Konzernrechts Kap. 14]

Viertes Buch.
Sonder-, Straf- und Schlußvorschriften

Erster Teil.
Sondervorschriften bei Beteiligung von Gebietskörperschaften

§ 394 Berichte der Aufsichtsratsmitglieder

[1]Aufsichtsratsmitglieder, die auf Veranlassung einer Gebietskörperschaft in den Aufsichtsrat gewählt oder entsandt worden sind, unterliegen hinsichtlich der Berichte, die sie der Gebietskörperschaft zu erstatten haben, keiner Verschwiegenheitspflicht. [2]Für vertrauliche Angaben und Geheimnisse der Gesellschaft, namentlich Betriebs- oder Geschäftsgeheimnisse, gilt dies nicht, wenn ihre Kenntnis für die Zwecke der Berichte nicht von Bedeutung ist.

§ 395 Verschwiegenheitspflicht

(1) Personen, die damit betraut sind, die Beteiligung an der Gebietskörperschaft zu verwalten oder für eine Gebietskörperschaft die Gesellschaft, die Betätigung der Gebietskörperschaft

als Aktionär oder die Tätigkeit der auf Veranlassung der Gebietskörperschaft gewählten oder entsandten Aufsichtsmitglieder zu prüfen, haben über vertrauliche Angaben und Geheimnisse der Gesellschaft, namentlich Betriebs- oder Geschäftsgeheimnisse, die ihnen aus Berichten nach § 394 bekannt geworden sind, Stillschweigen zu bewahren; dies gilt nicht für Mitteilungen im dienstlichen Verkehr.

(2) Bei der Veröffentlichung von Prüfungsergebnissen dürfen vertrauliche Angaben und Geheimnisse der Gesellschaft, namentlich Betriebs- oder Geschäftsgeheimnisse nicht veröffentlicht werden.

A. Einleitung

1 Bei den §§ 394, 395 AktG handelt es sich um **Sondervorschriften** für den Fall der Beteiligung von Gebietskörperschaften an Aktiengesellschaften (*Hüffer* AktG, § 394 Rn. 2).

2 Ergänzend gelten für die Beteiligung von Gebietskörperschaften an Aktiengesellschaften die §§ 53, 54 HGrG sowie die §§ 65–79 BHO bzw. LHO (*Hüffer*, AktG, § 394 Rn. 4).

B. Verhältnis von Berichterstattung und Verschwiegenheitspflicht

3 § 394 AktG begründet keine Berichtspflicht, sondern setzt diese voraus. Eine Berichtspflicht kann sich beispielsweise aus beamtenrechtlichen Weisungen ergeben (MüKo AktG/*Kropff* §§ 394, 395 Rn. 25 m. w. N.). Die Berichtspflicht lässt für das auf Veranlassung einer Gebietskörperschaft gewählte oder entsandte Aufsichtsratsmitglied die ansonsten bestehende Verschwiegenheitspflicht entfallen (zur Bestellung »auf Veranlassung« der Gebietskörperschaften vgl. MüKo AktG/*Kropff* §§ 394, 395 Rn. 14 ff.).

4 Als Korrektiv legt § 395 AktG fest, dass die Empfänger des Berichtes über **vertrauliche Angaben und Geheimnisse** Stillschweigen zu bewahren haben (MüKo AktG/*Kropff* §§ 394, 395 Rn. 47).

5 Von der Verschwiegenheitspflicht sind unabhängig von der dienstrechtlichen Stellung alle Personen betroffen, die mit der Verwaltung der aktienrechtlichen Beteiligung betraut sind. Gleiches gilt für Personen, die Prüfungsaufgaben für die Gebietskörperschaft wahrnehmen (*Hüffer* AktG, § 395 Rn. 2). Auf diese Weise findet ein **Interessenausgleich** zwischen dem Bedürfnis der Gebietskörperschaft nach umfassender Berichterstattung im Rahmen der Beteiligungsverwaltung sowie der für die Gesellschaft wichtigen Geheimhaltung von Unternehmensinformationen statt.

6 Die Verschwiegenheitspflicht in § 395 Abs. 1 Hs. 1 AktG ist der Regelung in § 93 Abs. 1 S. 2 AktG nachgebildet und entsprechend auszulegen (*Hüffer* AktG, §§ 395 Rn. 3).

7 **Privilegiert** wird der dienstliche Verkehr, für den die Verschwiegenheitspflicht nicht gilt (MüKo AktG/*Kropff* §§ 394, 395 Rn. 61 ff.).

Zweiter Teil.
Gerichtliche Auflösung

§ 396 Voraussetzungen

(1) [1]Gefährdet eine Aktiengesellschaft oder Kommanditgesellschaft auf Aktien durch gesetzwidriges Verhalten ihrer Verwaltungsträger das Gemeinwohl und sorgen der Aufsichtsrat und die Hauptversammlung nicht für eine Abberufung der Verwaltungsträger, so kann die Gesellschaft auf Antrag der zuständigen obersten Landesbehörde des Landes, in dem die Gesellschaft ihren Sitz hat, durch Urteil aufgelöst werden. [2]Ausschließlich zuständig für die Klage ist das Landgericht, in dessen Bezirk die Gesellschaft ihren Sitz hat.

(2) Nach der Auflösung findet die Abwicklung nach den §§ 264–273 statt. Den Antrag auf Abberufung oder Bestellung der Abwickler aus einem wichtigen Grund kann auch die in Absatz 1 Satz 1 bestimmte Behörde stellen.

§ 397 Anordnungen bei der Auflösung

Ist die Auflösungsklage erhoben, so kann das Gericht auf Antrag der in § 396 Abs. 1 Satz 1 bestimmten Behörde durch einstweilige Verfügung die nötigen Anordnungen treffen.

§ 398 Eintragung

[1]Die Entscheidungen des Gerichts sind dem Registergericht mitzuteilen. [2]Dieses trägt sie, soweit sie eintragungspflichtige Rechtsverhältnisse betreffen, in das Handelsregister ein.

A. Einleitung

1 Die §§ 396 bis 398 AktG regeln die **Auflösung einer AG wegen Gemeinwohlgefährdung** und sehen damit eine staatliche Eingriffsmöglichkeit im Rahmen eines rechtsstaatlichen Verfahrens vor. Die Auflösung muss mittels einer **Auflösungsklage** betrieben werden, die, sofern die Auflösungsvoraussetzungen vorliegen, zu einem Auflösungsurteil führt. Vergleichbare Regelungen finden sich in den §§ 43, 44 BGB sowie § 63 GmbHG und § 81 GenG. Die gerichtliche Auflösung hat keine große praktische Bedeutung erlangt (*Hüffer* AktG, § 396 Rn. 1).

B. Voraussetzungen

2 Erforderlich ist die **Gefährdung des Gemeinwohls**, d. h. durch das gesetzes- oder sittenwidrige Verhalten der Gesellschaft müssen erhebliche Nachteile für die rechtlich geschützten Interessen der Allgemeinheit, jedenfalls größerer Bevölkerungskreise, eintreten oder zumindest drohen. Bloße Nachteile für die Aktionäre sind nicht ausreichend (MüKoAktG/*Kropff* § 396 Rn. 8).

3 Es muss der **Grundsatz der Verhältnismäßigkeit** gewahrt werden, da es sich um eine auf Gefahrenabwehr abzielende Maßnahme handelt (*Hüffer* AktG, § 396 Rn. 5).

4 Ferner ist erforderlich, dass weder Aufsichtsrat noch Hauptversammlung für die Abberufung der gesetzeswidrig handelnden Verwaltungsträger sorgen (MüKo AktG/*Kropff* § 396 Rn. 9).

C. Sicherung des Gemeinwohls durch einstweilige Verfügungen

5 Um das Gemeinwohl zu sichern, kann das für die Auflösungsklage zuständige Landgericht eine einstweilige Verfügung erlassen, wenn eine Auflösungsklage erhoben wurde, ein Antrag der zuständigen obersten Landesbehörde vorliegt und der Erlass einer einstweiligen Verfügung notwendig ist (*Hüffer* AktG, § 397 Rn. 2; MüKo AktG/*Kropff* § 397 Rn. 2 ff.).

Dritter Teil.
Straf- und Bußgeldvorschriften. Schlußvorschriften

§ 399 Falsche Angaben

(1) Mit Freiheitsstrafe bis zu drei Jahren oder mit Geldstrafe wird bestraft, wer

1. als Gründer oder als Mitglied des Vorstands oder des Aufsichtsrats zum Zweck der Eintragung der Gesellschaft über die Übernahme der Aktien, die Einzahlung auf Aktien, die Verwendung eingezahlter Beträge, den Ausgabebetrag der Aktien, über Sondervorteile, Gründungsaufwand, Sacheinlagen, Sachübernahmen und Sicherungen für nicht voll einbezahlte Geldeinlagen,
2. als Gründer oder als Mitglied des Vorstands oder des Aufsichtsrats im Gründungsbericht, im Nachgründungsbericht oder im Prüfungsbericht,
3. in der öffentlichen Ankündigung nach § 47 Nr. 3,
4. als Mitglied des Vorstands oder des Aufsichtsrats zum Zweck der Eintragung einer Erhöhung des Grundkapitals (§§ 182 bis 206) über die Einbringung des bisherigen, die Zeichnung oder Einbringung des neuen Kapitals, den Ausgabebetrag der Aktien, die Ausgabe der Bezugsaktien oder über Sacheinlagen,
5. als Abwickler zum Zweck der Eintragung der Fortsetzung der Gesellschaft in dem nach § 274 Abs. 3 zu führenden Nachweis oder
6. als Mitglied des Vorstands in der nach § 37 Abs. 2 Satz 1 oder § 81 Abs. 3 Satz 1 abzugebenden Versicherung oder als Abwickler in der nach § 266 Abs. 3 Satz 1 abzugebenden Versicherung falsche Angaben macht oder erhebliche Umstände verschweigt.

(2) Ebenso wird bestraft, wer als Mitglied des Vorstands oder des Aufsichtsrats zum Zweck der Eintragung einer Erhöhung des Grundkapitals die in § 210 Abs. 1 Satz 2 vorgeschriebene Erklärung der Wahrheit zuwider abgibt.

§ 400 Unrichtige Darstellung

(1) Mit Freiheitsstrafe bis zu drei Jahren oder mit Geldstrafe wird bestraft, wer als Mitglied des Vorstands oder des Aufsichtsrats oder als Abwickler

1. die Verhältnisse der Gesellschaft einschließlich ihrer Beziehungen zu verbundenen Unternehmen in Darstellungen oder Übersichten über den Vermögensstand, in Vorträgen oder Auskünften in der Hauptversammlung unrichtig wiedergibt oder verschleiert, wenn die Tat nicht in § 331 Nr. 1 oder 1 a des Handelsgesetzbuchs mit Strafe bedroht ist, oder
2. in Aufklärungen oder Nachweisen, die nach den Vorschriften dieses Gesetzes einem Prüfer der Gesellschaft oder eines verbundenen Unternehmens zu geben sind, falsche Angaben macht oder die Verhältnisse der Gesellschaft unrichtig wiedergibt oder verschleiert, wenn die Tat nicht in § 331 Nr. 4 des Handelsgesetzbuchs mit Strafe bedroht ist.

(2) Ebenso wird bestraft, wer als Gründer oder Aktionär in Aufklärungen oder Nachweisen, die nach den Vorschriften dieses Gesetzes einem Gründungsprüfer oder sonstigen Prüfer zu geben sind, falsche Angaben macht oder erhebliche Umstände verschweigt.

§ 401 Pflichtverletzung bei Verlust, Überschuldung oder Zahlungsunfähigkeit

(1) Mit Freiheitsstrafe bis zu drei Jahren oder mit Geldstrafe wird bestraft, wer es

1. als Mitglied des Vorstands entgegen § 92 Abs. 1 unterläßt, bei einem Verlust in Höhe der Hälfte des Grundkapitals die Hauptversammlung einzuberufen und ihr dies anzuzeigen, oder
2. als Mitglied des Vorstands entgegen § 92 Abs. 2 oder als Abwickler entgegen § 268 Abs. 2 Satz 1 unterläßt, bei Zahlungsunfähigkeit oder Überschuldung die Eröffnung des Insolvenzverfahrens zu beantragen.

(2) Handelt der Täter fahrlässig, so ist die Strafe Freiheitsstrafe bis zu einem Jahr oder Geldstrafe.

§ 402 Falsche Ausstellung von Berechtigungsnachweisen

(1) Wer Bescheinigungen, die zum Nachweis des Stimmrechts in einer Hauptversammlung oder in einer gesonderten Versammlung dienen sollen, falsch ausstellt oder verfälscht, wird mit Freiheitsstrafe bis zu drei Jahren oder mit Geldstrafe bestraft, wenn die Tat nicht in anderen Vorschriften über Urkundenstraftaten mit schwererer Strafe bedroht ist.

(2) Ebenso wird bestraft, wer von einer falschen oder verfälschten Bescheinigung der in Absatz 1 bezeichneten Art zur Ausübung des Stimmrechts Gebrauch macht.

(3) Der Versuch ist strafbar.

§ 403 Verletzung der Berichtspflicht

(1) Mit Freiheitsstrafe bis zu drei Jahren oder mit Geldstrafe wird bestraft, wer als Prüfer oder als Gehilfe eines Prüfers über das Ergebnis der Prüfung falsch berichtet oder erhebliche Umstände im Bericht verschweigt.

(2) Handelt der Täter gegen Entgelt oder in der Absicht, sich oder einen anderen zu bereichern oder einen anderen zu schädigen, so ist die Strafe Freiheitsstrafe bis zu fünf Jahren oder Geldstrafe.

§ 404 Verletzung der Geheimhaltungspflicht

(1) Mit Freiheitsstrafe bis zu einem Jahr, bei börsennotierten Gesellschaften bis zu zwei Jahren, oder mit Geldstrafe wird bestraft, wer ein Geheimnis der Gesellschaft, namentlich ein Betriebs- oder Geschäftsgeheimnis, das ihm in seiner Eigenschaft als

1. **Mitglied des Vorstands oder des Aufsichtsrats oder Abwickler,**
2. **Prüfer oder Gehilfe eines Prüfers bekannt geworden ist, unbefugt offenbart; im Falle der Nummer 2 jedoch nur, wenn die Tat nicht in § 333 des Handelsgesetzbuchs mit Strafe bedroht ist.**

(2) [1]Handelt der Täter gegen Entgelt oder in der Absicht, sich oder einen anderen zu bereichern oder einen anderen zu schädigen, so ist die Strafe Freiheitsstrafe bis zu zwei Jahren, bei börsennotierten Gesellschaften bis zu drei Jahren, oder Geldstrafe. [2]Ebenso wird bestraft, wer ein Geheimnis der in Absatz 1 bezeichneten Art, namentlich ein Betriebs- oder Geschäftsgeheimnis, das ihm unter den Voraussetzungen des Absatzes 1 bekannt geworden ist, unbefugt verwertet.

(3) [1]Die Tat wird nur auf Antrag der Gesellschaft verfolgt. [2]Hat ein Mitglied des Vorstands oder ein Abwickler die Tat begangen, so ist der Aufsichtsrat, hat ein Mitglied des Aufsichtsrats die Tat begangen, so sind der Vorstand oder die Abwickler antragsberechtigt.

§ 405 Ordnungswidrigkeiten

(1) Ordnungswidrig handelt, wer als Mitglied des Vorstands oder des Aufsichtsrats oder als Abwickler

1. Namensaktien ausgibt, in denen der Betrag der Teilleistung nicht angegeben ist, oder Inhaberaktien ausgibt, bevor auf sie der Ausgabebetrag voll geleistet ist,
2. Aktien oder Zwischenscheine ausgibt, bevor die Gesellschaft oder im Fall einer Kapitalerhöhung die Durchführung der Erhöhung des Grundkapitals oder im Fall einer bedingten Kapitalerhöhung oder einer Kapitalerhöhung aus Gesellschaftsmitteln der Beschluss über die bedingte Kapitalerhöhung oder die Kapitalerhöhung aus Gesellschaftsmitteln eingetragen ist,
3. Aktien oder Zwischenscheine ausgibt, die auf einen geringeren als den nach § 8 Abs. 2 Satz 1 zulässigen Mindestnennbetrag lauten oder auf die bei einer Gesellschaft mit Stückaktien ein geringerer anteiliger Betrag des Grundkapitals als der nach § 8 Abs. 3 Satz 3 zulässige Mindestbetrag entfällt, oder
4. a) entgegen § 71 Abs. 1 Nr. 1 bis 4 oder Abs. 2 eigene Aktien der Gesellschaft erwirbt oder, in Verbindung mit § 71 e Abs. 1, als Pfand nimmt,
b) zu veräußernde eigene Aktien (§ 71 c Abs. 1 und 2) nicht anbietet oder
c) die zur Vorbereitung der Beschlussfassung über die Einziehung eigener Aktien (§ 71 c Abs. 3) erforderlichen Maßnahmen nicht trifft.

(2) Ordnungswidrig handelt auch, wer als Aktionär oder als Vertreter eines Aktionärs die nach § 129 in das Verzeichnis aufzunehmenden Angaben nicht oder nicht richtig macht.

(3) Ordnungswidrig handelt ferner, wer

1. Aktien eines anderen, zu dessen Vertretung er nicht befugt ist, ohne dessen Einwilligung zur Ausübung von Rechten in der Hauptversammlung oder in einer gesonderten Versammlung benutzt,
2. zur Ausübung von Rechten in der Hauptversammlung oder in einer gesonderten Versammlung Aktien eines anderen benutzt, die er sich zu diesem Zweck durch Gewähren oder Versprechen besonderer Vorteile verschafft hat,
3. Aktien zu dem in Nummer 2 bezeichneten Zweck gegen Gewähren oder Versprechen besonderer Vorteile einem anderen überläßt,
4. Aktien eines anderen, für die er oder der von ihm Vertretene das Stimmrecht nach § 135 nicht ausüben darf, zur Ausübung des Stimmrechts benutzt,
5. Aktien, für die er oder der von ihm Vertretene das Stimmrecht nach § 20 Abs. 7, § 21 Abs. 4, §§ 71 b, 71 d Satz 4, § 134 Abs. 1, §§ 135, 136, 142 Abs. 1 Satz 2, § 285 Abs. 1 nicht ausüben darf, einem anderen zum Zweck der Ausübung des Stimmrechts überläßt oder solche ihm überlassene Aktien zur Ausübung des Stimmrechts benutzt,
6. besondere Vorteile als Gegenleistung dafür fordert, sich versprechen läßt oder annimmt, daß er bei einer Abstimmung in der Hauptversammlung oder in einer gesonderten Versammlung nicht oder in einem bestimmten Sinne stimme oder
7. besondere Vorteile als Gegenleistung dafür anbietet, verspricht oder gewährt, daß jemand bei einer Abstimmung in der Hauptversammlung oder in einer gesonderten Versammlung nicht oder in einem bestimmten Sinne stimme.

(4) Die Ordnungswidrigkeit kann mit einer Geldbuße bis zu fünfundzwanzigtausend Euro geahndet werden.

§ 406 Ordnungswidrigkeiten

(1) Ordnungswidrig handelt, wer vorsätzlich oder leichtfertig entgegen § 71 Abs. 3 Satz 3 die Bundesanstalt für Finanzdienstleistungsaufsicht nicht, nicht richtig, nicht vollständig oder nicht rechtzeitig unterrichtet.

(2) Die Ordnungswidrigkeit kann mit einer Geldbuße bis zu fünfundzwanzigtausend Euro geahndet werden.

(3) Verwaltungsbehörde (für die Ordnungswidrigkeiten nach Absatz 1) im Sinne des § 36 Abs. 1 Nr. 1 des Gesetzes über Ordnungswidrigkeiten ist die Bundesanstalt für Finanzdienstleistungsaufsicht.

§ 407 Zwangsgelder [i. d. F. ab 1. 1. 2007 durch EHUG]

(1) [1]Vorstandsmitglieder oder Abwickler, die § 52 Abs. 2 Satz 2 und 3, § 71 c, § 73 Abs. 3 Satz 2, §§ 80, 90, 104 Abs. 1, § 111 Abs. 2, § 145, §§ 170, 171 Abs. 3 oder Abs. 4 Satz 1 in Verbindung mit Abs. 3, §§ 175, 179 a Abs. 2 Satz 1 und 2, 214 Abs. 1, § 246 Abs. 4, §§ 248 a, 259 Abs. 5, § 268 Abs. 4, § 270 Abs. 1, § 273 Abs. 2, §§ 293 f, 293 g Abs. 1, § 312 Abs. 1, § 313 Abs. 1, § 314 Abs. 1 nicht befolgen, sind hierzu vom Registergericht durch Festsetzung von Zwangsgeld anzuhalten; § 14 des Handelsgesetzbuchs bleibt unberührt. [2]Das einzelne Zwangsgeld darf den Betrag von fünftausend Euro nicht übersteigen.

(2) [1]Die Anmeldungen zum Handelsregister nach den §§ 36, 45, 52, 181 Abs. 1, §§ 184, 188, 195, 210, 223, 237 Abs. 4, §§ 274, 294 Abs. 1, § 319 Abs. 3 werden durch Festsetzung von Zwangsgeld nicht erzwungen. [S. 2 aufgehoben]

§ 407 Zwangsgelder [i. d. F. bis 31. 12. 2006]

***(1)* [identisch]**

(2)* [S. 1 identisch] *[2]Für die Einreichung der der Zahl der Zweigniederlassungen entsprechenden Stückzahl der Anmeldungen verbleibt es bei § 14 des Handelsgesetzbuchs.

A. Einleitung

Die Möglichkeit der **Zwangsgeldfestsetzung** soll die Einhaltung der Pflichten gewährleisten, an deren Erfüllung auch ein öffentliches Interesse besteht. Durch die Aufzählung in § 407 Abs. 1 S. 1 Hs. 1 AktG wird § 14 HGB ergänzt und nicht verdrängt (*Hüffer* AktG, § 407 Rn. 1). Das Zwangsgeld ist eine **Beugemaßnahme**, d. h. weder Strafe noch Bußgeld (KölnKomm AktG/*Zöllner* § 407 Rn. 7). 6

B. Tatbestände

Die mit Zwangsgeld bewehrten Pflichten ergeben sich aus der Aufzählung des § 407 Abs. 1 S. 1 Hs. 1 AktG (MüKo AktG/*Hüffer* § 407 Rn. 4 ff.). Die **Pflichtverletzung** indiziert die **Rechtswidrigkeit**, wobei Rechtfertigungsgründe in der Regel nicht in Frage kommen (KölnKomm AktG/*Zöllner* § 407 Rn. 26). 7

Ein **Verschulden** ist nicht erforderlich. Ob bei der Bestimmung der Länge der Frist zwischen Androhung und Festsetzung des Zwangsgeldes oder bei der Bemessung der Höhe des Zwangsgeldes das Verschulden eine Rolle spielt, ist umstritten. Zum Teil wird das Verschulden auch inso- 8 weit für irrelevant gehalten, weil allein das öffentliche Interesse an der Vornahme der Handlung entscheidend sei (MüKo AktG/*Hüffer* § 407 Rn. 14 m. w. N.).

9 Das einzelne Zwangsgeld darf **maximal € 5.000,–** betragen, kann jedoch wiederholt festgesetzt werden (KölnKomm AktG/*Zöllner* § 407 Rn. 28). Der **Mindestbetrag** liegt nach Art. 6 Abs. 1 S. 1 EGStGB bei € 5,– (MüKo AktG/*Hüffer* § 407 Rn. 15).

§ 408 Strafbarkeit persönlich haftender Gesellschafter einer Kommanditgesellschaft auf Aktien

[1]Die §§ 399 bis 407 gelten sinngemäß für die Kommanditgesellschaft auf Aktien. [2]Soweit sie Vorstandsmitglieder betreffen, gelten sie bei der Kommanditgesellschaft auf Aktien für die persönlich haftenden Gesellschafter.

§ 409 Geltung in Berlin [Gegenstandslos]

§ 410 Inkrafttreten

Dieses Gesetz tritt am 1. Januar 1966 in Kraft.

Kapitel 11
Die Stiftung

Übersicht:

A. Einleitung

In Deutschland gibt es derzeit fast 14.000 rechtsfähige Stiftungen. Jedes Jahr werden knapp 1.000 neue Stiftungen gegründet. Mit dem Begriff der »Stiftung« werden verschiedene Organisationsformen bezeichnet (s. Rn. 2 ff.). Bei der in den §§ 80 ff. BGB geregelten rechtsfähigen Stiftung des bürgerlichen Rechts handelt es sich um eine mitgliederlose, rechtsfähige Organisation, bei der an die Stelle einer kontinuierlichen Willensbildung durch die Mitglieder der grundsätzlich unveränderliche Wille des Stifters tritt. Bei der rechtsfähigen Stiftung des bürgerlichen Rechts handelt es sich somit nicht um eine Gesellschaft im engeren Sinn. Ihre Behandlung im Rahmen dieses Kommentars rechtfertigt sich jedoch aus der Tatsache, dass auch bei der rechtsfähigen Stiftung des bürgerlichen Rechts viele Zwischenformen anzutreffen sind und sie z. B. in einer Stifterversammlung auch partizipatorische Elemente aufweisen kann. Zudem sind Stiftungen auch als Komple- 1 mentäre einer Stiftung & Co. KG und in den verschiedenen Formen der Unternehmensstiftungen anzutreffen (s. Rn. 7 und 15).

B. Die Formen der Stiftung

I. Der Begriff der »Stiftung«

2 Unter **»Stiftung« im weiteren Sinn** kann jede Einrichtung verstanden werden, die mit eigenen finanziellen Mitteln nachhaltig einen vom Stifter festgelegten Zweck verfolgt und über ein Mindestmaß an Organisation verfügt (*Meyn/Richter* Rn. 2). Kennzeichnend für eine Stiftung sind somit die **Bestandserhaltung des Vermögens** sowie die **zweckentsprechende Mittelverwendung.** Der Begriff der »Stiftung« ist nicht auf eine Rechtsform beschränkt. Vielmehr sind neben den rechtsfähigen Stiftungen des bürgerlichen Rechts (i. S. d. §§ 80 ff. BGB) u. a. auch unselbstständige Stiftungen (auch »Treuhandstiftung« genannt), Stiftungs-Kapitalgesellschaften, Stiftungsvereine, öffentlich-rechtliche sowie kirchliche Stiftungen anzutreffen. Im allgemeinen Sprachgebrauch wird unter dem Begriff »Stiftung« jedoch nicht nur die aus der Widmung des Stifters hervorgegangene Einrichtung verstanden, sondern damit auch der Akt der Bestimmung von Vermögensgegenständen durch den Stifter zu einem bestimmten Zweck bezeichnet (OLG Stuttgart NJW 1964, 1231 f.; Bamberger/Roth/*G. Schwarz* Vor § 80 Rn. 2).

II. Die rechtsfähige Stiftung des bürgerlichen Rechts der §§ 80 ff. BGB

3 Im Mittelpunkt der folgenden Darstellung steht die rechtsfähige Stiftung des bürgerlichen Rechts, die auch als **»selbstständige«** Stiftung bezeichnet wird und in den §§ 80 ff. BGB geregelt ist. Sie ist eine mit einem bestimmten Vermögen ausgestattete, rechtsfähige Organisation, die zu einem bestimmten Zweck geschaffen und diesem dauerhaft gewidmet wird. Sie stellt eine **mitgliederlose, verselbstständigte Vermögensmasse** mit eigener Rechtspersönlichkeit dar, die von dem bei ihrer Konstituierung festgelegten Willen des Stifters geprägt wird. Dieser Wille ist in den Grenzen des § 87 BGB unabänderlich und von dem Stifter losgelöst.

4 Die rechtsfähige Stiftung setzt ein vom Stifter vorzunehmendes **Stiftungsgeschäft** und die **staatliche Anerkennung** der Stiftung voraus, § 80 Abs. 1 BGB. Das Stiftungsgeschäft (s. Rn. 21 ff.) beinhaltet die Festlegung des Stiftungszwecks, die Organisationsstruktur, die diesen Zweck verfolgen soll, sowie das vermögensrechtliche Zuwendungsversprechen, das es der Stiftung ermöglichen soll, diesen Zweck auch tatsächlich zu verfolgen. Die durch Verwaltungsakt erfolgende Anerkennung der Stiftung hat **konstitutive Wirkung,** so dass die Stiftung erst mit der Anerkennung eine eigene Rechtspersönlichkeit erlangt. Im BGB sind mit Ausnahme des im Rahmen der Reform des Stiftungsrechts neu aufgenommenen § 80 Abs. 2 BGB, der einen grundsätzlichen Anspruch auf Anerkennung einer Stiftung durch die staatlichen Behörden gewährt, nur die privatrechtlichen Gesichtspunkte des Stiftungsrechts geregelt. Alle selbstständige Stiftungen des Privatrechts betreffende öffentlich-rechtliche Fragen sind hingegen weiterhin dem Landesrecht vorbehalten. Dies gilt sowohl für das formale Anerkennungsverfahren wie auch für die Stiftungsaufsicht. Somit stehen auch nach der Reform des Stiftungsrechts Bundes- und Landesrecht nebeneinander.

III. Andere Formen der Stiftung

1. Die unselbstständige Stiftung oder Treuhandstiftung

5 Auch die **unselbstständige Stiftung** ist durch die Dauerhaftigkeit des verfolgten Zwecks, das Fehlen einer verbandsmäßigen Struktur und eine Vermögensübertragung gekennzeichnet (Strachwitz/Mercker/*Beckmann* S. 220; Seifart/*v. Campenhausen* § 2 Rn. 4). Deshalb kann eine juristische Person, die Treuhänder einer unselbstständigen Stiftung ist, auch die Bezeichnung »Stiftung« im Namen führen (OLG Stuttgart NJW 1964, 1231). Voraussetzung ist jedoch, dass eine wirksame treuhänderische Bindung an den Stiftungszweck besteht (BayObLG NJW 1973, 249; Palandt/*Heinrichs* Vor § 80 Rn. 10). Ob eine rechtsfähige oder eine Treuhandstiftung gewollt

ist, ist eine Frage der Auslegung des Stiftungsgeschäfts. Das Wort »Stiftung« ist mehrdeutig und kann beide Arten von Stiftungen bezeichnen. Der Treuhandstiftung fehlt die eigene Rechtspersönlichkeit. Sie ist damit **kein eigenes Rechtssubjekt.** Unselbstständige Stiftungen können nicht staatlich anerkannt werden und unterliegen nicht der staatlichen Stiftungsaufsicht. Sie werden vielmehr durch das Rechtsverhältnis zwischen dem Stifter und dem Stiftungsträger geprägt (*Hüttemann/Herzog* DB 2004, 1001, f.). Dieses Rechtsverhältnis lässt sich regelmäßig als **Treuhandvertrag** qualifizieren. Nach dem maßgeblichen Parteiwillen kann aber auch eine **Schenkung unter Auflage** vorliegen. Die §§ 80 bis 88 BGB finden keine Anwendung (h. M., str. für § 87 BGB; Palandt/*Heinrichs* Vor § 80 Rn. 10; Seifart/v. Campenhausen/*Hof* § 36 Rn. 4 ff.; Soergel/*Neuhoff* Vor § 80 Rn. 21; MüKo BGB/*Reuter* Vor § 80 Rn. 84). Eigentümer des treuhänderisch gebundenen Vermögens einer unselbstständigen Stiftung kann jede juristische und natürliche Person und damit auch eine selbstständige Stiftung sein. Der Treuhänder ist im Innenverhältnis gegenüber dem Stifter/Treugeber durch die Treuhandabrede gebunden und verwaltet das ihm übertragene Vermögen im Sinne des Stifters. In Annäherung an die Regelungen einer selbstständigen Stiftung wird dieses Innenverhältnis häufig auch in Form einer »Satzung« geregelt. Eine **»Eigenstiftung«**, bei der Stifter und der Träger der Stiftung identisch wären, ist unzulässig. Eine Ausnahme gilt für Eigenstiftungen der öffentlichen Verwaltung (Seifart/v. Campenhausen/*Hof* § 36 Rn. 46).

2. Die Stiftungs-Kapitalgesellschaft

Stiftungen im weiteren Sinn können auch in Form einer GmbH oder AG und damit in Form einer Körperschaft ausgestaltet werden (Strachwitz/Mercker/*Mues* S. 241; MüKo BGB/*Reuter* Vor § 80 Rn. 82). Beispielhaft sei die Robert-Bosch-Stiftung GmbH genannt. Auch diese Ersatzform darf den Namen »Stiftung« führen, wenn sie mit ausreichendem Vermögen ausgestattet ist oder zumindest über eine gesicherte Anwartschaft auf Dotierung verfügt. Sie muss aber, um eine Verwechslung auszuschließen, durch einen Zusatz auf ihre wirkliche Rechtsform (»GmbH«) hinweisen (Bamberger/Roth/*G. Schwarz* Vor § 80 Rn. 24). Hinter dem Begriff einer »Stiftungs-GmbH« können sich verschiedene Gestaltungsformen verbergen. Sie sind dadurch geprägt, dass anstelle der üblichen erwerbswirtschaftlichen Zielsetzung einer Kapitalgesellschaft eine **fremdnützige Zielsetzung** festgelegt wird. Die auch Stiftungen im weiteren Sinn kennzeichnende dauerhafte Bindung an den Stifterwillen wird bei der Stiftungs-GmbH durch eine Erschwerung von Satzungsänderungen, die vom Stifterwillen abweichen würden, zu erreichen versucht. Ein völliger Ausschluss von Satzungsänderungen ist für die Rechtsform der GmbH jedoch nicht möglich (*Wochner* DStR 1998, 1835; Meyn/Richter/*Meyn* S. 130). Einer **Verstetigung des Stifterwillens** dienen bei der Stiftungs-GmbH häufig auch Gestaltungen, bei denen die Geschäftsanteile für den Stifter durch eine Vertrauensperson als Treuhänder gehalten werden. Durch eine entsprechende Anordnung des Stifters kann sichergestellt werden, dass beim Wegfall des erstberufenen Treuhänders Ersatz-Treuhänder die Verwaltung der Geschäftsanteile im Sinne des Stifters sicherstellen. Auch die Rechtsstellung als Treugeber kann von dem Stifter auf seine Erben übertragen werden. Noch weiter verselbstständigt sich die Stiftungs-Kapitalgesellschaft dann, wenn ihre Anteile von einer anderen GmbH gehalten werden, deren Anteile wiederum bei der Stiftungs-GmbH liegen (Seifart/v. Campenhausen/*Pöllath* § 13 Rn. 121 ff.). Ebenfalls als »Stiftungs-GmbH« werden teilweise die sog. »Beteiligungsträgerstiftungen« bezeichnet, bei denen eine Stiftung bürgerlichen Rechts als (Allein-)Gesellschafterin die Anteile an einer GmbH hält. 6

3. Die Stiftung & Co. KG

Bei der Stiftung & Co. handelt es sich um eine Kommanditgesellschaft, deren persönlich haftende Gesellschafterin eine Stiftung bürgerlichen Rechts ist. Kommanditisten können dabei etwa Familienmitglieder des Stifters oder andere Personen sein. Diese Gestaltungsform wird teilweise aus steuerlichen Gründen, vor allem aber deshalb gewählt, weil die Komplementärstiftung als ein von Mitgliedern unabhängiges, »eigentümerloses« Kontrollorgan für das Unternehmen der Kommanditgesellschaft zur Verfügung gestellt werden kann, das als rechtsfähige Stiftung aber 7 seinerseits der Stiftungsaufsicht unterliegt (s. im Einzelnen Seifart/v. Campenhausen/*Pöllath* § 13 Rn. 85).

4. Der Stiftungs-Verein

8 Als Verein organisiert sind die sog. »**Parteien-Stiftungen**«, wie z. B. die Friedrich-Naumann-Stiftung. Im Gegensatz zur Stiftung im engeren Sinne haben Stiftungsvereine Mitglieder, die ihr Stimmrecht in Mitgliederversammlungen ausüben können und bei Erreichen festgelegter Quoren auch die Satzung selbst ändern können. Eine mit der rechtsfähigen Stiftung vergleichbare Perpetuierung des Stifterwillens ist in dieser Gesellschaftsform somit nicht zu erreichen (MüKo BGB/*Reuter* Vor § 80 Rn. 80). Für rechtsfähige Stiftungen verweist § 86 BGB seinerseits insbesondere für die für den Vorstand einer Stiftung geltenden Vorschriften auf Regelungen des Vereinsrechts.

5. Die öffentlich-rechtliche Stiftung

9 Nicht unmittelbar unter die Regelungen der §§ 80 bis 88 BGB fallen die Stiftungen des öffentlichen Rechts. Da auch Stiftungen des Privatrechts vielfach öffentliche bzw. gemeinnützige Zwecke verfolgen, kann die Abgrenzung nicht über die Art der Aufgaben der Stiftung vorgenommen werden. **Maßgeblich** sind vielmehr die **Umstände der jeweiligen Entstehung.** Eine Stiftung öffentlichen Rechts liegt danach vor, wenn ihr ein öffentlich-rechtlicher Status durch Gesetz oder einen eigenständigen Verwaltungsakt (nicht lediglich in Form der Anerkennung i. S. d. § 80 Abs. 1 BGB) verliehen worden ist. Eine öffentlich-rechtliche Stiftung kann aber bei der anzustellenden Gesamtbetrachtung auch dann vorliegen, wenn sie, wie dies insbesondere bei sehr alten Stiftungen der Fall sein kann, seit langer Zeit in das staatliche Verwaltungssystem eingegliedert ist (BVerfG NJW 1963, 900; Bamberger/Roth/*G. Schwarz* Vor § 80 Rn. 21). Öffentlich-rechtliche Stiftungen sind mit öffentlich-rechtlichen Anstalten verwandt und unterliegen wesensnotwendig der staatlichen Aufsicht (Seifart/*v. Campenhausen* § 21 Rn. 2). Einzelne Landesstiftungsgesetze ordnen die Anwendbarkeit der §§ 80 bis 88 BGB auf öffentlich-rechtliche Stiftungen an (vgl. Art. 4 BayStiftG, § 2 HessStiftG). Auch darüber hinaus wird weitgehend eine entsprechende Anwendung der §§ 80 bis 88 BGB befürwortet (Soergel/*Neuhoff* Vor § 80 Rn. 45).

6. Die kommunale oder örtliche Stiftung

10 Bei den sog. »kommunalen Stiftungen« kann es sich grds. sowohl um rechtsfähige Stiftungen des bürgerlichen als auch um solche des öffentlichen Rechts handeln. Unter dem Begriff der kommunalen oder örtlichen Stiftung werden Stiftungen verstanden, die einer kommunalen Körperschaft zugeordnet sind, deren Zwecke im Rahmen der öffentlichen Aufgaben der Körperschaft liegen und die regelmäßig von Organen dieser Körperschaft verwaltet werden (Seifart/*v. Campenhausen* § 30 Rn. 4). Das schließt, wie sich aus § 86 BGB ergibt, nicht aus, dass dennoch eine Stiftung bürgerlichen Rechts vorliegt. Im Einzelnen sehen die Landesstiftungsgesetze für kommunale Stiftungen unterschiedliche Regelungen vor.

7. Die kirchliche Stiftung

11 Nach § 80 Abs. 3 BGB bleiben Vorschriften der Landesgesetze über kirchliche Stiftungen von den Regelungen der rechtsfähigen Stiftung des bürgerlichen Rechts unberührt. Unter kirchlichen Stiftungen sind nach den Landesstiftungsgesetzen Stiftungen zu verstehen, deren Zweck es ist, ausschließlich oder überwiegend kirchlichen Aufgaben zu dienen und die eine besondere organisatorische Verbindung zu einer Kirche aufweisen. Eine solche Zuordnung einer Stiftung zu einer Kirche wird dann angenommen, wenn die Gründung der Stiftung durch eine Kirche erfolgte, sie satzungsmäßig der kirchlichen Aufsicht unterstellt wird, oder sie eine Zwecksetzung verfolgt, die nur in Verbindung mit einer Kirche erfüllt werden kann (Seifart/*v. Campenhausen* § 23; Strachwitz/Mercker/*Koss* S. 351). Sie bedarf zusätzlich zur staatlichen Anerkennung einer **Anerkennung durch die zuständige kirchliche Behörde.** Hierin unterscheidet sich die kirchliche Stiftung

von der selbstständigen oder unselbstständigen Stiftung des bürgerlichen Rechts, die ebenfalls der Förderung kirchlicher Zwecke i. S. d. § 54 AO dienen kann.

8. Ausländische Stiftungen

Ausländische Stiftungen, die nach ihrem Heimatrecht wirksam entstanden sind, sind auch in Deutschland rechtsfähig (BGHZ 53, 181 für den Verein). Einer Anerkennung gem. §§ 86, 23 BGB bedarf es hierfür nicht. Diese Vorschriften greifen vielmehr nur dann ein, wenn die ausländische Stiftung in ihrem Heimatland keine Rechtsfähigkeit besitzt. Dann ist der Bundesminister des Inneren für die Verleihung der Rechtsfähigkeit zuständig (Palandt/*Heinrichs* § 23 Rn. 2). **12**

IV. Unterformen der rechtsfähigen Stiftung bürgerlichen Rechts

1. Die gemeinnützige Stiftung

Die ganz überwiegende Zahl von Stiftungen verfolgt gemeinnützige Zwecke. Hierbei handelt es sich um einen Begriff des Steuerrechts. Die Voraussetzungen für eine Anerkennung als gemeinnützig sind in § 52 AO geregelt. Unter die Gemeinnützigkeit im weiteren Sinn fallen jedoch auch mildtätige und kirchliche Zwecke i. S. d. §§ 53, 54 AO. Die Anerkennung einer Stiftung als gemeinnützig im weiteren Sinn führt grds. zur Steuerbefreiung für die Aktivitäten der Stiftung in ihrem ideellen Bereich (s. näher unten Rn. 78). **13**

2. Die Familienstiftung

Das BGB kennt den Begriff der Familienstiftung nicht. Er wird jedoch in einzelnen Landesstiftungsgesetzen sowie im Steuerrecht verwandt (s. *G. Schwarz* BB 2001, 2381; Seifart/v. Campenhausen/*Pöllath* § 14 Rn. 3 ff., 44 ff.; MüKo BGB/*Reuter* Vor § 80 Rn. 34). Allgemein wird unter einer »Familienstiftung« eine Stiftung verstanden, die im besonderen Maße den Interessen oder dem Wohl einer oder mehrerer bestimmter Familien dient. Dass sie auch durch eine Familie errichtet wurde oder von ihr besonders beeinflusst wird, ist nicht maßgeblich. Nach h. M. ist die **Familienstiftung** im Unterschied zu einer »Stiftung für den Stifter«, deren alleiniger Zweck die Förderung des Stifters selbst wäre, **unbeschränkt zulässig** (Palandt/*Heinrichs* § 80 Rn. 8; Bamberger/Roth/*G. Schwarz* Vor § 80 Rn. 5, 15, s. dort auch zu sog. Fideikommissauflösungsstiftungen). Familienstiftungen sind von der staatlichen Stiftungsaufsicht nach den Regelungen der Landesstiftungsgesetze teilweise oder ganz befreit. Das Eigeninteresse der Familienmitglieder muss dann für eine Erfüllung des Stifterwillens Sorge tragen (MüKo BGB/*Reuter* Vor § 80 Rn. 34; krit. Soergel/*Neuhoff* Vor § 80 Rn. 57). Das Maß der für die Anwendung von aufsichts- oder steuerrechtlichen Sonderregelungen für Familienstiftungen erforderlichen Begünstigung der Familie liegt zwischen 25 und 100 % (s. Übersicht bei Seifart/v. Campenhausen/*Pöllath* § 14 Rn. 7). **14**

3. Die Unternehmensstiftung

»Unternehmensstiftungen«, auch **»unternehmensverbundene Stiftung«** genannt, sind Stiftungen, zu deren Vermögen ein Unternehmen oder eine Beteiligung an einem Unternehmen gehört (ausführl. *Rawert* S. 22 ff.; *Berndt* Rn. 1; MüKo BGB/*Reuter* Vor § 80 Rn. 43; Soergel/*Neuhoff* Vor § 80 Rn. 65; zur Stiftung als möglichem Instrument der Unternehmensnachfolge s. *G. Schwarz* BB 2001, 2381). Sie lassen sich unterteilen in (unmittelbare) **Unternehmensträgerstiftungen,** das sind Stiftungen, die selbst ein Unternehmen betreiben, und in **Unternehmensbeteiligungsstiftungen** (auch »mittelbare Unternehmensträgerstiftung« oder »Beteiligungsträgerstiftung« genannt), bei denen die Unternehmensstiftung als Gesellschafter an einer Gesellschaft, die ihrerseits ein Unternehmen führt, beteiligt ist (Bamberger/Roth/*G. Schwarz* Vor § 80 Rn. 16; *G. Schwarz* BB 2001, 2381; Staudinger/*Rawert* Vor § 80 Rn. 84; MüKo BGB/*Reuter* Vor § 80 Rn. 43). Betreibt die Stiftung ein Handelsgewerbe, unterliegt sie den allgemeinen handelsrechtlichen Bestimmungen. Die Regelungen über die Rechnungslegungspublizität der §§ 325 bis 329 HGB finden auf die Unternehmensträgerstiftung entsprechende Anwendung. Die Stiftung kann herrschendes Unternehmen i. S. d. Konzernrechts sein (Bamberger/Roth/*G. Schwarz* Vor § 80 Rn. 19). **15**

Auch unternehmensverbundene Stiftungen haben seit der Reform des § 80 Abs. 2 BGB einen Rechtsanspruch auf Anerkennung (Palandt/*Heinrichs* § 80 Rn. 9). Ist die Stiftung Träger einer Sacheinrichtung (z. B. Krankenhaus, Schule) so wird sie auch »**Anstaltsträgerstiftung**« genannt.

4. Die Gemeinschafts- und die Bürgerstiftung

16 Die in Deutschland seit 1996 zunehmend gegründeten sog. Bürgerstiftungen stellen eine besondere Form der Gemeinschaftsstiftung dar, bei der eine Mehrzahl von Stiftern mit der Gründung einer Stiftung gemeinsam die Zweckbestimmung der Stiftung festlegt. Typische Merkmale einer Bürgerstiftung sind ihre Unabhängigkeit in politischer, wirtschaftlicher und konfessioneller Hinsicht, die Verfolgung eines breiten Stiftungszwecks, die territoriale Eingrenzung des Wirkungsbereichs und der langfristig verfolgte weitere Vermögensaufbau (*Schiffer* NJW 2004, 2498; Strachwitz / Mercker / *Hinterhuber* S. 337; s. auch www.die-deutschen-buergerstiftungen.de). Organisatorisch weisen sie regelmäßig durch die Einrichtung einer **Stifterversammlung** ein starkes partizipatorisches Element auf, das die Bürgerstiftung einem Verein annähert. Es gelten die allgemeinen Vorschriften; zivil- oder steuerrechtliche Sonderregelungen bestehen nicht (Palandt/*Heinrichs* § 80 Rn. 8 a).

5. Operative und fördernde Stiftungen

17 Die Unterscheidung zwischen »operativen« und »fördernden« Stiftungen bezieht sich auf die Arbeitsweise von Stiftungen. Operative Stiftungen verwirklichen ihre Zwecke selbst, während fördernde Stiftungen ihre Zweckbestimmung durch materielle Zuwendungen an ihre Destinatäre und damit die von diesen verfolgten Ziele unterstützen. Eine weitgehend parallele Unterscheidung findet sich im steuerlichen Gemeinnützigkeitsrecht. Hier verpflichtet § 57 AO die steuerbegünstigte Körperschaft, ihre gemeinnützigen Zwecke »unmittelbar« zu verwirklichen, während § 58 Nr. 1 bis 4 AO die Gewährung materieller Vorteile an andere steuerbegünstigte Körperschaften im Blick hat (Strachwitz / Mercker / *Adloff* S. 135; Adloff / v. *Hippel*, Einleitung).

6. Die Verbrauchsstiftung

18 Nach § 80 Abs. 2 BGB ist eine Stiftung des bürgerlichen Rechts auf die dauernde und nachhaltige Erfüllung des Stiftungszwecks angelegt. Nach diesem Leitbild soll das Stiftungsvermögen (Stiftungskapital) grds. in seinem Bestand erhalten bleiben und lediglich die Erträge aus diesem Vermögen zur Verfolgung der von dem Stifter vorgegebenen Zwecke eingesetzt werden. Stiftungen sind jedoch nicht auf Ewigkeitszwecke beschränkt. Vielmehr können sie als sog. »Verbrauchsstiftung« auch konkret **inhaltlich oder zeitlich abgegrenzte Zwecke** (z. B. Wiederaufbau einer Kirche) verfolgen und hierzu auch das gestiftete Kapital selbst einsetzen. Da die Stiftung mit vollständigem Verbrauch ihres Vermögens erlischt, werden solche Stiftungen auch »**Stiftungen auf Zeit**« genannt.

7. Die öffentliche Stiftung und die Stiftung unter öffentlicher Verwaltung

19 Im Unterschied zu den Stiftungen des öffentlichen Rechts (Rn. 9) bezeichnet die »öffentliche Stiftung« eine bürgerlich-rechtliche Stiftung, die jedenfalls nicht (ausschließlich) private Zwecke und im Regelfall überwiegend gemeinnützige, mildtätige oder kirchliche Zwecke verfolgt. Das Gegenstück hierzu stellt die »privatnützige Stiftung« dar. Bei der »Stiftung unter öffentlicher Verwaltung« handelt es sich hingegen um eine privat-rechtliche Stiftung, deren Verwaltung, wie in § 86 BGB erwähnt, von einer öffentlichen Behörde geführt wird.

C. Rechtsmaterien und Reform des Stiftungsrechts

20 Auch nach der Reform des Stiftungsrechts durch das »**Gesetz zur Modernisierung des Stiftungsrechts**« vom 15. 7. 2002 (*Andrick/Suerbaum* NJW 2002, 2905) sind die für Stiftungen des bürgerlichen Rechts relevanten Rechtsnormen nicht einheitlich im BGB zusammengefasst. Dort finden sich vielmehr nur die Bestimmungen für das Stiftungsgeschäft, mit dem die Stiftung errichtet

wird (§§ 81, 83 BGB), die Zuwendung des Stiftungsvermögens (§ 82 BGB), die Stiftungsverfassung (§ 85 BGB) und ihre innere Organisation (§ 86 BGB, der auf das Vereinsrecht verweist). Die für die Entstehung der bürgerlich-rechtlichen Stiftung erforderliche staatliche Anerkennung, § 80 Abs. 1 BGB, sowie die staatliche Rechtsaufsicht über die Stiftungen bürgerlichen Rechts sind hingegen weiterhin in den **Landesstiftungsgesetzen,** die teilweise voneinander abweichen, geregelt (die jeweiligen Gesetzestexte finden sich unter www.stiftungen.org). Die wesentlichste Änderung, die durch die Reform des Stiftungsrechts erfolgte, ist der nunmehr in § 80 Abs. 2 BGB vorgesehene Anspruch auf Anerkennung der Stiftung als rechtsfähig, wenn diese das Gemeinwohl nicht gefährdet. Damit ist der sich schon zuvor aus Art. 2 GG abgeleitete Grundsatz der Stiftungsfreiheit, die Ausfluss der grundgesetzlich geschützten Privatautonomie ist, gesetzlich nachvollzogen worden. Die Landesstiftungsgesetze wurden in der Folge der Reform des bürgerlichrechtlichen Teils des Stiftungsrechts durchgehend novelliert. Die nach Art. 74 Abs. 1 Nr. 1 GG im Bereich der konkurrierenden Gesetzgebungsbefugnis des Bundes ergangene Neuregelung der §§ 80 ff. BGB geht etwa noch restriktiver formulierten Regelungen des Landesstiftungsrechts vor (*Muscheler* NJW 2004, 713). Im Rahmen der Reformdiskussion gestellte Forderungen nach einer Übertragung der staatlichen Kontrolle der Voraussetzungen für die Entstehung einer Stiftung von den Verwaltungsbehörden auf die Registergerichte wurden nicht realisiert. Erhebliche Bedeutung kommt auch dem Steuerrecht zu. So setzen die §§ 59, 60 AO für die Steuerbegünstigung voraus, dass sich aus der Satzung ergeben muss, welchen der nach §§ 52 bis 55 AO steuerbegünstigten Zwecke die Stiftung verfolgt. Reichweite und Folgen einer entsprechenden Steuerbegünstigung sind in den einzelnen Steuergesetzen geregelt. Eine für Familienstiftungen geltende Sonderregelung ist in Form der Erbersatzsteuer vorgesehen (s. Rn. 78).

D. Die Errichtung der Stiftung

I. Das Stiftungsgeschäft

Das Stiftungsgeschäft stellt die privatrechtliche Voraussetzung für die Entstehung einer Stiftung **21**
bürgerlichen Rechts dar, § 80 Abs. 1 BGB. Es beinhaltet die Festlegung des Zwecks der Stiftung, die Widmung eines Vermögens zur Erfüllung des Stiftungszwecks und die Festlegung der Satzung der Stiftung, § 81 Abs. 1 BGB. Aus dem Stiftungsgeschäft muss die **Stiftungsabsicht** hervorgehen. D. h. es muss erkennen lassen, dass die Errichtung einer selbstständigen Stiftung gewollt ist (Palandt/*Heinrichs* § 80 Rn. 1). Der **organisationsrechtliche Teil** des Stiftungsgeschäft ist auf die Errichtung der juristischen Person, der **vermögensrechtliche Teil** (»Bewidmungsakt«, »Zuwendungsversprechen«) auf die Ausstattung der Stiftung gerichtet (Bamberger/Roth/*G. Schwarz* § 80 Rn. 2). Rechtsfähigkeit erlangt die Stiftung jedoch erst durch die zusätzliche Anerkennung durch die zuständige Behörde. Für die Auslegung des Stiftungsgeschäfts ist auf den in ihm zum Ausdruck gebrachten objektivierten Stifterwillen abzustellen. Der Stifter kann die Auslegung der Satzung auch den Stiftungsorganen oder der Aufsichtsbehörde unter Ausschluss einer gerichtlichen Kontrolle übertragen (RGZ 100, 230, 234; Palandt/*Heinrichs* § 85 Rn. 2; krit. hierzu Bamberger/Roth/*G. Schwarz* § 85 Rn. 2).

1. Die Stiftung unter Lebenden

Das Stiftungsgeschäft unter Lebenden i. S. d. § 81 BGB stellt ein **einseitiges Rechtsgeschäft** dar, **22**
auf das die für diese geltenden Regelungen bezüglich Geschäftsfähigkeit und etwaige Willensmängel zur Anwendung kommen (Palandt/*Heinrichs* § 81 Rn. 2). Es kann auch von einem Vertreter vorgenommen werden (BayObLG NJW-RR 1991, 523). Der Stifter muss jedoch unbeschränkt geschäftsfähig sein. Eine Genehmigung des Stiftungsgeschäfts eines Geschäftsunfähigen oder beschränkt Geschäftsfähigen durch seinen gesetzlichen Vertreter ist nicht möglich. Der gesetzliche Vertreter kann das Geschäft auch nicht selbst vornehmen, §§ 1641, 1804 BGB (Seifart/v. Campenhausen/*Hof* § 7 Rn. 7). Als Stifter kommen neben natürlichen Personen auch juristische Personen, öffentlich-rechtliche Körperschaften, nicht rechtsfähige Vereine, Personengesellschaften (z. B. OHG und KG) sowie Gesellschaften bürgerlichen Rechts in Betracht (Palandt/*Heinrichs* § 80 Rn. 1; Bamberger/Roth/*G. Schwarz* § 80 Rn. 2). Eine Stiftung unter Lebenden liegt im Regel-

fall auch vor, wenn die Stiftung z. B. in der Folge einer entsprechenden **testamentarischen Auflage** durch die Erben errichtet wird (Palandt/*Heinrichs* § 83 Rn. 1), oder wenn der Stifter stirbt, bevor die Anerkennung durch die staatliche Behörde erfolgt ist. Ein Stiftungsgeschäft von Todes wegen liegt im Falle einer Auflage hingegen dann vor, wenn diese das Stiftungsgeschäft bereits vollständig enthält (Soergel/*Neuhoff* § 83 Rn. 5).

2. Die Stiftung von Todes wegen

23 Die Stiftung von Todes wegen kann durch jede Form einer letztwilligen Verfügung (**Testament oder Erbvertrag**) errichtet werden (BGHZ 70, 313). Aus der Verfügung von Todes wegen müssen ebenfalls der Zweck der Stiftung, die Vermögenszuwendung und die Satzung der Stiftung hervorgehen. § 83 BGB bringt hier jedoch gewisse Erleichterungen (s. Rn. 32 ff.). Als Stifter einer Stiftung von Todes wegen kommen nur natürliche und testierfähige Personen (§ 2229 BGB) in Betracht. Eine Stellvertretung ist hier gem. §§ 2064 f. BGB ausgeschlossen. Für die Anfechtung der Zuwendung gelten die §§ 2078 f. BGB (Palandt/*Heinrichs* § 83 Rn. 1). Errichten mehrere Personen eine Stiftung, so kann dies für einen Teil der Stifter ein Stiftungsgeschäft unter Lebenden und für andere ein Stiftungsgeschäft von Todes wegen sein (BGH NJW 1978, 943). Der Stiftung steht als Erbin oder Vermächtnisnehmerin kein Recht zur Ausschlagung der Vermögenszuwendung, die Teil des Stiftungsgeschäfts ist, zu (MüKo BGB/*Reuter* § 83 Rn. 6; a. A. *O. Schmidt* ZEV 1999, 141). Spätere testamentarische Zuwendungen kann die Stiftung jedoch ausschlagen.

II. Die Festlegung des Stiftungszwecks

24 In dem Stiftungsgeschäft ist der Zweck der Stiftung vorzugeben, § 81 Abs. 1 BGB. Stiftungen können für alle Arten von Zwecken errichtet werden, solange sie das Gemeinwohl nicht gefährden, § 80 Abs. 2 BGB (Prinzip der **»gemeinwohlkonformen Allzweckstiftung«**). Eine **Gemeinwohlgefährdung** liegt vor, wenn der Stiftungszweck Gesetze verletzt oder im Widerspruch zu Grundentscheidungen der Rechts- oder Verfassungsordnung steht (BVerwG NJW 1998, 2545; OVG Münster NVwZ 1996, 913; VG Düsseldorf NVwZ 1994, 812; Palandt/*Heinrichs* § 80 Rn. 6). Wegen der grundrechtlich geschützten Stiftungs- und Stifterfreiheit ist der unbestimmte Rechtsbegriff des Gemeinwohls eng auszulegen (VG Düsseldorf NVwZ 1994, 812). Neben fremdnützigen Stiftungen sind auch Stiftungen, die privatnützige Zwecke verfolgen (z. B. Familienstiftung), anzuerkennen. Auch die Verfolgung ideell und materiell eigennütziger Zwecke ist statthaft. Unzulässig sind lediglich die ausschließlich eigennützige Stiftung sowie die »Selbstzweckstiftung«, deren alleiniger Zweck auf Erhalt und Mehrung des Stiftungsvermögens gerichtet ist (a. A. Bamberger/Roth/*G. Schwarz* Vor § 80 Rn. 17). Der Stifter kann eine Mehrzahl von Zwecken sowie eine Reihenfolge der Zweckverfolgung festlegen (»sukzessive Stiftungen«, Palandt/*Heinrichs* § 81 Rn. 7). Vom Zweck der Stiftung zu unterscheiden sind die **Motive des Stifters.** Ihnen kann jedoch für die Auslegung des Stiftungsgeschäfts Bedeutung zukommen (Seifart/*v. Campenhausen* § 1 Rn. 9).

III. Die Widmung des Stiftungsvermögens

25 In dem Stiftungsgeschäft muss der Stifter verbindlich erklären, der zu gründenden Stiftung ein Vermögen zur Erfüllung des von ihm vorgegebenen Stiftungszwecks zu widmen, § 81 Abs. 1 S. 2 BGB. Ein Anspruch auf Anerkennung der Stiftung als rechtsfähig besteht nur dann, wenn das Vermögen ausreichend ist, um eine dauernde und nachhaltige Erfüllung des Stiftungszwecks zu sichern, § 80 Abs. 2 BGB. Außer in Fällen eines klar durch Zeitablauf oder die Art der Aufgabe begrenzten Stiftungszwecks (s. zur Verbrauchsstiftung oben Rn. 18) müssen die **Erträgnisse** aus den Stiftungsvermögen jedoch **ausreichend** sein, um den Stiftungszweck erfüllen zu können. Die Stiftungsbehörden verlangen deshalb im Regelfall ein **Mindest-Stiftungsvermögen** von € 50.000,– (Palandt/*Heinrichs* § 80 Rn. 5; PWW/*Schöpflin* § 80 Rn. 1). Reicht das Anfangsvermögen für die Verfolgung des Stiftungszwecks nicht aus, kann eine Anerkennung der Stiftung dennoch erfolgen, wenn der Stifter hinreichend deutlich festgelegt hat, wie die Stiftung die weiteren zur Verwirklichung des Stiftungszwecks erforderlichen Mittel – sei es durch Zustiftungen des

Stifters oder dritter Personen (z. B. bei den Bürgerstiftungen, s. Rn. 16) – erhalten wird. Das Stiftungsvermögen kann der Stiftung in einer Summe, in Form eines Vermögenswertes (Aktienbestand, gesellschaftsrechtliche Beteiligung, Grundstück mit Mieteinnahmen) oder in Form der Begründung laufender Zahlungsansprüche (»Einkommensstiftung«) gegen den Stifter zugewendet werden.

Bei der Stiftung von Todes wegen muss das Stiftungsgeschäft selbst bereits die Vermögenszuwen- **26**
dung enthalten (Palandt/*Heinrichs* § 81 Rn. 4). Die Vermögenszuwendung erfolgt hier durch **Erbeinsetzung, Vermächtnis** oder auch durch eine **Auflage** (BayObLG NJW 1965, 1438, s. aber für die Errichtung durch die mit der Auflage belasteten Erben Rn. 22). Dabei kann die Stiftung als **Alleinerbin,** Miterbin, Ersatzerbin, Nach- oder Vorerbin eingesetzt sein. Als Alleinerbin erwirbt die Stiftung den Nachlass als Gesamtrechtsnachfolger, § 1922 BGB. Wird die Stiftung erst nach dem Tod des Stifters als rechtsfähig anerkannt, so fingiert § 84 BGB für die Zuwendungen des Stifters, dass die Stiftung schon als vor seinem Tod entstanden gilt. Damit ist auch die erst nach dem Tode des Erblassers anerkannte Stiftung erbfähig i. S. d. § 1923 Abs. 1 BGB. Zur Sicherung des Nachlasses für die noch nicht anerkannte Stiftung kann gem. § 1960 BGB ein Nachlasspfleger bestellt werden. Ist die Stiftung neben anderen Erben als **Miterbin** berufen, so ist eine Auseinandersetzung unter den Erben entsprechend § 2043 BGB bis zur Entscheidung über die Anerkennung der Stiftung ausgeschlossen. Ist die Stiftung **Ersatzerbin,** so kann eine Anerkennung als rechtsfähig erst mit Eintritt des Ersatzerbfalls erfolgen (Bamberger/Roth/*G. Schwarz* § 83 Rn. 4). Im Gegensatz zu einer Stiftung unter Lebenden bei der auch die begründete Aussicht, dass die Stiftung in absehbarer Zeit mit den für die Zweckverwirklichung erforderlichen Mitteln ausgestattet werden wird, als ausreichend angesehen wird, ist es bei der Stiftung von Todes wegen erforderlich, dass ihr bereits im Stiftungsgeschäft ausreichendes Grundstockvermögen zugewendet wird (Staudinger/*Rawert* Vor § 80 Rn. 19). Eine **Vorerbschaft** zugunsten der Stiftung kommt wegen des grundsätzlichen Gebots der dauerhaften Zweckerfüllung nur dann in Betracht, wenn der Stiftungszweck zeitlich begrenzt ist oder die Stiftung während der Dauer der Vorerbschaft ausreichende Mittel erwerben kann, um ihren Zweck auch nach Eintritt des Nacherbfalls erfüllen zu können. Nach h. M. ist eine Anerkennung einer Stiftung, die als **Nacherbin** eingesetzt ist, als rechtsfähig vor Eintritt des Nacherbfalls nur dann möglich, wenn der Vorerbe nicht befreit i. S. d. § 2136 BGB ist, da nur dann die Vermögenszuwendung gesichert erscheint.

Das Stiftungskapital oder Grundstockvermögen der Stiftung, das ihr im Rahmen ihrer Errich- **27**
tung von dem Stifter zugewendet wurde, kann durch Zustiftungen des Stifters oder Dritter nachträglich erhöht werden. Hierunter sind Vermögenswerte zu verstehen, die der Stiftung dauerhaft zugewendet werden sollen. Davon zu unterscheiden sind bloße Zuwendungen oder Spenden, die zum Verbrauch bestimmt sind (vgl. Art. 12 BayStiftG). Ebenfalls zur Erfüllung des Stiftungszwecks einzusetzen sind die Erträge, die mit dem Stiftungskapital erzielt werden. Sie können nur dann dem Stiftungskapital zugeführt werden, wenn die Satzung der Stiftung dies ausdrücklich vorsieht oder dies zum Ausgleich von Vermögensverlusten erforderlich ist (*Seifart* BB 1987, 1894; Bamberger/Roth/*G. Schwarz* Vor § 80 Rn. 7). Zustiftungen können als einfache oder zweckgebundene Zustiftungen ausgestaltet sein. Unterliegt eine Zustiftung einer anderen Zweckbestimmung als die Stiftung selbst, so ist sie von dieser als nicht rechtsfähige Stiftung gesondert zu verwalten (Seifart/v. Campenhausen/*Hof* § 10 Rn. 9).

Da die Stiftung vor ihrer staatlichen Anerkennung noch nicht rechtsfähig ist, erwirbt sie den An- **28**
spruch auf den schuldrechtlichen Anspruch auf Übertragung des ihr gewidmeten Vermögens erst mit Anerkennung ihrer Rechtsfähigkeit, § 82 BGB. Der **dingliche Rechtserwerb** erfolgt grundsätzlich **durch einzelne Übertragungsakte** (BayObLG NJW-RR 1987, 1418 für Grundstücke). Es bedarf damit etwa noch einer Einigung über den Eigentumsübergang und der Besitzübergabe, §§ 929 ff. BGB, einer Auflassungserklärung bei Grundstücken, § 873 BGB, oder einer Abtretung von Geschäftsanteilen einer der Stiftung zugewendeten GmbH-Beteiligung. Hiervon macht § 82 S. 2 BGB eine Ausnahme für Rechte, zu deren Übertragung ein Abtretungsvertrag genügt, §§ 398, 413 BGB. Die entsprechenden Rechte (z. B. Forderungen, urheberrechtliche Verwer-

tungsrechte) gehen mit Anerkennung der Stiftung als rechtsfähig auf diese über, ohne dass es eines weiteren Übertragungsaktes bedarf, sofern sich nicht aus dem Stiftungsgeschäft ein anderer Wille des Stifters ergibt. Auf die Verpflichtung des Stifters zur Übertragung des von ihm der Stiftung in dem Stiftungsgeschäft zugesicherten Vermögens auf die Stiftung sind die §§ 160 ff. BGB entsprechend anzuwenden (Bamberger/Roth/*G. Schwarz* § 83 Rn. 3; Seifart/v. Campenhausen/*Hof* § 7 Rn. 41). Nach der Anerkennung der Stiftung als rechtsfähig kann diese somit, wenn der Stifter über das zugesagte Vermögen anderweitig verfügt, nach § 160 BGB Schadensersatz verlangen. Etwaige Zwischenverfügungen des Stifters über Rechte i. S. d. § 82 S. 2 BGB sind entsprechend § 161 BGB unwirksam (Staudinger/*Rawert* § 83 Rn. 8).

29 § 84 BGB fingiert für Stiftungen, die erst nach dem Tod des Stifters anerkannt werden, eine **Rückwirkung des Übergangs der Rechte,** für die nach § 82 BGB kein gesonderter Übertragungsakt erforderlich ist. Für Zuwendungen des Stifters oder dritter Personen außerhalb des Stiftungsgeschäfts (z. B. in Form von Schenkungen) gilt § 84 BGB nicht (Palandt/*Heinrichs* § 84 Rn. 1). Hat der Scheinerbe über die der Stiftung im Stiftungsgeschäft zugewendeten Vermögensgegenstände verfügt, so wird er mit Anerkennung der Stiftung rückwirkend zum Nichtberechtigten. Seine Verfügungen sind gegenüber der Stiftung unwirksam. Eine analoge Anwendung von § 184 Abs. 2 BGB auf die Verfügung des nachträglich Nichtberechtigten wird von der h. M. abgelehnt (Bamberger/Roth/*G. Schwarz* § 84 Rn. 4; Staudinger/*Rawert* § 84 Rn. 7).

30 Die **Rechtsnatur der Vermögensausstattung** der Stiftung unter Lebenden durch den Stifter stellt sich nach h. M. als Rechtsgeschäft sui generis dar, auf das die **Vorschriften der Schenkung** entsprechende Anwendung finden (Bamberger/Roth/*G. Schwarz* § 80 Rn. 12; MüKo BGB/*Reuter* § 80 Rn. 14; Staudinger/*Rawert* § 80 Rn. 11; Soergel/*Neuhoff* § 80 Rn. 9; a. A. RGZ 5, 141; 71, 140; Palandt/*Heinrichs* § 82 Rn. 1: Schenkung). Gläubiger des Stifters, Vertragserben und Pflichtteilsberechtigte können deshalb gegenüber der Stiftung vermögensrechtliche Ansprüche nach §§ 2287, 2325, 2329 BGB und § 134 InsO geltend machen (BGH NJW 2004, 45; OLG Karlsruhe ZEV 2004, 470). Ein Teil des Schrifttums wendet wegen der schenkungsähnlichen Vermögensausstattung die §§ 519, 521 ff. und 528 BGB auch zugunsten des Stifters an (Palandt/*Heinrichs* § 82 Rn. 1; Soergel/*Neuhoff* § 80 Rn. 9). Nach überzeugender Auffassung ist die Vermögenszuwendung an die Stiftung jedoch Geschäftsgrundlage der Anerkennung, für die schenkungsrechtliche Lockerungen der Verbindlichkeit der Zuwendung nicht zugelassen werden sollten (MüKo BGB/*Reuter* § 80 Rn. 14 f.)

IV. Die Satzung der Stiftung

1. Der Mindestinhalt der Satzung, §§ 81, 83 BGB

31 Gem. § 81 Abs. 1 S. 3 BGB muss der Stiftung durch das Stiftungsgeschäft auch eine Satzung gegeben werden, die die dort genannten **Mindestregelungen** beinhaltet. Enthält das Stiftungsgeschäft diese Mindesterfordernisse nicht und verstirbt der Stifter, so dass er das Stiftungsgeschäft nicht mehr entsprechend abändern kann, so kann die Satzung durch die zuständige Behörde vor Erteilung der Anerkennung ergänzt oder ihr auch überhaupt erst eine entsprechende Satzung gegeben werden. Dabei ist der nach § 133 BGB zu ermittelnde Wille des Stifters zu berücksichtigen, § 83 S. 2 BGB.

a) Der Name der Stiftung

32 Der Name der Stiftung dient der Individualisierung der Stiftung im Rechtsverkehr und ist für eine Stiftung als juristische Person unverzichtbar. Der Stifter ist bei der **Wahl des Namens frei.** Das Wort »Stiftung« muss nicht verwandt werden. Der gewählte Name darf jedoch die Namensrechte eines Dritten nicht verletzten und dem Grundsatz der Namenswahrheit nicht widersprechen. Der Name der Stiftung wird durch § 12 BGB geschützt.

b) Der Sitz der Stiftung

Die Satzung der Stiftung muss nach § 81 Abs. 1 S. 3 Nr. 2 BGB weiter den Sitz der Stiftung festlegen. Dies ist der Ort, an dem die Stiftung im Rechtsverkehr erscheint. Welchen Ort im Inland der Stifter als Sitz der Stiftung wählt, obliegt seiner freien Entscheidung, soweit zumindest ein Bezug zur Tätigkeit der Stiftung gewahrt bleibt (Palandt/*Heinrichs* § 81 Rn. 6). Der Rechts- und Verwaltungssitz können auseinanderfallen (Soergel/*Neuhoff* § 80 Rn. 6; Bamberger/Roth/*G. Schwarz* § 81 Rn. 7). Auch ein **Doppel- oder Mehrfachsitz** ist möglich, wenn die Stiftung an jedem dieser Orte die Voraussetzungen erfüllt (Seifart/v. Campenhausen/*Hof* § 7 Rn. 26). Der Stiftungssitz begründet gem. § 80 Abs. 1 BGB die Zuständigkeit der für die Anerkennung der Stiftung als rechtsfähig und für die Stiftungsaufsicht verantwortlichen Landesbehörde. Ist bei einer Stiftung von Todes wegen der Sitz der Stiftung nicht testamentarisch festgelegt, so gilt nach § 83 S. 3 BGB der Ort als Sitz der Stiftung, an welchem die Verwaltung der Stiftung geführt wird. Im Zweifel ist der letzte Wohnsitz des Stifters im Inland maßgeblich, § 83 S. 4 BGB. 33

c) Der Zweck der Stiftung

Die Festlegung der Zweckbestimmung der Stiftung, § 81 Abs. 1 S. 3 Nr. 4 BGB, in der Satzung ergänzt die Zweckbestimmung, die bereits Teil des Stiftungsgeschäfts selbst ist. Der **Stiftungszweck** muss so bestimmt formuliert sein, dass er für den Stiftungsvorstand und die Aufsichtsbehörde **Maßstab und Richtlinie** für ihr Handeln sein kann. Allerdings dürfen die Anforderungen hieran nicht zu eng gefasst werden, da ansonsten eine Anpassung der Tätigkeiten der Stiftung an sich wandelnde Erfordernisse, die unter dem Gesichtspunkt der Dauerhaftigkeit der Stiftung wünschenswert ist, nicht mehr möglich wäre. Ist der Stiftungszweck jedoch so allgemein gehalten, dass er den Stiftungsorganen ein Handeln ohne Rücksicht auf Vorgaben des Stifters nicht mehr ermöglichen würde, so hat die zuständige Behörde auf eine Konkretisierung des Stiftungszwecks zu drängen. Stirbt der Stifter vor Heilung dieses Mangels der Satzung, kann die Satzung durch die zuständige Behörde gem. § 83 S. 2 BGB auch insoweit ergänzt werden. Eine solche Ergänzung ist nur dann nicht möglich, wenn auch unter Heranziehung sonstiger Umstände ein Stiftungszweck nicht ermittelt werden kann. Die Stiftungsbehörde kann die Anerkennung der Stiftung hingegen nicht allein aus dem Grund ablehnen, dass ihr die diesbezüglichen Festlegungen des Stifters nicht plausibel erscheinen (RegE BT-Drs. 14/8765, 10). Die Stiftungsbehörde ist in einem solchen Fall vielmehr auf bloße beratende Hinweise beschränkt. 34

Zulässig ist es, dass der Stifter in der Satzung regelt, unter welchen Voraussetzungen und ggf. durch wen etwa erforderlich werdende **Änderungen des Stiftungszwecks** erfolgen können (RegE BT-Drs. 14/8765, 10). Eine Regelung, die es den Stiftungsorganen ermöglichen würde, den Stiftungszweck nach freiem Ermessen zu ändern, verstieße hingegen gegen den Bestimmtheitsgrundsatz und wäre unzulässig (s. zu Änderungen der Stiftungssatzung Rn. 44). 35

d) Das Vermögen der Stiftung

Das Stiftungsvermögen ist als Grundlage der Stiftung schon Bestandteil des eigentlichen Stiftungsakts (s. Rn. 25). Die nach § 81 Abs. 1 S. 3 Nr. 4 BGB erforderliche Satzungsbestimmung über das Vermögen ergänzt die Vermögenszusage in Bezug auf den Einsatz des Stiftungskapitals, mögliche Zustiftungen oder Zuwendungen sowie hinsichtlich der Verwendung der Stiftungsmittel (Bamberger/Roth/*G. Schwarz,* § 81 Rn. 11; RegE BT-Drs. 14/8765, 10; zur Mindesthöhe des Stiftungsvermögens s. Rn. 25). 36

e) Die Bildung des Vorstands der Stiftung

Schließlich muss die Satzung nach § 81 Abs. 1 S. 3 Nr. 5 BGB auch die Bildung des Stiftungsvorstands regeln. Ohne einen Vorstand kann die Stiftung keine Rechtsfähigkeit erlangen. Die Bezeichnung des Vertretungsorgans der Stiftung in der Satzung ist gleichgültig. So werden in gleicher Funktion etwa auch die Begriffe »**Direktorium**«, »**Verwaltungsrat**« **oder** »**Kuratorium**« verwandt. Entscheidend ist, dass es sich dabei um das Vertretungsorgan i. S. d. §§ 86 i. V. m. 26 BGB 37 handelt (RegE BT-Drs. 14/8765, 10 f.). Der Vorstand kann **aus einer oder mehreren Personen** bestehen. Neben der Anzahl der Mitglieder des Vorstands sind in der Satzung das Bestellungsverfahren, die Amtsdauer und ein etwaiges Abberufungsverfahren zu regeln. Die jederzeitige Widerruflichkeit, die für den Vorstand eines Vereins nach § 27 Abs. 2 S. 1 BGB gilt, findet auf den Vorstand einer Stiftung nach § 86 BGB keine Anwendung. Der Stifter kann sich auch zum ersten Vorstand der Stiftung bestimmen. Zulässig ist es, dass der Vorstand der Stiftung seinen eigenen Nachfolger bestellt. Die Neuberufung eines Vorstands kann aber auch einer anderen Stelle oder einem von dem Stifter in der Satzung bestimmten fakultativen Organ der Stiftung (z. B. Kuratorium) überlassen werden.

2. Fakultative Regelungen der Satzung

a) Zusätzliche Befugnisse für den Vorstand

38 Der Stifter kann dem Vorstand in der Satzung über die sich aus der Stellung des Vorstands als gesetzlichem Vertreter der Stiftung ergebenden Aufgaben hinaus zusätzliche Befugnisse einräumen. So kann der Vorstand in den Grenzen des Bestimmtheitsgrundsatzes z. B. ermächtigt werden, die Stiftungssatzung zu ändern und sie insbesondere an gewandelte Verhältnisse anzupassen (s. Rn. 44). Eine solche Änderung der Stiftungssatzung wird wirksam mit Anerkennung durch die zuständige Stiftungsbehörde. Darüber hinaus kann der Stifter für den Vorstand das Recht vorsehen, ein beratendes Organ (»Beirat« oder teilweise ebenfalls »Kuratorium« genannt) zu bestellen.

b) Fakultative Stiftungsorgane

39 Der Stifter kann in der Stiftungssatzung aber auch selbst weitere Stiftungsorgane einrichten und ihre Kompetenzen näher regeln. So wird häufig vom Stifter zusätzlich zu dem gesetzlich zwingend erforderlichen Stiftungsvorstand ein den Vorstand beratendes und/oder kontrollierendes Gremium (Beirat, Kuratorium) berufen. Weitere fakultative Stiftungsorgane sind der **»besondere Vertreter«** und die **Stifterversammlung.** Letztere findet sich etwa bei den Bürgerstiftungen. Es können auch etwa bestimmte Entscheidungen des Vorstands von der Zustimmung eines in der Satzung näher ausgestalteten fakultativen Gremiums, z. B. eines Familienrates, abhängig gemacht werden.

c) Die Rechtstellung der Destinatäre

40 Den Begünstigten einer Stiftung stehen grundsätzlich **keine klagbaren Ansprüche** gegen die Stiftung zu. Vielmehr erfolgt die Auswahl der Begünstigten im Rahmen des Stiftungszwecks durch die zuständigen Organe der Stiftung. Den Begünstigten kann aber ausnahmsweise ein Rechtsanspruch auf Stiftungsleistungen zustehen, sofern der Kreis der Begünstigten in der Satzung objektiv bestimmt ist und den Stiftungsorganen keine Möglichkeit zur Auswahl eingeräumt ist (BGH NJW 1957, 708; NJW 1987, 2366 f.). Liegt die Zuwendung an die Destinatäre im Ermessen der Stiftungsorgane, so können die Begünstigten die Entscheidung gerichtlich auf ihre Vereinbarkeit mit den Satzungsgrundsätzen überprüfen lassen (OLG Hamm NJW-RR 1992, 451). Destinatären, die selbst keine Organe der Stiftung sind, können auch Mitwirkungs- und Verwaltungsrechte zugestanden werden (OLG Hamburg ZIP 1994, 1950 m. Anm. *Rawert*). Die Gewährung von Ansprüchen auf Leistungen der Stiftung stellt weder eine Schenkung noch ein Schenkungsversprechen dar, §§ 516, 518 BGB (BGH NJW 1957, 708). Vielmehr handelt es sich um Ansprüche sui generis, deren Rechtsgrund der Stiftungszweck selbst darstellt (Seifart/v. Campenhausen/*Hof* § 8 Rn. 140; Bamberger/Roth/*G. Schwarz,* § 85 Rn. 6). Der Stifter ist bei der Bestimmung der Destinatäre nicht an den Gleichbehandlungsgrundsatz bzw. das Willkürverbot gebunden. So können etwa als Destinatäre einer Familienstiftung nur einzelne Familienmitglieder bestimmt werden. Der Ausschluss männlicher oder weiblicher Nachkommen durch den Stifter wird als zulässig angesehen (BGH NJW 1978, 943, 945).

d) Besondere Regelungen für gemeinnützige Stiftungen

Die Satzungen von gemeinnützigen Stiftungen enthalten neben einem §§ 52 ff. AO entsprechenden Stiftungszweck häufig weitere Vorschriften, denen im Hinblick auf die Gemeinnützigkeit Bedeutung zukommt. Das sind etwa Regelungen zur Mittelverwendung und Rücklagenbildung. Wegen des Gebots der zeitnahen Mittelverwendung ist eine Rücklagenbildung bei gemeinnützigen Stiftungen nur in eingeschränktem Umfang zulässig (vgl. dazu ausführl. *Penné-Goebel*, Steuerlicher Leitfaden für gemeinnützige Unternehmen, 2006). 41

e) Voraussetzungen und Rechtsfolgen der Auflösung der Stiftung

Weiter können in der Satzung die Voraussetzungen der Auflösung der Stiftung (z. B. Unmöglichkeit der Zweckerfüllung) näher festgelegt werden. Für den Fall einer Auflösung oder einer Aufhebung durch die Stiftungsaufsicht nach § 87 Abs. 1 BGB, kann in der Satzung ein **Anfallberechtigter** für das dann vorhandene Stiftungsvermögen benannt werden, das andernfalls an den Staat fiele, § 88 BGB. Der Stifter kann in der Satzung auch ein Stiftungsorgan ermächtigen, die Anfallberechtigten zu bestimmen. Der hierfür in Betracht kommende Personenkreis muss sich jedoch aus dem Stiftungszweck ergeben oder die Satzung den Zweck, für den das Vermögen nach Stiftungsauflösung verwendet werden soll, gesondert angeben (Seifart/v. Campenhausen/*Hof* § 12 Rn. 15). Bei gemeinnützigen Stiftungen muss dieser Anfallberechtigte seinerseits als gemeinnützig anerkannt sein (Bamberger/Roth/*G. Schwarz*, § 88 Rn. 4). 42

3. Die Auslegung der Satzung

Für die Auslegung der Satzung gelten die §§ 133, 157 BGB. Maßgeblich ist der Wille des Stifters. Die Auslegung ist revisibel (BGH NJW 1987, 2364; NJW 1994, 184; PWW/*Schöpflin* § 85 Rn. 1). Bei der Stiftung von Todes wegen richtet sich die Auslegung des organisationsrechtlichen Teils ebenfalls nach den allgemeinen Regeln, während für den vermögensrechtlichen Teil die Auslegungsregeln des Erbrechts gelten (Palandt/*Heinrichs* § 85 Rn. 2; teilweise abweichend Soergel/*Neuhoff* § 83 Rn. 1; Seifart/v. Campenhausen/*Hof* § 7 Rn. 71 f.) 43

4. Spätere Änderungen der Satzung

Der Stifter kann in der Satzung für den Vorstand oder ein fakultatives Stiftungsorgan (z. B. Familienrat) die **Kompetenz** zur Änderung der Stiftungssatzung vorsehen (s. o. Rn. 38 f.). Diese Kompetenz kann sich auch auf eine Anpassung des Stiftungszwecks, z. B. an geänderte Voraussetzungen der Gemeinnützigkeit erstrecken, solange eine Übereinstimmung mit dem Stifterwillen festgestellt werden kann (BGH NJW 1987, 2365). Eine völlig ungebundene Möglichkeit zur Änderung des Stiftungszwecks wäre hingegen mit dem Bestimmtheitsgrundsatz nicht zu vereinbaren und damit unzulässig. Würde die Satzungsänderung Verwaltungs- und Mitwirkungsrechte der Destinatäre einschränken, so ist sie unwirksam (OLG Hamburg ZIP 1994, 1951; OLG Koblenz ZSt 2003, 93; *Mankowski* FamRZ 1995, 851). Ist die Erfüllung des Stiftungszwecks unmöglich geworden oder gefährdet sie das Gemeinwohl, kann die zuständige Behörde auch ihrerseits der Stiftung eine andere Zweckbestimmung geben oder die Stiftung aufheben, § 87 Abs. 1 BGB. Die **Unmöglichkeit** der Zweckerreichung kann auf rechtlichen oder tatsächlichen Gründen beruhen. Rechtlich unmöglich ist die Zweckerfüllung, wenn sie verboten ist. Ein Fall tatsächlicher Unmöglichkeit ist etwa der Wegfall der Destinatäre. Nicht ausreichend ist, dass die Unmöglichkeit nur teilweise, z. B. wegen Wegfalls einer von mehreren bedachten Einrichtungen, oder zeitweilig, z. B. bei einem vorübergehenden Mangel an Destinatären, gegeben ist (Bamberger/Roth/*G. Schwarz* § 87 Rn. 2). Es muss festgestellt werden, dass die Erfüllung des Stiftungszwecks selbst das **Gemeinwohl gefährdet** (zur Gemeinwohlgefährdung s. Rn. 24) und nicht nur ein Verhalten der Stiftungsorgane (Soergel/*Neuhoff* § 87 Rn. 9). 44

Um wirksam zu werden, bedürfen sowohl **Änderungen der Satzung** wie auch eine Anpassung des Stiftungszwecks der **Anerkennung** durch die Stiftungsbehörde, § 80 Abs. 1 BGB (BVerwG NJW 1991, 713; Bamberger/Roth/*G. Schwarz*, § 85 Rn. 4; a. A. Palandt/*Heinrichs* § 85 Rn. 3: Ge- 45 nehmigung nur erforderlich, wenn landesgesetzlich vorgesehen). Bei einer solchen behördlichen Umwandlung des Zwecks ist in erster Linie auf den Willen des Stifters abzustellen. Maßgebliches Auslegungskriterium hierfür ist, dass die Erträge des Stiftungsvermögen weiterhin den vom Stifter bestimmten Destinatären erhalten bleiben, § 87 Abs. 2 S. 1 BGB. Die Behörde kann hierzu auch die Verfassung der Stiftung ändern, § 87 Abs. 2 S. 2 BGB. Vor einer Umwandlung des Zwecks und der Änderung der Verfassung der Stiftung ist von der zuständigen Behörde der Vorstand der Stiftung zu hören. Sofern der Stifter noch lebt, muss auch dieser gehört werden (Seifart/v. Campenhausen/*Hof* § 12 Rn. 46). Die Maßnahmen der Stiftungsbehörde gem. § 87 BGB und dem sie ergänzenden jeweiligen Landesrecht sind subsidiär gegenüber den Maßnahmen der Stiftungsorgane. Sie sind daher nur zulässig, wenn eine Satzungsänderung nicht durchführbar oder sie von den Stiftungsorganen verweigert wird (Palandt/*Heinrichs* § 87 Rn. 1). Die Maßnahme der zuständigen Behörde unterliegt der Überprüfung im Rahmen einer verwaltungsgerichtlichen Anfechtungsklage (OVG Münster NVwZ-RR 1996, 426). Ein eingelegter Rechtsbehelf hat aufschiebende Wirkung (OLG Hamm NJW-RR 1995, 121; Palandt/*Heinrichs* § 87 Rn. 2).

V. Die Formbedürftigkeit des Stiftungsgeschäfts

1. Bei der Stiftung unter Lebenden

46 Das Stiftungsgeschäft unter Lebenden bedarf zu seiner Wirksamkeit der **schriftlichen Form** gem. §§ 126, 81 Abs. 1 S. 1 BGB. Die Stiftungsurkunde muss daher vom Stifter eigenhändig unterschrieben oder von einem Notar beurkundet werden. Die im Stiftungsgeschäft erklärte Verpflichtung des Stifters zur Übertragung eines Grundstücks oder von Geschäftsanteilen an einer GmbH bedarf nach richtiger und wohl überwiegender Meinung der notariellen Beurkundung (Palandt/*Heinrichs* § 81 Rn. 3; Staudinger/*Rawert* § 81 Rn. 3; Bamberger/Roth/*G. Schwarz* § 81 Rn. 2; PWW/*Schöpflin* § 81 Rn. 1; a. A. OLG Schleswig DNotZ 1996, 770; Strachwitz/*Mercker* S. 211). Die mit der Anordnung einer notariellen Beurkundungspflicht (§ 311 b BGB, § 15 GmbHG) verbundenen Warn-, Beweis- und Schutzfunktionen können von der Stiftungsaufsicht, die lediglich die Anerkennungsfähigkeit der Stiftung zu überprüfen hat, nicht gewährleistet werden. Ist für die Übertragung der einzelnen Vermögensgegenstände auf die Stiftung nach erfolgter Anerkennung der Stiftung eine bestimmte Form einzuhalten, so ist diese gesondert zu wahren. Macht der Stifter der von ihm gegründeten Stiftung ein zusätzliches Schenkungsversprechen oder wollen Dritte der Stiftung schenkweise Zuwendungen machen, so sind diese nur dann bindend, wenn die Form des § 518 BGB (notarielle Beurkundung des Versprechens) eingehalten wurde.

2. Bei der Stiftung von Todes wegen

47 Für die Stiftung von Todes wegen gelten die **erbrechtlichen Formvorschriften,** §§ 2231 ff. BGB. Soll eine noch nicht errichtete Stiftung durch letztwillige Verfügung bedacht werden, so bedarf auch das Stiftungsgeschäft selbst der Testamentsform. Die testamentarische Verfügung muss auch die Festlegung des Stiftungszwecks und, wenn die Stiftungssatzung durch den Erblasser vorgegeben wird, auch diese umfassen. Ist der Stiftungszweck nicht in dem Testament enthalten, genügt es den Formerfordernissen einer wirksamen Erbeinsetzung der Stiftung nicht, wenn im Testament lediglich auf die maschinenschriftlich beigefügte Stiftungssatzung Bezug genommen wird (LG Berlin FamRZ 2001, 450). Das gleiche gilt, wenn in dem Testament eine noch zu errichtende Stiftung zur Alleinerbin eingesetzt und hierbei auf eine anliegende maschinenschriftliche Stiftungssatzung Bezug genommen wird (LG Berlin ZEV 2001, 17).

E Die Entstehung der Stiftung

I. Die staatliche Anerkennung

48 Die **staatliche Anerkennung** der Rechtsfähigkeit der Stiftung ist ein privatrechtsgestaltender Verwaltungsakt (BVerwG NJW 1969, 339). Er wirkt konstitutiv. Mängel des Stiftungsgeschäfts werden durch die Anerkennung jedoch nicht geheilt (BGH NJW 1978, 944; BVerwG NJW 1969, 339). Nach h. M. erwirbt die Stiftung jedoch mit der Anerkennung trotz eines fehlerhaften Stif-

tungsgeschäfts uneingeschränkte Rechtsfähigkeit (Palandt/*Heinrichs* § 80 Rn. 2; Bamberger/Roth/*G. Schwarz*, § 80 Rn. 6). Seit der Reform des zivilrechtlichen Stiftungsrechts im Jahr 2002 besteht nach § 80 Abs. 2 BGB bundeseinheitlich ein **Rechtsanspruch** des Stifters auf Anerkennung der Stiftung als rechtsfähig. Voraussetzung ist, dass die drei in § 80 Abs. 2 BGB genannten Bedingungen (Stiftungsgeschäft gem. § 81 Abs. 1 BGB, dauernde und nachhaltige Erfüllung des Stiftungszwecks und Gemeinwohlkonformität des Stiftungszwecks) erfüllt sind (zu den Anforderungen an das Stiftungsgeschäft s. oben Rn. 21 ff.; zur Gemeinwohlkonformität s. oben Rn. 24). Dieser Rechtsanspruch ist eine Ausprägung der verfassungsrechtlich gewährleisteten Stifterfreiheit. Die Voraussetzungen für die Anerkennung einer selbstständigen Stiftung ergeben sich seit der Reform bundeseinheitlich und abschließend aus § 80 Abs. 2 BGB. Ein Ermessensspielraum steht der Behörde bei ihrer Entscheidung nicht zu. Verweigert die zuständige Behörde die Anerkennung der Rechtsfähigkeit der Stiftung, so kann der Stifter gerügte Mängel des Stiftungsgeschäftes beheben, den Antrag zurücknehmen und die Anerkennung bei einer anderen Behörde einholen oder den Verwaltungsrechtsweg beschreiten (Soergel/*Neuhoff* § 80 Rn. 17; Bamberger/Roth/*G. Schwarz* § 80 Rn. 7). Im verwaltungsgerichtlichen Verfahren kann das Vorliegen der Voraussetzungen für die Anerkennung als rechtsfähig in vollem Umfang überprüft werden. Das gilt auch für die erforderliche Kapitalausstattung (Palandt/*Heinrichs* § 80 Rn. 4).

Das Erfordernis einer dauernden und nachhaltigen **Erfüllung des Stiftungszwecks** bezweckt **49**
den Schutz des Rechtsverkehrs, indem es die dauerhafte Existenz der mitgliederlosen juristischen Person der Stiftung gewährleistet (Bamberger/Roth/*G. Schwarz* § 80 Rn. 11). Ob diese Bedingung erfüllt ist, richtet sich insbesondere nach der Vermögensausstattung der Stiftung, aus deren Erträgen die Zweckverfolgung finanziert werden soll. Die Vermögensausstattung muss im Verhältnis zu den sich aus dem Stiftungszweck ergebenden Aufgaben angemessen sein. Hierfür entscheidend ist allerdings nicht allein die Höhe des Vermögens, das bereits im Zeitpunkt der Anerkennung der Stiftung gewidmet wurde. Vielmehr sind bei der Stiftung unter Lebenden in die Prüfung auch künftige Zuwendungen oder Zustiftungen einzubeziehen, sofern diese mit einer hohen Wahrscheinlichkeit zu erwarten sind. Wie sich aus dem Wortlaut ergibt (»gesichert erscheint«), hat die Stiftungsbehörde eine **Prognoseentscheidung** zu treffen. Deshalb sind z. B. auch Bürgerstiftungen, deren anfängliche Vermögensausstattung im Verhältnis zu den zu verfolgenden Zwecken gering sein mag, als genehmigungsfähig anzusehen (s. oben Rn. 16; zum Mindeststiftungsvermögen s. oben Rn. 25; RegE, BT-Drs. 14/8765, 8).

Eine »dauernde Erfüllung des Stiftungszwecks« i. S. d. § 80 Abs. 2 BGB bedeutet nicht Ewigkeit **50**
der Stiftung (Bamberger/Roth/*G. Schwarz* § 80 Rn. 13). Stiftungen können somit auch nur auf eine gewisse Dauer oder für einen konkret zu verwirklichenden endlichen Stiftungszweck gegründet werden (s. oben zur Verbrauchsstiftung Rn. 6). Die Begriffe **»dauernd«** und **»nachhaltig«** sind kumulativ zu verstehen. Der Begriff der »Nachhaltigkeit« ergänzt dabei den der »dauernden« Erfüllung des Stiftungszwecks. Er ist jedoch nicht dahingehend zu verstehen, dass der Stiftungszweck im Sinne von »besonders intensiv« oder »besonders wirkungsvoll« erfüllt werden müsste.

Die Anerkennung einer Stiftung als rechtsfähig setzt bei einer Stiftung unter Lebenden einen ent- **51**
sprechenden **Antrag** des Stifters oder, wenn er vor Antragstellung verstirbt, seiner Erben voraus. Bei der Stiftung von Todes wegen kann der Antrag ebenfalls von dem Erben, dem Nachlasspfleger oder dem Testamentsvollstrecker gestellt werden, § 83 S. 1 BGB. Daneben kann nach dieser Bestimmung bei einer Stiftung von Todes wegen aber auch das Nachlassgericht die Errichtung der Stiftung der zuständigen Behörde zur Anerkennung mitteilen. Soll die Stiftung von mehreren Stiftern errichtet werden, ist der Antrag von ihnen gemeinsam zu stellen (Staudinger/*Rawert* § 80 Rn. 34).

Nach § 80 Abs. 1 BGB erfolgt die Anerkennung durch die **zuständige Behörde** des Landes, in **52**
dem die Stiftung ihren Sitz haben soll (zum Sitz der Stiftung s. oben Rn. 33). Die Zuständigkeit der Behörde innerhalb der einzelnen Bundesländer richtet sich nach dem jeweiligen Landesstiftungsgesetz. Die Anerkennung ist grundsätzlich bedingungsfeindlich. Sie kann aber unter den

Voraussetzungen des § 36 VwVfG oder nach landesgesetzlichen Regelungen mit Nebenbestimmungen versehen werden (Seifart/v. Campenhausen/*Hof* § 7 Rn. 216 f.).

53 Die Anerkennungsurkunde (»Stiftungsurkunde«) wird in der Regel dem Stifter sowie dem im Stiftungsgeschäft benannten ersten Stiftungsvorstand zugestellt. Nach den Stiftungsgesetzen der meisten Länder wird die Anerkennung der Stiftung auch in einem Amtsblatt bekannt gemacht. Darüber hinaus werden allgemeine Angaben über die Stiftung in einzelnen Ländern auch in gesondert geführten Verzeichnissen veröffentlicht (z. B. Art. 8 BayStiftG: Stiftungsverzeichnis des Landesamts für Statistik und Datenverarbeitung). Eine allgemeine bundesweite Publizitätsvorschrift und ein entsprechendes **Stiftungsregister gibt es** jedoch **nicht.** Somit besteht auch keine dem Vereins- oder Handelsregister vergleichbare Publizitätswirkung.

54 Vom Widerruf des Stiftungsgeschäfts zu unterscheiden ist die **Rücknahme des Antrags** auf Anerkennung. Diese lässt das Stiftungsgeschäft fortbestehen. Soll die Stiftung von mehreren Stiftern errichtet werden und nimmt auch nur einer von ihnen den Antrag auf Anerkennung zurück, so liegt kein wirksamer Anerkennungsantrag vor, so dass die Stiftung nicht als rechtsfähig anerkannt werden kann. (Staudinger/*Rawert* § 81 Rn. 10; MüKo BGB/*Reuter* § 81 Rn. 4).

II. Der Widerruf des Stiftungsgeschäfts

55 Vor der Anerkennung der Stiftung als rechtsfähig ist der Stifter jederzeit zum **Widerruf** eines Stiftungsgeschäfts unter Lebenden durch einseitige, nicht empfangsbedürftige Willenserklärung berechtigt, § 81 Abs. 2 BGB. Der Widerruf ist **formfrei** (Palandt/*Heinrichs* § 82 Rn. 12) und kann auch durch einen Vertreter erklärt werden (Bamberger/Roth/*G. Schwarz* § 81 Rn. 15; a. A. Soergel/*Neuhoff* § 81 Rn. 3). Ein minderjähriger Erbe kann das Stiftungsgeschäft auch ohne Einwilligung seines gesetzlichen Vertreters widerrufen, da er durch den Widerruf lediglich einen rechtlichen Vorteil erlangt, § 107 BGB (Bamberger/Roth/*G. Schwarz* § 81 Rn. 16; Seifart/v. Campenhausen/*Hof* § 7 Rn. 63). Das Widerrufsrecht ist unverzichtbar (Seifart/v. Campenhausen/*Hof* § 7 Rn. 59). Verpflichtet sich der Stifter, das Stiftungsgeschäft nicht zu widerrufen, so können sich im Falle des Widerrufs Schadensersatzansprüche gegen ihn ergeben (Palandt/*Heinrichs* § 81 Rn. 12). Ausreichend für die Annahme eines Widerrufs ist jede Willensbetätigung des Stifters, die den Widerruf nach außen dokumentiert (MüKo BGB/*Reuter* § 81 Rn. 2). Dies gilt auch, wenn der Stifter einem Dritten den Auftrag erteilt hat, den Antrag auf Anerkennung der Stiftung bei der Stiftungsbehörde einzureichen. Ist der Antrag auf Anerkennung der Stiftung jedoch bereits durch den Stifter oder einen von ihm beauftragten Dritten (z. B. den beurkundenden Notar) gestellt worden, kann der Stifter den Widerruf nur noch gegenüber der Behörde erklären, § 81 Abs. 2 S. 2 BGB. Ist das Stiftungsgeschäft von mehreren Stiftern vorgenommen worden, so kann jeder für sich widerrufen. Im Zweifel ist dann nach § 139 BGB das gesamte Stiftungsgeschäft nichtig (Staudinger/*Rawert* § 81 Rn. 6; MüKo BGB/*Reuter* § 81 Rn. 2).

56 Nach dem Tod des Stifters einer Stiftung unter Lebenden geht das Widerrufsrecht grundsätzlich auf die Erben des Stifters über, § 81 Abs. 2 S. 3 BGB. Mehrere Erben können jedoch den Widerruf nur gemeinschaftlich ausüben, § 2040 BGB. § 130 BGB findet auf eine Erklärung des Widerrufs gegenüber der Stiftungsbehörde Anwendung. Hat der vor Anerkennung der Stiftung als rechtsfähig verstorbene Stifter den Antrag bei der zuständigen Behörde schon gestellt oder – im Falle einer notariellen Beurkundung des Stiftungsgeschäfts – den Notar bei oder nach der Beurkundung mit der Antragstellung betraut, so steht den Erben des Stifters ein Widerrufsrecht nicht zu, § 81 Abs. 2 S. 3 BGB. Dies gilt nicht, wenn der Stifter eine andere Person als den beurkundenden Notar beauftragt hat, den Antrag auf Anerkennung der Stiftung bei der Behörde einzureichen, und diese den Antrag erst nach seinem Tod stellt. § 81 Abs. 2 S. 3 BGB gilt nicht für das Stiftungsgeschäft von Todes wegen. Ein Widerruf durch die Erben ist damit ausgeschlossen. Ein Stiftungsgeschäft von Todes wegen kann von dem Stifter selbst jedoch nach den erbrechtlichen Vorschriften (§§ 2253 ff. BGB) widerrufen werden.

III. Die Vor-Stiftung

Ab dem Zeitpunkt der Einreichung des Antrags auf Anerkennung der Stiftung als rechtsfähig werden auf die im Entstehen befindliche Stiftung von einem Teil der Literatur die Grundsätze angewandt, die für Vor-Gesellschaften herausgebildet wurden. Die h. M. lehnt die Bejahung einer Vor-Stiftung jedoch ab (MüKo BGB/*Reuter* § 80 Rn. 23 f.; Seifart/v. Campenhausen/*Hof* § 7 Rn. 220 ff.; Palandt/*Heinrichs* § 80 Rn. 2; a. A. *Orth* ZEV 1997, 327: für ein Stiftungsgeschäft von Todes wegen). Im Gegensatz zu einer Vor-Gesellschaft findet bei der Stiftung vor Anerkennung ihrer Rechtsfähigkeit keine Verselbstständigung der Vermögensmasse statt. Der Stifter ist vielmehr nach § 82 S. 1 BGB erst mit Anerkennung der Stiftung als rechtsfähig an sein Zuwendungsversprechen gebunden. In den Fällen des § 84 BGB (Anerkennung einer Stiftung von Todes wegen) ist allerdings die Bestellung eines Pflegers zuzulassen. Die Stiftung ist hier im Gründungsstadium wie ein nasciturus (§§ 1912 f. BGB) zu behandeln (KG OLG 24, 246; Bamberger/Roth/*G. Schwarz* § 80 Rn. 18). 57

F. Die Auflösung und das Erlöschen der Stiftung

I. Die Rücknahme der Anerkennung

Die Rücknahme der Anerkennung der Stiftung als rechtsfähig durch die zuständige Behörde wirkt **ex nunc** (BGHZ 70, 313, 321; BVerwG NJW 1969, 339;). Eine Rücknahme kommt etwa in Betracht, wenn die Anerkennung durch arglistige Täuschung erschlichen wurde (VGH München ZSt 2006, 41). 58

II. Die Aufhebung der Stiftung

Unter den Voraussetzungen des § 87 BGB kann die zuständige **Behörde,** wenn die Erfüllung des Stiftungszwecks unmöglich geworden ist oder sie das Gemeinwohl gefährdet, die **Stiftung aufheben.** Die Unmöglichkeit kann auf tatsächlichen oder rechtlichen Gründen beruhen. Eine Unmöglichkeit ist anzunehmen, wenn das Stiftungsvermögen endgültig wegfällt oder so sehr schrumpft, dass die Stiftung nicht mehr lebensfähig ist (Palandt/*Heinrichs* § 87 Rn. 1). Die Aufhebung ist wegen des Grundsatzes der Verhältnismäßigkeit nur zulässig, wenn eine Umwandlung nicht möglich oder nicht ausreichend ist (Seifart/v. Campenhausen/*Hof* § 12 Rn. 45). Die in § 87 Abs. 3 BGB für den Fall der Umwandlung des Stiftungszwecks vorgesehene Anhörung des Vorstands hat auch dann zu erfolgen, wenn die Stiftung aufgehoben werden soll, § 28 VwVfG (s. zu § 87 BGB oben Rn. 44). Die Gründe für eine Aufhebung durch die Behörde sind in § 87 Abs. 1 BGB abschließend geregelt. Das Landesrecht kann keine zusätzlichen Aufhebungsgründe vorsehen (Palandt/*Heinrichs* § 87 Rn. 3). Die Landesstiftungsgesetze sehen jedoch neben der Aufhebung des § 87 BGB teilweise die Möglichkeit einer **Zusammenlegung** oder der **Zulegung** von Stiftungen vor. Bei der Zulegung wird die betroffene Stiftung mit einer anderen verbunden. Dies führt zum Verlust ihrer Rechtsfähigkeit. Bei einer Zusammenlegung werden mehrere Stiftungen vereinigt. In beiden Fällen müssen bei der betroffenen Stiftung die Voraussetzungen des § 87 BGB gegeben sein und sich die Stiftungen in ihrer Zwecksetzung ähneln (Bamberger/Roth/*G. Schwarz* § 87 Rn. 3). Eine Anwendung des § 87 BGB bei einer sog. Rechtsformverfehlung, d. h. z. B. dann, wenn die Stiftungsbehörde eine Unterhaltsstiftung zu Unrecht als rechtsfähig anerkannt hat, ist abzulehnen, da die als rechtsfähig anerkannte Stiftung Bestandsschutz genießt (Seifart/v. Campenhausen/*Hof* § 11 Rn. 348). 59

III. Die Auflösung der Stiftung

Die Stiftungssatzung kann vorsehen, dass die Stiftung durch Mehrheitsbeschluss des Stiftungsvorstands aufgelöst werden kann. Dieser Beschluss bedarf zu seiner Wirksamkeit der Genehmigung durch die Stiftungsaufsicht (OLG Koblenz NZG 2002, 135; Strachwitz/Mercker/*v. Rotenhan*, S. 267). Weitere Aufhebungsgründe stellen der Eintritt einer auflösenden Bedingung sowie der Eintritt eines Endtermins dar. Im Interesse der Rechtssicherheit ist bei einer auflösenden Be- 60 dingung die Benennung des ungewissen zukünftigen Ereignisses in der Stiftungssatzung erforderlich (Bamberger/Roth/*G. Schwarz* § 80 Rn. 3).

IV. Die Insolvenz

61 Im Falle einer Insolvenz wird die Stiftung mit der Eröffnung des Insolvenzverfahrens gem. §§ 86, 42 Abs. 1 BGB aufgelöst, ohne dass es eines weiteren behördlichen Aktes bedürfte (Bamberger/Roth/*G. Schwarz* § 87 Rn. 5; Meyn/Richter Rn. 898). Damit endet ihre Rechtsfähigkeit. Nur für die Abwicklung des Insolvenzverfahrens wird die Stiftung als rechtlich fortbestehend angesehen (Staudinger/*Rawert* § 86 Rn. 23).

V. Das Erlöschen der Stiftung

62 Das Erlöschen der Stiftung bedarf in allen anderen Fällen als der Insolvenz eines staatlichen Akts. Eine Stiftung erlischt nicht automatisch. Mit dem Erlöschen verliert die Stiftung ihre Rechtsfähigkeit. Sie kann als unselbstständige Stiftung nur dann fortbestehen, wenn in der Stiftungssatzung ein Anfallberechtigter als Stiftungstreuhänder vorgesehen ist (Seifart/v. Campenhausen/*Hof* § 36 Rn. 2; weitergehend Soergel/*Neuhoff* § 88 Rn. 1).

VI. Der Vermögensanfall

63 Nach § 88 S. 1 BGB fällt das Vermögen der Stiftung mit ihrem Erlöschen an die in der Verfassung der Stiftung bestimmten Personen (s. oben Rn. 42). Fehlt eine solche Bestimmung, so fällt das Vermögen der Stiftung an den **Fiskus** des Landes, in dem die Stiftung ihren Sitz hatte, § 88 S. 2 BGB. Der Landesfiskus erwirbt das Vermögen kraft Gesetzes nach den §§ 88 S. 3, 46 BGB im Wege der **Gesamtrechtsnachfolge.** Andere **Anfallberechtigte** erhalten demgegenüber, falls das Landesrecht nach § 88 S. 2 BGB keine Sonderregelungen enthält (krit. dazu *Muscheler* NJW 2004, 716), lediglich **schuldrechtliche Ansprüche** gegen die Stiftung. Dann ist ein Liquidationsverfahren durchzuführen, §§ 88, 47 bis 53 BGB. Nach §§ 88, 49 Abs. 2 BGB besteht die Rechtsfähigkeit der Stiftung bis zur Beendigung der Liquidation fort (Bamberger/Roth/*G. Schwarz* § 88 Rn. 5). Die meisten Landesstiftungsgesetze sehen z. B. für kommunale Stiftungen vor, dass die Gemeinden Gesamtrechtsnachfolger erloschener kommunaler Stiftungen sind. Nach §§ 88, 46, 1942 Abs. 2 BGB kann der Fiskus das angefallene Vermögen nicht ausschlagen. Er ist bundesrechtlich verpflichtet, das Stiftungsvermögen nach dem in der Satzung festgelegten Stiftungszweck zu verwenden (Bamberger/Roth/*G. Schwarz,* § 88 Rn. 4).

G. Geschäftsführung und Vertretung

I. Die Geschäftsführung

64 Soweit die Satzung keine abweichenden Regelungen vorsieht, **führt der Vorstand die Geschäfte** der Stiftung. Die Satzung kann eine Geschäftsordnung für den Vorstand beinhalten. Eine Geschäftsordnung kann aber auch im Rahmen des Stiftungsgeschäfts gesondert von dem Stifter erlassen werden. Die Satzung kann auch bestimmen, dass bestimmte Entscheidungen vom Vorstand nur im Zusammenwirken mit einem anderen Stiftungsorgan (z. B. Kuratorium) getroffen werden können. Schließlich kann die Geschäftsführung ganz oder teilweise auch einem einzelnen Vorstandsmitglied oder einem angestellten Geschäftsführer übertragen werden. Ohne entsprechende Satzungsregelungen ist der Stiftungsvorstand für alle Geschäfte der Stiftung zuständig. Dies umfasst vor allem die ordnungsgemäße Verwaltung des Stiftungsvermögens und die Bestimmung der Finanzmittel zur Erfüllung des Stiftungszwecks (Staudinger/*Weik* § 26 Rn. 12; Soergel/*Hadding* § 26 Rn. 16).

65 Für besondere Geschäfte kann die Satzung sog. **»besondere Vertreter«** bestellen, §§ 86, 30 BGB. Dies geschieht in der Stiftungspraxis häufig in Form von Kuratorien, Stiftungsräten, Stifterversammlungen oder ähnliche bezeichneten Organen (Staudinger/*Rawert* § 86 Rn. 19). Für den Stifter besteht weitgehende Freiheit bei der Bestimmung des Umfangs der diesen weiteren Stiftungs-

organen zugedachten Aufgaben. Die Bestellung eines besonderen Vertreters für alle Vorstandsaufgaben wäre jedoch unzulässig (OLG Hamm OLGZ 78, 21; Palandt/*Heinrichs* § 30 Rn. 6).

Für die Willensbildung innerhalb eines mehrgliedrigen Vorstands verweist § 86 S. 1 BGB auf die §§ 28 Abs. 1, 32, 34 BGB. Hiernach bedarf es zur Beschlussfassung durch den Vorstand einer ordnungsgemäß einberufenen Versammlung, die mit der Mehrheit der erschienenen Mitglieder entscheidet, § 32 Abs. 1 BGB. Für eine Beschlussfassung im schriftlichen Verfahren bedarf es gem. § 32 Abs. 2 BGB der Einstimmigkeit der Mitglieder des Vorstands. Die über § 86 BGB anzuwendenden Regelungen des Vereinsrechts sind jedoch dispositiv. So kann die Satzung gegenüber der gesetzlichen Regelung sowohl Erleichterungen, wie auch strengere Regelungen enthalten. So sehen viele Stiftungssatzungen etwa ein Anwesenheitsquorum für die Mitglieder des Vorstands vor (Staudinger/*Rawert* § 86 Rn. 14). Fordert die Satzung für die Beschlussfähigkeit eines aus mehreren Mitgliedern bestehenden Vorstands die Anwesenheit eines bestimmten Quorums, sind im Zweifel anwesende Mitglieder, denen die Amtsausübung aufsichtsrechtlich untersagt ist, nicht mitzuzählen (BGH NJW 1994, 184). 66

Nach den §§ 86 S. 1, 28 Abs. 1, 34 BGB sind Mitglieder des Vorstands **von der Abstimmung ausgeschlossen,** wenn es bei der Abstimmung um die Vornahme eines Rechtsgeschäfts mit ihnen selbst oder um die Einleitung eines Rechtsstreits zwischen der Stiftung und ihnen geht. Nach überzeugender Auffassung sind Mitglieder des Vorstands darüber hinaus von der Beschlussfassung dann ausgeschlossen, wenn sie an dem Gegenstand der Beschlussfassung selbst oder als Vertreter eines Dritten beteiligt sind (Seifart/v. Campenhausen/*Hof* § 9 Rn. 142; enger: Bamberger/Roth/*G. Schwarz* § 34 Rn. 8: nur bei »Richten in eigener Sache«; Palandt/*Heinrichs* § 34 Rn. 3: Stimmrechtsverbot dann, wenn Vorstandsmitglied eine juristische Person, mit der ein Rechtsgeschäft abgeschlossen werden soll, beherrscht oder mit ihr wirtschaftlich identisch ist). Verboten ist durch § 34 BGB nur das Mitstimmen, nicht die Teilnahme an der beschließenden Versammlung. Trotz eines Verstoßes gegen § 34 BGB bleibt der Beschluss wirksam, wenn die ungültige Stimme nachweisbar ohne Einfluss auf das Abstimmungsergebnis war (RGZ 106, 263; Palandt/*Heinrichs* § 34 Rn. 2). 67

Für die Geschäftsführung des Vorstands im **Innenverhältnis** findet § 27 Abs. 3 BGB Anwendung, § 86 BGB. Dieser verweist auf die Regeln des **Auftragsrechts** gem. §§ 664 bis 670 BGB. Der Stifter kann in der Satzung abweichende Regelungen aufstellen, jedoch darf er die Grundsätze des Auftragsrechts nur modifizieren und nicht völlig ausschließen (Strachwitz/Mercker/*v. Rotenhan* S. 259). Die Satzung kann auch die Vergütung der Vorstände regeln. Da es für den Vorstand keinen Auftraggeber i. S. d. §§ 27 Abs. 3, 665 f. BGB gibt, verfügt der Vorstand grundsätzlich über einen größeren Handlungsspielraum als sonstige Beauftragte (Seifart/v. Campenhausen/*Hof* § 9 Rn. 44). Der Entscheidungsspielraum des Stiftungsvorstandes ist jedoch durch den Stiftungszweck beschränkt. Der Stiftungsvorstand nimmt keine autonome Willensbildung vor, sondern setzt immer nur den Stifterwillen um. Dies gilt auch dann, wenn der Stifter selbst Vorstandsmitglied ist. Auch er ist an den Stiftungszweck gebunden. § 665 BGB ist deshalb nur mit der Maßgabe anzuwenden, dass der Vorstand für jede Abweichung von dem Stiftungszweck die Satzung ändern und die Anerkennung des geänderten Stiftungszwecks durch die Stiftungsbehörde einholen muss (Soergel/*Neuhoff* § 86 Rn. 12). 68

II. Die Vertretung der Stiftung

Der Vorstand hat die Stellung eines gesetzlichen Vertreters, der die Stiftung gerichtlich und außergerichtlich vertritt, §§ 86, 26 Abs. 2 BGB. Bei einem mehrgliedrigen Vorstand gilt grundsätzlich **Gesamtvertretung** (Seifart/v. Campenhausen/*Hof*, § 9 Rn. 31; a. A. MüKo BGB/*Reuter* § 86 Rn. 8: Mehrheitsvertretung; Bamberger/Roth/*G. Schwarz* § 86 Rn. 4). Die Satzung kann jedoch auch bestimmen, dass jedes Mitglied allein oder z. B. zwei Vorstandsmitglieder gemeinsam Vertretungsmacht haben sollen. Nach den Landesstiftungsgesetzen bestehen heute nur noch für wenige Rechtsgeschäfte Genehmigungsvorbehalte der Aufsichtsbehörden (*Richter/Sturm* NZG 2005, 658). 69

70 Im Außenverhältnis gilt für Rechtsgeschäfte zwischen der Stiftung und ihren Vorstandsmitgliedern das **Selbstkontrahierungsverbot,** § 181 BGB. Einzelnen oder mehreren Mitgliedern des Vorstands kann jedoch Befreiung hiervon erteilt werden (Staudinger/*Rawert* § 86 Rn. 7). Allerdings sind nach einzelnen Landesgesetzen Insichgeschäfte grundsätzlich unzulässig oder zumindest anzeigepflichtig. Nach anderen Landesgesetzen (z. B. Art. 22 Abs. 2 BayStiftG) muss die Befreiung von § 181 BGB in der Satzung geregelt sein.

71 Die Satzung kann weitere **Beschränkungen der Vertretungsmacht** des Vorstands vorsehen. Da § 86 BGB auch auf § 26 Abs. 2 BGB verweist, kommt diesen Beschränkungen der Vertretungsmacht auch im Verhältnis zu Dritten, die diese Beschränkungen weder kennen noch kennen müssen (Palandt/*Heinrichs* § 86 Rn. 2; a. A. Seifart/v. Campenhausen/*Hof* § 9 Rn. 31; PWW/*Schöpflin* § 86 Rn. 2), Wirksamkeit zu, obwohl es für die Stiftung keine Registerpublizität gibt. Eine Beschränkung der Vertretungsmacht kann sich auch aus dem Stiftungszweck selbst ergeben (BGH NJW 1957, 708; Palandt/*Heinrichs* § 86 Rn. 1; a. A. MüKo BGB/*Reuter* § 86 Rn. 7; Staudinger/*Rawert* § 86 Rn. 8: Beschränkung muss sich eindeutig aus der Satzung selbst ergeben). Zur Erleichterung erteilen die Stiftungsbehörden in der Praxis sog. **»Vertretungsbescheinigungen«** (Müko BGB/*Reuter* § 86 Rn. 8). Diesen kommt jedoch keine konstitutive Wirkung zu.

72 Die Vertretungsmacht eines **besonderen Vertreters** (s. Rn. 65) erstreckt sich im Zweifel auf alle Rechtsgeschäfte, die der ihm zugewiesene Geschäftskreis gewöhnlich mit sich bringt (Bamberger/Roth/*G. Schwarz* § 86 Rn. 6).

73 Gem. §§ 86, 28 Abs. 2 BGB ist jedes Vorstandsmitglied zur **Passivvertretung** befugt.

74 Hat der Stifter angeordnet, dass die Stiftung durch eine **öffentliche Behörde verwaltet** werden soll, so gelten statt der §§ 27 Abs. 3, 28 und 29 BGB die für die Führung der Behörde maßgebenden Vorschriften des öffentlichen Rechts, § 86 S. 2 BGB. Dagegen finden die Bestimmungen des § 86 S. 1 BGB Anwendung, wenn nach der Satzung nicht die Behörde, sondern der Behördenleiter oder ein sonstiger Funktionsträger als Person Stiftungsvorstand ist (BGH LM § 85 Rn. 2).

III. Die Bestellung und Abberufung des Vorstands und des besonderen Vertreters

75 Die Regelungen zur **Bestellung** und **Abberufung** des Stiftungsvorstands sind notwendiger Bestandteil der Stiftungssatzung (s. Rn. 37). In dringenden Fällen kann nach §§ 86, 29 BGB auf Antrag eines Beteiligten das Amtsgericht einen **Notvorstand** bestellen. Voraussetzung ist, dass der Vorstand oder einzelne Vorstandsmitglieder ständig oder vorübergehend ausfallen. Das ist dann der Fall, wenn ein Vorstandsmitglied an der Geschäftsführung tatsächlich gehindert ist. Neben Fällen, in denen der bestellte Vorstand geschäftsunfähig oder wirksam abberufen wird, zählt hierzu auch eine Verhinderung aus rechtlichen Gründen, z. B. aufgrund des Selbstkontrahierungsverbots des § 181 BGB (OLG Frankfurt NJW 1966, 504; Bamberger/Roth/*G. Schwarz* § 86 Rn. 2). Antragsberechtigt ist jeder, dessen Rechtsstellung durch die Bestellung unmittelbar beeinflusst wird (BayObLGZ 1971, 180). Hierzu zählen auch die Gläubiger der Stiftung und die Stiftungsbehörde. Ein Stiftungsbeirat mit bloßer Beratungsfunktion ist hingegen kein Beteiligter (BayObLG NJW-RR 2000, 1198). Die Landesstiftungsgesetze sehen teilweise für die Bestellung eines Notvorstands von § 29 BGB abweichende Regelungen vor und erklären hierfür die Stiftungsaufsicht als zuständig (Seifart/v. Campenhausen/*Hof* § 9 Rn. 199). Für die Bestellung eines besonderen Vertreters gelten, wenn die Satzung keine abweichenden Regelungen beinhaltet, dieselben Regeln, die für die Bestellung des Vorstands gelten. In dringenden Fällen kann für einen besonderen Vertreter ebenfalls nach § 29 BGB ein **Notvertreter** bestellt werden (Seifart/v. Campenhausen/*Hof* § 9 Rn. 52; a. A. Soergel/*Neuhoff* § 86 Rn. 10). Nach den Landesstiftungsgesetzen besteht für die Stiftungsaufsicht teilweise auch die Möglichkeit, einen besonderen Vertreter zu bestellen (s. z. B. Art. 22 Abs. 1 S. 2 BayStiftG für den Fall des § 181 BGB).

IV. Haftung

Nach §§ 86 S. 1, 31 BGB **haftet** die **Stiftung** für das Handeln ihrer verfassungsmäßig berufenen Vertreter (Vorstand und besonderer Vertreter). Haftungssubjekte sind neben dem Vorstand alle die Personen, die das Gesetz unter dem Begriff des gesetzlichen Vertreters fasst (BGHZ 49, 21; BGH NJW 1980, 2811; NJW 1986, 2640). Die Vorstandsmitglieder und etwaige besondere Vertreter haften ihrerseits für **Pflichtverletzungen** nach den §§ 86, 27 Abs. 3 BGB i. V. m. den Regelungen des Auftragsrechts (*Schiffer* NJW 2004, 2499; zur Haftung der bei der Vermögensanlage beratenden Bank s. OLG Dresden ZIP 2004, 1499). Bestehen Amtshaftungsansprüche der Stiftung gegen die Aufsichtsbehörde wegen Vernachlässigung der Stiftungsaufsicht, so muss sich die Stiftung ein Mitverschulden ihres Stiftungsvorstands gem. §§ 86, 31, 254 BGB anrechnen lassen (BGH NJW 1977, 1148; BayObLGZ 1990, 272). Nach wohl h. M. haftet ein Vorstand, der aufgrund eines unwirksamen Beschlusses handelt, nicht als Vertreter ohne Vertretungsmacht i. S. d. § 179 Abs. 2 BGB (Seifart/v. Campenhausen/*Hof* § 9 Rn. 214; offen gelassen durch BGHZ 69, 250). Nach § 34 AO haftet der Stiftungsvorstand auch für Ansprüche aus dem Steuerschuldverhältnis, falls der Vorstand die steuerrechtlichen Pflichten vorsätzlich oder grob fahrlässig verletzt hat und deshalb Steuern oder Nebenleistungen nicht oder nicht rechtzeitig festgesetzt oder erfüllt werden. **76**

H. Die Stiftungsaufsicht

Die Stiftungsaufsicht ist reine **Rechtsaufsicht** (BGH NJW 1987, 2365; Soergel/*Neuhoff* Vor § 80 Rn. 82). Die Stiftungsbehörde darf im Rahmen ihrer Kontrolle nicht eigene Zwecksmäßigkeitsüberlegungen an die Stelle der Entscheidungen der Stiftungsorgane setzen. Soweit der Stifter den handelnden Organen in der Satzung einen Ermessensspielraum eingeräumt hat, ist die Stiftungsaufsicht auf die Überprüfung beschränkt, ob sich die Stiftungsorgane im Rahmen dieses Ermessensspielraums bewegt haben. Die **Mittel der Stiftungsaufsicht** sind in den Landesstiftungsgesetzen geregelt. Sie umfassen Informations- und Überwachungsrechte, Genehmigungsvorbehalte, die Beanstandung von Entscheidungen und Maßnahmen der Stiftungsorgane sowie deren Aufhebung, die Ersatzvornahme, die Abberufung von Organmitgliedern, die Bestellung besonderer Vertreter und die Geltendmachung von Schadensersatzansprüchen (ausführl. Seifart/v. Campenhausen/*Hof* § 11 Rn. 101 ff.). Gegen Maßnahmen der Stiftungsaufsicht ist nach § 40 Abs. 1 S. 1 VwGO der **Verwaltungsrechtsweg** gegeben. Die Aufsicht dient dem öffentlichen Interesse und nicht dem Interesse einzelner (OVG Lüneburg NJW 1985, 1572). Sie bezweckt, die Stiftung vor Schäden zu bewahren. Die Verletzung dieser Pflicht kann daher gemäß § 839 BGB, Art. 34 GG Schadensersatzansprüche der Stiftung begründen (BGHZ 68, 142). **77**

J. Stiftungssteuerrecht

Die Stiftungen des Privatrechts unterliegen als Steuersubjekte der Körperschaftssteuer sowie u. U. auch der Gewerbe- und der Umsatzsteuer (Strachwitz/Mercker/*Hartmann/Richter* S. 416, 423). Stiftungen, die ausschließlich und unmittelbar gemeinnützige, mildtätige oder kirchliche Zwecke i. S. d. §§ 51 ff. AO verfolgen, sind jedoch von der Körperschaft-, Gewerbe- und Erbschaftsteuer befreit (§ 5 Abs. 1 Nr. 9 KStG, § 3 Nr. 6 EStG, § 13 Abs. 1 Nr. 16 lit. b, S. 1 ErbStG). Der Umsatzsteuersatz ist reduziert, § 12 Abs. 2 Nr. 8 a UStG (Seifart/v. Campenhausen/*Pöllath* § 39 Rn. 42, 45). Die nicht gemeinnützige Stiftung schuldet bei Zuwendungen an sie entweder Erbschaft- oder Schenkungsteuer. Gem. § 20 Abs. 1 ErbStG ist die Stiftung bei einem Erwerb von Todes wegen grundsätzlich alleiniger Steuerschuldner, bei einer Schenkung unter Lebenden schuldet auch der Schenker die Schenkungssteuer (Seifart/v. Campenhausen/*Pöllath,* § 40). Familienstiftungen unterliegen nach § 1 Abs. 1 Nr. 4 i. V. m. § 9 Abs. 1 Nr. 4 ErbStG der Erbersatzsteuer. Diese fingiert alle 30 Jahre einen Erbfall. Verfassungsrechtliche Bedenken bestehen hiergegen nicht (BVerfG NJW 1983, 1841). Das Gesetz zur steuerlichen Förderung der Stiftungen vom 14. 7. 2000 hat die steuerliche Förderung der Stiftungen verbessert. Es sieht für Zuwendungen an steuerbefreite Stiftungen neben der Möglichkeit eines Abzugs von Spenden für mildtätige, religiöse, wissenschaftliche oder anerkannt gemeinnützige Zwecke gemäß § 10 b Abs. 1 a EStG im Jahr der Zuwendung und in den folgenden neun Veranlagungszeiträumen die Möglichkeit eines **78** zusätzlichen Abzugs von bis zu insgesamt € 307.000,– vor (*Mecking* NJW 2001, 203; *Maier* BB 2001, 494). Vergütungen, die die Destinatäre von der Stiftung erhalten, sind nach der jeweiligen Einkunftsart steuerpflichtig und von diesen zu versteuern. Schenkungsteuer fällt nicht an (Strachwitz/Mercker/*Hartmann/Richter* S. 429). Vgl. zur Besteuerung gemeinnütziger Unternehmen außerdem ausführl. *Penné-Goebel*, Steuerlicher Leitfaden für gemeinnützige Unternehmen, 2006.

Kapitel 12
Grundzüge des Umwandlungs- und Umwandlungssteuerrechts

Übersicht:

Vorbemerkung

Dieses Kapitel berücksichtigt die Rechtslage zum Stand der Drucklegung (30. 11. 2006). Die durch das »Gesetz über steuerliche Begleitmaßnahmen zur Einführung der Europäischen Aktiengesellschaft (SE)« (SEStEG; vgl. RegE vom 12. 7. 2006) vorgesehene Neufassung des UmwStG war von Bundestag und Bundesrat zu diesem Zeitpunkt noch nicht beschlossen (Abschluss des Gesetzgebungsverfahrens war vorgesehen für Dezember 2006). Ausführliche Ausblicke auf die Änderungen – auf Grundlage des RegE SEStEG vom 12. 7. 2006 – werden ab Rn. 419 gegeben.

A. Begriffe, Systematik des Umwandlungsrechts, Umwandlungsarten

Das Gesetz zur Bereinigung des Umwandlungsrechts vom 28. 10. 1994 ist am 1. 1. 1995 in Kraft getreten. Kernstück ist das in Art. 1 UmwBerG normierte neue Umwandlungsgesetz (UmwG). Durch dieses Gesetz sowie durch das UmwStG 1995 (UmwStG) wurden die für Umstrukturierung von Unternehmen maßgeblichen Bestimmungen neu gefasst und wesentlich verändert. 1

Die bisher in verschiedenen Gesetzen – neben dem Umwandlungsgesetz 1969 – im Aktiengesetz, Kapitalerhöhungsgesetz, Genossenschaftsgesetz und im Versicherungsaufsichtsgesetz unzureichend geregelten Umstrukturierungsmöglichkeiten von Unternehmen wurden nunmehr in einem Gesetzeswerk zusammengefasst. In diesem neuen Umwandlungsgesetz wurden bislang ausgeklammerten Rechtsformen die Möglichkeiten einer Umwandlung gestattet. Außerdem wurden neue Umwandlungsvarianten geschaffen.

Durch das neue Recht wurden zusätzlich neue Bestimmungen des Anlegerschutzes – hier vor allem der Minderheitenschutz –, der Schutz vor Gläubigern sowie der Schutz von Arbeitnehmern einheitlich geregelt. 2

Durch das neue handelsrechtliche Umwandlungsrecht war es auch notwendig geworden, Teilbereiche des steuerlichen Umwandlungsrechts neu zu regeln, z. B. die Schaffung von steuerrechtlichen Normen für die formwechselnde Umwandlung von Kapitalgesellschaften in Personengesellschaften und umgekehrt. Ebenso wurde die Bestimmung der Spaltung von Kapital- und Personengesellschaften gesetzlich geregelt. Das Umwandlungsgesetz beschränkt die Umwandlungsmöglichkeiten. Diese kommen nur für Rechtsträger mit Sitz im Inland in Betracht (§ 1 Abs. 1 UmwG). 3

Das UmwG regelt im zweiten bis fünften Buch die einzelnen Formen der Umwandlung detailliert. Dabei stehen die allgemeinen Grundsätze der Unternehmensumstrukturierung am Beginn des Gesetzes bzw. jeweiligen Buches und darauf folgend werden nur noch Abweichungen geregelt. So stellt der Gesetzgeber die Verschmelzung als Grundfall der Gesamtvermögensübertragung gegen Gewährung von Anteilen voran und bringt damit zum Ausdruck, dass es sich bei der Spaltung und der Vermögensübertragung um Sonderregelungen der Verschmelzung handelt, die denselben Grundsätzen folgen. Dementsprechend beschränken sich die Spaltungsregelungen und die Regelungen über die Vermögensübertragung auf die Normierung der vom Grundfall abweichenden Regelungen und begnügen sich im Übrigen auf Verweisungen auf das Verschmelzungsrecht, z. B. in den §§ 125, 176, 184 Abs. 1 UmwG, vgl. auch S/B/B/*Sagasser* B Rn. 10. 4

Die Systematik des UmwStG unterscheidet sich von der des UmwG insoweit, dass eine Gliederung in Anlehnung an die Rechtsform des umzuwandelnden Rechtsträgers bzw. der Zielperson der Vorrang gegeben wird vor der im UmwG enthaltenen Gliederung nach der Art der Umwandlung (S/B/B/*Sagasser* B Rn. 19). 5

Ziel des UmwStG ist es, Umwandlungen möglichst steuerneutral zuzulassen. Es sollen betriebswirtschaftlich erwünschte Umstrukturierungen nicht durch steuerliche nachteilige Folgen behindert werden. Bei den Umwandlungen nach dem Umwandlungsgesetz handelt es sich um Änderungen der Unternehmensstruktur. Umwandlungen können zu einem bloßen Wechsel der Rechtsform führen (z. B. Umwandlung einer Personengesellschaft in eine Kapitalgesellschaft). 6

Sie können aber auch betroffene Unternehmen zum Erlöschen bringen (z. B. eine Verschmelzung eines Unternehmens auf ein anderes Unternehmen).

7 Allerdings bleibt der Kreis der Anteilseigner bei einer Umwandlung grundsätzlich derselbe mit der Ausnahme bei der Ausgliederung nach § 123 Abs. 3 UmwG. Hier erhält nämlich der übertragende Rechtsträger für die ausgegliederten Vermögensteile selbst Anteile oder Mitgliedschaften am übernehmenden Rechtsträger. Damit wird der übertragende Rechtsträger selbst Anteilseigner des übernehmenden Rechtsträgers. Allerdings kann sich auch die Struktur der Anteilseigner ändern. So kann bei einer Spaltung sich die Zuordnung der Gesellschafter zu den aus der Auf- oder Abspaltung hervorgehenden Gesellschaften ändern (vgl. hierzu § 128 UmwG).

8 Man unterscheidet folgende Umwandlungsarten

- die Verschmelzung
- die Spaltung
- die Vermögensübertragung
- der Formwechsel.

9 Bei Verschmelzung, Spaltung, Vermögensübertragung liegt eine Änderung der Unternehmensstruktur mit einem Vermögensübergang vor, beim Formwechsel eine Änderung der Unternehmensstruktur ohne Vermögensübergang.

10 Andere als die im Umwandlungsgesetz behandelten Arten der Umwandlung sind nur dann zulässig, wenn sie in anderen Bundes- oder Landesgesetzen ausdrücklich vorgesehen sind (§ 1 Abs. 2 UmwG). Deshalb ist durch die Möglichkeit eine Anwachsung nach § 105 Abs. 2 HGB i. V. m. § 738 BGB weiterhin zulässig.

11 Das UmwG richtet sich an den »Rechtsträger« im Inland, § 1 Abs. 1 UmwG. Rechtsträger ist nach dem UmwG eine juristische Einheit, die an dem Umwandlungsvorgang beteiligt sein kann. Diese Beteiligtenfähigkeit legt das UmwG den jeweiligen Rechtsträgern für jede Form der Umwandlung gesondert bei und hat dadurch einen numerus clausus umwandlungsfähiger Rechtsträger geschaffen.

B. Die einzelnen Umwandlungsarten

I. Verschmelzung

1. Begriff der Verschmelzung/verschmelzungsfähige Rechtsträger

12 Die Verschmelzung nach dem UmwG ist die **Übertragung des Vermögens** eines oder mehrerer Rechtsträger als Ganzes auf einen anderen Rechtsträger gegen Gewährung von Anteilen oder Mitgliedschaften an dem übernehmenden Rechtsträger unter Ausschluss der Liquidation der beteiligten Rechtsträger. Das UmwG unterscheidet in § 2 Nr. 1 und 2 die Verschmelzung **durch Aufnahme** und die Verschmelzung **durch Neugründung**. Bei der Verschmelzung durch Aufnahme erfolgt die Übertragung des Vermögens einer oder mehrerer Rechtsträger als Ganzes auf einen schon bestehenden Rechtsträger; bei der Verschmelzung durch Neugründung gehen die übertragenden Rechtsträger (mindestens zwei) als Rechtspersonen unter, während das Vermögen der untergehenden Gesellschaften auf einen neu gebildeten Rechtsträger übergeht. Im Regelfall wird im Rahmen einer Unternehmensumstrukturierung eine Verschmelzung durch Aufnahme durchgeführt, sei es durch Verschmelzung der Tochtergesellschaft auf die Muttergesellschaft (»up-stream-merger«), Verschmelzung der Muttergesellschaft auf die Tochtergesellschaft (»down-stream-merger«) oder eine Verschmelzung zweier Schwestergesellschaften (»side-stream-merger«).

13 Die Verschmelzung durch Neugründung bildet auch weiterhin einen Sonderfall, da neben dem Verschmelzungsvorgang noch ein neuer Rechtsträger errichtet werden muss. Auch erhöhte Kosten der Verschmelzung durch Neugründung sind dafür verantwortlich, dass die Verschmelzung

durch Neugründung hinter die Verschmelzung durch Aufnahme zurücktritt, vor allem Notariatskosten und eventuell anfallende Grunderwerbsteuer (vgl. S/B/B/*Brünger* J Rn. 7).

Allerdings haben sich bei Fusionen von großen Kapitalgesellschaftskonzernen mittlerweile fast ausschließlich in der Praxis Verschmelzungen durch Neugründungen durchgesetzt, um Anfechtungsklagen wegen des Umtauschverhältnisses oder von Barabfindungen zu vermeiden. **14**

An einer Verschmelzung können gem. § 3 Abs. 1 UmwG als übertragende, übernehmende oder neue **Rechtsträger** teilnehmen: **15**

- Personenhandelsgesellschaften
- Kapitalgesellschaften
- eingetragene Genossenschaften
- eingetragene Vereine
- genossenschaftliche Prüfungsverbände
- Versicherungsvereine auf Gegenseitigkeit

Gem. § 3 Abs. 2 UmwG können auch die **wirtschaftlichen Vereine** i. S. d. § 22 BGB übertragende Rechtsträger sein. Natürliche Personen können als übernehmende Rechtsträger in Betracht kommen, und zwar für das Vermögen einer Ein-Mann-Kapitalgesellschaft, wenn sie deren alleinige Gesellschafter sind. **16**

Auch die **EWIV** ist verschmelzungsfähig, da sie durch § 1 EWIV-AusführungsG der OHG gleichgestellt ist (vgl. hierzu *K. Schmidt* NJW 1995, 17; Kallmeyer/*Marsch-Barner* § 3 Rn. 3; *Dehmer* § 3 UmwG Rn. 10; Lutter/*Lutter* UmwG, § 3 Rn. 4; a. A. Widmann/Mayer/*Schwarz* § 1 UmwG Rn. 26).

Nach Inkrafttreten des Gesetzes zur Änderung des Umwandlungsgesetzes, des Partnerschaftsgesellschaftsgesetzes und anderer Gesetze am 22. 7. 1998 werden **Partnerschaftsgesellschaften** jetzt grundsätzlich dieselben Umwandlungsmöglichkeiten eingeräumt wie Personenhandelsgesellschaften. Nach bisherigem Recht konnte eine Partnerschaftsgesellschaft nicht umgewandelt werden. **17**

Einer **Erbengemeinschaft** wird von der h. M. in der Literatur die Umwandlungsfähigkeit unter Hinweis auf § 1 Abs. 2 UmwG abgesprochen (vgl. Lutter/*Lutter* UmwG § 3 Rn. 5 zur Verschmelzung; Lutter/*Decher* UmwG, § 190 Rn. 12; Widmann/Mayer/*Mayer* § 152 UmwG Rn. 33 zum Formwechsel). Höchstrichterliche Rechtsprechung zu dieser Frage fehlt bisher. **18**

Teilweise wird zumindest für den Fall, dass es sich um eine Erbengemeinschaft nach einem Einzelkaufmann handelt, die Ausgliederung nach §§ 152 ff. UmwG für möglich gehalten, da die Erbengemeinschaft einem Einzelkaufmann handelsrechtlich und umwandlungsrechtlich gleichzustellen sei (Lutter/*Karolus* UmwG, § 152 Rn. 16). Das mag zwar überzeugend sein, ist aber mit der derzeitigen Rechtslage nicht in Einklang zu bringen (vgl. DNotI, Gutachten zum Umwandlungsrecht 1996/1997 Nr. 1 m. w. N.). **19**

2. Ablauf der Verschmelzung (Kurzdarstellung)

Nach § 17 Abs. 2 UmwG ist der Anmeldung beim Registergericht eine **Schlussbilanz** des übertragenden Rechtsträgers beizufügen, die auf einen höchstens acht Monate vor der Anmeldung liegenden Stichtag datiert, andernfalls erfolgt nicht die Eintragung der Verschmelzung und hindert somit deren Vollzug. Damit ist bereits ein bestimmter einzuhaltender Zeitplan bezüglich der Durchführung der Verschmelzung durch das Gesetz vorgegeben. Wird dieser Zeitplan nicht eingehalten, so entstehen unnötige Kosten für die beteiligten Unternehmen. Deshalb sollten möglichst frühzeitig alle beteiligten Personen – insbesondere die Berater, wie Wirtschaftsprüfer, Rechtsanwälte sowie die Notare – rechtzeitig in einem aufzustellenden Zeitplan bezüglich der durchzuführenden Verschmelzung miteinbezogen werden. Schon relativ frühzeitig sollte auch eine Unternehmensbewertung der beteiligten Rechtsträger erfolgen und Entwürfe eines Ver- **20** schmelzungsvertrags und Verschmelzungsberichts vorgelegt werden. Die Gesellschafterversammlungen sind rechtzeitig zu terminieren, dies vor allem wegen der Zustimmungsbeschlüsse der Anteilseigner.

Im Einzelnen ist zum Ablauf der Verschmelzung durch Aufnahme Folgendes auszuführen:

a) Verschmelzungsvertrag

21 Für jede Verschmelzung ist ein Verschmelzungsvertrag zwischen den beteiligten Rechtsträgern abzuschließen. Hierfür zuständig sind die jeweiligen **Vertretungsorgane** der Gesellschaft. Nicht ausreichend zum Abschluss eines Verschmelzungsvertrags dürfte die Prokura sein, denn der Verschmelzungsvertrag gehört nicht zu den Geschäften, die der Betrieb eines Handelsgewerbes mit sich bringt (vgl. KölnKomm AktG/*Kraft* § 340 Rn. 12; G/H/E/K/*Grunewald* § 340 Rn. 2).

Der Verschmelzungsvertrag bedarf der Zustimmung der Gesellschafterversammlung/Hauptversammlung.

22 Im § 5 Abs. 1 Nr. 1 bis 9 UmwG ist der **Mindestinhalt** des Verschmelzungsvertrags bestimmt. Hierzu gehören

- **Firma** und **Sitz** der beteiligten Rechtsträger, § 5 Nr. 1 UmwG
- Vermögensübertragung als Ganzes gegen Anteilsgewährung § 5 Abs. 1 Nr. 2 UmwG
- **Umtauschverhältnis** der Anteile/Mitgliedschaften und bare Zuzahlungen, § 5 Abs. 1 Nr. 3 UmwG
  Die Festlegung des Umtauschverhältnisses der alten Anteile der Anteilseigner am übertragenden Rechtsträger gegen Anteile bzw. Mitgliedschaftsrechte am übernehmenden Rechtsträger hat im Verschmelzungsvertrag zu erfolgen. Dieses Umtauschverhältnis ist im Verschmelzungsvertrag genau anzugeben. Hierzu ist – wie bereits oben ausgeführt – eine Unternehmensbewertung der beteiligten Rechtsträger erforderlich. Aus § 12 Abs. 2 UmwG ergibt sich, dass das Umtauschverhältnis »angemessen« sein muss. Dies bedeutet, dass die erhaltenen Anteile den Wert der hingegebenen Anteile im Wesentlichen erreichen müssen. Durch die Gesetzesformulierung »angemessen« gibt der Gesetzgeber zu erkennen, dass es einen einzig richtigen Unternehmenswert nicht gibt und sich somit eine prognoseabhängige Bandbreite ergibt (vgl. S/B/B/*Brünger* J Rn. 28).
- **Einzelheiten** für den Erwerb der Anteile bzw. Mitgliedschaften, § 5 Nr. 4 UmwG
  Der Verschmelzungsvertrag muss Einzelheiten für die Übertragung der Anteile des übernehmenden Rechtsträgers bzw. über den Erwerb der Mitgliedschaft bei dem übernehmenden Rechtsträger regeln, z. B. eine durchzuführende Kapitalerhöhung.
- **Zeitpunkt** der Gewinnbeteiligung, § 5 Abs. 1 Nr. 5 UmwG
- **Verschmelzungsstichtag**, § 5 Abs. 1 Nr. 6 UmwG
  Im Verschmelzungsvertrag ist der Verschmelzungsstichtag anzugeben, d. h., der Zeitpunkt, von dem an die Handlungen des übertragenden Rechtsträgers im Innenverhältnis als für Rechnung des übernehmenden Rechtsträgers vorgenommen gelten. Der Termin ist grundsätzlich frei bestimmbar (BT-Drs. 12/6699, 82 zu § 5 UmwG).
  Der Zeitpunkt betrifft das Innenverhältnis der beteiligten Rechtsträger, insbesondere der Überleitung der Rechnungslegung und er dient weiterhin als Stichtag für die steuerlich relevante Übertragung, § 2 UmwStG. Der Zeitpunkt muss mit dem Stichtag der Schlussbilanz des übertragenden Rechtsträgers identisch sein.
- **Rechte einzelner Anteils- und Rechtsinhaber**, § 5 Abs. 1 Nr. 7 UmwG
  Im Verschmelzungsvertrag können Rechte und Rechtspositionen einzelner bestimmter Personen vom übernehmenden Rechtsträger gewährt werden.
- **Besondere Vorteile** für Vertretungsorgane, Aufsichtsräte usw., § 5 Abs. 1 Nr. 8 UmwG
  Im Verschmelzungsvertrag sind sämtliche Vorteile, die dem genannten Personenkreis anlässlich der Verschmelzung gewährt werden bzw. wurden, aufzuführen.

- **Arbeitnehmerbelange**, § 5 Abs. 1 Nr. 9 UmwG
  Der Verschmelzungsvertag hat Angaben über die Folgen der Verschmelzung für die Arbeitnehmer und ihre Vertretungen sowie die insoweit vorgesehenen Maßnahmen zu enthalten.
- Neben den in § 5 Abs. 1 UmwG genannten Angaben hat der Verschmelzungsvertrag zwingend ein **Barabfindungsangebot** für jeden Anteilsinhaber des übertragenden Rechtsträgers zu enthalten, der gegen den Verschmelzungsbeschluss Widerspruch zu Protokoll erklärt, wenn der übernehmende Rechtsträger eine andere Rechtsform als der übertragende Rechtsträger hat (Mischverschmelzung) oder die Anteile am übernehmenden Rechtsträger Verfügungsbeschränkungen unterworfen sind (vgl. § 29 Abs. 1 UmwG).

Des Weiteren bestimmt das UmwG im besonderen Teil notwendige Inhalte des Verschmelzungsvertrags rechtsformspezifischer Art (vgl. §§ 40 Abs. 1, 46 Abs. 1, 46 Abs. 2, 46 Abs. 3, 35 UmwG), also für Personen-, Kapitalgesellschaften (AG, GmbH etc.). Außerdem ist der Verschmelzungsvertrag gem. § 6 UmwG vor oder nach Beschlussfassung der Anteilseigner notariell zu beurkunden. 23

b) Verschmelzungsbericht

Gem. § 8 Abs. 1 UmwG müssen die Vertretungsorgane jeder der an der Verschmelzung beteiligten Rechtsträger einen ausführlichen Bericht erstatten, in dem die Verschmelzung, der Verschmelzungsvertrag bzw. sein Entwurf im einzelnen und insbesondere das Umtauschverhältnis der Anteile oder die Angaben über die Mitgliedschaft bei dem übernehmenden Rechtsträger sowie die Höhe einer anzubietenden Barabfindung rechtlich und wirtschaftlich erläutert werden. Der Bericht ist grundsätzlich bei allen Verschmelzungen zu erstellen. Nach § 8 Abs. 3 UmwG ist ein solcher Bericht entbehrlich bei der Verschmelzung einer Tochtergesellschaft auf eine 100 %ige Muttergesellschaft. Weiterhin ist ein Verschmelzungsbericht nicht aufzustellen, wenn alle Anteilseigner der beteiligten Rechtsträger hierauf in notariell beurkundeter Form verzichten. 24

Der Verschmelzungsbericht hat **Sinn und Zweck** der beabsichtigten Verschmelzung darzustellen. Zu erläutern sind die betriebswirtschaftlichen Ziele der Verschmelzung. Die Anteilsinhaber müssen die zu erwartenden Vorteile oder auch die Risiken aus der Verschmelzung aus dem Bericht abwägen können. Auch die einzelnen Bestimmungen des Verschmelzungsvertrags sind zu erläutern. 25

c) Umtauschverhältnis, Bewertungsverfahren und die Barabfindung

Im Verschmelzungsbericht sind insbesondere das Umtauschverhältnis sowie erforderlichenfalls eine Barabfindung ausführlich zu erläutern. Durch die Darlegung der Wertverhältnisse der beteiligten Rechtsträger soll dem Anteilseigner eine Stichhaltigkeitskontrolle der vorgesehenen Umtauschverhältnisse ermöglicht werden (OLG Karlsruhe AG 1990, 35, 36). Der Verschmelzungsbericht muss daher tatsächliche Angaben zur Bewertung des Gesellschaftsvermögens enthalten, die den Aktionär bzw. Gesellschafter in die Lage versetzen, von sich aus – notfalls auch unter der Mithilfe eines Fachkundigen – die Bewertungsgrundlagen für die Festlegung des Umtauschverhältnisses nachzuvollziehen (OLG Hamm WM 1988, 1164, 1167). 26

Die Unternehmensbewertung ist grundsätzlich durch **überschussorientierte Bewertungsverfahren** durchzuführen. Diese sind nach heute vorherrschender Erkenntnis im Allgemeinen allein dazu geeignet, den Unternehmenswert zutreffend zu ermitteln. Grundgedanke überschussorientierter Bewertungsverfahren ist, dass nur künftige Unternehmenserfolge den Unternehmenswert zutreffend bestimmen können. Zur Wertermittlung wird auf das Instrumentarium der dynamischen Investitionsrechnung zurückgegriffen. Zukunftserfolge werden mit Hilfe eines Kapitalisierungszinssatzes auf den Bewertungsstichtag abgezinst. In Deutschland hat bislang als überschussorientierte Bewertungsmethode das **Ertragswertverfahren** dominiert. International wird seit Mitte der sechziger Jahre das **DCF-Verfahren** (»Discounted Cash Flow-Verfahren«) favorisiert. Beide Verfahrenstypen beruhen auf der gleichen konzeptionellen Grundlage. Bei DCF-Verfahren sind es cash-flows, die zu diskontieren (abzuzinsen) sind, anstatt die beim Ertragswert- 27 verfahren die aus den künftigen handelsrechtlichen Ergebnissen abgeleiteten Ertragsüberschüsse.

28 Dabei sind die abzuzinsenden Ertragsüberschüsse bzw. cash-flows allein aus dem sog. betriebsnotwendigen Vermögen des zu bewertenden Unternehmens abzuleiten. Das sog. nicht-betriebsnotwendige Vermögen ist dahingegen gesondert zu bewerten. Auch für dieses nicht-betriebsnotwendige Vermögen sind die abgezinsten finanziellen Ertragsüberschüsse/cash-flows zu bestimmen. Ist hingegen der Liquidationswert des nicht-betriebsnotwendigen Vermögens höher als der zuvor genannte Wert, so ist der Liquidationswert zugrunde zu legen. In diesem Fall wird angenommen, dass die Liquidation die vorteilhaftere Nutzung des nicht-betriebsnotwendigen Vermögens darstellt. Für die Unternehmensbewertung nach dem Ertragswertverfahren haben sich in Deutschland berufsübliche Standards herausgebildet, die im IDW Standard S 1 des Hauptfachausschusses (»HFA«) des Instituts der Wirtschaftsprüfer in Deutschland e. V. (»IDW«) zusammengefasst sind. Der am 28. 6. 2000 verabschiedete Standard S 1 ersetzt die Stellungnahme HFA 2/1983: »Grundsätze zur Durchführung von Unternehmensbewertungen« sowie die Stellungnahme HFA 6 1997: »Besonderheiten der Bewertung kleiner und mittlerer Unternehmen.«

29 Seit der Entscheidung des BVerfG »DAT/Altanta« (Beschluss v. 27. 4. 1999 ZIP 1999, 1436) stellt sich die Frage, inwieweit für die Berechnung des Umtauschverhältnisses der **Börsenkurs** zu berücksichtigen ist, insbesondere eine Untergrenze für die Berechnung des Umtauschverhältnisses bildet. In der Literatur wurde vereinzelt darauf hingewiesen, dass der Börsenkurs bei börsennotierten Gesellschaften ebenso zutreffend den Unternehmenswert widerspiegelt wie eine langwierige Berechnung des Unternehmenswerts durch Sachverständige nach dem Ertragswertverfahren (*Götz* DB 1996, 259; *Luttermann* ZIP 1999, 45 f). Das LG München (Beschluss v. 27. 3. 2000 ZIP 2000, 1055 ff. mit Anm. *Wilken*) ist der Auffassung, dass der Börsenkurs dann nicht entscheidend ist, wenn der Umtauschwert nach dem Ertragswertverfahren zumindest am Tag der Bekanntgabe des Umtauschverhältnisses höher lag als der damalige Börsenkurs.

Bei dieser Entscheidung bleibt allerdings die Frage offen, ob der Börsenwert eine feste Untergrenze bildet. Obwohl die Entscheidung des BVerfG zu einer Entscheidung nach dem Aktiengesetz erging, lassen sie die auf Art. 14 GG basierenden Erwägungen auf eine Verschmelzung übertragen. Dabei ist aber zu beachten, dass der Aktienkurs kurzfristig durch äußere Umstände beeinflusst werden kann (vgl. auch *Brandenburg* DAI Tagungsunterlage Umwandlungsrecht und -steuerrecht, 30./31. 10. 2000, Düsseldorf, S. 44 f.).

30 Mittlerweile hat der BGH mit Beschluss vom 12. 3. 2001 (ZIP 2001, 734; DStR 2001, 754; DB 2001, 969 mit Anm. *Meilicke/Heidel*) auf Vorlagebeschluss des BVerfG vom 27. 4. 1999 die **»DAT/Altana«-Entscheidung** des OLG Düsseldorf (ZIP 2000, 1525; EWiR § 305 AktG 3/2000, 751 – *W. Müller*; NZG 2000, 1075; AG 2000, 422) interpretiert (vgl. auch *Wilsing/Kruse* DStR 2001, 991). In der Entscheidung des BGH vom 12. 3. 2001 hat dieser die Kriterien festgelegt, wie im Einzelfall der maßgebliche Börsenkurs zu ermitteln ist. Danach ist für die **Ermittlung des maßgeblichen Börsenkurses** ein Referenzkurs zu Grunde zu legen, der sich aus dem Durchschnittskurs von drei Monaten ergibt. Die dreimonatige Referenzperiode soll sich bis unmittelbar vor dem Stichtag, nämlich dem Tag der Hauptversammlung der beherrschten bzw. einzugliedernden AG erstrecken (vgl. hierzu § 305 Abs. 3 S. 2 AktG und § 320 b Abs. 1 S. 5 AktG). Dabei benennt der BGH **drei Aspekte**, die den Grundsatz des Börsenwertes als Untergrenze für die Barabfindung einschränken können:

31
- mit Aktien der Gesellschaft hat »über einen längeren Zeitraum« praktisch kein Handel stattgefunden;
- die einzelnen außenstehenden Aktionäre sind aufgrund einer »Marktenge« nicht in der Lage, ihre Aktien zum Börsenpreis zu verkaufen;
- der Börsenpreis ist »manipuliert« worden.

(vgl. auch Widmann/Mayer/*Widmann* § 5 UmwStG Rn. 100.2).

Die Entscheidung des BGH enthält allerdings an keiner Stelle Ausführungen dazu, ob und inwieweit seine Feststellungen auf die Ermittlung des Umtauschverhältnisses bei einer Verschmelzung zu übertragen sind. 32

Ein Teil des Schrifttums lehnt die Anwendung der Grundsätze aus der »DAT/Altana-Entscheidung« auf die Festsetzung der Umtauschrelation bei Verschmelzungen ab u. a. mit der Begründung, dass die Vorgaben des BVerfG auf Unternehmensverträge und eine Eingliederung zu begrenzen sei (vgl. hierzu *Bungert* BB 2001, 1163, 1166; *Riegger* DB 1999, 1890; *Wilm* NZG 2000, 234, 237).

Die Darstellung des Umtauschverhältnisses im **Verschmelzungsbericht** ist wie folgt zu gliedern: 33

- Erläuterung der zur Bewertung der Rechtsträger angewandten Methode
- Ermittlung der zur Bewertung herangezogenen künftigen Einnahmeüberschüsse
- Erläuterung des Kapitalisierungszinssatzes.

d) Verschmelzungsprüfung

Der Verschmelzungsvertrag oder sein Entwurf sind durch einen oder mehrere **sachverständige Prüfer** zu prüfen (§ 9 Abs. 1 UmwG). Die Verschmelzungsprüfer sind von den Vertretungsorganen zu bestellen. Die Verschmelzungsprüfer haben einen schriftlichen Bericht zu erstellen (§ 12 UmwG). Dieser Bericht kann auch gemeinsam erstattet werden. Hinzuweisen ist auf die Stellungnahme HFA 6/1988 des Instituts der Wirtschaftsprüfer, die eine zweckmäßige Gliederung des Prüfungsberichts enthält. Nach § 12 UmwG sind dabei im Prüfungsbericht als **wesentliche Inhalte** die zur Unternehmensbewertung gewählten Methoden, die Begründung der Methodenwahl sowie ggf. die bei Anwendung verschiedener Methoden ermittelten Umtauschverhältnisse darzustellen. Abschließend ist im Prüfungsbericht festzuhalten, ob das im Verschmelzungsvertrag vorgeschlagene Umtauschverhältnis der Anteile sowie die Höhe der baren Zuzahlung oder die Mitgliedschaft in dem übernehmenden Rechtsträger als Gegenwert angemessen ist. 34

Eine **Verschmelzungsprüfung** ist nicht erforderlich, wenn alle Anteilseigner in notariell beurkundeter Form verzichten oder sich die Anteile des übertragenden Rechtsträgers in der Hand des übernehmenden Rechtsträgers befinden, ein Anteilstausch mithin nicht stattfindet, § 9 Abs. 2, 3 UmwG. 35

e) Verschmelzungsbeschluss

Damit die Verschmelzung auch wirksam wird, ist nach § 13 UmwG ein Beschluss der Anteilseigner erforderlich. Dieser Beschluss hat zwingend in einer **Versammlung der Anteilseigner** zu erfolgen. Ein Umlaufverfahren ist nicht möglich (§ 13 Abs. 1 S. 2 UmwG). Zur Vorbereitung der Gesellschafterversammlung zur Beschlussfassung sind in den Geschäftsräumen der jeweiligen Rechtsträger neben dem Verschmelzungsvertrag und -bericht auch die letzten drei Jahresabschlüsse der beteiligten Rechtsträger nebst Lageberichten auszulegen (§§ 49 Abs. 2, 63 Abs. 1, 82 Abs. 1, 101 Abs. 1 UmwG). Bei Personengesellschaften ist dies allerdings nicht notwendig. Auf Verlangen sind den Anteilseignern Abschriften zu erteilen. Die Anteilseigner haben in der Versammlung den Beschluss grundsätzlich mit einer **qualifizierten $^3/_4$-Mehrheit** zu fassen. Das Umwandlungsgesetz lässt jedoch größere Mehrheiten und weitere Erfordernisse durch Gesellschaftsvertrag oder Satzung zu. Eine Ausnahme gilt allerdings bei Personenhandelsgesellschaften: Hier kann die Einstimmigkeit auf eine andere Mehrheit (mindestens aber eine $^3/_4$-Mehrheit, § 43 Abs. 2 UmwG) abgemindert werden. 36

Neben dieser o. g. $^3/_4$-Mehrheit sind im Umwandlungsgesetz **weitere Zustimmungserfordernisse** geregelt. So müssen diejenigen Anteilsinhaber zustimmen, deren Sonderrechte berücksichtigt werden, so etwa bei der Geschäftsführung oder der Bestellung der Geschäftsführung (§§ 50 Abs. 2, 13 Abs. 2 UmwG). Außerdem müssen stets die Anteilsinhaber zustimmen, deren Haftungsrisiko sich durch die Verschmelzung vergrößert (§§ 51, 78 UmwG). 37

38 Im Regelfall wird bei den Gesellschafterversammlungen bei Fassung des Umwandlungsbeschlusses ein **Anfechtungsverzicht** mit beurkundet. Damit braucht bei der Anmeldung der Umwandlung zum Handelsregister nicht mehr das Verstreichen der Anfechtungsfrist abgewartet werden. Diese Vorgehensweise ist unbedingt zu empfehlen. Für den Verschmelzungsbeschluss ist grundsätzlich die notarielle Beurkundung erforderlich, § 13 Abs. 1, Abs. 2 UmwG. Der Verschmelzungsvertrag ist als Anlage dem Protokoll der Versammlung beizufügen (§ 13 Abs. 3 UmwG).

39 Jedem Anteilsinhaber ist auf dessen Verlangen eine **Vertragsabschrift** sowie eine Beschlussniederschrift zu erteilen. Allerdings hat der jeweilige Anteilsinhaber die Kosten zu tragen. Aus Gründen einer Kostenersparnis – die unter Umständen erheblich sein kann – kann es empfehlenswert sein, die Gesellschafterversammlung im Ausland durchzuführen (vgl. hierzu u. a. *Hüffer* AktG, § 121 Rn. 15; *Schüssl* DB 1992, 823).

40 Zur Frage der Möglichkeit einen Verschmelzungsvertrag und die Beschlüsse **im Ausland** zu beurkunden, wird auf das Urteil des LG Augsburg (DB 1996, 1666) einerseits und des LG Kiel (DB 1997, 1223; BB 1998, 120) zur Verschmelzung von Genossenschaften andererseits verwiesen.

41 Die Beurkundung gesellschaftlicher Angelegenheiten durch **ausländische Notare** ist noch immer heftig umstritten und die diesbezügliche Rechtslage ist daher weitgehend unklar (vgl. zum Streitstand Widmann/Mayer/*Heckschen* § 6 UmwG Rn. 42 ff.). Ob die nach §§ 6, 13 Abs. 3 UmwG zwingend erforderliche Beurkundung des Verschmelzungsvertrags und der Zustimmungsbeschlüsse auch von einem ausländischen Notar wahrgenommen werden kann, richtet sich danach, inwieweit die ausländische Beurkundung der deutschen Beurkundung entspricht (BGH Beschluss v. 16. 2. 1981, Az. II ZB 8/80, BGHZ 80, 76–»Zürich«; vgl. auch Scholz/*Priester* GmbHG, § 53 Rn. 72). Es müssen mit der Beurkundung im Ausland die von der deutschen Formvorschrift verfolgten Zwecke in gleicher Weise erreicht werden, als wenn ein deutscher Notar tätig wurde (*Goette* DStR 1996, 709, 712).

42 Das LG Augsburg (DB 1996, 1666) hat die Auslandsbeurkundung (hier: in Zürich), insbesondere in Verschmelzungsfällen für **unzulässig** erklärt, mit der Begründung, dass Schweizer Notare keine umfassende Ausbildung und Weiterbildung im deutschen Gesellschafts- und Umwandlungsrecht haben und damit keine Rechtsmäßigkeitskontrolle vornehmen können. Das LG Kiel (DB 1997, 1223; BB 1998, 120) hat dagegen zum Ausdruck gebracht, dass es der Auffassung des LG Augsburg durchaus Gewicht beimesse. Trotzdem hat es die Beurkundung eines Beschlusses über die Verschmelzung von Genossenschaften durch einen österreichischen Notar für zulässig erachtet, mit der Begründung, dass der Prüfungsverband ein Gutachten zur Verschmelzung abzugeben hat. Damit sei die Rechtmäßigkeitskontrolle erfüllt. Angesicht der derzeitigen streitigen Rechtslage kann es nicht empfehlenswert sein, eine ausländische Beurkundung vorzunehmen, es sei denn, es erfolgt eine Abstimmung mit dem zuständigen Registerrichter, ob er eine ausländische Beurkundung z. B. in der Schweiz, anerkennt. Zu beachten ist, dass auch Kostengesichtspunkte eine Verlagerung der Beurkundungen ins Ausland nur noch bedingt rechtfertigen. § 39 Abs. 4 KostO enthält für Beurkundungen von Gesellschaftsverträgen, Satzungen und Statuten sowie für Pläne und Verträge nach dem UmwG eine Begrenzung des Geschäftswerts auf € 5,0 Mio. Beim Formwechsel fällt ohnehin nur die Gebühr für die Beurkundung des Beschlusses an, die nach § 47 S. 2 KostO höchstens € 5000,– beträgt.

f) Registereintragung der Verschmelzung

43 Die Verschmelzung wird erst **wirksam** mit der Eintragung in die Handelsregister aller beteiligten Rechtsträger. Die Vertretungsorgane der beteiligten Rechtsträger haben die Verschmelzung jeweils am Sitz ihres Rechtsträgers zum Register anzumelden. Bei der Anmeldung zum Register haben die jeweiligen Vertretungsorgane verschiedene Erklärungen abzugeben, so u. a. dass eine Anfechtungsklage gegen den Verschmelzungsbeschluss nicht anhängig gemacht worden ist. Außerdem sind der Anmeldung zum Registergericht Anlagen beizufügen (§ 17 UmwG). Das Registergericht prüft die Vollständigkeit der Unterlagen.

Mit der Eintragung der Verschmelzung in das Register des übernehmenden Rechtsträgers treten die **Wirkungen der Verschmelzung** ein. Das Vermögen des übertragenden Rechtsträgers geht uno acta auf die übernehmenden Rechtsträger über. Gleichzeitig werden die ehemaligen Anteilsinhaber der übertragenden Rechtsträger Anteilseigner am übernehmenden Rechtsträger. 44

Ohne Liquidation **erlischt** dann der übertragende Rechtsträger. Rechte Dritter an den Anteilen setzen sich im Wege der Sukzession an den neuen Anteilen fort. Sind notwendige notarielle Beurkundungen unterlassen worden oder fehlen etwa notwendige Zustimmungserklärungen, so werden diese mit der Eintragung geheilt, § 20 Abs. 1 Nr. 4 UmwG. Auch andere Mängel der Verschmelzung lassen die Eintragungswirkungen unberührt. 45

3. Besonderheiten der Verschmelzung durch Neugründung

In den §§ 36 bis 38 UmwG befinden sich drei Normen, die sich mit der Verschmelzung durch eine Neugründung befassen. Bei einer Verschmelzung durch Neugründung sind nach § 36 Abs. 2 UmwG die jeweiligen Gründungsvorschriften für die einzelnen Gesellschaftsformen einzuhalten. 46

Nach § 37 UmwG hat der Verschmelzungsvertrag den neuen **Gesellschaftsvertrag** bzw. die Satzung des neuen Rechtsträgers zu enthalten. Durch den Umwandlungsbeschluss wird die neue Satzung festgestellt. 47

Ist der neue Rechtsträger eine Kapitalgesellschaft, so müssen in die neue Satzung bzw. den neuen Gesellschaftsvertrag Festsetzungen über Sondervorteile, Gründungsaufwand, Sacheinlagen und -übernahmen, die in den Gesellschaftsverträgen, Satzungen oder Statuten der übertragenden Rechtsträger enthalten waren, übernommen werden (vgl. §§ 57, 74 UmwG). Zweck der Aufnahme in den neuen Gesellschaftsvertrag ist es, eine Umgehung der §§ 26, 27 AktG über die Offenlegung derartiger Vereinbarungen mittels Verschmelzung durch Neubildung zu verhindern (S/B/B/*Brünger* J Rn. 148).

Die Absätze 4 und 5 des § 26 AktG bleiben unberührt. In entsprechender Anwendung des § 26 Abs. 1, 2 AktG müssen auch bei der Verschmelzung neubegründete Sondervorteile und der aus dem Vermögen der neuen Gesellschaft zu zahlende Gründungsaufwand in die Satzung aufgenommen werden. 48

Ein **Gründungsbericht** und eine **Gründungsprüfung** nach § 33 Abs. 2 des AktG hat nicht zu erfolgen, soweit übertragender Rechtsträger eine Kapitalgesellschaft oder eine eingetragene Genossenschaft ist (§ 75 Abs. 2 UmwG). Dies gilt ebenso für die GmbH bzw. deren Sachgründungsbericht (§ 58 Abs. 2 UmwG). 49

Hinsichtlich der Bestellung des ersten **Aufsichtsrates** gilt § 30 AktG entsprechend. Im Verschmelzungsvertrag sind somit der erste Aufsichtsrat und der erste Abschlussprüfer zu bestellen. Dies gilt auch für die GmbH entsprechend. 50

4. Die einzelnen Verschmelzungsfälle im Umwandlungsgesetz

a) Verschmelzung von Kapitalgesellschaften untereinander

Möglich ist, dass zwei Aktiengesellschaften oder zwei GmbHs miteinander verschmolzen werden oder auch eine Aktiengesellschaft auf eine GmbH und umgekehrt (sog. **Mischverschmelzung**). Dabei ist es auch möglich, dass im Konzern die Tochtergesellschaft auf die Muttergesellschaft, die Muttergesellschaft auf die Tochtergesellschaft oder auch zwei Schwestergesellschaften verschmolzen werden. 51

Die **Konzernverschmelzung** weist sowohl gesellschaftsrechtlich als auch handelsbilanziell und steuerrechtlich Besonderheiten auf.

52 Grundsätzlich gewährt der Gesetzgeber bei Konzernverschmelzungen Erleichterungen nur dort, wo die Anteile am übertragenen Rechtsträger sämtlich in einer Hand liegen, mithin eine hundertprozentige Mutter-Tochter-Konstellation vorliegt. In diesen Fällen kann nach § 8 Abs. 3 UmwG der **Verschmelzungsbericht**, nach § 9 Abs. 2, 3 UmwG die Prüfung der Verschmelzung und der als Ergebnis zu erstellende Prüfungsbericht **entfallen**. Eine weitere Erleichterung der Konzernverschmelzung ergibt sich daraus, dass bei einer Verschmelzung der Tochtergesellschaft auf die Mutter ein Anteilstausch nicht stattfindet. Die Zulässigkeit der Verschmelzung einer Tochtergesellschaft auf die Muttergesellschaft ergibt sich nunmehr aus § 5 Abs. 2 UmwG. Nach dieser Vorschrift brauchen Regelungen bezüglich des Anteilstausches in den Verschmelzungsvertrag nicht aufgenommen werden, wenn die Anteile am übertragenden Rechtsträger sämtlich in einer Hand liegen und dieser Rechtsträger aufgenommen werden soll. Zusätzlich ergibt sich ein Verbot der Kapitalerhöhung für den aufnehmenden Rechtsträger, so dass eine Anteilsgewähr ohnehin nur aus eigenen Anteilen der Muttergesellschaft erfolgen könnte (§§ 54 Abs. 1 S. 1 Nr. 1, 68 Abs. 1 S. 2 Nr. 1 UmwG).

53 Eine weitere Erleichterung sieht § 62 UmwG für die Verschmelzung einer Kapitalgesellschaft auf eine herrschende Aktiengesellschaft i. S. d. § 17 AktG vor, wenn sich mindestens 90 % der Anteile in der Hand der herrschenden Aktiengesellschaft befinden. Ein Verschmelzungsbeschluss der übernehmenden Aktiengesellschaft ist danach nicht erforderlich.

54 Ein weiterer Fall der Verschmelzung wäre eine Verschmelzung der Muttergesellschaft auf die Tochtergesellschaft (»**down-stream-merger**«). Das Umwandlungsgesetz enthält keine Regelung der Verschmelzung einer Muttergesellschaft auf die Tochtergesellschaft. Man wird aber davon ausgehen können, dass der Gesetzgeber die Möglichkeit des »down-stream-merger« in dessen Anwendungsbereich aufgenommen hat. § 1 Abs. 2 UmwG dürfte dem »down-stream-merger« nicht entgegenstehen.

55 Die Verschmelzung einer Muttergesellschaft auf die Tochtergesellschaft war ein Gestaltungsmodell, welches nach dem alten Umwandlungssteuerrecht von Bedeutung war. Es war nämlich nach dem alten Umwandlungssteuerrecht nicht möglich, dass bei der Tochtergesellschaft aufgelaufene Verlustvorträge durch die Verschmelzung auf die Muttergesellschaft übergehen. Um den Verlustvortrag zu erhalten, musste deshalb der Weg der Verschmelzung der Muttergesellschaft auf die Tochtergesellschaft gewählt werden. Das neue Umwandlungssteuerrecht lässt nunmehr das Verlagern von Verlustvorträgen auf den aufnehmenden Rechtsträger zu (§ 12 Abs. 3 S. 2 UmwStG). Für die Zukunft dürfte daher der Fall der Verschmelzung der Muttergesellschaft auf die Tochtergesellschaft von geringerer Bedeutung sein.

An einen solchen »down-stream-merger« ist allerdings dann zu denken, wenn die Tochtergesellschaft erheblichen Grundbesitz hat, die Tochter nicht auf die Muttergesellschaft, sondern diese auf ihre Tochtergesellschaft zur Ersparnis der Grunderwerbsteuer zu verschmelzen.

56 Sind die Unternehmen, die verschmolzen werden sollen, durch einen Unternehmensvertrag verbunden, so wirft dies keine besonderen Probleme auf. Der Unternehmensvertrag wird durch die Verschmelzung beendet (KölnKomm AktG/ *Koppensteiner* § 291 Rn. 20).

b) Verschmelzung von Personengesellschaften untereinander

57 Auch Personengesellschaften untereinander können verschmolzen werden, so eine OHG auf eine andere OHG oder eine KG auf eine KG oder auch eine KG auf eine OHG und umgekehrt.

In diesen Fällen finden die Vorschriften der §§ 2 bis 35 und §§ 39 bis 45 UmwG Anwendung.

c) Verschmelzung von Kapitalgesellschaften auf Personengesellschaften

58 Zulässig ist weiterhin die Verschmelzung einer Kapitalgesellschaft auf eine Personengesellschaft. Hier finden die allgemeinen Vorschriften der §§ 2 bis 35 UmwG sowie die besonderen Vorschrif-

ten der §§ 39 bis 45 UmwG bezüglich der Kommanditgesellschaft und die §§ 46 bis 55 UmwG bezüglich der GmbH Anwendung.

Für jeden Anteilseigner des übertragenden Rechtsträgers (also der Kapitalgesellschaft) muss im Verschmelzungsvertrag bestimmt werden, ob ihm in der übernehmenden Kommanditgesellschaft die Stellung eines **persönlich haftenden Gesellschafters** oder eines **Kommanditisten** eingeräumt wird (§ 40 Abs. 1 UmwG). 59

d) Sonderfälle der Verschmelzung

aa) Genossenschaften Durch das Umwandlungsgesetz wurde auch die Verschmelzung unter Beteiligung von Genossenschaften neu geregelt. Nunmehr können Genossenschaften unterschiedlicher Haftart untereinander und Genossenschaften mit Rechtsträgern anderer Rechtsformen verschmolzen werden. Nach § 93 a Abs. 1 GenG war bisher lediglich die Verschmelzung von Genossenschaften bezüglich der Nachschusspflicht gleicher Haftart zulässig. 60

Der Rechtsträger anderer Rechtsform kann auf eine Genossenschaft verschmolzen werden, wenn eine erforderliche Änderung des Statuts der übernehmenden Genossenschaft gleichzeitig mit der Verschmelzung beschlossen wird (§ 79 UmwG). Nach § 80 UmwG muss der Verschmelzungsvertrag, an dem eine Genossenschaft beteiligt ist, nach § 5 Abs. 1 Nr. 3 UmwG **folgende Angaben** enthalten: 61

- Jeder Genosse einer übertragenen Genossenschaft muss mit einem Geschäftsanteil bei der übernehmenden Genossenschaft **beteiligt** werden, sofern das Statut dieser Genossenschaft die Beteiligung mit mehr als einem Geschäftsanteil nicht zulässt oder
- wenn das Statut der übernehmenden Genossenschaft eine Regelung nach § 7 a GenG enthält, dass jeder Genosse einer übertragenden Genossenschaft mit mindestens einem und im Übrigen mit Geschäftsanteilen beteiligt wird, die dem Wert seiner Einzahlung bei dem übertragenden Rechtsträger entsprechen. Zugunsten der Genossen der übertragenden Genossenschaft kann der Verschmelzungsvertrag auch eine andere Berechnung vorsehen.

Erfolgt eine Verschmelzung eines Rechtsträgers anderer Rechtsform auf eine Genossenschaft, hat der Verschmelzungsvertrag für jeden übertragenden Anteilseigner den Betrag und die Zahl der **Geschäftsanteile** anzugeben, mit denen er bei der Genossenschaft beteiligt wird (§ 80 Abs. 1 UmwG). Der Verschmelzungsvertrag hat außerdem den Stichtag der Schlussbilanz anzugeben (§ 80 Abs. 2 UmwG). 62

An die Stelle der Verschmelzungsprüfung tritt bei der Genossenschaft eine **gutachterliche Stellungnahme** des genossenschaftlichen Prüfungsverbandes (§ 81 Abs. 1 UmwG). Hinzuweisen ist auf § 81 Abs. 2 UmwG. Danach können auch Rechtsträger anderer Rechtsform, die an der Verschmelzung beteiligt sind, dann vom Prüfungsverband geprüft werden, wenn die Genossenschaft Mehrheitsgesellschafter dieses Rechtsträgers ist. 63

Auf die Vorbereitung des Verschmelzungsbeschlusses der Genossenschaft findet nach § 82 UmwG die Regelungen betreffend der AG entsprechende Anwendung. Der Verschmelzungsbeschluss bedarf der **$^3/_4$-Mehrheit** der abgegebenen Stimmen, wenn nicht das Statut eine größere Mehrheit vorschreibt. Nach § 87 Abs. 1 UmwG wird jeder Genosse einer übertragenden Genossenschaft an dem übernehmenden Rechtsträger beteiligt. Rechte Dritter an den Anteilen/Geschäftsguthaben setzen sich an den neu erworbenen Beteiligungen fort. 64

An die Stelle der §§ 29 bis 34 UmwG (Barabfindung) tritt im Bereich der Genossenschaftsverschmelzung das Rechtsinstitut der **Ausschlagung** (§§ 90 ff. UmwG). Nach § 91 UmwG ist die Ausschlagung binnen sechs Monaten nach Bekanntmachung der Verschmelzung schriftlich gegenüber dem übernehmenden Rechtsträger geltend zu machen. Die auf der Verschmelzung beruhenden Anteile oder Mitgliedschaften gelten als nichterworben, wenn sie ausgeschlagen werden. Die Ausschlagung führt zur Auseinandersetzung. Der Genosse ist an Rücklagen und am sonstigen Vermögen nicht beteiligt. Er kann lediglich sein Geschäftsguthaben heraus verlangen 65

(§ 93 Abs. 2 UmwG). Diese Auszahlungsansprüche aus der vorgenannten Ausschlagung sind binnen sechs Monaten zu erfüllen (§ 94 UmwG).

66 **bb) Rechtsfähige Vereine** Nach § 99 Abs. 1 UmwG kann sich ein rechtsfähiger Verein an einer Verschmelzung nur beteiligen, wenn die Satzung oder Landesrecht nicht entgegensteht. Der eingetragene Verein kann als aufnehmender Rechtsträger nur für andere eingetragene Vereine in Betracht kommen. Im Wege der Neugründung kann er mit eingetragenen Vereinen beliebige Rechtsträger gründen.

67 Der wirtschaftliche Verein i. S. d. § 22 BGB ist obligatorisch zu prüfen. Der eingetragene Verein ist nur dann zu prüfen, wenn ein Zehntel der Mitglieder dies schriftlich verlangt (§ 100 UmwG).

68 Der Verschmelzungsbeschluss bedarf einer **3/4-Mehrheit**, wenn nicht die Satzung eine größere Mehrheit verlangt (§ 103 UmwG).

69 Bei **gemeinnützigen Vereinen** sind die Vorschriften über die Barabfindung unanwendbar (§ 104 a UmwG).

70 Der Vorstand eines übertragenden Vereins hat die Verschmelzung im Bundesanzeiger und mindestens einem weiteren Blatt **bekanntzumachen**, wenn der Verein nicht in das Handelsregister eingetragen ist (§ 104 UmwG). Dementsprechend sind in diesem Fall die Vorschriften betreffend der Registeranmeldung und Registereintragung unanwendbar.

71 **cc) Genossenschaftliche Prüfungsverbände** Genossenschaftlichen Prüfungsverbänden steht nur die Verschmelzung durch die Aufnahme eines anderen Prüfungsverbandes offen (§ 105 UmwG).

72 **dd) Versicherungsvereine auf Gegenseitigkeit** Versicherungsvereine auf Gegenseitigkeit können nur miteinander verschmolzen oder eine Versicherungsaktiengesellschaft aufgenommen werden (§ 110 UmwG).

73 Ein Verschmelzungsvertrag zwischen Versicherungsvereinen auf Gegenseitigkeit braucht Ausführungen zum Umtauschverhältnis, zu den Einzelheiten der Anteilsübertragung, zum Stichtag sowie den Rechten, die Sonderrechtsinhabern gewährt werden, nicht zu enthalten (§ 110 UmwG).

74 Für die Vorbereitung des Verschmelzungsbeschlusses gelten die §§ 63 bis 65 UmwG entsprechend. Der Beschluss bedarf der **3/4-Mehrheit** der abgegebenen Stimmen (§ 112 UmwG):

Bei der Verschmelzung zweier Versicherungsvereine auf Gegenseitigkeit findet gem. § 113 UmwG eine gerichtliche Nachprüfung des Umtauschverhältnisses nicht statt.

5. Die handelsbilanzielle Behandlung der Verschmelzung

a) Bilanzierung beim übertragenden Rechtsträger

75 Gem. § 17 Abs. 2 S. 2 UmwG hat der übertragende Rechtsträger im Zusammenhang mit der Verschmelzung eine **Schlussbilanz** aufzustellen, die der Registeranmeldung der Verschmelzung beizufügen ist. Diese Bilanz dient als Grundlage der bilanziellen Übertragung des Vermögens auf den übernehmenden Rechtsträger (vgl. Scholz/*Priester* GmbHG, Anh. Umwandlung § 24 KapErhG Rn. 13). Nach § 17 Abs. 2 S. 4 UmwG muss sich die Schlussbilanz auf einen Stichtag beziehen, der höchstens 8 Monate vor dem Tag der Registeranmeldung der Verschmelzung liegt.

76 Die Verschmelzung wird erst mit der Eintragung im Register wirksam. Deshalb ist es für den Fall, dass zwischen dem gewählten Verschmelzungsstichtag und der Registereintragung ein regulärer Bilanzstichtag liegt, erforderlich, auf diesen Bilanzstichtag einen **Jahresabschluss** nach den allgemeinen Vorschriften zu erstellen und ggf. auch prüfen zu lassen (vgl. Widmann/Mayer/*Widmann* § 24 UmwG Rn. 48).

Gewinnausschüttungen aufgrund dieses Jahresabschlusses sind jedoch nicht möglich, da der davor liegende Verschmelzungsbeschluss zu erkennen gibt, dass das Nettovermögen auf einen anderen Rechtsträger übergehen soll (vgl. Widmann / Mayer/*Widmann* § 24 UmwG Rn. 48). **77**

Nach § 17 Abs. 2 S. 2 UmwG sind für die Schlussbilanz des übertragenden Rechtsträgers die Vorschriften über die Jahresbilanz entsprechend anwendbar, sodass den Gliederungs- und Bewertungsvorschriften der §§ 242 ff. HGB und – sofern es sich bei dem übertragenden Rechtsträger um eine Kapitalgesellschaft handelt – den ergänzenden Vorschriften der §§ 264 ff. HGB zu folgen ist. **78**

Werden die **Buchwerte** des übernehmenden Rechtsträgers gem. § 24 UmwG fortgeführt, dann bestimmt die Schlussbilanz des übertragenden Rechtsträgers die Wertansätze in der Bilanz des übernehmenden Rechtsträgers. Die Übertragung der Vermögensgegenstände und Schulden auf den übernehmenden Rechtsträger stellt allerdings einen begründeten Ausnahmefall nach § 252 HGB dar, so dass nach h. M. in der Literatur von den bisherigen Bewertungsmethoden der Übertragerin abgewichen werden kann (S / B / B / *Bula/Schlösser* K Rn. 19). **79**

Es gilt allerdings der **Grundsatz der Bewertungsstetigkeit** insoweit nicht. Die im Rahmen der §§ 252 ff. HGB gegebenen Bewertungswahlrechte können zur Anpassung an die Bewertungsmethoden des übernehmenden Rechtsträgers im vollen Umfang ausgeübt werden. Eine Aufdeckung stiller Reserven oder der Ansatz eines originären Geschäfts- oder Firmenwertes kann in der Schlussbilanz des übertragenden Rechtsträgers nicht erfolgen. **80**

Bezüglich der **Prüfung der Schlussbilanz** sind im Umwandlungsgesetz keine besonderen Regelungen enthalten, so dass die Vorschriften über die Jahresbilanz Anwendung finden (§ 17 Abs. 2 S. 2 UmwG). **81**

b) Bilanzierung beim übernehmenden Rechtsträger

Der übernehmende Rechtsträger braucht im Fall der Verschmelzung zur Aufnahme **keine Übernahmebilanz** auf den Verschmelzungsstichtag aufzustellen. Nur bei der Verschmelzung zur Neugründung ist gem. § 242 Abs. 1 HGB eine Eröffnungsbilanz auf den Tag des Wirksamwerdens der Verschmelzung aufzustellen. **82**

Der übernehmende Rechtsträger hat gem. § 24 UmwG hinsichtlich der Bewertung des übernommenen Vermögens ein **Wahlrecht** zwischen der Fortführung der Buchwerte und dem Ansatz der übernommen Vermögensgegenstände mit den Anschaffungskosten, die dem übernehmenden Rechtsträger durch den Erwerb der Anteile entstanden sind oder durch die Gewährung von Anteilen oder Mitgliedschaften entstehen (BT-Drs. 12/6699, 913 zu § 24 UmwG). Durch dieses Wahlrecht können in der Übernahmebilanz stille Reserven aufgedeckt werden, soweit sie bei der Anschaffung »bezahlt« worden sind. Damit ist auch eine Aufstockung immaterieller Wirtschaftsgüter einschließlich des Firmenwerts möglich (vgl. auch S / B / B / *Bula/Schlösser* K Rn. 38 m. w. N.). **83**

Eine Aufdeckung stiller Reserven ist allerdings ausgeschlossen, soweit dadurch die Anschaffungskosten des übernehmenden Rechtsträgers überschritten werden. Das Bewertungswahlrecht des § 24 UmwG gilt unabhängig von der Rechtsform des übernehmenden Rechtsträgers. **84**

Im Einzelnen gilt Folgendes:

aa) Übernehmender Rechtsträger hält alle Anteile am übertragenden – (1) Fortführung der Buchwerte Wird das Wahlrecht des § 24 UmwG dahingehend in Anspruch genommen, dass die übernommenen Vermögensgegenstände und Schulden mit den **Buchwerten** aus der Schlussbilanz des übertragenden Rechtsträgers fortgeführt werden, dann stehen den Buchwerten des übernommenen Vermögens die für den Erwerb der Anteile aufgewendeten Anschaffungskosten gegenüber. **85**

86 Übersteigen die Anschaffungskosten den Buchwert des übernommenen Vermögens, weil z. B. bei Erwerb stiller Reserven mitbezahlt worden sind, dann entsteht in Höhe des Unterschiedes der beiden Werte ein **Verschmelzungsverlust**, der in der Gewinn- und Verlustrechnung auszuweisen ist (vgl. Widmann/Mayer/*Widmann* § 24 UmwG Rn. 336 ff.). In aller Regel wird die Verschmelzung ein Vorgang sein, der außerhalb der gewöhnlichen Geschäftstätigkeit des übernehmenden Rechtsträgers erfolgt, so dass der Ausweis des Verschmelzungsverlustes unter den außerordentlichen Aufwendungen zu erfolgen hat. Ist dagegen der Buchwert des übernehmenden Vermögens höher als die Anschaffungskosten, dann entsteht ein Verschmelzungsgewinn. Dieser Verschmelzungsgewinn ist als außerordentlicher Ertrag in der Gewinn- und Verlustrechnung auszuweisen (vgl. Widmann/Mayer/*Widmann* § 24 UmwG Rn. 336).

87 **(2) Bewertung mit den Anschaffungskosten der Anteile** In dem Fall, in dem sämtliche Anteile an dem übertragenden Rechtsträger von dem übernehmenden Rechtsträger gehalten werden, kommen als Anschaffungskosten für das übernommene Vermögen gem. § 24 UmwG regelmäßig nur die **historischen Anschaffungskosten** aus dem Erwerb der Anteile an dem übertragenden Rechtsträger in Betracht. Es können nicht die Grundsätze über die Bilanzierung von Tauschgeschäften in diesem Zusammenhang herangezogen werden, da es sich bei den hier betrachteten Verschmelzungen um einen Vorgang handelt, dem es an dem Kriterium eines wie unter fremden Dritten abgeschlossenen Umsatzgeschäftes mangelt (ADS § 255 HGB Rn. 102 ff.; *Schulze/Osterloh* ZGR 1993, 420). Die Verschmelzung stellt somit in diesem Fall keinen Anschaffungsvorgang dar, mit der Folge, dass für die Bewertung des übertragenen Vermögens auf die Anschaffungskosten zurückgegriffen werden muss, die dem übernehmenden Rechtsträger aus dem Erwerb der Anteile am übertragenden Rechtsträger entstanden sind. Eine Aufstockung des übernommenen Vermögens auf den Zeitwert scheidet damit aufgrund des Realisationsprinzips gem. § 252 Abs. 1 Nr. 4 HGB aus.

88 Wird das übernommene Vermögen demnach mit den Anschaffungskosten bewertet, die der übernehmende Rechtsträger für den Erwerb der Anteile an den übertragenden Rechtsträger aufgewendet hat, entsteht kein Verschmelzungsgewinn oder -verlust (so S/B/B/*Bula/Schlösser* K Rn. 53).

89 **bb) Halten der Anteile am übertragenden Rechtsträger von anderen Gesellschaftern – (1) Fortführung der Buchwerte** Im Fall, in dem sich die untergehenden Anteile an dem übertragenden Rechtsträger in der Hand Dritter befinden, besteht die Gegenleistung für die Vermögensübertragung in der **Gewährung von Anteilen** an dem übernehmenden Rechtsträger. In diesem Fall erfolgt die Anteilsgewährung der übernehmenden Gesellschaft an die Dritten im Rahmen einer Kapitalerhöhung (im Regelfall) und ggf. in der Leistung von baren Zuzahlungen oder Abfindungen.

90 Ein **Verschmelzungsgewinn oder -verlust** ergibt sich dann aus der Gegenüberstellung der gewährten Gegenleistung und dem Buchwert des übernommenen Vermögens. In diesem Fall ist die Gegenleistung, soweit sie auf die Gewährung neuer Anteile entfällt, mit dem Nennwert der gewährten Anteile zuzüglich eines evtl. vereinbarten Aufgeldes anzusetzen.

91 Ein **Verschmelzungsgewinn** ist als Agio zu behandeln und – soweit es sich bei dem übernehmenden Rechtsträger um eine Kapitalgesellschaft handelt – gem. § 272 Abs. 2 Nr. 1 HGB in die Kapitalrücklage einzustellen (Scholz/*Priester* GmbHG, Anh. Umwandlungen § 27 KapErhG Rn. 5). Ist die Übernehmerin dagegen eine Personengesellschaft, kann das Agio entweder den Kapitalkonten der Gesellschafter entsprechend deren Beteiligungsverhältnissen zugewiesen werden oder aber wie bei Kapitalgesellschaften in gesamthänderisch gebundene Rücklagen eingestellt werden.

92 Die nach bisheriger Rechtslage gegebene Möglichkeit in den Fällen, in denen zur Durchführung der Verschmelzung das Kapital erhöht wurde, in Höhe eines sich sonst ergebenden Verschmel-

zungsverlustes einen Geschäfts- oder Firmenwert zu aktivieren, der über vier Jahre bzw. fünf Jahre abzuschreiben war, ist mit der Neufassung des Umwandlungsgesetzes weggefallen (sog. **Verschmelzungsmehrwert**).

Soll nach neuer Rechtslage ein Verschmelzungsverlust vermieden werden, dann sind die übernommenen Vermögensgegenstände und Schulden mit den Anschaffungskosten, die dem übernehmenden Rechtsträger aus der Gewährung von Anteilen und erforderlichenfalls aus der Leistung barer Zuzahlungen oder Abfindungen entstehen, anzusetzen. **93**

Die Fortführung der Buchwerte dürfte bei Verschmelzungen auf Kapitalgesellschaften jedoch dann nicht möglich sein, wenn der Nettobuchwert des übertragenden Vermögens unter dem Nennbetrag der auszugebenden neuen Anteile liegt (so S/B/B/*Sagasser/Schlösser* K Rn. 50). Dies ergibt sich zum einen aus dem Verbot der Unterpari-Emission (vgl. *Hüffer* AktG, § 27 Rn. 27) und auch aus dem Verbot der Bildung von Willkürreserven gem. § 279 HGB (a. A. Scholz/*Winter* GmbHG, § 5 Rn. 56). Damit ist das Wahlrecht der Buchwertfortführung des § 24 UmwG insoweit eingeschränkt, als eine Aufstockung bis zum Nennbetrag zwingend erfolgen muss (S/B/B/*Bula/Schlösser* K Rn. 50). **94**

(2) Bewertung des übernommenen Vermögens mit den Anschaffungskosten aus der Gewährung von Anteilen Dem übernehmenden Rechtsträger entstehen für die Übernahme des Vermögens Anschaffungskosten aus der Gewährung von Gesellschaftsrechten und erforderlichenfalls aus der Leistung von baren Zuzahlungen oder Abfindungen, wenn die Anteile an dem übertragenden Rechtsträger von anderen Gesellschaftern gehalten werden. Hierbei stellt sich die Frage nach der Bewertung der Anschaffungskosten, soweit sie auf die Gewährung von Gesellschaftsrechten entfallen. **95**

Erhöht der übernehmende Rechtsträger zur Durchführung der Verschmelzung das Kapital und werden die neuen Anteile den Gesellschaftern des übertragenden Rechtsträgers gewährt, so sind für die Bemessung der Anschaffungskosten insoweit die Grundsätze über die Bewertung von Sacheinlagen heranzuziehen (S/B/B/*Bula/Schlösser* K Rn. 45). Insoweit besteht bezüglich der Bemessung der Anschaffungskosten des übertragenden Vermögens ein **Wahlrecht**. Als Anschaffungskosten können entweder der Ausgabebetrag der gewährten Anteile oder der höhere Zeitwert angesetzt werden. Sofern kein Aufgeld vereinbart wurde, entspricht der Ausgabebetrag dem Nennbetrag der neuen Anteile. Anderenfalls entspricht der Ausgabebetrag dem Nennbetrag zuzüglich des Aufgeldes. Der Ausgabebetrag darf den Zeitwert des übertragenen Vermögens nicht übersteigen. Ist der Zeitwert des übertragenen Vermögens höher als der Ausgabebetrag, dann kann das übertragene Vermögen auch mit dem höheren Zeitwert, höchstens jedoch mit dem Zeitwert der Anteile, angesetzt werden. Der Unterschiedsbetrag zwischen dem Nennbetrag und der neuen Anteile und dem Zeitwert ist nach § 272 Abs. 2 Nr. 1 HGB in die Kapitalrücklage einzustellen (ADS § 255 HGB Rn. 111). **96**

Werden dagegen den Gesellschaftern der übertragenden Kapitalgesellschaft statt im Wege einer Kapitalerhöhung durch neugeschaffene Anteile bereits **bestehende eigene Anteile** gewährt, dann ist hierin ein **Tauschgeschäft** zu sehen. Für die Bemessung der Anschaffungskosten sind die allgemeinen Grundsätze der Bilanzierung von Tauschgeschäften anzuwenden. Nach h. M. besteht demnach in diesen Fällen ein Wahlrecht, die Anschaffungskosten des übertragenen Vermögens entweder mit dem Nennbetrag der gewährten eigenen Anteile, mit dem höheren Zeitwert des übertragenen Vermögens oder mit einem Zwischenwert, der die ertragsteuerliche Belastung aus einer im Rahmen der Verschmelzung vorgenommenen steuerlichen Wertaufstockung neutralisiert, anzusetzen (ADS § 255 HGB Rn. 102 ff.). Allerdings ist hier streitig, ob beim Ansatz mit dem Zeitwert handelsrechtlich der Unterschiedsbetrag in die Kapitalrücklage zuzuführen ist oder als laufender Ertrag über die Gewinn- und Verlustrechnung auszuweisen ist. Nach überwiegender Meinung in der Literatur ist der Unterschiedsbetrag als andere Zuzahlung nach § 272 Abs. 2 Nr. 4 HGB in der Kapitalrücklage zuzuführen (vgl. *Schulze-Osterloh* ZGR 1993, 406). **97**

98 Diese Behandlung entspricht der Vorgehensweise bei einem Erwerb von Vermögensgegenständen eines Gesellschafters durch die Gesellschaft zu einem unter dem Zeitwert liegenden Preis. Dient der Erwerb der Kapitalaufbringung, ist auch hier der Unterschiedsbetrag zwischen Kaufpreis und Zeitwert in der Kapitalrücklage einzustellen (*Schneeloch* BB 1987, 486; S/B/B/*Bula/Schlösser* K 55).

99 Für **Personengesellschaften** gelten hinsichtlich der Bewertung des eingebrachten Vermögens die gleichen Grundsätze wie für Kapitalgesellschaften. Da der Unterschiedsbetrag zwischen Nennbetrag und Zeitwert des übertragenen Vermögens nicht in eine Kapitalrücklage eingestellt werden kann, wird es in den Fällen, in denen das zu übertragene Vermögen zum Zeitwert angesetzt werden soll, notwendig sein, eine den tatsächlichen Wertverhältnissen entsprechende Anpassung der Kapitalkonten der Gesellschafter bereits im Verschmelzungsvertrag festzulegen.

6. Die steuerrechtliche Behandlung der Verschmelzung

a) Grundsätze

100 Die steuerrechtlichen Vorschriften der Verschmelzung sind in verschiedenen Teilen des UmwStG geregelt. Das UmwStG regelt im zweiten und dritten Teil die Verschmelzung von unbeschränkt steuerpflichtigen Körperschaften auf andere Rechtsträger.

101 Als **übertragende Rechtsträger** kommen nach § 1 Abs. 1 S. 1 UmwStG und aufgrund der Beschränkung auf Umwandlungen i. S. d. § 1 UmwG Kapitalgesellschaften, eingetragene Genossenschaften, eingetragene Vereine i. S. d. § 21 BGB, wirtschaftliche Vereine i. S. d. § 22 BGB, genossenschaftliche Prüfungsverbände sowie Versicherungsvereine auf Gegenseitigkeit in Betracht. Körperschaften und Anstalten des öffentlichen Rechts können nur formwechselnd umgewandelt werden.

102 Verschmelzungen der genannten Rechtsträger auf eine Personengesellschaft oder auf eine natürliche Person sind im zweiten Teil des UmwStG geregelt. Die Vorschriften zur Verschmelzung einer der o. g. Körperschaften auf eine andere Körperschaft befinden sich im dritten Teil des UmwStG. Der sechste Teil des UmwStG behandelt die Barabfindung des Minderheitsgesellschafters, der siebte Teil des UmwStG betrifft die Gewerbesteuer.

103 Die Verschmelzung einer **Personengesellschaft** auf einen anderen Rechtsträger wird steuerlich als **Einbringung** behandelt und unterliegt den steuerlichen Vorschriften des achten und neunten Teiles des UmwStG über die Einbringung von Betrieben, Teilbetrieben und Mitunternehmeranteilen. Als übertragende Rechtsträger kommen im Rahmen der Verschmelzung im Wege der Gesamtrechtsnachfolge Personenhandelsgesellschaften (OHG, KG) in Betracht.

Die steuerliche Verschmelzung kann hier jedoch auch im Wege der Einzelrechtsnachfolge stattfinden, so dass auf diesem Wege z. B. auch die Einbringung einer atypisch stillen Beteiligung, die ja steuerlich als Mitunternehmeranteil anzusehen ist, in den Regelungsbereich des § 20 UmwStG fällt.

104 **Übernehmende Rechtsträger** können Kapitalgesellschaften (achter Teil des UmwStG) oder Personengesellschaften sein (neunter Teil UmwStG). Handelt es sich bei dem übernehmenden Rechtsträger um eine Personengesellschaft, so ist wiederum für die steuerliche Behandlung entscheidend, dass der einbringende Gesellschafter Mitunternehmer der Personengesellschaft wird, ungeachtet der Frage, ob der Vorgang eine Umwandlung i. S. d. § 1 UmwG darstellt.

105 Zwei wesentliche neue Regelungen des UmwStG sind die grundsätzlich **steuerneutrale** mögliche Verschmelzung einer Kapitalgesellschaft auf eine Personengesellschaft (§§ 3 ff. UmwStG) sowie die Übertragung eines Verlustabzugs im Rahmen der Verschmelzung von Kapitalgesellschaften (§ 12 Abs. 3 S. 2 UmwStG).

b) Steuerliche Rückwirkung

Bei Verschmelzungen von Körperschaften auf andere Rechtsträger sind das Einkommen und das Vermögen der beteiligten Rechtsträger gem. § 2 UmwStG so zu ermitteln, als ob das Vermögen zu dem Stichtag der Schlussbilanz des übertragenden Rechtsträgers auf den übernehmenden Rechtsträger übergegangen wäre. Die Schlussbilanz des übertragenden Rechtsträgers muss gem. § 17 Abs. 2 S. 4 UmwG auf einen Stichtag aufgestellt werden, der höchstens acht Monate vor dem Tag der Anmeldung der Verschmelzung zur Registereintragung liegt. Entsprechend dieser Regelung gilt auch eine steuerliche Rückwirkung von acht Monaten. Die Rückwirkung gilt auch für Auswirkungen bei der Gewerbesteuer. Steuerliche Rückwirkung bedeutet, dass Einkommen und Vermögen des übertragenden Rechtsträgers bereits ab dem steuerlichen Übertragungsstichtag dem übernehmenden Rechtsträger zugerechnet werden. **106**

Der **handelsrechtliche Umwandlungsstichtag** ist der Zeitpunkt, von dem an die Handlungen des übertragenden Rechtsträgers als vorgenommen gelten. Damit wird fingiert, dass das Unternehmen von dem übertragenden Rechtsträger für Rechnung des übernehmenden Rechtsträgers geführt worden sei. Das Ergebnis (Gewinn oder Verlust) gilt als Ergebnis des übernehmenden Rechtsträgers. Der übertragende Rechtsträger hat auf den Schluss des Tages, der dem Umwandlungsstichtag vorausgeht, eine Schlussbilanz zu erstellen (§ 17 Abs. 2 UmwG). **107**

Steuerlich gilt Folgendes: Der Stichtag der dem Vermögensübergang zugrunde liegenden Bilanz ist in § 2 Abs. 1 S. 1 UmwStG als **steuerlicher Übertragungsstichtag** definiert. Das Steuerrecht enthält in § 2 Abs. 1 UmwStG eine eigene Rückwirkungsfiktion für die Körperschaft-, Einkommen- und Gewerbesteuer. Der steuerliche Übertragungsstichtag ist also mit dem handelsrechtlichen Umwandlungsstichtag nicht identisch. Der steuerliche Übertragungsstichtag ist der Tag, auf den der übertragende Rechtsträger die Schlussbilanz zu erstellen hat. **108**

Beispiel: Die Schlussbilanz des übertragenden Rechtsträgers wird zum 31. 12. 2005 erstellt. **Handelsrechtlicher Umwandlungsstichtag** ist der 1. 1. 2006. Ab diesem Zeitpunkt wird das Unternehmen des übertragenden Rechtsträgers für Rechnung des übernehmenden Rechtsträgers geführt (Fiktion). Der tatsächliche Vermögensübergang im Rahmen einer Gesamtrechtsnachfolge ist der Zeitpunkt der Eintragung der Verschmelzung in das Handelsregister. Der **steuerliche Übertragungsstichtag** ist der 31. 12. 2005. Einkommen und Vermögen des übertragenden Rechtsträgers werden ab diesem Zeitpunkt dem übernehmenden Rechtsträger zugerechnet. **109**

Zum Begriff des steuerlichen Übertragungsstichtags wird auf die Tz. 02. 01–02. 05 UmwStE, zur Rückwirkungsfiktion auf Tz. 02. 06–02. 10 UmwStE verwiesen. **110**

c) Die einzelnen Verschmelzungsfälle im Umwandlungssteuergesetz

aa) Die Verschmelzung von Körperschaften untereinander Eine Verschmelzung von Körperschaften untereinander ist grundsätzlich **erfolgsneutral** möglich, in dem die Buchwerte der übertragenden Körperschaft von der übernehmenden Körperschaft fortgeführt werden können. Neben dieser Buchwertfortführung besteht ein Wahlrecht, die Wertansätze der zu übertragenden Wirtschaftsgüter bis auf deren Teilwerte aufzustocken, was dann allerdings zur Besteuerung bei der übertragenden Gesellschaft führt. Unter bestimmten Bedingungen besteht auch ein Zwang zu dieser Buchwertaufstockung. Ein Übernahmegewinn oder Übernahmeverlust bleibt grundsätzlich steuerlich bei der übernehmenden Gesellschaft außer Ansatz. **111**

Bei den Gesellschaftern vollzieht sich die Verschmelzung von Körperschaften steuerneutral, soweit die Gesellschafter für ihre Anteile an der übertragenden Körperschaft Anteile an der übernehmenden Körperschaft erhalten (vgl. §§ 11 bis 13 UmwStG). **112**

Nach dem UmwStG kann nunmehr ein Verlustabzug der übertragenden Körperschaft auf die übernehmende Körperschaft übertragen werden. Diese Regelung wird vor allem die Gestaltung der Fälle vereinfachen, in denen zur Nutzung von Verlustvorträgen bisher von Tochtergesell- **113** schaften nach der bisherigen Rechtslage eine sogenannte »down-stream-merger« durchgeführt wurde.

114 **(1) Steuerliche Auswirkungen bei der übertragenden Körperschaft** In § 11 UmwStG ist die Besteuerung der übertragenden Körperschaft geregelt. In der steuerlichen Schlussbilanz der übertragenden Körperschaft kann ein **Wahlrecht** hinsichtlich des Wertansatzes der zu übertragenden Wirtschaftsgüter zu Buchwerten, Teilwerten oder auch zu Zwischenwerten ausgeübt werden. Eine solche Buchwertfortführung ist jedoch gem. § 11 Abs. 1 S. 1 UmwStG nur möglich, soweit

- sichergestellt ist, dass die in dem übergegangenen Vermögen enthaltenen stillen Reserven später bei der übernehmenden Körperschaft der Körperschaftsteuer unterliegen und
- eine Gegenleistung nicht gewährt wird oder in Gesellschaftsrechten besteht.

115 Das Ansatzwahlrecht darf **nur einheitlich** für alle Wirtschaftsgüter ausgeübt werden (vgl. hierzu BT-Drs. 12/6885, 20 zu § 11 UmwStG).

116 Streitig ist, ob z. B. auch **originäre immaterielle Wirtschaftsgüter**, wie z. B. ein Auftragsbestand oder ein Geschäfts- oder Firmenwert aufgedeckt werden können. Ein Teil der Literatur hält dies für möglich (so u. a. S/B/B/*Sagasser* L Rn. 12).

117 Streitig ist auch, ob eine **Bindung** der steuerlichen Übertragungsbilanz an die handelsrechtliche Schlussbilanz besteht, so dass das steuerliche Bewertungswahlrecht des § 11 Abs. 1 UmwStG in der steuerlichen Schlussbilanz der übertragenden Körperschaft unabhängig von der Handelsbilanz ausgeübt werden kann. Die Finanzverwaltung ist der Auffassung, dass eine solche Maßgeblichkeit der handelsrechtlichen Schlussbilanz besteht, so dass die Vornahme einer handelsrechtlichen zulässigen Zuschreibung nach § 280 Abs. 1, 2 HGB auch steuerrechtlich nachzuvollziehen ist (vgl. *Strahl* KöSDI 1998, 11727 m. w. N.). Hier ist auf Tz. 03.01 ff. UmwStE i. V. m. Tz. 11.01 und 11.02 UmwStE hinzuweisen.

118 Bisher war auch umstritten, ob die Wertansätze der steuerlichen Schlussbilanz der übertragenden Körperschaft maßgeblich für die Wertansätze in der handelsrechtlichen Eröffnungsbilanz des übernehmenden Rechtsträgers i. S. v. § 24 UmwG maßgeblich sind (sog. **diagonale Maßgeblichkeit**). Die Finanzverwaltung vertritt hierzu folgende Auffassung: Setzt der übernehmende Rechtsträger in seiner handelsrechtlichen Eröffnungsbilanz gem. § 24 UmwG Werte an, welche die Ansätze in der handelsrechtlichen Schlussbilanz des übertragenden Rechtsträgers überschreiten, so hat der übernehmende Rechtsträger die Wertansätze in der ersten Schlussbilanz nach der Umwandlung »insoweit bis zur Höhe der steuerlichen Anschaffungs- oder Herstellungskosten der übertragenden Körperschaft (ggf. gemindert um die AfA) erfolgswirksam aufzustocken, sog. phasenverschobene Wertaufholung«. Diese Auffassung der Finanzverwaltung dürfte nicht gerechtfertigt sein (vgl. hierzu auch *Strahl* KöSDI 1998, 11728, Tz. 03.02 und Tz. 11.02 UmwStE).

119 Mittlerweile liegt zu dieser Frage ein (nicht rechtskräftiges) Urteil des FG Baden-Württemberg vom 4. 3. 2004 vor. Nach Auffassung des FG Baden-Württemberg beinhaltet § 11 Abs. 1 S. 2 UmwStG ein eigenständiges steuerliches Wahlrecht, für das der Maßgeblichkeitsgrundsatz nicht gilt. Damit hat das FG der Auffassung der Finanzverwaltung eine klare Absage erteilt. Allerdings hat das FG auch entschieden, dass stille Reserven in bisher nicht bilanzierten Wirtschaftsgütern nicht aufgedeckt werden dürfen, da die Vorschrift ein Bewertungswahlrecht und kein Ansatzwahlrecht enthalte (vgl. FG Baden-Württemberg DStRE 2004, 892). Auch das FG München (Gerichtsbescheid v. 23. 3. 2004, Az. 7 K 4036/01) hat bei einer formwechselnden Umwandlung einer Personen- in eine Kapitalgesellschaft entgegen Tz. 20.30 des Umwandlungssteuererlasses v. 25. 3. 1998 entschieden, dass der Maßgeblichkeitsgrundsatz nicht anzuwenden sei, da § 25 UmwStG durch Verweis auf § 20 UmwStG ein eigenständiges steuerliches Bewertungswahlrecht einräume. Gegen die Entscheidung wurde ebenfalls Revision von der Finanzverwaltung eingelegt (Az. BFH I R 38/04).

Die Auffassung des FG München wurde mittlerweile durch den BFH bestätigt (BFH, Urt. v. 19. 10. 2005, DStR 2006, 271). Danach darf in Fällen des Formwechsels einer Personengesellschaft in eine Kapitalgesellschaft die Kapitalgesellschaft das übergegangene Betriebsvermögen gem. §§ 25 S. 1 i. V. m. 20 Abs. 2 S. 1 UmwStG mit seinem Buchwert oder mit einem höheren Wert ansetzen. 120

Die Finanzverwaltung folgt nunmehr dieser Auffassung und wird Tz. 20.30 UmwStE nicht mehr anwenden (vgl. BdF IV B 2 – S 1909 – 12/06, BStBl. I 2006, 445).

Sind die Voraussetzungen für eine Buchwertfortführung nicht gegeben, so sind die übergehenden Wirtschaftsgüter zwingend mit dem **Wert der Gegenleistung** anzusetzen. Werden also neben Gesellschaftsrechten z. B. bare Zuzahlungen gewährt, dann sind insoweit, als der Nominalbetrag der baren Zuzahlungen, die auf die Zuzahlungen entfallenden anteiligen Buchwerte übersteigt, stille Reserven einschließlich solcher, die in den immateriellen Wirtschaftsgütern enthalten sind, aufzudecken. 121

Wird **keine Gegenleistung** gewährt und ist die Besteuerung der stillen Reserven bei der Übernehmerin nicht sichergestellt, dann erfolgt zwingend die Aufstockung der Wertansätze der übergehenden Wirtschaftsgüter bis auf deren Teilwerte, § 11 Abs. 2 UmwStG. Der in diesen Fällen entstehende Übertragungsgewinn unterliegt bei der übertragenden Körperschaft nach den allgemeinen Vorschriften der Körperschaftsteuer (vgl. *Dehmer* DStR 1994, 1713, 1720) und gem. § 18 Abs. 1 UmwStG der Gewerbesteuer. 122

– Verschmelzung der Muttergesellschaft auf die Tochtergesellschaft (»down-stream-merger«):

Die **Motive** für einen down-stream-merger können unterschiedlicher Art sein. Aus rechtlicher Sicht kann der down-stream-merger einem up-stream-merger dann vorzuziehen sein, wenn die Untergesellschaft im Unterschied zur Obergesellschaft börsennotiert ist und die Börsennotierung erhalten bleiben soll. 123

Aus **steuerlicher Sicht** ist ein down-stream-merger dann sinnvoll, wenn die Untergesellschaft über erhebliches Grundvermögen verfügt. Durch das down-stream-merger wird dadurch der Anfall von Grunderwerbsteuer vermieden. Auch für Zwecke der Verlustnutzung kann ein down-stream-merger empfehlenswert sein, nämlich dann, wenn die Obergesellschaft über umfangreiche steuerliche Verlustvorträge verfügt und bei einer up-stream-Verschmelzung die Regelung des § 8 Abs. 4 KStG anzuwenden wäre (Übertragung von mehr als 50 % der Anteile, Zuführung überwiegend neuen Betriebsvermögens).

Die §§ 11 bis 13 UmwStG sind im Grundsatz auf die Verschmelzung der Tochtergesellschaft auf die Muttergesellschaft ausgerichtet (vgl. insbes. § 12 Abs. 2 S. 1 UmwStG). Der Umwandlungssteuererlass lässt aus Billigkeitsgründen und auf übereinstimmenden Antrag aller an der Verschmelzung Beteiligten die entsprechende Anwendung der §§ 11 bis 13 UmwStG zu (Tz. 11.24 UmwStE). Danach ist ein Vermögensübergang von der Muttergesellschaft zu Buchwerten dann möglich, wenn die Besteuerung der stillen Reserven bei der übernehmenden Tochtergesellschaft sichergestellt ist (Tz. 11.25 UmwStE). Erlangt die übernehmende Tochtergesellschaft im Rahmen der Verschmelzung eigene Anteile, so sind die in diesen Anteilen enthaltenen stillen Reserven nicht aufzudecken, wenn die Voraussetzungen des § 11 Abs. 1 UmwStG vorliegen und die Tochtergesellschaft diese Anteile einzieht. Dieser Fall ist dann gegeben, wenn die übertragende Kapitalgesellschaft (also die Muttergesellschaft) Anteile an der übernehmenden Kapitalgesellschaft (Tochtergesellschaft) hält. Der Einziehungsvorgang ist ein steuerneutraler gesellschaftsrechtlicher Vorgang (vgl. BFH v. 28. 1. 1996, Az. VI 89/65, BStBl. III 1966, 245; Tz. 11.27 UmwStE). 124

Nach h. M. in der Literatur wird ein down-stream-merger von den §§ 2, 1 Abs. 1 Nr. 1 UmwG erfasst, so dass die §§ 11 bis 13 i. V. m. 1 Abs. 1 UmwStG unmittelbar anzuwenden sind (vgl. Widmann/Mayer/*Widmann* Vor 3. Teil UmwStG Rn. 22; *Mentel* DStR 1998, Beil. 17, 26). Nach Auffassung der Finanzverwaltung führt die Verschmelzung der Muttergesellschaft auf die Tochtergesellschaft nicht zu einem steuerpflichtigen Durchgangserwerb der Anteile, wenn die 125

Anteilseigner der Muttergesellschaft für ihre Anteile an der Muttergesellschaft von dieser gehaltene Anteile an der Tochtergesellschaft erhalten (Tz. 11.28 UmwStE).

126 Wird der nach Tz. 11.24 UmwStE erforderliche übereinstimmende Antrag auf Anwendung der §§ 11 bis 13 UmwStG nicht gestellt, sind die Vorschriften des UmwStG nicht anzuwenden. Demzufolge sind alle stillen Reserven im Vermögen der übertragenden Muttergesellschaft aufzulösen und zu besteuern. Dies gilt auch hinsichtlich der in den Anteilen der Anteilseigner enthaltenen stillen Reserven (Tz. 11.29 UmwStE).

127 **(2) Die steuerlichen Auswirkungen bei der übernehmenden Körperschaft** Die übernehmende Körperschaft hat gem. §§ 12 Abs. 1 S. 1 i. V. m. 4 Abs. 1 UmwStG die auf sie übergehenden Wirtschaftsgüter mit den in der steuerlichen Schlussbilanz der übertragenden Körperschaft angesetzten Werten zu übernehmen. Hinsichtlich der steuerlichen Folgen bei der übernehmenden Körperschaft ist dahingehend zu unterscheiden, ob die Anteile an der übertragenden Körperschaft von der übernehmenden Körperschaft oder von Dritten gehalten werden.

– *Die Anteile an der übertragenden Körperschaft werden von der übernehmenden Körperschaft gehalten:*

128 Hält die übernehmende Körperschaft zum Übertragungsstichtag die Anteile an der übertragenden Körperschaft, dann ergibt sich in Höhe des Unterschiedes zwischen dem Buchwert der Anteile an der übertragenden Körperschaft und Summe der Wertansätze der übertragenden Wirtschaftsgüter ein Übernahmegewinn oder -verlust. Der **Übernahmegewinn oder -verlust** bleibt bei der steuerlichen Einkommensermittlung der übernehmenden Körperschaft außer Ansatz (§ 12 Abs. 2 S. 1 UmwStG). Die Eliminierung erfolgt außerhalb der Bilanz (vgl. Widmann / Mayer / *Widmann* § 12 UmwStG Rn. 26). Dies gilt gem. § 19 Abs. 1 UmwStG auch für die Gewerbesteuer.

129 Grundsätzlich geht auch ein bei der übertragenden Körperschaft verbleibender Verlustabzug i. S. d. § 10 d EStG auf die übernehmende Kapitalgesellschaft über (vgl. hierzu auch *Hagebücke/Heinze* DStR 2005, 2054). Fraglich ist, ob der **übertragende Verlustabzug** bei der übernehmenden Körperschaft zu einem Verlustrücktrag gem. § 10 d Abs. 1 EStG verwendet werden kann. Da es sich hierbei um den Verlustabzug handelt, der verbleibt, nachdem bei der übertragenden Körperschaft ggf. ein Verlustrücktrag vorgenommen wurde, ist davon auszugehen, dass dies ein Eintreten in die Rechtsstellung der übertragenden Körperschaft nur eine Fortführung des Verlustvortrags durch die übernehmende Körperschaft bedeuten kann (S / B / B / *Sagasser* L Rn. 41; *Wochinger/Dötsch* DB 1994, Beil. Nr. 14/94, 16). Auch nach Auffassung der Finanzverwaltung ist ein Verlustrücktrag ausgeschlossen (vgl. Tz. 12.16 S. 2 UmwStE). Die übernehmende Körperschaft kann einen Verlustrücktrag nur für ihre eigenen Verluste vornehmen (Tz. 12.16 S. 3 UmwStE).

130 Geht das Vermögen einer Kapitalgesellschaft ganz oder teilweise durch Verschmelzung oder durch Auf- und Abspaltung auf die Organgesellschaft über, kommt es dabei auch zum **Übergang eines Verlustabzugs** nach § 12 Abs. 3 S. 2 UmwStG. In diesem Fall ist streitig, ob dieser Verlustabzug als vororganschaftlicher Verlust zu qualifizieren ist mit der Folge, dass er nach § 15 Nr. 1 KStG für die Dauer der Organschaft nicht abziehbar ist, oder ob dieser Verlust als organschaftlicher Verlust behandelt wird mit der Folge, dass er beim Organträger zu berücksichtigen ist (für eine Qualifikation als organschaftlicher Verlustabzug: *Dehmer* § 12 UmwStG Rn. 119; für Qualifikation als vororganschaftlicher Verlust *Dötsch* Anh. UmwStG Rn. 149; OFD Hannover v. 27. 6. 1995, DStR 1995, 1194).

131 Die Finanzverwaltung ist der Auffassung, dass es sich bei dem im Rahmen einer Verschmelzung oder einer Auf- und Abspaltung auf die Organgesellschaft übergehenden Verlustabzug um einen vororganschaftlichen Verlustabzug handelt, der nach § 15 Nr. 1 KStG während der Geltungsdauer des Gewinnabführungsvertrags nicht abziehbar ist (vgl. Tz. Org. 27 UmwStE).

132 Inwieweit ein Verlustabzug überhaupt auf die übernehmende Kapitalgesellschaft übergeht, wurde durch das Gesetz zur Fortsetzung der Unternehmenssteuerreform vom 29. 10. 1997

(BGBl. I 1997, 2590; BStBl. I 1997, 928) neu geregelt. Nach § 12 Abs. 3 S. 2 UmwStG n. F. setzt der Übergang des Verlustabzugs voraus, dass der Betrieb oder Betriebsteil, der den Verlust verursacht hat, über den Umwandlungsstichtag hinaus in einem nach dem Gesamtbild der wirtschaftlichen Verhältnisse vergleichbaren Umfang fortgeführt wird. § 12 Abs. 3 S. 2 UmwStG ist anzuwenden für Umwandlungsvorgänge, deren Eintragung im Handelsregister nach dem 5. . 8 beantragt worden sind. Zur alten Fassung des § 12 Abs. 3 S. 2 UmwStG vgl. Tz. 12.17–12.25 UmwStE.

Im Übrigen ist auch § 8 Abs. 4 KStG im Rahmen einer Verschmelzung zu beachten. § 8 Abs. 4 KStG (**Mantelkauf**) schließt den Verlustabzug eigener Verluste der Kapitalgesellschaft aus. § 8 Abs. 4 KStG ist ebenfalls in Verschmelzungsfällen stets zu prüfen. **133**

Auch nach § 19 Abs. 2 UmwStG können gewerbesteuerlich **vortragsfähige Fehlbeträge** der übertragenden Körperschaft i. S. d. § 10 a GewStG auf die übernehmende Körperschaft übertragen werden. Voraussetzung ist allerdings wiederum, dass die übertragende Körperschaft ihren Geschäftsbetrieb im Zeitpunkt der Handelsregistereintragung noch nicht eingestellt hat. Wegen der Möglichkeit der Übernahme des Verlustabzugs hat die Gestaltung eines sog. »down-stream-merger« als Gestaltungsmöglichkeit keine wesentliche Bedeutung mehr. **134**

– *Die Anteile an der übertragenden Gesellschaft werden von einem Dritten gehalten:*

Werden die Anteile an der übertragenden Körperschaft nicht von der übernehmenden Körperschaft, sondern von Dritten gehalten, dann ist diesen für deren Anteile an der untergehenden Körperschaft eine **Gegenleistung** zu gewähren. Die Gegenleistung kann entweder in Gesellschaftsrechten und ggf. baren Zuzahlungen bestehen oder in Abfindungen, die an ausscheidende Anteilseigner zu leisten sind. Werden als Gegenleistung Gesellschaftsrechte gewährt, dann ist wiederum zu unterscheiden, ob diese aus einer Kapitalerhöhung stammen oder ob bereits bestehende eigene Anteile gewährt werden. Es besteht dabei die Möglichkeit der Gewährung von Gesellschaftsrechten aus einer Kapitalerhöhung oder aus einer Gewährung bereits bestehender eigener Anteile. **135**

– *Hinzurechnungsbesteuerung nach § 12 Abs. 2 S. 2 bis 5 UmwStG*

Hat die übernehmende Kapitalgesellschaft die Anteile an der übertragenden Kapitalgesellschaft mit einem geringeren Wert als den tatsächlichen Anschaffungskosten angesetzt (z. B. durch eine erfolgte Teilwertabschreibung oder durch Übertragung nach § 6 b EStG), so ist der Unterschiedsbetrag zwischen den tatsächlichen Anschaffungskosten und dem niedrigeren Buchwert dem steuerpflichtigen Gewinn der übernehmenden Kapitalgesellschaft gem. § 12 Abs. 2 S. 2 UmwStG hinzuzurechnen (sog. **Hinzurechnungsbesteuerung**). Damit wird im Ergebnis eine vorgenommene Teilwertabschreibung wieder rückgängig gemacht (vgl. *Schaumburg* FR 1995, 211, 219). **136**

Die Vorschrift soll eine **doppelte Verlustnutzung** auf der Ebene der übernehmenden Gesellschaft verhindern. Eine derartige doppelte Verlustnutzung wäre möglich, wenn die Muttergesellschaft zunächst aufgrund von substanziellen Verlusten der Tochtergesellschaft eine Teilwertabschreibung vornimmt. Bei der Verschmelzung würde ein Verlustvortrag der Tochtergesellschaft, der aus den Verlusten resultiert, die zur Teilwertabschreibung geführt haben, gem. § 12 Abs. 4 UmwStG zukünftig auf der Ebene der Mutter berücksichtigt. Um diese Doppelwirkung zu vermeiden, soll die Teilwertabschreibung wieder rückgängig gemacht werden. **137**

Die Hinzurechnungsbesteuerung war nach § 12 Abs. 2 S. 4 UmwStG a. F. begrenzt. Diese Begrenzung der Hinzurechnungsbesteuerung ist durch Art. 3 des »Gesetzes zur Fortsetzung der Unternehmenssteuerreform« (Gesetz v. 29. 10. 1997, BGBl. I 1997, 2590; BStBl. I 1997, 928, 930) gestrichen worden (vgl. zur Behandlung der Hinzurechnungsbesteuerung sowie die Behandlung der Hinzurechnung bei der Verschmelzung von Schwestergesellschaften Tz. 1.07, 12.08 UmwStE). **138**

Der 1. Senat des BFH hielt in einem Beschluss vom 29. 11. 2000 (Az. I R 38/99) die Streichung des § 12 Abs. 2 S. 4 UmwStG a. F. durch das »Gesetz zur Fortsetzung der Unternehmenssteuerre- **139** form« vom 29. 10. 1997 für formell **verfassungswidrig**, da die Änderung nicht im Bundestag verhandelt und sofort als Einigungsvorschlag dem Vermittlungsausschuss vorgelegt wurde (vgl. auch *Schaden* DStZ 2001, 184). Zur Frage der Verfassungsmäßigkeit der Aufhebung des § 12 Abs. 2 S. 4 UmwStG durch das Unternehmenssteuerfortsetzungsgesetz 1997 ist das BVerfG angerufen worden (vgl. BFH BB 2001, 2564).

140 Aufgrund der Neufassung des § 12 Abs. 2 S. 3 UmwStG durch das StSenkG unterbleibt eine Hinzurechnung, soweit eine Gewinnminderung, die sich durch den Ansatz der Anteile mit dem niedrigen Teilwert ergeben, nach § 50 c EStG oder nach § 8 b Abs. 3 KStG nicht anerkannt worden ist. Diese Änderung des § 12 Abs. 2 S. 3 UmwStG ist die Folgewirkung des § 8 b Abs. 3 S. 3 KStG sowie des § 50 c EStG. Diese Regelung gilt nach § 27 Abs. 1 a UmwStG i. V. m. § 34 Abs. 2 a, Abs. 4 KStG ab dem Wirtschaftsjahr 2002. Die Hinzurechnung gem. § 12 Abs. 2 S. 2 UmwStG greift daher nur für Teilwertabschreibungen nach dem KStG a. F. (vgl. auch D/E/J/W/*Dötsch* § 12 UmwStG Rn. 39). Liegen diese Voraussetzungen vor, hat daher eine Hinzurechnungsbesteuerung zu unterbleiben.

141 **(3) Steuerliche Auswirkungen bei den Gesellschaftern** Soweit die Gesellschafter der übertragenden Körperschaft für ihre untergehenden Anteile **Geschäftsanteile** an der übernehmenden Körperschaft erhalten, vollzieht sich die Verschmelzung für sie **steuerneutral**. Für im Betriebsvermögen gehaltene Anteile ergibt sich dies aus § 13 Abs. 1 UmwStG. Nach dieser Vorschrift gelten die Anteile an der übertragenden Körperschaft als zum Buchwert veräußert und die an ihre Stelle tretenden Anteile an der übernehmenden Körperschaft als mit diesem Wert angeschafft.

142 Dies gilt gem. § 13 Abs. 3 UmwStG auch für **einbringungsgeborene Anteile** i. S. d. § 21 UmwStG und gem. § 13 Abs. 2 UmwStG entsprechend für die Anschaffungskosten der im Privatvermögen gehaltenen wesentlichen Beteiligung (nunmehr: »qualifizierte Beteiligung«) i. S. d. § 17 EStG. Eine solche Beteiligung liegt ab einer Beteiligungsgrenze von 1 % vor.

143 Im Privatvermögen gehaltene nicht wesentliche (»qualifizierte«) Beteiligungen unterliegen ohnehin nicht der Einkommensbesteuerung, soweit nicht eine Besteuerung als Spekulationsgeschäft i. S. d. § 23 EStG in Betracht kommt.

144 Werden neben der Gewährung von Gesellschaftsrechten **bare Zuzahlungen** geleistet, dann sollen diese nach der Rechtsprechung des Reichsfinanzhofs (RFH v. 6. . 10, Az. VI a 822–30, RStBl. 1933, 97) in vollem Umfang bei der Gewinnermittlung der Gesellschafter, die die Anteile an der übertragenden Körperschaft in ihrem Betriebsvermögen gehalten haben, gewinnerhöhend zu berücksichtigen seien.

145 **(4) Besteuerung ausländischer Anteilseigner** Die steuerneutrale Behandlung der Verschmelzung auf der Ebene der Anteilseigner gem. § 13 UmwStG gilt grundsätzlich auch für ausländische Anteilseigner, soweit die stillen Reserven in den Gesellschaftsanteilen der deutschen Besteuerung verhaftet bleiben. Dies ist regelmäßig dann der Fall, wenn mangels DBA die Veräußerung einbringungsgeborener Anteile i. S. d. § 21 UmwStG oder wesentliche (»qualifizierte«) Beteiligung i. S. d. § 17 EStG gem. § 49 Abs. 1 Nr. 2 lit. a bzw. lit. e EStG der deutschen Besteuerung unterliegen oder aufgrund eines bestehenden DBA das Besteuerungsrecht für Gewinne aus Anteilsveräußerungen der Bundesrepublik Deutschland zugewiesen ist (vgl. *Vogel* DBA, Art. 13 Rn. 105).

146 Ist aufgrund DBA das Recht zur Besteuerung von Gewinnen aus Anteilsveräußerungen dem anderen Vertragsstaat zugewiesen (vgl. *Vogel* DBA, Art. 13 Rn. 78 ff.), wird durch die Verschmelzung das Besteuerungsrecht der Bundesrepublik Deutschland hinsichtlich der Veräußerungsgewinne nicht berührt. Die steuerlichen Auswirkungen der Verschmelzung auf die Anteilseigner werden regelmäßig durch die steuerrechtlichen Vorschriften des anderen Vertragsstaates geregelt. Sowohl reine Veräußerungsgewinne als auch Tausch und Einbringungsgewinne fallen nach dem OECD-Musterabkommen unter den Begriff des Veräußerungsgewinns (vgl. *Vogel* DBA, Art. 13 Rn. 6, 24).

(5) Auswirkungen der Verschmelzung auf die Eigenkapitalgliederung (§ 38 KStG a. F.) Im Fall der Verschmelzung wird das vEK der übertragenden Kapitalgesellschaft letztmals auf den steuerlichen Übertragungsstichtag festgestellt. Geht das Vermögen durch Verschmelzung auf eine gliederungspflichtige Körperschaft über, so ist das vEK der übertragenden Kapitalgesellschaft gem. § 38 Abs. 1 KStG den entsprechenden Teilbeträgen bei der übernehmenden Kapitalgesellschaft hinzuzurechnen (Tz. Gl. 03 UmwStE). Ab Inkrafttreten der Unternehmenssteuerreform durch das StSenkG entfällt zum 1. 1. 2001 die Eigenkapitalgliederung. **147**

(6) Auswirkungen auf das Einlagekonto (StSenkG) Seit der Einführung des Halbeinkünfteverfahrens ergeben sich die bei Verschmelzungen erforderlichen Anpassungen aus § 29 KStG n. F., denn nach der Unternehmenssteuerreform sind auch bei Verschmelzung zweier Kapitalgesellschaften die steuerlichen Eigenkapitalbestandteile der aufnehmenden Kapitalgesellschaft anzupassen (vgl. *Müller/Maiterth* DStR 2002, 746; Widmann / Mayer / *Widmann* § 12 UmwStG Rn. 171 ff.). Zusätzlich sind die Übergangsregelungen nach § 40 KStG zu beachten. **148**

Infolge der Verschmelzung gilt zunächst das **Nennkapital** der übertragenden Gesellschaft als in vollem Umfang herabgesetzt, §§ 29 Abs. 1 i. V. m. 28 Abs. 1 KStG. Nach § 28 Abs. 2 S. 1 KStG ist im Fall der Herabsetzung des Nennkapitals zunächst ein etwaiger **Sonderausweis** zum Schluss des vorangegangenen Wirtschaftsjahres zu mindern. Ein den Sonderausweis übersteigender Betrag des Nennkapitals ist dem steuerlichen Einlagekonto gutzuschreiben. Bei dem Sonderausweis handelt es sich um Beträge, die dem Nennkapital durch Umwandlung von Rücklagen zugeführt worden sind, § 28 Abs. 1 S. 3 KStG. **149**

bb) Die Verschmelzung von Personengesellschaften untereinander Die Verschmelzung von Personengesellschaften untereinander vollzieht sich durch die Einbringung von Mitunternehmeranteilen in das Vermögen des übernehmenden Rechtsträgers. Deshalb befinden sich die Vorschriften zur Verschmelzung von Personengesellschaften untereinander im neunten Teil des UmwStG. Dieser regelt die Einbringung von Betrieben, Teilbetrieben, Mitunternehmeranteilen in eine Personengesellschaft. Es haben sich durch das neue UmwStG keine materiellen Änderungen gegenüber dem alten Recht ergeben (vgl. Rn. 103). **150**

(1) Steuerliche Auswirkungen bei der übertragenden Personengesellschaft Gem. § 24 Abs. 2 UmwStG hat die übernehmende Personengesellschaft ein **Wahlrecht**, die übernommenen Wirtschaftsgüter mit ihren Buchwerten, ihren Teilwerten oder mit Zwischenwerten anzusetzen. Der Wert, mit dem die übernehmende Personengesellschaft das übernommene Vermögen ansetzt, gilt gem. § 24 Abs. 3 UmwStG für die Gesellschafter, die ihre Mitunternehmeranteile an der übertragenden Personengesellschaft einbringen, als Veräußerungspreis. Setzt die übernehmende Personengesellschaft das übernommene Vermögen zu Zwischenwerten – oder zu Teilwerten – an, entsteht damit ein Veräußerungsgewinn. Nach h. M. ist der Veräußerungsgewinn von der Gewerbesteuer befreit, und zwar auch dann, wenn die übernehmende Personengesellschaft die Wirtschaftsgüter mit ihren Zwischenwerten ansetzt (vgl. hierzu *Dehmer* § 24 UmwStG Rn. 29 c). **151**

Auf der Ebene der übernehmenden Personengesellschaft stellt sich die Frage der **Gewerbesteuerpflicht des Veräußerungsgewinns**. Nach h. M. ist der Veräußerungsgewinn von der Gewerbesteuer befreit und zwar auch dann, wenn die übernehmende Personengesellschaft die Wirtschaftsgüter mit ihren Zwischenwerten ansetzt (*Dehmer* § 24 UmwStG Rn. 270; Widmann / Mayer/*Widmann* § 24 UmwStG Rn. 272 m. w. N.; Haritz / Benkert / *Schlösser* § 24 Rn. 158). **152**

Setzt die übernehmende Personengesellschaft die Wirtschaftsgüter mit ihren Teilwerten an und wird der einbringende Gesellschafter **Mitunternehmer** der übernehmenden Personengesellschaft, gilt gem. § 24 Abs. 3 S. 3 UmwStG i. V. m. § 16 Abs. 2 S. 3 EStG der Veräußerungsgewinn **153** insoweit als laufender Gewinn. Hier stellt sich wiederum die Frage der Gewerbesteuerpflicht des insoweit als laufender Gewinn geltenden Veräußerungsgewinns. Nach einer in der Literatur vertretenen Auffassung soll eine Gewerbesteuerpflicht des Veräußerungsgewinns nicht gegeben sein (S/B/B/*Sagasser* L Rn. 59). Die Finanzverwaltung ist in Tz. 24.15 UmwStE der Auffassung, dass der Gewinn der Gewerbesteuer unterliegt.

154 Ein **Verlustabzug** nach § 10 d EStG geht nicht über. Dies folgt aus der durch das Jahressteuergesetz 1996 klargestellten Verweisung auf §§ 22 Abs. 4, 12 Abs. 3 S. 2 UmwStG. Dies gilt jedoch nicht für den gewerbesteuerlichen Verlustvortrag nach § 10 a GewStG, weil § 24 Abs. 4 S. 1 UmwStG nicht auf § 22 Abs. 4 UmwStG verweist (vgl. *Thiel/Eversberg/von Lishaut/Neumann* GmbHR 1998, 442 Ziff. 2).

155 Im Umwandlungssteuererlass äußert sich die Verwaltung auch nicht zur Frage des **Übergangs des verrechenbaren Verlustes** nach § 15 a Abs. 4 EStG im Falle der Einbringung eines Mitunternehmeranteils oder Verschmelzung von Personengesellschaften. Hierzu wird überwiegend die Auffassung vertreten, dass ein solcher Verlustanteil zugunsten der einbringenden Gesellschaft übergehe (, in: Widmann/Mayer/*Widmann* § 24 UmwStG Rn. 288; Schmidt/*Wacker* EStG, § 15 a Rn. 238).

156 **(2) Steuerliche Auswirkungen bei der übernehmenden Personengesellschaft** Die übernehmende Personengesellschaft hat gem. § 24 Abs. 2 UmwStG ein **Wahlrecht**, das eingebrachte Betriebsvermögen ihrer Bilanz einschließlich der Ergänzungsbilanzen für ihre Gesellschafter mit dem Buchwert, mit dem Teilwert oder einem Zwischenwert anzusetzen. Werden die Wertansätze auf den Zwischenwert oder den Teilwert aufgestockt, dann wird der Aufstockungsbetrag den Gesellschaftern der übertragenden Personengesellschaft als Veräußerungsgewinn zugerechnet (§ 24 Abs. 3 UmwStG). Die steuerlichen Folgen der Verschmelzung werden also durch die Wahl des Wertansatzes bei der übernehmenden Personengesellschaft bestimmt.

157 Ein **Übernahmegewinn oder -verlust** aus der Differenz zwischen dem Buchwert von Anteilen, die die übernehmende Personengesellschaft an der übertragenen Gesellschaft hält, kann sich nicht ergeben, weil aufgrund der spiegelbildlichen Bilanzierung von Anteilen an Personengesellschaften der Wertansatz des Vermögens der übertragenden Personengesellschaft stets mit dem Buchwert der Anteile übereinstimmt (vgl. auch S/B/B/*Sagasser* L Rn. 61).

158 Bei der **Bewertung des übernommenen Vermögens** stellt sich allerdings die Frage, ob das Bewertungswahlrecht der übernehmenden Personengesellschaft nach § 24 Abs. 2 UmwStG nach dem Grundsatz der Maßgeblichkeit an einen entsprechenden Wertansatz in der Handelsbilanz gebunden ist. Nach Auffassung der Finanzverwaltung (vgl. Tz. 24.04 UmwStE) soll hier der Maßgeblichkeitsgrundsatz wohl nicht gelten. Tz. 24.04 verweist nämlich nicht auf Tz. 20.26 ff. UmwStE.

159 Wird das eingebrachte Vermögen mit einem Zwischenwert oder mit dem Teilwert angesetzt, dann müssen nach der sog. »**Stufentheorie**« zunächst die bilanzierten Wirtschaftsgüter bis zu deren Teilwerten aufgestockt werden, bevor originäre immaterielle Wirtschaftsgüter, insbesondere ein Geschäfts- oder Firmenwert, aufgedeckt werden (vgl. Widmann/Mayer/*Widmann* § 24 UmwStG Rn. 165).

160 **(3) Steuerliche Auswirkungen bei den Gesellschaftern** Die Verschmelzung von Personengesellschaften untereinander vollzieht sich steuerlich durch die **Einbringung von Mitunternehmeranteilen**. Gem. § 24 Abs. 3 UmwStG wird die Einbringung von Mitunternehmeranteilen wie eine Veräußerung i. S. d. § 16 Abs. 1 EStG behandelt. Der Wert, mit dem das übernommene Betriebsvermögen bei der übernehmenden Personengesellschaft angesetzt wird, wird den Gesellschaftern der einbringenden Personengesellschaft als Veräußerungspreis zugerechnet.

161 Für den **Veräußerungsgewinn** wird der Freibetrag des § 16 Abs. 4 EStG und die Tarifbegünstigung des § 34 EStG (sofern die Voraussetzungen des § 34 EStG in der Fassung des StSenkG erfüllt sind) nur gewährt, wenn das übertragene Betriebsvermögen mit dem Teilwert, d. h., also einschließlich eines ggf. vorhandenen Geschäfts- oder Firmenwert angesetzt wird, also wenn sämtliche stille Reserven realisiert werden (vgl. auch Tz. 24.15 UmwStE).

(4) Besteuerung der ausländischen Anteilseigner Den ausländischen Anteilseignern der übertragenen Personengesellschaft wird der Wertansatz des übertragenen Vermögens bei der übernehmenden Personengesellschaft gem. § 24 Abs. 3 UmwStG ebenfalls als **Veräußerungserlös** zugerechnet. Werden von der Übernehmerin die Wertansätze auf den Zwischenwert oder den Teilwert aufgestockt, so führt dies bei den ausländischen Anteilseignern zu einem zuzurechnenden Veräußerungsgewinn i. S. d. § 16 Abs. 1 EStG. Der ausländische Anteilseigner unterliegt somit mit dem auf ihn entfallenden Veräußerungsgewinn gem. § 49 Abs. 1 Nr. 2 lit. a EStG der deutschen Besteuerung. Dieser ist daher aufgrund des Betriebsstättenprinzips in den von Deutschland abgeschlossenen DBA immer in Deutschland zu versteuern. 162

cc) Verschmelzung einer Körperschaft auf eine Personengesellschaft – (1) Steuerliche Auswirkungen bei der übertragenden Gesellschaft Das UmwStG sieht auch die Möglichkeit vor, die Vermögensübertragung einer Körperschaft auf eine Personengesellschaft künftig (weitestgehend) **steuerneutral** zu gestalten. Insofern wird ein Wahlrecht eingeräumt, stille Reserven auf der Ebene der Körperschaft in deren steuerlicher Schlussbilanz aufzudecken, oder die Buchwerte beizubehalten. Auch ein Ansatz zu Zwischenwerten ist möglich. Die Besteuerung der übertragenden Körperschaft wird in § 3 UmwStG geregelt. 163

In der **steuerlichen Schlussbilanz** der übertragenden Körperschaft können die Wirtschaftsgüter zu Buchwerten, Teilwerten oder zu Zwischenwerten angesetzt werden. Hier stellt sich die Frage, ob die Ausübung des steuerlichen Wahlrechts in der steuerlichen Übertragungsbilanz an eine entsprechende Bewertung in der handelsrechtlichen Schlussbilanz geknüpft ist. Hier wird auf die Tz. 03.01 UmwStE sowie auf die bisherigen Ausführungen verwiesen. 164

Der aus einer Aufstockung entstehende **Übertragungsgewinn** unterliegt der Körperschaftsteuer und auch nach § 18 Abs. 1 S. 1 UmwStG der Gewerbesteuer. Eine Gewerbesteuerpflicht kann deshalb nur bei Buchwertfortführung vermieden waren. Ein verbleibender Verlustabzug i. S. d. § 10 d Abs. 3 S. 2 EStG geht nicht auf die Gesellschafter der übernehmenden Personengesellschaft über (§ 18 Abs. 1 S. 2 UmwStG). 165

(2) Steuerliche Auswirkungen bei der übernehmenden Gesellschaft § 4 Abs. 1 UmwStG schreibt vor, dass die Personengesellschaft die übertragenen Wirtschaftsgüter mit den Wertansätzen der steuerlichen Schlussbilanz der übertragenden Körperschaft übernimmt. Da die übertragende Körperschaft gem. § 3 UmwStG ein Wahlrecht hat, die Wirtschaftsgüter in der steuerlichen Schlussbilanz mit den Buchwerten anzusetzen, könnte ein Vermögensübergang unter Buchwertfortführung grundsätzlich erfolgen. Fraglich ist jedoch, inwieweit die **Wahl der Wertansätze** in der Handelsbilanz der übernehmenden Personengesellschaft Einfluss auf die Wertansätze in der steuerlichen Aufnahmebilanz hat (hierzu wird auf Tz. 03.01 UmwStE verwiesen). 166

Trotz einer möglichen Buchwertfortführung vollzieht sich die Verschmelzung bei der übernehmenden Personengesellschaft **nicht steuerneutral**. Das UmwStG sieht nämlich vor, die offenen Reserven der Besteuerung zu unterwerfen (vgl. BT-Drs. 12/6885, 17 zu § 4 UmwStG). Es ist eine Ermittlung des Übernahmegewinns bzw. Übernahmeverlustes bei der übernehmenden Personengesellschaft durchzuführen. Bezüglich der Ermittlung des Übernahmegewinns bzw. Übernahmeverlustes zur steuerlichen Wirksamkeit des Übernahmeverlustes und zur Besteuerung des Übernahmegewinns, Behandlung von Verlustvorträgen, gewerbesteuerlichem Gewinn, zu den steuerlichen Auswirkungen auf der Ebene der Gesellschafter, zur Besteuerung ausländischer Anteilseigner, wird auf die Ausführungen zum **Formwechsel** verwiesen (vgl. Rn. 348–387). 167

168 **dd) Verschmelzung einer Kapitalgesellschaft mit dem Vermögen ihres Alleingesellschafters** In § 9 UmwStG werden die steuerlichen Folgen der Verschmelzung einer Körperschaft mit dem Vermögen ihres Alleingesellschafters geregelt. Als **übertragende Rechtsträger** kommen gem. § 20 UmwStG Kapitalgesellschaften (AG, GmbH) in Betracht. Wird das übertragende Vermögen Privatvermögen des Alleingesellschafters, so findet § 3 UmwStG keine Anwendung, da keine Übertragung in ein Betriebsvermögen stattfindet. Es sind daher die übergehenden Wirtschaftsgüter mit den gemeinen Werten in der steuerlichen Schlussbilanz anzusetzen (vgl. BT-Drs. 12/6885, 16 zu § 3 UmwStG), so dass sich insoweit auf der Ebene der übertragenen Kapitalgesellschaft ein Übertragungsgewinn ergibt. Dieser unterliegt der Körperschaftsteuer und gem. § 18 Abs. 1 UmwStG der Gewerbesteuer.

169 Bei dem **aufnehmenden Alleingesellschafter** ergibt sich ein **Veräußerungsgewinn** i. S. d. § 17 EStG. Dieser erhöhte sich gem. §§ 8 Abs. 2 i. V. m. 10 Abs. 1 UmwStG um die anzurechnende Körperschaftsteuer nach bisheriger Rechtslage bis zur Änderung des UmwStG durch das Steuersenkungsgesetz (StSenkG). Mit dem Wegfall des körperschaftsteuerlichen Anrechnungsverfahrens durch die Regelungen des StSenkG 1999/2000/2002 sieht § 10 UmwStG n. F. die Anrechnung von Körperschaftsteuerguthaben im bisherigen Sinne nicht mehr vor. Gleichwohl kann die Umwandlung einer Kapitalgesellschaft auf den aufnehmenden Alleingesellschafter auch nach dem neuen § 10 UmwStG Körperschaftsteuer-Minderungs- oder Körperschaftsteuer-Erhöhungseffekte auslösen. Dies liegt an der körperschaftsteuerlichen Übergangsregelung zum Wechsel vom Anrechnungs- zum Halbeinkünfteverfahren. Die Übergangsregelung sieht in §§ 37, 38 KStG n. F. vor, dass das aus EK 45 herrührende Körperschaftsteuerminderungspotenzial ($^1/_6$ des EK 40), das nun ebenfalls als Körperschaftsteuerguthaben bezeichnet wird, nach Umgliederung durch Ausschüttung in einem 15-jährigen Übergangszeitraum realisiert werden kann. Da die Umwandlung einer Kapitalgesellschaft auf ihren Alleingesellschafter nach wie vor als eine Art Vollausschüttung aus der umgewandelten Kapitalgesellschaft angesehen wird, sieht § 10 UmwStG n. F. vor, dass auch eine solche Umwandlung innerhalb des 15-jährigen Zeitraums das Körperschaftsteuerminderungspotenzial realisiert.

170 Ein **Freibetrag** des § 17 Abs. 3 EStG sowie die **Tarifbegünstigung** des § 34 EStG werden gem. §§ 9 Abs. 2 i. V. m. 8 UmwStG nicht gewährt (vgl. S/B/B/*Sagasser* L Rn. 126).

171 **ee) Verschmelzung einer Personengesellschaft auf eine Kapitalgesellschaft** Aus steuerlicher Sicht vollzieht sich die Verschmelzung von Personengesellschaften auf eine Kapitalgesellschaft durch eine **Einbringung von Mitunternehmeranteilen** i. S. d. §§ 20 ff. UmwStG. Die §§ 20 ff. UmwStG sind im achten Teil des UmwStG geregelt. Diese Regelung betrifft die Einbringung von Betrieben, Teilbetrieben und Mitunternehmeranteile in eine Kapitalgesellschaft gegen Gewährung von Gesellschaftsrechten.

172 Nach § 20 Abs. 2 UmwStG hat die übernehmende Kapitalgesellschaft hinsichtlich des Wertansatzes der übernommenen Wirtschaftsgüter ein **Bewertungswahlrecht** und kann die Wirtschaftsgüter sowohl zu Teilwerten, Zwischenwerten oder mit den Buchwerten ansetzen. Fraglich ist auch hier, ob der **Grundsatz der Maßgeblichkeit der Handelsbilanz** für die Steuerbilanz gilt. Insoweit wird auf die Tz. 20.26–20.29 UmwStE verwiesen.

173 Eine **begünstigte Einbringung** nach § 20 UmwStG kann nur dann vorliegen, wenn der Einbringende als Gegenleistung neue Anteile an der aufnehmenden Gesellschaft erhält (vgl. Tz. 20.03 UmwStE). Die Ausgabe bereits existierender eigener Anteile der Kapitalgesellschaft reicht nicht aus (vgl. *Dehmer* § 20 UmwStG Rn. 211 m. w. N.).

174 In § 22 UmwStG ist die **Bemessung der AfA** und der erhöhten Absetzungen bei der übernehmenden Kapitalgesellschaft geregelt. Wird das übernommene Vermögen mit dem Buchwert angesetzt, tritt die übernehmende Kapitalgesellschaft aufgrund des Verweises auf § 12 Abs. 3 S. 1 UmwStG hinsichtlich der AfA und der erhöhten Absetzungen etc. in die Rechtsstellung der übertragenden Personengesellschaft ein. Durch den Verweis auf § 4 Abs. 2 S. 3 UmwStG wird die Un-

terbrechung der für die Inanspruchnahme steuerlicher Vergünstigungen erforderlichen Besitzzeiten verhindert (vgl. auch *Dehmer* § 22 UmwStG Rn. 30 f.).

Erfolgt der Ansatz des übernommenen Vermögens mit einem **Zwischenwert**, wird der übernehmenden Kapitalgesellschaft die Besitzzeitanrechnung des § 4 Abs. 2 S. 3 UmwStG nicht gewährt. Auch in diesem Fall tritt die übernehmende Kapitalgesellschaft jedoch in entsprechender Anwendung des § 12 Abs. 3 UmwStG in der Rechtsstellung der übertragenden Personengesellschaft ein, allerdings nicht uneingeschränkt, sondern mit der Maßgabe der § 22 Abs. 2 Nr. 1 und 2 UmwStG, die die Behandlung des Aufstockungsbetrags betreffen (vgl. S/B/B/*Sagasser* L Rn. 137). **175**

Eine **Übertragung eines verbleibenden Verlustabzugs** i. S. d. § 10 d Abs. 3 S. 2 EStG ist nicht möglich (vgl. Tz. 22.02 UmwStE). Das Gleiche gilt für einen gewerbesteuerlichen Verlustvortrag i. S. d. § 10 a GewStG. **176**

Nach § 20 Abs. 4 UmwStG wird den Gesellschaftern der übertragenden Personengesellschaft der Wert, mit dem die übernehmende Kapitalgesellschaft das übernommene Vermögen ansetzt, als **Veräußerungspreis** des übertragenen Vermögens und als Anschaffungskosten der Anteile zugerechnet. **177**

Werden von der übertragenden Kapitalgesellschaft die Wertansätze der übernommenen Wirtschaftsgüter aufgestockt, entsteht auf der Ebene der Gesellschafter ein **Veräußerungsgewinn**. Ist der Gesellschafter eine natürliche Person, wird gem. § 20 Abs. 5 S. 1 UmwStG die Tarifbegünstigung des § 34 EStG gewährt, falls dessen Voraussetzungen in der Fassung des StSenkG vorliegen. Dies gilt auch dann, wenn ein Zwischenwertansatz gewählt wird (vgl. Tz. 32 des BMF-Schreibens vom 16. 6. 1978, BStBl. I 1978, 235 und FinMin NRW vom 5. 6. 1981, S 1978 – 2 – V B 1). Der **Freibetrag** des § 16 Abs. 4 EStG wird aber nur dann gewährt, wenn das übertragene Vermögen zum Teilwert angesetzt wird (§ 20 Abs. 5 S. 2 UmwStG). **178**

Wurde das übertragene Vermögen zum Buchwert oder zum Zwischenwert angesetzt, entstehen sog. **einbringungsgeborene Anteile**. Bei einer späteren Veräußerung wird ein Gewinn der einbringungsgeborenen Anteile gem. § 21 UmwStG der Besteuerung unterworfen. Diese Steuerverhaftung der sog. einbringungsgeborenen Anteile hat zur Folge, dass auch die stillen Reserven, die nach der Verschmelzung in der Kapitalgesellschaft entstehen, der Besteuerung unterworfen werden (vgl. *Dehmer* § 21 UmwStG Rn. 1). **179**

Außerdem kann es zu einer **steuerlichen Doppelbelastung** kommen, wenn die Kapitalgesellschaft die zu Buch- oder Zwischenwerten übernommenen Wirtschaftsgüter unter Aufdeckung stiller Reserven veräußert mit der Folge, dass die stillen Reserven bei der Kapitalgesellschaft steuerlich erfasst werden. Veräußert dann der Gesellschafter nachfolgend seine Geschäftsanteile und handelt es sich bei diesen um einbringungsgeborene Anteile, werden die stillen Reserven ein zweites Mal der Besteuerung unterworfen (vgl. Widmann/Mayer/*Widmann* § 20 UmwStG Rn. 665). **180**

Bezüglich der **Besteuerung ausländischer Anteilseigner** wird auf die Ausführungen zur Verschmelzung zweier Personengesellschaften verwiesen. Diese Ausführungen gelten entsprechend (vgl. Rn. 162). **181**

ff) Verschmelzung einer Kapitalgesellschaft auf die GmbH & atypisch Still Wird eine Kapitalgesellschaft auf ein atypisch stille Gesellschaft verschmolzen, so stellt sich die Frage, nach welchen Vorschriften des UmwStG die Verschmelzung zu behandeln ist. **182**

Der Anwendungsbereich des 2. und 7. Teils des UmwStG ist eröffnet, da es sich um die Umwandlung einer Kapitalgesellschaft i. S. d. § 1 Abs. 1 UmwStG handelt. Der Fall der Verschmelzung beurteilt sich dabei entweder nach den §§ 11 ff. oder aber nach den §§ 3 ff., 1 Abs. 2 UmwStG. **183**

184 In Betracht kommt zunächst die Anwendung der §§ 11 ff. UmwStG, da zivilrechtlich eine **Verschmelzung von zwei Kapitalgesellschaften** vorliegen könnte. Dies entspricht der Ansicht der Finanzverwaltung, wonach die zivilrechtliche Rechtsform eines Rechtsträgers maßgebend für die umwandlungssteuerliche Behandlung sein soll (vgl. Tz. 01.04 UmwStE mit explizitem Bezug auf den Fall der GmbH & atypisch Still). Dies lässt sich damit begründen, dass handelsrechtlich die Beteiligung einer atypisch stillen Gesellschaft an einer Verschmelzung nicht zulässig ist (§ 3 Abs. 1 Nr. 1 UmwG) und das UmwStG in § 1 Abs. 2 die Anwendung u. a. des 2. und 3. Teils daran knüpft, dass eine handelsrechtliche Verschmelzung vorliegt (so wohl S/H/S/*Schmitt* § 3 UmwStG Rn. 21). Die h. M. in der Literatur vertritt die Auffassung, dass eine Verschmelzung einer Kapitalgesellschaft auf eine Personengesellschaft vorliegt. Die atypisch stille Gesellschaft wird steuerlich als Mitunternehmerschaft, d. h. wie eine Personengesellschaft qualifiziert. Dies spricht dafür, die atypisch stille Gesellschaft auch im Rahmen der Umwandlung steuerlich einer Personengesellschaft gleichzustellen (S/B/B/*Sagasser* L Rn. 115; Widmann/Mayer/*Widmann* Vor § 3 UmwStG Rn. 19; Haritz/Benkert/*Brinkhaus* § 3 UmwStG Rn. 13).

185 Für die steuerliche Beurteilung kommt es darauf an, ob das übergehende Vermögen Betriebsvermögen einer Personengesellschaft oder einer Körperschaft wird. Entscheidend für die Beurteilung, ob den Vorschriften der §§ 11 ff. UmwStG oder denen der §§ 3 ff. UmwStG zu folgen ist, ist daher die Frage, ob die GmbH & atypisch Still über ein **eigenes Betriebsvermögen** verfügt (vgl. *Knobbe-Keuk* § 9 Abs. 2, 4 c) cc) und damit die Verschmelzung sich in der Gewinnermittlung der GmbH & atypisch Still niederschlägt, oder ob die GmbH als Inhaberin des Handelsgewerbes über das Betriebsvermögen verfügt (so *Döllerer* DStR 1985, 295, 302) mit der Folge, dass die Gewinnermittlung der GmbH von der Verschmelzung betroffen ist.

186 Verfügt die GmbH & atypisch Still nicht über eigenes Betriebsvermögen und wendet man dementsprechend die Vorschriften der Verschmelzung auf Körperschaften an, so besteht bei der übertragenden Kapitalgesellschaft ein **steuerliches Wahlrecht**, die Buchwerte beizubehalten oder bis zum Teilwert aufzustocken, § 11 Abs. 1 UmwStG. Der Aufstockungsgewinn ist körperschaft- und gewerbeertragsteuerpflichtig, § 19 Abs. 1 UmwStG. Soll eine Besteuerung bei der übertragenden Kapitalgesellschaft vermieden werden, kommt nur ein Buchwertansatz in Betracht. Dabei kann es Fälle geben, dass es zu einem Übernahmeverlust bei der übernehmenden GmbH kommt.

187 Fraglich ist dabei, wie der **Übernahmeverlust** beim atypisch stillen Gesellschafter zu behandeln ist. Gem. § 12 Abs. 2 S. 1 UmwStG hat der Übernahmeverlust außer Ansatz zu bleiben. Andererseits ist das Kapitalkonto des atypisch Stillen Grundlage für die Ermittlung des späteren Veräußerungsgewinns. Es stellt sich aber hierbei die Frage, ob der um den Übernahmeverlust geminderte Beteiligungswert beim atypisch stillen Gesellschafter durch einen Mehrwert in der Ergänzungsbilanz wieder auszugleichen ist (vgl. auch S/B/B/*Sagasser* L Rn. 118 mit Beispiel). Folgt man dagegen der h. M. in der Literatur, wonach die atypisch stille Gesellschaft über ein eigenes Betriebsvermögen verfügt, dann wären die Vorschriften der §§ 3 ff. UmwStG zur Verschmelzung auf Personengesellschaften anzuwenden (vgl. Widmann/Mayer/*Widmann* Vor § 3 UmwStG Rn. 19; Haritz/Benkert/*Brinkhaus* § 3 UmwStG Rn. 13).

188 Die **übertragende GmbH** hat bei Anwendung der Vorschriften der §§ 3 ff. UmwStG ebenfalls ein **Wahlrecht**, die Wirtschaftsgüter in ihrer steuerlichen Schlussbilanz mit dem Buchwert, dem Teilwert oder einem Zwischenwert anzusetzen. Werden die Wirtschaftsgüter aufgestockt, dann ergibt sich ein körperschaft- und gewerbeertragsteuerpflichtiger Übertragungsgewinn (§ 18 Abs. 1 UmwStG). Soll ein solcher Gewinn vermieden werden, hat ein Ansatz in der steuerlichen Schlussbilanz mit dem **Buchwert** zu erfolgen. Ergibt sich in diesem Fall aus der Gegenüberstellung des Beteiligungsansatzes zum Buchwert des übernommenen Vermögens ein Übernahmeverlust, so bleibt dieser bei der Gewinnermittlung außer Ansatz (§ 4 Abs. 6 UmwStG).

189 Das **Körperschaftsteuerguthaben** mindert im Veranlagungszeitraum der Umwandlung der Körperschaftsteuerschuld der umzuwandelnden Kapitalgesellschaft. Folgt man somit der h. M. in

der Literatur, so ist damit der Übernahmeverlust, der sich auf den Anteil der aufnehmenden Kapitalgesellschaft bezieht, unter Einbeziehung des gesamten Betriebsvermögens des Inhabers des Handelsgeschäfts bei der steuerneutralen Korrektur des Kapitals der GmbH zu berücksichtigen. Da die Finanzverwaltung in Tz. 01.04 UmwStE derzeit anderer Auffassung ist, sollte zunächst eine GmbH & Co. KG gegründet werden mit anschließender Verschmelzung der Kapitalgesellschaft auf diese. Eine anschließende steuerliche formwechselnde Umwandlung der GmbH & Co. KG in die GmbH & atypisch Still wäre steuerneutral möglich (vgl. S/B/B/*Sagasser* L Rn. 120).

II. Die Spaltung

1. Begriff und Arten der Spaltung

Das Spaltungsrecht ist im UmwG in den **§§ 123 bis 173** geregelt. Wie im Recht der Verschmelzung **190**
ist dem Spaltungsrecht ein allgemeiner Teil vorangestellt, der allgemeine Regeln für die Spaltung von Rechtsträgern normiert.

Nach § 123 Abs. 1 bis Abs. 3 UmwG kann ein Rechtsträger in Form von **191**

- Aufspaltung
- Abspaltung
- Ausgliederung

gespalten werden.

Aufspaltung (§ 123 Abs. 1 UmwG):
Unter Aufspaltung versteht das Umwandlungsgesetz die **Übertragung des gesamten Vermögens** eines Rechtsträgers auf mindestens zwei bestehende oder dadurch neu gegründete Rechtsträger jeweils als Gesamtheit gegen Gewährung von Anteilen an den übernehmenden Rechtsträgern und unter Erlöschen des übertragenden Rechtsträgers. Der alte Rechtsträger wird durch eine Aufspaltung somit zerschlagen.

Abspaltung (§ 123 Abs. 2 UmwG):
Die Abspaltung erfasst nur einen **Teil des Vermögens** des spaltenden Rechtsträgers und lässt ihn im Übrigen als Rechtssubjekt bestehen. Bei der Abspaltung werden ein oder mehrere Teile des Vermögens eines Rechtsträgers auf einen oder mehrere bestehende oder dadurch neu errichtete Rechtsträger gegen Gewährung von Anteilen übertragen.

Ausgliederung (§ 123 Abs. 3 UmwG):
Unter Ausgliederung versteht das Gesetz einen **Spaltungsvorgang**, bei dem der Empfänger der für die Vermögensübertragung gewährten Anteile der spaltende Rechtsträger selbst ist.

2. Spaltungsfähige Rechtsträger

Die spaltungsfähigen Rechtsträger sind nach § 124 Abs. 1 UmwG die in § 3 Abs. 1 UmwG ge- **192**
nannten Rechtsformen. An einer Spaltung können daher als übertragende, übernehmende oder neue Rechtsträger teilnehmen:

- Personenhandelsgesellschaften
- Kapitalgesellschaften
- eingetragene Genossenschaften
- eingetragene Vereine
- genossenschaftliche Prüfungsverbände.

Außerdem können als übertragende Rechtsträger eine Ausgliederung von Vermögensteilen **193**
durchführen:

- wirtschaftliche Vereine
- Einzelkaufleute

- Stiftungen
- Gebietskörperschaften
- Zusammenschlüsse von Gebietskörperschaften, die selbst keine Gebietskörperschaften sind (Zweckverbände).

194 Wirtschaftliche Vereine können als übertragende Rechtsträger auch an einer Abspaltung und Aufspaltung beteiligt sein.

195 Die Regelungen des allgemeinen Teils des Spaltungsrechts werden im besonderen Teil ergänzt. So kann z. B. nach § 149 Abs. 2 UmwG ein eingetragener Verein an allen Spaltungen teilnehmen, aber als aufnehmender Rechtsträger jedoch nur, wenn er wiederum andere Vereine aufnimmt.

3. Spaltung zur Aufnahme und Neugründung

196 Ebenso wie bei der Verschmelzung von Rechtsträgern ist auch die Spaltung von Unternehmen in der Form der Spaltung zur Aufnahme und in der Form der Spaltung zur Neugründung möglich. Im Wesentlichen sind auf die Spaltung zur Neugründung die Normen der Spaltung zur Aufnahme anzuwenden (§ 135 Abs. 1 UmwG).

197 Nach § 136 UmwG tritt bei der Spaltung zur Neugründung an die Stelle des Spaltungsvertrags der **einseitige Spaltungsplan**, der sich aber nur durch seine Bezeichnung, nicht durch seinen notwendigen Inhalt vom Spaltungsvertrag unterscheidet. Zu beachten ist, dass bei der Spaltung zur Neugründung die Gründungsvorschriften der jeweiligen Rechtsform des durch die Spaltung neu errichtenden Rechtsträgers maßgebend ist (§ 135 Abs. 2 UmwG).

198 Weiterhin lässt § 128 UmwG die sog. **nicht-verhältniswahrende Spaltung** zu. Diese liegt dann vor, wenn die Anteilseigner an den übernehmenden Rechtsträger nicht in dem Verhältnis beteiligt werden, wie es dem Verhältnis ihrer Beteiligung am übertragenden Vermögensteil entsprechen würde. Damit soll die Trennung von Gesellschafterstämmen (bzw. Gesellschaftergruppen) im Wege der Sonderrechtsnachfolge eröffnet und erleichtert werden (BT-Drs. 12/6699, 120 zu § 128 UmwG).

4. Spezielles Spaltungsrecht

199 § 125 UmwG verweist auf das Verschmelzungsrecht im weitesten Umfang. Er erklärt die Verschmelzungsvorschriften jedoch für nicht anwendbar, die mit den einzelnen Spaltungsformen, insbesondere der Ausgliederung, schon nicht vereinbar sind. So ist z. B. die Spaltungsprüfung unter gewissen Umständen nicht notwendig. Ebenfalls unanwendbar ist bei Abspaltung und Ausgliederung § 18 UmwG, der eine erleichterte Firmenfortführung des übernehmenden Rechtsträgers gestattet.

200 Nach § 133 Abs. 1 UmwG **haften** alle an der Spaltung beteiligten Rechtsträger für die vor dem Wirksamwerden der Spaltung begründeten Forderungen **gesamtschuldnerisch**. Für die Gläubiger von Kapitalgesellschaften besteht im Rahmen der Kapitalaufbringungs- und -erhaltungsgrundsätze ein gewisses Maß an Schutz.

201 Bei einer Ausgliederung von Aktiengesellschaften kann die Bestellung eines **Treuhänders** unterbleiben, weil die Anteilseigner keine Aktien des übernehmenden Rechtsträgers erhalten.

5. Ablauf einer Spaltung im Überblick

a) Zuständigkeit der Organe, Aufteilung des Vermögens

202 Für den Abschluss des Spaltungsvertrags bzw. die Erstellung des Spaltungsplans sind die jeweiligen **Verwaltungsorgane** des Rechtsträgers zuständig (§ 125 i. V. m. § 4 UmwG).

203 Es hat eine **Aufteilung des Vermögens** zu erfolgen, und zwar müssen im Spaltungsvertrag die genaue Bezeichnung und Aufteilung der Gegenstände des Aktiv- und Passivvermögens, die an jeden der übernehmenden Rechtsträger übertragen werden, enthalten.

Bezüglich der **Zuweisung der Aktiva und Passiva** sind die Verwaltungsorgane frei. Es gelten allerdings gewisse Einschränkungen der Spaltungsfreiheit. Hier ist insbesondere § 132 UmwG zu beachten. Auch ist der sachenrechtliche Bestimmtheitsgrundsatz gem. § 126 Abs. 2 UmwG einzuhalten. Soweit Gegenstände des Aktiv- oder Passivvermögens bei der Aufspaltung durch den Spaltungsvertrag nicht eindeutig einem der übernehmenden Rechtsträger zugeordnet worden sind und sich diese Zuordnung auch nicht durch Auslegung des Spaltungsvertrags ermitteln lässt, bestimmt § 131 Abs. 3 UmwG, dass der Gegenstand auf alle übernehmenden Rechtsträger in dem Verhältnis übergeht, welches sich für die Aufteilung des Überschusses der Aktivseite der Schlussbilanz über deren Passivseite ergibt. 204

b) Inhalt des Spaltungsplans bzw. des Spaltungsvertrags

Der **Inhalt des Spaltungsvertrags** ist im weiten Umfang identisch mit dem des Verschmelzungsvertrags (vgl. S/B/B/*Sagasser/Sickinger* N Rn. 119). Der Inhalt des Vertrags ist in § 126 Abs. 1 UmwG festgehalten. Es wird insoweit ergänzend auf die Ausführungen zum Verschmelzungsvertrag verwiesen (vgl. Rn. 21 ff.). 205

Nach § 127 UmwG haben die Verwaltungsorgane auch bei der Spaltung einen ausführlichen **schriftlichen Bericht** zu erstellen, in dem die Spaltung und der Spaltungsvertrag im Einzelnen sowie bei Auf- und Abspaltung das Umtauschverhältnis sowie dessen Ermittlung, ferner die Höhe einer ggf. anzubietenden Barabfindung rechtlich und wirtschaftlich zu erläutern sind. Der Spaltungsbericht kann nach § 8 Abs. 3 UmwG unterbleiben, wenn alle Anteilseigner aller beteiligten Rechtsträger hierauf in notariell beurkundeter Form **verzichten** oder sich der spaltende Rechtsträger zu 100 % in der Hand eines Gesellschafters befindet. 206

Spaltungsbeschlüsse sind von den Anteilsinhabern der beteiligten Rechtsträger zu fassen (§§ 125 i. V. m. 13 UmwG, vgl. auch § 126 Abs. 3 UmwG). Der Spaltungsbeschluss hat mit mindestens einer **$^3/_4$-Mehrheit** zu erfolgen (§§ 45, 50, 163 UmwG). Die Gesellschaftsverträge oder Satzungen können allerdings höhere Mehrheiten oder sonstige Erschwernisse vorsehen. 207

c) Eintragung der Spaltung in das Handelsregister

Die Organe der Gesellschaft haben die Spaltung zur **Eintragung in das Handelsregister** anzumelden. Grundsätzlich hat auch eine **Spaltungsprüfung** bei der Auf- und Abspaltung zu erfolgen, soweit die rechtsformspezifischen Regelungen eine Prüfung vorsehen. Bei der Ausgliederung findet eine Spaltungsprüfung grundsätzlich nicht statt (§ 125 UmwG). 208

Es gelten für die Anmeldung der Spaltung die §§ 16, 17 UmwG bezüglich der notwendigen Erklärungen und beizufügenden Unterlagen entsprechend. Nach § 130 Abs. 1 UmwG darf die Spaltung in das Register des Sitzes des übertragenden Rechtsträgers erst eingetragen werden, wenn sie in das Register am jeweiligen Sitz der übernehmenden Rechtsträger eingetragen ist. 209

d) Rechtsfolgen der Eintragung der Spaltung

Die Eintragung in das Register des übertragenden Rechtsträgers hat zur Folge, dass gem. § 131 Abs. 1 UmwG 210

- das Vermögen bzw. der Vermögensteil als Ganzes auf den oder die übernehmenden Rechtsträger übergeht,
- bei der Aufspaltung der übertragende Rechtsträger ohne Liquidation erlischt,
- bei Auf- bzw. Abspaltung die Anteilseigner des übertragenden Rechtsträgers Anteilseigner des übernehmenden Rechtsträgers werden und sich die Rechte Dritter an den Anteilen als Rechte an den neuen Anteilen fortsetzen,
- Beurkundungsmängel geheilt werden.

6. Ausgliederung

211 Auch für die Ausgliederung ist ein **Vertrag** oder **Plan** nach § 126 UmwG zu erstellen. Dies gilt auch für den ausgliedernden Einzelkaufmann. In den Ausgliederungsvertrag brauchen selbstverständlich alle die Angaben nicht aufgenommen zu werden, die sich mit dem Umtausch der Anteile befassen. Weiterhin ist gem. § 127 UmwG für die Ausgliederung sowohl für den übertragenden als auch für den übernehmenden Rechtsträger ein **Ausgliederungsbericht** zu fertigen, der aber auch gemeinsam erstellt werden kann. Eine Ausgliederungsprüfung ist nach §§ 125 i. V. m. 9 Abs. 2 UmwG nicht erforderlich.

212 Die Anteilsinhaber des übertragenden Rechtsträgers müssen jeder Ausgliederung mit einer **$^3/_4$-Mehrheit** zustimmen (§§ 125 i. V. m. 13 Abs. 1 UmwG). Damit wurde die Wirkung des »Holzmüller«-Urteils des BGH (BGHZ 83, 122, 131; vgl. hierzu auch MünchHdb GesR IV/*Semler* § 34 Rn. 11 m. w. N.), aufgrund dessen für den Fall der Ausgliederung des wertvollsten Teils des Betriebsvermögens einer Aktiengesellschaft auf eine hundertprozentige Tochtergesellschaft die Zustimmung der Hauptversammlung einzuholen ist, auf alle Ausgliederungsfälle ausgedehnt. Dies bedeutet allerdings eine entscheidende Beschneidung der Geschäftsführungsbefugnis der Verwaltungsorgane, die durch den Vorteil der Gesamtrechtsnachfolge schwerlich auszugleichen sein dürfte (*Feddersen/Kiem* ZIP 1994, 1078, 1081).

213 Zu den Mitwirkungsbefugnissen der Hauptversammlung vgl. auch die »Gelatine«-Urteile des BGH vom 26. 4. 2004 – Az. II ZR 155/02 und Az. II ZR 154/02, NZG 2004, 571 u. 575 sowie *Götze* NZG 2004, 585 (vgl. zur den Entscheidungen »Holzmüller« und »Gelatine« außerdem ausführl. Kap. 10 § 76 AktG Rn. 22 ff.)

7. Handelsbilanzielle Behandlung der Spaltung

a) Bilanzierung beim übertragenden Rechtsträger

214 Für die Erstellung und Prüfung der Übertragungsbilanz des übertragenden Rechtsträgers gelten die **Vorschriften über die Jahresbilanz** entsprechend (§§ 125 i. V. m. 17 Abs. 2 S. 2 UmwG). Aufwertungen bzw. Wertzuschreibungen sind daher lediglich im Rahmen der Bewertungswahlrechte des § 253 Abs. 5 HGB und – soweit es sich bei dem übertragenden Rechtsträger um eine Kapitalgesellschaft handelt – unter Beachtung der ergänzenden Vorschriften des § 280 HGB möglich.

215 Unproblematisch ist im Fall der Aufspaltung die Bilanzierung bei dem übertragenden Rechtsträger, da bei der Aufspaltung der übertragende Rechtsträger untergeht. Wird bei einer Ausgliederung dagegen ein **positiver Vermögensteil ausgegliedert**, sind beim übertragenden Rechtsträger Anteile am neuen Rechtsträger in Höhe des Saldos zu bilanzieren. Problematisch kann die Bilanzierung beim übertragenden Rechtsträger werden, wenn der Saldo der Buchwerte negativ ist. Dies kann dann eintreten, wenn in dem übertragenden Vermögensteil umfangreiche stille Reserven enthalten sind, so dass der Zeitwert des übertragenden Vermögensteils zur Aufbringung des Nennbetrags der neuen Anteile ausreicht. Da die an die Stelle des ausgliedernden Vermögensteils tretenden Anteile an den übernehmenden Rechtsträger mit dem Buchwert des ausgegliederten Vermögensteils bewertet werden, ergibt sich in diesem Fall ein negativer Buchwert der Anteile. In diesem Fall sollen die mit den negativen Buchwerten hervorgegangenen Anteile zumindest mit einem Erinnerungswert von € 1,– zu bewerten sein. Der verbleibende Saldo sollte konsequenterweise in eine Kapitalrücklage eingestellt werden, da der Ausweis eines Spaltungsgewinns aufgrund fehlender Gewinnreduzierung nicht sachgerecht wäre (vgl. ADS § 264 HGB Rn. 59; S/B/B/*Bula/Schlösser* O Rn. 16).

216 Ein **positiver Saldo** bei einer Abspaltung führt bei dem übertragenden Rechtsträger zu einer **Vermögensminderung**, die sich im handelsbilanziellen Ausweis des Eigenkapitals niederschlagen muss (*Priester* DB 1991, 2373, 2377). Da die Gewährung der Gesellschaftsrechte unmittelbar an die Gesellschafter des übertragenden Rechtsträgers erfolgt, ist in der Abspaltung eine Auskehrung bzw. Ausschüttung eines Teils des Vermögens zu sehen. Die Vermögensminderung berührt

somit nicht die Gewinn- und Verlustrechnung, sondern ist mit den vorhandenen Rücklagen zu verrechnen bzw. als **Spaltungsverlust** auszuweisen (S/B/B/*Bula/Schlösser* O Rn. 16).

Reichen die bei dem übertragenden Rechtsträger vorhandenen **freien Rücklagen** nicht aus, um die durch die Abspaltung eingetretene Vermögensminderung zu kompensieren, ist zu prüfen, ob das Vermögen des übertragenden Rechtsträgers einschließlich der stillen Reserven zur Deckung des eingetragenen gezeichneten Kapitals ausreicht (*Ising/Thiel* DB 1991, 2021, 2024). Reicht nach der Abspaltung des Vermögens des übertragenden Rechtsträgers auch unter Einbeziehung der stillen Reserven nicht mehr zur Deckung des gezeichneten Kapitals aus, dann muss zur Vermeidung einer Unterdeckung eine **Kapitalherabsetzung** erfolgen (*Ising/Thiel* DB 1991, 2021, 2024). Da das aus der Kapitalherabsetzung freiwerdende Vermögen der Vermeidung der Unterdeckung dienen soll, darf die Kapitalherabsetzung nicht zu einer Rückzahlung an die Gesellschafter führen. Stattdessen muss das freiwerdende Vermögen den Rücklagen zugeführt werden, § 58 b GmbHG (vgl. Widmann/Mayer/*Mayer* § 139 UmwG Rn. 69 ff.). 217

b) Bilanzierung beim übernehmenden Rechtsträger

Ebenso wie bei der Verschmelzung hat bei der Spaltung der übernehmende Rechtsträger nach § 24 UmwG ein **Wahlrecht**, die Buchwerte der übernommenen Vermögensgegenstände und Schulden fortzuführen oder aber das übernommene Vermögen mit den Anschaffungskosten anzusetzen, die dem übernehmenden Rechtsträger durch die Gewährung von Gesellschaftsrechten entstehen. Werden die übernommenen Aktiva und Passiva mit den Buchwerten fortgeführt und übersteigt der Saldo der Buchwerte den Nennbetrag der Anteile, dann ist dieser positive Unterschiedsbetrag wie ein Aufgeld bei der Ausgabe neuer Anteile zu behandeln und dementsprechend gem. § 272 Abs. 2 Nr. 1 HGB in einer Kapitalrücklage einzustellen (Scholz/*Priester* GmbHG, Anh. UmwG § 27 KapErhG Rn. 5). 218

Ergibt sich ein negativer **Unterschiedsbetrag**, weil der Buchwert des übernommenen Vermögens unter dem Nennbetrag der gewährten Anteile liegt, so ist dieser Unterschiedsbetrag als **Spaltungsverlust** unter den außerordentlichen Aufwendungen in der Gewinn- bzw. Verlustrechnung auszuweisen (vgl. S/B/B/*Bula/Schlösser* O Rn. 33). 219

Erfolgt keine Buchwertfortführung, so hat der übernehmende Rechtsträger das übernommene Vermögen in der Handelsbilanz gem. § 253 Abs. 1 HGB mit den **Anschaffungskosten** anzusetzen. Da die Gegenleistung für die Übernahme des Vermögens in der Gewährung von Anteilen besteht, gelten für die Bemessung der Anschaffungskosten die Grundsätze über die Bewertung von Sacheinlagen (*Schulze/Osterloh* ZGR 1993, 420, 428). Als Anschaffungskosten können entweder der **Ausgabebetrag** der gewährten Anteile oder der **höhere Zeitwert** der Anteil angesetzt werden. Der Ausgabebetrag entspricht dem Nennbetrag der Anteile zuzüglich eines ggf. vereinbarten Aufgeldes. Dabei ist zu beachten, dass der Ausgabebetrag den Zeitwert des übertragenden Vermögens nicht übersteigen darf. 220

Wurde ein **Aufgeld** vereinbart, dann ist dies bei Kapitalgesellschaften gem. § 272 Abs. 2 Nr. 1 HGB in die Kapitalrücklage einzustellen. 221

Wie bereits festgestellt (s. Rn. 200), **haften** alle an der Spaltung beteiligten Rechtsträger **gesamtschuldnerisch** für die vor dem Wirksamwerden der Spaltung begründeten Verbindlichkeiten des übertragenden Rechtsträgers gem. § 133 UmwG. Fraglich ist daher, ob alle an der Spaltung beteiligten Rechtsträger in ihrer Handelsbilanz jeweils den Gesamtbetrag der Verbindlichkeiten für die diese gesamtschuldnerisch haften zu passivieren haben. Diese Auffassung wird teilweise in der Literatur vertreten (so z. B. *Kleindick* ZGR 1992, 513, 528; ebenso *Teichmann* ZGR 1993, 396, 417). 222

Diese Meinung im Schrifttum ist nach Ansicht des Verfassers jedoch abzulehnen, denn es liegt eine partielle Gesamtrechtsnachfolge vor, deren Konsequenz wäre, dass nach Durchführung der Spaltung und deren Wirksamwerden ein Altgläubiger seine Forderung zunächst gegen 223 den Rechtsträger zu richten hat, dem aufgrund des Spaltungs- und Übernahmevertrags gem. § 126 Abs. 1 Nr. 9 UmwG die entsprechende Verbindlichkeit als Hauptschuldner zugeordnet worden ist und die auf diesen nach § 131 Abs. 1 Nr. 1 UmwG mit der Eintragung in das Handelsregister übergeht (*K. Schmidt* ZGR 1993, 366, 386). Außerdem steht den Altgläubigern nach §§ 125 i. V. m. 22 UmwG das Recht zu, innerhalb eines Zeitraumes von sechs Monaten Sicherheitsleistungen von dem Rechtsträger, gegen den sich ihr Anspruch richtet, zu verlangen. Damit ist eine Passivierung von vor der Spaltung begründeten Verbindlichkeiten in der Bilanz des beteiligten Rechtsträgers, dem diese Verbindlichkeit nicht durch den Spaltungs- und Übernahmevertrag zugewiesen wurde, nicht ohne weiteres in Betracht zu ziehen. Anders ist dies zu sehen, wenn sich das Risiko der Inanspruchnahme für diesen beteiligten Rechtsträger aufgrund der gesamtschuldnerischen Haftung konkretisiert. In diesem Fall ist eine Passivierung der Verpflichtung als Rückstellung oder Verbindlichkeit geboten (so auch S / B / B / *Bula/Schlösser* O Rn. 30).

8. Steuerrechtliche Behandlung der Spaltung

a) Steuerneutralität der Spaltung

224 Grundsätzlich sieht der Gesetzgeber im UmwStG eine steuerneutrale Spaltung vor, in dem die Möglichkeit der Buchwertfortführung besteht, soweit nicht durch den Umwandlungsvorgang die stillen Reserven der späteren Besteuerung entzogen werden (*Dehmer* DStR 1994, 1713, 1714).

225 § 15 UmwStG beinhaltet daher eine Anzahl von **Mißbrauchsregelungen**, die die Anwendung der Buchwertfortführung ausschließen. Dabei steht im Mittelpunkt, dass der übertragende Vermögensteil einen Teilbetrieb darstellt, im Gegensatz zur Regelung im Umwandlungsgesetz, welches einen solchen Teilbetrieb nicht erfordert. Nur wenn die Voraussetzungen eines Teilbetriebs vorliegen, ist eine Buchwertfortführung möglich. Als Teilbetrieb gilt auch ein Mitunternehmeranteil oder eine 100 %ige Beteiligung an einer Kapitalgesellschaft (§ 15 Abs. 1 S. 1, S. 3, § 16 UmwStG).

226 Bezüglich der **steuerlichen Rückwirkung** wird auf die Ausführungen zur Verschmelzung verwiesen (vgl. Rn. 106 ff.), denn die Regelungen der Spaltung sind identisch mit denjenigen der Verschmelzung.

b) Aufspaltung und Abspaltung von Körperschaften untereinander

227 **aa) Grundsätze** Nach § 15 Abs. 1 S. 1 UmwStG sind auf die Aufspaltungen und Abspaltung vorbehaltlich der weiteren Voraussetzung des § 15 UmwStG, die die Verschmelzung von Körperschaften betreffenden Regelungen der §§ 11 bis 13 UmwStG entsprechend anzuwenden. Danach hat die übertragende Körperschaft ein **Wahlrecht**, die zu übertragenden Wirtschaftsgüter in der gem. § 15 Abs. 2 UmwStG auf den Übertragungsstichtag aufzustellenden Steuerbilanz mit dem Buchwert, dem Teilwert oder einem Zwischenwert anzusetzen, unter der Voraussetzung, dass die Besteuerung der in dem übertragenden Vermögen enthaltenen stillen Reserven sichergestellt ist und entweder eine Gegenleistung nicht gewährt wird oder in Gesellschaftsrechten besteht (§ 11 Abs. 1 UmwStG; vgl. *Herzig/Momen* DB 1994, 2157).

228 Sind die genannten Voraussetzungen nicht erfüllt, ist das Vermögen mit dem **gemeinen Wert** der für die Übertragung gewährten Gegenleistung oder mangels Gewährung einer Gegenleistung mit dem **Teilwert** anzusetzen (§ 11 Abs. 2 UmwStG).

Zur ausführlichen Darstellung des **Bewertungswahlrechts** auf der Ebene der übertragenden Körperschaft sowie zur Frage der Maßgeblichkeit der handelsbilanziellen Wertansätze auf die Ausübung des steuerlichen Bewertungswahlrechts, wird insoweit auf die Ausführungen zur Verschmelzung (vgl. Rn. 114–120), sowie auf Tz. 11.01/11.02 UmwStE verwiesen.

229 **bb) Teilbetrieb** Gem. § 15 Abs. 1 S. 1 UmwStG sind die Vorschriften der §§ 11 bis 13 UmwStG nur anzuwenden, wenn es sich bei dem übertragenden Vermögensteil jeweils um einen Teilbetrieb handelt. Im Falle der Abspaltung muss auch der bei der Übertragerin verbleibende Vermö-

gensteil einen Teilbetrieb darstellen (§ 15 Abs. 1 S. 1 und 2 UmwStG, Tz. 15.01 UmwStE). Als Teilbetrieb gilt auch ein Mitunternehmeranteil oder eine 100 %ige Beteiligung an einer Kapitalgesellschaft, sog. **fiktive Teilbetriebe** (§ 15 Abs. 1 S. 3 UmwStG; *Herzig/Förster* DB 1995, 338; *Thiel* DStR 1995, 237, 240 und Tz. 12.03, 12.04 UmwStE).

Auch ein **Teil eines Mitunternehmeranteils** ist ein Teilbetrieb. Die 100 %ige Beteiligung an einer Kapitalgesellschaft stellt aber nur dann einen eigenständigen (fiktiven) Teilbetrieb dar, wenn sie nicht einem anderen Teilbetrieb als wesentliche Betriebsgrundlage zuzurechnen ist. 230

Wird eine 100 %ige Beteiligung, die wesentliche Betriebsgrundlage eines anderen Teilbetriebs ist, übertragen, stellt das zurückbleibende Vermögen keinen Teilbetrieb dar (vgl. hierzu Tz. 15.05, 15.06 UmwStE). Allerdings wird von der Finanzverwaltung aus Billigkeitsgründen zugelassen, dem fiktiven Teilbetrieb solche Wirtschaftsgüter einschließlich der Schulden zuzuordnen, die in unmittelbaren wirtschaftlichen Zusammenhang mit dem Teilbetrieb stehen (z. B. bei einer 100 %igen Beteiligung alle Wirtschaftsgüter, die für die Verwaltung der Beteiligung erforderlich sind, wie z. B. Erträgniskonten, Einrichtung). Nach der handelsrechtlichen Vorschrift ist eine Spaltung dagegen auch dann zulässig, wenn nur einzelne Wirtschaftsgüter übertragen werden. 231

Nach der Rechtsprechung zu § 16 EStG gilt als **Teilbetrieb** ein mit einer gewissen Selbstständigkeit ausgestatteter, organisch geschlossener Teil des Gesamtbetriebs, der für sich allein lebensfähig ist (*Schmidt* EStG, § 16 Rn. 15 m. w. N.). Nach Auffassung der Finanzverwaltung gilt für § 15 UmwStG der gleiche Teilbetriebsbegriff, den die Rechtsprechung des BFH und die Finanzverwaltung zu § 16 EStG entwickelt haben (vgl. Tz. 15.02 UmwStE sowie Erlass des BMF v. 16. 8. 2000 BStBl. I 2000, 1253). Diese Betrachtungsweise wurde entwickelt, um Gewinne bei Teilbetriebsveräußerungen nach § 16 EStG von nicht begünstigten Veräußerungsgewinnen abzugrenzen. Nach Auffassung der Literatur (vgl. *Blumers* DB 1995, 496; *Dehmer* § 15 UmwStG Rn. 47, 75) ist im Rahmen des § 15 UmwStG jedoch nur die Zuordnung zu dem einen oder dem anderen Teilbetrieb notwendig. Es geht jedoch nicht um die Entscheidung, ob ein steuerbegünstigter Veräußerungsgewinn vorliegt. Deshalb ist allein die funktionale Betrachtungsweise maßgebend (vgl. BFH v. 1. 10. 1986, BStBl. II 1987, 113). Danach kommt es auf die **Funktion** und **organisatorische Zugehörigkeit eines Wirtschaftsguts** zu einem Teilbetrieb an (vgl. auch BFH DStR 1998, 76 zu § 24 UmwStG). 232

Um die steuerliche Anerkennung von Spaltungen nach § 15 UmwStG nicht zu gefährden, sollte die Definition des Teilbetriebs aus § 16 EStG zu Grunde gelegt werden. 234

Die Teilbetriebe müssen spätestens **im Zeitpunkt des Beschlusses** über die Spaltung vorliegen. Ein Teilbetrieb im Aufbau genügt (vgl. R 139 Abs. 3 EStR 1996 sowie BFH v. 1. 2. 1989 BStBl. II 1989, 458). Fehlt die Teilbetriebsvoraussetzung, so ist eine steuerneutrale Spaltung nicht möglich (Tz. 15.11 UmwStE). Liegt eine handelsrechtliche Aufspaltung vor, so ist der Vorgang dann nach den Grundsätzen der Liquidation bei der übertragenden Gesellschaft zu behandeln (§ 11 KStG). Die Abspaltung ist in diesem Fall als **Sachausschüttung** an die Anteilseigner der übertragenden Körperschaft zum gemeinen Wert und als Einlage der Wirtschaftsgüter in die aufnehmende Körperschaft zu beurteilen. Die Aufdeckung und Versteuerung der stillen Reserven trifft allerdings nur die übertragenen Wirtschaftsgüter wozu auch die immateriellen Wirtschaftsgüter einschließlich eines Geschäfts- oder Firmenwertes gehören (vgl. *Thiel/Eversberg/von Lishaut/Neumann* GmbHR 1998, 426 Ziff. 3). Fehlt die Teilbetriebsvoraussetzung, ist ein Übergang von Verlustvorträgen ausgeschlossen (Tz. 15.48 UmwStE). 235

cc) Missbrauchsregelungen **Kein Bewertungswahlrecht** besteht bei Aufstockung und Erwerb von Mitunternehmeranteilen und 100 %igen Beteiligungen an Kapitalgesellschaften, die innerhalb eines Zeitraumes von drei Jahren vor dem Übertragungsstichtag durch Übertragung von Wirtschaftsgütern, die kein Teilbetrieb sind, aufgestockt oder erworben worden sind (§ 15 Abs. 3 S. 1 UmwStG, vgl. auch Tz. 15.14 UmwStE). Durch diese Regelung soll offenbar vermieden werden, dass die Teilbetriebsvoraussetzungen i. S. d. § 15 Abs. 1 S. 1 UmwStG in der Weise umgan- 236 gen werden kann, indem einzelne Wirtschaftsgüter und Vermögenskomplexe, die keine Teilbetriebe darstellen, in Kapitalgesellschaften oder Mitunternehmerschaften eingelegt bzw. eingebracht werden und auf diese Weise steuerneutral von dem übrigen Vermögen der übertragenen Körperschaft abgespalten werden können (S/B/B/*Sagasser/Fahrenberg* P Rn. 29).

237 Weiterhin besteht kein Bewertungswahlrecht bei Veräußerung und Vorbereitung der Veräußerung durch Außenstehende (vgl. Tz. 15.22–15.34 UmwStE).

238 Eine weitere Missbrauchsvorschrift besteht bezüglich der **Trennung von Gesellschafterstämmen**. So könnte ein potenzieller Erwerber vor der Spaltung als Anteilseigner in die zu spaltende Körperschaft eintreten und eine nicht-verhältniswahrende Spaltung zur Trennung von Gesellschafterstämmen in der Weise durchgeführt werden, dass der Erwerber alleiniger Anteilseigner der zu erwerbenden Körperschaft wird. § 15 Abs. 3 S. 5 UmwStG verhindert dies, in dem auch in diesem Fall das Bewertungswahlrecht des § 11 Abs. 1 UmwStG zur Fortführung der Buchwerte ausgeschlossen wird, wenn die Beteiligungen an der übertragenden Körperschaft nicht seit **mindestens fünf Jahren** bestanden haben. Dabei ist nicht auf die Beteiligungsquote der Gesellschafter abzustellen, sondern allein auf das Bestehen der Beteiligung (vgl. *Schwedthelm/Streck/Mack* GmbHR 1995, 100, 102; *Herzig/Förster* DB 1995, 338, 346, vgl. auch Tz. 15.35–15.40 UmwStE). Bei § 15 Abs. 3 S. 4 UmwStG handelt es sich um eine **unwiderlegbare gesetzliche Vermutung**. Dies wurde vom BFH mit Urteil v. 3. 8. 2005 (Az. I R 62/04) bestätigt (vgl. DStR 2006, 131). In der Literatur wurde dagegen teilweise die Auffassung vertreten, dass es sich um eine widerlegbare Beweisregel handeln soll (vgl. Haritz/Benkert/*Haritz* § 15 UmwStG Rn. 111; *Neyer* DStR 2002, 2200; *Dieterlen/Golüke* GmbHR 2004, 1264).

239 Kommt es aufgrund der Aufdeckung stiller Reserven auf der Ebene der übertragenden Körperschaft zur **Realisierung eines Übertragungsgewinns**, unterliegt dieser nach den allgemeinen Vorschriften der Körperschaftsteuer und gem. § 19 Abs. 1 UmwStG der Gewerbesteuer.

240 **dd) Steuerliche Auswirkungen bei der übernehmenden Körperschaft** Wenn die Voraussetzungen des § 15 Abs. 1 UmwStG erfüllt sind, finden hinsichtlich der Besteuerung der übernehmenden Körperschaft die Vorschriften des § 12 UmwStG entsprechende Anwendung.

241 Die übernehmende Körperschaft hat die **Wertansätze** aus der steuerlichen Schlussbilanz der übertragenden Körperschaft **fortzuführen** (§§ 12 Abs. 1 i. V. m. 4 Abs. 1 UmwStG). Werden die Anteile an der übertragenden Körperschaft ganz oder teilweise von der übernehmenden Körperschaft gehalten, entsteht in Höhe des Unterschiedsbetrags zwischen dem übertragenden Vermögen und dem – entsprechend dem übertragenen Vermögensteil – anteilig fortfallenden Beteiligungsbuchwert ein Übernahmegewinnen bzw. -verlusten (*Thiel* DStR 1995, 276, 279 ff.).

242 Der **Übernahmegewinn oder -verlust** bleibt gem. § 12 Abs. 2 UmwStG bei der Ermittlung des Einkommens der übernehmenden Gesellschaft außer Ansatz.

243 Die übernehmende Körperschaft tritt bezüglich der AfA, der Sonderabschreibungen und ähnlicher Erleichterungen hinsichtlich der übertragenen Wirtschaftsgüter in die Rechtsstellung der übertragenen Körperschaft ein (§ 15 Abs. 1 i. V. m. § 12 Abs. 3 S. 1 UmwStG). Bezüglich der Regelungen zur Bemessung der AfA etc. wird auf die Ausführungen zur Verschmelzung verwiesen (vgl. Rn. 127 ff.).

244 **ee) Aufteilung des verwendbaren Eigenkapitals – (1) Rechtslage bis 31. 12. 2000** Das verwendbare Eigenkapital der übertragenden Körperschaft ist im Falle der Aufspaltung vollständig und im Fall der Abspaltung anteilig auf die übernehmende Körperschaft zu übertragen. Damit wird die auf der Ebene der übertragenden Körperschaft im Zuge der Aufspaltung und Abspaltung eintretende Vermögensminderung nicht als Ausschüttung behandelt, so dass es auch nicht zur Herstellung der Ausschüttungsbelastung kommt (*Wochinger/Dötsch* DB 1994, Beil. 14/ 1994, 25).

Die **Aufteilung des verwendbaren Eigenkapitals** auf die beteiligten Körperschaften ist im § 38 a KStG a. F. geregelt. Als Aufteilungsmaßstab ist grundsätzlich das Verhältnis der gemeinen Werte der übergehenden Vermögensteile zu dem vor der Spaltung bei der übertragenen Körperschaft bestehenden Vermögen heranzuziehen. Die Aufteilung erfasst jeden Eigenkapitalteilbetrag sowie auch einen Sonderausweis i. S. d. § 47 Abs. 1 Nr. 2 KStG im jeweils gleichen Umfang, § 38 a Abs. 1 S. 1 KStG (*Herzig/Förster* DB 1995, 338, 347 ff.). **245**

Das **Aufteilungsverhältnis** ergibt sich in der Regel aus der Festlegung des Umtauschverhältnisses der Anteile im Spaltungs- und Übernahmevertrag gem. § 126 Abs. 1 Nr. 3 UmwG bzw. im Spaltungsplan gem. § 136 UmwG. Eine Ermittlung der gemeinen Werte ist daher nur in den Fällen erforderlich, in denen der Spaltungs- und Übernahmevertrag oder der Spaltungsplan keine Angabe zum Umtauschverhältnis enthält oder in denen im Falle einer nicht-verhältniswahrenden Spaltung ein Abweichen des Umtauschverhältnis vereinbart worden ist (*Wochinger/Dötsch* DB 1994, Beil. 14/1994, 27). **246**

Nach der Aufteilung des verwendbaren Eigenkapitals auf die beteiligten Körperschaften erfolgt in einem zweiten Schritt die sog. Angleichung **der Nennkapitalsphäre**. Diese dient der Anpassung eines Sonderausweises i. S. d. § 47 Abs. 1 S. 1 Nr. 2 KStG an die infolge der Spaltung eintretende Änderung des Nennkapitals (*Wochinger/Dötsch* DB 1994, Beil. 14/1994, 26). **247**

(2) Neue Rechtslage ab 2001 Aufgrund der Änderung der KStG durch das StSenkG entfällt ab 1. 1. 2001 die Gliederung des verwendbaren Eigenkapitals. Es gibt ab 2001 wegen Wegfalls des Anrechnungsverfahrens **kein verwendbares Eigenkapital** mehr. Damit entfällt auch zukünftig grundsätzlich eine Aufteilung des verwendbaren Eigenkapitals bei der Spaltung. **248**

Es sind vielmehr das Körperschaftsteuerguthaben gem. § 37 KStG i. d. F. des StSenkG und der positive Endbetrag aus dem EK 02 gem. § 28 KStG i. d. F. des StSenkG fortzuschreiben. Diese Beträge sind gem. § 40 Abs. 2 KStG i. d. F. des StSenkG der übernehmenden Körperschaft im Verhältnis der übergehenden Vermögensteile zu dem bei der übertragenden Körperschaft vor dem Übergang bestehenden Vermögen zuzuordnen. Die Zuordnungskriterien entsprechen der bisherigen Rechtslage (Umtauschverhältnis bzw. gemeine Werte). **249**

ff) Übertragung eines verbleibenden Verlustabzugs Ein verbleibender Verlustabzug der übertragenden Körperschaft geht entsprechend § 12 Abs. 3 S. 2 UmwStG nach der Maßgabe des § 15 Abs. 4 UmwStG anteilig auf die übernehmende Körperschaft über. Der verbleibende Verlustabzug kann hingegen nicht übertragen werden, wenn der übertragende oder verbleibende Vermögensteil die Teilbetriebseigenschaft nicht erfüllt. **250**

Der **Aufteilungsmaßstab** für die Übertragung eines verbleibenden Verlustabzugs richtet sich wiederum nach dem Verhältnis der gemeinen Werte der übertragenen Vermögensteile zu dem vor der Spaltung bei der Übertragerin vorhandenen Vermögen, wie es im Spaltungs- und Übernahmevertrag oder dem Spaltungsplan festgesetzten Umtauschverhältnis der Anteile zum Ausdruck kommt (§ 15 Abs. 4 UmwStG). **251**

Die Übernahme des Verlustabzugs ist allerdings an die weitere Voraussetzung geknüpft, dass die übertragende Gesellschaft ihren Geschäftsbetrieb im Zeitpunkt der Eintragung des Vermögensübergangs im Handelsregister noch nicht eingestellt hat (vgl. §§ 15 Abs. 1 i. V. m. 12 Abs. 3 S. 2 a. F., 19 Abs. 2 S. 2 UmwStG). Nach § 12 Abs. 3 S. 2 UmwStG i. d. F. des »Gesetzes zur Fortsetzung der Unternehmenssteuerreform« geht ein verbleibender Verlustabzug i. S. d. § 10 d Abs. 3 S. 2 EStG unter der Voraussetzung von dem übertragenden Rechtsträger auf den übernehmenden Rechtsträger über, dass der Betrieb oder Betriebsteil, der den Verlust verursacht hat, über den Verschmelzungsstichtag hinaus in einem nach dem Gesamtbild der wirtschaftlichen Verhältnisse vergleichbaren Umfang in den folgenden fünf Jahren fortgeführt wird (*Füger/Rieger* DStR 1998, 64). Bezüglich dieser Regelung, die auch für die Spaltung gilt, wird auf die Ausführungen zur **252**

Verschmelzung verwiesen (vgl. Rn. 129–140). Die Regelung ist anzuwenden für Spaltungen, deren Eintragungen ins Handelsregister nach dem 5. 8. 1997 beantragt worden sind.

253 **gg) Gewerbesteuerliche Behandlung der Spaltung** Erfolgt im Rahmen der Spaltung eine **Aufdeckung stiller Reserven**, so ist der Übertragungsgewinn **gewerbesteuerpflichtig**, da ein Gewinn aus der Veräußerung oder Aufgabe des Betriebs bei Kapitalgesellschaften zum Gewerbeertrag gehört (Abschn. 39 Abs. 3, 41 Abs. 2 GewStR). Werden die Buchwerte fortgeführt, wird jedoch die Entstehung eines solchen Übertragungsgewinns vermieden.

254 War die übertragende Kapitalgesellschaft **Mitunternehmerin** in einer Personengesellschaft, so gehen auch dort die vortragsfähigen Fehlbeträge i. S. d. § 10 a GewStG, soweit sie auf die umgewandelte Kapitalgesellschaft entfallen, verloren. Nach BFH v. 3. 5. 1993 (GrS 3/92 BStBl. II 1993, 616) führt die Umwandlung der Kapitalgesellschaft aus der Sicht der Personengesellschaft zu einem **Unternehmerwechsel** und zum (anteiligen) Fortfall des Verlustabzugs gem. § 10 a GewStG.

255 Bezüglich der **gewerbesteuerlichen Erfassung eines Übernahmegewinns** schließt § 18 Abs. 2 UmwStG eine solche Erfassung aus. Die Literatur war daher bis Ende 1998 der Auffassung, dass auch ein Übernahmeverlust nach § 4 Abs. 4 bis 6 UmwStG bei der Gewerbesteuer zu berücksichtigen ist (vgl. *Rödder/Momen* DStR 1997, 1799 m. w. N.; *Klar* in: *Haarmann, Hemmelrath & Partner*, Gestaltung und Analyse in der Rechts-, Wirtschafts- und Steuerberatung, S. 26). Nach Auffassung der Finanzverwaltung ist jedoch ein Übernahmeverlust – genau wie ein Übernahmegewinn – bei der Gewerbesteuer nicht zu berücksichtigen (vgl. Tz. 18.02 UmwStE).

256 Der BFH hat sich mit Urteil vom 20. 6. 2000 (DB 2000, 1795) der Auffassung der Literatur angeschlossen. Nach Auffassung des BFH ist ein Übernahmegewinn i. S. d. § 18 Abs. 2 UmwStG 1995 in der bis zum 31. 12. 1998 gültigen Fassung nur ein Gewinn und nicht auch ein Übernahmeverlust. Damit muss für die Gewerbesteuer eine **eigene Gewinnermittlung** erfolgen.

257 Allerdings ist § 18 Abs. 2 UmwStG mit Wirkung ab 1. 1. 1999 geändert worden. Danach ist § 18 Abs. 2 UmwStG nunmehr auch auf einen Übernahmeverlust anwendbar.

258 **hh) Steuerliche Auswirkungen bei den Anteilseignern** Auf der Ebene der Anteilseigner vollzieht sich die Aufspaltung und Abspaltung gem. §§ 15 Abs. 1 i. V. m. 13 UmwStG grundsätzlich **steuerneutral**, indem die Anteile an der übertragenen Körperschaft als zum Buchwert bzw. zu den Anschaffungskosten veräußert und die an ihre Stelle tretenden Anteile als zu diesem Wert angeschafft gelten. Eine Gewinnrealisierung tritt allerdings insoweit ein, als über die Gewährung von Gesellschaftsrechten hinaus bare Zuzahlungen oder Abfindungen gewährt werden.

259 Behält ein an der übertragenden Körperschaft i. S. d. § 17 EStG wesentlich Beteiligter (nunmehr qualifizierter Beteiligter) im Zuge der Spaltung Anteile an einer Körperschaft, die keine wesentliche (qualifizierte) Beteiligung darstellen, so gelten diese Anteile gem. §§ 15 Abs. 1 i. V. m. 13 Abs. 2 S. 2 UmwStG als Anteile i. S. d. § 17 EStG (sog. **spaltungsgeborene Anteile** – vgl. *Herzig/Momen* DB 1994, 2157, 2161).

Anteile an einer übernehmenden Körperschaft, die Anteilseigner für einbringungsgeborene Anteile an der übertragenden Körperschaft i. S. d. § 21 UmwStG erhalten, gelten gem. §§ 15 Abs. 1 i. V. m. 13 Abs. 3 UmwStG ebenfalls als **einbringungsgeborene Anteile** (*Thiel* DStR 1995, 276, 279). Eine entsprechende Regelung gilt für die Anteile i. S. d. § 50 c EStG.

260 **ii) Besteuerung ausländischer Anteilseigner** Hier wird für die steuerliche Behandlung im Ausland ansässiger Anteilseigner auf die Ausführungen zur Verschmelzung verwiesen (vgl. Rn. 145 f.).

c) Aufspaltung und Abspaltung von Körperschaften auf Personengesellschaften

Diese Fälle der Aufspaltung und Abspaltung werden von der Vorschrift des § 16 UmwStG erfasst. Demgemäß gelten die Vorschriften der §§ 3 bis 8, 10 und 15 UmwStG entsprechend. Als übertragende Rechtsträger kommen, wie im Fall der Aufspaltung und Abspaltung von Körperschaften untereinander, die in § 1 Abs. 1 UmwStG genannten Körperschaften in Betracht. **261**

Übernehmende Personengesellschaften können nur die im § 3 Abs. 1 UmwG genannten Rechtsträger sein (a. A. *Dehmer* DStR 1995, 1753, 1757, demzufolge auch die GbR von der Regelung des § 16 UmwStG erfasst ist).

aa) Steuerliche Auswirkungen bei der übertragenden Körperschaft Die übertragende Körperschaft hat gem. § 16 i. V. m. § 3 UmwStG ein **Wahlrecht** in der auf den Übertragungsstichtag aufzustellenden Steuerbilanz die zu übertragenden Wirtschaftsgüter mit dem Buchwert, dem Teilwert oder mit einem Zwischenwert anzusetzen. Voraussetzung ist, dass das übertragene Vermögen Betriebsvermögen der übernehmenden Personengesellschaft wird, so dass die Besteuerung der stillen Reserven sichergestellt ist. Zur Ausübung des Wahlrechts bezüglich des Maßgeblichkeitsprinzips wird auf die Ausführungen zur Verschmelzung verwiesen (vgl. Rn. 117–120). Wird durch die Aufdeckung stiller Reserven in den übergehenden Vermögensteilen ein Übertragungsgewinn realisiert, unterliegt dieser nach den allgemeinen Grundsätzen der Körperschaftsteuer und gem. § 18 Abs. 1 UmwStG der Gewerbesteuer. **262**

Auch die **Teilbetriebseigenschaft** muss vorliegen (vgl. dazu Rn. 229–235). Dies ergibt sich aus dem in § 16 UmwStG enthaltenen Verweis auf die Voraussetzung des § 15 Abs. 1 UmwStG. Bezüglich der **Missbrauchsregelungen** gilt ebenfalls § 15 Abs. 3 UmwStG entsprechend. Auf die Ausführungen zur Spaltung von Körperschaften untereinander wird verwiesen (s. Rn. 236-239). **263**

Ein **verbleibender Verlustabzug** i. S. d. § 10 d Abs. 3 S. 2 EStG vermindert sich gem. § 16 S. 3 UmwStG in dem Verhältnis, in dem das Vermögen auf die Personengesellschaft übergeht. Entsprechendes gilt für vortragsfähige Fehlbeträge i. S. d. § 10 a GewStG, § 19 Abs. 2 S. 3 UmwStG. Sofern noch die Rechtslage des alten KStG Anwendung findet, vermindert sich auch das verwendbare Eigenkapital gem. § 38 a Abs. 1 S. 3 KStG a. F. in dem Verhältnis, in dem das Vermögen auf die Personengesellschaft übergeht. **264**

bb) Steuerliche Auswirkungen bei der übernehmenden Personengesellschaft Die übernehmende Personengesellschaft hat die auf sie übergehenden Wirtschaftsgüter mit den **Wertansätzen** in der **steuerlichen Übertragungsbilanz** der übertragenden Körperschaft zu übernehmen (§§ 16 i. V. m. 4 Abs. 1 UmwStG). Bezüglich des Maßgeblichkeitsprinzips wird auf die bisherigen Ausführungen verwiesen (vgl. Rn. 118 ff., 228, 262). Aufgrund des Wahlrechts der Buchwertfortführung besteht die Möglichkeit, lediglich die offenen Reserven durch die Besteuerung zu erfassen. **265**

Soweit die Anteile zum steuerlichen Übertragungsstichtag **im Betriebsvermögen** der übernehmenden Personengesellschaft gehalten werden oder gem. § 5 UmwStG als diesen gehörend gelten, ergibt sich in Höhe des Unterschiedsbetrags zwischen dem Wert mit dem die übertragenden Wirtschaftsgüter übernommen wurden und dem Buchwert der Anteile an der übertragenden Körperschaft ein Übernahmegewinn oder -verlust. **266**

Bei der **Ermittlung des Übernahmegewinns oder -verlustes** bleibt der Wert der übertragenden Wirtschaftsgüter insoweit außer Ansatz, als die Anteile an der übertragenden Körperschaft nicht zum Betriebsvermögen der übernehmenden Personengesellschaft gehören oder zu dieser gehörend gelten (§ 4 Abs. 4 S. 3 UmwStG). **267**

Nach **bisheriger Rechtslage**, also nach dem UmwStG a. F., galt (bis 31. 12. 2000) Folgendes: **268**
Die auf dem verwendbaren Eigenkapital der übertragenden Körperschaft lastende Körperschaftsteuer, die gem. § 10 Abs. 1 UmwStG auf die Einkommen- bzw. Körperschaftsteuer der Gesell-

schaft anrechenbar ist, wird – wie auch ein Sperrbetrag i. S. d. § 50 c EStG a. F. – dem Übernahmegewinn hinzugerechnet bzw. von einem Übernahmeverlust in Abzug gebracht, soweit die Anteile an der übertragenden Körperschaft zum Betriebsvermögen der übernehmenden Personengesellschaft gehören bzw. als zu diesem gehörend gelten (*Wochinger/ Dötsch* DB 1994, Beil. 14/1994, 7).

269 § 16 S. 2 UmwStG stellt somit klar, dass die **Anrechnung der Körperschaftsteuer** gem. § 10 Abs. 1 UmwStG nur insoweit erfolgen kann, als sich aufgrund des Vermögensübergangs das verwendbare Eigenkapital der übertragenden Körperschaft vermindert hat.

270 Ein sich auf der Ebene der übernehmenden Personengesellschaft ergebender Übernahmeverlust wird in der Weise steuerlich wirksam gemacht, dass in dessen Höhe stille Reserven aufgedeckt werden, indem die Wertansätze der übertragenden Wirtschaftsgüter bis höchstens deren Teilwerte aufgestockt werden (§ 4 Abs. 6 UmwStG). Diese Aufstockung schließt auch den Ansatz selbst geschaffener immaterieller Wirtschaftsgüter einschließlich eines originären Geschäfts- oder Firmenwerts mit ein.

271 Die Aufstockung, die in den Ergänzungsbilanzen der Gesellschafter einer Personengesellschaft vorzunehmen ist, hat gem. § 4 Abs. 6 S. 2 UmwStG in Anlehnung an die Stufentheorie zu erfolgen.

272 Entsteht anstatt eines Übernahmeverlusts ein **Übernahmegewinn**, so unterliegt dieser der Einkommensteuer bzw. der Körperschaftsteuer auf der Ebene der Gesellschafter. Der Übernahmegewinn ist von der Gewerbesteuer gem. § 18 Abs. 2 UmwStG befreit. Bezüglich der bisher geltenden Tarifbegrenzung des § 32 c EStG für gewerbliche Einkünfte wird auf Tz. 04.42 UmwStE hingewiesen.

273 Nach **neuer Rechtslage ab 2001** gilt Folgendes:
Mit Inkrafttreten des neuen Umwandlungssteuerrechts durch die Änderungen des StSenkG ändern sich die o. g. Rechtsfolgen grundlegend:

274 Ein **Übernahmeverlust** bleibt nunmehr gem. § 4 Abs. 6 UmwStG n. F. außer Ansatz. Es kommt nun nicht mehr zu einem steuerlichen step-up, wie dieser nach dem § 4 Abs. 6 UmwStG a. F. möglich war (vgl. obige Ausführungen). Eine weitere Änderung gegenüber der bisherigen Rechtslage ergibt sich insofern, als sich das gem. §§ 37, 38 KStG a. F. zu ermittelnde Körperschaftsteuerguthaben bzw. die Körperschaftsteuerschuld der übertragenden Körperschaft für den Veranlagungszeitraum der Umwandlung (Spaltung), vermindert bzw. erhöht (§ 10 UmwStG).

275 Im Übrigen gilt jedoch GFolgendes ohne Änderungen weiter: Gem. § 4 Abs. 2 UmwStG tritt die übernehmende Personengesellschaft nach dem Grundsatz der partiellen Gesamtrechtsnachfolge hinsichtlich der AfA, der erhöhten Abschreibungen und ähnlicher Erleichterungen in die Rechtsstellung der übertragenden Körperschaften ein. Dies gilt auch dann, wenn die Wirtschaftsgüter in der steuerlichen Übertragungsbilanz der Körperschaften mit dem Teilwert oder mit einem Zwischenwert angesetzt worden sind. Ergänzend wird auf die Ausführungen zur Verschmelzung einer Körperschaft auf eine Personengesellschaft verwiesen (vgl. Rn. 166 f.).

276 Ein **verbleibender Verlustabzug** der übertragenden Körperschaft i. S. d. § 10 d Abs. 3 S. 2 EStG geht gem. § 4 Abs. 2 S. 2 UmwStG nicht (auch nicht anteilig) auf die übernehmende Personengesellschaft über. Dasselbe gilt auch für vortragsfähige gewerbesteuerliche Fehlbeträge i. S. d. § 10 a GewStG (§ 18 Abs. 1 S. 2 UmwStG).
Wird der Betrieb der übernehmenden Personengesellschaft innerhalb von fünf Jahren nach dem Vermögensübergang aufgegeben und veräußert, unterliegt ein sich hieraus ergebender Veräußerungs- oder Aufgabegewinn gem. § 18 Abs. 4 UmwStG der Gewerbesteuer.

277 **cc) Steuerliche Auswirkungen bei den Gesellschaftern – (1) Rechtslage bis 31. 12. 2000** Den Gesellschaftern, deren Anteile an der übertragenen Körperschaft zum Übertragungsstichtag als

dem Betriebsvermögen der übernehmenden Personengesellschaft gehörend gelten, wird der auf der Ebene der übernehmenden Personengesellschaft ermittelte Übernahmegewinn oder -verlust **zugerechnet**, soweit er auf diese entfällt. In dem Verhältnis, in dem das Vermögen der übertragenden Körperschaft auf die Personengesellschaft übergegangen ist, ist die auf dem vor der Spaltung vorhandenen verwendbaren Eigenkapital lastende Körperschaftsteuer gem. §§ 16 S. 2 i. V. m. 10 Abs. 1 UmwStG auf die Einkommensteuer- bzw. Körperschaftsteuer anrechenbar.

(2) **Rechtslage ab 1. 1. 2001** Auf der Ebene der Gesellschafter wird der Übernahmegewinn nunmehr nur zur Hälfte angesetzt, soweit er auf eine natürliche Person entfällt. Dies ist die Konsequenz des **Halbeinkünfteverfahrens**. 278

Im Übrigen bleibt der Übernahmegewinn außer Ansatz, soweit er auf eine unbeschränkt steuerpflichtige Körperschaft, Personenvereinigungen oder Vermögensmasse als Mitunternehmen der Personengesellschaft entfällt. Eine Anrechnung der Körperschaftsteuer auf die Einkommen- bzw. Körperschaftsteuer des Gesellschafters findet nicht mehr statt. 279

Ergänzend wird auf die Ausführungen zum Formwechsel verwiesen (vgl. Rn. 354–359).

dd) Besteuerung ausländischer Anteilseigner Auch hier wird ergänzend auf die steuerlichen Auswirkungen auf die Ausführung zur Verschmelzung einer Körperschaft auf eine Personengesellschaft und zum Formwechsel verwiesen (vgl. Rn. 348–387). 280

d) Auf- und Abspaltung von Personengesellschaften untereinander

Diese Spaltungsvorgänge sind als **Einbringungsvorgänge** anzusehen und sind entsprechend von § 24 UmwStG erfasst. Ggf. kommt aber auch eine Anwendung der Grundsätze der **steuerlichen Realteilung** in Betracht (*Dehmer* DStR 1994, 1753, 1761). 281

aa) Steuerliche Auswirkungen bei der übertragenden Personengesellschaft Die steuerlichen Auswirkungen der übertragenden Personengesellschaft werden durch die Bewertung des übertragenden Vermögensteils bei der übernehmenden Personengesellschaft bestimmt. Diese hat gem. § 24 Abs. 2 UmwStG ein **Wahlrecht**, die Wirtschaftsgüter des übernommenen Vermögensteils zu Buchwerten, Teilwerten und zu Zwischenwerten anzusetzen. Der gewählte Wertansatz wird den einbringenden Gesellschaftern gem. § 24 Abs. 3 UmwStG als Veräußerungspreis zugerechnet. 282

Wenn die übernehmende Personengesellschaft die Wirtschaftsgüter zu Zwischen- oder Teilwerten angesetzt hat, entsteht damit ein **Veräußerungsgewinn**. Dieser Veräußerungsgewinn unterliegt nach h. M. nicht der Gewerbesteuer, und zwar auch dann nicht, wenn die übernehmende Personengesellschaft die Wirtschaftsgüter mit Zwischenwerten ansetzt (*Dehmer* § 24 UmwStG Rn. 270 m. w. N.). 283

Die Finanzverwaltung ist dagegen in Tz. 18.09 UmwStE der Auffassung, dass die Einbringung eines Betriebs, Teilbetriebs oder Mitunternehmeranteils in eine Personengesellschaft, bei der das eingebrachte Vermögen mit dem Teilwert angesetzt wird, insoweit zu einem gewerbeertragsteuerpflichtigen Gewinn führt, als der Einbringende an der Übernehmerin beteiligt ist. Es handelt sich dabei um einen laufenden Gewinn, da das betriebliche Engagement nicht beendet, sondern fortgesetzt wird. Eine Veräußerung liegt dagegen i. S. d. § 18 Abs. 4 UmwStG vor, soweit der Einbringende an der Übernehmerin nicht beteiligt ist. 284

Vortragsfähige gewerbesteuerliche Fehlbeträge der übertragenden Personengesellschaft i. S. d. § 10 a GewStG können – soweit die Gesellschafter der übrtragenden Personengesellschaft auch an der übernehmenden Personengesellschaft beteiligt sind und die Voraussetzungen der Unternehmensintensität gegeben sind – auf die aufnehmende Personengesellschaft übertragen werden (S/B/B/*Sagasser/Fahrenberg* P Rn. 101; ebenso *Dehmer* Nachtrag zu § 24 Abs. 4 UmwStG i. d. F. des StErgG 1996; *Haritz/Benkert* § 24 UmwStG Rn. 1621). 285

286 Der Übergang eines im Zeitpunkt der Einbringung bestehenden gewerbesteuerlichen Verlusts setzt Unternehmeridentität voraus, da nur derjenige zum gewerbesteuerlichen Verlustabzug berechtigt ist, der den Verlust in demselben Unternehmen erlitten hat (BFH, GrS v. 3. 5. 1993, BStBl. II 1993, 616).

287 **bb) Steuerliche Auswirkungen bei der übernehmenden Personengesellschaft** Gem. § 24 Abs. 2 UmwStG hat die übernehmende Personengesellschaft ein **Wahlrecht**, den eingebrachten Vermögensteil in ihrer Bilanz einschließlich der Ergänzungsbilanzen der Gesellschaft mit dem Buchwert, dem Teilwert oder einem Zwischenwert anzusetzen. Voraussetzung ist, dass es sich bei dem eingebrachten Vermögensteil um einen Betrieb, Teilbetrieb oder einem Mitunternehmeranteil handelt (§ 24 Abs. 1 UmwStG). Fraglich ist hier wiederum, ob der **Maßgeblichkeitsgrundsatz** gilt. Hier wird auf die bisherigen Ausführungen zur Verschmelzung (s. Rn. 117–120) verwiesen.

288 Werden die Wertansätze des übertragenden Vermögensteils in der Bilanz der übernehmenden Personengesellschaft einschließlich der Ergänzungsbilanzen der Gesellschafter aufgestockt, dann gilt auch hier wieder die sog. **Stufentheorie** (vgl. Rn. 159). Hierzu wird auf die bisherigen Ausführungen verwiesen.

289 Hinsichtlich der **Bemessung der AfA**, der erhöhten Absetzungen, verweist § 24 Abs. 4 UmwStG auf § 22 UmwStG. Vgl. hierzu die Ausführungen zur Verschmelzung einer Personengesellschaft auf eine Kapitalgesellschaft (s. Rn. 174), sowie bezüglich eines Verlustabzugs (vgl. Rn. 176).

290 **cc) Steuerliche Auswirkungen bei den Gesellschaftern** Die Gesellschafter der übertragenden Personengesellschaft gelten als Einbringende i. S. d. § 24 UmwStG. Dementsprechend wird den Gesellschaftern der übertragenden Gesellschaft der Wert, mit dem der übernommene Vermögensteil bei der übernehmenden Personengesellschaft angesetzt wird, **als Veräußerungspreis zugerechnet**. Der sich aus der Gegenüberstellung des Veräußerungspreises und der Buchwerte ergebende Gewinn stellt den Veräußerungsgewinn i. S. d. § 16 EStG dar. Der Freibetrag des § 16 Abs. 4 EStG sowie die Begünstigung des § 34 EStG (sofern dessen Voraussetzungen vorliegen) werden jedoch nur gewährt, wenn das übertragene Betriebsvermögen mit dem **Teilwert** angesetzt wird (§ 24 Abs. 3 S. 2 UmwStG). Der **Freibetrag** und die Begünstigung des § 34 EStG werden jedoch insoweit nicht gewährt, als der einbringende Gesellschafter an der übernehmenden Personengesellschaft beteiligt ist. Dies ergibt sich aus § 24 Abs. 3 S. 3 UmwStG i. V. m. § 16 Abs. 2 S. 3 EStG, wonach der Veräußerungsgewinn insoweit als laufender Gewinn gilt.

291 Die **Kapitalkonten der Gesellschafter** bei der übertragenden Personengesellschaft mindern sich um den Betrag, mit dem die übernehmende Personengesellschaft den übertragenden Vermögensteil angesetzt hat. Die Kapitalkonten der Gesellschafter bei der übernehmenden Personengesellschaft sind in der gleichen Höhe festzusetzen. Damit vollzieht sich die Aufspaltung/Abspaltung auf der Ebene der Gesellschafter erfolgsneutral, soweit die Buchwerte fortgeführt werden und keine Ausgleichszahlungen gewährt werden (vgl. Widmann/Mayer/*Widmann* § 24 UmwStG Rn. 188 ff. zur Behandlung von Ausgleichszahlungen).

292 Zur Aufnahme des Gesellschafters in eine Einzelpraxis mit Zuzahlung in das Privatvermögen vgl. auch BFH v. 21. 9. 2000, BStBl. II 2001, 178 = DStR 2000, 2183 und BMF-Schreiben v. 21. 8. 2001, IV A 6 – S 1909 – 11/01 = DStR 2001, 1570.

293 **dd) Besteuerung ausländischer Gesellschafter** Zu den steuerlichen Auswirkungen bei Beteiligung ausländischer Anteilsinhaber wird auf die Ausführungen zur Verschmelzung von Personengesellschaften untereinander verwiesen (vgl. Rn. 162).

9. Grundsätze der Realteilung bei Personengesellschaften

Unter dem Begriff der Realteilung versteht man die **Auseinandersetzung einer mitunternehmerisch tätigen Personengesellschaft** in der Weise, dass das Gesamthandsvermögen der Personengesellschaft auf die Gesellschafter verteilt wird und jeder Gesellschafter somit einen Anteil des Gesellschaftsvermögens übernimmt (vgl. Budde / Förschle / *Budde* H Rn. 120). **294**

Bei einer **Realteilung** geht die Personengesellschaft unter, der Betrieb wird weder durch einen Gesellschafter noch durch die Gesamtheit der Gesellschafter fortgesetzt. Die Beendigung der Personengesellschaft im Wege der Realteilung ist damit steuerlich eine **Betriebsaufgabe**, mit der Folge, dass ein Aufgabegewinn gem. § 16 Abs. 3 EStG zu ermitteln ist (vgl. BFH v. 19. 1. 1982, BStBl. II 1982, 456, 458). Die Realteilung soll nach dieser Auffassung ihrem Wesen nach der **umgekehrte Fall einer Einbringung** eines Betriebs- oder Teilbetriebs in eine Personengesellschaft gem. § 24 UmwStG darstellen. Hieraus leitet sich ab, dass die Möglichkeit der Buchwertfortführung gem. § 24 analog auch auf den Fall der Realteilung anzuwenden ist (Schmidt / *Wacker* EStG, § 16 Rn. 99 d). **295**

Nach **bisheriger Rechtslage**, d. h. bis 31. 12. 2000 (EStG i. d. F. vom 24. 3. 1999, BGBl. I, 402), galt Folgendes: Die steuerliche Behandlung der Realteilung von Mitunternehmerschaften hat durch das Steuerentlastungsgesetz (StEntlG) 1999 / 2000 / 2002 mit Wirkung ab dem 1. 1. 1999 erstmalig eine gesetzliche Regelung erfahren. Die Realteilung ist in § 16 Abs. 3 S. 2 EStG nunmehr **gesetzlich verankert** worden. Nach dieser Vorschrift hat zwingend eine **Gewinnrealisierung** im Rahmen einer Realteilung zu erfolgen, wenn weder ein Teilbetrieb noch ein Mitunternehmeranteil auf die bisherigen Mitunternehmer übertragen wird, sondern nur einzelne Wirtschaftsgüter. Damit erfordert die Realteilung eine Zuteilung von Teilbetrieben oder Mitunternehmeranteilen, wenn die Realteilung steuerneutral erfolgen soll. Auch die nach dem sog. Mitunternehmererlass mögliche steuerneutrale Übertragung von Einzelwirtschaftsgütern zwischen einem gesamtheitlichen Betriebsvermögen und dem Betriebsvermögen eines Mitunternehmers ist nun die durch das StEntlG 1999 / 2000 / 2002 geänderte Vorschrift des § 6 Abs. 5 EStG nicht mehr möglich (vgl. S / B / B / *Sagasser/Fahrenberg* P Rn. 109). **296**

Auch nach der Gesetzesänderung durch das StEntlG 1999 / 2000 / 2002 dürfte davon auszugehen sein, dass die Aufspaltung und Abspaltung aus dem Vermögen von Personengesellschaften in das Vermögen anderer Personengesellschaften nicht nur von § 24 UmwStG, sondern auch durch die nunmehr in § 16 Abs. 3 EStG enthaltenen Regelungen über die Realteilung erfasst sind (vgl. S / B / B / *Sagasser/Fahrenberg* P Rn. 113). Während jedoch § 24 UmwStG ein Bewertungswahlrecht vorsieht, soweit Teilbetriebe oder Mitunternehmeranteile übertragen werden, ist davon auszugehen, dass in diesem Fall bei Anwendung des § 16 Abs. 3 EStG ein **Zwang zu Buchwertfortführung** besteht. Die Anwendung des § 24 UmwStG bietet daher dem Steuerpflichtigen die größere Flexibilität (S / B / B / *Sagasser/Fahrenberg* P Rn. 113). Nach Auffassung der Finanzverwaltung ist eine Realteilung **erfolgswirksam** zu behandeln, wenn gesetzliche Vorschriften, insbesondere das UmwStG umgangen wird (Tz. 24.18 S. 2 UmwStE). **297**

Nach **neuer Rechtslage**, d. h. seit. 1. 1. 2001 (EStG i. d. F. vom 20. 12. 2001, BGBl. I, 3858), gilt nunmehr Folgendes: **298**

Durch das Unternehmenssteuerfortentwicklungsgesetz (UntStFG) wurde § 16 Abs. 3 S. 2 EStG eingeführt, so dass bei Realteilungen nach dem 31. 12. 2000 (§ 52 Abs. 34 S. 4 EStG) nunmehr ein **Zwang zum Buchwertansatz** auch bei der Übertragung einzelner Wirtschaftsgüter besteht, wenn die Wirtschaftsgüter in ein Betriebsvermögen des Mitunternehmers übertragen werden und die Besteuerung der stillen Reserven sichergestellt ist. Diese Pflicht zur Buchwertfortführung besteht also selbst dann, wenn der Realteiler ein Interesse an der Aufdeckung stiller Reserven hat, weil z. B. mit den realisierten Gewinnen bestehende Verlustvorträge ausgeglichen werden könnten. Werden allerdings einzelne Wirtschaftsgüter unmittelbar oder mittelbar auf eine Körperschaft, Personenvereinigung oder Vermögensmasse übertragen, so ist der gemeine Wert anzusetzen.

299 Durch die Neuregelung ist also nicht nur der Buchwertansatz bei übertragenen Teilbetrieben und Mitunternehmeranteilen zwingend, sondern auch bei Einzelwirtschaftsgütern (§ 16 Abs. 3 S. 2 EStG). § 16 Abs. 3 S. 3 und 4 EStG enthalten **spezielle Missbrauchstatbestände**, wenn wesentliche Betriebsgrundlagen innerhalb einer Sperrfrist von drei Jahren veräußert oder entnommen werden. Diese Missbrauchsvorschriften gelten jedoch nur für Realteilungen, bei denen Einzelwirtschaftsgüter übertragen werden.

10. Auf- und Abspaltung von Personengesellschaften auf Kapitalgesellschaften

300 Die Aufspaltung bzw. Abspaltung von Personengesellschaften auf Kapitalgesellschaften fällt unter die Vorschriften des achten Teils des UmwStG. Hierin ist die **Einbringung** von Betrieben, Teilbetrieben und Mitunternehmeranteilen in eine Kapitalgesellschaft **gegen Gewährung von Gesellschaftsrechten** geregelt. Die Auf- bzw. Abspaltung vollzieht sich dann steuerlich in der Weise, dass nicht die Personengesellschaft einen Vermögensteil in die Kapitalgesellschaft einbringt, sondern stattdessen die Gesellschafter als Einbringende anzusehen sind. Diese bringen einen Teil des Vermögens der Personengesellschaft in eine Kapitalgesellschaft gegen Gewährung von Gesellschaftsrechten ein. Die übernehmende Kapitalgesellschaft hat gem. § 20 Abs. 2 UmwStG ein **Wahlrecht**, die übernommenen Wirtschaftsgüter zu Buchwerten, Teilwerten oder mit Zwischenwerten anzusetzen. Eine Buchwertfortführung ist dann nicht möglich, wenn der Nettobuchwert des übertragenen Vermögens negativ ist, also die Buchwerte der übertragenen Schulden die Buchwerte des übertragenen Aktivvermögens übersteigen.

301 Gem. § 20 Abs. 2 S. 4 UmwStG sind in diesem Fall die Wertansätze der übernommenen Wirtschaftsgüter mindestens soweit **aufzustocken**, dass sich Schuld- und Vermögensgegenstände ausgleichen (vgl. auch Tz. 20.12 ff. UmwStE).

302 Werden von der übernehmenden Kapitalgesellschaft weitere Gegenleistungen für die Einbringung gewährt und übersteigt der gemeine Wert dieser Gegenleistung den Buchwert der eingebrachten Wirtschaftsgüter, müssen die eingebrachten Wirtschaftsgüter mindestens mit dem Wert der neben den Gesellschaftsrechten gewährten Gegenleistungen angesetzt werden (§ 20 Abs. 2 S. 5 UmwStG). Auch in diesem Fall dürfen die Werte der einzelnen Wirtschaftsgüter nicht überschritten werden.

303 Bezüglich des **Maßgeblichkeitsprinzips** wird auf Tz. 20.26 ff. UmwStE sowie auf die bisherigen Ausführungen verwiesen (vgl. Rn. 118 ff., 228, 262, 265, 287). Zur **Bemessung der AfA**, der erhöhten Absetzungen etc., vgl. die Ausführungen zur Verschmelzung einer Personengesellschaft auf eine Kapitalgesellschaft (vgl. Rn. 174 ff.), bezüglich der **Übertragung eines verbleibenden Verlustabzugs** i. S. d. § 10 d Abs. 3 S. 2 EStG, auf die Ausführungen zur Auf- bzw. Abspaltung von Personengesellschaften untereinander (s. Rn. 285 f.).

304 Den einbringenden Gesellschaftern der übertragenden Personengesellschaft wird gem. § 20 Abs. 4 UmwStG der Wert, mit dem die übernehmende Kapitalgesellschaft den eingebrachten Vermögenswert ansetzt, **als Veräußerungspreis zugerechnet**. Werden von der übernehmenden Kapitalgesellschaft die Wertansätze der übernommenen Wirtschaftsgüter aufgestockt, entsteht damit ein Veräußerungsgewinn auf der Ebene der Personengesellschaft, der den Gesellschaftern anteilig zuzurechnen ist. Der Veräußerungsgewinn **unterliegt der Einkommensteuer bzw. Körperschaftsteuer**. Ist der Gesellschafter eine natürliche Person, wird gem. § 20 Abs. 5 S. 1 UmwStG die Begünstigung des § 34 EStG gewährt. Der Freibetrag des § 16 Abs. 4 EStG wird nur dann gewährt, wenn das übertragene Vermögen zum Teilwert angesetzt wird (§ 20 Abs. 5 S. 2 UmwStG).

305 Wurde das übertragene Vermögen zum Buchwert oder zum Zwischenwert angesetzt, entstehen sog. **einbringungsgeborene Anteile** gem. § 21 Abs. 1 S. 1 UmwStG.

Bezüglich der steuerlichen Auswirkungen bei Beteiligungen im Ausland ansässiger Gesellschafter wird auf die Ausführungen zur Verschmelzung von Personengesellschaften auf Kapitalgesellschaften verwiesen (vgl. Rn. 162, 181 sowie Tz. 20.37 ff. UmwStE).

Der Veräußerungsgewinn unterliegt, da er nicht laufender Gewinn aus Gewerbebetrieb ist, nicht der **Gewerbesteuer** (*Dehmer* § 20 UmwStG Rn. 414 ff. m. w. N.). **306**

11. Ausgliederung auf Personengesellschaften

Die Ausgliederung eines Vermögensteils auf eine Personengesellschaft stellt einen **Fall der Einbringung** dar, der unabhängig von der Rechtsform des übertragenden Rechtsträgers den Vorschriften des § 24 UmwStG der Einbringung von Betrieben, Teilbetrieben und Mitunternehmeranteilen in eine Personengesellschaft unterfällt. Die Einbringung im Rahmen einer Ausgliederung auf eine Personengesellschaft ist im Wesentlichen identisch mit der Einbringung im Rahmen einer Verschmelzung von Personengesellschaften untereinander. Soweit wird auf die Auswirkungen zur Verschmelzung von Personengesellschaften verwiesen. Es besteht lediglich ein Unterschied, dass der Einbringende im Fall der Ausgliederung der übertragende Rechtsträger ist, der einen Teil seines Betriebsvermögens in die Personengesellschaft einbringt, während bei einer Verschmelzung der Gesellschafter der übertragenden Personengesellschaft ihre Mitunternehmeranteile einbringen. **307**

12. Ausgliederung auf Kapitalgesellschaften

Die Ausgliederung eines Vermögensteils auf eine Kapitalgesellschaft fällt unabhängig von der Rechtsform unter die Vorschriften der §§ 20 ff. UmwStG. Die Einbringung im Rahmen einer Ausgliederung ist im Wesentlichen identisch mit der Einbringung im Rahmen einer Verschmelzung einer Personengesellschaft auf eine Kapitalgesellschaft. Soweit wird auf die Ausführungen einer Verschmelzung einer Personengesellschaft auf eine Kapitalgesellschaft verwiesen. **308**

13. Steuerliche Behandlung der Einbringung einzelner Wirtschaftsgüter des Betriebsvermögens in eine Personengesellschaft

Eine weitere **steuerneutrale Umstrukturierungsmöglichkeit** durch Übertragung einzelner Wirtschaftsgüter in das Betriebsvermögen von Personengesellschaften regelt § 6 Abs. 5 EStG. **309**

Wird ein **einzelnes Wirtschaftsgut** von einem Betriebsvermögen in ein anderes Betriebsvermögen desselben Steuerpflichtigen überführt, so ist gem. § 6 Abs. 5 S. 1 EStG der Buchwert anzusetzen. Stille Reserven sind somit nicht zu realisieren und zu versteuern. Dies bedeutet, dass steuerneutral Wirtschaftsgüter in eine Personengesellschaft überführt werden können. **310**

Ist § 6 Abs. 5 S. 1 EStG anzuwenden, so ist die **Buchwertübertragung** nach h. M. **zwingend** (vgl. Schmidt/*Glanegger* EStG, § 6 Rn. 515). Dies bedeutet Ausbuchung mit dem Buchwert bei einem Betriebsvermögen und Buchwertfortführung beim anderen Betriebsvermögen des Steuerpflichtigen (Schmidt/*Glanegger* EStG, § 6 Rn. 515). § 6 Abs. 5 S. 1 EStG gilt auch für die Übertragung aus einem eigenen Betriebsvermögen des Steuerpflichtigen in dessen Sonderbetriebsvermögen bei einer Mitunternehmerschaft und umgekehrt sowie für die Überführung zwischen verschiedenen Sonderbetriebsvermögen desselben Steuerpflichtigen bei verschiedenen Mitunternehmerschaften (§ 6 Abs. 5 S. 2 EStG). **311**

§ 6 Abs. 5 S. 3 Ziff. 1 bis 3 EStG regelt weiterhin einzelne Tatbestände der **unentgeltlichen Übertragung** oder **Übertragung gegen Gewährung oder Minderung von Gesellschaftsrechten**. § 6 Abs. 5 S. 4 EStG bestimmt verschiedene Sperrfristen, wonach rückwirkend der Teilwert für das übertragene Wirtschaftsgut anzusetzen ist, wenn das Wirtschaftsgut innerhalb dieser Sperrfristen entnommen oder veräußert wird. **312**

III. Der Formwechsel

1. Behandlung des Formwechsels

a) Systematik

313 Der Formwechsel wird im fünften Buch des UmwStG in den §§ 190 bis 304 UmwG geregelt. Das Recht des Formwechsels ist vom Gesetzgeber als eigene Rechtsmaterie der Unternehmensumstrukturierung ausformuliert worden, in dem sich lediglich vereinzelt Rückgriffe auf das Recht der Verschmelzung finden.

314 Der Formwechsel ist letztlich ein **gesellschaftsinterner Organisationsakt**. Beim Formwechsel existiert zwangsläufig kein Vertrag. Vielmehr tritt an dessen Stelle der gesellschaftsinterne Umwandlungsbeschluss. Beim Formwechsel erfolgt **keine Vermögensübertragung**. Der Gesetzgeber geht davon aus, dass sich beim Formwechsel allein die rechtliche Organisation des Unternehmensträgers ändert, dem vor und nach der Umwandlung dasselbe Vermögen zugeordnet ist (BT-Drs. 12/6699, 136). Die entscheidende und wesentlichste Neuerung des Formwechsels liegt darin, dass auch bei der Umwandlung einer Personen- in eine Kapitalgesellschaft und umgekehrt keine Vermögensübertragung stattfindet (vgl. BT-Drs. 12/6699, 136 zum 3. Buch des UmwG)

b) Formwechselfähige Rechtsträger

315 Gem. § 191 UmwG ist der Formwechsel zugelassen für:

- Personenhandelsgesellschaften
- Kapitalgesellschaften
- eingetragene Vereine
- Versicherungsverein auf Gegenseitigkeit
- Körperschaft und Anstalten des öffentlichen Rechts.

316 Dagegen können die Rechtsträger der neuen Rechtsform nur eine eingeschränkte Zahl gem. § 191 Abs. 2 UmwG von Rechtsformen sein, nämlich

- Gesellschaften bürgerlichen Rechts
- Personenhandelsgesellschaften
- Kapitalgesellschaften
- eingetragene Genossenschaften.

317 Der Formwechsel auf eine **GmbH & Co. KG** bzw. **Stiftung & Co. KG** ist nach dem UmwG als Formwechsel auf eine Personenhandelsgesellschaft möglich, ist aber gesetzlich durch den Wunsch nach Gesellschafteridentität erschwert.

318 Nach dem UmwG ist auch die Möglichkeit des Formwechsels in eine **Genossenschaft** gegeben. Ein »Formwechsel« ist auch für den Einzelkaufmann möglich. Allerdings behandelt das UmwG diesen »Formwechsel« des Einzelkaufmanns in eine Ein-Mann-Kapitalgesellschaft als Ausgliederung (vgl. §§ 152 bis 160 UmwG, der umgekehrte Fall als Verschmelzung §§ 120 bis 122 UmwG).

c) Ablauf des Formwechsels

319 Im Gegensatz zur Verschmelzung und Spaltung kann der Formwechsel relativ frei geplant werden. Einzuhalten ist allerdings die **Monatsfrist** des § 194 Abs. 2 UmwG, wonach dem Betriebsrat einen Monat vor der Gesellschafterversammlung der Entwurf des Umwandlungsbeschlusses übersandt werden muss. Eine **Prüfung** des Umwandlungsbeschlussentwurfs bedarf es beim Formwechsel nicht. Nach §§ 208 i. V. m. 30 Abs. 2 UmwG ist aber ein in den Umwandlungsbeschluss aufzunehmendes Barabfindungsangebot stets zu prüfen, soweit nicht alle Gesellschafter darauf in notariell beurkundeter Form verzichten. Damit ist auch wegen der Barabfindung eine

Unternehmensbewertung erforderlich. Die Organe des formwechselnden Rechtsträgers haben den Umwandlungsbeschluss zu entwerfen.

Der Formwechsel setzt einen **Beschluss der Gesellschafter** gem. § 193 Abs. 1 UmwG über den Formwechsel voraus. Dieser ist nur in einer Gesellschafterversammlung, nicht im Umlaufverfahren zu fassen. Für den Beschluss sieht das UmwG eine Mindestmehrheit von 75 % der erschienenen Gesellschafter bzw. des erschienenen Grund- und Stammkapitals vor (§§ 217 Abs. 1, 233 Abs. 2, 240, 262 Abs. 1, 275 Abs. 2 UmwG). 320

Für viele Konstellationen sieht das UmwG jedoch **Zustimmungsrechte** einzelner Gesellschafter vor, deren Rechtsposition durch den Wechsel der Rechtsform erheblich berührt wird (vgl. §§ 221, 233 Abs. 1, 233 Abs. 2, 240 Abs. 2, 241 Abs. 1, UmwG, §§ 193 Abs. 2, 233 Abs. 2 i. V. m. § 50 Abs. 2, 241 Abs. 1, 241 Abs. 2 i. V. m. § 50 Abs. 2 UmwG). 321

Ist der Beschluss erfolgt, so muss der Formwechsel nach den §§ 198 ff. UmwG in das Handelsregister zur Eintragung **angemeldet** werden. 322

d) Formwechsel unter Kapitalgesellschaften

aa) Voraussetzungen bzw. Umwandlungsbeschluss Der Formwechsel von einer Kapitalgesellschaft in eine andere Kapitalgesellschaft (z. B. Formwechsel von einer GmbH in eine AG oder umgekehrt) stellte schon nach altem Umwandlungsrecht eine Umwandlungsform dar, die relativ unproblematisch war. 323

Allerdings ist nach dem UmwStG 1995 eine Erschwerung eingetreten. Es wird nämlich zusätzlich ein **Umwandlungsbericht** gefordert. Außerdem muss der Umwandlungsbeschluss auch auf die **Belange der Arbeitnehmer** eingehen, die durch den Formwechsel berührt werden. An die Stelle des Vertrags tritt lediglich als gesellschaftsinterner Formwechsel der Umwandlungsbeschluss der Anteilseigner. Den notwendigen Inhalt legt § 194 Abs. 1 UmwG fest. 324

bb) Inhalt des Umwandlungsbeschlussentwurfs Der Beschluss muss folgende Punkte enthalten 325

- **Rechtsform**, die durch den Formwechsel erlangt werden soll.
- **Firma**, § 194 Abs. 1 Nr. 2 UmwG
- **Beteiligung** am Zielrechtsträger, § 194 Abs. 1 Nr. 3 UmwG
- Einzelheiten zu den **Anteilen**, § 194 Abs. 1 Nr. 4 UmwG
  Gem. § 194 Abs. 1 Nr. 4 UmwG hat der Umwandlungsbeschluss die Zahl, Art und Umfang der Anteile oder Mitgliedschaft zu bestimmen, welche die Anteilseigner durch den Formwechsel erlangen sollen bzw. die einem beitretenden persönlich haftenden Gesellschafter eingeräumt werden.
- **Rechte einzelner Anteilsinhaber**, § 194 Abs. 1 Nr. 5 UmwG
  Der Entwurf des Beschlusses muss außerdem die Rechte einzelner Rechtsinhaber benennen (z. B. Vorzugsanteile, Mehrstimmrechte etc.).
- **Abfindungsangebot**, § 194 Abs. 1 Nr. 6 UmwG
  Weiterhin muss der Entwurf des Umwandlungsbeschlusses ein Barabfindungsangebot nach § 207 UmwG enthalten, wenn nicht ohnehin alle Anteilsinhaber dem Formwechsel zustimmen müssen oder der formwechselnde Rechtsträger nur einen Gesellschafter hat.
- **Folgen für die Arbeitnehmer**, § 194 Abs. 1 Nr. 7 UmwG
- **Neue Satzung**, §§ 243 Abs. 1 i. V. m. 218 UmwG).
- **Kapitalerhöhung**
  Mit der Umwandlung können Kapitalerhöhungen erwünscht oder auch notwendig sein.
- **Unbekannte Aktionäre**
  Nach den §§ 213 i. V. m. 35 UmwG hat der Entwurf des Umwandlungsbeschlusses einer AG darüber hinaus unbekannte Aktionäre nach ihren Aktienurkunden zu bezeichnen.

326 **cc) Umwandlungsbericht** Nach § 192 Abs. 1 UmwG haben die Vertretungsorgane des formwechselnden Rechtsträgers einen **ausführlichen schriftlichen Bericht** zu erstatten, in dem der Formwechsel und insbesondere die künftige Beteiligung der Anteilsinhaber an den Rechtsträgern rechtlich und wirtschaftlich erläutert werden.

327 **dd) Beschluss über den Formwechsel** Zunächst ist den Gesellschaftern einer GmbH durch den Geschäftsführer zusammen mit der Ladung zur Gesellschafterversammlung der Umwandlungsbericht zuzusenden. Daneben ist in der Tagesordnung der Beschluss über den Formwechsel als Tagesordnungspunkt zu benennen. Der Beschluss über den Formwechsel ist mit einer **$^3/_4$-Mehrheit** des anwesenden Kapitals bzw. der abgegebenen Stimmen zu beschließen, soweit nicht der Gesellschaftsvertrag oder die Satzung eine höhere Mehrheit oder weitere Erfordernisse festlegt (§ 240 Abs. 1 UmwG), wobei beim Formwechsel einer KGaA in eine AG die Satzung auch geringere Mehrheiten festlegen kann.

328 **ee) Gründungsrecht und Kapitalschutz** Beim Formwechsel sind nach § 197 UmwG grundsätzlich die für die jeweilige Rechtsform geltenden Gründungsvoraussetzungen einzuhalten.

329 **ff) Anmeldung zum Handelsregister und Wirkung der Eintragung** Der Formwechsel ist durch die Vertretungsorgane des Ausgangsrechtsträgers zur Eintragung in das Handelsregister anzumelden (§ 246 Abs. 2 UmwG). § 199 UmwG benennt die hierzu beizufügenden Anlagen und Erklärungen.

330 Das zuständige Gericht hat nach § 201 UmwG den Formwechsel im Bundesanzeiger und in mindestens einem anderen Blatt **bekanntzumachen**. Mit der Eintragung des Formwechsels in das Handelsregister ist die Umwandlung vollzogen. Die Eintragung hat gem. den §§ 202, 247 UmwG die folgenden **Wirkungen**:

- der Rechtsträger besteht in der neuen Rechtsform weiter;
- das Stammkapital einer GmbH wird zu Grundkapital bei einer AG und umgekehrt;
- die Anteile wandeln sich der neuen Rechtsform entsprechend, während Rechte Dritter an diesen Anteilen im Wege der Surrogation fortbestehen;
- war die formwechselnde Gesellschaft eine Kommanditgesellschaft auf Aktien, scheiden die persönlich haftenden Gesellschafter als solche aus der Gesellschaft aus;
- Mängel der notariellen Beurkundung werden geheilt;
- es kann eine vereinfachte Kapitalherabsetzung stattfinden.

331 Nach § 202 Abs. 3 UmwG lassen **Mängel** des Formwechsels diese Wirkungen der Eintragung unberührt.

e) Formwechsel einer Personenhandelsgesellschaft in eine Kapitalgesellschaft

332 Der Formwechsel von Personenhandelsgesellschaft in Kapitalgesellschaft folgt grundsätzlich denselben Regeln, wie der Formwechsel unter Kapitalgesellschaften. Es ergeben sich natürlich Unterschiede an der personalistisch ausgerichteten Struktur der Personenhandelsgesellschaft. Durch den Formwechsel in eine Kapitalgesellschaft wird die **persönliche Haftung der Gesellschaft** beseitigt.

333 Der **Umwandlungsbeschlussentwurf** richtet sich ebenso wie bei Kapitalgesellschaften im Wesentlichen nach § 194 UmwG, allerdings mit den Besonderheiten, die für Personengesellschaften gelten. Insoweit wird auf die obigen Ausführungen zum Formwechsel von Kapitalgesellschaften in Kapitalgesellschaften verwiesen (s. dazu ausführl. Rn. 323–330).

334 Der Formwechsel führt zur **Anwendung des Gründungsrechts** der Kapitalgesellschaft (§ 197 UmwG). Es gelten insbesondere die Grundsätze der Gründerhaftung entsprechend § 9 a GmbHG § 46 AktG.

Außerdem ist der Formwechsel einer Personenhandelsgesellschaft nicht möglich, wenn das nach Abzug der Schulden verbleibende Vermögen das Nennkapital der angestrebten Kapitalgesellschaft nicht erreicht wird (§ 220 Abs. 1 UmwG). Durch diese Vorschrift wird ein Formwechsel bei Unterdeckung des Nennkapitals ausgeschlossen (vgl. *Joost* in: *Lutter*, Kölner Umwandlungsrechtstage, S. 257). 335

Nach der Umwandlung haften die Anteilseigner der Personengesellschaft für Neuschulden nicht mehr persönlich. Im Übereinstimmung mit dem Nachhaftungsbegrenzungsgesetz vom 18. 3. 1994 (BGBl. I 1994, 560) begrenzt § 224 UmwG die zeitliche Dauer dieser Nachhaftung der Gesellschafter auf grundsätzlich fünf Jahre. 336

f) Formwechsel einer Kapitalgesellschaft in eine Personengesellschaft

Diese Fälle des Formwechsels sind in den §§ 228 bis 237 UmwG als **Unterfälle des Formwechsels von Kapitalgesellschaften** geregelt. In § 228 UmwG ist auch der Formwechsel einer Kapitalgesellschaft auf eine Gesellschaft bürgerlichen Rechts zugelassen worden, während das UmwG umgekehrt die Gesellschaft des bürgerlichen Rechts nicht als formwechselfähigen Rechtsträger ansieht. 337

Das UmwG lässt weiterhin den Formwechsel einer Kapitalgesellschaft in eine **GmbH & Co. KG** zu. Allerdings verlangt das UmwG, dass beim Formwechsel grundsätzlich ein **identischer Rechtsträger** vorher wie nach der Umwandlung beteiligt sein muss. 338

Der **Beschluss** zum Formwechsel muss **einstimmig** erfolgen, da alle Gesellschafter nach dem Formwechsel persönlich haften. Dem Beschluss müssen auch die nicht erschienenen Anteilsinhaber zustimmen (§ 233 Abs. 1 UmwG). Bei einer Umwandlung in eine KG bedarf es mindestens eine 75 %-Mehrheit der Gesellschafter der GmbH bzw. Aktionäre einer AG. 339

g) Handelsbilanzielle Behandlung des Formwechsels

Handelsrechtlich ist die Aufstellung von Übertragungs- oder Eröffnungsbilanzen beim Formwechsel nicht erforderlich (im Gegensatz zu der steuerlichen Regelung der §§ 14, 25 UmwStG, vgl. hierzu auch *Wochinger/Dötsch* DB 1994 Beil. 14/ 1994, 21). Begründet wird dies damit, dass beim bloßen Formwechsel keine Vermögensübertragung auf einen anderen Rechtsträger stattfindet, während das Steuerrecht eine solche Vermögensübertragung fingiert (vgl. BT-Drs. 12/6699, S. 72, S. 137 zu § 190 UmwG; *Wochinger/Dötsch* DB 1994 Beil. 14/ 1994, 21). 340

Bei der Aufstellung des ersten auf den Formwechsel folgenden **Jahresabschlusses** sind hier bei der neuen Rechtsform ggf. andere Ansatzvorschriften und Bilanzierungswahlrechte zu beachten (so insbesondere beim Formwechsel einer Kapitalgesellschaft in eine Personengesellschaft). Wird eine Kapitalgesellschaft in eine Personengesellschaft formwechselnd gewandelt, ist zu beachten, dass an Stelle des bisherigen gezeichneten Kapitals und etwaiger Kapital- oder Gewinnrücklagen die Kapitalkonten der Gesellschaft treten. 341

Um den Anteilseignern eine Prüfung der Vermögenslage zu ermöglichen, ist gem. § 192 Abs. 2 S. 1 UmwG dem Umwandlungsbericht eine **Vermögensaufstellung** beizufügen, in die Vermögensgegenstände und Schulden mit dem wirklichen Wert zum Zeitpunkt der Erstellung des Berichts beizulegen sind. 342

2. Steuerrechtliche Behandlung des Formwechsels

a) Steuerneutralität des Formwechsels

Der Formwechsel kann nach der Konzeption des UmwStG **weitgehend steuerneutral** durchgeführt werden (vgl. BT-Drs. 12/6885, 14 – allg. Begründung). Dies wird beim Formwechsel von der Personenhandelsgesellschaft in die Kapitalgesellschaft durch die Buchwertfortführung bei der übernehmenden Kapitalgesellschaft (§§ 25, 20 Abs. 2 UmwStG und bei der Umwandlung einer Kapitalgesellschaft in eine Personengesellschaft durch das Recht zum Buchwertansatz bei der 343 übertragenden Kapitalgesellschaft (§ 3 UmwStG) und die Bindung der übernehmenden Personengesellschaft ohne diese Werte (§ 4 Abs. 1 UmwStG) erreicht.

b) Steuerliche Rückwirkung

344 § 14 S. 3 UmwStG regelt, dass die Übertragungsbilanz der Kapitalgesellschaft und die Eröffnungsbilanz der Personengesellschaft für einen Stichtag aufgestellt werden kann, der höchstens acht Monate vor der Anmeldung des Formwechsels zur Eintragung in das Handelsregister liegt (**Umwandlungsstichtag**).

345 Für Formwechsel von Personenhandelsgesellschaften in Kapitalgesellschaften gelten die **Vorschriften der Einbringung**, also die §§ 20 bis 23 UmwStG. Dieser Formwechsel wird somit als Einbringungsvorgang behandelt. Die steuerliche Rückwirkung gilt für Zwecke der Einkommens- und der Vermögensermittlung nach § 20 Abs. 6 und 7 UmwStG entsprechend. Die Rückbeziehung ist allerdings gem. § 20 Abs. 7 UmwStG antragsgebunden.

c) Möglichkeiten des Formwechsels

346 **aa) Formwechsel einer Kapitalgesellschaft in eine andere Kapitalgesellschaft** Es folgt hier **keine Gewinnrealisierung** bei der Kapitalgesellschaft. Mangels Vermögensübergangs werden die bisherigen Buchwerte fortgeführt (*Dehmer* § 1 UmwStG Rn. 14 c). Ein vor der Umwandlung entstandener Verlustabzug bleibt für die Kapitalgesellschaft nach Umwandlung abziehbar (vgl. S/B/B/*Plewka* T Rn. 7 m. w. N.). Das Ausscheiden gegen Barabfindung oder die Leistung barer Zuzahlungen kann auf der Ebene der Anteilseigner zur Gewinnrealisierung nach den allgemeinen Vorschriften führen (S/B/B/*Plewka* T Rn. 7 m. w. N.).

347 **bb) Formwechsel einer Personenhandelsgesellschaft in eine Kapitalgesellschaft** Hier bestimmt § 25 UmwStG, dass der 8. Teil des UmwStG (Einbringung eines Betriebs, Teilbetriebs oder Mitunternehmeranteils in eine Kapitalgesellschaft gegen Gewährung von Gesellschaftsanteilen, also die §§ 20 bis 23 UmwStG), anwendbar sind.

348 **(1) Steuerliche Auswirkungen bei der übernehmenden Kapitalgesellschaft** Die übernehmende Kapitalgesellschaft darf das eingebrachte Vermögen grundsätzlich mit dem Buchwert, dem Teilwert oder einem Zwischenwert ansetzen (§ 20 Abs. 2 S. 1 UmwStG). Die Finanzverwaltung vertritt allerdings die Auffassung, dass beim Formwechsel von einer Personengesellschaft in eine Kapitalgesellschaft auch steuerlich zwingend die **Buchwerte** fortzuführen sind, weil § 24 UmwG im Falle des Formwechsels keine Anwendung findet und deshalb der Maßgeblichkeitsgrundsatz des § 5 Abs. 1 EStG gilt (Tz. 20.30 UmwStE). *Buyer* hingegen ist der Auffassung, dass ein **steuerliches Bewertungswahlrecht** gegeben sei (Dötsch/*Buyer* Rn. 783), was auch nach Ansicht des Verfassers zutreffend ist.

Folgt man der Auffassung, dass ein steuerliches Bewertungswahlrecht besteht, gilt Folgendes:

349 **Ansatz zum Buchwert:** Die Kapitalgesellschaft tritt hinsichtlich
- der AfA,
- der erhöhten Absetzungen,
- der Sonder-AfA,
- der Inanspruchnahme einer Bewertungsfreiheit
- eines Bewertungsabschlags
- eine den steuerlichen Gewinn mindernde Rücklage
- der Anwendung des § 6 Abs. 1 Nr. 2 S. 2 und 3 EStG

in die **Rechtsstellung der formwechselnden Personenhandelsgesellschaft** ein.

Ein Eintritt in den **verbleibenden Verlustabzug** i. S. d. § 10 d Abs. 3 S. 2 EStG ist nicht möglich. Dasselbe gilt für den **gewerbesteuerlichen Verlustvortrag** nach § 10 a GewStG (vgl. S/B/B/*Plewka* T Rn. 10).

Ansatz zum Teilwert: Beim Ansatz zum Teilwert gelten die obigen Ausführungen unter Rn. 349. Allerdings ermittelt sich die AfA nach § 7 Abs. 1, 4, 5 und 6 EStG vom Zeitpunkt des Formwechsels an nach den Anschaffungs- oder Herstellungskosten bei der Personenhandelsgesellschaft, vermehrt um den Differenzbetrag zwischen dem Buchwert der einzelnen Wirtschaftsgüter und dem Wert, mit dem die Kapitalgesellschaften die Wirtschaftsgüter ansetzt. Bei der degressiven AfA nach § 7 Abs. 2 EStG ist ab dem Zeitpunkt des Formwechsels anstelle des Buchwerts der Wert zugrunde zu legen, mit dem die Kapitalgesellschaft die Wirtschaftsgüter ansetzt (§ 22 Abs. 2 Nr. 1 und 2 UmwStG). 350

Ansatz mit dem Zwischenwert: Es gelten hier die Ausführungen zum Teilwertansatz entsprechend (vgl. Rn. 350). 351

(2) Steuerliche Auswirkungen bei der übertragenden Personenhandelsgesellschaft Aus der Sicht des Steuerrechts liegt ein **Identitätswechsel** vor (*Dehmer* DStR 1994, 1753, 1754). § 25 S. 2 UmwStG verlangt, dass die Personenhandelsgesellschaft zum Übertragungsstichtag eine Steuerbilanz aufzustellen hat, um den zum Übertragungsstichtag erzielten Gewinn vom Gewinn der Kapitalgesellschaft, in die umgewandelt wird, abzugrenzen. Eine Aufdeckung etwaiger stiller Reserven ist daher ausgeschlossen (vgl. S/B/B/*Plewka* T Rn. 11). 352

Nach § 20 Abs. 4 UmwStG ist den einzubringenden Gesellschaftern der Wert, mit dem die übernehmende Kapitalgesellschaft das übernommene Vermögen ansetzt, als **Veräußerungspreis zuzurechnen**. Werden dabei bei der Kapitalgesellschaft die Wertansätze aufgestockt, entsteht für die Gesellschafter ein umwandlungsbedingter Veräußerungsgewinn. Ein solcher Veräußerungsgewinn ist nicht gewerbesteuerpflichtig (vgl. Abschn. 40 Abs. 1 Nr. 1 GewStR sowie Widmann/Mayer/*Widmann* § 20 UmwStG Rn. 1139). 353

(3) Steuerliche Auswirkungen bei den Gesellschaftern der übertragenden Gesellschaft Gem. § 20 Abs. 4 UmwStG ist der Wert, mit dem die Kapitalgesellschaft das Betriebsvermögen der Personenhandelsgesellschaft ansetzt, für den Gesellschafter als Veräußerungspreis und als Anschaffungskosten für die Gesellschaftsanteile anzusetzen. Werden daneben noch weitere Wirtschaftsgüter gewährt, so muss der gemeine Wert bei der Bemessung der Anschaffungskosten der Gesellschaftsanteile von dem Wert, mit dem die Kapitalgesellschaft das eingebrachte Betriebsvermögen ansetzt, abgezogen werden. 354

Wenn die Kapitalgesellschaft das übernommene Betriebsvermögen mit einem über dem Buchwert liegenden Wert ansetzt, entsteht ein **Veräußerungsgewinn** bei den Gesellschaftern – nicht bei der Personenhandelsgesellschaft – entsprechend deren Beteiligungsverhältnissen. Der Veräußerungsgewinn ist gem. § 34 EStG begünstigt, sofern dessen Voraussetzungen vorliegen, wenn der Gesellschafter eine natürliche Person ist (§ 20 Abs. 5 UmwStG). 355

Der **Freibetrag nach § 16 Abs. 4 EStG** wird nur gewährt, wenn die Kapitalgesellschaft das übernommene Vermögen mit dem Teilwert ansetzt. Wird das Betriebsvermögen mit dem Buchwert oder einem Zwischenwert angesetzt, so liegen sog. **einbringungsgeborene Anteile** gem. § 21 UmwStG vor. § 21 UmwStG sieht vor, dass dann im Falle einer späteren Veräußerung der Anteile ein Veräußerungsgewinn i. S. d. § 16 EStG entsteht. Der **Veräußerungsgewinn** ist gem. § 34 EStG – sofern dessen Voraussetzungen i. d. F. des StSenkG vorliegen – begünstigt, wenn es sich beim Veräußernden um eine natürliche Person handelt. Es wird dann auch der Freibetrag gem. § 16 Abs. 4 EStG anteilig gewährt (vgl. § 21 Abs. 1 S. 2 UmwStG i. d. F. des Jahressteuergesetzes 1996 v. 11. 10. 1995). 356

357 Durch das am 1. 1. 2001 in Kraft getretene Gesetz zur Senkung der Steuersätze und zur Reform der Unternehmensbesteuerung (StSenkG) haben sich im Zuge des **Systemwechsels vom Anrechnungs- auf das Halbeinkünfteverfahren** wesentliche Änderungen bei der Besteuerung der Gesellschafter, insbesondere auch bezüglich der einbringungsgeborenen Anteile ergeben. Nach § 3 Nr. 40 S. 1 lit. a), lit. b), lit. c) und lit. i) EStG n. F. werden auch Veräußerungen von Anteilen aus Körperschaften, Personenvereinigungen oder Vermögensmassen, deren Leistungen beim Empfänger zu Dividendeneinnahmen i. S. d. § 20 Abs. 1 Nr. 1 EStG führen, nach dem Halbeinkünfteverfahren besteuert.

358 § 3 Nr. 40 S. 1 lit. a) und b) EStG betreffen im Kern die Veräußerungen von Anteilen an Kapitalgesellschaften aus dem Betriebsvermögen heraus sowie die Veräußerungsgewinne i. S. d. § 16 Abs. 2 EStG n. F., soweit die Gewinne aus der Veräußerung auf Anteile an Kapitalgesellschaften entfallen. Veräußerungsgewinne aus einbringungsgeborenen Anteilen fallen – da sie Veräußerungsgewinne i. S. d. § 16 EStG sind – unter § 3 Nr. 40 S. 1 lit. b) EStG n. F.

359 Allerdings ist nach § 3 Nr. 40 S. 3 EStG n. F. das **Halbeinkünftevefahren** in Veräußerungsfällen, nach § 3 Nr. 40 S. 1 lit. a) und b) EStG n. F. nicht bei **einbringungsgeborenen Anteilen** i. S. d. § 21 UmwStG anzuwenden. Diese Nichtanwendungsregelung für einbringungsgeborene Anteile wird jedoch durch § 3 Nr. 40 S. 4 EStG n. F. durchbrochen. Nach § 3 Nr. 40 S. 4 lit. a) EStG n. F. gilt S. 3 nicht, wenn der in S. 1 lit. a) und b) bezeichnete Vorgang später als sieben Jahre nach dem Zeitpunkt der Einbringung i. S. d. § 20 Abs. 1 bzw. § 23 Abs. 1 bis 3 UmwStG auf die der Erwerb der in S. 3 bezeichneten Anteile zurückzuführen ist, stattfindet. Werden also später als sieben Jahre nach dem Zeitpunkt der Einbringung die Anteile veräußert, so ist das Halbeinkünfteverfahren anwendbar, wobei als Zeitpunkt des Erwerbs durch die Kapitalgesellschaft für den Beginn der Berechnung der 7-Jahres-Frist der steuerliche Übertragungsstichtag anzusehen ist.

360 **cc) Formwechsel einer Kapitalgesellschaft in eine Personenhandelsgesellschaft** Auch hier wird im Wesentlichen eine **Steuerneutralität** gewährleistet. Allerdings geht auch hier das UmwStG beim Formwechsel von einer Übertragung des Vermögens der Kapitalgesellschaft auf die Personenhandelsgesellschaft aus (vgl. *Dehmer* DStR 1994, 1753, 1754; *Schaumburg/Rödder* S. 502 Rn. 20).

361 **(1) Steuerliche Auswirkungen bei der übertragenden Kapitalgesellschaft** Nach § 14 S. 2 UmwStG hat die Kapitalgesellschaft eine **Übertragungsbilanz** zum Zeitpunkt des Wirksamwerdens des Formwechsels aufzustellen, wobei nach §§ 14 i. V. m. 3 UmwStG wahlweise die Buchwerte, Zwischenwerte oder Teilwerte angesetzt werden können. Ein Buchwert- oder Zwischenwertansatz ist allerdings nur zulässig, wenn das Betriebsvermögen bei der übernehmenden Personengesellschaft Betriebsvermögen wird, so dass die Besteuerung der stillen Reserven sichergestellt ist (BT-Drs. 12/6885, 16 zu § 3 UmwStG).

362 Ist dies nicht der Fall – z. B. weil die Personengesellschaft nicht gewerblich tätig wird –, so sind die Wirtschaftsgüter in der steuerlichen **Schlussbilanz** der Kapitalgesellschaft mit dem gemeinen Wert anzusetzen, § 16 Abs. 3 S. 4 EStG (*Wochinger/Dötsch* DB 1994, Beil. 14/1994, 6). Bezüglich der **Wertansätze in der Schlussbilanz** der übertragenden Kapitalgesellschaft wird auf Tz. 03.01 ff. UmwStE verwiesen.

363 Beim Ansatz der Wirtschaftsgüter mit einem Zwischenwert oder dem Teilwert bei der übertragenden Kapitalgesellschaft entsteht ein **Übertragungsgewinn**, der sowohl der Körperschaftsteuer als auch der Gewerbesteuer nach § 18 Abs. 1 S. 1 UmwStG unterliegt. Ein vorhandener Verlustabzug geht nicht auf die Personengesellschaft über (§ 4 Abs. 2 S. 2 UmwStG).

364 Eine **Änderung durch das StSenkG** gegenüber der bisherigen Rechtslage ergibt sich insofern, als das gem. §§ 37, 38 KStG n. F. zu ermittelnde Körperschaftsteuerguthaben bzw. die Körperschaftsteuerschuld der übertragenden Körperschaft für den Veranlagungszeitraum die Umwandlung mindern bzw. erhöhen (§ 10 UmwStG). Diese Minderung bzw. Erhöhung hat wiederum Auswir-

kungen auf das steuerliche Buchvermögen der übertragenden Körperschaft in der steuerlichen Schlussbilanz und damit auf die Höhe eines Übernahmegewinns bzw. -verlusts. Im Übrigen bleibt es auf der Ebene der übertragenden Körperschaft grundsätzlich bei der Regelung des § 3 S. 1 UmwStG. Es ändert sich also an der bisherigen Rechtslage nichts.

(2) Steuerliche Auswirkungen bei der Personengesellschaft Die Personengesellschaft tritt in die steuerliche Rechtsstellung der übertragenden Körperschaft ein (vgl. auch Tz. 04.01 ff., Tz. 04.07 ff. UmwStE). Dies gilt auch für einen verrechenbaren Verlust i. S. d. § 15 a EStG (Tz. 4.38 ff. UmwStE). **365**

Die Personengesellschaft hat zum Zeitpunkt des Wirksamwerdens des Formwechsels eine **Eröffnungsbilanz** zu erstellen. In dieser sind gem. § 4 Abs. 1 UmwStG die in der Übertragungsbilanz ausgewiesenen Werte zu übernehmen. Damit besteht eine **Wertverknüpfung** zwischen Übertragungsbilanz und Eröffnungsbilanz. Bezüglich der Wertansätze in der Steuerbilanz der übernehmenden Personengesellschaft ist auf Tz. 14.02 UmwStE zu verweisen. **366**

Die Finanzverwaltung vertritt auch im Falle des Formwechsels die Auffassung, dass das grundsätzlich in § 3 S. 1 letzter Hs. UmwStG enthaltene Wahlrecht wegen des Grundsatzes der Maßgeblichkeit der Handelsbilanz für die Steuerbilanz leer läuft (Tz. 14.01 bis 14.03 UmwStG). Die Auffassung der Finanzverwaltung ist fragwürdig. Gem. Urteil des FG Baden-Württemberg vom 4. 3. 2004 (GmbHR 2004, 810) soll der **Maßgeblichkeitsgrundsatz** allerdings nicht gelten. Gegen das Urteil ist Revision eingelegt. **367**

Trotz Wertverknüpfung kann es bei der Buchwertfortführung zu einem **steuerpflichtigen Übernahmegewinn** nach § 4 Abs. 5 UmwStG kommen. Dieser Übernahmegewinn entsteht dann, wenn die für das übernommene Vermögen angesetzten Werte die Buchwerte der Anteile an der Kapitalgesellschaft übersteigen. Außerdem wird der Übernahmegewinn um die auf dem verwendbaren Eigenkapital der Kapitalgesellschaft lastende Körperschaftsteuer erhöht (§ 4 Abs. 5 UmwStG a. F.). Die Körperschaftsteuer ist aber anrechenbar, § 10 Abs. 1 UmwStG a. F. (bis zum Jahre 2000, zur Änderung des UmwStG vgl. unten Rn. 371). Nach der Rechtslage ab 1. 1. 2001 wird der Übernahmegewinn nicht mehr um die Körperschaftsteuer erhöht. Eine Anrechnung der Körperschaftsteuer entfällt. Dies ergibt sich daraus, dass das körperschaftsteuerliche Anrechnungsverfahren zum 1. 1. 2001 durch das StSenkG weggefallen ist und durch das Halbeinkünfteverfahren ersetzt wurde. **368**

Die **Gesellschafter** der Kapitalgesellschaft werden im Rahmen des Formwechsels **(Mit-)Unternehmer**. Es wird nach dem UmwStG insoweit eine Einlage der Anteile an der Kapitalgesellschaft in die Personengesellschaft fingiert. **369**

Die Anteile, die zum inländischen Betriebsvermögen des Gesellschafters gehören oder eine wesentliche (nunmehr »qualifizierte«) Beteiligung i. S. d. § 17 EStG darstellen, werden in die **Besteuerung der offenen Reserven** auf der Ebene der Personengesellschaft einbezogen. Die Anteile gelten als in das Betriebsvermögen der Personengesellschaft mit den Anschaffungskosten der Gesellschafter eingelegt (vgl. S/B/B/*Sagasser/Plewka* T Rn. 25). Die **Einlagefiktion** des § 5 Abs. 2 UmwStG gilt auch für einen beschränkt steuerpflichtigen Gesellschafter, der die Anteile i. S. d. § 17 EStG im Privatvermögen hält. Der beschränkt steuerpflichtige Gesellschafter kann also einen anteiligen Übernahmegewinn bzw. Übernahmeverlust erzielen sowie die Erstattung des Körperschaftsteuerguthabens nach § 10 Abs. 1 UmwStG a. F. verlangen. **370**

Nach der Neuregelung des UmwStG zum 1. 1. 2001 (Gesetz vom 20. 12. 2001, BGBl. I, 3858 und Gesetz vom 23. 7. 2002, BGBl. I, 2715) entfällt die Erstattung eines Körperschaftsteuerguthabens wegen des Wegfalls des Anrechnungsverfahrens. Die Fiktion des § 5 UmwStG gilt nicht für nicht wesentliche (»qualifizierte«) Beteiligung im Privatvermögen (BT-Drucks. 12/6885, S. 19 zu § 5 UmwStG). Der nicht wesentliche (»qualifizierte«) Beteiligte kann daher keinen Übernahmegewinn bzw. Übernahmeverlust erzielen. Bei diesem ist § 7 UmwStG a. F. (Rechtslage bis **371**

31.12.2000) anzuwenden. Ihm wird das anteilige verwendbare Eigenkapital der Kapitalgesellschaft (offene Rücklage) sowie die anzurechnende Körperschaftsteuer als Einkünfte aus Kapitalvermögen zugerechnet.

372 Auch nach neuer Rechtslage ab 1.1.2001 bleibt es beim bisherigen Ergebnis, als dem betroffenen Gesellschafter das in der Steuerbilanz ausgewiesene Eigenkapital (abzüglich anteiligem Nennkapital und anteiligem Einlagekonto) im Verhältnis seiner Beteiligung an der übertragenden Kapitalgesellschaft als Einkünfte aus Kapitalvermögen zuzurechnen und zu versteuern sind. Ist er beschränkt steuerpflichtig, so entfällt eine Zurechnung der Einkünfte.

(3) Ermittlung des Übernahmegewinns bzw. -verlusts nach bisheriger Rechtslage bis zum Inkrafttreten des StSenkG

373 Es ergibt sich nach § 4 Abs. 4 UmwStG – soweit die Anteile nach § 5 UmwStG als in die Personengesellschaft als eingelegt fingiert werden – in Folge des Vermögensübergangs ein **Übernahmegewinn oder -verlust** in Höhe des Unterschiedsbetrags zwischen dem Wert, mit dem die übergegangenen Wirtschaftsgüter zu übernehmen sind und dem Buchwert der Anteile an der übertragenden Kapitalgesellschaft. Dabei sind bei Ermittlung des Übernahmegewinns oder Übernahmeverlusts wesentliche Beteiligungen i. S. d. § 17 EStG, die im Privatvermögen gehalten werden, mit den **Anschaffungskosten** zu bewerten. Gem. § 5 Abs. 2 UmwStG gelten sie zum **Übertragungsstichtag** als mit den Anschaffungskosten in das Betriebsvermögen der Personengesellschaft eingelegt. Dies gilt auch für einbringungsgeborene Anteile i. S. d. § 21 UmwStG.

374 **Beteiligungen** – auch nicht wesentliche –, die am steuerlichen Übertragungsstichtag zum inländischen Betriebsvermögen eines Gesellschafters der umgewandelten Kapitalgesellschaft gehören, sind im Rahmen der Übernahmegewinn- bzw. -verlustermittlung **mit dem Buchwert** anzusetzen (§ 5 Abs. 3 UmwStG). Nach § 5 Abs. 3 UmwStG sind Beteiligungen, die innerhalb der letzten fünf Jahre vor dem steuerlichen Übertragungsstichtag in ein Betriebsvermögen (nicht allerdings in das der Personengesellschaft) eingelegt wurden, nicht mit dem Teilwert gem. § 6 Abs. 1 Nr. 5 EStG, sondern mit den **historischen Anschaffungskosten** zu bewerten. Dasselbe gilt für Anteile an der übertragenden Kapitalgesellschaft, die innerhalb der letzten fünf Jahre vor dem steuerlichen Übertragungsstichtag in das Betriebsvermögen der übernehmenden Personengesellschaft eingelegt worden sind (§ 5 Abs. 2 UmwStG). Diese Regelung will die Besteuerung der stillen Reserven sicherstellen. Es handelt sich dabei um eine **Missbrauchsvorschrift**. Der Übernahmegewinn oder Übernahmeverlust ist für jeden Gesellschafter eigenständig zu ermitteln, also gesellschafterbezogen zu ermitteln.

375 **Nicht wesentliche Beteiligungen** werden bei der Ermittlung des Übernahmegewinns bzw. Übernahmeverlusts nicht berücksichtigt. Ein Übernahmegewinn erhöht sich bzw. ein Übernahmeverlust verringert sich um die auf dem verwendbaren Eigenkapital der übertragenden Kapitalgesellschaft lastende Körperschaftsteuer. Diese ist nach § 10 Abs. 1 UmwStG auf die Einkommen- bzw. Körperschaftsteuer der Gesellschafter anrechenbar. Außerdem wird der Sperrbetrag (Differenz zwischen den Anschaffungskosten und dem Nennbetrag) i. S. d. § 50 c EStG nach Erwerb vom nichtanrechnungsberechtigten Anteilsinhaber gewinnerhöhend hinzugerechnet (§ 4 Abs. 5 UmwStG).

376 **§ 50 c EStG greift ein,**

- wenn ein nicht zur Anrechnung von Körperschaftsteuer berechtigter Anteilseigner (z. B. Ausländer oder die öffentlich Hand) anrechnungsberechtigt wird oder seine Beteiligung an einer Anrechnungsberechtigten überträgt (§ 50 c Abs. 1–10 EStG, Grundtatbestand);
- wenn nicht wesentlich beteiligte private Anteilseigner mit ihren Anteilen in den Bereich der Gewinneinkünfte eintreten oder die Anteile an einen Steuerpflichtigen mit Gewinnanteilen übertragen (§ 50 c Abs. 11 EStG, Aufbautatbestand).

Der Aufbautatbestand ist durch das Gesetz zur Fortsetzung der Unternehmenssteuerreform neu eingefügt worden und für Umwandlungen mit steuerlicher Wirkung ab Veranlagungszeit 1997 zu beachten. § 50 c Abs. 11 EStG gilt auch für »Alterwerbe« aus den Jahren vor 1997 (Tz. 04.29–04.31 UmwStE, vgl. auch *Lishaut* DB 1997, 2190; *Herzig/Förster* DB 1998, 438; *Wochinger/Rödder* FR 1998, 129).

Die **Hinzurechnung des Sperrbetrags** erfolgt nur, soweit ein Übernahmegewinn i. S. d. §§ 4, 5 UmwStG zu erfassen ist. Durch Hinzurechnung des Sperrbetrags wird ein sich ergebender Übernahmegewinn erhöht bzw. Übernahmeverlust vermindert. Dies hat zur Folge, dass gekaufte stille Reserven nicht »steuerfrei/-neutral« in Abschreibungspotenzial »umgeformt« werden können. Diese gesetzliche Neuregelung **gilt nicht** für Erwerbe von Anteilen im Betriebsvermögen und von sog. einbringungsgeborenen Anteilen. Für beschränkt steuerpflichtige Anteilsinhaber, die wesentliche Beteiligungen im Privatvermögen halten, gilt die Regelung des § 4 Abs. 4 und 5 UmwStG ebenfalls. 377

Ergibt sich ein **Übernahmeverlust**, so sind die Wertansätze der übergegangenen Wirtschaftsgüter in der Bilanz der Personengesellschaft nach der **Zweistufentheorie** einschließlich der Ergänzungsbilanzen für ihre Gesellschafter bis zu den Teilwerten der Wirtschaftsgüter aufzustocken (vgl. § 4 Abs. 6 S. 1 UmwStG), wobei ein noch verbleibender Übernahmeverlust nach § 4 Abs. 6 S. 2 UmwStG n. F. zu aktivieren und auf 15 Jahre abzuschreiben ist. Ein Übernahmegewinn ist den Gesellschaftern allerdings nicht nach Maßgabe des Gewinnverteilungsschlüssels anteilig zuzurechen. Die Zuordnung erfolgt vielmehr zu den Gesellschaftern und auch nur insoweit, als die Gewinnrealisierung auf ihre jeweiligen als in das Betriebsvermögen eingelegten Beteiligungen entfällt. Sofern der Übernahmeverlust auf einem negativen Buchwert des übergegangenen Vermögens beruht, ist das übergehende Vermögen mit mindestens Euro Null anzusetzen. 378

Nach Verwaltungsauffassung ist die Tarifbegrenzung des § 32 c EStG auf den Übernahmegewinn **nicht anzuwenden** (vgl. Rz 04.42 UmwStE). Allerdings ist diese Auffassung in der Literatur umstritten (vgl. *Streck/Posdziech* GmbHR 1995, 278; Haritz/Benkert/*Benkert* § 4 UmwStG Rn. 125 m. w. N.; Ansicht wie Verwaltung: Widmann/Mayer/*Widmann* § 4 UmwStG Rn. 605; *Thiel* DB 1995, 1196, 1199; D/E/J/W Anh. UmwStG Rn. 70 c). Für den **Umwandlungsfolgegewinn** i. S. d. § 6 UmwStG gilt jedoch § 32 c EStG (vgl. Tz. 06.02 UmwStE). 379

Die **Besteuerung des Übernahmegewinns** ist nicht nach § 16 Abs. 4, 34 Abs. 1 EStG begünstigt. Der Übernahmegewinn ist gem. § 18 Abs. 2 UmwStG bei der **Gewerbesteuer** nicht zu erfassen. Wird allerdings der Betrieb der Personengesellschaft oder der natürliche Person innerhalb von fünf Jahren nach der Umwandlung aufgegeben oder veräußert, unterliegt ein Veräußerungs- oder Auflösungsgewinn der Gewerbesteuer (§ 18 Abs. 4 UmwStG). Der auf dieser Veräußerungs- oder Aufgabengewinn beruhende Teil des Gewerbesteuer-Messbetrags ist bei der Ermäßigung der Einkommensteuer nach § 35 EStG nicht zu berücksichtigen. 380

Ein **Verlustabzug der übertragenden Körperschaft** i. S. d. § 10 d Abs. 3 S. 2 EStG geht nicht auf die übernehmende Personengesellschaft über (§ 4 Abs. 2 S. 2 UmwStG). Dasselbe gilt für **vortragsfähige gewerbesteuerliche Fehlbeträge** gem. § 10 a GewStG. 381

Ausländische Gesellschafter mit **wesentlichen Beteiligungen** im Privatvermögen oder Beteiligungen in einem inländischen Betriebsvermögen sind mit dem Übernahmegewinn als Einkünfte aus Gewerbebetrieb beschränkt steuerpflichtig. Die Einkünfte unterliegen als Betriebsstätteneinkünfte der deutschen Besteuerung (§ 49 Abs. 1 Nr. 2 EStG). Die beschränkt Steuerpflichtigen sind zur Körperschaftsteueranrechnung berechtigt, auch dann, wenn sich ein Übernahmeverlust ergibt. 382

Ausländische Gesellschafter mit **nicht wesentlichen Anteilen** im Privatvermögen, die weder Wohnsitz noch gewöhnlichen Aufenthalt im Inland haben, können keinen Übernahmegewinn erzielen. Es werden ihm keine Einkünfte zugerechnet. Sie haben keine beschränkt steuerpflichtigen Einkünfte i. S. d. § 49 Abs. 1 EStG. Die Voraussetzungen des § 49 Abs. 1 Nr. 5 EStG sind ebenfalls 383 nicht erfüllt (*Schmidt* EStG, § 49 Rn. 14 a; Widmann / Mayer/*Widmann* § 4 UmwStG Rn. 563). Die auf dem verwendbaren Eigenkapital lastende Körperschaftsteuer ist bei diesen Gesellschaftern nicht anrechenbar, was zu einer Definitivbelastung führt.

384 **(4) Ermittlung des Übernahmegewinns bzw. -verlusts nach neuer Rechtslage ab 2001** Es bleibt auch weiterhin dabei, dass die Gesellschafter der formwechselnden Kapitalgesellschaft sich in **zwei Gruppen** einteilen lassen, nämlich diejenigen, für die ein Übernahmegewinn bzw. -verlust ermittelt wird (§ 5 UmwStG) und diejenigen, für die das nicht der Fall ist. Da § 5 UmwStG n. F. mit der bisherigen Regelung in § 5 UmwStG inhaltsgleich ist, ergeben sich insoweit keine Änderungen.

385 Allerdings unterscheiden sich die Rechtsfolgen des neuen Umwandlungssteuerrechts grundlegend vom bisherigen. Wird der Gesellschafter in die Ermittlung des Übernahmegewinns bzw. -verlusts einbezogen und entsteht ein Übernahmegewinn, so bleibt der **Übernahmegewinn außer Ansatz**, soweit er auf eine unbeschränkt steuerpflichtige Körperschaft, Personenvereinigung oder Vermögensmasse als Mitunternehmer der Personengesellschaft entfällt. Soweit er auf eine natürliche Person entfällt, wird der Übernahmegewinn zur Hälfte angesetzt. Dies ist die Konsequenz des Halbeinkünfteverfahrens gem. § 3 Nr. 40 EStG n. F. (vgl. auch § 4 Abs. 7 UmwStG). Ein Körperschaftsteueranrechnungsguthaben existiert nicht mehr.

386 Entsteht als Folge der Unwandlung ein **Übernahmeverlust**, so kann dieser nicht mehr wie bisher zur steuerfreien Aufdeckung stiller Reserven genutzt werden. Er bleibt vielmehr gem. § 4 Abs. 6 UmwStG n. F. außer Ansatz. Damit fällt eine Nutzung eines step-up für steuerliche Zwecke weg. Insoweit ändern sich die Rechtsfolgen bei einer Umwandlung einer Kapital- in eine Personengesellschaft grundlegend.

387 Im Zuge der Abschaffung des Körperschaftsteueranrechnungsverfahrens zugunsten des Halbeinkünfteverfahrens wird auch § 50 c EStG überflüssig. Soweit jedoch ein **Sperrbetrag** bereits entstanden ist, entfällt er nicht mit Inkrafttreten des StSenkG. Er bleibt vielmehr für die gesamte Laufzeit, d. h. sowohl im Jahr des Erwerbs als auch in den neun darauf folgenden Jahren bestehen (vgl. § 52 Abs. 59 EStG n. F.). Darüber hinaus bestimmt § 52 Abs. 59 EStG n. F., wann ein Sperrbetrag letztmals entstehen kann. Entspricht das Wirtschaftsjahr der Kapitalgesellschaft dem Kalenderjahr, so kann ein Sperrbetrag auch noch durch Veräußerung im Wirtschaftsjahr 2001 entstehen; hat die Kapitalgesellschaft ein vom Kalenderjahr abweichendes Wirtschaftsjahr, so ist die Entstehung eines Sperrbetrags noch bis zum Ende des Wirtschaftsjahres 2001/2002 möglich. Die zeitliche Anwendungsregelung zu § 50 c EStG läuft also insofern parallel zum zeitlichen Anwendungsbereich des § 8 b Abs. 2 KStG n. F. sowie des § 3 Nr. 40 EStG n. F.

IV. Die Vermögensübertragung

1. Behandlung nach dem UmwG

388 Die Vermögensübertragung ist im 4. Buch des UmwG in den §§ 174 bis 189 UmwG geregelt. Der Gesetzgeber unterscheidet dabei die **Vollübertragung** und die **Teilübertragung**. Diese »Ersatzrechtsinstitute« sollen solchen Rechtsträgern die Möglichkeit der Übertragung von Vermögen im Wege der Verschmelzung oder Spaltung ermöglichen und erleichtern, denen dies bisher verwehrt war. Dabei lässt die Vorschrift des § 175 Nr. 1 UmwG auch die Übertragung des Vermögens oder von Vermögensteilen einer Kapitalgesellschaft auf die **öffentliche Hand** zu.

389 Die **Vermögensübertragung** ist nur für die Fälle vorgesehen, in denen der übernehmende Rechtsträger der **Bund**, die **Länder**, eine **Gebietskörperschaft** oder ein Zusammenschluss von Gebietskörperschaften, ein **Versicherungsverein** auf Gegenseitigkeit, ein **öffentlich-rechtliches Versicherungsunternehmen** oder eine **Versicherungs-AG** ist (§ 175 UmwG). Bei Vollübertragung i. S. d. § 174 Abs. 1 UmwG überträgt ein einziger Rechtsträger sein Vermögen als Ganzes auf einen anderen, bereits bestehenden Rechtsträger gegen Gewährung einer Gegenleistung, die in Form einer Barabfindung oder Übertragung von Wirtschaftsgütern erfolgt.

Bezüglich des Ablaufs einer **Teilübertragung des Vermögens** sind gem. § 177 Abs. 2 UmwG die Vorschriften des § 176 Abs. 2 bis 4 UmwG entsprechend anzuwenden. Die Teilübertragung ist gem. § 176 UmwG in **drei Grundfällen** möglich: **390**

- **Übertragung durch Aufspaltung** des gesonderten Vermögens unter Auflösung ohne Abwicklung des übertragenden Rechtsträgers auf verschiedene übernehmende Rechtsträger, § 174 Abs. 2 Nr. 1 UmwG.
- **Übertragung durch Abspaltung** eines Vermögensteils unter Fortbestand des übertragenden Rechtsträgers, § 174 Abs. 2 Nr. 2 UmwG,
- **Übertragung durch Ausgliederung** eines Vermögensteils unter Fortbestand des übertragenden Rechtsträgers, § 174 Abs. 2 Nr. 3 UmwG.

2. Steuerrechtliche Behandlung

Auf die Fälle der Vermögensübertragung sind grundsätzlich die Vorschriften des UmwStG anzuwenden, die auch die entsprechenden Vorgänge der Verschmelzung oder der Spaltung regeln (vgl. auch S/B/B/*Sagasser/Watrin* W Rn. 1, sowie Tz. 11.15 ff. UmwStE). Gem. § 1 Abs. 2 UmwStG gilt daher für die Vermögensübertragung der 3. und 6. Teil sowie § 19 UmwStG. Für die Aufspaltung und Abspaltung entsprechenden Fälle der Teilübertragung gelten gem. § 1 Abs. 4 UmwStG die §§ 15, 17 und 19 UmwStG. **391**

Als **übertragende Rechtsträger** kommen in Übereinstimmung mit dem UmwG Kapitalgesellschaften, Versicherungsvereine auf Gegenseitigkeit sowie Körperschaften und Anstalten des öffentlichen Rechts in Betracht (§ 1 Abs. 1 UmwStG). Keine Regelung im UmwStG haben die der Ausgliederung entsprechenden Fälle der Teilübertragung erfahren. **392**

Die Anwendbarkeit der Vorschriften der §§ 20 ff., 24 UmwStG scheidet auf die entsprechenden Fälle der Teilübertragung aus, da in diesen Fällen die übernehmenden Rechtsträger (mit Ausnahme der Versicherungs-AG) weder Kapital- noch Personengesellschaften sind und darüber hinaus die für den Vermögensübergang gewährte Gegenleistung nicht in Gesellschaftsrechten besteht (S/B/B/*Sagasser/Watrin* W Rn. 1). **393**

Für die Vollübertragung und die Teilübertragung sind die wesentlichen Vorschriften des UmwStG anzuwenden. Allerdings findet das in § 11 Abs. 1 UmwStG geregelte **Bewertungswahlrecht** bei einer Vollübertragung **keine Anwendung**, da die gem. § 174 UmwG gewährte Gegenleistung nicht – wie in § 11 Abs. 1 Nr. 2 UmwStG gefordert – in Gesellschaftsrechten besteht. Deshalb sind die übergehenden Wirtschaftsgüter mit den **gewährten Gegenleistungen** anzusetzen. Darunter ist der gemeine Wert zu verstehen (*Dehmer* § 14 UmwStG Rn. 6). Die übernehmende Körperschaft setzt die übergegangenen Wirtschaftsgüter gem. § 12 Abs. 1 UmwStG mit dem Wertansatz der steuerlichen Schlussbilanz der Überträgerin an. **394**

Bei einer Vermögensübertragung entspricht der **Übertragungsgewinn** (Buchgewinn) dem **Wert der Gegenleistung** abzüglich des Buchwerts des Vermögens der übertragenden Körperschaft (*Dehmer* DStR 1994, 1720). **395**

Bei der Vermögensübertragung von einer steuerfreien auf eine steuerpflichtige Körperschaft sind die Wirtschaftsgüter **zwingend mit dem Teilwert anzusetzen**. Bei den Anteilseignern erfolgt eine Gewinnrealisierung in Höhe des Unterschiedsbetrages zwischen dem gemeinen Wert der Gegenleistung und dem Buchwert bzw. den Anschaffungskosten der Anteile, soweit es sich um in einem Betriebsvermögen gehaltenen Anteil oder um wesentliche Beteiligungen bzw. einbringungsgeborene Anteile i. S. d. § 21 UmwStG handelt (vgl. hierzu insbes. auch Tz. 11.15–11.18 UmwStE), da eine Gegenleistung vorliegt, die nicht in Gesellschaftsrechten besteht. **396**

C. Grenzüberschreitende Umstrukturierungen: Die Europäische Aktiengesellschaft (SE)

I. Grundstruktur der SE

397 Am 8. 10. 2004 ist die Verordnung (EG) Nr. 2157/2001 über das **Statut der Europäischen Gesellschaft** als unmittelbar geltendes Recht in Kraft getreten. Seit diesem Tag können Europäische Aktiengesellschaften in Europa gegründet werden. Damit verbunden sind insbesondere die erstmals gesellschaftsrechtlich gegebenen Möglichkeiten einer **grenzüberschreitenden Verschmelzung** und einer **identitätswahrenden grenzüberschreitenden Sitzverlegung**. Das deutsche Ertragsteuerrecht sieht bisher allerdings weder für die Gründung der SE (vor allem für die Gründung durch Verschmelzung) noch für deren Sitzverlegung adäquate Regelungen vor. Insoweit ist auf den Entwurf der Bundesregierung vom 12. 7. 2006 eines »Gesetzes über steuerliche Begleitmaßnahmen zur Einführung der Europäischen Aktiengesellschaft (SE)« (SEStEG) zu verweisen. Dadurch soll das UmwStG europäisiert werden. Vgl. dazu ausführl. Rn. 419 ff.

398 Eine SE kann durch eine **grenzüberschreitende Verschmelzung**, durch **Gründung einer Holding-SE**, durch **Gründung einer Tochter-SE** und durch **Formwechsel** entstehen. Nicht möglich ist die Gründung einer SE durch (Ab-)Spaltung, bei der eine Gesellschaft Teile ihres Vermögens als Gesamtheit auf eine andere Gesellschaft gegen Gewährung von Anteilen an der übernehmenden Gesellschaft an die Gesellschaft der übertragenden Gesellschaft überträgt. Eine solche Spaltung ist in der SE-Verordnung nicht geregelt. Der Formwechsel in eine SE ist aus deutscher Sicht ertragssteuerlich unproblematisch.

II. Die grenzüberschreitende Verschmelzung

399 Unter ertragsteuerlichen Gesichtspunkten problematisch ist dagegen die grenzüberschreitende Verschmelzung. Bei einer **Herausverschmelzung** (die inländische Gesellschaft wird auf eine ausländische Gesellschaft verschmolzen) sind bei der übertragenden Gesellschaft die §§ 11 und 12 Abs. 1 KStG nach dem Wortlaut nicht anwendbar. Dennoch wird das Vorliegen eines Realisationstatbestandes auf Ebene der verschmolzenen Gesellschaft bei einer Herausverschmelzung überwiegend bejaht (vgl. *Förster/Lange* DB 2002, 288; *Rödder* Der Konzern 2003, 522). Insbesondere wird hinsichtlich des übertragenen Vermögens entweder eine Realisation wegen entsprechender Anwendung des § 11 UmwStG oder aber wegen Sachauskehrung angenommen, denn § 11 UmwStG wäre dann bei gewünschter Buchwertbeibehaltung bei einer Inlandsverschmelzung überflüssig. Allerdings wäre eine durchgängige Realisationspflicht auf Ebene der übertragenden Gesellschaft zumindest nach der nunmehr erfolgten Änderung der FusionsRL vom 17. 2. 2005 fusionsrichtlinienwidrig (ABl. EG 58/19 v. 4. 3. 2005).

400 Die SE ist nunmehr aufgrund der Änderung dort erfasst. Die FusionsRL schreibt vor, dass **keine Besteuerung der stillen Reserven** auf Ebene der übertragenden Gesellschaft erfolgen darf, wenn und soweit das Vermögen in einer Betriebsstätte im Mitgliedsstaat der übertragenden Gesellschaft steuerlich verhaftet bleibt (Art. 4 Abs. 1 FusionsRL), die Buchwerte und die bisher gebrauchten Abschreibungsmethoden in der Betriebsstätte der übernehmenden Gesellschaft fortgeführt werden (Art. 4 Abs. 3 und 4 FusionsRL) und kein Verstoß gegen Art. 11 FusionsRL gegeben ist. Der o. g. **Betriebsstättenvorbehalt**, der entscheidend ist, bedeutet, dass auch nach der Fusionsrichtlinie durch eine grenzüberschreitende Verschmelzung stille Reserven nicht steuerfrei exportiert werden können und auch sollen, sowie, dass die Sicherstellung der Steuerverhaftung der stillen Reserven durch Zuordnung zu einer Inlandsbetriebsstätte erfolgen muss. Es muss also nach der grenzüberschreitenden Verschmelzung im Staat der übertragenden Gesellschaft eine **Betriebsstätte verbleiben**, der die per Verschmelzung übergegangenen Wirtschaftsgüter tatsächlich zugerechnet werden.

401 Problematisch ist dabei aber die **Verschmelzung bei einer Holding**, denn das übertragende Vermögen kann hier weder ganz noch anteilig einer Inlandsbetriebsstätte zugeordnet werden. Von Bedeutung ist auch Art. 6 FusionsRL, wonach Verlustvorträge der übertragenden Gesellschaft bei der übernehmenden Gesellschaft gegen deren Ergebnisse aus der Inlandsbetriebsstätte unter den Voraussetzungen verrechenbar sind, unter denen der Staat der übertragenden Gesellschaft den Übergang von Verlustvorträgen auch bei rein nationalen Verschmelzungen zulässt.

Beim **Gesellschafter** liegt entweder eine **Sachdividende** oder eine Art **Anteilstausch** vor. Beim Gesellschafter ist ein steuerpflichtiger Vorgang abhängig vom Gesellschaftsstatus, von der Höhe des Beteiligungsbuchwerts (den relevanten Anschaffungskosten) und von der steuerlichen Qualifikation des Vorgangs nur im Einzelfall vermeidbar. **402**

Nach Art. 7 FusionsRL ist ein **Verschmelzungsgewinn** bei Beteiligung der übernehmenden an der übertragenden Gesellschaft jedenfalls dann zu befreien, wenn die **Beteiligungsquote über 20 %** liegt (diese Quote wird durch die Änderung der Richtlinie stufenweise weiter auf 10 % verringert). **403**

Für eine **steuerlich erfolgsneutrale Verschmelzung** nach Art. 2 Abs. 1, 17 SE-VO fehlt derzeit noch die nationale Rechtsgrundlage und zwar für den Fall der Herausverschmelzung, der Hineinverschmelzung und der Auslandsverschmelzung. Die Fusionsrichtlinie ist daher unbedingt in deutsches Steuerrecht umzusetzen. Fraglich ist hierbei, ob im Hinblick auf die europarechtlichen Grundfreiheiten dabei eine ertragsteuerneutrale grenzüberschreitende Verschmelzung auch dann zugelassen werden muss, wenn Deutschland durch eine Verschmelzung übertragenen Vermögens das Besteuerungsrecht verliert, dies im Hinblick auf die Entscheidung des EuGH »de Lasteyrie du Saillant« (C-9/02 v. 11. 3. 2004, IStR 2004, 236). Diese Entscheidung betraf die französische Wegzugsbesteuerung beim Wegzug einer natürlichen Person aus Frankreich, die zum Zeitpunkt des Wegzugs über eine Beteiligung an einer französischen Kapitalgesellschaft verfügte, der erhebliche stille Reserven angewachsen waren. Laut EuGH (EuGH, a. a. O.) verstößt die Erhebung einer Veräußerungsgewinnsteuer im Falle des Wegzugs gegen die Niederlassungsfreiheit (Art. 43 EU-Vertrag). Im Hinblick auf diese Entscheidung könnte es durchaus möglich sein, dass der EuGH auch bei grenzüberschreitenden Umstrukturierungen eine freie Übertragung stiller Reserven auf eine Gesellschaft im EU-Ausland anerkennt. Zu den nunmehr beabsichtigten Änderungen bei grenzüberschreitenden Verschmelzungen durch den SEStEG – Entwurf vom 12. 7. 2006 wird auf die Rn. 429–437 verwiesen. **404**

III. Gründung durch grenzüberschreitenden Anteilstausch (Holding-SE)

Bei Gründung einer Holding-SE (Art. 2 Abs. 2, Art. 32 SE-VO) werden Anteile an Aktiengesellschaften oder GmbHs mit Sitz und Hauptverwaltung in der EU mit mehr als 50 % der Stimmrechte in eine **neu gegründete SE** eingebracht, wobei mindestens zwei der betroffenen Aktiengesellschaften oder GmbHs aus verschiedenen Mitgliedstaaten stammen oder seit mindestens zwei Jahren eine Tochtergesellschaft oder Zweigniederlassung in einem anderen Mitgliedstaat haben müssen. **405**

Nach derzeitiger deutscher Rechtslage ist eine steuerneutrale Einbringung durch einen Inländer in eine ausländische Kapitalgesellschaft beim Anteilstausch nur im Rahmen des § 23 Abs. 4 UmwStG möglich. Auch hier sind nunmehr – auch im Hinblick auf die europarechtlichen Grundfreiheiten – Gesetzesänderungen erforderlich (vgl. auch *van Lishaut* FR 2004, 1306). Hinsichtlich der geplanten Änderungen durch das SEStEG vgl. Rn. 441 ff. **406**

IV. Gründung durch grenzüberschreitende Betriebsstätteneinbringung (Tochter-SE)

Die Gründung einer Tochter-SE (Art. 2 Abs. 3, Art. 35 SE-VO) kann vor allem durch Kapitalgesellschaften und Personengesellschaften mit Sitz und Hauptverwaltung in der EU erfolgen, wobei mindestens zwei von ihnen aus verschiedenen Mitgliedstaaten stammen oder seit mindestens zwei Jahren eine Tochtergesellschaft/Zweigniederlassung in einem anderen Mitgliedstaat haben müssen. Die gemeinsame Tochter-SE kann durch **Bar- oder Sachgründung** entstehen. **407**

408 Nach derzeitigem deutschen Steuerrecht besteht bei der Einbringung von Unternehmensteilen durch einen Inländer in eine ausländische Kapitalgesellschaft ein **Verzicht auf eine Realisierung stiller Reserven** nur nach § 23 Abs. 1 und 3 UmwStG. § 23 Abs. 1 UmwStG ist **anwendbar**, wenn

- ein **Betrieb oder Teilbetrieb** durch eine deutsche Kapitalgesellschaft in eine inländische Betriebsstätte einer EU-Kapitalgesellschaft eingebracht wird,
- die Einbringung gegen **Gewährung von neuen Gesellschaftsrechten** erfolgt und
- **Buchwertfortführung** bei der EU-Kapitalgesellschaft und damit die Verdoppelung von stillen Reserven gewährleistet wird.

409 § 23 Abs. 3 UmwStG findet Anwendung, wenn ein **ausländischer Unternehmensteil** durch eine inländische Kapitalgesellschaft in eine ausländische EU-Kapitalgesellschaft eingebracht wird und ansonsten die Voraussetzungen gem. § 23 Abs. 1 UmwStG erfüllt sind. Wird ein Unternehmensteil durch einen Ausländer in eine inländische Kapitalgesellschaft eingebracht, besteht ein deutsches Besteuerungsrecht nur bei Einbringung einer Inlandsbetriebsstätte. Eine Buchwertverknüpfung nach § 20 Abs. 1 S. 1 UmwStG ist in diesem Fall regelmäßig nicht erreichbar.

410 Möglich ist daher, dass § 23 Abs. 2 UmwStG Anwendung findet, nämlich dann, wenn ein **inländischer Unternehmensteil** (inländische Betriebsstätte im Rahmen der Einbringung eines Betriebs oder Teilbetriebs) durch eine ausländische EU-Kapitalgesellschaft in eine inländische Kapitalgesellschaft eingebracht wird und **Buchwertverknüpfung** gegeben ist. Denkbar ist in einem solchen Fall ein Hinzurechnungsbesteuerungsproblem bei einem »übergeordneten« inländischen Gesellschafter.

411 Werden Unternehmensteile durch Ausländer in eine ausländische Kapitalgesellschaft eingebracht, bestehen steuerliche Probleme nur, wenn eine inländische Betriebsstätte von der Einbringung betroffen ist. Hier sind dann im Einzelfall wieder §§ 23 Abs. 2, 26 Abs. 2 S. 2 UmwStG relevant. Vgl. zu den beabsichtigten Änderungen durch das SEStEG Rn. 441 ff.

V. Grenzüberschreitende Sitzverlegung

412 Zu unterscheiden ist für eine Sitzverlegung die Verlegung des **Verwaltungssitzes** und des **Satzungssitzes**. Seit dem 8. 10. 2004 besteht für die SE nunmehr eine Rechtsgrundlage für die **identitätswahrende Sitzverlegung** über die Grenze. Nach deutschem Gesellschaftsrecht ist eine identitätswahrende grenzüberschreitende Sitzverlegung von Kapitalgesellschaften grundsätzlich nicht möglich.

413 Die **Verlegung nur des Verwaltungssitzes** kann die Auflösung der Gesellschaft bedeuten. Dies ist abhängig davon, welche Theorie gefasst wird, der Sitz- oder Gründungstheorie. Die »Überseering«-Entscheidung des EuGH (EuGH, Urt. v. 5. 11. 2002 – Rs. C-208/00, Slg. 2002, I-9919 = ZIP 2002, 2037, vgl. auch *Bayer* BB 2003, 2357, 2361) betrifft die Verlegung des Verwaltungssitzes einer im Ausland wirksam gegründeten Kapitalgesellschaft in das Inland. Die jüngste Entscheidung des EuGH betraf die Frage, ob und inwieweit der Gesetzgeber Sonderregelungen für »formal ausländische Gesellschafter« aufstellen darf (»Inspire Art« – EuGH, Urt. v. 30. 9. 2003–Rs C-167/01, Slg. 2003 = ZIP 2003, 1885). Auf Grund der »Überseering«-Entscheidung und »Inspire Art« scheint sich in Deutschland zumindest für Sitzverlegungen im EU-Bereich die Gründungstheorie durchzusetzen. (vgl. auch Hirte / Bücker/*Hirte* § 1 Rn. 19 ff.).

414 Aus **steuerlicher Sicht** ist dabei Folgendes zu beachten:

Bei einer **Sitzverlegung in das Ausland** greift § 12 Abs. 1 KStG seinem Wortlaut nach, wenn Ort der Geschäftsleitung und statuarischer Sitz einer deutschen Kapitalgesellschaft in das Ausland verlegt werden und die Kapitalgesellschaft aus der deutschen Steuerpflicht ausscheidet. Dies bedeutet, dass stille Reserven zu realisieren sind. Teilweise wird in der Literatur vertreten, dass § 12 Abs. 1 KStG bei Erhalt der deutschen Steuerverhaftung von stillen Reserven in einer Inlandsbetriebsstätte teleologisch reduziert werden müsse (vgl. *Förster/Lange* RIW 2002, 585; *Rödder* Der Konzern 2003, 522; *Kessler/Obser/Schmalz* DStZ 2004, 813).

Bei einer **Sitzverlegung in das Inland** sowie bei einer Sitzverlegung im Ausland hinsichtlich Realisierung stiller Reserven in eine Inlandsbetriebsstätte ist § 12 Abs. 2 KStG nicht anwendbar, da keine Übertragung auf einen Anderen gegeben ist.

Auf Grund der am 17. 2. 2005 beschlossenen Änderung der FusionsRL, bei der die Sitzverlegung der SE nunmehr auch ausdrücklich geregelt ist, muss nunmehr auch unbedingt eine entsprechende **Umsetzung in deutsches Steuerrecht** zu erfolgen. Nach der Änderung der FusionsRL darf bei einer Sitzverlegung eine Besteuerung von stillen Reserven nicht erfolgen, wenn und soweit das Vermögen von stillen Reserven in einer Betriebsstätte im Wegzugsstaat steuerlich verhaftet bleibt (vgl. Art. 10 b FusionsRL). Nach Art. 10 d FusionsRL darf es auch auf Gesellschafterebene nicht zu einer Besteuerung von stillen Reserven kommen. Fraglich ist aber auch, ob der obige Betriebsstättenvorbehalt auf Grund der neuen EuGH-Rechtsprechung, insbesondere »de Lasteyrie du Saillant« (EuGH v. 11. 3. 2004–Rs. C-9/02, IStR 2004, 236), überhaupt aufrechterhalten werden kann. Insoweit ist es nach Ansicht des Verfassers durchaus möglich, dass der EuGH künftig in seiner Rechtsprechung diesen Betriebsstättenvorbehalt aufheben wird, mit der Folge, dass Deutschland bei einer Sitzverlegung sein Besteuerungsrecht verliert. Nunmehr ist im RegE eines »Gesetzes über steuerliche Begleitmaßnahmen zur Einführung der Europäischen Aktiengesellschaft (SE)« (SEStEG) vom 12. 7. 2006 vorgesehen, dass bei einer späteren Veräußerung der Anteile an der SE der Gewinn ungeachtet der Bestimmungen eines DBA zu versteuern ist. Damit erfolgt bei Sitzberlegung noch keine Besteuerung der stillen Reserven an den Anteilen. 415

D. Geplante Änderungen des UmwG im Hinblick auf grenzüberschreitende Fusionen

Nachdem am 15. 12. 2005 die **EU-Richtlinie über die Verschmelzung von Kapitalgesellschaften** aus verschiedenen Mitgliedstaaten (10. Gesellschaftsrechtliche Richtlinie) in Kraft getreten ist, muss die Umsetzung in nationales Recht der einzelnen Mitgliedstaaten bis Dezember 2007 erfolgt sein. Nach der gerade erst ergangenen »SEVIC«–Entscheidung des EuGH (NJW 2006, 425) gebietet zwar bereits die Niederlassungsfreiheit gem. Art. 43, 48 EU-Vertrag die Zulassung grenzüberschreitender Verschmelzungen. Nach dieser Entscheidung des EuGH darf das nationale Handelsregister die Eintragung grenzüberschreitender Verschmelzungen generell nicht verweigern (vgl. auch *Kappes* NZG 2006, 101). 416

Auf Grund der o. g. Richtlinie und der neueren Entscheidung des EuGH zur Zulässigkeit einer grenzüberschreitenden Verschmelzung hat das Bundesministerium der Justiz am 17. 2. 2006 den Referentenentwurf eines **»Zweiten Gesetzes zur Änderung des Umwandlungsgesetzes«** zur Stellungnahme an die Länder und beteiligten Kreise versandt. So wird nun in Zukunft beispielsweise eine deutsche GmbH problemlos mit einer französischen Société à responsabilité limitée (S. a. r. l.) oder einer britischen Private Company Limited by Shares (Ltd.) verschmelzen können. Der Gesetzentwurf setzt somit die 10. Gesellschaftsrichtlinie in deutsches Recht um. 417

Das Umwandlungsgesetz soll nach dem Entwurf wird so ergänzt werden, dass für **grenzüberschreitende Verschmelzungen** größtenteils dieselben Bestimmungen wie für innerstaatliche Verschmelzungen gelten. Neue Vorschriften sind lediglich dort vorgesehen, wo der grenzüberschreitende Charakter der Verschmelzung und die Richtlinie dies erfordert (zur Richtlinie im Einzelnen vgl. *Bayer/Schmidt* NJW 2006, 97; zur »SEVIC«-Entscheidung und Verschmelzungsrichtlinie *Geyrhalter/Weber* DStR 2006, 146). 418

E. Überblick über geplante Änderungen des Umwandlungssteuergesetzes durch das SEStEG (Entwurf)

I. Einleitung

Mittlerweile liegt der RegE (Beschluss des Bundeskabinetts vom 12. 7. 2006) eines »Gesetzes über steuerliche Begleitmaßnahmen zur Einführung der Europäischen Gesellschaft und zur Änderung weiterer steuerlicher Vorschriften« (SEStEG) vor. Hierbei wird auch das UmwStG erheblich 419 verändert werden. Mit der Veröffentlichung des Gesetzes im BGBl. dürfte wohl im Dezember 2006/Januar 2007 zu rechnen sein.

420 Es ist damit zu rechnen, dass die geplanten Änderungen des EStG und des KStG, in denen die grenzüberschreitende Sitzverlegung für die SE und SCE (Europäische Genossenschaft) geregelt wird (§§ 4 Abs. 1 S. 2, 1 Abs. 5 EStG; § 12 KStG) erstmals zum Teil **rückwirkend für den Veranlagungszeitraum 2006 gelten** soll. Dagegen wird das neue UmwStG wohl erst für Umwandlungsvorgänge gelten, deren Eintragung im Handelsregister zeitlich nach der Verkündung des Gesetzes beantragt wird (§ 27 Abs. 3 UmwStG). Nach derzeitigem Recht ist das UmwStG im Wesentlichen nur auf inländische Umwandlungsvorgänge bzw. nur bei Beteiligung unbeschränkt steuerpflichtiger Rechtsträger anwendbar (§ 1 Abs. 1, 5 UmwStG) mit Ausnahme der Einbringung von Betrieben, Teilbetrieben und Anteilen an EU-Kapitalgesellschaften (§ 23 UmwStG). Der Entwurf des SEStEG hat sich nunmehr für ein System entschieden, das zwischen inländischen und grenzüberschreitenden Umstrukturierungen innerhalb der EU oder mit Bezug zu Drittstaaten unterscheidet. Damit gelten für alle inländischen und grenzüberschreitenden Umstrukturierungen von Unternehmen nicht die gleichen steuerlichen Grundsätze. Es erfolgt somit lediglich eine **Europäisierung des Umwandlungssteuerrechts**. Europäisierung heißt, dass die Vorschriften des UmwStG i. d. F. des RegE SEStEG anwendbar sind, wenn die an der Umwandlung beteiligten übertragenden und übernehmenden Rechtsträger (bei Einbringungen im Wege der Einzelrechtsnachfolge der einbringende und der übernehmende Rechtsträger, beim Anteilstausch der erworbene und erwerbende Rechtsträger) Gesellschaften oder natürliche Personen sind, die in der EU oder dem EWR ansässig sind (die Gesellschaften müssen nach dem Recht eines EU/EWR -Staates gegründet sein und Sitz und Ort der Geschäftsleitung in einem EU/EWR-Staat haben). Ob eine vom UmwStG erfasste Umwandlung vorliegt, richtet sich bei **nationalen Umwandlungen** nach wie vor grundsätzlich nach dem UmwG (einschließlich § 1 Abs. 2 UmwG). Bei **grenzüberschreitenden Umwandlungen** und bei Umwandlungen im Ausland ist eine Vergleichbarkeit mit den erfassten deutschen Umwandlungsvorgängen erforderlich (vgl. *Rödder/Schumacher* DStR 2006, 1525, 1526; *Hahn* GmbHR 2006, 617).

II. Formwechsel

1. Besteuerung des übertragenden Rechtsträgers

421 Für die Vermögensübertragung einer Körperschaft auf eine übernehmende Personengesellschaft oder eine übernehmende natürliche Person soll in § 3 Abs. 1 UmwStG die **Grundregel** festgelegt werden, dass die Wirtschaftsgüter mit dem **gemeinen Wert** beim übertragenden Rechtsträger anzusetzen sind.

422 Nach § 3 Abs. 2 UmwStG i. d. F. des SEStEG-Entwurfs soll ein – einheitlicher, d. h. nicht für einzelne Wirtschaftsgüter selektiv wählbarer – **Buchwertansatz** oder Zwischenwertansatz lediglich auf Antrag erfolgen, soweit das deutsche Besteuerungsrecht sichergestellt ist. Der übernehmende Rechtsträger hat in seiner Anfangsbilanz diese Werte zu übernehmen.

423 Es besteht **keine Maßgeblichkeit der Handelsbilanz** für die steuerliche Bewertung mehr. Jede übertragende Körperschaft, die vom sachlichen Anwendungsbereich des UmwStG erfasst wird, ist zur Erstellung einer steuerlichen Schlussbilanz verpflichtet. Das gilt unabhängig davon, ob die übertragende Körperschaft einer inländischen Steuerpflicht unterliegt oder im Inland zur Führung von Büchern verpflichtet ist. Der Antrag auf Ansatz von Buch- oder Zwischenwerten ist spätestens bis zur erstmaligen Einreichung der steuerlichen Schlussbilanz bei dem für die übertragende Körperschaft zuständigem Finanzamt einzureichen. Da die Beschränkung des Besteuerungsrechts gesellschafterbezogen zu prüfen ist, kann es auch zu einem **anteiligen Buchwertansatz** (einheitlich bei allen Wirtschaftsgütern) kommen (vgl. auch *Förster/Felchner* DB 2006, 1078).

424 Die **Besteuerung des Übertragungsergebnisses** erfolgt unter Berücksichtigung der Vorschriften der von Deutschland abgeschlossenen Doppelbesteuerungsabkommen (DBA). Soweit Deutschland eine Doppelbesteuerung des Übertragungsgewinns durch Freistellung von der deutschen

Steuer vermeidet, ist hierin der Verzicht der auf die Besteuerung einer in einem anderen Mitgliedstaat liegenden Betriebsstätte zu sehen (vgl. Art. 10 Abs. 1 FusionsRL). Die Körperschaftsteuerschuld der übertragenden Körperschaft erhöht sich gem. § 10 UmwStG i. d. F. des RegE SEStEG um den Betrag, der sich nach § 38 KStG bei einer Vollausschüttung der Gewinnrücklagen in der Steuerbilanz ergeben würde. Eine Körperschaftsteuerminderung gem. § 37 KStG soll hingegen nicht mehr erfolgen, da gem. § 37 Abs. 5 KStG i. d. F. des RegE SEStEG nur noch eine ratierliche Auszahlung des Körperschaftsteuerguthabens vorgenommen werden soll.

2. Besteuerung des übernehmenden Rechtsträgers und der Anteilseigner des übertragenden Rechtsträgers

Die übernehmende Personengesellschaft oder die übernehmende natürliche Person übernimmt **425** wie bisher die **Werte aus der steuerlichen Schlussbilanz** i. S. § 3 UmwStG. Der übernehmende Rechtsträger tritt grundsätzlich in die steuerliche Rechtsstellung der übertragenden Körperschaft ein. Verlustvorträge gehen jedoch nicht über (§ 4 Abs. 2 S. 1 und 2 UmwStG i. d. F. des RegE SEStEG).

Der Wegfall der Anteile an der übertragenden Körperschaft soll wie derzeit durch die **Ermittlung** **426** **eines Übernahmeergebnisses** berücksichtigt werden, wobei auch Anteile in einem ausländischen Betriebsvermögen einzubeziehen sind (§ 5 Abs. 3 UmwStG i. d. F. des RegE SEStEG). Der Buchwert der Anteile an der übertragenden Körperschaft, der in die Ermittlung des Übernahmeergebnisses eingeht, soll gem. § 4 Abs. 1 S. 2 UmwStG i. d. F. des RegE SEStEG bis zur Höhe des gemeinen Werts dieser Anteile um steuerwirksame Teilwertabschreibungen und Abzüge nach § 6 b EStG und ähnliche Abzüge erhöht werden.

Nach derzeitiger Rechtslage erhöhen steuerliche Gewinnrücklagen das Übernahmeergebnis. **427** Nach dem RegE soll zur Sicherung des Quellensteuerrechts gegenüber Steuerausländern eine generelle Aufteilung des Übernahmeergebnisses in einen »**Dividendenanteil**« (d. h. alle Gewinnrücklagen in der Steuerbilanz) und einen »**Veräußerungsanteil**« erfolgen und der Dividendenanteil wie eine Dividende unter Einbehaltung von Kapitalertragsteuer gesondert besteuert werden.

Das **Übernahmeergebnis** ermittelt sich also nach folgendem Schema: **428**

	Wert, mit dem die übergegangenen Wirtschaftsgüter gem. § 4 Abs. 1 S. 1 UmwStG i. d. F. des RegE SEStEG zu übernehmen sind
./.	Kosten des Vermögensübergangs
./.	(ggf. korrigierter) Buchwert der Anteile an der übertragenden Körperschaft
+	Differenz zwischen gemeinem Wert und dem Wert i. s. des § 4 Abs. 1 S. 1 UmwStG i. d. F. des RegE SEStEG beim »neutralen« Vermögen
=	Übernahmegewinn/-Verlust 1. Stufe (§ 4 Abs. 4 UmwStG i. d. F. des RegE SEStEG)
+	Sperrbetrag nach § 50 c EStG
./.	Bezüge gem. § 7 UmwStG i. d. F. des RegE SEStEG
=	Übernahmegewinn/-verlust 2. Stufe (§ 4 Abs. 5 UmwStG i. d. F. des RegE SEStEG)

Der Übernahmegewinn unterliegt der Besteuerung nach den **Grundsätzen des Halbeinkünfteverfahrens** (§ 4 Abs. 7 UmwStG i. d. F. des RegE SEStEG). Bei den Anteilseignern sind somit auf die nach § 7 UmwStG i. d. F. des RegE SEStEG zuzurechnenden Bezüge grundsätzlich § 3 Nr. 40 EStG, § 8 b Abs. 1, Abs. 5 KStG anzuwenden.

III. Verschmelzung

Das Vermögen der übertragenden Kapitalgesellschaft ist in deren Schlussbilanz grundsätzlich **429** mit dem gemeinen Wert anzusetzen.

430 Auf **Antrag** sind die übergehenden Wirtschaftsgüter einheitlich mit dem **Buchwert** oder einem Zwischenwert anzusetzen, sofern sie später bei der übernehmenden Kapitalgesellschaft der Körperschaftsteuer unterliegen, das deutsche Besteuerungsrecht hinsichtlich der übertragenen Wirtschaftsgüter nicht eingeschränkt wird und eine Gegenleistung nicht gewährt wird oder in Gesellschaftsrechten besteht. Ein Zwischenwertansatz ist nicht mehr zulässig. Durch diese Regelung wird erreicht, dass die stillen Reserven aller Wirtschaftsgüter, die infolge der Verschmelzung aus der deutschen Besteuerung ausscheiden, im Wege der Entstrickung aufgedeckt und in Deutschland versteuert werden. Zuzahlungen der übernehmenden Kapitalgesellschaft an die verbleibenden Gesellschafter der übertragenden Kapitalgesellschaft (z. B. ein Spitzenausgleich), werden voraussichtlich wie nach geltendem Recht behandelt (§ 11 Abs. 2 S. 1 UmwStG).

431 Die übernehmende Kapitalgesellschaft muss die **Werte aus der Schlussbilanz** der übertragenden Kapitalgesellschaft übernehmen (§ 12 Abs. 1 UmwStG). Sie tritt wie bisher (§ 12 Abs. 3 UmwStG) in die Rechtsstellung der übertragenden Kapitalgesellschaft ein. Vorgesehen ist weiterhin, dass ein **verbleibender Verlustvortrag**, verrechenbare Verluste oder nicht ausgeglichene negative Einkünfte nicht mehr auf die übernehmende Kapitalgesellschaft übergeht. § 12 Abs. 3 S. 2 UmwStG wird somit ersatzlos gestrichen.

432 Wie bisher ist vorgesehen, dass ein entstehender **Übernahmegewinn oder -verlust** bei der Ermittlung des Einkommens **außer Ansatz** bleibt. Dies entspricht den Regelungen der FusionsRl (Art. 7 Abs. 1 FusionsRL). Allerdings sieht § 12 Abs. 2 des SEStEG-Entwurfs eine dem § 8 b Abs. 3 KStG entsprechende Regelung vor, so dass 5 % des Übernahmegewinns als nicht abziehbare Betriebsausgaben gelten und damit der Körperschaftsteuer unterliegen. Dies beruht wohl auf der Überlegung, dass der Übernahmegewinn auf den offenen Rücklagen der Tochtergesellschaft beruht, die bei einer Verschmelzung, ähnlich wie bei einer Ausschüttung, auf die Tochtergesellschaft übergehen.

433 Die Regelung über den **Beteiligungskorrekturgewinn** (§ 12 Abs. 2 S. 2 UmwStG) bleibt wohl weiter bestehen. Es ist in § 11 Abs. 2 S. 2 SEStEG-Entwurf auch die **Besteuerung** des Beteiligungskorrekturgewinns beim »down-stream-merger« vorgesehen. Besteuert wird auch hier die Kapitalgesellschaft, bei der die Teilwertabschreibung auf die Beteiligung an der Tochtergesellschaft steuerwirksam geworden ist.

434 Der **Maßgeblichkeitsgrundsatz** wird aufgeben (vgl. oben Rn. 429). Die steuerlichen Bewertungswahlrechte können dann allein in der Steuerbilanz ausgeübt werden.

435 Die Regelungen zum **steuerlichen Einlagekonto** werden auf Körperschaften und Personenvereinigungen ausgeweitet, die innerhalb der EU unbeschränkt steuerpflichtig sind. Die sog. Einlagerückgewähr kann künftig auch durch gebietsfremde Körperschaften erfolgen (§ 27 Abs. 8 KStG i. d. F. des RegE SEStEG). Das Körperschaftsteuerguthaben soll zum 31. 12. 2006 letztmalig festgestellt und in zehn Raten von 2008 bis 2017 gleichmäßig verteilt und ausbezahlt werden.

436 Bei den Anteilseignern der Übertragenden Körperschaft gilt Folgendes (vgl. § 13 i. d. F. des RegE SEStEG): Die Anteile an der übertragenden Gesellschaft gelten nunmehr grundsätzlich als **zum gemeinen Wert veräußert** und die neu erworbenen Anteile an der aufnehmenden Gesellschaft als zu diesem Wert angeschafft. Auf Antrag können die Anteile an der übernehmenden Kapitalgesellschaft mit dem Buchwert der Anteile an der übertragenden Gesellschaft angesetzt werden. Das setzt allerdings voraus, dass das deutsche Besteuerungsrecht hinsichtlich der Anteile an der übernehmenden Kapitalgesellschaft nicht eingeschränkt wird. Dazu kann es z. B. kommen, wenn die deutsche Kapitalgesellschaft mit einer ausländischen Gesellschaft verschmolzen wird, die aus ausländischer Sicht eine Kapitalgesellschaft, aus deutscher Sicht aber eine Personengesellschaft ist.

437 Bei einer transparent besteuerten Personengesellschaft werden die Gewinne aus der Veräußerung der Anteile an der Personengesellschaft als Gewinne aus der Veräußerung beweglichen Vermögens behandelt, für die nicht der Wohnsitzstaat des Gesellschafters, sondern der Betriebsstät-

tenstaat das Besteuerungsrecht hat (Art. 13 Abs. 2 OECD-MA, vgl. auch Art. 8 Abs. 1 FusionsRL, Art. 10 a Abs. 3 FusionsRL).

IV. Auf- und Abspaltung

Nach § 1 Abs. 1 S. UmwStG i. d. F. des RegE SEStEG soll die Europäisierung des UmwStG auch für die **Auf- und Abspaltung von Kapitalgesellschaften** gelten. Fraglich ist allerdings, ob grenzüberschreitende Auf- und Abspaltungen derzeit überhaupt gesellschaftsrechtlich möglich sind. Deutsches Gesellschaftsrecht ermöglicht derzeit nur Auf- oder Abspaltungen auf Gesellschaften mit Sitz im Inland (eventuell aber mit Geschäftsleitung und steuerlicher Ansässigkeit im Ausland). Die SE-VO und die EU-Verschmelzungsrichtlinie regeln nur grenzüberschreitende Verschmelzungen. Insoweit wäre es für die Praxis erforderlich, wenn das UmwG auch insoweit europäisiert würde. 438

Die §§ 15, 16 UmwStG regeln derzeit nur Auf- und Abspaltungen nach § 123 Abs. 1 und Abs. 2 UmwG unter Beteiligung unbeschränkt steuerpflichtiger Körperschaften (§ 1 Abs. 4, Abs. 5 UmwStG). Auf Grund Art. 1 lit. a), 2 lit. b) ba) FusionsRL ist hingegen auch die Auf- und Abspaltung von **EU–Kapitalgesellschaften** auf EU-Kapitalgesellschaften zu begünstigen. Deshalb soll im Vorgriff auf die gesellschaftsrechtlichen Regelung einer grenzüberschreitenden Spaltung zukünftig unter den gleichen Voraussetzungen wie Verschmelzungen Spaltungen unter den umwandlungssteuerrechtlichen Regelungen erfasst werden, d. h. ausländische Spaltungen auf Grund von Vorschriften, die den deutschen Spaltungsregelungen vergleichbar sind, unter Beteiligung von Gesellschaften, die in der EU oder dem EWR ansässig sind. Die Voraussetzungen für die **Buchwertfortführung** auf Gesellschaftsebene (§ 11 Abs. 2 UmwStG i. d. F. des RegE SEStEG soll hierbei entsprechend gelten) sollen dabei unverändert bleiben. Die **Teilbetriebsvoraussetzungen** müssen- wie bisher – erfüllt sein (15 Abs. 1 S. 2 und 3 UmwStG i. d. F. des RegE SEStEG). 439

V. Einbringung von Anteilen

Der RegE enthält für die Einbringungstatbestände der §§ 20 ff UmwStG mehrere grundlegende Änderungen: Die §§ 20 ff. UmwStG werden entsprechend den Neuerungen des 1. bis 5. Teils des UmwStG **europäisiert** und gehen infolgedessen bei der Betriebseinbringung etc. in vielen Fällen über die §§ 20,23 UmwStG in der derzeitigen Fassung hinaus. Bei Einbringenden, die in **Drittstaaten** ansässig sind und auch bei einem praktisch sehr bedeutsamen Fall des **Anteilstauschs** (Einbringung von Drittstaatenbeteiligungen in unbeschränkt steuerpflichtige Kapitalgesellschaften) bleiben sie demgegenüber hinter dem Umfang der derzeitigen Regelung zurück. Von der Konzeption wird entsprechend der allgemeinen Vorgehensweise im neuen UmwStG auch in den §§ 20 ff. UmwStG i. d. F. des RegE SEStEG in Einbringungsfällen grundsätzlich der **Ansatz des gemeinen Werts** vorgesehen. 440

Bei der Einbringung eines Betriebs, Teilbetriebs oder Mitunternehmeranteils in eine Kapitalgesellschaft gegen Gewährung von Gesellschaftsrechten soll die übernehmende Gesellschaft das eingebrachte Betriebsvermögen gem. § 20 Abs. 2 S. 1 UmwStG i. d. F. des SEStEG-Entwurfs daher mit dem **gemeinen Wert** anzusetzen haben. 441

Nach § 20 Abs. 2 S. 2 UmwStG i. d. F. des SEStEG-Entwurfs kann das übernommene Betriebsvermögen **auf Antrag** des Einbringenden einheitlich mit dem **Buchwert** oder Zwischenwert angesetzt werden, soweit die Passivposten (ohne Eigenkapital des eingebrachten Betriebsvermögens) die Aktivposten nicht übersteigen, das Recht der Bundesrepublik Deutschland hinsichtlich der Besteuerung des eingebrachten Betriebsvermögens bei der übernehmenden Gesellschaft nicht eingeschränkt und keine sonstige Gegenleistung gewährt wird. 442

Übersteigt der gemeine Wert des übertragenen, der inländischen Besteuerung unterliegenden Betriebsvermögens den Wert, mit dem die übernehmende Gesellschaft dieses angesetzt hat, ist nach § 22 Abs. 1 UmwStG i. d. F. des SEStEG-Entwurfs beim Einbringenden in Höhe der Differenz ist ein sog. »**Korrekturposten I**« zu bilden. Dieser Korrekturposten soll in den folgenden sieben Jah- 443 ren in gleichmäßigen Jahresbeträgen abgebaut werden. Werden die erhaltenen Anteile innerhalb des Sieben-Jahres-Zeitraumes nach der Einbringung veräußert, so ist der im Zeitpunkt der Veräußerung maßgebende Korrekturposten I nach § 22 Abs. 1 UmwStG i. d. F. des SEStEG-Entwurfs aufzulösen. Der Auflösungsbetrag gilt als nachträgliche Anschaffungskosten der erhaltenen Anteile und gilt gleichzeitig als Gewinn des Einbringenden gem. § 16 EStG (vgl. § 22 Abs. 1 S. 2 UmwStG i. d. F. des SEStEG-Entwurfs). Es ist dann der sog. Einbringungsgewinn II zu versteuern, wenn der Einbringende keine von § 8 b Abs. 2 KStG begünstigte Person ist. Im Gegensatz zur bisherigen Rechtslage gilt somit im Grundsatz das Halbeinkünfteverfahren für den Gewinn aus der Veräußerung der Anteile.

444 Die **Sonderregelungen zu einbringungsgeborenen Anteilen** werden aufgehoben. Aufgrund der Aufhebung dieser Sonderregelungen für einbringungsgeborene Anteile wird § 17 Abs. 1 S. 1 EStG auf Anteile erweitert, die der »Veräußerer […] aufgrund eines Umwandlungs- oder Einbringungsvorgangs im Sinne des Umwandlungssteuergesetzes erworben hat, bei dem die übertragenen oder eingebrachten Wirtschaftsgüter nicht mit dem gemeinen Wert bei dem übertragenen Rechtsträger oder dem Einbringenden angesetzt wurden.«

Kapitel 13
Das Unternehmen in der Krise

Übersicht:

1 Der Begriff der Unternehmenskrise steht nicht zuletzt aufgrund prominenter Insolvenzfälle wie BABCOCK, Herlitz, KirchGruppe oder Dornier zunehmend im Blickpunkt der Medien und der Öffentlichkeit. Der steigende Wettbewerbsdruck auf den Weltmärkten macht sich jedoch nicht nur bei medienwirksamen Insolvenzen von Großunternehmen, sondern auch zunehmend bei mittelständischen oder kleinen Unternehmen bemerkbar. Auch wenn die Zahl der Unternehmensinsolvenzen im Jahr 2005 im Vergleich zum Vorjahr um 6 % zurückging, so befindet sich die Gesamtzahl der Unternehmensinsolvenzen mit ca. 36.800 immer noch auf hohem Niveau. Zudem hat sich in den letzten zehn Jahren der Bedarf an Krisenbewältigung in der Praxis durch die aktive Verringerung der Kreditrisiken auch bei den Banken verschärft, welcher durch eigene Ertragsprobleme der Banken und schärfere Eigenkapitalanforderungen nach Basel II bedingt ist.

2 Die wirtschaftlichen Konsequenzen aus Unternehmensinsolvenzen sind vielschichtig. Forderungsausfälle bei Lieferanten, Arbeitsplatzverluste bei den Arbeitnehmern, Steuerausfälle beim Staat sowie Wertvernichtung bei den Kapitalgebern sind hier zu nennen. Vor diesem Hintergrund steht auch in der beratenden Praxis zunehmend Bedarf an Kenntnissen der Krisenerkennung sowie der weiteren Vorgehensweise nach Eintritt der Krise und der Begleitung des Insolvenzverfahrens.

A. Krisenmerkmale

I. Arten der Krise

3 Die Arten der Krise reichen von der strategischen Krise über die Ergebnis- / Liquiditätskrise bis zur Insolvenz. Die Unternehmensinsolvenz ist somit meist nur die letzte Phase eines lange zuvor begonnenen Prozesses. Bevor ein Unternehmen Insolvenz anmeldet, hat es meist bereits die vorbezeichneten Krisenphasen durchlaufen.

1. Strategische Krise

4 Die strategische Krise steht typischerweise am Anfang des klassischen Krisenverlaufs. Sie ist geprägt durch eine **Verschlechterung der Wettbewerbssituation** des Unternehmens im Markt. Die Signale, an welchen sich eine strategische Krise erkennen lässt, sind meist relativ schwach ausgeprägt. Beispielhaft zu nennen sind hier ein unausgewogenes Produkt- / Unternehmensportfolio, falsche Investitionsentscheidungen oder das »Verschlafen« neuer Markttrends, wie es sich z. B. bei einer Vielzahl deutscher Unternehmen des Fotomarktes gezeigt hat. Hier wurde vielfach der Beginn des digitalen Trends verpasst und weiterhin auf analoge Technologien gesetzt.

5 Zur Bewältigung dieser Krise bedarf es eines hohen Maßes an Sensibilität auf Seiten des Managements, um die Krisenmerkmale bereits in diesem Stadium zu erkennen. Vor allem, so lange noch Jahresüberschüsse erwirtschaftet werden und der Handlungsdruck dadurch als nicht allzu hoch empfunden wird. Ein Erkennungsmerkmal ist auch, dass die vorhandenen Ressourcen bereits zu Gunsten des operativen Tagesgeschäfts eingesetzt werden.

2. Ergebniskrise

6 Wird der strategischen Krise nicht energisch entgegen gesteuert, tritt oftmals die Phase der Ergebniskrise ein. Diese ist gekennzeichnet durch das **Verfehlen von Gewinn- und Rentabilitätszielen**. Praxisbeispiele zeigen, dass Unternehmen selbst in der prekären Situation einer Ergebniskrise oft nicht mit geeigneten Mitteln schnell und umfassend reagieren, sondern sich die Ergebniskrise durch das Festhalten an einmal eingeschlagenen Wegen noch verschärft.

3. Liquiditätskrise

In der Liquiditätskrise ist das **Eigenkapital** bereits nahezu **aufgezehrt**, das Betriebsergebnis bricht dramatisch ein und es treten Liquiditätsprobleme auf, d. h. die Zahlungsverpflichtungen können nicht mehr vollständig erfüllt werden (vgl. hierzu Rn. 31 ff.) 7

II. Krisenfrüherkennung

Die Problematik der **Früherkennung** von Unternehmenskrisen oder eines drohenden Insolvenz- 8 verfahrens ist daher eine der Hauptaufgaben des Managements und des Beraters. Häufige endogene Krisenursachen sind beispielsweise Managementfehler, mangelnde Strategiekonzepte, schlechte Produkte oder Produktionsverhältnisse, fehlende Markt- und Wettbewerberbeobachtung, unzureichende Eigenmittelausstattung etc. Exogene Krisenursachen resultieren etwa aus Konjunkturschwankungen, technischem Fortschritt, Rohstoffverknappungen, geändertem Wettbewerberverhalten, allgemeinem Wertewandel usw.

Unternehmen geraten häufig dann in strategische Krisen, wenn es innerhalb des Marktes zu ab- 9 rupten Veränderungen kommt. Diese Änderungen können z. B. durch Technologiesprünge begründet sein. Ebenfalls Krisenrisiken bergen finanzielle Investments für Sachinvestitionen oder die Übernahme von Firmen aufgrund der Belastungen durch den langen Amortisationszeitraum. Auch starkes Wachstum kann die Ursache für eine Unternehmenskrise sein, wenn rapide wachsende Auftragsbestände auf noch nicht angepasste Unternehmensstrukturen in der Abarbeitung treffen. In diesem Fall werden oftmals trotz gestiegener Umsätze Verluste erzielt, da akquirierte Aufträge nicht pünktlich oder qualitativ einwandfrei abgearbeitet werden können, was zu Einbrüchen bei den Erlösen führt.

Ein zentrales Instrument der Krisenfrüherkennung ist die **bilanzorientierte Kennzahlenana-** 10 **lyse**. Ergebnis- und Bilanzkosmetik, die häufig in der Krisenfrühphase zu einer Vertuschung der Unternehmensprobleme eingesetzt werden, führen hierbei jedoch zu teils erheblichen Problemen in der Erkennbarkeit der Krisen.

Der Prozess der Jahresabschlussanalyse ist meist standardisiert und erfolgt durch detaillierte 11 Analyse des Jahresabschlussberichts, insbesondere der Erläuterungen, des Anhangs und des Lageberichts. Weiterhin dienlich ist die Analyse und Interpretation der Bilanz und Bildung eines Gesamturteils zum Jahresabschluss. Hierbei ist folgendes **Grundmuster** weit verbreitet:

Aktiv- und Passivseite werden strukturiert und gegenübergestellt. Zusätzlich erfolgt jeweils der 12 Ausweis der wichtigsten relativen Kennzahl (in Prozent der Bilanzsumme sowie der Positionen »unter dem Bilanzstrich«). Die Gewinn- und Verlustrechnung ist im Allgemeinen unterteilt in die Blöcke Betriebsbereich, Finanzbereich und Neutraler Bereich. Die einzelnen Betriebsergebnisse werden durch Saldierung der Aufwands- und Ertragsposition als Betriebsergebnis (bruttocashflow) und Ergebnis vor/nach Steuern ausgewiesen und jeweils zum Umsatz bzw. zu der Betriebsleistung ins Verhältnis gesetzt. Des Weiteren werden Kennziffern wie Aufwand/Ertrag pro Beschäftigtem, Zielinanspruchnahmen, statischer und dynamischer Verschuldungsgrad, Eigenkapitalrentabilität, Fremdkapitalverzinsung usw. ermittelt. Die auf diese Weise gewonnenen Kennzahlen lassen sich nunmehr durch Zeitvergleiche aus der Gegenüberstellung der Zahlen des Unternehmens der letzten Jahre sowie ggf. durch einen Branchenvergleich analysieren und interpretieren (weiterführend hierzu *Buth/Hermanns* § 1 Rn. 68 ff.).

Im Hinblick auf die Krisenfrüherkennung gibt es weiterhin verschiedene **Indizien**, die im Zu- 13 sammenhang mit dem Jahresabschluss stehen und zusätzliche Hinweise auf eine drohende Krise geben können. Erwähnenswert sind z. B. ein eingeschränktes oder gänzlich fehlendes Testat des Wirtschaftsprüfers oder Steuerberaters, anhaltend späte bzw. wiederholt verzögerte Vorlage von Zwischen- und Jahresabschlusszahlen oder negative Abweichungen von vorläufigen und endgültigen Zahlen. In Verbindung mit diesen Signalen können auch bilanzpolitisch motivierte Sachverhaltsgestaltungen als mögliche Krisenanzeigen interpretiert werden. Erwähnt seien in diesem Zusammenhang die Aktivierung von signifikanten immateriellen Vermögenswerten, erhöhte außerordentliche Erträge infolge der Auflösung von Rückstellungen, Rücklagen oder Wertberichtigungen oder so genannte sale-and-lease-back-Verfahren zur Verbesserung der Kapitalstruktur. Die Substanz für die vorstehend exemplarisch aufgeführten bilanzpolitischen Maßnahmen wird oft aus den in den Vorjahren gebildeten stillen oder offenen Reserven gezogen. Ein akut gefährdetes Unternehmen hat die Substanz im Allgemeinen nicht mehr.

14 Jahresabschlussdaten, Bilanzpolitik und Entwicklung der Gesamtverschuldung sind gewissermaßen die Fakten, die zur Erkennung einer Krise führen können. Weitere Mittel sind z. B. die Feststellung, ob ein unternehmerisches Strategiekonzept vorhanden ist oder ob das Handeln eher zufallsbedingt nach dem trial-and-error-Prinzip erfolgt. Oftmals resultieren Unternehmenskrisen aus einer mangelhaften oder gänzlich fehlenden Unternehmensplanung. Ebenfalls hinzuzuziehen ist die Stellung eines Unternehmens im Markt sowie wirtschaftlichen Umfeld. Krisenwarnfunktion haben unter anderem unzureichende Produktqualität oder schlechtes Produktimage, veraltete Produktionsanlagen oder unrationelle Produktionsabläufe, Probleme im Vertrieb durch Nichteinhalten von Lieferfristen oder starke Abhängigkeiten auf der Beschaffungsseite von einzelnen Unternehmen.

15 Das Unternehmen selbst kann Alarmzeichen einer bevorstehenden Insolvenzreife aus einer ordnungsgemäß geführten Buchführung erkennen, aber auch die **Gläubiger** können die **Symptome der Krise** rechtzeitig deuten. Typische Anzeichen sind ein plötzlicher Wechsel der Geschäftsführung, erhebliche Überschreitungen der Zahlungsziele, Scheckrückgaben und Wechselproteste, der Wunsch nach Stundungsvereinbarung, plötzliche Qualitätsdefizite, Verschiebung von Investitionsvorhaben, Auftragsannahmen »um jeden Preis«, Häufung von Zahlungsklagen gegen das Unternehmen, ein hoher Lagerbestand an Fertigerzeugnissen usw. Bei Vorliegen dieser oder anderer Krisenanzeichen sollten sich sowohl das Unternehmen selbst als auch die Gläubiger darauf einstellen, dass einer der Beteiligten in absehbarer Zukunft einen Insolvenzantrag stellen und damit ein Insolvenzverfahren in Gang setzen wird.

B. Struktur eines Insolvenzverfahrens

16 Nachfolgend soll eine allgemeine Orientierung über den Ablauf eines Insolvenzverfahrens vermittelt werden. Gem. § 1 InsO dient das Insolvenzverfahren dazu, die Gläubiger eines Schuldners gemeinschaftlich zu befriedigen, indem das Vermögen des Schuldners verwertet und der Erlös verteilt oder in einem Insolvenzplan eine abweichende Regelung insbesondere zum Erhalt des Unternehmens getroffen wird. Dem redlichen Schuldner wird Gelegenheit gegeben, sich von seinen restlichen Verbindlichkeiten zu befreien.

17 Diese Einleitung zeigt, dass Hauptzweck des Insolvenzverfahrens die **gemeinschaftliche Gläubigerbefriedigung** ist. Der Erhalt des schuldnerischen Unternehmens – mit seinen Arbeitsplätzen – wird nur als ein zulässiges Mittel zur Erreichung jenes Ziels genannt, ist also nicht Selbstzweck (HK InsO/*Kirchhof* § 1 Rn. 1).

I. Antrag

18 Durch ein Insolvenzverfahren wird dem Schuldner sein gesamtes vollstreckbares Vermögen entzogen und ein Unternehmensträger verliert durch die Insolvenzeröffnung im Ergebnis seine rechtliche Existenz. Aufgrund dieser einschneidenden Wirkung darf ein Insolvenzverfahren nur auf Grundlage bestimmter Voraussetzungen eingeleitet werden. Neben dem Eröffnungsgrund setzt dies zunächst den **Antrag eines Antragsberechtigten** voraus. Diese Voraussetzungen der Verfahrenseröffnung werden in einem Eröffnungsverfahren – quasi in einem Vorverfahren – geprüft.

1. Insolvenzfähigkeit

19 Zunächst ist zu klären, ob der Betroffene überhaupt **insolvenzfähig** ist. Die Insolvenzfähigkeit korrespondiert mit der Rechtsfähigkeit des materiellen Rechts und der Parteifähigkeit des Zivil-

prozesses. Die §§ 11, 12 InsO regeln, welche Rechtsträger und Vermögensmassen Gegenstände des Insolvenzverfahrens sein können. Nach § 11 Abs. 1 InsO ist jede juristische Person, also u. a. die **GmbH**, **AG** oder der **Verein**, insolvenzfähig. § 11 Abs. 2 Nr. 1 InsO bestimmt, dass über das Vermögen einer Gesellschaft ohne eigene Rechtspersönlichkeit ebenfalls das Insolvenzverfahren eröffnet werden kann. Hierbei handelt es sich namentlich um die **OHG**, **KG**, **Partnerschaftsgesellschaft**, **BGB-Gesellschaft** und die **EWIV**. Dem gegenüber ist die stille Gesellschaft als reine Innengesellschaf nicht insolvenzfähig (vgl. HK InsO/*Kirchhof* § 11 Rn. 19).

2. Eigenantrag

Nach § 13 Abs. 1 S. 2 InsO sind der Schuldner bzw. bei **juristischen Personen** das vertretungsberechtigte Organ antragsberechtigt; man spricht insoweit von einem Eigenantrag. Dieser ist grundsätzlich ohne weiteres zulässig und bedarf nicht, wie der Gläubigerantrag, spezieller Zulassungsvoraussetzungen. Der Schuldner hat lediglich entsprechend § 253 Abs. 2 Nr. 2 ZPO i. V. m. § 4 InsO einen Eröffnungsgrund in substanziierter und nachvollziehbarer Form darzulegen (vgl. HK InsO/*Kirchhof* § 13 Rn. 18). Einer Glaubhaftmachung des Vorliegens eines Insolvenzgrundes, also die Vorlage von Urkunden oder die Nennung anderer Beweismittel wie z. B. einer eidesstattlichen Erklärung, bedarf es grundsätzlich nicht. Die Glaubhaftmachung ist jedoch nach § 15 Abs. 2 S. 1 InsO dann erforderlich, wenn der Antrag nicht von allen Mitgliedern des Vertretungsorgans gestellt wird. In diesem Fall hat das Insolvenzgericht die übrigen Mitglieder des Vertretungsorgans oder persönlich haftenden Gesellschafter zu hören. **20**

Ist der Schuldner eine **natürliche Person** oder eine Gesellschaft ohne Rechtspersönlichkeit, besteht keine gesetzliche Pflicht zur Insolvenzantragstellung. Anders verhält es sich bei juristischen Personen oder **Personenhandelsgesellschaften**, bei denen keine natürliche Person persönlich haftender Gesellschafter ist. In diesem Fällen besteht eine **Antragspflicht**, die in speziellen gesellschafts- und vereinsrechtlichen Vorschriften geregelt ist (§ 42 Abs. 2 BGB, §§ 130 a, 177 a HGB, § 99 GenG, § 92 Abs. 2 AktG, § 64 GmbHG). Diese Verpflichtung stellt letztlich einen Ausgleich für die bei diesen Gesellschaften bestehende beschränkte Haftung dar (Uhlenbruck/*Uhlenbruck* § 13 Rn. 32). So hat beispielsweise der Geschäftsführer einer GmbH nach § 64 GmbHG bei Zahlungsunfähigkeit oder Überschuldung ohne schuldhaftes Zögern, spätestens jedoch drei Wochen nach Eintritt der Zahlungsunfähigkeit oder der Überschuldung Antrag auf Eröffnung des Insolvenzverfahrens zu stellen. Eine Verletzung dieser Pflicht kann zur Schadensersatzpflicht führen, vgl. unten Rn. 136 ff. **21**

Für die Insolvenzantragspflicht ist es ohne Bedeutung, ob beim Schuldnerunternehmen Masselosigkeit i. S. v. § 26 Abs. 1 InsO vorliegt oder ob die Verfahrenskosten gedeckt sind (Uhlenbruck/*Uhlenbruck* § 13 Rn. 32). Dies ist erst für die Entscheidung über die Eröffnung des Insolvenzverfahrens von Bedeutung. Der Insolvenzantrag eines Gläubigers beseitigt ferner die Antragspflicht des Schuldnerunternehmens nicht. Keine Antragspflicht besteht jedoch, wenn lediglich eine drohende Zahlungsunfähigkeit vorliegt. Als Konsequenz erwächst aus der Insolvenzantragspflicht ferner die Pflicht zur selbstständigen Eigenprüfung der wirtschaftlichen Verhältnisse durch die organschaftlichen Vertreter, welche sich auch aus anderen Vorschriften wie z. B. § 49 Abs. 3 GmbHG ergibt. Die Insolvenzantragspflicht ist folglich nichts anderes als ein Verbot der Insolvenzverschleppung (Uhlenbruck/*Uhlenbruck* § 13 Rn. 32). Klarzustellen ist, dass, soweit das Gesetz eine 3-Wochen-Frist einräumt, die Pflicht zur Stellung des Insolvenzantrages nicht erst mit dem Ablauf dieser Frist, sondern mit dem Vorliegen des Insolvenzgrundes eintritt. Liegt ein Insolvenzgrund bereits seit längerer Zeit vor, wurde er jedoch nicht bemerkt, ist der Antrag sofort zu stellen. **22**

3. Antrag des Gläubigers

Bei einem Gläubigerantrag verlangt der Gesetzgeber, dass **zusätzliche Voraussetzungen** erfüllt sind. Neben dem Vorliegen eines rechtlichen Grundes hat der Gläubiger nach § 14 Abs. 1 InsO seine Forderung und den Eröffnungsgrund glaubhaft zu machen. Zur Glaubhaftmachung im **23**

Sinne des § 274 ZPO können alle Beweismittel herangezogen werden, wobei insbesondere auf Urkunden zurückgegriffen werden sollte. Da nur präsente Beweismittel zugelassen sind, können Zeugenaussagen lediglich in schriftlicher Form als eidesstattliche Erklärungen herangezogen werden. Im Rahmen der Glaubhaftmachung nach § 294 ZPO tritt an die Stelle des Vollbeweises eine Wahrscheinlichkeitsfeststellung. Zur Glaubhaftmachung genügt bereits die Vermittlung des die »überwiegende Wahrscheinlichkeit« glaubhaft machenden Umstandes.

24 Jeder Gläubiger muss in seinem Antrag ein **rechtliches Interesse** an der Eröffnung des Insolvenzverfahrens nachweisen, § 14 Abs. 1 InsO. Ein solches fehlt, wenn einem Gläubiger ein einfacherer und billigerer Weg zur Befriedigung seiner Forderungen offen steht als der Gang durch das Insolvenzverfahren (vgl. Nerlich/Römermann/*Mönning* § 14 Rn. 18). Insolvenzanträge sind ferner als unzulässig abzuweisen, wenn diese lediglich zu missbräuchlichen Zwecken gestellt werden, um z. B. Zahlungen solventer Schuldner zu erzwingen. In der Praxis ist jedoch festzustellen, dass insbesondere Krankenkassen oftmals so genannte Druckanträge stellen, die nach Erfüllung der rückständigen Sozialversicherungsbeiträge wieder zurückgenommen werden.

25 Ist der Schuldner zahlungsunfähig, stellt sich für den Gläubiger die Frage nach der richtigen Vorgehensweise. Lässt sich der Gläubiger vom Schuldner noch (weitere) Sicherheiten einräumen, droht diesem die Anfechtung nach den §§ 129 ff. InsO, d. h. der Insolvenzverwalter kann die Leistung nach Eröffnung des Verfahrens zurückfordern. Bei Zwangsvollstreckungen greift möglicherweise die so genannte Rückschlagssperre des § 88 InsO. Diese hat zur Folge, dass eine Sicherung mit Verfahrenseröffnung unwirksam wird. Daher wird der Gläubiger überlegen, ob sich für ihn die Stellung eines Insolvenzantrages lohnt. Oft wird bereits die Drohung mit dem Insolvenzantrag den Schuldner veranlassen, eine Zahlung zu leisten. Im Falle der Stellung eines Insolvenzantrages, welcher mangels Masse abgewiesen wird, droht jedoch auch ein erhebliches Kostenrisiko, da der Antragsteller nach § 50 GKG Zweitschuldner der Gerichtskosten und der im Verfahren entstandenen Auslagen ist. Eine Antragstellung kann daher auch teuer sein. Es ist folglich dringend zu empfehlen, vor der Stellung eines Insolvenzantrages die **möglichen Kosten** zu kalkulieren.

II. Insolvenzantragsverfahren

1. Gutachtenauftrag

26 Das Insolvenzgericht (im Antragsverfahren der Insolvenzrichter) ist von Amts wegen nach § 5 Abs. 1 InsO verpflichtet, alle wesentlichen Tatsachen zu ermitteln, die für das Insolvenzverfahren von Bedeutung sind. Es kann zu diesem Zweck insbesondere einen **Sachverständigen** bestellen, welcher das wichtigste Erkenntnisinstrument des Insolvenzgerichts ist. Nach Eingang eines Insolvenzantrages beauftragt das Insolvenzgericht im Regelfall einen Sachverständigen als Gutachter, der vor Ort relevante Informationen sammelt und festhält. Der Gutachter wird in der Regel mit der Prüfung des Vorliegens eines Insolvenzgrundes, der Deckung der Verfahrenskosten sowie der Möglichkeiten einer Unternehmensfortführung beauftragt.

2. Anordnung der vorläufigen Insolvenzverwaltung

27 Obwohl das Eröffnungsverfahren als Eilverfahren ausgestaltet ist, kann bis zur Prüfung der Eröffnungsvoraussetzungen längere Zeit vergehen. In der Phase zwischen dem Eingang eines zulässigen Antrags und der Entscheidung hat das Insolvenzgericht nach § 21 Abs. 1 InsO alle Maßnahmen zu treffen, die erforderlich erscheinen, um bis zur Entscheidung eine für die Gläubiger nachteilige Veränderung der Vermögenslage des Schuldners zu verhindern. Soweit also Sicherungsbedarf besteht, wird das Insolvenzgericht einen vorläufigen Insolvenzverwalter bestellen, wobei hier verschiedene Ausformungen möglich sind.

28 Der vom Gesetz vorgesehene Normalfall ist die Bestellung eines vorläufigen Insolvenzverwalters in Verbindung mit der Auferlegung eines **allgemeinen Verfügungsverbotes** gegenüber dem Schuldner. Das Insolvenzgericht entzieht mit dieser Maßnahme dem Schuldner die Verfügungsbefugnis. Diese wird zur Sicherung der Handlungsfähigkeit einem so genannten **starken vorläufigen Insolvenzverwalter** auferlegt. Die Verwaltungs- und Verfügungsbefugnis über das der Vollstreckung unterworfene Vermögen geht auf den vorläufigen Verwalter über. Ferner ist gem. § 22 Abs. 1 S. 2 Nr. 2 InsO vorgesehen, dass der vorläufige Insolvenzverwalter das Unternehmen des Schuldners bis zur Entscheidung über die Eröffnung des Insolvenzverfahrens fortzuführen hat. Zu diesem Zweck geht mit der umfassenden Übertragung die Arbeitgeberfunktion auf den vorläufigen Verwalter über. Ferner sind die vom starken vorläufigen Insolvenzverwalter während seiner Tätigkeit begründeten vertraglichen sowie gesetzlichen Verpflichtungen gem. § 55 Abs. 2 InsO mit der Verfahrenseröffnung **Masseverbindlichkeiten**. Anhängige Rechtsstreitigkeiten werden nach § 240 S. 2 ZPO unterbrochen. Für die Aufnahme gelten die §§ 85 Abs. 1 S. 1 und 86 InsO.

Das Insolvenzgericht hat neben der Einsetzung eines vorläufigen Insolvenzverwalters die Möglichkeit, Verfügungen des Schuldners gem. § 21 Abs. 1 Nr. 2 Alt. 2 InsO unter einen allgemeinen Zustimmungsvorbehalt eines so genannten **schwachen vorläufigen Verwalters** zu stellen. Dies ist in der Praxis der Regelfall. Bei Anordnung dieses Zustimmungsvorbehalts kann der Schuldner zwar noch über sein Vermögen verfügen, er muss jedoch für jede Verfügung die Zustimmung des vorläufigen Insolvenzverwalters einholen. Alleine kann er keine wirksame Verfügung mehr vornehmen. Ihm steht jedoch das sog. Initiativrecht zu, d. h. dass Verfügungen nur vom Schuldner ausgehen können. Im Gegensatz zum starken vorläufigen Insolvenzverwalter geht auf diesen Typus des schwachen vorläufigen Insolvenzverwalters die Arbeitgeberfunktion nicht über. Es werden keine Masseverbindlichkeiten begründet und laufende Prozesse werden nicht nach § 240 ZPO unterbrochen. In der Praxis hat sich diese Form durchgesetzt, da die Anordnung des Zustimmungsvorbehalts ein effektives und zugleich maßvolles Instrument zur Massesicherung darstellt. Die umfassende Möglichkeit des sog. starken vorläufigen Verwalters, Masseverbindlichkeiten zu begründen, bewertet man dem gegenüber eher als nachteilig. Die Anordnung des starken vorläufigen Insolvenzverwalters erfolgt in der Regel dann, wenn der Schuldner nicht kooperationswillig ist und sich daher kompetenzrechtliche Konflikte ergeben. 29

3. Insolvenz

Ob das Verfahren über das Vermögen des Schuldnerunternehmens eröffnet wird, hängt davon ab, ob nach § 16 ff. InsO ein **Eröffnungsgrund** gegeben ist. Das Gesetz kennt drei Eröffnungsgründe: die Zahlungsunfähigkeit i. S. v. § 17 InsO (vgl. Rn. 31 ff.), drohende Zahlungsunfähigkeit i. S. v. § 18 InsO (vgl. Rn. 37 f.) und Überschuldung, § 19 InsO (vgl. Rn. 39 ff.). Maßgeblich für die Feststellung des Vorliegens eines solchen Grundes ist der Zeitpunkt der Entscheidung des Insolvenzgerichts. 30

a) Zahlungsunfähigkeit, § 17 InsO

Allgemeiner Eröffnungsgrund ist die Zahlungsunfähigkeit nach § 17 InsO, welche in der Praxis den am häufigsten vorkommenden Eröffnungsgrund darstellt. Nach der Legaldefinition des § 17 Abs. 2 InsO ist der Schuldner dann zahlungsunfähig, wenn er nicht in der Lage ist, die fälligen Verbindlichkeiten zu erfüllen. Die Zahlungsunfähigkeit wird in der Regel nach außen erkennbar, wenn der Schuldner seine Zahlungen eingestellt hat, § 17 Abs. 2 S. 2 InsO (vgl. dazu Kap. 7 § 64 Rn. 6 ff.). 31

Bei der Untersuchung dieses Insolvenzgrundes ist die Zahlungsunfähigkeit von der **Zahlungsstockung** abzugrenzen, welche noch keine Zahlungsunfähigkeit darstellt. Nach einem viel beachteten Urteil des BGH vom 24. 5. 2005 (NJW 2005, 3062 = ZIP 2005, 1426) ist eine bloße Zahlungsstockung dann anzunehmen, wenn der Zeitraum nicht überschritten wird, den eine kreditwürdige Person benötigt, um sich die benötigten Mittel zu leihen. 32

Dafür erscheinen drei Wochen erforderlich aber auch ausreichend. Beträgt eine innerhalb von drei Wochen nicht zu beseitigende Liquiditätslücke des Schuldners weniger als 10 % seiner fälli- 33 gen Gesamtverbindlichkeiten, ist regelmäßig von Zahlungsfähigkeit auszugehen, es sei denn, es ist bereits absehbar, dass die Lücke mehr als 10 % erreichen wird (s. auch Kap. 7 § 64 Rn. 8).

34 Beträgt die **Liquiditätslücke** des Schuldners **10 % oder mehr**, ist regelmäßig von Zahlungsunfähigkeit auszugehen, sofern nicht ausnahmsweise mit an Sicherheit grenzender Wahrscheinlichkeit zu erwarten ist, dass die Liquiditätslücke demnächst vollständig oder nahezu vollständig beseitigt werden wird und den Gläubigern ein Zuwarten nach den besonderen Umständen des Einzelfalls zuzumuten ist.

35 Für die Prognose, die der Geschäftsführer anstellen muss, sobald bei einer Liquiditätsbilanz eine Unterdeckung festzustellen ist und die er bei jeder vorzunehmenden Zahlung kontrollieren muss, sind die konkreten Gegebenheiten in Bezug auf das Schuldnerunternehmen – insbesondere dessen Außenstände, die Bonität der Drittschuldner und die Kreditwürdigkeit des Schuldners, die Branche und die Art der fälligen Schulden – zu berücksichtigen (vgl. BGH NJW 2005, 3062 = ZIP 2005, 1426).

36 Mit diesem Urteil hat die Rechtsprechung der Praxis begrüßenswerte objektive Kriterien zur Ermittlung der Zahlungsunfähigkeit an die Hand gegeben, die es möglich machen, mit der Sorgfalt eines ordentlichen Kaufmanns Haftungstatbestände zu vermeiden. Wenn der Geschäftsführer diese Kriterien jedoch missachtet und den Geschäftsbetrieb bis zur Einstellung jeglicher Zahlungen fortführt, wird er sich in Zukunft gesteigerter haftungs- sowie strafrechtlicher Konsequenzen ausgesetzt sehen.

b) Drohende Zahlungsunfähigkeit, § 18 InsO

37 Mit der Insolvenzordnung wurde der selbstständige Insolvenzgrund der drohenden Zahlungsunfähigkeit nach § 18 InsO eingeführt. Damit sollte dem Schuldner die Möglichkeit eröffnet werden, bereits vor dem vollständigen Vermögensverfall zur Wahrnehmung von Sanierungschancen frühzeitig geeignete verfahrensrechtliche Gegenmaßnahmen einzuleiten: Dieses Recht steht allerdings Recht nur dem Schuldner zu, § 18 Abs. 1 InsO. Der Schuldner soll durch frühzeitigen Antrag die Möglichkeit haben, sich bestmöglich unter den Schutz von Sicherungsmaßnahmen zu begeben. Andererseits soll vermieden werden, dass Außenstehende den Schuldner schon im Vorfeld der Insolvenz durch einen Insolvenzantrag unter Druck setzen können.

38 Nach der Legaldefinition des § 18 InsO droht der Schuldner zahlungsunfähig zu werden, wenn er **voraussichtlich** nicht in der Lage sein wird, die bestehenden Zahlungspflichten im Zeitpunkt der Fälligkeit zu erfüllen. Der Begriff »voraussichtlich« ist dahingehend zu verstehen, dass der Eintritt der Zahlungsunfähigkeit wahrscheinlicher sein muss als deren Vermeidung. In der Praxis ist zu beobachten, dass als Antragsgrund oftmals die drohende Zahlungsunfähigkeit angegeben wird, faktisch jedoch bereits seit längerer Zeit Zahlungsunfähigkeit i. S. v. § 17 InsO eingetreten ist. Von der tatsächlichen Antragstellung wegen drohender Zahlungsunfähigkeit wird in der Praxis kaum Gebrauch gemacht (vgl. HK InsO/*Kirchhof* § 18 Rn. 3). Eine Pflicht zur Stellung des Insolvenzantrages besteht in diesem Fall ausdrücklich nicht.

c) Überschuldung, § 19 InsO

39 Der Antragsgrund der Überschuldung ist auf juristische Personen, auf Gesellschaften ohne Rechtspersönlichkeit, bei denen keine natürliche Person unbegrenzt haftet und den Nachlass beschränkt (vgl. § 19 InsO; s. auch Kap. 7 § 64 Rn. 9 ff.).

40 Überschuldung liegt vor, wenn das Vermögen des Schuldners die bestehenden Verbindlichkeiten nicht mehr deckt. Zur Ermittlung der Überschuldung wird von einem **zweistufigen Überschuldungsbegriff** ausgegangen, nämlich zum Einen der **rechnerischen Überschuldung** (Gegenüberstellung der Aktiva und Passiva) und zum Anderen aus einem prognostischen Element, der **Fortbestehungs- und Überlebensfähigkeitsprognose**. Dabei dient die Fortbestehungs- und Überlebensfähigkeitsprognose allein als Basis für die Bewertung der Vermögensgegenstände (vgl. HK InsO/*Kirchhof* § 19 Rn. 8 ff.). Ungeeignet ist demgegenüber die Zugrundelegung der Bewertungsansätze der Handels- und Steuerbilanz, da es sich hierbei lediglich um Buchwerte handelt. Vielmehr sind im Rahmen der Überschuldungsprüfung entweder Liquidationswerte oder Fortführungswerte anzusetzen. Die Ansetzung von Fortführungswerten ist jedoch gem. § 19 Abs. 2 S. 2 InsO nur dann möglich, wenn die Fortführung des Unternehmens nach den Umständen überwiegend wahrscheinlich ist. Andernfalls dürfen die Vermögensgegenstände nur mit den im Regelfall wesentlich niedrigeren Liquidationswerten angesetzt werden.

Wegen des Normzwecks sind im Überschuldungsstatus nur solche Vermögensbestandteile zu berücksichtigen, die im Zeitpunkt einer alsbaldigen Verfahrenseröffnung als **Massebestandteile** verwertbar wären. Ansprüche, die erst in Folge der Insolvenzeröffnung entstehen – insbesondere aufgrund einer etwaigen Insolvenzanfechtung im Sinne der §§ 129 ff. InsO – bleiben außer Ansatz. Stille Reserven sind aufzulösen, wertlose Forderungen und Scheinwerte wegzulassen, Überbewertungen auf den Verkehrswert zurückzuführen (vgl. HK InsO/*Kirchhof* § 19 Rn. 18 ff.). Gewerbliche und andere Schutzrechte sowie vertragliche Rechtspositionen des Schuldners sind zu aktivieren. Vorräte und unfertige Produkte können ebenfalls berücksichtigt werden. Forderungen aus schwebenden Geschäften sind nur dann anzusetzen, soweit mit ihrer Erfüllung trotz drohender Insolvenz zu rechnen ist. Vermögensgegenstände, die Absonderungsrechten unterliegen, sind ebenso voll in Ansatz zu bringen wie die (möglicherweise auch höheren) Sicherheiten und Gegenforderungen auf der Passivseite (HK InsO/*Kirchhof* § 19 Rn. 22). Geleaste Gegenstände sind in der Regel nicht anzusetzen. Bei der Berücksichtigung der Passiva sind nur bestehende Verbindlichkeiten des Schuldners, die im Falle einer alsbaldigen Insolvenzeröffnung Insolvenzforderungen i. s. v. § 38 InsO begründen, zu berücksichtigen. Nachrangige Insolvenzforderungen gem. § 39 Abs. 1 Nr. 3 und Nr. 4 InsO, also Forderungen auf unentgeltliche Leistungen und Forderungen aus eigenkapitalersetzenden Darlehen sind ebenfalls als Schulden zu berücksichtigen (HK InsO/*Kirchhof* § 19 Rn. 23). Auch Verbindlichkeiten aus laufenden Pensionen sind mit ihrem Barwert zu passivieren, ebenso wie Verbindlichkeiten aus bereits aufgestellten Sozialplänen. Rückgewähransprüche aufgrund eigenkapitalersetzender Gesellschafterleistungen begründen nach § 39 Abs. 1 Nr. 5 InsO Insolvenzforderungen und sind für die Zwecke des § 19 InsO grundsätzlich zu passivieren, jedoch außer Acht zu lassen, wenn ein Rangrücktritt erklärt wird, mit welchem der Gesellschafter darlegt, dass er seine Forderung erst nach Befriedigung aller anderen Gläubiger und nach Abwendung der Krise geltend machen wird (HK InsO/*Kirchhof* § 19 Rn. 26). **41**

4. Abschluss des Eröffnungsverfahrens

Der Antrag kann von einem Antragsteller bis zur Entscheidung des Gerichts **zurückgenommen** oder für erledigt erklärt werden, § 13 Abs. 2 InsO. **42**

Nach § 26 Abs. 1 InsO weist das Insolvenzgericht den zulässigen und im Übrigen begründeten Antrag auf Eröffnung ab, wenn zwar ein Insolvenzgrund vorliegt, aber das Vermögen des Schuldners voraussichtlich nicht ausreicht, um die **Kosten des Verfahrens** zu decken. Zu den Verfahrenskosten i. S. v. § 54 InsO zählen abschließend die Gerichtskosten für das Insolvenzverfahren, die Vergütung und die Auslagen des Insolvenzverwalters, die Vergütung und die Auslagen des endgültigen Insolvenzverwalters und die Vergütung und die Auslagen der Mitglieder des Gläubigerausschusses. Den überschlägig zu berechnenden Verfahrenskosten ist die sog. freie Masse gegenüber zu stellen. Ist dieser Wert geringer als die Verfahrenskosten wird der Antrag mangels Masse abgewiesen. **43**

Bei einem Schuldnerantrag ist vor der Abweisung mangels Masse der Schuldner **anzuhören**. Hat ein Gläubiger den Antrag gestellt, so erhält dieser in der Regel die Möglichkeit, zum gutachterlichen Ergebnis Stellung zu nehmen. Zugleich wird er aufgefordert, einen zur Eröffnung des Verfahrens erforderlichen Vorschuss zu leisten. Unterbleibt die Vorschusszahlung innerhalb einer vom Gericht gesetzten Frist, erfolgt die Abweisung des Antrags mangels Masse durch Beschluss des Gerichts, wobei gleichzeitig die Sicherungsmaßnahmen wieder aufgehoben werden. **44**

45 Rechtsfolge der Abweisung ist, dass die Gesellschaft mit Rechtskraft des Beschlusses kraft Gesetzes aufgelöst wird (vgl. § 262 Abs. 1 Nr. 4 AktG, § 60 Abs. 1 Nr. 5 GmbH, § 130 Abs. 2 sowie § 161 Abs. 2 HGB). Der Insolvenzschuldner wird ferner kraft Gesetz gem. § 26 Abs. 2 InsO in ein Schuldnerverzeichnis eingetragen.

46 Ist das Insolvenzgericht vom Vorliegen eines Insolvenzgrundes überzeugt und reicht die Masse zur Deckung der Verfahrenskosten aus, muss der Richter nach § 27 InsO das Insolvenzverfahren eröffnen.

III. Das eröffnete Insolvenzverfahren

1. Wirkungen des Eröffnungsbeschlusses

47 Mit der Eröffnung des Insolvenzverfahrens wird dem Schuldner die **Verwaltungs- und Verfügungsbefugnis** über sein Vermögen entzogen und diese Rechtsstellung dem Insolvenzverwalter übertragen, auf den das Eigentum jedoch nicht übergeht, vgl. § 80 Abs. 1 InsO. Der Insolvenzschuldner bleibt weiterhin Eigentümer seines Vermögens und kann auch weiteres Eigentum erwerben. So bleibt der Insolvenzschuldner beispielsweise Grundstückseigentümer, es erfolgt lediglich in Abteilung II des Grundbuchs ein Insolvenzvermerk (§ 32 InsO). Der Insolvenzverwalter ist ferner grundsätzlich berechtigt, Vermögensgegenstände aus dem Insolvenzbeschlag frei zu geben, was sich insbesondere bei Grundstücken anbietet, wenn diese über die Wertgrenzen hinaus belastet sind und zudem der Verdacht des Vorhandenseins von sog. Altlasten besteht, da der Insolvenzverwalter in diesem Fall ggf. als Zustandsstörer auf Beseitigung in Anspruch genommen werden kann.

48 Nach § 88 InsO sind **Sicherungen und Pfandrechte**, die ein Insolvenzgläubiger im letzten Monat vor dem Antrag auf Eröffnung erworben hat, mit Eröffnung des Verfahrens unwirksam. Außerhalb dieses Zeitpunkts erworbene Sicherungen und Pfandrechte bleiben grundsätzlich wirksam. In Bezug auf das im Insolvenzverfahren befangene Vermögen verliert der Insolvenzschuldner die Prozessführungsbefugnis (vgl. § 240 ZPO). Aktiv- und Passivprozesse sind gem. § 240 Abs. 2 ZPO unterbrochen. Für die Wiederaufnahme gelten die §§ 85, 86 InsO. Zwangsvollstreckungen sind für Insolvenzgläubiger i. S. v. § 38 InsO während der Dauer des Insolvenzverfahrens weder in die Insolvenzmasse noch in das sonstige Vermögen des Schuldners zulässig (vgl. § 89 InsO).

2. Rechtsmittel in der Insolvenz

49 Gem. § 6 InsO ist die **sofortige Beschwerde** zulässig, sofern die Insolvenzordnung dies konkret vorsieht. Beispielhaft ist hier die Anordnung der vorläufigen Insolvenzverwaltung, § 21 Abs. 1 S. 2 InsO oder die Abberufung des Verwalters, § 59 Abs. 2 InsO zu nennen. Insofern wird auf die einschlägigen Kommentierungen verwiesen (vgl. ausführlich FK InsO/*Schmerbach* § 6 Rn. 7 ff.).

50 Gem. § 7 InsO ist gegen die Entscheidung über die sofortige Beschwerde die **Rechtsbeschwerde** gem. §§ 574 ff. ZPO zulässig (vgl. FK InsO/*Schmerbach* § 7 m. w. N. und Ausführungen).

3. Der Insolvenzverwalter

51 Aufgabe des Insolvenzverwalters ist es, das schuldnerische Vermögen zu verwerten und zu verteilen, wobei hierzu auch die Möglichkeit der Sanierung zu zählen ist. Der Verwalter handelt dabei – abgesehen von der Mitwirkung der Gläubigerversammlung und des Gläubigerausschusses (vgl. §§ 69, 76 InsO) – **wirtschaftlich selbstständig** und kann durch das Insolvenzgericht insoweit nicht beeinflusst werden. Nach § 56 Abs. 1 InsO wird lediglich verlangt, dass als Insolvenzverwalter eine geschäftskundige und natürliche Person eingesetzt werden muss.

52 Die Bestimmung der Eignung einer Person bleibt jedoch problematisch, da ein professionell tätiger Insolvenzverwalter damit rechnen muss, in verschiedenen Geschäftsbereichen tätig zu werden. Er muss folglich nicht nur in der Lage sein, beispielsweise den Betrieb eines Malermeisters,

sondern auch mittelständische Unternehmen und Großbetriebe im dienstleistenden sowie verarbeitenden Gewerbe fortzuführen und ggf. abzuwickeln. Der Insolvenzverwalter muss deshalb nicht in erster Linie Spezialist für eine bestimmte Unternehmensbranche sein, sondern vielmehr fundierte **insolvenzrechtliche sowie betriebswirtschaftliche Kenntnisse** haben. Erforderlich ist ferner die Aufrechterhaltung einer entsprechenden Kanzleistruktur, die es dem Insolvenzverwalter erlaubt, in kurzer Zeit mit der erforderlichen Anzahl von Mitarbeitern vor Ort zu sein, da gerade in der Anfangsphase Vermögensgegenstände gefährdet sind und die ebenso akute wie Existenz bedrohende Krisensituationen im Unternehmensalltag des Unternehmens bewältigt werden müssen.

Seitens der Gläubiger wird oftmals bereits im Vorfeld versucht, auf die Bestellung des späteren Insolvenzverwalters Einfluss zu nehmen. In der Praxis zeigt sich jedoch, dass das Insolvenzgericht etwaige Interessenverflechtungen in der Regel nicht ausreichend einschätzen kann und daher vornehmlich einen objektiven, nicht vorbefassten Verwalter bestellt. Gegen die Bestellung des Insolvenzverwalters steht den Gläubigern zwar kein Rechtsmittel zu, es besteht jedoch gem. § 56 Abs. 1 InsO die Möglichkeit der **Wahl eines anderen Insolvenzverwalters** im Rahmen der Gläubigerversammlung, § 57 InsO. **53**

4. Besonderheiten: Bankenverhalten und Bankengeschäfte

Sobald die Bank Kenntnis davon erhält, dass ihr Kunde in wirtschaftliche Schwierigkeiten geraten ist, stellt sich für sie die Frage nach geeigneten Maßnahmen in Hinblick auf die weitere Behandlung ihres Engagements. Handlungsalternativen sind hier zunächst die abwartende Stillhaltepolitik, ggf. Akzeptanz der stillen Liquidation oder auch das Mittragen von insolvenzrechtlichen Sanierungsmaßnahmen. **54**

Im Regelfall wird jedoch das Engagement **gekündigt** bzw. **bestehende Sicherheiten verwertet** werden. Ziel jeglicher Verhandlungsoptionen ist aus Sicht der Bank die Verminderung von Verlusten, so dass die Überlegungen vorrangig durch wirtschaftliche Kriterien bestimmt werden. Erfahrungen zeigen, dass langjährige gute Geschäftsbeziehungen zum zuständigen Sachbearbeiter der Hausbank oft dadurch beendet werden, dass innerhalb der internen Aufgabenverteilung ein neuer Ansprechpartner – meistens aus der Krisen- und Sanierungsberatung – benannt wird. Idealerweise wird sich der Schuldner in dieser Phase durch einen sanierungserfahrenen Unternehmensberater unterstützen lassen, da auch die Bank in aller Regel professionellen Rat einholt. Dies ist erforderlich, um die nun anstehenden Verhandlungen über die Steuerung des Zahlungsverkehrs, eine eventuelle Nachbesicherung zu Gunsten der Bank zur Vermeidung der Kündigung des Kreditengagements bzw. die Verhandlungen über Überbrückungs- oder Sanierungskredite zur außergerichtlichen Sanierung zu betreuen. **55**

Aus Sicht des Unternehmens bestehen aber auch rechtliche Risiken im Zusammenhang mit diesen Verhandlungen, da die Nachbesicherung von Altkrediten unter Umständen eine Gläubigerbegünstigung i. S. v. § 283 c StGB darstellen kann. Ferner ist bei Ausreichung eines Sanierungskredits zu beachten, dass die Einräumung eines solchen eine etwaige Überschuldung grundsätzlich nicht beseitigt, sondern hierfür ggf. geeignete weitere bilanzielle Maßnahmen zu ergreifen sind wie z. B. Kapitalerhöhung, Rangrücktritt durch Gesellschaftergläubiger oder Forderungsverzicht (s. u. Rn. 218 ff.). **56**

Sobald der Schuldner einen Insolvenzantrag stellt, wird die Bank unverzüglich Sofortmaßnahmen ergreifen. Insbesondere wird in der Regel eine sofortige Kontosperre veranlasst, die zur Folge hat, dass keinerlei Verfügungen des Schuldners und bisher vertretungsberechtigter Dritter über das Konto mehr möglich sind. **57**

IV. Verfahrensabwicklung

Mit Eröffnung des Insolvenverfahrens wird der Insolvenzverwalter zu entscheiden haben, ob der Geschäftsbetrieb eingestellt werden muss oder zumindest teilweise bis zur endgültigen Entschei- **58** dung über die Verwertung der Vermögenswerte fortgeführt werden kann. Zu diesem Zweck wird in der Regel ein **Liquiditätsplan** aufgestellt und geprüft, ob das Unternehmen voraussichtlich verlustfrei – nach Einleitung von Sanierungsmaßnahmen – fortgeführt werden kann. Insbesondere stellt sich bei der Unternehmensinsolvenz für den Insolvenzverwalter die Frage, ob es ggf. günstiger ist das Unternehmen zu sanieren und damit zu erhalten, da in diesem Zusammenhang Stilllegungskosten wie z. B. Lohnverpflichtungen während des Auslaufens der Kündigungsfristen sowie Verbindlichkeiten gegenüber Vermietern vermieden werden, welche Masseverbindlichkeiten i. S. v. § 55 InsO sind. Zudem ist der Fortführungswert eines funktionierenden Unternehmens höher als der Zerschlagungswert, so dass durch die Verwertung des Unternehmens im Ganzen höhere Erlöse und damit eine bessere Quote für die Gläubiger erreicht werden können.

59 Insbesondere bietet sich hierbei die sog. **übertragende Sanierung** an. Sofern für das Unternehmen im unsanierten Zustand nicht ohne weiteres ein Käufer gefunden werden kann, sollten zunächst die Vermögenswerte des Unternehmens auf eine eigens dafür gegründete Auffanggesellschaft übertragen und deren Geschäftsanteile nach Abschluss der Sanierungsmaßnahmen an einen Dritten veräußert werden. Diese Auffanggesellschaft übernimmt vom insolventen Unternehmen im Wege der Einzelrechtsübertragung die Betriebsmittel und führt den Geschäftsbetrieb unbelastet von den bestehenden Verbindlichkeiten fort. Eventuell erwirtschaftete Gewinne werden an das insolvente Unternehmen sprich die Insolvenzmasse abgeführt.

1. Übertragende Sanierung

60 Bei einer übertragenden Sanierung gründen in der Regel übernahmewillige Interessenten einen neuen Unternehmensträger – beispielsweise eine GmbH mit einem ähnlich lautenden Namen – der als neues, unbelastetes Unternehmen bei den Kunden am Markt eingeführt wird. Eine Übertragung der Arbeitsverhältnisse der Mitarbeiter geschieht hierbei gem. § 613 a BGB kraft Gesetzes.

61 Soweit ein Betriebsrat vorhanden ist, sollten vorab im Rahmen der Umsetzung eines Sanierungskonzeptes etwaige erforderliche **personelle Restrukturierungen** durch Abschluss eines Interessenausgleichs mit Namensliste sowie eines Sozialplans durchgeführt werden. Von Vorteil ist insbesondere, dass gem. § 125 Abs. 1 InsO in diesem Fall vermutet wird, dass im Wege der Sanierung ausgesprochene Kündigungen durch dringende betriebliche Erfordernisse begründet sind und ferner die Sozialauswahl nur im Hinblick auf die Dauer der Betriebszugehörigkeit, das Lebensalter und die Unterhaltspflichten und auch insoweit nur auf grobe Fehlerhaftigkeit nachgeprüft wird, wenn eine ausgewogene Personalstruktur erhalten oder geschaffen wird.

62 Die Veräußerung des Unternehmens erfolgt durch die **Übertragung der gesamten Aktivmasse** (Sachen, Rechte, sonstige Vermögenswerte wie z. B. Goodwill, Know-how, Kunden- und Lieferbeziehungen) auf einen neuen Unternehmensträger (Auffanggesellschaft). Dieser Weg im Sinne der Singularsukzession wird als sog. **Asset-Deal** bezeichnet. Durch diese Konstruktion verbleiben die gesamten Verbindlichkeiten beim insolventen Unternehmen. Ein so genannter **Share-Deal**, d. h. die Abtretung von Gesellschaftsanteilen, scheidet in diesem Fall aus. Solche Auffanggesellschaften werden beispielsweise von Altgesellschaftern, von Wettbewerbern, den organschaftlichen Vertretern (sog. **Management buy-out**) oder in Ausnahmefällen auch von den Mitarbeitern (sog. **Mitarbeiter buy-out**) gegründet. Der Erwerber bzw. die Auffanggesellschaft muss in diesem Fall nicht nach § 25 HGB für die Verbindlichkeiten des bisherigen Unternehmensträgers einstehen. Ferner ist die Fortführung der bisherigen Firma unschädlich, wenn das Handelsgeschäft im eröffneten Verfahren von einem Insolvenzverwalter erworben wurde.

63 Soweit keine übertragende Sanierung zu Stande kommt, kann der Insolvenzverwalter **bewegliche Massegegenstände** nur freihändig verwerten. Die Möglichkeit der Zwangsversteigerung besteht nicht. Zulässig ist allerdings, dass der Insolvenzverwalter den Weg einer öffentlichen Versteigerung auf privatrechtlicher Grundlage z. B. durch Auktionen wählt.

Grundstücke des Schuldners kann der Verwalter entweder freihändig veräußern oder im Wege einer Zwangsversteigerung veräußern (§ 165 InsO). Bei belasteten Grundstücken kann jedoch auch der absonderungsberechtigte Grundpfandgläubiger die Verwertung betreiben. Die Verwertung richtet sich dann gem. §§ 99, 165 InsO nach dem Gesetz über die Zwangsversteigerung und Zwangsverwaltung. **64**

Bewegliche Sachen, an denen ein Absonderungsrecht, also ein Pfandrecht, ein verlängerter Eigentumsvorbehalt oder Sicherungseigentum besteht und die der Verwalter in Besitz hat, darf er nach § 166 Abs. 1 InsO freihändig verwerten, wobei dies gem. § 168 InsO dem jeweiligen Gläubigern mitzuteilen ist. **65**

2. Verteilung der Insolvenzmasse

Vor Verteilung der Insolvenzmasse an die Gläubiger sind zunächst die Verfahrenskosten sowie die Masseverbindlichkeiten zu berichtigen (vgl. § 55 InsO). Die Befriedigung der Insolvenzgläubiger erfolgt im Wege der Verteilung im Sinne der §§ 187 ff. InsO entsprechend der Insolvenzquote. Grundlage der Verteilung ist ein vom Insolvenzverwalter erstelltes Verteilungsverzeichnis nach § 188 InsO, bei dem es sich um die gesetzlich vorgeschriebene **Insolvenztabelle** handelt. In dieser werden alle festgestellten Forderungen berücksichtigt, wobei sich diese sog. Insolvenzquote durch Division der vorhandenen Geldmittel durch die Summe der Forderungen ergibt. **66**

Nach der Schlussverteilung ist das **Insolvenzverfahren vollzogen** und das Verfahren wird durch Beschluss des Amtsgerichts aufgehoben, § 32 InsO. Soweit der Schuldner eine juristische Person war, wird die Eintragung im Handelsregister gelöscht. **67**

V. Abwicklung von Vertragsverhältnissen in der Insolvenz

Das sog. **Insolvenzvertragsrecht** ist in den §§ 103 bis 112 InsO geregelt und bestimmt die rechtlichen Auswirkungen der Insolvenzeröffnung auf Rechtsgeschäfte, die vom Schuldner vor Verfahrenseröffnung eingegangen wurden, zum Zeitpunkt der Eröffnung aber noch nicht vollständig abgewickelt worden sind. Grundnorm ist § 103 InsO, der Anwendung findet, wenn sich aus den §§ 104 ff. InsO keine spezielleren Regelungen ergeben. **68**

§ 103 InsO gibt dem Insolvenzverwalter ein einseitiges Wahlrecht, wonach er sich für die Erfüllung des Vertrages mit Wirkung für und gegen die Insolvenzmasse entscheidet oder die weitere Erfüllung des Vertrages ablehnen kann. **69**

Zweck dieser Regelung ist, dass zum einen der Vertragspartner auch in der Insolvenz zur Erbringung von ausstehenden Leistungen nur dann verpflichtet sein soll, wenn ihm gleichzeitig eine vollwertige Gegenleistung angeboten wird. Zum anderen soll dem Verwalter die Möglichkeit gegeben werden, beiderseitig noch nicht vollständig abgewickelte Verträge zu erfüllen, wenn dies für die Masse vorteilhaft ist. **70**

1. Voraussetzungen für das Wahlrecht des Verwalters

a) Gegenseitigkeit

Erforderlich ist zunächst, dass ein gegenseitiger Vertrag besteht. Gegenseitigkeit liegt vor, wenn die vereinbarten Leistungspflichten in einem synallagmatischen Verhältnis zueinander stehen, d. h., dass die Leistung nur erfolgt, um die Gegenleistung der anderen Vertragspartei zu erhalten. **71**

In der Praxis fallen **folgende Vertragstypen** am häufigsten unter § 103 InsO: **72**

- Kaufverträge, § 433 BGB,
- Handelskaufverträge, § 373 ff. HGB (eingeschränkt durch §§ 106, 107 InsO),
- Bauverträge oder sonstige Werk- oder Werklieferungsverträge gem. §§ 631, 651 BGB, soweit sie keinen Geschäftsbesorgungscharakter haben und damit § 116 InsO unterfallen,
- Energielieferverträge,
- Lizenzverträge,

- Reiseverträge, §§ 651 a ff. BGB,
- Lagerverträge, §§ 467 ff. HGB,
- Frachtverträge, §§ 407 ff. HGB,
- Darlehensverträge, solange die Darlehensvaluta nicht oder noch nicht vollständig ausgezahlt ist,
- Versicherungsverträge in der Insolvenz des Versicherungsnehmers (vgl. auch Uhlenbruck/*Buhrscheid* § 103 Rn. 11 ff. m. w. N.).

73 Nicht von § 103 InsO erfasst sind Arbeits- oder Dienstverhältnisse, der Kontokorrentvertrag, der Bürgschaftsvertrag, Gesellschaftsverträge sowie Tarifverträge.

b) beiderseitige nicht vollständige Erfüllung

74 Haben beide Parteien bereits vor Eröffnung des Verfahrens ihre Leistung vollständig erbracht, sind die gegenseitigen Ansprüche erloschen und der Vertrag ist erfüllt (§ 362 BGB). § 103 InsO ist nicht anwendbar.

75 Hat lediglich der Schuldner die ihm obliegende Leistung vor Verfahrenseröffnung erbracht, so darf der Gläubiger diese behalten, soweit kein Anfechtungstatbestand gegeben ist, muss aber seinerseits an die Masse leisten. Ferner ist § 82 InsO zu beachten, wonach der Gläubiger bei einer Leistung an den Schuldner nach Verfahrenseröffnung nur dann befreit ist, wenn er von der Eröffnung keine Kenntnis hatte. Hat dagegen nur der andere Teil vor Verfahrenseröffnung seine Leistungspflicht vollständig erfüllt, so ist er mit seinem Anspruch gegen den Schuldner lediglich Insolvenzgläubiger nach § 38 InsO und erhält Befriedigung entsprechend der Insolvenzquote. Die von ihm erbrachte Leistung kann nicht mehr zurückgefordert werden, § 105 S. 2 InsO.

c) Ausübung des Wahlrechts

76 Das Wahlrecht wird durch den Insolvenzverwalter durch einseitig empfangsbedürftige Willenserklärung ausgeübt, welche persönlich abzugeben ist.

77 Um den Zustand der Rechtsunsicherheit zu beseitigen, kann gem. § 303 Abs. 2 S. 2 InsO der Insolvenzverwalter zur Abgabe seiner Erklärung aufgefordert werden. Erklärt der Verwalter sich nicht rechtzeitig, so verliert er gem. § 103 Abs. 2 S. 3 InsO sein Wahlrecht. Es bleibt damit bei der Nichterfüllung des Vertrages.

d) Rechtsfolgen der Wahlrechtausübung

78 Wählt der Insolvenzverwalter die Erfüllung, so erhalten die zunächst nicht durchsetzbaren Ansprüche die Qualität von Masseverbindlichkeiten gem. § 55 InsO. Der Insolvenzverwalter hat den Vertrag dann in gleicher Weise wie der Insolvenzschuldner zu erfüllen.

79 Lehnt der Insolvenzverwalter die Erfüllung des Vertrages ab oder unterbleibt eine unverzügliche Erklärung nach entsprechender Aufforderung durch die Gegenseite, verbleibt es bei der Rechtswirkung der Verfahrenseröffnung, wonach die wechselseitigen Ansprüche nicht mehr durchsetzbar sind. Der Vertragspartner kann dann lediglich gem. § 103 Abs. 2 S. 1 InsO eine Insolvenzforderung wegen Nichterfüllung geltend machen. Der zu ermittelnde Schaden bemisst sich nach der Differenz zwischen der Vermögenslage, die bei ordnungsgemäßer Erfüllung des Vertrages eingetreten wäre und derjenigen, die durch die tatsächliche Nichterfüllung eingetreten ist.

2. Sonderbestimmungen bei bestimmten Vertragstypen

a) Fortbestehen von Dauerschuldverhältnissen, § 108 InsO

80 Die §§ 108 bis 112 InsO sind Sonderregelungen für die Behandlung von Miet- und Pachtverträgen und gehen insofern der Grundregel des § 103 InsO vor. § 108 Abs. 1 InsO hat dabei in erster Linie klarstellende Funktion.

Wird über das Vermögen des Mieters einer unbeweglichen Sache das Insolvenzverfahren eröffnet, sieht § 109 InsO Möglichkeiten einer vorzeitigen Beendigung des Vertrages vor. Durch § 109 Abs. 1 InsO soll verhindert werden, dass dem Verwalter die schon überlassene Sache wieder entzogen wird, obwohl sie zur Betriebsfortführung oder Sanierung benötigt wird. Zum anderen soll die Masse davor geschützt werden, mit Mietzinsansprüchen belastet zu werden, obwohl eine wirtschaftlich angemessene Nutzung des Mietobjekts in Anbetracht der Insolvenz nicht mehr möglich ist. Dem Insolvenzverwalter steht daher ein **gesetzliches Kündigungsrecht** zu. **81**

Für den Fall, dass der Mietgegenstand dem Schuldner zur Zeit der Eröffnung des Verfahrens noch nicht überlassen war, gilt die Sonderregelung des § 109 Abs. 2 InsO. Sowohl der Vermieter als auch der Insolvenzverwalter haben die Möglichkeit, vom Vertrag **zurückzutreten**. **82**

Während dem Insolvenzverwalter ein gesetzliches Kündigungsrecht zusteht, wird die Kündigungsmöglichkeit des Vermieters bereits vor Eröffnung des Insolvenzverfahrens über das Vermögen des Schuldners durch § 112 InsO erheblich eingeschränkt, da andernfalls eine Sanierung nicht möglich wäre, wenn der Vermieter das Mietverhältnis über ein z. B. zur Betriebsfortführung benötigtes Grundstück im Insolvenzeröffnungsverfahren fristlos kündigen könnte. Nach § 112 InsO kann der Vermieter eine fristlose Kündigung nicht mehr auf Gründe stützen, die vor Insolvenzantragstellung gegeben waren und ggf. eine fristlose Kündigung ermöglicht hätten. **83**

Wenn zum Zeitpunkt der Insolvenzantragstellung bereits ein Zahlungsverzug i. S. v. § 543 BGB gegeben war, verliert der Vermieter mit Antragstellung automatisch sein Recht, die fristlose oder ordentliche Kündigung auf diesen Zahlungsverzug zu stützen. Zahlungsverzögerungen nach Insolvenzantragstellung fallen dagegen nicht in den Schutzbereich des § 112 InsO und berechtigen den Vermieter bei Vorliegen der Voraussetzungen zur fristlosen Kündigung. **84**

In der Insolvenz des Vermieters hat keine der Vertragsparteien, weder der Insolvenzverwalter noch der Vermieter, ein Sonderkündigungsrecht. Das Mietverhältnis besteht mit seinem ursprünglichen Inhalt fort, § 108 Abs. 1 S. 1 InsO. Der Insolvenzverwalter hat dann die vertraglich festgelegten Verpflichtungen des Vermieters zu erfüllen. Eine Kündigung des Mietverhältnisses ist nur nach den vertraglichen oder gesetzlichen Voraussetzungen zulässig. **85**

Wird das Mietobjekt **veräußert**, gewährt § 111 InsO dem Erwerber für den Fall der freihändigen Veräußerung durch den Insolvenzverwalter ein **Sonderkündigungsrecht**, welches demjenigen des § 57 a ZVG entspricht. Hierdurch soll bewirkt werden, dass vermietete Objekte leichter veräußert werden können. **86**

b) Sondervorschriften für Auftrag, Geschäftsbesorgung und Vollmacht in der Insolvenz

Mit Verfahrenseröffnung geht das Recht des Schuldners, das zur Insolvenzmasse gehörende Vermögen zu verwalten und über dieses zu verfügen, auf den Insolvenzverwalter über (§ 80 InsO). Zur Erreichung dieses Zwecks ordnet das Gesetz an, dass Aufträge gem. § 115 InsO und Geschäftsbesorgungsverträge gem. § 116 InsO bereits mit der Eröffnung des Verfahrens kraft Gesetz ohne Zutun des Insolvenzverwalters erlöschen. Unter § 115 InsO fallen jedoch nur Aufträge, die der Schuldner selbst in Auftrag gegeben hatte. Wurde der Schuldner von einem Dritten beauftragt, gilt § 115 InsO nicht. **87**

Beispiele für Aufträge bzw. Geschäftsbesorgungsverträge sind: **88**

- Treuhandverträge,
- Inkassoverträge,
- Anwalts- und Steuerberatungsverträge,
- Handelsvertreterverträge und
- Speditionsverträge (vgl. Uhlenbruck/*Buhrscheid* §§ 115, 116 Rn. 8).

89 Mit der Eröffnung des Insolvenzverfahrens **erlischt** der Auftrag bzw. der Geschäftsbesorgungsvertrag **kraft Gesetzes** gegenüber jedermann. Eventuelle Ansprüche auf die vereinbarte Vergütung oder Verwendungsersatz kann der Beauftragte nur als Insolvenzforderung geltend machen.

90 Solange der Beauftragte die Eröffnung des Insolvenzverfahrens ohne Verschulden nicht kennt, wird das Fortbestehen des Auftrags zu seinen Gunsten fingiert (§ 115 Abs. 3 InsO).

91 Eine vom Schuldner erteilte Vollmacht, die sich auf das zur Insolvenzmasse gehörende Vermögen bezieht, erlischt durch die Eröffnung des Insolvenzverfahrens, § 117 InsO. Vollmachten, die sich auf höchstpersönliche oder insolvenzfreie Gegenstände beziehen, bleiben dagegen bestehen.

VI. Insolvenz der Personengesellschaft

92 Nachfolgend werden noch einige Besonderheiten zur Insolvenz der Personengesellschaft ausgeführt. Da hierbei die GmbH & Co. KG, die KG, die OHG und die Gesellschaft bürgerlichen Rechts die größte praktische Bedeutung haben, beziehen sich die Darstellungen auf die vorgenannten Gesellschaften.

1. Antrag

93 Mit der in § 15 Abs. 1 InsO verwandten Formulierung »Vertretungsorgan« ist bei Personengesellschaften der vertretungsberechtigte Gesellschafter gemeint. Bei Personengesellschaften liegt jedoch häufig – entweder aufgrund fehlender anderweitiger Bestimmungen kraft Gesetzes oder aufgrund einer gesellschaftsvertraglich vereinbarten Regelung – **Gesamtvertretung** vor. In diesem Fall müssen gem. § 15 InsO alle Gesamtvertreter den Antrag gemeinsam stellen. Sofern ein Gesellschafter aufgrund fehlender Einzelvertretungsbefugnis nicht gem. § 15 Abs. 1 S. 1 InsO alleine handeln kann, kommt eine Antragstellung nur dann in Betracht, wenn der Gesellschafter persönlich haftet. Der Kommanditist ist daher nie vertretungsberechtigt und kann folglich keinen Insolvenzantrag stellen. Der aufgrund seiner persönlichen Haftung den Insolvenzantrag stellende Gesellschafter muss gem. § 15 Abs. 2 InsO den Insolvenzgrund glaubhaft machen.

2. Auflösung der Gesellschaft

94 Mit der Eröffnung des Insolvenzverfahrens wird die Gesellschaft aufgelöst (vgl. § 728 Abs. 1 S. 1 BGB, §§ 131 Abs. 1 Nr. 3, 161 Abs. 2 HGB). Die Ablehnung der Verfahrenseröffnung mangels Masse führt jedoch nur bei den Personengesellschaften zu einer Auflösung, an denen keine natürliche Personen als Gesellschafter beteiligt sind (vgl. § 31 Nr. 2 InsO).

3. Verhältnis zur Gesellschafterinsolvenz

95 Bei der Personengesellschaftsinsolvenz ist zu berücksichtigen, dass diese nicht zwangsläufig auch eine Insolvenz der Gesellschafter darstellt. Insbesondere bei der GmbH & Co. KG führt eine Insolvenzeröffnung über das Vermögen der Kommanditgesellschaft nicht automatisch zu einer Verfahrenseröffnung über das Vermögen der Komplementär-GmbH. Für diese ist vielmehr ein weiteres Verfahren durchzuführen. Sofern der Gesellschafter persönlich unbeschränkt haftet, kommt es im Regelfall zu getrennten Insolvenzverfahren über die Gesellschafter und die Gesellschaft.

96 Bei der alleinigen Insolvenz des Gesellschafters richtet sich die Verwertung seiner Gesellschaftsbeteiligung zunächst nach den gesellschaftsrechtlichen Vorschriften. Soweit es zur Auflösung kraft Gesetz (§ 728 Abs. 2 S. 1 BGB) oder aufgrund gesellschaftsvertraglicher Vereinbarungen kommt, fällt in die Insolvenzmasse der entsprechende Anteil am Liquidationserlös (§ 730 BGB, § 155 HGB).

97 Soweit eine Auflösung der Gesellschaft nicht erfolgt, nimmt der Insolvenzverwalter die Rechte und Pflichten des Gesellschafters wahr (§ 146 Abs. 3 HGB). Gem. § 84 Abs. 1 InsO kann der Verwalter die Auseinandersetzung der Gesellschaft außerhalb des Insolvenzverfahrens betreiben.

Im Normalfall ist im Gesellschaftsvertrag der Ausschluss des insolventen Gesellschafters vorgesehen.

4. Ansprüche gegenüber den Gesellschaftern

Bei der Insolvenz der Personengesellschaft gehören zur Insolvenzmasse neben dem Gesellschaftsvermögen auch die **Ansprüche Dritter** hinsichtlich einer persönlichen Haftung der Gesellschafter (§ 93 InsO). **98**

Ansprüche gegenüber den Gesellschaftern können sich aus vertraglichen oder gesetzlichen Grundlagen ergeben. Neben Forderungen gegenüber den Gesellschaften aus mit der Gesellschaft geschlossenen Verträgen, kommt insbesondere die Nachschussverpflichtung gem. § 735 BGB, §§ 105 Abs. 3, 161 Abs. 2 HGB in Betracht. Ferner ist die Gesellschafterhaftung gem. § 735 BGB bzw. die persönliche Haftung des Gesellschafters bei der OHG nach § 128 HGB sowie des Komplementärs nach §§ 128, 161 Abs. 2 HGB relevant. **99**

Obwohl die Firma nicht pfändbar ist, gehört sie als Vermögenswert des immateriellen Rechts zur Insolvenzmasse. Aufgrund der mit der Reform des HGB von 1998 eingeführten Wahlfreiheit bei der Firmenbildung steht dem Verwalter nunmehr auch die Befugnis zur Verwertung von Namensfirmen zu. **100**

VII. Gründungsgesellschaften

In der Gründungsphase einer Kapitalgesellschaft werden die Vorgründungsgesellschaft und die Vorgesellschaft unterschieden. Die **Vorgründungsgesellschaft** bezeichnet den Zeitraum zwischen der Einigung der Gesellschafter über die Gründung der Gesellschaft bis zum Zeitpunkt der notariellen Beurkundung der Satzung. Als BGB-Gesellschaft bzw. OHG ist diese nach § 11 Abs. 2 Nr. 1 InsO insolvenzfähig. Nach notarieller Beurkundung der Satzung bis zur Eintragung der Kapitalgesellschaft im Handelsregister und damit deren Entstehung als juristische Person liegt eine **Vorgesellschaft** vor. Für die Vorgesellschaft gilt bereits das Recht der mit der Eintragung entstehenden Gesellschaft, soweit dies nicht die Rechtsfähigkeit voraussetzt oder mit der Beschränkung auf das Gründungsstadium vereinbar ist. Die Vorgesellschaft ist insolvenzfähig gem. § 11 Abs. 2 Nr. 1 InsO. Für diese gilt die Verlustdeckungshaftung der Gesellschafter bis zur Eintragung der GmbH. Hierbei handelt es sich um eine Innenhaftung, die im Fall der Insolvenz vom Verwalter geltend gemacht werden kann. Mit Eintragung der GmbH wird die sog. **Vorbelastungshaftung** begründet, d. h. zum Zeitpunkt der Eintragung muss das Stammkapital der Gesellschaft in voller Höhe abzüglich des satzungsrechtlich zulässigen Gründungaufwands zur Verfügung stehen (vgl. zur Vorbelastungshaftung ausführl. Kap. 7 § 11 Rn. 19 ff.). **101**

VIII. Sonderformen des Insolvenzverfahrens

1. Insolvenzplanverfahren

Der Insolvenzplan bzw. das Insolvenzplanverfahren zählen zu den grundlegenden Neuerungen, die das deutsche Insolvenzrecht mit Inkrafttreten der Insolvenzordnung und Ablösung der Konkursordnung erfahren hat. Der Rechtsausschuss des deutschen Bundestages hat das neue Rechtsinstitut auch als Kernstück der Reform bezeichnet (vgl. auch Uhlenbruck/*Lüer* § 217 Rn. 1). **102**

Sinn und Zweck des Insolvenzplanverfahrens ist, im Einvernehmen mit der Gläubigermehrheit – unter teilweisem Forderungsverzicht durch die Gläubiger – eine **Gesamtvollstreckung** durchzuführen, die nicht durch »Versilberung« der einzelnen Vermögensgegenstände und Zerschlagung der betrieblichen Einheit erfolgt. Vielmehr soll das Unternehmen in seiner Gesamtheit werterhaltend genutzt werden, wenn es im vorrangigen Interesse der Gläubiger, aber auch im Interesse des Schuldners wirtschaftlich günstiger verwertet werden kann. Sofern das Unternehmen unter Mitwirkung der Gläubiger wirtschaftlich saniert werden kann, ermöglicht dies die ordnungs- oder vertragsgemäße Bedienung und Rückführung auch ungesicherter Gläubigerforderungen soweit sie noch bestehen bleiben, also kein Verzicht erklärt wurde. **103**

104 Können Sachgesamtheiten oder Unternehmensteile erhalten werden, wird der Erlös regelmäßig ungleich höher ausfallen als bei Zerschlagung. Der Insolvenzplan rechtfertigt sich mithin rechtspolitisch durch die Absicht, bessere wirtschaftliche Ergebnisse zu erzielen. Auch wenn es bereits einige spektakuläre Insolvenzplanverfahren gab (man denke an die Fälle »Senator« oder »Herlitz«) stellt die Regelabwicklung weiter den Normalfall dar, der Insolvenzplan demgegenüber die Ausnahme. Auch wenn das Insolvenzplanverfahren zur Förderung der Gläubigerautonomie beitragen soll, sind nach § 218 InsO nur der Insolvenzverwalter und der Schuldner **vorlageberechtigt**. Die Gläubiger können jedoch durch Beschlussfassung in der Gläubigerversammlung den Insolvenzverwalter beauftragen, einen Insolvenzplan auszuarbeiten. Ferner können sie über den Gläubigerausschuss nach § 218 Abs. 3 InsO an der Erstellung des Insolvenzplans mitwirken.

105 Der Insolvenzplan besteht aus dem darstellenden und dem gestaltenden Teil, § 219 InsO. Im **darstellenden Teil** des Insolvenzplans wird beschrieben, welche Maßnahmen nach Eröffnung des Insolvenzverfahrens getroffen worden sind oder noch getroffen werden sollen, um die Grundlage für die geplante Gestaltung der Rechte der Beteiligten zu schaffen. Neben einer kurzen Beschreibung des Unternehmens sowie der Darstellung des Sanierungskonzepts werden im darstellenden Teil insbesondere die geplanten Sanierungsmaßnahmen sowie die damit verbundenen Risiken ausgeführt.

106 Im **gestaltenden Teil** werden die Gläubiger in Gruppen beispielsweise Banken, Arbeitnehmer, Finanzamt und sonstige Gläubiger aufgeteilt und die Änderung der Gläubigerrechte beschrieben. In der Regel wird hier insbesondere des von den Gläubigern im Wege eines Teilforderungsverzichts zu leistende Sanierungsbeitrag bestimmt.

107 Hat das Insolvenzgericht den Insolvenzplan **rechtskräftig bestätigt**, treten in materiellrechtlicher Hinsicht alle rechtsgestaltenden Wirkungen ein, die der Plan vorsieht. Dementsprechend gelten insbesondere alle Verfügungsgeschäfte, die der gestaltende Teil des Insolvenzplans vorsieht, als formwirksam vorgenommen. Gleiches gilt für etwaige Verpflichtungsgeschäfte, die einer Begründung, Änderung, Übertragung oder Aufhebung von Rechten und Gegenständen oder der Abtretung von Geschäftsanteilen zu Grunde liegen. Diese Wirkungen treten auch gegenüber Insolvenzgläubigern ein, die ihre Forderung nicht angemeldet haben und auch für die Beteiligten, die dem Plan widersprochen haben.

108 Verfahrensrechtlich kommt dem rechtskräftig bestätigten Insolvenzplan zweifache Bedeutung zu: Zum einen bildet er die **Grundlage für die Aufhebung des Verfahrens**, die das Insolvenzgericht nach § 158 Abs. 1 InsO beschließt. Zum anderen bildet er die Grundlage der Zwangsvollstreckung aus dem Insolvenzplan zu Gunsten der Insolvenzgläubiger, deren Forderungen festgestellt und vom Schuldner im Prüfungstermin nicht bestritten worden sind. Dem Insolvenzplan kommt insoweit die Wirkung eines vollstreckbaren Urteils zu.

2. Sonderform des Insolvenzplans: »Pre-Packaged-Plan«

109 Der Insolvenzschuldner kann bereits vor Stellung des Insolvenzantrags unter Einbeziehung der Gläubiger einen Insolvenzplan vorbereiten. Diese Form des Insolvenzplans wird als **»Pre-Packaged-Plan«** bezeichnet. Der Vorteil dieser Vorgehensweise ist, dass obstruierende Gläubiger, welche einer Sanierung widersprechen, auf diese Weise aufgrund des Obstruktionsverbotes des § 245 InsO überstimmt werden können, wenn sich eine den Plan billigende Gläubigermehrheit findet.

110 Bei der Vorbereitung eines solchen Pre-Packaged Plans sind zunächst folgende **Fragen** zu klären:
- Ab welchem Zeitpunkt liegt der Insolvenzgrund vor?
- Ist Liquidität für die Aufrechterhaltung des Geschäftsbetriebs im Zeitraum zwischen Antragsstellung und Eröffnung des Insolvenzverfahrens vorhanden bzw. kann diese geschaffen werden?

- Ist eine Vermögensminderung im Vorverfahren zu befürchten?
- Ist ausreichend Masse vorhanden um das Insolvenzverfahren zu eröffnen?
- Ist genügend Liquidität für Zeit zwischen Eröffnung des Verfahrens bis zum Wirksamwerden des Plans vorhanden bzw. kann diese geschaffen werden?
- Werden die Gläubiger durch den Insolvenzplan besser gestellt als durch die Regelabwicklung?

3. Eigenverwaltung

Im Regelfall des Insolvenzverfahrens verliert der Schuldner mit Eröffnung des Insolvenzverfahrens seine Verfügungs- und Verwaltungsbefugnis über die Insolvenzmasse und geht diese Befugnis auf den Insolvenzverwalter über. In Ausnahmefällen kann dem Schuldner die Verfügungsbefugnis über das Schuldnervermögen belassen und die sog. **Eigenverwaltung gem. §§ 270 ff. InsO** unter Aufsicht eines Sachverwalters angeordnet werden. Als Vorteile dieser Vorgehensweise werden gesehen: 111

- Durch die Tatsache, dass der Schuldner damit rechnen kann, nach Verfahrenseröffnung weiter mit der Verwaltung des Vermögens betraut zu werden, soll ein Anreiz geschaffen werden, den Antrag auf Eröffnung des Verfahrens rechtzeitig zu stellen. 112
- Die Kosten des Insolvenzverfahrens werden verringert, da der Sachverwalter nach der insolvenzrechtlichen Vergütungsverordnung (InsVV) lediglich 60 % der Vergütung des Insolvenzverwalters erhält (vgl. § 12 Abs. 1 InsVV).
- Daneben fallen bei der Verwertung von mit Absonderungsrechten belasteten Gegenstände keine Kosten der Feststellung an (§ 282 Abs. 1 S. 2 InsO), sondern nur die tatsächlich entstandenen Verwertungskosten.

Der zu bestellende **Sachverwalter** hat im Wesentlichen die Funktion der **Aufsicht und Kontrolle**. 113
Das Initiativrecht zu Verfügungen und Eingehung von Verpflichtungen geht weiterhin vom Insolvenzschuldner aus, ist jedoch an die Zustimmung des Sachverwalters gebunden, so dass die Rechtsstellung des Sachverwalters der des vorläufigen Insolvenzverwalters ähnelt (§ 274 InsO). Im Übrigen hat der Sachverwalter begleitende Funktionen. Er hat die wirtschaftliche Lage des Schuldners zu prüfen, ferner die Geschäftsführung sowie die Ausgaben für die Lebensführung zu überwachen. Stellt er Umstände fest, die erwarten lassen, dass die Fortsetzung der Eigenverwaltung zu Nachteilen für die Gläubiger führen wird, wird er dies unverzüglich dem Gläubigerausschuss und dem Insolvenzgericht anzeigen (§ 274 Abs. 3 InsO). Die Insolvenzgläubiger haben ferner ihre Forderungen bei dem Sachverwalter anzumelden (§ 270 InsO). Dieser nimmt auch die Prüfung des Verteilungsverzeichnisses vor (§ 283 InsO).

Der Schuldner hat im Wesentlichen die Aufgabe, die Insolvenzmasse zu verwalten und zu ver- 114
werten. Die Anordnung der Eigenverwaltung kann daher nur dann stattfinden, wenn der Schuldner die fachliche Kompetenz zur Erfüllung der ihm obliegenden Aufgaben in eigener Person vorweisen kann. Ferner muss der Schuldner die erforderliche persönliche Integrität aufweisen.

Die Anordnung der Eigenverwaltung wird daher **nur in Ausnahmefällen** erfolgen, insbeson- 115
dere wenn ein an sich ertragskräftiges Unternehmen durch ein singuläres Ereignis insolvent geworden ist und im Übrigen seine Verbindlichkeiten im Rahmen des Geschäftsablaufs voraussichtlich tilgen kann. Nachteilig für Minderheitsgläubiger kann die Anordnung der Eigenverwaltung dann sein, wenn ein Großgläubiger im Zusammenwirken mit dem Schuldner auf die Anordnung der Eigenverwaltung drängt. In diesem Fall besteht die Gefahr, dass Verwertungshandlungen vornehmlich nach den Interessen des Großgläubigers vorgenommen werden. Ebenso ist in diesem Fall genau zu prüfen, ob die Wirksamkeit von Sicherungsverträgen gegeben ist.

IX. Anfechtungsthematiken in der Insolvenz

116 Ziel der Insolvenzanfechtung gem. §§ 129 ff. InsO ist es, die Benachteiligung der Gesamtheit der Insolvenzgläubiger zu Gunsten einzelner Gläubiger zu vermeiden. Der Anfechtungsanspruch des Insolvenzverwalters geht mithin auf die Rückgewähr von in der kritischen Phase vor Insolvenzantragstellung erlangten Vermögensmitteln. Aus Sicht des Beraters eines Gläubigers ist es daher wichtig zu erkennen, welche Handlungen und Zahlungen der Schuldner in der Krise noch leisten kann und welche Folgen sich ggf. hieraus für den Gläubiger ergeben können.

1. Gläubigerbenachteilung

117 Voraussetzung ist nach § 129 InsO zunächst, dass die Gesamtheit der Insolvenzgläubiger durch eine Rechtshandlung objektiv benachteiligt ist. Eine Gläubigerbenachteiligung liegt grundsätzlich dann vor, wenn die Rechtshandlung entweder die Schulden vermehrt oder die Aktivmasse verkürzt und dadurch den Zugriff auf das Schuldnervermögen vereitelt, erschwert oder verzögert hat, mit anderen Worten, wenn sich die Befriedigungsmöglichkeit der Insolvenzgläubiger ohne die Handlung bei wirtschaftlicher Betrachtungsweise günstiger gestaltet hätte. (HK InsO/*Krefft* § 129 Rn. 36). Handlungen, welche sich auf ein schuldnerfremdes, unpfändbares Vermögen beziehen oder auf nicht werthaltige Gegenstände, sind daher nicht anfechtbar.

118 Die **Anfechtungstatbestände** der Insolvenzordnung unterscheiden zwischen unmittelbarer und mittelbarer Benachteiligung. Bei einer **unmittelbaren Benachteiligung** treten die Nachteile der Rechtshandlung selbst ohne Hinzutreten weiterer Umstände im Vermögen des Insolvenzschuldners ein. Der Nachteil wird also unmittelbar durch das Rechtsgeschäft verursacht, wie etwa bei der Veräußerung von Ware unter Wert oder beim Kauf zu einem überhöhten Preis. Bei der **mittelbaren Benachteiligung** genügt es, dass zu der Rechtshandlung ein weiterer Umstand hinzutritt, der die Gläubigerbenachteiligung auslöst. Dies ist etwa anzunehmen, wenn zwar zur Zeit der Veräußerung eines Gegenstandes eine Gegenleistung in das Vermögen des Schuldners geflossen ist, diese Gegenleistung jedoch nicht im Sondervermögen geblieben ist, weil z. B. der Schuldner einzelne Gläubiger befriedigt hat, das Geld für sich verwendete oder bei Seite schaffte.

2. Kongruente Deckung

119 § 130 InsO regelt die Anfechtbarkeit einer kongruenten Sicherung oder Befriedigung eines Gläubigers. Dies bedeutet zunächst, dass der Gläubiger tatsächlich Anspruch auf die Leistung in der Art und zur geleisteten Zeit hatte. Im Interesse der Gleichbehandlung aller Gläubiger entfällt der Vertrauensschutz des Gläubigers jedoch, wenn er wusste, dass die Krise eingetreten war. Er hat dann die ihm zustehende Leistung zurückzugewähren.

120 Voraussetzung hierfür ist, dass objektiv Zahlungsunfähigkeit bzw. ein Eröffnungsantrag vorlag und der Gläubiger zur Zeit der Handlung die Zahlungsunfähigkeit oder den Eröffnungsantrag kannte. Eine solche **Kenntnis** wird etwa dann vermutet, wenn der Gläubiger weiß, dass der Schuldner seine Zahlungen eingestellt hat, sich um Stundung oder Erlass bemüht oder den Gläubiger darüber informiert, dass andere Maßnahmen der Zwangsvollstreckung bereits fruchtlos verlaufen sind.

3. Inkongruente Deckung

121 Nach § 131 InsO sind Rechtshandlungen anfechtbar, die einem Insolvenzgläubiger eine Sicherung oder Befriedigung gewährt oder ermöglicht haben, die diese nicht oder »nicht in der Art« oder »nicht zu der Zeit« zu beanspruchen hatte. Aufgrund der Inkongruenz sind die subjektiven und objektiven Anforderungen der Anfechtung niedriger, da der Insolvenzgläubiger weniger schutzwürdig ist. Bei einer Befriedigung innerhalb der letzten drei Monate vor Verfahrenseröffnung wird entweder die bloße objektive Zahlungsunfähigkeit im Sinne des § 17 InsO verlangt, oder subjektiv die Kenntnis des Gläubigers von der Benachteiligung oder der Umstände, die zwingend auf eine solche schließen lassen.

»Nicht in der Art« hatte der Gläubiger einen Anspruch auf die Leistung, wenn ihm anstelle der Leistung, die er zu fordern hat, etwas an Erfüllung Statt oder erfüllungshalber überlassen wird. Inkongruente Handlungen sind beispielsweise die Abtretung von Forderungen, die Hingabe von Waren statt der Bezahlung oder die Weitergabe eines Schecks eines Kunden. **122**

»Nicht zu der Zeit« bedeutet Begleichung eines nicht fälligen, aufschiebend bedingten oder befristeten Anspruchs. **123**

Unter inkongruente Sicherungen fallen alle Rechtshandlungen, die es dem Gläubiger ermöglichen, sich wegen eines gegen den Schuldner bestehenden Anspruchs zu befriedigen. Zu beanspruchen hat der Gläubiger eine Sicherung nur dann, wenn der Anspruch auf eine bestimmte Sicherung vertraglich oder gesetzlich anfechtungsfrei begründet worden ist (HK InsO/*Krefft* § 131 Rn. 12). Werden eine Abtretung und die ihnen zugrunde liegenden schuldrechtlichen Vereinbarungen erfolgreich angefochten, sind Sicherungen aufgrund späterer Pfändungen der abgetretenen Ansprüche inkongruent (HK InsO/*Krefft* § 131 Rn. 12). Ferner ist eine Sicherung nicht zu beanspruchen, wenn ein Gläubiger überhaupt keinen Anspruch auf Sicherung seiner Forderung hatte. Inkongruent ist insbesondere eine Sicherung, die in der kritischen Zeit im Wege der Zwangsvollstreckung erlangt wird. Hintergrund ist hier, dass nach Eintritt der Krise und der damit verbundenen materiellen Insolvenz eine Ungleichbehandlung nicht mehr durch den Einsatz staatlicher Zwangsmittel erzwungen werden soll (BGH NJW 2002, 2586). Dies gilt insbesondere für die Pfändung von Geld. Anfechtungszeitraum ist hier der 3-Monats-Zeitraum vor Stellung des Insolvenzantrages. **124**

4. Bargeschäft

Eine Anfechtung ist jedoch auch bei Vorliegen der Voraussetzungen der §§ 130 ff. InsO ausgeschlossen, wenn für die Leistung des Schuldners unmittelbar eine gleichwertige Gegenleistung in sein Vermögen gelangt ist. Denn dann liegt ein sog. **unanfechtbares Bargeschäft** i. S. d. § 142 InsO vor. Die geforderte Gleichwertigkeit im Sinne dieser Vorschrift ist z. B. im Hinblick auf die Vergütung des rechtlichen Beraters dann gegeben, wenn das angemessene Honorar versprochen und gezahlt wird und die gewünschte Arbeit nicht von vornherein erkennbar aussichtslos und wirtschaftlich unzweckmäßig erscheint. Die im Rahmen der Krisenberatung gezahlten Honorare sind deshalb regelmäßig gleichwertig. Es ist aber zu beachten, dass die Leistungen in einem unmittelbaren zeitlichen Zusammenhang ausgetauscht werden wobei hier Zeiträume von zwei bis drei Wochen noch zu tolerieren sind. Soweit Zahlungen außerhalb dieses Zeitraums erfolgen, liegt kein Bargeschäft mehr vor und die Anfechtbarkeit ist gegeben. **125**

C. Kapitalersatz in der Insolvenz der GmbH

Nach den Kapitalerhaltungsvorschriften im GmbHG darf das zur Erhaltung des Stammkapitals erforderliche Vermögen der GmbH nicht an die Gesellschafter ausbezahlt werden, vgl. § 30 GmbHG. Diese Vorschrift verbietet den Geschäftsführern, Aktivvermögen der Gesellschaft wegzugeben, wenn eine Unterbilanz oder gar eine Überschuldung besteht. Entgegen dieser Vorschrift vorgenommene Zahlungen an die Gesellschafter müssen gem. § 31 Abs. 1 GmbHG an die Gesellschaft zurückerstattet werden. Aus steuerlichen und gesellschaftsrechtlichen Gründen werden von den Gesellschaften jedoch häufig – statt der eigentlichen gebotenen Zufuhr von Eigenkapital – Darlehen gewährt. Der Vorteil ist, dass Finanzierungslücken unkompliziert und flexibel geschlossen werden können. Kapitalerhöhungen sind dem gegenüber kostspielig und langwierig. **126**

Ausgangspunkt für den Begriff des Eigenkapitalersatzes ist die Finanzierungsfreiheit des Gesellschafters. Dieser kann ebenso wie ein fremder Dritter der Gesellschaft Vermögenswerte zur Verfügung stellen. Von einer eigenkapitalersetzenden Leistung spricht man dann, wenn die Leistung entweder in der Krise gewährt oder in der Krise stehen gelassen wurde und dann zu Eigenkapital umqualifiziert wird. Rechtsgrundlage sind die vom BGH entwickelten **Grundsätze zur Kapitalerhaltung gem. §§ 30, 31 GmbHG** welche nunmehr mit den §§ 32 a, 32 b GmbHG ins Gesetz auf- **127** genommen wurden. Vgl. zu den Grundsätzen der Kapitalerhaltung die Kommentierungen zu §§ 30, 31 GmbHG bzw. §§ 32 a, 32 b GmbHG in Kap. 7.

128 Voraussetzung für die Bejahung einer eigenkapitalersetzenden Leistung ist zunächst das Vorliegen einer **Krise** der Gesellschaft. Eine Krise liegt vor, wenn die Gesellschaft zahlungsunfähig und/oder überschuldet oder kreditunwürdig ist. Eine Kreditunwürdigkeit ist insbesondere dann gegeben, wenn ein vernünftig handelnder Außenstehender der GmbH einen Kredit unter denselben Bedingungen nicht gewährt hätte.

129 Vom Eigenkapitalersatzrecht sind alle Geld- und Sachleistungen des Gesellschafters erfasst, die in der Krise gewährt oder stehengelassen werden. Diese können im Insolvenzverfahren nur als **nachrangige Insolvenzforderungen** geltend gemacht werden, vgl. § 39 Abs. 1 Nr. 5 InsO. Dies bedeutet, dass eine Befriedigung erst dann erfolgt, wenn sämtliche Insolvenzgläubiger gem. § 38 InsO befriedigt wurden. Gegenstand der Gesellschafterleistung kann beispielsweise ein Darlehen, eine Kreditsicherheit, eine Gebrauchsüberlassung oder eine andere Hilfsleistung wie z. B. die Stundung fälliger Forderungen, Tantiemen oder ähnliches sein.

130 Ein in der Vergangenheit gewährtes Gesellschafterdarlehen oder eine sonstige Gesellschafterleistung wirkt kapitalersetzend, wenn der Gesellschafter diese bei Beginn der Krise stehen lässt, also nicht sofort kündigt.

131 Von besonderer Bedeutung ist die **kapitalersetzende Nutzungsüberlassung** geworden. Dies deshalb, weil aus steuerrechtlichen Gründen sowie zur Sicherung des Vermögens betriebsnotwendige Gegenstände wie Immobilien oftmals nicht als Betriebsmittel in die sog. Betriebsgesellschaft eingebracht werden, sondern im Wege der Betriebsaufspaltung eine Besitzgesellschaft gegründet wird, welche der Betriebsgesellschaft die jeweiligen Gegenstände zur Nutzung überlässt.

132 Eigenkapitalersetzenden Charakter enthält die Nutzungsüberlassung, wenn bei Übergabe der Sache die Gesellschaft überlassungsunwürdig ist oder der Gesellschafter bei Eintritt dieser Voraussetzung den Gegenstand nicht herausverlangt. Könnte die Gesellschaft den überlassenen Gegenstand nicht mit eigenen finanziellen Mitteln erwerben, liegt eine Überlassungsunwürdigkeit vor, wenn kein vernünftig handelnder Vertragspartner, der weder an der Gesellschaft beteiligt ist, noch sich an ihr beteiligen will, mit dieser entsprechenden Nutzungsüberlassungsvertrag unter den gegebenen Umständen abschließen würde (BGH ZIP 1993, 189). Bei den zu stellenden Anforderungen wird dabei darauf abgestellt, ob es sich bei dem überlassenen Gegenstand um ein Standardwirtschaftsgut oder um einen auf den Nutzer speziell zugeschnittenen Gegenstand handelt. Bei Standardwirtschaftsgütern wird auch ein Dritter geringere Anforderungen an die Überlassungswürdigkeit stellen, da er bei Ausbleiben des Nutzungsentgelts die Nutzungsvereinbarung kündigen und das Wirtschaftsgut anderweitig nutzen oder verpachten kann. Wird eine kapitalersetzende Nutzungsüberlassung in der Insolvenz stehen gelassen, kann dies die folgenden **Konsequenzen** haben:

133 Zunächst kommen **Rückzahlungsansprüche** des Insolvenzverwalters hinsichtlich des Entgelts gem. § 31 Abs. 1 GmbHG i. V. m. § 135 InsO in Betracht.

134 Ferner fällt das **Gebrauchsrecht** an der überlassenen Sache nach Eröffnung des Insolvenzverfahrens in die Masse und kann vom Insolvenverwalter durch unentgeltliche Nutzung für die Gesellschaft oder durch eine Weitervermietung genutzt werden. Dieses Nutzungsrecht wird erst durch Anordnung der Zwangsverwaltung oder ggf. der Eröffnung des Insolvenzverfahrens über das Vermögen des Eigentümers unterbrochen.

135 Veräußert der Gesellschafter den Gegenstand an einen Dritten, bricht dies ebenfalls das Nutzungsrecht. Der Gesellschafter kann jedoch zum Wertersatz gegenüber der Gesellschaft für die nach dem Überlassungsvertrag geschützte Nutzungszeit verpflichtet sein.

D. Haftungsrisiken der Organe

Da die Gläubiger eines insolventen Unternehmens ihre Forderungen regelmäßig nicht oder nur in geringer Quote befriedigen können, besteht naturgemäß der Anreiz, den oder die Geschäftsführer in Haftung zu nehmen. Ein solcher Durchgriff kommt insbesondere dann in Betracht, wenn der Geschäftsführer seine Pflicht, den Insolvenzantrag rechtzeitig zu stellen, verletzt. Im Folgenden werden zivil- sowie strafrechtliche Haftungstatbestände in diesem Zusammenhang erörtert. 136

I. Außenhaftung § 41 GmbHG

Gem. § 41 GmbHG ist der Geschäftsführer verpflichtet, für eine ordnungsgemäße Buchführung der Gesellschaft entsprechend den handels- und steuerrechtlichen Vorschriften zu sorgen. Wird diese Verpflichtung bei mehreren Geschäftsführern im Rahmen der internen Geschäftsaufteilung auf eine bestimmte Person übertragen, muss diese von den anderen Geschäftsführern fortlaufend überwacht werden. Gerade bei Unternehmen in der Krise sind vielfach Verletzungen der Buchführungspflicht festzustellen. In schweren Fällen kann dies auch eine strafrechtliche Verantwortlichkeit gem. § 283 StGB nach sich ziehen. Es besteht das Risiko der Außenhaftung des GmbH-Geschäftsführers nach § 823 Abs. 2 BGB i. V. m. § 41 GmbHG. Vgl. hierzu auch die ausführl. Kommentierung des § 41 GmbHG in Kap. 7. 137

II. Innenhaftung des GmbH-Geschäftsführers

1. Haftung nach § 43 GmbHG

Gem. § 43 GmbHG haben Geschäftsführer gegenüber der Gesellschaft in deren Angelegenheit die **Sorgfalt eines ordentlichen Geschäftsmannes** anzuwenden. Im Falle einer schuldhaften Pflichtverletzung besteht ein Schadensersatzanspruch der Gesellschaft nach § 43 Abs. 2 GmbHG (vgl. auch Kap. 7 § 43 GmbHG). Dies bedeutet für den Geschäftsführer, dass er eine interne Prüfungspflicht hinsichtlich der Sanierung hat. Das schuldhafte Unterlassen der Sanierungsprüfung kann einen Schadensersatzanspruch der Gesellschaft begründen. Der Geschäftsführer hat sich dabei an dem von § 43 GmbHG vorgegebenen Sorgfaltsmaßstab – die Sorgfalt eines ordentlichen Geschäftsmannes, welcher fremde Vermögensinteressen in verantwortlich leitender Position zu betreuen hat (s. Kap. 7 § 43 Rn. 7 ff.) – zu orientieren. Ersatzansprüche aus der Verletzung der Sorgfaltspflichten werden nach § 46 GmbHG durch Gesellschafterbeschluss geltend gemacht, wobei jedoch die Inanspruchnahme durch die Gesellschaft selbst, nicht durch die Gläubiger oder Gesellschafter erfolgt. Nach Eröffnung des Insolvenzverfahrens steht die Befugnis, diese gegenüber der Gesellschaft begründeten Schadensersatzansprüche geltend zu machen, gem. § 92 InsO dem Insolvenzverwalter zu. 138

Insbesondere haftet der Geschäftsführer gem. §§ 43 Abs. 3, 30 GmbHG für in verbotener Weise ausbezahlte Stammeinlagen an die Gesellschafter oder **Rückzahlung eigenkapitalersetzender Gesellschafterdarlehen**, § 43 Abs. 3 GmbHG analog (vgl. auch Kap. 7 § 43 Rn. 51 ff.). Verboten sind ebenso **verdeckte Gewinnausschüttungen** (vgl. dazu auch Kap. 7 § 29 Rn. 164 ff.). Eine solche liegt beispielsweise vor, wenn ein Gesellschafter als Geschäftsführer oder Vorstand ein unangemessen hohes Gehalt bezieht oder neben einer angemessenen Vergütung besonders hohe Umsatzvergütungen. Ebenso fällt darunter, wenn ein Gesellschafter von der Gesellschaft ein Darlehen erhält, bei dem schon zum Zeitpunkt der Darlehenshingabe mit der Uneinbringlichkeit gerechnet werden musste. 139

2. Insolvenzverschleppung, § 64 GmbHG

§ 64 Abs. 1 GmbHG verpflichtet die Geschäftsführer im Fall des Eintritts der Zahlungsunfähigkeit oder der Überschuldung der Gesellschaft **unverzüglich**, d. h. ohne schuldhaftes Zögern, längstens jedoch innerhalb drei Wochen, die Eröffnung des Insolvenzverfahrens zu beantragen (vgl. auch Kap. 7 § 64 Rn. 5 ff.). 140

141 § 64 Abs. 1 GmbHG ist ein **Schutzgesetz** i. S. d. § 823 Abs. 2 BGB zu Gunsten der Gläubiger der Gesellschaft. Daneben begründet § 64 Abs. 2 GmbHG eine eigenständige Schadensersatzpflicht im Innenverhältnis. Die Frist zur Stellung des Insolvenzantrages beginnt ab dem Zeitpunkt, in dem ein ordentlicher Geschäftsführer unter Anwendung der erforderlichen Sorgfalt die Zahlungsunfähigkeit bzw. Überschuldung erkannt hätte. Die Frist endet spätestens mit Ablauf von drei Wochen. Bis dahin muss entweder ein Insolvenzantrag gestellt oder der Insolvenzgrund beseitigt werden. Beim Haftungsumfang ist zwischen Altgläubigern und Neugläubigern zu unterscheiden. Altgläubiger sind die Gläubiger, die bereits vor dem Entstehen der Antragspflicht Forderungen gegen die GmbH hatten. Demgegenüber sind Neugläubiger diejenigen, die erst nach Entstehung der Antragspflicht mit der GmbH kontrahierten oder aus gesetzlichen oder quasi vertraglichen Schuldverhältnissen Ansprüche erworben haben.

142 Neugläubiger sind so zu stellen, als wenn sie niemals Geschäfte mit der Gesellschaft gemacht hätten, erhalten mithin den gesamten sog. Vertrauensschaden ersetzt. Neugläubiger können Ihre Ansprüche unmittelbar oder außerhalb des Insolvenzverfahrens gegenüber dem Geschäftsführer geltend machen (vgl. Kap. 7 § 64 Rn. 20).

143 Altgläubiger können lediglich den sog. Quotenschaden geltend machen. Hierbei handelt es sich um die Differenz zwischen dem nunmehr im Insolvenzverfahren erzielten Betrag und demjenigen, den sie bei rechtzeitiger Antragstellung erhalten hätten.

3. Pflicht zur Erhaltung der Masse

144 Mit dem Eintritt der Zahlungsunfähigkeit oder Überschuldung trifft den Geschäftsführer einer GmbH die Pflicht zur Erhaltung der Masse. Ihm ist somit grundsätzlich die Leistung von Zahlungen bzw. die Eingehung von Verbindlichkeiten, welche mangels Begründung gleichwertiger Gegenansprüche die Insolvenzquote verringern, untersagt. Vgl. hierzu auch ausführl. Kap. 7 § 64 Rn. 24 ff.

145 Ausgenommen von diesem Verbot sind lediglich solche Verhaltensweisen, die auch nach dem Eintritt der Zahlungsunfähigkeit oder der Überschuldung mit der Sorgfalt eines ordentlichen Kaufmanns vereinbar waren. Dies ist dann der Fall, wenn für die Leistung der Gesellschaft eine gleichwertige Gegenleistung erfolgt die erforderlich ist, um ein sofortigen Zusammenbruch und damit einen noch höheren Schaden zu vermeiden. Verstößt der Geschäftsführer in der Krise gegen die ihm nach § 64 Abs. 2 GmbHG obliegenden Pflichten, leistet er also in der Überschuldung oder im Zeitraum der Zahlungsunfähigkeit noch Zahlungen aus der Masse oder geht er Verbindlichkeiten ohne eine äquivalente Gegenleistung ein, **haftet er hierfür persönlich** in voller Höhe gegenüber der Gesellschaft (s. dazu auch ausführl. Kap. 7 § 64 Rn. 23 ff.).

146 Dieser Anspruch wird im Rahmen der Insolvenz ebenfalls gem. § 92 InsO vom Insolvenzverwalter geltend gemacht. Der Insolvenzverwalter braucht dabei lediglich darzulegen und zu beweisen, dass der Geschäftsführer nach Eintritt der Zahlungsunfähigkeit oder Überschuldung Zahlungen leistete. Der Geschäftsführer hingegen muss beweisen, dass er keine Kenntnis von der Zahlungsunfähigkeit oder der Überschuldung hatte oder dass durch seine Handlungen die Masse nicht geschmälert wurde. Ein besonderes Risiko besteht dann, wenn in der Krise noch Kundenschecks auf debitorisch geführten Konten der Hausbank eingelöst werden. Damit werden Verbindlichkeiten zurückgeführt, ohne dass die Gesellschaft eine gleichwertige Gegenleistung erhält. Ferner kann hier der Tatbestand der **Gläubigerbegünstigung** nach § 283 c StGB erfüllt sein. In der Krise der Gesellschaft ist es daher ratsam, ein neues Guthabenkonto bei einer anderen Bank zu eröffnen und Kundenschecks bzw. Zahlungen ebenfalls auf dieses Konto einzuziehen.

4. Haftung für Lohnsteuern

147 Der Geschäftsführer einer GmbH hat dafür Sorge zu tragen, dass die Lohnsteuer der Mitarbeiter richtig berechnet und rechtzeitig an das Finanzamt abgeführt wird. Verstößt er gegen diese

Pflicht, haftet er mit seinem Privatvermögen für die nicht abgeführte Steuer. Sofern Steuerverbindlichkeiten aufgrund einer vorsätzlichen oder grob fährlässigen Pflichtverletzung des Geschäftsführers nicht erfüllt wurden, haftet dieser für die Zahlung gem. §§ 34, 69 AO.

Reicht das vorhandene Vermögen der Gesellschaft nicht zur Lohn- und Lohnsteuerzahlung aus, muss der Geschäftsführer die Nettolöhne verkürzt auszahlen und die entsprechend gekürzte Lohnsteuer abführen. Verstößt der Geschäftsführer gegen diese Verpflichtung, droht eine persönliche Inanspruchnahme, es sei denn die Abführung der Lohnsteuer musste aufgrund der Anordnung eines Verfügungsverbotes unterbleiben. **148**

5. Vorenthaltung von Sozialversicherungsbeiträgen, § 266 a StGB

In der Praxis hat auch die mögliche Inanspruchnahme des Geschäftsführers gem. § 823 Abs. 2 BGB i. V. m. § 266 a StGB erhebliche praktische Bedeutung. Sehr häufig werden Sozialversicherungsbeiträge nicht mehr bzw. nicht rechzeitig abgeführt. Auch in diesen Fällen besteht eine Geschäftsführerhaftung. Unterschätzt werden darf in diesem Zusammenhang nicht, dass die meisten Gläubiger-Insolvenzanträge von den Trägern der Sozialversicherungen gestellt werden. Vgl. hierzu auch Kap. 7 § 43 Rn. 76 ff. **149**

Festzuhalten ist jedoch, dass Arbeitgeberbeiträge von der Strafrechtsnorm des § 266 a StGB und damit auch von der zivilrechtlichen Haftung gem. § 823 Abs. 2 BGB nicht erfasst werden (Baumbach / Hueck / *Zöllner/Noack* § 43 Rn. 91). **150**

Der Tatbestand des § 266 a Abs. 1 StGB verlangt die Vorenthaltung der Sozialversicherungsbeiträge, wobei subjektiv bedingter Vorsatz erforderlich, aber auch ausreichend ist (Baumbach / Hueck / *Zöllner/Noack* § 43 Rn. 92). Arbeitnehmerbeiträge zur Sozialversicherung werden **vorenthalten**, wenn eine Beitragspflicht besteht und Beiträge bei Fälligkeit nicht an die zuständige Einzugsstelle abgeführt werden. Die Strafbarkeit und damit die Schadensersatzpflicht setzen hingegen nicht voraus, dass der jeweilige Nettolohn an die Arbeitnehmer ausbezahlt worden ist, § 266 a Abs. 1 StGB. **151**

Die Tatbestandsverwirklichung und die entsprechende Haftung setzen jedoch voraus, dass dem Leitungsorgan die Erfüllung der Handlungspflicht **rechtlich wie tatsächlich möglich** ist: **152**

Rechtliche Unmöglichkeit liegt vor, wenn der Geschäftsführer über das Gesellschaftsvermögen im Fälligkeitszeitpunkt nicht mehr verfügen kann, weil hierüber das Regelinsolvenzverfahren eröffnet wurde (§ 80 InsO) oder das Insolvenzgericht im Eröffnungsverfahren ein allgemeines Verfügungsverbot verhängt hat (§ 22 Abs. 1 InsO). Die Strafbarkeit und somit die Haftung des Geschäftsführers scheiden aus, wenn die Gesellschaft im Fälligkeitszeitpunkt insolvenzreif, d. h. überschuldet oder zahlungsunfähig ist. Dies gilt unabhängig davon, ob die Zahlung der Arbeitnehmeranteile aufgrund vorhandener oder noch realisierbarer Mittel tatsächlich möglich ist. Dies folgt aus § 64 Abs. 2 GmbHG, da Zahlungen aus dem Gesellschaftsvermögen nach Insolvenzreife grundsätzlich untersagt sind. Zwar sind Zahlungen zulässig, die mit der Sorgfalt eines ordentlichen Geschäftsmanns in Einklang stehen. Jedoch ist die Abführung fälliger Arbeitnehmerbeiträge in der Regel nicht als zulässige Zahlung zu qualifizieren, da sich der Sorgfaltsmaßstab im Stadium der Insolvenz der Gesellschaft nicht nach den allgemeinen Verhaltenspflichten des Geschäftsführers bestimmt, sondern nach dem Zweck des § 64 Abs. 2 GmbHG, das Interesse der Gesamtheit der Gesellschaftsgläubiger zu wahren und eine Masseverkürzung oder bevorzugte Befriedigung einzelner Gläubiger zu vermeiden (vgl. auch Kap. 7 § 64 Rn. 23 ff.). Die Kollision zwischen strafbewährter Handlungspflicht (§ 266 a Abs. 1 StGB) einer- und Unterlassungspflicht (§ 64 Abs. 2 GmbHG) andererseits, welche die Geschäftsführer in ein Haftungsdilemma treiben würde, ist zugunsten von § 64 Abs. 2 GmbGH aufzulösen: Der Geschäftsführer kann nicht für das Unterlassen einer Handlung, die ihm die Rechtsordnung gerade verbietet, bestraft und zivilrechtlich verantwortlich gemacht werden (Baumbach / Hueck / *Zöllner/Noack* § 43 Rn. 95). **153**

III. Strafrechtliche Risiken

154 Viele Unternehmenskrisen werden von strafrechtlich relevantem Verhalten begleitet. Besonders anfällig ist in diesem Zusammenhang die GmbH. Dies ist zum einen schon dadurch bedingt, dass diese Gesellschaftsform in Deutschland zahlenmäßig die größte ist. Zum anderen bestehen bestimmte Pflichten, wie z. B. Buchführungspflichten, Pflichten zur Insolvenzantragstellung, für Einzelunternehmen nicht oder nur in eingeschränktem Umfang. Einige Straftatbestände werden daher vor allem bei Geschäftsführern bzw. Organen juristischer Personen wie der GmbH oder der AG relevant.

1. Insolvenzverschleppung

155 Die Insolvenzverschleppung ist Gegenstand folgender Normen:

- § 84 Abs. 1 Nr. 2 GmbHG,
- § 401 Abs. 1 Nr. 2, Abs. 2 AktG,
- § 130 HGB,
- § 148 Abs. 1 Nr. 2, Abs. 2 GenG.

156 Da die Tatbestände der Insolvenzverschleppung die gesetzlich vorgeschriebenen Handlungspflichten nicht vom Eintritt eines bestimmten Gefährdungserfolges oder Schadens abhängig machen, zählen sie zu den **abstrakten Gefährdungsdelikten**. Der Einwand, dass durch die Unterlassung oder verspätete Insolvenzantragstellung kein Schaden eingetreten sei, ist daher unbeachtlich. Die vorstehend genannten Strafbestimmungen weichen in ihrem Wortlaut zwar geringfügig voneinander ab, sind jedoch in ihrem Gehalt im Wesentlichen identisch. Im Folgenden wird daher zur Vermeidung von Wiederholungen ausschließlich die Insolvenzverschleppung bei der GmbH dargestellt.

157 Handlungspflichtig sind nach §§ 64 Abs. 1, 71 Abs. 4 GmbHG der Geschäftsführer und der Liquidator, welche auch gem. § 84 Abs. 1 Nr. 2 GmbHG mögliche Täter sind. Das Ausscheiden eines Geschäftsführers oder die Amtsniederlegung sind für die Erfüllung der Antragspflicht unbeachtlich, wenn zu diesem Zeitpunkt bereits seit mindestens drei Wochen Zahlungsunfähigkeit oder Überschuldung vorlag. Das Ausscheiden nach Ablauf der 3-Wochen-Frist lässt die bereits eingetretene Strafbarkeit nicht entfallen. Gesellschafter kommen als mögliche Täter i. S. d. genannten Vorschriften nicht in Frage, weil sie keine Antragspflicht trifft.

158 Die vorsätzliche Insolvenzverschleppung wird gem. § 84 Abs. 1 Nr. 2 GmbHG mit **Freiheitsstrafe** bis zu drei Jahren oder mit **Geldstrafe** geahndet. Bei Fahrlässigkeit reduziert sich die angedrohte Freiheitsstrafe gem. § 84 Abs. 2 GmbHG auf ein Jahr. Die Verjährungsfrist beträgt bei vorsätzlicher Insolvenzverschleppung fünf Jahre (§ 78 Abs. 1 Nr. 4 StGB), bei der fahrlässigen Begehung drei Jahre (§ 78 Abs. 1 Nr. 5 StGB). Die Verjährungsfrist beginnt nicht schon mit der (strafrechtlichen) Vollendung der Tat, d. h. (spätestens) nach Ablauf der 3-Wochen-Frist aus § 64 Abs. 1 GmbHG, sondern mit deren tatsächlicher Beendigung. Tatsächliche Beendigung ist erst dann anzunehmen, wenn die Pflicht zum Handeln entfallen ist, also in der Regel dann, wenn der Insolvenzantrag gestellt wurde. Ferner ist die Tat auch dann (tatsächlich) beendet, sobald ein Insolvenzverfahren eröffnet oder wenn die Zahlungsunfähigkeit oder Überschuldung überwunden, also der Insolvenzgrund entfallen ist.

2. Bankrott, § 283 StGB

159 § 283 StGB ist die **zentrale Bestimmung** des Insolvenzstrafrechts und enthält dessen grundlegende Straftatbestände. Geschütztes Rechtsgut ist die Sicherung der Insolvenzmasse im Interesse der gesamten Gläubigergemeinschaft.

160 Der objektive Tatbestand ist erfüllt, wenn der Täter einer der in § 283 Abs. 1 Nr. 1 bis 8 StGB beschriebenen »typischen« Bankrotthandlungen (Beiseiteschaffen von Vermögenswerten, Vortäuschung von Rechten anderer, Verheimlichung der geschäftlichen Verhältnisse etc.) vornimmt.

Möglicher Täter ist bei natürlichen Personen der die Bankrotthandlung begehende Schuldner. Bei Gesellschaften ist nach den Gesellschaftsformen zu unterscheiden: Bei einer GbR, einer OHG oder der Vorgesellschaft einer GmbH ist tauglicher Täter jeder einzelne Gesellschafter. Bei einer KG kommt die Komplementärin als Täterin in Betracht. Für juristische Personen richtet sich die Tätereigenschaft nach § 14 Abs. 1 Nr. 1 StGB. Täter bei der GmbH sind somit die Geschäftsführer. Bei der GmbH & Co. KG wird der GmbH-Geschäftsführer als Täter angesehen, wenn er – wie üblich – auch die Geschäfte der KG führt. **161**

3. Gläubigerbegünstigung, § 283 c StGB

Die Gläubigerbegünstigung nach § 283 c StGB ist ein den Täter gegenüber § 283 Abs. 1 Nr. 1 StGB privilegierendes Strafgesetz. Der Strafrahmen ist dementsprechend niedriger als beim vorsätzlichen Bankrott. **162**

Der objektive Tatbestand ist verwirklicht, wenn der Schuldner objektiv zahlungsunfähig ist, einem Gläubiger ein inkongruenter Vorteil gewährt wurde, also ein Vorteil, den er nicht oder nicht in der Art oder nicht zu der Zeit zu beanspruchen hatte, und dadurch eine Bevorzugung eines Gläubigers vor den übrigen Gläubiger eingetreten ist. Erforderlich ist zudem die bereits eingetretene Zahlungsunfähigkeit. Eine kongruente und damit zulässige Leistung an den Gläubiger ist nur gegeben, wenn der Gläubiger zum Zeitpunkt der Leistung einen einredefreien Anspruch in voller Höhe der gewährten Sicherheit oder auf Befriedigung hatte. **163**

Eine Bevorzugung (Begünstigung) liegt vor, wenn eine Besserstellung des einen Gläubigers zum Nachteil der anderen Gläubiger erfolgt. Schon eine Gefährdung des Befriedigungsinteresses der übrigen Gläubiger reicht aus. Es genügt also, dass der Gläubiger eine Rechtsstellung erhält, die ihm die Möglichkeit eröffnet, eher, besser oder gewisser befriedigt zu werden als es seinem Anspruch entspricht. **164**

4. Schuldnerbegünstigung, § 283 d StGB

Mit § 283 d StGB wird der Täterkreis der Insolvenzstraftaten auf **Dritte** erweitert. Täter dieses Straftatbestands kann grundsätzlich jedermann sein. Für den Insolvenzschuldner selbst ist die Täterschaft dagegen von vornherein ausgeschlossen. Tathandlungen sind das Beiseiteschaffen, Verheimlichen, Zerstören, Schädigen oder Unbrauchbarmachen von Insolvenzmasse, also Vermögensbestandteilen die zur potentiellen Insolvenzmasse gehören. Durch die Handlung des Täters muss beim Bankrott die Gesamtheit der Gläubiger betroffen sein. Ferner muss der Täter zu Gunsten des Schuldners oder mit dessen Einwilligung handeln. Ein Handeln zu Gunsten des Schuldners ist dann gegeben, wenn es dem Interesse des Schuldners dient. In erster Linie werden hiervon die Fälle erfasst, in denen der Täter durch das Verheimlichen oder Beiseiteschaffen von Bestandteilen der späteren Insolvenzmasse dem Schuldner den Vermögensbestandteil erhalten oder zukommen lassen will. **165**

5. Sonstige Insolvenzstraftaten

Als weitere Insolvenzstraftaten kommen **Untreue** (§ 266 StGB), **Unterschlagung** (§ 246 StGB), **Kreditbetrug** (§ 265 b StGB) und **Wechsel-/Scheckbetrug** (§ 263 StGB) in Betracht. Hinsichtlich der Einzelheiten wird auf die einschlägigen Kommentierungen verwiesen. **166**

IV. Haftung der Gesellschafter

Auch **Gesellschafter**, die nicht (zugleich) Geschäftsführer sind, können unter Umständen von Gesellschaftsgläubigern bzw. dem Insolvenzverwalter **persönlich** in Anspruch genommen werden. An dieser Stelle sollen nur die wichtigsten Haftungsbereiche angesprochen werden: die Vermögensvermischung, die Unterkapitalisierung und die Verletzung von Treuepflichten. **167**

1. Vermögensvermischung

168 Eine persönliche Haftung von GmbH-Gesellschaftern kommt dann in Betracht, wenn die Abgrenzung zwischen Gesellschaft und Privatvermögen durch eine undurchsichtige Buchführung oder auf andere Weise verschleiert worden ist. Grund hierfür ist, dass in diesem Fall der Grundsatz der Kapitalerhaltung, dessen Beachtung und Einhaltung ein unverzichtbarer Ausgleich für die Beschränkung der Haftung auf das Gesellschaftsvermögen ist, keinen wirksamen Schutz für die Gläubiger bieten kann. Die persönliche Haftung trifft jedoch nur denjenigen Gesellschafter, der aufgrund seines Einflusses auf die Gesellschaft für den Vermischungstatbestand **verantwortlich** ist.

2. Unterkapitalisierung

169 Den Gesellschafter trifft grundsätzlich keine Pflicht, die GmbH in der Krise durch Zufuhr von Kapital am Leben zu erhalten. Die bloße Unterkapitalisierung begründet also noch keine Haftung gegenüber den Gläubigern. Dies kann sich jedoch bei Hinzutreten eines subjektiven Elements, welches das Verhalten des Gesellschafters als einen Verstoß gegen Treu und Glauben oder die guten Sitten qualifiziert, ändern. Dies kann z. B. der Fall sein, wenn die Gesellschafter in der Krise der GmbH zu ihren Gunsten oder zum Vorteil Dritter dem Gesellschaftsvermögen planmäßig Kapital entziehen, um die Gesellschaft zu schädigen, also insbesondere dann, wenn Zahlungen an die Gesellschafter vorgenommen werden, ohne dass diese einen entsprechenden werthaltigen Anspruch gegen die Gesellschaft besitzen.

3. Verletzung von Treuepflichten

170 Auch in der Krise des Unternehmens bestehen die Treuepflichten der Gesellschafter fort. So können Gesellschafter der Gesellschaft beispielsweise zum Schadensersatz verpflichtet sein, wenn sie sich einem aussichtsreichen Sanierungskonzept widersetzen oder eine Sanierung verhindern.

V. Strafbarkeitsrisiken des Sanierungsberaters

171 Der Wirtschaftsprüfer, Steuerberater oder Rechtsanwalt wird in vielen Fällen nicht rechtzeitig eingeschaltet. Im Zeitpunkt der Einsetzung der Sanierungsberatung sind daher oft bereits Straftatbestände durch die Gesellschaftsorgane verwirklicht worden. Aus diesem Grunde besteht in dieser Phase auch ein besonderes Risiko des Sanierungsberaters, sich selbst strafbar zu machen, vor allem dann, wenn die Beratung dazu dient, eine Straftat des Mandanten zu fördern oder zu verdecken.

172 Ein besonderes, strafrechtliches Risiko besteht außerdem in den Fällen, in denen ein Berater als externer Sanierer aktiv an den Sanierungsbemühungen mitwirkt. Dieses Risiko kann sich z. B. dann verwirklichen, wenn sich der Berater im Rahmen eines Sanierungsplanes mit der Bitte um ein Moratorium an alle Gläubiger wendet und den Gläubigern gleichzeitig die Zahlung zu einem späteren Zeitpunkt aus einem zur Verfügung stehenden Geldbetrag zugesagt wird.

173 Werden die dann zur Verfügung gestellten Geldmittel entgegen der Zusage des Beraters nicht entsprechend der Ankündigung an die Gläubiger ausgeschüttet, sondern zu anderen Zwecken verwendet, kann der Tatbestand der **Untreue gem. § 266 StGB** erfüllt sein. Es ist also strikt darauf zu achten, dass die Gelder nur im Rahmen des aufgestellten Sanierungsplans verwendet werden. Beim Scheitern des Planes ist es in der Regel eine Frage der Auslegung, wie das vorhandene Geld verteilt werden darf und ob z. B. Honorarforderungen hiervon gedeckt werden können.

174 Eine **unmittelbare Täterschaft** des Beraters kommt zudem im Bereich der Buchführungs- und Bilanzdelikte der **§§ 283, 283 b StGB** in Betracht. Der Wirtschaftsprüfer oder Steuerberater kann in seiner Eigenschaft als Berater auch Täter eines Bankrottdeliktes sein, z. B. wenn er für den Mandanten eigenverantwortlich Buchführungs- und Finanzierungsaufgaben übernimmt und diese nicht oder nur unzulänglich ausführt. Übernimmt der Berater eigenverantwortlich

auch Aufgaben, zu denen die GmbH als sein Mandant gesetzlich verpflichtet ist, so tritt er ggf. in die Pflichten seines Mandanten ein.

Die **Teilnahme** an einer Straftat kommt für den Berater im Bereich der Insolvenzverschleppung hauptsächlich in Form der Anstiftung gem. § 26 StGB oder der Beihilfe gem. § 27 StGB in Betracht. Rät der Berater beispielsweise dem Schuldner trotz kaum bestehender Aussichten einer Sanierung dazu, zunächst einen außergerichtlichen Vergleich mit den Gläubigern zu versuchen und keinen Insolvenzantrag zu stellen, kann eine Anstiftung bzw. Beihilfe zur Insolvenzverschleppung vorliegen. 175

VI. Professionelle Unternehmensbestattung

In der Praxis ist in der jüngsten Zeit verstärkt die sog. »**Unternehmensbestattung**« zu beobachten. In Tageszeitungen oder Zeitschriften erscheinende Anzeigen mit Wortlauten wie etwa »Unternehmer kauft von Insolvenz bedrohte GmbH bei voller Schuldübernahme und Entlastung der Geschäftsleitung« oder »Firma in Not, Soforthilfe durch Tausch der verschuldeten GmbH gegen unverschuldete GmbH« weisen auf solche professionellen »Unternehmensbestattungen« hin. 176

Die Anzeigen sind Teil eines Systems zum Aufkauf insolventer Unternehmen. Dabei wird ein Dienstleistungspaket angeboten, das Unternehmern verspricht, die Unannehmlichkeiten einer Insolvenz und insbesondere die strafrechtliche Verfolgung und zivilrechtliche Haftung wegen bereits vorliegender Insolvenzstraftaten vermeiden zu können. 177

Zu diesem Zweck wird das Unternehmen von einer oftmals im Ausland ansässigen Briefkastenfirma aufgekauft. Zudem wird der Sitz an eine Scheinadresse verlegt, die Firma geändert und ein neuer Geschäftsführer bestellt, wobei insbesondere die Sitzverlegung und der Geschäftsführerwechsel mehrfach wiederholt werden. Im Zuge dieser Maßnahmen verschwinden zumeist die Geschäftsunterlagen, wobei in der Regel nicht festgestellt werden kann, ob sie von der Übernehmerin oder vom Verkäufer bei Seite geschafft wurden. 178

Alleiniges Ziel dieser Maßnahmen ist, es den Gläubigern der Gesellschaft unmöglich zu machen, ihre Ansprüche weiter zu verfolgen: Mahnbescheide und Klagen können nicht zugestellt werden und Vollstreckungen gehen ins Leere, da die insolvente Gesellschaft nicht mehr erreicht werden kann. Wendet sich der Gläubiger an den Verkäufer und bisherigen Unternehmer, wird dieser den Gläubiger darauf verweisen, sich mit seiner Forderung an den Übernehmer zu richten. In vielen Fällen werden selbst die Mitarbeiter von der Unternehmensbestattung überrascht, da die noch vorhandenen Vermögenswerte in einer »Nacht-und-Nebel-Aktion« bei Seite geschafft werden und Ansprechpartner nicht mehr vorzufinden sind. Von Gläubigern gestellte Insolvenzanträge führen ebenso wenig zum Erfolg, da in der Regel keine Insolvenzmasse mehr vorhanden ist und Ansprüche gegen die Beteiligten wegen fehlender Unterlagen nicht festgestellt bzw. nachgewiesen werden können. Unter Umständen wird der Insolvenzantrag des Gläubigers aufgrund der häufigen Sitzverlegung der Gesellschaft sogar wegen örtlicher Unzuständigkeit (kostenpflichtig!) zurückgewiesen, da der Gläubiger nicht mehr nachvollziehen kann, wo sich der aktuelle Sitz der Gesellschaft befindet. 179

Bei der Unternehmensbestattung verstoßen die Täter konsequent gegen die Rechtsordnung. Das Verhalten aller Beteiligten ist deshalb besonders strafwürdig, weil vorsätzlich und zielgerichtet versucht wird, das vom Gesetzgeber vorgegebene Verfahren zur Prüfung, welche Vermögenswerte zur Befriedigung der Gläubiger noch vorhanden sind oder ggf. über die Wahrnehmung von Anfechtungsrechten zur Masse gezogen werden können, auszuhebeln. 180

Der Verkäufer einer insolventen Gesellschaft hofft, sich durch den Verkauf des Unternehmens und Zahlung eines Geldbetrages von seinen insolvenzrechtlichen Pflichten befreien zu können. Ziel des Verkäufers in dieser Situation ist es, sich der Unannehmlichkeiten eines Insolvenzverfahrens zu ersparen, den »guten Namen« zu erhalten und sich nach Möglichkeit der straf- und zivilrechtlichen Verantwortung zu entziehen. Dabei werden viele Altgeschäftsführer von der Hoff- 181 nung getragen, mit einem neuen, unbelasteten Unternehmen wieder am Markt agieren zu können.

182 Diese Hoffnung auf ein (wieder) unbeschwertes Unternehmerleben machen sich die Aufkäufer zu Nutze und verstärken dieses Gefühl bei den Kontakten mit dem Altgeschäftsführer konsequent. Es wird ein Leben ohne die Sorgen der Not leidenden Gesellschaft in Aussicht gestellt.

183 Dass die Versprechungen des Aufkäufers nicht eingehalten werden können, merkt der Verkäufer, also die Altgesellschafter bzw. der oder die Altgeschäftsführer, in der Regel erst nach Abschluss aller Geschäfte und Zahlung der sog. **Entsorgungsprämie**. Spätestens, wenn die Gläubiger Kenntnis von dem Verkauf erlangen und erfolglos versucht haben, ihre Ansprüche zu verfolgen, erstatten sie vielfach Strafanzeige, da die Motivation der Geschädigten, wenigstens die strafrechtliche Verfolgung des Altgeschäftsführers in Gang zu setzen, in dieser Situation besonders hoch ist.

184 Strafrechtlich relevante Tatbestände der »Unternehmensbestattung« sind neben der **Insolvenzverschleppung** gem. §§ 64, 84 GmbHG insbesondere die **Bankrottdelikte** des § 283 StGB, **Untreue** gem. § 266 StGB, Vorenthalten von Arbeitnehmerbeiträgen gem. § 266 a Abs. 1 StGB sowie **Hehlerei** gem. § 259 StGB. Der Straftatbestand der Hehlerei ist insbesondere verwirklicht, wenn der Neugeschäftsführer aufgrund vertraglicher Vereinbarungen mit dem Altgeschäftsführer nach Übertragung der Geschäftsanteile das Anlagevermögen der Gesellschaft auf die neue GmbH des Altgeschäftsführers überträgt. In diesem Fall stammt das Anlagevermögen aus einer rechtswidrigen Tat des Aufkäufers bzw. des Neugeschäftsführers. Dieser begeht eine Untreue gem. § 266 StGB, während der Altgeschäftsführer aufgrund seiner Kenntnis über die Herkunft des Anlagevermögens den Tatbestand der Hehlerei erfüllt.

E. Beratung des Gläubigers

Das Hauptbetätigungsfeld des Beraters eines Gläubigers in der Insolvenz ist die Geltendmachung von Forderungen.

I. Geltendmachung von Forderungen

185 Gläubiger, die einen zur Zeit der Eröffnung des Insolvenzverfahrens begründeten Vermögensanspruch gegen den Schuldner haben, werden gem. § 38 InsO als **Insolvenzgläubiger** bezeichnet.

186 Der Anspruch muss zum Zeitpunkt der Insolvenzeröffnung begründet sein. Nicht fällige Forderungen gelten gem. § 41 Abs. 1 InsO als fällig.

187 Gem. § 87 InsO können die Forderungen der Insolvenzgläubiger nur noch nach den Vorschriften über das Insolvenzverfahren verfolgt werden. Die Insolvenzgläubiger müssen gem. § 174 Abs. 1 InsO ihre **Forderung** schriftlich beim Insolvenzverwalter **anmelden**. Der Anmeldung sollen die Urkunden, aus denen sich die Forderung ergibt, in Abdruck beigefügt werden.

188 Gem. § 28 Abs. 1 InsO sind die Gläubiger bereits im Insolvenzbeschluss aufzufordern, ihre Forderung innerhalb einer bestimmten Frist anzumelden. Forderungen können gem. § 177 InsO auch nachträglich angemeldet werden, wobei jedoch die Kostentragungspflicht des § 177 Abs. 1 S. 2 InsO zu beachten ist.

189 Im angesetzten **Prüfungstermin** werden die angemeldeten Forderungen ihrem Rang und ihrem Betrag nach geprüft. Die Forderungen, die bestritten werden, sind einzeln zu erörtern.

190 Ist die Forderung eines Gläubigers bestritten, kann er an der Erlösverteilung erst teilnehmen, wenn er einen **Feststellungsprozess** durchgeführt und diesen gewonnen hat. Der Gläubiger kann den Insolvenzverwalter also nicht auf Zahlung verklagen, sondern lediglich auf die Feststellung, dass dem Gläubiger gegenüber dem Schuldner so, wie die Forderung angemeldet oder im Prüfungstermin bezeichnet worden ist, eine Insolvenzforderung zusteht (§ 181 InsO).

Führt der Gläubiger im Zeitpunkt der Stellung des Insolvenzantrags bereits einen Prozess gegen den Schuldner auf Zahlung einer bestimmten Summe, wird der **Prozess** gem. § 240 ZPO mit der Eröffnung des Insolvenzverfahrens **unterbrochen**. Widerspricht der Insolvenzverwalter im Prüfungstermin der Feststellung der Forderung, kann der Gläubiger gegen den Insolvenzverwalter den Prozess wieder aufnehmen. Der Gläubiger muss jetzt allerdings seinen Klageantrag von einem Leistungs- zu einem Feststellungsantrag umstellen. Beklagter ist nunmehr der Insolvenzverwalter. **191**

Die **sachliche und örtliche Zuständigkeit** für die Feststellungsklage richtet sich nach § 180 InsO. Danach ist ausschließlich das **Amtsgericht** zuständig, bei dem das Insolvenzverfahren anhängig ist oder anhängig war. Gehört der Streitgegenstand nicht zur Zuständigkeit der Amtsgerichte, so ist ausschließlich das Landgericht zuständig, zu dessen Bezirk das Insolvenzgericht gehört. Bei einer besonderen Gerichtszuständigkeit ist gem. § 185 InsO die Feststellung beim jeweils zuständigen Gericht zu betreiben. **192**

Unbedingt zu beachten ist die **Ausschlussfrist des § 189 InsO**: Ein Insolvenzgläubiger, dessen Forderung nicht festgestellt ist und für dessen Forderung ein vollstreckbarer Titel oder ein Urteil nicht vorliegen, hat spätestens innerhalb von **zwei Wochen** nach der öffentlichen Bekanntmachung des Verteilungsverzeichnisses dem Insolvenzverwalter nachzuweisen, dass und für welchen Betrag die Feststellungsklage erhoben oder das Verfahren in einem früher anhängigen Rechtsstreit aufgenommen wordenist. Gelingt der rechtzeitige Nachweis, wird der auf die Forderung entfallende Anteil bei der Verteilung zurückbehalten, so lange der Rechtsstreit anhängig ist. Wird der Nachweis nicht rechtzeitig erbracht, wird gem. § 189 Abs. 3 InsO die Forderung bei der Verteilung nicht berücksichtigt. **193**

II. Aussonderungsrechte, § 47 InsO

Gem. § 47 InsO ist **aussonderungsberechtigt**, wer aufgrund eines dinglichen oder persönlichen Rechts geltend machen kann, dass der von diesem Recht betroffene Gegenstand nicht zur Insolvenzmasse gehört. Er ist dann kein Insolvenzgläubiger. Der Aussonderungsanspruch ist gegen den Insolvenzverwalter zu richten. **194**

Ob ein Aussonderungsrecht vorliegt, richtet sich nach der materiellen Berechtigung des Anspruchstellers, die sich aus den allgemeinen Gesetzen ergibt. Das Aussonderungsrecht muss sich auf individuell bestimmbare Gegenstände beziehen. An Geld kann ein Aussonderungsrecht bestehen, so lange es unterscheidbar in der Insolvenzmasse des Schuldners vorhanden ist. **195**

Im Übrigen sind insbesondere folgende **Aussonderungsrechte** zu nennen: **196**

- Eigentum, §§ 903, 985 BGB,
- einfacher Eigentumsvorbehalt, § 449 BGB,
- dingliches Vorkaufsrecht, § 1094 BGB,
- schuldrechtliche Herausgabeansprüche, z. B. §§ 546, 596, 604 BGB,
- Forderungsinhaberschaft, § 398 BGB.

Nicht unter die Aussonderungsrechte sondern unter die Absonderungsrechte fällt das **Sicherungseigentum**, vgl. § 51 Nr. 1 InsO. Der verlängerte sowie erweiterte Eigentumsvorbehalt fällt in der Regel ebenfalls unter die Absonderungsansprüche. **197**

Der Aussonderungsberechtigte muss seinen Anspruch gegenüber dem Insolvenzverwalter nach den allgemeinen Regeln geltend machen. Dabei obliegt es ihm grundsätzlich, die Eigentumsvermutung des § 1006 Abs. 1 BGB zu widerlegen und zu beweisen, dass ihm bezüglich des betroffenen Gegenstands ein Aussonderungsrecht zusteht. **198**

Weigert sich der Insolvenzverwalter, den Aussonderungsanspruch zu erfüllen, muss der Aussonderungsberechtigte **Klage** erheben. Der Rechtsweg entspricht demjenigen, den der Aussonderungsberechtigte auch gegenüber dem Schuldner hätte einschlagen müssen. War zur Zeit **199** der Eröffnung des Insolvenzverfahrens bereits ein Rechtsstreit anhängig, kann dieser sowohl vom Insolvenzverwalter als auch vom Gläubiger aufgenommen werden, wenn der Rechtsstreit die Aussonderung eines Gegenstands aus der Insolvenzmasse betrifft (§ 86 Abs. 1 Nr. 1 InsO).

200 Eine Erweiterung der Rechte des Aussonderungsberechtigten findet durch die in § 48 InsO geregelte **Ersatzaussonderung** statt. Danach ist ein Gegenstand, dessen Aussonderung hätte verlangt werden können, der jedoch vor Eröffnung des Verfahrens vom Schuldner oder nach Eröffnung des Verfahrens vom Insolvenverwalter unberechtigt veräußert wurde, durch Herausgabe der Gegenleistung oder deren Abtretung an den Aussonderungsberechtigten zu erfüllen.

201 Voraussetzung für das Ersatzaussonderungsrecht nach § 48 InsO ist in erster Linie, dass der Gegenstand, der ansonsten der Aussonderung unterlegen hätte, unberechtigt entweder vom Schuldner vor Verfahrenseröffnung oder vom Insolvenzverwalter nach Verfahrenseröffnung veräußert wurde. Hat eine dingliche Surrogation stattgefunden, durch die ein anderer Gegenstand anstelle des auszusondernden ursprünglichen Gegenstands getreten ist, liegen die Voraussetzungen für eine Aussonderung nach § 47 InsO vor.

III. Absonderungsrechte, § 49 ff. InsO

202 Im Unterschied zu einem Aussonderungsrecht geht es bei der Absonderung um eine **vorzugsweise Befriedigung** des Gläubigers aus der absonderungsbefangenen Sache. Soweit mehr erlöst wird als der absonderungsberechtigte Gläubiger zu beanspruchen hat, steht der Mehrerlös der Insolvenzmasse zu.

203 Die einzelnen Absonderungsrechte sind in den §§ 49 ff. InsO geregelt. Zumeist hat der Absonderungsberechtigte gleichzeitig auch eine Forderung gegenüber dem Schuldner.

204 Absonderungsrechte ergeben sich aus Grundpfandrechten, Pfandrechten an beweglichen Sachen oder sonstigen Rechten, sowie aus Pfändungspfandrechten oder haben ihre Grundlage in einer Sicherungsübereignung, Sicherungsabtretung oder einem verlängerten bzw. erweiterten Eigentumsvorbehalt (vgl. § 51 InsO).

205 Der Unterschied zum Aussonderungsrecht besteht darin, dass der Insolvenzverwalter gem. §§ 165 ff. InsO das Recht zur Verwertung der Gegenstände hat, die mit Absonderungsrechten belastet sind. Dahinter steht der Grundgedanke, dass die Gegenstände, an denen ein Absonderungsrecht besteht, nicht aus der Insolvenzmasse herausgelöst werden sollen, da diese eventuell für die Fortführung des Betriebes von Bedeutung sein können.

206 Gem. § 167 InsO hat der Insolvenzverwalterr gegenüber dem absonderungsberechtigten Gläubiger die Pflicht, über den Zustand der Sache oder der Forderung **Auskunft** zu erteilen.

207 Bevor der Insolvenzverwalter einen Gegenstand, zu dessen Verwertung er nach § 166 InsO berechtigt ist, an einen Dritten veräußert, hat er dem absonderungsberechtigten Gläubiger mitzuteilen, auf welche Weise der Gegenstand veräußert werden soll (§ 168 Abs. 1 S. 1 InsO). Er hat dem Gläubiger weiter Gelegenheit zu geben, binnen einer Woche auf eine andere, für den Gläubiger günstigere Möglichkeit der Verwertung des Gegenstands hinzuweisen. Der Gläubiger ist auch berechtigt, den Gegenstand selbst zu übernehmen. Teilt der Gläubiger dem Insolvenzverwalter eine günstigere Verwertungsmöglichkeit mit, hat der Insolvenzverwalter diese wahrzunehmen oder den Gläubiger so zu stellen, als hätte er sie wahrgenommen (§ 168 Abs. 2 InsO).

208 Der Insolvenzverwalter darf grundsätzlich eine absonderungsbefangene bewegliche Sache nutzen. Jedoch ist der Wertverlust gem. § 172 Abs. 1 InsO auszugleichen. Verwertet der Insolvenzverwalter den Gegenstand, sind gem. §§ 170, 171 InsO für die Masse vorweg die Kosten der Feststellung der Verwertung zu entnehmen. Diese belaufen sich für die Feststellung auf pauschal 4 % und für die Verwertung auf 5 % des Verwertungserlöses. Lagen die tatsächlich entstandenen Verwertungskosten höher oder niedriger, sind diese gem. § 171 Abs. 2 S. 2 InsO anzusetzen.

IV. Masseverbindlichkeiten, §§ 53 ff. InsO

Bevor die Insolvenzgläubiger befriedigt werden, sind gem. § 53 InsO zunächst die Kosten des Verfahrens und die sonstigen Masseverbindlichkeiten **vorweg aus der Insolvenzmasse zu befriedigen**. Eine Ausnahme davon gilt nur, wenn gem. den §§ 207 ff. InsO die Masseunzulänglichkeit angezeigt wurde. Dann können auch die Massegläubiger nur mit einer quotalen Befriedigung rechnen. 209

Eine weitere Einschränkung erfahren die Forderungen durch § 90 InsO. Nach dieser Vorschrift sind Zwangsvollstreckungen wegen Masseverbindlichkeiten, die nicht durch eine Rechtshandlung des Insolvenzverwalters begründet worden sind, für die Dauer von sechs Monaten nach Eröffnung des Insolvenzverfahrens unzulässig. 210

Masseverbindlichkeiten sind zunächst gem. § 54 InsO **Kosten des Insolvenzverfahrens**, also die Gerichtskosten sowie die Vergütung und die Auslagen des vorläufigen Insolvenzverwalters und der Mitglieder des Gläubigerausschusses. 211

Sonstige Masseverbindlichkeiten werden durch § 55 InsO definiert. Dies sind insbesondere durch Handlungen des Insolvenzverwalters begründete Forderungen und die aus gegenseitigen Verträgen resultierenden Ansprüche gegen die Insolvenzmasse. 212

Gem. § 55 Abs. 2 InsO werden Verbindlichkeiten, die von einem vorläufigen Insolvenzverwalter mit Verfügungsbefugnis (des sog. starken vorläufigen Insolvenzverwalters; vgl. Rn. 28) begründet worden sind, ebenfalls als Masseverbindlichkeiten eingeordnet. Verbindlichkeiten, die vom Insolvenzschuldner vor Eröffnung des Insolvenzverfahrens mit Zustimmung des vorläufigen Insolvenzverwalters mit Zustimmungsvorbehalt (des sog. schwachen vorläufigen Insolvenzverwalters, vgl. Rn. 29) eingegangen werden, stellen keine Masseverbindlichkeiten dar. 213

Kann eine Masseverbindlichkeit, die durch eine Rechtshandlung des Insolvenzverwalters begründet worden ist, aus der Insolvenzmasse nicht voll befriedigt werden, kann gem. § 61 InsO ein Schadensersatzanspruch gegen den Insolvenzverwalter enstehen. Dies gilt jedoch nur, wenn der Insolvenzverwalter bei der Begründung der Verbindlichkeit erkennen konnte, dass die Masse voraussichtlich nicht zur Erfüllung ausreichen würde. 214

Liegt **Masseunzulänglichkeit** vor, ergibt sich die **Rangfolge der Befriedigung** der Massegläubiger aus **§ 209 InsO**. Demnach sind die Kosten des Insolvenzverfahrens vorab zu erfüllen. Im zweiten Schritt werden die Masseverbindlichkeiten erfüllt, die nach der Anzeige der Masseunzulänglichkeit begründet worden sind, ohne zu den Kosten des Verfahrens zu gehören. 215

Zu diesen Masseverbindlichkeiten zählen auch Verbindlichkeiten aus einem gegenseitigen Vertrag, dessen Erfüllung der Verwalter gewählt hat, nachdem er die Masseunzulänglichkeit angezeigt hatte. Verbindlichkeiten aus einem Dauerschuldverhältnis für die Zeit nach dem ersten Termin, zu dem der Verwalter nach der Anzeige der Masseunzulänglichkeit kündigen konnte, sowie Verbindlichkeiten aus einem Dauerschuldverhältnis, soweit der Verwalter nach der Anzeige der Masseunzulänglichkeit für die Insolvenzmasse die Gegenleistung in Anspruch genommen hat. Am Ende werden die übrigen Masseverbindlichkeiten erfüllt. 216

Hat der Insolvenzverwalter bereits Masseunzulänglichkeit angezeigt, besteht für eine Leistungsklage kein Rechtsschutzbedürfnis mehr. Aufgrund des § 210 InsO kann ein Leistungsurteil nicht mehr vollstreckt werden. Daher können z. B. Forderungen gem. § 209 Abs. 1 Nr. 3 InsO nicht mehr mit einer Leistungsklage verfolgt werden. Selbst ein Leistungsurteil in Höhe der zu erwartenden Massequote ist nicht mehr zulässig (vgl. Uhlenbruck/*Uhlenbruck* § 208 Rn. 27). 217

F. Sanierungsmöglichkeiten außerhalb der Insolvenz

I. Maßnahmen zur Beseitigung der Zahlungsunfähigkeit

218 Die Liquiditätskrise ist die »höchste« Form der Krise. Ihr gehen meist Krisen im Rechtssinne voraus, etwa der Verlust der Hälfte des Kapitals mit Verlustanzeigepflicht und Kreditunwürdigkeit. Die Krise kann sich bis zur bereits dargestellten Zahlungsunfähigkeit entwickeln.

219 Die Liquiditätskrise lässt sich durch **betriebswirtschaftliche und rechtliche Maßnahmen** beseitigen. Die finanzwirtschaftliche Sanierung umfasst u. a. folgende Maßnahmen:
- Veräußerung von nicht betriebsnotwendigem Vermögen,
- Veräußerung von Anlagevermögen mit nachrangiger Anmietung,
- Veräußerung von Know-how,
- Senken des Bestandes an Roh-, Hilfs-, Betriebsstoffen durch Verkauf von Überständen, Verhandlung günstigerer Einkaufskonditionen, Anwendung anderer Lieferbedingungen, bessere Logistik,
- Senken des Bestandes an unfertigen und fertigen Erzeugnissen durch schnelle Durchlaufzeiten,
- Senken des Bestandes an Forderungen aus Lieferung und Leistungen durch kürzere Debitorenlaufzeiten, Vereinbarung von Anzahlungen, Sondermaßnahmen, Factoring,
- Einfordern von an Gesellschafter und Dritte gewährte Darlehen,
- Erhöhung von Kreditorenlaufzeiten,
- Vereinbarung einer Stundung von Forderungen mit (einzelnen) Gläubigern,
- Vereinbarung eines Erlasses von Forderungen mit (einzelnen) Gläubigern,
- Verwandlung von Verbindlichkeiten in Eigenkapital.

220 Es muss aber immer darauf geachtet werden, wie sich z. B. die Veräußerung von Anlagevermögen auf den Überschuldungsstatus auswirkt. Bei Stundungsvereinbarungen müssen die Verbindlichkeiten weiterhin passiviert bleiben. Es kann auch Eigenkapital zugeführt werden. Zur Vermeidung einer negativen Auswirkung im Überschuldungsstatus muss aber ein Rangrücktritt erklärt werden.

II. Beseitigung der Überschuldung

1. Kapitalerhöhung

221 Die Überschuldung kann am besten durch eine Kapitalerhöhung beseitigt werden. Dabei ist zu beachten, dass die Leistungen für die Kapitalerhöhung erst nach Abschluss der materiellen Verträge erfolgen, weil anderenfalls auf eine Nichtschuld gezahlt wird mit der Folge, dass der Betrag der Kapitalerhöhung nochmals eingezahlt werden muss. Im Rahmen eines Insolvenzverfahrens werden solche Zahlungen in der Regel direkt vom Insolvenzverwalter eingefordert.

222 Der Betrag aus der Kapitalerhöhung muss zudem bis zur Eintragung in das Handelsregister **zur freien Verfügung** der Geschäftsführung verbleiben, da ansonsten eine **Differenzhaftung** gem. § 9 GmbHG besteht (vgl. dazu Kap. 7 § 9 Rn. 6 ff.). Zulässig ist die Einzahlung auf ein debitorisches Konto, soweit die Kreditlinie noch nicht ausgeschöpft ist.

2. Forderungsverzicht

223 Auch der Forderungsverzicht ist ein klassisches Sanierungsinstrument. Mit Ausspruch des Verzichts sind die Forderungen nicht mehr im Überschuldungsstatus auszuweisen. Der Verzicht muss jedoch unbedingt erklärend sein, damit er nicht als Stundung verstanden wird.

224 Auch, wenn die Anerkennung eines steuerfreien Sanierungsgewinns inzwischen im EStG nicht mehr geregelt ist, sondern durch einen Sonderbescheid des Finanzamts herbeigeführt werden muss, handelt es sich beim Forderungsverzicht um ein einfaches und schnelles Mittel zur Beseitigung der Überschuldung, das außerdem die künftigen Finanzierungskosten des zu sanieren-

den Unternehmens senkt und damit die Ertragskraft stärkt. Der Forderungsverzicht kann aber eine eingetretene Zahlungsunfähigkeit des insolventen Unternehmens nicht beseitigen.

3. Besserungsschein

Gläubiger sind erfahrungsgemäß oft nicht bereit, einen endgültigen Verlust ihrer Forderungen zu akzeptieren. Der Forderungsverzicht führt zu einem endgültigen Verlust, auch wenn das Unternehmen später erfolgreich saniert und damit wirtschaftlich gesundet ist. Sanierungsinstrumente zur Berücksichtigung der Interessen der Gläubiger sind die so genannte **Rangrücktrittsvereinbarung** und die Vereinbarung eines Forderungsverzichts mit **Besserungsschein**. **225**

Bei der **Vereinbarung eines Besserungsscheins** handelt es sich um einen Forderungsverzicht durch Erlassvertrag. Der Erlass der Forderung steht dabei unter der auflösenden Bedingung, dass der Forderungserlass bei Besserung der Vermögensverhältnisse entfällt. In der Regel wird in einem Besserungsschein vereinbart, dass auf die erlassene Schuld Nachzahlungen zu leisten sind, soweit sich die Vermögensverhältnisse des Schuldners bessern, insbesondere aus zukünftigen Gewinnen oder aus einem Liquidationserlös. **226**

Durch die auflösende Bedingung erlöschen zunächst die erlassenen Forderungen. Erst bei Eintreten der im Einzelnen festgelegten wirtschaftlich besseren Lage des Unternehmens leben die Forderungen in der vereinbarten Höhe wieder auf. Die durch den Besserungsschein betroffenen Forderungen sind weder im Überschuldungsstatus noch in der Handelsbilanz zu passivieren. **227**

4. Rangrücktrittserklärung

Auch eine Rangrücktrittserklärung beseitigt die Überschuldung. Hierbei handelt es sich um eine zivilrechtliche Vereinbarung, wonach der Zahlungsanspruch eines Gläubigers für den Fall der Insolvenz des schuldnerischen Unternehmens nicht mehr geltend gemacht werden kann. Der Gläubiger tritt mit seinem Anspruch hinter allen anderen Gläubigern der Gesellschaft zurück. **228**

Der Rangrücktritt darf also nicht nur gegenüber einzelnen Gläubigern der Gesellschaft erklärt werden. Soweit der Gläubiger nicht endgültig auf seine Forderungen verzichten will, ist eine **qualifizierte Rangrücktrittserklärung** abzugeben mit der Abrede, dass die Forderung des Gläubigers dann zu befriedigen ist, wenn wieder Gewinne oder Liquidationsüberschüsse erzielt werden. Genügt die Rangrücktrittserklärung den vorgenannten Anforderungen, ist die jeweilige Forderung im Überschuldungsstatus nicht mehr zu passivieren. **229**

5. Patronatserklärung

Auch eine Patronatserklärung eines Dritten zugunsten aller Gläubiger der Gesellschaft kann die Überschuldung beseitigen. Zu beachten ist aber, dass eine sog. **harte Patronatserklärung** abzugeben ist, weil nur diese im Ergebnis zu einer Mithaftung des Sicherungsgebers führt. Mit der Patronatserklärung übernimmt in der Regel die Muttergesellschaft die Verpflichtung, dafür Sorge zu tragen, die Tochtergesellschaft finanziell so auszustatten, dass diese jederzeit in der Lage ist, ihren Zahlungsverpflichtungen nachzukommen. Voraussetzung für die Aktivierung harter Patronatserklärungen ist, dass sie zugunsten aller Gläubiger abgegeben wird. **230**

III. Vorteile einer außergerichtlichen Sanierung

Die außergerichtliche Sanierung hat den Vorteil, dass sie bereits früher, nämlich bei den ersten Signalen für eine betriebswirtschaftliche Krise, einsetzen kann und nicht erst der Eintritt der Insolvenzreife abgewartet werden muss. Entscheidender Vorteil einer außergerichtlichen Sanierung ist, dass die Gesellschaft allein durch ihre Geschäftsführer und durch die Gesellschafter weitergeführt werden kann. Das »öffentliche Insolvenzverfahren« ist in der Regel mit einer automatischen Entwertung der Aktiva verbunden. Solche für die Sanierung nachteiligen Veränderungen werden in der Regel durch einen außergerichtlichen Vergleich vermieden. Im Rahmen der außer- **231** gerichtlichen Sanierung werden zudem die Kosten, die mit der Verfahrenseröffnung verbunden sind, vermieden und insgesamt geringer gehalten.

232 Hauptvorteil dieser Vorgehensweise ist, dass der Unternehmensträger an sich intakt bleibt. Die einschneidende Wirkung der Insolvenz, die in vielen Fällen eine Beendigung einer Vielzahl von Vertragsverhältnissen nach sich zieht, wird umgangen. Insbesondere Großunternehmen beliefern nach Erfahrungen aus der Praxis Firmen nach Stellung eines Insolvenzantrags nicht mehr, so dass trotz möglicherweise vorhandener Liquidität sowie der Erteilung von Zahlungszusagen durch den (vorläufigen) Insolvenzverwalter Lieferprobleme auftreten.

233 Ferner werden durch die Stellung des Insolvenzantrags die Beziehungen zu den Kunden beschädigt oder unterbrochen, da insbesondere Großkonzerne interne Vorschriften und Richtlinien haben, nach denen insolvente Lieferanten – soweit möglich – nicht mehr beauftragt werden dürfen. Eine bereits eingetretene Zahlungsunfähigkeit oder Überschuldung kann vielfach ungeahndet beseitigt werden, obwohl der Tatbestand der Insolvenzverschleppung (s. dazu Rn. 155 ff.) bereits erfüllt ist.

IV. Nachteile der außergerichtlichen Sanierung

1. Haftungsrisiken des Betriebsübernehmers

234 Ein gern gewähltes Sanierungskonzept besteht darin, dass ein Dritter die wesentlichen Vermögenswerte der Gesellschaft übernimmt und den Betrieb fortführt. Dieses Modell birgt indes nicht unerhebliche Haftungsrisiken, die im Vorfeld unbedingt abgeklärt werden sollten. Bei der außergerichtlichen Sanierung durch Übertragung der Vermögenswerte treten die Haftungsbefreiungen von § 613 a BGB, § 75 AO und § 25 HGB nicht ein. In der Praxis erweist sich die Vorschrift des § 613 a BGB als besonders nachteilig, der für Sanierungsfälle uneingeschränkt gilt.

a) Haftung gem. § 613 a BGB

235 Sofern ein Dritter die wesentlichen Teile eines Betriebes, insbesondere Maschinen und Anlagen, Betriebsgrundstücke, Geschäftsbeziehungen oder das Know-how übernimmt, spricht man von einem Betriebsübergang. Gesetzliche Folge eines solchen Betriebsübergangs ist, dass der Übernehmer sämtliche Arbeitsverhältnisse der bisherigen Arbeitnehmer des Ursprungsbetriebes übernimmt, ohne dass es einer vertraglichen Vereinbarung zwischen Übergeber und Übernehmer bedarf. Der Übergang erfolgt zu dem Stichtag, an dem der Übernehmer die betriebliche Leitungsmacht übernimmt.

236 Kündigungen wegen eines geplanten Betriebsübergangs sind unwirksam. Bei § 613 a BGB, der nicht abdingbar ist und auch in der Insolvenz gilt, dürfte es sich um eine der sanierungsfeindlichsten Vorschriften der deutschen Rechtsordnung handeln. Die Problematik wird dadurch verschärft, dass nach der Rspr. auch Aufhebungsverträge und Eigenkündigungen der Arbeitnehmer aus Anlass des Betriebsübergangs verboten sind, sofern sie vom Betriebsveräußerer oder –erwerber veranlasst werden, um dem gesetzlichen Kündigungsverbot auszuweichen. Allerdings soll das nur dann gelten, wenn angedacht ist, mit dem Erwerber später einen neuen Arbeitsvertrag abzuschließen. Vereinbarungen, die sich auf ein endgültiges Ausscheiden des Arbeitnehmers aus dem Arbeitsverhältnisses richten, sind ohne Rücksicht auf ihre sachliche Berechtigung zulässig. Da hier im Detail Vieles im Streit steht, sollte im Zweifelsfall unbedingt ein erfahrener Arbeitsrechtler um Rat gefragt werden.

b) Haftung gem. § 25 HGB

237 Da mit der Firma, also dem »Namen« eines Unternehmens, vielfach ein besonderer Wert verbunden ist, wird diese häufig von dem Erwerber des Unternehmens (jedenfalls im Kern) unverändert fortgeführt.

In diesen Fällen stellt sich das Problem einer Haftung gem. § 25 Abs. 1 HGB. Nach dieser Vorschrift haftet derjenige, der ein unter Lebenden erworbenes Handelsgeschäft unter der bisherigen Firma mit oder ohne Beifügung eines das Nachfolgeverhältnis andeutenden Zusatz fortführt, für alle im Betriebe des Geschäfts begründeten Forderungen des bisherigen Inhabers. Grund der Haftung ist der durch die Fortführung der Firma begründete **Rechtsschein**, der auf eine Kontinuität der Unternehmensfortführung hindeutet. 238

Die **Haftung für Altverbindlichkeiten** kann gem. § 25 Abs. 2 HGB ausgeschlossen werden. Dieser Haftungsausschluss muss aber grundsätzlich im Handelsregister eingetragen und bekannt gemacht werden. 239

c) Haftung gem. § 75 AO

Der Übernehmer eines Betriebes haftet nach § 75 AO für die im Betrieb des Unternehmens begründeten Steuern. Die Haftung kommt auch zum Tragen, wenn ein Teilbetrieb, also ein für sich allein lebensfähiger Bereich des gesamten Unternehmens, übernommen wird. Gerade der letzte Punkt dürfte für Sanierungskonzepte von Relevanz sein. 240

§ 75 AO findet keine Anwendung, wenn der Betrieb aus einer Insolvenzmasse erworben wird. Auch vor diesem Hintergrund kann es sinnvoll sein, zunächst die Eröffnung eines Insolvenzverfahrens abzuwarten. Wichtig ist, dass auch der Erwerb vom vorläufigen Insolvenzverwalter zu einem Haftungsausschluss führt, jedenfalls dann, wenn anschließend das Insolvenzverfahren eröffnet wird. 241

2. Weitere Nachteile

Sanierungsfeindlich wirkt sich auch der **Fortfall der Steuerbefreiung** des Sanierungsgewinns aus. Das BMF hat den Finanzbehörden jedoch zwischenzeitlich mit Schreiben vom 27. 3. 2003 ein Stundungs- und Erlassverfahren vorgegeben für den Fall, dass eine Sanierung zu Buchgewinnen führt. 242

Der Umstand, dass im Rahmen einer außergerichtlichen Sanierung die Sozialplanansprüche der Arbeitnehmer nur schwer kalkulierbar sind, stellt oft ein Hindernis einer außergerichtlichen Sanierung dar. Die Obergrenze, die § 123 InsO vorsieht, gilt nicht für die außergerichtliche Sanierung. Im Hinblick darauf braucht man vielfach größere Summen zum Sanieren, die oft fehlen. 243

Nachteilig und mit Risiken behaftet ist auch der Umstand, dass die gesetzliche Frist zur Insolvenzantragstellung während der Sanierungsbemühungen weiter läuft. Im Hinblick auf die Haftungsrisiken der Geschäftsführer, insbesondere aufgrund verspäteter Insolvenzantragstellung und der damit einhergehenden Haftung für die Quoten bzw. bei Neugläubigern für den vollen Schaden ist es wichtig, im Rahmen eines außergerichtlichen Vergleichs die Haftungsrisiken der Geschäftsführer einzubeziehen. 244

Bei einem außergerichtlichen Vergleich sind die Gläubiger nicht gehindert, in das Gesellschaftsvermögen zu **vollstrecken**. Das in der Insolvenzordnung festgelegte Vollstreckungsverbot und die so genannte Rückschlagsperre des § 88 InsO gelten im Rahmen der außergerichtlichen Sanierung nicht. Auch die dinglich gesicherten Gläubiger können während der außergerichtlichen Sanierung die **Zwangsversteigerung**, etwa des Betriebsgrundstückes, betreiben. Für das Schuldnerunternehmen kann zwar ein Vollstreckungsgericht die Einstellung der Zwangsvollstreckung verfügen, jedoch höchstens für eine Dauer von sechs Monaten und nur dann, wenn durch die Einstellung die Versteigerung vermieden wird und wenn die Einstellung nach den persönlichen und wirtschaftlichen Verhältnissen des Schuldners sowie nach Art der Schuld der Billigkeit entspricht. 245

Kapitel 14
Grundzüge des Konzernrechts

Übersicht:

A. Einleitung

1 Das Konzernrecht erweist sich gegenüber dem »klassischen« Gesellschaftsrecht, das auf die unabhängige Gesellschaft zugeschnitten ist, als ein »Sprengkörper des Gesellschaftsrechts« (*Lutter* ZGR 1987, 333). Bei der unabhängigen Gesellschaft haben die Gesellschafter in der Regel ein ausschließliches Interesse an einer erfolgreichen Geschäftstätigkeit »ihrer Gesellschaft«. Bei verbundenen Unternehmen ist eine solche Interessenlage nicht mehr ohne weiteres gewährleistet, da etwa die an einer Vielzahl von Unternehmen beteiligte Konzernspitze durchaus ein wirtschaftliches Interesse daran haben kann, die Geschicke einzelner Tochtergesellschaften zum Wohle des Konzernganzen oder auch nur einzelner Beteiligungsgesellschaften zu vernachlässigen. Der »natürliche Interessengleichlauf« und die »natürliche Interesseneinheit« aller Gesellschafter – gerichtet auf die Förderung des gemeinsamen Zieles gerade in ihrer Gesellschaft – entfallen. Das persönliche Vertrauen und die individuelle Leistung der einzelnen Gesellschafter stehen nicht mehr im Vordergrund. Durch die Unternehmensverbindung entstehen aus gesellschaftsrechtlicher Sicht Gefahren insbesondere für die abhängige Gesellschaft, ihre Minderheitsgesellschafter und ihre Gläubiger. Aber auch die Minderheitsgesellschafter der herrschenden Gesellschaft sind konzernspezifischen Gefahren ausgesetzt. Mit anderen Worten: Im Konzern wird regelmäßig vom Gesellschafter der gesellschaftsrechtliche Grundkonsens aufgekündigt (*Emmerich/Habersack* KonzernR, § 1 III. S. 9 ff.). Daneben kommen mögliche Beeinträchtigungen der Arbeitnehmerinteressen – etwa im Bereich der Mitbestimmung – in Betracht (weiterführend und grundlegend: *Windbichler* Arbeitsrecht im Konzern, 1989).

2 Die Konzernbildung bewirkt, dass ein Unternehmen der Leitungsmacht und zugleich der Zielbestimmung eines anderen Unternehmens (=herrschendes Unternehmen) unterstellt und damit in ein Zielsystem integriert wird, das in aller Regel nicht vorrangig dem Bestand und der Entwicklung des konzernunterworfenen Unternehmens (=abhängige Gesellschaft) dient. Vor diesem Hintergrund ist es nicht verwunderlich, dass vielfältige Gestaltungsmöglichkeiten und -optionen bestehen, die allesamt die Gefahr erhöhen, dass die Konzernspitze die abhängige Gesellschaft und damit auch die Interessen der an ihr beteiligten Minderheitsgesellschafter vernachlässigt bzw. schädigt.

I. Konzernspezifische Gefahren- und Interessenlage

3 Die auf die selbstständige Gesellschaft zugeschnittenen und vor allem innerhalb dieser Gesellschaft ansetzenden Regeln des »allgemeinen« Gesellschaftsrechts zum Schutze der Minderheit, der Gläubiger und zur Kontrolle der Leitungsmacht reichen in der besonderen Situation einer abhängigen Gesellschaft nicht mehr aus. Ein Teilnahmerecht an der Haupt- bzw. Gesellschafterversammlung der abhängigen Gesellschaft und ein entsprechendes Stimmrecht nützen einem Minderheitsgesellschafter genauso wenig wie ein bloßes Auskunftsrecht oder die Möglichkeit, Beschlüsse, die seine Rechte rechtswidrig beeinträchtigen, anzufechten, wenn die wesentlichen Entscheidungen nicht (mehr) in der eigenen Gesellschaft, sondern in der sie beherrschenden Konzernspitze getroffen werden (*Emmerich/Habersack* KonzernR, § 1 III. S. 10). Nicht wesentlich anders sieht die Situation für die Gläubiger der abhängigen Gesellschaft aus. Denn deren Interessen ist allein durch den über das Kapitalschutzrecht gewährleisteten Erhalt des (zumeist auf den

gesetzlichen Mindestnennbetrag festgelegten) Stamm- bzw. Grundkapitals – auch oberbegrifflich als Garantiekapital bezeichnet – nicht gedient, wenn die herrschende Gesellschaft ansonsten alle Gewinne abzieht und so die abhängige Gesellschaft sukzessive »aushöhlen« lässt (weitergehend: *Schneider* ZGR 1984, 497). In diesem Kontext sind für verbundene Unternehmen besondere Regeln entwickelt worden, durch die ein ausreichender Schutz der Minderheitsgesellschafter und der Gläubiger der abhängigen Gesellschaft gewährleistet wird.

Daneben wirft aber auch der Schutz der Interessen und Rechte der Minderheit in der herrschenden Gesellschaft konzernrechtliche Fragen auf: Wenn bspw. der Vorstand einer AG eine Tochtergesellschaft gründet und in diese den wertvollsten und gewinnträchtigsten Unternehmensteil einbringt, ohne hierzu die Zustimmung der Hauptversammlung eingeholt zu haben, so hat die Ausgliederung von Unternehmensteilen zur Folge, dass die Minderheitsgesellschafter der ursprünglichen, nunmehr die Tochtergesellschaft beherrschenden Gesellschaft nicht mehr unmittelbar auf die Geschicke des bislang zur Gesellschaft gehörenden Unternehmensteils einwirken können. Sie verlieren also insoweit ihre Stimm- und grundsätzlich auch Auskunftsrechte (*Emmerich/Habersack* KonzernR, § 1 III. S. 11). Stattdessen nimmt nun die herrschende Gesellschaft durch ihren Vorstand bzw. die Geschäftsführung die Gesellschaftsrechte in der ausgegliederten Gesellschaft wahr, so dass bspw. diese und nicht mehr die Gesellschafter der herrschenden Gesellschaft über die Gewinnverteilung entscheiden (vgl. § 174 AktG, §§ 29, 46 Nr. 1 GmbHG). Das Konzernrecht kann sich angesichts dieser Gefahren nicht lediglich darauf beschränken, Schutzregeln für Gesellschafter und Gläubiger der beherrschenden Gesellschaft aufzustellen, sondern muss auch den Schutzbedürfnissen der Minderheit in der herrschenden Gesellschaft Rechnung tragen (grundlegend: *Lutter* FS Harry Westermann, S. 347). Damit schließt sich wieder der Kreis zu den Grundprinzipien des Gesellschaftsrechts: Gläubigerschutz, effektiver und effizienter Schutz der Kapitalanteilseigner sowie effektive und effiziente Kontrolle der Leistungsmacht. Das Recht der verbundenen Unternehmen beinhaltet somit sowohl rechtsformübergreifende als auch rechtsformspezifische Problemfelder. 4

II. Gegenstand und Bedeutung des Konzernrechts

Das Konzernrecht stellt eine anspruchsvolle Teildisziplin des Gesellschaftsrechts dar, das als **Recht zur Lösung spezifischer Interessenkonflikte** bezeichnet werden kann, die aus der unternehmerischen Betätigung einer juristischen Person oder natürlichen Person in mehreren Unternehmensträgern entstehen. Im Brennpunkt der gesellschaftsrechtlichen Debatte stehen also Sachverhalte, in denen ein Unternehmen in den Dienst eines anderen Unternehmens gestellt wird und ihm daraus Nachteile erwachsen (*Hüffer* AktG, § 15 Rn. 3). Sachlich und terminologisch ist es wichtig, sich zu vergegenwärtigen, dass entgegen allgemeiner Vorstellungen der Konzern keine Arbeitnehmer, Schulden, Forderungen oder sonstige Rechtspositionen haben kann. Der Konzern ist keine juristische Person und wird auch nicht als solche in das Handelsregister eingetragen. Ebenso wenig existiert ein besonderes »Konzernregister«. Demnach gibt es auch keine Organe des Unternehmensverbunds (vgl. *Lutter* FS Stimpel, S. 832). Im Konzern bewegen sich juristisch nach wie vor selbstständige Unternehmen lediglich innerhalb eines einheitlichen wirtschaftlichen Konzeptes (Lutter/*Lutter/Trölitzsch* Holding-Handbuch, § 7 Rn. 1). Es herrscht demzufolge rechtliche Vielfalt bei gleichzeitiger wirtschaftlicher Einheit (vgl. auch § 15 AktG). Der Unternehmensverbund bildet den begrifflichen und dogmatischen Gegensatz zum Einheitsunternehmen. Spezifisch für den Unternehmensverbund, den der Gesetzgeber mit Blick auf § 15 AktG als gesellschaftsrechtliches Phänomen begreift, ist die über eine bloße schuldrechtliche Verbindung hinausgehende organisatorische Verknüpfung. Ein anderer, betriebswirtschaftlich geprägter Begriff des Konzerns lautet: »Als Konzernunternehmung soll [...] jede Mehrheit juristisch selbstständiger Unternehmen und Betriebe bezeichnet werden, die als wirtschaftliche Einheit in personeller, institutioneller, funktioneller oder struktureller Hinsicht zeitlich befristet oder auf Dauer ein gemeinsames wirtschaftliches Ziel verfolgen, welches im Rahmen entsprechender Planungen Berücksichtigung findet« (vgl. *Binder* S. 11). Dieser Begriff enthält keine alternative rechtliche Interpretation des Konzerns, sondern stellt dem rechtlichen Begriff bewusst eine be- 5 triebswirtschaftliche Sicht der Organisationsform einer Konzernunternehmung gegenüber (so deutlich: Lutter/*Lutter* Holding-Handbuch, § 1 Rn. 33 Fn. 1).

III. Gründe für die Konzernbildung

6 Während die unabhängige Einzelgesellschaft Regelungsgegenstand des AktG und des GmbHG ist, wird die Rechtswirklichkeit zunehmend von der Gesellschaft als Mitglied einer gelegentlich mehrere Hundert Gesellschaften umfassenden Unternehmensgruppe geprägt (empirische Daten zur Konzernverflechtung einzelner Unternehmensformen finden sich bei: *Meyer* GmbHR 2002, 177; 242; *Monopolkommission* Hauptgutachten 2000/2001; Daten zur Unternehmensstatistik liefert: *Kornblum* GmbHR 2005, 39). Die individuellen Motive für die Wahl von Konzentrationsmöglichkeiten in Form des externen Wachstums, d. h. durch Beteiligungserwerb, oder durch internes Wachstum, d. h. durch Ausgliederung von Unternehmensanteilen, sind vielfältiger Art. Neben der organisatorischen Flexibilität ist vor allem an die im Unternehmensverbund gesteigerten Rationalisierungsmöglichkeiten des Produktionsablaufes, die Diversifikation der Angebots- und Lieferpalette, aber auch an Synergieeffekte durch die Kombination verschiedener Fertigungsstufen zu denken. Durch eine Konzernbildung soll in der Regel die wirtschaftliche Schlagkraft erhöht werden. Prägende Gründe für die Konzernbildung sind vielfach eine **Wirtschaftlichkeitssteigerung** und eine **Rationalisierung** durch Gewinnpooling oder gegenseitige Dividendenzusage. Gleichwohl bleibt aufgrund der neuen Entscheidung des BGH v. 16. 1. 2006 zur Unzulässigkeit des Cash-Poolings (vgl. BGH NZG 2006, 344) zu beachten, dass ein Liquiditätsschulterschluss nicht mehr zu den vorrangigen Gründen einer Konzernbildung zählt. Deswegen wird wohl nur noch ein Cash-Pooling in Form des virtuellen Cash-Poolings zulässig sein (vgl. *Schmelz* NZG 2006, 456, 458). Mit dem Referentenentwurf eines »Gesetzes zur Modernisierung des GmbH-Rechts und zur Bekämpfung von Missbräuchen« (MoMiG; abrufbar unter www.bmf.bund.de unter »Gesetzentwürfe – Handels- und Wirtschaftsrecht«) will die Bundesregierung die Fragen des Cash-Poolings dergestalt erfassen, dass § 30 GmbHG modifiziert und zukünftig eine Anwendung des nach wie vor gültigen Rechts der Kapitalerhaltung auf konzerninterne Darlehen verhindert würde (weiterführend zum MoMiG: *Seibert* ZIP 2006, 1157).

7 Des Weiteren wird die Unternehmensspitze von laufenden operativen Entscheidungen lokaler Bedeutung entlastet und kann sich auf konzernübergreifende Unternehmensziele konzentrieren. Die lediglich wirtschaftliche Verflechtung von Unternehmen beinhaltet aber auch erhebliche Vorteile gegenüber einer Verschmelzung – also einer juristischen Vereinigung von mindestens zwei Rechtsträgern im Wege der Gesamtrechtsnachfolge, die als intensivste Form der wirtschaftlichen Konzentration zum Verlust der rechtlichen Selbstständigkeit mindestens eines Teils führt. Während für die Verschmelzung zweier Aktiengesellschaften durch Aufnahme eine Mehrheit von $^3/_4$ des vertretenen Grundkapitals nach § 65 Abs. 1 S. 1 UmwG und für die Verschmelzung unter Beteiligung einer GmbH eine Mehrheit von $^3/_4$ der abgegebenen Stimmen nach § 50 Abs. 1 S. 1 UmwG erforderlich ist, kann eine Kapitalgesellschaft bereits in einen Konzern eingebunden werden, wenn **51 % ihres Kapitals** in der Hand einer anderen Gesellschaft sind (*Emmerich/Habersack* KonzernR, § 2 II. S. 25). Denn unter dem Regime des Mehrheitsprinzips reicht nach § 133 Abs. 1 AktG bzw. § 47 Abs. 1 GmbHG – von satzungsmäßigen Abweichungen abgesehen – ein Kapitalanteil von 51 % aus, um die Geschicke einer Gesellschaft durch die Fassung von Beschlüssen zu lenken. Zudem bietet die Konzernbildung gegenüber einer Verschmelzung den Vorteil, dass der erforderliche Kapitaleinsatz deutlich unter dem bei der Verschmelzung bzw. dem vollständigen Erwerb eines Unternehmens liegt. Darüber hinaus darf nicht unerwähnt bleiben, dass die Gründung einer Tochtergesellschaft, auf die dann bestimmte Unternehmensteile übertragen werden, es ermöglicht, Haftungsrisiken zu verlagern, indem besonders risikoträchtige und -behaftete Unternehmensteile in neu zu gründende Tochtergesellschaften eingebracht werden (vgl. *Raiser/Veil* § 50 Rn. 23).

B. Erscheinungsformen des Konzerns

Das Gesellschaftsrecht der Konzerne lässt sich aufgliedern in das Konzernrecht der Kapitalgesellschaften und in das der Personenhandelsgesellschaften. Ausgehend von diesen Erscheinungsformen ist weiter danach zu differenzieren, ob die Beziehungen zwischen dem abhängigen und dem herrschenden Unternehmen in Form eines Beherrschungsvertrages nach §§ 291 ff. AktG ausgestaltet sind, mit der Konsequenz, dass ein Vertragskonzern vorliegt, oder ob lediglich eine faktische Abhängigkeit ohne entsprechende vertragliche Regelung besteht. In einem solchen Fall spricht man von einem **faktischen Konzern**. Weiter ist zwischen Gleichordnungs- und Unterordnungskonzernen zu differenzieren. Ein **Gleichordnungskonzern** liegt vor, wenn sich nach § 18 Abs. 2 AktG mehrere Unternehmen einer einheitlichen Leitung unterstellen, ohne dass eines der beteiligten Unternehmen von einem der anderen abhängig ist. Die Beteiligungen sind – bildlich gesprochen – »gleichgestellt«. Im Gegensatz hierzu nimmt das herrschende Unternehmen bei einem **Unterordnungskonzern** Leitungsmacht gegenüber der Untergesellschaft nach § 18 Abs. 1 S. 1 AktG in Anspruch. Das herrschende Unternehmen »ordnet« sich die abhängige Gesellschaft »unter«. 8

I. Vertragskonzerne

Vertragskonzerne werden durch den Abschluss eines Beherrschungsvertrages nach § 291 Abs. 1 S. 1 Alt. 1 AktG i. V. m. § 18 Abs. 1 S. 2 AktG begründet. Dieser verschafft der Obergesellschaft ein Weisungsrecht nach § 308 Abs. 1 AktG und begründet die unwiderlegliche Vermutung, dass ein Konzern vorliegt (vgl. § 18 Abs. 1 S. 2 AktG). Ihm steht in der Wirkung hinsichtlich der Anordnung des Vorliegens eines Konzerns und des Weisungsrechts die Eingliederung nach § 18 Abs. 1 S. 2 i. V. m. §§ 319 ff. AktG gleich. Wichtig ist jedenfalls, dass nur der Beherrschungsvertrag zu einem (Unterordnungs-) Vertragskonzern führt. Denn nur an ihn knüpft § 18 Abs. 1 S. 2 AktG die unwiderlegliche Konzernvermutung. Dagegen tritt diese Wirkung bei Abschluss eines anderen der in §§ 291 ff. AktG genannten Unternehmensverträge nicht ein, auch nicht bei Abschluss eines isolierten Gewinnabführungsvertrages (vgl. *Hüffer* AktG, § 291 Rn. 24). Ein »Vertragskonzern« im nicht gesetzestechnischen Sinn wird auch durch den Vertrag, der im Rahmen eines Gleichordnungskonzerns zur Koordinierung der gemeinsamen Leitung nach § 18 Abs. 2 AktG geschlossen wird, begründet (*Emmerich/Habersack* KonzernR, § 4 IV. S. 57 f.). 9

II. Faktische Konzerne

Ein **einfacher faktischer** Konzern liegt u. a. vor, wenn ohne Beherrschungsvertrag und ohne Eingliederung ein oder mehrere Unternehmen einem herrschenden Unternehmen gegenüber stehen, das tatsächlich Leitungsmacht ausübt und daher die Untergesellschaft im Sinne von § 18 Abs. 1 S. 1 AktG unter einer einheitlichen Leitung zusammenfasst. Hier bleibt zu beachten, dass der Begriff »Konzern« kraft Legaldefinition in § 18 Abs. 1 S. 1 AktG zwar von einer Zusammenfassung unter einheitlicher Leitung spricht und auch eine solche verlangt, aber in Rspr. und Literatur auch dann von einem »Konzern« gesprochen wird, wenn die jeweiligen Unternehmen nur eine Abhängigkeit im Sinne von § 17 AktG verbindet (vgl. *Hüffer* AktG, § 18 Rn. 3). Aus diesen Überlegungen ist zu folgern, dass es sich bei einem »faktischen Konzern« tatsächlich um ein bloßes Abhängigkeitsverhältnis zwischen den Beteiligten handeln kann, »unter Umständen« aber auch um einen echten Konzern mit einheitlicher Leitung, wobei nach der gesetzlichen Terminologie nur in letztem Falle ein Konzern besteht. 10

Der sog. **qualifiziert faktische Konzern** ist seit der Entscheidung »Bremer Vulkan« des BGH (BGHZ 149, 10) obsolet und wird als dogmatischer Begriff in die Annalen der Rechtsgeschichte eingehen. In der Rechtspraxis wird diese Rechtsfigur keine Rolle mehr spielen. Gleichwohl soll zwecks eines besseren Haftungsverständnisses (näher unten Rn. 77 ff.) das »historische Wesen« dieser Konzernvariante skizziert werden. Der qualifiziert faktische Konzern verdankte seine Entstehung einem berechtigten Unbehagen in Rspr. und Lehre gegenüber unkontrollierter Machtausübung (so *Roth/Altmeppen* Anh. § 13 Rn. 145). Ein qualifiziert faktischer Konzern ist dann an- 11 zunehmen, wenn das herrschende Unternehmen in einem derartigen Umfang Einfluss auf die abhängige Gesellschaft nimmt, dass dieses Verhalten, soweit es schädigend ist, nicht mehr im einzelnen bestimmt und ausgeglichen werden kann. Regelmäßig ist diese besondere Leitungs- und Beeinflussungsdichte des herrschenden Unternehmens im qualifiziert faktischen Konzern mit der eines herrschenden Unternehmens im Vertragskonzern vergleichbar, weshalb er auch in seinen Rechtsfolgen an den Vertragskonzern angelehnt wird.

C. Grundbegriffe des Konzernrechts

12 Die in den §§ 15–19 AktG enthaltenen Definitionen einzelner Verbundformen gelten, wie sich aus der rechtsformneutralen Formulierung »Unternehmen« ergibt, nicht nur für Aktiengesellschaften, sondern auch für Gesellschaften mit beschränkter Haftung und Personenhandelsgesellschaften. Es handelt sich gleichsam um den »allgemeinen Teil« des Rechts der verbundenen Unternehmen.

I. Unternehmen

13 Die Definition des Begriffs »**Unternehmen**« entscheidet über die Anwendbarkeit und Reichweite des Konzernrechts. Für das herrschende und das abhängige Unternehmen sind unterschiedliche Maßstäbe anzulegen. Ausgehend von der Zielsetzung des Konzernrechts, auf den gestörten Ausgleich der Interessen zwischen Gesellschaftern, Leitungsmacht und Gläubigern zu reagieren, hat sich die heute herrschende Doktrin auf einen weiten Unternehmensbegriff verständigt, so dass zwischen herrschenden (übergeordneten, beteiligten) und abhängigen (beherrschten, untergeordneten) Unternehmen zu differenzieren ist. Das **herrschende Unternehmen** ist jeder Gesellschafter gleich welcher Rechtsform, der neben dem Interesse an der beteiligten Gesellschaft noch gesellschaftsfremde Interessen wirtschaftlicher Art hat, die stark genug sind, die Gefahr zu begründen, dass diese Interessen vorrangig zu Lasten der Gesellschaft verfolgt werden (so die klare Definition nach: BGH ZIP 1997, 889). Als Resultat dieses weiten Begriffsverständnisses bleibt festzuhalten, dass viele Gesellschafter »Unternehmen« sind, was eine nicht unbeträchtliche Haftung nach sich ziehen kann. Allein die Eigenschaft als Mehrheits- oder sogar Alleingesellschafter einer Gesellschaft reicht grundsätzlich noch nicht aus, um die Unternehmensqualität zu konstituieren. Es muss vielmehr ein eigenständig betriebenes Unternehmen oder aber eine maßgebliche Beteiligung an einer weiteren Gesellschaft hinzukommen, da gerade erst aus dieser Konstellation heraus die abstrakte Gefahr resultiert, dass der Anteilseigner in der abhängigen Gesellschaft auch gesellschaftsfremde Interessen verfolgen wird. Der Auflösung der damit typischerweise einhergehenden Konflikte dienen die konzernrechtlichen Schutz- und Organisationsinstrumentarien (vgl. *Hüffer* AktG, § 15 Rn. 7). Stiftungen, die lediglich ihre Beteiligungen verwalten, erfüllen den konzernrechtlichen Unternehmensbegriff nicht (vgl. OLG Düsseldorf NZG 2004, 622; allgemein auch: OLG Frankfurt NZG 2004, 419, 420). Dagegen kann ein Minderheitsgesellschafter durchaus beherrschendes Unternehmen sein, wenn durch gleichgerichtete Mitwirkung anderer Minderheitsgesellschafter eine beständige und umfassende Einflussmöglichkeit gesichert ist (vgl. OLG Düsseldorf AG 2003, 688; OLG Karlsruhe NZG 2004, 334, 335; KG Berlin AG 2005, 398).

1. Einzelperson als Unternehmen

14 Ausgehend von der Unternehmensdefinition ist insbesondere bei Einzelpersonen unklar, woran das Vorliegen des gesellschaftsfremden Interesses wirtschaftlicher Art gemessen werden soll. Zunächst könnte man an den Konzernbegriff des § 18 Abs. 1 AktG anknüpfen und darauf abstellen, ob der Gesellschafter in einer anderen wirtschaftlich tätigen Einheit tatsächlich leitend aktiv ist. Dann würde man den Unternehmensbegriff aber zu weit in die Nähe des Konzernbegriffs bringen. Die überzeugendste Lösung ist – in Anlehnung an den Abhängigkeitsbegriff in § 17 AktG – als Maßstab die gesellschaftsfremde **maßgebliche Beteiligung** anzusehen. Denn gerade diese ermöglicht die Fähigkeit der Einflussnahme in der gesellschaftsfremden Interessensphäre. Diese hat zur Folge, dass der Gesellschafter wegen der dortigen wirtschaftlichen Interessen die Interes-

sen an der betroffenen Gesellschaft vernachlässigen könnte. Ein am Wohl der Gesellschaft orientiertes Handeln des Gesellschafters ist dann gefährdet. Von einer maßgeblichen Beteiligung ist dann zu sprechen, wenn eine Mehrheitsbeteiligung existiert oder eine geringere Beteiligung, aber durch traditionell niedrige Präsenz der Gesellschafter auf den Gesellschafter- bzw. Hauptversammlungen die Möglichkeit einer dauerhaften Mehrheit besteht oder durch Stimmverträge die Möglichkeit eröffnet ist, die Leitungsorgane der anderen Gesellschaft zu beeinflussen (vgl. BGHZ 115, 187; 135, 107). Die maßgebliche Beteiligung muss aber nicht an einer bestimmten anderen Unternehmensform bestehen. Eine anderweitige maßgebliche Beteiligung und Interessenbindung – eine solche kann auch bei freiberuflicher Tätigkeit gegeben sein (BGH NJW 1995, 1545) – hat daher auch der Gesellschafter, der noch Einzelhandelskaufmann ist. Die »maßgebliche Beteiligung« besteht dann an seinem eigenen Einzelhandelsgeschäft (*Emmerich/Habersack* KonzernR, § 2 II. S. 24). Gleichermaßen kann eine anderweitige maßgebliche Beteiligung innehaben, wer Gesellschafter einer GbR, einer Personenhandelsgesellschaft, einer GmbH oder AG ist.

2. Holdinggesellschaften als Unternehmen

Holdingkonzepte als organisatorische Gestaltungsform für Unternehmen im Sinne einer Tren- **15**
nung von Führung und operativem Geschäft – damit kommt die originäre Bedeutung von »to hold« zum Ausdruck – erfreuen sich zunehmender Beliebtheit. Eine Reihe deutscher Großunternehmen verschiedener Branchen hat sich in den letzten Jahren in Holdinggesellschaften umstrukturiert. Zu denken ist etwa an die Deutsche Bahn AG (Holdingstruktur im Jahre 1999) oder die Bayer AG, die mit Beschluss ihrer Hauptversammlung von 25. 4. 2003 ihre Umorganisation in eine Holding vorgenommen hat. Bei Holdinggesellschaften, deren Zweck es ist, den Anteilsbesitz eines oder mehrerer Gesellschafter an anderen Gesellschaften zu verwalten, sind zwei Konstellationen zu unterscheiden: Verwalten die Gesellschafter der Holding de facto (weiterhin) die Beteiligung(en), die die Holding hält, indem sie die Entscheidungen treffen, bleiben die Gesellschafter der Holding auch selbst Unternehmen hinsichtlich der Gesellschaft, an der die Holding Anteile hält (weiterführend: Lutter/*Lutter* Holding-Handbuch, § 1 Rn. 33 ff.). Verwaltet dagegen die Holding tatsächlich selbst die Beteiligungen, etwa durch den Vorstand einer Publikums-AG (vgl. § 76 AktG), ist die Holding als Unternehmen im Sinne des Konzernrechts anzusehen (*Hüffer* AktG, § 15 Rn. 10). Entsprechendes gilt auch bei der Einschaltung eines Treuhänders. Wichtig ist also, dass in der Holding die Beteiligungen nicht lediglich geparkt werden, sondern eine tatsächliche Verwaltung der Beteiligungen erfolgt (*Ehlke* DB 1986, 526).

3. Gebietskörperschaft als Unternehmen

Die Unternehmensqualität der Gebietskörperschaften, insbesondere der Bundesrepublik **16**
Deutschland, und damit die Anwendung des Konzernrechts sind grundsätzlich geklärt. In seinem »Veba-Gelsenberg-Judikat« entschied der BGH erstmalig, dass auch die **öffentliche Hand** Unternehmensgesellschafterin im Sinne des Konzernrechts sein könne (BGHZ 69, 334). Im Falle der Beteiligung der öffentlichen Hand an privaten Gesellschaften lasse sich ein Schutzbedürfnis der Minderheit ebenso wenig von der Hand weisen wie bei sonstigen Mehrfachbeteilungen privater Unternehmen. Nach der weiter fortentwickelten Rspr. soll für die Eigenschaft als herrschendes Unternehmen sogar ausreichend sein, dass die öffentliche Hand lediglich ein in privater Rechtform organisiertes Unternehmen beherrscht (BGH ZIP 1997, 889). Denn bei der öffentlichen Hand bestehe die generelle Gefahr, dass bereits aufgrund einer einseitigen Förderung der öffentlichen Aufgaben und politischen Ziele eine Benachteiligung der Minderheit eintreten könne. Die öffentlichen Interessen allein können so stark sein, dass die öffentliche Hand die Interessen der Gesellschaft zurück stellt. Demzufolge ist eine Körperschaft öffentlichen Rechts bereits dann als Unternehmen anzusehen, wenn sie lediglich ein in privater Rechtsform organisiertes Unternehmen beherrscht (BGHZ 135, 107; OLG Celle ZIP 2000, 1984). Die Körperschaft öffentlichen Rechts muss also kein weiteres wirtschaftliches Unternehmen betreiben.

II. Abhängigkeit

17 Einen weiteren Schlüsselbegriff innerhalb der allgemeinen Vorschriften der §§ 15–19 AktG bildet der Begriff der »**Abhängigkeit**«. Nach der Systematik des § 17 Abs. 1 AktG besteht die Abhängigkeit darin, dass die Möglichkeit eines beherrschenden Einflusses des einen (herrschenden) auf das andere (abhängige) Unternehmen besteht. Dabei genügt jedoch keinesfalls jede vage Möglichkeit der Herrschaftsausübung, um eine konzernrechtliche Abhängigkeit zu begründen (*Hüffer* AktG, § 17 Rn. 8). Voraussetzung ist vielmehr, dass das herrschende Unternehmen über fortdauernde und organisatorisch abgesicherte Mittel verfügt, die es ihm erlauben, dem abhängigen Unternehmen seinen Willen aufzuzwingen und zu implementieren (grundlegend bereits: RGZ 167, 49). Denn erst eine solch gesichert erscheinende Möglichkeit der **beherrschenden Einflussnahme** begründet die latente Gefahr, dass das Unternehmen von seiner Herrschaftsmöglichkeit auch tatsächlich zum Nachteil der abhängigen Gesellschaft Gebrauch macht. Erforderlich ist jedoch, dass der Einfluss gesellschaftsrechtlich bedingt oder zumindest vermittelt ist. Rein wirtschaftliche Abhängigkeiten, wie etwa umfangreiche Liefer- oder Kreditbeziehungen reichen nicht aus (BGHZ 90, 395 f.; umfassend: *Ulmer* ZGR 1978, 465).

18 Die Norm des § 17 Abs. 2 AktG erläutert die soeben umrissene Situation durch Einführung einer Mehrheitsbeteiligung als Beispiel für eine Situation, in der Abhängigkeit im Sinne des § 17 Abs. 1 AktG als gegeben vermutet wird, wenn auch in Form einer widerleglichen Vermutung. Die Vermutung kann von dem herrschenden Unternehmen widerlegt werden. Damit erweist sich diese Vorschrift als wichtigste beweisrechtliche Grundlage zur Feststellung eines Abhängigkeitsverhältnisses. Abhängigkeit ist der zentrale Begriff im Konzernrecht, denn fast alle Normen des Konzernrechts knüpfen schon an die Abhängigkeit an und nicht erst an den Konzern nach § 18 Abs. 1 AktG. Aber auch eine unter 50 % liegende Mehrheitsbeteiligung kann in Verbindung mit anderen Umständen rechtlicher und / oder tatsächlicher Natur eine Abhängigkeit im Sinne des § 17 Abs. 1 AktG begründen (BGH AG 1997, 376 f.). Die Beweislast für das Vorliegen derartiger Umstände trägt jedoch derjenige, der sich auf das Bestehen eines Abhängigkeitsverhältnisses beruft.

19 Das Hauptmerkmal der Abhängigkeitsvermutung – der **Mehrheitsbesitz** im Sinne des § 16 Abs. 1 AktG – ist gegeben, wenn ein Unternehmen entweder die Mehrheit der Stimmen nach § 16 Abs. 1 AktG iVm. § 16 Abs. 3 AktG innehat oder die Mehrheit der Anteile nach § 16 Abs. 1 AktG iVm. § 16 Abs. 2 AktG am anderen Unternehmen hält. Im ersten Fall können die Stimmrechte bei nicht börsennotierten Unternehmen auf eine bestimmte Anzahl beschränkt werden. Dies folgt aus § 134 Abs. 1 S. 2 AktG mit der Normierung des Höchststimmrechts. Auch ein völliger Ausschluss des Stimmrechts ist denkbar gem. § 12 Abs. 1 S. 2 AktG für Vorzugsaktien. Im zweiten Fall erweist sich als problematisch, wenn das Unternehmen zwar die Mehrheit der Anteile besitzt, diese aber ausschließlich stimmrechtslose Vorzugsaktien sind. Entsprechend dem Wortlaut des § 16 Abs. 1 und Abs. 2 AktG bleibt das Unternehmen herrschendes Unternehmen. Für die Vermutungsregel des § 17 Abs. 2 AktG spielt es keine Rolle, dass das Unternehmen auf der Hauptversammlung mangels Stimme kaum Einfluss hat. Die Abhängigkeitsvermutung kann in diesem Fall aber sehr leicht widerlegt werden. Die Stimmenmehrheit eines anderen Gesellschafters führt dazu, dass zwei Unternehmen mehrheitsbeteiligt sind.

20 Darüber hinaus ist dem in § 16 Abs. 4 AktG verankerten sog. **Umgehungsschutz** Beachtung zu schenken. Auch die von einer durch das herrschende Unternehmen zwischengeschalteten Tochtergesellschaft gehaltene Beteiligung an einer Enkelgesellschaft begründet die Gefahr, dass das Mutterunternehmen seine anderweitigen Interessen über die Interessen der Enkelgesellschaft stellt. Vor diesem Hintergrund hat der Gesetzgeber in § 16 Abs. 4 AktG die Einbeziehung mittelbarer Beteiligungen in das konzernrechtliche Instrumentarium vorgesehen. Die enumerativ aufgelisteten Fälle der Anteilskumulation können also die Abhängigkeit nicht vermeiden.

21 Die Norm des § 17 Abs. 1 AktG spricht de lege lata von »einem« herrschenden Unternehmen. Dies erweist sich als missverständlich, da entgegen dem Wortlaut der Abhängigkeitstatbestand auch durch mehrere Unternehmen erfüllt sein kann (*Emmerich/Habersack* KonzernR, § 3 IV.

S. 45 f.). Eine andere Sichtweise würde zu der gefährlichen Schlussfolgerung führen, dass der Schutzbereich des Konzernrechts für abhängige Unternehmen leicht durch die formale Aufspaltung einer Mehrheitsbeteiligung vereitelt werden könnte. Dies widerspricht der Zielsetzung des Konzernrechts. Erforderlich ist jedoch, dass die Mehrheitsherrschaft konzentriert, d. h. gebündelt ausgeübt wird, die herrschenden Gesellschafter ihr Verhalten also abstimmen (*Hüffer* AktG, § 17 Rn. 13 ff.).

III. Einheitliche Leitung

Neben dem Unternehmensbegriff und dem Merkmal der Abhängigkeit bildet das Begriffspaar der **»einheitlichen Leitung«** das dritte konstitutive Merkmal einer Konzernvoraussetzung. Der Gesetzgeber hat auf eine Präzisierung dieses Merkmals bewusst verzichtet (vgl. Begründung des Regierungsentwurfs in *Kropff* AktG S. 33: »Eine gesetzliche Festlegung der an die einheitliche Leitung zu stellende Anforderung erscheint aber angesichts der vielfältigen Formen, die die Wirtschaft für die Konzernleitung herausgebildet hat, nicht möglich.«). Was unter einheitlicher Leitung im Sinne des § 18 Abs. 1 AktG zu verstehen ist, ist umstritten. Das hängt zusammen mit der Frage, was man unter einem Konzern bei wirtschaftlicher Betrachtung versteht. Skizzenhaft dargestellt finden sich folgende Positionen: 22

Ausgehend vom **engen Konzernbegriff** wird der Konzern vor allem als wirtschaftliche Einheit betrachtet. Einheitliche Leitung setzt demnach Durchsetzung von Zielvorstellungen in allen wesentlichen Unternehmensbereichen voraus. Diese Ansicht findet ihre Bestätigung in § 290 HGB für die Konzernrechnungslegung, wo das Begriffspaar »einheitliche Leitung« in diesem Sinne verwendet wird (*Lutter* ZGR 1987, 330). Der **weite Konzernbegriff** will über diese definitorischen Merkmale hinausgehen, so dass es demzufolge ausreicht, in einem wichtigen Unternehmensbereich die einheitliche Leitung auszuüben (MüKo AktG/ *Bayer* § 18 Rn. 23 ff.). Es gilt als gesicherte Erkenntnis aus diesen widerstreitenden Positionen, dass eine verbundweite Finanzkoordination – ein sog. zentrales Cash-Management- den Erfordernissen einer einheitlichen Leitung genügt (*Hüffer* AktG, § 18 Rn. 9). Dieses an der Konzernrechnungslegung ausgerichtete Verständnis ermöglicht es, die einheitliche Leitung an den Merkmalen der Ausrichtung auf das vom herrschenden Unternehmen definierte Gesamtinteresse des Konzerns, der Konzernplanung, ihres Vollzugs und der daran anknüpfenden konzernweiten Kontrolle und Sicherstellung auszurichten (ergänzend GroßkommHGB Anh. § 105 HGB Rn. 32). Das Merkmal der einheitlichen Leitung sollte jedoch nicht überstrapaziert und somit überschätzt werden (vgl. *Flume* DB 1968, 1013: »Fetisch«). In der Praxis lebt dieser Begriff entscheidend von den Konzernvermutungen: Der Beherrschungsvertrag bzw. die Mehrheitsbeteiligung ist der relevante Konzerntatbestand (deutlich: *Roth/Altmeppen* Anh. § 13 Rn. 16).

1. Mehrstufige und mehrfache Konzernbildung

Bei der mehrstufigen und mehrfachen Konzernbildung stellt sich die Frage nach der einheitlichen Leitung in einer besonderen Form. Geht man von einer Mutter-, Tochter- und Enkelgesellschaft aus, so ist zu klären, inwieweit es in dieser Konstellation zu einer mehrstufigen, aber einfachen Konzernbildung kommt, oder zu einer einstufigen, aber mehrfachen Konzernbildung (vgl. *Schweda* DB 1974, 1993; *Koppensteiner* FS Steindorff, S. 79). 23

2. Mehrstufige, einfache Konzernbildung

Die mehrstufige, aber einfache Konzernbildung geht einen Schritt weiter als die mehrstufige Abhängigkeit in der Grundkonstellation einer Abhängigkeit der Enkelgesellschaft von der Tochter- und Muttergesellschaft. Besteht zwischen der Mutter- und Tochtergesellschaft ein Konzern im Sinne des § 18 Abs. 1 AktG, so werden die Tochter unmittelbar und die Enkelin mittelbar allein von der Mutter einheitlich geleitet. Dass nicht auch die Tochtergesellschaft trotz ihrer Mehrheitsbeteiligung an der Enkelin diese leitet, beruht darauf, dass die Tochtergesellschaft als ihrerseits der Muttergesellschaft untergeordnete Gesellschaft der Enkelgesellschaft gegenüber keinen eige- 24 nen Entscheidungsspielraum mehr hat. Die Muttergesellschaft hat die Leitung der Tochtergesellschaft und damit auch die Verwaltung der Beteiligung der Tochtergesellschaft an der Enkelgesellschaft übernommen. Somit ist auch die Enkelgesellschaft Konzernunternehmen nur der Muttergesellschaft. Es besteht letztlich nur ein Konzern, der sich über zwei oder mehrere Stufen erstreckt (*Emmerich/Habersack* KonzernR, § 4 II. S. 50 f.).

3. Einstufige, mehrfache Konzernbildung

25 Bei der einstufigen, aber mehrfachen Konzernbildung geht es um die Frage, ob eine Untergesellschaft mehreren Konzernen angehören kann. Im Unterschied zur ohne Probleme möglichen und auch zulässigen mehrfachen Abhängigkeit würde eine mehrfache Konzernbildung de facto bedeuten, dass gegenüber der Untergesellschaft mehrere Unternehmen je selbstständig einheitliche Leitung ausüben. Unter dem Stichwort »Konzern im Konzern« wird die Mutter-, Tochter- und Enkelgesellschaft-Beziehung diskutiert. Gerade weil dort die Tochtergesellschaft aufgrund der einheitlichen Leitung durch die Muttergesellschaft keine freie Leitungsmacht gegenüber der Enkelgesellschaft ausüben und entfalten kann, ist die Enkelgesellschaft nicht zusätzlich an die Tochtergesellschaft konzerngebunden. Die Tochter- und Enkelgesellschaft bilden also nicht einen weiteren Konzern innerhalb des durch die drei Gesellschaften gebildeten Konzerns. Würde man dies aber annehmen, so käme es in dieser Konstellation zu einer mehrstufigen und mehrfachen Konzernbildung. Eine solche existiert aber nicht. Es gibt also **keinen »Konzern im Konzern«**. Als Argument lässt sich hierzu anführen, dass eine umfassend angelegte einheitliche Leitung durch das herrschende Unternehmen für eine entsprechende unternehmensführende Tätigkeit des abhängigen Unternehmens keinen Raum lässt (vgl. *v.Hoyningen-Huene* ZGR 1978, 528 f.). Aus der Sicht des Gesellschaftsrechts besteht auch bisher kein Bedürfnis für die Anerkennung einer derartigen Rechtsfigur. Eine mehrfache Konzernzugehörigkeit liegt auch dann nicht vor, wenn die Obergesellschaft des Unterordnungskonzerns – also die Tochtergesellschaft – mit einem anderen Unternehmen zu einem Gleichordnungskonzern verbunden ist. Die Konzerntöchter gehören vielmehr dem Gleichordnungskonzern an, der von den Partnern des Gleichordnungsvertrages einheitlich geleitet wird, so dass für eine weitere einheitliche Leitung der bisherigen Obergesellschaft hinsichtlich des Unterordnungskonzerns dogmatisch-konstruktiv kein Raum ist. Deswegen greift die Gleichordnungsleitung auch auf die Tochtergesellschaft durch. Das Über-/Unterordnungsverhältnis der Muttergesellschaft zu ihrer Untergesellschaft wird aufgehoben (*Hüffer* AktG, § 18 Rn. 15). Anders hingegen gestaltet es sich bei **Gemeinschaftsunternehmen**. Sie sind entgegen dem o. g. Grundsatz nicht nur mehrfach abhängig, sondern auch mehrfach konzernzugehörig. Da sich die Gesellschafter gleichberechtigt gegenüberstehen, kommt es auch jetzt nicht zu der bereits skizzierten mehrstufigen und mehrfachen Konzernbildung, sondern nur zu einer einstufigen, mehrfachen Konzernbildung. Dies lässt sich aus der Integration des Gemeinschaftsunternehmens in die Konzerninteressen der verschiedenen Muttergesellschaften ableiten.

D. Vertragskonzern im Aktienrecht

26 Grundlage des sog. **Vertragskonzerns** in Form des in § 18 Abs. 1 AktG erwähnten **Unterordnungskonzerns** ist der Beherrschungsvertrag nach § 291 Abs. 1 S. 1 Alt. 1 AktG. Durch den Beherrschungsvertrag unterstellt eine AG oder KGaA (!) die Leitung ihrer Gesellschaft einem anderen Unternehmen. Das herrschende Unternehmen ist berechtigt, dem Vorstand der Untergesellschaft **Weisungen** gem. § 308 Abs. 1 AktG im Hinblick auf die Unternehmensleitung zu erteilen und der Vorstand der abhängigen Gesellschaft ist nach § 308 Abs. 2 AktG verpflichtet, diese Weisungen zu befolgen. Die verbundenen Unternehmen bilden fortan einen Konzern nach § 18 Abs. 1 S. 2 AktG. Die Weisungen können für die beherrschte Gesellschaft auch nachteilig sein, solange sie im Konzerninteresse nach § 308 Abs. 1 S. 2 AktG erfolgen. Lediglich Weisungen, die offensichtlich nicht im Konzerninteresse liegen, begründen keine Folgepflichten des Vorstands der abhängigen Gesellschaft nach § 308 Abs. 2 S. 2 AktG.

I. Grenzüberschreitende Konzernverbindungen

Da deutsches Konzernrecht nur für deutsche Unternehmen relevant ist und auch nur auf diese 27
Anwendung findet, kann die Feststellung, ob es sich bei dem vorliegenden Unternehmensvertrag um einen nationalen oder internationalen, d. h. zwischen einem deutschen und einem ausländischen Unternehmen bestehenden Vertrag handelt, eine zentrale Bedeutung erlangen. Entscheidende Voraussetzung ist zunächst die Beteiligung einer deutschen Gesellschaft an einem grenzüberschreitenden Konzern (R/S-L/*Koppensteiner* Anh. § 52 Rn. 27). Es gibt keine positivrechtlichen Regelungen des internationalen Unternehmensverbundes. Auszugehen ist deshalb vom sog. **Kollisionsgesellschaftsrecht**. Nach herrschender Doktrin gilt als maßgebliche Kollisionsregel, dass sich in einem Unterordnungskonzern die rechtlichen Beziehungen zwischen dem herrschenden und dem abhängigen Unternehmen nach dem Recht des abhängigen Unternehmens, d. h. im Falle einer abhängigen deutschen Gesellschaft nach deutschem Recht richten (Staudinger/*Großfeld* EGBGB / IPR IntGesR, Rn. 557 ff.). Daraus ist zu folgern, dass die deutschen Regeln über herrschende Unternehmen für solche mit Sitz im Ausland grundsätzlich nicht gelten. Ebenso wenig gelangt deutsches Recht zur Anwendung im Hinblick auf eine herrschende AG mit Sitz in Deutschland, soweit von ihr eine ausländische Gesellschaft abhängig ist. Bei Strukturfragen, die allein die Obergesellschaft betreffen, bleibt es bei der Anwendung des deutschen Rechts (R/S-L/*Koppensteiner* Anh. § 52 Rn. 28). Bei einem Vertragskonzern ist im Falle eines Beherrschungsvertrages zwischen einer deutschen Tochter- und einer ausländischen Muttergesellschaft davon auszugehen, dass ein solcher Vertrag zulässig ist. Aus dem steuerrechtlichen Argument, wonach es sich bei dem Organträger und bei der Organgesellschaft um jeweils inländische Gesellschaften handeln muss (§§ 14 ff. KStG), lässt sich kein gesellschaftsrechtliches Argument gewinnen (*Roth/Altmeppen* Anh. § 13 Rn. 198). Sofern die deutschen Schutzregelungen zugunsten der Gläubiger und der außenstehenden Gesellschafter im Verhältnis zur ausländischen Muttergesellschaft im Ausland nicht durchsetzbar sind, wird eine Nichtigkeit des Beherrschungsvertrages i. S. d. § 134 BGB befürwortet (*Einsele* ZGR 1996, 47). Grenzüberschreitende Beherrschungs- und Gewinnabführungsverträge mit der abhängigen deutschen Gesellschaft sind danach in den o. g. Grenzen zulässig und unterliegen der deutschen Rechtsordnung. Für den Unternehmensvertrag gilt zwingend deutsches Recht (vgl. nur Staudinger/*Großfeld*, EGBGB / IPR IntGesR Rn. 575). Somit bleibt in summa festzuhalten, dass das gesellschaftsrechtliche und somit auch konzernrechtliche Kollisionsrecht nicht kodifiziert ist, sondern von Rechtsprechung und Lehre ausgestaltet und geprägt wird. Vgl. hierzu auch Kap. 15 Rn. 119.

II. Fehlerhafte Beherrschungsverträge

Wie für Gesellschaftsverträge, die mehr als bloße Schuldverträge sind, stellt sich auch bei Unter- 28
nehmensverträgen die Frage, ob nicht die Regularien über die sog. **fehlerhafte Gesellschaft** heranzuziehen sind, falls ein Unternehmensvertrag mängelbehaftet ist. Die Lehre von der fehlerhaften Gesellschaft wurde für das allgemeine Gesellschaftsrecht entwickelt, um die Nichtigkeitsfolgen einer in Vollzug gesetzten Gesellschaft, deren Gesellschaftsvertrag nichtig oder anfechtbar ist, zu beschränken. Würde man nämlich ausschließlich nach den Regeln des BGB vorgehen, wäre eine Gesellschaft auf fehlerhafter Vertragsgrundlage rückwirkend, also ex tunc, nicht existent. Aus Gesichtspunkten des Vertrauensschutzes in Form des Gläubigerschutzes und des Bestandsschutzes besteht jedoch ein berechtigtes Bedürfnis, die fehlerhafte Gesellschaft wie eine fehlerfreie Gesellschaft zu behandeln. Rechtsfolge für alle Gesellschaftsformen ist daher grundsätzlich, dass die fehlerhafte Gesellschaft ab dem Zeitpunkt der Geltendmachung der Fehlerhaftigkeit wie eine fehlerfreie Gesellschaft aufgelöst und abgewickelt wird. Jedenfalls wird sie nicht ex tunc beseitigt und kann für die Zeit davor als wirksam mit gesellschaftsrechtlichen Rechten und Pflichten behandelt werden. Die Grundsätze der fehlerhaften Gesellschaft finden bei allen Gesellschaftsformen unter folgenden Mindestvoraussetzungen Anwendung: Vorliegen eines mangelhaften, also von Anfang an nichtigen oder später angefochtenen Gesellschaftsvertrages und das Invollzugsetzen der Gesellschaft.

Zum fehlerhaften Beherrschungsvertrag in einem **GmbH-Vertragskonzern** hat die Rspr. ausführlich Stellung bezogen und die Grundsätze über die fehlerhafte Gesellschaft angewandt (grundlegend: BGHZ 103, 4). Entscheidende Voraussetzung ist auch hier, dass der **Vertrag in Vollzug** gesetzt wurde, die Parteien ihn also als wirksam behandeln. Das ist bereits dann der Fall, wenn das herrschende Unternehmen Weisungen erteilt oder die Verluste des abhängigen Unternehmens nach § 302 AktG ausgeglichen hat. Die Grundsätze finden keine Anwendung, wenn die Gesellschafter keine Kenntnis vom Vertragsschluss hatten und somit auch keine – zumindest konkludente – Zustimmung erteilen konnten oder wenn sie der Durchführung des fehlerhaften Vertrages ausdrücklich widersprochen haben (*Lutter/Hommelhoff* GmbHG, Anh. § 13 Rn. 76).

Auf den **AG-Vertragskonzern** sind diese Grundsätze entsprechend übertragen worden, allerdings unter größeren Einschränkungen. So ist – neben dem Vollzug des fehlerhaften Beherrschungsvertrages – die **Eintragung in das Handelsregister** weitere Voraussetzung. Denn erst durch die Eintragung entfaltet – auch ein ordnungsgemäßer – Vertrag seine Wirkungen. Unanwendbar bleiben die Grundsätze der fehlerhaften Gesellschaft, wenn ein nichtiger oder erfolgreich angefochtener Hauptversammlungsbeschluss vorliegt (*Hüffer* AktG, § 291 Rn. 21). In einem solchen Fall fehlt es an einem rechtlich beachtlichen Einverständnis der Parteien im Hinblick auf die Durchführung des Vertrags. Werden die Grundsätze über die fehlerhafte Gesellschaft auf den fehlerhaften Beherrschungsvertrag angewendet, so gelten die Regelungen des Vertrags faktisch für die Vergangenheit. Dennoch bleibt der Beherrschungsvertrag fehlerhaft. Somit kann er jederzeit für die Zukunft von beiden Parteien durch ein außerordentliches Kündigungsrecht nach § 297 Abs. 1 AktG beendet werden. Es bleibt also festzuhalten, dass Unternehmensverträge i. S. d. § 291 AktG nach Wirkung und Inhalt als gesellschaftsrechtliche Organisationsverträge zu bewerten sind, die satzungsgleich den rechtlichen Status der beherrschten Gesellschaft ändern, indem sie den Gesellschaftszweck am Konzerninteresse ausrichten und, sofern ein Gewinnabführungsvertrag vorliegt, in das Gewinnbezugsrecht der Gesellschafter eingreifen (BGHZ 103, 4 f.). Die Rückabwicklung eines durchgeführten Beherrschungs- und Gewinnabführungsvertrages stellt die Vertragsparteien daher vor praktisch kaum lösbare Schwierigkeiten.

III. Beherrschungsvertrag

29 Herzstück eines jeden Beherrschungsvertrages ist das **Weisungsrecht** des herrschenden Unternehmens nach § 308 Abs. 1 AktG. Das Weisungsrecht stellt das Mittel dar, mit dem das herrschende Unternehmen die durch den Beherrschungsvertrag übertragene Leitung der Untergesellschaft ausüben kann. Nach § 76 AktG sind unter »Leitung« die laufenden Geschäftsführungsaufgaben zu verstehen. Die Zuständigkeit für Grundlagengeschäfte gehört nicht zur Vorstandskompetenz. Folglich kann diese auch nicht an das herrschende Unternehmen übertragen werden und verbleibt somit bei der Hauptversammlung der abhängigen AG. Ein mit einer AG als Unternehmensträger geschlossener stiller Gesellschaftsvertrag bedarf als Teilgewinnabführungsvertrag nach §§ 293 Abs. 1 S. 1, 294 Abs. 2, 292 Abs. 1 Nr. 2 AktG zu seiner Wirksamkeit der Zustimmung der Hauptversammlung und der Eintragung in das Handelsregister (vgl. BGH NZG 2003, 1023). Der Abschluss eines Beherrschungs- und Gewinnabführungsvertrages zwischen Mutter- und Enkelgesellschaft bedarf keiner Zustimmung der Hauptversammlung der Tochter (vgl. LG Düsseldorf Der Konzern 2004, 693, 694). § 308 Abs. 1 Satz 1 AktG regelt die Weisungsbefugnis des herrschenden Unternehmens gegenüber dem Vorstand der Untergesellschaft. Wenn nichts anderes bestimmt ist, sind auch sich nachteilig auswirkende Weisungen zulässig, sofern sie nur insgesamt den Belangen des herrschenden Unternehmens oder anderer, mit ihm und der Untergesellschaft verbundener Unternehmen, also dem Konzerninteresse dienen. Gleichzeitig ist die Untergesellschaft grundsätzlich verpflichtet, den – auch nachteiligen – Weisungen des herrschenden Unternehmens nach § 308 Abs. 2 S. 2 AktG Folge zu leisten. Das gilt jedoch nur für zulässige Weisungen. Eine Ausnahme von der **Unverbindlichkeit unzulässiger Weisungen** besteht lediglich dann, wenn die Weisung zwar nicht im Konzerninteresse erteilt wird, dies aber dem Vorstand der abhängigen Gesellschaft nach § 308 Abs. 2 S. 2 AktG nicht als offensichtlich auffällt. Um sich nicht schadensersatzpflichtig zu machen, ist die Geschäftsleitung des abhängi-

gen Unternehmens verpflichtet, Weisungen auf ihre Zulässigkeit hin zu überprüfen und ggf. die Umsetzung dieser Weisung zu verweigern. Soweit bestimmte Geschäfte in der abhängigen Gesellschaft an die Zustimmung des Aufsichtsrates der abhängigen Gesellschaft nach § 111 Abs. 4 S. 2 AktG gekoppelt sind und der Aufsichtsrat die Zustimmung verweigert, regelt § 308 Abs. 3 AktG die Möglichkeit zur Überwindung des Zustimmungsvorbehalts durch erneute Weisung des herrschenden Unternehmens. Schließlich bleibt die Ausübung des Weisungsrecht haftungsbewehrt. Handelt der gesetzliche Vertreter des herrschenden Unternehmens sorgfaltswidrig und kommt das abhängige Unternehmen dadurch zu Schaden, so haften er gem. § 309 Abs. 2 und Abs. 1 AktG sowie das herrschende Unternehmen selbst nach § 309 Abs. 2 und Abs. 1 AktG i. V. m. § 31 BGB analog bzw. nach den Grundsätzen einer Pflichtverletzung des Beherrschungsvertrages nach § 280 Abs. 1 BGB iVm. § 278 BGB gegenüber dem abhängigen Unternehmen auf Schadensersatz. Sollten Vorstand und Aufsichtsrat der abhängigen Gesellschaft zum Beispiel ihre Prüfungspflicht verletzt haben, so sind sie ebenfalls zum Schadensersatz verpflichtet nach § 310 Abs. 1 S. 1 AktG. Ferner hat der BGH seine Rechtsprechung bestätigt, wonach die Höhe des vom herrschenden Unternehmen nach § 302 AktG geschuldeten Ausgleichs unabhängig von der Wirksamkeit der Bilanzfeststellung durch den sich bei objektiv ordnungsgemäßer Bilanzierung zum Bilanzstichtag ergebenden (fiktiven) Jahresfehlbetrag bestimmt wird (vgl. BGH NZG 2005, 481).

IV. Weisungsbegriff

Um das abhängige Unternehmen ausreichend zu schützen, hat sich die herrschende Doktrin auf **30** einen **weiten Weisungsbegriff** mit daraus folgendem weiten Haftungsumfang verständigt (*Emmerich/Habersack* KonzernR, § 23 V. S. 344). Als Weisung wird dementsprechend ohne Rücksicht auf ihre äußere Einkleidung in Form einer Direktive, Empfehlung, schriftlichen oder mündlichen Anregung jede Willensäußerung des herrschenden Unternehmens betrachtet, die aus der Perspektive des Vorstands der Untergesellschaft für den Einzelfall oder generell in der Erwartung erfolgt, dass der Vorstand der Untergesellschaft sein Verhalten danach ausrichtet (*Hüffer* AktG, § 308 Rn. 10). Wie die Weisung den Vorstand der abhängigen Gesellschaft erreicht hat, ist gleichgültig. Folglich ist es auch irrelevant, ob die Weisung unmittelbar oder mittelbar den Vorstand der abhängigen Gesellschaft beeinflusst hat. Entscheidend ist, dass er sich entsprechend verhält. Insbesondere sog. Organverflechtungen von Mitgliedern der Vertretungsorgane des herrschenden Unternehmens auf Seiten des abhängigen Unternehmens und umgekehrt verdeutlichen die angesprochene Problematik.

V. Weisungsbefugnis des herrschenden Unternehmens

Häufig sind Vertreter des herrschenden Unternehmens auch in Führungsgremien (Vorstand oder **31** Geschäftsführung) des abhängigen Unternehmens anzutreffen. Hier spricht man von einer Personalunion. Bei diesen Vorstandsdoppelmandaten ist es mangels Ämtertrennung oftmals schwierig, ein Handeln des Vertreters danach einzuordnen, ob er gerade als Anweisender fungiert oder ob er, frei von jeglichen Interessen des herrschenden Unternehmens, gerade seine ihm als Vertreter der abhängigen Gesellschaft obliegende Geschäftsführungskompetenz ausübt. Überwiegend wird in solchen Fällen die Auffassung vertreten, dass in der Tätigkeit eines solchen Doppelvorstandes aus Sicht der abhängigen Gesellschaft eine generelle Weisung – auch als Globalweisung bezeichnet – des herrschenden Unternehmens an das abhängige Unternehmen liegt, die Weisungen des entsandten Geschäftsleiters zu befolgen (KölnKomm AktG/*Koppensteiner* § 308 Rn. 12). Sind die Mitglieder der Geschäftsführung des herrschenden Unternehmens im Aufsichtsrat der abhängigen Gesellschaft tätig, ergibt sich eine andere Konstellation. Als Kontrollorgan der abhängigen Gesellschaft fungieren sie in einer anderen, nicht geschäftsleitenden Funktion. Ihre Kompetenzen leiten sich aus den §§ 95 ff. AktG ab, und diese sind von dem Leitungsbegriff nach § 76 AktG zu unterscheiden. Gleiches gilt für die Stimmrechtsausübung eines Geschäftsleiters des herrschenden Unternehmens auf der Hauptversammlung der abhängigen Gesellschaft. Beide Varianten haben mit dem Weisungsrecht des § 308 Abs. 1 AktG nichts zu tun, so dass die §§ 308, 309 AktG keine Anwendung finden. Da Einflussnahmen trotzdem möglich sind und sich auch in logischer Konsequenz nicht vermeiden lassen, können in solchen Fällen Schadensersatzansprüche gemäß § 117 AktG oder aus der Treuepflicht eine Ausgleichsfunktion übernehmen.

VI. Gewinnabführungsvertrag

32 Durch einen Gewinnabführungsvertrag, der in der Praxis so gut wie immer in Kombination mit einem Beherrschungsvertrag geschlossen wird, erfolgt die Begründung einer steuerrechtlichen Organschaft mit dem Ziel der Verrechnung von Gewinnen und Verlusten im Organkreis. Nach der Neufassung des KStG durch das Unternehmensteuerfortentwicklungsgesetz v. 20. 12. 2001 in Gestalt des § 14 Abs. 1 Nr. 1 KStG ist neben dem Gewinnabführungsvertrag nur noch die **finanzielle Eingliederung** erforderlich. Der Mindestinhalt eines Gewinnabführungsvertrages ergibt sich aus § 291 Abs. 1 S. 1 AktG und § 304 Abs. 3 S. 1 AktG. Mit ihm verpflichtet sich eine inländische AG oder KGaA gegenüber einem in- oder ausländischen Unternehmen beliebiger Rechtsform, ihren ganzen Gewinn an dieses Unternehmen abzuführen (vgl. *Hüffer* AktG, § 291 Rn. 5). Der abzuführende Bilanzgewinn wird in der Bilanz der abhängigen Gesellschaft als Verbindlichkeit gegenüber verbundenen Unternehmen und nicht als Gewinn ausgewiesen. Für die Gewinnermittlung selbst spielt dies aber keine Rolle. Bei der Gewinnermittlung sind die §§ 300 Nr. 1 und 301 AktG zu beachten. Diese Vorschriften richten sich an das abhängige Unternehmen, und zwar zunächst an das gewinnabführende Unternehmen. § 300 AktG regelt drei verschiedene Fallkonstellationen. Im Ergebnis laufen sie darauf hinaus, die gesetzliche Obergrenze von 10 % des Grundkapitals der AG bzw. eine höhere satzungsmäßige Obergrenze in kürzerer Zeit, als dies § 150 Abs. 2 AktG vorschreibt, zu erreichen. Das Mittel dazu ist die Festlegung bestimmter Untergrenzen der in die Rücklage einzustellenden Beträge.

33 Für den Gewinnabführungsvertrag sowie den ihm durch § 291 Abs. 1 S. 2 AktG gleichgestellten Geschäftsführungsvertrag bestimmt § 300 Nr. 1 AktG zwei **Untergrenzen**: Eingestellt werden müssen jährlich 20 % der Differenz zwischen der Rücklage zum Zeitpunkt des Vertragsbeginns und ihrer Sollgröße (10 % des Grundkapitals bzw. höhere satzungsmäßige Rücklage), mindestens jedoch jährlich 5 % des bereinigten Jahresüberschusses, d. h. des in der Vorbilanz ermittelten und um einen Verlustvortrag aus dem Vorjahr geminderten Jahresüberschusses nach §§ 300 Nr. 1 i. V. m. 150 Abs. 2 AktG. Ist ein Teilabführungsvertrag geschlossen worden, gilt die 5 % – Grenze des §§ 150 Abs. 2 i. V. m. 300 Nr. 2 AktG. Bei Vorliegen eines Beherrschungsvertrages gilt nach § 300 Nr. 3 AktG Folgendes: Die Bestimmung des § 300 Nr. 1 AktG gelangt zur Anwendung, wenn ein isolierter oder zusammen mit einem Gewinnabführungsvertrag geschlossener Beherrschungsvertrag existiert. Wegen des Weisungsrechts kann nämlich auch von einem isolierten Beherrschungsvertrag die Gefahr ausgehen, Gewinne zu Lasten der Substanzbildung der Untergesellschaft zu entziehen. Die Regelungen der §§ 300 Nr. 1 oder 300 Nr. 2 AktG greifen je nachdem, welcher Betrag höher ausfällt, wenn ein Beherrschungsvertrag mit Teilgewinnabführung vorliegt (*Hüffer* AktG, § 300 Rn. 15).

VII. Rechtsfolgen im AG-Vertragskonzern

34 Die Rechtsfolgen im AG-Vertragskonzern aufgrund eines Beherrschungs- und/oder Gewinnabführungsvertrages ergeben sich aus den §§ 300–310 AktG. In diesem Kontext lassen sich drei Gruppen unterscheiden: Die §§ 300–303 AktG laufen von ihrer Zielsetzung darauf hinaus, der Gesellschaft bei Abschluss des Beherrschungsvertrages im Interesse der Gläubiger wenigstens ihr bilanzmäßiges Anfangsvermögen zu sichern. Die Vorschriften der §§ 304–307 AktG dienen hingegen dem Schutz der außen stehenden Aktionäre, indem ihnen durch die Statuierung besonderer Ausgleichs- und Abfindungsansprüche eine Entschädigung dafür geboten werden soll, dass ihre Gesellschaft im Vertragskonzern nicht mehr im gemeinsamen Interesse, sondern im Konzerninteresse betrieben wird. Abgerundet werden die Regelungen durch die Bestimmungen der §§ 308–310 AktG. § 308 AktG enthält eine gesetzliche Festlegung des Umfangs des Weisungs-

rechts, die besondere Organhaftung der Vertreter des herrschenden Unternehmens legt § 309 AktG fest, während § 310 AktG dies für die abhängige Gesellschaft bestimmt.

VIII. Haftungskonzept im Vertragskonzern

Bezüglich des Haftungskonzeptes im Vertragskonzern einer AG ergibt sich folgendes Bild: Es geht um die Haftung des herrschenden Unternehmens gegenüber der abhängigen AG, den Aktionären sowie den Gläubigern der abhängigen AG. Darauf aufbauend ergeben sich Haftungsfragen der Geschäftsleitung des herrschenden Unternehmens und des Vorstands der Untergesellschaft. Bündig lässt sich das Haftungskonzept auf die **»Organ-Innenhaftung«**, die **»Organ-Konzern-Innenhaftung«** und die **»Organ-Konzern-Außenhaftung«** zurückführen (*Schneider/Schneider* AG 2005, 58 f.). 35

1. Haftung des herrschenden Unternehmens gegenüber der Untergesellschaft

Als Ausgleich für die im Vertragskonzern zu Lasten der abhängigen Gesellschaft aufgehobene Kapitalerhaltung – mit dem Abschluss des Beherrschungsvertrages tritt eine strukturändernde Wirkung ein mit einer neuen Interessenausrichtung – sieht § 302 Abs. 1 AktG eine **pauschale Verlustübernahmeverpflichtung** durch das herrschende Unternehmen vor. Diese Verpflichtung entspringt einem gesetzlichen Dauerschuldverhältnis (vgl. *K. Schmidt* ZGR 1983, 516) und ist daher auch nicht durch vertragliche Regelungen einschränkbar. Sofern die Tatbestandsmerkmale des § 302 Abs. 1 AktG gegeben sind, wird die Verlustübernahmepflicht ausgelöst. Auf ein Verschulden des herrschenden Unternehmens kommt es angesichts des Charakters einer Strukturhaftung nicht an (*Hüffer* AktG, § 302 Rn. 5). Der Beherrschungsvertrag beginnt mit der Eintragung in das Handelsregister der Untergesellschaft und endet regelmäßig mit Laufzeitende zum Ende des Geschäftsjahres. Aus der Bilanz, bei vorzeitigem Ende aus der Zwischen- oder Stichtagsbilanz, ist der fiktive Jahresfehlbetrag abzulesen. Verluste nach Vertragsende, auch sog. Abwicklungsverluste, werden in keinem Fall ausgeglichen (vgl. KölnKomm AktG/*Koppensteiner* § 302 Rn. 19). Von dem fiktiven Jahresfehlbetrag dürfen während der Vertragslaufzeit gebildete Gewinnvorträge oder in andere Gewinnrücklagen eingestellte Beträge abgezogen werden. Auf die verbleibende Summe hat das abhängige Unternehmen einen Zahlungsanspruch gegen das herrschende Unternehmen, der jeweils zum Bilanzstichtag entsteht und fällig wird (s. *Emmerich/Habersack* KonzernR, § 23 V. S. 344 f.). Hat das abhängige Unternehmen mehrere gleichrangige Schuldner (mehrfacher Vertragskonzern), haften die Schuldner gesamtschuldnerisch. Den Zahlungsanspruch kann das abhängige Unternehmen gegen eine gleichwertige Gegenleistung abtreten oder verpfänden. Es kann unter den Voraussetzungen des § 302 Abs. 3 AktG mit der 3-jährigen Jahresfrist und dem Sonderbeschluss des außenstehenden Aktionärs auf ihn verzichten oder sich über den Zahlungsanspruch vergleichen. Sind im Konzern existenzgefährdende Eingriffe zu Lasten von Tochtergesellschaften erfolgt und war dies den Vorständen der Mutter auch bewusst, liegt aus strafrechtlicher Sicht die Annahme einer mittelbaren Täterschaft kraft Organisationsherrschaft nahe, ohne dass es auf die Kenntnis von einzelnen Kapitaltransfers ankommt (vgl. BGH NZG 2004, 717, 722 f.). 36

Für die sorgfaltswidrige Erteilung von Weisungen haftet neben den gesetzlichen Vertretern nach § 309 AktG auch das herrschende Unternehmen. Allerdings ist die **Anspruchsgrundlage** umstritten. Befürwortet wird eine Haftung wegen Pflichtverletzung des Beherrschungsvertrages nach §§ 280 Abs. 1 i. V. m. 278 BGB oder eine Haftungskonstruktion über § 309 Abs. 2, Abs. 1 AktG i. V. m. § 31 BGB analog. Letztere verdient insofern den Vorzug, als der Gesetzgeber mit § 309 AktG ausdrücklich eine **Organhaftung** geregelt hat, die nach der allgemeinen bürgerlichrechtlichen Zurechnungsnorm des § 31 BGB für schadensersatzpflichtiges Handeln der Organe dem herrschende Unternehmen zugerechnet werden kann (vgl. *Mertens* AcP 168 (1968), 229; *Hüffer* AktG, § 309 Rn. 27). § 309 AktG stellt eine Pflicht zur ordnungsgemäßen Konzerngeschäftsführung auf. Diese wird vom herrschenden Unternehmen verletzt, wenn rechtswidrige Weisungen erteilt werden oder zwar an sich rechtmäßige Weisungen erfolgen, ein sorgfältiger oder gewissenhafter Geschäftsleiter diese Weisungen aber unter allen Umständen vermieden hätte. 37

Maßnahmen in der abhängigen Gesellschaft aus der Organverflechtung heraus können dem herrschenden Unternehmen nur bei Vorstandsdoppelmandaten angelastet werden (eingehend: *Eschenbruch* Rn. 3034). Schließlich kann das abhängige Unternehmen nach Maßgabe des § 309 Abs. 3 AktG auf den Schadensersatzanspruch verzichten oder sich hierüber vergleichen. Zudem gelangen § 309 Abs. 4, Abs. 5 AktG zur entsprechenden Anwendung.

38 Nur in einem begrenzten Rahmen – nämlich bei rechtswidrigen Weisungen sowie bei sonstigen Beherrschungsmitteln, die nicht vom Weisungsbegriff erfasst werden – **ist § 117 Abs. 1 S. 1 AktG** als Anspruchsgrundlage für Schadensersatzansprüche der abhängigen Gesellschaft gegen das herrschende Unternehmen wegen missbräuchlicher Einflussnahme auf bestimmte Personen des abhängigen Unternehmens (z. B. Mitglieder des Vorstands, des Aufsichtsrats, Prokuristen oder Handlungsbevollmächtigte) im Vertragskonzern einschlägig. Ist das herrschende Unternehmen keine natürliche Person, wird dem herrschenden Unternehmen die Haftung auf Schadensersatz in der Person seiner gesetzlichen Vertreter und seiner Angestellten, wenn diese eine entsprechende Funktion im Unternehmen ausüben, über § 31 BGB analog zugerechnet. Ein Schadensersatzanspruch des abhängigen Unternehmens gegen das herrschende Unternehmen aus § 117 Abs. 1 S. 1 AktG ist dann gegeben, wenn das herrschende Unternehmen durch seine Organe bewusst einen Einfluss auf bestimmte Personen im abhängigen Unternehmen ausgeübt hat und jene kausal zum Schaden der Gesellschaft gehandelt haben (vgl. *Eschenbruch* Rn. 3074 ff.). Die Rechtswidrigkeit ist indiziert, wenn die Einflussnahme außerhalb des Weisungsbegriffs liegt (*Eschenbruch* Rn. 3082). Schließlich kann die abhängige Gesellschaft auf ihren Schadensersatzanspruch verzichten oder sich darüber vergleichen, sofern die Voraussetzungen des § 93 Abs. 3 S. 3 und S. 4 AktG über die Verweisungsnorm des § 117 Abs. 4 AktG vorliegen.

39 Für den **Schadensersatzanspruch aus Treuepflichtverletzung** – Ausfluss der gesellschaftsrechtlichen Treuepflicht ist ein umfassendes Schädigungsverbot aller Aktionäre untereinander in Bezug auf die Gesellschaft – im Vertragskonzern der AG ist dort kein Raum, wo der streitige Sachverhalt einer speziellen Regelung zugänglich ist. Wegen der Haftung des herrschenden Unternehmens aus § 309 Abs. 2, Abs. 1 AktG i. V. m. § 31 BGB analog kommt der Schadensersatzanspruch aus Treuepflichtverletzung nur außerhalb von Weisungen in Frage. Als vertraglicher Schadensersatzanspruch besteht er auf der Basis einer Anspruchs(grundlagen-)konkurrenz neben einem deliktischen Schadensersatzanspruch aus § 117 Abs. 1 Satz 1 AktG i. V. m. § 31 BGB analog gegen das herrschende Unternehmen. Im Übrigen muss diese sonstige Einflussnahme einen Treuepflichtverstoß darstellen, der schuldhaft verursacht wurde und in der abhängigen Gesellschaft zu einem Schaden geführt hat. Als Rechtsfolge steht der abhängigen Gesellschaft ein Schadensersatzanspruch gemäß §§ 249 ff. BGB gegen das herrschende Unternehmen zu.

2. Haftung des herrschenden Unternehmens gegenüber den Aktionären der Untergesellschaft

40 Mit der Bestimmung des § 304 AktG hat der Gesetzgeber eine **Ausgleichsregelung** zugunsten der außenstehenden Aktionäre für die Konstellation vorgesehen, dass sie trotz eines Beherrschungs- und/oder Gewinnabführungsvertrages in der abhängigen Gesellschaft verbleiben und den Interessen des herrschenden Unternehmens ausgeliefert sind (vgl. *Hüffer* AktG, § 304 Rn. 1). Mit Rücksicht auf Art. 14 Abs. 1 GG muss daher die Rechtsordnung, wenn sie solche Verträge zulässt, zugleich für eine volle Entschädigung der außenstehenden Aktionäre sorgen (vgl. BVerfGE 14, 276). Der Ausgleichsanspruch ist ein vertraglicher Anspruch, dessen Fehlen den gesamten Beherrschungs- und/oder Gewinnabführungsvertrag nach § 304 Abs. 3 S. 1 AktG nichtig werden lässt. Seine unangemessene Festlegung ist dagegen kein Nichtigkeits- oder Anfechtungsgrund und eröffnet lediglich die Möglichkeit zur gerichtlichen Nachbesserung in einem sog. Spruchstellenverfahren nach §§ 304 Abs. 3 S. 3, 306 AktG. Eines Ausgleichsanspruchs bedarf es nur dann nicht, wenn in der Untergesellschaft keine außenstehenden Aktionäre vorhanden sind (vgl. KölnKomm AktG/*Koppensteiner* § 304 Rn. 4). Keine außenstehenden Aktionäre sind der andere Vertragsteil und diesem gleichgestellte Aktionäre. Als Entschädigungsarten für den

Verbleib in der Gesellschaft stehen der feste und der variable Ausgleich zur Verfügung. Während beim festen Ausgleich eine bestimmte Mindestdividende garantiert wird, hängt der variable von der jährlich in der herrschenden Obergesellschaft gezahlten Dividende ab. Dortige Gewinnausschüttungen werden dann in einem bestimmten Verhältnis auch an die außenstehenden Aktionäre der abhängigen Gesellschaft gezahlt. Ein variabler Ausgleich ist dort nicht möglich, wo die Dividende der Obergesellschaft als Maßstab ausscheidet.

Anstelle des wiederkehrenden Ausgleichs können die außenstehenden Aktionäre eines zwischen den beteiligten Unternehmen geschlossenen Beherrschungs- und/oder Gewinnabführungsvertrages ihr vertraglich vereinbartes **Optionsrecht auf Austritt aus der Gesellschaft gegen Abfindung** durch das herrschende Unternehmen nach § 305 Abs. 1 AktG geltend machen. Sieht der Vertrag keine Abfindungsoption vor, ist er jedoch nicht nichtig und kann auch nicht nach § 305 Abs. 5 S. 1 AktG angefochten werden. Gleiches gilt für eine Abfindungsregelung, die gegen die Vorschriften des § 305 Abs. 1 bis Abs. 3 AktG verstößt, insbesondere unangemessen ist. Wird das Optionsrecht innerhalb einer im Vertrag bestimmten Ausübungsfrist von mindestens zwei Monaten ab Bekanntmachung der Vertragseintragung ausgeübt, entsteht eine Abfindungsverpflichtung des herrschenden Unternehmens gegenüber den außenstehenden Aktionären, die ihr Optionsrecht geltend gemacht haben (vgl. *Hüffer* AktG, § 305 Rn. 3). Schuldner ist immer der andere Vertragsteil. Fällig wird der Abfindungsanspruch mit Einreichung der Aktien des außenstehenden Aktionärs. Bis zur Fälligkeit bleibt das Recht auf Ausgleich nach § 304 AktG bestehen. Als Abfindung durch das herrschende Unternehmen kommen ein Barausgleich sowie eine Abfindung in Aktien des anderen Vertragsteils bzw. der diesen beherrschenden Obergesellschaft in Betracht, wobei eine Abfindung in Aktien nach § 305 Abs. 2 AktG an bestimmte Modalitäten geknüpft ist. In diesem Fall hat sich die Höhe der Abfindung an dem vollständigen Wert der Anteile nach § 305 Abs. 3 AktG des austretenden Aktionärs zu orientieren. **41**

In der AG und somit in logischer Konsequenz auch im Vertragskonzern der AG wird allgemein eine actio pro socio der Aktionäre verneint (*Hüffer* AktG, § 147 Rn. 5). Folglich können Ansprüche der abhängigen Gesellschaft von den Aktionären nur dann durchgesetzt werden, wenn es eine besondere Klagebefugnis – wie in § 309 Abs. 4 AktG enthalten – gibt. Teilweise werden solche speziellen gesetzlichen Regelungen im Sinne eines umfassenden Aktionärsschutzes auch analog angewandt. Es gilt jedoch der Grundsatz, dass die Geltendmachung von Ersatzansprüchen der Gesellschaft von den Aktionären nur nach Maßgabe des § 147 AktG möglich ist. **42**

3. Haftung des herrschenden Unternehmens gegenüber den Gläubigern der Untergesellschaft

Der Gläubigerschutz wird im Vertragskonzern der AG mit dem **Anspruch auf Sicherheitsleistung** nach § 303 Abs. 1 AktG gewährleistet. Er greift allerdings erst mit der Beendigung des Beherrschungs- und/oder Gewinnabführungsvertrages ein, da vorher mit § 302 AktG das Gesellschaftsvermögen und somit mittelbar die Gläubiger der Gesellschaft ausreichend und effektiv geschützt sind. Voraussetzung ist jedoch, dass die Gläubiger Forderungsinhaber gegenüber der abhängigen Gesellschaft geworden sind, bevor die Eintragung der Vertragsbeendigung als bekannt gemacht gilt. Nach Sinn und Zweck dieser sich aus § 303 Abs. 1 AktG i. V. m. §§ 10 Abs. 2, 15 HGB ergebenden Regelung genügt es, dass der Entstehungsgrund vor diesem Termin liegt, während es auf den Zeitpunkt der Fälligkeit nicht ankommt (vgl. *Hüffer* AktG, § 303 Rn. 3). Wollen die Gläubiger den Schutz nach § 303 Abs. 1 AktG einfordern, müssen sie sich innerhalb von sechs Monaten nach dem Stichtag bei dem herrschenden Unternehmen melden (*Hüffer* AktG, § 303 Rn. 5). § 303 AktG berechtigt die Gläubiger der abhängigen Gesellschaft, unmittelbar vom anderen Vertragsteil eine Besicherung in Höhe ihrer Forderung zu verlangen. Bei Vermögenslosigkeit der Untergesellschaft wandelt sich der Anspruch auf Sicherheitsleistung gegen das herrschende Unternehmen in einen unmittelbaren Zahlungsanspruch in Form der sog. Ausfallhaftung um (vgl. *Eschenbruch* Rn. 3143). Bereits ausreichend gesicherte Gläubiger sind vom Anwendungsbereich des § 303 AktG nach § 303 Abs. 2 AktG ausgenommen. **43**

44 Ansprüche der abhängigen Gesellschaft können ihre Gläubiger nur dann selbst durchsetzen, wenn den Gläubigern hierzu eine gesetzliche Befugnis eingeräumt wurde. Hierzu zählen im Vertragskonzern die Regelungen der §§ 309 Abs. 4 S. 3, 117 Abs. 5 S. 1 AktG. Beide Normen sind aber weitergehend als eine bloße Klagebefugnis, da der Gläubiger sich aus diesen Ansprüchen selbst befriedigen kann (*Emmerich/Habersack* KonzernR, § 23 VI. S. 359). In allen anderen Konstellationen bleibt es bei der Grundregel, Ansprüche der abhängigen Gesellschaft zu pfänden und sich überweisen zu lassen. Neben den im Vertragskonzern der AG einschlägigen Ansprüchen und Durchsetzungsbefugnissen der Gläubiger gegen das herrschende Unternehmen bleibt nach wie vor die Haftung des herrschenden Unternehmens nach allgemeinen Grundsätzen bestehen. Deswegen gelten nach wie vor z. B. die Regeln zur Haftung wegen eines existenzvernichtenden Eingriffs und die Grundsätze der Insolvenzverschleppung.

4. Haftung der Geschäftsleitung des herrschenden Unternehmens gegenüber dem herrschenden Unternehmen selbst

45 Neben dem herrschenden Unternehmen haften auch dessen Organmitglieder über die konzernrechtliche Regelung des § 309 Abs. 2, Abs. 1 AktG wegen schädigender Ausübung der Leitungsmacht sowie über Deliktsrecht nach § 117 Abs. 1 S. 1 AktG wegen missbräuchlicher Einflussnahme gegenüber der abhängigen AG. Mit den sog. organschaftlichen Kompetenzen korrespondieren organschaftliche Rechts- und Haftungspflichten. Soweit die außenstehenden Aktionäre einen unmittelbaren Schaden erleiden, sind sie selbst nach § 117 Abs. 1 S. 2 AktG anspruchsberechtigt. Die Vorschriften der §§ 309 Abs. 4 S. 3, 117 Abs. 5 und 93 Abs. 5 AktG regeln ein **gesetzliches Einziehungsrecht** mit Befriedigungsrecht zugunsten der Gläubiger der Gesellschaft, welche einen Schadensersatzanspruch geltend machen. Diese Klagebefugnis ist viel weitergehend als eine Aktionärsklage, da die Gläubiger Zahlung an sich fordern können, während die Aktionäre vom Schädiger nur Befriedigung der Gesellschaft beanspruchen können. Deswegen spricht man auch von einer gesetzlichen Einziehungsermächtigung mit Befriedigungsrecht (KölnKomm AktG/*Koppensteiner* § 309 Rn. 25). Auch gilt ein Verzicht oder Vergleich der Gesellschaft auf den Schadensersatz nicht gegenüber dem Durchsetzungsrecht der Gläubiger. Wird das herrschende Unternehmen wegen einer nicht ordnungsgemäßen Konzerngeschäftsführung oder wegen einer sonstigen Pflichtverletzung, die die Geschäftsleitung gegenüber dem abhängigen Unternehmen begangen hat, zum Schadensersatz herangezogen, kann es von seinem Vorstand über § 93 Abs. 2, Abs. 1 AktG bzw. von seinem Geschäftsführer über § 43 Abs. 2, Abs. 1 GmbHG Regress für den ihm entstandenen Schaden verlangen. Die Anforderungen an die Geschäftsleitung hinsichtlich der Sorgfaltsstandards sind in beiden Rechtsformen gleich (vgl. *Eschenbruch* Rn. 4014).

5. Haftung des Vorstands der Untergesellschaft gegenüber dem herrschenden Unternehmen

46 Die Mitglieder des Vorstands und des Aufsichtsrates der abhängigen Gesellschaft, die pflichtwidrig und schuldhaft ihre Sorgfaltspflicht bei der Entgegennahme rechtswidriger Weisungen im Rahmen des § 308 Abs. 2 AktG bzw. ihre Überwachungspflicht verletzt haben, sind ihrer Gesellschaft gem. § 310 Abs. 1 AktG **gesamtschuldnerisch** zum Schadensersatz verpflichtet. Der Pflichtenmaßstab des Vorstands bestimmt sich dabei nach §§ 308 Abs. 2 i. V. m. 310 Abs. 3 AktG. Außerhalb von Weisungen kann zudem noch eine Ersatzpflicht der Organmitglieder gegenüber der Untergesellschaft gem. § 117 Abs. 2, Abs. 1 S. 1 AktG entstehen. Gleiches gilt für §§ 93, 116 AktG. Innerhalb des Vertragskonzerns der AG haben diese Haftungsnormen bezüglich der Geschäftsleiter der abhängigen AG wegen § 310 Abs. 1 AktG aber keine eigenständige Bedeutung, da man bereits auf der Pflichtwidrigkeitsebene unter Einbeziehung der Wertung des § 308 Abs. 2 S. 1 AktG und § 308 Abs. 2 S. 2 AktG bestimmt, ob eine Pflichtverletzung vorliegt oder nicht.

In logischer Konsequenz zu diesen Überlegungen haben neben dem abhängigen Unternehmen auch die **Aktionäre** einen **eigenständigen Schadensersatzanspruch** gem. § 117 Abs. 1 S. 2, Abs. 2 AktG, sofern die schädigende Handlung der Organmitglieder der Untergesellschaft nicht im Zusammenhang mit einer Weisung des herrschenden Unternehmens nach § 310 Abs. 1 AktG steht. Im Übrigen haben die Aktionäre gem. §§ 310 Abs. 4 i. V. m. 309 Abs. 4 S. 1 AktG sowie die Gläubiger gem. §§ 310 Abs. 4 AktG i. V. m. 309 Abs. 4 S. 3, 117 AktG gegen die Organmitglieder der Untergesellschaft das Recht zur Durchsetzung von Ersatzansprüchen der Gesellschaft aus § 310 Abs. 1 AktG und § 117 Abs. 2 AktG. In der Regel wird § 117 Abs. 2 AktG wegen § 117 Abs. 7 Nr. 2 AktG jedoch verdrängt. Gegenüber dem herrschenden Unternehmen haften die Geschäftsleiter der Untergesellschaft auf Schadensersatz wegen Pflichtverletzung des Beherrschungsvertrages nach §§ 280 Abs. 1, 241 BGB i. V. m. § 308 Abs. 2 AktG, wenn sie einer rechtmäßigen Weisung nicht Folge geleistet haben (vgl. KölnKomm AktG/*Koppensteiner* § 308 Rn. 43).

6. Bedeutung des UMAG und der business judgment rule-Doktrin

Besondere Beachtung im Rahmen der Innenhaftung der Organe auch im Unternehmensverbund **47**
verdient das seit dem 1. 11. 2005 geltende **UMAG** (Gesetz zur Unternehmensintegrität und Modernisierung des Anfechtungsrechts), das die Haftung der Vorstände und Aufsichtsräte wegen Sorgfaltspflichtverletzung gegenüber der Gesellschaft regelt. Der Haftungstatbestand ist nach der Konzeption des deutschen AktG per se weit gefasst – berechtigte Ansprüche werden aber nur selten geltend gemacht. Es geht auch nicht um eine Haftungsverschärfung, sondern um eine Erleichterung der Klagedurchsetzung durch eine Aktionärsminorität. Mit der nach Art. 1 UMAG erfolgten Ergänzung des § 93 Abs. 1 S. 2 AktG durch die Wendung »Eine Pflichtverletzung liegt nicht vor, wenn das Vorstandsmitglied bei einer unternehmerischen Entscheidung vernünftigerweise annehmen durfte, auf der Grundlage angemessener Information zum Wohle der Gesellschaft zu handeln« erhält der Haftungsfreiraum für qualifizierte unternehmerische Entscheidungen in Gestalt der sog. **»business judgment rule«** Einzug in das deutsche Haftungssystem (vgl. auch: *Fleischer* ZIP 2004, 685, 689 f.). Diese aus dem angelsächsischen Rechtskreis stammende Rechtsfigur findet Parallelen in der neueren höchstrichterlichen Rspr. (vgl. BGHZ 135, 244). In dieser sog. »ARAG / Garmenbeck-Entscheidung« wurde festgelegt, dass eine Pflichtverletzung nicht gegeben sei, solange die Grenzen, in denen sich ein vom Verantwortungsbewusstsein getragenes, ausschließlich dem Unternehmenswohl orientiertes, auf sorgfältiger Ermittlung der Entscheidungsgrundlagen beruhendes unternehmerisches Handeln bewegen müsse, nicht überschritten seien (vgl. BGHZ 135, 244, 253 f.). Ein Handeln zum Wohle der Gesellschaft liegt jedenfalls dann vor, wenn es der langfristigen Ertragsstärkung und Wettbewerbsfähigkeit des Unternehmens und seiner Produkte oder Dienstleistungen dient. Dies bezieht ausweislich der Regierungsbegründung zum UMAG auch das Wohl von Tochtergesellschaften und des Gesamtkonzerns mit ein (vgl. RegE UMAG S. 22 f.). Das Handeln muss dabei ferner unbeeinflusst von Interessenkonflikten, Fremdeinflüssen und ohne unmittelbaren Eigennutz sein. Sondereinflüsse außerhalb des Unternehmensinteresses dürfen die Entscheidung nicht beeinflusst haben. Da der Haftungsfreiraum des neu gefassten § 93 AktG als Ausnahme und Einschränkung gegenüber der Sorgfalt eines gewissenhaften und ordentlichen Geschäftsleiters dient, liegt die Darlegungs- und Beweislast insoweit beim betroffenen Organ. Es bleibt aber zu beachten, dass die Neuregelung gegenüber der bisherigen Rechtsprechung eine subjektive Einfärbung erhalten hat: Die Pflichtverletzung entfällt bereits, wenn das Vorstandsmitglied **vernünftigerweise annehmen durfte,** auf der Grundlage angemessener Information zum Wohle der Gesellschaft zu handeln (vgl. die klare Aussage von *Fleischer* Der Betrieb 2006, 542, 543).

E. Vertragskonzern im GmbH-Recht

I. Einleitender Überblick

Ist mit einer GmbH als Untergesellschaft ein Beherrschungsvertrag geschlossen worden, so **48**
spricht man von einem **GmbH-Vertragskonzern**. Weisungserteilung an die Geschäftsführung ist in der GmbH aber auch ohne Abschluss eines Beherrschungsvertrages möglich, da die Gesellschafter gegenüber der Geschäftsleitung weisungsbefugt sind. Sie bestimmen das Geschehen in der GmbH, wohingegen der Vorstand einer AG weisungsunabhängig ist. Die Hauptursache für den Abschluss eines Beherrschungsvertrages trotz vorhandener Konzernoffenheit der GmbH ist die Herstellung einer körperschaftsteuerlichen Organschaft. Ein kodifiziertes GmbH-Konzern-

recht existiert nicht. Die §§ 291 ff. AktG können nicht insgesamt und pauschal auf die GmbH angewendet werden. Vielmehr ist im Einzelfall zu prüfen, welche aktienrechtlichen Wertungen im GmbH-Vertragskonzernrecht im Wege der Analogie anwendbar sein können. Unanwendbar sind die §§ 293 a bis 293 g AktG. Im GmbH-Konzernrecht kommt dem Richterrecht eine herausragende Bedeutung zu. In den beiden Grundsatzentscheidungen »Supermarkt« und »Siemens/NRG« stellte der BGH durch eine Analogie zu §§ 53, 54 GmbHG fest, dass die für den Vertragskonzern der AG geltenden Anforderungen wie Zustimmung der Gesellschafter zum Vertragsabschluss sowie Eintragung in das Handelsregister auch bei einer GmbH als Untergesellschaft zu gelten haben (vgl. BGHZ 105, 342; BGH NJW 1992, 1452). Hintergrund für eine solche rechtliche Bewertung war die Erkenntnis, dass mit dem Abschluss eines Beherrschungs- und/oder Gewinnabführungsvertrages so grundlegend in die abhängige GmbH eingegriffen werde, dass dies faktisch einer Satzungsänderung gleich komme. In zwei weiteren Leitentscheidungen »Familienheim« und »Stromlieferung« sind der fehlerhafte Beherrschungsvertrag und seine Rechtsfolgen für die abhängige GmbH behandelt worden (vgl. BGHZ 103, 1; 116, 37).

II. Vertragsabschluss

49 Sowohl beim Beherrschungs- als auch Gewinnabführungsvertrag handelt es sich um einen Organisationsvertrag, weshalb die Vertretungsmacht der Geschäftsführer der abhängigen GmbH beim Vertragsschluss beschränkt ist (*Emmerich/Habersack* KonzernR, § 32 II. S. 438 f.). Erforderlich ist die **Zustimmung der Gesellschafterversammlung** der GmbH als Untergesellschaft, die nach überwiegender Auffassung **einstimmig** zu erfolgen hat (vgl. *Eschenbruch* Rn. 3182). Es handelt sich um gravierende Eingriffe in die Mitverwaltungs- und Gewinnbezugsrechte der Gesellschafter. Gem. § 53 Abs. 2 S. 1 GmbHG bedarf der Zustimmungsbeschluss der notariellen Beurkundung. Der Unternehmensvertrag ist nach § 293 Abs. 3 AktG analog schriftlich abzufassen. Der Eintragung des Beherrschungs- und Gewinnabführungsvertrages in das Handelsregister der abhängigen GmbH kommt eine konstitutive Wirkung zu (vgl. insgesamt BGHZ 105, 342). Analog § 293 Abs. 3 AktG ist auch die Zustimmung der GmbH als Obergesellschaft notwendig. Sie ist erfolgt, wenn eine $^3/_4$-Mehrheit der abgegebenen Stimmen für den Vertragsschluss gestimmt hat. Eine Eintragung in das Handelsregister der Obergesellschaft ist in diesem Fall nicht notwendig.

50 Wie auch im Vertragskonzern der AG richten sich der Umfang des Weisungsrechts und dessen Grenzen gegenüber der abhängigen GmbH nach Vertrag, Satzung und Gesetz. Insofern gibt es keine GmbH-spezifischen Besonderheiten. In Kollisionslagen geht das Weisungsrecht des herrschenden Unternehmens dem der Gesellschafterversammlung oder des fakultativen Aufsichtsrates der abhängigen GmbH vor (vgl. *Zeidler* NZG 1999, 696). Im Falle eines obligatorischen Aufsichtsrates kann eine mögliche Kollision nur über § 308 Abs. 2 AktG analog aufgelöst werden (str.; *Hachenburg/Ulmer* GmbHG, Anh § 77 Rn. 221). Liegt ein fehlerhafter Beherrschungs- und/oder Gewinnabführungsvertrag vor, so wird er ebenfalls nach den bereits skizzierten Grundsätzen der fehlerhaften Gesellschaft wie ein wirksamer Vertrag für die Vergangenheit behandelt (vgl. auch *Schürnbrand* ZHR 169 (2005), 48 f.). Für die Zukunft können sich beide Vertragsparteien – bei der GmbH durch ihren Geschäftsführer – von der faktischen Fortgeltung des Vertrages durch Kündigung aus wichtigem Grund lösen (vgl. Scholz/*Emmerich* GmbHG, Anh. Konzernrecht Rn. 174).

III. Vertragsbeendigung

51 Um die strengen Schutzmechanismen der §§ 53, 54 GmbHG analog nicht durch eine nachträgliche Vertragsänderung ins Leere laufen zu lassen, sind für eine Änderung die Zustimmung aller stimmberechtigten Gesellschafter der abhängigen GmbH samt notarieller Beurkundung des Beschlusses und der Eintragung in das Handelsregister der GmbH sowie die Zustimmung der Gesellschafter der Obergesellschaft mit qualifizierter Mehrheit nach § 293 Abs. 3 AktG analog zu fordern (vgl. Scholz/*Emmerich* GmbHG, Anh. Konzernrecht Rn. 193). Der GmbH-Vertragskonzern endet wegen Beendigung des Beherrschungs- und Gewinnabführungsvertrages durch Zeit-

ablauf, Eingliederung und Verschmelzung der einen in die andere Vertragspartei sowie Auflösung einer Vertragspartei, wobei im Falle der Auflösung kraft Insolvenz gemäß § 60 Abs. 1 Nr. 4 GmbHG nach im Vordringen befindlicher Ansicht ein außerordentliches Kündigungsrecht vorzuziehen ist (vgl. R/S-L/*Koppensteiner* Anh. § 52 Rn. 87).

IV. Haftung des herrschenden Unternehmens

Der abhängigen GmbH steht während der Dauer eines Vertragskonzerns gegen das herrschende Unternehmen ein **Verlustausgleichsanspruch gem. § 302 Abs. 1 AktG analog** zu. Die Höhe des Anspruchs in der Einmann-GmbH wird auf den Ausgleich des Stammkapitals sowie einer etwaigen Überschuldung beschränkt (*Eschenbruch* Rn. 3191). In einer Einmann-GmbH bedarf es nur noch des Gläubigerschutzes und diesem ist Genüge getan, wenn das Stammkapital bilanziell gedeckt ist. Verstößt das herrschende Unternehmen gegen seine Pflicht zur ordnungsgemäßen Konzerngeschäftsführung z. B. in Gestalt einer unzulässigen oder unsorgfältigen Weisungserteilung, so haftet es gegenüber der abhängigen GmbH auf Schadensersatz wegen Pflichtverletzung des Beherrschungsvertrages gem. §§ 280 Abs. 1, 278 BGB oder nach § 309 Abs. 2, Abs. 1 AktG analog i. V. m. § 31 BGB analog. Für den Schadensersatzanspruch aus Treuepflichtverletzung im Vertragskonzern der GmbH ist dort kein Raum, wo der Sachverhalt von speziellen gesetzlichen Regeln erfasst wird (vgl. *Eschenbruch* Rn. 3194). Wegen der Haftung des herrschenden Unternehmens nach o. g. Grundsätzen kommt der vertragliche Schadensersatzanspruch aus Treuepflichtverletzung nur außerhalb von Weisungen in Betracht (*Roth/Altmeppen* Anh. § 13 Rn. 137). 52

Verlangt man für die Bildung eines GmbH-Vertragskonzerns Einstimmigkeit der Gesellschafter der abhängigen GmbH, bedarf es keiner analogen Anwendung der §§ 304, 305 AktG (anders dagegen, wer eine 3/4-Mehrheit ausreichen lässt). Nichtsdestotrotz können Ausgleichs- und Abfindungsansprüche auf freiwilliger Basis von den Vertragsparteien vereinbart werden (*Emmerich/Habersack* KonzernR, § 32 III. S. 446 f.). Als den eigentlich schützenswerten Subjekten wird nach überzeugender Ansicht den außenstehenden Gesellschaftern der abhängigen GmbH ein eigenes **Klagerecht** gem. §§ 317 Abs. 4, 309 Abs. 4 S. 1 AktG analog zur Durchsetzung des Verlustausgleichsanspruchs der Gesellschaft aus § 302 Abs. 1 AktG analog zuerkannt, mit dem sie ohne vorherigen Gesellschafterbeschluss gegen das herrschende Unternehmen auf Zahlung an die Gesellschaft klagen können (vgl. *Roth/Altmeppen* Anh. § 13 Rn. 72 ff.). Der Ersatzanspruch der abhängigen GmbH gegen das herrschende Unternehmen wegen sorgaltswidriger Konzerngeschäftsführung aus § 309 Abs. 2, Abs. 1 AktG analog i. V. m. § 31 BGB analog bzw. Pflichtverletzung des Beherrschungsvertrages nach §§ 280 Abs. 1, 278 BGB kann auch von den Minderheitsgesellschaftern mit der actio pro socio – anders als im Vertragskonzern der AG ist sie in der GmbH als subsidiäre Klagebefugnis der Gesellschafter anerkannt – oder über § 309 Abs. 4 S. 1, S. 2 AktG analog verfolgt werden. Den Schadensersatzanspruch wegen Treuepflichtverletzung können die Minderheitsgesellschafter für ihre GmbH über die actio pro socio einklagen (vgl. *Eschenbruch* Rn. 3204). Nur soweit die Minderheitsgesellschafter einen eigenen, über den der Gesellschaft hinausgehenden Schaden erlitten haben, können sie einen eigenen Schadensersatzanspruch gegen das herrschende Unternehmen geltend machen. 53

Den **Gläubigern** der abhängigen GmbH steht nach Beendigung eines Beherrschungs- und/oder Gewinnabführungsvertrages ein **Anspruch auf Sicherheitsleitung** gegen das herrschende Unternehmen gem. § 303 Abs. 1 AktG analog zu, der sich in der Krise der Untergesellschaft in einen unmittelbaren Zahlungsanspruch umwandelt (BGHZ 116, 42). Darüber hinaus haben die Gläubiger ein Verfolgungsrecht entsprechend §§ 309 Abs. 4 S. 3 i. V. m. 309 Abs. 2, Abs. 1 AktG analog i. V. m. § 31 BGB analog oder nach den Grundsätzen der Pflichtverletzung des Beherrschungsvertrages nach §§ 280 Abs. 1, 278 BGB, mit dessen Hilfe sie sich selbst befriedigen können. Im Übrigen bleibt nach wie vor die Haftung des herrschenden Unternehmens gegenüber den Gläubigern der Untergesellschaft nach allgemeinen Instituten und Vorschriften wie z. B. der außervertraglichen **Durchgriffshaftung** und der **Insolvenzverschleppung** bestehen. Neben dem herrschenden Unternehmen haften dessen Organmitglieder für sorgfaltswidrige Konzerngeschäftsfüh- 54 rung gegenüber der abhängigen GmbH gem. § 309 Abs. 2, Abs. 1 AktG analog. Den Gesellschaftern und Gläubigern der Untergesellschaft stehen eigene Durchsetzungsbefugnisse nach § 309 Abs. 4 AktG analog oder die actio pro socio zur Verfügung. Wird das herrschende Unternehmen wegen einer nicht ordnungsgemäßen Konzerngeschäftsführung oder wegen einer sonstigen Pflichtverletzung, welche die Geschäftsleitung gegenüber dem abhängigen Unternehmen begangen hat, zum Schadensersatz herangezogen, kann es von seinem Vorstand über § 93 Abs. 2, Abs. 1 AktG bzw. seinem Geschäftsführer über § 43 Abs. 2, Abs. 1 GmbHG Regress für den ihm entstandenen Schaden verlangen.

V. Haftung der Geschäftsführer der abhängigen GmbH

55 Die Haftung der Geschäftsführer gegenüber ihrer abhängigen Gesellschaft für Pflichtverletzungen nach § 43 Abs. 2, Abs. 1 GmbHG wird im GmbH-Vertragskonzern durch § 310 AktG analog insoweit modifiziert, als die Geschäftsführer für die Befolgung von rechtswidrigen (vgl. § 308 Abs. 2 S. 1 AktG analog) oder für die GmbH offensichtlich nicht bindenden nachteiligen Weisungen (vgl. §§ 308 Abs. 2 S. 2, 310 Abs. 3 AktG analog) über § 310 Abs. 1, Abs. 3 AktG analog auf Schadensersatz haften (vgl. *Roth/Altmeppen* Anh. § 13 Rn. 68). Demzufolge steht den Gesellschaftern über § 310 Abs. 1, Abs. 4 i. V. m. § 309 Abs. 4 S. 1 AktG analog oder über die Grundsätze der actio pro socio, den Gläubigern in jedem Fall nach § 310 Abs. 1, Abs. 4 i. V. m. § 309 Abs. 4 S. 3 AktG analog, ein Verfolgungsrecht zu (*Eschenbruch* Rn. 4130 f.). Kommen die Geschäftsführer der Untergesellschaft ihrer Pflicht zur Ausführung ordnungsgemäßer Weisungen nicht nach, haften sie dem herrschenden Unternehmen persönlich wegen Pflichtverletzung des Beherrschungsvertrages nach §§ 280 Abs. 1, 278 BGB i. V. m. § 308 AktG analog. Der Beherrschungsvertrag begründet ein gesetzliches Schuldverhältnis zwischen dem herrschenden Unternehmen und den gesetzlichen Vertretern der abhängigen GmbH.

F. Faktische Konzerbildung

I. Grenzüberschreitende faktische Konzernbildung

56 Wird die deutsche Gesellschaft von einer ausländischen Gesellschaft beherrscht, so ist sie maßgeblich betroffen, bei ihr liegt der »Gefahrenschwerpunkt«. Deswegen gilt nach überzeugender Auffassung deutsches Gesellschaftsrecht (*Kegel/Schurig* § 17 II 3 a). Die konzernrechtliche Haftung richtet sich folglich nach deutschem Recht. Soweit ungeachtet der Beteiligung einer deutschen Gesellschaft an dem grenzüberschreitenden Konzern kein deutsches Recht anwendbar ist, gelten die Regeln des nach der Sitztheorie maßgeblichen Personalstatuts der jeweiligen ausländischen Konzerngesellschaft. Die Urteile des EuGH in Sachen »Centros« und »Inspire Art« dürften sich hier nicht auswirken (in diesem Sinne auch Lutter/*Huber* Europäische Auslandsgesellschaften in Deutschland 2005, S. 307, 337).

II. Faktische AG-Konzerne

57 Besteht zwischen einem Unternehmen als herrschendem Unternehmen und einer AG oder KGaA nach § 311 AktG eine Abhängigkeit i. S. d. § 17 AktG, ohne dass ein Beherrschungsvertrag oder eine Eingliederung nach § 323 Abs. 1 S. 3 AktG vorliegen, so gelten für das konzernrechtliche Verhältnis zwischen ihnen die §§ 311 bis 318 AktG. Bei Vorliegen eines Beherrschungsvertrages verliert das abhängige Unternehmen seine unternehmerische Selbstständigkeit. Anders sieht die Konstellation beim faktischen Konzern aus: Das herrschende Unternehmen muss hier das wirtschaftliche Eigeninteresse des abhängigen Unternehmens beachten. Das abhängige Unternehmen ist so zu stellen, wie wenn es weiter unabhängig wäre. Das ist der Inhalt von § 311 Abs. 1 AktG, soweit es dort heißt, dass keinerlei Nachteil zugefügt werden darf, der nicht ausgeglichen wird. Den Schwerpunkt der §§ 311 ff. AktG bildet das System des **Nachteilsausgleichs**: Veranlasst das herrschende Unternehmen die abhängige AG zu einem nachteiligen Rechtsgeschäft oder einer nachteiligen Maßnahme, muss es den Nachteil spätestens zum Jahresende ausgleichen. Unterlässt das herrschende Unternehmen dies, so macht es sich nach § 317 Abs. 1 Satz 1

AktG schadensersatzpflichtig. Die §§ 312 bis 316 AktG regeln eine **Berichtspflicht** des abhängigen Unternehmens, welche die Beziehungen zum herrschenden Unternehmen betrifft. Dem Abhängigkeitsbericht ist vom Gesetzgeber eine zentrale Funktion zugedacht worden: Mittels der durch ihn zu schaffenden Transparenz über die Erfüllung der Ausgleichspflichten nach §§ 311 Abs. 2, 317 Abs. 1 S. 1 AktG sollen die Unternehmensorgane angehalten werden, sich der Konzerngefahren für Unternehmen und Gesellschafter bewusst zu werden sowie unter Androhung zivilrechtlicher und strafrechtlicher Haftung nach §§ 318, 400 Abs. 1 Nr. 1, 403 AktG entsprechend zu handeln (eingehend: *Altmeppen*, Die Haftung des Managers im Konzern, S. 60 f.). Dazu in Widerspruch steht, dass die Aktionäre den Bericht nicht einsehen dürfen, sondern sie immer nur Bestätigungen entweder von Unternehmensorganen oder von externen Prüfern erhalten, dass der Bericht ordnungsgemäß sei (vgl. *Emmerich/Habersack* KonzernR, § 26 I. 1. S. 389).

1. Abhängigkeitsbericht

Kern der Bestimmungen ist § 312 AktG, der die Aufstellung des **Abhängigkeitsberichtes** verlangt, in dem über die auf Veranlassung des herrschenden Unternehmens vorgenommenen Rechtsgeschäfte und sonstigen Maßnahmen zu berichten ist. Bei den Rechtsgeschäften sind Leistung und Gegenleistung, bei den Maßnahmen die Gründe der Maßnahme und deren Vor- und Nachteile für die Gesellschaft anzugeben. Bei einem Ausgleich von Nachteilen ist im Einzelnen anzugeben, wie der Ausgleich während des Geschäftsjahrs tatsächlich erfolgt ist oder auf welche Vorteile der Gesellschaft ein Rechtsanspruch nach § 312 Abs. 1 S. 4 AktG gewährt worden ist. Der Bericht ist mit einer Schlusserklärung des Vorstandes zu versehen, in der zur Situation der Gesellschaft Stellung genommen wird und die in den Lagebericht aufzunehmen sowie mit diesem bekannt zu machen ist. Zwar wird der Abhängigkeitsbericht nicht veröffentlicht, weil er Konzerninterna enthält (vgl. *Emmerich/Habersack* KonzernR, § 26 I. 1. S. 389). Aber fehlt er ganz und unterbleibt daher die Aufnahme der Schlusserklärung gem. § 312 Abs. 3 S. 3 AktG in den Lagebericht, so kann der Aktionär den Entlastungsbeschluss anfechten. Denn für den Entlastungsbeschluss ist nach § 120 Abs. 2 S. 1 AktG unverzichtbar, dass der vollständige Lagebericht der Hauptversammlung vorgelegt wird. 58

2. Mehrstufige Unternehmensverbindung

Bei mehrstufigen Unternehmensverbindungen kommen die §§ 311 ff. AktG zwischen allen Unternehmen zur Anwendung, zwischen denen eine Abhängigkeit ohne Beherrschungsvertrag besteht. Weitergehend ist hierbei zu beachten, dass im Grundsatz der Beherrschungsvertrag wegen des bereits zitierten Exklusivitätsverhältnisses zwischen Beherrschungsvertrag und faktischem Konzern die §§ 311 ff. AktG immer in dem Verhältnis, in dem der Beherrschungsvertrag besteht, verdrängt. Strittig ist die Konstellation, wenn keine durchgehende Kette von Beherrschungsverträgen besteht. Die Antwort hängt entscheidend von der sog. **Schutzlückenbetrachtung** ab: Die §§ 311 ff. AKtG dienen in erster Linie dem Schutz des abhängigen Unternehmens. Daher kann ihre Anwendung nur konsequent und dogmatisch stringent verneint werden, wenn das abhängige Unternehmen bei ihrer Nichtanwendung nicht schutzlos gestellt wird. 59

3. Nachteilszufügung

Der Nachteil im Sinne des § 311 Abs. 1 S. 1 AktG wird ermittelt durch einen Vergleich der Vermögenslage der abhängigen Gesellschaft mit der hypothetischen Vermögenslage einer unabhängigen Gesellschaft in derselben Situation. Maßgebender Zeitpunkt der Betrachtung ist der Zeitpunkt der Durchführung der nachteiligen Maßnahme. Die zu Lasten der abhängigen Gesellschaft verbleibende Differenz ist der Nachteil. Die Kompensationspflicht beschränkt sich dabei auf Nachteile aus den konkreten vom herrschenden Unternehmen veranlassten Rechtsgeschäften und Maßnahmen (vgl. KölnKomm AktG/*Koppensteiner* § 311 Rn. 29 f.). Weiterhin muss der Nachteil, damit das Nachteilsausgleichssystem des § 311 AktG funktionieren kann, quantifizierbar sein. Der Nachteilbegriff ist nicht identisch mit dem Schadensbegriff der §§ 317 f. AktG sowie 60 der §§ 249 ff. BGB. Konnte ein Nachteil nicht bejaht werden, kommt auch Schadensersatz unter dem Gesichtspunkt der §§ 311 ff., 317 Abs. 1 S. 1 AktG nicht in Frage.

4. Veranlassung

61 Die Veranlassung ist das Tatbestandselement, über das festgestellt wird, ob der erlittene Nachteil Folge der Abhängigkeit ist. Eine Veranlassung ist gegeben, wenn aus Sicht der abhängigen Gesellschaft das herrschende Unternehmen ein bestimmtes Tun bei der abhängigen Gesellschaft verursacht. Zudem führt die Veranlassung zur Überwindung von Beweisschwierigkeiten seitens der abhängigen Gesellschaft und ihrer Aktionäre. Sie wird vermutet. Die Vermutung ist nur unwiderleglich, wenn ein Vorstandsdoppelmandat vorliegt (vgl. *Hüffer* AktG, § 311 Rn. 22). Einfluss mit Folge einer Veranlassung kann auch durch Abstimmungen in der Hauptversammlung der abhängigen Gesellschaft oder durch Vertreter des herrschenden Unternehmens im Aufsichtsrat der abhängigen Gesellschaft erfolgen (s. *Emmerich/Habersack* KonzernR, § 25 I. 2. S. 375).

5. Nachteilsausgleich nach § 311 Abs. 2 AktG

62 Der in § 311 Abs. 2 AktG geregelte Nachteilsausgleich dient dem Ausgleich der erlittenen Nachteile der abhängigen Gesellschaft und ist zum Jahresende durchzuführen. Er gewährt der abhängigen Gesellschaft keinen Anspruch auf Ausgleich, sondern ist letztlich eine Obliegenheit des herrschenden Unternehmens zur Vermeidung der Schadensersatzpflicht aus § 317 Abs. 1 S. 1 AktG. Seiner **Höhe** nach orientiert sich der Nachteilsausgleich an dem zum Zeitpunkt der Vorteilsgewährung realisierten Umfang des Nachteils. Diesem System liegt eine sog. Jetztbetrachtung zu Grunde. Nach überwiegender Auffassung kann im Falle des tatsächlichen Ausgleichs nach § 311 Abs. 2 Alt. 1 AktG der Nachteilsausgleich einseitig vom herrschenden Unternehmen bestimmt werden (vgl. *Hüffer* AktG, § 311 Rn. 41). Man wird jedoch verlangen müssen, dass ein Einvernehmen bei der Frage der Vorteilsgewährung zu erzielen ist, da die abhängige Gesellschaft ansonsten übermäßig benachteiligt würde. Die Grenzen des Nachteilsausgleichs resultieren aus nicht quantifizierbaren Nachteilen, existenzbedrohenden Nachteilen und Veranlassungen außerhalb des Konzerninteresses.

III. Konzerneingangskontrolle

63 Unter dem Begriff »Konzerneingangskontrolle«, den man terminologisch und dogmatisch zutreffender als »Gruppenbildungskontrolle« definieren sollte (vgl. auch Schüppen/Schaub/*Knoll*, § 52 Rn. 3 ff.) – da es um einen Präventivschutz gegenüber Abhängigkeitslagen geht – wird die Frage erörtert, inwieweit es das abhängige Unternehmen verhindern kann, dass eine Abhängigkeit entsteht. Hier kommt das den faktischen Konzern prägende Spannungsverhältnis von Anleger- und Gläubigerschutz zum Vorschein. Wesentlicher Regelungsgegenstand im Rahmen der faktischen Konzernbildung ist nämlich der Außenseiterschutz, also der Schutz von Gesellschaftsgläubigern und Minderheitsaktionären durch ein System des Einzelausgleichs. Bei der Gruppenbildungskontrolle ist auf die allgemeinen aktienrechtlichen und kapitalmarktrechtlichen Vorschriften zu rekurrieren, wobei jeweils auf die Ebene der herrschenden Obergesellschaft und der abhängigen Untergesellschaft abzustellen ist.

1. Mitteilungspflichten nach §§ 20 ff. AktG und §§ 21 ff. WpHG

64 Die Publizitätspflichten der §§ 20 ff. AktG betreffen auf Seiten der Verpflichteten ausweislich des Wortlauts Unternehmen, so dass privater Anteilsbesitz nicht erfasst wird. Jedoch ist zu beachten, dass Anspruch auf Anonymität richtigerweise heute nur hat, wer sich als Aktionär strikt auf die Verwaltung seines Privatvermögens beschränkt (vgl. *Emmerich/Habersack* KonzernR., § 6 IV. 1. S. 78). Daraus ist der Schluss zu ziehen, dass sämtliche anderen Aktionäre im Falle eines Auftretens als Unternehmensaktionär dem Anwendungsbereich der §§ 20 ff AktG unterfallen. Der gesetzlich nicht normierte, aber den §§ 15 ff., 291 ff., 311 ff. AktG zugrunde liegende Begriff des Unternehmens wird in diesem Kontext rechtsformneutral verstanden: Im Hinblick auf Sinn und Zweck ist es ausreichend, dass über die Beteiligung an sich wirtschaftliche Interessen außerhalb

der Gesellschaft hinzukommen, die stark genug sind, die ernste Besorgnis zu begründen, der Gesellschafter könne seinen Einfluss zur Verfolgung gesellschaftsfremder Zwecke einsetzen (vgl. Müller / Rödder / *Liebscher* § 14 Rn. 10). Der primäre Normzweck der Regelungen ist es, die Aktionäre des Unternehmens, an denen eine Beteiligung besteht, sowie deren Gläubiger, die Öffentlichkeit und die Leitung des Unternehmens selbst über geplante und bestehende Konzernverbindungen und ansonsten nicht erkennbare Machverhältnisse zu unterrichten und die Anwendbarkeit der Vorschriften des Konzernrechts zu erleichtern.

Die Teleologie der §§ 21 ff. WpHG sieht wie folgt aus: Nach § 21 Abs. 2 WpHG gelten die strengeren Publizitätspflichten der §§ 21 ff. WpHG seit dem In-Kraft-Treten des Wertpapiererwerbs- und Übernahmegesetzes am 1. 1. 2002 für börsenotierte Gesellschaften, also Gesellschaften mit Sitz im Inland, deren Aktien zum organisierten Markt an einer Börse in einem Mitgliedstaat der Europäischen Union oder in einem anderen Vertragsstaat des Abkommens über den Europäischen Wirtschaftsraum (EWR) zugelassen sind. Unter dem Begriff des **organisierten Marktes** (»european regulated markets«) i. S. d. § 2 Abs. 5 WpHG sind nicht nur wie bisher der amtliche Handel, sondern auch der geregelte Markt als ebenfalls von staatlicher Stelle überwachter regelmäßig stattfindender und dem Publikum jedenfalls mittelbar zugänglicher Aktienhandel erfasst, nicht hingegen der Freiverkehr mit seinem seit Oktober 2005 geltenden »entry standard«. Die erweiterten Publizitätspflichten des WpHG gegenüber den Bestimmungen der §§ 20 ff. AktG dienen den für notwendig erachteten zusätzlichen Informationsbedürfnissen der Marktteilnehmer über markrelevante Umstände, nämlich der wesentlichen Stimmrechtseinflüsse bei den Gesellschaften. **65**

2. Konzerneingangsschutz der Obergesellschaft

Der Konzerneingangsschutz der Obergesellschaft ist im Wesentlichen durch die Frage der Kompetenzverteilung zwischen Vorstand und Hauptversammlung determiniert. Mit der Gruppenbildung geht eine Änderung der Leitungs- und Kontrollbedingungen hinsichtlich des in die Beteiligung verlagerten Vermögens einher. Der Einfluss des herrschenden Unternehmens auf die Tochtergesellschaft unterliegt erst recht im faktischen Konzernverhältnis rechtlichen und tatsächlichen Beschränkungen. Der Geschäftsführung des Tochterunternehmens verbleiben Freiräume, in die die Konzernspitze nicht lenkend eingreifen kann. In diesem Kontext spricht man von der sog. **Teilautonomie** des Tochtermanagements (vgl. *Lutter* FS Stimpel R, S. 825, 838 f.; *Wiedemann* S. 12 f.). **66**

a) Satzungsmäßige Ermächtigung

Maßnahmen zur Gruppenbildung bzw. -verwaltung erfordern eine Mitwirkung der Hauptversammlung nach der gesetzlichen Kompetenzordnung nur dann, wenn die Voraussetzungen einer der im AktG enumerativ aufgeführten Hauptversammlungszuständigkeiten erfüllt und tangiert sind. Im Zusammenhang mit der Verlagerung von Unternehmensvermögen in Tochtergesellschaften kommt eine Hauptversammlungszuständigkeit gem. § 179 a AktG bzw. gem. §§ 23 Abs. 3 Nr. 2, 179 AktG in Betracht. Umstritten ist über die o. g. Zusammenhänge hinaus, ob für mittelbares Tätigwerden der Obergesellschaft eine sog. Konzernklausel erforderlich ist (hierfür: OLG Frankfurt GmbHR 1987, 231; OLG Köln ZIP 1993, 110, 114; dagegen: MünchHdb GasR / *Krieger* § 69 Rn. 5). Um Schwierigkeiten zu vermeiden, ist in der Praxis eine **Konzernklausel** zu empfehlen. Sie sollte dann – nach vorheriger Festlegung des Gegenstandes des Unternehmens – den Inhalt haben, dass die Gesellschaft zu allen Geschäften und Maßnahmen berechtigt ist, die dem Gegenstand des Unternehmens dienen. Sie kann zu diesem Zweck auch andere Unternehmen gründen und sich an ihnen beteiligen. **67**

b) Kompetenzverteilung zwischen Vorstand und Aufsichtsrat

Neben der ex lege zu entnehmenden Aufteilung und Verteilung der Kompetenzen zwischen Vorstand und Aufsichtsrat ist die auf die sog. **»Holzmüller-Entscheidung«** des BGH zurückgehende **68**

Doktrin zu berücksichtigen (vgl. hierzu auch ausführl. Kap. 10 § 119 Rn. 9 ff.). Der BGH hat in diesem Urteil (vgl. BGHZ 83, 122, 130 ff.) unter Rückgriff auf eine normative Auslegung der Bestimmung des § 361 AktG a. F. (heute: § 179 a AktG) entschieden, dass § 119 Abs. 2 AktG, der seinem Wortlaut nach die Einschaltung der Hauptversammlung in das Ermessen des Vorstandes legt, »bei schwerwiegenden Eingriffen in die Rechte und Interessen der Aktionäre wie z. B. durch Ausgliederung einer Betriebsabteilung, die den wertvollsten Teil des Gesellschafsvermögens bildet, auf eine Tochtergesellschaft« zu einer Vorlagepflicht führt. Das Vorstandsermessen reduziere sich für solche Entscheidungen, die »so tief in die Interessen der Aktionäre eingreifen, dass der Vorstand vernünftigerweise nicht annehmen kann, er dürfe sie ausschließlich in eigener Verantwortung treffen«, auf Null. Ferner sei – so der BGH weiter – die Zustimmung der Hauptversammlung der Muttergesellschaft zu konzernleitenden Maßnahmen wegen der Gefahr, dass »die Mitgliedschaft (der Gesellschafter der Muttergesellschaft) beeinträchtigt, der Wert ihrer Beteiligung verwässert und ihre Bezugsrechte ausgehöhlt werden«, dann erforderlich, wenn in einer durch Ausgliederung wesentlicher Betriebsteile entstandenen Tochter das Kapital erhöht werden soll. Den Gesellschaftern gehe »die Chance verloren, ihre Beteiligung qualitativ und wertmäßig dadurch zu verbessern dass sie selbst weiteres Kapital in ihrem Unternehmen anlegen« (vgl. BGHZ 83, 122, 130 ff.). Die »Holzmüller-Entscheidung« ist auch noch bis heute als wichtiger Orientierungspunkt für die konzernrechtliche Diskussion zu werten. Auch wenn das Meinungsspektrum in der Literatur fast unübersehbar geworden ist, sind die Grundsätze in diesem Urteil nah wie vor gültig und zum Schutz der Aktionäre zu beachten.

3. Konzerneingangsschutz bei der Untergesellschaft

69 Für die Untergesellschaft stellt sich die Frage, ob die Begründung der Abhängigkeit einer AG oder ihre Konzernbindung eine Mitwirkung der (konzernfreien) Aktionäre des abhängigen Unternehmens erfordert, so dass diese bereits die Entstehung der Unternehmensverbindung abwehren oder ihre Zustimmung von geeigneten Vereinbarungen abhängig machen können. Nach nunmehr gefestigter Auffassung ist auch in »kapitalistisch organisierten Aktiengesellschaften« anerkannt, dass im Verhältnis zu Mitaktionären unter bestimmten Voraussetzungen eine **mitgliedschaftliche Treuepflicht** besteht (vgl. die ausführliche Darstellung des Meinungstandes bei *Emmerich/Habersack* Aktienkonzernrecht, vor § 311 Rn. 16). Bei der Konzernbildung hat der Vorstand der potentiell »abhängigen Gesellschaft« nach der aktienrechtlichen Organisationsverfassung eine uneingeschränkte Leitungsmacht. Die aktienrechtlichen Bestimmungen werden jedoch nach den Regelungen des § 33 WpÜG überlagert und modifiziert, die für den Zeitraum des Angebotes und zum Teil sogar vor einem konkreten Angebot gelten. Die Vorschrift des § 33 Abs. 1 WpÜG will tatsächliche Maßnahmen der Verwaltung verhindern, die dem Willen der Aktionäre, ein Angebot anzunehmen, entgegenläuft (vgl. KölnKomm WpÜG/*Hirte* § 33 Rn. 1 f.). Die Pflicht zur Neutralität aus der Pflichtendefinition des Vorstandes nach §§ 76 ff. AktG wird insofern ergänzt und komplettiert, dass der Vorstand in keiner Konstellation Einfluss auf die Aktionärsstruktur nehmen darf.

IV. Faktischer GmbH-Konzern

70 Die Voraussetzungen des faktischen GmbH-Konzerns sind – ähnlich wie beim faktischen Aktienkonzern – das Vorliegen einer GmbH als abhängiges Unternehmen und eines Unternehmens im konzernrechtlichen Sinne als herrschendes Unternehmen mit einer Abhängigkeitskonstruktion i. S. d. § 17 AktG ohne Vorliegen eines Beherrschungsvertrages. Anders als im Aktienrecht mit dem Normenkomplex der §§ 311 ff. AktG gibt es **kein kodifiziertes Konzernrecht der GmbH**. Im GmbH-Bereich existieren jedoch in zahlenmäßig weit größerem Umfang als bei der AG Unternehmensverbindungen. Diese sind nach empirischen Untersuchungen überwiegend faktische Konzerne. Das liegt daran, dass in der GmbH nach ihrer Organisationsverfassung die Herrschaft der Gesellschafter bereits nach dem Gesetz umfassend ist. Denn anders als in der AG können und dürfen die Gesellschafter einer GmbH der Geschäftsführung nach den §§ 37 Abs. 1, 45 Abs. 1, 46 Nr. 6 GmbHG umfassend **Weisungen** erteilen. Dagegen gibt es Weisungen mit einer grundsätz-

lichen Folgepflicht für den Vorstand im Aktienrecht nur aufgrund eines nach § 308 Abs. 1 Satz AktG abgeschlossenen Beherrschungsvertrages. Somit braucht ein GmbH-Gesellschafter zur Legitimierung seiner Einflussnahme keinen Beherrschungsvertrag, die faktische Konzernbildung ist bereits ausreichend (vgl. *Lutter/Hommelhoff* GmbHG, Anh. § 13 Rn. 9). Trotz des Fehlens einer Kodifizierung muss das Recht auf die konzernrechtlichen Interessenkonflikte in GmbH-Konzernen reagieren. Das Konzernrecht zum faktischen GmbH-Konzern basiert maßgeblich auf richterlicher Rechtsfortbildung.

1. Anwendbares Recht

Um die konzernrechtlichen Gefahrenlagen adäquat auch im Bereich der GmbH zu erfassen, werden wegen der im Vergleich zu AG andersartigen Struktur der GmbH die §§ 311 ff. AktG analog nicht auf den faktischen GmbH-Konzern angewendet. Entgegen einer Mindermeinung in der Literatur (vgl. *Kropft* FS Semler, S. 517, 536 ff.) ist entscheidendes Argument gegen eine analoge Anwendung das Faktum, dass in der GmbH Weisungen der Geschäftsführung an die Gesellschafterversammlung grundsätzlich zulässig sind. Damit fehlt es an dem wesentlichen Analogiemerkmal, dass der geregelte und der nicht geregelte Fall als rechtlich gleich zu erachten sind. Zudem werden die §§ 311 ff. AktG analog als wenig effektiv bezeichnet (vgl. BGHZ 95, 330, 340). Grundlage für die Erfassung der GmbH im Konzern ist vielmehr die alle Gesellschafter bindende Treuepflicht gegenüber der Gesellschaft und gegenüber den anderen Gesellschaftern. Insbesondere ist danach dem herrschenden Unternehmen untersagt, die beherrschte GmbH zu schädigen, sofern nicht alle Mitgesellschafter der beherrschten GmbH ihre Zustimmung erteilen. Verletzt der herrschende Gesellschafter seine Treuepflicht, macht er sich der beherrschten GmbH gegenüber schadensersatzpflichtig. Zudem ist er Unterlassungsansprüchen ausgesetzt. Hinzu kommen Anfechtungsrechte für die Minderheitsgesellschafter, wenn sich der herrschende Gesellschafter im Beschlusswege treuwidrig verhält. 71

2. Konzerneingangskontrolle

Sozusagen der archimedische Punkt des faktischen GmbH-Konzernrechts ist die bereits erwähnte Gruppenbildungskontrolle. Während das AG-Konzernrecht im AktG nur auf Reaktion auf bereits bestehende Unternehmensverbindungen angelegt ist, ist der Weg im GmbH-Konzernrecht gerade wegen des Fehlens eines kodifizierten Rechts grundsätzlich frei zur Erfassung des Konzerneingangs. 72

a) Konzerneingangskontrolle mittels gesellschaftsvertraglicher Klausel

Anders als bei der AG wegen der in § 23 Abs. 5 AktG zum Ausdruck kommenden Satzungsstrenge erlaubt es bei der GmbH die Regelung des § 45 Abs. 1 GmbHG, der Satzung die Aufgabe zu überlassen, den außenstehenden Gesellschaftern und der Gesellschaft Schutz zu vermitteln. Die Satzung kann z. B. Vinkulierungen gem. § 15 Abs. 5 GmbHG enthalten. Die danach zur Veräußerung von Geschäftsanteilen erforderliche Zustimmung »durch die Gesellschaft« bedeutet, dass zur Wirksamkeit der Veräußerung im Außenverhältnis die Geschäftsführer zustimmen müssen. Jedoch benötigen die Geschäftsführer ihrerseits im Innenverhältnis der mangels abweichender Satzungsbestimmung mit einfacher Mehrheit zu beschließenden Zustimmung durch die Gesellschafterversammlung, wobei der Gesellschafter, um dessen Anteilsveräußerung es geht, nicht vom Stimmrecht nach § 47 Abs. 4 GmbHG ausgeschlossen ist. Der Gesellschafter ist hier mitgliedschaftlich betroffen (so *Roth/Altmeppen* § 15 Rn. 61 i. V. m. § 47 Rn. 52, 58). Des Weiteren können Wettbewerbsverbote und Verbote anderweitiger unternehmerischer Betätigung vorgesehen werden. Ist in der Satzung vorgesehen, dass von Verboten Befreiung erteilt werden kann, genügt hierzu die einfache Mehrheit (vgl. BGHZ 80, 69, 71). Ist keine Befreiungsmöglichkeit vorgesehen, soll die Befreiung aber dennoch erteilt werden, handelt es sich um eine Satzungsänderung, für die nach § 53 Abs. 2 S, 1 GmbHG eine $^3/_4$-Mehrheit erforderlich ist. Hierbei darf der betroffene Gesellschafter nicht mitstimmen. 73

b) Konzerneingangskontrolle ohne gesellschaftsvertragliche Klausel

74 Fehlen gesellschaftsvertragliche Vorkehrungen, ergibt sich aus der Treuepflicht zwischen den Gesellschaftern ein **Wettbewerbsverbot**, von dem mit satzungsändernder Mehrheit nach § 53 Abs. 2 GmbHG Befreiung erteilt werden kann. Ohne Zustimmung der Mitgesellschafter darf der beherrschende Gesellschafter mit dem Unternehmen seiner GmbH nicht in Wettbewerb treten, also nicht in derselben Branche tätig sein (vgl. BGHZ 89, 162, 165 f.). Betätigt sich der herrschende Gesellschafter in einer anderen Branche außerhalb der Gesellschaft, liegt kein Verstoß gegen das Wettbewerbsverbot vor. In diesem Falle ist strittig, ob die Mitgesellschafter der Betätigung in einer anderen Branche zustimmen müssen (weitergehende Nachweise finden sich bei *Roth/Altmeppen* Anh. § 13 Rn. 122 ff.). Im Ergebnis wird man die Zustimmung annehmen müssen wegen des mit der Einbindung in einen Konzern verfolgten Sondervorteils seitens des herrschenden Gesellschafters. Außenstehende Gesellschafter müssen eine Benachteiligung ihrer Gesellschaft im Interesse eines unternehmerisch tätigen Mitgesellschafters nicht hinnehmen.

3. Haftungsverfassung im faktischen GmbH-Konzern

75 Mit der Struktur der GmbH vereinbar ist eine Haftung auf Grundlage der Treuepflicht. Diese hat aber einen viel weiteren Geltungs- und Anwendungsbereich als den des GmbH-Konzerns. Das Vorliegen eines Konzerns beeinflusst die Intensität der bereits vorhandenen **Treuepflicht**. Danach ist das herrschende Unternehmen verpflichtet, auf die Interessen der Mitgesellschafter angemessene Rücksicht zu nehmen. Diese Pflicht besteht nicht nur gegenüber Mitgesellschaftern, sondern auch gegenüber der Gesellschaft. Dies umso eher soweit es sich um eine Mehrpersonen-GmbH handelt (zur Haftung in einer Ein-Mann-GmbH: *Raiser/Veil* § 53 Rn. 50). Aus der Treuepflicht folgt zugleich ein **Schädigungsverbot**. Wird die Treuepflicht schuldhaft verletzt, führt dies gem. § 280 Abs. 1 BGB zu Schadensersatzansprüchen. Als Verschuldensmaßstab wird die Sorgfalt eines ordentlichen Geschäftsmannes analog § 43 Abs. 1 GmbHG herangezogen. Dieser Maßstab unterscheidet sich im Grunde nicht von dem allgemeinen Verschuldensmaßstab des § 276 Abs. 2 BGB. Da sich danach die Sorgfaltsanforderungen nach Verkehrskreisen bestimmt, kommt es nur auf den speziellen Verkehrskreis der Geschäftsführer einer GmbH an. Es sind dabei die verschärften Anforderungen im kaufmännischen Verkehr zu beachten (vgl. A/E/S/*Schmidt* § 43 Rn. 12).

76 Die Darlegungs- und Beweislast für das Nichtvorliegen einer Pflichtverletzung und des Vertretenmüssens trägt analog § 93 Abs. 2 S. 2 AktG das herrschende Unternehmen. Der Inhalt des Anspruchs bestimmt sich nach §§ 249 ff. BGB. Hat etwa das herrschende Unternehmen Geschäftschancen der Gesellschaft unter Verletzung seiner Treuepflicht selbst wahrgenommen, so ist es gem. § 252 BGB zur Herausgabe des dabei erzielten Gewinns verpflichtet (vgl. BGH WM 1978, 1205). Zu Unrecht bezogene, verdeckt ausgeschüttete Gewinne sind nach § 249 S. 1 BGB zu erstatten. Lässt sich der Schaden der Gesellschaft auch unter Anwendung von § 287 ZPO nicht ermitteln, so greifen in der mehrgliedrigen GmbH die Grundsätze über die qualifizierte Schädigung ein (vgl. *Emmerich/Habersack* KonzernR, § 30 V. S. 424).

G. Qualifiziert faktischer Konzern

I. Kennzeichen

77 Kaum eine Entwicklung im Gesellschaftsrecht hat in den letzten Jahren die Gemüter derart erhitzt wie die Rechtsprechung des BGH zum **qualifiziert faktischen Konzern**. Man bezeichnet mit diesem erstmals im Jahre 1972 geprägten Begriff in einer ersten Annäherung solche Abhängigkeitsverhältnisse, in denen das auf Einzeleingriff und Schadensersatz wegen Treuepflichtverletzung aufgebaute Haftungssystem deshalb nicht mehr funktionieren kann, weil wegen der Breite und Dichte der Einflussnahme des herrschenden Unternehmens auf die abhängige Gesellschaft einzelne Weisungen und deren Auswirkungen nicht mehr isoliert werden können (Scholz/*Emmerich* GmbHG, Anh. Konzernrecht Rn. 91). Diese Art der Konzernbildung sollte eine spezifisch konzernrechtliche Haftung auf internen Verlustausgleich und – außerhalb eines Insolvenz-

verfahrens – auf direkte Befriedigung der Gläubiger begründen (vgl. *Roth/Altmeppen* Anh. § 13 Rn. 146). Kernpunkt im Rahmen der Diskussion der Haftung im qualifiziert faktischen Konzern ist, unter welchen Voraussetzungen das herrschende Unternehmen der abhängigen Gesellschaft oder deren Gläubigern ersatzpflichtig ist.

II. Haftung im qualifiziert faktischen Konzern

Im Rahmen des qualifiziert faktischen Konzerns stellte sich bis zum Paradigmenwechsel in der Rspr. des BGH in Sachen »**Bremer Vulkan**« (vgl. BGHZ 149, 10) die Frage nach einer tauglichen Anspruchsgrundlage für eine Haftung aus qualifiziert faktischer Konzernbildung. Rspr. und Lehre hatten bis dato eine Haftung nach §§ 302 ff. AktG analog im Wege der Rechtsfortbildung entwickelt (grundlegend: BGHZ 95, 330; 122, 123; *Raiser/Veil* § 53 Rn. 53 ff.). Gemeinhin wurde diese Haftung als Haftung im qualifiziert faktischen Konzern bezeichnet. Der Grundgedanke bestand darin, dass es keinen Unterschied machen kann, ob eine GmbH aufgrund eines Beherrschungsvertrages Weisungen unterliegt oder deshalb von einer anderen Gesellschaft beherrscht wird, weil faktisch Weisungen erteilt werden, die von ihrer Dichte und Intensität her zu einem Zustand führen, der mit der Lage nach Abschluss eines Beherrschungsvertrages vergleichbar ist. Eine solche nicht durch einen Unternehmensvertrag legitimierte Beherrschungsbeziehung darf im Hinblick auf den Gläubiger- und Minderheitenschutz nicht anders behandelt werden als ein vertraglich abgesichertes Beherrschungsverhältnis. Seit dem »Bremer Vulkan«-Urteil wird man den qualifiziert faktischen Konzern als Episode der (Konzern-)Rechtsgeschichte ansehen können. Denn der BGH sieht seitdem die Rechtsgrundlage für eine Haftung aus qualifiziert faktischer Konzernbildung nicht mehr in der analogen Anwendung der §§ 302 ff. AktG. Im Leitsatz heißt es hierzu eindeutig: »Der Schutz einer abhängigen GmbH gegen Eingriffe ihres Alleingesellschafters folgt nicht dem Haftungssystem des Konzernrechts des Aktienrechts, sondern ist auf die Erhaltung ihres Stammkapitals und die Gewährleistung ihres Bestandsschutzes beschränkt« (vgl. BGHZ 141, 10). Zudem bezeichnet der BGH in der jüngeren Entscheidung »KBV« die Haftung nicht mehr als konzernrechtliche, sondern als »Haftung wegen existenzvernichtenden Eingriffs« (vgl. BGH ZIP 2002, 848; 1578). Die Rechtsgrundlage lässt er jedoch offen. Teilweise wird die Durchgriffshaftung nach § 826 BGB, teilweise die Geschäftsführerhaftung nach § 43 Abs. 2 GmbHG analog und teilweise auch die Treuepflicht herangezogen. **78**

1. Haftungsgrund der Zustands- oder Verhaltenshaftung

Versteht man einen qualifiziert faktischen Konzern als einen Zustand, der von einer Leitungsdichte gekennzeichnet ist, wie sie zulässigerweise nur bei Bestehen eines Beherrschungsvertrages ausgeübt werden kann, liegt eine analoge Anwendung der §§ 302 ff AktG nahe. Diesem Modell der Zustands- oder auch Strukturhaftung kann man eine Verhaltenshaftung gegenüberstellen. Haftungsgrund ist in diesem Fall das missbräuchliche Verhalten des herrschenden Unternehmens. Grundlage einer solchen Haftung können dann nicht mehr die §§ 302 ff. analog AktG sein, da dieser Normenkomplex nicht auf ein missbräuchliches Verhalten des herrschenden Unternehmens abstellt, sondern eingreift, wenn ein Beherrschungsvertrag vorliegt. **79**

2. Haftung wegen existenzvernichtenden Eingriffs

Wichtigste Voraussetzung des neuen Modells eines Haftungsdurchgriffs unter dem Aspekt des »existenzvernichtenden Eingriffs« ist die **Verletzung der Rücksichtnahmepflicht** des herrschenden Unternehmens gegenüber der abhängigen Gesellschaft. Diese ist verletzt, sofern das herrschende Unternehmen der abhängigen Gesellschaft Nachteile zugefügt und dabei keine angemessene Rücksicht auf die Eigenbelange der abhängigen Gesellschaft genommen hat. Es muss mithin seine Leitungsmacht missbraucht haben. Diese neuere Tendenz in der höchstrichterlichen Rspr. ist Ausdruck der sog. **Verhaltenshaftung**. Danach ist Haftgrund im qualifiziert faktischen Konzern nicht der Zustand der qualifiziert faktischen Konzernbildung, sondern das unangemessene, die Leitungsmacht missbrauchende Verhalten des herrschenden Unternehmens. Hinter **80** dem Haftungskonzept steckt der Grundsatz der Respektierung und Zweckbindung des Gesellschaftsvermögens zur vorrangigen Befriedigung der Gesellschaftsgläubiger.

H. Konzernrecht der Personenhandelsgesellschaften

I. Allgemeines

81 Das Personengesellschaftskonzernrecht als ein Teil des Konzerngesellschaftsrechts hat bislang **keine gesetzliche Regelung** erfahren. Mangels einer entsprechenden Kodifikation und der im Fluss befindlichen Materie fehlt es an hinreichend gesicherten Erkenntnissen über das Recht der verbundenen Personenhandelsgesellschaft. Nichtsdestotrotz wird seine Existenz vom Gesetzgeber vorausgesetzt. So finden sich in den §§ 264 b, 290 ff. HGB und §§ 1 ff. PublG Vorschriften zur Konzernrechnungslegung, die auch für Personenhandelsgesellschaften gelten. Dabei kommt dem Schrifttum insoweit eine besondere Bedeutung zu, als gerichtliche Entscheidungen zum Personenhandelsgesellschaftsrecht bis heute selten sind (vgl. BGHZ 65, 15; BayObLG NJW 1993, 1804; LG Mannheim AG 1995, 142). Das Personenhandelsgesellschaftskonzernrecht dient nach dem bereits skizzierten tradierten Konzernrechtsverständnis primär dem Schutz der Minderheitsgesellschafter der abhängigen Gesellschaft vor nachteiligen Maßnahmen des herrschenden Gesellschafters. Gleichzeitig dient es aber auch dem Schutz der Gesellschafter des herrschenden Unternehmens vor Maßnahmen der Verwaltung sowie auch dem Schutz der Gläubiger (vgl. MüKo HGB/*Mülbert* KonzernR (Band 3), Rn. 15 ff.). Im Fokus der Weiterentwicklung des Rechts der verbundenden Personenhandelsgesellschaft steht die Frage, inwieweit die für die allgemeinen personenhandelsgesellschaftsrechtlichen Regelungen zur Zielerreichung ausreichen, oder ob und inwieweit auf das Konzernrecht des Aktienrechts zurückgegriffen werden muss. Die bereits ergangenen Urteile zum Personenhandelsgesellschaftsrecht zeigen, dass Personenhandelsgesellschaften in der Praxis sowohl als herrschendes als auch beherrschtes Unternehmen vorkommen, wobei die GmbH & Co. KG hier eindeutig im Vordergrund steht. Weit verbreitet sind ferner Unternehmensverbindungen in Form sog. Betriebsaufspaltungen, bei denen eine Besitzpersonengesellschaft als alleinige Gesellschafterin an einer Betriebs-GmbH beteiligt ist (vgl. *Baumbach/Hopt* § 105 Rn. 101).

II. Personengesellschaft als beherrschtes Unternehmen

82 In diesem Zusammenhang ist zu differenzieren zwischen einfachen Abhängigkeitsverhältnissen und Konzernverhältnissen. Kennzeichnend für die Konzernbildung ist die Zusammenfassung der Gesellschaften unter einheitlicher Leitung und die damit verbundene Ersetzung und Überlagerung des Gesellschaftsinteresses durch das Konzerninteresse (vgl. GroßkommHGB Anh. § 105 HGB Rn. 29, 32, 58 f.) Dagegen bleiben bei bloßen Abhängigkeitsverhältnissen die Ausrichtung der Gesellschaft auf das Gesellschaftsinteresse und die hierauf bezogenen Sorgfaltspflichten der geschäftsführenden Gesellschafter unberührt.

1. Einfache Abhängigkeitsverhältnisse

83 Während der Abhängigkeitsbegriff des Aktienrechts an den durch eine Mehrheitsbeteiligung vermittelten Einfluss anknüpft, wird im Personenhandelsgesellschaftsrecht wegen des dort geltenden Einstimmigkeitsprinzips die Abhängigkeit durch gesellschaftsvertragliche Regelung begründet (s. *Schmitt*, Schutz der außenstehenden Gesellschafter einer abhängigen Personengesellschaft im mehrstufigen Unternehmensverbund, S. 84). Wegen des im Personenhandelsgesellschaftsrecht geltenden **Grundsatzes der Gesellschaftsvertragsfreiheit** sind hier konkret die verschiedensten Abhängigkeitskonstellationen denkbar. Als herrschendes Unternehmen kommen neben den persönlich haftenden Gesellschaftern auch die Kommanditisten in Betracht. Schließlich kann der herrschende Einfluss auch von einem nur mittelbar beteiligten Unternehmen ausgeübt werden, so kann z. B. bei einer GmbH & Co. KG die Komplementär GmbH von einem ihrer Gesellschafter abhängig sein. Bei Abschluss des Gesellschaftsvertrages sind die Minderheitsgesellschafter bereits dadurch geschützt, dass ihnen die anderweitige unternehmerische

Tätigkeit des herrschenden Gesellschafters im Rahmen der Konzerneingangskontrolle bekannt ist und sie daher damit zugleich in die Abhängigkeit einwilligen (vgl. MüKo HGB/*Mülbert* KonzernR (Band 3) Rn. 256). Bei der nachträglichen Begründung eines Abhängigkeitsverhältnisses ist, anders als bei der Konzernbildung, eine Zustimmung der Gesellschafter durch einen Gesellschafterbeschluss grundsätzlich rechtlich nicht erforderlich (s. GroßkommHGB Anh § 105 HGB Rn. 40). Die übrigen Gesellschafter sind vor einer nachträglichen Aufnahme einer weiteren unternehmerischen Betätigung durch einen bereits bestellten Gesellschafter in erster Linie durch das **Wettbewerbsverbot** des § 122 HGB geschützt. Das Wettbewerbsverbot gilt nach überwiegender Auffassung nicht nur für die persönlich haftenden Gesellschafter einer KG oder OHG, sondern auch für den beherrschenden Kommanditisten und den nur mittelbar, also über eine Komplementär-GmbH, beteiligten herrschenden Gesellschafter (vgl. BGHZ 89, 162, 165). Bei der Leitungskontrolle, die die Frage der Sorgfaltsanforderungen an die Geschäftsführung betrifft, sind die Minderheitsgesellschafter im Wesentlichen durch die Bindung des herrschenden Gesellschafters an das Gesellschaftsinteresse geschützt. Der herrschende Gesellschafter unterliegt bei der Ausübung der Geschäftsführung der allgemeinen gesellschaftsrechtlichen Treuepflicht. Er ist verpflichtet, seine Leitungsmacht im Interesse der Gesellschaft einzusetzen und das absolute Schädigungsverbot zu beachten (vgl. MüKo HGB/*Mülbert* KonzernR (Band 3) Rn. 202 ff.). Grundsätzlich ist daher jede nachteilige Einflussnahme auf die Geschäftspolitik des abhängigen Unternehmens durch das herrschende Unternehmen treuwidrig und verpflichtet zum Schadensersatz nach den Grundsätzen des § 280 Abs. 1 BGB. Der allgemeine personengesellschaftsrechtliche Sorgfaltsmaßstab des § 708 BGB findet in Abhängigkeitsverhältnissen auf das herrschende Unternehmen keine Anwendung. Das herrschende Unternehmen hat vielmehr für die im Verkehr **erforderliche Sorgfalt** nach Maßgabe des § 276 BGB einzustehen. Bei Verstößen gegen die Treuepflicht muss das Vorliegen einer schädigenden Handlung von der Gesellschaft dargelegt und bewiesen werden. Eine Beweislastumkehr kommt in den Fällen einfacher Abhängigkeit nicht in Betracht. Der Anspruch gegen den herrschenden Gesellschafter ist nach der Wahl der Gesellschaft gem. § 249 Abs. 1 BGB auf Rückgängigmachung der Schädigung im Wege der Naturalrestitution oder auf Schadensersatz in Geld gerichtet. Diese Ansprüche können auch von den Gesellschaftern im Wege der actio pro socio geltend gemacht werden (vgl. *Baumbach/Hopt* § 105 Rn. 103).

2. Konzernabhängigkeit

Konzernverhältnisse mit Personenhandelsgesellschaften basieren in den meisten Fällen auf einer **84** gesellschaftsrechtlichen Grundlage. Durch den Gesellschaftsvertrag oder eines auf Vertragsänderung gerichteten Konzernbildungsbeschlusses wird die Personenhandelsgesellschaft der einheitlichen, am Konzerninteresse ausgerichteten Leitung durch das herrschende Unternehmen unterstellt. Den Abschluss eines Beherrschungsvertrages bedarf es diesen Fällen gesellschaftsrechtlich legitimierter Leitungsmacht, anders als im Aktienrecht, regelmäßig nicht. Da sowohl für die gesellschaftsvertraglich als auch für die durch einen Beherrschungsvertrag begründete Konzernbildung ein **einstimmiger Beschluss** erforderlich ist, kommt der aus dem Kapitalgesellschaftskonzernrecht bekannten Unterscheidung zwischen faktischem Konzern und Vertragskonzern im Recht der verbundenen Personenhandelsgesellschaften keine Bedeutung zu. Auch die Unterscheidung zwischen einfachen und qualifiziert faktischen Konzernen hat im Personengesellschaftsrecht in Anbetracht des bereits erläuterten Paradigmenswechsels des BGH in den Fällen der qualifizierten Beherrschung keine eigenständige Bedeutung (vgl. Erläuterungen unter Rn. 77 ff.). Bei der Konzernbildungskontrolle ist zu beachten, dass der Konzernbildungsbeschluss ein gesellschaftsvertragsänderndes Grundlagengeschäft darstellt und somit stets die vorherige Zustimmung aller Gesellschafter erfordert (vgl. *Kleindiek*, Strukturvielfalt im Personengesellschafts-Konzern: Rechtsformspezifische und rechtsformübergreifende Aspekte des Konzernrechts, 1991, S. 257 f.). Einer gesonderten Zustimmung bedarf es dann nicht, wenn diese bereits von allen Gesellschaftern vorweg im Gesellschaftsvertrag erteilt worden ist. Allgemein gehaltene Konzernbildungsklauseln des Inhalts, dass die Gesellschaft der einheitlichen Leitung eines Unternehmens unterstellt werden kann, reichen nicht aus. Vielmehr muss sich die vorherige Zustimmung im Gesellschaftsvertrag bereits auf einen bestimmten Unternehmensgesellschafter beziehen (vgl. MüKo HGB/*Mülbert* KonzernR (Band 3) Rn. 270). Ohne Beschluss oder Beherrschungsvertrag ist die Ausübung einheitlicher Leitung nicht legitimiert und die Gesellschaft bzw. die Minderheitsgesellschafter können im Wege der actio pro socio Unterlassung und Rückgängigmachung etwaiger Maßnahmen zur Konzernbildung begehren. Darüber hinaus können sie auch die Gestaltungsklagen der §§ 712, 715, 737 BGB bzw. §§ 117, 127 AktG oder § 140 HGB erheben. Zudem steht der Gesellschaft ein **Schadensersatzanspruch** wegen sorgaltswidriger Geschäftsführung zu. Es besteht eine Beweislastumkehr zugunsten der beherrschten Personenhandelsgesellschaft, wobei das herrschende Unternehmen darlegen und beweisen muss, dass die vorgenommenen Handlungen nicht pflichtwidrig sind bzw. erst gar nicht vorgenommen wurden (vgl. MüKo HGB/*Mülbert* KonzernR (Band 3) Rn. 301).

III. Personenhandelsgesellschaft als herrschendes Unternehmen

85 Die Konzernrechtsregeln zum Recht der Personenhandelsgesellschaft sind fast durchweg aus der Sicht der beherrschten Personengesellschaft entwickelt worden und gelten für jedes herrschende Unternehmen (vgl. *Baumbach/Hopt* § 105 Rn. 106). Der Schutz der Aktionäre der Obergesellschaft durch ungeschriebene Mitwirkungsbefugnisse der Hauptversammlung bei strukturändernden Maßnahmen im Gefolge der »Holzmüller-Rspr.« des BGH hat für die Gesellschafter der herrschenden Personenhandelsgesellschaft wegen der Unterschiede im Mitwirkungs- und Beschlussrecht keine unmittelbar entsprechende Bedeutung (vgl. MüKo HGB/*Mülbert* KonzernR (Band 3) Rn. 70 f). Die Gesellschaftergesamtheit ist nach dem gesetzlichen Normalstatut bereits entscheidungsbefugt, soweit Angelegenheiten der Gruppenbildung und -leitung über die gewöhnlichen Geschäfte des § 116 Abs. 1 HGB hinausreichen.

IV. Gläubigerschutz

86 Bei schlichten Abhängigkeitsverhältnissen bedarf es für den Gläubigerschutz grundsätzlich keiner besonderen Sonderregelungen, da hier das personenhandelsgesellschaftsrechtliche Haftungssystem seine Anwendung findet. Sofern es sich bei dem herrschenden Unternehmen um einen unbeschränkt haftenden Gesellschafter handelt, trifft diesen die persönliche Haftung des § 128 HGB. Ist das herrschende Unternehmen eine GmbH oder wird der herrschende Einfluss mittelbar über eine Komplementär-GmbH ausgeübt, richtet sich der Gläubigerschutz primär nach den Kapitalerhaltungsvorschriften des GmbHG. Schließlich kann bei schwerwiegenden Eingriffen auch eine Haftung des herrschenden Unternehmens nach den Haftungsgrundsätzen des BGH zum sog. existenzvernichtenden Eingriff in Betracht kommen. Auf dieser Basis lassen sich auch im Personenhandelsgesellschaftskonzernrecht interessengerechte Ergebnisse erzielen. Eines besonderen Haftungstatbestandes bedarf es in den Fällen, in denen der Gläubiger den hinter der Komplementär-GmbH stehenden Gesellschafter in Anspruch nehmen will. Dies gilt entsprechend, wenn die Beherrschung der Gesellschaft durch einen Kommanditisten erfolgt. Dieser haftet den Gläubigern der Gesellschaft nämlich nach § 171 Abs. 1 HGB nur bis zur Höhe seiner noch nicht geleisteten Einlage. Hier bedarf es eines besonderen konzernrechtlichen Haftungstatbestandes, der auch nicht im Widerspruch steht mit der von der Rspr. abgelehnten unbeschränkten Außenhaftung des geschäftsführenden Kommanditisten (vgl. *Bitter* S. 66 ff.). Die an für sich bestehende beschränkte Außenhaftung des Kommanditisten gilt nur für eine gesetzestypische, unabhängige Kommanditgesellschaft. Insofern ist bei konzernspezifischen Sachverhalten sachlogisch eine andere Bewertung gerechtfertigt.

J. Konzernrecht der Societas Europaea (SE)

I. Supranationale Rechtsform

87 Die Societas Europaea (SE) erweist sich als das »Flagschiff des europäischen Gesellschaftsrechts« (vgl. *Hopt* ZIP 1998, 96, 99) und wird von den grenzüberschreitend agierenden Konzernen immer

mehr als reizvolle supranationale Rechtsform ins Auge gefasst. Den Anfang hat im Jahre 2005 die Allianz AG gemacht, um den Konzern effizienter und schlagkräftiger zu gestalten. Die SE erweist sich als flexibel einsetzbare Rechtspersönlichkeit. Gesellschaftsrechtlich hat die Verordnung über das Statut der Europäischen Gesellschaft (VO (EG) Nr. 2157/2001) verbindliche Vorgaben für das Gesellschaftsrecht der SE verankert. Die Verordnung wird durch die Richtlinie zur Ergänzung des Statuts der Europäischen Gesellschaft hinsichtlich der Beteiligung der Arbeitnehmer (Richtlinie 2001/86 EG) flankiert. Die Verordnung ist am 8. 10. 2004 in Kraft getreten. Als europäische Verordnung bedarf sie nach Art. 249 Abs. 2 EGV wegen der Wirkung eines innerstaatlichen Gesetzes keines weiteren Transformationsaktes der Mitgliedstaaten. Gleichwohl sieht die Verordnung in vielen Stellen den Erlass von Ausführungsgesetzen der Mitgliedstaaten vor. Deutschland ist dem durch Erlass eines **SE-Ausführungsgesetzes** mit dem Titel »Gesetz zur Einführung einer Europäischen Gesellschaft« (SEEG) gefolgt, das nach der Ausfertigung durch den Bundespräsidenten am 29. 12. 2004 in Kraft getreten ist. Das lang umstrittene Thema der Mitbestimmung behandelt das **SE-Beteiligungsgesetz** (SEGB). Ausführungsbestimmungen zum Steuerrecht sucht man in der Verordnung vergebens. Nach dem Erwägungsgrund Nr. 20 der SE-VO wird der Bereich des Steuerrechts ausdrücklich nicht vom Geltungsbereich der Verordnung erfasst. Art. 9 Abs. 1 lit. c) lit. ii) verweist insoweit nur auf das Recht der Mitgliedstaaten. Die SE-VO regelt zwar nicht die steuerrechtliche Behandlung der Gründung der SE, wohl aber sehen vor allem die **Fusionsrichtlinie** und auch der EG-Vertrag Regelungen vor, die derartige Umstrukturierungsentscheidungen ermöglichen. Die Fusionsrichtlinie 90/434 EWG wurde durch die Richtlinie 2005/19/EG dahingehend erweitert, dass insbesondere auch die grenzüberschreitende Verschmelzung auf eine SE im Grundsatz steuerneutral durchgeführt werden kann. Daneben ermöglicht die Änderung der Richtlinie vor allem auch eine steuerneutrale Abspaltung und die steuerneutrale Sitzverlegung einer SE.

II. Konzernrechtliche Dimension

Angesichts der Komplexität des Statuts und des SEEG ist die SE vorrangig auf Großunternehmen **88**
zugeschnitten. Auch das relativ hohe Mindestgrundkapital von 120.000 EUR und die für die SE geltende aktienrechtliche Satzungsstrenge lassen diese Rechtsform eher für Großunternehmen attraktiv erscheinen (vgl. *Teichmann* ZGR 2002, 383, 388). Typischerweise wird die SE – als herrschendes oder abhängiges Unternehmen – in einem **grenzüberschreitenden Konzernverbund** stehen (so deutlich: *Hommelhoff* AG 2003, 179 f.). Bei der Gründungsform der **Verschmelzung** nach Art. 2 Abs. 1 SE-VO entsteht die SE durch Verschmelzung mindestens zweier Aktiengesellschaften mit Sitz in unterschiedlichen EU-Mitgliedstaaten. Hierbei werden sich in der Regel zwei Konzernführungsgesellschaften zusammenschließen. Die daraus resultierende SE wird damit ebenfalls die Konzernführung übernehmen. Im Fall der **Holding-SE** gründen mindestens zwei Aktiengesellschaften oder GmbHs mit Sitz in unterschiedlichen EU-Mitgliedstaaten eine neue gemeinsame Muttergesellschaft in der Rechtsform der SE nach Art. 2 Abs. 2 SE-VO. Dieser Gründungsform ist immanent, dass die neue Holding-SE die Rolle einer Konzernführungsgesellschaft einnehmen wird. Sofern eine Aktiengesellschaft mindestens eine Tochtergesellschaft mit Sitz in einem anderen EU-Mitgliedstaat hat, kann die Aktiengesellschaft im Wege des **Rechtsformwechsels** in eine SE nach Art. 2 Abs. 4 SE-VO umgewandelt werden. Auch diese SE wird mit großer Wahrscheinlichkeit an der Spitze eines Konzerns stehen. Ferner können zwei Gesellschaften mit Sitz in unterschiedlichen EU-Mitgliedstaaten nach Art. 2 Abs. 3 SE-VO eine **gemeinsame Tochter-SE** gründen. Diese Tochter-SE ist damit typischerweise ein Gemeinschaftsunternehmen. Aus Sicht des deutschen Konzernrechts stellt sich insoweit vor allem die Frage nach der Anwendung der konzernrechtlichen Regeln zum Gemeinschaftsunternehmen. Schließlich kann eine bereits existierende SE eine neue Tochtergesellschaft in der Rechtsform einer SE mit Sitz in demselben oder einem anderen Mitgliedstaat nach Art. 3 Abs. 2 SE-VO gründen. Die hierbei neu entstehende SE ist damit zwangsläufig eine abhängige Konzerngesellschaft. Dabei steht ihr eine SE als herrschendes Unternehmen gegenüber (weiterführend *Lutter/Hommelhoff* Die Europäische Gesellschaft).

89 Das deutsche Aktienkonzernrecht ist auf eine SE nach den Regeln des internationalen Privatrechts anwendbar (vgl. Theisen/Wenz/*Maul* Kap. Konzernrecht Rn. 434 ff., 450 ff.). Insofern ist die Verweisungsnorm des Art. 9 Abs. 1 lit. c) lit. ii) SE-VO nicht als reine Sachnormverweisung anzusehen, die nur die materiellrechtlichen Normen des Sitzstaates, nicht aber dessen Kollisionsrecht für anwendbar erklärt. Hier zeigt sich die »konzernrechtliche Jungfräulichkeit« der SE-VO. Ein solches Procedere ist auch mit den Vorgaben des Gemeinschaftsrechts vereinbar. Das nationale Recht verstößt weder gegen die Kapitalrichtlinie noch kollidiert es mit der SE-VO. Das Konzernorganisations- und Konzernschutzrecht findet insoweit auch Anwendung, als die Organisations- und Finanzverfassung einer SE zwingendes Recht für die Mitgliedstaaten ist. Dies gilt sowohl für das Recht des faktischen Konzerns als auch des Vertragskonzerns. Nach den deutschen Regelungen des Internationalen Privatrechts bestimmen sich die materiell-rechtlichen Normenkomplexe zum Schutz einer abhängigen SE, ihrer Minderheitsaktionäre und Gläubiger nach dem Konzernrecht des Sitzstaates der abhängigen SE. Etwaige Sondervorschriften zum Schutz einer herrschenden SE, ihrer Aktionäre und Gläubiger richten sich hingegen nach dem Sitz der herrschenden SE (weitergehend *Veil* WM 2003, 2169, 2172).

K. Kapitalmarktrechtliche Verhaltenspflichten im Konzern

I. Konzernrecht als Kapitalmarktrecht

90 Die neuere Entwicklung im Gesellschaftsrecht hat gezeigt, dass sich das Gesellschaftsrecht und damit auch das Konzernrecht als Teildisziplin des Gesellschaftsrechts immer mehr zu einem Kapitalmarktrecht entwickeln (vgl. die grundlegenden Studien von Hopt/Voigt/*Hopt*, Prospekt- und Kapitalmarktinformationshaftung 2005). Die dahinter stehende Zielvorgabe ist u. a., die Effizienz des Kapitalmarktes zu steigern. Mit der kapitalmarktrechtlichen Ausrichtung geht eine neue Form der Börsenkommunikation einher. Die Börsenkommunikation gehört zu den Kommunikationsformen der Public Relations. Ihr zentraler Zweck ist es, die Wettbewerbsfähigkeit des Unternehmens am Kapitalmarkt zu sichern. Die Aktie wird dabei weniger als Anteilsschein am Unternehmen, sondern vielmehr als eigenständiges Produkt betrachtet, das am Markt positioniert werden kann. Vorrangiges Ziel der Börsenkommunikation ist es, durch Transparenz der Geschäftspolitik und Bereitstellung umfassender und seriöser Markt- und Unternehmensinformationen mittel- und langfristig Vertrauen der Anleger zu erlangen, sie damit zu Aktienkäufen zu animieren und private und institutionelle Shareholder (Anteilseigner) ans Unternehmen zu binden. Dazu gehört die zeitnahe und umfassende Information der Zielgruppen über Unternehmen, Management, Produkte und Dienstleistungen, über Geschäftsprozesse, Forschung und Entwicklung, Markt und Wettbewerb, Chancen und Risiken.

91 Die **ad-hoc-Publizität** gehört zu den wichtigsten Veröffentlichungspflichten für Wertpapieremittenten. Sie ist in § 15 WpHG geregelt. Emittenten, die an einer inländischen Börse zum Handel zugelassen sind, sind gesetzlich verpflichtet, kursrelevante Tatsachen unverzüglich öffentlich zu machen. Die im Freiverkehr gehandelten Effekten sind ausgenommen. Ziel ist es, durch das sog. Herstellen der Bereichsöffentlichkeit, also die Informationsweitergabe an wesentliche Informationsvermittler wie überregionale Börsenpflichtblätter und elektronische Informationsverbreitungssysteme dem Insiderhandel vorzubeugen und eine allgemeine Transparenz zu schaffen. Publizitätspflichtige Tatsachen müssen noch vor der Veröffentlichung an die Bundesanstalt für Finanzdienstleistungsaufsicht (BaFin) und die Geschäftsführungen der Börsen, an denen Effekten oder deren Derivate zum Handel zugelassen sind, übermittelt werden. Ein Verstoß dagegen kann mit einer erheblichen Geldbuße geahndet werden. Die BaFin prüft, ob die Emittenten ihrer Publizitätspflicht nachkommen. Die Börsen entscheiden darüber, ob die Veröffentlichung der kursbeeinflussenden Tatsache eine vorübergehende Kursaussetzung erfordert. Über die Frage, ob es sich tatsächlich um eine kursrelevante Tatsache handelt, entscheiden die an den deutschen Börsen notierten Unternehmen zunächst selbst. Erst im Nachhinein prüft die BaFin, ob ein Unternehmen den Rahmen der gesetzlichen Vorschriften eingehalten hat. Eine generelle Vorabprüfung findet nicht statt.

II. ad-hoc-Publizität im Konzern

Weitgehend unbeachtet geblieben sind bisher die Auswirkungen der Neuerungen zur ad-hoc-Publizität in § 15 WpHG infolge des vor zwei Jahren verabschiedeten **Anlegerschutzverbesserungsgesetzes** (AnSVG) auf Sachverhalte, bei denen sowohl die Mutter- als auch die Tochtergesellschaft börsennotiert sind (vgl. *Simon* Der Konzern 2005, 13, 16 f.; *Kuthe* ZIP 2004, 883, 885). Bislang waren aufgrund der früher erforderlichen »im Tätigkeitsbereich des Emittenten eingetretenen« Tatsachen des § 15 WpHG a. F. eine Vielzahl von Fällen von der Veröffentlichungspflicht ausgenommen. Mit der Umsetzung der Marktmissbrauchsrichtlinie und der Vereinheitlichung von Insiderhandelsverbot und ad-hoc-Publizitätspflicht durch Einführung des Begriffs der Insiderinformation wurde jedoch das bislang entscheidende Merkmal des »Tätigkeitsbereichs« aufgegeben. Ob damit eine generelle Veröffentlichungspflicht einhergeht, ist offen. Die Praxisrelevanz liegt jedoch vor dem Hintergrund vielfältiger denkbarer veröffentlichungspflichtiger Insiderinformationen bei Konzerngesellschaften wie Kapitalmaßnahmen, Veränderungen von Posten in den Organen oder auch die Erteilung von Lizenzen oder Patenten. Angesichts der starken Tendenz zu einer ausgeprägten Börsenkommunikation ist hier im Zweifel eher von einer **Veröffentlichungspflicht** auszugehen und das Nichtvorliegen einer solchen Pflicht nur in ganz eng umrissenen Ausnahmefällen anzunehmen. Deswegen erscheint es angebracht, dass das Kriterium der »Unmittelbarkeit« nicht mehr dieselbe eingrenzende Funktion wie vormals der »Tätigkeitsbereich des Emittenten« entfaltet, ebenso wenig wie auch das Erfordernis der potenziellen Kursbeeinflussung. Zum Verständnis des Kursbeeinflussungspotentials sollte der aktuelle Emittentenleitfaden der BaFin herangezogen werden (abrufbar unter der URL: www.bafin.de). Der Leitfaden der BaFin, aber auch die Vorschläge der CESR (Committee of European Securities Regulators) werden weiterhin wichtige Präzisierungs- und Konkretisierungsarbeit leisten. Wissenschaft und Praxis werden sich zukünftig der Aufgabe gruppen- bzw. konzernorientierter Informationsmitteilung widmen müssen. 92

L. Materielles Konzerninsolvenzrecht – Ein neues Rechtsgebiet?

I. Thesen zu einem materiellen Konzerninsolvenzrecht

In jüngster Vergangenheit wurde im Zusammenhang mit dem Konzernrecht eine Diskussion angestoßen, die um das Begriffspaar »materielles Konzerninsolvenzrecht« kreist. Namentlich *Paulus* (ZIP 2005, 1948) hat Gedanken zu einem materiellen Konzerninsolvenzrecht entwickelt, die auf einer wirtschaftlichen Betrachtungsweise der Gesellschaften beruhen. Er überträgt damit den Gedanken der wirtschaftlichen Einheit der verbundenen Unternehmen auf das Insolvenzrecht. Es geht letztlich darum, § 11 Abs. 1 InsO dahingehend auszulegen, dass die Maxime »eine Gesellschaft, eine Insolvenz, ein Verfahren« durch den Grundsatz einer Vermengung der jeweiligen Massen der betroffenen Gesellschaften aufgelöst wird. Die Gläubiger der einen Gesellschaft können auch auf das Vermögen der anderen Gesellschaft zugreifen und umgekehrt (vgl. *Paulus* ZIP 2005, 1948, 1953). Eine materielle Zusammenfassung unter dem Gesichtspunkt der Massenmaximierung ist zumindest bei den Konzerntypen geboten, die a) ihre Konzernzugehörigkeit nach außen tragen und somit im Wirtschaftsleben gerade dokumentieren, Teil eines höheren Ganzen zu sein oder b) zentralisiert aufgebaut sind, d. h. wo die rechtliche Struktur die wirtschaftliche Einheit in keiner Weise angemessen wiedergibt (vgl. *Paulus* ZIP 2005, 1948, 1955). 93

II. Dogmatische und grundsätzliche Bedenken

Gegen eine materielle Zusammenfassung und für eine insolvenzrechtliche Einzelbehandlung sprechen dogmatische und grundsätzliche Aspekte. Zunächst bedarf es eines Gleichlaufs von materiellem Konzernrecht und materiellem Insolvenzrecht. Wenn nun der Konzern nichts anderes ist als eine wirtschaftliche Einheit rechtlich selbstständiger Unternehmen (vgl. Rn. 5), so muss sich diese rechtliche Selbstständigkeit auch auf der insolvenzrechtlichen Ebene widerspiegeln. Ein solches Procedere sorgt für Berechenbarkeit, Rechtssicherheit und damit verbundene Gerechtigkeit. Dies sind die zentralen Bausteine einer institutionalisierten Rechtsordnung. Auch die an- 94 gesprochene Entwicklung des Gesellschaftsrechts und damit des Konzernrechts als Teildisziplin zum Kapitalmarktrecht (vgl. Rn. 90) darf nicht durch ein »materielles Konzerninsolvenzrecht« eingetrübt werden. Zu Recht betont *Sester*, dass durch Haftungsbegrenzung und -separierung eine positive Risikoneigung gestützt wird, die Grundvoraussetzung für jedes unternehmerische Handeln und jede Investition ist (vgl. *Sester* ZIP 2005, 2099, 2100). Auf einer verlässlichen Haftungsbegrenzung und -separierung beruhen die modernen Ratingverfahren, die im Fokus von Basel II mit dem Element der Risikosteuerung durch spezifizierte Risikobewertung stehen. Im Sinne der volkswirtschaftlich wünschenswerten effizienten Risikosteuerung erscheint ein »materielles Konzerninsolvenzrecht« kontraproduktiv: Denn je unspezifischer Risiken erfasst werden, desto ineffizienter ist die Risikosteuerung (so auch *Sester* ZIP 2005, 2099, 2100).

III. Geltendes Deliktsrecht als effektives Rechtsinstrument

95 Zusammenfassend bleibt festzuhalten, dass das geltende rechtliche Instrumentarium in Gestalt der deliktsrechtlichen Normenkomplexe wie insbesondere §§ 823 Abs. 2, 826 BGB ein effektives Mittel bei Missbrauchstatbeständen wie z. B. Vermögensvermischung darstellen. Die Normen müssen lediglich dahingehend ausgelegt werden. Die Effizienz des Deliktsrechts hat der BGH jüngst in der »ITZ-Entscheidung« erneut dokumentiert (vgl. BGH NJW 2005, 145). In einem der beiden Leitsätze heißt es u. a.: »Der Gesellschafter einer GmbH und eine von ihm beherrschte Schwestergesellschaft der GmbH haften den Gesellschaftsgläubigern jedenfalls nach § 826 BGB auf Schadensersatz, wenn sie der GmbH planmäßig deren Vermögen entziehen und es auf die Schwestergesellschaft verlagern, um den Zugriff der Gesellschaftsgläubiger zu verhindern«. Dies zeigt, dass die Struktur der Haftungsbegrenzung von juristischen Personen keiner »dogmatischen Aufbrechung und Erneuerung« durch ein »materielles Konzerninsolvenzrecht« bedarf, sondern dogmatisch überzeugend ein direkter Zugriff auf die Unternehmensleiter zu erfolgen hat. Das geltende Deliktsrecht reicht aus und muss dahingehend angewendet und ausgelegt werden.

M. Bankrechtliche Dimension der Konzernbildung

96 In diesem Abschnitt soll ein kurzer Überblick gegeben werden über bankrechtliche Aspekte im Rahmen der Konzernbildung. Dies gerade vor dem Hintergrund des »Kirch/Deutsche Bank«-Urteils des BGH vom 24. 1. 2006 (vgl. BGH NJW 2006, 830). Die Konzernbildung führt neben spezifisch gesellschaftsrechtlichen Fragestellungen auch zu bankrechtlichen Problemkomplexen, die konzernrechtlich modifiziert und angepasst werden müssen.

I. Trennungsprinzip

97 Bei dem »Kirch/Deutsche Bank«-Urteil stand aus bankrechtlicher Perspektive u. a. im Mittelpunkt die Frage, ob sich rechtliche Schlussfolgerungen aus der Tatsache ergeben, dass zwar die Tochtergesellschaft mit der Deutschen Bank einen Darlehensvertrag geschlossen hat, aber zwischen der kreditgebenden Bank und der Muttergesellschaft keinerlei vertraglichen Beziehungen bestanden. Der BGH kommt zu der Feststellung, dass allenfalls die Tochtergesellschaft einen Anspruch wegen Verletzung des Darlehensvertrags haben mag, nicht aber die anderen Beteiligten in Person der Muttergesellschaft. Von konzernrechtlicher Relevanz ist hier die Aussage, wonach sich aus einer **bloßen Beteiligungsbeziehung** bzw. konzernrechtlicher Verflechtung keineswegs eine Einbeziehung in die aus einem Vertrag folgenden Sorgfalts- und Schutzpflichten nach den Grundsätzen der Rechtsprechung über den Vertrag mit Schutzwirkung zu Gunsten Dritter ergeben (vgl. BGH NJW 2006, 830, 835). Kerngedanke dieses Konzeptes ist unter dogmatisch konsequenter Anwendung des sog. Trennungsprinzips (s. *Ehricke*, Das abhängige Konzernunternehmen in der Insolvenz, 1998, S. 457 ff.; *Ehricke* FS Derleder, S. 341), die Haftung für Verbindlichkeiten aus einem letztlich dem Gesamtkonzern zugute kommenden Darlehensvertrag wirksam auf die vertragsschließende Konzerngesellschaft zu beschränken. Damit schließt sich wieder der Kreis zu der eingangs getroffenen Definition von der rechtlichen Selbstständigkeit der beteiligten Gesellschaften bei wirtschaftlicher Einheit und Interessenbindung (vgl. Rn. 5).

Dieses konstatierte Trennungsprinzip hindert jedoch nicht die Anwendung der in neuerer Zeit von der Rechtsprechung des II. Senats des BGH entwickelten Haftung aus existenzvernichtendem Eingriff (vgl. Rn. 80).

II. Leistungsnähe nach § 19 KWG aufgrund Kreditnehmereinheit?

In seinen tragenden Gründen verweist der BGH darauf, dass eine Leistungsnähe auch nicht spezifisch bankrechtlich über den Normenkomplex der §§ 18, 19 Abs. 2 KWG begründet werden kann, weil diese Vorschriften nicht dem Schutz eines Kreditnehmers oder seiner Obergesellschaft, sondern ausschließlich dem Kreditinstitut und mittelbar den Einlegern dienten (vgl. BGH NJW 2006, 830, 835). Gleichwohl ist diese Argumentationslinie nicht unumstritten (vgl. grundlegend *Ehricke/Rotstegge* ZIP 2006, 925, 927 ff.). Die Kritik stützt sich auf die Teleologie der §§ 18, 19 KWG: Nach diesen Normen erfolgt ein gesetzlicher Informationsfluss über Dritte, indem Informationen und Daten an den Kreditgeber preisgegeben werden, ohne dass der Dritte für diese Offenlegung nach den Vorschriften des KWG geschützt wird. Wenn nun – so der Ansatz der Kritiker der höchstrichterlichen Ausführungen – die Informationspreisgabe des Dritten an den Kreditgeber Folge des Vertragsverhältnisses zu einer anderen konzernverbundenen Gesellschaft ist, wird der Dritte dem Risiko einer von ihm ungewollten Informationsweitergabe durch den Kreditgeber in gleicher Weise ausgesetzt wie der Kreditnehmer selbst (vgl. *Ehricke* FS Derleder, S. 341, 351). Die logische Schlussfolgerung lautet daher: Folgt aus der Informationspreisgabe in Ansehung der KWG-Vorschriften, dass der Dritte in gleicher Weise Pflichtverletzungen im Hinblick auf die Geheimhaltung der offenbarten Informationen ausgesetzt sein kann wie der Vertragspartner selbst, so begründet dies unmittelbar eine Leistungsnähe zum Kreditvertrag (so *Ehricke/Rotstegge* ZIP 2006, 925, 927). Diese Sichtweise besticht durch eine schon mathematisch-logische Gedankenoperation. Ob sie sich durchsetzen wird, muss sich noch erweisen. Jedenfalls müssen gesellschaftsrechtliche und bankrechtliche Grundelemente und -strukturen in einen angemessenen Interessenausgleich zueinander gebracht werden. **98**

N. Das EHUG und seine Auswirkungen auf das Konzernrecht

Mit dem Inkrafttreten des »Gesetzes über elektronische Handelsregister und Genossenschaftsregister« -EHUG – erfolgt nunmehr auch von deutscher Seite eine **Angleichung an die europäische Handelsregisterpraxis** (vgl. BGBl. I 2006, 2533 v. 15. 11. 2006). Diese Kodifikation basiert auf der Umsetzung der Transparenzrichtlinie 2004/109/EG vom 15. 12. 2004 (vgl. ABl.EU Nr. L 390, 38). Unter der URL **http://www.unternehmensregister.de** werden ab dem 1. 1. 2007 grenzüberschreitend verlässliche Unternehmensdaten abrufbar sein. Damit folgt Deutschland einer bereits in England seit dem Jahr 2000 gängigen Praxis. Dort können nämlich mit der Umsetzung der »Companies Act 1985 (Electronic Communications) Order 2000« am 22. 12. 2000 Registereintragungen und auch die regelmäßig überarbeiteten und erweiterten grundlegenden Informationen eines Unternehmens in elektronischer Form vorgenommen und auch ausgegeben werden. Nationale und internationale Transaktionen werden wegen eines Abrufs der unternehmensbezogenen Informationen über ein einheitliches Portal nunmehr ab dem 1. 1. 2007 dank des EHUG von einer höheren Transaktionssicherheit und geringeren Kosten profitieren. **99**

I. Offenlegungspflichten

Für die Kapitalgesellschaften bedeutet die mit dem EHUG verbundene Novellierung des § 325 Abs. 1 HGB, dass sie den **Jahresabschluss in elektronischer Form** beim Betreiber des elektronischen Bundesanzeigers einzureichen haben. Dieselbe Verpflichtung gilt nach § 325 Abs. 3 HGB n. F. entsprechend auch für die gesetzlichen Vertreter einer Kapitalgesellschaft, die einen **Konzernabschluss** oder Konzernlagebericht aufzustellen haben. Die Einreichung muss unverzüglich nach Vorlage des Jahresabschlusses an die Gesellschafter, jedoch spätestens binnen zwölf Monaten nach dem dem Abschlussstichtag folgenden Geschäftsjahr erfolgen. Nunmehr ordnet die Vorschrift des § 329 Abs. 1 HGB n. F. an, die Prüfungspflicht bezüglich der fristgerechten und vollständigen Einreichung dem Betreiber des elektronischen Bundesanzeigers zuzuordnen. Damit **100** werden die Registergerichte von ihrer Prüfungspflicht entlastet. Der **Verstoß** gegen die vollständige und fristgerechte Offenlegung stellt gem. § 335 Abs. 1 HGB n. F. künftig eine Ordnungswidrigkeit dar, die zu einem Bußgeld in Höhe von bis zu € 25.000,– führen kann. Die eingenommenen Ordnungsgelder fließen dem Bundeshaushalt zu.

II. Befreiung von Offenlegungspflichten zu Gunsten der Tochtergesellschaften

101 In dem neu gefassten § 264 Abs. 3 HGB ist eine **Befreiung von der Offenlegungspflicht** bei Konzerntochtergesellschaften für den Fall vorgesehen, dass nach § 264 Abs. 3 Nr. 3 HGB n. F. das Tochterunternehmen in den Konzernabschluss einbezogen worden ist und nach § 264 Abs. 3 Nr. 4 HGB n. F. die Befreiung des Tochterunternehmens im Anhang des von dem Mutterunternehmen aufgestellten – und nach § 325 HGB durch Einreichung beim Betreiber des elektronischen Bundesanzeigers offen gelegten – Konzernabschlusses angegeben und zusätzlich im elektronischen Bundesanzeiger für das Tochterunternehmen unter Bezugnahme auf diese Vorschrift und unter Angabe des Mutterunternehmens mitgeteilt worden ist. Für konzernierte Personenhandelsgesellschaften ist die Befreiung in ihren kumulativen Voraussetzungen dem novellierten § 264 b Nr. 3 HGB zu entnehmen. Der neue § 290 Abs. 1 HGB enthält den Satz, dass, wenn das Mutterunternehmen eine Kapitalgesellschaft i. S. d. § 325 Abs. 4 S. 1 HGB ist und nicht zugleich i. S. d. § 327 a HGB, der Konzernabschluss sowie der Konzernlagebericht in den ersten vier Monaten des Konzerngeschäftsjahrs für das vergangene Konzerngeschäftsjahr aufzustellen sind.

Kapitel 15
Internationales Gesellschaftsrecht

Übersicht:

A. Einleitung

Gegenstand dieses Kapitels über das internationale Gesellschaftsrechts ist zunächst die Ermittlung des auf gesellschaftsrechtliche Fragen anwendbaren Rechts bei grenzüberschreitenden Sachverhalten (»Gesellschaftsstatut«; vgl. Rn. 2 ff.). Des Weiteren wird dargestellt, welche gesellschaftsrechtlichen Verhältnisse und Vorgänge dem Gesellschaftsstatut unterfallen, wodurch gleichzeitig der Anknüpfungsgegenstand des Gesellschaftsstatuts definiert und gegenüber anderen Kollisionsregeln abgegrenzt wird (vgl. Rn. 32 ff. bzw. 43 ff.). 1

B. Ermittlung des Gesellschaftsstatuts

I. Mögliche Anknüpfungspunkte (Sitztheorie versus Gründungstheorie)

Das geltende deutsche internationale Privatrecht enthält **keine geschriebenen Kollisionsnormen**, die regeln, welche Rechtsordnung für Gesellschaften maßgeblich ist, wenn diese eine Aus- 2 landsberührung aufweisen. Stattdessen wurde es der Rechtsprechung und Lehre überlassen, ein derartiges Gesellschaftskollisionsrecht zu entwickeln.

3 Gegenwärtig werden in Bezug auf die Anknüpfungsmerkmale für die Ermittlung des Gesellschaftsstatuts – neben vermittelnden Konzepten – hauptsächlich zwei Theorien vertreten. Dabei stehen sich die im anglo-amerikanischen Recht vorherrschende **»Gründungstheorie«**, die die Gesellschaft derjenigen Rechtsordnung unterstellt, nach der die Gesellschaft gegründet worden ist, und die in den kontinentalen Mitgliedstaaten der Europäischen Union verbreitete **»Sitztheorie«**, die die Gesellschaft derjenigen Rechtsordnung unterstellt, in deren Bereich ihre tatsächliche Hauptverwaltung ihren Sitz hat, gegenüber. Hinsichtlich beider Theorien gilt, dass die ermittelten Rechtsordnungen nur vorbehaltlich etwaiger Rück- und Weiterverweisungen, etwaiger »ordre-public-Vorbehalte« (vgl. Art. 6 EGBGB) oder einer staatsvertraglichen Sonderbestimmung Anwendung finden (Staudinger/*Großfeld* IntGesR Rn. 21, 38 ff. jeweils m. w. N.).

4 Für beide Theorien werden gleichermaßen **Vor- wie Nachteile** angeführt: Die Gründungstheorie lässt dem Parteiwillen Spielraum und eröffnet durch diese Wahlfreiheit der Gründergesellschafter jedem Gesellschaftsrecht die Möglichkeit, zur Anwendung zu kommen (»Wettbewerb der Rechtsordnungen«). Allerdings birgt sie auch das Risiko in sich, dass sich ausländische Gesellschaften mit einem regulierungsschwächeren Gesellschaftsstatut im Inland niederlassen und sich gegenüber inländischen Wettbewerbern dadurch einen Vorteil verschaffen. Die Vorschriften des Verwaltungssitzstaates, die den Schutz bestimmter grundlegender Interessen bezwecken (z. B. Interessen von Gläubigern, des Rechtsverkehrs oder Arbeitnehmern usw.), können so gezielt umgangen werden. Die Sitztheorie hat den Vorteil der Sachnähe und erleichtert eine wirksame Kontrolle und einen effizienten Schutz durch den primär beteiligten Staat, insbesondere im Hinblick auf die dort ansässigen Gläubiger und andere Dritte. Ihr mangelt es aber an Liberalität, da dem Parteiwillen deutlich weniger Raum gelassen wird (vgl. den Überblick bei MüKo BGB/*Kindler* IntGesR Rn. 406 ff.; Staudinger/*Großfeld* IntGesR Rn. 21, 38 ff. jeweils m. w. N.).

5 Die Anwendung der Gründungs- bzw. Sitztheorie führt für Gesellschaften, bei denen der tatsächliche Verwaltungssitz und das Gründungsrecht in verschiedenen Rechtsordnungen angesiedelt sind und diese Situation nachträglich (z. B. durch eine Verlegung des Verwaltungssitzes) eintritt, zu **unterschiedlichen Konsequenzen**. Bei Anwendung der Sitztheorie vollzieht sich ein Statutenwechsel der betreffenden Gesellschaft: Die Gesellschaft besteht dann allenfalls unter Maßgabe des neuen Statuts fort, was eventuell eine Änderung ihrer Gesellschaftsform bedingt. Gegebenenfalls ist sie sogar aufzulösen und neu zu gründen. Bei Anwendung der Gründungstheorie hingegen verbleibt es bei der Anwendung des Gesellschaftsstatuts des Gründungsstaats, so dass die Gesellschaft auch nach Sitzverlegung unverändert fortbesteht.

6 Das einmal ermittelte Gesellschaftsstatut regelt grundsätzlich einheitlich die gesellschaftsrechtlichen Beziehungen vom Beginn bis zum Ende der Gesellschaft. Dieser Grundsatz schließt aber nicht von vornherein gesellschaftsrechtliche Sonderanknüpfungen mittels nationalen Rechts für die betroffenen Gesellschaften aus, insbesondere aus Gründen des Gläubigerschutzes oder anderer zwingender Gemeinwohlgründe.

II. Anwendbares Recht für EU/EWR-Gesellschaften

1. Vorherrschende Meinung bis zur »Überseering«-Entscheidung (Sitztheorie)

7 Im deutschen internationalen Gesellschaftsrecht war bis zum Anfang des 21. Jahrhunderts ohne Unterscheidung zwischen Gesellschaften aus dem **europäischen** und dem **nicht-europäischen Ausland** gewohnheitsrechtlich die Anwendung der Sitztheorie anerkannt (st.Rspr.; zuletzt BGH NJW 2002, 3539, 3540; MüKo BGB/*Kindler*, IntGesR Rn. 400 m. w. N.).

8 Hinsichtlich europäischer Gesellschaften wurde allerdings seit Mitte der 80 er Jahre in der Rechtsprechung und Literatur außerordentlich kontrovers diskutiert, ob nicht aufgrund europäischen Primärrechts zwingend die Gründungstheorie Anwendung finden müsse (MüKo BGB/*Kindler*

IntGesR Rn. 341 m. w. N.). Hintergrund ist die in den Art. 43, 48 EG verankerte **Niederlassungsfreiheit**. Sie bestimmt inhaltlich, dass Beschränkungen der Grundfreiheit der freien Niederlassung grundsätzlich verboten sind. Man unterscheidet zwischen der Freiheit zur geschäftlichen Sitznahme der Staatsangehörigen eines Mitgliedstaats im Hoheitsgebiet eines anderen Mitgliedstaats (**primäre Niederlassungsfreiheit**) und der Freiheit zur Gründung von Agenturen, Zweigniederlassungen oder Tochtergesellschaften durch Angehörige eines Mitgliedstaats, die im Hoheitsgebiet eines anderen Mitgliedstaats ansässig sind (**sekundäre Niederlassungsfreiheit**). Umfasst wird von der Niederlassungsfreiheit die Aufnahme und Ausübung einer selbstständigen Erwerbstätigkeit sowie die Gründung und Leitung von Unternehmen. Dabei erstreckt sich die Niederlassungsfreiheit auch auf Gesellschaften, soweit diese nach dem Recht eines Mitgliedstaats gegründet sind und ihren satzungsmäßigen Sitz, ihre Hauptverwaltung oder ihre Hauptniederlassung innerhalb der Gemeinschaft haben. Beschränkungen können nur durch Rechts- und Verwaltungsvorschriften erfolgen, die entweder eine Sonderregelung für Ausländer vorsehen, und aus Gründen der öffentlichen Ordnung, Sicherheit oder Gesundheit gerechtfertigt sind (vgl. Art. 46 EG) oder aber die, wenn sie in nicht diskriminierender Weise angewendet werden, zwingenden Gründen des Allgemeininteresses entsprechen, zur Erreichung des verfolgten Zwecks geeignet sind und nicht über das hinaus gehen, was zur Erreichung des Zwecks erforderlich ist (st.Rspr.; vgl. nur EuGH NJW 2004, 2439, 2440 – »Huges de Lasteyrie du Saillant«; EuGH NZG 2006, 109, 110 – »Marks & Spencer plc«; zuletzt EuGH NZG 2006, 425, 426 – »SEVIC Systems AG«).

Das Ergebnis dieser Kontroverse lautete nach der überwiegenden Auffassung in Rechtsprechung und Lehre bis zur **»Überseering«-Entscheidung** des EuGH, dass die Anknüpfung des Gesellschaftsstatuts an den tatsächlichen Verwaltungssitz auch hinsichtlich europäischer Gesellschaften nicht gegen die Niederlassungsfreiheit verstoße, da das mitgliedstaatliche internationale Gesellschaftsrecht quasi »unantastbar« sei. Als Hauptargument wurde die Gleichrangigkeit der Anknüpfungsmerkmale in Art. 48 EG und der Abkommensvorbehalt in Art. 293 EG angeführt. Träger der Niederlassungsfreiheit könnten nur existente bzw. rechtsfähige Gesellschaften sein, über die Existenz bzw. Rechtsfähigkeit entscheide aber das nationale Privatrecht. Dieses Ergebnis wurde dabei auch gerade vor dem Hintergrund der Rechtsprechung des Europäischen Gerichtshofes zur Auslegung bzw. Interpretation der Niederlassungsfreiheit gewonnen (vgl. nur BGH NJW 2002, 3539, 3540; *Roth* ZGR 2000, 311, 327 f.; *Kindler* NJW 1999, 1993, 1995). 9

2. Wende durch die »Überseering«-Entscheidung (Gründungstheorie)

Die Abkehr von der Sitztheorie für europäische Gesellschaften wurde (endgültig) mit dem Fall »Überseering« eingeleitet. Im Streit stand eine niederländische Gesellschaft mit beschränkter Haftung, die ihren Verwaltungssitz dadurch in die Bundesrepublik Deutschland verlegt hatte, dass ihre Geschäftsanteile vollständig durch zwei deutsche Staatsangehörige erworben wurden. Die deutschen Gerichte erkannten zunächst weder die Rechts- noch die Parteifähigkeit an. Der EuGH entschied am 5. 1. 2002 auf Vorlagebeschluss des BGH, dass die EG-Mitgliedstaaten aufgrund der Niederlassungsfreiheit verpflichtet seien, im Falle einer Sitzverlegung einer ausländischen Gesellschaft, die ihren satzungsmäßigen Sitz in einem anderen Mitgliedstaat hat und nach dem Recht dieses Mitgliedstaats wirksam gegründet wurde, die **Rechts- und Parteifähigkeit dieser Gesellschaft**, die sie nach dem Recht ihres Gründungsstaats besitzt, zu achten. Ein etwaiger durch Anwendung der Sitztheorie bewirkter (faktischer) Zwang zur Neugründung der ausländischen Gesellschaft im Inland komme nämlich einer auch unter dem Gesichtspunkt der Gläubigerinteressen, des Schutzes von Minderheitsgesellschaftern und Arbeitnehmern oder des Fiskus nicht zu rechtfertigenden Negierung der Niederlassungsfreiheit gleich (EuGH NZG 2002, 1164, 1167 ff. – »Überseering«). 10

Spätestens mit dieser Rechtsprechung des EuGH hielt die innerdeutsche Rechtsprechung ganz überwiegend, wenn auch zunächst noch mit vereinzelten Ausnahmen, einen **Wechsel von der gewohnheitsrechtlich anerkannten Sitztheorie** hin zur Gründungstheorie jedenfalls insoweit 11 für zwingend, als sie solche unter dem Schutz der Niederlassungsfreiheit stehende Gesellschaften im Inland in ihrer ursprünglichen Rechtsform als rechts- und parteifähig anerkannte (st.Rspr. seit BGH NJW 2003, 1461, 1461 f.; vgl. auch BGH NJW-RR 2004, 1618; BGH NJW 2004, 3706, 3707; zuletzt BGH 2005, 1648, 1649). Auch das überwiegende Schrifttum hielt spätestens mit dieser europäischen Rechtsprechung – zumindest hinsichtlich der Rechts- und Parteifähigkeit einer Kapitalgesellschaft im Zuzugsstaat bei nachträglicher Sitzverlegung – den Wechsel zur Gründungstheorie für zwingend notwendig (vgl. nur *Lutter* BB 2003, 7, 9; *Zimmer* BB 2003, 1, 5; *Eidenmüller* ZIP 2002, 2233, 2238; *Forsthoff* DB 2002, 2471, 2474 f.).

12 Der »Überseering«-Entscheidung folgten weitere Urteile des EuGH, die die Anwendung der Gründungstheorie auf europäische Gesellschaften im Anwendungsbereich der Niederlassungsfreiheit für die konkrete Fallgestaltung in der Überseering-Entscheidung bestätigten respektive die Rechtsprechung fortführten und auf weitere Fallgestaltungen mit Bezug zu Teilbereichen des Gesellschaftsstatuts erstreckten (EuGH NJW 2003, 3331 – »Inspire Art«; EuGH NJW 2006, 425–»SEVIC Systems AG«).

13 Die innerdeutsche Rezeption dieser europäischen Rechtsprechung führte dazu, dass gegenwärtig deutsche Gerichte in wesentlichen Anwendungsbereichen – wie z. B. auch bei der Beurteilung der Geschäftsführerhaftung bzw. Gesellschafterhaftung für Gesellschaftsverbindlichkeiten – das Gründungsstatut anwenden (vgl. nur BGH NJW 2005, 1648, 1649; NJW-RR 2004, 1618; OLG Zweibrücken NZG 2003, 537, 538). Das gilt auch für EWR-Gesellschaften, denn insoweit entspricht Art. 31 EWR der im Wesentlichen gleich lautenden Vorschrift des Art. 43 EG und ist daher nach dem Leitgedanken des EWR-Abkommens aus Gründen der anzustrebenden Rechtshomogenität wie diese auszulegen und anzuwenden (BGH NJW 2005, 3351, 3352). Auch das ganz überwiegende Schrifttum versteht die europäische Rechtsprechung heute so, dass sie ein bestimmtes mitgliedstaatliches Gesellschaftskollisionsrecht erzwingt, so dass auch dieses jedenfalls für die kollisionsrechtliche Beurteilung von EU/EWR-Gesellschaften nunmehr **grundsätzlich die Gründungstheorie** für zentrale Regelungsbereiche des Gesellschaftsstatuts heranzieht (vgl. nur *Ressos* DB 2005, 1048, 1049; *Horn* NJW 2004, 893, 896 ff.; *Sandrock* BB 2004, 897, 900; *Zimmer* NJW 2003, 3585, 3591; *Eidenmüller* ZIP 2002, 2233, 2235).

3. Fortbestand der Sitztheorie und ergänzende Anwendung nationalen Gesellschaftsrechts

14 Hinsichtlich der Reichweite der Abkehr von der in der Bundesrepublik Deutschland gewohnheitsrechtlich anerkannten Sitztheorie ist zu bedenken, dass die für europäische Gesellschaften mit der Gründungstheorie gefundene Kollisionsregel ihre Legitimationswirkung aus der europäischen Niederlassungsfreiheit bezieht und diese Kollisionsregel **außerhalb des Schutzbereichs der Niederlassungsfreiheit** keine Geltung beanspruchen kann, mithin das Ende der Sitztheorie – unabhängig von der Frage möglicher Sonderanknüpfungen an nationales Recht – für europäische Gesellschaften noch nicht endgültig besiegelt ist.

15 Theoretisch gilt die Sitztheorie auch für europäische Gesellschaften vor allem weiterhin dann, wenn die grenzüberschreitende Fallgestaltung nicht in den Schutzbereich der Niederlassungsfreiheit fällt. Das betrifft in erster Linie die **Wegzugsfälle**. Nach der bisherigen heftig kritisierten Rechtsprechung des EuGH gewährt die Niederlassungsfreiheit den Gesellschaften kein Recht, den Sitz ihrer Geschäftsleitung unter Bewahrung ihrer Eigenschaft als Gesellschaft des Mitgliedstaats ihrer Gründung in einen anderen Mitgliedstaat zu verlegen. Die Probleme, die sich aus der Unterschiedlichkeit der nationalen Rechte bei einer Verlegung des Verwaltungssitzes ergeben, sind vielmehr durch Rechtsetzung oder Vertrag zwischen den Mitgliedstaaten zu lösen (EuGH NJW 1989, 2186 – »Daily Mail« zu Art. 52, 58 EWG; vgl. auch die innerdeutsche Rezeption dieser Rechtssprechung: OLG Hamm ZIP 1997, 1696, 1697). Eine Lösung der Wegzugproblematik außerhalb der Sitztheorie ist damit derzeit wohl vornehmlich über eine zu schaffende EU-Richtlinie über den Wegzug von Gesellschaften bzw. über die grenzüberschreitende Sitzverlegung von Gesellschaften zu suchen, soweit für eine derartige Richtlinie eine Regelungskompetenz der EU anzuerkennen ist (so *Kappes* NJW 2006, 101, 102; *Horn* NJW 2004, 893, 897).

Im **Anwendungsbereich der Niederlassungsfreiheit** besteht bei grundsätzlicher Anerkennung der Gründungstheorie zudem Raum für eine ergänzende Anwendung nationalen Rechts mittels Sonderanknüpfung an den Sitz der Gesellschaft, wenn ein **Rechtfertigungsgrund für die Beschränkung der Niederlassungsfreiheit** eingreift (so MüKo BGB/*Kindler* IntGesR Rn. 127 m. w. N.). Wie aufgezeigt (vgl. Rn. 8) sind nach der europäischen Rechtsprechung Beschränkungen der Niederlassungsfreiheit vor allem dann zulässig, wenn sie in nicht diskriminierender Weise angewendet werden, zwingenden Gründen des Allgemeininteresses entsprechen, zur Erreichung des verfolgten Zwecks geeignet sind und nicht über das hinaus gehen, was zur Erreichung des Zwecks erforderlich ist. Zwingende Gründe des Allgemeininteresses können unter bestimmten Voraussetzungen auch der Schutz der Interessen der Gläubiger, der Minderheitsgesellschafter, der Arbeitnehmer, die Wahrung der Wirksamkeit der Steueraufsicht und die Lauterkeit des Handelsverkehrs sein (st.Rspr. seit EuGH NZG 2002, 1164, 1170 – »Überseering«; zuletzt EuGH NJW 2006, 425, 426 – »SEVIC Systems AG«). Mit Hilfe einer Sonderanknüpfung an bestimmte innerdeutsche Schutzvorschriften kann diesen Interessen sodann Rechnung getragen werden. 16

Derartige Sonderanknüpfungen dürfen aber nicht die einheitliche kollisionsrechtliche Beurteilung gesellschaftsrechtlicher Fragen gefährden und sind deshalb auf **Ausnahmen** zu beschränken. Nach der bisher ergangenen europäischen Rechtsprechung erscheinen Sonderanknüpfungen ohnehin weitgehend ausgeschlossen: Sie kommen insbesondere dann nicht in Betracht, wenn ein **Selbstschutz der Betroffenen** möglich ist, z. B. indem sie von der Ausländereigenschaft der Gesellschaft Kenntnis erlangen können, oder ein Schutz ausreichend durch bestimmte gemeinschaftsrechtliche Schutzregeln gewährleistet ist. Sonderanknüpfungen sind danach letztlich auf **konkrete Missbrauchsfälle** beschränkt. Die Gründe, aus denen die Gesellschaft in dem anderen Mitgliedstaat errichtet wurde, sind – abgesehen von dem Fall des Betrugs – dabei irrelevant. Auch der Umstand, dass die Gesellschaft in einem Mitgliedstaat nur gegründet wurde, um in den Genuss vorteilhafter Rechtsvorschriften zu kommen, stellt keinen Missbrauch dar und zwar auch dann nicht, wenn die Gesellschaft ihre Tätigkeit ausschließlich oder nahezu ausschließlich im Mitgliedstaat der Niederlassung ausübt (vgl. EuGH NJW 2003, 3331, 3331 f. – »Inspire Art«; EuGH NJW 2006, 425, 426 – »SEVIC Systems AG«). 17

Unter welchen Voraussetzungen eine **missbräuchliche oder betrügerische Berufung auf das Gemeinschaftsrecht** anzunehmen ist, hat der EuGH bislang nicht geklärt. Eine Berufung auf das Gründungsrecht dürfte allenfalls dann als missbräuchlich anzusehen sein, wenn ein Inländer, dem es aufgrund einer gemeinschaftsrechtskonformen gerichtlichen oder behördlichen Entscheidung untersagt ist, ein bestimmtes Gewerbe zu führen, sich einer **»Scheinauslandsgesellschaft«** bedienen will, um die ihm untersagte Tätigkeit trotzdem im Inland auszuüben (so auch OLG Zweibrücken NJW 2003, 537, 538 m. w. N.). Als ein Missbrauchsfall wird auch der Sonderfall der **»Existenzvernichtungshaftung«** diskutiert. Eine Existenzvernichtung ist anzunehmen, wenn eine Gesellschaft eine von ihr abhängige Gesellschaft durch entschädigungslosen Abzug von Liquidität, Vermögen und Ertragschancen in den voraussehbaren wirtschaftlichen Zusammenbruch treibt und dadurch die Gläubiger der illiquid gewordenen Gesellschaft in ihren Interessen unzumutbar beeinträchtigt werden (BGH NJW 2001, 3622, 3623 – »Bremer Vulkan«; bestätigt durch BGH NJW 2002, 1803, 1805; so auch *Horn* NJW 2004, 893, 899; *Altmeppen* NJW 2002, 321, 322). Hierbei ist jedoch zu berücksichtigen, dass die Existenzvernichtungshaftung nicht nur gesellschaftsrechtlich, sondern daneben auch deliktsrechtlich und insolvenzrechtlich qualifiziert werden kann. Ein Rückgriff auf die Sitztheorie ist daher insoweit nicht geboten. 18

Sonderanknüpfungen finden sich ferner außerhalb des Gesellschaftsrechts wie dem **Strafrecht** oder **Verwaltungsrecht**. Auch diese sind geeignet, Schutzprobleme bei (Schein-)Auslandsgesellschaften zu lösen. Zum Teil wird auch ein – allerdings recht konstruiert anmutender – Lösungsansatz darin gesucht, den Begriff »Gesellschaftsstatut« besonders eng auszulegen, so dass das 19

Gesellschaftskollisionsrecht gar nicht betroffen ist und dadurch z. B. eine Haftung der Gesellschafter außerhalb des Gesellschaftsrechts möglich ist (*Horn* NJW 2004, 893, 899 m. w. N.).

III. Anwendbares Recht für Drittland-Gesellschaften (Sitztheorie)

20 Die Gründungstheorie im Bereich der EU / EWR-Staaten dient – wie dargestellt (vgl. Rn. 7 ff.) – der Verwirklichung der Niederlassungsfreiheit nach Art. 43 EG ff. Im Verhältnis zu **nicht-europäischen Staaten (»Drittländer«)** wird von der überwiegenden innerdeutschen Rechtsprechung und der Literatur weiter von der gewohnheitsrechtlich anerkannten Sitztheorie und deren Rechtsfolgen ausgegangen (BGH ZIP 2004, 2230, 2231; NJW-RR 2004, 1618; *Horn* NJW 2004, 893, 897). Die Folge ist, dass eine nach dem Recht eines Drittstaats gegründete Gesellschaft mit Sitz in Deutschland in das deutsche System der Gesellschaftstypen eingeordnet werden muss. Handelt es sich um eine Gesellschaft mit mehreren Teilhabern, so wird zumeist eine GbR bzw. bei Betreiben eines Handelsgewerbes eine OHG vorliegen (MüKo BGB/*Kindler* IntGesR Rn. 468 ff.). Eine z. B. nach russischem Recht gegründete Kapitalgesellschaft mit einem gewerblichen Betrieb, die ihren Sitz in Deutschland hat und mehrere Teilhaber aufweist, wird somit als OHG zu qualifizieren sein mit dem Effekt, dass die Gesellschafter auch dann unbeschränkt akzessorisch gem. § 128 HGB für Gesellschaftsverbindlichkeiten haften, wenn das russische Kapitalgesellschaftsrecht diese Gesellschafterhaftung ausschließt.

21 Eine einfache Möglichkeit der Umgehung des strengen deutschen Gesellschaftsrechts besteht für derartige Drittlandgesellschaften darin, dass diese Gesellschaften sich nach einem weniger strengen Gesellschaftsrecht eines Mitgliedstaats der Europäischen Union gründen und ihren Sitz als EU-Gesellschaft danach unproblematisch in der Bundesrepublik Deutschland nehmen.

IV. Bewertung der unterschiedlichen Anknüpfungsmerkmale für EU/EWR- bzw. Drittland-Gesellschaften

22 Aus den vorangegangenen Ausführungen ergibt sich, dass das deutsche internationale Gesellschaftsrecht – nach der noch vorherrschenden Rechtsprechung und Literatur – auf einer **gespaltenen Anknüpfung des Gesellschaftsstatuts** beruht: Auf europäische Gesellschaften findet grundsätzlich das Recht des Gründungsstaats Anwendung, während auf Gesellschaften aus Drittstaaten grundsätzlich das Recht des effektiven Hauptsitzes Anwendung findet.

23 Wenn es um die Beantwortung der Frage geht, ob die beschriebene Spaltung in der täglichen Rechtsanwendung sinnvoll erscheint bzw. sachlich gerechtfertigt werden kann, führen die Befürworter der doppelten Anknüpfung regelmäßig ins Feld, dass den Gefahren der Gründungstheorie, mithin vor allem der Flucht in die laxesten Anforderungen an das Gesellschaftsstatut, nur auf EU-Ebene begegnet werden und damit auch nur auf europäische Gesellschaften Anwendung finden kann. Denn nur innerhalb der EU ist eine Rechtsangleichung der Staaten möglich; es existiert mithin nur auf dieser Ebene ein gewisses Korrektiv für Schutzlücken für Gläubiger und Geschäftspartner vor ausländischen Briefkastengesellschaften mit Hilfe von Gemeinschaftsrichtlinien (sog. **»Informationsmodell«**; vgl. erste gesellschaftsrechtliche Richtlinie »Publizitätsrichtlinie« v. 9. 3. 1968 (RL 68 / 151 / EWG ABl. EG Nr. L 65 S. 8). Darüber hinaus ist die **prozessuale Geltendmachung** von Ansprüchen gegen Drittland-Gesellschaften und deren Vollstreckung kaum rechtlich abgesichert, ganz im Gegensatz zu europäischen Gesellschaften, die entsprechenden europäischen Rechtsakten unterliegen (vgl. die EuGVO, EuZVO, EuBVO, EuInsVO). Schließlich – so wird argumentiert – ist allenfalls das gesellschaftsrechtliche Sachrecht durch den Gesetzgeber zu ändern, damit die Attraktivität des deutschen Gesellschaftsrechts für ausländische Investoren steigt. Letztlich – so wird als weiteres Argument angeführt – wird die Verwaltungssitzanknüpfung auch in einer Reihe von gesetzlichen Vorschriften im deutschen Recht als selbstverständlich vorausgesetzt (vgl. § 1 BörsZulVO, § 13 Abs. 3 HGB, § 1 Abs. 1 UmwG) und beherrscht Rechtsmaterien, die mit dem Gesellschaftsrecht eng zusammenhängen (vgl. u. a. *Hüffer* AktG, § 1 Rn. 32; *Bayer* BB 2003, 2357, 2359; *Kindler* NJW 2003, 1073, 1076).

Eine alleinige oder gespaltene Anknüpfung an den Sitz der Gesellschaft ist aus folgenden Gründen **kritikwürdig**: Der Schutz, den die Sitztheorie bietet wird grundsätzlich überschätzt und sein Wegfall ist leicht zu verschmerzen. Auch die aufgezeigte (vgl. Rn. 21) leichte Umgehungsmöglichkeit für Drittland-Gesellschaften, als EU / EWR-Gesellschaften aufzutreten, belegt dies. Angesichts der Modifikations- und Korrektivmöglichkeit etwaiger unsachgerechter Ergebnisse in Form von Schutzdefiziten und Wettbewerbsverzerrungen als Folge der Anwendung der Gründungstheorie mit Hilfe eines Systems von Sonderanknüpfungen verliert das in einem Verweis auf die potentiellen Gefahren der Gründungstheorie bestehende Hauptargument der Vertreter der gespaltenen Anwendung / Sitztheorie weiter an Gewicht. Stattdessen sollte auch beachtet werden, dass eine Notwendigkeit des deutschen Gesellschaftsrechts besteht, im Wettbewerb der Rechtsordnungen um die Gunst der Gründer zu konkurrieren (so auch *Eidenmüller* ZIP 2002, 2233, 2237). Für die Abkehr von der Sitztheorie im Allgemeinen spricht zudem das Argument einer unsachgemäßen Differenzierung in Wegzugsfällen: Die der Sitztheorie unterliegenden Gesellschaften werden im Falle des Wegzugs liquidiert, was de facto eine Wegzugsperre bedingt; ausländische Gesellschaften mit Gründungsstatut können dagegen ihren Sitz in die Bundesrepublik Deutschland verlegen, ohne aufgelöst zu werden (so auch *Kappes* NJW 2006, 101, 102). 24

Die besseren Argumente sprechen daher für eine **einheitliche Bewertung ausländischer Gesellschaften** und als letzte Konsequenz für eine **grundsätzliche Anwendung der Gründungstheorie** auf alle Gesellschaften. Freilich bleibt zu konstatieren, dass letztlich die Entscheidung zwischen Sitz- und Gründungstheorie wie auch einer gespaltenen Anknüpfung je nach Herkunftsland der Gesellschaft von komplexen nationalen und internationalen wirtschafts- und ordnungspolitischen Wertungen abhängt, so dass eine Beurteilung der Anknüpfungspunkte für das Gesellschaftsstatut nicht endgültig und abschließend sein kann. Das Beispiel der USA, in denen die Einzelstaaten vor und nach 1990 einen Wettstreit um die Gunst der Gründer starteten, was zunächst zu einer Degenerierung des einzelstaatlichen Gesellschaftsrechts mit dessen jeweiligen Schutzstandards führte (»Delaware-Effekt«), aber durch die Entwicklung eines Bundes-Kapitalmarktrechts sowie durch Verbesserungen der einzelstaatlichen Rechte inzwischen weitgehend überwunden wurde, zeigt jedenfalls deutlich, dass die Schutzprobleme auch unter der Herrschaft der Gründungstheorie gelöst werden können, vor allem dann, wenn neue Schutzansätze außerhalb des Gesellschaftsrechts i. e. S. gesucht werden. Eine Harmonisierung sowohl des Sachrechts als auch des Kollisionsrechts ist hierfür der geeignete Weg. 25

V. Sonderbestimmungen in Staatsverträgen

Völkerrechtliche Verträge gehen gem. Art. 3 Abs. 1 EGBGB nationalem Kollisionsrecht vor. Sofern staatsvertragliche Sonderregeln zwischen einzelnen Staaten gelten, können sich Abweichungen von den vorangegangenen Ausführungen ergeben. 26

Die Bundesrepublik Deutschland hat zahlreiche **bilaterale und multilaterale Staatsverträge** abgeschlossen, in denen sich Bestimmungen zur Anknüpfung des Gesellschaftsstatuts von vor allem juristischen Personen und von Personenhandelsgesellschaften finden (vgl. den Überblick bei MüKo BGB/*Kindler* IntGesR Rn. 308 ff.). Diese Bestimmungen über die gegenseitige Anerkennung von Gesellschaften – häufig unter dem Vorbehalt des ordre public – sind teilweise konstitutiv und teilweise rein deklaratorisch, je nachdem, ob die in den Staatsverträgen enthaltenen Klauseln Anknüpfungsmerkmale enthalten, die von denen des deutschen Kollisionsrechts abweichen oder nicht. Zu beachten ist ferner, dass zweiseitige Staatsverträge zwischen EU / EWR-Staaten durch die Niederlassungsfreiheit im EG-Vertrag überlagert werden, so dass unter Umständen eine Gesellschaft, die nach völkervertraglichen Bestimmungen nicht anerkennungsfähig ist, dennoch aufgrund EU-Rechts als anerkennungsfähig behandelt werden muss (MüKo BGB/*Kindler* IntGesR Rn. 307). 27

Nachfolgend wird exemplarisch nur auf die im Wirtschaftsleben wohl wichtigste völkervertragliche Sonderanknüpfung eingegangen, wobei die Ausführungen auch für sonstige Staatsverträge herangezogen werden können, wenn diese vergleichbare Bestimmungen enthalten: Nach dem 28

deutsch-amerikanischen Freundschafts-, Handels- und Schifffahrtsvertrag vom 29. 10. 1954 (BGBl. II 1956, 487 ff.) sind die Bundesrepublik Deutschland und die USA verpflichtet, Handelsgesellschaften, Teilhabergesellschaften sowie sonstige Gesellschaften, Vereinigungen und juristische Personen, die nach dem Recht des anderen Vertragsstaats in dessen Gebiet errichtet sind, im Inland des anderen Vertragsteils anzuerkennen (Art. XXV Abs. 5 S. 1, 2).

29 Nach neuerer (höchstrichterlicher) Rechtsprechung und überwiegender Auffassung im Schrifttum folgt aus diesem Vertrag die **Anwendung der Gründungstheorie auf US-amerikanische Gesellschaften** mit Sitz in der Bundesrepublik Deutschland, jedenfalls soweit es um die Anerkennung der Rechts- und Parteifähigkeit geht (BGH NJW-RR 2004, 1618; NJW 2003, 1607, 1608; *Horn* NJW 2004, 893, 897 m. w. N.).

30 Ob allerdings der deutsch-amerikanische Staatsvertrag voraussetzt, dass eine effektive Beziehung der Gesellschaft zum Gründungsstaat besteht (sog. »**genuine link**«), bzw. noch weiter gehend, ob die Gründungstheorie grundsätzlich im vollen Umfang, d. h. in allen Fragen der internen und externen Rechtsverhältnisse Anwendung finden kann, ist noch nicht endgültig geklärt. Die (höchstrichterliche) Rechtsprechung hat sich zu den Fragen noch nicht geäußert. Da sie aber in ihren Urteilen Bezug auf die in den Art. 43 EG ff garantierte Niederlassungsfreiheit nimmt (vgl. BGH NJW-RR 2004, 1618; NJW 2003, 1607, 1608) und zudem nur bei einem derartigen Normverständnis die Einheitlichkeit des Gesellschaftsstatuts gewährleistet ist, liegt es nahe, die vom EuGH aufgestellten Grundsätze für die Niederlassungsfreiheit auf den deutsch-amerikanischen Freundschaftsvertrag zu übertragen, so dass damit auf das »genuine-link«-Erfordernis zu verzichten und davon auszugehen ist, dass grundsätzlich die Gründungstheorie in allen internen wie externen Fragen Anwendung findet (so auch *Meilicke* GmbHR 2003, 793, 805; a. A. u. a. *Bungert* DB 2003, 1044, 1045). Dies schließt nicht aus, dass der Gesetzgeber oder die Rechtsprechung in Spezialfragen mit der gebotenen Toleranz einige wenige Überlagerungen durch das nationale Recht entwickeln kann. Aber auch in diesem Fall ist – nach der hier vertretenen Auffassung – die restriktive Rechtsprechung des EuGH zu Sonderanknüpfungen parallel heranzuziehen, so dass derartige Überlagerungen allenfalls in Ausnahmefällen möglich sind. Parallel zu dem betreffend EU/EWR-Gesellschaften gefundenen Ergebnis gilt im Übrigen auch für die dem deutsch-amerikanischen Staatsvertrag unterfallenden Gesellschaften, dass das nationale Kollisionsrecht – mithin die Sitztheorie – Anwendung findet, wenn der Schutzbereich der Niederlassungsfreiheit durch den Vertrag nicht berührt wird (z. B. bei Wegzugsfällen). Es ist deshalb auch davon auszugehen, dass eine deutsche Gesellschaft, die ihren Verwaltungssitz in die USA verlegt, sich aufgrund des geltenden deutschen Rechts konkludent auflöst.

31 Abschließend wird darauf hingewiesen, dass der deutsch-amerikanische Vertrag **keinen Vorbehalt der Anwendung des ordre public** enthält (vgl. Art. 6 EGBGB), weshalb nach der ganz h. M. auch die Anerkennung der US-Gesellschaften in der Bundesrepublik Deutschland nicht unter dem ordre public Vorbehalt steht (vgl. nur MüKo BGB/*Sonnenberger* IntPrivatR Art. 6 Rn. 29 m. w. N.).

C. Subjektiver Anwendungsbereich des Gesellschaftsstatuts

I. Begriff der Gesellschaft

32 Die unter Rn. 2 bis 31 gefundenen Anknüpfungsregeln des deutschen internationalen Gesellschaftsrechts gelten nach h. M. und Rechtsprechung grundsätzlich **für alle rechtsfähigen Gesellschaftsgebilde** (z. B. Kapitalgesellschaften, Vereine, Stiftungen) und auch für alle lediglich teilrechtfähigen Personenhandelsgesellschaften und sonstigen (teilrechtsfähigen) Personenvereinigungen (z. B. OHG, KG, GbR-Außengesellschaft; vgl. zu letzterer Kap. 2 Einl. Rn. 6 ff. und 10 ff.), da diese Gesellschaften gemeinsame Wesensmerkmale aufweisen, nämlich vor allem die Entstehung durch Rechtsgeschäft, die Erfüllung gemeinsamer Funktionen und die Teilnahme am Rechtsverkehr als eigenständiges Rechtssubjekt (vgl. BGH 2004, 3706, 3708; OLG Karlsruhe NZG 2001, 748, 749 zur OHG; MüKo BGB/*Kindler* IntGesR, Rn. 3, 262 ff.). **Nicht-rechtsfähige**

reine Innengesellschaften (z. B. nicht-rechtsfähiger Verein, GbR-Innengesellschaft) stellen lediglich schuldrechtliche Beziehungen ohne nach außen erkennbare Organisation dar und unterliegen daher dem Schuldvertragsstatut. Sie werden mithin – sofern das auf den Vertrag anwendbare Recht nicht nach Art. 27 EGBGB vereinbart worden ist – nach Art. 28 EGBGB behandelt und unterliegen damit dem Recht des Staates, zu dem sie die engste Verbindung aufweisen (MüKo BGB/*Kindler* IntGesR Rn. 267 m. w. N.; *Schücking* WM 1996, 281, 286 zu Innenkonsortien).

33 Jedenfalls solange ein **Erwerbszweck** (vgl. Art. 48 Abs. 2 EG) durch die Gesellschaft verfolgt wird, gilt auch die europäische Niederlassungsfreiheit für die Gesellschaft, wenn sie einem EU/EWR-Mitgliedstaat angehört.

34 Nach der hier vertretenen Auffassung ist damit auf EU/EWR-(Außen-)Gesellschaften unabhängig von ihrer Rechtsform immer die Gründungstheorie anwendbar (so auch z. B. *Paefgen* WM 2003, 565, 570). Dasselbe muss nach den vorangegangenen Ausführungen auch für Drittland-(Außen)Gesellschaften gleich welcher Rechtsform gelten. Nach der noch h. M. ist auf Drittland-Gesellschaften gleich welcher Rechtsform die Sitztheorie anwendbar.

35 Hinsichtlich der Reichweite des Gesellschaftsstatuts ist sodann auch kein Unterschied anhand der Rechtsform der Gesellschaft vorzunehmen. So gilt das Gesellschaftsstatut sowohl bei Kapital- als auch bei Personengesellschaften u. a. für die Haftung der Gesellschaft und die Haftung der Gesellschafter, und zwar auch dann, wenn für den Haftungsgrund ein anderes Recht maßgebend ist. Gleiches gilt für das Innenverhältnis der Gesellschafter (s. Rn. 68 ff.).

II. Zweigniederlassung

36 Eine **Zweigniederlassung** ist ein von der Hauptniederlassung räumlich getrennter, unter deren Oberleitung stehender, jedoch wirtschaftlich und organisatorisch verselbstständigter und auf gewisse Dauer angelegter Geschäftsbetriebsteil. Sie ist eine Zwischenform von eigenständigem Unternehmen und einer bloßen Abteilung eines Unternehmens. Sie bildet trotz ihrer Selbständigkeit mit dem Hauptgeschäft zusammen dieselbe Rechtspersönlichkeit (Baumbach/Hopt/*Hopt* § 13 Rn. 4; GroßkommHGB/*Hüffer* Vor § 13 Rn. 9 ff.). Eine Besonderheit gilt für EU-/EWR-Gesellschaften: Nach dem gemeinschaftsrechtlichen Verständnis des Begriffes »Zweigniederlassung« – insbesondere im Rahmen des Art. 43 Abs. 1 S. 2 EG und nach der Zweigniederlassungsrichtlinie – ist das tatsächliche Bestehen einer Hauptniederlassung nicht Voraussetzung; als Hauptniederlassung gilt insoweit der »Satzungssitz« (OLG Zweibrücken NJW 2003, 537, 538; *Leible/Hoffmann* EuZW 2003, 677, 680), so dass demnach jede inländische Auslandsgesellschaft unabhängig von der gewählten Zuzugsform als Zweigniederlassung zu verstehen ist.

37 Das Gesellschaftskollisionsrecht gilt gleichermaßen für Hauptniederlassungen wie für Zweigniederlassungen von Gesellschaften, wobei nach h. M. wegen der rechtlichen Unselbstständigkeit der Zweigniederlassung das Statut der Hauptniederlassung auch für die Zweigniederlassung maßgeblich ist (MüKo BGB/*Kindler* IntGesR Rn. 203 ff.; GroßkommHGB/*Hüffer* § 13 b a. F. Rn. 13). Hinsichtlich der Bestimmung des Statuts der Hauptniederlassung gelten dabei die bereits gemachten Ausführungen unter Rn. 2 bis 31, so dass ggf. die inländische Zweigniederlassung dem ausländischen Gesellschaftsstatut unterliegt.

38 Hinsichtlich der EU/EWR-Gesellschaften hat sich die Gleichbehandlung von Haupt- und Zweigniederlassungen – mithin von der sekundären mit der primären Niederlassungsfreiheit – von Gesellschaften nach Maßgabe der Rechtsordnung des Gründungsstaats im Übrigen schon frühzeitig in der Rechtsprechung des EuGH abgezeichnet: Schon in der »Centros«-Entscheidung vom 9. 3. 1999, mithin vor der »Überseering«-Entscheidung (s. Rn. 10 ff.) hatte der Gerichtshof entschieden, ein Mitgliedstaat müsse es hinnehmen, dass eine wirksam in einem anderen Mitgliedstaat gegründete Gesellschaft, die dort ihren satzungsmäßigen Sitz hat, in seinem Mitgliedstaat eine weitere Niederlassung eintragen lassen kann, von der aus sie ihre gesamte Tätigkeit entfaltet, auch wenn die Gründung in einem anderen Mitgliedsstaat lediglich dazu diente, einem weniger strengen Gesellschaftsstatut zu unterliegen (EuGH NJW 1999, 2027).

39 Die »Centros«-Rechtsprechung wurde schließlich in der **»Inspire-Art«-Entscheidung** (EuGH NJW 2003, 3331) fortgeführt: Hintergrund der Entscheidung war eine nach englischem Recht gegründete private company limited by shares mit Satzungssitz in Folkstone (Großbritannien), die ihre Geschäftstätigkeit ausschließlich über eine in Amsterdam (Niederlande) errichtete Zweigniederlassung entfaltete und im Handelregister der Handelskammer Amsterdam ohne Vermerk »formal ausländische Gesellschaft« eingetragen war, so dass die Handelskammer beim Kantongericht Amsterdam gemäß dem geltenden niederländischen Recht die Aufnahme dieses Zusatzes beantragte, weshalb das Gericht das Vorabentscheidungsverfahren einleitete. Prüfungsgegenstand des Vorabentscheidungsverfahrens war das niederländische Gesetz über formal ausländische Gesellschaften, das gewisse Mindestanforderungen für Auslandsgesellschaften aufstellt, die ihre Geschäftstätigkeit vollständig oder beinahe vollständig in den Niederlanden entfalten und daneben keine tatsächliche Bindung an den Gründungsstaat haben (Handelregistereintragung als formal ausländische Gesellschaft, Pflichtangaben auf Schriftstücken der Gesellschaft, Mindestkapitalausstattung, Buchführungspflichten, Aufstellung eines Jahresabschlusses, deren Nichtbeachtung insbesondere mit einer persönlichen Haftung der Geschäftsführer sanktioniert wird).

40 Der Gerichtshof entschied, dass mitgliedstaatliche Regelungen, welche die Ausübung der Freiheit zur Errichtung einer Zweigniederlassung in diesem Staat durch eine nach dem Recht eines anderen Mitgliedstaats gegründete Gesellschaft von bestimmten Voraussetzungen abhängig machen, die im innerstaatlichen Recht für die Gründung von Gesellschaften bezüglich des Mindestkapitals und der Haftung der Geschäftsführer vorgesehen sind, gegen Art. 43, 48 EG verstoßen, da sie die Niederlassungsfreiheit in nicht zu rechtfertigender Weise behindern. Potentielle Gläubigerinteressen seien durch das Auftreten der Gesellschaft als ausländische Gesellschaft gewahrt und könnten demnach eine Einschränkung der Niederlassungsfreiheit nicht rechtfertigen; es sei nämlich durch dieses Auftreten erkennbar, dass die Gesellschaft anderen Rechtsvorschriften unterliegt. Zudem bestünden bestimmte gemeinschaftsrechtliche Schutzregelungen, die ebenfalls eine Rechtfertigung über Gläubigerinteressen entgegen stünden (EuGH NJW 2003, 3331).

41 Europäisches Sekundärrecht im Zusammenhang mit der hier behandelten Thematik »Zweigniederlassung«, namentlich die sog. elfte gesellschaftsrechtliche Richtlinie bzw. **»Zweigniederlassungsrichtlinie«** (Richtlinie 89/66/EWG über die Offenlegung von Zweigniederlassungen, die in einem Mitgliedsstaat von Gesellschaften bestimmter Rechtsformen errichtet werden, die dem Recht eines anderen Staats unterliegen, vom 21. 12. 1989, ABl. Nr. L 395/36; umgesetzt in deutsches Recht durch §§ 13 d ff., 325 a HGB, § 80 Abs. 4 AktG, § 35 a Abs. 4 GmbHG), beeinflusst dagegen das Gesellschaftsstatut der EU/EWR-Gesellschaften nicht direkt, da es kein Gesellschaftskollisionsrecht enthält, sondern sachrechtlich zu qualifizieren ist. Jedoch hat es in gewisser Hinsicht Einfluss auf die Beurteilung nationalen Fremdenrechts, d. h. von nationalen Rechtsvorschriften, die nur für ausländische Gesellschaften gelten, als gemeinschaftskonform bzw. gemeinschaftswidrig. Dies ist durch die Rechtsprechung des EuGH in der »Inspire-Art«-Entscheidung deutlich herausgearbeitet worden, nach dem Folgendes gilt:

42 Soweit inländische Vorschriften die Vorschriften der Zweigniederlassungsrichtlinie umsetzen und mit ihr vereinbar sind, sind keine Behinderungen der Niederlassungsfreiheit festzustellen, wobei damit aber nicht zugleich automatisch auch feststeht, dass nationale Sanktionsvorschriften, die an das Unterlassen von Pflichten im Einklang mit der Zweigniederlassungsrichtlinie anknüpfen, ebenfalls mit der Niederlassungsfreiheit im Einklang stehen (vgl. EuGH NJW 2003, 3331, 3332). Für letztere bleibt es bei dem Grundsatz, dass Verstöße gegen das Gemeinschaftsrecht nach ähnlichen sachlichen und verfahrensrechtlichen Regeln geahndet werden müssen wie nach Art und Schwere gleiche Verstöße gegen nationales Recht. Solche Sanktionen müssen stets **wirksam, verhältnismäßig und abschreckend** sein. Gehen nationale Vorschriften über die Zweigniederlassungsrichtlinie hinaus, indem sie weitergehende Offenlegungspflichten festschreiben, verstoßen sie gegen Art. 2 der Richtlinie und damit auch gegen Art. 43, 48 EG, da insoweit die durch die Zweigniederlassungsrichtlinie herbeigeführte Harmonisierung abschließend sei (vgl. EuGH NJW 2003, 3331, 3332 ff.). Als zulässige Offenlegung als Auslandsgesellschaft nach Maßgabe der Zweigniederlassungsrichtlinie versteht der Gerichtshof – wie der »Inspire-Art«-Entscheidung entnommen werden kann – wohl offenbar eine Firmierung unter dem Rechtsformzusatz des Heimatstaats nur dann, wenn eine Verwechslungsgefahr mit inländischen Rechtsfortzusätzen besteht (z. B. existiert in Deutschland und in Österreich der Zusatz »GmbH«). In dem Fall der Verwechslungsgefahr sind die Mitgliedstaaten befugt, im Interesse des Verkehrsschutzes eine Überlagerung der Firmenbildung vorzunehmen und zu verlangen, dass sich die Eigenschaft zweifelfrei aus der Firmierung ergibt (z. B.: »GmbH österreichischen Rechts« oder »Ltd. (UK)«) (so auch *Leible/Hoffmann* EuZW 2003 677, 681, 680).

D. Objektiver Regelungsbereich des Gesellschaftsstatuts

I. Allgemeines

Der Regelungsbereich des Gesellschaftsstatuts umfasst grundsätzlich **alle gesellschaftsrechtlichen Verhältnisse**, d. h. die Entstehung, die Rechtsfähigkeit, die innere Verfassung, Geschäftsführung und Vertretung, Haftung im Innen- und Außenverhältnis sowie Liquidation und Beendigung der Gesellschaft. **43**

Alle die Gesellschaft betreffenden Fragen unterfallen aber grundsätzlich dem Gesellschaftsstatut unterfallen. Soweit das Gründungsrecht zur Anwendung kommt, gilt für die Gesellschaft das Recht des Landes, nach dessen Recht die Gesellschaft gegründet worden ist. Hingegen bemessen sich Außen- und Innenverhältnis nach dem Recht des Sitzstaates, soweit das Sitzstatut einschlägig ist (zur Abgrenzung s. Rn. 3). **44**

Der in diesem Abschnitt behandelte Regelungsbereich des Gesellschaftsstatuts wird durch angrenzende Anknüpfungsregeln ergänzt. Hierzu gehören insbesondere das Vertrags- und Deliktsrecht ebenso wie zum Beispiel kapitalmarkt- und insolvenzrechtliche Sonderanknüpfungen. Ferner kann das Gesellschaftsstatut Durchbrechungen dadurch aufweisen, dass beispielsweise im Anwendungsbereich des Gründungsrechts Bestimmungen des Sitzstatuts maßgeblich werden. Diese Fälle sollen nachfolgend näher behandelt werden. **45**

II. Rechtsfähigkeit und Anerkennung von Gesellschaften

Beginn und Umfang der Rechtsfähigkeit einer Gesellschaft bemessen sich grundsätzlich nach deren Gesellschaftsstatut (BGHZ 128, 41, 44). Gesetzlich verankert ist allein die Wechsel- und Scheckfähigkeit von Gesellschaften, die sich nach deren Gesellschaftsstatut richten (Art. 91 WG, Art. 60 ScheckG). **46**

1. Rechtsfähigkeit und Anerkennung bei Sitzverlegungen in der EU/EWR

Das nach herrschender Ansicht noch bestehende Nebeneinander von Gründungsrecht im Bereich der EG-Niederlassungsfreiheit und Sitzrecht für Gesellschaften aus Drittländern führt zuweilen zu undurchsichtigen Fällen der Anerkennung ausländischer Gesellschaften. Wie oben bereits dargelegt (s. Rn. 10 ff.), gilt nach der »Überseering«-Entscheidung des EuGH eine nach dem Gründungsstaat, der Mitgliedsstaat der EU ist, erworbene Rechtsfähigkeit auch im Zuzugsstaat, in den die Gesellschaft ihren Sitz verlegt, und zwar selbst dann, wenn das Recht des Zuzugsstaats die Gesellschaft nicht als rechtsfähig anerkennt. Verlegt daher eine in den Niederlanden gegründete Gesellschaft ihren Sitz nach Deutschland, so gilt diese als rechtsfähig nach dem Recht der Niederlande auch dann, wenn das deutsche Sachrecht diesem Rechtsgebilde die Rechtsfähigkeit abspricht. Das deutsche Recht erkennt eine nach dem Recht eines anderen EU-Mitgliedstaates gegründete Gesellschaft als in Deutschland rechtsfähig an. **47**

Diese Anerkennung des Sitzstaates soll allerdings dann nach einer noch teilweise vertretenen Ansicht (BayObLG 2004, 24, 28; OLG Brandenburg BB 2005, 849, 850 ff.) als Ausfluss der **»Daily Mail«-Entscheidung** des EuGH wieder versagt werden können, wenn der Sitz aus dem Sitzstaat heraus in einen anderen Mitgliedstaat verlegt wird. Verlegt also eine in Deutschland ansässige **48** und nach deutschem Recht gegründete Gesellschaft ihren Sitz in die Niederlande, so sind die Niederlande verpflichtet, diese Gesellschaft als rechtsfähig anzuerkennen. Nach dieser Auffassung soll es dem Sitzstaat, also Deutschland, in diesen Fällen wieder frei stehen, die Rechtspersönlichkeit in dem Sitzstaat zu versagen. Es wird hier argumentiert, dass die Niederlassungsfreiheit gem. Art. 43, 48 EG nicht tangiert sei (so EuGH NJW 1989, 2186 – »Daily Mail«, s. auch oben Rn. 15). Die im Vordringen befindliche Ansicht (s. oben Rn. 22 ff., ebenso wie Palandt/*Heldrich* Anh. zu Art. 12 EGBGB Rn. 7 m. w. N.) befürwortet hingegen eine einheitliche Beurteilung in den Zuzugs- und in den Wegzugsfällen im Sinne des Gründungsrechts. Eine unbehinderte Ausübung der Niederlassungsfreiheit für Gesellschaften im Bereich der EU setzt voraus, dass die Gesellschaft im Falle der Sitzverlegung nicht befürchten muss, die Rechtsfähigkeit im Wegzugsstaat zu verlieren. Eine Differenzierung von Zuzug und Wegzug der Gesellschaften innerhalb der EU würde dazu führen, dass solche Rechtsordnungen langfristig im Vorteil sind, welche konsequent der Gründungstheorie anhängen. Eine Gesellschaft hätte in diesem Fall bei einem Wegzug nämlich keinen Verlust ihrer Rechtspersönlichkeit zu befürchten (*Kappes* NJW 2006, 101, 102). Die Autoren sprechen sich daher im Sinne der im Vordringen befindlichen Ansicht für eine **einheitliche Anwendung der Gründungstheorie** in allen Anerkennungsfällen bei Bewegungen im Raum der EU und des EWR aus (s. dazu auch oben Rn. 22 ff.).

2. Rechtsfähigkeit und Anerkennung bei Sitzverlegungen von Gesellschaften aus Drittstaaten

49 Außerhalb des Anwendungsbereichs der Niederlassungsfreiheit gem. Art. 43, 48 EG kommt nach herrschender Ansicht die Sitztheorie zur Anwendung (s. oben Rn. 20 f.). Verlegt daher beispielsweise eine nach russischem Recht gegründete Gesellschaft ihren Sitz nach Deutschland, so bemisst sich deren Rechtsfähigkeit alleine nach deutschem Recht. Es tritt insoweit ein **Statutenwechsel mit der Sitzverlegung** ein. Die Gesellschaft muss sich folglich in eine deutsche Gesellschaft umwandeln, um ihre Rechtsfähigkeit zu bewahren. Nach deutschem Sachrecht kommt allenfalls eine Umqualifizierung in eine Personengesellschaft in Frage.

50 Die Aufrechterhaltung der Sitztheorie im Verhältnis zu solchen Drittland-Gesellschaften ist, wie aufgezeigt, nicht mehr angemessen (s. oben Rn. 22 ff.). Die besseren Argumente sprechen für eine konsequente Aufgabe der Sitztheorie zugunsten der alleinigen Anwendung des Gründungsrechts für alle Gesellschaften. Dies würde die Sitzverlegung ausländischer Gesellschaften nach Deutschland erheblich vereinfachen, ohne dass die Verkehrsinteressen in nennenswerter Weise beeinträchtigt würden. Da es im modernen Wirtschaftsleben ohnehin üblich geworden ist, mit multinationalen und ausländischen Gesellschaften zu interagieren, muss der Verkehr in Deutschland nicht darauf vertrauen dürfen, dass sich eine in Deutschland ansässige Gesellschaft stets in einer deutschen Gesellschaftsform konstituiert.

3. Besonderheit: Handeln ultra-vires

51 Art. 12 EGBGB enthält eine Regel, wonach eine Person beim Abschluss eines Vertrages als rechts- und geschäftsfähig gilt, wenn sich die Vertragsparteien in demselben Staat befinden und diese Person rechts- und geschäftsfähig nach den Regeln dieses Staates wäre. In diesem Fall kann sich die Person nicht darauf berufen, dass sie nach ihrem Personalstatut rechts- oder geschäftsunfähig wäre, es sei denn der Vertragspartner kannte diesen Mangel oder musste ihn kennen. Aus Verkehrsschutzgründen ist diese Regelung auch auf Gesellschaften zu übertragen. Schließen daher z. B. eine deutsche Gesellschaft sowie eine in Russland nicht rechtsfähige Gesellschaft mit Sitz in Russland einen Vertrag in Deutschland, so gilt die russische Gesellschaft als rechtsfähig, wenn die Vertreter der deutschen Gesellschaft den Mangel der Rechtsfähigkeit nicht kannten und nicht kennen mussten.

52 Tatbestandlich setzt Art. 12 EGBGB voraus, dass sich beide Parteien beim Abschluss des Rechtsgeschäfts **in demselben Staat** befinden. Dies wird bei einem Abschluss durch eine Zweignieder-

lassung zu bejahen sein, nicht hingegen beim Vertragsschluss durch Fernkommunikationsmittel (MüKo BGB/*Kindler* IntGesR Rn. 544).

4. Aktive und passive Beteiligungsfähigkeit beim Erwerb von Gesellschaftsanteilen

Möchte eine Erwerbergesellschaft die Anteile an einer Zielgesellschaft erwerben, so ist sowohl das Gesellschaftsstatut der Erwerbergesellschaft (**aktive Beteiligungsfähigkeit**) als auch das der Zielgesellschaft (**passive Beteiligungsfähigkeit**) bedeutsam. Verbietet eine dieser Rechtsordnungen den Erwerb, hat dieser zu unterbleiben. Ob die Zielgesellschaft für eine Beteiligung durch die Erwerbergesellschaft überhaupt rechtlich geeignet ist, beurteilt das Gesellschaftsstatut der Zielgesellschaft. So können sich entsprechende Grenzen im Gesellschaftsrecht der Rechtsordnung ergeben, welcher die Zielgesellschaft unterliegt. Auch kartellrechtliche Erwerbsverbote sind zu berücksichtigen. Aber auch auf Seiten der Erwerbergesellschaft kann es entsprechende Einschränkungen geben, die dem Erwerb von Anteilen an der konkreten Zielgesellschaft entgegenstehen (so z. B. für juristische Personen, die dem schweizerischem Recht unterliegen). **53**

Stehen weder aktive noch passive Beteiligungsfähigkeit dem Erwerb von Anteilen an der Zielgesellschaft entgegen, so sind auch **Typenvermischungen** denkbar (OLG Saarbrücken NJW 1990, 647). Bedeutsam wird dies insbesondere bei deutschen Kommanditgesellschaften, deren Komplementär eine ausländische Gesellschaft ist. Während dieser Typenvermischung im Bereich des EG-Vertrages grundsätzlich keine Gründe entgegen stehen und daher eine sog. **Limited & Co. KG** zulässig ist, wird über die Zulässigkeit derartiger Konstruktionen mit anderen ausländischen Gesellschaften noch debattiert (dagegen etwa MüKo BGB/*Kindler* IntGesR Rn. 552 m. w. N.). Bei einer Beteiligung von Drittland-Gesellschaften wird dieser Fall dann virulent, wenn die Gesellschaft ihren Verwaltungssitz weiterhin im Ausland behält und daher den Regeln des deutschen Gesellschaftsrechts entzogen ist. Gegen eine solche Typenvermischung auch bei Drittland-Gesellschaften, etwa einer Komplementärstellung von US-amerikanischen LLCs, sprechen jedoch keine gewichtigen Gründe des Verkehrsschutzes, da der Verkehr durch den Grundsatz der Firmenpublizität hinreichend geschützt ist. **54**

III. Gründung der Gesellschaft und Formfragen

1. Maßgeblichkeit des Gesellschaftsstatuts

Die Gründung der Gesellschaft bemisst sich grundsätzlich nach den **Bestimmungen des Gesellschaftsstatuts**. Insofern ist wiederum mit der herrschenden Ansicht zwischen einer EU/EWR-Gesellschaft und einer Drittland-Gesellschaft zu unterscheiden: Eine nach dem Recht eines **EU/EWR-Mitgliedstaates** gegründete Gesellschaft ist auch dann wirksam gegründet, wenn sie ihren effektiven Sitz in Deutschland hat und die Gründung nach deutschem Sachrecht nicht wirksam wäre. Anders ist dies für eine nach dem **Recht eines Drittlandes** gegründete Gesellschaft, wenn deren Sitz in Deutschland ist. Die Gründung einer Gesellschaft nach russischem Recht ist mithin nicht wirksam, wenn der Sitz dieser Gesellschaft in Deutschland ist und die Gesellschaft nach deutschem Gesellschaftsrecht nicht wirksam gegründet worden ist (ebenso Palandt/*Heldrich* Anh. zu Art. 12 EGBGB, Rn. 10). Im Einzelfall erlaubt die Rechtsprechung jedoch die Annahme einer nach deutschem Recht gültigen BGB-Gesellschaft oder, bei gewerblicher Tätigkeit, einer OHG (BGHZ 151, 204; s. auch Rn. 20). **55**

Die gleichen Grundsätze gelten im umgekehrten Fall, in dem eine **Gesellschaft mit Sitz im Ausland** nach deutschem Recht gegründet wird. Eine GmbH mit Sitz in den Niederlanden ist daher wirksam gegründet, wenn die deutschen Regeln über die Gründung einer GmbH eingehalten worden sind. Eine GmbH mit Sitz in Russland muss hingegen die Gründungsvoraussetzungen nach russischem Recht einhalten, es sei denn, das russische IPR verweist bezüglich dieser Frage auf das deutsche Kollisionsrecht zurück, womit wiederum deutsches Recht wiederum zur Anwendung käme und die GmbH als wirksam zu gelten hätte. **56**

2. Vorgründungs- und Vorgesellschaft

57 Nach herrschender Ansicht unterliegt der **Gründungsvorvertrag** nicht dem Gesellschaftsstatut, sondern dem **allgemeinen Vertragsstatut** (BGH NJW 1975, 387; Palandt/*Heldrich*, Anh. zu Art. 12 EGBGB Rn. 10). Fehlt es allerdings an einer Rechtswahl, so kann nach Art. 28 Abs. 1 S. 1 EGBGB vermutet werden, dass die engste Beziehung zu dem Staat besteht, nach dessen Recht die Gesellschaft gegründet werden soll. Das Gesellschaftsstatut dürfte daher auch für die Haftung der Vorgründungsgesellschaft und deren Mitglieder zur Anwendung kommen. Die Anwendung des Vertragsstatuts ist hingegen deswegen nicht gerechtfertigt, weil die vertragliche Rechtswahl keinen Einfluss haben kann auf den Umfang der Haftung von Mitgliedern einer Vorgründungsgesellschaft im Außenverhältnis. Maßgeblich für die Haftung ist insofern das **Recht der noch zu gründenden Gesellschaft.**

58 Dem Recht der geplanten Gesellschaft unterliegt auch die bereits gegründete, aber noch nicht voll wirksame **Vorgesellschaft** (KG NJW 1989, 3100; MüKo BGB/*Kindler* IntGesR Rn. 528). Damit unterfällt gleichfalls die sog. Handelndenhaftung (etwa nach § 11 Abs. 2 GmbHG, § 41 Abs. 1 S. 2 AktG) dem Recht der gegründeten, aber noch nicht voll wirksamen Gesellschaft (LG München I NZG 2000, 106).

3. Formvorschriften

59 Von besonderer Bedeutung im gesellschaftsrechtlichen Bereich sind Formfragen. Nach materiellem Gesellschaftsrecht können verschiedene Rechtshandlungen einem **Formzwang** unterliegen. Hierzu gehören neben dem Gründungsakt auch die Satzungsänderung, die Abtretung von Geschäftsanteilen an einer Gesellschaft, der Abschluss von konzernrechtlichen Unternehmensverträgen, umwandlungsrechtliche Maßnahmen oder die Abhaltung von Gesellschafterversammlungen.

60 Eine gesetzliche Normierung für die Anknüpfung von Formerfordernissen enthält Art. 11 Abs. 1 EGBGB. Nach dieser Bestimmung ist das Rechtsgeschäft formgültig, wenn es entweder nach der lex causae oder dem Recht des Ortes gültig ist, in dem die Rechtshandlung vorgenommen wird (sog. **Recht des Vornahmeortes**). Nach einer häufig vertretenen Ansicht wird Art. 11 Abs. 1 EGBGB im internationalen Gesellschaftsrecht derart teleologisch eingeschränkt, dass jedenfalls für konstitutionelle Handlungen nur die lex causae, also das Gesellschaftsstatut zur Anwendung kommt. Die Ortsform soll mithin für Gründung, Umwandlung und Satzungsänderung außer Betracht bleiben (*Hüffer* AktG, § 23 Rn. 10). Die mittlerweile h. M. ist der Auffassung, dass zumindest die **Übertragung von Geschäftanteilen** an einer Gesellschaft den Regeln des Art. 11 Abs. 1 EGBGB unterfällt, d. h. auch die Form des Ortsrechts ausreichend ist (richtungsweisend BGH NZG 2005, 41, 42). Der Beurkundungszwang bei der Übertragung von GmbH-Anteilen nach § 15 Abs. 3 und 4 GmbHG ist damit als Formerfordernis zu qualifizieren und dann erfüllt, wenn Geschäftsanteile an einer GmbH in dem Land, in welchem die Rechtshandlung vorgenommen wird, den dortigen Formerfordernissen entspricht (hiergegen MüKo BGB/*Kindler* IntGesR Rn. 535 ff.). Eine im Vordringen befindliche Ansicht geht einen Schritt weiter und unterwirft alle gesellschaftsrechtlichen Formzwänge dem Art. 11 Abs. 1 EGBGB (OLG Stuttgart NZG 2001, 40, 43; in diese Richtung auch BGH NJW 1981, 1160; NJW-RR 1989, 1259; Palandt/*Heldrich* Art. 11 EGBGB Rn. 13 m. w. N.). Damit soll auch bei Gründung der Gesellschaft, Satzungsänderungen und Konzernverträgen die Form des Ortsrechts ausreichend sein. Diese Ansicht ist begrüßenswert. Es besteht grundsätzlich kein Anlass, ohne Not von Art. 11 Abs. 1 EGBGB abzuweichen und die Einhaltung der Formzwänge des Gesellschaftsstatuts zu fordern. Art. 11 Abs. 4 und 5 EGBGB enthalten abschließende Ausnahmevorschriften zur alternativen Geltung von Geltungsstatut und Vornahmestatut i. S. d. Art. 11 Abs. 1 EGBGB. Überwiegende kollisionsrechtliche Interessen, die eine teleologische Reduktion des Art. 11 Abs. 1 EGBGB in der Form gebieten, dass nur eine Einhaltung der Formvorschriften des Gesellschaftsstatuts zur Wirksamkeit der Rechtshandlung führt, sind nicht ersichtlich. Es ist nach der hier vertretenen Meinung daher generell ausrei-

chend, wenn die Rechtshandlung nach dem Recht des Staates formwirksam vorgenommen werden kann, in dem diese Rechtshandlung tatsächlich auch stattfindet.

Soweit entgegen der hier vertretenen Ansicht von Teilen in Rechtsprechung und Literatur, insbesondere für Gründungsakte der Gesellschaft sowie andere konstitutionelle Rechtshandlungen, lediglich die Form des Gesellschaftsstatuts als ausreichend angesehen wird, ist für Gesellschaften, die dem deutschen Recht unterliegen, generell zu ermitteln, ob die Einhaltung der Form im Ausland einer **inländischen Beurkundung durch einen Notar äquivalent** ist (BGH NJW 1981, 1160; OLG Stuttgart NZG 2001, 40, 45; OLG Frankfurt EWiR 2000, 487). Der ausländische Notar muss dabei nicht nur eine nach Ausbildung, Stellung und Verfahrensweise eine dem deutschen Notar entsprechende Funktion ausüben, sondern auch der Akt der Beurkundung selbst muss dem deutschen gleichwertig sein. Inwieweit eine solche Gleichwertigkeit gegeben ist, unterliegt der richterlichen Beurteilung. Insbesondere in Bezug auf Notare in der Schweiz und deren Äquivalenz zu deutschen Notaren ist eine Fülle verwirrender und nur wenig konsistenter richterlicher Kasuistik ergangen (vgl. hierzu auch ausführl. Kap. 7 § 2 Rn. 21 ff.). Vor diesem Hintergrund erscheint eine uneingeschränkte Gleichbehandlung von Wirkungsstatut und Ortsrecht gem. Art. 11 Abs. 1 EGBGB für alle gesellschaftsrechtlichen Rechtshandlungen als angemessen und interessengerecht. **61**

4. Registereintragungen

Ob und wann eine Gesellschaft als wirksam gegründet gilt und ob es dafür einer Eintragung in ein öffentliches Register bedarf, bestimmt das Gesellschaftsstatut. **62**

Das **deutsche Handelsregister** ist international allerdings nur zuständig, wenn der effektive Verwaltungssitz der Gesellschaft im Inland ist oder eine Zweigniederlassung in Deutschland besteht (§§ 13 d ff. HGB). Das bedeutet, dass eine nach deutschem Recht gegründete Gesellschaft mit Sitz im Ausland ohne eine entsprechende Zweigniederlassung in Deutschland nicht ins Handelsregister eingetragen werden kann. **63**

Umgekehrt hat eine nach dem Recht eines EU/EWR-Mitgliedstaats gegründete Gesellschaft mit Sitz in Deutschland die Verpflichtung, die Eintragung in das Handelsregister zu bewirken. Das gilt zum Beispiel für englische Limited-Gesellschaften mit Sitz in Deutschland. Unterlassen die Vertreter der ausländischen Gesellschaft die Eintragung, so kann diese mit einem Zwangsgeld gem. § 14 HGB erzwungen werden. Eine Handelndenhaftung in Analogie zu § 41 Abs. 1 S. 2 AktG, § 11 Abs. 2 GmbHG hat der BGH hingegen zu Recht verneint (BGH NJW 2005, 1648; a. A. MüKo BGB/*Kindler* IntGesR Rn. 529 f.). **64**

IV. Gesellschaftsverfassung und Organe

1. Allgemeines

Die Verfassung der Gesellschaft, einschließlich der Organisation nach innen und der Vertretung nach außen durch die vertretungsberechtigten Organe der Gesellschaft, unterliegt grundsätzlich dem Gesellschaftsstatut. Unter die **Verfassung der Gesellschaft** fällt die innere Struktur der Gesellschaft, d. h. die Geschäftsführung und Vertretung, Gesellschaftsorgane wie Gesellschafterversammlung, Aufsichts- und Beiräte, einschließlich deren Bestellung und jeweiligen Befugnisse, und das Verhältnis der Gesellschafter untereinander, ebenso wie die Kapitalisierung der Gesellschaft (Kapitalaufbringung und -erhaltung). **65**

2. Vertretung der Gesellschaft

Lediglich die **organschaftliche Vertretung** unterfällt dem Gesellschaftsstatut (BGH NJW 2003, 3270). Das Gesellschaftsstatut bestimmt darüber, welches der Gesellschaftsorgane zur Vertretung befugt ist, ob und wie diese zu bestellen sind, ob einzelne Personen von der Vertretung ausgeschlossen sind oder eine Einzel- oder Gesamtvertretung angeordnet ist. Ebenfalls unterfällt der Umfang der Vertretungsmacht dem Gesellschaftsstatut. Hingegen gilt für rechtsgeschäftlich be- **66** stellte Vertreter, d. h. zum Beispiel Prokuristen, Handlungsbevollmächtigte u. ä., das **Vollmachtstatut**. Das auf die Gesellschaft anwendbare Recht ist insofern nicht betroffen.

67 Ebenso wie bei der Rechtsfähigkeit spricht auch im Bereich der organschaftlichen Vertretung der Gesellschaft einiges für die analoge Anwendung von Art. 12 S. 1 EGBGB. Hat daher ein Gesellschaftsorgan einer ausländischen Gesellschaft mit einem gutgläubigen Vertragspartner in Deutschland einen Vertrag im Namen der Gesellschaft abgeschlossen und wäre die Bestellung als Vertreter nach deutschem Recht wirksam, so kann sich die Gesellschaft nicht darauf berufen, dass das Gesellschaftsorgan nach dem ausländischen Recht keine Vertretungsmacht besaß (MüKo BGB/*Kindler* IntGesR Rn. 559).

3. Mitgliedschaftsrechte und deren Übertragung, Binnengesellschaftsverhältnisse

a) Mitgliedschaft

68 Die mit der Mitgliedschaft zur Gesellschaft in Zusammenhang stehenden Fragen unterliegen ebenfalls generell dem Gesellschaftsstatut. Hierzu gehört vor allem die **Rechtsstellung der Gesellschafter** und die ihnen verliehenen Befugnisse, z. B. Teilnahme- und Stimmrechte in Gesellschafterversammlungen, Stimmrechtsquoren und -beschränkungen durch Gesellschaftsvertrag.

69 Vereinbarungen zwischen den Gesellschaftern, also z. B. Wettbewerbsverbote, Veräußerungsbeschränkungen und Vorkaufsrechte und interne Ausgleichsansprüche, unterliegen hingegen nicht zwingend dem Gesellschaftsstatut. Hierfür kann gem. Art. 27 Abs. 1 S. 1 EGBGB eine Rechtswahl erfolgen. Fehlt es an einer solchen, kommt allerdings über Art. 28 Abs. 5 EGBGB das Recht zur Anwendung, dem die Gesellschaft unterliegt. Etwas anderes soll für Haftungsvereinbarungen und Stimmbindungsverträge gelten, da diese die interne Verfassung der Gesellschaft unmittelbar betreffen (so MüKo BGB/*Kindler* IntGesR Rn. 590).

b) Übertragung und Belastung von Gesellschaftsanteilen

70 Ebenfalls dem Gesellschaftsstatut unterliegt die **Übertragung und Belastung von Mitgliedschaftsrechten**. Für die Form des Übertragungsakts gilt hingegen die allgemeine internationalprivatrechtliche Regel des Art. 11 Abs. 1 EGBGB, so dass insoweit die Einhaltung der am **Vornahmeort** erforderlichen Formvoraussetzungen ausreichend ist.

71 Ist mit dem Mitgliedschaftsrecht ein **Wertpapier** verbunden, welches das Mitgliedschaftsrecht verbrieft, so ist für die Übertragung nicht das Gesellschaftsstatut, sondern das **Wertpapierstatut** maßgeblich. Grundsätzlich gilt dann für die Übertragung der Mitgliedschaftsurkunde das Recht des Landes, in dem sich das betreffende Papier im Zeitpunkt der Übertragung befindet (BGH NJW 1994, 939, 940). Eine Ausnahme gilt allerdings für solche Wertpapiere, deren Registrierung konstitutiv ist oder die auf einem Konto verbucht werden. Gem. § 17 a DepotG unterliegen derlei Verfügungen dem Recht des registerführenden Staates bzw. dem Recht des Sitzstaates des kontoführenden Verwahrers (vgl. zu dem UNIDROIT-Konventionsentwurf *Paech* WM 2005, 1101; *Einsele* WM 2005, 1109).

72 Einer getrennten Anknüpfung unterliegt grundsätzlich das **schuldrechtliche Grundgeschäft**. Insoweit gilt für die Verpflichtung zur Übertragung bzw. Belastung von Geschäftsanteilen das Schuldvertragsstatut der Art. 27 ff. EGBGB. Die Parteien können daher das Recht wählen, dem sie die schuldvertraglichen Wirkungen der Geschäftsanteilsübertragung unterstellen. Bedeutsam ist dies beispielsweise für die Gewährleistungsrechte im Rahmen von share deals. Erfolgt keine ausdrückliche Rechtswahl, so gilt im Zweifel nicht das Recht am gewöhnlichen Aufenthalt des Verkäufers bzw. Schenkers gem. Art. 28 Abs. 2 EGBGB (a. A. MüKo BGB/*Kindler* IntGesR Rn. 588), sondern nach Art. 28 Abs. 5 EGBGB wird vermutet, dass die engste Verbindung zum Gesellschaftsstatut des Zielunternehmens besteht (ähnlich Palandt/*Heldrich* Art. 28 EGBGB Rn. 9: auf Sitzstaat des Zielunternehmens abstellend).

Andere Erwerbstatbestände unterstehen grundsätzlich ebenfalls dem Gesellschaftsstatut. Die Zulässigkeit des Erwerbs eigener Aktien durch die Gesellschaft untersteht in gleichem Maße dem Gesellschaftsstatut (Staudinger/*Großfeld* IntGesR Rn. 345) wie der nicht rechtsgeschäftliche Übergang von Gesellschaftsanteilen auf der Grundlage gesellschaftsrechtlicher Verpflichtungen (z. B. gesetzliche Vorkaufsrechte usw.). Auch die Vererbbarkeit eines Gesellschaftsanteils unterliegt dem Gesellschaftsstatut, während hingegen der Erbgang selbst Art. 25 EGBGB unterfällt. 73

c) Anknüpfung von asset deals

Auch bei sog. asset deals, also der Veräußerung von Vermögen einer Gesellschaft an eine Erwerbergesellschaft, ist zwischen schuldrechtlichem Grundgeschäft und Verfügungsgeschäft zu unterscheiden. Das **Grundgeschäft** unterliegt wiederum Art. 27 ff. EGBGB, d. h. erlaubt eine Rechtswahl. Fehlt es an dieser, so gilt das Recht des Landes, mit dem der Vertrag die engsten Verbindungen aufweist. Gem. Art. 28 Abs. 2 EGBGB wird vermutet, dass die engste Verbindung zu dem Land besteht, in dem das verkaufende Unternehmen seine Hauptverwaltung hat (ähnlich Palandt/*Heldrich* Art. 28 EGBGB, Rn. 9). 74

Unter Umständen einem anderen Recht unterliegen die Verfügungen, die in Erfüllung des Kaufvertrages zu tätigen sind. Hierfür ist das Gesellschaftsstatut nicht erheblich. Vielmehr gelten die Regeln des allgemeinen Sachenrechts. Gem. Art. 43 Abs. 1 EGBGB ist auf den **Übertragungsakt** das Recht des Landes anwendbar, in dem sich die Sache befindet. Da die zu übereignenden Sachen im Rahmen eines asset deals im Regelfall am Sitz des Zielunternehmens bzw. deren Zweigniederlassungen liegen, sind die betreffenden Rechtsordnungen am Belegenheitsort anzuwenden. Eine Besonderheit gilt für Immaterialgüterrechte. Hierfür gelten Sonderanknüpfungen des internationalen Immaterialgüterrechts, die auf der Geltung des Territorialitätsprinzips beruhen. 75

4. Finanzverfassung

Kapitalaufbringung und **Kapitalerhaltung** unterliegen dem Gesellschaftsstatut. Dieses entscheidet über die Höhe des gesetzlichen Mindestkapitals und die Art und Weise der Kapitalaufbringung, z. B. die Zulässigkeit und Bewertung von Sacheinlagen, Ausfallhaftung, Schutz des Kapitalstamms, Kapitalmaßnahmen wie Kapitalerhöhung und -herabsetzung und eine eventuelle Nachschusspflicht. Für Gesellschaften, die nach dem Recht eines EU/EWR-Landes gegründet sind, gilt auch bei Sitz in Deutschland das Recht des **Gründungsstatuts**. Zu beachten ist allerdings eine Haftung bei verbotener materieller Unterkapitalisierung einer Gesellschaft. Hier kann parallel zur Geltung des Gesellschaftsstatuts das Deliktsstatut des Art. 40 EGBGB zum Tragen kommen und damit auch das Recht des Landes, in dem die Unterkapitalisierung vorgenommen wurde (für ein Korrektiv durch das Sitzstatut MüKo BGB/*Kindler* IntGesR, Rn. 591). 76

Teilweise wird in der Literatur die Ansicht vertreten, dass der **Schutz des satzungsmäßigen Kapitals** (anders als das des gesetzmäßigen Mindestkapitals) auch bei EU/EWR-Gesellschaften durch das **Sitzrecht** geschützt werden muss (so *Ulmer* NJW 2004, 1201, 1209; *Bitter* WM 2004, 2190, 2195; *Altmeppen* NJW 2004, 97, 102). Hierfür besteht jedoch kein Bedürfnis. Ist die Gründung einer »Ein-Pfund-Limited« nach englischem Recht in Deutschland möglich, so besteht keine Notwendigkeit zum Schutze eines eventuell höheren satzungsmäßigen Kapitals. Teilweise wird die ergänzende Anknüpfung an den Sitz der Gesellschaft damit begründet, dass ansonsten insbesondere der sog. Existenzvernichtung, also der Vermögensaushöhlung einer Tochtergesellschaft in der Krise, Tür und Tor geöffnet würde. Gerade die Existenzvernichtungshaftung ist allerdings nach richtiger Ansicht (vgl. MüKo BGB/*Kindler* IntGesR Rn. 592) auch insolvenzrechtlich und deliktsrechtlich zu qualifizieren. Hierbei kommt man ohnehin zur Anknüpfung an den Verwaltungssitz (Art. 3 Abs. 1, 4 EuInsVO) bzw. an den Tatort (Art. 40 Abs. 1 EGBGB). Zu berücksichtigen ist, dass der durch die Regeln über den Eigenkapitalersatz bewirkte Rangrücktritt in der Insolvenz nicht gesellschaftsrechtlich, sondern insolvenzrechtlich zu qualifizieren ist. Die Bestim- 77 mungen der §§ 32, 32 a GmbHG können damit auch auf solche EU/EWR-ausländischen Gesellschaften anwendbar sein, die ihren Hauptsitz in Deutschland haben.

5. Unternehmerische Mitbestimmung

78 Unter die innere Verfassung einer Gesellschaft fällt auch die Frage einer eventuellen Mitbestimmung von Arbeitnehmern in den Organen der Gesellschaft. Anders als die betriebliche Mitbestimmung, die arbeitsrechtlich zu qualifizieren ist, unterliegt die unternehmerische Mitbestimmung den **Regeln des Gesellschaftsstatuts** (BGH NJW 1982, 933, 934).

79 Eine unter dem Recht eines EU/EWR-Staates gegründete Gesellschaft mit Sitz in Deutschland entgehen somit der unternehmerischen Mitbestimmung nach dem MitbestG bzw. dem MontanmitbestG. Eine Sonderanknüpfung an das Sitzstatut oder eine Heranziehung deutschen Rechts über den ordre public ist nicht geboten, auch wenn in der Literatur die unternehmerische Mitbestimmung als eine Beschränkung der Niederlassungsfreiheit angesehen wird, die aus zwingenden Gründen des Allgemeininteresses gerechtfertigt ist (so *Kindler* NJW 2003, 1073, 1079, a. A. zu Recht *Zimmer* NJW 2003, 3585, 3590 f.). Gleiches gilt aber auch für ausländische Kapitalgesellschaften, die nach dem Recht eines Drittstaates gegründet worden sind (MüKo BGB/*Kindler* IntGesR Rn. 566). Da für diese die Sitztheorie Anwendung findet, gelten diese nach deutschem Recht als nicht wirksam gegründet und damit nur als deutsche Personengesellschaften (BGH NJW 2002, 3559). Die deutschen Regelungen über die unternehmerische Mitbestimmung sind aber auf Personengesellschaften nicht anwendbar.

V. Haftung von Gesellschaftern und Organen

80 Die Frage, ob und wie Gesellschafter für Verbindlichkeiten der Gesellschaft haften, unterliegt dem Gesellschaftsstatut. Davon ist der Haftungsgrund zu unterscheiden, der im Regelfall nach der lex causae zu qualifizieren ist, also vertragsrechtlich, deliktisch usw. Das Gesellschaftsstatut bestimmt hingegen, inwieweit eine **eigene Haftung des Gesellschafters** neben der der Gesellschaft in Betracht kommt, z. B. im Rahmen einer akzessorischen Haftung bei Personengesellschaften oder als Durchgriffshaftung bei Kapitalgesellschaften. Dies bedeutet nach h. M. für Gesellschaften, die nach dem Recht eines EU/EWR-Staates gegründet worden sind und ihren Sitz in Deutschland haben, dass sich die Gesellschafterhaftung nach dem Recht des Gründungsrechts richtet, d. h. die Gesellschafter zum Beispiel einer englischen Limited nur nach den Bestimmungen des englischen Rechts direkt in Anspruch genommen werden können. Gesellschaften, die nach dem Recht eines Drittstaates gegründet worden sind, unterliegen nach h. M. nach wie vor dem Recht des Sitzstaats, d. h. bei Sitz in Deutschland dem deutschen Recht. In diesem Fall wird häufig das Recht über deutsche Personengesellschaften zur Anwendung kommen und damit eine unbeschränkte Haftung auch der Gesellschafter virulent.

81 In Fällen der **Durchgriffshaftung** gegenüber Gesellschaftern einer Kapitalgesellschaft wird von Stimmen in der Literatur häufig eine generelle Anwendbarkeit des Sitzrechts verlangt (so MüKo BGB/*Kindler* IntGesR Rn. 614). Es besteht jedoch grundsätzlich keine Notwendigkeit, von den generellen Regeln über die Anwendung des Gesellschaftsstatuts abzuweichen. Ein Durchgriff gegen die Gesellschafter einer Gesellschaft, die eine Vermögens- und Sphärenvermischung praktiziert, d. h. die Trennung von Gesellschafts- und Gesellschaftervermögen missachtet, wird im Regelfall nicht nur gesellschaftsrechtlich, sondern auch deliktisch zu qualifizieren sein (so auch *Ulmer* NJW 2004, 1201, 1207 f.), so dass neben der Anwendung des materiellen Gesellschaftsrechts auch das **Recht des Tatorts** gem. Art. 40 EGBGB heranzuziehen sein wird. Die Gläubiger sind daher ausreichend gegen Vermögens- und Sphärenvermischungen der Gesellschafter geschützt. Gleiches gilt für den Fall der **chronischen und bezweckten Unterkapitalisierung** einer Gesellschaft. Auch hier sind deliktische Haftungstatbestände möglich, die sich auf kollisionsrechtlicher Ebene unter Art. 40 EGBGB subsumieren lassen. Das gilt erst recht für die **Existenzvernichtungshaftung** der Gesellschafter, die darüber hinaus auch insolvenzrechtlich zu qualifizieren und damit über Art. 3 und 4 Abs. 1 EuInsVO auch an den Sitz der Hauptverwaltung an-

zuknüpfen ist. Den Gläubigerinteressen ist durch diese Mehrfachanknüpfung der jeweiligen Haftungstatbestände ausreichend Rechnung getragen, so dass es eines zusätzlichen Korrektivs durch eine Sonderanknüpfung im Bereich des Gesellschaftsstatuts nicht bedarf.

Die Frage, ob neben der Gesellschaft auch die **handelnden Organe** nach außen haften, unterliegt 82 ebenfalls dem Gesellschaftsstatut. Zu unterscheiden ist dies allerdings von einer Eigenhaftung der Organe, z. B. für deliktisches Tun oder aus culpa in contrahendo, das der Gesellschaft zugerechnet wird. Hier ist allein das Deliktsstatut ausschlaggebend. Auch für die Eigenhaftung eines Organs kraft Rechtsschein scheidet die Heranziehung des Gesellschaftsstatuts aus. Es handelt sich dabei um einen rein zivilrechtlichen Haftungstatbestand. Auch die **Zurechnung des Organverschuldens** zu Lasten der Gesellschaft (im deutschen Sachrecht also insbesondere § 31 BGB) ist deliktsrechtlich zu qualifizieren. Die Haftung für das Verschleppen eines Insolvenzantrags entgegen entsprechender gesellschaftsrechtlicher Verpflichtungen (z. B. gem. § 64 Abs. 1 GmbHG) ist primär insolvenzrechtlicher Natur und unterfällt daher dem Insolvenzstatut. Hier kommt daher das Recht am Sitz der Hauptverwaltung zur Anwendung (zutreffend MüKo BGB/*Kindler* IntGesR Rn. 646).

VI. Rechnungslegung

Die h. M. qualifiziert die Bestimmungen über Rechnungslegungspublizität und Abschlussprüfung gesellschaftsrechtlich. Daher ist das auf die Gesellschaft anzuwendende Recht auch heranzuziehen für die Frage, nach welchem Recht sich die Rechnungslegung bemisst (Staudinger/*Großfeld* IntGesR Rn. 362). Nach a. A. stellt das Recht der Rechnungslegung öffentliches Recht dar (MüKo BGB/*Kindler* IntGesR Rn. 253) mit der Folge, dass an den Ort der kaufmännischen Niederlassung anzuknüpfen ist. 83

Vorzuziehen ist die Heranziehung des Gesellschaftsstatuts. Zwar ist der Mindermeinung dahingehend Recht zu geben, dass die Aufstellung des Inventars, die Erstellung des Jahresabschlusses, Aufbewahrungspflichten in Bezug auf Handelsbücher und Aufzeichnungen auch von öffentlichrechtlicher Relevanz sind, doch dient die Dokumentation primär internen Zwecken sowie dem Gläubigerschutz bzw. der Transparenz gegenüber der Öffentlichkeit. Aus diesem Grund ist der Rechtsansicht zu folgen, die sich für eine Heranziehung des Gesellschaftsstatuts ausspricht. 84

VII. Auflösung und Liquidation

Die Beendigung, Auflösung und Abwicklung einer Gesellschaft außerhalb der Insolvenz vollzieht sich ebenfalls gem. den Regeln des Gesellschaftsstatuts. Dieses bestimmt die Auflösungsgründe, die Rechtsnatur der Liquidationsgesellschaft und die Rechtsstellung der Liquidatoren (OLG Stuttgart NJW 1974, 1627). Die Liquidation im Rahmen der Insolvenz unterliegt allerdings anderen Regeln (s. unten Rn. 87 ff.). 85

Erlischt die Rechtsfähigkeit einer Gesellschaft, die ausländischem Recht unterliegt, so ist dies grundsätzlich auch im Inland anzuerkennen. Problematisch ist dies allerdings dann, wenn noch Vermögen der Gesellschaft in Deutschland belegen ist. Nach deutschem Sachrecht ist eine Gesellschaft noch so lange rechts- und parteifähig, wie sie über liquidationsfähiges Vermögen verfügt. Es kann insofern sinnvoll sein, auch eine ausländische Gesellschaft im Inland noch so lange im Wege einer Sonderanknüpfung an das deutsche Recht als rechtsfähig zu behandeln, wie in Deutschland Liquidationsmasse vorhanden ist (so auch MüKo BGB/*Kindler* IntGesR Rn. 663). 86

VIII. Insolvenz

Am 31. 5. 2002 ist die Verordnung (EG) Nr. 1346/2000 des Rates über Insolvenzverfahren (ABl. EG Nr. L 160 S. 1) in Kraft getreten. Diese regelt nicht nur die **internationale Zuständigkeit für Insolvenzverfahren** in Mitgliedstaaten der EU, sondern auch das **anwendbare Recht**. 87

88 Gem. Art. 3 Abs. 1 EuInsVO ist für die **Eröffnung des Insolvenzverfahrens** das Gericht des Mitgliedstaats zuständig, in dessen Gebiet der Schuldner den Mittelpunkt seiner hauptsächlichen Interessen hat. Dies ist bei Gesellschaften im Regelfall der Ort des effektiven Verwaltungssitzes. Sog. Partikularverfahren sind in weiteren Staaten gem. Art. 3 Abs. 2 EuInsVO möglich, wenn der Schuldner dort eine Niederlassung hat.

89 Grundsätzlich gilt gem. Art. 4 Abs. 1 EuInsVO für das Insolvenzverfahren und seine Wirkungen das Recht des Mitgliedstaats, in dem das Verfahren eröffnet wird (sog. **lex fori concursus**). Das Insolvenzstatut befindet über die Voraussetzungen, unter denen das Insolvenzverfahren eröffnet wird und wie es durchzuführen und zu beenden ist. Hierzu gehört z. B. die **Insolvenzfähigkeit** des Schuldners (Art. 4 Abs. 2 a EuInsVO). Da in Deutschland auch Personengesellschaften insolvenzfähig sind, kann auch über das Vermögen von Gesellschaften, die nach einem Drittrecht gegründet worden sind, aber ihren Sitz in Deutschland haben, ein Insolvenzverfahren durchgeführt werden, da diese nach dem Sitzstatut gem. deutschen Rechts wie inländische Personengesellschaften zu behandeln sind. Daneben unterliegt auch der Insolvenzgrund der Beurteilung durch das Insolvenzstatut, d. h. der Insolvenzrichter hat eine Zahlungsunfähigkeit oder Überschuldung nach seinem Recht zu beurteilen und nicht nach dem Recht, dem die Gesellschaft unterliegt. Selbst die Pflichten der Organe zur Stellung eines Insolvenzantrags sowie eine eventuelle deliktische Haftung bei Insolvenzverschleppung unterliegen dem Insolvenzstatut. Ist ein Verfahren noch nicht eröffnet, so ist das Recht des Landes anzuwenden, in dem das Insolvenzverfahren gem. Art. 3 Abs. 1 zu eröffnen wäre, d. h. regelmäßig am satzungsmäßigen Sitz der Gesellschaft. Liegt nach dem Insolvenzstatut Massearmut vor und ist daher der Insolvenzantrag mangels Masse abzuweisen, so erfolgt die Liquidation nach den gesellschaftsrechtlichen Regeln. Hierfür ist wiederum das Gesellschaftsstatut maßgeblich (s. Rn. 85 f.).

90 Schließlich unterliegen auch die **Auswirkungen der Insolvenz** auf die Schuldnerin dem Insolvenzstatut. Hierzu gehören nicht nur die **Organbefugnisse** des Insolvenzverwalters, sondern auch mögliche **Verfügungsbeschränkungen**, Gläubigerbefugnisse und der Nachrang eigenkapitalersetzender Darlehen. Wie dargestellt ist auch die sog. Existenzvernichtungshaftung insolvenzrechtlich zu qualifizieren und unterliegt damit der lex fori concursus (s. Rn. 81).

91 Eine Sonderregelung gilt für dingliche Rechte Dritter gem. Art. 5 EuInsVO, d. h. insbesondere **Ab- und Aussonderungsrechte**. Soweit sich die Sache, an der ein entsprechendes Gläubigerrecht besteht, außerhalb des Eröffnungsstaats befindet, gilt das Recht am Belegenheitsort. Absonderungsrechte an Schuldnervermögen in Deutschland unterfallen damit auch dann dem deutschen Recht, wenn in einem anderen Mitgliedstaat der EU das Insolvenzverfahren eröffnet worden ist.

92 Im Verhältnis zu **Staaten außerhalb der EU** gilt das autonome Recht, das jedoch ähnliche Regelungen wie die EuInsVO trifft. Gem. § 335 InsO unterliegen das Insolvenzverfahren und deren Wirkungen ebenfalls der lex fori concursus, also dem Recht des Landes, in dem das Insolvenzverfahren eröffnet wird.

IX. Umwandlung

93 Nach ganz überwiegender Meinung gilt auch für **grenzüberschreitende Umwandlungen** das Gesellschaftsstatut (MüKo BGB/*Kindler* IntGesR Rn. 843 b; Staudinger/*Großfeld* IntGesR Rn. 21, 38 ff jeweils m. w. N.). Betroffen hiervon sind dabei transnationale Verschmelzungen, Spaltungen und Vermögensübertragungen als Umwandlungsformen, nicht hingegen der Formwandel, bei dem mangels Beteiligung mehrerer Gesellschaften eine Abgrenzung der Statute mehrerer Gesellschaften nicht nötig ist (vgl. zur Abgrenzung der Umwandlungsarten auch Kap. 12 Rn. 8 f. sowie ausführl. dort zu den einzelnen Umwandlungsarten).

94 Da die **Verschmelzung** wegen der zunehmenden Verflechtung der Wirtschaftsräume und des damit einhergehenden Bedürfnisses grenzüberschreitender Umstrukturierungen in der Praxis der wichtigste Anwendungsfall ist, gelten die nachfolgenden Ausführungen primär dieser Umwandlungsform (vgl. zur Verschmelzung auch ausführl. Kap. 12 Rn. 12 ff.). Sie gelten aber auch – soweit möglich – sinngemäß für transnationale Spaltungen und Vermögensübertragungen.

1. Traditionelles Verständnis für alle ausländischen Gesellschaften

Die früher vertretenen sog. »**Einzeltheorien**«, die entweder auf das Recht der aufnehmenden oder übertragenden Gesellschaft abstellten (vgl. ausführlich dazu MüKo BGB/*Kindler* IntGesR Rn. 843 ff. m. w. N.) sind nunmehr überwunden, so dass derzeit ganz überwiegend nur noch die sog. »**Vereinigungstheorie**« vertreten wird, die das Recht aller an einer transnationalen Verschmelzung teilnehmenden Gesellschaften anwendet. Generell differenzieren die Vertreter der Vereinigungstheorie dabei regelmäßig wie folgt: Die **Zulässigkeit einer Verschmelzung** (z. B. Verschmelzungsverbote, aktive und passive Verschmelzungsfähigkeit oder Besonderheiten bei einer Konzernverschmelzung) und das **Verfahren** (z. B. das Erstellen des Verschmelzungsberichts, die Prüfung des Verschmelzungsvertrags, die Beschlussfassung über den Verschmelzungsvertrag und die Offenlegung der Verschmelzung) richten sich dabei nach dem Gesellschaftsstatut der jeweiligen Gesellschaft. Soweit ein gemeinsames Vorgehen der beteiligten Unternehmen erforderlich ist (z. B. dem Abschluss des Verschmelzungsvertrags), sind die Rechtsordnungen zu kumulieren, wobei sich in dem Bereich gemeinsamer Erfordernisse dabei grundsätzlich die strengste Rechtsordnung durchsetzen soll (MüKo BGB/*Kindler* IntGesR Rn. 848 ff.; *Kappes* NZG 2006, 101, 103 jeweils m. w. N.). Bei den **Wirkungen** (z. B. Vermögensübergang; Übergang der Arbeitnehmerverhältnisse, Erlöschen der übertragenden Gesellschaft, Gesellschafterwechsel und Publizität) gilt hinsichtlich des Vermögensübergangs grundsätzlich das Recht der übertragenden Gesellschaft. Ausgenommen ist der gesetzliche Vertragsübergang, der nach § 613 a BGB nach überwiegender Auffassung auch bei der umwandlungsrechtlichen Gesamtrechtsnachfolge eintritt. Ab **Eintreten der Wirkungen** der Verschmelzung, also ab Erlöschen der übertragenden Gesellschaft, ist allein das Gesellschaftsstatut der aufnehmenden Gesellschaft maßgebend (MüKo BGB/*Kindler* IntGesR Rn. 848 ff.; Staudinge/*Großfeld* IntGesR Rn. 21, 38 ff. jeweils m. w. N.). Der Zeitpunkt des Wirksamwerdens der Verschmelzung richtet sich sodann nach dem Recht des Staates, dem die aus der Verschmelzung hervorgehende Gesellschaft unterliegt. 95

Ist nach der so gefundenen kollisionsrechtlichen Abgrenzung deutsches Recht anwendbar, muss auf sachrechtlicher Ebene geprüft werden, ob die Umwandlungsmöglichkeiten des UmwG auch bei Beteiligung von Rechtsträgern mit Sitz im Ausland Anwendung finden. Seit Schaffung der Regelung des § 1 Abs. 1 UmwG, die nach ihrem Wortlaut den Anwendungsbereich des UmwG auf Gesellschaften »mit Sitz im Inland« beschränkt, und/oder mit Blick auf § 1 Abs. 2 UmwG, der ein Analogieverbot für im UmwG nicht geregelte Umwandlungen normiert, geht die wohl h. M. in der Literatur davon aus, dass nach deutschem Sachrecht alle beteiligten Rechtsträger ihren Sitz im Inland haben müssen, so dass grenzüberschreitende Umwandlungen im rechtstechnischen Sinn nach geltendem deutschen UmwG mithin ausgeschlossen sind (MüKo BGB/*Kindler* IntGesR Rn. 869 ff. mit zahlreichen Nachweisen auch zu a. A.; Semler/*Stengel* Einl. A, Rn. 110 ff.): Eine »**Hineinverschmelzung**«, das heißt die Verschmelzung eines ausländischen Rechtsträgers auf einen deutschen Rechtsträger, ist unzulässig; die »**Herausverschmelzung**« einer deutschen Gesellschaft ins Ausland führt nach der Sitztheorie zur Auflösung der deutschen Gesellschaft. 96

Auch die deutschen Gerichte trugen eine Verschmelzung unter Beteiligung einer ausländischen Gesellschaft aus eben diesen Gründen oft nicht in das Handelsregister ein (vgl. nur OLG Zweibrücken NJW 1990, 3092, 3092; vgl. aber auch zu dokumentierten Fällen einer geglückten Hineinverschmelzung *Dorr/Stuenborg* DB 2003, 447, 650; *Rixen/Böttcher* GmbHR 1993, 572, 574). 97

Auch aus Staatsverträgen ergibt sich ebenfalls kein Sonderrecht für grenzüberschreitende Umwandlungen, auch nicht aus dem Staatsvertrag mit den Vereinigten Staaten (vgl. Rn. 28 ff.). Zwar gewährt Art. VII Abs. 1 des Handelsvertrags **den US-Gesellschaften** ein **Recht auf Inländergleichbehandlung** bei der Ausübung jeder Art von geschäftlichen Tätigkeiten. Allerdings 98 sind Umwandlungen in der Aufzählung der einzelnen Ausübungsformen des Niederlassungsrechts nicht enthalten. Darüber hinaus bedeutet das Gebot der Inländergleichbehandlung auch nur, dass die unter dem Schutz des Staatsvertrags stehenden Ausländer nicht allein deshalb ungleich behandelt werden dürfen, weil sie keine Inländer sind. Andere Differenzierungsgründe bleiben zulässig, so dass eine Beschränkung des UmwG auf Gesellschaften mit Satzungssitz im Inland nicht entgegen steht (MüKo BGB/*Kindler* IntGesR Rn. 879 f m. w. N.). Etwas anderes ergibt sich auch nicht aus Art. 24 Abs. 1 DBA USA, denn die steuerliche Gleichbehandlung ergibt sich nur für ausländische Staatsangehörige »unter gleichen Verhältnissen« und diese sind bei grenzüberschreitenden Umwandlungen gerade nicht gegeben (so z. B. MüKo BGB/*Kindler* IntGesR Rn. 879 m. w. N.).

2. Sonderrecht für EU/EWR-Gesellschaften

99 Abweichend von dem dargestellten traditionellen Verständnis befindet sich spätestens seit der »Überseering«-Rechtsprechung eine Meinung im Vordringen, die die nach deutschem Umwandlungsrecht statuierte Unzulässigkeit grenzüberschreitender Verschmelzungen von EU/EWR-Gesellschaften als eine **Verletzung der Niederlassungsfreiheit** nach den Art. 43 EG ff. begreift (so z. B. Lutter/*Dygala* UmwG, § 1 Rn. 7, 18). Diese Meinung dürfte sich aufgrund junger EuGH-Rechtsprechung und in nationales Recht umzusetzenden europäischen Rechtsentwicklung in Zukunft endgültig durchsetzen.

a) »SEVIC«-Entscheidung

100 Die Möglichkeit einer Hineinverschmelzung europäischer Gesellschaften wurde mit dem Fall »SEVIC Systems AG« eröffnet, in dem es um die Handelsregistereintragung der Verschmelzung einer luxemburgischen Société Anonyme (S. A.) auf eine deutsche Aktiengesellschaft ging, die von dem zuständigen deutschen Registergericht mit Verweis auf den Wortlaut des § 1 Abs. 1 UmwG zunächst verweigert worden war. Der EuGH entschied am 13. 12. 2005 in einer richtungsweisenden Vorabentscheidung, dass die **europäische Niederlassungsfreiheit berührt** ist, auch wenn äußerlich betrachtet die übertragende Gesellschaft nicht ihren Sitz verändert. Entscheidend ist nämlich insoweit, dass es sich um eine Maßnahme handelt, die es der Gesellschaft ermöglichen und erleichtern soll, in einem anderen Mitgliedstaat als den Sitzstaat am Wirtschaftsleben in gleicher Weise teilzunehmen wie den inländischen Gesellschaften jenes Mitgliedstaats, mithin um eine Strukturmaßnahme, die »den Zusammenarbeits- und Gestaltungsbedürfnissen von Gesellschaften mit Sitz in verschiedenen Mitgliedstaaten« entspricht. Eine Vorschrift wie § 1 UmwG, die nur innerstaatliche, nicht aber grenzüberschreitende Verschmelzungen kennt, stellt somit einen Eingriff in die Niederlassungsfreiheit dar. Die Verweigerung der Eintragung diskriminiert, wenn sie nicht gerechtfertigt werden kann. Dabei wollte der EuGH zwar nicht ausschließen, dass der Schutz von Interessen von Gläubigern, Minderheitsgesellschaftern und Arbeitnehmern unter bestimmten Umständen und bei Beachtung bestimmter Voraussetzungen eine die Niederlassungsfreiheit beschränkende Maßnahme rechtfertigen könne. Allerdings rechtfertigen diese Gründe nie eine generelle Verweigerung der Eintragung in das Handelsregister, da diese auch in unproblematischen Fällen diskriminiert und über das hinausgegangen wird, was zur Erreichung des verfolgten Ziels notwenig ist (EuGH NJW 2006, 425, 426).

101 Der EuGH bescheinigt also eine **generelle Eintragungsfähigkeit grenzüberschreitender Verschmelzungen** entgegen der vorherrschenden Praxis der deutschen Gerichte, entzog sich aber zugleich Forderungen nach einer weiter gehenden Zulassung transnationaler Umwandlungen. Zugleich ist der EuGH-Entscheidung nicht zu entnehmen, wann eine **Rechtfertigung** einer Beschränkung der Niederlassungsfreiheit tatsächlich möglich ist, wann also eine Eintragung von transnationalen Verschmelzungen unterbleiben darf (krit. hierzu *Oechsler* NJW 2006, 812, 813). Auch blieb die Frage offen, ob die Art. 43 ff. EG auch Hinausverschmelzungen erlauben. Es erfolgte insoweit kein obiter dictum dazu, inwieweit die Niederlassungsfreiheit auch im umgekehrten Fall des »Wegzugs« einer inländischen Gesellschaft in einen anderen Mitgliedstaat die Beseitigung bestehender Beschränkungen gebietet, so dass es nach h. M. vorerst bei den proble-

matischen Feststellungen der »Daily-Mail«-Entscheidung bleibt, wonach beschränkende Maßnahmen des Wegzugsstaats zulässig sind (vgl. dazu Rn. 15; krit. auch *Kappes* NZG 2006, 101, 102; *Oechsler* NJW 2006, 812, 813). Nach deutschem Sachrecht wäre demnach eine Hinausverschmelzung nicht möglich.

Vor allem musste aber mangels legislatorischer Kompetenzen offen gelassen werden, an welchen Grundsätzen sich nunmehr generell mögliche grenzüberschreitende Hineinverschmelzungen zu orientieren haben. Insoweit ist die europäische bzw. die nationale Gesetzgebung gefordert, einen gangbaren Weg – z. B. im Sinne der Vereinigungstheorie – zur Durchführung einer derartigen Verschmelzung zu finden. Diesen Forderungen ist sie teilweise nachgekommen respektive wird sie diesen in naher Zukunft nachkommen. **102**

b) »Verschmelzungsrichtlinie«

Auch europäisches Sekundärrecht enthält keine expliziten gesellschaftsrechtlichen Kollisionsregeln betreffend die Umwandlung von Gesellschaften. Nichtsdestotrotz betrifft die Fragestellung einer gangbaren grenzüberschreitenden Umwandlung Gesellschaftskollisionsrecht im weitesten Sinn, so dass es angezeigt erscheint, einige Ausführungen zu den **aktuellsten Entwicklungen** zu machen: **103**

Die Richtlinie 2005/56/EG des Europäischen Parlaments und des Rates vom 26. 10. 2005 über die Verschmelzung von Kapitalgesellschaften aus verschiedenen Mitgliedstaaten (ABl. EU Nr. L 310 vom 25. 11. 2005, S. 1; sog. »**10. gesellschaftsrechtliche Richtlinie« oder »Verschmelzungsrichtlinie«**), in Kraft seit 15. 12. 2005, knüpft an die »3. gesellschaftsrechtliche Richtlinie« bzw. »**Fusionsrichtlinie«** an und ist bis 31. 12. 2007 in nationales Recht umzusetzen. **104**

Sie regelt auf europäischer Ebene die grenzüberschreitende Verschmelzung von Kapitalgesellschaften i. S. d. Europarechts (vgl. Art. 2 Nr. 1 a und b RL 2005/56/EG) aus verschiedenen EU-Mitgliedstaaten und – sobald die Geltung der Richtlinie auf den Europäische Wirtschaftsraum ausgedehnt worden ist – auch der EWR-Staaten; ausgenommen sind die Organismen für gemeinsame Anlagen in Wertpapieren, die speziellen Vorschriften unterliegen (vgl. Art. 1, 3 Abs. 2 RL 2005/56/EG). **105**

Das **Grundkonzept** ist ganz im Sinne des **europarechtlichen Subsidiaritätsprinzip** (vgl. Art. 5 EG) und der kollisionsrechtlichen Vereinigungstheorie (vgl. oben Rn. 95 und Art. 2 RL), so dass der Grundsatz gilt, dass für jede der an der grenzüberschreitenden Verschmelzung beteiligten Gesellschaften deren jeweiliges nationales Recht gilt, wenn und soweit sich aus der Richtlinie nichts anderes ergibt (vgl. Erwägungsgrund 3). Die Richtlinie selbst beschränkt sich sodann darauf, in ihren Art. 5 ff. zur Koordinierung der nationalen Verfahrensschritte ein europaweit uniformes Gerüst zu normieren. **106**

Die Richtlinie bestimmt in Art. 4 den **Grundsatz der vorrangigen Geltung des nationalen Rechts**. Grenzüberschreitende Verschmelzungen sind nach Art. 4 Abs. 1 a RL nur zwischen Gesellschaften solcher Rechtsformen möglich, die sich auch nach dem jeweiligen innerstaatlichen Recht verschmelzen dürfen (Art. 4 Abs. 1 a). Gem. Art. 4 Abs. 1 b RL sind die Vorschriften und Formalitäten des innerstaatlichen Rechts einzuhalten. Dies gilt nach Art. 4 Abs. 2 RL insbesondere für die Beschlussfassung über die Verschmelzung und den Schutz der Gläubiger, Gesellschafter und Arbeitnehmer der beteiligten Gesellschaften. Die Mitgliedstaaten sind berechtigt, besondere Vorschriften zum Schutz von Minderheitsgesellschaftern zu erlassen, die der Verschmelzung widersprochen haben. Die Richtlinie untersagt den Mitgliedstaaten, ein spezielles **Einspruchs- bzw. Vetorecht** von Gesellschaftern gegen grenzüberschreitende Verschmelzungen zum Schutze öffentlicher Interessen zu schaffen. Gestattet sind aber unterschiedslos anwendbare Einspruchsrechte zum allgemeinen Schutze öffentlicher Interessen, wenn die Gesellschaft dem Recht dieses Mitgliedstaats unterliegt (vgl. Art. 4 Abs. 1 b S. 2). Dem deutschen Umwandlungsrecht ist ein derartiges Vetorecht allerdings unbekannt. Die Richtlinie erklärt ferner für jede beteiligte Gesellschaft das im jeweiligen nationalen Recht für innerstaatliche Verschmelzungen gel- **107** tende **Gläubigerschutzrecht** für anwendbar (vgl. Art. 4 Abs. 1 b S. 1, Abs. 2 S. 1 RL). Hingegen sind die Mitgliedstaaten ermächtigt, zum Schutz von Minderheitsgesellschaftern, die die grenzüberschreitende Verschmelzung abgelehnt haben, einen »angemessenen Schutz« vorzusehen (Art. 4 Abs. 2 S. 2 RL). In Betracht kommen dabei z. B. Informationsrechte, Zustimmungs- und Mehrheitserfordernisse oder ein Recht auf Austritt gegen Barabfindung, wobei allerdings die Zielvorstellung wohl – wie sich aus Art. 10 Abs. 3 RL ergibt – die Schaffung eines speziellen Verfahrens zur Kontrolle und Veränderung des Umtauschverhältnisses ist.

108 Voraussetzung für die Zulässigkeit einer grenzüberschreitenden Verschmelzung ist gem. Art. 5 RL die **Aufstellung eines Verschmelzungsplans**, inklusive der Angaben zur Bewertung des Aktiv- und Passivvermögens, das auf die aus der grenzüberschreitenden Verschmelzung hervorgehende Gesellschaft übertragen wird. Auch sollen die Bilanzstichtage angegeben werden, damit der Verschmelzungsplan transparenter wird. Art. 5 RL enthält einen ausführlichen Anforderungskatalog an den Verschmelzungsplan. Diese Anforderungen werden durch die Publizitätsvorschrift des Art. 6 RL abgesichert. Hinzu kommt ein Bericht des Leitungs- oder Verwaltungsorgans nach Art. 7 RL, zu dem grundsätzlich ein Bericht unabhängiger Sachverständiger nach Art. 8 RL hinzutritt.

109 Gem. Art. 9 RL ist die **Zustimmung der Gesellschafterversammlung** jeder der sich verschmelzenden Gesellschaften zu dem gemeinsamen Verschmelzungsplan erforderlich; vorauszugehen hat die Kenntnisnahme der in den Art. 7 und 8 RL genannten Berichte des Leitungs- oder Verwaltungsorgans bzw. der unabhängigen Sachverständigen.

110 Die Art. 10 und 11 RL enthalten eine **Rechtmäßigkeitskontrolle**. Die Kontrolle erstreckt sich auch auf eine eventuell abgeschlossene Vereinbarung über die Mitbestimmung der Arbeitnehmer nach Art. 16 RL. Erst nach dieser Kontrolle kann gem. Art. 12 RL die grenzüberschreitende Verschmelzung wirksam werden. Das Wirksamwerden bestimmt sich nach dem Recht des Mitgliedstaats, dem die daraus hervorgehende Gesellschaft unterliegt. Es folgt die Eintragung und Bekanntmachung gem. den Art. 13 RL. In Art. 14 RL sind die **Wirkungen der grenzüberschreitenden Verschmelzung** geregelt, zu denen insbesondere der Übergang des gesamten Aktiv- und Passivvermögens der sich verschmelzenden Gesellschaften – je nach Art und Weise der Verschmelzung auf die neue Gesellschaft oder auf die übernehmende Gesellschaft – gehört. Auch gehen die zum Zeitpunkt des Wirksamwerdens der grenzüberschreitenden Verschmelzung bestehenden Rechte und Pflichten der sich verschmelzenden Gesellschaften aus Arbeitsverträgen oder Beschäftigungsverhältnissen auf die daraus hervorgehende Gesellschaft zum Wirksamkeitszeitpunkt über. Art. 17 RL gewährt Bestandsschutz für eine nach diesem Verfahren durchgeführte Umwandlung: Die nach Art. 12 RL wirksam gewordene Verschmelzung kann nicht mehr für nichtig erklärt werden.

111 Aus den Bestimmungen der Richtlinie ergibt sich kollisionsrechtlich, dass in erster Linie die Statute der an der Verschmelzung beteiligten Gesellschaften maßgeblich sind. Damit folgt die Richtlinie grundsätzlich der oben dargestellten **Vereinigungstheorie** (s. Rn. 95). Daneben schafft die Richtlinie aber auch **einheitliches europäisches Sachrecht für grenzüberschreitende Verschmelzungen im EU-Raum**. Die Umsetzung in deutsches Recht wird zeigen, ob die Bestimmungen der Richtlinie darüber hinaus auch auf Verschmelzungen mit Gesellschaften aus Drittstaaten sowie auf Personengesellschaften erstreckt werden. Es empfiehlt sich generell, schon zum jetzigen Zeitpunkt grenzüberschreitende Verschmelzungen gem. den Bestimmungen der Richtlinie zu vollziehen, um mit Sicherheit in den Genuss des Bestandschutzes zu kommen.

112 Das BMJ hat am 13. 2. 2006 einen ersten Referentenentwurf eines »Zweiten Gesetzes zur Änderung des Umwandlungsgesetzes« vorgelegt (abrufbar unter www.bmj.de). Der Gesetzentwurf (UmwG-E) setzt den gesellschaftsrechtlichen Teil der Europäischen Richtlinie 2005/56/EG über die Verschmelzung von Kapitalgesellschaften aus verschiedenen Mitgliedstaaten in deutsches Recht um. Außerdem trägt der Entwurf der Entscheidung des EuGH vom 13. 12. 2005 in der Sache »SEVIC Systems AG« Rechnung. Das UmwG wird so ergänzt, dass für grenzüberschreitende Verschmelzungen aufgrund Verweises größtenteils dieselben Bestimmungen wie für innerstaatliche Verschmelzungen gelten. Neue Vorschriften sind lediglich dort vorgesehen, wo der grenzüberschreitende Charakter der Verschmelzung und die Richtlinie durch abweichende oder zusätzliche Anforderungen dies erfordern (vgl. §§ 122 a UmwG-E; vgl. auch Begründung Besonderer Teil Abs. 1 (gesetzliche Grundkonzeption der Umsetzung der RL) und Abs. 2 zu § 122 a ff. UmwG-E). Der RefE sieht zudem weitere Verbesserungen des UmwG vor. Einzelne Änderungswünsche aus der Praxis sollen jetzt aufgegriffen werden, um auch innerstaatliche Umwandlungen weiter zu erleichtern. Die Umsetzung derjenigen Bestimmungen der Richtlinie, die die Arbeitnehmermitbestimmung bei grenzüberschreitenden Fusionen sichern (Art. 16 RL), wurde allerdings dem Bundesministerium für Arbeit und Soziales überlassen, das einen gesonderten Gesetzentwurf vorlegen wird.

X. Konzern

Das Konzernkollisionsrecht regelt grenzüberschreitende Konzernbildungen und die rechtliche Behandlung des entstandenen Konzerns. In der Praxis kommt besondere Relevanz den folgenden Themenkomplexen zu: 113

1. Grenzüberschreitender Unterordnungskonzern

Ganz überwiegend anerkannt in Literatur und Rechtsprechung ist, dass bei einem internationalen Unterordnungskonzern das Innenverhältnis zwischen den Gesellschaften grundsätzlich dem Gesellschaftsstatut der abhängigen Gesellschaft unterliegt, da das Konzernverhältnis auf der Beteiligung an dieser Gesellschaft fußt (vgl. nur MüKo BGB/*Kindler* IntGesR Rn. 731 ff. m. w. N.). Diese Kollisionsregel gilt jedenfalls, soweit die Interessen der abhängigen Gesellschaft selbst, der außenstehenden Gesellschafter und ihrer Gläubiger berührt sind. Dem Recht der Obergesellschaft unterstehen jedoch Regelungen, die den Schutz der herrschenden Gesellschaft, ihrer außenstehenden Gesellschafter und Gläubiger bezwecken (z. B. § 293 Abs. 2 AktG), die innergesellschaftliche Kompetenzverteilung zwischen den Organen in der Obergesellschaft regeln (z. B. § 119 AktG) und die Deliktshaftung oder deliktsähnliche Haftung des herrschenden Unternehmens im Konzern festlegen (z. B. § 117 Abs. 1 AktG). 114

Auch der sog. **faktische Konzern** (zum faktischen Konzern vgl. Kap. 14 Rn. 10 f.) ist nicht anders zu beurteilen, so dass auch insoweit dem Gesellschaftsstatut der abhängigen Gesellschaft der Anwendungsvorrang im Hinblick auf das Innenverhältnis zwischen den Konzerngesellschaften gebührt (BGH NZG 2005, 214, 215; MüKo BGB/*Kindler* IntGesR Rn. 763 ff. m. w. N.; *Roth/Altmeppen* § 13 Anh. Rn. 196). 115

Die Maßgeblichkeit des Rechts der abhängigen Gesellschaft stellt keinen Verstoß gegen die in Art. 43, 48 EG gewährte Niederlassungsfreiheit dar. Insbesondere aus dem Recht, Tochtergesellschaften im EU-Ausland zu gründen, folgt nicht, dass Tochtergesellschaften hinsichtlich ihrer konzernrechtlichen Stellung nach dem Recht der Muttergesellschaft zu beurteilen wären. Die Frage, wonach sich das **Gesellschaftsstatut der untergeordneten Tochtergesellschaft** bemisst, ist sodann nach den vorangegangenen Ausführungen zu beurteilen. Im Bereich der EU/EWR gilt damit das Gründungsrecht der Tochtergesellschaft auch für das Konzernverhältnis zur Muttergesellschaft. 116

Das Gesellschaftsstatut der abhängigen Gesellschaft ist nach einhelliger Auffassung in der Literatur grundsätzlich auch entscheidend für die Zulässigkeit, die Wirksamkeitsvoraussetzungen und Rechtsfolgen bei grenzüberschreitenden **Beherrschungs- und Gewinnabführungsverträgen** (MüKo BGB/*Kindler* IntGesR Rn. 749 ff. m. w. N.). Im Ergebnis folgt dem auch die höchstrichterliche Rechtsprechung, ohne dieses Ergebnis jedoch mit Hilfe des Kollisionsrechts zu begründen (vgl. die sog. »ABB«-Entscheidungen, in denen es um einen Beherrschungsvertrag zwischen einer deutschen Aktiengesellschaft und einem Unternehmen mit Sitz in der Schweiz ging und der Vertrag ganz selbstverständlich deutschem Gesellschaftsrecht unterstellt wurde BGH NJW 1998, 1866, 1867; NJW 1992, 2760, 2761). 117

118 Damit entscheidet deutsches Gesellschaftsrecht über die Beherrschungs- und Gewinnabführungsverträge einer deutschen abhängigen Tochtergesellschaft mit einer ausländischen Muttergesellschaft und umgekehrt ausländisches Gesellschaftsrecht über die Beherrschungs- und Gewinnabführungsverträge einer ausländischen abhängigen Tochtergesellschaft mit einer deutschen Muttergesellschaft. Es ist sodann eine Frage des jeweils geltenden Sachrechts, ob derartige grenzüberschreitende Verträge nach der jeweilig geltenden Rechtsordnung zulässig sind, und – im Falle der Zulässigkeit – welchen Wirksamkeitsvoraussetzungen und Rechtsfolgen sie unterliegen.

119 Nach deutschem Sachrecht sind dabei – nach herrschender Auffassung – **grenzüberschreitende Beherrschungs- und Gewinnabführungsverträge zulässig** (vgl. BGH NJW 1992, 2760, 2761; NJW 1998, 1866, 1867; *Hüffer* AktG, § 291 Rn. 9; MüKo BGB/*Kindler* IntGesR Rn. 749 ff. m. w. N.). Es gilt **deutsches Konzernrecht**, vor allem dessen Schutzvorschriften, auch gegenüber dem ausländischen herrschenden Unternehmen (vgl. auch Kap. 14 Rn. 27). Insoweit findet auch das Weisungsrecht des herrschenden ausländischen Unternehmens bei den inländischen Mitbestimmungsvorschriften seine Grenze. Hinsichtlich der Rechtsfolgen aus einem Unternehmensvertrag wird zudem zutreffenderweise vertreten, dass trotz des § 308 Abs. 1 S. 2 AktG der Vorstand der deutschen abhängigen Gesellschaft nachteilige Weisungen erst nach einer Verpflichtung des herrschenden ausländischen Unternehmens, die Vollstreckung rechtskräftiger Urteile über Ansprüche der abhängigen Gesellschaft aus dem Unternehmensvertrag hinzunehmen, ausführen darf (so auch Staudinger/*Großfeld* IntGesR Rn. 577; vgl. auch *Maul* AG 1998, 404, 411 ff.).

120 Eine Vereinheitlichung des materiellen Konzernrechts auf EU-Ebene wurde mit der »9. gesellschaftsrechtlichen Richtlinie« angestrebt. Durch die geplante Konzernrechtsrichtlinie sollten die Strukturen von Konzernen europaweit vereinheitlicht werden. Der Richtlinienentwurf scheiterte allerdings. Ohnehin enthielt der Entwurf keine Bestimmungen von kollisionsrechtlicher Bedeutung.

2. Grenzüberschreitender Gleichordnungskonzern

121 Schwieriger und weitgehend ungeklärt ist die gesellschaftskollisionsrechtliche Behandlung grenzüberschreitender faktischer oder vertraglich begründeter Gleichordnungskonzerne (vgl. zu Begriff und Entstehen von Gleichordnungskonzernen *Hüffer* AktG, § 18 Rn. 20 f.). Entscheidend ist für das anzuwendende Gesellschaftskollisionsrecht grundsätzlich die Organisationsstruktur des betreffenden Gleichordnungskonzerns:

122 Wird der Gleichordnungskonzern durch den Abschluss eines Gleichordnungsvertrags gebildet und sieht dieser Vertrag die Schaffung einer **eigenständigen Zentral- oder Leitungsgesellschaft** mit Außenwirkung vor, findet das Statut derjenigen Gesellschaft Anwendung, welche diese Leitung ausübt. Ist in dem Gleichordnungsvertrag die Schaffung einer eigenständigen Zentral- oder Leitungsgesellschaft dagegen nicht vorgesehen, besteht für die Vertragsparteien in den Grenzen der Statuten der Gesellschaften Rechtswahlfreiheit (MüKo BGB/*Kindler* IntGesR Rn. 771 f.). Wird kein Recht gewählt, so gilt das Recht des Landes, mit dem der Konzern die engste Verbindung aufzuweisen hat. Hierbei kann insbesondere der Ort maßgeblich sein, an dem schwerpunktmäßig die Verwaltungsentscheidungen für den Konzern getroffen werden.

123 Wird der Gleichordnungskonzern durch die **Herstellung personaler Identität** der Leitungsgremien gebildet, so gelten die Personalstatute der beteiligten Gesellschaften, wenn die personelle Verflechtung durch Satzung hergestellt wird, oder aber es besteht – in den Grenzen der Personalstatute der gleich geordneten Gesellschaften – Rechtswahlfreiheit für die Vertragsparteien (MüKo BGB/*Kindler* IntGesR Rn. 773). Mangels Rechtswahl gilt dann auch hier das Recht des Landes mit der engsten Verbindung zu dem Konzerngebilde.

124 Sofern schließlich der Gleichordnungskonzern durch eine **Kapitalverflechtung** entsteht, bilden die Personalstatute der Gesellschaften die Grenzen der Gestaltungsautonomie für die die Verflechtung begründende Satzung bzw. die die Verflechtung begründende schuldrechtliche Vereinbarung. Werden die Mitgliedschaftsrechte aus den Gesellschaften dagegen in eine eigene Gesellschaft mit Außenwirkung eingebracht, findet wiederum das Statut dieser Gesellschaft Anwendung (MüKo BGB/*Kindler* IntGesR Rn. 774).

Kapitel 16
Allgemeines Verfahrensrecht

Übersicht:

A. Prozessrecht der Personengesellschaften

I. Allgemeines Prozessrecht der BGB-Gesellschaft

1. Parteifähigkeit

1 **Parteifähigkeit** ist die Fähigkeit als Aktiv- oder Passivpartei an einem Prozess beteiligt zu sein. Nach § 50 Abs. 1 ZPO ist parteifähig, wer rechtsfähig ist (Zöller/*Vollkommer* § 50 Rn. 1; AnwK-BGB/*D. Eckardt* Anh. § 705 Rn. 1; MüKo ZPO/*Lindacher* § 50 Rn. 1, 3). Mit seinem Grundsatzurteil vom 29. 1. 2001 bejahte der BGH die **Rechts- und Parteifähigkeit der BGB-Gesellschaft**, soweit sie durch Teilnahme am Rechtsverkehr eigene Rechte und Pflichten begründet (BGHZ 146, 341, 342 f., 347 ff.; BGH NZG 2003, 119; NZG 2003, 275; MüKo BGB/*Ulmer* Vor § 705 Rn. 11; § 705 Rn. 301, 318; Palandt/*Sprau* § 705 Rn. 24 f.; AnwK-BGB/*D. Eckardt* Anh. § 705 Rn. 1; Staudinger/*Habermeier* Vorbem §§ 705–740, Rn. 48; Musielak/*Weth* § 50 Rn. 22; MünchHdb GesR I/*Gummert* § 19 Rn. 9; *Kraemer* RWS-Forum GesR 2003, 145, 149, 157; Westermann/*Wertenbruch* § 33 Rn. 840, 860).

2 Die **Außen-GbR** ist somit aktiv und passiv parteifähig und kann demnach selbst klagen und verklagt werden (BGH NZG 2003, 119; NZG 2003, 275; AnwK-BGB/*D. Eckardt* Anh. § 705 Rn. 4; Staudinger/*Habermeier*, Vorbem §§ 705–740 Rn. 16, 49; *Jacoby* NJW 2003, 1644; Musielak/*Weth* § 50 Rn. 22). Gegen die Parteifähigkeit spricht auch nicht die Regelung des § 736 ZPO, nach der zur Zwangsvollstreckung in das Gesellschaftsvermögen ein gegen alle Gesellschafter ergangenes Urteil erforderlich ist, da ein Titel gegen die BGB-Gesellschaft auch einen Titel gegen alle Gesellschafter i. S. d. § 736 ZPO darstellt. Durch § 736 ZPO soll nicht die Parteifähigkeit der BGB-Gesellschaft ausgeschlossen, sondern lediglich verhindert werden, dass ein Privatgläubiger eines einzelnen Gesellschafters in das Gesellschaftsvermögen vollstreckt (BGHZ 146, 341, 353; MünchHdb GesR I/*Gummert* § 20 Rn. 8; *Wertenbruch* NJW 2002, 324, 325; *K. Schmidt* NJW 2001, 993, 997; *Pohlmann* WM 2002, 1421, 1426; *Scholz* NZG 2002, 153, 157).

3 Die **Innengesellschaft** ist dagegen weiterhin weder rechts- noch parteifähig (AnwK-BGB/*Heidel/Pade* § 705 Rn. 178; MünchHdb GesR I/*Gummert* § 19 Rn. 14; Westermann/*Wertenbruch* § 33 Rn. 860). Die Abgrenzung von Innen- und Außengesellschaft ist in der Literatur umstritten. Gesetzliches Leitbild der BGB-Gesellschaft ist die Außengesellschaft, die am Rechtsverkehr teilnimmt und dabei eigene Rechte und Pflichten begründet. Eine Innengesellschaft nimmt dagegen entsprechend dem Willen ihrer Gesellschafter nicht am Rechtsverkehr teil, sondern beschränkt sich auf ein internes Schuldverhältnis (AnwK-BGB/*Heidel/Pade* § 705 Rn. 179; Palandt/*Sprau* § 705 Rn. 33; Bamberger/Roth/*Timm/Schöne* § 705 Rn. 133, 149; *Kraemer* RWS-Forum GesR 2003, 145, 150). Die Gesellschafter der Innengesellschaft treten nach außen in eigenem Namen auf. Nach teilweise vertretener Ansicht liegt nur dann eine Innengesellschaft vor, wenn kein Gesamthandsvermögen vorhanden ist (Palandt/*Sprau* § 705 Rn. 33). Dieses Abgrenzungskriterium wird allerdings zunehmend unter Hinweis darauf in Frage gestellt, dass auch Innengesellschaften Gesamthandsvermögen bilden können (Bamberger/Roth/*Timm/Schöne* § 705 Rn. 138; AnwK-BGB/*Heidel/Pade* § 705 Rn. 179; MüKo BGB/*Ulmer* § 705 Rn. 305). Nach h. L. kommt es daher für die Abgrenzung von Innen- und Außengesellschaft maßgeblich darauf an, ob die Gesellschaft am Rechtsverkehr teilnimmt (MüKo BGB/*Ulmer* § 705 Rn. 305; *Pohlmann* WM 2002, 1421, 1423).

Die traditionelle Lehre verneinte die Rechts- und damit auch die Parteifähigkeit der BGB-Gesellschaft. Die (Außen-) GbR wurde als ein auf vertraglicher Grundlage beruhendes Schuldverhältnis der Gesellschafter mit einem ihnen gemeinsam zugeordneten Sondervermögen angesehen. Dies hatte zur Folge, dass in Aktiv- und Passivprozessen stets alle Gesellschafter als notwendige Streitgenossen zu beteiligen waren (BGHZ 146, 341, 348; MüKo BGB/*Ulmer* Vor § 705 Rn. 9; § 705 Rn. 296, § 705 Rn. 296; MünchHdb GesR I/*Gummert* § 19 Rn. 3; *Kraemer* RWS-Forum GesR 2003, 145, 158; *K. Schmidt* NJW 2001, 993, 999). Insbesondere bei großen BGB-Gesellschaften mit schwer überschaubarem Gesellschafterkreis und bei einem Gesellschafterwechsel führte dies zu erheblichen praktischen Problemen (*Kraemer* RWS-Forum GesR 2003, 145, 158). **4**

Aufgrund der Rechts- und Parteifähigkeit der Außen-Gesellschaft wirkt sich eine Änderung im Gesellschafterbestand während des Prozesses, sei es Austritt, Neueintritt oder Tod eines Gesellschafters, nicht auf die Parteistellung der Gesellschaft und auf den Prozess aus (BGHZ 146, 341, 345; BGH NZG 2003, 275; Musielak/*Smid* § 50 Rn. 27; AnwK-BGB/*D. Eckardt* Anh. § 705 Rn. 27; Staudinger/*Habermeier* Vorbem §§ 705–740 Rn. 58; Palandt/*Sprau* § 714 Rn. 23; *Scholz* NZG 2002, 153, 159). Der Gesellschafterwechsel stellt keinen Parteiwechsel dar. Der Tod eines Gesellschafters führt nicht zum »Tod der Partei« i. S. d. § 239 Abs. 1 ZPO und somit regelmäßig nicht zur Unterbrechung des Verfahrens. Eine Rubrumsberichtigung muss in diesen Fällen nur dann erfolgen, wenn der Name des ausgeschiedenen oder verstorbenen Gesellschafters Bestandteil der Parteibezeichnung ist oder der ausgeschiedene bzw. verstorbene Gesellschafter vertretungsbefugt war (Westermann/*Wertenbruch* § 33 Rn. 875, 879; *Wertenbruch* NJW 2002, 324, 326; AnwK-BGB/*D. Eckardt* Anh. § 705 Rn. 27; MünchHdb GesR I/*Gummert* § 19 Rn. 39; *Pohlmann* WM 2002, 1421, 1422). **5**

Infolge der Parteifähigkeit der BGB-Gesellschaft ist ein Prozess zwischen der Gesellschaft und einzelnen Gesellschaftern grundsätzlich möglich. So kann die Gesellschaft beispielsweise einzelne Gesellschafter auf Leistung der Einlage verklagen oder ein Gesellschafter die Gesellschaft auf Auszahlung seines Gewinnanteils oder des Abfindungsguthabens (*Wertenbruch* NJW 2002 324, 327; *Scholz* NZG 2002, 153, 159). **6**

2. Prozessfähigkeit und Vertretung

Die Prozessfähigkeit der Außen-GbR ist umstritten. Prozessfähig ist, wer fähig ist, Prozesshandlungen selbst oder durch einen selbst bestellten Vertreter vor- und entgegenzunehmen (Zöller/*Vollkommer* Vor § 50 Rn. 15, § 52 Rn. 1; MüKo ZPO/*Lindacher* §§ 51, 52 Rn. 1). Die Prozessfähigkeit setzt somit die Fähigkeit voraus, sich selbst durch Vertrag verpflichten zu können (Westermann/*Wertenbruch* § 33 Rn. 863; Zöller/*Vollkommer* § 52 Rn. 2). Teilweise wird die Prozessfähigkeit der BGB-Gesellschaft mit der Begründung verneint, sie würde im Prozess nur durch ihre gesetzlichen Vertreter handeln (MünchHdb GesR I/*Gummert* § 19 Rn. 20; *Pohlmann* WM 2002, 1421, 1423). Anderer Ansicht nach ist das Handeln ihrer Organe der Außen-GbR zuzurechnen, so dass ihre Prozessfähigkeit zu bejahen ist (Westermann/*Wertenbruch* § 33 Rn. 863; AnwK-BGB/*D. Eckardt* Anh. § 705 Rn. 15). Die Frage nach der Prozessfähigkeit der Gesellschaft kann an dieser Stelle jedoch dahinstehen, da Einigkeit darüber besteht, dass sie im Prozess nach §§ 709, 714 BGB durch ihre Geschäftsführer vertreten wird (Palandt/*Sprau* § 714 Rn. 4; MünchHdb GesR I/*Gummert* § 19 Rn. 26; AnwK-BGB/*D. Eckardt* Anh. § 705 Rn. 15; *Scholz* NZG 2002, 153, 158). Diese nehmen die Prozesshandlungen vor (*Pohlmann* WM 2002, 1421, 1423). **7**

Die Vertreter der Gesellschaft sollen nach § 130 Nr. 1 ZPO in der Klageschrift angegeben werden (Musielak/*Weth* § 50 Rn. 22 e; *Scholz* NZG 2002, 153, 159; *Pohlmann* WM 2002, 1421, 1423). Dies ist im Aktivprozess der Gesellschaft regelmäßig unproblematisch. Im Passivprozess der Gesellschaft wird der Kläger jedoch häufig mangels Registerpublizität der BGB-Gesellschaft keine Kenntnis der Vertretungsverhältnisse der Gesellschaft haben. Daher wird insoweit eine Darlegungslast der Gesellschaft angenommen (*Pohlmann* WM 2002, 1421, 1424; Zöller/*Greger* Vor § 284 Rn. 34). **8**

9 Soweit im Gesellschaftsvertrag keine abweichende Regelung getroffen wurde, steht die Geschäftsführung gem. § 714 BGB den Gesellschaftern gemeinschaftlich zu (OLG Düsseldorf NJW-RR 2003, 513, 514; Palandt/*Sprau* § 709 Rn. 1; Musielak/*Weth* § 50 Rn. 22 f; MünchHdb GesR I/*Gummert* § 19 Rn. 26; *Pohlmann* WM 2002, 1421, 1423; *K. Schmidt* NJW 2001, 993, 999; *Wertenbruch* NJW 2002, 324, 326). Eine abweichende Regelung bietet sich vor allem bei Gesellschaften mit einem großen Gesellschafterbestand an, da ansonsten alle Gesellschafter als Prozessvertreter am Verfahren zu beteiligen sind (*Scholz* NZG 2002, 153, 159). Das Gericht ist gem. § 56 Abs. 1 ZPO dazu verpflichtet, eine **ordnungsgemäße Vertretung** der Gesellschaft zu prüfen. Beinhaltet der Gesellschaftsvertrag eine solche Regelung, ist dies im Prozess – in der Regel durch Vorlage des Gesellschaftsvertrages – darzulegen und ggf. zu beweisen (AnwK-BGB/*D. Eckardt* Anh. § 705 Rn. 16; Westermann/*Wertenbruch* § 33 Rn. 870; *K. Schmidt* NJW 2001, 993, 999; *Pohlmann* WM 2002, 1421, 1423 f.).

10 Bei einem Prozess zwischen Gesellschaft und Geschäftsführer, ist dieser aufgrund Interessenskollision von der Vertretung ausgeschlossen. Die prozessuale Vertretung erfolgt in diesem Verfahren dann durch die anderen zur Vertretung befugten Gesellschafter (AnwK-BGB/*D. Eckardt* Anh. § 705 Rn. 16; Palandt/*Sprau* § 714 Rn. 4). In entsprechender Anwendung der Grundsätze über die Prozessstandschaft (vgl. dazu unten Rn. 35 f.) hat das OLG Düsseldorf entschieden, dass ein vertretungsberechtigter Gesellschafter von der Vertretung ausgeschlossen ist, wenn er aus gesellschaftswidrigen Gründen die gerichtliche Geltendmachung einer der Gesellschaft zustehenden Forderung verweigert. Die Gesellschaft wird dann durch die verbleibenden vertretungsberechtigten Gesellschafter ordnungsgemäß vertreten (OLG Düsseldorf NJW-RR 2003, 513, 514). Ist der einzige zur Vertretung berechtigte Gesellschafter von der Vertretung ausgeschlossen, kommt Notgeschäftsführung gem. § 744 Abs. 2 BGB in Betracht (MünchHdb GesR I/*v. Ditfurth* § 7 Rn. 74).

11 Gem. § 730 Abs. 2 S. 2 BGB gilt der Grundsatz der gemeinschaftlichen Geschäftsführung auch im **Liquidationsstadium**. Daraus folgt, dass die vormals geschäftsführenden Gesellschafter auch als Abwickler eine Forderung der Gesellschaft nur gemeinsam einklagen können und die Gesellschaft dabei gemeinsam prozessual vertreten (OLG Oldenburg NZG 2002, 1056; Palandt/*Sprau* § 730 Rn. 3).

3. Bezeichnung der BGB-Gesellschaft im Prozess

12 Gem. § 253 Abs. 2 Nr. 1 ZPO muss die Klageschrift die Gesellschaft als Partei zweifelsfrei beschreiben (Zöller/*Vollkommer* § 253 Rn. 8 f.; AnwK-BGB/*D. Eckardt* Anh. § 705 Rn. 10; *K. Schmidt* NJW 2001, 993, 999; *Pohlmann* WM 2002, 1421, 1422). Führt die BGB-Gesellschaft im Rechtsverkehr einen **Namen**, der ihre Identifizierung ermöglicht, so genügt in der Regel die Angabe dieses Namens in der Klageschrift (AnwK-BGB/*D. Eckardt* Anh. § 705 Rn. 19; Westermann/*Wertenbruch* § 33 Rn. 868; *Wertenbruch* NJW 2002, 324, 326; Musielak/*Weth* § 50 Rn. 22 b, 22 e; *Kraemer* RWS-Forum GesR 2003, 145, 159; *Pohlmann* WM 2002, 1421, 1422). Dies stellt eine Erleichterung zur alten Rechtslage dar, nach der bei einer Klage gegen die Gesellschaft alle Gesellschafter als notwendige Streitgenossen in der Klageschrift einzeln benannt werden mussten, was insbesondere bei großen Gesellschaften äußerst schwierig und häufig praktisch unmöglich war (Staudinger/*Habermeier* Vorbem §§ 705–740; *Wertenbruch* NJW 2002, 324, 326; *K. Schmidt* NJW 2001, 993, 999; Palandt/*Sprau* § 714 Rn. 23; *Scholz* NZG 2002, 153, 159).

13 Verwendet die BGB-Gesellschaft keinen Namen oder keinen, der eine eindeutige Identifizierung erlaubt, ist die Gesellschaft durch die **Angabe der Namen der Gesellschafter** mit dem Zusatz »in Gesellschaft bürgerlichen Rechts« zu bezeichnen. Durch diesen Zusatz wird klargestellt, dass nicht die Gesellschafter persönlich, sondern die Gesellschaft selbst Partei des Verfahrens ist. Dabei ist es unschädlich, wenn die Gesellschafter nicht vollständig benannt werden, solange die Identifizierung der Gesellschaft möglich ist (*K. Schmidt* NJW 2001, 993, 999 f.; AnwK-BGB/*D. Eckardt* Anh. § 705 Rn. 10; Palandt/*Sprau* § 714 Rn. 23; *Müther* MDR 2002, 987, 988; Musielak/*Weth* § 50 Rn. 22 b; *Scholz* NZG 2002, 153, 158; *Pohlmann* WM 2002, 1421, 1422). Eine Auflistung der Gesellschafter kann sich auch zusätzlich zur Namensbezeichnung anbieten, da der Name der BGB-Gesellschaft mangels Registerpublizität mit größeren Unsicherheiten behaftet ist, als bei anderen Gesellschaftsformen (Westermann/*Wertenbruch* § 33 Rn. 868).

Haben die Gesellschafter einer BGB-Gesellschaft vor Erlass des Grundsatzurteils vom 29. 1. 2001 eine Gesamthandsforderung entsprechend der früheren Rechtsprechung als notwendige Streitgenossen klageweise geltend gemacht, ist nach der Rechtsprechung des BGH kein Parteiwechsel dahingehend erforderlich, dass nun die BGB-Gesellschaft Klägerin ist. In solchen Fällen ist lediglich das **Rubrum zu berichtigen** (BGH NZG 2003, 275; Palandt/*Sprau* § 714 Rn. 23; *Jacoby* NJW 2003, 1644, 1645). **14**

4. Gesellschafts- und Gesellschafterprozess

a) Differenzierung zwischen Gesellschafts- und Gesellschafterprozess

Infolge der Anerkennung der Rechts- und Prozessfähigkeit der Außen-GbR ist streng zwischen Gesellschafts- und Gesellschafterprozess zu trennen. Insbesondere sind Verbindlichkeiten der Gesellschaft und Verbindlichkeiten der Gesellschafter zu unterscheiden (Staudinger/*Habermeier* Vor §§ 705–740 Rn. 50; Musielak/*Weth* § 50 Rn. 22 a; AnwK-BGB/*D. Eckardt* Anh. § 705 Rn. 21; *K. Schmidt* NJW 2001, 993, 999; *Wertenbruch* NJW 2002, 324, 325; Palandt/*Sprau* § 714 Rn. 7, 24; Westermann/*Wertenbruch* § 33 Rn. 864, 867). Bei dem Vermögen der Gesellschaft und dem Privatvermögen der Gesellschafter handelt es sich um unterschiedliche Haftungsgegenstände (AnwK-BGB/*D. Eckardt* Anh. § 705 Rn. 21; Palandt/*Sprau* § 714 Rn. 7; *Pohlmann* WM 2002, 1421). **15**

b) Haftung des Gesellschafters für Gesellschaftsverbindlichkeiten

In seiner Grundsatzentscheidung vom 29. 1. 2002 hat der BGH nicht nur die Rechts- und Parteifähigkeit der Außen-GbR bejaht, sondern auch entschieden, dass die Gesellschafter für die Verbindlichkeiten der Gesellschaft grundsätzlich **wie die Gesellschafter einer OHG** haften. Die Gesellschafter haften für die Verbindlichkeiten der Gesellschaft somit **persönlich, akzessorisch und gesamtschuldnerisch** (BGHZ 146, 341; Musielak/*Weth* § 50 Rn. 22 c; *Kraemer* RWS-Forum GesR 2003, 145, 162; MünchHdb GesR I/*Gummert* § 19 Rn. 25; MüKo BGB/*Ulmer* Vor § 705 Rn. 11; *K. Schmidt* NJW 2001, 993, 998; Westermann/*Wertenbruch* § 33 Rn. 866; Palandt/*Sprau* § 714 Rn. 11; *Pohlmann* WM 2002, 1421). Das Akzessorietätsprinzip besagt, dass die Haftung der Gesellschafter in Umfang und Bestand von der Gesellschaftsverbindlichkeit abhängt (Musielak/*Weth* § 50 Rn. 22 c). Entsprechend § 128 HGB haften die Gesellschafter grundsätzlich **unbeschränkt**. Die Haftung kann durch bloße Vereinbarung nicht beschränkt werden. In entsprechender Anwendung des § 129 HGB kann sich der Gesellschafter bei seiner persönlichen Inanspruchnahme für Gesellschaftsverbindlichkeiten sowohl auf Einreden und Einwendungen berufen, die ihm persönlich zustehen, als auch auf Einreden und Einwendungen der Gesellschaft. Nach der Wertung des § 129 Abs. 1 HGB kann sich der Gesellschafter allerdings auf solche Einreden und Einwendungen der Gesellschaft nicht berufen, die von der Gesellschaft nicht mehr geltend machen können (s. hierzu *K. Schmidt* NJW 2001, 993, 999). **16**

c) Vollstreckungsrechtliche Fragen

Ein Titel gegen die Gesellschaft selbst berechtigt nach neuer Rechtslage grundsätzlich zur **Vollstreckung in das Gesellschaftsvermögen**. Die Regelung des § 736 ZPO steht dem, wie schon dargelegt, nicht entgegen (vgl. oben Rn. 2; *K. Schmidt* NJW 2001, 993, 1000; *Scholz* NZG 2002, 153, 157; *Müther* MDR 2002, 987, 990; *Pohlmann* WM 2002, 1421, 1426). Nach früherer Rechtslage war ein Titel gegen sämtliche Gesellschafter erforderlich (*Scholz* NZG 2002, 153, 158). Ein Titel gegen die Gesellschaft selbst ermöglicht aber keinen Vollstreckungszugriff auf das Privatvermögen der Gesellschafter. Zur Vollstreckung in das Privatvermögen eines Gesellschafters bedarf es eines gegen den Gesellschafter persönlich gerichteten Titels (*Wertenbruch* NJW 2002, 324, 325). Bei gerichtlicher Geltendmachung von Ansprüchen gegen die Gesellschaft wird daher regelmäßig empfohlen, **zusätzlich die Gesellschafter** aufgrund ihrer Haftung für die Gesellschaftsverbind- **17** lichkeiten **persönlich zu verklagen**, um auch in das Privatvermögen der Gesellschafter vollstrecken zu können (BGHZ 146, 341, 357; Musielak/*Weth* § 50 Rn. 22 b; AnwK-BGB/*D. Eckardt* Anh. § 705 Rn. 13, 21; MünchHdb GesR I/*Gummert* § 19 Rn. 34; Westermann/*Wertenbruch* § 33, Rn. 867; *Wertenbruch* NJW 2002, 324, 329; *Pohlmann* WM 2002, 1421; *K. Schmidt* NJW 2001, 993, 999 f.). Stellt sich bei der Zwangsvollstreckung heraus, dass kein Gesellschaftsvermögen vorhanden ist, verbleibt dem Gläubiger aufgrund des Titels gegen die einzelnen Gesellschafter noch die Möglichkeit, in ihr Privatvermögen zu vollstrecken (BGHZ 146, 341, 357). Da die Gesellschaft frei über das Gesellschaftsvermögen verfügen kann, wird auf diese Weise auch einer etwaigen Vermögensverschiebung entgegengewirkt, durch die das Vermögen der Gesellschaft der Vollstreckung entzogen werden soll (Westermann/*Wertenbruch* § 33 Rn. 867).

18 Ein Titel aus einer Klage gegen alle Gesellschafter aufgrund ihrer persönlichen Haftung ermöglicht nach h. L. nicht nur die Vollstreckung in das Privatvermögen der Gesellschafter, sondern nach § 736 ZPO auch in das Gesellschaftsvermögen (BGH NJW 2001, 1056, 1060; AnwK-BGB/*D. Eckardt* Anh. § 705 Rn. 13, 22; MünchHdb GesR I/*Gummert* § 19 Rn. 37; MüKo BGB/*Ulmer* § 705 Rn. 321; Musielak/*Weth* § 50 Rn. 22 b; Zöller/*Stöber* § 736 Rn. 3; *Wertenbruch* NJW 2002, 324, 325; *Pohlmann* WM 2002, 1421; *Müther* MDR 2002, 987, 990). Im Unterschied dazu ist nach § 124 Abs. 2 HGB im Recht der Personenhandelsgesellschaften ein Zugriff auf das Gesellschaftsvermögen aufgrund eines Titels gegen die Gesellschafter persönlich nicht möglich (*Pohlmann* WM 2002, 1421, 1426). Ergeht ein Titel nur gegen einzelne oder einen einzelnen Gesellschafter der BGB-Gesellschaft, scheidet die Vollstreckung in das Gesellschaftsvermögen allerdings aus. Es besteht folglich die Gefahr, dass dem Kläger nicht alle Gesellschafter bekannt sind, und somit bei der Zwangsvollstreckung kein Titel gegen alle Gesellschafter vorliegt, der auch zur Vollstreckung in das Gesellschaftsvermögen berechtigt. Ein Titel gegen einen einzelnen oder einzelne Gesellschafter ermöglicht eine Pfändung des Gesellschaftsanteils nach §§ 725, 859 ZPO (*Wertenbruch* NJW 2002, 324, 328; *Pohlmann* WM 2002, 1421, 1422).

d) Prozessuales

19 Eine **persönliche Inanspruchnahme** der Gesellschafter ist neben der Inanspruchnahme der Gesellschaft grundsätzlich zulässig. Die Einrede der Rechtshängigkeit steht dem nicht entgegen (Staudinger/*Habermeier* Vorbem §§ 705–740 Rn. 50; Westermann/*Wertenbruch* § 33 Rn. 867; *Wertenbruch* NJW 2002, 324, 325).

20 Werden Gesellschafter aufgrund ihrer akzessorischen Haftung neben der Gesellschaft verklagt, besteht zwischen der Gesellschaft und den einzelnen Gesellschaftern sowie den Gesellschaftern untereinander keine notwendige, sondern **einfache Streitgenossenschaft**, da das Urteil gegenüber den Gesellschaftern aufgrund ihrer Möglichkeit, persönliche Einreden zu erheben, anders ausfallen kann als das Urteil gegenüber der Gesellschaft. Da zwischen Gesellschafts- und Gesellschafterprozess zu trennen ist, handelt es sich beim Übergang vom Gesellschafts- zum Gesellschafterprozess und umgekehrt um **gewillkürten Parteiwechsel** (Musielak/*Weth* § 50 Rn. 22 b, 22 d; AnwK-BGB/*D. Eckardt* Anh. § 705 Rn. 23; MünchHdb GesR I/*Gummert* § 19 Rn. 34; Palandt/*Sprau* § 714 Rn. 24; *Wertenbruch* NJW 2002, 324, 325; *Pohlmann* WM 2002, 1421, 1425).

21 Nach h. M. unterbricht die Klage gegen die Gesellschaft auch die **Verjährung** der Haftung der Gesellschafter für Verbindlichkeiten der Gesellschaft (BGHZ 73, 217, 222; *Wertenbruch* NJW 2002, 324, 325). Dagegen führt die Klage gegen einen Gesellschafter aufgrund der persönlichen Haftung für Gesellschaftsverbindlichkeiten nicht zur Verjährungsunterbrechung der Forderung gegen die Gesellschaft. Verjährt die Forderung gegen die Gesellschaft während eines Prozesses gegen einen Gesellschafter, kann sich der Gesellschafter entgegen der Akzessorietät seiner Haftung von der Gesellschaftsverbindlichkeit nach h. L. nicht auf die Verjährung der Verbindlichkeiten der Gesellschaft berufen, da es ansonsten nicht möglich wäre, allein den Gesellschafter zu verklagen (BGHZ 104, 76, 79; *Wertenbruch* NJW 2002, 324, 325).

Aufgrund der akzessorischen Haftung der Gesellschafter für Verbindlichkeiten der Gesellschaft kommt den Rechtsinstituten der **Nebenintervention** und der **Streitverkündung** im Prozessrecht der BGB-Gesellschaft besondere Bedeutung zu. Nicht vertretungsberechtigte Gesellschafter haben keinen Einfluss auf den Verlauf des Gesellschaftsprozesses; die Prozessführung obliegt den Geschäftsführern (vgl. oben Rn. 7 ff.; Westermann/*Wertenbruch* § 33 Rn. 873). Wird im Prozess gegen die Gesellschaft eine Gesellschaftsschuld rechtskräftig festgestellt, können die Gesellschafter nicht mehr geltend machen, die Gesellschaftsverbindlichkeit bestehe nicht. Aus diesem Haftungsmodell folgt ein **rechtliches Interesse der Gesellschafter i. S. d. § 66 ZPO**, so dass die nicht vertretungsbefugten Gesellschafter dem Gesellschaftsprozess als Nebenintervenienten nach § 66 ZPO beitreten können (Musielak/*Weth* § 66 Rn. 7 f.; AnwK-BGB/*D. Eckardt* Anh. § 705 Rn. 24; MünchHdb GesR I/*Gummert* § 19 Rn. 36; Staudinger/*Habermeier* Vor §§ 705–740 Rn. 55; Zöller/*Vollkommer* § 66 Rn. 11; *Wertenbruch* NJW 2002 324, 326, 327). Als Nebenintervenienten haben die Gesellschafter gem. § 67 ZPO die Möglichkeit, Angriffs- und Verteidigungsmittel geltend zu machen und Prozesshandlungen für die Partei vorzunehmen. Auf diese Weise kann ein Gesellschafter beispielsweise eine Säumnis der Gesellschaft verhindern, Tatsachen behaupten oder Beweismittel vorbringen, um die Feststellung einer Gesellschaftsschuld zu verhindern (AnwK-BGB/*D. Eckardt* Anh. § 705 Rn. 24; Zöller/*Vollkommer* § 67 Rn. 3; Musielak/*Weth* § 67 Rn. 4; Westermann/*Wertenbruch* § 33 Rn. 873). Diese Möglichkeit steht Gesellschaftern, die zwar neben der Gesellschaft verklagt werden, aber nicht als Nebenintervenienten dem Gesellschaftsprozess beigetreten sind nicht zu, da sie im Verhältnis zur Gesellschaft nur einfache Streitgenossen sind, die solche Maßnahmen nicht ergreifen können (AnwK-BGB/*D. Eckardt* Anh. § 705 Rn. 24; Musielak/*Weth* § 50 Rn. 22 b). 22

Durch **Streitverkündung** benachrichtigt eine Partei einen Dritten förmlich von einem anhängigen Prozess mit dem Ziel, sich einen nachfolgenden Regressprozess gegen diesen Dritten durch die Interventionswirkung nach § 68 ZPO zu erleichtern (Zöller/*Vollkommer* § 72 Rn. 1). Im Recht der BGB-Gesellschaft kommt die Streitverkündung z. B. dann in Betracht, wenn die Gesellschaft auf Schadensersatz in Anspruch genommen wird und ggf. einen Rückgriffsanspruch gegen einen Gesellschafter hat. Beispielsweise kann ein solcher Schadensersatzanspruch gegen die Gesellschaft auf eine fehlerhaft erbrachte Sacheinlage zurückzuführen sein, so dass sich die Gesellschaft im Folgeprozess bei dem Gesellschafter schadlos halten möchte, der die fehlerhafte Einlage erbracht hat (*Wertenbruch* NJW 2002, 324, 327; Staudinger/*Habermeier* Vor §§ 705–740 Rn. 55). Verkündet die Gesellschaft diesem Gesellschafter den Streit, kann sich dieser im Folgeprozess nicht mehr gegen die im Vorprozess getroffenen Feststellungen wenden (Westermann/*Wertenbruch* § 33 Rn. 874). 23

Wird ein Gesellschafter aufgrund seiner akzessorischen Haftung für Gesellschaftsschulden in Anspruch genommen, wirkt das Urteil nicht für bzw. gegen die Gesellschaft. Die h. L. lehnt eine Rechtskrafterstreckung ab. Ergeht in einem solchen Verfahren ein klageabweisendes Urteil, hat der Kläger demnach die Möglichkeit, einen weiteren Prozess gegen die Gesellschaft selbst zu führen. Ergeht in einem Verfahren gegen die Gesellschaft dagegen ein klageabweisendes Urteil, kann sich ein Gesellschafter bei seiner Inanspruchnahme entsprechend § 129 Abs. 1 HGB auf die Klageabweisung im Prozess gegen die Gesellschaft berufen (*Müther* MDR 2002 987, 991; Zöller/*Vollkommer* § 325 Rn. 35). 24

Wird im Aktivprozess der Gesellschaft die Klage **als unbegründet abgewiesen**, werden die Kosten des Verfahrens der klagenden Gesellschaft auferlegt. Aufgrund der Trennung zwischen Gesellschafts- und Gesellschafterprozess ergeht die Kostenentscheidung nur gegen die Gesellschaft selbst, nicht auch gegen die Gesellschafter (*K. Schmidt* NJW 2001, 993, 999 f.; *Wertenbruch* NJW 2002, 324, 327). Der Kostenfestsetzungsbeschluss gegen die Gesellschaft ermöglicht nur eine Vollstreckung in das Gesellschaftsvermögen. Dies birgt für den Beklagten insbesondere bei vermögenslosen Gesellschaften ein hohes Vollstreckungsrisiko (*Wertenbruch* NJW 2002, 324, 327; *Engels* MDR 2003, 1028). Um auch einen Vollstreckungstitel gegen die Gesellschafter zu erlangen und somit die Möglichkeit, auch auf das Privatvermögen der Gesellschafter zugreifen zu können, 25 wird empfohlen, eine **Drittwiderklage** gegen die Gesellschafter zu erheben. Der Antrag lautet, die Klage abzuweisen und die Kosten des Rechtsstreits der Klägerin sowie den Widerbeklagten als Gesamtschuldnern aufzuerlegen (BGH MDR 2001, 952; AnwK-BGB/*D. Eckardt* Anh. § 705 Rn. 14; *K. Schmidt* NJW 2001, 993, 1000; *Wertenbruch* NJW 2002, 324, 327, 328; *Engels* MDR 2003, 1028; dazu allerdings krit. *Kemke* NJW 2002, 2218, 2219).

5. Gerichtsstand der BGB-Gesellschaft

26 Der allgemeine Gerichtsstand der BGB-Außengesellschaft richtet sich gem. § 17 Abs. 1 S. 1 ZPO nach ihrem **Sitz** (AnwK-BGB/*D. Eckardt* Anh. § 705 Rn. 18; Musielak/*Smid* § 17 Rn. 3; MünchHdb GesR I/*Gummert* § 19 Rn. 26; Westermann/*Wertenbruch* § 33 Rn. 869; Palandt/*Sprau* § 714 Rn. 23; *Pohlmann* WM 2002, 1421, 1423). Nach früherer Rechtslage wurde gem. § 13 ZPO auf den Wohnsitz der Gesellschafter abgestellt, der nunmehr für die Klage gegen die Gesellschaft unerheblich ist (*Pohlmann* WM 2002, 1421, 1423; *Wertenbruch* NJW 2002, 324, 325; *Müther* MDR 2002, 987, 988).

27 Mangels registergerichtlicher Eintragung der BGB-Gesellschaft ergeben sich nicht selten Schwierigkeiten bei der Ermittlung des Gesellschaftssitzes. Kann der Sitz der BGB-Gesellschaft nicht eindeutig bestimmt werden, ist gem. § 17 Abs. 1 S. 2 ZPO auf den **Ort der Verwaltung** abzustellen (Zöller/*Vollkommer* § 17 Rn. 10; AnwK-BGB/*D. Eckardt* Anh. § 705 Rn. 18; MünchHdb GesR I/*Gummert* § 19 Rn. 26; Staudinger/*Habermeier* Vorbem §§ 705–740 Rn. 51; Westermann/*Wertenbruch* § 33 Rn. 869). Der Ort der Verwaltung ist dort, wo die Geschäfte geführt, d. h. die grundlegenden Entscheidungen der Unternehmensleitung effektiv in laufende Geschäftsführungsakte umgesetzt werden. Indizien für den Verwaltungsort sind z. B. Ortsangaben auf Geschäftsbriefen oder auch der private Wohnsitz des Geschäftsführers, wenn dieser von dort aus die Geschäfte leitet (BGHZ 97, 269, 272; Zöller/*Vollkommer* § 17 Rn. 10; Musielak/*Smid* § 17 Rn. 10; Staudinger/*Habermeier* Vorbem §§ 705–740 Rn. 51; Westermann/*Wertenbruch* § 33 Rn. 869; AnwK-BGB/*D. Eckardt* Anh. § 705 Rn. 18; *Wertenbruch* NJW 2002, 324, 325). Führen mehrere Gesellschafter die Geschäfte von unterschiedlichen Orten aus, können **mehrere Gerichte** örtlich zuständig sein. In diesem Fall hat der Kläger nach wohl h. M. gem. § 35 ZPO die Wahl (AnwK-BGB/*D. Eckardt* Anh. § 705 Rn. 18; MünchHdb GesR I/*Gummert* § 19 Rn. 26; *Pohlmann* WM 2002, 1421, 1423; *Müther* MDR 2002, 987, 988). Nach a. A. ist das zuständige Gericht nach § 36 Abs. 1 Nr. 3 ZPO durch das nächsthöhere Gericht zu bestimmen (Zöller/*Vollkommer* § 50 Rn. 18; Staudinger/*Habermeier* Vorbem §§ 705–740 Rn. 51).

28 Neben dem allgemeinen Gerichtsstand können **besondere Gerichtsstände**, wie z. B. der Gerichtstand des Erfüllungsortes nach § 29 ZPO, in Betracht kommen (OLG Schleswig BB 2004, 462; Staudinger/*Habermeier* Vorbem zu §§ 705–740 Rn. 51; MünchHdb GesR I/*Gummert* § 19 Rn. 26). Sowohl für Klagen zwischen der Gesellschaft und ihren Gesellschaftern als auch für Klagen zwischen den Gesellschaftern kann der besondere Gerichtsstand der Mitgliedschaft nach § 22 ZPO gegeben sein. § 22 ZPO erfasst sowohl Streitigkeiten zwischen Gesellschaft und ihren Gesellschaftern als auch zwischen den Gesellschaftern, soweit diese Streitigkeiten auf der Mitgliedschaft beruhen (Zöller/*Vollkommer* § 22 Rn. 2, 5; AnwK-BGB/*D. Eckardt* Anh. § 705 Rn. 18; MünchHdb GesR I/*Gummert* § 19 Rn. 28; Musielak/*Smid* § 22 Rn. 1, 5). Die Klage muss sich somit gegen einen Gesellschafter der BGB-Gesellschaft richten. Klagen gegen Dritte oder gegen die Gesellschaft selbst, werden von § 22 ZPO hingegen nicht erfasst. § 22 ZPO verweist auf den allgemeinen Gerichtsstand der Gesellschaft nach § 17 ZPO, der ermittelbar sein muss (Zöller/*Vollkommer* § 22 Rn. 2, 5).

29 Werden Gesellschaft und Gesellschafter verklagt, bestimmt sich der Gerichtsstand für Gesellschaft und Gesellschafter grundsätzlich unabhängig voneinander. Ist für die Gesellschafter und die Gesellschaft kein gemeinsamer Gerichtsstand begründet, so bestimmt nach § 36 Abs. 1 Nr. 3 ZPO das nächsthöhere Gericht das zuständige Gericht (*Pohlmann* WM 2002, 1421, 1425).

6. Zustellungsfragen

Da jeder Gesellschafter nach früherer Rechtslage selbst Partei war, musste eine Klage gegen die Gesellschaft somit auch **jedem Gesellschafter zugestellt** werden. Oft war es bei großen BGB-Gesellschaften schwierig, jeden Gesellschafter zu ermitteln und so genau zu bezeichnen, dass eine ordnungsgemäße Zustellung an ihn möglich ist. Eine Anwendung der Regelung des § 170 Abs. 3 ZPO, nach der die Zustellung an einen gesetzlichen Vertreter ausreicht, schied früher aus (*Wertenbruch* NJW 2002 324, 326). 30

Nach Anerkennung der Parteifähigkeit der Außen-GbR ist die Klageschrift grundsätzlich **an den bzw. die Vertreter** der Gesellschaft zuzustellen (AnwK-BGB/*D. Eckardt* Anh. § 705 Rn. 19). Als Konsequenz der Anerkennung der Rechts- und Parteifähigkeit der Außen-GbR genügt nach § 170 Abs. 3 ZPO bei mehreren gesetzlichen Vertretern die Zustellung an einen Vertreter. Dies gilt sowohl für die Gesamtvertretung als auch für den Fall, dass die Geschäftsführung mehreren Gesellschaftern nach § 710 BGB übertragen wurde. Eine Zustellung an die von der Geschäftsführung und Vertretung ausgeschlossenen Gesellschafter ist nicht möglich (OLG Celle NZG 2004, 613, 614; AnwK-BGB/*D. Eckardt* Anh. § 705 Rn. 19; Westermann/*Wertenbruch* § 33 Rn. 870; MünchHdb GesR I/*Gummert* § 19 Rn. 33; Staudinger/*Habermeier* Vorbem §§ 705–740 Rn. 54; *Scholz* NZG 2002, 153, 159). 31

7. Beweisaufnahme

Nach früherer Rechtslage waren die Gesellschafter der GbR selbst Partei eines Verfahrens und damit auch als Partei und nicht als Zeuge zu vernehmen. Nach h. M. sind infolge der geänderten Rechtsprechung des BGH zur Rechts – und Parteifähigkeit der Außen-GbR die vertretungsberechtigten Gesellschafter im Prozess der Gesellschaft als Partei, die von der Vertretung ausgeschlossenen Gesellschafter dagegen **als Zeugen** zu vernehmen (Staudinger/*Habermeier* Vorbem §§ 705–740 Rn. 56; MünchHdb GesR I/*Gummert* § 19 Rn. 35; AnwK-BGB/*D. Eckardt* Anh. § 705 Rn. 24; *Wertenbruch* NJW 2002, 324, 326; *Pohlmann* WM 2002, 1421, 1425). Die Parteistellung der vertretungsberechtigten Gesellschafter ergibt sich daraus, dass eine Parteivernehmung als Akt der Prozessführung zu werten ist (BGHZ 42, 230, 231). Dem entspricht die Vertretungs- und Geschäftsführungsbefugnis der geschäftsführenden Gesellschafter auf materiellrechtlicher Ebene (Westermann/*Wertenbruch* § 33 Rn. 871). Für die Zeugenstellung der nicht vertretungsberechtigten Gesellschafter spricht, dass sie bei Annahme einer Parteistellung prozessual eine Verfügungsbefugnis über den Streitgegenstand erlangen würden, die ihnen materiell nicht zusteht (Westermann/*Wertenbruch* § 33 Rn. 871; MünchHdb GesR I/*Gummert* § 19 Rn. 35). 32

Werden allerdings neben der Gesellschaft auch Gesellschafter aufgrund ihrer akzessorischen Haftung verklagt, so besteht, wie schon dargelegt, zwischen ihnen und der Gesellschaft eine **einfache Streitgenossenschaft** (*Pohlmann* WM 2002, 1421, 1425). Da nach h. M. Streitgenossen im jeweils anderen Prozess nicht als Zeuge, sondern nur als Partei vernommen werden können, sind die nicht vertretungsberechtigten Gesellschafter, die neben der Gesellschaft aufgrund ihrer Haftung für Gesellschaftsverbindlichkeiten in Anspruch genommen werden, im Prozess der Gesellschaft damit nur als Partei zu vernehmen. Ausnahmsweise können Streitgenossen aber dann als Zeugen vernommen werden, wenn das Beweisthema nur den Prozess des anderen betrifft (MünchHdb GesR I/*Gummert* § 19 Rn. 35; Zöller/*Vollkommer* § 61 Rn. 4; *Pohlmann* WM 2002, 1421, 1426). 33

8. Rechtsformwechsel

Der Rechtsformwechsel der BGB-Gesellschaft zur OHG oder KG während eines Verfahrens der Gesellschaft wirkt sich nicht auf den Prozess aus, da die Identität der Gesellschaft durch den Rechtsformwechsel nicht berührt wird. Dieselbe Gesamthandsgemeinschaft bleibt Partei des Verfahrens. Der Rechtsformwechsel führt daher lediglich zu einer Rubrumsberichtigung (BGHZ 146, 341, 346; MünchHdb GesR I/*Gummert* § 19 Rn. 41; AnwK-BGB/*D. Eckardt* Anh. § 705 Rn. 28; *Scholz* NZG 2002, 153, 159; *Wertenbruch* NJW 2002, 324, 327). 34

9. Geltendmachung von Ansprüchen der Gesellschaft gegen Dritte durch Gesellschafter in Prozessstandschaft

35 Zur Geltendmachung von Ansprüchen der Gesellschaft gegen Dritte sind die Gesellschafter einer BGB-Gesellschaft im eigenen Namen regelmäßig nicht berechtigt, da die Einziehung einer Forderung der Geschäftsführung zusteht (BGHZ 39, 14; 102, 152, 154; BGH NJW 1988, 1585, 1586; NJW 2000, 734; OLG Düsseldorf ZIP 1985, 1000; Zöller/*Vollkommer* Vor § 50 Rn. 23). Dies folgt aus §§ 709 Abs. 1, 730 BGB, wonach die Gesellschafter der BGB-Gesellschaft, falls nichts anderes vereinbart wurde, die Geschäfte der Gesellschaft nur gemeinschaftlich führen und somit Forderungen auch **nur gemeinschaftlich einklagen** können (BGH NJW 2000, 734). Die Geltendmachung einer Forderung der Gesellschaft obliegt grundsätzlich der Geschäftsführung (BGHZ 12, 308, 312; OLG Dresden NZG 2000, 248, 249). Damit wird in der Regel nicht nur den Interessen der Mitgesellschafter entsprochen, sondern auch dem Schuldner, der bei einem klageabweisenden Urteil infolge beschränkter Rechtskraft befürchten müsste, in einem weiteren Prozess (durch die Gesellschaft) in Anspruch genommen zu werden (BGH NJW 1988, 1585, 1586).

36 Ein Gesellschafter kann einen solchen Anspruch der Gesellschaft gegen Dritte allerdings dann im eigenen Namen in **gewillkürter Prozessstandschaft** geltend machen, wenn er durch die Gesellschaft dazu **ermächtigt** wurde und ein schutzwürdiges Interesse an der Geltendmachung hat (BGHZ 78, 1, 4 f.; BHG NJW 1988, 1585, 1586; NJW 2000, 738; NJW-RR 2002, 1377, 1378; OLG Düsseldorf ZIP 1985, 1000; *K. Schmidt* GesR, S. 635; Palandt/*Sprau* § 714 Rn. 8; Zöller/*Vollkommer* Vor § 50 Rn. 42, 44). Wurde eine solche Ermächtigung nicht erteilt, steht dem einzelnen Gesellschafter die Prozessführungsbefugnis ausnahmsweise auch dann zu, wenn dieser an der Geltendmachung ein berechtigtes Interesse hat, die anderen Gesellschafter die Geltendmachung aus gesellschaftswidrigen Gründen verweigern und der Schuldner an dem gesellschaftswidrigen Verhalten beteiligt ist (BGHZ 39, 14; 102, 152, 155; BGH NJW 2000, 734; Palandt/*Sprau* § 714 Rn. 8; AnwK-BGB/*D. Eckardt* Anh. § 705 Rn. 37; MüKo BGB/*Ulmer* § 705 Rn. 206; *Bork/Oepen* ZGR 2001, 515, 544). Ansonsten müsste der einzelne Gesellschafter die anderen Gesellschafter auf Mitwirkung an der Geltendmachung der Forderung verklagen, was bei Beteiligung des Schuldners bzw. Beklagten am gesellschaftswidrigen Verhalten einen unnötigen Umweg bedeuten würde (BGHZ 39, 14, 19 f.; 102, 152, 155). Dieser Grundsatz gilt auch in der Liquidation, in der regelmäßig nur alle Gesellschafter gemeinsam befugt sind, eine Gesellschaftsforderung einzuklagen (OLG Dresden NZG 2000, 248; OLG Oldenburg NZG 2002, 1056). Diese Fallgestaltungen sind von der actio pro socio abzugrenzen, die sich auf die Geltendmachung von Sozialansprüchen beschränkt (vgl. dazu unten Rn. 86 ff.; MüKo BGB/*Ulmer* § 705 Rn. 206).

10. Auswirkung der Insolvenzeröffnung auf den Gesellschaftsprozess

37 Wird während eines Gesellschaftsprozesses das **Insolvenzverfahren** über das Vermögen der Gesellschaft eröffnet, so wird das Verfahren **gem. § 240 ZPO unterbrochen**. Sind neben der Gesellschaft auch Gesellschafter aufgrund ihrer akzessorischen Haftung für Gesellschaftsverbindlichkeiten verklagt, so werden auch diese Verfahren aufgrund der Haftungskonzentration nach § 93 InsO unterbrochen (Zöller/*Vollkommer* § 240 Rn. 3; Westermann/*Wertenbruch*, § 33 Rn. 877; AnwK-BGB/*D. Eckardt* Anh. § 705 Rn. 29).

38 Wird über das Vermögen eines Gesellschafters während eines Gesellschaftsprozesses das Insolvenzverfahren eröffnet, wirkt sich dies unabhängig davon, dass die Gesellschaft nach § 728 Abs. 2 BGB in einem solchen Fall aufgelöst wird, grundsätzlich nicht auf die Parteistellung und den Prozess der Gesellschaft aus. Dies ergibt sich daraus, dass dem Gesellschafter im Gesellschaftsprozess keine Parteistellung zukommt und zwischen Gesellschafts- und Gesellschaftervermögen streng zu differenzieren ist (vgl. oben Rn. 15). Ist der Gesellschafter, über dessen Vermögen das Insolvenzverfahren eröffnet wird, neben der Gesellschaft verklagt, so wird lediglich das gegen ihn gerichtete Verfahren nach § 240 ZPO unterbrochen. Der Prozess gegen die Gesellschaft und etwaige Mitgesellschafter bleibt davon unberührt (AnwK-BGB/*D. Eckardt* Anh. § 705 Rn. 29; Westermann/*Wertenbruch* § 33 Rn. 878; Palandt/*Sprau* § 728 Rn. 2).

II. Allgemeines Prozessrecht der OHG und KG

1. Parteifähigkeit der OHG und KG

Gem. § 124 Abs. 1 HGB sind die OHG und die KG (§ 161 Abs. 2 HGB) Trägerin von Rechten und Pflichten und können unter ihrer Firma vor Gericht **klagen und verklagt werden**. Dennoch war die Parteifähigkeit der OHG und KG lange Zeit umstritten (MüKo HGB/*K. Schmidt* § 124 Rn. 1; E/B/J/*Hillmann* § 124 Rn. 14; MünchHdb GesR II/*Neubauer* § 32 Rn. 1). Grundsätzlich ist nach § 50 ZPO parteifähig, wer rechtsfähig ist (MüKo ZPO/*Lindacher* § 50 Rn. 6; Zöller/*Vollkommer* § 50 Rn. 1). **39**

Die **Rechtsnatur** der OHG und KG ist streitig. Nach teilweise vertretener Ansicht sind OHG und KG juristische Personen, nach a. A. Gesamthandsgesellschaft. Ungeachtet dieses Streitstands ist die Parteifähigkeit der OHG und KG durch die Gerichte und die mittlerweile h. L. jedoch anerkannt (BGHZ 17, 340, 342; 62, 131, 132 f.; 64, 155, 156; BGH NJW 1995, 196; MüKo ZPO/*Lindacher* § 50 Rn. 25; Zöller/*Vollkommer* § 50 Rn. 17 a; MünchHdb GesR I/*Neubauer* § 70 Rn. 1; MünchHdb GesR II/*Neubauer* § 32 Rn. 1; Baumbach/Hopt/*Hopt* § 124 Rn. 42; GroßkommHGB/*Habersack* § 124 Rn. 4, 23 f.; MüKo HGB/*K. Schmidt* § 124 Rn. 11, 22; Heymann/*Emmerich* § 124 Rn. 12, 18; K/R/M/*Koller* § 124 Rn. 7). Dies bestätigt auch die Regelung des § 116 S. 1 Nr. 2 ZPO, nach der sowohl die OHG als auch die KG als »parteifähige Vereinigung« Prozesskostenhilfe erhalten können (MüKo ZPO/*Wax* § 116 Rn. 22; E/B/J/*Hillmann* § 124 Rn. 16; Zöller/*Philippi* § 116 Rn. 11). **40**

Während der **Auflösung der Gesellschaft** besteht die Parteifähigkeit grundsätzlich fort. Sie endet erst mit Vollbeendigung der Gesellschaft (BGH ZIP 1996, 842; NJW 1995, 196; ZIP 1994, 1685; MüKo ZPO/*Lindacher* § 50 Rn. 30; Zöller/*Vollkommer* § 50 Rn. 4; MünchHdb GesR I/*Neubauer* § 70 Rn. 2; MünchHdb GesR II/*Neubauer* § 32 Rn. 2; MüKo HGB/*K. Schmidt* § 124 Rn. 29; Baumbach/Hopt/*Hopt* § 124 Rn. 44; GroßkommHGB/*Habersack* § 124 Rn. 37 f.; E/B/J/*Hillmann* § 124 Rn. 26). Die Vollbeendigung setzt die Vermögenslosigkeit und die Löschung der Gesellschaft im Register voraus. Sie tritt im Aktivprozess der Gesellschafter daher so lange nicht ein, wie die Gesellschaft einen vermögenswerten Anspruch geltend macht (MünchHdb GesR I/*Neubauer* § 70 Rn. 2; MünchHdb GesR II/*Neubauer* § 32 Rn. 2). Im Passivprozess ist die Gesellschaft solange parteifähig, wie ein vermögenswerter Anspruch gegen die Gesellschaft substantiiert behauptet wird (BGHZ 74, 212, 213; 97, 269, 270; Zöller/*Vollkommer* § 50 Rn. 4 f.; MüKo ZPO/*Lindacher* § 50 Rn. 30). **41**

Mit Vollbeendigung der Gesellschaft wird die Klage nach h. M. grundsätzlich **unzulässig** (BGHZ 74, 212; BGH NJW 1982, 238; Baumbach/Hopt/*Hopt* § 124 Rn. 44; GroßkommHGB/*Habersack* § 124 Rn. 39; Heymann/*Emmerich* § 124 Rn. 23; E/B/J/*Hillmann* § 124 Rn. 26; MüKo ZPO/*Lindacher* § 50 Rn. 52). Die Gesellschafter treten nicht automatisch in das Prozessrechtsverhältnis der Gesellschaft ein (MüKo HGB/*K. Schmidt* § 124 R. 29; Röhricht/v. Westphalen/*v. Gerkan* § 124 Rn. 6). Endet die Parteifähigkeit der Gesellschaft während des Prozesses aufgrund Vollbeendigung, **erledigt sich die Hauptsache**. Für die Gesellschaft kann noch eine Erledigterklärung nach § 91 a ZPO abgegeben werden, so dass lediglich über die Kosten des Verfahrens entschieden wird. Insoweit wird die Parteifähigkeit der Gesellschaft als fortbestehend fingiert (BGH NJW 1982, 238; MüKo ZPO/*Lindacher* § 50 Rn. 54; MünchHdb GesR I/*Neubauer* § 70 Rn. 2, 14; MünchHdb GesR II/*Neubauer* § 32 Rn. 2; Heymann/*Emmerich* § 124 Rn. 24; GroßkommHGB/*Habersack* § 124 Rn. 39; E/B/J/*Hillmann* § 124 Rn. 26). Wird die Hauptsache nicht für erledigt erklärt, ist die Klage als unzulässig abzuweisen (BGHZ 74, 212; MünchHdb GesR I/*Neubauer* § 70 Rn. 14; K/R/M/*Koller* § 124 Rn. 7; *Ensthaler/Fahse* § 124 Rn. 13). **42**

Im Passivprozess hat der Kläger jedoch die Möglichkeit, den Prozess im Wege **gewillkürten Parteiwechsels** gegen die Gesellschafter selbst fortzusetzen (BGH NJW 1982, 238; MüKo ZPO/*Lindacher* § 50 Rn. 54; MünchHdb GesR II/*Neubauer* § 32 Rn. 14). In der ersten Instanz kann der Kläger die Klage nach den Regeln der Klageänderung nach §§ 263 f. ZPO gegen die Gesellschafter fortführen. Der Kläger wird die Klage nach diesen Grundsätzen regelmäßig auf die Gesellschaf- **43** ter umstellen können (BGHZ 21, 285, 287; Heymann/*Emmerich* § 124 Rn. 25). Einer Zustimmung der Gesellschafter bedarf es grundsätzlich nur in der Berufungsinstanz (GroßkommHGB/*Habersack* § 124 Rn. 39; Heymann/*Emmerich* § 124 Rn. 25; a. A. MüKo ZPO/*Lindacher* § 50 Rn. 54: Zustimmung auch in Berufungsinstanz nicht erforderlich).

44 Mit Vollbeendigung erlischt die Firma der Gesellschaft (GroßkommHGB/*Habersack* § 124 Rn. 3; Heymann/*Emmerich* § 124 Rn. 23). Das Erlöschen der Firma ist gem. § 157 Abs. 1 HGB von den Liquidatoren zur Eintragung in das **Handelsregister** anzumelden. Dabei handelt es sich jedoch lediglich um eine deklaratorische Eintragung, so dass ihr Fehlen die Vollbeendigung der Gesellschaft nicht hindert. Allerdings gilt die Gesellschaft dann gem. § 15 Abs. 1 HGB gutgläubigen Dritten gegenüber als fortbestehend, so dass diese Klage gegen die Gesellschaft mit verjährungsunterbrechender Wirkung erheben können (Baumbach/Hopt/*Hopt* § 157 Rn. 3; E/B/J/*Hillmann* § 124 Rn. 26; GroßkommHGB/*Habersack* § 124 Rn. 38; Heymann/*Emmerich* § 124 Rn. 23).

45 Im Streit um die Parteifähigkeit der Gesellschaft ist diese als parteifähig zu behandeln (BGH NJW 1982, 238; MünchHdb GesR I/*Neubauer* § 70 Rn. 2; MünchHdb GesR II/*Neubauer* § 32 Rn. 1).

46 Kommt es während des Verfahrens zu einem **Wechsel im Gesellschafterbestand**, so wirkt sich dies aufgrund der Parteistellung der OHG/KG grundsätzlich nicht auf den Prozess der Gesellschaft aus. Es findet kein Parteiwechsel statt (MünchHdb GesR I/*Neubauer* § 70 Rn. 12; MüKo ZPO/*Lindacher* § 50 Rn. 29). Ist aber infolge des Ausscheidens eines Gesellschafters eine organschaftliche Vertretung nicht mehr möglich, kann es zur Unterbrechung des Verfahrens nach §§ 241 Abs. 1, 246 ZPO kommen. Scheiden während des Verfahrens ein oder mehrere Gesellschafter aus der Gesellschaft mit der Folge aus, dass nur noch ein Gesellschafter verbleibt, erwirbt der verbleibende Gesellschafter das Gesellschaftsvermögen in Gesamtrechtsnachfolge Die Gesellschaft wird nicht liquidiert (vgl. unten zu § 140 Abs. 1 S. 2 HGB Rn. 221; GroßkommHGB/*Habersack* § 124 Rn. 40; MüKo HGB/*K. Schmidt* § 124 Rn. 29; E/B/J/*Hillmann* § 124 Rn. 28; Röhricht/v. Westphalen/*v. Gerkan* § 124 Rn. 7). Nach h. M. hat dies im laufenden Verfahren zur Folge, dass der verbleibende Gesellschafter nach §§ 239 ff. ZPO in den Prozess eintritt (BGH NJW 1971, 1844; NJW 1993, 1917).

2. Prozessfähigkeit und prozessuale Vertretung

47 Nach h. M. sind OHG und KG **nicht prozessfähig** (MünchHdb GesR I/*Neubauer* § 70 Rn. 4; MünchHdb GesR II/*Neubauer* § 32 Rn. 4; Baumbach/Hopt/*Hopt* § 124 Rn. 42; GroßkommHGB/*Habersack* § 124 Rn. 27; a. A. MüKo HGB/*K. Schmidt* § 124 Rn. 22). Prozessfähig ist, wer selbst oder durch einen selbst bestellten Vertreter Prozesshandlungen vornehmen oder entgegennehmen kann und somit in der Lage ist, einen Prozess selbstständig zu führen (MüKo ZPO/Lindacher §§ 51, 52 Rn. 1; Zöller/*Vollkommer* Vor § 50 Rn. 15). Diese Fähigkeit wird der OHG wie auch der KG abgesprochen (MünchHdb GesR I/*Neubauer* § 70 Rn. 4; MünchHdb GesR II/*Neubauer* § 32 Rn. 4; Heymann/*Emmerich* § 124 Rn. 18; E/B/J/*Hillmann* § 124 Rn. 17).

48 OHG und KG werden prozessual durch ihre **organschaftlichen Vertreter** vertreten. Den organschaftlichen Vertretern kommt im Prozess der Gesellschaft die Stellung eines gesetzlichen Vertreters nach §§ 56, 57 ZPO zu (GroßkommHGB/*Habersack* § 124 Rn. 27; Heymann/*Emmerich* § 124 Rn. 18; MüKo ZPO/Lindacher §§ 51, 52 Rn. 25; K/R/M/*Koller* § 124 Rn. 7; MünchHdb GesR II/*Neubauer* § 32 Rn. 6).

49 Die **KG** wird im Prozess durch ihre persönlich haftenden Gesellschafter vertreten (MünchHdb GesR II/*Neubauer* § 32 Rn. 6; Baumbach/Hopt/*Hopt* § 170 Rn. 1; MüKo ZPO/*Lindacher* §§ 51, 52 Rn. 25). Die Kommanditisten sind von der organschaftlichen Vertretung der Gesellschaft gem. § 170 HGB zwingend ausgeschlossen. Das Gericht hat eine ordnungsgemäße Vertretung der Gesellschaft nach § 56 ZPO von Amts wegen zu prüfen (E/B/J/*Hillmann* § 124 Rn. 17; MüKo ZPO/*Lindacher* § 56 Rn. 1, 2). Die Gesellschaft handelt im Prozess durch ihre organschaftlichen Vertreter (Baumbach/Hopt/*Hopt* § 124 Rn. 42; Zöller/*Vollkommer* § 51 Rn. 4; MüKo HGB/*K. Schmidt* § 124 Rn. 22, 25). Sind die organschaftlichen Vertreter säumig, so ist dies der Gesellschaft zuzurechnen (MüKo ZPO/*Lindacher* § 50 Rn. 25). Die Prozessvertretung der Gesellschaft durch mehrere Vertreter hat einheitlich zu erfolgen (MüKo ZPO/*Lindacher* § 50 Rn. 29). Geben zwei alleinvertretungsberechtigte Gesellschafter sich widersprechende Erklärungen ab, heben sich diese Erklärungen gegeneinander auf (E/B/J/*Hillmann* § 124 Rn. 17).

Nach §§ 253 Abs. 4, 130 Nr. 1 ZPO sollen die Vertreter der Gesellschaft in der Klageschrift angeführt werden. Im Urteil werden die Vertreter gem. § 313 Abs. 1 Nr. 1 ZPO im Rubrum aufgeführt (MünchHdb GesR I/*Neubauer* § 70 Rn. 6; MüKo ZPO/*Musielak* § 313 Rn. 7). **50**

Hat die Gesellschaft keine vertretungsberechtigten Gesellschafter, so ist nach § 57 Abs. 1 ZPO ein **Prozesspfleger** zu bestellen. Dies kann beispielsweise dann der Fall sein, wenn der einzige oder die einzigen zur Vertretung befugten Gesellschafter Klage gegen die OHG erheben oder umgekehrt und daher von der prozessualen Vertretung der Gesellschaft ausgeschlossen sind (MünchHdb GesR I/*Neubauer* § 70 Rn. 17; GroßkommHGB/*Habersack* § 124 Rn. 27; MüKo ZPO/*Lindacher* § 57 Rn. 2). Dabei ist zu beachten, dass der vom Gericht bestellte Prozesspfleger nur zur prozessualen Vertretung der Gesellschaft in dem betreffenden Verfahren befugt ist (MüKo ZPO/*Lindacher* § 57 Rn. 19; GroßkommHGB/*Habersack* § 124 Rn. 27). Kommt es während des Verfahrens zur Auflösung der Gesellschaft, erfolgt die prozessuale Vertretung nach § 149 S. 2 HGB durch die **Liquidatoren** (MünchHdb GesR I/*Neubauer* § 70 Rn. 13; Heymann/*Emmerich* § 124 Rn. 22; E/B/J/*Hillmann* § 124 Rn. 25; MüKo ZPO/*Lindacher* § 50 Rn. 30). **51**

3. Parteibezeichnung der OHG und KG im Prozess

Gem. § 124 Abs. 1 HGB kann die Gesellschaft unter ihrem Namen **klagen und verklagt werden**. OHG und KG sind als Prozesspartei i. S. d. § 253 Abs. 2 Nr. 1 ZPO somit regelmäßig **unter ihrer Firma** zu bezeichnen. Eine Auflistung der Gesellschafter ist nicht erforderlich (Baumbach/Hopt/*Hopt* § 124 Rn. 42; MünchHdb GesR I/*Neubauer* § 70 Rn. 5; MünchHdb GesR II/*Neubauer* § 32 Rn. 5; GroßkommHGB/*Habersack* § 124 Rn. 30). Sofern die Identität der Partei eindeutig feststeht, ist eine falsche Bezeichnung, sei es im Aktiv- oder Passivprozess, unschädlich. In einem solchen Fall kommt eine Rubrumsberichtigung in Betracht (BGH ZIP 1999, 616; Baumbach/Hopt/*Hopt* § 124 Rn. 41; MünchHdb GesR I/*Neubauer* § 70 Rn. 5; E/B/J/*Hillmann* § 124 Rn. 18). **52**

4. Gesellschafts- und Gesellschafterprozess

a) Differenzierung zwischen Gesellschafts- und Gesellschafterprozess

Wie auch im Prozessrecht der BGB-Gesellschaft ist bei der OHG und KG streng zwischen Gesellschafts- und Gesellschafterprozess zu differenzieren (BGHZ 62, 131, 132; 64, 155, 156; Baumbach/Hopt/*Hopt* § 124 Rn. 41; MüKo HGB/*K. Schmidt* § 124 Rn. 29; GroßkommHGB/*Habersack* § 124 Rn. 23). Diese Unterscheidung beruht auf dem **Trennungsprinzip**, wonach zwischen dem Vermögen der Gesellschaft und dem Vermögen der Gesellschafter zu unterscheiden ist. Gesellschafts- und Gesellschaftervermögen sind somit unterschiedliche Haftungsgegenstände (BGHZ 62, 131, 132; MünchHdb GesR I/*Neubauer* § 70 Rn. 3; MünchHdb GesR II/*Neubauer* § 32 Rn. 1, 3; GroßkommHGB/*Habersack* § 124 Rn. 7, 17; Baumbach/Hopt/*Hopt* § 124 Rn. 2, 41; Heymann/*Emmerich* § 124 Rn. 13). Dementsprechend erfordert die Zwangsvollstreckung in das Gesellschaftsvermögen nach § 124 Abs. 2 HGB einen gegen die Gesellschaft gerichteten Titel. Zur Vollstreckung in das Privatvermögen der Gesellschafter bedarf es eines Titels gegen die Gesellschafter selbst (BGHZ 62, 131, 133; MüKo HGB/*K. Schmidt* § 124 R. 30 f.; GroßkommHGB/*Habersack* § 124 Rn. 23). Aus einem Titel gegen die Gesellschaft kann nicht in das Vermögen der Gesellschafter vollstreckt werden und umgekehrt (Baumbach/Hopt/*Hopt* § 128 Rn. 45, § 129 Rn. 14; MünchHdb GesR I/*Neubauer* § 71 Rn. 1, 8; GroßkommHGB/*Habersack* § 124 Rn. 42; K/R/M/*Koller* § 124 Rn. 8). Im Unterschied zur BGB-Gesellschaft berechtigt ein Titel gegen alle Gesellschafter nicht auch zur Zwangsvollstreckung in das Gesellschaftsvermögen (vgl. oben Rn. 17 f.). **53**

b) Haftung der Gesellschafter

54 Gem. § 128 S. 1 HGB **haften** die Gesellschafter der OHG und die persönlich haftenden Gesellschafter einer KG (§ 161 Abs. 2 HGB) zum Schutz der Gläubiger der Gesellschaft für die Verbindlichkeiten der Gesellschaft als Gesamtschuldner mit ihrem Privatvermögen. § 128 Abs. 1 HGB gilt nicht für die Kommanditisten einer KG, sofern diese nicht mangels Eintragung unbeschränkt haften. Es handelt sich um eine **akzessorische Haftung** (MüKo HGB/*K. Schmidt* § 128 Rn. 1, 4; Baumbach/Hopt/*Hopt* § 128 Rn. 1; *Grunewald* 1.B. Rn. 37; K/R/M/*Koller* §§ 128, 129 Rn. 5; GroßkommHGB/*Habersack* § 128 Rn. 1, 2, 10). Die Haftung der Gesellschafter ist somit hinsichtlich Umfang und Bestand von der Gesellschaftsschuld abhängig (E/B/J/*Hillmann* § 128 Rn. 19; MüKo HGB/*K. Schmidt* § 128 Rn. 16; Heymann/*Emmerich* § 128 Rn. 4). Die persönlich haftenden Gesellschafter können sich im Fall ihrer Inanspruchnahme für Verbindlichkeiten der Gesellschaft sowohl auf **persönliche Einreden und Einwendungen** berufen, als Ausdruck des Akzessorietätsprinzips auch auf Einwendungen und Einreden, die der Gesellschaft zustehen. Dies umfasst Einreden und Einwendungen jeder Art, wie z. B. Erlass, Erfüllung sowie Erfüllungssurrogate als auch Verwirkung. Wurde in einem Gesellschaftsprozess rechtskräftig festgestellt, dass keine Forderung gegen die Gesellschaft besteht, kann sich der Gesellschafter bei seiner persönlichen Inanspruchnahme auf dieses Urteil berufen (Baumbach/Hopt/*Hopt* § 129 Rn. 1; *Grunewald* 1.B. Rn. 43 ff.; GroßkommHGB/*Habersack* § 129 Rn. 1 ff., 10 ff.; MüKo HGB/*K. Schmidt* § 129 Rn. 1, 3, 12; E/B/J/*Hillmann* § 129 Rn. 3). Einwendungen und Einreden, auf die sich die Gesellschaft nicht mehr berufen kann, kann jedoch auch der Gesellschafter nach § 129 Abs. 1 HGB nicht mehr geltend machen. Wurde in einem Prozess gegen die Gesellschaft eine Gesellschaftsverbindlichkeit rechtskräftig festgestellt, kann sich der Gesellschafter somit nicht mehr darauf berufen, dass die Gesellschaftsverbindlichkeit im Zeitpunkt der letzten mündlichen Verhandlung nicht bestand. Es verbleibt dem Gesellschafter lediglich, sich auf persönliche Einwendungen und die Einwendungen zu berufen, die das Urteil der Gesellschaft nicht abspricht, wie z. B. die Vollstreckungsabwehrklage nach § 767 ZPO (GroßkommHGB/*Habersack* § 129 Rn. 11; Baumbach/Hopt/*Hopt* § 129 Rn. 7).

c) Prozessuales

55 Eine Klage gegen Gesellschafter aufgrund ihrer akzessorischen Haftung ist dann zu empfehlen, wenn auf ihr Privatvermögen zugegriffen werden soll, da ein **Titel gegen die Gesellschaft** nach § 129 Abs. 4 HGB nur zur Vollstreckung in das Gesellschaftsvermögen berechtigt und die Vollstreckung in das Privatvermögen einen Titel gegen ihn selbst erfordert. Dabei ist zu beachten, dass aufgrund eines Titels gegen einen Gesellschafter auch sein Gesellschaftsanteil gepfändet werden kann (BGHZ 62, 131, 133; Baumbach/Hopt/*Hopt* § 128 Rn. 45, § 129 Rn. 14; MünchHdb GesR I/*Neubauer* § 71 Rn. 1, 8; GroßkommHGB/*Habersack* § 124 Rn. 42;).

56 Es steht einem Gläubiger grundsätzlich frei, die Gesellschaft und/oder die Gesellschafter, entweder alle, einige oder einen einzelnen zu verklagen. Eine Inanspruchnahme der Gesellschaft vor der Inanspruchnahme der Gesellschafter ist grundsätzlich nicht erforderlich, da die Gesellschafter für die Gesellschaftsverbindlichkeiten primär haften (E/B/J/*Hillmann* § 128 Rn. 18; K/R/M/*Koller* §§ 128, 129, Rn. 5; GroßkommHGB/*Habersack* § 128 Rn. 26; MüKo HGB/*K. Schmidt* § 128 Rn. 20). Problematisch ist allerdings, ob neben einer Feststellungsklage gegen die Gesellschaft auf Feststellung einer bestimmten Verbindlichkeit auch eine entsprechende Feststellungsklage gegen einen Gesellschafter erhoben werden kann. Dies wird in der Regel mangels Rechtsschutzbedürfnis zu verneinen sein, da das Feststellungsurteil nach § 129 Abs. 1 HGB auch für und gegen die Gesellschafter wirkt (BGHZ 2, 250, 254). Nach *Hopt* kann dies bei einer Feststellungsklage, mit der ein umfassendes Rechtsverhältnis geklärt werden soll, anders zu beurteilen sein (Baumbach/Hopt/*Hopt* § 128 Rn. 42).

57 Werden Gesellschaft und Gesellschafter gemeinsam verklagt, besteht zwischen ihnen **einfache Streitgenossenschaft**, da wegen § 129 Abs. 1 HGB unterschiedliche Entscheidungen ergehen können (BGHZ 54, 251, 254 f.; 63, 51, 54; MüKo HGB/*K. Schmidt* § 128 Rn. 21; Baumbach/Hopt/

Hopt § 128 Rn. 39; MünchHdb GesR I/*Neubauer* § 70 Rn. 16; E/B/J/*Hillmann* § 124 Rn. 14, § 128 Rn. 59; GroßkommHGB/*Habersack* § 124 Rn. 26; MüKo HGB/*K. Schmidt* § 124 Rn. 29; Heymann/*Emmerich* § 124 Rn. 20). Infolge der Möglichkeit der Gesellschafter, persönliche Einwendungen geltend zu machen, wird nicht notwendig einheitlich entschieden. Ob sich die Gesellschafter im Einzelfall auch auf diese Einwendungen berufen, ist dabei unerheblich (GroßkommHGB/*Habersack* § 124 Rn. 26). Werden mehrere Gesellschafter aufgrund ihrer akzessorischen Haftung verklagt, so sind auch sie einfache Streitgenossen (MüKo HGB/*K. Schmidt* § 128 Rn. 21).

Die Klage gegen die Gesellschaft und die Klage gegen einen oder mehrere Gesellschafter betrifft unterschiedliche Streitgegenstände. Der Übergang vom Gesellschafts- zum Gesellschafterprozess und umgekehrt stellt somit einen **gewillkürten Parteiwechsel** dar (BGHZ 17, 340, 342; 62, 131, 133; BGH WM 1982, 1170; Baumbach/Hopt/*Hopt* § 128 Rn. 39). Ist bereits ein Gesellschaftsprozess anhängig, steht einer Klage gegen einen Gesellschafter die **Einrede der Rechtshängigkeit** nicht entgegen. Dies gilt auch für eine Klage gegen die Gesellschaft, wenn bereits ein Prozess gegen einen Gesellschafter anhängig ist (BGHZ 62, 131, 133; Baumbach/Hopt/*Hopt* § 128 Rn. 41). 58

Bei Prozesshandlungen ist jeweils deutlich zu machen, ob sie gegen die Gesellschaft oder gegen Gesellschafter gerichtet sind bzw. von Gesellschaft oder Gesellschaftern ausgehen (MüKo HGB/*K. Schmidt* § 124 Rn. 29). 59

Die Gesellschafter können dem Prozess gegen die Gesellschaft als **einfache Nebenintervenienten** nach § 66 ZPO beitreten (BGHZ 62, 131, 133; Baumbach/Hopt/*Hopt* § 128 Rn. 41). Um dies zu ermöglichen, ist der geschäftsführende Gesellschafter dazu verpflichtet, die Gesellschafter von einer Klage gegen die Gesellschaft zu informieren (GroßkommHGB/*Habersack* § 129 Rn. 13). Das für einen Beitritt nach § 66 ZPO erforderliche **rechtliche Interesse am Obsiegen** einer Partei ergibt sich daraus, dass ein Urteil im Gesellschaftsprozess gem. § 129 Abs. 1 HGB auch für und gegen die Gesellschafter wirkt (MünchHdb GesR I/*Neubauer* § 70 Rn. 10, 18; Zöller/*Vollkommer* § 66 Rn. 11; MüKo ZPO/*Schilken* § 66 Rn. 11). Als Nebenintervenienten haben die von der Vertretung ausgeschlossenen Gesellschafter, bei der KG auch die Kommanditisten, die Möglichkeit, Einfluss auf den Prozess zu nehmen und so zu verhindern, dass ihnen nach § 129 Abs. 1 HGB bestimmte Einwendungen und Einreden abgesprochen werden (GroßkommHGB/*Habersack* § 129 Rn. 13; MünchHdb GesR I/*Neubauer* § 70 Rn. 10; MünchHdb GesR II/*Neubauer* § 32 Rn. 10). Ein Nebenintervenient ist nach § 67 ZPO dazu befugt, Prozesshandlungen vorzunehmen sowie Angriffs- und Verteidigungsmittel geltend zu machen (MüKo ZPO/*Schilken* § 66 Rn. 4 ff.; Zöller/*Vollkommer* § 66 Rn. 3 ff.). 60

d) Urteil und Urteilswirkungen

Ein im Prozess der Gesellschaft ergehendes Urteil wirkt grundsätzlich nur zwischen den Parteien des Verfahrens. Nach § 129 Abs. 1 HGB wirkt allerdings ein in einem Gesellschaftsprozess ergehendes Urteils auch **für und gegen die Gesellschafter**, wenn sie aufgrund ihrer persönlichen Haftung für Verbindlichkeiten der Gesellschaft in Anspruch genommen werden (MünchHdb GesR I/*Neubauer* § 70 Rn. 20; MünchHdb GesR II/*Neubauer* § 32 Rn. 20; GroßkommHGB/*Habersack* § 124 Rn. 36; MüKo HGB/*K. Schmidt* § 124 Rn. 28; E/B/J/*Hillmann* § 129 Rn. 5). Wird in einem Prozess zwischen der Gesellschaft und Gläubigern festgestellt, dass keine Verbindlichkeit der Gesellschaft besteht, so kann sich der Gesellschafter gem. § 129 Abs. 1 HGB auf das Nichtbestehen dieser Forderung berufen. Dies gilt unabhängig davon, ob die Gesellschaft als Passivpartei verklagt wurde oder das Urteil durch negative Feststellungsklage erstritten hat (GroßkommHGB/*Habersack* § 129 Rn. 10; MüKo HGB/*K. Schmidt* § 129 Rn. 12). Wird durch Urteil eine Verbindlichkeit der Gesellschaft dagegen rechtskräftig festgestellt, nimmt es den Gesellschaftern im Fall ihrer Inanspruchnahme aufgrund akzessorischen Haftung die Einwendungen, die der Gesellschaft abgesprochen wurden. Für den Eintritt dieser Präklusionswirkung ist es unerheblich, wie das Urteil zustande gekommen ist, sei es durch Säumnis oder auch durch Anerkenntnis (BGHZ 54, 251, 255; 64, 155, 156; GroßkommHGB/*Habersack* § 129 Rn. 11; E/B/J/*Hillmann* § 128 Rn. 62; Baumbach/Hopt/*Hopt* § 128 Rn. 43). 61

62 Ein gegen einen Gesellschafter ergehendes Urteil wirkt dagegen nicht für und gegen die Gesellschaft (MünchHdb GesR I/*Neubauer* § 70 Rn. 22; Baumbach/Hopt/*Hopt* § 128 Rn. 44).

63 Im Gesellschaftsprozess ist die Gesellschaft aufgrund ihrer Parteifähigkeit selbst **Kostenschuldner** (GroßkommHGB/*Habersack* § 124 Rn. 35; MüKo HGB/*K. Schmidt* § 124 Rn. 27; E/B/J/*Hillmann* § 124 Rn. 24). Bei einem Prozess gegen Gesellschaft und Gesellschafter können diese nach § 100 Abs. 4 HGB als Gesamtschuldner verurteilt werden (GroßkommHGB/*Habersack* § 124 Rn. 26; MüKo HGB/*K. Schmidt* § 128 Rn. 23; E/B/J/*Hillmann* § 128 Rn. 59).

5. Prozess zwischen Gesellschaft und Gesellschafter

64 Gesellschaft und Gesellschafter sind unterschiedliche Prozessparteien (E/B/J/*Hillmann* § 124 Rn. 15). Die Gesellschafter sind im Prozess der Gesellschaft nicht Partei des Verfahrens, so dass ein Prozess zwischen der Gesellschaft und ihren Gesellschaftern grundsätzlich möglich ist. So kann die Gesellschaft beispielsweise Sozialansprüche oder auch Einlageforderungen gegen Gesellschafter klageweise geltend machen (GroßkommHGB/*Habersack* § 124 Rn. 26, 41; MüKo HGB/*K. Schmidt* § 124 Rn. 29; Heymann/*Emmerich* § 124 Rn. 15; E/B/J/*Hillmann* § 124 Rn. 15; MünchHdb GesR II/*Neubauer* § 32 Rn. 15).

6. Beweisaufnahme

65 Nach mittlerweile h. M. sind vertretungsberechtigte Gesellschafter im Gesellschaftsprozess **als Partei**, nicht vertretungsberechtigte Gesellschafter dagegen **als Zeugen** zu vernehmen. Bei der KG wird der Kommanditist, der nach § 170 HGB von der organschaftlichen Vertretung der Gesellschaft zwingend ausgeschlossen ist, somit als Zeuge vernommen (BGH NJW 1965, 2253, 2254; MünchHdb GesR II/*Neubauer* § 32 Rn. 11). In der Liquidation ist der vertretungsberechtigte Gesellschafter, der nicht Liquidator ist, wie ein nichtvertretungsberechtigter Gesellschafter als Zeuge zu vernehmen (BGHZ 42, 230, 231 f.; BGH NJW 1965, 2253, 2254; GroßkommHGB/*Habersack* § 124 Rn. 33; MünchHdb GesR I/*Neubauer* § 70 Rn. 11; MüKo HGB/*K. Schmidt* § 124 Rn. 22). Ob ein Gesellschafter als Zeuge oder Partei zu vernehmen ist, beurteilt sich nach seiner Vertretungsbefugnis im Zeitpunkt der Vernehmung (E/B/J/*Hillmann* § 124 Rn. 23).

7. Zuständigkeit

66 Der allgemeine Gerichtsstand der OHG und KG bestimmt sich gem. § 17 Abs. 1 S. 1 ZPO nach dem **Sitz der Gesellschaft**. Dabei ist auf den nach § 106 Abs. 2 Nr. 2 HGB in das Handelsregister eingetragenen Sitz der Gesellschaft abzustellen (MüKo HGB/*K. Schmidt* § 124 Rn. 24; GroßkommHGB/*Habersack* § 124 Rn. 29; MünchHdb GesR II/*Neubauer* § 32 Rn. 17). Auf den **Wohnsitz** der Gesellschafter kommt es bei einer Klage gegen die Gesellschaft nicht an (Baumbach/Hopt/*Hopt* § 124 Rn. 42).

67 Neben § 17 ZPO kann sich die Zuständigkeit weiter aus dem besonderen Gerichtsstand der Mitgliedschaft nach § 22 ZPO ergeben (MüKo HGB/*K. Schmidt* § 124 Rn. 24). § 22 ZPO erfasst Klagen der Gesellschaft gegen Gesellschafter sowie Klagen der Gesellschafter untereinander, sofern diese auf dem Gesellschaftsverhältnis beruhen, wie z. B. die Auflösungsklage nach § 133 HGB oder die Ausschließungsklage nach § 140 HGB (vgl. unten Rn. 190 ff.; GroßkommHGB/*Habersack* § 124 Rn. 29; E/B/J/*Hillmann* § 124 Rn. 19; MüKo ZPO/*Patzina* § 22 Rn. 6, 8; Zöller/*Vollkommer* § 22 Rn. 5 ff.).

68 Klagt ein Gesellschaftsgläubiger sowohl gegen die Gesellschaft als auch gegen Gesellschafter aufgrund ihrer Haftung nach § 128 HGB, ist der Gerichtsstand der Gesellschaft und der der verklagten Gesellschafter gesondert zu bestimmen. § 22 ZPO erfasst nicht auch die Klage eines Gesellschaftsgläubigers gegen einen Gesellschafter persönlich aufgrund der akzessorischen Haftung (GroßkommHGB/*Habersack* § 124 Rn. 29; MüKo HGB/*K. Schmidt* § 128 Rn. 22). Wird der Gesellschafter infolge akzessorischer Haftung in Anspruch genommen, kann neben dem allgemeinen Gerichtsstand des Gesellschafters (§§ 12 ff. ZPO) sowohl der Gerichtsstand des Erfüllungsortes

gem. § 29 ZPO für die Schuld der Gesellschaft als auch der Gerichtsstand der unerlaubten Handlung der Gesellschaft in Betracht kommen (K/R/M/*Koller* §§ 128, 129 Rn. 6; MüKo ZPO/*Patzina* § 29 Rn. 3; Zöller/*Vollkommer* § 29 Rn. 25).

Eine **Gerichtsstandsvereinbarung** zwischen der Gesellschaft und Dritten erstreckt sich nach h. M. bei der persönlichen Inanspruchnahme von Gesellschaftern aufgrund akzessorischer Haftung regelmäßig auch auf den Prozess gegen die Gesellschafter, sofern die Vereinbarung einer entsprechenden Auslegung zugänglich ist (GroßkommHGB/*Habersack* § 124 Rn. 29; K/R/M/*Koller* §§ 128, 129 Rn. 6; MüKo HGB/*K. Schmidt* § 128 Rn. 22; E/B/J/*Hillmann* § 128 Rn. 61). Nach a. A. wirkt eine solche Gerichtsstandsvereinbarung nur dann auch für den Prozess gegen die Gesellschafter, wenn diese an der Vereinbarung mitgewirkt oder ihre Zustimmung erklärt haben (MüKo HGB/*K. Schmidt* § 128 Rn. 22). **69**

Nach § 95 Abs. 1 Nr. 1 GVG ist die **Kammer für Handelssachen** funktionell zuständig für Klagen gegen die Gesellschaft aus beiderseitigen Handelsgeschäften als Handelssache (GroßkommHGB/*Habersack* § 124 Rn. 31; MüKo HGB/*K. Schmidt* § 124 Rn. 24; Thomas/Putzo/*Hüßtege* § 96 GVG Rn. 2; E/B/J/*Hillmann* § 124 Rn. 21). Dies kann auch Klagen eines Gesellschaftsgläubigers gegen die Gesellschafter aufgrund akzessorischer Haftung nach § 128 HGB erfassen (*Kissel/Mayer* § 95 GVG Rn. 6). Gem. § 95 Abs. 1 Nr. 4 a GVG sind ferner Klagen zwischen der Gesellschaft und ihren Gesellschaftern sowie den Gesellschaftern untereinander, die auf dem mitgliedschaftlichen Verhältnis beruhen, Handelssachen, wie beispielsweise die Klagen nach §§ 133, 140 HGB (GroßkommHGB/*Habersack* § 124 Rn. 31; E/B/J/*Hillmann* § 124 Rn. 21; *Kissel/Mayer* § 95 GVG Rn. 10). Die Zuständigkeit der Kammer für Handelssachen wird gem. §§ 96 Abs. 1, 98 Abs. 1 GVG **auf Antrag des Klägers**, der in der Klageschrift zu stellen ist, begründet. **70**

8. Zustellungsfragen

Die Zustellung an die Gesellschaft erfolgt nach § 171 Abs. 1 ZPO an ihre **vertretungsberechtigten Gesellschafter**, bei der KG somit an einen persönlich haftenden Gesellschafter. Sind mehrere Gesellschafter zur Vertretung berechtigt, reicht nach § 170 Abs. 3 ZPO die Zustellung an einen Vertreter (Baumbach/Hopt/*Hopt* § 124 Rn. 42; MünchHdb GesR I/*Neubauer* § 70 Rn. 7; MünchHdb GesR II/*Neubauer* § 32 Rn. 7; MüKo ZPO/*Wenzel* § 171 Rn. 3). Nach § 171 ZPO kann die Zustellung auch an einen Prokuristen erfolgen (Zöller/*Stöber* § 171 Rn. 7). **Ersatzzustellung** ist nach § 178 Abs. 1 Nr. 2 ZPO im Geschäftslokal der Gesellschaft möglich. Nicht ausreichend ist eine Ersatzzustellung im Geschäftslokal eines Gesellschafters, z. B. bei einer GmbH & Co KG im Geschäftslokal der Komplementär-GmbH (GroßkommHGB/*Habersack* § 124 Rn. 32; E/B/J/*Hillmann* § 124 Rn. 20). **71**

9. Prozesskostenhilfe

Gem. §§ 116 S. 1, 114 ZPO steht der OHG bzw. KG Prozesskostenhilfe zu, wenn weder die Gesellschaft noch die am Gegenstand des Rechtsstreits wirtschaftlich Beteiligten die Kosten des Verfahrens aufbringen können und die beabsichtigte Rechtsverfolgung oder -verteidigung Aussicht auf Erfolg hat und ihre Unterlassung allgemeinen Interessen zuwider laufen würde (GroßkommHGB/*Habersack* § 124 Rn. 34; MüKo HGB/*K. Schmidt* § 124 Rn. 26; MünchHdb GesR II/*Neubauer* § 32 Rn. 8; E/B/J/*Hillmann* § 124 Rn. 22; K/R/M/*Koller* § 124 Rn. 7). **Wirtschaftlich beteiligt** sind diejenigen, denen ein Erfolg der Rechtsverfolgung voraussichtlich zugute kommt (MüKo ZPO/*Wax* § 116 Rn. 35). Bei der OHG und KG sind dies die Gesellschafter. Dies umfasst die persönlich haftenden Gesellschafter ebenso wie die Kommanditisten und die stillen Gesellschafter (OLG Stuttgart NJW 1975, 2022; MüKo HGB/*K. Schmidt* § 124 Rn. 26; GroßkommHGB/*Habersack* § 124 Rn. 34; E/B/J/*Hillmann* § 124 Rn. 22; MünchHdb GesR II/*Neubauer* § 32 Rn. 8). Die Kommanditisten können als wirtschaftlich Beteiligte angesehen werden, da das Verfahren regelmäßig auch in ihrem wirtschaftlichen Interesse geführt wird. Davon kann insbesondere dann ausgegangen werden, wenn die Beteiligung der persönlich haftenden Gesellschafter gering, die der Kommanditisten dagegen hoch ist (OLG Stuttgart NJW 1975, 2022). Die Unterlassung der **72**

Rechtsverfolgung läuft dann **allgemeinen Interessen** entgegen, wenn die Verweigerung der Prozesskostenhilfe größere Kreise der Bevölkerung oder des Wirtschaftslebens in Mitleidenschaft ziehen würde und soziale Auswirkungen zur Folge hätte. Dies ist beispielsweise dann der Fall, wenn eine große Zahl von Angestellten oder Kleingläubigern betroffen wären (MüKo ZPO/*Wax* § 116 Rn. 27; Zöller/*Philippi* § 116 Rn. 15).

III. Gesellschafterstreitigkeiten unter besonderer Berücksichtigung von Beschlussmängelstreitigkeiten

1. Einleitung

73 Unter Gesellschafterstreitigkeiten sind im Recht der Personengesellschaften Streitigkeiten zu verstehen, die die **Stellung des Gesellschafters in der Gesellschaft** bzw. die **Grundlagen des Gesellschaftsverhältnisses** selbst betreffen. Dies sind insbesondere Beschlussmängelstreitigkeiten, Streitigkeiten über die Gesellschaftereigenschaft (Mitgliedschaftsstreit) wie beispielsweise über die Wirksamkeit von Eintritt und Ausscheiden eines Gesellschafters sowie Streitigkeiten über Gesellschafterrechte (BGH NZG 2003, 525; Palandt/*Sprau* § 714 Rn. 25; Baumbach/Hopt/*Hopt* § 109 Rn. 38; GroßkommHGB/*Ulmer* § 109 Rn. 63; E/B/J/*Boujong* § 105 Rn. 127). Solche Streitigkeiten sind **grundsätzlich unter den Gesellschaftern** auszutragen, nicht zwischen der Gesellschaft und ihren Gesellschaftern (BGHZ 41, 175, 176; 81, 263, 264 f.; 91, 132, 133; BGH WM 1990, 309; ZIP 1999, 68, 69; MüKo HGB/*Enzinger* § 109 Rn. 31; *Brandes* WM 2000, 385, 388). Dies ergibt sich daraus, dass diese Streitigkeiten die Grundlagen des Gesellschaftsverhältnisses betreffen und der Gesellschaft selbst hierüber **keine Dispositionsbefugnis** zusteht (BGHZ 48, 175, 176; 81, 263, 265; BGH WM 1990, 309). Diese Grundsätze gelten auch für Publikumsgesellschaften (BGH ZIP 1999, 1391, 1392; Baumbach/Hopt/*Hopt* § 109 Rn. 38; *Brandes* WM 2000, 285, 289).

74 Im Recht der Personenhandelsgesellschaften sind einige gesellschaftsrechtliche Streitigkeiten jedoch gesondert geregelt worden. So sind Streitigkeiten über die Entziehung der Geschäfts- und Vertretungsbefugnis (§§ 117, 127 HGB), über den Ausschluss eines Gesellschafters (§ 140 HGB) und die Auflösung der Gesellschaft (§ 133 HGB) als Gestaltungsklage ausgestaltet, die besonderen Regeln unterliegt (Baumbach/Hopt/*Hopt* § 109 Rn. 40; E/B/J/*Boujong* § 105 Rn. 126). Hinsichtlich dieser handelsrechtlichen Gestaltungsklagen wird auf die gesonderte Darstellung verwiesen (vgl. unten Rn. 104 ff.).

2. Mangelhafte Gesellschafterbeschlüsse

75 Gesellschafterbeschlüsse einer Personengesellschaft können aufgrund der Art und Weise ihres Zustandekommens als auch aufgrund ihres Inhalts mangelhaft sein (MüKo BGB/*Ulmer* § 709 Rn. 105; Palandt/*Sprau* Vorbem § 709 Rn. 16; Sudhoff PersGes/*Schulte* § 12 Rn. 52; AnwK-BGB/*Heidel/Pade* § 709 Rn. 43; MünchHdb GesR I/*Weipert* § 57 Rn. 92). Sowohl **Inhalts- als auch Verfahrensmängel** führen grundsätzlich zur **Nichtigkeit** des Beschlusses (AnwK-BGB/*Heidel/Pade* § 709 Rn. 43; Staudinger/*Habermeier* § 709 Rn. 26; *Brandes* NZG 1999, 936). Im Unterschied zum Recht der Aktiengesellschaft und der GmbH differenziert die h. L. bei fehlerhaften Gesellschafterbeschlüssen einer Personengesellschaft nicht zwischen Anfechtungs- und Nichtigkeitsgründen. Die aktienrechtlichen Regelungen der §§ 241 ff. AktG finden keine analoge Anwendung (BGH NJW 1999, 3113, 3114; MüKo BGB/*Ulmer* § 709 Rn. 105; MünchHdb GesR I/*Weipert* § 57 Rn. 92; Sudhoff PersGes/*Schulte* § 12 Rn. 58; Bamberger/Roth/*Timm/Schöne* § 709 Rn. 65; AnwK-BGB/*Heidel/Pade* § 709 Rn. 43; Baumbach/Hopt/*Hopt* § 119 Rn. 31; a. A.: Staudinger/*Habermeier* § 709 Rn. 26 für unternehmenstragende Gesellschaften mit wertmäßig hohen Streitgegenständen). Bei der gerichtlichen Geltendmachung der Nichtigkeit eines Beschlusses ist im Recht der Personengesellschaften daher nicht auf die besonderen Klagearten der Nichtigkeits- und Anfechtungsklage zurückzugreifen (MüKo BGB/*Ulmer* § 709 Rn. 113; AnwK-BGB/*Heidel/Pade* § 709 Rn. 43, 45).

Nichtige Beschlüsse können durch Bestätigung und Mangelbeseitigung **geheilt** werden (*Ulmer* § 709 Rn. 92). 76

3. Gerichtliche Geltendmachung

a) Klageart

Gesellschaftsrechtliche Streitigkeiten sind durch **allgemeine Feststellungsklage** gerichtlich geltend zu machen (BGHZ 91, 132, 133; BGH NJW 1999, 3113, 3114). Solche Streitigkeiten können auch als Vorfrage, z. B. in einem Prozess zwischen Gesellschaft und Gesellschafter zu entscheiden sein (Baumbach/Hopt/*Hopt* § 109 Rn. 40). Ein Gesellschafter kann die Nichtigkeit eines Beschlusses somit durch allgemeine Feststellungsklage gerichtlich prüfen lassen (BGH NJW 1999, 3113, 3114; Palandt/*Sprau* Vorbem § 709 Rn. 16; MüKo BGB/*Ulmer* § 709 Rn. 113; Staudinger/*Habermeier* § 709 Rn. 26; AnwK-BGB/*Heidel/Pade* § 709 Rn. 45). Dies gilt auch für satzungsauslegende Beschlüsse mit Regelungswirkung (BGH GmbHR 2003, 171, 173; *Riehm* GmbHR 2003, 176). Auf die Nichtigkeit eines Gesellschafterbeschlusses kann sich grundsätzlich jeder Gesellschafter berufen (MünchHdb GesR I/*Weipert* § 57 Rn. 92). Darüber hinaus hat ein Gesellschafter die Möglichkeit, sich auch im Rahmen eines Rechtsstreits inzident auf die Nichtigkeit eines Beschlusses zu berufen oder die Nichtigkeit außerprozessual als Einrede geltend zu machen (OLG München NZG 2004, 807; OLG Stuttgart NZG 2000, 835, 836; Sudhoff PersGes/*Schulte* § 12 Rn. 58; Palandt/*Sprau* Vorbem § 709 Rn. 16). 77

b) Parteien des Verfahrens

aa) Beklagter Die Klage ist grundsätzlich **gegen die Mitgesellschafter** zu richten, die die festzustellende Rechtslage bestreiten (BGH GmbHR 1963, 7; BGHZ 91, 132, 133; Baumbach/Hopt/*Hopt* § 109 Rn. 40; GroßkommHGB/*Ulmer* § 109 Rn. 67, 70). Dieser Grundsatz gilt auch für Publikumsgesellschaften (BGH NZG 2003, 525; ZIP 1999, 1391, 1392). Bei Beschlussmängelstreitigkeiten sind dies die Gesellschafter, die die Mangelhaftigkeit des Beschlusses bestreiten oder für den Beschluss gestimmt haben (BGHZ 85, 350, 353; MüKo BGB/*Ulmer* § 709 Rn. 113; Staudinger/*Habermeier* § 709 Rn. 26; AnwK-BGB/*Heidel/Pade* § 709 Rn. 45; *Brandes* NZG 1999, 936, 937). Die Gesellschaft ist dazu verpflichtet, Namen und Adressen dieser Gesellschafter bekannt zu geben (BGH WM 1987, 1102; *Brandes* NZG 1999, 936, 937). Eine Klage **gegen die Gesellschaft** selbst ist mangels Passivlegitimation als **unbegründet** abzuweisen (BGHZ 81, 263, 264; GroßkommHGB/*Ulmer* § 109 Rn. 67; E/B/J/*Boujong* § 105 Rn. 127). Weder auf Kläger- noch auch Beklagtenseite besteht eine notwendige Streitgenossenschaft (BGHZ 30, 195, 198; BGH ZIP 1999, 68, 69; GroßkommHGB/*Ulmer* § 109 Rn. 64, 70; MüKo HGB/*Enzinger* § 109 Rn. 31). 78

bb) Gesellschaft als Beklagte Die Gesellschafter können die Gesellschaft grundsätzlich nicht im Wege der gewillkürten Prozessstandschaft dazu ermächtigen, als Prozesspartei aufzutreten. Im Gesellschaftsvertrag kann jedoch vereinbart werden, dass die Klage **gegen die Gesellschaft** selbst zu richten ist (BGHZ 85, 350, 353; BGH WM 1990, 309; NZG 2003, 525; MünchHdb GesR I/*Weipert* § 57 Rn. 92; Sudhoff PersGes/*Schulte* § 12 Rn. 62; GroßkommHGB/*Ulmer* § 109 Rn. 76; E/B/J/*Boujong* § 105 Rn. 127). Dies gilt in Anerkennung ihrer Rechts- und Parteifähigkeit auch für die BGB-Gesellschaft. Eine solche Vereinbarung kann sich auch konkludent aus dem Gesellschaftsvertrag ergeben (BGH ZIP 1999, 1391, 1392; NZG 2003, 525; MüKo BGB/*Ulmer* § 709 Rn. 114; E/B/J/*Boujong* § 105 Rn. 127; *Brandes* NZG 1999, 936). Dies ist dann der Fall, wenn der Gesellschaftsvertrag Regelungen enthält, die auf den Willen der Gesellschafter schließen lassen, Gesellschafterstreitigkeiten nicht untereinander, sondern mit der Gesellschaft auszutragen. Der BGH hat aus der Satzungsregelung einer Publikums-KG, die für Beschlussmängelstreitigkeiten eine fristgebundene Anfechtung wie im Aktien- und GmbH-Recht vorsieht, auf einen solchen Willen der Gesellschafter für Gesellschafterstreitigkeiten geschlossen (BGH NZG 2003, 525). 79

Ist eine solche Regelung nicht im Gesellschaftsvertrag enthalten, haben die Gesellschafter die Möglichkeit, den Gesellschaftsvertrag dahin abzuändern, dass die Gesellschaft in einer Gesell- 80 schafterstreitigkeit – generell oder auch für den Einzelfall – im Rechtsstreit **an die Stelle der Gesellschafter** tritt. Soweit der Gesellschaftsvertrag nicht entgegensteht, kann eine solche Vertragsdurchbrechung für den Einzelfall formlos durch übereinstimmende Willenserklärung der Mitgesellschafter zustande kommen (BGH WM 1990, 309, 310). Insoweit ist die Rechtsprechung des BGH zu berücksichtigen, nach der die Gesellschafter einer Personengesellschaft eine Formvorschrift des Gesellschaftsvertrages dadurch wirksam durchbrechen können, indem sie ausdrücklich oder durch schlüssiges Verhalten in allseitigem Einvernehmen für den Einzelfall eine abweichende Handlung vereinbaren (BGH WM 1990, 309, 310).

c) Frist

81 Die Klage unterliegt grundsätzlich **keiner Frist** (BGH NJW 1999, 3113, 3114; OLG Stuttgart NZG 2000, 835, 836; MüKo BGB/*Ulmer* § 709 Rn. 110). Es steht den Gesellschaftern jedoch frei, die Geltendmachung an eine materielle Ausschlussfrist zu binden (BGHZ 68, 212, 214, 216; BGH ZIP 1391, 1392). Die Klageerhebung kann der **Verwirkung** unterliegen (BGH 1999, 3113, 3114; OLG Stuttgart NZG 2000, 835; Palandt/*Sprau* Vorbem § 709 Rn. 16; MüKo BGB/*Ulmer* § 709 Rn. 110; Sudhoff PersGes/*Schulte* § 12 Rn. 59; Bamberger/Roth/*Timm/Schöne* § 709 Rn. 65; MünchHdb GesR I/*Weipert* § 57 Rn. 92). Ein Recht ist dann verwirkt, wenn das Recht über einen längeren Zeitraum nicht geltend gemacht wird und besondere Umstände hinzutreten, die das Vertrauen der Gegenseite rechtfertigen, der Berechtigte, werde sein Recht nicht mehr geltend machen (BGHZ 25, 47, 51 f.; 132, 84, 95; BGH ZIP 1999, 1391, 1392; *Brandes* WM 2000, 385, 389). Der BGH hat eine Klage auf Feststellung der Nichtigkeit eines festgestellten Jahresabschlusses, die sechs Monate nach Beschlussfassung erhoben wurde, gemessen an der 3-Jahres-Frist des Aktienrecht nach § 256 Abs. 6 AktG noch als angemessen betrachtet (BGH WM 1991, 509, 510).

82 Die Gesellschafter können im Gesellschaftsvertrag eine **angemessene materielle Ausschlussfrist** zur Klageerhebung vereinbaren (BGH NJW 1999, 3113, 3114; Palandt/*Sprau* Vorbem § 709 Rn. 16; AnwK-BGB/*Heidel/Pade* § 709 Rn. 43; Bamberger/Roth/*Timm/Schöne* § 709 Rn. 65; GroßkommHGB/*Ulmer* § 109 Rn. 74). Eine solche Vereinbarung bietet sich insbesondere für Beschlussmängelstreitigkeiten bei großen Gesellschaften an (GroßkommHGB/*Ulmer* § 109 Rn. 76). Die Vereinbarung einer unangemessen kurzen Frist ist jedoch unwirksam. Es kommt dann zu einer geltungserhaltenden Reduktion dieser Frist auf mindestens einen Monat entsprechend dem Leitbild der Monatsfrist des § 246 AktG (BGH NJW 1995, 1218; OLG Stuttgart NZG 2000, 835, 836; Sudhoff PersGes/*Schulte* § 12 Rn. 59; E/B/J/*Boujong* § 105 Rn. 127). Wurde eine solche Monatsfrist gesellschaftsvertraglich vereinbart, sind die Gesellschafter dazu verpflichtet, den Gesellschaftern, die eine Klageerhebung beabsichtigen, ihre Anschriften mitzuteilen (BGH NJW 1988, 411, 413).

d) Urteilswirkungen

83 Ergeht ein rechtskräftiges Urteil in einem Verfahren, an dem alle Gesellschafter beteiligt sind, so bindet dieses Urteil nach h. M. auch die Gesellschaft selbst (BGHZ 48, 175, 176 f.; GroßkommHGB/*Ulmer* § 109 Rn. 64; E/B/J/*Boujong* § 105 Rn. 127). Ein klagestattgebendes Urteil, das aufgrund einer Klage ergeht, die infolge gesellschaftsvertraglicher Regelung gegen die Gesellschaft gerichtet war, erstreckt sich in seiner Rechtskraft jedoch nicht auch auf die Mitgesellschafter. Aufgrund dieses Urteils sind die Mitgesellschafter lediglich schuldrechtlich dazu verpflichtet, sich nach der gerichtlichen Entscheidung zu richten (BGH WM 1966, 1036; WM 1990, 309, 310; Bamberger/Roth/*Timm/Schöne* § 709 Rn. 65; *Brandes* WM 2000, 385, 389).

84 Bei Beschlussmängelstreitigkeiten stellt das klagestattgebende Urteil die Nichtigkeit des Gesellschafterbeschlusses fest. Im Unterschied zum klagestattgebenden Anfechtungsurteil des Aktien- und GmbH-Rechts, das auf den Zeitpunkt der Beschlussfassung zurückwirkt, wirkt dieses Urteil **ex nunc** (Sudhoff PersGes/*Schulte* § 12 Rn. 58). Das Urteil wirkt nicht für und gegen jedermann, sondern lediglich zwischen den Parteien (*Brandes* NZG 1999, 936, 937).

4. Einstweiliger Rechtsschutz

Um die Umsetzung eines nichtigen Beschlusses zu verhindern, kann nach allgemeinen Grundsätzen eine **einstweilige Verfügung** erwirkt werden. Unter Berücksichtigung des Verbots der Vorwegnahme der Hauptsache ist es auch grundsätzlich nicht ausgeschlossen, im Wege des einstweiligen Rechtsschutzes die Fassung eines nichtigen Beschlusses zu verhindern (Sudhoff PersGes/*Schulte* § 12 Rn. 63). 85

IV. Die actio pro socio im Recht der Personengesellschaften

1. Begriff und Anwendungsbereich der actio pro socio

Unter actio pro socio versteht man das Recht eines Gesellschafters, **Sozialansprüche der Gesellschaft** im eigenen Namen klageweise auf Leistung an die Gesellschaft geltend zu machen (BGH WM 1971, 723, 723; BB 1985, 1623; *K. Schmidt* GesR, S. 629; Palandt/*Sprau* § 714 Rn. 9; MünchHdb GesR I/*v. Ditfurth* § 47 Rn. 67; *Lüke* ZGR 1994, 266, 275; *Hörstel* NJW 1995, 1271). Diese Einzelklagebefugnis der Gesellschafter ist grundsätzlich anerkannt, in Einzelfragen jedoch durchaus noch umstritten (BGHZ 10, 91, 101; BGH WM 1971, 723; BB 1985, 1623; *K. Schmidt* GesR, S. 630 f.; MüKo BGB/*Ulmer* § 705 Rn. 204 f.; E/B/J/*Boujong* § 105 Rn. 149; *Bork/Oepen* ZGR 2001, 515, 518). 86

Die actio pro socio erfasst **nur Sozialansprüche**. Sozialansprüche sind Ansprüche der Gesellschaft gegen einzelne Gesellschafter, die ihre Grundlage im Gesellschaftsvertrag haben, wie z. B. Beitrags- oder Nachschusspflichten (MüKo HGB/*K. Schmidt* § 105 Rn. 200; Röhricht/v. Westphalen/*v. Gerkan* § 105 Rn. 77; MüKo BGB/*Ulmer* § 705 Rn. 204; AnwK-BGB/*D. Eckardt* Anh. § 705 Rn. 31; MünchHdb GesR I/*v. Ditfurth* § 47 Rn. 67). Sozialansprüche stehen grundsätzlich der Gesellschaft zu und sind durch die geschäftsführungs- und vertretungsberechtigten Gesellschafter geltend gemacht (BGH NJW 1974, 1555, 1556; Palandt/*Sprau* § 714 Rn. 9; *K. Schmidt* GesR, S. 634; AnwK-BGB/*Heidel/Pade* § 705 Rn. 163; *Ulmer* § 705 Rn. 166; E/B/J/*Boujong* § 105 Rn. 149; Sudhoff PersGes/*Buß* § 9 Rn. 27 f.). Die actio pro socio stellt insoweit eine Durchbrechung dieser Zuständigkeitsordnung dar und kommt als Hilfsrecht nur dann in Betracht, wenn eine Geltendmachung der Sozialansprüche durch die zuständigen Organe ohne sachlichen Grund nicht erfolgt (BGH NJW 1974, 1555, 1556; *K. Schmidt* GesR, S. 637; AnwK-BGB/*D. Eckardt* Anh. § 705 Rn. 34; *M. Schwab* S. 108). 87

Die Klage muss auf Leistung von Sozialansprüchen **gegen Mitgesellschafter** gerichtet sein (Sudhoff PersGes/*Buß* § 9 Rn. 28). Ansprüche der Gesellschaft gegen Dritte werden von der actio pro socio ebenso wenig erfasst, wie Ansprüche der Gesellschaft gegen Mitgesellschafter aus Drittgeschäften (BGHZ 10, 91, 103; BGH ZIP 1985, 1137; Staudinger/*Habermeier* § 705 Rn. 46; MüKo BGB/*Ulmer* § 705 Rn. 204 ff.; E/B/J/*Boujong* § 105 Rn. 151; Baumbach/Hopt/*Hopt* § 109 Rn. 33; *Bork/Oepen* ZGR 2001, 515, 530). Solche Ansprüche werden grundsätzlich von den zuständigen Organen geltend gemacht (MüKo HGB/*K. Schmidt* § 105 Rn. 200; K/R/M/*Koller* § 105 Rn. 34). 88

2. Rechtsnatur

Nach h. M. ergibt sich die actio pro socio aus der Mitgliedschaft (MüKo HGB/*K. Schmidt* § 105 Rn. 198; Bamberger/Roth/*Timm/Schöne* § 705 Rn. 117; MüKo BGB/*Ulmer* § 705 Rn. 207; *Bork/Oepen* ZGR 2001, 515, 516; E/B/J/*Boujong* § 105 Rn. 150). Insofern handelt es sich bei der actio pro socio um ein eigenes Recht des Gesellschafters. Umstritten ist jedoch, ob der Gesellschafter mit der actio pro socio ein **eigenes oder ein fremdes Recht** geltend macht (MüKo HGB/*K. Schmidt* § 105 Rn. 198; *Bork/Oepen* ZGR 2001, 515, 518; *Lüke* ZGR 1994, 266, 275; *Pohlmann* WM 2002, 1421, 1424). Nach der Rechtsprechung des BGH und der früher h. L. macht der Gesellschafter einen eigenen Anspruch geltend, der sich daraus ergibt, dass die Gesellschafter aufgrund des Gesellschaftsvertrages wechselseitig zur Leistung von Sozialansprüchen verpflichtet sind (BGHZ 25, 47, 49; BGH NJW 1960, 964; MüKo BGB/*Ulmer* § 705 Rn. 207). Nach h. L. stehen Sozialansprüche allerdings nur der Gesellschaft selbst zu (Bamberger/Roth/*Timm/Schöne* § 705 Rn. 117; MünchHdb GesR I/*v. Ditfurth* § 47 Rn. 79; E/B/J/*Boujong* § 105 Rn. 150; MüKo HGB/*K. Schmidt* 89

§ 105 Rn. 198; *Bork/Oepen* ZGR 2001, 515, 519). Da der Gesellschafter somit kein eigenes, sondern ein **Recht der Gesellschaft** geltend macht, ist die actio pro socio als Fall der **gesetzlichen Prozessstandschaft** zu sehen. Nach Ansicht einer Mindermeinung liegt gewillkürte Prozessstandschaft vor (Staudinger/*Habermeier* § 705 Rn. 46; Bamberger/Roth/*Timm/Schöne* § 705 Rn. 117; MüKo BGB/*Ulmer* § 705 Rn. 208 f.; MüKo HGB/*K. Schmidt* § 105 Rn. 198; *M. Schwab* S. 118; *Pohlmann* WM 2002, 1421, 1424; Zöller/*Vollkommer* Vor § 50 Rn. 38; für gewillkürte Prozessstandschaft: *Bork/Oepen* ZGR 2001, 515, 524; AnwK-BGB/*D. Eckardt* Anh. § 705 Rn. 35).

90 Da die actio pro socio es dem einzelnen Gesellschafter ermöglicht, Sozialansprüche auch gegen den Willen der Mehrheit durchzusetzen, stellt sie ein Instrument des **Minderheitenschutzes** dar (*Hörstel* NJW 1995, 1271). Die Geltendmachung eines Sozialanspruchs im Wege der actio pro socio ist nicht an die Zustimmung der Mitgesellschafter gebunden (Baumbach/Hopt/*Hopt* § 109 Rn. 35; K/R/M/*Koller* § 105 Rn. 34; E/B/J/*Boujong* § 105 Rn. 152). Als Instrument des Minderheitenschutzes kann die actio pro socio nach h. M. in ihrem Kernbereich auch nicht ausgeschlossen werden. Inwieweit das Klagerecht des einzelnen Gesellschafters durch den Gesellschaftsvertrag allerdings erschwert werden kann, ist umstritten (BGH ZIP 1985, 1137, 1138; Staudinger/*Habermeier* § 705 Rn. 46; MünchHdb GesR I/*v. Ditfurth* § 47 Rn. 70; MüKo HGB/*K. Schmidt* § 105 Rn. 199; Baumbach/Hopt/*Hopt* § 109 Rn. 37; Röhricht/v. Westphalen/*v. Gerkan* § 105 Rn. 79).

3. Subsidiarität der actio pro socio

91 Das Verhältnis der actio pro socio zur Klagebefugnis der Gesellschaft ist umstritten. Nach teilweise vertretener Ansicht steht das Klagerecht der Gesellschafter gleichberechtigt neben dem Klagerecht der Gesellschaft (*Raiser* ZHR 153 (1989) 1, 5, 9). Diese Auffassung beruht auf der Annahme, dass mit der actio pro socio ein eigener Anspruch der Gesellschafter geltend gemacht wird (*Bork/Oepen* ZGR 2001, 515, 530).

92 Nach h. L. ist die actio pro socio im Verhältnis zum Klagerecht der Gesellschaft allerdings nur **subsidiär** als Hilfszuständigkeit zulässig. Die actio pro socio ist demnach nur dann zulässig, wenn die Geschäftsführung aus sach- bzw. gesellschaftswidrigen Gründen ungeachtet einer entsprechenden Aufforderung von der Geltendmachung des Sozialanspruchs absieht (E/B/J/*Boujong* § 105 Rn. 153; *M. Schwab* S. 108 f.; Bamberger/Roth/*Timm/Schöne* § 705 Rn. 119; MüKo HGB/*K. Schmidt* § 105 Rn. 201 ff.; *K. Schmidt* GesR, S. 637 f.; Staudinger/*Habermeier* § 705 Rn. 47; *Bork/Oepen* ZGR 2001, 515, 530). Für diese Auffassung spricht, dass sie der Zuständigkeitsordnung der Gesellschaft, nach der die Geltendmachung von Sozialansprüchen grundsätzlich der Geschäftsführung zusteht, Rechnung trägt (vgl. oben Rn. 87). Der Kläger hat somit darzulegen, dass die eigentlich zuständigen Organe den Anspruch nicht geltend machen und die Klage daher erforderlich ist (*M. Schwab* S. 109; Staudinger/*Habermeier* § 705 Rn. 47; MüKo BGB/*Ulmer* § 705 Rn. 210 f.; E/B/J/*Boujong* § 105 Rn. 153).

4. Weitere prozessuale Aspekte der actio pro socio

a) Klageantrag

93 Der Klageantrag ist **im eigenen Namen des Gesellschafters** zu erheben und auf Leistung an die Gesellschaft gerichtet (Bamberger/Roth/*Timm/Schöne* § 705 Rn. 118; AnwK-BGB/*D. Eckardt* Anh. § 705 Rn. 36; E/B/J/*Boujong* § 105 Rn. 152; Baumbach/Hopt/*Hopt* § 109 Rn. 32).

b) Kläger

94 **Klagebefugt** ist grundsätzlich **jeder Gesellschafter**. Auf die Höhe der Beteiligung und die Geschäftsführungsbefugnis kommt es dabei nicht an (BGHZ 10, 91; 25, 47; MüKo BGB/*Ulmer* § 705 Rn. 210; Staudinger/*Habermeier* § 705 Rn. 47; Sudhoff PersGes/*Buß* § 9 Rn. 29; MünchHdb GesR I/*v. Ditfurth* § 47 Rn. 67). Ist die Gesellschaftereigenschaft bei Klageerhebung nicht gegeben, ist die Klage als unzulässig abzuweisen (MüKo BGB/*Ulmer* § 705 Rn. 210; Staudinger/*Habermeier* § 705 Rn. 47; *Bork/Oepen* ZGR 2001, 515, 529; *Früchtl* NJW 1996, 1327). Verliert der klagende Gesellschafter während des Verfahrens seine Gesellschafterstellung, ist danach zu unterscheiden, ob er mit oder ohne Rechtsnachfolger aus der Gesellschaft ausscheidet. Überträgt der Gesellschafter seinen Anteil an einen Dritten, ist nach h. M. § 265 ZPO anzuwenden (BGH NJW 1960, 964; OLG Karlsruhe NJW 1995, 1296; Baumbach / Hopt / *Hopt* § 105 Rn. 35; E / B / J / *Boujong* § 105 Rn. 152). Dies entspricht dem Sinn und Zweck des § 265 ZPO, der Gegenpartei die bisherigen Prozessergebnisse zu erhalten und eine doppelte Inanspruchnahme der Gerichte in der gleichen Sache zu vermeiden (*D. Eckardt* NZG 1999, 991, 992). Scheidet der klagende Gesellschafter während des Verfahrens dagegen ohne Nachfolger aus und wächst sein Gesellschaftsanteil den verbleibenden Gesellschaftern an, ist § 265 ZPO nach h. M. nicht anzuwenden. Die Klage ist dann als unzulässig abzuweisen (OLG Karlsruhe NJW 1995, 1296; Staudinger / *Habermeier* § 705 Rn. 47; *Bork/Oepen* ZGR 2001, 515, 529; MüKo BGB / *Ulmer* § 705 Rn. 210; Bamberger / Roth / *Timm/Schöne* § 705 Rn. 118; *D. Eckardt* NZG 1999, 991, 992; *Früchtl* NJW 1996, 1327, 1328).

c) Beklagter

Die Klage ist gegen den zur Erbringung des Sozialanspruchs **verpflichteten Mitgesellschafter** 95
zu richten (Sudhoff PersGes / *Buß* § 9 Rn. 28; *Bork/Oepen* ZGR 2001, 515, 530). Handelt es sich bei dem Mitgesellschafter um eine Personenhandelsgesellschaft, so kann im Wege der actio pro socio auch deren persönlich haftender Gesellschafter direkt in Anspruch genommen werden (E / B / J / *Boujong* § 105 Rn. 153; MünchHdb GesR I / *v. Ditfurth* § 47 Rn. 69; K / R / M / *Koller* § 105 Rn. 34; MüKo HGB / *Grunewald* § 161 Rn. 68). Aufgrund der Anerkennung der persönlichen Haftung des BGB-Gesellschafter nach dem Vorbild der OHG für Verbindlichkeiten der Gesellschaft durch den BGH lässt sich dieser Gedanke wohl auch auf den Fall übertragen, in dem eine BGB-Gesellschaft Mitgesellschafter ist.

d) Die actio pro socio in der Liquidation

Das Recht der Gesellschafter, Sozialansprüche im Wege der actio pro socio geltend zu machen, 96
besteht grundsätzlich auch in der Liquidation (BGH WM 1971, 723; NZG 2003, 215; MüKo BGB / *Ulmer* § 705 Rn. 204; Bamberger / Roth / *Timm/Schöne* § 705 Rn. 118; *K. Schmidt* GesR, S. 638; AnwK-BGB / *D. Eckardt* Anh. § 705 Rn. 36; E / B / J / *Boujong* § 105 Rn. 152, 154). Dies ergibt sich daraus, dass die Gesellschaft im Liquidationsstadium Ansprüche gegen einzelne Gesellschafter geltend machen kann (BGH NZG 2003, 215). Ausnahmsweise kann der Gesellschafter im Liquidationsstadium sogar auf Leistung an sich klagen, wenn dies die letzte in der Abwicklung zu erfolgende Leistung darstellt und die Abwicklung damit beendet wäre. Die Leistung an die Gesellschaft wäre in diesem Fall ein unnötiger Umweg (BGHZ 25, 47, 49; BGH WM 1971, 723, 725; Staudinger / *Habermeier* § 730 Rn. 19; *K. Schmidt* GesR, S. 639; *Bork/Oepen* ZGR 2001, 515, 539).

e) Darlegungs- und Beweislast

Die Darlegungs- und Beweislast des klagenden Gesellschafters beurteilt sich grundsätzlich nach 97
allgemeinen Regeln. Danach hat der Kläger die Umstände darzutun und zu beweisen, aus denen sich der Anspruch der Gesellschaft gegen den beklagten Gesellschafter ergibt. Eine Beweiserleichterung kommt insofern nicht in Betracht (BGH NJW 2000, 505, 506; MüKo HGB / *K. Schmidt* § 105 Rn. 202). Fordert der Kläger unberechtigte Entnahmen zurück und wurde von ihm dargelegt und bewiesen, dass eine Entnahme auch erfolgt ist, obliegt es jedoch dem Beklagten, seine Berechtigung zur Entnahme darzulegen und ggf. zu beweisen, da er sich ansonsten durch Eigenmächtigkeit in eine günstige Beweislage setzen könnte (BGH NJW 2000, 505, 506).

f) Verfügungsbefugnis über den Streitgegenstand

Nach h. M. kann der klagende Gesellschafter im Prozess weder auf den Anspruch verzichten, 98
noch ihn erlassen oder einen Prozessvergleich abschließen. Dies ergibt sich daraus, dass dem Gesellschafter nach h. M. lediglich die **Prozessführungsbefugnis** zusteht, nicht dagegen die **materielle Verfügungsbefugnis** über den Anspruch (BGHZ 25, 47, 49 f.; E / B / J / *Boujong* § 105 Rn. 152; AnwK-BGB / D. *Eckardt* Anh. § 705 Rn. 36; Staudinger / *Habermeier* § 705 Rn. 48; MüKo BGB / *Ulmer* § 705 Rn. 213; *Bork/Oepen* ZGR 2001, 515, 542). Die Verfügungsbefugnis über den Sozialan-

spruch liegt bei der Gesellschaft, die Inhaberin des Anspruchs ist. Die Gesellschaft kann den Anspruch daher inhaltlich verändern, stunden oder auch auf ihn verzichten, sofern dadurch nicht unzulässig in Rechte der Gesellschafter eingegriffen wird. Auf diese Weise kann die Gesellschaft bzw. können die Mehrheitsgesellschafter der actio pro socio den Boden entziehen (BGHZ 25, 47, 49 f.; 13. 5. 1985 WM 1985, 1623; MünchHdb GesR I/*v. Ditfurth* § 47 Rn. 68; Baumbach/Hopt/*Hopt* § 109 Rn. 35). Die Klage des Gesellschafters wird **unbegründet** (MüKo BGB/*Ulmer* § 705 Rn. 212; AnwK-BGB/*D. Eckardt* Anh. § 705 Rn. 36). Der klagende Gesellschafter hat dann die Möglichkeit, die Hauptsache für erledigt zu erklären (Röhricht/v. Westphalen/*v. Gerkan* § 105 Rn. 80; MüKo HGB/*K. Schmidt* § 105 Rn. 203). Fassen die Mehrheitsgesellschafter einen entsprechenden Beschluss, verbleibt dem Minderheitsgesellschafter die Möglichkeit, gegen diesen Beschluss vorzugehen.

g) Kosten des Verfahrens

99 Die Kosten des Verfahrens trägt der klagende Gesellschafter, nicht die Gesellschaft, da ein Prozessrechtsverhältnis zwischen dem klagenden Gesellschafter und dem Beklagten besteht. Wird die Klage abgewiesen, steht dem Kläger regelmäßig kein Aufwendungsersatzanspruch gegen die Gesellschaft zu (MüKo BGB/*Ulmer* § 705 Rn. 213; Staudinger/*Habermeier* § 705 Rn. 48; MüKo HGB/*K. Schmidt* § 105 Rn. 202; Baumbach/Hopt/*Hopt* § 105 Rn. 202).

5. Urteil und Urteilwirkungen

100 Umstritten ist, ob ein im Wege der actio pro socio ergehendes Urteil auch für und gegen die Gesellschaft wirkt. Dies wird von der h. L. unter Berufung auf die Rechtsnatur der actio pro socio als gesetzliche Prozessstandschaft abgelehnt (MüKo BGB/*Ulmer* § 705 Rn. 214; Zöller/*Vollkommer* Vor § 50 Rn. 38; Staudinger/*Habermeier* § 705 Rn. 48; *M. Schwab* S. 119 f.; Baumbach/Hopt/*Timm/Schöne* § 705 Rn. 123; E/B/J/*Boujong* § 105 Rn. 154). Entscheidend ist dabei die Überlegung, dass die gesetzliche Prozessstandschaft die Prozessführungsbefugnis des Rechtsinhabers nicht beseitigt (BGHZ 79, 245, 258). Ein im Wege der actio pro socio ergehendes klageabweisendes Urteil wirkt somit nicht gegen die Gesellschaft. Ein klageabweisendes Urteil hindert die Gesellschaft daher nicht, den Sozialanspruch selbst klageweise geltend zu machen (MünchHdb GesR I/*v. Ditfurth* § 47 Rn. 71; Röhricht/v. Westphalen/*v. Gerkan* § 105 Rn. 80). Der beklagte Gesellschafter kann daher wegen der gleichen Forderung mehrfach verklagt werden. Bei Erlass eines klagestattgebenden Urteils im Prozess des Gesellschafters hat die Gesellschaft allerdings die Möglichkeit, die Prozessführung nachträglich zu genehmigen und auf diesem Wege eine Rechtskrafterstreckung zu erreichen (MüKo BGB/*Ulmer* § 705 Rn. 214; Zöller/*Vollkommer* Vor § 50 Rn. 38; Staudinger/*Habermeier* § 705 Rn. 48).

101 Wurde dagegen in einem Prozess der Gesellschaft gegen einen Gesellschafter auf Leistung von Sozialansprüchen die Klage durch rechtskräftiges Sachurteil abgewiesen, kann sich der verklagte Gesellschafter gegenüber einer Klage eines Gesellschafters im Wege der actio pro socio auf dieses Urteil berufen. Dies ergibt sich daraus, dass der Schuldner gegenüber dem klagenden Gesellschafter alle Einwendungen geltend machen kann, die ihm auch gegenüber der Gesellschaft zustehen würden (MüKo BGB/*Ulmer* § 705 Rn. 214; Staudinger/*Habermeier* § 705 Rn. 48).

6. Verhältnis der actio pro socio zur Klage der Gesellschaft

102 Nach h. M. kann die Gesellschaft während einer actio pro socio selbst Klage gegen den betroffenen Mitgesellschafter auf Leistung des Sozialanspruchs erheben (MüKo HGB/*K. Schmidt* § 105 Rn. 203; *M. Schwab* S. 120). Der Einwand der Rechtshängigkeit steht dem nicht entgegen. Dies ist Konsequenz der Einordnung der actio pro socio als Fall der gesetzlichen Prozessstandschaft, bei der nach allgemeinen Grundsätzen einer Klage des Rechtsinhabers der Einwand der Rechtshängigkeit grundsätzlich nicht entgegensteht (MüKo BGB/*Ulmer* § 705 Rn. 214; Zöller/*Vollkommer* Vor § 50 Rn. 41).

Die Subsidiarität der actio pro socio hat allerdings zur Folge, dass sie durch eine eigene Klage der Gesellschaft **unzulässig** wird (BGH NJW 1985, 2830, 2831; MünchHdb GesR I/*v. Ditfurth* § 47 Rn. 68; MüKo HGB/*K. Schmidt* § 105 Rn. 203; MüKo BGB/*Ulmer* § 705 Rn. 214). Der klagende Gesellschafter kann die Hauptsache für erledigt erklären, so dass nur noch über die Kosten entschieden wird (E/B/J/*Boujong* § 105 Rn. 154; Röhricht/v. Westphalen/*v. Gerkan* § 105 Rn. 80). 103

V. Handelsrechtliche Gestaltungsklagen

1. Klage auf Entziehung der Geschäftsführungsbefugnis nach § 117 HGB

a) Einleitung

Die Geschäftsführungsbefugnis der OHG und der KG gem. § 161 Abs. 2 HGB ist in §§ 114 bis 117 HGB geregelt. Unter **Geschäftsführung** ist jede Tätigkeit zu verstehen, die für die Gesellschaft wahrgenommen wird, der Förderung des Gesellschaftszwecks dient und nicht die Grundlagen der Gesellschaft betrifft. Davon sind sämtliche rechtsgeschäftlichen und tatsächlichen Handlungen erfasst, wie zum Beispiel An- und Verkauf von Waren, Buchführung und Aufstellung der Bilanz. Die Geschäftsführungsbefugnis ist nicht auf gewöhnliche Geschäfte begrenzt, sondern betrifft auch außergewöhnliche Handlungen, solange sie der **Verwirklichung des Gesellschaftszwecks** dienen (MünchHdb GesR I/*v. Ditfurth* § 47 Rn. 3, 7; MüKo HGB/*Rawert* § 114 Rn. 6; Baumbach/Hopt/*Hopt* § 117 Rn. 2). Auch die Prozessführung für die Gesellschaft gehört zum Bereich der Geschäftsführung, Grundlagengeschäfte sind dagegen nicht der Geschäftsführung zugeordnet (MünchHdb GesR I/*v. Ditfurth* § 47 Rn. 7; Baumbach/Hopt/*Hopt* § 114 Rn. 3). Grundlagengeschäfte sind solche Handlungen bzw. Maßnahmen, die die Grundlagen des Gesellschaftsverhältnisses und seine Ausgestaltung betreffen, wie z. B. Änderungen des Gesellschaftsvertrages oder die Umwandlung der Gesellschaft. Die Vornahme solcher Geschäfte steht grundsätzlich der Gesamtheit der Gesellschafter zu (MünchHdb GesR I/*v. Ditfurth* § 47 Rn. 7 f.; Baumbach/Hopt/*Hopt* § 114 Rn. 3). 104

Bei der Besetzung der Geschäftsführung der OHG und KG gilt der **Grundsatz der Selbstorganschaft**. Dies bedeutet, dass nur ein Gesellschafter Geschäftsführer sein kann. Die Geschäftsführungsbefugnis kann einem Dritten somit nicht übertragen werden. Allerdings kann ein Dritter mit der Ausübung von Geschäftsführungsaufgaben betraut werden (MünchHdb GesR I/*v. Ditfurth* § 47 Rn. 21 ff.; Baumbach/Hopt/*Hopt* § 114 Rn. 11). 105

Von der Geschäftsführung ist die **Vertretung der Gesellschaft** zu unterscheiden. Die Geschäftsführung betrifft das Verhältnis der Gesellschafter untereinander, die Vertretung das Verhältnis zu Dritten. Aufgrund seiner Geschäftsführungsbefugnis ist ein Gesellschafter berechtigt, für die Gesellschaft zu handeln, aufgrund seiner Vertretungsmacht, die Gesellschaft nach außen auch rechtsgeschäftlich zu vertreten. Regelmäßig wird eine Maßnahme daher sowohl die Geschäftsführungsbefugnis als auch die Vertretungsbefugnis erfordern bzw. betreffen (MünchHdb GesR I/*v. Ditfurth* § 47 Rn. 5; MüKo HGB/*Rawert* § 114 Rn. 7; *Grunewald* 1.B. Rn. 19). 106

Nach der gesetzlichen Regel des § 114 Abs. 1 HGB sind alle **Gesellschafter einer OHG** zur Geschäftsführung berechtigt. Es bedarf keiner besonderen Bestellung zum Geschäftsführer (MünchHdb GesR I/*v. Ditfurth* § 47 Rn. 12). Durch gesellschaftsvertragliche Regelung kann von diesem Grundsatz abgewichen und die Geschäftsführung einem oder auch mehreren Gesellschaftern übertragen werden. Die übrigen Gesellschafter sind dann nach § 114 Abs. 2 HGB nicht zur Geschäftsführung berechtigt (Baumbach/Hopt/*Hopt* § 114 Rn. 6; *Grunewald* 1.B. Rn. 15; MüKo HGB/*Rawert* § 114 Rn. 19). 107

Bei der **KG** sind die Kommanditisten gem. § 164 S. 1 HGB von der Geschäftsführung ausgeschlossen. Die Geschäftsführung einer KG obliegt somit grundsätzlich den Komplementären (*Grunewald* 1.C. Rn. 13 f.; Baumbach/Hopt/*Hopt* § 164 Rn. 1). Die Regelung des § 164 S. 1 HGB ist jedoch dispositiv, so dass in Abweichung von der gesetzlichen Regelung den Kommanditisten durch Gesellschaftsvertrag Geschäftsführungsbefugnis eingeräumt werden kann (*Grunewald* 1.C. Rn. 14; Baumbach/Hopt/*Hopt* § 164 Rn. 6; K/R/M/*Koller* § 164 Rn. 3). Sind mehrere oder 108 alle Gesellschafter Geschäftsführer, so steht jedem Geschäftsführer im Unterschied zur BGB-Gesellschaft nach § 115 Abs. 1 HGB das Recht zu, allein zu handeln (MünchHdb GesR I/*v. Ditfurth* § 47 Rn. 34; Baumbach/Hopt/*Hopt* § 115 Rn. 1).

109 Gem. § 117 HGB kann die **Geschäftsführungsbefugnis** eines Gesellschafters aus wichtigem Grund nur **durch Gestaltungsklage entzogen** werden (*K. Schmidt* DB 1988, 2241; Baumbach/Hopt/*Hopt* § 117 Rn. 1; E/B/J/*Mayen* § 117 Rn. 2). Im Unterschied dazu kann bei der BGB-Gesellschaft die Geschäftsführungsbefugnis nach § 712 BGB aus wichtigem Grund bereits durch Beschluss der Gesellschafter entzogen werden. Die Entziehung der Geschäftsführungsbefugnis in einer Personenhandelsgesellschaft erfolgt dagegen erst nach gerichtlicher Prüfung. Dies dient zum einen der Rechtssicherheit, zum anderen dem Schutz des Geschäftsführers vor einer unberechtigten Entziehung seiner Geschäftsführungsbefugnis (GroßkommHGB/*Ulmer* § 117 Rn. 2; E/B/J/*Mayen* § 117 Rn. 1; MüKo HGB/*Jickeli* § 117 Rn. 1; Heymann/*Emmerich* § 117 Rn. 1; K/R/M/*Koller* § 117 Rn. 1).

110 Bei der Geschäftsführungsbefugnis handelt es sich um ein Mitgliedschaftsrecht, das dem Kernbereich der Mitgliedschaft angehört. Die Entziehung der Geschäftsführungsbefugnis durch Gestaltungsurteil stellt daher eine **Änderung des Gesellschaftsvertrages** dar (MünchHdb GesR I/*v. Ditfurth* § 47 Rn. 21; GroßkommHGB/*Ulmer* § 117 Rn. 1; MüKo HGB/*Rawert* § 114 Rn. 1; MüKo HGB/*Jickeli* § 117 Rn. 6).

b) Anwendungsbereich des § 117 HGB

111 § 117 HGB gilt für die OHG, über § 161 Abs. 2 HGB auch für die KG sowie für die GmbH & Co KG (vgl. hierzu BGH NJW-RR 2002, 540; GroßkommHGB/*Ulmer* § 117 Rn. 3 f.; Röhricht/v. Westphalen/*v. Gerkan* § 117 Rn. 1).

112 § 117 HGB gilt nicht für die **aufgelöste Gesellschaft** (Heymann/*Emmerich* § 117 Rn. 2). Mit der Liquidation der Gesellschaft erlischt die Geschäftsführungsbefugnis nach §§ 114 ff. HGB. Die Geschäftsführungsbefugnis steht den **Liquidatoren** zu (Baumbach/Hopt/*Hopt* § 146 Rn. 1). Die Abberufung der Liquidatoren richtet sich nach § 147 HGB und erfolgt entweder durch einstimmigen Beschluss der Beteiligten oder auf Antrag eines Beteiligten aus wichtigem Grund durch das Gericht (Baumbach/Hopt/*Hopt* § 147 Rn. 1, 3). Beteiligter ist jeder Gesellschafter, jeder Erbe eines Gesellschafters sowie Testamentsvollstrecker, Nachlassverwalter und Insolvenzverwalter (Baumbach/Hopt/*Hopt* § 146 Rn. 5, § 147 Rn. 4). Die gerichtliche Abberufung eines Liquidators setzt wie auch die Entziehung der Vertretungsbefugnis nach § 117 HGB einen wichtigen Grund voraus (dazu vgl. unten Rn. 118). Allerdings rechtfertigt ein Umstand, der einen wichtigen Grund i. S. d. § 117 HGB darstellt nicht auch zwingend die Abberufung eines Liquidators nach § 147 HGB und umgekehrt, da die Aufgaben des Geschäftsführers einer werbenden Gesellschaft nicht dem Aufgabenbereich eines Liquidators entsprechen (Baumbach/Hopt/*Hopt* § 147 Rn. 3).

113 § 117 HGB gilt grundsätzlich **nicht für Publikumsgesellschaften**. Die Klage auf Entziehung der Geschäftsführungsbefugnis ist gegen den Gesellschafter zu richten, dessen Geschäftsführungsbefugnis entzogen werden soll und grundsätzlich durch alle übrigen Gesellschafter zu erheben (vgl. dazu ausführl. unten Rn. 125 ff.; E/B/J/*Mayen* § 117 Rn. 18; MüKo HGB/*Jickeli* § 117 Rn. 5 f.). Da es bei einer Publikumsgesellschaft jedoch praktisch unmöglich wäre, eine Klageerhebung durch alle Gesellschafter und damit die Entziehung der Geschäftsführungsbefugnis zu erreichen, lehnt die h. L. die Anwendung des § 117 HGB auf Publikumsgesellschaften ab (BGHZ 102, 172, 176 ff. zur Publikums-GbR; GroßkommHGB/*Ulmer* § 117 Rn. 5; K/R/M/*Koller* § 117 Rn. 5; Heymann/*Emmerich* § 117 Rn. 1 a; *Reichert/Winter* BB 1988, 981, 984). Bei einer Publikumsgesellschaft kann der Geschäftsführer aus Gründen des Anlegerschutzes bereits durch einfachen Mehrheitsbeschluss der Gesellschafter abberufen werden (BGHZ 102, 172, 178 zur Publikums-GbR).

§ 117 HGB gilt nach h. L. für jede Art der organschaftlichen Geschäftsführung von Gesellschaftern, also sowohl für die gesetzliche als auch die vertraglich eingeräumte, für Einzel- sowie für Gesamtgeschäftsführungsbefugnis (Baumbach/Hopt/*Hopt* § 117 Rn. 3; K/R/M/*Koller* § 117 Rn. 2; MüKo HGB/*Jickeli* § 117 Rn. 6; GroßkommHGB/*Ulmer* § 117 Rn. 12; E/B/J/*Mayen* § 117 Rn. 2, 4). Im Unterschied dazu erfasst die Regelung des § 712 BGB bei der BGB-Gesellschaft nur die nach §§ 710, 711 BGB übertragene Geschäftsführung (Palandt/*Sprau* § 712 Rn. 1). § 117 HGB ist auch für die Geschäftsführungsbefugnis eines Gesellschafters anwendbar, die über den gesetzlichen Umfang hinausgehen (MünchHdb GesR I/*v. Ditfurth* § 49 Rn. 11; Heymann/*Emmerich* § 117 Rn. 4; E/B/J/*Mayen* § 117 Rn. 4). **114**

Wurde ein Dritter mit Geschäftsführungsaufgaben betraut (vgl. oben Rn. 105), ist § 117 HGB **nicht anwendbar**, da das Verhältnis dieses Dritten im Unterschied zu den geschäftsführenden Gesellschaftern nicht durch gesellschaftsrechtliche Grundsätze geprägt ist. Die Abberufung richtet sich dann nach dem mit dem Dritten geschlossenen Geschäftsbesorgungsvertrag (BGHZ 36, 292, 294; Heymann/*Emmerich* § 117 Rn. 3; E/B/J/*Mayen* § 117 Rn. 3; MüKo HGB/*Jickeli* § 117 Rn. 6). **115**

Prokura und Handlungsvollmachten, die Gesellschaftern gesellschaftsvertraglich als Sonderrecht eingeräumt wurden, fallen nicht in den Anwendungsbereich des § 117 HGB, sondern können **durch Widerruf** eingezogen werden (BGHZ 17, 392, 394 ff.). Auch die Entziehung sonstiger Rechte eines Gesellschafters, wie Informations- oder Kontrollrechte, werden vom Anwendungsbereich des § 117 HGB nicht erfasst, weder direkt noch analog (MünchHdb GesR I/*v. Ditfurth* § 49 Rn. 12; Baumbach/Hopt/*Hopt* § 117 Rn. 3; GroßkommHGB/*Ulmer* § 117 Rn. 20). **116**

Bei einer OHG kann die Entziehungsklage nach § 117 HGB grundsätzlich auch gegen den einzigen mit Geschäftsführungsbefugnis ausgestatteten Gesellschafter erhoben werden (Heymann/*Emmerich* § 117 Rn. 2; GroßkommHGB/*Ulmer* § 117 Rn. 12; MüKo HGB/*Jickeli* § 117 Rn. 7); bei einer KG auch gegen den einzigen persönlich haftenden Gesellschafter (BGHZ 51, 198, 200; BGH NJW 1984, 173; E/B/J/*Mayen* § 117 Rn. 2; GroßkommHGB/*Ulmer* § 117 Rn. 12, 19 a; *K. Schmidt* ZGR 2004, 227, 230, 238). § 117 HGB gilt bei einer KG auch für den Fall, dass einem Kommanditisten abweichend von der gesetzlichen Regel des § 164 HGB die Geschäftsführungsbefugnis eingeräumt wurde (Baumbach/Hopt/*Hopt* § 117 Rn. 3; Heymann/*Emmerich* § 117 Rn. 2; Röhricht/v. Westphalen/*v. Gerkan* § 117 Rn. 1; MüKo HGB/*Jickeli* § 117 Rn. 3; GroßkommHGB/*Ulmer* § 117 Rn. 19 a). **117**

c) Wichtiger Grund

Die Geschäftsführungsbefugnis kann gem. § 117 HGB nur **aus wichtigem Grund** entzogen werden. Ein wichtiger Grund ist gegeben, wenn den Mitgesellschaftern unter Abwägung aller Umstände des Einzelfalls die Geschäftsführung durch den betroffenen Gesellschafter nicht mehr zumutbar ist. Schuldhaftes Handeln des Geschäftsführers wird dabei nicht grundsätzlich vorausgesetzt, ist allerdings im Rahmen der Abwägung zu berücksichtigen (Baumbach/Hopt/*Hopt* § 117 Rn. 4; K/R/M/*Koller* § 117 Rn. 3; MünchHdb GesR I/*v. Ditfurth* § 49 Rn. 13; GroßkommHGB/*Ulmer* § 117 Rn. 24; Röhricht/v. Westphalen/*v. Gerkan* § 117 Rn. 2). Beispielhaft nennt § 117 Hs. 2 HGB **grobe Pflichtverletzung** und **Unfähigkeit zur ordnungsgemäßen Geschäftsführung** als wichtigen Grund. Eine grobe Pflichtverletzung des Geschäftsführers kann beispielsweise bei der Missachtung der Mitwirkungsrechte anderer Gesellschafter, bei Begehung von Straftaten zum Nachteil der Gesellschaft oder auch bei einem Verstoß gegen ein Wettbewerbsverbot zu bejahen sein (E/B/J/*Mayen* § 117 Rn. 11; Röhricht/v. Westphalen/*v. Gerkan* § 117 Rn. 3). Unfähigkeit zur ordnungsgemäßen Geschäftsführung kann z. B. auf lang andauernder Krankheit oder auch langer Abwesenheit beruhen (Baumbach/Hopt/*Hopt* § 117 Rn. 4; MünchHdb GesR I/*v. Ditfurth* § 49 Rn. 14; Heymann/*Emmerich* § 117 Rn. 6). **118**

d) Entziehung der Geschäftsführungsbefugnis als ultima ratio

119 Die Entziehung der Geschäftsführungsbefugnis ist als ultima ratio grundsätzlich nur dann zulässig, wenn die Störung nicht durch ein **milderes Mittel** beseitigt werden kann (BGH NJW 1984, 173, 174; Baumbach/Hopt/*Hopt* § 117 Rn. 5; MünchHdb GesR I/*v. Ditfurth* § 49 Rn. 29 f.; GroßkommHGB/*Ulmer* § 117 Rn. 40). Als milderes Mittel kann die Beschränkung oder Teilentziehung der Geschäftsführungsbefugnis in Betracht kommen, wenn die unzumutbare Situation dadurch beseitigt wird (BGHZ 51, 198, 203; MüKo HGB/*Jickeli* § 117 Rn. 18 f.; K/R/M/*Koller* § 117 Rn. 3; Röhricht/v. Westphalen/*v. Gerkan* § 117 Rn. 8; Heymann/*Emmerich* § 117 Rn. 15; krit.: GroßkommHGB/*Ulmer* § 117 Rn. 15). Die Entziehung der Vertretungsmacht nach § 127 HGB stellt gegenüber der Entziehung der Geschäftsführungsbefugnis kein milderes Mittel dar. Zwischen der Entziehung der Geschäftsführungsbefugnis und der Entziehung der Vertretungsbefugnis besteht **kein Stufenverhältnis**. Vielmehr werden in der Praxis häufig beide Verfahren miteinander verbunden, da Geschäftsführungsbefugnis und Vertretungsmacht regelmäßig zusammenfallen (MüKo HGB/*Jickeli* § 117 Rn. 14; E/B/J/*Mayen* § 117 Rn. 18; Baumbach/Hopt/*Hopt* § 127 Rn. 1, 8). Regelmäßig, wenn auch nicht zwingend, wird ein Umstand sowohl die Entziehung der Geschäftsführungsbefugnis als auch die Entziehung der Vertretungsbefugnis rechtfertigen (GroßkommHGB/*Ulmer* § 117 Rn. 8). Der Ausschluss eines Gesellschafters nach § 140 HGB sowie die Auflösung der Gesellschaft nach § 133 HGB stellen im Verhältnis zur Entziehung der Geschäftsführungsbefugnis einen stärkeren Eingriff in die Mitgliedschaft dar (MüKo HGB/*Jickeli* § 117 Rn. 5, 17). Die Entziehung der Vertretungsbefugnis nach § 117 HGB kommt daher lediglich als milderes Mittel gegenüber den Verfahren nach § 133 HGB und § 140 HGB in Betracht (GroßkommHGB/*Ulmer* § 117 Rn. 6).

120 Ist die völlige Entziehung der Geschäftsführungsbefugnis beantragt, kommt aber ein milderes Mittel wie die **Teilentziehung** in Betracht, so kann das Gericht nicht von sich aus ohne entsprechenden **Antrag** auf dieses Mittel erkennen (Röhricht/v. Westphalen/*v. Gerkan* § 117 Rn. 9; MüKo HGB/*Jickeli* § 117 Rn. 20; MünchHdb GesR I/*v. Ditfurth* § 49 Rn. 32; E/B/J/*Mayen* § 117 Rn. 14; a. A.: GroßkommHGB/*Ulmer* § 117 Rn. 19). Die Klage wäre abzuweisen (Heymann/*Emmerich* § 117 Rn. 19; Baumbach/Hopt/*Hopt* § 117 Rn. 7). In einem solchen Fall ist das Gericht nach § 139 ZPO verpflichtet, auf einen entsprechenden Antrag – ggf. als Hilfsantrag – hinzuwirken (BGHZ 35, 272, 284; GroßkommHGB/*Ulmer* § 117 Rn. 15; K/R/M/*Koller* § 117 Rn. 3).

e) Abdingbarkeit

121 **aa) Allgemeines** Die Vorschrift des § 117 HGB ist **weitgehend dispositiv**. Die Entziehung der Geschäftsführungsbefugnis kann durch gesellschaftsvertragliche Vereinbarung sowohl erschwert, näher konkretisiert als auch erleichtert werden. Zulässig ist eine gesellschaftsvertragliche Regelung, die die Anforderungen, die an den wichtigen Grund zu stellen sind, näher definiert (MünchHdb GesR I/*v. Ditfurth* § 49 Rn. 26 f.; Baumbach/Hopt/*Hopt* § 117 Rn. 11 f.; GroßkommHGB/*Ulmer* § 117 Rn. 9; MüKo HGB/*Jickeli* § 117 Rn. 79; K/R/M/*Koller* § 117 Rn. 4; Heymann/*Emmerich* § 117 Rn. 25; Röhricht/v. Westphalen/*v. Gerkan* § 117 Rn. 22). Umstritten ist, ob das Recht zur Entziehung der Geschäftsführungsbefugnis aus wichtigem Grund vollständig ausgeschlossen werden kann (dagegen: Baumbach/Hopt/*Hopt* § 117 Rn. 11 f.; Heymann/*Emmerich* § 117 Rn. 25 a; Röhricht/v. Westphalen/*v. Gerkan* § 117 Rn. 22). Dafür spricht, dass den übrigen Gesellschaftern die Möglichkeit verbleibt, den betroffenen Gesellschafter nach § 140 HGB aus der Gesellschaft auszuschließen oder nach § 133 HGB die Auflösung der Gesellschaft herbeizuführen (MünchHdb GesR I/*v. Ditfurth* § 49 Rn. 26; GroßkommHGB/*Ulmer* § 117 Rn. 10; MüKo HGB/*Jickeli* § 117 Rn. 79; K/R/M/*Koller* § 117 Rn. 5).

122 **bb) Entziehungsbeschluss** Nicht selten regelt der Gesellschaftsvertrag auch das Verfahren zur Entziehung der Geschäftsführungsbefugnis. Das Entziehungsverfahren nach § 117 HGB kann insofern erleichtert werden, als das Klageerfordernis durch einen Beschluss der Gesellschafter ersetzt wird, den sog. Entziehungsbeschluss. Der Gesellschafterbeschluss hat **konstitutive Wirkung**; eine Klage nach § 117 HGB ist dann nicht mehr erforderlich (BGHZ 86, 177, 180; Groß-

kommHGB/*Ulmer* § 117 Rn. 9, 69; Baumbach/Hopt/*Hopt* § 117 Rn. 12; MünchHdb GesR I/*v. Ditfurth* § 49 Rn. 28). Die Geschäftsführungsbefugnis endet bereits mit Beschlussfassung (Heymann/*Emmerich* § 117 Rn. 27). Für eine solche Regelung spricht, dass bei groben Verfehlungen des Geschäftsführers die Fortführung der Geschäftsführung durch den jeweiligen Geschäftsführer bis zur rechtskräftigen Entscheidung im Interesse der Gesellschaft schwer erträglich sein wird (BGHZ 86, 177, 180). Bei der Beschlussfassung steht dem betroffenen Gesellschafter kein Stimmrecht zu (BGHZ 102, 172, 176 zur GbR; E/B/J/*Mayen* § 117 Rn. 39; MüKo HGB/*Jickeli* § 117 Rn. 83; Röhricht/v. Westphalen/*v. Gerkan* § 117 Rn. 24). Der abberufene Geschäftsführer kann sich gegen die Entziehung der Geschäftsführungsbefugnis mit einer Klage auf Feststellung der Nichtigkeit des Beschlusses wehren (BGHZ 102, 172, 178 f. zu GbR; MünchHdb GesR I/*v. Ditfurth* § 49 Rn. 28; GroßkommHGB/*Ulmer* § 117 Rn. 69; Heymann/*Emmerich* § 117 Rn. 27). Die Möglichkeit, die Rechtmäßigkeit der Abberufung durch Feststellungsklage gerichtlich prüfen zu lassen, kann nicht ausgeschlossen werden (MüKo HGB/*Jickeli* § 117 Rn. 83; Baumbach/Hopt/*Hopt* § 117 Rn. 12).

cc) Klageerhebung nur nach Mehrheitsbeschluss Die Entscheidung, Entziehungsklage nach § 117 HGB zu erheben, kann durch gesellschaftsvertragliche Regelung an einen Gesellschafterbeschluss gebunden werden. Dieser Beschluss kann je nach Vereinbarung mit qualifizierter oder einfacher Mehrheit gefasst werden (Baumbach/Hopt/*Hopt* § 117 Rn. 11; Heymann/*Emmerich* § 117 Rn. 26; Röhricht/v. Westphalen/*v. Gerkan* § 117 Rn. 23). Auch wenn dieser Beschluss dem Gesellschaftsvertrag entsprechend durch Mehrheitsentscheidung gefasst werden kann, ist dennoch eine Klageerhebung durch alle übrigen Gesellschafter erforderlich (vgl. Rn. 125; MünchHdb GesR I/*v. Ditfurth* § 49 Rn. 29; Heymann/*Emmerich* § 117 Rn. 26). Die Pflicht der Minderheit zur Mitwirkung bei der Klageerhebung ergibt sich dann aus dem gefassten Beschluss. **123**

f) Das Entziehungsverfahren

aa) Klageart und Klageantrag Die Klage auf Entziehung der Geschäftsführungsbefugnis ist **Gestaltungsklage**. Der Antrag lautet auf Entziehung der Geschäftsführungsbefugnis (Heymann/*Emmerich* § 117 Rn. 15; E/B/J/*Mayen* § 117 Rn. 18; K/R/M/*Koller* § 117 Rn. 4). **124**

bb) Parteien des Verfahrens – (1) Kläger Da das Urteil den Gesellschaftsvertrag umgestaltet, ist die Entziehungsklage **durch alle übrigen Gesellschafter** zu erheben, also auch durch die Gesellschafter, die von der Geschäftsführung ausgeschlossen sind (BGHZ 64, 253, 255; MüKo HGB/*Jickeli* § 117 Rn. 6, 59; Röhricht/v. Westphalen/*v. Gerkan* § 117 Rn. 11; GroßkommHGB/*Ulmer* § 117 Rn. 2, 47; MünchHdb GesR I/*v. Ditfurth* § 49 Rn. 19; K/R/M/*Koller* § 117 Rn. 4). Bei der KG erfasst dies auch die Kommanditisten (Heymann/*Emmerich* § 117 Rn. 10). Dieser Grundsatz gilt auch bei Gefahr im Verzug. Nach h. M. genügt es jedoch, wenn sich ein Gesellschafter bindend mit der Klageerhebung einverstanden erklärt und das Ergebnis des Rechtsstreits als verbindlich akzeptiert (GroßkommHGB/*Ulmer* § 117 Rn. 50; Baumbach/Hopt/*Hopt* § 117 Rn. 6 f.; *M. Schwab* S. 241; Heymann/*Emmerich* § 117 Rn. 11). Dabei handelt es sich um einen Fall **gewillkürter Prozessstandschaft** (Röhricht/v. Westphalen/*v. Gerkan* § 117 Rn. 11; MüKo HGB/*Jickeli* § 117 Rn. 61). **125**

Die klagenden Gesellschafter sind **notwendige Streitgenossen**; ihnen steht die Klagebefugnis nur gemeinsam zu. Wirken nicht alle Gesellschafter bei der Klageerhebung mit, so ist die Klage als unzulässig abzuweisen (BGHZ 30, 195, 197; Baumbach/Hopt/*Hopt* § 117 Rn. 7; GroßkommHGB/*Ulmer* § 117 Rn. 47, 61 f.; Röhricht/v. Westphalen/*v. Gerkan* § 117 Rn. 11; MüKo HGB/*Jickeli* § 117 Rn. 67). Dies gilt auch dann, wenn die Klage durch einen Kläger während des Verfahrens zurückgenommen wird (MünchHdb GesR I/*v. Ditfurth* § 49 Rn. 25; E/B/J/*Mayen* § 117 Rn. 20). **126**

Die Gesellschafter sind nach h. M. aufgrund der gesellschaftlichen Treuepflicht zur **Mitwirkung** bei der Klageerhebung verpflichtet, wenn die Geschäftsführung durch den betroffenen Gesell- **127** schafter den Mitgesellschaftern nicht mehr zumutbar ist und diesen die Mitwirkung bei der Klageerhebung persönlich zugemutet werden kann (BGH NJW 1984, 173; WM 1988, 23, 25; Baumbach/Hopt/*Hopt* § 117 Rn. 6; Heymann/*Emmerich* § 117 Rn. 12). Liegt ein wichtiger Grund i. S. d. § 117 HGB vor, besteht somit regelmäßig auch eine Mitwirkungspflicht (GroßkommHGB/*Ulmer* § 117 Rn. 51; Röhricht/v. Westphalen/*v. Gerkan* § 117 Rn. 12). Die Zustimmung kann beispielsweise bei verwandtschaftlichen Beziehungen persönlich unzumutbar sein (MüKo HGB/*Jickeli* § 117 Rn. 62).

128 Wird diese Mitwirkungspflicht verweigert, kann sie durch **Leistungsklage auf Zustimmung** durchgesetzt werden, die nach h. L. aus prozessökonomischen Gründen mit der Entziehungsklage verbunden werden kann (BGHZ 64, 253, 256 f.; 81, 82 f.; BGH NJW 1984, 173). Das rechtskräftige Urteil ersetzt dann nach § 894 ZPO die Zustimmungserklärung zur Klageerhebung (BGH NJW 1984, 173; MünchHdb GesR I/*v. Ditfurth* § 49 Rn. 23; GroßkommHGB/*Ulmer* § 117 Rn. 52). Die Zustimmungsklage kann von jedem Gesellschafter einzeln erhoben werden, da insofern ein Individualanspruch durchgesetzt wird (BGHZ 64, 253, 254; *M. Schwab* S. 242; E/B/J/*Mayen* § 117 Rn. 16).

129 **(2) Beklagter** Die Klage ist gegen den Gesellschafter zu richten, dessen Geschäftsführungsbefugnis entzogen werden soll (E/B/J/*Mayen* § 117 Rn. 18). Die Entziehungsklage kann **zugleich gegen mehrere** Gesellschafter gerichtet werden. Ein sachlicher Zusammenhang ist dabei nicht erforderlich (GroßkommHGB/*Ulmer* § 117 Rn. 55, 59; MüKo HGB/*Jickeli* § 117 Rn. 60; Röhricht/v. Westphalen/*v. Gerkan* § 117 Rn. 14). Ein solches Vorgehen birgt jedoch insoweit ein Risiko, als die Abweisung schon einer Klage als unbegründet dazu führt, dass die anderen Klagen ebenso abzuweisen sind, da es auf Klägerseite dann an der Mitwirkung aller übrigen Gesellschafter fehlt. Dies kann vermieden werden, indem hilfsweise die Mitwirkung an der Entziehungsklage der jeweils anderen von der Entziehung betroffenen Gesellschafter beantragt wird (MünchHdb GesR I/*v. Ditfurth* § 49 Rn. 21; Heymann/*Emmerich* § 117 Rn. 14; *M. Schwab* S. 241).

130 Bei einer **GmbH & Co KG** ist die Entziehungsklage **gegen die Komplementär-GmbH** zu richten (BGH NJW 1984, 173). Für die Frage, ob ein wichtiger Grund vorliegt, ist auf die Person des Geschäftsführers der GmbH abzustellen. Das Verhalten ihres Geschäftsführers ist der GmbH zuzurechnen (BGH NJW 1984, 173; E/B/J/*Mayen* § 117 Rn. 2; MünchHdb GesR I/*v. Ditfurth* § 49 Rn. 14). Durch Abberufung des GmbH-Geschäftsführers kann daher u. U. verhindert werden, dass der GmbH die Geschäftsführungsbefugnis entzogen wird (GroßkommHGB/*Ulmer* § 117 Rn. 4; MüKo HGB/*Jickeli* § 117 Rn. 34).

131 **cc) Klageverbindung** Die Klage auf Entziehung der Geschäftsführungsbefugnis kann mit einer Klage auf Entziehung der Vertretungsbefugnis nach § 127 HGB, auf Auflösung der Gesellschaft nach § 133 HGB oder mit einer Ausschließungsklage nach § 140 HGB verbunden werden. Nicht selten wird die Entziehungsklage nach § 117 HGB als **Hilfsantrag** erhoben werden (GroßkommHGB/*Ulmer* § 117 Rn. 59; Röhricht/v. Westphalen/*v. Gerkan* § 117 Rn. 15).

132 **dd) Zuständigkeit** Der Gerichtsstand richtet sich nach allgemeinen Regeln (E/B/J/*Mayen* § 117 Rn. 19; MüKo HGB/*Jickeli* § 117 Rn. 65).

133 **ee) Frist** Die Entziehungsklage unterliegt grundsätzlich **keiner Klagefrist**. Allerdings kann langes Abwarten gegen die Unzumutbarkeit der Geschäftsführung durch den Betroffenen und damit gegen einen wichtigen Grund sprechen oder zu einer Verwirkung des Klagerechts führen (GroßkommHGB/*Ulmer* § 117 Rn. 57; MüKo HGB/*Jickeli* § 117 Rn. 65; Heymann/*Emmerich* § 117 Rn. 16; E/B/J/*Mayen* § 117 Rn. 19).

134 **ff) Darlegungs- und Beweislast** Liegt ein wichtiger Grund als ultima ratio vor, so ist die Klage begründet. Das Gericht hat insoweit keinen Ermessensspielraum, der Klage ist stattzugeben

(Baumbach/Hopt/*Hopt* § 117 Rn. 7; Heymann/*Emmerich* § 117 Rn. 18; E/B/J/*Mayen* § 117 Rn. 24). Die Darlegungs- und Beweislast für das Vorliegen eines wichtigen Grundes obliegt grundsätzlich den Klägern (E/B/J/*Mayen* § 117 Rn. 9).

g) Urteil und Urteilswirkungen

Das der Klage stattgebende Urteil entzieht als **Gestaltungsurteil** mit Rechtskraft die Geschäftsführungsbefugnis ganz oder teilweise und ändert damit den Gesellschaftsvertrag (Baumbach/Hopt/*Hopt* § 117 Rn. 7, 9; MüKo HGB/*Jickeli* § 117 Rn. 79; MünchHdb GesR I/*v. Ditfurth* § 49 Rn. 33; Heymann/*Emmerich* § 117 Rn. 17; Röhricht/v. Westphalen/*v. Gerkan* § 117 Rn. 16). Das Urteil wirkt nicht nur zwischen den Parteien sondern gegenüber jedermann (GroßkommHGB/*Ulmer* § 117 Rn. 56). Wird für den beklagten Gesellschafter durch Entziehung der Geschäftsführungsbefugnis der Verbleib in der Gesellschaft unzumutbar, so hat er die Möglichkeit, **Auflösungsklage nach § 133 HGB** zu erheben (GroßkommHGB/*Ulmer* § 117 Rn. 7, 60; Baumbach/Hopt/*Hopt* § 117 Rn. 9). Mit der Entziehung der Geschäftsführungsbefugnis entfällt regelmäßig auch die Vergütung des betroffenen Gesellschafters (Baumbach/Hopt/*Hopt* § 117 Rn. 9; MünchHdb GesR I/*v. Ditfurth* § 49 Rn. 34). Bis zur rechtskräftigen Entscheidung bleibt die Geschäftsführungsbefugnis des beklagten Gesellschafters unberührt (GroßkommHGB/*Ulmer* § 117 Rn. 2). **135**

Die Entziehung der Geschäftsführungsbefugnis betrifft allein den beklagten Gesellschafter. Das Gericht gestaltet die Geschäftsführung der Gesellschaft nicht neu. Dem Gericht steht somit nur eine negative Eingriffsbefugnis hinsichtlich der Geschäftsführungsbefugnis des beklagten Gesellschafters zu, **keine positive Gestaltungsbefugnis** (MünchHdb GesR I/*v. Ditfurth* § 49 Rn. 33; GroßkommHGB/*Ulmer* § 117 Rn. 74 f.). Durch die Entziehung der Geschäftsführungsbefugnis kann daher eine **Neuordnung der Geschäftsführungsbefugnis** erforderlich werden. Dies ist dann der Fall, wenn dem einzigen zur Geschäftsführung befugten Gesellschafter die Geschäftsführungsbefugnis entzogen wird oder wenn nach Entziehung der Geschäftsführungsbefugnis eine mehreren Gesellschaftern eingeräumte Gesamtbefugnis nicht mehr in erforderlicher Anzahl durch die verbleibenden Geschäftsführer ausgeübt werden kann (Baumbach/Hopt/*Hopt* § 117 Rn. 10; MüKo HGB/*Jickeli* § 117 Rn. 76; GroßkommHGB/*Ulmer* § 117 Rn. 75 ff.; Heymann/*Emmerich* § 117 Rn. 23). Bis zur Neuordnung steht die Geschäftsführungsbefugnis sämtlichen Gesellschaftern, also auch dem von der Entziehungsklage betroffenen Gesellschafter, gemeinsam zu (BGHZ 33, 105, 107 f.; 41, 367, 368; MüKo HGB/*Jickeli* § 117 Rn. 7, 78; Heymann/*Emmerich* § 117 Rn. 2 a; Röhricht/v. Westphalen/*v. Gerkan* § 117 Rn. 20). Dies gilt bei einer KG auch für die Kommanditisten (MüKo HGB/*Jickeli* § 117 Rn. 78; K/R/M/*Koller* § 117 Rn. 4). Sind mehrere Gesellschafter Einzelgeschäftsführer und wird einem von ihnen die Geschäftsführungsbefugnis entzogen, so besteht die Geschäftsführungsbefugnis der übrigen Gesellschafter unverändert fort. Es kommt nicht zur Gesamtgeschäftsführungsbefugnis sämtlicher Gesellschafter (Heymann/*Emmerich* § 117 Rn. 23; GroßkommHGB/*Ulmer* § 117 Rn. 75). **136**

h) Einstweiliger Rechtsschutz

Da die Geschäftsführungsbefugnis des beklagten Gesellschafters bis zum Erlass eines rechtskräftigen klagestattgebenden Urteils bestehen bleibt, besteht häufig ein Bedürfnis danach, eine vorläufige Regelung hinsichtlich der Geschäftsführungsbefugnis zu treffen. Durch **einstweilige Verfügung** kann die Geschäftsführungsbefugnis vorläufig ganz oder teilweise entzogen oder auch ein Dritter vorläufig als Geschäftsführer bestellt werden (Baumbach/Hopt/*Hopt* § 117 Rn. 7; MüKo HGB/*Jickeli* § 117 Rn. 71 f.; MünchHdb GesR I/*v. Ditfurth* § 49 Rn. 24). Der Antrag ist während des Hauptsacheverfahrens grundsätzlich durch alle Gesellschafter bzw. mit Zustimmung aller Gesellschafter zu stellen (GroßkommHGB/*Ulmer* § 117 Rn. 66; Röhricht/v. Westphalen/*v. Gerkan* § 117 Rn. 17; E/B/J/*Mayen* § 117 Rn. 25). Im Übrigen ist auf die allgemeinen Regeln des einstweiligen Rechtsschutzes zu verweisen (MüKo HGB/*Jickeli* § 117 Rn. 69). **137**

2. Klage auf Entziehung der Vertretungsmacht nach § 127 HGB

a) Einleitung

138 Die Vertretung der Gesellschaft ist in §§ 125 bis 127 HGB. Diese Regelungen gelten für die OHG und gem. § 161 Abs. 2 HGB für die persönlich haftenden Gesellschafter einer KG (MüKo HGB/*K. Schmidt* § 125 Rn. 2). Vertretungsmacht ist die Befugnis, die Gesellschaft gegenüber Dritte rechtsgeschäftlich zu binden (Baumbach/Hopt/*Hopt* § 127 Rn. 1; *Grunewald* 1.B. Rn. 19).

139 Grundsätzlich steht die Vertretungsbefugnis gem. § 125 Abs. 1 HGB jedem Gesellschafter zu, sofern er nicht aufgrund gesellschaftsvertraglicher Regelung von der Vertretung ausgeschlossen ist. § 125 Abs. 1 HGB normiert somit den **Grundsatz der Einzelvertretungsbefugnis**. Dies bedeutet, dass der Vertreter seine Vertretungsmacht unabhängig von der Mitwirkung anderer Gesellschafter ausüben kann (Baumbach/Hopt/*Hopt* § 127 Rn. 10; MünchHdb GesR I/*v. Ditfurth* § 48 Rn. 17). Nach § 125 Abs. 2 HGB kann gesellschaftsvertraglich vereinbart werden, dass die Gesellschaft nur durch alle Gesellschafter gemeinschaftlich vertreten werden kann, sog. **Gesamtvertretung** (MünchHdb GesR I/*v. Ditfurth* § 48 Rn. 25; Baumbach/Hopt/*Hopt* § 125 Rn. 16). Wurde Gesamtvertretung vereinbart, kann nach § 125 Abs. 3 HGB auch Vertretung durch einen oder mehrere zur Vertretung befugte Gesellschafter mit einem oder mehreren Prokuristen angeordnet werden, sog. gemischte Gesamtvertretung (MünchHdb GesR I/*v. Ditfurth* § 48 Rn. 29; Baumbach/Hopt/*Hopt* § 125 Rn. 19).

140 Bei der Vertretungsbefugnis nach §§ 125 ff. HGB handelt es sich um eine **organschaftliche Vertretung**. Dies bedeutet, dass die Gesellschaft durch ihre organschaftlichen Vertreter wie eine juristische Person handelt (MünchHdb GesR I/*v. Ditfurth* § 48 Rn. 3; MüKo HGB/*K. Schmidt* § 125 Rn. 3). Nach dem Grundsatz der Selbstorganschaft ist es unzulässig, wenn die persönlich haftenden Gesellschafter nicht ohne Mitwirkung Dritter die Gesellschaft vertreten können (*Grunewald* 1.B. Rn. 21; MüKo HGB/*K. Schmidt* § 125 Rn. 6). Der Grundsatz der Selbstorganschaft findet seine Berechtigung in der persönlichen Haftung der Gesellschafter (Baumbach/Hopt/*Hopt* § 125 Rn. 5).

141 Nach § 127 HGB kann die Vertretungsmacht eines Gesellschafters aus wichtigem Grund durch gerichtliche Entscheidung entzogen werden (E/B/J/*Hillmann* § 127 Rn. 1; GroßkommHGB/*Habersack* § 127 Rn. 1). Die Vertretungsbefugnis wird bei Personenhandelsgesellschaften der gesetzlichen Regel nach somit erst nach einer gerichtlichen Prüfung entzogen, so dass das Verfahren nach § 127 HGB der Rechtssicherheit dient (K/R/M/*Koller* § 127 Rn. 1). Im Unterschied dazu wird bei der BGB-Gesellschaft die Vertretungsmacht wie auch die Geschäftsführungsbefugnis nach §§ 715, 712 Abs. 1 BGB durch Beschluss der Gesellschafter entzogen (Palandt/*Sprau* § 715 Rn. 1; *Grunewald* 1.A. Rn. 54). Wurde die Vertretungsbefugnis in Verbindung mit der Geschäftsführungsbefugnis erteilt, so kann sie nach §§ 715 Hs. 2 BGB nur mit dieser entzogen werden.

142 Die Klage auf Entziehung der Vertretungsmacht wird in der Praxis häufig mit der **Klage auf Entziehung der Geschäftsführungsbefugnis** nach § 117 HGB verbunden (Baumbach/Hopt/*Hopt* § 127 Rn. 1, 8; Heymann/*Emmerich* § 127 Rn. 5; E/B/J/*Hillmann* § 127 Rn. 1). Es handelt sich dann um einen Fall der **objektiven Klagehäufung** nach § 260 ZPO (MüKo HGB/*K. Schmidt* § 127 Rn. 4; GroßkommHGB/*Habersack* § 127 Rn. 3). Gründe, die für eine Entziehung der Geschäftsführungsbefugnis nach § 117 HGB sprechen, rechtfertigen regelmäßig, wenn auch nicht zwingend, die Entziehung der Vertretungsbefugnis (E/B/J/*Hillmann* § 127 Rn. 3; Baumbach/Hopt/*Hopt* § 127 Rn. 6).

143 Umstritten ist, ob der zur Vertretung befugte Gesellschafter bei Vorliegen eines wichtigen Grundes die Vertretungsmacht auch einseitig niederlegen kann. Dies wird teilweise unter entsprechender Anwendung des § 712 Abs. 2 BGB bejaht (*K. Schmidt* DB 1988, 2241; MüKo HGB/*K. Schmidt* § 127 Rn. 6). Nach a. A. kommt eine einseitige Niederlegung der Vertretungsbefugnis nicht in Betracht, da diese nur wenig aktive Pflichten beinhaltet, die ihren Fortbestand für den Gesellschafter unzumutbar erscheinen lassen (GroßkommHGB/*Habersack* § 127 Rn. 5; Baumbach/Hopt/*Hopt* § 127 Rn. 4; MünchHdb GesR I/*v. Ditfurth* § 49 Rn. 3). Allerdings führt die

Kündigung der Geschäftsführungsbefugnis regelmäßig auch zum Erlöschen der Vertretungsbefugnis, so dass der Frage nach einer isolierten Niederlegung der Vertretungsmacht eher geringe praktische Bedeutung zukommt.

b) Anwendungsbereich des § 127 HGB

§ 127 HGB gilt für die OHG, nach der Verweisung des § 161 Abs. 2 HGB für die KG, sowie für die GmbH & Co KG (BGH NJW 1998, 1225; NJW-RR 2002, 540; MüKo HGB/*K. Schmidt* § 127 Rn. 2). Bei einer GmbH & Co KG kann der Komplementär-GmbH nach § 127 HGB die Vertretungsbefugnis entzogen werden (GroßkommHGB/*Habersack* § 127 Rn. 2; Heymann/*Emmerich* § 127 Rn. 2). Die Entziehung der Vertretungsbefugnis des bzw. der GmbH-Geschäftsführer(s) richtet sich nach den Regeln des GmbH-Rechts (vgl. Abberufung des Geschäftsführers einer GmbH, Rn. 488 ff.). 144

Das Entziehungsverfahren nach § 127 HGB ist wie auch das Verfahren nach § 117 HGB aus Gründen des Anlegerschutzes nicht auf **Publikumsgesellschaften** anwendbar. Bei Publikumsgesellschaften kann die Vertretungsbefugnis bereits durch einfachen Mehrheitsbeschluss entzogen werden (*Reichert/Winter* BB 1988, 981, 984; GroßkommHGB/*Habersack* § 127 Rn. 22; E/B/J/*Hillmann* § 127 Rn. 23). 145

§ 127 HGB findet in der **Liquidation** der Gesellschaft keine Anwendung. Es gelten die Sonderregelungen der §§ 146 Abs. 2 und 147 HGB (vgl. entspr. Ausführungen zu § 117 HGB Rn. 112; Heymann/*Emmerich* § 127 Rn. 2; GroßkommHGB/*Habersack* § 127 Rn. 6). 146

Das Entziehungsverfahren nach § 127 HGB erfasst grundsätzlich jede Art von organschaftlicher Vertretungsmacht, sei es Einzel- oder Gesamtvertretungsmacht, gesetzliche oder durch Gesellschaftsvertrag eingeräumte Vertretungsbefugnis (MüKo HGB/*K. Schmidt* § 127 Rn. 3; Baumbach/Hopt/*Hopt* § 127 Rn. 4). § 127 HGB gilt jedoch nicht für die einem Gesellschafter erteilte rechtsgeschäftliche Vollmacht. Das Erlöschen einer solchen Vollmacht richtet sich nach allgemeinen Regeln. § 127 HGB gilt somit nicht für die Prokura, die nach § 52 HGB jederzeit widerrufen werden kann (MüKo HGB/*K. Schmidt* § 127 Rn. 5, 7; Baumbach/Hopt/*Hopt* § 127 Rn. 5, § 52 Rn. 1). Im Fall der unechten Gesamtvertretung erfasst § 127 HGB nur den organschaftlichen Vertreter (E/B/J/*Hillmann* § 127 Rn. 9; Heymann/*Emmerich* § 127 Rn. 3). Nach § 170 HGB ist der Kommanditist einer KG zwingend von der organschaftlichen Vertretung der Gesellschaft ausgeschlossen (Baumbach/Hopt/*Hopt* § 170 Rn. 1, 3; GroßkommHGB/*Habersack* § 127 Rn. 2; Heymann/*Emmerich* § 127 Rn. 3). Wird dem Kommanditisten Vertretungsbefugnis eingeräumt, handelt es sich somit um eine rechtsgeschäftlich erteilte Vollmacht, die nicht in den Anwendungsbereich des § 127 HGB fällt (Baumbach/Hopt/*Hopt* § 127 Rn. 3). 147

Es ist zulässig, dem einzigen zur Vertretung befugten Gesellschafter einer OHG die Vertretungsmacht zu entziehen (BGHZ 51, 198, 200; Baumbach/Hopt/*Hopt* § 127 Rn. 2; MüKo HGB/*K. Schmidt* § 127 Rn. 7; GroßkommHGB/*Habersack* § 127 Rn. 7). Dagegen kann nach h. L. dem einzigen persönliche haftenden Gesellschafter einer KG die Vertretungsmacht nicht nach § 127 HGB entzogen werden, da ansonsten keine organschaftliche Vertretung der Gesellschaft mehr möglich wäre, da die Kommanditisten von der organschaftlichen Vertretung der Gesellschaft gem. § 170 HGB zwingend ausgeschlossen sind und ansonsten ein rechtlich unmöglicher Zustand herbeigeführt werden würde (BGHZ 51, 198, 200; BGH NJW 1998, 1225; NJW-RR 2002, 540, 540; Baumbach/Hopt/*Hopt* § 127 Rn. 3; § 170 Rn. 1; MüKo HGB/*K. Schmidt* § 127 Rn. 7). Ist die Vertretung durch den einzigen persönlich haftenden Gesellschafter jedoch nicht mehr zumutbar, steht den Kommanditisten die **Auflösungs- oder Ausschließungsklage** zur Verfügung (BGHZ 51, 198, 201; K/R/M/*Koller* § 127 Rn. 3). Nach a. A. kann die Vertretungsmacht auch dem einzigen persönlich haftenden Gesellschafter einer KG mit der Folge der Auflösung der Gesellschaft entzogen werden. Die Gesellschaft wird dann durch alle Liquidatoren vertreten. Die Gesellschafter haben in diesem Fall die Möglichkeit, einen Fortsetzungsbeschluss zu fassen und die Vertretung der Gesellschaft neu zu regeln (Baumbach/Hopt/*Hopt* § 127 Rn. 3; Heymann/*Emmerich* § 127 Rn. 4 a; GroßkommHGB/*Habersack* § 127 Rn. 8). 148

c) Wichtiger Grund

149 Die Entziehung der Vertretungsmacht gem. § 127 HGB setzt einen wichtigen Grund voraus. Ein wichtiger Grund ist dann gegeben, wenn das **Vertrauensverhältnis** des vertretungsbefugten Gesellschafters zu den anderen Gesellschaftern so gestört ist, dass diesen die Ausübung der Vertretungsmacht durch ihn nicht mehr zugemutet werden kann. Es gelten insofern die gleichen Grundsätze wie bei der Entziehung der Geschäftsführungsbefugnis nach § 117 HGB, so dass auf diese verwiesen werden kann (vgl. Rn. 118). So bedarf es auch im Rahmen des § 127 HGB einer umfassenden **Interessenabwägung** aller Umstände des Einzelfalls (E/B/J/*Hillmann* § 127 Rn. 5). Ein wichtiger Grund ist beispielsweise dann gegeben, wenn der zur Vertretung befugte Gesellschafter seine Pflichten grob verletzt oder aufgrund Krankheit oder mangelnder fachlicher Eignung nicht zur ordnungsgemäßen Vertretung fähig ist. Ein Verschulden des zur Vertretung befugten Gesellschafters ist nicht grundsätzlich erforderlich (Röhricht/v. Westphalen/*v. Gerkan* § 127 Rn. 2; GroßkommHGB/*Habersack* § 127 Rn. 12; E/B/J/*Hillmann* § 127 Rn. 4). Rechtfertigt ein bestimmter Umstand die Entziehung der Geschäftsführungsbefugnis nach § 117 HGB, liegt regelmäßig, wenn auch nicht zwingend, ein wichtiger Grund i. S. d. § 127 HGB vor (vgl. oben Rn. 142).

d) Entziehung der Vertretungsbefugnis als ultima ratio

150 Die Entziehung der Vertretungsbefugnis ist ebenso wie die Entziehung der Geschäftsführungsbefugnis nur als ultima ratio zulässig. Es darf daher **kein milderes Mittel** dazu geeignet sein, die Störung zu beseitigen (BGH NJW-RR 2002, 540; Baumbach/Hopt/*Hopt* § 127 Rn. 7; Heymann/*Emmerich* § 127 Rn. 6 a; GroßkommHGB/*Habersack* § 127 Rn. 13). Als milderes Mittel kann die **Beschränkung der Vertretungsmacht** bzw. eine **Teilentziehung** in Betracht kommen, wie beispielsweise die Beschränkung der Vertretungsmacht von Einzel- auf Gesamtvertretung oder auch die Beschränkung der Vertretungsmacht auf eine Niederlassung (BGH NJW-RR 2002, 540, 541; Röhricht/v. Westphalen/*v. Gerkan* § 127 Rn. 3; MüKo HGB/*K. Schmidt* § 127 Rn. 12). Die Teilentziehung darf die Befugnisse anderer Gesellschafter nicht beschränken (E/B/J/*Hillmann* § 127 Rn. 5; GroßkommHGB/*Habersack* § 127 Rn. 13). Es ist zu beachten, dass es sich bei der Teilentziehung und der vollständigen Entziehung der Vertretungsmacht um unterschiedliche Streitgegenstände handelt. Das Gericht kann daher nicht von sich aus auf Teilentziehung erkennen. Es ist insoweit ein Antrag des Klägers erforderlich, der ggf. als Hilfsantrag gestellt werden kann (BGH NJW-RR 2002, 540; GroßkommHGB/*Habersack* § 127 Rn. 11). Kommt eine Teilentziehung als milderes Mittel in Betracht hat das Gericht nach § 139 ZPO auf einen entsprechenden **Antrag** hinzuwirken (MünchHdb GesR I/*v. Ditfurth* § 49 Rn. 32).

e) Abdingbarkeit

151 Wie auch § 117 HGB ist auch § 127 HGB weitgehend **dispositiv**. Das Recht, die Vertretungsbefugnis zu entziehen, kann durch gesellschaftsvertragliche Vereinbarung sowohl erleichtert, in einem gewissen Umfang erschwert, allerdings nicht völlig ausgeschlossen werden BGH NJW 1998, 1225, 1226; Röhricht/v. Westphalen/*v. Gerkan* § 127 Rn. 9; Heymann/*Emmerich* § 127 Rn. 9; GroßkommHGB/*Habersack* § 127 Rn. 4). Die Anforderungen an den wichtigen Grundes können im Gesellschaftsvertrag näher präzisiert werden (E/B/J/*Hillmann* § 127 Rn. 18 f.; GroßkommHGB/*Habersack* § 127 Rn. 15). Wie auch bei der Entziehung der Geschäftsführungsbefugnis nach § 117 HGB kann die Erhebung der Entziehungsklage nach § 127 HGB an die zusätzliche Voraussetzung eines **Gesellschafterbeschlusses** gebunden werden. Dieser Beschluss begründet dann eine Pflicht der Minderheit, bei der Klageerhebung mitzuwirken (vgl. oben zu § 117 HGB Rn. 123). Das Erfordernis der Entziehungsklage kann auch durch einen Gesellschafterbeschluss ersetzt werden, bei dem der betroffene Gesellschafter vom Stimmrecht ausgeschlossen. Sobald der Beschluss wirksam gefasst und dem betroffenen Gesellschafter mitgeteilt wurde, ist die Vertretungsmacht entzogen ist (Röhricht/v. Westphalen/*v. Gerkan* § 127 Rn. 10; Heymann/*Emmerich* § 127 Rn. 9; MüKo HGB/*K. Schmidt* § 127 Rn. 10; GroßkommHGB/*Habersack* § 127 Rn. 4, 21). Die Rechtmäßigkeit der Entziehung der Vertretungsbefugnis durch Beschluss der Gesellschafter

kann dann im Wege einer Feststellungsklage nach § 256 ZPO gerichtlich überprüft werden (E/B/J/*Hillmann* § 127 Rn. 21). Diese Möglichkeit zur gerichtlichen Überprüfung kann nicht ausgeschlossen werden (MüKo HGB/*K. Schmidt* § 127 Rn. 10).

f) Das Entziehungsverfahren

Das Entziehungsverfahren nach § 127 HGB entspricht im Wesentlichen dem Verfahren nach § 117 HGB, so dass auf dieses verwiesen werden kann (vgl. Rn. 124 ff.). Die Entziehungsklage nach § 127 HGB ist eine Gestaltungsklage und gegen den Gesellschafter zu richten, dessen Vertretungsmacht entzogen werden soll (Röhricht/von Westphalen/*von Gerkan* § 127 Rn. 6; GroßkommHGB/*Habersack* § 127 Rn. 1, 16; E/B/J/*Hillmann* § 127 Rn. 11). **152**

aa) Kläger Die Klage nach § 127 HGB ist wie auch die Klage nach § 117 HGB **durch alle übrigen Gesellschafter** zu erheben, bei der KG auch durch die Kommanditisten (Baumbach/Hopt/*Hopt* § 127 Rn. 8; Röhricht/v. Westphalen/*v. Gerkan* § 127 Rn. 6; MüKo HGB/*K. Schmidt* § 127 Rn. 20; K/R/M/*Koller* § 127 Rn. 3; GroßkommHGB/*Habersack* § 127 Rn. 4). Ausreichend ist jedoch wie bei der Entziehungsklage nach § 117 HGB, wenn sich ein Gesellschafter mit der Klage und dem Ergebnis bindend einverstanden erklärt. Die anderen Gesellschafter klagen für ihn dann im Wege der **gewillkürten Prozessstandschaft**. Die Kläger sind notwendige Streitgenossen. Ihnen steht das Recht zur Klageerhebung nur gemeinsam zu. Fehlt es an der Mitwirkung eines Gesellschafters, ist die Klage als unzulässig abzuweisen (BGHZ 30, 195, 197; GroßkommHGB/*Habersack* § 127 Rn. 17; MüKo HGB/*K. Schmidt* § 127 Rn. 20). Wie auch bei § 117 HGB besteht bei Vorliegen eines wichtigen Grundes in der Regel eine **Mitwirkungspflicht** der Gesellschafter bei der Klageerhebung. Diese Verpflichtung kann im Wege einer Leistungsklage auf Zustimmung, deren Verbindung mit der Entziehungsklage aus prozessökonomischen Gründen möglich ist, gerichtlich durchgesetzt werden (BGHZ 68, 81, 82; GroßkommHGB/*Habersack* § 127 Rn. 17; E/B/J/*Hillmann* § 127 Rn. 12). **153**

bb) Beklagte Die Klage auf Entziehung der Vertretungsmacht kann **gegen mehrere** zur Vertretung befugte Gesellschafter erhoben werden. Ein sachlicher Zusammenhang ist nicht erforderlich (MüKo HGB/*K. Schmidt* § 127 Rn. 21; GroßkommHGB/*Habersack* § 127 Rn. 18). Ist allerdings die Klage nur gegen einen Gesellschafter abzuweisen, so führt dies auch zur Abweisung der Klagen gegen die anderen mitverklagten Gesellschafter, da es insoweit an der Klageerhebung durch alle »übrigen« Gesellschafter fehlt. Um dieses Prozessrisiko zu vermeiden, können die beklagten Gesellschafter hilfsweise auf Zustimmung zur Klageerhebung verklagt werden (GroßkommHGB/*Habersack* § 127 Rn. 18). **154**

g) Urteil und Urteilswirkungen

Das der Klage stattgebende Gestaltungsurteil führt mit Rechtskraft – je nach Antragstellung – zum Erlöschen oder zur Beschränkung bzw. Teilentziehung der Vertretungsmacht **gegenüber jedermann** (MüKo HGB/*K. Schmidt* § 127 Rn. 8; Baumbach/Hopt/*Hopt* § 127 Rn. 8 f.; GroßkommHGB/*Habersack* § 127 Rn. 24; E/B/J/*Hillmann* § 127 Rn. 15). Die Entziehung der Vertretungsmacht ist von den klagenden Gesellschaftern zur Eintragung ins **Handelsregister anzumelden**. Die Eintragung ist lediglich deklatorisch. Die Wirkung gegenüber Dritten richtet sich nach § 15 HGB (Baumbach/Hopt/*Hopt* § 127 Rn. 10; E/B/J/*Hillmann* § 127 Rn. 16). Erfolgt keine Eintragung, müssen Dritte die Entziehung der Vertretungsmacht somit nicht gegen sich geltend lassen (Baumbach/Hopt/*Hopt* § 15 Rn. 1; § 127 Rn. 10). **155**

Wird dem einzigen zur Vertretung befugten Gesellschafter die Vertretungsmacht entzogen, führt dies zur **Gesamtvertretungsmacht aller persönlich haftenden Gesellschafter**. Dies umfasst nach h. M. auch den von der Ausschließung betroffenen Gesellschafter (BGHZ 33, 105, 107; 51, 198, 200; Baumbach/Hopt/*Hopt* § 127 Rn. 2; Heymann/*Emmerich* § 127 Rn. 4; GroßkommHGB/*Habersack* § 127 Rn. 7; E/B/J/*Hillmann* § 127 Rn. 7; a. A.: K/R/M/*Koller* § 127 Rn. 3 für Gesamt- **156** vertretung durch alle übrigen Gesellschafter). Besteht Gesamtvertretungsmacht mehrerer Gesellschafter, wirkt die Entziehung der Vertretungsmacht eines Gesellschafters grundsätzlich nur gegen den betroffenen Gesellschafter und führt nach h. M. grundsätzlich zur Gesamtvertretung durch sämtliche Gesellschafter. Bei einer KG betrifft dies sämtliche Komplementäre. Besteht die OHG nur aus zwei Gesellschaftern bzw. sind bei einer KG nur zwei Komplementäre vorhanden, erlangt der nicht von der Entziehung betroffene Gesellschafter bzw. Komplementär Alleinvertretungsbefugnis (GroßkommHGB/*Habersack* § 127 Rn. 9; E/B/J/*Hillmann* § 127 Rn. 8; Baumbach/Hopt/*Hopt* § 127 Rn. 9). Die Entziehung der Vertretungsbefugnis eines Gesamtvertreters führt dann nicht zur Gesamtvertretung durch sämtliche Gesellschafter, wenn die Vertretungsmacht der anderen Gesellschafter ohne den von der Entziehung betroffenen Vertreter weiter besteht (Baumbach/Hopt/*Hopt* § 127 Rn. 9).

h) Einstweiliger Rechtsschutz

157 Die Vertretungsmacht kann durch **einstweilige Verfügung** entzogen oder auch beschränkt werden. Ferner kann durch einstweilige Verfügung ein anderer Gesellschafter, bei der KG nur ein persönlich haftender Gesellschafter, oder auch ein Dritter vorläufig als Vertreter bestellt werden (MüKo HGB/*K. Schmidt* § 127 Rn. 29; Baumbach/Hopt/*Hopt* § 127 Rn. 8; K/R/M/*Koller* § 127 Rn. 3; Heymann/*Emmerich* § 127 Rn. 7; E/B/J/*Hillmann* § 127 Rn. 13). Antragsberechtigt sind regelmäßig die übrigen Gesellschafter gemeinsam (MüKo HGB/*K. Schmidt* § 127 Rn. 30; GroßkommHGB/*Habersack* § 127 Rn. 19).

3. Klage auf Auflösung der Gesellschaft nach § 133 HGB

a) Einleitung

158 Mit ihrer Auflösung ist eine Personenhandelsgesellschaft nicht beendet, sondern tritt in das Liquidationsstadium ein. Die werbende Gesellschaft wird zur **Abwicklungsgesellschaft**. Werbende und Abwicklungsgesellschaft sind rechtlich identisch. Mit der Auflösung ändert sich der **Gesellschaftszweck**. Der Zweck der Gesellschaft in der Liquidation ist auf Abwicklung und Auseinandersetzung des Vermögens gerichtet. Die Abwicklung führt zur Vollbeendigung der Gesellschaft. Mit Vollbeendigung existiert die Gesellschaft nicht mehr. Eine Fortsetzung ist dann nicht mehr möglich (vgl. hierzu Hdb PersGes/*Erle* § 11 Rn. 1; *Grunewald* 1.B. Rn. 83; Baumbach/Hopt/*Hopt* § 131 Rn. 2; MünchHdb GesR I/*Butzer* § 76 Rn. 62).

159 § 131 HGB normiert die **Gründe für die Auflösung** einer Personenhandelsgesellschaft abschließend (BGHZ 75, 178, 179; Baumbach/Hopt/*Hopt* § 131 Rn. 6; MünchHdb GesR I/*Butzer* § 76 Rn. 9). Danach kann eine Personenhandelsgesellschaft gem. § 131 Abs. 1 HGB durch Zeitablauf, durch Beschluss der Gesellschafter, durch Insolvenz der Gesellschaft oder durch gerichtliche Entscheidung nach § 133 HGB aufgelöst werden. Allerdings führt die Insolvenz der Gesellschaft regelmäßig nicht zur Liquidation, sondern zum Insolvenzverfahren (Hdb PersGes/*Erle* § 11 Rn. 45; Baumbach/Hopt/*Hopt* § 131 Rn. 13). Nach § 133 HGB kann bei Vorliegen eines wichtigen Grundes **Klage auf Auflösung** der Gesellschaft erhoben werden § 133 HGB ist Ausdruck des allgemeinen Grundsatzes, nach dem Dauerschuldverhältnisse aus wichtigem Grund aufgelöst werden können (GroßkommHGB/*C. Schäfer* § 133 Rn. 1; E/B/J/*Lorz* § 133 Rn. 1; Heymann/*Emmerich* § 133 Rn. 1; *Grunewald* 1.B. Rn. 77). Das Recht der BGB-Gesellschaft sieht dagegen eine Auflösung durch gerichtliche Entscheidung nicht vor (Hdb PersGes/*Erle* § 11 Rn. 38; *K. Schmidt* GesR, S. 1513; Baumbach/Hopt/*Hopt* § 133 Rn. 2). Die Gesellschafter der BGB-Gesellschaft können die Gesellschaft, sofern diese nicht für eine bestimmte Zeit eingegangen ist, nach § 737 Abs. 1 S. 1 BGB jederzeit **kündigen**. Wurde die Gesellschaft auf bestimmte Zeit eingegangen, kann nach § 723 Abs. 1 S. 2 BGB auch vor Ablauf dieser Zeit aus wichtigem Grund gekündigt werden (Palandt/*Sprau* § 723 Rn. 2; GroßkommHGB/*C. Schäfer* § 133 Rn. 7; Heymann/*Emmerich* § 133 Rn. 1). Die Kündigung führt regelmäßig zur Auflösung der Gesellschaft (Palandt/*Sprau* § 723 Rn. 1). Ein solches Kündigungsrecht sieht das Recht der OHG nicht vor. Dieses kann aber durch Gesellschaftsvertrag vereinbart werden (dazu vgl. unten Rn. 163, 171). Die Auflösungsklage ersetzt dieses Kündigungsrecht und dient insoweit der Rechtsicherheit und -klarheit, als die Auflösung der Gesellschaft erst mit rechtskräftigem Gestaltungsurteil und damit nach einer gerichtlichen Überprüfung eintritt (BGHZ 10, 44, 52; MünchHdb GesR I/*Butzer* § 76 Rn. 36; Baumbach/Hopt/*Hopt* § 133 Rn. 1; MüKo HGB/*K. Schmidt* § 133 Rn. 2; GroßkommHGB/*C. Schäfer* § 133 Rn. 45; K/R/M/*Koller* § 133 Rn. 1; *Bräutigam* FS Quack, S. 189, 196). Bei der BGB-Gesellschaft erfolgt eine etwaige gerichtliche Überprüfung dagegen erst nach der Kündigung (*Lüke* JuS 1998, 594; *K. Schmidt* GesR, S. 1513).

b) Anwendungsbereich des § 133 HGB

§ 133 HGB gilt für die OHG, über § 161 Abs. 2 HGB für die KG sowie für die GmbH & Co KG. **160**
§ 133 HGB ist auch dann anwendbar, wenn die Gesellschaft befristet eingegangen wurde (GroßkommHGB/*C. Schäfer* § 133 Rn. 5).

Die Auflösungsklage nach § 133 HGB kann auch bei einer in Vollzug gesetzten **fehlerhaften Gesellschaft** erhoben werden (BGHZ 3, 285, 287; GroßkommHGB/*C. Schäfer* § 133 Rn. 6; Röhricht/v. Westphalen/*v. Gerkan* § 133 Rn. 2; MüKo HGB/*K. Schmidt* § 133 Rn. 4; vgl. zur fehlerhaften Gesellschaft Kap. 4 § 105 Rn. 79 ff., zu deren Auflösung insbes. Rn. 94). Die Fehlerhaftigkeit der Gesellschaft begründet dann die Auflösung der Gesellschaft (BGHZ 47, 293, 300). **161**

Die h. L. Lehre lehnt eine analoge Anwendung des § 133 HGB auf die BGB-Gesellschaft ab. Es gilt § 723 BGB (vgl. oben Rn. 159; MüKo HGB/*K. Schmidt* § 133 Rn. 2; Hdb PersGes/*Erle* § 11 Rn. 39; Baumbach/Hopt/*Hopt* § 133 Rn. 2; GroßkommHGB/*C. Schäfer* § 133 Rn. 7; Heymann/*Emmerich* § 133 Rn. 2). *K. Schmidt* spricht sich jedoch bei einer unternehmenstragenden BGB-Gesellschaft in Anlehnung an § 133 HGB für ein jederzeitiges **Kündigungsrecht** aus wichtigem Grund aus (MüKo HGB/*K. Schmidt* § 133 Rn. 3). **162**

Durch gesellschaftsvertragliche Regelung kann die Auflösungsklage nach § 133 HGB durch ein Kündigungsrecht der Gesellschafter aus wichtigem Grund, das auf die Auflösung der Gesellschaft gerichtet ist, ersetzt werden (dazu vgl. unten Rn. 171; MüKo HGB/*K. Schmidt* § 133 Rn. 66). Bei Publikumsgesellschaften ist eine **Austrittskündigung aus wichtigem Grund** für den Fall des fehlerhaften Beitritts und der grundlegenden Umgestaltung des Gesellschaftsverhältnisses auch ohne entsprechende gesellschaftsvertragliche Vereinbarung grundsätzlich anerkannt. Dieses Kündigungsrecht tritt bei der Publikumsgesellschaft aus Gründen des Anlegerschutzes an die Stelle der Auflösungsklage nach § 133 HGB. Ein darüber hinausgehendes Kündigungsrecht, das bei Publikumsgesellschaften die Regelung des § 133 HGB ersetzt, hat sich jedoch nicht durchgesetzt (BGHZ 63, 338, 345; 69, 160, 162 f.; GroßkommHGB/*C. Schäfer*, § 133 Rn. 3 f.; E/B/J/*Lorz* § 133 Rn. 1; MüKo HGB/*Grunewald* § 161 Rn. 37; vgl. auch Kap. 9 Rn. 121 f.). **163**

Umstritten ist, ob § 133 HGB für die **aufgelöste Gesellschaft** gilt. Nach wohl h. M. ist die Auflösungsklage bei einer aus einem anderen Grund aufgelösten Gesellschaft so lange zulässig, bis die Auflösung aus diesem Grund definitiv und unstreitig feststeht. Erst dann entfällt das Rechtsschutzbedürfnis für die Auflösungsklage aus wichtigem Grund (MüKo HGB/*K. Schmidt* § 133 Rn. 5; GroßkommHGB/*C. Schäfer* § 133 Rn. 9; Röhricht/v. Westphalen/*v. Gerkan* § 133 Rn. 3; Heymann/*Emmerich* § 133 Rn. 2). Wird die Gesellschaft während des Auflösungsprozesses aus anderem Grund aufgelöst, z. B. durch Beschluss der Gesellschafter nach § 131 Abs. 1 Nr. 2 HGB, kommt es zur Erledigung der Hauptsache (GroßkommHGB/*C. Schäfer* § 133 R. 59; MüKo HGB/*K. Schmidt* § 133 Rn. 54; Heymann/*Emmerich* § 133 Rn. 15, 18; E/B/J/*Lorz* § 133 Rn. 36). Bei Vollbeendigung einer Gesellschaft ist § 133 HGB nicht mehr anwendbar, das Rechtsschutzbedürfnis für eine bereits anhängige Auflösungsklage entfällt (MüKo HGB/*K. Schmidt* § 133 Rn. 5; GroßkommHGB/*C. Schäfer* § 133 Rn. 9). **164**

c) Wichtiger Grund

Die Auflösung der Gesellschaft nach § 133 Abs. 1 HGB setzt einen wichtigen Grund voraus. Ein wichtiger Grund ist gegeben, wenn dem klagenden Gesellschafter unter Abwägung aller Um- **165** stände des Einzelfalls die Fortsetzung des Gesellschaftsverhältnisses **nicht zumutbar** ist (BGHZ 69, 160, 169; Baumbach/Hopt/*Hopt* § 133 Rn. 5; MünchHdb GesR I/*Butzer* § 76 Rn. 38; GroßkommHGB/*C. Schäfer* § 133 Rn. 10; K/R/M/*Koller* § 133 Rn. 2; Heymann/*Emmerich* § 133 Rn. 3; Röhricht/v. Westphalen/*v. Gerkan* § 133 Rn. 4; *K. Schmidt* GesR, S. 1513). Verschulden ist nicht zwingend erforderlich, jedoch bei der Abwägung zu berücksichtigen (Hdb PersGes/*Erle* § 11 Rn. 40; MünchHdb GesR I/*Butzer* § 76 Rn. 38). Ein wichtiger Grund i. S. d. § 133 Abs. 2 HGB liegt beispielsweise dann vor, wenn ein anderer Gesellschafter eine ihm nach dem Gesellschaftsvertrag obliegende wesentliche Verpflichtung vorsätzlich oder aus grober Fahrlässigkeit verletzt hat oder die Erfüllung einer solchen Verpflichtung unmöglich wird (Baumbach/Hopt/*Hopt* § 133 Rn. 9; GroßkommHGB/*C. Schäfer* § 133 Rn. 10). Die Erfüllung einer solchen Verpflichtung kann z. B. aufgrund Krankheit oder Alter unmöglich werden (Röhricht/v. Westphalen/*v. Gerkan* § 133 Rn. 14; Heymann/*Emmerich* § 133 Rn. 12). **Pflichtverletzungen** sind z. B. die Verweigerung der Erfüllung von Einlagepflichten, Verstöße gegen Wettbewerbsverbote sowie Verstöße gegen die allgemeine gesellschafterliche Treuepflicht (Baumbach/Hopt/*Hopt* § 133 Rn. 7; Heymann/*Emmerich* § 133 Rn. 10; Röhricht/v. Westphalen/*v. Gerkan* § 133 Rn. 9).

d) Auflösung als ultima ratio

166 Um die Zerschlagung von Vermögenswerten zu verhindern, ist die Auflösung der Gesellschaft grundsätzlich nur als ultima ratio zulässig. Es darf daher **kein milderes Mittel** dazu geeignet sein, die Störung in der Gesellschaft zu beseitigen (Baumbach/Hopt/*Hopt* § 133 Rn. 6; GroßkommHGB/*C. Schäfer* § 133 Rn. 10, 13; Röhricht/v. Westphalen/*v. Gerkan* § 133 Rn. 5). Als milderes Mittel kann die Entziehung der Geschäftsführungs- und/oder Vertretungsbefugnis (vgl. §§ 117, 127 HGB), die Ausschließung eines Gesellschafters nach § 140 HGB oder auch eine Vertragsänderung in Betracht kommen (BGHZ 4, 108, 110; 6, 113, 116; GroßkommHGB/*C. Schäfer* § 133 Rn. 113; MünchHdb GesR I/*Butzer* § 76 Rn. 37; Heymann/*Emmerich* § 133 Rn. 6).

167 Wird die Auflösung der Gesellschaft beantragt, bietet sich aber zur Beseitigung der Störung ein milderes Mittel an, kann das Gericht nicht von sich aus auf diese mildere Maßnahme erkennen. Gegebenenfalls ist daher ein entsprechender **Hilfsantrag**, z. B. auf Ausschließung eines bestimmten Gesellschafters, zu stellen oder der Klageantrag entsprechend zu ändern (MüKo HGB/*K. Schmidt* § 133 Rn. 52, 55; GroßkommHGB/*C. Schäfer* § 133 Rn. 19; Heymann/*Emmerich* § 133 Rn. 19; E/B/J/*Lorz* § 133 Rn. 37).

168 Das Gericht hat die Möglichkeit, mildere Mittel, die zur Beseitigung der Störung geeignet sind, als **Vergleich** vorzuschlagen. Lehnen die beklagten Gesellschafter diesen Vergleichsvorschlag ab, kommt ein milderes Mittel als die Auflösung nicht in Betracht. Wird der Vergleichsvorschlag jedoch durch die Kläger abgelehnt, wird die Unzumutbarkeit der Fortsetzung der Gesellschaft und damit ein wichtiger Grund i. S. d. § 133 HGB regelmäßig zu verneinen sein (BGHZ 18, 350, 363 f.; GroßkommHGB/*C. Schäfer* § 133 Rn. 14).

e) Abdingbarkeit

169 **aa) Allgemeines** Das Auflösungsrecht nach § 133 HGB ist großteils **dispositiv** (BGHZ 31, 295, 300; Baumbach/Hopt/*Hopt* § 133 Rn. 18, 19; Hdb PersGes/*Erle* § 11 Rn. 39; Heymann/*Emmerich* § 133 Rn. 21 f.). Unzulässig und nichtig sind nach § 133 Abs. 3 HGB allerdings Vereinbarungen, die das Recht des Gesellschafters, die Auflösung der Gesellschaft zu verlangen, ausschließen oder der Regelung des § 133 HGB zuwider beschränken (MüKo HGB/*K. Schmidt* § 133 Rn. 62; GroßkommHGB/*C. Schäfer* § 133 Rn. 67). Zulässig sind Erleichterungen, Erweiterungen als auch bestimmte Modifikationen des Auflösungsrechts (MüKo HGB/*K. Schmidt* § 133 Rn. 62; MünchHdb GesR I/*Butzer* § 76 Rn. 43). Anerkannt ist, dass die Anforderungen an den wichtigen Grund näher konkretisiert und bestimmte Umstände als wichtiger Grund definiert werden können (Heymann/*Emmerich* § 133 Rn. 22; MüKo HGB/*K. Schmidt* § 133 Rn. 67, 68; GroßkommHGB/*C. Schäfer* § 133 Rn. 67 ff.; Röhricht/v. Westphalen/*v. Gerkan* § 133 Rn. 23).

bb) Fortsetzungsklausel Im Hinblick auf das Verfahren der Auflösung steht es den Gesellschaftern frei, das Klagerecht nach § 133 HGB durch ein Austrittsrecht aus wichtigem Grund zu ersetzen, eine sog. Fortsetzungsklausel. Dabei muss allerdings sichergestellt sein, dass dem ausscheidenden Gesellschafter eine angemessene Abfindung zusteht (MünchHdb GesR I/*Butzer* § 76 Rn. 43; GroßkommHGB/*C. Schäfer* § 133 Rn. 71; K/R/M/*Koller* § 133 Rn. 4; MüKo HGB/*K. Schmidt* § 133 Rn. 70; Röhricht/v. Westphalen/*v. Gerkan* § 133 Rn. 22). Eine zu geringe Abfindung könnte sich sonst nachteilig auf die Entscheidung auswirken, vom Kündigungsrecht Gebrauch zu machen und somit gegen § 133 Abs. 3 HGB verstoßen (GroßkommHGB/*C. Schäfer* § 133 Rn. 71). 170

cc) Auflösung durch Kündigungserklärung Möglich ist auch eine gesellschaftsvertragliche Vereinbarung, nach der die Auflösung der Gesellschaft aus wichtigem Grund nicht erst durch Klage, sondern durch **Kündigungserklärung** herbeigeführt wird (BGHZ 31, 295, 300; 47, 293, 302; MüKo HGB/*K. Schmidt* § 133 Rn. 66; GroßkommHGB/*C. Schäfer* § 133 Rn. 72; K/R/M/*Koller* § 133 Rn. 4). Die Auflösungsfolge tritt dann bereits mit Zugang der Kündigungserklärung bei den anderen Gesellschaftern ein. Die Rechtmäßigkeit der Auflösung kann mit der allgemeinen Feststellungsklage gerichtlich überprüft werden (GroßkommHGB/*C. Schäfer* § 133 Rn. 72). 171

f) Das Auflösungsverfahren

aa) Allgemeines Das Auflösungsrecht nach § 133 HGB kann **nur im Klagewege** geltend gemacht werden, nicht als Einrede oder Einwendung (Baumbach/Hopt/*Hopt* § 133 Rn. 4; E/B/J/*Lorz* § 133 Rn. 34 GroßkommHGB/*C. Schäfer* § 133 Rn. 46; Heymann/*Emmerich* § 133 Rn. 17). Die Auflösungsklage kann jedoch **als Widerklage** erhoben werden, die sich in der Praxis häufig gegen eine Entziehungsklage nach §§ 117, 127 HGB oder gegen eine Ausschließungsklage nach § 140 HGB richtet (Baumbach/Hopt/*Hopt* § 133 Rn. 14; Heymann/*Emmerich* § 133 Rn. 14 a; MüKo HGB/*K. Schmidt* § 133 Rn. 50; GroßkommHGB/*C. Schäfer* § 133 Rn. 46, 54; MünchHdb GesR I/*Butzer* § 76 Rn. 44). Die Auflösungsklage ist **Gestaltungsklage**. Der Antrag ist darauf gerichtet, die Gesellschaft für aufgelöst zu erklären (MüKo HGB/*K. Schmidt* § 133 Rn. 43, 51; GroßkommHGB/*C. Schäfer* § 133 Rn. 54; Heymann/*Emmerich* § 133 Rn. 14 a; E/B/J/Lorz § 133 Rn. 34; *Roth* FS Großfeld, S. 915). 172

bb) Parteien des Verfahrens – (1) Kläger Klagebefugt ist im Unterschied zu den Verfahren nach §§ 117, 127, 140 HGB grundsätzlich jeder einzelne Gesellschafter (Baumbach/Hopt/*Hopt* § 133 Rn. 13; Münch Hdb GesR I/*Piehler* § 67 Rn. 16; MüKo HGB/*K. Schmidt* § 133 Rn. 45; GroßkommHGB/*C. Schäfer* § 133 Rn. 40, 50). Dies ist Ausdruck des Grundsatzes, dass jeder das Recht hat, ein Dauerschuldverhältnis aus wichtigem Grund zu lösen (vgl. oben Rn. 159; GroßkommHGB/*C. Schäfer* § 133 Rn. 1; *K. Schmidt* GesR, S. 1515). Das Recht, auf Auflösung der Gesellschaft aus wichtigem Grund zu klagen, ist ein **Individualrecht jedes Gesellschafters** (GroßkommHGB/*C. Schäfer* § 133 Rn. 39, 50). Bei der KG hat auch ein Kommanditist das Recht, Auflösungsklage zu erheben, bei der GmbH & Co. KG auch die Komplementär-GmbH (Baumbach/Hopt/*Hopt* § 133 Rn. 13; GroßkommHGB/*C. Schäfer* § 133 Rn. 50; Hdb PersGes/*Erle* § 11 Rn. 41; Heymann/*Emmerich* § 133 Rn. 14). **Nicht klagebefugt** sind allerdings die Gesellschafter der GmbH einer GmbH & Co. KG. Ebenfalls nicht klagebefugt sind Dritte, Treugeber und Nießbraucher. Mangels mitgliedschaftlicher Beteiligung sind auch stille Gesellschafter und Unterbeteiligte nicht klagebefugt (GroßkommHGB/*C. Schäfer* § 133 Rn. 47, 50; MüKo HGB/*K. Schmidt* § 133 Rn. 45; Heymann/*Emmerich* § 133 Rn. 14). 173

Die **Gesellschaftereigenschaft** des Klägers muss grundsätzlich bis zum Zeitpunkt der letzten mündlichen Verhandlung gegeben sein. Scheidet der Kläger während des Verfahrens aus der Gesellschaft aus, wird die Klage nach h. L. unbegründet (Baumbach/Hopt/*Hopt* § 133 Rn. 14; Heymann/*Emmerich* § 133 Rn. 15; GroßkommHGB/*C. Schäfer* § 133 Rn. 60). Auch wenn im Fall einer Anteilsübertragung zum Teil die Anwendung des § 265 ZPO erwogen wird, hilft dies regelmäßig nicht weiter, da auf das Auflösungsinteresse des neuen Gesellschafters abzustellen ist (MüKo 174

HGB/*K. Schmidt* § 133 Rn. 46; GroßkommHGB/*C. Schäfer* § 133 Rn. 60; gegen die Anwendbarkeit des § 265 ZPO: Heymann/*Emmerich* § 133 Rn. 15; *M. Schwab* S. 635 ff.). Es wird daher regelmäßig eine Erledigterklärung in Betracht kommen (MüKo HGB/*K. Schmidt* § 133 Rn. 46; *M. Schwab* S. 637). Bei Tod eines Gesellschafters sind die Erben befugt, den Prozess weiter zu führen, wenn sie aufgrund einer Nachfolgeklausel die Nachfolge antreten (BGHZ 47, 293, 297; Heymann/*Emmerich* § 133 Rn. 15; MüKo HGB/*K. Schmidt* § 133 Rn. 46).

175 Mehrere Kläger sind **notwendige Streitgenossen** (GroßkommHGB/*C. Schäfer* § 133 Rn. 50; MünchHdb GesR I/*Butzer* § 76 Rn. 44; MüKo HGB/*K. Schmidt* § 133 Rn. 47; *Lüke* JuS 1998, 594; Röhricht/v. Westphalen/*v. Gerkan* § 133 Rn. 17).

176 **(2) Beklagte** Die Klage ist nicht gegen die Gesellschaft, sondern grundsätzlich gegen **alle Mitgesellschafter** als **notwendige Streitgenossen** zu richten, die der Auflösung widersprechen (BGH NJW 1998, 146; Baumbach/Hopt/*Hopt* § 133 Rn. 13; GroßkommHGB/*C. Schäfer* § 133 Rn. 40, 51; MüKo HGB/*K. Schmidt* § 133 Rn. 2, 48; Röhricht/v. Westphalen/*v. Gerkan* § 133 Rn. 17; *Lüke* JuS 1998, 594, 595). Es handelt sich um eine Streitgenossenschaft aus materiellen Gründen (GroßkommHGB/*C. Schäfer* § 133 Rn. 51; E/B/J/*Lorz* § 133 Rn. 31; *Roth* FS Großfeld, S. 915 f.; *M. Schwab* S. 631). Ansonsten ist die Klage als unzulässig abzuweisen (MüKo HGB/*K. Schmidt* § 133 Rn. 50).

177 Um eine einheitliche Entscheidung zu ermöglichen, sind grundsätzlich alle Gesellschafter am Verfahren zu beteiligen, entweder auf Kläger- oder auf Beklagtenseite (BGHZ 30, 195, 197; Baumbach/Hopt/*Hopt* § 133 Rn. 13; MüKo HGB/*K. Schmidt* § 133 Rn. 2; GroßkommHGB/*C. Schäfer* § 133 Rn. 51 ff.). **Nicht mitzuverklagen** sind jedoch nach h. M. die Gesellschafter, die sich mit der Auflösung der Gesellschaft bereits außergerichtlich bindend einverstanden erklärt haben (BGH NJW 1998, 146; ZIP 2002, 710, 711; *Lüke* JuS 1998, 594, 595; Röhricht/v. Westphalen/*v. Gerkan* § 133 Rn. 17; Hdb PersGes/*Erle* § 11 Rn. 41; MünchHdb GesR I/*Butzer* § 76 Rn. 44; *Mayer* BB 1992, 1497, 1499–dazu krit. MüKo HGB/*K. Schmidt* § 133 Rn. 48). Die **Einverständniserklärung** ist entweder dem Gericht gegenüber zu erklären oder in schriftlicher Form vorzulegen (MüKo HGB/*K. Schmidt* § 133 Rn. 51; GroßkommHGB/*C. Schäfer* § 133 Rn. 54). Durch die Einverständniserklärung ist der Gesellschafter an ein rechtskräftiges Auflösungsurteil gebunden (GroßkommHGB/*C. Schäfer* § 133 Rn. 52 f.). Wird ein Gesellschafter ungeachtet einer solchen Einverständniserklärung verklagt, ist die Klage gegen ihn mangels Rechtsschutzbedürfnis abzuweisen (MüKo HGB/*K. Schmidt* § 133 Rn. 51).

178 Die Gesellschaft selbst ist grundsätzlich nicht Partei des Verfahrens (GroßkommHGB/*C. Schäfer* § 133 Rn. 47). Mittlerweile ist jedoch anerkannt, dass gesellschaftsvertraglich vereinbart werden kann, dass die Auflösungsklage gegen die Gesellschaft selbst zu richten ist. Dies ist insbesondere bei Publikumsgesellschaften zu empfehlen (GroßkommHGB/*C. Schäfer* § 133 Rn. 49; MüKo HGB/*K. Schmidt* § 133 Rn. 50, 66; Röhricht/v. Westphalen/*v. Gerkan* § 133 Rn. 24; Heymann/*Emmerich* § 133 Rn. 16). Es wird auch befürwortet, die Auflösungsklage bei Publikumsgesellschaften gegen die Gesellschaft selbst generell ohne entsprechende gesellschaftsvertragliche Vereinbarung zuzulassen (MüKo HGB/*K. Schmidt* § 133 Rn. 50; K/R/M/*Koller* § 133 Rn. 3; E/B/J/*Lorz* § 133 Rn. 33).

179 Scheidet ein beklagter Gesellschafter während des Verfahrens **ohne Rechtsnachfolger** aus, so wird die Klage gegen ihn unzulässig. Der Kläger kann die Erledigung der Hauptsache nach § 91 a ZPO erklären, so dass dann nur noch über die Kosten zu entscheiden ist (MüKo HGB/*K. Schmidt* § 133 Rn. 49; E/B/J/Lorz § 133 Rn. 32; GroßkommHGB/*C. Schäfer* § 133 Rn. 60; Zöller/*Vollkommer* § 91 a Rn. 1). Scheidet ein Beklagter dagegen während des Verfahrens **durch Anteilsveräußerung** aus, kommt nach h. L. § 265 ZPO zur Anwendung, da die Mitgliedschaft eines sich der Auflösungsklage widersetzenden Gesellschafters als streitbefangen anzusehen ist. Vorsorglich ist dem Kläger daher zu raten, den Antrag im Wege des Parteiwechsels auf den neuen Gesellschafter umzustellen und die Sachdienlicherklärung durch das Gericht zu beantragen

(MüKo HGB/*K. Schmidt* § 133 Rn. 49; *M. Schwab* S. 635; GroßkommHGB/*C. Schäfer* § 133 Rn. 60; E/B/J/*Lorz* § 133 Rn. 32).

cc) Klageverbindung Die Auflösung der Gesellschaft kann als **Hauptantrag** begehrt und mit **Ausschließungsantrag** nach § 140 HGB oder Antrag auf Entziehung der Geschäftsführungs- oder Vertretungsbefugnis (§§ 117, 127 HGB) als Hilfsantrag verbunden werden (vgl. oben Rn. 166 ff.; GroßkommHGB/*C. Schäfer* § 133 Rn. 54). Die Klage auf Auflösung der Gesellschaft gem. § 133 HGB und die Ausschließungsklage nach § 140 HGB betreffen verschiedene Streitgegenstände, so dass der Übergang von einer zur anderen Klage als Klageänderung zu bewerten ist (Baumbach/Hopt/*Hopt* § 133 Rn. 14). **180**

dd) Zuständigkeit und Kosten des Verfahrens Der **örtliche Gerichtsstand** der Auflösungsklage bestimmt sich nach allgemeinen Grundsätzen. Ein ausschließlicher Gerichtsstand besteht grundsätzlich nicht, kann aber gesellschaftsvertraglich vereinbart werden (GroßkommHGB/*C. Schäfer* § 133 Rn. 57). Neben dem allgemeinen Gerichtsstand nach § 17 ZPO kommen sowohl der besondere Gerichtsstand der Mitgliedschaft nach § 22 ZPO als auch der Gerichtsstand des Erfüllungsortes nach § 29 ZPO in Betracht (MünchHdb GesR I/*Butzer* § 76 Rn. 46; Baumbach/Hopt/*Hopt* § 133 Rn. 14; GroßkommHGB/*C. Schäfer* § 133 Rn. 57; Zöller/*Vollkommer* § 22 Rn. 7; MüKo HGB/*K. Schmidt* § 133 Rn. 43). **Funktionell zuständig** ist die Kammer für Handelssachen gem. § 95 Abs. 1 Nr. 4 a GVG (MüKo HGB/*K. Schmidt* § 133 Rn. 43). **181**

Der **Streitwert** der Klage ist gem. § 3 ZPO nach richterlichem Ermessen festzusetzen und richtet sich nach dem Interesse des Klägers an der Auflösung der Klage. Das Interesse des Klägers an der Auflösung entspricht in der Regel der Höhe seiner Beteiligung. Nach dem so zu ermittelnden Streitwert richtet sich auch die sachliche Zuständigkeit (OLG Köln BB 1982, 1384; Baumbach/Hopt/*Hopt* § 133 Rn. 14; GroßkommHGB/*C. Schäfer* § 133 Rn. 58). **182**

ee) Rechtsschutzbedürfnis Für eine Auflösungsklage nach § 133 HGB besteht dann **kein Rechtsschutzbedürfnis**, wenn der Kläger aufgrund gesellschaftsvertraglicher Regelung jederzeit ordentlich oder außerordentlich kündigen kann und dadurch die Auflösung der Gesellschaft herbeigeführt wird (Baumbach/Hopt/*Hopt* § 133 Rn. 3; Röhricht/v. Westphalen/*v. Gerkan* § 133 Rn. 1; GroßkommHGB/*C. Schäfer* § 133 Rn. 5). **183**

ff) Klagefrist Die Auflösungsklage unterliegt grundsätzlich **keiner Frist**. Zu langes Abwarten mit der Klageerhebung kann u. U. aber als Verzicht auf das Klagerecht zu werten sein oder zur Verwirkung führen (Baumbach/Hopt/*Hopt* § 133 Rn. 12; GroßkommHGB/*C. Schäfer* § 133 Rn. 56; MünchHdb GesR I/*Butzer* § 76 Rn. 44 f.; Hdb PersGes/*Erle* § 11 Rn. 41). Zudem kann langes Abwarten dagegen sprechen, dass die Fortsetzung des Gesellschaftsverhältnisses unzumutbar ist und daher kein wichtiger Grund i. S. d. § 133 HGB vorliegt (BGH NJW 1966, 2160, 2161 (Abwarten von 15 Monaten); NJW 1999, 2820, 2821 zu § 140; MünchHdb GesR I/*Butzer* § 76 Rn. 45; GroßkommHGB/*C. Schäfer* § 133 Rn. 41). **184**

gg) Weitere prozessuale Fragen Die **Darlegungs- und Beweislast** für die Tatsachen, die eine Auflösung der Gesellschaft rechtfertigen, trägt der Kläger (MüKo HGB/*K. Schmidt* § 133 Rn. 54; GroßkommHGB/*C. Schäfer* § 133 Rn. 55; Heymann/*Emmerich* § 133 Rn. 18; E/B/J/*Lorz* § 133 Rn. 36). **185**

Ein **Versäumnisurteil** kann sowohl bei Säumnis des Klägers als auch des Beklagten ergehen (MüKo HGB/*K. Schmidt* § 133 Rn. 54; E/B/J/*Lorz* § 133 Rn. 36). Problematisch ist, ob ein **Anerkenntnisurteil** ergehen kann. Dies würde ein Anerkenntnis aller beklagten Gesellschafter erfordern, ein Anerkenntnis nur einzelner Gesellschafter reicht nicht aus (MüKo HGB/*K. Schmidt* § 133 Rn. 54). Kommt es während des Verfahrens aufgrund Einverständnisses aller Gesellschafter zu einem Auflösungsbeschluss nach § 131 Nr. 2 HGB erledigt sich das Verfahren in der Haupt- **186** sache. Ein solcher Beschluss geht einem Anerkenntnis nach § 307 ZPO grundsätzlich vor (MüKo HGB/*K. Schmidt* § 133 Rn. 54; GroßkommHGB/*C. Schäfer* § 133 Rn. 59).

187 Liegt ein **wichtiger Grund i. S. d. § 133 HGB** vor, so hat das Gericht die Auflösung der Gesellschaft auszusprechen. Entgegen dem missverständlichen Wortlaut des § 133 Abs. 1 HGB steht dem Gericht insoweit kein Ermessensspielraum zu (Baumbach/Hopt/*Hopt* § 133 Rn. 16; MüKo HGB/*K. Schmidt* § 133 Rn. 55; E/B/J/*Lorz* § 133 Rn. 37). Für die Voraussetzungen der Auflösung kommt es auf den Zeitpunkt der letzten mündlichen Verhandlung an (GroßkommHGB/*C. Schäfer* § 133 Rn. 15, 55; K/R/M/*Koller* § 133 Rn. 2; Heymann/*Emmerich* § 133 Rn. 3).

g) Urteil und Urteilswirkungen

188 Das der Klage stattgebende Urteil bewirkt als **Gestaltungsurteil** mit Eintritt der Rechtskraft die Auflösung der Gesellschaft. Die Gesellschaft wird nach allgemeinen Grundsätzen liquidiert (MünchHdb GesR I/*Butzer* § 76 Rn. 47; Hdb PersGes/*Erle* § 11 Rn. 42; GroßkommHGB/*C. Schäfer* § 133 Rn. 54, 63 ff.). Maßgeblicher Zeitpunkt für die Auflösung ist der Eintritt der Rechtskraft des Urteils (MüKo HGB/*K. Schmidt* § 133 Rn. 59; GroßkommHGB/*C. Schäfer* § 133 Rn. 65). Im Urteil selbst kann der Zeitpunkt der Auflösung grundsätzlich nicht abweichend festgelegt werden. Es wird allerdings aus Zweckmäßigkeits- und Billigkeitserwägungen als zulässig erachtet, die Auflösungswirkung auf Antrag einer Partei auf einen Zeitpunkt in naher Zukunft festzusetzen (MüKo HGB/*K. Schmidt* § 133 Rn. 55). Die Auflösung ist nach § 143 Abs. 1 S. 1 HGB von sämtlichen Gesellschaftern zur Eintragung in das **Handelsregister anzumelden** (Baumbach/Hopt/*Hopt* § 143 Rn. 1; MünchHdb GesR I/*Butzer* § 76 Rn. 54).

h) Einstweiliger Rechtsschutz

189 Da die gesellschaftsrechtlichen Rechte und Pflichten bis zur Auflösung bestehen bleiben, wird häufig ein Bedürfnis nach vorläufiger Regelung bestehen. Aufgrund des Verbots der Vorwegnahme der Hauptsache kann die Auflösung der Gesellschaft selbst nicht im Wege der einstweiligen Verfügung bewirkt werden (Baumbach/Hopt/*Hopt* § 133 Rn. 14; Heymann/*Emmerich* § 133 Rn. 17 a; Röhricht/v. Westphalen/*v. Gerkan* § 133 Rn. 21). Zulässig sind dagegen Maßnahmen des vorläufigen Rechtsschutzes, die lediglich die künftige Auflösung sichern sollen, wie z. B. die Entziehung der Geschäftsführungs- oder Vertretungsbefugnis oder die Einsetzung eines Dritten als Verwalter (GroßkommHGB/*C. Schäfer* § 133 Rn. 62; E/B/J/*Lorz* § 133 Rn. 35).

4. Klage auf Ausschließung eines Gesellschafters nach § 140 HGB

a) Einleitung und Normzweck

190 Die Ausschließung eines Gesellschafters aus einer Personenhandelsgesellschaft aus wichtigem Grund erfolgt im gesetzlichen Regelfall durch **Ausschließungsklage** nach § 140 HGB. Der betroffene Gesellschafter scheidet dann durch rechtskräftiges **Gestaltungsurteil** aus der Gesellschaft aus (BGHZ 107, 351, 357; MüKo HGB/*K. Schmidt* § 140 Rn. 83; *M. Schwab* S. 196; GroßkommHGB/*C. Schäfer* § 140 Rn. 45). Im Unterschied dazu kann ein Gesellschafter einer BGB-Gesellschaft durch Kündigung nach § 737 BGB aus der Gesellschaft ausgeschlossen werden, sofern eine Fortsetzungsklausel vereinbart wurde (BGH NZG 2003, 625, 626; Palandt/*Sprau* § 737 Rn. 2; Hdb PersGes/*Saute*r § 7 Rn. 90; MüKo HGB/*K. Schmidt* § 140 Rn. 6; *Mayer* BB 1992, 1497; *Herrmann* RdA 1989, 313, 315). Die Ausschließung eines Gesellschafters nach § 737 BGB setzt voraus, dass die Fortsetzung der Gesellschaft mit dem Auszuschließenden für die übrigen Gesellschafter unzumutbar ist (BGH NZG 2003, 625, 626). Der Ausschluss des Gesellschafters aus der BGB-Gesellschaft wird bereits mit Zugang der Ausschlusserklärung an ihn wirksam. Die Rechtmäßigkeit des Ausschlusses kann dann durch Feststellungsklage überprüft werden (Palandt/*Sprau* § 737 Rn. 3). Die Regelung des § 140 HGB dient für das Recht der Personenhandelsgesellschaften somit der Rechtsklarheit und -sicherheit, da die Ausschließung eines Gesellschafters erst nach gerichtlicher Prüfung erfolgt und nicht bereits durch Kündigung (BGHZ 10, 44, 52; 31, 295, 300). Eine

gerichtliche Prüfung der Rechtmäßigkeit des Ausschlusses erfolgt im Unterschied zur BGB-Gesellschaft somit bereits im Vorfeld des Ausschlusses (*K. Schmidt* GesR, S. 1448).

Die **Ausschließung** kann nach § 140 Abs. 1 S. 1 HGB verlangt werden, wenn in der Person eines Gesellschafters ein wichtiger Grund vorliegt, der nach § 133 HGB eine Auflösung der Gesellschaft rechtfertigen würde (GroßkommHGB/*C. Schäfer* § 140 Rn. 6; *Herrmann* RdA 1989, 314, 315). § 140 HGB ermöglicht somit die Beseitigung der Störung des Gesellschaftsverhältnisses ohne die Auflösung der Gesellschaft zu erfordern. Die Vorschrift dient folglich der Kontinuität des Unternehmens und erhält den gesellschaftstreuen Gesellschaftern die im Unternehmen enthaltenen Werte (BGHZ 6, 113, 114; 50, 307, 309; Hdb PersGes/*Sauter* § 7 Rn. 90; Baumbach/Hopt/*Hopt* § 140 Rn. 1; MüKo HGB/*K. Schmidt* § 140 Rn. 1; *Heymann*/Emmerich § 140 Rn. 1; GroßkommHGB/*C. Schäfer* § 140 Rn. 1). **191**

Vgl. zur Ausschließungklage außerdem die Kommentierung zu § 140 HGB in Kap. 4.

b) Anwendungsbereich des § 140 HGB

§ 140 HGB gilt für die **OHG**, nach § 161 Abs. 2 HGB für die **KG** und somit auch für die **GmbH & Co. KG**. Er erfasst außerdem auch die **fehlerhafte Gesellschaft** (BGHZ 6, 113, 114; Baumbach/Hopt/*Hopt* § 140 Rn. 2; GroßkommHGB/*C. Schäfer* § 140 Rn. 3; MüKo HGB/*K. Schmidt* § 140 Rn. 8; MüKo HGB/*K. Schmidt* § 140 Rn. 8; *Lüke* JuS 1998, 594; *Herrmann* RdA 1989, 314, 315; vgl. zur fehlerhaften Gesellschaft insbes. Kap. 4 § 105 Rn. 79 ff., zur Ausschließung Auflösung insbes. Rn. 95). **192**

Nach h. M. kann § 140 HGB nicht auf die **BGB-Gesellschaft** angewendet werden. Dies gilt auch dann, wenn die Anwendung handelsrechtlicher Vorschriften vereinbart wurde (GroßkommHGB/*C. Schäfer* § 140 Rn. 3; Baumbach/Hopt/*Hopt* § 140 Rn. 2). Nach *K. Schmidt* ist jedoch bei unternehmenstragenden BGB-Gesellschaften in Anlehnung an § 140 HGB eine Ausschließung eines Gesellschafters durch Gesellschafterbeschluss auch dann zuzulassen, wenn der Gesellschaftsvertrag keine Fortsetzungsklausel enthält (MüKo HGB/*K. Schmidt* § 140 Rn. 6). **193**

§ 140 HGB gilt nach h. M. nicht für **Publikumsgesellschaften**. Bei Publikumsgesellschaften kann ein Gesellschafter aus wichtigem Grund aus der Gesellschaft grundsätzlich durch Mehrheitsbeschluss ausgeschlossen werden. Eine entsprechende gesellschaftsvertragliche Vereinbarung ist nicht erforderlich (BGHZ 102, 172, 178 f. zur Publikums-GbR; GroßkommHGB/*C. Schäfer* § 140 Rn. 52, 57; MüKo HGB/*K. Schmidt* § 140 Rn. 91 f.; Hdb PersGes/*Sauter* § 7 Rn. 102; *K. Schmidt* ZGR 2004, 227, 229; *Reichert/Winter* BB 1988, 981, 984). **194**

Gem. § 140 HGB kann aus einer OHG auch der einzige zur Vertretung berechtigte Gesellschafter ausgeschlossen werden. In diesem Fall kommt es zur **Gesamtvertretung** durch die anderen Gesellschafter (Baumbach/Hopt/*Hopt* § 140 Rn. 8). Bei der KG kann die Ausschließungsklage sowohl gegen einen persönlich haftenden Gesellschafter als auch gegen einen Kommanditisten erhoben werden (MüKo HGB/*K. Schmidt* § 140 Rn. 4; Heymann/*Emmerich* § 140 Rn. 3 a). Bei einer GmbH & Co. KG kann die Ausschließungsklage gegen Komplementär-GmbH gerichtet werden (GroßkommHGB/*C. Schäfer* § 140 Rn. 3; MüKo HGB/*K. Schmidt* § 140 Rn. 7). In einer KG kann auch der einzige persönlich haftende Gesellschafter ausgeschlossen werden (BGHZ 6, 113, 114; 51, 198, 200; 68, 81, 82; Baumbach/Hopt/*Hopt* § 140 Rn. 8; GroßkommHGB/*C. Schäfer* § 140 Rn. 27; *K. Schmidt* ZGR 2004, 227, 230, 237). Dies gilt auch für eine GmbH & Co KG, bei der nur die Komplementär-GmbH einzig persönlich haftender Gesellschafter ist (MüKo HGB/*K. Schmidt* § 140 Rn. 4). Allerdings führt der Ausschluss des einzig persönlich haftenden Gesellschafters zwangsläufig zur Auflösung der Gesellschaft, wenn nicht ein Kommanditist oder ein der Gesellschaft beitretender Dritter Komplementär der KG wird (BGHZ 51, 198, 200; K/R/M/*Koller* § 140 Rn. 3; *K. Schmidt* ZGR 2004, 227, 237 f.). **195**

Die Ausschließungsklage kann auch **in der aufgelösten Gesellschaft** erhoben werden. Dies ist insbesondere dann der Fall, wenn der Verbleib des betroffenen Gesellschafters in der Gesellschaft **196** eine ordnungsgemäße Abwicklung gefährden würde oder durch den Ausschluss des Gesellschafters die Fortsetzung der Gesellschaft unter den verbleibenden Gesellschaftern ermöglicht werden soll (BGHZ 1, 325, 332; GroßkommHGB/*C. Schäfer* § 140 Rn. 2, 29; MüKo HGB/*K. Schmidt* § 140 Rn. 8, 34; Röhricht/v. Westphalen/*v. Gerkan* § 140 Rn. 2; Heymann/*Emmerich* § 140 Rn. 4). Der Abberufung als Liquidator nach § 147 HGB kommt insoweit allerdings Vorrang zu (MüKo HGB/*K. Schmidt* § 140 Rn. 34).

197 Die **Höhe der Beteiligung** des Auszuschließenden ist regelmäßig unerheblich (BGHZ 51, 204, 207; Baumbach/Hopt/*Hopt* § 140 Rn. 9).

c) Wichtiger Grund

198 § 140 HGB setzt ebenso wie § 133 HGB einen **wichtigen Grund** voraus (BGH BB 1995, 215). Ein wichtiger Grund liegt vor, wenn in der Person des auszuschließenden Gesellschafters Umstände vorliegen, die bei umfassender Interessenabwägung im Einzelfall die Fortsetzung der Gesellschaft mit dem auszuschließenden Gesellschafter für die anderen Gesellschafter **unzumutbar** machen (BGHZ 6, 113, 117; 31, 295, 304; OLG Hamm BB 1972, 722; MüKo HGB/*K. Schmidt* § 140 Rn. 16; GroßkommHGB/*C. Schäfer* § 140 Rn. 4 ff., 15 ff.; Heymann/*Emmerich* § 140 Rn. 5 f., 12). Im Unterschied zu § 133 HGB muss der wichtige Grund gerade in der Person des auszuschließenden Gesellschafters liegen. Es muss deutlich zwischen dem störenden, sich gesellschaftswidrig verhaltenden Gesellschafter und den übrigen gesellschaftstreuen Gesellschaftern unterschieden werden können (GroßkommHGB/*C. Schäfer* § 140 Rn. 4; MünchHdb GesR I/*Piehler* § 67 Rn. 16, 22; Röhricht/v. Westphalen/*v. Gerkan* § 140 Rn. 3, 5). *K. Schmidt* spricht insoweit plakativ von der Unterscheidung zwischen »weißen und schwarzen Schafen« (MüKo HGB/*K. Schmidt* § 140 Rn. 19). Ist eine solche Unterscheidung nicht möglich, kommt lediglich die Auflösung der Gesellschaft in Betracht (Röhricht/v. Westphalen/*v. Gerkan* § 140 Rn. 5). Wichtige Gründe in diesem Sinne sind beispielsweise Veruntreuung, Verstoß gegen ein Wettbewerbsverbot, Verschleierung von Sondereinnahmen oder auch Geisteskrankheit sowie Entmündigung (BGHZ 31, 295, 304 f.; Baumbach/Hopt/*Hopt* § 140 Rn. 7; Hdb PersGes/*Sauter* § 7 Rn. 90). Ein Verschulden des betroffenen Gesellschafters ist allerdings nicht grundsätzlich erforderlich, im Rahmen der Abwägung jedoch zu berücksichtigen (MünchHdb GesR I/*Piehler* § 67 Rn. 19; GroßkommHGB/*C. Schäfer* § 140 Rn. 9; Heymann/*Emmerich* § 140 Rn. 7).

d) Ausschluss eines Gesellschafters als ultima ratio

199 Der Ausschluss eines Gesellschafters ist nur als ultima ratio zulässig. Es darf daher **kein zumutbares milderes Mittel** zur Beseitigung der Störung geeignet sein. Als mildere Mittel kommen nicht selten die Entziehung oder Beschränkung der Vertretungs- oder Geschäftsführungsbefugnis, die Anteilsübertragung an einen Treuhänder oder auch eine Vertragsänderung, wie zum Beispiel die Umwandlung der Gesellschafterstellung in die eines stillen Gesellschafters oder Kommanditisten in Betracht (BGHZ 4, 108, 110; 6, 113, 116; 18, 350, 362; 35, 272, 283; BGH BB 2003, 1198; MüKo HGB/*K. Schmidt* § 140 Rn. 28; Baumbach/Hopt/*Hopt* § 140 Rn. 6; MünchHdb GesR I/*Piehler* § 67 Rn. 24; GroßkommHGB/*C. Schäfer* § 140 Rn. 4, 16). Im Prozess obliegt es in erster Linie dem beklagten Gesellschafter, mildere Maßnahmen anzubieten, um seinen Ausschluss aus der Gesellschaft zu verhindern (BGHZ 35, 272, 283). Den Klägern muss dieses Mittel zumutbar sein. Ein milderes Mittel kann auch von den Klägern und ggf. vom Gericht angeregt werden (BGHZ 18, 350, 362; MüKo HGB/*K. Schmidt* § 140 Rn. 28; Heymann/*Emmerich* § 140 Rn. 16). Geht der Beklagte auf ein solches Angebot allerdings nicht ein, wird sein Ausschluss aus der Gesellschaft regelmäßig gerechtfertigt sein (BGHZ 18, 350, 363; GroßkommHGB/*C. Schäfer* § 140 Rn. 16).

200 Das Gericht kann auf einen **Ausschließungsantrag** hin von sich aus keine mildere Maßnahme aussprechen. Daher ist gegebenenfalls ein solches milderes Mittel als **Hilfsantrag** aufzunehmen (BGHZ 35, 272, 283 f.; MüKo HGB/*K. Schmidt* § 140 Rn. 76 f., 81; *K. Schmidt* ZGR 2004, 227, 229).

e) Abdingbarkeit

aa) Allgemeines § 140 HGB ist weitgehend **dispositiv** (BGHZ 31, 295, 298; MünchHdb GesR I/*Piehler* § 67 Rn. 40 ff.; GroßkommHGB/*C. Schäfer* § 140 Rn. 52; MüKo HGB/*K. Schmidt* § 140 Rn. 88; *Herrmann* RdA 1989, 314, 316). § 133 Abs. 3 HGB findet nach h. M. keine entsprechende Anwendung auf das Ausschließungsrecht. Das Ausschließungsrecht kann durch gesellschaftsvertragliche Regelung sowohl erleichtert, eingeschränkt als auch erschwert werden. Die Anforderungen, die an einen **wichtigen Grund** zu stellen sind, können näher konkretisiert werden. Bestimmte Gründe können als Ausschließungsgrund zugelassen oder ausgeschlossen werden (GroßkommHGB/*C. Schäfer* § 140 Rn. 52 ff.; MünchHdb GesR I/*Piehler* § 67 Rn. 44; K/R/M/*Koller* § 140 Rn. 6; Heymann/*Emmerich* § 140 Rn. 30 ff.; MüKo HGB/*K. Schmidt* § 140 Rn. 94 f.). Beispielsweise kann vereinbart werden, dass die Pfändung des Gesellschaftsanteils den Ausschluss des betroffenen Gesellschafters rechtfertigt (Röhricht/v. Westphalen/*v. Gerkan* § 140 Rn. 22). **201**

bb) Klageerhebung nur nach Mehrheitsbeschluss Die Erhebung der Anfechtungsklage kann von einem **Mehrheitsbeschluss der Gesellschafter** abhängig gemacht werden. Dieser Beschluss ersetzt nicht die Ausschließungsklage nach § 140 HGB, begründet aber eine Pflicht auch der überstimmten Gesellschafter, sich an der Ausschließungsklage zu beteiligen (MünchHdb GesR I/*Piehler* § 67 Rn. 42; GroßkommHGB/*C. Schäfer* § 140 Rn. 59; Heymann/*Emmerich* § 140 Rn. 34). **202**

cc) Ausschließungsbeschluss statt Klage Die Gesellschafter können im Gesellschaftsvertrag vereinbaren, dass an die Stelle der Gestaltungsklage des § 140 HGB ein **Gesellschafterbeschluss** tritt (BGHZ 31, 295, 298 ff.; 47, 293, 302; 68, 212, 214; 81, 263, 265 f.; 107, 351, 356; MünchHdb GesR I/*Piehler* § 67 Rn. 41; Heymann/*Emmerich* § 140 Rn. 33; MüKo HGB/*K. Schmidt* § 140 Rn. 91; *Herrmann* RdA 1989, 314, 316; Röhricht/v. Westphalen/*v. Gerkan* § 140 Rn. 24). Eine solche Vereinbarung ist auch in einer zweigliedrigen Gesellschaft zulässig. Der Ausschließungsbeschluss ist grundsätzlich **einstimmig** zu fassen, gesellschaftsvertraglich kann jedoch auch eine **Mehrheitsentscheidung** vereinbart werden (GroßkommHGB/*C. Schäfer* § 140 Rn. 57). Dem auszuschließenden Gesellschafter steht bei der Beschlussfassung kein Stimmrecht zu (*Mayer* BB 1992, 1497, 1497). Liegt ein Ausschließungsgrund vor, sind die Gesellschafter dazu verpflichtet, bei der Beschlussfassung für den Ausschluss des betroffenen Gesellschafters zu stimmen. Verweigert ein Gesellschafter treuwidrig seine Mitwirkung, so ist er auf Zustimmung zur Ausschließung zu verklagen. Für eine Ausschließungsklage ist nach h. M. in einem solchen Fall kein Raum (BGH DStR 1997, 1090; MüKo HGB/*K. Schmidt* § 140 Rn. 92; Hdb PersGes/*Sauter* § 7 Rn. 102). Ist der betroffene Gesellschafter bei der Beschlussfassung anwesend, wird der Ausschluss ihm gegenüber bereits mit der Beschlussfassung wirksam; ansonsten ist ihm der Beschluss mitzuteilen. Der betroffene Gesellschafter scheidet mit Mitteilung aus der Gesellschaft aus (BGHZ 31, 295, 301; *Bräutigam* FS Quack, S. 189, 195; *Kiethe* NZG 2004, 114). Dies setzt die Rechtmäßigkeit des Ausschlusses voraus (GroßkommHGB/*C. Schäfer* § 140 Rn. 57). Liegt kein wichtiger Grund für den Ausschluss des Gesellschafters vor, ist der Beschluss nichtig (*M. Schwab* S. 658). Der Ausschluss eines Gesellschafters durch Gesellschafterbeschluss kann durch **Feststellungsklage** gerichtlich überprüft werden (vgl. oben Rn. 77, 73 ff. zu Beschlussmängelstreitigkeiten; BGHZ 31, 295, 299; MünchHdb GesR I/*Piehler* § 67 Rn. 41; *Bräutigam* FS Quack, S. 189, 193; MüKo HGB/*K. Schmidt* § 140 Rn. 93). Die Klage kann von jedem Gesellschafter erhoben werden und ist gegen die Mitgesellschafter zu richten. Der Gesellschaft selbst kann ein Klagerecht eingeräumt werden (GroßkommHGB/*C. Schäfer* § 140 Rn. 58). **203**

dd) Hinauskündigungsrecht – Verzicht auf wichtigen Grund Ob für den Ausschluss eines Gesellschafters aus einer Personenhandelsgesellschaft auch auf das Erfordernis eines wichtigen Grundes verzichtet werden kann, ist problematisch. Nach der Rechtsprechung des BGH und h. L. bedarf eine Regelung, nach der die Ausschließung eines Gesellschafters ohne Vorliegen eines wichtigen Grundes zulässig ist, einer **besonderen sachlichen Rechtfertigung**, da ein solches **sog. Hinauskündigungsrecht** die wirtschaftliche und persönliche Freiheit der Gesellschaf- **204**

ter unverhältnismäßig einschränken würde (BGHZ 68, 212, 215; 81, 263, 266 ff.; 107, 351, 356; GroßkommHGB/C. *Schäfer* § 140 Rn. 54, 61 f.; MünchHdb GesR I/*Piehler* § 67 Rn. 45; MüKo HGB/*K. Schmidt* § 140 Rn. 89, 98 ff.; Röhricht/v. Westphalen/*v. Gerkan* § 140 Rn. 23; *Westermann* FG 50 Jahre BGH, 245, 255). Eine solche besondere Rechtfertigung hat der BGH in einem Fall bejaht, in dem der berechtigte Gesellschafter die volle Finanzierung übernommen und seiner Lebensgefährtin als auszuschließende Gesellschafterin für die Dauer dieser Beziehung eine Mehrheitsbeteiligung eingeräumt hatte (BGHZ 112, 103, 108 ff.; MünchHdb GesR I/*Piehler* § 67 Rn. 45; GroßkommHGB/C. *Schäfer* § 140 Rn. 63).

f) Das Ausschließungsverfahren

205 **aa) Allgemeines** Liegt ein Ausschließungsgrund vor, so ist dieser durch **Ausschließungsklage** nach § 140 HGB geltend zu machen. Die Geltendmachung als Einwendung scheidet aus (GroßkommHGB/C. *Schäfer* § 140 Rn. 42). Allerdings kann die Ausschließungsklage auch **als Widerklage** erhoben werden, in der Praxis häufig gegen eine Auflösungsklage des auszuschließenden Gesellschafters (Baumbach/Hopt/*Hopt* § 140 Rn. 21; MüKo HGB/*K. Schmidt* § 140 Rn. 65; E/B/J/*Lorz* § 140 Rn. 24). Die Ausschließungsklage ist **Gestaltungsklage**. Der Antrag lautet auf Ausschließung eines bestimmten, genau zu bezeichnenden Gesellschafters, z. B.: »Gesellschafter X wird ausgeschlossen« (MünchHdb GesR I/*Piehler* § 67 Rn. 33; GroßkommHGB/C. *Schäfer* § 140 Rn. 35, 42; MüKo HGB/*K. Schmidt* § 140 Rn. 75). Der Ausschließungsantrag kann sowohl als **Haupt- sowie als Eventualantrag** gestellt werden. So wird nicht selten die Auflösungsklage mit einen Hilfsantrag auf Ausschluss eines Gesellschafters verbunden (MüKo HGB/*K. Schmidt* § 140 Rn. 76; GroßkommHGB/C. *Schäfer* § 140 Rn. 42). Da Ausschließungs- und Auflösungsklage verschiedene Streitgegenstände betreffen, stellt der Übergang von Auflösungs- zur Ausschließungsklage eine Klageänderung dar (MüKo HGB/*K. Schmidt* § 140 Rn. 77; Heymann/*Emmerich* § 140 Rn. 27).

206 **bb) Parteien des Verfahrens – (1) Kläger** Die Ausschließungsklage ist grundsätzlich durch alle übrigen Gesellschafter gegen den auszuschließenden Gesellschafter zu erheben (BGHZ 64, 253, 255; 68, 81, 84; MüKo HGB/*K. Schmidt* § 140 Rn. 57; Hdb PersGes/*Sauter* § 7, Rn. 91; MünchHdb GesR I/*Piehler* § 67 Rn. 16, 34). Richtige Kläger sind somit die Gesellschafter, die nicht ausgeschlossen werden sollen. Im Unterschied zur Auflösungsklage nach § 133 HGB steht den verbleibenden Gesellschaftern das Klagerecht zur Ausschließung eines Gesellschafters **nur gemeinsam** zu (BGHZ 30, 195, 197; MüKo HGB/*K. Schmidt* § 140 Rn. 67; GroßkommHGB/C. *Schäfer* § 140 Rn. 5, 36; *Roth* FS Großfeld 1999, 915 f.; *Lüke* JuS 1998, 594, 595). Auf diese Weise wird sichergestellt, dass die übrigen Gesellschafter ein Interesse daran haben, die Gesellschaft unter Ausschluss des Störers zu erhalten (GroßkommHGB/C. *Schäfer* § 140 Rn. 52; Heymann/*Emmerich* § 140 Rn. 23 a; *Bräutigam* FS Quack 1991, 189, 194; *M. Schwab* S. 227). Die Kläger sind **notwendige Streitgenossen** (BGHZ 30, 195, 197; OLG München NZG 1999, 590; MüKo HGB/*K. Schmidt* § 140 Rn. 73; Baumbach/Hopt/*Hopt* § 140 Rn. 17; *Mayer* BB 1992, 1497). Klagen die verbleibenden Gesellschafter nicht gemeinsam, ist die Klage als unzulässig abzuweisen (BGHZ 30, 195, 197; Zöller/*Vollkommer* § 62 Rn. 11).

207 Nach der gesetzlichen Regelung steht der **Gesellschaft** selbst **kein Klagerecht** zu. Dieses kann gesellschaftsvertraglich aber vereinbart werden (MüKo HGB/*K. Schmidt* § 140 Rn. 66, 90; GroßkommHGB/C. *Schäfer* § 140 Rn. 36).

208 Die Mitwirkung eines Mitgesellschafters ist nach h. M. dann entbehrlich, wenn der Gesellschafter sich verbindlich mit der Klageerhebung **einverstanden erklärt** hat (BGHZ 68, 81, 83; BGH NJW 1998, 146; ZIP 2002, 710, 711; Hdb PersGes/*Sauter* § 7 Rn. 91; GroßkommHGB/C. *Schäfer* § 140 Rn. 37; *Mayer* BB 1992, 1497, 1499; dazu krit. MüKo HGB/*K. Schmidt* § 140 Rn. 66 ff.). Die Einverständniserklärung ist im Prozess beizubringen (GroßkommHGB/C. *Schäfer* § 140 Rn. 42). Es handelt sich um einen Fall gewillkürter Prozessstandschaft (*M. Schwab* S. 205; *Pabst* BB 1987, 892; *Roth* FS Großfeld 1999 915, 919).

Der einzelne Gesellschafter ist nach h. M. aufgrund seiner **Treuepflicht** dazu verpflichtet, seine Zustimmung zur Erhebung der Ausschließungsklage zu erteilen, wenn in der Person eines Gesellschafters ein Ausschließungsgrund gegeben ist und ihm die Mitwirkung an der Klage persönlich zuzumuten ist (BGHZ 64, 253 ff.; 68, 81, 82; 102, 172, 176; MüKo HGB/*K. Schmidt* § 140 Rn. 60 f.; Heymann/*Emmerich* § 140 Rn. 24; *M. Schwab* S. 203; *Pabst* BB 1978, 892). Liegt ein Ausschließungsgrund vor, besteht daher regelmäßig auch eine **Mitwirkungspflicht**. An der persönlichen Zumutbarkeit der Klageerhebung kann es ausnahmsweise bei engen familiären Beziehungen fehlen (MüKo HGB/*K. Schmidt* § 140 Rn. 60; GroßkommHGB/*C. Schäfer* § 140 Rn. 39; MünchHdb GesR I/*Piehler* § 67 Rn. 36). 209

Verweigert ein Gesellschafter die Mitwirkung, können die verbleibenden Gesellschafter Leistungsklage **auf Zustimmung** erheben, die aus prozessökonomischen Gründen nach h. M. mit der Ausschließungsklage verbunden werden kann (BGHZ 64, 253, 255, 266; 68, 81, 82 ff.; Hdb PersGes/*Sauter* § 7 Rn. 91; MünchHdb GesR I/*Piehler* § 67 Rn. 36 f.; krit. MüKo HGB/*K. Schmidt* § 140 Rn. 61 f., 66 ff.). Auch wenn vor Erhebung der Ausschließungsklage zuerst die Zustimmungsklage zu erheben wäre, muss das Urteil im Zustimmungsprozess nach h. M. weder abgewartet, noch muss der Ausschließungsprozess ausgesetzt werden (BGHZ 68, 81, 82 ff.; krit. *M. Schwab* S. 204; MüKo HGB/*K. Schmidt* § 140 Rn. 79). Über beide Klagen wird gleichzeitig verhandelt und entschieden. Die Zustimmungsklage kann durch einen einzelnen Gesellschafter erhoben werden, da mit ihr ein sich aus dem Gesellschaftsvertrag ergebender Individualanspruch geltend gemacht wird (BGHZ 64, 253, 256; *Mayer* BB 1992, 1497, 1498; *M. Schwab* S. 203; *Roth* FS Großfeld 1999 915, 919). Wird der beklagte Gesellschafter zur Zustimmung verurteilt, ersetzt das Urteil nach § 894 ZPO seine Zustimmung, so dass die anderen Gesellschafter in Prozessstandschaft die Ausschließungsklage erheben (BGHZ 64, 253, 259; 68, 81, 82; GroßkommHGB/*C. Schäfer* § 140 Rn. 40; *Lüke* JuS 1998, 594, 595). Im Unterschied zur h. M. und der Übung in der Praxis spricht sich *K. Schmidt* für eine **einheitliche Gestaltungsklage** aus, die sowohl gegen die auszuschließenden Gesellschafter als auch gegen die Gesellschafter, die ihre Mitwirkung verweigern, zu erheben ist. Eine gesonderte Zustimmungsklage wäre damit entbehrlich (MüKo HGB/*K. Schmidt* § 140 Rn. 70, 75). 210

(2) Beklagter Richtiger Beklagter ist der Gesellschafter, der aus der Gesellschaft ausgeschlossen werden soll (MüKo HGB/*K. Schmidt* § 140 Rn. 69; GroßkommHGB/*C. Schäfer* § 140 Rn. 41). Die Ausschließungsklage kann auch gegen **mehrere Beklagte** erhoben werden (BGHZ 64, 253, 255; 68, 81, 83 f.; Hdb PersGes/*Sauter* § 7 Rn. 91; GroßkommHGB/*C. Schäfer* § 140 Rn. 38). Ein einheitlicher Ausschließungsgrund oder auch ein sachlicher Zusammenhang ist dabei nach h. M. nicht erforderlich (Heymann/*Emmerich* § 140 Rn. 26; MüKo HGB/*K. Schmidt* § 140 Rn. 67). Ist allerdings in einem solchen Fall die Klage gegen einen Beklagten unbegründet, ist sie gegenüber den anderen Beklagten als unzulässig abzuweisen, da es dann insoweit an der Klageerhebung durch alle übrigen Gesellschafter fehlt (BGHZ 64, 253, 255; MüKo HGB/*K. Schmidt* § 140 Rn. 67; GroßkommHGB/*C. Schäfer* § 140 Rn. 38; Heymann/*Emmerich* § 140 Rn. 26; *Lüke* JuS 1998, 594, 595). Eine solche Abweisung lässt sich vermeiden, indem jeder der beklagten Gesellschafter hilfsweise auf Zustimmung zur Ausschließungsklage gegen die jeweils anderen Betroffenen verklagt wird (GroßkommHGB/*C. Schäfer* § 140 Rn. 41; *Mayer* BB 1992, 1497, 1498; *M. Schwab* S. 204; krit. MüKo HGB/*K. Schmidt* § 140 Rn. 67). Mehrere Beklagte sind **notwendige Streitgenossen** (MüKo HGB/*K. Schmidt* § 140 Rn. 74). 211

Scheidet der beklagte Gesellschafter während des Verfahrens aus der Gesellschaft **aus**, so ist nach h. M. die Hauptsache in der Regel erledigt, da die Gefährdung der Gesellschaft und damit das Rechtsschutzbedürfnis für einen Ausschluss weggefallen ist (BGHZ 1, 324, 330; MüKo HGB/*K. Schmidt* § 140 Rn. 79; GroßkommHGB/*C. Schäfer* § 140 Rn. 43; E/B/J/*Lorz* § 140 Rn. 33; Heymann/*Emmerich* § 140 Rn. 27; krit. *Bräutigam* FS Quack 1991, 189, 192 ff.). Um die Kostenbelastung zu vermeiden, müssen die Kläger den Rechtsstreit in der Hauptsache für erledigt erklären (MüKo HGB/*K. Schmidt* § 140 Rn. 79). Es ist davon auszugehen, dass im Fall der Anteilsübertragung die Klage regelmäßig nicht gegen den Rechtsnachfolger weiter verfolgt werden kann, da 212 der Ausschließungsgrund auf die Person des auszuschließenden Gesellschafters bezogen ist. § 265 Abs. 2 ZPO ist nicht anwendbar (MüKo HGB/*K. Schmidt* § 140 Rn. 79; GroßkommHGB/*C. Schäfer* § 140 Rn. 43).

213 **cc) Zuständigkeit** Die Klage ist beim Gerichtsstand des Auszuschließenden nach § 13 ZPO oder im besonderen Gerichtsstand der Mitgliedschaft nach § 22 ZPO zu erheben (Baumbach/Hopt/*Hopt* § 140 Rn. 21; MüKo HGB/*K. Schmidt* § 140 Rn. 64; E/B/J/*Lorz* § 140 Rn. 24). Die **sachliche Zuständigkeit** richtet sich nach dem Streitwert, der gem. § 3 ZPO durch das Gericht nach freiem Ermessen festzusetzen ist. Dabei kommt es maßgeblich auf das Interesse der Kläger an der Ausschließung an. Dieses Interesse bestimmt sich nicht nach dem Gesellschaftsanteil des Beklagten, sondern im Regelfall nach dem Gesellschaftsanteil des bzw. der klagenden Gesellschafter (BGHZ 19, 172, 175; MüKo HGB/*K. Schmidt* § 140 Rn. 64; GroßkommHGB/*C. Schäfer* § 140 Rn. 42). **Funktionell zuständig** ist die Kammer für Handelssachen gem. § 95 Abs. 1 Nr. 4 a GVG (MüKo HGB/*K. Schmidt* § 140 Rn. 64).

214 **dd) Klagefrist** Die Ausschließungsklage unterliegt grundsätzlich **keiner Frist**. Zu langes Abwarten kann allerdings zur Verwirkung führen oder gegen die Unzumutbarkeit der Fortsetzung des Gesellschaftsverhältnisses und damit gegen einen Ausschließungsgrund sprechen (BGHZ 107, 351, 356; BGH NJW 1966, 2160, 2161; NJW 1999, 2820, 2821; Heymann/*Emmerich* § 140 Rn. 18). Eine **Verwirkung** setzt voraus, dass das Verhalten aller übrigen Gesellschaft dahingehend zu deuten ist, dass sie die Ausschließung nicht mehr geltend machen werden (GroßkommHGB/*C. Schäfer* § 140 Rn. 18).

215 **ee) Weitere prozessuale Fragen** Grundsätzlich kann nach allgemeinen prozessualen Regeln ein **Versäumnisurteil** ergehen (MüKo HGB/*K. Schmidt* § 140 Rn. 78). Da den Gesellschaftern die Verfügungsbefugnis über den Ausschließungsanspruch zusteht, können sie – wenngleich auch nur gemeinsam – auf den Anspruch **verzichten** (GroßkommHGB/*C. Schäfer* § 140 Rn. 18). Aufgrund der Verfügungsbefugnis der Parteien über den Streitgegenstand ist auch ein **Anerkenntnis** nach § 307 ZPO nicht grundsätzlich unzulässig. Erkennt der beklagte Gesellschafter das Ausschlussbegehren der Kläger an, so wird dies regelmäßig als materiellrechtliche Austrittsvereinbarung zu bewerten sein, so dass einem prozessualen Anerkenntnis wenig praktische Bedeutung zukommen wird (MüKo HGB/*K. Schmidt* § 140 Rn. 78). Kommt es zum Austritt des beklagten Gesellschafters während des Verfahrens, führt dies zur **Erledigung der Hauptsache** (MüKo HGB/*K. Schmidt* § 140 Rn. 78 f.; Heymann/*Emmerich* § 140 Rn. 27; E/B/J/*Lorz* § 140 Rn. 33).

216 Liegt ein Ausschließungsgrund vor, so hat das Gericht der Klage stattzugeben, entgegen der missverständlichen Formulierung in § 140 HGB steht dem Gericht insoweit kein Ermessen zu (MüKo HGB/*K. Schmidt* § 140 Rn. 81). Der Ausschließungsgrund muss im Zeitpunkt der letzten mündlichen Verhandlung gegeben sein (GroßkommHGB/*C. Schäfer* § 140 Rn. 18; K/R/M/*Koller* § 140 Rn. 2).

g) Urteil und Urteilswirkungen

217 Das der Klage stattgebende Gestaltungsurteil führt **mit Rechtskraft** zur Ausschließung des Gesellschafters (BGHZ 107, 351, 357; MüKo HGB/*K. Schmidt* § 140 Rn. 83; Baumbach/Hopt/*Hopt* § 140 Rn. 21; MünchHdb GesR I/*Piehler* § 67 Rn. 33; GroßkommHGB/*C. Schäfer* § 140 Rn. 35, 44 f.; Heymann/*Emmerich* § 140 Rn. 28). Bis zu diesem Zeitpunkt behält der auszuschließende Gesellschafter seine Gesellschafterstellung mit allen Rechten und Pflichten, wie beispielsweise das Recht zur Mitwirkung bei Beschlussfassungen oder das Entnahmerecht, bei. Das Urteil hat keine Rückwirkung. Der Gesellschafter scheidet erst mit Rechtskraft des Urteils aus der Gesellschaft aus (MüKo HGB/*K. Schmidt* § 140 Rn. 83, 85; GroßkommHGB/*C. Schäfer* § 140 Rn. 46; Röhricht/v. Westphalen/*v. Gerkan* § 140 Rn. 19). Das Ausscheiden des Gesellschafters ist zur Eintragung ins **Handelsregister anzumelden** (Baumbach/Hopt/*Hopt* § 143 Rn. 2).

Die Gesellschaft besteht **als werbende Gesellschaft** unter den übrigen Gesellschaftern fort, sofern mindestens zwei Gesellschafter verbleiben. Der Gesellschaftsanteil des Ausgeschlossenen wächst den verbleibenden Gesellschaftern an (MüKo HGB/*K. Schmidt* § 140 Rn. 85; GroßkommHGB/*C. Schäfer* § 140 Rn. 44, 47; K/R/M/*Koller* § 140 Rn. 3; Röhricht/v. Westphalen/*v. Gerkan* § 140 Rn. 19). Wird jedoch der einzige persönlich haftende Gesellschafter einer KG ausgeschlossen, so führt dies zur Auflösung der Gesellschaft, sofern nicht ein neuer persönlich haftender Gesellschafter der KG beitritt oder ein Kommanditist die unbeschränkte Haftung übernimmt (vgl. oben Rn. 195; BGHZ 51, 198, 200; Baumbach/Hopt/*Hopt* § 140 Rn. 8; GroßkommHGB/*C. Schäfer* § 140 Rn. 27; E/B/J/*Lorz* § 140 Rn. 34) **218**

Der ausgeschlossene Gesellschafter hat Anspruch auf **Auszahlung des Auseinandersetzungsguthabens**. Für die Bemessung der Abfindung kommt es gem. § 140 Abs. 2 HGB auf den Zeitpunkt der Klageerhebung an (MüKo HGB/*K. Schmidt* § 140 Rn. 85 ff.; GroßkommHGB/*C. Schäfer* § 140 Rn. 48; E/B/J/*Lorz* § 140 Rn. 36). **219**

h) Einstweiliger Rechtsschutz

Bis zur rechtskräftigen Entscheidung über die Klage besteht häufig das Bedürfnis, eine vorläufige Regelung zu erwirken, da der auszuschließende Gesellschafter seine Gesellschafterstellung mit allen Rechten und Pflichten behält und die Beziehung der Gesellschafter untereinander typischerweise so stark gestört ist, dass ein Zusammenwirken nicht mehr zu erwarten ist. Aufgrund des Verbots der Vorwegnahme der Hauptsache ist der Ausschluss des betroffenen Gesellschafters durch **einstweilige Verfügung nicht zulässig** (BGHZ 33, 105, 110; MüKo HGB/*K. Schmidt* § 140 Rn. 80; GroßkommHGB/*C. Schäfer* § 140 Rn. 44 ff.; Baumbach/Hopt/*Hopt* § 140 Rn. 21; Heymann/*Emmerich* § 140 Rn. 28 f.; Röhricht/v. Westphalen/*v. Gerkan* § 140 Rn. 18). Dagegen kann dem auszuschließenden Gesellschafter durch einstweilige Verfügung die Geschäftsführungs- oder Vertretungsbefugnis entzogen und gegebenenfalls einem Dritten übertragen werden. Dies gilt auch für den einzigen zur Geschäftsführung und Vertretung befugten Gesellschafter – insbesondere im Hinblick auf den einzigen persönlich haftenden Gesellschafter einer KG (BGHZ 33, 105, 107, 111; MüKo HGB/*K. Schmidt* § 140 Rn. 80; GroßkommHGB/*C. Schäfer* § 140 Rn. 28; MünchHdb GesR I/*Piehler* § 67 Rn. 33; E/B/J/*Lorz* § 140 Rn. 26). **220**

i) Sonderfall des § 140 Abs. 1 S. 2 HGB

Nach § 140 Abs. 1 S. 2 HGB steht der Ausschließungsklage nicht entgegen, dass nach der Ausschließung nur ein Gesellschafter verbleibt (MüKo HGB/*K. Schmidt* § 140 Rn. 9; *K.Schmidt* ZIP 1997, 909, 918). § 142 HGB a. F. regelte für diesen Fall eine gesonderte **Übernahmeklage**, mit der der Kläger auf Übernahme des Unternehmens mit Aktiven und Passiven klagte. Nach alter Rechtslage handelte es sich nach h. M. bei der Ausschließungs- und Übernahmeklage um unterschiedliche Streitgegenstände (BGHZ 1, 324, 330; MüKo HGB/*K. Schmidt* § 140 Rn. 10; MünchHdb GesR I/*Piehler* § 67 Rn. 39). Mit der Neuregelung in § 140 Abs. 1 S. 2 HGB durch die Handelsrechtsreform von 1998 wurde diese Unterscheidung aufgegeben. § 140 Abs. 1 S. 2 HGB erfasst sowohl die Ausschließung eines Gesellschafters aus einer Zwei-Personen-Gesellschaft als auch die Ausschließung aller Gesellschafter aus einer mehrgliedrigen Gesellschaft mit Ausnahme des klagenden Gesellschafters (MüKo HGB/*K. Schmidt* § 140 Rn. 10 f.; GroßkommHGB/*C. Schäfer* § 140 Rn. 20). Umstritten ist, ob an den wichtigen Grund bei einer Klage nach § 140 Abs. 1 S. 2 HGB höhere Anforderungen zu stellen sind, als im Fall des § 140 Abs. 1 S. 1 HGB (dafür: Baumbach/Hopt/*Hopt* § 140 Rn. 14). Nach h. M. ist das Vorliegen eines Ausschließungsgrundes bei einer Ausschließungsklage nach § 140 Abs. 1 S. 2 HGB nicht anders zu beurteilen, als im Rahmen des § 140 Abs. 1 S. 1 HGB. Dafür spricht zum einen die Integration des § 142 HGB a. F. in die Regelung des § 140 Abs. 1 HGB als auch die Erwägung, dass sich der Ausschluss im Fall des § 140 Abs. 1 S. 2 HGB für den betroffenen Gesellschafter – gerade auch hinsichtlich der finanziellen Folgen – nicht härter darstellt als im Fall des § 140 Abs. 1 S. 1 HGB. Allerdings wird es regelmäßig schwer sein, einen wichtigen Grund nachzuweisen, der **221** den Verbleib nur eines Gesellschafters rechtfertigt (MüKo HGB/*K. Schmidt* § 140 Rn. 11; 19; GroßkommHGB/*C. Schäfer* § 140 Rn. 21; MünchHdb GesR I/*Piehler* § 67 Rn. 28).

222 Verbleibt nach dem Ausschluss lediglich ein Gesellschafter, geht das Gesellschaftsvermögen im Wege der Gesamtrechtsnachfolge auf ihn über. Die Gesellschaft selbst erlischt ohne Liquidation (BGHZ 48, 203, 206; 50, 307, 308; 113, 132, 133; BGH NJW 1971, 1844; MüKo HGB/*K. Schmidt* § 140 Rn. 86; GroßkommHGB/*C. Schäfer* § 140 Rn. 26, 51; E/B/J/*Lorz* § 140 Rn. 39).

B. Das Prozessrecht der GmbH

I. Allgemeine prozessrechtliche Fragen zur GmbH

1. Parteifähigkeit der GmbH

a) Allgemeines

223 Gem. § 50 Abs. 1 ZPO ist parteifähig, wer rechtsfähig ist. Nach § 13 Abs. 1 GmbHG besitzt die GmbH **Rechtsfähigkeit** und kann vor Gericht klagen und verklagt werden. Die GmbH ist somit parteifähig (BGH NJW 1988, 1321, 1322; BAG GmbHR 2003, 1009, 1010; *Lutter/Hommelhoff* GmbHG, § 13 Rn. 2; Scholz/*Emmerich* GmbHG, § 13 Rn. 23; R/S-L/*Pentz* § 13 Rn. 24; Zöller/*Vollkommer* § 50 Rn. 12, 16; MüKo ZPO/*Lindacher* § 50 Rn. 6, 11). Dies gilt sowohl für Streitigkeiten aus dem Gesellschaftsverhältnis als auch für Streitigkeiten zwischen der GmbH und Dritten (Baumbach/Hueck/*Fastrich* § 13 Rn. 7). Die Parteifähigkeit ist **Prozessvoraussetzung** und muss als solche noch im Zeitpunkt der letzten mündlichen Verhandlung vorliegen. Dies gilt auch noch in der Revisionsinstanz. Als Prozesshandlungsvoraussetzung muss die Parteifähigkeit schon bei Erhebung der Klage vorhanden und während des ganzen Rechtsstreits gegeben sein. Ansonsten ist die Klage als unzulässig abzuweisen (BGHZ 110, 294, 296; OLG Düsseldorf NZG 2004, 916, 918; Zöller/*Vollkommer* § 50 Rn. 5 f., § 52 Rn. 12 f.; *Jauernig* S. 64 ff.).

224 Die GmbH wird **mit Eintragung** nach § 11 Abs. 1 GmbHG **rechts- und parteifähig** (BAG GmbHR 2003, 1009, 1010; MüKo ZPO/*Lindacher* § 50 Rn. 11; Michalski/*Michalski* § 11 Rn. 1).

b) Verlust der Parteifähigkeit mit Vollbeendigung

225 Mit ihrer Vollbeendigung verliert die GmbH ihre Rechts- und Parteifähigkeit (BGHZ 105, 259, 260; BAG GmbHR 2003, 1009, 1010; OLG Düsseldorf NZG 2004, 916, 918; Zöller/*Vollkommer* § 50 Rn. 4; Scholz/*Emmerich* GmbHG, § 13 Rn. 23). Dies hat zur Folge, dass jede Klage der Gesellschaft als auch jede gegen die Gesellschaft erhobene Klage **unzulässig** wird. Um einer Klageabweisung zu entgehen, ist eine Erledigung des Rechtsstreits zu erklären (BGHZ 74, 212; BGH NJW 1982, 238; OLG Düsseldorf NZG 2004, 916, 921; Michalski/*Nerlich* § 74 Rn. 35 f.; *Lutter/Hommelhoff* GmbHG, § 74 Rn. 17).

226 Durch Auflösung ist die GmbH noch nicht beendet, sondern tritt regelmäßig zunächst in das **Liquidationsstadium** ein (vgl. § 66 GmbHG). In der Liquidation ist die Gesellschaft **weiterhin rechts- und parteifähig.** Dies gilt unabhängig davon, ob die Liquidation aufgrund Gesellschafterbeschluss oder Eröffnung des Insolvenzverfahrens eingeleitet wird. Wird der Antrag auf Eröffnung des Insolvenzverfahrens einer GmbH in Liquidation abgelehnt, bleibt sie solange parteifähig, wie noch verteilungsfähiges Vermögen vorhanden ist (BGHZ 94, 105, 108; Zöller/*Vollkommer* § 50 Rn. 4 b; MüKo ZPO/*Lindacher* § 50 Rn. 14; *Happ* GmbH, § 3 Rn. 5; *Saenger* GmbHR 1994, 300).

227 Die Vollbeendigung einer GmbH setzt nach der h. L. vom Doppeltatbestand sowohl die **Vermögenslosigkeit** als auch die **Eintragung der Löschung** ins Handelsregister voraus (BGHZ 105, 259, 260; BAG GmbHR 2003, 1009, 1010; OLG Düsseldorf NZG 2004, 916, 918; KG NZG 2004, 1004; Michalski/*Nerlich* § 60 Rn. 8, § 66 Rn. 87 f.; Scholz/*K. Schmidt* GmbHG, § 74 Rn. 12 ff.; Zöller/*Vollkommer* § 50 Rn. 4; a. A. A/E/S/*Ensthaler* § 13 Rn. 8). Für diese Auffassung sprechen Gründe der Rechtssicherheit und Rechtsklarheit, da das Merkmal der Vermögenslosigkeit zu viele Unsicherheiten in sich trägt, um für sich allein die Vollbeendigung zu begründen. Somit führen weder allein die Löschung, wenn noch Vermögen vorhanden ist oder sonstiger Abwicklungsbedarf besteht, noch allein die Vermögenslosigkeit ohne Löschung zur Beendigung der Gesellschaft (OLG Düsseldorf NZG 2004, 916, 918; KG NZG 2004, 1004; Michalski/*Nerlich* § 74 Rn. 35 f.; R/S-L/*Rasner* § 74 Rn. 12; *Lutter/Hommelhoff* GmbHG, § 74 Rn. 7). Erfolgt die Löschung während eines laufenden Verfahrens, ist die Gesellschaft infolge der Lehre vom Doppeltatbestand im Aktivprozess daher so lange parteifähig, wie sie vermögenswerte Rechte geltend macht. Der durch die Gesellschaft geltend gemachte vermögenswerte Anspruch steht der Vollbeendigung entgegen (BGHZ 74, 212, 213; OLG Hamm NZG 1998, 778; Zöller/*Vollkommer* § 50 Rn. 4 a; Baumbach/Hueck/*Scholze-Osterloh* § 74 Rn. 18; *Saenger* GmbHR 1994, 300, 303). Wird die Löschung der GmbH während eines laufenden Passivprozesses eingetragen, ist die GmbH weiter parteifähig, solange vermögenswerte Rechte gegen sie geltend gemacht und substantiiert behauptet werden (BGHZ 48, 303, 307; Michalski/*Michalski* § 13 Rn. 70, § 74 Rn. 38; Zöller/*Vollkommer* § 50 Rn. 4 a f.; Scholz/*K. Schmidt* GmbHG, § 74 Rn. 17 a). Kommt es zur Löschung der Gesellschaft während des Verfahrens, endet jedoch die Prozessvertretung durch die Geschäftsführer oder Liquidatoren. Durch das Registergericht sind Nachtragsliquidatoren zu bestellen; ansonsten ist die die Gesellschaft im Verfahren handlungs- und prozessunfähig (vgl. ausführl. unten Rn. 238 ff.; Michalski/*Nerlich* § 66 Rn. 87, 96 ff., § 74 Rn. 49; MüKo ZPO/*Lindacher* § 50 Rn. 15; *Bork* JZ 1991, 841, 844).

c) Klage nach Löschung der GmbH wegen Vermögenslosigkeit

Ist die GmbH bereits wegen Vermögenslosigkeit gelöscht, können vermögenswerte Ansprüche gegen die Gesellschaft grundsätzlich nicht mehr geltend gemacht werden. Da ein Leistungsurteil mangels Vermögensmasse nicht vollstreckt werden könnte, liegt **kein anerkennenswertes Interesse** für eine solche Klage vor (BGHZ 105, 259, 260 f.; OLG Düsseldorf NZG 2004, 916, 921). Von diesem Grundsatz ist jedoch dann eine Ausnahme zu machen, wenn der Kläger substantiiert behauptet, der GmbH stehe noch Aktivvermögen zu. Dies ist z. B. dann der Fall, wenn der Gläubiger im Liquidationsverfahren zu Unrecht übergangen wurde und der Gesellschaft daher ein Ersatzanspruch gegen die Liquidatoren zusteht (BGHZ 105, 259, 261; BAG GmbHR 2003, 1009, 1010; Scholz/*K. Schmidt* GmbHG, § 74 Rn. 17; Zöller/*Vollkommer* § 50 Rn. 4 b; MüKo ZPO/*Lindacher* § 50 Rn. 16). Um dem Gläubiger den Zugriff auf das Aktivvermögen zu ermöglichen, bedarf es eines Rechtsinhabers – die GmbH –, gegen den ein Titel erwirkt werden kann (BGHZ 105, 259, 260). Eine bereits gelöschte Gesellschaft kann dann Partei eines Aktivprozesses sein, wenn substantiiert dargelegt wird, dass der Gesellschaft weiter vermögenswerte Ansprüche zustehen, die ihrer Beendigung entgegenstehen. Stellt sich heraus, dass dies nicht der Fall ist, ist die Klage durch Sachurteil abzuweisen (Michalski/*Nerlich* § 74 Rn. 39 ff.; *Saenger* GmbHR 1994, 300, 303). Für ein Verfahren gegen oder durch eine bereits gelöschte GmbH sind Nachtragsliquidatoren zu bestellen (vgl. unten Rn. 238 ff.; Scholz/*K. Schmidt* GmbHG, § 74 Rn. 17; Michalski/*Nerlich* § 66 Rn. 96, 101, § 74 Rn. 41). 228

Im Streit um die Parteifähigkeit der Gesellschaft, im **sog. Zulassungsstreit**, gilt die Gesellschaft bis zur rechtskräftigen Entscheidung grundsätzlich als parteifähig (BGH NJW 1982, 238; 1993, 2944; Zöller/*Vollkommer* § 50 Rn. 8; *Saenger* GmbHR 1994, 300, 303). 229

2. Prozessfähigkeit der GmbH und prozessuale Vertretung

a) Prozessfähigkeit – Grundsatz

Die Prozessfähigkeit der GmbH ist umstritten. Prozessfähig ist, wer selbst oder durch einen selbst bestellten Vertreter Prozesshandlungen vornehmen und entgegennehmen kann (BAG GmbHR 2003, 1009, 1011; Zöller/*Vollkommer* Vor § 50 Rn. 15, § 52 Rn. 1; MüKo ZPO/*Lindacher* §§ 51, 52 Rn. 1). Zum Teil wird die Prozessfähigkeit der GmbH mit der Begründung verneint, sie könne nicht selbst, sondern nur durch ihre Organe bzw. gesetzlichen Vertreter handeln. Die h. M. bejaht dagegen mittlerweile die Prozessfähigkeit der GmbH unter Berufung auf die **Organtheorie**, nach der die GmbH durch ihre Organe selbst handlungsfähig ist und sich daher auch vertraglich verpflichten kann (BAG GmbHR 2003, 1009, 1011; R/S-L/*Pentz* § 13 Rn. 24; Scholz/*Emmerich* GmbHG, § 13 Rn. 23; *Lutter/Hommelhoff* § 13 Rn. 2; Baumbach/Hueck/*Fastrich* § 13 Rn. 6; Mi- 230 chalski/*Michalski* § 13 Rn. 69; *Happ* GmbH, § 3 Rn. 3 f.; *Saenger* GmbHR 1994, 300, 300). Auf die Entscheidung dieses Streitsstands kommt es allerdings regelmäßig nicht an, da Einigkeit darin besteht, dass die GmbH im Prozess in der Regel durch ihre Geschäftsführer vertreten wird (MüKo ZPO/*Lindacher* §§ 51, 52 Rn. 25).

b) Vertretung durch die Geschäftsführer

231 Die GmbH wird im Prozess gem. § 35 Abs. 1 GmbHG grundsätzlich durch ihre Geschäftsführer vertreten (vgl. Ausnahmen jeweils bei besonderen Klagearten; Zöller/*Vollkommer* § 51 Rn. 4; MüKo ZPO/*Lindacher* §§ 51, 52 Rn. 25; *Lutter/Hommelhoff* § 35 Rn. 6; Michalski/*Michalski* § 13 Rn. 71; Scholz/*Emmerich* GmbHG, § 13 Rn. 24; R/S-L/*Pentz* § 13 Rn. 24 f., R/S-L/*Koppensteiner* § 35 Rn. 10; Baumbach/Hueck/*Fastrich* § 13 Rn. 6; Ulmer/*Raiser* § 13 Rn. 34; A/E/S/*Ensthaler* § 13 Rn. 5). Mehrere Geschäftsführer wirken nach der gesetzlichen Regel des § 35 Abs. 2 S. 2 GmbHG als Gesamtvertreter zusammen (BGHZ 34, 27, 29; R/S-L/*Koppensteiner* § 35 Rn. 40, 50; Michalski/*Lenz* § 35 Rn. 60). Vom Grundsatz der Gesamtvertretung kann durch statutarische Vereinbarung abgewichen werden. Demnach kann der Gesellschaftsvertrag **Einzelvertretungsbefugnis** für jeden oder auch nur einzelne Geschäftsführer vorsehen (Michalski/*Lenz* § 35 Rn. 48 ff.; R/S-L/*Koppensteiner* § 35 Rn. 50). Möglich ist auch eine Kombination von Einzel- und Gesamtvertretung in der Weise, dass ein Geschäftsführer zur alleinigen Vertretung befugt ist, weitere Geschäftsführer dagegen als Gesamtvertreter handeln müssen (R/S-L/*Koppensteiner* § 35 Rn. 50; A/E/S/*B. Schmidt* § 35 Rn. 32). Auch wenn das Recht der GmbH keine entsprechende gesetzliche Regelung aufweist, ist anerkannt, dass auch unechte Gesamtvertretung durch einen oder mehrere Geschäftsführer im Zusammenwirken mit einem Prokuristen möglich ist (R/S-L/*Koppensteiner* § 35 Rn. 56; R/S-L/*Pentz* § 13 Rn. 25; Michalski/*Lenz* § 35 Rn. 56; A/E/S/*B. Schmidt* § 35 Rn. 33). In der Klageschrift sollen nach § 130 Nr. 1 ZPO Namen und Anschriften der Geschäftsführer angegeben werden (Scholz/*Emmerich* GmbHG, § 13 Rn. 24; Ulmer/*Raiser* § 13 Rn. 35; Zöller/*Greger* § 130 Rn. 4).

c) Vertretung in der Liquidation

232 **aa) Vertretung durch Liquidatoren** In der Liquidation wird die GmbH durch die Liquidatoren vertreten (R/S-L/*Koppensteiner* § 35 Rn. 4, 8; Michalski/*Michalski* § 13 Rn. 71; Zöller/*Vollkommer* § 51 Rn. 4 a). Wird die Gesellschaft nach § 60 GmbHG aufgelöst, kommt es, außer bei Durchführung eines Insolvenzverfahrens, zur Liquidation der Gesellschaft (A/E/S/*Ensthaler* § 66 Rn. 2; Scholz/*K. Schmidt* GmbHG, § 66 Rn. 2; Michalski/*Nerlich* § 66 Rn. 3). Mit Auflösung der Gesellschaft erlischt die Vertretungsbefugnis der Geschäftsführer; die Geschäftsführungs- und Vertretungsbefugnis der Gesellschaft liegt bei den Liquidatoren (R/S-L/*Rasner* § 66 Rn. 3; Scholz/*K. Schmidt* GmbHG, § 66 Rn. 2; L/H/*Lutter/Kleindiek* § 66 Rn. 1). Wird durch Satzung oder Gesellschafterbeschluss nichts anderes bestimmt, sind die Geschäftsführer nach § 66 Abs. 1 GmbHG als **geborene Liquidatoren** für die Durchführung der Liquidation zuständig (A/E/S/*Ensthaler* § 66 Rn. 2; Scholz/*K. Schmidt* GmbHG, § 66 Rn. 4; Michalski/*Nerlich* § 66 Rn. 3; *Saenger* GmbHR 1994, 300, 331). Eine besondere Erklärung durch die Geschäftsführer ist insofern nicht erforderlich, da die Bestellung durch Gesetz erfolgt. Es gilt insofern der **Grundsatz der Kontinuität des Amtes** (Scholz/*K. Schmidt* GmbHG, § 66 Rn. 5). Bestimmen die Gesellschafter durch Satzung oder Gesellschafterbeschluss andere Personen zu Liquidatoren, wird von **gekorenen Liquidatoren** gesprochen (A/E/S/*Ensthaler* § 66 Rn. 3; R/S-L/*Rasner* § 66 Rn. 2; Michalski/*Nerlich* § 66 Rn. 26 ff.; Scholz/*K. Schmidt* GmbHG, § 66 Rn. 7 f.). Im Unterschied zu den geborenen Liquidatoren ist eine Annahme der Bestellung durch die gekorenen Liquidatoren erforderlich (A/E/S/*Ensthaler* § 66 Rn. 5; Michalski/*Nerlich* § 66 Rn. 26).

233 **bb) Gerichtliche Bestellung der Liquidatoren** Gem. § 66 Abs. 2 kann **aus wichtigem Grund** die Bestellung der Liquidatoren gerichtlich erfolgen. Zuständig ist das Amtsgericht als Registergericht (Scholz/*K. Schmidt* GmbHG, § 66 Rn. 11 ff.; *Lutter/Hommelhoff* GmbHG, § 66 Rn. 5). Antragsberechtigt sind ein oder mehrere Gesellschafter, die mindestens 10 % des Stammkapitals hal-

ten. Es handelt sich um eine Regelung des **Minderheitenschutzes**, die als solche nicht abbedungen werden kann (R/S-L/*Rasner* § 66 Rn. 10, 19; Michalski/*Nerlich* § 66 Rn. 36; A/E/S/*Ensthaler* § 66 Rn. 6 f.). Ein wichtiger Grund ist immer dann gegeben, wenn ohne gerichtliche Bestellung eine ordnungsgemäße Liquidation der Gesellschaft nicht gewährleistet ist. Dies ist beispielsweise dann der Fall, wenn Liquidatoren nicht oder nicht in vertretungsberechtigter Anzahl vorhanden sind, und, da die Gesellschafter keine Einigung erzielen können, mit ihrer Bestellung durch die Gesellschafter auch nicht zu rechnen ist (Michalski/*Nerlich* § 66 Rn. 41 f.; R/S-L/*Rasner* § 66 Rn. 13; Baumbach/Hueck/*Schulze-Osterloh* § 66 Rn. 20).

Gegen die Entscheidung des Gerichts kann **sofortige Beschwerde** gem. §§ 146 Abs. 2, 148 Abs. 1 FGG zum Landgericht erhoben werden und ggf. gegen die Entscheidung des Beschwerdegerichts die sofortige weitere Beschwerde gem. §§ 27 Abs. 1, 29 Abs. 1 FGG. Die sofortige Beschwerde unterliegt einer **Frist von zwei Wochen** nach Bekanntgabe gem. § 22 FGG (Scholz/*K. Schmidt* GmbHG, § 66 Rn. 23; *Lutter/Hommelhoff* GmbHG, § 66 Rn. 6; Baumbach/Hueck/*Schulze-Osterloh* § 66 Rn. 22). Hinsichtlich der Beschwerdebefugnis ist zwischen ablehnender und stattgebender Entscheidung zu differenzieren. Im Falle der Ablehnung des Antrags sind lediglich die Antragsteller befugt, die auch im Beschwerdeverfahren 10 % des Stammkapitals auf sich vereinigen müssen. Gegenüber einem stattgebenden Antrag können die einzelnen Gesellschafter, der abberufene Liquidator sowie die Gesellschaft sofortige Beschwerde einlegen (Scholz/*K. Schmidt* GmbHG, § 66 Rn. 23; Baumbach/Hueck/*Schulze-Osterloh* § 66 Rn. 22; *Lutter/Hommelhoff* GmbHG, § 66 Rn. 6). 234

cc) Gerichtliche Bestellung von Notliquidatoren Von der gerichtlichen Bestellung der Liquidatoren nach § 66 Abs. 2 GmbHG ist die gerichtliche Bestellung von Notliquidatoren nach §§ 29, 48 BGB analog zu unterscheiden, die im Unterschied zur Bestellung nach § 66 Abs. 2 GmbHG lediglich **vorläufigen Charakter** hat und durch eine Bestellung nach § 66 Abs. 1 oder Abs. 2 GmbHG zu ersetzen ist. Eine Bestellung nach §§ 29, 48 BGB kann von jedem Beteiligten, wie z. B. von Gläubigern der GmbH, beantragt werden (Scholz/*K. Schmidt* GmbHG, § 66 Rn. 33; *Lutter/Hommelhoff* GmbHG, § 66 Rn. 7; Michalski/*Nerlich* § 66 Rn. 53; R/S-L/*Rasner* § 66 Rn. 15). 235

dd) Persönliche Eignung der Liquidatoren Die persönliche Eignung der Liquidatoren entspricht aufgrund der Verweisung in § 66 Abs. 4 GmbHG auf die Regelung des § 6 Abs. 2 S. 3, 4 GmbH der persönlichen Eignung zum Geschäftsführer. Liquidator kann jede unbeschränkt geschäftsfähige natürliche Person sowie juristische Person sein (Baumbach/Hueck/*Schulze-Osterloh* § 66 Rn. 5 f.; *Lutter/Hommelhoff* GmbHG, § 66 Rn. 1; A/E/S/*Ensthaler* § 66 Rn. 17). 236

ee) Abberufung von Liquidatoren Bei der Abberufung von Liquidatoren ist zwischen der Abberufung durch die Gesellschafter und der gerichtlichen Abberufung nach § 66 Abs. 3 GmbHG zu unterscheiden. Die nach § 66 Abs. 1 GmbHG bestellten Liquidatoren können **durch die Gesellschafter** nach § 66 Abs. 3 S. 2 GmbHG jederzeit, fristlos und ohne wichtigen Grund abberufen werden (Michalski/*Nerlich* § 66 Rn. 62; *Lutter/Hommelhoff* GmbHG § 66 Rn. 11). Die gem. § 66 Abs. 2 GmbHG gerichtlich bestellten Liquidatoren können hingegen nur **durch gerichtliche Entscheidung** gem. § 66 Abs. 3 S. 1 GmbHG unter denselben Voraussetzungen wie bei der gerichtlichen Bestellung abberufen werden. Das Registergericht kann grundsätzlich jeden, nicht nur den nach § 66 Abs. 2 GmbHG gerichtlich bestellten Liquidator abberufen. Insofern ist ein Antrag von Gesellschaftern, deren Gesellschaftsanteile 10 % des Stammkapitals darstellen sowie ein wichtiger Grund erforderlich (R/S-L/*Rasner* § 66 Rn. 25; Michalski/*Nerlich* § 66 Rn. 67). Ferner hat ein Liquidator die Möglichkeit, sein Amt jederzeit ohne Angabe wichtiger Gründe niederzulegen (Scholz/*K. Schmidt* GmbHG, § 66 Rn. 45; *Lutter/Hommelhoff* GmbHG, § 66 Rn. 10 f.; Michalski/*Nerlich* § 66 Rn. 79; A/E/S/*Ensthaler* § 66 Rn. 12). 237

d) Nachtragsliquidation

238 Im Fall der Nachtragsliquidation wird die Gesellschaft von den gerichtlich zu bestellenden **Nachtragsliquidatoren** vertreten (Michalski/*Nerlich* § 66 Rn. 96 ff., § 74 Rn. 49). Eine Nachtragsliquidation findet statt, wenn die Gesellschaft gelöscht wurde, obwohl noch Vermögen vorhanden ist oder anderweitiger Abwicklungsbedarf besteht (Michalski/*Nerlich* § 66 Rn. 87, 90; R/S-L/*Rasner* § 74 Rn. 18; MüKo ZPO/*Lindacher* § 50 Rn. 15 f.; A/E/S/*Ensthaler* § 66 Rn. 19). § 66 Abs. 5 GmbHG normiert die Nachtragsliquidation für den Fall der Löschung wegen Vermögenslosigkeit nach § 141 a FGG, obwohl noch Vermögen vorhanden ist (R/S-L/*Rasner* § 66 Rn. 32; Scholz/*K. Schmidt* GmbHG, § 66 Rn. 26, 53).

239 Eine Nachtragsliquidation erfolgt jedoch nicht nur im Fall des § 66 Abs. 5 GmbHG, sondern auch dann, wenn die Löschung der Gesellschaft nach § 74 Abs. 1 S. 2 GmbHG erfolgt ist und weiterhin Vermögen vorhanden ist (Michalski/*Nerlich* § 66 Rn. 74 Rn. 43; R/S-L/*Rasner* § 74 Rn. 18; A/E/S/*Ensthaler* § 74 Rn. 4). Nach der **Lehre vom Doppeltatbestand**, nach der für die Beendigung der Gesellschaft sowohl die Löschung im Register als auch die Vermögenslosigkeit erforderlich ist, ist die GmbH daher noch nicht beendet (vgl. oben Rn. 227; Scholz/*K. Schmidt* GmbHG, § 75 Rn. 18; *Lutter/Hommelhoff* GmbHG, § 74 Rn. 17 ff.). Die Nachtragsliquidation dient der endgültigen Abwicklung der Gesellschaft.

240 Die Durchführung der Nachtragsliquidation obliegt den Nachtragsliquidatoren, die nach § 66 Abs. 5 GmbHG (analog) durch das Registergericht zu bestellen sind (Michalski/*Nerlich* § 66 Rn. 49, 101, § 74 Rn. 49; *Saenger* GmbHR 1994, 300, 305). Mit Eintragung der Löschung der Gesellschaft endet nach h. L. die organschaftliche Stellung der Geschäftsführer oder Liquidatoren (BGH GmbHR 1994, 260; ZIP 1985, 676, 678; OLG Hamm GmbHR 2001, 819, 821; Scholz/*K. Schmidt* GmbHG, § 66 Rn. 26, 55; R/S-L/Rasner § 74 Rn. 24; *Saenger* GmbHR 1994, 300, 305). Die Geschäftsführer sind auch dann keine Nachtragsliquidatoren, wenn kein Antrag gestellt wird (Scholz/*K. Schmidt* GmbHG, § 66 Rn. 26, 55). Der Grundsatz der Kontinuität des Amtes gilt insofern nicht. Prozessual hat dies zur Folge, dass die Gesellschaft bis zur Bestellung der Nachtragsliquidatoren kein vertretungsbefugtes Organ aufweist und daher **handlungs- und prozessunfähig** ist (Michalski/*Nerlich* § 66 Rn. 101; R/S-L/*Rasner* § 74 Rn. 15; *Saenger* GmbHR 1994, 300, 305; *Bork* JZ 1991, 841, 846). Unabhängig davon besteht nach den oben dargelegten Grundsätzen die Parteifähigkeit der GmbH mangels Vollbeendigung jedoch fort (vgl. oben Rn. 227 ff.). Mit Bestellung der Nachtragsliquidatoren ist die Gesellschaft uneingeschränkt prozessfähig. Verzögert sich die Bestellung der Nachtragsliquidatoren, kann ein **Prozesspfleger** nach § 57 ZPO bestellt werden (Michalski/*Nerlich* § 74 Rn. 37; § 66 Rn. 101).

241 Wurde vor der Löschung der Gesellschaft ein Prozessvertreter bestellt, so kann dieser die Gesellschaft solange noch keine Nachtragsliquidatoren bestellt sind im Verfahren gem. § 86 ZPO wirksam prozessual vertreten (BGHZ 121, 263, 265; Michalski/*Nerlich* § 66 Rn. 101; R/S-L/*Rasner* § 74 Rn. 15; *Lutter/Hommelhoff* GmbHG, § 74 Rn. 18). Der Verlust der Prozessfähigkeit durch die Löschung der Gesellschaft berührt eine zuvor wirksam erteilte Prozessvollmacht nicht. Dies gilt unabhängig davon, ob die Löschung der Gesellschaft vor oder nach dem Eintritt der Rechtshängigkeit erfolgt ist. Die Regelung des § 86 ZPO dient dem praktischen Bedürfnis und Interesse, den einmal anhängigen Prozess ohne Stillstand zu Ende führen zu können. Es kommt nicht zur Unterbrechung des Verfahrens (BGHZ 121, 263, 265; *Saenger* GmbHR 1994, 300, 305; *Bork* JZ 1991, 841, 846).

242 Umstritten ist, **welches Rechtsmittel** gegen die gerichtliche Bestellung der Nachtragsliquidatoren eingelegt werden kann. Nach teilweise vertretener Ansicht kann sofortige Beschwerde analog § 273 Abs. 5 AktG eingelegt werden, die einer 2-Wochen-Frist unterliegt (Scholz/*K. Schmidt* GmbHG, § 66 Rn. 55; Baumbach/Hueck/*Schulze-Osterloh* § 66 Rn. 39); nach a. A. die unbefristete einfache Beschwerde (*Lutter/Hommelhoff* § 74 Rn. 21; *Roth/Altmeppen* § 74 Rn. 34). Das Rechtsmittel kann von den früheren Geschäftsführern oder Liquidatoren für die Gesellschaft, also nicht im

eigenen Namen, eingereicht werden (Scholz/*K. Schmidt* GmbHG, § 66 Rn. 55; Baumbach/Hueck/*Schulze-Osterloh* § 66 Rn. 39).

e) Vertretung der Gesellschaft in Verfahren gegen Geschäftsführer und Gesellschafter, § 46 Nr. 8 Hs. 2 GmbHG

Im Prozess der Gesellschaft gegen Geschäftsführer unterliegt nach § 46 Nr. 8 Hs. 2 GmbHG die Prozessvertretung der Gesellschaft der **Bestimmung der Gesellschafter**. Dadurch soll sichergestellt werden, dass die GmbH frei von Interessenskonflikten und sachfremden Erwägungen ordnungsgemäß prozessual vertreten wird (BGHZ 116, 353, 355; Hdb GmbH/*Schmiegelt* § 3 Rn. 111; R/S-L/*Koppensteiner* § 35 Rn. 10, § 46 Rn. 44; *Lutter/Hommelhoff* GmbHG, § 35 Rn. 7; Michalski/*Römermann* § 46 Rn. 467; A/E/S/*Schmidt* § 46 Rn. 39) **243**

Hat die Gesellschaft einen **Aufsichtsrat**, so vertritt dieser gem. § 52 Abs. 1 GmbHG i. V. m. § 112 AktG die Gesellschaft in Verfahren gegen einen Geschäftsführer (BGH NZG 2004, 327; MüKo ZPO/*Lindacher* §§ 51, 52 Rn. 25; Michalski/*Michalski* § 13 Rn. 75). Nach h. L. findet § 46 Nr. 8 Hs. 2 GmbHG in der mitbestimmten Gesellschaft mit obligatorischem Aufsichtsrat keine Anwendung. Die Prozessvertretung liegt zwingend beim Aufsichtsrat (Scholz/*K. Schmidt* GmbHG, § 46 Rn. 165; *Lutter/Hommelhoff* GmbHG, § 35 Rn. 7, § 46 Rn. 26; *Roth/Altmeppen* § 46 Rn. 56). Es ist anerkannt, dass die Satzung bei einem fakultativen Aufsichtsrat von diesem Grundsatz abweichen und die Bestimmung der Prozessvertretung der Gesellschafterversammlung übertragen kann (Scholz/*K. Schmidt* GmbHG, § 46 Rn. 165; Baumbach/Hueck/*Zöllner* § 46 Rn. 69; Michalski/*Römermann* § 46 Rn. 469 ff.; A/E/S/*B. Schmidt* § 46 Rn. 42). Ohne eine solche statutarische Regelung sind die Gesellschafter jedoch nicht befugt, eine Entscheidung über die Prozessvertretung zu bestimmen (Michalski/*Römermann* § 46 Rn. 472 f.; wohl a. A. R/S-L/*Koppensteiner* § 46 Rn. 46). Wird die Gesellschaft ungeachtet der Zuständigkeit des Aufsichtsrates zur Prozessvertretung von den Geschäftsführern vertreten, so ist die Klage als unzulässig abzuweisen (A/E/S/*B. Schmidt* § 46 Rn. 43). **244**

§ 46 Nr. 8 Hs. 2 GmbHG gilt **für alle Aktiv- und Passivprozesse** zwischen Gesellschaft und Geschäftsführern, unabhängig davon, ob der Geschäftsführer bereits ausgeschieden oder noch im Amt ist (BGHZ 28, 355, 357; BGH NZG 2004, 327; R/S-L/*Koppensteiner* § 46 Rn. 44; *Lutter/Hommelhoff* GmbHG, § 35 Rn. 7; Michalski/*Römermann* § 46 Rn. 484; A/E/S/*Schmidt* § 46 Rn. 39; gegen Geltung für Prozesse mit ausgeschiedenen Geschäftsführer aufgrund ratio der Vorschrift: *Roth/Altmeppen* § 46 Rn. 57). Im Unterschied zu § 46 Nr. 8 Hs. 1 GmbHG beschränkt sich die Regelung des Hs. 2 nicht auf Ersatzansprüche, sondern erfasst jede Art von Ansprüchen (BGHZ 116, 353, 355; Scholz/*K. Schmidt* GmbHG, § 46 Rn. 166; Michalski/*Römermann* § 46 Rn. 480). **245**

Nach Rechtsprechung und h. L. gilt zur Sicherung einer unvoreingenommenen Prozessführung § 46 Nr. 8 Hs. 2 GmbHG auch in einem Verfahren gegen einen Gesellschafter, sofern ihm dieselben Pflichtverletzungen wie dem Geschäftsführer vorgeworfen werden. Umstritten ist lediglich, ob sich dieses Ergebnis in direkter Anwendung des § 46 Nr. 8 Hs. 2 GmbHG oder aus einer Analogie ergibt (BGHZ 116, 353, 355; 97, 28, 35; Scholz/*K. Schmidt* GmbHG, § 46 Rn. 170; Michalski/*Römermann* § 46 Rn. 487; R/S-L/*Koppensteiner* § 46 Rn. 44; A/E/S/*Schmidt* § 46 Rn. 39; zu § 46 Nr. 8 Hs. 1 GmbHG vgl. unten Rn. 542 ff.). **246**

Bei der Beschlussfassung über die Vertretung der Gesellschaft sind der Gesellschafter-Geschäftsführer, gegen den der Prozess geführt werden soll, sowie Gesellschafter, die an der Pflichtverletzung mitgewirkt haben, **vom Stimmrecht ausgeschlossen** (BGHZ 97, 28, 34; 116, 353, 358). Umstritten ist, ob auch der Gesellschafter, der zum Prozessvertreter der Gesellschaft bestimmt werden soll, einem Stimmverbot unterliegt (Michalski/*Römermann* § 46 Rn. 491 f.). Teilweise wird unter Berufung auf § 47 Abs. 4 GmbHG von einem Stimmverbot ausgegangen (R/S-L/*Koppensteiner* § 46 Rn. 43, 47). Nach wohl h. L. ist in diesem Fall jedoch die Regelung des § 47 Abs. 4 GmbHG nicht anwendbar, so dass der als Vertreter zu bestellende Gesellschafter an der Be- **247** schlussfassung teilnehmen kann (Scholz/*K. Schmidt* GmbHG, § 46 Rn. 171 f.; A/E/S/*Schmidt* § 46 Rn. 40).

248 § 46 Nr. 8 Hs. 2 GmbHG gibt den Gesellschaftern nach h. M. das Recht, nicht aber die Pflicht, einen Prozessvertreter zu bestimmen (*Zwissler* GmbHR 1999, 336, 337; Michalski/*Römermann* § 46 Rn. 521; R/S-L/*Koppensteiner* § 46 Rn. 44 f.). Die Gesellschaft kann somit auch einen Prozess i. S. d. § 46 Nr. 8 Hs. 2 GmbHG führen, wenn von der Möglichkeit des § 46 Nr. 8 Hs. 2 GmbHG kein Gebrauch gemacht wird. Bestellen die Gesellschafter keinen Prozessvertreter, verbleibt es bei der Zuständigkeit der übrigen Geschäftsführer, sofern kein Aufsichtsrat besteht (vgl. oben Rn. 244 zur Vertretung durch den Aufsichtsrat; BGH WM 1981, 1353, 1354; R/S-L/*Koppensteiner* § 46 Rn. 45; A/E/S/*Schmidt* § 46 Rn. 41). Ist die Vertretung der Gesellschaft durch die übrigen Geschäftsführer nicht möglich, beispielsweise im Prozess der GmbH gegen den einzigen zur Vertretung befugten Geschäftsführer, so kommt subsidiär die Bestellung eines **Notvertreters nach § 29 BGB** oder die Bestellung eines **Prozessvertreters nach § 57 ZPO** (ggf. analog) in Betracht (Scholz/*Emmerich* GmbHG, § 13 Rn. 24; Baumbach/Hueck/*Fastrich* § 13 Rn. 6; Michalski/*Michalski* § 13 Rn. 75; Michalski/*Römermann* § 46 Rn. 523 f.; *Heller* GmbHR 2002, 1227, 1230).

249 Bestellen die Gesellschafter einen Vertreter, hat dies zur Folge, dass die Vertretungsbefugnis des bzw. der Geschäftsführer endet. Dem durch die Gesellschafter bestellten Prozessvertreter steht die organschaftliche Vertretung zu, allerdings nur beschränkt auf die konkrete Prozessführung (R/S-L/*Koppensteiner* § 46 Rn. 46 f.; Michalski/*Römermann* § 46 Rn. 501 ff.). Der bestellte Prozessvertreter ist Vertreter der Gesellschaft i. S. d. § 51 ZPO (Scholz/*K. Schmidt* GmbHG, § 46 Rn. 173). Er ist im Verfahren demnach als Partei, nicht als Zeuge zu vernehmen (Michalski/*Römermann* § 46 Rn. 502; vgl. unten Rn. 251 f.). Der Prozessvertreter unterliegt den Weisungen der Gesellschafterversammlung (Scholz/*K. Schmidt* GmbHG, § 46 Rn. 173; A/E/S/ *Schmidt* § 46 Rn. 40).

3. Zustellungsfragen

250 Zustellungen an die GmbH sind gem. §§ 170 Abs. 1 ZPO, 35 Abs. 1 GmbHG grundsätzlich **an die Geschäftsführer** zu bewirken. Hat die GmbH mehrere Geschäftsführer, so genügt nach § 35 Abs. 2 S. 3 GmbHG, § 170 Abs. 3 ZPO die Zustellung an einen Geschäftsführer (BGH WM 1984, 57; Scholz/*Emmerich* GmbHG, § 13 Rn. 24; R/S-L/*Pentz* § 13 Rn. 26; Ulmer/*Raiser* § 13 Rn. 35; Zöller/*Stöber* § 170 Rn. 6; Thomas/Putzo/*Hüßtege* § 170 Rn. 5). Dies gilt auch dann, wenn die Geschäftsführer nur gesamtvertretungsberechtigt sind (BGH DB 1983, 1971; Michalski/*Michalski* § 13 Rn. 76; *Happ* GmbH, § 7 Rn. 4). Gem. § 177 ZPO kann die Zustellung an den Geschäftsführer an jedem beliebigen Ort erfolgen. Der Geschäftsführer muss demnach nicht zwingend im Geschäftslokal der Gesellschaft angetroffen werden. Ausreichend ist, wenn der Geschäftsführer in seiner Wohnung oder auf der Straße sowie an jedem anderen Ort angetroffen wird (*Happ* GmbH, § 7 Rn. 5; Thomas/Putzo/*Hüßtege* § 177 Rn. 2). Unangemessene Belästigungen sind dabei jedoch zu vermeiden (Zöller/*Stöber* § 177 Rn. 1). Eine **Ersatzzustellung** in den Geschäftsräumen der GmbH **an einen Gehilfen** scheidet aus (BayObLG NZG 2000, 209; Michalski/*Michalski* § 13 Rn. 76).

4. Beweisaufnahme im Prozess der Gesellschaft

a) Vernehmung der Geschäftsführer als Partei

251 Im Prozess der GmbH können amtierende Geschäftsführer nicht als Zeugen auftreten, sondern sind als Partei zu vernehmen (Scholz/*Emmerich* GmbHG, § 13 Rn. 25; Baumbach/Hueck/*Fastrich* § 13 Rn. 6; Michalski/*Michalski* § 13 Rn. 77; Ulmer/*Raiser* § 13 Rn. 35; *Roth/Altmeppen* § 13 Rn. 6). Dies ergibt sich aus der **Organstellung des Geschäftsführers**, durch den die GmbH handelt. Ehemalige Geschäftsführer können jedoch als Zeugen vernommen werden. Es kann daher im Einzelfall aus prozesstaktischen Gründen zu empfehlen sein, die Geschäftsführer abzuberufen, um ihre Zeugenvernehmung zu ermöglichen (*Lutter/Hommelhoff* GmbHG, § 35 Rn. 6; R/S-L/*Pentz* § 13 Rn. 26).

b) Vernehmung der Gesellschafter als Zeugen

Gesellschafter der GmbH, die nicht Geschäftsführer sind, werden als Zeugen vernommen. Dies gilt nach wohl h. M. unabhängig von den wirtschaftlichen Interessen des Gesellschafters, da sich die Zeugenstellung allein nach formalen Kriterien beurteilt (Michalski/*Michalski* § 13 Rn. 78; Baumbach/Hueck/*Fastrich* § 13 Rn. 6; MüKo ZPO/*Damrau* § 373 Rn. 10). Somit kann auch der alleinige Gesellschafter einer Ein-Personen-GmbH als Zeuge aussagen. Die wirtschaftlichen Verhältnisse können allerdings bei der Beweiswürdigung von Bedeutung sein (Scholz/*Emmerich* GmbHG, § 13 Rn. 25; R/S-L/*Pentz* § 13 Rn. 26). Ein **Zeugnisverweigerungsrecht** steht dem Gesellschafter hinsichtlich des Geschehens in der GmbH nicht zu (Michalski/*Michalski* § 13 Rn. 80). Mitglieder eines Aufsichtsrates sind als Zeugen zu vernehmen, soweit sie nicht ausnahmsweise als besondere Vertreter tätig werden (MüKo ZPO/*Damrau* § 373 Rn. 10; Michalski/*Michalski* § 13 Rn. 79). **252**

c) Eidesstattliche Versicherungen

Eidesstattliche Versicherungen nach §§ 807, 883 Abs. 2, 889 ZPO gibt der Geschäftsführer für die GmbH ab (R/S-L/*Pentz* § 13 Rn. 26; Michalski/*Michalski* § 13 Rn. 82; Ulmer/*Raiser* § 13 Rn. 35). **253**

5. Prozessstandschaft des Gesellschafters

Gesellschafter einer GmbH können grundsätzlich von den Geschäftsführern dazu ermächtigt werden, Ansprüche der Gesellschaft im Wege der Prozessstandschaft geltend zu machen. Dem Gesellschafter muss dabei unter anderem ein **eigenes schutzwürdiges Interesse** an der Durchsetzung dieser Ansprüche zustehen. Dies ist regelmäßig dann der Fall, wenn der Gesellschafter alleiniger Inhaber der GmbH ist oder eine hohe Beteiligung aufweist, da der Gesellschafter dann ebenso wie die Gesellschaft selbst an der Geltendmachung der Ansprüche interessiert ist (MüKo ZPO/*Lindacher* Vor § 50 Rn. 55; *Lutter/Hommelhoff* GmbHG, § 35 Rn. 6; Michalski/*Ebbing* § 14 Rn. 97). Darüber hinaus müssen die sonstigen allgemeinen Voraussetzungen einer Prozessstandschaft erfüllt sein (vgl. Zöller/*Vollkommer* Vor § 50 Rn. 42 ff.) **254**

6. Zuständigkeit

a) Allgemeiner Gerichtsstand des Sitzes, § 17 Abs. 1 S. 1 ZPO

Gem. § 17 Abs. 1 S. 1 ZPO bestimmt sich der allgemeine Gerichtsstand einer GmbH nach ihrem Sitz. Dabei ist grundsätzlich auf den **statutarischen Sitz** abzustellen, den die GmbH nach § 15 HGB gegen sich gelten lassen muss (OLG Brandenburg NZG 2004, 100, 101; Scholz/*Emmerich* GmbHG, § 13 Rn. 26; Zöller/*Vollkommer* § 17 Rn. 4, 9; MüKo ZPO/*Lindacher* § 17 Rn. 10; R/S-L/*Pentz* § 13 Rn. 28). Kann der Sitz einer Gesellschaft nicht eindeutig bestimmt werden, ist nach § 17 Abs. 1 S. 2 ZPO auf den **Verwaltungssitz** abzustellen. Da bei der GmbH der Sitz nach § 3 Abs. 1 Nr. 1 GmbHG zwingend in der Satzung anzugeben ist, kommt eine Ersatzbestimmung nach § 17 Abs. 1 S. 2 ZPO allerdings nicht in Betracht (Ulmer/*Raiser* § 13 Rn. 36; R/S-L/*Schmidt-Leithoff* § 3 Rn. 4; *Happ* GmbH, § 4 Rn. 3). Auch wenn der allgemeine Gerichtsstand des Sitzes für juristische Personen nicht abdingbar ist, besteht doch nach § 17 Abs. 3 ZPO die Möglichkeit, statutarisch einen besonderen Gerichtsstand zu schaffen (Zöller/*Vollkommer* § 17 Rn. 13; Scholz/*Emmerich* GmbHG, § 13 Rn. 26; MüKo ZPO/*Lindacher* § 17 Rn. 17; *Happ* GmbH, § 4 Rn. 4, 18; Michalski/*Michalski* § 13 Rn. 86). **255**

b) Besonderer Gerichtsstand der Niederlassung, § 21 ZPO

Die Zuständigkeit kann sich auch aus dem besonderen Gerichtsstand der Niederlassung gem. § 21 ZPO ergeben, der mit dem allgemeinen Gerichtsstand des § 17 ZPO konkurriert (Zöller/*Vollkommer* § 21 Rn. 3). Nach § 21 ZPO können Klagen, die in einer Beziehung zum Geschäftsbetrieb der Niederlassung stehen, bei dem Gericht erhoben werden, in dessen Bezirk sich die Niederlassung befindet (Zöller/*Vollkommer* § 21 Rn. 11). Dadurch soll die Rechtsverfolgung gegen Gewerbetreibende erleichtert werden (MüKo ZPO/*Patzina* § 21 Rn. 1). Der Begriff der Niederlassung **256**

i. S. d. § 21 ZPO erfasst sowohl die Haupt- als auch die Zweigniederlassung (*Happ* GmbH, § 4 Rn. 6; Zöller/*Vollkommer* § 21 Rn. 7; MüKo ZPO/*Patzina* § 21 Rn. 7 f.).

c) Besonderer Gerichtsstand der Mitgliedschaft, § 22 ZPO

257 Für Streitigkeiten aus der Mitgliedschaft besteht nach § 22 ZPO der besondere Gerichtsstand der Mitgliedschaft, der auf den allgemeinen Gerichtsstand des § 17 ZPO verweist. § 22 ZPO erfasst vermögensrechtliche und nicht vermögensrechtliche Streitigkeiten (Thomas/Putzo/*Hüßtege* § 22 Rn. 1). Es muss sich um eine Klage der GmbH gegen einen Gesellschafter oder um eine Klage der Gesellschafter untereinander handeln. Die Klage einer GmbH gegen einen Gesellschafter muss sich auf die Mitgliedschaft beziehen, wie z. B. bei einer Klage der GmbH gegen einen Gesellschafter auf Zahlung der Stammeinlage (B/L/A/H/*Hartmann* § 22 Rn. 4, 6; Zöller/*Vollkommer* § 22 Rn. 3 ff.; MüKo ZPO/*Patzina* § 22 Rn. 6 ff.).

d) Besonderer Gerichtsstand des Erfüllungsortes, § 29 ZPO

258 Ferner kann sich die Zuständigkeit aus dem besonderen Gerichtsstand des Erfüllungsortes nach § 29 ZPO ergeben, der für alle Streitigkeiten aus Vertragsverhältnissen sowie für jede Klageart gilt (Zöller/*Vollkommer* § 29 Rn. 5, 16). § 29 ZPO ist beispielsweise bei Streitigkeiten zwischen der GmbH und dem Geschäftsführer über die Wirksamkeit seiner Abberufung sowie dann anwendbar, wenn der Geschäftsführer aufgrund einer Pflichtverletzung nach § 43 GmbHG in Anspruch genommen wird (BGH WM 1992, 691, 692; Michalski/*Michalski* § 13 Rn. 87; Michalski/*Terlau/Schäfers* § 38 Rn. 72).

e) Funktionelle Zuständigkeit der Kammer für Handelssachen

259 Die Kammer für Handelssachen ist nach §§ 94, 95 GVG funktionell für Handelssachen zuständig, sofern beim Landgericht eine solche Kammer gebildet wurde. Bei der Zuständigkeit der Kammer für Handelssachen handelt es sich um eine Frage der Geschäftsverteilung, welche die sachliche Zuständigkeit des Landgerichts voraussetzt (Zöller/*Gummer* Vor § 93 GVG Rn. 1 f.; Michalski/*Michalski* § 13 Rn. 89). Gem. § 95 Abs. 1 Nr. 1 GVG ist die Kammer für Handelssachen für **beiderseitige Handelsgeschäfte** zuständig. Die GmbH ist nach § 13 Abs. 3 HGB **Handelsgesellschaft** (Zöller/*Gummer* § 95 GVG, Rn. 5, 8; R/S-L/*Pentz* § 13 Rn. 32). Ist das konkrete Geschäft auch für die andere Seite ein Handelsgeschäft, ist die Zuständigkeit der Kammer für Handelssachen nach § 95 Abs. 1 Nr. 1 GVG begründet (Michalski/*Michalski* § 13 Rn. 301 f.). Nicht selten beruht die Zuständigkeit der Kammer für Handelssachen auch auf der Regelung des § 95 Abs. 1 Nr. 4 a GVG. Danach sind Handelssachen solche Streitigkeiten, in denen ein Anspruch aus einem Rechtsverhältnis zwischen den Mitgliedern einer Handelsgesellschaft oder zwischen dieser und ihren Mitgliedern sowohl während des Bestehens als auch nach Auflösung des Gesellschaftsverhältnisses und aus dem Rechtsverhältnis zwischen den Vorstehern oder den Liquidatoren einer Handelsgesellschaft und der Gesellschaft oder deren Mitgliedern geltend gemacht wird. § 95 Abs. 1 Nr. 4 a GVG erfasst mitgliedschaftliche Streitigkeiten der Gesellschafter und Streitigkeiten der Gesellschafter mit Geschäftsführern und Liquidatoren (Zöller/*Gummer* § 95 Rn. 8; *Happ* GmbH, § 4 Rn. 32). Unter diese Regelung fallen z. B. Klagen eines Gesellschafters gegen Mitgesellschafter aus einem der Gesellschaft gewährten Darlehen (Zöller/*Gummer* § 95 GVG Rn. 8), die Anfechtungs- und Nichtigkeitsklage bei Beschlussmängelstreitigkeiten von Gesellschafterbeschlüssen (R/S-L/*Koppensteiner* § 47 Rn. 143; Michalski/*Römermann* Anh § 47 Rn. 509) sowie die Auflösungsklage nach § 61 GmbHG (Scholz/*K. Schmidt* GmbHG, § 61 Rn. 5; R/S-L/*Rasner* § 61 Rn. 15). Gem. § 96 Abs. 1 GVG wird der Rechtsstreit vor der Kammer für Handelssachen verhandelt, wenn der Kläger dies in der Klageschrift beantragt oder der Beklagte gem. § 98 Abs. 1 GVG einen Verweisungsantrag gestellt hat (*Happ* GmbH, § 4 Rn. 33; Zöller/*Gummer* § 98 GVG Rn. 1 f.).

7. Prozesskostenhilfe

260 Die GmbH kann unter den Voraussetzungen des § 116 S. 1 Nr. 2 ZPO Prozesskostenhilfe erhalten. § 116 S. 1 Nr. 2 ZPO gilt nur für **inländische juristische Personen**; juristischen Personen mit Sitz im Ausland kann keine Prozesskostenhilfe gewährt werden (Zöller/*Philippi* § 116 Rn. 11 f.; MüKo ZPO/*Wax* § 116 Rn. 22). Voraussetzung ist, dass die Rechtsverfolgung Aussicht auf Erfolg hat und die Prozesskosten weder von der GmbH selbst noch von den wirtschaftlich Beteiligten getragen werden können (Michalski/*Michalski* § 13 Rn. 83; Zöller/*Philippi* § 116 Rn. 12 f.).

Wirtschaftlich beteiligt ist derjenige, dem das Obsiegen der Gesellschaft im Prozess wirtschaftlich zugute kommt. Auf die Interessen der Beteiligten kommt es dabei nicht an (Zöller/*Philippi* § 116 Rn. 13; Michalski/*Michalski* § 13 Rn. 83). Wirtschaftlich beteiligt in diesem Sinne sind regelmäßig die Gesellschafter der GmbH (OLG München GmbHR 1986, 46; R/S-L/*Pentz* § 13 Rn. 27) sowie die Muttergesellschaft am Rechtsstreit ihrer Tochtergesellschaft (MüKo ZPO/*Wax* § 116 Rn. 25; Thomas/Putzo/*Reichold* § 116 Rn. 5). Diese Voraussetzungen sind vom Antragsteller darzulegen und ggf. auf Verlangen des Gerichts glaubhaft zu machen (Zöller/*Philippi* § 116 Rn. 12 f.). § 116 S. 1 Nr. 2 ZPO fordert ferner, dass die Unterlassung der Rechtsverfolgung bzw. Rechtsverteidigung allgemeinen Interessen zuwiderlaufen würde (Zöller/*Philippi* § 116 Rn. 14; Michalski/*Michalski* § 13 Rn. 85; R/S-L/*Pentz* § 13 Rn. 27). Dies ist dann zu bejahen, wenn die GmbH Aufgaben wahrnimmt, die der Allgemeinheit dienen oder die Verweigerung der Prozesskostenhilfe größere Kreise der Bevölkerung oder des Wirtschaftslebens in Mitleidenschaft ziehen würde und soziale Auswirkungen zur Folge hätte (BVerfGE 35, 348, 353, 354). Diese Voraussetzung kann beispielsweise dann erfüllt sein, wenn eine große Zahl von Angestellten oder Kleingläubigern betroffen wäre (Michalski/*Michalski* § 13 Rn. 85; MüKo ZPO/*Wax* § 116 Rn. 27; Zöller/*Philippi* § 116 Rn. 15). So hat der BGH in einem eine GmbH in Liquidation betreffenden Fall bereits 27 Gläubiger als ausreichend angesehen, um das allgemeine Interesse an der Rechtsverfolgung zu bejahen (BGH WM 1991, 32). Grundsätzlich nicht ausreichend ist jedoch das allgemeine Interesse der Gesellschaft an der Rechtsverfolgung und einer richtigen Entscheidung (BGH NJW 1986, 2058, 2059; BVerfGE 35, 348, 358; Zöller/*Philippi* § 116 Rn. 14; MüKo ZPO/Wax § 116 Rn. 27). **261**

Im Fall der Insolvenz der GmbH kann auf **Antrag des Insolvenzverwalters** Prozesskostenhilfe nach § 116 S. 1 Nr. 1 ZPO gewährt werden (Michalski/*Michalski* § 13 Rn. 83; Zöller/*Philippi* § 116 Rn. 2; MüKo ZPO/*Wax* § 116 Rn. 8). Wie auch im Fall des § 116 S. 1 Nr. 2 ZPO ist zu prüfen, ob es den wirtschaftlich Beteiligten zumutbar ist, die Kosten des Verfahrens zu tragen. Wirtschaftlich beteiligt sind diejenigen, deren Befriedigungsaussichten sich im Fall des Obsiegens des Insolvenzverwalters verbessern, wie beispielsweise die Insolvenzgläubiger, die bei erfolgreichem Abschluss zumindest mit teilweiser Befriedigung rechnen können (BGH NJW 1991, 40, 41; Zöller/*Philippi* § 116 Rn. 5 a ff.; Thomas/Putzo/*Reichold* § 116 Rn. 1; MüKo ZPO/*Wax* § 116 Rn. 17). Es ist regelmäßig dem Insolvenzverwalter sowie Arbeitnehmern nicht zumutbar, die Prozesskosten aufzubringen (BGH NJW 1991, 40, 41; NJW 1998, 1229; OLG Düsseldorf ZIP 1993, 1018, 1019). Darauf, ob die Rechtsverfolgung im allgemeinen Interesse liegt, kommt es im Rahmen des § 116 S. 1 Nr. 1 ZPO jedoch nicht an, da diese Regelung den Schutz der Arbeitnehmer und geschädigter Gläubiger bezweckt (BGH NJW 1991, 40, 41; Michalski/*Michalski* § 13 Rn. 84; Zöller/*Philippi* § 116 Rn. 2 a). **262**

8. Prozessrechtliche Fragen zur Vor-GmbH

a) Allgemeines

Die Vor-GmbH entsteht als **notwendige Vorstufe** zur juristischen Person der GmbH mit der notariellen Beurkundung der Satzung und endet mit Eintragung der GmbH ins Handelsregister (*Goette* § 1 Rn. 1, 37; *Happ* GmbH, § 13 Rn. 6 ff.; Zöller/*Vollkommer* § 50 Rn. 24; Michalski/*Michalski* § 11 Rn. 42). Der Zweck der Vorgesellschaft besteht in der Eintragung der Gesellschaft (*Grunewald* 2.F. Rn. 28; *Goette* § 1 Rn. 39; Michalski/*Michalski* § 22 Rn. 45). Werden die Gründer bereits vor notarieller Beurkundung tätig, entsteht die sog. **Vorgründungsgesellschaft**, die je nach ihrem Unternehmensgegenstand eine BGB-Gesellschaft oder eine OHG darstellt und auf die das Recht der GmbH keine Anwendung findet (*Happ* GmbH, § 13 Rn. 5; *Boujong* NZG 2000, 1193, 1194; R/S-L/*Schmidt-Leithoff* § 2 Rn. 88). Die Vorgründungsgesellschaft entsteht durch **263** einen Vorvertrag, mit dem die Gesellschafter die Gründung einer GmbH anstreben (R/S-L/*Schmidt-Leithoff* § 2 Rn. 84; Michalski/*Michalski* § 11 Rn. 14).

264 Auf die Vor-GmbH findet das **Recht der GmbH** insoweit Anwendung, als es nicht die Eintragung voraussetzt. Die Rechte und Pflichten der Vor-GmbH gehen nach h. M. ohne besonderen Übertragungsakt mit Eintragung auf die GmbH über. Es besteht eine Kontinuität der Rechtsverhältnisse (*K. Schmidt* GesR, S. 1017; *Happ* GmbH, § 13 Rn. 9 f.; R/S-L/*Schmidt-Leithoff* § 11 Rn. 13 ff., 32).

b) Parteifähigkeit der Vor-GmbH

265 Die Parteifähigkeit der Vor-GmbH ist sowohl für Aktiv- als auch Passivprozesse grundsätzlich anerkannt. Die Vor-GmbH kann als solche verklagt werden, wenn sie im Rechtsverkehr selbst wie eine juristische Person auftritt (BGHZ 79, 239, 241; OLG Brandenburg NZG 2004, 100, 101; *Grunewald* 2. F. Rn. 29; *K. Schmidt* GesR, S. 1018; R/S-L/*Schmidt-Leithoff* § 11 Rn. 81; *Happ* GmbH, § 13 Rn. 9, 40 ff.; MüKo ZPO/*Lindacher* § 50 Rn. 12; Zöller/*Vollkommer* § 50 Rn. 24). Die passive Parteifähigkeit der Vor-GmbH ergibt sich aus § 50 Abs. 2 ZPO (*Happ* GmbH, § 13 Rn. 40; Zöller/*Vollkommer* § 50 Rn. 4 b). Die aktive Parteifähigkeit ergibt sich aus der Kontinuität der Rechtsverhältnisse zwischen Vor-GmbH und GmbH (*Happ* GmbH, § 13 Rn. 10). Die Vor-GmbH ist auch in ihrer Auflösung parteifähig (MüKo ZPO/*Lindacher* § 50 Rn. 17). Für die Prozessfähigkeit kann auf die Ausführungen zur GmbH verwiesen werden (vgl. Rn. 230 ff.).

266 Umstritten ist die Prozess- und Parteifähigkeit der **Einpersonen-Vor-GmbH**. Eine teilweise vertretene Auffassung gesteht der Einpersonen-Vor-GmbH Rechtsfähigkeit und damit auch Partei- und Prozessfähigkeit zu (*Lutter/Hommelhoff* GmbHG, § 11 Rn. 4). Nach a. A. stellt die Einpersonen-Vor-GmbH lediglich ein Sondervermögen des Gründers dar. Dieser Ansicht nach kann nur der Gründergesellschafter Partei eines Rechtsstreits sein (*Happ* GmbH, § 13 Rn. 43; *Ulmer/Ihrig* GmbHR 1988, 373, 376 f.).

c) Vertretung der Vor-GmbH im Prozess

267 Die Vor-GmbH wird bei Rechtsstreitigkeiten durch ihre **Geschäftsführer** vertreten. § 46 Nr. 8 Hs. 2 GmbHG findet auf die Vor-GmbH Anwendung, da sich Interessenkollisionen auch schon in diesem Stadium ergeben können (*Happ* GmbH, § 13 Rn. 25). Im Fall ihrer Liquidation wird die Vor-GmbH durch ihre **Liquidatoren** vertreten (vgl. oben Rn. 232 ff.). Nach h. L. kann auch bei der Liquidation der Vor-GmbH aus Gründen des Minderheitenschutzes ein Antrag nach § 66 Abs. 2 GmbHG auf gerichtliche Bestellung der Liquidatoren aus wichtigem Grund gestellt werden (Michalski/*Nerlich* § 66 Rn. 35; Baumbach/Hueck/*Schulze-Osterloh* § 66 Rn. 18, *Lutter/Hommelhoff* GmbHG, § 66 Rn. 5; Scholz/*K. Schmidt* GmbHG, § 66 Rn. 11). Die Zuständigkeitsnorm des § 17 Abs. 1 ZPO ist direkt nur für bereits entstandene juristische Personen des Privatrechts anwendbar. Da die Vor-GmbH im Zivilprozess aktiv und passiv parteifähig ist, ist analog § 17 Abs. 1 S. 1 ZPO für den allgemeinen Gerichtsstand der Vor-GmbH auf den in der Satzung gewählten Sitz abzustellen (OLG Brandenburg NZG 2004, 100, 101; *Happ* GmbH, § 13 Rn. 54).

II. Gesellschafterklagen im Recht der GmbH

1. Einleitung

268 Ob und unter welchen Voraussetzungen ein Gesellschafter dazu berechtigt ist, bestimmte Ansprüche gerichtlich geltend zu machen, richtet sich nach der Art des jeweiligen Anspruchs. Eigene mitgliedschaftliche Ansprüche, die einem Gesellschafter gegen die Gesellschaft oder gegen Mitgesellschafter zustehen, wie z. B. das Auskunfts- und Einsichtsrecht nach § 51 a GmbHG, kann der Gesellschafter grundsätzlich einklagen. Ansprüche der Gesellschaft gegen Mitgesellschafter kann ein Gesellschafter nur unter den besonderen Voraussetzungen der **actio pro socio** gerichtlich geltend machen (Michalski/*Ebbing* § 14 Rn. 95; R/S-L/*Pentz* § 13 Rn. 114). Durch den sog. **Mitgliedschaftsstreit** hat ein Gesellschafter die Möglichkeit, die Gesellschaftereigenschaft gerichtlich prüfen zu lassen (R/S-L/*Pentz* § 13 Rn. 121). Ob der Gesellschafter gegen rechtswid-

riges Organhandeln, insbesondere gegen rechtswidrige Maßnahmen der Geschäftsführung, gerichtlich vorgehen kann, wird in der Literatur kontrovers diskutiert.

2. Die actio pro socio im Recht der GmbH

a) Einleitung und Bedeutung der actio pro socio

Unter actio pro socio ist das Recht eines Gesellschafters zu verstehen, unter bestimmten Voraussetzungen **Sozialansprüche der Gesellschaft** gegen Mitgesellschafter gerichtlich geltend zu machen (OLG Köln GmbHR 1993, 816; Michalski/*Ebbing* § 14 Rn. 95; R/S-L/*Pentz* § 13 Rn. 114; *Lutter/Hommelhoff* GmbHG, § 13 Rn. 31). Die actio pro socio wurde im Personengesellschaftsrecht entwickelt und ist mittlerweile auch im Recht der GmbH grundsätzlich anerkannt, in ihren Voraussetzungen jedoch zum Teil noch stark umstritten (BGHZ 65, 15, 21; BGH WM 1982, 928, 929; NZG 1998, 428, 429; OLG Köln GmbHR 1993, 816; OLG Düsseldorf GmbHR 1994, 172, 173; GmbHR 1996, 689, 695; *K. Schmidt* GesR, S. 630, 641; Scholz/*Emmerich* GmbHG, § 13 Rn. 44; *Happ* GmbH, § 3 Rn. 6; *Roth/Altmeppen* § 13 Rn. 48; *Raiser* ZHR 153 (1989) 1; Baumbach/Hueck/*Hueck/Fastrich* § 13 Rn. 39, 37). Für das Aktienrecht wird eine actio pro socio bislang abgelehnt (*K. Schmidt* GesR, S. 641; *Raiser* ZHR 153 (1989) 1, 3). 269

Grundsätzlich steht die **Geltendmachung von Ansprüchen** der Gesellschaft gegen Gesellschafter den hierfür zuständigen Organen der GmbH, in der Regel den Geschäftsführern, zu (Hdb GmbH/*Schmiegelt* § 3 Rn. 103, 119; MünchHdb GesR III/*Schiessl* § 31 Rn. 22; Baumbach/Hueck/*Hueck/Fastrich* § 13 Rn. 40, 37). Nach § 46 Nr. 8 Hs. 1 GmbHG entscheiden die Gesellschafter darüber, ob Ersatzansprüche gegen Geschäftsführer und Gesellschafter aus der Gründung oder Geschäftsführung geltend gemacht werden (*K. Schmidt* GesR, S. 642). Nach h. M. ist aus § 46 Nr. 8 Hs. 1 GmbHG eine **primäre Zuständigkeit der Gesellschafterversammlung** für die Entscheidung über die Geltendmachung solcher Ansprüche zu entnehmen (BGHZ 65, 15, 21; BGH WM 1982, 928, 929; OLG Köln GmbHR 1993, 816; *Raiser* ZHR 153 (1989) 1, 21; Michalski/*Römermann* § 46 Rn. 531; Scholz/*Emmerich* § 13 Rn. 49; *Roth/Altmeppen* § 13 Rn. 54). Das Rechtsinstitut der actio pro socio durchbricht somit diese Zuständigkeitsordnung, indem es dem einzelnen Gesellschafter unter bestimmten Voraussetzungen das Recht verleiht, einen solchen Anspruch der Gesellschaft gerichtlich geltend zu machen (BGH NZG 1998, 428, 429; *K. Schmidt* GesR, S. 641 f.; Scholz/*Emmerich* GmbHG, § 13 Rn. 45; Baumbach/Hueck/*Hueck/Fastrich* § 13 Rn. 37, 40; Hdb GmbH/*Schmiegelt* § 13 Rn. 119; MünchHdb GesR III/*Schiessl* § 31 Rn. 22). 270

Die Geltendmachung von Ansprüchen der Gesellschaft **durch einen Gesellschafter** wird insbesondere dann relevant, wenn die Mehrheitsverhältnisse in der Gesellschaft dafür sprechen, dass der Anspruch treuwidrig nicht geltend gemacht wird oder die Geschäftsführung den Anspruch nicht geltend machen will (BGH WM 1982, 928, 929; *Lutter/Hommelhoff* GmbHG, § 13 Rn. 31; R/S-L/*Pentz* § 13 Rn. 114 f.; *K. Schmidt* GesR, S. 631, 642; HK GmbHG/*Bartl* § 13 Rn. 5). Das Rechtsinstitut der actio pro socio stellt somit sicher, dass die der Gesellschaft zustehenden Ansprüche gegen Gesellschafter auch gegen den Willen der Geschäftsführung oder anderer Mitgesellschafter durchgesetzt werden können, wenn das Zuständigkeitssystem der Gesellschaft nicht mehr funktioniert (OLG Düsseldorf GmbHR 1994, 172, 173; Hdb GmbH/*Schmiegelt* § 3 Rn. 119; *K. Schmidt* GesR, S. 631). Die actio pro socio dient insofern dem **Schutz der Minderheit** und kann daher weder durch Satzung noch durch Gesellschafterbeschluss vollständig abbedungen oder in ihrem Kern eingeschränkt werden (Hdb GmbH/*Schmiegelt* § 3 Rn. 123; Scholz/*Emmerich* GmbHG, § 13 Rn. 45; Baumbach/Hueck/*Hueck/Fastrich* § 13 Rn. 38; Michalski/*Ebbing* § 14 Rn. 95). Es wird jedoch als zulässig erachtet, statutarisch zu vereinbaren, dass vor Klageerhebung ein Gesellschafterausschuss, Aufsichtsrat, Beirat oder auch ggf. ein satzungsmäßiges Schiedsgericht anzurufen ist (R/S-L/*Pentz* § 13 Rn. 115). 271

Die Zulässigkeit der actio pro socio hängt nicht von der Höhe der Beteiligung des klagenden Gesellschafters ab (Hdb GmbH/*Schmiegelt* § 3 Rn. 123). 272

b) Rechtsnatur

273 Umstritten ist, ob der Gesellschafter mit der actio pro socio ein eigenes oder ein Recht der Gesellschaft geltend macht. Wie auch im Recht der Personengesellschaften geht die h. M. für das Recht der GmbH davon aus, dass der Gesellschafter mit der actio pro socio **von der Gesellschaft abgeleitete Rechte** wahrnimmt und die actio pro socio daher als **Fall der gesetzlichen Prozessstandschaft** anzusehen ist (OLG Düsseldorf GmbHR 1994, 172, 173; GmbHR 1996, 689, 695; R/S-L/*Pentz* § 13 Rn. 116 f.; Michalski/*Ebbing* § 14 Rn. 95, 96; Michalski/*Römermann* § 46 Rn. 529; MünchHdb GesR III/*Schiessl* § 31 Rn. 22; a. A. *Happ* GmbH, § 3 Rn. 20: für gewillkürte Prozessstandschaft). Nach a. A. nimmt der Gesellschafter eigene Rechte wahr, die sich aus der Mitgliedschaft ergeben, so dass es der Konstruktion der Prozessstandschaft nicht bedarf (*Lutter/Hommelhoff* GmbHG, § 13 Rn. 34; *Raiser* § 27 Rn. 27; *Raiser* ZHR 153 (1989) 9, 13, 32; *Roth/Altmeppen* § 13 Rn. 50; MüKo ZPO/*Lindacher* Vor § 50 Rn. 50). Dieser Auffassung nach stehen die Ansprüche der Gesellschaft und des Gesellschafters unabhängig nebeneinander (*Raiser* ZHR 153 (1989) 1, 234).

c) Subsidiarität der actio pro socio

274 Nach h. M. ist die Geltendmachung von Ansprüchen der Gesellschaft im Wege der actio pro socio **nur subsidiär** gegenüber der Geltendmachung dieser Ansprüche durch die zuständigen Organe der Gesellschaft selbst zulässig. Die actio pro socio ist als **subsidiäre Not- bzw. Hilfszuständigkeit** daher immer dann ausgeschlossen, wenn das nach der Kompetenzordnung der Gesellschaft zuständige Organ den Anspruch verfolgt (OLG Köln GmbHR 1993, 816; OLG Düsseldorf GmbHR 1994, 172, 173; MünchHdb GesR III/*Schiessl* § 31 Rn. 22; *K. Schmidt* GesR, S. 641; Scholz/*Emmerich* GmbHG, § 13 Rn. 49; Baumbach/Hueck/*Hueck/Fastrich* § 13 Rn. 40; *Roth/Altmeppen* § 13 Rn. 48). Daraus ergibt sich, dass der Kläger als besondere Zulässigkeitsvoraussetzung der Klage schlüssig darzulegen hat, dass die Gesellschaft selbst untätig und eine actio pro socio daher erforderlich ist (R/S-L/*Pentz* § 13 Rn. 120).

275 Ist die **Gesellschaft selbst untätig**, ist der Gesellschafter vor Klageerhebung dazu verpflichtet, die gesellschaftsinternen Möglichkeiten auszuschöpfen und auf eine Geltendmachung der Ansprüche durch die Gesellschaft selbst hinzuwirken. Dies bedeutet für Ansprüche i. S. d. § 46 Nr. 8 Hs. 1 GmbHG, dass der Gesellschafter zunächst auf eine **Beschlussfassung durch die Gesellschafterversammlung** hinzuwirken hat. Entscheidet die Gesellschafterversammlung gegen die Geltendmachung des Anspruchs, ist der Gesellschafter nach h. L. weiter dazu verpflichtet, gegen diesen Beschluss mit einer Anfechtungs- oder Nichtigkeitsklage, ggf. in Verbindung mit einer positiven Beschlussfeststellungsklage vorzugehen (BGHZ 65, 15, 21; BGH WM 1982 928, 929; OLG Düsseldorf GmbHR 1994, 172, 173; OLG Köln GmbHR 1993, 816; Scholz/*Emmerich* GmbHG, § 13 Rn. 50; Baumbach/Hueck/*Hueck/Fastrich* § 13 Rn. 40; R/S-L/*Pentz* § 13 Rn. 116; MünchHdb GesR III/*Schiessl* § 31 Rn. 22; Hdb GmbH/*Schmiegelt* § 3 Rn. 121; *Raiser* § 27 Rn. 26). Ansonsten kommt eine actio pro socio nicht in Betracht (*Roth/Altmeppen* § 13 Rn. 55 ff.). Nach a. A. kann in einem solchen Fall jedoch aus prozessökonomischen Gründen darauf verzichtet werden, gegen den ablehnenden Beschluss gerichtlich vorzugehen, da durch § 46 Nr. 8 Hs. 1GmbHG vorrangig die Gesellschaft vor der Erörterung ihrer inneren Angelegenheiten in Außenverhandlungen und Rechtsstreitigkeiten geschützt werden soll. Da jedoch auch im Fall einer Anfechtungsklage die Erörterung der gesellschaftlichen Angelegenheiten nicht mehr intern erfolgt, könne sogleich Klage im Wege der actio pro socio erhoben werden (Michalski/*Ebbing* § 14 Rn. 104; vgl. dazu auch Scholz/*Emmerich* GmbHG, § 13 Rn. 52). Auf die Beschlussfassung nach § 46 Nr. 8 Hs. 1 GmbHG kann nach h. M. im Einzelfall allerdings ausnahmsweise verzichtet werden, wenn von vornherein eindeutig feststeht, dass die Gesellschafterversammlung den Anspruch nicht verfolgen wird. Dies ist beispielsweise dann der Fall, wenn die Machtverhältnisse innerhalb der Gesellschaft gegen eine solche Beschlussfassung sprechen oder die Beschlussfassung, wie bei einer Zwei-Personen-GmbH, auf reine Förmelei hinauslaufen würde (BGH WM 1982, 928, 929; OLG Düsseldorf GmbHR 1994, 172, 173; GmbHR 1996, 689, 696; *Roth/Altmeppen* § 13 Rn. 56; Michalski/*Römermann* § 46 Rn. 531; R/S-L/*Pentz* Rn. 116; *Happ* GmbH, § 3 Rn. 16).

Die Auffassung, nach der der Gesellschafter durch die actio pro socio ein eigenes Recht geltend macht, sieht für eine Beschlussfassung nach § 46 Nr. 8 Hs. 1 GmbHG keine Notwendigkeit, da das Klagerecht des Gesellschafters **selbstständig neben dem Klagerecht der Gesellschaft** steht (*Lutter/Hommelhoff* GmbHG, § 13 Rn. 35; Scholz/*Emmerich* GmbHG, § 13 Rn. 51; R/S-L/*Pentz* § 13 Rn. 116; Michalski/*Römermann* § 46 Rn. 530; *Raiser* ZHR 153 (1989) 1, 22; Michalski/*Ebbing* § 14 Rn. 103). Allerdings gebietet dieser Ansicht nach die Treuepflicht des Gesellschafters, die Gesellschaft vor Klageerhebung zu informieren und ihr die Gelegenheit zu geben, den Anspruch selbst klageweise geltend zu machen (*Raiser* ZHR 153 (1989) 1, 32). Klagt die Gesellschaft selbst, verbietet die Treupflicht eine Klage des Gesellschafters, so dass der praktische Unterschied zur h. L. im Ergebnis eher als gering eingestuft werden kann (*Lutter/Hommelhoff* GmbHG, § 13 Rn. 36; Scholz/*Emmerich* GmbHG, § 13 Rn. 53). 276

Die Subsidiarität der actio pro socio hat zur Folge, dass bei Klageerhebung durch die Gesellschaft die Klage des Gesellschafters **unzulässig** wird. Macht die Gesellschaft ihre Ansprüche erst gerichtlich geltend, wenn der Gesellschafter bereits Klage erhoben hat, führt dies zur Erledigung der Hauptsache der Klage des Gesellschafters (*Happ* GmbH, § 3 Rn. 14). Um Kosten zu vermeiden, muss der Gesellschafter die Erledigung der Hauptsache erklären (R/S-L/*Pentz* § 13 Rn. 120). 277

d) Klagegegenstand

aa) Ansprüche gegen Mitgesellschafter Im Wege der actio pro socio können Ansprüche der Gesellschaft gegen Mitgesellschafter, die **im Gesellschaftsverhältnis begründet** sind, geltend gemacht werden. Ansprüche gegen Gesellschafter aus Drittgeschäften sind dagegen nicht vom Anwendungsbereich der actio pro socio erfasst (Scholz/*Emmerich* GmbHG, § 13 Rn. 47 f.; Baumbach/Hueck/*Hueck/Fastrich* § 13 Rn. 39; Hdb GmbH/*Schmiegelt* § 3 Rn. 120; HK GmbHG/*Bartl* § 13 Rn. 5; Michalski/*Ebbing* § 14 Rn. 99; *Happ* GmbH, § 3 Rn. 7 f.). Mit der actio pro socio werden hauptsächlich Ansprüche auf **Erbringung von Einlagen und Nachschüssen** sowie **Erstattungs- und Schadensersatzansprüche** aufgrund Verletzung gesellschafterlicher Treuepflichten geltend gemacht (OLG Düsseldorf GmbHR 1994, 172, 173; R/S-L/*Pentz* § 13 Rn. 114). Dabei ist zu berücksichtigen, dass Ansprüche der Gesellschaft auf Einzahlung von Nachschüssen nach § 26 Abs. 1 GmbHG sowie die Geltendmachung von Einlageforderungen nach § 46 Nr. 2 GmbHG einen entsprechenden **Beschluss der Gesellschafterversammlung** erfordern. Sowohl der Anspruch der Gesellschaft auf Zahlung eines Nachschusses als auch auf Leistung der Einlage kann somit erst geltend gemacht werden, wenn ein solcher Beschluss gefasst wurde. Im Unterschied zu dem Beschlusserfordernis nach § 46 Nr. 8 Hs. 1 GmbHG bei Ersatzansprüchen (vgl. oben Rn. 275) ist hier die Beschlussfassung eine Voraussetzung für das Entstehen des Anspruchs (Michalski/*Ebbing* § 14 Rn. 99; R/S-L/*Pentz* § 26 Rn. 22; Michalski/*Zeidler* § 26 Rn. 18; R/S-L/*Koppensteiner* § 46 Rn. 15; *Raiser* ZHR 153 (1989) 1, 17). 278

bb) Ansprüche gegen Organmitglieder Nach h. L. können im Wege der actio pro socio grundsätzlich keine Ansprüche gegen Organmitglieder, wie z. B. gegen den Geschäftsführer, geltend gemacht werden. Eine Geltendmachung von Ansprüchen gegen Organmitglieder ist jedoch dann durch die actio pro socio zulässig, wenn das Organmitglied zugleich Gesellschafter ist und der Anspruch mitgliedschaftlich, z. B. durch statutarische Regelung, begründet ist (BGH WM 1982, 928; Hdb GmbH/*Schmiegelt* § 3 Rn. 120; MünchHdb GesR III/*Schiessl* § 31 Rn. 24; Baumbach/Hueck/*Hueck/Fastrich* § 13 Rn. 39; *Lutter/Hommelhoff* GmbHG, § 13 Rn. 33; *Roth/Altmeppen* § 13 Rn. 60). 279

cc) Ansprüche gegen Dritte Ansprüche der Gesellschaft gegen Dritte sind nach h. M. grundsätzlich nicht von der actio pro socio erfasst. Die Geltendmachung solcher Ansprüche steht allein den Geschäftsführern zu ((BGH WM 1982, 928; *Lutter/Hommelhoff* GmbHG, § 13 Rn. 33; Michalski/*Ebbing* § 14 Rn. 101; Scholz/*Emmerich* GmbHG, § 13 Rn. 47; MünchHdb GesR III/*Schiessl* § 31 Rn. 24 f.; *K. Schmidt* GesR, S. 643 f.). Zum Teil wird jedoch befürwortet, mit der actio pro socio 280 auch die Geltendmachung von Ansprüchen bei Konzernsachverhalten gegen herrschende Unternehmen sowie gegen Personen zuzulassen, die den Gesellschaftern nahe stehen, wie beispielsweise Angehörige (Michalski/*Ebbing* § 14 Rn. 101; Baumbach/Hueck/*Hueck/Fastrich* § 13 Rn. 39; R/S-L/*Pentz* § 13 Rn. 114).

e) Weitere prozessuale Fragen

281 Die Klage ist durch den Gesellschafter **in eigenem Namen** zu erheben und gegen den Mitgesellschafter zu richten. Der Klageantrag muss grundsätzlich auf **Leistung an die Gesellschaft** gerichtet sein (OLG Düsseldorf GmbHR 1994, 172, 173; A/E/S/*Ensthaler* § 13 Rn. 28; R/S-L/*Pentz* § 13 Rn. 120; *Happ* GmbH, § 3 Rn. 19; Hdb GmbH/*Schmiegelt* § 3 Rn. 119).

282 Ein **Vergleich** oder **Verzicht** über den geltend gemachten Anspruch durch den klagenden Gesellschafter wirkt nach h. L. grundsätzlich nicht auch für die Gesellschaft (R/S-L/*Pentz* § 13 Rn. 120; *Lutter/Hommelhoff* GmbHG, § 13 Rn. 37; *Raiser* ZHR 153 (1989) 1, 23). Nach a. A. steht es dem klagenden Gesellschafter zu, mit Wirkung für und gegen die Gesellschaft auf den Anspruch im Rahmen eines Prozessvergleichs zu verzichten. Ist der Vergleich oder Verzicht allerdings unangemessen, können Schadensersatzansprüche der Gesellschaft gegenüber dem Gesellschafter bestehen (*Happ* GmbH, § 3 Rn. 21). Eine Verfügung der Gesellschaft wirkt sich aufgrund ihrer primären Zuständigkeit für die Geltendmachung des Anspruchs auch auf den Gesellschafter aus (R/S-L/*Pentz* § 13 Rn. 120; *Roth/Altmeppen* § 13 Rn. 52).

283 Der klagende Gesellschafter trägt grundsätzlich das **Prozesskostenrisiko**. Auf diese Weise werden Gesellschaft und Mitgesellschafter vor mutwilligen Klagen, z. B. aufgrund Differenzen in der Unternehmenspolitik, geschützt. Eine Erstattung der Kosten durch die Gesellschaft kann der klagende Gesellschafter nur nach den Grundsätzen der Geschäftsführung ohne Auftrag erreichen (*K. Schmidt* GesR, S. 642; *Lutter/Hommelhoff* GmbHG, § 13 Rn. 37; Hdb GmbH/*Schmiegelt* § 3 Rn. 122; R/S-L/*Pentz* § 13 Rn. 120).

f) Urteil und Urteilswirkungen

284 Ob sich das im Rahmen der actio pro socio ergehende Urteil in seiner Rechtskraft **auch auf die Gesellschaft erstreckt**, ist wie auch im Recht der Personengesellschaften umstritten (vgl. oben Rn. 100). Nach der Ansicht, nach welcher der Gesellschafter mit der actio pro socio ein eigenes Recht geltend macht und daher nicht in Prozessstandschaft für die Gesellschaft tätig wird, erstreckt sich die Rechtskraft eines im Weg der actio pro socio ergehenden Urteils nicht auf die Gesellschaft (R/S-L/*Pentz* § 13 Rn. 120; *Roth/Altmeppen* § 13 Rn. 52; *Lutter/Hommelhoff* GmbHG, § 13 Rn. 37; *Raiser* ZHR 153 (1989) 1, 23). Dagegen wirkt nach der Auffassung, die die actio pro socio als **Fall der Prozessstandschaft** sieht, ein solches Urteil nicht nur zwischen den Parteien, sondern auch für und gegen die Gesellschaft (*Happ* GmbH, § 3 Rn. 22; Michalski/*Ebbing* § 14 Rn. 105; Baumbach/Hueck/*Hueck/Fastrich* § 13 Rn. 40).

285 Ergeht dagegen in einer Klage der Gesellschaft selbst ein klageabweisendes Urteil, so bindet dieses nach wohl h. L. aufgrund der primären Zuständigkeit der Gesellschaft für die Geltendmachung des Anspruchs auch den Gesellschafter (*Roth/Altmeppen* § 13 Rn. 52; R/S-L/*Pentz* § 13 Rn. 120; a. A. *Lutter/Hommelhoff* § 13 Rn. 37; *Raiser* ZHR 153 (1989) 1, 23). Ein solches Urteil steht somit der erneuten Geltendmachung des Anspruchs durch den Gesellschafter im Wege der actio pro socio entgegen.

3. Mitgliedschaftsstreit

286 Auch der sog. Mitgliedschaftsstreit zählt zu den Gesellschafterklagen. Bei einem Mitgliedschaftsstreit wird im Wege der Feststellungsklage nach § 256 ZPO die **Gesellschafterstellung** einer bestimmten Person geklärt. Nach h. M. kann die Klage gegen die Gesellschaft als auch gegen Mitgesellschafter gerichtet werden (BGH GmbHR 1963, 7; MünchHdb GesR III/*Schiessl* § 31 Rn. 28; Scholz/*Emmerich* GmbHG, § 13 Rn. 54; *Ganssmüller* GmbHR 1963, 7, 8). Im Personengesellschaftsrecht ist die Frage der Mitgliedschaft dagegen nur unter den Mitgesellschaftern zu klären, eine Klage gegen die Gesellschaft kommt nur bei entsprechender gesellschaftsvertraglicher Vereinbarung in Betracht. Bei Vorliegen eines rechtlichen Interesses kann die Klage auch gegen einen Dritten gerichtet werden, mit dem Antrag festzustellen, dass dieser nicht Gesellschafter ist (Michalski/*Ebbing* § 14 Rn. 109). Die Klage kann von einem Gesellschafter, der Gesellschaft und bei Vorliegen des Feststellungsinteresses i. S. d. § 256 ZPO auch durch Dritte erhoben werden (R/S-L/*Pentz* § 13 Rn. 121). Ein in einem Rechtsstreit zwischen den Mitgesellschaftern ergehendes Urteil bindet lediglich die Prozessparteien und nicht auch die Gesellschaft (BGH GmbHR 1963, 7; *Ganssmüller* GmbHR 1963, 7, 8). Ergeht dagegen ein Urteil gegen die Gesellschaft als Prozesspartei, so bindet dieses auch die Mitgesellschafter und die Gesellschaftsorgane. Die Mitgesellschafter und Gesellschaftsorgane können dem Verfahren daher als Nebenintervenienten beitreten (R/S-L/*Pentz* § 13 Rn. 121; Scholz/*Emmerich* GmbHG, § 13 Rn. 54).

4. Abwehrklage gegen rechtswidriges Organhandeln

Infolge der im Aktienrecht ergangenen »Holzmüller«-Entscheidung (BGHZ 83, 122; vgl. dazu auch ausführl. Kap. 10 § 119 Rn. 9 ff.), in der der BGH Abwehransprüche und dementsprechend eine **Unterlassungsklage des Aktionärs zur Verhinderung rechtswidrigen Vorstandshandelns** anerkannt hat, stellt sich auch im GmbH-Recht die Frage, ob dem Gesellschafter ein Abwehrrecht gegen rechtswidriges Organhandeln der Geschäftsführer zusteht. Die h. M. nimmt ein solches Klagerecht des Gesellschafters nur dann an, wenn ein Gesellschaftsorgan seine Kompetenzen überschreitet. Dies ist beispielsweise der Fall, wenn die Geschäftsführung in den Zuständigkeitsbereich der Gesellschafterversammlung eingreift (MünchHdb GesR III/*Schiessl* § 31 Rn. 27; *Roth/Altmeppen* § 13 Rn. 59; Michalski/*Ebbing* § 14 Rn. 108). Ein darüber hinausgehendes Abwehrrecht gegen sonstiges rechtswidriges oder gar unzweckmäßiges Organhandeln wird jedoch abgelehnt. Dies ergibt sich zum einen daraus, dass den GmbH-Gesellschaftern im Unterschied zu den Aktionären gegenüber der Geschäftsführung ein umfangreiches Weisungsrecht zusteht und sie nach § 50 GmbHG die Einberufung einer Gesellschafterversammlung verlangen können. Zum anderen würde die Gefahr bestehen, dass die Geschäftsführung durch Gesellschafterklagen blockiert wird (MünchHdb GesR III/*Schiessl* § 31 Rn. 26; *Grunewald* 2. F. Rn. 44). **287**

III. Klagerecht von Aufsichtsrat und Aufsichtsratsmitgliedern

1. Klagerecht des Aufsichtsrates

a) Klagerecht des Aufsichtsrats im eigenen Namen

In der Literatur wird diskutiert, ob der Aufsichtsrat dazu befugt ist, **im eigenen Namen eigene Rechte** klageweise geltend zu machen und im Wege einer Abwehrklage gegen rechtswidriges Handeln der Geschäftsführung oder anderer Organe (»**Organstreit**«) vorzugehen. Ein solches eigenes Klagerecht des Aufsichtsrates lehnt die h. L. mangels Parteifähigkeit des Aufsichtsrates als Organ jedoch ab (R/S-L/*Koppensteiner* § 52 Rn. 13; Michalski/*Heyder* § 52 Rn. 298 ff.; Baumbach/Hueck/*Zöllner/Noack* § 52 Rn. 118; Scholz/*Schneider* GmbHG, § 52 Rn. 379; *Roth/Altmeppen* § 52 Rn. 46). Parteifähigkeit ist nach § 50 ZPO, wer rechtsfähig ist. Die Rechts- und damit auch die Parteifähigkeit des Aufsichtsrats als Organ wird jedoch grundsätzlich abgelehnt (BGHZ 122, 342, 345; Scholz/*Schneider* GmbHG, § 52 Rn. 379; *Roth/Altmeppen* § 52 Rn. 46; Michalski/*Heyder* § 52 Rn. 299). **288**

b) Klagerecht des Aufsichtsrats im Namen der Gesellschaft

Verletzt die Geschäftsführung Rechte des Aufsichtsrats, wie z. B. Berichtspflichten oder Zustimmungsvorbehalte, hat der Aufsichtsrat jedoch die Möglichkeit, gegen die Geschäftsführer im Namen der Gesellschaft vorzugehen und auf Einhaltung seiner Rechte zu klagen (Michalski/*Heyder* § 52 Rn. 299; Scholz/*Schneider*, GmbHG § 52 Rn. 380). **289**

2. Klagerecht der Aufsichtsratsmitglieder

a) Durchsetzung von Ansprüchen aus Drittgeschäften

290 Steht einem Aufsichtsratsmitglied ein schuldrechtlicher Anspruch gegen die Gesellschaft aus einem Drittgeschäft zu, steht es diesem Aufsichtsratsmitglied nach allgemeinen Grundsätzen frei, diesen Anspruch im eigenen Namen gegen die Gesellschaft geltend zu machen. In einem solchen Fall wird die Gesellschaft grundsätzlich durch ihre Geschäftsführer vertreten. Handelt es sich jedoch um eine Streitigkeit aus dem Anstellungsvertrag zwischen dem Aufsichtsratsmitglied und der Gesellschaft wird die Gesellschaft durch die Gesamtheit der Gesellschafter vertreten, da die Gesamtheit der Gesellschafter auch für den Abschluss dieses Vertrages verantwortlich ist (Scholz/*Schneider* GmbHG, § 52 Rn. 371 f.).

b) Durchsetzung organschaftlicher Rechte

291 Ein Aufsichtsratsmitglied kann eigene organschaftliche Rechte, wie z. B. Rede-, Antrags- und Teilnahmerecht, im eigenen Namen durch Klage gegen die GmbH durchzusetzen (Michalski/*Heyder* § 52 Rn. 301; R/S-L/*Koppensteiner* § 52 Rn. 15; *Roth/Altmeppen* § 52 Rn. 46; *Lutter/Hommelhoff* GmbHG, § 52 Rn. 55; Scholz/*Schneider* GmbHG, § 52 Rn. 374, 375).

292 Nach h. L. wird die GmbH in einem solchen Verfahren grundsätzlich **durch die Geschäftsführer vertreten** (vgl. oben Rn. 231; Michalski/*Heyder* § 52 Rn. 301; *Lutter/Hommelhoff* GmbHG, § 52 Rn. 55). Nach a. A. ist bei der Vertretung danach zu differenzieren, ob das Aufsichtsratsmitglied eigennützige oder fremdnützige Rechte geltend macht. Fremdnützige Rechte sind solche, die dem Aufsichtsratsmitglied im Interesse der Gesellschaft zustehen, wie z. B. Teilnahme- und Stimmrechte. Bei der Geltendmachung fremdnütziger Rechte wird die GmbH dieser Ansicht nach durch den Aufsichtsrat vertreten (Scholz/*Schneider* GmbHG, § 52 Rn. 375). Macht ein Aufsichtsratsmitglied dagegen eigennützige organschaftliche Rechte, wie z. B. einen Anspruch auf Aufwendungsersatz oder Vergütung, geltend, erfolgt die Vertretung der Gesellschaft durch die Gesamtheit der Gesellschafter (Scholz/*Schneider* GmbHG, § 52 Rn. 368, 374).

c) Durchsetzung von Aufsichtsratsrechten

293 Ein einzelnes Aufsichtsratsmitglied ist nach h. L. nicht dazu befugt, Rechte des Aufsichtsrats gerichtlich durchzusetzen. Für eine solche Befugnis fehlt es schon an einem entsprechenden Recht des Aufsichtsrats, das durch ein Aufsichtsratmitglied in Prozessstandschaft geltend gemacht werden könnte. Nach h. L. steht dem einzelnen Aufsichtsratsmitglied somit auch **kein individuelles organschaftliches Recht** zu, gerichtlich gegen rechtswidriges Handeln der Geschäftsführung vorzugehen (Scholz/*Schneider* GmbHG, § 52 Rn. 377; Baumbach/Hueck/*Zöllner/Noack* § 52 Rn. 77; *Roth/Altmeppen* § 52 Rn. 45; Michalski/*Heyder* § 52 Rn. 299 f.). Werden die Rechte des Aufsichtsrats durch Maßnahmen der Geschäftsführer verletzt, so muss das einzelne Aufsichtsratsmitglied einen Beschluss des Aufsichtsrats über die Geltendmachung dieser Rechtsverletzung herbeiführen (BGHZ 106, 54, 66 f.). Werden die Rechte des Aufsichtsrats verletzt, besteht in der Regel eine Pflicht der Aufsichtsratsmitglieder aufgrund der organschaftlichen Treuepflicht einen entsprechenden Beschluss zu fassen. Wird die Geltendmachung der Rechtsverletzung entgegen dieser Verpflichtung durch Beschluss der Aufsichtsratsmitglieder jedoch abgelehnt, kann dieser Beschluss nach allgemeinen Regeln (vgl. Rn. 423) durch Feststellungsklage angeriffen werden (BGHZ 106, 54, 66 f.; *Roth/Altmeppen* § 52 Rn. 45; Michalski/*Heyder* § 52 Rn. 300).

IV. Beschlussmängelstreitigkeiten bei Gesellschafterbeschlüssen

1. Analoge Anwendung aktienrechtlicher Vorschriften

294 Der Prozess der **Willensbildung in der GmbH** obliegt der Gesellschafterversammlung und erfolgt gem. § 47 Abs. 1 GmbHG durch Beschlussfassung. Auf diese Weise kann jeder Gesellschafter an der Willensbildung der Gesellschaft teilhaben (R/S-L/*Koppensteiner* § 48 Rn. 1; A/E/S/*Schmidt* § 47 Rn. 1; Michalski/*Römermann* § 48 Rn. 4). Häufig kommt es jedoch zum

Streit über die Rechtmäßigkeit eines Gesellschafterbeschlusses. Das Recht der GmbH trifft jedoch keine gesetzliche Regelung darüber, wie fehlerhafte Beschlüsse der Gesellschafterversammlung zu behandeln sind (BGHZ 11, 231, 235; 36, 207, 210; 66, 68; Scholz/*K. Schmidt* GmbHG, § 45 Rn. 36; *Goette* § 7 Rn. 78; *Grunewald* 2. F. Rn. 93; *Saenger* GmbHR 1997, 112). Die Regeln des BGB über die Anfechtbarkeit und Nichtigkeit von Willenserklärungen (§§ 119 ff. BGB) finden auf Gesellschafterbeschlüsse der GmbH grundsätzlich keine Anwendung (A/E/S/*Schmidt* § 47 Rn. 47; Michalski/*Römermann* Anh. § 47 Rn. 22).

Das Aktienrecht differenziert zwischen nichtigen und anfechtbaren Hauptversammlungsbe- **295**
schlüssen und sieht für die Geltendmachung dieser Beschlussmängel **besondere Rechtsbehelfe** vor. Nichtige Beschlüsse sind mit der **Nichtigkeitsklage gem. § 249 AktG**, anfechtbare Beschlüsse durch **Anfechtungsklage nach § 243 AktG** geltend zu machen (MünchHdb GesR IV/*Semler* § 41 Rn. 6; *Raiser/Veil* § 16 Rn. 118 ff., 140). Nach st.Rspr. des BGH und h. L. sind die aktienrechtlichen Regeln über die Anfechtbarkeit und Nichtigkeit von Hauptversammlungsbeschlüssen (§§ 241 ff. AktG) auf fehlerhafte Gesellschafterbeschlüsse der GmbH sinngemäß anzuwenden, soweit nicht die Besonderheiten der GmbH eine abweichende Behandlung erfordern (BGHZ 11, 231, 235; 51, 209, 210; BGH GmbHR 2003, 171, 172 f.; *Roth/Altmeppen* § 47 Rn. 91; Hdb GmbH/*Fischer* § 4 Rn. 164; *Lutter/Hommelhoff* GmbHG, Anh. § 47 Rn. 1, 61; MünchHdb GesR III/*Wolff* § 40 Rn. 1; *Saenger* GmbHR 1997, 112; dazu krit.: *Zöllner/Noack* ZGR 1989, 529). Dies hat zur Folge, dass auch im Recht der GmbH zwischen **anfechtbaren und nichtigen Beschlüssen** zu unterscheiden ist, die mit Anfechtungs- und Nichtigkeitsklage geltend zu machen sind (Scholz/*K. Schmidt* GmbHG, § 45 Rn. 36, *Goette* § 7 Rn. 80; *Casper* ZHR 163 (1999) 54, 56; MAH GmbH/*Römermann* § 14 Rn. 153). Ein mangelhafter Gesellschafterbeschluss ist im Recht der GmbH daher im Unterschied zum Recht der Personengesellschaften nicht generell nichtig (vgl. oben Rn. 75). Neben anfechtbaren und nichtigen Beschlüssen wird teilweise noch nach unwirksamen, wirkungslosen und Scheinbeschlüssen unterschieden (vgl. unten Rn. 321 ff.; Michalski/*Römermann* Anh. § 47 Rn. 24; Hdb GmbH/*Fischer* § 4 Rn. 165 ff., 188; *Lutter/Hommelhoff* GmbHG, Anh. § 47 Rn. 4).

2. Nichtige Beschlüsse

a) Analoge Anwendung des § 241 AktG

Im Aktienrecht regelt § 241 AktG abschließend, welche Gründe zur Nichtigkeit eines Hauptver- **296**
sammlungsbeschlusses führen. Diese Grundsätze sind **analog auf Beschlüsse der Gesellschafterversammlung einer GmbH** heranzuziehen (BGHZ 116, 359, 374; 134, 364, 365; OLG München NZG 2000, 105, 106; Hdb GmbH/*Fischer* § 4 Rn. 170; R/S-L/*Koppensteiner* § 47 Rn. 94; MünchHdb GesR III/*Wolff* § 40 Rn. 11; *Happ* GmbH, § 19 Rn. 16; *Saenger* GmbHR 1997, 112, 113). Entsprechend § 241 Nr. 1 AktG ist ein Gesellschafterbeschluss, der an einem **Einberufungsmangel** leidet, nichtig. Dies ist beispielsweise der Fall, wenn die Versammlung von einem Unbefugten einberufen wurde oder nicht alle Gesellschafter zur Teilnahme an der Gesellschafterversammlung eingeladen wurden (BGHZ 11, 231, 236; Scholz/*K. Schmidt* GmbHG, § 45 Rn. 64; R/S-L/*Koppensteiner* § 47 Rn. 94 ff.; Michalski/*Römermann* Anh. § 47 Rn. 76 f.; A/E/S/*Schmidt* § 47 Rn. 49 ff.). Ein Gesellschafterbeschluss ist ferner analog § 241 Nr. 2 AktG nichtig, wenn ein gesetzlich vorgesehenes notarielles **Beurkundungserfordernis** unterblieben ist. Hauptanwendungsfall sind dabei satzungsändernde Beschlüsse (Scholz/*K. Schmidt* GmBHG, § 45 Rn. 66; R/S-L/*Koppensteiner* § 47 Rn. 99; A/E/S/*Schmidt* § 47 Rn. 52). Entsprechend § 241 Nr. 3 AktG sind Beschlüsse nichtig, die ihrem Inhalt nach mit dem **Wesen der GmbH nicht vereinbar** sind oder Vorschriften verletzen, die ausschließlich oder überwiegend zum Schutz der Gläubiger der Gesellschaft, wie die Grundsätze der Kapitalaufbringung und -erhaltung, oder sonst im öffentlichen Interesse gegeben sind (Scholz/*K. Schmidt* GmbHG, § 45 Rn. 72; R/S-L/*Koppensteiner* § 47 Rn. 100 f.; Michalski/*Römermann* Anh. § 47 Rn. 125, 129). Analog § 241 Nr. 4 AktG sind Beschlüsse nichtig, die ihrem Inhalt nach **gegen die guten Sitten** verstoßen (BGHZ 101, 113, 116; A/E/S/*Schmidt* § 47 Rn. 57). Entsprechend § 241 Nr. 5 AktG ist ein Beschluss nichtig, der auf **Anfechtungsklage** hin für nichtig erklärt worden ist (Michalski/*Römermann* Anh. § 47 Rn. 155;

A/E/S/*Schmidt* § 47 Rn. 58). Auch **registergerichtlich gelöschte Beschlüsse** (§ 144 Abs. 2 FGG) sind nach § 241 Nr. 6 AktG analog nichtig (Michalski/*Römermann* Anh. § 47 Rn. 157; A/E/S/*Schmidt* § 47 Rn. 59).

297 Im Recht der GmbH ist zudem der **besondere Nichtigkeitsgrund** des **§ 57 j S. 2 GmbHG** und des **§ 57 n Abs. 2 S. 4 GmbHG** zu berücksichtigen (*Lutter/Hommelhoff* GmbHG, Anh. § 47 Rn. 9; Michalski/*Hermanns* § 57 j Rn. 10; A/E/S/*B. Schmidt* § 47 Rn. 64; MAH GmbH/*Römermann* § 14 Rn. 160).

298 Für die Nichtigkeit eines Beschlusses kommt es im Unterschied zur Anfechtbarkeit nicht darauf an, ob der Mangel für die Beschlussfassung kausal geworden ist (vgl. unten Rn. 312; BGHZ 11, 231, 239; *Saenger* GmbHR 1997, 112, 113; R/S-L/*Koppensteiner* § 47 Rn. 94). Aus Gründen der Rechtssicherheit können die Nichtigkeitsgründe im Gesellschaftsvertrag weder erweitert noch eingeschränkt werden (*Lutter/Hommelhoff* GmbHG, Anh. § 47 Rn. 9; Hdb GmbH/*Fischer* § 4 Rn. 170; *Happ* GmbH, § 19 Rn. 16).

b) Sonderregelungen

299 **aa) Obligatorischer Aufsichtsrat** Neben den Nichtigkeitsgründen des § 241 AktG normiert das Aktienrecht weitere Nichtigkeitsgründe für die Wahl von Aufsichtsratsmitgliedern (§ 250 Abs. 1 AktG) sowie für den Jahresabschluss (§ 256 AktG). Nach h. L. ist **§ 250 Abs. 1 AktG** auch im Recht der GmbH auf den obligatorischen Aufsichtsrat anzuwenden (Michalski/*Römermann* Anh. § 47 Rn. 180). Ob und inwieweit § 250 Abs. 1 AktG auch für den fakultativen Aufsichtsrat einer GmbH gilt, ist umstritten (vgl. dazu Scholz/*K. Schmidt* GmbHG, § 45 Rn. 78; A/E/S/*Schmidt* § 47 Rn. 62; Michalski/*Römermann* Anh. § 47 Rn. 182 ff.). Einigkeit besteht jedoch darin, dass die Wahl einer nicht voll geschäftsfähigen Person zum Mitglied eines fakultativen Aufsichtsrates analog §§ 250 Abs. 1 Nr. 4, 100 Abs. 1 AktG nichtig ist (Scholz/*K. Schmidt* GmbHG, § 45 Rn. 78; *Lutter/Hommelhoff* GmbHG, Anh. § 47 Rn. 22; Michalski/*Römermann* Anh. § 47 Rn. 183; *Roth/Altmeppen* § 47 Rn. 108).

300 **bb) Jahresabschluss der GmbH** Für den Jahresabschluss der GmbH ist auf die **Nichtigkeitsgründe des § 256 AktG** in entsprechender Anwendung zurückzugreifen (Scholz/*K. Schmidt* GmbHG, § 45 Rn. 68, 79; Hdb GmbH/*Langseder* § 9 Rn. 209; A/E/S/*Schmidt* § 47 Rn. 60). Nicht anwendbar ist jedoch § 256 Abs. 2 AktG, da eine Feststellung des Jahresabschlusses durch den Vorstand und Aufsichtsrat im Recht der GmbH nicht in Betracht kommt (Michalski/*Römermann* Anh. § 47 Rn. 188; *Lutter/Hommelhoff* GmbHG, Anh. § 47 Rn. 24; R/S-L/*Koppensteiner* § 47 Rn. 109). Im Übrigen gelten die allgemeinen Regeln über die Nichtigkeit und Anfechtbarkeit mangelhafter Beschlüsse auch für den Jahresabschluss (Michalski/*Römermann* Anh. § 47 Rn. 345). Wurde ein Jahresabschluss aufgrund Nichtigkeits- oder Anfechtungsklage für nichtig erklärt, so ist er erneut festzustellen (Hdb GmbH/*Langseder* § 9 Rn. 213). In analoger Anwendung des § 253 Abs. 1 S. 1 AktG erstreckt sich die Nichtigkeit eines Jahresabschlusses auch auf den Gewinnverwendungsbeschluss, der auf dem Jahresabschluss beruht. Im Übrigen gelten auch für den Gewinnverwendungsbeschluss die allgemeinen Regeln der Anfechtbarkeit und Nichtigkeit (Scholz/*K. Schmidt* GmbHG, § 45 Rn. 79; *Happ* GmbH, § 20 Rn. 7 f.; Michalski/*Römermann* Anh. § 47 Rn. 215 ff.).

c) Wirkung und Heilung nichtiger Beschlüsse

301 Ein nichtiger Beschluss entfaltet von Anfang an **keine Rechtswirkung**. Dies hat zur Folge, dass solche Beschlüsse durch Gesellschafter und Geschäftsführer weder ausgeführt, noch zur Eintragung ins Handelsregister angemeldet werden dürfen (MünchHdb GesR III/*Wolff* § 40 Rn. 29; Hdb GmbH/*Fischer* § 4 Rn. 186; R/S-L/*Koppensteiner* § 47 Rn. 112; *Casper* ZHR 163 (1999) 54, 62). Nichtige Beschlüsse dürfen vom Registergericht **nicht eingetragen** werden (OLG Köln GmbHR 1993, 164).

Erfolgt dennoch eine Eintragung in das Handelsregister, kommt eine **Heilung des Mangels** in Betracht. Nichtige Beschlüsse (entsprechend § 241 Nr. 1, 3, 4 AktG) werden aus Gründen der Rechtssicherheit analog § 242 Abs. 2 S. 1 AktG durch Registereintragung und Ablauf von drei Jahren analog geheilt (BGHZ 23, 239, 240; 80, 212, 216; Hdb GmbH/*Fischer* § 4 Rn. 187; *Lutter/Hommelhoff* GmbHG, Anh. § 47 Rn. 28 f.; R/S-L/*Koppensteiner* § 47 Rn. 114; *Saenger* GmbHR 1997, 112, 114). Die Nichtigkeit kann dann nicht mehr geltend gemacht werden (BGHZ 80, 212, 216). Liegt ein Beurkundungsmangel entsprechend § 241 Nr. 2 AktG vor, ist der Beschluss also entgegen gesetzlicher Vorschrift nicht notariell beurkundet worden, genügt für die Heilung analog § 242 Abs. 1 AktG bereits die Eintragung in das Handelsregister an sich (R/S-L/*Koppensteiner* § 47 Rn. 113; A/E/S/*Schmid*t § 47 Rn. 67; MAH GmbH/*Römermann* § 14 Rn. 161; MünchHdb GesR III/*Wolff* § 40 Rn. 32). **302**

Leidet der **Jahresabschluss** an einem Nichtigkeitsgrund entsprechend § 256 AktG, so kann dieser gem. § 256 Abs. 6 S. 1 AktG in den Fällen des § 256 Abs. 1 Nr. 1, Nr. 3, Nr. 4 AktG sowie § 256 Abs. 3 Nr. 1, Nr. 2, Abs. 4 und 5 AktG nach Ablauf von sechs Monaten und in den übrigen Fällen nach Ablauf von drei Jahren nicht mehr geltend gemacht werden (Hdb GmbH/*Langseder* § 9 Rn. 211; A/E/S/*B. Schmidt* § 47 Rn. 66; *Lutter/Hommelhoff* GmbHG, Anh. § 47 Rn. 25). Analog § 256 Abs. 6 S. 2 AktG hemmt eine während dieser Frist erhobene Nichtigkeitsklage den Ablauf der Frist (*Happ* GmbH, § 20 Rn. 4). Kann die Nichtigkeit des Jahresabschlusses aufgrund Heilung nicht mehr geltend gemacht werden, ist auch die Nichtigkeit des Beschluss über die Verwendung des Bilanzgewinns (§ 253 Abs. 1 S. 2 AktG analog) geheilt (*Lutter/Hommelhoff* GmbHG, Anh. § 47 Rn. 26; Michalski/*Römermann* Anh. § 47 Rn. 218; R/S-L/*Koppensteiner* § 47 Rn. 109). **303**

Eine Heilung von Beschlüssen, die keine Eintragung ins Handelsregister erfordern, ist mit Ausnahme des Beschlusses, der den Jahresabschluss feststellt, und des Ergebnisverwendungsbeschlusses grundsätzlich nicht möglich (vgl. oben Rn. 303; *Roth/Altmeppen* § 47 Rn. 116; *Lutter/Hommelhoff* GmbHG, Anh. § 47 Rn. 28; *Saenger* GmbHR 1997, 112, 114). Im Unterschied zu anfechtbaren Beschlüssen können **nichtige Beschlüsse nicht** durch Genehmigung oder Bestätigungsbeschluss geheilt werden (vgl. unten Rn. 319, 375 ff.). Der Beschluss kann jedoch neu vorgenommen werden. Die Neuvornahme beseitigt die Fehlerhaftigkeit des ursprünglichen Beschlusses jedoch nicht rückwirkend (BGHZ 11, 231, 239; *Roth/Altmeppen* § 47 Rn. 116; R/S-L/*Koppensteiner* § 47 Rn. 115). Wird ungeachtet der Heilung eines nichtigen Beschlusses Nichtigkeitsklage erhoben, so ist diese unbegründet (A/E/S/*B. Schmidt* § 47 Rn. 68). **304**

d) Geltendmachung der Nichtigkeit eines Beschlusses

Auf die Nichtigkeit eines Beschlusses kann sich grundsätzlich jedermann berufen. Dies gilt auch für Gesellschafter, die für den nichtigen Beschluss gestimmt haben (BGHZ 11, 231, 239; Hdb GmbH/*Fischer* § 4 Rn. 184; Michalski/*Römermann* Anh. § 47 Rn. 234). Gerichtlich kann die Nichtigkeit mit der **Nichtigkeitsklage analog § 249 AktG** sowie durch **allgemeine Feststellungsklage nach § 256 ZPO** geltend gemacht werden (Scholz/*K. Schmidt* GmbHG, § 45 Rn. 38, 44; *Lutter/Hommelhoff* GmbHG, Anh. § 47 Rn. 9; R/S-L/*Koppensteiner* § 47 Rn. 111; MünchHdb GesR III/*Wolff* § 40 Rn. 30, 39; *Geißler* GmbHR 2002, 520, 521). Dabei ist jedoch zu beachten, dass eine allgemeine Feststellungsklage dann unzulässig ist, wenn Nichtigkeitsklage nach § 249 AktG analog erhoben werden kann (*Lutter/Hommelhoff* GmbHG, Anh. § 47 Rn. 35; zur Abgrenzung dieser Klagearten vgl. unten Rn. 401). **305**

Die Nichtigkeit eines Beschlusses kann im Unterschied zur Anfechtbarkeit auch **außerhalb eines gerichtlichen Verfahrens** sowie inzident als Vorfrage oder durch Einrede geltend gemacht werden (Scholz/*K. Schmidt* GmbHG, § 45 Rn. 44, 45; *Goette* § 7 Rn. 85; R/S-L/*Koppensteiner* § 47 Rn. 111). Die Heilung eines nichtigen Beschlusses kann allerdings nur durch Erhebung der Nichtigkeitsklage verhindert werden. Eine andere Geltendmachung der Nichtigkeit, wie durch Einrede oder die allgemeine Feststellungsklage nach § 256 ZPO, genügt insofern nicht (*Lutter/Hommelhoff* GmbHG, Anh. § 47 Rn. 30; Hdb GmbH/*Fischer* § 4 Rn. 187; R/S-L/*Koppensteiner* § 47 Rn. 114). **306**

e) Teilnichtigkeit

307 Nach h. L. liegt ein **einheitlicher Beschluss** vor, wenn eine einheitliche Abstimmung stattgefunden hat. Dies ist auch dann der Fall, wenn mehrere Entscheidungsgegenstände in einen Tagesordnungspunkt bzw. Abstimmungsvorgang zusammengefasst wurden (BGH NJW 1988, 1214; Michalski/*Römermann* Anh. § 47 Rn. 219; *Lutter/Hommelhoff* GmbHG, Anh. § 47 Rn. 27; R/S-L/*Koppensteiner* § 47 Rn. 110). Nach a. A. kann bei mehreren Entscheidungsgegenständen ein einheitlicher Beschluss nur dann angenommen werden, wenn zwischen den Gegenständen ein sachlicher Zusammenhang besteht (Scholz/*K. Schmidt* GmbHG, § 45 Rn. 42). Infolge der h. L. ist es möglich, dass lediglich ein Entscheidungsgegenstand eines einheitlichen Beschlusses einen Nichtigkeitsgrund aufweist (R/S-L/*Koppensteiner* § 47 Rn. 110; *Lutter/Hommelhoff* GmbHG, Anh. § 47 Rn. 27). Da Verfahrensfehler regelmäßig den gesamten Beschluss erfassen, kommt dies insbesondere bei inhaltlichen Mängeln in Betracht (Michalski/*Römermann* Anh. § 47 Rn. 221). Ob dadurch der gesamte Beschluss oder nur ein Teil nichtig ist, richtet sich nach § 139 BGB. Demnach kann eine Teilnichtigkeit eines einzelnen Entscheidungsgegenstandes nur dann angenommen werden, wenn davon auszugehen ist, dass die Gesellschafter die fehlerfreien Entscheidungsgegenstände auch dann beschlossen hätten, wenn sie von der Fehlerhaftigkeit des oder der anderen Entscheidungsgegenstände Kenntnis gehabt hätten. Im Zweifel kann davon jedoch nicht ausgegangen werden, so dass der Beschluss insgesamt nichtig ist (*Lutter/Hommelhoff* GmbHG, Anh. § 47 Rn. 27; Hdb GmbH/*Fischer* § 4 Rn. 183; Michalski/*Römermann* Anh. § 47 Rn. 222).

308 Die prozessualen Konsequenzen einer Teilnichtigkeit richten sich nach dem Klageantrag. Wurde beantragt, die Nichtigkeit des gesamten Beschlusses festzustellen, so ist die Klage im Übrigen abzuweisen. Mit diesem Urteil ist dann klargestellt, dass der übrige Beschlussteil wirksam ist (Michalski/*Römermann* Anh. § 47 Rn. 223).

3. Anfechtbare Beschlüsse

a) Analoge Anwendung des § 243 Abs. 1 AktG

309 **aa) Verstoß gegen Gesetz** Beschlüsse, die **gegen Gesetz verstoßen** und nicht nichtig sind, sind entsprechend § 243 Abs. 1 AktG anfechtbar (BGHZ 14, 264, 268; OLG Köln NZG 1999, 1228, 1229; Scholz/*K. Schmidt* GmbHG, § 45 Rn. 93; MünchHdb GesR III/*Wolff* § 40 Rn. 3, 36; *Lutter/Hommelhoff* GmbHG, Anh. § 47 Rn. 42). Der Begriff des Gesetzes ist weit zu verstehen, erfasst **jede zwingende Rechtsnorm** und ist nicht auf Normen des GmbH-Rechts beschränkt. Unter den Gesetzesbegriff des § 243 Abs. 1 AktG fallen daher auch zivilrechtliche Generalklauseln wie §§ 138, 242 BGB sowie ungeschriebene Grundsätze des Gesellschaftsrechts, wie beispielsweise der Grundsatz der Gleichbehandlung und die gesellschafterliche Treuepflicht (BGHZ 116, 359, 372; OLG Köln NZG 1999, 1228, 1229; NZG 1999, 1112, 114; Scholz/*K. Schmidt* GmbHG, § 45 Rn. 104 ff.; R/S-L/*Koppensteiner* § 47 Rn. 116; A/E/S/*Schmidt* § 47 Rn. 87; MünchHdb GesR III/*Wolff* § 40 Rn. 44). Ein Verstoß gegen den Gleichbehandlungsgrundsatz ist beispielsweise bei einer sachlich nicht gerechtfertigten verdeckten Gewinnausschüttung gegeben (OLG Köln NZG 1999, 1228, 1229). **Kein Gesetzesverstoß** liegt in der Verletzung bloßer Ordnungsvorschriften, wie z. B. bei der Verletzung von Protokollierungspflichten oder schuldrechtlicher Verpflichtungen der Gesellschaft gegenüber Dritten oder der Gesellschafter untereinander oder auch gegenüber Dritten (Scholz/*K. Schmidt* GmbHG, § 45 Rn. 93; MünchHdb GesR III/*Wolff* § 40 Rn. 36, 46; MAH GmbH/*Römermann* § 14 Rn. 163; Michalski/*Römermann* Anh. § 47 Rn. 300).

310 **bb) Verstoß gegen Satzungsregelung** Ein Beschluss ist gem. § 243 Abs. 1 AktG analog auch anfechtbar, wenn er gegen eine Satzungsregelung verstößt. Dabei ist zu beachten, dass nur ein Verstoß gegen **echte bzw. korporative Satzungsregelungen** die Anfechtbarkeit des Beschlusses zu begründen vermag (Scholz/*K. Schmidt* GmbHG, § 45 Rn. 114; Michalski/*Römermann* Anh. § 47 Rn. 353 ff.). Nicht selten wird diskutiert, ob ein Beschluss gegen den **in der Satzung normierten Gesellschaftszweck** verstößt. Der Gesellschaftszweck ist in der Regel erwerbswirtschaftlich. Für die Frage, ob eine Maßnahme wegen Verstoß gegen den Gesellschaftszweck anfechtbar ist, ist da-

nach zu unterscheiden, ob es sich um eine Einzelmaßnahme handelt oder der Gesellschaftszweck dauerhaft geändert wird. Eine grundlegende Veränderung des Gesellschaftszwecks bedarf einer einstimmigen Entscheidung der Gesellschafter; ein Beschluss der dies missachtet, ist daher anfechtbar. Bei der Frage, ob eine einzelne Maßnahme gegen den Gesellschaftszweck verstößt, ist zu berücksichtigen, dass eine Anfechtung aufgrund unternehmerischer Unzweckmäßigkeit regelmäßig ausscheidet (OLG Köln NZG 1999, 1228, 1229; Scholz/*K. Schmidt* GmbHG, § 45 Rn. 115; A/E/S/*B. Schmidt* § 47 Rn. 98; *Roth/Altmeppen* § 47 Rn. 119). Der Gesellschaftermehrheit steht insoweit ein Ermessensspielraum zu, welcher der richterlichen Kontrolle entzogen ist (OLG Düsseldorf ZIP 1996, 1083, 1088; OLG Köln NZG 1999, 1228, 1229; NZG 2000, 1135). Dies gilt auch für Spenden, solange sie verkehrsüblich und nicht an Organisationen gerichtet sind, die mit dem Gesellschaftszweck kollidieren (Scholz/*K. Schmidt* GmbHG, § 45 Rn. 115; Michalski/*Römermann* Anh. § 47 Rn. 361). Eine gerichtliche Kontrolle des ausgeübten Ermessens kommt nur bei **Ermessenüberschreitungen**, wie z. B. bei außergewöhnlich verlustreichen oder evident gesellschaftsfremden Maßnahmen in Betracht (BGHZ 80, 69, 73 f.; OLG Köln NZG 1999, 1228, 1229; NZG 2000, 1135; OLG Hamm NZG 2000, 1185, 1187). Diese Grundsätze gelten auch für die Anfechtbarkeit eines Beschlusses über die Entlastung eines Geschäftsführers. Ein Entlastungsbeschluss ist demnach nur dann anfechtbar, wenn das Ermessen der Gesellschafterversammlung über die Entlastung des Geschäftsführers soweit reduziert war, dass ausschließlich eine Verweigerung der Entlastung ermessenfehlerfrei gewesen wäre (vgl. dazu weitergehend OLG Köln NZG 1999, 1228, 1229; NZG 2000, 1135, 1136; *Grunewald* NZG 2000, 1137).

cc) Inhaltliche Mängel und Verfahrensfehler Ein Verstoß i. S. d. § 243 Abs. 1 AktG analog kann die Art und Weise des Zustandekommens als auch den Inhalt des Beschlusses betreffen (OLG Düsseldorf GmbHR 1996, 443, 449; A/E/S/*Schmidt* § 47 Rn. 86). Es ist somit zwischen Verfahrensverstößen und inhaltlichen Mängeln zu unterscheiden (Scholz/*K. Schmidt* GmbHG, § 45 Rn. 93; MAH GmbH/*Römermann* § 14 Rn. 163). **Inhaltliche Mängel des Gesellschafterbeschlusses** können auf der Verletzung der Satzung oder auf einem Gesetzesverstoß beruhen (MünchHdb GesR III/*Wolff* § 40 Rn. 44; Michalski/*Römermann* Anh. § 47 Rn. 298). **Verfahrensfehler** beruhen häufig auf einer fehlerhaften Vorbereitung und Durchführung der Gesellschafterversammlung. Bei Mängeln der Einberufung ist zu beachten, dass besonders schwerwiegende Fehler bereits zur Nichtigkeit des Beschlusses entsprechend § 241 Nr. 1 AktG führen, wie z. B. bei fehlender Einladung einzelner Gesellschafter oder bei Ladung durch einen Nichtberechtigten (vgl. oben Rn. 296; Michalski/*Römermann* Anh. § 47 Rn. 268; A/E/S/*Schmidt* § 47 Rn. 49 f.). Bei der Durchführung der Gesellschafterversammlung begründen beispielsweise der unberechtigte Ausschluss eines Gesellschafters von der Teilnahme oder auch Abweichungen von der Tagesordnung die Anfechtbarkeit des Beschlusses (Scholz/*K. Schmidt* GmbHG, § 45 Rn. 96; Michalski/*Römermann* Anh. § 47 Rn. 279, 283; A/E/S/*B. Schmidt* § 47 Rn. 89). 311

Die **Anfechtbarkeit aufgrund eines Verfahrensverstoßes** setzt voraus, dass dieser Fehler für die Beschlussfassung **kausal** geworden ist (BGHZ 14, 264, 267; BGH GmbHR 1990, 162, 163; Scholz/*K. Schmidt* GmbHG, § 45 Rn. 94). Ein Beschluss ist daher nicht anfechtbar, wenn er auch ohne den Verfahrensverstoß mit demselben Inhalt zustande gekommen wäre (BGHZ 149, 158, 165; BGH GmbHR 1990, 162, 163; NJW 1998, 1317, 1318; *Geißler* GmbHR 2002, 521, 522; *Roth/Altmeppen* § 47 Rn. 125). Dies ist bei beispielsweise bei Einberufungsfehlern der Fall, wenn feststeht, dass der betroffene Gesellschafter das Ergebnis auf keinen Fall hätte beeinflussen können und der Beschluss daher auch ohne Vorliegen des Mangels zustande gekommen wäre (BGH NJW 1998, 1317, 1318). 312

dd) Keine Dispositivität In der Satzung können die gesetzlichen Anfechtungsgründe weder eingeschränkt noch ausgeschlossen werden, da das Recht zur Anfechtung als **unentziehbares Gesellschafterrecht** ausgestattet ist (Scholz/*K. Schmidt* GmbHG, § 45 Rn. 118). In der Satzung können jedoch zusätzliche Anfechtungsgründe geschaffen oder die gesetzlichen Anfechtungsgründe inhaltlich erweitert werden (Michalski/*Römermann* Anh. § 47 Rn. 366). 313

b) Sonderregelungen

314 **aa) Spezielle Anfechtungsgründe** Neben § 243 Abs. 1 AktG sind spezielle Anfechtungsgründe in den §§ 243 Abs. 2, 251, 254, 255, 257 AktG geregelt. Der besondere Anfechtungsgrund des § 243 Abs. 2 AktG, nach dem die Anfechtung darauf gestützt werden kann, dass ein Gesellschafter mit der Ausübung des Stimmrechts nach Sondervorteilen zum Schaden der Gesellschaft oder anderen Gesellschaftern strebt, ist nach h. L. im Recht der GmbH analog anzuwenden. Es handelt sich dabei um einen allgemeinen Grundsatz, der auch für die GmbH Geltung beansprucht (BGHZ 76, 352, 357; OLG Köln NZG 1999, 1228, 1229; R/S-L/*Koppensteiner* § 47 Rn. 116; Michalski/*Römermann* Anh. § 47 Rn. 307 ff.; A/E/S/*Schmidt* § 47 Rn. 94).

315 **bb) Wahl von Aufsichtsratsmitgliedern** Für die Anfechtung der Wahl von Aufsichtsratsmitgliedern gilt § 251 Abs. 1 AktG analog (Michalski/*Römermann* Anh. § 47 Rn. 278; *Lutter/Hommelhoff* GmbHG, Anh. § 47 Rn. 54). § 255 Abs. 2 AktG ist entsprechend für die **Anfechtung der Kapitalerhöhung** gegen Einlage anzuwenden. Für den Beschluss über die Verwendung des Bilanzgewinns gilt § 254 Abs. 1 AktG entsprechend (MünchHdb GesR III/*Wolff* § 40 Rn. 47).

316 **cc) Anfechtung des festgestellten Jahresabschlusses** Nach § 257 Abs. 1 S. 2 AktG ist die Anfechtung eines durch die Hauptversammlung festgestellten Jahresabschlusses wegen Inhaltsmängeln **ausgeschlossen**. § 257 Abs. 1 S. 2 AktG ist im Recht der GmbH nicht analog anzuwenden, da das Recht der GmbH keine Sonderprüfung wegen unzulässiger Unterbewertung nach §§ 258 ff. AktG vorsieht und der Gesellschafterversammlung im Recht der GmbH die alleinige Feststellungszuständigkeit für den Jahresabschluss zukommt (OLG Köln NZG 1999, 1112, 1113; *Happ* GmbH, § 20 Rn. 1; MünchHdb GesR III/*Wolff* § 40 Rn. 47; *Lutter/Hommelhoff* GmbHG, Anh. § 47 Rn. 53). Eine Anfechtungsklage gegen den Jahresabschluss kann somit im Recht der GmbH darauf beruhen, dass der Inhalt eines Jahresabschlusses gegen Gesetz oder Satzung verstößt (Michalski/*Römermann* Anh. § 47 Rn. 189).

c) Vorläufige Wirksamkeit und gerichtliche Geltendmachung anfechtbarer Beschlüsse

317 Anfechtbare Beschlüsse sind im Unterschied zu nichtigen Beschlüssen zunächst **rechtswirksam**, können aber durch Anfechtungsklage **rückwirkend für nichtig erklärt** werden (BGHZ 104, 66, 69; OLG Hamburg NZG 1999, 722, 723; OLG Düsseldorf GmbHR 2001, 1049, 1052; *Goette* § 7 Rn. 91; *Lutter/Hommelhoff* GmbHG, Anh. § 47 Rn. 2). Ein anfechtbarer Beschluss, der förmlich festgestellt wurde, ist zunächst rechtswirksam und vorläufig verbindlich (BGHZ 104, 66, 71; BGH NJW 1999, 2115, 2116; MünchHdb GesR III/*Wolff* § 40 Rn. 48; R/S-L/*Koppensteiner* § 47 Rn. 117). Ob ein anfechtbarer Beschluss auszuführen ist, ist umstritten. Wurde bereits Anfechtungsklage gegen den betreffenden Beschluss erhoben, so darf dieser durch die Geschäftsführer nicht mehr ausgeführt werden (MünchHdb GesR III/*Wolff* § 40 Rn. 49). Wurde der Beschluss jedoch noch nicht angefochten, haben die Geschäftsführer das Recht und u. U. sogar die Pflicht, die Ausführung des Beschlusses zu verweigern. So können sich die Geschäftsführer gegen die Ausführung von Weisungsbeschlüssen auf die Anfechtbarkeit berufen (Scholz/*K. Schmidt* GmbHG, § 45 Rn. 124; R/S-L/*Koppensteiner* § 43 Rn. 35, § 47 Rn. 117). Nach a. A. sind anfechtbare Beschlüsse grundsätzlich auszuführen; eine Verweigerung der Durchführung komme nur in Ausnahmefällen in Betracht (Michalski/*Römermann* Ank. § 47 Rn. 262). Die Anfechtbarkeit eines Beschlusses steht der Eintragung in das Handelsregister grundsätzlich nicht entgegen. Das Registergericht hat jedoch nach § 127 Abs. 1 FGG die Möglichkeit, das Eintragungsverfahren bis zur rechtskräftigen Entscheidung im Anfechtungsprozess auszusetzen. Nach § 127 S. 2 FGG kann Frist zur Klageerhebung gesetzt werden, wenn ein Anfechtungsprozess noch nicht anhängig ist (Scholz/*K. Schmidt* GmbHG, § 45 Rn. 126; MünchHdb GesR III/*Wolff* § 40 Rn. 50). Wird ein anfechtbarer Beschluss nicht fristgemäß angefochten, wird er **endgültig wirksam** (BGHZ 104, 66, 69; OLG Hamburg NZG 1999, 722, 723).

Die Anfechtbarkeit eines Beschlusses kann **nur mit der Anfechtungsklage** geltend gemacht werden. Eine Geltendmachung durch Einrede kommt im Unterschied zu nichtigen Beschlüssen nicht in Betracht (*Lutter/Hommelhoff* GmbHG, Anh. § 47 Rn. 61; R/S-L/*Koppensteiner* § 47 Rn. 117; Hdb GmbH/*Fischer* § 4 Rn. 188). **318**

d) Heilung

Die Anfechtbarkeit eines Beschlusses kann durch **Bestätigungsbeschluss** in entsprechender Anwendung des § 244 AktG sowie durch **Genehmigung** geheilt werden. Die Heilung durch Bestätigungsbeschluss sowie ihre prozessualen Folgen werden an späterer Stelle näher erläutert (vgl. unten Rn. 375 ff.). Beruht die Anfechtbarkeit eines Beschlusses darauf, dass dieser verzichtbare Rechte eines Gesellschafters verletzt, kann dieser Mangel durch Genehmigung bzw. Zustimmung des betroffenen Gesellschafters **geheilt** werden. Dies ist beispielsweise bei der Verletzung von Informations- oder Teilhaberechten möglich (Scholz/*K. Schmidt* GmbHG, § 45 Rn. 119). Die Genehmigung beseitigt die Anfechtbarkeit des Beschlusses (BGH NJW 1998, 1317, 1318; MünchHdb GesR III/*Wolff* § 40 Rn. 51; R/S-L/*Koppensteiner* § 47 Rn. 136). Dies hat zur Folge, dass auch andere Gesellschafter gegen diesen Beschluss nicht mehr durch Anfechtungsklage vorgehen können (Michalski/*Römermann* Anh. § 47 Rn. 369). Die Genehmigung kann ausdrücklich oder stillschweigend erklärt werden. Der Gesellschafter kann die Genehmigung vor, während oder auch nach der Beschlussfassung erteilen (Scholz/*K. Schmidt* GmbHG, § 45 Rn. 119; Michalski/*Römermann* Anh. § 47 Rn. 370 f.). Billigt dagegen ein zur Anfechtung Berechtigter, dessen Rechte nicht betroffen sind, den Beschluss, heilt dies nicht die Anfechtbarkeit des Beschlusses an sich, sondern beseitigt nur die Anfechtungsbefugnis desjenigen, der den Beschluss gebilligt hat, **sog. Rügeverzicht** oder Rügeverlust. Die Anfechtungsbefugnis anderer Gesellschafter bleibt davon unberührt (MünchHdb GesR III/*Wolff* § 40 Rn. 51; R/S-L/*Koppensteiner* § 47 Rn. 136). Dagegen beseitigt die Heilung durch Genehmigung die Anfechtbarkeit des Beschlusses mit Wirkung für und gegen jedermann (Scholz/*K. Schmidt* GmbHG, § 45 Rn. 122). **319**

e) Teilanfechtung

Ob eine Teilanfechtung möglich ist, richtet sich nach denselben Grundsätzen wie die bereits dargestellte Teilnichtigkeit (vgl. oben Rn. 307). In analoger Anwendung des § 139 BGB kommt es somit darauf an, ob der verbleibende Beschlussgegenstand noch einen sinnvollen Regelungsgehalt aufweist und dessen Aufrechterhaltung im Interesse der Gesellschafter liegt (*Happ* GmbH, § 19 Rn. 36; Michalski/*Römermann* Anh. § 47 Rn. 368). Wird der gesamte Beschluss angefochten, jedoch nur ein Teil für nichtig erklärt, so ist die Klage im Übrigen abzuweisen (*Happ* GmbH, § 19 Rn. 39). **320**

4. Unwirksame Beschlüsse, Scheinbeschlüsse und wirkungslose Beschlüsse

a) Umwirksame Beschlüsse

Die h. L. kennt neben den nichtigen und anfechtbaren Beschlüssen auch die sog. unwirksamen Beschlüsse (BGHZ 48, 141, 143; Scholz/*K. Schmidt* GmbHG, § 45 Rn. 37, 40; *Happ* GmbH, § 19 Rn. 9; R/S-L/*Koppensteiner* § 47 Rn. 88; *Roth/Altmeppen* § 47 Rn. 92; Hdb GmbH/*Fischer* § 4 Rn. 167). Ein Beschluss ist unwirksam, wenn ihm eine Wirkungsvoraussetzung fehlt, wie z. B. die Zustimmung eines Gesellschafters bei Satzungsänderungen, die den Gesellschaftern weitere Pflichten auferlegt (BGHZ 15, 177, 181; 48, 141, 143). Diese Beschlüsse sind zunächst **schwebend unwirksam**, können aber zu vollwirksamen Beschlüssen erstarken, wenn die fehlende Wirksamkeitsvoraussetzung nachgeholt wird (OLG Hamm NZG 2002, 783, 785; R/S-L/*Koppensteiner* § 47 Rn. 89; Hdb GmbH/*Fischer* § 4 Rn. 169; Scholz/*K. Schmidt* GmbHG, § 45 Rn. 53). Steht fest, dass das Wirksamkeitserfordernis nicht mehr eintreten kann, wird der Beschluss endgültig unwirksam (BGHZ 15, 177, 181; *Happ* GmbH, § 19 Rn. 9). Nach h. M. kann dieser Schwebezustand als **Einrede** oder auch durch **allgemeine Feststellungsklage** geltend gemacht werden (Scholz/*K. Schmidt* GmbHG, § 45 Rn. 53). Umstritten ist, wie gerichtlich vorzugehen ist, wenn der Beschluss endgültig unwirksam geworden ist. Nach teilweise vertretener Auffassung ist mit Ein- **321** tritt der endgültigen Unwirksamkeit eine Nichtigkeitsklage analog § 249 AktG möglich (Hdb GmbH/*Fischer* § 4 Rn. 169; R/S-L/*Koppensteiner* § 47 Rn. 89; *Roth/Altmeppen* § 47 Rn. 92). Nach herrschender Ansicht wird jedoch befürwortet, auch die endgültige Unwirksamkeit durch allgemeine Feststellungsklage nach § 256 ZPO geltend zu machen (BGHZ 15, 177, 181; *Happ* GmbH, § 19 Rn. 10; *Lutter/Hommelhoff* GmbHG, Anh. § 47 Rn. 3; A/E/S/*B. Schmidt* § 47 Rn. 116).

b) Scheinbeschlüsse

322 Unter einem Scheinbeschluss ist ein Beschluss zu verstehen, der von den Mitgesellschaftern oder der Gesellschaft **lediglich behauptet** wird, aber nicht vorliegt. Es besteht somit nur der Anschein eines Gesellschafterbeschlusses (Scholz/*K. Schmidt* GmbHG, § 45 Rn. 50; R/S-L/*Koppensteiner* § 47 Rn. 90; Hdb GmbH/*Fischer* § 4 Rn. 166). Es steht jedermann frei, sich darauf berufen, dass ein solcher »Beschluss« nicht existiert. Ist die Existenz eines Beschlusses umstritten, so kann dies gerichtlich im Wege der **allgemeinen Feststellungsklage gem. § 256 ZPO** geklärt werden (Hdb GmbH/*Fischer* § 4 Rn. 166). In der Literatur besteht allerdings eine Tendenz, sich von dieser Kategorie von Beschlüssen zu distanzieren (Scholz/*K. Schmidt* GmbHG, § 45 Rn. 50; *Roth/Altmeppen* § 47 Rn. 93; Michalski/*Römermann* Anh. § 47 Rn. 50 ff.).

c) Wirkungslose Beschlüsse

323 Ein Beschluss ist wirkungslos, wenn seine **Rechtswirkung nicht erzielt werden kann** oder der Beschlussgegenstand nicht in die Kompetenz der Gesellschafterversammlung fällt und daher gegenstandslos oder unheilbar unwirksam ist (Scholz/*K. Schmidt* GmbHG, § 45 Rn. 41; Michalski/*Römermann* Anh. § 47 Rn. 33). Danach wäre beispielsweise ein Beschluss der Gesellschafter über die Abberufung des Geschäftsführers in der mitbestimmten GmbH wirkungslos, da nach mitbestimmungsrechtlichen Regelungen zwingend der Aufsichtsrat über die Abberufung zu befinden hat (vgl. ausführl. zur Abberufung des Geschäftsführers unten Rn. 488 ff.; *Lutter/Hommelhoff* GmbHG, Anh. § 47 Rn. 4; Michalski/*Römermann* Anh. § 47 Rn. 35). Allerdings lassen sich nach der wohl im Vordringen befindlichen Auffassung diese Fallgestaltungen der Kategorie der nichtigen, anfechtbaren oder der unwirksamen Beschlüsse zuordnen, so dass es der Sonderkategorie der wirkungslosen Beschlüsse nicht bedarf (Scholz/*K. Schmidt* GmbHG, § 45 Rn. 41; *Roth/Altmeppen* § 47 Rn. 93; R/S-L/*Koppensteiner* § 47 Rn. 90). So sei bei einem Verstoß gegen gesetzliche Kompetenzüberschreitungen, wie z. B. der Verstoß gegen die Zuständigkeit des Aufsichtsrats für die Abberufung des Geschäftsführers nach Mitbestimmungsrecht, Nichtigkeit nach § 241 Nr. 3 AktG analog anzunehmen (Michalski/*Römermann* Anh. § 47 Rn. 37).

5. Das Verhältnis von Anfechtungs- und Nichtigkeitsklage

324 Die **Anfechtungsklage** ist nach h. M. **Gestaltungsklage** und darauf gerichtet, einen bestimmten Beschluss für nichtig zu erklären (Scholz/*K. Schmidt* GmbHG, § 45 Rn. 123; Michalski/*Römermann* Anh. § 47 Rn. 479, 512; *Happ* GmbH, § 19 Rn. 96; MünchHdb GesR III/*Wolff* § 40 Rn. 54; *Goette* § 7 Rn. 92). Die Rechtsnatur der Nichtigkeitsklage ist dagegen umstritten. Nach teilweise vertretener Ansicht ist auch die Nichtigkeitsklage Gestaltungsklage (*Ebbing* NZG 1998, 281, 285). Nach h. M. ist die **Nichtigkeitsklage** jedoch **Feststellungsklage** mit dem Ziel, die Nichtigkeit des angegriffenen Beschlusses festzustellen (R/S-L/*Koppensteiner* § 47 Rn. 141; MünchHdb GesR III/*Wolff* § 40 Rn. 48). Dafür spricht neben dem Wortlaut des § 249 AktG auch der Umstand, dass nichtige Beschlüsse im Unterschied zu anfechtbaren Beschlüssen von Anfang an unwirksam sind und ihre Nichtigkeit daher nicht erst durch Gestaltungsurteil herbeigeführt werden muss (Michalski/*Römermann* Anh. § 47 Rn. 23, 480; *Happ* GmbH, § 19 Rn. 3).

325 Nach älterer Rechtsprechung verfolgte die Anfechtungsklage ein anderes Rechtsschutzbegehren als die Nichtigkeitsklage (BGHZ 32, 318, 322; MünchHdb GesR III/*Wolff* § 40 Rn. 54; *Goette* § 7 Rn. 92). Daher wurden in der Praxis häufig Anfechtungs- und Nichtigkeitsgründe als Haupt- und als Hilfsantrag geltend gemacht (R/S-L/*Koppensteiner* § 47 Rn. 141; *Steinmeyer/Seidel* DStR 1999, 2077, 2078). Nach neuer Rechtsprechung des BGH und der h. M. in der Literatur verfolgen

Anfechtungs- und Nichtigkeitsklage **dasselbe materielle Ziel**, nämlich die richterliche Klärung der Nichtigkeit eines Gesellschafterbeschlusses mit Wirkung für und gegen jedermann (BGHZ 134, 364, 366; BGH DStR 1999, 643; R/S-L/*Koppensteiner* § 47 Rn. 141; *Goette* § 7 Rn. 92). Anfechtungs- und Nichtigkeitsantrag stehen folglich nicht in einem **Eventualverhältnis** zueinander (BGHZ 134, 364, 366; *Steinmeyer/Seidel* DStR 1999, 2077, 2079; Hdb GmbH/*Fischer* § 4 Rn. 199).

Der **Antrag der Anfechtungsklage** ist darauf gerichtet, einen bestimmten Beschluss für nichtig 326
zu erklären. Dieser Antrag beschränkt das Gericht jedoch nicht auf die Prüfung von Anfechtungsgründen (*Steinmeyer/Seidel* DStR 1999, 2077, 2079). Da der Anfechtungs- und Nichtigkeitsklage derselbe Streitgegenstand zugrunde liegt, prüft das Gericht unabhängig von der Bezeichnung als Anfechtungs- oder Nichtigkeitsklage sämtliche in Betracht kommenden Anfechtungs- und Nichtigkeitsgründe anhand des vom Kläger vorgetragenen Sachverhalts (BGHZ 134, 364, 366; DStR 1999, 643, 643; MünchHdb GesR III/*Wolff* § 40 Rn. 54; Hdb GmbH/*Fischer* § 4 Rn. 199; R/S-L/*Koppensteiner* § 47 Rn. 141, 152; *Lutter/Hommelhoff* GmbHG, Anh. § 47 Rn. 36). Das Gericht hat durch Subsumtion zu entscheiden, ob die Regelung des § 248 AktG analog oder des § 249 AktG analog Anwendung findet. Es kommt daher nicht darauf an, ob der Kläger die Gründe unter dem Gesichtspunkt der Nichtigkeit oder der Anfechtbarkeit vorgetragen hat (BGH DStR 1999, 643, 643; *Geißler* GmbHR 2002, 520, 526). Dies hat zur Folge, dass aufgrund des Anfechtungsantrages ein Nichtigkeitsurteil ergehen kann und umgekehrt (*Geißler* GmbHR 2002, 520, 526). Auf die früher übliche Geltendmachung von Anfechtungs- und Nichtigkeitsgründen als Haupt- und Hilfsantrag kann nunmehr verzichtet werden (*Steinmeyer/Seidel* DStR 1999, 2077, 2079). Ändert sich die rechtliche Beurteilung vom Anfechtungsgrund zum Nichtigkeitsgrund liegt somit keine Klageänderung vor (*Happ* GmbH, § 19 Rn. 97 f.). Wird – wie früher in der Praxis üblich – der Anfechtungsantrag mit einem Nichtigkeitsantrag als Haupt- und Hilfsantrag verbunden, so hat dies aufgrund der Einheitlichkeit des Streitgegenstandes zur Folge, dass keine Klagehäufung gegeben ist, soweit beide Anträge auf demselben Lebenssachverhalt beruhen (Michalski/*Römermann* Anh. § 47 Rn. 482; *Geißler* GmbHR 2002, 520, 526; *Happ* GmbH, § 19 Rn. 97). Ein Teilurteil über die Nichtigkeitsklage ist daher nicht auszusprechen (BGH DStR 1999, 643; R/S-L/*Koppensteiner* § 47 Rn. 141; *Goette* DStR 1999, 644).

Nichtigkeits- und Anfechtungsklage unterscheiden sich im Wesentlichen dadurch, dass die An- 327
fechtungsklage innerhalb einer angemessenen Klagefrist erhoben werden muss, in der auch die Tatsachen vorzutragen sind, die die Anfechtbarkeit des Beschlusses begründen sollen. Dagegen unterliegt die Geltendmachung von Nichtigkeitsgründen im Wege der Nichtigkeitsklage grundsätzlich keiner Klagefrist (vgl. unten Rn. 389; *Steinmeyer/Seidel* DStR 1999, 2077, 2079; *Goette* § 7 Rn. 92). Daraus folgt, dass das Gericht bei einer Klage, die nach Ablauf einer angemessenen Frist eingereicht wird, lediglich Nichtigkeitsgründe prüft; Anfechtungsgründe können dann nicht mehr zum Erfolg der Klage führen (*Steinmeyer/Seidel* DStR 99, 2077, 2079; R/S-L/*Koppensteiner* § 47 Rn. 141; *Goette* § 7 Rn. 92; so auch Scholz/*K. Schmidt* GmbHG, § 45 Rn. 45).

In der Literatur lässt sich die Tendenz erkennen, nicht mehr streng zwischen Anfechtungs- und 328
Nichtigkeitsklage zu differenzieren, sondern von einer **sog. kassatorischen Klage** zu sprechen und in deren Rahmen zwischen Anfechtungs- und Nichtigkeitsgründen zu unterscheiden (vgl. dazu weitergehend Scholz/*K. Schmidt* GmbHG, § 45 Rn. 45; *Lutter/Hommelhoff* GmbHG, Anh. § 47 Rn. 42, 43).

6. Anfechtungsklage analog § 243 Abs. 1 AktG

a) Gegenstand der Anfechtungsklage

Gegenstand der Anfechtungsklage ist nach Auffassung der Rechtsprechung und der wohl h. L. 329
ein durch den Versammlungsleiter **förmlich festgestellter Gesellschafterbeschluss**. Nur dann steht ein Beschluss mit einem Beschlussinhalt fest, gegen den sich die Anfechtungsklage richten kann (BGHZ 76, 154, 156 f.; 104, 66, 68 f.; BGH GmbHR 1999, 477, 478; A/E/S/*Schmidt* § 47 Rn. 85; *M. Schwab* S. 371; *Geißler* GmbHR 2002, 520, 525; *Böttcher/Grewe* NZG 2002, 1086, 1087). Die Anfechtungsklage kann sich nach mittlerweile gefestigter Rechtsprechung auch gegen einen Be-

schluss richten, der durch Fehler bei der Beschlussfeststellung, wie z. B. durch Mitzählen unwirksamer Stimmen, zustande gekommen ist, sofern dieser förmlich festgestellt ist, da nur so ausreichender Rechtsschutz gewährleistet ist (noch a. A. BGHZ 51, 209, 211; heute st.Rspr. BGHZ 97, 28, 30; 104, 66, 69; 108, 21, 32). Fehlt es an einer förmlichen Beschlussfeststellung, so kann die Mangelhaftigkeit des Beschlusses lediglich im Wege einer allgemeinen Feststellungsklage nach § 256 ZPO geltend gemacht werden (dazu unten Rn. 402; BGHZ 76, 154, 156 f.; *Geißler* GmbHR 2002, 520, 526; *Roth/Altmeppen* § 47 Rn. 131 f.).

330 Grundsätzlich kann auch ein **satzungsauslegender Beschluss** angefochten werden, wenn dieser Beschluss in Wahrheit keine Auslegung, sondern eine Änderung der Satzung enthält. Das ist insbesondere dann der Fall, wenn durch diesen Beschluss über die Zulässigkeit einer Maßnahme entschieden wird und ihm somit regelnder Charakter zukommt. Die Zulässigkeit der Klage hängt insofern nicht davon ab, ob die Satzung tatsächlich durchbrochen wurde. Befinden die Gesellschafter dagegen ohne Regelungswirkung über die Auslegung der Satzung kann dies durch Feststellungsklage oder ggf. Unterlassungsklage gerichtlich überprüft werden (BGH GmbHR 2003, 171, 173; *Riehm* GmbHR 2003, 176).

b) Antrag und Streitgegenstand

331 Der Antrag der Anfechtungsklage ist darauf gerichtet, einen bestimmten Gesellschafterbeschluss für nichtig zu erklären (BGHZ 116, 359, 372; *Happ* GmbH, § 19 Rn. 96; *Goette* § 7 Rn. 92; Michalski/*Römermann* Anh. § 47 Rn. 512). Dabei ist der angegriffene Gesellschafterbeschluss möglichst genau nach Gesellschaft, Datum der Beschlussfassung und Inhalt zu bezeichnen (MünchHdb GesR III/*Wolff* § 40 Rn. 54 f.). Der Streitgegenstand ergibt sich aus dem Gesellschafterbeschluss, den der Kläger angreift sowie dem Tatsachenstoff, der die Mangelhaftigkeit des Beschlusses begründen soll (*Lutter/Hommelhoff* GmbHG, Anh. § 47 Rn. 67).

c) Anfechtungsbefugnis

332 **aa) Begriff und Rechtsnatur** Unter Anfechtungsbefugnis ist das Recht zu verstehen, Anfechtungsklage erheben zu können. Nach h. M. handelt es sich bei der Anfechtungsbefugnis um eine **materiellrechtliche Voraussetzung der Klage**. Fehlt die Anfechtungsbefugnis ist die Klage daher als unbegründet abzuweisen (OLG Düsseldorf GmbHR 1996, 443, 453; Michalski/*Römermann* Anh. § 47 Rn. 382; *Saenger* GmbHR 1997, 112, 115; *Geißler* GmbHR 2002, 520, 525). Nach a. A. stellt die Anfechtungsbefugnis ein **besonderes Rechtsschutzbedürfnis** dar, dessen Fehlen zur Klageabweisung als unzulässig führt (Scholz/*K. Schmidt* GmbHG, § 45 Rn. 127; MünchHdb GesR III/*Wolff* § 40 Rn. 61). Eine analoge Anwendung des § 245 AktG, der für die aktienrechtliche Anfechtungsklage die Anfechtungsbefugnis regelt, wird im Recht der GmbH abgelehnt (MünchHdb GesR III/*Wolff* § 40 Rn. 63; Michalski/*Römermann* Anh. § 47 Rn. 384).

333 **bb) Anfechtungsbefugnis des Gesellschafters – (1) Grundsatz** Grundsätzlich ist im Recht der GmbH **jeder Gesellschafter** zur Anfechtung befugt (OLG Düsseldorf GmbHR 1996, 443, 448; GmbHR 2000, 1050, 1052; OLG Hamm NZG 2000, 938; R/S-L/*Koppensteiner* § 47 Rn. 117; Michalski/*Römermann* Anh. § 47 Rn. 388 ff.; *Happ* GmbH, § 19 Rn. 60; Hdb GmbH/*Fischer* § 4 Rn. 203; *Roth/Altmeppen* § 47 Rn. 138; Scholz/*K. Schmidt* GmbHG, § 45 Rn. 128). Wer als Gesellschafter anzusehen ist, bestimmt sich nach § 16 GmbHG (BGH DB 1968, 2270; OLG Düsseldorf GmbHR 1996, 443, 448; *Lutter/Hommelhoff* GmbHG, Anh. § 47 Rn. 62). Nach der Fiktion des § 16 Abs. 1 GmbHG ist auch nach einer Veräußerung von Gesellschaftsanteilen der Veräußerer zur Erhebung der Anfechtungsklage berechtigt, solange nicht der Erwerber der Gesellschaftsanteile unter Nachweis des Übergangs bei der Gesellschaft angemeldet worden ist (BGHZ 88, 320, 323; OLG Düsseldorf GmbHR 1996, 443, 448). Die Anfechtungsbefugnis setzt **keine persönliche Betroffenheit** bzw. individuelle Rechtsverletzung des klagenden Gesellschafters voraus, da jeder Gesellschafter das Recht darauf hat, dass die Gesellschafterversammlung nur solche Beschlüsse fasst, die mit Gesetz und Gesellschaftsvertrag in Einklang stehen. Ein weitergehendes Rechtsschutzbedürfnis muss der klagende Gesellschafter nicht darlegen (BGHZ 43, 261, 265 f.;

BGH GmbHR 2003, 171, 174; OLG Düsseldorf GmbHR 2000, 1050, 1052; GmbHR 2001, 1049, 1052; Scholz/*K. Schmidt* GmbHG, § 45 Rn. 128; *Saenger* GmbHR 1997, 112, 115; MünchHdb GesR III/Wolf § 40 Rn. 63; *Geißler* GmbHR 2002, 520, 521). Im Unterschied zum Aktienrecht kommt es nach h. M. nicht darauf an, dass der Gesellschafter an der Versammlung teilgenommen und Widerspruch erklärt hat (OLG Hamm GmbHR 1985, 119; *Lutter/Hommelhoff* GmbHG, Anh. § 47 Rn. 62; Hdb GmbH/*Fischer* § 4 Rn. 203; Scholz/*K. Schmidt* GmbHG, § 45 Rn. 129). Die Anfechtungsbefugnis entfällt allerdings nach dem Rechtsgedanken des venire contra factum proprium dann, wenn der Gesellschafter i. S. d. Beschlusses gestimmt oder ihm nachträglich zugestimmt hat (*Roth/Altmeppen* § 47 Rn. 141; MünchHdb GesR III/*Wolff* § 40 Rn. 63).

(2) Treugeber, Nießbraucher und Pfandgläubiger Nach h. M. sind Treugeber, Nießbraucher 334
und Pfandgläubiger des Gesellschaftsanteils **nicht anfechtungsbefugt**. Das Anfechtungsrecht steht nur demjenigen zu, der das Vollrecht am Gesellschaftsanteil hält; auf die wirtschaftliche Stellung kommt es dabei nicht an (MünchHdb GesR III/*Wolff* § 40 Rn. 64; *Goette* § 7 Rn. 94; Michalski/*Römermann* Anh. § 47 Rn. 389, 399).

(3) Gemeinschaftliche Berechtigung Sind mehrere Gesellschafter an einem Anteil gemein- 335
schaftlich berechtigt, so müssen sie das Anfechtungsrecht gem. § 18 Abs. 1 GmbHG gemeinschaftlich ausüben. Es handelt sich um **notwendige Streitgenossenschaft** i. S. d. § 62 ZPO. Für die Prozessführung ist ein gemeinsamer Vertreter zu bestellen (Scholz/*K. Schmidt* GmbHG, § 45 Rn. 128; MünchHdb GesR III/*Wolff* § 40 Rn. 64; Hdb GmbH/*Fischer* § 4 Rn. 203; R/S-L/*Koppensteiner* § 47 Rn. 146; Michalski/*Römermann* Anh. § 47 Rn. 394 f.). Bei einer **Erbengemeinschaft** kann die Klage eines einzelnen Mitberechtigten nach § 2038 Abs. 1 S. 2 BGB zulässig sein. Testamentsvollstrecker sind für die Erben zur Anfechtung befugt (BGHZ 108, 21, 23; MünchHdb GesR III/*Wolff* § 40 Rn. 64; R/S-L/*Koppensteiner* § 47 Rn. 146; Michalski/*Römermann* Anh. § 47 Rn. 397). Im **Insolvenzverfahren** des Gesellschafters übt der Insolvenzverwalter das Anfechtungsrecht aus (OLG Düsseldorf GmbHR 1996, 443, 448; MünchHdb GesR III/*Wolff* § 40 Rn. 64; Scholz/*K. Schmidt* GmbHG, § 45 Rn. 128).

(4) Zeitpunkt des Vorliegens der Gesellschaftereigenschaft Umstritten ist, in welchem Zeit- 336
punkt die Gesellschaftereigenschaft vorliegen muss. Einigkeit besteht darin, dass die Gesellschaftereigenschaft im **Zeitpunkt der Klageerhebung** erforderlich ist (OLG Düsseldorf GmbHR 1996, 443, 448; Scholz/*K. Schmidt* GmbHG, § 45 Rn. 130; MünchHdb GesR III/*Wolff* § 40 Rn. 65; *Roth/Altmeppen* § 47 Rn. 138; *Saenger* GmbHR 1997, 112, 115). Es wird sich jedoch nicht selten die Frage stellen, ob die Gesellschaftereigenschaft auch schon im **Zeitpunkt der Beschlussfassung** gegeben sein muss. Diese Fragestellung wird insbesondere dann relevant, wenn der Gesellschaftsanteil zwischen Beschlussfassung und Klageerhebung veräußert, vererbt oder originär erworben wird. Es ist anerkannt, dass das Anfechtungsrecht im Fall der Einzel- oder Gesamtrechtsnachfolge in den vollen Gesellschaftsanteil auf den Erwerber übergeht, da die Anfechtungsbefugnis Bestandteil der Gesellschafterstellung ist (BGHZ 43, 261, 267; OLG Schleswig NZG 2000, 895, 896; Scholz/*K. Schmidt* GmbHG, § 45 Rn. 132; Hdb GmbH/*Fischer* § 4 Rn. 203; Michalski/*Römermann* Anh. § 47 Rn. 406 ff.; *Lutter/Hommelhoff* GmbHG, Anh. § 47 Rn. 63; MünchHdb GesR III/*Wolff* § 40 Rn. 65). Veräußert ein Gesellschafter lediglich einen Teil seines Gesellschaftsanteils, so steht sowohl dem Veräußerer als auch dem Erwerber die Anfechtungsbefugnis zu (Scholz/*K. Schmidt* GmbHG, § 45 Rn. 132; Hdb GmbH/*Fischer* § 4 Rn. 203). Wird ein Gesellschaftsanteil dagegen nach Beschlussfassung originär erworben, z. B. im Rahmen einer Kapitalerhöhung, ist der Erwerber nicht zur Anfechtung befugt, da er im Zeitpunkt der Beschlussfassung nicht Träger mitgliedschaftlicher Rechte war und der Gesellschaftsanteil nicht durch die Beschlussfassung geprägt wurde (Scholz/*K. Schmidt* GmbHG, § 45 Rn. 131; Michalski/*Römermann* Anh. § 47 Rn. 413 f.; *Lutter/Hommelhoff* GmbHG, Anh. § 47 Rn. 412).

Wird ein **Gesellschaftsanteil** nach Klageerhebung **während des Verfahrens veräußert**, kann der 337
Veräußerer den Prozess nach § 265 Abs. 2 S. 1 ZPO fortführen, da das Anfechtungsrecht Ausfluss

des Mitgliedschaftsrechts ist, das mit der Anteilsveräußerung auf den Erwerber übergeht (BGHZ 43, 261, 267; BGH NJW-RR 1993, 1253; OLG Düsseldorf GmbHR 2000, 1050, 1052; Scholz/*K. Schmidt* GmbHG, § 45 Rn. 133; MünchHdb GesR III/*Wolff* § 40 Rn. 65). Die Abtretung des Geschäftsanteils wirkt sich somit nicht auf den Prozess aus (BGHZ 43, 261, 268; OLG Düsseldorf GmbHR 2000, 1050, 1052; GmbHR 2001, 1049, 1052). Eine Fortführung des Prozesses durch den früheren Anteilsinhaber scheidet lediglich dann aus, wenn ihm das Rechtschutzbedürfnis fehlt (Scholz/*K. Schmidt* GmbHG, § 45 Rn. 133; *Lutter/Hommelhoff* GmbHG, Anh. § 47 Rn. 64). Stimmt die beklagte Gesellschaft und der Veräußerer zu, kann nach § 265 Abs. 2 S. 2 ZPO auch der neue Anteilsinhaber den Prozess weiterführen (R/S-L/*Koppensteiner* § 47 Rn. 146; Zöller/*Greger* § 165 Rn. 7).

338 **(5) Einschränkung des Anfechtungsrechts** Das Anfechtungsrecht der Gesellschafter kann grundsätzlich nicht durch Satzung eingeschränkt oder gar entzogen werden, da es dem **Kernbereich der Mitgliedschaft** angehört (Scholz/*K. Schmidt* GmbHG, § 45 Rn. 135; MünchHdb GesR III/*Wolff* § 40 Rn. 112; Michalski/*Römermann* Anh. § 47 Rn. 435; Hdb GmbH/*Fischer* § 4 Rn. 189).

339 **(6) Anfechtungsrecht für Betriebsräte** Wird die Wahl von Aufsichtsratsmitgliedern analog § 251 AktG angefochten, so erweitert § 251 Abs. 2 AktG analog die Klagebefugnis auf Betriebsräte, Gesamtbetriebsräte sowie auf die im Unternehmen vertretenen Gewerkschaften und deren Spitzenorganisationen (*Happ* GmbH, § 20 Rn. 11).

340 **cc) Anfechtungsbefugnis von Organmitgliedern** Im Aktienrecht ist der Vorstand als Organ, Vorstands- und Aufsichtsratsmitglieder unter bestimmten Voraussetzungen der § 245 Nr. 4 und 5 AktG anfechtungsbefugt. Für das Recht der GmbH ist umstritten, ob auch Organmitglieder, wie **Geschäftsführer, Aufsichtsrats- oder auch Beiratsmitglieder** zur Anfechtung berechtigt sind (Scholz/*K. Schmidt* GmbHG, § 45 Rn. 134; *Happ* GmbH, § 19 Rn. 62; Michalski/*Römermann* Anh. § 47 Rn. 415 f.; *Grunewald* 2. F. Rn. 98). Nach teilweise vertretener Ansicht sind Organmitglieder dann anfechtungsbefugt, wenn sie durch Ausführung der Beschlüsse eine Straftat oder Ordnungswidrigkeit begehen würden (R/S-L/*Koppensteiner* § 47 Rn. 147). Eine andere Auffassung geht noch weiter und gewährt den Organmitgliedern die Anfechtungsbefugnis stets bei ausführungsbedürftigen Beschlüssen, die inhaltliche Mängel aufweisen (Scholz/*K. Schmidt* GmbHG, § 45 Rn. 134; *Saenger* GmbHR 1997, 112, 115). Die Anfechtungsbefugnis von Organmitgliedern wird von der h. M. jedoch **grundsätzlich abgelehnt**. So hat der BGH die Anfechtungsbefugnis des Geschäftsführers in dieser Eigenschaft ausdrücklich abgelehnt (BGHZ 76, 154, 159; Hdb GmbH/*Fischer* § 4 Rn. 203; *M. Schwab* S. 377; Michalski/*Römermann* Anh. § 47 Rn. 436; A/E/S/*B. Schmidt* § 47 Rn. 100). Dafür spricht, dass der Geschäftsführer ansonsten über das Anfechtungsrecht der Gesellschafter verfügen und auf diese Weise die Entscheidung der Gesellschafter, einen Beschluss nicht anzufechten und ihn mit Verstreichen der Anfechtungsfrist voll wirksam werden zu lassen, verhindern könnte. Dies würde der Weisungsgebundenheit des Geschäftsführers an Entscheidungen der Gesellschafterversammlung nach § 37 Abs. 1 GmbHG zuwiderlaufen (BGHZ 76, 154, 159; *M. Schwab* S. 377).

341 Wohl allgemein anerkannt ist hingegen, dass die Anfechtungsbefugnis eines Organmitglieds **in der Satzung vereinbart werden** kann (Scholz/*K. Schmidt* GmbHG, § 45 Rn. 135; *Happ* GmbH, § 19 Rn. 65; Michalski/*Römermann* Anh. § 47 Rn. 437; MünchHdb GesR III/*Wolff* § 40 Rn. 112; R/S-L/*Koppensteiner* § 47 Rn. 119; Hdb GmbH/*Fischer* § 4 Rn. 189). Wurde eine solche Regelung statutarisch nicht vereinbart, ist der Praxis aufgrund des uneinheitlichen Meinungsstandes in der Literatur und – soweit ersichtlich – fehlender einschlägiger Rechtsprechung daher zu empfehlen, gerichtliche Klärung durch die allgemeine Feststellungsklage nach § 256 ZPO herbeizuführen, die durch jedermann erhoben werden kann (vgl. unten Rn. 401; Scholz/*K. Schmidt* GmbHG, § 45 Rn. 134; Michalski/*Römermann* Anh. § 47 Rn. 415).

dd) Anfechtungsbefugnis Dritter Eine Anfechtungsbefugnis Dritter wird von der h. M. **grundsätzlich abgelehnt** (Michalski/*Römermann* Anh. § 47 Rn. 433; Scholz/*K. Schmidt* GmbHG, § 45 Rn. 135). Dritten kann die Anfechtungsbefugnis auch nicht durch Gesellschaftsvertrag eingeräumt werden (R/S-L/*Koppensteiner* § 47 Rn. 119; Hdb GmbH/*Fischer* § 4 Rn. 189). **342**

ee) Missbrauch der Anfechtungsbefugnis Die Anfechtungsbefugnis ist durch das **Verbot des Rechtsmissbrauchs** begrenzt. Rechtsmissbrauch kann dann vorliegen, wenn sich der Kläger durch die Klage zu seinem früheren Verhalten in Widerspruch setzt (vgl. oben Rn. 333; BGH AG 1992, 448; MünchHdb GesR III/*Wolff* § 40 Rn. 62; MAH GmbH/*Römermann* § 14 Rn. 178; *Roth/Altmeppen* § 47 Rn. 140 f.; *Saenger* GmbHR 1997, 112, 116). Unter dem Stichwort »Missbrauch der Anfechtungsbefugnis« wird wie auch im Aktienrecht der Fall der **erpresserischen Anfechtungsklage** diskutiert, bei der die Anfechtung allein darauf abzielt, sich das Anfechtungsrecht abkaufen zu lassen. Ein solcher Missbrauch liegt vor, wenn es dem Kläger, unabhängig davon, ob ein mangelhafter Beschluss vorliegt, darauf ankommt, in grob eigennütziger Weise besondere finanzielle Vorteile zu erlangen, auf die er keinen rechtlichen Anspruch hat und billigerweise auch nicht erheben kann. Dabei muss der Tatbestand der Nötigung oder Erpressung im strafrechtlichen Sinne nicht gegeben sein (BGHZ 107, 296, 309; Michalski/*Römermann* Anh. § 47 Rn. 449 ff.; R/S-L/*Koppensteiner* § 47 Rn. 138; *Happ* GmbH, § 19 Rn. 94; *Lutter/Hommelhoff* GmbHG, Anh. § 47 Rn. 74). Nach h. M. ist eine rechtsmissbräuchlich erhobene Anfechtungsklage als unbegründet abzuweisen (*Happ* GmbH, § 19 Rn. 94; *Lutter/Hommelhoff* GmbHG, Anh. § 47 Rn. 74). Nach a. A. ist die Klage im Fall des Missbrauchs lediglich unzulässig (Scholz/*K. Schmidt* GmbHG, § 45 Rn. 137). **343**

ff) Notwendige Streitgenossenschaft Mehrere Anfechtungskläger sind **notwendige Streitgenossen** i. S. d. § 62 ZPO (*Roth/Altmeppen* § 47 Rn. 151; R/S-L/*Koppensteiner* § 47 Rn. 150). **344**

d) Anfechtungsfrist

aa) Geltung einer angemessenen Anfechtungsfrist Wie auch im Aktienrecht ist die Anfechtungsklage im Recht der GmbH an eine Klagefrist gebunden (Scholz/*K. Schmidt* GmbHG, § 45 Rn. 141 f.). Eine strikte Anwendung des § 246 Abs. 1 AktG analog, nach dem die aktienrechtliche Anfechtungsklage innerhalb einer Monatsfrist zu erheben ist, wird durch Rechtsprechung und h. L. für die GmbH abgelehnt (BGHZ 11, 231, 240; 84, 209, 221; 104, 66, 71; 111, 224, 225; BGH NZG 1999, 722, 723; OLG Düsseldorf GmbHR 1999, 543, 548; OLG Thüringen GmbHR 2002, 115, 116; *Lutter/Hommelhoff* GmbHG, Anh. § 47 Rn. 60; *Goette* § 7 Rn. 98; *Happ* GmbH, § 19 Rn. 77; *Roth/Altmeppen* § 47 Rn. 144). Im Unterschied zur AG beruht eine GmbH typischerweise auf der Verbundenheit und dem gegenseitigen Vertrauen der Gesellschafter. Die Gesellschafter einer GmbH sind demnach viel stärker als die Gesellschafter einer AG darauf angewiesen, die Streitigkeiten über einen Gesellschafterbeschluss einvernehmlich zu lösen (BGHZ 104, 66, 71; 111, 224, 225; OLG Hamm NZG 2004, 380; MünchHdb GesR III/*Wolff* § 40 Rn. 72; *Saenger* GmbHR 1997, 112, 115; R/S-L/*Koppensteiner* § 47 Rn. 139). Das Bedürfnis nach Rechtssicherheit durch eine starre Monatsfrist ist demnach bei der GmbH geringer als bei der Aktiengesellschaft. **345**

Anfechtungsklagen sind im Recht der GmbH daher innerhalb einer **angemessenen Frist** zu erheben, bei der der Monatsfrist des § 246 Abs. 1 AktG Leitbildcharakter zukommt (BGHZ 104, 66, 71; 111, 224, 226; 116, 359, 374; 137, 378, 386; BGH NJW 1999, 2115, 2116; OLG Hamm NZG 2004, 380; *M. Schwab* S. 392; Scholz/*K. Schmidt* GmbHG, § 45 Rn. 143; *Casper* ZHR 163 (1999) 54, 85). Der **Leitbildcharakter der Monatsfrist** bedeutet, dass die Anfechtungsfrist nicht kürzer bemessen sein darf als ein Monat und dem Kläger die Klageerhebung grundsätzlich innerhalb der Monatsfrist zumutbar ist (BGHZ 104, 66, 71 f.; OLG Hamm NZG 2004, 380; *Lutter/Hommelhoff* GmbHG, Anh. § 47 Rn. 60; MünchHdb GesR III/*Wolff* § 40 Rn. 72; R/S-L/*Koppensteiner* § 47 Rn. 139). Der Kläger hat aus Gründen der Rechtssicherheit mit zumutbarer Beschleunigung vorzugehen (BGHZ 84, 209, 221; 101, 113, 117; 111, 224, 226; 137, 378, 386; OLG Düsseldorf GmbHR 1999, 543, 548; *Casper* ZHR 163 (1999) 54, 85). Die Monatsfrist kann dann überschritten werden, **346** wenn zwingende Umstände den Gesellschafter an einer früheren Klageerhebung gehindert haben (BGHZ 137, 378, 386; *Happ* GmbH, § 19 Rn. 79; *M. Schwab* S. 392 f.). Dies ist beispielsweise dann der Fall, wenn die Monatsfrist im Einzelfall nicht ausreicht, um schwierige rechtliche und bzw. oder tatsächliche Fragen zu klären, oder länger über eine einvernehmliche Lösung verhandelt wurde, z. B. im Rahmen einer Mediation (BGHZ 111, 224, 226; OLG Düsseldorf GmbHR 1999, 543, 548; OLG München NZG 2000, 105, 106; OLG Hamm NZG 2004, 380; Scholz/*K. Schmidt* GmbHG, § 45 Rn. 143).

347 **bb) Statutarische Frist** Die Rechtsunsicherheit, die im Recht der GmbH aufgrund des Fehlens einer starren Anfechtungsfrist entsteht, kann durch **statutarische Vereinbarung einer Frist** begegnet werden. Die statutarische Frist darf die Monatsfrist nicht unterschreiten (BGHZ 104, 66, 72; 108, 21, 29; Scholz/*K. Schmidt* GmbHG, § 45 Rn. 143 f.; MünchHdb GesR III/*Wolff* § 40 Rn. 113; Hdb GmbH/*Fischer* § 4 Rn. 206). Eine solche Satzungsbestimmung ist unwirksam, weil sie das Anfechtungsrecht der Gesellschafter unzulässig verkürzen würde. Stattdessen gilt dann eine angemessene Frist (BGHZ 104, 66, 72 f.).

348 **cc) Wahrung der Anfechtungsfrist** Umstritten ist, in welchem Zeitpunkt die Anfechtungsfrist beginnt. Nach teilweise vertretener Ansicht kommt es darauf an, wann der Gesellschafter von der Beschlussfassung und damit **von dem Anfechtungsgrund Kenntnis** erlangt (OLG München NZG 2000, 105, 106; OLG Thüringen GmbHR 2002, 115, 116; *Roth/Altmeppen* § 47 Rn. 147; Michalski/*Römermann* Anh. § 47 Rn. 469). Nach a. A. beginnt die Frist entsprechend § 246 Abs. 1 AktG im **Zeitpunkt der Beschlussfassung** (OLG Schleswig GmbHR 1998, 892; Scholz/*K. Schmidt* GmbHG, § 45 Rn. 145; MünchHdb GesR III/*Wolff* § 40 Rn. 75; *M. Schwab* S. 402; R/S-L/*Koppensteiner* § 47 Rn. 140). Nach dieser Ansicht ist der Zeitpunkt der Kenntnis des Gesellschafters im Rahmen der Angemessenheit der Frist zu berücksichtigen, so dass beide Ansichten wohl zu gleichen Ergebnissen führen.

349 Die Fristwahrung erfolgt **durch Klageerhebung**. Die Klage muss innerhalb der Frist rechtshängig sein. Dabei genügt für die Fristwahrung die Einreichung der Klageschrift, wenn die Zustellung demnächst erfolgt (BGHZ 116, 359, 375; KG GmbHR 1995, 735; MünchHdb GesR III/*Wolff* § 40 Rn. 76; Zöller/*Greger* § 167 Rn. 3). Die Zustellung darf nicht durch die späte Einzahlung der Gerichtskosten verzögert werden (*Roth/Altmeppen* § 47 Rn. 148; Scholz/*K. Schmidt* GmbHG, § 45 Rn. 145). Nach h. M. kann die Frist nicht durch einen Prozesskostenhilfeantrag gewahrt werden, allerdings kann ein Antrag auf Prozesskostenhilfe die Angemessenheit der Frist verlängern (Scholz/*K. Schmidt* GmbHG, § 45 Rn. 145; a. A. *Roth/Altmeppen* § 47 Rn. 148). Die Klageerhebung vor einem unzuständigen Gericht wahrt die Frist. Der Rechtsstreit ist zu verweisen (Scholz/*K. Schmidt* GmbHG, § 45 Rn. 145).

350 **dd) Rechtsnatur und Bedeutung der Anfechtungsfrist** Die Anfechtungsfrist stellt nach h. M. eine **materiellrechtliche Ausschlussfrist** dar. Dies hat zur Folge, dass eine verfristete Anfechtungsklage als unbegründet abzuweisen ist (OLG Thüringen GmbHR 2002, 115, 116; Scholz/*K. Schmidt* GmbHG, § 45 Rn. 146; R/S-L/*Koppensteiner* § 47 Rn. 140; MünchHdb GesR III/*Wolff* § 40 Rn. 71; *Saenger* GmbHR 1997, 112, 115; *Geißler* GmbHR 2002, 520, 528). Die Anfechtungsfrist ist als materielle Klagevoraussetzung in jeder Lage des Verfahrens von Amts wegen zu prüfen (*Lutter/Hommelhoff* GmbHG, Anh. § 47 Rn. 60). Die Anfechtungsgründe müssen in ihrem wesentlichen tatsächlichen Kern innerhalb dieser Klagefrist geltend gemacht werden. Dies schließt allerdings nicht aus, dass Rechtsausführungen und bloße Ergänzungen des Vortrags auch nach Ablauf der Anfechtungsfrist nachgeschoben werden können (BGHZ 120, 141, 157; 137, 378, 386; NZG 2005, 479, 480 f.; OLG Thüringen GmbHR 2002, 115, 116 f.; *Roth/Altmeppen* § 47 Rn. 149; Michalski/*Römermann* Anh. § 47 Rn. 472; *Lutter/Hommelhoff* GmbHG, Anh. § 47 Rn. 67). Unzulässig ist dagegen das **Nachschieben von neuen Anfechtungsgründen**, da dies ansonsten der Zulassung einer verspäteten Klage gleichkommen würde (OLG Thüringen GmbHR 2002, 115, 116; *Löffler* GmbHR 2002, 117, 118; Scholz/*K. Schmidt* GmbHG, § 45 Rn. 145; *Steinmeyer/Seidel* DStR 1999,

2077, 2079; *Goette* § 7 Rn. 99). Eine Ausnahme wird nur dann anerkannt, wenn Anfechtungsgründe erst während des Prozesses bekannt werden (MünchHdb GesR III/*Wolff* § 40 Rn. 76; Michalski/*Römermann* Anh. § 47 Rn. 472). Mit Ablauf der Anfechtungsfrist wird der Beschluss bestandskräftig. Der Ablauf der Anfechtungsfrist hat insoweit **Präklusionswirkung** und dient der Rechtssicherheit (BGHZ 101, 113, 117; BGH NJW 1999, 2115, 2116; MünchHdb GesR III/*Wolff* § 40 Rn. 71; *Roth/Altmeppen* § 47 Rn. 150).

Problematisch ist, ob ein Gesellschafter auch noch nach **Ablauf der Anfechtungsfrist** gegen einen ihn betreffenden Ausschließungsbeschluss vorgehen kann. Zum Teil wird befürwortet, dass der Gesellschafter auch nach Fristablauf auf Feststellung seiner Zugehörigkeit zur Gesellschaft klagen kann, da durch den bloßen Ablauf der Anfechtungsfrist ein ungerechtfertigter Ausschluss nicht zu rechtfertigen sei (*Lutter/Hommelhoff* GmbHG, Anh. § 47 Rn. 5). Dieser Ansatz wird jedoch unter Hinweis auf die bei Beschlussmängeln von der Rechtsprechung und h. L. angewandte Analogie zu den §§ 241 ff. AktG abgelehnt (BGH GmbHR 1991, 362; GmbHR 1992, 801; Michalski/*Römermann* Anh. § 47 Rn. 46). **351**

e) Passivlegitimation und Vertretungsfragen

Die Klage ist grundsätzlich **gegen die Gesellschaft** zu richten. Eine Klage gegen die Mitgesellschafter kommt nicht in Betracht (Scholz/*K. Schmidt* GmbHG, § 45 Rn. 149; *Happ* GmbH,, § 19, Rn. 67; MünchHdb GesR III/*Wolff* § 40 Rn. 78; *Roth/Altmeppen* § 47 Rn. 138; Hdb GmbH/*Fischer* § 4 Rn. 204; R/S-L/*Koppensteiner* § 47 Rn. 149). Dies gilt auch für personalistische und Zwei-Personen-Gesellschaften (*Oppenländer* DStR 1996, 922, 928). **352**

Die GmbH wird im Prozess **durch ihre Geschäftsführer vertreten** (vgl. oben Rn. 231). Im Unterschied zum Anfechtungsprozess im Aktienrecht ist eine Vertretung durch den Aufsichtsrat ausgeschlossen (R/S-L/*Koppensteiner* § 47 Rn. 149; Michalski/*Römermann* Anh. § 47 Rn. 490; Hdb GmbH/*Fischer* § 4 Rn. 203; Scholz/*K. Schmidt* GmbHG, § 45 Rn. 149; MünchHdb. GesR III/*Wolff* § 40 Rn. 59). Dies gilt auch dann, wenn ein Aufsichtsrat vorhanden ist (Hdb GmbH/*Fischer* § 4 Rn. 203; Scholz/*K. Schmidt* GmbHG, § 45 Rn. 149). Klagt der Geschäftsführer selbst, so ist für ihn nach § 46 Nr. 8 Hs. 2 GmbHG ein besonderer Vertreter zu bestellen (vgl. oben Rn. 243 ff.; MAH GmbH/*Römermann* § 14 Rn. 182). Fehlt ein Geschäftsführer, ist der Geschäftsführer an der Vertretung verhindert oder wurde nach § 46 Nr. 8 Hs. 2 GmbHG kein besonderer Vertreter bestimmt, so wird entsprechend § 29 BGB ein **Notgeschäftsführer** oder nach § 57 ZPO ein **Prozesspfleger** bestellt (Scholz/*K. Schmidt* GmbHG, § 45 Rn. 149; Michalski/*Römermann* Anh. § 47 Rn. 492; MünchHdb GesR III/*Wolff* § 40 Rn. 59; *Oppenländer* DStR 1996, 922, 928). **353**

Wird durch die Anfechtungsklage die Bestellung oder Abberufung eines Geschäftsführers angegriffen, so ist als Geschäftsführer anzusehen, wer aufgrund des Beschlusses diese Stellung innehat, also im Fall des Obsiegens der Gesellschaft als deren Geschäftsführer anzusehen ist (vgl. unten zur Abberufung des Geschäftsführers Rn. 539; BGH WM 1981, 138; OLG Hamm GmbHR 1993, 743, 745). **354**

Im Fall der **Liquidation** wird die Gesellschaft durch die Liquidatoren vertreten (vgl. oben Rn. 232 ff.). Dies gilt auch für den Fall, dass sich die Anfechtungsklage gegen den Auflösungsbeschluss richtet, da der Auflösungsbeschluss und damit die Bestellung des Liquidators bis zum rechtskräftigen stattgebenden Anfechtungsurteil wirksam ist (BGHZ 36, 207, 208; Michalski/*Römermann* Anh. § 47 Rn. 494; Scholz/*K. Schmidt* GmbHG, § 45 Rn. 149; R/S-L/*Koppensteiner* § 47 Rn. 149). **355**

Umstritten ist die Vertretung der GmbH im **Insolvenzverfahren** (zum Meinungsstand, aber im Ergebnis a. A. vgl. Scholz/*K. Schmidt* GmbHG, § 45 Rn. 149). Nach h. M. steht dem Insolvenzverwalter die Vertretung der GmbH im Anfechtungsprozess dann zu, wenn der angegriffene Beschluss die Masse berührt. Dies ist dann der Fall, wenn sich der Beschluss auf Vermögenspositionen der Gesellschaft bezieht oder seine Ausführung zu Vermögensveränderungen der Gesellschaft führt (R/S-L/*Koppensteiner* § 47 Rn. 149; Michalski/*Römermann* Anh. § 47 Rn. 496). **356**

f) Zuständigkeit

357 Für die Anfechtungsklage ist analog § 246 Abs. 3 S. 1 AktG **ausschließlich das Landgericht** zuständig, in dessen Bezirk die Gesellschaft ihren Sitz hat (Scholz/*K. Schmidt* GmbHG, § 45 Rn. 150; MünchHdb GesR III/*Wolff* § 40 Rn. 58; *Happ* GmbH, § 19 Rn. 84; Hdb GmbH/*Fischer* § 4 Rn. 209; R/S-L/*Koppensteiner* § 47 Rn. 143). Der Gerichtsstand kann vertraglich nicht abbedungen werden, vgl. §§ 38, 40 Abs. 2 S. 1 Nr. 2 ZPO (*Lutter/Hommelhoff* GmbHG, Anh. § 47 Rn. 70; Michalski/*Römermann* Anh. § 47 Rn. 507 f.).

358 **Funktionell zuständig** ist nach §§ 94, 95 Abs. 1 Nr. 4 a GVG die **Kammer für Handelssachen**. Nach § 96 Abs. 1 GVG wird der Rechtsstreit vor der Kammer für Handelssachen verhandelt, wenn dies vom Kläger in der Klageschrift beantragt wurde (MünchHdb GesR III/*Wolff* § 40 Rn. 58; *Geißler* GmbHR 2002, 520, 526). Handelt es sich um eine kartellrechtliche Streitigkeit sind die Zuständigkeitsregeln der §§ 87, 93 GWB zu beachten (Michalski/*Römermann* Anh. § 47 Rn. 507; Scholz/*K. Schmidt* GmbHG, § 45 Rn. 150).

g) Rechtsschutzbedürfnis

359 Die Anfechtungsklage setzt wie jede andere Klage grundsätzlich auch ein Rechtsschutzbedürfnis des Klägers voraus. Ein besonderes Rechtsschutzbedürfnis für die Geltendmachung der Anfechtbarkeit ist allerdings nicht erforderlich und bedarf daher regelmäßig keiner besonderen Begründung. Der Kläger muss somit keine Verletzung individueller Rechte geltend machen (vgl. oben Rn. 333; BGHZ 43, 261, 266; Scholz/*K. Schmidt* GmbHG, § 45 Rn. 136; MünchHdb GesR III/ *Wolff* § 40 Rn. 68; *Happ* GmbH, § 19 Rn. 91; Hdb GmbH/*Fischer* § 4 Rn. 202; Michalski/*Römermann* Anh. § 47 Rn. 442).

360 In einigen Fällen kann das **Rechtsschutzbedürfnis** für eine Anfechtungsklage jedoch **fehlen**. Dies ist zum einen dann der Fall, wenn ein ablehnender Beschluss ohne Erhebung einer positiven Beschlussfeststellungsklage angefochten wird, ein positiver Beschluss aber behauptet wird (vgl. ausführl. unten zur positiven Beschlussfeststellungsklage Rn. 396 ff.; Scholz/*K. Schmidt* GmbHG, § 45 Rn. 136; MünchHdb GesR III/*Wolff* § 40 Rn. 69). Allein durch Feststellung der Nichtigkeit des Beschlusses ist dem Rechtsschutzziel des Klägers nicht gedient, da auf diesem Weg keine positive Beschlussfeststellung erreicht wird (Michalski/*Römermann* Anh. § 47 Rn. 444). Das Rechtschutzbedürfnis für eine Anfechtungsklage fehlt auch dann, wenn der ursprünglich fehlerhafte Beschluss durch die Gesellschafterversammlung rückwirkend aufgehoben oder mangelfrei wiederholt und bestätigt wird (vgl. oben Rn. 319; vgl. unten zum Bestätigungsbeschluss Rn. 375 ff.; R/S-L/*Koppensteiner* § 47 Rn. 142; Scholz/*K. Schmidt* GmbHG, § 45 Rn. 136). Das Rechtsschutzbedürfnis ist auch dann zu verneinen, wenn das Rechtsschutzziel durch ein anderes Verfahren schneller und einfacher erreicht werden kann. So fehlt aufgrund des Informationserzwingungsverfahrens nach § 51 b GmbHG das Rechtsschutzbedürfnis für die Anfechtungsklage gegen einen Beschluss nach § 51 a Abs. 2 S. 2 GmbHG (MünchHdb GesR III/*Wolff* § 40 Rn. 69; Scholz/*K. Schmidt* GmbHG, § 45 Rn. 136; *Happ* GmbH, § 19 Rn. 92; a. A. *Lutter/Hommelhoff* GmbHG, Anh. § 47 Rn. 72 f.). Fehlt das Rechtsschutzbedürfnis von Anfang an, so ist die Klage **als unzulässig** abzuweisen; fällt es erst nachträglich weg, so führt dies zur **Erledigung der Hauptsache** (*Happ* GmbH, § 19 Rn. 93; Michalski/*Römermann* Anh. § 47 Rn. 446). Durch Erledigterklärung kann der Kläger die Klageabweisung verhindern (Zöller/*Vollkommer* § 91 a Rn. 1).

h) Darlegungs- und Beweislast

361 Grundsätzlich hat jede Partei die Tatsachen darzulegen und zu beweisen, aus denen sie eine für sich günstige Rechtsfolge herleitet. Nach dieser Regel hat der Kläger darzulegen und zu beweisen, ob und mit welchem Inhalt ein vorläufig wirksamer, anfechtbarer Beschluss zustande gekommen ist. Weiter muss der Kläger seine Anfechtungsbefugnis und die Einhaltung der Anfechtungsfrist darlegen und beweisen (Michalski/*Römermann* Anh. § 47 Rn. 517; *Happ* GmbH, § 19 Rn. 98). Erhebt der Kläger nach Ablauf der Monatsfrist Klage, hat er darzutun, dass er mit der

ihm zumutbaren Beschleunigung vorgegangen ist (vgl. oben Rn. 346; R/S-L/*Koppensteiner* § 47 Rn. 152). Für Inhaltsfehler trifft den Kläger grundsätzlich die volle Darlegungs- und Beweislast. Auch Verfahrensfehler sind vom Kläger grundsätzlich substantiiert vorzutragen (Scholz/*K. Schmidt* GmbHG, § 45 Rn. 161; *Happ* GmbH, § 19 Rn. 104). Eine Ausnahme besteht jedoch für Vorgänge im Innern der Gesellschaft, von denen der Kläger regelmäßig keine ausreichende Kenntnis haben kann (*Happ* GmbH, § 19 Rn. 99; Michalski/*Römermann* Anh. § 47 Rn. 518). Eine grundsätzliche Umkehr der Beweislastverteilung aus Gründen des Minderheitenschutzes ist jedoch abzulehnen. Die GmbH hat somit die ordnungsgemäße Vorbereitung und Organisation der Gesellschafterversammlung darzutun und zu beweisen (Scholz/*K. Schmidt* GmbHG, § 45 Rn. 161; *Happ* GmbH,, § 19 Rn. 100; Michalski/*Römermann* Anh. § 47 Rn. 519). Für individuelle Verfahrensverstöße trifft den Kläger die volle Darlegungs- und Beweislast, z. B. wenn er sich darauf beruft, dass ihm die Teilnahme an der Gesellschafterversammlung rechtswidrig verweigert wurde (Michalski/*Römermann* Anh. § 47 Rn. 519; Scholz/*K. Schmidt* GmbHG, § 45 Rn. 161). Ferner obliegt dem Kläger die Beweislast für ein unrichtig festgestelltes Abstimmungsergebnis (*Happ* GmbH, § 19 Rn. 101).

i) Verfügungsbefugnis über den Streitgegenstand

Für die Frage, wie weit die Parteien über den Streitgegenstand disponieren können, ist zwischen **362** Kläger und der beklagten Gesellschaft zu differenzieren. Die beklagte Gesellschaft ist in ihrer Dispositionsbefugnis beschränkt, nicht dagegen der Kläger. Der Kläger kann somit **Klagerücknahme** und **Klageverzicht** erklären oder ein **Versäumnisurteil** gegen sich ergehen lassen (Scholz/*K. Schmidt* GmbHG, § 45 Rn. 158; Hdb GmbH/*Fischer* § 4 Rn. 211; R/S-L/*Koppensteiner* § 47 Rn. 154; *Happ* GmbH, § 19 Rn. 106 f.). Da die Beseitigung eines von der Gesellschaft gefassten Beschlusses nicht im freien Belieben der Gesellschaft steht, kann diese dagegen nicht frei über den Streitgegenstand verfügen. Daher kann ein Beschluss nicht durch **Vergleich** zwischen Kläger und beklagter Gesellschaft aufgehoben werden (OLG München GmbHR 1996, 451, 452; *Roth/Altmeppen* § 47 Rn. 152; Scholz/*K. Schmidt* GmbHG, § 45 Rn. 159; MünchHdb GesR III/*Wolff* § 40 Rn. 57; *Happ* GmbH, § 19 Rn. 108; Hdb GmbH/*Fischer* § 4 Rn. 211; R/S-L/*Koppensteiner* § 47 Rn. 154; *Bork* ZIP 1992, 1205, 1206). Ob ein **Klageanerkenntnis** der Gesellschaft zulässig ist, ist umstritten (offen gelassen bei BGH NJW-RR 1993, 1253, 1254; Michalski/*Römermann* Anh. § 47 Rn. 524). Für die Zulässigkeit spricht, dass die Gesellschaft ebenso das Recht haben muss, die Fehlerhaftigkeit anzuerkennen, wie die Gesellschafter (*Roth/Altmeppen* § 47 Rn. 152). Nach wohl h. M. ist jedoch auch ein Anerkenntnis der Gesellschaft mangels Verfügungsbefugnis der Gesellschaft unzulässig. Allerdings kann die Gesellschaft durch Nichtbestreiten, Säumnis und Rechtsmittelverzicht das Prozessergebnis beeinflussen (OLG München GmbHR 1996, 451; Scholz/*K. Schmidt* GmbHG, § 45 Rn. 159 f.; MünchHdb GesR III/*Wolff* § 40 Rn. 57; Michalski/*Römermann* Anh. § 47 Rn. 525; R/S-L/*Koppensteiner* § 47 Rn. 154; *Emde* ZIP 1998, 1475). Auch wenn die Beklagte in diesen Fällen auf tatsächlicher Ebene über den Streitgegenstand verfügt, indem sie ein unrichtiges Urteil ergehen lässt, erfolgt im Unterschied zum Vergleich und zum Anerkenntnis in diesen Fällen jedoch in einem gewissen Umfang eine gerichtliche Prüfung (Scholz/*K. Schmidt* GmbHG, § 45 Rn. 160).

j) Informationspflicht der Geschäftsführer und Nebenintervention

In analoger Anwendung des § 246 Abs. 4 AktG sind die Geschäftsführer verpflichtet, sämtlichen **363** Gesellschaftern die Erhebung der Anfechtungsklage und den Termin zur ersten mündlichen Verhandlung mitzuteilen. Auf diese Weise soll den Gesellschaftern die Möglichkeit gegeben werden, dem Verfahren als Nebenintervenienten beizutreten (BGHZ 97, 28, 31; OLG Düsseldorf GmbHR 2001, 1049, 1052; *M. Schwab* S. 406; Michalski/*Römermann* Anh. § 47 Rn. 498; MünchHdb GesR III/*Wolff* § 40 Rn. 60; Scholz/*K. Schmidt* GmbHG, § 45 Rn. 156). Folgt man der Auffassung, nach der auch Organmitglieder zur Anfechtung befugt sind (vgl. oben Rn. 340), sind auch diese von der **Informationspflicht der Geschäftsführer** erfasst (*Happ* § 19 Rn. 86; a. A. Scholz/*K. Schmidt* GmbHG, § 45 Rn. 134, 156; Michalski/*Römermann* Anh. § 47 Rn. 500). Das Gericht ist erst dann zur Mitteilung verpflichtet, wenn es Anhaltspunkte dafür hat, dass die Geschäftsführer ihrer Informationspflicht nicht nachkommen (Scholz/*K. Schmidt* GmbHG, § 45 Rn. 156; Michalski/*Römermann* Anh. § 47 Rn. 501). Eine Mitteilung in den Gesellschaftsblättern ist im Unterschied zum Aktienrecht nicht ausreichend (*Happ* GmbH, § 19 Rn. 88; R/S-L/*Koppensteiner* § 47 Rn. 144; a. A. *M. Schwab* S. 407). Unterlassen die Geschäftsführer die Information, hat dies keine Auswirkung auf den Prozessverlauf, da es sich lediglich um eine gesellschaftsrechtliche Verpflichtung handelt, deren Verletzung allerdings Schadensersatzansprüche auslösen kann (*Happ* GmbH, § 19 Rn. 90; Michalski/*Römermann* Anh. § 47 Rn. 499).

364 Nach § 66 Abs. 1 ZPO kann jeder, der ein **rechtliches Interesse** daran hat, einem zwischen anderen Personen anhängigen Rechtsstreit beitreten. Aufgrund der Urteilswirkungen eines klagestattgebenden Anfechtungsurteils (vgl. unten Rn. 368) ist ein solches rechtliches Interesse für jeden Gesellschafter zu bejahen (Scholz/*K. Schmidt* GmbHG, § 45 Rn. 156; R/S-L/*Koppensteiner* 47 Rn. 150; Michalski/*Römermann* Anh. § 47 Rn. 503). In Anbetracht dieser Urteilswirkungen handelt es sich bei der **Nebenintervention** um eine streitgenossische i. S. d. § 69 ZPO (BGH NJW-RR 1993, 1253, 1254; Scholz/*K. Schmidt* GmbHG, § 45 Rn. 156; MünchHdb GesR III/*Wolff* § 40 Rn. 60; *M. Schwab* S. 406; Michalski/*Römermann* Anh. § 47 Rn. 506). Der Gesellschafter kann sowohl auf Klägerseite als auch auf Seite der beklagten Gesellschaft beitreten (Hdb GmbH/*Fischer* § 4 Rn. 210; *Happ* GmbH, § 19 Rn. 74). Die praktische Bedeutung der Nebenintervention liegt darin, dass der Nebenintervenient auch gegen den Willen Angriffs- und Verteidigungsmittel der Hauptpartei vorbringen und Rechtsmittel einlegen kann. Er kann Tatsachen behaupten und bestreiten. Ferner hat der Nebenintervenient die Möglichkeit, einem Anerkenntnis zu widersprechen oder den Erlass eines Versäumnisurteils zu verhindern (Scholz/*K. Schmidt* GmbHG, § 45 Rn. 156; *Happ* GmbH, § 19 Rn. 75; Zöller/*Vollkommer* § 67 Rn. 3; *Emde* ZIP 1998, 1475). Dies ist insbesondere dann relevant, wenn die Gesellschaft durch Nichtbestreiten, Säumnis oder Rechtsmittelverzicht das Prozessergebnis zu beeinflussen versucht (vgl. oben Rn. 362).

365 Ob **Organmitglieder** als Nebenintervenienten dem Anfechtungsprozess beitreten können, ist umstritten. Teilweise wird ein rechtliches Interesse von Organmitgliedern i. S. d. § 66 Abs. 1 ZPO aufgrund ihrer Organstellung grundsätzlich bejaht (*Happ* GmbH, § 19 Rn. 74; R/S-L/*Koppensteiner* § 47 Rn. 151). Nach a. A. ergibt sich das rechtliche Interesse nicht ohne weiteres aus der Organstellung, sondern ist im Einzelfall zu prüfen (Michalski/*Römermann* Anh. § 47 Rn. 504). Ein konkretes rechtliches Eigeninteresse ist z. B. dann gegeben, wenn der angefochtene Beschluss die Rechtslage des Beitretenden betrifft (Michalski/*Römermann* Anh. § 47 Rn. 504). Tritt der Geschäftsführer auf Seiten des Klägers bei, verliert er seine Vertretungsbefugnis im Anfechtungsprozess für die GmbH (Michalski/*Römermann* Anh. § 47 Rn. 504; R/S-L/*Koppensteiner* § 47 Rn. 151; *Happ* GmbH, § 19 Rn. 74).

k) Klageverbindung

366 Mehrere Anfechtungsklagen gegen denselben Beschluss sind in analoger Anwendung des § 246 Abs. 3 S. 3 AktG notwendig zur gleichzeitigen Verhandlung und Entscheidung zu verbinden (Scholz/*K. Schmidt* GmbHG, § 45 Rn. 157; MünchHdb GesR III/*Wolff* § 40 Rn. 77; *Ebbing* NZG 1998, 281, 286).

l) Widerklage

367 Die Anfechtungsklage kann grundsätzlich auch als Widerklage erhoben werden (*Happ* GmbH, § 19 Rn. 46). Die Zulässigkeit der Widerklage richtet sich nach § 33 ZPO (R/S-L/*Koppensteiner* § 47 Rn. 153; Michalski/*Römermann* Anh. § 47 Rn. 516).

m) Urteil und Urteilswirkungen

368 **aa) Das klagestattgebende Anfechtungsurteil – (1) Gestaltungsurteil und materielle Rechtskraft** Das der Anfechtungsklage stattgebende Urteil erklärt den Beschluss für nichtig. Es handelt sich um ein **Gestaltungsurteil**, das für und gegen jedermann wirkt und mit Eintritt der Rechtskraft den angefochtenen Beschluss rückwirkend beseitigt. Das Urteil verändert somit die materielle Rechtslage (Scholz/*K. Schmidt* GmbHG, § 45 Rn. 171 ff., MünchHdb GesR III/*Wolff* § 40 Rn. 79; *Happ* GmbH, § 19 Rn. 110; *Roth/Altmeppen* § 47 Rn. 155; MüKo AktG/*Hüffer* § 248 Rn. 5). Diese Wirkung ist nicht, wie aus dem Wortlaut des § 248 Abs. 1 S. 1 AktG geschlossen werden könnte, auf Gesellschafter, Organe und Organmitglieder begrenzt. § 248 Abs. 1 S. 1 AktG erweitert vielmehr die materielle Rechtskraft des Urteils auf Gesellschafter, Organe und Organmitglieder, die nicht am Verfahren beteiligt sind (MüKo AktG/*Hüffer* § 248 Rn. 6; Michalski/*Römermann* Anh. § 47 Rn. 538). Gestaltungsurteile wirken zwar gegenüber jedermann, entfalten nach h. M. materielle Rechtskraft jedoch nur für die Parteien (Zöller/*Vollkommer* § 322 Rn. 4). Unter materieller Rechtskraft ist die Bindung der Parteien an das Urteil für zukünftige Fälle zu verstehen. Soweit die präjudizierende Wirkung des Urteils reicht, darf keine abweichende Sachentscheidung ergehen (MüKo AktG/*Hüffer* § 248 Rn. 6). Praktische Bedeutung wird der Unterscheidung zwischen Gestaltungswirkung und materieller Rechtskraft in diesem Zusammenhang eher selten zukommen, wie z. B. dann, wenn die unterlegene Partei in einem späteren Verfahren Schadensersatz- oder Bereicherungsansprüche mit der Begründung geltend macht, das Gestaltungsurteil sei zu Unrecht ergangen (MüKo AktG/*Hüffer* § 248 Rn. 6; Zöller/*Vollkommer* § 322 Rn. 4). Richtet sich die Anfechtungsklage gegen die Wahl von Aufsichtsratsmitgliedern, so ist für die Drittwirkung der materiellen Rechtskraft § 252 Abs. 2 AktG zu berücksichtigen (MüKo AktG/*Hüffer* § 252 Rn. 8, 11; Michalski/*Römermann* Anh. § 47 Rn. 538).

(2) Rückwirkende Nichtigkeit des Beschlusses Der Beschluss ist rückwirkend auf den Zeitpunkt der Beschlussfassung als nichtig anzusehen und daher so zu behandeln, als wäre er nie gefasst worden (Scholz/*K. Schmidt* GmbHG, § 45 Rn. 174; *Happ* GmbH, § 19 Rn. 111; MünchHdb GesR III/*Wolff* § 40 Rn. 79; Hdb GmbH/*Fischer* § 4 Rn. 214). Aus Gründen des Verkehrs- und Vertrauensschutzes sind hiervon bestimmte **Ausnahmen** zuzulassen (Michalski/*Römermann* Anh. § 47 Rn. 541 f., 549; R/S-L/*Koppensteiner* § 47 Rn. 157). **Unternehmensverträge**, **Unternehmenszusammenschlüsse und Umwandlungen** bleiben für die Vergangenheit wirksam, können mit Wirkung für die Zukunft aber berichtigt werden (Scholz/*K. Schmidt* GmbHG, § 45 Rn. 172; R/S-L/*Koppensteiner* § 47 Rn. 155; Michalski/*Römermann* Anh. § 47 Rn. 551). Nach teilweise vertretener Ansicht gilt dies auch für **Kapitalerhöhungen** (Scholz/*K. Schmidt* GmbHG, § 45 Rn. 172; R/S-L/*Koppensteiner* § 47 Rn. 155). Nach a. A. sind die Gesellschafter bei Kapitalerhöhungsbeschlüssen verpflichtet, Einlagen zu leisten, die zur Befriedigung von Gläubigern erforderlich sind, deren Forderungen zwischen der Eintragung der Kapitalerhöhung und der Feststellung der Nichtigkeit begründet wurden (Michalski/*Römermann* Anh. § 47 Rn. 550). Wird eine **Geschäftsführerbestellung** angefochten, berührt dies nach h. M. die zwischen der Bestellung und der Nichtigerklärung vom Geschäftsführer getätigten Rechtsgeschäfte und Handlungen nicht (Michalski/*Römermann* Anh. § 47 Rn. 543; MünchHdb GesR III/*Wolff* § 40 Rn. 79; *Roth/Altmeppen* § 47 Rn. 155). Nach a. A. bleiben diese Handlungen und Rechtsgeschäfte zwar wirksam, können aber für die Zukunft berichtigt werden (Scholz/*K. Schmidt* GmbHG, § 45 Rn. 172). Zum Teil wird vertreten, dass solche Handlungen und Rechtsakte grundsätzlich auch für die Vergangenheit nichtig sind, wobei ein Vertrauensschutz allerdings über § 15 Abs. 3 HGB sowie über die Grundsätze der Anscheins- und Duldungsvollmacht möglich ist (Michalski/*Römermann* Anh. § 47 Rn. 545; R/S-L/*Koppensteiner* § 47 Rn. 157). Der Nichtigkeit von **Aufsichtsratswahlen** kommt im Unterschied zum Aktienrecht im GmbH-Recht ex-tunc-Wirkung zu. Im Einzelfall kann allerdings ein schutzwürdiges Vertrauen für eine rechtmäßige Zusammensetzung des Aufsichtrates gegeben sein (vgl. dazu Michalski/*Römermann* Anh. § 47 Rn. 547; R/S-L/*Koppensteiner* § 47 Rn. 157). 369

Nach § 248 Abs. 1 S. 2 AktG analog sind die Geschäftsführer verpflichtet, das der Anfechtungsklage stattgebende Urteil beim **Handelsregister** einzureichen (MünchHdb GesR III/Wolff § 40 Rn. 80; Scholz/*K. Schmidt* GmbHG, § 45 Rn. 170). 370

371 **bb) Klageabweisendes Urteil – (1) Sachurteil** Wird die Klage abgewiesen, ist hinsichtlich der Urteilswirkungen zwischen Prozess- und Sachurteil zu differenzieren (MünchHdb GesR III/*Wolff* § 40 Rn. 81; Scholz/*K. Schmidt* GmbHG, § 45 Rn. 176). Wird die Klage durch Sachurteil abgewiesen, so steht fest, dass der vorgetragene Sachverhalt die Nichtigkeit des Beschlusses nicht zu begründen vermag. Der Kläger kann somit eine erneute Klage nicht auf denselben Sachverhalt stützen. Dies gilt unabhängig von der Klageform sowohl für eine Nichtigkeitsklage als auch eine allgemeine Feststellungsklage nach § 256 ZPO (BGHZ 134, 364, 367; Scholz/*K. Schmidt* GmbHG, § 45 Rn. 177; Michalski/*Römermann* Anh. § 47 Rn. 534; *Happ* GmbH, § 19 Rn. 114; R/S-L/*Koppensteiner* § 47 Rn. 159; Hdb GmbH/*Fischer* § 4 Rn. 199). Derselbe Kläger kann gegen denselben Beschluss allerdings dann gerichtlich vorgehen, wenn er sich zur Begründung der Nichtigkeit auf einen anderen Lebenssachverhalt beruft. In der Praxis wird eine solche Klage allerdings häufig an der Einhaltung der Anfechtungsfrist scheitern. Im Unterschied zum klagestattgebenden Urteil wirkt das **abweisende Sachurteil** nur zwischen den Parteien, also zwischen Kläger und beklagter GmbH (MünchHdb GesR III/*Wolff* § 40 Rn. 81). Da das Urteil Dritten gegenüber keine Wirkung entfaltet, können sich diese in einer Klage auf den bereits zuvor in einem anderen Rechtsstreit geltend gemachten Lebenssachverhalt berufen (Michalski/*Römermann* Anh. § 47 Rn. 535; *Happ* GmbH, § 19 Rn. 114).

372 **(2) Prozessurteil** Im Fall der Klageabweisung durch Prozessurteil kann der Kläger unter Berufung auf denselben Sachverhalt erneut Klage erheben, da das Urteil nicht in materielle Rechtskraft erwächst. Voraussetzung ist allerdings die Einhaltung der Klagefrist (Scholz/*K. Schmidt* GmbHG, § 45 Rn. 176; *Happ* GmbH, § 19 Rn. 113; Michalski/*Römermann* Anh. § 47 Rn. 533).

n) Kosten des Verfahrens

373 Für die Kostentragungspflicht gelten die **§§ 91 ff. ZPO**. Unterliegt die Gesellschaft als Beklagte, trägt sie daher als Partei die Kosten des Verfahrens. Die Kostentragungspflicht trifft somit nicht die Mehrheitsgesellschafter, die den angefochtenen Beschluss gefasst haben. Insoweit kommt u. U. nur eine **interne Ausgleichspflicht** in Betracht (Hdb GmbH/*Fischer* § 4 Rn. 212; MünchHdb GesR III/*Wolff* § 40 Rn. 83). Hat die Gesellschaft keine Veranlassung zur Klage gegeben, so trägt nach § 93 ZPO der Kläger die Kosten, wenn die Gesellschaft den Anspruch sofort anerkennt. Dies ist z. B. der Fall, wenn die Gesellschafter auf Aufforderung des klagenden Gesellschafters beschlossen haben, den angefochtenen Beschluss aufzuheben (Hdb GmbH/*Fischer* § 47 Rn. 154, § 4 Rn. 212; MünchHdb GesR III/*Wolff* § 40 Rn. 83).

374 Der **Streitwert** der Anfechtungsklage ist analog § 247 Abs. 1 S. 1 AktG nach billigem Ermessen unter Berücksichtigung aller Umstände des Einzelfalls zu ermitteln (Hdb GmbH/*Fischer* § 4 Rn. 210; R/S-L/*Koppensteiner* § 47 Rn. 144). Die Regelung des § 247 Abs. 1 S. 2 AktG, die für die Streitwertbemessung eine Obergrenze festlegt, ist für die GmbH nicht anwendbar (OLG Karlsruhe GmbHR 1995, 302; OLG Nürnberg GmbHR 1961, 65; Michalski/*Römermann* Anh. § 47 Rn. 528 ff.; *Lutter/Hommelhoff* GmbHG, Anh. § 47 Rn. 75; *Happ* GmbH, § 19 Rn. 115 f.; *Saenger* GmbHR 1997, 112, 114 ff.; *Boujong* NZG 2000, 1193, 1202; a. A. MünchHdb GesR III/*Wolff* § 40 Rn. 81). Dies erklärt sich daraus, dass es sich um eine Schutzvorschrift zugunsten kleinerer Aktionäre handelt, für die im Recht der GmbH aufgrund der unterschiedlichen Kapitalausstattung der beiden Gesellschaftsformen kein vergleichbares Bedürfnis besteht (Michalski/*Römermann* Anh. § 47 Rn. 528 f.). Dagegen kommt eine Streitwertspaltung in analoger Anwendung des § 247 Abs. 2 und 3 AktG in Betracht (*Happ* GmbH, § 19 Rn. 116; *Lutter/Hommelhoff* GmbHG, Anh. § 47 Rn. 75; MünchHdb GesR III/*Wolff* § 40 Rn. 82). Macht eine Partei geltend, die Kostenbelastung aufgrund des nach § 247 Abs. 1 S. 1 AktG analog bestimmten Streitwerts gefährde ihre wirtschaftliche Lage, kann das Gericht anordnen, dass ihre Zahlungsverpflichtung nach einem ihrer Wirtschaftslage angepassten Streitwert zu bemessen ist (*Happ* GmbH, § 19 Rn. 117; Michalski/*Römermann* Anh. § 47 Rn. 531).

o) Heilung durch Bestätigungsbeschluss

Anfechtbare Beschlüsse, die an einem Verfahrensmangel leiden, können durch einen **Bestätigungsbeschluss analog § 244 AktG** geheilt werden. Die Anfechtbarkeit des Ursprungsbeschlusses entfällt mit neuer Beschlussfassung und kann analog § 244 S. 1 AktG nicht mehr geltend gemacht werden (BGHZ 157, 206, 210; Scholz/*K. Schmidt* GmbHG, § 45 Rn. 121; R/S-L/*Koppensteiner* § 47 Rn. 137; A/E/S/*Schmidt* § 47 Rn. 91). Die Gesellschafter haben dadurch die Möglichkeit, die durch die Anfechtbarkeit des ursprünglichen Beschlusses begründete Rechtsunsicherheit zu beseitigen (BGHZ 157, 206, 210; *Hüffer* AktG, § 244 Rn. 1; *Kiethe* NZG 1999, 1086). Die Wirkung tritt nach h. L. **ex nunc** ein, so dass zwischenzeitlich erworbene Rechte durch den Bestätigungsbeschluss unberührt beleiben (BGHZ 157, 206, 211; Scholz/*K. Schmidt* GmbHG, § 45 Rn. 121; Michalski/*Römermann* Anh. § 47 Rn. 375). 375

aa) Voraussetzungen Eine Bestätigung nichtiger Beschlüsse ist nicht möglich. Ein Bestätigungsbeschluss ist dadurch gekennzeichnet, dass die Gesellschafter ihren ersten Beschluss trotz seiner Mängel als **verbindliche Regelung anerkennen** (BGHZ 157, 206, 209 f.; *Hüffer* AktG, § 244 Rn. 2; *Kiethe* NZG 1999, 1086, 1087). Es handelt sich somit nicht um eine Neuvornahme eines Beschlusses. Die Heilung durch Bestätigungsbeschluss scheidet dann aus, wenn über eine Anfechtungsklage hinsichtlich der Ursprungsbeschlusses bereits rechtskräftig entschieden wurde oder die Anfechtungsfrist für den ursprünglichen Beschluss abgelaufen ist (*Kiethe* NZG 1999, 1086, 1088). Der Bestätigungsbeschluss ist mit demselben Inhalt wie der Ursprungsbeschluss erneut und fehlerfrei zu fassen (BGHZ 157, 206, 207, 210; Michalski/*Römermann* Anh. § 47 Rn. 373; Scholz/*K. Schmidt* GmbHG, § 45 Rn. 121; R/S-L/*Koppensteiner* § 47 Rn. 137). Daher kommt ein Bestätigungsbeschluss regelmäßig nur bei Verfahrensmängeln in Betracht (MünchHdb GesR III/*Wolff* § 40 Rn. 52). Leidet der ursprüngliche Beschluss an einem Inhaltsmangel, und wird der Bestätigungsbeschluss, der inhaltlich mit dem Ursprungsbeschluss übereinstimmen muss, mit demselben Inhalt gefasst, so ist daher auch der Bestätigungsbeschluss magelhaft. Die Heilungswirkung kann dann nicht eintreten (*Kiethe* NZG 1999, 1086, 1087). 376

bb) Auswirkungen auf eine Anfechtungsklage gegen den Ursprungsbeschluss Der Bestätigungsbeschluss hat **materiellrechtliche Wirkung**. Ist gegen den Ursprungsbeschluss bereits eine Anfechtungsklage anhängig, so wird diese durch den Bestätigungsbeschluss **unbegründet**. Die Bestätigung beseitigt somit nicht nur das Rechtsschutzbedürfnis für die Anfechtungsklage, wodurch die Anfechtungsklage lediglich als unzulässig abzuweisen wäre (BGHZ 157, 206, 210; A/E/S/*Schmidt* § 47 Rn. 91; *Hüffer* AktG, § 244 Rn. 5; Michalski/*Römermann* Anh. § 47 Rn. 374). Das Verfahren ist in der Hauptsache erledigt. Um eine Klageabweisung zu vermeiden, muss der Kläger die Hauptsache für erledigt erklären (Scholz/*K. Schmidt* GmbHG, § 45 Rn. 166; R/S-L/*Koppensteiner* § 47 Rn. 137; MünchHdb GesR IV/*Semler* § 41 Rn. 46; A/E/S/*Schmidt* § 47 Rn. 91). 377

cc) § 244 S. 2 AktG analog In analoger Anwendung des § 244 S. 2 AktG kann ein rechtliches Interesse daran bestehen, den Ursprungsbeschluss für den Zeitraum bis zum Bestätigungsbeschluss für nichtig zu erklären (BGHZ 157, 206, 211; OLG Düsseldorf GmbHR 2003, 1009; Scholz/*K. Schmidt* GmbHG, § 45 Rn. 121, 166; Michalski/*Römermann* Anh. § 47 Rn. 376 f.; *Lutter/Hommelhoff* GmbHG, Anh. § 47 Rn. 59). Die Klage ist dann im Übrigen für erledigt zu erklären (A/E/S/*B. Schmidt* § 47 Rn. 91). Ein entsprechender **Antrag** kann mit der Erledigterklärung verbunden werden (MünchHdb GesR IV/*Semler* § 41 Rn. 46). Ein rechtliches Interesse kann dann bejaht werden, wenn die Rechtslage des klagenden Gesellschafters oder der Gesellschaft von der Wirksamkeit des Beschlusses abhängt, wie es zum Beispiel bei der Wahl von Organmitgliedern der Fall ist (OLG Stuttgart AG 2005, 125, 131; A/E/S/*Schmidt* § 47 Rn. 91; R/S-L/*Koppensteiner* § 47 Rn. 137; *Kiethe* NZG 1999, 1086, 1092). *K. Schmidt* spricht sich dafür aus, ein solches Interesse schon immer dann anzunehmen, wenn sich die Zielsetzung der Klage durch den Bestätigungsbeschluss nicht erledigt hat (Scholz/*K. Schmidt* GmbHG, § 45 Rn. 166). 378

379 **dd) Mangelhafter Bestätigungsbeschluss** Ist der Bestätigungsbeschluss **nichtig**, so entfaltet er **keine Rechtswirkungen**; die Heilungswirkung tritt nicht ein. Leidet der Bestätigungsbeschluss an einem **Anfechtungsgrund**, wird jedoch nicht angefochten, so tritt die **Heilungswirkung** mit Ablauf der Anfechtungsfrist ein (OLG Düsseldorf GmbHR 1996, 443, 448; *Hüffer* AktG, § 244 Rn. 3; Michalski/*Römermann* Anh. § 47 Rn. 378). Soll die Heilung des Ursprungsbeschlusses verhindert werden, so muss auch der Bestätigungsbeschluss nach allgemeinen Grundsätzen angefochten werden. Der Bestätigungsbeschluss ist auch dann anzufechten, wenn er an demselben Mangel leidet, wie der ursprüngliche Beschluss. Die Anfechtung des Ursprungsbeschlusses reicht insofern nicht aus (*Hüffer* AktG, § 244 Rn. 3, 9; *Kiehte* NZG 1999, 1086, 1091, a. A. *Lutter/Hommelhoff* GmbHG, Anh. § 47 Rn. 58). Erst mit rechtskräftiger Entscheidung über diese Anfechtungsklage steht fest, ob die Anfechtbarkeit des ursprünglichen Beschlusses geheilt wurde. Mit rechtskräftiger Entscheidung über die Rechtmäßigkeit des Bestätigungsbeschlusses entfällt dann die Anfechtbarkeit des Erstbeschlusses (OLG Düsseldorf GmbHR 1996, 443, 448; Scholz/*K. Schmidt* GmbHG, § 45 Rn. 121). Wird festgestellt, dass der Ursprungsbeschluss durch Bestätigungsbeschluss geheilt wurde, so ist die Anfechtungsklage gegen den Ursprungsbeschluss abweisungsreif (OLG Stuttgart AG 2005, 125, 131; *Kiethe* NZG 1999, 1086, 1091). Beide Verfahren können aus prozessökonomischen Gründen gemeinsam verhandelt und entschieden werden. Es handelt sich um eine nachträgliche objektive Klagehäufung (OLG Stuttgart AG 2005, 125; *Hüffer* AktG, § 244 Rn. 9; *Roth/Altmeppen* § 47 Rn. 135).

7. Nichtigkeitsklage analog § 249 AktG

a) Einleitung

380 Wie dargelegt, kann die Nichtigkeit eines Beschlusses gerichtlich mit der Nichtigkeitsklage analog § 249 AktG geltend gemacht werden (MAH GmbH/*Römermann* § 14 Rn. 154; *Lutter/Hommelhoff* GmbHG, Anh. § 47 Rn. 9). In analoger Anwendung des § 249 Abs. 1 AktG finden auf die Nichtigkeitsklage die meisten Vorschriften der Anfechtungsklage sinngemäß Anwendung. Wie auch der Anfechtungsprozess unterliegt der Nichtigkeitsprozess im Übrigen den allgemeinen zivilprozessualen Regeln (Hdb GmbH/*Fischer* § 4 Rn. 208). Der Antrag lautet auf Feststellung der Nichtigkeit eines bestimmten Gesellschafterbeschlusses (MünchHdb GesR III/*Wolff* § 40 Rn. 85; Michalski/*Römermann* Anh. § 47 Rn. 477; zur Rechtsnatur der Nichtigkeitsklage vgl. oben Rn. 324).

b) Klagebefugnis

381 Klagebefugt ist grundsätzlich **jeder Gesellschafter** (OLG Düsseldorf GmbHR 1996, 443, 445; MünchHdb GesR III/*Wolff* § 40 Rn. 86; *Saenger* GmbHR 1997, 112, 114). Wie auch bei der Anfechtungsklage geht mit Veräußerung des Gesellschaftsanteils zwischen Beschlussfassung und Klageerhebung die Klagebefugnis auf den Erwerber über (vgl. oben Rn. 336; BGHZ 43, 261, 267). Wird der Geschäftsanteil jedoch während des Verfahrens veräußert, so kann der veräußernde Gesellschafter nach § 265 Abs. 2 S. 1 ZPO den Prozess fortführen (A/E/S/*Schmidt* § 47 Rn. 74). Erheben mehrere Gesellschafter Nichtigkeitsklage so sind sie **notwendige Streitgenossen** i. S. d. § 62 ZPO, da das Gericht nur einheitlich entscheiden kann (Hdb GmbH/*Fischer* § 4 Rn. 210; A/E/S/*Schmidt* § 47 Rn. 76).

382 Ob auch **Geschäftsführer und Aufsichtsratsmitglieder** klagebefugt sind, ist umstritten, wird von der h. L. in analoger Anwendung des § 249 Abs. 1 S. 1 AktG im Unterschied zur Anfechtungsklage jedoch bejaht (BGHZ 89, 48, 49 f.; A/E/S/*Schmidt* § 47 Rn. 72; *M. Schwab* S. 380; Scholz/*K. Schmidt* GmbHG, § 45 Rn. 134; R/S-L/*Koppensteiner* § 47 Rn. 148; *Saenger* GmbHR 1997, 112, 114). Dafür spricht, dass nichtige Beschlüsse an schwerwiegenderen Mängeln leiden als anfechtbare Beschlüsse und daher ein eher allgemeines Interesse dafür besteht, ihre Nichtigkeit festzustellen (MünchHdb GesR III/*Wolff* § 40 Rn. 86). Nach der Rechtsprechung des BGH besteht eine Klagebefugnis der Aufsichtsratsmitglieder zumindest dann, wenn sie einen Beschluss wegen Verstoßes gegen das Mitbestimmungsrecht angreifen (BGHZ 89, 48, 49 f.; *Roth/Altmeppen*

§ 47 Rn. 112). Gegen die Klagebefugnis der Geschäftsführer analog § 249 AktG spricht nach a. A., dass sie im Unterschied zum Vorstand einer AG den Weisungen der Gesellschafter unterliegen. Eine Klagebefugnis der Geschäftsführer sei nur dann gegeben, wenn sie sich durch die Ausführung der Beschlüsse strafbar oder schadensersatzpflichtig machen würden (*Lutter/Hommelhoff* GmbHG, Anh. § 47 Rn. 32).

Wird mit der Nichtigkeitsklage die Nichtigkeit der Wahl von Aufsichtsratmitgliedern nach § 250 AktG analog geltend gemacht, so erweitert § 250 Abs. 2 AktG analog die Klagebefugnis auf bestimmte **Arbeitnehmervertretungen** (R/S-L/*Koppensteiner* § 47 Rn. 148; A/E/S/*Schmidt* § 47 Rn. 72; Michalski/*Römermann* Anh. § 47 Rn. 179; *Happ* GmbH, § 20 Rn. 11). 383

Wer nicht klagebefugt ist, hat die Möglichkeit, eine **allgemeinen Feststellungsklage nach § 256 ZPO** auf Feststellung der Nichtigkeit des Beschlusses zu erheben (vgl. unten zur allgemeinen Feststellungsklage Rn. 401 ff.; MünchHdb GesR III/*Wolff* § 40 Rn. 86; A/E/S/*Schmidt* § 47 Rn. 72). 384

c) Weitere verfahrensrechtliche Fragen

aa) Besonderes Rechtsschutzinteresse Ein besonderes Rechtsschutzinteresse ist ebenso wie bei der Anfechtungsklage auch bei der Nichtigkeitsklage nicht erforderlich (R/S-L/*Koppensteiner* § 47 Rn. 142; A/E/S/*B. Schmidt* § 47 Rn. 73). 385

bb) Passivlegitimation und Vertretung Die Nichtigkeitsklage ist ebenso wie die Anfechtungsklage **gegen die Gesellschaft** zu richten, die prozessual durch die **Geschäftsführer vertreten** wird (zu Vertretungsfragen vgl. oben Rn. 231 ff., 353; OLG Hamburg GmbHR 1995, 734, 735; *Lutter/Hommelhoff* GmbHG, Anh. § 47 Rn. 34; *Saenger* GmbHR 1997, 112, 114). 386

cc) Klagefrist Der wesentliche Unterschied zur Anfechtungsklage besteht darin, dass die Nichtigkeitsklage außer in den Fällen der §§ 14 Abs. 1, 195 Abs. 1 UmwG **keiner Klagefrist** unterliegt. Nach allgemeinen Grundsätzen kann das Klagerecht allerdings **verwirkt** sein (MünchHdb GesR III/*Wolff* § 40 Rn. 87; Hdb GmbH/*Fischer* § 4 Rn. 207; *Goette* § 7 Rn. 82). Bei eintragungspflichtigen Beschlüssen ist zu beachten, dass entsprechend § 242 Abs. 2 S. 1 AktG eine Nichtigkeitsklage aus Gründen der Rechtssicherheit unzulässig ist, wenn sie drei Jahre nach Eintragung des Beschlusses in das Handelsregister erhoben wird (BGHZ 80, 212, 216; *Goette* § 7 Rn. 83). Die Sperrwirkung des § 242 Abs. 2 S. 1 AktG gilt auch dann, wenn die Nichtigkeit als Einrede geltend gemacht wird (BGHZ 33, 175, 176; *Goette* § 7 Rn. 85). 387

dd) Klageverbindung Mehrere Nichtigkeitsklagen sind nach § 249 Abs. 2 S. 1 AktG analog zur gleichzeitigen Verhandlung und Entscheidung zu verbinden, da die Entscheidung nur einheitlich ergehen kann (A/E/S/*B. Schmidt* § 47 Rn. 76). Ungeachtet des Wortlauts des § 249 Abs. 2 S. 2 AktG sind auch Nichtigkeits- und Anfechtungsklage aufgrund der Einheitlichkeit des Streitgegenstandes zwingend miteinander zu verbinden (Scholz/*K. Schmidt* GmbHG, § 45 Rn. 157; Michalski/*Römermann* Anh. § 47 Rn. 478; R/S-L/*Koppensteiner* § 47 Rn. 144). 388

ee) Zuständigkeit Für die Nichtigkeitsklage ist entsprechend § 249 Abs. 1, 246 Abs. 3 S. 1 AktG **ausschließlich das Landgericht** am Sitz der Gesellschaft zuständig. Die Nichtigkeitsklage ist Handelssache gem. § 95 Abs. 1 Nr. 4 a GVG, so dass die **Kammer für Handelssachen** funktionell zuständig ist (A/E/S/*Schmidt* § 47 Rn. 76; R/S-L/*Koppensteiner* § 47 Rn. 143). 389

ff) Informationspflicht des Geschäftsführers Aufgrund der erweiterten Urteilswirkungen (vgl. unten Rn. 394) ist der Geschäftsführer dazu verpflichtet, die Gesellschafter und Organmitglieder über die Erhebung einer Nichtigkeitsklage **zu informieren**, um ihnen die Möglichkeit zu geben, dem Verfahren als Nebenintervenienten beizutreten, um als solche Einfluss auf das Verfahren zu nehmen und eine nachteilige Entscheidung verhindern zu können (A/E/S/*Schmidt* 390

§ 47 Rn. 77; Michalski/*Römermann* Anh. § 47 Rn. 539; *Roth/Altmeppen* § 47 Rn. 112). Eine Veröffentlichung in den Gesellschaftsblättern reicht nicht aus (*Lutter/Hommelhoff* GmbHG, Anh. § 47 Rn. 37; R/S-L/*Koppensteiner* § 47 Rn. 144).

391 **gg) Darlegungs- und Beweislast** Nach allgemeinen Grundsätzen hat der Kläger die Tatsachen darzulegen und zu beweisen, welche die Nichtigkeit des Beschlusses begründen (A/E/S/*B. Schmidt* § 47 Rn. 79). Vorgänge im Innern der Gesellschaft, von denen der Kläger regelmäßig keine Kenntnis haben kann, sind jedoch von der Gesellschaft substantiiert darzulegen (vgl. oben zur Anfechtungsklage Rn. 361; A/E/S/*B. Schmidt* § 47 Rn. 79).

392 **hh) Anerkenntnis und Vergleich** Umstritten ist, ob die Gesellschaft dazu befugt ist, den Klageanspruch im Verfahren nach § 307 ZPO anzuerkennen oder einen Vergleich zu schließen (zum Streitstand auch bei Anfechtungsklage vgl. oben Rn. 362; für Zulässigkeit des Anerkenntnisses durch die Gesellschaft *Lutter/Hommelhoff* GmbHG, Anh. § 47 Rn. 36). Teilweise wird ein **Anerkenntnis** durch die Gesellschaft als zulässig angesehen (*Lutter/Hommelhoff* GmbHG, Anh. § 47 Rn. 36). Mangels Verfügungsbefugnis der Gesellschaft als Beklagte wird die Zulässigkeit eines Anerkenntnisses oder eines **Prozessvergleichs** von der h. L. jedoch abgelehnt (Scholz/*K. Schmidt* GmbHG, § 45 Rn. 159; A/E/S/*B. Schmidt* § 47 Rn. 77; R/S-L/*Koppensteiner* § 47 Rn. 154).

393 **ii) Streitwert** Für die Bestimmung des Streitwerts gilt wie auch bei der Anfechtungsklage die Regelung des § 247 AktG, so dass insoweit auf die dortigen Ausführungen verwiesen werden kann (vgl. Rn. 374; A/E/S/*B. Schmidt* § 47 Rn. 80).

d) Urteil und Urteilswirkungen

394 Das der Klage stattgebende Urteil wirkt **für und gegen jedermann** (*Lutter/Hommelhoff* GmbHG, Anh. § 47 Rn. 36; Hdb GmbH/*Fischer* § 4 Rn. 213). In entsprechender Anwendung der §§ 249 Abs. 1 S. 1, 248 Abs. 1 S. 1 AktG erstreckt sich das Urteil in seiner materiellen Rechtskraft nicht nur auf die Parteien, sondern auf sämtliche Gesellschafter und Organmitglieder (zur Bedeutung der materiellen Rechtskraft vgl. oben Rn. 368; MünchHdb GesR III/*Wolff* § 40 Rn. 88; A/E/S/*B. Schmidt* § 47 Rn. 77). Richtet sich die Nichtigkeitsklage gegen die Wahl eines Aufsichtsratsmitglieds, so ist die erweiterte Rechtskraftwirkung des § 252 Abs. 1 AktG zu berücksichtigen (MünchHdb GesR III/*Wolff* § 40 Rn. 88; Michalski/*Römermann* Anh. § 47 Rn. 538; *Lutter/Hommelhoff* GmbHG, Anh. § 47 Rn. 36). Mit Rechtskraft des stattgebenden Urteils ist der Beschluss als **von Anfang an unwirksam** anzusehen (BGH NJW-RR 1993, 1253; A/E/S/*B. Schmidt* § 47 Rn. 81).

395 Das klageabweisende Sachurteil ist in seinen Wirkungen auf die Prozessparteien beschränkt, so dass eine erneute Nichtigkeitsklage durch einen nicht am Verfahren Beteiligten auf denselben Sachverhalt gestützt werden kann (*Lutter/Hommelhoff* GmbHG, Anh. § 47 Rn. 36).

8. Positive Beschlussfeststellungsklage

a) Bedeutung der positiven Beschlussfeststellungsklage

396 Mit der Anfechtungsklage kann ein anfechtbarer Beschluss nur für nichtig erklärt und damit **rückwirkend vernichtet** werden (vgl. oben Rn. 368). Allein durch die Beseitigung des anfechtbaren Beschlusses ist dem Rechtsschutzbedürfnis des Klägers allerdings nicht gedient, wenn eine negative Entscheidung festgestellt, eine positive Beschlussfassung aber behauptet wird und erzielt werden soll. Dies ist insbesondere bei Beschlussanträgen der Fall, die aufgrund falscher Feststellung des Abstimmungsergebnisses oder durch Mitzählen der Stimmen von Gesellschaftern, die von der Abstimmung ausgeschlossen waren, abgelehnt wurden (BGHZ 88, 320, 329 f.; 97, 28, 30; *Lutter/Hommelhoff* GmbHG, Anh. § 47 Rn. 44; Hdb GmbH/*Fischer* § 4 Rn. 200; R/S-L/*Koppensteiner* § 47 Rn. 153; MünchHdb GesR III/*Wolff* § 40 Rn. 91, 98; *Saenger* GmbHR 1997, 112, 116; *Geißler* GmbHR 2002, 520, 528; *Bauschatz* NZG 2002, 317, 318). Durch die erfolgreiche Anfechtungsklage wird zwar der ablehnende Beschluss beseitigt, ein positiver Beschluss allerdings nicht herbeigeführt (Michalski/*Römermann* Anh. § 47 Rn. 567 f.; *Emde* ZIP 1998, 1475). In diesen Fällen kann die Anfechtungsklage mit einer **Klage auf Feststellung des positiven Beschlussergebnisses** verbunden werden (BGHZ 97, 28; Michalski/*Römermann* Anh. § 47 Rn. 569; *Lutter/Hommelhoff* GmbHG, Anh. § 47 Rn. 43; *Geißler* GmbHR 2002, 520, 528; *Bauschatz* NZG 2002, 317, 318). Einer isoliert erhobenen Anfechtungsklage wird in einem solchen Fall regelmäßig das Rechtsschutzbedürfnis fehlen, da durch sie das Rechtsschutzziel des Klägers, die Feststellung des positiven Beschlussergebnisses, nicht erreicht werden kann (vgl. oben Rn. 360; OLG Hamm NZG 2000, 1185, 1186; Scholz/*K. Schmidt* GmbHG, § 45 Rn. 136; *Happ* GmbH, § 19 Rn. 92). Mit der positiven Beschlussfeststellungsklage kann geklärt werden, dass ein bestimmter Gesellschafterbeschluss als gefasst gilt (BGHZ 97, 28, 30; MünchHdb GesR III/*Wolff* § 40 Rn. 90; *Lutter/Hommelhoff* GmbHG, Anh. § 47 Rn. 43; Hdb GmbH/*Fischer* § 4 Rn. 200).

b) Weitere verfahrensrechtliche Fragen

aa) Klageantrag, besonderes Rechtsschutzbedürfnis, Passivlegitimation Der **Klageantrag** ist auf die **Feststellung eines inhaltlich genau formulierten Gesellschafterbeschlusses** zu richten (Michalski/*Römermann* Anh. § 47 Rn. 573; *Geißler* GmbHR 2002, 520, 528). Kläger kann jeder sein, der auch zur Erhebung der Anfechtungsklage befugt ist. Ein **besonderes Rechtsschutzbedürfnis** ist grundsätzlich nicht erforderlich, kann aber im Einzelfall fehlen (MünchHdb GesR III/*Wolff* § 40 Rn. 95; Michalski/*Römermann* Anh. § 47 Rn. 575; *Bauschatz* NZG 2002, 317, 318). Die positive Beschlussfeststellungsklage ist ebenso wie die Anfechtungsklage **gegen die Gesellschaft** zu richten. Eine Klage gegen die betroffenen Mitgesellschafter kommt nicht in Betracht (BGHZ 97, 28, 31; Michalski/*Römermann* Anh. § 47 Rn. 576; *Emde* ZIP 1998, 1475). Der Geschäftsführer ist wie auch bei der Anfechtungsklage dazu verpflichtet, die Gesellschafter von der Klageerhebung **zu unterrichten** (BGHZ 97, 28, 31; OLG Düsseldorf GmbHR 2000, 1050, 1052; *Lutter/Hommelhoff* GmbHG, Anh. § 47 Rn. 43; MünchHdb GesR III/*Wolff* § 40 Rn. 94). Erfolgt dies nicht, hat das Gericht die Gesellschafter in Kenntnis zu setzen (BGHZ 97, 28, 32). Die Mitgesellschafter können dann als **Nebenintervenienten** auf Seiten der beklagten Gesellschaft beitreten. Auf diese Weise können sie einredeweise Mängel geltend machen, die den Beschluss betreffen, dessen positive Feststellung die Kläger begehren (BGHZ 97, 28, 31; OLG Düsseldorf GmbHR 2000, 1050, 1052; Michalski/*Römermann* Anh. § 47 Rn. 576; MünchHdb GesR III/*Wolff* § 40 Rn. 94). 397

bb) Verbindung mit Anfechtungsklage Die positive Beschlussfeststellungsklage kann mit der Anfechtungsklage verbunden werden (BGHZ 97, 28, 30). Allerdings muss sie nicht mit der Anfechtungsklage gemeinsam erhoben werden, sondern kann im Wege der **Klageerweiterung** geltend gemacht werden (Michalski/*Römermann* Anh. § 47 Rn. 571; MünchHdb GesR III/*Wolff* § 40 Rn. 99; *Geißler* GmbHR 2002, 520, 528). Für die positive Beschlussfeststellungsklage ist das Gericht zuständig, das für die Anfechtungsklage ausschließlich zuständig ist (vgl. dazu Rn. 357; Michalski/*Römermann* Anh. § 47 Rn. 574; MünchHdb GesR III/*Wolff* § 40 Rn. 93). 398

cc) Klagefrist Umstritten ist, ob die positive Beschlussfeststellungsklage ebenso wie die Anfechtungsklage einer **angemessenen Klagefrist** unterliegt (dafür: *Lutter/Hommelhoff* GmbHG, Anh. § 47 Rn. 43; R/S-L/*Koppensteiner* § 47 Rn. 153; dagegen: MünchHdb GesR III/*Wolff* § 40 Rn. 96; MAH GmbH/*Römermann* § 14 Rn. 187; *Geißler* GmbHR 2002, 520, 528). Grundsätzlich ist jedoch darauf zu achten, dass die positive Beschlussfeststellungsklage zeitnah zur Anfechtungsklage erhoben wird, da ansonsten die Verwirkung des Klagerechts droht (MAH/*Römermann* § 14 Rn. 187; Hdb GmbH/*Fischer* § 4 Rn. 207; *Saenger* GmbHR 1997, 112, 117). 399

c) Urteil und Urteilswirkungen

Das der Klage stattgebende Urteil wirkt als **Gestaltungsurteil** ebenso wie das stattgebende Anfechtungsurteil für und gegen jedermann und erstreckt seine **materielle Rechtskraft analog § 248 Abs. 1 S. 1 AktG** auf alle Gesellschafter und Gesellschaftsorgane (BGHZ 97, 28, 31; BGH 400

NJW 2001, 2176, 2177; OLG München GmbHR 1996, 451, 452; *Lutter/Hommelhoff* GmbHG, Anh. § 47 Rn. 43; MünchHdb GesR III/*Wolff* § 40 Rn. 97; *Geißler* GmbHR 2002, 520, 528; *Bauschatz* NZG 2002, 317, 319).

9. Allgemeine Feststellungsklage

a) Verhältnis der allgemeinen Feststellungsklage zur Anfechtungs- und Nichtigkeitsklage

401 Grundsätzlich kann zur Klärung der Rechtslage bei fehlerhaften Gesellschafterbeschlüssen eine allgemeine Feststellungsklage gem. § 256 ZPO durch jedermann erhoben werden, soweit ihre Voraussetzungen erfüllt sind (OLG Düsseldorf GmbHR 1996, 443, 450; Scholz/*K. Schmidt* GmbHG, § 45 Rn. 82, 127; MünchHdb GesR III/*Wolff* § 40 Rn. 100; Michalski/*Römermann* Anh. § 47 Rn. 592; *Geißler* GmbHR 2002, 520, 521). Die Feststellungsklage nach § 256 ZPO setzt ein **Feststellungsinteresse** voraus. Ein solches Feststellungsinteresse fehlt aufgrund der Subsidiarität der allgemeinen Feststellungsklage dann, wenn dem Kläger eine bessere Rechtsschutzmöglichkeit zur Verfügung steht (OLG Düsseldorf GmbHR 1996, 443, 450; Zöller/*Greger* § 256 Rn. 7 f.; Scholz/*K. Schmidt* GmbHG, § 45 Rn. 82). Im Bereich der Beschlussmängelstreitigkeiten bietet sowohl die Anfechtungs- als auch die Nichtigkeitsklage aufgrund ihrer erweiterten Urteilswirkungen (vgl. dazu oben Rn. 368, 394) eine bessere Rechtsschutzmöglichkeit als die allgemeine Feststellungsklage, die nur zwischen den Parteien wirkt, so dass eine allgemeine Feststellungsklage nicht erhoben werden kann, wenn dem Kläger Anfechtungs- oder Nichtigkeitsklage erheben kann (BGHZ 70, 384, 388; OLG Rostock NZG 2004, 191, 193; OLG Hamburg GmbHR 1995, 734, 735; *Lutter/Hommelhoff* GmbHG, Anh. § 47 Rn. 35; *Roth/Altmeppen* § 47 Rn. 113). Eine allgemeine Feststellungsklage kann daher dann in Betracht kommen, wenn der Kläger nicht zur Erhebung der Anfechtungsklage befugt ist (OLG Rostock NZG 2004, 191, 193; Hdb GesR III/*Wolff* § 40 Rn. 100; Scholz/*K. Schmidt* GmbHG, § 45 Rn. 82).

402 Besondere Bedeutung kommt der allgemeinen Feststellungsklage bei **fehlerhaften Gesellschafterbeschlüssen** dann zu, wenn das Beschlussergebnis nicht förmlich festgestellt wurde, da die Anfechtungsklage einen förmlich festgestellten Beschluss voraussetzt (vgl. oben Rn. 329). Die Anfechtungsklage verdrängt die allgemeine Feststellungsklage somit immer dann, wenn eine förmliche Beschlussfeststellung erfolgt ist (BGHZ 51, 209, 211; 76, 154, 156; 104, 66, 68; BGH GmbHR 1999, 477, 478; OLG Köln GmbHR 2002, 913). Fehlt es dagegen an einer förmlichen Beschlussfeststellung, kann die Rechtslage im Wege der allgemeinen Feststellungsklage geklärt werden (BGHZ 76, 154, 156 f.; BGH GmbHR 1999, 477, 478; OLG Köln GmbHR 2002, 913, 914; *M. Schwab* S. 408).

b) Weitere verfahrensrechtliche Fragen

403 **aa) Passivlegitimation** Die Feststellungsklage wird häufig **gegen die Gesellschaft** gerichtet werden (OLG München GmbHR 1996, 541; *M. Schwab* S. 409): Sofern ein Feststellungsinteresse besteht, kann die allgemeine Feststellungsklage darüber hinaus gegen jedermann erhoben werden (Scholz/*K. Schmidt* GmbHG, § 45 Rn. 51).

404 **bb) Klagefrist** Im Unterschied zur Anfechtungsklage ist die allgemeine Feststellungsklage an **keine Klagefrist** gebunden. Die allgemeine Feststellungsklage unterliegt demnach auch im Gesellschaftsrecht keiner Präklusionswirkung. Zu beachten ist jedoch, dass bei langem Zuwarten mit Klageerhebung der Einwand der **Verwirkung** oder des rechtsmissbräuchlichen Verhaltens entgegenstehen kann (BGH GmbHR 1999, 477, 478; OLG Köln GmbHR 2002, 913, 915; *M. Schwab* S. 415; Michalski/*Römermann* Anh. § 47 Rn. 591; *Geißler* GmbHR 2002, 520, 526). Die Geltendmachung eines Rechts ist nach Ansicht des BGH als verwirkt anzusehen, wenn der Rechtsinhaber über einen längeren Zeitraum sein Recht nicht geltend macht und dadurch bei der Gegenseite den Eindruck erweckt, dieser müsse mit der Inanspruchnahme des Rechts in Zukunft nicht mehr rechnen (BGH GmbHR 1999, 477, 478).

c) Urteil und Urteilswirkungen

Im Unterschied zur Nichtigkeits- und Anfechtungsklage bleiben die Urteilswirkungen einer allgemeinen Feststellungsklage nach wohl herrschender, wenn auch nicht ganz unbestrittener Meinung auf die **Prozessparteien** beschränkt (BGH NJW 2001, 2176, 2177; GmbHR 2003, 171, 174; Scholz/*K. Schmidt* GmbHG, § 45 Rn. 82; Michalski/*Römermann* Anh. § 47 Rn. 597; MünchHdb GesR III/*Wolff* § 40 Rn. 100; *Lutter/Hommelhoff* GmbHG, Anh. § 47 Rn. 9). Nach a. A. wirkt das Feststellungsurteil für und gegen jedermann mit erweiterter materieller Rechtskraftwirkung analog § 248 AktG für alle Gesellschafter und Gesellschaftsorgane (OLG München GmbHR 1996, 451, 452; *Roth/Altmeppen* § 47 Rn. 132). **405**

10. Einstweiliger Rechtsschutz

a) Einleitung

Da Gesellschafterbeschlüsse für einzelne Gesellschafter sowie die Gesellschaft erhebliche Folgen, v. a. wirtschaftlicher Art haben können, kommt der Frage, ob und mit welcher Zielsetzung einstweiliger Rechtsschutz bei Beschlussmängelstreitigkeiten begehrt werden kann, erhebliche praktische Bedeutung zu. Dabei ist danach zu differenzieren, ob im Wege des einstweiligen Rechtsschutzes bereits **auf die Beschlussfassung selbst** eingewirkt werden oder ob der **Zeitraum nach Beschlussfassung** bis zur rechtskräftigen Entscheidung über die Rechtmäßigkeit des Beschlusses im Hauptsacheverfahren vorläufig geregelt werden soll (Michalski/*Römermann* Anh. § 47 Rn. 599; Hdb GmbH/*Fischer* § 4 Rn. 215; MünchHdb GesR III/*Wolff* § 40 Rn. 101; *Saenger* GmbHR 1997, 112, 117). Indem mangelhafte Beschlüsse ausgeführt oder auch fehlerfreie Beschlüsse nicht ausgeführt werden, besteht die Gefahr, dass entgegen der objektiven Rechtslage vollendete Tatsachen und damit eine Sachlage geschaffen wird, die auch durch rechtskräftige Entscheidung nicht mehr revidiert werden kann (OLG München NZG 1999, 407; *Michalski* GmbHR 1991, 12). Diese Gefahr besteht vor allem bei anfechtbaren Beschlüssen, da diese bis zur rechtskräftigen Feststellung ihrer Nichtigkeit zunächst rechtswirksam und daher u. U. auch auszuführen sind (vgl. oben Rn. 317; *Beyer* GmbHR 2001, 467). Für den Zeitraum bis zur rechtskräftigen Entscheidung über die Nichtigerklärung des Beschlusses spielt das Instrument des einstweiligen Rechtsschutzes daher eine wichtige Rolle. Es hat sich jedoch gezeigt, dass auch die Frage, ob bereits im Vorfeld der Beschlussfassung vorläufiger Rechtsschutz begehrt werden kann, zunehmend an Bedeutung gewinnt. **406**

Gesetzlich sind zwei Arten von einstweiligen Verfügungen vorgesehen – die **Sicherungsverfügung nach § 935 ZPO**, die auf Sicherung eines Individualanspruchs, der nicht in Geld besteht, gerichtet ist sowie die **Regelungsverfügung nach § 940 ZPO**, die streitige Rechtsverhältnisse vorläufig regelt. Daneben ist durch Rechtsprechung und h. L. die **Leistungsverfügung** in analoger Anwendung des § 940 ZPO anerkannt, die auf die vorläufige Befriedigung von Ansprüchen gerichtet ist (Zöller/*Vollkommer* § 940 Rn. 1 f.; *Michalski* GmbHR 1991, 12; *Damm* ZHR 154 (1990) 413, 415 f.). **407**

Ein Antrag auf Erlass einer einstweiligen Verfügung ist nur dann begründet, wenn der Antragsteller einen Verfügungsanspruch und Verfügungsgrund dargelegt und glaubhaft gemacht hat. Unter dem **Verfügungsanspruch** ist die materielle Rechtsposition zu verstehen, die im Hauptsacheverfahren geltend gemacht wird (*Saenger* GmbHR 1997, 112, 117; *Happ* GmbH, § 25 Rn. 5). Dies ist im Rahmen von Beschlussmängelstreitigkeiten der Antrag auf Nichtigerklärung eines bestimmten Beschlusses (*Happ* GmbH, § 25 Rn. 5). Im Rahmen des **Verfügungsgrundes** ist die besondere Dringlichkeit bzw. Gefährdung dieser Rechtsposition darzulegen, die einen vorläufigen Rechtsschutz erforderlich macht (*Damm* ZHR 154 (1990) 413, 418). **408**

b) Einstweiliger Rechtsschutz nach Beschlussfassung

aa) Antrag, Antragsbefugnis, Passivlegitimation Einstweiliger Rechtsschutz nach Beschlussfassung kann sowohl auf die Durchführung von Beschlüssen als auch darauf gerichtet sein, die Durchführung von Beschlüssen zu verhindern. Es ist anerkannt, dass die **Ausführung fehler-** **409**

hafter Beschlüsse durch einstweilige Verfügung verhindert werden kann (OLG Nürnberg GmbHR 1993, 588, 589; OLG Hamm GmbHR 1993, 143, 145; Scholz/*K. Schmidt* GmbHG, § 45 Rn. 183; MünchHdb GesR III/*Wolff* § 40 Rn. 109; Hdb GmbH/*Fischer* § 4 Rn. 217; *Beyer* GmbHR 2001, 467). **Antragsbefugt** ist jeder, der im Hauptsacheverfahren dazu berechtigt ist, gegen den mangelhaften Beschluss Anfechtungs- bzw. Nichtigkeitsklage zu erheben (OLG Hamm GmbHR 1993, 743, 745; *Happ* GmbH, § 25 Rn. 7; R/S-L/*Koppensteiner* § 47 Rn. 145). Der Antrag auf Erlass einer einstweiligen Verfügung ist ebenso wie die Anfechtungs- und Nichtigkeitsklage **gegen die Gesellschaft** zu richten. Dies ergibt sich daraus, dass Gesellschafterbeschlüsse, soweit sie nicht nichtig sind, die Gesellschaft binden (OLG Nürnberg GmbHR 1993, 588, 589; OLG Hamm GmbHR 1993, 743, 745; *Saenger* GmbHR 1997, 112, 118). Nicht passiv legitimiert sind daher die Geschäftsführer der GmbH, auch wenn sie als Organe der Gesellschaft dazu verpflichtet sind, die Beschlüsse auszuführen (OLG Nürnberg GmbHR 1993, 588, 589; *Happ* GmbH, § 25 Rn. 8).

410 **bb) Anordnungsanspruch** Eine einstweilige Verfügung, mit der die Ausführung eines Beschlusses vorläufig untersagt wird, setzt voraus, dass der Beschluss bei summarischer Prüfung als **nichtig oder anfechtbar** erscheint und auch die übrigen Voraussetzungen für den Erlass einer einstweiligen Verfügung gegeben sind (OLG Nürnberg GmbHR 1993, 588, 589). Da ein anfechtbarer Beschluss im Unterschied zu einem nichtigen Beschluss zunächst wirksam ist und erst durch das Anfechtungsurteil rückwirkend vernichtet wird (vgl. oben Rn. 317), hat der Antragsteller im Fall eines anfechtbaren Beschlusses **glaubhaft zu machen**, dass Anfechtungsklage erhoben ist und das Anfechtungsverfahren zur Durchführung kommen wird (*Saenger* GmbHR 1997, 112, 118; *Happ* GmbH, § 25 Rn. 3; R/S-L/*Koppensteiner* § 47 Rn. 145). Ferner hat der Antragsteller darzulegen, dass die Ausführung des Beschlusses **schwerwiegende Nachteile** mit sich bringen würde und keine überwiegenden Interessen der Gesellschaft die Ausführung des Beschlusses erfordern (Scholz/*K. Schmidt* GmbHG, § 45 Rn. 183; Michalski/*Römermann* Anh. § 47 Rn. 619).

411 **cc) Eintragungsbedürftige Beschlüsse** Bei eintragungsbedürftigen Beschlüssen kann die einstweilige Verfügung darauf gerichtet sein, die **Anmeldung zur Eintragung** in das Handelsregister zu verbieten. Dabei ist das Sperr- und Freigabeverfahren nach §§ 16, 198 UmwG vorrangig zu berücksichtigen, soweit es Anwendung findet (Scholz/*K. Schmidt* GmbHG, § 45 Rn. 183; Michalski/*Römermann* Anh. § 47 Rn. 620). Grundsätzlich unzulässig ist es dagegen, den Beschluss vorläufig für unwirksam zu erklären, da dies einen Verstoß gegen das Verbot der Vorwegnahme der Hauptsache darstellen würde (Scholz/*K. Schmidt* GmbHG, § 45 Rn. 183; *Happ* GmbH, § 25 Rn. 1; Michalski/*Römermann* Anh. § 47 Rn. 612).

412 **dd) Ausführung eines Beschlusses** Einstweiliger Rechtsschutz kann auch auf die Ausführung eines Beschlusses selbst gerichtet sein (*Saenger* GmbHR 1997, 112, 118; Michalski/*Römermann* Anh. § 47 Rn. 609 f.). Besonders zu berücksichtigen ist dabei allerdings die Gefahr, endgültige Verhältnisse zu schaffen und damit gegen das **Verbot der Vorwegnahme der Hauptsache** zu verstoßen (R/S-L/*Koppensteiner* § 47 Rn. 146). Der umstrittene Beschluss kann daher im Weg des einstweiligen Rechtsschutzes nicht für wirksam erklärt werden (Michalski/*Römermann* Anh. § 47 Rn. 611).

c) Einstweiliger Rechtsschutz im Vorfeld der Beschlussfassung

413 Im Vorfeld einer Beschlussfassung kann sich bereits zeigen, dass der zu fassende Beschluss mangelhaft sein wird. Dies kann sich zum Beispiel aus der der Einladung beigefügten Tagesordnung oder aus der Ankündigung eines Gesellschafters ergeben, im Widerspruch zu einer Stimmbindungsvereinbarung zu stimmen (Michalski/*Römermann* Anh. § 47 Rn. 603). Die Frage, ob im Wege des einstweiligen Rechtsschutzes auf den **Prozess der Willensbildung** selbst eingewirkt werden kann, war Gegenstand einer intensiven Auseinandersetzung in Literatur und Rechtsprechung (*Beyer* GmbHR 2001, 467, 468; *Happ* GmbH, § 24 Rn. 1). Zunächst lehnte die OLG-Rechtsprechung und ein Teil der Literatur die Zulässigkeit vorläufigen Rechtsschutzes im Bereich des Willensbildungsprozesses der Gesellschaft mit der Begründung ab, die Einwirkung auf die Beschlussfassung stelle einen endgültigen Zustand her, da der Beschluss im Fall der Aufhebung der einstweiligen Verfügung nicht nachträglich zur Entstehung gelangen könnte (OLG Koblenz GmbHR 1991, 21, 22; OLG Stuttgart GmbHR 1997, 312; *Beyer* GmbHR 2001, 467, 468; *Michalski* GmbHR 1991, 12). Dies sei ein Verstoß gegen das Verbot der Vorwegnahme der Hauptsache. Zudem würde die Einwirkung auf die Beschlussfassung einen zu weit gehenden Eingriff in den Prozess der Willensbildung der Gesellschaft darstellen (OLG Hamm GmbHR 1993, 163; Scholz/*K. Schmidt* GmbHG, § 45 Rn. 183; Michalski/*Römermann* Anh. § 47 Rn. 604; *Michalski* GmbHR 1991, 12, 13; *Beyer* GmbHR 2001, 467, 468).

Diese Argumentation wurde von der Literatur unter Hinweis auf die grundsätzlich anerkannte **Leistungs- bzw. Befriedigungsverfügung** zunehmend in Frage gestellt, da diese in ihrer Rechtsfolge dem Hauptsacheverfahren nicht nachsteht und das im Eilverfahren geltende Verbot der Vorwegnahme der Hauptsache insofern relativiere (*Damm* ZHR 154 (1990) 413, 415 f.; *Beyer* GmbHR 2001, 467, 468). Auch in der jüngeren Rechtsprechung der Oberlandesgerichte hat sich die Auffassung durchgesetzt, einstweiligen Rechtsschutz hinsichtlich der Beschlussfassung selbst zuzulassen (OLG Koblenz GmbHR 1991, 21, 22; OLG Hamm GmbHR 1993, 163; OLG Frankfurt GmbHR 1993, 161; OLG München NZG 1999, 407; *Beyer* GmbHR 2001, 467, 468). So wurde zunächst die Durchsetzung eines Stimmverbots und einer wirksamen rechtsgeschäftlichen Stimmrechtsbindung im Wege des einstweiligen Rechtsschutzes für zulässig erachtet (OLG Koblenz GmbHR 1991, 21, 22; *Michalski* GmbHR 1993, 164), später dann auch die Zulässigkeit einer einstweiligen Verfügung, die dem Gesellschafter auferlegt, das Stimmrecht in einer dem Gesellschaftsvertrag oder der gesellschafterlichen Treuepflicht entsprechenden Weise auszuüben (OLG Hamburg GmbHR 1991, 467; *K. Schmidt* GmbHR 1991, 469; Scholz/*K. Schmidt* GmbHG, § 45 Rn. 183; *Michalski* GmbHR 1993, 164). **414**

Durch Rechtsprechung und h. L. ist mittlerweile anerkannt, dass **durch einstweilige Verfügung** im Vorfeld der Beschlussfassung auf den **Willensbildungsprozess** in der Gesellschaft eingewirkt werden kann, da man ansonsten dem rechtsstaatlichen Gebot, effektiven Rechtsschutz zu gewährleisten, nicht gerecht werden würde. Ob durch einstweiligen Rechtsschutz auf die Beschlussfassung selbst eingewirkt werden kann, ist eine Frage der Begründetheit des Antrags, nicht der Zulässigkeit (OLG Hamburg GmbHR 1991, 467, 468; OLG Frankfurt GmbHR 1993, 161; OLG München NZG 1999, 407; Scholz/*K. Schmidt* GmbHG, § 45 Rn. 183; Michalski/*Römermann* Anh. § 47 Rn. 605 f.; *Beyer* GmbHR 2001, 467, 469). Der Erlass einer einstweiligen Verfügung setzt nach den von der Rechtsprechung aufgestellten Maßstäben eine eindeutige Rechtslage, ein besonderes bzw. überragendes Schutzbedürfnis des Antragstellers oder eine besonders schwerwiegende Beeinträchtigung seiner Belange voraus und muss dem Gebot des geringstmöglichen Eingriffs entsprechen (OLG Stuttgart GmbHR 1997, 312; OLG Zweibrücken GmbHR 1998, 373; OLG Hamburg GmbHR 1991, 467, 468; OLG Hamm GmbHR 1993, 163; OLG Frankfurt GmbHR 1993, 161, 162; OLG München NZG 1999, 407, 408). Das Gebot des geringstmöglichen Eingriffs ist verletzt, wenn es dem Antragsteller zuzumuten ist, die Beschlussfassung abzuwarten und sich dann durch einstweilige Verfügung gegen den Vollzug des Beschlusses zu wehren (OLG Stuttgart GmbHR 1997, 312, 313; Scholz/*K. Schmidt* GmbHG, § 45 Rn. 183). Die Untersagung der Beschlussausführung besitzt im Rahmen des einstweiligen Rechtsschutzes insofern Vorrang vor der Untersagung der Beschlussfassung (OLG Hamm GmbHR 1993, 163, 164; Michalski/*Römermann* Anh. § 47 Rn. 606). Ein solches Vorgehen kann dem Antragsteller allerdings dann nicht zugemutet werden, wenn die drohende Entwicklung irreversible Folgen hätte und die Versagung des einstweiligen Rechtsschutzes somit faktisch auf eine Rechtsverweigerung in der Hauptsache hinaus laufen würde. Insoweit bedarf es einer Abwägung der Interessen von Antragsteller und Antragsgegner im Einzelfall (OLG Stuttgart GmbHR 1997, 312, 313; OLG Zweibrücken GmbHR 1998, 373; *Michalski* GmbHR 1991, 12, 13; *Beyer* GmbHR 2001, 467, 469). **415**

416 Ihrem Inhalt nach kann die einstweilige Verfügung je nach Sachlage darauf gerichtet sein, die Beschlussfassung an sich zu untersagen (OLG Koblenz GmbHR 1991, 21, 22), die Ausübung des Stimmrechts in bestimmter Weise zu untersagen (OLG Frankfurt GmbHR 1993, 161) oder auch die Ausübung des Stimmrechts in bestimmter Weise vorzugeben (OLG Hamburg GmbHR 1991, 467, 468; OLG Frankfurt GmbHR 1993, 161; Michalski/*Römermann* Anh. § 47 Rn. 608). Mit welchem Inhalt die einstweilige Verfügung auszusprechen ist, ist eine Frage des jeweiligen Einzelfalls.

417 Es ist anerkannt, dass die **Gesellschafter antragsbefugt** sind. Problematisch ist, ob auch die Gesellschaft u. U. befugt ist, einen Antrag im Verfahren des einstweiligen Rechtschutzes zu stellen (*Beyer* GmbHR 2001, 467, 470). Der Verfügungsantrag kann sich je nach Antragsinhalt gegen (Mit-) Gesellschafter oder auch gegen die Gesellschaft selbst richten (Scholz/*K. Schmidt* GmbHG, § 45 Rn. 183). Richtet sich das Rechtsschutzbegehren darauf, eine bestimmte Stimmabgabe zu erreichen oder zu verbieten, ist der Antrag gegen den betreffenden Gesellschafter zu richten (Michalski/*Römermann* Anh. § 47 Rn. 607).

V. Beschlussmängelstreitigkeiten bei Beschlüssen des Aufsichtsrats

1. Einleitung – obligatorischer und fakultativer Aufsichtsrat

418 Im Unterschied zum Aktienrecht ist die Bildung eines Aufsichtsrates bei der GmbH grundsätzlich nicht vorgeschrieben. Allerdings ist aufgrund der Mitbestimmungsgesetze (BetrVG 1952, MitbestG, MontanMitbestG, MitbestErgG) unter bestimmten Voraussetzungen in der GmbH ein **obligatorischer Aufsichtsrat** zu bilden. Im Übrigen kann die Satzung der GmbH einen fakultativen Aufsichtsrat vorsehen (Michalski/*Heyder* § 52 Rn. 1 f., 4; *Roth/Altmeppen* § 52 Rn. 1, 36; A/E/S/*Schmidt* § 52 Rn. 1 f.). Nach § 52 Abs. 1 GmbHG finden vorbehaltlich einer abweichenden statutarischen Regelung bestimmte Vorschriften des Aktienrechts auf den **fakultativen Aufsichtsrat** der GmbH entsprechende Anwendung. Der fakultative Aufsichtsrat ist ein Gesellschaftsorgan, das hierarchisch der Gesellschafterversammlung untergeordnet ist (BGHZ 135, 48, 52; Michalski/*Heyder* § 52 Rn. 6 f., 168; A/E/S/*Schmidt* § 52 Rn. 1). Seine Hauptaufgabe ist entsprechend § 111 Abs. 1 AktG die Überwachung der Geschäftsführung. Darüber hinaus können dem Aufsichtsrat dispositive Kompetenzen der Gesellschafterversammlung nach §§ 45, 46 GmbHG zur Wahrnehmung übertragen werden (*Roth/Altmeppen* § 52 Rn. 32; *Lutter/Hommelhoff* GmbHG, § 52 Rn. 10). Der Aufsichtsrat entscheidet grundsätzlich durch Beschluss (*Roth/Altmeppen* § 52 Rn. 31; R/S-L/*Koppensteiner* § 52 Rn. 18; Michalski/*Heyder* § 52 Rn. 358; Baumbach/Hueck/*Zöllner*/*Noack* § 52 Rn. 80, 204). Wie auch bei der Gesellschafterversammlung sind die Voraussetzungen und Folgen fehlerhafter Aufsichtsratsbeschlüsse gesetzlich nicht geregelt. Nach welchen Regeln solche Beschlussmängel zu behandeln sind, ist stark umstritten (vgl. hierzu Scholz/*K. Schmidt* GmbHG, § 45 Rn. 184 f.; Michalski/*Römermann* Anh. § 47 Rn. 621).

2. Beschlussfassung des Aufsichtsrats in übertragener Zuständigkeit

419 Die h. L. differenziert danach, ob der Aufsichtsrat im Rahmen seiner originären Zuständigkeit tätig geworden ist oder Aufgaben der Gesellschafterversammlung wahrgenommen hat. Wird der Aufsichtsrat anstelle **der Gesellschafterversammlung** tätig, sind nach h. M. die Regeln über die Behandlung von mangelhaften Gesellschafterbeschlüssen **analog §§ 241 ff. AktG** heranzuziehen (BGHZ 43, 261, 265; OLG Düsseldorf GmbHR 1983, 124, 125; Scholz/*K. Schmidt* GmbHG, § 45 Rn. 185; *Lutter/Hommelhoff* GmbHG, Anh. § 47 Rn. 7; A/E/S/*Schmidt* § 47 Rn. 117; R/S-L/*Koppensteiner* § 45 Rn. 20, § 52 Rn. 20; a. A. Michalski/*Römermann* Anh. § 47 Rn. 624 f.). Demnach ist zwischen anfechtbaren und nichtigen Beschlüssen zu unterscheiden, die jeweils mit Anfechtungs- und Nichtigkeitsklage geltend zu machen sind (A/E/S/*B. Schmidt* § 47 Rn. 117). Dafür spricht, dass der Gesellschafter ansonsten durch eine Kompetenzverlagerung des Beschlussgegenstandes von der Gesellschafterversammlung auf ein anderes Gesellschaftsorgan seine besonderen Kontrollrechte, die ihm gegen mangelhafte Beschlüsse der Gesellschafterversammlung zustehen, verlieren würde (*Lutter/Hommelhoff* GmbHG, Anh. § 47 Rn. 7).

Eine teilweise vertretene Auffassung lehnt jedoch die analoge Anwendung der §§ 241 ff. AktG auf fehlerhafte Aufsichtsratsbeschlüsse auch im Bereich des übertragenen Aufgabenkreises unter Berufung auf eine Entscheidung des BGH zum Aktienrecht ab, in der eine entsprechende Anwendung der §§ 241 ff. AktG auf fehlerhafte Aufsichtsratsbeschlüsse abgelehnt wird (BGHZ 122, 342; *Roth/Altmeppen* § 52 Rn. 33; Baumbach / Hueck / *Zöllner / Noack* Anh. § 47 Rn. 208). Ob diese zum Aktienrecht ergangene BGH-Entscheidung auf das Recht der GmbH übertragen werden kann, wird jedoch in Frage gestellt (vgl. unten Rn. 422 ff. Scholz / *K. Schmidt* GmbHG, § 45 Rn. 185; vgl. zur unterschiedlichen Struktur *Lutter/Hommelhoff* GmbHG, § 52 Rn. 2). **420**

Handelt der Aufsichtsrat dagegen **in originärer Zuständigkeit**, greifen die allgemeinen gesetzlichen Regeln; eine analoge Anwendung der §§ 241 ff. AktG scheidet aus (vgl. unten Rn. 422 ff.; OLG Frankfurt BB 2003, 1975, 1976; Scholz / *K. Schmidt* GmbHG, § 45 Rn. 185; R / S-L / *Koppensteiner* § 52 Rn. 20; *Lutter/Hommelhoff* GmbHG, Anh. § 47 Rn. 7; A / E / S / *Schmidt* § 47 Rn. 117). **421**

3. Beschlussfassung des Aufsichtsrats in originärer Zuständigkeit

a) Inhalts- und Verfahrensfehler

Handelt der Aufsichtsrat in originärer Kompetenz, ist bei Beschlussmängeln zwischen Inhalts- und Verfahrensverstößen zu unterscheiden. Verstößt ein Beschluss seinem **Inhalt** nach gegen Gesetz oder Satzung, führt dies grundsätzlich zur **Nichtigkeit** (BGHZ 135, 244, 247; 64, 325, 333; Baumbach / Hueck / *Zöllner / Noack* § 52 Rn. 88; Michalski / *Heyder* § 52 Rn. 380; HK GmbHG / *Fichtelmann* § 52 Rn. 38; Scholz / *Schneider* GmbHG, § 52 Rn. 310 f.; *Lutter/Hommelhoff* GmbHG, § 52 Rn. 50). Dies ist beispielsweise der Fall, wenn der Aufsichtsrat mit der Beschlussfassung seine Kompetenzen überschreitet, etwa einen Geschäftsführer bestellt oder entlastet (BGH WM 1994, 22). Die Rechtsfolgen von Verfahrensverstößen sind hingegen umstritten. Nach h. M. führen lediglich **wesentliche Verfahrensverstöße** grundsätzlich zur **Nichtigkeit** des Beschlusses (BGH WM 1994, 22, 23; HK GmbHG / *Fichtelmann* § 52 Rn. 39; *Lutter/Hommelhoff* GmbHG, § 52 Rn. 52; Baumbach / Hueck / *Zöllner / Noack* § 52 Rn. 89; A / E / S / *Schmidt* § 52 Rn. 39). Wesentliche Verfahrensverstöße sind z. B. Ladungsfehler oder die fehlende Mitteilung der Tagesordnung (Scholz / *Schneider* GmbHG, § 52 Rn. 311 a; Michalski / *Heyder* § 52 Rn. 377). Ein solcher Verfahrensverstoß führt jedoch ausnahmsweise dann nicht zur Nichtigkeit, wenn er für die Beschlussfassung nicht kausal geworden sind (Michalski / *Heyder* § 52 Rn. 374; A / E / S / *Schmidt* § 52 Rn. 39). Bei einem Verstoß gegen bloße Ordnungsvorschriften, wie manche Formschriften (vgl. § 107 Abs. 2 S. 3 AktG) geht die Nichtigkeitsfolge zu weit (str., vgl. Baumbach / Hueck / *Zöllner / Noack* § 52 Rn. 89). **422**

b) Gerichtliche Geltendmachung

Eine analoge Anwendung der §§ 241 ff. AktG und der damit verbundenen besonderen Rechtsbehelfe der Anfechtungs- und Nichtigkeitsklage scheidet aus, soweit der Aufsichtsrat in originärer Zuständigkeit tätig wird (BGHZ 122, 342, 346 ff.; 135, 244, 247; BGH WM 1994, 22, 23). Die Nichtigkeit eines Beschlusses ist durch **allgemeine Feststellungsklage nach § 256 ZPO** geltend zu machen, die nach allgemeinen Grundsätzen ein **besonderes Feststellungsinteresse** erfordert. Dieses Feststellungsinteresse wird in der Regel bei einer Klage durch Aufsichtsratsmitglieder aufgrund ihrer Organstellung und ihrer sich daraus ergebenden Verantwortung für die Rechtmäßigkeit der vom Aufsichtsrat gefassten Beschlüsse zu bejahen sein (BGHZ 122, 342, 344; 135, 244, 248; OLG Frankfurt BB 2003, 1975, 1976; Scholz / *Schneider* GmbHG, § 52 Rn. 311 b; HK GmbHG / *Fichtelmann* § 52 Rn. 40, 43; A / E / S / *Schmidt* § 52 Rn. 38; Michalski / *Heyder* § 52 Rn. 382; *Roth/Altmeppen* § 52 Rn. 33; *Lutter/Hommelhoff* GmbHG, § 52 Rn. 56). Das Aufsichtsratsmitglied hat die Pflicht und das Recht, dass der Aufsichtsrat seine Entscheidung im Einklang mit Gesetz und Satzung trifft (BGHZ 135, 244, 248). Jedoch kann im Einzelfall durchaus auch Geschäftsführern und Gesellschaftern ein Feststellungsinteresse zustehen, insbesondere dann, wenn der Beschluss des Aufsichtsrats ihre Rechten verletzt. Dritte sind regelmäßig nicht klagebefugt (HK GmbHG / *Fichtelmann* § 52 Rn. 43). Die Klage ist nicht gegen den Aufsichtrat selbst, sondern gegen die GmbH zu richten, die bei Klage durch ein Aufsichtsratsmitglied oder einen Gesellschafter prozessual **423** durch ihre Geschäftsführer vertreten wird (BGHZ 122, 342, 344 f.; Scholz/*Schneider* GmbHG, § 52 Rn. 311 b f.; Michalski/*Heyder* § 52 Rn. 382 ff.; R/S-L/*Koppensteiner* § 52 Rn. 45; *Lutter/Hommelhoff* GmbHG, § 52 Rn. 53 ff.; A/E/S/*Schmidt* § 52 Rn. 38 ff.). Klagt hingegen ein Geschäftsführer, so wird die Gesellschaft entsprechend § 112 AktG durch ihren Aufsichtsrat vertreten. Die Feststellungsklage unterliegt **keiner Klagefrist**. Das Klagerecht kann allerdings verwirkt sein, wenn der Kläger zu lange mit der Klageerhebung wartet (*Roth/Altmeppen* § 52 Rn. 33; Michalski/*Heyder* § 52 Rn. 383 f.; Baumbach/Hueck/*Zöllner*/*Noack* § 52 Rn. 93).

VI. Aufhebung gesellschaftsrechtlicher Bindung im Klageweg

1. Einleitung und Überblick

424 Die gesellschaftsrechtliche Verbundenheit der Gesellschafter kann durch Auflösung der Gesellschaft oder durch Ausscheiden eines oder mehrere Gesellschafter gelöst werden (Michalski/*Sosnitza* Anh. § 34 Rn. 1; *Mayer/Elfring* GmbHR 2004, 869, 870). Eine **Auflösung der Gesellschaft** kommt im Interesse des Bestandsschutzes der GmbH nur unter engen Voraussetzungen in Betracht. In § 60 Abs. 1 GmbHG sind gesetzliche Auflösungsgründe normiert, wobei Nr. 3 bis 7 zwingenden Charakter haben (R/S-L/*Rasner* § 60 Rn. 3, 11; Michalski/*Nerlich* § 60 Rn. 2). Die Aufzählung in § 60 Abs. 1 GmbHG ist nicht abschließend. Nach § 60 Abs. 2 GmbHG steht es den Gesellschaftern frei, im Gesellschaftsvertrag weitere Auflösungsgründe zu vereinbaren (*Roth/Altmeppen* § 60 Rn. 2, 32; R/S-L/*Rasner* § 60 Rn. 40; Michalski/*Nerlich* § 60 Rn. 2; *Lutter/Hommelhoff* GmbHG, § 60 Rn. 26; *Saenger* GmbHR 1994, 300). Nach §§ 60 Abs. 1 Nr. 3, 61 GmbHG kann die GmbH aus wichtigem Grund durch Urteil aufgelöst werden. Bei einigen schwerwiegenden Satzungsmängeln kann die Auflösung der Gesellschaft durch Nichtigkeitsklage nach § 75 GmbHG herbeigeführt werden (Scholz/*K. Schmidt* GmbHG, § 75 Rn. 1; R/S-L/*Schmidt-Leithoff* § 10 Rn. 20; R/S-L/*Zimmermann* § 75 Rn. 1). Mit ihrer Auflösung tritt die GmbH in die Phase der Liquidation ein, in der ihre Geschäfte mit dem Ziel der Beendigung der Gesellschaft abgewickelt werden. Die Liquidation der GmbH ist in §§ 65 bis 74 GmbHG geregelt. In der Phase der Liquidation besteht die Gesellschaft als juristische Person weiter fort (Michalski/*Nerlich* § 60 Rn. 4 f.). Erst mit ihrer Beendigung endet auch ihre Existenz als juristische Person (vgl. oben zur Parteifähigkeit der GmbH Rn. 226 f.; Scholz/*K. Schmidt* GmbHG, § 60 Rn. 6; R/S-L/*Rasner* § 60 Rn. 2 f.).

425 Das **Ausscheiden eines Gesellschafters** beruht häufig darauf, dass er nach § 15 GmbHG seinen Geschäftsanteil veräußert (R/S-L/*Rowedder/Bergmann* § 15 Rn. 1, § 34 Rn. 4; *Mayer/Elfring* GmbHR 2004, 869, 870). Im Fall der unbeschränkten Nachschusspflicht hat der Gesellschafter das Recht, seinen Geschäftsanteil nach § 27 Abs. 1 GmbHG preiszugeben, das sog. Abandonrecht (Michalski/*Sosnitza* § 34 Rn. 1; *Grunewald* 2. F. Rn. 176; R/S-L/*Pentz* § 27 Rn. 16). Erbringt der Gesellschafter seine Einlage nicht, so kann er im Wege der Kaduzierung nach § 21 GmbHG aus der Gesellschaft ausgeschlossen werden (*Happ* GmbH, § 18 Rn. 1; *Grunewald* 2. F. Rn. 170). Nicht selten kommt es zum Ausschluss eines Gesellschafters im Wege der Einziehung seines Geschäftsanteils nach § 34 GmbHG aus der Gesellschaft (R/S-L/*Rowedder/Bergmann* § 34 Rn. 1; *Grunewald* 2. F. Rn. 171).

426 Neben diesen gesetzlich geregelten Fällen ist durch Rechtsprechung und Lehre ein **allgemeines Austritts- und Ausschlussrecht aus wichtigem Grund** anerkannt (BGHZ 9, 157, 158; 116, 359, 369; Michalski/*Sosnitza* § 34 Rn. 2; R/S-L/*Rowedder/Bergmann* § 34 Rn. 59; *Lutter/Hommelhoff* GmbHG, § 34 Rn. 32; *Goette* § 6 Rn. 1; *Grunewald* 2. F. Rn. 177; *Roth/Altmeppen* § 60 Rn. 5, 60). Ein solches allgemeines Austritts- und Ausschlussrecht ist im Recht der GmbH nicht ausdrücklich geregelt. Dieses Recht beruht auf dem allgemeinen Grundsatz, dass ein auf Dauer angelegtes Rechtsverhältnis aus wichtigem Grund beendet werden kann (BGHZ 9, 157, 161 f.; *Goette* § 6 Rn. 1 ff.; R/S-L/*Rowedder/Bergmann* § 34 Rn. 64). Auf diese Weise wird bei Vorliegen eines wichtigen Grundes das Ausscheiden eines Gesellschafters aus der Gesellschaft ohne Auflösung der Gesellschaft ermöglicht und damit dem Bestandsschutz der Gesellschaft Rechnung getragen (*Roth/Altmeppen* § 60 Rn. 60 f.).

2. Ausschluss eines Gesellschafters

a) Das Ausschlussrecht im Recht der GmbH

aa) Allgemeines Das Recht der Personengesellschaften sieht in § 737 BGB und §§ 140, 133 HGB den Ausschluss eines Gesellschafters aus wichtigem Grundes ausdrücklich vor (vgl. oben Rn. 158 ff., 190 ff.). Im Recht der GmbH fehlt eine entsprechende gesetzliche Regelung. Es ist jedoch anerkannt, dass auch ein Gesellschafter einer GmbH **aus wichtigem Grund** aus der Gesellschaft ausgeschlossen werden kann (BGHZ 9, 157, 158 f.; 16, 317, 322; BGH NJW 1999, 3779; Michalski/*Sosnitza* § 34 Rn. 2, Anh. § 34 Rn. 6; *Goette* § 6 Rn. 6; R/S-L/*Rowedder/Bergmann* § 34 Rn. 59, 64; *M. Schwab* S. 179). Dieses Ausschlussrecht, das der BGH aus der gesellschafterlichen Treuepflicht ableitet, ermöglicht es, das Gesellschaftsverhältnis mit einem Mitgesellschafter zu lösen, ohne Auflösungsklage erheben zu müssen, um auf diese Weise die Gesellschaft sowie die in ihr enthaltenen Vermögenswerte zu erhalten (BGHZ 9, 157, 158 f.; 16, 317, 322; BGH NJW 1999, 3779; *Goette* § 6 Rn. 6; *M. Schwab* S. 183; *Roth/Altmeppen* § 60 Rn. 60 f.). **427**

bb) Wichtiger Grund Ein wichtiger Grund liegt vor, wenn der Verbleib des auszuschließenden Gesellschafters in der Gesellschaft den anderen Gesellschaftern **nicht mehr zumutbar** ist. Dabei sind alle Umstände des Einzelfalls umfassend zu würdigen (BGHZ 9, 157, 158; 16, 317, 322; 80, 346, 350; OLG Düsseldorf GmbHR 1999, 543, 546; Michalski/*Sosnitza* Anh. § 34 Rn. 8, 15; R/S-L/*Rowedder/Bergmann* § 34 Rn. 72; *Goette* § 6 Rn. 6, 19). Zu berücksichtigen sind nicht nur Gründe in der Person des auszuschließenden Gesellschafters, sondern auch Umstände, die in der Person der übrigen Gesellschafter liegen. Solche Umstände können zu einer milderen Beurteilung der vom auszuschließenden Gesellschafter gesetzten Gründe führen (BGHZ 16, 317, 322 f.; BGH GmbHR 1990, 162, 163; GmbHR 1991, 362, 363). Verschulden des auszuschließenden Gesellschafters ist nicht erforderlich, wird in der Regel aber den Ausschluss rechtfertigen (OLG München GmbHR 1994, 406, 409; *Goette* § 6 Rn. 18; *Roth/Altmeppen* § 60 Rn. 78; Michalski/*Sosnitza* Anh. § 34 Rn. 12). Ein wichtiger Grund ist z. B. bei Verrat von Betriebsgeheimnissen anzunehmen (BGH GmbHR 1990, 162, 163). **428**

cc) Ausschluss als ultima ratio Der Ausschluss eines Gesellschafters kommt **nur als äußerstes Mittel** in Betracht. Ist ein milderes Mittel, wie z. B. die Abberufung eines Gesellschafters als Geschäftsführer oder auch die Übertragung des Geschäftsanteils auf einen Treuhänder dazu geeignet, die Störung des Gesellschaftsverhältnisses zu beseitigen, ist der Ausschluss des Gesellschafters nicht gerechtfertigt (BGHZ 9, 157, 158; 16, 317, 322; OLG Köln GmbHR 2001, 110, 111; Michalski/*Sosnitza* Anh. § 34 Rn. 18 f.; R/S-L/*Rowedder/Bergmann* § 34 Rn. 71). **429**

dd) Keine Dispositivität Das Ausschlussrecht aus wichtigem Grund ist grundsätzlich **zwingend**. Allerdings kann das Ausschlussrecht in der Satzung näher geregelt und ausgestaltet werden (BGHZ 9, 157, 160; Michalski/*Sosnitza* Anh. § 34 Rn. 41). So können die Voraussetzungen, die an einen wichtigen Grund zu stellen sind, in der Satzung näher umschrieben werden, wobei zu beachten ist, dass den in der Satzung aufgeführten Gründen lediglich Beispielcharakter zukommt und der Ausschluss aus anderen wichtigen Gründen dadurch nicht ausgeschlossen wird. Auch das Verfahren zur Durchführung des Ausschlusses kann in der Satzung festgelegt werden (R/S-L/*Rowedder/Bergmann* § 34 Rn. 64 f.; *Happ* GmbH, § 18 Rn. 3; *Roth/Altmeppen* § 60 Rn. 70 f.; Michalski/*Sosnitza* Anh. § 34 Rn. 41 f.; *Goette* DStR 2001, 533, 545). Die Gesellschafter können vereinbaren, dass der Ausschluss eines Gesellschafters durch Gesellschafterbeschluss erfolgt (R/S-L/*Rowedder/Bergmann* § 34 Rn. 81). **430**

b) Das Ausschlussverfahren

aa) Ausschlussklage aufgrund Gesellschafterbeschluss Auf welche Weise ein Gesellschafter aus der Gesellschaft ausgeschlossen werden kann, hängt davon ab, ob das Ausschlussverfahren statutarisch festgelegt ist (vgl. hierzu *Abramenko* GmbHR 2004, 501, 503). Wird der Ausschluss eines Gesellschafters in der Satzung nicht näher geregelt, so bedarf es einer Ausschlussklage, **431**

durch die der Ausschlussgrund gerichtlich geprüft und klare Verhältnisse geschaffen werden. Die Gesellschafterversammlung muss über die Erhebung der Ausschlussklage einen **Beschluss** fassen (BGHZ 9, 157, 166; 16, 317, 322; BGH NJW 1999, 3779; OLG Düsseldorf GmbHR 1999, 543, 545; R/S-L/*Rowedder/Bergmann* § 34 Rn. 81 ff.; *Goette* § 6 Rn. 35, 39; *Roth/Altmeppen* § 60 Rn. 82, 92; Michalski/*Sosnitza* Anh. § 34 Rn. 21 f., 27). Die Entscheidung, eine Ausschlussklage zu erheben, obliegt damit nicht der Geschäftsführung, sondern den Gesellschaftern.

432 Nach der Rechtsprechung des BGH und der h. M. bedarf der **Ausschließungsbeschluss** entsprechend § 60 Abs. 1 Nr. 2 GmbHG einer **3/4-Mehrheit**, da der Ausschluss besonders einschneidend in die Mitgliedschaft eingreift (BGHZ 9, 157, 177; 153, 285; *Goette* DStR 2001, 533, 538; R/S-L/*Rowedder/Bergmann* § 34 Rn. 82; Michalski/*Sosnitza* Anh. § 34 Rn. 25; *Roth/Altmeppen* § 60 Rn. 86). Das OLG Köln erachtet jedoch einen einfachen Mehrheitsbeschluss für ausreichend, da die Rechtmäßigkeit des Ausschlusses des Gesellschafters zunächst in einem gerichtlichen Verfahren überprüft wird, durch das der auszuschließende Gesellschafter ausreichend geschützt sei (OLG Köln GmbHR 2001, 110, 111; *Mayer/Elfring* GmbHR 2004, 869, 877). Für eine Beschlussfassung durch einfache Mehrheit spricht nach Ansicht des OLG Köln ferner das Interesse der Gesellschaft, da eine Blockade durch Minderheitsgesellschafter leichter möglich ist, wenn eine 3/4-Mehrheit gefordert wird und die Gesellschaft keine effektive Möglichkeit hat, sich dagegen zu schützen (OLG Köln GmbHR 2001, 110, 112). Der auszuschließende Gesellschafter ist bei der Beschlussfassung nach § 47 Abs. 4 GmbHG vom Stimmrecht ausgeschlossen (BGHZ 9, 157, 178; OLG Düsseldorf GmbHR 1999, 543, 545; R/S-L/*Rowedder/Bergmann* § 34 Rn. 82; *Goette* § 6 Rn. 38; Michalski/*Sosnitza* Anh. § 34 Rn. 24; *Roth/Altmeppen* § 60 Rn. 84).

433 Umstritten ist, ob der auszuschließende Gesellschafter gegen den Ausschließungsbeschluss mit **Anfechtungs- oder Nichtigkeitsklage** vorgehen kann. Nach Ansicht des OLG Düsseldorf ist eine solche Klage als unzulässig abzuweisen, da der Ausschließungsbeschluss zugleich Gegenstand der zu erhebenden Ausschlussklage ist (OLG Düsseldorf GmbHR 1999 543, 547). Nach h. L. kann der Betroffene jedoch eine Nichtigkeits- oder Anfechtungsklage erheben. Das Rechtsschutzbedürfnis für eine Anfechtungsklage entfällt auch dann nicht, wenn zwischenzeitlich Ausschlussklage erhoben wurde, da die Gefahr besteht, dass der Ausschließungsbeschluss nach Ablauf einer angemessenen Klagefrist in Bestandskraft erwächst und infolgedessen in einem Ausschlussverfahren nicht mehr überprüft werden kann (BGHZ 153, 285, 287; OLG Köln GmbHR 2001, 110, 111; *Mayer/Elfring* GmbHR 2004, 869, 876).

434 **bb) Ausschluss durch Gesellschafterbeschluss** Sieht die Satzung den Ausschluss eines Gesellschafters dagegen durch Gesellschafterbeschluss vor, so erfolgt der Ausschluss durch **Beschlussfassung der Gesellschafterversammlung**. Der Gesellschafter ist dann bereits durch ordnungsgemäße Beschlussfassung der Gesellschafter aus der Gesellschaft ausgeschlossen (BGHZ 32, 17, 23; BGH GmbHR 1991, 362; R/S-L/*Rowedder/Bergmann* § 34 Rn. 84; *Abramenko* GmbHR 2004, 501, 502). Mit rechtmäßigem Ausschließungsbeschluss verliert der auszuschließende Gesellschafter seine Gesellschafterrechte. Eine Ausschlussklage ist nicht erforderlich (BGHZ 32, 17, 23; 88, 320, 324; OLG Stuttgart WM 1989, 1252; *Happ* GmbH, § 18 Rn. 12). Wird dennoch eine Ausschlussklage erhoben, fehlt dieser regelmäßig das Rechtsschutzbedürfnis und ist als unzulässig abzuweisen (Michalski/*Sosnitza* Anh. § 34 Rn. 42). Der betroffene Gesellschafter kann die Rechtmäßigkeit des Ausschließungsbeschlusses mit Anfechtungs- oder Nichtigkeitsklage gerichtlich überprüfen lassen. Im Rahmen dieser Klage kann sich der auszuschließende Gesellschafter auch darauf berufen, ein wichtiger Grund sei nicht gegeben (BGH GmbHR 1991, 362; *Happ* GmbH, § 18 Rn. 32; *M. Schwab* S. 195, 675; *Goette* § 6 Rn. 39; *Abramenko* GmbHR 2004, 501, 502).

c) Klage auf Ausschließung eines Gesellschafters

435 **aa) Klageart** Bei der Ausschlussklage handelt es sich um eine **Gestaltungsklage** (*Happ* GmbH, § 18 Rn. 17; *Goette* § 6 Rn. 43; R/S-L/*Rowedder/Bergmann* § 34 Rn. 83; *M. Schwab* S. 181).

bb) Parteien des Verfahrens **Aktivlegitimiert** ist grundsätzlich die **Gesellschaft** selbst, nicht die einzelnen Gesellschafter (BGHZ 9, 157, 177; 16, 317, 322). Die Gesellschaft wird im Ausschlussprozess grundsätzlich durch ihre Geschäftsführer vertreten, sofern kein besonderer Prozesspfleger bestellt wurde. Die Klage ist **gegen den auszuschließenden Gesellschafter** zu richten (Michalski/*Sosnitza* Anh. § 34 Rn. 27; R/S-L/*Rowedder/Bergmann* § 34 Rn. 87 f.; *Roth/Altmeppen* § 60 Rn. 84; *Happ* GmbH, § 18 Rn. 19; *Lutter/Hommelhoff* GmbHG, § 34 Rn. 37). Die Parteirolle der GmbH als Klägerin hat zur Folge, dass die Gesellschafter, die den Ausschluss anstreben, als Zeugen vernommen werden können, der auszuschließende Beklagte dagegen nur als Partei gehört werden kann (*Happ* GmbH, § 18 Rn. 21; Michalski/*Sosnitza* Anh. § 34 Rn. 27). 436

cc) Zuständigkeit Der Gerichtsstand bestimmt sich nach §§ 17, 22 ZPO, soweit das zuständige Gericht für die Ausschlussklage nicht gem. § 38 ZPO durch Satzung bestimmt ist (*Happ* GmbH, § 18 Rn. 18). 437

dd) Ausschließungsbeschluss als Klagevoraussetzung Der Ausschließungsbeschluss der Gesellschafter stellt eine materielle Voraussetzung der Klage dar. Die Klage ist daher nur dann **schlüssig**, wenn die Beschlussfassung in der Klageschrift dargelegt wird. Ist ein solcher Beschluss nicht erfolgt, ist die Klage mit der h. M. als unbegründet abzuweisen (OLG Düsseldorf GmbHR 1999, 543, 545; Michalski/*Sosnitza* Anh. § 34 Rn. 26; *Roth/Altmeppen* § 60 Rn. 84; *Mayer-Elfring* GmbHR 2004, 869, 875; a. A. *M. Schwab* S. 195 für eine Abweisung als unbegründet). 438

ee) Urteil und Urteilswirkungen Das klagestattgebende Urteil hat **Gestaltungswirkung**. Es wirkt somit nicht nur zwischen den Parteien, sondern für und gegen jedermann. Da dem ausgeschlossenen Gesellschafter ein **Abfindungsanspruch** zusteht, ist im Urteil die Abfindung festzusetzen und eine Zahlungsfrist zu bestimmen. Die Urteilswirkungen stehen somit unter der aufschiebenden Bedingung der Zahlung der Abfindung (BGHZ 9, 157, 174 ff.; 16, 317, 322; OLG Düsseldorf GmbHR 1999, 543, 547; Michalski/*Sosnitza* Anh. § 34 Rn. 30; R/S-L/*Rowedder/Bergmann* § 34 Rn. 83, 101; *M. Schwab* S. 252; *Happ* GmbH, § 18 Rn. 26 ff.; *Goette* DStR 2001, 533, 539). Auf diese Weise soll die ordnungsgemäße Leistung der Abfindung an den auszuschließenden Gesellschafter sichergestellt werden (*Grunewald* 2. F. Rn. 175). Bis zur Zahlung der Abfindung ist der Auszuschließende formell als Gesellschafter anzusehen und nach h. M. auch grundsätzlich dazu berechtigt, seine Mitgliedschaftsrechte und -pflichten wahrzunehmen, wie z. B. an Entscheidungen der Gesellschaft mitzuwirken. Es ist davon auszugehen, dass dem auszuschließenden Gesellschafter allerdings in Angelegenheiten, die seine Ausschließung betreffen, kein Stimmrecht zusteht (*Goette* § 6 Rn. 48; R/S-L/*Rowedder/Bergmann* § 34 Rn. 97). Nach a. A. ruhen dagegen die mitgliedschaftlichen Rechte und Pflichten zunächst mit Rechtskraft des Urteils (Michalski/*Sosnitza* Anh. § 34 Rn. 37). Einigkeit besteht darin, dass dem Auszuschließenden seine Gesellschafterrechte dann wieder voll zustehen, wenn die Zahlung der Abfindung nicht fristgemäß erfolgt ist (Michalski/*Sosnitza* Anh. § 34 Rn. 37; *Happ* GmbH, § 18 Rn. 28). Mit Eintritt der Bedingung, also der **Zahlung der Abfindung**, fällt der Geschäftsanteil des ausgeschlossenen Gesellschafters an die Gesellschaft. Der Gesellschafter verliert seine mitgliedschaftlichen Rechte und Pflichten endgültig (BGHZ 9, 157, 178; Michalski/*Sosnitza* Anh. § 34 Rn. 37; R/S-L/*Rowedder/Bergmann* § 34 Rn. 99). Es besteht die Möglichkeit, die Abfindungssumme schon vor Urteilsverkündung zu hinterlegen. Ist dies erfolgt, kann ein unbedingtes Urteil ergehen. 439

d) Besonderheiten bei der Zweipersonen-Gesellschaft

Das Recht, einen Gesellschafter aus wichtigem Grund aus der Gesellschaft auszuschließen, besteht grundsätzlich auch in der Zwei-Personen-GmbH (BGHZ 32, 17, 22; OLG Düsseldorf GmbHR 1999, 543, 546; Michalski/*Sosnitza* Anh. § 34 Rn. 7; R/S-L/*Rowedder/Bergmann* § 34 Rn. 96; *Goette* § 6 Rn. 9; *Oppenländer* DStR 1996, 922, 923). Durch Ausschluss eines Gesellschafters aus einer Zwei-Personen-GmbH entsteht eine **Ein-Personen-GmbH** (BGHZ 16, 317, 322 f.; 80, 346, 351; OLG Düsseldorf GmbHR 1999, 543, 547). Auch bei der Zwei-Personen-GmbH kann 440 der Ausschluss eines Gesellschafters **in der Satzung geregelt** werden. Dagegen spricht nach Ansicht des BGH auch nicht die Gefahr, dass es zwischen den beiden Gesellschaftern zu einem Wettlauf um die Ansetzung einer Gesellschafterversammlung kommt, in der über den Ausschluss des jeweils anderen Gesellschafters entschieden werden soll. Diese Gefahr legitimiere es nicht, die Vertragsfreiheit, eine solche Regelung zu vereinbaren, einzuschränken. Bei Ungewissheit sind die Parteien auf eine gerichtliche Nachprüfung der Rechtmäßigkeit des Gesellschafterbeschlusses verwiesen (BGHZ 32, 17, 22 f.; Michalski/*Sosnitza* Anh. § 34 Rn. 26, 42; *Happ* GmbH, § 18 Rn. 36).

441 Fehlt eine solche Satzungsregelung und ist daher eine **Ausschlussklage** erforderlich, so ist ein Ausschließungsbeschluss jedoch entbehrlich (BGH NJW 1999, 3779, 3780; *Goette* § 6 Rn. 10; *Abramenko* GmbHR 2004, 501, 506; *Happ* GmbH, § 18 Rn. 37; Michalski/*Sosnitza* Anh. § 34 Rn. 26; R/S-L/*Rowedder/Bergmann* § 34 Rn. 96). Dies beruht auf der Überlegung, dass der Gesellschafter, der die Ausschließung des anderen anstrebt, die Entscheidung allein treffen kann, da der auszuschließende Gesellschafter vom Stimmrecht ausgeschlossen wäre (*Roth/Altmeppen* § 60 Rn. 84; *Goette* DStR 2001, 533, 534; *Oppenländer* DStR 1996, 922, 923). Bei der Zwei-Personen-GmbH ist nach h. M. in der Literatur sowohl die Gesellschaft als auch der einzelne Gesellschafter aktivlegitimiert. Zur Klagebefugnis des einzelnen Gesellschafters hat der BGH allerdings soweit ersichtlich noch nicht entschieden (*Happ* GmbH, § 18 Rn. 19, 38; *Goette* § 6 Rn. 36; Michalski/*Sosnitza* Anh. § 34 Rn. 28).

442 Nach Rechtsprechung des BGH ist ein Ausschluss aus einer Zwei-Mann-Gesellschaft **dann nicht möglich**, wenn in der Person des verbleibenden Gesellschafters selbst ein Ausschlussgrund vorliegt (BGHZ 16, 317, 322 f.; 32, 17, 35; 80, 346, 351; BGH GmbHR 1990, 162, 163; OLG München GmbHR 1994, 251, 252). Ansonsten hätte trotz Vorliegen eines Ausschlussgrundes in seiner Person ein Gesellschafter die Möglichkeit, die Gesellschaft fortzuführen und es könnte zum Wettlauf eines gegenseitigen Ausschlusses aus der Gesellschaft kommen. In einem solchen Fall kommt lediglich die **Auflösung der Gesellschaft** in Betracht (R/S-L/*Rowedder/Bergmann* § 34 Rn. 96; A/E/S/*Ensthaler* § 34 Rn. 26).

e) Einstweiliger Rechtsschutz

443 Ist der Ausschluss eines Gesellschafters in der Satzung geregelt, so behält der Auszuschließende grundsätzlich bis zur Durchführung des Ausschlusses seine Gesellschafterstellung mit allen Rechten und Pflichten bei. Der auszuschließende Gesellschafter ist nur für solche Maßnahmen von seinem Stimmrecht ausgeschlossen, die der Durchführung seines Ausschlusses dienen (BGHZ 88, 320, 324). Ebenso ist der auszuschließende Gesellschafter während eines Ausschlussprozesses formell als Gesellschafter einschließlich aller Rechte und Pflichten anzusehen (R/S-L/*Rowedder/Bergmann* § 34 Rn. 97). Allerdings kann während dieses Schwebezustands durchaus ein Bedürfnis bestehen, den Auszuschließenden an der Ausübung seiner Rechte zu hindern. In einem solchen Fall kann einstweiliger Rechtsschutz begehrt werden (*Happ* GmbH, § 18 Rn. 26; *Goette* § 6 Rn. 47; Michalski/*Sosnitza* Anh. § 34 Rn. 37 f.).

3. Austritt eines Gesellschafters

444 Ebenso wie das Recht besteht, einen Gesellschafter aus wichtigem Grund aus der Gesellschaft auszuschließen, ist das Recht eines jeden Gesellschafters anerkannt, bei Vorliegen eines wichtigen Grundes aus der GmbH auszutreten, wenn ihm der Verbleib im Verband nicht mehr zuzumuten ist (BGHZ 116, 359, 369; R/S-L/*Rowedder/Bergmann* § 34 Rn. 75; Michalski/*Sosnitza* Anh. § 34 Rn. 46). Das **Austrittsrecht** ist als **unverzichtbares Mitgliedschaftsrecht** zwingend. Den Gesellschaftern steht es jedoch frei, das Austrittsrecht statutarisch zu regeln, soweit der Austritt weder ausgeschlossen, noch wesentlich erschwert wird (BGHZ 116, 359, 369; Michalski/*Sosnitza* Anh. § 34 Rn. 45, 65; R/S-L/*Rowedder/Bergmann* § 34 Rn. 75; *Roth/Altmeppen* § 60 Rn. 68). Das Austrittsrecht wird z. B. wesentlich erschwert, wenn eine gesellschaftsvertragliche Abfindungsbeschränkung in einem groben Missverhältnis zum vollen, nach wirtschaftlichen Kriterien bemessenem Abfindungsanspruch steht (BGHZ 116, 359, 369). Ebenso wie der Ausschluss eines Gesellschafters ist auch der Austritt nur als **ultima ratio** zulässig. Als milderes Mittel kommt z. B. die Veräußerung des Geschäftsanteils durch den austrittswilligen Gesellschafter in Betracht (Michalski/*Sosnitza* Anh. § 34 Rn. 53 f.; R/S-L/*Rowedder/Bergmann* § 34 Rn. 75; *Roth/Altmeppen* § 60 Rn. 100 ff.).

Ist das Verfahren des Austritts eines Gesellschafters in der Satzung nicht besonders geregelt, erfolgt der Austritt grundsätzlich in zwei Abschnitten. Zunächst **erklärt der Austrittswillige seinen Austritt** gegenüber der Gesellschaft zu Händen der Geschäftsführer. Die Austrittserklärung ist an keine besondere Form gebunden; es empfiehlt sich aus Beweiszwecken die Erklärung schriftlich abzugeben (R/S-L/*Rowedder/Bergmann* § 34 Rn. 91; *Roth/Altmeppen* § 60 Rn. 107). Ist die Austrittserklärung den Geschäftsführern zugegangen, kann sie nicht mehr einseitig zurückgenommen werden (Michalski/*Sosnitza* Anh. § 34 Rn. 57). Mit Zugang der Austrittserklärung steht dem austrittswilligen Gesellschafter ein **Abfindungsanspruch** zu. Die Gesellschaft kann den Gesellschaftsanteil dann entweder einziehen oder die Abtretung an einen Dritten oder an die Gesellschaft verlangen; allerdings nur Zug um Zug gegen die Zahlung der dem Austrittswilligen zustehenden Abfindung (Michalski/*Sosnitza* Anh. § 34 Rn. 58; *Roth/Altmeppen* § 60 Rn. 108; R/S-L/*Rowedder/Bergmann* § 34 Rn. 92). **445**

Nach h. M. ist ein **gerichtliches Verfahren** wie beim Ausschluss eines Gesellschafters zur Durchführung des Austritts nicht erforderlich. Ist die Wirksamkeit des Austritts streitig, so kann eine gerichtliche Klärung im Wege der allgemeinen Feststellungsklage herbeigeführt werden (*Roth/Altmeppen* § 60 Rn. 107). Nach a. A. kann der austrittswillige Gesellschafter, wenn die Gesellschaft den Austritt nicht akzeptiert, auf Zahlung der Abfindung klagen, wobei die Wirksamkeit des Austritts inzident zu prüfen ist (Michalski/*Sosnitza* Anh. § 34 Rn. 59). **446**

4. Auflösungsklage gem. § 61 GmbHG

a) Wichtiger Grund

Die Gesellschaft kann gem. §§ 60 Abs. 1 Nr. 3, 61 GmbHG aus wichtigem Grund durch gerichtliches Urteil aufgelöst werden. Ein wichtiger Grund liegt vor, wenn dem Kläger bzw. den Klägern die **Aufrechterhaltung des Gesellschaftsverbandes unzumutbar** ist (R/S-L/*Rasner* § 61 Rn. 5; Michalski/*Nerlich* § 61 Rn. 18). Das ist z. B. gem. § 61 Abs. 1 GmbHG der Fall, wenn die Erreichung des Gesellschaftszwecks unmöglich wird. Der wichtige Grund muss in den Verhältnissen der Gesellschaft begründet sein (BGHZ 80, 346, 347; *Lutter/Hommelhoff* GmbHG, § 61 Rn. 8; Michalski/*Nerlich* § 61 Rn. 14; Hdb GmbH/*Erle/Eberhard* § 16 Rn. 11; *Roth/Altmeppen* § 61 Rn. 2). Dabei ist anerkannt, dass auch ein tiefgreifendes Zerwürfnis zwischen den Gesellschaftern, v. a. bei einer personalistisch ausgerichteten Gesellschaft, als wichtiger Grund anzusehen ist (BGHZ 80, 346; R/S-L/*Rasner* § 61 Rn. 5). Insbesondere bei einer Zwei-Mann-Gesellschaft mit paritätisch beteiligten Gesellschaftern ist das persönliche Zusammenwirken der Gesellschafter für das Gedeihen des Unternehmens unerlässlich (BGH NJW 1985, 1901). **447**

b) Auflösung als ultima ratio

Die Auflösung kommt aufgrund ihrer weitreichenden Folgen allerdings nur **als äußerstes Mittel** in Betracht. Sie scheidet demnach aus, wenn weniger einschneidende Maßnahmen möglich sind, um die Störung innerhalb der Gesellschaft zu beseitigen. Die Auflösungsklage ist daher gegenüber einer Änderung des Gesellschaftsvertrages und, sollte dies nicht zum Ziel führen, gegenüber Austritt oder Ausschluss eines Gesellschafters **subsidiär**. Kommt eine mildere Maßnahme in Betracht, ist die Auflösungsklage abzuweisen (BGHZ 80, 346, 348 f.; BGH NJW 1985, 1901; OLG Frankfurt GmbHR 1980, 57; R/S-L/*Rasner* § 61 Rn. 2; *Roth/Altmeppen* § 61 Rn. 1 f.; Scholz/*K. Schmidt* GmbHG, § 61 Rn. 3; *Grunewald* 2. F. Rn. 187; *van Veenroy* GmbHR 1992, 141, 144 f.). Da häufig ein milderes Mittel dazu geeignet sein wird, den Konflikt zu lösen, ist die praktische Bedeutung der Auflösungsklage als eher gering einzustufen (Scholz/*K. Schmidt* GmbHG, § 61 Rn. 1, 3; *Lutter/Hommelhoff* GmbHG, § 61 Rn. 8). **448**

c) **Das Auflösungsverfahren**

449 aa) **Klageart** Bei der Auflösungsklage nach § 61 GmbHG handelt es sich um eine **Gestaltungsklage** (Scholz/*K. Schmidt* GmbHG, § 61 Rn. 4; R/S-L/*Rasner* § 61 Rn. 17).

450 bb) **Klagebefugnis** Der oder die Kläger müssen gem. § 61 Abs. 2 S. 2 GmbHG **mindestens 10 % des Stammkapitals** halten. Fehlt diese Voraussetzung, ist die Klage **als unzulässig** abzuweisen (R/S-L/*Rasner* § 61 Rn. 11; Scholz/*K. Schmidt* GmbHG, § 61 Rn. 7). § 61 Abs. 2 S. 2 GmbHG ermöglicht es somit einer Minderheit, bei Vorliegen eines wichtigen Grundes die Auflösung der Gesellschaft zu betreiben (*Lutter/Hommelhoff* GmbHG, § 61 Rn. 1; Scholz/*K. Schmidt* GmbHG, § 61 Rn. 1; *Roth/Altmeppen* § 61 Rn. 1). Das Klagerecht der Minderheit ist zwingend, kann also weder durch Satzung noch durch Gesellschafterbeschluss beschränkt werden. Eine Erleichterung des Klagerechts ist dagegen nach h. M. möglich (R/S-L/*Rasner* § 61 Rn. 1, 4; Hdb GmbH/*Erle/Eberhard* § 16 Rn. 10; Michalski/*Nerlich* § 61 Rn. 5 f.; *Hofmann* GmbHR 1975, 217, 219).

451 Mehrere klagende Gesellschafter sind **notwendige Streitgenossen** nach § 62 ZPO, da nur einheitlich auf Auflösung der Gesellschaft oder auf Klageabweisung erkannt werden kann (Scholz/*K. Schmidt* GmbHG, § 61 Rn. 8; *Roth/Altmeppen* § 61 Rn. 8). **Klagebefugt** sind nur Gesellschafter, die nach § 16 GmbHG legitimiert sind. Nicht klagebefugt sind Treugeber, Nießbraucher und Pfandgläubiger (R/S-L/*Rasner* § 61 Rn. 11 ff.; Scholz/*K. Schmidt* GmbHG, § 61 Rn. 7; Michalski/*Nerlich* § 61 Rn. 29; *Hofmann* GmbHR 1975, 217, 220).

452 Die **Gesellschaftereigenschaft** muss im Zeitpunkt der Klageerhebung bis zur letzten mündlichen Verhandlung gegeben sein (Scholz/*K. Schmidt* GmbHG, § 61 Rn. 7; *Lutter/Hommelhoff* GmbHG, § 61 Rn. 3; Michalski/*Nerlich* § 61 Rn. 26; *Hofmann* GmbHR 1975, 217, 220).Veräußert ein Gesellschafter während des Prozesses seinen Geschäftsanteil, verliert er seine Klagebefugnis (R/S-L/*Rasner* § 61 Rn. 12; *Roth/Altmeppen* § 61 Rn. 8; Michalski/*Nerlich* § 61 Rn. 17). Im Unterschied zur Anfechtungsklage findet § 265 ZPO im Auflösungsprozess nach h. M. keine Anwendung. Dies ergibt sich daraus, dass das Interesse des Klägers an der Auflösung mit der Veräußerung seines Geschäftsanteils entfallen ist. Der Erwerber kann im Wege des gewillkürten Parteiwechsels nach § 263 ZPO in den Prozess eintreten, wenn dies sachdienlich ist oder die Gesellschaft zustimmt (Scholz/*K. Schmidt* GmbHG, § 61 Rn. 7; R/S-L/*Rasner* § 61 Rn. 12; Michalski/*Nerlich* § 61 Rn. 27; *Lutter/Hommelhoff* GmbHG, § 61 Rn. 3).

453 cc) **Passivlegitimation und Vertretung** Die Klage ist nach § 61 Abs. 2 S. 1 GmbHG **gegen die Gesellschaft** zu richten, die grundsätzlich durch die Geschäftsführer in vertretungsberechtigter Zahl prozessual vertreten wird (OLG Frankfurt GmbHR 1980, 32; Scholz/*K. Schmidt* GmbHG, § 61 Rn. 9; *Roth/Altmeppen* § 61 Rn. 9; R/S-L/*Rasner* § 61 Rn. 14). Durch die Beklagtenstellung der Gesellschaft selbst wird eine für alle Gesellschafter verbindliche Entscheidung bewirkt, ohne dass alle Gesellschafter – im Unterschied zur Auflösungsklage im Personengesellschaftsrecht – am Prozess zu beteiligen sind (vgl. oben Rn. 173, 177 ff.; *M. Schwab* S. 625 ff.).

454 Klagt ein Gesellschafter-Geschäftsführer auf Auflösung der Gesellschaft, so ist er von der Vertretung ausgeschlossen. Ist eine Vertretung der Gesellschaft infolgedessen durch Geschäftsführer in vertretungsberechtigter Zahl nicht möglich, so kommt eine Ersatzbestellung entsprechend § 29 BGB oder gem. § 57 ZPO in Betracht (Scholz/*K. Schmidt* GmbHG, § 61 Rn. 9; *Lutter/Hommelhoff* GmbHG, § 61 Rn. 4).

455 dd) **Zuständigkeit** Nach § 61 Abs. 3 GmbHG ist das **Landgericht ausschließlich zuständig**, in dessen Bezirk die Gesellschaft ihren Sitz hat. Abweichende Gerichtsstandsvereinbarungen hinsichtlich sachlicher oder örtlicher Zuständigkeit sind unzulässig (*Roth/Altmeppen* § 61 Rn. 10; Michalski/*Nerlich* § 61 Rn. 40; *Lutter/Hommelhoff* GmbHG, § 61 Rn. 5). Der Rechtsstreit ist nach § 95 Nr. 4 a GVG **Handelssache** (Scholz/*K. Schmidt* GmbHG, § 61 Rn. 5; R/S-L/*Rasner* § 61 Rn. 15).

ee) Informationspflicht des Gerichts und Nebenintervention Das Gericht ist aufgrund der inter-omnes-Wirkung des Gestaltungsurteils dazu verpflichtet, die nicht klagenden Gesellschafter von der Auflösungsklage in Kenntnis zu setzen, da andernfalls der Anspruch auf rechtliches Gehör nach Art. 103 Abs. 1 GG nicht gewahrt ist (BVerfGE 60, 7, 11; Scholz/*K. Schmidt* GmbHG, § 61 Rn. 10; R/S-L/*Rasner* § 61 Rn. 16). Die anderen Gesellschafter haben dann die Möglichkeit, den Klägern oder der beklagten Gesellschaft als Streithelfer nach §§ 66, 69 ZPO beizutreten und können als solche auch gegen den Willen der Gesellschaft Prozesshandlungen und Erklärungen vornehmen (BVerfGE 60, 7, 8, 14 f.; *Lutter/Hommelhoff* GmbHG, § 61 Rn. 4; Michalski/*Nerlich* § 61 Rn. 34 f.). **456**

ff) Vergleich, Anerkenntnis Nach h. M. sind im Auflösungsprozess Vergleich und Klageanerkenntnis **unzulässig**. Dagegen kann die beklagte Gesellschaft durch Säumnis, Geständnis, Nichtbestreiten oder auch Rechtsmittelverzicht auf das Prozessergebnis Einfluss nehmen. Daher ist insbesondere der Beitritt auf Beklagtenseite praxisrelevant, da die streitgenössischen Nebenintervenierten diese Wirkungen verhindern können (Scholz/*K. Schmidt* GmbHG, § 61 Rn. 10; Michalski/*Nerlich* § 61 Rn. 34, 39; R/S-L/*Rasner* § 61 Rn. 16 f.). **457**

gg) Kosten des Verfahrens Umstritten ist, welcher **Streitwert** der Auflösungsklage zugrunde zu legen ist. Nach teilweise vertretener Auffassung richtet sich der Streitwert nach dem **Gesamtwert der Gesellschaft** (Michalski/*Nerlich* § 61 Rn. 52). Gegen diese Auffassung spricht, dass der Kläger einem nicht tragbaren Risiko ausgesetzt und das Verhältnis zum Streitwert einer Anfechtungsklage unverhältnismäßig hoch wäre. Nach a. A. kommt es allein auf den **Wert des Geschäftsanteils** des Klägers an (R/S-L/*Rasner* § 61 Rn. 20). Nach wohl h. M. bestimmt das Gericht den Streitwert nach billigem Ermessen unter Berücksichtigung des Interesses des Klägers an der Sache analog §§ 275 Abs. 4, 247 AktG. Der nur auf die AG zugeschnittene § 247 Abs. 1 S. 2 AktG findet dabei keine Anwendung (Scholz/*K. Schmidt* GmbHG, § 61 Rn. 13; Michalski/*Nerlich* § 61 Rn. 52). **458**

d) Urteil und Urteilswirkungen

Das **klagestattgebende** Urteil ist **Gestaltungsurteil**, das mit Rechtskraft die Auflösung der Gesellschaft gegenüber jedermann bewirkt. Aufgrund der rechtsgestaltenden Wirkung darf die vorläufige Vollstreckbarkeit in der Hauptsache nicht angeordnet werden. Liegen die Voraussetzungen für eine Auflösung vor, hat das Gericht aufzulösen; entgegen dem missverständlichen Wortlaut des § 61 Abs. 1 GmbHG steht dem Gericht diesbezüglich kein Ermessen zu. Die Geschäftsführer sind mit Rechtskraft des Urteils gem. § 65 Abs. 1 S. 1 GmbHG dazu verpflichtet, die Auflösung zur Eintragung ins **Handelsregister anzumelden** (Scholz/*K. Schmidt* GmbHG, § 61 Rn. 11; R/S-L/*Rasner* § 61 Rn. 17; *Lutter/Hommelhoff* GmbHG, § 61 Rn. 6; Hdb GmbH/*Erle/Eberhard* § 16 Rn. 10; Michalski/*Nerlich* § 61 Rn. 46; *Roth/Altmeppen* § 61 Rn. 10). Die Auflösung der Gesellschaft durch Auflösungsurteil führt zur ihrer Liquidation (Scholz/*K. Schmidt* GmbHG, § 61 Rn. 26; R/S-L/*Rasner* § 60 Rn. 52; Michalski/*Nerlich* § 60 Rn. 4). **459**

Das **klageabweisende** Urteil wirkt im Unterschied zum klagestattgebenden Urteil lediglich zwischen den Parteien. Ergeht ein Prozessurteil, ist der Kläger nicht daran gehindert, eine zulässige Klage aus demselben Grund erneut zu erheben. Dagegen hindert ein klageabweisendes Sachurteil den Kläger, eine erneute Klage auf denselben Streitgegenstand zu stützen. Eine neue Auflösungsklage kann derselbe Kläger nur auf andere Gründe stützen. Da sich die Urteilswirkungen nur auf die Parteien beziehen, steht es anderen Gesellschaftern frei, eine Auflösungsklage aus demselben oder auch aus anderem Grund zu erheben (Scholz/*K. Schmidt* GmbHG, § 61 Rn. 12; R/S-L/*Rasner* § 61 Rn. 17; Michalski/*Nerlich* § 61 Rn. 48). **460**

e) Revisibilität

461 Bei der Revisibilität des Auflösungsurteils stellt sich die Frage, ob der wichtige Grund **als Tat- oder Rechtsfrage** einzuordnen ist. Im Rahmen der Revision überprüft das Gericht grundsätzlich nur Rechtsfragen, keine Tatfragen. Daraus folgt, dass die Ermittlung der Tatsachen und ihre Würdigung durch die Instanzgerichte im Auflösungsprozess **nicht revisibel** sind. Dagegen obliegt die Subsumtion der ermittelten Tatsachen unter den Rechtsbegriff des »wichtigen Grundes« der Überprüfung durch die Revision (Michalski/*Nerlich* § 61 Rn. 24 f.; *Lutter/Hommelhoff* GmbHG, § 61 Rn. 10; R/S-L/*Rasner* § 61 Rn. 15).

f) Einstweiliger Rechtsschutz

462 Eine **Auflösung der Gesellschaft** ist im Wege des einstweiligen Rechtsschutzes aufgrund des Verbots der Vorwegnahme der Hauptsache **nicht möglich**. Dagegen können **andere Maßnahmen** zur Sicherung und Durchführung des Klagerechts durch einstweilige Verfügung angeordnet werden. Von praktischer Relevanz ist dabei beispielsweise die Untersagung von Geschäftsführungsmaßnahmen oder auch die vorläufige Entziehung der Geschäftsführungs- und Vertretungsbefugnis (OLG Frankfurt GmbHR 1980, 32; Scholz/*K. Schmidt* GmbHG, § 61 Rn. 41; R/S-L/*Rasner* § 61 Rn. 19; Michalski/*Nerlich* § 61 Rn. 49 f.; *Roth/Altmeppen* § 61 Rn. 10).

g) Fortsetzung der Gesellschaft

463 Eine durch Urteil aufgelöste Gesellschaft kann grundsätzlich durch Beschluss der Gesellschafter fortgesetzt werden, da die Gesellschaft noch nicht beendet ist, sondern lediglich das Stadium der Liquidation eingeleitet wurde. Für den **Fortsetzungsbeschluss** ist eine satzungsändernde, d. h. eine **$^3/_4$-Mehrheit** erforderlich. Nach h. M. ist zusätzlich die Zustimmung des bzw. der Auflösungskläger erforderlich, da ansonsten das Minderheitsrecht der Auflösungsklage durch Mehrheitsbeschluss umgangen werden könnte. Der Fortsetzungsbeschluss kann schon während des Auflösungsprozesses gefasst werden. Dies führt zur Erledigung des Rechtsstreits in der Hauptsache. Erklären die Parteien den Rechtsstreit gem. § 91 a ZPO für erledigt, entscheidet das Gericht über die Kosten des Prozesses (Scholz/*K. Schmidt* GmbHG, § 61 Rn. 26 f.; R/S-L/*Rasner* § 61 Rn. 21; Michalski/*Nerlich* § 61 Rn. 53 ff.). Wird während des Auflösungsprozesses die Fortsetzung ohne Zustimmung der Auflösungskläger beschlossen, so kann dieser Beschluss als Verweis auf die Subsidiarität der Auflösungsklage gegenüber einer Austritts- oder Ausschlussmöglichkeit der Kläger anzusehen sein (Scholz/*K. Schmidt* GmbHG, § 61 Rn. 26 f.; Michalski/*Nerlich* § 61 Rn. 55).

5. Auflösung der GmbH aufgrund Nichtigkeit

a) Einleitung

464 Mit Eintragung ins Handelsregister genießt die GmbH im Interesse der Gesellschafter und der Allgemeinheit **besonderen Bestandsschutz**. Mängel des Gesellschaftsvertrages werden grundsätzlich durch Eintragung geheilt. Die allgemeine Nichtigkeitsregelung des Privatrechts (§ 139 BGB) ist nicht anwendbar (OLG Frankfurt NZG 2002, 294, 295; R/S-L/*Zimmermann* § 75 Rn. 1, 6; R/S-L/*Schmidt-Leithoff* § 2 Rn. 57; *Lutter/Hommelhoff* GmbHG, § 75 Rn. 4; *Roth/Altmeppen* § 75 Rn. 2, 18; Michalski/*Heyder* § 75 Rn. 3). Allerdings besteht nach § 75 GmbHG bei einigen schwerwiegenden Satzungsmängeln die Möglichkeit, eine **Nichtigkeitsklage** zu erheben, die zur Auflösung der Gesellschaft führt (R/S-L/*Schmidt-Leithoff* § 10 Rn. 20; *Grunewald* 2. F. Rn. 181; Michalski/*Heyder* § 75 Rn. 1). Die Formulierung in § 75 GmbHG ist insoweit missverständlich, als nicht die GmbH selbst nichtig ist, sondern nur bestimmte Gründe im Wege der Nichtigkeitsklage zur Auflösung der Gesellschaft führen (Scholz/*K. Schmidt* GmbHG, § 75 Rn. 1; *Lutter/Hommelhoff* GmbHG, § 75 Rn. 1). Nach § 75 Abs. 1 GmbHG kann Nichtigkeitsklage erhoben werden, wenn der Gesellschaftsvertrag keine Bestimmung über die Höhe des Stammkapitals oder über den Unternehmensgegenstand enthält oder wenn die Bestimmungen des Gesellschaftsvertrages über den Unternehmensgegenstand nichtig sind. Die Bestimmung über den Gegenstand des Un-

ternehmens ist nichtig, wenn dieser gesetzes- oder sittenwidrig ist. Die in § 75 Abs. 1 GmbHG aufgezählten Nichtigkeitsgründe sind abschließend (OLG Frankfurt NZG 2002, 294, 295; Scholz/*K. Schmidt* GmbHG, § 75 Rn. 7; *Lutter/Hommelhoff* GmbHG, § 75 Rn. 3; *Roth/Altmeppen* § 75 Rn. 10, 17).

b) Nichtigkeitsklage gem. § 75 GmbHG

aa) Klageart und Geltendmachung Die Nichtigkeitsklage ist **Gestaltungsklage** und auf die **Auflösung der GmbH** gerichtet, auch wenn beantragt wird, die GmbH für nichtig zu erklären (Scholz/*K. Schmidt* GmbHG, § 75 Rn. 14 f.; *Lutter/Hommelhoff* GmbHG, § 75 Rn. 2, 5). Auf den Nichtigkeitsprozess finden §§ 246 bis 248 AktG gem. § 75 Abs. 2 GmbHG entsprechende Anwendung. Die Nichtigkeit kann nach h. M. nur durch Nichtigkeitsklage, nicht durch Einrede geltend gemacht werden. Weitgehend anerkannt ist, dass die Nichtigkeit durch Widerklage geltend gemacht werden kann (Scholz/*K. Schmidt* GmbHG, § 75 Rn. 13 ff.; R/S-L/*Zimmermann* § 75 Rn. 22; Michalski/*Heyder* § 75 Rn. 14; Roth/*Altmeppen* § 75 Rn. 19). 465

bb) Klagebefugnis Klagebefugt sind nach § 75 Abs. 1 GmbHG jeder **Gesellschafter**, jeder **Geschäftsführer** und falls ein Aufsichtsrat besteht – sei es fakultativ oder obligatorisch – jedes **Aufsichtsratsmitglied**. Nicht zur Klage berechtigt ist der Aufsichtsrat als Organ sowie Dritte, wie beispielsweise Gläubiger der Gesellschaft. Pfandgläubiger, Treugeber und Nießbraucher sind mangels Gesellschaftereigenschaft nicht klagebefugt (Scholz/*K. Schmidt* GmbHG, § 75 Rn. 16; *Lutter/Hommelhoff* GmbHG, § 75 Rn. 2; Michalski/*Heyder* § 75 Rn. 20; R/S-L/*Zimmermann* § 75 Rn. 23; A/E/S/*Achilles* § 75 Rn. 7). Wer Gesellschafter ist, bestimmt sich nach § 16 GmbHG. Auf das Stimmrecht kommt es dabei nicht an (Michalski/*Heyder* § 75 Rn. 19). Steht der Gesellschaftsanteil mehreren Mitberechtigten zu, müssen diese in **notwendiger Streitgenossenschaft** nach § 62 ZPO klagen (Scholz/*K. Schmidt* GmbHG, § 75 Rn. 16). Da **Liquidatoren** Geschäftsführern gleichgestellt werden, sind sie zur Klage berechtigt, sofern für eine Nichtigkeitsklage im Liquidationsstadium noch ein Rechtsschutzbedürfnis besteht (Scholz/*K. Schmidt* GmbHG, § 75 Rn. 16; MünchHdb GesR III/*Heinrich* § 12 Rn. 52; vgl. unten zum Rechtsschutzbedürfnis einer Nichtigkeitsklage Rn. 473). Mehrere Kläger sind notwendige Streitgenossen nach § 62 ZPO, da das streitige Rechtsverhältnis nur einheitlich entschieden werden kann (Scholz/*K. Schmidt* GmbHG, § 75 Rn. 16; Michalski/*Heyder* § 75 Rn. 21). 466

cc) Passivlegitimation und Vertretung Die Klage ist **gegen die GmbH** zu richten (Scholz/*K. Schmidt* GmbHG, § 75 Rn. 17; Michalski/*Heyder* § 75 Rn. 22). § 75 GmbHG gilt grundsätzlich nur für die **eingetragene GmbH**, da der besondere Bestandsschutz der GmbH erst mit Eintragung greift (Scholz/*K. Schmidt* GmbHG, § 75 Rn. 2; R/S-L/*Zimmermann* § 75 Rn. 2). 467

Die beklagte GmbH wird grundsätzlich **durch ihre Geschäftsführer** in vertretungsberechtigter Zahl vertreten. Besteht ein Aufsichtsrat, wird die GmbH nach § 246 Abs. 2 S. 2 AktG i. V. m. § 75 Abs. 2 GmbHG zusätzlich durch den Aufsichtsrat vertreten. Klagen Aufsichtsratsmitglieder, obliegt die Vertretung allein der Geschäftsführung, klagt ein Geschäftsführer, vertritt – soweit ein solcher besteht – allein der Aufsichtsrat die Gesellschaft. Klagt ein Geschäftsführer und existiert kein Aufsichtsrat, so kann die Gesellschafterversammlung nach § 46 Nr. 8 Hs. 2 GmbHG einen Prozessvertreter bestellen (vgl. oben Rn. 243 ff.). Fehlt ein Vertretungsorgan, z. B. bei Klage des Alleingeschäftsführers einer GmbH ohne Aufsichtsrat, so ist entsprechend § 29 BGB oder § 57 ZPO ein besonderer Vertreter zu bestellen (Scholz/*K. Schmidt* GmbHG, § 75 Rn. 17; MünchHdb GesR III/*Heinrich* § 12 Rn. 53; Michalski/*Heyder* § 75 Rn. 22 f.; *Lutter/Hommelhoff* GmbHG, § 75 Rn. 2; A/E/S/*Achilles* § 75 Rn. 7). 468

In der Klageschrift sind nach §§ 253 Abs. 4, 130 Nr. 1 ZPO die Vertreter der Gesellschaft zu benennen. Nach § 170 Abs. 3 ZPO genügt die Zustellung der Klage an einen Vertreter der Gesellschaft (Scholz/*K. Schmidt* GmbHG, § 75 Rn. 17; R/S-L/*Zimmermann* § 75 Rn. 27; MünchHdb GesR III/*Heinrich* § 12 Rn. 54). 469

470 **dd) Zuständigkeit** Nach § 75 Abs. 2 GmbHG i. V. m. § 246 Abs. 3 S. 1 AktG ist **ausschließlich das Landgericht** zuständig, in dessen Bezirk die Gesellschaft ihren Sitz hat. Die Nichtigkeitsklage ist **Handelssache** nach § 95 Abs. 2 FGG (Scholz/*K. Schmidt* GmbHG, § 75 Rn. 18; MünchHdb GesR III/*Heinrich* § 12 Rn. 55; Michalski/*Heyder* § 75 Rn. 12; *Lutter/Hommelhoff* GmbHG, § 75 Rn. 25).

471 **ee) Klageverbindung** Mehrere Prozesse sind analog § 246 Abs. 3 S. 3 AktG zur gleichzeitigen Verhandlung und Entscheidung zu **verbinden** (Scholz/*K. Schmidt* GmbHG, § 75 Rn. 16; MünchHdb GesR III/*Heinrich* § 12 Rn. 55).

472 **ff) Klagefrist** Die Erhebung der Nichtigkeitsklage unterliegt **keiner Klagefrist**. Die Verweisung des § 75 Abs. 2 GmbHG erstreckt sich nicht auf die Monatsfrist der aktienrechtlichen Anfechtungsklage, da die §§ 272, 273 HGB a. F. keine solche Fristbestimmung enthielten. Zudem wird ein Bedürfnis, wie bei anfechtbaren Beschlüssen nach einer gewissen Zeit Rechtssicherheit zu schaffen, bei Nichtigkeitsgründen nicht gesehen. Wird die Klage über einen langen Zeitraum allerdings nicht erhoben, so kann das Klagerecht **verwirkt** sein (Scholz/*K. Schmidt* GmbHG, § 75 Rn. 19; R/S-L/*Zimmermann* § 75 Rn. 29; MünchHdb GesR III/*Heinrich* § 12 Rn. 57; *Lutter/Hommelhoff* GmbHG, § 75 Rn. 2; Michalski/*Heyder* § 75 Rn. 13; A/E/S/*Achilles* § 75 Rn. 9).

473 **gg) Rechtsschutzbedürfnis** Die Nichtigkeitsklage erfordert nach allgemeinen Grundsätzen ein Rechtsschutzbedürfnis. Ist bei Klageerhebung bereits ein Amtslöschungsverfahren nach § 144 FGG (vgl. unten Rn. 481 ff.) eingeleitet, beseitigt dies nicht das Rechtsschutzbedürfnis für eine Nichtigkeitsklage. Kommt es allerdings zur Löschung nach § 144 FGG, so entfällt das Rechtsschutzbedürfnis für die Nichtigkeitsklage (zum Verhältnis von Nichtigkeitsklage und Amtslöschungsverfahren vgl. unten Rn. 487; Scholz/*K. Schmidt* GmbHG, § 75 Rn. 16; Michalski/*Heyder* § 75 Rn. 15; MünchHdb GesR III/*Heinrich* § 12 Rn. 55). Nach wohl h. M. kann auch bei einer bereits aufgelösten Gesellschaft eine Nichtigkeitsklage aus anderen Gründen erhoben werden. Für eine solche Klage wird es aber regelmäßig am Rechtsschutzbedürfnis fehlen, da die Klage auch nur zur Auflösung der Gesellschaft führt (Scholz/*K. Schmidt* GmbHG, § 75 Rn. 3; R/S-L/*Zimmermann* § 75 Rn. 3; A/E/S/*Achilles* § 75 Rn. 8).

474 **hh) Bekanntgabe der Klageerhebung** Die Klageerhebung ist gem. § 75 Abs. 2 GmbHG i. V. m. § 246 Abs. 4 AktG durch die Geschäftsführer in den Gesellschaftsblättern bekannt zu machen, um den Beteiligten die Möglichkeit zu geben, sich am Prozess zu beteiligten. Dies gilt unabhängig davon wie die Geschäftsführer am Prozess beteiligt sind (Michalski/*Heyder* § 75 Rn. 17; MünchHdb GesR III/*Heinrich* § 12 Rn. 56).

475 **ii) Urteil und Urteilswirkungen** Das der Klage **stattgebende** rechtskräftige Urteil führt als **Gestaltungsurteil** die **Auflösung der GmbH** herbei; nicht deren Nichtigkeit. Das Urteil wirkt für und gegen jedermann. Die Auflösung richtet sich grundsätzlich nach den allgemeinen Regeln über die Liquidation. Ein registergerichtliches Amtslöschungsverfahren nach § 144 FGG wird durch das stattgebende Urteil erledigt und eingestellt (vgl. unten Rn. 487). Die Liquidatoren haben das rechtskräftige Urteil beim Registergericht einzureichen (Scholz/*K. Schmidt* GmbHG, § 75 Rn. 20 f.; Michalski/*Heyder* § 75 Rn. 24 ff.; § 77 Rn. 2 ff.; MünchHdb GesR III/*Heinrich* § 12 Rn. 58 ff.; R/S-L/*Zimmermann* § 75 Rn. 32 ff.; *Roth/Altmeppen* § 75 Rn. 26 ff.). Umstritten ist, ob die Eintragung der Nichtigkeit von Amts wegen oder nach § 65 GmbHG aufgrund Anmeldung erfolgt (für Eintragung aufgrund Anmeldung: Scholz/*K. Schmidt* GmbHG, § 75 Rn. 21; *Roth/Altmeppen* § 75 Rn. 28; R/S-L/*Zimmermann* § 75 Rn. 34; für Eintragung von Amts wegen: Michalski/*Heyder* § 75 Rn. 27).

476 Ein **klageabweisendes** Urteil wirkt im Unterschied zum klagestattgebenden Urteil **nur inter partes**. Nach einem klageabweisenden Sachurteil können daher andere zur Klage Berechtigte Nichtigkeitsklage erheben oder ein Verfahren nach § 144 FGG einleiten (Scholz/*K. Schmidt* GmbHG,

§ 75 Rn. 20; Michalski/*Heyder* § 75 Rn. 28; MünchHdb GesR III/*Heinrich* § 12 Rn. 58; R/S-L/*Zimmermann* § 75 Rn. 32).

jj) Kosten des Verfahrens Auch wenn § 75 Abs. 2 GmbHG nicht auf § 247 AktG verweist, wird der **Streitwert** analog § 247 AktG vom Gericht nach billigem Ermessen festgesetzt. Dabei findet der auf die Publikums-AG zugeschnittene § 247 Abs. 1 S. 2 AktG bei Klage eines Gesellschafters keine Anwendung. Bei Klage eines Fremd-Geschäftsführers oder eines Aufsichtsratsmitglieds kann auf diese Regelung allerdings zurückgegriffen werden (Scholz/*K. Schmidt* GmbHG, § 75 Rn. 15; Michalski/*Heyder* § 75 Rn. 29; R/S-L/*Zimmermann* § 75 Rn. 33). **477**

Eine unbegründete Nichtigkeitsklage begründet grundsätzlich noch keine **Schadensersatzpflicht des Klägers**. Die Regelung des § 200 Abs. 2 AktG 1937 über die Haftung aus unberechtigter Anfechtungsklage, die kraft Verweisung auch für die Nichtigkeitsklage galt, wurde 1965 gestrichen. Eine Haftung kommt ausnahmsweise nur dann in Betracht, wenn durch Klageerhebung die Treuepflicht des Gesellschafters oder die Amtspflicht eines Organmitglieds schuldhaft verletzt wurde. Eine etwaige Haftung aus unerlaubter Handlung nach §§ 823 ff. BGB bleibt unberührt (Scholz/*K. Schmidt* GmbHG, § 75 Rn. 23; R/S-L/*Zimmermann* § 75 Rn. 36; Michalski/*Heyder* § 75 Rn. 29 ff.). **478**

kk) Fortsetzungsbeschluss Den Gesellschaftern ist es grundsätzlich möglich, in der Auflösung der Gesellschaft einen **Fortsetzungsbeschluss** zu fassen, durch den die GmbH i. L. in eine werbende Gesellschaft umgewandelt wird. Besondere Voraussetzung ist in diesem Zusammenhang, dass der Mangel, der die Nichtigkeit begründet, durch Satzungsänderung beseitigt wird. Dies ist nach § 76 GmbHG bei Zustimmung aller Gesellschafter dann möglich, wenn eine Bestimmung über den Unternehmensgegenstand fehlt (Michalski/*Heyder* § 75 Rn. 9; MünchHdb GesR III/*Heinrich* § 12 Rn. 61). **479**

ll) Einstweiliger Rechtsschutz Die Nichtigerklärung kann nicht im Wege der einstweiligen Verfügung bewirkt werden, da dies einen Verstoß gegen das Verbot der Vorwegnahme der Hauptsache bedeuten würde. Zulässig sind dagegen Maßnahmen des vorläufigen Rechtsschutzes, die dazu dienen, eine spätere Auflösung der Gesellschaft durch Nichtigkeitsurteil zu sichern, wie z. B. eine einstweilige Verfügung gegen die Geschäftsführer, die eine Geschäftstätigkeit verhindert, die mit der Liquidation der Gesellschaft unvereinbar wäre (Scholz/*K. Schmidt* GmbHG, § 75 Rn. 22; MünchHdb GesR III/*Heinrich* § 13 Rn. 62; *Roth/Altmeppen* § 75 Rn. 29, Michalski/*Heyder* § 75 Rn. 30). **480**

c) Amtslöschungsverfahren nach § 144 FGG

aa) Einleitung Nach § 144 Abs. 1 FGG kann eine GmbH als nichtig gelöscht werden, wenn die Voraussetzungen einer Nichtigkeitsklage vorliegen (OLG Frankfurt NZG 2002, 294, 295; Scholz/*K. Schmidt* GmbHG, § 75 Rn. 24 f.; R/S-L/*Zimmermann* § 75 Rn. 38 ff.; Michalski/*Heyder* Anh. § 77 Rn. 17; A/E/S/*Achilles* § 75 Rn. 16). Es muss demnach ein **Nichtigkeitsgrund nach § 75 GmbHG** gegeben sein, der nicht nach § 76 GmbHG geheilt wurde. Ziel des Löschungsverfahrens ist wie bei der Nichtigkeitsklage nach § 75 GmbHG die **Auflösung der GmbH**. Das Amtslöschungsverfahren unterliegt den Bestimmungen des FGG (R/S-L/*Zimmermann* § 75 Rn. 39). **481**

Umstritten ist, ob diese Regelung dem Registergericht einen Ermessensspielraum einräumt oder das Gericht bei Vorliegen der Voraussetzungen zur Löschung verpflichtet ist. Zum Teil wird unter Berufung auf den Wortlaut der Vorschrift und eine Kammergerichtsentscheidung von 1938 (KG JW 1938, 3048) davon ausgegangen, dass § 144 Abs. 1 FGG dem Gericht hinsichtlich der Löschung Ermessen einräumt (Scholz/*K. Schmidt* GmbHG, § 75 Rn. 26). Nach der mittlerweile wohl h. M. ist das Registergericht bei Vorliegen eines Nichtigkeitsgrundes, der nicht nach § 76 GmbHG geheilt wurde, dazu verpflichtet, die Löschung auszusprechen (R/S-L/*Zimmermann* § 75 Rn. 43; A/E/S/*Achilles* § 75 Rn. 15). **482**

483 **bb) Zuständigkeit** Für das Löschungsverfahren ist das **Registergericht am Sitz der Gesellschaft** zuständig. **Funktionell zuständig** ist gem. § 17 Nr. 1 lit. e) RPflG der Richter, nicht der Rechtspfleger. Das Verfahren wird von Amts wegen eingeleitet. Ein Antrag ist nicht erforderlich. Allerdings kann die Einleitung des Verfahrens von jedermann angeregt werden, nicht nur von den zur Nichtigkeitsklage Berechtigten (Scholz/*K. Schmidt* GmbHG, § 75 Rn. 26; R/S-L/*Zimmermann* § 75 Rn. 40 f.; Michalski/*Heyder* Anh. § 77 Rn. 19 f.; *Roth/Altmeppen* § 75 Rn. 32).

484 **cc) Verfahrensbeteiligung** Am Verfahren ist **nur die Gesellschaft**, vertreten durch ihre Vertretungsorgane beteiligt, die durch das Registergericht von der beabsichtigten Löschung zu benachrichtigen ist. Zugleich wird der Gesellschaft nach §§ 142 Abs. 2, 144 Abs. 3 FGG eine Frist von mindestens drei Monaten zur **Geltendmachung eines Widerspruchs** gesetzt. In dieser Frist kann ggf. noch eine Heilung des Mangels nach § 76 GmbHG erfolgen. Über den Widerspruchs der keiner Form oder Begründung bedarf, entscheidet das Registergericht. Bei Zurückweisung des Widerspruch ist nach §§ 141 Abs. 3, 142 Abs. 3, 144 Abs. 1 FGG die sofortige Beschwerde zum Landgericht statthaft. Die Löschung setzt voraus, dass die Widerspruchsfrist verstrichen oder der Widerspruch rechtskräftig zurückgewiesen wurde (Scholz/*K. Schmidt* GmbHG, § 75 Rn. 26; *Lutter/Hommelhoff* GmbHG, § 75 Rn. 6; R/S-L/*Zimmermann* § 75 Rn. 41 f.; *Roth/Altmeppen* § 75 Rn. 36).

485 **dd) Entscheidung des Gerichts** Das Gericht verfügt die Löschung durch Eintragung eines **Löschungsvermerks** ins Handelsregister. Dieser Vermerk bewirkt die Auflösung der Gesellschaft und ihren Eintritt in das Liquidationsstadium, nicht schon ihr Erlöschen (Scholz/*K. Schmidt* GmbHG, § 75 Rn. 26 ff.; R/S-L/*Zimmermann* § 75 Rn. 42 ff.; *Lutter/Hommelhoff* GmbHG, § 75 Rn. 7; Michalski/*Heyder* Anh. § 77 Rn. 22).

486 **ee) Rechtsmittel** Gegen die Amtslöschung nach § 144 Abs. 1 FGG besteht **kein Rechtsmittel**. Wird dennoch eine unzulässige Beschwerde nach § 19 FGG eingelegt, kann diese allerdings als Anregung zur Löschung der Amtslöschung nach §§ 142, 143 FGG gewertet werden (Scholz/*K. Schmidt* GmbHG, § 75 Rn. 27; *Roth/Altmeppen* § 75 Rn. 39).

d) Verhältnis von Nichtigkeitsklage und Amtslöschungsverfahren

487 Das Amtslöschungsverfahren steht **selbstständig** neben dem Nichtigkeitsprozess nach § 75 GmbHG. Bis eines der Verfahren rechtskräftig entschieden ist, entscheiden Prozess- und Registergericht unabhängig. Die Erhebung der Nichtigkeitsklage verhindert nicht das Amtslöschungsverfahren und die Einleitung des Amtslöschungsverfahrens beidseitigt nicht das Rechtsschutzbedürfnis der Nichtigkeitsklage. Bis zur Entscheidung des jeweils anderen Gerichts kann das Amtslöschungsverfahren nach § 127 FGG, der Nichtigkeitsprozess nach § 148 ZPO **ausgesetzt** werden (Scholz/*K. Schmidt* GmbHG, § 75 Rn. 29; *Lutter/Hommelhoff* GmbHG, § 75 Rn. 7; R/S-L/*Zimmermann* § 75 Rn. 47; Michalski/*Heyder* § 75 Rn. 15, 21). Beide Verfahren können allerdings auch **parallel laufen** (A/E/S/*Achilles* § 75 Rn. 15). Ergeht im Nichtigkeitsprozess ein rechtskräftiges Urteil, so erledigt sich das Amtslöschungsverfahren und ist einzustellen. Wird die Löschung durch registergerichtliches Verfahren rechtskräftig angeordnet, so kann der Kläger eines parallel laufenden Nichtigkeitsprozesses die Nichtigkeitsklage in der Hauptsache für erledigt erklären. Wird im registergerichtlichen Amtslöschungsverfahren ablehnend entschieden, erledigt sich der Nichtigkeitsprozess allerdings nicht. Ebenso wirkt sich ein ablehnendes Nichtigkeitsurteil nicht auf ein laufendes Amtslöschungsverfahren aus. Diese Entscheidungen haben keinen Einfluss auf das parallel laufende Verfahren. Das Prozess- bzw. Registergericht hat jeweils noch selbst eine Sachentscheidung zu treffen (vgl. dazu Scholz/*K. Schmidt* GmbHG, § 75 Rn. 29; Michalski/*Heyder* Anh. § 77 Rn. 21).

VII. Abberufung des Geschäftsführers

1. Die Abberufung des Geschäftsführers im Überblick

a) Die Abberufung des Geschäftsführers in der nicht mitbestimmten Gesellschaft

aa) Grundsatz der freien Abberufbarkeit § 38 Abs. 1 GmbHG regelt **den Grundsatz der freien Abberufbarkeit des Geschäftsführers** einer nicht mitbestimmten GmbH. Nach diesem Grundsatz haben die Gesellschafter vorbehaltlich in der abweichenden statutarischen Regelung die Möglichkeit, den Geschäftsführer jederzeit, ohne Begründung und ohne vorherige Anhörung abzuberufen. Die Geschäftsführer sind in ihrer Organstellung somit von einem fortdauernden Vertrauen der Gesellschafter abhängig. Dieses freie Abberufungsrecht der Gesellschafter stellt einen Ausgleich dafür dar, dass die Vertretungsmacht der Geschäftsführer gem. § 37 Abs. 2 GmbHG nach außen unbeschränkt und unbeschränkbar ist (OLG Zweibrücken GmbHR 1998, 373, 374; NJW-RR 2003, 1398, 1399; *Lutter/Hommelhoff* GmbHG, § 38 Rn. 2; R/S-L/*Koppensteiner* § 38 Rn. 3, 46; Michalski/*Terlau/Schäfers* § 38 Rn. 3; *Heller* GmbHR 2002, 1227; *Goette* DStR 1994, 215, 216). 488

Der Grundsatz der freien Abberufbarkeit gilt sowohl für **Fremd-Geschäftsführer** als auch für Gesellschafter-Geschäftsführer (OLG Zweibrücken GmbHR 1998, 373, 374; *Lutter/Hommelhoff* GmbHG, § 38 Rn. 1; Michalski/*Terlau/Schäfers* § 38 Rn. 1). Bei einem **Gesellschafter-Geschäftsführer** kann das Recht zur freien Abberufbarkeit jedoch durch die gesellschafterliche Treuepflicht beschränkt sein. Dies bedeutet, dass auf die Belange des Gesellschafter-Geschäftsführers Rücksicht zu nehmen ist. Im Einzelfall kann es daher geboten sein, dass die Abberufung durch sachliche Gründe gerechtfertigt ist und nicht aus Willkür und sachfremden Erwägungen erfolgt (BGHZ 98, 276; BGH DStR 1994, 214; OLG Zweibrücken NJW-RR 2003, 1398, 1399; Scholz/*Schneider* GmbHG, § 38 Rn. 18 f.; Michalski/*Terlau/Schäfers* § 38 Rn. 37; A/E/S/*Schmidt* § 38 Rn. 2; *Goette* DStR 1994, 215, 216). Dies ist z. B. der Fall, wenn die Tätigkeit als Geschäftsführer die berufliche Haupttätigkeit des Gesellschafters und somit seine Lebensgrundlage darstellt (BGH DStR 1994, 214). Die Anforderungen dürfen dabei nicht dem Vorliegen eines wichtigen Grundes (vgl. unten Rn. 494) entsprechen. Ein sachlicher Grund in diesem Sinne liegt bereits vor, wenn der jeweilige Sachverhalt einen verständigen Entscheidungsträger zur Abberufung veranlassen würde (OLG Zweibrücken NJW-RR 2003, 1398, 1399). 489

§ 38 Abs. 1 GmbHG gilt nach h. L. auch für eine **personalistische Gesellschaft**. Bei der Abberufung eines Gesellschafter-Geschäftsführers einer personalistisch strukturierten Gesellschaft kann sich nach h. L. aus der gesellschafterlichen Treuepflicht ergeben, dass die Abberufung durch einen sachlichen Grund gerechtfertigt sein muss (OLG Stuttgart GmbHR 1995, 229; OLG Zweibrücken NJW-RR 2003, 1398, 1399; Scholz/*Schneider* GmbHG, § 38 Rn. 17 f.; R/S-L/*Koppensteiner* § 38 Rn. 3; A/E/S/*Schmidt* § 38 Rn. 2; Michalski/*Terlau/Schäfers* § 38 Rn. 6; *Oppenländer* DStR 1996, 922, 924). 490

Von der Abberufung ist die **Beendigung des Anstellungsverhältnisses** zu unterscheiden. Durch die Kündigung des Anstellungsverhältnisses wird die Organstellung des Geschäftsführers nicht automatisch beendet. Allerdings wird die wirksame Kündigung des Anstellungsvertrages in der Regel auch als Abberufung des Geschäftsführers auszulegen sein, da ein Geschäftsführer in der Regel nicht ohne Vertragsgrundlage weiterhin tätig sein wird. Umgekehrt beendet die Abberufung als Geschäftsführer nicht automatisch auch das Dienstverhältnis (BGHZ 79, 38, 41 f.; BGH NJW-RR 1996, 156; Michalski/*Terlau/Schäfers* § 38 Rn. 87; A/E/S/*B. Schmidt* § 38 Rn. 30 f.; *Heller* GmbHR 2002, 1227; *Goette* DStR 1994, 215, 216). 491

bb) Die Abberufung aus wichtigem Grund – (1) Beschränkungen des Grundsatzes der freien Abberufbarkeit Der Grundsatz der freien Abberufbarkeit ist **dispositives Recht** und kann durch satzungsmäßige Vereinbarung beschränkt werden. Häufig wird entsprechend § 38 Abs. 2 GmbHG statutarisch vereinbart, dass der Geschäftsführer **nur aus wichtigem Grund** abberufen werden kann. Darüber hinaus sind andere Beschränkungen möglich. So kann die Abberufung eines Geschäftsführers an qualifizierte Voraussetzungen gebunden werden, wie bei- 492 spielsweise an ein qualifiziertes Mehrheitserfordernis oder an bestimmte Anhörungs- und Zustimmungserfordernisse (OLG Zweibrücken GmbHR 1998, 373, 374; R/S-L/*Koppensteiner* § 38 Rn. 9; *Lutter/Hommelhoff* GmbHG, § 38 Rn. 7; Michalski/*Terlau/Schäfers* § 38 Rn. 29 f.; A/E/S/*B. Schmidt* § 38 Rn. 6 *Heller* GmbHR 2002, 1227).

493 Das Recht zur Abberufung des Geschäftsführers **aus wichtigem Grund** kann in der Satzung weder eingeschränkt noch ausgeschlossen werden. Eine unzulässige Einschränkung liegt bereits dann vor, wenn die Abberufung aus wichtigem Grund an eine höhere als die in § 47 Abs. 1 GmbHG vorgesehene einfache Mehrheit gebunden wird, da die Mehrheitsverhältnisse in der Gesellschaft ansonsten einer Abberufung des Geschäftsführers aus wichtigem Grund entgegenstehen könnten (BGHZ 86, 177, 179; A/E/S/*B. Schmidt* § 38 Rn. 7).

494 **(2) Vorliegen eines wichtigen Grundes** Ein wichtiger Grund liegt vor, wenn das Verbleiben des abzuberufenden Geschäftsführers in seiner Organstellung **für die Gesellschaft unzumutbar** ist. Ob dies zu bejahen ist, ist eine Frage des Einzelfalls, bei der die Interessen der Beteiligten umfassend zu würdigen sind (OLG Stuttgart GmbHR 1995, 229, 230; OLG Zweibrücken GmbHR 1998, 373, 374; OLG Düsseldorf GmbHR 2000, 1050, 1053; R/S-L/*Koppensteiner* § 38 Rn. 10; *Lutter/Hommelhoff* GmbHG, § 38 Rn. 20). Als Beispiele eines wichtigen Grundes nennt § 38 Abs. 2 S. 2 GmbHG die **grobe Pflichtverletzung** und die **Unfähigkeit zur ordnungsgemäßen Geschäftsführung** (vgl. hierzu OLG Zweibrücken GmbHR 1998, 273, 274). Eine grobe Pflichtverletzung wird bei Annahme von Schmiergeldern, Bilanzmanipulationen sowie Steuerhinterziehung regelmäßig anzunehmen sein. Ein wichtiger Grund liegt ferner bei **schwerem Vertrauensbruch** sowie einem **Zerwürfnis** zwischen Gesellschaftern und Geschäftsführer vor (*Lutter/Hommelhoff* GmbHG, § 38 Rn. 21; Michalski/*Terlau/Schäfers* § 38 Rn. 48; A/E/S/*B. Schmidt* § 38 Rn. 10).

495 Allerdings können Umstände, die bereits bei der Bestellung des Geschäftsführers **bekannt** waren, eine Abberufung aus wichtigem Grund nicht rechtfertigen (BGH NJW-RR 1993, 1253). Das Recht zur Abberufung aus wichtigem Grund kann zudem verwirkt sein, wenn die Gesellschaft in Kenntnis des Abberufungsgrundes den Geschäftsführer über längere Zeit im Amt belässt und dieser daher davon ausgehen darf, dass aus diesem Grund eine Abberufung nicht mehr erfolgt (BGH NJW-RR 1993, 1253, 1254).

496 Aufgrund gesellschaftsvertraglicher Regelung kann Gesellschaftern die **Geschäftsführungsbefugnis** auch **als Sonderrecht** eingeräumt werden. Ist dies der Fall, kann der Geschäftsführer nur aus wichtigem Grund abberufen werden. Eine Abberufung aus anderen Gründen erfordert die Zustimmung des Geschäftsführers (Michalski/*Terlau/Schäfers* § 38 Rn. 32; R/S-L/*Koppensteiner* § 38 Rn. 9; *Roth/Altmeppen* § 38 Rn. 61).

497 **cc) Abberufungszuständigkeit – (1) Zuständigkeit der Gesellschafterversammlung** Zuständig für die Abberufung ist gem. § 46 Nr. 5 GmbHG grundsätzlich die Gesellschafterversammlung (OLG Zweibrücken GmbHR 1998, 373, 374; OLG Hamm GmbHR 1993, 743, 745; Scholz/*Schneider* GmbHG, § 38 Rn. 19; Michalski/*Terlau/Schäfers* § 38 Rn. 9). Vorbehaltlich anderer satzungsmäßiger Regelung genügt ein **einfacher Mehrheitsbeschluss** nach § 47 Abs. 1 GmbHG (Michalski/*Terlau/Schäfers* § 38 Rn. 20, 57; R/S-L/*Koppensteiner* § 38 Rn. 5; *Lutter/Hommelhoff* GmbHG, § 38 Rn. 6). Die Abberufungszuständigkeit kann durch Satzung auch auf ein anderes Organ, wie Aufsichtsrat oder Beirat, oder auch auf einen einzelnen Gesellschafter übertragen werden (Scholz/*Schneider* GmbHG, § 38 Rn. 21 ff.; Michalski/*Terlau/Schäfers* § 38 Rn. 14; *Lutter/Hommelhoff* GmbHG, § 38 Rn. 3; *Heller* GmbHR 2002, 1227). Steht die Abberufung der Gesamtheit der Gesellschafter zu, so kann ein einzelner Gesellschafter den Geschäftsführer grundsätzlich nicht abberufen. Dies gilt auch bei Gefahr im Verzug. In einem solchen Fall hat der Gesellschafter jedoch gegen seine Mitgesellschafter aus der gesellschafterlichen Treuepflicht einen Anspruch auf Zustimmung zur Abberufung (*Lutter/Hommelhoff* GmbHG, § 38 Rn. 4; A/E/S/ *B. Schmidt* § 38 Rn. 13).

(2) Stimmrecht des Gesellschafter-Geschäftsführers Grundsätzlich steht dem Gesellschafter-Geschäftsführer bei der Beschlussfassung über seine Abberufung ein Stimmrecht zu (OLG Hamm GmbHR 1993, 743, 745; OLG Naumburg GmbHR 1996, 934, 936). Dies kann u. U. dazu führen, dass der Gesellschafter-Geschäftsführer seine Abberufung verhindert (OLG Zweibrücken GmbHR 1998, 373, 374). Das Stimmverbot des § 47 Abs. 4 GmbHG greift nicht (OLG Düsseldorf GmbHR 2000, 1050, 1053). Der Gesellschafter-Geschäftsführer ist allerdings nach h. M. im Fall der Abberufung aus wichtigem Grund **vom Stimmrecht ausgeschlossen** (BGHZ 86, 177, 178; OLG Stuttgart GmbHR 1995, 228, 229; OLG Hamm GmbHR 1993, 743, 745; OLG Düsseldorf GmbHR 2000, 1050, 1053; OLG Naumburg GmbHR 1996, 934, 936; R/S-L/*Koppensteiner* § 38 Rn. 18; *Lutter/Hommelhoff* GmbHG, § 38 Rn. 6, 17). Dies ergibt sich aus dem Grundsatz, dass niemand durch Ausübung seines Stimmrechts Maßnahmen verhindern darf, die sich aus wichtigem Grund gegen ihn richten. Andernfalls könnte ein Mehrheitsgesellschafter-Geschäftsführer seine Abberufung aus wichtigem Grund verhindern (OLG Zweibrücken GmbHR 1998, 373, 374; *Oppenländer* DStR 1996, 922, 924; *Heller* GmbHR 2002, 1227). Der Gesellschafter-Geschäftsführer ist jedoch nicht rechtlos gestellt, da er den Abberufungsbeschluss bei Fehlen eines wichtigen Grundes anfechten kann und seine Rechte bis zur rechtskräftigen Entscheidung im Anfechtungsverfahren im Wege einstweiligen Rechtsschutzes sichern kann (vgl. dazu unten Rn. 505 f., 512 ff.; Michalski/*Terlau/Schäfers* § 38 Rn. 60). 498

(3) Wichtiger Grund bei Zwei-Personen-GmbH Aus dieser Überlegung heraus sind an das Vorliegen eines wichtigen Grundes bei einer Zwei-Personen-GmbH **besondere Anforderungen** zu stellen. Da der Gesellschafter-Geschäftsführer bei einer Abberufung aus wichtigem Grund von seinem Stimmrecht ausgeschlossen ist, könnte der andere hälftig oder mit einer Minderheit beteiligte Gesellschafter einer Zwei-Personen-GmbH durch die Behauptung, es liege ein wichtiger Grund vor, der die Abberufung des Gesellschafter-Geschäftsführers rechtfertigt, einen formgültigen Gesellschafterbeschluss herbeiführen. Es erscheint daher nicht gerechtfertigt, allein aufgrund des Vertrauensverlustes des Mitgesellschafters in die Zweckmäßigkeit der Geschäftsführung des anderen Gesellschafters einen wichtigen Abberufungsgrund anzunehmen. Vielmehr ist erforderlich, dass nach Abwägung aller Umstände bei objektiver Betrachtung eine so schwere Verletzung der Grundsätze der Ordnungsmäßigkeit der Geschäftsführung vorliegt, die der Gesellschaft die Fortsetzung des Geschäftsverhältnisses nicht mehr zumutbar macht (vgl. hierzu *Oppenländer* DStR 1996, 922, 924 f.; *Lutter/Hommelhoff* GmbHG, § 38 Rn. 31, nach dem diese Grundsätze auch für einen Gesellschafter-Geschäftsführer in jeder personalistischen Gesellschaft gelten). 499

dd) Kundgabe der Abberufung Allein der Abberufungsbeschluss führt noch nicht zur Abberufung des Geschäftsführers. Der Abberufungsbeschluss muss **dem Geschäftsführer gegenüber erklärt** werden. Erst mit dem Zugang der Abberufungserklärung beim Geschäftsführer wird die Abberufung wirksam (Scholz/*Schneider* GmbHG, § 38 Rn. 29; R/S-L/*Koppensteiner* § 38 Rn. 21; *Heller* GmbHR 2002, 1227; zur vorläufigen Wirksamkeit der Abberufung im Streitfall vgl. ausführlich unten Rn. 512 ff.). Mit Zugang der Abberufungserklärung entfallen Geschäftsführungsbefugnis sowie Vertretungsmacht. Dies gilt im Grundsatz sowohl für die Abberufung nach § 38 Abs. 1 GmbHG als auch für die Abberufung aus wichtigem Grund nach § 38 Abs. 2 GmbHG (*Lutter/Hommelhoff* GmbHG, § 38 Rn. 24 ff.; R/S-L/*Koppensteiner* § 38 Rn. 31; Michalski/*Terlau/Schäfers* § 38 Rn. 63). 500

Wie die Abberufungserklärung zu erfolgen hat, hängt davon ab, ob der Geschäftsführer bei der Beschlussfassung über seine Abberufung anwesend war. War der Geschäftsführer anwesend, so wird die Abberufung wirksam, sobald der Versammlungsleiter das Ergebnis der Abstimmung festgestellt hat. Ansonsten muss dem Geschäftsführer die Beschlussfassung mitgeteilt werden. Eine zufällige Kenntnisnahme reicht nicht aus (Scholz/*Schneider* GmbHG, § 38 Rn. 30; Michalski/*Terlau/Schäfers* § 38 Rn. 24; A/E/S/*B. Schmidt* § 38 Rn. 20; *Heller* GmbHR 2002, 1227). 501

502 **ee) Eintragung in das Handelsregister** Die Abberufung des Geschäftsführers stellt eine in das Handelsregister einzutragende Tatsache i. S. d. § 15 HGB dar und ist nach § 39 HGB zur **Eintragung in das Handelsregister** anzumelden. Die Eintragung ist **deklatorisch**, sie ist keine Voraussetzung für die Wirksamkeit der Abberufung. Mit Eintragung hat ein Dritter nach § 15 Abs. 2 HGB die Abberufung gegen sich gelten zu lassen. Wird die Abberufung nicht eingetragen, wird die Gesellschaft durch Maßnahmen des abberufenen Geschäftsführers nach den Grundsätzen der Rechtsscheinshaftung gem. § 15 Abs. 3 HGB weiterhin verpflichtet (A/E/S/*B. Schmidt* § 38 Rn. 23; Baumbach/Hopt/*Hopt* § 15 Rn. 16 ff.; *Heller* GmbHR 2002, 1227, 1228).

b) Abberufung des Geschäftsführers in der mitbestimmten Gesellschaft

503 Bei der mitbestimmten GmbH ist § 38 GmbHG nicht anwendbar. Für mitbestimmte Gesellschaften gilt nach § 12 Montan-MitbestG, § 13 Montan-MitbestErgG bzw. § 31 MitbestG zwingend die Regelung des § 84 Abs. 3 S. 4 AktG, nach der ein Geschäftsführer nur aus wichtigem Grund abberufen werden kann. Für die Abberufung des Geschäftsführers in der mitbestimmten GmbH ist **zwingend** der **Aufsichtsrat zuständig**; nicht die Gesellschafterversammlung (Scholz/*Schneider* GmbHG, § 38 Rn. 28, 37; Michalski/*Terlau/Schäfers* § 38 Rn. 12, 28; *Raiser* § 32 Rn. 56; R/S-L/*Koppensteiner* § 38 Rn. 1, 8; A/E/S/*B. Schmidt* § 38 Rn. 1).

2. Gerichtliche Geltendmachung einer fehlerhaften Abberufung im Klagewege

a) Zuständigkeit der ordentlichen Gerichtsbarkeit

504 Für Rechtsstreitigkeiten zwischen der Gesellschaft und dem Geschäftsführer über die Rechtmäßigkeit der Abberufung sind die **ordentlichen Gerichte**, nicht die Arbeitsgerichte zuständig, da die Organstellung des Geschäftsführers betroffen ist (BAG NJW 1999, 3069; A/E/S/*B. Schmidt* § 38 Rn. 41). Der **Gerichtsstand** richtet sich nach § 29 ZPO (Michalski/*Terlau/Schäfers* § 38 Rn. 72).

b) Anfechtungsklage

505 Ist ein Abberufungsbeschluss der Gesellschafter fehlerhaft, so hängt die gerichtliche Geltendmachung von der Art des Beschlussmangels ab. Ist der Abberufungsbeschluss anfechtbar und förmlich festgestellt, kann dieser Beschluss durch **Anfechtungsklage** für nichtig erklärt werden (BGHZ 104, 66, 69; BGH GmbHR 1999, 477, 478; R/S-L/*Koppensteiner* § 47 Rn. 116 f.; A/E/S/*B. Schmidt* § 38 Rn. 35 ff.; *Heller* GmbHR 2002, 1227, 1228; vgl. auch oben Rn. 329). Ist eine förmliche Beschlussfeststellung nicht erfolgt, kommt eine **allgemeine Feststellungsklage** in Betracht (vgl. unten Rn. 329, 402).

506 Grundsätzlich ist ein Beschluss dann anfechtbar, wenn er **gegen Gesetz oder Satzung verstößt** und nicht nichtig ist (BGHZ 14, 264, 268; vgl. oben Rn. 309 f.). Dabei ist zu beachten, dass im Fall einer Abberufung aus wichtigem Grund das Fehlen eines wichtigen Grundes einen Anfechtungsgrund darstellt (Scholz/*Schneider* GmbHG, § 38 Rn. 60 a, 64; *Lutter/Hommelhoff* GmbHG, § 38 Rn. 29; Baumbach/Hueck/*Zöllner*/*Noak* § 38 Rn. 38 Rn. 54). Die Anfechtungsklage unterliegt allgemeinen Grundsätzen und ist somit durch einen Anfechtungsberechtigten innerhalb einer angemessenen Klagefrist zu erheben (vgl. oben Rn. 345 ff.; *Heller* GmbHR 2002, 1227, 1229). Zur Anfechtung befugt ist nur ein Gesellschafter, so dass ein Geschäftsführer gegen einen anfechtbaren Abberufungsbeschluss nur dann vorgehen kann, wenn er zugleich auch Gesellschafter ist. Ein Fremd-Geschäftsführer ist somit nicht zur Anfechtung befugt (Scholz/*Schneider* GmbHG, § 38 Rn. 58 a; *Raiser* § 32 Rn. 61; *Lutter/Hommelhoff* GmbHG, § 38 Rn. 27; A/E/S/*B. Schmidt* § 38 Rn. 36; Michalski/*Terlau/Schäfers* § 38 Rn. 71). Die Anfechtungsklage ist gegen die Gesellschaft zu richten, nicht gegen die Gesellschafter, die dem Beschluss zugestimmt haben (Michalski/*Terlau/Schäfers* § 38 Rn. 73). Mit Rechtskraft des stattgebenden Anfechtungsurteils wird die Abberufung rückwirkend unwirksam (Scholz/*Schneider* § 38 Rn. 58 a; A/E/S/*B. Schmidt* § 38 Rn. 35;).

c) Nichtigkeitsklage

Ist ein Abberufungsbeschluss nichtig, kann analog § 249 AktG **Nichtigkeitsklage** erhoben werden (vgl. oben; Rn. 380 ff.; *Heller* GmbHR 2002, 1227, 1229; Baumbach / Hueck / *Zöllner* / *Noack* § 38 Rn. 40). Ein Abberufungsbeschluss ist beispielsweise dann nichtig, wenn nicht sämtliche Gesellschafter zur Gesellschafterversammlung eingeladen worden sind (OLG Hamm GmbHR 1993, 743, 746). Im Unterschied zur Anfechtungsklage können nach h. M. nicht nur Gesellschafter sondern auch Geschäftsführer und Aufsichtsratsmitglieder Nichtigkeitsklage erheben (vgl. oben Rn. 382; BGHZ 89, 48, 49 f.; Scholz / *K. Schmidt* GmbHG, § 45 Rn. 134; R / S-L / *Koppensteiner* § 47 Rn. 148; MünchHdb GesR III / *Wolff* § 40 Rn. 86; *Saenger* GmbHR 1997, 112, 114). Daher kann sich auch der Fremd-Geschäftsführer im Klageweg gegen einen nichtigen Abberufungsbeschluss wenden (Scholz / *Schneider* § 38 Rn. 58 b; *Heller* GmbHR 2002, 1227, 1229; Michalski / *Terlau/Schäfers* § 38 Rn. 71). Auch die Nichtigkeitsklage ist gegen die Gesellschaft zu richten (Michalski / *Terlau/Schäfers* § 38 Rn. 73). 507

d) Positive Beschlussfeststellungsklage

Nicht selten wird auch bei Streitigkeiten um die Abberufung des Geschäftsführers eine **positive Beschlussfeststellungsklage** in Betracht kommen (vgl. zu den allgemeinen Voraussetzungen oben Rn. 396 ff.). Dies ist beispielsweise der Fall, wenn ein ablehnender Beschluss über die Abberufung mit der Begründung angefochten wird, die Stimme des abzuberufenden Geschäftsführers sei ungeachtet des Stimmverbots mitgezählt und infolgedessen ablehnend entschieden worden. Ein Gesellschafter hat dann die Möglichkeit, die Anfechtungsklage mit einer positiven Beschlussfeststellungsklage auf Feststellung des positiven Beschlussergebnisses zu verbinden (Baumbach / Hueck / *Zöllner* / *Noack* § 38 Rn. 51). 508

e) Allgemeine Feststellungsklage

Besteht Streit über die Rechtmäßigkeit der Abberufung eines Geschäftsführers, kann ferner die **allgemeine Feststellungsklage gem. § 256 ZPO** zur Klärung der Rechtslage in Betracht kommen (OLG Stuttgart NZG 2004, 472, 473; *Heller* GmbHR 2002, 1227, 1239). Zu beachten ist, dass diese gegenüber der Anfechtungs- und der Nichtigkeitsklage **nur subsidiär zulässig** ist (vgl. oben Rn. 401). Die Feststellungsklage kommt zur Klärung der Rechtslage daher insbesondere dann in Betracht, wenn es an einer förmlichen Beschlussfeststellung fehlt oder streitig ist, ob und mit welchem Inhalt ein Beschluss gefasst wurde (Baumbach / Hueck / *Zöllner* / *Noack* § 38 Rn. 55). Die Feststellungsklage kann grundsätzlich von jedermann jederzeit geltend gemacht werden, soweit der Einwand der Verwirkung nicht entgegensteht und ein **Feststellungsinteresse** zu bejahen ist (OLG Stuttgart NZG 2004, 472, 473). Eine Feststellungsklage wird in der Praxis häufig von einem an der Klärung der Rechtslage interessierten Gesellschafter gegen die Gesellschaft erhoben (OLG Zweibrücken GmbHR 1999, 79, 80; Michalski / *Terlau/Schäfers* § 38 Rn. 73). Der abberufene Geschäftsführer – auch der Fremd-Geschäftsführer – kann durch eine allgemeine Feststellungsklage gegen seine Abberufung vorgehen. Fehlt es an einem förmlich festgestellten Beschluss, kann auch die Gesellschaft selbst ein berechtigtes Interesse daran haben, im Wege der Feststellungsklage die Rechtslage zu klären (OLG Zweibrücken GmbHR 1999, 79, 80). So kann die Gesellschaft auf Feststellung klagen, dass der Beklagte aufgrund Abberufungsbeschluss nicht mehr Geschäftsführer ist (*Heller* GmbHG 2002, 1227, 1230). 509

Durch Feststellungsklage kann ferner die **Unwirksamkeit eines Abberufungsbeschlusses** geklärt werden. Dies wird insbesondere bei der Abberufung eines Gesellschafter-Geschäftsführers mit Sonderrecht zur Geschäftsführung aus wichtigem Grund relevant, wenn kein wichtiger Grund vorliegt und der Geschäftsführer der Abberufung nicht zugestimmt hat. Eine solche Abberufung greift in das Mitgliedschaftsrecht des Gesellschafter-Geschäftsführers ein und ist daher unwirksam. Im Streitfall kann durch Feststellungsklage die gerichtliche Klärung sowohl durch den Gesellschafter-Geschäftsführer, durch die übrigen Gesellschafter oder durch die Gesellschaft 510 selbst herbeigeführt werden (R/S-L/*Koppensteiner* § 38 Rn. 24; *Lutter/Hommelhoff* GmbHG, § 38 Rn. 34; Michalski/*Terlau/Schäfers* § 38 Rn. 69).

f) Sonderproblem: Nachschieben von Gründen

511 Nicht selten wird sich im Verfahren die Frage ergeben, ob Gründe zur Rechtfertigung einer Abberufung aus wichtigem Grund nachgeschoben werden können. Unter Berücksichtigung der allgemeinen prozessualen Regeln hinsichtlich des Nachschiebens von Gründen (für die Berufungsinstanz vgl. §§ 529–531 ZPO) dürfen Abberufungsgründe nach h. L. nachgeschoben werden, wenn sie bereits im **Zeitpunkt der Abberufungsentscheidung** vorlagen. Dies gilt auch dann, wenn dem abberufendem Organ die nachzuschiebenden Gründe im Zeitpunkt der Abberufung nicht bekannt waren (BGHZ 27, 220, 223; 60, 333, 336; BGH ZIP 1992, 32, 35; OLG Zweibrücken NJW-RR 2003, 1398, 1400; Baumbach/Hueck/*Zöllner/Noack* § 38 Rn. 15 Michalski/*Terlau/Schäfers* § 38 Rn. 56). Handelt aber im Prozess nicht das Organ, das für die Entscheidung über die Abberufung zuständig ist, bedarf es einer Entscheidung dieses Organs darüber, ob die Abberufung auf diese Gründe gestützt werden soll. Bei Zuständigkeit der Gesellschafterversammlung ist ein Gesellschafterbeschluss erforderlich (BGHZ 60, 333, 336; BGH ZIP 1992, 32, 35). Bei der Abberufung eines Geschäftsführers einer **Zwei-Personen GmbH** kann der Abberufende, sofern er die Gesellschaft prozessual vertritt, Abberufungsgründe auch ohne weiteren Gesellschafterbeschluss nachschieben (OLG Naumburg GmbHR 1996, 934, 939). Da der Abzuberufende bei seiner Abberufung aus wichtigem Grund ohnehin vom Stimmrecht ausgeschlossen ist, würde das Erfordernis eines Gesellschafterbeschlusses eine bloße Formalie darstellen.

3. Einstweiliger Rechtsschutz nach Beschlussfassung

a) Vorläufige Wirksamkeit der Abberufung aus wichtigem Grund im Streitfall

512 **aa) Einleitung und Problemstellung** Wie bereits dargelegt, wird die Abberufung grundsätzlich mit Zugang der Abberufungserklärung beim Geschäftsführer wirksam (vgl. oben Rn. 500; Scholz/*Schneider* GmbHG, § 38 Rn. 29; *Heller* GmbHR 2002, 1227, 1227). Die Abberufung ist jedoch nur wirksam, wenn der Abberufungsbeschluss nicht gegen Satzung oder Gesetz verstößt (*Goette* DStR 1994, 215, 216). Besteht **Streit über die Rechtmäßigkeit der Abberufung** des Geschäftsführers, stellt sich die Frage, ob die Abberufung bis zur rechtskräftigen Entscheidung als wirksam oder unwirksam anzusehen ist und der Zeitraum bis zur rechtskräftigen Entscheidung durch einstweiligen Rechtsschutz vorläufig geregelt werden kann. Ist der Abberufungsbeschluss nichtig, so ist die Abberufung unwirksam (R/S-L/*Koppensteiner* § 38 Rn. 21; *Heller* GmbHR 2002, 1227, 1229). Ein anfechtbarer Beschluss ist nach allgemeinen Grundsätzen zunächst wirksam. Bei der Anfechtung des Abberufungsbeschlusses einer Abberufung i. S. d. § 38 Abs. 1 GmbHG wird der Abberufungsbeschluss nach allgemeinen Grundsätzen entsprechend erst mit rechtskräftigem Anfechtungsurteil unwirksam (Scholz/*Schneider* GmbHG, § 38 Rn. 63; Baumbach/Hueck/*Zöllner/Noack* § 38 Rn. 41; Michalski/*Terlau/Schäfers* § 38 Rn. 63; R/S-L/*Koppensteiner* § 38 Rn. 21). Problematisch ist jedoch, ob die Abberufung eines Geschäftsführers aus wichtigem Grund (§ 38 Abs. 2 GmbHG) im Streitfall bis zur rechtskräftigen Entscheidung wirksam oder umwirksam ist. Umstritten ist, ob § 84 Abs. 3 S. 4 AktG auch bei der **nicht mitbestimmten Gesellschaft** anzuwenden ist, wenn die Abberufung des Geschäftsführers nur aus wichtigem Grund erfolgen kann (Michalski/*Terlau/Schäfers* § 38 Rn. 64; *Lutter/Hommelhoff* GmbHG, § 38 Rn. 27).

513 Im Recht der **Personenhandelsgesellschaften** verliert der Geschäftsführer nach §§ 117, 127 HGB seine Geschäftsführungs- und Vertretungsbefugnis erst durch rechtskräftiges Gestaltungsurteil (BGHZ 86, 177, 179). Bis dahin ist er in seiner Organstellung als Geschäftsführer geschützt (vgl. oben Rn. 109). Eine analoge Anwendung der §§ 117, 127 HGB auf die GmbH wurde vom BGH unter Hinweis auf die unterschiedliche Rechtslage hinsichtlich der Abberufung des Geschäftsführers zwischen OHG bzw. KG und GmbH mit der folgenden Begründung abgelehnt: Im Unterschied zur OHG bzw. KG, bei der dem Geschäftsführer die Vertretungsmacht der gesetzlichen

Regel nach nur durch gerichtliche Entscheidung entzogen werden könne, werde der Geschäftsführer einer GmbH durch Gesellschafterbeschluss nicht nur bestellt, sondern auch abberufen. Dieser Abberufungsbeschluss wird bei Vorliegen der sachlichen Voraussetzungen sofort wirksam. Daher habe eine spätere gerichtliche Entscheidung lediglich feststellende, nicht aber rechtsgestaltende Wirkung, soweit die Wirksamkeit der Abberufung bestätigt wird (BGHZ 86, 177, 180).

Bei der **mitbestimmten Gesellschaft** ist die Abberufung des Geschäftsführers aus wichtigem Grund nach § 84 Abs. 3 S. 4 AktG grundsätzlich bis zu dem Zeitpunkt, in dem ihre Unwirksamkeit rechtskräftig festgestellt wird, wirksam (BGHZ 86, 177, 180; A/E/S/*B. Schmidt* § 38 Rn. 40; Michalski/*Terlau/Schäfers* § 38 Rn. 65; R/S-L/*Koppensteiner* § 38 Rn. 22). § 84 Abs. 3 S. 4 AktG bringt auf diese Weise Ruhe in die Geschäfte der Gesellschaft und dient damit der Rechtssicherheit. Dem liegt die Vorstellung des Gesetzgebers zugrunde, Organfragen möglichst nicht vorläufig zu regeln (OLG Hamm GmbHR 2002, 327, 328; R/S-L/*Koppensteiner* § 38 Rn. 26). Für die nicht mitbestimmte Gesellschaft enthält das Recht der GmbH jedoch keine Regelung darüber, wie die Wirksamkeit der Abberufung des Geschäftsführers aus wichtigem Grund im Streitfall bis zu einer rechtskräftigen Entscheidung zu beurteilen ist (Michalski/*Terlau/Schäfers* § 38 Rn. 64; *Heller* GmbHR 2002, 1227). 514

Ob die Regelung des § 84 Abs. 3 S. 4 AktG bei einer Abberufung des Geschäftsführers aus wichtigem Grund auch bei einer nicht mitbestimmten Gesellschaft anwendbar ist, ist umstritten. In der Lehre werden folgende Fallgruppen unterschieden und diskutiert (vgl. hierzu ausführl. *Heller* GmbHR 2002, 1227): 515

bb) Abberufung des Gesellschafter-Geschäftsführers einer Zwei-Personen-GmbH Nach Auffassung des BGH und h. L. kann der Gedanke des § 84 Abs. 3 S. 4 AktG auf eine Zwei-Personen-GmbH mit hälftig beteiligten Gesellschaftern und einem oder zwei Gesellschafter-Geschäftsführern **nicht übertragen** werden. Ansonsten könnte ein Gesellschafter mit der Behauptung, der Gesellschafter-Geschäftsführer sei für die Gesellschaft als Geschäftsführer aus wichtigem Grund nicht mehr tragbar, das Stimmrecht des anderen Gesellschafters (vgl. oben Rn. 498) ausschalten und einen formal gültigen Abberufungsbeschluss herbeiführen (BGHZ 86, 177, 181; R/S-L/*Koppensteiner* § 38 Rn. 25; *Lutter/Hommelhoff* GmbHG, § 38 Rn. 17, 31 auch für personalistische Gesellschaft; *Happ* GmbH, § 26 Rn. 5; Michalski/*Terlau/Schäfers* § 38 Rn. 67; *Heller* GmbHR 2002, 1227; *Vorwerk* GmbHR 1995, 266, 267 ff.). Sind beide Gesellschafter einer Zwei-Personen-GmbH Geschäftsführer, so könnte dies wechselseitig geschehen. Es könnte zum Wettlauf gegenseitiger Abberufungen kommen (BGHZ 86, 177, 181; OLG Hamm GmbHR 2002, 327, 328). Wäre die Abberufung aus wichtigem Grund bis zu einer rechtskräftigen Gerichtsentscheidung auch noch vorläufig wirksam, so könnte der geschäftsführende Gesellschafter bei Interessensgegensätzen auf einfache Weise ausgeschaltet werden. Auch wenn das Gericht dem abberufenen Gesellschafter Recht geben würde, könnte der andere Gesellschafter erneut einen Abberufungsbeschluss bewirken (BGHZ 86, 177, 182). 516

Diese Überlegungen gelten nicht nur für den hälftig beteiligten Gesellschafter-Geschäftsführer, sondern auch für den **Mehrheitsgesellschafter-Geschäftsführer** einer Zwei-Personen-GmbH. Auch ein solcher Geschäftsführer könnte allein durch die Behauptung eines wichtigen Grundes von der Geschäftsführung ausgeschlossen werden (Michalski/*Terlau/Schäfers* § 38 Rn. 66; R/S-L/*Koppensteiner* § 38 Rn. 25; *Heller* GmbHR 2002, 1227, 1228). Allerdings könnte sich der abberufene Mehrheitsgesellschafter-Geschäftsführer aufgrund der Mehrheitsverhältnisse durch einen Bestellungsbeschluss wieder als Geschäftsführer einsetzen (Happ § 26 Rn. 4 f.). Da eine Abberufung des Geschäftsführers durch Behauptung eines wichtigen Grundes durch den Minderheitsgesellschafter jedoch erneut möglich wäre, könnte es auch in dieser Fallgestaltung zur Pattsituation kommen. § 84 Abs. 3 S. 4 AktG kommt daher auch in diesem Fall nicht zur analogen Anwendung (Michalski/*Terlau/Schäfers* § 38 Rn. 66; *Heller* GmbHR 2002, 1227, 1228). 517

518 Nach teilweise vertretener Ansicht geltend diese Grundsätze nicht nur für den hälftig beteiligten und den Mehrheitsgesellschafter-Geschäftsführer, sondern auch für den **Minderheitsgesellschafter-Geschäftsführer** einer personalistischen bzw. Zwei-Personen-Gesellschaft, da dieser ansonsten unter Verstoß gegen den Gleichbehandlungsgrundsatz diskriminiert würde (*Lutter/Hommelhoff* GmbHG, § 38 Rn. 33 mit Verweis auf R/S-L/*Koppensteiner* § 38 Rn. 27).

519 Die Wirksamkeit der Abberufung aus wichtigem Grund richtet sich in diesen Fallgestaltungen allein nach der materiellen Rechtslage (BGHZ 86, 177, 182; *Lutter/Hommelhoff* GmbHG, § 38 Rn. 31; *Happ* GmbH, § 26 Rn. 5; Michalski/*Terlau/Schäfers* § 38 Rn. 67). Im Fall der unberechtigten Abberufung hat der Gesellschafter-Geschäftsführer seine Geschäftsführerstellung nie verloren; bei berechtigter Abberufung sind die Rechtswirkungen dagegen mit der Abberufungserklärung eingetreten. Der im Streitfall über die Rechtmäßigkeit der Abberufung bestehende Schwebezustand ist hinzunehmen, kann aber durch Maßnahmen des vorläufigen Rechtsschutzes, wie z. B. die Untersagung von Geschäftsführungsmaßnahmen, bis zur endgültigen Klärung geregelt werden (vgl. unten Rn. 523 ff.; BGHZ 86, 177, 182 f.; *Heller* GmbHR 2002, 1227, 1228; *Vorwerk* GmbHR 1995, 266, 269). Eine Eintragung der Abberufung in das Handelsregister scheidet bis zur rechtskräftigen Entscheidung aus (*Lutter/Hommelhoff* GmbHG, § 38 Rn. 31 f.; Michalski/*Terlau/Schäfers* § 38 Rn. 68).

520 **cc) Gesellschafter-Geschäftsführer mit Sonderrecht** Wurde einem Gesellschafter die **Geschäftsführungsbefugnis als Sonderrecht** eingeräumt, ist nach h. L. eine analoge Anwendung des § 84 Abs. 3 S. 4 AktG abzulehnen. Dies ergibt sich daraus, dass eine Abberufung, der der Geschäftsführer nicht zugestimmt hat und die nicht durch einen wichtigen Grund gerechtfertigt ist, das Mitgliedschaftsrecht des Geschäftsführers verletzt (R/S-L/*Koppensteiner* § 38 Rn. 24; Michalski/*Terlau/Schäfers* § 38 Rn. 69; *Heller* GmbHR 2002, 1227, 1228; *Lutter/Hommelhoff* GmbHG, § 38 Rn. 34; Scholz/*Schneider* § 38 Rn. 66). Die Abberufung ist **unwirksam** (vgl. oben Rn. 512). Nach teilweise vertretener Ansicht kommt es bei Streit über die Rechtmäßigkeit der Abberufung somit wie auch im Fall der Abberufung des Gesellschafter-Geschäftsführers einer Zwei-Personen-Gesellschaft auf die materielle Rechtslage an; der dadurch entstehende Schwebezustand kann durch einstweiligen Rechtsschutz vorläufig geregelt werden (*Heller* GmbHR 2002, 1227, 1228). Nach a. A. bleibt der Geschäftsführer bis zur rechtskräftigen Entscheidung über die Rechtmäßigkeit seiner Abberufung im Amt (Scholz/*Schneider* GmbHG, § 38 Rn. 66; Michalski/*Terlau/Schäfers* § 38 Rn. 69; *Lutter/Hommelhoff* GmbHG, § 38 Rn. 34). Insoweit wird auf den Rechtsgedanken der §§ 117, 127 HGB verwiesen, nach dem der geschäftsführende Gesellschafter seine Geschäftsführungsbefugnis erst durch rechtskräftiges Urteil verliert (Scholz/*Schneider* GmbHG, § 38 Rn. 34; a. A. R/S-L/*Koppensteiner* § 38 Rn. 24). Bis zur rechtskräftigen Entscheidung haben die Gesellschafter jedoch die Möglichkeit, Geschäftsführungsmaßnahmen im Wege des einstweiligen Rechtsschutzes zu verhindern (vgl. unten Rn. 523 ff.).

521 **dd) Fremd-Geschäftsführer** Wird ein Fremd-Geschäftsführer aus wichtigem Grund abberufen, so ist nach h. M. § 84 Abs. 3 S. 4 AktG analog anzuwenden. Die Abberufung wird somit auch im Streitfall mit Zugang der Erklärung sofort wirksam (OLG Hamm GmbHR 2002, 327, 328; *Lutter/Hommelhoff* GmbHG, § 38 Rn. 27; Michalski/*Terlau/Schäfers* § 38 Rn. 70; *Happ* GmbH, § 26 Rn. 3; R/S-L/*Koppensteiner* § 38 Rn. 26; *Lunk* ZIP 1999, 1777, 1786). Die Abberufung ist zur Eintragung in das Handelsregister anzumelden. Dies ergibt sich daraus, dass der Fremd-Geschäftsführer nicht selbst Gesellschafter der GmbH ist und seine Abberufung daher nicht anfechten kann. Insofern ist er mit dem Vorstand einer Aktiengesellschaft vergleichbar (vgl. oben Rn. 506; *Heller* GmbHR 2002, 1227, 1228; R/S-L/*Koppensteiner* § 38 Rn. 26). Der Fremd-Geschäftsführer kann gegen seine Abberufung nur mit der **Nichtigkeitsklage** vorgehen (Michalski/*Terlau/Schäfers* § 38 Rn. 71; *Lutter/Hommelhoff* GmbHG, § 38 Rn. 28).

522 **ee) Minderheitsgesellschafter-Geschäftsführer** Umstritten ist, ob § 84 Abs. 3 S. 4 AktG auf die Abberufung eines Minderheitsgesellschafter-Geschäftsführers analog anwendbar ist. Nach teilweise vertretener Ansicht ist ein Minderheitsgesellschafter-Geschäftsführer wie ein Fremd-Geschäftsführer zu behandeln, so dass § 84 Abs. 3 S. 4 AktG analog anzuwenden ist und die Abberufung daher auch im Streitfall sofort wirksam wird (Scholz/*Schneider* GmbHG, § 38 Rn. 65 ff.; R/S-L/*Koppensteiner* § 38 Rn. 26). Die wohl h. M. spricht sich jedoch gegen eine analoge Anwendung des § 84 Abs. 3 S. 4 AktG analog auf den Minderheitsgesellschafter-Geschäftsführer aus, da seine rechtliche Position nicht mit der eines Fremd-Geschäftsführers vergleichbar ist (*Heller* GmbHR 2002, 1227, 1228; *Happ* GmbH, § 26 Rn. 3; *Vorwerk* GmbHR 1995, 266, 268; Michalski/*Terlau/Schäfer* § 38 Rn. 70). Aufgrund seiner Gesellschafterstellung hat der Minderheitsgesellschafter-Geschäftsführer die Möglichkeit, den Abberufungsbeschluss – z. B. bei Fehlen eines wichtigen Grundes – anzufechten (vgl. oben Rn. 506).

b) Einstweiliger Rechtsschutz außerhalb des Anwendungsbereichs des § 84 Abs. 3 S. 4 AktG analog

aa) Grundsatz Ob und mit welcher Zielsetzung einstweiliger Rechtsschutz im Streitfall begehrt werden kann, richtet sich danach, ob § 84 Abs. 3 S. 4 AktG analoge Anwendung findet. Wie bereits ausgeführt, ist nach h. L. in der nicht mitbestimmten Gesellschaft die Regelung des § 84 Abs. 3 S. 4 AktG nur auf den Fall der Abberufung des Fremd-Geschäftsführers aus wichtigem Grund anwendbar (vgl. oben Rn. 521). § 84 Abs. 3 S. 4 AktG findet somit keine Anwendung auf die Abberufung des Fremd-Geschäftsführers, wenn dieser entsprechend § 38 Abs. 1 GmbHG abberufen wird sowie auf die Abberufung von Gesellschafter-Geschäftsführern, unabhängig davon, ob es sich um eine Abberufung nach § 38 Abs. 1 GmbHG oder um eine Abberufung aus wichtigem Grund handelt. Außerhalb des Anwendungsbereichs des § 84 Abs. 3 S. 4 AktG ist einstweiliger Rechtsschutz **grundsätzlich möglich** (*Heller* GmbHR 2002, 1227, 1231; Michalski/*Terlau/Schäfers* § 38 Rn. 78; R/S-L/*Koppensteiner* § 38 Rn. 27). Einstweiliger Rechtsschutz kann sowohl darauf gerichtet sein, den umstrittenen Abberufungsbeschluss auszuführen, als auch seine Ausführung zu verhindern. **523**

bb) Antragsbefugnis Einstweiligen Rechtsschutz gegen die Durchführung der Abberufung kann nur derjenige beantragen, der die Fehlerhaftigkeit des Beschlusses durch Anfechtungs- oder Nichtigkeitsklage gerichtlich geltend machen kann (vgl. oben Rn. 506; OLG Hamm GmbHR 1993, 743, 745; *Happ* GmbH, § 25 Rn. 7; R/S-L/*Koppensteiner* § 47 Rn. 145; Baumbach/Hueck/*Zöllner/Noack* § 38 Rn. 67). Ist der Abberufungsbeschluss anfechtbar, hat **nur ein Gesellschafter** die Möglichkeit, Anfechtungsklage zu erheben. Der abberufene **Fremd-Geschäftsführer** ist nicht klagebefugt (vgl. oben Rn. 506; R/S-L/*Koppensteiner* § 38 Rn. 26). Dies hat zur Folge, dass im Fall eines anfechtbaren Beschlusses der Fremd-Geschäftsführer auch für das Verfahren des einstweiligen Rechtsschutzes nicht antragsbefugt ist (Michalski/*Terlau/Schäfers* § 38 Rn. 71; *Vorwerk* GmbHR 1995, 266, 270). Ist der Abberufungsbeschluss jedoch nichtig, kann der Fremd-Geschäftsführer die Nichtigkeit des Abberufungsbeschlusses im Hauptsacheverfahren durch Nichtigkeitsklage geltend machen (vgl. oben Rn. 507), so dass er auch im Verfahren des einstweiligen Rechtsschutzes antragsbefugt ist und auf diese Weise bis zur rechtskräftigen Entscheidung in der Hauptsache gegen seine Abberufung vorgehen kann **524**

Ein Gesellschafter-Geschäftsführer kann sowohl Anfechtungs- als auch Nichtigkeitsklage **im Hauptsacheverfahren** erheben. Ein abberufener Gesellschafter-Geschäftsführer kann daher bei einem anfechtbaren sowie einem nichtigen Abberufungsbeschluss bis zur rechtskräftigen Entscheidung im Hauptsacheverfahren durch einstweiligen Rechtsschutz eine vorläufige Überprüfung erreichen (OLG Hamm GmbHR 2002, 327, 328; Michalski/*Terlau/Schäfers* § 38 Rn. 68, 71; A/E/S/*Schmidt* § 38 Rn. 45; *Heller* GmbHR 2002, 1227, 1231; *Vorwerk* GmbHR 1995, 266, 270; *Lunk* ZIP 1999, 1777, 1786). **525**

cc) Antragsgegner Antragsgegner ist regelmäßig die GmbH (OLG Hamm GmbHR 1993, 743, 745; *Heller* GmbHR 2002, 1227, 1231; Michalski/*Terlau/Schäfers* § 38 Rn. 73). **526**

527 **dd) Inhalt des Antrags** Einstweiliger Rechtsschutz kann inhaltlich gegen die **Ausführung des Abberufungsbeschlusses** und somit gegen die tatsächliche Entziehung der Geschäftsführungsbefugnisse sowie dagegen gerichtet sein, die Abberufung nach außen zu verlautbaren (OLG Hamm GmbHR 1993, 743, 745; *Heller* GmbHR 2002, 1227, 1231). Auf diese Weise kann sich der Geschäftsführer den Zugang zu den Geschäfträumen oder die Einsicht in Geschäftsunterlagen sichern und die Eintragung der Abberufung ins Handelsregister verhindern (*Roth/Altmeppen* § 38 Rn. 69; Michalski/*Terlau/Schäfers* § 38 Rn. 78; A/E/S/*B. Schmidt* § 38 Rn. 45).

528 Die abberufenden Gesellschafter (bzw. die Gesellschaft) können durch einstweiligen Rechtsschutz die **Abberufung vorläufig durchsetzen** bzw. durchführen und so die Weiterführung der Geschäfte durch den abberufenen Geschäftsführer verhindern. Eine einstweilige Verfügung kann inhaltlich auf die Unterlassung bestimmter Geschäftsführungsmaßnahmen oder auch auf die vollständige Entziehung der Geschäftsführungsbefugnis gerichtet sein. Der Antrag richtet sich regelmäßig gegen den abberufenen Geschäftsführer (OLG Hamm GmbHR 1993, 743, 745; R/S-L/*Koppensteiner* § 38 Rn. 27; *Happ* GmbH, § 26 Rn. 1; Michalski/*Terlau/Schäfers* § 38 Rn. 68, 76; Baumbach/Hueck/*Zöllner*/*Noack* § 38 Rn. 71; *Heller* GmbHR 2002, 1227, 1231; A/E/S/*B. Schmidt* § 38 Rn. 45; *Lunk* ZIP 1999, 1777, 1786).

529 **ee) Sonderfall Zwei-Personen-GmbH** Wie bereits erläutert, kann es bei der **Zwei-Personen-GmbH** mit zwei Gesellschafter-Geschäftführern zu einer wechselseitigen Abberufung als Geschäftsführer bzw. zu einem **Wettlauf der Abberufung** kommen (vgl. oben Rn. 516; Baumbach/Hueck/*Zöllner*/*Noack* § 38 Rn. 72 f.). Allein durch die Behauptung eines wichtigen Grundes wird der betroffene Geschäftsführer vom Stimmrecht ausgeschlossen. Aufgrund dieser Sondersituation darf einem Gesellschafter-Geschäftsführer im Verfahren des einstweiligen Rechtsschutzes seine Geschäftsführungsbefugnis aus wichtigem Grund weder eingeschränkt noch entzogen werden, wenn dies auch für die Geschäftsführungsbefugnis des anderen Gesellschafter-Geschäftsführers aus wichtigem Grund gerechtfertigt wäre. Um einen Wettlauf der Abberufung zu vermeiden, ist im Verfahren daher die Abberufung beider Geschäftsführer zu berücksichtigen (Michalski/*Terlau/Schäfers* § 38 Rn. 77; Baumbach/Hueck/*Zöllner*/*Noack* § 38 Rn. 74 f.; *Lunk* ZIP 1999, 1777, 1786). Antragsbefugt ist grundsätzlich die Gesellschaft; ist die Gesellschaft jedoch handlungsunfähig, steht die Antragsbefugnis auch einem Gesellschafter zu (Michalski/*Terlau/Schäfers* § 38 Rn. 77; *Oppenländer* DStR 1996, 922, 926).

c) Einstweiliger Rechtsschutz im Anwendungsbereich des § 84 Abs. 3 S. 4 AktG analog

530 Wird der Abberufungsbeschluss bei der mitbestimmten Gesellschaft mit der Begründung, die Abberufung sei durch wichtigen Grund nicht gerechtfertigt, angefochten, kann der **abberufene Geschäftsführer** aufgrund der Regelung des § 84 Abs. 3 S. 4 AktG im Wege einstweiligen Rechtsschutzes nicht gegen seine Abberufung vorgehen. Wird der Abberufungsbeschluss jedoch aus anderen Gründen angefochten oder ist er nichtig, ist einstweiliger Rechtsschutz grundsätzlich möglich, da § 84 Abs. 3 S. 4 AktG insofern nicht gilt (Michalski/*Terlau/Schäfers* § 38 Rn. 78; R/S-L/*Koppensteiner* § 38 Rn. 22; (A/E/S/*B. Schmidt* § 38 Rn. 45).

531 Wie bereits dargelegt, ist die **Abberufung** des Fremd-Geschäftsführers der nicht mitbestimmten Gesellschaft aus wichtigem Grund nach h. L. analog § 84 Abs. 3 S. 4 AktG **sofort** bis zur rechtskräftigen Entscheidung über ihre Rechtmäßigkeit **wirksam** (vgl. oben Rn. 521). Teilweise wird die analoge Anwendung des § 84 Abs. 3 S. 4 AktG auch auf die Abberufung des Minderheitsgesellschafter-Geschäftführers befürwortet, von der wohl h. L. jedoch abgelehnt. Nach wohl h. M. kann der Fremd-Geschäftsführer bei seiner Abberufung aus wichtigem Grund gegen die Abberufung nicht im Wege des einstweiligen Rechtsschutzes vorgehen. Dafür spricht, dass die Regelung des § 84 Abs. 3 S. 4 AktG Ruhe in die Geschäfte der Gesellschaft bringen soll und damit der Rechtssicherheit dient. Könnte der Fremd-Geschäftsführer gegen seine Abberufung aus wichtigem Grund durch einstweiligen Rechtsschutz vorgehen, würde dies dem Zweck der Regelung des § 84 Abs. 3 S. 4 AktG analog zuwiderlaufen (OLG Hamm GmbHR 2002, 327, 328; Scholz/

Schneider GmbHG, § 38 Rn. 74 d; *Hüffer* § 84 Rn. 32; *Heller* GmbHR 2002, 1227, 1231). Nach a. A. ist einstweiliger Rechtsschutz grundsätzlich auch dann möglich, wenn die Abberufung des Geschäftsführers entsprechend § 84 Abs. 3 S. 4 AktG bis zur rechtskräftigen Entscheidung wirksam ist (*Happ* GmbH, § 26 Rn. 8; Michalski/*Terlau/Schäfers* § 38 Rn. 78). Der Zielsetzung des § 84 Abs. 3 S. 4 AktG, im Interesse der Gesellschaft klare Verhältnisse zu schaffen, ist dabei jedoch im Rahmen der Abwägung bei der Prüfung der Begründetheit des Verfügungsantrags Rechnung zu tragen (*Lutter/Hommelhoff* GmbHG, § 38 Rn. 36).

Wie oben erläutert, ist eine **Antragsbefugnis des Fremd-Geschäftsführers** im Verfahren des vorläufigen Rechtsschutzes zu verneinen, wenn der Abberufungsbeschluss lediglich anfechtbar ist, da er im Hauptsacheverfahren nicht klagebefugt ist (vgl. oben Rn. 506, 524). Da das Fehlen des wichtigen Grundes bei der Abberufung eines Geschäftsführers aus wichtigem Grund einen Anfechtungsgrund darstellt, müsste insoweit eine Antragsbefugnis des Fremd-Geschäftsführers ohnehin zu verneinen sein (*Lunk* ZIP 1999, 1777, 1786; *Vorwerk* GmbHR 1995, 266, 270). In der Lehre wird jedoch zum Teil davon ausgegangen, dass sich auch ein Fremd-Geschäftsführer gegen seine Abberufung aus wichtigem Grund durch einstweiligen Rechtsschutz wehren kann, wenn der Abberufungsbeschluss durch Anfechtungsklage eines Gesellschafters angegriffen wird und seine Wirksamkeit somit in Frage steht (Scholz/*Schneider* GmbHG, § 38 Rn. 74 b; A/E/S/*B. Schmidt* § 38 Rn. 45; Michalski/*Terlau/Schäfers* § 38 Rn. 78). 532

Für einstweiligen Rechtsschutz der Gesellschafter zur Durchsetzung der Abberufung aufgrund ihrer sofortigen Wirksamkeit nach § 84 Abs. 3 S. 4 AktG analog bis zur rechtskräftigen Entscheidung im Hauptsacheverfahren wird regelmäßig kein Rechtsschutzbedürfnis bestehen (Michalski/*Terlau/Schäfers* § 38 Rn. 76). 533

4. Einstweiliger Rechtsschutz im Vorfeld des Abberufungsbeschlusses

a) Problemstellung

Einstweiliger Rechtschutz hat im Zusammenhang mit der Abberufung des Geschäftsführers jedoch nicht nur für den Zeitraum nach der Beschlussfassung über die Abberufung praktische Bedeutung. Bereits im **Vorfeld der Beschlussfassung** über die Abberufung eines Geschäftsführers kann schon ein Bedürfnis nach einer einstweiligen Maßnahme gegeben sein. Dies betrifft sowohl den Geschäftsführer, der seiner Abberufung vorbeugen möchte als auch die Gesellschafter, die schon vor Beschlussfassung u. U. ein Interesse daran haben, ein Tätigwerden des Geschäftsführers zu verhindern. Dies kann z. B. dann von Bedeutung sein, wenn die Gesellschaft Schadensersatzansprüche gegen den Geschäftsführer geltend macht und Verschleierungsmaßnahmen seinerseits verhindern möchte (*Zwissler* GmbHR 1999, 336, 337 f.). 534

b) Suspendierung

Nicht zulässig ist eine **vorläufige Amtsenthebung** (Suspendierung) des Geschäftsführers. Eine solche Suspendierung ist weder gesetzlich vorgesehen, noch ist ein praktisches Bedürfnis anzuerkennen, da die Gesellschafter den Geschäftsführer anweisen können, sich jeder oder auch bestimmter Geschäftsführungstätigkeiten zu enthalten (BGH WM 1962, 201, 202; *Lutter/Hommelhoff* GmbHG, § 38 Rn. 39; A/E/S/*B. Schmidt* § 38 Rn. 44). Auch wenn aufgrund der Mehrheitsverhältnisse in der Gesellschaft eine solche Anweisung nicht erfolgt, verbleibt einem Gesellschafter, auf die nachfolgend dargestellten Möglichkeiten des einstweiligen Rechtsschutzes zurückzugreifen (*Lutter/Hommelhoff* GmbHG, § 38 Rn. 39; R/S-L/*Koppensteiner* § 38 Rn. 32). 535

c) Voraussetzungen des einstweiligen Rechtsschutzes

Wie oben bereits dargelegt (vgl. Rn. 413 ff.), haben Rechtsprechung und h. M. in der Literatur die Zulässigkeit von einstweiligem Rechtsschutz im Vorfeld einer Beschlussfassung zur Einwirkung auf den Willensbildungsprozess der Gesellschaft mittlerweile **grundsätzlich bejaht**. Dies gilt auch im Vorfeld der Beschlussfassung über die Abberufung eines Geschäftsführers (OLG Zweibrücken GmbHR 1998, 373; OLG München NZG 1999, 407; *Oppenländer* DStR 1996, 922, 926). Al- 536 lerdings kommt einstweiliger Rechtsschutz nur bei **eindeutiger Rechtslage** oder **besonders schwerer Beeinträchtigung der Interessen des Antragstellers** in Betracht. Zudem muss die einstweilige Verfügung dem Gebot des geringstmöglichen Eingriffs entsprechen (vgl. oben Rn. 415; OLG Zweibrücken GmbHR 1998, 373; OLG Stuttgart GmbHR 1997, 312 f.; A/E/S/*B. Schmidt* § 38 Rn. 44; Michalski/*Terlau/Schäfers* § 38 Rn. 79). Es ist daher zu prüfen, ob dem Antragsteller zugemutet werden kann, den Gesellschafterbeschluss abzuwarten und sich dann im Wege des einstweiligen Rechtsschutzes gegen die Durchführung des Beschlusses zu wehren. Der Antragsteller kann dann nicht auf einstweiligen Rechtsschutz nach der Beschlussfassung verwiesen werden, wenn die drohende Entwicklung irreversibel wäre und die Versagung einstweiligen Rechtsschutzes im Vorfeld der Beschlussfassung daher faktisch auf eine Rechtsverweigerung hinauslaufen würde (OLG Stuttgart GmbHR 1997, 312, 313).

537 Der Geschäftsführer kann seiner Abberufung durch einstweiligen Rechtsschutz diesen Grundsätzen nach daher lediglich dann vorbeugen, wenn eine eindeutige Rechtslage gegeben ist oder ein überragendes Schutzbedürfnis besteht. Ein **besonderes Schutzbedürfnis** kann für den Gesellschafter-Geschäftsführer mit Sonderrecht zur Geschäftsführung zu bejahen sein (Scholz/*Schneider* GmbHG, § 38 Rn. 73). Ob der Geschäftsführer auf einstweiligen Rechtsschutz nach der Beschlussfassung verwiesen werden kann, hängt davon ab, ob seine Abberufung im Streitfall sofort wirksam wird. Wie dargelegt, wird die Abberufung des Geschäftsführers aus wichtigem Grund in der nicht mitbestimmten Gesellschaft nach § 84 Abs. 3 S. 4 AktG analog nur bei Abberufung eines Fremd-Geschäftsführers sofort wirksam. Im Übrigen scheidet eine analoge Anwendung des § 84 Abs. 3 S. 4 AktG nach h. L. aus. Die Wirksamkeit der Abberufung hängt in diesen Fällen von der objektiven Rechtslage ab (vgl. oben Rn. 519 f.). Ist die Abberufung unberechtigt, hat der Gesellschafter-Geschäftsführer seine Geschäftsführungsbefugnisse und Vertretungsmacht nie verloren. Eine Abberufung wäre nicht wirksam. Nach Auffassung der Rechtsprechung und der h. L. ist in einem solchen Fall die vorläufige Unsicherheit über die Wirksamkeit der Abberufung hinzunehmen. Der Geschäftsführer kann somit darauf verwiesen werden, sich im Wege des einstweiligen Rechtsschutzes nach Beschlussfassung die Weiterführung seiner Tätigkeit zu sichern (OLG Stuttgart GmbHR 1997, 312, 313).

538 Unter den dargelegten Voraussetzungen kann auch ein Gesellschafter im Wege des einstweiligen Rechtsschutzes beantragen, den Tätigkeitsbereich des Geschäftsführers einzuschränken oder auch ein umfassendes Tätigkeitsverbot aufzuerlegen. Ansonsten könnte kein Rechtsschutz erlangt werden, bevor die Gesellschafterversammlung als Beschlussorgan der Gesellschaft ordnungsgemäß zusammentritt (OLG Frankfurt GmbHR 1998, 1126).

5. Vertretung der Gesellschaft

539 Für die nicht mitbestimmte Gesellschaft ist die Prozessvertretung im Rechtsstreit um die Rechtmäßigkeit der Abberufung eines Geschäftsführers umstritten. Nach Auffassung der Rechtsprechung und teilweise vertretener Ansicht in der Lehre wird die Gesellschaft bei der Anfechtungs- und Nichtigkeitsklage prozessual **durch den Geschäftsführer** vertreten, der im Fall des Obsiegens der Gesellschaft als deren Geschäftsführer anzusehen ist. Dieser Grundsatz gilt auch für das Verfahren des einstweiligen Rechtsschutzes (BGH WM 1981, 138; OLG Hamm GmbHR 1993, 743, 745; A/E/S/*B. Schmidt* § 38 Rn. 42; Michalski/*Römermann* Anh. § 47 Rn. 493).

540 Nach a. A. gilt für den Rechtsstreit der Gesellschaft gegen den abberufenen Geschäftsführer die Regelung des § 46 Nr. 8 Hs. 2 GmbHG, nach der die Gesellschafter die Möglichkeit haben, für dieses Verfahren einen **besonderen Vertreter** zu bestimmen (vgl. oben Rn. 243 ff.; Scholz/*Schneider* § 38 Rn. 69; Michalski/*Terlau/Schäfers* § 38 Rn. 74; R/S-L/*Koppensteiner* § 38 Rn. 28; *Zwissler* GmbHR 1999, 336, 337). Machen die Gesellschafter von dieser Möglichkeit keinen Gebrauch, kann die Gesellschaft durch die verbleibenden Geschäftsführer in vertretungsberechtigter Anzahl vertreten werden (Michalski/*Terlau/Schäfers* § 38 Rn. 74; *Zwissler* GmbHR 1999, 336, 337). Ist dies nicht möglich, so kommt die Bestellung eines Prozessvertreters nach § 57 ZPO oder eines Notgeschäftsführers gem. § 29 BGB in Betracht (vgl. oben Rn. 243 ff.; R/S-L/*Koppensteiner* § 46

Rn. 45). Besteht ein Aufsichtsrat, steht diesem nach §§ 52 Abs. 1 GmbHG, 112 AktG die Prozessvertretung zu (R/S-L/*Koppensteiner* § 38 Rn. 28).

Die **mitbestimmte Gesellschaft** wird nach § 112 AktG analog prozessual durch den **Aufsichtsrat** vertreten. Allein der Aufsichtsrat ist zur prozessualen Vertretung der Gesellschaft befugt (BGH BB 1981, 1232, 1233; R/S-L/*Koppensteiner* § 38 Rn. 30). **541**

VIII. Ersatzansprüche der Gesellschaft gegen Gesellschafter oder Geschäftsführer, insbesondere Geschäftsführerhaftung gem. § 43 Abs. 2 GmbHG

1. Beschlusserfordernis gem. § 46 Nr. 8 Hs. 1 GmbHG

a) Sinn und Zweck der Regelung des § 46 Nr. 8 Hs. 1 GmbHG

Nach § 46 Nr. 8 Hs. 1 GmbHG entscheidet die Gesamtheit der Gesellschafter über die Geltendmachung von Ersatzansprüchen, die der Gesellschaft gegen Gesellschafter und Geschäftsführer zustehen (A/E/S/*B. Schmidt* § 46 Rn. 34; R/S-L/*Koppensteiner* § 46 Rn. 39). Die Geltendmachung eines Ersatzanspruchs durch die Gesellschaft setzt somit einen entsprechenden **Beschluss der Gesellschafter** voraus (A/E/S/*B. Schmidt* § 46 Rn. 2, 35; Lutter/Hommelhoff/*Lutter/Hommelhoff* GmbHG, § 46 Rn. 22). Sinn und Zweck dieser Regelung ist, es der Entscheidung der Gesellschafterversammlung und nicht dem Entschluss der Geschäftsführer zu überlassen, ob gesellschaftsinterne Vorgänge, die unter Umständen dem Ansehen der Gesellschaft schaden können, in einem gerichtlichen Verfahren an die Öffentlichkeit gelangen sollen (BGHZ 28, 355, 357; BGH ZIP 1708, 1710; OLG Düsseldorf GmbHR 1995, 232; R/S-L/*Koppensteiner* § 46 Rn. 39; Michalski/*Römermann* § 46 Rn. 390; Lutter/Hommelhoff/*Lutter/Hommelhoff* GmbHG, § 46 Rn. 21; Baumbach/Hueck/*Zöllner/Noack* § 46 Rn. 57). Ferner trägt § 46 Nr. 8 Hs. 1 GmbHG dem Umstand Rechnung, dass die Zusammenarbeit zwischen Gesellschaftern und Geschäftsführern, insbesondere in einer personalistisch strukturierten GmbH, ein Vertrauensverhältnis erfordert. Daher soll die Abwägung im Einzelfall, ob eine Beeinträchtigung dieses Vertrauensverhältnisses durch die Geltendmachung von Ansprüchen gegen den Geschäftsführer in Kauf genommen wird, der Gesamtheit der Gesellschafter zustehen (Michalski/*Römermann* § 46 Rn. 391; R/S-L/*Koppensteiner* § 46 Rn. 39). **542**

b) Geltungsbereich des § 46 Nr. 8 Hs. 1 GmbHG

§ 46 Nr. 8 Hs. 1 GmbHG gilt grundsätzlich für jede GmbH, erfasst somit auch die Vor- und die Ein-Personen-GmbH (Scholz/*K. Schmidt* § 46 Rn. 144; Michalski/*Römermann* § 46 Rn. 393). Für die **Ein-Personen-GmbH** ist zu berücksichtigen, dass eine einfache Entschließung des Gesellschafters zur Geltendmachung des jeweiligen Ersatzanspruchs ausreicht, so dass ein förmlicher Gesellschafterbeschluss nicht erforderlich ist (vgl. unten Rn. 551; BGH WM 1968, 1329; ZIP 1997, 199, 200; A/E/S/*B. Schmidt* § 46 Rn. 2; Scholz/*K. Schmidt* GmbHG, § 46 Rn. 153). Nach teilweise vertretener Ansicht gilt § 46 Nr. 8 Hs. 1 GmbHG auch für die **mitbestimmte Gesellschaft** mit obligatorischem Aufsichtsrat (Scholz/*K. Schmidt* GmbHG, § 46 Rn. 144; Michalski/*Römermann* § 46 Rn. 395). Nach a. A. ist die nach MitbestG 76 mitbestimmte Gesellschaft mit paritätisch besetztem Aufsichtsrat vom Anwendungsbereich des § 46 Nr. 8 Hs. 1 auszunehmen (Lutter/Hommelhoff/*Lutter/Hommelhoff* GmbHG, § 46 Rn. 21). Nach h. L. gilt § 46 Nr. 8 Hs. 1 GmbHG auch für die **aufgelöste Gesellschaft** (Scholz/*K. Schmidt* GmbHG, § 46 Rn. 144; Michalski/*Römermann* § 46 Rn. 393; a. A. A/E/S/*B. Schmidt* § 46 Rn. 36). § 46 Nr. 8 Hs. 1 GmbHG gilt **nicht** für die **GmbH & Co. KG** (BGHZ 76, 326, 338; BGH GmbHR 1992, 303). **543**

Das Beschlusserfordernis erfasst **nur Ansprüche der Gesellschaft**. Für Ansprüche eines Gesellschafters oder Ansprüche Dritter greift diese Regelung nicht. § 46 Nr. 8 Hs. 1 GmbHG erfasst seinem Wortlaut nach Ersatzansprüche gegen Gesellschafter oder Geschäftsführer, gilt darüber hinaus auch für Ansprüche gegen ehemalige Geschäftsführer und ehemalige Gesellschafter (BGHZ 28, 355, 357; BGH GmbHR 1999, 921; NJW 2003, 358, 358; ZIP 2004, 1708, 1710; Scholz/*K. Schmidt* GmbHG, § 46 Rn. 145 ff.; Michalski/*Haas* § 43 Rn. 222; Michalski/*Römermann* § 46 **544**

Rn. 406, 411 f.; A / E / S / *B. Schmidt* § 46 Rn. 37; *Roth/Altmeppen* § 46 Rn. 61). § 46 Nr. 8 Hs. 1 GmbHG gilt ferner für Ersatzansprüche gegen **Liquidatoren**, gegen **Abschlussprüfer** (str., vgl. auch Kap. 7 § 46 Rn. 37), gegen **Mitglieder anderer Gesellschaftsorgane** wie beispielsweise Aufsichtsrat oder Beirat sowie gegen die **Erben** des jeweiligen Schuldners (BGH NJW 1969, 1712; Michalski / *Römermann* § 46 Rn. 414; R / S-L / *Koppensteiner* § 46 Rn. 41; Lutter / Hommelhoff / *Lutter/Hommelhoff* GmbHG, § 46 Rn. 21; Baumbach / Hueck / *Zöllner/Noack* § 46 Rn. 59 jedoch gegen die Geltung des § 46 Nr. 8 Hs. 1 GmbHG für Ansprüche gegen Abschlussprüfer).

545 § 46 Nr. 8 Hs. 1 GmbHG betrifft alle Ersatzansprüche aus Pflichtverstößen bei Gründung und Geschäftsführung. **Ersatzansprüche** im Sinne dieser Vorschrift sind alle Ansprüche, die auf einem schädigenden Handeln oder Unterlassungen beruhen (Michalski / *Römermann* § 46 Rn. 416; Baumbach / Hueck / *Zöllner/Noack* § 46 Rn. 58; Scholz / *K. Schmidt* § 46 Rn. 147). Unerheblich ist in diesem Zusammenhang, ob der Anspruch auf vertraglicher oder außervertraglicher Grundlage beruht (BGHZ 97, 382, 385, 386; Scholz / *K. Schmidt* § 46 Rn. 149; R / S-L / *Koppensteiner* § 46 Rn. 42). Erfasst sind daher auch **deliktische und Bereicherungsansprüche** gegen Geschäftsführer oder Gesellschafter (BGHZ 97, 382, 385, 386; BGH ZIP 2004, 1708, 1710; Michalski / *Römermann* § 46 Rn. 424). § 46 Nr. 8 Hs. 1 GmbHG erfasst beispielsweise nach h. M. **Ansprüche nach § 9 a GmbHG** (Michalski / *Römermann* § 46 Rn. 418, 424; Lutter / Hommelhoff / *Lutter/Hommelhoff* GmbHG, § 46 Rn. 21; Baumbach / Hueck / *Zöllner/Noack* § 46 Rn. 58, § 9 a Rn. 20) sowie **Schadensersatzansprüche gegen Geschäftsführer nach § 43 Abs. 2 GmbHG** (BGH NJW 1999, 2115, 2115; Scholz / *K. Schmidt* GmbHG, § 46 Rn. 149; R / S-L / *Koppensteiner* § 46 Rn. 42; Michalski / *Römermann* § 46 Rn. 424). § 46 Nr. 8 Hs. 1 GmbHG gilt **nicht** für Ansprüche der Gesellschaft aus sonstigen Drittgeschäften mit Gesellschaftern oder Geschäftsführern (Scholz / *K. Schmidt* GmbHG, § 46 Rn. 145; Lutter / Hommelhoff / *Lutter/Hommelhoff* GmbHG, § 46 Rn. 21). Ansprüche, die der Kapitalerhaltung der Gesellschaft und damit Gläubigerinteressen dienen, sind ebenfalls nicht vom Anwendungsbereich des § 46 Nr. 8 Hs. 1 GmbHG erfasst (Michalski / *Römermann* § 46 Rn. 417, 425; Scholz / *K. Schmidt* GmbHG, § 46 Rn. 148). Dies sind beispielsweise Ansprüche aus **Differenzhaftung nach § 9 GmbHG** sowie **Rückgewähransprüche aus § 31 GmbHG** aufgrund verbotener Ausschüttungen (Michalski / *Römermann* § 46 Rn. 426; *Roth/Altmeppen* § 46 Rn. 62), sowie nach wohl h. A. auch Ansprüche aus **Unterbilanzhaftung**. Solche Ansprüche müssen von den Geschäftsführern ohne Einfluss der Gesellschafter ohne weiteres geltend gemacht werden können (Michalski / *Römermann* § 46 Rn. 424; Scholz / *K. Schmidt* GmbHG, § 46 Rn. 148; a. A. Lutter / Hommelhoff / *Lutter/Hommelhoff* GmbHG, § 46 Rn. 21).

546 Das **Beschlusserfordernis** des § 46 Nr. 8 Hs. 1 GmbHG gilt nicht nur für die positive Durchsetzung des Anspruchs, sondern auch **für Erlass, Stundung, Verzicht, Aufrechnung, Vergleich** sowie für die Annahme von Leistungen **an Erfüllung Statt** sowie im Fall sog. **Generalbereinigungen** (BGH NJW 1998, 1315, 1316; OLG Düsseldorf GmbHR 1995, 232; OLG Frankfurt NZG 1999, 767, 768; *Roth/Altmeppen* § 46 Rn. 63; Michalski / *Römermann* § 46 Rn. 433; Baumbach / Hueck / *Zöllner* § 46 Rn. 60).

547 Das Beschlusserfordernis gilt **nicht**, wenn über das Vermögen der Gesellschaft das **Insolvenzverfahren** eröffnet wurde, da die Kompetenz zur Geltendmachung von Ansprüchen i. S. d. § 46 Nr. 8 Hs. 1 GmbHG allein dem Insolvenzverwalter zusteht (BGH GmbHR 1992, 303; Scholz / *K. Schmidt* § 46 Rn. 152; A / E / S / *B. Schmidt* § 46 Rn. 36; Michalski / *Römermann* § 46 Rn. 408; *Roth/Altmeppen* § 46 Rn. 61). Dies erklärt sich daraus, dass zum Schutz von Gläubigerinteressen die Entscheidung über die Geltendmachung von Forderungen gegen Geschäftsführer oder Gesellschafter in der Insolvenz der Gesellschaft nicht der Gesellschafterversammlung überlassen bleiben soll (BGH ZIP 2004, 1708, 1710 f.).

548 Wurde der Anspruch durch einen Gläubiger **gepfändet**, kann dieser den Anspruch auch ohne Beschlussfassung geltend machen. Wurde der Anspruch jedoch abgetreten, besteht das Beschlusserfordernis des § 46 Nr. 8 Hs. 1 GmbHG nach wohl herrschender, wenn auch nicht unumstrittener Auffassung fort (Scholz / *K. Schmidt* GmbHG, § 46 Rn. 152; Michalski / *Römermann* § 46 Rn. 409 f.; R / S-L / *Koppensteiner* § 46 Rn. 41; a. A. *Roth/Altmeppen* § 46 Rn. 61).

Weitere Ausnahmen vom Beschlusserfordernis werden im Gesellschafts- oder Gesellschafterinteresse zugelassen. So ist ein Beschluss beispielsweise dann entbehrlich, wenn die Geltendmachung des Anspruchs zur Abwendung der Insolvenz unentbehrlich ist (Scholz/*K. Schmidt* GmbHG, § 46 Rn. 153). 549

c) Beschlussfassung

Der Beschluss wird vorbehaltlich abweichender statutarischer Regelung mit **einfacher Mehrheit** 550 gem. § 47 Abs. 1 GmbHG gefasst (Scholz/*K. Schmidt* GmbHG, § 46 Rn. 155; Michalski/*Römermann* § 46 Rn. 436). Ein **betroffener Gesellschafter** ist nach § 47 Abs. 4 S. 2 GmbHG vom Stimmrecht **ausgeschlossen.** Das Stimmverbot erfasst nicht nur die unmittelbar betroffenen Gesellschafter, sondern auch Gesellschafter, die an der Pflichtverletzung des Geschäftsführers oder anderer Gesellschafter beteiligt sind (BGHZ 97, 28, 32; Michalski/*Römermann* § 46 Rn. 437). Der Beschluss muss eindeutig den Willen der Gesellschafterversammlung erkennen lassen, den jeweiligen Anspruch geltend zu machen. Der betreffende Anspruch muss **ausreichend konkretisiert** werden (BGH DB 2003, 821, 822; OLG Düsseldorf GmbHR 1995, 232; Scholz/*K. Schmidt* GmbHG, § 46 Rn. 156; A/E/S/*B. Schmidt* § 46 Rn. 36; R/A/*Roth* § 46 Rn. 60). Ein Beschluss zur Geltendmachung von Ersatzansprüchen kann bei widerspruchsloser Mitwirkung aller Gesellschafter auch **formlos** im Rahmen eines Zusammentreffens ohne förmliche Einberufung gefasst werden (BGH GmbHR 1999, 921, 922; *Müller* GmbHR 1999, 923; a. A. Michalski/*Römermann* § 46 Rn. 440).

d) Entbehrlichkeit der Beschlussfassung

Ein Beschluss ist entbehrlich, wenn das Beschlusserfordernis als **reine Förmelei** und unnötiger 551 Umweg erscheint. So ist ein förmlicher Beschluss im Fall der **Ein-Personen-Gesellschaft** entbehrlich (vgl. oben Rn. 543). Der alleinige Gesellschafter muss seinen Willen, den Anspruch geltend zu machen, jedoch deutlich zum Ausdruck bringen, z. B. durch eine schriftliche Erklärung (BGH ZIP 1997, 199, 200; Michalski/*Haas* § 43 Rn. 223; Michalski/*Römermann* § 46 Rn. 394; Baumbach/Hueck/*Zöllner/Noack* § 46 Rn. 63; Scholz/*K. Schmidt* GmbHG, § 46 Rn. 153; A/E/S/*B. Schmidt* § 46 Rn. 36; Michalski/*Römermann* § 46 Rn. 394). Entbehrlich ist eine Beschlussfassung weiterhin, wenn der allein stimmberechtigte Gesellschafter die Geltendmachung des Anspruchs befürwortet (Scholz/*K. Schmidt* GmbHG, § 46 Rn. 153; ausführl. zur Problematik Michalski/*Römermann* § 46 Rn. 401 f.). Darüber hinaus ist ein Beschluss im Einzelfall auch dann entbehrlich, wenn aufgrund der Machtverhältnisse in der Gesellschaft die Herbeiführung eines solchen Beschlusses **aussichtslos erscheint** (vgl. zur actio pro socio Rn. 275; BGHZ 65, 15, 21; BGH WM 1982, 928, 929; Michalski/*Römermann* § 46 Rn. 531; Michalski/*Haas* § 43 Rn. 223). In einem solchen Fall kann eine Geltendmachung des Anspruchs im Wege der actio pro socio durch einen Gesellschafter in Betracht kommen (vgl. ausführl. zur actio pro socio und ihren Voraussetzungen Rn. 269 ff.). Auch bei einer **Zwei-Personen-GmbH** mit zwei alleinvertretungsberechtigten Gesellschafter-Geschäftsführern ist eine Beschlussfassung entbehrlich (Scholz/*K. Schmidt* GmbHG, § 46 Rn. 153), da der jeweils andere Gesellschafter-Geschäftsführer vom Stimmrecht ausgeschlossen wäre (vgl. oben Rn. 550).

e) Beschlusserfordernis nach § 46 Nr. 8 Hs. 1 GmbHG als materielle Voraussetzung

Die Geltendmachung eines vom Anwendungsbereich des § 46 Nr. 8 Hs. 1 GmbHG erfassten An- 552 spruchs setzt grundsätzlich eine entsprechende Beschlussfassung der Gesellschafter voraus. Es handelt sich dabei um eine **materielle Voraussetzung des Anspruchs** (BGH NJW 1998, 1315, 1316; A/E/S/*B. Schmidt* § 43 Rn. 46; Michalski/*Haas* § 43 Rn. 222; R/S-L/*Koppensteiner* § 46 Rn. 40). Fehlt die Beschlussfassung der Gesellschafter, ist der Anspruch unbegründet. Daher gilt das Beschlusserfordernis sowohl für die **gerichtliche als auch außergerichtliche Geltendmachung** des Anspruchs (BGH NJW 1998, 1315, 1316; A/E/S/*B. Schmidt* § 46 Rn. 35; Scholz/*K. Schmidt* GmbHG, § 46 Rn. 159; Michalski/*Römermann* § 46 Rn. 427, 429 *Roth/Altmeppen* § 46 Rn. 60). Bei gerichtlicher Geltendmachung gilt das Beschlusserfordernis unabhängig von der

Klageart, sei es eine Leistungs-, Feststellungs- oder Unterlassungsklage (R/S-L/*Koppensteiner* § 46 Rn. 42; Scholz/*K. Schmidt* GmbHG, § 46 Rn. 144).

553 Wird ein Schadensersatzanspruch gerichtlich ohne wirksame Beschlussfassung nach § 46 Nr. 8 Hs. 1 GmbHG gerichtlich geltend gemacht, hat dies zur Folge, dass dem Geschäftsführer hierfür die erforderliche **Vertretungsmacht fehlt**. Fehlt der Beschluss, ist die Klage als unbegründet abzuweisen (BGHZ 97, 382, 390; 28, 355, 359; BGH NZG 1999, 1001; NJW 1998, 1315, 1316; A/E/S/*B. Schmidt* § 46 Rn. 35; R/S-L/*Koppensteiner* § 46 Rn. 40). Eine fehlende Beschlussfassung kann als materiellrechtlicher Einwand gegen den Anspruch geltend gemacht werden. Die Beschlussfassung nach § 46 Nr. 8 Hs. 1 GmbHG hat somit nicht nur Innen- sondern auch Außenwirkung (Scholz/*K. Schmidt* GmbHG, § 46 Rn. 142, 159; Lutter/Hommelhoff/*Lutter/Hommelhoff* GmbHG, § 46 Rn. 22). Das Gericht hat **von Amts wegen** zu prüfen, ob ein Beschluss nach § 46 Nr. 8 Hs. 1 GmbHG gegeben ist (Scholz/*K. Schmidt* GmbHG, § 46 Rn. 159). Die **Darlegungs- und Beweislast** diesbezüglich liegt bei der Gesellschaft (R/S-L/*Koppensteiner* § 46 Rn. 40). Allerdings kann ein Beschluss der Gesellschafter über die Geltendmachung der Ersatzansprüche auch noch nach Rechtshängigkeit der Klage bis zum Schluss der mündlichen Verhandlung gefasst und dem Gericht vorgelegt werden (BGH ZIP 2004, 1708, 1710; NJW 1999, 2115, 2115; Michalski/*Haas* § 43 Rn. 222). In diesem Zusammenhang ist darauf hinzuweisen, dass es für die **Hemmung der Verjährung** auf den Zeitpunkt der Klageerhebung ankommt, nicht auf den Zeitpunkt der Beschlussfassung (BGH NJW 1999, 2115, 2115; A/E/S/*B. Schmidt* § 46 Rn. 35; R/S-L/*Koppensteiner* § 46 Rn. 40; *Roth/Altmeppen* § 46 Rn. 60). Die Unterbrechung der Verjährung durch Klage setzt nicht voraus, dass im Zeitpunkt der Zustellung alle Anspruchsvoraussetzungen, wie die Beschlussfassung nach § 46 Nr. 8 Hs. 1 GmbHG, gegeben sind (BGH NJW 1999, 2115, 2115).

f) Kein Beschlusserfordernis bei einstweiligem Rechtsschutz

554 Das Beschlusserfordernis des § 46 Nr. 8 Hs. 1 GmbHG gilt aufgrund der Eilbedürftigkeit **nicht** für Maßnahmen des **einstweiligen Rechtsschutzes**. Die zeitliche Verzögerung durch die Einberufung der Gesellschafterversammlung würde eine erfolgreiche Vollstreckung aufgrund des Hauptsacheverfahrens gefährden (R/S-L/*Koppensteiner* § 46 Rn. 42; A/E/S/*B. Schmidt* § 46 Rn. 35; Scholz/*K. Schmidt* GmbHG, § 46 Rn. 144, 154; Michalski/*Römermann* § 46 Rn. 430). Im Rahmen des Verfügungs- bzw. Arrestanspruchs ist jedoch glaubhaft zu machen, dass ein Beschluss zur Geltendmachung der Ersatzansprüche gegen den Geschäftsführer noch möglich ist und herbeigeführt werden wird. Als Mittel der Glaubhaftmachung kommen beispielsweise die Vorlage der Einladung zur Gesellschafterversammlung oder auch eine eidesstattliche Versicherung des Geschäftsführers in Betracht (Scholz/*K. Schmidt* GmbHG, § 46 Rn. 154; Michalski/*Römermann* § 46 Rn. 432).

g) Rechtsschutz gegen fehlerhaften Gesellschafterbeschluss

555 Ist ein Gesellschafterbeschluss i. S. d. § 46 Nr. 8 Hs. 1 GmbHG mangelhaft, so kann gegen diesen Beschluss nach allgemeinen Grundsätzen je nach Art des Mangels **Anfechtungs- oder Nichtigkeitsklage** erhoben werden (Michalski/*Römermann* § 46 Rn. 441; Baumbach/Hueck/*Zöllner/Noack* § 46 Rn. 64; vgl. dazu auch ausführl. Rn. 294 ff.). Wurde die Geltendmachung des fraglichen Anspruchs beschlossen und ist der Haftungsprozess bereits anhängig, kann die **Nichtigkeit** des Beschlusses nach allgemeinen Grundsätzen in diesem Haftungsprozess **einredeweise** geltend gemacht und inzident berücksichtigt werden (vgl. oben Rn. 306; Scholz/*K. Schmidt* GmbHG, § 46 Rn. 157; Baumbach/Hueck/*Zöllner/Noack* § 46 Rn. 64). Eine einredeweise Geltendmachung von Anfechtungsgründen ist jedoch nicht möglich. Anfechtungsgründe sind daher durch Anfechtungsklage geltend zu machen (Scholz/*K. Schmidt* GmbHG, § 46 Rn. 157; a. A. A/E/S/*B. Schmidt* § 46 Rn. 35; Baumbach/Hueck/*Zöllner/Noack* § 46 Rn. 64; s. auch Rn. 318). Wird während eines anhängigen Haftungsprozesses Anfechtungsklage erhoben, kann das Gericht das Verfahren gem. § 148 ZPO aussetzen und die rechtskräftige Entscheidung im Anfechtungsprozess abwarten. Hält das Gericht die Haftungsklage jedoch schon aus anderen Gründen für abweisungsreif, kann es die Abweisung der Klage aussprechen (Baumbach/Hueck/*Zöllner/Noack*

§ 46 Rn. 64). Wurde die Geltendmachung des Ersatzanspruchs von der Gesellschafterversammlung durch mangelhaften Gesellschafterbeschluss abgelehnt, so ist ein Gesellschafter, der die Geltendmachung des Ersatzanspruchs betreiben möchte, nach h. L. darauf zu verweisen, den ablehnenden Beschluss mit Nichtigkeits- oder Anfechtungsklage in Verbindung mit einer positiven Beschlussfeststellungsklage anzugreifen (vgl. zu dieser Problematik ausführl. oben Rn. 396 ff.; BGH WM 1982, 928, 929; Michalski/*Ebbing* § 14 Rn. 102; Scholz/*Emmerich* GmbHG, § 13 Rn. 50).

h) Vertretung der Gesellschaft

Hinsichtlich der prozessualen Vertretung der Gesellschaft bei der Geltendmachung von Ansprüchen i. S. d. § 46 Nr. 8 Hs. 1 GmbHG wird auf die Ausführungen zu § 46 Nr. 8 Hs. 2 GmbHG im allgemeinen Teil verwiesen (vgl. Rn. 243 ff.; vgl. auch Kap. 7 § 46 Rn. 38 ff.). **556**

2. Geltendmachung von Schadensersatzansprüchen gegen Geschäftsführer gem. § 43 Abs. 2 GmbHG

a) Einleitung

§ 43 Abs. 2 GmbHG regelt die **Organhaftung von Geschäftsführern** gegenüber der Gesellschaft. **557**
Nach § 43 Abs. 2 GmbHG haften die Geschäftsführer der Gesellschaft für den Schaden, der durch **schuldhafte Verletzung** ihrer Pflichten entstanden ist (BGH ZIP 1997, 199, 200; ZIP 1994, 872, 873). Welche Sorgfaltspflichten ein Geschäftsführer zu beachten hat, ergibt sich aus § 43 Abs. 1 GmbHG (vgl. dazu ausführl. Kap. 7 § 43 Rn. 7 ff., 16 ff.). So hat der Geschäftsführer in Angelegenheiten der Gesellschaft die **Sorgfalt eines ordentlichen Kaufmanns** anzuwenden. § 43 Abs. 3 GmbHG normiert besondere Haftungstatbestände hinsichtlich der Verletzung gläubigerschützender Vorschriften zur Erhaltung des Stammkapitals (Lutter/Hommelhoff/*Hommelhoff/Kleindiek* GmbHG, § 43 Rn. 1; A/E/S/*B. Schmidt* § 43 Rn. 48; Michalski/*Haas* § 43 Rn. 216). Der Schadensersatzanspruch nach § 43 Abs. 3 GmbHG setzt eine schuldhafte Pflichtverletzung des Geschäftsführers voraus. **Verschulden** ist sowohl bei Vorsatz als auch bei Fahrlässigkeit gegeben (vgl. Kap. 7 § 43 Rn. 36; A/E/S/*B. Schmidt* § 43 Rn. 37 ff.; Michalski/*Haas* § 43 Rn. 188). Der Gesellschaft muss ein **Schaden** entstanden sein, der durch die Pflichtverletzung adäquat kausal verursacht wurde (vgl. Kap. 7 § 43 Rn. 37 ff.; Michalski/*Haas* § 43 Rn. 199 f.). Haben mehrere Geschäftsführer den Schaden verursacht, so haften sie nach § 43 Abs. 2 GmbHG **als Gesamtschuldner** gem. §§ 421 ff. BGB (s. Kap. 7 § 43 Rn. 2; Michalski/*Haas* § 43 Rn. 225; Baumbach/Hueck/*Zöllner/Noack* § 43 Rn. 25).

b) Rechtsweg und Zuständigkeit

Für ein Verfahren der Gesellschaft gegen Geschäftsführer aufgrund ihrer Organhaftung ist der ordentliche Rechtsweg zu den **Zivilgerichten**, nicht zu den Arbeitsgerichten, eröffnet. Der **Gerichtsstand** bestimmt sich wahlweise nach dem allgemeinen Gerichtsstand des Geschäftsführers nach §§ 12, 13 ZPO oder nach dem Gerichtsstand des Erfüllungsortes gem. § 29 ZPO (BGH GmbHR 1992, 303; BayObLG GmbHR 1993, 161; Zöller/*Vollkommer* § 12 Rn. 9, § 29 Rn. 6; Lutter/Hommelhoff/*Hommelhoff/Kleindiek* GmbHG, § 43 Rn. 31; A/E/S/*B. Schmidt* § 43 Rn. 45; Michalski/*Haas* § 43 Rn. 242 f.). Der Gerichtsstand des Erfüllungsortes befindet sich am Sitz der Gesellschaft, da dies der Ort ist, an dem der Geschäftsführer seine organschaftlichen Pflichten zu erfüllen hat (R/S-L/*Koppensteiner* § 43 Rn. 46) **558**

c) Aktivlegitimation

Der Geschäftsführer haftet allein der **Gesellschaft**, nicht gegenüber Gesellschaftern oder Dritten (Michalski/*Haas* § 43 Rn. 173). Der Anspruch auf Geltendmachung des Schadensersatzanspruchs steht daher der Gesellschaft zu (vgl. oben Rn. 557). Die Gesellschaft ist klagebefugt (A/E/S/*B. Schmidt* § 43 Rn. 45 f.; R/S-L/*Koppensteiner* § 43 Rn. 46). **559**

d) Vertretungsfragen

560 Hinsichtlich der prozessualen Vertretung der Gesellschaft bei der Geltendmachung von Schadensersatzansprüchen gegen den Geschäftsführer gem. § 43 Abs. 2 GmbHG wird auf die Ausführungen zu § 46 Nr. 8 Hs. 2 GmbHG im allgemeinen Teil verwiesen (vgl. Rn. 243 ff.; vgl. auch Kap. 7 § 46 Rn. 38 ff.).

e) Darlegungs- und Beweislast

561 Grundsätzlich ist der **Kläger** verpflichtet, die Umstände darzulegen und zu beweisen, die seinen Anspruch begründen (Michalski/*Haas* § 43 Rn. 248). Die **Gesellschaft** hat daher die Organeigenschaft als Geschäftsführer im Zeitpunkt des schädigenden Ereignisses nachzuweisen. Dies gilt auch für alle Umstände, die die Eigenschaft als faktischer Geschäftsführer begründen (Michalski/*Haas* § 43 Rn. 249; Baumbach/Hueck/*Zöllner/Noack* § 43 Rn. 36; vgl. zum faktischen Geschäftsführer auch Kap. 7 § 6 Rn. 8). Weiter ist die Gesellschaft verpflichtet, den Eintritt und die Höhe des Schadens darzulegen und zu beweisen, sowie den Umstand, dass der Schaden auf einem pflichtwidrigen Verhalten des Geschäftsführers beruht (BGH ZIP 1991, 159, 160; OLG Stuttgart GmbHR 2000, 1048, 1049; Baumbach/Hueck/*Zöllner/Noack* § 43 Rn. 37; A/E/S/*B. Schmidt* § 43 Rn. 43; Lutter/Hommelhoff/*Hommelhoff/Kleindiek* GmbHG, § 43 Rn. 31). An die Beweisführung der Gesellschaft dürfen jedoch keine Anforderungen gestellt werden, die von ihr tatsächlich nicht erfüllt werden können. Hinsichtlich der Darlegung und des Beweises von **Schadenseintritt und -höhe** sowie des Ursachenzusammenhangs greifen zugunsten der Gesellschaft die Beweiserleichterungen des **Anscheinsbeweises** sowie der Schätzung gem. § 287 ZPO (BGH NJW 2003, 358, 359; ZIP 1994, 872; OLG Stuttgart GmbHR 2000, 1048, 1049 f.; Baumbach/Hueck/*Zöllner/Noack* § 43 Rn. 37; A/E/S/*B. Schmidt* § 43 Rn. 44; Lutter/Hommelhoff/*Hommelhoff/Kleindiek* GmbHG, § 43 Rn. 32). Der Anscheinsbeweis wird zum Nachweis eines Ursachenzusammenhanges herangezogen, wenn ein Schadensereignis nach allgemeiner Lebenserfahrung typischerweise infolge einer bestimmten Pflichtverletzung eintritt (Zöller/*Greger* Vor § 284 Rn. 30). Die Beweiserleichterung nach § 287 ZPO greift für das Ob und die Höhe des Schadens sowie für die Kausalität zwischen dem Haftungsgrund und der Schadensfolge (Zöller/*Greger* § 287 Rn. 2, 3). Der **Geschäftsführer** hat entsprechend § 93 Abs. 2 S. 2 AktG darzulegen und zu beweisen, dass sein Verhalten weder pflichtwidrig noch schuldhaft war. Ihn trifft somit die Darlegungs- und Beweislast dafür, dass er die Sorgfalt eines ordentlichen und gewissenhaften Geschäftsleiters angewandt hat. Den Geschäftsführer trifft der **Entlastungsbeweis** somit sowohl in subjektiver als auch in objektiver Hinsicht (BGH NJW 2003, 358, 359; Lutter/Hommelhoff/*Hommelhoff/Kleindiek* GmbHG, § 43 Rn. 31 f.; A/E/S/*B. Schmidt* § 43 Rn. 43; Michalski/*Haas* § 43 Rn. 253). So obliegt im Fall von für die Gesellschaft nicht klär- und nachvollziehbaren Kassen- und Warenfehlbeständen dem für die Buchhaltung verantwortlichen Geschäftsführer der Nachweis der ordnungsgemäßen Verwendung der Gelder (BGH NJW 2003, 358, 358; ZIP 1991, 159, 160; OLG Stuttgart GmbHR 2000, 1048, 1049 f.).

Kapitel 17
Schiedsverfahren im Gesellschaftsrecht

Übersicht:

A. Einleitung

1 Die praktische Bedeutung von Schiedsverfahren im Gesellschaftsrecht hat sowohl im nationalen als auch im internationalen Bereich stetig zugenommen (*Schneider* GmbHR 2005, 86; Sudhoff PersGes/*Gerber* § 21 Rn. 1; *Trittmann* ZGR 1999, 340, 341; *Raeschke-Kessler* SchiedsVZ 2003, 145, 146; *Kröll* SchiedsVZ 2003, 113). Dies betrifft sowohl Schiedsklauseln, die gesellschaftsinterne Streitigkeiten der Entscheidung eines Schiedsgerichts unterstellen, als auch solche, die Streitigkeiten zwischen der Gesellschaft selbst und einer dritten Partei betreffen. Die Unterwerfung gesellschaftsrechtlicher Streitigkeiten unter ein Schiedsgericht erfolgt regelmäßig durch eine Schiedsklausel im Gesellschaftsvertrag, wobei entsprechende Klauseln im Gesellschaftsvertrag einer Personengesellschaft einer anderen rechtlichen Beurteilung unterliegen als Klauseln in der Satzung einer Kapitalgesellschaft (vgl. dazu unten Rn. 28 ff.). Denkbar ist allerdings auch, dass die Gesellschafter die Klärung gesellschaftsinterner Streitigkeiten durch ein Schiedsverfahren außerhalb des Gesellschaftsvertrags vereinbaren. Im Folgenden wird in einem allgemeinen Teil zunächst in die Grundsätze der Schiedsgerichtsbarkeit eingeführt, um im Anschluss die spezifischen Probleme des Schiedsverfahrensrechts im gesellschaftsrechtlichen Bereich zu erläutern.

B. Einführung in die Schiedsgerichtsbarkeit

I. Vorteile von Schiedsverfahren im Gesellschaftsrecht

Dafür, gesellschaftsrechtlich relevante Streitigkeiten der Entscheidung eines Schiedsgerichts zu unterstellen, spricht häufig, dass das Verfahren unter **Ausschluss der Öffentlichkeit** geführt wird. Da Schiedsverfahren lediglich parteiöffentlich sind, lässt sich so verhindern, dass unternehmensinterne Informationen nach außen dringen. Ein weiterer Vorteil der Schiedsgerichtsbarkeit liegt in der – gegenüber den ordentlichen staatlichen Gerichten – in der Regel **kürzeren Verfahrensdauer**. Grund dafür ist nicht nur, dass die Schiedsgerichtsbarkeit keinen Instanzenzug aufweist, sondern auch, dass es in der Hand der Parteien liegt, die Entscheidung einer Person zu übertragen, zu der sie Vertrauen haben und die für die Streitigkeit besondere Sachkunde aufweist, so dass eine zügige und fachkundige Erledigung erwartet werden kann (*Schwab/Walter* Kap. 1 Rn. 8; Sudhoff PersGes/*Gerber* § 21 Rn. 1; *Zilles* S. 1, 4 ff.; *Trittmann* ZGR 1999, 340; *Hawickhorst* BRAK-Mitt. 2005, 222, 224; *Berger* ZHR 164, (2000) 295, 304; *Bork* ZHR 160 (1996) 374, 375; dazu krit. *Lachmann* BRAK-Mitt. 2005, 217, 229). 2

Besondere Bedeutung kommt der Schiedsgerichtsbarkeit im **internationalen Bereich** zu, da durch ein Schiedsverfahren Prozesse im Ausland, die häufig mit einem großen Kosten- und Zeitaufwand verbunden sind, vermieden werden können. Ein weiterer Vorteil des Schiedsverfahrens liegt darin, dass die Parteien und Schiedsrichter das Verfahren unter Beachtung bestimmter rechtsstaatlicher Mindeststandards weitgehend frei gestalten können. Auf diese Weise kann die Bereitschaft der Parteien, einen **Vergleich** zu schließen, gefördert werden (*Schwab/Walter* Kap. 1 Rn. 8; *Trittmann* ZGR 1999, 340, 341), wenngleich in diesem Zusammenhang auch darauf hinzuweisen ist, dass es grundsätzlich nicht Aufgabe des Schiedsgerichts ist, auf eine vergleichsweise Erledigung der Sache hinzuwirken. Zudem versprechen sich die Parteien nicht selten weniger negative Auswirkungen auf die Geschäftstätigkeit der Gesellschaft, wenn das Verfahren nicht vor einem staatlichen, sondern einem Schiedsgericht ausgetragen wird (Sudhoff PersGes/*Gerber* § 21 Rn. 1; *Trittmann* ZGR 1999, 340, 342 f.). Als wesentlicher Vorteil von Schiedsverfahren ist schließlich hervorzuheben, dass Schiedssprüche im internationalen Kontext leichter vollstreckt werden können als Urteile staatlicher Gerichte (vgl. dazu unten Rn. 129 ff.). 3

II. Gesetzliche Grundlagen

Obwohl das deutsche Schiedsverfahrensrecht (§§ 1029 ff. ZPO) durch das Gesetz zur Neuregelung des Schiedsverfahrens vom 22. 12. 1997, das mit Wirkung zum 1. 1. 1998 in Kraft getreten ist, novelliert wurde, sind die spezifischen Probleme, die sich für Schiedsverfahren im gesellschaftsrechtlichen Bereich ergeben, nach wie vor ungeregelt. Dies ist im Wesentlichen darauf zurückzuführen, dass sich das Schiedsverfahrens-Neuregelungsgesetz maßgeblich an dem UNCITRAL-Modellgesetz (Modellgesetz der Kommission der Vereinten Nationen für internationales Handelsrecht) orientiert, das auf die besonderen Bedürfnisse der Handelsschiedsgerichtsbarkeit abstellt (*K. Schmidt* BB 2001, 1857, 1864; *K. Schmidt* ZHR 162 (1998) 265, 266; *Schneider* GmbHR 2005, 86; *Habersack* SchiedsVZ 2003, 241, 242; *Bayer* ZIP 2003, 881, 881; *Trittmann* ZGR 1999, 340). Die Schiedsgerichtsbarkeit profitiert im Gesellschaftsrecht zwar durchaus von den allgemeinen Verbesserungen durch die Neuregelung des Schiedsverfahrensrechts, überlässt jedoch die Lösung der spezifischen Probleme dieses Bereiches der Praxis (*K. Schmidt* BB 2001, 1857, 1864). 4

III. Organisation des Schiedsverfahrens

Es steht den Parteien nach § 1042 Abs. 3 ZPO frei, das Verfahren durch die Einbeziehung einer **Schiedsinstitution** oder aber einzelfallbezogen und ohne Mitwirkung einer solchen Institution als sog. **ad-hoc-Schiedsverfahren** zu regeln (Zoller/*Geimer* § 1042 Rn. 22, 25). Setzen die Parteien ein sog. ad-hoc-Schiedsgericht ein, d. h. ein Gelegenheitsgericht, und treffen sie keine näheren Bestimmungen über das Verfahren, kommen die Regelungen der §§ 1034 ff. ZPO zur Anwendung (*Schwab/Walter* Kap. 1 Rn. 10). Die Einbeziehung einer Schiedsinstitution hat gegenüber dem adhoc-Verfahren den Vorteil, dass sie über eigene Schiedsordnungen und Sekretariate verfügen, die 5 administrative Aufgaben der Institutionen wahrnehmen (Sudhoff PersGes/*Gerber* § 21 Rn. 26; *Trittmann* ZGR 1999, 340, 359; *Zilles* S. 12). Institutionelle Schiedsordnungen enthalten zudem häufig Regelungen über Mehrparteienschiedsverfahren, die besonders für gesellschaftsrechtliche Streitigkeiten relevant werden (Sudhoff PersGes/*Gerber* § 21 Rn. 27; *Schwab/Walter* Kap. 10 Rn. 15). Beispiele dafür sind § 13 DIS-Schiedsgerichtsordnung sowie Art. 10 ICC-Schiedsgerichtsordnung (vgl. unten Rn. 54 f.).

6 Für gesellschaftsrechtliche Streitigkeiten mit nationalem Bezug bietet sich insbesondere die Vereinbarung der Schiedsgerichtsordnung der **DIS** (Deutsche Institution für Schiedsgerichtsbarkeit e. V.) als bedeutendste deutsche Schiedsgerichtsinstitution mit Sitz in Köln an. Wichtige internationale Schiedsinstitutionen mit eigenen Schiedsgerichtsordnungen sind z. B. die **ICC** (International Court of Arbitration of the International Chamber of Commerce) in Paris und die LCIA (London Court of International Arbitration) in London. Daneben spielen die »Swiss Rules« der schweizerischen Handelskammern eine bedeutende Rolle.

7 Ist die Einbeziehung einer Schiedsinstitution und deren Verfahrensordnung gewollt, so ist insoweit eine **ausdrückliche Bestimmung** zu treffen. Eine solche Klausel könnte beispielsweise lauten:

»Alle Streitigkeiten aus und im Zusammenhang mit diesem Vertrag werden nach der Schiedsordnung der (genaue Bezeichnung der Institution) unter Ausschluss des ordentlichen Rechtswegs entschieden. Die Anzahl der Schiedsrichter beträgt (…). Der Ort des schiedsrichterlichen Verfahrens ist (…).«
(vgl. *Lachmann/Lachmann* BB 2000, 1633, 1634).

Bei internationalem Bezug empfehlen sich weitere Regelungen zum materiellen Recht und zur Verfahrenssprache. Die Schiedsinstitutionen schlagen vielfach Standard-Schiedsklauseln vor (vgl. www.dis-arb.de, www.iccarbitration.org, www.lcia-arbitration.com, www.swissarbitration.ch).

IV. Legitimation der Zuständigkeit eines Schiedsgerichts

8 Die Zuständigkeit eines Schiedsgerichts kann grundsätzlich auf zwei unterschiedliche Arten zustande kommen: Im Regelfall ist die Zuständigkeit des Schiedsgerichts durch **Vereinbarung der Parteien** nach § 1029 ZPO legitimiert. Daneben ist eine Unterwerfung unter eine Schiedsklausel auch durch **einseitige Anordnung** bzw. außervertragliche Regelung nach § 1066 ZPO möglich (Zöller/*Geimer* § 1029 Rn. 19 a; *Haas* ZGR 2001, 325; *Bayer* ZIP 2003, 881, 885; *K. Schmidt* BB 2001, 1857, 1862). § 1066 ZPO erfasst Schiedsgerichte, die nicht auf vertraglicher Grundlage beruhen (MüKo ZPO/*Münch* § 1066 Rn. 1; *Schwab/Walter* Kap. 32 Rn. 34).

9 In Gesellschaftsverträgen findet sich nicht selten eine Klausel, nach der gesellschaftsinterne Streitigkeiten einem Schiedsgericht unterstellt werden. Schiedsklauseln in Satzungen von Kapitalgesellschaften oder in Gesellschaftsverträgen von Personengesellschaften sind weder in §§ 1029 ff. ZPO, noch in § 1066 ZPO ausdrücklich erwähnt. Unter die Regelung des § 1066 ZPO fallen nach h. M. Schiedsklauseln in Satzungen von Kapitalgesellschaften (vgl. unten Rn. 56; *Habersack* SchiedsVZ 2003, 241, 242). Nach herrschender, wenn auch umstrittener Auffassung sind Schiedsklauseln in einem Gesellschaftsvertrag einer Personengesellschaft als Schiedsvereinbarung nach § 1029 ZPO anzusehen (vgl. ausführlich unten Rn. 28 ff.; BGH NZG 2002, 955; MüKo ZPO/*Münch* § 1066 Rn. 10; Zöller/*Geimer* § 1029 Rn. 65 b).

10 **Schiedsabreden** zwischen einer Gesellschaft und Dritten stellen Schiedsvereinbarungen i. S. d. § 1029 ZPO dar. § 1029 ZPO gilt auch für Schiedsvereinbarungen zwischen den Gesellschaftern hinsichtlich gesellschaftsinterner Streitigkeiten, die außerhalb eines Gesellschaftsvertrags geschlossen werden. Dies gilt unabhängig davon, ob es sich um Gesellschafter einer Personen- oder einer Kapitalgesellschaft handelt.

V. Formanforderungen an eine Schiedsvereinbarung i. S. d. § 1029 ZPO

1. Zweck des § 1031 ZPO

§ 1031 ZPO regelt, welchen Formanforderungen eine Schiedsvereinbarung nach § 1029 ZPO entsprechen muss. Dabei handelt es sich um **Wirksamkeitserfordernisse**. Entspricht eine Schiedsvereinbarung den Anforderungen des § 1031 ZPO nicht, ist sie daher grundsätzlich unwirksam (MüKo ZPO/*Münch* § 1031 Rn. 1, 4; Zöller/*Geimer* § 1031 Rn. 39). Die Formvorschrift des § 1031 ZPO dient dem Schutz und der Warnung der Vertragsparteien, da diese durch Unterwerfung unter ein Schiedsgericht auf ihr verfassungsmäßiges Recht auf den gesetzlichen Richter gem. Art. 101 Abs. 1 S. 2 GG verzichten (BGHZ 68, 356, 360; *Ebbing* NZG 1998, 64). Daher sind grundsätzlich **strenge Anforderungen** an die Unterwerfung unter ein Schiedsgericht zu stellen (*Haas* ZGR 2001, 325, 326 f.). 11

2. Schriftform

a) Allgemeines

Gem. § 1031 Abs. 1 ZPO bedarf eine **Schiedsvereinbarung** für ihre Wirksamkeit grundsätzlich der **Schriftform**, eine mündliche Vereinbarung genügt nicht (*Schwab/Walter* Kap. 5 Rn. 1 f.; Zöller/*Geimer* § 1031 Rn. 5; MüKo ZPO/*Münch* § 1031 Rn. 4, 12). Nach früherer Rechtslage (vgl. § 1027 Abs. 2 ZPO a. F.) konnten Kaufleute eine Schiedsvereinbarung auch mündlich schließen (BGH NJW 1980, 1049; OLG Karlsruhe NJW-RR 1991, 493). Nach neuer Rechtslage gilt das Schriftformerfordernis jedoch auch für den gewerblichen Bereich (Zöller/*Geimer* § 1031 Rn. 5; *Ebbing* NZG 1998, 281). Gem. § 1031 Abs. 1 Alt. 1 ZPO muss die Schiedsvereinbarung in einem von den Parteien unterzeichneten Schriftstück enthalten sein. Es genügt die Unterzeichnung durch einen **Bevollmächtigten**. Die Schiedsvereinbarung muss nicht in einer eigenen Urkunde geregelt werden (Ausnahme Beteiligung eines Verbrauchers, vgl. Rn. 15). Das Schriftstück kann sowohl den Hauptvertrag als auch die Schiedsvereinbarung enthalten (Zöller/*Geimer* § 1031 Rn. 6; *Schwab/Walter* Kap. 5 Rn. 2; *Trittmann* ZGR 1999, 340, 342). Enthält ein **Gesellschaftsvertrag** eine Schiedsklausel, ist dem Schriftformerfordernis des § 1031 Abs. 1 Alt. 1 ZPO insofern daher regelmäßig genüge getan (Sudhoff PersGes/*Gerber* § 21 Rn. 14). 12

b) Schiedsvereinbarung durch schriftliche Korrespondenz

Gem. § 1031 Abs. 1 Alt. 2 ZPO kann die Schiedsvereinbarung auch in zwischen den Parteien gewechselten Schreiben, Fernkopien, Telegrammen oder anderen Formen der Nachrichtenübermittlung enthalten sein. Erfasst ist dabei auch elektronischer Datenaustausch, wie beispielsweise der Austausch von **E-Mails** über das Internet (Zöller/*Geimer* § 1031 Rn. 7; Schwab/*Walter* Kap. 5 Rn. 4). Nach § 1031 Abs. 2 ZPO kann in Erleichterung zu § 1031 Abs. 1 ZPO eine Schiedsvereinbarung auch durch ein **einseitig übermitteltes Schriftstück** zustande kommen, wenn das Schweigen der Gegenpartei der Verkehrssitte entsprechend als Zustimmung zu sehen ist. Dies betrifft in der Praxis vor allem das kaufmännische Bestätigungsschreiben (Zöller/*Geimer* § 1030 Rn. 8; MüKo ZPO/*Münch* § 1031 Rn. 14). 13

c) Schiedsvereinbarung durch Bezugnahme

Gem. § 1031 Abs. 3 ZPO kann eine Schiedsvereinbarung auch durch eine Bezugnahme begründet werden. Erforderlich ist, dass der Hauptvertrag, der die Verweisung enthält, den Anforderungen des § 1031 Abs. 1 und 2 ZPO entspricht. Aufgrund der Verweisung wird das Schriftstück, auf das verwiesen wird, Inhalt des Vertrages (Zöller/*Geimer* § 1031 Rn. 9; MüKo ZPO/*Münch* § 1031 Rn. 17). Die Regelung des § 1031 Abs. 3 ZPO betrifft in der Praxis häufig die **Bezugnahme auf AGB**, die eine Schiedsvereinbarung enthalten (*Schwab/Walter* Kap. 5 Rn. 9). Ein besonderer Hinweis darauf, dass die AGB eine Schiedsklausel enthalten, ist nicht erforderlich (BayObLG NJW-RR 1999, 644; Zöller/*Geimer* § 1031 Rn. 9; a. A. *Trittmann* ZGR 1999, 340, 346). Im Übrigen sind die Voraussetzungen für die Einbeziehung von AGB zu erfüllen (*Trittmann* ZGR 1999, 340, 346). 14

d) Besonderes Formerfordernis bei Beteiligung eines Verbrauchers

15 Gem. § 1031 Abs. 5 ZPO unterliegen Schiedsvereinbarungen, an denen ein Verbraucher beteiligt ist, einem besonderen Formerfordernis. Danach muss eine Schiedsvereinbarung in einer von den Parteien **eigenhändig unterzeichneten Urkunde** enthalten sein, die keine anderen Vereinbarungen als solche enthalten, die sich auf das schiedsrichterliche Verfahren beziehen (MüKo ZPO/*Münch* § 1031 Rn. 25; *Schwab/Walter* Kap. 5 Rn. 17; AnwK-BGB/*Eckardt* Anh § 705 Rn. 54; *Habersack* SchiedsVZ 2003, 241, 242; *Lachmann/Lachmann* BB 2000, 1633, 1635; *Zilles* S. 20). Auf diese Weise sollen Verbraucher davor geschützt werden, sich durch Unterzeichnung umfangreicher Klauselwerke einer Schiedsvereinbarung zu unterwerfen. Die Vorschrift erfüllt somit eine gewisse Warnfunktion (MüKo ZPO/*Münch* § 1031 Rn. 21) Es bedarf nur dann keiner gesonderten Urkunde, wenn die Beurkundung durch einen Notar erfolgt. Der Schutz des Verbrauchers ist durch die **Belehrungspflicht** sichergestellt (Zöller/*Geimer* § 1031 Rn. 35, 38; MüKo ZPO/*Münch* § 1031 Rn. 26; *Schwab/Walter* Kap. 5 Rn. 19; *Lachmann/Lachmann* BB 2000, 1633, 1635; *Zilles* S. 20). Der Verbraucherbegriff i. S. d. § 1031 Abs. 5 ZPO entspricht dem Verbraucherbegriff des § 13 BGB. Verbraucher ist demnach eine natürliche Person, die außerhalb ihrer gewerblichen und selbstständigen beruflichen Tätigkeit handelt (MüKo ZPO/*Münch* § 1031 Rn. 23; Zöller/*Geimer* § 1031 Rn. 35).

e) Heilung von Formmängeln

16 Gem. § 1031 Abs. 6 ZPO können Formmängel durch **rügelose Einlassung zur Hauptsache** geheilt werden. Die Heilung hat zur Folge, dass die Schiedsvereinbarung rückwirkend als formgemäß vereinbart gilt (MüKo ZPO/*Münch* § 1031 Rn. 32). Erforderlich ist, dass sich beide Seiten zur Hauptsache eingelassen haben (MüKo ZPO/*Münch* § 1031 Rn. 39). Der Kläger lässt sich in der Regel bereits durch Klageerhebung zur Hauptsache ein; der Schiedsbeklagte hat sich dann zur Hauptsache eingelassen, wenn er sich sachlich geäußert hat, was regelmäßig durch Klagebeerwiderung erfolgt (MüKo ZPO/*Münch* § 1031 Rn. 30). Mangels Sacheinlassung führt allein die Mitwirkung bei der Bildung des Schiedsgerichts oder die Rüge fehlender Kompetenz (§ 1040) nicht bereits zur Heilung. Nicht ausreichend sind auch vorsorgliche Ausführungen zur Hauptsache unter dem Vorbehalt, die Rüge der Unzuständigkeit aufrechtzuerhalten. Ein Bewusstsein der Parteien über die Heilung ist nicht erforderlich. Die Heilung tritt allerdings nur insoweit ein, wie die Streitigkeit durch den Sachantrag konkretisiert ist. Sie erfasst weder die gesamte Schiedsvereinbarung noch künftige Verfahren. Wird die Schiedsklage zurückgenommen und anschließend wiederholt, wirkt die Heilung nicht fort (vgl. MüKo ZPO/*Münch* § 1031 Rn. 31 f.; Zöller/*Geimer* § 1031 Rn. 40 ff.).

f) Formerfordernis des Hauptvertrags

17 Unterliegt der Hauptvertrag einem besonderen Schriftformerfordernis, stellt sich die Frage, ob dieses Formerfordernis auch die Schiedsvereinbarung erfasst. Aufgrund der Regelung des § 1040 Abs. 1 S. 1 ZPO ist dies zu verneinen: Danach ist die Wirksamkeit der Schiedsvereinbarung und die Zuständigkeit des Schiedsgerichts von der Wirksamkeit des Hauptvertrages unabhängig (*Schwab/Walter* Kap. 4 Rn. 16; *Lachmann/Lachmann* BB 2000, 1633, 1635).

VI. Schiedsvereinbarung als Prozesshindernis

18 Eine wirksame Schiedsvereinbarung begründet gem. § 1032 Abs. 1 ZPO eine **prozesshindernde Einrede** gegen die Klage vor einem ordentlichen Gericht. Dies bedeutet, dass sich der Beklagte ausdrücklich auf die Schiedsvereinbarung berufen muss. Die Schiedshängigkeit ist nicht von Amts wegen zu berücksichtigen (MüKo ZPO/*Münch* § 1029 Rn. 50; Zöller/*Geimer* § 1032 Rn. 1, 4; *Bayer* ZIP 2003, 881, 887). Beruft sich der Beklagte berechtigterweise auf die Schiedsvereinbarung, so ist die Klage vor dem ordentlichen Gericht als **unzulässig** abzuweisen. Es kommt weder zur Aussetzung des Verfahrens noch zur Verweisung an ein Schiedsgericht (MüKo ZPO/*Münch* § 1029 Rn. 50; Zöller/*Geimer* § 1032 Rn. 7).

C. Schiedsfähigkeit gesellschaftsrechtlicher Streitigkeiten

Für eine Streitigkeit kann nur dann die Zuständigkeit eines Schiedsgerichts begründet werden, wenn sie **schiedsfähig** ist. Ist dies nicht der Fall, bleibt die Entscheidung ordentlichen Gerichten vorbehalten. Wird ein Schiedsverfahren trotz fehlender Schiedsfähigkeit durchgeführt, kann nach § 1059 Abs. 2 Nr. 1 a ZPO eine Aufhebungsklage auf die mangelnde Schiedsfähigkeit gestützt werden (vgl. hierzu *Trittmann* ZGR 1999, 340, 347). 19

I. Alte Rechtslage vor 1. 1. 1998

Die **objektive Schiedsfähigkeit** ist in § 1030 ZPO geregelt und beantwortet die Frage, welche Streitigkeiten einer Schiedsklausel unterworfen werden können (MüKo ZPO/*Münch* § 1030 Rn. 7; Zöller/*Geimer* ZPO § 130 Rn. 1). Nach altem Recht, d. h. vor dem 1. 1. 1998, war eine Schiedsvereinbarung über einen Streitgegenstand gem. § 1025 Abs. 1 ZPO a. F. nur dann zulässig, wenn die Parteien berechtigt waren, über diesen Streitgegenstand einen Vergleich zu schließen (OLG Frankfurt SchiedsVZ 2004, 97, 98; MüKo ZPO/*Münch* § 1030 Rn. 4; *Schwab/Walter* Kap. 4 Rn. 1; *Trittmann* ZGR 1999, 340, 348). Für Rechtsverhältnisse, für die sich der Staat ein Rechtsprechungsmonopol vorbehalten hat, wie z. B. für Ehe- und Kindschaftssachen, war die Schiedsfähigkeit daher abzulehnen (OLG Frankfurt SchiedsVZ 2004, 97, 98; *Bork* ZHR 160 (1996) 374, 378; *K. Schmidt* ZHR 162 (1998) 265, 267 f.). 20

Im Bereich des Gesellschaftsrechts wurde die Schiedsfähigkeit somit für solche Streitigkeiten abgelehnt, in denen die Parteien keinen Vergleich über den Streitgegenstand schließen können, wie z. B. für Streitigkeiten über die Einlageverpflichtung bei verdeckter Sacheinlage (Michalski/*Michalski* § 13 Rn. 92) oder Beschlussmängelstreitigkeiten einer GmbH (vgl. Kap. 16 Rn. 362, 392; Scholz/*K. Schmidt* GmbHG, § 45 Rn. 150; *Schneider* GmbHR 2005, 86). Wird gegen einen Gesellschafterbeschluss einer GmbH Anfechtungs- oder Nichtigkeitsklage erhoben, so können Kläger und beklagte Gesellschaft keinen Vergleich über die Aufhebung des Beschlusses schließen, da der Gesellschaft keine Verfügungsbefugnis über den Streitgegenstand zusteht (Scholz/*K. Schmidt* GmbHG, § 45 Rn. 159; R/S-L/*Koppensteiner* § 47 Rn. 154; A/E/S/*Schmidt* § 47 Rn. 77). 21

II. Neue Rechtslage seit 1. 1. 1998

Nach neuem Recht ist zwischen vermögensrechtlichen und nicht vermögensrechtlichen Ansprüchen zu unterscheiden. Gem. § 1030 Abs. 1 S. 1 ZPO sind grundsätzlich **alle vermögensrechtlichen Streitigkeiten schiedsfähig**, auf die Vergleichsbefugnis kommt es nicht mehr an (OLG Frankfurt SchiedsVZ 2004, 97, 98; Zöller/*Geimer* § 1030 Rn. 1; Michalski/*Michalski* § 13 Rn. 92; *Schwab/Walter* Kap. 4 Rn. 1; *Zilles* S. 13; *K. Schmidt* BB 2001, 1857, 1858; *Lachmann/Lachmann* BB 2000, 1633). Insoweit erweitert § 1030 Abs. 1 S. 1 ZPO die Schiedsfähigkeit gegenüber der alten Rechtslage (*Trittmann* ZGR 1999, 340, 348). 22

Eine Streitigkeit ist **vermögensrechtlich**, wenn sie auf einem vermögensrechtlichen Rechtsverhältnis beruht oder auf Geld oder geldwerte Sachen und Rechte gerichtet ist, auch wenn das zugrunde liegende Rechtsverhältnis als nicht vermögensrechtlich einzuordnen ist (Zöller/*Geimer* § 1030 Rn. 1; *Raeschke-Kessler* SchiedsVZ 2003, 145, 152; *Bayer* ZIP 2003, 881, 883). Nichtvermögensrechtliche Streitigkeiten nach § 1030 Abs. 1 S. 2 ZPO sind nur dann schiedsfähig, wenn die Parteien berechtigt sind, über den Streitgegenstand einen Vergleich abzuschließen, d. h. **über den Streitgegenstand verfügen** können. Nicht vergleichsfähig sind Verfahren, in denen der Verfahrensgegenstand im Rahmen eines Statutsverfahrens der Parteidisposition entzogen ist, wie z. B. Ehe- und Kindschaftssachen (OLG Frankfurt SchiedsVZ 2004, 97, 98; MüKo ZPO/*Münch* § 1030 Rn. 9 f.; *Schwab/Walter* Kap. 4 Rn. 1 f.; *Lachmann/Lachmann* BB 2000, 1633; *Zilles* S. 14; *K. Schmidt* ZHR 162 (1998) 265, 271; *Bayer* ZIP 2003, 881, 882; *Trittmann* ZGR 1999, 340, 341). 23

III. Gesellschaftsrechtliche Streitigkeiten als vermögensrechtlicher Anspruch i. S. d. § 1030 Abs. 1 S. 1 ZPO

1. Allgemeines

24 Nach h. L. sind gesellschaftsrechtliche Streitigkeiten als vermögensrechtliche Ansprüche i. S. d. § 1030 Abs. 1 S. 1 ZPO anzusehen. Nach neuer Rechtslage kommt es daher für die Schiedsfähigkeit gesellschaftsrechtlicher Streitigkeiten nicht darauf an, ob die Parteien befugt sind, einen Vergleich zu schließen. Die mangelnde Vergleichsfähigkeit einer gesellschaftsrechtlichen Streitigkeit, wie bei Beschlussmängelstreitigkeiten im Recht der AG und der GmbH oder bei Erfüllungsansprüchen auf die Stammeinlage nach verschleierter Sacheinlage, steht der Schiedsfähigkeit daher nach neuer Rechtslage nicht mehr entgegen (OLG Frankfurt SchiedsVZ 2004, 97, 98; Scholz/*K. Schmidt* GmbHG, § 75 Rn. 18; *K. Schmidt* BB 2001, 1857, 1858; *Schneider* GmbHR 2005, 86; *Bayer* ZIP 2003, 881, 883).

2. »Anspruch« i. S. d. § 1030 ZPO

25 Der Begriff des »Anspruchs« i. S. d. § 1030 ZPO erfasst neben Leistungs- auch Feststellungs- sowie Gestaltungsklagen und geht insofern über den Anspruchsbegriff des materiellen Rechts hinaus. So ist anerkannt, dass Schiedsgerichte auch Urteile mit gestaltender Wirkung erlassen können (BGHZ 132, 278, 281; BayObLG WM 1984, 809, 810; Zöller/*Geimer* § 1030 Rn. 4; *Schwab/Walter* Kap. 21 Rn. 12). Einige gesellschaftsrechtliche Streitigkeiten werden durch **Gestaltungsklage** geltend gemacht. Die Klage auf Auflösung der GmbH gem. § 61 GmbHG sowie die Klage auf Nichtigerklärung gem. § 75 GmbHG sind daher schiedsfähig (Scholz/*K. Schmidt* GmbHG, § 61 Rn. 6; § 75 Rn. 18; Zöller/*Geimer* § 1030 Rn. 5; R/S-L/*Rasner* § 61 Rn. 15; *Roth/Altmeppen* § 75 Rn. 29). Auch die handelsrechtlichen Gestaltungsklagen auf Entziehung der Geschäftsführungs- und der Vertretungsbefugnis nach §§ 117, 127 HGB, die Auflösungsklage gem. § 133 HGB sowie die Klage auf Ausschließung eines Gesellschafters gem. § 140 HGB können der Entscheidung durch ein Schiedsgericht zugewiesen werden (BGHZ 132, 278, 281; BayObLG WM 1984, 809, 810; Baumbach/Hopt/*Hopt* § 117 Rn. 8; § 133 Rn. 19; § 140 Rn. 22; E/B/J/*Mayen* § 117 Rn. 28; GroßkommHGB/*C. Schäfer* § 133 Rn. 61, 74; MünchHdb GesR I/*Butzer* § 76 Rn. 46; MüKo HGB/*K. Schmidt* § 140 Rn. 90; zu den handelsrechtlichen Gestaltungsklagen vgl. außerdem ausführl. Kap. 16 Rn. 104 ff.). Umstritten ist jedoch, ob das Schiedsurteil bereits mit Eintritt der Rechtskraft Gestaltungswirkung entfaltet oder ob diese Wirkung erst mit Vollstreckbarerklärung eintritt (dazu vgl. unten Rn. 84 ff.; *Schwab/Walter* Kap. 21 Rn. 12).

3. Ausschließlicher Gerichtsstand gesellschaftsrechtlicher Streitigkeiten

26 Für einige gesellschaftsrechtliche Streitigkeiten bestimmt das Gesetz einen ausschließlichen Gerichtsstand. Für Beschlussmängelstreitigkeiten im Aktien- sowie im GmbH-Recht ist gem. § 246 Abs. 3 S. 1 AktG (analog) ausschließlich das Landgericht zuständig, in dessen Bezirk die Gesellschaft ihren Sitz hat (MünchHdb GesR III/*Wolff* § 40 Rn. 58; Scholz/*K. Schmidt* GmbHG, § 45 Rn. 150). Gem. § 61 Abs. 3 GmbHG ist für die Klage auf Auflösung der GmbH ausschließlich das Landgericht zuständig, in dessen Bezirk die Gesellschaft ihren Sitz hat (R/S-L/*Rasner* § 61 Rn. 15). Es ist jedoch anerkannt, dass der ausschließlichen Zuständigkeit für solche gesellschaftsrechtlichen Streitigkeiten **keine ausschließliche Zuweisung an die staatlichen Gerichte** zu entnehmen ist, sondern lediglich für den Fall, dass die Streitigkeit durch staatliche Gerichte zu entscheiden ist, eine ausschließliche Zuständigkeit normiert. Die ausschließliche Zuständigkeit für bestimmte gesellschaftsrechtliche Streitigkeiten steht ihrer Schiedsfähigkeit nach zutreffender h. L. daher nicht entgegen (vgl. unten Rn. 75, 82; Scholz/*K. Schmidt* GmbHG, § 61 Rn. 6; Zöller/*Geimer* § 1030 Rn. 4).

27 Es kann daher festgehalten werden, dass jedes gesellschaftsrechtliche Leistungs-, Feststellungs- und auch Gestaltungsbegehren als vermögensrechtlicher Anspruch unabhängig von seiner Vergleichsfähigkeit **grundsätzlich schiedsfähig** ist (so auch *Schneider* GmbHR 2005, 86; *Trittmann* in ZGR 1999, 340, 348; *K. Schmidt* ZHR 162 (1998) 265, 271; *Raeschke-Kessler* SchiedsVZ 2003, 145, 152;

Bayer ZIP 2003, 881, 883 f.). Bei gesellschaftsrechtlichen Streitigkeiten sind regelmäßig auf Kläger- und/oder auf Beklagtenseite mehrere Personen beteiligt, wie z. B. bei den handelsrechtlichen Gestaltungsklagen sowie Gesellschafterstreitigkeiten im Personengesellschaftsrecht. Es stellt sich daher typischerweise die Frage, wie eine Legitimation des Schiedsgerichts und damit eine Wirkung des Verfahrens für alle Beteiligten bzw. zu beteiligenden Personen erreicht werden kann. Dabei handelt es sich jedoch nicht um eine Frage der Schiedsfähigkeit der Streitigkeit, sondern um spezifische Probleme des Mehrparteienschiedsverfahrens, auf die nachfolgend noch eingegangen wird (vgl. Rn. 50 ff. und 73 ff.).

D. Gesellschaftsvertragliche Schiedsklauseln

I. Schiedsklausel im Gesellschaftsvertrag einer Personengesellschaft

1. Anwendbarkeit der §§ 1029 ff. ZPO

a) Allgemeines

In Gesellschaftsverträgen finden sich häufig Vereinbarungen, nach der alle Streitigkeiten aus dem Gesellschaftsverhältnis einem Schiedsgericht unterstellt werden (*Lachmann* BRAK-Mitt. 2005, 217, 218; Sudhoff PersGes/*Gerber* § 32 Rn. 1; *Borris* S. 110). Sieht die Satzung einer Kapitalgesellschaft eine solche **Schiedsklausel** vor, so fällt diese Klausel nach h. L. unter die Regelung des § 1066 ZPO (vgl. unten Rn. 56; BGH NJW 1980, 1049; Zöller/*Geimer* § 1066 Rn. 4; *Schwab/Walter* Kap. 32 Rn. 3; Sudhoff PersGes/*Gerber* § 21 Rn. 14; *Habersack* SchiedsVZ 2003, 231, 242; Baumbach/Hueck/*Fastrich* § 13 Rn. 7). Schiedsklauseln in Gesellschaftsverträgen von Personengesellschaften richten sich dagegen nach h. M. nach §§ 1029 ff. ZPO (BGH NZG 2002, 955; MüKo ZPO/*Münch* § 1066 Rn. 10; Zöller/*Geimer* § 1029 Rn. 65 b; *Schwab/Walter* Kap. 32 Rn. 3; *Schneider* GmbHR 2005, 86, 90; AnwK-BGB/*Eckardt* Anh. zu § 705 Rn. 54; *Ebbing* NZG 1998, 281, 282). Dies gilt auch für Schiedsklauseln in Gesellschaftsverträgen von Publikumsgesellschaften (BGH NJW 1980, 1049). **28**

b) Anwendung der §§ 1029 ff. oder des § 1066 ZPO

Die Anwendung der **§§ 1029 ff. ZPO** auf Schiedsklauseln in Gesellschaftsverträgen von Personengesellschaften ergibt sich daraus, dass eine solche gesellschaftsvertragliche Schiedsklausel auf vereinbarter und nicht auf statutarischer Bindung mit verselbstständigter Mitgliedschaft beruht. Ein Gesellschafter, der einer Personengesellschaft beitritt, unterwirft sich nicht einem fremden Statut, sondern schließt einen neuen, eigenen Gesellschaftsvertrag sowie eine Schiedsvereinbarung ab (MüKo ZPO/*Münch* § 1066 Rn. 10, 19). **29**

Nach a. A. sind auch Schiedsklauseln in Gesellschaftsverträgen von Personengesellschaften vom **Anwendungsbereich des § 1066 ZPO** erfasst (vgl. z. B. *K. Schmidt* BB 2001, 1857, 1862; *Habersack* SchiedsVZ 2003, 241, 243). § 1066 ZPO bezweckt, dass auch Personen an Schiedsklauseln gebunden sind, die sich nicht persönlich der Schiedsgerichtszuständigkeit unterworfen haben. Dafür, auch Schiedsvereinbarungen in Gesellschaftsverträgen von Personengesellschaften dieser Regelung zu unterstellen, spricht, dass grundsätzlich anerkannt ist, dass der Gesellschaftsanteil an einer Personengesellschaft durch Abtretung übertragen werden kann. Ein Gesellschafterwechsel vollzieht sich somit nicht durch Vertragsübernahme, sondern wie auch im Recht der Kapitalgesellschaften durch Übertragung eines subjektiven Rechts (*K. Schmidt* BB 2001, 1857, 1862; *Habersack* SchiedsVZ 2003, 241, 243). Dem entspricht, dass jeder, der einer Personengesellschaft beitritt, an die gesellschaftsvertragliche Schiedsklausel gebunden ist (vgl. unten Rn. 43 ff. zur Bindung des neu hinzu tretenden Gesellschafters; *K. Schmidt* BB 2001, 1857, 1862). Davon unberührt bleibe jedoch die Möglichkeit der Gesellschafter einer Personengesellschaft, eine Schiedsvereinbarung i. S. d. § 1031 ZPO zu treffen (*Habersack* SchiedsVZ 2003, 241, 243). **30**

Die Frage, ob eine gesellschaftsvertragliche Schiedsklausel einer Personengesellschaft unter § 1066 ZPO oder §§ 1029 ff. ZPO einzuordnen ist, hat entscheidende Auswirkung darauf, ob die Vereinbarung der **Formvorschrift des § 1031 ZPO** unterfällt (BGH NJW 1980, 1049; *K. Schmidt* **31**

BB 2001, 1857, 1862 f.). Auch wenn § 1066 ZPO generell auf die §§ 1025 ZPO verweist, ist anerkannt, dass § 1031 Abs. 1 bis 5 ZPO von dieser Verweisung ausgenommen ist. Dies hat zur Folge, dass Schiedsklauseln in Satzungen von Kapitalgesellschaften nicht der Form des § 1031 ZPO entsprechen müssen (MüKo ZPO/*Münch* § 1031 Rn. 6; *Schwab/Walter* Kap. 32 Rn. 4; *Ebbing* NZG 1998, 281). Da die h. L. eine gesellschaftsvertragliche Schiedsklausel bei Personengesellschaften nicht der Regelung des § 1066 ZPO unterstellt, ist die Beachtung der Formerfordernisse nach § 1031 ZPO geboten (BGH NJW 1980, 1049, 1049; Zöller/*Geimer* § 1029 Rn. 65 b; Sudhoff PersGes/*Gerber* § 21 Rn. 14; *Schneider* GmbHR 2005, 86, 90).

c) Publikumspersonengesellschaft

32 Schiedsklauseln im Gesellschaftsvertrag einer **Publikumspersonengesellschaft** unterstehen nach h. L. grundsätzlich der Regelung des § 1031 ZPO (BGH NJW 1980, 1049; Sudhoff PersGes/*Gerber* § 21 Rn. 18). Dies wird aus Gründen des Anlegerschutzes auch von Autoren befürwortet, die sich ansonsten dafür aussprechen, Schiedsklauseln in Gesellschaftsverträgen von Personengesellschaften nach § 1066 ZPO zu beurteilen (*K. Schmidt* ZHR 162 (1998) 265, 282; *Habersack* SchiedsVZ 2003, 241, 244 f.).

2. Formfragen – Gesellschaftsvertrag als »Verbrauchergeschäft«

33 Als Schiedsvereinbarung i. S. d. § 1029 ZPO muss eine gesellschaftsvertragliche Schiedsvereinbarung einer Personengesellschaft grundsätzlich den **Formanforderungen des § 1031 ZPO** entsprechen (vgl. oben Rn. 11 ff.). Wie bereits ausgeführt, muss eine Schiedsvereinbarung, an der **Verbraucher** beteiligt sind, nach § 1031 Abs. 5 ZPO zum Schutz des Verbrauchers in einer besonderen, von den Parteien eigenhändig unterzeichneten Urkunde enthalten sein (vgl. Rn. 15). Es bedarf nur dann keiner gesonderten Urkunde, wenn die Beurkundung durch einen Notar erfolgt, da der Schutz des Verbrauchers durch die Belehrung des Notars sichergestellt ist (Zöller/*Geimer* § 1031 Rn. 35, 38; MüKo ZPO/*Münch* § 1031 Rn. 25 f.; *Schwab/Walter* Kap. 5 Rn. 17 ff.; AnwK-BGB/*Eckardt* Anh. § 705 Rn. 54; *Habersack* SchiedsVZ 2003, 241, 242). Umstritten ist, ob ein Gesellschafter einer Personengesellschaft als Verbraucher im Sinne dieser Vorschrift anzusehen und § 1031 Abs. 5 ZPO daher anzuwenden ist. Verbraucher i. S. d. § 1031 Abs. 5 ZPO ist eine natürliche Person, die außerhalb ihrer gewerblichen und selbstständigen beruflichen Tätigkeit handelt (vgl. oben Rn. 15; MüKo ZPO/*Münch* § 1031 Rn. 23; Zöller/*Geimer* § 1031 Rn. 35; *Zilles* S. 20).

34 Nach teilweise vertretener Ansicht kann der Abschluss eines Gesellschaftsvertrages nicht als **Verbrauchergeschäft** angesehen werden, da dies nicht der privaten Sphäre eines Verbrauchers, sondern seiner gewerblichen oder selbstständigen beruflichen Tätigkeit zugeordnet werden muss (*Schwab/Walter* Kap. 5 Rn. 20; Zöller/*Geimer* § 1031 Rn. 35). Eine Ausnahme besteht nach dieser Ansicht lediglich bei der Beteiligung an einer Publikumsgesellschaft sowie bei der Vorbereitung einer selbstständigen beruflichen Tätigkeit wie z. B. bei Gründung einer Rechtsanwaltskanzlei. Dieser Ansicht nach unterliegt eine gesellschaftsvertragliche Schiedsklausel einer Personengesellschaft daher regelmäßig nicht dem Formerfordernis des § 1031 Abs. 5 ZPO.

35 Nach h. L. ist die Beteiligung an einer Personengesellschaft jedoch ein Verbrauchergeschäft, wenn der Gesellschafter in der Gesellschaft keine gewerblichen oder beruflichen Zwecke verfolgt. Dies gilt auch bei der Beteiligung an einer Publikumsgesellschaft oder an einer vermögensverwaltenden Gesellschaft (BGHZ 149, 80, 83 ff; Sudhoff PersGes/*Gerber* § 21 Rn. 4, 14; *Zilles* S. 23; AnwK-BGB/*Eckardt* Anh. § 705 Rn. 54; *Lachmann/Lachmann* BB 2000, 1633, 1634; *Trittmann* ZGR 1999, 340, 346). Der BGH hat entschieden, dass die Verwaltung eigenen Vermögens auch dann dem privaten Bereich zuzuordnen ist, wenn es sich um die Anlage beträchtlichen Kapitals handelt (BGHZ 149, 80, 86 ff.). Ob der Gesellschafter außerhalb dieser Beteiligung gewerblich oder beruflich selbstständig tätig ist, ist insofern unerheblich. Das Formerfordernis des § 1031 Abs. 5 ZPO greift bereits dann ein, wenn lediglich ein Verbraucher an der Schiedsvereinbarung beteiligt ist (Zöller/*Geimer* § 1031 Rn. 35; Sudhoff PersGes/*Gerber* § 21 Rn. 14; *Habersack* SchiedsVZ 2003, 241, 242).

Ist die Beteiligung eines Gesellschafters an der Personengesellschaft als Verbrauchergeschäft anzusehen, unterliegt die gesellschaftsvertragliche Schiedsvereinbarung somit dem Formerfordernis des § 1031 Abs. 5 ZPO. Wird der Gesellschaftsvertrag nicht notariell beurkundet, hat dies zur Folge, dass die **Schiedsklausel** entsprechend § 1031 Abs. 5 S. 1 ZPO in einer **gesonderten Urkunde** abgefasst werden muss. Diese Vereinbarung muss zusätzlich zum Gesellschaftsvertrag erstellt und unterzeichnet werden (Sudhoff PersGes/*Gerber* § 21 Rn. 4, 14; *Ebbing* NZG 1998, 281, 282; *Schneider* GmbHR 2005, 86, 90). Eine Bezugnahme nach § 1031 Abs. 3 ZPO auf die gesellschaftsvertragliche Klausel erfüllt diese Anforderungen nicht (*Habersack* SchiedsVZ 2003, 241, 242; AnwK-BGB/*Eckardt* Anh. § 705 Rn. 54). Es wird empfohlen, die Schiedsvereinbarung zeitgleich mit dem Gesellschaftsvertrag abzuschließen und in diesem auf die gesonderte Schiedsvereinbarung hinzuweisen. Wird diesen Anforderungen nicht entsprochen, ist die Schiedsvereinbarung **unwirksam**, es verbleibt bei der Zuständigkeit staatlicher Gerichte (Zöller/*Geimer* § 1031 Rn. 39; MüKo ZPO/*Münch* § 1031 Rn. 4). Wird der Gesellschaftsvertrag jedoch notariell beurkundet, kann die Schiedsvereinbarung gem. § 1031 Abs. 5 S. 2 ZPO wirksam innerhalb des Gesellschaftsvertrages geschlossen und auf eine gesonderte Urkunde verzichtet werden (Zöller/*Geimer* § 1031 Rn. 38; *Trittmann* ZGR 1999, 340, 346; *Berger* ZHR 164 (2000) 295, 303). 36

Liegt **kein Verbrauchergeschäft** i. S. d. § 1031 Abs. 5 ZPO vor, so ist dem Formerfordernis des § 1031 Abs. 1–4 ZPO regelmäßig genüge getan, wenn die Schiedsvereinbarung in einem schriftlich abgeschlossenen Gesellschaftsvertrag enthalten ist (*Ebbing* NZG 1998, 281, 282). 37

3. Sachliche Reichweite der Schiedsvereinbarung

Es obliegt den Gesellschaftern, die sachliche Reichweite einer gesellschaftsvertraglichen Schiedsklausel zu bestimmen. Im Grundsatz sind Schiedsvereinbarungen und somit auch Schiedsvereinbarungen in Gesellschaftsverträgen von Personengesellschaften **weit auszulegen** (BGH ZIP 2004, 1616, 1618; OLG Düsseldorf SchiedsVZ 2004, 161, 162; Zöller/*Geimer* § 1029 Rn. 65b; *Schwab/Walter* Kap. 3 Rn. 19; *Lachmann* BRAK-Mitt. 2005, 217, 218). Eine Klausel, nach der sämtliche Streitigkeiten aus dem Gesellschaftsverhältnis einem Schiedsgericht unterstellt sind, erfasst regelmäßig Streitigkeiten zwischen der Gesellschaft und Gesellschaftern sowie Streitigkeiten zwischen den Gesellschaftern untereinander, sofern sie auf dem Gesellschaftsverhältnis beruhen (*Ebbing* NZG 1998, 281, 282 f.). Der Schiedsklausel unterliegen somit u. a. Gesellschafterstreitigkeiten wie z. B. Beschlussmängelstreitigkeiten, Mitgliedschaftsstreitigkeiten, Streitigkeiten über Beitragspflichten, die Geltendmachung von Schadensersatzansprüchen aus Treuepflichtverletzung, die Geltendmachung gesellschaftsrechtlicher Vor- und Ankaufsrechte sowie die handelsrechtlichen Gestaltungsklagen auf Einziehung der Geschäftsführungs- und Vertretungsbefugnis gem. §§ 117, 127 HGB, auf Ausschließung eines Gesellschafters nach § 140 HGB und auf Auflösung der Gesellschaft gem. § 133 HGB (*Habersack* SchiedsVZ 2003, 241, 245; weitere: MünchHdb GesR I/*Butzer* § 76 Rn. 46; zu den handelsrechtlichen Gestaltungsklagen vgl. ausführl. Kap. 16 Rn. 104 ff.). Soweit die Schiedsklausel einer solchen Auslegung nicht entgegensteht, werden von ihr auch Streitigkeiten über Ausgleichsansprüche der Gesellschafter untereinander, die auf ihrer Gesellschafterstellung beruhen, erfasst (*Ebbing* NZG 1998, 281, 283). Eine Schiedsklausel hinsichtlich gesellschaftsvertraglicher Streitigkeiten erfasst regelmäßig auch Streitigkeiten zwischen den Erben über die Gesellschaftsnachfolge (*Schwab/Walter* Kap. 7 Rn. 39). 38

Nicht erfasst sind sog. **Drittgeschäfte**. Ein Drittgeschäft liegt vor, wenn ein Geschäft mit außerhalb der Gesellschaft stehenden Dritten getätigt wird. Unter einem Drittgeschäft sind aber auch Rechtsverhältnisse zwischen Gesellschaft und Gesellschaftern zu verstehen, die ihre Grundlage nicht im mitgliedschaftlichen Rechtsverhältnis haben, sondern nur bei Gelegenheit der Mitgliedschaft getätigt werden (*Habersack* SchiedsVZ 2003, 241, 245; *Ebbing* NZG 1998, 281, 283). 39

Befindet sich die Gesellschaft in der **Insolvenz**, erfasst eine solche Klausel auch Ansprüche des Insolvenzverwalters, die aus den Kapitalerhaltungsvorschriften abzuleiten sind. Nicht erfasst sind dagegen Ansprüche, die der Insolvenzverwalter aus dem Rechtsinstitut des existenzvernichtenden Eingriffs geltend macht (*Lachmann* BRAK-Mitt. 2005, 217, 218). 40

4. Persönliche Reichweite der Schiedsvereinbarung

41 Eine Schiedsvereinbarung wirkt grundsätzlich zwischen den Parteien (Zöller/*Geimer* § 1029 Rn. 60; *Schwab/Walter* Kap. 7 Rn. 22). Daraus ergibt sich, dass die Gesellschafter, die an der Vereinbarung der Schiedsklausel beteiligt waren, ihrer Bindung unterliegen. Unter bestimmten Umständen kommt auch eine Bindung Dritter in Betracht (BGH NJW 1980, 1797; *Habersack* SchiedsVZ 2003, 241, 244).

a) Bindung von Gesamtrechtsnachfolgern

42 So ist anerkannt, dass Gesamtrechtsnachfolger grundsätzlich an die Schiedsvereinbarung gebunden sind. Bei Tod eines Gesellschafters unterstehen seine Erben daher der Schiedsklausel. Gesamtrechtsnachfolge ist ferner bei gesellschaftsrechtlichen Umwandlungsvorgängen denkbar (BGHZ 68, 356, 359; BGH NJW 1980, 1797; NJW 1979, 2567; MüKo ZPO/*Münch* § 1029 Rn. 21; *Schwab/Walter* Kap. 7 Rn. 30).

b) Bindung von Einzelrechtsnachfolgern

43 Wird ein Gesellschaftsanteil auf einen neu eintretenden Gesellschafter übertragen, entspricht es der mittlerweile gefestigten Rechtsprechung und h. L., dass der **Erwerber des Gesellschaftsanteils** als Einzelrechtsnachfolger an die Schiedsklausel gebunden ist. Nach st.Rspr. des BGH ist die Schiedsklausel als Eigenschaft des abgetretenen Rechts zu sehen und geht nach dem in § 401 BGB enthaltenen Grundgedanken mit dem abgetretenen Recht auf den Erwerber über, sofern nichts Gegenteiliges vereinbart oder den Umständen zu entnehmen ist (BGHZ 71, 162, 164; BGH NJW 2000, 2346; NZG 1998, 63; NJW 1980, 1797; Zöller/*Geimer* § 1029 Rn. 61; MüKo ZPO/*Münch* § 1029 Rn. 21; *K. Schmidt* BB 2001, 1857, 1862 f.; *Schneider* GmbHR 2005, 86, 90; a. A. *Schwab/Walter* Kap. 7 Rn. 32). Ein gesonderter Beitritt des Erwerbers des Gesellschaftsanteils zum Schiedsvertrag unter Wahrung der Form nach § 1031 ZPO ist nicht erforderlich (BGHZ 71, 162, 165; BGH NJW 1979, 2567; NZG 1998, 63; Zöller/*Geimer* § 1031 Rn. 17). Die Warnfunktion der Formvorschrift tritt zurück, da es dem Sonderrechtsnachfolger grundsätzlich zuzumuten ist, sich über den Inhalt des übertragenden Rechts und damit auch über die Schiedsklausel zu informieren. Ein schutzwürdiges Recht des Rechtsnachfolgers, den Gesellschaftsanteil unter Wegfall der Bindung an die Schiedsklausel zu erwerben – ohne Zustimmung des Vertragspartners – ist nicht anzuerkennen (BGHZ 71, 162, 166; BGH NZG 1998, 63).

44 Wenn sich auch die h. M. in der Literatur im Ergebnis für eine Bindung des Erwerbers eines Gesellschaftsanteils an die Schiedsklausel ausspricht, so wird die dogmatische Begründung des BGH, die Bindung des neu hinzutretenden Gesellschafters aus dem Rechtsgedanken des § 401 BGB herzuleiten, zum Teil durchaus kritisiert (vgl. z. B. MüKo ZPO/*Münch* § 1029 Rn. 21; *K. Schmidt* BB 2001, 1857, 1863). Nach dieser Ansicht lässt sich die Bindung neu hinzutretender Gesellschafter nicht durch den Gedanken des § 401 BGB, sondern lediglich damit begründen, dass auch gesellschaftsvertragliche Schiedsklauseln von Personengesellschaften der Regelung des § 1066 ZPO unterstehen und allein diese Regelung die Bindung des Anteilserwerbers an die Schiedsklausel im Ergebnis plausibel mache. Aus Gründen des Anlegerschutzes bedarf es auch dieser Auffassung nach bei dem Erwerb eines Anteils an einer Publikumsgesellschaft einer individuellen Vereinbarung, die den Formerfordernissen des § 1031 ZPO entspricht (*K. Schmidt* BB 2001, 1857, 1863; *Habersack* SchiedsVZ 2003, 241, 245).

45 Für die Praxis wird zum Teil empfohlen, die **Übertragbarkeit** der Schiedsvereinbarung in der Schiedsvereinbarung selbst zu bestätigen. Für den Fall, dass die Altgesellschafter jedoch nicht in jedem Fall auch im Verhältnis zu später eintretenden Gesellschaftern der Bindung der Schiedsklausel unterliegen wollen, kann die Übertragbarkeit der Schiedsklausel ausdrücklich **ausgeschlossen** werden. Der Ausschluss der Übertragbarkeit kann sich nach teilweise vertretener Ansicht auch aus der Schiedsvereinbarung selbst ergeben, beispielsweise dann, wenn der Vereinbarung ein besonderes Vertrauensverhältnis zugrunde liegt (Sudhoff PersGes/*Gerber* § 21 Rn. 22; *Schwab/Walter* Kap. 7 Rn. 31).

c) Bindung ausgeschiedener Gesellschafter

Eine gesellschaftsvertragliche Schiedsklausel gilt auch für bereits ausgeschiedene Gesellschafter hinsichtlich sämtlicher Streitigkeiten aus dem Gesellschaftsverhältnis, wie z. B. für Mitglieds- oder Abfindungsstreitigkeiten. Dafür spricht, dass diese Streitigkeiten ungeachtet des Ausscheidens des Gesellschafters weiterhin ihre Grundlage im Gesellschaftsverhältnis finden (BGH NJW RR 2002, 1460; OLG Düsseldorf SchiedsVZ 2004, 161, 162; OLG Karlsruhe NJW-RR 1991, 493; Zöller/*Geimer* § 1029 Rn. 68; *Schwab/Walter* Kap. 7 Rn. 32; *Habersack* SchiedsVZ 2003, 241, 244). **46**

5. Nachträgliche Aufnahme einer Schiedsklausel in den Gesellschaftsvertrag

Schiedsvereinbarungen für gesellschaftsrechtliche Streitigkeiten können auch nachträglich in einen bereits bestehenden Gesellschaftsvertrag aufgenommen werden. Einigkeit besteht darin, dass dies durch **einstimmigen Beschluss der Gesellschafter** möglich ist (Sudhoff PersGes/*Gerber* § 21 Rn. 20; *Habersack* SchiedsVZ 2003, 241, 245; *K. Schmidt* BB 2001, 1857, 1863; *Zilles* S. 28). Umstritten ist allerdings, ob die nachträgliche Aufnahme einer Schiedsklausel auch durch Mehrheitsbeschluss aufgrund einer gesellschaftsvertraglichen Mehrheitsklausel erfolgen kann (dagegen: Sudhoff PersGes/*Gerber* § 21 Rn. 20; *K. Schmidt* BB 2001, 1857, 1863). Nach dem gesetzlichen Leitbild des § 709 Abs. 1 BGB für die BGB-Gesellschaft und des § 119 Abs. 1 HGB für die OHG und KG ist ein Beschluss über die Änderung des Gesellschaftsvertrages grundsätzlich einstimmig zu fassen. Durch Gesellschaftsvertrag können jedoch **Mehrheitsbeschlüsse** zugelassen werden, vgl. § 119 Abs. 2 HGB, § 709 Abs. 2 BGB (Baumbach/Hopt/*Hopt* § 119 Rn. 34; Palandt/*Sprau* § 709 Rn. 2; *Zilles* S. 28). Die Zulässigkeit von Mehrheitsbeschlüssen ist jedoch durch die Kernbereichslehre (vgl. hierzu Kap. 4 § 109 Rn. 23) begrenzt. Danach bedarf ein Beschluss, der den Kernbereich der Mitgliedschaft eines Gesellschafters betrifft grundsätzlich seiner Zustimmung (BGH NJW 1985, 972, 974; Baumbach/Hopt/*Hopt* § 119 Rn. 35 f.). Ob eine Schiedsvereinbarung nachträglich durch Mehrheitsbeschluss in die Satzung aufgenommen werden kann, hängt somit entscheidend davon ab, ob der Zugang zu den ordentlichen Gerichten zum Kernbereich der Mitgliedschaft gezählt wird. **47**

Nach teilweise vertretener Auffassung ist die nachträgliche Einführung einer Schiedsklausel durch Mehrheitsbeschluss zulässig, wenn der Gesellschaftsvertrag eine auch für Vertragsänderungen geltende **Mehrheitsklausel** enthält. Dieser Ansicht nach gehört der Zugang zu den ordentlichen Gerichten nicht zum Kernbereich der Mitgliedschaft, so dass die nachträgliche Einführung einer Schiedsklausel den Inhalt der mitgliedschaftlichen Rechte unberührt lässt. Es gehe vielmehr um die Frage der Durchsetzung mitgliedschaftlicher Rechte und Pflichten (AnwK-BGB/*Eckardt* Anh. § 705 Rn. 56; *Habersack* SchiedsVZ 2003, 241, 245). *Habersack* verweist in diesem Zusammenhang auf eine Entscheidung des BGH, in der dieser für das Vereinsrecht entschieden hat, dass ein Vereinsmitglied nicht der Bindung einer nachträglich in die Satzung aufgenommenen Schiedsklausel unterliegt, wenn es der Satzungsänderung nicht zugestimmt hat und ihm der Austritt aus dem Verein als Reaktion auf die Satzungsänderung nicht zugemutet werden könne (*Habersack* SchiedsVZ 2003, 241, 245; vgl. auch BGHZ 144, 146, 148 ff.). Nach Auffassung *Habersacks* ist die Rechtslage im Personengesellschaftsrecht durch das Recht zur ordentlichen Kündigung der Gesellschaft (§§ 723, 724 BGB) bzw. der Mitgliedschaft (§§ 131 Abs. 3 Nr. 3, 132 HGB) mit dem Vereinsrecht vergleichbar, so dass ein Gesellschafter, auch wenn er gegen die Satzungsänderung gestimmt hat, dann an eine nachträglich eingeführte Schiedsklausel gebunden ist, wenn er eine grundsätzlich zumutbare Kündigung unterlässt. In der unterlassenen Kündigung sei letztlich eine freiwillige Unterwerfung unter die Schiedsklausel zu sehen (*Habersack* SchiedsVZ 2003, 241, 245; so auch AnwK-BGB/*Eckardt* Anh. zu § 705 Rn. 56). **48**

Nach **h. L.** kommt eine nachträgliche Einführung einer Schiedsklausel durch Mehrheitsbeschluss jedoch grundsätzlich nicht in Betracht, da der Zugang zu den ordentlichen Gerichten unter dem Schutz des Kernbereichs der Mitgliedschaft steht (*K. Schmidt* BB 2001, 1857, 1863; Sudhoff PersGes/*Gerber* § 21 Rn. 20). Im Übrigen wird die Änderung des Gesellschaftsvertrages durch Mehrheitsbeschluss nur dann zugelassen, wenn sich aufgrund des Bestimmtheitsgrundsatzes der Be- **49** schlussgegenstand bei einer Vertragsänderung mit ungewöhnlichem Inhalt unzweideutig aus der Mehrheitsklausel ergibt (Baumbach/Hopt/*Hopt* § 119 Rn. 27). Für die nachträgliche Einführung einer Schiedsklausel wird eine Mehrheitsklausel i. S. d. § 119 Abs. 2 HGB regelmäßig jedoch nicht ausreichend spezifiziert sein wird (*Ebbing* NZG 1999, 754, 755; *Zilles* S. 28)

6. Sonderproblem: Mehrparteienschiedsverfahren im Personengesellschaftsrecht

50 Sowohl im Personengesellschaftsrecht wie auch im Recht der Körperschaften kommt dem Mehrparteienschiedsverfahren eine erhebliche praktische Bedeutung zu.

a) Allgemeines

51 Ein **Mehrparteienschiedsverfahren** im engeren Sinn **(sog. »multi-party arbitration«)** liegt vor, wenn auf einer oder beiden Seiten mehrere Parteien aufgrund einer gemeinsam vereinbarten Schiedsabrede an einem Schiedsverfahren beteiligt sind (*Schwab/Walter* Kap. 7 Rn. 29, Kap. 10 Rn. 14; MüKo ZPO/*Münch* § 1029 Rn. 25 f.). Das Problem des Mehrparteienschiedsverfahrens stellt sich bei Personengesellschaften vor allem bei Gesellschafterstreitigkeiten, die für und gegen alle Gesellschafter wirken. Gesellschafterstreitigkeiten, wie z. B. Beschlussmängelstreitigkeiten oder Mitgliedschaftsstreitigkeiten, sind durch allgemeine Feststellungsklage gerichtlich geltend zu machen, bei der der klagende Gesellschafter im Regelfall Klage gegen alle widersprechenden Gesellschafter zu erheben hat (BGHZ 91, 132, 133; NJW 1999, 3113, 3114; *K. Schmidt* BB 2001, 1857, 1864). Auch bei den handelsrechtlichen Gestaltungsklagen stellen sich regelmäßig die Probleme des Mehrparteienschiedsverfahrens. So ist beispielsweise die Auflösungsklage nach § 133 HGB vorbehaltlich abweichender gesellschaftsvertraglicher Vereinbarung gegen die Mitgesellschafter zu richten (MüKo HGB/*K. Schmidt* § 133 Rn. 44, 48 ff.).

b) Bindungswirkung

52 Bei Mehrparteienschiedsverfahren stellt sich regelmäßig die Frage, wie die Bindungswirkung der Schiedsvereinbarung und des Schiedsspruchs für alle Beteiligten erreicht werden kann. Die Bindung aller Beteiligten an die Schiedsvereinbarung ist insoweit unproblematisch, wenn die Vereinbarung von den Beteiligten unterzeichnet wurde, wie es regelmäßig bei gesellschaftsvertraglichen Schiedsklauseln der Fall ist. Es ist jedoch danach zu fragen, wie das Schiedsgericht in einem solchen Fall konstituiert wird (MüKo ZPO/*Münch* § 1029 Rn. 27). Für Mehrparteienschiedsverfahren fehlt diesbezüglich eine ausdrückliche gesetzliche Regelung. Grundsätzlich ist erforderlich, dass alle Parteien auf die Bildung des Schiedsgerichts gleichen Einfluss nehmen können (BGHZ 132, 278, 287 f.; Zöller/*Geimer* § 1029 Rn. 42; *Trittmann* ZGR 1999, 340, 355 f.). Aufgrund des **Grundsatzes der Gleichbehandlung der Parteien** bei der Konstituierung des Schiedsgerichts steht jeder Partei das Recht zu, einen eigenen Schiedsrichter ihres Vertrauens zu benennen. Dieses Recht ist vor der Entstehung der konkreten Streitigkeit nicht abdingbar (BGHZ 132, 278, 287 f.; *Schwab/Walter* Kap. 10 Rn. 14). Problematisch ist, wie das Schiedsgericht unter gleichberechtigter Beteiligung aller Parteien konstituiert werden kann (MüKo ZPO/*Münch* § 1029 Rn. 26; *Schwab/Walter* Kap. 7 Rn. 29; *Lachmann/Lachmann* BB 2000, 1633, 1634). Schwierigkeiten können sich daraus ergeben, dass sich mehrere Parteien auf einer Seite auf einen Schiedsrichter einigen müssen (*Schwab/Walter* Kap. 10 Rn. 14; *Trittmann* ZGR 1999, 340, 356). Zudem ist der Gesichtspunkt des Grundsatzes der Gleichbehandlung der Parteien dadurch betroffen, dass einer Partei bei der Benennung eines Dreiergremiums ein prozessuales Übergewicht zukommen würde, wenn auf der Gegenseite mehrere Parteien dazu gezwungen wären, eine Einigung über die Schiedsrichterbenennung zu erzielen (*Schwab/Walter* Kap. 10 Rn. 15).

53 Zur Lösung dieser Problematik ist die bloße Verweisung auf die gesetzlichen Vorschriften oder eine Verfahrensordnung, die keine Regelungen für Mehrparteienschiedsverfahren enthält, nicht ausreichend. Der Grundsatz der Gleichbehandlung bei der Konstituierung des Schiedsgerichts kann dadurch gewahrt werden, dass alle Schiedsrichter **von einem neutralen Dritten bestellt** werden (*Lachmann/Lachmann* BB 2000, 1633, 1634; Zöller/*Geimer* § 1029 Rn. 42; *Trittmann* ZGR

1999, 340, 356). Da die meisten institutionellen Schiedsorganisationen in ihrer Schiedsordnung eine Regelung für die Schiedsrichterbenennung bei Mehrparteienschiedsverfahren vorsehen, empfiehlt sich, die Anwendbarkeit einer solchen Schiedsordnung zu vereinbaren (*Schwab/Walter* Kap. 10 Rn. 15).

So sieht **§ 13.1 DIS-SchGO** bei einer Mehrheit von Klägern für den Fall eines Dreier-Schiedsgremiums (vgl. § 12 DIS-SchGO) vor, dass diese gemeinsam einen Schiedsrichter zu benennen haben. Bei zwei oder mehr Beklagten haben diese nach § 13.2 DIS-SchGO, soweit nichts anderes vereinbart wurde, innerhalb von 30 Tagen nach Empfang der Klage gemeinsam einen Schiedsrichter zu benennen. Kommt es zu keiner Einigung der Parteien innerhalb dieser Frist, so ernennt der DIS-Ernennungsausschuss zwei Schiedsrichter (vgl. § 13.2. DIS-SchGO). Etwaige abweichende vertragliche Regelungen bleiben davon unberührt. Wird eine Schiedsrichterbenennung auf Beklagtenseite durch den Ernennungsausschuss erforderlich, so wird die bereits erfolgte Benennung auf Klägerseite gegenstandslos (vgl. § 13.2 DIS-SchGO). **54**

Nach **Art. 10 Abs. 1 der ICC-SchGO** haben mehrere Parteien auf Kläger- oder Beklagtenseite im Fall der Bildung eines Dreiergremiums jeweils einen gemeinsamen Schiedsrichter zu benennen. Erfolgt keine Einigung durch die Parteien und können die Parteien sich auch nicht auf ein Verfahren zur Benennung von Schiedsrichtern einigen, kann der Gerichtshof alle Schiedsrichter ernennen und einen von ihnen als Vorsitzenden bestimmen (vgl. Art. 10 Abs. 2 ICC-SchGO). **55**

II. Statutarische Schiedsklausel bei Kapitalgesellschaften

1. Anwendbarkeit des § 1066 ZPO

a) Allgemeines

Auch Satzungen von Kapitalgesellschaften enthalten nicht selten Schiedsklauseln, die für alle Streitigkeiten aus dem Gesellschaftsverhältnis die Zuständigkeit eines Schiedsgerichts anordnen. Eine solche Klausel fällt nach h. L. unter die Regelung des § 1066 ZPO (BGH NJW 1980, 1049; Zöller/*Geimer* ZPO § 1066 Rn. 4; Baumbach/Hueck/*Fastrich* § 13 Rn. 7; Michalski/*Michalski* § 13 Rn. 91; *Schwab/Walter* Kap. 32 Rn. 3; Sudhoff PersGes/*Gerber* § 21 Rn. 14; *Habersack* SchiedsVZ 2003, 231, 242). Nach § 1066 ZPO kann die Zuständigkeit eines Schiedsgerichts in gesetzlich statthafter Weise außer durch Schiedsvereinbarung auch durch letztwillige oder andere nicht auf Vereinbarung beruhender Verfügung begründet werden (BGH NJW 1980, 1049; *K. Schmidt* BB 2001, 1857, 1862). § 1066 ZPO erfasst somit Schiedsgerichte, die nicht auf vertraglicher Grundlage beruhen (MüKo ZPO/*Münch* § 1066 Rn. 1; *Schwab/Walter* Kap. 32 Rn. 3 f.). Die Anwendbarkeit des § 1066 ZPO auf statutarische Schiedsklauseln von Kapitalgesellschaften ergibt sich daraus, dass die Klausel nicht vertraglich vereinbart, sondern aufgrund der dem Verband gewährten Satzungsautonomie angeordnet ist (BGH NJW 1980, 1049; MüKo ZPO/*Münch* § 1066 Rn. 4; Michalski/*Michalski* § 13 Rn. 94; *Ebbing* NZG 2000, 899). **56**

b) Formanforderungen

Nach h. L. ist die **Formvorschrift des § 1031 ZPO** (vgl. Rn. 11 ff.) von der Verweisung des § 1066 ZPO auf die Regeln der §§ 1025 ZPO ff. ausgenommen. Eine statutarische Schiedsklausel einer Kapitalgesellschaft untersteht im Unterschied zu Schiedsklauseln in Gesellschaftsverträgen von Personengesellschaften daher nicht den Formerfordernissen des § 1031 ZPO. Dies gilt sowohl für den Fall, dass die Schiedsklausel bei Gründung der Gesellschaft in die Satzung aufgenommen wird, als auch bei nachträglicher Einfügung der Schiedsklausel in die Satzung (OLG Hamburg SchiedsVZ 2004, 267, 268; MüKo ZPO/*Münch* § 1031 Rn. 6; *Schwab/Walter* Kap. 32 Rn. 4; Michalski/*Michalski* § 13 Rn. 94; Ulmer/*Raiser* § 13 Rn. 37; *Ebbing* NZG 1998, 281; *Bayer* ZIP 2003, 881, 891; *Berger* ZHR 164 (2000) 295, 303; a.A *Zilles* S. 18). **57**

c) Abgrenzung zum organschaftlichen »Schiedsgericht«

58 Von einer statutarischen Schiedsklausel sind solche Fälle abzugrenzen, in denen die Satzung Befugnisse der Gesellschafterversammlung einem sog. **»Schiedsgericht«** überträgt, wie beispielsweise die Entscheidungszuständigkeit für Fälle, in denen Gesellschafterbeschlüsse nicht zustande kommen. Dieses sog. »Schiedsgericht« übt allerdings keine Rechtsprechung aus, sondern stellt lediglich ein Gremium dar, das an die Stelle der Gesellschafterversammlung tritt (BGHZ 43, 261; OLG Hamburg SchiedsVZ 2004, 267; Zöller/*Geimer* § 1066 Rn. 10). Ein solches Schiedsgericht wird nicht nach den gesetzlichen Regeln des Schiedsverfahrensrecht der ZPO tätig, sondern als **Gesellschaftsorgan**, da es in die Organisation der Gesellschaft integriert ist und in gesellschaftlichen Angelegenheiten entscheiden soll (BGHZ 43, 261, 265). Die Entscheidung solcher Gremien kann daher mit einer Anfechtungs- oder auch Nichtigkeitsklage vor ordentlichen Gerichten angegriffen werden (BGHZ 43, 261; R/S-L/*Pentz* § 13 Rn. 31; Michalski/*Michalski* § 13 Rn. 96).

2. Vereinbarkeit statutarischer Schiedsklauseln mit dem Grundsatz der Satzungsstrenge im Aktienrecht

a) Prinzip der Satzungsstrenge gem. § 23 Abs. 5 AktG

59 Nach dem Prinzip der Satzungsstrenge des § 23 Abs. 5 AktG kann die Satzung einer AG nur dann von den Vorschriften des Aktiengesetzes abweichen, wenn dies vom Aktiengesetz zugelassen wird und Vorschriften des Aktienrechts nur dann ergänzen, soweit das Aktienrecht keine abschließende Regelung aufweist (*Hüffer* § 23 Rn. 34; *K. Schmidt* BB 2001, 1857, 1860). Für Beschlussmängelstreitigkeiten von Hauptversammlungsbeschlüssen sieht das Aktienrecht in §§ 241 ff. AktG als besondere Rechtsbehelfe die **Anfechtungs- und Nichtigkeitsklage** vor, für die gem. § 246 Abs. 3 AktG (§ 249 Abs. 1 AktG) ausschließlich das Landgericht am Sitz der Gesellschaft zuständig ist. Nach h. L. können Beschlussmängelstreitigkeiten im Aktienrecht aufgrund der zwingenden Zuständigkeitsnorm des § 246 Abs. 3 AktG **keiner statutarischen Schiedsklausel** unterworfen werden (BGH BB 1951, 683; *Hüffer* § 246 Rn. 19; *Zilles* S. 41, 89 f.; *Raeschke-Kessler* SchiedsVZ 2003, 145, 152; a. A. Zöller/*Geimer* § 1060 Rn. 12; *Lüke/Blenske* ZGR 1998, 253, 257). Dieser Auffassung nach garantiert die Zuständigkeitsnorm des § 246 Abs. 3 AktG Rechtsschutz vor den ordentlichen Gerichten, der durch die Satzung **nicht abbedungen** werden kann (*Habersack* SchiedsVZ 2003, 241, 244; *Borris* S. 110). Nach *K. Schmidt* steht jedoch nicht nur die Zuständigkeitsnorm des § 246 Abs. 3 AktG einer statutarischen Schiedsklausel, die sich auf Beschlussmängelstreitigkeiten erstreckt, entgegen, sondern das gesamte Rechtsschutzkonzept des Aktienrechts für Beschlussmängelstreitigkeiten bei Hauptversammlungsbeschlüssen. Eine Zuweisung der Anfechtungsstreitigkeit an ein Schiedsgericht würde insoweit eine nach § 23 Abs. 5 AktG unzulässige Abweichung vom Aktiengesetz darstellen (*K. Schmidt* BB 2001, 1857, 1861; a. A. *Raeschke-Kessler* SchiedsVZ 2003, 145, 152).

b) Satzungsbegleitende Nebenabrede

60 Die Regelung des § 23 Abs. 5 AktG verbietet es jedoch nicht grundsätzlich, aktienrechtliche Beschlussmängelstreitigkeiten durch ein Schiedsgericht zu entscheiden. Es verbleibt die Möglichkeit, eine Schiedsabrede in einer sog. satzungsbegleitenden Nebenabrede, an der alle Aktionäre beteiligt sind, zu regeln. Eine solche satzungsbegleitende Nebenabrede steht jeder Regelung offen, die ohne § 23 Abs. 5 AktG zulässiger Satzungsinhalt wäre. Sie stellt eine **Schiedsvereinbarung i. S. d. § 1029 ZPO** dar, die alle an ihr Beteiligten sowie ihre Gesamtrechtsnachfolger bindet. Einzelrechtsnachfolger und Zeichner wären allerdings nur dann an diese Schiedsklausel gebunden, soweit sie sich der Nebenabrede angeschlossen haben (*Hüffer* § 246 Rn. 19 a; *K. Schmidt* BB 2001, 1857, 1861; *Raeschke-Kessler* SchiedsVZ 2003, 145, 152). Als Regelung i. S. d. §§ 1029 ZPO ff. ist bei der Nebenabrede die Formvorschrift des § 1031 ZPO zu berücksichtigen (Michalski/*Michalski* § 13 Rn. 94).

c) Andere Ansicht

61 Nach a. A. schreibt das Aktienrecht durch seine ausschließlichen Zuständigkeitsregelungen in Verbindung mit dem Grundsatz der Satzungsstrenge nicht zwingend Rechtsschutz durch staatliche Gerichte vor (Zöller/*Geimer* § 1066 Rn. 12, § 1030 Rn. 8 f.). In seiner Entscheidung vom 29. 3. 1996 hat der BGH zum Recht der GmbH entschieden, dass die im Recht der GmbH analog anzuwendende Regelung des § 246 Abs. 3 AktG der Schiedsfähigkeit einer Anfechtungsklage nicht entgegensteht, da diese Zuständigkeitsbestimmung lediglich die örtliche und sachliche Zuständigkeit für den Fall regelt, dass die staatlichen Gerichte zulässigerweise angerufen wurden (BGHZ 132, 278, 281; vgl. hierzu auch *Borris* S. 113). Da § 246 Abs. 3 AktG somit nicht den Rechtsweg zu den ordentlichen Gerichten garantiere, könne diese Regelung auch nicht in Verbindung mit dem Grundsatz der Satzungsstrenge dagegen sprechen, aktienrechtliche Beschlussmängelstreitigkeiten einer statutarischen Schiedsklausel zu unterwerfen (Zöller/*Geimer* § 1066 Rn. 12, § 1030 Rn. 9; *Bork* ZHR 160 (1996) 374, 377; *Lüke/Blenske* ZGR 1998, 253, 257 f.; *Raeschke-Kessler* SchiedsVZ 2003, 145, 152; wohl i.Erg. auch *Ebbing* NZG 1998, 281, 285).

3. Sachliche Reichweite der Schiedsklausel

62 Eine Schiedsklausel, die für alle Streitigkeiten aus dem Gesellschaftsverhältnis die Zuständigkeit eines Schiedsgerichts anordnet, erfasst **Streitigkeiten zwischen der Gesellschaft und Gesellschaftern** sowie **Streitigkeiten unter den Gesellschaftern** (Michalski/*Michalski* § 13 Rn. 92; *Roth/Altmeppen* § 13 Rn. 6; Ulmer/*Raiser* § 13 Rn. 37; Baumbach/Hueck/*Fastrich* § 13 Rn. 7). Eine statutarische Schiedsklausel kann jedoch nur solche Streitigkeiten erfassen, die Gegenstand statutarischer Bindung sein können. Die Streitigkeit muss somit der Bestimmung der Gesellschafter unterliegen (Zöller/*Geimer* § 1066 Rn. 4). Dazu zählen beispielsweise Streitigkeiten über Stimmrechte, Mitwirkungsrechte, Beitragspflichten der Gesellschafter, Ansprüche auf Gewinnbeteiligung, über den Erwerb und Verlust der Mitgliedschaft, Abfindungsrechte sowie Beschlussmängelstreitigkeiten (Zöller/*Geimer* § 1030 Rn. 9; § 1066 Rn. 4 f.; MüKo ZPO/*Münch* § 1066 Rn. 9).

63 Eine statutarische Schiedsklausel ist grundsätzlich **weit auszulegen**. Erstreckt sich eine Schiedsklausel auf sämtliche Streitigkeiten aus dem Gesellschaftsverhältnis und zählt die Klausel einige bestimmte gesellschaftsrechtliche Streitigkeiten beispielhaft auf, so schließt dies weitere gesellschaftsrechtliche Streitigkeiten vom Anwendungsbereich der Schiedsklausel nicht aus. Bezieht sich eine Schiedsklausel auf alle Streitigkeiten aus dem Gesellschaftsverhältnis, erfasst dies sowohl Ansprüche der Gesellschaft gegen Gesellschafter als auch Ansprüche der Gesellschafter gegen die Gesellschaft (BGH ZIP 2004 1616, 1617 f.).

4. Persönliche Reichweite der Schiedsklausel

64 Die statutarische Schiedsklausel bindet grundsätzlich die **Gründungsgesellschafter** (MüKo ZPO/*Münch* § 1066 Rn. 8). **Erwerber eines Gesellschaftsanteils** einer Kapitalgesellschaft unterstehen nach h. L. der Bindungswirkung der statutarischen Schiedsklausel ohne weiteres. Dies gilt auch für Gesellschafter, die der Gesellschaft originär beitreten z. B. durch Übernahme einer neuen Stammeinlage bei Kapitalerhöhung. Ein besonderer Beitritt zur Schiedsvereinbarung ist nicht erforderlich (BGH ZIP 2004, 1616, 1618; OLG Hamburg SchiedsVZ 2004, 267, 268; R/S-L/*Pentz* § 13 Rn. 29; MüKo ZPO/*Münch* § 1066 Rn. 8; Michalski/*Michalski* § 13 Rn. 91; *Schneider* GmbHR 2005, 86, 90; *Berger* ZHR 164 (2000) 295, 301 ff.). Dies resultiert daraus, dass sich der neue Gesellschafter mit seinem Eintritt in die Gesellschaft der neuen Satzung und somit auch der Schiedsklausel unterwirft (BGHZ 71, 162; Zöller/*Geimer* § 1066 Rn. 9; Ulmer/*Raiser* § 13 Rn. 37). Bereits **ausgeschiedene Gesellschafter** unterliegen der Bindungswirkung der Schiedsklausel im Hinblick auf Streitigkeiten, die ihren Grund im Gesellschaftsverhältnis haben, wie beispielsweise bei der Geltendmachung rückständiger Beiträge oder von Gewinnbeteiligungen (MüKo ZPO/*Münch* § 1066 Rn. 8).

65 Eine gesellschaftsvertragliche Schiedsklausel, die alle gesellschaftsrechtlichen Streitigkeiten erfasst, bindet auch den **Insolvenzverwalter**, wenn über das Vermögen der Gesellschaft das Insolvenzverfahren eröffnet wurde (BGHZ 24, 15, 18; BGH ZIP 2004, 1616, 1618).

66 Statutarische Schiedsklauseln entfalten grundsätzlich **keine Bindungswirkung für Dritte**. Dritter in diesem Sinne kann auch ein Gesellschafter sein, wenn es sich um eine Individualstreitigkeit handelt, die nicht im Gesellschaftsverhältnis begründet ist. Soll ein Dritter auch an die Schiedsklausel gebunden sein, so beurteilt sich dies nach §§ 1029 bis 1031 ZPO (MüKo ZPO/*Münch* § 1066 Rn. 8).

5. Nachträgliche Aufnahme einer Schiedsklausel in die Satzung

67 Eine Schiedsklausel kann grundsätzlich auch nachträglich in die Satzung aufgenommen werden (Zöller/*Geimer* § 1066 Rn. 7; *Bayer* ZIP 2003, 881, 890). Umstritten ist, ob die erforderliche **Satzungsänderung durch Mehrheitsbeschluss** erfolgen kann oder ob grundsätzlich ein einstimmiger Beschluss erforderlich ist (*K. Schmidt* BB 2001, 1857, 1861; *Zilles* S. 27; *Raeschke-Kessler* SchiedsVZ 2003, 145, 153). Die wohl h. M. spricht sich dafür aus, dass eine Schiedsklausel nachträglich in die Satzung nur durch einstimmigen Beschluss aufgenommen werden kann, wenn auch die dogmatische Begründung unterschiedlich ausfällt (R/S-L/*Pentz* § 13 Rn. 29; Michalski/*Michalski* § 13 Rn. 95; Ulmer/*Raiser* § 13 Rn. 37; *Roth/Altmeppen* § 13 Rn. 6; Scholz/*Emmerich* GmbHG § 13 Rn. 30 f.; Scholz/*K. Schmidt* GmbHG § 45 Rn. 150; *Bayer* ZIP 2003, 881, 890; *Berger* ZHR 164 (2000) 195, 301).

68 So ist das Einstimmigkeitserfordernis für die GmbH nach teilweise vertretener Auffassung aus § 53 Abs. 3 GmbHG abzuleiten, wonach die Vermehrung der den Gesellschaftern nach dem Gesellschaftsvertrag obliegenden Leistungen nur mit **Zustimmung sämtlicher Gesellschafter** beschlossen werden kann (Zöller/*Geimer* § 1066 Rn. 7). Nach a. A. ergibt sich das Einstimmigkeitserfordernis aus der Garantie des gesetzlichen Richters nach Art. 101 Abs. 1 S. 2 GG, da die Unterwerfung unter ein Schiedsgericht einen Verzicht auf den gesetzlichen Richter darstellt (BGHZ 68, 356, 360; Ulmer/*Raiser* § 13 Rn. 37; R/S-L/*Pentz* § 13 Rn. 29; Michalski/*Michalski* § 13 Rn. 95; Scholz/*Emmerich* GmbHG, § 13 Rn. 31; *K. Schmidt* BB 2001, 1857, 1861; *Bayer* ZIP 2003, 881, 890).

69 Ferner wird die Auffassung vertreten, das Einstimmigkeitserfordernis ergebe sich aus der sog. **Kernbereichslehre** (vgl. hierzu Kap. 4 § 109 Rn. 23), nach der ohne Zustimmung des betroffenen Gesellschafters kein Eingriff in den Kernbereich der Mitgliedschaft erfolgen darf. Nach *K. Schmidt* ergänzen sich das Argument des Art. 101 Abs. 1 S. 2 GG und der Kernbereichslehre, da der verfassungsrechtlich garantierte Rechtsschutz vor den ordentlichen Gerichten zum Kernbereich der Mitgliedschaft gehöre und deshalb nicht ohne Zustimmung des betroffenen Gesellschafters eingeschränkt werden dürfe. Der gesellschaftsrechtliche Kernbereichsschutz der Mitgliedschaft schütze daher jeden Kapitalgesellschafter auch gegen eine unfreiwillige nachträgliche Unterwerfung unter die Schiedsgerichtszuständigkeit (*K. Schmidt* BB 2001, 1857, 1861 f.).

70 Das Einstimmigkeitserfordernis gilt nicht nur für das nachträgliche Einfügen einer Schiedsklausel in die Satzung, sondern auch für das **nachträgliche Entfernen** einer in der Satzung enthaltenen Schiedsklausel (Zöller/*Geimer* § 1066 Rn. 7).

71 Eine a. A. spricht sich jedoch dafür aus, die nachträgliche Aufnahme einer Schiedsklausel in die Satzung auch durch Mehrheitsbeschluss zuzulassen. Diese Auffassung wendet sich v. a. gegen das Argument, der verfassungsrechtlich garantierte Rechtsschutz vor einem ordentlichen Gericht gehöre zum Kernbereich der Mitgliedschaft und dürfe daher nur mit Zustimmung des betroffenen Gesellschafters eingeschränkt werden (*Ebbing* NZG 2000, 899; *Zilles* S. 27 f.; *Raeschke-Kessler* SchiedsVZ 2003, 145, 154). Gegen dieses Argument spreche, dass das Schiedsverfahrensrecht darauf beruht, dass ein Schiedsgericht gleichwertigen Rechtsschutz gegenüber einem staatlichen Gericht gewährleistet. Auch Schiedsgerichte gewähren in gleicher Weise wie staatliche Gerichte Minderheitenschutz. Ein Schiedsspruch, der gegen den Minderheitenschutz als Teil des ordre public verstößt, ist gem. § 1059 Abs. 2 S. 2 b ZPO durch staatliche Gerichte aufhebbar (*Ebbing* NZG 2000, 899, 899; *Raeschke-Kessler* SchiedsVZ 2003, 145, 154; *Zilles* S. 28). Dafür, Schiedsklauseln durch Mehrheitsbeschluss in die Satzung aufzunehmen, spricht dieser Ansicht nach ferner der Grundsatz der Parteiautonomie. Trete ein Gesellschafter einer Gesellschaft bei, deren Satzung Satzungsänderungen durch Mehrheitsbeschluss zulässt, so sei darin ein grundsätzliches Einverständnis für spätere Satzungsänderungen durch Mehrheitsbeschluss zu sehen. Dies gelte auch für einen überstimmten Gesellschafter (*Raeschke-Kessler* SchiedsVZ 2003, 145, 154).

Fraglich ist, ob das Einstimmigkeitserfordernis auch dann Geltung beansprucht, wenn eine be- 72
reits existierende, allerdings unzureichend ausgestaltete statutarische Schiedsklausel im Hinblick auf die BGH-Entscheidung vom 29. 3. 1996 **nachgebessert** wird (vgl. unten Rn. 74 ff.). Nach wohl h. L. genügt in solchen Fällen ein Satzungsänderungsbeschluss mit qualifizierter Mehrheit, da einem Kapitalgesellschafter kein Recht darauf zustehe, dass eine in der Satzung vorhandene Schiedsklausel an den vom BGH aufgestellten Erfordernissen scheitert (*K. Schmidt* BB 2001, 1857, 1862; Scholz/*K. Schmidt* GmbHG, § 45 Rn. 150; *Bayer* ZIP 2003, 881, 890; *Schneider* GmbHR 2005, 86, 87).

6. Sonderproblem: Schiedsfähigkeit von Beschlussmängelstreitigkeiten im Recht der GmbH

a) Einleitung

Besondere Probleme wirft im Recht der GmbH die Frage auf, ob für Beschlussmängelstreitigkei- 73
ten statutarisch die Zuständigkeit eines Schiedsgerichts begründet werden kann. Da an Beschlussmängelstreitigkeiten regelmäßig mehr als zwei Parteien beteiligt sind, stellen sich die typischen Probleme des Mehrparteienschiedsverfahrens (*Raeschke-Kessler* SchiedsVZ 2003, 145, 150).

b) Die Entscheidung des BGH vom 29. 3. 1996

Bis zu seinem Grundsatzurteil vom 29. 3. 1996, das sich auf Beschlussmängelstreitigkeiten einer 74
GmbH bezieht, hat der BGH die **Schiedsfähigkeit von Beschlussmängelstreitigkeiten** unter Hinweis auf die Zuständigkeitsnorm des § 246 Abs. 3 AktG generell **abgelehnt** (BGH MDR 1951, 674; WM 1966, 1132; GmbHR 1979, 202, 204). Mit Urteil vom 29. 3. 1996, das sich auf das alte Schiedsverfahrensrecht bezieht, ist der BGH von dieser Rechtsprechung abgewichen und hat zur Frage, ob Beschlussmängelstreitigkeiten der Gesellschafterversammlung einer GmbH durch Schiedsgericht entschieden werden können, wie nachfolgend dargelegt, Stellung genommen (BGHZ 132, 278; vgl. auch OLG Düsseldorf NZG 2004, 916, 919; *Raeschke-Kessler* SchiedsVZ 2003, 145, 152; *Lüke/Blenske* ZGR 1998, 253, 254 f.).

Nach § 246 Abs. 3 S. 1 AktG, der im GmbH-Recht entsprechende Anwendung findet, ist für An- 75
fechtungsklagen ausschließlich das Landgericht am Sitz der Gesellschaft zuständig (BGHZ 132, 278, 281). Nach Ansicht des BGH steht diese Regelung der Schiedsfähigkeit von Beschlussmängelstreitigkeiten nicht entgegen, sondern regelt lediglich die sachliche und örtliche Zuständigkeit unter den staatlichen Gerichten für den Fall, dass diese zulässigerweise angerufen werden. Eine Entscheidung darüber, ob und unter welchen Voraussetzungen der Rechtsstreit statt vor den staatlichen Gerichten auch vor einem privaten Schiedsgericht ausgetragen werden kann, sei dieser Regelung nicht zu entnehmen (BGHZ 132, 278, 281). Ferner hat der BGH klargestellt, dass er auch in der rechtsgestaltenden Wirkung des im Beschlussmängelstreit ergehenden Urteils kein Hindernis für die Schiedsfähigkeit sieht und verweist darauf, dass zahlreiche Gestaltungsprozesse, wie z. B. nach §§ 127, 133, 140, 142 HGB (vgl. hierzu ausführl. Kap. 16 Rn. 104 ff.), für schiedsfähig angesehen werden (BGHZ 132, 278, 281). Auch die Bedeutung der Rechtsstreitigkeit steht der Schiedsfähigkeit von Beschlussmängelstreitigkeiten nach Ansicht des BGH nicht von vornherein entgegen. Zwar sieht der BGH das Recht eines jeden Gesellschafters, Mehrheitsbeschlüsse der Gesellschafterversammlung durch unabhängige Gerichte überprüfen zu lassen, als unverzichtbares Recht der Minderheit an, weist aber aufgrund des Fehlens einer § 23 Abs. 5 AktG ent-

sprechenden Norm im Recht der GmbH darauf hin, dass dieser Rechtsschutz nicht zwangsläufig ausschließlich durch staatliche Gerichte gewährleistet werden müsse. Als Voraussetzung für die Entscheidung von Beschlussmängelstreitigkeiten durch ein Schiedsgericht fordert der BGH eine Ausgestaltung des schiedsgerichtlichen Verfahrens, die gewährleistet, dass der **Rechtsschutz der überstimmten Minderheit** dadurch keine Einschränkung erfährt (BGHZ 132, 278, 282).

76 Bedenken gegen die Entscheidung von Beschlussmängelstreitigkeiten durch ein Schiedsgericht ergeben sich für den BGH jedoch daraus, dass die Regelung des § 248 Abs. 1 S. 1 AktG als gesellschaftsrechtliche Sonderbestimmung nicht ohne weiteres auf einen Schiedsspruch übertragen werden kann (BGHZ 132, 278, 285). Nach § 248 Abs. 1 S. 1 AktG bzw. § 249 Abs. 1 S. 1 AktG erstreckt sich die materielle Rechtskraft eines klagestattgebenden Anfechtungs- und Nichtigkeitsurteils im Recht der GmbH nicht nur auf die Parteien des Verfahrens, sondern auch auf sämtliche Gesellschafter, Organe und Organmitglieder der GmbH, die nicht am Verfahren beteiligt sind (OLG Düsseldorf NZG 2004, 916, 919; MüKo AktG/*Hüffer* § 248 Rn. 6; Michalski/*Römermann* Anh. § 47 Rn. 538; *Berger* ZHR 164 (2000) 195, 296, 297). Dadurch soll vermieden werden, dass verschiedene Gerichte über den Streitgegenstand unterschiedlich entscheiden (BGHZ 132, 278, 287; *Borris* S. 114).

77 Grundlage des § 248 Abs. 1 S. 1 AktG ist die Regelung des § 246 Abs. 3 S. 3 AktG, nach der mehrere Verfahren zur gleichzeitigen Verhandlung und Entscheidung zu bringen sind sowie die Erwägung, dass die Entscheidung auch für nicht unmittelbar am Verfahren Beteiligte gelten könne, weil die Entscheidung durch einen staatlichen Richter in einem streng förmlichen öffentlichen Verfahren ausschließlich nach Gesichtspunkten objektiver Rechtmäßigkeit zustande kommen würde (BGHZ 132, 278, 285 f.; *Borris* S. 115). Der Gefahr unterschiedlicher Entscheidungen durch verschiedene Schiedsgerichte könnte nach Ansicht des BGH begegnet werden, indem eine ausschließliche Zuständigkeit des zuerst einberufenen Schiedsgerichts angenommen wird. Dies würde jedoch alle späteren Kläger an die Wahl der Schiedsrichter des zuerst einberufenen Schiedsgerichts binden und ihnen die Möglichkeit nehmen, einen Schiedsrichter ihres Vertrauens zu benennen (BGHZ 132, 278, 287). Da das Recht jeder Partei, einen Schiedsrichter ihres Vertrauens zu benennen ein prozessuales Grundrecht darstellt, muss jeder Gesellschafter gleichwertig an der Benennung »seines« Schiedsrichters mitwirken können. Als denkbare Lösungswege kommen eine einfache oder eine qualifizierte Mehrheitsentscheidung nach Ansicht des BGH ebenso in Betracht wie die Benennung des Schiedsrichters durch diejenige Stelle, die für die Untätigkeit einer Partei vorgesehen ist oder die Konstituierung des gesamten Schiedsgerichts bei entsprechender Satzungsbestimmung durch eine von beiden Parteien unabhängige Instanz (BGHZ 132, 278, 288).

78 Der Entscheidung des BGH ist daher nicht zu entnehmen, dass diese Bedenken grundsätzlich der Entscheidung von Beschlussmängelstreitigkeiten durch ein Schiedsgericht entgegenstehen. Es verbleibt jedoch die Frage, wie das schiedsgerichtliche Verfahren und die Beteiligungsmöglichkeiten der von ihm subjektiv Betroffenen auszugestalten sind, um eine tragfähige Grundlage für eine analoge Anwendung der §§ 246 ff. AktG zu bieten und somit eine Wirkung des Schiedsspruchs für alle Beteiligten zu erreichen (BGHZ 132, 278, 289; OLG Düsseldorf NZG 2004, 916, 919; *Raeschke-Kessler* SchiedsVZ 2003, 145, 152; *Schneider* GmbHR 2005, 86, 87). Auch wenn der BGH ausdrücklich darauf hinweist, dass die Problemlösung dem Gesetzgeber überlassen bleibt, herrscht jedoch Einigkeit darüber, dass eine Lösung auch durch entsprechende Ausgestaltung einer Schiedsklausel erfolgen kann (BGHZ 132, 278, 290; *Berger* ZHR 164 (2000) 295, 298).

c) Lösungsvorschläge

79 Im Anschluss an die Entscheidung des BGH hat sich die Literatur intensiv mit der Frage auseinandergesetzt, wie sich die **materielle Rechtskrafterstreckung** der Entscheidung, die grundsätzlich nur einheitlich ergehen kann, auf alle Gesellschafter erreichen lässt (*Borris* S. 117). Für die Formulierung einer geeigneten Schiedsklausel wird insofern auf die Vorschläge zu Musterschiedsklauseln bei *Borris* (S. 127 ff.) und *Raeschke-Kessler* (SchiedsVZ 2003, 145, 153) verwiesen.

Grundsätzlich muss gewährleistet sein, dass alle Betroffenen, d. h. die Gesellschafter und die Gesellschaft, von der Einleitung des Schiedsverfahrens **informiert** werden und ihnen die Möglichkeit gegeben wird, am Verfahren **teilzunehmen** (*Berger* ZHR 164 (2000) 295, 300, 314). In Betracht kommt eine Satzungsklausel, nach der die Klage den übrigen Gesellschaftern mit der Aufforderung zuzustellen ist, innerhalb einer bestimmten Frist zu erklären, ob sie sich am Verfahren beteiligen wollen. Empfohlen wird eine Frist von zwei Wochen, in der die Parteien ausreichend Zeit haben, rechtlichen Rat einzuholen und zu entscheiden, ob sie sich am Verfahren beteiligten möchten (*Borris* S. 120; *Raeschke-Kessler* SchiedsVZ 2003, 145, 153; *Schneider* GmbHR 2005, 86, 88). *Geimer* weist zutreffend darauf hin, dass diese Voraussetzung auch ohne eine entsprechende ausdrückliche Regelung durch Beiladung der Beteiligten erfolgen kann. Die Ermächtigung des Schiedsgerichts ergebe sich bereits aus der statutarischen Schiedsklausel, die für alle gesellschaftsrechtlichen Streitigkeiten ein Schiedsverfahren vorsieht (Zöller/*Geimer* § 1030 Rn. 10 c). **80**

Weiter ist die **Chancengleichheit** aller Beteiligten bei der Konstituierung des Schiedsgerichts sicherzustellen (Zöller/*Geimer* § 1030 Rn. 10 a; *Borris* S. 121; *Schneider* GmbHR 2005, 86, 87). Bei Einigung der Parteien auf Kläger- und Beklagtenseite ist die Konstituierung des Schiedsgerichts regelmäßig unproblematisch. Umstritten ist, ob die Benennung eines Schiedsrichters durch Mehrheitsbeschluss auf Seiten einer Partei erfolgen kann (*Berger* ZHR 164 (2000) 295, 307; abl. *Schneider* GmbHR 2005, 86, 88; für Zulässigkeit einer Mehrheitsentscheidung auf Beklagtenseite *Bayer* ZIP 2003, 881, 889 ff.). Für den Fall, dass eine Einigung der Parteien nicht zustande kommt, ist zur Gewährleistung der Chancengleichheit dringend eine Regelung zu empfehlen, die die Benennung aller Schiedsrichter durch einen **neutralen Dritten** vorsieht. Als neutraler Dritter kommt beispielsweise der DIS-Ernennungsausschuss oder auch der Präsident eines Oberlandesgerichts in Betracht (Zöller/*Geimer* § 1030 Rn. 10 a; *Borris* S. 121, 128; *Trittmann* ZGR 1999, 340, 353; *Raeschke-Kessler* SchiedsVZ 2003, 145, 153). Wird das Schiedsgremium durch einen neutralen Dritten besetzt, verlieren die Parteien allerdings ihren Einfluss auf die Besetzung des Schiedsgerichts und dadurch auch einen besonderen Vorteil des Schiedsverfahrens (*Schneider* GmbHR 2005, 86, 87; *Berger* ZHR 164 (2000) 295, 304 f.). **81**

Um die nach § 246 Abs. 3 AktG erforderliche Konzentration des Verfahrens zu erreichen, ist zu vereinbaren, dass mit Klageerhebung die Möglichkeit entfällt, eine weitere Klage mit demselben Streitgegenstand zu erheben. Ferner ist zu regeln, wie zu verfahren ist, wenn mehrere Verfahren eingeleitet wurden. Daneben ist sicherzustellen, dass kein paralleles Verfahren vor einem staatlichen Gericht eingeleitet wird (vgl. dazu *Borris* S. 122; *Raeschke-Kessler* SchiedsVZ 2003, 145, 153). **82**

Wie bereits dargelegt, fordert der BGH eine **Rechtskrafterstreckung** des Schiedsspruchs entsprechend § 248 Abs. 1 S. 1 AktG auf alle Gesellschafter (vgl. oben Rn. 76). Es ist daher ratsam, in die Schiedsklausel eine Regelung aufzunehmen, nach der der Schiedsspruch für und gegen die Parteien des Schiedsverfahrens sowie für und gegen alle Gesellschafter wirkt, unabhängig davon, ob sie am Schiedsverfahren teilgenommen haben (*Borris* S. 123; *Raeschke-Kessler* SchiedsVZ 2003, 145, 153). Nach teilweise vertretener Ansicht stellt eine statutarische Schiedsklausel, nach der sämtliche gesellschaftsrechtlichen Streitigkeiten der Entscheidung durch ein Schiedsgericht unterstellt werden, bereits eine ausreichende Basis für diese Rechtskrafterstreckung dar (Zöller/*Geimer* § 1030 Rn. 10 b; *Lüke/Blenske* ZGR 1998, 253, 272). Dafür spricht die auch vom Reformgesetzgeber betonte Gleichwertigkeit der Schiedsgerichte mit staatlichen Gerichten. Eine Satzungsnorm, die alle Streitigkeiten, die die Gesellschaft und das Gesellschaftsverhältnis betreffen, einem Schiedsgericht unterstellt, sei in der Weise auszulegen, dass die Rechtskraft des Schiedsspruchs auch auf alle am Gesellschaftsverhältnis Beteiligten erstreckt wird. Die Rechtskrafterstreckung erfolgt somit kraft Satzung. Ansonsten würde eine statutarische Schiedsklausel i. S. d. § 1066 ZPO leer laufen (Zöller/*Geimer* § 1030 Rn. 10 b). **83**

E. Wirkung schiedsrichterlicher Gestaltungsurteile in gesellschaftsrechtlichen Streitigkeiten

1. Allgemeines – Wirkung von Gestaltungsklage und -urteil

84 Einige gesellschaftsrechtliche Streitigkeiten erfolgen durch Gestaltungsklage. Im Recht der Personenhandelsgesellschaften findet die Entziehung der Geschäftsführungs- und Vertretungsbefugnis, die Auflösung der Gesellschaft und die Ausschließung eines Gesellschafters nach der gesetzlichen Regel durch **Gestaltungsklage** bzw. Gestaltungsurteil statt (vgl. oben Rn. 25; Baumbach/Hopt/*Hopt* § 117 Rn. 7, 9; MüKo HGB/*Jickeli* § 117 Rn. 79; MüKo HGB/*K. Schmidt* § 133 Rn. 3, 43; § 140 Rn. 83; zu den handelsrechtlichen Gestaltungsklagen der Personenhandelsgesellschaften vgl. ausführl. Kap. 16 Rn. 104 ff.).

85 Sowohl die Entziehung der Vertretungsmacht, die Auflösung der Gesellschaft als auch das Ausscheiden eines Gesellschafters ist zur Eintragung ins **Handelsregister anzumelden** (Baumbach/Hopt/*Hopt* § 127 Rn. 10; § 143, Rn. 1 f.). Bei Beschlussmängelstreitigkeiten von Gesellschafterbeschlüssen einer GmbH ist die Anfechtungsklage Gestaltungsklage (Michalski/*Römermann* Anh. § 47 Rn. 479; *Goette* § 7 Rn. 92), nach teilweise vertretener Ansicht auch die Nichtigkeitsklage (*Ebbing* NZG 1998, 281, 285).

86 Das der Anfechtungsklage stattgebende Urteil ist **Gestaltungsurteil**, das den angefochtenen Beschluss rückwirkend mit Wirkung für und gegen jedermann beseitigt (Michalski/*Römermann* Anh § 47 Rn. 536; R/S-L/*Koppensteiner* § 47 Rn. 155). Wird die Anfechtungsklage mit einer positiven Beschlussfeststellungsklage verbunden, so hat nach h. L. auch das klagestattgebende Urteil der Beschlussfeststellungsklage Gestaltungswirkung (Michalski/*Römermann* Anh. § 47 Rn. 580; *Lutter/Hommelhoff* GmbHG, Anh. § 47 Rn. 43). Die **Klage auf Ausschließung eines Gesellschafters** der GmbH ist Gestaltungsklage (*Goette* § 6 Rn. 43; R/S-L/*Bergmann* § 34 Rn. 83). Auch die **Auflösung der Gesellschaft** nach § 61 GmbHG sowie die **Nichtigerklärung der GmbH** nach § 75 GmbHG erfolgen durch Gestaltungsurteil (Scholz/*K. Schmidt* GmbHG § 61 Rn. 4; § 75 Rn. 14 f.; Michalski/*Heyder* § 75 Rn. 11, 15). Das der Klage stattgebende Auflösungs- sowie das Nichtigkeitsurteil führen zur Auflösung der Gesellschaft. Sowohl die Auflösung als auch die Nichtigerklärung der GmbH sind im Handelsregister einzutragen (R/S-L/*Rasner* § 61 Rn. 17; R/S-L/*Zimmermann* § 75 Rn. 32 ff.; Scholz/*K. Schmidt* GmbHG § 61 Rn. 11). Das Auflösungs- bzw. Nichtigkeitsurteil ist beim Registergericht einzureichen (BayObLG WM 1984, 809, 810; Scholz/*K. Schmidt* GmbHG § 75 Rn. 20 f.).

2. Wirkung eines Schiedsspruchs

87 Es ist anerkannt, dass auch diese Streitigkeiten durch ein Schiedsgericht entschieden werden können (vgl. oben Rn. 25). Gem. § 1055 ZPO hat ein Schiedsspruch die Wirkung eines **rechtskräftigen gerichtlichen Urteils** (Zöller/*Geimer* § 1055 Rn. 1; *Trittmann* ZGR 1999, 340, 342). Umstritten ist jedoch, ob die Gestaltungswirkung bereits durch den Schiedsspruch an sich herbeigeführt wird oder ob der Schiedsspruch zunächst für vollstreckbar erklärt werden muss.

a) Gestaltungswirkung mit Vollstreckbarerklärung

88 Nach wohl h. L. tritt die Gestaltungswirkung eines rechtsgestaltenden Schiedsspruchs erst mit Vollstreckbarerklärung des Schiedsspruchs ein (BayObLG WM 1984, 809, 810 zur Auflösungsklage nach § 133 HGB und § 61 GmbHG; Baumbach/Hopt/*Hopt* § 117 Rn. 8, § 133 Rn. 19; § 140 Rn. 22). Diese Auffassung folgt aus der Überlegung, dass die Wirkung des Schiedsspruchs – auch eines rechtsgestaltenden – lediglich auf einer privaten Parteivereinbarung beruht und daher durch eine solche auch wieder beseitigt werden kann. Zudem sei die Möglichkeit, einen für vollstreckbar erklärten Schiedsspruch nachträglich aufzuheben, stark eingeschränkt. Grundlage der Eintragung ins Handelsregister könne daher lediglich ein rechtskräftiger und für vollstreckbar erklärter Schiedsspruch sein (BayObLG WM 1984, 809, 810).

So vertritt die wohl h. L. für die handelsrechtlichen Gestaltungsklagen auf Entziehung der Geschäftsführungs- und Vertretungsbefugnis (§§ 117, 127 HGB), auf Auflösung der Gesellschaft (§ 133 HGB) sowie auf Ausschluss eines Gesellschafters (§ 140) die Auffassung, dass die Gestaltungswirkung des Schiedsspruchs erst mit Vollstreckbarerklärung eintritt (Baumbach/Hopt/*Hopt* § 117 Rn. 8, § 133 Rn. 19; § 140 Rn. 22; E/B/J/*Lorz* § 133 Rn. 45; GroßkommHGB/*C. Schäfer* § 133 Rn. 74, § 140 Rn. 44; Heymann/*Emmerich* § 133 Rn. 23; MüKo HGB/*K. Schmidt* § 133 Rn. 58, § 140 Rn. 83; E/B/J/*Mayen* § 117 Rn. 28; MünchHdb GesR I/*v. Ditfurth* § 49 Rn. 30; Röhricht/v. Westphalen/*v. Gerkan* § 117 Rn. 18). 89

b) Gestaltungswirkung mit Rechtskraft des Schiedsspruchs

Nach a. A. tritt die Gestaltungswirkung des Schiedsspruchs bereits mit Rechtskraft ein. Eine Vollstreckbarerklärung des Schiedsspruchs sei nicht erforderlich (Zöller/*Geimer* § 1055 Rn. 2; GroßkommHGB/*Ulmer* § 117 Rn. 72; *Schwab/Walter* Kap. 21 Rn. 12; *Berger* ZHR 164 (2000) 295, 317 f.; *Vollmer* BB 1984, 1774, 1776). Dafür spreche die Regelung des § 1055 ZPO, nach der der Schiedsspruch die Wirkung eines rechtskräftigen Urteils habe. Auch der Zusatz »unter den Parteien« ändere daran nichts (*Lüke/Blenske* ZGR 1998, 253, 273). Zudem sei die Gestaltungswirkung des Schiedsspruchs unabhängig davon zu beurteilen, ob dem Schiedsspruch mit seiner Vollstreckbarerklärung erhöhte Bestandskraft zukomme (GroßkommHGB/*Ulmer* § 117 Rn. 72; *Schwab/Walter* Kap. 21 Rn. 12). Für die Klage auf Entziehung der Geschäftsführungsbefugnis nach § 117 bedeutet dies beispielsweise, dass die Geschäftsführungsbefugnis bereits mit Erlass des Schiedsspruchs entzogen ist. 90

Innerhalb der Auffassung, nach der die Gestaltungswirkung eines Schiedsspruchs keine Vollstreckbarerklärung voraussetzt, herrscht Uneinigkeit darüber, ob die **Eintragung ins Handelsregister** erst nach Vollstreckbarkerklärung erfolgen kann. Nach teilweise vertretener Ansicht ist auch ein Schiedsspruch, der nicht für vollstreckbar erklärt wurde, Grundlage für eine Eintragung ins Handelsregister (Zöller/*Geimer* § 1055 Rn. 2). Unter Berufung auf die Entscheidung des BayObLG erscheint es a. A. nach jedoch richtig, unabhängig vom Eintritt der Gestaltungswirkung, für die Eintragung ins Handelsregister eine Vollstreckbarerklärung zu fordern (BayObLG WM 1984, 809, 810; GroßkommHGB/*Ulmer* § 117 Rn. 72). 91

F. Bindung des persönlich haftenden Gesellschafters an die Schiedsvereinbarung einer Personengesellschaft

I. Rechtslage bei der OHG und KG

Grundsätzlich unterliegen einer Schiedsvereinbarung nur die Parteien, die diese Vereinbarung geschlossen haben. In Ausnahmefällen kommt jedoch eine Erstreckung der Schiedsvereinbarung auf Dritte in Betracht, sog. **Dritterstreckung** (MüKo ZPO/*Münch* § 1029 Rn. 22). Nach h. L. erfasst die Schiedsvereinbarung einer von der Gesellschaft getroffenen Schiedsvereinbarung mit einem Dritten auch die persönlich haftenden Gesellschafter der OHG und KG, bei letzterer jedoch nicht die Kommanditisten (BGH NJW-RR 1991, 423, 424; OLG Karlsruhe NJW-RR 1991, 493, 493; Zöller/*Geimer* § 1029 Rn. 64; MüKo ZPO/*Münch* § 1029 Rn. 22 a; Sudhoff PersGes/*Gerber* § 21 Rn. 33; *Schwab/Walter* Kap. 7 Rn. 35; E/B/J/*Hillmann* § 128 Rn. 61; MüKo HGB/*K. Schmidt* § 128 Rn. 22). 92

Nach Auffassung des BGH findet diese Bindungswirkung ihre Rechtfertigung in der besonderen Haftungsvorschrift des § 128 S. 1 HGB. Auf diese Weise wird eine Aufspaltung des Rechtswegs vermieden und beiden Parteien bleiben die Vorteile des Schiedsverfahrens, das regelmäßig kostengünstiger und schneller verläuft, erhalten (BGH NJW-RR 1991, 423, 424; MüKo ZPO/*Münch* § 1029 Rn. 22 a; E/B/J/*Hillmann* § 128 Rn. 61). Ansonsten hätte der Prozessgegner der Gesellschaft die Möglichkeit, sich durch Klage gegen den persönlich haftenden Gesellschafter vor einem ordentlichen Gericht einseitig von der Schiedsvereinbarung zu lösen (*Schwab/Walter* Kap. 7 Rn. 35). 93

94 Nach *K. Schmidt* kann die Erstreckung der Schiedsklausel auf den persönlich haftenden Gesellschafter jedoch nicht aus einer ungeschriebenen Regelung hergeleitet werden, sondern kann sich nur durch eine Auslegungsregel ergeben, nach der die Schiedsvereinbarung im Zweifel auch für und gegen den Gesellschafter wirkt. Voraussetzung sei jedoch, dass die Schiedsvereinbarung mit – ggf. stillschweigend erklärter – Vollmacht, mit Zustimmung oder evtl. konkludenter Billigung der Gesellschafter getroffen worden sei (*K. Schmidt* ZHR 162 (1998) 265, 273; MüKo HGB/*K. Schmidt* § 128 Rn. 22).

95 Die Bindungswirkung erstreckt sich auf Rechtsstreitigkeiten, in denen Ansprüche gegen die Gesellschaft erhoben werden und der Gesellschafter aufgrund seiner akzessorischen Haftung für die Verbindlichkeiten der Gesellschaft in Anspruch genommen wird sowie auf Streitigkeiten, in denen der Gesellschafter in dieser Eigenschaft Ansprüche der Gesellschaft geltend macht. Die Schiedsklausel erfasst somit sowohl **Aktiv- als auch Passivprozesse** des persönlich haftenden Gesellschafters einer OHG oder KG. Forderungen gegen den Gesellschafter, die nicht gesellschaftsbezogen sind, unterliegen jedoch nicht der Bindungswirkung der Schiedsvereinbarung. Auch Ansprüche, die dem Gesellschafter persönlich und nicht in seiner Eigenschaft als Gesellschafter zustehen, unterfallen nicht der Schiedsvereinbarung (BGH NJW-RR 1991, 423, 424; MüKo ZPO/*Münch* § 1029 Rn. 22 a; E/B/J/*Hillmann* § 138 Rn. 61; *Schwab/Walter* Kap. 7 Rn. 35).

II. Rechtslage bei der BGB-Gesellschaft

96 Da seit der Entscheidung des BGH vom 29. 1. 2001 zur Rechts- und Parteifähigkeit der BGB-Gesellschaft (vgl. BGHZ 146, 341; außerdem Kap. 16 Rn. 31 ff.) auch die BGB-Gesellschaft **Partei eines Schiedsverfahrens** sein kann, stellt sich die Frage, welche Bindungswirkung einer Schiedsvereinbarung zukommt.

97 Schiedsklauseln, die von den Gesellschaftern vor Änderung der Rechtsprechung unterzeichnet wurden, binden jetzt auch die Gesellschaft. Ferner gilt auch hier, dass sich eine Schiedsvereinbarung, welche die Gesellschaft nach Änderung der Rechtsprechung vereinbart hat, auch auf die Gesellschafter erstreckt. Vereinbaren die Gesellschafter einer BGB-Gesellschaft eine Schiedsklausel nach der Änderung der Rechtsprechung, so bindet diese Vereinbarung die BGB-Gesellschaft nur dann, wenn die Gesellschafter für die Gesellschaft handeln – sei es ausdrücklich oder stillschweigend (*Schwab/Walter* Kap. 7 Rn. 35; *Wiegand* SchiedsVZ 2003, 52).

III. Auffassung Habersack

98 *Habersack* lehnt eine Bindung der persönlich haftenden Gesellschafter an die von der Gesellschaft geschlossene Schiedsvereinbarung ab. Gegen die Bindung des persönlich haftenden Gesellschafters spreche, dass auch der akzessorisch haftende Bürge nach h. L. nicht von einer zwischen dem Hauptschuldner und dem Gläubiger geschlossenen Schiedsvereinbarung erfasst wird, so dass sich die Bindung des persönlich haftenden Gesellschafters einer OHG bzw. KG nicht aus der Akzessorietät seiner Haftung ergeben können. Auch eine Herleitung der Bindung der Schiedsklausel für den Gesellschafter durch Auslegung der Vereinbarung, lehnt *Habersack* unter Hinweis auf die Regelung des § 1031 Abs. 1, 2 und 3 ZPO ab. Problematisch erscheint *Habersack* auch die Einbeziehung der Gesellschafter einer BGB-Gesellschaft in den Geltungsbereich einer Schiedsklausel zwischen der Gesellschaft und einem Gläubiger aufgrund der Vielgestaltigkeit der BGB-Gesellschaft. Um einen Gleichlauf der Rechtswege zu erreichen, müsse der Gläubiger nach dieser Auffassung mit den Gesellschaftern eine gesonderte Schiedsvereinbarung treffen (vgl. *Habersack* SchiedsVZ 2003, 241, 246).

G. Vollstreckbarerklärung inländischer und ausländischer Schiedssprüche

I. Einleitung

99 Die Voraussetzungen der Anerkennung und Vollstreckung von Schiedssprüchen regelt das Gesetz in §§ 1060 ff. ZPO. Obwohl § 1055 ZPO anordnet, dass ein Schiedsspruch unter den Parteien

die Wirkungen eines rechtskräftigen gerichtlichen Urteils hat, kann der Schiedsspruch als solcher nicht vollstreckt werden. Im Unterschied zum Urteil eines staatlichen Gerichts ist ein Schiedsspruch **kein Vollstreckungstitel** (*Lachmann* Rn. 1270; B/L/A/H/*Albers* § 1060 Rn. 2; MüKo ZPO/*Münch* § 1060 Rn. 2; S/J/*Schlosser* § 1060 Rn. 1). Gem. § 1060 Abs. 1 ZPO findet eine Zwangsvollstreckung nur dann statt, wenn der Schiedsspruch (vom zuständigen Gericht) für vollstreckbar erklärt worden ist oder wenn das Gericht vorher Maßnahmen der Sicherungsvollstreckung anordnet. Vollstreckungstitel ist dann die Vollstreckbarerklärung durch das zuständige staatliche Gericht und nicht der Schiedsspruch.

Eine **Klage auf Erfüllung** des Schiedsspruchs kann anstelle des Vollstreckbarerklärungsverfahrens grundsätzlich **nicht erhoben werden**. Eine solche Klage ist mangels Rechtschutzbedürfnis als unzulässig abzuweisen, da das Verfahren auf Vollstreckbarkerklärung des Schiedsspruchs im Verhältnis zu einer solchen Leistungsklage regelmäßig das einfachere Verfahren darstellt (B/L/A/H/*Albers* § 1060 Rn. 2; Zöller/*Geimer* § 1060 Rn. 3, § 1061 Rn. 66; *Schwab/Walter* Kap. 26 Rn. 4; S/J/*Schlosser* § 1060 Rn. 15). 100

Für die Vollstreckbarerklärung von Schiedssprüchen ist zwischen inländischen und ausländischen Schiedssprüchen zu differenzieren. Das Vollstreckbarerklärungsverfahren **inländischer Schiedssprüche** richtet sich nach § 1060 ZPO, die Anerkennung und Vollstreckung **ausländischer Schiedssprüche** nach § 1061 ZPO (MüKo ZPO/*Münch* § 1060 Rn. 1; B/L/A/H/*Albers* § 1060 Rn. 1; *Lachmann* Rn. 1269; B/L/A/H/*Albers* § 1061 Rn. 1). Ebenso wie ausländische Urteile können ausländische Schiedssprüche ohne Anerkennung im Inland keine Wirkung entfalten (Zöller/*Geimer* § 1061 Rn. 1). 101

II. Vollstreckbarerklärung inländischer Schiedssprüche

1. Gegenstand des Verfahrens

Das Vollstreckbarerklärungsverfahren nach § 1060 ZPO setzt einen **inländischen Schiedsspruch voraus**. Wann ein inländischer Schiedsspruch gegeben ist, richtet sich nach § 1025 Abs. 1 ZPO (B/L/A/H/*Albers* § 1061 Rn. 1; MüKo ZPO/*Münch* § 1060 Rn. 6). Nach dem in § 1025 Abs. 1 ZPO verankerten Territorialitätsprinzip ist ein Schiedsspruch dann inländisch, wenn er im Inland erlassen wurde bzw. sich der Schiedsort im Inland befindet (OLG Hamburg SchiedsVZ 2003, 284, 285; B/L/A/H/*Albers* § 1060 Rn. 1; MüKo ZPO/*Münch* § 1060 Rn. 6). 102

Gegenstand des Vollstreckbarerklärungsverfahrens kann nur ein Schiedsspruch sein, der den Erfordernissen des § 1054 ZPO entspricht und endgültig ist (OLG Köln DIS-Datenbank 9 Sch 20/03 S. 2; *Lachmann* Rn. 1271; Zöller/*Geimer* § 1060 Rn. 5; *Kröll* SchiedVZ 2004, 113, 119; *Schwab/Walter* Kap. 26 Rn. 5, 11; B/L/A/H/*Albers* § 1060 Rn. 3; MüKo ZPO/*Münch* § 1060 Rn. 5). Es muss sich somit um die **schriftlich abgefasste Entscheidung** eines **nicht staatlichen Gerichts** handeln, die das Verfahren urteilsmäßig endgültig abschließt, sei es gänzlich oder zu einem abtrennbaren Teil. Auch ein Teilschiedsspruch kann somit für vollstreckbar erklärt werden (OLG Düsseldorf DIS-Datenbank I-26 Sch 05/03 S. 3; B/L/A/H/*Albers* § 1060 Rn. 3; S/J/*Schlosser* § 1060 Rn. 3; MüKo ZPO/*Münch* § 1060 Rn. 7). Der Schiedsspruch muss durch die Schiedsrichter **unterzeichnet** und den Partien übersandt worden sein (OLG Düsseldorf DIS-Datenbank I-26 Sch 05/03 S. 3). Aufgrund ihres vorläufigen Charakters sind einstweilige Anordnungen eines Schiedsgerichts keine Schiedssprüche in diesem Sinne (*Lachmann* Rn. 1307; *Schwab/Walter* Kap. 30 Rn. 12). 103

Ein in einem Schiedsverfahren abgeschlossener **Vergleich** kann nur dann für vollstreckbar erklärt werden, wenn er in Form eines Schiedsspruchs mit vereinbartem Wortlaut abgefasst ist. Dies ist dann der Fall, wenn gem. § 1053 Abs. 2 S. 1 ZPO angegeben ist, dass es sich um einen Schiedsspruch handelt (OLG Frankfurt SchiedsVZ 2003, 288; *Kröll* SchiedVZ 2004, 113, 120). 104

Die Voraussetzung eines Schiedsspruchs i. S. d. § 1054 ZPO muss im entscheidungserheblichen Zeitpunkt gegeben sein (B/L/A/H/*Albers* § 1060 Rn. 4). 105

106 In Literatur und Rechtsprechung der Oberlandesgerichte wurde die Frage, ob auch Schiedssprüche mit nicht vollstreckungsfähigem Inhalt, wie **feststellende oder gestaltende Schiedssprüche**, für vollstreckbar erklärt werden können, unterschiedlich beurteilt. Zum Teil wird das Rechtsschutzbedürfnis für die Vollstreckbarerklärung eines nicht vollstreckungsfähigen Schiedsspruchs abgelehnt, da das Vollstreckbarerklärungsverfahren einzig der Vorbereitung des Vollstreckungsverfahrens dient und die Vollstreckbarkeitserklärung daher auch die Möglichkeit der Zwangsvollstreckung erfordert (OLG Frankfurt DIS-Datenbank 26 Sch 03/05 S. 2; KG Berlin DIS-Datenbank 20 Sch 07/05 S 2; Zöller/*Geimer* § 1060 Rn. 2; MüKo ZPO/*Münch* § 1060 Rn. 4). Nach h. M. besteht aufgrund der Präklusionswirkung des § 1059 Abs. 3 S. 4 ZPO jedoch auch dann ein rechtlich anzuerkennendes Interesse an der Vollstreckbarerklärung eines Schiedsspruchs, wenn dieser Schiedsspruch nicht vollstreckbar ist (BGH BB 1960, 302; Online-Datenbank III ZB 78/05 Rn. 9; OLG München DIS-Datenbank 34 Sch 02/06 S. 3; OLG Köln DIS-Datenbank 9 Sch 20/03 S. 2; BayObLG BB 1999, 1948; SchiedsVZ 2003, 142; *Schwab/Walter* Kap. 26 Rn. 7; *Kröll* SchiedsVZ 2004, 113, 120). Liegt ein Aufhebungsgrund nach § 1059 Abs. 2 ZPO vor, so kann ein Schiedsspruch aufgehoben werden (Zöller/*Geimer* § 1059 Rn. 1). Der Antrag auf **Aufhebung des Schiedsspruchs** kann jedoch dann nicht mehr gestellt werden, wenn der Schiedsspruch von einem deutschen Gericht für vollstreckbar erklärt worden ist. Ein für vollstreckbar erklärter Schiedsspruch besitzt somit höhere Bestandskraft und kann nicht mehr Gegenstand eines Aufhebungsverfahrens sein (BGH Online-Datenbank III ZB 78/05 Rn. 11; OLG Köln DIS-Datenbank 9 Sch 20/03 S. 2; Zöller/*Geimer* § 1059 Rn. 78; *Kröll* SchiedVZ 2004, 113, 120; *Schwab/Walter* Kap. 26 Rn. 7). Ob der Schiedsspruch eine vollstreckbare Entscheidung enthält, ist erst im Verfahren auf Erteilung der Vollstreckungsklausel zu prüfen (OLG München DIS-Datenbank 34 Sch 02/06 S. 3; BayObLG BB 1999, 1948). Aus dieser Erwägung heraus kann auch ein klageabweisender Schiedsspruch für vollstreckbar erklärt werden (BGH BB 1960, 302; *Schwab/Walter* Kap. 26 Rn. 7).

107 Die **Darlegungs- und Beweislast** dafür, dass ein Schiedsspruch i. S. d. § 1054 vorliegt, trägt der Antragsteller (BGH WM 1979, 1006, 1007; MüKo ZPO/*Münch* § 1060 Rn. 8; B/L/A/H/*Albers* § 1060 Rn. 4).

2. Zulässigkeit des Antrags auf Vollstreckbarerklärung und Verfahren

108 Das Verfahren der Vollstreckbarerklärung unterliegt grundsätzlich den **allgemeinen Prozessvoraussetzungen**. Das Gericht prüft somit nach allgemeinen Regeln die Partei- und Prozessfähigkeit der Parteien, die Zulässigkeit des Rechtsweges sowie die Zuständigkeit des Gerichts (B/L/A/H/*Albers* § 1060 Rn. 8). Die Vollstreckbarerklärung erfolgt im Beschlussverfahren (BGH Online-Datenbank III ZB 50/05 Rn. 14). Es gelten die §§ 1062 bis 1065 ZPO (MüKo ZPO/*Münch* § 1060 Rn. 8). Das Verfahren der Vollstreckbarerklärung wird gem. § 1064 Abs. 1 S. 1 ZPO durch Antrag eingeleitet, der keiner Frist unterliegt (*Schwab/Walter* Kap. 27 Rn. 2; *Lachmann* Rn. 1289; MüKo ZPO/*Münch* § 1060 Rn. 4, 1063 Rn. 1).

a) Zuständigkeit

109 Der **Antrag** ist beim zuständigen OLG einzureichen. **Zuständig** ist gem. § 1062 Abs. 1 Nr. 4, 2. Fall ZPO das OLG, das in der Schiedsvereinbarung bezeichnet ist oder, wenn eine solche Bezeichnung fehlt, in dessen Bezirk der Ort des schiedsrichterlichen Verfahrens liegt (BGH Online-Datenbank III ZB 50/05 Rn. 14; OLG Hamburg SchiedsVZ 2003, 284, 285; OLG Stuttgart MDR 2001, 595, 595; BayObLG MDR 2000, 968, 969; Zöller/*Geimer* § 1062 Rn. 2; *Schwab/Walter* Kap. 27 Rn. 2; MüKo ZPO/*Münch* § 1060 Rn. 4, § 1064 Rn. 2). Nach früherer Rechtslage waren für die Vollstreckbarerklärung von Schiedssprüchen – national als auch international – Amts- und Landgerichte zuständig. Die Zuständigkeit für die Vollstreckbarerklärung wurde aus Gründen der Verfahrensvereinfachung und -effizienz durch die Reform von 1998 auf die Oberlandesgerichte übertragen (BayObLG MDR 2000, 968, 969; *Wagner* JZ 2000, 1171, 1172). Durch die Eingangszuständigkeit der Oberlandesgerichte wird die Einschaltung des BGH im Rechtsmittelverfahren und damit eine einheitliche Rechtsanwendung ermöglicht (*Wagner* JZ 2000, 1171, 1172; BT-Drs. 13/5274, S. 63).

b) Parteien des Verfahrens

Antragsberechtigt ist die obsiegende Partei des Schiedsverfahrens, nicht die Schiedsrichter (*Schwab/Walter* Kap. 27 Rn. 2; MüKo ZPO/*Münch* § 1060 Rn. 4). Nicht erforderlich ist ein völliges Obsiegen, ausreichend ist insofern bereits ein teilweises Obsiegen, wie beispielsweise hinsichtlich der Kostenlast (*Schwab/Walter* Kap. 27 Rn. 2; *Lachmann* Rn. 1289). Umstritten ist, ob eine Partei eines Schiedsverfahrens auch dann dazu befugt ist, einen Antrag auf Vollstreckbarerklärung zu betreiben, wenn sie einen ihr durch den Schiedsspruch zugesprochenen Anspruch abgetreten hat. Nach wohl h. L. ist eine solche Partei nicht dazu befugt, das Vollstreckbarerklärungsverfahren zu betreiben (*Lachmann* Rn. 1290; *Schwab/Walter* Kap. 27 Rn. 5). Im Fall der Rechtsnachfolge auf Seiten des Gläubigers ist der Antrag somit durch den Rechtsnachfolger zu stellen (*Schwab/Walter* Kap. 27 Rn. 5). **Antragsgegner** ist der im Schiedsspruch benannte Vollstreckungsschuldner. Bei Rechtsnachfolge auf Seiten des Schuldners, ist nach h. L. der Antrag gegen den Rechtsnachfolger zu richten (*Schwab/Walter* Kap. 27 Rn. 5; für Leistungsklage jedoch MüKo ZPO/*Münch* § 1060 Rn. 4). Die Vollstreckbarerklärung ist dann gegen den Rechtsnachfolger auszusprechen (Zöller/*Geimer* § 1060 Rn. 9). 110

c) Formelle Antragsvoraussetzungen

Das Begehren ist im Antrag genau zu bezeichnen (MüKo ZPO/*Münch* § 1060 Rn. 4). Mit dem Antrag auf Vollstreckbarerklärung eines inländischen Schiedsspruchs ist nach § 1064 Abs. 1 S. 1 ZPO der Schiedsspruch oder eine **beglaubigte Abschrift des Schiedsspruchs** vorzulegen (OLG Köln DIS-Datenbank 9 Sch 20/03 S. 2; OLG München DIS-Datenbank 34 Sch 02/06 S. 2; *Lachmann* Rn. 1289; *Schwab/Walter* Kap. 27 Rn. 2; B/L/A/H/*Albers* § 1064 Rn. 2; MüKo ZPO/*Münch* § 1060 Rn. 5, § 1064 Rn. 2). Eine besondere Form der Beglaubigung wird grundsätzlich nicht gefordert, kann durch das Gericht gem. § 142 ZPO jedoch angeordnet werden (Zöller/*Geimer* § 1064 Rn. 1). Nach § 1064 Abs. 1 S. 2 ZPO kann die Beglaubigung auch durch den für das gerichtliche Verfahren bevollmächtigten Rechtsanwalt vorgenommen werden (*Lachmann* Rn. 1289). Die Beglaubigung muss sich auf den Schiedsspruch i. S. d. § 1054 ZPO beziehen sowie die Unterschrift der Schiedsrichter erfassen (*Schwab/Walter* Kap. 27 Rn. 2; MüKo ZPO/*Münch* § 1064 Rn. 2). 111

d) Rechtliches Gehör

Nach § 1063 Abs. 1 S. 2 ZPO ist dem Gegner vor Entscheidung des Gerichts rechtliches Gehör zu gewähren. Dies bedeutet, dass dem Gegner die Gelegenheit gegeben werden muss, sich schriftlich zum Antrag zu äußern (MüKo ZPO/*Münch* § 1063 Rn. 3; *Schwab/Walter* Kap. 27 Rn. 22). 112

e) Mündliche Verhandlung

Grundsätzlich erfolgt die Entscheidung **ohne mündliche Verhandlung** (BayObLG MDR 2000, 968, 969). Gem. § 1063 Abs. 2 Alt. 2 ZPO ist eine mündliche Verhandlung aber dann zwingend geboten, wenn Aufhebungsgründe nach § 1059 ZPO in Betracht kommen. Dies ist der Fall, wenn Aufhebungsgründe vom Gegner substantiiert vorgebracht werden oder sich aus der Aktenlage ergeben. Im Übrigen ist eine mündliche Verhandlung fakultativ und steht im Ermessen des Gerichts (BGHZ 142, 204, 207; BGH-Online-Datenbank III ZB 50/05 Rn. 14; OLG Hamm DIS-Datenbank 8 Sch 02/00 S. 2; OLG Stuttgart MDR 2001, 595, 595; BayObLG MDR 2000, 968, 969; *Schwab/Walter* Kap. 27 Rn. 18, 21; MüKo ZPO/*Münch* § 1060 Rn. 8, § 1063 Rn. 5; Zöller/*Geimer* § 1063 Rn. 2). 113

f) § 1063 Abs. 4 ZPO

Solange keine mündliche Verhandlung angeordnet ist, können gem. § 1063 Abs. 4 ZPO zu Protokoll der Geschäftsstelle Anträge gestellt und Erklärungen abgegeben werden. § 1063 Abs. 4 ZPO stellt insoweit eine Abmilderung des ansonsten gem. § 78 ZPO vor Oberlandesgerichten beste- 114 henden Anwaltszwanges dar. Die Parteien können somit selbst Anträge stellen und Erklärungen abgeben (*Schwab/Walter* Kap. 27 Rn. 27; Zöller/*Geimer* § 1063 Rn. 5).

3. Entscheidung des Gerichts

115 Die Entscheidung über die Vollstreckbarkeit ergeht gem. § 1063 Abs. 1 S. 1 ZPO stets **durch Beschluss** (BGH Online-Datenbank III ZB 50/05 Rn. 14; OLG Stuttgart MDR 2001, 595, 595; BayObLG MDR 2000, 968, 969; *Lachmann* Rn. 1285; B/L/A/H/*Albers* § 1060 Rn. 11, 14; Zöller/*Geimer* § 1063 Rn. 1). Die stattgebende Entscheidung lautet auf **Vollstreckbarerklärung des Schiedsspruchs**. Der Beschluss, durch den der Schiedsspruch für vollstreckbar erklärt wird, ist für vorläufig vollstreckbar zu erklären (MüKo ZPO/*Münch* § 1064 Rn. 4, 11). Leidet der Antrag auf Vollstreckbarerklärung an einem förmlichen Mangel, so ist dieser als unzulässig zu verwerfen. Liegt ein nach § 1060 Abs. 2 ZPO zu berücksichtigender Aufhebungsgrund vor, so ist die Vollstreckbarerklärung als unbegründet abzuweisen und der Schiedsspruch zugleich aufzuheben. Ein gesonderter Antrag auf Aufhebung des Schiedsspruchs ist dabei nicht erforderlich. Die Aufhebung erfolgt von Amts wegen (MüKo ZPO/*Münch* § 1060 Rn. 12, § 1064 Rn. 8; B/L/A/H/*Albers* § 1060 Rn. 12; S/J/*Schlosser* § 1060 Rn. 10). Betrifft der Aufhebungsgrund nur einen Teil des Schiedsspruch, kann der andere Teil für vollstreckbar erklärt werden, wenn über ihn nach § 301 ZPO ein Teilurteil ergehen könnte (B/L/A/H/*Albers* § 1060 Rn. 12).

116 Der BGH hat klargestellt, dass die §§ 330 ff. ZPO im Vollstreckbarerklärungsverfahren keine Anwendung finden, so dass ein »Versäumnisbeschluss« nicht ergehen kann. Gegen die Anwendbarkeit der §§ 330 ff. ZPO spricht die Struktur des Vollstreckbarerklärungsverfahrens als vereinfachtes Beschlussverfahren sowie die Entscheidung als Beschluss, gegen den lediglich die Rechtsmittelbeschwerde statthaft ist (vgl. unten Rn. 117; BGH Online-Datenbank III ZB 50/05 Rn. 13 f.).

4. Rechtsmittel

117 Gegen die Vollstreckbarerklärung eines inländischen Schiedsspruchs kann gem. §§ 1065 Abs. 1 S. 1, § 1062 Abs. 1 Nr. 4 ZPO nur das Rechtsmittel der **Rechtsbeschwerde zum BGH** eingelegt werden, die lediglich zu einer Überprüfung von Rechtsverletzungen führt (BGHZ 142, 204, 205; BayObLG RIW 2000, 968, 969; MüKo ZPO/*Münch* § 1060 Rn. 8; *Wagner* JZ 2000, 1171, 1172; Zöller/*Geimer* § 1065 Rn. 1). Der BGH ist an die tatsächlichen Feststellungen des OLG gebunden (BGHZ 142, 204, 205).

5. Begründetheit des Antrags auf Vollstreckbarerklärung

a) Fehlen von Aufhebungsgründen

118 Dem Antrag auf Vollstreckbarerklärung ist stattzugeben, wenn ein endgültiger Schiedsspruch vorliegt (vgl. oben Rn. 102 ff.) und kein noch nicht präkludierter Aufhebungsgrund nach § 1059 ZPO gegeben ist (vgl. § 1060 Abs. 2 ZPO). Die materielle Richtigkeit des Schiedsspruchs wird dabei nicht geprüft (keine révision au fond). Die Aufhebungsgründe des § 1059 Abs. 2 Nr. 2 ZPO sind **von Amts wegen** zu berücksichtigen (BGHZ 142, 204, 206; BGH Online-Datenbank III ZB 55/99 S. 7 f.; *Lachmann* Rn. 1278; Zöller/*Geimer* § 1060 Rn. 1; *Schwab/Walter* Kap. 27 Rn. 8; S/J/*Schlosser* § 1060 Rn. 10; MüKo ZPO/*Münch* § 1060 Rn. 9). Das Gericht prüft somit z. B. die Schiedsfähigkeit und ob die Vollstreckung des Schiedsspruchs mit dem ordre public vereinbar ist. Dies umfasst auch die Prüfung, ob dem Antragsgegner rechtliches Gehör gewährt wurde (*Schwab/Walter* Kap. 27 Rn. 8). Im Übrigen sind die Aufhebungsgründe nach § 1059 Abs. 2 Nr. 1 ZPO **nur auf Einrede** hin zu überprüfen; sie sind durch den Antragsgegner im Vollstreckbarerklärungsverfahren geltend zu machen (BGHZ 142, 204, 206; BGH Online-Datenbank III ZB 55/99 S. 7; *Schwab/Walter* Kap. 27 Rn. 8). Solche Aufhebungsgründe sind von der Partei, die sich auf sie beruft, substantiiert darzulegen (BGHZ 31, 43, 48; 142, 204, 206 f.; *Lachmann* Rn. 1279; Zöller/*Geimer* § 1059 Rn. 31, 33).

119 Gem. § 1060 Abs. 2 S. 2 ZPO sind solche Aufhebungsgründe **nicht zu berücksichtigen**, soweit im Zeitpunkt der Zustellung des Antrags auf Vollstreckbarerklärung ein auf sie gestützter Aufhebungsantrag rechtskräftig abgewiesen wurde (*Lachmann* Rn. 1280; *Schwab/Walter* Kap. 27 Rn. 9; B/L/A/H/*Albers* § 1060 Rn. 13). Nach § 1060 Abs. 2 S. 3 ZPO sind zudem die Aufhebungsgründe nach § 1059 Abs. 2 Nr. 1 ZPO dann nicht zu berücksichtigen, wenn die in § 1059 Abs. 3 ZPO bestimmten **Fristen abgelaufen** sind, ohne dass der Antragsteller einen Aufhebungsantrag gestellt hat (BGH Online-Datenbank III ZB 78/05 Rn. 12; Online-Datenbank III ZB 50/05 Rn. 14; vgl. zur Fristberechnung OLG Hamburg SchiedsVZ 2003, 284, 285; *Lachmann* Rn. 1281). Ansonsten wäre die Frist zur Geltendmachung von Aufhebungsgründen nicht sinnvoll, wenn die Aufhebungsgründe nach Fristablauf im Vollstreckbarerklärungsverfahren geltend gemacht werden könnten (*Schwab/Walter* Kap. 27 Rn. 9; *Lachmann* Rn. 1282). Sind Aufhebungsgründe jedoch erst nach Ablauf der Frist des § 1059 Abs. 3 ZPO bekannt geworden, können sie im Vollstreckbarerklärungsverfahren geltend gemacht und berücksichtigt werden (*Lachmann* Rn. 1283). Die von Amts wegen zu berücksichtigenden Aufhebungsgründe des § 1059 Abs. 2 Nr. 2 ZPO, wie insbesondere die Verletzung des ordre public, sind im Vollstreckbarerklärungsverfahren immer von Amts wegen zu berücksichtigen und unterliegen nicht der Präklusion des § 1059 Abs. 3 ZPO (BGH Online-Datenbank III ZB 78/05 Rn. 12; Online-Datenbank III ZB 50/05 Rn. 14; Online-Datenbank III ZB 55/99 S. 8; BGHZ 142, 204, 206; *Schwab/Walter* Kap. 27 Rn. 9; MüKo ZPO/*Münch* § 1060 Rn. 10; B/L/A/H/*Albers* § 1060 Rn. 10, 13).

b) Berücksichtigung von Einwendungen gegen den zugesprochenen Anspruch im Vollstreckbarerklärungsverfahren

Nicht selten wird sich die Frage stellen, ob der Antragsgegner im Vollstreckbarerklärungsverfahren Einwendungen geltend machen kann, die sich gegen den im Schiedsspruch zugesprochenen Anspruch richten. Wird ein Leistungsanspruch durch Urteil eines staatlichen Gerichts festgestellt, so hat der Schuldner im Vollstreckungsverfahren die Möglichkeit, im Wege der Vollstreckungsgegenklage gem. § 767 ZPO Einwendungen, die den durch das Urteil festgestellten **Anspruch selbst betreffen**, geltend zu machen. Solche Einwendungen können beispielsweise auf Abtretung, Aufrechnung, Erfüllung oder auch Erlass des Anspruchs beruhen (Zöller/*Herget* § 767 Rn. 1, 11 f.; *Schwab/Walter* Kap. 27 Rn. 12). Durch eine erfolgreiche Vollstreckungsgegenklage wird die Vollstreckbarkeit des Titels beseitigt (Zöller/*Herget* § 767 Rn. 5). Gem. § 767 Abs. 2 ZPO kann die Klage nur auf solche Einwendungen gestützt werden, die nach Schluss der letzten mündlichen Tatsachenverhandlung entstanden sind (Zöller/*Herget* § 767 Rn. 14; *Schwab/Walter* Kap. 27 Rn. 12). 120

Problematisch ist, ob Einwendungen, die eine **Vollstreckungsgegenklage nach § 767 ZPO** begründen würden, bereits **im Vollstreckbarerklärungsverfahren** durch den Antragsgegner geltend gemacht werden können oder ob dieser darauf zu verweisen ist, die Vollstreckungsgegenklage nach § 767 ZPO **im Vollstreckungsverfahren** zu erheben (OLG München DIS-Datenbank 34 Sch 011/06 S. 6; DIS-Datenbank 34 Sch 02/06 S 2). Vor der Reform des Schiedsverfahrensrechts konnten nach Rechtsprechung und h. L. im Verfahren der Vollstreckbarerklärung eines Schiedsspruchs (§§ 1041 ff. ZPO) Einwendungen, wie z. B. die Einwendung der Aufrechnung, gegen den Anspruch selbst, geltend gemacht werden (BGH NJW 1961, 1067, 1068; NJW 1990, 3210, 3211; BayObLG MDR 2000, 968, 968). Ein Antrag auf Vollstreckbarerklärung eines Schiedsspruchs war daher dann zurückzuweisen, wenn sich der Antragsgegner im Verfahren der Vollstreckbarerklärung auf eine nicht präkludierte Einwendung i. S. d. § 767 ZPO berufen hat (*Weigel* MDR 2000, 969, 970). Dafür sprach die Erwägung, dass es zu einer unnötigen Häufung von Verfahren führen würde, wenn über Einwendungen i. S. d. § 767 ZPO nicht bereits im Rahmen des Vollstreckbarerklärungsverfahrens entschieden würde und der Antragsgegner daher ein weiteres Verfahren nach § 767 ZPO anhängig machen müsste (BayObLG MDR 2000, 968, 968). Ob diese Auffassung auch noch nach Änderung des Schiedsverfahrensrechts weiterhin bestehen kann, ist in Literatur und Rechtsprechung umstritten. 121

Unter Hinweis auf die geänderte Rechtslage durch das Schiedsverfahrensreformgesetz wendete sich das BayObLG, gefolgt vom OLG Stuttgart und OLG Köln, gegen die bisherige Rechtspre- 122 chung und sprach sich gegen die Berücksichtigung von Einwendungen i. S. d. § 767 ZPO im Vollstreckbarerklärungsverfahren aus (BayObLG MDR 2000, 968, 969; OLG Stuttgart MDR 2001, 595, 596; so auch OLG Köln DIS-Datenbank 9 Sch 20/03 S. 2). Zur Begründung verweist das BayObLG darauf, dass infolge der Eingangszuständigkeit der Oberlandesgerichte, die über den Antrag auf Vollstreckbarerklärung des Schiedsspruchs durch Beschluss entscheiden, lediglich das Rechtsmittel der Rechtsbeschwerde zum BGH möglich ist. Dies führt, so das BayObLG, gegenüber der alten Rechtslage, nach der je nach Streitwert das Amts- oder Landgericht zuständig war (§§ 1045, 1046 a. F. ZPO), zum Verlust einer Tatsacheninstanz, da durch Rechtsbeschwerde nur die Rechtsverletzungen überprüft werden können (BayObLG MDR 2000, 968, 969; DIS-Datenbank 4Z Sch 04/00 S. 3; zu dieser Problematik auch MüKo ZPO/*Münch* § 1060 Rn. 14 f.). Nach alter Rechtslage war jedoch im Verfahren der Vollstreckbarerklärung wie im Verfahren der Vollstreckungsgegenklage gem. § 767 ZPO eine zweite Tatsacheninstanz möglich (BayObLG DIS-Datenbank 4Z Sch 04/00 S. 3). Gegen die Berücksichtigung von Einwendungen nach § 767 ZPO spricht dieser Ansicht nach zudem die Zielsetzung der Reform des Schiedsverfahrensrechts, das Vollstreckbarerklärungsverfahren zu vereinfachen und zu straffen (BayObLG MDR 2000, 968, 969; OLG Stuttgart MDR 2001, 595, 596; OLG Köln DIS-Datenbank p Sch 20/03 S. 2). Die zeitaufwändige Überprüfung materiellrechtlicher Einwendungen, ggf. durch Beweisaufnahmen, durch die Obergerichte im Vollstreckbarerklärungsverfahren, die hauptsächlich als Rechtsmittelgerichte tätig werden, stehe dieser Zielsetzung entgegen (BayObLG MDR 2000, 968, 969; DIS-Datenbank 4Z Sch 04/00 S. 3; OLG Stuttgart MDR 2001, 595, 596; OLG Köln DIS-Datenbank 9 Sch 20/03 S. 2). Auch sei die Struktur des Vollstreckbarerklärungsverfahrens, das gem. § 1063 Abs. 2 ZPO nur dann eine mündliche Verhandlung erfordert, wenn Aufhebungsgründe nach § 1059 Abs. 2 ZPO in Betracht kommen, nicht mit der Struktur der Vollstreckungsgegenklage nach § 767 ZPO vereinbar, bei der eine Entscheidung grundsätzlich nur nach mündlicher Verhandlung ergehen kann (vgl. auch oben Rn. 113; BayObLG MDR 2000, 968, 969; OLG Stuttgart MDR 2001, 595, 596).

123 Nach überwiegender Auffassung der Literatur und der obergerichtlichen Rechtsprechung ist jedoch die Berücksichtigung von Einwendungen, auf die eine Vollstreckungsgegenklage gestützt werden könnten, auch nach Neuregelung des Schiedsverfahrensrechts weiterhin **im Vollstreckbarerklärungsverfahren** möglich. Diese Einwendungen müssen daher nicht in einem gesonderten Rechtsstreit nach § 767 ZPO geltend gemacht werden (OLG Düsseldorf DIS-Datenbank I-26 Sch 05/03 S. 3 f.; OLG Hamburg DIS-Datenbank 6 Sch 13/00 S. 4; OLG Dresden DIS-Datenbank 11 Sch 03/04 S. 3 f.; wohl auch OLG Koblenz DIS-Datenbank 2 Sch 04/05 S. 3; OLG Köln DIS-Datenbank 9 Sch 13/99 S. 4; OLG Düsseldorf DIS-Datenbank 4 Sch 01/98 S. 2; *Schwab/Walter* Kap. 27 Rn. 12; B/L/A/H/*Albers* § 1060 Rn. 5; *Lachmann* Rn. 1284; Zöller/*Geimer* § 1060 Rn. 4). Dies würde eine unnötige Verweisung auf ein weiteres Verfahren und damit einen höheren Zeit- und Kostenaufwand bedeuten (*Schwab/Walter* Kap. 27 Rn. 12; MüKo ZPO/*Münch* § 1060 Rn. 14). Gegen das Argument, die Berücksichtigung von Einwendungen i. S. d. § 767 ZPO im Vollstreckbarerklärungsverfahren führe zum Verlust einer Tatsacheninstanz lässt sich einwenden, dass die Oberlandesgerichte auch für eine gesondert zu erhebende Vollstreckungsgegenklage gem. § 767 ZPO zuständig wären, so dass auch insoweit keine zweite Tatsacheninstanz gegeben wäre. Dies folgt aus der Regelung des § 767 Abs. 1 ZPO, nach der die Vollstreckungsgegenklage beim Prozessgericht des ersten Rechtszuges zu erheben ist (OLG Hamm DIS-Datenbank 8 Sch 02/00 S. 2). Darunter sei das Gericht des Verfahrens zu verstehen, in dem der Vollstreckungstitel geschaffen wurde, im Fall des Vollstreckbarerklärungsverfahrens somit das jeweils zuständige Oberlandesgericht (OLG Hamm DIS-Datenbank 8 Sch 02/00 S. 2; *Wagner* JZ 2000, 1171, 1173). Auch wenn das Vollstreckbarerklärungsverfahren im Unterschied zum Verfahren nach § 767 ZPO nicht grundsätzlich eine mündliche Verhandlung erfordert, spricht dies auch nicht gegen die Berücksichtigung von Einwendungen nach § 767 ZPO im Vollstreckbarerklärungsverfahren, da sich das gerichtliche Ermessen, ob eine mündliche Verhandlung nach § 1063 Abs. 1 ZPO erfolgen soll, in den Fällen, in denen materiell-rechtliche Einwendungen durch den Antragsgegner vorgebracht werden, auf die Anordnung einer mündlichen Verhandlung reduzieren wird (OLG Hamm 20. 6. 2001 DIS-Datenbank 8 Sch 02/00 S. 2).

Einwendungen, die der Schuldner bereits im Schiedsverfahren hätte geltend machen können, können im Vollstreckbarerklärungsverfahren entsprechend § 767 Abs. 2 ZPO jedoch grundsätzlich **nicht berücksichtigt werden**. Die Berücksichtigung solcher Einwendungen würde zu einer materiellen Nachprüfung des Schiedsspruchs im Vollstreckbarerklärungsverfahren führen. Dieser Grundsatz gilt auch für eine Aufrechnung (BGH NJW 1990, 3210, 3211; OLG Koblenz DIS-Datenbank 2 Sch 04/05 S. 4; OLG Köln DIS-Datenbank 9 Sch 03/03 S. 4; 15. 2. 2000 DIS-Datenbank 9 Sch 13/99 S. 4; OLG Hamm DIS-Datenbank 8 Sch 02/00 S. 4; *Schwab/Walter* Kap. 27 Rn. 12; *Lachmann* Rn. 1284). Eine **Ausnahme** besteht jedoch dann, wenn die Aufrechnungslage zwar bereits vor Schluss der mündlichen Verhandlung des Schiedsverfahrens gegeben war, die zur Aufrechnung stehende Forderung jedoch nicht von der Schiedsvereinbarung erfasst ist (OLG Koblenz DIS-Datenbank 2 Sch 04/05 S. 4, 5; OLG Köln DIS-Datenbank 9 Sch 03/03 S. 4; *Wagner* JZ 2000, 1171, 1172; Zöller/*Herget* § 767 Rn. 17; *Lachmann* Rn. 1284; *Schwab/Walter* Kap. 27 Rn. 12). Während des Schiedsverfahrens hatte der Schuldner in diesem Fall keine Möglichkeit, die Aufrechnung zu erklären. **124**

Das OLG München hat in zwei Entscheidungen ausgeführt, dass die Problematik, ob Einwendungen i. S. d. § 767 ZPO im Vollstreckbarerklärungsverfahren berücksichtigt werden können, jedenfalls dann auf sich beruhen kann, wenn die materiell-rechtlichen Einwendungen ihrerseits von der Schiedsklausel erfasst sind. In diesem Fall könne das OLG im Vollstreckbarerklärungsverfahren solche Einwendungen schon deshalb nicht berücksichtigen, weil dies die Schiedsvereinbarung der Parteien unterlaufen würde. Dies gilt insbesondere auch für Folgestreitigkeiten (OLG München DIS-Datenbank 34 Sch 02/06 S. 3; 34 Sch 011/06 S. 6). **125**

Sind die **Einwendungen begründet**, ist die Vollstreckbarerklärung des Schiedsspruchs abzulehnen. Eine Aufhebung des Schiedsspruchs kommt jedoch nicht in Betracht, da kein Aufhebungsgrund nach § 1059 ZPO vorliegt (Zöller/*Geimer* § 1060 Rn. 4; *Lachmann* Rn. 1284). **126**

Umstritten ist, ob die Möglichkeit, **nach Erlass des Schiedsspruchs entstandene Einwendungen** im Vollstreckbarerklärungsverfahren geltend zu machen, der Vollstreckungsgegenklage nach § 767 ZPO grundsätzlich entgegensteht. Ist das Verfahren der Vollstreckbarerklärung bereits in Gang gesetzt, so fehlt einer Vollstreckungsgegenklage nach § 767 ZPO nach h. L. regelmäßig das Rechtsschutzbedürfnis. Nach Ansicht *Schwab/Walter* kann eine Vollstreckungsgegenklage jedoch dann zulässig erhoben werden, wenn die Vollstreckbarerklärung noch nicht beantragt wurde, da es dem Schuldner nicht zuzumuten ist, mit der Geltendmachung seiner Einwendungen solange zu warten, bis das Vollstreckbarerklärungsverfahren beginnt (*Schwab/Walter* Kap. 27 Rn. 13 m. w. N.). **127**

c) Berücksichtigung von Einwendungen gegen den zugesprochenen Anspruch im Vollstreckungsverfahren

Einwendungen, die erst nach rechtskräftiger Vollstreckbarerklärung entstanden sind, können im Vollstreckungsverfahren gem. § 767 ZPO als Vollstreckungsgegenklage geltend gemacht werden (Zöller/*Geimer* § 1060 Rn. 4). Ob Einwendungen, die im Vollstreckbarerklärungsverfahren hätten geltend gemacht werden können, jedoch nicht geltend gemacht worden sind, noch nach Abschluss des Vollstreckbarerklärungsverfahrens geltend gemacht werden können, ist umstritten (vgl. dazu *Schwab/Walter* Kap. 27 Rn. 14). Wird im Vollstreckungsverfahren eine **Vollstreckungsgegenklage** erhoben, so ist zu beachten, dass eine Schiedseinrede dann gegenüber der Vollstreckungsabwehrklage durchgreift, wenn über die Einwendungen (ggf. eine Aufrechnung), die mit dieser Klage gegen den titulierten Anspruch geltend gemacht wird, aufgrund einer Vereinbarung der Parteien ein Schiedsgericht entscheiden soll. Dem staatlichen Gericht steht dann insoweit keine Entscheidungskompetenz zu (BGHZ 99, 143, 146 ff.). Dagegen spricht nach Ansicht des BGH auch nicht, dass das Schiedsgericht nicht wie das staatliche Gericht die Möglichkeit hat, **128** die Zwangsvollstreckung einstweilig einzustellen, da eine Schiedsvereinbarung einen teilweisen Verzicht auf staatlichen Rechtsschutz beinhaltet. Im Schiedsverfahren stehen den Parteien allerdings ähnliche Rechtsbehelfe wie eine Klage auf Feststellung des Erlöschens des titulierten Anspruchs oder auf Herausgabe des vollstreckbaren Titels zur Verfügung. Im anschließenden Vollstreckbarerklärungsverfahren dieses Titels kann die Vollstreckbarerklärung mit einem Ausspruch über die Unzulässigkeit der Zwangsvollstreckung verbunden werden. Dies ermöglicht eine Einstellung oder Beschränkung der Zwangsvollstreckung gem. § 775 Nr. 1 ZPO (BGHZ 99, 143, 148).

III. Vollstreckbarerklärung ausländischer Schiedssprüche

1. Anwendbarkeit des UNÜ

129 Die Anerkennung und Vollstreckung ausländischer Schiedssprüche richtet sich gem. § 1061 Abs. 1 ZPO grundsätzlich nach dem **UN-Übereinkommen über die Anerkennung und Vollstreckung ausländischer Schiedssprüche vom 10. 6. 1958** (UNÜ 1958). Dies gilt unabhängig davon, ob der Schiedsort in einem Mitgliedstaat liegt (BGH WM 2001 787, 788; Online-Datenbank III ZB 50/05 Rn. 19; SchiedsVZ 2003, 281, 282; OLG Schleswig SchiedsVZ 2003, 237, 237; BayObLG RIW 2001, 140; B/L/A/H/*Albers* § 1061 Rn. 2; Zöller/*Geimer* § 1061 Rn. 1; *Schwab/Walter* Kap. 30 Rn. 1; MüKo ZPO/*Münch* § 1061 Rn. 4). Nach § 1061 Abs. 1 S. 2 ZPO bleiben die Vorschriften über die Anerkennung und Vollstreckung anderer bilateraler und multilateraler Abkommen unberührt, vgl. Art VII 1 UNÜ (BayObLG RIW 2001, 140; B/L/A/H/*Albers* § 1061 Rn. 3; Zöller/*Geimer* § 1061 Rn. 2; *Schwab/Walter* Kap. 30 Rn. 2).

130 Das UNÜ 1958 lässt gem. Art. VII Abs. 1 nach dem **Grundsatz der Meistbegünstigung** die Anwendung anerkennungsfreundlicherer nationaler Normen sowie zwei- und mehrseitige Verträge über die Anerkennung und Vollstreckung von Schiedssprüchen unberührt (BGH Online-Datenbank III ZB 50/05 Rn. 19; SchiedsVZ 2003, 281, 282; *Schwab/Walter* Kap. 30 Rn. 2; B/L/A/H/*Albers* § 1061 Rn. 3; Zöller/*Geimer* § 1061 Rn. 2). Das deutsche Gericht ist dann befugt, auch ohne dass sich die Parteien darauf berufen, auf das anerkennungsfreundlichere innerstaatliche Recht zurückzugreifen (BGH Online-Datenbank III ZB 50/05 Rn. 19; DIS-Datenbank III ZB 18/05 S. 3; SchiedsVZ 2003, 281, 282; *Kröll* SchiedsVZ 2003, 282, 283). Die durch den Grundsatz der Meistbegünstigung gebotene Anwendung des schiedsfreundlicheren nationalen Rechts umfasst nicht nur die Bestimmungen zur Anerkennung und Vollstreckung von Schiedssprüchen gem. §§ 1025 ff. ZPO, sondern auch die nationalen Kollisionsregeln sowie das danach als Statut der Schiedsvereinbarung berufene nationale Recht (BGH DIS-Datenbank III ZB 18/05 S. 1, 3). Ebenso wie bei der Vollstreckbarerklärung inländischer Schiedssprüche scheidet eine Leistungsklage auf Erfüllung des Schiedsspruchs mangels Rechtsschutzbedürfnis grundsätzlich aus, da die Anerkennung und Vollstreckung ausländischer Schiedssprüche nach §§ 1061 ff. ZPO einen einfacheren Weg darstellt (Zöller/*Geimer* § 1061 Rn. 60).

2. Gegenstand des Verfahrens

131 Ob ein **ausländischer Schiedsspruch** vorliegt, bestimmt sich nach deutschem Recht (OLG Düsseldorf DIS-Datenbank I-26 Sch 05/03 S 3; OLG Rostock IPRax 2002, 401; Zöller/*Geimer* § 1061 Rn. 3, 4; *Lachmann* Rn. 1307; *Schwab/Walter* Kap. 30 Rn. 11). Ein ausländischer Schiedsspruch liegt nach dem in § 1025 Abs. 1 ZPO normierten Territorialitätsprinzip dann vor, wenn dieser durch ein Schiedsgericht mit Sitz im Ausland erlassen wurde und die Voraussetzungen der §§ 1054 und 1055 ZPO erfüllt (OLG Düsseldorf DIS-Datenbank I-26 Sch 05/03 S. 3; B/L/A/H/*Albers* § 1061 Rn. 1; *Lachmann* Rn. 1313). Hinsichtlich der Regelung des § 1054 ZPO wird auf die Darstellung zur Vollstreckbarerklärung inländischer Schiedssprüche verwiesen (vgl. oben Rn. 102 ff.). Eine ausländische Entscheidung muss einem deutschen Schiedsspruch i. S. d. § 1054 ZPO **funktional äquivalent** sein. Eine solche Äquivalenz wird beispielsweise bei dem italienischen lodo irrituale abgelehnt, da diese Entscheidung lediglich schuldrechtlichen Charakter hat und nicht vollstreckt werden kann (BGH RIW 1982, 210, 210; MüKo ZPO/*Münch* § 1061 Rn. 5; *Schwab/Walter* Kap. 30 Rn. 11, Kap. 42 Rn. 4; Zöller/*Geimer* § 1061 Rn. 4).

3. Zulässigkeit des Antrags auf Vollstreckbarerklärung und Verfahren

Für das Verfahren der Anerkennung und Vollstreckung gelten die §§ 1061 bis 1065 ZPO, es entspricht daher dem Verfahren der Vollstreckbarerklärung inländischer Schiedssprüche (*Schwab/Walter* Kap. 30 Rn. 25; MüKo ZPO/*Münch* § 1061 Rn. 10; s. oben Rn. 102 ff.). Das Verfahren wird **durch Antrag** eingeleitet, der bei dem nach § 1062 Abs. 1 Nr. 4 ZPO **zuständigen OLG** einzureichen ist (*Schwab/Walter* Kap. 30 Rn. 26; *Lachmann* Rn. 1332; MüKo ZPO/*Münch* § 1061 Rn. 10, § 1063 Rn. 1; B/L/A/H/*Albers* § 1061 Rn. 4). Nach Art IV Abs. 2 UNÜ 1958 ist ein nicht in deutscher Sprache abgefasster Schiedsspruch in amtlich beglaubigter deutscher Übersetzung beizubringen, wenn der Schiedsspruch in Deutschland geltend gemacht wird (*Schwab/Walter* Kap. 30 Rn. 26). § 1064 Abs. 1 ZPO verlangt keine Übersetzung eines in einer anderen Sprache abgefassten Schiedsspruchs. Ausreichend ist, wenn mit dem Antrag auf Vollstreckbarerklärung der **Schiedsspruch in Ur- oder beglaubigter Abschrift** vorgelegt wird. Diese gegenüber Art. IV Abs. 2 UNÜ 1958 anerkennungsfreundlichere innerstaatliche Regelung kommt daher aufgrund des Prinzips der Meistbegünstigung nach Art. VII Abs. 1 UNÜ 1958 (vgl. Rn. 130) vorrangig zur Anwendung. Art. IV Abs. 2 UNÜ 1958 wird insoweit verdrängt (BGH SchiedsVZ 2003, 281, 282; OLG Koblenz DIS-Datenbank 2 Sch 04/05 S 3; OLG Schleswig SchiedsVZ 2003, 237, 238; BayObLG RIW 2001, 140, 141; *Schwab/Walter* Kap. 30 Rn. 26; *Lachmann* Rn. 1333; *Kröll* SchiedsVZ 2004, 113, 120). Die Vorlage eines ins Deutsche übersetzten und hinsichtlich der Übereinstimmung mit der Urschrift amtlich beglaubigten Schiedsspruchs ist somit keine Zulässigkeitsvoraussetzung für die Vollstreckbarerklärung eines ausländischen Schiedsspruchs (BayObLG RIW 2001, 140, 141). Der Antragsteller ist daher grundsätzlich nicht dazu verpflichtet, seinem Antrag eine Übersetzung des Schiedsspruchs beizufügen. Das Gericht kann jedoch nach § 142 Abs. 3 ZPO eine Übersetzung des Schiedsspruch verlangen (*Schwab/Walter* Kap. 30 Rn. 26; *Lachmann* Rn. 1333; *Kröll* SchiedsVZ 2003, 282, 283, 284). Auf diese Weise kann der Gefahr der Benachteiligung des Antragsgegners begegnet werden (BayObLG RIW 2001, 140, 141). Dies ist jedoch keine Frage der Zulässigkeit des Antrags (*Kröll* SchiedsVZ 2003, 282, 284). Für die Praxis ist es allerdings empfehlenswert, bei einem nicht in deutscher Sprache abgefassten Schiedsspruch zumindest eine Übersetzung des Entscheidungstenors vorzulegen. **132**

4. Entscheidung des Gerichts

Die Entscheidung ergeht gem. § 1063 Abs. 1 ZPO durch **Beschluss** (B/L/A/H/*Albers* § 1063 Rn. 2). Das Gericht entscheidet auf Vollstreckbarerklärung oder lehnt den Antrag ab. Ist die Vollstreckbarerklärung abzulehnen, stellt das Gericht nach § 1061 Abs. 2 ZPO fest, dass der Schiedsspruch im Inland nicht anzuerkennen ist (B/L/A/H/*Albers* § 1061 Rn. 5; *Schwab/Walter* Kap. 30 Rn. 29; *Lachmann* Rn. 1305). Soweit staatsvertragliche Regelungen nicht entgegenstehen, ist nach § 1064 Abs. 3 ZPO die vorläufige Vollstreckbarkeit auszusprechen (*Schwab/Walter* Kap. 30 Rn. 30; *Lachmann* Rn. 1335). **133**

5. Rechtsmittel

Gegen die Vollstreckbarerklärung eines ausländischen Schiedsspruchs sowie gegen die Aufhebung der Vollstreckbarerklärung nach § 1061 Abs. 3 ZPO kann gem. §§ 1065 Abs. 1 S. 1, 1062 Abs. 1 Nr. 4 ZPO das Rechtsmittel der **Rechtsbeschwerde** erhoben werden (BGH Online-Datenbank III ZB 50/05 Rn. 19; MüKo ZPO/*Münch* § 1061 Rn. 10). **134**

6. Begründetheit des Antrags auf Vollstreckbarerklärung

a) Versagungsgründe

Ausländische Schiedssprüche sind dann für vollstreckbar zu erklären, wenn **kein Versagungsgrund** vorliegt. Dabei ist wie bei der Vollstreckbarerklärung inländischer Schiedssprüche zwi- **135** schen Versagungsgründen zu unterscheiden, die **von Amts wegen** zu berücksichtigen sind und solchen, die nur auf Rüge hin beachtet werden dürfen (*Eberl* SchiedsVZ 2003, 109, 110; *Lachmann* Rn. 1316; a. A. Zöller/*Geimer* § 1061 Rn. 31 Berücksichtigung nur auf Rüge der Partei hin). Die Versagungsgründe nach dem UNÜ 1958 entsprechen im Wesentlichen den Versagungsgründen des § 1059 ZPO (*Lachmann* Rn. 1316; *Schwab/Walter* Kap. 30 Rn. 17; MüKo ZPO/*Münch* § 1061 Rn. 6). Art V Abs. 1 UNÜ 1958 normiert die Versagungsgründe, die auf Rüge der Partei hin zu berücksichtigen sind. Die Vollstreckbarerklärung ist danach zu versagen, wenn gem. Art. V Abs. 1 a) UNÜ 1958 **keine wirksame Schiedsklausel** existiert, die Gegenseite sich nach Art. V Abs. 1 b) UNÜ 1958 auf **fehlende Verteidigungsmöglichkeit** beruft, sowie nach Art V Abs. 1 c) UNÜ 1958, wenn der Schiedsspruch nicht durch die Schiedsvereinbarung gedeckt ist (BGH WM 2001, 787, 788; Zöller/*Geimer* § 1061 Rn. 22; *Eberl* SchiedsVZ 2003, 109, 111; *Kröll* SchiedsVZ 2003, 113, 120; *Schwab/Walter* Kap. 30 Rn. 18). Ein auf Rüge hin zu berücksichtigender Versagungsgrund ist nach Art V Abs. 1 d) UNÜ 1958 ferner dann gegeben, wenn das **Schiedsgericht unzulässig besetzt** war sowie nach Art. V Abs. 1 e) UNÜ 1958, wenn der ausländische Schiedsspruch nach der für ihn maßgeblichen Rechtsordnung **nicht verbindlich** geworden ist (Zöller/*Geimer* § 1061 Rn. 24; *Kröll* SchiedsVZ 2003, 113, 122; *Lachmann* Rn. 1321 f.).

136 Von Amts wegen zu berücksichtigen ist nach Art V Abs. 2 a) UNÜ 1958 das **Fehlen der objektiven Schiedsfähigkeit** und nach nach Art. V Abs. 2 b) UNÜ 1058 ein **Verstoß gegen den ordre public**. Ein Verstoß gegen den ordre public liegt dann vor, wenn der Schiedsspruch eine Norm verletzt, die die Grundlagen des staatlichen oder wirtschaftlichen Lebens zwingend regelt und nicht auf bloßen Zweckmäßigkeitserwägungen beruht und mit den deutschen elementaren Gerechtigkeitsvorstellungen unvereinbar ist (BGHZ 110, 104, 106; BayObLG DIS-Datenbank 4Z Sch 05/04 S. 3; DIS-Datenbank 4Z Sch 17/03 S. 2; OLG Hamburg DIS-Datenbank 11 Sch 01/02 S. 3; *Schwab/Walter* Kap. 30 Rn. 21; Zöller/*Geimer* § 1061 Rn. 31). Es ist allerdings zu berücksichtigen, dass der BGH zwischen einem ordre public intern und einem ordre public international unterscheidet. An einen Verstoß gegen den ordre public international sind höhere Anforderungen zu stellen, als im Bereich des ordre public intern (BGHZ 98, 70, 73; 110, 104, 106 f.; BGH NJW 1978, 1114, 1115; WM 2001, 787, 790; *Lachmann* Rn. 1324 f.; *Schwab/Walter* Kap. 30 Rn. 21; *Kröll* SchiedsVZ 2004, 113, 122). Die Anerkennung und Vollstreckung ausländischer Schiedssprüche unterliegt daher einer weniger strengen Kontrolle als inländische Schiedssprüche (BGHZ 110, 104, 107; BGH WM 2001, 787, 790; BayObLG DIS-Datenbank 4Z Sch 05/04 S. 3). Es ist daher durchaus möglich, dass ein inländischer Schiedsspruch aufgrund eines bestimmten Sachverhalts wegen eines Verstoßes gegen den ordre public aufzuheben wäre, ein ausländischer Schiedsspruch unter im Übrigen gleichen Bedingungen jedoch die Anerkennung nicht versagt werden kann (BGHZ 98, 70, 73). Die Anerkennung eines ausländischen Urteils kann nicht schon deshalb versagt werden, weil es in einem Verfahren erlassen wurde, das von zwingenden Vorschriften des deutschen Prozessrechts abweicht (BGH NJW 1978, 1114, 1115; BGHZ 110, 104, 106, 107). Ein Verstoß gegen den verfahrensrechtlichen ordre public international kann lediglich bei schwerwiegenden Mängeln des Schiedsverfahrens, die die Grundlagen des staatlichen und wirtschaftlichen Lebens berühren, angenommen werden (BGHZ 55, 162, 175; 98, 70, 74; 110, 104, 107; BayObLG DIS-Datenbank 4Z Sch 17/03 S. 2; OLG Stuttgart DIS-Datenbank 1 Sch 16/02 und 1 Sch 6/03, 11).

b) Einwendungen gegen den Schiedsspruch

137 Hinsichtlich der Geltendmachung von Einwendungen i. S. d. § 767 ZPO ist auf die Ausführungen zu der Vollstreckbarerklärung inländischer Schiedssprüche zu verweisen (s. oben Rn. 120 ff.). Die dortigen Ausführungen gelten entsprechend auch für ausländische Schiedssprüche (vgl. auch OLG Düsseldorf DIS-Datenbank I-26 Sch 05/03; OLG Köln DIS-Datenbank 9 Sch 03/03; DIS-Datenbank 9 Sch 13/99; Zöller/*Geimer* § 1061 Rn. 54; *Schwab/Walter* Kap. 30 Rn. 27).

7. Antrag auf Aufhebung der Vollstreckbarerklärung nach § 1061 Abs. 3 ZPO

138 Wird der Schiedsspruch für vollstreckbar erklärt, im Ausland jedoch später nach Beendigung des inländischen Vollstreckbarerklärungsverfahrens aufgehoben, kann der Schuldner nach § 1061

Abs. 3 ZPO die Aufhebung der Vollstreckbarerklärung beantragen (Zöller/*Geimer* § 1061 Rn. 59; B/L/A/H/*Albers* § 1061 Rn. 5; *Schwab/Walter* Kap. 30 Rn. 32, 33). Der Antrag unterliegt keiner Frist (MüKo ZPO/*Münch* § 1061 Rn. 12). Die Aufhebung der Vollstreckbarkeit ist erforderlich, da sich die Aufhebung des Schiedsspruchs im Ausland auf die Vollstreckbarkeit im Inland nicht auswirkt (Zöller/*Geimer* § 1061 Rn. 59). Wurde der Schiedsspruch im Ausland vor Beendigung des inländischen Vollstreckbarerklärungsverfahrens aufgehoben, so ist eine Geltendmachung der Aufhebung des Schiedsspruchs nach § 1061 Abs. 3 ZPO jedoch nicht mehr möglich. Die Partei ist insoweit **präkludiert** (Zöller/*Geimer* § 1061 Rn. 59; *Schwab/Walter* Kap. 30 Rn. 33). Die **Prüfungskompetenz des Gerichts** beschränkt sich in diesem Verfahren darauf, ob nach dem jeweiligen maßgeblichen Recht eine wirksame Aufhebung erfolgt ist. Eine darüber hinausgehende Überprüfung des Schiedsspruchs ist unzulässig. Wird die Vollstreckbarerklärung nach § 1061 Abs. 3 ZPO aufgehoben, entfällt die Vollstreckbarkeit des Schiedsspruchs im Inland rückwirkend (B/L/A/H/*Albers* § 1061 Rn. 5; *Schwab/Walter* Kap. 30 Rn. 35).

H. Einstweiliger Rechtsschutz im Schiedsverfahren

I. Einleitung

Gerade bei gesellschaftsrechtlichen Streitigkeiten besteht bis zur rechtskräftigen Entscheidung in der Hauptsache häufig ein praktisches Bedürfnis nach vorläufigen Regelungen (*K. Schmidt* ZHR 162 (1998) 265, 287; *Trittmann* ZGR 1999, 340, 361). Dies ist beispielsweise bei der Anfechtung von Gesellschafterbeschlüssen einer GmbH der Fall, da ein anfechtbarer Beschluss bis er durch rechtskräftiges Urteil für nichtig erklärt wird, vorläufig wirksam und daher ggf. auch auszuführen ist (vgl. Kap. 16 Rn. 317; *Trittmann* ZGR 1999, 340, 361). Auch bei den handelsrechtlichen Gestaltungsklagen auf Entziehung der Geschäftsführungs- und Vertretungsbefugnis (§§ 117, 127 HGB; vgl. Kap. 16 Rn. 104 ff. zur Klage auf Entziehung der Geschäftsführungsbefugnis gem. § 117 HGB, Rn. 138 ff. zur Klage auf Entziehung der Vertretungsmacht gem. § 127 HGB), auf Ausschluss eines Gesellschafters (§ 140 HGB; vgl. Kap. 16 Rn. 190 ff.) sowie auf Auflösung der Gesellschaft (§ 133 HGB; vgl. Kap. 16 Rn. 158 ff.) werden häufig einstweilige Maßnahmen beantragt, da die begehrte Rechtsfolge erst mit rechtskräftigem Urteil des Hauptsacheverfahrens eintritt. Durch Maßnahmen des einstweiligen Rechtsschutzes kann während des Zeitraums bis zur rechtskräftigen Entscheidung der Gefahr begegnet werden, dass vollendete Tatsachen geschaffen werden, die später auch durch die Entscheidung in der Hauptsache nicht mehr korrigierbar sind (*Trittmann* ZGR 1999, 340, 361). Ist eine gesellschaftsrechtliche Streitigkeit der Entscheidung eines Schiedsgerichts unterstellt, stellt sich daher auch häufig die Frage, ob und mit welchem Inhalt einstweiliger Rechtsschutz durch das Schiedsgericht gewährt werden kann (*K. Schmidt* ZHR 162 (1998) 265, 288). **139**

II. Parallele Zuständigkeit von staatlicher Gerichtsbarkeit und Schiedsgericht

Vor der Neuregelung des schiedsrichterlichen Verfahrens durch die Reform von 1998 war streitig, ob Maßnahmen des einstweiligen Rechtsschutzes durch ein Schiedsgericht gewährt werden können (B/L/A/H/*Albers* § 1041 Rn. 1; E/B/J/*Mayen* § 117 Rn. 28; *Schroth* SchiedsVZ 2003, 102, 103). Nach h. L. zur früheren Rechtslage war ein Schiedsgericht nicht zum Erlass einstweiliger Maßnahmen befugt. Der Bereich des einstweiligen Rechtsschutzes war allein **den staatlichen Gerichten vorbehalten** (BGH NJW 1994, 136, 136, 137; *Schwab/Walter* Kap. 17 a Rn. 1; *Trittmann* ZGR 1999, 340, 360; *K. Schmidt* ZHR 162 (1998) 265, 287; S/J/*Schlosser* § 1041 Rn. 1; MüKo ZPO/*Münch* § 1041 Rn. 3). Diese Auffassung beruhte im Wesentlichen darauf, dass ein Schiedsgericht nicht dazu befugt ist, eine eidesstattliche Versicherung abzunehmen. Die Parteien einer gesellschaftsrechtlichen Streitigkeit, die durch ein Schiedsgericht zu entscheiden war, waren somit darauf verwiesen, einstweiligen Rechtsschutz vor den ordentlichen Gerichten zu beantragen. **140**

Mit der Neuregelung des Schiedsverfahrensrechts wurde jedoch eine **originäre Kompetenz der Schiedsgerichte** zum Erlass einstweiliger Maßnahmen anerkannt. Vorbehaltlich abweichender Parteivereinbarung ist ein Schiedsgericht gem. § 1041 Abs. 1 S. 1 ZPO dazu befugt, Maßnahmen **141** des einstweiligen Rechtsschutzes zu erlassen (E/B/J/*Mayen* § 117 Rn. 28; GroßkommHGB/*Ulmer* § 117 Rn. 73; MüKo ZPO/*Münch* § 1041 Rn. 1; B/L/A/H/*Albers* § 1041 Rn. 1; Zöller/*Geimer* § 1041 Rn. 1; *Schwab/Walter* Kap. 17 a Rn. 1). Im gesetzlichen Regelfall ermächtigt eine Schiedsvereinbarung somit das Schiedsgericht auch zum Erlass einstweiliger Maßnahmen. So können z. B. während eines handelsrechtlichen Gestaltungsverfahrens, das vor einem Schiedsgericht verhandelt wird, nunmehr auch einstweilige Maßnahmen durch das Schiedsgericht angeordnet werden (vgl. auch Röhricht/v. Westphalen/*v. Gerkan* § 117 Rn. 18). Durch **Parteivereinbarung** können die Parteien den Bereich des einstweiligen Rechtsschutzes jedoch gem. § 1041 Abs. 1 S. 1 ZPO auch aus der Schiedsvereinbarung **ausnehmen** (sog. »opting-out«) oder die Befugnis des Schiedsgerichts auf bestimmte einstweilige Maßnahmen beschränken (MüKo ZPO/*Münch* § 1041 Rn. 6; *Schroth* SchiedsVZ 2003, 102, 103).

142 Aus § 1033 ZPO ergibt sich, dass neben dem Schiedsgericht auch ein **staatliches Gericht** dazu befugt ist, Maßnahmen des einstweiligen Rechtsschutzes zu erlassen. § 1033 ZPO regelt ausdrücklich, dass eine Schiedsvereinbarung es nicht ausschließt, einstweiligen Rechtsschutz vor einem staatlichen Gericht zu beantragen (E/B/J/*Mayen* § 117 Rn. 28; Zöller/*Geimer* § 1033 Rn. 1, 2; § 1041 Rn. 1; *Trittmann* ZGR 1999, 340, 360; *K. Schmidt* ZHR 162 (1998) 265, 288). Das staatliche und das Schiedsgericht stehen insofern gleichrangig nebeneinander (Zöller/*Geimer* § 1033 Rn. 2, § 1041 Rn. 1; *Schütze* BB 1998, 1650, 1650). Die Parteien können somit wählen, ob sie einstweiligen Rechtsschutz vor dem Schiedsgericht oder vor einem staatlichen Gericht beantragen (*Trittmann* ZGR 1999, 340, 360; *Schütze* BB 1998, 1650, 1650; B/L/A/H/*Albers* § 1041 Rn. 2; *Lachmann* Rn. 1402). Dabei ist jedoch zu berücksichtigen, dass eine durch ein Schiedsgericht angeordnete einstweilige Maßnahme nicht ohne weiteres vollstreckbar ist, sondern nach § 1041 Abs. 2 ZPO der **Vollziehbarerklärung durch ein staatliches Gericht** bedarf, was sich u. U. nachteilig auf die Effektivität des einstweiligen Rechtsschutzes vor dem Schiedsgericht auswirken kann (dazu vgl. unten Rn. 156 ff.; S/J/*Schlosser* § 1041 Rn. 1, 14; *Schroth* SchiedsVZ 2003, 102, 104).

143 Die **Parteien** können als Ausdruck der Parteiautonomie allerdings **vereinbaren**, dass allein das Schiedsgericht oder allein ein staatliches Gericht dazu befugt ist, Maßnahmen des einstweiligen Rechtsschutzes zu erlassen (*Schwab/Walter* Kap. 17 a Rn. 1; *Schütze* BB 1998, 1650). Treffen die Parteien keine diesbezügliche Vereinbarung, sind Schiedsgericht und staatliche Gerichtsbarkeit parallel zuständig (*Schütze* BB 1998, 1650). Beantragt eine Partei einstweiligen Rechtsschutz vor einem staatlichen Gericht, kann die Gegenpartei daher nicht die Schiedseinrede erheben (*Schwab/Walter* Kap. 17 a Rn. 23).

144 Die Parteien haben die Möglichkeit, einstweiligen Rechtsschutz sowohl bei einem staatlichen Gericht als auch vor dem Schiedsgericht zu beantragen. Wurde aber bereits eine Maßnahme des einstweiligen Rechtschutzes vor einem staatlichen Gericht begehrt, scheidet gem. § 1041 Abs. 2 S. 1 ZPO die Vollziehbarerklärung der durch ein Schiedsgericht angeordneten einstweiligen Maßnahme aus. Der staatliche Rechtsschutz hat insofern Vorrang (vgl. unten Rn. 159; *K. Schmidt* ZHR 162 (1998) 265, 288; *Schütze* BB 1998, 1650). Auf diese Weise soll die Durchsetzung sich widersprechender Entscheidungen verhindert werden (*Schroth* SchiedsVZ 2003, 102, 105). In diesem Zusammenhang ist hervorzuheben, dass § 1041 Abs. 2 ZPO lediglich die Durchsetzung der durch ein Schiedsgericht angeordneten einstweiligen Maßnahme verhindert, nicht auch den Erlass einer einstweiligen Maßnahme, wodurch die parallele Zuständigkeit von Schieds- und staatlichem Gericht indirekt bestätigt wird, da es ansonsten nicht zu einer Kollision kommen könnte (*Schütze* BB 1998, 1650; *Schroth* SchiedsVZ 2003, 102, 104).

III. Vorläufige und sichernde Maßnahmen i. S. d. § 1041 Abs. 1 S. 1 ZPO

1. Arrest und einstweilige Verfügung

145 § 1041 ZPO spricht von »vorläufigen oder sichernden Maßnahmen«, definiert jedoch nicht genauer, was darunter zu verstehen ist. Das deutsche Prozessrecht kennt als Maßnahmen des einstweiligen Rechtsschutzes die einstweilige Verfügung sowie den Arrest (*Schütze* BB 1998, 1650;

Trittmann ZGR 1999, 340, 362). Der **Arrest nach § 916 ZPO** dient der Sicherung der Zwangsvollstreckung wegen Geldforderungen (Zöller/*Vollkommer* § 916 Rn. 4). Die **einstweilige Verfügung** dient der Sicherung von Ansprüchen, die nicht auf Leistung eines Geldbetrages gerichtet sind und kann als Sicherungs-, Regelungs- sowie als Leistungsverfügung ergehen. Durch einstweilige Sicherungsverfügung gem. § 935 ZPO können Individualansprüche gesichert werden, die nicht in einer Geldforderung bestehen (Zöller/*Vollkommer* § 935 Rn. 1), durch einstweilige Regelungsverfügung nach § 940 ZPO wird ein Rechtsverhältnis vorläufig geregelt (Zöller/*Vollkommer* § 940 Rn. 1). Durch Leistungsverfügung analog § 940 ZPO kann eine vorläufige Befriedigung des Gläubigers erreicht werden (Zöller/*Vollkommer* vor § 916 Rn. 1). § 1041 Abs. 1 S. 1 ZPO erfasst die einstweilige Verfügung und den Arrest. Dies ergibt sich daraus, dass das Schiedsgericht gleichrangig neben dem staatlichen Gericht befugt ist, Maßnahmen des einstweiligen Rechtsschutzes zu erlassen (vgl. oben Rn. 141, 142; *Schütze* BB 1998, 1650, 1651; *Trittmann* ZGR 1999, 340, 362; S/J/*Schlosser* § 1041 Rn. 2; B/L/A/H/*Albers* § 1041 Rn. 2; *Lachmann* Rn. 1424).

Das Schiedsgericht ist bei **Geldansprüchen** somit dazu befugt, **Arrest über das Vermögen** des Antragsgegners anzuordnen (OLG Thüringen BB 2000, Beil. 12, S. 22; S/J/*Schlosser* § 1041 Rn. 3; *Schütze* BB 1998, 1650, 1651; MüKo ZPO/*Münch* § 1041 Rn. 9; *Schwab/Walter* Kap. 17 a Rn. 4). Wie auch im Verfahren vor einem staatlichen Gericht setzt dies einen Arrestanspruch und Arrestgrund voraus. Eine solche Anordnung kommt daher dann in Betracht, wenn die Gefahr besteht, dass der Gläubiger Vermögensgegenstände verschiebt bzw. beiseite schafft (MüKo ZPO/*Münch* § 1041 Rn. 9). Im Unterschied zu staatlichen Gerichten ist das Schiedsgericht allerdings dazu befugt, den Arrest beschränkt zu erlassen, beispielsweise nur in Bezug auf bestimmte Vermögensgegenstände wie ein einzelnes Bankkonto (S/J/*Schlosser* § 1041 Rn. 3). Die Durchsetzung von Zwang, also der Vollzug der angeordneten Maßnahme, erfordert jedoch die Vollziehbarerklärung durch ein staatliches Gericht (vgl. unten Rn. 156 ff., insbes. 162; S/J/*Schlosser* § 1041 Rn. 3; *Schwab/Walter* Kap. 17 a Rn. 4). **146**

Umstritten ist, ob das Schiedsgericht auch **persönlichen Arrest** (vgl. §§ 918, 933 ZPO) anordnen kann. Dies wird zum Teil mit der Begründung abgelehnt, eine solche schiedsrichterliche Anordnung sei mit Art. 104 Abs. 2 GG nicht vereinbar. Die Anordnung freiheitsentziehender Maßnahmen stehe aufgrund des Richtervorbehalts des Art. 104 Abs. 2 GG allein den staatlichen Gerichten zu (*Schwab/Walter* Kap. 17 a Rn. 4; MüKo ZPO/*Münch* § 1041 Rn. 9). Nach anderer, vorzuziehender Auffassung ist auch ein Schiedsgericht dazu befugt, persönlichen Arrest anzuordnen. Ein Verstoß gegen Art. 104 Abs. 2 GG liegt dieser Auffassung nach nicht vor, da die Vollziehung des durch ein Schiedsgericht ausgesprochenen persönlichen Arrests die Anordnung eines staatlichen Gerichts erfordert (vgl. unten Rn. 156 ff.; Zöller/*Geimer* § 1041 Rn. 2; S/J/*Schlosser* § 1041 Rn. 5; *Lachmann* Rn. 1424 f.). **147**

Zur Sicherung von Ansprüchen, die **nicht in Geldforderungen** bestehen, kann das Schiedsgericht eine **einstweilige Verfügung** anordnen (MüKo ZPO/*Münch* § 1041 Rn. 9, 10). Wird beispielsweise in der Hauptsache die Entziehung der Geschäftsführungs- oder Vertretungsbefugnis (vgl. §§ 117, 127 HGB) angestrebt, kann im Verfahren des einstweiligen Rechtsschutzes die Geschäftsführungs- und/oder Vertretungsbefugnis eines Geschäftsführers vorläufig begrenzt oder auch entzogen werden (MüKo ZPO/*Münch* § 1041 Rn. 10; *Schwab/Walter* Kap. 17 a Rn. 8, 10; vgl. dazu auch ausführl. Kap. 16 Rn. 137, 157). Wie auch im Verfahren des einstweiligen Rechtsschutzes vor staatlichen Gerichten setzt der Erlass einer einstweiligen Verfügung durch ein Schiedsgericht einen Verfügungsanspruch und Verfügungsgrund voraus (*Trittmann* ZGR 1999, 340, 362; *Schütze* BB 1998, 1650, 1651; MüKo ZPO/*Münch* § 1041 Rn. 15). **148**

Im Unterschied zum Verfahren des einstweiligen Rechtsschutzes vor staatlichen Gerichten kann ein Schiedsgericht auch einstweilige Maßnahmen für einen Zeitraum nach der Entscheidung zur Hauptsache anordnen. Dies wird insbesondere dann relevant, wenn die Umsetzung des Schiedsspruchs im Hauptsacheverfahren eine gewisse Zeit in Anspruch nehmen wird. So kann beispielsweise ein Amtswalter vorläufig eingesetzt werden, wenn Wahlen für nichtig erklärt wurden (BGH JZ 2000, 1111, 1113; S/J/*Schlosser* § 1041 Rn. 2). **149**

150 Wie auch im Verfahren des einstweiligen Rechtsschutzes vor einem staatlichen Gericht ist bei Erlass einer einstweiligen Verfügung oder eines Arrests das **Verbot der Vorwegnahme der Hauptsache** zu beachten (*Schroth* SchiedsVZ 2003, 102, 103).

2. Weitere einstweilige Maßnahmen

151 Nach h. M. ist das Schiedsgericht jedoch nicht auf die Maßnahmen der einstweiligen Verfügung und des Arrests begrenzt (Zöller/*Geimer* § 1041 Rn. 8; *Schwab/Walter* Kap. 17 a Rn. 5; B/L/A/H/*Albers* § 1041 Rn. 2). Das Schiedsgericht kann darüber hinaus auch vorläufige Maßnahmen treffen, die das deutsche Recht nicht vorsieht (S/J/*Schlosser* § 1041 Rn. 4). Insoweit ist die Befugnis des Schiedsgerichts im Verfahren des einstweiligen Rechtsschutzes weiter als die der staatlichen Gerichte. Solche ausländischen Rechtsinstitute können sich gerade im Bereich des Wirtschaftslebens anbieten (*Schwab/Walter* Kap. 17 a Rn. 5). In Betracht kommt beispielsweise der Erlass einer sog. **»freezing order« (Mareva injunction)** nach englischem Vorbild, durch die dem Antragsgegner die Verfügung über bestimmte Vermögenswerte, wie beispielsweise Bankkonten oder auch bewegliches Vermögen, untersagt wird (*Schlosser* RIW 2001, 81, 82). Durch eine solche Anordnung lässt sich verhindern, dass weitere Gläubiger des Antragsgegners vorrangige Sicherungsrechte erlangen (S/J/*Schlosser* § 1041 Rn. 4; *Schwab/Walter* Kap. 17 a Rn. 5 Fn. 8). Bei der Anordnung von Maßnahmen durch ein Schiedsgericht, die dem deutschen Recht unbekannt sind, ist zu berücksichtigen, dass die Durchsetzung dieser Anordnung nur dann möglich ist, wenn dies der staatlichen Rechtsordnung entspricht und vom Antragsgegner auch erfüllt werden kann (*Schwab/Walter* Kap. 17 a Rn. 5).

IV. Sicherheitsleistung nach § 1041 Abs. 1 S. 2 ZPO

152 Nach § 1041 Abs. 1 S. 2 ZPO kann das Schiedsgericht sowohl vom Antragsteller als auch vom Antragsgegner verlangen, eine Sicherheit zu stellen (Zöller/*Geimer* § 1041 Rn. 2; *Schütze* BB 1998, 1650, 1652; MüKo ZPO/*Münch* § 1041 Rn. 18). Im Unterschied dazu sieht das Verfahren des einstweiligen Rechtsschutzes vor staatlichen Gerichten lediglich die Sicherheitsleistung durch den Antragsteller vor. Zu berücksichtigen ist jedoch, dass die Anordnung einer Sicherheit gegenüber dem Antragsgegner nicht die eigentlich begehrte einstweilige Maßnahme darstellen darf, sondern lediglich **als Annex** zur einstweiligen Maßnahme zulässig ist (MüKo ZPO/*Münch* § 1041 Rn. 18). In der Praxis wird das Schiedsgericht die Anordnung einer einstweiligen Maßnahme häufig von der Leistung einer angemessenen Sicherheit durch den Antragsteller abhängig machen (*Lachmann* Rn. 1442; *Schwab/Walter* Kap. 17 a Rn. 32). Die Bestimmung der **Höhe der Sicherheitsleistung** liegt im schiedsrichterlichen Ermessen. Dabei wird regelmäßig auf den Schaden abzustellen sein, der dem Antragsgegner droht, wenn sich die einstweilige Maßnahme als ungerechtfertigt erweist (*Schwab/Walter* Kap. 17 a Rn. 32; *Lachmann* Rn. 1442; MüKo ZPO/*Münch* § 1041 Rn. 18).

V. Verfahren

1. Antrag

153 Das Verfahren richtet sich nach § 1041 f. ZPO sowie den §§ 1042 ff. ZPO (B/L/A/H/*Albers* § 1041 Rn. 2). Der Erlass einer einstweiligen Maßnahme durch ein Schiedsgericht setzt den **Antrag einer Partei** voraus. Das Schiedsgericht wird nicht von sich aus tätig (MüKo ZPO/*Münch* § 1041 Rn. 5; *Schwab/Walter* Kap. 17 a Rn. 19). Der Antrag auf Erlass einstweiliger Maßnahmen muss durch die Partei **gesondert gestellt** werden und kann nicht bereits dem Klageantrag entnommen werden (MüKo ZPO/*Münch* § 1041 Rn. 5). An die inhaltliche Ausgestaltung des Antrags sind keine überzogenen Anforderungen zu stellen, solange das Rechtsschutzbegehren deutlich wird (MüKo ZPO/*Münch* § 1041 Rn. 5). Die Entscheidung steht im schiedsrichterlichen Ermessen und kann daher grundsätzlich abweichend vom Antrag ergehen (*Lachmann* Rn. 1433, MüKo ZPO/*Münch* § 1041 Rn. 5). Es ist davon auszugehen, dass das Schiedsgericht an den Antrag inhaltlich nur dann gebunden ist, wenn dies dem Parteiwillen entspricht (S/J/*Schlosser* § 1041 Rn. 11).

2. Glaubhaftmachung

Wie auch im Verfahren vor den ordentlichen Gerichten setzt eine einstweilige Maßnahme im Schiedsverfahren voraus, dass ein **Verfügungsanspruch** sowie einen **Verfügungsgrund** glaubhaft gemacht wird (*Trittmann* ZGR 1999, 340, 362; *Schütze* BB 1998, 1650, 1651; MüKo ZPO/*Münch* § 1041 Rn. 15). Dabei ist zu beachten, dass das Schiedsgericht nicht dazu befugt ist, eine strafbewehrte eidesstattliche Versicherung entgegenzunehmen, so dass die **eidesstattliche Versicherung** als Mittel der Glaubhaftmachung vor einem Schiedsgericht **ausscheidet** (S/J/*Schlosser* § 1041 Rn. 11; *Trittmann* ZGR 1999, 340, 362; MüKo ZPO/*Münch* § 1041 Rn. 15; Zöller/*Geimer* § 1041 Rn. 2; *Schütze* BB 1998, 1650, 1651). Die Abnahme einer eidesstattlichen Versicherung steht allein einem staatlichen Gericht zu. Neben anderen Mitteln der Glaubhaftmachung hat der Antragsteller jedoch die, wenn auch nicht besonders praktische, zudem kosten- und zeitaufwändige Möglichkeit, die eidesstattliche Versicherung im Wege der Rechtshilfe vor einem ordentlichen Gericht abnehmen zu lassen und diese dem Schiedsgericht vorzulegen (*Trittmann* ZGR 1999, 340, 363; *Schütze* BB 1998, 1650, 1651; S/J/*Schlosser* § 1041 Rn. 11; *Schwab/Walter* Kap. 15 Rn. 25). Nach teilweise vertretener Ansicht kann der Antragsteller in analoger Anwendung des § 22 Abs. 2 BNotO im Schiedsverfahren die eidesstattliche Versicherung notariell beurkunden lassen und diese Urkunde in das schiedsrichterliche Verfahren einführen (*Schwab/Walter* Kap. 15 Rn. 25; *Schütze* BB 1998, 1650, 1651; S/J/*Schlosser* § 1041 Rn. 11). Nach a. A. ist die analoge Anwendung des § 22 Abs. 2 BNotO auf ein Schiedsverfahren jedoch abzulehnen, so dass die Einführung einer notariell beglaubigten eidesstattlichen Versicherung als Mittel der Glaubhaftmachung ausscheidet. § 22 Abs. 2 BNotO bezieht sich dieser Ansicht nach lediglich auf Behauptungen, die gegenüber einer Behörde oder einer sonstigen Dienststelle abgegeben werden, nicht gegenüber einem Schiedsgericht (MüKo ZPO/*Münch* § 1041 Rn. 15; *Lachmann* Rn. 1435). **154**

3. Gebot des rechtlichen Gehörs

Es ist grundsätzlich anerkannt, dass ein staatliches Gericht eine einstweilige Maßnahme ohne vorherige mündliche Verhandlung und Anhörung des Gegners erlassen kann. Ansonsten könnte häufig der erforderliche Überraschungseffekt nicht erreicht und der Gefahr der Vereitelung von Rechten durch den Antragsgegner nicht ausreichend entgegengewirkt werden (*Lachmann* Rn. 1439; MüKo ZPO/*Münch* § 1041 Rn. 16). Ein Verstoß gegen das Recht auf rechtliches Gehör liegt nicht vor, da dieses im Widerspruchsverfahren nachgeholt werden kann. Gegen die Entscheidung eines Schiedsgerichts, durch die eine einstweilige Maßnahme ergeht, existiert jedoch grundsätzlich kein Rechtsbehelf, in dessen Rahmen das rechtliche Gehör nachgeholt werden könnte (*Schütze* BB 1998, 1650, 1651; *Schwab/Walter* Kap. 17 a Rn. 39; *Trittmann* ZGR 1999, 340, 363). Die **Entscheidung des Schiedsgerichts** ist **nicht anfechtbar** (B/L/A/H/*Albers* § 1041 Rn. 2). Daher muss nach teilweise vertretener Ansicht im Unterschied zu dem Verfahren des einstweiligen Rechtschutzes vor einem staatlichen Gericht bei einem schiedsrichterlichen Eilverfahren rechtliches Gehör gewährt werden, bevor eine Entscheidung durch das Schiedsgericht ergeht. Das Schiedsgericht könne daher erst nach Anhörung des Antragsgegners entscheiden (*Schütze* BB 1998, 1650, 1651; *Trittmann* ZGR 1999, 340, 363). Insofern wird eine schriftliche Anhörung als ausreichend betrachtet und eine mündliche Verhandlung als nicht erforderlich erachtet (*Schütze* BB 1998, 1650, 1651; *Lachmann* Rn. 1440). Nach a. A. kann eine einstweilige Maßnahme zur Sicherung des Überraschungseffekts auch ohne vorherige Anhörung des Antragsgegners ergehen. Das Schiedsgericht sei jedoch dazu verpflichtet, dem Antragsgegner nach Anordnung der einstweiligen Maßnahme unverzüglich Gelegenheit zum rechtlichen Gehör zu gewähren (S/J/*Schlosser* § 1041 Rn. 11; Zöller/*Geimer* § 1041 Rn. 1). **155**

VI. Vollziehbarerklärung einer durch ein Schiedsgericht angeordneten Maßnahme des einstweiligen Rechtsschutzes

1. Vollziehbarerklärung als Grundlage staatlicher Vollstreckung

156 Die durch ein Schiedsgericht angeordnete einstweilige Maßnahme kann nicht ohne weiteres vollzogen werden, sondern bedarf gem. § 1041 Abs. 2 S. 1 ZPO einer Vollziehbarerklärung durch ein staatliches Gericht. Erst dann liegt ein Titel als Grundlage staatlicher Vollstreckung vor (MüKo ZPO/*Münch* § 1041 Rn. 19; *Trittmann* ZGR 1999, 340, 363; Zöller/*Geimer* § 1041 Rn. 3; B/L/A/H/*Albers* § 1041 Rn. 3). Dies ist für die Praxis insofern nachteilig, als die Entscheidung des Schiedsgerichts im Verfahren des einstweiligen Rechtsschutzes im Unterschied zu einer durch ein staatliches Gericht angeordneten einstweiligen Maßnahme nicht unmittelbar vollstreckbar ist (*Trittmann* ZGR 1999, 340, 363; *Schwab/Walter* Kap. 17 a Rn. 2; *Schütze* BB 1998, 1650, 1650).

2. Prüfungskompetenz des staatlichen Gerichts

157 Durch das Erfordernis der Vollziehbarerklärung soll das Gericht die Möglichkeit erhalten, die Gültigkeit der Schiedsvereinbarung zu überprüfen und die Vollziehbarerklärung unverhältnismäßiger Maßnahmen zu verhindern (MüKo ZPO/*Münch* § 1041 Rn. 23). Die Vollziehbarerklärung steht im **pflichtgemäßen Ermessen des Gerichts** (Zöller/*Geimer* § 1041 Rn. 3; *Lachmann* Rn. 1443; B/L/A/H/*Albers* § 1041 Rn. 3). Der Umfang der Prüfungskompetenz des Gerichts ist umstritten (*Schwab/Walter* Kap. 17 a Rn. 30; *Lachmann* Rn. 1449). Nach teilweise vertretener Ansicht hat das staatliche Gericht das Recht, die vom Schiedsgericht angeordnete Maßnahme einer **umfassenden Rechtmäßigkeitskontrolle** zu unterziehen (Zöller/*Geimer* § 1041 Rn. 3; *Schütze* BB 1998, 1650, 1652). Dafür spricht, dass dadurch der Rechtsschutz gegenüber einem Eilverfahren vor staatlichen Gerichten nicht verkürzt wird. *Schütze* spricht sich dafür aus, die Wirksamkeit der Schiedsvereinbarung, das Vorliegen eines Verfügungs- und Arrestgrundes, die Vereinbarkeit mit dem ordre public sowie die Notwendigkeit und Angemessenheit der Sicherheitsleistung der Prüfung des staatlichen Gerichts zu unterstellen. Darüber hinaus sei das Gericht dazu befugt, hinsichtlich Verfügungs- und Arrestgrund eigenes Ermessen auszuüben (*Schütze* BB 1998, 1650, 1652).

158 Nach a. A. ist das staatliche Gericht lediglich dazu befugt zu überprüfen, ob eine **wirksame Schiedsvereinbarung** vorliegt und ob die vom Schiedsgericht angeordnete Maßnahme mit dem **ordre public** übereinstimmt. Eine darüber hinausgehende umfassende materiell-rechtliche Prüfung der Entscheidung des Schiedsgerichts sei abzulehnen (MüKo ZPO/*Münch* § 1041 Rn. 24 f.; *Lachmann* Rn. 1449). Zum Teil wird neben der Prüfung der Schiedsvereinbarung und der Vereinbarkeit mit dem ordre public befürwortet, dass das staatliche Gericht die Vollziehungserklärung bei offensichtlich rechtswidrigen Maßnahmen verweigern kann (*Schwab/Walter* Kap. 17 a Rn. 30).

159 Das Gericht hat nach § 1041 Abs. 2 S. 1 Hs. 2 ZPO die Vollziehbarerklärung **zu versagen**, wenn eine entsprechende Maßnahme des einstweiligen Rechtsschutzes bereits vor einem staatlichen Gericht beantragt wurde (*Lachmann* Rn. 1449; MüKo ZPO/*Münch* § 1041 Rn. 26; S/J/*Schlosser* § 1041 Rn. 15). Zu berücksichtigen ist, dass sich diese Regelung lediglich auf einen Antrag derselben Partei bezieht (S/J/*Schlosser* § 1041 Rn. 15). Ziel dieser Regelung ist, einander widersprechende Entscheidungen zu vermeiden (vgl. oben Rn. 144; *Lachmann* Rn. 1444).

3. Antrag und Antragsbefugnis

160 Die Vollziehbarerklärung der vom Schiedsgericht erlassenen einstweiligen Maßnahme erfolgt aufgrund des Dispositionsgrundsatzes **nur auf Antrag einer Partei** (MüKo ZPO/*Münch* § 1041 Rn. 20; *Lachmann* Rn. 1446). Umstritten ist, ob nur die Partei, die die einstweilige Maßnahme bewirkt hat, antragsbefugt ist, oder ob das Antragsrecht auch der anderen Partei zusteht. Nach teilweise vertretener Ansicht ist sowohl der von der einstweiligen Maßnahme Begünstigte, als auch der Belastete antragsberechtigt, wenn auch in der Praxis regelmäßig die begünstigte Partei die Vollziehbarerklärung beantragen wird (MüKo ZPO/*Münch* § 1041 Rn. 20). Dafür spricht einerseits der Wortlaut der Vorschrift (»Antrag einer Partei«), der sich nicht ausdrücklich nur auf den Begünstigten bezieht, sowie die Erwägung, dass auch der durch die einstweilige Maßnahme Belastete durchaus ein Interesse an der Klarstellung seiner Verpflichtung haben kann. Dieser Ansicht nach ergibt sich das beiderseitige Antragsrecht aus dem fehlenden Aufhebungsverfahren und ist daher als spezielle Ausprägung des staatlichen Vorbehalts zu sehen (MüKo ZPO/*Münch* § 1041 Rn. 20). *Lachmann* beurteilt es jedoch als dogmatisch falsch und praxisfremd, auch dem Belasteten ein Antragsrecht zuzugestehen, da in der Praxis Fälle, in denen der Belastete ein Interesse an der Vollziehbarerklärung der ihn belastenden Maßnahme hat, kaum denkbar sind und sich zudem aus der Regelung der Schadensersatzpflicht bei ungerechtfertigter Eilmaßnahme nach § 1041 Abs. 4 ZPO ergebe, dass die Vollziehung nicht durch die belastete Partei erfolgt (*Lachmann* Rn. 1446).

4. Zuständigkeit

Für die Vollziehbarerklärung ist gem. § 1062 Abs. 1 Nr. 3 ZPO das **Oberlandesgericht** zuständig, das in der Schiedsvereinbarung bezeichnet ist oder hilfsweise das Oberlandesgericht, in dessen Bezirk der Ort des schiedsrichterlichen Verfahrens liegt (*Trittmann* ZGR 1999, 340, 363; *Schwab/Walter* Kap. 17 a Rn. 31; Zöller/*Geimer* § 1062 Rn. 2). **161**

5. Entscheidung des Gerichts

Das Gericht entscheidet **durch Beschluss** und kann die durch das Schiedsgericht erlassene einstweilige Maßnahme für vollziehbar erklären oder den Antrag auf Vollziehbarerklärung zurückweisen (*Schütze* BB 1998, 1650, 1652; B/L/A/H/*Albers* § 1041 Rn. 3). Nach § 1041 Abs. 2 S. 2 ZPO ist das Gericht dazu befugt, die Anordnung des Schiedsgerichts auch abweichend zu fassen, wenn dies zur Vollziehung der Maßnahme notwendig ist. Dies kann beispielsweise dann der Fall sein, wenn die Maßnahme nicht ausreichend bestimmt genug gefasst war (*Schwab/Walter* Kap. 17 a Rn. 29; B/L/A/H/*Albers* § 1041 Rn. 4; Zöller/*Geimer* § 1041 Rn. 3; *Lachmann* Rn. 1449). Ferner kann das staatliche Gericht einer Unterlassungsverfügung eine Strafandrohung i. S. d. § 890 Abs. 2 ZPO hinzufügen (*Schütze* BB 1998, 1650, 1652). **162**

6. Regelung des § 1041 Abs. 3 ZPO

Nach § 1041 Abs. 3 ZPO kann das staatliche Gericht seinen Beschluss i. S. d. Abs. 2 aufheben oder ändern. Das Gericht kann nur auf Antrag hin tätig werden (MüKo ZPO/*Münch* § 1041 Rn. 28; B/L/A/H/*Albers* § 1041 Rn. 5; Zöller/*Geimer* § 1041 Rn. 4). § 1041 Abs. 3 ZPO ermöglicht eine Anpassung der durch das Schiedsgericht erlassenen einstweiligen Maßnahme an **geänderte Umstände** (MüKo ZPO/*Münch* § 1041 Rn. 28). Dies kommt z. B. dann in Betracht, wenn das Schiedsgericht selbst die von ihm erlassene Maßnahme aufgehoben oder geändert hat, wozu es jederzeit befugt ist (*Schwab/Walter* Kap. 17 a Rn. 38). Eine Aufhebung oder Änderung der einstweiligen Maßnahme kann beispielsweise dann erforderlich werden, wenn die Anhörung des Antragsgegners nachgeholt wird (vgl. oben Rn. 155; S/J/*Schlosser* § 1041 Rn. 13). Der Antrag auf Aufhebung oder Änderung aufgrund geänderter Umstände kann sogleich beim staatlichen Gericht gestellt werden. Eine Entscheidung des Schiedsgerichts muss zuvor nicht beantragt werden; dies würde lediglich eine unnötige Förmelei darstellen (*Schwab/Walter* Kap. 17 a Rn. 38). **163**

VII. Schadensersatz aufgrund unberechtigter Vollziehung

Erweist sich eine schiedsrichterliche Anordnung als von Anfang an ungerechtfertigt, so ist die Partei, die die einstweilige Maßnahme bewirkt hat, gem. § 1041 Abs. 4 S. 1 ZPO verpflichtet, dem Antragsgegner den Schaden zu ersetzen, der ihm aus der Vollziehung der Maßnahme oder dadurch entstanden ist, dass er eine Sicherheit zur Abwendung der Vollziehung geleistet hat. Diese Regelung ist der Vorschrift des § 945 ZPO nachempfunden und entspringt nicht dem ModG (MüKo ZPO/*Münch* § 1041 Rn. 30; Zöller/*Geimer* § 1041 Rn. 5; S/J/*Schlosser* § 1041 **164**

Rn. 16). § 1041 Abs. 4 S. 1 ZPO gewährt den Ersatz des Schadens, der **aus der Vollziehung** entsteht. Voraussetzung ist somit, dass bereits Zwangsvollstreckungsmaßnahmen gegen den Antragsgegner eingeleitet wurden (*Lachmann* Rn. 1462; MüKo ZPO/*Münch* § 1041 Rn. 31; S/J/*Schlosser* § 1041 Rn. 16). Wird dagegen eine einstweilige Verfügung durch den Antragsgegner freiwillig befolgt, scheidet ein Schadensersatzanspruch aus (MüKo ZPO/*Münch* § 1041 Rn. 31; S/J/*Schlosser* § 1041 Rn. 16). Eine einstweilige Maßnahme ist in Anlehnung an § 945 ZPO dann **ungerechtfertigt**, wenn sich herausstellt, dass ein Verfügungs-/Arrestgrund oder ein Verfügungs-/Arrestanspruch von Anfang an nicht gegeben war (S/J/*Schlosser* § 1041 Rn. 16, MüKo ZPO/*Münch* § 1041 Rn. 32; Zöller/*Vollkommer* § 945 Rn. 8; B/L/A/H/*Albers* § 1041 Rn. 3). Hinsichtlich des **schiedsrichterlichen Ermessens** wird es dabei darauf ankommen, ob ein objektiver Beobachter unter Berücksichtigung der zwischenzeitlichen Aufklärung das Ermessen ebenso ausgeübt hätte (S/J/*Schlosser* § 1041 Rn. 16; MüKo ZPO/*Münch* § 1041 Rn. 32).

165 Nach § 1041 Abs. 4 S. 2 ZPO kann dieser Anspruch im anhängigen Schiedsverfahren geltend gemacht werden. Dies ist jedoch nicht zwingend (*Lachmann* Rn. 1462; Zöller/*Geimer* § 1041 Rn. 5; MüKo ZPO/*Münch* § 1041 Rn. 35; B/L/A/H/*Albers* § 1041 Rn. 3). Problematisch ist, vor welchem Gericht der Schadensersatzanspruch geltend zu machen ist, wenn das Schiedsverfahren bereits abgeschlossen ist (MüKo ZPO/*Münch* § 1041 Rn. 35). *Münch* spricht sich dafür aus, dass die Schiedsvereinbarung die Geltendmachung dieses Schadensersatzanspruchs nicht grundsätzlich erfasst und daher ein staatliches Gericht zuständig ist (MüKo ZPO/*Münch* § 1041 Rn. 35). Dafür spricht, dass der Geschädigte ansonsten zunächst ein Schiedsgericht konstituieren müsste. Nach Ansicht *Münchs* spricht jedoch auch nichts dagegen, die Schiedsvereinbarung von vornherein explizit auch auf diese Klage zu erstrecken (MüKo ZPO/*Münch* § 1041 Rn. 35).

Kapitel 18
Streitwert und Geschäftswert im Gesellschaftsrecht

Übersicht:

Einleitung

Diejenigen Abgaben bzw. Aufwendungen, die einer Person für die Inanspruchnahme von Gerichten, eines Anwalts oder eines Notars entstehen, werden unter dem Begriff der Kosten zusammengefasst. Die **Kosten** setzen sich aus **Gebühren und Auslagen** zusammen (BGHZ 98, 320). Im Gesellschaftsrecht erfolgt die Berechnung der Gebühr im Allgemeinen unter Zugrundelegung eines **Streitwerts, Geschäftswerts oder Gegenstandswerts**. Aus der Höhe dieses Wertes ergibt sich nach der im jeweiligen Kostengesetz enthaltenen Gebührentabelle die volle Gebühr (*Hartmann* KostG, Einl. II Rn. 10). Gerichtsverfahren werden kostenmäßig im Regelfall in mehrere Abschnitte aufgeteilt, so dass für dieselbe Instanz mehrere Gebühren entstehen können (*Hartmann* KostG, Einl. II Rn. 11). 1

A. Gerichtskosten

Bei der Erhebung der Gebühren in Rechtsstreitigkeiten vor den ordentlichen Gerichten gelten für gesellschaftsrechtliche Auseinandersetzungen **keine Besonderheiten**. Kosten werden gem. § 1 Nr. 1 lit. a) GKG ausschließlich nach dem Gerichtskostengesetz (GKG) erhoben. Die Gebühren richten sich gem. § 3 GKG nach dem **Wert des Streitgegenstands**. Die Wertgebühr errechnet sich nach § 34 GKG. 2

I. Gebührenansatz

Kosten werden gem. § 3 Abs. 2 GKG nach dem Kostenverzeichnis (KV) der **Anlage 1 zum GKG** erhoben. Gem. Nr. 1210 KV entstehen für das Verfahren in I. Instanz im Allgemeinen 3,0 Gebühren nach § 34 GKG, die sich im Fall der Klagerücknahme vor Schluss der mündlichen Verhandlung, bei Anerkenntnis- oder Verzichtsurteil sowie in weiteren Fällen des Nr. 1211 KV auf 1,0 Gebühren ermäßigen. Im Berufungsverfahren sowie für Beschwerdeverfahren nach § 48 WpÜG entsteht in der Berufungsinstanz gem. Nr. 1220 KV eine 4,0 Gebühr nach § 34 GKG, die sich im Fall der Zurücknahme des Rechtsmittels vor seiner Begründung auf eine 1,0 Gebühr vermindert. 3

Weitere Tatbestände, bei denen sich die Gebühr für das Berufungs- oder Beschwerdeverfahren vermindert, finden sich in Nr. 1222 und 1223 KV.

4 In der Revisionsinstanz fällt für das Verfahren im Allgemeinen gem. Nr. 1230 KV eine 5,0 Gebühr nach § 34 GKG an, die sich im Fall der Rücknahme des Rechtsmittels oder der Klage vor Begründung gem. Nr. 1231 KV auf eine 1,0 Gebühr vermindert. Weitere Tatbestände, bei denen die Gebühr sich vermindert, sind in Nr. 1232 KV enthalten.

II. Streitwert

1. Allgemeines

5 Gem § 3 Abs. 1 GKG richten sich die Gebühren in der Regel nach dem **Wert des Streitgegenstands (Streitwert)**. Hierbei handelt es sich um den prozessualen Anspruch, also den vom Kläger oder Widerkläger aufgrund eines bestimmten Sachverhalts begehrten und der Rechtskraft fähigen Rechtsausspruch des Gerichts. Maßgebend ist der tatsächlich gestellte Antrag unter Berücksichtigung seiner Begründung (*Hartmann* KostG, § 3 GKG Rn. 1 f.). **Mehrere Ansprüche** werden, wenn sie selbstständig geltend gemacht werden, zusammengerechnet. Bei einem **Haupt- und Hilfsantrag** gilt § 45 Abs. 1 S. 2 GKG.

6 Abschnitt 7 des GKG enthält Wertvorschriften. Gem. § 39 GKG werden im selben Verfahren und im selben Rechtszug die **Werte mehrerer Streitgegenstände** i. d. R. zusammengerechnet. Der Streitwert beträgt höchstens € 30,0 Mio., soweit nichts anderes bestimmt ist. Für die Wertberechnung ist gem. § 40 GKG der Zeitpunkt der den jeweiligen Streitgegenstand betreffenden Antragstellung entscheidend. Sind außer dem Hauptanspruch **Nebenforderungen** betroffen, so wird der Wert der Nebenforderungen gem. § 43 Abs. 1 GKG nicht berücksichtigt. Anderes gilt, wenn es sich bei den Nebenforderungen um den Hauptanspruch handelt, § 43 Abs. 2 GKG. Bei Stufenklagen ist gem. § 44 GKG für die Wertberechnung nur der höchste Anspruch maßgeblich. In einer **Klage und einer Widerklage** geltend gemachte Ansprüche werden gem. § 45 Abs. 1 S. 1 GKG zusammengerechnet. Ein hilfsweise geltend gemachter Anspruch wird mit dem Hauptanspruch gem. § 45 Abs. 1 S. 2 GKG zusammengerechnet, soweit eine Entscheidung über ihn ergeht. Betreffen die Ansprüche im Fall von Klage und Widerklage oder Hilfsanträgen denselben Gegenstand, ist nur der Wert des höheren Anspruchs maßgebend. Im **Rechtsmittelverfahren** bestimmt sich der Streitwert schließlich gem. § 47 GKG nur nach den Anträgen des Rechtsmittelführers, also nur in Höhe der mit dem Rechtsmittel geltend gemachten Beschwer.

7 In bürgerlichen Rechtsstreitigkeiten, zu denen auch die gesellschaftsrechtlichen Angelegenheiten gehören, richten sich die Gebühren gem. § 48 GKG nach den für die Zuständigkeit des Prozessgerichts oder die Zulässigkeit des Rechtsmittels geltenden Vorschriften über den Wert des Streitgegenstands, soweit das GKG nichts anderes bestimmt. Der Verweis bezieht sich auf **§§ 3 bis 9 ZPO, 182 InsO**. Gem § 3 ZPO wird der Wert vom Gericht **nach freiem Ermessen** festgesetzt. Das ihm eingeräumte »freie Ermessen« befreit das Gericht jedoch nicht von der Pflicht, den vollen Wert zu ermitteln und festzusetzen. Maßgeblich ist der **objektive Wert**; es kommt nicht auf diejenige wirtschaftliche Bedeutung an, die der Kläger seinen Anträgen beimisst (LAG Köln MDR 1999, 1336; *Schönbach* NJW 1977, 857). Die Wertangaben des Klägers liefern einen wichtigen Anhaltspunkt für den wirklichen Streitwert (OLG Frankfurt AnwBl 1983, 89; OLG Köln MDR 1985, 153). Für die Wertberechnung ist gem. § 4 ZPO der **Zeitpunkt der Einreichung der Klage**, in der Rechtsmittelinstanz der Zeitpunkt der Einlegung des Rechtsmittels, bei der Verurteilung der Zeitpunkt des Schlusses der mündlichen Verhandlung, auf die das Urteil ergeht, entscheidend. Mehrere in einer Klage geltend gemachte Ansprüche werden gem. § 5 ZPO zusammengerechnet; dies gilt nicht für den Gegenstand der Klage und der Widerklage.

8 In **nichtvermögensrechtlichen Streitigkeiten** wird der Streitwert gem. § 48 Abs. 2 GKG unter Berücksichtigung aller Umstände des Einzelfalls, insbesondere des Umfangs und der Bedeutung der Sache und der Vermögens- und Einkommensverhältnisse der Parteien, nach Ermessen bestimmt. Der Wert darf nicht über € 1,0 Mio. angenommen werden. Für die Frage, ob ein vermö-

gensrechtlicher oder nichtvermögensrechtlicher Anspruch vorliegt, kommt es allein auf die Natur des Rechts an (*Hartmann* KostG, § 48 GKG Rn. 4). Vermögensrechtlich ist jeder Anspruch, der entweder auf einer vermögensrechtlichen Beziehung beruht oder auf Geld oder Geldeswert geht (LAG Bremen AnwBl 1984, 165; LAG München AnwBl 1987, 287).

2. Beispielsfälle

9

Bestand und Auflösung der Gesellschaft	
Auflösung einer Gesellschaft	Der Streitwert einer Klage auf Auflösung einer Gesellschaft richtet sich nach dem Interesse des Klägers an der Auflösung. Regelmäßig ist ein bestimmter Bruchteil des Wertes der gesellschaftlichen Beteiligung des Klägers maßgeblich; oberste Grenze ist der volle Wert des klägerischen Gesellschaftsanteils, der aber nur als Ansatz in Betracht kommt, wenn die Auflösung der Gesellschaft begehrt wird, um den vollständigen Verlust der bisher unversehrten Einlage zu verhindern (RG JW 1901, 395).
Auflösung einer GmbHG	Vgl. OLG Hamm GmbHR 1955, 226; OLG München GmbHR 1957, 43; OLG Köln DB 1988, 281.
Auflösung einer OHG	Vgl. OLG Köln BB 1982, 1348.
Feststellung des Bestehens oder Nichtbestehens eines Gesellschaftsvertrages	Maßgeblich ist das Interesse des Klägers i. S. v. § 3 ZPO. Es ist vom Anteil des Klägers am Gesellschaftsvermögen im Zeitpunkt der Klageerhebung auszugehen (OLG München OLGE 25, 124). Maßgeblich ist der Verkehrswert, nicht der Nennwert des Gesellschaftsanteils (OLG Frankfurt JurBüro 1980, 606). Wollen sämtliche Gesellschafter mit Ausnahme des Beklagten am Gesellschaftsverhältnis festhalten, stellt sich das klägerische Interesse als Wert des Gesellschaftsanteils des Beklagten dar, der weiter an die Gesellschaft gebunden werden soll (OLG Nürnberg Rpfleger 1956, 298). Ist die Auflösung der Gesellschaft als solche unstreitig, der Zeitpunkt jedoch umstritten, ist ein deutlich niedrigerer Wert festzusetzen (*Oestreich/Winter/Hellstab* Streitwerthandbuch, »Gesellschaft«).
Feststellung des Fortbestehens eines Gesellschaftsvertrages	Es ist eine Berücksichtigung aller Faktoren ohne das Interesse der übrigen Gesellschafter geboten (OLG Köln ZIP 1982, 1006).
Übernahme des Geschäfts durch einen Gesellschafter (§ 142 HGB)	Streitwert ist gem. § 3 ZPO das wirtschaftliche Interesse des verbleibenden Gesellschafters an der alleinigen Fortführung des Unternehmens, wobei neben dem Gesellschaftsanteil des anderen Gesellschafters auch der Firmenwert und der zu erwartende Gewinn zu berücksichtigen sind (OLG Neustadt Rpfleger 1957, 237; vgl. auch OLG Stuttgart Rpfleger 1964, 163).
Ausscheiden von Gesellschaftern	
Ausscheiden eines Gesellschafters	Es gilt § 3 unter Berücksichtigung des Werts der Anteile des Klägers (BVerfG NJW 1997, 312). Gleiches gilt bei einer Klage mit dem Ziel der Eintragung des Ausscheidens (BGH Rpfleger 1979, 194).
Ausschließung des Gesellschafters einer Personengesellschaft oder GmbH	Gem. § 3 ZPO ist das Interesse des Klägers an der von ihm erstrebten Ausschließung maßgebend. Ausgangspunkt ist der Wert des Gesellschaftsanteils des Klägers. Bei Vorliegen besonderer Umstände kann es jedoch angezeigt sein, den Wert des Streitgegenstandes niedriger als den Wert des Gesellschaftsanteils festzusetzen (BGHZ 19, 172; OLG Stuttgart Rpfleger 1964, 163; OLG Bamberg JurBüro 1963, 556; OLG Neustadt MDR 1964, 605; OLG Frankfurt MDR 1967, 138). Auf den Wert des Gesellschaftsanteils des auszuschließenden Gesellschafters kommt es nicht an (OLG Hamm Rpfleger 1962, 222).

Einziehung von Anteilen	Es gilt § 3 ZPO unter Berücksichtigung des Wertes der Anteile des Klägers (BGH NJW 1997, 312).
Feststellung des Ausscheidens eines OHG-Gesellschafters infolge Kündigung	Will der Kläger nach Kündigung eines Gesellschafters die Gesellschaft mit einem Dritten fortsetzen, so bemisst sich der Streitwert nach der Veränderung des Ertragswerts für den Kläger, die durch die gesellschaftsrechtliche Bindung mit dem Dritten anstelle des Beklagten eintreten würde, und zwar gem. § 3 ZPO (OLG Nürnberg JurBüro 1964, 829).
Feststellung der Gesellschaftereigenschaft	Maßgeblich ist der objektive Wert der gesellschaftsrechtlichen Beteiligung des Klägers nach dem Klagevorbringen (*Oestreich/Winter/Hellstab* Streitwerthandbuch, »Gesellschaft«). Wird mit der Klage auf Feststellung der Gesellschaftereigenschaft eine Klage auf Duldung der Einsicht in Geschäftsbücher verbunden, sind beide Streitgegenstände gesondert zu bewerten und gem. § 5 ZPO zusammenzurechnen (OLG Karlsruhe HRR 1930, 746).
Unwirksamkeit der Kündigung eines Kommanditisten	Klagt der persönlich haftende Gesellschafter einer KG auf Feststellung, dass die Kündigung des Kommanditisten unwirksam ist, so ist dessen Einlage unabhängig von der Frage der Einzahlung Streitwert (OLG München OLGZ 29, 7).
Beschlussanfechtung	
Anfechtung eines Hauptversammlungsbeschlusses einer AG	Aktienrechtliche Anfechtungsklagen betreffen immer vermögensrechtliche Ansprüche, wenn der Unternehmensgegenstand geschäftlicher Art ist (BGH WM 1982, 359). Im Fall der Anfechtung eines Beschlusses der Hauptversammlung einer AG wird der Wert aufgrund der gesamten Verhältnisse unter Berücksichtigung des Interesses der Gesellschaft an einer Aufrechterhaltung des Beschlusses, § 247 Abs. 1 AktG (BGH RR 1999, 910), und der wirtschaftlichen Bedeutung des Hauptversammlungs-Beschlusses für den Kläger (ohne mittelbares Interesse z. B. eines Kleinaktionärs) festgestellt. Das Interesse der Gesellschaft ist allerdings nicht zu hoch anzusetzen, wenn der angefochtene Beschluss an einem erkennbaren Mangel leidet und die Gesellschaft daher mit der Anfechtung objektiv und nicht nur wegen des besonderen persönlichen Interesses einzelner Aktionäre rechnen muss (OLG Neustadt Rpfleger 1957, 238). Mehrere Beschlüsse müssen stets gesondert bewertet werden (OLG Frankfurt WM 1984, 655). Das Gericht hat die Möglichkeit, den Kostenstreitwert der wirtschaftlichen Lage einer Partei anzupassen, § 247 Abs. 2 AktG (BGH MDR 1993, 184; OLG Frankfurt JB 1976, 347; BB 1985, 1360); dies gilt jedoch nicht bei einer rechtsmissbräuchlichen Aktionärsklage (BGH NJW 1992, 569).
Anfechtung eines Beschlusses über die Entlastung des Aufsichtsrats-Vorsitzenden	Bei der Anfechtungsklage gegen die Entlastung des Aufsichtsratsvorsitzenden sind die Interessen des Klägers und die wirtschaftlichen Auswirkungen zu beachten (OLG Stuttgart BB 1995, 2442).
Anfechtung eines Beschlusses über die Geltendmachung von Schadensersatzansprüchen	Der Streitwert einer Anfechtungsklage gegen einen Gesellschafterbeschluss, der die Geltendmachung von Schadensersatzansprüchen gegen den anfechtenden Gesellschafter-Geschäftsführer zum Gegenstand hat, ist unter Zugrundelegung der Höhe der Forderung zu schätzen (OLG Nürnberg Rpfleger 1963, 218).
Feststellung der Nichtigkeit des Gesellschafterbeschlusses einer GmbH	Der Streitwert ist nach dem Grundgedanken der §§ 3 ZPO, 247 Abs. 1 AktG zu schätzen (BGH RR 1999, 1485; LG Bayreuth JurBüro 1985, 768). Dies gilt nicht für die Abberufung eines Geschäftsführers. § 247 Abs. 1 Satz 2 AktG ist nicht anwendbar (OLG Frankfurt JurBüro 1968, 829; OLG Celle Rpfleger 1974, 233). Der Streitwert wird nicht unbedingt

	durch den Geschäftsanteil des klagenden Gesellschafters nach oben begrenzt (KG Rpfleger 1962, 154).
Gesellschafterstreitigkeiten	
actio pro socio	Der Streitwert der Klage eines Gesellschafters auf Leistung an die Gesellschaft bemisst sich nach dem vollen Betrag der eingeklagten Forderung und nicht nur nach dem Anteil des Klägers (zur OHG RGZ 171, 51; OLG München NJW 1965, 258).
Einsichtnahme	Das Einsichtnahmerecht wird nach den privaten oder geschäftlichen Interessen an diesem bewertet (OLG Frankfurt DB 1931, 272; vgl. zur Auskunftserzwingung nach § 132 AktG OLG Stuttgart DB 1992, 1179).
Vertretungs- und Aufsichtsorgane	
Abberufung eines Geschäftsführers	§ 3 ZPO ist nur anwendbar, wenn der Anstellungsvertrag des abberufenen Geschäftsführers bestehen bleibt. Anderenfalls gilt § 9 ZPO (BGH RR 1990, 1124). Der Streitwert für die Klage auf Feststellung, dass die Bestellung zum Geschäftsführer widerrufen wurde bzw. der Beschluss über den Widerruf der Bestellung unwirksam ist, bemisst sich nach § 3 ZPO. § 9 ZPO, § 17 Abs. 3 GKG und § 12 Abs. 7 ArbGG finden keine Anwendung, so dass die Geschäftsführervergütung jedenfalls dann ohne Belang ist, wenn der Geschäftsführer auch weiterhin eine angemessene Vergütung erhalten soll. Das Interesse der Gesellschaft an der Wirksamkeit der Gesellschafterbeschlüsse ist angemessen zu berücksichtigen durch Abschätzung der wirtschaftlichen Auswirkungen, die bei einem Obsiegen des Klägers für die Gesellschaft zu erwarten sind (OLG Stuttgart Rpfleger 1964, 163).
Abberufung eines Organmitglieds	Maßgeblich ist das Interesse der Gesellschaft an der Fernhaltung des Organmitglieds oder das Gegeninteresse des Organmitglieds (BGH RR 1995, 1502).
Aufsichtsratszugehörigkeit	Zum Streitwert einer Klage auf Feststellung, dass der Kläger dem Aufsichtsrat einer AG angehört, vgl. RGZP 154, 338.
Rentenansprüche von Organmitgliedern	Der Streitwert für eine auf künftige Rentenleistungen gerichtete Insolvenzsicherungsklage ist in entsprechender Anwendung von § 17 Abs. 3 GKG auf den dreifachen Jahresbetrag festzusetzen (BGH JurBüro 1980, 1822).
Vergütungsansprüche von Organmitgliedern	Klagen von Organmitgliedern auf Zahlung von Vergütung sind gem. § 9 ZPO zu bewerten, weil Organmitglieder keine Arbeitnehmer i. S. v. § 17 Abs. 3 GKG sind (BGH Rpfleger 1954, 439; NJW 1956, 182; JurBüro 1979, 41; OLG Koblenz Rpfleger 1956, 147; OLG Nürnberg Rpfleger 1956, 268; OLG Karlsruhe Rpfleger 1961, 91; OLG Celle Rpfleger 1962, 223; OLG Neustadt Rpfleger 1966, 354; OLG Hamm AnwBl 1977, 111; a. A. KG NJW 1955, 875; MDR 1956, 689; NJW 1968, 756; OLG Frankfurt JurBüro 1961, 83; OLG Celle MDR 1957, 431; differenzierend OLG Köln MDR 1968, 593; OLG Stuttgart Justiz 1968, 306; OLG Bamberg JurBüro 1975, 65; OLG Schleswig JurBüro 1980, 408).
Anmeldungen zum Handelsregister	
Anmeldung zum Handelsregister	Der Streitwert einer Klage auf Mitwirkung bei Anmeldungen zum Handelsregister bestimmt sich gem. § 3 ZPO nach dem Interesse des Klägers an der Anmeldung, nicht am Betrag der finanziellen Beteiligung der Gesellschafter. I. d. R. wird nur ein niedriger Wert in Betracht kommen (OLG Köln MDR 1971, 768; 1974, 53: 1/10 der Einlage des Klägers).

	Der Wert einer Mitwirkung wird nach § 3 ZPO geschätzt, wobei es auf das Interesse des Klägers an der Klarstellung der Beteiligung sowie auf die Frage ankommt, ob eine Tatsache streitig ist. Die Höhe der Einlage oder des Gesellschaftsanteils ist ein bloßer Anhaltspunkt (BGH BB 1979, 674). Angemessen sind häufig 10 bis 25 % des Klägeranteils (OLG Bamberg JurBüro 1984, 756). Der Wert kann aber auch höher liegen (BGH BB 1979, 674).
Anmeldung des Ausscheidens eines Gesellschafters	Mit der Klage eines Mitgesellschafters einer OHG auf Mitwirkung bei Anmeldung des Ausscheidens aus der Gesellschaft zum Handelsregister ist das Interesse, die Registereintragung durchzusetzen, nicht so hoch wie das Interesse an einer Ausschließungsklage oder einer Klage auf Feststellung, dass die Mitgliedschaft beendet ist. Das Interesse des Klägers am Erfolg der Registerklage ist aber i. d. R. höher, wenn der Beklagte auf der Zugehörigkeit zur Gesellschaft besteht, als wenn das Ausscheiden unstreitig ist und der Beklagte nur aus anderen Gründen die Registeranmeldung verweigert (BGH Rpfleger 1979, 194). Bei einer Klage gegen einen ausgeschiedenen Kommanditisten, die zur Löschung im Handelsregister erforderlichen Erklärungen abzugeben, ist der Wert nicht auf den Betrag der Kommanditeinlage festzusetzen (OLG Koblenz Rpfleger 1956, 147). Gleiches gilt für die Klage des Kommanditisten gegen den persönlich haftenden Gesellschafter auf Mitwirkung bei der Anmeldung der Gesellschaft im Handelsregister (OLG Frankfurt NJW 1959, 945). Bei der Klage auf Mitwirkung bei der Löschung der Eintragung des Beklagten als Gesellschafter im Handelsregister ist neben dem Streitwert der Klage auf Feststellung, dass der Beklagte infolge Kündigung aus der Gesellschaft ausgeschieden ist, kein gesonderter Wert festzusetzen, weil dieser Antrag neben dem Feststellungsantrag keine selbstständige Bedeutung hat (OLG Nürnberg JurBüro 1964, 829).

B. Kosten in Angelegenheiten der freiwilligen Gerichtsbarkeit

10 Im Bereich der freiwilligen Gerichtsbarkeit gilt grds. das **Gesetz über die Kosten in Angelegenheit der freiwilligen Gerichtsbarkeit (KostO)**, soweit nicht ausnahmsweise Sonderregeln Vorrang haben. Wesentlicher Anwendungsbereich im Gesellschaftsrecht sind die Registersachen, die im II. Abschnitt der KostO unter Ziff. 3 (§§ 79 bis 90 KostO) geregelt sind. Spezialvorschriften enthalten bspw. das AktG in §§ 99, 132 und 260, das SpruchG in § 15 und das HGB in § 324.

I. Eintragungen in das Handels-, Partnerschafts- oder Genossenschaftsregister

11 Die Gebühren für Eintragungen in das Handels-, Partnerschafts- oder Genossenschaftsregister richten sich nach § 79 KostO, der auf eine nach § 79 a KostO zu erlassende Rechtsverordnung verweist. Als Verordnung zu § 79 a KostO wurde die Verordnung über Gebühren in Handels-, Partnerschafts- und Genossenschaftsregistersachen (HRegGebV) erlassen. Diese enthält ein detailliertes Gebührenverzeichnis für alle Eintragungen sowie für die Entgegennahme, Prüfung und Aufbewahrung der zum Handels-, Partnerschafts- oder Genossenschaftsregister einzureichenden Unterlagen und für Bekanntmachungen von Verträgen und Vertragsentwürfen nach dem UmwG.

12 Grds. gilt gem. § 2 HRegGebV, dass neben der **Gebühr für die Ersteintragung** nur Gebühren für die gleichzeitig angemeldete Eintragung der Errichtung einer Zweigniederlassung und für die Eintragung einer Prokura gesondert erhoben werden; die übrigen Tatbestände sind mit der Gebühr für die Ersteintragung abgegolten. Betrifft eine spätere Anmeldung mehrere Tatsachen, so ist für jede Tatsache eine gesonderte Gebühr zu erheben. § 2 Abs. 2 S. 2, Abs. 3 und 4 HRegGebV enthalten Regelungen, was als eine und was als mehrere Tatsachen anzusehen ist.

Im Falle der **Rücknahme einer Anmeldung** vor Eintragung oder Zurückweisung fallen 75 % der für die Eintragung bestimmten Gebühr an, sofern mehrere Tatsachen betroffen sind jedoch höchsten € 250,– für die zurückgenommenen Teile der Anmeldung, § 3 HRegGebV. Im Falle der **Zurückweisung** werden 120 % der für Eintragung bestimmten Gebühr erhoben, bei mehreren Tatsachen jedoch höchsten € 400,– auf die zurückgewiesenen Teile der Anmeldung, § 4 HRegGebV. § 5 HRegGebV enthält Sondertatbestände. 13

Das Gebührenverzeichnis ist in fünf Teile untergliedert. Teil 1 betrifft Eintragungen in das Handelsregister Abteilung A und das Partnerschaftsregister, Teil 2 betrifft Eintragungen in das Handelsregister Abteilung B, Teil 3 betrifft Eintragungen in das Genossenschaftsregister, Teil 4 betrifft Prokuren und Teil 5 fängt die weiteren Geschäfte auf. Die einzelnen Teile des Gebührenverzeichnisses sind zum Teil weiter nach Sachverhalten in Abschnitte untergliedert. Es finden sich alsdann zu einzelnen Tatbeständen jeweils ausgewiesene Gebühren. 14

II. Entscheidungen und Anordnungen des Registergerichts

1. Allgemeines

Zum Bereich der freiwilligen Gerichtsbarkeit gehört im Gesellschaftsrecht neben den Registersachen eine große Zahl von Fällen einer Anordnung oder Entscheidung des Richters der freiwilligen Gerichtsbarkeit. § 121 KostO bestimmt, dass für die Erledigung der im BGB in dem Titel »juristische Personen«, im HGB, im AktG, im GenG oder im GmbHG den Gerichten zugewiesenen Angelegenheiten sowie für Entscheidungen und Anordnungen ähnlicher Art das **Doppelte der vollen Gebühr** erhoben wird. Exemplarisch werden genannt die Ernennung und Abberufung von Vorstandsmitgliedern und Liquidatoren, die Bestellung und Abberufung von Abschlussprüfern und Prüfern (z. B. nach §§ 29, 48 BGB, §§ 146 Abs. 2, 147 HGB, § 318 HGB (BayObLG 2002, 672), § 33 Abs. 2 AktG, §§ 85, 103 Abs. 2, 104 AktG (OLG Frankfurt, Rpfleger 1976, 335), § 142 Abs. 2 AktG). **Weitere Beispiele** sind die Ermächtigung zur Einberufung einer Hauptversammlung nach § 122 Abs. 3 AktG, die Ermächtigung zur Einsicht in Bücher nach §§ 273 Abs. 3 AktG, 74 Abs. 2 GmbHG, die Entziehung der Rechtsfähigkeit eines Vereins, § 73 BGB, die Bestellung eines Notvorstands (LG Frankenthal Rpfleger 1981, 373). Nicht unter § 121 KostO fällt die Prüfung des Jahresabschlusses einer Kapitalgesellschaft durch das Registergericht, für die § 86 Abs. 2 KostO gilt (*Hartmann* KostG, § 121 KostO Rn. 3 ff.). 15

Der **Geschäftswert** richtet sich nach § 30 Abs. 1 und 2 KostO. Bei externen Gründungsprüfern i. S. v. § 33 Abs. 3 bis 5 AktG ist ergänzend Art. 10 i. V. m. Art. 2 Abs. 1 lit. e) der Europäischen Gesellschaftssteuerrichtlinie (69/335/EVG) zu beachten, so dass die Wertbemessung den tatsächlichen Aufwand nicht übersteigen darf (OLG Karlsruhe Rpfleger 2001, 270). 16

2. Aktienrechtliche Besonderheiten

Insbesondere im Bereich des Aktienrechts gibt es weitere Vorgänge, die über Verweise gebührenrechtlich der Kostenordnung unterstehen. Dies betrifft die gerichtliche Entscheidung über die **Zusammensetzung des Aufsichtsrats**, über die gem. § 98 AktG das LG aufgrund eines Antrags im Verfahren der freiwilligen Gerichtsbarkeit durch Beschluss nach § 99 AktG entscheidet. Der Geschäftswert wird von Amts wegen auf Grundlage von § 30 Abs. 2 KostO festgelegt; dabei ist von einem **Regelwert von € 50.000,–** auszugehen. Des Weiteren ist die Entscheidung des LG im Verfahren der freiwilligen Gerichtsbarkeit nach § 133 AktG über das **Auskunftsrecht der Aktionäre** in der Hauptversammlung gem. § 131 AktG zu nennen (§ 132 AktG). Der Geschäftswert bestimmt sich nach § 30 Abs. 2 KostO mit der Maßgabe, dass ein **Regelwert von € 5.000,–** anzunehmen ist. 17

Hat das Gericht aufgrund eines Antrags (§ 121 KostO) einen **Sonderprüfer** i. S. v. § 258 AktG bestellt, so können die AG oder eine im Gesetz näher bestimmte Mehrheit von Aktionären Antrag auf gerichtliche Entscheidung über die abschließenden Feststellungen der Sonderprüfung stellen, über den das Landgericht im Verfahren der freiwilligen Gerichtsbarkeit gem. § 260 AktG 18 durch Beschluss entscheidet (§ 260 AktG). Der Geschäftswert wird gem. § 30 KostO von Amts wegen festgesetzt.

19 Für den Fall von Meinungsverschiedenheiten zwischen den Abschlussprüfern und einer Kapitalgesellschaft über die Auslegung der **Bestimmungen über den Jahresabschluss** und über den **Geschäftsbericht** entscheidet das Landgericht nach § 234 Abs. 2 HGB, § 132 Abs. 1 AktG im Verfahren der freiwilligen Gerichtsbarkeit durch Beschluss. Für die Kosten des Verfahrens gilt über den Verweis in § 324 HGB ebenfalls die KostO. Der Geschäftswert wird von Amts wegen gem. § 30 Abs. 2 KostO festgesetzt.

20 Schließlich ist auch in **Spruchverfahren** gem. § 15 SpruchG die KostO anzuwenden, soweit in § 15 SpruchG nichts anderes bestimmt ist. Der anzunehmende Geschäftswert ergibt sich aus § 15 Abs. 1 S. 2 und 3 SpruchG: Als Geschäftswert ist der Betrag anzunehmen, der von allen in § 3 genannten Antragsberechtigten nach der Entscheidung des Gerichts zusätzlich zu dem ursprünglich angebotenen Betrag insgesamt gefordert werden kann; dabei ist ein **Mindestgeschäftswert von € 200.000,–** und ein **maximaler Geschäftswert von € 7,5 Mio**. vorgegeben.

C. Notarkosten

21 Die Kosten der deutschen Notare bestimmen sich gem. § 140 KostO ausschl. nach dem II. Teil der KostO (§§ 140 bis 157 KostO). Über die Verweisungsnorm in § 141 KostO gelten darüber hinaus die Vorschriften des I. Teils der KostO entsprechend, soweit im II. Teil nichts anderes bestimmt ist. Vereinbarungen über die Höhe der Kosten sind gem. § 140 S. 2 KostO unwirksam.

I. Einseitige Erklärungen, Verträge und Vertragsangebote

1. Gebührenansatz

22 Für die **Beurkundung einseitiger Erklärungen** erhält der Notar gem. § 36 Abs. 1 KostO unabhängig davon, ob die Erklärung von einer oder von mehreren Personen abgegeben wird, **eine volle Gebühr**. Maßgeblich für die Frage, ob eine einseitige Erklärung vorliegt, ist nicht der sachlich-rechtliche Inhalt, sondern der beurkundete Text. Es muss sich um eine Willenserklärung (in Abgrenzung zur bloßen Absichtserklärung) handeln (BayObLGZ 1985, 15; a. A. KG DNotZ 1987, 382). Unter § 36 Abs. 1 KostO fallen auch Anmeldungen zu Registern (*Hartmann* KostG, § 36 KostO Rn. 5).

23 Für die **Beurkundung eines Vertrages** wird gem. § 36 Abs. 2 KostO das **Doppelte der vollen Gebühr** erhoben. Voraussetzung ist, dass Willenserklärungen mindestens zweier Vertragsparteien in derselben Urkunde beurkundet werden. Anderenfalls liegen zwei einseitige Erklärungen nach § 36 Abs. 1 KostO vor (*Hartmann* KostG, § 36 KostO Rn. 4). Unerheblich ist, ob es sich um einen einseitig verpflichtenden oder einen zweiseitigen Vertrag handelt oder ob der Vertrag schuldrechtlicher oder sachenrechtlicher Natur ist; die Beurkundung einer Einigung genügt (OLG Karlsruhe Rpfleger 1985, 418; a. A. OLG Düsseldorf VersR 1980, 721).

24 Bei der **Beurkundung von Gesellschaftsverträgen oder Satzungen** handelt es sich daher grds. um Fälle des § 36 Abs. 2 KostO (zur AG: KG Rpfleger 1975, 447; zur GmbH: BayObLG Rpfleger 1983, 180; zur OHG und KG, soweit deren Gesellschaftsverträge ausnahmsweise beurkundet werden: *Hartmann* KostG, § 36 KostO Rn. 7 f.). Geht es allerdings um die Gründung einer Ein-Mann-Gesellschaft, so stellt die Beurkundung ihres Gesellschaftsvertrages einen Fall des § 36 Abs. 1 KostO dar (BayObLG DNotZ 1983, 252; OLG Düsseldorf DB 1994, 2440; OLG Hamm Rpfleger 1984, 38).

25 Wird lediglich ein **Antrag zum Abschluss eines Vertrages** beurkundet, so entsteht gem. § 37 KostO bereits das **Eineinhalbfache der vollen Gebühr**. Dafür entsteht gem. § 38 Abs. 2 Nr. 2 KostO aber für die **Beurkundung der Annahme** nur eine **halbe Gebühr**.

26 Erfolgt bei der **Übertragung von GmbH-Geschäftsanteilen** die Abtretung in gesonderter Urkunde, so wird gem. § 38 Abs. 2 Nr. 6 lit. d) KostO für das dingliche Geschäft nur die Hälfte

der vollen Gebühr erhoben, wenn das zugrunde liegende Rechtsgeschäft bereits beurkundet ist, wobei die Beurkundung vor einem im Ausland amtierenden Notar genügt (OLG Köln FGPrax 2002, 89). Ist das zugrunde liegende Geschäft noch nicht beurkundet, gilt § 36 Abs. 2 KostO (*Hartmann* KostG, § 38 KostO Rn. 23; a. A. OLG Schleswig DNotZ 1996, 77).

2. Geschäftswert

Der Geschäftswert bestimmt sich nach §§ 39 ff. KostO und damit in erster Linie nach dem **Wert des Rechtsverhältnisses**, auf das sich die beurkundete Erklärung bezieht. Maßgeblich ist der objektive Wert der beurkundeten Erklärungen (BayObLG Rpfleger 1992, 77; OLG Hamm FGPrax 1998, 153; OLG Karlsruhe Rpfleger 2001, 321). Im Fall von **Austauschverträgen**, also gegenseitigen Verträgen, durch die eine Vertragspartei eine Leistung erbringt, um von der anderen Vertragspartei eine Gegenleistung zu erhalten (BayObLG JB 1978, 578), ist nur der Wert der Leistungen des einen Teils maßgeblich. Es findet also keine Addition der wechselseitigen Leistungen statt. Gemeint ist bspw. die **Veräußerung eines Geschäftsanteils** (OLG Dresden DB 1994, 319; OLG Köln FGPrax 2000, 126). § 39 Abs. 2 KostO umfasst aber auch den **Ausgliederungsvertrag** zwecks Aufnahme durch eine andere Gesellschaft, der nach dem Betrag zu bewerten ist, der in der Spaltungsbilanz als Aktivvermögen ausgewiesen ist (LG München JurBüro 1997, 265). Kein Austauschvertrag sind Verschmelzungsverträge und Gesellschaftsverträge beliebiger Art, auf die § 39 Abs. 4 KostO anwendbar ist (*Hartmann* KostG, § 39 KostO Rn. 17, 19). 27

§ 39 Abs. 4 KostO enthält Sonderregelungen für die Beurkundung von **Gesellschaftsverträgen**, Satzungen und Statuten sowie **Plänen und Verträgen nach dem UmwG**. Von der Vorschrift umfasst sind auch Gesellschaftsverträge einer BGB-Gesellschaft (*Hornung* Rpfleger 1997, 517). 28

Für die **Wertermittlung in den Fällen des § 39 Abs. 4 KostO** gelten folgende **Beispiele**: Bei einer **Gründung der Gesellschaft** ist zunächst das Stamm- bzw. Grundkapital maßgeblich; hinzuzurechnen sind Sacheinlagen, andere Einlagen und ein genehmigtes Kapital (*Otto* JB 1997, 287 f.). Bei einer **Auseinandersetzung** der Gesellschafter kommt es auf den Wert des betroffenen Vermögens ohne einen Schuldenabzug an (LG Kleve JB 2001, 378). Für das **Ausscheiden eines Gesellschafters** einer OHG und die Fortführung durch die übrigen Gesellschafter ist der Wert des Gesellschaftsanteils des Ausscheidenden ohne einen Schuldenabzug oder seine Abfindung, je nachdem welcher Wert höher ist, maßgeblich (*Hartmann* KostG, § 39 KostO Rn. 26). Im Fall der **Umwandlung durch Aufhebung** des alten Vertrags und Abschluss eines neuen Vertrags ist das übertragene Vermögen maßgeblich (BayObLG DB 1997, 88). Für die **Verschmelzung durch Neugründung** eines anderen Gesellschafters oder durch Übertragung des Vermögens der Gesellschaft als Ganzes ist der Wert der Aktiva des einzubringenden Vermögens ohne einen Schuldenabzug maßgebend (BayObLG-RR 1999, 1373). In allen Fällen des § 39 Abs. 4 KostO ist ein **Höchstwert von € 5,0 Mio.**, bei Beurkundung von **Anmeldungen zum Handelsregister** und ähnlichen Registern i. S. v. § 38 Abs. 2 Nr. 7 KostO **von € 500.000,–** zu beachten. 29

3. Mehrere Erklärungen in einer Urkunde

Werden in einer Verhandlung mehrere Erklärungen beurkundet, so gilt § 44 KostO. Betreffen die Erklärungen **denselben Gegenstand**, so wird die Gebühr nur einmal vom Wert dieses Gegenstands, und zwar nach dem höchsten in Betracht kommenden Gebührensatz berechnet. Haben die Erklärungen **verschiedene Gegenstände**, unterliegen aber dem gleichen Gebührensatz, so wird dieser nur einmal nach den zusammengerechneten Werten berechnet. Soweit **verschiedene Gebührensätze** anzuwenden sind, wird jede Gebühr für sich berechnet; insgesamt darf in diesem Fall nicht mehr erhoben werden als bei Zugrundelegung des Höchsten der angewendeten Gebührensätze vom Gesamtwert. 30

II. Beurkundung von Beschlüssen

1. Gebührenansatz

31 Für die Beurkundung von **Beschlüssen von Hauptversammlung, Aufsichtsrat und sonstigen Organen** von AG, anderen Vereinigungen und Stiftungen erhält der Notar gem. § 47 KostO das **Doppelte der vollen Gebühr**. Im Falle von Satzungs- oder Gesellschaftsvertragsänderungen gilt die für die Anmeldung zum Handelsregister erforderliche Bescheinigung des neuen vollständigen Wortlauts als gebührenfreies Nebengeschäft i. S. v. § 35 KostO (OLG Stuttgart FGPrax 2002, 238; OLG Zweibrücken JB 2001, 105). S. 2 beschränkt die Gebühr auf einen **Höchstbetrag von € 5.000,–**.

32 § 47 KostO bezieht sich auf **sämtliche Zusammenschlüsse** natürlicher und juristischer Personen. Die AG ist nur als Beispiel genannt. Ebenfalls in Betracht kommen die GmbH (BayObLG Rpfleger 1983, 180; OLG Hamm Rpfleger 1975, 267), die Vor-GmbH (OLG Oldenburg Rpfleger 1989, 330), die Genossenschaft, der rechtsfähige Verein, der Versicherungsverein auf Gegenseitigkeit, die Stiftung, Personengesellschaften und, soweit sie ein Beschlussorgan haben, nichtrechtsfähige Vereine (*Hartmann* KostG, § 47 KostO Rn. 3). Auch Beschlüsse einer Ein-Mann-Gesellschaft sind erfasst (*Hartmann* KostG, § 47 KostO Rn. 5).

33 Die Vorschrift gilt allerdings **nur für Beschlüsse**. Soweit in der Sitzung eines Gesellschaftsorgans auch noch andere Vorgänge beurkundet werden, ist § 47 KostO unanwendbar. Mehrere in derselben Versammlung oder Sitzung gefasste Beschlüsse führen nur zu einer doppelten Gebühr nach § 47 KostO. Die weiteren Feststellungen des Notars in der Niederschrift erfolgen unentgeltlich (*Hartmann* KostG, § 47 KostO Rn. 7).

34 Beschlüsse einer OHG oder KG über eine Änderung des Gesellschaftsvertrages sind nicht von § 47 KostO erfasst. Es entsteht vielmehr im Fall der Beurkundung eine Gebühr nach § 42 KostO, im Übrigen nach § 36 Abs. 2 KostO (*Hartmann* KostG, § 47 KostO Rn. 5).

2. Geschäftswert

35 Der Geschäftswert für die Beurkundung von Beschlüssen wird auf Basis von § 41 c KostO berechnet. Maßgeblich ist damit zunächst ein bestimmter **Geldwert**, den der Beschluss hat. In diesem Fall erfolgt die Wertbestimmung nach § 39 KostO.

36 Hat der Beschluss **keinen bestimmten Geldwert**, so richtet sich der Geschäftswert, wenn der Beschluss von einem satzungsgemäßen oder gesetzmäßigen Organ einer Kapital- oder Personenhandelsgesellschaft gefasst wird, über § 41 c Abs. 1 KostO nach § 41 a Abs. 4 KostO (vgl. dazu Rn. 44). In allen Fällen des § 41 c KostO, wenn also der Beschluss keinen bestimmten Geldwert hat, darf der Geschäftswert gem. § 41 c Abs. 4 KostO in keinem Fall mehr als € 500.000,– betragen. Dies gilt auch dann, wenn mehrere solcher Beschlüsse zusammentreffen. Abs. 6 gilt aber dann nicht, wenn ein Beschluss nach Abs. 1 mit unbestimmtem Geldwert mit einem Beschluss über einen Gegenstand mit bestimmtem Geldwert zusammentrifft (*Hornung* Rpfleger 1997, 517).

37 Der Geschäftswert für **Beschlüsse nach dem UmwG** richtet sich gem. § 41 c Abs. 2 KostO nach dem **Wert des Aktivvermögens** des übertragenden oder formwechselnden Rechtsträgers, bei Abspaltungen oder Ausgliederungen nach dem Wert des übergehenden Aktivvermögens.

38 Werden in derselben Versammlung **mehrere Beschlüsse über denselben Gegenstand** beurkundet, so wird die Gebühr nur einmal vom Wert des Gegenstands nach dem höchsten in Betracht kommenden Gebührensatz berechnet, §§ 41 c Abs. 3, 44 KostO. Unerheblich ist, ob Gegenstand einer jeden Beschlussfassung eine Angelegenheit mit bestimmtem oder ohne Geldwert ist. Ausnahmsweise gelten jedoch mehrere Wahlen oder Wahlen zusammen mit Beschlüssen über die Entlastung der Verwaltungsträger als ein Beschluss. Denselben Gegenstand betreffen Beschlüsse bspw. im Falle einer Herabsetzung oder Erhöhung des Kapitals bei gleichzeitiger zugehöriger Satzungsänderung (*Ackermann* JB 1975, 443) oder bei Zustimmung zu einem Verschmelzungsvertrag (BayObLG DB 1989, 2425). Haben Beschlüsse **verschiedene Gegenstände**, so sind die Werte

gem. § 44 Abs. 2 a KostO zusammenzurechnen, sofern nicht verschiedene Gebührensätze anzuwenden sind, § 44 Abs. 2 b KostO. Verschiedene Beschlussgegenstände liegen bspw. vor bei Feststellung der Jahresbilanz und Satzungsänderung oder bei Herabsetzung und gleichzeitiger Erhöhung des Stammkapitals oder bei Genehmigung des Jahresabschlusses und Beschluss über die Verwendung des Reingewinns mit einer Verlustdeckung (*Hartmann* KostG, § 41 c KostO Rn. 22).

III. Anmeldungen zum Handelsregister

1. Gebührenansatz

39 Auch für die Beurkundung von Anmeldungen zum Handelsregister wird gem. § 38 Abs. 2 Nr. 7 KostO nur die **Hälfte der vollen Gebühr** erhoben. Gleiches gilt für ähnliche Register, zu denen bspw. das Vereinsregister und das Genossenschaftsregister gehören (*Hartmann* KostG, § 38 KostO Rn. 30). Keine besondere Gebühr entsteht für die Beglaubigung der Zeichnung neben dem Entwurf der Anmeldung und der Beglaubigung der Unterschrift des Anmelders oder im Fall der Anmeldung einer GmbH für den Entwurf der Liste der Gesellschafter (OLG Karlsruhe Rpfleger 1977, 229).

2. Geschäftswert

40 Maßgeblich für den Geschäftswert ist § 41 a KostO, bei Anmeldungen zum Partnerschaftsregister § 41 b KostO.

41 Bei der ersten Anmeldung einer Kapitalgesellschaft (**GmbH oder AG**) ist das Stamm- bzw. Grundkapital maßgeblich, wobei ein genehmigtes Kapital hinzuzurechnen ist. § 41 Abs. 1 Nr. 1 KostO gilt auch im Falle der Umwandlung in eine andere Kapitalgesellschaft (*Hartmann* KostG, § 41 a KostO Rn. 6). Bei Kapitalerhöhungen oder Kapitalherabsetzungen einschließlich der Schaffung eines genehmigten Kapitals bei der GmbH, AG oder KGaA ist der Erhöhungs- bzw. Herabsetzungsbetrag maßgeblich.

42 Entsprechendes gilt für die **KG**: Hier ist für die Anmeldung die Summe der Kommanditeinlagen maßgeblich. Hinzuzurechnen sind € 125.000,– für den ersten und € 2.500,– für jeden weiteren persönlich haftenden Gesellschafter. Bei Erhöhung oder Herabsetzung einer Kommanditeinlage ist der Erhöhungs- bzw. Herabsetzungsbetrag maßgeblich. Im Falle des Eintritts oder des Ausscheidens eines Kommanditisten ist der Wert der Einlage maßgeblich, wie er zum Register angemeldet werden muss. Beim bloßen Wechsel eines Kommanditisten gilt allerdings die einfache Kommanditeinlage als Geschäftswert.

43 Für die Anmeldung einer **OHG** oder einer **sonstigen juristischen Person** richtet sich der Geschäftswert nach § 41 a Abs. 3 KostO und beträgt damit für die OHG mit zwei Gesellschaftern € 37.500,–; für jeden weiteren Gesellschafter erhöht sich der Geschäftswert um jeweils € 12.500,–.

44 **Spätere Anmeldungen** richten sich nach Abs. 4. Bei Anmeldungen zum Handelsregister einer Kapitalgesellschaft beträgt der Geschäftswert 1 % des eingetragenen Grund- oder Stammkapitals, mindestens aber € 25.000,–. Bei Personenhandelsgesellschaften gilt ein Geschäftswert von € 25.000,–; bei Eintritt oder Ausscheiden von mehr als zwei persönlich haftenden Gesellschaften sind als Wert € 12.500,– für jeden eintretenden und ausscheidenden Gesellschafter anzunehmen.

45 Ist eine Anmeldung nur erforderlich, weil sich ein Ortsname geändert hat, oder handelt es sich um eine ähnliche Anmeldung, die für das Unternehmen **keine wirtschaftliche Bedeutung** hat, so beträgt der Geschäftswert gem. § 41 a Abs. 6 KostO € 3.000,–. Umfasst sind auch Firmenänderungen aufgrund einer Änderung des Ortsnamens (*Hartmann* KostG, § 41 a KostO Rn. 35). Unanwendbar ist die Vorschrift aber auf sonstige Firmenänderungen, Sitzverlegungen, Änderungen des Unternehmensgegenstandes oder sonstige Satzungsänderungen. Ebenso ist § 41 a Abs. 6 KostO unanwendbar, wenn es sich um eine Zuwahl zum Aufsichtsrat, die Anmeldung einer GmbH statt einer Einzelperson als Komplementärin (BayObLG Rpfleger 1978, 256) oder das Er-

löschen einer Prokura infolge des Todes des Berechtigten handelt (*Hartmann* KostG, § 41 a KostO Rn. 34 f mit weiteren Bsp.).

46 Betrifft die Anmeldung eine **Zweigniederlassung**, so richtet sich der Geschäftswert nach § 41 a Abs. 5 KostO.

IV. Vollmachten und Bescheinigungen

1. Gebührenansatz

47 Die **halbe Gebühr** entsteht des Weiteren für die **Beurkundung einer Vollmacht** oder des Widerrufs einer Vollmacht, § 38 Abs. 2 Nr. 4 KostO. I. d. R. genügt in Handelsregister-Angelegenheiten jedoch die Vorlage beglaubigter Vollmachten.

48 Auch für die **Ausstellung von Bescheinigungen** über eine Vertretungsberechtigung oder über das Bestehen oder den Sitz einer juristischen Person oder Handelsgesellschaft, die Firmenänderung, eine Umwandlung oder sonstige rechtserhebliche Umstände gem. § 21 BNotO ist gebührenpflichtig. Gem. § 150 KostO erhält der Notar für die Erteilung einer Bescheinigung nach § 21 Abs. 1 Nr. 1 BNotO eine Gebühr von € 13,– und für die Erteilung einer Bescheinigung nach § 21 Abs. 1 Nr. 2 BNotO eine Gebühr von € 25,–.

2. Geschäftswert

49 Der Geschäftswert für die Beurkundung von Vollmachten richtet sich nach § 41 KostO. Bei Vollmachten zum Abschluss eines bestimmten Rechtsgeschäfts ist demnach der **für das konkrete Rechtsgeschäft maßgebende Wert** (§§ 39 ff. KostO) zugrunde zu legen. Für die Vollmacht zur Gründung einer GmbH bspw. ist demnach das Gründungskapital maßgeblich. Bei mehreren bestimmten Geschäften gilt § 44 KostO. Entscheidend ist der Zeitpunkt der Beurkundung (OLG Celle JB 1975, 225). In allen Fällen ist ein **maximaler Geschäftswert** von **€ 500.000,–** gem. § 41 Abs. 4 KostO zu beachten.

V. Entwürfe, Ergänzungen und Änderungen

50 Kommt es letztlich nicht zu einer Beurkundung, sondern fertigt der Notar auf Anforderung nur den **Entwurf einer Urkunde**, so wird gem. § 145 KostO die für die Beurkundung bestimmte Gebühr erhoben, im Fall der Prüfung eines vorgelegten Entwurfs die Hälfte der für die Beurkundung der gesamten Erklärung bestimmten Gebühr, mindestens jedoch ¼ der vollen Gebühr. Erfolgt später die Beurkundung, so wird die Entwurfsgebühr auf die Beurkundungsgebühren in der Reihenfolge ihrer Entstehung angerechnet.

51 Sind beurkundete Erklärungen **nachträglich zu ergänzen oder zu ändern**, so wird gem. § 42 KostO derselbe Gebührensatz wie für die ursprüngliche Beurkundung erhoben, maximal jedoch eine volle Gebühr. Soweit die Hauptversammlung bzw. Gesellschafterversammlung einen früheren Beschluss ändert oder ergänzt, ist § 42 KostO unanwendbar, es gilt § 47 KostO. Gleiches gilt in der Regel für die Aufnahme weiterer Gesellschafter (*Hartmann* KostG, § 42 KostO Rn. 5).

VI. Beglaubigungen

1. Gebührenansatz

52 Der bloße **Beglaubigungsvorgang** ist in § 45 KostO geregelt. Der Notar erhält für die Beglaubigung von Unterschriften oder Handzeichen **ein Viertel der vollen Gebühr, höchstens** jedoch einen Betrag von **€ 130,–**. Die Regelung gilt auch dann, wenn die persönliche Vollziehung der Unterschrift vor dem Notar beurkundet wird, etwa nach § 12 HGB. Soweit der Notar den Inhalt der Urkunde prüft, ist diese Tätigkeit durch die Gebühr nach § 45 Abs. 1 KostO mit abgegolten. Nimmt er rein sprachliche Änderungen vor, verbleibt es beim Gebührenansatz; nur soweit sachliche Änderungen vorgenommen werden, entsteht eine Entwurfsgebühr, wenn der Notar hierzu wenigstens stillschweigend beauftragt ist (LG Mannheim JB 1999, 378). Wenn der Notar die Urkunde entworfen hat, ist die erste Beglaubigung mit der Beurkundungsgebühr des § 145 KostO abgegolten (*Hartmann* KostG, § 45 KostO Rn. 5).

2. Geschäftswert

Der Geschäftswert richtet sich nach §§ 39 ff. KostO. Er wird so bestimmt, als sei die Erklärung beurkundet worden (*Hartmann* KostG, § 45 KostO Rn. 5). 53

D. Rechtsanwaltskosten

Die Vergütung für anwaltliche Tätigkeiten bemisst sich nach dem **Rechtsanwaltsvergütungsgesetz (RVG)**. Wurde der Auftrag allerdings vor Inkrafttreten des RVG zum 1. 7. 2004 erteilt, so ist die Vergütung gem. § 60 RVG noch nach BRAGO zu berechnen. Gem § 4 RVG sind **Vereinbarungen über die Anwaltsvergütung** zulässig. Aus solchen Vereinbarungen können, wenn sie den Anforderungen des § 4 RVG entsprechen, sowohl höhere als auch niedrigere als die gesetzlichen Gebühren verlangt werden, in gerichtlichen Angelegenheiten jedoch nur höhere. 54

I. Gebührenansatz

Richten sich die Gebühren des Anwalts nach RVG, so werden sie i. d. R. gem. § 2 Abs. 1 RVG nach dem Wert berechnet, den der Gegenstand der anwaltlichen Tätigkeit hat. Die Höhe der Vergütung bestimmt sich nach dem **Vergütungsverzeichnis der Anlage 1 zum RVG (VV)**. Für die Berechnung der **Wertgebühr** sind § 13 RVG sowie die in Anlage 2 zum RVG enthaltene Gebührentabelle maßgeblich. **Rahmengebühren** werden gem. § 14 RVG im Einzelfall unter Berücksichtigung aller Umstände, vor allem des Umfangs und der Schwierigkeit der anwaltlichen Tätigkeit, der Bedeutung der Angelegenheit sowie der Einkommens- und Vermögensverhältnisse des Auftraggebers, nach billigem Ermessen bestimmt. Ein besonderes Haftungsrisiko darf und ist bei Rahmengebühren, die sich nach dem Gegenstandswert richten, zu berücksichtigen. 55

1. Außergerichtliche Beratung und Vertretung

Gem § 34 Abs. 1 RVG soll der Rechtsanwalt für einen mündlichen oder schriftlichen Rat oder eine Auskunft (Beratung), die nicht mit einer anderen gebührenpflichtigen Tätigkeit zusammenhängen, für die Ausarbeitung eines schriftlichen Gutachtens und für die Tätigkeit als Mediator auf eine Gebührenvereinbarung hinwirken, soweit in Teil 2 Abschnitt 1 VV keine Gebühren bestimmt sind. Eine Gebührenvereinbarung empfiehlt sich aber auch in diesem Fall, um Streit zu vermeiden. 56

Teil 2 VV enthält einen **Katalog von Gebührentatbeständen** für die außergerichtliche Beratung und Vertretung durch einen Rechtsanwalt. Abschnitt 1 (Nr. 2100 bis 2103) betrifft die Prüfung der Erfolgsaussicht eines Rechtsmittels. Von wesentlicher Bedeutung im Gesellschaftsrecht ist daneben Abschnitt 3, der Gebührentatbestände für die außergerichtliche Vertretung enthält. 57

Gem. Nr. 2300 VV entsteht eine **0,5 bis 2,5 Geschäftsgebühr** für das **Betreiben des Geschäfts** einschließlich der Information und für die Mitwirkung bei der Gestaltung eines Vertrages. Eine Gebühr von **mehr als 1,3** kann aber nur gefordert werden, wenn die Tätigkeit umfangreich oder schwierig war. Umfasst sind damit alle Beratungsleistungen im Zusammenhang mit Gesellschaftsgründungen einschließlich des Entwurfs des Gesellschaftsvertrages, Gesellschaftsvertragsänderungen und sonstiger gesellschaftsrechtlicher Beratung. Beschränkt der Auftrag sich, bspw. bei Gesellschafterstreitigkeiten, auf ein **Schreiben einfacher Art**, beträgt die Gebühr nach Nr. 2300 VV gem. Nr. 2302 VV nur 0,3. Um ein Schreiben einfacher Art handelt es sich, wenn dieses weder schwierige rechtliche Ausführungen noch größere sachliche Auseinandersetzungen enthält. 58

Das RVG sieht für die **Teilnahme an Besprechungen mit Dritten** (z. B. Vertragsverhandlungen, Gesellschafterversammlungen o. ä.) keine gesonderte Gebühr vor. Dennoch können sich solche 59

Besprechungen auf den Gebührenrahmen auswirken, nämlich immer dann, wenn diese zu einer Bewertung der Angelegenheit als »umfangreich« oder »schwierig« i. S. d. Kriterien des § 14 RVG führen, und damit eine Überschreitung der Kappungsgrenze von 1,3 für die Geschäftsgebühr rechtfertigen (*Gerold/Schmidt/v. Eicken/Madert/Müller-Rabe* RVG, 2300 VV Rn. 16, 28).

2. Gerichtliche Rechtsstreitigkeiten

60 Die Gebührentatbestände für bürgerliche Rechtsstreitigkeiten sind in Teil 3 VV enthalten. Abschnitt 1 enthält Gebührentatbestände für den **ersten Rechtszug.** I. d. R. entsteht eine **1,3 Verfahrensgebühr** gem. Nr. 3100 VV, die sich in den Fällen des Nr. 3101 VV auf 0,8 ermäßigt. Darüber hinaus entsteht mit der mündlichen Verhandlung eine **1,2 Terminsgebühr** gem. Nr. 3104 VV, wenn eine Partei nicht erschienen oder nicht ordnungsgemäß vertreten ist und lediglich Antrag auf Versäumnisurteil gestellt wird, gem. Nr. 3105 VV jedoch nur in Höhe einer 0,5 Gebühr. In **Rechtsmittelinstanzen** erhöht sich die Verfahrensgebühr gem. Nr. 3200 (Abschnitt 2) VV auf 1,6. Die Terminsgebühr bleibt in der Berufungsinstanz unverändert, in der Revisionsinstanz beträgt sie 1,5 gem. Nr. 3210 VV.

61 Wird der Anwalt in derselben Angelegenheit **von mehreren Personen beauftragt**, so erhält er nicht von jedem Auftraggeber separate Gebühren, sondern erhöhen sich die Verfahrens- oder Geschäftsgebühr **für jede weitere Person um 0,3** oder 30 %. Mehrere Erhöhungen dürfen einen Gebührensatz von 2,0 nicht übersteigen, Nr. 1008 VV. Abgrenzungsschwierigkeiten ergeben sich häufig im Gesellschaftsrecht. Mit der Anerkennung der Rechtsfähigkeit sowie der Partei- und Prozessfähigkeit der GbR liegt im Fall der Beauftragung eines Rechtsanwaltes **durch eine GbR** auch nur **ein Auftraggeber** vor (*Gerold/Schmidt/v. Eicken/Madert/Müller-Rabe* RVG, 1008 VV Rn. 62). Nicht ausgeschlossen ist allerdings bei der GbR ebenso wie bei der OHG, dass im Passivprozess neben der Gesellschaft auch deren Gesellschafter verklagt werden, um neben dem Gesellschaftsvermögen auch in das Privatvermögen der akzessorisch haftenden Gesellschafter vollstrecken zu können. In diesem Fall müssen auch die Gesellschafter einen Rechtsanwalt beauftragen und sind damit zusätzliche Auftraggeber i. S. v. Nr. 1008 VV (OLG Düsseldorf MDR 2005, 1257). Gleiches gilt selbstverständlich, wenn die Gesellschafter selbst an einem Aktivprozess beteiligt sind (*Gerold/Schmidt/v. Eicken/Madert/Müller-Rabe* RVG, 1008 VV Rn. 64). Im Fall von **Gesellschafterstreitigkeiten** vertritt der Rechtsanwalt nicht die Gesellschaft, sondern die Gesellschafter und damit, wenn er mehrere Gesellschafter vertritt, eine Mehrheit von Auftraggebern. Anderes gilt, wenn die Gesellschaft als solche gegen einen einzelnen Gesellschafter vorgeht (OLG Hamm MDR 2002, 721).

62 Wirkt der Anwalt beim **Abschluss eines Vergleiches** mit, so erhält gem. Nr. 1000 VV eine **1,5 Einigungsgebühr**. Diese ermäßigt sich dann, wenn ein gerichtliches Verfahren anhängig ist, gem. Nr. 1003 VV auf eine 1,0 Gebühr, in der Berufungs- oder Revisionsinstanz auf 1,3 Gebühr.

II. Gegenstandswert

63 Um ein Auseinanderlaufen der Wertansätze im selben Verfahren zu vermeiden, bestimmt sich der Gegenstandswert für die Tätigkeit eines Rechtsanwalts gem. § 23 RVG in gerichtlichen Verfahren nach den für die Gerichtsgebühren geltenden Vorschriften (vgl. Rn. 5 ff.). **Gerichtliche Festsetzungen** sind gem. § 32 RVG auch für die Gebühren des Rechtsanwalts maßgebend.

64 In anderen Angelegenheiten gelten gem. § 23 Abs. 3 RVG für den Gegenstandswert § 18 Abs. 2, §§ 19 bis 23, 24 Abs. 1 bis 6, §§ 25, 39 Abs. 2 und 3 sowie § 46 Abs. 4 KostO entsprechend. Soweit sich der Gegenstandswert aus den Vorschriften des GKG und der KostO nicht ergibt und auch sonst nicht feststeht, ist er **nach billigem Ermessen** zu bestimmen. Mangels genügender tatsächlicher Anhaltspunkte für eine Schätzung oder bei **nichtvermögensrechtlichen Gegenständen** ist der Gegenstandswert **mit € 4.000,–**, nach Lage des Falles niedriger oder höher, nicht jedoch über € 500.000,– anzunehmen.

In derselben Angelegenheit werden die **Werte mehrerer Gegenstände zusammengerechnet**. Abgrenzungstatbestände, wann dieselbe Angelegenheit anzunehmen ist, enthalten §§ 16, 17 RVG. Zu beachten ist des Weiteren die **Höchstgrenze von € 30,0 Mio.** für den Wert in derselben Angelegenheit, soweit durch Gesetz nicht ausnahmsweise etwas anderes bestimmt ist. Sind in derselben Angelegenheit mehrere Personen Auftraggeber, beträgt der Wert für jede Person höchstens € 30,0 Mio., insgesamt jedoch nicht mehr als € 100,0 Mio. **65**

Daneben enthält das RVG eine Reihe von **speziellen Wertvorschriften**. Für das Gesellschaftsrecht ist § **31 RVG** maßgeblich, der den Gegenstandswert in **gerichtlichen Verfahren nach dem SpruchG** dann, wenn der Rechtsanwalt einen von mehreren Antragstellern vertritt, nach dem Bruchteil des für die Gerichtsgebühren geltenden Geschäftswertes bestimmt, der sich aus dem Verhältnis der Anzahl der Anteile des Auftraggebers zu der Gesamtzahl der Anteile aller Antragsteller ergibt. Maßgeblich ist der Zeitpunkt der Antragstellung. Ist die Anzahl der auf einen Antragsteller entfallenden Anteile nicht gerichtsbekannt, wird vermutet, dass er lediglich einen Anteil hält. Der Wert beträgt mindestens € 5.000,–. Bei Beauftragung durch mehrere Antragsteller sind die auf die einzelnen Antragsteller entfallenden Werte zusammenzurechnen; Nr. 1008 VV gilt insoweit nicht. **66**

Stichwortverzeichnis

(die jeweils erste, **fett gedruckte** Zahl bezeichnet das Kapitel, die *kursiv gedruckte* die Randnummer)

A

F

H

I

J

K

O

Q

R

T

U

V

W